浙江经济普查年鉴

Zhejiang Economic Census Yearbook

2008

第三产业卷 | 上册

浙江省人民政府第二次经济普查领导小组办公室 编

中国统计出版社
China Statistics Press

目　　录

第一篇　批发和零售业

A. 批发和零售业商品销售情况

B. 批发和零售业财务状况

第二篇　住宿业和餐饮业

A. 住宿和餐饮业经营状况

B. 住宿和餐饮业财务状况

第三篇　房地产业

A. 房地产开发企业

B. 物业管理企业

C. 中介服务企业

D. 其他房地产企业

第四篇 其他第三产业

A. 服务业企业

B. 行政事业单位

C. 社会团体和其他单位

第一篇 Part One

批发和零售业

Wholesale and Retail Trade

A. 批发和零售业商品销售情况

1－A－1 按商品类别分组的批发和零售业商品销售情况

单位：亿元

商品类别	销售额			批发额			零售额		
	合计	限额以上	限额以下	合计	限额以上	限额以下	合计	限额以上	限额以下
总计	**23977.55**	**18267.53**	**5710.02**	**20712.31**	**15469.42**	**5242.90**	**3265.24**	**2798.11**	**467.13**
1. 粮油、食品、饮料、烟酒类	2070.09	1781.97	288.12	1724.22	1481.16	243.06	345.87	300.81	45.06
(1)粮油、食品类	775.52	571.06	204.46	535.06	358.50	176.56	240.45	212.56	27.89
其中：粮油类	244.13	200.48	43.65	187.34	149.95	37.39	56.79	50.53	6.26
肉禽蛋类	86.23	65.62	20.62	50.25	32.27	17.99	35.98	33.35	2.63
水产品类	66.54	44.14	22.40	59.39	38.68	20.70	7.15	5.46	1.70
蔬菜类	45.46	26.94	18.52	34.59	17.69	16.90	10.87	9.25	1.62
干鲜果品类	46.13	17.49	28.64	31.94	7.13	24.81	14.19	10.36	3.83
(2)饮料类	336.25	297.77	38.47	296.09	264.89	31.20	40.16	32.88	7.28
(3)烟酒类	958.33	913.14	45.19	893.07	857.77	35.30	65.26	55.37	9.89
2. 服装、鞋帽、针纺织品类	3211.19	2013.01	1198.18	2964.57	1801.21	1163.36	246.62	211.80	34.82
(1)服装类	1005.02	802.38	202.64	832.98	653.22	179.77	172.04	149.17	22.87
(2)鞋帽类	239.95	187.01	52.94	198.37	148.69	49.68	41.58	38.32	3.26
(3)针纺织品类	1966.22	1023.62	942.60	1933.22	999.30	933.91	33.00	24.32	8.68
3. 化妆品类	57.40	40.26	17.14	26.43	12.04	14.39	30.98	28.23	2.75
4. 金银珠宝类	72.11	53.43	18.68	23.31	11.81	11.49	48.80	41.61	7.19
5. 日用品类	863.29	607.33	255.96	762.67	531.65	231.02	100.63	75.68	24.94
其中：洗涤用品类	152.30	131.51	20.79	122.45	103.74	18.71	29.85	27.78	2.07
儿童玩具类	27.97	19.61	8.37	23.38	15.63	7.75	4.59	3.97	0.62
6. 五金、电料类	557.53	391.69	165.84	526.80	383.08	143.73	30.73	8.62	22.11
7. 体育、娱乐用品类	56.29	39.66	16.63	39.84	28.21	11.63	16.45	11.45	4.99
8. 书报杂志类	65.50	56.87	8.63	30.84	24.87	5.97	34.66	32.00	2.67

1－A－1 续表 单位：亿元

商品类别	销售额			批发额			零售额		
	合计	限额以上	限额以下	合计	限额以上	限额以下	合计	限额以上	限额以下
9. 电子出版物及音像制品类	19.43	10.88	8.55	16.17	8.32	7.85	3.26	2.55	0.71
10. 家用电器和音像器材类	627.18	500.24	126.94	396.75	305.42	91.33	230.43	194.82	35.61
11. 中西药品类	643.11	552.55	90.56	357.53	318.41	39.12	285.58	234.14	51.44
其中：西药类	445.63	403.28	42.36	240.40	228.13	12.27	205.23	175.15	30.08
中草药及中成药类	120.52	106.11	14.40	67.69	63.47	4.22	52.83	42.64	10.19
12. 文化办公用品类	443.29	287.64	155.66	363.92	239.64	124.28	79.37	48.00	31.37
13. 家具类	67.95	43.24	24.71	54.97	36.41	18.55	12.99	6.83	6.16
14. 通讯器材类	221.41	148.90	72.51	168.55	115.70	52.85	52.86	33.19	19.67
15. 煤炭及制品类	706.55	515.35	191.20	699.87	512.15	187.72	6.68	3.20	3.48
16. 木材及制品类	74.73	53.18	21.55	74.73	53.18	21.55			
17. 石油及制品类	2314.23	2125.86	188.37	1732.11	1599.62	132.50	582.11	526.24	55.87
18. 化工材料及制品类	2352.08	1629.70	722.38	2352.08	1629.70	722.38			
其中：化肥类	142.17	110.19	31.98	142.17	110.19	31.98			
19. 金属材料类	5229.90	4179.73	1050.17	5229.90	4179.73	1050.17			
20. 建筑及装潢材料类	404.83	200.49	204.34	377.39	192.60	184.79	27.44	7.88	19.55
21. 机电产品及设备类	1106.79	660.20	446.59	1084.36	653.13	431.23	22.43	7.07	15.36
其中：农机类	23.78	12.21	11.58	23.78	12.21	11.58			
22. 汽车类	1494.60	1333.90	160.70	413.61	325.48	88.13	1081.00	1008.42	72.57
23. 种子饲料类	37.12	21.68	15.45	37.12	21.68	15.45			
24. 棉麻类	49.73	41.30	8.43	49.70	41.30	8.40	0.04		0.04
25. 其他类	1231.20	978.48	252.72	1204.87	962.92	241.95	26.33	15.56	10.77

1-A-2 按地区分组的批发和零售业商品销售情况

单位：个、万人、亿元

地区	法人单位数			年末就业人员		
	合计	限额以上	限额以下	合计	限额以上	限额以下
总计	**93194**	**9316**	**83878**	**100.05**	**43.05**	**57.00**
杭州市	**27653**	**3268**	**24385**	**30.26**	**14.34**	**15.92**
上城区	2476	363	2113	3.68	2.14	1.55
下城区	4713	633	4080	6.11	3.33	2.78
江干区	3717	316	3401	3.56	1.57	1.99
拱墅区	4105	545	3560	3.81	1.58	2.22
西湖区	3312	336	2976	4.26	1.86	2.40
滨江区	547	99	448	0.78	0.45	0.32
萧山区	4192	471	3721	3.68	1.58	2.10
余杭区	1952	252	1700	1.51	0.67	0.84
桐庐县	589	45	544	0.60	0.17	0.42
淳安县	222	22	200	0.41	0.19	0.22
建德市	386	38	348	0.38	0.13	0.25
富阳市	982	91	891	0.94	0.36	0.58
临安市	460	57	403	0.56	0.30	0.26
宁波市	**18545**	**1931**	**16614**	**21.44**	**8.85**	**12.59**
海曙区	2705	299	2406	4.57	2.48	2.09
江东区	3171	258	2913	3.27	1.14	2.13
江北区	1333	182	1151	1.33	0.50	0.83
北仑区	2416	209	2207	3.31	0.95	2.36
镇海区	1164	197	967	0.98	0.46	0.52
鄞州区	2355	288	2067	2.47	1.03	1.44
象山县	543	68	475	0.64	0.25	0.39
宁海县	484	40	444	0.61	0.30	0.31
余姚市	2081	211	1870	1.74	0.66	1.09
慈溪市	1882	126	1756	2.11	0.90	1.21
奉化市	411	53	358	0.41	0.19	0.22
温州市	**8976**	**934**	**8042**	**9.72**	**4.19**	**5.53**
鹿城区	3438	392	3046	4.29	2.11	2.19
龙湾区	633	151	482	1.01	0.69	0.32
瓯海区	579	61	518	0.57	0.26	0.31
洞头县	87	7	80	0.07	0.03	0.03
永嘉县	563	19	544	0.49	0.10	0.39
平阳县	497	21	476	0.41	0.06	0.35

1－A－2 续表1－1

单位：个、万人、亿元

地区	法人单位数			年末就业人员		
	合计	限额以上	限额以下	合计	限额以上	限额以下
苍南县	845	58	787	0.69	0.18	0.50
文成县	92	9	83	0.08	0.03	0.05
泰顺县	108	7	101	0.07	0.02	0.05
瑞安市	943	124	819	0.91	0.39	0.52
乐清市	1191	85	1106	1.15	0.33	0.82
嘉兴市	**7577**	**643**	**6934**	**6.91**	**2.77**	**4.14**
南湖区	1568	149	1419	1.90	0.88	1.02
秀洲区	1000	92	908	0.90	0.37	0.52
嘉善县	616	43	573	0.57	0.23	0.34
海盐县	616	44	572	0.57	0.17	0.41
海宁市	1277	125	1152	1.12	0.48	0.64
平湖市	1172	81	1091	0.79	0.28	0.51
桐乡市	1328	109	1219	1.06	0.36	0.71
湖州市	**2650**	**282**	**2368**	**2.61**	**1.23**	**1.37**
吴兴区	1108	105	1003	1.32	0.72	0.60
南浔区	429	31	398	0.20	0.03	0.17
德清县	488	68	420	0.38	0.19	0.19
长兴县	372	50	322	0.43	0.19	0.23
安吉县	253	28	225	0.28	0.10	0.17
绍兴市	**9458**	**629**	**8829**	**9.75**	**3.42**	**6.33**
越城区	2905	177	2728	3.25	1.29	1.97
绍兴县	3468	196	3272	2.69	0.51	2.17
新昌县	705	41	664	0.74	0.19	0.55
诸暨市	878	94	784	1.34	0.75	0.59
上虞市	858	82	776	1.00	0.47	0.53
嵊州市	644	39	605	0.73	0.22	0.52
金华市	**7067**	**496**	**6571**	**7.15**	**2.90**	**4.25**
婺城区	1206	125	1081	1.96	1.16	0.80
金东区	224	53	171	0.29	0.17	0.11
武义县	145	23	122	0.18	0.09	0.09
浦江县	237	24	213	0.19	0.08	0.12
磐安县	138	6	132	0.21	0.03	0.19
兰溪市	299	45	254	0.33	0.15	0.18
义乌市	3432	113	3319	2.45	0.60	1.85

1－A－2 续表1－2 单位：个、万人、亿元

地区	法人单位数			年末就业人员		
	合计	限额以上	限额以下	合计	限额以上	限额以下
东阳市	549	42	507	0.80	0.35	0.45
永康市	837	65	772	0.75	0.28	0.47
衢州市	**1926**	**180**	**1746**	**1.93**	**0.88**	**1.06**
柯城区	854	88	766	1.00	0.58	0.42
衢江区	108	15	93	0.09	0.02	0.07
常山县	132	14	118	0.13	0.04	0.08
开化县	154	13	141	0.13	0.04	0.08
龙游县	245	24	221	0.22	0.08	0.13
江山市	433	26	407	0.37	0.10	0.27
舟山市	**1665**	**172**	**1493**	**1.72**	**0.76**	**0.96**
定海区	943	104	839	1.04	0.47	0.57
普陀区	440	44	396	0.43	0.19	0.24
岱山县	191	15	176	0.17	0.07	0.10
嵊泗县	91	9	82	0.08	0.02	0.05
台州市	**6097**	**588**	**5509**	**6.38**	**2.84**	**3.54**
椒江区	1028	143	885	1.49	0.89	0.61
黄岩区	793	50	743	0.67	0.24	0.43
路桥区	987	84	903	1.04	0.36	0.67
玉环县	508	91	417	0.60	0.29	0.31
三门县	390	17	373	0.26	0.06	0.20
天台县	233	18	215	0.21	0.07	0.14
仙居县	318	17	301	0.36	0.12	0.24
温岭市	1238	104	1134	1.04	0.46	0.58
临海市	602	64	538	0.71	0.36	0.35
丽水市	**1580**	**193**	**1387**	**2.18**	**0.88**	**1.30**
莲都区	493	84	409	0.82	0.50	0.32
青田县	150	21	129	0.12	0.05	0.07
缙云县	276	27	249	0.35	0.13	0.21
遂昌县	125	24	101	0.16	0.05	0.11
松阳县	70	7	63	0.12	0.02	0.09
云和县	64	10	54	0.09	0.03	0.06
庆元县	110	5	105	0.11	0.02	0.09
景宁畲族自治县	102	6	96	0.14	0.03	0.10
龙泉市	190	9	181	0.28	0.04	0.24

1－A－2 续表2－1

单位：个、万人、亿元

地区	销售额			批发额			零售额		
	合计	限额以上	限额以下	合计	限额以上	限额以下	合计	限额以上	限额以下
总计	**23977.55**	**18267.53**	**5710.02**	**20712.31**	**15469.42**	**5242.90**	**3265.24**	**2798.11**	**467.13**
杭州市	**9762.90**	**8400.97**	**1361.93**	**8725.04**	**7472.47**	**1252.57**	**1037.86**	**928.50**	**109.36**
上城区	1294.04	1190.55	103.49	1188.72	1095.10	93.61	105.33	95.45	9.88
下城区	2782.08	2548.29	233.79	2529.21	2303.95	225.26	252.88	244.34	8.54
江干区	961.96	826.36	135.60	855.25	729.13	126.12	106.71	97.23	9.48
拱墅区	1558.22	1228.60	329.62	1386.66	1083.60	303.06	171.55	145.00	26.55
西湖区	970.45	788.73	181.72	814.69	647.31	167.38	155.76	141.42	14.33
滨江区	462.13	432.15	29.98	445.96	418.12	27.84	16.17	14.03	2.14
萧山区	948.24	744.05	204.19	829.49	639.19	190.29	118.75	104.85	13.90
余杭区	436.74	370.56	66.18	379.20	322.65	56.56	57.54	47.92	9.62
桐庐县	49.34	27.29	22.05	39.46	22.30	17.16	9.88	4.99	4.89
淳安县	27.33	21.83	5.50	23.39	19.30	4.09	3.93	2.53	1.40
建德市	40.91	31.63	9.27	35.64	27.97	7.67	5.27	3.66	1.61
富阳市	180.77	153.16	27.61	162.58	138.72	23.86	18.19	14.44	3.76
临安市	50.69	37.76	12.93	34.80	25.13	9.66	15.90	12.63	3.26
宁波市	**5872.77**	**4057.86**	**1814.91**	**5284.78**	**3538.34**	**1746.43**	**588.00**	**519.52**	**68.47**
海曙区	1105.53	910.74	194.80	903.92	724.05	179.87	201.61	186.68	14.93
江东区	725.59	526.63	198.96	658.57	469.65	188.92	67.03	56.98	10.04
江北区	426.11	276.70	149.40	387.55	240.50	147.05	38.56	36.20	2.36
北仑区	1586.02	809.08	776.94	1550.36	779.18	771.18	35.66	29.90	5.76
镇海区	390.15	289.08	101.07	363.63	265.00	98.62	26.52	24.07	2.45
鄞州区	642.16	524.17	117.99	583.11	470.61	112.50	59.05	53.55	5.50
象山县	89.93	69.66	20.27	80.82	64.78	16.04	9.11	4.88	4.23
宁海县	53.82	37.32	16.50	39.06	25.93	13.13	14.76	11.39	3.37
余姚市	496.82	346.40	150.42	447.58	306.37	141.22	49.23	40.04	9.20
慈溪市	292.41	218.08	74.33	212.66	146.10	66.56	79.75	71.98	7.78
奉化市	64.24	50.01	14.22	57.52	46.17	11.35	6.72	3.85	2.87
温州市	**1717.61**	**1362.07**	**355.55**	**1339.16**	**1031.82**	**307.34**	**378.45**	**330.24**	**48.21**
鹿城区	860.02	703.98	156.03	680.74	545.90	134.84	179.28	158.08	21.20
龙湾区	269.31	243.82	25.49	186.22	162.22	24.00	83.09	81.60	1.49
瓯海区	89.99	71.12	18.87	62.94	46.51	16.44	27.05	24.62	2.43
洞头县	23.18	21.96	1.23	22.15	21.19	0.96	1.03	0.76	0.27
永嘉县	49.97	28.77	21.21	40.12	22.87	17.25	9.85	5.90	3.95
平阳县	38.81	22.89	15.91	33.95	20.57	13.39	4.85	2.33	2.53

1-A-2 续表2-2

单位：个、万人、亿元

地　区	销售额			批发额			零售额		
	合　计	限　额 以　上	限　额 以　下	合　计	限　额 以　上	限　额 以　下	合　计	限　额 以　上	限　额 以　下
苍南县	70.92	44.37	26.55	58.89	38.11	20.79	12.03	6.26	5.76
文成县	11.13	8.13	3.00	10.11	7.89	2.22	1.02	0.24	0.77
泰顺县	6.83	5.71	1.12	6.06	5.28	0.78	0.77	0.42	0.34
瑞安市	158.86	126.26	32.60	122.97	94.11	28.86	35.89	32.16	3.73
乐清市	138.59	85.05	53.54	114.99	67.18	47.81	23.60	17.86	5.73
嘉兴市	**1252.19**	**865.94**	**386.26**	**1070.51**	**721.18**	**349.33**	**181.68**	**144.76**	**36.93**
南湖区	362.47	282.35	80.12	277.63	207.04	70.59	84.84	75.31	9.53
秀洲区	221.83	159.23	62.60	204.78	143.91	60.87	17.05	15.32	1.73
嘉善县	69.04	47.97	21.06	57.11	38.57	18.53	11.93	9.40	2.53
海盐县	114.16	67.44	46.72	102.01	60.83	41.18	12.15	6.61	5.54
海宁市	207.55	130.17	77.38	181.30	111.30	70.00	26.25	18.88	7.37
平湖市	153.55	105.11	48.44	143.91	98.15	45.77	9.64	6.96	2.68
桐乡市	123.59	73.65	49.93	103.76	61.37	42.39	19.82	12.28	7.54
湖州市	**507.02**	**403.01**	**104.01**	**391.96**	**304.49**	**87.47**	**115.06**	**98.52**	**16.54**
吴兴区	305.98	244.72	61.27	222.81	169.63	53.18	83.18	75.09	8.09
南浔区	46.79	34.06	12.72	42.96	31.94	11.02	3.83	2.12	1.70
德清县	75.79	61.47	14.32	68.24	56.01	12.23	7.55	5.46	2.09
长兴县	51.28	42.12	9.16	40.36	33.07	7.29	10.92	9.05	1.87
安吉县	27.18	20.64	6.54	17.59	13.84	3.75	9.59	6.80	2.79
绍兴市	**1811.84**	**865.84**	**946.00**	**1515.48**	**619.81**	**895.68**	**296.36**	**246.03**	**50.33**
越城区	542.28	300.78	241.50	395.86	167.87	227.99	146.42	132.91	13.51
绍兴县	811.39	285.37	526.02	794.20	274.14	520.05	17.19	11.23	5.96
新昌县	55.09	27.45	27.64	45.28	22.97	22.30	9.81	4.48	5.34
诸暨市	210.69	141.25	69.44	146.93	89.08	57.85	63.76	52.17	11.58
上虞市	123.52	81.81	41.71	82.45	46.52	35.93	41.07	35.28	5.79
嵊州市	68.87	29.18	39.69	50.77	19.22	31.55	18.11	9.96	8.15
金华市	**915.60**	**654.15**	**261.45**	**640.97**	**423.13**	**217.85**	**274.63**	**231.03**	**43.61**
婺城区	313.68	262.40	51.29	209.48	165.59	43.89	104.21	96.81	7.40
金东区	56.14	51.76	4.38	27.99	24.64	3.35	28.15	27.12	1.02
武义县	19.21	13.75	5.46	15.38	11.05	4.33	3.83	2.70	1.13
浦江县	23.83	13.26	10.57	19.31	9.93	9.37	4.52	3.33	1.19
磐安县	9.64	5.63	4.00	7.47	4.08	3.39	2.16	1.55	0.61
兰溪市	32.33	24.07	8.26	24.53	18.36	6.16	7.80	5.71	2.10
义乌市	220.78	118.44	102.33	139.24	51.57	87.68	81.53	66.88	14.66

1－A－2 续表2－3

单位：个、万人、亿元

地区	销售额			批发额			零售额		
	合计	限额以上	限额以下	合计	限额以上	限额以下	合计	限额以上	限额以下
东阳市	98.94	57.29	41.65	76.18	42.15	34.03	22.76	15.14	7.62
永康市	141.07	107.55	33.51	121.40	95.76	25.64	19.67	11.80	7.87
衢州市	**345.35**	**267.52**	**77.83**	**291.45**	**231.36**	**60.09**	**53.90**	**36.16**	**17.74**
柯城区	209.17	169.05	40.12	176.53	142.65	33.88	32.63	26.39	6.24
衢江区	29.14	24.57	4.57	28.25	23.98	4.27	0.90	0.60	0.30
常山县	12.45	8.16	4.29	9.12	6.57	2.55	3.33	1.59	1.74
开化县	8.57	4.54	4.03	5.66	2.93	2.73	2.91	1.61	1.30
龙游县	43.99	36.99	7.00	39.43	34.89	4.54	4.56	2.10	2.47
江山市	42.03	24.21	17.82	32.47	20.35	12.12	9.57	3.86	5.70
舟山市	**344.40**	**263.30**	**81.10**	**300.74**	**231.69**	**69.05**	**43.66**	**31.61**	**12.05**
定海区	217.09	161.64	55.46	186.87	137.84	49.03	30.23	23.80	6.42
普陀区	108.99	89.31	19.68	99.28	83.23	16.04	9.71	6.08	3.63
岱山县	11.21	7.17	4.04	8.11	5.66	2.46	3.10	1.52	1.58
嵊泗县	7.11	5.18	1.93	6.49	4.97	1.52	0.62	0.21	0.41
台州市	**1162.43**	**897.03**	**265.40**	**935.67**	**718.53**	**217.14**	**226.76**	**178.50**	**48.26**
椒江区	415.17	348.00	67.17	351.03	289.36	61.67	64.15	58.65	5.50
黄岩区	120.57	90.13	30.45	102.73	76.88	25.85	17.85	13.25	4.60
路桥区	176.37	119.81	56.56	111.92	70.01	41.92	64.45	49.80	14.64
玉环县	137.16	118.22	18.94	128.96	112.79	16.17	8.19	5.43	2.77
三门县	31.54	20.91	10.62	28.68	20.05	8.63	2.86	0.86	1.99
天台县	15.01	7.93	7.08	10.56	5.72	4.84	4.45	2.22	2.24
仙居县	22.86	13.89	8.97	18.30	12.04	6.26	4.56	1.85	2.71
温岭市	165.38	114.40	50.98	129.18	88.37	40.81	36.20	26.03	10.17
临海市	78.37	63.73	14.63	54.31	43.31	10.99	24.06	20.42	3.64
丽水市	**285.43**	**229.84**	**55.58**	**216.55**	**176.60**	**39.95**	**68.88**	**53.24**	**15.64**
莲都区	169.64	149.60	20.04	121.04	108.12	12.92	48.60	41.47	7.13
青田县	22.46	15.35	7.11	19.78	14.21	5.57	2.68	1.14	1.54
缙云县	28.40	24.73	3.68	23.38	20.65	2.74	5.02	4.08	0.94
遂昌县	22.37	18.95	3.43	19.70	17.55	2.16	2.67	1.40	1.27
松阳县	6.23	2.55	3.68	5.11	1.89	3.22	1.12	0.66	0.45
云和县	7.75	4.61	3.13	6.42	4.25	2.18	1.32	0.36	0.96
庆元县	4.46	2.01	2.45	3.38	1.75	1.63	1.08	0.25	0.83
景宁畲族自治县	10.68	3.49	7.19	9.44	3.00	6.44	1.23	0.48	0.75
龙泉市	13.43	8.56	4.87	8.28	5.18	3.10	5.15	3.38	1.77

1－A－3　按商品类别分组的批发业商品销售情况

单位：亿元

商品类别	销售额			批发额			零售额		
	合计	限额以上	限额以下	合计	限额以上	限额以下	合计	限额以上	限额以下
总计	**20705.08**	**15432.02**	**5273.07**	**20341.99**	**15114.17**	**5227.82**	**363.09**	**317.84**	**45.25**
1.粮油、食品、饮料、烟酒类	1713.70	1464.08	249.62	1694.33	1452.49	241.83	19.38	11.59	7.78
(1)粮油、食品类	525.77	345.45	180.32	515.21	339.40	175.81	10.57	6.05	4.51
其中：粮油类	187.42	149.28	38.14	183.03	145.97	37.06	4.39	3.31	1.08
肉禽蛋类	48.91	30.55	18.36	47.39	29.46	17.93	1.52	1.08	0.44
水产品类	59.54	38.39	21.15	58.91	38.21	20.70	0.63	0.18	0.45
蔬菜类	34.68	17.29	17.39	34.13	17.25	16.88	0.55	0.04	0.51
干鲜果品类	31.35	5.99	25.36	30.63	5.92	24.72	0.72	0.08	0.64
(2)饮料类	294.46	261.89	32.57	291.90	260.93	30.97	2.56	0.96	1.60
(3)烟酒类	893.47	856.75	36.72	887.22	852.17	35.05	6.25	4.58	1.67
2.服装、鞋帽、针纺织品类	2954.57	1788.79	1165.79	2945.49	1783.23	1162.25	9.09	5.56	3.53
(1)服装类	829.32	648.64	180.68	823.05	643.95	179.10	6.27	4.69	1.58
(2)鞋帽类	191.62	141.54	50.08	191.00	141.38	49.62	0.62	0.16	0.46
(3)针纺织品类	1933.63	998.61	935.02	1931.44	997.90	933.54	2.19	0.71	1.48
3.化妆品类	23.56	9.03	14.54	23.10	8.78	14.32	0.47	0.24	0.22
4.金银珠宝类	21.69	10.11	11.58	20.99	9.55	11.45	0.69	0.57	0.13
5.日用品类	756.88	524.57	232.30	752.87	522.71	230.16	4.01	1.87	2.14
其中：洗涤用品类	118.76	99.96	18.80	118.34	99.72	18.62	0.42	0.23	0.18
儿童玩具类	23.12	15.40	7.71	23.09	15.40	7.68	0.03	…	0.03
6.五金、电料类	529.87	383.94	145.92	524.70	381.61	143.09	5.17	2.33	2.84
7.体育、娱乐用品类	39.46	28.17	11.29	38.81	27.98	10.83	0.65	0.19	0.46
8.书报杂志类	30.64	24.51	6.13	29.72	23.76	5.95	0.92	0.75	0.18

1-A-3 续表

单位：亿元

商品类别	销售额			批发额			零售额		
	合计	限额以上	限额以下	合计	限额以上	限额以下	合计	限额以上	限额以下
9.电子出版物及音像制品类	16.23	8.33	7.90	16.04	8.25	7.80	0.19	0.08	0.11
10.家用电器和音像器材类	382.70	289.83	92.87	373.76	283.12	90.64	8.94	6.71	2.23
11.中西药品类	417.05	378.26	38.79	324.81	286.35	38.46	92.24	91.91	0.33
其中：西药类	296.92	284.90	12.02	223.26	211.33	11.93	73.67	73.58	0.09
中草药及中成药类	72.13	67.99	4.14	54.35	50.31	4.04	17.78	17.68	0.10
12.文化办公用品类	362.87	236.75	126.13	354.13	231.10	123.03	8.75	5.65	3.10
13.家具类	54.89	36.38	18.51	54.79	36.37	18.41	0.10	...	0.10
14.通讯器材类	170.10	116.43	53.67	166.32	113.99	52.33	3.79	2.44	1.34
15.煤炭及制品类	702.33	512.78	189.54	699.72	512.03	187.69	2.61	0.75	1.86
16.木材及制品类	74.72	53.18	21.54	74.72	53.18	21.54			
17.石油及制品类	1736.19	1604.44	131.75	1567.60	1439.78	127.82	168.59	164.66	3.93
18.化工材料及制品类	2351.05	1628.85	722.20	2351.05	1628.85	722.20			
其中：化肥类	141.63	109.76	31.87	141.63	109.76	31.87			
19.金属材料类	5229.83	4179.71	1050.12	5229.83	4179.71	1050.12			
20.建筑及装潢材料类	382.19	193.89	188.30	376.48	192.14	184.34	5.71	1.76	3.95
21.机电产品及设备类	1088.46	651.83	436.63	1081.96	651.07	430.89	6.50	0.76	5.74
其中：农机类	23.41	11.98	11.43	23.41	11.98	11.43			
22.汽车类	377.23	287.34	89.89	355.08	267.93	87.15	22.15	19.41	2.73
23.种子饲料类	37.12	21.68	15.44	37.12	21.68	15.44			
24.棉麻类	49.64	41.21	8.43	49.60	41.21	8.39	0.04		0.04
25.其他类	1202.11	957.92	244.19	1199.00	957.30	241.70	3.11	0.62	2.49

1－A－4　按商品类别分组的零售业商品销售情况

单位：亿元

商品类别	销售额			批发额			零售额		
	合计	限额以上	限额以下	合计	限额以上	限额以下	合计	限额以上	限额以下
总计	**3272.47**	**2835.51**	**436.96**	**370.32**	**355.24**	**15.08**	**2902.15**	**2480.27**	**421.88**
1. 粮油、食品、饮料、烟酒类	356.39	317.89	38.50	29.90	28.67	1.23	326.49	289.22	37.28
(1)粮油、食品类	249.74	225.61	24.13	19.86	19.10	0.75	229.89	206.50	23.38
其中：粮油类	56.70	51.20	5.51	4.31	3.98	0.33	52.40	47.22	5.18
肉禽蛋类	37.32	35.07	2.25	2.86	2.80	0.06	34.46	32.26	2.20
水产品类	7.00	5.75	1.25	0.47	0.47	0.01	6.53	5.28	1.25
蔬菜类	10.78	9.65	1.13	0.46	0.44	0.02	10.33	9.22	1.11
干鲜果品类	14.78	11.50	3.28	1.31	1.21	0.09	13.47	10.28	3.19
(2)饮料类	41.79	35.89	5.90	4.19	3.97	0.23	37.60	31.92	5.68
(3)烟酒类	64.86	56.39	8.46	5.85	5.60	0.25	59.01	50.79	8.22
2. 服装、鞋帽、针纺织品类	256.61	224.22	32.39	19.08	17.98	1.11	237.53	206.25	31.28
(1)服装类	175.70	153.74	21.96	9.93	9.26	0.67	165.77	144.48	21.29
(2)鞋帽类	48.33	45.47	2.86	7.37	7.31	0.06	40.96	38.16	2.80
(3)针纺织品类	32.58	25.01	7.57	1.78	1.40	0.38	30.80	23.61	7.20
3. 化妆品类	33.84	31.24	2.60	3.33	3.25	0.07	30.51	27.98	2.53
4. 金银珠宝类	50.42	43.32	7.10	2.32	2.27	0.05	48.11	41.05	7.06
5. 日用品类	106.42	82.76	23.66	9.80	8.94	0.86	96.62	73.81	22.80
其中：洗涤用品类	33.54	31.56	1.99	4.11	4.01	0.10	29.43	27.54	1.89
儿童玩具类	4.86	4.20	0.65	0.30	0.23	0.07	4.56	3.97	0.59
6. 五金、电料类	27.66	7.75	19.92	2.10	1.46	0.64	25.56	6.29	19.28
7. 体育、娱乐用品类	16.83	11.49	5.34	1.04	0.23	0.81	15.80	11.27	4.53
8. 书报杂志类	34.86	32.36	2.50	1.12	1.11	0.01	33.74	31.25	2.49

1-A-4 续表 单位：亿元

商品类别	销售额			批发额			零售额		
	合计	限额以上	限额以下	合计	限额以上	限额以下	合计	限额以上	限额以下
9. 电子出版物及音像制品类	3.20	2.55	0.65	0.13	0.08	0.05	3.07	2.48	0.60
10. 家用电器和音像器材类	244.48	210.41	34.07	22.99	22.30	0.69	221.49	188.11	33.38
11. 中西药品类	226.05	174.28	51.77	32.72	32.06	0.66	193.33	142.23	51.11
其中：西药类	148.71	118.37	30.34	17.15	16.80	0.34	131.56	101.57	29.99
中草药及中成药类	48.39	38.12	10.27	13.34	13.16	0.18	35.05	24.96	10.09
12. 文化办公用品类	80.42	50.89	29.53	9.80	8.54	1.25	70.62	42.35	28.27
13. 家具类	13.07	6.86	6.20	0.18	0.04	0.14	12.89	6.82	6.06
14. 通讯器材类	51.31	32.47	18.84	2.23	1.72	0.52	49.07	30.75	18.32
15. 煤炭及制品类	4.22	2.57	1.65	0.15	0.12	0.04	4.07	2.45	1.62
16. 木材及制品类	...		...	...		...			
17. 石油及制品类	578.03	521.42	56.62	164.51	159.83	4.68	413.52	361.58	51.94
18. 化工材料及制品类	1.03	0.85	0.19	1.03	0.85	0.19			
其中：化肥类	0.54	0.43	0.11	0.54	0.43	0.11			
19. 金属材料类	0.08	0.02	0.05	0.08	0.02	0.05			
20. 建筑及装潢材料类	22.64	6.59	16.05	0.91	0.47	0.45	21.73	6.13	15.60
21. 机电产品及设备类	18.33	8.37	9.96	2.40	2.06	0.34	15.93	6.31	9.62
其中：农机类	0.38	0.23	0.15	0.38	0.23	0.15			
22. 汽车类	1117.37	1046.56	70.82	58.52	57.55	0.98	1058.85	989.01	69.84
23. 种子饲料类	0.01		0.01	0.01		0.01			
24. 棉麻类	0.10	0.09	...	0.10	0.09	...			
25. 其他类	29.09	20.55	8.53	5.87	5.62	0.25	23.21	14.93	8.28

1-A-5 按登记注册类型分组的批发业和零售业商品销售情况

单位：个、万人、亿元

登记注册类型	法人单位数			年末就业人员		
	合 计	限 额 以 上	限 额 以 下	合 计	限 额 以 上	限 额 以 下
总 计	**93194**	**9316**	**83878**	**100.05**	**43.05**	**57.00**
其中：国有及国有控股	1592	723	869	7.90	6.52	1.38
内 资	**92421**	**9193**	**83228**	**96.95**	**40.79**	**56.17**
国 有	884	304	580	3.60	2.67	0.92
集 体	1732	127	1605	1.80	0.51	1.29
股份合作企业	473	49	424	0.53	0.18	0.35
联营企业	85	37	48	0.15	0.09	0.06
国有联营	22	15	7	0.06	0.06	0.01
集体联营	36	4	32	0.02	0.01	0.02
国有与集体联营	17	13	4	0.03	0.02	0.01
其他联营	10	5	5	0.03	0.01	0.03
有限责任公司	7873	2396	5477	20.36	15.51	4.85
国有独资公司	172	85	87	0.88	0.70	0.18
其他有限责任公司	7701	2311	5390	19.48	14.81	4.67
股份有限公司	889	236	653	4.18	3.61	0.57
私营企业	79336	6004	73332	65.15	17.95	47.20
私营独资	13562	202	13360	6.68	0.50	6.17
私营合伙	2960	109	2851	2.28	0.49	1.79
私营有限责任公司	60987	5499	55488	54.09	16.16	37.92
私营股份有限公司	1827	194	1633	2.10	0.79	1.31
其 他	1149	40	1109	1.18	0.26	0.92
港澳台商投资	**229**	**41**	**188**	**1.18**	**0.77**	**0.41**
与港澳台商合资经营	53	14	39	0.28	0.21	0.07
与港澳台商合作经营	7	1	6	0.06	0.05	0.01
港澳台商独资	152	22	130	0.80	0.48	0.32
港澳台商投资股份有限公司	17	4	13	0.04	0.03	0.01
外商投资	**544**	**82**	**462**	**1.92**	**1.49**	**0.43**
中外合资经营	108	32	76	1.00	0.89	0.12
中外合作经营	12	3	9	0.05	0.05	0.01
外资企业	395	42	353	0.82	0.54	0.28
外商投资股份有限公司	29	5	24	0.04	0.02	0.02

1-A-5 续表 单位：个、万人、亿元

登记注册类型	销售额			批发额			零售额		
	合计	限额以上	限额以下	合计	限额以上	限额以下	合计	限额以上	限额以下
总计	**23977.55**	**18267.53**	**5710.02**	**20712.31**	**15469.42**	**5242.90**	**3265.24**	**2798.11**	**467.13**
其中：国有及国有控股	4756.46	4616.34	140.12	4089.97	3965.41	124.56	666.49	650.93	15.56
内资	**23462.44**	**17836.46**	**5625.98**	**20471.66**	**15310.02**	**5161.64**	**2990.78**	**2526.44**	**464.34**
国有	1778.06	1709.83	68.22	1679.95	1617.60	62.35	98.11	92.24	5.87
集体	234.46	194.87	39.60	192.48	162.58	29.90	41.99	32.29	9.70
股份合作企业	69.22	51.20	18.01	56.19	43.46	12.73	13.03	7.74	5.29
联营企业	73.47	72.28	1.19	61.76	60.98	0.79	11.71	11.31	0.40
国有联营	44.65	44.46	0.20	39.50	39.38	0.12	5.16	5.07	0.08
集体联营	11.86	11.07	0.79	11.01	10.48	0.53	0.85	0.58	0.26
国有与集体联营	6.91	6.83	0.08	2.01	1.96	0.05	4.90	4.87	0.03
其他联营	10.05	9.93	0.12	9.24	9.15	0.09	0.80	0.78	0.03
有限责任公司	6894.82	6421.32	473.50	5869.49	5445.77	423.73	1025.32	975.55	49.77
国有独资公司	135.09	126.82	8.27	114.99	107.44	7.56	20.10	19.38	0.72
其他有限责任公司	6759.72	6294.50	465.23	5754.50	5338.33	416.17	1005.22	956.17	49.05
股份有限公司	2015.13	1970.37	44.76	1506.57	1470.76	35.81	508.56	499.61	8.95
私营企业	12314.57	7365.22	4949.35	11039.64	6470.98	4568.66	1274.92	894.24	380.68
私营独资	499.30	175.60	323.71	402.44	147.92	254.52	96.87	27.68	69.19
私营合伙	166.05	67.75	98.30	133.76	50.68	83.08	32.29	17.07	15.22
私营有限责任公司	11248.51	6839.31	4409.20	10172.41	6046.98	4125.43	1076.10	792.33	283.77
私营股份有限公司	400.71	282.57	118.14	331.04	225.40	105.64	69.67	57.16	12.50
其他	82.72	51.37	31.36	65.58	37.91	27.68	17.14	13.46	3.68
港澳台商投资	**156.46**	**134.85**	**21.61**	**74.66**	**54.87**	**19.79**	**81.80**	**79.98**	**1.82**
与港澳台商合资经营	36.71	30.47	6.24	14.93	9.30	5.62	21.78	21.17	0.61
与港澳台商合作经营	6.76	6.27	0.49	0.43		0.43	6.33	6.27	0.06
港澳台商独资	92.85	78.42	14.42	39.79	26.51	13.28	53.06	51.91	1.14
港澳台商投资股份有限公司	20.15	19.69	0.46	19.51	19.06	0.46	0.64	0.64	...
外商投资	**358.64**	**296.21**	**62.43**	**165.99**	**104.52**	**61.46**	**192.66**	**191.69**	**0.96**
中外合资经营	199.08	170.89	28.19	80.80	52.86	27.94	118.28	118.03	0.25
中外合作经营	2.62	2.47	0.15	0.11		0.11	2.51	2.47	0.05
外资企业	142.97	111.08	31.89	74.25	42.71	31.53	68.72	68.37	0.35
外商投资股份有限公司	13.98	11.77	2.20	10.84	8.95	1.88	3.14	2.82	0.32

1－A－6 按登记注册类型分组的批发业商品销售情况

单位：个、万人、亿元

登记注册类型	法人单位数			年末就业人员		
	合计	限额以上	限额以下	合计	限额以上	限额以下
总　计	**69449**	**6767**	**62682**	**65.17**	**21.41**	**43.76**
其中：国有及国有控股	1047	445	602	5.23	4.17	1.06
内　资	**68815**	**6711**	**62104**	**64.12**	**21.08**	**43.04**
国　有	612	222	390	2.82	2.13	0.69
集　体	1127	65	1062	1.02	0.20	0.83
股份合作企业	283	30	253	0.38	0.13	0.25
联营企业	43	13	30	0.11	0.05	0.05
国有联营	8	5	3	0.04	0.04	...
集体联营	24	2	22	0.02	...	0.01
国有与集体联营	5	3	2	0.02	0.01	0.01
其他联营	6	3	3	0.03	...	0.03
有限责任公司	5815	1612	4203	10.52	6.85	3.67
国有独资公司	119	43	76	0.63	0.46	0.17
其他有限责任公司	5696	1569	4127	9.89	6.39	3.50
股份有限公司	639	164	475	2.02	1.60	0.42
私营企业	59405	4581	54824	46.34	9.96	36.38
私营独资	6381	125	6256	3.58	0.25	3.34
私营合伙	1788	79	1709	1.31	0.10	1.21
私营有限责任公司	49882	4239	45643	40.03	9.16	30.86
私营股份有限公司	1354	138	1216	1.41	0.44	0.97
其　他	891	24	867	0.91	0.16	0.75
港澳台商投资	**168**	**16**	**152**	**0.48**	**0.15**	**0.33**
与港澳台商合资经营	35	6	29	0.14	0.09	0.05
与港澳台商合作经营	5		5	0.01		0.01
港澳台商独资	114	8	106	0.31	0.04	0.27
港澳台商投资股份有限公司	14	2	12	0.03	0.02	0.01
外商投资	**466**	**40**	**426**	**0.57**	**0.19**	**0.38**
中外合资经营	83	14	69	0.15	0.04	0.11
中外合作经营	7		7	...		...
外资企业	355	22	333	0.39	0.14	0.25
外商投资股份有限公司	21	4	17	0.02	0.01	0.02

1－A－6 续表 单位：个、万人、亿元

登记注册类型	销售额			批发额			零售额		
	合计	限额以上	限额以下	合计	限额以上	限额以下	合计	限额以上	限额以下
总计	**20705.08**	**15432.02**	**5273.07**	**20341.99**	**15114.17**	**5227.82**	**363.09**	**317.84**	**45.25**
其中：国有及国有控股	4126.82	4001.96	124.86	3932.84	3809.04	123.80	193.97	192.92	1.06
内资	**20490.94**	**15298.96**	**5191.98**	**20128.79**	**14981.91**	**5146.88**	**362.14**	**317.05**	**45.09**
国有	1697.35	1634.54	62.82	1672.47	1610.28	62.19	24.88	24.26	0.63
集体	183.88	153.73	30.15	182.25	152.72	29.53	1.63	1.01	0.62
股份合作企业	59.43	46.46	12.97	55.20	42.64	12.56	4.22	3.82	0.41
联营企业	60.73	59.93	0.80	60.63	59.85	0.78	0.10	0.08	0.02
国有联营	38.78	38.67	0.11	38.78	38.67	0.11			
集体联营	10.96	10.43	0.53	10.96	10.43	0.53			
国有与集体联营	1.75	1.68	0.07	1.65	1.60	0.05	0.10	0.08	0.02
其他联营	9.24	9.15	0.09	9.24	9.15	0.09			
有限责任公司	5881.69	5455.21	426.48	5774.14	5352.24	421.90	107.55	102.97	4.58
国有独资公司	113.43	105.73	7.70	112.32	104.76	7.56	1.11	0.97	0.14
其他有限责任公司	5768.26	5349.48	418.78	5661.82	5247.48	414.34	106.44	102.00	4.44
股份有限公司	1485.01	1448.69	36.31	1349.60	1313.86	35.74	135.41	134.84	0.58
私营企业	11058.07	6463.80	4594.27	10970.66	6414.11	4556.54	87.41	49.68	37.73
私营独资	405.25	148.87	256.38	398.57	145.87	252.70	6.68	3.00	3.68
私营合伙	133.31	49.17	84.14	131.90	49.15	82.75	1.41	0.02	1.39
私营有限责任公司	10186.65	6039.77	4146.88	10111.81	5996.20	4115.61	74.84	43.57	31.27
私营股份有限公司	332.86	225.99	106.88	328.38	222.89	105.49	4.48	3.09	1.39
其他	64.79	36.61	28.18	63.85	36.21	27.65	0.94	0.40	0.53
港澳台商投资	**72.78**	**53.25**	**19.53**	**72.04**	**52.57**	**19.47**	**0.73**	**0.68**	**0.06**
与港澳台商合资经营	13.92	8.61	5.31	13.24	7.93	5.30	0.68	0.68	...
与港澳台商合作经营	0.43		0.43	0.43		0.43			
港澳台商独资	38.91	25.58	13.33	38.86	25.58	13.28	0.05		0.05
港澳台商投资股份有限公司	19.51	19.06	0.46	19.51	19.06	0.46			
外商投资	**141.37**	**79.81**	**61.56**	**141.16**	**79.70**	**61.46**	**0.21**	**0.11**	**0.10**
中外合资经营	57.82	29.87	27.95	57.70	29.76	27.94	0.12	0.11	0.01
中外合作经营	0.11		0.11	0.11		0.11			
外资企业	72.61	40.99	31.62	72.52	40.98	31.53	0.09	...	0.09
外商投资股份有限公司	10.84	8.95	1.88	10.84	8.95	1.88			

1－A－7 按登记注册类型分组的零售业商品销售情况

单位：个、万人、亿元

登记注册类型	法人单位数			年末就业人员		
	合 计	限 额 以 上	限 额 以 下	合 计	限 额 以 上	限 额 以 下
总 计	**23745**	**2549**	**21196**	**34.89**	**21.64**	**13.24**
其中：国有及国有控股	545	278	267	2.67	2.35	0.32
内 资	**23606**	**2482**	**21124**	**32.84**	**19.71**	**13.12**
国 有	272	82	190	0.78	0.55	0.23
集 体	605	62	543	0.78	0.32	0.46
股份合作企业	190	19	171	0.15	0.05	0.11
联营企业	42	24	18	0.05	0.04	0.01
国有联营	14	10	4	0.02	0.02	…
集体联营	12	2	10	0.01	…	…
国有与集体联营	12	10	2	0.02	0.02	…
其他联营	4	2	2	…	…	…
有限责任公司	2058	784	1274	9.84	8.66	1.18
国有独资公司	53	42	11	0.25	0.24	0.01
其他有限责任公司	2005	742	1263	9.59	8.43	1.17
股份有限公司	250	72	178	2.16	2.01	0.15
私营企业	19931	1423	18508	18.81	7.99	10.82
私营独资	7181	77	7104	3.09	0.26	2.84
私营合伙	1172	30	1142	0.97	0.38	0.59
私营有限责任公司	11105	1260	9845	14.06	7.00	7.06
私营股份有限公司	473	56	417	0.69	0.36	0.34
其 他	258	16	242	0.27	0.10	0.17
港澳台商投资	**61**	**25**	**36**	**0.70**	**0.62**	**0.07**
与港澳台商合资经营	18	8	10	0.14	0.12	0.02
与港澳台商合作经营	2	1	1	0.05	0.05	…
港澳台商独资	38	14	24	0.49	0.45	0.05
港澳台商投资股份有限公司	3	2	1	0.01	0.01	…
外商投资	**78**	**42**	**36**	**1.36**	**1.31**	**0.05**
中外合资经营	25	18	7	0.85	0.85	…
中外合作经营	5	3	2	0.05	0.05	…
外资企业	40	20	20	0.44	0.40	0.03
外商投资股份有限公司	8	1	7	0.02	0.01	0.01

1-A-7 续表 单位：个、万人、亿元

登记注册类型	销售额			批发额			零售额		
	合计	限额以上	限额以下	合计	限额以上	限额以下	合计	限额以上	限额以下
总计	**3272.47**	**2835.51**	**436.96**	**370.32**	**355.24**	**15.08**	**2902.15**	**2480.27**	**421.88**
其中：国有及国有控股	629.64	614.39	15.26	157.13	156.37	0.75	472.52	458.01	14.50
内资	**2971.51**	**2537.50**	**434.01**	**342.87**	**328.12**	**14.76**	**2628.63**	**2209.38**	**419.25**
国有	80.70	75.30	5.41	7.48	7.32	0.16	73.22	67.98	5.24
集体	50.59	41.14	9.45	10.23	9.86	0.37	40.36	31.28	9.08
股份合作企业	9.79	4.75	5.05	0.98	0.82	0.16	8.81	3.92	4.88
联营企业	12.74	12.36	0.38	1.13	1.13	...	11.61	11.23	0.38
国有联营	5.87	5.79	0.09	0.72	0.72	...	5.16	5.07	0.08
集体联营	0.90	0.63	0.26	0.05	0.05	...	0.85	0.58	0.26
国有与集体联营	5.16	5.15	0.01	0.37	0.36	...	4.80	4.79	0.01
其他联营	0.80	0.78	0.03				0.80	0.78	0.03
有限责任公司	1013.13	966.11	47.02	95.36	93.52	1.83	917.77	872.58	45.19
国有独资公司	21.66	21.09	0.58	2.68	2.68		18.99	18.41	0.58
其他有限责任公司	991.47	945.02	46.45	92.68	90.85	1.83	898.79	854.17	44.61
股份有限公司	530.13	521.68	8.45	156.98	156.90	0.07	373.15	364.78	8.37
私营企业	1256.50	901.42	355.08	68.99	56.87	12.12	1187.51	844.56	342.96
私营独资	94.05	26.72	67.33	3.87	2.04	1.83	90.19	24.68	65.50
私营合伙	32.74	18.58	14.16	1.86	1.53	0.33	30.88	17.05	13.83
私营有限责任公司	1061.86	799.54	262.32	60.60	50.78	9.82	1001.26	748.76	252.51
私营股份有限公司	67.84	56.58	11.26	2.65	2.51	0.15	65.19	54.07	11.12
其他	17.93	14.76	3.17	1.73	1.70	0.03	16.20	13.06	3.15
港澳台商投资	**83.69**	**81.61**	**2.08**	**2.62**	**2.30**	**0.32**	**81.07**	**79.31**	**1.76**
与港澳台商合资经营	22.79	21.86	0.93	1.69	1.37	0.32	21.10	20.49	0.61
与港澳台商合作经营	6.33	6.27	0.06				6.33	6.27	0.06
港澳台商独资	53.93	52.84	1.09	0.93	0.93		53.00	51.91	1.09
港澳台商投资股份有限公司	0.64	0.64	...				0.64	0.64	...
外商投资	**217.27**	**216.40**	**0.87**	**24.82**	**24.82**	**...**	**192.45**	**191.58**	**0.87**
中外合资经营	141.26	141.02	0.24	23.10	23.10	...	118.16	117.92	0.24
中外合作经营	2.51	2.47	0.05				2.51	2.47	0.05
外资企业	70.36	70.10	0.26	1.73	1.73		68.63	68.37	0.26
外商投资股份有限公司	3.14	2.82	0.32	...		...	3.14	2.82	0.32

1－A－8　按行业分组的批发业商品销售情况

单位：个、万人、亿元

行　　业	法人单位数			年末就业人员		
	合　计	限额以上	限额以下	合　计	限额以上	限额以下
总　计	**69449**	**6767**	**62682**	**65.17**	**21.41**	**43.76**
农畜产品批发	**1235**	**80**	**1155**	**1.34**	**0.32**	**1.01**
谷物、豆及薯类批发	141	23	118	0.33	0.18	0.15
种子、饲料批发	379	14	365	0.24	0.02	0.22
棉、麻批发	83	20	63	0.08	0.03	0.06
牲畜批发	165	4	161	0.16	0.01	0.15
其他农畜产品批发	467	19	448	0.52	0.09	0.43
食品、饮料及烟草制品批发	**4997**	**425**	**4572**	**7.97**	**3.38**	**4.59**
米、面制品及食用油批发	665	67	598	1.06	0.43	0.63
糕点、糖果及糖批发	250	26	224	0.31	0.13	0.18
果品、蔬菜批发	1203	24	1179	1.45	0.13	1.32
肉、禽、蛋及水产品批发	557	68	489	0.98	0.49	0.50
盐及调味品批发	193	31	162	0.35	0.15	0.20
饮料及茶叶批发	1224	96	1128	1.79	0.72	1.06
烟草制品批发	111	77	34	1.17	1.13	0.03
其他食品批发	794	36	758	0.86	0.20	0.66
纺织、服装及日用品批发	**16348**	**1446**	**14902**	**15.67**	**4.97**	**10.70**
纺织品、针织品及原料批发	9256	719	8537	6.99	1.55	5.43
服装批发	3008	416	2592	4.51	2.03	2.48
鞋帽批发	409	92	317	0.58	0.33	0.25
厨房、卫生间用具及日用杂货批发	875	49	826	0.73	0.17	0.55
化妆品及卫生用品批发	489	25	464	0.75	0.40	0.35
其他日用品批发	2311	145	2166	2.11	0.48	1.63
文化、体育用品及器材批发	**2727**	**181**	**2546**	**2.44**	**0.64**	**1.80**
文具用品批发	1236	117	1119	1.13	0.35	0.78
体育用品批发	224	17	207	0.21	0.04	0.16
图书批发	127	8	119	0.21	0.13	0.08
报刊批发	22	1	21	0.06	0.01	0.06
音像制品及电子出版物批发	47	4	43	0.04	0.01	0.03

1－A－8 续表1－1

单位：个、万人、亿元

行业	法人单位数			年末就业人员		
	合计	限额以上	限额以下	合计	限额以上	限额以下
首饰、工艺品及收藏品批发	813	21	792	0.60	0.06	0.54
其他文化用品批发	258	13	245	0.19	0.04	0.15
医药及医疗器材批发	**1415**	**189**	**1226**	**2.56**	**1.51**	**1.06**
西药批发	218	112	106	1.05	0.93	0.12
中药材及中成药批发	147	37	110	0.59	0.44	0.16
医疗用品及器材批发	1050	40	1010	0.92	0.14	0.79
矿产品、建材及化工产品批发	**22770**	**3064**	**19706**	**18.42**	**6.07**	**12.35**
煤炭及制品批发	1131	305	826	1.08	0.46	0.62
石油及制品批发	1209	289	920	2.04	1.33	0.70
非金属矿及制品批发	148	13	135	0.12	0.03	0.09
金属及金属矿批发	7417	1392	6025	5.53	2.11	3.43
建材批发	3845	178	3667	2.74	0.48	2.26
化肥批发	1008	58	950	0.90	0.19	0.71
农药批发	461	22	439	0.34	0.05	0.29
农用薄膜批发	22	4	18	0.01	...	0.01
其他化工产品批发	7529	803	6726	5.67	1.42	4.25
机械设备、五金交电及电子产品批发	**16279**	**1075**	**15204**	**14.17**	**3.91**	**10.26**
农业机械批发	304	9	295	0.22	0.02	0.20
汽车、摩托车及零配件批发	1568	173	1395	1.56	0.61	0.94
五金、交电批发	4254	236	4018	3.21	0.76	2.46
家用电器批发	1151	141	1010	1.60	0.73	0.87
计算机、软件及辅助设备批发	1213	91	1122	1.18	0.25	0.94
通讯及广播电视设备批发	556	49	507	0.73	0.27	0.46
其他机械设备及电子产品批发	7233	376	6857	5.67	1.27	4.40
贸易经纪与代理	**678**	**1**	**677**	**0.37**	**...**	**0.37**
贸易经纪与代理	678	1	677	0.37	...	0.37
其他批发	**3000**	**306**	**2694**	**2.22**	**0.60**	**1.62**
再生物资回收与批发	2586	282	2304	1.85	0.51	1.35
其他未列明的批发	414	24	390	0.37	0.10	0.27

1-A-8 续表2-1 单位：个、万人、亿元

行业	销售额			批发额			零售额		
	合计	限额以上	限额以下	合计	限额以上	限额以下	合计	限额以上	限额以下
总计	**20705.08**	**15432.02**	**5273.07**	**20341.99**	**15114.17**	**5227.82**	**363.09**	**317.84**	**45.25**
农畜产品批发	**175.39**	**122.86**	**52.53**	**174.49**	**122.59**	**51.90**	**0.90**	**0.27**	**0.63**
谷物、豆及薯类批发	35.19	30.65	4.54	35.06	30.59	4.46	0.13	0.06	0.07
种子、饲料批发	28.04	14.96	13.08	28.00	14.96	13.04	0.04		0.04
棉、麻批发	30.88	23.57	7.32	30.82	23.57	7.26	0.06		0.06
牲畜批发	11.12	4.16	6.96	10.71	3.96	6.75	0.41	0.21	0.21
其他农畜产品批发	70.16	49.51	20.64	69.90	49.51	20.39	0.25	...	0.25
食品、饮料及烟草制品批发	**1648.02**	**1413.04**	**234.98**	**1629.91**	**1402.21**	**227.70**	**18.11**	**10.83**	**7.28**
米、面制品及食用油批发	169.38	129.71	39.67	165.25	126.62	38.63	4.13	3.09	1.04
糕点、糖果及糖批发	38.09	23.88	14.21	37.68	23.64	14.04	0.41	0.24	0.17
果品、蔬菜批发	55.29	16.79	38.50	54.10	16.73	37.37	1.19	0.06	1.13
肉、禽、蛋及水产品批发	107.17	74.40	32.77	104.48	72.50	31.99	2.68	1.90	0.78
盐及调味品批发	35.87	24.05	11.82	35.60	23.92	11.68	0.27	0.13	0.14
饮料及茶叶批发	354.28	295.60	58.68	350.29	293.56	56.73	3.98	2.03	1.95
烟草制品批发	824.51	823.00	1.51	821.44	820.18	1.26	3.07	2.82	0.25
其他食品批发	63.44	25.62	37.82	61.07	25.06	36.01	2.37	0.55	1.82
纺织、服装及日用品批发	**3819.90**	**2425.53**	**1394.37**	**3807.86**	**2418.91**	**1388.95**	**12.04**	**6.62**	**5.42**
纺织品、针织品及原料批发	2034.07	1053.82	980.25	2032.18	1053.37	978.80	1.89	0.45	1.44
服装批发	913.30	748.29	165.01	907.38	743.88	163.50	5.92	4.41	1.51
鞋帽批发	225.81	183.85	41.95	225.43	183.82	41.60	0.38	0.03	0.35
厨房、卫生间用具及日用杂货批发	108.39	65.97	42.42	106.70	64.81	41.88	1.70	1.16	0.54
化妆品及卫生用品批发	126.28	102.37	23.91	125.68	102.17	23.51	0.60	0.20	0.41
其他日用品批发	412.05	271.23	140.82	410.50	270.85	139.65	1.55	0.38	1.17
文化、体育用品及器材批发	**392.27**	**242.55**	**149.72**	**387.92**	**240.43**	**147.49**	**4.35**	**2.12**	**2.23**
文具用品批发	255.05	172.12	82.93	253.34	171.50	81.84	1.70	0.62	1.08
体育用品批发	21.64	11.01	10.63	21.27	10.99	10.28	0.36	0.01	0.35
图书批发	31.64	26.22	5.42	30.72	25.47	5.25	0.92	0.75	0.17
报刊批发	1.26	0.25	1.01	1.25	0.25	1.00	0.01		0.01
音像制品及电子出版物批发	4.25	2.94	1.30	4.18	2.93	1.25	0.06	0.01	0.05

1-A-8 续表2-2 单位:个、万人、亿元

行业	销售额			批发额			零售额		
	合计	限额以上	限额以下	合计	限额以上	限额以下	合计	限额以上	限额以下
首饰、工艺品及收藏品批发	59.22	21.35	37.87	58.45	20.78	37.66	0.77	0.57	0.21
其他文化用品批发	19.22	8.66	10.56	18.70	8.50	10.20	0.52	0.16	0.36
医药及医疗器材批发	**514.50**	**445.16**	**69.34**	**421.65**	**352.93**	**68.73**	**92.85**	**92.24**	**0.61**
西药批发	334.06	321.52	12.55	248.49	235.98	12.52	85.57	85.54	0.03
中药材及中成药批发	74.20	65.56	8.64	67.67	59.13	8.54	6.53	6.43	0.11
医疗用品及器材批发	106.23	58.09	48.15	105.49	57.82	47.67	0.74	0.27	0.47
矿产品、建材及化工产品批发	**10543.80**	**8238.25**	**2305.55**	**10362.15**	**8067.25**	**2294.90**	**181.65**	**171.00**	**10.65**
煤炭及制品批发	664.49	515.63	148.86	661.79	514.71	147.08	2.70	0.92	1.77
石油及制品批发	1623.71	1496.71	127.01	1454.59	1331.34	123.25	169.12	165.36	3.76
非金属矿及制品批发	27.37	17.35	10.03	27.27	17.35	9.92	0.10		0.10
金属及金属矿批发	5265.94	4190.80	1075.14	5262.24	4188.21	1074.02	3.70	2.58	1.12
建材批发	602.69	411.09	191.60	598.06	409.30	188.76	4.62	1.79	2.83
化肥批发	129.49	101.25	28.24	129.02	101.04	27.98	0.47	0.21	0.26
农药批发	54.22	35.01	19.22	54.15	35.01	19.14	0.07		0.07
农用薄膜批发	10.06	9.35	0.71	10.05	9.35	0.70	0.01		0.01
其他化工产品批发	2165.84	1461.08	704.76	2164.98	1460.94	704.04	0.85	0.13	0.72
机械设备、五金交电及电子产品批发	**2729.83**	**1840.03**	**889.80**	**2679.06**	**1806.39**	**872.67**	**50.77**	**33.64**	**17.13**
农业机械批发	26.04	14.57	11.47	25.74	14.45	11.29	0.30	0.12	0.18
汽车、摩托车及零配件批发	382.68	287.91	94.78	363.23	271.24	92.00	19.45	16.67	2.78
五金、交电批发	642.45	412.91	229.53	637.02	411.07	225.95	5.43	1.85	3.58
家用电器批发	341.98	259.21	82.77	333.07	252.27	80.80	8.90	6.94	1.97
计算机、软件及辅助设备批发	175.78	99.46	76.33	168.47	94.92	73.54	7.32	4.53	2.78
通讯及广播电视设备批发	154.43	117.65	36.79	150.80	115.22	35.58	3.64	2.43	1.21
其他机械设备及电子产品批发	1006.47	648.33	358.14	1000.74	647.22	353.51	5.74	1.10	4.63
贸易经纪与代理									
贸易经纪与代理									
其他批发	**881.38**	**704.60**	**176.78**	**878.95**	**703.48**	**175.48**	**2.43**	**1.12**	**1.30**
再生物资回收与批发	782.30	634.17	148.12	781.64	634.08	147.56	0.66	0.10	0.57
其他未列明的批发	99.08	70.43	28.65	97.32	69.40	27.92	1.77	1.03	0.74

1－A－9 按行业分组的零售业商品销售情况

单位：个、万人、亿元

行业	法人单位数			年末就业人员		
	合计	限额以上	限额以下	合计	限额以上	限额以下
总计	**23745**	**2549**	**21196**	**34.89**	**21.64**	**13.24**
综合零售	**1215**	**355**	**860**	**10.58**	**9.44**	**1.14**
百货零售	327	121	206	2.97	2.64	0.33
超级市场零售	367	194	173	6.67	6.33	0.35
其他综合零售	521	40	481	0.93	0.47	0.46
食品、饮料及烟草制品专门零售	**1792**	**72**	**1720**	**1.93**	**0.66**	**1.27**
粮油零售	158	5	153	0.22	0.10	0.13
糕点、面包零售	111	4	107	0.15	0.05	0.10
果品、蔬菜零售	173	2	171	0.14	0.01	0.14
肉、禽、蛋及水产品零售	168	14	154	0.35	0.22	0.13
饮料及茶叶零售	440	11	429	0.39	0.08	0.31
烟草制品零售	130	23	107	0.17	0.10	0.07
其他食品零售	612	13	599	0.50	0.11	0.39
纺织、服装及日用品专门零售	**2203**	**92**	**2111**	**2.62**	**0.98**	**1.64**
纺织品及针织品零售	266	3	263	0.24	0.02	0.21
服装零售	756	45	711	1.40	0.76	0.65
鞋帽零售	91	7	84	0.16	0.10	0.06
钟表、眼镜零售	305	14	291	0.32	0.08	0.25
化妆品及卫生用品零售	190	3	187	0.13	…	0.12
其他日用品零售	595	20	575	0.37	0.03	0.34
文化、体育用品及器材专门零售	**1447**	**146**	**1301**	**1.66**	**0.86**	**0.80**
文具用品零售	378	10	368	0.23	0.02	0.21
体育用品零售	108	6	102	0.10	0.03	0.07
图书零售	223	77	146	0.60	0.51	0.10
报刊零售	38	1	37	0.03	0.01	0.01
音像制品及电子出版物零售	38		38	0.02		0.02
珠宝首饰零售	248	43	205	0.44	0.27	0.17

1-A-9 续表1-1

单位：个、万人、亿元

行业	法人单位数			年末就业人员		
	合计	限额以上	限额以下	合计	限额以上	限额以下
工艺美术品及收藏品零售	281		281	0.16		0.16
照相器材零售	24	4	20	0.02	0.01	0.01
其他文化用品零售	109	5	104	0.06	0.01	0.05
医药及医疗器材专门零售	**7078**	**165**	**6913**	**4.61**	**1.78**	**2.82**
药品零售	6635	160	6475	4.37	1.78	2.59
医疗用品及器材零售	443	5	438	0.24	0.01	0.23
汽车、摩托车、燃料及零配件专门零售	**3608**	**1215**	**2393**	**6.87**	**5.17**	**1.70**
汽车零售	1722	833	889	4.70	3.96	0.74
汽车零配件零售	497	16	481	0.35	0.04	0.31
摩托车及零配件零售	438	59	379	0.31	0.09	0.22
机动车燃料零售	951	307	644	1.50	1.07	0.43
家用电器及电子产品专门零售	**3330**	**348**	**2982**	**4.38**	**2.25**	**2.13**
家用电器零售	1029	189	840	1.97	1.40	0.57
计算机、软件及辅助设备零售	1403	100	1303	1.31	0.41	0.90
通信设备零售	498	52	446	0.82	0.39	0.43
其他电子产品零售	400	7	393	0.28	0.04	0.23
五金、家具及室内装修材料专门零售	**2143**	**53**	**2090**	**1.36**	**0.18**	**1.18**
五金零售	974	17	957	0.52	0.04	0.48
家具零售	320	13	307	0.30	0.07	0.23
涂料零售	158	2	156	0.09	0.01	0.09
其他室内装修材料零售	691	21	670	0.44	0.07	0.37
无店铺及其他零售	**929**	**103**	**826**	**0.89**	**0.32**	**0.57**
邮购及电子销售	29	2	27	0.06	0.04	0.02
生活用燃料零售	517	95	422	0.57	0.28	0.29
花卉零售	121	1	120	0.10	…	0.10
旧货零售	21		21	0.01		0.01
其他未列明的零售	241	5	236	0.16	…	0.15

1－A－9 续表2－1

单位：个、万人、亿元

行业	销售额			批发额			零售额		
	合计	限额以上	限额以下	合计	限额以上	限额以下	合计	限额以上	限额以下
总计	**3272.47**	**2835.51**	**436.96**	**370.32**	**355.24**	**15.08**	**2902.15**	**2480.27**	**421.88**
综合零售	**697.30**	**669.90**	**27.40**	**59.17**	**58.29**	**0.87**	**638.13**	**611.61**	**26.53**
百货零售	277.16	269.77	7.38	22.60	22.15	0.45	254.56	247.63	6.93
超级市场零售	394.81	383.70	11.12	32.65	32.53	0.12	362.16	351.17	11.00
其他综合零售	25.33	16.43	8.90	3.92	3.61	0.31	21.41	12.81	8.60
食品、饮料及烟草制品专门零售	**67.38**	**41.26**	**26.13**	**5.19**	**4.13**	**1.06**	**62.19**	**37.12**	**25.07**
粮油零售	6.55	3.85	2.69	0.52	0.25	0.28	6.02	3.61	2.42
糕点、面包零售	3.41	1.64	1.77	0.13	0.11	0.02	3.27	1.53	1.75
果品、蔬菜零售	3.53	1.15	2.38	0.44	0.38	0.07	3.08	0.78	2.31
肉、禽、蛋及水产品零售	17.82	15.21	2.61	2.45	2.37	0.08	15.37	12.84	2.53
饮料及茶叶零售	9.17	3.60	5.57	1.02	0.81	0.22	8.14	2.79	5.35
烟草制品零售	13.22	10.25	2.97	0.06		0.06	13.16	10.25	2.91
其他食品零售	13.69	5.55	8.14	0.55	0.22	0.33	13.14	5.33	7.81
纺织、服装及日用品专门零售	**109.04**	**61.47**	**47.58**	**14.79**	**13.10**	**1.68**	**94.26**	**48.36**	**45.89**
纺织品及针织品零售	8.38	1.47	6.92	0.25		0.25	8.13	1.47	6.66
服装零售	64.38	45.28	19.10	9.44	8.67	0.77	54.93	36.60	18.33
鞋帽零售	11.70	9.84	1.86	3.99	3.96	0.03	7.72	5.88	1.83
钟表、眼镜零售	8.45	2.23	6.22	0.47	0.07	0.40	7.98	2.15	5.82
化妆品及卫生用品零售	2.36	0.48	1.88	0.16	0.13	0.03	2.20	0.34	1.85
其他日用品零售	13.78	2.18	11.60	0.48	0.27	0.21	13.30	1.91	11.39
文化、体育用品及器材专门零售	**83.21**	**59.33**	**23.88**	**4.52**	**3.41**	**1.11**	**78.69**	**55.93**	**22.77**
文具用品零售	6.94	1.08	5.86	0.19	0.01	0.19	6.74	1.07	5.67
体育用品零售	6.16	2.03	4.13	0.83	0.03	0.80	5.32	2.00	3.33
图书零售	34.62	32.07	2.55	1.10	1.09	0.01	33.52	30.99	2.54
报刊零售	0.90	0.71	0.18	...		...	0.89	0.71	0.18
音像制品及电子出版物零售	0.38		0.38	...		...	0.38		0.38
珠宝首饰零售	26.70	20.47	6.24	2.23	2.19	0.04	24.47	18.28	6.19

1-A-9 续表2-2

单位:个、万人、亿元

行业	销售额 合计	销售额 限额以上	销售额 限额以下	批发额 合计	批发额 限额以上	批发额 限额以下	零售额 合计	零售额 限额以上	零售额 限额以下
工艺美术品及收藏品零售	2.87		2.87	0.04		0.04	2.82		2.82
照相器材零售	2.53	2.16	0.37	0.07	0.07	0.01	2.45	2.09	0.36
其他文化用品零售	2.12	0.82	1.30	0.04	0.03	0.01	2.08	0.79	1.29
医药及医疗器材专门零售	**236.31**	**184.34**	**51.96**	**37.83**	**37.15**	**0.67**	**198.48**	**147.19**	**51.29**
药品零售	228.51	183.34	45.17	37.76	37.15	0.60	190.75	146.19	44.56
医疗用品及器材零售	7.80	1.00	6.80	0.07		0.07	7.73	1.00	6.73
汽车、摩托车、燃料及零配件专门零售	**1675.11**	**1548.03**	**127.07**	**220.87**	**215.09**	**5.78**	**1454.23**	**1332.94**	**121.29**
汽车零售	1100.70	1044.98	55.72	60.07	59.29	0.79	1040.63	985.69	54.94
汽车零配件零售	18.26	4.97	13.29	0.73	0.43	0.30	17.53	4.54	12.99
摩托车及零配件零售	18.06	7.28	10.78	1.05	0.85	0.20	17.01	6.42	10.58
机动车燃料零售	538.09	490.81	47.28	159.02	154.52	4.50	379.07	336.29	42.78
家用电器及电子产品专门零售	**293.72**	**220.30**	**73.42**	**22.00**	**19.76**	**2.24**	**271.72**	**200.54**	**71.18**
家用电器零售	180.81	158.12	22.70	11.07	10.62	0.45	169.74	147.50	22.24
计算机、软件及辅助设备零售	70.53	40.64	29.89	9.22	7.93	1.30	61.31	32.71	28.60
通信设备零售	31.23	19.36	11.87	1.43	1.06	0.37	29.80	18.30	11.51
其他电子产品零售	11.14	2.19	8.96	0.28	0.15	0.13	10.86	2.03	8.83
五金、家具及室内装修材料专门零售	**55.63**	**14.12**	**41.51**	**2.35**	**1.16**	**1.19**	**53.28**	**12.96**	**40.32**
五金零售	23.62	4.34	19.28	1.41	0.74	0.67	22.21	3.60	18.61
家具零售	9.99	4.01	5.98	0.16	0.02	0.14	9.83	3.99	5.84
涂料零售	4.75	0.43	4.31	0.34	0.20	0.14	4.41	0.23	4.18
其他室内装修材料零售	17.27	5.34	11.93	0.44	0.20	0.24	16.84	5.15	11.69
无店铺及其他零售	**54.76**	**36.75**	**18.01**	**3.61**	**3.14**	**0.47**	**51.16**	**33.61**	**17.54**
邮购及电子销售	6.29	6.10	0.19	0.27	0.27		6.02	5.83	0.19
生活用燃料零售	41.20	29.67	11.53	3.16	2.83	0.33	38.04	26.84	11.20
花卉零售	1.60	0.29	1.31	...		...	1.59	0.29	1.30
旧货零售	0.29		0.29				0.29		0.29
其他未列明的零售	5.38	0.69	4.69	0.17	0.04	0.13	5.21	0.64	4.57

1－A－10　按行业分组的国有及国有控股批发和零售业商品销售情况

单位：个、万人、亿元

行　业	法人单位数			年末就业人员		
	合　计	限额以上	限额以下	合　计	限额以上	限额以下
总　计	**1592**	**723**	**869**	**7.90**	**6.52**	**1.38**
批发业	**1047**	**445**	**602**	**5.23**	**4.17**	**1.06**
农畜产品批发	88	22	66	0.28	0.18	0.10
谷物、豆及薯类批发	43	18	25	0.23	0.16	0.07
种子、饲料批发	34	1	33	0.02	…	0.02
牲畜批发	5	1	4	…	…	…
其他农畜产品批发	6	2	4	0.02	0.02	0.01
食品、饮料及烟草制品批发	288	138	150	2.10	1.64	0.46
米、面制品及食用油批发	87	22	65	0.41	0.25	0.16
糕点、糖果及糖批发	5	2	3	0.01	…	0.01
果品、蔬菜批发	6	1	5	0.02	…	0.01
肉、禽、蛋及水产品批发	27	7	20	0.19	0.10	0.09
盐及调味品批发	70	25	45	0.23	0.12	0.10
饮料及茶叶批发	11	3	8	0.07	0.01	0.06
烟草制品批发	76	76		1.13	1.13	
其他食品批发	6	2	4	0.05	0.02	0.03
纺织、服装及日用品批发	87	57	30	0.35	0.31	0.04
纺织品、针织品及原料批发	36	22	14	0.10	0.08	0.01
服装批发	26	19	7	0.09	0.07	0.02
鞋帽批发	13	13		0.15	0.15	
厨房、卫生间用具及日用杂货批发	3	2	1	0.01	0.01	…
其他日用品批发	9	1	8	0.01	…	0.01
文化、体育用品及器材批发	41	15	26	0.17	0.14	0.03
文具用品批发	13	6	7	0.02	0.01	0.01
体育用品批发	1		1	…		…
图书批发	10	4	6	0.12	0.11	0.01
报刊批发	5	1	4	0.01	0.01	0.01
音像制品及电子出版物批发	2	2		…	…	
首饰、工艺品及收藏品批发	8	1	7	0.01	…	0.01
其他文化用品批发	2	1	1	0.01	…	…
医药及医疗器材批发	38	21	17	0.28	0.26	0.02
西药批发	20	15	5	0.21	0.21	…
中药材及中成药批发	4	4		0.05	0.05	
医疗用品及器材批发	14	2	12	0.03	0.01	0.01

1-A-10 续表1-1 单位:个、万人、亿元

行业	法人单位数			年末就业人员		
	合计	限额以上	限额以下	合计	限额以上	限额以下
矿产品、建材及化工产品批发	292	137	155	1.40	1.19	0.21
煤炭及制品批发	26	17	9	0.07	0.05	0.01
石油及制品批发	57	37	20	0.77	0.74	0.03
金属及金属矿批发	69	42	27	0.25	0.22	0.03
建材批发	39	9	30	0.09	0.07	0.02
化肥批发	20		20	0.04		0.04
农药批发	9		9	0.01		0.01
其他化工产品批发	72	32	40	0.18	0.11	0.07
机械设备、五金交电及电子产品批发	154	47	107	0.52	0.40	0.13
农业机械批发	23	1	22	0.03	...	0.02
汽车、摩托车及零配件批发	16	6	10	0.04	0.04	0.01
五金、交电批发	40	16	24	0.16	0.14	0.02
家用电器批发	11	4	7	0.04	0.03	0.01
计算机、软件及辅助设备批发	2	1	1	0.01	0.01	...
通讯及广播电视设备批发	11	4	7	0.08	0.08	0.01
其他机械设备及电子产品批发	51	15	36	0.15	0.10	0.05
贸易经纪与代理	23		23	0.02		0.02
贸易经纪与代理	23		23	0.02		0.02
其他批发	36	8	28	0.10	0.06	0.04
再生物资回收与批发	23	4	19	0.04	0.01	0.03
其他未列明的批发	13	4	9	0.05	0.05	0.01
零售业	**545**	**278**	**267**	**2.67**	**2.35**	**0.32**
综合零售	52	25	27	0.57	0.54	0.03
百货零售	17	11	6	0.32	0.32	0.01
超级市场零售	12	11	1	0.18	0.18	...
其他综合零售	23	3	20	0.07	0.05	0.02
食品、饮料及烟草制品专门零售	75	20	55	0.24	0.14	0.09
粮油零售	20		20	0.04		0.04
果品、蔬菜零售	4	1	3	0.01	...	...
肉、禽、蛋及水产品零售	7	2	5	0.09	0.07	0.02
饮料及茶叶零售	9	1	8	0.01	...	...
烟草制品零售	23	15	8	0.07	0.06	0.01
其他食品零售	12	1	11	0.02	0.01	0.01
纺织、服装及日用品专门零售	20	2	18	0.01	...	0.01

1－A－10　续表 1－2　　单位：个、万人、亿元

行　业	法人单位数			年末就业人员		
	合　计	限额以上	限额以下	合　计	限额以上	限额以下
纺织品及针织品零售	5		5	…		…
服装零售	4	1	3	…	…	…
钟表、眼镜零售	2	1	1	…	…	…
其他日用品零售	9		9	…		…
文化、体育用品及器材专门零售	132	78	54	0.52	0.47	0.05
文具用品零售	13	1	12	0.01	…	0.01
体育用品零售	3	1	2	0.01	…	0.01
图书零售	83	71	12	0.45	0.44	0.01
报刊零售	6	1	5	0.02	0.01	…
音像制品及电子出版物零售	4		4	…		…
珠宝首饰零售	4	4		0.02	0.02	
工艺美术品及收藏品零售	18		18	0.02		0.02
其他文化用品零售	1		1	…		…
医药及医疗器材专门零售	46	19	27	0.27	0.24	0.03
药品零售	39	18	21	0.26	0.23	0.03
医疗用品及器材零售	7	1	6	0.01	…	…
汽车、摩托车、燃料及零配件专门零售	177	125	52	0.95	0.89	0.06
汽车零售	33	30	3	0.21	0.20	0.01
汽车零配件零售	7	1	6	0.02	0.02	…
摩托车及零配件零售	1	1		…	…	
机动车燃料零售	136	93	43	0.72	0.68	0.05
家用电器及电子产品专门零售	10	1	9	0.02	0.02	0.01
家用电器零售	5	1	4	0.02	0.02	…
计算机、软件及辅助设备零售	3		3	…		…
通信设备零售	1		1	…		…
其他电子产品零售	1		1	…		…
五金、家具及室内装修材料专门零售	9		9	0.02		0.02
五金零售	8		8	0.02		0.02
其他室内装修材料零售	1		1	…		…
无店铺及其他零售	24	8	16	0.06	0.04	0.02
生活用燃料零售	16	8	8	0.05	0.04	0.01
花卉零售	5		5	…		…
其他未列明的零售	3		3	…		…

1－A－10 续表2－1 单位：个、万人、亿元

行业	销售额			批发额			零售额		
	合计	限额以上	限额以下	合计	限额以上	限额以下	合计	限额以上	限额以下
总计	**4756.46**	**4616.34**	**140.12**	**4089.97**	**3965.41**	**124.56**	**666.49**	**650.93**	**15.56**
批发业	**4126.82**	**4001.96**	**124.86**	**3932.84**	**3809.04**	**123.80**	**193.97**	**192.92**	**1.06**
农畜产品批发	29.45	25.72	3.73	29.31	25.66	3.64	0.14	0.06	0.08
谷物、豆及薯类批发	10.73	8.83	1.90	10.62	8.77	1.84	0.11	0.06	0.05
种子、饲料批发	2.15	0.97	1.18	2.15	0.97	1.18			
牲畜批发	2.36	1.89	0.47	2.33	1.89	0.44	0.03		0.03
其他农畜产品批发	14.21	14.03	0.18	14.21	14.03	0.18			
食品、饮料及烟草制品批发	920.15	909.81	10.34	915.86	905.69	10.17	4.29	4.12	0.17
米、面制品及食用油批发	50.34	47.07	3.27	49.68	46.49	3.19	0.66	0.58	0.08
糕点、糖果及糖批发	3.10	2.64	0.45	3.10	2.64	0.45			
果品、蔬菜批发	1.03	0.60	0.42	1.03	0.60	0.42	…		…
肉、禽、蛋及水产品批发	14.77	13.08	1.69	14.39	12.77	1.62	0.38	0.31	0.07
盐及调味品批发	24.64	20.51	4.13	24.50	20.38	4.12	0.14	0.13	0.01
饮料及茶叶批发	4.17	3.89	0.28	3.97	3.70	0.27	0.20	0.19	0.01
烟草制品批发	819.45	819.45		816.63	816.63		2.82	2.82	
其他食品批发	2.66	2.57	0.09	2.57	2.48	0.09	0.09	0.09	
纺织、服装及日用品批发	243.32	237.21	6.11	243.13	237.03	6.11	0.19	0.19	…
纺织品、针织品及原料批发	89.57	84.11	5.46	89.57	84.11	5.46	…		…
服装批发	65.51	65.28	0.24	65.33	65.09	0.24	0.19	0.19	
鞋帽批发	74.25	74.25		74.25	74.25				
厨房、卫生间用具及日用杂货批发	5.57	5.56	0.01	5.57	5.56	0.01			
其他日用品批发	8.42	8.02	0.40	8.42	8.02	0.40			
文化、体育用品及器材批发	46.95	44.96	2.00	45.97	44.05	1.92	0.98	0.91	0.07
文具用品批发	17.28	16.96	0.32	17.25	16.96	0.29	0.03		0.03
体育用品批发	0.06		0.06	0.06		0.06			
图书批发	25.64	24.88	0.76	24.97	24.21	0.76	0.67	0.67	
报刊批发	0.54	0.25	0.29	0.54	0.25	0.29			
音像制品及电子出版物批发	1.61	1.61		1.61	1.61				
首饰、工艺品及收藏品批发	1.15	0.61	0.54	1.02	0.51	0.51	0.13	0.10	0.03
其他文化用品批发	0.67	0.64	0.03	0.53	0.51	0.02	0.14	0.13	0.01
医药及医疗器材批发	187.24	186.26	0.98	134.41	133.45	0.97	52.82	52.81	0.01
西药批发	157.28	157.01	0.27	105.98	105.70	0.27	51.31	51.30	…
中药材及中成药批发	10.43	10.43		9.04	9.04		1.39	1.39	
医疗用品及器材批发	19.53	18.82	0.70	19.39	18.70	0.70	0.13	0.13	0.01

1-A-10 续表2-2

单位:个、万人、亿元

行业	销售额			批发额			零售额		
	合计	限额以上	限额以下	合计	限额以上	限额以下	合计	限额以上	限额以下
矿产品、建材及化工产品批发	2305.10	2223.08	82.02	2173.81	2092.17	81.64	131.30	130.92	0.38
煤炭及制品批发	101.05	89.93	11.13	100.76	89.87	10.89	0.30	0.06	0.24
石油及制品批发	876.44	872.32	4.12	745.52	741.49	4.03	130.92	130.83	0.08
金属及金属矿批发	1132.66	1093.95	38.71	1132.64	1093.93	38.71	0.02	0.02	
建材批发	63.48	61.09	2.39	63.42	61.09	2.33	0.06		0.06
化肥批发	0.82		0.82	0.82		0.82			
农药批发	10.24		10.24	10.24		10.24			
其他化工产品批发	120.41	105.79	14.61	120.41	105.79	14.61			
机械设备、五金交电及电子产品批发	328.31	310.42	17.89	325.08	307.53	17.55	3.23	2.89	0.34
农业机械批发	12.65	10.75	1.90	12.58	10.75	1.83	0.07		0.07
汽车、摩托车及零配件批发	20.43	12.59	7.84	17.75	9.98	7.77	2.68	2.61	0.07
五金、交电批发	120.42	118.35	2.07	120.26	118.24	2.02	0.16	0.11	0.05
家用电器批发	36.06	35.42	0.64	35.86	35.25	0.61	0.20	0.17	0.03
计算机、软件及辅助设备批发	3.78	3.67	0.11	3.78	3.67	0.11			
通讯及广播电视设备批发	28.12	26.85	1.26	28.02	26.85	1.17	0.09		0.09
其他机械设备及电子产品批发	106.85	102.78	4.07	106.83	102.78	4.04	0.03		0.03
贸易经纪与代理									
贸易经纪与代理									
其他批发	66.30	64.50	1.80	65.27	63.47	1.80	1.03	1.03	
再生物资回收与批发	50.05	49.14	0.90	50.05	49.14	0.90			
其他未列明的批发	16.26	15.36	0.90	15.23	14.33	0.90	1.03	1.03	
零售业	**629.64**	**614.39**	**15.26**	**157.13**	**156.37**	**0.75**	**472.52**	**458.01**	**14.50**
综合零售	63.48	62.84	0.64	6.02	5.99	0.03	57.46	56.85	0.61
百货零售	51.82	51.71	0.12	5.66	5.66	...	46.16	46.05	0.11
超级市场零售	9.13	9.10	0.03	...	...		9.13	9.10	0.03
其他综合零售	2.53	2.03	0.49	0.36	0.33	0.03	2.17	1.70	0.47
食品、饮料及烟草制品专门零售	14.61	12.81	1.80	0.16	0.01	0.14	14.46	12.80	1.66
粮油零售	0.49		0.49	0.14		0.14	0.35		0.35
果品、蔬菜零售	0.15	0.11	0.04				0.15	0.11	0.04
肉、禽、蛋及水产品零售	4.41	4.28	0.13				4.41	4.28	0.13
饮料及茶叶零售	0.22	0.16	0.05				0.22	0.16	0.05
烟草制品零售	8.98	8.06	0.92				8.98	8.06	0.92
其他食品零售	0.38	0.20	0.17	0.02	0.01	...	0.36	0.19	0.17
纺织、服装及日用品专门零售	0.65	0.59	0.06	...		...	0.65	0.59	0.06

1-A-10 续表2-3

单位：个、万人、亿元

行业	销售额			批发额			零售额		
	合计	限额以上	限额以下	合计	限额以上	限额以下	合计	限额以上	限额以下
纺织品及针织品零售	0.02		0.02				0.02		0.02
服装零售	0.52	0.51	0.01	...		...	0.52	0.51	0.01
钟表、眼镜零售	0.08	0.08	...				0.08	0.08	...
其他日用品零售	0.03		0.03				0.03		0.03
文化、体育用品及器材专门零售	33.56	32.74	0.83	0.92	0.92	0.01	32.64	31.82	0.82
文具用品零售	0.24	0.10	0.14				0.24	0.10	0.14
体育用品零售	0.11	0.07	0.04	0.01		0.01	0.10	0.07	0.03
图书零售	30.16	29.89	0.27	0.92	0.92		29.24	28.98	0.27
报刊零售	0.81	0.71	0.10				0.81	0.71	0.10
音像制品及电子出版物零售	0.11		0.11				0.11		0.11
珠宝首饰零售	1.96	1.96					1.96	1.96	
工艺美术品及收藏品零售	0.17		0.17				0.17		0.17
其他文化用品零售	...		...				...		...
医药及医疗器材专门零售	45.08	44.25	0.83	6.81	6.80	0.01	38.27	37.46	0.82
药品零售	44.84	44.12	0.72	6.80	6.80	...	38.04	37.32	0.72
医疗用品及器材零售	0.24	0.14	0.10	0.01		0.01	0.23	0.14	0.10
汽车、摩托车、燃料及零配件专门零售	463.81	453.59	10.22	141.83	141.27	0.56	321.98	312.32	9.66
汽车零售	71.31	71.08	0.24	9.11	9.11		62.20	61.96	0.24
汽车零配件零售	0.44	0.33	0.11				0.44	0.33	0.11
摩托车及零配件零售	0.14	0.14					0.14	0.14	
机动车燃料零售	391.91	382.04	9.88	132.72	132.16	0.56	259.20	249.88	9.31
家用电器及电子产品专门零售	0.75	0.64	0.10	0.19	0.19	...	0.56	0.45	0.10
家用电器零售	0.70	0.64	0.05	0.19	0.19		0.51	0.45	0.05
计算机、软件及辅助设备零售	0.04		0.04				0.04		0.04
通信设备零售	...		...	...		...	...		...
其他电子产品零售	0.01		0.01				0.01		0.01
五金、家具及室内装修材料专门零售	0.17		0.17				0.17		0.17
五金零售	0.17		0.17				0.17		0.17
其他室内装修材料零售									
无店铺及其他零售	7.53	6.92	0.61	1.20	1.20		6.33	5.72	0.61
生活用燃料零售	7.46	6.92	0.54	1.20	1.20		6.27	5.72	0.54
花卉零售	0.06		0.06				0.06		0.06
其他未列明的零售	...		...				...		...

1－A－11 按行业分组的国有批发和零售业商品销售情况

单位：个、万人、亿元

行业	法人单位数			年末就业人员		
	合计	限额以上	限额以下	合计	限额以上	限额以下
总计	**884**	**304**	**580**	**3.60**	**2.67**	**0.92**
批发业	**612**	**222**	**390**	**2.82**	**2.13**	**0.69**
农畜产品批发	56	11	45	0.13	0.08	0.05
谷物、豆及薯类批发	22	8	14	0.09	0.06	0.03
种子、饲料批发	24	1	23	0.02	...	0.02
牲畜批发	5	1	4	...	...	...
其他农畜产品批发	5	1	4	0.02	0.01	0.01
食品、饮料及烟草制品批发	206	102	104	1.73	1.40	0.33
米、面制品及食用油批发	56	12	44	0.24	0.16	0.08
糕点、糖果及糖批发	3	1	2	0.01	...	0.01
果品、蔬菜批发	5	1	4	0.02	...	0.01
肉、禽、蛋及水产品批发	20	3	17	0.16	0.09	0.07
盐及调味品批发	41	13	28	0.14	0.07	0.08
饮料及茶叶批发	7		7	0.06		0.06
烟草制品批发	72	72		1.08	1.08	
其他食品批发	2		2	0.03		0.03
纺织、服装及日用品批发	30	15	15	0.11	0.09	0.02
纺织品、针织品及原料批发	10	4	6	0.02	0.01	0.01
服装批发	8	3	5	0.03	0.02	0.01
鞋帽批发	7	7		0.05	0.05	
厨房、卫生间用具及日用杂货批发	1	1		0.01	0.01	
其他日用品批发	4		4	0.01		0.01
文化、体育用品及器材批发	29	11	18	0.15	0.12	0.03
文具用品批发	10	4	6	0.01	...	0.01
体育用品批发	1		1	...		...
图书批发	7	3	4	0.11	0.10	...
报刊批发	5	1	4	0.01	0.01	0.01
音像制品及电子出版物批发	1	1		...	...	
首饰、工艺品及收藏品批发	4	1	3	...	...	...
其他文化用品批发	1	1		...	...	
医药及医疗器材批发	18	5	13	0.06	0.05	0.01
西药批发	7	4	3	0.05	0.04	...
中药材及中成药批发	1	1		0.01	0.01	

1－A－11 续表1－1 单位：个、万人、亿元

行业	法人单位数			年末就业人员		
	合计	限额以上	限额以下	合计	限额以上	限额以下
医疗用品及器材批发	10		10	0.01		0.01
矿产品、建材及化工产品批发	147	52	95	0.38	0.24	0.13
煤炭及制品批发	11	7	4	0.04	0.03	0.01
石油及制品批发	16	8	8	0.09	0.08	0.02
金属及金属矿批发	41	22	19	0.08	0.07	0.02
建材批发	21	3	18	0.05	0.03	0.02
化肥批发	16		16	0.03		0.03
农药批发	8		8	0.01		0.01
其他化工产品批发	34	12	22	0.08	0.04	0.03
机械设备、五金交电及电子产品批发	98	24	74	0.23	0.14	0.09
农业机械批发	21		21	0.02		0.02
汽车、摩托车及零配件批发	7	3	4	0.01	0.01	...
五金、交电批发	25	10	15	0.05	0.03	0.01
家用电器批发	5	1	4	0.01	...	0.01
计算机、软件及辅助设备批发	1	1		0.01	0.01	
通讯及广播电视设备批发	5	2	3	0.03	0.03	...
其他机械设备及电子产品批发	34	7	27	0.10	0.06	0.04
贸易经纪与代理	10		10	0.01		0.01
贸易经纪与代理	10		10	0.01		0.01
其他批发	18	2	16	0.03	0.01	0.01
再生物资回收与批发	11	1	10	0.01	...	0.01
其他未列明的批发	7	1	6	0.02	0.01	0.01
零售业	**272**	**82**	**190**	**0.78**	**0.55**	**0.23**
综合零售	29	4	25	0.07	0.04	0.02
百货零售	8	2	6	0.03	0.03	0.01
超级市场零售	2	1	1	0.02	0.01	...
其他综合零售	19	1	18	0.02	...	0.01
食品、饮料及烟草制品专门零售	58	11	47	0.20	0.12	0.08
粮油零售	19		19	0.04		0.04
果品、蔬菜零售	3	1	2	0.01	...	...
肉、禽、蛋及水产品零售	6	2	4	0.09	0.07	0.02
饮料及茶叶零售	7		7	...		...

1-A-11 续表1-2

单位:个、万人、亿元

行业	法人单位数			年末就业人员		
	合计	限额以上	限额以下	合计	限额以上	限额以下
烟草制品零售	14	8	6	0.05	0.05	0.01
其他食品零售	9		9	0.01		0.01
纺织、服装及日用品专门零售	17	2	15	0.01	...	0.01
纺织品及针织品零售	3		3	...		...
服装零售	4	1	3	...	...	...
钟表、眼镜零售	2	1	1	...	...	...
其他日用品零售	8		8	...		...
文化、体育用品及器材专门零售	68	25	43	0.23	0.20	0.04
文具用品零售	10		10	...		...
体育用品零售	2		2	0.01		0.01
图书零售	35	25	10	0.20	0.20	0.01
报刊零售	4		4	...		...
音像制品及电子出版物零售	2		2	...		...
工艺美术品及收藏品零售	14		14	0.02		0.02
其他文化用品零售	1		1	...		...
医药及医疗器材专门零售	28	7	21	0.10	0.07	0.03
药品零售	22	6	16	0.09	0.07	0.03
医疗用品及器材零售	6	1	5	0.01	...	...
汽车、摩托车、燃料及零配件专门零售	44	28	16	0.12	0.10	0.01
汽车零售	10	9	1	0.06	0.06	...
汽车零配件零售	4		4	...		...
摩托车及零配件零售	1	1		...	...	
机动车燃料零售	29	18	11	0.05	0.04	0.01
家用电器及电子产品专门零售	5		5	0.01		0.01
家用电器零售	4		4	...		...
其他电子产品零售	1		1	...		...
五金、家具及室内装修材料专门零售	7		7	0.02		0.02
五金零售	7		7	0.02		0.02
无店铺及其他零售	16	5	11	0.02	0.01	0.01
生活用燃料零售	9	5	4	0.02	0.01	0.01
花卉零售	4		4	...		...
其他未列明的零售	3		3	...		...

1－A－11 续表2－1 单位：个、万人、亿元

行业	销售额			批发额			零售额		
	合计	限额以上	限额以下	合计	限额以上	限额以下	合计	限额以上	限额以下
总计	**1778.06**	**1709.83**	**68.22**	**1679.95**	**1617.60**	**62.35**	**98.11**	**92.24**	**5.87**
批发业	**1697.35**	**1634.54**	**62.82**	**1672.47**	**1610.28**	**62.19**	**24.88**	**24.26**	**0.63**
农畜产品批发	10.62	8.17	2.45	10.53	8.14	2.39	0.09	0.03	0.06
谷物、豆及薯类批发	4.77	3.74	1.03	4.71	3.71	1.00	0.06	0.03	0.03
种子、饲料批发	1.74	0.97	0.78	1.74	0.97	0.78			
牲畜批发	2.36	1.89	0.47	2.33	1.89	0.44	0.03		0.03
其他农畜产品批发	1.75	1.57	0.18	1.75	1.57	0.18			
食品、饮料及烟草制品批发	856.73	849.93	6.80	853.35	846.63	6.72	3.39	3.31	0.08
米、面制品及食用油批发	34.76	32.86	1.90	34.52	32.69	1.84	0.24	0.18	0.06
糕点、糖果及糖批发	1.01	0.58	0.43	1.01	0.58	0.43			
果品、蔬菜批发	1.00	0.60	0.40	1.00	0.60	0.40			
肉、禽、蛋及水产品批发	9.44	8.45	1.00	9.25	8.26	1.00	0.19	0.19	
盐及调味品批发	15.31	12.59	2.72	15.17	12.46	2.71	0.14	0.13	0.01
饮料及茶叶批发	0.28		0.28	0.27		0.27	0.01		0.01
烟草制品批发	794.84	794.84		792.04	792.04		2.81	2.81	
其他食品批发	0.09		0.09	0.09		0.09			
纺织、服装及日用品批发	102.24	101.27	0.96	102.24	101.27	0.96	...		...
纺织品、针织品及原料批发	21.96	21.59	0.37	21.96	21.59	0.37	...		...
服装批发	19.21	19.00	0.21	19.21	19.00	0.21			
鞋帽批发	55.77	55.77		55.77	55.77				
厨房、卫生间用具及日用杂货批发	4.92	4.92		4.92	4.92				
其他日用品批发	0.38		0.38	0.38		0.38			
文化、体育用品及器材批发	31.42	30.05	1.37	30.68	29.33	1.35	0.74	0.72	0.02
文具用品批发	3.61	3.35	0.26	3.58	3.35	0.24	0.02		0.02
体育用品批发	0.06		0.06	0.06		0.06			
图书批发	24.94	24.41	0.54	24.46	23.92	0.54	0.49	0.49	
报刊批发	0.54	0.25	0.29	0.54	0.25	0.29			
音像制品及电子出版物批发	0.80	0.80		0.80	0.80				
首饰、工艺品及收藏品批发	0.83	0.61	0.22	0.73	0.51	0.22	0.10	0.10	
其他文化用品批发	0.64	0.64		0.51	0.51		0.13	0.13	
医药及医疗器材批发	38.80	38.01	0.79	29.48	28.70	0.78	9.32	9.31	0.01
西药批发	36.86	36.63	0.23	28.64	28.41	0.23	8.22	8.22	
中药材及中成药批发	1.38	1.38		0.29	0.29		1.09	1.09	

1－A－11 续表2－2

单位:个、万人、亿元

行业	销售额			批发额			零售额		
	合计	限额以上	限额以下	合计	限额以上	限额以下	合计	限额以上	限额以下
医疗用品及器材批发	0.56		0.56	0.55		0.55	0.01		0.01
矿产品、建材及化工产品批发	537.84	500.45	37.40	527.54	490.45	37.09	10.30	10.00	0.30
煤炭及制品批发	29.12	28.42	0.71	28.89	28.42	0.47	0.24		0.24
石油及制品批发	55.72	54.24	1.48	45.73	44.26	1.47	9.99	9.98	0.02
金属及金属矿批发	391.22	380.65	10.57	391.20	380.63	10.57	0.02	0.02	
建材批发	13.40	12.62	0.78	13.35	12.62	0.73	0.05		0.05
化肥批发	0.70		0.70	0.70		0.70			
农药批发	10.24		10.24	10.24		10.24			
其他化工产品批发	37.45	24.52	12.92	37.45	24.52	12.92			
机械设备、五金交电及电子产品批发	113.63	101.72	11.91	112.58	100.83	11.75	1.05	0.89	0.15
农业机械批发	1.67		1.67	1.60		1.60	0.07		0.07
汽车、摩托车及零配件批发	9.89	2.58	7.31	9.00	1.73	7.27	0.88	0.84	0.04
五金、交电批发	45.13	43.77	1.36	45.07	43.72	1.36	0.05	0.05	
家用电器批发	6.90	6.77	0.13	6.87	6.77	0.10	0.03		0.03
计算机、软件及辅助设备批发	3.67	3.67		3.67	3.67				
通讯及广播电视设备批发	13.55	13.07	0.49	13.55	13.07	0.49			
其他机械设备及电子产品批发	32.82	31.86	0.96	32.80	31.86	0.94	0.02		0.02
贸易经纪与代理									
贸易经纪与代理									
其他批发	6.07	4.93	1.14	6.07	4.93	1.14			
再生物资回收与批发	1.24	0.96	0.29	1.24	0.96	0.29			
其他未列明的批发	4.82	3.97	0.85	4.82	3.97	0.85			
零售业	**80.70**	**75.30**	**5.41**	**7.48**	**7.32**	**0.16**	**73.22**	**67.98**	**5.24**
综合零售	5.10	4.53	0.58	…	…	…	5.10	4.53	0.57
百货零售	3.63	3.51	0.12	…		…	3.63	3.51	0.11
超级市场零售	0.96	0.93	0.03	…	…		0.96	0.93	0.03
其他综合零售	0.51	0.08	0.43				0.51	0.08	0.43
食品、饮料及烟草制品专门零售	11.55	10.12	1.43	0.14		0.14	11.41	10.12	1.28
粮油零售	0.48		0.48	0.14		0.14	0.34		0.34
果品、蔬菜零售	0.15	0.11	0.04				0.15	0.11	0.04
肉、禽、蛋及水产品零售	4.38	4.28	0.10				4.38	4.28	0.10
饮料及茶叶零售	0.04		0.04				0.04		0.04

1-A-11 续表2-3 单位:个、万人、亿元

行业	销售额			批发额			零售额		
	合计	限额以上	限额以下	合计	限额以上	限额以下	合计	限额以上	限额以下
烟草制品零售	6.35	5.73	0.62				6.35	5.73	0.62
其他食品零售	0.15		0.15	...		...	0.14		0.14
纺织、服装及日用品专门零售	0.64	0.59	0.05	...		...	0.64	0.59	0.05
纺织品及针织品零售	0.02		0.02				0.02		0.02
服装零售	0.52	0.51	0.01	...		...	0.52	0.51	0.01
钟表、眼镜零售	0.08	0.08	...				0.08	0.08	...
其他日用品零售	0.02		0.02				0.02		0.02
文化、体育用品及器材专门零售	13.63	13.05	0.58	0.17	0.17	0.01	13.46	12.88	0.58
文具用品零售	0.10		0.10				0.10		0.10
体育用品零售	0.04		0.04	0.01		0.01	0.03		0.03
图书零售	13.22	13.05	0.17	0.17	0.17		13.06	12.88	0.17
报刊零售	0.10		0.10				0.10		0.10
音像制品及电子出版物零售	0.05		0.05				0.05		0.05
工艺美术品及收藏品零售	0.12		0.12				0.12		0.12
其他文化用品零售	...		...				...		...
医药及医疗器材专门零售	5.31	4.60	0.71	0.29	0.28	0.01	5.02	4.32	0.70
药品零售	5.10	4.46	0.63	0.29	0.28	...	4.81	4.18	0.63
医疗用品及器材零售	0.21	0.14	0.07	0.01		0.01	0.21	0.14	0.07
汽车、摩托车、燃料及零配件专门零售	42.88	41.43	1.45	6.73	6.73		36.15	34.70	1.45
汽车零售	33.76	33.76		6.56	6.56		27.20	27.20	
汽车零配件零售	0.09		0.09				0.09		0.09
摩托车及零配件零售	0.14	0.14					0.14	0.14	
机动车燃料零售	8.89	7.53	1.36	0.17	0.17		8.72	7.36	1.36
家用电器及电子产品专门零售	0.06		0.06				0.06		0.06
家用电器零售	0.05		0.05				0.05		0.05
其他电子产品零售	0.01		0.01				0.01		0.01
五金、家具及室内装修材料专门零售	0.14		0.14				0.14		0.14
五金零售	0.14		0.14				0.14		0.14
无店铺及其他零售	1.39	0.97	0.41	0.14	0.14		1.24	0.83	0.41
生活用燃料零售	1.36	0.97	0.39	0.14	0.14		1.22	0.83	0.39
花卉零售	0.02		0.02				0.02		0.02
其他未列明的零售	...		...				...		...

1－A－12　按行业分组的集体批发和零售业商品销售情况

单位：个、万人、亿元

行　业	法人单位数			年末就业人员		
	合　计	限　额 以　上	限　额 以　下	合　计	限　额 以　上	限　额 以　下
总　计	**1732**	**127**	**1605**	**1.80**	**0.51**	**1.29**
批发业	**1127**	**65**	**1062**	**1.02**	**0.20**	**0.83**
农畜产品批发	75	1	74	0.06	0.01	0.05
谷物、豆及薯类批发	4		4	...		...
种子、饲料批发	34		34	0.02		0.02
棉、麻批发	5		5	...		...
牲畜批发	4		4	...		...
其他农畜产品批发	28	1	27	0.03	0.01	0.03
食品、饮料及烟草制品批发	117	4	113	0.16	0.01	0.15
米、面制品及食用油批发	13	1	12	0.03	...	0.03
糕点、糖果及糖批发	2		2	...		...
果品、蔬菜批发	53	1	52	0.06	...	0.06
肉、禽、蛋及水产品批发	15		15	0.02		0.02
盐及调味品批发	4		4	0.01		0.01
饮料及茶叶批发	16	1	15	0.02	...	0.02
烟草制品批发	1		1	...		...
其他食品批发	13	1	12	0.02	...	0.02
纺织、服装及日用品批发	62	9	53	0.06	0.03	0.04
纺织品、针织品及原料批发	35	4	31	0.03	0.01	0.02
服装批发	14	3	11	0.02	0.01	0.01
厨房、卫生间用具及日用杂货批发	4		4	0.01		0.01
其他日用品批发	9	2	7	0.01	...	...
文化、体育用品及器材批发	21	2	19	0.02	0.01	0.01
文具用品批发	9	1	8	0.01	...	0.01
体育用品批发	2		2	...		...
图书批发	2	1	1	...	...	...
报刊批发	2		2	...		...
首饰、工艺品及收藏品批发	4		4	...		...
其他文化用品批发	2		2	...		...
医药及医疗器材批发	17		17	0.01		0.01
西药批发	2		2	...		...
中药材及中成药批发	2		2	...		...
医疗用品及器材批发	13		13	0.01		0.01
矿产品、建材及化工产品批发	627	32	595	0.54	0.10	0.44
煤炭及制品批发	8	1	7	0.01	...	0.01

1－A－12 续表1－1

单位：个、万人、亿元

行业	法人单位数			年末就业人员		
	合计	限额以上	限额以下	合计	限额以上	限额以下
石油及制品批发	22	4	18	0.02	0.01	0.02
非金属矿及制品批发	2	1	1	...	...	...
金属及金属矿批发	42	10	32	0.04	0.02	0.02
建材批发	65	2	63	0.07	0.01	0.06
化肥批发	317	11	306	0.26	0.05	0.20
农药批发	137		137	0.09		0.09
其他化工产品批发	34	3	31	0.05	0.01	0.04
机械设备、五金交电及电子产品批发	123	12	111	0.12	0.04	0.08
农业机械批发	31	1	30	0.02	...	0.01
汽车、摩托车及零配件批发	4	1	3	...	...	...
五金、交电批发	30	3	27	0.03	0.01	0.03
家用电器批发	11	2	9	0.01	...	...
计算机、软件及辅助设备批发	3	1	2	0.01	...	0.01
通讯及广播电视设备批发	3		3	...		...
其他机械设备及电子产品批发	41	4	37	0.05	0.02	0.03
贸易经纪与代理	3		3	...		...
贸易经纪与代理	3		3	...		...
其他批发	82	5	77	0.05	0.01	0.03
再生物资回收与批发	79	5	74	0.05	0.01	0.03
其他未列明的批发	3		3	...		...
零售业	**605**	**62**	**543**	**0.78**	**0.32**	**0.46**
综合零售	160	23	137	0.40	0.22	0.18
百货零售	41	14	27	0.16	0.11	0.05
超级市场零售	7	2	5	0.07	0.06	0.01
其他综合零售	112	7	105	0.17	0.05	0.12
食品、饮料及烟草制品专门零售	119		119	0.10		0.10
粮油零售	13		13	0.01		0.01
糕点、面包零售	6		6	...		...
果品、蔬菜零售	18		18	0.01		0.01
肉、禽、蛋及水产品零售	9		9	0.01		0.01
饮料及茶叶零售	13		13	0.03		0.03
烟草制品零售	16		16	0.01		0.01
其他食品零售	44		44	0.03		0.03
纺织、服装及日用品专门零售	57		57	0.03		0.03
纺织品及针织品零售	11		11	0.01		0.01

1-A-12 续表1-2

单位：个、万人、亿元

行业	法人单位数			年末就业人员		
	合计	限额以上	限额以下	合计	限额以上	限额以下
服装零售	16		16	0.01		0.01
鞋帽零售	2		2	...		...
钟表、眼镜零售	4		4	...		...
化妆品及卫生用品零售	1		1	...		...
其他日用品零售	23		23	0.01		0.01
文化、体育用品及器材专门零售	58	2	56	0.04	...	0.04
文具用品零售	22	1	21	0.02	...	0.02
体育用品零售	3		3	...		...
图书零售	9		9	...		...
报刊零售	3		3	...		...
珠宝首饰零售	4	1	3	...	...	...
工艺美术品及收藏品零售	16		16	0.01		0.01
其他文化用品零售	1		1	...		...
医药及医疗器材专门零售	68	4	64	0.05	0.02	0.03
药品零售	62	4	58	0.05	0.02	0.03
医疗用品及器材零售	6		6	...		...
汽车、摩托车、燃料及零配件专门零售	55	29	26	0.09	0.06	0.03
汽车零售	9	7	2	0.03	0.02	0.01
汽车零配件零售	3		3	...		...
摩托车及零配件零售	1		1	...		...
机动车燃料零售	42	22	20	0.05	0.04	0.01
家用电器及电子产品专门零售	16	2	14	0.01	...	0.01
家用电器零售	6	2	4	0.01	...	...
计算机、软件及辅助设备零售	2		2	...		...
通信设备零售	6		6	0.01		0.01
其他电子产品零售	2		2	...		...
五金、家具及室内装修材料专门零售	38	1	37	0.02	...	0.02
五金零售	24	1	23	0.02	...	0.01
家具零售	2		2	...		...
其他室内装修材料零售	12		12	0.01		0.01
无店铺及其他零售	34	1	33	0.04	0.01	0.03
生活用燃料零售	20	1	19	0.03	0.01	0.02
花卉零售	5		5	...		...
旧货零售	1		1	...		...
其他未列明的零售	8		8	0.01		0.01

1－A－12 续表2－1

单位：个、万人、亿元

行业	销售额			批发额			零售额		
	合计	限额以上	限额以下	合计	限额以上	限额以下	合计	限额以上	限额以下
总计	**234.46**	**194.87**	**39.60**	**192.48**	**162.58**	**29.90**	**41.99**	**32.29**	**9.70**
批发业	**183.88**	**153.73**	**30.15**	**182.25**	**152.72**	**29.53**	**1.63**	**1.01**	**0.62**
农畜产品批发	4.49	0.76	3.73	4.47	0.76	3.71	0.02		0.02
谷物、豆及薯类批发	0.03		0.03	0.03		0.03			
种子、饲料批发	0.41		0.41	0.41		0.41	...		...
棉、麻批发	2.19		2.19	2.19		2.19			
牲畜批发	0.12		0.12	0.12		0.12			
其他农畜产品批发	1.74	0.76	0.99	1.73	0.76	0.97	0.02		0.02
食品、饮料及烟草制品批发	9.19	5.59	3.59	9.00	5.50	3.50	0.19	0.10	0.09
米、面制品及食用油批发	0.54	0.27	0.27	0.42	0.18	0.24	0.12	0.10	0.02
糕点、糖果及糖批发	0.02		0.02	0.02		0.02	...		...
果品、蔬菜批发	2.07	0.65	1.42	2.04	0.65	1.39	0.03		0.03
肉、禽、蛋及水产品批发	0.73		0.73	0.73		0.73	...		...
盐及调味品批发	0.16		0.16	0.16		0.16	...		...
饮料及茶叶批发	4.62	3.82	0.81	4.60	3.82	0.79	0.02		0.02
烟草制品批发	...		...	...		...			
其他食品批发	1.03	0.85	0.18	1.02	0.85	0.17	0.01		0.01
纺织、服装及日用品批发	31.56	30.41	1.16	31.50	30.41	1.09	0.06		0.06
纺织品、针织品及原料批发	24.60	23.91	0.69	24.60	23.91	0.68	...		...
服装批发	2.34	2.14	0.20	2.33	2.14	0.19	0.01		0.01
厨房、卫生间用具及日用杂货批发	0.17		0.17	0.13		0.13	0.04		0.04
其他日用品批发	4.46	4.35	0.11	4.44	4.35	0.09	0.02		0.02
文化、体育用品及器材批发	1.11	0.72	0.39	1.01	0.65	0.37	0.10	0.08	0.02
文具用品批发	0.70	0.42	0.28	0.68	0.42	0.26	0.02		0.02
体育用品批发	0.04		0.04	0.04		0.04	...		...
图书批发	0.31	0.30	0.01	0.24	0.22	0.01	0.08	0.08	
报刊批发	...		...	...		...			
首饰、工艺品及收藏品批发	0.01		0.01	0.01		0.01	...		...
其他文化用品批发	0.04		0.04	0.04		0.04			
医药及医疗器材批发	0.70		0.70	0.70		0.70	...		...
西药批发	0.02		0.02	0.02		0.02			
中药材及中成药批发	0.04		0.04	0.04		0.04			
医疗用品及器材批发	0.64		0.64	0.64		0.64	...		...
矿产品、建材及化工产品批发	105.93	92.67	13.27	105.11	92.20	12.91	0.82	0.46	0.36
煤炭及制品批发	2.62	1.63	1.00	2.62	1.63	1.00			

1-A-12 续表2-2

单位:个、万人、亿元

行业	销售额			批发额			零售额		
	合计	限额以上	限额以下	合计	限额以上	限额以下	合计	限额以上	限额以下
石油及制品批发	19.24	17.99	1.25	19.02	17.80	1.21	0.23	0.19	0.04
非金属矿及制品批发	0.92	0.92	...	0.92	0.92	...			
金属及金属矿批发	26.39	25.81	0.58	26.33	25.76	0.58	0.06	0.06	...
建材批发	4.75	3.11	1.63	4.55	3.02	1.54	0.19	0.10	0.10
化肥批发	37.14	31.45	5.69	36.89	31.33	5.56	0.25	0.12	0.13
农药批发	2.11		2.11	2.05		2.05	0.07		0.07
其他化工产品批发	12.76	11.75	1.01	12.73	11.75	0.98	0.03		0.03
机械设备、五金交电及电子产品批发	20.64	14.82	5.82	20.20	14.44	5.76	0.43	0.37	0.06
农业机械批发	1.01	0.32	0.69	1.01	0.32	0.69	...		...
汽车、摩托车及零配件批发	1.01	0.91	0.10	0.71	0.62	0.10	0.29	0.29	
五金、交电批发	6.20	4.11	2.09	6.17	4.11	2.06	0.03		0.03
家用电器批发	2.81	2.52	0.28	2.80	2.52	0.28	...		...
计算机、软件及辅助设备批发	1.30	0.96	0.33	1.29	0.96	0.33	0.01		0.01
通讯及广播电视设备批发	0.07		0.07	0.06		0.06	0.01		0.01
其他机械设备及电子产品批发	8.24	5.99	2.25	8.16	5.91	2.25	0.08	0.08	...
贸易经纪与代理									
贸易经纪与代理									
其他批发	10.25	8.77	1.49	10.25	8.77	1.49			
再生物资回收与批发	10.24	8.77	1.47	10.24	8.77	1.47			
其他未列明的批发	0.02		0.02	0.02		0.02			
零售业	**50.59**	**41.14**	**9.45**	**10.23**	**9.86**	**0.37**	**40.36**	**31.28**	**9.08**
综合零售	17.38	14.74	2.63	6.60	6.45	0.15	10.77	8.29	2.48
百货零售	7.48	6.82	0.66	1.69	1.61	0.08	5.79	5.22	0.58
超级市场零售	3.82	3.71	0.11	1.93	1.93		1.89	1.78	0.11
其他综合零售	6.07	4.22	1.86	2.99	2.91	0.07	3.09	1.30	1.79
食品、饮料及烟草制品专门零售	1.52		1.52	0.08		0.08	1.44		1.44
粮油零售	0.19		0.19	0.04		0.04	0.16		0.16
糕点、面包零售	0.04		0.04	...		...	0.04		0.04
果品、蔬菜零售	0.21		0.21	...		...	0.21		0.21
肉、禽、蛋及水产品零售	0.10		0.10	...		...	0.10		0.10
饮料及茶叶零售	0.17		0.17				0.17		0.17
烟草制品零售	0.35		0.35				0.35		0.35
其他食品零售	0.46		0.46	0.04		0.04	0.42		0.42
纺织、服装及日用品专门零售	0.56		0.56	0.02		0.02	0.54		0.54
纺织品及针织品零售	0.06		0.06	0.01		0.01	0.05		0.05

1－A－12 续表2－3 单位：个、万人、亿元

行业	销售额			批发额			零售额		
	合计	限额以上	限额以下	合计	限额以上	限额以下	合计	限额以上	限额以下
服装零售	0.26		0.26	0.01		0.01	0.25		0.25
鞋帽零售	0.01		0.01				0.01		0.01
钟表、眼镜零售	0.04		0.04				0.04		0.04
化妆品及卫生用品零售	...		...				...		...
其他日用品零售	0.19		0.19	...		...	0.19		0.19
文化、体育用品及器材专门零售	0.94	0.32	0.62	0.02	0.02	...	0.92	0.31	0.61
文具用品零售	0.30	0.10	0.20	...		...	0.30	0.10	0.19
体育用品零售	0.01		0.01				0.01		0.01
图书零售	0.13		0.13				0.13		0.13
报刊零售	...		...				...		...
珠宝首饰零售	0.29	0.22	0.07	0.02	0.02		0.27	0.20	0.07
工艺美术品及收藏品零售	0.19		0.19	...		...	0.18		0.18
其他文化用品零售	0.02		0.02				0.02		0.02
医药及医疗器材专门零售	8.36	7.77	0.59	1.68	1.68	...	6.68	6.09	0.59
药品零售	8.33	7.77	0.56	1.68	1.68	...	6.65	6.09	0.56
医疗用品及器材零售	0.03		0.03				0.03		0.03
汽车、摩托车、燃料及零配件专门零售	19.39	17.47	1.92	1.77	1.66	0.11	17.62	15.81	1.81
汽车零售	9.08	8.34	0.74	0.65	0.65		8.43	7.69	0.74
汽车零配件零售	0.03		0.03				0.03		0.03
摩托车及零配件零售	0.02		0.02				0.02		0.02
机动车燃料零售	10.27	9.13	1.13	1.13	1.02	0.11	9.14	8.12	1.02
家用电器及电子产品专门零售	0.56	0.36	0.19	...		...	0.55	0.36	0.19
家用电器零售	0.41	0.36	0.04	...		...	0.41	0.36	0.04
计算机、软件及辅助设备零售	0.01		0.01				0.01		0.01
通信设备零售	0.10		0.10				0.10		0.10
其他电子产品零售	0.03		0.03				0.03		0.03
五金、家具及室内装修材料专门零售	0.39	0.10	0.29	...		...	0.39	0.10	0.29
五金零售	0.28	0.10	0.19				0.28	0.10	0.19
家具零售	...		...				...		...
其他室内装修材料零售	0.10		0.10	...		...	0.10		0.10
无店铺及其他零售	1.49	0.37	1.13	0.05	0.05	...	1.44	0.32	1.13
生活用燃料零售	1.32	0.37	0.95	0.05	0.05		1.27	0.32	0.95
花卉零售	0.02		0.02				0.02		0.02
旧货零售	0.01		0.01				0.01		0.01
其他未列明的零售	0.14		0.14	...		...	0.14		0.14

1－A－13 按行业分组的股份合作企业批发和零售业商品销售情况

单位：个、万人、亿元

行业	法人单位数			年末就业人员		
	合计	限额以上	限额以下	合计	限额以上	限额以下
总计	**473**	**49**	**424**	**0.53**	**0.18**	**0.35**
批发业	**283**	**30**	**253**	**0.38**	**0.13**	**0.25**
农畜产品批发	18		18	0.02		0.02
谷物、豆及薯类批发	2		2	...		...
种子、饲料批发	7		7	...		...
牲畜批发	5		5	...		...
其他农畜产品批发	4		4	...		...
食品、饮料及烟草制品批发	49	3	46	0.09	0.01	0.08
米、面制品及食用油批发	8		8	0.01		0.01
糕点、糖果及糖批发	1	1		...	...	
果品、蔬菜批发	29		29	0.06		0.06
肉、禽、蛋及水产品批发	4	1	3	...	...	...
盐及调味品批发	2	1	1	...	...	...
饮料及茶叶批发	2		2	...		...
其他食品批发	3		3	...		...
纺织、服装及日用品批发	18	2	16	0.02	0.01	0.01
纺织品、针织品及原料批发	6		6	...		...
服装批发	4		4	...		...
厨房、卫生间用具及日用杂货批发	2	1	1	0.01	0.01	...
其他日用品批发	6	1	5	0.01	...	0.01
文化、体育用品及器材批发	7		7	...		...
文具用品批发	3		3	...		...
图书批发	1		1	...		...
首饰、工艺品及收藏品批发	3		3	...		...
医药及医疗器材批发	3	2	1	0.01	0.01	...
西药批发	1	1		0.01	0.01	
中药材及中成药批发	1	1		...	...	
医疗用品及器材批发	1		1	...		...
矿产品、建材及化工产品批发	124	16	108	0.13	0.04	0.09

1-A-13 续表1-1 单位:个、万人、亿元

行业	法人单位数			年末就业人员		
	合计	限额以上	限额以下	合计	限额以上	限额以下
煤炭及制品批发	7	4	3	0.01	...	...
石油及制品批发	13	3	10	0.03	0.02	0.01
金属及金属矿批发	26	3	23	0.02	0.01	0.02
建材批发	17	1	16	0.02	...	0.01
化肥批发	25		25	0.02		0.02
农药批发	12		12	0.02		0.02
其他化工产品批发	24	5	19	0.02	0.01	0.02
机械设备、五金交电及电子产品批发	46	3	43	0.09	0.06	0.03
农业机械批发	1		1	...		...
汽车、摩托车及零配件批发	6	1	5	0.05	0.05	...
五金、交电批发	17		17	0.01		0.01
家用电器批发	4	1	3	0.01	0.01	...
计算机、软件及辅助设备批发	1		1	...		...
其他机械设备及电子产品批发	17	1	16	0.01	...	0.01
贸易经纪与代理	3		3	...		...
贸易经纪与代理	3		3	...		...
其他批发	15	4	11	0.02	0.01	0.01
再生物资回收与批发	15	4	11	0.02	0.01	0.01
零售业	**190**	**19**	**171**	**0.15**	**0.05**	**0.11**
综合零售	13	3	10	0.03	0.02	0.01
百货零售	4		4	0.01		0.01
超级市场零售	4	2	2	0.01	0.01	...
其他综合零售	5	1	4	0.01	0.01	...
食品、饮料及烟草制品专门零售	26		26	0.03		0.03
粮油零售	2		2	...		...
糕点、面包零售	2		2	...		...
果品、蔬菜零售	6		6	0.01		0.01
肉、禽、蛋及水产品零售	4		4	0.01		0.01
饮料及茶叶零售	7		7	0.01		0.01

1－A－13 续表1－2

单位：个、万人、亿元

行业	法人单位数			年末就业人员		
	合计	限额以上	限额以下	合计	限额以上	限额以下
其他食品零售	5		5	0.01		0.01
纺织、服装及日用品专门零售	13		13	0.01		0.01
纺织品及针织品零售	1		1	...		...
服装零售	5		5	...		...
鞋帽零售	1		1	...		...
钟表、眼镜零售	1		1	...		...
其他日用品零售	5		5	...		...
文化、体育用品及器材专门零售	7		7	...		...
文具用品零售	5		5	...		...
图书零售	1		1	...		...
珠宝首饰零售	1		1	...		...
医药及医疗器材专门零售	51		51	0.02		0.02
药品零售	50		50	0.02		0.02
医疗用品及器材零售	1		1	...		...
汽车、摩托车、燃料及零配件专门零售	33	14	19	0.04	0.02	0.02
汽车零售	4	1	3	0.01	...	...
机动车燃料零售	29	13	16	0.04	0.02	0.01
家用电器及电子产品专门零售	7	2	5	0.01	0.01	...
家用电器零售	4	2	2	0.01	0.01	...
通信设备零售	2		2	...		...
其他电子产品零售	1		1	...		...
五金、家具及室内装修材料专门零售	13		13	0.01		0.01
五金零售	8		8	...		...
家具零售	3		3	...		...
其他室内装修材料零售	2		2	...		...
无店铺及其他零售	27		27	0.01		0.01
生活用燃料零售	23		23	0.01		0.01
花卉零售	1		1	...		...
其他未列明的零售	3		3	...		...

1－A－13 续表2－1

单位：个、万人、亿元

行业	销售额			批发额			零售额		
	合计	限额以上	限额以下	合计	限额以上	限额以下	合计	限额以上	限额以下
总计	**69.22**	**51.20**	**18.01**	**56.19**	**43.46**	**12.73**	**13.03**	**7.74**	**5.29**
批发业	**59.43**	**46.46**	**12.97**	**55.20**	**42.64**	**12.56**	**4.22**	**3.82**	**0.41**
农畜产品批发	0.64		0.64	0.63		0.63	0.01		0.01
谷物、豆及薯类批发	0.03		0.03	0.03		0.03			
种子、饲料批发	0.27		0.27	0.27		0.27			
牲畜批发	0.09		0.09	0.09		0.09			
其他农畜产品批发	0.25		0.25	0.24		0.24	0.01		0.01
食品、饮料及烟草制品批发	3.68	1.56	2.12	3.54	1.56	1.98	0.14		0.14
米、面制品及食用油批发	0.24		0.24	0.23		0.23	0.01		0.01
糕点、糖果及糖批发	0.53	0.53		0.53	0.53				
果品、蔬菜批发	1.13		1.13	1.00		1.00	0.12		0.12
肉、禽、蛋及水产品批发	0.70	0.39	0.31	0.70	0.39	0.31			
盐及调味品批发	0.68	0.64	0.03	0.68	0.64	0.03			
饮料及茶叶批发	0.17		0.17	0.17		0.17	…		…
其他食品批发	0.23		0.23	0.23		0.23			
纺织、服装及日用品批发	5.79	5.40	0.39	5.78	5.40	0.38	0.01		0.01
纺织品、针织品及原料批发	0.20		0.20	0.20		0.20			
服装批发	0.07		0.07	0.07		0.07			
厨房、卫生间用具及日用杂货批发	5.09	5.08	0.01	5.09	5.08	0.01			
其他日用品批发	0.44	0.32	0.12	0.42	0.32	0.11	0.01		0.01
文化、体育用品及器材批发	0.39		0.39	0.39		0.39			
文具用品批发	0.30		0.30	0.30		0.30			
图书批发	0.01		0.01	0.01		0.01			
首饰、工艺品及收藏品批发	0.08		0.08	0.08		0.08			
医药及医疗器材批发	0.49	0.49		0.42	0.42		0.07	0.07	
西药批发	0.24	0.24		0.17	0.17		0.07	0.07	
中药材及中成药批发	0.25	0.25		0.25	0.25				
医疗用品及器材批发									
矿产品、建材及化工产品批发	32.17	25.85	6.32	29.71	23.55	6.16	2.45	2.30	0.15

1-A-13 续表2-2

单位:个、万人、亿元

行业	销售额			批发额			零售额		
	合计	限额以上	限额以下	合计	限额以上	限额以下	合计	限额以上	限额以下
煤炭及制品批发	3.40	2.60	0.80	3.40	2.60	0.80			
石油及制品批发	11.62	10.07	1.54	9.31	7.90	1.41	2.31	2.17	0.13
金属及金属矿批发	9.19	8.12	1.08	9.19	8.12	1.08			
建材批发	1.25	0.83	0.42	1.12	0.70	0.42	0.13	0.12	0.01
化肥批发	0.50		0.50	0.49		0.49	0.01		0.01
农药批发	0.29		0.29	0.29		0.29	0.01		0.01
其他化工产品批发	5.92	4.23	1.69	5.92	4.23	1.69			
机械设备、五金交电及电子产品批发	12.76	10.18	2.58	11.21	8.73	2.48	1.54	1.45	0.10
农业机械批发	0.05		0.05	0.05		0.05			
汽车、摩托车及零配件批发	6.70	6.25	0.45	5.38	5.00	0.38	1.32	1.25	0.07
五金、交电批发	1.32		1.32	1.29		1.29	0.02		0.02
家用电器批发	2.32	2.24	0.08	2.12	2.04	0.08	0.20	0.20	
计算机、软件及辅助设备批发	...		...	...		...			
其他机械设备及电子产品批发	2.36	1.69	0.67	2.36	1.69	0.67	0.01		0.01
贸易经纪与代理									
贸易经纪与代理									
其他批发	3.53	2.98	0.54	3.52	2.98	0.54	...		...
再生物资回收与批发	3.53	2.98	0.54	3.52	2.98	0.54	...		...
零售业	**9.79**	**4.75**	**5.05**	**0.98**	**0.82**	**0.16**	**8.81**	**3.92**	**4.88**
综合零售	0.88	0.28	0.60	0.05	0.04	0.01	0.84	0.24	0.59
百货零售	0.17		0.17	...		...	0.16		0.16
超级市场零售	0.52	0.19	0.33				0.52	0.19	0.33
其他综合零售	0.19	0.09	0.10	0.04	0.04	0.01	0.15	0.05	0.09
食品、饮料及烟草制品专门零售	0.40		0.40	0.01		0.01	0.39		0.39
粮油零售	0.01		0.01				0.01		0.01
糕点、面包零售	...		...				...		...
果品、蔬菜零售	0.16		0.16				0.16		0.16
肉、禽、蛋及水产品零售	0.04		0.04	...		...	0.04		0.04
饮料及茶叶零售	0.08		0.08	0.01		0.01	0.07		0.07

1－A－13 续表2－3

单位：个、万人、亿元

行业	销售额			批发额			零售额		
	合计	限额以上	限额以下	合计	限额以上	限额以下	合计	限额以上	限额以下
其他食品零售	0.11		0.11				0.11		0.11
纺织、服装及日用品专门零售	0.16		0.16	0.01		0.01	0.15		0.15
纺织品及针织品零售	...		...				...		...
服装零售	0.06		0.06				0.06		0.06
鞋帽零售	0.04		0.04	0.01		0.01	0.03		0.03
钟表、眼镜零售	...		...				...		...
其他日用品零售	0.06		0.06				0.06		0.06
文化、体育用品及器材专门零售	0.06		0.06				0.06		0.06
文具用品零售	0.03		0.03				0.03		0.03
图书零售	...		...				...		...
珠宝首饰零售	0.03		0.03				0.03		0.03
医药及医疗器材专门零售	0.38		0.38	...		...	0.38		0.38
药品零售	0.38		0.38	...		...	0.37		0.37
医疗用品及器材零售	0.01		0.01				0.01		0.01
汽车、摩托车、燃料及零配件专门零售	7.07	3.96	3.11	0.91	0.78	0.12	6.17	3.18	2.99
汽车零售	0.90	0.09	0.81				0.90	0.09	0.81
机动车燃料零售	6.18	3.88	2.30	0.91	0.78	0.12	5.27	3.09	2.18
家用电器及电子产品专门零售	0.60	0.50	0.09				0.60	0.50	0.09
家用电器零售	0.56	0.50	0.06				0.56	0.50	0.06
通信设备零售	0.03		0.03				0.03		0.03
其他电子产品零售	...		...				...		...
五金、家具及室内装修材料专门零售	0.12		0.12	0.01		0.01	0.11		0.11
五金零售	0.09		0.09	0.01		0.01	0.08		0.08
家具零售	0.02		0.02				0.02		0.02
其他室内装修材料零售	0.01		0.01	...		...	0.01		0.01
无店铺及其他零售	0.12		0.12	...		...	0.12		0.12
生活用燃料零售	0.07		0.07				0.07		0.07
花卉零售	...		...				...		...
其他未列明的零售	0.04		0.04	...		...	0.04		0.04

1－A－14　按行业分组的有限责任公司批发和零售业商品销售情况

单位：个、万人、亿元

行　　业	法人单位数			年末就业人员		
	合　计	限　额 以　上	限　额 以　下	合　计	限　额 以　上	限　额 以　下
总　计	**7873**	**2396**	**5477**	**20.36**	**15.51**	**4.85**
批发业	**5815**	**1612**	**4203**	**10.52**	**6.85**	**3.67**
农畜产品批发	123	33	90	0.29	0.16	0.13
谷物、豆及薯类批发	30	12	18	0.16	0.10	0.05
种子、饲料批发	32	5	27	0.02	0.01	0.01
棉、麻批发	23	9	14	0.04	0.02	0.02
牲畜批发	7	1	6	0.01	0.01	...
其他农畜产品批发	31	6	25	0.06	0.03	0.04
食品、饮料及烟草制品批发	487	119	368	1.34	0.79	0.54
米、面制品及食用油批发	86	24	62	0.26	0.14	0.12
糕点、糖果及糖批发	31	7	24	0.05	0.03	0.03
果品、蔬菜批发	64	7	57	0.16	0.04	0.12
肉、禽、蛋及水产品批发	47	17	30	0.09	0.06	0.04
盐及调味品批发	48	13	35	0.10	0.06	0.04
饮料及茶叶批发	131	32	99	0.46	0.33	0.13
烟草制品批发	10	4	6	0.05	0.04	0.01
其他食品批发	70	15	55	0.17	0.10	0.06
纺织、服装及日用品批发	1162	330	832	2.33	1.64	0.69
纺织品、针织品及原料批发	609	151	458	0.80	0.49	0.31
服装批发	296	119	177	0.82	0.65	0.16
鞋帽批发	29	14	15	0.14	0.12	0.02
厨房、卫生间用具及日用杂货批发	60	13	47	0.08	0.03	0.05
化妆品及卫生用品批发	35	7	28	0.29	0.25	0.04
其他日用品批发	133	26	107	0.21	0.10	0.11
文化、体育用品及器材批发	203	38	165	0.32	0.16	0.16
文具用品批发	87	25	62	0.15	0.11	0.04
体育用品批发	23	3	20	0.02	...	0.02
图书批发	18	3	15	0.03	0.02	0.01
报刊批发	3		3	0.04		0.04
音像制品及电子出版物批发	8	1	7	0.01	...	...
首饰、工艺品及收藏品批发	52	6	46	0.06	0.02	0.04
其他文化用品批发	12		12	0.01		0.01
医药及医疗器材批发	189	80	109	0.95	0.84	0.12
西药批发	67	52	15	0.58	0.56	0.02
中药材及中成药批发	27	17	10	0.27	0.23	0.03
医疗用品及器材批发	95	11	84	0.11	0.04	0.07
矿产品、建材及化工产品批发	1975	658	1317	2.68	1.68	1.00
煤炭及制品批发	157	77	80	0.21	0.14	0.07

1－A－14 续表1－1

单位：个、万人、亿元

行业	法人单位数			年末就业人员		
	合计	限额以上	限额以下	合计	限额以上	限额以下
石油及制品批发	165	88	77	0.29	0.21	0.07
非金属矿及制品批发	4		4	...		...
金属及金属矿批发	561	243	318	0.76	0.57	0.19
建材批发	340	43	297	0.38	0.19	0.18
化肥批发	113	34	79	0.21	0.11	0.10
农药批发	40	10	30	0.07	0.02	0.05
农用薄膜批发	6	2	4	...	...	...
其他化工产品批发	589	161	428	0.77	0.44	0.33
机械设备、五金交电及电子产品批发	1299	273	1026	2.16	1.36	0.80
农业机械批发	22	1	21	0.02	...	0.02
汽车、摩托车及零配件批发	134	43	91	0.26	0.18	0.08
五金、交电批发	292	64	228	0.44	0.28	0.16
家用电器批发	104	39	65	0.35	0.29	0.06
计算机、软件及辅助设备批发	99	20	79	0.17	0.07	0.09
通讯及广播电视设备批发	52	14	38	0.13	0.09	0.04
其他机械设备及电子产品批发	596	92	504	0.79	0.45	0.35
贸易经纪与代理	111	1	110	0.07	...	0.07
贸易经纪与代理	111	1	110	0.07	...	0.07
其他批发	266	80	186	0.38	0.21	0.17
再生物资回收与批发	231	74	157	0.35	0.20	0.14
其他未列明的批发	35	6	29	0.03	0.01	0.02
零售业	**2058**	**784**	**1274**	**9.84**	**8.66**	**1.18**
综合零售	211	136	75	4.25	4.03	0.22
百货零售	71	47	24	1.22	1.13	0.09
超级市场零售	86	71	15	2.65	2.59	0.06
其他综合零售	54	18	36	0.37	0.31	0.07
食品、饮料及烟草制品专门零售	143	27	116	0.28	0.17	0.11
粮油零售	9	2	7	0.01	...	...
糕点、面包零售	5	1	4	0.01	0.01	...
果品、蔬菜零售	11		11	0.01		0.01
肉、禽、蛋及水产品零售	15	2	13	0.05	0.04	0.01
饮料及茶叶零售	38	7	31	0.07	0.03	0.03
烟草制品零售	16	9	7	0.03	0.03	...
其他食品零售	49	6	43	0.11	0.07	0.04
纺织、服装及日用品专门零售	153	19	134	0.52	0.41	0.11
纺织品及针织品零售	16		16	0.01		0.01
服装零售	63	13	50	0.44	0.38	0.06
鞋帽零售	4	1	3	0.01	...	...

1－A－14 续表1－2

单位：个、万人、亿元

行业	法人单位数			年末就业人员		
	合计	限额以上	限额以下	合计	限额以上	限额以下
钟表、眼镜零售	18	3	15	0.03	0.02	0.01
化妆品及卫生用品零售	6		6	...		...
其他日用品零售	46	2	44	0.03	...	0.03
文化、体育用品及器材专门零售	191	72	119	0.48	0.39	0.08
文具用品零售	26	4	22	0.02	0.01	0.01
体育用品零售	10	1	9	0.01	...	...
图书零售	81	49	32	0.32	0.29	0.02
报刊零售	3	1	2	0.01	0.01	...
音像制品及电子出版物零售	7		7	0.01		0.01
珠宝首饰零售	34	15	19	0.09	0.07	0.02
工艺美术品及收藏品零售	26		26	0.02		0.02
照相器材零售	1	1		...	...	
其他文化用品零售	3	1	2	...	...	...
医药及医疗器材专门零售	312	70	242	1.10	0.96	0.14
药品零售	290	70	220	1.09	0.96	0.13
医疗用品及器材零售	22		22	0.01		0.01
汽车、摩托车、燃料及零配件专门零售	559	359	200	1.84	1.64	0.20
汽车零售	333	251	82	1.47	1.39	0.09
汽车零配件零售	19	3	16	0.01	...	0.01
摩托车及零配件零售	38	9	29	0.04	0.02	0.02
机动车燃料零售	169	96	73	0.32	0.24	0.08
家用电器及电子产品专门零售	299	67	232	1.11	0.92	0.18
家用电器零售	84	40	44	0.68	0.65	0.03
计算机、软件及辅助设备零售	124	21	103	0.29	0.20	0.09
通信设备零售	45	5	40	0.08	0.05	0.04
其他电子产品零售	46	1	45	0.06	0.03	0.03
五金、家具及室内装修材料专门零售	105	6	99	0.11	0.03	0.08
五金零售	42	3	39	0.04	0.01	0.02
家具零售	17		17	0.02		0.02
涂料零售	11		11	0.01		0.01
其他室内装修材料零售	35	3	32	0.04	0.01	0.03
无店铺及其他零售	85	28	57	0.16	0.11	0.05
邮购及电子销售	4	2	2	0.04	0.04	...
生活用燃料零售	48	25	23	0.09	0.07	0.02
花卉零售	8		8	...		...
旧货零售	2		2	...		...
其他未列明的零售	23	1	22	0.02	...	0.02

1-A-14 续表2-1 单位：个、万人、亿元

行业	销售额			批发额			零售额		
	合计	限额以上	限额以下	合计	限额以上	限额以下	合计	限额以上	限额以下
总计	**6894.82**	**6421.32**	**473.50**	**5869.49**	**5445.77**	**423.73**	**1025.32**	**975.55**	**49.77**
批发业	**5881.69**	**5455.21**	**426.48**	**5774.14**	**5352.24**	**421.90**	**107.55**	**102.97**	**4.58**
农畜产品批发	64.02	58.71	5.31	63.96	58.68	5.28	0.06	0.03	0.03
谷物、豆及薯类批发	25.61	24.60	1.01	25.56	24.57	0.99	0.05	0.03	0.02
种子、饲料批发	4.54	3.61	0.93	4.54	3.61	0.93			
棉、麻批发	16.20	15.03	1.17	16.20	15.03	1.17			
牲畜批发	1.40	1.14	0.26	1.39	1.14	0.25	0.01		0.01
其他农畜产品批发	16.27	14.33	1.94	16.27	14.33	1.94	...	...	
食品、饮料及烟草制品批发	333.72	306.88	26.84	330.42	304.59	25.83	3.31	2.30	1.01
米、面制品及食用油批发	49.29	44.86	4.43	47.99	43.70	4.29	1.31	1.16	0.14
糕点、糖果及糖批发	13.91	11.60	2.31	13.90	11.59	2.31	0.01	0.01	0.01
果品、蔬菜批发	11.69	9.09	2.60	11.51	9.03	2.48	0.18	0.06	0.12
肉、禽、蛋及水产品批发	14.29	12.14	2.15	13.98	12.01	1.97	0.31	0.13	0.18
盐及调味品批发	10.54	8.29	2.26	10.54	8.29	2.26			
饮料及茶叶批发	195.35	187.84	7.50	194.52	187.22	7.30	0.82	0.62	0.20
烟草制品批发	17.89	17.60	0.29	17.87	17.59	0.28	0.02	0.02	...
其他食品批发	20.76	15.45	5.30	20.10	15.16	4.94	0.66	0.29	0.36
纺织、服装及日用品批发	928.50	845.36	83.14	925.63	843.31	82.32	2.87	2.05	0.82
纺织品、针织品及原料批发	367.94	320.87	47.08	367.46	320.63	46.83	0.48	0.24	0.25
服装批发	352.79	339.99	12.81	351.03	338.38	12.65	1.77	1.61	0.16
鞋帽批发	33.64	32.81	0.83	33.56	32.78	0.78	0.08	0.03	0.06
厨房、卫生间用具及日用杂货批发	23.79	16.18	7.61	23.69	16.18	7.51	0.10		0.10
化妆品及卫生用品批发	93.05	85.25	7.80	92.87	85.07	7.80	0.18	0.18	...
其他日用品批发	57.29	50.27	7.02	57.02	50.27	6.75	0.26		0.26
文化、体育用品及器材批发	84.26	76.16	8.10	83.58	75.64	7.94	0.67	0.51	0.16
文具用品批发	62.81	60.29	2.52	62.57	60.05	2.52	0.24	0.24	...
体育用品批发	2.04	1.09	0.95	1.98	1.09	0.89	0.06		0.06
图书批发	1.87	1.11	0.76	1.69	0.93	0.76	0.19	0.19	...
报刊批发	0.28		0.28	0.28		0.28	...		...
音像制品及电子出版物批发	0.35	0.25	0.10	0.34	0.24	0.10	0.01	0.01	
首饰、工艺品及收藏品批发	16.52	13.41	3.11	16.34	13.34	3.01	0.17	0.07	0.10
其他文化用品批发	0.39		0.39	0.38		0.38	...		...
医药及医疗器材批发	271.03	261.28	9.75	198.04	188.39	9.65	73.00	72.90	0.10
西药批发	211.77	210.51	1.26	140.01	138.76	1.24	71.76	71.75	0.02
中药材及中成药批发	27.94	24.10	3.83	26.97	23.14	3.83	0.97	0.97	
医疗用品及器材批发	31.32	26.67	4.66	31.06	26.49	4.57	0.26	0.18	0.08
矿产品、建材及化工产品批发	2901.36	2712.01	189.35	2888.36	2700.20	188.16	13.00	11.81	1.19
煤炭及制品批发	177.67	150.91	26.76	177.08	150.54	26.54	0.59	0.38	0.22

1-A-14 续表2-2

单位:个、万人、亿元

行业	销售额			批发额			零售额		
	合计	限额以上	限额以下	合计	限额以上	限额以下	合计	限额以上	限额以下
石油及制品批发	272.78	253.69	19.09	262.27	243.49	18.78	10.52	10.20	0.31
非金属矿及制品批发	0.37		0.37	0.37		0.37			
金属及金属矿批发	1493.66	1423.35	70.31	1492.83	1422.59	70.25	0.83	0.77	0.06
建材批发	289.43	266.87	22.56	288.65	266.54	22.11	0.78	0.32	0.46
化肥批发	64.27	55.13	9.15	64.15	55.04	9.11	0.12	0.08	0.04
农药批发	23.40	20.74	2.66	23.40	20.74	2.66			
农用薄膜批发	8.74	8.56	0.18	8.74	8.56	0.18			
其他化工产品批发	571.04	532.75	38.29	570.87	532.69	38.18	0.16	0.06	0.11
机械设备、五金交电及电子产品批发	965.57	880.48	85.09	951.15	867.22	83.93	14.43	13.26	1.17
农业机械批发	11.80	10.75	1.05	11.78	10.75	1.03	0.02		0.02
汽车、摩托车及零配件批发	152.18	146.40	5.78	142.43	136.86	5.57	9.75	9.54	0.20
五金、交电批发	209.81	194.22	15.59	207.96	192.78	15.17	1.85	1.43	0.42
家用电器批发	148.32	140.33	7.99	147.38	139.46	7.92	0.94	0.86	0.08
计算机、软件及辅助设备批发	37.42	33.01	4.41	36.09	31.81	4.28	1.33	1.21	0.12
通讯及广播电视设备批发	65.47	58.99	6.48	65.28	58.91	6.37	0.19	0.08	0.11
其他机械设备及电子产品批发	340.58	296.79	43.79	340.23	296.65	43.58	0.35	0.14	0.21
贸易经纪与代理									
贸易经纪与代理									
其他批发	333.22	314.32	18.90	333.01	314.21	18.80	0.21	0.11	0.10
再生物资回收与批发	310.80	292.93	17.87	310.60	292.84	17.77	0.20	0.10	0.10
其他未列明的批发	22.42	21.39	1.03	22.40	21.37	1.03	0.01	0.01	
零售业	**1013.13**	**966.11**	**47.02**	**95.36**	**93.52**	**1.83**	**917.77**	**872.58**	**45.19**
综合零售	294.14	290.23	3.91	33.31	33.13	0.17	260.83	257.10	3.73
百货零售	101.78	101.08	0.69	6.37	6.33	0.04	95.41	94.75	0.66
超级市场零售	183.10	180.86	2.25	26.27	26.23	0.03	156.84	154.63	2.21
其他综合零售	9.26	8.29	0.97	0.67	0.57	0.10	8.59	7.72	0.86
食品、饮料及烟草制品专门零售	10.85	8.80	2.05	0.96	0.89	0.07	9.89	7.91	1.98
粮油零售	0.32	0.20	0.12				0.32	0.20	0.12
糕点、面包零售	0.11	0.10	0.01	0.02	0.02		0.09	0.08	0.01
果品、蔬菜零售	0.11		0.11	0.01		0.01	0.10		0.10
肉、禽、蛋及水产品零售	2.26	2.11	0.15	0.68	0.68		1.57	1.43	0.15
饮料及茶叶零售	1.40	1.00	0.41	0.03	0.03	…	1.38	0.97	0.40
烟草制品零售	3.13	2.72	0.41	0.02		0.02	3.11	2.72	0.39
其他食品零售	3.52	2.68	0.84	0.20	0.16	0.04	3.32	2.52	0.80
纺织、服装及日用品专门零售	27.07	23.42	3.65	6.83	6.76	0.07	20.24	16.66	3.58
纺织品及针织品零售	0.24		0.24	0.01		0.01	0.23		0.23
服装零售	24.00	22.74	1.26	6.77	6.71	0.06	17.23	16.03	1.20
鞋帽零售	0.27	0.07	0.21				0.27	0.07	0.21

1－A－14 续表2－3

单位：个、万人、亿元

行业	销售额			批发额			零售额		
	合计	限额以上	限额以下	合计	限额以上	限额以下	合计	限额以上	限额以下
钟表、眼镜零售	0.49	0.37	0.12				0.49	0.37	0.12
化妆品及卫生用品零售	0.07		0.07				0.07		0.07
其他日用品零售	2.00	0.25	1.75	0.05	0.05	0.01	1.94	0.20	1.74
文化、体育用品及器材专门零售	29.21	26.50	2.72	0.79	0.77	0.02	28.42	25.72	2.70
文具用品零售	0.75	0.40	0.35	0.01		0.01	0.74	0.40	0.34
体育用品零售	0.17	0.07	0.10	...		...	0.17	0.07	0.09
图书零售	18.78	17.95	0.84	0.77	0.77	...	18.02	17.18	0.84
报刊零售	0.72	0.71	...	...		...	0.72	0.71	...
音像制品及电子出版物零售	0.09		0.09				0.09		0.09
珠宝首饰零售	6.65	5.79	0.85	0.01	0.01		6.64	5.79	0.85
工艺美术品及收藏品零售	0.46		0.46	...		...	0.46		0.46
照相器材零售	1.27	1.27					1.27	1.27	
其他文化用品零售	0.32	0.30	0.02				0.32	0.30	0.02
医药及医疗器材专门零售	64.45	60.86	3.59	7.63	7.55	0.08	56.82	53.31	3.51
药品零售	64.27	60.86	3.41	7.63	7.55	0.08	56.64	53.31	3.33
医疗用品及器材零售	0.18		0.18	...		...	0.18		0.18
汽车、摩托车、燃料及零配件专门零售	445.96	427.46	18.49	31.95	30.70	1.25	414.01	396.76	17.24
汽车零售	358.64	352.91	5.73	23.30	23.27	0.03	335.34	329.64	5.71
汽车零配件零售	0.65	0.31	0.33	...		...	0.65	0.31	0.33
摩托车及零配件零售	1.81	0.95	0.86	0.06	0.06		1.75	0.90	0.86
机动车燃料零售	84.86	73.29	11.57	8.59	7.37	1.22	76.26	65.91	10.35
家用电器及电子产品专门零售	119.02	111.44	7.58	12.55	12.47	0.08	106.48	98.97	7.51
家用电器零售	86.19	84.94	1.25	5.97	5.97	...	80.22	78.97	1.24
计算机、软件及辅助设备零售	24.87	21.78	3.08	6.20	6.13	0.07	18.67	15.65	3.02
通信设备零售	4.88	3.50	1.38	0.38	0.37	0.01	4.50	3.13	1.37
其他电子产品零售	3.09	1.22	1.88	...		...	3.09	1.22	1.88
五金、家具及室内装修材料专门零售	6.26	3.24	3.02	0.63	0.56	0.07	5.63	2.68	2.96
五金零售	2.82	1.79	1.03	0.62	0.56	0.06	2.20	1.23	0.97
家具零售	0.49		0.49	...		...	0.49		0.49
涂料零售	0.32		0.32	...		...	0.31		0.31
其他室内装修材料零售	2.64	1.45	1.19	0.01		0.01	2.63	1.45	1.18
无店铺及其他零售	16.16	14.15	2.01	0.70	0.68	0.02	15.46	13.47	1.99
邮购及电子销售	6.12	6.10	0.02	0.27	0.27		5.85	5.83	0.02
生活用燃料零售	9.26	7.96	1.30	0.42	0.42	0.01	8.84	7.55	1.29
花卉零售	0.07		0.07				0.07		0.07
旧货零售	0.03		0.03				0.03		0.03
其他未列明的零售	0.68	0.09	0.59	0.01		0.01	0.67	0.09	0.58

1－A－15 按行业分组的股份有限公司批发和零售业商品销售情况

单位：个、万人、亿元

行业	法人单位数			年末就业人员		
	合计	限额以上	限额以下	合计	限额以上	限额以下
总计	**889**	**236**	**653**	**4.18**	**3.61**	**0.57**
批发业	**639**	**164**	**475**	**2.02**	**1.60**	**0.42**
农畜产品批发	5	1	4	0.03	0.02	...
种子、饲料批发	1		1	...		...
其他农畜产品批发	4	1	3	0.03	0.02	...
食品、饮料及烟草制品批发	50	9	41	0.13	0.10	0.04
米、面制品及食用油批发	8	1	7	0.01	...	0.01
糕点、糖果及糖批发	1		1	...		...
果品、蔬菜批发	7		7	0.01		0.01
肉、禽、蛋及水产品批发	2	1	1	0.01	0.01	...
盐及调味品批发	3	1	2	0.01	0.01	...
饮料及茶叶批发	17	5	12	0.07	0.06	0.01
烟草制品批发	2		2	...		...
其他食品批发	10	1	9	0.03	0.02	0.01
纺织、服装及日用品批发	111	37	74	0.30	0.22	0.08
纺织品、针织品及原料批发	42	17	25	0.10	0.08	0.02
服装批发	35	13	22	0.13	0.09	0.04
鞋帽批发	2		2	...		...
厨房、卫生间用具及日用杂货批发	5	1	4	0.01	...	...
化妆品及卫生用品批发	6	1	5	0.01	...	...
其他日用品批发	21	5	16	0.06	0.05	0.01
文化、体育用品及器材批发	31	4	27	0.03	0.01	0.02
文具用品批发	14	3	11	0.01	0.01	0.01
体育用品批发	3		3	...		...
图书批发	2		2	...		...
首饰、工艺品及收藏品批发	4		4	...		...
其他文化用品批发	8	1	7	0.01	...	0.01
医药及医疗器材批发	25	11	14	0.19	0.17	0.01
西药批发	6	5	1	0.04	0.04	...
中药材及中成药批发	6	5	1	0.13	0.13	...
医疗用品及器材批发	13	1	12	0.02	...	0.01
矿产品、建材及化工产品批发	240	72	168	0.95	0.82	0.13
煤炭及制品批发	20	9	11	0.02	0.01	0.01
石油及制品批发	28	18	10	0.61	0.60	0.01

1-A-15 续表1-1

单位：个、万人、亿元

行业	法人单位数			年末就业人员		
	合计	限额以上	限额以下	合计	限额以上	限额以下
非金属矿及制品批发	1		1	...		...
金属及金属矿批发	60	27	33	0.19	0.16	0.02
建材批发	44	3	41	0.03	...	0.03
化肥批发	18	2	16	0.03	0.01	0.02
农药批发	5	1	4	...	...	...
其他化工产品批发	64	12	52	0.06	0.03	0.03
机械设备、五金交电及电子产品批发	140	26	114	0.32	0.22	0.10
农业机械批发	1		1	...		...
汽车、摩托车及零配件批发	14	4	10	0.02	0.02	0.01
五金、交电批发	29	4	25	0.07	0.06	0.01
家用电器批发	19	3	16	0.07	0.04	0.03
计算机、软件及辅助设备批发	11	3	8	0.02	0.01	0.01
通讯及广播电视设备批发	9	4	5	0.04	0.04	...
其他机械设备及电子产品批发	57	8	49	0.09	0.06	0.04
贸易经纪与代理	12		12	0.01		0.01
贸易经纪与代理	12		12	0.01		0.01
其他批发	25	4	21	0.06	0.04	0.02
再生物资回收与批发	17	1	16	0.02	...	0.02
其他未列明的批发	8	3	5	0.04	0.04	...
零售业	**250**	**72**	**178**	**2.16**	**2.01**	**0.15**
综合零售	21	16	5	1.11	1.10	0.01
百货零售	11	9	2	0.39	0.38	0.01
超级市场零售	9	7	2	0.72	0.72	...
其他综合零售	1		1	...		...
食品、饮料及烟草制品专门零售	20	4	16	0.13	0.11	0.02
粮油零售	4	1	3	0.09	0.09	...
糕点、面包零售	1		1	...		...
果品、蔬菜零售	1		1	...		...
肉、禽、蛋及水产品零售	4	3	1	0.02	0.02	...
饮料及茶叶零售	5		5	...		...
其他食品零售	5		5	0.01		0.01
纺织、服装及日用品专门零售	21	1	20	0.02	...	0.02
纺织品及针织品零售	1		1	...		...
服装零售	9	1	8	0.01	...	0.01

1-A-15 续表1-2

单位：个、万人、亿元

行业	法人单位数			年末就业人员		
	合计	限额以上	限额以下	合计	限额以上	限额以下
鞋帽零售	2		2	...		...
钟表、眼镜零售	2		2	...		...
化妆品及卫生用品零售	4		4	...		...
其他日用品零售	3		3	...		...
文化、体育用品及器材专门零售	18		18	0.02		0.02
文具用品零售	4		4	...		...
体育用品零售	2		2	...		...
图书零售	2		2	...		...
音像制品及电子出版物零售	1		1	...		...
珠宝首饰零售	3		3	...		...
工艺美术品及收藏品零售	5		5	...		...
其他文化用品零售	1		1	...		...
医药及医疗器材专门零售	39	4	35	0.15	0.13	0.02
药品零售	34	4	30	0.15	0.13	0.02
医疗用品及器材零售	5		5	...		...
汽车、摩托车、燃料及零配件专门零售	69	37	32	0.62	0.59	0.03
汽车零售	30	23	7	0.18	0.18	0.01
汽车零配件零售	3		3	...		...
摩托车及零配件零售	5		5	...		...
机动车燃料零售	31	14	17	0.43	0.42	0.02
家用电器及电子产品专门零售	31	4	27	0.07	0.05	0.02
家用电器零售	12	4	8	0.06	0.05	0.01
计算机、软件及辅助设备零售	15		15	0.01		0.01
通信设备零售	2		2	...		...
其他电子产品零售	2		2	...		...
五金、家具及室内装修材料专门零售	14		14	0.01		0.01
五金零售	8		8	...		...
其他室内装修材料零售	6		6	...		...
无店铺及其他零售	17	6	11	0.04	0.03	0.01
邮购及电子销售	3		3	0.01		0.01
生活用燃料零售	11	6	5	0.03	0.03	...
旧货零售	1		1	...		...
其他未列明的零售	2		2	...		...

1-A-15 续表2-1

单位:个、万人、亿元

行业	销售额			批发额			零售额		
	合计	限额以上	限额以下	合计	限额以上	限额以下	合计	限额以上	限额以下
总计	**2015.13**	**1970.37**	**44.76**	**1506.57**	**1470.76**	**35.81**	**508.56**	**499.61**	**8.95**
批发业	**1485.01**	**1448.69**	**36.31**	**1349.60**	**1313.86**	**35.74**	**135.41**	**134.84**	**0.58**
农畜产品批发	1.39	0.98	0.42	1.39	0.98	0.42			
种子、饲料批发	0.27		0.27	0.27		0.27			
其他农畜产品批发	1.13	0.98	0.15	1.13	0.98	0.15			
食品、饮料及烟草制品批发	46.71	45.02	1.69	46.54	45.01	1.52	0.18	0.01	0.17
米、面制品及食用油批发	1.38	1.05	0.33	1.37	1.05	0.32	0.01		0.01
糕点、糖果及糖批发	0.03		0.03	0.03		0.03			
果品、蔬菜批发	0.13		0.13	0.13		0.13			
肉、禽、蛋及水产品批发	3.29	3.28	0.01	3.29	3.28	0.01			
盐及调味品批发	0.77	0.73	0.04	0.77	0.73	0.04			
饮料及茶叶批发	39.82	39.45	0.36	39.81	39.44	0.36	0.01	0.01	
烟草制品批发	0.24		0.24	0.17		0.17	0.07		0.07
其他食品批发	1.06	0.51	0.55	0.97	0.51	0.46	0.09		0.09
纺织、服装及日用品批发	190.34	184.93	5.41	190.25	184.87	5.38	0.10	0.06	0.04
纺织品、针织品及原料批发	82.13	79.68	2.44	82.13	79.68	2.44			
服装批发	55.28	54.17	1.11	55.18	54.10	1.08	0.10	0.06	0.04
鞋帽批发	0.83		0.83	0.83		0.83			
厨房、卫生间用具及日用杂货批发	3.45	3.07	0.38	3.45	3.07	0.38			
化妆品及卫生用品批发	0.42	0.36	0.06	0.42	0.36	0.06			
其他日用品批发	48.23	47.65	0.58	48.23	47.65	0.58			
文化、体育用品及器材批发	13.72	12.08	1.63	13.70	12.08	1.61	0.02		0.02
文具用品批发	10.54	9.62	0.92	10.54	9.62	0.91	0.01		0.01
体育用品批发	0.35		0.35	0.35		0.35			
图书批发	0.07		0.07	0.07		0.07			
首饰、工艺品及收藏品批发	0.02		0.02	0.02		0.02			
其他文化用品批发	2.74	2.46	0.27	2.73	2.46	0.26	0.01		0.01
医药及医疗器材批发	40.22	39.21	1.01	35.52	34.50	1.01	4.70	4.70	
西药批发	10.69	10.62	0.07	10.36	10.29	0.07	0.33	0.33	
中药材及中成药批发	28.16	28.15	0.01	23.79	23.78	0.01	4.37	4.37	
医疗用品及器材批发	1.37	0.44	0.93	1.37	0.44	0.93			
矿产品、建材及化工产品批发	1076.91	1062.84	14.07	949.51	935.64	13.87	127.40	127.20	0.20
煤炭及制品批发	22.48	19.66	2.83	22.35	19.66	2.70	0.13		0.13
石油及制品批发	783.05	781.47	1.58	656.02	654.46	1.56	127.04	127.02	0.02

1－A－15 续表2－2 单位：个、万人、亿元

行业	销售额			批发额			零售额		
	合计	限额以上	限额以下	合计	限额以上	限额以下	合计	限额以上	限额以下
非金属矿及制品批发	0.01		0.01	0.01		0.01			
金属及金属矿批发	216.77	213.71	3.07	216.77	213.71	3.07			
建材批发	3.53	1.95	1.58	3.34	1.77	1.57	0.19	0.18	0.01
化肥批发	5.57	4.53	1.03	5.52	4.53	0.99	0.04		0.04
农药批发	1.40	1.39	...	1.40	1.39	...			
其他化工产品批发	44.10	40.12	3.98	44.10	40.12	3.98			
机械设备、五金交电及电子产品批发	105.98	95.44	10.54	103.98	93.58	10.39	2.00	1.86	0.15
农业机械批发	0.01		0.01	0.01		0.01			
汽车、摩托车及零配件批发	2.11	1.83	0.28	1.72	1.46	0.25	0.40	0.37	0.03
五金、交电批发	31.09	29.77	1.32	31.09	29.77	1.32	...		...
家用电器批发	10.53	6.18	4.34	9.14	4.88	4.26	1.39	1.30	0.09
计算机、软件及辅助设备批发	3.80	3.09	0.71	3.59	2.90	0.69	0.20	0.19	0.02
通讯及广播电视设备批发	25.27	23.85	1.41	25.27	23.85	1.41			
其他机械设备及电子产品批发	33.18	30.71	2.47	33.16	30.71	2.45	0.02		0.02
贸易经纪与代理									
贸易经纪与代理									
其他批发	9.73	8.20	1.53	8.72	7.18	1.53	1.02	1.01	...
再生物资回收与批发	3.18	1.90	1.28	3.18	1.90	1.28	...		...
其他未列明的批发	6.55	6.29	0.26	5.54	5.28	0.26	1.01	1.01	
零售业	**530.13**	**521.68**	**8.45**	**156.98**	**156.90**	**0.07**	**373.15**	**364.78**	**8.37**
综合零售	113.31	113.25	0.06	14.65	14.65		98.66	98.60	0.06
百货零售	65.47	65.42	0.05	12.52	12.52		52.95	52.90	0.05
超级市场零售	47.85	47.83	0.02	2.14	2.14		45.71	45.69	0.02
其他综合零售	...		...				...		...
食品、饮料及烟草制品专门零售	6.84	6.56	0.28	0.26	0.26		6.58	6.30	0.28
粮油零售	3.51	3.47	0.04	0.20	0.20		3.32	3.27	0.04
糕点、面包零售	...		...				...		...
果品、蔬菜零售	0.03		0.03				0.03		0.03
肉、禽、蛋及水产品零售	3.13	3.09	0.04	0.07	0.07		3.07	3.03	0.04
饮料及茶叶零售	0.08		0.08				0.08		0.08
其他食品零售	0.08		0.08				0.08		0.08
纺织、服装及日用品专门零售	0.54	0.25	0.29	0.01		0.01	0.54	0.25	0.29
纺织品及针织品零售	0.01		0.01				0.01		0.01
服装零售	0.37	0.25	0.12	0.01		0.01	0.36	0.25	0.11

1-A-15 续表2-3 单位：个、万人、亿元

行业	销售额			批发额			零售额		
	合计	限额以上	限额以下	合计	限额以上	限额以下	合计	限额以上	限额以下
鞋帽零售	0.01		0.01				0.01		0.01
钟表、眼镜零售	0.03		0.03				0.03		0.03
化妆品及卫生用品零售	0.03		0.03				0.03		0.03
其他日用品零售	0.10		0.10				0.10		0.10
文化、体育用品及器材专门零售	0.90		0.90	...		...	0.89		0.89
文具用品零售	0.55		0.55				0.55		0.55
体育用品零售	0.02		0.02				0.02		0.02
图书零售	0.02		0.02				0.02		0.02
音像制品及电子出版物零售	0.04		0.04				0.04		0.04
珠宝首饰零售	0.08		0.08				0.08		0.08
工艺美术品及收藏品零售	0.16		0.16				0.16		0.16
其他文化用品零售	0.03		0.03	...		...	0.03		0.03
医药及医疗器材专门零售	83.23	82.77	0.46	25.19	25.18	0.01	58.04	57.59	0.45
药品零售	83.15	82.77	0.38	25.19	25.18	0.01	57.96	57.59	0.37
医疗用品及器材零售	0.08		0.08				0.08		0.08
汽车、摩托车、燃料及零配件专门零售	312.56	307.48	5.08	115.69	115.66	0.02	196.87	191.81	5.06
汽车零售	45.69	44.93	0.76	0.79	0.79		44.89	44.13	0.76
汽车零配件零售	0.10		0.10				0.10		0.10
摩托车及零配件零售	0.19		0.19				0.19		0.19
机动车燃料零售	266.58	262.55	4.03	114.89	114.87	0.02	151.69	147.68	4.00
家用电器及电子产品专门零售	6.45	5.76	0.69	0.03		0.03	6.42	5.76	0.65
家用电器零售	6.03	5.76	0.27	0.03		0.03	6.00	5.76	0.24
计算机、软件及辅助设备零售	0.32		0.32	...		...	0.32		0.32
通信设备零售	0.08		0.08				0.08		0.08
其他电子产品零售	0.02		0.02				0.02		0.02
五金、家具及室内装修材料专门零售	0.41		0.41				0.41		0.41
五金零售	0.21		0.21				0.21		0.21
其他室内装修材料零售	0.21		0.21				0.21		0.21
无店铺及其他零售	5.89	5.60	0.29	1.14	1.14		4.75	4.46	0.29
邮购及电子销售	0.04		0.04				0.04		0.04
生活用燃料零售	5.80	5.60	0.19	1.14	1.14		4.65	4.46	0.19
旧货零售	0.01		0.01				0.01		0.01
其他未列明的零售	0.05		0.05				0.05		0.05

1－A－16 按行业分组的私营企业批发和零售业商品销售情况

单位：个、万人、亿元

行业	法人单位数			年末就业人员		
	合计	限额以上	限额以下	合计	限额以上	限额以下
总计	**79336**	**6004**	**73332**	**65.15**	**17.95**	**47.20**
批发业	**59405**	**4581**	**54824**	**46.34**	**9.96**	**36.38**
农畜产品批发	806	33	773	0.66	0.06	0.60
谷物、豆及薯类批发	73	3	70	0.07	0.01	0.06
种子、饲料批发	261	8	253	0.17	0.01	0.16
棉、麻批发	53	11	42	0.04	0.01	0.03
牲畜批发	99	1	98	0.09	...	0.08
其他农畜产品批发	320	10	310	0.29	0.02	0.27
食品、饮料及烟草制品批发	3601	179	3422	3.95	0.96	2.99
米、面制品及食用油批发	478	28	450	0.49	0.11	0.37
糕点、糖果及糖批发	209	16	193	0.23	0.09	0.15
果品、蔬菜批发	724	12	712	0.84	0.08	0.76
肉、禽、蛋及水产品批发	401	43	358	0.57	0.25	0.32
盐及调味品批发	94	3	91	0.09	0.01	0.07
饮料及茶叶批发	985	58	927	1.12	0.33	0.78
烟草制品批发	23		23	0.02		0.02
其他食品批发	687	19	668	0.60	0.08	0.52
纺织、服装及日用品批发	14670	1032	13638	12.19	2.75	9.44
纺织品、针织品及原料批发	8443	535	7908	5.88	0.91	4.97
服装批发	2576	269	2307	3.11	1.09	2.02
鞋帽批发	362	71	291	0.38	0.16	0.22
厨房、卫生间用具及日用杂货批发	779	33	746	0.61	0.13	0.49
化妆品及卫生用品批发	435	17	418	0.45	0.15	0.30
其他日用品批发	2075	107	1968	1.76	0.32	1.44
文化、体育用品及器材批发	2351	121	2230	1.85	0.34	1.52
文具用品批发	1086	82	1004	0.93	0.22	0.70
体育用品批发	186	13	173	0.16	0.04	0.13
图书批发	96	1	95	0.07	...	0.07
报刊批发	12		12	0.01		0.01
音像制品及电子出版物批发	36	1	35	0.03	...	0.02
首饰、工艺品及收藏品批发	710	14	696	0.51	0.04	0.47
其他文化用品批发	225	10	215	0.16	0.03	0.13
医药及医疗器材批发	1140	89	1051	1.30	0.42	0.88
西药批发	133	50	83	0.37	0.27	0.10
中药材及中成药批发	99	13	86	0.17	0.07	0.11
医疗用品及器材批发	908	26	882	0.75	0.08	0.67
矿产品、建材及化工产品批发	19415	2202	17213	13.49	3.10	10.38
煤炭及制品批发	921	205	716	0.78	0.27	0.51

1－A－16 续表1－1

单位：个、万人、亿元

行业	法人单位数			年末就业人员		
	合计	限额以上	限额以下	合计	限额以上	限额以下
石油及制品批发	944	160	784	0.92	0.37	0.55
非金属矿及制品批发	138	12	126	0.11	0.02	0.09
金属及金属矿批发	6645	1078	5567	4.40	1.27	3.13
建材批发	3323	124	3199	2.17	0.25	1.93
化肥批发	471	9	462	0.34	0.02	0.31
农药批发	243	10	233	0.13	0.02	0.12
农用薄膜批发	16	2	14	0.01	...	0.01
其他化工产品批发	6714	602	6112	4.62	0.88	3.74
机械设备、五金交电及电子产品批发	14356	715	13641	11.00	2.01	8.99
农业机械批发	221	6	215	0.16	0.01	0.14
汽车、摩托车及零配件批发	1382	117	1265	1.17	0.34	0.83
五金、交电批发	3812	148	3664	2.55	0.36	2.19
家用电器批发	989	91	898	1.12	0.36	0.76
计算机、软件及辅助设备批发	1090	64	1026	0.96	0.14	0.82
通讯及广播电视设备批发	481	29	452	0.52	0.11	0.41
其他机械设备及电子产品批发	6381	260	6121	4.52	0.68	3.83
贸易经纪与代理	521		521	0.26		0.26
贸易经纪与代理	521		521	0.26		0.26
其他批发	2545	210	2335	1.64	0.32	1.32
再生物资回收与批发	2204	196	2008	1.39	0.28	1.11
其他未列明的批发	341	14	327	0.25	0.04	0.21
零售业	**19931**	**1423**	**18508**	**18.81**	**7.99**	**10.82**
综合零售	728	147	581	3.30	2.63	0.66
百货零售	176	43	133	0.95	0.79	0.16
超级市场零售	234	91	143	2.00	1.74	0.26
其他综合零售	318	13	305	0.35	0.10	0.25
食品、饮料及烟草制品专门零售	1342	27	1315	1.07	0.22	0.84
粮油零售	102	2	100	0.06	...	0.06
糕点、面包零售	87	2	85	0.10	0.01	0.08
果品、蔬菜零售	114		114	0.08		0.08
肉、禽、蛋及水产品零售	122	7	115	0.17	0.10	0.08
饮料及茶叶零售	352	4	348	0.26	0.04	0.21
烟草制品零售	82	5	77	0.07	0.02	0.05
其他食品零售	483	7	476	0.33	0.05	0.28
纺织、服装及日用品专门零售	1900	65	1835	1.90	0.51	1.40
纺织品及针织品零售	231	3	228	0.21	0.02	0.18
服装零售	644	26	618	0.87	0.31	0.56
鞋帽零售	81	6	75	0.15	0.09	0.06

1-A-16 续表1-2

单位：个、万人、亿元

行业	法人单位数			年末就业人员		
	合计	限额以上	限额以下	合计	限额以上	限额以下
钟表、眼镜零售	271	9	262	0.25	0.05	0.20
化妆品及卫生用品零售	174	3	171	0.11	...	0.11
其他日用品零售	499	18	481	0.31	0.02	0.29
文化、体育用品及器材专门零售	1089	45	1044	0.87	0.25	0.62
文具用品零售	308	5	303	0.18	0.01	0.17
体育用品零售	90	4	86	0.07	0.01	0.06
图书零售	93	2	91	0.08	0.01	0.06
报刊零售	26		26	0.01		0.01
音像制品及电子出版物零售	28		28	0.01		0.01
珠宝首饰零售	201	27	174	0.34	0.20	0.14
工艺美术品及收藏品零售	218		218	0.11		0.11
照相器材零售	23	3	20	0.02	0.01	0.01
其他文化用品零售	102	4	98	0.06	0.01	0.05
医药及医疗器材专门零售	6485	78	6407	3.12	0.59	2.54
药品零售	6094	74	6020	2.91	0.58	2.33
医疗用品及器材零售	391	4	387	0.21	...	0.21
汽车、摩托车、燃料及零配件专门零售	2772	696	2076	3.79	2.38	1.40
汽车零售	1308	519	789	2.73	2.11	0.62
汽车零配件零售	466	12	454	0.32	0.02	0.30
摩托车及零配件零售	388	49	339	0.27	0.08	0.19
机动车燃料零售	610	116	494	0.47	0.17	0.29
家用电器及电子产品专门零售	2950	270	2680	3.09	1.19	1.90
家用电器零售	914	139	775	1.15	0.63	0.52
计算机、软件及辅助设备零售	1253	78	1175	1.00	0.20	0.80
通信设备零售	439	47	392	0.73	0.35	0.38
其他电子产品零售	344	6	338	0.21	0.01	0.20
五金、家具及室内装修材料专门零售	1936	37	1899	1.12	0.10	1.02
五金零售	873	13	860	0.44	0.02	0.41
家具零售	287	8	279	0.25	0.05	0.20
涂料零售	147	2	145	0.08	0.01	0.08
其他室内装修材料零售	629	14	615	0.35	0.02	0.33
无店铺及其他零售	729	58	671	0.56	0.12	0.44
邮购及电子销售	22		22	0.01		0.01
生活用燃料零售	395	54	341	0.34	0.11	0.23
花卉零售	97		97	0.08		0.08
旧货零售	16		16	...		...
其他未列明的零售	199	4	195	0.12	...	0.11

1-A-16 续表2-1

单位:个、万人、亿元

行业	销售额			批发额			零售额		
	合计	限额以上	限额以下	合计	限额以上	限额以下	合计	限额以上	限额以下
总计	**12314.57**	**7365.22**	**4949.35**	**11039.64**	**6470.98**	**4568.66**	**1274.92**	**894.24**	**380.68**
批发业	**11058.07**	**6463.80**	**4594.27**	**10970.66**	**6414.11**	**4556.54**	**87.41**	**49.68**	**37.73**
农畜产品批发	87.45	53.87	33.58	86.88	53.65	33.23	0.56	0.21	0.35
谷物、豆及薯类批发	4.40	2.31	2.09	4.39	2.31	2.08	0.01	...	0.01
种子、饲料批发	18.36	10.38	7.99	18.33	10.38	7.95	0.03		0.03
棉、麻批发	12.48	8.54	3.94	12.42	8.54	3.88	0.06		0.06
牲畜批发	5.37	0.76	4.61	5.14	0.55	4.59	0.23	0.21	0.02
其他农畜产品批发	46.83	31.88	14.95	46.61	31.88	14.73	0.23		0.23
食品、饮料及烟草制品批发	361.74	179.93	181.81	351.87	175.48	176.38	9.87	4.44	5.43
米、面制品及食用油批发	81.03	48.68	32.35	78.59	47.02	31.57	2.44	1.66	0.78
糕点、糖果及糖批发	21.85	10.72	11.13	21.45	10.49	10.96	0.40	0.23	0.17
果品、蔬菜批发	32.06	5.81	26.25	31.32	5.81	25.51	0.74	...	0.74
肉、禽、蛋及水产品批发	65.51	39.64	25.86	64.07	38.75	25.32	1.44	0.90	0.54
盐及调味品批发	8.40	1.80	6.60	8.27	1.80	6.48	0.13		0.13
饮料及茶叶批发	112.27	64.48	47.78	109.24	63.08	46.16	3.03	1.40	1.62
烟草制品批发	0.97		0.97	0.79		0.79	0.17		0.17
其他食品批发	39.67	8.80	30.87	38.13	8.54	29.59	1.54	0.26	1.28
纺织、服装及日用品批发	2497.20	1216.67	1280.52	2488.61	1212.57	1276.04	8.59	4.11	4.48
纺织品、针织品及原料批发	1509.12	589.49	919.63	1507.71	589.28	918.43	1.40	0.21	1.19
服装批发	457.50	316.18	141.31	453.85	313.84	140.01	3.64	2.34	1.31
鞋帽批发	135.27	95.28	39.99	134.97	95.28	39.69	0.30		0.30
厨房、卫生间用具及日用杂货批发	70.40	36.72	33.68	68.84	35.56	33.28	1.56	1.16	0.40
化妆品及卫生用品批发	31.65	16.76	14.89	31.23	16.75	14.48	0.42	0.02	0.41
其他日用品批发	293.26	162.24	131.02	292.00	161.86	130.14	1.26	0.38	0.88
文化、体育用品及器材批发	232.99	107.39	125.60	230.26	106.58	123.68	2.73	0.81	1.92
文具用品批发	161.76	83.83	77.93	160.35	83.46	76.90	1.41	0.38	1.03
体育用品批发	18.25	9.65	8.61	17.95	9.63	8.32	0.31	0.01	0.29
图书批发	4.17	0.40	3.77	4.06	0.40	3.66	0.11		0.11
报刊批发	0.43		0.43	0.42		0.42	0.01		0.01
音像制品及电子出版物批发	2.26	1.08	1.18	2.21	1.08	1.13	0.05		0.05
首饰、工艺品及收藏品批发	31.43	7.32	24.10	30.95	6.94	24.02	0.47	0.39	0.08
其他文化用品批发	14.69	5.10	9.58	14.31	5.07	9.24	0.38	0.03	0.34
医药及医疗器材批发	156.89	100.75	56.14	151.13	95.49	55.64	5.76	5.26	0.50
西药批发	74.44	63.52	10.92	69.26	58.35	10.91	5.18	5.17	0.01
中药材及中成药批发	16.01	11.68	4.33	15.90	11.68	4.23	0.11		0.11
医疗用品及器材批发	66.44	25.56	40.88	65.97	25.47	40.50	0.47	0.09	0.38
矿产品、建材及化工产品批发	5765.85	3753.93	2011.92	5738.37	3734.88	2003.49	27.47	19.04	8.43
煤炭及制品批发	424.19	307.62	116.56	422.45	307.08	115.37	1.74	0.55	1.19

1－A－16 续表2－2

单位：个、万人、亿元

行业	销售额			批发额			零售额		
	合计	限额以上	限额以下	合计	限额以上	限额以下	合计	限额以上	限额以下
石油及制品批发	436.59	336.27	100.31	417.74	320.66	97.07	18.85	15.61	3.24
非金属矿及制品批发	26.01	16.43	9.58	25.91	16.43	9.48	0.10		0.10
金属及金属矿批发	3096.33	2128.96	967.37	3093.53	2127.23	966.31	2.80	1.74	1.06
建材批发	287.08	125.03	162.05	283.81	123.96	159.84	3.27	1.07	2.20
化肥批发	15.36	4.85	10.51	15.31	4.85	10.47	0.04		0.04
农药批发	14.63	10.78	3.86	14.63	10.78	3.85	...		...
农用薄膜批发	1.32	0.78	0.54	1.31	0.78	0.53	0.01		0.01
其他化工产品批发	1464.35	823.20	641.15	1463.68	823.12	640.56	0.66	0.08	0.58
机械设备、五金交电及电子产品批发	1449.78	687.57	762.22	1418.56	671.76	746.80	31.22	15.81	15.42
农业机械批发	10.79	2.90	7.89	10.59	2.78	7.81	0.20	0.12	0.08
汽车、摩托车及零配件批发	192.30	112.41	79.89	185.49	108.04	77.45	6.81	4.37	2.44
五金、交电批发	344.58	138.45	206.13	341.11	138.09	203.02	3.47	0.36	3.11
家用电器批发	163.13	94.48	68.65	156.78	89.90	66.88	6.35	4.58	1.78
计算机、软件及辅助设备批发	117.08	46.30	70.78	111.30	43.15	68.15	5.78	3.14	2.63
通讯及广播电视设备批发	49.57	21.74	27.84	46.14	19.39	26.76	3.43	2.35	1.08
其他机械设备及电子产品批发	572.33	271.29	301.04	567.15	270.41	296.74	5.19	0.88	4.30
贸易经纪与代理									
贸易经纪与代理									
其他批发	506.17	363.70	142.48	504.98	363.70	141.28	1.20	...	1.20
再生物资回收与批发	448.80	324.92	123.88	448.34	324.92	123.42	0.46	...	0.46
其他未列明的批发	57.37	38.77	18.60	56.64	38.77	17.86	0.74		0.74
零售业	**1256.50**	**901.42**	**355.08**	**68.99**	**56.87**	**12.12**	**1187.51**	**844.56**	**342.96**
综合零售	150.97	131.79	19.18	4.21	3.68	0.54	146.75	128.11	18.64
百货零售	61.96	56.31	5.65	1.72	1.39	0.33	60.24	54.92	5.32
超级市场零售	79.81	71.73	8.07	2.28	2.19	0.08	77.53	69.54	7.99
其他综合零售	9.20	3.74	5.46	0.22	0.09	0.13	8.98	3.65	5.33
食品、饮料及烟草制品专门零售	32.54	13.28	19.27	3.36	2.61	0.75	29.18	10.67	18.51
粮油零售	1.92	0.19	1.74	0.15	0.05	0.10	1.77	0.13	1.64
糕点、面包零售	1.90	0.36	1.53	0.11	0.09	0.02	1.78	0.27	1.52
果品、蔬菜零售	1.57		1.57	0.06		0.06	1.51		1.51
肉、禽、蛋及水产品零售	7.76	5.73	2.04	1.70	1.62	0.08	6.06	4.10	1.96
饮料及茶叶零售	7.14	2.61	4.54	0.99	0.78	0.21	6.15	1.82	4.33
烟草制品零售	3.08	1.53	1.55	0.05		0.05	3.04	1.53	1.51
其他食品零售	9.17	2.87	6.30	0.31	0.06	0.25	8.86	2.81	6.05
纺织、服装及日用品专门零售	73.66	32.90	40.76	7.18	5.92	1.26	66.49	26.98	39.50
纺织品及针织品零售	7.92	1.47	6.45	0.24		0.24	7.68	1.47	6.22
服装零售	34.89	17.64	17.25	2.23	1.54	0.69	32.66	16.10	16.56
鞋帽零售	11.36	9.77	1.59	3.98	3.96	0.02	7.38	5.82	1.56

1-A-16 续表2-3

单位:个、万人、亿元

行业	销售额			批发额			零售额		
	合计	限额以上	限额以下	合计	限额以上	限额以下	合计	限额以上	限额以下
钟表、眼镜零售	6.08	1.61	4.47	0.15	0.07	0.08	5.93	1.54	4.39
化妆品及卫生用品零售	2.20	0.48	1.72	0.16	0.13	0.03	2.04	0.34	1.69
其他日用品零售	11.22	1.94	9.28	0.42	0.22	0.20	10.79	1.71	9.08
文化、体育用品及器材专门零售	37.61	18.76	18.85	3.52	2.45	1.06	34.09	16.31	17.79
文具用品零售	5.15	0.58	4.57	0.18	0.01	0.17	4.98	0.57	4.40
体育用品零售	5.44	1.48	3.97	0.82	0.03	0.79	4.62	1.45	3.17
图书零售	2.22	0.84	1.38	0.16	0.15	0.01	2.06	0.69	1.37
报刊零售	0.08		0.08	...		...	0.08		0.08
音像制品及电子出版物零售	0.21		0.21	...		...	0.21		0.21
珠宝首饰零售	19.61	14.45	5.16	2.21	2.17	0.04	17.40	12.29	5.11
工艺美术品及收藏品零售	1.90		1.90	0.03		0.03	1.87		1.87
照相器材零售	1.26	0.89	0.37	0.07	0.07	0.01	1.18	0.82	0.36
其他文化用品零售	1.73	0.51	1.22	0.04	0.03	0.01	1.70	0.48	1.21
医药及医疗器材专门零售	71.02	25.62	45.41	1.83	1.26	0.56	69.20	24.35	44.84
药品零售	63.89	24.76	39.13	1.76	1.26	0.50	62.13	23.49	38.63
医疗用品及器材零售	7.13	0.86	6.27	0.06		0.06	7.07	0.86	6.21
汽车、摩托车、燃料及零配件专门零售	656.94	560.73	96.21	36.26	32.00	4.27	620.68	528.74	91.94
汽车零售	553.82	506.24	47.57	25.45	24.69	0.76	528.36	481.55	46.81
汽车零配件零售	17.02	4.32	12.70	0.72	0.43	0.29	16.30	3.89	12.41
摩托车及零配件零售	15.82	6.18	9.64	0.99	0.80	0.20	14.83	5.39	9.44
机动车燃料零售	70.28	43.98	26.29	9.10	6.08	3.02	61.18	37.91	23.27
家用电器及电子产品专门零售	161.99	97.52	64.48	9.42	7.29	2.13	152.57	90.23	62.35
家用电器零售	83.06	62.08	20.98	5.07	4.65	0.42	77.99	57.43	20.57
计算机、软件及辅助设备零售	44.88	18.61	26.27	3.02	1.79	1.22	41.86	16.81	25.05
通信设备零售	26.08	15.86	10.22	1.05	0.69	0.36	25.03	15.17	9.86
其他电子产品零售	7.97	0.97	7.00	0.28	0.15	0.13	7.69	0.82	6.87
五金、家具及室内装修材料专门零售	45.35	8.14	37.22	1.71	0.60	1.11	43.65	7.54	36.11
五金零售	19.97	2.45	17.51	0.78	0.18	0.60	19.18	2.27	16.91
家具零售	8.51	3.15	5.36	0.16	0.02	0.14	8.35	3.13	5.22
涂料零售	4.43	0.43	4.00	0.34	0.20	0.13	4.09	0.23	3.87
其他室内装修材料零售	12.45	2.10	10.34	0.43	0.20	0.23	12.02	1.90	10.11
无店铺及其他零售	26.41	12.70	13.71	1.50	1.06	0.44	24.91	11.64	13.27
邮购及电子销售	0.14		0.14				0.14		0.14
生活用燃料零售	20.48	12.10	8.39	1.34	1.01	0.33	19.14	11.08	8.06
花卉零售	1.17		1.17	...		...	1.17		1.17
旧货零售	0.22		0.22				0.22		0.22
其他未列明的零售	4.40	0.60	3.79	0.16	0.04	0.11	4.24	0.56	3.68

1－A－17 按行业分组的港澳台商和外商投资企业批发和零售业商品销售情况

单位：个、万人、亿元

行业	法人单位数			年末就业人员		
	合计	限额以上	限额以下	合计	限额以上	限额以下
总计	**773**	**123**	**650**	**3.10**	**2.27**	**0.83**
批发业	**634**	**56**	**578**	**1.05**	**0.33**	**0.72**
农畜产品批发	3		3	0.01		0.01
谷物、豆及薯类批发	1		1	...		...
其他农畜产品批发	2		2	...		...
食品、饮料及烟草制品批发	25	3	22	0.12	0.09	0.03
米、面制品及食用油批发	1	1		0.01	0.01	
糕点、糖果及糖批发	1	1		0.01	0.01	
果品、蔬菜批发	1		1	...		...
肉、禽、蛋及水产品批发	4	1	3	0.08	0.07	...
盐及调味品批发	1		1	...		...
饮料及茶叶批发	14		14	0.02		0.02
烟草制品批发	1		1	...		...
其他食品批发	2		2	...		...
纺织、服装及日用品批发	251	19	232	0.51	0.13	0.38
纺织品、针织品及原料批发	86	7	79	0.13	0.05	0.08
服装批发	70	8	62	0.29	0.06	0.23
鞋帽批发	8		8	0.01		0.01
厨房、卫生间用具及日用杂货批发	20		20	0.01		0.01
化妆品及卫生用品批发	12		12	0.01		0.01
其他日用品批发	55	4	51	0.05	0.01	0.04
文化、体育用品及器材批发	60	3	57	0.05	0.01	0.05
文具用品批发	21	2	19	0.02	0.01	0.01
体育用品批发	6	1	5	0.01	...	0.01
首饰、工艺品及收藏品批发	24		24	0.02		0.02
其他文化用品批发	9		9	0.01		0.01
医药及医疗器材批发	10	2	8	0.02	0.01	0.01
西药批发	2		2	...		...
医疗用品及器材批发	8	2	6	0.02	0.01	0.01
矿产品、建材及化工产品批发	86	12	74	0.12	0.04	0.08
煤炭及制品批发	1		1	...		...

1－A－17 续表1－1

单位：个、万人、亿元

行业	法人单位数			年末就业人员		
	合计	限额以上	限额以下	合计	限额以上	限额以下
石油及制品批发	7	3	4	0.04	0.03	0.02
非金属矿及制品批发	1		1	…		…
金属及金属矿批发	22	2	20	0.01	…	0.01
建材批发	16	2	14	0.02	…	0.02
化肥批发	1		1	…		…
农药批发	1	1		0.01	0.01	
其他化工产品批发	37	4	33	0.03	…	0.03
机械设备、五金交电及电子产品批发	170	17	153	0.20	0.06	0.14
农业机械批发	3	1	2	…	…	…
汽车、摩托车及零配件批发	17	2	15	0.02	…	0.02
五金、交电批发	40	6	34	0.05	0.02	0.03
家用电器批发	15	3	12	0.02	0.02	0.01
计算机、软件及辅助设备批发	7	2	5	0.02	0.01	…
通讯及广播电视设备批发	5		5	…		…
其他机械设备及电子产品批发	83	3	80	0.08	0.01	0.07
贸易经纪与代理	13		13	0.01		0.01
贸易经纪与代理	13		13	0.01		0.01
其他批发	16		16	0.02		0.02
再生物资回收与批发	4		4	0.01		0.01
其他未列明的批发	12		12	0.01		0.01
零售业	**139**	**67**	**72**	**2.05**	**1.93**	**0.12**
综合零售	34	25	9	1.40	1.38	0.02
百货零售	9	5	4	0.19	0.18	0.01
超级市场零售	22	20	2	1.21	1.20	0.01
其他综合零售	3		3	…		…
食品、饮料及烟草制品专门零售	12	1	11	0.05	0.03	0.02
糕点、面包零售	7	1	6	0.04	0.03	0.01
肉、禽、蛋及水产品零售	1		1	…		…
饮料及茶叶零售	1		1	…		…
其他食品零售	3		3	…		…

1－A－17　续表1－2

单位：个、万人、亿元

行　　业	法人单位数			年末就业人员		
	合　计	限　额 以　上	限　额 以　下	合　计	限　额 以　上	限　额 以　下
纺织、服装及日用品专门零售	27	5	22	0.12	0.06	0.06
纺织品及针织品零售	2		2	0.01		0.01
服装零售	11	4	7	0.06	0.06	...
鞋帽零售	1		1	...		...
钟表、眼镜零售	4	1	3	0.03	...	0.03
化妆品及卫生用品零售	4		4	0.01		0.01
其他日用品零售	5		5	0.01		0.01
文化、体育用品及器材专门零售	3	1	2	0.01	0.01	...
体育用品零售	1	1		0.01	0.01	
珠宝首饰零售	2		2	...		...
医药及医疗器材专门零售	10		10	...		...
药品零售	4		4	...		...
医疗用品及器材零售	6		6	...		...
汽车、摩托车、燃料及零配件专门零售	24	23	1	0.31	0.31	...
汽车零售	19	18	1	0.19	0.19	...
汽车零配件零售	1	1		0.02	0.02	
机动车燃料零售	4	4		0.11	0.11	
家用电器及电子产品专门零售	5	1	4	0.05	0.05	...
家用电器零售	2	1	1	0.05	0.05	...
计算机、软件及辅助设备零售	1		1	...		...
通信设备零售	1		1	...		...
其他电子产品零售	1		1	...		...
五金、家具及室内装修材料专门零售	13	7	6	0.05	0.04	0.01
五金零售	1		1	...		...
家具零售	7	4	3	0.02	0.01	...
其他室内装修材料零售	5	3	2	0.03	0.03	...
无店铺及其他零售	11	4	7	0.05	0.05	0.01
生活用燃料零售	7	3	4	0.05	0.04	...
花卉零售	3	1	2	...	...	...
旧货零售	1		1	...		...

1－A－17 续表2－1

单位：个、万人、亿元

行业	销售额			批发额			零售额		
	合计	限额以上	限额以下	合计	限额以上	限额以下	合计	限额以上	限额以下
总计	**515.11**	**431.07**	**84.04**	**240.65**	**159.39**	**81.26**	**274.46**	**271.68**	**2.78**
批发业	**214.15**	**133.06**	**81.09**	**213.20**	**132.27**	**80.94**	**0.95**	**0.79**	**0.15**
农畜产品批发	0.18		0.18	0.18		0.18			
谷物、豆及薯类批发	0.04		0.04	0.04		0.04			
其他农畜产品批发	0.14		0.14	0.14		0.14			
食品、饮料及烟草制品批发	8.65	7.13	1.52	7.88	6.45	1.43	0.77	0.68	0.09
米、面制品及食用油批发	1.98	1.98		1.98	1.98				
糕点、糖果及糖批发	0.45	0.45		0.45	0.45				
果品、蔬菜批发	0.04		0.04	0.04		0.04			
肉、禽、蛋及水产品批发	4.75	4.70	0.06	4.07	4.02	0.06	0.68	0.68	
盐及调味品批发	…		…	…		…			
饮料及茶叶批发	1.33		1.33	1.24		1.24	0.08		0.08
烟草制品批发	0.01		0.01	0.01		0.01			
其他食品批发	0.09		0.09	0.08		0.08	0.01		0.01
纺织、服装及日用品批发	54.01	33.94	20.06	54.00	33.94	20.06	…		…
纺织品、针织品及原料批发	25.63	17.93	7.69	25.63	17.93	7.69			
服装批发	18.65	9.62	9.04	18.65	9.62	9.04	…		…
鞋帽批发	0.28		0.28	0.28		0.28	…		…
厨房、卫生间用具及日用杂货批发	0.47		0.47	0.47		0.47	…		…
化妆品及卫生用品批发	1.15		1.15	1.15		1.15			
其他日用品批发	7.83	6.39	1.44	7.83	6.39	1.44			
文化、体育用品及器材批发	26.18	14.87	11.30	26.17	14.87	11.30	…		…
文具用品批发	15.19	14.61	0.58	15.19	14.61	0.58			
体育用品批发	0.66	0.27	0.39	0.66	0.27	0.39			
首饰、工艺品及收藏品批发	10.06		10.06	10.05		10.05	…		…
其他文化用品批发	0.28		0.28	0.28		0.28			
医药及医疗器材批发	5.82	5.43	0.39	5.82	5.43	0.39			
西药批发	0.05		0.05	0.05		0.05			
医疗用品及器材批发	5.77	5.43	0.34	5.77	5.43	0.34			
矿产品、建材及化工产品批发	66.60	38.23	28.37	66.49	38.12	28.37	0.11	0.11	
煤炭及制品批发	…		…	…		…			

1－A－17　续表2－2

单位：个、万人、亿元

行　业	销售额			批发额			零售额		
	合　计	限额以上	限额以下	合　计	限额以上	限额以下	合　计	限额以上	限额以下
石油及制品批发	25.34	23.75	1.59	25.23	23.64	1.59	0.11	0.11	
非金属矿及制品批发	...		...	...		...			
金属及金属矿批发	23.48	2.17	21.31	23.48	2.17	21.31			
建材批发	2.85	0.68	2.17	2.85	0.68	2.17			
化肥批发	...		...	...		...			
农药批发	2.10	2.10		2.10	2.10				
其他化工产品批发	12.82	9.53	3.30	12.82	9.53	3.30			
机械设备、五金交电及电子产品批发	43.52	33.46	10.06	43.46	33.46	10.01	0.06	...	0.05
农业机械批发	0.65	0.61	0.04	0.65	0.61	0.04			
汽车、摩托车及零配件批发	8.19	7.27	0.92	8.19	7.27	0.92	...		...
五金、交电批发	3.85	2.52	1.33	3.84	2.52	1.33	...		...
家用电器批发	7.32	6.38	0.94	7.32	6.38	0.94	...	...	
计算机、软件及辅助设备批发	12.50	12.42	0.08	12.50	12.42	0.08			
通讯及广播电视设备批发	0.49		0.49	0.49		0.49			
其他机械设备及电子产品批发	10.52	4.26	6.26	10.47	4.26	6.22	0.05		0.05
贸易经纪与代理									
贸易经纪与代理									
其他批发	9.19		9.19	9.19		9.19			
再生物资回收与批发	2.02		2.02	2.02		2.02			
其他未列明的批发	7.17		7.17	7.17		7.17			
零售业	**300.96**	**298.01**	**2.95**	**27.45**	**27.12**	**0.32**	**273.52**	**270.89**	**2.63**
综合零售	114.30	114.01	0.29	0.34	0.34		113.96	113.67	0.29
百货零售	35.57	35.56	...	0.30	0.30		35.27	35.26	...
超级市场零售	78.71	78.45	0.26	0.04	0.04		78.67	78.41	0.26
其他综合零售	0.02		0.02				0.02		0.02
食品、饮料及烟草制品专门零售	1.43	1.18	0.25				1.43	1.18	0.25
糕点、面包零售	1.35	1.18	0.18				1.35	1.18	0.18
肉、禽、蛋及水产品零售	0.01		0.01				0.01		0.01
饮料及茶叶零售	...		...				...		...
其他食品零售	0.07		0.07				0.07		0.07

1-A-17 续表2-3

单位：个、万人、亿元

行业	销售额			批发额			零售额		
	合计	限额以上	限额以下	合计	限额以上	限额以下	合计	限额以上	限额以下
纺织、服装及日用品专门零售	6.24	4.30	1.93	0.74	0.43	0.32	5.49	3.88	1.61
纺织品及针织品零售	0.13		0.13				0.13		0.13
服装零售	4.19	4.13	0.05	0.43	0.43		3.76	3.71	0.05
鞋帽零售	0.01		0.01				0.01		0.01
钟表、眼镜零售	1.69	0.17	1.52	0.32		0.32	1.37	0.17	1.20
化妆品及卫生用品零售	0.06		0.06				0.06		0.06
其他日用品零售	0.15		0.15				0.15		0.15
文化、体育用品及器材专门零售	0.48	0.48	...				0.48	0.48	...
体育用品零售	0.48	0.48					0.48	0.48	
珠宝首饰零售	...		...				...		...
医药及医疗器材专门零售	0.09		0.09	...		...	0.09		0.09
药品零售	0.02		0.02				0.02		0.02
医疗用品及器材零售	0.06		0.06	...		...	0.06		0.06
汽车、摩托车、燃料及零配件专门零售	169.60	169.60		26.36	26.36		143.24	143.24	
汽车零售	91.23	91.23		3.25	3.25		87.98	87.98	
汽车零配件零售	0.33	0.33					0.33	0.33	
机动车燃料零售	78.04	78.04		23.11	23.11		54.94	54.94	
家用电器及电子产品专门零售	3.19	3.13	0.06				3.19	3.13	0.06
家用电器零售	3.13	3.13					3.13	3.13	
计算机、软件及辅助设备零售	...		...				...		...
通信设备零售	0.05		0.05				0.05		0.05
其他电子产品零售	0.01		0.01				0.01		0.01
五金、家具及室内装修材料专门零售	2.57	2.48	0.09				2.57	2.48	0.09
五金零售	...		...				...		...
家具零售	0.84	0.81	0.03				0.84	0.81	0.03
其他室内装修材料零售	1.73	1.67	0.06				1.73	1.67	0.06
无店铺及其他零售	3.06	2.83	0.23				3.06	2.83	0.23
生活用燃料零售	2.75	2.54	0.21				2.75	2.54	0.21
花卉零售	0.30	0.29	0.01				0.30	0.29	0.01
旧货零售	0.01		0.01				0.01		0.01

1－A－18 按商品类别分组的国有及国有控股批发和零售业商品销售情况

单位：亿元

商品类别	销售额			批发额			零售额		
	合计	限额以上	限额以下	合计	限额以上	限额以下	合计	限额以上	限额以下
总计	**4756.46**	**4616.34**	**140.12**	**4089.97**	**3965.41**	**124.56**	**666.49**	**650.93**	**15.56**
1.粮油、食品、饮料、烟酒类	949.00	934.34	14.66	918.16	905.58	12.58	30.85	28.76	2.08
(1)粮油、食品类	111.21	98.02	13.19	97.31	85.16	12.15	13.90	12.86	1.04
其中：粮油类	44.82	39.17	5.65	42.35	37.13	5.22	2.47	2.04	0.43
肉禽蛋类	21.15	19.66	1.49	16.04	14.65	1.39	5.12	5.01	0.11
水产品类	1.30	0.75	0.55	0.96	0.49	0.47	0.34	0.26	0.08
蔬菜类	3.20	2.83	0.37	2.95	2.61	0.35	0.25	0.23	0.02
干鲜果品类	0.24	0.17	0.07	0.07	0.06	0.01	0.17	0.11	0.05
(2)饮料类	21.79	21.63	0.16	20.22	20.15	0.07	1.57	1.48	0.08
(3)烟酒类	816.00	814.69	1.31	800.63	800.27	0.36	15.38	14.42	0.96
2.服装、鞋帽、针纺织品类	193.57	187.76	5.82	168.52	162.82	5.70	25.06	24.94	0.12
(1)服装类	103.24	102.91	0.33	85.27	85.03	0.24	17.96	17.87	0.09
(2)鞋帽类	38.05	38.05	0.01	33.06	33.06		5.00	4.99	0.01
(3)针纺织品类	52.28	46.80	5.48	50.18	44.72	5.46	2.10	2.08	0.02
3.化妆品类	6.91	6.91	…	4.24	4.24		2.67	2.67	…
4.金银珠宝类	7.79	7.49	0.30	0.77	0.51	0.26	7.02	6.99	0.04
5.日用品类	50.07	49.22	0.85	44.36	43.75	0.60	5.71	5.46	0.25
其中：洗涤用品类	1.73	1.69	0.04	0.61	0.60	…	1.12	1.09	0.03
儿童玩具类	0.75	0.74	0.01	0.62	0.62	0.01	0.13	0.12	0.01
6.五金、电料类	83.67	81.81	1.86	83.31	81.70	1.61	0.36	0.11	0.25
7.体育、娱乐用品类	3.27	3.10	0.17	2.55	2.45	0.10	0.71	0.65	0.06
8.书报杂志类	53.30	51.94	1.36	24.29	23.24	1.05	29.01	28.70	0.31

1-A-18 续表

单位：亿元

商品类别	销售额			批发额			零售额		
	合计	限额以上	限额以下	合计	限额以上	限额以下	合计	限额以上	限额以下
9. 电子出版物及音像制品类	3.72	3.58	0.14	2.74	2.73	0.02	0.98	0.85	0.13
10. 家用电器和音像器材类	46.02	45.31	0.71	38.31	37.71	0.60	7.71	7.60	0.11
11. 中西药品类	189.12	187.67	1.45	97.62	97.12	0.49	91.51	90.55	0.96
其中：西药类	159.78	158.72	1.06	81.06	80.80	0.27	78.71	77.92	0.79
中草药及中成药类	28.14	28.02	0.12	15.60	15.56	0.05	12.54	12.47	0.08
12. 文化办公用品类	31.61	31.18	0.42	30.06	29.75	0.31	1.55	1.44	0.12
13. 家具类	2.27	2.27		2.20	2.20		0.07	0.07	
14. 通讯器材类	24.98	23.92	1.06	24.55	23.59	0.96	0.43	0.33	0.10
15. 煤炭及制品类	106.15	94.84	11.32	105.92	94.84	11.08	0.24		0.24
16. 木材及制品类	3.01	2.95	0.06	3.01	2.95	0.06			
17. 石油及制品类	1302.20	1285.16	17.04	905.88	898.78	7.10	396.32	386.39	9.93
18. 化工材料及制品类	127.24	105.01	22.24	127.24	105.01	22.24			
其中：化肥类	5.87	5.07	0.80	5.87	5.07	0.80			
19. 金属材料类	1155.89	1117.40	38.49	1155.89	1117.40	38.49			
20. 建筑及装潢材料类	42.60	39.25	3.36	42.54	39.25	3.30	0.06		0.06
21. 机电产品及设备类	138.94	132.61	6.34	138.83	132.58	6.25	0.12	0.03	0.09
其中：农机类	5.59	4.35	1.24	5.59	4.35	1.24			
22. 汽车类	104.94	96.71	8.23	39.72	31.85	7.87	65.22	64.86	0.36
23. 种子饲料类	3.31	2.04	1.27	3.31	2.04	1.27			
24. 棉麻类	4.27	4.27		4.27	4.27				
25. 其他类	122.60	119.61	2.99	121.70	119.07	2.63	0.89	0.53	0.36

1-A-19 按商品类别分组的国有批发和零售业商品销售情况

单位：亿元

商品类别	销售额			批发额			零售额		
	合计	限额以上	限额以下	合计	限额以上	限额以下	合计	限额以上	限额以下
总计	**1778.06**	**1709.83**	**68.22**	**1679.95**	**1617.60**	**62.35**	**98.11**	**92.24**	**5.87**
1.粮油、食品、饮料、烟酒类	865.56	855.70	9.86	849.65	841.37	8.28	15.91	14.33	1.58
(1)粮油、食品类	62.39	53.69	8.70	56.13	48.28	7.85	6.26	5.41	0.85
其中：粮油类	21.40	18.02	3.38	20.49	17.46	3.03	0.91	0.56	0.35
肉禽蛋类	18.67	17.77	0.90	14.32	13.43	0.88	4.35	4.34	0.01
水产品类	0.88	0.51	0.37	0.64	0.35	0.30	0.24	0.16	0.08
蔬菜类	2.62	2.25	0.37	2.51	2.16	0.35	0.11	0.09	0.02
干鲜果品类	0.10	0.04	0.06	0.02	0.02	0.01	0.07	0.02	0.05
(2)饮料类	19.27	19.12	0.15	19.01	18.93	0.07	0.26	0.18	0.08
(3)烟酒类	783.90	782.89	1.01	774.52	774.16	0.36	9.38	8.73	0.65
2.服装、鞋帽、针纺织品类	74.06	73.37	0.69	72.93	72.34	0.59	1.13	1.03	0.10
(1)服装类	31.13	30.83	0.30	30.16	29.94	0.21	0.97	0.89	0.08
(2)鞋帽类	21.71	21.71	0.01	21.65	21.65		0.07	0.06	0.01
(3)针纺织品类	21.21	20.83	0.39	21.12	20.75	0.37	0.09	0.08	0.01
3.化妆品类	0.05	0.05	...				0.05	0.05	...
4.金银珠宝类	0.81	0.80	...	0.51	0.51		0.30	0.30	...
5.日用品类	26.22	25.43	0.80	25.42	24.86	0.56	0.81	0.57	0.24
其中：洗涤用品类	0.24	0.22	0.03	0.07	0.07		0.18	0.15	0.03
儿童玩具类	0.41	0.39	0.01	0.40	0.39	0.01	0.01	...	0.01
6.五金、电料类	39.97	38.57	1.40	39.80	38.55	1.25	0.17	0.02	0.15
7.体育、娱乐用品类	1.91	1.78	0.13	1.73	1.65	0.08	0.18	0.13	0.05
8.书报杂志类	35.93	34.89	1.04	23.00	22.17	0.83	12.93	12.72	0.21

1-A-19 续表 单位:亿元

商品类别	销售额			批发额			零售额		
	合计	限额以上	限额以下	合计	限额以上	限额以下	合计	限额以上	限额以下
9. 电子出版物及音像制品类	2.45	2.38	0.08	1.92	1.90	0.02	0.54	0.48	0.06
10. 家用电器和音像器材类	10.35	10.16	0.18	8.28	8.18	0.10	2.07	1.98	0.08
11. 中西药品类	31.90	30.61	1.29	16.85	16.40	0.45	15.04	14.21	0.83
其中：西药类	26.22	25.25	0.98	14.22	13.96	0.27	12.00	11.29	0.71
中草药及中成药类	5.39	5.29	0.09	2.48	2.44	0.05	2.90	2.85	0.05
12. 文化办公用品类	11.08	10.87	0.21	10.83	10.68	0.15	0.24	0.18	0.06
13. 家具类	1.68	1.68		1.63	1.63		0.05	0.05	
14. 通讯器材类	10.83	10.55	0.28	10.83	10.55	0.28	0.01		0.01
15. 煤炭及制品类	24.49	23.71	0.78	24.26	23.71	0.55	0.24		0.24
16. 木材及制品类	1.65	1.60	0.06	1.65	1.60	0.06			
17. 石油及制品类	73.03	67.30	5.74	53.11	49.13	3.98	19.93	18.17	1.76
18. 化工材料及制品类	54.73	34.14	20.59	54.73	34.14	20.59			
其中：化肥类	5.77	5.07	0.71	5.77	5.07	0.71			
19. 金属材料类	380.86	370.40	10.47	380.86	370.40	10.47			
20. 建筑及装潢材料类	18.58	16.97	1.61	18.53	16.97	1.56	0.05		0.05
21. 机电产品及设备类	44.43	41.82	2.61	44.33	41.79	2.54	0.10	0.03	0.07
其中：农机类	1.22	...	1.22	1.22	...	1.22			
22. 汽车类	46.34	38.87	7.46	18.24	10.87	7.37	28.09	28.00	0.09
23. 种子饲料类	1.88	1.02	0.86	1.88	1.02	0.86			
24. 棉麻类	1.58	1.58		1.58	1.58				
25. 其他类	17.68	15.60	2.08	17.40	15.60	1.80	0.28		0.28

1-A-20 按商品类别分组的集体批发和零售业商品销售情况

单位：亿元

商品类别	销售额			批发额			零售额		
	合计	限额以上	限额以下	合计	限额以上	限额以下	合计	限额以上	限额以下
总计	**234.46**	**194.87**	**39.60**	**192.48**	**162.58**	**29.90**	**41.99**	**32.29**	**9.70**
1.粮油、食品、饮料、烟酒类	15.05	8.20	6.85	9.41	5.15	4.25	5.65	3.05	2.60
(1)粮油、食品类	7.61	2.68	4.93	4.51	1.10	3.41	3.09	1.58	1.51
其中：粮油类	1.08	0.40	0.68	0.58	0.12	0.45	0.50	0.28	0.22
肉禽蛋类	0.88	0.10	0.78	0.72	0.04	0.68	0.16	0.06	0.10
水产品类	0.12		0.12	0.05		0.05	0.07		0.07
蔬菜类	1.37	0.65	0.72	1.31	0.65	0.66	0.06		0.06
干鲜果品类	1.25	0.16	1.08	0.88	0.14	0.74	0.37	0.03	0.34
(2)饮料类	1.26	0.63	0.63	0.44	0.10	0.34	0.82	0.53	0.30
(3)烟酒类	6.19	4.89	1.29	4.46	3.95	0.50	1.73	0.94	0.79
2.服装、鞋帽、针纺织品类	30.13	28.40	1.73	28.07	26.89	1.18	2.05	1.51	0.55
(1)服装类	3.22	2.83	0.39	2.16	1.99	0.16	1.07	0.84	0.23
(2)鞋帽类	1.03	0.92	0.11	0.58	0.54	0.04	0.44	0.37	0.07
(3)针纺织品类	25.88	24.65	1.23	25.33	24.35	0.98	0.55	0.30	0.25
3.化妆品类	0.40	0.30	0.10	0.03	0.03	…	0.37	0.27	0.10
4.金银珠宝类	0.61	0.52	0.09	0.03	0.02	0.01	0.58	0.50	0.08
5.日用品类	6.07	4.93	1.14	4.52	4.19	0.33	1.55	0.74	0.81
其中：洗涤用品类	0.44	0.23	0.20	0.11	0.05	0.06	0.32	0.18	0.14
儿童玩具类	0.16	0.07	0.09	0.07	0.02	0.05	0.09	0.05	0.04
6.五金、电料类	7.25	5.44	1.81	6.56	5.00	1.56	0.69	0.44	0.25
7.体育、娱乐用品类	0.17	0.08	0.09	0.04	…	0.04	0.13	0.08	0.05
8.书报杂志类	0.47	0.32	0.16	0.24	0.22	0.02	0.23	0.09	0.14

1-A-20 续表 单位:亿元

商品类别	销售额			批发额			零售额		
	合计	限额以上	限额以下	合计	限额以上	限额以下	合计	限额以上	限额以下
9.电子出版物及音像制品类	1.93	1.93	0.01	1.91	1.91	0.01	0.02	0.02	…
10.家用电器和音像器材类	3.34	2.96	0.38	2.19	1.93	0.26	1.15	1.03	0.12
11.中西药品类	8.89	7.89	1.00	1.99	1.68	0.31	6.90	6.21	0.69
其中:西药类	5.27	4.79	0.48	1.11	1.07	0.04	4.16	3.72	0.45
中草药及中成药类	3.21	3.07	0.14	0.62	0.61	0.01	2.59	2.47	0.13
12.文化办公用品类	2.31	1.24	1.07	1.66	0.96	0.71	0.64	0.28	0.36
13.家具类	0.18	0.17	0.01	0.09	0.09		0.09	0.09	0.01
14.通讯器材类	0.43	0.07	0.36	0.22		0.22	0.21	0.07	0.14
15.煤炭及制品类	4.44	2.55	1.90	3.70	2.55	1.16	0.74		0.74
16.木材及制品类	1.39	1.24	0.15	1.39	1.24	0.15			
17.石油及制品类	34.90	32.33	2.57	23.91	22.79	1.12	10.98	9.54	1.45
18.化工材料及制品类	53.47	44.94	8.53	53.47	44.94	8.53			
其中:化肥类	35.25	29.55	5.70	35.25	29.55	5.70			
19.金属材料类	25.93	25.35	0.59	25.93	25.35	0.59			
20.建筑及装潢材料类	2.76	1.12	1.64	2.57	1.10	1.47	0.19	0.02	0.16
21.机电产品及设备类	8.55	5.48	3.08	8.42	5.38	3.04	0.14	0.10	0.03
其中:农机类	1.03	0.56	0.48	1.03	0.56	0.48			
22.汽车类	9.97	9.11	0.87	1.22	1.12	0.10	8.76	7.99	0.77
23.种子饲料类	0.66	0.14	0.52	0.66	0.14	0.52			
24.棉麻类	2.39	0.76	1.63	2.39	0.76	1.63			
25.其他类	12.76	9.42	3.34	11.84	9.15	2.69	0.92	0.26	0.65

1－A－21 按商品类别分组的股份合作企业批发和零售业商品销售情况

单位：亿元

商品类别	销售额			批发额			零售额		
	合计	限额以上	限额以下	合计	限额以上	限额以下	合计	限额以上	限额以下
总计	**69.22**	**51.20**	**18.01**	**56.19**	**43.46**	**12.73**	**13.03**	**7.74**	**5.29**
1.粮油、食品、饮料、烟酒类	7.19	3.99	3.20	6.05	3.86	2.19	1.14	0.13	1.01
(1)粮油、食品类	6.72	3.88	2.84	5.84	3.83	2.01	0.88	0.05	0.83
其中：粮油类	2.84	2.29	0.55	2.45	2.27	0.18	0.39	0.02	0.37
肉禽蛋类	0.40	0.39	0.01	0.39	0.39	0.01	0.01	...	0.01
水产品类	0.46		0.46	0.41		0.41	0.04		0.04
蔬菜类	0.98		0.98	0.76		0.76	0.22		0.22
干鲜果品类	0.32	...	0.31	0.27		0.27	0.05	...	0.04
(2)饮料类	0.36	0.07	0.29	0.19	0.03	0.16	0.17	0.04	0.13
(3)烟酒类	0.11	0.04	0.07	0.02	...	0.02	0.09	0.04	0.05
2.服装、鞋帽、针纺织品类	0.69	0.33	0.36	0.57	0.32	0.26	0.12	0.01	0.10
(1)服装类	0.18	0.01	0.17	0.08		0.08	0.09	0.01	0.08
(2)鞋帽类	0.01	...	...	...		...	0.01	...	...
(3)针纺织品类	0.51	0.32	0.19	0.49	0.32	0.17	0.02	...	0.02
3.化妆品类	0.03	0.02	0.01				0.03	0.02	0.01
4.金银珠宝类	0.04		0.04	0.01		0.01	0.03		0.03
5.日用品类	5.39	5.14	0.25	5.22	5.08	0.14	0.17	0.06	0.11
其中：洗涤用品类	0.14	0.05	0.08	0.07		0.07	0.07	0.05	0.01
儿童玩具类	...	...	...				...	...	...
6.五金、电料类	0.58	0.01	0.57	0.44		0.44	0.14	0.01	0.13
7.体育、娱乐用品类	0.01	...	0.01	...		...	0.01	...	0.01

1－A－21 续表 单位：亿元

商品类别	销售额			批发额			零售额		
	合计	限额以上	限额以下	合计	限额以上	限额以下	合计	限额以上	限额以下
8. 书报杂志类	...		...				...		...
10. 家用电器和音像器材类	2.90	2.74	0.16	2.12	2.04	0.08	0.78	0.70	0.08
11. 中西药品类	0.88	0.49	0.40	0.41	0.41	...	0.47	0.08	0.39
其中：西药类	0.35	0.14	0.21	0.11	0.11		0.24	0.03	0.21
中草药及中成药类	0.46	0.35	0.12	0.30	0.30		0.17	0.05	0.12
12. 文化办公用品类	0.36	...	0.35	0.32		0.32	0.03	...	0.03
13. 家具类	0.03		0.03	0.01		0.01	0.02		0.02
14. 通讯器材类	0.03		0.03				0.03		0.03
15. 煤炭及制品类	3.54	2.65	0.90	3.54	2.65	0.89	0.01		0.01
17. 石油及制品类	17.91	13.91	4.00	10.26	8.64	1.62	7.64	5.27	2.38
18. 化工材料及制品类	6.09	4.03	2.06	6.09	4.03	2.06			
其中：化肥类	0.39		0.39	0.39		0.39			
19. 金属材料类	4.60	3.46	1.14	4.60	3.46	1.14			
20. 建筑及装潢材料类	1.58	1.03	0.55	1.44	0.90	0.53	0.14	0.12	0.02
21. 机电产品及设备类	5.69	4.08	1.61	5.69	4.08	1.60	0.01		0.01
其中：农机类	...		...	...		...			
22. 汽车类	7.59	6.34	1.26	5.38	5.00	0.38	2.21	1.34	0.88
23. 种子饲料类	0.28		0.28	0.28		0.28			
24. 棉麻类	0.02		0.02	0.02		0.02			
25. 其他类	3.77	2.99	0.78	3.72	2.99	0.73	0.05	...	0.05

1－A－22 按商品类别分组的有限责任公司批发和零售业商品销售情况

单位：亿元

商品类别	销售额			批发额			零售额		
	合计	限额以上	限额以下	合计	限额以上	限额以下	合计	限额以上	限额以下
总计	**6894.82**	**6421.32**	**473.50**	**5869.49**	**5445.77**	**423.73**	**1025.32**	**975.55**	**49.77**
1.粮油、食品、饮料、烟酒类	514.93	482.10	32.83	385.83	358.35	27.48	129.10	123.76	5.34
(1)粮油、食品类	258.33	235.70	22.63	168.02	148.38	19.64	90.31	87.32	2.99
其中：粮油类	97.32	91.91	5.41	77.99	73.19	4.81	19.33	18.72	0.61
肉禽蛋类	20.89	19.18	1.71	9.39	7.87	1.52	11.50	11.31	0.19
水产品类	5.84	5.23	0.60	4.46	3.94	0.52	1.37	1.30	0.08
蔬菜类	13.58	12.35	1.23	11.73	10.59	1.15	1.85	1.77	0.08
干鲜果品类	9.49	7.50	1.99	4.18	2.63	1.55	5.31	4.87	0.44
(2)饮料类	194.46	191.24	3.22	180.88	178.47	2.41	13.58	12.77	0.81
(3)烟酒类	62.14	55.17	6.97	36.93	31.50	5.43	25.21	23.67	1.54
2.服装、鞋帽、针纺织品类	757.16	691.93	65.23	671.34	609.87	61.47	85.83	82.07	3.76
(1)服装类	356.41	340.55	15.85	297.90	284.70	13.19	58.51	55.85	2.66
(2)鞋帽类	57.82	54.57	3.25	41.17	38.42	2.76	16.64	16.15	0.49
(3)针纺织品类	342.94	296.81	46.13	332.27	286.75	45.52	10.67	10.06	0.61
3.化妆品类	26.14	18.28	7.86	14.64	6.93	7.71	11.50	11.35	0.16
4.金银珠宝类	22.33	20.30	2.03	6.74	5.81	0.93	15.58	14.49	1.09
5.日用品类	280.99	267.26	13.74	244.92	232.93	11.99	36.08	34.33	1.75
其中：洗涤用品类	100.84	99.33	1.50	89.25	87.93	1.31	11.59	11.40	0.19
儿童玩具类	7.92	7.78	0.14	6.70	6.61	0.09	1.22	1.16	0.06
6.五金、电料类	150.62	142.03	8.59	145.55	138.50	7.05	5.06	3.53	1.53
7.体育、娱乐用品类	12.55	11.65	0.90	9.80	9.08	0.72	2.74	2.57	0.18
8.书报杂志类	20.74	18.92	1.82	2.79	1.78	1.01	17.95	17.14	0.81

1-A-22 续表 单位：亿元

商品类别	销售额			批发额			零售额		
	合计	限额以上	限额以下	合计	限额以上	限额以下	合计	限额以上	限额以下
9. 电子出版物及音像制品类	4.26	3.45	0.81	2.92	2.24	0.68	1.34	1.21	0.13
10. 家用电器和音像器材类	271.63	257.86	13.77	172.15	162.21	9.93	99.49	95.65	3.84
11. 中西药品类	295.73	286.42	9.31	166.15	160.35	5.80	129.58	126.07	3.51
其中：西药类	215.34	212.54	2.80	123.24	122.20	1.03	92.11	90.34	1.77
中草药及中成药类	54.24	52.48	1.76	29.87	29.51	0.36	24.37	22.97	1.40
12. 文化办公用品类	107.46	100.59	6.87	83.13	77.98	5.14	24.34	22.61	1.73
13. 家具类	13.02	6.89	6.13	11.00	5.42	5.58	2.02	1.47	0.55
14. 通讯器材类	80.75	69.56	11.19	67.31	58.89	8.42	13.45	10.68	2.77
15. 煤炭及制品类	195.95	157.81	38.13	194.93	157.11	37.82	1.02	0.71	0.31
16. 木材及制品类	22.73	21.47	1.26	22.73	21.47	1.26			
17. 石油及制品类	426.71	405.81	20.90	331.44	322.56	8.88	95.27	83.25	12.02
18. 化工材料及制品类	661.67	611.39	50.28	661.67	611.39	50.28			
其中：化肥类	71.03	62.91	8.13	71.03	62.91	8.13			
19. 金属材料类	1571.98	1502.42	69.56	1571.98	1502.42	69.56			
20. 建筑及装潢材料类	69.39	47.91	21.48	67.08	47.17	19.91	2.31	0.74	1.57
21. 机电产品及设备类	341.55	291.33	50.22	338.87	290.01	48.86	2.68	1.32	1.35
其中：农机类	7.11	4.90	2.21	7.11	4.90	2.21			
22. 汽车类	526.56	515.26	11.30	180.61	175.69	4.91	345.95	339.56	6.39
23. 种子饲料类	6.85	5.51	1.34	6.85	5.51	1.34			
24. 棉麻类	24.52	23.07	1.45	24.52	23.07	1.45			
25. 其他类	488.60	462.09	26.51	484.56	459.04	25.52	4.04	3.05	0.99

1－A－23　按商品类别分组的股份有限公司批发和零售业商品销售情况

单位：亿元

商品类别	销售额			批发额			零售额		
	合计	限额以上	限额以下	合计	限额以上	限额以下	合计	限额以上	限额以下
总　计	**2015.13**	**1970.37**	**44.76**	**1506.57**	**1470.76**	**35.81**	**508.56**	**499.61**	**8.95**
1.粮油、食品、饮料、烟酒类	101.04	98.92	2.12	61.60	59.94	1.66	39.44	38.98	0.46
(1)粮油、食品类	47.75	46.65	1.10	18.11	17.24	0.87	29.64	29.42	0.23
其中：粮油类	16.58	16.22	0.35	9.23	8.93	0.29	7.35	7.29	0.06
肉禽蛋类	6.39	6.36	0.03	1.21	1.20	0.01	5.19	5.16	0.02
水产品类	3.97	3.93	0.04	3.27	3.24	0.04	0.69	0.69	0.01
蔬菜类	0.80	0.76	0.04	0.10	0.06	0.04	0.70	0.70	…
干鲜果品类	2.33	2.23	0.10	0.16	0.06	0.10	2.17	2.17	…
(2)饮料类	43.24	43.08	0.16	36.86	36.74	0.13	6.38	6.34	0.03
(3)烟酒类	10.05	9.19	0.86	6.62	5.96	0.66	3.42	3.22	0.20
2.服装、鞋帽、针纺织品类	149.33	144.62	4.71	115.61	111.13	4.49	33.72	33.50	0.22
(1)服装类	81.27	79.76	1.51	57.25	55.92	1.33	24.01	23.84	0.17
(2)鞋帽类	8.53	7.64	0.89	2.87	2.01	0.86	5.65	5.63	0.03
(3)针纺织品类	59.54	57.23	2.31	55.49	53.20	2.29	4.05	4.03	0.02
3.化妆品类	8.27	8.20	0.06	2.58	2.54	0.04	5.69	5.66	0.03
4.金银珠宝类	6.72	6.48	0.24	0.02		0.02	6.70	6.48	0.22
5.日用品类	52.96	51.25	1.70	45.15	43.64	1.52	7.80	7.62	0.18
其中：洗涤用品类	4.19	3.95	0.24	1.25	1.02	0.23	2.93	2.93	0.01
儿童玩具类	2.20	2.15	0.05	0.96	0.91	0.05	1.24	1.24	…
6.五金、电料类	42.62	41.75	0.87	42.00	41.34	0.65	0.62	0.41	0.22
7.体育、娱乐用品类	5.82	5.50	0.32	5.16	4.88	0.28	0.66	0.62	0.04
8.书报杂志类	0.69	0.60	0.09	0.08	0.01	0.07	0.61	0.59	0.02

1-A-23 续表 单位:亿元

商品类别	销售额			批发额			零售额		
	合计	限额以上	限额以下	合计	限额以上	限额以下	合计	限额以上	限额以下
9.电子出版物及音像制品类	0.08	0.05	0.04	0.01	0.01		0.07	0.04	0.04
10.家用电器和音像器材类	33.72	29.03	4.69	17.22	12.94	4.27	16.50	16.08	0.42
11.中西药品类	113.02	112.43	0.59	55.63	55.49	0.13	57.40	56.93	0.46
其中：西药类	87.34	86.95	0.39	36.03	35.95	0.08	51.31	51.00	0.31
中草药及中成药类	24.11	24.01	0.09	18.15	18.13	0.01	5.96	5.88	0.08
12.文化办公用品类	21.75	19.71	2.05	19.58	18.33	1.26	2.17	1.38	0.79
13.家具类	5.03	4.98	0.05	4.98	4.98		0.05	...	0.05
14.通讯器材类	18.97	17.12	1.84	17.74	16.02	1.72	1.23	1.11	0.12
15.煤炭及制品类	30.93	28.07	2.87	30.80	28.07	2.73	0.13		0.13
16.木材及制品类	5.72	5.72		5.72	5.72				
17.石油及制品类	1059.12	1053.38	5.75	775.81	774.29	1.52	283.31	279.08	4.23
18.化工材料及制品类	75.67	70.81	4.86	75.67	70.81	4.86			
其中：化肥类	3.67	2.73	0.94	3.67	2.73	0.94			
19.金属材料类	156.34	153.28	3.06	156.34	153.28	3.06			
20.建筑及装潢材料类	5.69	3.90	1.80	5.35	3.72	1.63	0.34	0.18	0.17
21.机电产品及设备类	32.32	29.78	2.54	32.21	29.75	2.46	0.11	0.03	0.08
其中：农机类	0.01		0.01	0.01		0.01			
22.汽车类	50.13	48.44	1.69	4.61	3.94	0.67	45.52	44.50	1.02
23.种子饲料类	4.75	4.48	0.27	4.75	4.48	0.27			
24.棉麻类	5.72	5.72		5.72	5.72				
25.其他类	28.71	26.17	2.54	22.25	19.75	2.50	6.46	6.42	0.04

1-A-24 按商品类别分组的私营企业批发和零售业商品销售情况

单位:亿元

商品类别	销售额			批发额			零售额		
	合计	限额以上	限额以下	合计	限额以上	限额以下	合计	限额以上	限额以下
总计	**12314.57**	**7365.22**	**4949.35**	**11039.64**	**6470.98**	**4568.66**	**1274.92**	**894.24**	**380.68**
1.粮油、食品、饮料、烟酒类	474.07	255.82	218.25	374.21	188.20	186.01	99.86	67.62	32.24
(1)粮油、食品类	324.95	173.19	151.77	257.75	126.09	131.66	67.20	47.10	20.10
其中:粮油类	91.77	59.05	32.72	75.93	47.68	28.24	15.85	11.37	4.48
肉禽蛋类	26.43	11.34	15.10	17.78	4.74	13.04	8.65	6.59	2.06
水产品类	52.94	33.47	19.48	49.28	31.16	18.12	3.66	2.31	1.36
蔬菜类	18.23	5.69	12.54	15.08	3.59	11.49	3.15	2.10	1.05
干鲜果品类	26.71	6.26	20.45	22.12	4.28	17.84	4.59	1.98	2.61
(2)饮料类	70.70	38.71	31.99	57.02	30.62	26.40	13.68	8.10	5.59
(3)烟酒类	78.41	43.92	34.49	59.44	31.50	27.94	18.97	12.43	6.55
2.服装、鞋帽、针纺织品类	2112.51	1007.11	1105.39	2020.42	944.60	1075.82	92.09	62.51	29.57
(1)服装类	486.01	310.96	175.05	422.10	266.43	155.67	63.91	44.53	19.38
(2)鞋帽类	145.77	97.45	48.32	131.65	85.98	45.67	14.13	11.48	2.65
(3)针纺织品类	1480.72	598.70	882.02	1466.68	592.19	874.49	14.04	6.51	7.54
3.化妆品类	17.15	8.21	8.95	9.10	2.54	6.55	8.06	5.66	2.39
4.金银珠宝类	33.69	22.04	11.65	11.42	5.48	5.94	22.27	16.56	5.71
5.日用品类	463.66	236.89	226.77	422.00	215.61	206.39	41.67	21.29	20.38
其中:洗涤用品类	39.61	23.06	16.55	29.53	14.63	14.90	10.08	8.43	1.65
儿童玩具类	16.14	8.21	7.92	14.60	7.18	7.42	1.54	1.04	0.50
6.五金、电料类	311.10	160.56	150.54	287.98	157.08	130.90	23.12	3.48	19.64
7.体育、娱乐用品类	31.21	16.70	14.51	22.18	12.32	9.86	9.02	4.37	4.65
8.书报杂志类	6.90	1.64	5.26	4.53	0.69	3.84	2.37	0.95	1.42

1-A-24 续表

单位:亿元

商品类别	销售额			批发额			零售额		
	合计	限额以上	限额以下	合计	限额以上	限额以下	合计	限额以上	限额以下
9. 电子出版物及音像制品类	9.41	1.86	7.55	8.52	1.46	7.07	0.88	0.41	0.48
10. 家用电器和音像器材类	286.14	179.92	106.22	186.92	111.57	75.35	99.22	68.35	30.87
11. 中西药品类	188.05	111.39	76.66	114.28	82.34	31.94	73.77	29.05	44.73
其中:西药类	108.92	71.88	37.04	65.01	54.18	10.83	43.91	17.70	26.22
中草药及中成药类	31.73	20.02	11.71	15.37	11.94	3.42	16.36	8.08	8.29
12. 文化办公用品类	283.12	138.63	144.49	232.64	116.44	116.20	50.48	22.19	28.29
13. 家具类	44.92	26.91	18.01	35.80	23.23	12.57	9.12	3.68	5.44
14. 通讯器材类	105.32	47.20	58.12	69.56	27.93	41.64	35.76	19.27	16.48
15. 煤炭及制品类	441.87	295.78	146.10	437.33	293.28	144.05	4.55	2.50	2.05
16. 木材及制品类	41.36	22.69	18.67	41.36	22.69	18.67			
17. 石油及制品类	561.06	414.60	146.46	466.21	352.94	113.27	94.85	61.66	33.19
18. 化工材料及制品类	1464.83	834.63	630.20	1464.83	834.63	630.20			
其中:化肥类	20.08	4.70	15.38	20.08	4.70	15.38			
19. 金属材料类	3058.10	2114.61	943.50	3058.10	2114.61	943.50			
20. 建筑及装潢材料类	301.64	126.08	175.56	280.57	122.51	158.06	21.08	3.58	17.50
21. 机电产品及设备类	644.22	263.42	380.80	624.96	257.84	367.12	19.26	5.58	13.68
其中:农机类	14.34	6.75	7.59	14.34	6.75	7.59			
22. 汽车类	741.52	604.29	137.23	186.45	112.54	73.92	555.07	491.76	63.31
23. 种子饲料类	21.38	10.50	10.88	21.38	10.50	10.88			
24. 棉麻类	15.38	10.18	5.20	15.34	10.18	5.16	0.04		0.04
25. 其他类	655.93	453.56	202.38	643.53	449.77	193.76	12.40	3.78	8.62

1-A-25 按商品类别分组的港澳台商和外商投资企业批发和零售业商品销售情况

单位：亿元

商品类别	销售额			批发额			零售额		
	合计	限额以上	限额以下	合计	限额以上	限额以下	合计	限额以上	限额以下
总计	**515.11**	**431.07**	**84.04**	**240.65**	**159.39**	**81.26**	**274.46**	**271.68**	**2.78**
1.粮油、食品、饮料、烟酒类	60.31	58.43	1.88	8.04	6.58	1.47	52.26	51.85	0.41
(1)粮油、食品类	47.99	47.57	0.42	6.70	6.55	0.16	41.29	41.02	0.27
其中：粮油类	12.63	12.57	0.06	0.34	0.30	0.04	12.29	12.27	0.02
肉禽蛋类	9.90	9.90		4.02	4.02		5.88	5.88	
水产品类	1.06	1.01	0.06	0.06		0.06	1.01	1.01	
蔬菜类	4.60	4.60					4.60	4.60	
干鲜果品类	1.46	1.29	0.17	0.04		0.04	1.42	1.29	0.13
(2)饮料类	6.15	4.91	1.23	1.14	0.01	1.13	5.00	4.90	0.10
(3)烟酒类	6.17	5.95	0.22	0.20	0.02	0.18	5.97	5.93	0.04
2.服装、鞋帽、针纺织品类	77.09	59.44	17.65	46.18	28.93	17.26	30.91	30.51	0.39
(1)服装类	38.85	30.07	8.79	16.07	7.44	8.63	22.78	22.63	0.15
(2)鞋帽类	4.85	4.67	0.18	0.26	0.09	0.16	4.60	4.58	0.01
(3)针纺织品类	33.38	24.70	8.68	29.85	21.40	8.46	3.53	3.30	0.23
3.化妆品类	5.23	5.08	0.15	0.09	...	0.09	5.14	5.08	0.06
4.金银珠宝类	7.58	3.17	4.41	4.41		4.41	3.17	3.17	...
5.日用品类	27.39	16.36	11.03	15.03	5.36	9.68	12.35	11.00	1.35
其中：洗涤用品类	6.75	4.63	2.12	2.12	0.04	2.08	4.63	4.60	0.04
儿童玩具类	1.14	1.00	0.14	0.66	0.52	0.14	0.48	0.48	
6.五金、电料类	4.85	3.34	1.52	4.06	2.60	1.46	0.80	0.74	0.06
7.体育、娱乐用品类	4.35	3.95	0.39	0.66	0.27	0.39	3.69	3.69	

1-A-25 续表

单位:亿元

商品类别	销售额			批发额			零售额		
	合计	限额以上	限额以下	合计	限额以上	限额以下	合计	限额以上	限额以下
8. 书报杂志类	0.31	0.30	...	...		...	0.30	0.30	
9. 电子出版物及音像制品类	0.43	0.40	0.03	0.03		0.03	0.40	0.40	
10. 家用电器和音像器材类	17.06	15.75	1.31	7.48	6.23	1.26	9.57	9.52	0.05
11. 中西药品类	0.76	0.61	0.15	0.60	0.54	0.06	0.16	0.07	0.09
其中：西药类	0.07	0.01	0.06	0.03		0.03	0.03	0.01	0.02
中草药及中成药类	0.02	0.01	0.01				0.02	0.01	0.01
12. 文化办公用品类	16.27	15.86	0.41	15.20	14.79	0.40	1.07	1.07	...
13. 家具类	2.96	2.56	0.40	1.45	1.08	0.37	1.51	1.49	0.02
14. 通讯器材类	4.91	4.39	0.52	2.79	2.32	0.47	2.12	2.07	0.05
15. 煤炭及制品类	0.17		0.17	0.17		0.17			
16. 木材及制品类	1.66	0.46	1.20	1.66	0.46	1.20			
17. 石油及制品类	106.66	104.59	2.07	48.60	46.75	1.85	58.06	57.85	0.21
18. 化工材料及制品类	14.47	11.69	2.79	14.47	11.69	2.79			
其中：化肥类	0.07		0.07	0.07		0.07			
19. 金属材料类	23.29	2.20	21.09	23.29	2.20	21.09			
20. 建筑及装潢材料类	4.77	3.36	1.41	1.59	0.24	1.35	3.18	3.12	0.06
21. 机电产品及设备类	22.45	17.77	4.68	22.44	17.77	4.68	...	...	...
其中：农机类	0.01		0.01	0.01		0.01			
22. 汽车类	95.35	94.56	0.78	7.48	6.70	0.78	87.86	87.86	...
24. 棉麻类	...		...	...		...			
25. 其他类	16.81	6.79	10.02	14.90	4.90	10.00	1.91	1.89	0.01

1－A－26　按地区分组的国有及国有控股批发和零售业商品销售情况

单位：个、万人、亿元

地　区	法人单位数			年末就业人员		
	合　计	限　额以　上	限　额以　下	合　计	限　额以　上	限　额以　下
总　计	**1592**	**723**	**869**	**7.90**	**6.52**	**1.38**
杭州市	**533**	**285**	**248**	**2.30**	**1.99**	**0.30**
上城区	113	66	47	0.51	0.46	0.05
下城区	130	80	50	0.65	0.57	0.08
江干区	55	23	32	0.13	0.10	0.03
拱墅区	46	24	22	0.15	0.13	0.03
西湖区	76	31	45	0.35	0.31	0.05
滨江区	2	1	1	...	...	...
萧山区	25	16	9	0.16	0.15	0.01
余杭区	35	17	18	0.13	0.11	0.02
桐庐县	6	3	3	0.02	0.02	...
淳安县	12	4	8	0.04	0.03	0.01
建德市	6	2	4	0.03	0.02	0.01
富阳市	19	14	5	0.08	0.06	0.02
临安市	8	4	4	0.02	0.02	...
宁波市	**202**	**100**	**102**	**0.93**	**0.78**	**0.15**
海曙区	57	26	31	0.36	0.30	0.06
江东区	6	3	3	0.07	0.07	0.01
江北区	13	3	10	0.03	0.02	0.01
北仑区	37	22	15	0.10	0.08	0.02
镇海区	23	10	13	0.06	0.04	0.01
鄞州区	15	7	8	0.07	0.06	0.01
象山县	12	7	5	0.04	0.04	...
宁海县	7	6	1	0.03	0.03	...
余姚市	14	7	7	0.06	0.05	0.01
慈溪市	11	5	6	0.06	0.05	0.01
奉化市	7	4	3	0.04	0.04	...
温州市	**169**	**65**	**104**	**1.16**	**0.84**	**0.32**
鹿城区	61	33	28	0.61	0.54	0.07
龙湾区	7	5	2	0.04	0.03	0.01
瓯海区	3	1	2	0.02	0.01	...
洞头县	10	3	7	0.03	0.02	0.01
永嘉县	29	4	25	0.12	0.03	0.09
平阳县	10	2	8	0.05	0.02	0.03

1－A－26 续表1－1　　单位：个、万人、亿元

地区	法人单位数			年末就业人员		
	合计	限额以上	限额以下	合计	限额以上	限额以下
苍南县	4	2	2	0.04	0.03	0.01
文成县	9	3	6	0.02	0.02	0.01
泰顺县	9	2	7	0.02	0.01	0.01
瑞安市	13	5	8	0.10	0.05	0.05
乐清市	14	5	9	0.11	0.08	0.03
嘉兴市	**132**	**50**	**82**	**0.61**	**0.51**	**0.09**
南湖区	22	11	11	0.22	0.21	0.01
秀洲区	13	3	10	0.05	0.04	0.01
嘉善县	12	5	7	0.07	0.05	0.02
海盐县	16	5	11	0.05	0.04	0.02
海宁市	23	12	11	0.10	0.09	0.01
平湖市	20	6	14	0.05	0.03	0.01
桐乡市	26	8	18	0.07	0.05	0.02
湖州市	**58**	**22**	**36**	**0.28**	**0.23**	**0.05**
吴兴区	25	10	15	0.17	0.15	0.01
南浔区	1	1		...	...	
德清县	10	3	7	0.03	0.02	0.01
长兴县	14	4	10	0.06	0.04	0.02
安吉县	8	4	4	0.03	0.02	...
绍兴市	**94**	**33**	**61**	**0.50**	**0.40**	**0.09**
越城区	37	15	22	0.28	0.24	0.04
绍兴县	7	2	5	0.02	0.01	0.01
新昌县	14	2	12	0.04	0.02	0.02
诸暨市	11	5	6	0.07	0.06	0.01
上虞市	17	7	10	0.06	0.05	0.01
嵊州市	8	2	6	0.03	0.02	0.01
金华市	**104**	**44**	**60**	**0.64**	**0.54**	**0.09**
婺城区	24	14	10	0.37	0.35	0.02
金东区	5	4	1	0.01	0.01	...
武义县	11	3	8	0.02	0.01	0.01
浦江县	7	2	5	0.02	0.01	0.01
磐安县	8	2	6	0.02	0.01	0.01
兰溪市	16	5	11	0.06	0.04	0.02
义乌市	12	4	8	0.07	0.05	0.01

1－A－26 续表1－2

单位：个、万人、亿元

地　区	法人单位数			年末就业人员		
	合　计	限额以上	限额以下	合　计	限额以上	限额以下
东阳市	7	3	4	0.03	0.02	...
永康市	14	7	7	0.05	0.03	0.02
衢州市	**56**	**23**	**33**	**0.31**	**0.28**	**0.03**
柯城区	19	9	10	0.22	0.21	0.01
衢江区	6	2	4	0.01	0.01	...
常山县	5	4	1	0.02	0.01	...
开化县	7	2	5	0.01	0.01	0.01
龙游县	5	2	3	0.01	0.01	...
江山市	14	4	10	0.04	0.03	0.01
舟山市	**67**	**24**	**43**	**0.24**	**0.20**	**0.04**
定海区	26	10	16	0.11	0.10	0.02
普陀区	17	6	11	0.06	0.05	0.01
岱山县	12	5	7	0.04	0.04	...
嵊泗县	12	3	9	0.02	0.01	0.01
台州市	**117**	**50**	**67**	**0.71**	**0.55**	**0.15**
椒江区	31	10	21	0.22	0.20	0.03
黄岩区	11	6	5	0.06	0.06	0.01
路桥区	9	3	6	0.04	0.03	0.02
玉环县	6	3	3	0.03	0.02	0.01
三门县	7	3	4	0.02	0.01	0.01
天台县	6	3	3	0.03	0.01	0.01
仙居县	10	3	7	0.03	0.02	0.01
温岭市	14	8	6	0.14	0.11	0.03
临海市	23	11	12	0.13	0.11	0.02
丽水市	**60**	**27**	**33**	**0.23**	**0.17**	**0.06**
莲都区	11	8	3	0.08	0.07	0.01
青田县	8	4	4	0.03	0.02	0.01
缙云县	6	3	3	0.03	0.01	0.01
遂昌县	7	2	5	0.02	0.01	0.01
松阳县	7	2	5	0.02	0.01	0.01
云和县	6	1	5	0.01	0.01	0.01
庆元县	5	2	3	0.01	0.01	...
景宁畲族自治县	5	2	3	0.01	0.01	...
龙泉市	5	3	2	0.03	0.03	...

1－A－26 续表2－1

单位：个、万人、亿元

地区	销售额			批发额			零售额		
	合计	限额以上	限额以下	合计	限额以上	限额以下	合计	限额以上	限额以下
总计	**4756.46**	**4616.34**	**140.12**	**4089.97**	**3965.41**	**124.56**	**666.49**	**650.93**	**15.56**
杭州市	**2555.62**	**2523.48**	**32.15**	**2323.02**	**2295.71**	**27.32**	**232.60**	**227.77**	**4.83**
上城区	582.34	577.75	4.59	537.56	533.58	3.98	44.78	44.17	0.61
下城区	1158.34	1154.62	3.71	1110.83	1107.39	3.43	47.51	47.23	0.28
江干区	183.21	181.47	1.75	174.81	173.49	1.32	8.40	7.98	0.43
拱墅区	182.65	175.02	7.63	162.59	155.13	7.46	20.06	19.89	0.17
西湖区	300.54	290.59	9.96	230.62	221.43	9.19	69.92	69.15	0.77
滨江区	0.83	0.83					0.83	0.83	
萧山区	40.27	39.64	0.62	21.50	21.18	0.32	18.77	18.46	0.31
余杭区	62.05	59.79	2.26	46.50	46.21	0.29	15.55	13.58	1.97
桐庐县	6.01	5.82	0.19	5.22	5.08	0.14	0.79	0.74	0.06
淳安县	6.29	5.66	0.63	5.89	5.33	0.56	0.40	0.33	0.07
建德市	6.06	5.92	0.14	5.73	5.65	0.09	0.33	0.28	0.05
富阳市	18.70	18.34	0.36	14.66	14.30	0.36	4.04	4.03	…
临安市	8.35	8.05	0.30	7.12	6.93	0.19	1.23	1.12	0.11
宁波市	**695.24**	**645.62**	**49.62**	**608.73**	**560.23**	**48.51**	**86.51**	**85.40**	**1.11**
海曙区	354.78	354.12	0.66	290.16	289.67	0.48	64.62	64.45	0.17
江东区	84.63	84.26	0.36	76.62	76.29	0.34	8.00	7.98	0.03
江北区	3.93	3.48	0.45	3.54	3.09	0.44	0.40	0.38	0.01
北仑区	134.60	88.64	45.97	131.40	85.47	45.93	3.20	3.17	0.03
镇海区	34.12	33.58	0.54	31.35	30.81	0.54	2.77	2.77	…
鄞州区	16.35	15.99	0.36	14.22	13.97	0.26	2.13	2.02	0.10
象山县	11.48	11.45	0.03	10.20	10.20	…	1.28	1.25	0.03
宁海县	12.69	12.62	0.07	11.97	11.90	0.07	0.71	0.71	
余姚市	15.94	15.36	0.57	14.54	14.36	0.19	1.39	1.01	0.39
慈溪市	18.88	18.46	0.42	17.37	17.26	0.11	1.51	1.20	0.31
奉化市	7.85	7.66	0.19	7.36	7.20	0.15	0.50	0.45	0.04
温州市	**312.20**	**305.45**	**6.74**	**240.78**	**235.51**	**5.27**	**71.42**	**69.95**	**1.47**
鹿城区	207.25	205.58	1.67	143.49	142.19	1.29	63.76	63.38	0.38
龙湾区	15.31	15.10	0.21	14.96	14.74	0.21	0.36	0.36	
瓯海区	1.95	1.91	0.03	0.03		0.03	1.91	1.91	
洞头县	20.15	19.61	0.54	20.03	19.50	0.52	0.12	0.10	0.02
永嘉县	9.17	7.06	2.10	8.30	6.67	1.63	0.86	0.39	0.47
平阳县	7.74	6.99	0.75	6.98	6.67	0.31	0.76	0.32	0.44

1-A-26 续表2-2

单位：个、万人、亿元

地区	销售额			批发额			零售额		
	合计	限额以上	限额以下	合计	限额以上	限额以下	合计	限额以上	限额以下
苍南县	11.33	11.16	0.17	10.72	10.55	0.17	0.60	0.60	
文成县	3.93	3.75	0.18	3.77	3.65	0.12	0.16	0.10	0.06
泰顺县	2.43	2.25	0.17	2.27	2.11	0.16	0.16	0.14	0.02
瑞安市	19.02	18.55	0.47	17.47	17.01	0.47	1.55	1.54	...
乐清市	13.93	13.49	0.44	12.76	12.40	0.36	1.18	1.09	0.09
嘉兴市	**233.97**	**221.25**	**12.72**	**192.03**	**179.61**	**12.42**	**41.95**	**41.65**	**0.30**
南湖区	116.14	115.44	0.70	89.94	89.25	0.69	26.20	26.19	0.02
秀洲区	39.65	39.15	0.51	38.74	38.24	0.50	0.92	0.91	0.01
嘉善县	11.15	10.42	0.73	8.65	7.93	0.72	2.50	2.49	...
海盐县	8.14	7.46	0.68	6.46	5.84	0.62	1.68	1.63	0.05
海宁市	26.28	25.80	0.48	18.43	17.96	0.47	7.85	7.84	0.01
平湖市	17.88	9.41	8.47	16.46	8.00	8.46	1.42	1.41	0.01
桐乡市	14.74	13.58	1.16	13.35	12.39	0.96	1.39	1.19	0.20
湖州市	**125.32**	**121.43**	**3.90**	**84.95**	**82.80**	**2.15**	**40.37**	**38.63**	**1.75**
吴兴区	98.63	96.03	2.60	60.96	59.74	1.22	37.66	36.29	1.38
南浔区	0.25	0.25					0.25	0.25	
德清县	7.01	6.67	0.34	6.45	6.14	0.31	0.56	0.53	0.03
长兴县	12.36	11.50	0.86	11.66	11.11	0.55	0.70	0.39	0.31
安吉县	7.08	6.97	0.10	5.88	5.80	0.08	1.20	1.17	0.03
绍兴市	**157.09**	**137.70**	**19.39**	**113.47**	**96.36**	**17.11**	**43.62**	**41.34**	**2.28**
越城区	111.45	95.85	15.60	73.78	58.80	14.98	37.67	37.06	0.62
绍兴县	2.22	1.05	1.17	1.17	0.60	0.56	1.05	0.44	0.61
新昌县	5.94	5.16	0.78	5.65	4.93	0.72	0.29	0.23	0.06
诸暨市	15.53	15.32	0.21	13.12	12.95	0.16	2.42	2.37	0.05
上虞市	12.74	11.81	0.93	11.36	10.95	0.41	1.38	0.86	0.52
嵊州市	9.20	8.50	0.70	8.39	8.12	0.27	0.81	0.38	0.43
金华市	**197.02**	**193.05**	**3.97**	**133.55**	**130.81**	**2.74**	**63.46**	**62.24**	**1.22**
婺城区	121.68	120.92	0.75	64.70	64.03	0.67	56.98	56.89	0.09
金东区	3.53	3.49	0.03	2.74	2.74		0.78	0.75	0.03
武义县	4.74	4.05	0.69	3.97	3.79	0.18	0.78	0.27	0.51
浦江县	3.94	3.73	0.21	3.67	3.50	0.17	0.26	0.23	0.04
磐安县	1.52	1.33	0.19	1.34	1.24	0.10	0.18	0.10	0.09
兰溪市	6.86	6.25	0.61	6.20	5.66	0.54	0.65	0.58	0.07
义乌市	15.53	15.01	0.52	13.59	13.31	0.28	1.95	1.70	0.24

1-A-26 续表2-3

单位：个、万人、亿元

地区	销售额			批发额			零售额		
	合计	限额以上	限额以下	合计	限额以上	限额以下	合计	限额以上	限额以下
东阳市	7.26	6.93	0.32	6.58	6.25	0.32	0.68	0.68	
永康市	31.96	31.33	0.63	30.76	30.28	0.47	1.20	1.05	0.15
衢州市	**83.53**	**81.96**	**1.57**	**69.37**	**67.86**	**1.51**	**14.16**	**14.10**	**0.07**
柯城区	57.73	57.36	0.37	44.97	44.64	0.33	12.75	12.72	0.03
衢江区	1.35	1.09	0.26	1.26	1.00	0.26	0.09	0.08	0.01
常山县	3.83	3.80	0.03	3.18	3.17	0.02	0.64	0.63	0.01
开化县	3.05	2.56	0.49	2.83	2.34	0.49	0.22	0.22	
龙游县	4.09	3.97	0.11	3.90	3.79	0.11	0.19	0.19	…
江山市	13.50	13.18	0.31	13.23	12.93	0.30	0.27	0.25	0.02
舟山市	**96.23**	**93.50**	**2.73**	**91.42**	**89.16**	**2.26**	**4.81**	**4.34**	**0.47**
定海区	67.79	66.74	1.04	64.56	63.64	0.92	3.22	3.10	0.12
普陀区	21.58	20.71	0.87	20.34	19.67	0.68	1.23	1.04	0.19
岱山县	4.82	4.35	0.47	4.65	4.26	0.39	0.17	0.09	0.08
嵊泗县	2.04	1.70	0.34	1.86	1.59	0.27	0.18	0.11	0.07
台州市	**234.27**	**228.18**	**6.09**	**193.04**	**188.87**	**4.17**	**41.23**	**39.31**	**1.92**
椒江区	135.39	134.08	1.32	109.69	108.43	1.26	25.70	25.64	0.06
黄岩区	26.41	26.25	0.16	25.96	25.84	0.12	0.45	0.41	0.04
路桥区	4.63	2.59	2.04	1.44	1.05	0.39	3.19	1.54	1.65
玉环县	7.91	7.43	0.48	7.51	7.06	0.45	0.40	0.37	0.03
三门县	4.28	3.80	0.48	4.04	3.56	0.48	0.24	0.24	
天台县	4.28	4.08	0.21	3.79	3.60	0.19	0.49	0.48	0.02
仙居县	3.47	3.07	0.40	3.14	2.74	0.40	0.33	0.33	
温岭市	25.73	25.32	0.41	24.80	24.42	0.38	0.93	0.90	0.03
临海市	22.17	21.57	0.60	12.67	12.16	0.51	9.50	9.41	0.09
丽水市	**65.97**	**64.71**	**1.25**	**39.62**	**38.51**	**1.11**	**26.35**	**26.21**	**0.14**
莲都区	38.61	38.37	0.23	16.86	16.63	0.23	21.75	21.74	0.01
青田县	4.02	3.80	0.23	3.35	3.12	0.23	0.68	0.68	
缙云县	9.16	9.03	0.13	8.93	8.80	0.13	0.23	0.23	
遂昌县	1.95	1.86	0.09	1.78	1.69	0.09	0.17	0.16	…
松阳县	1.95	1.73	0.22	1.80	1.58	0.22	0.15	0.15	
云和县	1.32	1.21	0.10	1.21	1.17	0.04	0.11	0.05	0.06
庆元县	1.63	1.59	0.03	1.52	1.51	0.01	0.11	0.09	0.02
景宁畲族自治县	1.66	1.48	0.18	1.51	1.38	0.13	0.14	0.09	0.05
龙泉市	5.67	5.64	0.03	2.66	2.63	0.03	3.01	3.01	

1－A－27　按地区分组的国有批发和零售业商品销售情况

单位：个、万人、亿元

地　区	法人单位数			年末就业人员		
	合　计	限　额 以　上	限　额 以　下	合　计	限　额 以　上	限　额 以　下
总　计	**884**	**304**	**580**	**3.60**	**2.67**	**0.92**
杭州市	**266**	**103**	**163**	**0.92**	**0.71**	**0.21**
上城区	47	18	29	0.16	0.13	0.03
下城区	65	35	30	0.28	0.21	0.06
江干区	36	8	28	0.05	0.03	0.02
拱墅区	25	8	17	0.05	0.03	0.02
西湖区	44	9	35	0.16	0.12	0.04
滨江区	1	1		...	...	
萧山区	12	6	6	0.07	0.06	0.01
余杭区	13	8	5	0.04	0.04	...
桐庐县	3	1	2	0.02	0.01	...
淳安县	8	3	5	0.03	0.02	0.01
建德市	2	1	1	0.02	0.02	...
富阳市	6	3	3	0.03	0.02	0.01
临安市	4	2	2	0.02	0.02	...
宁波市	**122**	**40**	**82**	**0.47**	**0.35**	**0.13**
海曙区	34	5	29	0.10	0.05	0.06
江东区	5	2	3	0.07	0.06	0.01
江北区	12	2	10	0.03	0.02	0.01
北仑区	16	7	9	0.05	0.04	0.02
镇海区	12	3	9	0.02	0.01	0.01
鄞州区	9	2	7	0.04	0.03	0.01
象山县	9	5	4	0.04	0.03	...
宁海县	4	3	1	0.02	0.02	...
余姚市	7	3	4	0.02	0.02	...
慈溪市	7	4	3	0.03	0.03	...
奉化市	7	4	3	0.04	0.04	...
温州市	**126**	**40**	**86**	**0.70**	**0.42**	**0.28**
鹿城区	41	20	21	0.28	0.22	0.06
龙湾区	5	4	1	0.03	0.03	...
洞头县	6	1	5	0.01	...	0.01
永嘉县	26	3	23	0.11	0.02	0.09
平阳县	8	2	6	0.04	0.02	0.02
苍南县	2		2	0.01		0.01

1－A－27 续表1－1

单位：个、万人、亿元

地 区	法人单位数			年末就业人员		
	合 计	限额以上	限额以下	合 计	限额以上	限额以下
文成县	6	2	4	0.02	0.01	…
泰顺县	9	2	7	0.02	0.01	0.01
瑞安市	10	2	8	0.08	0.03	0.05
乐清市	13	4	9	0.10	0.07	0.03
嘉兴市	**69**	**20**	**49**	**0.20**	**0.15**	**0.05**
南湖区	10	1	9	0.01	0.01	…
秀洲区	5	2	3	0.04	0.04	…
嘉善县	7	2	5	0.02	0.01	0.01
海盐县	12	3	9	0.04	0.02	0.01
海宁市	13	6	7	0.03	0.02	…
平湖市	10	3	7	0.02	0.01	0.01
桐乡市	12	3	9	0.03	0.03	0.01
湖州市	**32**	**9**	**23**	**0.13**	**0.11**	**0.03**
吴兴区	13	3	10	0.07	0.06	0.01
德清县	3		3	…		…
长兴县	8	2	6	0.04	0.03	0.01
安吉县	8	4	4	0.03	0.02	…
绍兴市	**45**	**8**	**37**	**0.18**	**0.13**	**0.05**
越城区	12	2	10	0.07	0.05	0.02
绍兴县	3	1	2	0.01	0.01	…
新昌县	8		8	0.02		0.02
诸暨市	5	1	4	0.02	0.02	…
上虞市	11	3	8	0.03	0.02	0.01
嵊州市	6	1	5	0.03	0.02	0.01
金华市	**62**	**24**	**38**	**0.22**	**0.18**	**0.04**
婺城区	14	7	7	0.06	0.05	0.01
金东区	1		1	…		…
武义县	7	3	4	0.01	0.01	…
浦江县	5	2	3	0.01	0.01	…
磐安县	5	1	4	0.01	0.01	0.01
兰溪市	13	4	9	0.04	0.03	0.01
义乌市	5	3	2	0.04	0.04	…
东阳市	6	2	4	0.02	0.02	…

1-A-27 续表1-2

单位：个、万人、亿元

地区	法人单位数			年末就业人员		
	合计	限额以上	限额以下	合计	限额以上	限额以下
永康市	6	2	4	0.02	0.01	0.01
衢州市	**33**	**11**	**22**	**0.13**	**0.11**	**0.02**
柯城区	12	4	8	0.06	0.05	0.01
衢江区	4	1	3	0.01	0.01	...
常山县	2	1	1	0.01	0.01	...
开化县	4	1	3	0.01	0.01	...
龙游县	3	1	2	0.01	0.01	...
江山市	8	3	5	0.03	0.02	...
舟山市	**40**	**10**	**30**	**0.11**	**0.08**	**0.02**
定海区	15	2	13	0.03	0.02	0.01
普陀区	8	3	5	0.03	0.02	0.01
岱山县	9	3	6	0.03	0.03	...
嵊泗县	8	2	6	0.01	0.01	0.01
台州市	**54**	**24**	**30**	**0.39**	**0.34**	**0.06**
椒江区	14	5	9	0.12	0.11	0.01
黄岩区	7	3	4	0.05	0.05	0.01
路桥区	4	1	3	0.02	0.01	0.01
玉环县	3	2	1	0.02	0.01	...
三门县	2	2		0.01	0.01	
天台县	2	1	1	0.01	0.01	...
仙居县	4	1	3	0.01	0.01	...
温岭市	7	5	2	0.08	0.08	...
临海市	11	4	7	0.06	0.05	0.02
丽水市	**35**	**15**	**20**	**0.14**	**0.10**	**0.03**
莲都区	7	5	2	0.04	0.03	...
青田县	4	2	2	0.01	0.01	...
缙云县	3	1	2	0.02	0.01	0.01
遂昌县	5	1	4	0.01	0.01	...
松阳县	3	1	2	0.01	0.01	0.01
云和县	4	1	3	0.01	0.01	...
庆元县	3	1	2	0.01	...	...
景宁畲族自治县	4	1	3	0.01	0.01	...
龙泉市	2	2		0.03	0.03	

1－A－27 续表2－1

单位：个、万人、亿元

地　区	销售额			批发额			零售额		
	合　计	限额以上	限额以下	合　计	限额以上	限额以下	合　计	限额以上	限额以下
总　计	**1778.06**	**1709.83**	**68.22**	**1679.95**	**1617.60**	**62.35**	**98.11**	**92.24**	**5.87**
杭州市	**805.78**	**783.75**	**22.03**	**760.98**	**741.28**	**19.70**	**44.80**	**42.47**	**2.33**
上城区	140.65	139.38	1.27	131.99	131.26	0.74	8.65	8.12	0.53
下城区	330.47	328.21	2.26	319.11	317.11	2.00	11.35	11.10	0.25
江干区	146.38	144.90	1.48	144.48	143.43	1.06	1.90	1.47	0.43
拱墅区	36.06	28.95	7.11	33.44	26.44	7.00	2.62	2.51	0.12
西湖区	55.52	47.17	8.35	41.59	33.90	7.70	13.93	13.27	0.66
滨江区	0.83	0.83					0.83	0.83	
萧山区	20.18	19.72	0.47	17.64	17.42	0.22	2.54	2.30	0.25
余杭区	41.80	41.59	0.21	40.04	39.84	0.21	1.76	1.75	…
桐庐县	5.22	5.08	0.14	5.16	5.08	0.08	0.06		0.06
淳安县	5.96	5.44	0.52	5.84	5.33	0.51	0.12	0.11	0.01
建德市	5.67	5.65	0.03	5.65	5.65		0.03		0.03
富阳市	9.73	9.56	0.16	9.07	8.90	0.16	0.66	0.66	…
临安市	7.33	7.29	0.04	6.97	6.93	0.04	0.36	0.36	
宁波市	**240.86**	**219.54**	**21.32**	**225.48**	**204.57**	**20.91**	**15.38**	**14.97**	**0.41**
海曙区	32.95	32.30	0.66	31.43	30.95	0.48	1.52	1.35	0.17
江东区	84.37	84.01	0.36	76.37	76.03	0.34	8.00	7.98	0.03
江北区	1.65	1.19	0.45	1.25	0.81	0.44	0.40	0.38	0.01
北仑区	42.51	23.92	18.59	42.30	23.74	18.56	0.21	0.18	0.03
镇海区	5.94	5.48	0.46	5.46	5.00	0.46	0.48	0.48	…
鄞州区	13.58	13.32	0.27	12.86	12.70	0.16	0.72	0.62	0.10
象山县	10.92	10.89	0.03	9.72	9.72	…	1.20	1.17	0.03
宁海县	9.84	9.77	0.07	9.19	9.12	0.07	0.65	0.65	
余姚市	13.10	12.95	0.15	12.60	12.44	0.15	0.51	0.51	
慈溪市	18.15	18.06	0.08	16.95	16.86	0.08	1.20	1.20	
奉化市	7.85	7.66	0.19	7.36	7.20	0.15	0.50	0.45	0.04
温州市	**175.01**	**170.44**	**4.57**	**164.42**	**161.15**	**3.27**	**10.59**	**9.28**	**1.30**
鹿城区	112.03	110.88	1.15	104.34	103.49	0.84	7.70	7.39	0.30
龙湾区	14.44	14.23	0.21	14.38	14.17	0.21	0.06	0.06	
洞头县	0.98	0.74	0.25	0.96	0.74	0.23	0.02		0.02
永嘉县	7.65	6.67	0.98	6.82	6.29	0.54	0.83	0.39	0.44
平阳县	7.66	6.99	0.67	6.90	6.67	0.23	0.76	0.32	0.44
苍南县	0.17		0.17	0.17		0.17			

1－A－27 续表 2－2

单位：个、万人、亿元

地区	销售额			批发额			零售额		
	合计	限额以上	限额以下	合计	限额以上	限额以下	合计	限额以上	限额以下
文成县	3.73	3.65	0.08	3.73	3.65	0.08	…		…
泰顺县	2.43	2.25	0.17	2.27	2.11	0.16	0.16	0.14	0.02
瑞安市	12.77	12.30	0.47	12.10	11.63	0.47	0.67	0.67	…
乐清市	13.16	12.72	0.44	12.76	12.40	0.36	0.40	0.32	0.09
嘉兴市	**93.84**	**90.51**	**3.34**	**90.11**	**86.96**	**3.15**	**3.74**	**3.55**	**0.19**
南湖区	4.61	3.97	0.64	4.59	3.97	0.62	0.02		0.02
秀洲区	39.25	39.02	0.23	38.47	38.24	0.23	0.78	0.78	
嘉善县	7.67	7.21	0.45	7.30	6.86	0.45	0.36	0.36	…
海盐县	6.95	6.49	0.47	5.55	5.14	0.41	1.40	1.35	0.05
海宁市	14.09	13.78	0.32	13.57	13.26	0.31	0.53	0.52	0.01
平湖市	8.72	8.17	0.55	8.53	7.99	0.54	0.19	0.18	0.01
桐乡市	12.55	11.87	0.68	12.09	11.52	0.58	0.46	0.36	0.10
湖州市	**51.82**	**50.25**	**1.57**	**48.81**	**47.44**	**1.37**	**3.01**	**2.81**	**0.20**
吴兴区	34.67	33.65	1.01	32.86	32.01	0.85	1.80	1.64	0.16
德清县	0.14		0.14	0.13		0.13	0.01		0.01
长兴县	9.94	9.63	0.31	9.94	9.63	0.31	…	…	…
安吉县	7.08	6.97	0.10	5.88	5.80	0.08	1.20	1.17	0.03
绍兴市	**78.55**	**69.26**	**9.29**	**76.21**	**67.60**	**8.61**	**2.34**	**1.66**	**0.68**
越城区	47.33	40.03	7.30	46.09	38.79	7.30	1.25	1.24	0.01
绍兴县	0.69	0.60	0.08	0.68	0.60	0.08	0.01		0.01
新昌县	0.52		0.52	0.50		0.50	0.02		0.02
诸暨市	11.44	11.30	0.14	11.40	11.30	0.10	0.05		0.05
上虞市	10.13	9.23	0.89	9.19	8.81	0.37	0.94	0.42	0.52
嵊州市	8.44	8.09	0.35	8.36	8.09	0.27	0.08		0.08
金华市	**90.17**	**88.50**	**1.67**	**88.18**	**86.78**	**1.40**	**1.99**	**1.72**	**0.27**
婺城区	43.92	43.72	0.20	43.62	43.45	0.17	0.31	0.27	0.03
金东区	0.03		0.03				0.03		0.03
武义县	4.11	4.05	0.05	3.84	3.79	0.05	0.27	0.27	
浦江县	3.90	3.73	0.17	3.64	3.50	0.13	0.26	0.23	0.04
磐安县	1.42	1.24	0.18	1.34	1.24	0.10	0.08		0.08
兰溪市	5.77	5.34	0.43	5.13	4.76	0.37	0.64	0.58	0.06
义乌市	13.62	13.52	0.10	13.40	13.31	0.09	0.22	0.21	0.01
东阳市	6.74	6.41	0.32	6.58	6.25	0.32	0.16	0.16	

1－A－27 续表2－3

单位：个、万人、亿元

地 区	销售额			批发额			零售额		
	合 计	限 额 以 上	限 额 以 下	合 计	限 额 以 上	限 额 以 下	合 计	限 额 以 上	限 额 以 下
永康市	10.67	10.49	0.18	10.64	10.49	0.15	0.02		0.02
衢州市	**54.82**	**53.80**	**1.02**	**50.17**	**49.17**	**1.01**	**4.65**	**4.63**	**0.02**
柯城区	31.37	31.04	0.33	26.98	26.65	0.33	4.39	4.39	...
衢江区	1.12	0.86	0.26	1.12	0.86	0.26			
常山县	2.83	2.80	0.03	2.75	2.74	0.02	0.07	0.06	0.01
开化县	2.68	2.43	0.25	2.59	2.34	0.25	0.09	0.09	
龙游县	3.85	3.81	0.04	3.83	3.79	0.04	0.02	0.02	...
江山市	12.98	12.87	0.11	12.90	12.79	0.11	0.08	0.07	...
舟山市	**35.08**	**33.61**	**1.46**	**34.74**	**33.49**	**1.24**	**0.34**	**0.12**	**0.22**
定海区	19.94	19.13	0.81	19.83	19.13	0.70	0.11		0.11
普陀区	9.72	9.38	0.35	9.65	9.38	0.27	0.08		0.08
岱山县	3.67	3.66	0.01	3.65	3.65		0.02	0.01	0.01
嵊泗县	1.74	1.45	0.29	1.61	1.34	0.27	0.13	0.11	0.02
台州市	**117.13**	**116.03**	**1.10**	**110.54**	**109.57**	**0.97**	**6.59**	**6.46**	**0.13**
椒江区	47.11	47.07	0.04	43.79	43.76	0.04	3.32	3.32	...
黄岩区	19.86	19.82	0.05	19.72	19.72	...	0.14	0.10	0.04
路桥区	1.30	0.93	0.37	0.36	...	0.36	0.94	0.93	0.01
玉环县	7.40	7.17	0.22	7.28	7.06	0.22	0.12	0.12	
三门县	3.72	3.72		3.56	3.56		0.16	0.16	
天台县	3.50	3.50		3.50	3.50				
仙居县	2.70	2.57	0.12	2.70	2.57	0.12			
温岭市	20.95	20.85	0.10	20.92	20.85	0.07	0.03		0.03
临海市	10.58	10.38	0.20	8.71	8.55	0.16	1.87	1.83	0.04
丽水市	**34.99**	**34.15**	**0.84**	**30.31**	**29.58**	**0.72**	**4.68**	**4.57**	**0.12**
莲都区	17.97	17.79	0.18	16.73	16.55	0.18	1.24	1.24	...
青田县	0.48	0.41	0.07	0.22	0.15	0.07	0.25	0.25	
缙云县	3.04	2.93	0.11	3.04	2.93	0.11			
遂昌县	1.80	1.76	0.05	1.74	1.69	0.04	0.06	0.06	...
松阳县	1.78	1.62	0.16	1.73	1.58	0.16	0.04	0.04	
云和县	1.30	1.21	0.08	1.19	1.17	0.02	0.11	0.05	0.06
庆元县	1.52	1.51	0.01	1.52	1.51	0.01	...		...
景宁畲族自治县	1.59	1.41	0.18	1.51	1.38	0.13	0.08	0.03	0.05
龙泉市	5.52	5.52		2.63	2.63		2.90	2.90	

1－A－28 按地区分组的集体批发和零售业商品销售情况

单位：个、万人、亿元

地区	法人单位数			年末就业人员		
	合计	限额以上	限额以下	合计	限额以上	限额以下
总计	**1732**	**127**	**1605**	**1.80**	**0.51**	**1.29**
杭州市	**448**	**39**	**409**	**0.37**	**0.10**	**0.27**
上城区	70	4	66	0.06	0.01	0.05
下城区	67	6	61	0.06	0.01	0.05
江干区	60	4	56	0.03	0.01	0.02
拱墅区	26	4	22	0.02	...	0.01
西湖区	43	3	40	0.03	0.01	0.03
滨江区	7	4	3	0.02	0.02	...
萧山区	41	8	33	0.04	0.02	0.02
余杭区	70	4	66	0.04	0.01	0.03
桐庐县	8	1	7	0.01	...	0.01
淳安县	19		19	0.03		0.03
建德市	2		2	...		...
富阳市	17	1	16	0.01	...	0.01
临安市	18		18	0.02		0.02
宁波市	**197**	**25**	**172**	**0.15**	**0.04**	**0.11**
海曙区	17	5	12	0.01	0.01	0.01
江东区	2	1	1	...	...	...
江北区	5	2	3	...	...	...
北仑区	7	1	6	0.01	...	0.01
镇海区	71	6	65	0.03	0.01	0.02
鄞州区	20	3	17	0.01	...	0.01
象山县	10	1	9	0.01	...	0.01
宁海县	10	1	9	0.01	...	...
余姚市	20	1	19	0.01	...	0.01
慈溪市	21	4	17	0.04	0.01	0.03
奉化市	14		14	0.01		0.01
温州市	**171**	**16**	**155**	**0.27**	**0.05**	**0.22**
鹿城区	39	4	35	0.07	0.02	0.06
龙湾区	13	5	8	0.02	0.01	0.01
瓯海区	21	1	20	0.02	...	0.02
洞头县	4		4	...		...
永嘉县	15	1	14	0.03	...	0.03
平阳县	20		20	0.02		0.02

1-A-28 续表1-1

单位：个、万人、亿元

地区	法人单位数			年末就业人员		
	合计	限额以上	限额以下	合计	限额以上	限额以下
苍南县	8		8	0.03		0.03
文成县	7		7	...		...
泰顺县	4	1	3	...	...	...
瑞安市	24	1	23	0.02	...	0.02
乐清市	16	3	13	0.04	0.02	0.02
嘉兴市	**216**	**8**	**208**	**0.23**	**0.09**	**0.14**
南湖区	33	1	32	0.02	...	0.02
秀洲区	24	1	23	0.03	...	0.03
嘉善县	30	3	27	0.06	0.05	0.01
海盐县	18		18	0.02		0.02
海宁市	53	3	50	0.06	0.04	0.02
平湖市	16		16	0.01		0.01
桐乡市	42		42	0.03		0.03
湖州市	**136**	**2**	**134**	**0.10**	**0.01**	**0.09**
吴兴区	25		25	0.01		0.01
南浔区	48		48	0.03		0.03
德清县	20		20	0.01		0.01
长兴县	24	1	23	0.03	...	0.03
安吉县	19	1	18	0.02	...	0.01
绍兴市	**142**	**11**	**131**	**0.20**	**0.07**	**0.13**
越城区	28		28	0.03		0.03
绍兴县	10	1	9	0.01	...	...
新昌县	26		26	0.02		0.02
诸暨市	8	2	6	0.01	...	...
上虞市	30	6	24	0.09	0.06	0.03
嵊州市	40	2	38	0.05	...	0.04
金华市	**125**	**22**	**103**	**0.26**	**0.15**	**0.11**
婺城区	27	3	24	0.03	0.01	0.03
金东区	9		9	...		...
武义县	3	1	2	0.01	0.01	...
浦江县	1		1	...		...
磐安县	5		5	0.01		0.01
兰溪市	20		20	0.01		0.01

1-A-28 续表1-2

单位：个、万人、亿元

地 区	法人单位数			年末就业人员		
	合 计	限额以上	限额以下	合 计	限额以上	限额以下
义乌市	15		15	0.04		0.04
东阳市	40	16	24	0.13	0.10	0.02
永康市	5	2	3	0.03	0.03	0.01
衢州市	**33**	**1**	**32**	**0.02**	**...**	**0.02**
柯城区	2		2	...		...
常山县	7		7	0.01		0.01
开化县	2	1	1	...	...	...
龙游县	1		1	...		...
江山市	21		21	0.01		0.01
舟山市	**66**		**66**	**0.06**		**0.06**
定海区	38		38	0.03		0.03
普陀区	2		2	0.01		0.01
岱山县	19		19	0.01		0.01
嵊泗县	7		7	0.01		0.01
台州市	**141**	**2**	**139**	**0.08**	**0.01**	**0.07**
椒江区	16		16	0.01		0.01
黄岩区	55		55	0.02		0.02
路桥区	2	1	1	0.01	...	0.01
玉环县	4		4	...		...
三门县	4		4	...		...
天台县	5		5	...		...
仙居县	2		2	...		...
温岭市	37		37	0.01		0.01
临海市	16	1	15	0.01	...	0.01
丽水市	**57**	**1**	**56**	**0.07**	**...**	**0.07**
莲都区	2	1	1	...	...	...
青田县	7		7	...		...
缙云县	26		26	0.03		0.03
遂昌县	3		3	0.01		0.01
松阳县	2		2	0.01		0.01
庆元县	3		3	0.01		0.01
景宁畲族自治县	8		8	0.01		0.01
龙泉市	6		6	0.01		0.01

1－A－28 续表2－1

单位：个、万人、亿元

地　区	销售额			批发额			零售额		
	合　计	限　额 以　上	限　额 以　下	合　计	限　额 以　上	限　额 以　下	合　计	限　额 以　上	限　额 以　下
总　计	**234.46**	**194.87**	**39.60**	**192.48**	**162.58**	**29.90**	**41.99**	**32.29**	**9.70**
杭州市	**121.87**	**113.73**	**8.14**	**114.30**	**108.69**	**5.61**	**7.57**	**5.04**	**2.53**
上城区	13.33	12.10	1.23	12.52	11.60	0.92	0.81	0.50	0.31
下城区	28.77	27.14	1.63	27.32	26.06	1.26	1.45	1.08	0.37
江干区	3.41	2.53	0.88	2.27	1.48	0.79	1.15	1.05	0.09
拱墅区	3.55	3.15	0.40	2.72	2.47	0.25	0.82	0.68	0.15
西湖区	2.22	1.93	0.29	2.12	1.93	0.18	0.10		0.10
滨江区	27.38	27.37	0.02	27.38	27.37	0.01	...		...
萧山区	27.97	27.35	0.62	27.36	26.98	0.37	0.61	0.37	0.25
余杭区	3.15	2.60	0.55	1.70	1.32	0.38	1.45	1.28	0.17
桐庐县	2.52	2.29	0.22	2.32	2.20	0.12	0.20	0.10	0.11
淳安县	0.40		0.40	0.27		0.27	0.13		0.13
建德市	0.02		0.02	0.02		0.02			
富阳市	8.16	7.27	0.89	7.41	7.27	0.14	0.75		0.75
临安市	0.99		0.99	0.90		0.90	0.09		0.09
宁波市	**26.91**	**21.85**	**5.07**	**22.79**	**18.48**	**4.31**	**4.13**	**3.37**	**0.76**
海曙区	2.71	2.55	0.16	1.19	1.03	0.16	1.52	1.52	...
江东区	0.56	0.53	0.02	0.33	0.31	0.02	0.22	0.22	
江北区	1.49	1.48	0.02	1.49	1.48	0.01	0.01		0.01
北仑区	0.84	0.48	0.36	0.23		0.23	0.61	0.48	0.12
镇海区	6.93	3.82	3.11	6.13	3.28	2.85	0.80	0.54	0.26
鄞州区	0.81	0.61	0.20	0.49	0.32	0.17	0.32	0.29	0.02
象山县	0.70	0.50	0.20	0.69	0.50	0.19	0.02		0.02
宁海县	0.20	0.10	0.10	0.04		0.04	0.16	0.10	0.06
余姚市	0.59	0.21	0.38	0.23		0.23	0.36	0.21	0.15
慈溪市	11.88	11.56	0.32	11.87	11.56	0.31	0.01		0.01
奉化市	0.21		0.21	0.11		0.11	0.10		0.10
温州市	**20.23**	**17.15**	**3.09**	**11.80**	**9.84**	**1.96**	**8.44**	**7.31**	**1.13**
鹿城区	8.34	7.93	0.41	2.01	1.87	0.14	6.33	6.06	0.27
龙湾区	6.60	6.41	0.19	6.30	6.23	0.07	0.30	0.18	0.12
瓯海区	0.40	0.19	0.21	0.15		0.15	0.25	0.19	0.06
洞头县	0.02		0.02	0.02		0.02			
永嘉县	0.44	0.05	0.39	0.14		0.14	0.31	0.05	0.25
平阳县	0.38		0.38	0.32		0.32	0.06		0.06

1-A-28 续表2-2

单位:个、万人、亿元

地区	销售额			批发额			零售额		
	合计	限额以上	限额以下	合计	限额以上	限额以下	合计	限额以上	限额以下
苍南县	0.64		0.64	0.56		0.56	0.08		0.08
文成县	0.04		0.04	0.04		0.04	...		...
泰顺县	0.87	0.85	0.02	0.86	0.85	...	0.01		0.01
瑞安市	1.10	0.82	0.28	0.88	0.82	0.06	0.23		0.23
乐清市	1.39	0.90	0.49	0.53	0.07	0.46	0.86	0.83	0.03
嘉兴市	**12.27**	**7.03**	**5.24**	**9.36**	**5.08**	**4.28**	**2.91**	**1.95**	**0.96**
南湖区	0.60	0.09	0.50	0.42	0.04	0.38	0.18	0.05	0.12
秀洲区	0.86	0.42	0.44	0.85	0.42	0.44	0.01		0.01
嘉善县	3.34	2.66	0.67	1.80	1.17	0.63	1.54	1.50	0.04
海盐县	0.93		0.93	0.73		0.73	0.19		0.19
海宁市	5.05	3.86	1.19	4.45	3.46	0.99	0.60	0.40	0.20
平湖市	0.20		0.20	0.19		0.19	0.01		0.01
桐乡市	1.30		1.30	0.92		0.92	0.38		0.38
湖州市	**4.23**	**1.19**	**3.04**	**3.75**	**1.09**	**2.65**	**0.48**	**0.10**	**0.39**
吴兴区	0.54		0.54	0.47		0.47	0.07		0.07
南浔区	1.34		1.34	1.22		1.22	0.12		0.12
德清县	0.14		0.14	0.12		0.12	0.02		0.02
长兴县	1.71	0.92	0.80	1.66	0.92	0.75	0.05		0.05
安吉县	0.49	0.27	0.21	0.27	0.18	0.09	0.22	0.10	0.12
绍兴市	**12.41**	**7.58**	**4.83**	**9.04**	**5.03**	**4.01**	**3.37**	**2.55**	**0.82**
越城区	1.13		1.13	1.08		1.08	0.05		0.05
绍兴县	0.55	0.44	0.10	0.24	0.20	0.04	0.31	0.24	0.07
新昌县	0.43		0.43	0.34		0.34	0.09		0.09
诸暨市	0.63	0.55	0.08	0.58	0.55	0.03	0.05		0.05
上虞市	7.01	6.01	1.00	4.95	4.28	0.67	2.06	1.74	0.33
嵊州市	2.67	0.57	2.09	1.86		1.86	0.81	0.57	0.23
金华市	**26.65**	**22.63**	**4.02**	**13.44**	**10.78**	**2.66**	**13.21**	**11.85**	**1.36**
婺城区	7.69	5.87	1.82	1.42		1.42	6.27	5.87	0.40
金东区	0.07		0.07	0.07		0.07			
武义县	0.38	0.37	0.01	0.06	0.05	0.01	0.32	0.32	
浦江县	0.03		0.03	0.03		0.03			
磐安县	0.15		0.15	0.13		0.13	0.02		0.02
兰溪市	0.30		0.30	0.30		0.30	...		...

1-A-28 续表2-3

单位:个、万人、亿元

地区	销售额			批发额			零售额		
	合计	限额以上	限额以下	合计	限额以上	限额以下	合计	限额以上	限额以下
义乌市	0.47		0.47	0.36		0.36	0.11		0.11
东阳市	13.44	12.53	0.91	8.63	8.48	0.15	4.82	4.06	0.76
永康市	4.11	3.86	0.25	2.43	2.26	0.18	1.67	1.60	0.07
衢州市	**1.20**	**0.35**	**0.85**	**0.94**	**0.35**	**0.59**	**0.26**		**0.26**
柯城区	0.23		0.23	0.18		0.18	0.05		0.05
常山县	0.25		0.25	0.18		0.18	0.07		0.07
开化县	0.35	0.35	0.01	0.35	0.35	0.01			
龙游县	...		...	...		...	...		...
江山市	0.37		0.37	0.24		0.24	0.13		0.13
舟山市	**1.24**		**1.24**	**0.77**		**0.77**	**0.47**		**0.47**
定海区	0.74		0.74	0.60		0.60	0.15		0.15
普陀区	0.25		0.25	0.11		0.11	0.14		0.14
岱山县	0.20		0.20	0.06		0.06	0.15		0.15
嵊泗县	0.03		0.03	...		...	0.03		0.03
台州市	**6.40**	**3.21**	**3.19**	**5.55**	**3.08**	**2.47**	**0.85**	**0.13**	**0.72**
椒江区	1.29		1.29	1.23		1.23	0.05		0.05
黄岩区	0.50		0.50	0.38		0.38	0.12		0.12
路桥区	0.30	0.18	0.12	0.05	0.05		0.25	0.13	0.12
玉环县	0.24		0.24	0.24		0.24			
三门县	0.07		0.07	0.07		0.07	...		...
天台县	0.05		0.05	0.05		0.05			
仙居县	0.07		0.07	0.05		0.05	0.02		0.02
温岭市	0.59		0.59	0.24		0.24	0.35		0.35
临海市	3.29	3.03	0.26	3.23	3.03	0.21	0.06		0.06
丽水市	**1.05**	**0.16**	**0.89**	**0.74**	**0.16**	**0.59**	**0.31**		**0.31**
莲都区	0.17	0.16	0.01	0.17	0.16	0.01			
青田县	0.03		0.03	...		...	0.03		0.03
缙云县	0.39		0.39	0.24		0.24	0.15		0.15
遂昌县	0.01		0.01	0.01		0.01	...		...
松阳县	0.06		0.06				0.06		0.06
庆元县	0.01		0.01	0.01		0.01	0.01		0.01
景宁畲族自治县	0.19		0.19	0.13		0.13	0.06		0.06
龙泉市	0.19		0.19	0.19		0.19	...		...

1－A－29　按地区分组的股份合作企业批发和零售业商品销售情况

单位：个、万人、亿元

地　区	法人单位数			年末就业人员		
	合　计	限　额以　上	限　额以　下	合　计	限　额以　上	限　额以　下
总　计	**473**	**49**	**424**	**0.53**	**0.18**	**0.35**
杭州市	**63**	**15**	**48**	**0.13**	**0.08**	**0.05**
上城区	8	1	7	0.01	...	0.01
下城区	9	2	7	0.01	...	...
江干区	3		3	...		...
拱墅区	3	1	2	0.05	0.05	...
西湖区	8	1	7	0.02	0.01	0.02
滨江区	1		1	...		...
萧山区	3	1	2	...	...	...
余杭区	16	5	11	0.01	...	0.01
桐庐县	2		2	...		...
淳安县	1		1	...		...
建德市	4	2	2	0.01	...	0.01
富阳市	1	1		...	...	
临安市	4	1	3	...	...	...
宁波市	**42**	**5**	**37**	**0.04**	**0.01**	**0.03**
海曙区	10	1	9	0.01	...	...
江东区	2	1	1	...	...	...
北仑区	8		8	0.01		0.01
镇海区	5	1	4	...	...	...
鄞州区	10	2	8	0.02	0.01	0.01
余姚市	6		6	...		...
奉化市	1		1	...		...
温州市	**72**	**12**	**60**	**0.09**	**0.05**	**0.04**
鹿城区	9	3	6	0.02	0.02	0.01
龙湾区	5	4	1	0.02	0.02	...
瓯海区	2		2	...		...

1－A－29 续表1－1 单位:个、万人、亿元

地区	法人单位数			年末就业人员		
	合计	限额以上	限额以下	合计	限额以上	限额以下
永嘉县	28		28	0.01		0.01
苍南县	18	2	16	0.02	...	0.02
文成县	2	1	1	0.01	0.01	...
瑞安市	8	2	6	0.01	...	0.01
嘉兴市	**89**	**8**	**81**	**0.07**	**0.01**	**0.06**
南湖区	44	3	41	0.04	0.01	0.04
秀洲区	21	5	16	0.01	0.01	0.01
嘉善县	2		2	...		...
海盐县	2		2	...		...
海宁市	10		10	0.01		0.01
桐乡市	10		10	0.01		0.01
湖州市	**24**		**24**	**0.02**		**0.02**
吴兴区	7		7	...		...
南浔区	3		3	...		...
长兴县	8		8	0.01		0.01
安吉县	6		6	...		...
绍兴市	**10**		**10**	**0.02**		**0.02**
越城区	6		6	0.01		0.01
新昌县	1		1	...		...
诸暨市	1		1	...		...
嵊州市	2		2	...		...
金华市	**28**		**28**	**0.06**		**0.06**
婺城区	11		11	0.04		0.04
金东区	5		5	0.01		0.01
浦江县	2		2	...		...
磐安县	1		1	...		...
兰溪市	4		4	...		...

1-A-29 续表1-2

单位:个、万人、亿元

地区	法人单位数			年末就业人员		
	合计	限额以上	限额以下	合计	限额以上	限额以下
义乌市	2		2	...		...
东阳市	1		1	...		...
永康市	2		2	...		...
衢州市	**11**		**11**	**0.01**		**0.01**
柯城区	1		1	...		...
衢江区	1		1	...		...
常山县	1		1	...		...
江山市	8		8	...		...
舟山市	**2**		**2**	**...**		**...**
定海区	1		1	...		...
岱山县	1		1	...		...
台州市	**115**	**9**	**106**	**0.07**	**0.03**	**0.05**
椒江区	60		60	0.03		0.03
黄岩区	16		16	0.01		0.01
路桥区	5		5	...		...
玉环县	4		4	...		...
三门县	2		2	...		...
天台县	3	2	1	0.01	0.01	...
仙居县	2	1	1	0.01	0.01	...
温岭市	12	3	9	0.01	...	...
临海市	11	3	8	0.01	...	...
丽水市	**17**		**17**	**0.03**		**0.03**
莲都区	4		4	0.01		0.01
青田县	1		1	...		...
遂昌县	1		1	...		...
松阳县	1		1	...		...
龙泉市	10		10	0.02		0.02

1-A-29 续表2-1 单位：个、万人、亿元

地区	销售额			批发额			零售额		
	合计	限额以上	限额以下	合计	限额以上	限额以下	合计	限额以上	限额以下
总计	**69.22**	**51.20**	**18.01**	**56.19**	**43.46**	**12.73**	**13.03**	**7.74**	**5.29**
杭州市	**20.42**	**18.20**	**2.22**	**17.67**	**16.38**	**1.29**	**2.75**	**1.82**	**0.92**
上城区	0.82	0.64	0.18	0.72	0.64	0.08	0.10		0.10
下城区	8.54	8.08	0.47	8.54	8.08	0.47			
江干区	0.13		0.13	0.13		0.13			
拱墅区	6.41	6.25	0.16	5.16	5.00	0.16	1.25	1.25	
西湖区	0.33	0.09	0.24	0.06	0.04	0.02	0.27	0.05	0.22
滨江区	...		...	...		...			
萧山区	1.06	0.98	0.09	1.06	0.98	0.08	0.01		0.01
余杭区	1.99	1.22	0.77	1.11	0.83	0.28	0.88	0.39	0.50
桐庐县	0.08		0.08				0.08		0.08
淳安县	0.02		0.02	0.01		0.01	...		...
建德市	0.39	0.33	0.06	0.30	0.25	0.05	0.09	0.09	0.01
富阳市	0.05	0.05					0.05	0.05	
临安市	0.58	0.57	0.02	0.58	0.57	0.01	0.01		0.01
宁波市	**8.43**	**6.86**	**1.58**	**7.56**	**6.43**	**1.13**	**0.87**	**0.42**	**0.45**
海曙区	0.86	0.70	0.17	0.84	0.70	0.14	0.02		0.02
江东区	0.35	0.26	0.10	0.18	0.08	0.10	0.18	0.18	
北仑区	0.10		0.10	0.07		0.07	0.03		0.03
镇海区	0.61	0.39	0.22	0.61	0.39	0.22			
鄞州区	6.08	5.51	0.56	5.81	5.27	0.54	0.27	0.25	0.02
余姚市	0.39		0.39	0.06		0.06	0.33		0.33
奉化市	0.04		0.04				0.04		0.04
温州市	**19.83**	**16.97**	**2.86**	**13.79**	**12.17**	**1.62**	**6.04**	**4.80**	**1.24**
鹿城区	4.92	4.67	0.25	3.10	2.94	0.16	1.81	1.73	0.09
龙湾区	10.84	10.82	0.02	8.36	8.34	0.02	2.48	2.48	
瓯海区	0.01		0.01	0.01		0.01	...		...

1－A－29 续表2－2

单位：个、万人、亿元

地区	销售额			批发额			零售额		
	合计	限额以上	限额以下	合计	限额以上	限额以下	合计	限额以上	限额以下
永嘉县	0.56		0.56	0.41		0.41	0.16		0.16
苍南县	1.38	0.45	0.93	0.89		0.89	0.49	0.45	0.04
文成县	0.15	0.15	...				0.15	0.15	...
瑞安市	1.98	0.89	1.10	1.03	0.89	0.14	0.96		0.96
嘉兴市	**8.71**	**4.88**	**3.83**	**8.00**	**4.63**	**3.37**	**0.70**	**0.24**	**0.46**
南湖区	5.16	2.57	2.58	4.92	2.57	2.34	0.24		0.24
秀洲区	2.69	2.30	0.39	2.31	2.06	0.25	0.38	0.24	0.14
嘉善县	...		...	...		...			
海盐县	0.05		0.05	0.05		0.05			
海宁市	0.39		0.39	0.38		0.38	0.01		0.01
桐乡市	0.41		0.41	0.35		0.35	0.06		0.06
湖州市	**0.75**		**0.75**	**0.69**		**0.69**	**0.06**		**0.06**
吴兴区	0.34		0.34	0.32		0.32	0.03		0.03
南浔区	0.29		0.29	0.29		0.29			
长兴县	0.08		0.08	0.06		0.06	0.02		0.02
安吉县	0.04		0.04	0.02		0.02	0.02		0.02
绍兴市	**0.43**		**0.43**	**0.31**		**0.31**	**0.12**		**0.12**
越城区	0.17		0.17	0.06		0.06	0.11		0.11
新昌县	0.02		0.02	0.02		0.02			
诸暨市	0.01		0.01	0.01		0.01			
嵊州市	0.23		0.23	0.22		0.22	0.01		0.01
金华市	**1.81**		**1.81**	**1.01**		**1.01**	**0.80**		**0.80**
婺城区	0.40		0.40	0.37		0.37	0.03		0.03
金东区	0.29		0.29	0.29		0.29			
浦江县	0.07		0.07	0.07		0.07			
磐安县	0.04		0.04				0.04		0.04
兰溪市	0.10		0.10	0.10		0.10			

1-A-29 续表2-3　　单位:个、万人、亿元

地区	销售额			批发额			零售额		
	合计	限额以上	限额以下	合计	限额以上	限额以下	合计	限额以上	限额以下
义乌市	0.05		0.05	0.04		0.04	0.01		0.01
东阳市	0.72		0.72				0.72		0.72
永康市	0.15		0.15	0.15		0.15	0.01		0.01
衢州市	**0.27**		**0.27**	**0.20**		**0.20**	**0.07**		**0.07**
柯城区	0.17		0.17	0.12		0.12	0.05		0.05
衢江区	...		...				...		...
常山县	0.01		0.01	0.01		0.01	0.01		0.01
江山市	0.09		0.09	0.07		0.07	0.02		0.02
舟山市	**0.01**		**0.01**	**...**		**...**	**0.01**		**0.01**
定海区	0.01		0.01				0.01		0.01
岱山县	...		...	...		...			
台州市	**7.91**	**4.30**	**3.62**	**6.46**	**3.84**	**2.62**	**1.45**	**0.45**	**0.99**
椒江区	1.74		1.74	1.27		1.27	0.48		0.48
黄岩区	0.24		0.24	0.09		0.09	0.15		0.15
路桥区	0.97		0.97	0.86		0.86	0.11		0.11
玉环县	0.06		0.06				0.06		0.06
三门县	0.05		0.05				0.05		0.05
天台县	0.68	0.65	0.03	0.39	0.39	0.01	0.29	0.27	0.02
仙居县	0.26	0.24	0.02	0.18	0.17	0.01	0.08	0.07	0.01
温岭市	0.77	0.43	0.34	0.56	0.32	0.24	0.21	0.11	0.10
临海市	3.14	2.97	0.17	3.11	2.97	0.14	0.03		0.03
丽水市	**0.64**		**0.64**	**0.48**		**0.48**	**0.16**		**0.16**
莲都区	0.41		0.41	0.27		0.27	0.14		0.14
青田县	0.01		0.01	0.01		0.01			
遂昌县	...		...	...		...	...		...
松阳县	0.01		0.01				0.01		0.01
龙泉市	0.22		0.22	0.21		0.21	0.01		0.01

1－A－30　按地区分组的有限责任公司批发和零售业商品销售情况

单位：个、万人、亿元

地　区	法人单位数			年末就业人员		
	合　计	限　额以　上	限　额以　下	合　计	限　额以　上	限　额以　下
总　计	**7873**	**2396**	**5477**	**20.36**	**15.51**	**4.85**
杭州市	**3366**	**947**	**2419**	**8.39**	**6.46**	**1.93**
上城区	410	144	266	1.03	0.80	0.23
下城区	670	216	454	2.24	1.86	0.38
江干区	251	86	165	0.80	0.64	0.15
拱墅区	458	110	348	0.77	0.53	0.24
西湖区	444	109	335	1.25	0.93	0.32
滨江区	119	42	77	0.35	0.27	0.07
萧山区	566	101	465	0.93	0.65	0.28
余杭区	93	63	30	0.28	0.26	0.02
桐庐县	37	11	26	0.09	0.06	0.02
淳安县	60	10	50	0.22	0.15	0.08
建德市	29	8	21	0.08	0.06	0.02
富阳市	50	33	17	0.19	0.17	0.02
临安市	179	14	165	0.19	0.09	0.10
宁波市	**639**	**360**	**279**	**2.63**	**2.30**	**0.33**
海曙区	122	86	36	0.76	0.73	0.04
江东区	55	53	2	0.40	0.39	...
江北区	4	4		0.02	0.02	
北仑区	159	64	95	0.40	0.25	0.15
镇海区	50	24	26	0.14	0.10	0.03
鄞州区	100	63	37	0.46	0.43	0.03
象山县	16	10	6	0.06	0.06	...
宁海县	8	8		0.09	0.09	
余姚市	97	37	60	0.22	0.17	0.05
慈溪市	11	5	6	0.05	0.04	0.01
奉化市	17	6	11	0.03	0.02	0.01
温州市	**274**	**78**	**196**	**0.66**	**0.51**	**0.15**
鹿城区	114	37	77	0.44	0.37	0.07
龙湾区	14	13	1	0.04	0.04	...
瓯海区	29	2	27	0.04	0.02	0.02
洞头县	7	2	5	0.01	...	...
永嘉县	31	3	28	0.03	0.01	0.02
平阳县	51	8	43	0.04	0.01	0.03

1-A-30 续表1-1　　单位：个、万人、亿元

地　区	法人单位数			年末就业人员		
	合　计	限　额 以　上	限　额 以　下	合　计	限　额 以　上	限　额 以　下
苍南县	6	1	5	0.01	0.01	0.01
文成县	8	6	2	0.01	0.01	...
泰顺县	1		1	...		...
瑞安市	9	5	4	0.03	0.03	...
乐清市	4	1	3	0.01	0.01	...
嘉兴市	**561**	**153**	**408**	**1.26**	**0.89**	**0.38**
南湖区	153	52	101	0.41	0.31	0.09
秀洲区	51	10	41	0.14	0.11	0.03
嘉善县	32	11	21	0.10	0.08	0.03
海盐县	57	16	41	0.15	0.08	0.06
海宁市	50	19	31	0.16	0.14	0.02
平湖市	103	26	77	0.14	0.09	0.04
桐乡市	115	19	96	0.17	0.07	0.10
湖州市	**289**	**112**	**177**	**0.88**	**0.72**	**0.17**
吴兴区	141	54	87	0.57	0.47	0.09
南浔区	19	5	14	0.01	...	0.01
德清县	56	25	31	0.10	0.08	0.02
长兴县	46	21	25	0.15	0.13	0.02
安吉县	27	7	20	0.06	0.03	0.03
绍兴市	**495**	**147**	**348**	**1.76**	**1.36**	**0.41**
越城区	141	60	81	0.69	0.58	0.12
绍兴县	228	25	203	0.26	0.12	0.15
新昌县	36	15	21	0.12	0.07	0.05
诸暨市	52	28	24	0.42	0.35	0.07
上虞市	20	11	9	0.23	0.22	0.01
嵊州市	18	8	10	0.04	0.03	0.01
金华市	**353**	**131**	**222**	**1.31**	**1.04**	**0.27**
婺城区	123	37	86	0.56	0.49	0.07
金东区	32	21	11	0.07	0.06	0.01
武义县	10	4	6	0.03	0.03	...
浦江县	13	4	9	0.03	0.02	0.01
磐安县	7	2	5	0.01	0.01	...
兰溪市	44	18	26	0.10	0.07	0.03
义乌市	60	24	36	0.20	0.17	0.04

1－A－30 续表1－2 单位:个、万人、亿元

地 区	法人单位数			年末就业人员		
	合 计	限 额 以 上	限 额 以 下	合 计	限 额 以 上	限 额 以 下
东阳市	34	10	24	0.19	0.12	0.07
永康市	30	11	19	0.12	0.08	0.04
衢州市	**116**	**39**	**77**	**0.32**	**0.24**	**0.07**
柯城区	33	16	17	0.19	0.17	0.01
衢江区	3	3		...	...	
常山县	13	6	7	0.02	0.01	...
开化县	16	2	14	0.02	0.01	0.01
龙游县	28	7	21	0.04	0.02	0.01
江山市	23	5	18	0.05	0.02	0.03
舟山市	**121**	**56**	**65**	**0.34**	**0.27**	**0.08**
定海区	65	28	37	0.20	0.16	0.05
普陀区	33	19	14	0.11	0.09	0.02
岱山县	6	2	4	0.01	0.01	...
嵊泗县	17	7	10	0.03	0.01	0.01
台州市	**1509**	**313**	**1196**	**2.31**	**1.36**	**0.96**
椒江区	424	119	305	0.80	0.57	0.24
黄岩区	350	36	314	0.40	0.17	0.24
路桥区	142	26	116	0.16	0.08	0.08
玉环县	233	47	186	0.24	0.10	0.14
三门县	6	2	4	0.02	...	0.01
天台县	32	11	21	0.08	0.05	0.03
仙居县	48	7	41	0.13	0.09	0.04
温岭市	156	39	117	0.24	0.15	0.09
临海市	118	26	92	0.23	0.15	0.08
丽水市	**150**	**60**	**90**	**0.48**	**0.38**	**0.10**
莲都区	57	34	23	0.31	0.28	0.03
青田县	8	4	4	0.02	0.02	...
缙云县	16	6	10	0.04	0.03	0.01
遂昌县	23	8	15	0.03	0.02	0.02
松阳县	6	1	5	0.01	...	...
云和县	6		6	0.02		0.02
庆元县	19	2	17	0.02	0.01	0.01
景宁畲族自治县	3	3		0.02	0.02	
龙泉市	12	2	10	0.02	...	0.01

1－A－30 续表2－1

单位：个、万人、亿元

地区	销售额			批发额			零售额		
	合计	限额以上	限额以下	合计	限额以上	限额以下	合计	限额以上	限额以下
总计	**6894.82**	**6421.32**	**473.50**	**5869.49**	**5445.77**	**423.73**	**1025.32**	**975.55**	**49.77**
杭州市	**3801.33**	**3653.00**	**148.33**	**3328.31**	**3198.65**	**129.67**	**473.01**	**454.35**	**18.66**
上城区	532.41	516.91	15.51	500.61	486.70	13.91	31.80	30.21	1.60
下城区	1411.10	1385.48	25.63	1277.98	1254.46	23.52	133.13	131.02	2.11
江干区	436.40	425.02	11.38	365.60	355.68	9.92	70.80	69.34	1.46
拱墅区	405.43	380.62	24.80	342.74	323.75	19.00	62.68	56.88	5.81
西湖区	302.70	279.40	23.29	235.92	214.44	21.48	66.78	64.97	1.81
滨江区	329.65	322.77	6.88	326.94	321.32	5.61	2.72	1.45	1.27
萧山区	199.03	171.77	27.26	146.42	121.35	25.07	52.61	50.42	2.19
余杭区	98.61	97.33	1.28	65.82	64.60	1.22	32.79	32.73	0.06
桐庐县	8.38	6.55	1.83	5.51	4.02	1.50	2.87	2.54	0.33
淳安县	15.92	13.61	2.32	13.95	12.03	1.92	1.97	1.58	0.39
建德市	10.03	9.01	1.02	8.50	7.61	0.89	1.53	1.39	0.14
富阳市	38.50	37.44	1.06	28.80	27.92	0.87	9.71	9.52	0.19
临安市	13.16	7.09	6.07	9.53	4.77	4.77	3.63	2.33	1.30
宁波市	**1289.66**	**1215.69**	**73.96**	**1157.26**	**1086.58**	**70.69**	**132.40**	**129.12**	**3.28**
海曙区	373.53	369.62	3.91	331.78	327.94	3.84	41.75	41.67	0.07
江东区	150.50	150.50	...	127.18	127.18	...	23.32	23.32	...
江北区	4.10	4.10		2.82	2.82		1.28	1.28	
北仑区	431.46	380.68	50.78	419.84	370.16	49.69	11.62	10.52	1.09
镇海区	59.05	55.25	3.80	54.26	51.30	2.96	4.79	3.95	0.84
鄞州区	167.70	165.81	1.89	142.08	140.55	1.53	25.62	25.26	0.36
象山县	7.16	7.09	0.07	6.56	6.51	0.04	0.60	0.58	0.02
宁海县	8.22	8.22		4.08	4.08		4.13	4.13	
余姚市	62.10	50.07	12.03	48.94	37.34	11.60	13.16	12.74	0.42
慈溪市	9.39	8.76	0.62	4.01	3.71	0.30	5.37	5.05	0.32
奉化市	16.45	15.59	0.87	15.70	14.98	0.72	0.76	0.61	0.15
温州市	**124.50**	**113.86**	**10.64**	**85.82**	**77.21**	**8.62**	**38.68**	**36.66**	**2.02**
鹿城区	74.33	70.31	4.02	46.15	42.97	3.18	28.18	27.34	0.84
龙湾区	19.53	19.52	0.01	17.35	17.34	0.01	2.18	2.18	
瓯海区	4.67	2.45	2.22	2.16	0.54	1.61	2.52	1.91	0.60
洞头县	1.52	1.21	0.31	1.40	1.11	0.29	0.12	0.10	0.02
永嘉县	3.42	1.84	1.58	1.65	0.39	1.26	1.77	1.45	0.32
平阳县	5.68	5.09	0.59	5.47	4.92	0.55	0.21	0.17	0.04

1－A－30 续表2－2 单位：个、万人、亿元

地区	销售额			批发额			零售额		
	合计	限额以上	限额以下	合计	限额以上	限额以下	合计	限额以上	限额以下
苍南县	0.76	0.60	0.15	0.01		0.01	0.75	0.60	0.14
文成县	4.44	4.34	0.10	4.28	4.24	0.04	0.16	0.10	0.06
泰顺县	0.01		0.01	0.01		0.01			
瑞安市	7.84	7.72	0.12	5.82	5.70	0.12	2.02	2.02	
乐清市	2.30	0.78	1.53	1.53		1.53	0.78	0.78	
嘉兴市	**249.98**	**211.57**	**38.41**	**193.06**	**156.87**	**36.19**	**56.92**	**54.70**	**2.22**
南湖区	88.40	78.99	9.41	63.55	54.84	8.72	24.84	24.15	0.69
秀洲区	18.84	15.93	2.91	10.16	7.26	2.90	8.68	8.67	0.02
嘉善县	11.73	10.26	1.47	7.55	6.23	1.32	4.18	4.03	0.15
海盐县	27.08	21.42	5.66	23.47	18.01	5.46	3.61	3.41	0.20
海宁市	25.04	23.40	1.65	15.74	14.27	1.47	9.30	9.12	0.18
平湖市	66.75	54.12	12.64	63.74	51.24	12.49	3.02	2.88	0.14
桐乡市	12.13	7.47	4.66	8.85	5.02	3.82	3.29	2.45	0.84
湖州市	**170.69**	**155.60**	**15.08**	**120.23**	**106.93**	**13.29**	**50.46**	**48.67**	**1.79**
吴兴区	107.68	97.55	10.13	70.81	61.39	9.42	36.87	36.16	0.71
南浔区	5.86	4.90	0.96	5.69	4.80	0.89	0.17	0.10	0.07
德清县	32.92	31.51	1.41	30.19	28.95	1.24	2.72	2.55	0.17
长兴县	19.37	18.16	1.21	12.19	11.43	0.76	7.18	6.73	0.45
安吉县	4.87	3.48	1.39	1.35	0.36	0.99	3.51	3.12	0.40
绍兴市	**287.60**	**229.24**	**58.36**	**191.52**	**137.78**	**53.74**	**96.08**	**91.46**	**4.62**
越城区	113.96	92.80	21.16	63.18	42.71	20.47	50.78	50.09	0.68
绍兴县	67.88	37.50	30.38	62.28	32.89	29.39	5.60	4.61	0.99
新昌县	13.94	13.17	0.77	10.96	10.35	0.62	2.97	2.82	0.15
诸暨市	63.91	59.20	4.70	45.15	42.79	2.36	18.76	16.41	2.35
上虞市	23.65	23.23	0.42	7.70	7.35	0.35	15.95	15.88	0.07
嵊州市	4.26	3.34	0.92	2.24	1.69	0.55	2.02	1.65	0.37
金华市	**222.57**	**184.40**	**38.16**	**162.43**	**128.61**	**33.83**	**60.13**	**55.80**	**4.34**
婺城区	64.69	60.09	4.60	43.90	39.93	3.97	20.79	20.16	0.63
金东区	18.52	18.07	0.45	11.62	11.26	0.36	6.90	6.81	0.09
武义县	6.03	5.69	0.34	5.50	5.37	0.13	0.53	0.31	0.21
浦江县	1.83	1.52	0.31	0.43	0.25	0.18	1.41	1.28	0.13
磐安县	0.86	0.37	0.49	0.47		0.47	0.39	0.37	0.02
兰溪市	12.88	11.17	1.72	9.79	8.40	1.39	3.09	2.77	0.32
义乌市	35.73	33.44	2.29	20.69	19.43	1.26	15.04	14.01	1.03

1－A－30 续表2－3

单位：个、万人、亿元

地区	销售额			批发额			零售额		
	合计	限额以上	限额以下	合计	限额以上	限额以下	合计	限额以上	限额以下
东阳市	43.03	16.90	26.14	34.94	10.41	24.53	8.09	6.48	1.61
永康市	38.98	37.16	1.82	35.08	33.55	1.53	3.90	3.61	0.30
衢州市	**62.52**	**56.86**	**5.66**	**54.14**	**49.63**	**4.51**	**8.38**	**7.23**	**1.16**
柯城区	13.61	11.34	2.27	7.99	6.12	1.87	5.62	5.22	0.40
衢江区	15.94	15.94		15.94	15.94				
常山县	2.52	2.22	0.29	1.71	1.53	0.19	0.81	0.70	0.11
开化县	1.11	0.41	0.70	0.70	0.20	0.49	0.41	0.20	0.21
龙游县	25.38	24.37	1.00	24.69	23.99	0.70	0.69	0.38	0.31
江山市	3.97	2.58	1.39	3.12	1.85	1.26	0.86	0.73	0.13
舟山市	**91.52**	**80.39**	**11.13**	**75.91**	**65.54**	**10.37**	**15.61**	**14.85**	**0.76**
定海区	49.34	39.78	9.57	36.47	27.30	9.17	12.87	12.48	0.40
普陀区	36.94	36.19	0.75	34.52	34.00	0.52	2.42	2.19	0.22
岱山县	1.17	0.70	0.47	1.02	0.62	0.40	0.15	0.08	0.08
嵊泗县	4.07	3.73	0.34	3.90	3.63	0.28	0.17	0.10	0.06
台州市	**475.38**	**405.61**	**69.78**	**393.38**	**332.92**	**60.46**	**82.00**	**72.69**	**9.31**
椒江区	206.36	186.85	19.50	178.79	160.94	17.85	27.57	25.92	1.65
黄岩区	76.07	60.08	15.99	62.47	47.99	14.48	13.60	12.09	1.51
路桥区	33.04	21.94	11.11	20.91	12.56	8.35	12.13	9.38	2.75
玉环县	56.77	46.65	10.12	53.07	44.02	9.06	3.70	2.63	1.07
三门县	0.86	0.38	0.48	0.78	0.30	0.48	0.08	0.08	
天台县	4.27	3.16	1.11	2.60	1.73	0.88	1.67	1.43	0.23
仙居县	11.98	9.90	2.08	10.96	9.29	1.67	1.03	0.61	0.41
温岭市	52.31	47.11	5.20	41.62	37.42	4.20	10.69	9.69	1.00
临海市	33.71	29.54	4.17	22.17	18.67	3.50	11.54	10.86	0.68
丽水市	**119.08**	**115.09**	**3.99**	**107.43**	**105.06**	**2.37**	**11.65**	**10.03**	**1.62**
莲都区	90.41	89.16	1.25	81.48	80.74	0.74	8.93	8.42	0.51
青田县	6.85	6.69	0.17	6.42	6.26	0.16	0.43	0.43	0.01
缙云县	8.58	8.41	0.17	8.22	8.18	0.03	0.37	0.23	0.14
遂昌县	6.86	6.10	0.76	6.11	5.76	0.35	0.75	0.34	0.41
松阳县	0.21	0.11	0.10	0.07		0.07	0.14	0.11	0.03
云和县	0.41		0.41	0.02		0.02	0.39		0.39
庆元县	0.56	0.34	0.22	0.40	0.25	0.15	0.16	0.09	0.07
景宁畲族自治县	1.69	1.69		1.38	1.38		0.31	0.31	
龙泉市	3.52	2.61	0.90	3.35	2.49	0.85	0.17	0.12	0.05

1-A-31 按地区分组的股份有限公司批发和零售业商品销售情况

单位：个、万人、亿元

地区	法人单位数			年末就业人员		
	合计	限额以上	限额以下	合计	限额以上	限额以下
总计	**889**	**236**	**653**	**4.18**	**3.61**	**0.57**
杭州市	**388**	**113**	**275**	**1.35**	**1.10**	**0.25**
上城区	63	18	45	0.25	0.21	0.04
下城区	76	26	50	0.32	0.26	0.06
江干区	30	3	27	0.10	0.07	0.03
拱墅区	41	16	25	0.16	0.14	0.02
西湖区	67	20	47	0.22	0.18	0.04
滨江区	11	5	6	0.07	0.07	...
萧山区	54	6	48	0.05	0.02	0.03
余杭区	19	10	9	0.05	0.04	0.01
桐庐县	11	1	10	0.01	...	0.01
淳安县	1		1	...		...
富阳市	2	2		0.02	0.02	
临安市	13	6	7	0.10	0.09	0.01
宁波市	**36**	**24**	**12**	**0.81**	**0.79**	**0.03**
海曙区	16	13	3	0.68	0.67	0.01
江东区	3	1	2	0.04	0.04	0.01
北仑区	8	4	4	0.03	0.02	0.01
镇海区	2	2		0.02	0.02	
鄞州区	4	2	2	0.04	0.03	...
余姚市	1		1	...		...
慈溪市	2	2		0.01	0.01	
温州市	**124**	**5**	**119**	**0.27**	**0.18**	**0.09**
鹿城区	89	4	85	0.24	0.18	0.06
龙湾区	8		8	0.01		0.01
瓯海区	1		1	...		...
永嘉县	6		6	0.01		0.01
平阳县	3		3	...		...

1-A-31 续表1-1

单位：个、万人、亿元

地区	法人单位数			年末就业人员		
	合计	限额以上	限额以下	合计	限额以上	限额以下
瑞安市	3	1	2	0.01	0.01	...
乐清市	14		14	0.01		0.01
嘉兴市	**18**	**16**	**2**	**0.36**	**0.36**	**...**
南湖区	10	10		0.24	0.24	
秀洲区	3	3		0.04	0.04	
海盐县	1	1		...	...	
平湖市	1		1	...		...
桐乡市	3	2	1	0.08	0.08	...
湖州市	**34**	**9**	**25**	**0.10**	**0.08**	**0.02**
吴兴区	24	4	20	0.08	0.07	0.01
南浔区	4	4		0.01	0.01	
长兴县	6	1	5	...	...	...
绍兴市	**44**	**24**	**20**	**0.36**	**0.34**	**0.02**
越城区	34	15	19	0.15	0.14	0.02
绍兴县	3	3		0.01	0.01	
新昌县	2	2		0.03	0.03	
诸暨市	3	3		0.12	0.12	
上虞市	2	1	1	0.05	0.05	...
金华市	**89**	**13**	**76**	**0.49**	**0.42**	**0.07**
婺城区	28	7	21	0.42	0.40	0.03
金东区	4	2	2	0.01	0.01	...
武义县	2	1	1	...	...	...
浦江县	3		3	...		...
磐安县	2		2	...		...
兰溪市	14	1	13	0.02	0.01	0.02
义乌市	35	1	34	0.03	0.01	0.02
东阳市	1	1		...	...	

1-A-31 续表1-2

单位：个、万人、亿元

地区	法人单位数			年末就业人员		
	合计	限额以上	限额以下	合计	限额以上	限额以下
衢州市	**34**	**3**	**31**	**0.05**	**0.04**	**0.02**
柯城区	18	1	17	0.04	0.03	0.01
衢江区	4	1	3	...	...	...
开化县	1		1	...		...
龙游县	9	1	8	0.01	0.01	...
江山市	2		2	...		...
舟山市	**3**	**2**	**1**	**0.06**	**0.06**	**...**
定海区	2	1	1	0.04	0.04	...
普陀区	1	1		0.03	0.03	
台州市	**90**	**20**	**70**	**0.25**	**0.20**	**0.06**
椒江区	8	7	1	0.13	0.13	...
黄岩区	18	4	14	0.01	0.01	0.01
路桥区	13	3	10	0.02	0.01	0.01
玉环县	23	4	19	0.06	0.05	0.01
三门县	12		12	0.01		0.01
天台县	1	1		...	...	
仙居县	6	1	5	0.01	...	0.01
临海市	9		9	0.01		0.01
丽水市	**29**	**7**	**22**	**0.07**	**0.05**	**0.02**
莲都区	8	5	3	0.05	0.04	...
青田县	3		3	...		...
缙云县	5		5	...		...
遂昌县	2	1	1	...	...	...
松阳县	2		2	...		...
云和县	2	1	1	...	...	...
庆元县	4		4	0.01		0.01
龙泉市	3		3	...		...

1-A-31 续表2-1 单位:个、万人、亿元

地区	销售额			批发额			零售额		
	合计	限额以上	限额以下	合计	限额以上	限额以下	合计	限额以上	限额以下
总计	**2015.13**	**1970.37**	**44.76**	**1506.57**	**1470.76**	**35.81**	**508.56**	**499.61**	**8.95**
杭州市	**868.59**	**849.18**	**19.40**	**720.31**	**704.37**	**15.94**	**148.28**	**144.82**	**3.46**
上城区	298.63	297.19	1.44	275.31	274.04	1.28	23.32	23.16	0.16
下城区	158.31	152.64	5.67	108.69	103.10	5.59	49.62	49.54	0.08
江干区	21.23	20.13	1.09	21.03	20.07	0.96	0.20	0.06	0.14
拱墅区	67.13	66.19	0.93	41.82	40.95	0.88	25.30	25.25	0.05
西湖区	250.62	247.14	3.48	209.97	206.66	3.30	40.66	40.48	0.18
滨江区	22.42	22.02	0.40	22.42	22.02	0.40			
萧山区	11.68	9.01	2.67	10.92	8.58	2.34	0.76	0.43	0.33
余杭区	28.27	25.41	2.86	25.60	24.71	0.89	2.67	0.71	1.97
桐庐县	1.65	1.35	0.30	1.43	1.35	0.08	0.22		0.22
淳安县	0.23		0.23	0.23		0.23			
富阳市	2.38	2.38		1.90	1.90		0.48	0.48	
临安市	6.03	5.71	0.32	0.99	0.99		5.04	4.72	0.32
宁波市	**364.96**	**363.45**	**1.51**	**301.46**	**300.54**	**0.91**	**63.50**	**62.90**	**0.60**
海曙区	225.55	225.07	0.48	165.26	164.95	0.31	60.28	60.11	0.17
江东区	6.52	5.87	0.65	3.91	3.63	0.28	2.61	2.24	0.37
北仑区	28.90	28.79	0.11	28.36	28.24	0.11	0.55	0.55	
镇海区	3.08	3.08		3.08	3.08				
鄞州区	96.71	96.60	0.12	96.71	96.60	0.12			
余姚市	0.15		0.15	0.09		0.09	0.06		0.06
慈溪市	4.04	4.04		4.04	4.04				
温州市	**94.85**	**86.27**	**8.57**	**44.23**	**36.34**	**7.90**	**50.61**	**49.94**	**0.68**
鹿城区	91.30	85.26	6.04	41.09	35.65	5.44	50.21	49.61	0.60
龙湾区	0.35		0.35	0.34		0.34	0.01		0.01
瓯海区									
永嘉县	1.33		1.33	1.30		1.30	0.03		0.03
平阳县	0.58		0.58	0.58		0.58			

1-A-31 续表2-2

单位:个、万人、亿元

地区	销售额			批发额			零售额		
	合计	限额以上	限额以下	合计	限额以上	限额以下	合计	限额以上	限额以下
瑞安市	1.05	1.01	0.04	0.73	0.69	0.04	0.33	0.33	
乐清市	0.24		0.24	0.20		0.20	0.04		0.04
嘉兴市	**179.31**	**179.23**	**0.08**	**147.48**	**147.48**		**31.83**	**31.74**	**0.08**
南湖区	134.64	134.64		108.68	108.68		25.96	25.96	
秀洲区	30.49	30.49		30.49	30.49				
海盐县	0.96	0.96		0.96	0.96				
平湖市	0.03		0.03				0.03		0.03
桐乡市	13.18	13.13	0.05	7.35	7.35		5.83	5.78	0.05
湖州市	**70.45**	**67.30**	**3.16**	**35.12**	**33.71**	**1.41**	**35.33**	**33.58**	**1.75**
吴兴区	62.38	59.44	2.94	27.36	26.08	1.28	35.02	33.37	1.66
南浔区	6.64	6.64		6.42	6.42		0.22	0.22	
长兴县	1.44	1.21	0.22	1.34	1.21	0.13	0.09		0.09
绍兴市	**112.37**	**110.92**	**1.44**	**66.18**	**64.79**	**1.39**	**46.19**	**46.13**	**0.06**
越城区	69.84	68.42	1.42	46.76	45.37	1.39	23.09	23.06	0.03
绍兴县	11.82	11.82		11.82	11.82				
新昌县	1.22	1.22		1.08	1.08		0.14	0.14	
诸暨市	18.77	18.77		4.39	4.39		14.38	14.38	
上虞市	10.71	10.69	0.02	2.13	2.13		8.58	8.55	0.02
金华市	**95.79**	**90.96**	**4.83**	**24.78**	**20.76**	**4.02**	**71.02**	**70.20**	**0.81**
婺城区	84.61	82.57	2.04	22.31	20.45	1.86	62.30	62.12	0.18
金东区	6.12	6.05	0.06	0.31	0.31		5.81	5.74	0.06
武义县	0.40	0.09	0.32				0.40	0.09	0.32
浦江县	0.29		0.29	0.29		0.29	0.01		0.01
磐安县	0.03		0.03	0.02		0.02	0.01		0.01
兰溪市	1.24	0.68	0.56	0.52		0.52	0.73	0.68	0.04
义乌市	3.03	1.50	1.53	1.34		1.34	1.69	1.50	0.19
东阳市	0.07	0.07					0.07	0.07	

1-A-31 续表2-3　　单位：个、万人、亿元

地区	销售额			批发额			零售额		
	合计	限额以上	限额以下	合计	限额以上	限额以下	合计	限额以上	限额以下
衢州市	**24.69**	**23.60**	**1.09**	**17.69**	**16.94**	**0.75**	**7.00**	**6.66**	**0.34**
柯城区	23.24	22.90	0.34	17.01	16.80	0.21	6.23	6.11	0.13
衢江区	0.25	0.22	0.03	0.17	0.14	0.02	0.09	0.08	0.01
开化县	0.02		0.02	0.02		0.02			
龙游县	0.97	0.47	0.50	0.32		0.32	0.65	0.47	0.18
江山市	0.20		0.20	0.17		0.17	0.03		0.03
舟山市	**55.13**	**55.09**	**0.04**	**52.76**	**52.72**	**0.04**	**2.37**	**2.37**	
定海区	44.23	44.18	0.04	42.78	42.73	0.04	1.45	1.45	
普陀区	10.91	10.91		9.99	9.99		0.92	0.92	
台州市	**124.89**	**121.01**	**3.88**	**94.24**	**91.11**	**3.13**	**30.65**	**29.89**	**0.75**
椒江区	94.17	94.11	0.05	67.03	66.98	0.05	27.13	27.13	
黄岩区	3.37	2.19	1.19	3.12	1.96	1.16	0.26	0.23	0.03
路桥区	3.13	2.68	0.45	0.77	0.42	0.35	2.36	2.26	0.10
玉环县	22.91	21.65	1.26	22.68	21.65	1.03	0.23		0.23
三门县	0.52		0.52	0.24		0.24	0.28		0.28
天台县	0.31	0.31		0.10	0.10		0.21	0.21	
仙居县	0.15	0.06	0.09	0.06		0.06	0.10	0.06	0.03
临海市	0.32		0.32	0.25		0.25	0.08		0.08
丽水市	**24.11**	**23.36**	**0.75**	**2.32**	**1.99**	**0.33**	**21.79**	**21.37**	**0.42**
莲都区	22.97	22.90	0.06	1.82	1.81	0.01	21.15	21.10	0.05
青田县	0.10		0.10	0.08		0.08	0.02		0.02
缙云县	0.07		0.07	0.04		0.04	0.03		0.03
遂昌县	0.28	0.27	0.01	0.01		0.01	0.27	0.27	
松阳县	0.02		0.02	0.02		0.02			
云和县	0.20	0.19	0.01	0.19	0.19		0.01		0.01
庆元县	0.18		0.18	0.16		0.16	0.02		0.02
龙泉市	0.30		0.30	0.01		0.01	0.29		0.29

1-A-32 按地区分组的私营企业批发和零售业商品销售情况

单位：个、万人、亿元

地 区	法人单位数			年末就业人员		
	合 计	限 额 以 上	限 额 以 下	合 计	限 额 以 上	限 额 以 下
总 计	**79336**	**6004**	**73332**	**65.15**	**17.95**	**47.20**
杭州市	**22652**	**1981**	**20671**	**17.56**	**4.87**	**12.70**
上城区	1831	165	1666	1.90	0.75	1.14
下城区	3783	339	3444	2.98	0.87	2.11
江干区	3291	203	3088	2.20	0.47	1.73
拱墅区	3529	395	3134	2.59	0.69	1.91
西湖区	2628	184	2444	2.38	0.49	1.89
滨江区	398	45	353	0.31	0.08	0.24
萧山区	3479	343	3136	2.51	0.78	1.73
余杭区	1675	159	1516	1.03	0.32	0.72
桐庐县	510	31	479	0.46	0.09	0.36
淳安县	133	9	124	0.13	0.03	0.10
建德市	298	26	272	0.22	0.06	0.16
富阳市	861	49	812	0.63	0.15	0.48
临安市	236	33	203	0.22	0.10	0.12
宁波市	**17208**	**1411**	**15797**	**16.07**	**4.43**	**11.64**
海曙区	2465	181	2284	2.67	0.75	1.92
江东区	3033	185	2848	2.59	0.52	2.07
江北区	1299	172	1127	1.26	0.45	0.81
北仑区	2139	120	2019	2.68	0.60	2.08
镇海区	1001	152	849	0.72	0.27	0.45
鄞州区	2168	204	1964	1.77	0.44	1.32
象山县	505	51	454	0.47	0.15	0.32
宁海县	461	28	433	0.49	0.18	0.31
余姚市	1941	170	1771	1.47	0.46	1.01
慈溪市	1828	107	1721	1.64	0.48	1.16
奉化市	368	41	327	0.32	0.13	0.19
温州市	**8148**	**771**	**7377**	**7.49**	**2.77**	**4.71**
鹿城区	3132	319	2813	3.10	1.17	1.93
龙湾区	584	122	462	0.86	0.57	0.30
瓯海区	520	58	462	0.50	0.24	0.26
洞头县	69	3	66	0.03	...	0.02
永嘉县	455	12	443	0.29	0.06	0.24
平阳县	413	11	402	0.30	0.03	0.28

1-A-32 续表1-1　　单位：个、万人、亿元

地区	法人单位数			年末就业人员		
	合计	限额以上	限额以下	合计	限额以上	限额以下
苍南县	809	54	755	0.58	0.16	0.43
文成县	69		69	0.04		0.04
泰顺县	85	4	81	0.04	0.01	0.03
瑞安市	870	111	759	0.74	0.31	0.43
乐清市	1142	77	1065	0.99	0.23	0.76
嘉兴市	**6389**	**426**	**5963**	**4.51**	**1.14**	**3.37**
南湖区	1285	77	1208	1.09	0.25	0.84
秀洲区	873	68	805	0.61	0.16	0.44
嘉善县	501	25	476	0.36	0.08	0.27
海盐县	507	24	483	0.35	0.06	0.29
海宁市	1105	97	1008	0.85	0.28	0.57
平湖市	1011	50	961	0.55	0.12	0.43
桐乡市	1107	85	1022	0.72	0.18	0.53
湖州市	**2096**	**148**	**1948**	**1.35**	**0.32**	**1.03**
吴兴区	883	44	839	0.59	0.12	0.47
南浔区	354	21	333	0.15	0.02	0.13
德清县	403	42	361	0.26	0.11	0.16
长兴县	265	25	240	0.19	0.03	0.15
安吉县	191	16	175	0.17	0.04	0.13
绍兴市	**8551**	**428**	**8123**	**7.00**	**1.43**	**5.57**
越城区	2630	97	2533	2.20	0.48	1.72
绍兴县	3180	162	3018	2.36	0.37	1.99
新昌县	601	22	579	0.53	0.09	0.44
诸暨市	784	59	725	0.71	0.22	0.50
上虞市	792	60	732	0.60	0.11	0.48
嵊州市	564	28	536	0.60	0.16	0.44
金华市	**6145**	**296**	**5849**	**4.56**	**1.05**	**3.51**
婺城区	963	71	892	0.82	0.21	0.61
金东区	164	26	138	0.17	0.08	0.09
武义县	115	14	101	0.12	0.04	0.08
浦江县	208	17	191	0.14	0.04	0.10
磐安县	74	3	71	0.11	0.01	0.10
兰溪市	199	21	178	0.15	0.03	0.11
义乌市	3180	83	3097	2.04	0.36	1.68

1－A－32 续表1－2

单位：个、万人、亿元

地区	法人单位数			年末就业人员		
	合计	限额以上	限额以下	合计	限额以上	限额以下
东阳市	453	12	441	0.44	0.11	0.33
永康市	789	49	740	0.57	0.16	0.41
衢州市	**1624**	**125**	**1499**	**1.35**	**0.49**	**0.86**
柯城区	778	67	711	0.71	0.32	0.39
衢江区	86	9	77	0.07	0.01	0.06
常山县	105	7	98	0.09	0.02	0.07
开化县	131	9	122	0.09	0.03	0.07
龙游县	197	15	182	0.15	0.05	0.11
江山市	327	18	309	0.23	0.06	0.18
舟山市	**1428**	**102**	**1326**	**1.13**	**0.34**	**0.79**
定海区	820	72	748	0.73	0.24	0.48
普陀区	394	20	374	0.26	0.06	0.21
岱山县	155	10	145	0.11	0.04	0.07
嵊泗县	59		59	0.03		0.03
台州市	**3987**	**207**	**3780**	**2.94**	**0.77**	**2.18**
椒江区	489	9	480	0.32	0.02	0.30
黄岩区	336	6	330	0.17	0.02	0.15
路桥区	803	49	754	0.78	0.23	0.55
玉环县	193	35	158	0.22	0.12	0.10
三门县	315	13	302	0.19	0.05	0.14
天台县	188	3	185	0.11	…	0.11
仙居县	211	7	204	0.15	0.01	0.14
温岭市	1022	56	966	0.69	0.22	0.47
临海市	430	29	401	0.32	0.10	0.22
丽水市	**1108**	**109**	**999**	**1.18**	**0.35**	**0.83**
莲都区	412	39	373	0.42	0.14	0.28
青田县	122	15	107	0.08	0.02	0.06
缙云县	123	20	103	0.17	0.09	0.07
遂昌县	73	13	60	0.06	0.02	0.04
松阳县	49	5	44	0.07	0.01	0.05
云和县	51	8	43	0.06	0.02	0.04
庆元县	70	2	68	0.07	0.01	0.06
景宁畲族自治县	87	2	85	0.10	0.01	0.09
龙泉市	121	5	116	0.15	0.01	0.14

1-A-32 续表2-1

单位:个、万人、亿元

地区	销售额			批发额			零售额		
	合计	限额以上	限额以下	合计	限额以上	限额以下	合计	限额以上	限额以下
总计	**12314.57**	**7365.22**	**4949.35**	**11039.64**	**6470.98**	**4568.66**	**1274.92**	**894.24**	**380.68**
杭州市	**3947.86**	**2803.65**	**1144.21**	**3708.88**	**2644.00**	**1064.89**	**238.98**	**159.65**	**79.32**
上城区	282.31	200.02	82.29	260.37	184.48	75.89	21.93	15.54	6.40
下城区	787.88	593.92	193.96	767.06	578.75	188.31	20.82	15.17	5.66
江干区	329.67	210.96	118.72	315.08	203.61	111.47	14.59	7.34	7.25
拱墅区	1013.11	717.42	295.69	953.00	677.73	275.27	60.12	39.69	20.42
西湖区	330.03	187.29	142.74	305.90	173.96	131.94	24.13	13.34	10.80
滨江区	68.60	45.95	22.64	64.34	42.54	21.80	4.26	3.41	0.84
萧山区	675.23	503.38	171.85	623.48	462.24	161.24	51.75	41.14	10.61
余杭区	260.10	201.04	59.06	242.68	190.50	52.18	17.43	10.55	6.88
桐庐县	30.95	12.01	18.94	24.67	9.65	15.02	6.28	2.36	3.92
淳安县	4.80	2.78	2.01	3.08	1.94	1.14	1.72	0.85	0.87
建德市	23.23	16.43	6.80	19.74	14.35	5.38	3.49	2.08	1.41
富阳市	119.70	95.59	24.11	113.73	92.36	21.37	5.96	3.23	2.73
临安市	22.25	16.84	5.41	15.76	11.88	3.87	6.49	4.96	1.54
宁波市	**3664.93**	**2009.90**	**1655.03**	**3391.79**	**1798.92**	**1592.87**	**273.14**	**210.98**	**62.16**
海曙区	393.74	207.65	186.09	338.56	166.38	172.18	55.18	41.27	13.92
江东区	457.04	263.65	193.38	434.29	250.42	183.87	22.74	13.23	9.51
江北区	410.93	263.06	147.87	380.78	235.26	145.53	30.15	27.81	2.34
北仑区	1010.65	335.88	674.76	988.72	318.37	670.36	21.92	17.52	4.41
镇海区	286.13	194.38	91.74	271.26	180.85	90.41	14.87	13.54	1.33
鄞州区	324.20	221.33	102.87	301.58	203.70	97.88	22.62	17.63	4.99
象山县	70.00	50.94	19.06	62.72	47.82	14.90	7.28	3.12	4.16
宁海县	35.56	19.23	16.33	25.74	12.72	13.02	9.82	6.51	3.31
余姚市	420.03	283.17	136.86	385.23	256.59	128.64	34.80	26.58	8.22
慈溪市	217.47	144.32	73.15	168.84	103.14	65.71	48.63	41.19	7.44
奉化市	39.19	26.28	12.91	34.06	23.69	10.37	5.13	2.59	2.54
温州市	**1224.00**	**899.37**	**324.63**	**983.08**	**700.14**	**282.94**	**240.92**	**199.22**	**41.69**
鹿城区	552.43	409.04	143.39	482.74	358.40	124.34	69.70	50.64	19.05
龙湾区	208.44	183.73	24.70	134.42	111.06	23.36	74.02	72.67	1.34
瓯海区	84.82	68.48	16.34	60.56	45.97	14.59	24.27	22.52	1.75
洞头县	1.90	1.25	0.65	1.00	0.59	0.42	0.89	0.66	0.23
永嘉县	36.56	20.20	16.36	29.81	16.20	13.61	6.75	4.01	2.75
平阳县	24.49	10.81	13.68	20.67	8.98	11.69	3.83	1.83	1.99

1－A－32 续表2－2

单位：个、万人、亿元

地区	销售额			批发额			零售额		
	合计	限额以上	限额以下	合计	限额以上	限额以下	合计	限额以上	限额以下
苍南县	57.39	32.77	24.62	46.68	27.55	19.13	10.71	5.21	5.49
文成县	2.77		2.77	2.07		2.07	0.70		0.70
泰顺县	3.42	2.60	0.82	2.87	2.32	0.56	0.55	0.29	0.27
瑞安市	130.29	99.83	30.47	102.31	74.38	27.93	27.99	25.45	2.54
乐清市	121.48	70.65	50.82	99.96	54.71	45.25	21.52	15.94	5.57
嘉兴市	**673.18**	**347.65**	**325.54**	**594.62**	**301.56**	**293.06**	**78.57**	**46.09**	**32.48**
南湖区	120.19	54.03	66.16	91.98	34.24	57.74	28.21	19.79	8.41
秀洲区	115.26	57.09	58.17	108.10	51.46	56.65	7.16	5.63	1.53
嘉善县	44.28	26.54	17.75	38.44	23.02	15.42	5.84	3.51	2.33
海盐县	76.84	38.58	38.26	69.98	36.73	33.25	6.86	1.85	5.01
海宁市	159.36	89.15	70.21	143.59	80.31	63.29	15.76	8.84	6.92
平湖市	74.88	41.10	33.78	69.62	38.33	31.30	5.25	2.77	2.48
桐乡市	82.38	41.18	41.21	72.89	37.48	35.41	9.49	3.70	5.79
湖州市	**208.34**	**128.29**	**80.05**	**183.09**	**115.25**	**67.84**	**25.25**	**13.04**	**12.21**
吴兴区	100.20	54.07	46.13	90.91	50.15	40.76	9.29	3.92	5.37
南浔区	32.41	22.27	10.13	29.35	20.72	8.63	3.06	1.55	1.51
德清县	42.39	29.84	12.55	37.68	27.00	10.68	4.71	2.84	1.87
长兴县	18.65	12.20	6.44	15.10	9.88	5.22	3.54	2.32	1.23
安吉县	14.69	9.91	4.78	10.05	7.49	2.55	4.65	2.42	2.23
绍兴市	**1281.11**	**421.74**	**859.37**	**1158.63**	**342.23**	**816.40**	**122.48**	**79.51**	**42.97**
越城区	281.03	76.72	204.30	232.29	40.37	191.92	48.74	36.36	12.39
绍兴县	726.93	233.97	492.96	715.85	227.73	488.12	11.08	6.23	4.84
新昌县	36.87	11.98	24.89	30.88	10.69	20.19	5.99	1.28	4.71
诸暨市	112.09	49.31	62.78	83.96	30.05	53.91	28.13	19.26	8.87
上虞市	71.90	32.59	39.31	58.47	23.95	34.52	13.42	8.64	4.79
嵊州市	52.30	17.18	35.12	37.18	9.44	27.74	15.11	7.74	7.38
金华市	**460.35**	**256.00**	**204.35**	**344.68**	**175.75**	**168.93**	**115.67**	**80.25**	**35.43**
婺城区	111.91	70.15	41.76	97.60	61.76	35.84	14.31	8.39	5.92
金东区	24.12	20.69	3.43	15.61	13.00	2.61	8.51	7.69	0.82
武义县	7.78	3.56	4.22	5.48	1.84	3.63	2.31	1.72	0.59
浦江县	17.23	7.71	9.52	14.69	6.19	8.50	2.55	1.53	1.02
磐安县	6.25	4.02	2.22	4.82	2.84	1.98	1.43	1.18	0.25
兰溪市	11.61	6.58	5.03	8.58	5.21	3.38	3.02	1.37	1.66
义乌市	161.17	67.23	93.94	99.58	18.82	80.76	61.59	48.41	13.18

1－A－32 续表2－3

单位：个、万人、亿元

地区	销售额			批发额			零售额		
	合计	限额以上	限额以下	合计	限额以上	限额以下	合计	限额以上	限额以下
东阳市	33.73	20.34	13.39	25.50	16.63	8.87	8.23	3.71	4.52
永康市	86.54	55.72	30.82	72.81	49.46	23.35	13.73	6.26	7.47
衢州市	**199.65**	**132.54**	**67.11**	**166.77**	**114.90**	**51.86**	**32.88**	**17.64**	**15.25**
柯城区	140.06	103.76	36.30	123.80	93.08	30.72	16.27	10.68	5.59
衢江区	11.38	7.18	4.20	10.57	6.66	3.91	0.81	0.51	0.29
常山县	6.69	3.14	3.56	4.36	2.31	2.05	2.34	0.83	1.51
开化县	4.41	1.37	3.04	2.00	0.04	1.95	2.41	1.32	1.09
龙游县	13.64	8.33	5.31	10.48	7.11	3.37	3.16	1.22	1.94
江山市	23.47	8.77	14.70	15.57	5.70	9.87	7.90	3.07	4.83
舟山市	**160.34**	**93.25**	**67.10**	**135.47**	**78.97**	**56.50**	**24.87**	**14.27**	**10.60**
定海区	102.17	57.89	44.28	86.53	48.01	38.52	15.64	9.88	5.76
普陀区	50.87	32.54	18.33	44.71	29.57	15.14	6.16	2.97	3.19
岱山县	6.04	2.82	3.22	3.26	1.39	1.87	2.78	1.43	1.35
嵊泗县	1.26		1.26	0.97		0.97	0.29		0.29
台州市	**391.91**	**215.84**	**176.07**	**299.87**	**159.52**	**140.35**	**92.03**	**56.31**	**35.72**
椒江区	60.98	17.73	43.24	57.61	17.68	39.93	3.37	0.05	3.32
黄岩区	19.76	7.36	12.40	16.22	6.53	9.68	3.54	0.83	2.71
路桥区	119.76	76.48	43.28	77.37	45.59	31.78	42.39	30.89	11.50
玉环县	42.26	37.23	5.03	38.46	34.55	3.91	3.79	2.68	1.12
三门县	25.40	16.81	8.59	23.20	16.19	7.01	2.19	0.61	1.58
天台县	6.18	0.30	5.88	3.91		3.91	2.27	0.30	1.97
仙居县	6.74	1.11	5.62	3.54	0.01	3.53	3.19	1.10	2.09
温岭市	88.31	45.40	42.91	63.41	29.17	34.24	24.90	16.23	8.67
临海市	22.52	13.40	9.12	16.15	9.79	6.36	6.37	3.61	2.76
丽水市	**102.89**	**57.01**	**45.89**	**72.76**	**39.73**	**33.03**	**30.14**	**17.28**	**12.86**
莲都区	37.59	19.59	18.00	20.46	8.87	11.59	17.13	10.72	6.41
青田县	14.78	8.26	6.52	12.84	7.80	5.04	1.94	0.46	1.48
缙云县	15.58	13.39	2.19	11.12	9.54	1.58	4.46	3.85	0.61
遂昌县	12.73	10.75	1.98	11.17	10.02	1.15	1.56	0.73	0.82
松阳县	3.99	0.82	3.17	3.17	0.31	2.86	0.82	0.51	0.31
云和县	5.84	3.21	2.62	5.03	2.90	2.13	0.81	0.32	0.49
庆元县	2.07	0.16	1.91	1.21		1.21	0.86	0.16	0.69
景宁畲族自治县	7.21	0.39	6.83	6.43	0.24	6.19	0.79	0.15	0.64
龙泉市	3.11	0.42	2.69	1.33	0.06	1.27	1.78	0.37	1.41

1－A－33 按地区分组的港澳台商和外商投资企业批发和零售业商品销售情况

单位：个、万人、亿元

地区	法人单位数			年末就业人员		
	合计	限额以上	限额以下	合计	限额以上	限额以下
总计	**773**	**123**	**650**	**3.10**	**2.27**	**0.83**
杭州市	**222**	**47**	**175**	**1.29**	**1.00**	**0.29**
上城区	45	13	32	0.28	0.23	0.05
下城区	37	6	31	0.22	0.10	0.12
江干区	40	8	32	0.38	0.34	0.04
拱墅区	20	9	11	0.16	0.15	0.02
西湖区	31	6	25	0.15	0.11	0.04
滨江区	4	1	3	0.01	0.01	…
萧山区	30	1	29	0.07	0.05	0.03
余杭区	8	2	6	0.01	0.01	…
桐庐县	2		2	…		…
建德市	1	1		…	…	
富阳市	1		1	…		…
临安市	3		3	…		…
宁波市	**272**	**43**	**229**	**1.07**	**0.74**	**0.33**
海曙区	38	5	33	0.21	0.16	0.05
江东区	67	11	56	0.16	0.11	0.04
江北区	13	2	11	0.02	0.02	0.01
北仑区	75	9	66	0.13	0.03	0.09
镇海区	16	4	12	0.02	0.02	0.01
鄞州区	39	8	31	0.14	0.08	0.05
象山县	2		2	0.06		0.06
宁海县	1		1	…		…
余姚市	8		8	0.01		0.01
慈溪市	9	2	7	0.32	0.32	…
奉化市	4	2	2	…	…	…
温州市	**27**	**9**	**18**	**0.20**	**0.18**	**0.01**
鹿城区	12	4	8	0.14	0.13	0.01
龙湾区	4	3	1	0.02	0.02	…
瓯海区	5		5	…		…
洞头县	1	1		0.02	0.02	
永嘉县	1		1	…		…
瑞安市	2	1	1	0.01	0.01	…
乐清市	2		2	…		…
嘉兴市	**53**	**9**	**44**	**0.15**	**0.11**	**0.04**
南湖区	9	2	7	0.05	0.04	0.01

1-A-33 续表1-1

单位：个、万人、亿元

地区	法人单位数			年末就业人员		
	合计	限额以上	限额以下	合计	限额以上	限额以下
秀洲区	17	3	14	0.02	0.01	0.01
嘉善县	6	2	4	…	…	…
海盐县	4		4	0.01		0.01
海宁市	5		5	…		…
平湖市	8	2	6	0.06	0.06	…
桐乡市	4		4	…		…
湖州市	**8**	**1**	**7**	**0.01**	**…**	**…**
吴兴区	2		2	…		…
德清县	4	1	3	…	…	…
长兴县	1		1	…		…
安吉县	1		1	…		…
绍兴市	**62**	**7**	**55**	**0.16**	**0.08**	**0.07**
越城区	20	3	17	0.07	0.04	0.03
绍兴县	25	1	24	0.02	…	0.02
新昌县	7	1	6	0.01	…	0.01
诸暨市	7	1	6	0.05	0.04	0.01
上虞市	2	1	1	0.01	…	…
嵊州市	1		1	…		…
金华市	**113**	**3**	**110**	**0.10**	**0.04**	**0.06**
婺城区	2		2	…		…
浦江县	1	1		…	…	
兰溪市	2	1	1	0.01	…	…
义乌市	104	1	103	0.08	0.03	0.05
东阳市	1		1	…		…
永康市	3		3	…		…
舟山市	**2**		**2**	**0.01**		**0.01**
定海区	1		1	…		…
岱山县	1		1	…		…
台州市	**13**	**4**	**9**	**0.12**	**0.11**	**0.01**
椒江区	6	1	5	0.05	0.04	0.01
路桥区	2	1	1	0.01	0.01	…
天台县	2		2	…		…
温岭市	2	1	1	0.01	…	0.01
临海市	1	1		0.05	0.05	
丽水市	**1**		**1**	**…**		**…**
莲都区	1		1	…		…

1－A－33 续表2－1

单位：个、万人、亿元

地区	销售额			批发额			零售额		
	合 计	限 额 以 上	限 额 以 下	合 计	限 额 以 上	限 额 以 下	合 计	限 额 以 上	限 额 以 下
总 计	**515.11**	**431.07**	**84.04**	**240.65**	**159.39**	**81.26**	**274.46**	**271.68**	**2.78**
杭州市	**169.29**	**157.84**	**11.45**	**53.63**	**43.72**	**9.92**	**115.66**	**114.12**	**1.53**
上城区	25.88	24.31	1.57	7.18	6.38	0.80	18.71	17.93	0.77
下城区	50.10	46.16	3.94	14.25	10.35	3.90	35.86	35.82	0.04
江干区	22.74	20.84	1.91	6.66	4.86	1.80	16.09	15.98	0.11
拱墅区	24.74	24.26	0.48	6.07	5.59	0.48	18.67	18.67	0.01
西湖区	24.62	22.79	1.84	17.12	15.57	1.54	7.51	7.21	0.29
滨江区	8.36	8.34	0.02	0.02		0.02	8.34	8.34	
萧山区	11.30	10.07	1.24	0.97		0.97	10.33	10.07	0.26
余杭区	1.15	0.86	0.30	1.15	0.86	0.30			
桐庐县	0.13		0.13	0.08		0.08	0.04		0.04
建德市	0.22	0.22		0.11	0.11		0.11	0.11	
富阳市	...		...	...		...	...		...
临安市	0.03		0.03	0.03		0.03	...		...
宁波市	**219.19**	**162.93**	**56.27**	**126.83**	**71.36**	**55.47**	**92.37**	**91.57**	**0.80**
海曙区	68.63	65.30	3.33	28.07	25.31	2.76	40.56	39.99	0.57
江东区	22.98	18.54	4.44	13.15	8.85	4.30	9.83	9.69	0.14
江北区	7.94	6.87	1.07	1.20	0.14	1.07	6.73	6.73	
北仑区	56.47	24.22	32.24	56.39	24.22	32.16	0.08		0.08
镇海区	7.19	5.46	1.72	3.46	1.74	1.72	3.72	3.72	
鄞州区	30.84	18.87	11.97	22.73	10.76	11.97	8.11	8.11	...
象山县	0.91		0.91	0.91		0.91			
宁海县	...		...	...		...			
余姚市	0.45		0.45	0.44		0.44	0.01		0.01
慈溪市	23.30	23.17	0.13	0.17	0.04	0.13	23.13	23.13	...
奉化市	0.49	0.49	...	0.30	0.29	...	0.20	0.20	
温州市	**46.89**	**45.99**	**0.89**	**24.65**	**23.83**	**0.82**	**22.24**	**22.16**	**0.08**
鹿城区	16.08	15.31	0.77	0.73		0.73	15.35	15.31	0.04
龙湾区	9.12	9.10	0.02	5.06	5.06		4.05	4.04	0.02
瓯海区	0.08		0.08	0.07		0.07	0.01		0.01
洞头县	18.77	18.77		18.77	18.77				
永嘉县	0.01		0.01				0.01		0.01
瑞安市	2.82	2.82	0.01	0.01		0.01	2.82	2.82	
乐清市	0.02		0.02	0.01		0.01	...		...
嘉兴市	**25.07**	**22.76**	**2.31**	**19.88**	**17.61**	**2.27**	**5.19**	**5.15**	**0.05**
南湖区	6.08	5.74	0.34	2.07	1.73	0.34	4.01	4.01	...

1－A－33 续表2－2

单位：个、万人、亿元

地区	销售额			批发额			零售额		
	合计	限额以上	限额以下	合计	限额以上	限额以下	合计	限额以上	限额以下
秀洲区	14.41	13.99	0.42	14.37	13.99	0.39	0.04		0.04
嘉善县	1.48	1.30	0.18	1.48	1.30	0.18			
海盐县	0.70		0.70	0.69		0.69	0.01		0.01
海宁市	0.20		0.20	0.20		0.20			
平湖市	1.97	1.73	0.24	0.84	0.60	0.24	1.13	1.13	…
桐乡市	0.23		0.23	0.23		0.23	…		…
湖州市	**0.23**	**0.13**	**0.10**	**0.15**	**0.05**	**0.09**	**0.08**	**0.07**	**0.01**
吴兴区	0.01		0.01				0.01		0.01
德清县	0.19	0.13	0.06	0.11	0.05	0.06	0.08	0.07	…
长兴县	0.02		0.02	0.02		0.02			
安吉县	0.01		0.01	0.01		0.01			
绍兴市	**32.35**	**26.26**	**6.09**	**7.79**	**1.91**	**5.88**	**24.55**	**24.35**	**0.21**
越城区	25.37	22.80	2.57	3.20	0.63	2.57	22.17	22.16	…
绍兴县	2.33	0.43	1.90	2.30	0.43	1.87	0.03		0.03
新昌县	1.24	0.85	0.39	1.11	0.85	0.26	0.13		0.13
诸暨市	3.26	2.12	1.14	1.14		1.14	2.12	2.12	
上虞市	0.10	0.06	0.04				0.10	0.06	0.04
嵊州市	0.04		0.04	0.04		0.04			
金华市	**6.39**	**2.81**	**3.58**	**3.50**		**3.50**	**2.89**	**2.81**	**0.08**
婺城区	0.05		0.05	0.05		0.05	0.01		0.01
浦江县	0.29	0.29					0.29	0.29	
兰溪市	0.35	0.31	0.04	0.04		0.04	0.31	0.31	
义乌市	5.41	2.21	3.20	3.15		3.15	2.26	2.21	0.05
东阳市	0.02		0.02				0.02		0.02
永康市	0.27		0.27	0.26		0.26	0.01		0.01
舟山市	**0.13**		**0.13**	**0.13**		**0.13**			
定海区									
岱山县	0.13		0.13	0.13		0.13			
台州市	**15.48**	**12.36**	**3.13**	**4.02**	**0.91**	**3.11**	**11.46**	**11.45**	**0.02**
椒江区	2.26	1.11	1.15	1.15		1.15	1.11	1.11	…
路桥区	6.35	6.22	0.13	0.13		0.13	6.22	6.22	
天台县	0.01		0.01				0.01		0.01
温岭市	2.44	0.61	1.83	2.44	0.61	1.83			
临海市	4.41	4.41		0.30	0.30		4.11	4.11	
丽水市	**0.09**		**0.09**	**0.08**		**0.08**	**0.01**		**0.01**
莲都区	0.09		0.09	0.08		0.08	0.01		0.01

B.批发和零售业财务状况

1－B－1 按登记注册类型、控股情况和行业分组的全部批发和零售业财务状况

单位：万元、人

指标名称	年初存货	年末存货	固定资产原价	所有者权益合计	实收资本
总 计	**10500673**	**11505523**	**11502821**	**29103869**	**20497260**
一、按登记注册类型分					
内 资	**10222257**	**11154373**	**10841176**	**28243485**	**19747631**
国 有	644969	711712	997779	3432122	704980
集 体	151919	197131	228498	485624	291284
股份合作企业	37814	31384	45948	69580	51005
联营企业	19459	11037	23706	68254	25474
国有联营	12687	5191	14896	43092	8740
集体联营	2036	1589	2522	9752	5903
国有与集体联营	1317	1198	3987	6403	6250
其他联营	3419	3060	2301	9008	4581
有限责任公司	3092749	3140229	2816874	6731337	4527522
国有独资公司	158655	251866	214063	413355	109718
其他有限责任公司	2934094	2888364	2602811	6317982	4417804
股份有限公司	672972	784820	1537204	2609535	1539166
私营企业	5542866	6208605	5130203	14696025	12527821
私营独资	315512	352205	379785	875240	645339
私营合伙	103649	103222	123452	239351	185766
私营有限责任公司	4914634	5534115	4406660	13051744	11276247
私营股份有限公司	209071	219062	220306	529690	420469
其 他	59508	69456	60965	151008	80378
港澳台商投资	**119725**	**115427**	**222292**	**336544**	**289856**
与港澳台商合资经营	16642	26055	29506	116436	76833
与港澳台商合作经营	856	847	12379	20127	20355
港澳台商独资	88259	67224	107821	172232	166681
港澳台商投资股份有限公司	13968	21302	72587	27749	25987
外商投资	**158691**	**235724**	**439353**	**523840**	**459773**
中外合资经营	66780	88240	204694	202481	139019
中外合作经营	1903	1606	9983	9658	19611
外资企业	86693	141592	219960	298263	291521
外商投资股份有限公司	3315	4286	4716	13438	9622
二、按控股情况分					
国有控股	1702814	1892340	2436331	6205273	2114843
集体控股	567614	614171	661081	1435451	869312
私人控股	7157759	7844136	7057232	19104056	15667321
港澳台商控股	102423	84932	126836	290898	240821
外商控股	118520	185342	331732	390437	393733
其 他	851543	884604	889609	1677754	1211229

1－B－1　续表1－1　　　　　　　　　　　　　　　　　　　单位：万元、人

指　标　名　称	年初存货	年末存货	固定资产原　　价	所 有 者权益合计	实收资本
三、按国民经济行业(门类、大类、中类、小类)分					
批发和零售业	**10500673**	**11505523**	**11502821**	**29103869**	**20497260**
批发业	8086853	8831062	7785112	24409882	16828718
农畜产品批发	209589	225369	191162	396471	256705
谷物、豆及薯类批发	107564	127755	82429	168639	96528
种子、饲料批发	31006	31381	21772	67853	55433
棉、麻批发	21510	15876	19567	34990	27232
牲畜批发	3021	3815	16335	19275	11826
其他农畜产品批发	46488	46541	51059	105715	65686
食品、饮料及烟草制品批发	649170	868715	1367841	3460525	1139430
米、面制品及食用油批发	199994	283405	251481	406715	412013
糕点、糖果及糖批发	27109	30509	24532	48626	35417
果品、蔬菜批发	17489	20663	75706	103667	73264
肉、禽、蛋及水产品批发	51873	55950	151919	230477	119934
盐及调味品批发	37988	57269	40954	138513	40301
饮料及茶叶批发	155720	202380	305132	368982	263530
烟草制品批发	112163	162594	480347	2057537	103493
其他食品批发	46835	55945	37772	106008	91480
纺织、服装及日用品批发	1384882	1583320	1424037	4439120	3396116
纺织品、针织品及原料批发	705088	854967	708975	2334711	1807725
服装批发	362734	401154	345143	1204288	916847
鞋帽批发	65209	73837	96125	210862	114016
厨房、卫生间用具及日用杂货批发	31540	43240	97675	187125	145448
化妆品及卫生用品批发	63030	75260	21228	66013	48528
其他日用品批发	157280	134862	154892	436120	363552
文化、体育用品及器材批发	290457	367502	269031	903744	509233
文具用品批发	122953	164893	100538	342846	243926
体育用品批发	11510	13366	9200	35740	28663
图书批发	74356	96652	59516	307445	84531
报刊批发	1589	2215	1182	4985	3291
音像制品及电子出版物批发	5379	6115	3309	12159	7249
首饰、工艺品及收藏品批发	64396	74675	83145	167033	112176
其他文化用品批发	10275	9586	12140	33536	29398
医药及医疗器材批发	319475	354309	190309	544113	355386
西药批发	199005	209187	104832	268558	162624
中药材及中成药批发	60488	68379	45511	124477	79290
医疗用品及器材批发	59982	76742	39967	151079	113473
矿产品、建材及化工产品批发	3674050	3724687	3004495	10417186	7941758

1－B－1 续表1－2

单位：万元、人

指标名称	年初存货	年末存货	固定资产原价	所有者权益合计	实收资本
煤炭及制品批发	221836	210876	227961	1225797	893196
石油及制品批发	408021	490831	897572	1457745	1093323
非金属矿及制品批发	7515	10352	11048	78243	60975
金属及金属矿批发	1749661	1795566	854251	4271201	3257171
建材批发	319754	305655	304567	1128904	975152
化肥批发	125857	149463	102147	301099	143307
农药批发	26857	27966	19109	64751	37214
农用薄膜批发	2734	1438	1254	6146	5946
其他化工产品批发	811815	732540	586586	1883302	1475474
机械设备、五金交电及电子产品批发	1360304	1490323	1092353	3566146	2788716
农业机械批发	17027	13046	23528	38157	30970
汽车、摩托车及零配件批发	186657	185163	121008	553710	408074
五金、交电批发	251556	257537	275400	750883	572302
家用电器批发	266230	312208	81785	358199	272760
计算机、软件及辅助设备批发	66097	72134	44197	172639	205828
通讯及广播电视设备批发	85724	91588	66984	246926	192741
其他机械设备及电子产品批发	487013	558647	479452	1445632	1106043
贸易经纪与代理	6355	6683	57446	147457	128644
贸易经纪与代理	6355	6683	57446	147457	128644
其他批发	192572	210154	188438	535119	312730
再生物资回收与批发	155411	142278	130093	299494	223501
其他未列明的批发	37161	67876	58345	235626	89229
零售业	2413820	2674462	3717709	4693987	3668542
综合零售	462307	564302	1423826	983028	781455
百货零售	174533	172958	730665	560690	393288
超级市场零售	265969	367651	631733	367526	336384
其他综合零售	21806	23692	61428	54812	51783
食品、饮料及烟草制品专门零售	54032	64547	126089	221066	148659
粮油零售	6108	7843	23749	16821	12310
糕点、面包零售	1503	2052	5528	5223	4161
果品、蔬菜零售	1973	2229	3681	8628	7283
肉、禽、蛋及水产品零售	4330	6092	31316	29319	17213
饮料及茶叶零售	10519	15936	15490	38344	37798
烟草制品零售	12210	10864	21250	67455	27879
其他食品零售	17390	19531	25074	55277	42015
纺织、服装及日用品专门零售	166106	210709	213494	263493	244086
纺织品及针织品零售	10096	11665	8234	20570	24685
服装零售	104949	135970	160609	140370	128054

1－B－1 续表1－3 单位：万元、人

指标名称	年初存货	年末存货	固定资产原价	所有者权益合计	实收资本
鞋帽零售	16149	20130	9148	19802	17685
钟表、眼镜零售	14377	19293	10481	22703	21085
化妆品及卫生用品零售	3603	4022	5443	13555	13110
其他日用品零售	16932	19629	19580	46493	39468
文化、体育用品及器材专门零售	186161	191708	238000	405912	191696
文具用品零售	9532	10064	9786	24401	20246
体育用品零售	5189	4844	4586	11003	11473
图书零售	83343	71921	171575	262774	65368
报刊零售	350	366	3097	5347	3624
音像制品及电子出版物零售	649	538	624	2765	3084
珠宝首饰零售	73594	87558	35373	66077	57900
工艺美术品及收藏品零售	7319	9243	10629	26398	23216
照相器材零售	690	969	324	2199	2137
其他文化用品零售	5495	6207	2005	4947	4648
医药及医疗器材专门零售	212432	258159	213530	330340	265607
药品零售	202714	247899	203870	303091	242157
医疗用品及器材零售	9718	10261	9660	27248	23451
汽车、摩托车、燃料及零配件专门零售	982980	1014893	1118165	1693822	1365656
汽车零售	807582	864057	678513	1016620	932498
汽车零配件零售	15780	18198	17066	42024	47048
摩托车及零配件零售	38284	39958	16758	35798	28671
机动车燃料零售	121334	92680	405828	599380	357439
家用电器及电子产品专门零售	259450	270059	151817	435603	351313
家用电器零售	177291	177160	81868	210371	149398
计算机、软件及辅助设备零售	43476	52954	31518	128260	113037
通信设备零售	29349	29525	27706	67005	60868
其他电子产品零售	9333	10421	10726	29967	28010
五金、家具及室内装修材料专门零售	66008	74620	104191	208270	186546
五金零售	24120	25932	28771	68079	57369
家具零售	11741	16556	39985	62557	50671
涂料零售	4275	5030	4452	9160	8205
其他室内装修材料零售	25871	27102	30984	68474	70301
无店铺及其他零售	24345	25464	128597	152454	133524
邮购及电子销售	298	655	3448	9093	11060
生活用燃料零售	13938	13211	95239	105544	88063
花卉零售	4273	4722	5954	11451	10666
旧货零售	252	313	812	1148	1042
其他未列明的零售	5584	6563	23144	25218	22693

1－B－1 续表2－1

单位：万元、人

指标名称	国家资本	集体资本	法人资本	个人资本	港澳台资本	外商资本
总　计	**2001253**	**794120**	**4092261**	**13000031**	**235479**	**374117**
一、按登记注册类型分						
内　资	**1963629**	**786459**	**4014790**	**12964731**	**9691**	**8331**
国　有	676967	3563	16608	7841	…	…
集　体	2155	257018	3297	28814		
股份合作企业	382	16037	13141	21259	20	166
联营企业	10121	10525	3671	1157		
国有联营	5879	125	2628	108		
集体联营		4980		924		
国有与集体联营	4142	1545	487	76		
其他联营	100	3876	555	50		
有限责任公司	595131	408650	1576070	1934376	7337	5958
国有独资公司	107301	237	2150	31		
其他有限责任公司	487830	408414	1573920	1934345	7337	5958
股份有限公司	668271	70339	311436	486390	1135	1596
私营企业	8330	18653	2064031	10435019	1199	590
私营独资	15	896	75506	568881	1	40
私营合伙	70	230	33706	151744	17	
私营有限责任公司	7665	16791	1848490	9401569	1181	550
私营股份有限公司	580	735	106329	312825		
其　他	2272	1673	26538	49875		20
港澳台商投资	**26250**	**5338**	**28629**	**12698**	**215433**	**1510**
与港澳台商合资经营	4250		28181	10958	33056	388
与港澳台商合作经营		5327	4	254	14770	
港澳台商独资			66	1196	164298	1122
港澳台商投资股份有限公司	22000	11	377	290	3309	
外商投资	**11374**	**2324**	**48842**	**22602**	**10355**	**364276**
中外合资经营	11374	2324	39123	20821	7604	57774
中外合作经营			4214	194		15204
外资企业			5456	529	242	285294
外商投资股份有限公司			50	1058	2509	6004
二、按控股情况分						
国有控股	1924309	29413	71435	87871	…	1815
集体控股	6337	675373	72747	111357	82	3416
私人控股	30192	42019	3095766	12472902	15778	10665
港澳台商控股	1750	5338	15069	3310	215298	57
外商控股	1543		26644	11816	262	353469
其　他	37122	41977	810600	312776	4059	4695

1－B－1 续表2－2 单位：万元、人

指标名称	国家资本	集体资本	法人资本	个人资本	港澳台资本	外商资本
三、按国民经济行业(门类、大类、中类、小类)分						
批发和零售业	**2001253**	**794120**	**4092261**	**13000031**	**235479**	**374117**
批发业	1652222	607079	3224936	11030045	143378	171059
农畜产品批发	30947	32000	48593	144633	433	100
谷物、豆及薯类批发	12958	10300	20711	52249	310	
种子、饲料批发	11860	1995	8758	32821		
棉、麻批发		7940	3637	15655		
牲畜批发	642	266	3087	7832		
其他农畜产品批发	5488	11500	12400	36076	123	100
食品、饮料及烟草制品批发	235708	28128	334520	532497	4489	4088
米、面制品及食用油批发	92848	8312	191213	118843	398	400
糕点、糖果及糖批发	1282	249	3841	29571	474	
果品、蔬菜批发	1785	6374	13188	51797	1	120
肉、禽、蛋及水产品批发	12304	2032	51200	51006	3250	143
盐及调味品批发	25621	2616	2753	8923		388
饮料及茶叶批发	8758	7537	42761	201358	346	2770
烟草制品批发	92532	30	8365	2483		83
其他食品批发	579	978	21200	68517	20	186
纺织、服装及日用品批发	129345	93146	699299	2317953	83045	73328
纺织品、针织品及原料批发	26941	42325	403461	1296584	16015	22400
服装批发	83362	38255	176003	522789	64118	32321
鞋帽批发	15089	392	12863	82069	478	3125
厨房、卫生间用具及日用杂货批发	1320	1660	25806	115750	127	785
化妆品及卫生用品批发	296	1080	5745	39427	1444	537
其他日用品批发	2337	9435	75421	261335	864	14161
文化、体育用品及器材批发	84725	22385	71970	318457	3197	8500
文具用品批发	17330	2330	38209	180290	814	4954
体育用品批发	50	649	4846	20871	1554	693
图书批发	62511	70	5486	16465		
报刊批发	1090	100	400	1701		
音像制品及电子出版物批发	1820		987	4442		
首饰、工艺品及收藏品批发	1375	18406	18667	70498	829	2402
其他文化用品批发	550	830	3376	24191		451
医药及医疗器材批发	51023	23678	85909	191357	2897	523
西药批发	39833	12564	43440	66218	554	15
中药材及中成药批发	9071	8792	26194	35233		
医疗用品及器材批发	2119	2321	16276	89906	2342	508
矿产品、建材及化工产品批发	955594	316129	1340164	5254658	27347	47867

1－B－1 续表2－3

单位：万元、人

指 标 名 称	国家资本	集体资本	法人资本	个人资本	港澳台资本	外商资本
煤炭及制品批发	64800	19926	139920	668286		263
石油及制品批发	516527	20686	168503	348678	12263	26667
非金属矿及制品批发		212	9740	50449	20	555
金属及金属矿批发	296773	95387	513403	2344678	4241	2690
建材批发	25842	25256	206935	701298	5242	10580
化肥批发	1165	68985	20251	52786		120
农药批发	833	8551	8891	18439		500
农用薄膜批发		3330	193	2423		
其他化工产品批发	49653	73798	272329	1067621	5581	6493
机械设备、五金交电及电子产品批发	149883	80060	569014	1935422	20412	33925
农业机械批发	4426	1201	3582	20649	968	145
汽车、摩托车及零配件批发	5857	2015	101651	288836	6652	3063
五金、交电批发	26369	13702	106977	409571	3393	12291
家用电器批发	9874	13136	52159	193853		3738
计算机、软件及辅助设备批发	3523	831	66187	127668	2377	5242
通讯及广播电视设备批发	33880	743	35368	122194	312	245
其他机械设备及电子产品批发	65954	48432	203091	772652	6711	9202
贸易经纪与代理	6009	3797	28678	88681	704	775
贸易经纪与代理	6009	3797	28678	88681	704	775
其他批发	8988	7757	46790	246388	855	1952
再生物资回收与批发	7438	5950	38313	171120	180	500
其他未列明的批发	1550	1807	8477	75268	675	1452
零售业	349031	187041	867325	1969986	92101	203058
综合零售	29122	69165	193837	300560	47045	141725
百货零售	21327	17249	90745	183183	13262	67522
超级市场零售	6183	35536	94850	92240	33612	73964
其他综合零售	1612	16380	8243	25136	172	240
食品、饮料及烟草制品专门零售	22540	10840	27960	86027	701	592
粮油零售	3631	1279	2102	5299		
糕点、面包零售		55	380	2969	276	482
果品、蔬菜零售	173	553	1680	4877		
肉、禽、蛋及水产品零售	1730	1797	3382	10229	75	
饮料及茶叶零售	598	1974	9613	25262	350	
烟草制品零售	14538	1364	5848	6129		
其他食品零售	1870	3819	4955	31262		110
纺织、服装及日用品专门零售	3492	8125	62963	150550	8358	10597
纺织品及针织品零售	799	768	2515	16690	160	3753
服装零售	1840	3870	43462	72123	1721	5038

1－B－1 续表2－4

单位：万元、人

指标名称	国家资本	集体资本	法人资本	个人资本	港澳台资本	外商资本
鞋帽零售		79	7182	10227		198
钟表、眼镜零售	188	285	2971	14225	3365	50
化妆品及卫生用品零售		90	1249	7854	2607	1310
其他日用品零售	665	3034	5584	29432	504	249
文化、体育用品及器材专门零售	40168	6057	44861	99970	100	540
文具用品零售	519	436	4559	14733		
体育用品零售	247	49	316	10361		500
图书零售	30886	489	24907	9085		
报刊零售	2756	38	170	661		
音像制品及电子出版物零售	454		890	1740		
珠宝首饰零售	1630	2292	11517	42421	10	30
工艺美术品及收藏品零售	3661	2744	1495	15217	90	10
照相器材零售			560	1577		
其他文化用品零售	15	10	447	4176		
医药及医疗器材专门零售	14098	12671	62588	175796	292	162
药品零售	13802	12511	58063	157731		50
医疗用品及器材零售	296	160	4525	18066	292	112
汽车、摩托车、燃料及零配件专门零售	220913	63794	332388	689572	29672	29317
汽车零售	26622	39215	264754	545310	27530	29067
汽车零配件零售	1020	63	18593	27122		250
摩托车及零配件零售	107	100	3007	25458		
机动车燃料零售	193164	24417	46035	91682	2142	
家用电器及电子产品专门零售	3261	4957	75534	266929	132	500
家用电器零售	289	1258	43752	103549	50	500
计算机、软件及辅助设备零售	256	238	20862	91631	51	
通信设备零售	2616	3332	7300	47608	13	
其他电子产品零售	100	129	3621	24142	19	
五金、家具及室内装修材料专门零售	505	2999	31331	132666	2150	16895
五金零售	505	1932	10991	43881	60	
家具零售		653	11974	35575	2084	386
涂料零售			1434	6771		
其他室内装修材料零售		415	6931	46440	6	16509
无店铺及其他零售	14932	8434	35862	67915	3651	2730
邮购及电子销售			8855	2205		
生活用燃料零售	14690	6285	17367	43878	3111	2730
花卉零售	196	378	1977	7576	540	
旧货零售		12	510	520		
其他未列明的零售	46	1758	7153	13736		

1－B－1　续表3－1

单位：万元、人

指标名称	本年折旧	主营业务收入	主营业务成本	主营业务税金及附加	主营业务利润
总　计	**773960**	**213482269**	**199581268**	**476013**	**13424787**
一、按登记注册类型分					
内　资	**735481**	**209006900**	**195535860**	**467106**	**13003731**
国　有	57473	15599682	13729987	41407	1828289
集　体	12544	2156810	2014916	5060	136834
股份合作企业	2708	619074	575450	1310	42314
联营企业	1354	672497	609981	1410	61106
国有联营	680	401898	355998	1165	44736
集体联营	216	117191	112561	66	4564
国有与集体联营	338	59202	56122	74	3006
其他联营	121	94206	85299	106	8801
有限责任公司	166222	62015271	58787873	100210	3126986
国有独资公司	9667	1248208	1120885	3083	124240
其他有限责任公司	156555	60767062	57666989	97127	3002745
股份有限公司	82896	17720327	16649667	27405	1043255
私营企业	407996	109478637	102502807	285603	6690227
私营独资	31900	4494532	3991514	25943	477074
私营合伙	9771	1503219	1358229	6843	138147
私营有限责任公司	348784	99898352	93798592	245488	5854272
私营股份有限公司	17542	3582533	3354471	7328	220735
其　他	4289	744602	665180	4702	74721
港澳台商投资	**14687**	**1351836**	**1238175**	**1807**	**111854**
与港澳台商合资经营	2304	302122	270111	612	31399
与港澳台商合作经营	1042	57801	51558	16	6227
港澳台商独资	8439	813829	747044	923	65863
港澳台商投资股份有限公司	2903	178084	169463	256	8365
外商投资	**23792**	**3123533**	**2807232**	**7099**	**309202**
中外合资经营	11578	1697354	1555661	3257	138437
中外合作经营	681	23686	16900	48	6738
外资企业	11267	1269979	1115740	3722	150518
外商投资股份有限公司	266	132514	118932	72	13510
二、按控股情况分					
国有控股	123791	41850058	38750796	71484	3027778
集体控股	37523	9808734	9213966	26160	568608
私人控股	534435	140638102	131738427	346466	8553007
港澳台商控股	11081	1209998	1096147	1738	112113
外商控股	17187	1746375	1535834	5589	204953
其　他	49944	18229002	17246099	24576	958328

1－B－1 续表3－2

单位：万元、人

指标名称	本年折旧	主营业务收入	主营业务成本	主营业务税金及附加	主营业务利润
三、按国民经济行业（门类、大类、中类、小类）分					
批发和零售业	**773960**	**213482269**	**199581268**	**476013**	**13424787**
批发业	556300	185207391	174080392	376444	10750554
农畜产品批发	10763	1630889	1511699	3880	115310
谷物、豆及薯类批发	4139	319549	305823	488	13239
种子、饲料批发	1505	260043	241433	627	17983
棉、麻批发	1172	273655	261202	681	11772
牲畜批发	879	101084	88278	465	12341
其他农畜产品批发	3069	676558	614963	1619	59976
食品、饮料及烟草制品批发	91124	14474770	12169791	54444	2250533
米、面制品及食用油批发	11838	1539176	1455629	2040	81507
糕点、糖果及糖批发	1634	329998	301396	1046	27556
果品、蔬菜批发	4730	516200	449009	4240	62951
肉、禽、蛋及水产品批发	10245	1080789	990664	2568	87557
盐及调味品批发	3635	315392	253678	1476	60238
饮料及茶叶批发	23871	3063360	2694420	10091	358850
烟草制品批发	31549	7070776	5522330	31121	1517325
其他食品批发	3623	559079	502665	1863	54550
纺织、服装及日用品批发	109074	35244127	32808569	83327	2352230
纺织品、针织品及原料批发	52736	18374444	17160819	51480	1162145
服装批发	29380	8703081	8076828	11779	614474
鞋帽批发	4667	2210235	2091939	5127	113169
厨房、卫生间用具及日用杂货批发	5779	1034606	943224	2645	88738
化妆品及卫生用品批发	1842	1105248	984099	2231	118918
其他日用品批发	14670	3816512	3551661	10065	254787
文化、体育用品及器材批发	16983	3526694	3257138	9396	260160
文具用品批发	8091	2262552	2135007	3883	123663
体育用品批发	1033	201400	182146	669	18585
图书批发	2111	278519	250258	514	27748
报刊批发	133	11451	8425	258	2768
音像制品及电子出版物批发	200	39420	33176	131	6113
首饰、工艺品及收藏品批发	4460	553020	485558	3289	64173
其他文化用品批发	955	180332	162568	653	17110
医药及医疗器材批发	13624	4565933	4165961	9294	390679
西药批发	5989	2965233	2755235	3866	206132
中药材及中成药批发	3201	641661	567154	1742	72765
医疗用品及器材批发	4434	959039	843572	3685	111782
矿产品、建材及化工产品批发	201460	92351482	88768585	134983	3447914

1－B－1　续表3－3

单位：万元、人

指 标 名 称	本年折旧	主营业务收入	主营业务成本	主营业务税金及附加	主营业务利润
煤炭及制品批发	16948	5888072	5323573	13858	550641
石油及制品批发	45768	14037878	13479973	16494	541411
非金属矿及制品批发	1017	253400	227668	1238	24493
金属及金属矿批发	59750	45625147	44469911	46733	1108503
建材批发	22845	5326274	5033512	13984	278778
化肥批发	5415	1268629	1188394	5084	75152
农药批发	1290	498514	459111	905	38498
农用薄膜批发	106	86582	84879	61	1643
其他化工产品批发	48322	19366985	18501563	36627	828795
机械设备、五金交电及电子产品批发	92956	24635621	22945888	53520	1636213
农业机械批发	1865	245156	225323	846	18987
汽车、摩托车及零配件批发	8948	3395556	3200610	5305	189641
五金、交电批发	24139	6009161	5600275	14644	394243
家用电器批发	7086	2999418	2776088	4518	218811
计算机、软件及辅助设备批发	6016	1510744	1437015	2591	71139
通讯及广播电视设备批发	5280	1353953	1268363	3422	82168
其他机械设备及电子产品批发	39623	9121634	8438214	22195	661225
贸易经纪与代理	6225	86303	49491	2228	34584
贸易经纪与代理	6225	86303	49491	2228	34584
其他批发	14090	8691573	8403271	25372	262931
再生物资回收与批发	9382	7792655	7572267	21924	198464
其他未列明的批发	4708	898918	831004	3447	64466
零售业	217660	28274878	25500876	99569	2674233
综合零售	75528	6052268	5274952	29431	747885
百货零售	32827	2338855	2011847	16189	310820
超级市场零售	39483	3490542	3080866	11593	398083
其他综合零售	3219	222871	182240	1650	38982
食品、饮料及烟草制品专门零售	8104	596891	495539	3432	97920
粮油零售	1338	58375	49426	321	8628
糕点、面包零售	460	30275	20808	338	9129
果品、蔬菜零售	238	31790	25431	217	6142
肉、禽、蛋及水产品零售	1808	159928	142134	513	17282
饮料及茶叶零售	1246	81707	65291	634	15782
烟草制品零售	1287	114170	95405	561	18204
其他食品零售	1727	120646	97045	849	22752
纺织、服装及日用品专门零售	10317	941596	753349	5501	182746
纺织品及针织品零售	843	70267	58122	689	11456
服装零售	6174	553901	442310	2861	108731

1－B－1 续表3－4 单位：万元、人

指标名称	本年折旧	主营业务收入	主营业务成本	主营业务税金及附加	主营业务利润
鞋帽零售	503	100558	81183	410	18965
钟表、眼镜零售	866	74919	53809	582	20528
化妆品及卫生用品零售	417	21017	16149	216	4651
其他日用品零售	1515	120936	101776	744	18416
文化、体育用品及器材专门零售	10479	715872	564649	10005	141218
文具用品零售	722	61045	49907	426	10712
体育用品零售	521	54455	47975	265	6215
图书零售	5871	291348	226291	885	64172
报刊零售	249	7919	3744	95	4080
音像制品及电子出版物零售	58	3418	2770	28	620
珠宝首饰零售	2185	232361	179087	7810	45464
工艺美术品及收藏品零售	648	25428	19014	355	6059
照相器材零售	27	21604	20357	43	1203
其他文化用品零售	199	18294	15504	97	2693
医药及医疗器材专门零售	14020	2053582	1790453	10344	252784
药品零售	13251	1984287	1737017	9645	237625
医疗用品及器材零售	770	69295	53437	699	15159
汽车、摩托车、燃料及零配件专门零售	71771	14393272	13555251	23082	814739
汽车零售	47702	9515118	9015756	13266	485896
汽车零配件零售	1501	158956	142915	652	15390
摩托车及零配件零售	1201	158765	139240	763	18763
机动车燃料零售	21368	4560433	4257341	8401	294691
家用电器及电子产品专门零售	12114	2542963	2235723	11511	295729
家用电器零售	5970	1563241	1376655	5895	180691
计算机、软件及辅助设备零售	2926	610520	545406	2715	62399
通信设备零售	2025	271270	229440	2163	39667
其他电子产品零售	1194	97933	84223	738	12972
五金、家具及室内装修材料专门零售	7486	494137	413862	3901	76374
五金零售	2166	208117	178108	1595	28414
家具零售	2225	89619	70287	977	18354
涂料零售	366	41459	36177	310	4973
其他室内装修材料零售	2729	154941	129290	1019	24633
无店铺及其他零售	7840	484297	417098	2362	64837
邮购及电子销售	468	54889	42293	379	12218
生活用燃料零售	5285	363593	321895	1388	40310
花卉零售	506	14468	11144	191	3133
旧货零售	51	2695	2092	83	520
其他未列明的零售	1530	48653	39674	322	8657

1－B－1 续表4－1

单位：万元、人

指标名称	其他业务利润	营业费用、管理费用、财务费用合计	#税金	#利息支出	营业利润
总计	**799808**	**10578477**	**211033**	**860755**	**3826105**
一、按登记注册类型分					
内资	**729453**	**10164256**	**206321**	**846766**	**3743164**
国有	44420	610875	13374	－388	1271004
集体	13177	122793	3548	13090	35602
股份合作企业	956	30826	596	2663	12443
联营企业	548	23165	310	3144	38490
国有联营	101	12823	179	798	32014
集体联营	－3	3565	47	1527	996
国有与集体联营	418	2006	63	80	1418
其他联营	31	4770	21	740	4062
有限责任公司	294285	2887888	42865	274060	605994
国有独资公司	10323	99172	2008	7773	37303
其他有限责任公司	283962	2788717	40857	266287	568692
股份有限公司	115158	856232	10298	88837	370228
私营企业	258026	5586577	133997	461489	1377702
私营独资	8383	292626	9880	17097	192380
私营合伙	8460	101898	3171	5222	44697
私营有限责任公司	226201	4987107	116561	423684	1108796
私营股份有限公司	14982	204946	4385	15487	31829
其他	2883	45901	1335	3870	31700
港澳台商投资	**13418**	**123943**	**2189**	**4196**	**716**
与港澳台商合资经营	889	27187	621	1224	4711
与港澳台商合作经营	2101	7322	452	2	1006
港澳台商独资	10377	73944	824	2965	2073
港澳台商投资股份有限公司	52	15490	292	5	－7074
外商投资	**56937**	**290278**	**2524**	**9793**	**82225**
中外合资经营	31841	139431	770	4774	30924
中外合作经营	950	7358	156	20	330
外资企业	20869	131776	1458	4627	45899
外商投资股份有限公司	3277	11715	140	373	5073
二、按控股情况分					
国有控股	126131	1438764	25143	63942	1764332
集体控股	117085	537781	8121	37611	162513
私人控股	398385	7386627	163231	663273	1640068
港澳台商控股	15399	119063	2038	3870	7837
外商控股	40487	196786	2024	7466	54847
其他	102321	899457	10477	84593	196507

1-B-1 续表4-2

单位:万元、人

指标名称	其他业务利润	营业费用、管理费用、财务费用合计	#税金	#利息支出	营业利润
三、按国民经济行业(门类、大类、中类、小类)分					
批发和零售业	**799808**	**10578477**	**211033**	**860755**	**3826105**
批发业	393203	8073361	164867	718900	3222798
农畜产品批发	12743	108895	1804	22681	20831
谷物、豆及薯类批发	10161	37700	280	12100	-13014
种子、饲料批发	251	15766	195	1201	2499
棉、麻批发	1225	10247	314	2044	3047
牲畜批发	144	7076	166	833	5425
其他农畜产品批发	962	38106	849	6504	22873
食品、饮料及烟草制品批发	37259	924358	17660	18635	1383122
米、面制品及食用油批发	9038	103561	2844	19592	-1308
糕点、糖果及糖批发	2804	29056	578	3476	2829
果品、蔬菜批发	2395	37848	2000	1774	27390
肉、禽、蛋及水产品批发	3527	68543	1181	8799	24048
盐及调味品批发	1577	45231	874	822	16438
饮料及茶叶批发	5589	291845	3191	3823	76157
烟草制品批发	9295	300134	5820	-23757	1226801
其他食品批发	3035	48141	1172	4107	10767
纺织、服装及日用品批发	69905	1800144	34530	127455	648029
纺织品、针织品及原料批发	20443	789540	16172	86309	398635
服装批发	31373	527351	8117	26484	139908
鞋帽批发	5235	74700	3223	-1709	43895
厨房、卫生间用具及日用杂货批发	1056	72261	2783	4646	17491
化妆品及卫生用品批发	3228	109047	728	1326	12076
其他日用品批发	8571	227245	3508	10399	36024
文化、体育用品及器材批发	10897	209855	5610	9878	61253
文具用品批发	4315	106964	2925	9035	20965
体育用品批发	173	16076	373	93	2691
图书批发	1761	24125	398	-1964	5384
报刊批发	624	2866	20	-5	526
音像制品及电子出版物批发	84	2521	69	-63	3677
首饰、工艺品及收藏品批发	3630	45072	1594	2600	22735
其他文化用品批发	311	12232	231	183	5275
医药及医疗器材批发	11154	326433	4328	18969	78761
西药批发	4537	164869	2155	13326	48032
中药材及中成药批发	4554	68998	515	3441	9477
医疗用品及器材批发	2063	92567	1658	2202	21253
矿产品、建材及化工产品批发	177693	3094798	63204	414381	605106

1－B－1 续表4－3

单位：万元、人

指标名称	其他业务利润	营业费用、管理费用、财务费用合计	#税金	#利息支出	营业利润
煤炭及制品批发	11149	501041	5825	56549	87296
石油及制品批发	21473	420572	6806	53534	138641
非金属矿及制品批发	176	14788	480	1373	9578
金属及金属矿批发	82203	1097841	22027	197855	135503
建材批发	24569	250377	7044	28845	49221
化肥批发	4790	62097	1495	10624	27511
农药批发	619	25283	480	1987	13950
农用薄膜批发	45	1273	14	－18	415
其他化工产品批发	32670	721527	19034	63633	142991
机械设备、五金交电及电子产品批发	64936	1407345	30445	74993	321295
农业机械批发	1426	15372	351	1171	5038
汽车、摩托车及零配件批发	5059	167395	3251	8192	28546
五金、交电批发	9901	312810	6988	14334	91444
家用电器批发	7395	190535	2977	13569	33627
计算机、软件及辅助设备批发	5222	69328	2860	2270	6847
通讯及广播电视设备批发	5880	81838	1558	7122	29611
其他机械设备及电子产品批发	30054	570068	12460	28336	126184
贸易经纪与代理	1085	24988	729	548	10778
贸易经纪与代理	1085	24988	729	548	10778
其他批发	7532	176544	6558	31359	93624
再生物资回收与批发	4640	132775	5775	24475	69825
其他未列明的批发	2892	43769	784	6884	23799
零售业	406605	2505117	46166	141855	603307
综合零售	246905	864455	11799	31020	140988
百货零售	77979	318770	7187	20776	80072
超级市场零售	163583	508315	3871	9217	53972
其他综合零售	5342	37370	741	1027	6944
食品、饮料及烟草制品专门零售	9483	78075	2232	2600	29444
粮油零售	3307	9066	152	609	2875
糕点、面包零售	29	6678	159	93	2480
果品、蔬菜零售	58	3006	184	164	3195
肉、禽、蛋及水产品零售	2288	15584	371	1004	4075
饮料及茶叶零售	1331	14417	552	78	2699
烟草制品零售	1174	9512	212	42	9884
其他食品零售	1296	19812	604	611	4237
纺织、服装及日用品专门零售	9063	163482	3949	11515	28600
纺织品及针织品零售	400	13425	311	380	－1352
服装零售	5377	98957	2462	9154	15204

1－B－1 续表4－4

单位：万元、人

指标名称	其他业务利润	营业费用、管理费用、财务费用合计	#税金	#利息支出	营业利润
鞋帽零售	1529	14785	104	1348	5710
钟表、眼镜零售	427	17022	246	176	3931
化妆品及卫生用品零售	337	4124	129	24	864
其他日用品零售	993	15170	697	434	4244
文化、体育用品及器材专门零售	9576	121128	2437	3239	29513
文具用品零售	490	7745	252	258	3457
体育用品零售	74	5924	84	237	365
图书零售	6434	56263	1110	467	14344
报刊零售	1087	4138	15	－74	1029
音像制品及电子出版物零售	29	669	37	...	－20
珠宝首饰零售	930	37596	635	1862	8643
工艺美术品及收藏品零售	237	5195	208	172	1101
照相器材零售	15	1197	36	212	22
其他文化用品零售	281	2402	60	104	571
医药及医疗器材专门零售	16321	194405	4889	11863	81106
药品零售	15983	183787	4391	11411	76228
医疗用品及器材零售	338	10618	498	452	4879
汽车、摩托车、燃料及零配件专门零售	42721	667566	12433	71156	200647
汽车零售	37021	472835	8918	64505	52836
汽车零配件零售	723	14944	377	926	1324
摩托车及零配件零售	260	12654	481	681	6363
机动车燃料零售	4717	167133	2657	5044	140123
家用电器及电子产品专门零售	66470	301954	4659	3739	60247
家用电器零售	50308	198473	2140	2251	32500
计算机、软件及辅助设备零售	7187	51316	1247	345	18210
通信设备零售	8661	40976	883	936	7440
其他电子产品零售	314	11189	389	207	2097
五金、家具及室内装修材料专门零售	3642	60207	2654	3491	19338
五金零售	433	19746	1063	904	9116
家具零售	973	14936	787	1419	4427
涂料零售	111	3330	116	183	1754
其他室内装修材料零售	2125	22196	688	985	4041
无店铺及其他零售	2424	53846	1114	3231	13425
邮购及电子销售	619	12734	31	－270	103
生活用燃料零售	1262	33016	784	2766	8555
花卉零售	80	1799	71	78	1413
旧货零售	17	285	9	6	253
其他未列明的零售	446	6012	218	651	3100

1－B－1 续表5－1

单位：万元、人

指标名称	职工工资和福利费（包括养老、医疗、失业、工伤、生育保险和住房公积金）	本年应交增值税	全部从业人员年平均人数	资产减值损失	公允价值变动收益	投资收益
总　计	**2721989**	**2360847**	**965888**	**87024**	**－730**	**472933**
一、按登记注册类型分						
内　资	**2611562**	**2302414**	**936517**	**85877**	**－676**	**465788**
国　有	291648	295346	35890	2287	－227	30481
集　体	42228	20650	17348	1086	7	15447
股份合作企业	10750	7213	4973	…	…	987
联营企业	6948	9070	1514			1791
国有联营	5168	8307	628			
集体联营	573	127	233			1791
国有与集体联营	833	447	318			
其他联营	374	189	335			
有限责任公司	708216	457649	199276	13634	－3148	158523
国有独资公司	40122	18075	8888	122		2991
其他有限责任公司	668093	439574	190388	13512	－3148	155533
股份有限公司	180970	117812	40095	34821	2735	140276
私营企业	1352251	1384223	626569	34282	－43	118461
私营独资	113995	91373	63798	236	9	33
私营合伙	36612	29949	21611	1348	…	349
私营有限责任公司	1156037	1220562	521181	32687	－53	116940
私营股份有限公司	45607	42339	19979	12		1139
其　他	18552	10451	10852	－233		－177
港澳台商投资	**39644**	**15537**	**11265**	**605**		**1067**
与港澳台商合资经营	10680	2726	2662	390		1075
与港澳台商合作经营	2616	897	637			
港澳台商独资	23764	10729	7524	215		－8
港澳台商投资股份有限公司	2584	1185	442			
外商投资	**70782**	**42896**	**18106**	**542**	**－54**	**6078**
中外合资经营	32900	20366	9325	39	－54	114
中外合作经营	1971	1077	512			
外资企业	34516	21093	7881	503		6786
外商投资股份有限公司	1395	360	388			－821
二、按控股情况分						
国有控股	530956	460486	75894	32862	－1103	117921
集体控股	170406	85192	56815	1818	－52	52351
私人控股	1718648	1643196	756559	48265	2592	235734
港澳台商控股	35983	14678	10411	605		239
外商控股	52921	28293	13389	543	－54	6849
其　他	213075	129003	52820	2931	－2112	59839

1-B-1 续表5-2

单位：万元、人

指标名称	职工工资和福利费（包括养老、医疗、失业、工伤、生育保险和住房公积金）	本年应交增值税	全部从业人员年平均人数	资产减值损失	公允价值变动收益	投资收益
三、按国民经济行业（门类、大类、中类、小类）分						
批发和零售业	**2721989**	**2360847**	**965888**	**87024**	**-730**	**472933**
批发业	1870384	1906665	629599	80628	230	426474
农畜产品批发	34310	14396	12894	284		10857
谷物、豆及薯类批发	11585	1078	3305	284		9066
种子、饲料批发	4616	2552	2280			393
棉、麻批发	2245	2629	885			298
牲畜批发	2760	1416	1482	...		15
其他农畜产品批发	13104	6721	4942	1		1085
食品、饮料及烟草制品批发	350182	355666	77209	1920	-485	32794
米、面制品及食用油批发	31007	12676	10288	1036	3	15050
糕点、糖果及糖批发	6883	4226	2989	26	...	2740
果品、蔬菜批发	21238	9578	13676	43	...	-45
肉、禽、蛋及水产品批发	27578	5615	9631	812	-68	3447
盐及调味品批发	18585	9206	3496	278		704
饮料及茶叶批发	45721	44343	17315	10	-421	4180
烟草制品批发	184067	261236	11687	-284		4933
其他食品批发	15104	8786	8127			1786
纺织、服装及日用品批发	426442	345626	152174	1725	-1167	58028
纺织品、针织品及原料批发	184927	192646	68348	-672	...	18273
服装批发	134994	56849	43486	2132	-1058	30875
鞋帽批发	20275	27706	5628	21	-10	1610
厨房、卫生间用具及日用杂货批发	16003	9569	7023	59	10	5446
化妆品及卫生用品批发	20530	20430	7343	62		-912
其他日用品批发	49713	38426	20346	124	-109	2737
文化、体育用品及器材批发	59012	37169	23717	35	-9	2390
文具用品批发	27505	19383	11127	35		1349
体育用品批发	4183	2910	1936			12
图书批发	7365	5237	2023			773
报刊批发	1991	246	625			-12
音像制品及电子出版物批发	740	862	397			
首饰、工艺品及收藏品批发	12920	6572	5792		-9	163
其他文化用品批发	4306	1960	1817			104
医药及医疗器材批发	83348	63381	24734	1892	550	6711
西药批发	44267	26666	10337	917	1	5900
中药材及中成药批发	16904	16231	5547	148	550	814
医疗用品及器材批发	22178	20484	8850	828		-3
矿产品、建材及化工产品批发	497272	771217	177203	58742	2387	262003

1－B－1　续表5－3

单位：万元、人

指　标　名　称	职工工资和福利费（包括养老、医疗、失业、工伤、生育保险和住房公积金）	本年应交增值税	全部从业人员年平均人数	资产减值损失	公允价值变动收益	投资收益
煤炭及制品批发	34935	88524	10747	178	28	42586
石油及制品批发	76150	99583	18346	36312		32748
非金属矿及制品批发	2404	3988	1113	303		3
金属及金属矿批发	148489	299797	53338	11642	2738	116093
建材批发	57658	64859	26298	8195	－150	5719
化肥批发	21648	5488	8722	159		23063
农药批发	6140	3015	3236	21		181
农用薄膜批发	348	428	118			－56
其他化工产品批发	149500	205536	55285	1933	－229	41664
机械设备、五金交电及电子产品批发	365056	283303	136258	12577	－1056	53178
农业机械批发	4490	3201	2201			28
汽车、摩托车及零配件批发	38284	32434	14844	9770	129	921
五金、交电批发	82350	62086	30986	－19		8247
家用电器批发	42401	33649	15308	1050	－785	2571
计算机、软件及辅助设备批发	26069	19282	11209	1		－306
通讯及广播电视设备批发	22375	13297	7118	62	－4	24055
其他机械设备及电子产品批发	149087	119354	54592	1713	－396	17663
贸易经纪与代理	7538	2408	3382	...	9	151
贸易经纪与代理	7538	2408	3382	...	9	151
其他批发	47224	33500	22028	3453		363
再生物资回收与批发	38386	26295	18388	420		－95
其他未列明的批发	8838	7205	3640	3032		458
零售业	851605	454182	336289	6396	－959	46459
综合零售	274476	128999	104584	1672	－194	12069
百货零售	95939	54244	29308	143	－184	11283
超级市场零售	161678	68720	66404	1362		659
其他综合零售	16858	6035	8872	167	－10	127
食品、饮料及烟草制品专门零售	36821	14424	18146	2		3222
粮油零售	3522	1264	2130			4
糕点、面包零售	2835	1141	1420	...		
果品、蔬菜零售	2022	863	1315			
肉、禽、蛋及水产品零售	8188	1241	3437			147
饮料及茶叶零售	6035	2074	3472			44
烟草制品零售	5218	4337	1697	1		3008
其他食品零售	9002	3504	4675	...		19
纺织、服装及日用品专门零售	51439	26412	24059	－45	...	445
纺织品及针织品零售	4397	3501	2243	1		232
服装零售	29009	14353	12663	－48	...	130

1-B-1 续表5-4

单位：万元、人

指标名称	职工工资和福利费（包括养老、医疗、失业、工伤、生育保险和住房公积金）	本年应交增值税	全部从业人员年平均人数	资产减值损失	公允价值变动收益	投资收益
鞋帽零售	3640	2278	1505			90
钟表、眼镜零售	6288	2375	3041	2		3
化妆品及卫生用品零售	2087	617	1186			
其他日用品零售	6018	3290	3421			-9
文化、体育用品及器材专门零售	47837	18109	15772	...		543
文具用品零售	3965	2140	2178			38
体育用品零售	1778	1861	859			
图书零售	25807	5138	5859	...		118
报刊零售	1433	427	250			
音像制品及电子出版物零售	390	105	214			
珠宝首饰零售	10581	6692	4259			387
工艺美术品及收藏品零售	2547	1118	1397			
照相器材零售	275	230	171			
其他文化用品零售	1062	397	585			...
医药及医疗器材专门零售	97255	36148	43838	1406	-2	9019
药品零售	93333	33779	41659	1406	-2	9018
医疗用品及器材零售	3922	2369	2179			1
汽车、摩托车、燃料及零配件专门零售	199631	151577	65964	2625	-1000	17877
汽车零售	144155	94260	46055	1396	6	4353
汽车零配件零售	5941	5744	3130	73		-82
摩托车及零配件零售	5860	4100	3079	...		25
机动车燃料零售	43676	47473	13700	1156	-1005	13580
家用电器及电子产品专门零售	101648	54894	43038	222	220	-302
家用电器零售	48326	30580	20231	199	233	77
计算机、软件及辅助设备零售	32451	11448	12228	21	-10	-168
通信设备零售	16246	8966	8061			-33
其他电子产品零售	4625	3901	2518	2	-2	-179
五金、家具及室内装修材料专门零售	24663	14346	12622	515		530
五金零售	8946	5847	4953	7		
家具零售	5545	2696	2765	12		-1
涂料零售	1549	1458	843			1
其他室内装修材料零售	8623	4346	4061	496		531
无店铺及其他零售	17835	9273	8266		15	3056
邮购及电子销售	1201	1877	557			
生活用燃料零售	12524	5425	5329		15	3056
花卉零售	1479	469	860			
旧货零售	96	44	52			
其他未列明的零售	2535	1458	1468			

1－B－2　按地区分组的全部批发和零售业财务状况

单位：万元、人

地　区	年初存货	年末存货	固定资产原价	所有者权益合计	实收资本	国家资本	集体资本
总　计	**10500673**	**11505523**	**11502821**	**29103869**	**20497260**	**2001253**	**794120**
杭州市	**4053741**	**4460616**	**3839684**	**12172973**	**8935619**	**1163945**	**420367**
上城区	643636	656632	787507	2165183	1454231	432725	67905
下城区	1161263	1272990	852054	2762518	2011150	372991	106542
江干区	355290	413067	305294	835690	743285	40099	20000
拱墅区	517851	537442	372779	1666629	1394157	56507	53782
西湖区	463439	618202	590662	1787099	1121783	211242	18572
滨江区	137015	159090	95711	628934	418978	1343	82205
萧山区	437601	476946	371635	1353750	1050214	13074	39373
余杭区	184601	168401	195143	495382	406899	20421	13498
桐庐县	22022	23333	56009	91263	60702	5336	1822
淳安县	16754	17996	24952	32704	22314	3231	3083
建德市	16097	20289	34400	57792	36662	716	974
富阳市	69797	69949	90481	190996	148114	4638	4461
临安市	28375	26281	63057	105035	67129	1623	8149
宁波市	**2303438**	**2441137**	**2272809**	**5262274**	**3563021**	**153175**	**89753**
海曙区	373061	446582	478951	1045132	622102	67098	35146
江东区	311131	312965	257873	885775	473244	12927	3087
江北区	186547	183261	103878	236701	205620	7431	626
北仑区	547858	515831	511351	1163444	752533	36915	5588
镇海区	166396	164841	109916	318106	254549	10552	22947
鄞州区	261578	339451	241401	677049	626456	3243	6265
象山县	39847	38997	67662	94846	79250	2403	1496
宁海县	26567	27643	41722	79143	52226	2069	531
余姚市	205722	197168	176606	327762	223024	4336	5231
慈溪市	145359	184237	235439	362146	225118	4289	7544
奉化市	39371	30162	48011	72172	48901	1910	1293
温州市	**971065**	**1051755**	**930631**	**2489796**	**1787128**	**138692**	**41154**
鹿城区	510034	564487	330076	1134451	725868	78681	8556
龙湾区	142715	143944	109523	306003	269878	6080	8367
瓯海区	47916	52257	77081	110697	89828	1954	1416
洞头县	18475	21800	80087	33035	39700	25567	406
永嘉县	36773	36631	48599	130974	88182	5005	1132
平阳县	33908	26363	45014	99000	75444	7304	2055

1－B－2 续表1－1

单位：万元、人

地　　区	年初存货	年末存货	固定资产原　　价	所有者权益合计	实收资本	国家资本	集体资本
苍南县	38993	39672	37822	116101	73900	819	3701
文成县	2331	2330	6855	10431	6647	638	310
泰顺县	2450	3206	6205	10561	5211	535	291
瑞安市	74775	83047	71008	225862	163010	5086	1381
乐清市	62696	78017	118362	312682	249459	7025	13540
嘉兴市	**533872**	**622056**	**749276**	**1481483**	**1020044**	**93290**	**54142**
南湖区	176291	194467	212885	349877	272191	62395	12590
秀洲区	69304	87635	92601	178935	141835	8236	5363
嘉善县	31220	34715	50951	105601	60329	4092	7948
海盐县	34036	30458	60735	119131	71841	4144	878
海宁市	90423	96849	114318	249994	170122	5278	17161
平湖市	53139	85964	79348	241258	176535	3646	2766
桐乡市	79460	91968	138438	236687	127190	5500	7436
湖州市	**206213**	**220205**	**400060**	**742092**	**439801**	**59033**	**24607**
吴兴区	111392	122973	230221	437439	247496	47387	14934
南浔区	13635	16065	22801	65618	38956	350	3628
德清县	32198	31418	51579	114302	77973	4499	1777
长兴县	35428	33397	62154	99415	55992	5588	2635
安吉县	13560	16352	33306	25318	19382	1208	1633
绍兴市	**816862**	**1034711**	**1339594**	**2676605**	**1740194**	**80918**	**55601**
越城区	295761	341245	354799	693304	488052	60383	14918
绍兴县	242861	316526	360910	907139	686834	2320	4529
新昌县	44037	49566	71870	141031	77342	3131	8778
诸暨市	140838	221564	351546	580819	293418	8200	5548
上虞市	64791	74486	122068	230834	129957	4468	14834
嵊州市	28574	31324	78402	123478	64591	2416	6995
金华市	**520832**	**518971**	**694172**	**1521744**	**1094337**	**130768**	**71068**
婺城区	183772	177869	189774	354207	247585	58175	4815
金东区	43382	38990	25999	49503	47704	2870	4178
武义县	15708	8459	22238	50444	32287	2247	306
浦江县	9068	9163	19666	47492	31712	2282	528
磐安县	7603	7415	10997	24932	18824	1439	1043
兰溪市	16427	17158	53268	61521	40338	5044	13078
义乌市	142296	142413	212428	549878	437312	51408	6965

1－B－2 续表 1－2 单位：万元、人

地区	年初存货	年末存货	固定资产原价	所有者权益合计	实收资本	国家资本	集体资本
东阳市	48116	58194	88186	208497	115528	1509	35438
永康市	54461	59311	71617	175271	123049	5795	4718
衢州市	**152852**	**151526**	**197012**	**406393**	**293324**	**33393**	**5612**
柯城区	86700	83725	104189	224266	147779	23162	1359
衢江区	16232	17991	12881	30010	25145	625	3
常山县	8233	9820	18879	23707	14863	1466	1086
开化县	5867	7043	16097	16949	14564	1841	1214
龙游县	17012	13267	19471	48219	40561	1935	809
江山市	18809	19680	25494	63243	50412	4364	1141
舟山市	**196056**	**196380**	**251847**	**593490**	**516243**	**56981**	**11744**
定海区	117451	125674	152490	322822	284140	36223	2941
普陀区	57605	52805	73874	227887	198156	17088	7320
岱山县	13755	10487	13308	21980	13407	1715	473
嵊泗县	7245	7415	12175	20801	20540	1955	1010
台州市	**594487**	**649581**	**664798**	**1474969**	**945915**	**72354**	**13532**
椒江区	191136	225275	200936	395294	313802	51477	3272
黄岩区	52333	57695	77849	138385	82184	2657	3815
路桥区	118279	108545	73657	219067	155386	4462	2816
玉环县	60412	59631	59914	127418	70916	784	321
三门县	20067	26497	22315	77045	38622	942	668
天台县	10129	12871	19737	91454	45570	1709	392
仙居县	11638	13965	22869	47879	29900	1603	720
温岭市	88741	100197	130238	260919	149712	5679	369
临海市	41752	44904	57283	117507	59824	3043	1160
丽水市	**151256**	**158585**	**162939**	**282050**	**161635**	**18703**	**6542**
莲都区	96252	103654	81749	122130	71109	13090	384
青田县	4525	6596	13416	33676	16824	1134	145
缙云县	13595	14201	18307	34699	21242	979	3992
遂昌县	10158	7209	7577	19629	11415	300	447
松阳县	6118	7111	8405	12057	5105	649	239
云和县	4809	3475	4635	7908	5178	516	
庆元县	3431	3754	8204	13602	8897	872	175
景宁畲族自治县	5523	3772	8294	21505	9158	431	631
龙泉市	6845	8813	12353	16845	12708	733	529

1－B－2 续表2－1 单位：万元、人

地区	法人资本	个人资本	港澳台资本	外商资本	本年折旧	主营业务收入	主营业务成本
总计	**4092261**	**13000031**	**235479**	**374117**	**773960**	**213482269**	**199581268**
杭州市	**1731125**	**5316334**	**111957**	**191892**	**265045**	**85980801**	**81515135**
上城区	232678	687307	10519	23098	44576	11461585	10716959
下城区	434575	959695	58710	78637	54429	24405051	23386983
江干区	127415	519650	4969	31153	22682	8360363	7896626
拱墅区	254473	988609	19515	21271	28579	13571125	13143459
西湖区	215096	656817	8484	11572	45728	8468416	7882239
滨江区	50757	271372	614	12686	6526	4286004	4134068
萧山区	242304	738590	6467	10406	30098	8304197	7800570
余杭区	105935	264553	2148	343	13263	3897558	3650210
桐庐县	17685	34613		1246	3252	452723	391666
淳安县	5984	9517	500		2852	243934	199656
建德市	2485	32032		455	2223	375167	328130
富阳市	25652	113188	25	150	6684	1705669	1598118
临安市	16085	40392	5	875	4154	449009	386452
宁波市	**808079**	**2327534**	**64676**	**119804**	**180046**	**53172117**	**50356579**
海曙区	141198	357741	11330	9589	32602	10167425	9589334
江东区	81585	349527	4626	21492	22241	6561831	6202764
江北区	28225	161472	6689	1175	9458	3758369	3633158
北仑区	123010	515928	17360	53732	47368	14289432	13701259
镇海区	35590	176110	8199	1150	9709	3424032	3226412
鄞州区	287124	304391	9117	16316	16115	6017680	5670263
象山县	11220	60569	3263	300	4068	844976	775509
宁海县	10035	39578		14	3613	493405	429881
余姚市	29220	180082	3659	496	13832	4387421	4152911
慈溪市	46326	151531	50	15378	14854	2647738	2446812
奉化市	14546	30605	383	163	6188	579808	528277
温州市	**265744**	**1311309**	**6760**	**23468**	**55205**	**15319336**	**14089930**
鹿城区	122545	497581	4755	13751	21307	7701548	7130203
龙湾区	49170	203621		2641	7805	2344433	2186140
瓯海区	9937	71291	1876	3356	2771	801854	744560
洞头县	4285	7443		2000	3050	204519	194337
永嘉县	16902	65144			2868	444704	390554
平阳县	3200	62885			3315	349682	294605

1－B－2 续表 2－2

单位：万元、人

地区	法人资本	个人资本	港澳台资本	外商资本	本年折旧	主营业务收入	主营业务成本
苍南县	6144	63235	1		1846	635934	571265
文成县	1635	4064			492	109233	93441
泰顺县	805	3580			342	64132	55092
瑞安市	16668	138155		1720	4947	1433076	1322078
乐清市	34455	194311	129		6461	1230223	1107655
嘉兴市	**205277**	**640118**	**12705**	**14513**	**52795**	**11169660**	**10207538**
南湖区	67198	122260	4305	3442	14233	3183364	2960531
秀洲区	19312	101531	5846	1548	7577	1947736	1828707
嘉善县	9106	37636	237	1310	3871	634744	575894
海盐县	10861	53413	1838	707	4306	1036390	926139
海宁市	29308	112888	108	5378	10912	1876408	1659582
平湖市	47855	120191		2077	4569	1388123	1311697
桐乡市	21636	92199	370	51	7327	1102896	944987
湖州市	**98537**	**253239**	**2183**	**2202**	**21605**	**4573095**	**4104652**
吴兴区	43072	142053	50		11759	2766299	2531477
南浔区	2381	32598			1578	409572	371015
德清县	27089	40578	2133	1896	2718	679599	590010
长兴县	21540	25929		300	3889	465112	393616
安吉县	4455	12081		6	1660	252514	218534
绍兴市	**372983**	**1195135**	**20369**	**15188**	**77934**	**16133725**	**14567716**
越城区	128881	274157	8767	946	23268	4858433	4394045
绍兴县	147846	513935	7056	11149	21620	7185826	6677232
新昌县	15822	48308	677	626	3532	509512	408995
诸暨市	53833	222165	3306	366	18115	1900406	1637618
上虞市	16849	91442	264	2100	7169	1065090	927497
嵊州市	9752	45128	300		4231	614459	522330
金华市	**211754**	**671579**	**2821**	**6347**	**45422**	**8199777**	**7394981**
婺城区	41221	143344	10	20	12806	2730624	2524080
金东区	15210	25446			1917	496882	456197
武义县	5192	24542			1587	176502	152701
浦江县	23592	4936	374		1244	224508	196313
磐安县	4934	11409			815	84975	71125
兰溪市	3334	17676	130	1076	2927	289192	250465
义乌市	79733	292924	1481	4802	15130	2014372	1763457

1－B－2 续表2－3

单位：万元、人

地　　区	法人资本	个人资本	港澳台资本	外商资本	本年折旧	主营业务收　入	主营业务成　本
东阳市	24031	53724	826		4678	892826	790505
永康市	14509	97579		449	4318	1289897	1190138
衢州市	**66835**	**187474**	**10**		**11442**	**3033986**	**2784634**
柯城区	26668	96590			6557	1826520	1694617
衢江区	16276	8241			738	258046	243406
常山县	5656	6655			1105	113550	91978
开化县	2665	8834	10		752	76111	62984
龙游县	5741	32076			1038	385061	358908
江山市	9829	35078			1252	374698	332742
舟山市	**117288**	**329773**	**427**	**30**	**13888**	**3004671**	**2781713**
定海区	56568	188378		30	8733	1893760	1767325
普陀区	47987	125365	397		3867	951419	879386
岱山县	1414	9775	30		854	98075	81780
嵊泗县	11320	6255			435	61418	53222
台州市	**187022**	**658805**	**13549**	**654**	**41133**	**10347913**	**9482977**
椒江区	62283	188785	7885	100	9747	3589384	3383206
黄岩区	2252	73459			6354	1091739	995792
路桥区	49633	96924	1497	54	5708	1596988	1475462
玉环县	19085	50726			3808	1241596	1161351
三门县	4096	32917			1841	281533	230995
天台县	12163	31306			956	135083	110657
仙居县	2363	25215			1373	208536	162350
温岭市	25385	116812	968	500	8478	1519041	1353080
临海市	9762	42660	3200		2868	684013	610086
丽水市	**27618**	**108732**	**21**	**20**	**9446**	**2547188**	**2295412**
莲都区	12014	45582	20	20	4244	1458148	1309714
青田县	2170	13375			711	211991	191656
缙云县	2553	13717			1205	273058	252913
遂昌县	290	10379			314	214254	202025
松阳县	807	3410			338	58276	51427
云和县	120	4542			313	73338	67592
庆元县	3896	3953	1		500	40290	32351
景宁畲族自治县	2453	5643			444	98328	85599
龙泉市	3315	8130			1378	119506	102136

1－B－2　续表3－1

单位：万元、人

地　区	主营业务税金及附加	主营业务利润	其他业务利润	营业费用、管理费用、财务费用合计	#税金	#利息支出	营业利润
总　计	**476013**	**13424787**	**799808**	**10578477**	**211033**	**860755**	**3826105**
杭州市	**134595**	**4331071**	**355066**	**3984408**	**67476**	**355485**	**866207**
上城区	17271	727356	62081	598033	9025	54714	244914
下城区	27475	990594	117563	927686	10734	85323	235668
江干区	9502	454235	32483	451694	3765	24347	45919
拱墅区	12787	414879	57406	485822	6919	37171	－13552
西湖区	15409	570769	35654	573579	11590	34851	36715
滨江区	10739	141198	5516	156973	2435	28804	5745
萧山区	20316	483311	22551	398807	8170	57654	126172
余杭区	8077	239271	11406	178449	3043	16338	78111
桐庐县	2452	58605	1156	33973	1040	2006	25788
淳安县	853	43425	516	33375	878	876	10574
建德市	1462	45574	660	28458	431	2256	17734
富阳市	5980	101570	5074	79086	8299	9366	27607
临安市	2272	60285	3001	38474	1149	1780	24813
宁波市	**94636**	**2720901**	**179193**	**2428379**	**38003**	**192989**	**461060**
海曙区	13980	564112	61078	541957	6905	33097	84073
江东区	6630	352437	19203	320097	4321	16788	51709
江北区	2332	122879	5553	136429	2140	8889	－8213
北仑区	18561	569612	35894	531643	5759	54489	63196
镇海区	8160	189461	5670	186139	1619	21304	8992
鄞州区	14683	332734	12954	267873	3817	23587	77067
象山县	2268	67199	2797	46361	863	6446	23636
宁海县	1683	61841	2764	32523	559	2315	32082
余姚市	12787	221723	13681	195783	7499	15970	39621
慈溪市	11182	189744	18315	139232	3698	8030	68795
奉化市	2370	49161	1285	30345	824	2074	20102
温州市	**53641**	**1175766**	**57997**	**804026**	**29615**	**41896**	**431305**
鹿城区	22719	548626	32032	383704	15528	10423	197450
龙湾区	6893	151400	12678	134620	4312	14863	29901
瓯海区	1801	55493	939	47048	1992	2112	9533
洞头县	434	9748	122	16821	76	212	－6951
永嘉县	1521	52629	897	28144	851	1417	25382
平阳县	1219	53858	1039	23298	643	879	31598

1－B－2 续表3－2

单位：万元、人

地　　区	主营业务税金及附加	主营业务利润	其他业务利润	营业费用、管理费用、财务费用合计	#税金	#利息支出	营业利润
苍南县	2565	62104	932	27241	920	1374	35795
文成县	3707	12085	153	6520	321	523	5718
泰顺县	197	8843	39	4197	82	131	4685
瑞安市	2286	108712	4991	59826	1761	4509	54162
乐清市	10299	112269	4175	72608	3130	5453	44032
嘉兴市	**22748**	**939374**	**41092**	**671227**	**9253**	**45517**	**318245**
南湖区	5256	217577	15225	177285	2195	11580	56353
秀洲区	1983	117046	4095	98227	1424	6285	22914
嘉善县	1632	57218	2388	40938	552	2042	18669
海盐县	1725	108525	2228	67809	834	4224	42964
海宁市	5321	211506	6012	130376	1771	8350	87258
平湖市	2588	73837	3476	62822	1105	8086	22527
桐乡市	4244	153664	7669	93772	1371	4949	67561
湖州市	**13892**	**454352**	**15073**	**297086**	**5569**	**28198**	**179412**
吴兴区	6411	228211	11207	171038	2596	18702	71107
南浔区	1206	37351	148	28764	641	3376	12667
德清县	2391	87198	1077	40209	713	1998	48570
长兴县	3107	68389	1753	41911	1105	2764	28142
安吉县	777	33203	888	15164	514	1359	18926
绍兴市	**70127**	**1495882**	**47018**	**888887**	**22304**	**80846**	**658330**
越城区	20042	444345	19547	322633	7236	18601	142065
绍兴县	25982	482612	5951	232456	6133	28258	256118
新昌县	4763	95754	1195	55273	1982	4963	41717
诸暨市	11913	250876	10777	155761	3014	17973	109351
上虞市	3181	134412	6363	79459	1876	8716	61317
嵊州市	4246	87884	3184	43305	2063	2334	47763
金华市	**35443**	**769351**	**35750**	**446090**	**9919**	**31538**	**361158**
婺城区	7608	198934	15148	136318	3314	10253	79913
金东区	453	40232	2387	16619	665	2071	25999
武义县	687	23115	967	10078	240	790	14004
浦江县	1820	26375	282	15805	259	230	10852
磐安县	2799	11051	264	6913	355	207	4402
兰溪市	1126	37601	1404	20507	529	969	18498
义乌市	13559	237356	9023	121230	2469	6973	125149

1－B－2 续表3－3

单位：万元、人

地区	主营业务税金及附加	主营业务利润	其他业务利润	营业费用、管理费用、财务费用合计	#税金	#利息支出	营业利润
东阳市	4607	97714	2267	50416	1064	6866	49565
永康市	2786	96973	4008	68204	1024	3180	32777
衢州市	**8350**	**241002**	**8171**	**148048**	**4029**	**12691**	**101427**
柯城区	4666	127237	6334	83302	1857	6328	50571
衢江区	385	14255	90	13198	222	3402	1147
常山县	694	20878	373	12586	274	721	8665
开化县	347	12780	97	5990	778	687	6887
龙游县	964	25189	612	9550	297	1007	16251
江山市	1293	40663	664	23423	601	546	17905
舟山市	**6837**	**216121**	**23311**	**180912**	**4272**	**30741**	**59064**
定海区	3429	123007	10219	107049	3029	13690	26913
普陀区	2815	69217	12439	57791	1015	15714	23865
岱山县	443	15853	343	9920	110	478	6275
嵊泗县	151	8045	311	6151	118	859	2012
台州市	**26009**	**838926**	**28279**	**556313**	**17805**	**35925**	**311847**
椒江区	4901	201277	12831	168692	2268	10067	46370
黄岩区	2623	93325	2254	57355	1354	1576	38224
路桥区	2554	118973	1704	79136	9241	6047	41541
玉环县	3712	76534	1272	50681	1144	8350	27125
三门县	1196	49342	298	25249	548	1766	24391
天台县	1006	23420	614	12684	208	622	11350
仙居县	798	45388	628	31495	512	127	14522
温岭市	7494	158467	4266	84153	1548	4540	78580
临海市	1726	72201	4410	46869	982	2829	29743
丽水市	**9735**	**242041**	**8858**	**173101**	**2788**	**4931**	**78050**
莲都区	3264	145171	6882	117401	1232	2026	34902
青田县	705	19630	212	9049	170	541	10793
缙云县	3040	17105	203	9407	250	538	7901
遂昌县	336	11892	201	8501	130	698	3594
松阳县	151	6698	108	4353	104	343	2453
云和县	174	5572	384	4283	58	189	1673
庆元县	832	7108	139	3143	426	60	4104
景宁畲族自治县	381	12348	454	9051	209	175	3752
龙泉市	853	16517	275	7913	207	363	8879

1－B－2 续表4－1

单位：万元、人

地 区	职工工资和福利费（包括养老、医疗、失业、工伤、生育保险和住房公积金）	本年应交增值税	全部从业人员年平均人数	资产减值损失	公允价值变动收益	投资收益
总 计	**2721989**	**2360847**	**965888**	**87024**	**－730**	**472933**
杭州市	**932508**	**797835**	**289967**	**44513**	**－3836**	**332939**
上城区	154256	93035	36067	3750	－2207	76112
下城区	230281	152586	59918	2595	－894	78295
江干区	95343	62500	33863	13	2	11250
拱墅区	90024	168261	34501	6649	...	17871
西湖区	123480	75062	39968	30925	－775	41288
滨江区	32608	18251	6885	293		52229
萧山区	88295	136571	35542	71	6	48847
余杭区	50194	40495	14739	135	－2	6538
桐庐县	13106	11289	5872	11	11	56
淳安县	9889	6972	4063			153
建德市	9434	5640	3703	21	2	89
富阳市	22810	17367	9333	49	21	96
临安市	12789	9805	5513	2		116
宁波市	**572851**	**549801**	**211226**	**29366**	**－78**	**64111**
海曙区	139789	59550	47335	324	154	26266
江东区	84184	43954	32010	255	－1	4139
江北区	31711	15115	13180	60		－341
北仑区	85143	191267	32707	26162	6	6484
镇海区	29984	26609	9750			4923
鄞州区	67202	40758	23532	584	－165	19914
象山县	17112	8983	6092	1	16	－163
宁海县	12186	5600	6004			－2
余姚市	41958	87040	17181			663
慈溪市	50294	60382	19634	413		323
奉化市	13288	10545	3801	1569	－88	1905
温州市	**227795**	**221778**	**90246**	**1324**	**224**	**13598**
鹿城区	104548	71021	38228	1274	223	8597
龙湾区	29721	29107	10053			2552
瓯海区	13781	26495	5603	1		1146
洞头县	1924	1781	679			1
永嘉县	10153	15202	4676	11		197
平阳县	8289	12479	3961	15		505

1－B－2 续表4－2

单位：万元、人

地　　区	职工工资和福利费（包括养老、医疗、失业、工伤、生育保险和住房公积金）	本年应交增值税	全部从业人员年平均人数	资产减值损失	公允价值变动收益	投资收益
苍南县	12929	12933	6481			15
文成县	2701	2779	809			
泰顺县	2160	1138	660			
瑞安市	20088	23419	8768	3		330
乐清市	21502	25425	10328	21	1	256
嘉兴市	**204842**	**141285**	**67390**	**297**	**2**	**25732**
南湖区	48787	34433	18595	217	2	12237
秀洲区	29506	16259	8654			1801
嘉善县	13177	8783	5365			1664
海盐县	20160	17638	5657	…		33
海宁市	38220	28480	11028			1507
平湖市	18766	13779	7648	80		8207
桐乡市	36226	21912	10443			283
湖州市	**67976**	**60128**	**25049**	**726**	**3847**	**3983**
吴兴区	40002	27319	12634	386	206	1619
南浔区	3331	5271	1968		3632	300
德清县	9500	12738	3731	245	9	735
长兴县	10553	10625	4043	94		1283
安吉县	4590	4177	2673	…		46
绍兴市	**250740**	**224125**	**94825**	**407**	**－1006**	**11256**
越城区	84955	63210	31527	317	…	3004
绍兴县	65844	78933	26212			889
新昌县	17262	18825	7003	－41		206
诸暨市	33844	23189	13334	131	－1005	6416
上虞市	31324	21407	9558			447
嵊州市	17512	18561	7191			294
金华市	**147899**	**125992**	**67932**	**236**	**－1**	**4785**
婺城区	39597	47461	17147	215	－2	3147
金东区	6558	6037	2854		…	102
武义县	4332	4753	1783	…		38
浦江县	5277	2977	1871			282
磐安县	3350	3333	2083			2
兰溪市	9420	4212	3227			340
义乌市	47646	37301	24100	1		945

1-B-2 续表4-3

单位：万元、人

地区	职工工资和福利费（包括养老、医疗、失业、工伤、生育保险和住房公积金）	本年应交增值税	全部从业人员年平均人数	资产减值损失	公允价值变动收益	投资收益
东阳市	16870	9230	7617			-46
永康市	14848	10689	7250	20		-25
衢州市	**43777**	**36024**	**18692**	**71**		**2335**
柯城区	24027	16067	9824	69		2045
衢江区	1786	4309	848			254
常山县	3342	4167	1157			36
开化县	3105	2889	1177	2		…
龙游县	4693	3990	2147			
江山市	6825	4602	3539			
舟山市	**46024**	**40276**	**17006**	**350**		**9604**
定海区	27421	23344	10324	132		942
普陀区	12025	11749	4249	…		8037
岱山县	4462	3660	1675			576
嵊泗县	2116	1523	758	218		49
台州市	**175395**	**126326**	**62781**	**9673**	**118**	**3785**
椒江区	46512	23313	14415	219	-11	2812
黄岩区	19937	10310	6683	…		402
路桥区	24707	23953	10364	9452	129	133
玉环县	14861	14345	5798			196
三门县	5796	4302	2560	2		25
天台县	5007	4352	2099			-26
仙居县	9732	5782	3570			5
温岭市	30526	28123	10291			82
临海市	18316	11846	7001			156
丽水市	**52183**	**37278**	**20774**	**62**	**…**	**807**
莲都区	24941	18333	8155	57		177
青田县	3886	2545	1184			
缙云县	5994	3818	3269	…		49
遂昌县	3206	1287	1338			8
松阳县	2063	1131	868			1
云和县	2416	748	869			525
庆元县	2423	3056	1140			
景宁畲族自治县	2939	4188	1350			3
龙泉市	4315	2172	2601	4	…	45

1－B－3 按登记注册类型、控股情况和行业分组的限额以上批发和零售业财务状况

单位：万元、人

指标名称	年初存货	流动资产合计	#应收账款	#存货	流动资产年平均余额
总计	**7247958**	**51374268**	**9127294**	**7715867**	**40082158**
一、按登记注册类型分					
内资	**7065184**	**50244698**	**8984269**	**7465823**	**39141028**
国有	588453	4430080	447071	650015	3733310
集体	116618	671419	111948	156311	420272
股份合作企业	27285	82258	14449	18915	59742
联营企业	18412	156400	19493	9797	137341
国有联营	12240	48335	6595	4666	42061
集体联营	1659	86901	7730	1126	88327
国有与集体联营	1118	3509	690	975	3234
其他联营	3395	17655	4479	3030	3718
有限责任公司	2750711	17734534	3422369	2785186	14574865
国有独资公司	132654	577085	53254	220868	383973
其他有限责任公司	2618057	17157450	3369115	2564318	14190892
股份有限公司	634866	3718928	593420	738317	2757231
私营企业	2886643	23278051	4349182	3058025	17329815
私营独资	68909	532515	125450	92161	424447
私营合伙	42019	160955	36478	33733	209792
私营有限责任公司	2650104	21720333	3966505	2812660	16031452
私营股份有限公司	125611	864248	220749	119471	664124
其他	42197	173028	26337	49257	128454
港澳台商投资	**72259**	**349999**	**67700**	**78102**	**186973**
与港澳台商合资经营	10140	91027	9142	16700	75399
与港澳台商合作经营	506	7737	4618	533	2720
港澳台商独资	48196	142044	24357	40113	107815
港澳台商投资股份有限公司	13416	109192	29584	20756	1040
外商投资	**110515**	**779571**	**75326**	**171943**	**754156**
中外合资经营	57985	301141	27688	78087	606723
中外合作经营	1744	3366	159	1393	3487
外资企业	49153	442950	37928	89951	119467
外商投资股份有限公司	1633	32115	9551	2512	24479
二、按控股情况分					
国有控股	1593428	8944337	1113711	1775493	7653859
集体控股	497124	3150894	519509	532912	2276493
私人控股	4199078	32441251	6482260	4370223	24929179
港澳台商控股	58063	260710	45246	52256	192984
外商控股	74479	568122	46854	127054	200067
其他	825786	6008954	919715	857930	4829576

1－B－3 续表1－1

单位：万元、人

指 标 名 称	年初存货	流动资产合计	#应收账款	#存货	流动资产年平均余额
三、按国民经济行业(门类、大类、中类、小类)分					
批发和零售业	**7247958**	**51374268**	**9127294**	**7715867**	**40082158**
批发业	5336655	43257260	8445561	5621169	34348837
农畜产品批发	132394	558224	107632	145420	442723
谷物、豆及薯类批发	89285	221247	11763	106328	173810
种子、饲料批发	2433	22574	7061	2541	16580
棉、麻批发	14444	78297	15399	11747	68483
牲畜批发	459	5958	628	516	5482
其他农畜产品批发	25773	230148	72782	24289	178368
食品、饮料及烟草制品批发	431609	4405647	263655	607889	3548263
米、面制品及食用油批发	139459	647321	47848	211831	440204
糕点、糖果及糖批发	15928	66544	15286	17599	58259
果品、蔬菜批发	1912	50414	5115	2622	43691
肉、禽、蛋及水产品批发	31709	286686	30140	35509	269344
盐及调味品批发	24687	117291	13185	41572	100668
饮料及茶叶批发	95289	1033990	95431	124750	850043
烟草制品批发	110919	2114585	39116	160780	1688296
其他食品批发	11708	88817	17536	13225	97757
纺织、服装及日用品批发	783606	7833975	1849464	812369	6330771
纺织品、针织品及原料批发	329393	4003283	878887	368393	3357523
服装批发	248695	2277893	597190	263917	1694818
鞋帽批发	48106	448179	110799	46890	354983
厨房、卫生间用具及日用杂货批发	8650	197326	32739	14391	145757
化妆品及卫生用品批发	48551	158643	39761	56282	130245
其他日用品批发	100211	748652	190088	62497	647445
文化、体育用品及器材批发	179704	904756	230177	200679	680322
文具用品批发	80855	574060	194427	80788	394654
体育用品批发	4105	42618	11115	4301	35929
图书批发	69362	178966	13618	90328	154459
报刊批发	2	2521	391	2	210
音像制品及电子出版物批发	2264	12070	1210	1968	10399
首饰、工艺品及收藏品批发	20649	78279	7385	21710	71609
其他文化用品批发	2467	16242	2031	1582	13062
医药及医疗器材批发	267510	1400152	639224	291606	1116579
西药批发	190618	1009884	492146	199200	838304
中药材及中成药批发	49646	222211	89582	57891	155766
医疗用品及器材批发	27245	168057	57495	34515	122509

1－B－3 续表1－2

单位：万元、人

指标名称	年初存货	流动资产合计	#应收账款	#存货	流动资产年平均余额
矿产品、建材及化工产品批发	2643671	21560835	3732045	2634684	16799057
煤炭及制品批发	147657	2108708	905214	137380	1563503
石油及制品批发	348819	2445776	409062	437367	1779253
非金属矿及制品批发	3916	42770	14129	6062	26683
金属及金属矿批发	1373135	11600720	1396280	1386803	8931955
建材批发	137563	1209852	214938	110280	1049332
化肥批发	98572	431719	9617	119966	351215
农药批发	13256	88224	27431	15895	57601
农用薄膜批发	2223	6625	360	800	6839
其他化工产品批发	518530	3626441	755013	420131	3032676
机械设备、五金交电及电子产品批发	785012	5627537	1311456	805959	4812284
农业机械批发	2153	39367	10602	1947	36934
汽车、摩托车及零配件批发	131624	885967	149732	121499	676840
五金、交电批发	127309	958900	306461	110880	765443
家用电器批发	199031	978907	106322	230445	814047
计算机、软件及辅助设备批发	30178	221713	66479	29732	165074
通讯及广播电视设备批发	63051	420464	103144	65755	323062
其他机械设备及电子产品批发	231666	2122219	568717	245701	2030884
贸易经纪与代理	2	8232	1115		8357
贸易经纪与代理	2	8232	1115		8357
其他批发	113147	957903	310792	122564	610480
再生物资回收与批发	88769	553389	263356	72852	455397
其他未列明的批发	24378	404514	47436	49712	155083
零售业	1911303	8117008	681734	2094698	5733321
综合零售	426012	2425789	132875	524501	1332651
百货零售	166859	1068426	34746	164409	635234
超级市场零售	250471	1317594	97025	349734	667138
其他综合零售	8682	39770	1104	10358	30279
食品、饮料及烟草制品专门零售	26270	104437	10574	30829	64941
粮油零售	3463	10105	182	4885	2114
糕点、面包零售	391	1832	129	680	1673
果品、蔬菜零售	15	386	2	8	335
肉、禽、蛋及水产品零售	2860	26206	4565	3953	22669
饮料及茶叶零售	2696	20114	3347	6816	10497
烟草制品零售	9497	33826	1416	8126	18317
其他食品零售	7348	11968	933	6363	9336
纺织、服装及日用品专门零售	97137	332964	9873	126122	171473

1－B－3 续表1－3

单位：万元、人

指标名称	年初存货	流动资产合计	#应收账款	#存货	流动资产年平均余额
纺织品及针织品零售	1453	2951	117	1609	1503
服装零售	75068	225977	5469	98189	134675
鞋帽零售	13476	81796	2632	16750	17727
钟表、眼镜零售	5341	12610	519	6896	9601
化妆品及卫生用品零售	188	818	415	323	707
其他日用品零售	1611	8811	721	2354	7261
文化、体育用品及器材专门零售	140614	357871	51426	137841	277187
文具用品零售	1011	3096	837	1144	2821
体育用品零售	3082	10441	2593	1186	7035
图书零售	76222	225660	38172	63843	181369
报刊零售	19	7927	370		5809
珠宝首饰零售	56947	104264	8453	67804	74676
照相器材零售	329	2417	1048	488	2040
其他文化用品零售	3005	4067	－47	3376	3437
医药及医疗器材专门零售	143769	598375	212388	180268	342951
药品零售	142643	591277	209855	179372	342389
医疗用品及器材零售	1125	7099	2533	895	562
汽车、摩托车、燃料及零配件专门零售	878580	3394065	167351	895024	3033814
汽车零售	759485	2844816	141413	805007	2186166
汽车零配件零售	3587	21703	2174	3893	19634
摩托车及零配件零售	16319	30557	1418	16167	25977
机动车燃料零售	99190	496988	22346	69957	802037
家用电器及电子产品专门零售	177114	743932	47207	177215	368432
家用电器零售	138939	585658	24145	134187	295285
计算机、软件及辅助设备零售	18612	94224	16000	25047	37150
通信设备零售	16344	58253	6066	14547	35027
其他电子产品零售	3219	5798	995	3435	970
五金、家具及室内装修材料专门零售	12827	69129	20428	14416	60048
五金零售	2898	19489	8799	2691	17364
家具零售	2024	23773	5785	4627	22000
涂料零售	336	3058	570	387	2859
其他室内装修材料零售	7568	22809	5275	6711	17825
无店铺及其他零售	8983	90446	29613	8484	81825
邮购及电子销售	106	17865	5562	231	16054
生活用燃料零售	8362	59596	13581	7492	53302
花卉零售	17	251	146	19	245
其他未列明的零售	498	12734	10325	743	12224

1－B－3 续表2－1

单位：万元、人

指标名称	长期投资合计	固定资产合计	固定资产原价	累计折旧	本年折旧
总计	**5731953**	**5498744**	**7391530**	**2049144**	**425517**
一、按登记注册类型分					
内资	**5579309**	**5075659**	**6831859**	**1906519**	**397942**
国有	573419	603891	856987	275948	47197
集体	142889	63224	96025	34661	5102
股份合作企业	4089	16915	23763	7029	931
联营企业	9129	17781	19326	7874	991
国有联营	32	14757	14468	6040	653
集体联营	8997	419	618	199	48
国有与集体联营		996	2235	1240	189
其他联营	100	1609	2005	395	101
有限责任公司	2103753	1737628	2298608	606582	126541
国有独资公司	58561	144347	178980	50037	7814
其他有限责任公司	2045192	1593281	2119628	556545	118727
股份有限公司	1215400	1023365	1465661	457917	75415
私营企业	1524636	1598369	2053115	512469	140197
私营独资	88203	34368	44488	11406	3131
私营合伙	12117	21628	27858	6294	2116
私营有限责任公司	1336590	1460940	1869807	464176	126922
私营股份有限公司	87727	81434	110962	30594	8028
其他	5996	14485	18373	4039	1569
港澳台商投资	**50501**	**137472**	**181795**	**50355**	**10617**
与港澳台商合资经营	18042	10805	17137	6760	1274
与港澳台商合作经营		4558	11786	7228	1010
港澳台商独资	5892	67179	80602	13424	5456
港澳台商投资股份有限公司	26567	54930	72269	22943	2877
外商投资	**102143**	**285614**	**377877**	**92270**	**16958**
中外合资经营	26636	131827	175141	43314	8315
中外合作经营		6640	9321	2681	651
外资企业	74506	145438	190371	44940	7842
外商投资股份有限公司	1001	1709	3044	1335	150
二、按控股情况分					
国有控股	1330229	1591305	2205276	678825	107632
集体控股	466001	307375	430793	127204	23669
私人控股	3112323	2680126	3519393	917635	228541
港澳台商控股	24902	69165	95932	27066	7863
外商控股	92701	228890	291156	62273	11749
其他	705796	621883	848980	236141	46062

1-B-3 续表2-2 单位:万元、人

指标名称	长期投资合计	固定资产合计	固定资产原价	累计折旧	本年折旧
三、按国民经济行业(门类、大类、中类、小类)分					
批发和零售业	**5731953**	**5498744**	**7391530**	**2049144**	**425517**
批发业	5138891	3301962	4469475	1286803	266888
农畜产品批发	186958	68230	87578	29518	4313
谷物、豆及薯类批发	169957	49129	60879	21507	2999
种子、饲料批发	2883	2392	3543	1151	147
棉、麻批发	1031	3154	4133	979	224
牲畜批发	4153	1325	2052	1019	117
其他农畜产品批发	8935	12229	16971	4862	825
食品、饮料及烟草制品批发	301605	709695	1010998	330045	63279
米、面制品及食用油批发	141759	116501	144504	35008	4667
糕点、糖果及糖批发	851	9586	13704	4125	544
果品、蔬菜批发	2383	13586	16536	2950	553
肉、禽、蛋及水产品批发	53171	70702	100429	29954	6214
盐及调味品批发	32156	16338	25345	9372	2173
饮料及茶叶批发	21204	142338	227119	84785	17297
烟草制品批发	22751	336482	477509	161940	31320
其他食品批发	27332	4161	5855	1913	511
纺织、服装及日用品批发	730829	536555	716640	190114	43974
纺织品、针织品及原料批发	398676	211059	294889	88976	18333
服装批发	241594	146720	198945	55375	14693
鞋帽批发	29648	66786	78027	12002	2749
厨房、卫生间用具及日用杂货批发	33820	54598	68653	14038	2762
化妆品及卫生用品批发	6128	7462	10899	3437	880
其他日用品批发	20963	49931	65226	16285	4558
文化、体育用品及器材批发	281739	109804	146569	37024	6546
文具用品批发	40421	42447	53957	11512	3709
体育用品批发	1500	1122	1818	696	258
图书批发	232315	38108	52069	14217	1477
报刊批发		45	115	69	21
音像制品及电子出版物批发	153	1507	2206	698	93
首饰、工艺品及收藏品批发	6160	26133	35555	9422	897
其他文化用品批发	1190	441	850	409	91
医药及医疗器材批发	97588	102221	141971	46122	8588
西药批发	75190	73313	98749	31731	5328
中药材及中成药批发	5364	24567	36114	11625	2393
医疗用品及器材批发	17035	4342	7108	2766	867

1－B－3 续表2－3

单位：万元、人

指标名称	长期投资合计	固定资产合计	固定资产原价	累计折旧	本年折旧
矿产品、建材及化工产品批发	2821454	1377185	1818185	498038	103749
煤炭及制品批发	211469	105657	147059	43852	9772
石油及制品批发	470398	576856	764920	215778	35410
非金属矿及制品批发	31370	2911	3949	1046	382
金属及金属矿批发	1612362	433973	549928	137112	33518
建材批发	74003	44839	62438	18386	4525
化肥批发	144679	34223	46140	13792	1853
农药批发	9040	4131	5299	1168	338
农用薄膜批发	466	607	865	258	67
其他化工产品批发	267667	173988	237587	66648	17886
机械设备、五金交电及电子产品批发	622733	343489	470417	131978	31272
农业机械批发	1134	2050	3351	1430	255
汽车、摩托车及零配件批发	156788	53127	68710	17992	4138
五金、交电批发	86593	58512	81523	24497	6314
家用电器批发	49247	32504	42642	10147	2342
计算机、软件及辅助设备批发	10039	3587	6550	2973	797
通讯及广播电视设备批发	87756	32905	45763	12929	3147
其他机械设备及电子产品批发	231176	160803	221878	62011	14280
贸易经纪与代理		39	72	33	13
贸易经纪与代理		39	72	33	13
其他批发	95984	54744	77043	23932	5154
再生物资回收与批发	20169	34447	42380	9530	2559
其他未列明的批发	75815	20297	34664	14402	2595
零售业	593063	2196783	2922055	762340	158629
综合零售	249681	936907	1288926	363991	67643
百货零售	174925	476784	654189	183410	28756
超级市场零售	71988	443540	609452	170597	37789
其他综合零售	2768	16584	25285	9984	1098
食品、饮料及烟草制品专门零售	18656	42470	54464	13339	3293
粮油零售	500	9086	10218	1132	564
糕点、面包零售	812	1577	2384	807	190
果品、蔬菜零售		47	131	84	15
肉、禽、蛋及水产品零售	680	15544	22927	7383	1315
饮料及茶叶零售	2260	621	950	329	141
烟草制品零售	13818	12056	12281	1570	695
其他食品零售	587	3539	5575	2036	373
纺织、服装及日用品专门零售	8240	125504	140501	14998	4688

1－B－3 续表2－4

单位：万元、人

指标名称	长期投资合计	固定资产合计	固定资产原价	累计折旧	本年折旧
纺织品及针织品零售		745	1123	379	111
服装零售	5998	117544	128892	11348	3923
鞋帽零售	2146	5655	7681	2026	349
钟表、眼镜零售	89	1029	1920	891	203
化妆品及卫生用品零售		47	83	36	10
其他日用品零售	7	485	803	318	92
文化、体育用品及器材专门零售	8406	158792	194324	41420	6974
文具用品零售	6	1160	1593	434	55
体育用品零售	2051	1122	1561	439	202
图书零售	266	139496	168827	35178	5598
报刊零售	140	1127	1707	580	66
珠宝首饰零售	5934	15453	19810	4397	988
照相器材零售		22	42	21	10
其他文化用品零售	10	412	784	372	55
医药及医疗器材专门零售	31594	77346	116446	39352	6070
药品零售	31594	77317	116318	39252	6057
医疗用品及器材零售		29	128	100	13
汽车、摩托车、燃料及零配件专门零售	216782	709419	929914	235601	57969
汽车零售	131797	473019	591223	130271	41396
汽车零配件零售	985	3078	3749	732	260
摩托车及零配件零售	136	2303	4061	1774	338
机动车燃料零售	83863	231020	330880	102824	15976
家用电器及电子产品专门零售	37425	62901	82399	19964	5708
家用电器零售	22206	44719	58709	14397	3955
计算机、软件及辅助设备零售	11982	5240	7730	2548	842
通信设备零售	3237	11796	13996	2199	762
其他电子产品零售		1146	1965	819	150
五金、家具及室内装修材料专门零售	9428	30674	37098	6980	2185
五金零售	374	1972	2500	529	156
家具零售	8980	18358	19178	1376	672
涂料零售	39	467	616	150	29
其他室内装修材料零售	35	9877	14803	4926	1329
无店铺及其他零售	12852	52771	77984	26696	4099
邮购及电子销售		1892	2576	685	417
生活用燃料零售	12852	40322	60852	21913	2748
花卉零售		182	341	159	14
其他未列明的零售		10376	14215	3939	919

1－B－3 续表3－1

单位：万元、人

指标名称	资产总计	流动负债合计	应付账款	长期负债合计	负债合计
总计	**66079696**	**46646382**	**9363646**	**1308113**	**49268500**
一、按登记注册类型分					
内资	**64228196**	**45472898**	**9023718**	**1223229**	**47917945**
国有	5849583	2479252	578338	129514	2687783
集体	896378	621738	97777	12137	634328
股份合作企业	110071	71692	13013	1653	73519
联营企业	186571	123943	12076	1138	125087
国有联营	63664	23637	6209		23643
集体联营	96829	87773	5285	961	88733
国有与集体联营	6641	1849	－139	178	2027
其他联营	19437	10683	722		10683
有限责任公司	22689043	16697864	3466691	486813	17595035
国有独资公司	859171	463214	119673	46005	510359
其他有限责任公司	21829872	16234650	3347019	440808	17084676
股份有限公司	6526438	3937728	936998	218227	4169923
私营企业	27736646	21377633	3872929	373795	22463018
私营独资	677076	483528	109898	957	490040
私营合伙	220066	169340	48899	5496	177501
私营有限责任公司	25736926	19942121	3544811	300309	20928566
私营股份有限公司	1102578	782644	169322	67033	866911
其他	233467	163048	45895	－49	169253
港澳台商投资	**591486**	**391922**	**107475**	**30574**	**422547**
与港澳台商合资经营	129739	47071	13089	14506	61628
与港澳台商合作经营	20163	1424			1424
港澳台商独资	247973	169568	78449	14069	183637
港澳台商投资股份有限公司	193611	173859	15937	2000	175859
外商投资	**1260014**	**781563**	**232452**	**54310**	**928007**
中外合资经营	508722	337455	97568	190	369249
中外合作经营	14598	5022	1785	651	5672
外资企业	701724	413074	124845	51988	525592
外商投资股份有限公司	34969	26013	8256	1481	27494
二、按控股情况分					
国有控股	12685605	6529670	1506715	287401	7046677
集体控股	4140651	3075362	770529	49345	3155838
私人控股	40268548	30458644	5690239	676755	32046349
港澳台商控股	398748	218491	97239	30055	248547
外商控股	975466	585654	191597	60642	734088
其他	7610677	5778561	1107327	203914	6037002

1－B－3 续表3－2 单位：万元、人

指标名称	资产总计	流动负债合计	应付账款	长期负债合计	负债合计
三、按国民经济行业(门类、大类、中类、小类)分					
批发和零售业	**66079696**	**46646382**	**9363646**	**1308113**	**49268500**
批发业	54012389	38372353	7584579	945987	40239668
农畜产品批发	829671	569306	101695	51118	623312
谷物、豆及薯类批发	447413	262265	5040	44299	308941
种子、饲料批发	28065	21032	5139	257	21614
棉、麻批发	83952	69301	11551	401	69713
牲畜批发	11854	8630	1046		8630
其他农畜产品批发	258387	208079	78919	6161	214415
食品、饮料及烟草制品批发	5690197	2600873	386863	222789	2895563
米、面制品及食用油批发	995508	621296	42753	72843	746963
糕点、糖果及糖批发	78693	61325	3362	996	62884
果品、蔬菜批发	68636	44713	6118	2478	47353
肉、禽、蛋及水产品批发	427243	216475	24630	57302	273777
盐及调味品批发	201297	81942	40130	4006	89255
饮料及茶叶批发	1284590	1020745	195221	83760	1119468
烟草制品批发	2510293	471708	60588	551	472259
其他食品批发	123938	82669	14060	853	83604
纺织、服装及日用品批发	9494095	7001294	2007517	130322	7535481
纺织品、针织品及原料批发	4890227	3547246	869750	50857	3887253
服装批发	2715340	2034555	648513	22310	2167009
鞋帽批发	568201	391486	103202	29625	423929
厨房、卫生间用具及日用杂货批发	287956	195236	52010	8713	203991
化妆品及卫生用品批发	182022	147186	94249	8202	155389
其他日用品批发	850349	685586	239793	10614	697910
文化、体育用品及器材批发	1334389	798638	294035	22685	822219
文具用品批发	668745	513995	117518	2364	516533
体育用品批发	46390	40115	11700		40115
图书批发	473869	170780	146922	16908	187688
报刊批发	2566	1467	332		1467
音像制品及电子出版物批发	13749	6856	2328	45	6901
首饰、工艺品及收藏品批发	111070	53623	11924	3368	57617
其他文化用品批发	18001	11801	3310		11899
医药及医疗器材批发	1675111	1277107	624998	11453	1289765
西药批发	1189803	936582	449855	9455	947013
中药材及中成药批发	294303	198443	111659	1223	199894
医疗用品及器材批发	191005	142082	63485	775	142858

1－B－3 续表3－3　　单位：万元、人

指标名称	资产总计	流动负债合计	应付账款	长期负债合计	负债合计
矿产品、建材及化工产品批发	26999394	20058272	2441565	420941	20817376
煤炭及制品批发	2713608	1823253	210037	73723	1918339
石油及制品批发	3789169	2413999	399747	147541	2564902
非金属矿及制品批发	90663	45540	9365		45540
金属及金属矿批发	14030098	10874017	905962	154976	11289247
建材批发	1363139	1075231	155771	16630	1098588
化肥批发	619111	384355	30469	10884	395665
农药批发	103560	69831	12286	1869	71699
农用薄膜批发	7784	3196	718		3196
其他化工产品批发	4282263	3368850	717211	15318	3430199
机械设备、五金交电及电子产品批发	6851090	5239937	1450959	81169	5420045
农业机械批发	44816	32581	10566		32581
汽车、摩托车及零配件批发	1158960	831909	120877	6973	864975
五金、交电批发	1116981	877362	335615	9094	890508
家用电器批发	1070918	878592	157571	223	905460
计算机、软件及辅助设备批发	239625	186301	26853	6	195546
通讯及广播电视设备批发	580606	429523	127926	212	432364
其他机械设备及电子产品批发	2639184	2003669	671552	64661	2098611
贸易经纪与代理	8271	3929	296		3929
贸易经纪与代理	8271	3929	296		3929
其他批发	1130172	822998	276653	5512	831979
再生物资回收与批发	622029	487416	196418	5512	496225
其他未列明的批发	508143	335581	80235		335754
零售业	12067306	8274030	1779067	362125	9028832
综合零售	4055105	2955691	919812	150966	3224335
百货零售	1954996	1274267	323271	119310	1468059
超级市场零售	2035518	1634641	581838	27593	1700745
其他综合零售	64591	46783	14703	4063	55531
食品、饮料及烟草制品专门零售	182917	84542	23208	8026	93828
粮油零售	20942	17056	6268	184	17240
糕点、面包零售	4962	3663	606		3664
果品、蔬菜零售	770	37	31	7	44
肉、禽、蛋及水产品零售	49611	29786	3003	5020	35164
饮料及茶叶零售	25411	13464	5293	340	14704
烟草制品零售	61888	9822	1795	256	10077
其他食品零售	19333	10715	6212	2220	12935
纺织、服装及日用品专门零售	489861	308966	65752	93728	403996

1－B－3 续表3－4 单位：万元、人

指 标 名 称	资产总计	流动负债合计	应付账款	长期负债合计	负债合计
纺织品及针织品零售	5260	4992	1439	28	5020
服装零售	369828	213550	47123	88197	302962
鞋帽零售	90456	71301	10403	5453	76754
钟表、眼镜零售	14001	10670	5109		10670
化妆品及卫生用品零售	866	604	373		604
其他日用品零售	9450	7848	1305	50	7986
文化、体育用品及器材专门零售	615637	310316	139786	19867	330359
文具用品零售	4628	2358	812	15	2373
体育用品零售	13900	6436	1092	7093	13529
图书零售	452437	195388	116936	11916	207351
报刊零售	9247	6777			6777
珠宝首饰零售	128087	94121	19538	726	94976
照相器材零售	2589	1844	932	110	1954
其他文化用品零售	4749	3393	477	7	3400
医药及医疗器材专门零售	739553	572472	290462	12146	584644
药品零售	732184	568119	290098	12146	580291
医疗用品及器材零售	7369	4353	363		4353
汽车、摩托车、燃料及零配件专门零售	4789357	3177449	216901	52467	3494370
汽车零售	3733348	2674182	156186	33191	2945885
汽车零配件零售	32120	26778	1658		28336
摩托车及零配件零售	33045	24334	3041	154	24497
机动车燃料零售	990844	452155	56017	19121	495652
家用电器及电子产品专门零售	863867	658280	93892	8766	674553
家用电器零售	669273	528604	68082	6974	541519
计算机、软件及辅助设备零售	112704	73612	19236	691	74336
通信设备零售	74689	50367	4901	1075	52902
其他电子产品零售	7201	5697	1673	27	5795
五金、家具及室内装修材料专门零售	139619	98890	14845	129	99032
五金零售	21870	17457	4483	124	17581
家具零售	74358	50477	6579		50491
涂料零售	5553	5095	603		5095
其他室内装修材料零售	37838	25860	3180	5	25865
无店铺及其他零售	191392	107424	14411	16031	123715
邮购及电子销售	20114	13564	8820		13564
生活用燃料零售	147645	83980	5063	6267	90507
花卉零售	524	227		152	380
其他未列明的零售	23110	9653	528	9612	19265

1－B－3 续表4－1

单位：万元、人

指标名称	所有者权益合计	实收资本	国家资本	集体资本	法人资本
总计	**16811196**	**10093182**	**1696759**	**484981**	**2264051**
一、按登记注册类型分					
内资	**16310251**	**9679757**	**1660715**	**477913**	**2236004**
国有	3161800	556036	534608	3443	11036
集体	262050	127551	1228	105615	1231
股份合作企业	36552	26932	166	3455	10846
联营企业	61485	18191	8189	8110	922
国有联营	40021	5649	5589	25	25
集体联营	8096	4568		3649	
国有与集体联营	4615	3804	2500	816	487
其他联营	8753	4170	100	3620	410
有限责任公司	5094008	3111129	498884	291751	990628
国有独资公司	348812	75863	73955		1908
其他有限责任公司	4745196	3035265	424929	291751	988720
股份有限公司	2356515	1359026	613426	51481	279569
私营企业	5273628	4457614	2514	13954	929655
私营独资	187037	98454		800	14593
私营合伙	42564	33778			5622
私营有限责任公司	4808360	4136082	2055	12887	840910
私营股份有限公司	235667	189300	459	267	68531
其他	64214	23279	1700	104	12118
港澳台商投资	**168939**	**127850**	**26250**	**5338**	**6252**
与港澳台商合资经营	68111	30116	4250		6042
与港澳台商合作经营	18739	18975		5327	
港澳台商独资	64336	55177			
港澳台商投资股份有限公司	17752	23581	22000	11	210
外商投资	**332007**	**285576**	**9794**	**1730**	**21794**
中外合资经营	139473	94434	9794	1730	21652
中外合作经营	8926	13732			
外资企业	176132	172590			142
外商投资股份有限公司	7475	4820			
二、按控股情况分					
国有控股	5638928	1801017	1635451	27262	54120
集体控股	984814	539362	4088	378162	64139
私人控股	8222199	6288100	18588	32368	1408254
港澳台商控股	150201	104676	1750	5338	6538
外商控股	241378	248791			16858
其他	1573676	1111236	36882	41852	714143

1－B－3 续表4－2 单位：万元、人

指标名称	所有者权益合计	实收资本	国家资本	集体资本	法人资本
三、按国民经济行业（门类、大类、中类、小类）分					
批发和零售业	**16811196**	**10093182**	**1696759**	**484981**	**2264051**
批发业	13772721	7919053	1400964	366830	1666330
农畜产品批发	206359	119621	16839	12016	30504
谷物、豆及薯类批发	138471	75926	8616		20440
种子、饲料批发	6450	8843	3427		3142
棉、麻批发	14240	13403		3081	3291
牲畜批发	3225	1013	550		13
其他农畜产品批发	43972	20437	4246	8935	3618
食品、饮料及烟草制品批发	2794634	634619	185149	15654	249561
米、面制品及食用油批发	248546	305954	62676	6400	183861
糕点、糖果及糖批发	15809	10996	710	118	2250
果品、蔬菜批发	21283	10125	85	716	1410
肉、禽、蛋及水产品批发	153466	61488	5531	1236	36504
盐及调味品批发	112041	25494	21345	2311	1402
饮料及茶叶批发	165122	92838	1977	4623	10451
烟草制品批发	2038034	96066	92466		3000
其他食品批发	40334	31657	359	250	10682
纺织、服装及日用品批发	1958615	1315879	55815	60830	350350
纺织品、针织品及原料批发	1002974	727450	19775	22541	216731
服装批发	548331	350092	19380	30217	81768
鞋帽批发	144272	59031	15089	392	4090
厨房、卫生间用具及日用杂货批发	83965	55097	1150		13966
化妆品及卫生用品批发	26633	11060	296	1080	450
其他日用品批发	152440	113148	125	6600	33345
文化、体育用品及器材批发	512170	203492	79504	18288	28376
文具用品批发	152212	100267	14914	499	25924
体育用品批发	6275	6978		448	330
图书批发	286181	63930	61220	10	
报刊批发	1099	600	600		
音像制品及电子出版物批发	6847	1970	1820		
首饰、工艺品及收藏品批发	53453	25417	500	17313	1968
其他文化用品批发	6102	4330	450	18	154
医药及医疗器材批发	385346	218664	49159	19607	58275
西药批发	242790	139352	38838	12545	34371
中药材及中成药批发	94409	53752	8909	7062	18065
医疗用品及器材批发	48147	25560	1412		5839

1－B－3 续表4－3

单位：万元、人

指 标 名 称	所有者权益合计	实收资本	国家资本	集体资本	法人资本
矿产品、建材及化工产品批发	6182018	4325942	887037	201101	708011
煤炭及制品批发	795270	513873	60110	8702	72827
石油及制品批发	1224267	897220	502720	16355	135530
非金属矿及制品批发	45123	35800		50	2200
金属及金属矿批发	2740851	1914723	269088	61487	303695
建材批发	264550	214361	13398	3741	47810
化肥批发	223446	90712		44501	14569
农药批发	31861	14086		2896	2826
农用薄膜批发	4588	4330		3330	80
其他化工产品批发	852064	640838	41721	60039	128475
机械设备、五金交电及电子产品批发	1431045	975540	120907	35371	221495
农业机械批发	12236	9809	3000	63	900
汽车、摩托车及零配件批发	293985	187374	3355	1084	48114
五金、交电批发	226473	156599	17231	7794	36887
家用电器批发	165458	125215	6714	5815	28214
计算机、软件及辅助设备批发	44079	45115	1000	600	14278
通讯及广播电视设备批发	148242	98011	30026		12340
其他机械设备及电子产品批发	540573	353417	59581	20015	80761
贸易经纪与代理	4342	1000			1000
贸易经纪与代理	4342	1000			1000
其他批发	298193	124297	6555	3964	18760
再生物资回收与批发	125804	87478	5887	3146	17702
其他未列明的批发	172389	36819	667	818	1058
零售业	3038475	2174129	295795	118151	597721
综合零售	830770	621150	27882	51516	167374
百货零售	486937	295267	20859	15176	75282
超级市场零售	334774	310479	6173	33422	88612
其他综合零售	9060	15404	850	2918	3480
食品、饮料及烟草制品专门零售	89089	43288	13915	1728	10757
粮油零售	3702	2350			1580
糕点、面包零售	1298	771			250
果品、蔬菜零售	726	450	50		370
肉、禽、蛋及水产品零售	14447	6902	1467	1429	125
饮料及茶叶零售	10707	12706	190	32	5957
烟草制品零售	51811	14510	11933	42	525
其他食品零售	6398	5599	275	225	1950
纺织、服装及日用品专门零售	85865	78823	173	1900	41249

1-B-3 续表4-4

单位：万元、人

指标名称	所有者权益合计	实收资本	国家资本	集体资本	法人资本
纺织品及针织品零售	240	1238			137
服装零售	66866	61088	25	1900	34385
鞋帽零售	13702	11689			5680
钟表、眼镜零售	3331	2848	148		308
化妆品及卫生用品零售	262	250			135
其他日用品零售	1464	1710			605
文化、体育用品及器材专门零售	285278	82187	33266	1403	25871
文具用品零售	2255	839	50	180	247
体育用品零售	371	2010	145		
图书零售	245087	49244	30441	130	18052
报刊零售	2470	1000	1000		
珠宝首饰零售	33111	27277	1630	1093	7011
照相器材零售	635	610			560
其他文化用品零售	1349	1207			
医药及医疗器材专门零售	154909	120487	12697	7911	48283
药品零售	151893	118537	12647	7911	47008
医疗用品及器材零售	3017	1950	50		1275
汽车、摩托车、燃料及零配件专门零售	1294987	997960	197755	51578	230014
汽车零售	787463	706330	19522	29555	199378
汽车零配件零售	3784	8398	750		705
摩托车及零配件零售	8548	6932	107		553
机动车燃料零售	495192	276301	177376	22024	29378
家用电器及电子产品专门零售	189314	131052	52	1161	44752
家用电器零售	127753	78855	26	1135	33679
计算机、软件及辅助设备零售	38368	32157	26	26	8452
通信设备零售	21787	18740			2320
其他电子产品零售	1406	1300			302
五金、家具及室内装修材料专门零售	40587	37621		96	5386
五金零售	4289	3235		78	1648
家具零售	23867	12913			3000
涂料零售	458	350			50
其他室内装修材料零售	11973	21123		18	688
无店铺及其他零售	67676	61562	10057	858	24035
邮购及电子销售	6549	8200			8000
生活用燃料零售	57138	47412	10057	858	10665
花卉零售	144	416			42
其他未列明的零售	3845	5534			5329

1－B－3 续表5－1

单位：万元、人

指标名称	个人资本	港澳台资本	外商资本	主营业务收入	主营业务成本
总计	**5307273**	**102517**	**237601**	**162483722**	**153397130**
一、按登记注册类型分					
内资	**5292116**	**7488**	**5520**	**158768300**	**150028657**
国有	6949			14992639	13181274
集体	19476			1795294	1711574
股份合作企业	12299		166	457751	434716
联营企业	969			661457	600859
国有联营	10			400052	354505
集体联营	919			109726	106250
国有与集体联营				58477	55632
其他联营	40			93201	84473
有限责任公司	1319805	6257	3803	57756452	54973240
国有独资公司				1172119	1058077
其他有限责任公司	1319805	6257	3803	56584333	53915163
股份有限公司	411969	1030	1551	17316857	16294065
私营企业	3511291	201		65338205	62413564
私营独资	83061			1573584	1484626
私营合伙	28155	1		611687	576646
私营有限责任公司	3280031	200		60630028	57949656
私营股份有限公司	120044			2522906	2402637
其他	9358			449645	419366
港澳台商投资	**2028**	**86709**	**1273**	**1155241**	**1071034**
与港澳台商合资经营	1938	17523	363	244713	221038
与港澳台商合作经营		13648		53561	47932
港澳台商独资		54267	910	682972	635898
港澳台商投资股份有限公司	90	1271		173996	166167
外商投资	**13130**	**8320**	**230808**	**2560182**	**2297439**
中外合资经营	12530	5920	42808	1450393	1327890
中外合作经营			13732	22321	15895
外资企业			172448	973860	848454
外商投资股份有限公司	600	2400	1820	113608	105199
二、按控股情况分					
国有控股	82382		1802	40600195	37612337
集体控股	91874		1100	8774690	8310358
私人控股	4813807	8604	6481	92735569	88317873
港澳台商控股	1196	89854		1037589	948922
外商控股	8410		223523	1390906	1217795
其他	309605	4059	4695	17944775	16989846

1－B－3 续表5－2

单位：万元、人

指 标 名 称	个人资本	港澳台资本	外商资本	主营业务收入	主营业务成本
三、按国民经济行业(门类、大类、中类、小类)分					
批发和零售业	**5307273**	**102517**	**237601**	**162483722**	**153397130**
批发业	4397972	26409	60548	138097446	131118179
农畜产品批发	60262			1147642	1093426
谷物、豆及薯类批发	46870			278032	268831
种子、饲料批发	2274			137035	133854
棉、麻批发	7031			209218	202333
牲畜批发	450			37489	36126
其他农畜产品批发	3638			485868	452283
食品、饮料及烟草制品批发	179567	4122	566	12367443	10334378
米、面制品及食用油批发	52220	397	400	1185161	1133589
糕点、糖果及糖批发	7444	474		205386	190715
果品、蔬菜批发	7915			158578	149011
肉、禽、蛋及水产品批发	14967	3250		779562	721676
盐及调味品批发	270		166	210214	167889
饮料及茶叶批发	75786			2542219	2249008
烟草制品批发	600			7057287	5510655
其他食品批发	20366			229038	211835
纺织、服装及日用品批发	822501	5854	20529	22674058	21406470
纺织品、针织品及原料批发	454654	5111	8638	9613543	9130778
服装批发	209074	618	9037	7195663	6753584
鞋帽批发	39460			1809940	1733396
厨房、卫生间用具及日用杂货批发	39981			643716	606722
化妆品及卫生用品批发	9234			882516	788474
其他日用品批发	70098	125	2855	2528679	2393517
文化、体育用品及器材批发	74463		2862	2172840	2050618
文具用品批发	56499		2431	1528286	1460901
体育用品批发	5770		430	104337	97542
图书批发	2700			230391	209010
报刊批发				2323	1458
音像制品及电子出版物批发	150			26945	22727
首饰、工艺品及收藏品批发	5636			197198	180331
其他文化用品批发	3709			83360	78649
医药及医疗器材批发	90265	1121	238	3953698	3655522
西药批发	53599			2853226	2654679
中药材及中成药批发	19716			564187	502459
医疗用品及器材批发	16951	1121	238	536285	498385

1－B－3　续表5－3

单位：万元、人

指标名称	个人资本	港澳台资本	外商资本	主营业务收入	主营业务成本
矿产品、建材及化工产品批发	2494981	8072	26742	72041374	69822939
煤炭及制品批发	372234			4565046	4155286
石油及制品批发	218194		24422	12925501	12441570
非金属矿及制品批发	33550			164985	153322
金属及金属矿批发	1276633	2300	1520	36210721	35475675
建材批发	145068	4344		3625839	3512261
化肥批发	31642			1001827	954596
农药批发	7864		500	327332	305465
农用薄膜批发	920			80292	79252
其他化工产品批发	408876	1428	300	13139832	12745513
机械设备、五金交电及电子产品批发	580914	7241	9612	16779991	15915875
农业机械批发	4879	968		142214	137157
汽车、摩托车及零配件批发	132410	2400	13	2549377	2433050
五金、交电批发	88138	1	6547	3963512	3777916
家用电器批发	81699		2773	2271535	2123851
计算机、软件及辅助设备批发	26758	2365	114	852753	827298
通讯及广播电视设备批发	55644			1034664	979222
其他机械设备及电子产品批发	191387	1507	166	5965935	5637381
贸易经纪与代理				3980	
贸易经纪与代理				3980	
其他批发	95019			6956420	6838949
再生物资回收与批发	60743			6316063	6235010
其他未列明的批发	34276			640357	603939
零售业	909301	76108	177053	24386276	22278952
综合零售	207565	42137	124676	5806456	5072791
百货零售	122205	8525	53220	2273578	1955423
超级市场零售	77204	33612	71456	3389615	2998233
其他综合零售	8156			143263	119134
食品、饮料及烟草制品专门零售	16574		316	361365	310575
粮油零售	770			33902	29924
糕点、面包零售	205		316	14365	9761
果品、蔬菜零售	30			10082	7809
肉、禽、蛋及水产品零售	3882			136576	123753
饮料及茶叶零售	6527			30974	26354
烟草制品零售	2011			87816	72997
其他食品零售	3149			47649	39977
纺织、服装及日用品专门零售	30004	1615	3882	522270	420309

1-B-3 续表5-4 单位:万元、人

指标名称	个人资本	港澳台资本	外商资本	主营业务收入	主营业务成本
纺织品及针织品零售	1102			9688	7432
服装零售	19331	1615	3832	386197	310710
鞋帽零售	6009			84097	68005
钟表、眼镜零售	2342		50	19283	12880
化妆品及卫生用品零售	115			4037	3698
其他日用品零售	1105			18968	17584
文化、体育用品及器材专门零售	21147		500	503329	394390
文具用品零售	362			9221	8199
体育用品零售	1366		500	17342	14807
图书零售	620			269049	208066
报刊零售				6324	3139
珠宝首饰零售	17543			175993	136444
照相器材零售	50			18434	17536
其他文化用品零售	1207			6967	6200
医药及医疗器材专门零售	51595			1580689	1442786
药品零售	50970			1572127	1435369
医疗用品及器材零售	625			8562	7417
汽车、摩托车、燃料及零配件专门零售	461245	28052	29317	13268173	12552499
汽车零售	402878	25930	29067	9021771	8573034
汽车零配件零售	6693		250	43113	40430
摩托车及零配件零售	6272			62216	56882
机动车燃料零售	45401	2122		4141073	3882153
家用电器及电子产品专门零售	84588		500	1896213	1694450
家用电器零售	43515		500	1361569	1208122
计算机、软件及辅助设备零售	23654			348294	324304
通信设备零售	16420			166557	145338
其他电子产品零售	998			19793	16686
五金、家具及室内装修材料专门零售	14174	1097	16869	125792	107875
五金零售	1509			37069	33480
家具零售	8430	1097	386	36062	29529
涂料零售	300			3688	3382
其他室内装修材料零售	3935		16483	48973	41484
无店铺及其他零售	22410	3208	993	321990	283277
邮购及电子销售	200			53200	41130
生活用燃料零售	22005	2833	993	260333	234142
花卉零售		374		2579	2436
其他未列明的零售	205			5878	5569

1－B－3 续表6－1

单位：万元、人

指标名称	主营业务税金及附加	主营业务利润	其他业务收入	其他业务利润	营业费用
总计	**216968**	**8869422**	**1192224**	**647286**	**4113115**
一、按登记注册类型分					
内资	**212148**	**8527292**	**1044631**	**583244**	**3894269**
国有	35887	1775478	51532	37238	252836
集体	1796	81924	7379	6437	35078
股份合作企业	487	22548	584	456	9635
联营企业	1299	59299	167	87	11370
国有联营	1148	44399	140	91	7082
集体联营	3	3473	27	－4	1004
国有与集体联营	53	2792			1253
其他联营	95	8634			2031
有限责任公司	74268	2708743	576010	269759	1545069
国有独资公司	2505	111537	10184	8566	32947
其他有限责任公司	71763	2597205	565826	261193	1512122
股份有限公司	25220	997573	129881	99035	494824
私营企业	72632	2852009	276403	168031	1531941
私营独资	1516	87442	12394	5781	38085
私营合伙	1305	33737	8339	7128	23966
私营有限责任公司	67795	2612577	242510	144800	1400478
私营股份有限公司	2016	118253	13160	10322	69413
其他	559	29720	2674	2201	13516
港澳台商投资	**1143**	**83064**	**91755**	**12382**	**52252**
与港澳台商合资经营	411	23265	1260	632	10405
与港澳台商合作经营		5629	2073	2073	2012
港澳台商独资	521	46553	12618	9639	29593
港澳台商投资股份有限公司	211	7617	75804	38	10242
外商投资	**3677**	**259066**	**55838**	**51660**	**166595**
中外合资经营	2045	120457	31990	31349	94614
中外合作经营	34	6391	1261	950	5992
外资企业	1589	123817	22091	18893	63502
外商投资股份有限公司	8	8401	496	468	2487
二、按控股情况分					
国有控股	64239	2923619	205990	99219	710184
集体控股	18923	445409	123716	107525	284750
私人控股	106453	4311041	490797	290240	2437068
港澳台商控股	1252	87414	18365	14562	47041
外商控股	2785	170327	41481	35308	104920
其他	23316	931613	311875	100432	529152

1－B－3 续表6－2

单位：万元、人

指标名称	主营业务税金及附加	主营业务利润	其他业务收入	其他业务利润	营业费用
三、按国民经济行业（门类、大类、中类、小类）分					
批发和零售业	**216968**	**8869422**	**1192224**	**647286**	**4113115**
批发业	154903	6824362	728351	269082	2899049
农畜产品批发	433	53783	10328	9751	20599
谷物、豆及薯类批发	97	9105	9311	9107	7865
种子、饲料批发	66	3115	64	29	1871
棉、麻批发	158	6727	401	246	2007
牲畜批发	19	1344	33	33	500
其他农畜产品批发	94	33492	519	336	8357
食品、饮料及烟草制品批发	40978	1992084	46398	24370	411954
米、面制品及食用油批发	638	50934	7215	5281	26226
糕点、糖果及糖批发	252	14419	3247	2239	8762
果品、蔬菜批发	156	9411	1094	1086	4788
肉、禽、蛋及水产品批发	1262	56624	3643	2183	22827
盐及调味品批发	1046	41279	760	620	6066
饮料及茶叶批发	6421	286790	18121	2991	200225
烟草制品批发	30785	1515847	11105	8958	131579
其他食品批发	418	16783	1212	1012	11482
纺织、服装及日用品批发	21392	1246196	95119	38598	609176
纺织品、针织品及原料批发	12005	470760	31277	14850	175868
服装批发	3454	438626	41215	10396	223264
鞋帽批发	1016	75528	5982	5009	30128
厨房、卫生间用具及日用杂货批发	593	36402	2012	502	19849
化妆品及卫生用品批发	1544	92499	4334	2691	81461
其他日用品批发	2781	132381	10299	5151	78607
文化、体育用品及器材批发	2123	120099	29311	7602	59569
文具用品批发	859	66526	24505	3713	34562
体育用品批发	54	6740	73	73	4360
图书批发	226	21156	2035	1691	9669
报刊批发	152	712	427	101	481
音像制品及电子出版物批发	74	4145	95	81	968
首饰、工艺品及收藏品批发	730	16138	2094	1865	7117
其他文化用品批发	28	4683	83	79	2413
医药及医疗器材批发	5823	292353	9173	6700	144242
西药批发	3258	195289	5390	4268	90411
中药材及中成药批发	1128	60601	3130	1898	38896
医疗用品及器材批发	1437	36463	653	534	14935

1－B－3 续表6－3

单位：万元、人

指 标 名 称	主营业务税金及附加	主营业务利润	其他业务收入	其他业务利润	营业费用
矿产品、建材及化工产品批发	61058	2157377	468230	138682	1190114
煤炭及制品批发	7778	401981	9961	7143	266648
石油及制品批发	12259	471672	100246	17960	227884
非金属矿及制品批发	751	10913	65	65	4220
金属及金属矿批发	19819	715227	279326	76244	380125
建材批发	2418	111160	19322	16951	77322
化肥批发	3255	43975	1760	1646	18866
农药批发	111	21756	404	342	7961
农用薄膜批发	46	995	45	45	618
其他化工产品批发	14622	379698	57102	18288	206471
机械设备、五金交电及电子产品批发	13890	850225	63613	38211	430781
农业机械批发	183	4875	532	487	3234
汽车、摩托车及零配件批发	1861	114466	5256	3426	64784
五金、交电批发	1810	183786	10670	6340	83797
家用电器批发	1877	145807	8067	4878	85238
计算机、软件及辅助设备批发	709	24747	2043	1294	9519
通讯及广播电视设备批发	2111	53332	4469	3345	20983
其他机械设备及电子产品批发	5341	323213	32576	18441	163227
贸易经纪与代理	251	3729	400	400	179
贸易经纪与代理	251	3729	400	400	179
其他批发	8955	108516	5780	4768	32435
再生物资回收与批发	8303	72750	3443	2663	19082
其他未列明的批发	652	35766	2338	2105	13353
零售业	62065	2045060	463873	378204	1214066
综合零售	27054	706611	264316	239016	523617
百货零售	15684	302471	84742	73325	130832
超级市场零售	10861	380521	175409	162662	375506
其他综合零售	510	23619	4165	3030	17278
食品、饮料及烟草制品专门零售	727	50063	8159	6999	23314
粮油零售	71	3906	3041	2860	3412
糕点、面包零售	33	4572	343	31	3258
果品、蔬菜零售	2	2271	4	3	229
肉、禽、蛋及水产品零售	82	12741	2537	2011	4442
饮料及茶叶零售	52	4568	445	442	3960
烟草制品零售	347	14473	1146	1070	2914
其他食品零售	141	7531	645	582	5099
纺织、服装及日用品专门零售	1999	99961	7923	6328	51223

1－B－3 续表6－4 单位：万元、人

指标名称	主营业务税金及附加	主营业务利润	其他业务收入	其他业务利润	营业费用
纺织品及针织品零售	31	2225	156	152	1245
服装零售	1584	73902	5847	4427	37654
鞋帽零售	253	15839	1666	1507	8464
钟表、眼镜零售	91	6311	107	100	3299
化妆品及卫生用品零售	5	333			94
其他日用品零售	34	1351	146	143	467
文化、体育用品及器材专门零售	7523	101416	10234	8351	43794
文具用品零售	32	990	349	312	451
体育用品零售	24	2511			954
图书零售	721	60262	7351	6352	28229
报刊零售	47	3138	1291	700	2153
珠宝首饰零售	6657	32892	1138	888	11170
照相器材零售	25	873			555
其他文化用品零售	17	750	104	99	283
医药及医疗器材专门零售	3211	134692	24156	15163	68124
药品零售	3179	133579	24125	15132	67832
医疗用品及器材零售	32	1113	31	31	292
汽车、摩托车、燃料及零配件专门零售	14545	700929	63825	37753	293147
汽车零售	9797	438740	57184	33334	190283
汽车零配件零售	121	2562	321	311	532
摩托车及零配件零售	130	5204	73	68	2536
机动车燃料零售	4497	254423	6247	4040	99797
家用电器及电子产品专门零售	5783	195981	79831	60843	175286
家用电器零售	4076	149371	64620	49179	141115
计算机、软件及辅助设备零售	831	23159	6315	5186	14811
通信设备零售	783	20437	8796	6377	17879
其他电子产品零售	93	3014	101	101	1481
五金、家具及室内装修材料专门零售	444	17474	2532	2289	13041
五金零售	77	3512	91	71	1358
家具零售	242	6291	677	674	4029
涂料零售	17	289	94	90	100
其他室内装修材料零售	107	7382	1670	1454	7555
无店铺及其他零售	780	37933	2898	1462	22520
邮购及电子销售	305	11765	552	551	10113
生活用燃料零售	460	25730	2346	911	12110
花卉零售	1	143			44
其他未列明的零售	14	295			253

1－B－3　续表7－1

单位：万元、人

指标名称	管理费用	#税金	#差旅费	#工会经费	财务费用
总　计	**2234750**	**100784**	**97385**	**12115**	**871966**
一、按登记注册类型分					
内　资	**2120205**	**97688**	**93848**	**11747**	**856678**
国　有	301123	11544	6092	3558	－1298
集　体	30674	1922	1204	153	14464
股份合作企业	6308	266	216	17	3302
联营企业	6865	248	151	48	3438
国有联营	4650	178	102	46	825
集体联营	336	23	36		1535
国有与集体联营	316	37	4	2	15
其他联营	1563	10	9	...	1063
有限责任公司	712067	31006	29284	5176	285132
国有独资公司	44878	1393	713	468	6614
其他有限责任公司	667189	29613	28571	4708	278519
股份有限公司	222728	9146	5356	1064	100673
私营企业	834158	43318	50712	1720	447477
私营独资	20590	870	1618	39	15584
私营合伙	9224	405	587	37	3811
私营有限责任公司	761515	40422	46607	1558	413452
私营股份有限公司	42829	1622	1901	86	14630
其　他	6284	239	834	10	3490
港澳台商投资	**39839**	**1479**	**912**	**102**	**6334**
与港澳台商合资经营	8431	216	173	36	1177
与港澳台商合作经营	4585	444	25	24	114
港澳台商独资	24861	540	709	42	2728
港澳台商投资股份有限公司	1962	278	6		2316
外商投资	**74707**	**1617**	**2624**	**267**	**8953**
中外合资经营	30571	628	853	195	3627
中外合作经营	944	141	19		60
外资企业	38581	792	1704	67	4168
外商投资股份有限公司	4610	56	48	4	1098
二、按控股情况分					
国有控股	566520	21986	11744	6022	59237
集体控股	131525	5162	5320	921	32872
私人控股	1206314	61311	67897	3455	656554
港澳台商控股	44465	1443	929	87	4889
外商控股	53136	1208	2005	94	6903
其　他	232790	9674	9490	1537	111511

1－B－3 续表7－2 单位：万元、人

指标名称	管理费用	#税金	#差旅费	#工会经费	财务费用
三、按国民经济行业（门类、大类、中类、小类）分					
批发和零售业	**2234750**	**100784**	**97385**	**12115**	**871966**
批发业	1555706	73185	78671	8650	709741
农畜产品批发	23893	525	694	145	21865
谷物、豆及薯类批发	12044	167	273	105	11151
种子、饲料批发	1601	42	74	2	205
棉、麻批发	1784	71	135	4	1655
牲畜批发	646	20	15	4	383
其他农畜产品批发	7819	225	197	30	8472
食品、饮料及烟草制品批发	295853	9495	6728	3221	19338
米、面制品及食用油批发	25187	1254	974	176	16299
糕点、糖果及糖批发	6099	271	151	31	3093
果品、蔬菜批发	2742	66	134	7	1487
肉、禽、蛋及水产品批发	15761	522	587	169	9731
盐及调味品批发	22650	446	466	217	625
饮料及茶叶批发	29547	969	1280	269	7624
烟草制品批发	189941	5807	2820	2329	－22722
其他食品批发	3926	160	316	23	3201
纺织、服装及日用品批发	314426	16247	20604	1635	142030
纺织品、针织品及原料批发	118065	5898	6728	496	92906
服装批发	119954	4366	8689	552	32895
鞋帽批发	21928	2555	1736	300	410
厨房、卫生间用具及日用杂货批发	10435	2032	1037	36	4539
化妆品及卫生用品批发	8836	199	473	168	1307
其他日用品批发	35208	1198	1942	84	9973
文化、体育用品及器材批发	39557	1944	2490	181	7134
文具用品批发	18292	1198	1405	79	7535
体育用品批发	2124	84	262	4	409
图书批发	11534	284	269	69	－1961
报刊批发	294	1	5	4	－9
音像制品及电子出版物批发	485	27	40	...	－137
首饰、工艺品及收藏品批发	5188	313	361	18	1197
其他文化用品批发	1640	37	147	8	99
医药及医疗器材批发	83461	2566	5980	504	15501
西药批发	53315	1991	2267	391	11787
中药材及中成药批发	16784	363	1252	87	3301
医疗用品及器材批发	13362	213	2460	25	412

1－B－3 续表7－3

单位：万元、人

指标名称	管理费用	#税金	#差旅费	#工会经费	财务费用
矿产品、建材及化工产品批发	510715	29470	23864	1824	392075
煤炭及制品批发	58868	2446	3177	154	64757
石油及制品批发	85033	4996	2836	344	51311
非金属矿及制品批发	4145	133	169	3	1409
金属及金属矿批发	199375	12217	8780	710	194660
建材批发	26366	2180	1121	72	11740
化肥批发	13332	552	786	95	9132
农药批发	3258	124	337	3	3494
农用薄膜批发	284	9	19		－32
其他化工产品批发	120053	6813	6639	444	55605
机械设备、五金交电及电子产品批发	255329	10111	17016	1026	78822
农业机械批发	1292	78	59	10	621
汽车、摩托车及零配件批发	33881	1759	2546	60	10566
五金、交电批发	53025	2336	3471	255	14539
家用电器批发	27121	1370	2203	56	17673
计算机、软件及辅助设备批发	11844	465	773	10	1700
通讯及广播电视设备批发	25616	555	1071	153	6212
其他机械设备及电子产品批发	102549	3548	6895	482	27512
贸易经纪与代理	961	1	69		9
贸易经纪与代理	961	1	69		9
其他批发	31512	2826	1226	115	32967
再生物资回收与批发	23118	2544	849	87	25675
其他未列明的批发	8394	282	377	27	7292
零售业	679044	27599	18714	3465	162225
综合零售	263974	10657	4487	1631	42745
百货零售	149422	6802	1932	783	28383
超级市场零售	107401	3557	2451	815	13309
其他综合零售	7150	298	105	32	1053
食品、饮料及烟草制品专门零售	17540	489	311	187	2109
粮油零售	1313	39	21	2	784
糕点、面包零售	697	36	20	2	70
果品、蔬菜零售	108	1	1	2	75
肉、禽、蛋及水产品零售	6824	281	108	137	902
饮料及茶叶零售	1735	31	59	4	19
烟草制品零售	4109	40	27	25	45
其他食品零售	2754	60	74	16	213
纺织、服装及日用品专门零售	29876	1476	1140	36	11071

1－B－3 续表7－4

单位：万元、人

指 标 名 称	管理费用	#税金	#差旅费	#工会经费	财务费用
纺织品及针织品零售	1884	15	115		225
服装零售	21854	1373	834	6	9241
鞋帽零售	2522	49	135	18	1366
钟表、眼镜零售	2342	21	28	11	255
化妆品及卫生用品零售	216	4	4	...	4
其他日用品零售	1058	14	25	2	－19
文化、体育用品及器材专门零售	44612	1323	874	337	3834
文具用品零售	650	17	13	2	15
体育用品零售	2085	7	2	...	196
图书零售	24030	1038	442	306	364
报刊零售	1356	4	8	15	－74
珠宝首饰零售	15949	203	392	13	3025
照相器材零售	127	24	2		214
其他文化用品零售	417	30	15	1	94
医药及医疗器材专门零售	48161	1571	1060	339	11972
药品零售	47976	1564	993	339	11663
医疗用品及器材零售	185	7	66		308
汽车、摩托车、燃料及零配件专门零售	209194	9419	8281	625	80148
汽车零售	167818	7485	7228	395	74398
汽车零配件零售	2546	60	89	6	808
摩托车及零配件零售	1846	37	92	11	219
机动车燃料零售	36985	1838	873	212	4723
家用电器及电子产品专门零售	48270	1377	1531	183	5441
家用电器零售	31839	917	999	88	3942
计算机、软件及辅助设备零售	7708	213	319	83	376
通信设备零售	7454	236	189	12	893
其他电子产品零售	1269	11	24	...	230
五金、家具及室内装修材料专门零售	5997	822	692	31	2272
五金零售	1202	294	52	24	498
家具零售	2042	358	43	8	1187
涂料零售	171	21	4		96
其他室内装修材料零售	2582	149	593		492
无店铺及其他零售	11420	465	338	96	2633
邮购及电子销售	2269	8	36	29	－274
生活用燃料零售	8930	445	286	66	2298
花卉零售	73	7	11	...	11
其他未列明的零售	148	5	6		598

1－B－3 续表8－1

单位：万元、人

指 标 名 称	利息支出	营业利润	投资收益	补贴收入	营业外收入
总 计	**677046**	**2456853**	**421444**	**101818**	**248766**
一、按登记注册类型分					
内 资	**666854**	**2393611**	**414300**	**99309**	**244867**
国 有	－2972	1265999	26976	18027	32966
集 体	9823	16532	15310	405	4487
股份合作企业	2309	3760	987	148	626
联营企业	3044	37714	1791	11	872
国有联营	785	31934		2	666
集体联营	1507	594	1791	8	181
国有与集体联营	15	1209			25
其他联营	737	3976		1	
有限责任公司	249268	506842	155745	47929	96944
国有独资公司	6658	37614	2987	17283	5859
其他有限责任公司	242610	469229	152759	30646	91085
股份有限公司	86277	332577	126454	10111	26306
私营企业	316367	221556	87230	22528	82533
私营独资	10468	18971	8	317	793
私营合伙	3184	3864	313	222	694
私营有限责任公司	291273	196010	85835	21228	78443
私营股份有限公司	11443	2712	1074	762	2603
其 他	2739	8631	－193	150	134
港澳台商投资	**2069**	**－3592**	**1067**	**1659**	**1325**
与港澳台商合资经营	514	3494	1075	1425	615
与港澳台商合作经营		992			81
港澳台商独资	1550	－1214	－8	233	628
港澳台商投资股份有限公司	5	－6864		1	
外商投资	**8124**	**66834**	**6077**	**850**	**2575**
中外合资经营	3691	23069	114	358	1021
中外合作经营	15	345			11
外资企业	4048	42745	6785	439	1463
外商投资股份有限公司	369	674	－821	53	80
二、按控股情况分					
国有控股	55679	1719313	100290	38024	56217
集体控股	31034	118420	52164	3819	14617
私人控股	498813	377176	204613	40216	157395
港澳台商控股	2038	4968	239	778	1401
外商控股	6382	46868	6848	456	1941
其 他	83101	190108	57290	18524	17194

1－B－3 续表8－2　　单位：万元、人

指标名称	利息支出	营业利润	投资收益	补贴收入	营业外收入
三、按国民经济行业(门类、大类、中类、小类)分					
批发和零售业	**677046**	**2456853**	**421444**	**101818**	**248766**
批发业	551929	2061753	375358	90578	159208
农畜产品批发	18785	－993	10976	17147	1744
谷物、豆及薯类批发	11134	－11405	9223	16323	1124
种子、饲料批发	150	－508	384	668	－215
棉、麻批发	1313	1825	298	32	147
牲畜批发	380	－137	15	5	230
其他农畜产品批发	5808	9231	1056	119	458
食品、饮料及烟草制品批发	6525	1309069	32600	36024	11600
米、面制品及食用油批发	15593	－130	15050	24616	5431
糕点、糖果及糖批发	2887	263	2630	28	459
果品、蔬菜批发	549	1372	－108	187	413
肉、禽、蛋及水产品批发	7697	11962	3408	6273	841
盐及调味品批发	591	12411	703		710
饮料及茶叶批发	40	55951	4198	3885	1230
烟草制品批发	－23773	1226322	4933	738	2173
其他食品批发	2942	917	1786	297	343
纺织、服装及日用品批发	92454	229587	41429	8555	18911
纺织品、针织品及原料批发	64203	104216	18231	2819	5407
服装批发	18889	77814	13535	2937	7874
鞋帽批发	－2344	28261	1609	1297	1406
厨房、卫生间用具及日用杂货批发	3676	2040	5446	318	368
化妆品及卫生用品批发	1018	3541	51	104	822
其他日用品批发	7013	13715	2556	1080	3035
文化、体育用品及器材批发	3386	21476	1695	743	1087
文具用品批发	4416	9800	640	201	727
体育用品批发	116	－80		50	15
图书批发	－2008	3604	783	2	111
报刊批发	－9	47			
音像制品及电子出版物批发	－145	2909		7	12
首饰、工艺品及收藏品批发	1018	4501	168	106	204
其他文化用品批发	－3	696	104	378	19
医药及医疗器材批发	17190	56716	4198	736	3298
西药批发	13160	43778	3402	187	2722
中药材及中成药批发	2998	4668	814	19	279
医疗用品及器材批发	1032	8270	－18	530	297

1－B－3 续表8－3

单位：万元、人

指标名称	利息支出	营业利润	投资收益	补贴收入	营业外收入
矿产品、建材及化工产品批发	333549	277666	235028	18006	95991
煤炭及制品批发	47513	45344	41538	810	8534
石油及制品批发	45729	121738	32720	1161	29908
非金属矿及制品批发	1130	902	3	45	16
金属及金属矿批发	164221	60643	90915	6235	25516
建材批发	15412	8578	5234	3675	15868
化肥批发	9459	13958	23063	2330	2585
农药批发	1762	7522	181	336	234
农用薄膜批发	－33	170	－56		...
其他化工产品批发	48356	18811	41430	3415	13331
机械设备、五金交电及电子产品批发	53011	149207	49072	4660	10462
农业机械批发	555	213	8	21	130
汽车、摩托车及零配件批发	6029	9903	910	1259	1517
五金、交电批发	8769	38965	8267	880	2585
家用电器批发	11608	19016	2591	538	2121
计算机、软件及辅助设备批发	1307	2793	－301	46	136
通讯及广播电视设备批发	5167	27268	23965	123	2091
其他机械设备及电子产品批发	19576	51050	13632	1794	1881
贸易经纪与代理	－12	2981		35	
贸易经纪与代理	－12	2981		35	
其他批发	27043	16044	362	4672	16114
再生物资回收与批发	20845	7014	－96	4113	14242
其他未列明的批发	6198	9029	458	559	1872
零售业	125117	395099	46086	11240	89559
综合零售	29507	125961	12024	6480	17724
百货零售	19765	77208	11247	3317	5313
超级市场零售	8881	47586	659	2751	11981
其他综合零售	861	1167	119	412	430
食品、饮料及烟草制品专门零售	1597	14206	3172	628	1251
粮油零售	450	1257		63	6
糕点、面包零售	67	579			17
果品、蔬菜零售	75	1862		69	...
肉、禽、蛋及水产品零售	868	2674	145	404	788
饮料及茶叶零售	－61	－704			48
烟草制品零售	－5	8492	3008		342
其他食品零售	203	46	19	91	50
纺织、服装及日用品专门零售	9302	14426	468	95	1272

1－B－3 续表8－4

单位：万元、人

指标名称	利息支出	营业利润	投资收益	补贴收入	营业外收入
纺织品及针织品零售	221	－745	232	8	7
服装零售	7795	9658	144	36	1199
鞋帽零售	1312	4993	90	44	20
钟表、眼镜零售	2	513	3	1	36
化妆品及卫生用品零售		20		1	
其他日用品零售	－27	－13		5	10
文化、体育用品及器材专门零售	2390	17373	543	124	545
文具用品零售	7	187	38		10
体育用品零售	148	－724			2
图书零售	285	13991	118	48	217
报刊零售	－74	404			1
珠宝首饰零售	1721	3481	387	76	315
照相器材零售	211	－22			
其他文化用品零售	93	56		...	...
医药及医疗器材专门零售	10580	28010	9017	745	1612
药品零售	10285	27652	9017	743	1582
医疗用品及器材零售	295	359	...	1	30
汽车、摩托车、燃料及零配件专门零售	64858	166581	17936	1885	34755
汽车零售	60078	42101	4354	1496	33476
汽车零配件零售	714	－1012			1
摩托车及零配件零售	208	672	25		48
机动车燃料零售	3859	124819	13556	389	1231
家用电器及电子产品专门零售	2273	27764	－134	212	31780
家用电器零售	1590	21671	75	194	31621
计算机、软件及辅助设备零售	32	5371	－175	16	80
通信设备零售	648	588	－34	2	79
其他电子产品零售	4	135			...
五金、家具及室内装修材料专门零售	2150	－2044	3	30	19
五金零售	488	526			8
家具零售	1113	－294	－1	...	2
涂料零售	95	12	4		
其他室内装修材料零售	453	－2288		30	8
无店铺及其他零售	2459	2822	3056	1042	601
邮购及电子销售	－274	209		1	294
生活用燃料零售	2143	3304	3056	1041	306
花卉零售	11	15			
其他未列明的零售	579	－705			2

1－B－3 续表9－1

单位：万元、人

指 标 名 称	利润总额	应交所得税	劳动、失业保险费	养老保险和医疗保险费	住房公积金和住房补贴
总 计	**2744889**	**711440**	**56568**	**160999**	**59252**
一、按登记注册类型分					
内 资	**2679184**	**693179**	**54445**	**151916**	**54714**
国 有	1295240	316930	15038	20345	20940
集 体	22271	4053	604	1731	748
股份合作企业	6083	1537	212	480	158
联营企业	37821	9939	132	569	532
国有联营	32231	8209	115	444	516
集体联营	423	169	7	43	9
国有与集体联营	1228	286	10	68	8
其他联营	3939	1276	…	13	
有限责任公司	659721	169116	19504	60258	18582
国有独资公司	54230	11747	1397	4015	1983
其他有限责任公司	605490	157370	18107	56243	16599
股份有限公司	375034	92840	7222	17286	8214
私营企业	275914	98202	11649	50777	5492
私营独资	17571	4392	182	1118	175
私营合伙	5642	1224	41	1283	15
私营有限责任公司	248396	88075	10539	45771	4855
私营股份有限公司	4305	4511	887	2604	446
其 他	7101	562	84	471	48
港澳台商投资	**231**	**4259**	**831**	**2964**	**2371**
与港澳台商合资经营	6163	1618	134	1279	211
与港澳台商合作经营	1037	259	26	400	148
港澳台商独资	－145	2354	669	1231	451
港澳台商投资股份有限公司	－6825	28	3	53	1562
外商投资	**65474**	**14003**	**1292**	**6118**	**2166**
中外合资经营	21211	3790	242	2749	923
中外合作经营	435	89	12	229	66
外资企业	43863	10027	1032	3076	1174
外商投资股份有限公司	－34	98	6	64	4
二、按控股情况分					
国有控股	1764860	449243	22730	43020	32782
集体控股	158060	28430	6631	12332	4465
私人控股	529312	157685	18938	75805	12730
港澳台商控股	6421	4409	781	2767	760
外商控股	47252	12544	1266	3994	1728
其 他	238984	59130	6221	23081	6787

1－B－3 续表9－2

单位：万元、人

指标名称	利润总额	应交所得税	劳动、失业保险费	养老保险和医疗保险费	住房公积金和住房补贴
三、按国民经济行业（门类、大类、中类、小类）分					
批发和零售业	**2744889**	**711440**	**56568**	**160999**	**59252**
批发业	2334905	603882	33727	92297	43059
农畜产品批发	13411	1689	400	1586	676
谷物、豆及薯类批发	1893	22	257	1062	513
种子、饲料批发	291	156	14	90	17
棉、麻批发	1879	422	9	50	2
牲畜批发	－149	86	10	23	5
其他农畜产品批发	9497	1005	110	362	139
食品、饮料及烟草制品批发	1357081	326166	13977	19295	18319
米、面制品及食用油批发	27980	4957	703	2073	887
糕点、糖果及糖批发	1633	309	122	396	178
果品、蔬菜批发	2363	202	24	196	41
肉、禽、蛋及水产品批发	19312	2948	382	1934	355
盐及调味品批发	13299	2217	439	1336	744
饮料及茶叶批发	57111	6015	516	2198	272
烟草制品批发	1234124	309213	11696	10770	15807
其他食品批发	1259	305	96	393	37
纺织、服装及日用品批发	248364	51670	5178	21301	5934
纺织品、针织品及原料批发	109101	20900	1541	6942	1623
服装批发	89769	18943	1664	9054	2623
鞋帽批发	20372	4492	817	1195	778
厨房、卫生间用具及日用杂货批发	7774	1616	147	621	160
化妆品及卫生用品批发	4317	1018	659	1391	290
其他日用品批发	17031	4701	350	2098	462
文化、体育用品及器材批发	22054	5203	559	2753	748
文具用品批发	10222	2868	357	1332	312
体育用品批发	－119	189	30	169	21
图书批发	4019	135	80	664	309
报刊批发	47		7	67	9
音像制品及电子出版物批发	2817	686	23	36	8
首饰、工艺品及收藏品批发	4262	1141	47	331	64
其他文化用品批发	806	184	16	154	26
医药及医疗器材批发	59922	13845	2322	5203	2176
西药批发	47106	10822	1805	3134	1611
中药材及中成药批发	3720	905	373	1467	395
医疗用品及器材批发	9096	2119	144	602	170

1－B－3　续表9－3

单位：万元、人

指 标 名 称	利润总额	应交所得税	劳动、失业保险费	养老保险和医疗保险费	住房公积金和住房补贴
矿产品、建材及化工产品批发	441069	154954	7252	22682	8753
煤炭及制品批发	58263	13017	390	1632	565
石油及制品批发	139488	59936	1963	5586	3110
非金属矿及制品批发	1066	297	14	48	6
金属及金属矿批发	97803	43503	1891	7357	2499
建材批发	49075	12621	590	1901	519
化肥批发	29467	3542	235	583	429
农药批发	7793	1166	27	129	74
农用薄膜批发	125	44	6	36	10
其他化工产品批发	57988	20829	2137	5409	1541
机械设备、五金交电及电子产品批发	168330	42841	3779	18066	6072
农业机械批发	378	121	21	30	12
汽车、摩托车及零配件批发	9076	2679	420	1901	298
五金、交电批发	43186	12196	627	4303	1020
家用电器批发	24897	7692	713	2681	2040
计算机、软件及辅助设备批发	2443	848	170	1106	191
通讯及广播电视设备批发	29690	3523	136	1727	493
其他机械设备及电子产品批发	58659	15781	1692	6317	2018
贸易经纪与代理	3015		2	23	
贸易经纪与代理	3015		2	23	
其他批发	21661	7513	259	1389	381
再生物资回收与批发	10325	4664	224	1027	275
其他未列明的批发	11336	2850	35	362	106
零售业	409984	107559	22841	68701	16193
综合零售	137932	39538	11196	26590	7097
百货零售	80027	19757	5489	9712	3031
超级市场零售	57280	19520	5419	15783	3877
其他综合零售	625	261	288	1094	189
食品、饮料及烟草制品专门零售	13310	3100	455	1826	471
粮油零售	1303	340	22	163	5
糕点、面包零售	426	91	36	149	31
果品、蔬菜零售	81	2	6	13	...
肉、禽、蛋及水产品零售	361	206	234	742	269
饮料及茶叶零售	－729	64	25	234	40
烟草制品零售	11737	2268	87	304	90
其他食品零售	133	131	46	221	36
纺织、服装及日用品专门零售	13849	3330	336	2784	302

1－B－3 续表9－4 单位：万元、人

指 标 名 称	利润总额	应交所得税	劳动、失业保险费	养老保险和医疗保险费	住房公积金和住房补贴
纺织品及针织品零售	－738	19	3	57	4
服装零售	10249	1739	261	1906	211
鞋帽零售	3972	1379	31	374	54
钟表、眼镜零售	359	171	36	347	31
化妆品及卫生用品零售	22	4		33	2
其他日用品零售	－15	18	5	68	...
文化、体育用品及器材专门零售	17370	1588	1219	4790	1742
文具用品零售	242	62	69	49	19
体育用品零售	－669	3	5	67	12
图书零售	14040	598	927	3499	1583
报刊零售	390		29	249	44
珠宝首饰零售	3343	903	185	870	85
照相器材零售	－23	14	2	15	
其他文化用品零售	48	9	3	41	1
医药及医疗器材专门零售	32702	6996	2741	5651	2249
药品零售	32316	6908	2740	5638	2249
医疗用品及器材零售	386	88	1	13	...
汽车、摩托车、燃料及零配件专门零售	159573	43008	3766	15166	2983
汽车零售	45705	18310	2870	11763	1591
汽车零配件零售	－1051	14	16	123	28
摩托车及零配件零售	723	76	52	163	7
机动车燃料零售	114196	24608	828	3117	1358
家用电器及电子产品专门零售	30186	8206	2774	10189	868
家用电器零售	24301	6693	2077	2489	623
计算机、软件及辅助设备零售	5186	1292	604	6905	205
通信设备零售	600	195	91	757	38
其他电子产品零售	100	26	2	39	2
五金、家具及室内装修材料专门零售	－1867	237	74	632	144
五金零售	516	122	15	121	13
家具零售	－88	38	23	244	41
涂料零售	17	12	8	5	
其他室内装修材料零售	－2311	64	27	263	90
无店铺及其他零售	6929	1558	281	1074	339
邮购及电子销售	401	...	9	137	69
生活用燃料零售	7223	1550	264	871	267
花卉零售	10		...	4	3
其他未列明的零售	－706	7	7	62	...

1－B－3 续表 10－1

单位：万元、人

指标名称	本年应付工资总额（贷方累计发生额）	主营业务应付工资总额	本年应付福利费总额（贷方累计发生额）	主营业务应付福利费总额	本年应交增值税	全部从业人员年平均人数
总计	**1300225**	**1266417**	**87229**	**83913**	**1219177**	**422631**
一、按登记注册类型分						
内资	**1231407**	**1198630**	**82428**	**79172**	**1172040**	**401190**
国有	196325	189182	17037	16644	282939	26800
集体	16422	15648	880	803	11370	5135
股份合作企业	4080	4049	374	373	2786	1632
联营企业	4549	4175	271	230	8849	911
国有联营	3745	3390	232	192	8259	572
集体联营	162	160	4	4	15	66
国有与集体联营	485	473	30	30	409	209
其他联营	157	152	5	5	166	64
有限责任公司	482648	471436	25377	24332	348665	152936
国有独资公司	24302	22778	2263	2066	14099	7040
其他有限责任公司	458346	448658	23114	22266	334565	145896
股份有限公司	126624	122459	11254	10943	107443	34649
私营企业	395480	386404	26749	25360	405838	176650
私营独资	10971	10730	659	628	14600	5091
私营合伙	6718	6685	118	117	7064	4855
私营有限责任公司	360661	352479	24535	23450	367537	159221
私营股份有限公司	17131	16511	1437	1165	16636	7483
其他	5280	5277	487	487	4151	2477
港澳台商投资	**22059**	**21923**	**778**	**778**	**9479**	**7355**
与港澳台商合资经营	7075	6950	72	72	1149	1970
与港澳台商合作经营	1566	1566	204	204	823	570
港澳台商独资	12726	12716	443	443	6383	4475
港澳台商投资股份有限公司	692	692	59	59	1124	340
外商投资	**46759**	**45865**	**4024**	**3964**	**37658**	**14086**
中外合资经营	24246	23779	2200	2167	18900	8241
中外合作经营	1294	1294	275	275	1044	460
外资企业	20485	20142	1489	1477	17611	5220
外商投资股份有限公司	734	649	60	46	104	165
二、按控股情况分						
国有控股	365716	353081	30600	29718	435884	62262
集体控股	105626	103846	4494	4318	64464	37322
私人控股	613256	596911	39623	37601	560920	256764
港澳台商控股	20971	20876	1021	1007	9167	6831
外商控股	34658	34225	2402	2387	24051	10046
其他	159998	157479	9090	8882	124692	49406

1-B-3 续表10-2

单位：万元、人

指标名称	本年应付工资总额（贷方累计发生额）	主营业务应付工资总额	本年应付福利费总额（贷方累计发生额）	主营业务应付福利费总额	本年应交增值税	全部从业人员年平均人数
三、按国民经济行业（门类、大类、中类、小类）分						
批发和零售业	**1300225**	**1266417**	**87229**	**83913**	**1219177**	**422631**
批发业	801018	778596	54796	52791	896640	209268
农畜产品批发	12084	11280	935	893	2792	3261
谷物、豆及薯类批发	5973	5484	598	573	204	1811
种子、饲料批发	423	362	36	23	466	181
棉、麻批发	776	710	28	28	707	290
牲畜批发	242	231	32	32	61	126
其他农畜产品批发	4670	4493	240	237	1354	853
食品、饮料及烟草制品批发	203015	196891	15299	15085	303927	33310
米、面制品及食用油批发	13223	12962	1125	1103	5439	4282
糕点、糖果及糖批发	2836	2830	93	90	1484	1221
果品、蔬菜批发	2742	2699	151	147	501	1194
肉、禽、蛋及水产品批发	16132	16002	242	231	-663	4850
盐及调味品批发	7981	7971	1313	1310	5292	1502
饮料及茶叶批发	22743	22526	851	838	28702	6953
烟草制品批发	133686	128326	11343	11187	261017	11380
其他食品批发	3672	3575	181	179	2154	1928
纺织、服装及日用品批发	168371	166006	10263	9568	127219	48878
纺织品、针织品及原料批发	56086	54727	4148	4069	55626	15596
服装批发	69175	68555	4065	3542	21903	19731
鞋帽批发	11998	11977	706	706	20231	3281
厨房、卫生间用具及日用杂货批发	4713	4628	184	182	927	1690
化妆品及卫生用品批发	11688	11688	151	151	13192	3967
其他日用品批发	14712	14431	1009	918	15340	4613
文化、体育用品及器材批发	19929	18335	1187	1183	11830	6372
文具用品批发	10787	10106	424	421	5406	3518
体育用品批发	852	803	79	79	642	397
图书批发	4106	3240	474	473	3509	1267
报刊批发	224	224	42	42	42	58
音像制品及电子出版物批发	206	206	17	17	611	107
首饰、工艺品及收藏品批发	2424	2424	126	126	1464	615
其他文化用品批发	1331	1331	25	25	157	410
医药及医疗器材批发	48993	48131	3064	2974	43032	14621
西药批发	33286	32658	2072	2016	23395	9218
中药材及中成药批发	11037	11037	681	669	13521	4062
医疗用品及器材批发	4670	4436	310	289	6117	1341

1－B－3 续表10－3

单位：万元、人

指标名称	本年应付工资总额（贷方累计发生额）	主营业务应付工资总额	本年应付福利费总额（贷方累计发生额）	主营业务应付福利费总额	本年应交增值税	全部从业人员年平均人数
矿产品、建材及化工产品批发	205142	198911	14216	13858	313711	58538
煤炭及制品批发	17983	17681	1098	1088	48796	4741
石油及制品批发	46024	45171	4914	4844	67664	11472
非金属矿及制品批发	623	606	84	84	1104	253
金属及金属矿批发	69070	66882	3495	3366	115868	20726
建材批发	12583	12053	935	886	19936	4736
化肥批发	8152	7875	513	497	738	1895
农药批发	1365	1365	85	85	218	464
农用薄膜批发	121	121	18	18	281	46
其他化工产品批发	49223	47159	3074	2991	59106	14205
机械设备、五金交电及电子产品批发	128326	123990	8981	8386	84231	38034
农业机械批发	513	495	18	16	155	231
汽车、摩托车及零配件批发	16928	16396	1273	1225	12848	5826
五金、交电批发	27609	25741	1595	1472	12198	7340
家用电器批发	19288	18876	1294	1271	14545	6930
计算机、软件及辅助设备批发	5740	5593	364	352	3980	2395
通讯及广播电视设备批发	10258	10207	980	977	7015	2828
其他机械设备及电子产品批发	47990	46683	3457	3073	33491	12484
贸易经纪与代理	86	86	12	12		32
贸易经纪与代理	86	86	12	12		32
其他批发	15073	14967	840	832	9898	6222
再生物资回收与批发	11656	11558	714	706	7560	5245
其他未列明的批发	3417	3409	126	126	2338	977
零售业	499207	487822	32433	31123	322536	213363
综合零售	201287	197492	11461	11156	119749	93855
百货零售	67997	65121	5116	4882	52266	26289
超级市场零售	125324	124698	6010	5979	64744	63072
其他综合零售	7966	7673	335	296	2740	4494
食品、饮料及烟草制品专门零售	14091	13422	642	607	6759	6460
粮油零售	1296	1296	76	76	414	934
糕点、面包零售	1073	1073	56	56	712	457
果品、蔬菜零售	137	84			12	54
肉、禽、蛋及水产品零售	4840	4385	154	128	697	2210
饮料及茶叶零售	1292	1292	60	60	268	730
烟草制品零售	3305	3242	210	200	3536	997
其他食品零售	2149	2052	87	87	1119	1078
纺织、服装及日用品专门零售	20047	19782	729	698	11788	8821

1－B－3 续表10－4 单位：万元、人

指标名称	本年应付工资总额（贷方累计发生额）	主营业务应付工资总额	本年应付福利费总额（贷方累计发生额）	主营业务应付福利费总额	本年应交增值税	全部从业人员年平均人数
纺织品及针织品零售	495	491			16	228
服装零售	15585	15334	569	538	8708	6636
鞋帽零售	2099	2099	78	78	1966	935
钟表、眼镜零售	1354	1354	45	45	788	707
化妆品及卫生用品零售	102	102	10	10	37	49
其他日用品零售	414	402	28	28	274	266
文化、体育用品及器材专门零售	25065	24565	1787	1498	10234	8401
文具用品零售	428	426	31	31	126	216
体育用品零售	467	467	46	46	611	217
图书零售	16953	16623	1416	1131	4013	5025
报刊零售	752	752	62	62	391	112
珠宝首饰零售	6198	6077	223	220	4819	2655
照相器材零售	115	75	2	2	179	83
其他文化用品零售	152	145	8	7	94	93
医药及医疗器材专门零售	40499	39611	3381	3317	19090	17485
药品零售	40347	39459	3377	3312	18919	17413
医疗用品及器材零售	152	152	4	4	172	72
汽车、摩托车、燃料及零配件专门零售	137575	133062	10517	10014	117933	50233
汽车零售	107624	103281	7472	6997	82360	39257
汽车零配件零售	841	841	93	93	135	426
摩托车及零配件零售	1665	1663	172	172	869	964
机动车燃料零售	27445	27278	2780	2752	34571	9586
家用电器及电子产品专门零售	49749	49151	2913	2865	29970	23272
家用电器零售	31674	31423	2247	2231	23415	14935
计算机、软件及辅助设备零售	8905	8757	419	412	2126	3885
通信设备零售	8268	8070	241	217	4189	4035
其他电子产品零售	902	902	6	6	241	417
五金、家具及室内装修材料专门零售	4118	4054	493	465	2331	1744
五金零售	797	769	47	42	524	398
家具零售	1472	1472	87	87	732	621
涂料零售	113	113	15	15	38	60
其他室内装修材料零售	1736	1700	345	321	1037	665
无店铺及其他零售	6776	6683	510	503	4682	3092
邮购及电子销售	634	601	78	78	1810	381
生活用燃料零售	6022	5964	422	415	2734	2646
花卉零售	39	39	5	5	23	17
其他未列明的零售	81	79	4	4	116	48

1－B－4 按地区分组的限额以上批发和零售业财务状况

单位：万元、人

地 区	年初存货	流动资产合计	#应收账款	#存货	流动资产年平均余额	长期投资合计
总 计	**7247958**	**51374268**	**9127294**	**7715867**	**40082158**	**5731953**
杭州市	**3152923**	**23830880**	**4021480**	**3464419**	**19072589**	**3904159**
上城区	548467	3216222	471992	537882	3068708	620935
下城区	984662	6926490	993874	1076556	5102840	860223
江干区	246150	2430359	352295	280589	2156482	226877
拱墅区	388101	3925471	875645	388594	2786926	381799
西湖区	360410	2001541	329808	495747	1576925	1049394
滨江区	117099	1022745	148079	132498	883363	354113
萧山区	284281	2684529	432599	342414	2202869	345144
余杭区	128777	1008542	231434	116844	822018	36390
桐庐县	11562	93066	28956	10089	70108	7206
淳安县	8775	35883	9652	12211	34036	1226
建德市	9848	90657	30483	13886	82345	429
富阳市	46076	271553	95499	41413	219873	16344
临安市	18715	123822	21165	15696	66097	4079
宁波市	**1543789**	**10171862**	**2125960**	**1555019**	**8101231**	**611444**
海曙区	287750	2256671	434626	332218	2117156	229463
江东区	195763	1317948	189488	183343	1079094	45745
江北区	119572	553047	99226	103565	425110	12390
北仑区	363453	2126086	546266	301244	1281568	134716
镇海区	114789	728391	166267	120954	663596	39458
鄞州区	183681	1287429	231212	233623	1188164	66895
象山县	21220	204795	43049	17276	182553	5503
宁海县	12423	113576	21318	12699	72821	6625
余姚市	118338	757422	150506	104867	487466	13287
慈溪市	94517	673121	183308	123198	509938	36153
奉化市	32284	153375	60693	22033	93765	21211
温州市	**675056**	**4775994**	**708356**	**680200**	**3006426**	**277919**
鹿城区	364208	2448056	319971	362269	1575398	99372
龙湾区	119508	1013685	107350	116415	702215	75946
瓯海区	35380	205733	30267	37659	90980	18724
洞头县	16568	120131	31157	20244	8921	27793
永嘉县	19856	144832	18213	19599	58089	3959
平阳县	14720	84125	6285	6484	70028	18598

1－B－4 续表1－1 单位：万元、人

地 区	年初存货	流动资产合计	#应收账款	#存货	流动资产年平均余额	长期投资合计
苍南县	21108	112465	27005	17378	78340	1167
文成县	560	19733	13325	416	10913	
泰顺县	1018	6886	989	1449	5339	
瑞安市	54162	343393	90862	58391	256325	17661
乐清市	27970	276956	62932	39896	149879	14700
嘉兴市	**329520**	**2144225**	**530612**	**394454**	**1591256**	**122068**
南湖区	120002	545534	101804	133776	339228	43542
秀洲区	40672	296321	82624	53600	255156	18090
嘉善县	19317	114593	30622	17926	103721	6271
海盐县	20226	146866	34532	17769	124001	4604
海宁市	50731	496446	133446	58740	354550	27165
平湖市	34692	279211	77004	56468	213252	10900
桐乡市	43879	265254	70581	56174	201349	11497
湖州市	**129088**	**854308**	**198505**	**133387**	**602731**	**81965**
吴兴区	77504	470658	101532	78111	323952	44919
南浔区	6508	88966	22698	7525	65124	17624
德清县	20961	126993	34366	18706	98543	14503
长兴县	15116	136684	34974	17641	93247	3661
安吉县	8998	31007	4936	11403	21866	1259
绍兴市	**400709**	**3556288**	**547178**	**490843**	**2740137**	**249413**
越城区	151448	714003	112884	184893	544557	30430
绍兴县	95758	1782338	235576	131613	1373827	107814
新昌县	15846	105117	28964	16540	69954	7048
诸暨市	75494	578482	113077	86673	433827	87496
上虞市	48338	281119	44459	54861	233475	12671
嵊州市	13826	95229	12219	16264	84499	3955
金华市	**312007**	**1743908**	**260306**	**296437**	**1480469**	**65715**
婺城区	127355	511711	81972	128243	369918	37051
金东区	37557	142122	16730	32687	111674	3162
武义县	13279	33287	2863	5603	25073	339
浦江县	4824	39444	8128	4808	26305	
磐安县	1794	14928	643	2331	10965	217
兰溪市	12497	87221	18510	12993	78775	16494
义乌市	78249	435007	64701	68393	423519	4089

1－B－4　续表1－2　　单位：万元、人

地　　区	年初存货	流动资产合　　计	#应收账款	#存货	流动资产年平均余额	长期投资合　　计
东阳市	14748	152724	31875	16297	136434	3460
永康市	21704	327465	34886	25083	297806	904
衢州市	**105679**	**612143**	**87994**	**96650**	**380442**	**43805**
柯城区	63641	319321	50278	57356	186068	28737
衢江区	12958	86435	8656	14169	35081	11547
常山县	4555	17391	3814	5019	15488	
开化县	2394	11923	1685	3126	7707	526
龙游县	11056	85467	13536	5975	61837	2550
江山市	11075	91605	10025	11005	74261	445
舟山市	**111818**	**916426**	**102989**	**115080**	**666809**	**247985**
定海区	58143	507891	65561	71119	334222	36204
普陀区	43434	366939	31480	35796	305340	205877
岱山县	8486	24516	4028	6227	12402	2692
嵊泗县	1754	17080	1920	1939	14845	3212
台州市	**391914**	**2331784**	**444046**	**386175**	**2038150**	**119068**
椒江区	143013	871697	121789	140430	789348	61278
黄岩区	35418	197463	25567	37385	164895	6051
路桥区	75772	337181	55093	62324	225093	11312
玉环县	45308	239029	56576	43023	219960	9929
三门县	10078	97758	31043	13878	89144	16802
天台县	2934	26269	1825	3396	20057	657
仙居县	3960	38762	18317	4428	37347	794
温岭市	49396	333460	89458	55130	324875	5467
临海市	26035	190166	44377	26182	167433	6777
丽水市	**95455**	**436452**	**99868**	**103203**	**401917**	**8412**
莲都区	69129	254463	38042	80413	238219	7159
青田县	1967	51329	14957	3416	49270	59
缙云县	7709	44379	14452	7888	31577	5
遂昌县	7878	37051	18996	4036	40137	739
松阳县	1381	7888	1625	1267	7130	5
云和县	1631	6099	2109	944	8081	
庆元县	517	2834	－244	617	1915	54
景宁畲族自治县	3015	15389	2686	1266	14282	81
龙泉市	2228	17022	7245	3357	11307	309

1－B－4 续表2－1

单位：万元、人

地区	固定资产合计	固定资产原价	累计折旧	本年折旧	资产总计	流动负债合计
总计	**5498744**	**7391530**	**2049144**	**425517**	**66079696**	**46646382**
杭州市	**2020838**	**2789133**	**804114**	**165102**	**31340220**	**22137880**
上城区	497277	658967	161690	32701	4539358	2739478
下城区	482660	699374	216714	38721	8617701	6416526
江干区	143881	212576	68695	14713	2886036	2405913
拱墅区	162404	224032	61632	15473	4862779	3532203
西湖区	300932	447659	152284	29555	3551944	2025873
滨江区	50706	66785	16231	4017	1457191	996678
萧山区	178919	220069	53388	13509	3432024	2560215
余杭区	95050	113390	33911	6823	1187942	891870
桐庐县	22081	28039	5959	1477	126398	88524
淳安县	10676	14722	4360	2080	65055	50392
建德市	16210	21946	5809	1453	109993	75515
富阳市	38053	50141	13998	2912	332652	243889
临安市	21990	31434	9444	1667	171146	110804
宁波市	**1005395**	**1342151**	**350379**	**80517**	**12251234**	**9116671**
海曙区	251571	351496	100451	19509	2782401	2070505
江东区	114790	162012	47258	10368	1537468	1004990
江北区	42865	60346	18419	4755	639990	505014
北仑区	187043	245127	58084	14847	2527898	1892332
镇海区	54761	74422	20427	5346	880196	677187
鄞州区	120734	152827	34124	9875	1514095	1118718
象山县	21978	30052	8287	1797	235747	190699
宁海县	12090	16918	4828	934	136060	93457
余姚市	64961	79836	23955	6000	863415	750466
慈溪市	125633	155256	29623	6311	931410	665918
奉化市	8968	13859	4923	776	202554	147386
温州市	**504179**	**641855**	**159093**	**34688**	**5790676**	**4244469**
鹿城区	184668	244649	65475	14544	2856102	2056802
龙湾区	72296	95461	23496	6768	1209787	962356
瓯海区	46413	51204	4792	1537	278763	210728
洞头县	56787	74139	23363	2877	207215	182346
永嘉县	10641	14131	4565	809	162920	112403
平阳县	16245	20878	4632	1394	124003	78007

1－B－4 续表2－2

单位：万元、人

地 区	固定资产合计	固定资产原价	累计折旧	本年折旧	资产总计	流动负债合计
苍南县	20337	17828	4723	623	137345	87077
文成县	1134	2016	1031	150	21305	16293
泰顺县	1997	3150	1154	240	9871	3941
瑞安市	35352	48499	13179	3118	419438	286195
乐清市	58310	69900	12683	2629	363927	248321
嘉兴市	**356372**	**476413**	**141549**	**31743**	**2762661**	**1945230**
南湖区	125084	163940	50885	9804	765968	544493
秀洲区	50164	66858	16844	4888	377034	289829
嘉善县	22905	33831	11582	2479	148783	93695
海盐县	20708	26937	6230	1469	182517	128364
海宁市	52166	74612	23505	7187	589325	434944
平湖市	37876	46465	8596	2267	349820	238933
桐乡市	47470	63770	23907	3650	349213	214972
湖州市	**197899**	**275288**	**88470**	**13155**	**1227970**	**734190**
吴兴区	130610	187652	61244	8602	719365	404515
南浔区	9997	8459	2854	561	118831	78010
德清县	18451	26512	8335	1065	169206	106492
长兴县	26473	34449	9973	2117	173179	111799
安吉县	12368	18214	6063	811	47388	33374
绍兴市	**590117**	**770993**	**194534**	**38799**	**4941882**	**3100846**
越城区	156207	202960	55832	12030	991789	655032
绍兴县	148358	181947	34708	8611	2275055	1450993
新昌县	18242	24015	6673	1198	164987	86447
诸暨市	182857	242062	59972	10889	940407	535831
上虞市	58142	82424	26064	4158	429531	288766
嵊州市	26311	37585	11286	1912	140114	83778
金华市	**253308**	**346009**	**101827**	**20352**	**2193960**	**1513750**
婺城区	98314	129752	37330	7551	714439	467440
金东区	17574	22372	4804	1620	178963	132361
武义县	4810	6073	1621	369	42955	24955
浦江县	5196	7372	2679	551	50968	21576
磐安县	2452	3240	787	132	18846	12117
兰溪市	22131	28129	6008	709	133261	86402
义乌市	52391	73113	21596	5486	500881	346255

1－B－4 续表2－3

单位：万元、人

地区	固定资产合计	固定资产原价	累计折旧	本年折旧	资产总计	流动负债合计
东阳市	25276	41513	16271	1951	193005	132458
永康市	25163	34445	10732	1982	360642	290187
衢州市	**82300**	**113240**	**36069**	**5913**	**783394**	**526970**
柯城区	54603	74697	24099	4024	431583	256529
衢江区	4156	6405	2391	378	111507	92215
常山县	4279	6512	2452	373	22851	11538
开化县	3810	5292	1970	340	16898	12609
龙游县	7115	9312	2197	335	97836	74578
江山市	8336	11022	2960	463	102719	79501
舟山市	**116475**	**145660**	**43222**	**7240**	**1319091**	**929145**
定海区	80589	93156	25640	4308	648936	450994
普陀区	28138	41438	13384	2311	613954	445459
岱山县	4405	5682	2107	337	32418	18694
嵊泗县	3342	5384	2090	283	23784	13998
台州市	**303418**	**397880**	**105422**	**22378**	**2928895**	**2038445**
椒江区	134101	170832	36767	7360	1102444	813328
黄岩区	22130	32491	10864	2306	237258	153209
路桥区	26483	37284	12379	3129	445887	326324
玉环县	35085	45134	11201	2953	296604	206794
三门县	3797	5887	2639	266	127455	79907
天台县	3569	5768	2199	242	34876	15690
仙居县	4315	4519	2023	292	45727	31855
温岭市	55165	67932	17346	4336	403591	267009
临海市	18773	28032	10003	1495	235053	144329
丽水市	**68445**	**92909**	**24465**	**5631**	**539712**	**358787**
莲都区	41383	54320	12937	2919	322428	224668
青田县	6030	8298	2269	457	59965	35371
缙云县	4970	6910	1940	616	50752	36187
遂昌县	2597	3605	1007	132	40958	27945
松阳县	1586	2654	1068	146	9933	3323
云和县	821	1309	488	126	6987	3886
庆元县	3052	4297	1245	270	6594	2091
景宁畲族自治县	4892	6717	1825	364	21325	8767
龙泉市	3113	4799	1686	602	20772	16550

1－B－4 续表3－1

单位：万元、人

地区	应付账款	长期负债合计	负债合计	所有者权益合计	实收资本	国家资本
总计	**9363646**	**1308113**	**49268500**	**16811196**	**10093182**	**1696759**
杭州市	**3600790**	**650956**	**23301762**	**8038458**	**4939104**	**1018076**
上城区	542383	168437	2940277	1599081	958927	366642
下城区	912125	93497	6671186	1946515	1220302	327493
江干区	495571	43405	2452504	433532	332127	35866
拱墅区	325400	136604	3831800	1030979	726917	53219
西湖区	515426	136406	2235107	1316838	660109	201000
滨江区	147892	12649	1012025	445166	246212	1308
萧山区	362988	41871	2654883	777141	512158	10170
余杭区	161402	10841	926915	261027	155378	11660
桐庐县	28634	385	89082	37317	20385	3826
淳安县	7806	774	51167	13888	6882	1349
建德市	15260	613	76200	33793	16856	570
富阳市	63634	1952	245849	86803	59969	3784
临安市	22270	3522	114768	56379	22884	1190
宁波市	**2414441**	**222584**	**9525433**	**2725802**	**1633654**	**117610**
海曙区	679392	21065	2105063	677338	334049	58424
江东区	227108	47357	1065025	472444	148359	7252
江北区	83848	2733	514336	125655	94045	3930
北仑区	598683	71929	2065935	461963	259011	28017
镇海区	99120	4081	684893	195303	143899	6521
鄞州区	286719	1478	1127493	386603	413673	1606
象山县	36030	219	191346	44401	33378	2084
宁海县	23316	3719	97302	38759	17596	1633
余姚市	122042	6304	767163	96252	73905	3204
慈溪市	178002	58205	750435	180975	89413	3290
奉化市	80183	5495	156444	46110	26325	1650
温州市	**648657**	**93084**	**4412367**	**1378309**	**824127**	**113820**
鹿城区	369053	63059	2164713	691389	346678	71810
龙湾区	77724	2223	988154	221633	191991	5128
瓯海区	32166	14971	226160	52603	38718	702
洞头县	15045	2000	184346	22868	27879	22279
永嘉县	17025	849	113252	49668	21417	1094
平阳县	21656	260	78358	45645	29345	2568

1－B－4 续表 3－2

单位：万元、人

地　区	应付账款	长期负债合计	负债合计	所有者权益合计	实收资本	国家资本
苍南县	9239	237	87314	50031	18474	515
文成县	6648	127	16420	4885	1692	356
泰顺县	1269	60	4000	5871	1000	100
瑞安市	40430	6524	295900	123538	72784	3044
乐清市	58401	2776	253750	110177	74148	6223
嘉兴市	**625354**	**53295**	**2011999**	**750661**	**415747**	**79318**
南湖区	147134	4263	555258	210711	153241	60682
秀洲区	106086	3871	296019	81016	56630	4468
嘉善县	37094	3065	96771	52013	16505	3349
海盐县	22322	2053	134103	48415	23245	1372
海宁市	162945	10307	445252	144073	72514	4787
平湖市	90025	10330	249372	100447	44381	1096
桐乡市	59748	19407	235226	113987	49232	3565
湖州市	**187700**	**27495**	**762597**	**465373**	**211603**	**51333**
吴兴区	110751	20043	424563	294803	125548	45627
南浔区	9253	685	78730	40102	17049	350
德清县	19250	526	107528	61678	39501	1923
长兴县	39736	4273	116246	56933	21604	2528
安吉县	8710	1969	35531	11858	7901	906
绍兴市	**795782**	**102560**	**3660632**	**1281250**	**715034**	**61248**
越城区	182052	8145	673894	317894	172352	47071
绍兴县	365969	24316	1897928	377127	283218	1000
新昌县	25828	10645	97322	67665	23066	1700
诸暨市	122774	42455	601818	338588	158497	6936
上虞市	83592	8661	297436	132095	61056	3735
嵊州市	15568	8339	92233	47881	16845	806
金华市	**323765**	**54511**	**1580914**	**613046**	**400404**	**106941**
婺城区	95755	12763	481498	232941	144126	56062
金东区	15697	8234	142310	36653	35964	2820
武义县	8063	42	25001	17954	5408	774
浦江县	6703	469	29983	20985	8670	1880
磐安县	459	100	12217	6629	2388	250
兰溪市	20805	10073	96602	36658	18208	3546
义乌市	74366	16753	364526	136356	115827	36668

1－B－4 续表3－3

单位：万元、人

地 区	应付账款	长期负债合计	负债合计	所有者权益合计	实收资本	国家资本
东阳市	30762	5151	137665	55340	24568	846
永康市	71156	926	291112	69530	45246	4096
衢州市	**100939**	**18008**	**558316**	**225078**	**142898**	**28859**
柯城区	57981	12870	282732	148851	83649	20356
衢江区	22268	2658	94873	16635	18533	395
常山县	3108	1818	13356	9494	2983	1396
开化县	2464	20	12634	4264	4442	1590
龙游县	10148	460	75038	22798	18562	1235
江山市	4970	182	79683	23036	14729	3887
舟山市	**91219**	**26799**	**960185**	**358907**	**277924**	**43468**
定海区	61325	15278	466275	182661	138235	29786
普陀区	23958	9402	458089	155864	129070	12318
岱山县	5107	1705	21410	11008	3723	1058
嵊泗县	830	413	14411	9373	6896	307
台州市	**386210**	**54994**	**2114602**	**814293**	**464611**	**60047**
椒江区	118410	25191	843419	259026	194870	48553
黄岩区	16104	11103	164412	72846	31120	2193
路桥区	53905	890	342101	103786	76174	1994
玉环县	25640	5891	213596	83008	38622	457
三门县	31529	1695	81962	45493	15925	459
天台县	1735	413	16104	18773	3670	710
仙居县	21999	476	32335	13392	4439	370
温岭市	67768	3259	270268	133323	69935	3778
临海市	49121	6077	150406	84647	29855	1534
丽水市	**188788**	**3826**	**379692**	**160020**	**68078**	**16038**
莲都区	128012	2355	243843	78585	40461	12870
青田县	14485	203	35574	24391	8147	712
缙云县	12969	431	36638	14114	5309	532
遂昌县	15760	1	28185	12773	5717	172
松阳县	1013	239	3562	6371	1377	430
云和县	1636		3886	3101	1029	50
庆元县	299	381	2471	4122	769	561
景宁畲族自治县	4604	85	8852	12474	3160	207
龙泉市	10011	132	16682	4089	2109	505

1－B－4 续表4－1 单位：万元、人

地　区	集体资本	法人资本	个人资本	港澳台资本	外商资本	主营业务收入
总　计	**484981**	**2264051**	**5307273**	**102517**	**237601**	**162483722**
杭州市	**310062**	**915393**	**2524196**	**37284**	**134094**	**74070397**
上城区	50388	204437	322639	5643	9178	10564745
下城区	79829	264343	472908	50	75679	22335301
江干区	15335	88236	179831	3705	9154	7182756
拱墅区	34701	72113	528728	17880	20275	10733721
西湖区	10637	86097	348418	7431	6525	6892254
滨江区	78513	28796	124929		12666	4028162
萧山区	28316	113618	357955	2100		6507997
余杭区	7992	39213	95877	474	162	3311905
桐庐县	110	3607	12842			244926
淳安县	750	2488	2295			189635
建德市	284	1298	14249		455	288646
富阳市	2837	7042	46306			1453390
临安市	370	4105	17219			336960
宁波市	**49311**	**519179**	**839279**	**28887**	**79388**	**36980861**
海曙区	20482	108975	134982	6160	5025	8428222
江东区	2147	24884	95114	2926	16037	4794626
江北区	100	17122	66189	6684	20	2452103
北仑区	1344	45018	148968	1949	33716	7365684
镇海区	15633	18725	96043	6557	420	2530447
鄞州区	1040	247251	150339	4278	9159	4958520
象山县	205	1142	29946			660349
宁海县	121	5839	10003			335835
余姚市	1666	21214	47821			3050466
慈溪市	6539	20675	44048		14861	1955975
奉化市	33	8333	15827	333	150	448633
温州市	**14183**	**145480**	**537885**	**4755**	**8004**	**12103634**
鹿城区	2329	63650	200271	4755	3863	6306307
龙湾区	8043	37545	138634		2641	2119311
瓯海区	645	4612	32759			624769
洞头县		1050	4550			193341
永嘉县	135	5200	14988			245751
平阳县			26777			201133

1－B－4 续表4－2

单位：万元、人

地区	集体资本	法人资本	个人资本	港澳台资本	外商资本	主营业务收入
苍南县	100	4370	13489			391541
文成县		756	580			80070
泰顺县	100	305	495			52976
瑞安市	893	6321	61026		1500	1131163
乐清市	1938	21671	44316			757273
嘉兴市	**21540**	**113733**	**188854**	**6280**	**6022**	**7757351**
南湖区	5367	40708	39256	4129	3099	2485742
秀洲区	2543	6672	40063	2000	884	1395663
嘉善县	6247	2512	3849	151	398	441050
海盐县	80	6683	15111			616346
海宁市	4830	17146	45751			1201032
平湖市	1792	23054	16798		1641	954949
桐乡市	681	16959	28026			662567
湖州市	**13679**	**48318**	**96150**	**2122**		**3618652**
吴兴区	11211	20995	47715			2206638
南浔区	230	1703	14766			297273
德清县	650	15085	19722	2122		550331
长兴县	940	7813	10323			377097
安吉县	648	2723	3624			187313
绍兴市	**33286**	**185750**	**417271**	**8378**	**9100**	**7613568**
越城区	5219	37289	75996	6779		2639163
绍兴县	3109	86446	185663		7000	2516500
新昌县	7195	1428	12743			244091
诸暨市	3553	42574	103835	1600		1255701
上虞市	11843	12198	31181		2100	706056
嵊州市	2368	5815	7855			252058
金华市	**29680**	**95109**	**166806**	**874**	**993**	**5785775**
婺城区	3496	28467	56102			2252544
金东区	3568	11853	17723			458773
武义县	221	2474	1939			124300
浦江县	80	5366	970	374		120510
磐安县		582	1556			47972
兰溪市	9162	1448	3059		993	217232
义乌市	3465	25076	50119	500		1042547

1－B－4 续表4－3 单位：万元、人

地区	集体资本	法人资本	个人资本	港澳台资本	外商资本	主营业务收入
东阳市	6741	12243	4738			530615
永康市	2948	7601	30601			991282
衢州市	**1771**	**39287**	**72982**			**2337898**
柯城区	656	17572	45066			1473297
衢江区		14433	3705			215354
常山县	82	600	906			74927
开化县	183	1592	1077			39425
龙游县	800	4300	12227			322529
江山市	50	790	10002			212367
舟山市	**6912**	**78035**	**149112**	**397**		**2284859**
定海区	318	34863	73269			1399632
普陀区	6595	36251	73510	397		778959
岱山县		1181	1484			61925
嵊泗县		5740	849			44343
台州市	**3153**	**110059**	**277813**	**13539**		**7902564**
椒江区	1460	39283	97699	7875		2996184
黄岩区	528	920	27479			810429
路桥区	690	30725	41268	1497		1061080
玉环县		13079	25086			1072917
三门县		341	15126			186318
天台县		588	2371			67899
仙居县	65	1006	2998			125639
温岭市		15382	49808	968		1029813
临海市	410	8735	15977	3200		552286
丽水市	**1405**	**13709**	**36926**			**2028163**
莲都区	231	7307	20054			1277729
青田县	60	1475	5900			144820
缙云县	715	1558	2504			236552
遂昌县	400	198	4947			182497
松阳县		488	459			22107
云和县		50	929			43614
庆元县		180	28			18161
景宁畲族自治县		2453	500			29007
龙泉市			1604			73675

1－B－4 续表5－1

单位：万元、人

地　　区	主营业务成　　本	主营业务税金及附加	主营业务利　　润	其他业务收　　入	其他业务利　　润	营业费用
总　计	**153397130**	**216968**	**8869422**	**1192224**	**647286**	**4113115**
杭州市	**70652385**	**89111**	**3328902**	**601293**	**293788**	**1684649**
上城区	9925287	14431	625027	57841	44326	242618
下城区	21494707	20490	820104	134805	104712	411076
江干区	6834778	6388	341590	226082	29746	225778
拱墅区	10439730	7520	286472	64734	51594	191783
西湖区	6456826	9858	425570	52993	28981	262909
滨江区	3891772	10266	126124	6036	4490	74868
萧山区	6172951	10285	324761	36336	13990	107596
余杭区	3139831	4077	167997	12209	7447	74695
桐庐县	214287	557	30082	1257	1063	11213
淳安县	155334	535	33767	520	381	23501
建德市	254598	860	33189	724	519	10883
富阳市	1379115	2921	71354	4691	3828	31382
临安市	293171	922	42866	3065	2711	16349
宁波市	**35157975**	**34394**	**1788493**	**222094**	**140323**	**1012066**
海曙区	7995584	9536	423102	81116	52331	265341
江东区	4561877	3387	229363	18534	14699	114861
江北区	2372675	1174	78253	8583	3947	45740
北仑区	7093417	4198	268069	28391	24135	182507
镇海区	2377911	3128	149408	5217	3833	89950
鄞州区	4715742	3105	239674	22048	10797	119045
象山县	611438	1160	47751	2123	388	13796
宁海县	296033	796	39006	2192	1934	12222
余姚市	2898392	3662	148412	13507	10851	94460
慈溪市	1819486	3360	133129	18040	16684	61967
奉化市	415421	888	32325	22343	725	12178
温州市	**11305501**	**20410**	**777723**	**135583**	**49425**	**316662**
鹿城区	5921881	8607	375819	33790	27689	162869
龙湾区	1996292	2897	120122	14921	12496	64474
瓯海区	586948	752	37070	857	770	20659
洞头县	184946	146	8250	75794	28	10644
永嘉县	209964	561	35225	239	214	8184
平阳县	177253	424	23456	409	369	5132

1-B-4 续表5-2 单位:万元、人

地　区	主营业务成本	主营业务税金及附加	主营业务利润	其他业务收入	其他业务利润	营业费用
苍南县	351988	1072	38481	914	857	6200
文成县	69896	2792	7382	152	113	1994
泰顺县	45534	113	7329	41	13	1298
瑞安市	1062834	1610	66719	5450	4229	18867
乐清市	697965	1436	57872	3018	2648	16340
嘉兴市	**7195988**	**12963**	**548400**	**39904**	**28915**	**204716**
南湖区	2341008	3765	140969	13890	11296	69545
秀洲区	1312739	1205	81720	4705	2924	35201
嘉善县	401111	764	39175	1884	1720	12672
海盐县	580117	623	35606	1294	910	13616
海宁市	1080508	3765	116760	6483	5045	28223
平湖市	903309	1380	50261	3726	1475	16921
桐乡市	577197	1462	83909	7923	5546	28539
湖州市	**3264802**	**7240**	**346410**	**24235**	**12534**	**127986**
吴兴区	2019537	4181	182720	20284	9596	70053
南浔区	268952	466	27855	97	87	18031
德清县	490690	850	58792	710	551	17160
长兴县	322457	1351	53289	2069	1600	17663
安吉县	163165	392	23755	1076	701	5079
绍兴市	**6933312**	**19302**	**660954**	**57260**	**40261**	**209336**
越城区	2429443	5372	204348	19382	15756	74941
绍兴县	2348332	5385	162783	13897	4936	34095
新昌县	196632	1218	46241	1348	836	21403
诸暨市	1112011	4216	139474	11814	10451	47487
上虞市	631588	2043	72425	7316	5652	23163
嵊州市	215305	1068	35685	3504	2631	8248
金华市	**5336078**	**10529**	**439165**	**32208**	**27336**	**143082**
婺城区	2089252	3665	159625	14775	12352	57788
金东区	423937	325	34510	3039	2182	5396
武义县	108785	273	15242	710	603	3359
浦江县	105161	1280	14070	152	147	3794
磐安县	42180	163	5629	76	69	1596
兰溪市	192757	508	23967	1285	1236	8431
义乌市	957105	2395	83047	7595	6321	31007

1-B-4 续表5-3

单位:万元、人

地　区	主营业务成　本	主营业务税金及附加	主营业务利　润	其他业务收　入	其他业务利　润	营业费用
东阳市	477710	746	52159	1577	1500	10323
永康市	939193	1173	50917	3000	2928	21389
衢州市	**2191844**	**3555**	**142500**	**11377**	**7069**	**49264**
柯城区	1385469	2213	85615	9679	5846	31596
衢江区	206841	131	8382	5	3	4284
常山县	66505	163	8259	145	119	2058
开化县	31253	122	8050	349	75	1700
龙游县	306834	526	15169	700	544	3675
江山市	194943	399	17025	499	483	5951
舟山市	**2132189**	**3322**	**149349**	**21720**	**19989**	**54578**
定海区	1314629	1931	83072	9266	8029	36322
普陀区	728487	1087	49386	11883	11455	14161
岱山县	49861	217	11848	300	295	2566
嵊泗县	39213	87	5043	271	211	1529
台州市	**7388787**	**10031**	**503747**	**37269**	**23480**	**207504**
椒江区	2829632	3602	162950	16424	10362	84198
黄岩区	759249	787	50394	2178	2039	17589
路桥区	1021876	930	38274	2494	999	17824
玉环县	1021674	1080	50163	3008	941	14848
三门县	159970	353	25995	487	177	7463
天台县	54548	227	13124	389	381	3152
仙居县	98317	294	27028	310	264	17241
温岭市	948061	1513	80240	6625	4020	27052
临海市	495462	1245	55579	5353	4296	18137
丽水市	**1838271**	**6113**	**183779**	**9280**	**4167**	**103273**
莲都区	1155295	2033	120401	8088	3194	86218
青田县	130047	592	14181	120	117	2638
缙云县	221586	2757	12209	173	136	3162
遂昌县	173279	239	8980	102	88	3549
松阳县	16908	89	5110	70	64	1223
云和县	39561	79	3975	11	-61	1185
庆元县	13842	75	4244	108	86	790
景宁畲族自治县	22837	91	6079	444	421	2046
龙泉市	64916	159	8601	165	123	2462

1-B-4 续表6-1 单位:万元、人

地　区	管理费用	#税金	#差旅费	#工会经费	财务费用	利息支出	营业利润
总　计	**2234750**	**100784**	**97385**	**12115**	**871966**	**677046**	**2456853**
杭州市	**896208**	**33055**	**41469**	**5032**	**392829**	**298255**	**794699**
上城区	176538	7573	6928	1206	61900	49191	228189
下城区	230150	7094	10042	1577	97574	76315	238497
江干区	77596	2382	5014	552	27166	21187	49192
拱墅区	99413	3694	4304	168	47512	30417	-642
西湖区	116064	3317	6930	537	40533	28273	38952
滨江区	27474	1734	1767	226	18583	17479	25692
萧山区	82300	3779	3603	320	67541	50019	100551
余杭区	43506	1493	1271	148	14814	12301	48150
桐庐县	6533	209	155	50	1245	1056	12154
淳安县	4530	68	144	42	800	691	5329
建德市	7697	299	298	67	2422	1982	12706
富阳市	15299	989	743	66	10748	8119	17801
临安市	9109	425	271	75	1992	1229	18128
宁波市	**452210**	**17870**	**20096**	**1648**	**165498**	**151696**	**290249**
海曙区	112131	3929	5242	501	26321	25861	72481
江东区	62690	2180	2669	241	13089	12641	53589
江北区	26829	1171	981	46	7239	5289	2333
北仑区	57293	2082	2320	233	42044	41432	1402
镇海区	35054	1176	1134	100	21139	18336	7098
鄞州区	60711	2577	3013	177	21825	21466	48142
象山县	11484	370	440	76	6073	4597	16786
宁海县	8287	246	263	42	2527	1641	17905
余姚市	38627	2705	2467	131	13314	12451	12863
慈溪市	32501	1168	1148	57	9486	6128	45826
奉化市	6604	267	420	45	2443	1854	11826
温州市	**187229**	**17358**	**9161**	**1112**	**52051**	**30163**	**272774**
鹿城区	94078	9391	4224	535	13334	6494	133722
龙湾区	29230	3692	1678	107	20148	13781	19209
瓯海区	10209	1061	384	54	3268	2091	3855
洞头县	1441	25	45	12	2468	180	-6275
永嘉县	5417	300	247	53	1302	563	20537
平阳县	4966	205	173	43	408	230	13318

1-B-4 续表6-2

单位：万元、人

地区	管理费用	#税金	#差旅费	#工会经费	财务费用	利息支出	营业利润
苍南县	5936	303	343	91	635	413	26567
文成县	1804	75	49	22	582	422	3114
泰顺县	1692	48	282	19	107	98	4244
瑞安市	16627	1187	887	93	5203	3650	30534
乐清市	15829	1072	849	84	4596	2241	23951
嘉兴市	**145093**	**5430**	**4643**	**747**	**44882**	**30203**	**191635**
南湖区	35441	1447	1127	153	14400	8556	33716
秀洲区	22693	874	788	152	5008	3492	21742
嘉善县	9692	266	182	36	801	1342	17730
海盐县	7728	280	302	43	1326	884	13865
海宁市	36946	1069	1264	195	12413	7012	44339
平湖市	13084	724	449	58	6081	5402	23691
桐乡市	19510	770	531	110	4853	3515	36552
湖州市	**71933**	**3406**	**2125**	**498**	**27783**	**24148**	**136525**
吴兴区	42263	1876	1153	324	16636	16447	64554
南浔区	2694	160	192	9	3076	2660	8073
德清县	10212	426	293	59	3023	1291	29198
长兴县	11874	525	422	60	3531	2474	21731
安吉县	4891	419	65	46	1517	1276	12969
绍兴市	**164192**	**8326**	**6341**	**709**	**81202**	**54709**	**250802**
越城区	61331	2709	2138	256	15437	10241	69203
绍兴县	28338	2381	1599	88	32835	17736	72461
新昌县	7138	279	286	43	3327	2448	15250
诸暨市	37370	1535	1550	141	19263	15309	49264
上虞市	20964	964	630	140	8379	7362	25571
嵊州市	9053	458	138	42	1961	1614	19054
金华市	**96450**	**4622**	**3851**	**524**	**28948**	**21542**	**198889**
婺城区	34709	1891	1129	163	9589	8204	70757
金东区	5633	533	299	10	2241	1956	23423
武义县	2868	88	67	25	503	464	9114
浦江县	3314	109	62	22	196	-55	6913
磐安县	1564	149	146	14	93	33	2445
兰溪市	7115	177	287	57	1535	759	8123
义乌市	20374	539	823	111	7190	4646	30797

1－B－4 续表6－3 单位：万元、人

地　区	管理费用	#税金	#差旅费	#工会经费	财务费用	利息支出	营业利润
东阳市	11415	712	664	86	3520	3275	28401
永康市	9458	424	375	36	4081	2260	18917
衢州市	**34716**	**1832**	**1205**	**365**	**10332**	**8808**	**55559**
柯城区	23388	1291	766	240	5406	4538	31374
衢江区	1997	167	134	17	3336	3291	－1233
常山县	2010	64	53	27	370	303	3940
开化县	1560	74	28	24	343	296	4523
龙游县	2407	121	80	25	578	396	9054
江山市	3355	116	145	32	300	－15	7901
舟山市	**37080**	**1393**	**1502**	**285**	**27387**	**24993**	**50812**
定海区	22302	734	740	160	11086	9656	22128
普陀区	10237	532	588	72	15476	14723	20966
岱山县	3145	60	115	38	301	141	6131
嵊泗县	1396	67	59	14	524	473	1587
台州市	**119468**	**6188**	**5932**	**758**	**37410**	**29953**	**163800**
椒江区	40128	1425	1678	213	12621	8092	37320
黄岩区	13414	833	689	66	1646	1207	19783
路桥区	14536	1245	753	11	6479	5494	434
玉环县	11456	780	755	76	8769	7483	16031
三门县	3374	176	258	33	1525	1343	13811
天台县	2206	92	57	25	－103	－109	8249
仙居县	3482	63	191	59	－2	－109	6572
温岭市	18558	806	863	124	3576	4073	35073
临海市	12314	769	689	153	2898	2480	26527
丽水市	**30171**	**1305**	**1060**	**438**	**3644**	**2576**	**51109**
莲都区	15308	808	523	282	1465	1188	20854
青田县	2906	109	165	27	615	407	8140
缙云县	2960	101	81	23	696	288	5526
遂昌县	1925	47	63	19	524	412	3070
松阳县	1464	22	42	19	48	47	2439
云和县	987	20	39	15	28	27	1712
庆元县	1152	23	27	13	28	21	2359
景宁畲族自治县	1563	90	84	17	23	1	2868
龙泉市	1905	85	37	24	216	186	4140

1-B-4 续表7-1

单位:万元、人

地　　区	投资收益	补贴收入	营业外收入	利润总额	应交所得税	劳动、失业保险费	养老保险和医疗保险费
总　计	**421444**	**101818**	**248766**	**2744889**	**711440**	**56568**	**160999**
杭州市	**282405**	**41109**	**128179**	**963898**	**249006**	**18614**	**75834**
上城区	59953	6325	11953	292410	68173	2720	15020
下城区	74470	11096	39063	272845	61083	6526	20171
江干区	8750	7809	4911	57384	18991	1173	7864
拱墅区	7103	660	9697	18884	10375	1009	7470
西湖区	41500	3415	10868	48014	26493	2409	8989
滨江区	34905	1023	3014	44308	6233	1248	2259
萧山区	48903	3954	3727	114434	23819	1074	2835
余杭区	6383	5489	1681	47860	14946	945	8601
桐庐县	54	13	536	12631	2996	62	332
淳安县	156	527	92	5302	1319	372	261
建德市	18	171	69	12556	3423	313	528
富阳市	95	316	42145	18543	6441	448	700
临安市	115	311	424	18728	4716	315	805
宁波市	**65826**	**29924**	**48144**	**415813**	**127740**	**13763**	**27018**
海曙区	26266	2711	9241	88532	22041	4453	8652
江东区	4139	2028	2893	76167	20088	1432	3997
江北区	-184	1342	1787	3521	3535	420	1407
北仑区	8042	8946	14535	38224	19685	503	3475
镇海区	4923	2665	2358	17206	8139	355	1139
鄞州区	19914	4102	13700	75355	17461	1278	2959
象山县	-163	548	511	17225	5151	599	896
宁海县	-2	134	69	18195	5142	257	816
余姚市	663	2319	662	16311	8712	1362	1218
慈溪市	323	3712	2257	48537	13533	2850	1937
奉化市	1905	1417	131	16539	4254	255	523
温州市	**13031**	**4992**	**10331**	**275437**	**76298**	**5096**	**11772**
鹿城区	8158	2699	7346	132633	35701	2820	6906
龙湾区	2498	1192	891	18907	6929	577	1930
瓯海区	1138	172	152	6360	1278	573	471
洞头县	...		9	-6129	259	13	77
永嘉县	157	6	13	19501	5034	14	188
平阳县	505	32	43	13707	3581	203	78

1－B－4 续表7－2

单位：万元、人

地 区	投资收益	补贴收入	营业外收入	利润总额	应交所得税	劳动、失业保险费	养老保险和医疗保险费
苍南县	15	70	114	26589	6555	156	368
文成县		23	46	2529	613	9	121
泰顺县		4	17	4318	1031	100	64
瑞安市	330	216	301	30968	8259	429	710
乐清市	230	578	1399	26055	7057	202	859
嘉兴市	**25580**	**4950**	**5745**	**194572**	**42820**	**3538**	**9901**
南湖区	12126	503	1129	32653	7837	749	3189
秀洲区	1797	877	996	24261	7482	821	1203
嘉善县	1664	962	92	20220	4602	377	722
海盐县	22	73	327	13357	3055	414	971
海宁市	1507	1134	2041	40056	6464	500	1620
平湖市	8182	779	428	26891	5176	95	825
桐乡市	283	622	733	37134	8204	582	1371
湖州市	**2748**	**1853**	**5040**	**126051**	**28732**	**2356**	**5335**
吴兴区	1536	501	3054	57159	14512	1599	3827
南浔区	300	10	1660	1637	354	22	110
德清县	463	236	411	29460	4348	100	590
长兴县	403	217	－241	25005	6268	458	482
安吉县	46	889	156	12790	3250	177	326
绍兴市	**11212**	**7343**	**9002**	**258505**	**53322**	**4117**	**10752**
越城区	2982	244	4308	75100	19574	2418	3808
绍兴县	889	3102	1259	70521	5358	820	1030
新昌县	206	310	421	14861	3864	121	581
诸暨市	6416	2246	1423	50532	11924	391	2244
上虞市	425	1381	1425	29292	7488	206	2022
嵊州市	294	59	167	18198	5113	161	1067
金华市	**4758**	**3554**	**6307**	**183286**	**39334**	**2861**	**5326**
婺城区	3182	2069	2776	59068	13577	976	2120
金东区	102	42	447	24295	518	61	393
武义县	4	113	32	9138	1916	46	342
浦江县	282	24	28	8279	2090	56	303
磐安县	2	5	11	2435	542	109	39
兰溪市	330	815	703	9649	2236	244	897
义乌市	938	43	1168	33198	8896	779	323

1－B－4 续表7－3

单位：万元、人

地 区	投资收益	补贴收入	营业外收入	利润总额	应交所得税	劳动、失业保险费	养老保险和医疗保险费
东阳市	－46	364	818	18628	4829	192	647
永康市	－35	81	325	18597	4731	397	261
衢州市	**2297**	**4423**	**2508**	**58651**	**15579**	**594**	**3735**
柯城区	2044	1731	794	30496	8293	346	2696
衢江区	254	807	305	296	257	17	92
常山县		662	634	5185	1365	38	123
开化县	…	47	50	4643	1178	21	241
龙游县		41	19	9068	2248	137	183
江山市		1136	706	8963	2238	36	399
舟山市	**9578**	**403**	**2333**	**52158**	**14595**	**960**	**2355**
定海区	942	339	2011	31351	7970	568	1483
普陀区	8036	25	145	12406	4284	292	472
岱山县	576		167	6803	1674	95	325
嵊泗县	24	39	10	1598	667	5	74
台州市	**3742**	**2766**	**29917**	**168853**	**51530**	**3092**	**6619**
椒江区	2775	905	1554	41861	14627	1241	1857
黄岩区	402	244	96	20112	5382	483	921
路桥区	132	119	26916	－71	1354	174	641
玉环县	196	568	397	15414	5275	319	349
三门县	25	758	13	14378	3617	19	130
天台县	－26		81	8248	2087	91	111
仙居县	1	1	315	6537	1758	34	349
温岭市	82	91	265	34471	9635	596	1211
临海市	156	79	280	27903	7794	135	1050
丽水市	**268**	**501**	**1260**	**47667**	**12485**	**1577**	**2353**
莲都区	171	96	1054	16517	4481	1058	1423
青田县		63	47	8225	2731	119	171
缙云县	49	137	2	6255	1544	52	224
遂昌县	6	1	51	3057	808	128	52
松阳县	1	38	1	2436	597	3	69
云和县		70	32	1765	57	4	93
庆元县		7	35	2347	552	2	93
景宁畲族自治县	3	64	11	2853	665	80	44
龙泉市	39	25	28	4211	1052	130	184

1－B－4 续表8－1 单位：万元、人

地区	住房公积金和住房补贴	本年应付工资总额（贷方累计发生额）	主营业务应付工资总额	本年应付福利费总额（贷方累计发生额）	主营业务应付福利费总额	本年应交增值税	全部从业人员年平均人数
总计	**59252**	**1300225**	**1266417**	**87229**	**83913**	**1219177**	**422631**
杭州市	**23984**	**487469**	**479211**	**31755**	**30479**	**443309**	**140643**
上城区	5225	92445	91818	7975	7951	81357	21195
下城区	9121	133535	131164	8120	7338	114343	33356
江干区	1293	47357	46908	2455	2444	45806	15136
拱墅区	1465	43164	41482	2900	2622	49526	15629
西湖区	3110	56526	54350	3535	3448	35547	17791
滨江区	1147	19863	19697	947	921	15831	3833
萧山区	619	41146	40833	2544	2518	46209	15584
余杭区	874	22945	22772	1426	1399	23520	6590
桐庐县	167	4474	4440	180	174	4397	1739
淳安县	173	6095	6066	259	254	5936	1955
建德市	148	4601	4584	205	205	4084	1332
富阳市	446	8770	8645	805	803	10575	3505
临安市	198	6549	6454	404	402	6179	2998
宁波市	**8892**	**269658**	**257510**	**12711**	**11707**	**213993**	**88882**
海曙区	3523	82081	78510	3115	2895	45290	26690
江东区	1359	33819	32702	1551	1393	22436	11006
江北区	228	13335	12868	797	787	9144	4962
北仑区	937	29346	27851	1158	1023	36899	9539
镇海区	233	16362	15370	1131	1046	21333	4535
鄞州区	921	35328	33569	1311	1289	20109	10068
象山县	220	6932	6804	614	605	7057	2540
宁海县	185	5856	5218	365	286	4829	3045
余姚市	273	17962	17337	1113	1000	26030	6817
慈溪市	759	23665	22804	1281	1111	16784	8079
奉化市	255	4971	4477	276	273	4084	1601
温州市	**4040**	**117085**	**115185**	**8076**	**7946**	**143622**	**40094**
鹿城区	2069	57435	56960	3430	3430	55088	19137
龙湾区	572	18993	18542	1581	1526	18557	6882
瓯海区	55	7107	7069	579	579	22089	2600
洞头县	36	1169	1162	92	92	1292	355
永嘉县	66	3452	3331	313	312	7397	960
平阳县	164	2738	2730	44	44	5411	606

1-B-4 续表8-2

单位：万元、人

地区	住房公积金和住房补贴	本年应付工资总额（贷方累计发生额）	主营业务应付工资总额	本年应付福利费总额（贷方累计发生额）	主营业务应付福利费总额	本年应交增值税	全部从业人员年平均人数
苍南县	458	5130	4904	194	176	6066	1816
文成县	62	1418	1418	136	136	742	307
泰顺县	59	1097	1087	163	163	1032	179
瑞安市	201	9998	9651	963	923	14679	3899
乐清市	298	8549	8332	583	566	11270	3353
嘉兴市	**3069**	**84952**	**84543**	**10219**	**10183**	**66084**	**27307**
南湖区	981	22973	22826	2659	2656	17833	8798
秀洲区	728	14950	14933	1745	1745	10124	3710
嘉善县	124	5709	5709	192	192	5269	2238
海盐县	237	5282	5279	430	430	4885	1725
海宁市	385	15603	15363	1641	1609	10490	4546
平湖市	184	8703	8703	463	463	6959	2801
桐乡市	431	11732	11729	3089	3088	10525	3489
湖州市	**2207**	**34509**	**30154**	**2119**	**2004**	**43114**	**12363**
吴兴区	1194	22517	18511	1276	1204	21048	7221
南浔区	34	517	515	53	53	2445	329
德清县	309	4812	4657	336	318	7961	1817
长兴县	417	4805	4689	267	251	8138	1954
安吉县	253	1858	1783	188	178	3523	1042
绍兴市	**2767**	**90880**	**89331**	**7270**	**6959**	**96976**	**33376**
越城区	1168	38998	38509	2042	2030	26690	12787
绍兴县	90	12744	12658	1402	1370	34743	4997
新昌县	195	4065	3886	383	379	6921	1834
诸暨市	530	16130	15895	1457	1443	11595	7508
上虞市	538	13055	12571	1473	1228	11220	4199
嵊州市	246	5888	5811	514	510	5808	2051
金华市	**1955**	**66245**	**64497**	**4281**	**4074**	**75646**	**26860**
婺城区	766	23437	23051	1014	986	22906	9475
金东区	50	3917	3686	368	337	3517	1699
武义县	70	1996	1983	171	166	2399	885
浦江县	55	2119	2118	209	209	2134	730
磐安县	32	956	902	100	100	934	273
兰溪市	329	4872	4680	388	372	3135	1498
义乌市	341	14719	14301	1075	1022	29981	5987

1－B－4 续表8－3 单位：万元、人

地 区	住房公积金和住房补贴	本年应付工资总额（贷方累计发生额）	主营业务应付工资总额	本年应付福利费总额（贷方累计发生额）	主营业务应付福利费总额	本年应交增值税	全部从业人员年平均人数
东阳市	172	7989	7567	506	500	5121	3539
永康市	141	6241	6211	450	381	5518	2774
衢州市	**788**	**20471**	**19134**	**1603**	**1510**	**20722**	**8608**
柯城区	527	12732	11410	841	748	9792	5714
衢江区	35	449	449	53	53	2663	245
常山县	65	1645	1645	123	123	1981	408
开化县	47	1254	1240	140	140	1268	404
龙游县	50	2193	2193	175	175	2374	831
江山市	64	2198	2197	270	270	2644	1006
舟山市	**1055**	**21027**	**20350**	**2537**	**2491**	**20593**	**7542**
定海区	485	12157	12018	1422	1406	14522	4693
普陀区	401	5781	5348	732	712	2988	1874
岱山县	147	2067	2016	300	290	2418	752
嵊泗县	23	1021	968	84	84	665	223
台州市	**9467**	**79781**	**78678**	**5324**	**5254**	**68093**	**28212**
椒江区	7961	23016	22578	1796	1777	19405	8854
黄岩区	356	6929	6674	629	601	6188	2363
路桥区	69	9320	9167	318	316	5904	3591
玉环县	83	8096	8027	507	503	7684	2878
三门县	56	2127	2116	133	132	3305	596
天台县	109	2022	2006	68	67	1896	697
仙居县	166	3806	3797	275	275	2750	1172
温岭市	375	14420	14420	794	794	11944	4505
临海市	293	10045	9894	805	790	9016	3556
丽水市	**1027**	**28147**	**27825**	**1333**	**1307**	**27027**	**8744**
莲都区	515	16060	15955	532	523	15650	5019
青田县	92	2127	2127	224	224	2241	522
缙云县	76	2581	2551	179	179	3565	1277
遂昌县	50	1502	1470	56	50	1109	449
松阳县	65	1263	1186	22	13	819	237
云和县	61	996	994	109	109	598	294
庆元县	50	961	907	90	90	669	228
景宁畲族自治县	35	1222	1197	94	92	1123	315
龙泉市	83	1438	1438	26	26	1254	403

1－B－5 按登记注册类型、控股情况和行业分组的限额以下批发和零售业财务状况

单位：万元、人

指标名称	年初存货	年末存货	固定资产原价	所有者权益合计	实收资本
总计	**3252715**	**3789656**	**4111291**	**12292673**	**10404078**
一、按登记注册类型分					
内资	**3157072**	**3688550**	**4009317**	**11933234**	**10067874**
国有	56516	61697	140791	270322	148944
集体	35301	40820	132473	223574	163734
股份合作企业	10529	12469	22185	33028	24073
联营企业	1048	1239	4379	6770	7284
国有联营	447	525	428	3071	3091
集体联营	377	462	1904	1656	1335
国有与集体联营	200	222	1752	1788	2446
其他联营	24	29	296	254	411
有限责任公司	342038	355043	518266	1637329	1416393
国有独资公司	26001	30997	35083	64543	33855
其他有限责任公司	316037	324046	483183	1572786	1382538
股份有限公司	38106	46503	71543	253020	180140
私营企业	2656224	3150580	3077088	9422397	8070207
私营独资	246603	260044	335297	688203	546885
私营合伙	61631	69490	95594	196787	151988
私营有限责任公司	2264530	2721455	2536853	8243384	7140165
私营股份有限公司	83460	99591	109344	294023	231169
其他	17311	20199	42592	86794	57099
港澳台商投资	**47467**	**37325**	**40498**	**167606**	**162007**
与港澳台商合资经营	6502	9355	12369	48325	46717
与港澳台商合作经营	350	314	592	1388	1380
港澳台商独资	40063	27111	27218	107896	111504
港澳台商投资股份有限公司	552	546	319	9997	2405
外商投资	**48176**	**63781**	**61475**	**191833**	**174197**
中外合资经营	8795	10153	29552	63007	44585
中外合作经营	160	213	662	732	5879
外资企业	37540	51641	29589	122131	118930
外商投资股份有限公司	1681	1774	1672	5963	4802
二、按控股情况分					
国有控股	109386	116847	231055	566345	313826
集体控股	70490	81259	230288	450637	329949
私人控股	2958681	3473913	3537839	10881857	9379221
港澳台商控股	44360	32676	30904	140697	136145
外商控股	44041	58288	40576	149059	144943
其他	25756	26673	40629	104078	99994

1－B－5 续表1－1

单位：万元、人

指标名称	年初存货	年末存货	固定资产原价	所有者权益合计	实收资本
三、按国民经济行业（门类、大类、中类、小类）分					
批发和零售业	**3252715**	**3789656**	**4111291**	**12292673**	**10404078**
批发业	2750198	3209892	3315637	10637161	8909666
农畜产品批发	77195	79949	103583	190113	137085
谷物、豆及薯类批发	18279	21428	21550	30167	20602
种子、饲料批发	28573	28841	18229	61402	46590
棉、麻批发	7067	4130	15434	20750	13829
牲畜批发	2562	3299	14282	16050	10814
其他农畜产品批发	20715	22251	34088	61743	45250
食品、饮料及烟草制品批发	217561	260826	356843	665891	504811
米、面制品及食用油批发	60536	71574	106977	158169	106059
糕点、糖果及糖批发	11181	12910	10829	32817	24420
果品、蔬菜批发	15577	18041	59170	82384	63139
肉、禽、蛋及水产品批发	20164	20441	51491	77011	58446
盐及调味品批发	13301	15697	15609	26472	14806
饮料及茶叶批发	60431	77630	78013	203861	170692
烟草制品批发	1244	1814	2838	19503	7427
其他食品批发	35128	42720	31917	65674	59823
纺织、服装及日用品批发	601276	770951	707397	2480506	2080237
纺织品、针织品及原料批发	375695	486575	414086	1331737	1080275
服装批发	114039	137237	146198	655957	566754
鞋帽批发	17102	26947	18098	66590	54985
厨房、卫生间用具及日用杂货批发	22890	28850	29022	103160	90351
化妆品及卫生用品批发	14480	18978	10329	39380	37468
其他日用品批发	57070	72365	89665	283681	250404
文化、体育用品及器材批发	110753	166824	122461	391574	305741
文具用品批发	42098	84105	46582	190634	143659
体育用品批发	7405	9065	7382	29465	21685
图书批发	4994	6324	7446	21263	20601
报刊批发	1587	2214	1067	3886	2691
音像制品及电子出版物批发	3115	4147	1104	5312	5279
首饰、工艺品及收藏品批发	43747	52965	47590	113580	86759
其他文化用品批发	7807	8004	11290	27434	25068
医药及医疗器材批发	51965	62702	48338	158768	136722
西药批发	8387	9987	6082	25768	23272
中药材及中成药批发	10842	10488	9397	30068	25538
医疗用品及器材批发	32736	42227	32859	102931	87913
矿产品、建材及化工产品批发	1030379	1090004	1186309	4235168	3615816

1-B-5 续表1-2

单位：万元、人

指标名称	年初存货	年末存货	固定资产原价	所有者权益合计	实收资本
煤炭及制品批发	74179	73496	80902	430527	379323
石油及制品批发	59203	53464	132653	233478	196103
非金属矿及制品批发	3599	4290	7098	33121	25175
金属及金属矿批发	376525	408764	304323	1530351	1342448
建材批发	182191	195375	242129	864353	760792
化肥批发	27284	29497	56007	77653	52595
农药批发	13601	12072	13809	32890	23128
农用薄膜批发	512	638	389	1558	1616
其他化工产品批发	293285	312408	348999	1031238	834636
机械设备、五金交电及电子产品批发	575292	684364	621936	2135100	1813176
农业机械批发	14874	11099	20178	25921	21161
汽车、摩托车及零配件批发	55033	63664	52298	259725	220699
五金、交电批发	124247	146657	193877	524410	415703
家用电器批发	67199	81763	39142	192741	147545
计算机、软件及辅助设备批发	35919	42402	37648	128561	160712
通讯及广播电视设备批发	22673	25833	21220	98683	94730
其他机械设备及电子产品批发	255347	312946	257574	905059	752626
贸易经纪与代理	6353	6683	57373	143115	127644
贸易经纪与代理	6353	6683	57373	143115	127644
其他批发	79425	87590	111395	236927	188433
再生物资回收与批发	66643	69425	87714	173690	136024
其他未列明的批发	12783	18164	23681	63237	52409
零售业	502517	579764	795654	1655512	1494412
综合零售	36295	39801	134900	152258	160305
百货零售	7674	8549	76476	73754	98021
超级市场零售	15498	17917	22280	32752	25905
其他综合零售	13124	13334	36143	45752	36379
食品、饮料及烟草制品专门零售	27762	33718	71625	131978	105371
粮油零售	2645	2959	13532	13119	9960
糕点、面包零售	1112	1372	3144	3925	3391
果品、蔬菜零售	1958	2221	3551	7902	6833
肉、禽、蛋及水产品零售	1470	2140	8390	14872	10311
饮料及茶叶零售	7823	9120	14540	27637	25092
烟草制品零售	2713	2738	8969	15645	13369
其他食品零售	10042	13168	19499	48879	36416
纺织、服装及日用品专门零售	68970	84587	72993	177628	165263
纺织品及针织品零售	8643	10057	7111	20330	23447
服装零售	29881	37781	31717	73504	66966

1－B－5 续表1－3

单位：万元、人

指 标 名 称	年初存货	年末存货	固定资产原 价	所有者权益合计	实收资本
鞋帽零售	2673	3379	1467	6100	5996
钟表、眼镜零售	9036	12397	8561	19372	18237
化妆品及卫生用品零售	3416	3699	5359	13293	12860
其他日用品零售	15321	17274	18778	45030	37758
文化、体育用品及器材专门零售	45547	53868	43676	120634	109510
文具用品零售	8521	8920	8193	22146	19407
体育用品零售	2107	3658	3025	10632	9463
图书零售	7121	8078	2748	17688	16124
报刊零售	331	366	1391	2877	2624
音像制品及电子出版物零售	649	538	624	2765	3084
珠宝首饰零售	16647	19753	15564	32966	30623
工艺美术品及收藏品零售	7319	9243	10629	26398	23216
照相器材零售	362	481	282	1564	1527
其他文化用品零售	2490	2831	1221	3598	3441
医药及医疗器材专门零售	68663	77892	97084	175430	145121
药品零售	60070	68526	87552	151198	123620
医疗用品及器材零售	8593	9365	9532	24232	21501
汽车、摩托车、燃料及零配件专门零售	104400	119869	188252	398835	367695
汽车零售	48097	59050	87290	229157	226168
汽车零配件零售	12194	14305	13316	38240	38650
摩托车及零配件零售	21965	23791	12698	27251	21740
机动车燃料零售	22144	22723	74948	104188	81138
家用电器及电子产品专门零售	82337	92844	69418	246289	220261
家用电器零售	38353	42973	23159	82618	70543
计算机、软件及辅助设备零售	24864	27907	23789	89892	80880
通信设备零售	13006	14978	13710	45218	42128
其他电子产品零售	6114	6986	8761	28561	26710
五金、家具及室内装修材料专门零售	53181	60205	67093	167683	148925
五金零售	21221	23242	26271	63790	54134
家具零售	9717	11929	20806	38690	37759
涂料零售	3939	4643	3835	8703	7855
其他室内装修材料零售	18303	20391	16181	56500	49178
无店铺及其他零售	15362	16981	50613	84777	71962
邮购及电子销售	192	424	872	2544	2860
生活用燃料零售	5576	5720	34387	48406	40651
花卉零售	4256	4704	5614	11307	10250
旧货零售	252	313	812	1148	1042
其他未列明的零售	5087	5821	8929	21373	17160

1－B－5 续表2－1

单位：万元、人

指标名称	国家资本	集体资本	法人资本	个人资本	港澳台资本
总　计	**304494**	**309140**	**1828210**	**7692757**	**132962**
一、按登记注册类型分					
内　资	**302914**	**308546**	**1778786**	**7672615**	**2203**
国　有	142359	120	5573	892	...
集　体	927	151403	2066	9338	
股份合作企业	216	12582	2295	8960	20
联营企业	1932	2415	2748	189	
国有联营	290	100	2603	98	
集体联营		1330		5	
国有与集体联营	1642	729		76	
其他联营		256	145	10	
有限责任公司	96247	116899	585442	614571	1080
国有独资公司	33346	237	242	31	
其他有限责任公司	62901	116662	585200	614540	1080
股份有限公司	54845	18857	31867	74421	105
私营企业	5816	4699	1134376	6923728	998
私营独资	15	96	60913	485820	1
私营合伙	70	230	28084	123589	16
私营有限责任公司	5611	3905	1007581	6121538	981
私营股份有限公司	121	468	37798	192782	
其　他	572	1570	14420	40517	
港澳台商投资			**22376**	**10670**	**128724**
与港澳台商合资经营			22139	9020	15533
与港澳台商合作经营			4	254	1122
港澳台商独资			66	1196	110031
港澳台商投资股份有限公司			167	200	2038
外商投资	**1580**	**594**	**27048**	**9472**	**2035**
中外合资经营	1580	594	17470	8291	1684
中外合作经营			4214	194	
外资企业			5314	529	242
外商投资股份有限公司			50	458	109
二、按控股情况分					
国有控股	288858	2152	17315	5489	...
集体控股	2249	297211	8608	19483	82
私人控股	11604	9652	1687512	7659095	7174
港澳台商控股			8531	2114	125444
外商控股	1543		9787	3406	262
其　他	240	125	96458	3171	

1－B－5 续表2－2 单位：万元、人

指标名称	国家资本	集体资本	法人资本	个人资本	港澳台资本
三、按国民经济行业(门类、大类、中类、小类)分					
批发和零售业	**304494**	**309140**	**1828210**	**7692757**	**132962**
批发业	251258	240249	1558606	6632073	116969
农畜产品批发	14109	19984	18089	84370	433
谷物、豆及薯类批发	4342	10300	271	5379	310
种子、饲料批发	8433	1995	5616	30547	
棉、麻批发		4859	346	8624	
牲畜批发	92	266	3074	7382	
其他农畜产品批发	1242	2565	8782	32438	123
食品、饮料及烟草制品批发	50559	12474	84960	352930	367
米、面制品及食用油批发	30172	1912	7352	66623	...
糕点、糖果及糖批发	572	131	1591	22127	
果品、蔬菜批发	1700	5658	11778	43882	1
肉、禽、蛋及水产品批发	6773	796	14696	36039	
盐及调味品批发	4276	305	1351	8653	
饮料及茶叶批发	6780	2914	32310	125572	346
烟草制品批发	66	30	5365	1883	
其他食品批发	220	728	10518	48151	20
纺织、服装及日用品批发	73530	32316	348949	1495452	77191
纺织品、针织品及原料批发	7165	19784	186730	841929	10904
服装批发	63982	8038	94236	313715	63499
鞋帽批发			8773	42609	478
厨房、卫生间用具及日用杂货批发	170	1660	11840	75768	127
化妆品及卫生用品批发			5295	30193	1444
其他日用品批发	2212	2835	42075	191237	739
文化、体育用品及器材批发	5221	4097	43594	243994	3197
文具用品批发	2416	1830	12285	123791	814
体育用品批发	50	201	4516	15101	1554
图书批发	1291	60	5486	13765	
报刊批发	490	100	400	1701	
音像制品及电子出版物批发			987	4292	
首饰、工艺品及收藏品批发	875	1093	16699	64862	829
其他文化用品批发	100	812	3222	20482	
医药及医疗器材批发	1864	4071	27634	101092	1776
西药批发	995	19	9069	12620	554
中药材及中成药批发	162	1730	8129	15517	
医疗用品及器材批发	707	2321	10436	72955	1222
矿产品、建材及化工产品批发	68557	115028	632153	2759677	19275

1-B-5 续表2-3

单位：万元、人

指 标 名 称	国家资本	集体资本	法人资本	个人资本	港澳台资本
煤炭及制品批发	4690	11224	67094	296053	
石油及制品批发	13807	4331	32973	130484	12263
非金属矿及制品批发		162	7540	16899	20
金属及金属矿批发	27685	33899	209708	1068045	1941
建材批发	12444	21515	159125	556230	899
化肥批发	1165	24485	5682	21144	
农药批发	833	5655	6065	10575	
农用薄膜批发			113	1503	
其他化工产品批发	7933	13759	143855	658745	4153
机械设备、五金交电及电子产品批发	28976	44689	347519	1354508	13171
农业机械批发	1426	1138	2682	15770	
汽车、摩托车及零配件批发	2502	932	53537	156426	4252
五金、交电批发	9138	5908	70089	321433	3392
家用电器批发	3160	7321	23945	112154	
计算机、软件及辅助设备批发	2523	231	51909	100910	12
通讯及广播电视设备批发	3854	743	23027	66549	312
其他机械设备及电子产品批发	6373	28417	122330	581265	5204
贸易经纪与代理	6009	3797	27678	88681	704
贸易经纪与代理	6009	3797	27678	88681	704
其他批发	2433	3794	28029	151370	855
再生物资回收与批发	1550	2805	20611	110378	180
其他未列明的批发	883	989	7419	40992	675
零售业	53236	68890	269604	1060685	15993
综合零售	1240	17649	26463	92995	4909
百货零售	468	2073	15463	60978	4737
超级市场零售	10	2114	6238	15036	
其他综合零售	762	13462	4763	16981	172
食品、饮料及烟草制品专门零售	8625	9112	17203	69454	701
粮油零售	3631	1279	522	4529	
糕点、面包零售		55	130	2764	276
果品、蔬菜零售	123	553	1310	4847	
肉、禽、蛋及水产品零售	264	368	3257	6348	75
饮料及茶叶零售	408	1942	3656	18735	350
烟草制品零售	2605	1322	5324	4119	
其他食品零售	1595	3594	3005	28113	
纺织、服装及日用品专门零售	3320	6225	21714	120546	6743
纺织品及针织品零售	799	768	2379	15588	160
服装零售	1816	1970	9077	52791	106

1－B－5 续表2－4

单位：万元、人

指标名称	国家资本	集体资本	法人资本	个人资本	港澳台资本
鞋帽零售		79	1502	4218	
钟表、眼镜零售	40	285	2663	11883	3365
化妆品及卫生用品零售		90	1114	7739	2607
其他日用品零售	665	3034	4979	28327	504
文化、体育用品及器材专门零售	6902	4654	18991	78823	100
文具用品零售	469	256	4312	14371	
体育用品零售	102	49	316	8996	
图书零售	445	359	6855	8465	
报刊零售	1756	38	170	661	
音像制品及电子出版物零售	454		890	1740	
珠宝首饰零售		1199	4506	24878	10
工艺美术品及收藏品零售	3661	2744	1495	15217	90
照相器材零售				1527	
其他文化用品零售	15	10	447	2969	
医药及医疗器材专门零售	1402	4760	14305	124201	292
药品零售	1156	4599	11055	106760	
医疗用品及器材零售	246	160	3250	17441	292
汽车、摩托车、燃料及零配件专门零售	23159	12216	102374	228327	1620
汽车零售	7100	9660	65376	142432	1600
汽车零配件零售	270	63	17888	20429	
摩托车及零配件零售		100	2454	19185	
机动车燃料零售	15788	2393	16656	46281	20
家用电器及电子产品专门零售	3209	3797	30782	182341	132
家用电器零售	263	123	10074	60033	50
计算机、软件及辅助设备零售	230	213	12410	67977	51
通信设备零售	2616	3332	4980	31187	13
其他电子产品零售	100	129	3319	23144	19
五金、家具及室内装修材料专门零售	505	2903	25945	118492	1053
五金零售	505	1854	9343	42372	60
家具零售		653	8974	27145	987
涂料零售			1384	6471	
其他室内装修材料零售		397	6244	42505	6
无店铺及其他零售	4874	7575	11827	45505	443
邮购及电子销售			855	2005	
生活用燃料零售	4633	5427	6702	21873	278
花卉零售	196	378	1935	7576	166
旧货零售		12	510	520	
其他未列明的零售	46	1758	1824	13531	

1－B－5 续表3－1

单位：万元、人

指标名称	外商资本	本年折旧	营业收入	主营业务收入	营业成本
总 计	**136516**	**348444**	**51176219**	**50998547**	**46308240**
一、按登记注册类型分					
内 资	**2811**	**337539**	**50413084**	**50238600**	**45629569**
国 有	…	10276	612215	607043	550937
集 体		7442	365331	361517	304610
股份合作企业		1776	162039	161323	141487
联营企业		364	11117	11040	9124
国有联营		27	1846	1846	1493
集体联营		168	7466	7465	6312
国有与集体联营		149	800	725	490
其他联营		20	1005	1005	829
有限责任公司	2156	39681	4279013	4258819	3822684
国有独资公司		1853	77935	76089	63306
其他有限责任公司	2156	37828	4201077	4182730	3759378
股份有限公司	45	7482	404972	403469	356043
私营企业	590	267799	44282738	44140432	40197970
私营独资	40	28769	2926151	2920948	2510319
私营合伙		7654	893176	891532	782496
私营有限责任公司	550	221862	39400510	39268324	35951423
私营股份有限公司		9514	1062901	1059628	953733
其 他	20	2719	295660	294958	246715
港澳台商投资	**237**	**4071**	**197230**	**196596**	**167544**
与港澳台商合资经营	25	1030	57479	57409	49384
与港澳台商合作经营		32	4249	4241	3626
港澳台商独资	212	2983	131413	130858	111238
港澳台商投资股份有限公司		26	4089	4089	3296
外商投资	**133468**	**6834**	**565905**	**563351**	**511128**
中外合资经营	14967	3263	247835	246962	228753
中外合作经营	1471	30	1375	1365	1005
外资企业	112846	3425	297789	296119	267636
外商投资股份有限公司	4185	116	18907	18906	13735
二、按控股情况分					
国有控股	13	16159	1258811	1249863	1141631
集体控股	2316	13854	1040202	1034045	906369
私人控股	4184	305894	48060125	47902533	43536726
港澳台商控股	57	3217	172933	172409	147243
外商控股	129946	5438	357996	355469	319374
其 他		3881	286152	284228	256898

1－B－5 续表3－2 单位：万元、人

指标名称	外商资本	本年折旧	营业收入	主营业务收入	营业成本
三、按国民经济行业(门类、大类、中类、小类)分					
批发和零售业	**136516**	**348444**	**51176219**	**50998547**	**46308240**
批发业	110511	289412	47265914	47109945	43073465
农畜产品批发	100	6451	485796	483247	419167
谷物、豆及薯类批发		1140	42288	41516	37123
种子、饲料批发		1358	123159	123008	107872
棉、麻批发		948	65159	64437	58877
牲畜批发		762	63689	63596	52172
其他农畜产品批发	100	2244	191501	190690	163124
食品、饮料及烟草制品批发	3522	27845	2118762	2107327	1843692
米、面制品及食用油批发	...	7172	356005	354015	322734
糕点、糖果及糖批发		1090	124619	124612	110762
果品、蔬菜批发	120	4177	359220	357622	301788
肉、禽、蛋及水产品批发	143	4030	303278	301227	270706
盐及调味品批发	221	1462	105722	105179	86006
饮料及茶叶批发	2770	6574	524489	521141	448078
烟草制品批发	83	228	13505	13489	11675
其他食品批发	186	3112	331924	330041	291943
纺织、服装及日用品批发	52799	65099	12589870	12570069	11414736
纺织品、针织品及原料批发	13762	34403	8772455	8760901	8036977
服装批发	23284	14687	1510676	1507418	1325536
鞋帽批发	3125	1918	400407	400295	358650
厨房、卫生间用具及日用杂货批发	785	3018	391858	390890	337236
化妆品及卫生用品批发	537	963	223532	222731	196110
其他日用品批发	11306	10112	1290943	1287833	1160227
文化、体育用品及器材批发	5639	10437	1356756	1353853	1209291
文具用品批发	2523	4382	734979	734267	675188
体育用品批发	263	776	97257	97063	84970
图书批发		634	48184	48128	41288
报刊批发		112	9401	9129	7065
音像制品及电子出版物批发		107	12489	12474	10460
首饰、工艺品及收藏品批发	2402	3563	357288	355822	306380
其他文化用品批发	451	864	97159	96972	83941
医药及医疗器材批发	286	5036	616046	612235	511333
西药批发	15	661	112478	112007	100654
中药材及中成药批发		809	80119	77474	64731
医疗用品及器材批发	271	3566	423449	422754	345949
矿产品、建材及化工产品批发	21125	97711	20393554	20310108	19006149

1－B－5 续表3－3

单位：万元、人

指 标 名 称	外商资本	本年折旧	营业收入	主营业务收入	营业成本
煤炭及制品批发	263	7176	1325076	1323026	1169459
石油及制品批发	2245	10358	1115204	1112377	1039337
非金属矿及制品批发	555	635	88588	88415	74458
金属及金属矿批发	1170	26232	9470716	9414427	9035807
建材批发	10580	18320	1706712	1700435	1526064
化肥批发	120	3562	269386	266803	235039
农药批发		953	171506	171182	153901
农用薄膜批发		39	6290	6290	5628
其他化工产品批发	6193	30436	6240076	6227153	5766457
机械设备、五金交电及电子产品批发	24313	61684	7881859	7855631	7049905
农业机械批发	145	1610	103789	102942	88499
汽车、摩托车及零配件批发	3050	4810	848581	846179	769698
五金、交电批发	5744	17826	2050581	2045650	1829789
家用电器批发	965	4745	729274	727883	653134
计算机、软件及辅助设备批发	5128	5219	661721	657990	611932
通讯及广播电视设备批发	245	2133	322216	319288	290369
其他机械设备及电子产品批发	9037	25343	3165698	3155700	2806485
贸易经纪与代理	775	6213	82966	82323	49734
贸易经纪与代理	775	6213	82966	82323	49734
其他批发	1952	8936	1740305	1735153	1569456
再生物资回收与批发	500	6823	1480501	1476592	1340668
其他未列明的批发	1452	2113	259804	258561	228788
零售业	26005	59032	3910305	3888602	3234775
综合零售	17049	7885	249630	245811	203051
百货零售	14302	4071	67788	65277	56668
超级市场零售	2507	1694	101113	100927	82833
其他综合零售	240	2120	80729	79608	63550
食品、饮料及烟草制品专门零售	276	4812	236843	235527	185552
粮油零售		773	24576	24474	19522
糕点、面包零售	166	271	15911	15909	11047
果品、蔬菜零售		223	21732	21708	17637
肉、禽、蛋及水产品零售		494	23402	23352	18422
饮料及茶叶零售		1105	51488	50733	39275
烟草制品零售		593	26532	26354	22546
其他食品零售	110	1354	73201	72997	57103
纺织、服装及日用品专门零售	6715	5630	423359	419327	336145
纺织品及针织品零售	3753	732	60741	60578	50854
服装零售	1207	2250	170435	167704	134002

1－B－5 续表3－4 单位：万元、人

指标名称	外商资本	本年折旧	营业收入	主营业务收入	营业成本
鞋帽零售	198	155	16488	16461	13182
钟表、眼镜零售		663	55731	55636	41033
化妆品及卫生用品零售	1310	406	17300	16980	12463
其他日用品零售	249	1423	102665	101968	84613
文化、体育用品及器材专门零售	40	3505	213358	212542	170853
文具用品零售		667	52169	51825	41948
体育用品零售		320	37186	37113	33170
图书零售		272	22365	22299	18297
报刊零售		183	1615	1595	613
音像制品及电子出版物零售		58	3537	3418	2873
珠宝首饰零售	30	1197	56390	56368	42651
工艺美术品及收藏品零售	10	648	25568	25428	19118
照相器材零售		17	3196	3170	2828
其他文化用品零售		144	11335	11327	9355
医药及医疗器材专门零售	162	7951	474157	472893	348543
药品零售	50	7194	413005	412160	302336
医疗用品及器材零售	112	757	61152	60733	46206
汽车、摩托车、燃料及零配件专门零售		13802	1127697	1125099	1004427
汽车零售		6306	495170	493347	443700
汽车零配件零售		1241	115997	115843	102615
摩托车及零配件零售		863	96752	96549	82452
机动车燃料零售		5393	419779	419360	375660
家用电器及电子产品专门零售		6406	651483	646750	544287
家用电器零售		2014	202494	201672	169116
计算机、软件及辅助设备零售		2084	264508	262226	222715
通信设备零售		1263	106147	104713	84843
其他电子产品零售		1044	78333	78140	67612
五金、家具及室内装修材料专门零售	26	5301	370052	368346	307141
五金零售		2010	171315	171049	144810
家具零售		1553	54075	53557	41093
涂料零售		337	37775	37772	32995
其他室内装修材料零售	26	1401	106888	105968	88243
无店铺及其他零售	1737	3741	163725	162307	134777
邮购及电子销售		51	1689	1689	1162
生活用燃料零售	1737	2537	104187	103260	88292
花卉零售		492	11949	11889	8742
旧货零售		51	2705	2695	2102
其他未列明的零售		611	43195	42775	34478

1－B－5　续表4－1

单位：万元、人

指标名称	主营业务成本	营业税金及附加	主营业务税金及附加	主营业务利润	其他业务利润
总　计	**46184138**	**273494**	**259045**	**4555364**	**152522**
一、按登记注册类型分					
内　资	**45507203**	**269342**	**254958**	**4476439**	**146209**
国　有	548712	5604	5519	52811	7182
集　体	303343	3322	3265	54910	6741
股份合作企业	140734	845	823	19766	500
联营企业	9122	120	111	1807	461
国有联营	1493	17	17	337	10
集体联营	6312	63	63	1090	2
国有与集体联营	490	21	21	213	418
其他联营	827	20	11	167	31
有限责任公司	3814634	26623	25942	418243	24526
国有独资公司	62808	593	579	12703	1758
其他有限责任公司	3751826	26030	25363	405540	22769
股份有限公司	355602	2251	2185	45682	16122
私营企业	40089242	226416	212971	3838219	89995
私营独资	2506888	24751	24427	389633	2603
私营合伙	781584	5607	5538	104410	1332
私营有限责任公司	35848936	190604	177694	3241694	81400
私营股份有限公司	951834	5453	5311	102482	4660
其　他	245814	4162	4143	45001	681
港澳台商投资	**167141**	**703**	**665**	**28790**	**1036**
与港澳台商合资经营	49073	217	201	8135	256
与港澳台商合作经营	3626	16	16	598	28
港澳台商独资	111146	424	402	19310	738
港澳台商投资股份有限公司	3296	46	46	747	13
外商投资	**509793**	**3449**	**3422**	**50136**	**5278**
中外合资经营	227770	1211	1211	17980	493
中外合作经营	1005	14	14	346	
外资企业	267285	2160	2133	26701	1976
外商投资股份有限公司	13733	64	64	5109	2809
二、按控股情况分					
国有控股	1138459	7361	7245	104159	26912
集体控股	903608	7448	7238	123199	9560
私人控股	43420554	254077	240013	4241966	108145
港澳台商控股	147225	507	486	24699	838
外商控股	318040	2831	2804	34626	5179
其　他	256253	1271	1260	26715	1889

1－B－5 续表4－2

单位：万元、人

指标名称	主营业务成本	营业税金及附加	主营业务税金及附加	主营业务利润	其他业务利润
三、按国民经济行业(门类、大类、中类、小类)分					
批发和零售业	**46184138**	**273494**	**259045**	**4555364**	**152522**
批发业	42962213	235408	221541	3926192	124122
农畜产品批发	418272	3543	3447	61528	2992
谷物、豆及薯类批发	36992	391	391	4134	1054
种子、饲料批发	107579	619	561	14868	222
棉、麻批发	58869	523	523	5045	979
牲畜批发	52153	457	446	10997	111
其他农畜产品批发	162680	1553	1525	26484	626
食品、饮料及烟草制品批发	1835412	13802	13466	258449	12889
米、面制品及食用油批发	322040	1444	1402	30574	3757
糕点、糖果及糖批发	110681	806	794	13137	565
果品、蔬菜批发	299998	4112	4084	53540	1309
肉、禽、蛋及水产品批发	268988	1353	1306	30933	1344
盐及调味品批发	85789	448	430	18960	957
饮料及茶叶批发	445412	3743	3669	72060	2598
烟草制品批发	11675	337	337	1477	337
其他食品批发	290829	1559	1445	37767	2022
纺织、服装及日用品批发	11402099	62661	61935	1106034	31307
纺织品、针织品及原料批发	8030041	39871	39476	691385	5593
服装批发	1323245	8420	8325	175848	20976
鞋帽批发	358542	4116	4111	37641	226
厨房、卫生间用具及日用杂货批发	336501	2121	2053	52336	554
化妆品及卫生用品批发	195626	700	687	26419	537
其他日用品批发	1158144	7433	7284	122405	3420
文化、体育用品及器材批发	1206520	7335	7273	140060	3295
文具用品批发	674106	3060	3024	57137	602
体育用品批发	84604	616	615	11844	100
图书批发	41248	288	288	6592	71
报刊批发	6967	113	105	2056	523
音像制品及电子出版物批发	10449	58	57	1969	3
首饰、工艺品及收藏品批发	305227	2568	2559	48036	1764
其他文化用品批发	83920	633	625	12427	232
医药及医疗器材批发	510439	3576	3471	98325	4454
西药批发	100556	612	609	10843	269
中药材及中成药批发	64695	614	614	12164	2656
医疗用品及器材批发	345188	2349	2248	75318	1530
矿产品、建材及化工产品批发	18945646	75348	73925	1290538	39011

1－B－5 续表 4－3

单位：万元、人

指标名称	主营业务成本	营业税金及附加	主营业务税金及附加	主营业务利润	其他业务利润
煤炭及制品批发	1168287	6112	6079	148660	4007
石油及制品批发	1038404	4276	4234	69740	3513
非金属矿及制品批发	74347	568	488	13581	111
金属及金属矿批发	8994236	27056	26914	393276	5959
建材批发	1521251	11865	11567	167617	7618
化肥批发	233798	1863	1829	31177	3144
农药批发	153645	816	795	16742	277
农用薄膜批发	5628	15	15	648	1
其他化工产品批发	5756050	22779	22005	449098	14382
机械设备、五金交电及电子产品批发	7030013	50576	39630	785988	26725
农业机械批发	88166	759	663	14112	939
汽车、摩托车及零配件批发	767561	3546	3443	75175	1633
五金、交电批发	1822359	13033	12834	210457	3561
家用电器批发	652237	2678	2642	73004	2517
计算机、软件及辅助设备批发	609717	1978	1882	46392	3928
通讯及广播电视设备批发	289140	1389	1312	28836	2535
其他机械设备及电子产品批发	2800833	27193	16854	338012	11613
贸易经纪与代理	49491	1991	1977	30855	685
贸易经纪与代理	49491	1991	1977	30855	685
其他批发	1564321	16577	16417	154415	2764
再生物资回收与批发	1337256	13766	13622	125715	1977
其他未列明的批发	227065	2811	2796	28700	787
零售业	3221924	38087	37504	629173	28401
综合零售	202161	2491	2376	41274	7889
百货零售	56423	601	505	8349	4655
超级市场零售	82632	732	732	17563	922
其他综合零售	63105	1158	1140	15363	2312
食品、饮料及烟草制品专门零售	184964	2742	2706	47857	2484
粮油零售	19502	251	250	4722	447
糕点、面包零售	11047	306	306	4557	－2
果品、蔬菜零售	17622	217	215	3871	55
肉、禽、蛋及水产品零售	18381	433	431	4541	276
饮料及茶叶零售	38937	587	582	11214	889
烟草制品零售	22409	214	214	3731	104
其他食品零售	57067	734	708	15221	714
纺织、服装及日用品专门零售	333039	3536	3502	82785	2736
纺织品及针织品零售	50690	661	658	9231	248
服装零售	131599	1294	1276	34829	951

1－B－5 续表4－4

单位：万元、人

指标名称	主营业务成本	营业税金及附加	主营业务税金及附加	主营业务利润	其他业务利润
鞋帽零售	13178	157	157	3126	22
钟表、眼镜零售	40929	493	491	14217	327
化妆品及卫生用品零售	12451	211	211	4318	337
其他日用品零售	84192	721	710	17066	851
文化、体育用品及器材专门零售	170258	2497	2483	39802	1225
文具用品零售	41708	401	394	9723	177
体育用品零售	33168	241	241	3704	74
图书零售	18225	166	164	3910	83
报刊零售	605	49	48	942	387
音像制品及电子出版物零售	2770	28	28	620	29
珠宝首饰零售	42642	1157	1154	12572	42
工艺美术品及收藏品零售	19014	357	355	6059	237
照相器材零售	2821	18	18	330	15
其他文化用品零售	9305	80	80	1943	182
医药及医疗器材专门零售	347667	7213	7134	118092	1158
药品零售	301648	6522	6466	104047	851
医疗用品及器材零售	46020	691	668	14046	307
汽车、摩托车、燃料及零配件专门零售	1002752	8613	8537	113810	4968
汽车零售	442722	3484	3469	47156	3688
汽车零配件零售	102484	545	531	12827	412
摩托车及零配件零售	82358	674	633	13559	191
机动车燃料零售	375189	3911	3904	40268	677
家用电器及电子产品专门零售	541274	5882	5728	99748	5627
家用电器零售	168532	1867	1819	31320	1129
计算机、软件及辅助设备零售	221102	1945	1884	39240	2001
通信设备零售	84102	1401	1380	19230	2284
其他电子产品零售	67537	669	645	9957	214
五金、家具及室内装修材料专门零售	305988	3494	3457	58901	1352
五金零售	144629	1540	1518	24902	362
家具零售	40759	740	735	12064	299
涂料零售	32795	293	293	4684	20
其他室内装修材料零售	87806	921	912	17251	671
无店铺及其他零售	133821	1621	1582	26905	962
邮购及电子销售	1162	74	74	453	68
生活用燃料零售	87753	944	928	14579	351
花卉零售	8709	194	191	2990	80
旧货零售	2092	83	83	520	17
其他未列明的零售	34105	326	307	8363	446

1-B-5 续表5-1

单位：万元、人

指标名称	营业费用、管理费用、财务费用合计	#税金	#利息支出	营业利润	职工工资和福利费（包括养老、医疗、失业、工伤、生育保险和住房公积金）
总计	**3358647**	**110249**	**183709**	**1369252**	**1057717**
一、按登记注册类型分					
内资	**3293105**	**108633**	**179912**	**1349553**	**1036651**
国有	58214	1830	2585	5005	21963
集体	42578	1626	3267	19070	21843
股份合作企业	11582	330	354	8683	5445
联营企业	1492	62	100	777	896
国有联营	267	1	13	80	116
集体联营	691	25	19	402	348
国有与集体联营	423	26	65	209	232
其他联营	113	11	3	86	200
有限责任公司	345621	11859	24793	99152	101848
国有独资公司	14734	615	1115	-311	6163
其他有限责任公司	330887	11245	23677	99463	95685
股份有限公司	38008	1152	2560	37651	10370
私营企业	2773001	90679	145122	1156146	862104
私营独资	218367	9010	6630	173409	100890
私营合伙	64897	2767	2038	40833	28437
私营有限责任公司	2411663	76139	132411	912786	709676
私营股份有限公司	78074	2763	4044	29117	23101
其他	22610	1096	1132	23070	12182
港澳台商投资	**25518**	**710**	**2127**	**4308**	**10641**
与港澳台商合资经营	7174	405	710	1217	1909
与港澳台商合作经营	612	8	2	14	274
港澳台商独资	16762	283	1415	3287	8244
港澳台商投资股份有限公司	971	14		-210	215
外商投资	**40024**	**907**	**1669**	**15392**	**10424**
中外合资经营	10618	141	1083	7854	2541
中外合作经营	362	15	4	-15	95
外资企业	25524	666	579	3154	7261
外商投资股份有限公司	3520	85	3	4398	528
二、按控股情况分					
国有控股	102823	3157	8263	45020	36109
集体控股	88634	2959	6577	44093	36858
私人控股	3086691	101919	164460	1262892	958296
港澳台商控股	22668	595	1832	2869	9682
外商控股	31827	817	1084	7980	8874
其他	26005	803	1492	6399	7899

1－B－5 续表5－2

单位：万元、人

指标名称	营业费用、管理费用、财务费用合计	#税金	#利息支出	营业利润	职工工资和福利费（包括养老、医疗、失业、工伤、生育保险和住房公积金）
三、按国民经济行业（门类、大类、中类、小类）分					
批发和零售业	**3358647**	**110249**	**183709**	**1369252**	**1057717**
批发业	2908865	91683	166971	1161045	845486
农畜产品批发	42537	1279	3897	21823	18629
谷物、豆及薯类批发	6640	113	966	－1609	3181
种子、饲料批发	12090	153	1051	3007	4037
棉、麻批发	4802	243	731	1222	1379
牲畜批发	5547	145	454	5562	2449
其他农畜产品批发	13459	624	696	13642	7583
食品、饮料及烟草制品批发	197213	8165	12111	74053	80278
米、面制品及食用油批发	35849	1590	3999	－1178	12998
糕点、糖果及糖批发	11103	307	589	2566	3257
果品、蔬菜批发	28830	1934	1225	26018	18085
肉、禽、蛋及水产品批发	20223	659	1102	12086	8534
盐及调味品批发	15891	428	232	4027	6772
饮料及茶叶批发	54449	2222	3783	20206	19142
烟草制品批发	1336	13	17	479	766
其他食品批发	29532	1012	1165	9850	10725
纺织、服装及日用品批发	734512	18282	35000	418441	215395
纺织品、针织品及原料批发	402702	10275	22106	294419	114587
服装批发	151238	3751	7595	62094	48414
鞋帽批发	22235	668	635	15634	4781
厨房、卫生间用具及日用杂货批发	37438	751	970	15451	10179
化妆品及卫生用品批发	17443	529	308	8535	6351
其他日用品批发	103458	2310	3386	22309	31083
文化、体育用品及器材批发	103595	3667	6493	39777	33837
文具用品批发	46576	1727	4619	11165	14294
体育用品批发	9183	289	－24	2771	3033
图书批发	4883	114	44	1780	1733
报刊批发	2100	19	5	479	1643
音像制品及电子出版物批发	1204	42	82	768	451
首饰、工艺品及收藏品批发	31569	1281	1581	18235	9928
其他文化用品批发	8080	195	186	4580	2754
医药及医疗器材批发	83230	1762	1780	22045	21591
西药批发	9356	164	167	4254	2359
中药材及中成药批发	10017	153	443	4809	2951
医疗用品及器材批发	63857	1445	1170	12982	16281
矿产品、建材及化工产品批发	1001894	33734	80833	327440	239228

1－B－5 续表5－3

单位：万元、人

指标名称	营业费用、管理费用、财务费用合计	#税金	#利息支出	营业利润	职工工资和福利费（包括养老、医疗、失业、工伤、生育保险和住房公积金）
煤炭及制品批发	110768	3379	9035	41952	13267
石油及制品批发	56343	1810	7805	16903	14553
非金属矿及制品批发	5015	346	244	8676	1630
金属及金属矿批发	323681	9810	33633	74861	64178
建材批发	134950	4865	13433	40643	41130
化肥批发	20766	943	1165	13552	11737
农药批发	10570	356	226	6428	4460
农用薄膜批发	404	5	15	245	157
其他化工产品批发	339398	12220	15277	124180	88116
机械设备、五金交电及电子产品批发	642413	20334	21982	172088	199832
农业机械批发	10224	273	617	4825	3896
汽车、摩托车及零配件批发	58164	1492	2162	18643	17464
五金、交电批发	161449	4652	5564	52479	47196
家用电器批发	60503	1607	1960	14611	16386
计算机、软件及辅助设备批发	46266	2395	964	4054	18498
通讯及广播电视设备批发	29028	1003	1955	2343	8780
其他机械设备及电子产品批发	276779	8912	8760	75133	87612
贸易经纪与代理	23840	728	560	7797	7415
贸易经纪与代理	23840	728	560	7797	7415
其他批发	79631	3732	4316	77580	29282
再生物资回收与批发	64900	3230	3631	62811	24492
其他未列明的批发	14730	502	686	14770	4791
零售业	449782	18567	16737	208208	212231
综合零售	34119	1142	1513	15028	16846
百货零售	10133	385	1011	2864	4594
超级市场零售	12098	314	336	6386	5265
其他综合零售	11889	443	166	5777	6987
食品、饮料及烟草制品专门零售	35111	1744	1003	15238	19336
粮油零售	3556	113	158	1618	1960
糕点、面包零售	2653	123	26	1902	1491
果品、蔬菜零售	2593	182	88	1333	1866
肉、禽、蛋及水产品零售	3417	90	136	1400	1949
饮料及茶叶零售	8704	521	139	3403	4384
烟草制品零售	2444	172	47	1392	1223
其他食品零售	11745	544	409	4190	6463
纺织、服装及日用品专门零售	71312	2473	2213	14174	27241
纺织品及针织品零售	10072	296	158	－607	3838
服装零售	30208	1089	1359	5546	10477

1－B－5 续表5－4 单位：万元、人

指标名称	营业费用、管理费用、财务费用合计	#税金	#利息支出	营业利润	职工工资和福利费（包括养老、医疗、失业、工伤、生育保险和住房公积金）
鞋帽零售	2432	54	36	716	1005
钟表、眼镜零售	11126	225	175	3418	4475
化妆品及卫生用品零售	3811	126	24	844	1942
其他日用品零售	13664	683	461	4257	5505
文化、体育用品及器材专门零售	28888	1114	848	12140	13235
文具用品零售	6630	235	251	3271	3370
体育用品零售	2689	78	89	1089	1182
图书零售	3640	71	182	353	1429
报刊零售	703	11	...	625	298
音像制品及电子出版物零售	669	37	...	－20	390
珠宝首饰零售	7452	432	142	5162	3021
工艺美术品及收藏品零售	5195	208	172	1101	2547
照相器材零售	301	12	1	44	142
其他文化用品零售	1609	30	11	515	857
医药及医疗器材专门零售	66149	3318	1283	53096	42734
药品零售	56316	2827	1126	48576	38983
医疗用品及器材零售	9833	491	157	4520	3751
汽车、摩托车、燃料及零配件专门零售	85076	3014	6298	34066	29624
汽车零售	40336	1433	4427	10735	12834
汽车零配件零售	11058	318	212	2336	4841
摩托车及零配件零售	8054	444	474	5691	3801
机动车燃料零售	25628	820	1185	15304	8148
家用电器及电子产品专门零售	72956	3282	1466	32483	35156
家用电器零售	21577	1223	662	10829	9217
计算机、软件及辅助设备零售	28422	1034	314	12839	15413
通信设备零售	14750	647	288	6852	6851
其他电子产品零售	8208	378	203	1962	3675
五金、家具及室内装修材料专门零售	38896	1832	1341	21381	19202
五金零售	16688	769	415	8590	7954
家具零售	7678	428	306	4721	3679
涂料零售	2963	95	88	1741	1408
其他室内装修材料零售	11567	539	532	6328	6162
无店铺及其他零售	17274	648	772	10602	8856
邮购及电子销售	627	23	5	－106	273
生活用燃料零售	9679	338	623	5251	4678
花卉零售	1671	64	67	1399	1428
旧货零售	285	9	6	253	96
其他未列明的零售	5013	213	72	3805	2381

1－B－5　续表6－1　　　　　　　　　　　　　　　　　　　　单位：万元、人

指 标 名 称	本年应交增值税	全部从业人员年平均人数	资产减值损失	公允价值变动收益	投资收益
总　计	**1141670**	**543257**	**19257**	**200**	**51489**
一、按登记注册类型分					
内　资	**1130374**	**535327**	**19255**	**200**	**51488**
国　有	12407	9090	29	－108	3505
集　体	9280	12213	971	7	136
股份合作企业	4428	3341	...	...	...
联营企业	221	603			
国有联营	47	56			
集体联营	112	167			
国有与集体联营	39	109			
其他联营	23	271			
有限责任公司	108985	46340	454	21	2778
国有独资公司	3976	1848	30		4
其他有限责任公司	105008	44492	424	21	2774
股份有限公司	10369	5446	269	－57	13822
私营企业	978386	449919	17529	337	31230
私营独资	76772	58707	120	7	24
私营合伙	22885	16756	2	...	36
私营有限责任公司	853025	361960	17406	330	31105
私营股份有限公司	25703	12496	1		65
其　他	6300	8375	3		16
港澳台商投资	**6058**	**3910**			
与港澳台商合资经营	1577	692			
与港澳台商合作经营	74	67			
港澳台商独资	4346	3049			
港澳台商投资股份有限公司	61	102			
外商投资	**5238**	**4020**	**2**		**1**
中外合资经营	1466	1084			
中外合作经营	33	52			
外资企业	3482	2661	2		1
外商投资股份有限公司	257	223			
二、按控股情况分					
国有控股	24602	13632	335	－156	17631
集体控股	20728	19493	971	7	187
私人控股	1082276	499795	17931	347	31120
港澳台商控股	5511	3580			
外商控股	4241	3343	2		1
其　他	4311	3414	19	2	2549

1－B－5 续表6－2 单位：万元、人

指标名称	本年应交增值税	全部从业人员年平均人数	资产减值损失	公允价值变动收益	投资收益
三、按国民经济行业（门类、大类、中类、小类）分					
批发和零售业	**1141670**	**543257**	**19257**	**200**	**51489**
批发业	1010025	420331	17943	－10	51116
农畜产品批发	11604	9633	1		－119
谷物、豆及薯类批发	873	1494			－156
种子、饲料批发	2085	2099			9
棉、麻批发	1922	595			
牲畜批发	1356	1356	…		
其他农畜产品批发	5367	4089	1		29
食品、饮料及烟草制品批发	51739	43899	11	4	194
米、面制品及食用油批发	7236	6006	4	3	…
糕点、糖果及糖批发	2742	1768			110
果品、蔬菜批发	9077	12482	1	…	63
肉、禽、蛋及水产品批发	6278	4781	6		39
盐及调味品批发	3914	1994			1
饮料及茶叶批发	15641	10362	1		－18
烟草制品批发	219	307			
其他食品批发	6632	6199			
纺织、服装及日用品批发	218407	103296	832	－142	16599
纺织品、针织品及原料批发	137021	52752	41	…	43
服装批发	34946	23755	743	－144	17340
鞋帽批发	7474	2347	10	－10	…
厨房、卫生间用具及日用杂货批发	8642	5333	18	10	
化妆品及卫生用品批发	7238	3376	14		－964
其他日用品批发	23085	15733	6	2	180
文化、体育用品及器材批发	25339	17345	2	－9	695
文具用品批发	13977	7609	2		710
体育用品批发	2269	1539			12
图书批发	1728	756			－10
报刊批发	204	567			－12
音像制品及电子出版物批发	251	290			
首饰、工艺品及收藏品批发	5108	5177		－9	－5
其他文化用品批发	1803	1407			
医药及医疗器材批发	20349	10113	10	6	2514
西药批发	3272	1119			2499
中药材及中成药批发	2710	1485		6	
医疗用品及器材批发	14368	7509	10		15
矿产品、建材及化工产品批发	457506	118665	6944	－10	26975

1-B-5　续表6-3　　单位：万元、人

指标名称	本年应交增值税	全部从业人员年平均人数	资产减值损失	公允价值变动收益	投资收益
煤炭及制品批发	39728	6006	8	7	1048
石油及制品批发	31919	6874	1		29
非金属矿及制品批发	2884	860			
金属及金属矿批发	183929	32612	6660	-11	25178
建材批发	44923	21562	179	2	485
化肥批发	4751	6827			
农药批发	2797	2772	21		
农用薄膜批发	147	72			
其他化工产品批发	146430	41080	75	-7	235
机械设备、五金交电及电子产品批发	199072	98224	10141	134	4107
农业机械批发	3046	1970			20
汽车、摩托车及零配件批发	19586	9018	9456	129	11
五金、交电批发	49889	23646	74		-20
家用电器批发	19104	8378	314		-21
计算机、软件及辅助设备批发	15303	8814	1		-5
通讯及广播电视设备批发	6282	4290	39		90
其他机械设备及电子产品批发	85863	42108	258	5	4031
贸易经纪与代理	2408	3350	...	9	151
贸易经纪与代理	2408	3350	...	9	151
其他批发	23602	15806	3		...
再生物资回收与批发	18735	13143	3		...
其他未列明的批发	4867	2663			
零售业	131646	122926	1314	209	373
综合零售	9250	10729		-10	44
百货零售	1979	3019			36
超级市场零售	3977	3332			
其他综合零售	3294	4378		-10	8
食品、饮料及烟草制品专门零售	7666	11686	2		50
粮油零售	850	1196			4
糕点、面包零售	429	963	...		
果品、蔬菜零售	851	1261			
肉、禽、蛋及水产品零售	544	1227			2
饮料及茶叶零售	1805	2742			44
烟草制品零售	801	700	1		
其他食品零售	2385	3597	...		...
纺织、服装及日用品专门零售	14625	15238	30		-23
纺织品及针织品零售	3485	2015	1		
服装零售	5645	6027	29		-14

1－B－5 续表6－4 单位：万元、人

指 标 名 称	本年应交增值税	全部从业人员年平均人数	资产减值损失	公允价值变动收益	投资收益
鞋帽零售	312	570			
钟表、眼镜零售	1587	2334			
化妆品及卫生用品零售	580	1137			
其他日用品零售	3016	3155			－9
文化、体育用品及器材专门零售	7875	7371	...		...
文具用品零售	2014	1962			
体育用品零售	1250	642			
图书零售	1125	834	...		
报刊零售	36	138			
音像制品及电子出版物零售	105	214			
珠宝首饰零售	1873	1604			
工艺美术品及收藏品零售	1118	1397			
照相器材零售	51	88			
其他文化用品零售	304	492			...
医药及医疗器材专门零售	17057	26353	6	－2	2
药品零售	14860	24246	6	－2	1
医疗用品及器材零售	2197	2107			1
汽车、摩托车、燃料及零配件专门零售	33644	15731	1044		－59
汽车零售	11901	6798	971		－1
汽车零配件零售	5609	2704	73		－82
摩托车及零配件零售	3231	2115	...		
机动车燃料零售	12903	4114			24
家用电器及电子产品专门零售	24924	19766	212	220	－169
家用电器零售	7165	5296	193	233	2
计算机、软件及辅助设备零售	9322	8343	17	－10	7
通信设备零售	4777	4026			1
其他电子产品零售	3660	2101	2	－2	－179
五金、家具及室内装修材料专门零售	12016	10878	20		527
五金零售	5323	4555	7		
家具零售	1964	2144	12		
涂料零售	1420	783			－3
其他室内装修材料零售	3309	3396	1		531
无店铺及其他零售	4590	5174			
邮购及电子销售	67	176			
生活用燃料零售	2691	2683			
花卉零售	447	843			
旧货零售	44	52			
其他未列明的零售	1342	1420			

1－B－6 按地区分组的限额以下批发和零售业财务状况

单位：万元、人

地区	年初存货	年末存货	固定资产原价	所有者权益合计	实收资本
总计	**3252715**	**3789656**	**4111291**	**12292673**	**10404078**
杭州市	**900817**	**996197**	**1050551**	**4134515**	**3996515**
上城区	95169	118750	128540	566102	495305
下城区	176600	196433	152680	816003	790848
江干区	109140	132478	92718	402158	411158
拱墅区	129750	148848	148747	635650	667240
西湖区	103028	122455	143003	470261	461675
滨江区	19917	26592	28927	183769	172766
萧山区	153320	134531	151566	576609	538056
余杭区	55823	51557	81753	234355	251521
桐庐县	10460	13244	27970	53946	40317
淳安县	7979	5785	10230	18816	15432
建德市	6249	6402	12454	23999	19806
富阳市	23721	28537	40340	104193	88146
临安市	9660	10585	31622	48656	44245
宁波市	**759649**	**886118**	**930658**	**2536473**	**1929367**
海曙区	85311	114364	127455	367794	288053
江东区	115369	129622	95861	413331	324885
江北区	66974	79696	43531	111046	111574
北仑区	184405	214587	266224	701480	493522
镇海区	51608	43886	35494	122803	110650
鄞州区	77897	105828	88574	290446	212783
象山县	18627	21721	37609	50445	45873
宁海县	14144	14944	24804	40384	34630
余姚市	87384	92300	96770	231510	149119
慈溪市	50843	61039	80182	181171	135704
奉化市	7087	8130	34153	26062	22576
温州市	**296008**	**371556**	**288776**	**1111487**	**963001**
鹿城区	145826	202219	85427	443061	379190
龙湾区	23207	27530	14062	84370	77888
瓯海区	12536	14598	25877	58094	51110
洞头县	1906	1556	5948	10166	11821
永嘉县	16917	17032	34469	81306	66765
平阳县	19189	19879	24136	53354	46099

1－B－6 续表1－1

单位：万元、人

地区	年初存货	年末存货	固定资产原价	所有者权益合计	实收资本
苍南县	17885	22294	19994	66070	55426
文成县	1771	1914	4839	5546	4954
泰顺县	1432	1758	3054	4690	4211
瑞安市	20614	24656	22508	102324	90226
乐清市	34725	38121	48462	202505	175311
嘉兴市	**204352**	**227602**	**272863**	**730822**	**604297**
南湖区	56289	60691	48945	139166	118950
秀洲区	28631	34035	25743	97919	85205
嘉善县	11903	16789	17120	53589	43824
海盐县	13809	12689	33797	70716	48596
海宁市	39692	38109	39706	105921	97609
平湖市	18446	29496	32883	140810	132155
桐乡市	35581	35794	74668	122700	77959
湖州市	**77125**	**86818**	**124773**	**276719**	**228198**
吴兴区	33888	44863	42569	142636	121949
南浔区	7127	8539	14341	25517	21908
德清县	11237	12711	25066	52624	38472
长兴县	20311	15756	27705	42482	34389
安吉县	4562	4949	15092	13461	11482
绍兴市	**416153**	**543868**	**568601**	**1395355**	**1025160**
越城区	144313	156353	151839	375410	315700
绍兴县	147103	184913	178963	530013	403616
新昌县	28191	33026	47855	73365	54276
诸暨市	65344	134892	109484	242231	134921
上虞市	16453	19625	39643	98739	68901
嵊州市	14748	15061	40816	75598	47747
金华市	**208825**	**222534**	**348163**	**908698**	**693934**
婺城区	56417	49627	60021	121266	103459
金东区	5825	6303	3627	12850	11740
武义县	2429	2856	16165	32489	26878
浦江县	4244	4355	12294	26507	23042
磐安县	5809	5084	7757	18304	16436
兰溪市	3930	4165	25139	24863	22130
义乌市	64047	74020	139315	413522	321485

1－B－6 续表1－2

单位：万元、人

地区	年初存货	年末存货	固定资产原价	所有者权益合计	实收资本
东阳市	33368	41897	46673	153157	90961
永康市	32757	34228	37172	105741	77803
衢州市	**47172**	**54876**	**83772**	**181315**	**150426**
柯城区	23059	26369	29492	75415	64130
衢江区	3274	3822	6476	13375	6612
常山县	3678	4802	12368	14213	11880
开化县	3473	3917	10805	12684	10122
龙游县	5955	7292	10159	25421	21999
江山市	7734	8675	14472	40208	35684
舟山市	**84239**	**81301**	**106187**	**234583**	**238318**
定海区	59308	54556	59334	140161	145905
普陀区	14170	17009	32436	72022	69086
岱山县	5269	4260	7626	10972	9684
嵊泗县	5491	5476	6791	11428	13643
台州市	**202573**	**263406**	**266917**	**660676**	**481305**
椒江区	48123	84845	30104	136269	118932
黄岩区	16915	20310	45358	65539	51064
路桥区	42506	46221	36373	115281	79212
玉环县	15105	16608	14780	44410	32294
三门县	9989	12620	16428	31552	22697
天台县	7195	9475	13968	72682	41900
仙居县	7679	9537	18350	34487	25461
温岭市	39345	45067	62307	127596	79777
临海市	15716	18722	29250	32860	29969
丽水市	**55801**	**55381**	**70030**	**122030**	**93557**
莲都区	27123	23241	27429	43545	30648
青田县	2558	3180	5117	9285	8677
缙云县	5886	6313	11397	20585	15934
遂昌县	2281	3173	3972	6856	5699
松阳县	4737	5844	5751	5686	3727
云和县	3178	2531	3326	4806	4149
庆元县	2914	3137	3906	9479	8128
景宁畲族自治县	2508	2506	1577	9031	5998
龙泉市	4617	5456	7555	12755	10599

1－B－6 续表2－1

单位：万元、人

地　　区	国家资本	集体资本	法人资本	个人资本	港澳台资本	外商资本
总　计	**304494**	**309140**	**1828210**	**7692757**	**132962**	**136516**
杭州市	**145868**	**110305**	**815732**	**2792138**	**74674**	**57798**
上城区	66082	17517	28241	364668	4876	13920
下城区	45498	26713	170232	486787	58660	2959
江干区	4233	4665	39179	339819	1264	21998
拱墅区	3288	19081	182360	459880	1635	996
西湖区	10242	7936	128999	308400	1053	5046
滨江区	35	3692	21961	146444	614	20
萧山区	2904	11058	128686	380636	4367	10406
余杭区	8761	5506	66722	168676	1674	181
桐庐县	1510	1712	14078	21771		1246
淳安县	1882	2333	3496	7222	500	
建德市	146	690	1187	17784		
富阳市	854	1624	18611	66882	25	150
临安市	433	7779	11980	23172	5	875
宁波市	**35564**	**40442**	**288900**	**1488255**	**35789**	**40416**
海曙区	8674	14663	32223	222759	5170	4564
江东区	5676	940	56701	254413	1700	5455
江北区	3501	526	11103	95283	5	1155
北仑区	8898	4244	77992	366961	15411	20017
镇海区	4031	7314	16865	80067	1643	730
鄞州区	1637	5226	39873	154052	4839	7156
象山县	319	1291	10078	30623	3263	300
宁海县	436	410	4195	29575		14
余姚市	1132	3564	8006	132262	3659	496
慈溪市	1000	1005	25651	107482	50	516
奉化市	260	1260	6214	14779	50	13
温州市	**24873**	**26971**	**120264**	**773424**	**2005**	**15464**
鹿城区	6870	6227	58895	297310		9888
龙湾区	952	324	11625	64987		
瓯海区	1252	771	5325	38532	1876	3356
洞头县	3288	406	3235	2893		2000
永嘉县	3911	997	11702	50156		
平阳县	4736	2055	3200	36108		

1－B－6 续表2－2

单位：万元、人

地区	国家资本	集体资本	法人资本	个人资本	港澳台资本	外商资本
苍南县	304	3601	1774	49746	1	
文成县	282	310	879	3484		
泰顺县	435	191	500	3085		
瑞安市	2042	488	10347	77129		220
乐清市	802	11601	12784	149995	129	
嘉兴市	**13973**	**32602**	**91544**	**451264**	**6425**	**8491**
南湖区	1713	7223	26490	83004	177	343
秀洲区	3768	2820	12640	61468	3846	664
嘉善县	743	1701	6595	33787	86	912
海盐县	2772	798	4178	38303	1838	707
海宁市	491	12331	12163	67137	108	5378
平湖市	2551	975	24801	103393		436
桐乡市	1935	6754	4677	64173	370	51
湖州市	**7700**	**10928**	**50218**	**157089**	**61**	**2202**
吴兴区	1760	3724	22077	94338	50	
南浔区		3398	678	17832		
德清县	2577	1127	12005	20856	11	1896
长兴县	3061	1695	13727	15606		300
安吉县	302	985	1732	8457		6
绍兴市	**19670**	**22315**	**187233**	**777863**	**11990**	**6088**
越城区	13312	9700	91593	198162	1988	946
绍兴县	1320	1420	61400	328272	7056	4149
新昌县	1431	1583	14394	35565	677	626
诸暨市	1264	1995	11259	118331	1706	366
上虞市	734	2992	4651	60261	264	
嵊州市	1610	4627	3937	37273	300	
金华市	**23827**	**41388**	**116646**	**504772**	**1947**	**5353**
婺城区	2114	1319	12754	87242	10	20
金东区	50	610	3357	7723		
武义县	1473	85	2718	22602		
浦江县	402	448	18227	3966		
磐安县	1189	1043	4352	9853		
兰溪市	1498	3917	1885	14617	130	83
义乌市	14740	3500	54657	242806	981	4802

1－B－6 续表2－3 单位：万元、人

地区	国家资本	集体资本	法人资本	个人资本	港澳台资本	外商资本
东阳市	663	28697	11788	48986	826	
永康市	1699	1770	6908	66978		449
衢州市	**4534**	**3841**	**27548**	**114492**	**10**	
柯城区	2807	703	9096	51524		
衢江区	230	3	1844	4536		
常山县	70	1004	5056	5750		
开化县	251	1031	1073	7757	10	
龙游县	700	9	1441	19849		
江山市	477	1091	9039	25077		
舟山市	**13513**	**4831**	**39253**	**180661**	**30**	**30**
定海区	6437	2623	21706	115109		30
普陀区	4770	725	11736	51855		
岱山县	657	473	232	8291	30	
嵊泗县	1649	1010	5580	5406		
台州市	**12307**	**10379**	**76963**	**380992**	**10**	**654**
椒江区	2924	1812	23000	91086	10	100
黄岩区	464	3287	1332	45980		
路桥区	2468	2126	18908	55656	...	54
玉环县	327	321	6006	25640		
三门县	483	668	3755	17791		
天台县	998	392	11575	28935		
仙居县	1233	655	1357	22217		
温岭市	1900	369	10003	67004		500
临海市	1509	750	1027	26683		
丽水市	**2665**	**5137**	**13909**	**71806**	**21**	**20**
莲都区	220	153	4707	25528	20	20
青田县	422	85	695	7476		
缙云县	448	3278	995	11213		
遂昌县	128	47	92	5431		
松阳县	219	239	319	2951		
云和县	466		70	3613		
庆元县	311	175	3716	3925	1	
景宁畲族自治县	224	631		5143		
龙泉市	228	529	3315	6526		

1-B-6 续表3-1

单位：万元、人

地　区	本年折旧	营业收入	主营业务收入	营业成本	主营业务成本	营业税金及附加
总　计	**348444**	**51176219**	**50998547**	**46308240**	**46184138**	**273494**
杭州市	**99943**	**11950891**	**11910403**	**10887884**	**10862750**	**46518**
上城区	11875	898081	896840	792994	791672	2917
下城区	15708	2079029	2069751	1902840	1892276	7292
江干区	7969	1179943	1177606	1063744	1061847	3298
拱墅区	13105	2840389	2837404	2704956	2703729	5461
西湖区	16173	1581190	1576163	1429072	1425413	5695
滨江区	2509	271153	257843	242824	242296	479
萧山区	16589	1798166	1796200	1630686	1627619	10121
余杭区	6440	588431	585653	511774	510379	4022
桐庐县	1775	208219	207797	177805	177379	1896
淳安县	772	54398	54299	44344	44323	319
建德市	769	86662	86520	73546	73532	603
富阳市	3772	253113	252279	219950	219003	3066
临安市	2487	112117	112050	93348	93281	1350
宁波市	**99530**	**16233578**	**16191256**	**15226565**	**15198605**	**71144**
海曙区	13094	1753216	1739203	1605102	1593749	4617
江东区	11873	1769157	1767205	1643718	1640887	3424
江北区	4703	1308167	1306266	1261191	1260483	1201
北仑区	32521	6933606	6923748	6609377	6607842	14725
镇海区	4363	898177	893586	851501	848501	5050
鄞州区	6239	1060015	1059160	955149	954522	21510
象山县	2271	186163	184627	164946	164071	1111
宁海县	2679	158905	157570	135184	133848	963
余姚市	7832	1340438	1336955	1257505	1254519	9205
慈溪市	8543	694506	691762	629665	627326	7835
奉化市	5412	131228	131175	113228	112856	1503
温州市	**20518**	**3221021**	**3215702**	**2788196**	**2784429**	**33514**
鹿城区	6763	1397270	1395241	1209731	1208322	14232
龙湾区	1037	225207	225122	189888	189848	4031
瓯海区	1234	177244	177085	157695	157612	1054
洞头县	174	11178	11177	9391	9391	290
永嘉县	2059	199421	198953	180913	180590	963
平阳县	1921	149045	148549	117495	117352	798

1-B-6 续表3-2 单位:万元、人

地区	本年折旧	营业收入	主营业务收入	营业成本	主营业务成本	营业税金及附加
苍南县	1223	244536	244393	219317	219277	1501
文成县	342	29180	29163	23549	23545	916
泰顺县	103	11181	11157	9558	9558	84
瑞安市	1829	303119	301913	260523	259244	721
乐清市	3832	473640	472950	410137	409691	8922
嘉兴市	**21052**	**3429490**	**3412309**	**3023058**	**3011550**	**10117**
南湖区	4429	701425	697621	621703	619522	1657
秀洲区	2689	553853	552072	517910	515968	842
嘉善县	1392	194409	193695	175252	174784	879
海盐县	2837	421174	420043	346934	346022	1109
海宁市	3725	680493	675376	583471	579074	1588
平湖市	2302	434862	433174	409015	408389	1230
桐乡市	3678	443274	440328	368773	367791	2814
湖州市	**8449**	**958276**	**954443**	**843460**	**839850**	**6745**
吴兴区	3157	562287	559661	514547	511940	2263
南浔区	1017	112472	112299	102077	102062	741
德清县	1654	129553	129267	99816	99320	1553
长兴县	1773	88605	88015	71521	71159	1793
安吉县	850	65360	65201	55499	55369	396
绍兴市	**39136**	**8527171**	**8520157**	**7638401**	**7634404**	**51550**
越城区	11239	2220619	2219270	1965659	1964602	14735
绍兴县	13009	4672287	4669326	4330273	4328899	20844
新昌县	2333	265851	265421	212682	212363	3555
诸暨市	7226	645620	644705	526191	525606	7701
上虞市	3010	360067	359034	296432	295909	1538
嵊州市	2319	362728	362401	307163	307024	3178
金华市	**25071**	**2457902**	**2414003**	**2099270**	**2058903**	**25243**
婺城区	5255	481646	478080	437123	434828	4083
金东区	297	38249	38109	32403	32260	131
武义县	1218	52375	52202	43962	43916	416
浦江县	692	104102	103998	91280	91153	540
磐安县	683	37004	37003	28945	28945	2637
兰溪市	2219	71997	71960	57726	57708	620
义乌市	9644	973768	971825	807792	806352	11302

1－B－6 续表3－3

单位：万元、人

地　　区	本年折旧	营业收入	主营业务收　入	营业成本	主营业务成　本	营业税金及附加
东阳市	2727	363164	362211	312956	312795	3898
永康市	2336	335596	298615	287083	250946	1616
衢州市	**5529**	**698026**	**696088**	**594211**	**592791**	**5027**
柯城区	2532	354310	353223	309853	309148	2624
衢江区	360	43013	42692	36891	36565	265
常山县	732	38769	38623	25599	25473	547
开化县	412	36687	36687	31731	31731	226
龙游县	703	62561	62533	52165	52074	439
江山市	789	162686	162331	137972	137799	926
舟山市	**6648**	**725127**	**719812**	**651420**	**649524**	**3613**
定海区	4424	497000	494128	453305	452696	1571
普陀区	1555	174622	172460	152061	150900	1745
岱山县	516	36277	36150	31991	31919	233
嵊泗县	152	17228	17074	14062	14010	64
台州市	**18755**	**2449000**	**2445348**	**2096200**	**2094190**	**16343**
椒江区	2388	595046	593200	554046	553575	1333
黄岩区	4048	281569	281310	236801	236543	1838
路桥区	2580	536133	535908	454174	453586	1637
玉环县	856	168972	168680	139944	139677	2937
三门县	1575	95387	95215	71088	71025	846
天台县	714	67539	67184	56340	56110	782
仙居县	1081	83143	82897	64100	64033	505
温岭市	4142	489353	489228	405049	405019	5981
临海市	1372	131858	131727	114659	114624	484
丽水市	**3815**	**525737**	**519025**	**459576**	**457142**	**3681**
莲都区	1325	185323	180419	155605	154418	1238
青田县	254	67387	67171	61609	61609	113
缙云县	589	36836	36506	31584	31327	293
遂昌县	182	31910	31757	28854	28746	102
松阳县	192	36314	36169	34675	34518	63
云和县	187	30540	29723	28445	28032	97
庆元县	231	22179	22129	18538	18509	758
景宁畲族自治县	80	69331	69321	62762	62762	320
龙泉市	776	45917	45831	37504	37220	697

1－B－6 续表4－1

单位：万元、人

地区	主营业务税金及附加	主营业务利润	其他业务利润	营业费用、管理费用、财务费用合计	#税金	#利息支出
总计	**259045**	**4555364**	**152522**	**3358647**	**110249**	**183709**
杭州市	**45484**	**1002169**	**61278**	**1010721**	**34421**	**57229**
上城区	2839	102328	17755	116977	1452	5523
下城区	6985	170490	12851	188887	3639	9009
江干区	3114	112645	2737	121154	1383	3160
拱墅区	5268	128407	5812	147114	3225	6754
西湖区	5551	145199	6673	154074	8273	6578
滨江区	472	15075	1026	36048	701	11326
萧山区	10031	158550	8560	141371	4391	7635
余杭区	4000	71274	3959	45434	1551	4037
桐庐县	1895	28523	93	14982	832	951
淳安县	318	9658	135	4543	811	185
建德市	602	12386	140	7456	132	274
富阳市	3059	30217	1246	21657	7310	1247
临安市	1350	17419	290	11024	724	551
宁波市	**60243**	**932408**	**38870**	**798605**	**20133**	**41292**
海曙区	4444	141010	8747	138164	2976	7237
江东区	3244	123074	4504	129457	2141	4147
江北区	1157	44626	1606	56620	969	3600
北仑区	14363	301543	11759	249801	3677	13057
镇海区	5032	40053	1837	39996	443	2968
鄞州区	11579	93060	2158	66292	1240	2121
象山县	1107	19448	2409	15008	494	1849
宁海县	887	22835	830	9487	313	674
余姚市	9125	73311	2829	49382	4794	3518
慈溪市	7822	56614	1632	35277	2530	1902
奉化市	1483	16836	560	9120	557	220
温州市	**33231**	**398043**	**8573**	**248084**	**12257**	**11733**
鹿城区	14112	172807	4344	113423	6138	3929
龙湾区	3996	31278	183	20768	620	1081
瓯海区	1050	18423	170	12912	931	22
洞头县	288	1498	94	2268	51	32
永嘉县	960	17404	682	13242	551	853
平阳县	796	30402	670	12792	438	649

1－B－6 续表4－2

单位：万元、人

地区	主营业务税金及附加	主营业务利润	其他业务利润	营业费用、管理费用、财务费用合计	#税金	#利息支出
苍南县	1492	23623	75	14470	618	961
文成县	914	4703	40	2139	246	101
泰顺县	84	1514	26	1099	34	33
瑞安市	676	41994	762	19128	574	860
乐清市	8863	54397	1527	35843	2058	3212
嘉兴市	**9785**	**390974**	**12177**	**276536**	**3823**	**15314**
南湖区	1491	76608	3928	57900	748	3024
秀洲区	778	35326	1170	35325	551	2793
嘉善县	868	18043	669	17773	286	700
海盐县	1102	72920	1319	45139	554	3340
海宁市	1556	94746	967	52794	702	1338
平湖市	1209	23576	2002	26737	381	2685
桐乡市	2782	69756	2123	40870	601	1434
湖州市	**6652**	**107941**	**2539**	**69384**	**2163**	**4050**
吴兴区	2230	45491	1612	42086	721	2255
南浔区	741	9497	62	4964	481	716
德清县	1541	28406	526	9815	287	707
长兴县	1756	15100	153	8843	579	290
安吉县	384	9447	187	3677	95	82
绍兴市	**50825**	**834928**	**6757**	**434156**	**13978**	**26136**
越城区	14670	239997	3791	170925	4527	8360
绍兴县	20597	319830	1016	137189	3752	10522
新昌县	3545	49513	359	23406	1703	2515
诸暨市	7697	111402	326	51641	1479	2665
上虞市	1138	61987	711	26953	912	1354
嵊州市	3178	52199	554	24043	1605	721
金华市	**24914**	**330186**	**8414**	**177611**	**5297**	**9996**
婺城区	3942	39309	2797	34231	1424	2049
金东区	128	5722	204	3350	133	115
武义县	414	7873	365	3348	152	325
浦江县	540	12305	135	8501	150	285
磐安县	2636	5422	195	3661	207	174
兰溪市	618	13634	168	3427	352	210
义乌市	11164	154309	2702	62659	1930	2326

1-B-6 续表4-3 单位:万元、人

地区	主营业务税金及附加	主营业务利润	其他业务利润	营业费用、管理费用、财务费用合计	#税金	#利息支出
东阳市	3861	45556	767	25159	352	3591
永康市	1613	46056	1081	33277	600	920
衢州市	**4795**	**98502**	**1102**	**53736**	**2198**	**3883**
柯城区	2452	41622	488	22913	566	1791
衢江区	254	5873	88	3581	55	111
常山县	531	12619	255	8149	210	418
开化县	226	4730	22	2387	704	391
龙游县	439	10020	68	2891	176	612
江山市	894	23638	182	13816	486	561
舟山市	**3516**	**66772**	**3323**	**61868**	**2880**	**5748**
定海区	1498	39935	2190	37340	2295	4034
普陀区	1728	19832	984	17917	483	992
岱山县	226	4005	48	3909	50	337
嵊泗县	63	3001	100	2702	52	386
台州市	**15979**	**335180**	**4799**	**191931**	**11617**	**5972**
椒江区	1299	38326	2470	31746	843	1975
黄岩区	1836	42931	215	24705	522	370
路桥区	1624	80699	705	40297	7996	553
玉环县	2632	26371	331	15608	364	866
三门县	843	23347	121	12887	372	423
天台县	779	10296	234	7428	117	731
仙居县	504	18360	364	10774	450	237
温岭市	5981	78228	246	34966	742	468
临海市	481	16622	114	13521	213	350
丽水市	**3622**	**58262**	**4692**	**36014**	**1482**	**2355**
莲都区	1230	24770	3688	14410	424	838
青田县	113	5449	96	2891	61	134
缙云县	283	4896	68	2588	150	250
遂昌县	98	2913	114	2503	83	286
松阳县	63	1588	44	1618	82	296
云和县	95	1597	446	2082	38	162
庆元县	756	2864	54	1173	403	39
景宁畲族自治县	290	6269	33	5419	119	174
龙泉市	694	7917	151	3330	122	177

1－B－6　续表5－1　　　　　　　　　　　　　　　　　　单位：万元、人

地　区	营业利润	职工工资和福利费（包括养老、医疗、失业、工伤、生育保险和住房公积金）	本年应交增值税	全部从业人员年平均人数	资产减值损失	公允价值变动收益	投资收益
总　计	**1369252**	**1057717**	**1141670**	**543257**	**19257**	**200**	**51489**
杭州市	**71509**	**294852**	**354526**	**149324**	**8872**	**－159**	**50534**
上城区	16725	30871	11678	14872	335	－74	16159
下城区	－2830	52808	38243	26562	1686	－105	3825
江干区	－3273	35201	16694	18727	12	2	2500
拱墅区	－12910	34016	118736	18872	6649	…	10768
西湖区	－2237	48910	39515	22177	81		－212
滨江区	－19948	7145	2420	3052			17324
萧山区	25620	40077	90362	19958	71	6	－56
余杭区	29961	15404	16975	8149	3	－2	155
桐庐县	13634	7892	6893	4133	11	11	2
淳安县	5245	2731	1036	2108			－3
建德市	5028	3640	1556	2371	21	2	71
富阳市	9806	11641	6793	5828			…
临安市	6685	4518	3626	2515	2		1
宁波市	**170811**	**240810**	**335808**	**122344**	**223**	**6**	**－1714**
海曙区	11592	37965	14260	20645			
江东区	－1879	42026	21518	21004			
江北区	－10545	15524	5971	8218			－156
北仑区	61795	49725	154368	23168	223	6	－1558
镇海区	1894	10765	5277	5215			
鄞州区	28925	25406	20649	13464			
象山县	6850	7851	1926	3552			
宁海县	14178	4706	772	2959			
余姚市	26758	20030	61010	10364			
慈溪市	22969	19802	43597	11555			
奉化市	8276	7009	6461	2200			…
温州市	**158530**	**81725**	**78156**	**50152**	**564**	**224**	**567**
鹿城区	63727	31888	15933	19091	514	223	439
龙湾区	10692	6068	10550	3171			54
瓯海区	5678	4996	4406	3003	1		8
洞头县	－676	537	488	324			1
永嘉县	4845	6122	7805	3716	11		40
平阳县	18280	5062	7068	3355	15		

1－B－6 续表 5－2　　　　单位：万元、人

地区	营业利润	职工工资和福利费（包括养老、医疗、失业、工伤、生育保险和住房公积金）	本年应交增值税	全部从业人员年平均人数	资产减值损失	公允价值变动收益	投资收益
苍南县	9229	6623	6867	4665			
文成县	2604	955	2037	502			
泰顺县	441	677	106	481			
瑞安市	23629	7786	8740	4869	3		…
乐清市	20081	11011	14156	6975	20	1	26
嘉兴市	**126610**	**93163**	**75200**	**40083**	**32**	**2**	**152**
南湖区	22637	18236	16600	9797	26	2	112
秀洲区	1171	10060	6136	4944			4
嘉善县	939	6052	3514	3127			
海盐县	29099	12826	12753	3932	…		11
海宁市	42919	18472	17991	6482			
平湖市	－1164	8496	6820	4847	6		25
桐乡市	31008	19021	11387	6954			
湖州市	**42888**	**21450**	**17015**	**12686**	**68**	**11**	**1235**
吴兴区	6552	9589	6271	5413	33	2	83
南浔区	4594	2595	2826	1639			
德清县	19373	3353	4778	1914	33	9	272
长兴县	6411	4123	2487	2089	2		880
安吉县	5957	1789	654	1631	…		
绍兴市	**407528**	**134954**	**127149**	**61449**	**…**	**…**	**43**
越城区	72863	36522	36520	18740	…	…	21
绍兴县	183657	49757	44190	21215			
新昌县	26467	11917	11905	5169			
诸暨市	60087	13093	11594	5826			
上虞市	35745	14030	10187	5359			22
嵊州市	28709	9636	12753	5140			
金华市	**162269**	**67231**	**50346**	**41072**	**38**	**－2**	**27**
婺城区	9156	11285	24554	7672	17	－2	－36
金东区	2576	1770	2520	1155		…	1
武义县	4890	1707	2354	898	…		34
浦江县	3939	2535	843	1141			
磐安县	1956	2114	2399	1810			
兰溪市	10375	2689	1077	1729			11
义乌市	94352	30408	7320	18113	1		8

1－B－6 续表5－3

单位：万元、人

地区	营业利润	职工工资和福利费（包括养老、医疗、失业、工伤、生育保险和住房公积金）	本年应交增值税	全部从业人员年平均人数	资产减值损失	公允价值变动收益	投资收益
东阳市	21164	7365	4109	4078			
永康市	13861	7358	5170	4476	20		10
衢州市	**45868**	**16585**	**15303**	**10084**	**2**		**38**
柯城区	19198	6887	6275	4110			2
衢江区	2380	1140	1647	603			
常山县	4725	1347	2186	749			36
开化县	2365	1402	1621	773	2		
龙游县	7197	1954	1616	1316			
江山市	10004	3857	1958	2533			
舟山市	**8252**	**18089**	**19682**	**9464**	**…**		**26**
定海区	4785	11306	8822	5631			
普陀区	2899	4347	8761	2375	…		1
岱山县	144	1527	1242	923			
嵊泗县	425	909	857	535			25
台州市	**148047**	**71112**	**58233**	**34569**	**9455**	**118**	**42**
椒江区	9050	10642	3908	5561	1	－11	37
黄岩区	18441	10619	4122	4320	…		
路桥区	41107	14186	18049	6773	9452	129	1
玉环县	11094	5508	6660	2920			
三门县	10581	3330	997	1964	2		
天台县	3101	2607	2456	1402			
仙居县	7950	5103	3032	2398			4
温岭市	43508	13130	16179	5786			
临海市	3215	5988	2831	3445			
丽水市	**26942**	**17745**	**10251**	**12030**	**4**	**…**	**539**
莲都区	14048	5353	2683	3136			6
青田县	2653	1153	304	662			
缙云县	2375	2881	252	1992	…		
遂昌县	525	1418	178	889			2
松阳县	14	640	312	631			
云和县	－39	1154	150	575			525
庆元县	1745	1228	2388	912			
景宁畲族自治县	883	1464	3066	1035			
龙泉市	4738	2454	918	2198	4	…	7

第二篇 Part Two

住宿和餐饮业

Hotels and Catering Services

A. 住宿和餐饮业经营状况

2－A－1 按登记注册类型分组的住宿和餐饮业经营状况

单位：个、万人、亿元

指标名称	法人单位数			年末就业人员		
	合计	限额以上	限额以下	合计	限额以上	限额以下
总计	**6227**	**2104**	**4123**	**31.92**	**25.67**	**6.24**
其中：国有及国有控股	358	225	133	4.15	3.87	0.28
内资	**6030**	**2007**	**4023**	**27.78**	**21.69**	**6.09**
国有	270	152	118	2.41	2.18	0.23
集体	280	71	209	0.95	0.73	0.21
股份合作企业	68	16	52	0.20	0.16	0.05
联营企业	9	3	6	0.06	0.04	0.03
国有联营	1		1	0.02		0.02
集体联营	4	1	3	0.01	0.01	…
国有与集体联营	2	2		0.02	0.02	
其他联营	2		2	…		…
有限责任公司	648	410	238	6.02	5.55	0.48
国有独资公司	19	17	2	0.27	0.26	…
其他有限责任公司	629	393	236	5.76	5.29	0.47
股份有限公司	74	45	29	1.21	1.17	0.04
私营企业	4634	1292	3342	16.73	11.74	5.00
私营独资	1560	239	1321	3.15	1.54	1.61
私营合伙	530	118	412	1.44	0.87	0.56
私营有限责任公司	2384	879	1505	11.19	8.54	2.65
私营股份有限公司	160	56	104	0.96	0.79	0.18
其他	47	18	29	0.20	0.13	0.06
港澳台商投资	**85**	**48**	**37**	**1.35**	**1.29**	**0.06**
与港澳台商合资经营	39	28	11	0.90	0.88	0.01
与港澳台商合作经营	2	1	1	0.01	…	…
港澳台商独资	40	17	23	0.37	0.33	0.04
港澳台商投资股份有限公司	4	2	2	0.08	0.07	…
外商投资	**112**	**49**	**63**	**2.79**	**2.70**	**0.09**
中外合资经营	32	23	9	2.27	2.27	0.01
中外合作经营	4	4		0.16	0.16	
外资企业	69	20	49	0.33	0.26	0.07
外商投资股份有限公司	7	2	5	0.02	0.01	0.01

2-A-1 续表1 单位:个、万人、亿元

指标名称	营业额			客房收入		
	合计	限额以上	限额以下	合计	限额以上	限额以下
总计	**403.91**	**356.76**	**47.14**	**114.50**	**95.64**	**18.86**
其中:国有及国有控股	55.45	53.00	2.45	23.71	22.60	1.11
内资	**339.50**	**293.51**	**46.00**	**101.49**	**82.92**	**18.57**
国有	31.03	29.21	1.82	13.92	12.96	0.96
集体	10.00	8.56	1.44	4.67	3.83	0.85
股份合作企业	2.36	1.97	0.39	0.95	0.75	0.20
联营企业	0.66	0.41	0.24	0.19	0.19	...
国有联营	0.22		0.22			
集体联营	0.12	0.11	0.01	0.03	0.03	...
国有与集体联营	0.30	0.30		0.16	0.16	
其他联营	0.02		0.02	...		...
有限责任公司	77.94	75.04	2.90	26.45	25.32	1.13
国有独资公司	3.84	3.67	0.17	1.44	1.42	0.02
其他有限责任公司	74.10	71.37	2.74	25.01	23.90	1.11
股份有限公司	15.80	15.39	0.41	4.51	4.35	0.16
私营企业	199.26	160.91	38.34	50.55	35.38	15.17
私营独资	32.21	17.72	14.49	8.79	3.08	5.71
私营合伙	16.14	11.97	4.18	5.38	3.30	2.08
私营有限责任公司	137.87	119.35	18.52	34.77	27.80	6.97
私营股份有限公司	13.03	11.88	1.16	1.61	1.20	0.41
其他	2.46	2.02	0.45	0.25	0.15	0.10
港澳台商投资	**21.79**	**21.36**	**0.43**	**9.21**	**9.03**	**0.18**
与港澳台商合资经营	16.32	16.18	0.14	7.64	7.58	0.05
与港澳台商合作经营	0.04	0.03	0.01	0.01	0.01	
港澳台商独资	4.31	4.09	0.22	1.22	1.11	0.11
港澳台商投资股份有限公司	1.13	1.07	0.06	0.34	0.32	0.02
外商投资	**42.61**	**41.89**	**0.72**	**3.80**	**3.70**	**0.11**
中外合资经营	34.95	34.92	0.03	2.58	2.57	...
中外合作经营	3.75	3.75		0.19	0.19	
外资企业	3.41	2.77	0.64	0.97	0.90	0.07
外商投资股份有限公司	0.50	0.45	0.05	0.06	0.03	0.03

2-A-1 续表2

单位：个、万人、亿元

指 标 名 称	餐费收入			商品销售额		
	合 计	限额以上	限额以下	合 计	限额以上	限额以下
总 计	**267.69**	**240.76**	**26.92**	**5.71**	**5.37**	**0.34**
其中：国有及国有控股	26.62	25.46	1.16	1.35	1.29	0.06
内 资	**218.13**	**192.04**	**26.08**	**5.37**	**5.04**	**0.33**
国 有	14.45	13.70	0.75	0.38	0.37	0.02
集 体	4.33	3.81	0.52	0.09	0.09	...
股份合作企业	1.22	1.08	0.15	0.04	0.04	...
联营企业	0.41	0.22	0.18	0.04	...	0.04
国有联营	0.16		0.16	0.04		0.04
集体联营	0.09	0.08	0.01	...	...	
国有与集体联营	0.14	0.14				
其他联营	0.02		0.02			
有限责任公司	45.76	44.07	1.68	1.83	1.80	0.03
国有独资公司	2.14	1.99	0.15	0.03	0.03	...
其他有限责任公司	43.62	42.08	1.54	1.80	1.77	0.03
股份有限公司	9.73	9.50	0.23	0.73	0.72	0.01
私营企业	140.18	117.95	22.23	2.22	1.99	0.23
私营独资	22.29	13.79	8.50	0.60	0.51	0.09
私营合伙	10.12	8.17	1.95	0.20	0.16	0.04
私营有限责任公司	96.68	85.61	11.07	1.38	1.29	0.10
私营股份有限公司	11.09	10.38	0.71	0.04	0.03	...
其 他	2.05	1.71	0.34	0.03	0.03	...
港澳台商投资	**11.81**	**11.58**	**0.23**	**0.17**	**0.17**	**...**
与港澳台商合资经营	8.08	8.00	0.08	0.09	0.09	...
与港澳台商合作经营	0.03	0.02	0.01	...	...	
港澳台商独资	2.94	2.84	0.10	0.07	0.07	
港澳台商投资股份有限公司	0.75	0.72	0.04	0.02	0.02	
外商投资	**37.75**	**37.14**	**0.61**	**0.16**	**0.16**	**...**
中外合资经营	31.64	31.62	0.03	0.08	0.08	
中外合作经营	3.53	3.53		0.01	0.01	
外资企业	2.15	1.59	0.56	0.07	0.07	...
外商投资股份有限公司	0.43	0.41	0.02	...	...	

2-A-2 按地区分组的住宿和餐饮业经营状况

单位：个、万人、亿元

地区	法人单位数			年末就业人员		
	合计	限额以上	限额以下	合计	限额以上	限额以下
总计	**6227**	**2104**	**4123**	**31.92**	**25.67**	**6.24**
杭州市	**1956**	**727**	**1229**	**11.20**	**9.53**	**1.68**
上城区	361	140	221	1.85	1.59	0.26
下城区	236	105	131	1.44	1.25	0.19
江干区	190	79	111	0.71	0.59	0.12
拱墅区	134	30	104	0.43	0.27	0.16
西湖区	397	169	228	3.54	3.21	0.33
滨江区	42	20	22	0.24	0.21	0.03
萧山区	133	67	66	1.38	1.26	0.12
余杭区	141	27	114	0.49	0.33	0.16
桐庐县	58	14	44	0.16	0.10	0.06
淳安县	79	24	55	0.31	0.25	0.06
建德市	40	18	22	0.19	0.15	0.04
富阳市	64	14	50	0.22	0.15	0.07
临安市	81	20	61	0.25	0.16	0.09
宁波市	**1177**	**377**	**800**	**5.68**	**4.45**	**1.23**
海曙区	219	61	158	0.92	0.70	0.22
江东区	184	64	120	1.10	0.90	0.20
江北区	94	31	63	0.39	0.30	0.10
北仑区	71	17	54	0.32	0.19	0.14
镇海区	69	22	47	0.26	0.21	0.05
鄞州区	110	34	76	0.61	0.50	0.11
象山县	48	17	31	0.26	0.23	0.03
宁海县	43	18	25	0.30	0.26	0.04
余姚市	142	44	98	0.54	0.40	0.14
慈溪市	156	53	103	0.76	0.59	0.16
奉化市	41	16	25	0.22	0.18	0.04
温州市	**525**	**185**	**340**	**3.18**	**2.65**	**0.52**
鹿城区	179	68	111	1.30	1.12	0.18
龙湾区	21	10	11	0.17	0.16	0.01
瓯海区	34	7	27	0.18	0.16	0.03
洞头县	10	3	7	0.02	0.02	0.01
永嘉县	41	6	35	0.19	0.12	0.07
平阳县	30	6	24	0.09	0.05	0.04

2-A-2 续表1-1

单位：个、万人、亿元

地　区	法人单位数			年末就业人员		
	合　计	限额以上	限额以下	合　计	限额以上	限额以下
苍南县	60	18	42	0.25	0.19	0.05
文成县	9	4	5	0.05	0.04	0.01
泰顺县	5	4	1	0.05	0.04	…
瑞安市	71	34	37	0.52	0.47	0.05
乐清市	65	25	40	0.36	0.28	0.08
嘉兴市	**418**	**135**	**283**	**2.01**	**1.47**	**0.54**
南湖区	106	40	66	0.45	0.35	0.09
秀洲区	37	12	25	0.13	0.08	0.06
嘉善县	40	14	26	0.28	0.23	0.05
海盐县	28	11	17	0.16	0.13	0.03
海宁市	73	20	53	0.36	0.25	0.12
平湖市	60	20	40	0.29	0.23	0.06
桐乡市	74	18	56	0.34	0.20	0.14
湖州市	**193**	**86**	**107**	**0.96**	**0.81**	**0.15**
吴兴区	51	27	24	0.33	0.31	0.03
南浔区	25	9	16	0.07	0.06	0.01
德清县	46	18	28	0.20	0.16	0.04
长兴县	38	18	20	0.19	0.16	0.03
安吉县	33	14	19	0.17	0.13	0.04
绍兴市	**405**	**155**	**250**	**2.48**	**2.04**	**0.45**
越城区	113	38	75	0.92	0.76	0.16
绍兴县	78	20	58	0.39	0.27	0.11
新昌县	44	13	31	0.18	0.13	0.05
诸暨市	74	39	35	0.50	0.44	0.07
上虞市	68	37	31	0.37	0.34	0.03
嵊州市	28	8	20	0.12	0.09	0.03
金华市	**665**	**156**	**509**	**2.47**	**1.70**	**0.77**
婺城区	67	23	44	0.42	0.33	0.09
金东区	2	1	1	…	…	…
武义县	10	4	6	0.10	0.08	0.02
浦江县	8	2	6	0.06	0.04	0.01
磐安县	11	3	8	0.04	0.02	0.02
兰溪市	24	13	11	0.11	0.10	0.02
义乌市	381	79	302	1.09	0.68	0.41

2-A-2 续表1-2

单位:个、万人、亿元

地　　区	法人单位数			年末就业人员		
	合　计	限额以上	限额以下	合　计	限额以上	限额以下
东阳市	46	22	24	0.33	0.29	0.03
永康市	116	9	107	0.33	0.16	0.17
衢州市	**96**	**30**	**66**	**0.36**	**0.28**	**0.09**
柯城区	30	10	20	0.13	0.11	0.02
衢江区	5	2	3	0.02	0.01	0.01
常山县	12	4	8	0.06	0.05	0.01
开化县	16	6	10	0.04	0.03	0.01
龙游县	16	5	11	0.07	0.06	0.01
江山市	17	3	14	0.04	0.03	0.02
舟山市	**238**	**81**	**157**	**0.92**	**0.68**	**0.24**
定海区	82	32	50	0.34	0.25	0.09
普陀区	104	37	67	0.45	0.34	0.11
岱山县	19	8	11	0.07	0.05	0.02
嵊泗县	33	4	29	0.06	0.04	0.02
台州市	**406**	**114**	**292**	**2.06**	**1.64**	**0.43**
椒江区	44	17	27	0.50	0.47	0.03
黄岩区	39	7	32	0.17	0.11	0.07
路桥区	91	17	74	0.26	0.14	0.12
玉环县	13	8	5	0.15	0.13	0.02
三门县	13	4	9	0.09	0.08	0.01
天台县	21	10	11	0.13	0.11	0.02
仙居县	17	7	10	0.11	0.09	0.02
温岭市	124	30	94	0.41	0.31	0.10
临海市	44	14	30	0.25	0.21	0.04
丽水市	**148**	**58**	**90**	**0.59**	**0.44**	**0.15**
莲都区	64	24	40	0.26	0.20	0.06
青田县	23	7	16	0.06	0.04	0.02
缙云县	17	5	12	0.07	0.05	0.01
遂昌县	8	4	4	0.04	0.03	0.01
松阳县	11	5	6	0.04	0.02	0.01
云和县	3	2	1	0.02	0.01	…
庆元县	2		2	…		…
景宁畲族自治县	6	1	5	0.01	0.01	…
龙泉市	14	10	4	0.09	0.06	0.03

2－A－2　续表2－1

单位：个、万人、亿元

地　区	营业额			客房收入		
	合　计	限额以上	限额以下	合　计	限额以上	限额以下
总　计	**403.91**	**356.76**	**47.14**	**114.50**	**95.64**	**18.86**
杭州市	**171.92**	**159.12**	**12.81**	**45.62**	**40.95**	**4.68**
上城区	31.67	29.40	2.27	9.91	9.19	0.71
下城区	23.36	21.81	1.55	7.07	6.48	0.59
江干区	9.87	9.15	0.72	3.96	3.52	0.44
拱墅区	6.26	5.03	1.22	2.30	1.83	0.47
西湖区	59.31	56.79	2.52	11.62	10.76	0.85
滨江区	2.86	2.62	0.24	0.93	0.82	0.11
萧山区	21.28	20.64	0.64	4.09	3.90	0.18
余杭区	6.24	4.80	1.44	1.53	1.21	0.32
桐庐县	1.49	1.04	0.44	0.65	0.42	0.23
淳安县	2.95	2.54	0.41	1.56	1.26	0.30
建德市	1.69	1.48	0.22	0.53	0.45	0.09
富阳市	2.42	1.78	0.65	0.50	0.36	0.14
临安市	2.53	2.03	0.50	0.98	0.75	0.24
宁波市	**63.80**	**56.06**	**7.75**	**19.50**	**16.24**	**3.25**
海曙区	9.94	8.58	1.36	3.58	2.97	0.61
江东区	14.04	13.11	0.92	4.54	4.13	0.41
江北区	4.12	3.50	0.62	0.98	0.77	0.21
北仑区	2.72	1.82	0.90	0.69	0.38	0.31
镇海区	2.50	2.28	0.22	0.48	0.42	0.06
鄞州区	6.39	5.73	0.66	1.54	1.29	0.25
象山县	3.00	2.66	0.34	1.37	1.11	0.26
宁海县	3.64	3.38	0.27	0.98	0.91	0.08
余姚市	6.75	5.78	0.97	1.66	1.31	0.36
慈溪市	8.20	7.10	1.10	2.75	2.21	0.54
奉化市	2.50	2.12	0.38	0.92	0.74	0.18
温州市	**38.12**	**34.56**	**3.57**	**10.56**	**8.89**	**1.67**
鹿城区	16.47	15.37	1.10	5.11	4.55	0.55
龙湾区	1.73	1.69	0.05	0.33	0.30	0.03
瓯海区	1.64	1.46	0.18	0.67	0.52	0.15
洞头县	0.25	0.23	0.01	0.06	0.06	0.01
永嘉县	2.70	2.22	0.49	0.66	0.42	0.24
平阳县	1.04	0.61	0.42	0.25	0.11	0.14

2-A-2 续表2-2

单位:个、万人、亿元

地区	营业额			客房收入		
	合计	限额以上	限额以下	合计	限额以上	限额以下
苍南县	2.54	2.04	0.50	0.81	0.58	0.23
文成县	0.38	0.31	0.07	0.12	0.10	0.03
泰顺县	0.43	0.42	0.01	0.20	0.20	...
瑞安市	6.75	6.45	0.31	1.39	1.25	0.14
乐清市	4.19	3.76	0.44	0.95	0.82	0.14
嘉兴市	**21.97**	**17.38**	**4.58**	**5.30**	**4.21**	**1.09**
南湖区	5.69	5.04	0.65	1.37	1.18	0.20
秀洲区	1.13	0.98	0.16	0.15	0.12	0.03
嘉善县	2.69	2.36	0.33	0.83	0.67	0.16
海盐县	2.02	1.62	0.40	0.40	0.34	0.06
海宁市	3.58	2.42	1.16	0.86	0.53	0.32
平湖市	2.94	2.65	0.29	0.84	0.75	0.09
桐乡市	3.91	2.32	1.59	0.85	0.62	0.23
湖州市	**11.23**	**10.31**	**0.92**	**2.69**	**2.28**	**0.41**
吴兴区	4.83	4.53	0.30	1.01	0.86	0.15
南浔区	0.63	0.56	0.07	0.13	0.08	0.05
德清县	2.11	1.93	0.18	0.47	0.41	0.06
长兴县	2.17	2.00	0.17	0.47	0.45	0.03
安吉县	1.49	1.30	0.19	0.60	0.48	0.12
绍兴市	**29.46**	**25.86**	**3.60**	**7.68**	**6.32**	**1.36**
越城区	11.44	10.50	0.93	2.66	2.24	0.42
绍兴县	3.86	3.01	0.85	1.10	0.76	0.34
新昌县	1.87	1.36	0.51	0.56	0.44	0.12
诸暨市	5.49	5.05	0.44	1.48	1.30	0.18
上虞市	4.88	4.34	0.54	1.48	1.23	0.26
嵊州市	1.92	1.59	0.33	0.39	0.36	0.04
金华市	**24.19**	**17.82**	**6.37**	**9.57**	**6.56**	**3.01**
婺城区	4.00	3.50	0.50	1.29	1.05	0.24
金东区	0.03	0.03	...	0.01	0.01	...
武义县	0.56	0.52	0.04	0.37	0.34	0.03
浦江县	0.51	0.41	0.10	0.21	0.16	0.05
磐安县	0.20	0.12	0.08	0.08	0.04	0.04
兰溪市	1.02	0.93	0.09	0.27	0.20	0.07
义乌市	11.36	7.61	3.75	4.84	3.00	1.85

2-A-2 续表2-3

单位:个、万人、亿元

地 区	营业额					
				客房收入		
	合 计	限额以上	限额以下	合 计	限额以上	限额以下
东阳市	3.26	2.95	0.31	1.33	1.24	0.09
永康市	3.24	1.75	1.49	1.17	0.52	0.65
衢州市	**3.76**	**3.23**	**0.53**	**1.06**	**0.89**	**0.17**
柯城区	1.80	1.60	0.20	0.52	0.44	0.08
衢江区	0.10	0.07	0.03	0.04	0.03	0.01
常山县	0.57	0.53	0.04	0.11	0.09	0.02
开化县	0.32	0.27	0.06	0.09	0.08	0.01
龙游县	0.49	0.41	0.07	0.17	0.15	0.02
江山市	0.48	0.35	0.12	0.13	0.10	0.03
舟山市	**10.64**	**9.05**	**1.59**	**3.98**	**3.14**	**0.83**
定海区	4.23	3.71	0.52	1.32	1.05	0.27
普陀区	5.12	4.26	0.86	2.20	1.74	0.46
岱山县	0.74	0.64	0.10	0.27	0.23	0.04
嵊泗县	0.56	0.44	0.12	0.20	0.13	0.07
台州市	**22.99**	**18.75**	**4.24**	**6.97**	**4.83**	**2.14**
椒江区	5.88	5.68	0.20	1.61	1.53	0.08
黄岩区	2.03	1.17	0.86	0.70	0.36	0.34
路桥区	3.11	2.05	1.05	0.95	0.47	0.48
玉环县	1.61	1.56	0.05	0.57	0.54	0.03
三门县	0.73	0.65	0.08	0.24	0.20	0.04
天台县	1.26	1.14	0.13	0.36	0.28	0.08
仙居县	0.92	0.78	0.15	0.31	0.26	0.05
温岭市	4.60	3.16	1.45	1.44	0.55	0.89
临海市	2.85	2.57	0.28	0.79	0.63	0.16
丽水市	**5.81**	**4.62**	**1.19**	**1.58**	**1.33**	**0.25**
莲都区	3.26	2.44	0.81	0.75	0.63	0.12
青田县	0.60	0.45	0.16	0.21	0.16	0.05
缙云县	0.45	0.39	0.06	0.17	0.13	0.03
遂昌县	0.34	0.31	0.02	0.15	0.13	0.02
松阳县	0.26	0.20	0.06	0.06	0.03	0.02
云和县	0.15	0.14	0.01	0.05	0.04	0.01
庆元县	0.01		0.01			
景宁畲族自治县	0.12	0.10	0.02	0.01	0.01	0.01
龙泉市	0.62	0.59	0.03	0.19	0.19	...

2-A-2 续表3-1

单位：个、万人、亿元

地区	餐费收入			商品销售额		
	合计	限额以上	限额以下	合计	限额以上	限额以下
总计	**267.69**	**240.76**	**26.92**	**5.71**	**5.37**	**0.34**
杭州市	**118.79**	**111.00**	**7.79**	**1.39**	**1.29**	**0.10**
上城区	19.85	18.36	1.50	0.25	0.25	...
下城区	14.96	14.04	0.92	0.07	0.04	0.02
江干区	5.13	4.88	0.24	0.19	0.19	...
拱墅区	3.68	2.97	0.70	0.03	0.02	0.01
西湖区	47.03	45.37	1.66	0.10	0.09	...
滨江区	1.79	1.67	0.12	0.03	0.03	
萧山区	15.45	15.06	0.39	0.66	0.62	0.04
余杭区	4.49	3.39	1.10	0.01	...	0.01
桐庐县	0.71	0.53	0.18	0.01		0.01
淳安县	1.21	1.11	0.10	0.01	0.01	...
建德市	1.09	0.96	0.13	0.02	0.02	
富阳市	1.92	1.42	0.50			
临安市	1.47	1.23	0.24	0.01	0.01	...
宁波市	**39.87**	**35.68**	**4.19**	**0.36**	**0.33**	**0.03**
海曙区	5.64	4.94	0.70	0.06	0.05	0.01
江东区	8.73	8.27	0.46	0.05	0.05	...
江北区	3.08	2.67	0.41	0.01	0.01	
北仑区	1.76	1.23	0.53	0.04	0.03	0.01
镇海区	1.90	1.74	0.16	0.01	0.01	
鄞州区	4.38	3.99	0.39	0.04	0.04	...
象山县	1.50	1.43	0.07	0.03	0.02	...
宁海县	2.30	2.11	0.19	0.03	0.03	...
余姚市	4.57	3.99	0.59	0.01	0.01	...
慈溪市	4.63	4.11	0.52	0.08	0.08	...
奉化市	1.39	1.20	0.19	0.01	0.01	
温州市	**25.93**	**24.12**	**1.80**	**0.23**	**0.20**	**0.02**
鹿城区	10.57	10.04	0.52	0.05	0.04	0.01
龙湾区	1.34	1.33	0.01	0.05	0.05	
瓯海区	0.84	0.81	0.03	0.02	0.02	...
洞头县	0.17	0.16	0.01	0.01	0.01	
永嘉县	1.98	1.76	0.22	...		...
平阳县	0.77	0.49	0.28	...		...

2-A-2 续表3-2

单位：个、万人、亿元

地区	餐费收入			商品销售额		
	合计	限额以上	限额以下	合计	限额以上	限额以下
苍南县	1.66	1.42	0.24	0.04	0.03	0.01
文成县	0.24	0.19	0.04	0.02	0.02	
泰顺县	0.21	0.21	...	...	...	...
瑞安市	5.06	4.91	0.15	0.04	0.03	...
乐清市	3.09	2.80	0.29	0.01	0.01	...
嘉兴市	**15.32**	**11.91**	**3.41**	**0.52**	**0.51**	**0.01**
南湖区	3.98	3.54	0.44	0.14	0.13	0.01
秀洲区	0.94	0.81	0.12	0.03	0.03	...
嘉善县	1.52	1.36	0.16	0.17	0.17	...
海盐县	1.49	1.15	0.34	0.04	0.04	...
海宁市	2.53	1.73	0.80	0.06	0.06	
平湖市	2.00	1.80	0.20	0.03	0.03	
桐乡市	2.86	1.52	1.34	0.05	0.05	...
湖州市	**7.34**	**6.85**	**0.49**	**0.51**	**0.51**	**...**
吴兴区	3.23	3.08	0.15	0.17	0.17	...
南浔区	0.41	0.39	0.01	0.02	0.02	
德清县	1.29	1.17	0.12	0.20	0.20	...
长兴县	1.54	1.39	0.14	0.13	0.13	...
安吉县	0.88	0.82	0.07	...	...	...
绍兴市	**19.64**	**17.48**	**2.16**	**1.24**	**1.20**	**0.03**
越城区	7.74	7.25	0.49	0.75	0.74	0.01
绍兴县	2.62	2.13	0.49	0.04	0.02	0.02
新昌县	1.19	0.81	0.38	0.06	0.06	
诸暨市	3.46	3.22	0.24	0.32	0.32	...
上虞市	3.25	2.96	0.28	0.03	0.03	
嵊州市	1.39	1.11	0.28	0.04	0.03	0.01
金华市	**13.04**	**9.80**	**3.24**	**0.63**	**0.57**	**0.06**
婺城区	2.38	2.14	0.24	0.05	0.04	0.02
金东区	0.01	0.01	...	0.01	0.01	
武义县	0.19	0.18	0.01	...	...	
浦江县	0.23	0.20	0.03	0.05	0.04	0.01
磐安县	0.11	0.07	0.04	...		...
兰溪市	0.55	0.53	0.02	0.18	0.18	...
义乌市	5.94	4.09	1.85	0.22	0.20	0.02

2－A－2 续表3－3 单位：个、万人、亿元

地区	餐费收入			商品销售额		
	合计	限额以上	限额以下	合计	限额以上	限额以下
东阳市	1.81	1.59	0.21	0.01	...	...
永康市	1.81	0.98	0.83	0.10	0.09	0.01
衢州市	**2.26**	**1.95**	**0.31**	**0.25**	**0.23**	**0.03**
柯城区	1.07	0.97	0.10	0.16	0.15	0.01
衢江区	0.06	0.04	0.02	...	...	
常山县	0.35	0.34	0.01	...	...	...
开化县	0.19	0.14	0.05	0.03	0.03	
龙游县	0.30	0.25	0.05	0.02	0.01	0.01
江山市	0.30	0.21	0.08	0.04	0.03	0.01
舟山市	**6.22**	**5.51**	**0.71**	**0.12**	**0.11**	**0.01**
定海区	2.73	2.48	0.25	0.09	0.09	...
普陀区	2.72	2.36	0.36	0.01	0.01	0.01
岱山县	0.44	0.39	0.05	0.01	0.01	
嵊泗县	0.33	0.28	0.04			
台州市	**15.39**	**13.45**	**1.94**	**0.29**	**0.28**	**0.01**
椒江区	4.26	4.15	0.11			
黄岩区	1.16	0.76	0.40	0.01	0.01	...
路桥区	2.11	1.56	0.55	0.01	...	0.01
玉环县	1.04	1.02	0.02			
三门县	0.47	0.44	0.04			
天台县	0.76	0.72	0.05	0.13	0.13	...
仙居县	0.51	0.42	0.10	0.08	0.08	...
温岭市	3.02	2.47	0.56	0.06	0.06	...
临海市	2.06	1.94	0.12			
丽水市	**3.89**	**3.00**	**0.89**	**0.17**	**0.14**	**0.03**
莲都区	2.41	1.75	0.65	0.02	...	0.02
青田县	0.36	0.25	0.11	...	...	...
缙云县	0.24	0.22	0.02	0.03	0.03	...
遂昌县	0.16	0.15	0.01	0.01	0.01	
松阳县	0.19	0.15	0.04	...		...
云和县	0.09	0.09		0.01	0.01	...
庆元县	0.01		0.01			
景宁畲族自治县	0.11	0.09	0.02			
龙泉市	0.33	0.30	0.03	0.09	0.09	

2-A-3　按登记注册类型分组的住宿业经营状况

单位：个、万人、亿元

指标名称	法人单位数			年末就业人员		
	合计	限额以上	限额以下	合计	限额以上	限额以下
总计	**3332**	**1158**	**2174**	**18.55**	**15.64**	**2.91**
其中：国有及国有控股	296	202	94	3.54	3.35	0.19
内资	**3246**	**1099**	**2147**	**16.69**	**13.83**	**2.86**
国有	221	137	84	2.11	1.94	0.17
集体	202	61	141	0.79	0.65	0.14
股份合作企业	51	11	40	0.14	0.11	0.03
联营企业	5	3	2	0.04	0.04	…
集体联营	2	1	1	0.01	0.01	…
国有与集体联营	2	2		0.02	0.02	
其他联营	1		1	…		…
有限责任公司	403	287	116	4.53	4.28	0.25
国有独资公司	16	15	1	0.24	0.24	…
其他有限责任公司	387	272	115	4.29	4.04	0.25
股份有限公司	47	32	15	0.84	0.82	0.02
私营企业	2299	562	1737	8.20	5.97	2.23
私营独资	805	89	716	1.25	0.59	0.67
私营合伙	291	50	241	0.68	0.42	0.26
私营有限责任公司	1124	405	719	6.03	4.82	1.21
私营股份有限公司	79	18	61	0.24	0.15	0.10
其他	18	6	12	0.04	0.03	0.01
港澳台商投资	**50**	**31**	**19**	**1.19**	**1.15**	**0.04**
与港澳台商合资经营	26	19	7	0.80	0.79	0.01
与港澳台商合作经营	1	1		…	…	
港澳台商独资	20	9	11	0.31	0.28	0.03
港澳台商投资股份有限公司	3	2	1	0.07	0.07	…
外商投资	**36**	**28**	**8**	**0.67**	**0.67**	**0.01**
中外合资经营	16	14	2	0.44	0.44	…
中外合作经营	2	2		0.02	0.02	
外资企业	15	11	4	0.21	0.20	…
外商投资股份有限公司	3	1	2	0.01	…	…

2－A－3 续表1 单位：个、万人、亿元

指标名称	营业额			客房收入		
	合计	限额以上	限额以下	合计	限额以上	限额以下
总计	**227.79**	**206.33**	**21.45**	**107.10**	**89.65**	**17.45**
其中：国有及国有控股	49.01	47.43	1.58	23.32	22.24	1.08
内资	**199.27**	**178.14**	**21.13**	**94.25**	**77.07**	**17.18**
国有	28.16	26.82	1.34	13.56	12.63	0.93
集体	8.74	7.80	0.94	4.59	3.77	0.82
股份合作企业	1.76	1.50	0.27	0.92	0.72	0.20
联营企业	0.42	0.41	...	0.19	0.19	...
集体联营	0.11	0.11	...	0.03	0.03	...
国有与集体联营	0.30	0.30		0.16	0.16	
其他联营	...		...	...		...
有限责任公司	57.07	55.78	1.29	24.72	23.73	0.99
国有独资公司	3.32	3.30	0.02	1.44	1.42	0.02
其他有限责任公司	53.74	52.48	1.27	23.28	22.31	0.97
股份有限公司	11.21	10.96	0.24	4.46	4.30	0.16
私营企业	91.53	74.59	16.93	45.60	31.59	14.01
私营独资	12.62	6.51	6.12	8.12	2.75	5.37
私营合伙	8.43	6.30	2.13	5.14	3.21	1.92
私营有限责任公司	68.26	60.05	8.20	31.17	24.83	6.35
私营股份有限公司	2.22	1.73	0.49	1.16	0.80	0.36
其他	0.40	0.28	0.12	0.23	0.14	0.09
港澳台商投资	**19.74**	**19.51**	**0.23**	**9.16**	**8.98**	**0.18**
与港澳台商合资经营	15.03	14.96	0.07	7.61	7.56	0.05
与港澳台商合作经营	0.03	0.03		0.01	0.01	
港澳台商独资	3.60	3.45	0.14	1.20	1.09	0.11
港澳台商投资股份有限公司	1.09	1.07	0.02	0.34	0.32	0.02
外商投资	**8.77**	**8.68**	**0.09**	**3.69**	**3.60**	**0.09**
中外合资经营	6.29	6.29	...	2.52	2.51	...
中外合作经营	0.42	0.42		0.19	0.19	
外资企业	2.00	1.94	0.07	0.93	0.87	0.06
外商投资股份有限公司	0.06	0.04	0.02	0.05	0.03	0.02

2－A－3 续表2

单位：个、万人、亿元

指标名称	餐费收入			商品销售额			床位数(万个)		
	合计	限额以上	限额以下	合计	限额以上	限额以下	合计	限额以上	限额以下
总计	**103.94**	**100.81**	**3.13**	**3.90**	**3.78**	**0.13**	**41.35**	**25.59**	**15.76**
其中：国有及国有控股	21.26	20.87	0.39	0.82	0.80	0.02	6.21	4.71	1.50
内资	**89.49**	**86.41**	**3.08**	**3.72**	**3.60**	**0.13**	**38.97**	**23.49**	**15.48**
国有	11.99	11.68	0.31	0.38	0.36	0.01	3.77	3.02	0.75
集体	3.27	3.19	0.08	0.09	0.09	...	2.14	1.36	0.78
股份合作企业	0.70	0.67	0.03	0.01	0.01	...	0.35	0.19	0.16
联营企业	0.22	0.22		...	...		0.07	0.07	...
集体联营	0.08	0.08		...	...		0.02	0.02	...
国有与集体联营	0.14	0.14					0.05	0.05	
其他联营							...		...
有限责任公司	27.10	26.84	0.26	1.74	1.73	0.01	7.87	6.95	0.92
国有独资公司	1.66	1.66		0.03	0.03	...	0.38	0.37	0.01
其他有限责任公司	25.44	25.18	0.26	1.71	1.70	0.01	7.49	6.58	0.91
股份有限公司	5.75	5.68	0.08	0.23	0.23		1.84	1.06	0.78
私营企业	40.30	38.01	2.29	1.27	1.16	0.11	22.73	10.72	12.00
私营独资	3.93	3.35	0.58	0.19	0.16	0.03	5.35	1.28	4.06
私营合伙	2.79	2.66	0.12	0.13	0.12	0.01	2.34	0.83	1.51
私营有限责任公司	32.64	31.15	1.49	0.94	0.88	0.06	14.07	8.26	5.81
私营股份有限公司	0.95	0.85	0.10	0.01	...	...	0.97	0.35	0.62
其他	0.16	0.12	0.04	0.01	0.01	...	0.21	0.13	0.08
港澳台商投资	**9.89**	**9.85**	**0.05**	**0.11**	**0.11**		**1.46**	**1.23**	**0.24**
与港澳台商合资经营	6.89	6.87	0.02	0.04	0.04		0.94	0.86	0.08
与港澳台商合作经营	0.02	0.02		...	...		0.02	0.02	
港澳台商独资	2.27	2.24	0.03	0.05	0.05		0.34	0.30	0.05
港澳台商投资股份有限公司	0.72	0.72		0.02	0.02		0.16	0.05	0.11
外商投资	**4.55**	**4.55**	**...**	**0.07**	**0.07**		**0.91**	**0.87**	**0.04**
中外合资经营	3.44	3.44	...	0.01	0.01		0.57	0.56	0.01
中外合作经营	0.19	0.19		0.01	0.01		0.03	0.03	
外资企业	0.92	0.92	...	0.05	0.05		0.29	0.27	0.02
外商投资股份有限公司	...	...		...	...		0.02	0.01	0.01

2－A－4 按登记注册类型分组的餐饮业经营状况

单位：个、万人、亿元

指标名称	法人单位数			年末就业人员		
	合计	限额以上	限额以下	合计	限额以上	限额以下
总计	**2895**	**946**	**1949**	**13.37**	**10.03**	**3.34**
其中：国有及国有控股	62	23	39	0.60	0.52	0.08
内资	**2784**	**908**	**1876**	**11.09**	**7.86**	**3.23**
国有	49	15	34	0.30	0.24	0.06
集体	78	10	68	0.15	0.08	0.07
股份合作企业	17	5	12	0.07	0.05	0.02
联营企业	4		4	0.02		0.02
国有联营	1		1	0.02		0.02
集体联营	2		2	...		...
其他联营	1		1	...		...
有限责任公司	245	123	122	1.49	1.27	0.23
国有独资公司	3	2	1	0.02	0.02	...
其他有限责任公司	242	121	121	1.47	1.24	0.23
股份有限公司	27	13	14	0.37	0.35	0.02
私营企业	2335	730	1605	8.53	5.76	2.76
私营独资	755	150	605	1.89	0.95	0.94
私营合伙	239	68	171	0.76	0.45	0.30
私营有限责任公司	1260	474	786	5.16	3.72	1.44
私营股份有限公司	81	38	43	0.72	0.64	0.08
其他	29	12	17	0.15	0.10	0.05
港澳台商投资	**35**	**17**	**18**	**0.16**	**0.14**	**0.02**
与港澳台商合资经营	13	9	4	0.10	0.09	...
与港澳台商合作经营	1		1	...		...
港澳台商独资	20	8	12	0.06	0.05	0.01
港澳台商投资股份有限公司	1		1	...		...
外商投资	**76**	**21**	**55**	**2.12**	**2.03**	**0.08**
中外合资经营	16	9	7	1.83	1.83	0.01
中外合作经营	2	2		0.13	0.13	
外资企业	54	9	45	0.13	0.06	0.07
外商投资股份有限公司	4	1	3	0.02	0.01	0.01

2-A-4 续表1

单位：个、万人、亿元

指标名称	营业额			客房收入		
	合计	限额以上	限额以下	合计	限额以上	限额以下
总计	**176.12**	**150.43**	**25.69**	**7.40**	**5.99**	**1.41**
其中：国有及国有控股	6.44	5.57	0.87	0.40	0.36	0.04
内资	**140.23**	**115.37**	**24.86**	**7.24**	**5.85**	**1.39**
国有	2.87	2.39	0.48	0.36	0.33	0.03
集体	1.26	0.76	0.50	0.08	0.05	0.03
股份合作企业	0.59	0.47	0.12	0.03	0.02	...
联营企业	0.24		0.24			
国有联营	0.22		0.22			
集体联营	0.01		0.01			
其他联营	0.02		0.02			
有限责任公司	20.88	19.26	1.62	1.74	1.59	0.14
国有独资公司	0.51	0.37	0.15			
其他有限责任公司	20.36	18.89	1.47	1.74	1.59	0.14
股份有限公司	4.59	4.43	0.17	0.05	0.05	...
私营企业	107.73	86.32	21.41	4.95	3.79	1.16
私营独资	19.59	11.21	8.37	0.67	0.33	0.33
私营合伙	7.72	5.67	2.05	0.24	0.09	0.15
私营有限责任公司	69.61	59.30	10.32	3.60	2.97	0.63
私营股份有限公司	10.81	10.14	0.67	0.45	0.40	0.04
其他	2.06	1.74	0.32	0.02	0.01	0.02
港澳台商投资	**2.05**	**1.85**	**0.20**	**0.05**	**0.05**	
与港澳台商合资经营	1.28	1.22	0.06	0.03	0.03	
与港澳台商合作经营	0.01		0.01			
港澳台商独资	0.71	0.63	0.08	0.02	0.02	
港澳台商投资股份有限公司	0.04		0.04			
外商投资	**33.84**	**33.21**	**0.63**	**0.11**	**0.09**	**0.02**
中外合资经营	28.66	28.63	0.03	0.06	0.06	
中外合作经营	3.33	3.33				
外资企业	1.40	0.83	0.57	0.04	0.03	0.01
外商投资股份有限公司	0.44	0.41	0.03	0.01		0.01

2-A-4 续表2　　单位：个、万人、亿元

指标名称	餐费收入			商品销售额			餐位数(万个)		
	合计	限额以上	限额以下	合计	限额以上	限额以下	合计	限额以上	限额以下
总计	**163.75**	**139.95**	**23.79**	**1.80**	**1.59**	**0.21**	**75.55**	**50.84**	**24.71**
其中：国有及国有控股	5.35	4.59	0.76	0.53	0.49	0.04	2.60	2.09	0.51
内资	**128.64**	**105.63**	**23.00**	**1.65**	**1.44**	**0.21**	**68.57**	**44.46**	**24.11**
国有	2.46	2.03	0.44	0.01	0.01	…	1.73	1.28	0.45
集体	1.07	0.62	0.44	…		…	1.56	0.91	0.64
股份合作企业	0.53	0.41	0.12	0.04	0.04	…	0.28	0.17	0.11
联营企业	0.18		0.18	0.04		0.04	0.11		0.11
国有联营	0.16		0.16	0.04		0.04	0.03		0.03
集体联营	0.01		0.01				0.06		0.06
其他联营	0.02		0.02				0.02		0.02
有限责任公司	18.66	17.23	1.43	0.09	0.07	0.03	8.45	6.60	1.84
国有独资公司	0.48	0.33	0.15				0.03	0.03	
其他有限责任公司	18.18	16.90	1.28	0.09	0.07	0.03	8.41	6.57	1.84
股份有限公司	3.98	3.83	0.15	0.50	0.49	0.01	1.07	0.92	0.15
私营企业	99.88	79.94	19.94	0.95	0.83	0.12	54.44	33.95	20.49
私营独资	18.36	10.44	7.92	0.40	0.35	0.06	13.07	5.56	7.51
私营合伙	7.33	5.51	1.83	0.07	0.04	0.03	5.20	3.11	2.10
私营有限责任公司	64.05	54.46	9.58	0.45	0.41	0.04	31.74	21.57	10.17
私营股份有限公司	10.14	9.53	0.61	0.03	0.03	…	4.43	3.72	0.71
其他	1.89	1.58	0.30	0.02	0.02	…	0.93	0.62	0.32
港澳台商投资	**1.91**	**1.73**	**0.19**	**0.07**	**0.06**	**…**	**0.91**	**0.73**	**0.18**
与港澳台商合资经营	1.19	1.13	0.06	0.05	0.05	…	0.48	0.44	0.04
与港澳台商合作经营	0.01		0.01				…		…
港澳台商独资	0.67	0.59	0.07	0.02	0.02		0.41	0.29	0.13
港澳台商投资股份有限公司	0.04		0.04				0.02		0.02
外商投资	**33.20**	**32.59**	**0.60**	**0.09**	**0.09**	**…**	**6.07**	**5.65**	**0.42**
中外合资经营	28.21	28.18	0.02	0.06	0.06		4.64	4.63	0.01
中外合作经营	3.33	3.33					0.60	0.60	
外资企业	1.23	0.67	0.56	0.02	0.02	…	0.68	0.29	0.39
外商投资股份有限公司	0.43	0.41	0.02				0.14	0.12	0.02

2-A-5 按行业分组的住宿业经营状况

单位：个、万人、亿元

指标名称	合计	旅游饭店	一般旅馆	其他住宿服务
法人单位数	3332	1155	2132	45
限额以上	1158	909	244	5
限额以下	2174	246	1888	40
年末就业人员	18.55	14.72	3.69	0.14
限额以上	15.64	14.15	1.44	0.06
限额以下	2.91	0.57	2.26	0.08
营业额	227.79	193.44	33.17	1.18
限额以上	206.33	190.15	15.61	0.57
限额以下	21.45	3.29	17.56	0.60
客房收入	107.10	81.13	25.34	0.63
限额以上	89.65	78.90	10.48	0.27
限额以下	17.45	2.23	14.86	0.36
餐费收入	103.94	97.31	6.15	0.48
限额以上	100.81	96.40	4.15	0.26
限额以下	3.13	0.91	1.99	0.22
商品销售额	3.90	3.61	0.28	0.02
限额以上	3.78	3.58	0.19	...
限额以下	0.13	0.02	0.09	0.02
客房数(万间)	23.77	13.60	9.78	0.39
限额以上	15.13	12.39	2.66	0.07
限额以下	8.64	1.21	7.12	0.32
床位数(万个)	41.35	23.35	16.74	1.27
限额以上	25.59	21.13	4.33	0.13
限额以下	15.76	2.21	12.40	1.14
餐位数(万位)	53.72	45.36	7.90	0.46
限额以上	47.61	43.54	3.94	0.13
限额以下	6.11	1.81	3.96	0.34

2-A-6 按行业分组的餐饮业经营状况

单位：个、万人、亿元

指标名称	合计	正餐服务	快餐服务	饮料及冷饮服务	其他餐饮服务
法人单位数	2895	2199	275	265	156
限额以上	946	847	43	27	29
限额以下	1949	1352	232	238	127
年末就业人员	13.37	10.11	2.39	0.43	0.43
限额以上	10.03	7.69	2.00	0.10	0.24
限额以下	3.34	2.42	0.39	0.33	0.19
营业额	176.12	132.09	35.62	3.78	4.64
限额以上	150.43	113.25	32.34	1.43	3.41
限额以下	25.69	18.84	3.28	2.34	1.22
客房收入	7.40	7.24	0.06	0.04	0.07
限额以上	5.99	5.97			0.02
限额以下	1.41	1.27	0.06	0.04	0.05
餐费收入	163.75	120.79	35.28	3.69	3.99
限额以上	139.95	103.55	32.15	1.42	2.83
限额以下	23.79	17.24	3.13	2.26	1.16
商品销售额	1.80	1.16	0.11	0.03	0.50
限额以上	1.59	1.03	0.05	0.01	0.49
限额以下	0.21	0.13	0.06	0.02	0.01

2-A-7 按星级分组的住宿业经营状况

单位：个、万人、亿元

指标名称	合计	五星	四星	三星	二星	一星	其他
法人单位数	3332	32	136	355	372	38	2399
限额以上	1158	28	131	327	234	15	423
限额以下	2174	4	5	28	138	23	1976
年末就业人员	18.55	1.35	4.14	4.50	1.94	0.07	6.55
限额以上	15.64	1.33	4.11	4.43	1.67	0.06	4.04
限额以下	2.91	0.02	0.03	0.07	0.27	0.02	2.51
营业额	227.79	24.75	58.38	52.98	20.51	0.67	70.49
限额以上	206.33	24.71	58.22	52.62	18.67	0.49	51.62
限额以下	21.45	0.04	0.17	0.36	1.83	0.18	18.87
客房收入	107.10	10.41	24.22	20.32	8.59	0.42	43.14
限额以上	89.65	10.38	24.13	20.09	7.25	0.26	27.54
限额以下	17.45	0.02	0.09	0.23	1.34	0.16	15.60
餐费收入	103.94	12.83	30.36	27.64	9.74	0.21	23.17
限额以上	100.81	12.81	30.29	27.52	9.34	0.19	20.66
限额以下	3.13	0.02	0.07	0.12	0.41	0.01	2.51
商品销售额	3.90	0.05	0.81	1.76	0.63	0.02	0.64
限额以上	3.78	0.05	0.79	1.76	0.61	0.01	0.55
限额以下	0.13		0.01	...	0.01	...	0.09
客房数（万间）	23.77	0.87	2.77	4.25	2.67	0.13	13.07
限额以上	15.13	0.86	2.74	4.09	1.98	0.07	5.39
限额以下	8.64	0.01	0.04	0.16	0.69	0.06	7.68
床位数（万个）	41.35	1.37	4.57	7.49	4.78	0.25	22.89
限额以上	25.59	1.35	4.50	7.20	3.51	0.13	8.91
限额以下	15.76	0.02	0.07	0.30	1.28	0.12	13.97
餐位数（万位）	53.72	3.15	11.11	15.90	7.49	0.34	15.72
限额以上	47.61	3.08	11.05	15.56	6.61	0.30	11.00
限额以下	6.11	0.07	0.06	0.35	0.88	0.03	4.72

2-A-8 按行业分组的国有及国有控股住宿和餐饮业经营状况

单位：个、亿元

行业	法人单位数			营业额					
							客房收入		
	合计	限额以上	限额以下	合计	限额以上	限额以下	合计	限额以上	限额以下
总计	**358**	**225**	**133**	**55.45**	**53.00**	**2.45**	**23.71**	**22.60**	**1.11**
住宿业	**296**	**202**	**94**	**49.01**	**47.43**	**1.58**	**23.32**	**22.24**	**1.08**
旅游饭店	195	175	20	46.05	45.65	0.40	21.21	21.01	0.20
一般旅馆	96	26	70	2.73	1.71	1.02	1.99	1.20	0.79
其他住宿服务	5	1	4	0.24	0.07	0.16	0.11	0.02	0.09
餐饮业	**62**	**23**	**39**	**6.44**	**5.57**	**0.87**	**0.40**	**0.36**	**0.04**
正餐服务	46	16	30	4.43	4.00	0.43	0.40	0.36	0.04
快餐服务	6	3	3	0.82	0.56	0.26			
饮料及冷饮服务	4	1	3	0.24	0.22	0.02			
其他餐饮服务	6	3	3	0.95	0.78	0.17			

2-A-8 续表1

单位：个、亿元

行业	餐费收入			商品销售额		
	合计	限额以上	限额以下	合计	限额以上	限额以下
总计	**26.62**	**25.46**	**1.16**	**1.35**	**1.29**	**0.06**
住宿业	**21.26**	**20.87**	**0.39**	**0.82**	**0.80**	**0.02**
旅游饭店	20.63	20.45	0.18	0.80	0.79	0.01
一般旅馆	0.54	0.39	0.14	0.02	0.01	0.01
其他住宿服务	0.10	0.03	0.07			
餐饮业	**5.35**	**4.59**	**0.76**	**0.53**	**0.49**	**0.04**
正餐服务	3.96	3.58	0.38	0.01	0.01	...
快餐服务	0.76	0.56	0.20	0.04		0.04
饮料及冷饮服务	0.24	0.22	0.02			
其他餐饮服务	0.40	0.23	0.17	0.49	0.49	

2-A-8 续表2

单位：个、亿元

行业	床位数(万个)			餐位数(万位)		
	合计	限额以上	限额以下	合计	限额以上	限额以下
总计	**6.45**	**4.90**	**1.55**	**10.97**	**9.98**	**0.99**
住宿业	**6.21**	**4.71**	**1.50**	**8.37**	**7.89**	**0.48**
旅游饭店	4.38	4.20	0.17	7.76	7.55	0.21
一般旅馆	1.04	0.48	0.56	0.54	0.32	0.23
其他住宿服务	0.80	0.03	0.76	0.07	0.03	0.04
餐饮业	**0.24**	**0.19**	**0.05**	**2.60**	**2.09**	**0.51**
正餐服务	0.24	0.19	0.05	1.67	1.25	0.42
快餐服务				0.78	0.73	0.06
饮料及冷饮服务				0.12	0.10	0.02
其他餐饮服务				0.02	0.01	0.01

2-A-9 按行业分组的国有住宿和餐饮业经营状况

单位:个、亿元

行业	法人单位数			营业额			客房收入		
	合计	限额以上	限额以下	合计	限额以上	限额以下	合计	限额以上	限额以下
总计	**270**	**152**	**118**	**31.03**	**29.21**	**1.82**	**13.92**	**12.96**	**0.96**
住宿业	**221**	**137**	**84**	**28.16**	**26.82**	**1.34**	**13.56**	**12.63**	**0.93**
旅游饭店	133	117	16	25.84	25.49	0.36	11.95	11.78	0.16
一般旅馆	84	19	65	2.22	1.25	0.96	1.58	0.83	0.75
其他住宿服务	4	1	3	0.10	0.07	0.02	0.04	0.02	0.02
餐饮业	**49**	**15**	**34**	**2.87**	**2.39**	**0.48**	**0.36**	**0.33**	**0.03**
正餐服务	39	11	28	2.10	1.69	0.41	0.36	0.33	0.03
快餐服务	4	2	2	0.49	0.45	0.04			
饮料及冷饮服务	3	1	2	0.23	0.22	...			
其他餐饮服务	3	1	2	0.05	0.03	0.02			

2-A-9 续表1

单位：个、亿元

行业	餐费收入			商品销售额		
	合计	限额以上	限额以下	合计	限额以上	限额以下
总计	**14.45**	**13.70**	**0.75**	**0.38**	**0.37**	**0.02**
住宿业	**11.99**	**11.68**	**0.31**	**0.38**	**0.36**	**0.01**
旅游饭店	11.48	11.30	0.18	0.37	0.36	0.01
一般旅馆	0.48	0.35	0.13	0.01	...	0.01
其他住宿服务	0.03	0.03	...			
餐饮业	**2.46**	**2.03**	**0.44**	**0.01**	**0.01**	**...**
正餐服务	1.70	1.33	0.37	0.01	0.01	...
快餐服务	0.49	0.45	0.04			
饮料及冷饮服务	0.23	0.22	...			
其他餐饮服务	0.05	0.03	0.02			

2-A-9 续表2

单位：个、亿元

行业	床位数(万个)			餐位数(万位)		
	合计	限额以上	限额以下	合计	限额以上	限额以下
总计	**3.97**	**3.18**	**0.79**	**6.88**	**6.02**	**0.86**
住宿业	**3.77**	**3.02**	**0.75**	**5.15**	**4.74**	**0.41**
旅游饭店	2.77	2.62	0.15	4.63	4.44	0.19
一般旅馆	0.89	0.37	0.52	0.48	0.27	0.22
其他住宿服务	0.11	0.03	0.08	0.03	0.03	…
餐饮业	**0.20**	**0.16**	**0.04**	**1.73**	**1.28**	**0.45**
正餐服务	0.20	0.16	0.04	1.16	0.77	0.40
快餐服务				0.44	0.41	0.03
饮料及冷饮服务				0.11	0.10	0.01
其他餐饮服务				0.02	0.01	0.01

2－A－10 按行业分组的集体住宿和餐饮业经营状况

单位：个、亿元

行业	法人单位数			营业额					
							客房收入		
	合计	限额以上	限额以下	合计	限额以上	限额以下	合计	限额以上	限额以下
总计	**280**	**71**	**209**	**10.00**	**8.56**	**1.44**	**4.67**	**3.83**	**0.85**
住宿业	**202**	**61**	**141**	**8.74**	**7.80**	**0.94**	**4.59**	**3.77**	**0.82**
旅游饭店	68	51	17	7.39	7.18	0.21	3.52	3.37	0.16
一般旅馆	128	10	118	1.29	0.62	0.67	1.01	0.41	0.61
其他住宿服务	6		6	0.06		0.06	0.05		0.05
餐饮业	**78**	**10**	**68**	**1.26**	**0.76**	**0.50**	**0.08**	**0.05**	**0.03**
正餐服务	53	5	48	0.70	0.33	0.37	0.08	0.05	0.03
快餐服务	8	4	4	0.41	0.32	0.08			
饮料及冷饮服务	5	1	4	0.11	0.11	...			
其他餐饮服务	12		12	0.03		0.03			

2－A－10　续表1

单位：个、亿元

行　业	餐费收入			商品销售额		
	合　计	限额以上	限额以下	合　计	限额以上	限额以下
总　计	**4.33**	**3.81**	**0.52**	**0.09**	**0.09**	**…**
住宿业	**3.27**	**3.19**	**0.08**	**0.09**	**0.09**	**…**
旅游饭店	3.05	3.02	0.03	0.08	0.07	…
一般旅馆	0.22	0.17	0.05	0.02	0.02	…
其他住宿服务	…		…			
餐饮业	**1.07**	**0.62**	**0.44**	**…**		**…**
正餐服务	0.60	0.26	0.33	…		…
快餐服务	0.32	0.25	0.07	…		…
饮料及冷饮服务	0.11	0.11	…			
其他餐饮服务	0.03		0.03	…		…

2-A-10 续表2

单位：个、亿元

行 业	床位数(万个)			餐位数(万位)		
	合 计	限额以上	限额以下	合 计	限额以上	限额以下
总 计	**2.22**	**1.38**	**0.84**	**3.95**	**3.01**	**0.94**
住宿业	**2.14**	**1.36**	**0.78**	**2.39**	**2.09**	**0.30**
旅游饭店	1.31	1.16	0.15	2.00	1.93	0.07
一般旅馆	0.81	0.19	0.61	0.33	0.16	0.16
其他住宿服务	0.02		0.02	0.06		0.06
餐饮业	**0.08**	**0.02**	**0.06**	**1.56**	**0.91**	**0.64**
正餐服务	0.08	0.02	0.06	0.66	0.16	0.50
快餐服务				0.83	0.75	0.09
饮料及冷饮服务				0.01	…	0.01
其他餐饮服务				0.06		0.06

2-A-11 按行业分组的股份合作企业住宿和餐饮业经营状况

单位：个、亿元

行业	法人单位数			营业额					
							客房收入		
	合计	限额以上	限额以下	合计	限额以上	限额以下	合计	限额以上	限额以下
总计	**68**	**16**	**52**	**2.36**	**1.97**	**0.39**	**0.95**	**0.75**	**0.20**
住宿业	**51**	**11**	**40**	**1.76**	**1.50**	**0.27**	**0.92**	**0.72**	**0.20**
旅游饭店	12	10	2	1.47	1.45	0.02	0.72	0.71	0.02
一般旅馆	37	1	36	0.25	0.05	0.21	0.17	0.01	0.16
其他住宿服务	2		2	0.04		0.04	0.02		0.02
餐饮业	**17**	**5**	**12**	**0.59**	**0.47**	**0.12**	**0.03**	**0.02**	**...**
正餐服务	12	3	9	0.32	0.21	0.11	0.03	0.02	...
快餐服务	2	1	1	0.09	0.09	...			
饮料及冷饮服务	1		1	0.01		0.01			
其他餐饮服务	2	1	1	0.17	0.16	0.01			

2-A-11 续表1

单位：个、亿元

行业	餐费收入			商品销售额		
	合计	限额以上	限额以下	合计	限额以上	限额以下
总计	**1.22**	**1.08**	**0.15**	**0.04**	**0.04**	**...**
住宿业	**0.70**	**0.67**	**0.03**	**0.01**	**0.01**	**...**
旅游饭店	0.64	0.64	...	0.01	0.01	
一般旅馆	0.04	0.03	0.01	...		...
其他住宿服务	0.02		0.02			
餐饮业	**0.53**	**0.41**	**0.12**	**0.04**	**0.04**	**...**
正餐服务	0.26	0.15	0.11	0.04	0.04	...
快餐服务	0.09	0.09	...			
饮料及冷饮服务	0.01		0.01			
其他餐饮服务	0.17	0.16	0.01			

2－A－11　续表2　　单位：个、亿元

行　业	床位数(万个)			餐位数(万位)		
	合　计	限额以上	限额以下	合　计	限额以上	限额以下
总　计	**0.37**	**0.20**	**0.16**	**0.68**	**0.49**	**0.19**
住宿业	**0.35**	**0.19**	**0.16**	**0.40**	**0.32**	**0.09**
旅游饭店	0.19	0.18	0.01	0.29	0.28	0.01
一般旅馆	0.15	0.01	0.14	0.11	0.04	0.07
其他住宿服务	0.01		0.01	0.01		0.01
餐饮业	**0.02**	**0.01**	**0.01**	**0.28**	**0.17**	**0.11**
正餐服务	0.02	0.01	0.01	0.20	0.12	0.08
快餐服务				0.06	0.05	0.01
饮料及冷饮服务				0.01		0.01
其他餐饮服务				0.01		0.01

2－A－12 按行业分组的有限责任公司住宿和餐饮业经营状况

单位：个、亿元

行业	法人单位数			营业额			客房收入		
	合计	限额以上	限额以下	合计	限额以上	限额以下	合计	限额以上	限额以下
总计	**648**	**410**	**238**	**77.94**	**75.04**	**2.90**	**26.45**	**25.32**	**1.13**
住宿业	**403**	**287**	**116**	**57.07**	**55.78**	**1.29**	**24.72**	**23.73**	**0.99**
旅游饭店	264	239	25	52.38	52.10	0.28	21.37	21.17	0.20
一般旅馆	135	45	90	4.21	3.20	1.01	3.12	2.33	0.79
其他住宿服务	4	3	1	0.47	0.47		0.23	0.23	
餐饮业	**245**	**123**	**122**	**20.88**	**19.26**	**1.62**	**1.74**	**1.59**	**0.14**
正餐服务	195	113	82	19.55	18.40	1.15	1.70	1.57	0.13
快餐服务	13	3	10	0.32	0.22	0.10	0.02		0.02
饮料及冷饮服务	28	2	26	0.26	0.07	0.20	…		…
其他餐饮服务	9	5	4	0.74	0.58	0.17	0.02	0.02	

2－A－12　续表1

单位：个、亿元

行　业	餐费收入			商品销售额		
	合　计	限额以上	限额以下	合　计	限额以上	限额以下
总　计	**45.76**	**44.07**	**1.68**	**1.83**	**1.80**	**0.03**
住宿业	**27.10**	**26.84**	**0.26**	**1.74**	**1.73**	**0.01**
旅游饭店	26.01	25.94	0.07	1.69	1.69	…
一般旅馆	0.86	0.67	0.19	0.05	0.05	0.01
其他住宿服务	0.23	0.23		…	…	
餐饮业	**18.66**	**17.23**	**1.43**	**0.09**	**0.07**	**0.03**
正餐服务	17.39	16.40	0.99	0.09	0.06	0.03
快餐服务	0.30	0.22	0.08	…		…
饮料及冷饮服务	0.26	0.07	0.19			
其他餐饮服务	0.71	0.54	0.16	…	…	

2-A-12 续表2

单位：个、亿元

行业	床位数(万个)			餐位数(万位)		
	合计	限额以上	限额以下	合计	限额以上	限额以下
总计	**9.22**	**8.02**	**1.21**	**20.92**	**18.54**	**2.38**
住宿业	**7.87**	**6.95**	**0.92**	**12.47**	**11.94**	**0.53**
旅游饭店	6.27	6.04	0.23	11.65	11.37	0.28
一般旅馆	1.52	0.83	0.69	0.73	0.47	0.26
其他住宿服务	0.08	0.08		0.10	0.10	
餐饮业	**1.35**	**1.07**	**0.28**	**8.45**	**6.60**	**1.84**
正餐服务	1.21	1.06	0.15	7.46	6.13	1.33
快餐服务	0.13		0.13	0.60	0.38	0.23
饮料及冷饮服务	…		…	0.29	0.02	0.27
其他餐饮服务	0.01	0.01		0.09	0.07	0.02

2－A－13　按行业分组的股份有限公司住宿和餐饮业经营状况

单位：个、亿元

行　业	法人单位数			营业额					
							客房收入		
	合　计	限额以上	限额以下	合　计	限额以上	限额以下	合　计	限额以上	限额以下
总　计	**74**	**45**	**29**	**15.80**	**15.39**	**0.41**	**4.51**	**4.35**	**0.16**
住宿业	**47**	**32**	**15**	**11.21**	**10.96**	**0.24**	**4.46**	**4.30**	**0.16**
旅游饭店	31	29	2	10.44	10.42	0.01	3.80	3.79	0.01
一般旅馆	14	3	11	0.62	0.54	0.08	0.58	0.51	0.07
其他住宿服务	2		2	0.15		0.15	0.08		0.08
餐饮业	**27**	**13**	**14**	**4.59**	**4.43**	**0.17**	**0.05**	**0.05**	**…**
正餐服务	19	10	9	3.03	2.94	0.08	0.05	0.05	…
快餐服务	1		1	0.01		0.01			
饮料及冷饮服务	3		3	0.05		0.05			
其他餐饮服务	4	3	1	1.51	1.48	0.02			

2－A－13 续表1

单位：个、亿元

行　业	餐费收入			商品销售额		
	合　计	限额以上	限额以下	合　计	限额以上	限额以下
总　计	**9.73**	**9.50**	**0.23**	**0.73**	**0.72**	**0.01**
住宿业	**5.75**	**5.68**	**0.08**	**0.23**	**0.23**	
旅游饭店	5.65	5.65		0.23	0.23	
一般旅馆	0.03	0.03	…			
其他住宿服务	0.07		0.07			
餐饮业	**3.98**	**3.83**	**0.15**	**0.50**	**0.49**	**0.01**
正餐服务	2.97	2.89	0.08	…	…	
快餐服务	…		…	0.01		0.01
饮料及冷饮服务	0.05		0.05			
其他餐饮服务	0.96	0.94	0.02	0.49	0.49	

2－A－13 续表2

单位：个、亿元

行业	床位数(万个)			餐位数(万位)		
	合计	限额以上	限额以下	合计	限额以上	限额以下
总计	**1.87**	**1.09**	**0.79**	**3.03**	**2.81**	**0.22**
住宿业	**1.84**	**1.06**	**0.78**	**1.96**	**1.89**	**0.06**
旅游饭店	0.91	0.89	0.02	1.78	1.78	
一般旅馆	0.24	0.16	0.08	0.12	0.11	0.01
其他住宿服务	0.69		0.69	0.06		0.06
餐饮业	**0.03**	**0.03**	**0.01**	**1.07**	**0.92**	**0.15**
正餐服务	0.03	0.03	0.01	0.88	0.79	0.09
快餐服务				…		…
饮料及冷饮服务				0.03		0.03
其他餐饮服务				0.16	0.13	0.03

2-A-14 按行业分组的私营企业住宿和餐饮业经营状况

单位：个、亿元

行业	法人单位数			营业额					
							客房收入		
	合计	限额以上	限额以下	合计	限额以上	限额以下	合计	限额以上	限额以下
总计	**4634**	**1292**	**3342**	**199.26**	**160.91**	**38.34**	**50.55**	**35.38**	**15.17**
住宿业	**2299**	**562**	**1737**	**91.53**	**74.59**	**16.93**	**45.60**	**31.59**	**14.01**
旅游饭店	580	407	173	68.39	66.06	2.33	27.53	25.92	1.61
一般旅馆	1693	154	1539	22.79	8.51	14.28	17.86	5.65	12.21
其他住宿服务	26	1	25	0.35	0.02	0.32	0.21	0.02	0.19
餐饮业	**2335**	**730**	**1605**	**107.73**	**86.32**	**21.41**	**4.95**	**3.79**	**1.16**
正餐服务	1765	659	1106	98.28	82.43	15.85	4.83	3.79	1.04
快餐服务	238	29	209	4.46	1.70	2.76	0.04		0.04
饮料及冷饮服务	210	23	187	2.90	1.04	1.86	0.03		0.03
其他餐饮服务	122	19	103	2.10	1.16	0.94	0.05		0.05

2-A-14 续表1

单位：个、亿元

行业	餐费收入			商品销售额		
	合计	限额以上	限额以下	合计	限额以上	限额以下
总计	**140.18**	**117.95**	**22.23**	**2.22**	**1.99**	**0.23**
住宿业	**40.30**	**38.01**	**2.29**	**1.27**	**1.16**	**0.11**
旅游饭店	36.34	35.71	0.63	1.05	1.04	0.02
一般旅馆	3.85	2.30	1.55	0.19	0.12	0.07
其他住宿服务	0.12		0.12	0.02	…	0.02
餐饮业	**99.88**	**79.94**	**19.94**	**0.95**	**0.83**	**0.12**
正餐服务	90.61	76.07	14.54	0.89	0.80	0.09
快餐服务	4.40	1.69	2.72	0.01	0.01	0.01
饮料及冷饮服务	2.82	1.02	1.80	0.03	0.01	0.02
其他餐饮服务	2.04	1.16	0.88	0.01		0.01

2-A-14 续表2

单位：个、亿元

行　业	床位数(万个)			餐位数(万位)		
	合　计	限额以上	限额以下	合　计	限额以上	限额以下
总　计	**25.96**	**12.40**	**13.55**	**80.74**	**55.68**	**25.06**
住宿业	**22.73**	**10.72**	**12.00**	**26.30**	**21.73**	**4.57**
旅游饭店	9.86	8.26	1.61	20.51	19.27	1.24
一般旅馆	12.56	2.46	10.10	5.63	2.46	3.17
其他住宿服务	0.30	0.01	0.29	0.16		0.16
餐饮业	**3.23**	**1.68**	**1.55**	**54.44**	**33.95**	**20.49**
正餐服务	3.13	1.68	1.44	47.95	32.00	15.95
快餐服务	0.04		0.04	3.17	1.10	2.06
饮料及冷饮服务	0.04		0.04	2.37	0.59	1.78
其他餐饮服务	0.03		0.03	0.95	0.26	0.70

2－A－15　按行业分组的港澳台商和外商投资企业住宿和餐饮业经营状况

单位：个、亿元

行　　业	法人单位数			营业额					
							客房收入		
	合　计	限额以上	限额以下	合　计	限额以上	限额以下	合　计	限额以上	限额以下
总　计	**197**	**97**	**100**	**64.40**	**63.26**	**1.15**	**13.01**	**12.72**	**0.29**
住宿业	**86**	**59**	**27**	**28.51**	**28.19**	**0.32**	**12.85**	**12.58**	**0.27**
旅游饭店	55	47	8	26.82	26.77	0.06	11.89	11.83	0.05
一般旅馆	30	12	18	1.67	1.43	0.24	0.95	0.75	0.21
其他住宿服务	1		1	0.02		0.02	0.01		0.01
餐饮业	**111**	**38**	**73**	**35.89**	**35.06**	**0.83**	**0.16**	**0.14**	**0.02**
正餐服务	91	34	57	6.08	5.50	0.58	0.15	0.14	0.01
快餐服务	7	4	3	29.61	29.56	0.05			
饮料及冷饮服务	11		11	0.19		0.19	0.01		0.01
其他餐饮服务	2		2	0.01		0.01			

2-A-15 续表1　　单位：个、亿元

行　　业	餐费收入			商品销售额		
	合　计	限额以上	限额以下	合　计	限额以上	限额以下
总　计	**49.56**	**48.72**	**0.84**	**0.34**	**0.33**	**0.01**
住宿业	**14.45**	**14.40**	**0.05**	**0.18**	**0.18**	
旅游饭店	13.80	13.80	0.01	0.18	0.18	
一般旅馆	0.63	0.60	0.03	...	...	
其他住宿服务	0.01		0.01			
餐饮业	**35.11**	**34.32**	**0.79**	**0.16**	**0.15**	**0.01**
正餐服务	5.42	4.86	0.55	0.11	0.10	0.01
快餐服务	29.51	29.46	0.05	0.05	0.05	
饮料及冷饮服务	0.18		0.18			
其他餐饮服务	0.01		0.01			

2－A－15 续表2 单位：个、亿元

行 业	床位数(万个)			餐位数(万位)		
	合 计	限额以上	限额以下	合 计	限额以上	限额以下
总 计	**2.48**	**2.18**	**0.29**	**11.50**	**10.78**	**0.72**
住宿业	**2.37**	**2.10**	**0.28**	**4.53**	**4.40**	**0.12**
旅游饭店	1.81	1.79	0.02	3.98	3.97	0.02
一般旅馆	0.52	0.31	0.21	0.49	0.43	0.06
其他住宿服务	0.05		0.05	0.05		0.05
餐饮业	**0.10**	**0.09**	**0.02**	**6.98**	**6.38**	**0.60**
正餐服务	0.10	0.09	0.01	2.44	2.01	0.44
快餐服务				4.43	4.37	0.06
饮料及冷饮服务	0.01		0.01	0.10		0.10
其他餐饮服务				0.01		0.01

2－A－16 按地区分组的国有及国有控股住宿和餐饮业经营状况

单位：个、万人、亿元

地　区	法人单位数			年末就业人员		
	合　计	限额以上	限额以下	合　计	限额以上	限额以下
总　计	**358**	**225**	**133**	**4.15**	**3.87**	**0.28**
杭州市	**156**	**100**	**56**	**1.98**	**1.86**	**0.12**
上城区	37	26	11	0.66	0.65	0.02
下城区	27	16	11	0.42	0.41	0.02
江干区	13	3	10	0.07	0.06	0.01
拱墅区	7	7		0.11	0.11	
西湖区	49	33	16	0.56	0.51	0.05
滨江区	1	1		…	…	
萧山区	5	3	2	0.06	0.04	0.02
桐庐县	4		4	0.01		0.01
淳安县	7	6	1	0.06	0.06	…
建德市	2	2		0.01	0.01	
富阳市	2	1	1	0.01	0.01	…
临安市	2	2		0.01	0.01	
宁波市	**39**	**30**	**9**	**0.52**	**0.49**	**0.03**
海曙区	14	8	6	0.18	0.15	0.03
江东区	5	5		0.13	0.13	
北仑区	2	2		0.05	0.05	
镇海区	4	3	1	0.04	0.04	…
鄞州区	7	5	2	0.05	0.04	…
象山县	4	4		0.05	0.05	
余姚市	1	1		…	…	
慈溪市	1	1		0.02	0.02	
奉化市	1	1		0.01	0.01	
温州市	**49**	**26**	**23**	**0.56**	**0.51**	**0.05**
鹿城区	22	13	9	0.30	0.29	0.01
瓯海区	2	2		0.04	0.04	
永嘉县	7	2	5	0.07	0.05	0.02
平阳县	2		2	…		…
苍南县	1	1		…	…	
文成县	2		2	0.01		0.01
泰顺县	3	2	1	0.02	0.02	…
瑞安市	3	2	1	0.06	0.06	…
乐清市	7	4	3	0.05	0.05	0.01
嘉兴市	**16**	**11**	**5**	**0.14**	**0.14**	**…**
南湖区	7	6	1	0.07	0.07	…
秀洲区	2	1	1	0.01	…	…
海盐县	5	3	2	0.02	0.02	…
海宁市	1	1		0.04	0.04	
平湖市	1		1	…		…

2－A－16 续表 1－1

单位：个、万人、亿元

地　区	法人单位数			年末就业人员		
	合　计	限额以上	限额以下	合　计	限额以上	限额以下
湖州市	**13**	**8**	**5**	**0.10**	**0.09**	**0.01**
吴兴区	6	2	4	0.03	0.03	...
南浔区	1	1		...	...	
德清县	4	4		0.04	0.04	
安吉县	2	1	1	0.02	0.02	...
绍兴市	**14**	**8**	**6**	**0.17**	**0.16**	**0.01**
越城区	9	4	5	0.09	0.08	0.01
绍兴县	1		1	...		...
新昌县	2	2		0.02	0.02	
上虞市	1	1		0.02	0.02	
嵊州市	1	1		0.04	0.04	
金华市	**13**	**8**	**5**	**0.23**	**0.22**	**0.01**
婺城区	1		1	...		...
兰溪市	3	2	1	0.02	0.02	...
义乌市	5	4	1	0.13	0.13	...
永康市	4	2	2	0.09	0.08	0.01
衢州市	**8**	**5**	**3**	**0.05**	**0.05**	**...**
柯城区	2	2		0.03	0.03	
常山县	1	1		0.01	0.01	
开化县	4	2	2	0.01	...	...
江山市	1		1	...		...
舟山市	**27**	**14**	**13**	**0.14**	**0.11**	**0.03**
定海区	2	1	1	0.01	0.01	...
普陀区	24	13	11	0.13	0.10	0.03
嵊泗县	1		1	...		...
台州市	**13**	**7**	**6**	**0.15**	**0.14**	**0.01**
椒江区	3	2	1	0.03	0.03	...
黄岩区	3	1	2	0.04	0.04	0.01
路桥区	1		1	...		...
玉环县	1	1		0.04	0.04	
温岭市	1	1		0.01	0.01	
临海市	4	2	2	0.02	0.02	...
丽水市	**10**	**8**	**2**	**0.09**	**0.09**	**...**
莲都区	4	4		0.05	0.05	
青田县	1	1		0.01	0.01	
缙云县	2	1	1	0.02	0.02	...
遂昌县	1	1		...	...	
松阳县	1		1	...		...
龙泉市	1	1		0.01	0.01	

2-A-16 续表2-1 单位:个、万人、亿元

地　区	营业额			客房收入		
	合　计	限额以上	限额以下	合　计	限额以上	限额以下
总　计	**55.45**	**53.00**	**2.45**	**23.71**	**22.60**	**1.11**
杭州市	**30.86**	**29.73**	**1.13**	**14.34**	**13.85**	**0.50**
上城区	10.81	10.66	0.15	4.26	4.19	0.07
下城区	6.10	6.00	0.10	3.31	3.23	0.08
江干区	0.86	0.83	0.03	0.40	0.38	0.02
拱墅区	1.95	1.95		1.07	1.07	
西湖区	8.92	8.38	0.55	4.85	4.55	0.30
滨江区	0.02	0.02		0.01	0.01	
萧山区	1.35	1.12	0.22	0.11	0.11	...
桐庐县	0.05		0.05	0.01		0.01
淳安县	0.56	0.54	0.02	0.17	0.17	0.01
建德市	0.08	0.08		0.04	0.04	
富阳市	0.06	0.06	...	0.03	0.03	...
临安市	0.09	0.09		0.06	0.06	
宁波市	**6.27**	**5.98**	**0.29**	**2.33**	**2.18**	**0.15**
海曙区	1.95	1.74	0.21	0.76	0.63	0.13
江东区	1.75	1.75		0.70	0.70	
北仑区	0.44	0.44		0.16	0.16	
镇海区	0.42	0.42	...	0.15	0.15	
鄞州区	0.82	0.75	0.07	0.23	0.21	0.02
象山县	0.55	0.55		0.22	0.22	
余姚市	0.04	0.04		0.02	0.02	
慈溪市	0.26	0.26		0.07	0.07	
奉化市	0.04	0.04		0.02	0.02	
温州市	**6.01**	**5.78**	**0.23**	**2.44**	**2.30**	**0.15**
鹿城区	2.97	2.92	0.05	1.32	1.27	0.05
瓯海区	0.26	0.26		0.08	0.08	
永嘉县	0.98	0.91	0.07	0.23	0.18	0.05
平阳县	0.02		0.02	0.01		0.01
苍南县	0.05	0.05		0.02	0.02	
文成县	0.05		0.05	0.01		0.01
泰顺县	0.20	0.19	0.01	0.08	0.08	...
瑞安市	0.89	0.88	0.01	0.39	0.39	0.01
乐清市	0.58	0.56	0.03	0.29	0.27	0.02
嘉兴市	**1.27**	**1.09**	**0.18**	**0.39**	**0.38**	**...**
南湖区	0.76	0.75	0.02	0.28	0.28	
秀洲区	0.04	0.03	0.01	0.01	0.01	
海盐县	0.42	0.27	0.15	0.08	0.08	...
海宁市	0.05	0.05		0.02	0.02	
平湖市	...		...	...		...

2－A－16 续表2－2

单位：个、万人、亿元

地区	营业额			客房收入		
	合计	限额以上	限额以下	合计	限额以上	限额以下
湖州市	**1.27**	**1.12**	**0.15**	**0.49**	**0.41**	**0.08**
吴兴区	0.45	0.31	0.15	0.15	0.08	0.08
南浔区	0.03	0.03		0.01	0.01	
德清县	0.49	0.49		0.16	0.16	
安吉县	0.29	0.28	…	0.16	0.16	…
绍兴市	**2.07**	**2.02**	**0.05**	**0.76**	**0.73**	**0.03**
越城区	1.15	1.11	0.04	0.50	0.47	0.03
绍兴县	…		…	…		…
新昌县	0.11	0.11		0.04	0.04	
上虞市	0.23	0.23		0.08	0.08	
嵊州市	0.57	0.57		0.14	0.14	
金华市	**2.77**	**2.72**	**0.04**	**0.97**	**0.97**	**…**
婺城区	…		…	…		…
兰溪市	0.14	0.14	…	0.01	0.01	…
义乌市	1.59	1.58	0.01	0.66	0.66	
永康市	1.04	1.00	0.03	0.30	0.30	
衢州市	**0.76**	**0.75**	**0.01**	**0.21**	**0.21**	**…**
柯城区	0.54	0.54		0.19	0.19	
常山县	0.17	0.17				
开化县	0.06	0.05	0.01	0.02	0.02	…
江山市	…		…	…		…
舟山市	**1.54**	**1.27**	**0.26**	**0.85**	**0.73**	**0.12**
定海区	0.09	0.09	…	0.03	0.03	…
普陀区	1.44	1.18	0.26	0.82	0.70	0.12
嵊泗县	0.01		0.01	…		…
台州市	**1.70**	**1.60**	**0.10**	**0.67**	**0.59**	**0.08**
椒江区	0.31	0.31	…	0.12	0.11	…
黄岩区	0.63	0.55	0.08	0.18	0.12	0.06
路桥区	0.01		0.01	0.01		0.01
玉环县	0.50	0.50		0.24	0.24	
温岭市	0.13	0.13		0.08	0.08	
临海市	0.12	0.12	…	0.04	0.04	…
丽水市	**0.94**	**0.94**	**0.01**	**0.25**	**0.25**	**…**
莲都区	0.53	0.53		0.12	0.12	
青田县	0.03	0.03		0.01	0.01	
缙云县	0.18	0.18	…	0.07	0.06	…
遂昌县	…	…		…	…	
松阳县	…		…	…		…
龙泉市	0.18	0.18		0.05	0.05	

2-A-16 续表3-1 单位:个、万人、亿元

地区	餐费收入			商品销售额		
	合计	限额以上	限额以下	合计	限额以上	限额以下
总计	**26.62**	**25.46**	**1.16**	**1.35**	**1.29**	**0.06**
杭州市	**13.72**	**13.21**	**0.51**	**0.82**	**0.78**	**0.04**
上城区	5.53	5.47	0.06	0.19	0.19	...
下城区	2.25	2.23	0.03	0.02	0.02	...
江干区	0.43	0.42	0.01	0.01	0.01	
拱墅区	0.75	0.75		...	...	
西湖区	3.77	3.53	0.24	0.04	0.04	
滨江区	0.01	0.01				
萧山区	0.54	0.38	0.16	0.55	0.51	0.04
桐庐县	0.02		0.02	0.01		0.01
淳安县	0.33	0.33	...			
建德市	0.04	0.04		...	...	
富阳市	0.03	0.03				
临安市	0.02	0.02		...	...	
宁波市	**3.19**	**3.08**	**0.11**	**0.06**	**0.06**	**0.01**
海曙区	0.85	0.80	0.06	0.02	0.01	0.01
江东区	0.87	0.87				
北仑区	0.23	0.23		...	...	
镇海区	0.22	0.22	...	0.01	0.01	
鄞州区	0.54	0.49	0.05	0.02	0.02	
象山县	0.28	0.28		0.02	0.02	
余姚市	0.02	0.02		...	...	
慈溪市	0.17	0.17				
奉化市	0.02	0.02		...	...	
温州市	**3.08**	**3.00**	**0.09**	**0.03**	**0.03**	**...**
鹿城区	1.32	1.32	...	0.01	0.01	...
瓯海区	0.12	0.12		0.01	0.01	
永嘉县	0.75	0.72	0.02			
平阳县	0.01		0.01			
苍南县	0.03	0.03				
文成县	0.04		0.04			
泰顺县	0.12	0.11	...	...	...	...
瑞安市	0.49	0.49	...	...	...	
乐清市	0.22	0.21	0.01	0.01	0.01	
嘉兴市	**0.77**	**0.59**	**0.17**	**0.04**	**0.04**	**...**
南湖区	0.41	0.39	0.02	0.01	0.01	
秀洲区	0.03	0.02	0.01	...		...
海盐县	0.31	0.16	0.15	0.02	0.02	
海宁市	0.03	0.03		...	...	
平湖市						

2-A-16 续表 3-2 单位：个、万人、亿元

地 区	餐费收入			商品销售额		
	合 计	限额以上	限额以下	合 计	限额以上	限额以下
湖州市	**0.62**	**0.55**	**0.07**	**0.13**	**0.13**	**…**
吴兴区	0.26	0.19	0.07	0.03	0.03	
南浔区	0.02	0.02				
德清县	0.21	0.21		0.10	0.10	
安吉县	0.13	0.12	…	…		…
绍兴市	**1.25**	**1.24**	**0.01**	**0.03**	**0.03**	**…**
越城区	0.65	0.64	0.01	…		…
绍兴县						
新昌县	0.05	0.05		…	…	
上虞市	0.15	0.15				
嵊州市	0.40	0.40		0.02	0.02	
金华市	**1.27**	**1.23**	**0.04**	**0.17**	**0.17**	
婺城区	…		…			
兰溪市	0.12	0.12		0.01	0.01	
义乌市	0.62	0.61	0.01	0.06	0.06	
永康市	0.53	0.49	0.03	0.09	0.09	
衢州市	**0.49**	**0.48**	**0.01**	**…**	**…**	
柯城区	0.33	0.33		…	…	
常山县	0.13	0.13				
开化县	0.02	0.02	0.01	…	…	
江山市						
舟山市	**0.61**	**0.49**	**0.13**	**0.01**	**…**	**…**
定海区	0.05	0.05		…	…	
普陀区	0.56	0.44	0.13	0.01	…	…
嵊泗县	…		…			
台州市	**1.02**	**1.00**	**0.02**	**…**	**…**	
椒江区	0.20	0.20	…			
黄岩区	0.43	0.42	0.01	…	…	
路桥区						
玉环县	0.26	0.26				
温岭市	0.05	0.05		…	…	
临海市	0.08	0.08				
丽水市	**0.60**	**0.60**	**…**	**0.06**	**0.06**	**…**
莲都区	0.40	0.40				
青田县	0.02	0.02				
缙云县	0.11	0.11	…	…		…
遂昌县	…	…				
松阳县	…		…			
龙泉市	0.07	0.07		0.06	0.06	

2－A－17 按地区分组的国有住宿和餐饮业经营状况

单位：个、万人、亿元

地区	法人单位数			年末就业人员		
	合计	限额以上	限额以下	合计	限额以上	限额以下
总计	**270**	**152**	**118**	**2.41**	**2.18**	**0.23**
杭州市	**124**	**71**	**53**	**1.08**	**0.98**	**0.10**
上城区	27	16	11	0.24	0.23	0.02
下城区	21	10	11	0.23	0.21	0.02
江干区	12	3	9	0.06	0.06	...
拱墅区	5	5		0.08	0.08	
西湖区	40	25	15	0.36	0.31	0.05
萧山区	2	1	1	0.01	0.01	...
桐庐县	4		4	0.01		0.01
淳安县	6	5	1	0.05	0.05	...
建德市	2	2		0.01	0.01	
富阳市	2	1	1	0.01	0.01	...
临安市	3	3		0.01	0.01	
宁波市	**24**	**15**	**9**	**0.28**	**0.24**	**0.03**
海曙区	13	7	6	0.14	0.12	0.03
江东区	2	2		0.05	0.05	
北仑区	2	2		0.05	0.05	
镇海区	1		1	...		...
鄞州区	2		2	...		...
象山县	3	3		0.02	0.02	
奉化市	1	1		0.01	0.01	
温州市	**42**	**21**	**21**	**0.46**	**0.41**	**0.04**
鹿城区	18	11	7	0.27	0.26	0.01
瓯海区	3	3		0.05	0.05	
永嘉县	7	2	5	0.07	0.05	0.02
平阳县	2		2	...		...
苍南县	1	1		...	...	
文成县	2		2	0.01		0.01
泰顺县	3	2	1	0.02	0.02	...
瑞安市	1		1	...		...
乐清市	5	2	3	0.03	0.02	0.01
嘉兴市	**9**	**6**	**3**	**0.07**	**0.07**	**...**
南湖区	4	3	1	0.02	0.02	...
秀洲区	1	1		...	...	
海盐县	2	1	1	0.01	...	...
海宁市	1	1		0.04	0.04	

2-A-17 续表1-1

单位：个、万人、亿元

地区	法人单位数			年末就业人员		
	合计	限额以上	限额以下	合计	限额以上	限额以下
平湖市	1		1	...		...
湖州市	**10**	**6**	**4**	**0.05**	**0.05**	**...**
吴兴区	5	2	3	0.03	0.03	...
南浔区	1	1		...	...	
德清县	3	3		0.02	0.02	
安吉县	1		1	...		...
绍兴市	**11**	**6**	**5**	**0.14**	**0.13**	**0.01**
越城区	7	3	4	0.08	0.08	0.01
绍兴县	1		1	...		...
新昌县	2	2		0.02	0.02	
嵊州市	1	1		0.04	0.04	
金华市	**8**	**4**	**4**	**0.07**	**0.06**	**0.01**
婺城区	1		1	...		...
兰溪市	3	2	1	0.02	0.02	...
义乌市	2	1	1	0.01	...	...
永康市	2	1	1	0.05	0.04	...
衢州市	**5**	**2**	**3**	**0.01**	**...**	**...**
开化县	4	2	2	0.01	...	...
江山市	1		1	...		...
舟山市	**20**	**10**	**10**	**0.10**	**0.08**	**0.02**
定海区	1		1	...		...
普陀区	18	10	8	0.10	0.08	0.02
嵊泗县	1		1	...		...
台州市	**10**	**6**	**4**	**0.11**	**0.10**	**0.01**
椒江区	2	2		0.03	0.03	
黄岩区	3	1	2	0.04	0.04	0.01
温岭市	1	1		0.01	0.01	
临海市	4	2	2	0.02	0.02	...
丽水市	**7**	**5**	**2**	**0.05**	**0.04**	**...**
莲都区	2	2		0.02	0.02	
青田县	1	1		0.01	0.01	
缙云县	1		1	...		...
遂昌县	1	1		...	...	
松阳县	1		1	...		...
龙泉市	1	1		0.01	0.01	

2－A－17 续表2－1 单位：个、万人、亿元

地 区	营业额			客房收入		
	合 计	限额以上	限额以下	合 计	限额以上	限额以下
总 计	**31.03**	**29.21**	**1.82**	**13.92**	**12.96**	**0.96**
杭州市	**17.13**	**16.23**	**0.90**	**8.59**	**8.11**	**0.49**
上城区	3.75	3.60	0.15	1.73	1.66	0.07
下城区	3.63	3.53	0.10	2.02	1.94	0.08
江干区	0.86	0.83	0.03	0.40	0.38	0.02
拱墅区	1.36	1.36		0.72	0.72	
西湖区	6.24	5.70	0.54	3.33	3.03	0.30
萧山区	0.47	0.47	0.01	0.09	0.08	…
桐庐县	0.05		0.05	0.01		0.01
淳安县	0.49	0.47	0.02	0.14	0.13	0.01
建德市	0.08	0.08		0.04	0.04	
富阳市	0.06	0.06	…	0.03	0.03	…
临安市	0.14	0.14		0.08	0.08	
宁波市	**2.80**	**2.51**	**0.29**	**1.10**	**0.95**	**0.15**
海曙区	1.52	1.31	0.21	0.61	0.48	0.13
江东区	0.48	0.48		0.21	0.21	
北仑区	0.44	0.44		0.16	0.16	
镇海区	…		…			
鄞州区	0.07		0.07	0.02		0.02
象山县	0.24	0.24		0.08	0.08	
奉化市	0.04	0.04		0.02	0.02	
温州市	**4.64**	**4.44**	**0.20**	**1.81**	**1.70**	**0.11**
鹿城区	2.64	2.63	0.01	1.19	1.18	0.01
瓯海区	0.40	0.40		0.13	0.13	
永嘉县	0.98	0.91	0.07	0.23	0.18	0.05
平阳县	0.02		0.02	0.01		0.01
苍南县	0.05	0.05		0.02	0.02	
文成县	0.05		0.05	0.01		0.01
泰顺县	0.20	0.19	0.01	0.08	0.08	…
瑞安市	0.01		0.01	0.01		0.01
乐清市	0.28	0.25	0.03	0.13	0.11	0.02
嘉兴市	**0.34**	**0.32**	**0.02**	**0.11**	**0.10**	**…**
南湖区	0.24	0.22	0.02	0.07	0.07	
秀洲区	0.03	0.03		0.01	0.01	
海盐县	0.03	0.03	…	0.01	0.01	…
海宁市	0.05	0.05		0.02	0.02	

2-A-17 续表2-2 单位：个、万人、亿元

地区	营业额			客房收入		
	合计	限额以上	限额以下	合计	限额以上	限额以下
平湖市	...		...	...		...
湖州市	**0.53**	**0.52**	**0.01**	**0.20**	**0.20**	**...**
吴兴区	0.31	0.31	...	0.08	0.08	...
南浔区	0.03	0.03		0.01	0.01	
德清县	0.18	0.18		0.11	0.11	
安吉县	...		...	...		...
绍兴市	**1.76**	**1.72**	**0.04**	**0.66**	**0.64**	**0.03**
越城区	1.08	1.04	0.04	0.48	0.45	0.02
绍兴县	...		...	...		...
新昌县	0.11	0.11		0.04	0.04	
嵊州市	0.57	0.57		0.14	0.14	
金华市	**0.90**	**0.87**	**0.03**	**0.21**	**0.21**	**...**
婺城区	...		...	...		...
兰溪市	0.14	0.14	...	0.01	0.01	...
义乌市	0.03	0.03	0.01	0.02	0.02	
永康市	0.72	0.70	0.02	0.17	0.17	
衢州市	**0.06**	**0.05**	**0.01**	**0.02**	**0.02**	**...**
开化县	0.06	0.05	0.01	0.02	0.02	...
江山市	...		...	...		...
舟山市	**1.19**	**0.95**	**0.23**	**0.66**	**0.55**	**0.11**
定海区	...		...	...		...
普陀区	1.18	0.95	0.22	0.66	0.55	0.10
嵊泗县	0.01		0.01	...		...
台州市	**1.19**	**1.11**	**0.08**	**0.42**	**0.35**	**0.07**
椒江区	0.31	0.31		0.11	0.11	
黄岩区	0.63	0.55	0.08	0.18	0.12	0.06
温岭市	0.13	0.13		0.08	0.08	
临海市	0.12	0.12	...	0.04	0.04	...
丽水市	**0.49**	**0.48**	**0.01**	**0.13**	**0.13**	**...**
莲都区	0.26	0.26		0.07	0.07	
青田县	0.03	0.03		0.01	0.01	
缙云县	...		...	...		...
遂昌县	...	...		...	...	
松阳县	...		...	...		...
龙泉市	0.18	0.18		0.05	0.05	

2－A－17 续表3－1 单位：个、万人、亿元

地 区	餐费收入			商品销售额		
	合 计	限额以上	限额以下	合 计	限额以上	限额以下
总 计	**14.45**	**13.70**	**0.75**	**0.38**	**0.37**	**0.02**
杭州市	**7.17**	**6.82**	**0.35**	**0.12**	**0.11**	**0.01**
上城区	1.43	1.37	0.06	0.01	0.01	…
下城区	1.37	1.35	0.03	0.01	0.01	…
江干区	0.43	0.42	0.01	0.01	0.01	
拱墅区	0.52	0.52		…	…	
西湖区	2.67	2.43	0.24	0.04	0.04	
萧山区	0.31	0.31		0.03	0.03	
桐庐县	0.02		0.02	0.01		0.01
淳安县	0.31	0.31	…			
建德市	0.04	0.04		…	…	
富阳市	0.03	0.03				
临安市	0.04	0.04		…	…	
宁波市	**1.32**	**1.21**	**0.11**	**0.03**	**0.02**	**0.01**
海曙区	0.68	0.62	0.06	0.02	0.01	0.01
江东区	0.20	0.20				
北仑区	0.23	0.23		…	…	
镇海区	…		…			
鄞州区	0.05		0.05			
象山县	0.15	0.15		0.01	0.01	
奉化市	0.02	0.02		…	…	
温州市	**2.42**	**2.33**	**0.09**	**0.02**	**0.02**	**…**
鹿城区	1.14	1.14	…	0.01	0.01	
瓯海区	0.21	0.21		0.01	0.01	
永嘉县	0.75	0.72	0.02			
平阳县	0.01		0.01			
苍南县	0.03	0.03				
文成县	0.04		0.04			
泰顺县	0.12	0.11	…	…	…	…
瑞安市	…		…			
乐清市	0.12	0.12	0.01	…	…	
嘉兴市	**0.21**	**0.19**	**0.02**	**…**	**…**	
南湖区	0.15	0.13	0.02			
秀洲区	0.02	0.02				
海盐县	0.01	0.01		…	…	
海宁市	0.03	0.03		…	…	

2-A-17 续表3-2 单位：个、万人、亿元

地　区	餐费收入			商品销售额		
	合　计	限额以上	限额以下	合　计	限额以上	限额以下
平湖市						
湖州市	**0.26**	**0.26**	**...**	**0.04**	**0.04**	**...**
吴兴区	0.19	0.19	...	0.03	0.03	
南浔区	0.02	0.02				
德清县	0.05	0.05		0.01	0.01	
安吉县	...		...	...		...
绍兴市	**1.04**	**1.03**	**0.01**	**0.03**	**0.03**	**...**
越城区	0.59	0.58	0.01	...		...
绍兴县						
新昌县	0.05	0.05		...	...	
嵊州市	0.40	0.40		0.02	0.02	
金华市	**0.49**	**0.46**	**0.03**	**0.08**	**0.08**	
婺城区	...		...			
兰溪市	0.12	0.12		0.01	0.01	
义乌市	0.01	...	0.01	...	...	
永康市	0.36	0.34	0.02	0.07	0.07	
衢州市	**0.02**	**0.02**	**0.01**	**...**	**...**	
开化县	0.02	0.02	0.01	...	...	
江山市						
舟山市	**0.48**	**0.36**	**0.12**	**...**	**...**	
定海区						
普陀区	0.48	0.36	0.12	...	...	
嵊泗县	...		...			
台州市	**0.76**	**0.75**	**0.01**	**...**	**...**	
椒江区	0.20	0.20				
黄岩区	0.43	0.42	0.01	...	...	
温岭市	0.05	0.05		...	...	
临海市	0.08	0.08				
丽水市	**0.28**	**0.28**	**...**	**0.06**	**0.06**	**...**
莲都区	0.19	0.19				
青田县	0.02	0.02				
缙云县	...		...	...		...
遂昌县	...	...				
松阳县	...		...			
龙泉市	0.07	0.07		0.06	0.06	

2-A-18 按地区分组的集体住宿和餐饮业经营状况

单位：个、万人、亿元

地　区	法人单位数			年末就业人员		
	合　计	限额以上	限额以下	合　计	限额以上	限额以下
总　计	**280**	**71**	**209**	**0.95**	**0.73**	**0.21**
杭州市	**121**	**35**	**86**	**0.36**	**0.28**	**0.08**
上城区	40	6	34	0.06	0.04	0.02
下城区	6	1	5	0.01	0.01	...
江干区	26	11	15	0.11	0.09	0.01
拱墅区	7	1	6	0.02	0.01	0.01
西湖区	20	10	10	0.10	0.08	0.02
萧山区	4	2	2	0.02	0.02	...
余杭区	4		4	...		...
桐庐县	2		2	...		...
淳安县	7	2	5	0.02	0.01	...
建德市	2	1	1	0.01	0.01	...
富阳市	1		1	...		...
临安市	2	1	1	0.01	0.01	...
宁波市	**29**	**11**	**18**	**0.15**	**0.13**	**0.02**
海曙区	6	2	4	0.01	0.01	...
江北区	1	1		0.01	0.01	
北仑区	2	1	1	0.02	0.02	...
镇海区	3		3	0.01		0.01
鄞州区	1	1		0.01	0.01	
象山县	2	1	1	0.02	0.02	...
宁海县	3	1	2	0.01	0.01	...
余姚市	4	2	2	0.04	0.04	...
慈溪市	5	1	4	0.03	0.02	0.01
奉化市	2	1	1	...	...	...
温州市	**35**	**10**	**25**	**0.16**	**0.13**	**0.03**
鹿城区	13	1	12	0.02	0.01	0.01
瓯海区	1	1		0.05	0.05	
平阳县	1		1	...		...
苍南县	5	1	4	0.02	0.01	...
文成县	1		1	...		...
瑞安市	12	6	6	0.06	0.05	0.01
乐清市	2	1	1	...	...	...
嘉兴市	**17**	**2**	**15**	**0.06**	**0.05**	**0.01**
南湖区	5	1	4	0.04	0.03	...
秀洲区	3		3	...		...
海盐县	1		1	...		...
海宁市	3		3	...		...
平湖市	4		4	...		...
桐乡市	1	1		0.02	0.02	

2-A-18 续表1-1 单位：个、万人、亿元

地区	法人单位数			年末就业人员		
	合计	限额以上	限额以下	合计	限额以上	限额以下
湖州市	**7**	**1**	**6**	**...**	**...**	**...**
吴兴区	1	1		...	...	
南浔区	1		1	...		...
德清县	4		4	...		...
安吉县	1		1	...		...
绍兴市	**12**	**1**	**11**	**0.03**	**0.01**	**0.02**
越城区	4		4	0.01		0.01
绍兴县	2		2	0.01		0.01
新昌县	1		1	...		...
诸暨市	1	1		0.01	0.01	
上虞市	2		2	...		...
嵊州市	2		2	...		...
金华市	**14**	**5**	**9**	**0.10**	**0.09**	**0.01**
婺城区	8	3	5	0.06	0.05	0.01
磐安县	1		1	...		...
义乌市	1	1		0.03	0.03	
东阳市	3	1	2	...	...	...
永康市	1		1	...		...
衢州市	**8**		**8**	**0.01**		**0.01**
柯城区	1		1	...		...
常山县	3		3	...		...
开化县	2		2	...		...
江山市	2		2	...		...
舟山市	**14**	**3**	**11**	**0.02**	**0.01**	**0.01**
定海区	6	1	5	0.01	...	...
普陀区	7	2	5	0.01	0.01	...
岱山县	1		1	...		...
台州市	**19**	**2**	**17**	**0.04**	**0.02**	**0.03**
椒江区	3	1	2	0.01	0.01	...
黄岩区	5		5	0.02		0.02
路桥区	2		2	...		...
天台县	1		1	...		...
仙居县	1		1	...		...
温岭市	2		2	...		...
临海市	5	1	4	0.01	...	...
丽水市	**4**	**1**	**3**	**0.01**	**0.01**	**...**
莲都区	1		1	...		...
缙云县	2		2	...		...
龙泉市	1	1		0.01	0.01	

2-A-18 续表2-1 单位：个、万人、亿元

地 区	营业额			客房收入		
	合 计	限额以上	限额以下	合 计	限额以上	限额以下
总 计	**10.00**	**8.56**	**1.44**	**4.67**	**3.83**	**0.85**
杭州市	**4.18**	**3.70**	**0.49**	**2.38**	**2.06**	**0.32**
上城区	0.64	0.51	0.13	0.43	0.33	0.10
下城区	0.11	0.09	0.01	0.08	0.06	0.01
江干区	1.20	1.12	0.08	0.71	0.65	0.06
拱墅区	0.12	0.07	0.05	0.10	0.07	0.03
西湖区	1.33	1.24	0.09	0.78	0.74	0.04
萧山区	0.35	0.34	0.01	0.12	0.11	0.01
余杭区	0.03		0.03	0.02		0.02
桐庐县	0.03		0.03	0.02		0.02
淳安县	0.16	0.14	0.03	0.07	0.05	0.02
建德市	0.10	0.10	0.01	0.04	0.03	0.01
富阳市	0.02		0.02	...		...
临安市	0.10	0.09	...	0.01	0.01	...
宁波市	**1.69**	**1.61**	**0.09**	**0.62**	**0.57**	**0.05**
海曙区	0.16	0.14	0.02	0.08	0.06	0.02
江北区	0.12	0.12		0.05	0.05	
北仑区	0.24	0.24	...	0.06	0.06	...
镇海区	0.01		0.01	...		...
鄞州区	0.12	0.12		0.05	0.05	
象山县	0.14	0.13	0.01	0.06	0.05	0.01
宁海县	0.07	0.06	0.01	0.02	0.02	...
余姚市	0.47	0.47	0.01	0.18	0.18	...
慈溪市	0.33	0.31	0.02	0.10	0.09	0.01
奉化市	0.03	0.02	0.01	0.02	0.01	0.01
温州市	**1.52**	**1.34**	**0.18**	**0.67**	**0.52**	**0.15**
鹿城区	0.18	0.11	0.07	0.15	0.10	0.05
瓯海区	0.57	0.57		0.23	0.23	
平阳县	0.03		0.03	0.03		0.03
苍南县	0.19	0.14	0.05	0.09	0.04	0.05
文成县	...		...	...		...
瑞安市	0.51	0.48	0.03	0.14	0.11	0.02
乐清市	0.04	0.04	...	0.04	0.04	
嘉兴市	**0.51**	**0.45**	**0.06**	**0.15**	**0.14**	**0.01**
南湖区	0.17	0.16	0.01	0.07	0.07	...
秀洲区	...		...	...		...
海盐县	...		...	...		...
海宁市	0.01		0.01	...		...
平湖市	0.04		0.04	0.01		0.01
桐乡市	0.28	0.28		0.07	0.07	

2-A-18 续表2-2

单位：个、万人、亿元

地 区	营业额					
				客房收入		
	合 计	限额以上	限额以下	合 计	限额以上	限额以下
湖州市	**0.06**	**0.04**	**0.02**	**0.03**	**0.02**	**0.02**
吴兴区	0.04	0.04		0.02	0.02	
南浔区	0.01		0.01	0.01		0.01
德清县	0.01		0.01	0.01		0.01
安吉县	...		...	...		...
绍兴市	**0.20**	**0.03**	**0.17**	**0.07**	**0.02**	**0.05**
越城区	0.02		0.02	0.02		0.02
绍兴县	0.03		0.03	0.01		0.01
新昌县	0.01		0.01	0.01		0.01
诸暨市	0.03	0.03		0.02	0.02	
上虞市	0.03		0.03	0.01		0.01
嵊州市	0.09		0.09	...		...
金华市	**1.11**	**1.03**	**0.08**	**0.43**	**0.36**	**0.08**
婺城区	0.73	0.66	0.07	0.21	0.15	0.07
磐安县	...		...	...		...
义乌市	0.34	0.34		0.19	0.19	
东阳市	0.04	0.03	0.01	0.02	0.02	0.01
永康市	...		...	...		...
衢州市	**0.03**		**0.03**	**0.01**		**0.01**
柯城区	...		...	...		...
常山县	0.01		0.01	...		...
开化县	0.01		0.01	...		...
江山市	0.02		0.02	...		...
舟山市	**0.25**	**0.20**	**0.05**	**0.13**	**0.10**	**0.03**
定海区	0.03	0.02	0.01	0.02	0.01	0.01
普陀区	0.21	0.18	0.03	0.11	0.09	0.02
岱山县	...		...			
台州市	**0.39**	**0.12**	**0.28**	**0.17**	**0.04**	**0.13**
椒江区	0.08	0.08	...	0.04	0.04	...
黄岩区	0.19		0.19	0.08		0.08
路桥区	0.02		0.02	0.02		0.02
天台县	...		...	...		...
仙居县	0.02		0.02	0.02		0.02
温岭市	0.03		0.03	...		...
临海市	0.06	0.04	0.02	0.02		0.02
丽水市	**0.05**	**0.04**	**0.01**	**0.02**	**0.01**	**...**
莲都区	...		...	...		...
缙云县	...		...	...		...
龙泉市	0.04	0.04		0.01	0.01	

2-A-18 续表3-1

单位:个、万人、亿元

地　区	餐费收入			商品销售额		
	合　计	限额以上	限额以下	合　计	限额以上	限额以下
总　计	**4.33**	**3.81**	**0.52**	**0.09**	**0.09**	**…**
杭州市	**1.44**	**1.28**	**0.16**	**0.02**	**0.01**	**…**
上城区	0.16	0.13	0.03			
下城区	0.03	0.03	…	…	…	
江干区	0.30	0.29	0.01	…	…	
拱墅区	0.02		0.02			
西湖区	0.48	0.43	0.05	0.01	0.01	…
萧山区	0.22	0.22	…	…	…	
余杭区	0.01		0.01			
桐庐县	0.01		0.01			
淳安县	0.06	0.05	0.01			
建德市	0.05	0.05	…			
富阳市	0.01		0.01			
临安市	0.09	0.09	…			
宁波市	**0.89**	**0.86**	**0.03**	**0.01**	**0.01**	**…**
海曙区	0.07	0.07	…			
江北区	0.06	0.06		…	…	
北仑区	0.05	0.05		…	…	
镇海区	0.01		0.01			
鄞州区	0.07	0.07				
象山县	0.08	0.08				
宁海县	0.04	0.03	0.01	0.01	0.01	…
余姚市	0.29	0.29	…			
慈溪市	0.22	0.21	0.01			
奉化市	0.01	0.01				
温州市	**0.65**	**0.63**	**0.02**	**0.04**	**0.04**	**…**
鹿城区	0.01		0.01	0.01	0.01	…
瓯海区	0.28	0.28		0.01	0.01	
平阳县						
苍南县	0.08	0.08		0.02	0.02	
文成县						
瑞安市	0.27	0.27	…	…	…	…
乐清市	…		…			
嘉兴市	**0.32**	**0.27**	**0.05**	**0.01**	**0.01**	
南湖区	0.09	0.08	0.01	0.01	0.01	
秀洲区	…		…			
海盐县						
海宁市	0.01		0.01			
平湖市	0.03		0.03			
桐乡市	0.19	0.19		0.01	0.01	

2－A－18　续表3－2　　　　　　　　　　　　　　　　单位：个、万人、亿元

地　区	餐费收入			商品销售额		
	合　计	限额以上	限额以下	合　计	限额以上	限额以下
湖州市	**0.02**	**0.02**	**…**	**0.01**	**0.01**	
吴兴区	0.02	0.02		0.01	0.01	
南浔区						
德清县	…		…			
安吉县						
绍兴市	**0.12**	**0.01**	**0.11**	**…**	**…**	**…**
越城区	…		…			
绍兴县	0.02		0.02			
新昌县						
诸暨市	0.01	0.01		…	…	
上虞市	0.01		0.01			
嵊州市	0.07		0.07	…		…
金华市	**0.56**	**0.56**	**…**			
婺城区	0.40	0.40	…			
磐安县	…		…			
义乌市	0.15	0.15				
东阳市	0.01	0.01				
永康市						
衢州市	**0.02**		**0.02**			
柯城区						
常山县	…		…			
开化县	…		…			
江山市	0.02		0.02			
舟山市	**0.10**	**0.08**	**0.02**			
定海区	0.02	0.01	…			
普陀区	0.08	0.07	0.01			
岱山县	…		…			
台州市	**0.20**	**0.08**	**0.12**			
椒江区	0.04	0.04	…			
黄岩区	0.09		0.09			
路桥区						
天台县	…		…			
仙居县						
温岭市	0.03		0.03			
临海市	0.04	0.04	…			
丽水市	**0.02**	**0.02**	**…**	**0.01**	**0.01**	**…**
莲都区	…		…	…		…
缙云县						
龙泉市	0.02	0.02		0.01	0.01	

2－A－19 按地区分组的股份合作企业住宿和餐饮业经营状况

单位：个、万人、亿元

地　区	法人单位数			年末就业人员		
	合　计	限额以上	限额以下	合　计	限额以上	限额以下
总　计	**68**	**16**	**52**	**0.20**	**0.16**	**0.05**
杭州市	**10**	**4**	**6**	**0.02**	**0.02**	**0.01**
下城区	3	2	1	0.01	0.01	…
江干区	3	2	1	0.01	0.01	…
西湖区	1		1	…		…
余杭区	2		2	…		…
淳安县	1		1	…		…
宁波市	**5**	**3**	**2**	**0.05**	**0.05**	**…**
江东区	1	1		0.03	0.03	
余姚市	4	2	2	0.02	0.02	…
温州市	**20**	**5**	**15**	**0.07**	**0.06**	**0.01**
鹿城区	3	1	2	0.01	0.01	…
龙湾区	2	1	1	0.03	0.03	…
苍南县	8	2	6	0.02	0.01	…
瑞安市	7	1	6	0.02	0.01	0.01
嘉兴市	**6**	**1**	**5**	**0.01**	**…**	**…**
南湖区	4	1	3	…	…	…
秀洲区	2		2	…		…
绍兴市	**3**		**3**	**…**		**…**
越城区	2		2	…		…
诸暨市	1		1	…		…
金华市	**1**		**1**	**0.01**		**0.01**
婺城区	1		1	0.01		0.01
衢州市	**1**		**1**	**…**		**…**
江山市	1		1	…		…
舟山市	**1**		**1**	**…**		**…**
嵊泗县	1		1	…		…
台州市	**21**	**3**	**18**	**0.04**	**0.02**	**0.01**
椒江区	8		8	…		…
黄岩区	6	1	5	0.01	0.01	0.01
路桥区	1		1	…		…
玉环县	1	1		…	…	
三门县	1		1	…		…
温岭市	3		3	…		…
临海市	1	1		0.01	0.01	

2-A-19 续表1

单位：个、万人、亿元

地区	营业额			客房收入		
	合计	限额以上	限额以下	合计	限额以上	限额以下
总计	**2.36**	**1.97**	**0.39**	**0.95**	**0.75**	**0.20**
杭州市	**0.55**	**0.50**	**0.05**	**0.14**	**0.11**	**0.03**
下城区	0.25	0.24	0.02	0.11	0.11	…
江干区	0.26	0.26				
西湖区	0.01		0.01			
余杭区	0.01		0.01	0.01		0.01
淳安县	0.02		0.02	0.02		0.02
宁波市	**0.78**	**0.77**	**0.01**	**0.30**	**0.30**	**…**
江东区	0.59	0.59		0.20	0.20	
余姚市	0.19	0.18	0.01	0.10	0.10	…
温州市	**0.49**	**0.39**	**0.10**	**0.26**	**0.19**	**0.07**
鹿城区	0.06	0.04	0.02	0.05	0.04	0.02
龙湾区	0.15	0.15	…	…		…
苍南县	0.13	0.07	0.06	0.05	0.01	0.04
瑞安市	0.16	0.14	0.02	0.15	0.13	0.02
嘉兴市	**0.06**	**0.04**	**0.02**	**0.03**	**0.02**	**…**
南湖区	0.04	0.04	…	0.03	0.02	…
秀洲区	0.01		0.01	…		…
绍兴市	**0.04**		**0.04**	**0.01**		**0.01**
越城区	0.02		0.02			
诸暨市	0.02		0.02	0.01		0.01
金华市	**0.05**		**0.05**			
婺城区	0.05		0.05			
衢州市	**0.01**		**0.01**	**0.01**		**0.01**
江山市	0.01		0.01	0.01		0.01
舟山市	**…**		**…**			
嵊泗县	…		…			
台州市	**0.40**	**0.27**	**0.13**	**0.21**	**0.13**	**0.08**
椒江区	0.03		0.03	0.03		0.03
黄岩区	0.13	0.07	0.07	0.06	0.04	0.02
路桥区	0.01		0.01	0.01		0.01
玉环县	0.02	0.02		0.02	0.02	
三门县	0.01		0.01	0.01		0.01
温岭市	0.01		0.01	0.01		0.01
临海市	0.18	0.18		0.07	0.07	

2-A-19 续表2

单位：个、万人、亿元

地　区	餐费收入			商品销售额		
	合　计	限额以上	限额以下	合　计	限额以上	限额以下
总　计	**1.22**	**1.08**	**0.15**	**0.04**	**0.04**	**…**
杭州市	**0.33**	**0.30**	**0.02**	**…**	**…**	
下城区	0.06	0.05	0.02	…	…	
江干区	0.26	0.26				
西湖区	0.01		0.01			
余杭区						
淳安县						
宁波市	**0.46**	**0.45**	**0.01**			
江东区	0.37	0.37				
余姚市	0.09	0.09	0.01			
温州市	**0.19**	**0.17**	**0.02**	**0.04**	**0.04**	**…**
鹿城区	…	…				
龙湾区	0.11	0.11		0.04	0.04	
苍南县	0.07	0.06	0.02	…		…
瑞安市	0.01		0.01	…	…	
嘉兴市	**0.03**	**0.01**	**0.01**	**…**		**…**
南湖区	0.01	0.01	…			
秀洲区	0.01		0.01	…		…
绍兴市	**0.03**		**0.03**			
越城区	0.02		0.02			
诸暨市	0.01		0.01			
金华市	**0.05**		**0.05**			
婺城区	0.05		0.05			
衢州市	**…**		**…**			
江山市	…		…			
舟山市	**…**		**…**			
嵊泗县	…		…			
台州市	**0.14**	**0.13**	**0.01**			
椒江区	…		…			
黄岩区	0.03	0.02	0.01			
路桥区						
玉环县						
三门县						
温岭市						
临海市	0.11	0.11				

2-A-20 按地区分组的有限责任公司住宿和餐饮业经营状况

单位：个、万人、亿元

地 区	法人单位数			年末就业人员		
	合 计	限额以上	限额以下	合 计	限额以上	限额以下
总 计	**648**	**410**	**238**	**6.02**	**5.55**	**0.48**
杭州市	**309**	**174**	**135**	**2.27**	**2.06**	**0.21**
上城区	60	34	26	0.35	0.32	0.03
下城区	45	31	14	0.34	0.31	0.02
江干区	27	21	6	0.22	0.22	...
拱墅区	10	3	7	0.05	0.04	0.01
西湖区	76	37	39	0.51	0.45	0.06
滨江区	12	6	6	0.15	0.14	0.01
萧山区	21	14	7	0.17	0.16	0.01
余杭区	17	11	6	0.21	0.20	0.01
桐庐县	1		1	...		...
淳安县	16	12	4	0.15	0.15	0.01
建德市	4	1	3	0.04	0.04	0.01
富阳市	2	2		0.02	0.02	
临安市	18	2	16	0.06	0.03	0.03
宁波市	**59**	**47**	**12**	**0.77**	**0.75**	**0.02**
海曙区	12	9	3	0.14	0.13	0.01
江东区	10	9	1	0.23	0.23	...
北仑区	7	3	4	0.03	0.02	0.01
镇海区	3	3		0.03	0.03	
鄞州区	13	12	1	0.21	0.21	...
象山县	3	2	1	0.04	0.03	0.01
宁海县	7	7		0.07	0.07	
余姚市	3	1	2	0.01	...	...
慈溪市	1	1		0.02	0.02	
温州市	**17**	**14**	**3**	**0.19**	**0.18**	**0.01**
鹿城区	5	4	1	0.02	0.02	...
瓯海区	1		1	...		...
永嘉县	1	1		0.01	0.01	

2-A-20 续表1-1

单位：个、万人、亿元

地区	法人单位数			年末就业人员		
	合计	限额以上	限额以下	合计	限额以上	限额以下
平阳县	2	2		0.02	0.02	
苍南县	1	1		0.03	0.03	
文成县	3	3		0.03	0.03	
瑞安市	2	1	1	0.05	0.05	...
乐清市	2	2		0.02	0.02	
嘉兴市	**50**	**30**	**20**	**0.50**	**0.44**	**0.07**
南湖区	20	13	7	0.18	0.16	0.03
秀洲区	4	2	2	0.02	0.02	0.01
嘉善县	3	3		0.05	0.05	
海盐县	4	3	1	0.05	0.05	...
海宁市	8	5	3	0.13	0.11	0.02
平湖市	6	1	5	0.01	...	0.01
桐乡市	5	3	2	0.06	0.06	...
湖州市	**37**	**25**	**12**	**0.31**	**0.28**	**0.03**
吴兴区	13	10	3	0.12	0.11	...
南浔区	2		2	...		...
德清县	8	5	3	0.07	0.05	0.02
长兴县	6	4	2	0.06	0.06	...
安吉县	8	6	2	0.06	0.05	...
绍兴市	**31**	**22**	**9**	**0.39**	**0.37**	**0.03**
越城区	12	10	2	0.15	0.14	0.01
绍兴县	8	3	5	0.09	0.07	0.02
诸暨市	7	6	1	0.10	0.10	...
上虞市	2	2		0.05	0.05	
嵊州市	2	1	1	0.01	...	...
金华市	**31**	**26**	**5**	**0.45**	**0.44**	**0.01**
婺城区	6	4	2	0.11	0.10	...
浦江县	1	1		0.03	0.03	
磐安县	2	2		0.01	0.01	

2-A-20 续表1-2

单位：个、万人、亿元

地区	法人单位数			年末就业人员		
	合计	限额以上	限额以下	合计	限额以上	限额以下
兰溪市	2	1	1	0.03	0.02	...
义乌市	8	7	1	0.10	0.10	...
东阳市	10	10		0.14	0.14	
永康市	2	1	1	0.04	0.04	...
衢州市	**11**	**9**	**2**	**0.13**	**0.13**	**...**
柯城区	4	3	1	0.04	0.04	...
常山县	4	4		0.05	0.05	
龙游县	1	1		0.02	0.02	
江山市	2	1	1	0.02	0.02	...
舟山市	**31**	**21**	**10**	**0.21**	**0.20**	**0.02**
定海区	12	9	3	0.08	0.08	...
普陀区	14	9	5	0.10	0.09	0.01
岱山县	2	1	1	0.01	0.01	...
嵊泗县	3	2	1	0.02	0.02	...
台州市	**52**	**29**	**23**	**0.64**	**0.59**	**0.05**
椒江区	15	7	8	0.18	0.18	0.01
黄岩区	7	2	5	0.03	0.01	0.02
路桥区	2		2	...		...
玉环县	6	4	2	0.11	0.09	0.02
天台县	6	6		0.06	0.06	
仙居县	4	3	1	0.06	0.06	...
温岭市	8	4	4	0.08	0.07	...
临海市	4	3	1	0.12	0.12	...
丽水市	**20**	**13**	**7**	**0.16**	**0.13**	**0.03**
莲都区	7	4	3	0.04	0.04	...
青田县	3	1	2	0.01	0.01	0.01
缙云县	2	2		0.02	0.02	
遂昌县	4	3	1	0.03	0.03	...
龙泉市	4	3	1	0.04	0.03	0.02

2－A－20 续表2－1 单位：个、万人、亿元

地 区	营业额			客房收入		
	合 计	限额以上	限额以下	合 计	限额以上	限额以下
总 计	**77.94**	**75.04**	**2.90**	**26.45**	**25.32**	**1.13**
杭州市	**33.42**	**31.91**	**1.51**	**12.58**	**12.05**	**0.53**
上城区	6.53	6.26	0.28	2.80	2.71	0.09
下城区	6.24	6.07	0.17	2.45	2.42	0.03
江干区	2.99	2.95	0.03	1.63	1.60	0.03
拱墅区	0.92	0.70	0.22	0.48	0.43	0.05
西湖区	8.03	7.74	0.29	2.24	2.15	0.09
滨江区	1.59	1.45	0.14	0.57	0.47	0.10
萧山区	1.72	1.66	0.06	0.51	0.47	0.03
余杭区	3.08	3.00	0.08	0.70	0.70	0.01
桐庐县						
淳安县	1.54	1.49	0.05	0.92	0.88	0.04
建德市	0.13	0.07	0.06	0.04	0.02	0.02
富阳市	0.22	0.22		0.06	0.06	
临安市	0.42	0.30	0.13	0.17	0.13	0.04
宁波市	**9.57**	**9.37**	**0.20**	**2.69**	**2.58**	**0.11**
海曙区	1.83	1.77	0.06	0.58	0.56	0.02
江东区	3.11	3.09	0.02	0.67	0.65	0.02
北仑区	0.23	0.19	0.05	…		…
镇海区	0.35	0.35		0.10	0.10	
鄞州区	2.38	2.37	0.01	0.61	0.60	0.01
象山县	0.38	0.33	0.04	0.21	0.16	0.04
宁海县	0.98	0.98		0.42	0.42	
余姚市	0.05	0.04	0.02	0.03	0.02	0.02
慈溪市	0.26	0.26		0.07	0.07	
温州市	**2.27**	**2.23**	**0.04**	**0.79**	**0.77**	**0.02**
鹿城区	0.25	0.23	0.02	0.10	0.08	0.02
瓯海区	…		…	…		…
永嘉县	0.22	0.22				

2-A-20 续表 2-2

单位：个、万人、亿元

地　区	营业额			客房收入		
	合　计	限额以上	限额以下	合　计	限额以上	限额以下
平阳县	0.27	0.27		0.08	0.08	
苍南县	0.24	0.24		0.12	0.12	
文成县	0.23	0.23		0.08	0.08	
瑞安市	0.76	0.74	0.02	0.25	0.25	
乐清市	0.30	0.30		0.16	0.16	
嘉兴市	**5.97**	**5.66**	**0.31**	**1.91**	**1.83**	**0.08**
南湖区	2.12	2.05	0.08	0.79	0.76	0.03
秀洲区	0.07	0.06	0.01	0.05	0.05	
嘉善县	0.60	0.60		0.13	0.13	
海盐县	0.77	0.62	0.15	0.16	0.16	
海宁市	1.49	1.44	0.05	0.45	0.42	0.03
平湖市	0.09	0.06	0.03	0.07	0.05	0.02
桐乡市	0.84	0.83	0.01	0.28	0.27	...
湖州市	**3.66**	**3.57**	**0.09**	**1.14**	**1.12**	**0.02**
吴兴区	1.65	1.65	0.01	0.52	0.52	...
南浔区	0.01		0.01	...		...
德清县	0.74	0.71	0.03	0.12	0.11	0.01
长兴县	0.70	0.67	0.03	0.25	0.25	...
安吉县	0.55	0.54	0.01	0.25	0.25	...
绍兴市	**5.69**	**5.55**	**0.15**	**1.40**	**1.32**	**0.08**
越城区	2.46	2.45	0.01	0.37	0.37	0.01
绍兴县	0.73	0.61	0.12	0.34	0.27	0.07
诸暨市	1.65	1.64	0.01	0.42	0.42	
上虞市	0.79	0.79		0.25	0.25	
嵊州市	0.06	0.05	0.01	0.01	0.01	...
金华市	**4.52**	**4.45**	**0.07**	**1.95**	**1.93**	**0.01**
婺城区	1.13	1.11	0.02	0.31	0.30	0.01
浦江县	0.24	0.24		0.11	0.11	
磐安县	0.09	0.09		0.03	0.03	

2-A-20 续表2-3

单位：个、万人、亿元

地区	营业额			客房收入		
	合计	限额以上	限额以下	合计	限额以上	限额以下
兰溪市	0.13	0.11	0.02	0.05	0.05	0.01
义乌市	1.23	1.21	0.02	0.56	0.56	
东阳市	1.38	1.38		0.75	0.75	
永康市	0.31	0.30	0.01	0.13	0.13	
衢州市	**1.46**	**1.44**	**0.02**	**0.40**	**0.40**	
柯城区	0.62	0.60	0.02	0.19	0.19	
常山县	0.53	0.53		0.09	0.09	
龙游县	0.09	0.09		0.03	0.03	
江山市	0.22	0.22		0.09	0.09	
舟山市	**2.83**	**2.78**	**0.05**	**0.99**	**0.95**	**0.04**
定海区	1.19	1.18	0.02	0.41	0.39	0.02
普陀区	1.30	1.26	0.03	0.46	0.44	0.02
岱山县	0.21	0.21		0.08	0.08	
嵊泗县	0.13	0.12	...	0.05	0.04	...
台州市	**7.16**	**6.76**	**0.40**	**2.15**	**1.93**	**0.22**
椒江区	2.29	2.26	0.03	0.49	0.48	0.01
黄岩区	0.28	0.09	0.19	0.14	0.05	0.09
路桥区	0.02		0.02	0.01		0.01
玉环县	1.17	1.14	0.03	0.42	0.41	0.01
天台县	0.50	0.50		0.23	0.23	
仙居县	0.55	0.53	0.01	0.17	0.17	0.01
温岭市	0.84	0.74	0.10	0.30	0.20	0.10
临海市	1.50	1.49	0.01	0.39	0.39	
丽水市	**1.39**	**1.33**	**0.06**	**0.45**	**0.44**	**0.01**
莲都区	0.48	0.44	0.04	0.11	0.11	
青田县	0.10	0.08	0.02	0.05	0.04	0.01
缙云县	0.24	0.24		0.08	0.08	
遂昌县	0.31	0.31	...	0.13	0.13	...
龙泉市	0.27	0.27		0.08	0.08	

2－A－20 续表3－1

单位：个、万人、亿元

地　区	餐费收入			商品销售额		
	合　计	限额以上	限额以下	合　计	限额以上	限额以下
总　计	**45.76**	**44.07**	**1.68**	**1.83**	**1.80**	**0.03**
杭州市	**18.63**	**17.69**	**0.94**	**0.34**	**0.33**	**0.01**
上城区	3.16	2.97	0.19	0.11	0.11	
下城区	3.24	3.10	0.13	0.01	0.01	
江干区	1.04	1.04	…	0.16	0.16	
拱墅区	0.42	0.26	0.16	…		…
西湖区	5.61	5.41	0.20	0.01	…	…
滨江区	0.92	0.89	0.03			
萧山区	1.03	1.00	0.03	0.01	0.01	…
余杭区	2.21	2.15	0.07	…		…
桐庐县						
淳安县	0.56	0.55	0.01	0.01	0.01	
建德市	0.07	0.03	0.04	0.01	0.01	
富阳市	0.16	0.16				
临安市	0.23	0.14	0.09	…	…	
宁波市	**6.09**	**6.00**	**0.09**	**0.06**	**0.06**	
海曙区	1.07	1.03	0.04	…	…	
江东区	2.20	2.20		…	…	
北仑区	0.23	0.19	0.04			
镇海区	0.24	0.24				
鄞州区	1.60	1.60		0.04	0.04	
象山县	0.13	0.13		0.01	0.01	
宁海县	0.43	0.43		0.01	0.01	
余姚市	0.02	0.02		…	…	
慈溪市	0.17	0.17				
温州市	**1.40**	**1.38**	**0.02**	**0.02**	**0.02**	**…**
鹿城区	0.15	0.15		…		…
瓯海区						
永嘉县	0.22	0.22				

2-A-20 续表3-2　　单位：个、万人、亿元

地区	餐费收入			商品销售额		
	合计	限额以上	限额以下	合计	限额以上	限额以下
平阳县	0.18	0.18				
苍南县	0.12	0.12				
文成县	0.14	0.14		0.01	0.01	
瑞安市	0.51	0.49	0.02	...	...	
乐清市	0.09	0.09		0.01	0.01	
嘉兴市	**3.56**	**3.34**	**0.21**	**0.12**	**0.12**	**...**
南湖区	1.17	1.13	0.04	0.03	0.03	...
秀洲区	0.01	0.01	0.01	...	...	
嘉善县	0.47	0.47		...	...	
海盐县	0.49	0.35	0.15	0.03	0.03	
海宁市	0.94	0.93	0.01	0.02	0.02	
平湖市	0.02	0.01	0.01	...	...	
桐乡市	0.45	0.45	...	0.04	0.04	
湖州市	**2.07**	**2.00**	**0.07**	**0.29**	**0.29**	**...**
吴兴区	0.93	0.93	...	0.07	0.07	
南浔区	0.01		0.01			
德清县	0.48	0.45	0.02	0.14	0.13	...
长兴县	0.37	0.33	0.03	0.08	0.08	
安吉县	0.30	0.29	0.01	...	...	
绍兴市	**3.42**	**3.37**	**0.05**	**0.76**	**0.74**	**0.02**
越城区	1.37	1.36	0.01	0.71	0.71	...
绍兴县	0.36	0.33	0.03	0.02	...	0.01
诸暨市	1.18	1.17	0.01	0.01	0.01	
上虞市	0.47	0.47		0.02	0.02	
嵊州市	0.05	0.04	...	...		...
金华市	**2.22**	**2.17**	**0.05**	**0.08**	**0.08**	
婺城区	0.71	0.70	0.01	0.01	0.01	
浦江县	0.12	0.12		...	...	
磐安县	0.06	0.06				

2-A-20 续表3-3

单位：个、万人、亿元

地　区	餐费收入			商品销售额		
	合　计	限额以上	限额以下	合　计	限额以上	限额以下
兰溪市	0.07	0.06	0.01	...	...	
义乌市	0.53	0.51	0.02	0.04	0.04	
东阳市	0.56	0.56		...	...	
永康市	0.17	0.16	0.01	0.02	0.02	
衢州市	**0.93**	**0.91**	**0.02**	**...**	**...**	
柯城区	0.40	0.38	0.02	...	...	
常山县	0.34	0.34		...	...	
龙游县	0.06	0.06				
江山市	0.13	0.13				
舟山市	**1.75**	**1.74**	**0.01**	**0.01**	**0.01**	**0.01**
定海区	0.75	0.75		...	...	...
普陀区	0.79	0.78	0.01	0.01	...	...
岱山县	0.12	0.12		...	...	
嵊泗县	0.08	0.08				
台州市	**4.84**	**4.67**	**0.17**	**0.11**	**0.10**	**...**
椒江区	1.81	1.78	0.02			
黄岩区	0.13	0.04	0.09	...	...	
路桥区	0.01		0.01			
玉环县	0.75	0.73	0.02			
天台县	0.25	0.25		0.02	0.02	
仙居县	0.28	0.28	0.01	0.08	0.08	...
温岭市	0.50	0.50				
临海市	1.11	1.10	0.01			
丽水市	**0.84**	**0.79**	**0.05**	**0.04**	**0.04**	
莲都区	0.37	0.32	0.04			
青田县	0.03	0.03	0.01			
缙云县	0.12	0.12		0.01	0.01	
遂昌县	0.15	0.15	...	0.01	0.01	
龙泉市	0.17	0.17		0.02	0.02	

2－A－21 按地区分组的股份有限公司住宿和餐饮业经营状况

单位：个、万人、亿元

地　区	法人单位数			年末就业人员		
	合　计	限额以上	限额以下	合　计	限额以上	限额以下
总　计	**74**	**45**	**29**	**1.21**	**1.17**	**0.04**
杭州市	**41**	**27**	**14**	**0.68**	**0.66**	**0.02**
上城区	7	4	3	0.29	0.29	…
下城区	8	4	4	0.02	0.02	…
江干区	4	3	1	0.03	0.02	0.01
拱墅区	4	1	3	0.05	0.04	…
西湖区	9	6	3	0.06	0.06	…
萧山区	5	5		0.18	0.18	
余杭区	2	2		0.02	0.02	
桐庐县	1	1		0.02	0.02	
淳安县	1	1		…	…	
宁波市	**6**	**5**	**1**	**0.13**	**0.13**	**…**
海曙区	3	3		0.08	0.08	
镇海区	2	2		0.05	0.05	
余姚市	1		1	…		…
温州市	**4**		**4**	**0.01**		**0.01**
鹿城区	3		3	0.01		0.01
永嘉县	1		1	…		…
湖州市	**2**		**2**	**…**		**…**
吴兴区	2		2	…		…
绍兴市	**1**	**1**		**0.07**	**0.07**	
越城区	1	1		0.07	0.07	
金华市	**5**	**4**	**1**	**0.13**	**0.13**	**…**
婺城区	1		1	…		…
义乌市	3	3		0.12	0.12	
东阳市	1	1		0.02	0.02	
衢州市	**1**		**1**	**…**		**…**
柯城区	1		1	…		…
舟山市	**1**		**1**	**…**		**…**
普陀区	1		1	…		…
台州市	**10**	**8**	**2**	**0.18**	**0.18**	**…**
椒江区	4	4		0.11	0.11	
黄岩区	2	1	1	0.01	0.01	…
路桥区	1	1		…	…	
玉环县	1	1		0.03	0.03	
天台县	1	1		0.02	0.02	
临海市	1		1	…		…
丽水市	**3**		**3**	**…**		**…**
莲都区	1		1	…		…
青田县	2		2	…		…

2－A－21　续表1　　　　单位：个、万人、亿元

地　区	营业额					
				客房收入		
	合　计	限额以上	限额以下	合　计	限额以上	限额以下
总　计	**15.80**	**15.39**	**0.41**	**4.51**	**4.35**	**0.16**
杭州市	**9.52**	**9.41**	**0.11**	**2.27**	**2.24**	**0.03**
上城区	3.65	3.65	0.01	0.29	0.29	0.01
下城区	0.40	0.38	0.02	0.14	0.14	…
江干区	0.27	0.25	0.02	0.08	0.08	
拱墅区	0.75	0.71	0.04	0.34	0.34	0.01
西湖区	1.02	1.00	0.02	0.44	0.43	0.01
萧山区	2.84	2.84		0.71	0.71	
余杭区	0.22	0.22		0.08	0.08	
桐庐县	0.31	0.31		0.15	0.15	
淳安县	0.05	0.05		0.03	0.03	
宁波市	**1.25**	**1.24**	**0.01**	**0.74**	**0.74**	**…**
海曙区	0.74	0.74		0.52	0.52	
镇海区	0.50	0.50		0.21	0.21	
余姚市	0.01		0.01	…		…
温州市	**0.07**		**0.07**	**0.05**		**0.05**
鹿城区	0.03		0.03	0.01		0.01
永嘉县	0.04		0.04	0.04		0.04
湖州市	**0.14**		**0.14**	**0.08**		**0.08**
吴兴区	0.14		0.14	0.08		0.08
绍兴市	**0.90**	**0.90**		**0.19**	**0.19**	
越城区	0.90	0.90		0.19	0.19	
金华市	**1.70**	**1.69**	**0.01**	**0.68**	**0.68**	
婺城区	0.01		0.01			
义乌市	1.53	1.53		0.61	0.61	
东阳市	0.17	0.17		0.06	0.06	
衢州市	**…**		**…**			
柯城区	…		…			
舟山市	**…**		**…**	**…**		**…**
普陀区	…		…	…		…
台州市	**2.18**	**2.14**	**0.04**	**0.50**	**0.50**	**…**
椒江区	1.50	1.50		0.34	0.34	
黄岩区	0.08	0.04	0.04	0.02	0.02	
路桥区	0.04	0.04		0.04	0.04	
玉环县	0.35	0.35		0.06	0.06	
天台县	0.21	0.21		0.03	0.03	
临海市	…		…	…		…
丽水市	**0.03**		**0.03**			
莲都区	0.01		0.01			
青田县	0.01		0.01			

2-A-21 续表2

单位：个、万人、亿元

地　　区	餐费收入			商品销售额		
	合　计	限额以上	限额以下	合　计	限额以上	限额以下
总　计	**9.73**	**9.50**	**0.23**	**0.73**	**0.72**	**0.01**
杭州市	**6.28**	**6.22**	**0.06**	**0.60**	**0.59**	**0.01**
上城区	3.25	3.24	...	0.08	0.08	
下城区	0.23	0.23	...	0.01	...	0.01
江干区	0.20	0.17	0.02	...	...	
拱墅区	0.37	0.34	0.03	...	...	
西湖区	0.56	0.56	...			
萧山区	1.37	1.37		0.50	0.50	
余杭区	0.14	0.14				
桐庐县	0.16	0.16				
淳安县	0.02	0.02				
宁波市	**0.45**	**0.44**	**...**	**0.01**	**0.01**	
海曙区	0.20	0.20				
镇海区	0.24	0.24		0.01	0.01	
余姚市	...		...			
温州市	**0.01**		**0.01**			
鹿城区	0.01		0.01			
永嘉县						
湖州市	**0.07**		**0.07**			
吴兴区	0.07		0.07			
绍兴市	**0.58**	**0.58**				
越城区	0.58	0.58				
金华市	**0.69**	**0.69**	**0.01**	**0.09**	**0.09**	
婺城区	0.01		0.01			
义乌市	0.61	0.61		0.09	0.09	
东阳市	0.08	0.08				
衢州市	**...**		**...**			
柯城区	...		...			
舟山市						
普陀区						
台州市	**1.62**	**1.58**	**0.04**	**0.03**	**0.03**	
椒江区	1.16	1.16				
黄岩区	0.04		0.04			
路桥区						
玉环县	0.29	0.29				
天台县	0.14	0.14		0.03	0.03	
临海市						
丽水市	**0.03**		**0.03**			
莲都区	0.01		0.01			
青田县	0.01		0.01			

2－A－22 按地区分组的私营企业住宿和餐饮业经营状况

单位：个、万人、亿元

地　区	法人单位数			年末就业人员		
	合　计	限额以上	限额以下	合　计	限额以上	限额以下
总　计	**4634**	**1292**	**3342**	**16.73**	**11.74**	**5.00**
杭州市	**1284**	**378**	**906**	**4.01**	**2.80**	**1.20**
上城区	206	66	140	0.63	0.45	0.18
下城区	144	51	93	0.38	0.25	0.13
江干区	112	36	76	0.25	0.17	0.08
拱墅区	105	20	85	0.22	0.09	0.13
西湖区	234	82	152	0.64	0.46	0.19
滨江区	30	14	16	0.10	0.08	0.02
萧山区	95	41	54	0.85	0.77	0.08
余杭区	116	14	102	0.26	0.11	0.15
桐庐县	46	12	34	0.11	0.07	0.04
淳安县	47	3	44	0.07	0.03	0.04
建德市	32	14	18	0.13	0.10	0.03
富阳市	59	11	48	0.19	0.12	0.07
临安市	58	14	44	0.17	0.12	0.06
宁波市	**1004**	**274**	**730**	**3.85**	**2.76**	**1.10**
海曙区	174	36	138	0.46	0.28	0.17
江东区	162	46	116	0.66	0.49	0.17
江北区	84	29	55	0.36	0.28	0.08
北仑区	56	9	47	0.20	0.07	0.13
镇海区	60	17	43	0.17	0.13	0.04
鄞州区	87	20	67	0.36	0.26	0.10
象山县	37	9	28	0.14	0.11	0.03
宁海县	32	9	23	0.21	0.17	0.04
余姚市	128	38	90	0.42	0.28	0.13
慈溪市	148	49	99	0.69	0.53	0.16
奉化市	36	12	24	0.18	0.14	0.04
温州市	**399**	**129**	**270**	**2.11**	**1.68**	**0.43**
鹿城区	132	46	86	0.79	0.64	0.15
龙湾区	18	8	10	0.14	0.12	0.01
瓯海区	29	3	26	0.08	0.06	0.03
洞头县	10	3	7	0.02	0.02	0.01
永嘉县	32	3	29	0.11	0.06	0.05
平阳县	24	4	20	0.06	0.03	0.03

2-A-22 续表1-1

单位：个、万人、亿元

地区	法人单位数			年末就业人员		
	合计	限额以上	限额以下	合计	限额以上	限额以下
苍南县	44	13	31	0.18	0.13	0.05
文成县	3	1	2	0.02	0.01	...
泰顺县	2	2		0.02	0.02	
瑞安市	49	26	23	0.39	0.35	0.04
乐清市	56	20	36	0.30	0.23	0.07
嘉兴市	**307**	**87**	**220**	**1.17**	**0.76**	**0.42**
南湖区	67	20	47	0.17	0.11	0.06
秀洲区	26	9	17	0.10	0.06	0.05
嘉善县	33	10	23	0.18	0.14	0.04
海盐县	18	5	13	0.08	0.06	0.02
海宁市	56	12	44	0.17	0.08	0.09
平湖市	45	17	28	0.24	0.20	0.05
桐乡市	62	14	48	0.23	0.12	0.11
湖州市	**123**	**48**	**75**	**0.50**	**0.41**	**0.09**
吴兴区	26	11	15	0.15	0.13	0.02
南浔区	19	7	12	0.06	0.05	0.01
德清县	28	9	19	0.08	0.06	0.02
长兴县	29	13	16	0.11	0.09	0.02
安吉县	21	8	13	0.10	0.08	0.03
绍兴市	**319**	**108**	**211**	**1.41**	**1.04**	**0.37**
越城区	75	17	58	0.36	0.23	0.13
绍兴县	59	13	46	0.27	0.19	0.08
新昌县	40	10	30	0.16	0.11	0.05
诸暨市	60	29	31	0.31	0.25	0.06
上虞市	62	33	29	0.25	0.22	0.03
嵊州市	23	6	17	0.07	0.05	0.02
金华市	**571**	**103**	**468**	**1.58**	**0.87**	**0.71**
婺城区	44	12	32	0.19	0.12	0.07
金东区	1		1	...		...
武义县	8	3	5	0.07	0.05	0.02
浦江县	7	1	6	0.03	0.02	0.01
磐安县	7	1	6	0.03	...	0.02
兰溪市	18	9	9	0.06	0.05	0.01
义乌市	345	62	283	0.81	0.42	0.38

2-A-22 续表1-2

单位:个、万人、亿元

地　区	法人单位数			年末就业人员		
	合　计	限额以上	限额以下	合　计	限额以上	限额以下
东阳市	31	9	22	0.16	0.13	0.03
永康市	110	6	104	0.23	0.07	0.16
衢州市	**68**	**17**	**51**	**0.21**	**0.14**	**0.07**
柯城区	24	7	17	0.10	0.07	0.02
衢江区	5	2	3	0.02	0.01	0.01
常山县	5		5	0.01		0.01
开化县	10	4	6	0.03	0.02	0.01
龙游县	13	2	11	0.04	0.03	0.01
江山市	11	2	9	0.02	0.01	0.01
舟山市	**167**	**46**	**121**	**0.58**	**0.39**	**0.19**
定海区	62	21	41	0.25	0.16	0.08
普陀区	63	16	47	0.23	0.16	0.07
岱山县	15	7	8	0.06	0.04	0.02
嵊泗县	27	2	25	0.04	0.03	0.02
台州市	**283**	**64**	**219**	**0.97**	**0.65**	**0.32**
椒江区	11	2	9	0.08	0.06	0.02
黄岩区	16	2	14	0.06	0.04	0.02
路桥区	80	16	64	0.24	0.14	0.11
玉环县	4	2	2	0.01	0.01	...
三门县	12	4	8	0.09	0.08	0.01
天台县	13	3	10	0.05	0.03	0.01
仙居县	11	3	8	0.04	0.03	0.01
温岭市	107	25	82	0.32	0.23	0.09
临海市	29	7	22	0.09	0.05	0.03
丽水市	**109**	**38**	**71**	**0.34**	**0.24**	**0.10**
莲都区	52	17	35	0.17	0.12	0.05
青田县	16	5	11	0.04	0.02	0.01
缙云县	12	3	9	0.04	0.03	0.01
遂昌县	3		3	0.01		0.01
松阳县	10	5	5	0.04	0.02	0.01
云和县	3	2	1	0.02	0.01	...
庆元县	2		2	...		...
景宁畲族自治县	5	1	4	0.01	0.01	...
龙泉市	6	5	1	0.02	0.01	...

2－A－22 续表2－1

单位：个、万人、亿元

地　　区	营业额			客房收入		
	合　计	限额以上	限额以下	合　计	限额以上	限额以下
总　计	**199.26**	**160.91**	**38.34**	**50.55**	**35.38**	**15.17**
杭州市	**59.56**	**50.36**	**9.20**	**12.27**	**9.06**	**3.21**
上城区	11.16	9.54	1.61	2.32	1.87	0.45
下城区	5.94	4.79	1.15	1.48	1.01	0.47
江干区	3.81	3.32	0.48	1.02	0.75	0.27
拱墅区	3.09	2.19	0.90	0.66	0.27	0.39
西湖区	11.79	10.28	1.50	1.87	1.46	0.41
滨江区	1.27	1.17	0.10	0.36	0.35	0.01
萧山区	12.71	12.37	0.34	1.57	1.43	0.14
余杭区	2.89	1.58	1.32	0.71	0.43	0.28
桐庐县	0.99	0.64	0.35	0.40	0.21	0.19
淳安县	0.55	0.25	0.30	0.34	0.12	0.21
建德市	1.38	1.23	0.15	0.41	0.35	0.06
富阳市	2.12	1.50	0.63	0.40	0.27	0.13
临安市	1.88	1.51	0.37	0.74	0.53	0.20
宁波市	**42.12**	**35.28**	**6.84**	**12.22**	**9.43**	**2.79**
海曙区	4.37	3.40	0.97	1.33	0.94	0.39
江东区	8.55	7.65	0.89	2.94	2.55	0.39
江北区	3.79	3.34	0.46	0.87	0.72	0.15
北仑区	1.50	0.65	0.85	0.47	0.17	0.30
镇海区	1.65	1.44	0.21	0.17	0.11	0.06
鄞州区	3.61	3.06	0.55	0.76	0.57	0.20
象山县	1.88	1.59	0.29	0.81	0.60	0.21
宁海县	2.51	2.26	0.25	0.51	0.44	0.07
余姚市	4.98	4.06	0.91	1.01	0.69	0.32
慈溪市	7.23	6.15	1.08	2.58	2.05	0.53
奉化市	2.05	1.68	0.37	0.78	0.61	0.17
温州市	**26.05**	**23.07**	**2.98**	**5.80**	**4.53**	**1.26**
鹿城区	10.31	9.35	0.95	2.48	2.03	0.45
龙湾区	1.51	1.47	0.04	0.28	0.25	0.03
瓯海区	0.67	0.49	0.18	0.31	0.16	0.15
洞头县	0.25	0.23	0.01	0.06	0.06	0.01
永嘉县	1.46	1.09	0.37	0.40	0.24	0.16
平阳县	0.72	0.35	0.38	0.13	0.03	0.10

2-A-22 续表2-2 单位：个、万人、亿元

地区	营业额			客房收入		
	合计	限额以上	限额以下	合计	限额以上	限额以下
苍南县	1.93	1.54	0.39	0.53	0.38	0.14
文成县	0.09	0.08	0.02	0.03	0.02	0.01
泰顺县	0.23	0.23		0.12	0.12	
瑞安市	5.31	5.09	0.23	0.84	0.75	0.09
乐清市	3.57	3.16	0.41	0.62	0.50	0.12
嘉兴市	**12.97**	**9.19**	**3.78**	**2.63**	**1.67**	**0.97**
南湖区	2.58	2.06	0.52	0.30	0.15	0.16
秀洲区	1.02	0.89	0.13	0.09	0.06	0.03
嘉善县	1.78	1.48	0.30	0.65	0.49	0.16
海盐县	0.91	0.69	0.23	0.20	0.14	0.06
海宁市	1.83	0.79	1.04	0.38	0.09	0.29
平湖市	2.29	2.08	0.22	0.52	0.45	0.07
桐乡市	2.55	1.21	1.34	0.48	0.27	0.21
湖州市	**5.51**	**4.98**	**0.53**	**1.05**	**0.81**	**0.24**
吴兴区	1.85	1.72	0.12	0.30	0.23	0.07
南浔区	0.54	0.48	0.06	0.11	0.07	0.04
德清县	0.97	0.84	0.12	0.15	0.11	0.03
长兴县	1.28	1.18	0.10	0.19	0.17	0.02
安吉县	0.88	0.76	0.12	0.30	0.23	0.07
绍兴市	**15.70**	**12.62**	**3.08**	**3.88**	**2.71**	**1.17**
越城区	3.66	2.88	0.78	0.70	0.34	0.36
绍兴县	2.94	2.25	0.69	0.72	0.46	0.26
新昌县	1.56	1.06	0.50	0.46	0.34	0.11
诸暨市	3.25	2.89	0.36	0.94	0.78	0.16
上虞市	3.09	2.58	0.51	0.84	0.59	0.24
嵊州市	1.20	0.96	0.24	0.23	0.20	0.03
金华市	**14.73**	**8.77**	**5.96**	**5.86**	**2.97**	**2.89**
婺城区	1.61	1.27	0.34	0.58	0.43	0.15
金东区	...		...	...		...
武义县	0.38	0.36	0.03	0.23	0.21	0.02
浦江县	0.28	0.17	0.10	0.10	0.05	0.05
磐安县	0.10	0.03	0.08	0.05	0.01	0.04
兰溪市	0.69	0.62	0.07	0.20	0.14	0.06
义乌市	7.90	4.31	3.58	3.40	1.55	1.85

2-A-22 续表2-3

单位：个、万人、亿元

地区	营业额			客房收入		
	合计	限额以上	限额以下	合计	限额以上	限额以下
东阳市	1.60	1.30	0.30	0.45	0.36	0.08
永康市	2.17	0.72	1.45	0.87	0.22	0.65
衢州市	**2.13**	**1.67**	**0.46**	**0.60**	**0.45**	**0.15**
柯城区	1.17	1.00	0.17	0.33	0.25	0.08
衢江区	0.10	0.07	0.03	0.04	0.03	0.01
常山县	0.04		0.04	0.01		0.01
开化县	0.26	0.22	0.04	0.06	0.06	0.01
龙游县	0.32	0.25	0.07	0.12	0.10	0.02
江山市	0.23	0.13	0.10	0.04	0.01	0.03
舟山市	**6.24**	**4.99**	**1.24**	**2.19**	**1.54**	**0.65**
定海区	2.87	2.38	0.49	0.89	0.65	0.24
普陀区	2.43	1.87	0.56	0.97	0.66	0.31
岱山县	0.52	0.43	0.09	0.19	0.15	0.04
嵊泗县	0.42	0.32	0.10	0.15	0.09	0.06
台州市	**10.60**	**7.36**	**3.23**	**3.11**	**1.50**	**1.61**
椒江区	0.72	0.59	0.13	0.25	0.21	0.04
黄岩区	0.72	0.41	0.31	0.23	0.13	0.10
路桥区	2.92	2.01	0.91	0.83	0.43	0.41
玉环县	0.07	0.05	0.01	0.07	0.05	0.01
三门县	0.72	0.65	0.07	0.23	0.20	0.03
天台县	0.55	0.42	0.12	0.09	0.02	0.08
仙居县	0.30	0.19	0.12	0.09	0.07	0.03
温岭市	3.60	2.29	1.31	1.05	0.27	0.78
临海市	0.99	0.74	0.25	0.27	0.13	0.14
丽水市	**3.66**	**2.61**	**1.05**	**0.93**	**0.70**	**0.23**
莲都区	2.34	1.59	0.75	0.53	0.41	0.12
青田县	0.45	0.33	0.12	0.14	0.11	0.03
缙云县	0.21	0.16	0.05	0.08	0.05	0.03
遂昌县	0.02		0.02	0.02		0.02
松阳县	0.25	0.20	0.06	0.05	0.03	0.02
云和县	0.15	0.14	0.01	0.05	0.04	0.01
庆元县	0.01		0.01			
景宁畲族自治县	0.12	0.10	0.02	0.01	0.01	...
龙泉市	0.10	0.09	...	0.05	0.05	

2－A－22　续表 3－1

单位：个、万人、亿元

地　　区	餐费收入			商品销售额		
	合　计	限额以上	限额以下	合　计	限额以上	限额以下
总　计	**140.18**	**117.95**	**22.23**	**2.22**	**1.99**	**0.23**
杭州市	**45.82**	**39.98**	**5.84**	**0.22**	**0.19**	**0.03**
上城区	8.45	7.32	1.13	0.04	0.04	…
下城区	4.37	3.72	0.66	0.02	0.01	0.01
江干区	2.66	2.45	0.20	…	…	…
拱墅区	2.34	1.86	0.47	0.02	0.01	…
西湖区	9.79	8.70	1.09	…	…	…
滨江区	0.88	0.79	0.09	0.03	0.03	
萧山区	10.77	10.57	0.20	0.07	0.07	…
余杭区	2.13	1.10	1.03	0.01	…	…
桐庐县	0.49	0.34	0.15	…		…
淳安县	0.19	0.10	0.08	…	…	…
建德市	0.93	0.85	0.09	0.01	0.01	
富阳市	1.72	1.23	0.49			
临安市	1.11	0.96	0.15	0.01	…	…
宁波市	**27.19**	**23.40**	**3.79**	**0.19**	**0.17**	**0.02**
海曙区	2.84	2.27	0.56	0.03	0.02	…
江东区	5.30	4.86	0.44	0.04	0.04	…
江北区	2.87	2.57	0.30	…	…	
北仑区	0.97	0.48	0.49	0.01		0.01
镇海区	1.41	1.26	0.15	…	…	
鄞州区	2.57	2.24	0.34	…	…	…
象山县	1.02	0.95	0.07	…	…	…
宁海县	1.78	1.60	0.18	0.02	0.02	…
余姚市	3.46	2.89	0.56	0.01	…	…
慈溪市	3.88	3.37	0.51	0.07	0.07	…
奉化市	1.10	0.91	0.19	0.01	0.01	
温州市	**19.41**	**17.77**	**1.64**	**0.10**	**0.08**	**0.02**
鹿城区	7.41	6.92	0.49	0.02	0.02	…
龙湾区	1.22	1.20	0.01	0.01	0.01	
瓯海区	0.35	0.32	0.03	…		…
洞头县	0.17	0.16	0.01	0.01	0.01	
永嘉县	1.02	0.82	0.19	…		…
平阳县	0.58	0.31	0.27	…		…

2-A-22 续表3-2

单位：个、万人、亿元

地　区	餐费收入			商品销售额		
	合　计	限额以上	限额以下	合　计	限额以上	限额以下
苍南县	1.36	1.13	0.23	0.03	0.02	0.01
文成县	0.06	0.05	0.01	…	…	
泰顺县	0.09	0.09		…	…	
瑞安市	4.27	4.16	0.12	0.03	0.03	…
乐清市	2.88	2.59	0.28	…	…	…
嘉兴市	**9.78**	**7.04**	**2.74**	**0.27**	**0.26**	**0.01**
南湖区	2.16	1.81	0.35	0.10	0.09	0.01
秀洲区	0.89	0.79	0.10	0.03	0.03	…
嘉善县	0.92	0.78	0.13	0.11	0.11	…
海盐县	0.70	0.53	0.17	0.01	0.01	…
海宁市	1.41	0.68	0.73	…	…	
平湖市	1.70	1.56	0.15	0.01	0.01	
桐乡市	2.00	0.88	1.12	…	…	…
湖州市	**3.95**	**3.67**	**0.28**	**0.15**	**0.14**	**…**
吴兴区	1.34	1.28	0.05	0.04	0.04	…
南浔区	0.34	0.33	0.01	0.02	0.02	
德清县	0.65	0.56	0.09	0.05	0.05	…
长兴县	1.05	0.97	0.08	0.03	0.03	…
安吉县	0.58	0.53	0.05	…		…
绍兴市	**10.91**	**9.04**	**1.86**	**0.41**	**0.39**	**0.01**
越城区	2.79	2.38	0.41	0.04	0.03	…
绍兴县	2.10	1.69	0.42	0.02	0.02	…
新昌县	1.02	0.64	0.38	0.04	0.04	
诸暨市	1.89	1.71	0.18	0.29	0.29	…
上虞市	2.23	1.96	0.27	0.01	0.01	
嵊州市	0.87	0.67	0.20	0.01	0.01	0.01
金华市	**8.37**	**5.43**	**2.94**	**0.33**	**0.27**	**0.06**
婺城区	0.96	0.79	0.17	0.03	0.02	0.01
金东区	…		…			
武义县	0.16	0.15	0.01	…	…	
浦江县	0.11	0.08	0.03	0.05	0.04	0.01
磐安县	0.05	0.02	0.03	…		…
兰溪市	0.33	0.33	…	0.15	0.14	…
义乌市	4.37	2.68	1.68	0.09	0.07	0.02

2-A-22 续表3-3

单位：个、万人、亿元

地　区	餐费收入			商品销售额		
	合　计	限额以上	限额以下	合　计	限额以上	限额以下
东阳市	1.13	0.92	0.21	…		…
永康市	1.26	0.47	0.79	0.01	…	0.01
衢州市	**1.24**	**0.98**	**0.26**	**0.24**	**0.21**	**0.03**
柯城区	0.66	0.58	0.07	0.16	0.15	0.01
衢江区	0.06	0.04	0.02	…	…	
常山县	0.01		0.01	…		…
开化县	0.16	0.12	0.04	0.03	0.03	
龙游县	0.20	0.15	0.05	0.01	…	0.01
江山市	0.15	0.09	0.07	0.04	0.03	0.01
舟山市	**3.75**	**3.20**	**0.55**	**0.10**	**0.10**	**…**
定海区	1.83	1.59	0.24	0.09	0.09	
普陀区	1.36	1.15	0.22	0.01	…	…
岱山县	0.31	0.26	0.05	0.01	0.01	
嵊泗县	0.24	0.20	0.04			
台州市	**7.17**	**5.63**	**1.54**	**0.14**	**0.14**	**0.01**
椒江区	0.47	0.38	0.09			
黄岩区	0.43	0.27	0.16	…		…
路桥区	2.05	1.56	0.49	0.01	…	0.01
玉环县						
三门县	0.47	0.44	0.04			
天台县	0.38	0.33	0.05	0.08	0.08	…
仙居县	0.21	0.12	0.09			
温岭市	2.45	1.92	0.53	0.06	0.06	…
临海市	0.72	0.61	0.11			
丽水市	**2.59**	**1.81**	**0.78**	**0.06**	**0.03**	**0.03**
莲都区	1.74	1.15	0.59	0.02	…	0.02
青田县	0.28	0.20	0.09	…	…	…
缙云县	0.12	0.09	0.02	0.02	0.02	…
遂昌县	0.01		0.01			
松阳县	0.19	0.15	0.04	…		…
云和县	0.09	0.09		0.01	0.01	…
庆元县	0.01		0.01			
景宁畲族自治县	0.11	0.09	0.02			
龙泉市	0.05	0.04	…	…	…	

2-A-23 按地区分组的港澳台商和外商投资企业住宿和餐饮业经营状况

单位：个、万人、亿元

地区	法人单位数			年末就业人员		
	合计	限额以上	限额以下	合计	限额以上	限额以下
总计	**197**	**97**	**100**	**4.14**	**3.99**	**0.15**
杭州市	**59**	**36**	**23**	**2.74**	**2.70**	**0.03**
上城区	21	14	7	0.27	0.26	0.01
下城区	9	6	3	0.45	0.44	0.01
江干区	6	3	3	0.03	0.02	...
拱墅区	3		3	...		...
西湖区	11	7	4	1.84	1.83	0.01
萧山区	5	4	1	0.12	0.12	...
桐庐县	3	1	2	0.01	0.01	...
淳安县	1	1		0.01	0.01	
宁波市	**48**	**20**	**28**	**0.41**	**0.36**	**0.06**
海曙区	11	4	7	0.09	0.08	0.01
江东区	9	6	3	0.12	0.10	0.02
江北区	9	1	8	0.02	...	0.01
北仑区	4	2	2	0.03	0.02	...
鄞州区	7	1	6	0.03	0.02	0.01
象山县	3	2	1	0.04	0.04	...
宁海县	1	1		0.01	0.01	
余姚市	2	1	1	0.06	0.06	...
奉化市	2	2		0.03	0.03	
温州市	**8**	**6**	**2**	**0.18**	**0.18**	**...**
鹿城区	5	5		0.18	0.18	
龙湾区	1	1		...	...	
平阳县	1		1	...		...
苍南县	1		1	...		...
嘉兴市	**17**	**6**	**11**	**0.14**	**0.12**	**0.01**
南湖区	2	1	1	0.03	0.03	...
秀洲区	1		1	...		...
嘉善县	4	1	3	0.05	0.04	0.01
海盐县	1		1	...		...
海宁市	5	2	3	0.02	0.02	...

2-A-23 续表1-1 单位：个、万人、亿元

地 区	法人单位数			年末就业人员		
	合 计	限额以上	限额以下	合 计	限额以上	限额以下
平湖市	4	2	2	0.04	0.04	...
湖州市	**10**	**3**	**7**	**0.05**	**0.04**	**0.01**
吴兴区	1	1		...	...	
南浔区	1		1	...		...
德清县	3	1	2	0.03	0.03	...
长兴县	3	1	2	0.02	0.01	0.01
安吉县	2		2	...		...
绍兴市	**22**	**14**	**8**	**0.42**	**0.40**	**0.01**
越城区	10	7	3	0.25	0.24	0.01
绍兴县	4	1	3	0.01	...	...
新昌县	1	1		0.01	0.01	
诸暨市	5	3	2	0.09	0.08	...
上虞市	2	2		0.07	0.07	
金华市	**24**	**8**	**16**	**0.09**	**0.07**	**0.02**
婺城区	1	1		0.03	0.03	
武义县	1	1		0.03	0.03	
兰溪市	1	1		...	...	
义乌市	20	4	16	0.02	0.01	0.02
永康市	1	1		0.01	0.01	
舟山市	**3**	**1**	**2**	**0.01**	**0.01**	**...**
定海区	1	1		0.01	0.01	
普陀区	1		1	...		...
岱山县	1		1	...		...
台州市	**5**	**2**	**3**	**0.09**	**0.08**	**...**
椒江区	1	1		0.07	0.07	
路桥区	1		1	...		...
仙居县	1	1		0.01	0.01	
温岭市	2		2	...		...
丽水市	**1**	**1**		**0.02**	**0.02**	
莲都区	1	1		0.02	0.02	

2－A－23 续表2－1

单位：个、万人、亿元

地 区	营业额			客房收入		
	合 计	限额以上	限额以下	合 计	限额以上	限额以下
总 计	**64.40**	**63.26**	**1.15**	**13.01**	**12.72**	**0.29**
杭州市	**47.01**	**46.70**	**0.31**	**7.26**	**7.19**	**0.07**
上城区	5.93	5.85	0.08	2.34	2.34	
下城区	6.79	6.70	0.08	0.80	0.79	…
江干区	0.48	0.42	0.07	0.12	0.06	0.06
拱墅区	0.02		0.02			
西湖区	30.57	30.52	0.05	2.80	2.80	
萧山区	2.98	2.98		1.10	1.10	
桐庐县	0.10	0.10	0.01	0.05	0.05	
淳安县	0.14	0.14		0.04	0.04	
宁波市	**5.22**	**4.90**	**0.32**	**1.82**	**1.68**	**0.15**
海曙区	1.31	1.22	0.09	0.46	0.40	0.06
江东区	1.32	1.30	0.01	0.51	0.51	
江北区	0.21	0.04	0.17	0.06		0.06
北仑区	0.31	0.31	…			
鄞州区	0.20	0.18	0.03	0.10	0.08	0.02
象山县	0.36	0.36		0.23	0.23	
宁海县	0.09	0.09		0.04	0.04	
余姚市	1.05	1.03	0.02	0.34	0.33	0.01
奉化市	0.38	0.38		0.10	0.10	
温州市	**3.08**	**3.08**		**1.19**	**1.19**	
鹿城区	3.01	3.01		1.13	1.13	
龙湾区	0.07	0.07		0.05	0.05	
平阳县						
苍南县						
嘉兴市	**1.41**	**1.28**	**0.13**	**0.42**	**0.42**	
南湖区	0.34	0.34		0.11	0.11	
秀洲区						
嘉善县	0.31	0.28	0.03	0.05	0.05	
海盐县	0.03		0.03			
海宁市	0.21	0.15	0.06	0.01	0.01	

2-A-23 续表2-2 单位：个、万人、亿元

地　区	营业额			客房收入		
	合　计	限额以上	限额以下	合　计	限额以上	限额以下
平湖市	0.52	0.51	0.01	0.24	0.24	
湖州市	**0.50**	**0.40**	**0.10**	**0.18**	**0.13**	**0.06**
吴兴区	0.05	0.05		0.02	0.02	
南浔区						
德清县	0.21	0.20	0.01	0.09	0.08	0.01
长兴县	0.19	0.16	0.03	0.04	0.03	0.01
安吉县	0.05		0.05	0.04		0.04
绍兴市	**5.02**	**4.91**	**0.12**	**1.43**	**1.41**	**0.02**
越城区	3.29	3.24	0.05	0.90	0.89	0.01
绍兴县	0.03	0.01	0.02			
新昌县	0.19	0.19		0.05	0.05	
诸暨市	0.54	0.49	0.05	0.09	0.08	0.01
上虞市	0.97	0.97		0.38	0.38	
金华市	**0.83**	**0.69**	**0.14**	**0.29**	**0.29**	**...**
婺城区	0.29	0.29		0.10	0.10	
武义县	0.17	0.17		0.13	0.13	
兰溪市	0.05	0.05				
义乌市	0.28	0.14	0.14	0.06	0.06	...
永康市	0.03	0.03				
舟山市	**0.14**	**0.13**	**0.01**			
定海区	0.13	0.13				
普陀区	0.01		0.01			
岱山县						
台州市	**1.02**	**1.00**	**0.02**	**0.38**	**0.38**	
椒江区	0.94	0.94		0.35	0.35	
路桥区	0.02		0.02			
仙居县	0.05	0.05		0.03	0.03	
温岭市						
丽水市	**0.16**	**0.16**		**0.05**	**0.05**	
莲都区	0.16	0.16		0.05	0.05	

2-A-23 续表3-1　　单位：个、万人、亿元

地　区	餐费收入			商品销售额		
	合　计	限额以上	限额以下	合　计	限额以上	限额以下
总　计	**49.56**	**48.72**	**0.84**	**0.34**	**0.33**	**0.01**
杭州市	**38.78**	**38.54**	**0.23**	**0.07**	**0.06**	**0.01**
上城区	3.41	3.34	0.08	0.01	0.01	...
下城区	5.65	5.57	0.08			
江干区	0.25	0.25	...	...	...	
拱墅区	0.02		0.02	...		...
西湖区	27.72	27.67	0.05	0.05	0.05	
萧山区	1.60	1.60		...	...	
桐庐县	0.04	0.04	...			
淳安县	0.08	0.08				
宁波市	**3.11**	**2.94**	**0.17**	**0.05**	**0.05**	
海曙区	0.78	0.75	0.03	0.01	0.01	
江东区	0.66	0.65	0.01	0.02	0.02	
江北区	0.15	0.04	0.11			
北仑区	0.29	0.29	...	0.02	0.02	
鄞州区	0.08	0.08	...			
象山县	0.12	0.12		...	...	
宁海县	0.05	0.05				
余姚市	0.71	0.70	0.01			
奉化市	0.26	0.26		...	...	
温州市	**1.84**	**1.84**		**...**	**...**	
鹿城区	1.83	1.83		...	...	
龙湾区	0.01	0.01				
平阳县						
苍南县						
嘉兴市	**0.77**	**0.64**	**0.13**	**0.11**	**0.11**	
南湖区	0.22	0.22		...	...	
秀洲区						
嘉善县	0.14	0.11	0.03	0.05	0.05	
海盐县	0.03		0.03			
海宁市	0.15	0.09	0.06	0.03	0.03	

2－A－23　续表3－2　　单位：个、万人、亿元

地　区	餐费收入			商品销售额		
	合　计	限额以上	限额以下	合　计	限额以上	限额以下
平湖市	0.24	0.23	0.01	0.02	0.02	
湖州市	**0.27**	**0.22**	**0.04**	**0.03**	**0.03**	
吴兴区	0.02	0.02		0.01	0.01	
南浔区						
德清县	0.12	0.11	0.01	…	…	
长兴县	0.12	0.09	0.03	0.02	0.02	
安吉县	0.01		0.01			
绍兴市	**3.44**	**3.34**	**0.10**	**0.04**	**0.04**	
越城区	2.39	2.35	0.04			
绍兴县	0.03	0.01	0.02			
新昌县	0.12	0.12		0.02	0.02	
诸暨市	0.38	0.33	0.04	0.02	0.02	
上虞市	0.53	0.53				
金华市	**0.48**	**0.34**	**0.14**	**0.03**	**0.03**	
婺城区	0.17	0.17		0.01	0.01	
武义县	0.04	0.04				
兰溪市	0.03	0.03		0.03	0.03	
义乌市	0.22	0.08	0.14	…	…	
永康市	0.02	0.02				
舟山市	**0.14**	**0.13**	**0.01**			
定海区	0.13	0.13				
普陀区	0.01		0.01			
岱山县						
台州市	**0.64**	**0.61**	**0.02**			
椒江区	0.59	0.59				
路桥区	0.02		0.02			
仙居县	0.02	0.02				
温岭市						
丽水市	**0.09**	**0.09**				
莲都区	0.09	0.09				

B. 住宿和餐饮业财务状况

2－B－1 按登记注册类型、控股情况和行业分组的全部住宿和餐饮业财务状况

单位：万元、人

指 标 名 称	年初存货	年末存货	固定资产原价	所有者权益合计	实收资本
总 计	**181839**	**185961**	**5108767**	**2693918**	**2938272**
一、按登记注册类型分					
内 资	**126150**	**124842**	**4190271**	**2176974**	**2444174**
国 有	14844	9215	579901	321978	283951
集 体	2661	2788	213059	99712	417749
股份合作企业	565	504	30461	8634	11612
联营企业	204	128	13415	5356	8070
国有联营			98	98	98
集体联营	45	67	5072	－196	1558
国有与集体联营	158	61	8187	5435	6391
其他联营	1		58	18	23
有限责任公司	24963	26037	1293152	635310	612104
国有独资公司	1059	823	61332	70904	43871
其他有限责任公司	23904	25214	1231820	564405	568233
股份有限公司	6737	5990	203026	137177	122459
私营企业	75661	79438	1839349	959329	981904
私营独资	8767	9291	286613	198956	161945
私营合伙	10798	4903	134123	67695	62379
私营有限责任公司	51295	58435	1318153	654061	716620
私营股份有限公司	4800	6809	100460	38618	40961
其 他	514	743	17908	9478	6325
港澳台商投资	**42276**	**43463**	**591225**	**361427**	**317326**
与港澳台商合资经营	37934	40401	442654	189276	139532
与港澳台商合作经营	13	12	3890	1142	2160
港澳台商独资	3954	2605	106156	145168	160752
港澳台商投资股份有限公司	374	445	38525	25841	14882
外商投资	**13413**	**17656**	**327271**	**155516**	**176772**
中外合资经营	12203	15799	276370	118571	109839

2－B－1 续表1－1

单位：万元、人

指标名称	年初存货	年末存货	固定资产原价	所有者权益合计	实收资本
中外合作经营	566	783	21063	－14074	5001
外资企业	591	1041	29265	38414	49830
外商投资股份有限公司	54	32	573	12604	12102
二、按控股情况分					
国有控股	56874	51547	1127835	625325	518485
集体控股	6354	5822	398211	173839	497824
私人控股	89750	93151	2451288	1255806	1330122
港澳台商控股	6209	5403	293930	221707	239935
外商控股	11396	14919	195434	121458	129945
其　他	11255	15120	642070	295782	221961
三、按国民经济行业（门类、大类、中类、小类）分					
住宿和餐饮业	**181839**	**185961**	**5108767**	**2693918**	**2938272**
住宿业	117190	118618	4323457	2063509	2376792
旅游饭店	106855	106101	3832348	1636564	1936776
旅游饭店	106855	106101	3832348	1636564	1936776
一般旅馆	10014	12156	466218	407320	418492
一般旅馆	10014	12156	466218	407320	418492
其他住宿服务	321	362	24891	19625	21524
其他住宿服务	321	362	24891	19625	21524
餐饮业	64649	67343	785310	630408	561480
正餐服务	50154	51192	614796	533048	488902
正餐服务	50154	51192	614796	533048	488902
快餐服务	10239	13750	136805	59491	41535
快餐服务	10239	13750	136805	59491	41535
饮料及冷饮服务	1335	1420	16371	15421	15356
饮料及冷饮服务	1335	1420	16371	15421	15356
其他餐饮服务	2921	981	17338	22449	15687
其他餐饮服务	2921	981	17338	22449	15687

2－B－1 续表2－1

单位：万元、人

指标名称	国家资本	集体资本	法人资本	个人资本	港澳台资本	外商资本
总计	**467032**	**515351**	**675487**	**926590**	**244696**	**109117**
一、按登记注册类型分						
内资	**425270**	**509478**	**607415**	**900748**	**706**	**559**
国有	282718	2	603	628		
集体	50	410683	6862	154		
股份合作企业	4879	3023	656	2581	166	308
联营企业	6209	1852		9		
国有联营	98					
集体联营		1558				
国有与集体联营	6111	280				
其他联营		14		9		
有限责任公司	81183	74355	303621	152741		205
国有独资公司	23671		20200			
其他有限责任公司	57512	74355	283421	152741		205
股份有限公司	49711	12597	42624	17527		
私营企业	510	6837	252655	721317	540	46
私营独资	200	54	16205	145465		21
私营合伙	80	73	12299	49902		25
私营有限责任公司	230	6708	205344	503798	540	
私营股份有限公司		3	18807	22151		
其他	10	129	395	5791		
港澳台商投资	**36462**	**3284**	**31544**	**4492**	**239369**	**2175**
与港澳台商合资经营	34962	3167	28394	3244	67591	2175
与港澳台商合作经营	1500			50	610	
港澳台商独资		117	2885		157750	
港澳台商投资股份有限公司			265	1198	13418	
外商投资	**5301**	**2590**	**36527**	**21349**	**4622**	**106383**
中外合资经营	5301	2590	36277	15259	4211	46202

2－B－1　续表 2－2

单位：万元、人

指标名称	国家资本	集体资本	法人资本	个人资本	港澳台资本	外商资本
中外合作经营				1706	411	2884
外资企业			200	4377		45253
外商投资股份有限公司			50	8		12045
二、按控股情况分						
国有控股	450301	2331	33885	4462	23714	3792
集体控股	793	489620	5250	2062		100
私人控股	651	7615	428997	889101	3707	51
港澳台商控股	9019	1667	14918	1708	210448	2175
外商控股	1472	2440	18702	5955	101	101276
其　他	4797	11679	173735	23302	6726	1723
三、按国民经济行业（门类、大类、中类、小类）分						
住宿和餐饮业	**467032**	**515351**	**675487**	**926590**	**244696**	**109117**
住宿业	442296	473426	557622	624186	217297	61965
旅游饭店	418169	440901	462297	426627	132847	55935
旅游饭店	418169	440901	462297	426627	132847	55935
一般旅馆	23036	32035	84121	191465	81805	6030
一般旅馆	23036	32035	84121	191465	81805	6030
其他住宿服务	1091	491	11204	6093	2645	
其他住宿服务	1091	491	11204	6093	2645	
餐饮业	24736	41925	117865	302404	27399	47152
正餐服务	21894	40838	95169	270662	26685	33655
正餐服务	21894	40838	95169	270662	26685	33655
快餐服务	791	202	15379	11789	492	12881
快餐服务	791	202	15379	11789	492	12881
饮料及冷饮服务	255	770	2049	11535	223	524
饮料及冷饮服务	255	770	2049	11535	223	524
其他餐饮服务	1795	115	5267	8418		92
其他餐饮服务	1795	115	5267	8418		92

2-B-1 续表3-1

单位:万元、人

指标名称	本年折旧	主营业务收入	主营业务成本	主营业务税金及附加	主营业务利润
总计	**293163**	**4364927**	**1980441**	**219975**	**2164509**
一、按登记注册类型分					
内资	**235908**	**3410449**	**1525315**	**185631**	**1699501**
国有	24812	317032	102036	16308	198688
集体	10602	100219	38357	5608	56254
股份合作企业	1715	23186	10599	1303	11284
联营企业	874	7176	3908	402	2866
国有联营	26	2178	1870	122	186
集体联营	395	1210	636	70	504
国有与集体联营	450	3594	1276	199	2119
其他联营	3	195	126	11	57
有限责任公司	64329	787016	302509	44070	440437
国有独资公司	2796	38831	14828	1972	22031
其他有限责任公司	61533	748185	287681	42098	418406
股份有限公司	13008	162893	64790	8452	89651
私营企业	118845	1988440	989475	108171	890791
私营独资	19231	321716	175286	17079	129351
私营合伙	9275	161003	84405	8356	68242
私营有限责任公司	84603	1375263	653308	76231	645722
私营股份有限公司	5738	130458	76476	6506	47477
其他	1723	24488	13642	1316	9530
港澳台商投资	**36731**	**529209**	**299312**	**12514**	**217383**
与港澳台商合资经营	25390	471343	279982	9539	181822
与港澳台商合作经营	165	402	167	13	222
港澳台商独资	8422	44517	15154	2302	27061
港澳台商投资股份有限公司	2753	12947	4009	661	8277
外商投资	**20524**	**425269**	**155814**	**21830**	**247626**
中外合资经营	17153	349420	125449	17996	205976

2-B-1 续表3-2

单位：万元、人

指 标 名 称	本年折旧	主营业务收入	主营业务成本	主营业务税金及附加	主营业务利润
中外合作经营	819	36164	14273	1806	20086
外资企业	2464	34737	13226	1778	19733
外商投资股份有限公司	87	4947	2866	250	1831
二、按控股情况分					
国有控股	50878	879927	432215	30754	416959
集体控股	19468	205968	79951	11458	114559
私人控股	155004	2401663	1164208	130885	1106569
港澳台商控股	17531	125487	39328	6536	79624
外商控股	15685	359701	131107	18641	209953
其 他	34596	392181	133633	21702	236846
三、按国民经济行业(门类、大类、中类、小类)分					
住宿和餐饮业	**293163**	**4364927**	**1980441**	**219975**	**2164509**
住宿业	236024	2604701	1039045	127094	1438560
旅游饭店	201137	2262433	909782	108979	1243670
旅游饭店	201137	2262433	909782	108979	1243670
一般旅馆	33544	330443	125079	17644	187721
一般旅馆	33544	330443	125079	17644	187721
其他住宿服务	1343	11825	4185	471	7169
其他住宿服务	1343	11825	4185	471	7169
餐饮业	57139	1760226	941396	92881	725949
正餐服务	41555	1322074	751302	71159	499614
正餐服务	41555	1322074	751302	71159	499614
快餐服务	12710	354424	143960	17805	192659
快餐服务	12710	354424	143960	17805	192659
饮料及冷饮服务	1606	38069	18286	2020	17764
饮料及冷饮服务	1606	38069	18286	2020	17764
其他餐饮服务	1269	45659	27849	1897	15913
其他餐饮服务	1269	45659	27849	1897	15913

2－B－1 续表4－1

单位：万元、人

指标名称	其他业务利润	营业费用、管理费用、财务费用合计	#税金	#利息支出	营业利润
总计	**42032**	**2136481**	**29199**	**99289**	**76380**
一、按登记注册类型分					
内资	**36483**	**1738855**	**26489**	**84594**	**3450**
国有	4553	201151	4147	4421	2078
集体	947	59820	791	1257	－2619
股份合作企业	662	11783	178	549	163
联营企业		2968	198	14	183
国有联营		185	165	20	285
集体联营		578	5	...	－75
国有与集体联营		2151	28	－6	－32
其他联营		53	...		4
有限责任公司	6967	465410	5866	27377	－11774
国有独资公司	299	22532	374	788	－212
其他有限责任公司	6668	442878	5492	26589	－11562
股份有限公司	3835	93695	3090	4676	－231
私营企业	19487	895925	12145	45771	14192
私营独资	2443	105527	1771	4173	26168
私营合伙	1195	64131	917	5146	5314
私营有限责任公司	14820	677052	8998	35434	－16569
私营股份有限公司	1029	49215	458	1018	－721
其他	31	8103	73	528	1458
港澳台商投资	**5290**	**179567**	**1907**	**10121**	**43117**
与港澳台商合资经营	3818	138123	1228	5929	47529
与港澳台商合作经营		387	17	...	－165
港澳台商独资	1187	35131	576	4265	－6883
港澳台商投资股份有限公司	285	5927	87	－73	2636
外商投资	**259**	**218059**	**803**	**4575**	**29812**
中外合资经营	－834	170826	352	3256	34302

2－B－1　续表4－2

单位：万元、人

指　标　名　称	其他业务利　润	营业费用、管理费用、财务费用合　计	#税金	#利息支出	营业利润
中外合作经营	200	23093	14	288	－2807
外资企业	861	22724	436	1007	－2130
外商投资股份有限公司	31	1415	…	25	447
二、按控股情况分					
国有控股	12167	391142	7634	7792	38329
集体控股	1382	114515	1497	3060	2182
私人控股	23863	1130374	15580	66490	5245
港澳台商控股	1559	82608	1109	8229	－1426
外商控股	－242	177739	609	1652	31972
其　他	3303	240104	2769	12067	77
三、按国民经济行业（门类、大类、中类、小类）分					
住宿和餐饮业	**42032**	**2136481**	**29199**	**99289**	**76380**
住宿业	33625	1468307	20405	86178	3871
旅游饭店	26853	1267069	17414	76949	3528
旅游饭店	26853	1267069	17414	76949	3528
一般旅馆	6752	193543	2956	8829	849
一般旅馆	6752	193543	2956	8829	849
其他住宿服务	21	7695	35	400	－506
其他住宿服务	21	7695	35	400	－506
餐饮业	8407	668174	8793	13112	72508
正餐服务	8451	487443	7480	12963	26689
正餐服务	8451	487443	7480	12963	26689
快餐服务	－1002	151776	473	－36	40118
快餐服务	－1002	151776	473	－36	40118
饮料及冷饮服务	436	16102	301	118	2104
饮料及冷饮服务	436	16102	301	118	2104
其他餐饮服务	522	12853	539	67	3598
其他餐饮服务	522	12853	539	67	3598

2－B－1 续表5－1

单位：万元、人

指标名称	职工工资和福利费（包括养老、医疗、失业、工伤、生育保险和住房公积金）	本年应交增值税	全部从业人员年平均人数	资产减值损失	公允价值变动收益	投资收益
总 计	**702124**	**14402**	**314269**	**667**	**－95**	**24792**
一、按登记注册类型分						
内 资	**583372**	**4779**	**271910**	**603**	**－95**	**23756**
国 有	74664	178	23600	10	－98	1429
集 体	21437	95	9284	22	3	10
股份合作企业	4110	65	1983			
联营企业	1553	23	589			
国有联营	311	23	198			
集体联营	177		135			
国有与集体联营	1035		230			
其他联营	30		26			
有限责任公司	144362	1255	59534	33		7460
国有独资公司	8324	140	2656	10		1
其他有限责任公司	136038	1114	56878	23		7459
股份有限公司	31139	452	12381	7		13078
私营企业	303117	2665	162603	532	...	1780
私营独资	51009	1092	30409	...	...	61
私营合伙	23791	330	13994	2		－17
私营有限责任公司	210408	1126	108901	519		1734
私营股份有限公司	17909	118	9299	11	...	2
其 他	2991	46	1936			
港澳台商投资	**53332**	**9437**	**13689**	**48**		**1031**
与港澳台商合资经营	43055	9406	9264	48		924
与港澳台商合作经营	110		59			
港澳台商独资	8485	29	3622			107
港澳台商投资股份有限公司	1682	2	744			
外商投资	**65420**	**186**	**28670**	**15**		**5**
中外合资经营	55165	176	23528	14		

2-B-1 续表5-2

单位：万元、人

指标名称	职工工资和福利费（包括养老、医疗、失业、工伤、生育保险和住房公积金）	本年应交增值税	全部从业人员年平均人数	资产减值损失	公允价值变动收益	投资收益
中外合作经营	1918	2	1613			
外资企业	7627	8	3244	2		
外商投资股份有限公司	710		285			5
二、按控股情况分						
国有控股	141324	10534	40876	26	-98	16865
集体控股	43411	196	18182	34	3	816
私人控股	370888	2999	196578	532	...	6689
港澳台商控股	22892	57	8740	60		110
外商控股	53048	11	24129	2		5
其　他	70561	604	25764	14		306
三、按国民经济行业（门类、大类、中类、小类）分						
住宿和餐饮业	**702124**	**14402**	**314269**	**667**	**-95**	**24792**
住宿业	449447	11958	183696	464	-98	5503
旅游饭店	383055	11089	146752	447	-98	3821
旅游饭店	383055	11089	146752	447	-98	3821
一般旅馆	64177	855	35635	16		1681
一般旅馆	64177	855	35635	16		1681
其他住宿服务	2215	14	1309			
其他住宿服务	2215	14	1309			
餐饮业	252676	2444	130573	203	3	19289
正餐服务	188410	1540	97601	203	3	19277
正餐服务	188410	1540	97601	203	3	19277
快餐服务	49054	223	24715	...		
快餐服务	49054	223	24715	...		
饮料及冷饮服务	7697	86	4237			14
饮料及冷饮服务	7697	86	4237			14
其他餐饮服务	7515	595	4020			-2
其他餐饮服务	7515	595	4020			-2

2－B－2 按地区分组的全部住宿和餐饮业财务状况

单位：万元、人

地 区	年初存货	年末存货	固定资产原价	所有者权益合计	实收资本	国家资本	集体资本
总 计	**181839**	**185961**	**5108767**	**2693918**	**2938272**	**467032**	**515351**
杭州市	**92887**	**96836**	**2132013**	**1146130**	**1377838**	**287115**	**420355**
上城区	43430	41193	464501	255961	236485	108153	9275
下城区	9267	9766	347222	201528	153277	69157	4240
江干区	4257	2119	145332	79500	86284	8299	29603
拱墅区	1780	1431	85874	43588	49184	13735	11401
西湖区	16781	19888	440623	296628	552242	55546	346934
滨江区	907	1090	19540	11599	12934	50	100
萧山区	6766	9308	291141	103802	117335	8469	2554
余杭区	4872	5999	62393	26379	35067		1373
桐庐县	406	475	52835	24158	27015	2694	40
淳安县	2676	3218	82189	43163	38731	14577	5644
建德市	367	858	35954	20174	14381	2460	2305
富阳市	780	891	44454	14539	27359	3227	115
临安市	598	602	59955	25109	27545	750	6772
宁波市	**27608**	**22050**	**818057**	**422887**	**431206**	**65398**	**9756**
海曙区	2370	2775	97284	55141	64645	19036	1265
江东区	3669	3411	195024	96331	107818	10603	3888
江北区	1771	1861	52357	13844	22803	225	774
北仑区	916	918	41105	29801	36710	12450	135
镇海区	497	494	15369	14815	9644	3579	1204
鄞州区	2672	2428	90088	41872	50339	2297	60
象山县	1312	1893	66074	25244	32470	14608	104
宁海县	723	1113	32830	27758	24638		140
余姚市	9772	3185	59771	39798	29670	150	262
慈溪市	2882	2888	101953	63717	34262	150	1733
奉化市	1025	1084	66203	14565	18207	2300	192
温州市	**16555**	**16789**	**404578**	**222570**	**197757**	**46314**	**22852**
鹿城区	7974	8473	179027	56945	69322	18554	5013
龙湾区	439	791	10587	5589	6158		…
瓯海区	456	328	24600	11329	11693	2729	6953
洞头县	145	338	2121	6908	6990		
永嘉县	883	879	33665	35026	18375	5331	
平阳县	496	329	7079	13251	12377	90	2490

2-B-2 续表1-1

单位：万元、人

地区	年初存货	年末存货	固定资产原价	所有者权益合计	实收资本	国家资本	集体资本
苍南县	593	610	27579	17796	17395	294	7487
文成县	184	136	5122	2011	2403	3	30
泰顺县	208	195	13756	7635	8729	7929	
瑞安市	1432	1655	64181	46145	25117	3869	702
乐清市	3746	3054	36860	19934	19199	7516	177
嘉兴市	**7048**	**7263**	**239337**	**137581**	**143019**	**7079**	**8895**
南湖区	1798	1797	56905	22851	36725	3848	1233
秀洲区	1686	575	4584	5161	5599	142	348
嘉善县	680	915	38011	30717	21006		
海盐县	520	540	22324	10882	7576	1882	992
海宁市	594	962	30427	21871	25308	1092	1781
平湖市	1018	1240	41639	34976	36502	115	2714
桐乡市	753	1233	45448	11124	10303		1828
湖州市	**3594**	**4271**	**179628**	**97309**	**90465**	**10891**	**2249**
吴兴区	1194	1476	71302	41379	30880	3230	584
南浔区	288	201	5668	5859	2833	315	1010
德清县	982	1398	36278	13988	15187	2704	427
长兴县	574	712	39755	26611	23951		
安吉县	555	485	26624	9472	17613	4642	229
绍兴市	**11776**	**14523**	**358805**	**173405**	**175863**	**20392**	**5471**
越城区	5875	4685	144235	73365	82801	13576	1570
绍兴县	1951	2307	49207	10038	19930	12	1855
新昌县	860	631	26667	8385	10563	988	10
诸暨市	1610	2164	56702	40807	28081		1967
上虞市	1018	4222	64144	28241	22914	150	40
嵊州市	462	514	17851	12569	11574	5667	28
金华市	**7645**	**9126**	**478642**	**218046**	**210464**	**4657**	**35246**
婺城区	1523	1822	79591	34626	31552	30	1676
金东区	12	11	21	39	80		
武义县	113	268	14187	9568	10179		
浦江县	189	194	6816	3451	3722		
磐安县	74	88	3600	7825	6328		10
兰溪市	371	426	19746	1820	4214	187	50
义乌市	2907	3435	125829	93474	78442	2250	2050

2-B-2 续表1-2 单位:万元、人

地区	年初存货	年末存货	固定资产原价	所有者权益合计	实收资本	国家资本	集体资本
东阳市	1397	1482	198432	42192	60112		31460
永康市	1060	1400	30420	25050	15835	2190	
衢州市	**1373**	**1442**	**50449**	**28062**	**27740**	**2428**	**879**
柯城区	526	678	20946	15920	11453	1293	638
衢江区	49	58	2643	-156	425		
常山县	50	112	8126	3669	6021	800	19
开化县	227	84	5155	1314	1948	235	110
龙游县	285	313	4795	3416	3860		
江山市	237	197	8784	3900	4032	100	113
舟山市	**2556**	**3007**	**129744**	**82117**	**73778**	**16738**	**5115**
定海区	743	661	27583	17340	17638	550	379
普陀区	1304	1713	76343	45062	43387	16158	4372
岱山县	410	419	10165	12639	7299		5
嵊泗县	99	214	15654	7076	5454	30	359
台州市	**7997**	**8229**	**261561**	**123104**	**166100**	**4250**	**2981**
椒江区	2924	2983	84729	6878	37174	212	218
黄岩区	502	742	27602	17980	14931	795	1326
路桥区	605	753	27656	23317	24195	10	463
玉环县	604	407	22782	5043	5477	2000	
三门县	430	296	13246	7539	14688		
天台县	426	445	11518	69	5150		57
仙居县	279	320	14338	4499	7281		100
温岭市	1410	1517	31152	44772	41952	848	210
临海市	818	766	28537	13008	15252	386	606
丽水市	**2801**	**2427**	**55953**	**42710**	**44044**	**1771**	**1552**
莲都区	1011	786	13118	7575	7483	561	742
青田县	364	348	4110	3072	4484	821	
缙云县	283	173	7494	6019	4507	29	760
遂昌县	281	301	5601	2687	2963	10	
松阳县	641	600	4432	2933	2889	300	
云和县	21	48	753	719	385		
庆元县	1	3	700	700	700		
景宁畲族自治县	55	29	1103	578	425		
龙泉市	144	138	18642	18426	20208	50	50

2-B-2 续表2-1

单位：万元、人

地　区	法人资本	个人资本	港澳台资本	外商资本	本年折旧	主营业务收入	主营业务成本
总　计	**675487**	**926590**	**244696**	**109117**	**293163**	**4364927**	**1980441**
杭州市	**274812**	**309043**	**54140**	**32372**	**124263**	**2034549**	**915292**
上城区	27028	53839	28686	9504	26095	321716	115438
下城区	45388	22182	7967	4344	17330	547961	333881
江干区	23277	20291	2141	2673	7174	98542	38290
拱墅区	7888	15846	315		5490	61976	24270
西湖区	79509	44266	12536	13453	36341	593737	214463
滨江区	8220	4564			1139	28833	12537
萧山区	45365	59230	1717		13192	209911	99264
余杭区	10836	22858			2560	59014	27381
桐庐县	9598	12269	15	2399	2067	14398	7243
淳安县	9625	8122	763		5275	31205	11618
建德市	350	9266			1386	16880	7474
富阳市	255	23762			2600	24880	11944
临安市	7473	12550			3613	25495	11489
宁波市	**96020**	**140651**	**95866**	**23515**	**48335**	**634444**	**274457**
海曙区	11615	29316	2438	975	5110	98715	36157
江东区	3058	24806	59550	5913	11376	139211	57715
江北区	12215	7665	1563	361	2358	42558	18604
北仑区	9184	4746	445	9751	2193	27146	15476
镇海区	110	4751			867	25714	13423
鄞州区	21466	16832	6932	2752	5658	63334	29037
象山县	5898	6522	4388	950	4976	29889	11170
宁海县	21044	3354	50	50	1978	36227	14337
余姚市	1944	7282	20000	32	3870	66872	32844
慈溪市	8879	23498		2	6636	80004	35457
奉化市	607	11879	500	2729	3314	24773	10238
温州市	**33784**	**85242**	**5254**	**4311**	**22240**	**387224**	**180780**
鹿城区	9921	26805	5254	3775	9816	170084	70539
龙湾区	1115	4532		511	627	16910	8455
瓯海区	33	1978			1044	16399	6022
洞头县	3650	3340			130	2467	1134
永嘉县	2000	11020		25	1671	26903	13837
平阳县	73	9725			363	10417	6518

2-B-2 续表2-2

单位：万元、人

地区	法人资本	个人资本	港澳台资本	外商资本	本年折旧	主营业务收入	主营业务成本
苍南县	5376	4237			1646	24938	12552
文成县	350	2020			230	3778	1740
泰顺县	800				160	4306	1513
瑞安市	5434	15112			3835	69305	36961
乐清市	5032	6473			2720	41718	21510
嘉兴市	**35527**	**43271**	**17464**	**30785**	**15931**	**220847**	**107369**
南湖区	11494	3205		16946	3867	56782	27447
秀洲区	1404	3606		100	432	11230	6302
嘉善县	191	9648	11167		2339	27083	11432
海盐县	1918	2639		145	1155	20413	11494
海宁市	8414	7472	5309	1240	3120	36009	15558
平湖市	10991	9341	987	12354	2338	30220	15379
桐乡市	1115	7360			2679	39110	19758
湖州市	**31680**	**30058**	**12563**	**3023**	**9851**	**110703**	**51530**
吴兴区	17989	8349		729	3220	48380	20221
南浔区	101	1008	400		185	6083	3747
德清县	3730	6525	720	1081	1543	19993	10611
长兴县	5182	9408	9141	220	2863	21783	9864
安吉县	4679	4768	2302	993	2040	14463	7087
绍兴市	**63839**	**66627**	**12292**	**7241**	**20153**	**299538**	**138543**
越城区	27870	27763	10826	1196	6863	121813	51745
绍兴县	7978	9701		384	3457	38579	19423
新昌县	1293	7445	826		1899	18866	10197
诸暨市	12098	7716	640	5661	2936	53681	24735
上虞市	9630	13094			4110	47710	22569
嵊州市	4971	908			888	18889	9874
金华市	**64183**	**90476**	**10677**	**5225**	**23268**	**242562**	**106509**
婺城区	17150	12697			4194	39890	17141
金东区		80			2	321	279
武义县	25	5868		4287	1326	8327	3182
浦江县	716	3006			506	5111	1822
磐安县	3718	2600			181	2012	1013
兰溪市		3417	560		1017	10215	5450
义乌市	19353	44913	8957	919	9866	112343	49640

2－B－2 续表2－3

单位：万元、人

地　区	法人资本	个人资本	港澳台资本	外商资本	本年折旧	主营业务收　入	主营业务成　本
东阳市	23092	5560			4594	32099	12594
永康市	129	12336	1161	20	1582	32244	15388
衢州市	**6405**	**17538**	**490**		**3037**	**37549**	**17936**
柯城区	640	8393	490		1249	18024	7884
衢江区	270	155			86	1008	474
常山县	4265	937			544	5776	3113
开化县	430	1174			310	3273	1874
龙游县		3860			296	4809	2362
江山市	800	3019			552	4657	2229
舟山市	**16559**	**34192**	**1095**	**80**	**6486**	**105702**	**44753**
定海区	5264	11423	23		1590	42432	20310
普陀区	8685	14091		80	3711	50829	18585
岱山县	610	5612	1072		429	6864	3165
嵊泗县	2000	3066			756	5576	2694
台州市	**29006**	**93603**	**34856**	**1405**	**15629**	**232315**	**113461**
椒江区	15451	6166	15128		6654	60997	25570
黄岩区	58	12752			824	20174	11031
路桥区	5689	18017		16	1321	31467	17185
玉环县	400	3077			789	16071	7252
三门县	1080	13608			463	7238	3145
天台县	2038	3055			866	12767	6135
仙居县	1350	4442		1389	1004	9203	3807
温岭市	1510	19656	19728		1922	45876	24980
临海市	1430	12829			1786	28524	14356
丽水市	**23672**	**15889**		**1160**	**3971**	**59495**	**29812**
莲都区	1510	3511		1160	930	34020	17847
青田县	424	3239			405	5970	3130
缙云县	70	3649			623	4498	1744
遂昌县	2580	373			553	3380	1282
松阳县	338	2251			239	2567	1501
云和县		385			117	1502	939
庆元县		700			15	148	94
景宁畲族自治县		425			52	1228	817
龙泉市	18751	1357			1036	6184	2459

2－B－2 续表3－1 单位：万元、人

地区	主营业务税金及附加	主营业务利润	其他业务利润	营业费用、管理费用、财务费用合计	#税金	#利息支出	营业利润
总计	**219975**	**2164509**	**42032**	**2136481**	**29199**	**99289**	**76380**
杭州市	**93798**	**1025459**	**17420**	**991516**	**11247**	**37103**	**52456**
上城区	17623	188655	4307	202408	3584	7016	－9505
下城区	13917	200163	7172	176568	1418	5699	30798
江干区	5525	54728	1449	61559	510	1342	－5384
拱墅区	3457	34249	459	35346	350	1714	－645
西湖区	32080	347195	－1047	302661	2850	4328	44330
滨江区	1637	14659	187	16084	31	791	－1238
萧山区	10155	100492	2690	100545	1400	7246	2920
余杭区	3360	28272	539	29648	247	2115	－842
桐庐县	709	6447	853	8641	138	1371	－1341
淳安县	1669	17919	395	18614	231	1415	－294
建德市	909	8497	208	11537	71	1553	－2833
富阳市	1400	11536	152	14408	257	2013	－2719
临安市	1359	12648	57	13497	162	503	－792
宁波市	**35241**	**324746**	**7423**	**342791**	**4799**	**18199**	**－5218**
海曙区	5310	57249	1772	60635	645	2835	－1588
江东区	7868	73629	1093	74718	642	4478	5384
江北区	2462	21492	314	24025	224	450	－2218
北仑区	1545	10125	86	15295	112	555	－5086
镇海区	1504	10787	161	11523	190	499	－575
鄞州区	3361	30937	545	36664	571	2607	－5183
象山县	1619	17101	51	22941	219	2579	－5790
宁海县	2174	19717	154	17588	309	444	2283
余姚市	3592	30436	1683	28749	929	1729	3370
慈溪市	4554	39993	1380	35857	667	1211	5516
奉化市	1254	13281	183	14796	293	811	－1331
温州市	**21225**	**185219**	**3566**	**176061**	**3026**	**7614**	**12703**
鹿城区	10071	89473	1166	87656	1581	4152	2983
龙湾区	990	7465	239	7294	122	771	410
瓯海区	882	9495	69	9746	202	275	－182
洞头县	207	1127	2	1097	1	126	33
永嘉县	1420	11645	413	10623	116	1035	1435
平阳县	444	3454		3132	127	26	322

2-B-2 续表3-2

单位：万元、人

地　　区	主营业务税金及附加	主营业务利润	其他业务利润	营业费用、管理费用、财务费用合计	#税金	#利息支出	营业利润
苍南县	908	11479	230	11688	166	303	20
文成县	213	1825	33	1839	25	72	20
泰顺县	265	2529	12	2598	3	...	-58
瑞安市	3292	29052	1376	24631	475	-52	5788
乐清市	2533	17676	28	15759	208	905	1934
嘉兴市	**11762**	**101716**	**3238**	**101706**	**1567**	**4067**	**3248**
南湖区	3089	26246	84	29756	460	655	-3425
秀洲区	626	4302	141	4956	13	16	-513
嘉善县	1442	14210	75	15454	319	671	-1170
海盐县	1118	7800	95	6615	91	360	1281
海宁市	1784	18667	501	15093	319	754	4075
平湖市	1639	13203	180	14177	203	785	-794
桐乡市	2064	17289	2163	15657	163	827	3794
湖州市	**6166**	**53006**	**714**	**57541**	**867**	**3612**	**-3836**
吴兴区	2711	25449	255	26736	369	2074	-1049
南浔区	354	1982	3	2002	58	61	-17
德清县	1019	8363	16	9634	126	1088	-1255
长兴县	1278	10642	423	12128	18	93	-1063
安吉县	805	6571	17	7041	297	296	-453
绍兴市	**15738**	**145258**	**2695**	**138952**	**2647**	**8687**	**9000**
越城区	6379	63690	646	64677	1160	4073	-342
绍兴县	2022	17134	134	15717	445	473	1551
新昌县	994	7675	122	8295	324	929	-498
诸暨市	2942	26005	928	22950	280	701	3983
上虞市	2509	22632	784	21525	368	2237	1891
嵊州市	893	8122	81	5788	71	274	2416
金华市	**12912**	**123139**	**3002**	**121468**	**1227**	**6368**	**4567**
婺城区	2074	20674	235	23709	407	1529	-2908
金东区	11	31		52	...		-21
武义县	473	4672	62	6325	35	918	-1592
浦江县	347	2942	84	3083	2	12	-57
磐安县	96	903	...	916	15	4	-12
兰溪市	501	4264	38	4113	52	301	189
义乌市	5832	56871	2154	53595	363	1803	5423

2－B－2 续表3－3

单位：万元、人

地区	主营业务税金及附加	主营业务利润	其他业务利润	营业费用、管理费用、财务费用合计	#税金	#利息支出	营业利润
东阳市	1828	17677	368	17401	181	1533	641
永康市	1750	15106	62	12273	173	269	2904
衢州市	**1897**	**17716**	**300**	**18451**	**163**	**2145**	**－436**
柯城区	908	9232	191	9536	23	866	－113
衢江区	51	483		431	11	13	52
常山县	268	2395	10	1896	21	72	509
开化县	168	1232		1288	38	327	－56
龙游县	232	2215	19	2824	37	268	－590
江山市	270	2159	80	2477	33	600	－237
舟山市	**6133**	**54816**	**1890**	**54844**	**980**	**4544**	**1826**
定海区	2387	19736	779	21156	286	1932	－663
普陀区	3004	29241	901	26788	603	2031	3341
岱山县	413	3287	147	3855	20	448	－421
嵊泗县	329	2552	62	3045	71	133	－431
台州市	**12324**	**106530**	**1138**	**106906**	**2307**	**5408**	**763**
椒江区	3372	32055	619	37761	966	2198	－5087
黄岩区	923	8220	183	7353	144	22	1050
路桥区	1426	12856	20	10773	421	208	2103
玉环县	871	7948	19	8292	62	322	－324
三门县	432	3660	25	4314	78	237	－629
天台县	696	5936	4	5793	139	679	147
仙居县	475	4921	103	5462	90	91	－439
温岭市	2494	18402	165	14526	224	97	4040
临海市	1636	12532	1	12632	185	1555	－99
丽水市	**2779**	**26904**	**646**	**26244**	**368**	**1542**	**1306**
莲都区	1521	14652	537	13514	264	320	1675
青田县	224	2616	55	2358	32	214	313
缙云县	225	2530	22	2669	4	181	－118
遂昌县	193	1905		2487	35	517	－582
松阳县	146	920	16	985	20	143	－50
云和县	88	474		316		77	158
庆元县	1	54		5			49
景宁畲族自治县	71	340		287	1	40	54
龙泉市	311	3414	17	3623	13	51	－192

2－B－2 续表4－1

单位：万元、人

地区	职工工资和福利费（包括养老、医疗、失业、工伤、生育保险和住房公积金）	本年应交增值税	全部从业人员年平均人数	资产减值损失	公允价值变动收益	投资收益
总计	**702124**	**14402**	**314269**	**667**	**－95**	**24792**
杭州市	**299585**	**10917**	**112849**	**31**	**－98**	**17591**
上城区	54895	49	18293	4	－68	13011
下城区	49767	9914	14417	23		1289
江干区	16756	128	7232	2		1703
拱墅区	9160	65	4017	10		616
西湖区	95070	84	35836	－10		949
滨江区	6000	4	2349			
萧山区	34059	477	14451	1		2
余杭区	10496	33	5053	6		21
桐庐县	2884	38	1540			
淳安县	6961	8	3004	－6	－30	…
建德市	3967	13	1939			…
富阳市	4987	13	2182			
临安市	4585	91	2536			
宁波市	**118257**	**961**	**55748**	**600**	**3**	**5974**
海曙区	20103	108	9314			408
江东区	25547	78	10713			5407
江北区	7705	3	3855			35
北仑区	6195	9	3157	59		－2
镇海区	5215	17	2565			
鄞州区	12270	207	5937	1		1
象山县	6336		2666	22	3	
宁海县	5898	16	2961	…	…	
余姚市	10672	412	5126	…	…	107
慈溪市	13372	60	7325	87		18
奉化市	4943	50	2129	431		
温州市	**57751**	**573**	**30277**	**24**	**…**	**180**
鹿城区	25835	205	12222			－14
龙湾区	2664	7	1706			42
瓯海区	3976	16	1820			
洞头县	381		238			…
永嘉县	3559	69	1847			11
平阳县	1342	181	884			

2-B-2 续表4-2 单位:万元、人

地区	职工工资和福利费(包括养老、医疗、失业、工伤、生育保险和住房公积金)	本年应交增值税	全部从业人员年平均人数	资产减值损失	公允价值变动收益	投资收益
苍南县	3703	11	2334			
文成县	725	8	524			
泰顺县	939		447			
瑞安市	8612	13	4983	10		140
乐清市	6016	62	3272	15	...	1
嘉兴市	**41717**	**123**	**18824**			**45**
南湖区	9644	24	4300			33
秀洲区	1794	2	1071			9
嘉善县	4651	5	2693			1
海盐县	3231	56	1555			
海宁市	8570	17	2926			
平湖市	5356	13	2961			
桐乡市	8471	5	3318			2
湖州市	**17298**	**141**	**9311**	**...**		**593**
吴兴区	6260	20	3192	...		2
南浔区	931	44	651			
德清县	4037	77	2026			
长兴县	3197	1	1804			600
安吉县	2873		1638			-9
绍兴市	**50213**	**549**	**24173**			**340**
越城区	19819	420	9014			330
绍兴县	6036		3516			
新昌县	3877	48	1825			1
诸暨市	10136	10	5013			2
上虞市	7953		3653			7
嵊州市	2391	72	1152			
金华市	**44717**	**470**	**24152**	**10**		**-469**
婺城区	8181	139	3996			4
金东区	27	5	21			
武义县	1530	6	929			
浦江县	718	29	542			
磐安县	614	5	387			
兰溪市	1680	124	1087			
义乌市	21219	116	11036	7		-473

2－B－2 续表4－3

单位：万元、人

地　区	职工工资和福利费（包括养老、医疗、失业、工伤、生育保险和住房公积金）	本年应交增值税	全部从业人员年平均人数	资产减值损失	公允价值变动收益	投资收益
东阳市	5933	1	3245	3		
永康市	4814	46	2909			
衢州市	**5681**	**55**	**3503**			**1214**
柯城区	2502	19	1288			1214
衢江区	180		162			
常山县	1007		583			
开化县	543	11	365			
龙游县	930	19	682			
江山市	520	5	423			
舟山市	**19151**	**135**	**9054**	**…**		**－23**
定海区	6336	51	3305			－11
普陀区	10419	47	4411	…		－13
岱山县	1388	6	715			
嵊泗县	1009	31	623			
台州市	**38068**	**458**	**20695**	**2**		**10**
椒江区	10171	9	5185			
黄岩区	3189	107	1703			
路桥区	4263	304	2577	2		
玉环县	3107	26	1472			3
三门县	1591	5	871			
天台县	2530	7	1258			
仙居县	2072		1084			
温岭市	6714		4045			
临海市	4431		2500			7
丽水市	**9685**	**21**	**5683**			**－662**
莲都区	4857	15	2588			35
青田县	926	2	566			
缙云县	1024	1	655			
遂昌县	897	2	408			153
松阳县	481		386			
云和县	237		164			
庆元县	18		23			
景宁畲族自治县	178		128			
龙泉市	1068	…	765			－850

2－B－3 按登记注册类型、控股情况和行业分组的限额以上住宿和餐饮业财务状况

单位：万元、人

指标名称	年初存货	流动资产合计	#应收账款	#存货	流动资产年平均余额
总计	**162224**	**2421614**	**161817**	**164198**	**1639033**
一、按登记注册类型分					
内资	**107568**	**1938072**	**145635**	**104120**	**1256319**
国有	14424	146631	11909	8869	112098
集体	2095	44606	2196	2081	30913
股份合作企业	424	4284	865	342	2562
联营企业	200	2651	52	117	2191
集体联营	43	150	29	56	
国有与集体联营	158	2500	23	61	2191
有限责任公司	23206	594416	42159	24121	433186
国有独资公司	1049	21487	1573	799	15024
其他有限责任公司	22157	572929	40587	23322	418162
股份有限公司	6633	101847	6570	5857	51870
私营企业	60219	1032006	75625	62179	614444
私营独资	5595	83769	8429	6009	50293
私营合伙	9903	54646	4117	3923	17429
私营有限责任公司	40578	856160	56389	46142	514982
私营股份有限公司	4143	37431	6691	6106	31741
其他	367	11631	6260	554	9055
港澳台商投资	**41387**	**342216**	**8640**	**42633**	**303905**
与港澳台商合资经营	37711	293721	5545	40207	278743
与港澳台商合作经营	13	208	25	12	208
港澳台商独资	3307	37076	2644	1984	17916
港澳台商投资股份有限公司	356	11212	427	430	7038
外商投资	**13269**	**141326**	**7542**	**17445**	**78810**
中外合资经营	12148	117923	5627	15731	66045
中外合作经营	566	10200	320	783	3779

2－B－3　续表1－1

单位：万元、人

指标名称	年初存货	流动资产合计	#应收账款	#存货	流动资产年平均余额
外资企业	515	10913	1562	923	7432
外商投资股份有限公司	40	2289	32	8	1554
二、按控股情况分					
国有控股	56428	499633	23706	51153	408607
集体控股	5589	85429	6897	4918	63945
私人控股	72414	1377297	97412	73751	849366
港澳台商控股	5321	74377	4660	4574	40878
外商控股	11252	48356	3517	14717	20457
其　他	11221	336522	25626	15086	255779
三、按国民经济行业（门类、大类、中类、小类）分					
住宿和餐饮业	**162224**	**2421614**	**161817**	**164198**	**1639033**
住宿业	110414	1872709	105393	111008	1315840
旅游饭店	105118	1694999	93071	104584	1227063
旅游饭店	105118	1694999	93071	104584	1227063
一般旅馆	5129	176764	12222	6329	88475
一般旅馆	5129	176764	12222	6329	88475
其他住宿服务	167	946	100	95	303
其他住宿服务	167	946	100	95	303
餐饮业	51811	548904	56424	53190	323192
正餐服务	38826	498373	51986	38955	299159
正餐服务	38826	498373	51986	38955	299159
快餐服务	9781	32921	832	13029	11260
快餐服务	9781	32921	832	13029	11260
饮料及冷饮服务	526	4371	260	604	2480
饮料及冷饮服务	526	4371	260	604	2480
其他餐饮服务	2678	13240	3346	603	10292
其他餐饮服务	2678	13240	3346	603	10292

2－B－3 续表2－1 单位：万元、人

指 标 名 称	长期投资合 计	固定资产合 计	固定资产原 价	累计折旧	本年折旧
总 计	**177054**	**3171467**	**4565306**	**1514008**	**254145**
一、按登记注册类型分					
内 资	**168208**	**2568468**	**3658216**	**1169941**	**197721**
国 有	7690	358582	550860	202031	23122
集 体	4262	117709	186905	75600	9133
股份合作企业	1009	13087	24099	11140	1322
联营企业		6865	13220	6355	841
集体联营		3421	5033	1612	391
国有与集体联营		3444	8187	4743	450
有限责任公司	47815	880453	1230794	391224	60861
国有独资公司	564	32799	58797	25998	2677
其他有限责任公司	47251	847654	1171996	365226	58184
股份有限公司	33302	121297	186713	66739	10862
私营企业	73348	1058933	1450940	413705	90161
私营独资	6817	110117	149246	40669	8600
私营合伙	1571	81221	97846	17116	7022
私营有限责任公司	62927	803915	1119295	335043	69998
私营股份有限公司	2033	63681	84553	20878	4542
其 他	784	11543	14687	3146	1419
港澳台商投资	**4364**	**392079**	**582641**	**217877**	**36162**
与港澳台商合资经营	644	276705	438736	163628	25189
与港澳台商合作经营		1439	3806	2366	161
港澳台商独资	3720	92578	101694	34834	8072
港澳台商投资股份有限公司		21357	38405	17049	2740
外商投资	**4482**	**210920**	**324449**	**126191**	**20262**
中外合资经营	3680	183729	275368	104301	17098
中外合作经营	320	8284	21063	12780	819

2－B－3 续表2－2

单位：万元、人

指 标 名 称	长期投资合 计	固定资产合 计	固定资产原 价	累计折旧	本年折旧
外资企业	382	18687	27640	8953	2285
外商投资股份有限公司	100	220	378	158	60
二、按控股情况分					
国有控股	42421	704070	1085521	395641	48665
集体控股	7173	249793	364657	128782	17587
私人控股	99623	1457374	1997408	565816	121088
港澳台商控股	3720	191859	285937	118513	17025
外商控股	532	121696	192812	83381	15460
其 他	23584	446676	638971	221876	34321
三、按国民经济行业（门类、大类、中类、小类）分					
住宿和餐饮业	**177054**	**3171467**	**4565306**	**1514008**	**254145**
住宿业	123002	2749466	3965674	1328814	210287
旅游饭店	115514	2578649	3737081	1268217	194271
旅游饭店	115514	2578649	3737081	1268217	194271
一般旅馆	7303	169741	227028	60108	15791
一般旅馆	7303	169741	227028	60108	15791
其他住宿服务	185	1076	1565	489	226
其他住宿服务	185	1076	1565	489	226
餐饮业	54052	422001	599632	185194	43859
正餐服务	53422	346459	464429	125353	30909
正餐服务	53422	346459	464429	125353	30909
快餐服务	133	66476	119352	52913	11759
快餐服务	133	66476	119352	52913	11759
饮料及冷饮服务	325	3783	5774	2135	393
饮料及冷饮服务	325	3783	5774	2135	393
其他餐饮服务	172	5283	10077	4794	798
其他餐饮服务	172	5283	10077	4794	798

2－B－3 续表3－1

单位：万元、人

指标名称	资产总计	流动负债合计	应付账款	长期负债合计	负债合计
总计	**6912961**	**3750723**	**356059**	**1016945**	**4902793**
一、按登记注册类型分					
内资	**5664957**	**3055464**	**285106**	**862075**	**4018204**
国有	567731	189175	26230	66708	273176
集体	184123	85400	7350	23089	111162
股份合作企业	22084	13350	697	2956	16305
联营企业	9893	4724	290		4724
集体联营	3711	3978	251		3978
国有与集体联营	6181	746	39		746
有限责任公司	1932904	1011718	79342	324311	1373209
国有独资公司	118564	20006	3300	29983	51999
其他有限责任公司	1814341	991712	76043	294329	1321211
股份有限公司	308234	148117	14024	33747	186704
私营企业	2612608	1582714	156026	411104	2031521
私营独资	232052	122371	13610	29388	154780
私营合伙	148602	87008	14341	30819	119002
私营有限责任公司	2113636	1305910	117987	326424	1665810
私营股份有限公司	118319	67425	10089	24473	91929
其他	27381	20266	1147	161	21402
港澳台商投资	**792378**	**468754**	**58125**	**65896**	**534650**
与港澳台商合资经营	605715	390098	45402	33237	423335
与港澳台商合作经营	1781	692	71		692
港澳台商独资	151762	70301	7267	32660	102961
港澳台商投资股份有限公司	33120	7663	5385		7663
外商投资	**455626**	**226505**	**12829**	**88973**	**349939**
中外合资经营	342993	149862	8958	70468	254722
中外合作经营	32863	35936	1532	11000	46936

2－B－3 续表3－2

单位：万元、人

指 标 名 称	资产总计	流动负债合计	应付账款	长期负债合计	负债合计
外资企业	77033	40332	2162	7150	47550
外商投资股份有限公司	2737	375	177	356	731
二、按控股情况分					
国有控股	1406543	620902	78706	171299	814689
集体控股	387128	202240	20262	43932	248968
私人控股	3545959	2112480	205849	589976	2757190
港澳台商控股	309656	144700	16782	48266	192965
外商控股	253795	117530	7272	21909	173900
其 他	1009880	552871	27189	141564	715082
三、按国民经济行业(门类、大类、中类、小类)分					
住宿和餐饮业	**6912961**	**3750723**	**356059**	**1016945**	**4902793**
住宿业	5681503	3037614	259350	953259	4046258
旅游饭店	5240484	2759492	235494	908503	3713167
旅游饭店	5240484	2759492	235494	908503	3713167
一般旅馆	437779	274981	23290	44749	329943
一般旅馆	437779	274981	23290	44749	329943
其他住宿服务	3241	3141	565	7	3148
其他住宿服务	3241	3141	565	7	3148
餐饮业	1231457	713109	96710	63687	856535
正餐服务	1077301	659460	90821	55066	759724
正餐服务	1077301	659460	90821	55066	759724
快餐服务	124428	39909	3566	7600	81914
快餐服务	124428	39909	3566	7600	81914
饮料及冷饮服务	9257	4231	450	907	5191
饮料及冷饮服务	9257	4231	450	907	5191
其他餐饮服务	20472	9508	1872	114	9706
其他餐饮服务	20472	9508	1872	114	9706

2－B－3 续表4－1 单位：万元、人

指标名称	所有者权益合计	实收资本	国家资本	集体资本	法人资本
总 计	**2010168**	**2292547**	**439300**	**489652**	**539704**
一、按登记注册类型分					
内 资	**1646754**	**1960958**	**397537**	**485585**	**481863**
国 有	294555	259426	258427		373
集 体	72961	400915	50	394038	6827
股份合作企业	5779	7634	4266	1499	498
联营企业	5168	7891	6111	1780	
集体联营	－267	1500		1500	
国有与集体联营	5435	6391	6111	280	
有限责任公司	559695	534122	79812	68923	255729
国有独资公司	66565	42821	22621		20200
其他有限责任公司	493130	491301	57191	68923	235529
股份有限公司	121530	105796	48646	12587	28120
私营企业	581086	642276	225	6759	190067
私营独资	77271	64434			9881
私营合伙	29600	29300		50	5634
私营有限责任公司	447826	517848	225	6708	158890
私营股份有限公司	26389	30694		1	15663
其 他	5979	2899			250
港澳台商投资	**257727**	**205957**	**36462**	**1667**	**27645**
与港澳台商合资经营	182380	126383	34962	1667	24494
与港澳台商合作经营	1090	2000	1500		
港澳台商独资	48800	62826			2885
港澳台商投资股份有限公司	25457	14749			265
外商投资	**105687**	**125632**	**5301**	**2400**	**30196**
中外合资经营	88271	79428	5301	2400	29946
中外合作经营	－14074	5001			

2－B－3 续表4－2

单位：万元、人

指标名称	所有者权益合计	实收资本	国家资本	集体资本	法人资本
外资企业	29483	40193			200
外商投资股份有限公司	2006	1010			50
二、按控股情况分					
国有控股	591854	490121	422854	2329	33505
集体控股	138160	471013	792	464045	4460
私人控股	788769	896177	366	7533	305666
港澳台商控股	116691	127266	9019	1667	9549
外商控股	79895	87071	1472	2400	13841
其 他	294798	220899	4797	11679	172683
三、按国民经济行业（门类、大类、中类、小类）分					
住宿和餐饮业	**2010168**	**2292547**	**439300**	**489652**	**539704**
住宿业	1635245	1955114	418242	454057	455522
旅游饭店	1527316	1819736	409765	435169	412125
旅游饭店	1527316	1819736	409765	435169	412125
一般旅馆	107836	133968	8467	18888	42047
一般旅馆	107836	133968	8467	18888	42047
其他住宿服务	93	1410	10		1350
其他住宿服务	93	1410	10		1350
餐饮业	374923	337433	21058	35595	84181
正餐服务	317577	299436	19436	35237	69894
正餐服务	317577	299436	19436	35237	69894
快餐服务	42514	26326	686	53	9341
快餐服务	42514	26326	686	53	9341
饮料及冷饮服务	4066	3453	245	290	420
饮料及冷饮服务	4066	3453	245	290	420
其他餐饮服务	10766	8218	691	15	4527
其他餐饮服务	10766	8218	691	15	4527

2－B－3 续表5－1

单位：万元、人

指标名称	个人资本	港澳台资本	外商资本	主营业务收入	主营业务成本
总计	**613659**	**137025**	**73207**	**3892421**	**1733576**
一、按登记注册类型分					
内资	**595722**	**50**	**200**	**2949422**	**1282873**
国有	626			298884	93877
集体				86046	30566
股份合作企业	1371			19327	8369
联营企业				4732	1867
集体联营				1139	592
国有与集体联营				3594	1276
有限责任公司	129458		200	757823	288516
国有独资公司				37162	13805
其他有限责任公司	129458		200	720661	274710
股份有限公司	16443			158801	63463
私营企业	445175	50		1603743	785162
私营独资	54553			175094	94235
私营合伙	23616			119262	61448
私营有限责任公司	351975	50		1190385	558355
私营股份有限公司	15031			119002	71124
其他	2649			20067	11053
港澳台商投资	**4126**	**133884**	**2175**	**525015**	**297663**
与港澳台商合资经营	2928	60158	2175	470057	279474
与港澳台商合作经营		500		255	101
港澳台商独资		59941		42323	14237
港澳台商投资股份有限公司	1198	13285		12380	3851
外商投资	**13811**	**3092**	**70832**	**417984**	**153041**
中外合资经营	10243	2681	28859	349137	125276
中外合作经营	1706	411	2884	36164	14273

2－B－3 续表5－2

单位：万元、人

指 标 名 称	个人资本	港澳台资本	外商资本	主营业务收 入	主营业务成 本
外资企业	1863		38130	28252	10804
外商投资股份有限公司			960	4432	2688
二、按控股情况分					
国有控股	4400	23549	3485	855484	420486
集体控股	1716			187533	69943
私人控股	579395	3217		1984977	944202
港澳台商控股	1424	103433	2175	121495	37759
外商控股	3434	101	65825	352617	128456
其 他	23292	6726	1723	390315	132731
三、按国民经济行业（门类、大类、中类、小类）分					
住宿和餐饮业	**613659**	**137025**	**73207**	**3892421**	**1733576**
住宿业	450790	129467	47036	2390184	939212
旅游饭店	398506	119346	44825	2229658	893365
旅游饭店	398506	119346	44825	2229658	893365
一般旅馆	52234	10121	2211	154796	44409
一般旅馆	52234	10121	2211	154796	44409
其他住宿服务	50			5730	1438
其他住宿服务	50			5730	1438
餐饮业	162870	7558	26171	1502237	794365
正餐服务	153970	7558	13341	1132999	643869
正餐服务	153970	7558	13341	1132999	643869
快餐服务	3416		12831	321365	123623
快餐服务	3416		12831	321365	123623
饮料及冷饮服务	2498			14436	6277
饮料及冷饮服务	2498			14436	6277
其他餐饮服务	2986			33437	20597
其他餐饮服务	2986			33437	20597

2－B－3 续表6－1

单位：万元、人

指标名称	主营业务税金及附加	主营业务利润	其他业务收入	其他业务利润	营业费用
总计	**197026**	**1961817**	**51871**	**34537**	**1103421**
一、按登记注册类型分					
内资	**163244**	**1503304**	**41266**	**29063**	**862839**
国有	15425	189582	5671	4243	98288
集体	5022	50458	673	619	29126
股份合作企业	1120	9838	892	645	5697
联营企业	262	2603			1401
集体联营	64	484			385
国有与集体联营	199	2119			1016
有限责任公司	42634	426673	9682	6693	238877
国有独资公司	1955	21402	509	299	11450
其他有限责任公司	40679	405272	9173	6394	227427
股份有限公司	8368	86971	4102	3765	62825
私营企业	89300	729279	20248	13097	423294
私营独资	10041	70818	1517	784	41372
私营合伙	6452	51362	1304	878	28153
私营有限责任公司	67055	564973	16464	10893	326013
私营股份有限公司	5752	42125	962	542	27756
其他	1113	7901			3332
港澳台商投资	**12329**	**215023**	**6974**	**5253**	**71444**
与港澳台商合资经营	9506	181077	5410	3816	55929
与港澳台商合作经营	5	149			63
港澳台商独资	2186	25900	1285	1158	12576
港澳台商投资股份有限公司	631	7897	279	279	2876
外商投资	**21453**	**243490**	**3631**	**221**	**169138**
中外合资经营	17983	205878	1210	－843	142446
中外合作经营	1806	20086	1358	200	17516

2－B－3 续表6－2

单位：万元、人

指标名称	主营业务税金及附加	主营业务利润	其他业务收入	其他业务利润	营业费用
外资企业	1441	16007	1027	845	8860
外商投资股份有限公司	224	1519	36	19	317
二、按控股情况分					
国有控股	29676	405321	15360	11845	192778
集体控股	10661	106930	1265	1038	61898
私人控股	110449	930324	25043	17251	550115
港澳台商控股	6361	77376	1694	1521	32766
外商控股	18276	205886	3024	－280	146415
其他	21604	235980	5485	3162	119449
三、按国民经济行业（门类、大类、中类、小类）分					
住宿和餐饮业	**197026**	**1961817**	**51871**	**34537**	**1103421**
住宿业	116228	1334743	38503	29308	681918
旅游饭店	107251	1229040	35098	26456	615253
旅游饭店	107251	1229040	35098	26456	615253
一般旅馆	8668	101719	3405	2852	63342
一般旅馆	8668	101719	3405	2852	63342
其他住宿服务	309	3984			3323
其他住宿服务	309	3984			3323
餐饮业	80798	627074	13368	5229	421503
正餐服务	62047	427083	10551	5658	278000
正餐服务	62047	427083	10551	5658	278000
快餐服务	16491	181252	2040	－1112	132921
快餐服务	16491	181252	2040	－1112	132921
饮料及冷饮服务	840	7320	185	175	4227
饮料及冷饮服务	840	7320	185	175	4227
其他餐饮服务	1420	11420	593	509	6355
其他餐饮服务	1420	11420	593	509	6355

2－B－3 续表7－1

单位：万元、人

指标名称	管理费用	#税金	#差旅费	#工会经费	财务费用
总计	**712616**	**24916**	**8197**	**3382**	**146407**
一、按登记注册类型分					
内资	**591699**	**22319**	**6848**	**2843**	**117458**
国有	86363	3921	572	749	7619
集体	23953	646	287	187	1883
股份合作企业	4241	153	40	19	487
联营企业	1318	28	7	9	...
集体联营	181				3
国有与集体联营	1137	28	7	9	－3
有限责任公司	173882	5634	2065	934	37823
国有独资公司	9690	374	141	102	901
其他有限责任公司	164192	5260	1924	832	36923
股份有限公司	23375	3002	402	309	5170
私营企业	275677	8912	3447	635	63897
私营独资	24907	816	379	44	4394
私营合伙	18321	504	191	22	6238
私营有限责任公司	218409	7208	2724	540	51247
私营股份有限公司	14041	385	153	30	2019
其他	2890	23	28	1	578
港澳台商投资	**85044**	**1857**	**327**	**352**	**20545**
与港澳台商合资经营	65824	1218	214	324	16025
与港澳台商合作经营	259	14	2	1	...
港澳台商独资	16276	538	93	19	4590
港澳台商投资股份有限公司	2686	87	19	9	－70
外商投资	**35873**	**740**	**1022**	**187**	**8404**
中外合资经营	23895	335	784	145	4041
中外合作经营	2371	14	94	9	3206

2－B－3 续表7－2

单位：万元、人

指 标 名 称	管理费用	#税金	#差旅费	#工会经费	财务费用
外资企业	9077	391	143	33	1113
外商投资股份有限公司	529	...	2		44
二、按控股情况分					
国有控股	166624	7223	1299	1458	20891
集体控股	41430	1324	476	306	4361
私人控股	342683	12018	4434	912	89091
港澳台商控股	38536	1059	213	99	8799
外商控股	21837	547	794	145	5077
其 他	101506	2746	981	461	18188
三、按国民经济行业（门类、大类、中类、小类）分					
住宿和餐饮业	**712616**	**24916**	**8197**	**3382**	**146407**
住宿业	567081	18186	4735	2770	123682
旅游饭店	524537	16994	4325	2653	113630
旅游饭店	524537	16994	4325	2653	113630
一般旅馆	41941	1189	401	104	9887
一般旅馆	41941	1189	401	104	9887
其他住宿服务	603	3	10	14	165
其他住宿服务	603	3	10	14	165
餐饮业	145535	6730	3462	611	22725
正餐服务	130192	6026	2718	468	19577
正餐服务	130192	6026	2718	468	19577
快餐服务	9195	124	662	90	2868
快餐服务	9195	124	662	90	2868
饮料及冷饮服务	2897	71	51	20	214
饮料及冷饮服务	2897	71	51	20	214
其他餐饮服务	3251	510	31	34	66
其他餐饮服务	3251	510	31	34	66

2-B-3 续表8-1 单位:万元、人

指标名称	利息支出	营业利润	投资收益	补贴收入	营业外收入
总 计	**95157**	**40104**	**23251**	**7460**	**16257**
一、按登记注册类型分					
内 资	**80468**	**-33433**	**22215**	**6985**	**13931**
国 有	4213	1526	1429	1699	1864
集 体	1238	-3884	10	74	572
股份合作企业	267	58			235
联营企业	-6	-117		4	4
集体联营		-85			
国有与集体联营	-6	-32		4	4
有限责任公司	27337	-11001	7463	1479	4275
国有独资公司	788	-349	1		280
其他有限责任公司	26549	-10651	7462	1479	3995
股份有限公司	4414	-606	13078	13	674
私营企业	42516	-20511	236	3716	6297
私营独资	3287	930	25	129	516
私营合伙	4972	-472		88	117
私营有限责任公司	33296	-19811	209	2899	3962
私营股份有限公司	961	-1159	2	600	1703
其 他	488	1102			11
港澳台商投资	**10107**	**43254**	**1031**	**83**	**1299**
与港澳台商合资经营	5919	47127	924	63	1076
与港澳台商合作经营	...	-173			4
港澳台商独资	4261	-6384	107	20	219
港澳台商投资股份有限公司	-73	2684			
外商投资	**4582**	**30283**	**5**	**392**	**1027**
中外合资经营	3256	34638		340	990
中外合作经营	288	-2807			...

2-B-3 续表8-2

单位:万元、人

指标名称	利息支出	营业利润	投资收益	补贴收入	营业外收入
外资企业	1018	-2197		52	28
外商投资股份有限公司	21	649	5		9
二、按控股情况分					
国有控股	7317	36918	16865	1963	3051
集体控股	2752	1034	816	266	1199
私人控股	62942	-28951	5148	4555	9236
港澳台商控股	8215	-1204	110	78	727
外商控股	1659	32277	5	213	186
其　他	12271	30	306	385	1859
三、按国民经济行业(门类、大类、中类、小类)分					
住宿和餐饮业	**95157**	**40104**	**23251**	**7460**	**16257**
住宿业	83640	-8553	4003	5340	12691
旅游饭店	76592	2151	3821	4278	11278
旅游饭店	76592	2151	3821	4278	11278
一般旅馆	6919	-10596	182	1062	1307
一般旅馆	6919	-10596	182	1062	1307
其他住宿服务	130	-108			106
其他住宿服务	130	-108			106
餐饮业	11517	48657	19248	2120	3566
正餐服务	11480	11089	19241	2091	3521
正餐服务	11480	11089	19241	2091	3521
快餐服务	-79	35156		11	4
快餐服务	-79	35156		11	4
饮料及冷饮服务	66	156	7		12
饮料及冷饮服务	66	156	7		12
其他餐饮服务	50	2257		18	29
其他餐饮服务	50	2257		18	29

2－B－3 续表9－1

单位：万元、人

指标名称	利润总额	应交所得税	劳动、失业保险费	养老保险和医疗保险费	住房公积金和住房补贴
总计	**71435**	**48056**	**23238**	**49638**	**14118**
一、按登记注册类型分					
内资	**－8620**	**25826**	**13101**	**41824**	**8399**
国有	4605	3467	3264	8966	3434
集体	－3977	502	457	1639	182
股份合作企业	243	264	173	127	56
联营企业	－94	2	159	337	9
集体联营	－66		10	24	
国有与集体联营	－28	2	149	313	9
有限责任公司	－7081	6001	3833	14084	2452
国有独资公司	－147	247	177	892	317
其他有限责任公司	－6934	5754	3656	13192	2135
股份有限公司	12988	1474	1407	2160	507
私营企业	－16408	13755	3774	14354	1755
私营独资	1766	1712	308	1443	67
私营合伙	－376	1068	242	658	340
私营有限责任公司	－17922	9884	3095	11669	1311
私营股份有限公司	124	1092	129	584	37
其他	1103	360	34	158	4
港澳台商投资	**47379**	**12512**	**655**	**5978**	**1742**
与港澳台商合资经营	51402	11859	564	5264	1707
与港澳台商合作经营	－209		1	14	2
港澳台商独资	－6412	220	73	591	33
港澳台商投资股份有限公司	2598	434	17	109	
外商投资	**32676**	**9718**	**9483**	**1837**	**3977**
中外合资经营	36278	9329	9287	1209	3837
中外合作经营	－2811	12	9	127	49

2－B－3 续表9－2

单位：万元、人

指 标 名 称	利润总额	应交所得税	劳动、失业保险费	养老保险和医疗保险费	住房公积金和住房补贴
外资企业	－1653	309	176	390	84
外商投资股份有限公司	862	69	11	111	8
二、按控股情况分					
国有控股	54098	14564	5248	17270	6000
集体控股	377	1875	873	3835	538
私人控股	－20310	16900	4871	18659	2136
港澳台商控股	2454	2002	322	1876	354
外商控股	33578	9554	9343	841	3801
其 他	1238	3161	2582	7156	1288
三、按国民经济行业（门类、大类、中类、小类）分					
住宿和餐饮业	**71435**	**48056**	**23238**	**49638**	**14118**
住宿业	6551	28097	10975	38596	9492
旅游饭店	15011	25747	10587	35680	9151
旅游饭店	15011	25747	10587	35680	9151
一般旅馆	－8356	2316	377	2818	331
一般旅馆	－8356	2316	377	2818	331
其他住宿服务	－104	34	11	98	9
其他住宿服务	－104	34	11	98	9
餐饮业	64884	19959	12263	11043	4627
正餐服务	26973	9696	2993	9747	698
正餐服务	26973	9696	2993	9747	698
快餐服务	35487	9325	9172	322	3722
快餐服务	35487	9325	9172	322	3722
饮料及冷饮服务	59	124	31	360	68
饮料及冷饮服务	59	124	31	360	68
其他餐饮服务	2366	815	68	614	139
其他餐饮服务	2366	815	68	614	139

2－B－3 续表10－1

单位：万元、人

指标名称	本年应付工资总额（贷方累计发生额）	主营业务应付工资总额	本年应付福利费总额（贷方累计发生额）	主营业务应付福利费总额	本年应交增值税	全部从业人员年平均人数
总计	**490127**	**478020**	**33802**	**32957**	**12498**	**256076**
一、按登记注册类型分						
内资	**403925**	**392677**	**27883**	**27067**	**2885**	**215113**
国有	50662	48077	4070	3987	110	21365
集体	14450	13996	1297	1258	21	7208
股份合作企业	3009	2986	145	141	44	1541
联营企业	603	603	78	78		338
集体联营	112	112	4	4		108
国有与集体联营	491	491	74	74		230
有限责任公司	109852	107846	8118	8007	1128	55426
国有独资公司	6211	5865	617	570	140	2610
其他有限责任公司	103641	101980	7501	7437	988	52816
股份有限公司	24887	23954	1545	1494	432	11976
私营企业	198686	193438	12547	12020	1139	115923
私营独资	24146	23817	1210	1187	499	15111
私营合伙	14198	13835	527	518	39	8630
私营有限责任公司	145936	141693	10451	9968	564	84507
私营股份有限公司	14405	14093	359	347	38	7675
其他	1777	1777	82	82	11	1336
港澳台商投资	**41332**	**40707**	**2572**	**2563**	**9430**	**13117**
与港澳台商合资经营	32988	32919	2310	2301	9406	9148
与港澳台商合作经营	72	72	2	2		51
港澳台商独资	6848	6292	261	260	21	3229
港澳台商投资股份有限公司	1424	1424			2	689
外商投资	**44870**	**44636**	**3347**	**3328**	**183**	**27846**
中外合资经营	37562	37562	2711	2711	175	23433
中外合作经营	1497	1497	236	236	2	1613

2－B－3 续表10－2

单位：万元、人

指标名称	本年应付工资总额（贷方累计发生额）	主营业务应付工资总额	本年应付福利费总额（贷方累计发生额）	主营业务应付福利费总额	本年应交增值税	全部从业人员年平均人数
外资企业	5405	5171	400	381	6	2613
外商投资股份有限公司	406	406				187
二、按控股情况分						
国有控股	100489	97445	7320	7190	10427	38234
集体控股	30637	29696	3240	3189	100	15457
私人控股	251110	244026	15434	14809	1309	145328
港澳台商控股	18037	17413	1297	1288	50	8189
外商控股	34819	34584	2397	2377	8	23342
其　他	55035	54856	4114	4104	604	25526
三、按国民经济行业（门类、大类、中类、小类）分						
住宿和餐饮业	**490127**	**478020**	**33802**	**32957**	**12498**	**256076**
住宿业	322525	312465	24668	24029	11047	156447
旅游饭店	296428	287883	22776	22240	10976	141655
旅游饭店	296428	287883	22776	22240	10976	141655
一般旅馆	25075	23560	1785	1682	70	14236
一般旅馆	25075	23560	1785	1682	70	14236
其他住宿服务	1022	1022	107	107	...	556
其他住宿服务	1022	1022	107	107	...	556
餐饮业	167602	165555	9134	8928	1451	99629
正餐服务	132912	130967	6721	6514	750	75305
正餐服务	132912	130967	6721	6514	750	75305
快餐服务	28340	28336	2075	2075	98	20925
快餐服务	28340	28336	2075	2075	98	20925
饮料及冷饮服务	2165	2150	126	126	33	1044
饮料及冷饮服务	2165	2150	126	126	33	1044
其他餐饮服务	4185	4103	213	213	570	2355
其他餐饮服务	4185	4103	213	213	570	2355

2-B-4 按地区分组的限额以上住宿和餐饮业财务状况

单位：万元、人

地区	年初存货	流动资产合计	#应收账款	#存货	流动资产年平均余额	长期投资合计	固定资产合计	固定资产原价
总计	**162224**	**2421614**	**161817**	**164198**	**1639033**	**177054**	**3171467**	**4565306**
杭州市	**85396**	**1082163**	**49686**	**87386**	**792412**	**73389**	**1319896**	**1992475**
上城区	42919	313977	6716	40468	218949	28366	318999	456100
下城区	8796	256055	6648	9140	194417	15498	204572	330078
江干区	4101	50741	6386	1766	38920	1585	83627	133006
拱墅区	1483	28926	1481	1029	21230	340	47308	76344
西湖区	15708	172615	7217	18539	124233	8830	242424	419300
滨江区	849	26476	1271	983	22491	210	9347	18792
萧山区	6527	143161	11798	8949	112668	9212	201920	286291
余杭区	596	17015	3717	1049	11039	1507	37606	49230
桐庐县	352	16201	445	392	8132	1582	35117	42409
淳安县	2606	15912	1225	3146	14870	327	55312	72184
建德市	332	23588	774	824	18072	101	25679	30913
富阳市	575	6625	1127	601	2500	5831	28137	38457
临安市	553	10872	882	500	4891		29850	39373
宁波市	**24794**	**316387**	**14669**	**18929**	**194096**	**23256**	**531132**	**729969**
海曙区	2150	51117	1772	2473	27858	902	57301	86013
江东区	3287	72660	794	3085	45299	6076	130719	189726
江北区	1454	15584	542	1531	9127	480	34249	48022
北仑区	554	7525	578	606	5505		18133	22774
镇海区	458	9996	459	454	9281	996	9754	14200
鄞州区	1895	30598	2055	1570	18540	145	70409	79146
象山县	1243	19999	1699	1824	16989		48388	60403
宁海县	681	14351	1759	1053	10622	700	22404	30733
余姚市	9465	29725	1793	2680	6893	4247	37870	54530
慈溪市	2647	48622	1695	2676	36594	8030	53549	85448
奉化市	960	16210	1524	977	7389	1680	48357	58974
温州市	**15004**	**172227**	**18022**	**15131**	**106011**	**11306**	**212836**	**348023**
鹿城区	7087	82021	8937	7539	51518	7480	107191	168832
龙湾区	424	12383	324	774	10120	170	6013	9504
瓯海区	395	3026	645	270	1235	160	11469	22483
洞头县	145	868	58	338	697	15	1563	1663
永嘉县	747	15840	1193	731	2787		18317	23155
平阳县	435	1148	277	254	579	38	1775	2387

2－B－4　续表1－1

单位：万元、人

地　　区	年初存货	流动资产合　　计	#应收账款	#存货	流动资产年平均余额	长期投资合　　计	固定资产合　　计	固定资产原　　价
苍南县	566	6239	2220	563	3427	2074	9737	18514
文成县	149	1427	328	91	935		2215	2591
泰顺县	206	1611	149	193	954		11026	13734
瑞安市	1284	30034	2598	1511	22542	1300	29696	58007
乐清市	3566	17630	1293	2865	11218	69	13834	27154
嘉兴市	**4895**	**69226**	**9210**	**5737**	**51750**	**11886**	**160266**	**196558**
南湖区	1655	20482	2325	1502	13495	2980	37931	46911
秀洲区	367	2836	551	396	1411	104	2254	3162
嘉善县	546	6518	1213	792	7251	145	50433	33912
海盐县	451	6931	550	460	6637	2010	9041	18565
海宁市	460	6411	1196	732	6454	3453	17179	24891
平湖市	903	17452	1920	1024	11093	2982	25024	38232
桐乡市	513	8596	1454	831	5408	212	18406	30885
湖州市	**3263**	**100537**	**12806**	**3935**	**56612**	**1413**	**119905**	**158215**
吴兴区	1145	55205	7158	1431	40428	252	42835	63060
南浔区	260	2835	942	200	1252	200	3602	4018
德清县	813	9769	2033	1223	6853	18	24358	31254
长兴县	525	26080	1432	666	4637	566	31322	36130
安吉县	521	6648	1241	416	3441	378	17788	23754
绍兴市	**10602**	**257284**	**25960**	**13178**	**199765**	**11569**	**222016**	**320628**
越城区	5447	108250	10315	4276	86584	6070	101958	137638
绍兴县	1791	21047	994	2104	9168	1129	25760	37106
新昌县	837	11429	1260	616	4822		13470	24262
诸暨市	1108	32558	4208	1503	32129	1613	29263	46428
上虞市	973	77618	6790	4192	59478	2710	42602	59434
嵊州市	447	6384	2393	487	7584	47	8963	15761
金华市	**5908**	**146373**	**10005**	**6980**	**89634**	**10517**	**330499**	**415604**
婺城区	1403	33009	2679	1604	35074	5619	52522	75500
金东区	7	114		7	115		6	9
武义县	103	5237	205	258	1275	1050	11422	13458
浦江县	129	12809	283	130	6975		5659	6466
磐安县	17	531	141	13	266		2332	2833
兰溪市	329	5632	826	376	1243		12340	18525
义乌市	2087	40776	2749	2628	7177	3347	67312	96801

2-B-4 续表1-2 单位:万元、人

地 区	年初存货	流动资产合计	#应收账款	#存货	流动资产年平均余额	长期投资合计	固定资产合计	固定资产原价
东阳市	1042	41223	1820	1146	30945	497	173641	191817
永康市	791	7043	1303	818	6565	5	5264	10195
衢州市	**1167**	**32889**	**2597**	**1174**	**11104**	**2404**	**28843**	**39321**
柯城区	485	12851	1377	556	4958	2404	12121	18239
衢江区	26	1720	3	33			1790	2051
常山县	39	2081	288	75			4019	5487
开化县	188	3253	176	32	70		3091	3671
龙游县	264	8043	226	291	5967		2142	3346
江山市	165	4942	529	188	110		5682	6527
舟山市	**2115**	**96685**	**4928**	**2529**	**32897**	**18617**	**82020**	**107203**
定海区	693	20397	1967	552	9936	2879	18545	22562
普陀区	1169	70162	2224	1544	17046	10364	45505	63969
岱山县	196	3202	450	257	2790	5335	7507	7804
嵊泗县	57	2924	286	176	3125	40	10463	12868
台州市	**6823**	**106991**	**11355**	**7247**	**72434**	**9180**	**142302**	**224306**
椒江区	2842	27927	2658	2885	18064	410	49626	83233
黄岩区	394	8513	539	623	5409	77	21041	23118
路桥区	428	15725	271	575	15228		9829	17610
玉环县	315	7185	543	307	3508	4	15285	22315
三门县	418	3237	938	272	1824		9535	11890
天台县	410	7903	1024	428	8183		5189	10834
仙居县	240	3505	709	283	3244	2311	9123	13480
温岭市	1116	9077	1399	1197	8610	1336	10753	17447
临海市	661	23919	3275	678	8365	5042	11922	24380
丽水市	**2258**	**40852**	**2578**	**1973**	**32319**	**3518**	**21751**	**33003**
莲都区	918	6981	1092	691	6067	444	4846	9112
青田县	332	4308	105	319	2761	1302	1401	3014
缙云县	272	7342	223	162	6092	1250	4460	6478
遂昌县	277	4312	269	297	2593		2924	3719
松阳县	261	1943	255	315	1486	74	930	1534
云和县	12	229	67	40	210		446	600
景宁畲族自治县	41	112	38	12	113		128	140
龙泉市	144	15625	528	138	12996	449	6615	8405

2－B－4 续表2－1

单位：万元、人

地 区	累计折旧	本年折旧	资产总计	流动负债合计	应付账款	长期负债合计	负债合计	所有者权益合计
总 计	**1514008**	**254145**	**6912961**	**3750723**	**356059**	**1016945**	**4902793**	**2010168**
杭州市	**696189**	**111714**	**2881504**	**1446564**	**142205**	**393566**	**1910066**	**971438**
上城区	141544	25316	739014	382075	21024	89375	496517	242497
下城区	133370	14310	534981	320730	50354	41107	362440	172541
江干区	52070	6662	168534	87799	6409	14166	101965	66569
拱墅区	29732	4589	87738	42495	4521	15005	57500	30238
西湖区	176979	33824	540761	175266	21271	59997	276046	264715
滨江区	9445	1051	49698	33069	2904	6033	39767	9931
萧山区	84471	12876	396061	247736	20913	61946	310199	85863
余杭区	12579	1725	66138	38302	5146	16488	55005	11133
桐庐县	7608	1345	68710	32390	1226	22879	55269	13441
淳安县	23276	4923	77929	23709	1201	18748	44227	33702
建德市	5234	1139	52427	20651	1799	15806	36458	15969
富阳市	10321	2083	51817	23933	1982	19108	43221	8596
临安市	9561	1871	47697	18410	3454	12908	31453	16244
宁波市	**198982**	**41330**	**1005203**	**512832**	**55453**	**201825**	**733061**	**272142**
海曙区	28712	3950	131125	59456	5135	19349	86066	45059
江东区	59007	10721	228682	105527	9008	87950	193913	34769
江北区	13773	1908	64455	48354	4609	280	51154	13301
北仑区	4641	1098	28229	10238	2052	10389	20640	7589
镇海区	4446	786	24396	18201	2615	195	19667	4729
鄞州区	8737	5086	111651	47604	11745	38000	85721	25930
象山县	12149	4719	88391	68594	4819		69824	18568
宁海县	8340	1835	41195	14615	2803	132	14746	26449
余姚市	16660	3503	83504	37476	3463	6601	48892	34613
慈溪市	31899	5213	129614	62415	6030	16665	79821	49793
奉化市	10618	2511	73962	40355	3173	22263	62618	11344
温州市	**141627**	**18887**	**467564**	**222909**	**27798**	**70511**	**305834**	**161730**
鹿城区	67515	8982	229054	135303	14219	37483	183942	45112
龙湾区	3512	593	22555	10663	1869	7325	18087	4467
瓯海区	11014	927	19916	9447	848	1005	10452	9464
洞头县	164	107	3469	1891	328		1891	1578
永嘉县	4838	1164	34767	7394	1095	7416	15075	19692
平阳县	612	132	7421	1438	179	621	2276	5145

2-B-4 续表2-2 单位：万元、人

地　区	累计折旧	本年折旧	资产总计	流动负债合计	应付账款	长期负债合计	负债合计	所有者权益合计
苍南县	8950	1154	24390	11235	1497	1924	13191	11199
文成县	494	172	3895	2117	33		2117	1779
泰顺县	2708	157	13026	4361	503	1052	5413	7612
瑞安市	28459	3511	68233	16377	3501	8305	25328	42905
乐清市	13363	1989	40839	22684	3728	5378	28062	12777
嘉兴市	**72453**	**13270**	**327345**	**187168**	**24721**	**56787**	**247960**	**79386**
南湖区	18926	3493	92063	58508	5058	17996	77479	14584
秀洲区	908	327	7108	5382	1669		5382	1726
嘉善县	7907	2091	68923	34367	8185	7178	42168	26755
海盐县	9524	941	20029	13594	1980	1836	15429	4600
海宁市	9465	2526	36258	24464	2636	3133	27657	8601
平湖市	13208	2166	72865	31233	2180	20283	53063	19802
桐乡市	12514	1726	30100	19622	3013	6362	26781	3319
湖州市	**43817**	**8847**	**261386**	**147296**	**16364**	**35857**	**185580**	**75806**
吴兴区	21944	2905	120179	60272	4577	23019	83406	36773
南浔区	520	134	9499	4385	337	1117	5578	3921
德清县	7270	1325	36668	28850	1766	1117	32166	4502
长兴县	6110	2669	63437	32221	7695	8280	40538	22899
安吉县	7974	1814	31602	21568	1990	2324	23892	7711
绍兴市	**127592**	**17633**	**623437**	**401693**	**26554**	**75665**	**482875**	**140562**
越城区	64068	6486	270344	163244	9165	36749	204263	66082
绍兴县	11388	2710	81358	71694	3676	9725	81449	-90
新昌县	10840	1626	29807	15321	2110	8284	23605	6203
诸暨市	17666	2172	75540	40742	4043	1932	42895	32646
上虞市	16832	3850	148519	105016	5915	18401	124412	24107
嵊州市	6798	791	17868	5677	1645	574	6252	11616
金华市	**93599**	**18568**	**633136**	**401574**	**19712**	**85576**	**493905**	**139230**
婺城区	23026	3886	102857	62451	4004	9511	71963	30894
金东区	3	2	125	116	7		116	9
武义县	2644	1261	44327	34233	1856	1256	35489	8838
浦江县	808	451	18514	8908	293	6938	15846	2667
磐安县	501	109	4910	356	139		356	4554
兰溪市	6205	954	18710	16316	944	1034	17599	1111
义乌市	29907	6959	145854	43158	7304	55680	99396	46458

2－B－4 续表2－3

单位：万元、人

地　　区	累计折旧	本年折旧	资产总计	流动负债合　　计	应付账款	长期负债合　　计	负债合计	所有者权益合计
东阳市	25513	4313	282302	226554	3995	11056	243557	38746
永康市	4993	633	15537	9481	1171	102	9583	5953
衢州市	**11256**	**2257**	**80063**	**41797**	**6149**	**19305**	**62640**	**17423**
柯城区	6264	1000	38609	21937	2711	3661	25598	13012
衢江区	261	73	3684	876	207	3376	4252	－568
常山县	1486	324	6884	375	111	4932	5317	1567
开化县	1185	232	6485	1776	340	3213	6517	－33
龙游县	1207	166	11321	8119	457	23	8142	3179
江山市	853	463	13080	8715	2324	4100	12815	265
舟山市	**31118**	**5012**	**224104**	**137394**	**10377**	**25788**	**163291**	**60813**
定海区	6793	1192	53455	29437	3165	10074	39568	13887
普陀区	20877	2889	137906	91871	6694	13815	105737	32169
岱山县	1044	289	19154	8598	398	600	9198	9956
嵊泗县	2404	642	13590	7488	120	1300	8788	4801
台州市	**86124**	**13443**	**317180**	**189813**	**21851**	**47029**	**250361**	**66819**
椒江区	33607	6503	97848	69189	9649	14327	92642	5206
黄岩区	5836	568	35163	18553	489	3082	21833	13331
路桥区	7845	870	32833	19733	2131	20	19757	13077
玉环县	7170	773	25823	16961	829	4948	21909	3914
三门县	2381	402	12884	6663	1239		6663	6220
天台县	5646	808	20069	13823	878	2777	20791	－722
仙居县	4409	958	18076	15120	616	52	15172	2904
温岭市	6774	1077	25286	11723	1439	567	12290	12997
临海市	12457	1483	49197	18048	4582	21256	39304	9893
丽水市	**11252**	**3185**	**92040**	**61682**	**4875**	**5038**	**67221**	**24819**
莲都区	4266	779	16665	9642	1660	2284	12101	4564
青田县	1613	367	8315	4991	175	1318	6309	2006
缙云县	2018	575	15849	9800	449	970	10770	5079
遂昌县	796	507	14488	11949	284		11949	2539
松阳县	604	133	2969	1445	250		1445	1524
云和县	154	104	829	124	90	110	234	595
景宁畲族自治县	12	6	424	283	25		283	142
龙泉市	1790	714	32502	23450	1941	357	24131	8370

2－B－4 续表3－1

单位：万元、人

地　区	实收资本	国家资本	集体资本	法人资本	个人资本	港澳台资本	外商资本
总　计	**2292547**	**439300**	**489652**	**539704**	**613659**	**137025**	**73207**
杭州市	**1189175**	**276932**	**411624**	**209896**	**213397**	**52171**	**25154**
上城区	218268	106287	8473	26188	39838	28686	8797
下城区	122955	67997	3319	28257	13041	6437	3905
江干区	69406	6830	27671	20617	10307	2141	1840
拱墅区	32906	13735	10375	4127	4669		
西湖区	517503	53538	344209	66188	32879	12426	8264
滨江区	11026	50	100	7790	3086		
萧山区	99552	8368	2510	37247	49710	1717	
余杭区	17178		1000	3816	12362		
桐庐县	17983			4960	10674		2349
淳安县	30356	13720	5169	6917	3787	763	
建德市	9921	2460	2200		5261		
富阳市	22466	3197			19269		
临安市	19655	750	6600	3790	8515		
宁波市	**288989**	**62686**	**6216**	**81407**	**95841**	**33145**	**9694**
海曙区	53029	16904	310	11239	22197	2255	124
江东区	43810	10603	3886	2068	19432	1980	5841
江北区	18244	225	774	12115	4995	136	
北仑区	14154	12450	50	50	1160	445	
镇海区	7575	3576	700	110	3189		
鄞州区	34390	1720	60	20906	7661	4042	
象山县	27304	14608	50	4808	3151	3738	950
宁海县	23357		67	20899	2291	50	50
余姚市	25780	150	180	1210	4240	20000	
慈溪市	26142	150	40	7995	17957		
奉化市	15204	2300	100	8	9568	500	2729
温州市	**139677**	**38835**	**16633**	**21040**	**54103**	**5088**	**3979**
鹿城区	56091	17759	4454	4104	21219	5088	3468
龙湾区	5055			800	3744		511
瓯海区	10209	2729	6853		627		
洞头县	1530			1500	30		
永嘉县	4870	350		2000	2520		
平阳县	4998			23	4976		

2－B－4　续表3－2

单位：万元、人

地　　区	实收资本	国家资本	集体资本	法人资本	个人资本	港澳台资本	外商资本
苍南县	11483	294	4840	4400	1949		
文成县	2170			150	2020		
泰顺县	8706	7906		800			
瑞安市	21960	3766	385	4900	12909		
乐清市	12605	6031	100	2364	4109		
嘉兴市	**92317**	**5764**	**8227**	**26656**	**20584**	**11553**	**19533**
南湖区	28310	3798	1100	5500	966		16946
秀洲区	2143	2		1359	782		
嘉善县	18619			45	8662	9912	
海盐县	5460	872	980	1660	1948		
海宁市	12902	1092	1750	6734	1368	819	1139
平湖市	20825		2625	10823	5107	822	1449
桐乡市	4059		1772	535	1752		
湖州市	**65189**	**9700**	**726**	**26182**	**21307**	**6546**	**729**
吴兴区	28013	2139	534	17826	6786		729
南浔区	855	315		101	440		
德清县	6698	2704		1945	1999	50	
长兴县	19769			5080	8193	6496	
安吉县	9853	4542	192	1230	3889		
绍兴市	**151578**	**20007**	**4826**	**58629**	**49432**	**11652**	**7033**
越城区	76169	13203	1354	24888	24755	10826	1144
绍兴县	11835		1505	6210	3892		229
新昌县	9195	988		1000	6380	826	
诸暨市	23361		1967	12098	3635		5661
上虞市	20092	150		9630	10312		
嵊州市	10926	5666		4803	458		
金华市	**149762**	**4566**	**34711**	**59543**	**44685**	**1721**	**4537**
婺城区	27981		1361	16426	10194		
金东区	50				50		
武义县	9450				5163		4287
浦江县	3050			50	3000		
磐安县	3098			1658	1440		
兰溪市	3521	176	50		2735	560	
义乌市	40743	2200	2050	18317	17926		250

2-B-4 续表3-3

单位:万元、人

地　区	实收资本	国家资本	集体资本	法人资本	个人资本	港澳台资本	外商资本
东阳市	57280		31250	23092	2938		
永康市	4589	2190			1239	1161	
衢州市	**19003**	**1968**	**637**	**6195**	**10203**		
柯城区	8956	1293	637	500	6526		
衢江区	300			200	100		
常山县	4895	600		4265	30		
开化县	637	75		430	133		
龙游县	3160				3160		
江山市	1054			800	254		
舟山市	**52463**	**13860**	**4435**	**12099**	**22048**	**23**	
定海区	12864	540	218	4254	7830	23	
普陀区	31769	13320	4109	5745	8595		
岱山县	4711			100	4611		
嵊泗县	3120		108	2000	1012		
台州市	**115996**	**3535**	**215**	**25491**	**70239**	**15128**	**1389**
椒江区	35633	162	178	15451	4714	15128	
黄岩区	11016	195			10821		
路桥区	14564			2312	12252		
玉环县	4349	2000		400	1949		
三门县	13630			1080	12550		
天台县	4479			2038	2441		
仙居县	6556			1300	3867		1389
温岭市	13698	848		1510	11340		
临海市	12073	331	37	1400	10305		
丽水市	**28398**	**1448**	**1402**	**12566**	**11822**		**1160**
莲都区	5773	561	682	957	2414		1160
青田县	3641	821		333	2487		
缙云县	3946	6	670		3270		
遂昌县	2710	10		2500	200		
松阳县	1841			30	1811		
云和县	285				285		
景宁畲族自治县	50				50		
龙泉市	10152	50	50	8746	1306		

2－B－4 续表4－1 单位：万元、人

地 区	主营业务收 入	主营业务成 本	主营业务税金及附加	主营业务利 润	其他业务收 入	其他业务利 润	营业费用
总 计	**3892421**	**1733576**	**197026**	**1961817**	**51871**	**34537**	**1103421**
杭州市	**1906801**	**855095**	**86951**	**964756**	**25689**	**14978**	**532942**
上城区	299127	106948	16300	175879	5379	3793	84152
下城区	532363	327510	13052	191801	9186	6415	91226
江干区	91451	35767	5091	50593	1496	1329	30877
拱墅区	50302	19460	2807	28034	313	244	15792
西湖区	568580	204277	30550	333753	3755	－1386	197025
滨江区	26389	11299	1502	13588	392	187	9753
萧山区	203477	94462	9841	99174	3003	2675	61201
余杭区	44542	18878	2762	22903	494	346	11284
桐庐县	9961	4116	572	5274	858	840	4357
淳安县	27080	9237	1508	16334	561	334	9825
建德市	14732	6433	822	7477	48	48	6232
富阳市	18432	8402	1030	9001	159	120	6016
临安市	20365	8308	1112	10945	44	32	5202
宁波市	**557956**	**234859**	**30996**	**292101**	**7376**	**5990**	**165074**
海曙区	85155	30483	4590	50082	1868	1720	28099
江东区	130121	53187	7317	69617	1172	981	36329
江北区	36363	15699	1999	18665	86	80	12016
北仑区	18119	10399	1001	6719	120	77	4582
镇海区	23514	12217	1358	9938	133	14	6945
鄞州区	56747	25032	3086	28629	522	518	22704
象山县	26517	9516	1435	15566	60	11	7142
宁海县	33603	12815	2072	18716	228	148	10231
余姚市	57655	27325	3159	27171	2194	1604	11912
慈溪市	69155	29543	3872	35740	809	654	18446
奉化市	21007	8644	1106	11256	183	183	6669
温州市	**351333**	**161308**	**19534**	**170491**	**4117**	**3379**	**98193**
鹿城区	159165	64827	9398	84940	1446	1065	46522
龙湾区	16456	8231	962	7263	470	239	4096
瓯海区	14527	5010	779	8738	74	69	5236
洞头县	2323	1060	200	1063	20	2	578
永嘉县	22000	11452	1193	9356	384	384	5386
平阳县	6114	3898	323	1892			1399

2－B－4 续表4－2 单位：万元、人

地　　区	主营业务收　　入	主营业务成　　本	主营业务税金及附加	主营业务利　　润	其他业务收　　入	其他业务利　　润	营业费用
苍南县	20176	9271	785	10121	185	184	7162
文成县	3096	1263	202	1631	33	33	1184
泰顺县	4247	1502	260	2485	12	12	1152
瑞安市	65699	35126	3161	27412	1466	1365	16031
乐清市	37531	19670	2271	15590	27	27	9448
嘉兴市	**174457**	**83409**	**9851**	**81196**	**1733**	**1525**	**48128**
南湖区	50276	24100	2780	23396	76	45	15280
秀洲区	9703	5413	544	3746	88	76	3069
嘉善县	23781	10168	1346	12267	115	69	7712
海盐县	16188	9394	940	5854	95	95	2781
海宁市	24060	10006	1408	12646	329	306	6315
平湖市	27258	13358	1504	12397	224	138	6622
桐乡市	23191	10971	1330	10891	807	795	6348
湖州市	**101356**	**46729**	**5725**	**48902**	**896**	**684**	**26454**
吴兴区	45065	18926	2550	23588	316	256	13028
南浔区	5375	3264	314	1798	138	3	1017
德清县	18265	9679	934	7652	8	8	4369
长兴县	20095	8874	1207	10015	435	417	4938
安吉县	12556	5986	721	5849	1	1	3102
绍兴市	**262870**	**119038**	**14148**	**129683**	**5023**	**2398**	**70928**
越城区	112316	47258	5807	59251	1083	580	34021
绍兴县	29944	14873	1727	13344	66	42	7961
新昌县	13684	7329	705	5650	113	113	2687
诸暨市	49368	22343	2814	24211	1206	798	11573
上虞市	42315	19700	2285	20331	2305	784	11883
嵊州市	15242	7536	810	6896	249	81	2804
金华市	**178393**	**69112**	**9844**	**99436**	**3125**	**2511**	**63856**
婺城区	34946	14168	1882	18894	214	199	10279
金东区	275	249	9	17			25
武义县	7923	2963	451	4509	63	62	3893
浦江县	4083	1364	283	2436	84	84	1792
磐安县	1189	628	67	494	...	...	404
兰溪市	9284	4952	469	3863	39	38	1985
义乌市	74117	27362	3915	42840	2271	1855	29638

2－B－4 续表4－3

单位：万元、人

地 区	主营业务收入	主营业务成本	主营业务税金及附加	主营业务利润	其他业务收入	其他业务利润	营业费用
东阳市	29076	10587	1669	16820	454	285	9416
永康市	17501	6840	1098	9563		－12	6425
衢州市	**32173**	**14652**	**1692**	**15829**	**353**	**201**	**8984**
柯城区	15964	6562	843	8559	315	183	4702
衢江区	692	321	36	334	20		202
常山县	5254	2770	260	2223			1099
开化县	2679	1477	132	1070	...		768
龙游县	4077	1940	216	1920	18	18	1261
江山市	3508	1581	205	1722			951
舟山市	**89810**	**37255**	**5131**	**47424**	**1719**	**1460**	**24916**
定海区	37267	17406	2086	17775	686	658	9800
普陀区	42243	15062	2407	24775	752	606	12084
岱山县	5880	2711	359	2810	229	147	1457
嵊泗县	4421	2076	280	2065	52	49	1574
台州市	**189714**	**88365**	**10819**	**90530**	**1308**	**1044**	**51539**
椒江区	59005	24683	3273	31049	715	619	18495
黄岩区	11529	5253	655	5621	229	142	2944
路桥区	20721	10624	1248	8849	5		5351
玉环县	15605	6989	839	7777	35	19	4291
三门县	6463	2707	390	3365	48	18	1830
天台县	11533	5398	651	5484			2686
仙居县	7749	2919	433	4397	107	99	2895
温岭市	31402	17142	1862	12397	164	146	7087
临海市	25709	12650	1467	11592	5	1	5960
丽水市	**47558**	**23755**	**2335**	**21468**	**532**	**368**	**12407**
莲都区	25751	13930	1178	10643	410	301	6462
青田县	4420	2229	200	1992	35	30	1066
缙云县	3932	1428	204	2300	20	20	1227
遂昌县	3153	1120	189	1844			1062
松阳县	1959	1146	112	702			427
云和县	1412	911	83	418			139
景宁畲族自治县	982	680	61	242			10
龙泉市	5948	2312	309	3328	66	17	2013

2-B-4 续表5-1

单位：万元、人

地 区	管理费用	#税金	#差旅费	#工会经费	财务费用	利息支出	营业利润
总 计	**712616**	**24916**	**8197**	**3382**	**146407**	**95157**	**40104**
杭州市	**327884**	**9909**	**3740**	**1804**	**62319**	**35671**	**57443**
上城区	86809	3401	1032	451	16930	6943	-8284
下城区	61874	1289	554	380	13186	5367	31961
江干区	21578	448	215	69	1847	1300	-2381
拱墅区	10007	312	51	54	1868	1579	604
西湖区	82326	2457	1136	495	7612	4352	46298
滨江区	4257	31	13	23	931	791	-1167
萧山区	27325	1216	304	209	10750	7175	2573
余杭区	11820	78	119	40	1981	1537	-1842
桐庐县	1920	83	51	3	1439	1350	-1601
淳安县	6048	214	93	43	1566	1377	-765
建德市	2698	46	43	1	1648	1542	-3053
富阳市	4207	205	41	25	2083	1957	-3186
临安市	7013	131	89	11	478	401	-1716
宁波市	**120363**	**3933**	**1229**	**288**	**25149**	**17149**	**-7090**
海曙区	21571	500	223	92	3383	2635	-1225
江东区	28280	475	301	55	5437	4431	5933
江北区	7163	171	118		890	444	-1323
北仑区	4189	20	22	15	1266	101	-3241
镇海区	3073	174	18	21	636	486	-701
鄞州区	8663	479	170	9	2875	2577	-5094
象山县	11479	132	55	9	3129	2539	-6173
宁海县	6125	296	47	30	598	411	1910
余姚市	13183	846	117	30	1874	1682	1806
慈溪市	11095	576	124	8	3334	1059	3518
奉化市	5544	264	34	20	1728	784	-2501
温州市	**54782**	**2676**	**661**	**330**	**11241**	**7481**	**9633**
鹿城区	30082	1505	143	133	6906	4133	2494
龙湾区	2132	111	22		946	771	329
瓯海区	3427	181	10	35	346	264	-202
洞头县	305		1	3	128	126	54
永嘉县	2413	58	26	29	1170	994	770
平阳县	539	22	34	31	42	26	-88

2-B-4 续表5-2

单位：万元、人

地区	管理费用	#税金	#差旅费	#工会经费	财务费用	利息支出	营业利润
苍南县	3026	139	71	11	316	251	-200
文成县	437	20	2		74	72	-30
泰顺县	1413	3	10	...	20	...	-88
瑞安市	7164	459	141	60	269	-53	5304
乐清市	3843	180	201	29	1025	898	1290
嘉兴市	**33787**	**1320**	**512**	**119**	**4712**	**3811**	**-3906**
南湖区	11453	443	145	32	744	537	-4035
秀洲区	1081	1	10	5	65	16	-394
嘉善县	5768	311	94	8	780	666	-1924
海盐县	2075	80	56	15	435	359	657
海宁市	4515	208	136	36	908	729	1214
平湖市	5308	179	45	5	882	753	-278
桐乡市	3586	97	28	19	899	752	853
湖州市	**22648**	**833**	**253**	**104**	**5602**	**3344**	**-5119**
吴兴区	10094	359	39	41	2386	1825	-1663
南浔区	655	57	19	4	182	60	-53
德清县	3544	111	26	20	1116	1087	-1369
长兴县	5205	16	35	9	1509	93	-1221
安吉县	3150	289	133	29	410	280	-812
绍兴市	**47659**	**2328**	**486**	**199**	**11000**	**8410**	**2494**
越城区	22077	1055	171	102	4977	3989	-1244
绍兴县	3941	338	19	14	1423	388	61
新昌县	3985	308	30	3	891	879	-1800
诸暨市	9172	223	66	42	1194	681	3071
上虞市	6124	338	193	21	2230	2209	879
嵊州市	2360	65	8	17	286	265	1527
金华市	**34692**	**974**	**319**	**187**	**9575**	**6167**	**-6186**
婺城区	10247	321	75	26	1736	1523	-3168
金东区	17	...	...				-25
武义县	1334	35	24	4	952	908	-1607
浦江县	821	2	2	...	112	9	-206
磐安县	164	13	1		3	3	-77
兰溪市	1418	52	13	1	473	301	25
义乌市	12694	339	122	86	4023	1681	-1668

2－B－4 续表5－3 单位：万元、人

地　　区	管理费用	#税金	#差旅费	#工会经费	财务费用	利息支出	营业利润
东阳市	5335	162	36	46	1984	1515	367
永康市	2661	52	47	25	293	228	172
衢州市	**6106**	**130**	**67**	**41**	**2176**	**2092**	**－1235**
柯城区	3541	20	22	23	891	862	－392
衢江区	191	10	5	…	1		－60
常山县	610	20	12	7	96	71	418
开化县	146	16	1	2	321	315	－165
龙游县	907	36	5	5	272	255	－501
江山市	712	28	22	5	595	590	－535
舟山市	**17560**	**639**	**378**	**137**	**5938**	**4329**	**437**
定海区	6498	181	76	35	2185	1892	－73
普陀区	8925	390	240	84	2812	1925	1546
岱山县	1450	6	34	16	464	436	－413
嵊泗县	687	62	28	2	476	77	－624
台州市	**38720**	**1937**	**455**	**138**	**6872**	**5292**	**－5557**
椒江区	15941	956	139	71	2650	2158	－5417
黄岩区	2677	134	34	1	200	22	－58
路桥区	2370	179	21	12	338	170	790
玉环县	3265	60	52	15	476	322	－235
三门县	2092	62	18	17	256	226	－793
天台县	2052	138	30	8	733	666	13
仙居县	2080	89	34	12	302	91	－781
温岭市	4142	193	94	1	246	89	1068
临海市	4103	127	33	2	1673	1548	－143
丽水市	**8416**	**238**	**98**	**33**	**1823**	**1410**	**－810**
莲都区	4123	183	17	25	331	287	28
青田县	662	16	11		223	208	71
缙云县	957	1	13	3	347	172	－212
遂昌县	838	25	24	1	565	515	－621
松阳县	231	4	1		86	79	－41
云和县	34		2		78	77	167
景宁畲族自治县	177	1	10		40	40	16
龙泉市	1395	8	21	5	154	32	－217

2－B－4 续表6－1

单位：万元、人

地 区	投资收益	补贴收入	营业外收入	利润总额	应交所得税	劳动、失业保险费	养老保险和医疗保险费
总 计	**23251**	**7460**	**16257**	**71435**	**48056**	**23238**	**49638**
杭州市	**16037**	**1448**	**7571**	**74072**	**29576**	**16587**	**28970**
上城区	13004	95	551	2048	2127	3024	5843
下城区	1260	182	847	33174	11248	1670	6180
江干区	185	43	699	－1831	566	251	2036
拱墅区	616	57	215	1419	668	93	1244
西湖区	949	50	2175	47304	12392	10375	8312
滨江区		168	12	－817	5	71	611
萧山区	2	183	2184	3952	1925	455	2056
余杭区	21	82	64	－1729	85	231	716
桐庐县			44	－1588	46	11	136
淳安县	...	59	379	－1018	218	99	623
建德市	...	181	298	－2271	27	155	417
富阳市		338	67	－2813	73	89	373
临安市		10	38	－1757	197	62	423
宁波市	**5976**	**3497**	**2248**	**125**	**5849**	**1973**	**6550**
海曙区	408	625	125	42	739	249	1971
江东区	5407	155	596	8231	1087	705	1798
江北区	35	161	144	－1047	143	275	313
北仑区		469	60	－2760	46	22	228
镇海区		279	36	－1359	72	125	299
鄞州区	1	464	676	－4102	413	207	689
象山县		718	96	－5355	224	39	327
宁海县		3	61	1928	537	79	199
余姚市	107	10	313	2794	1162	169	290
慈溪市	18	594	69	4115	1418	92	250
奉化市		18	69	－2362	9	10	185
温州市	**188**	**258**	**1811**	**10229**	**4610**	**1160**	**2486**
鹿城区	5		1207	3385	1746	634	1647
龙湾区	42		55	370	132	19	74
瓯海区		240	28	－109	128	209	27
洞头县	...		11	19	31	5	15
永嘉县		18	55	759	127	8	142
平阳县			10	16	129	27	2

2－B－4 续表6－2

单位：万元、人

地区	投资收益	补贴收入	营业外收入	利润总额	应交所得税	劳动、失业保险费	养老保险和医疗保险费
苍南县			139	－65	33	95	36
文成县			15	－33	101	...	9
泰顺县			9	－84		11	31
瑞安市	140		205	4755	1489	88	279
乐清市	1		79	1216	696	64	226
嘉兴市	**45**	**303**	**552**	**－1417**	**721**	**369**	**2372**
南湖区	33	192	229	－2362	224	105	669
秀洲区	9	2	2	－379	24	17	88
嘉善县	1		38	－1983	38	28	235
海盐县		3	－5	637	151	54	336
海宁市		103	50	1873	79	50	390
平湖市			97	－186	77	69	278
桐乡市	2	3	141	983	129	46	376
湖州市	**596**	**181**	**497**	**－350**	**857**	**461**	**1391**
吴兴区	2	3	348	－1365	515	263	749
南浔区			63	34	90	2	51
德清县		173	28	2238	52	84	220
长兴县	600	5	23	－459	101	77	164
安吉县	－6		36	－798	99	35	208
绍兴市	**340**	**1044**	**711**	**1908**	**2909**	**1152**	**3429**
越城区	330	401	321	－650	1204	787	1453
绍兴县		463	206	－110	118	114	312
新昌县	1	28	28	－1516	18	69	330
诸暨市	2	13	53	2158	848	61	542
上虞市	7	114	94	647	317	56	599
嵊州市		25	9	1379	404	65	194
金华市	**－469**	**118**	**1230**	**－5293**	**848**	**719**	**1039**
婺城区	4	85	241	－2877	129	335	341
金东区				－25		...	1
武义县		16	1	－2497		4	44
浦江县			40	－166	3	13	
磐安县		9	7	－63	4	3	...
兰溪市			25	45	23	7	116
义乌市	－473		647	－954	516	312	200

2－B－4 续表6－3

单位：万元、人

地　　区	投资收益	补贴收入	营业外收入	利润总额	应交所得税	劳动、失业保险费	养老保险和医疗保险费
东阳市		8	218	1039	43	28	207
永康市		1	52	205	131	18	130
衢州市	**1214**	**10**	**272**	**249**	**124**	**77**	**376**
柯城区	1214	10	264	1071	89	44	222
衢江区				－60	10	...	4
常山县			4	531	1	6	58
开化县			1	－165		3	53
龙游县			3	－591	23	21	2
江山市		...	1	－537		2	37
舟山市	**－23**	**198**	**408**	**－764**	**859**	**405**	**1108**
定海区	－11	31	12	－225	464	36	441
普陀区	－13	168	179	357	356	350	516
岱山县			11	－411	38	9	53
嵊泗县			207	－485		10	97
台州市	**10**	**7**	**712**	**－6284**	**1407**	**300**	**1494**
椒江区		3	45	－5453	226	51	310
黄岩区			17	－367	44	70	89
路桥区		－9	76	781	445	33	85
玉环县	3	1	106	－53	23	9	52
三门县		5	3	－788	51	1	68
天台县		2	95	59	34		287
仙居县		4	29	－1430	19	40	52
温岭市			3	823	393	62	201
临海市	7		337	142	173	33	352
丽水市	**－662**	**396**	**246**	**－1041**	**297**	**36**	**424**
莲都区	35	151	72	129	78	22	231
青田县			26	89	40	5	34
缙云县			3	－211	34	...	52
遂昌县	153	233	－1	－236	41	5	58
松阳县			7	－42	33	1	5
云和县				158	42		5
景宁畲族自治县				26	19	...	5
龙泉市	－850	11	138	－954	10	3	35

2－B－4 续表7－1

单位：万元、人

地区	住房公积金和住房补贴	本年应付工资总额（贷方累计发生额）	主营业务应付工资总额	本年应付福利费总额（贷方累计发生额）	主营业务应付福利费总额	本年应交增值税	全部从业人员年平均人数
总计	**14118**	**490127**	**478020**	**33802**	**32957**	**12498**	**256076**
杭州市	**10750**	**204106**	**202104**	**14661**	**14511**	**10558**	**96841**
上城区	1459	38081	38032	2792	2788	38	15744
下城区	1977	34439	33950	2685	2616	9889	12593
江干区	227	12150	12138	530	530	118	6170
拱墅区	246	5340	4913	236	231	11	2625
西湖区	5681	60270	60047	4824	4820	76	32749
滨江区	44	4229	4216	549	549	4	2052
萧山区	268	28076	27802	1606	1601	417	13325
余杭区	66	6681	6675	533	533	1	3438
桐庐县	8	1677	1677	118	118	1	974
淳安县	112	5057	5047	317	317	2	2466
建德市	579	2293	2293	77	77	…	1552
富阳市	33	3035	2572	260	197	1	1486
临安市	49	2779	2744	135	135		1667
宁波市	**1352**	**85299**	**82818**	**4250**	**4137**	**658**	**44222**
海曙区	402	13159	12357	841	826	77	7127
江东区	685	19036	18614	739	738	68	8976
江北区	58	5502	5389	173	170	2	2932
北仑区	1	3708	3489	254	251	8	1875
镇海区	59	3726	3628	175	170	17	2098
鄞州区	78	9429	9404	387	385	174	4984
象山县	29	4932	4858	300	291		2319
宁海县	18	4764	4366	346	316	7	2604
余姚市	6	7493	7375	210	187	269	3794
慈溪市	11	9942	9822	606	602	19	5791
奉化市	5	3608	3516	219	202	17	1722
温州市	**601**	**44661**	**43013**	**2273**	**2222**	**217**	**25562**
鹿城区	326	20069	19073	817	817	203	10626
龙湾区	1	2272	2200	152	152	1	1592
瓯海区	69	3115	2941	118	118	3	1542
洞头县		305	305	2	2		190
永嘉县	40	2407	2407	92	92		1219
平阳县		778	778	52	52		533

2－B－4 续表7－2

单位：万元、人

地 区	住房公积金和住房补贴	本年应付工资总额（贷方累计发生额）	主营业务应付工资总额	本年应付福利费总额（贷方累计发生额）	主营业务应付福利费总额	本年应交增值税	全部从业人员年平均人数
苍南县	11	2783	2769	179	179		1896
文成县	3	559	545	43	43		423
泰顺县	17	858	858				439
瑞安市	82	6914	6566	597	548	10	4443
乐清市	52	4602	4573	221	219		2659
嘉兴市	**281**	**26550**	**26442**	**3498**	**3361**	**83**	**14017**
南湖区	176	6587	6586	928	798	20	3395
秀洲区	8	1273	1264	182	182	1	730
嘉善县	6	3333	3333	112	112	3	2226
海盐县	20	2044	1984	175	175	31	1289
海宁市	29	5821	5795	432	431	13	2101
平湖市	34	3887	3887	253	253	13	2347
桐乡市	8	3606	3594	1416	1410	3	1929
湖州市	**262**	**12538**	**11939**	**776**	**753**	**109**	**7914**
吴兴区	126	4458	4385	219	218		2943
南浔区	2	670	541	31	17	44	556
德清县	68	2936	2911	241	238	66	1596
长兴县	12	2407	2327	131	128		1512
安吉县	55	2067	1776	153	152		1307
绍兴市	**361**	**35295**	**34869**	**2669**	**2646**	**434**	**19962**
越城区	239	14349	14268	612	612	371	7566
绍兴县	8	3835	3835	415	415		2487
新昌县	32	2074	2032	422	421	46	1328
诸暨市	23	7360	7243	734	729	10	4356
上虞市	15	6013	5827	410	397		3329
嵊州市	45	1664	1664	76	73	7	896
金华市	**155**	**29852**	**27788**	**2649**	**2548**	**273**	**17159**
婺城区	88	5744	5576	429	425	57	3152
金东区		16	16			5	16
武义县	1	1308	1245	73	73		868
浦江县		428	392	33	14	26	404
磐安县		240	226	27	25		180
兰溪市	4	1310	1183	49	49	124	940
义乌市	38	13364	12405	1592	1553	62	7175

2－B－4 续表7－3

单位：万元、人

地　区	住房公积金和住房补贴	本年应付工资总额（贷方累计发生额）	主营业务应付工资总额	本年应付福利费总额（贷方累计发生额）	主营业务应付福利费总额	本年应交增值税	全部从业人员年平均人数
东阳市		4788	4345	417	381		2931
永康市	25	2654	2400	29	29		1493
衢州市	**61**	**3786**	**3614**	**333**	**323**	**36**	**2680**
柯城区	44	1683	1670	170	170	5	1040
衢江区		71	71	6	6		84
常山县	5	745	745	73	73		488
开化县	11	315	315	11	11	11	242
龙游县	1	707	549	68	58	19	568
江山市		265	265	5	5		258
舟山市	**200**	**12831**	**12282**	**774**	**709**	**100**	**6850**
定海区	13	4452	4382	233	232	43	2524
普陀区	184	6921	6522	437	373	29	3412
岱山县	1	824	812	64	64	1	494
嵊泗县	1	635	566	40	40	28	420
台州市	**63**	**28153**	**26458**	**1390**	**1237**	**14**	**16450**
椒江区	25	8940	8007	354	348	3	4852
黄岩区	10	1655	1591	46	46		1020
路桥区	9	2350	2238	61	58		1366
玉环县	…	2573	1995	217	75	11	1301
三门县		1324	1324	90	90		751
天台县	3	1918	1918	121	121		1096
仙居县		1584	1579	137	137		915
温岭市	14	4490	4490	217	217		3086
临海市	2	3320	3316	146	144		2063
丽水市	**32**	**7056**	**6693**	**530**	**512**	**15**	**4419**
莲都区	21	3405	3136	340	327	15	2036
青田县	6	572	571	27	27		351
缙云县		813	813	53	53		540
遂昌县	4	693	672	72	69		344
松阳县		298	251	14	12		261
云和县		212	212	6	6		149
景宁畲族自治县		120	98	3	2		80
龙泉市	2	944	941	16	16		658

2－B－5　按登记注册类型、控股情况和行业分组的限额以下住宿和餐饮业财务状况

单位：万元、人

指标名称	年初存货	年末存货	固定资产原价	所有者权益合计
总　计	**19614**	**21764**	**543461**	**683750**
一、按登记注册类型分				
内　资	**18582**	**20722**	**532055**	**530221**
国　有	420	346	29042	27424
集　体	566	706	26154	26751
股份合作企业	142	163	6362	2855
联营企业	4	11	195	188
国有联营			98	98
集体联营	3	11	39	71
其他联营	1		58	18
有限责任公司	1757	1916	62358	75615
国有独资公司	11	24	2535	4340
其他有限责任公司	1747	1892	59823	71275
股份有限公司	104	133	16313	15647
私营企业	15442	17260	388410	378243
私营独资	3172	3282	137368	121685
私营合伙	896	980	36277	38095
私营有限责任公司	10718	12294	198857	206235
私营股份有限公司	657	704	15908	12229
其　他	148	189	3222	3499
港澳台商投资	**888**	**830**	**8584**	**103700**
与港澳台商合资经营	223	193	3918	6896
与港澳台商合作经营	...	1	85	52
港澳台商独资	647	621	4462	96368
港澳台商投资股份有限公司	18	15	120	384
外商投资	**144**	**211**	**2822**	**49829**
中外合资经营	55	69	1002	30300

2-B-5 续表1-1　　单位：万元、人

指标名称	年初存货	年末存货	固定资产原价	所有者权益合计
外资企业	76	119	1624	8932
外商投资股份有限公司	14	24	196	10598
二、按控股情况分				
国有控股	446	394	42314	33471
集体控股	766	904	33554	35679
私人控股	17336	19400	453880	467037
港澳台商控股	888	829	7993	105016
外商控股	144	203	2622	41563
其　他	34	34	3098	984
三、按国民经济行业(门类、大类、中类、小类)分				
住宿和餐饮业	**19614**	**21764**	**543461**	**683750**
住宿业	6776	7611	357784	428264
旅游饭店	1737	1516	95267	109248
旅游饭店	1737	1516	95267	109248
一般旅馆	4886	5827	239190	299484
一般旅馆	4886	5827	239190	299484
其他住宿服务	154	267	23326	19533
其他住宿服务	154	267	23326	19533
餐饮业	12838	14153	185678	255486
正餐服务	11328	12238	150367	215471
正餐服务	11328	12238	150367	215471
快餐服务	458	721	17453	16977
快餐服务	458	721	17453	16977
饮料及冷饮服务	809	816	10597	11355
饮料及冷饮服务	809	816	10597	11355
其他餐饮服务	243	378	7260	11683
其他餐饮服务	243	378	7260	11683

2-B-5 续表2-1

单位：万元、人

指标名称	实收资本	国家资本	集体资本	法人资本
总计	**645725**	**27732**	**25699**	**135783**
一、按登记注册类型分				
内资	**483217**	**27732**	**23892**	**125552**
国有	24525	24291	2	230
集体	16835	...	16645	35
股份合作企业	3978	613	1524	158
联营企业	179	98	72	
国有联营	98	98		
集体联营	58		58	
其他联营	23		14	
有限责任公司	77982	1370	5432	47892
国有独资公司	1050	1050		
其他有限责任公司	76932	320	5432	47892
股份有限公司	16663	1065	10	14504
私营企业	339628	285	78	62588
私营独资	97511	200	54	6325
私营合伙	33078	80	23	6665
私营有限责任公司	198772	5		46454
私营股份有限公司	10267		2	3144
其他	3426	10	129	145
港澳台商投资	**111369**		**1617**	**3900**
与港澳台商合资经营	13149		1500	3900
与港澳台商合作经营	160			
港澳台商独资	97927		117	
港澳台商投资股份有限公司	133			
外商投资	**51140**		**190**	**6331**
中外合资经营	30411		190	6331

2－B－5 续表2－2

单位：万元、人

指标名称	实收资本	国家资本	集体资本	法人资本
外资企业	9637			
外商投资股份有限公司	11092			
二、按控股情况分				
国有控股	28364	27447	2	380
集体控股	26811	...	25575	790
私人控股	433946	285	82	123331
港澳台商控股	112669			5370
外商控股	42874		40	4861
其　他	1061			1051
三、按国民经济行业（门类、大类、中类、小类）分				
住宿和餐饮业	**645725**	**27732**	**25699**	**135783**
住宿业	421678	24055	19369	102100
旅游饭店	117040	8404	5732	50172
旅游饭店	117040	8404	5732	50172
一般旅馆	284524	14569	13147	42074
一般旅馆	284524	14569	13147	42074
其他住宿服务	20114	1081	491	9854
其他住宿服务	20114	1081	491	9854
餐饮业	224047	3678	6330	33683
正餐服务	189467	2458	5601	25275
正餐服务	189467	2458	5601	25275
快餐服务	15209	105	149	6039
快餐服务	15209	105	149	6039
饮料及冷饮服务	11903	10	480	1629
饮料及冷饮服务	11903	10	480	1629
其他餐饮服务	7469	1104	100	741
其他餐饮服务	7469	1104	100	741

2－B－5　续表3－1

单位：万元、人

指标名称	个人资本	港澳台资本	外商资本	本年折旧
总　计	**312930**	**107671**	**35910**	**39017**
一、按登记注册类型分				
内　资	**305026**	**656**	**359**	**38187**
国　有	2			1690
集　体	154			1470
股份合作企业	1210	166	308	392
联营企业	9			33
国有联营				26
集体联营				4
其他联营	9			3
有限责任公司	23283		5	3468
国有独资公司				120
其他有限责任公司	23283		5	3348
股份有限公司	1084			2146
私营企业	276142	490	46	28684
私营独资	90912		21	10631
私营合伙	26286		25	2253
私营有限责任公司	151824	490		14605
私营股份有限公司	7120			1196
其　他	3142			304
港澳台商投资	**367**	**105486**		**568**
与港澳台商合资经营	317	7433		201
与港澳台商合作经营	50	110		4
港澳台商独资		97810		350
港澳台商投资股份有限公司		133		14
外商投资	**7538**	**1530**	**35551**	**262**
中外合资经营	5016	1530	17343	56

2-B-5 续表3-2

单位：万元、人

指 标 名 称	个人资本	港澳台资本	外商资本	本年折旧
外资企业	2514		7123	179
外商投资股份有限公司	8		11085	27
二、按控股情况分				
国有控股	62	166	308	2214
集体控股	346		100	1880
私人控股	309707	490	51	33916
港澳台商控股	284	107016		506
外商控股	2522		35451	226
其 他	10			275
三、按国民经济行业(门类、大类、中类、小类)分				
住宿和餐饮业	**312930**	**107671**	**35910**	**39017**
住宿业	173396	87830	14929	25737
旅游饭店	28121	13501	11110	6866
旅游饭店	28121	13501	11110	6866
一般旅馆	139231	71685	3819	17754
一般旅馆	139231	71685	3819	17754
其他住宿服务	6043	2645		1117
其他住宿服务	6043	2645		1117
餐饮业	139535	19841	20981	13281
正餐服务	116692	19126	20315	10646
正餐服务	116692	19126	20315	10646
快餐服务	8374	492	50	951
快餐服务	8374	492	50	951
饮料及冷饮服务	9037	223	524	1213
饮料及冷饮服务	9037	223	524	1213
其他餐饮服务	5432		92	470
其他餐饮服务	5432		92	470

2－B－5 续表4－1

单位：万元、人

指标名称	营业收入	主营业务收入	营业成本	主营业务成本
总计	**481826**	**472506**	**251227**	**246865**
一、按登记注册类型分				
内资	**470226**	**461026**	**246607**	**242443**
国有	18345	18148	8538	8159
集体	15014	14173	8351	7791
股份合作企业	3903	3859	2266	2230
联营企业	2446	2444	2041	2041
国有联营	2180	2178	1870	1870
集体联营	71	71	44	44
其他联营	195	195	126	126
有限责任公司	29436	29194	14046	13993
国有独资公司	1670	1670	1023	1023
其他有限责任公司	27766	27524	13023	12971
股份有限公司	4106	4091	1342	1327
私营企业	392525	384697	207432	204313
私营独资	148555	146622	81906	81051
私营合伙	42162	41741	23203	22957
私营有限责任公司	189162	184878	96328	94953
私营股份有限公司	12647	11456	5996	5351
其他	4451	4421	2593	2589
港澳台商投资	**4288**	**4194**	**1680**	**1649**
与港澳台商合资经营	1291	1286	508	508
与港澳台商合作经营	146	146	66	66
港澳台商独资	2253	2195	946	917
港澳台商投资股份有限公司	597	567	159	158
外商投资	**7312**	**7285**	**2940**	**2773**
中外合资经营	297	284	182	172

2-B-5 续表4-2

单位:万元、人

指标名称	营业收入	主营业务收入	营业成本	主营业务成本
外资企业	6487	6486	2581	2423
外商投资股份有限公司	528	516	178	178
二、按控股情况分				
国有控股	24706	24444	12159	11728
集体控股	19308	18435	10593	10008
私人控股	424613	416686	223155	220006
港澳台商控股	4086	3992	1600	1569
外商控股	7110	7084	2818	2651
其他	2003	1866	903	902
三、按国民经济行业(门类、大类、中类、小类)分				
住宿和餐饮业	**481826**	**472506**	**251227**	**246865**
住宿业	219462	214517	101003	99833
旅游饭店	33367	32775	16613	16417
旅游饭店	33367	32775	16613	16417
一般旅馆	179951	175647	81630	80670
一般旅馆	179951	175647	81630	80670
其他住宿服务	6144	6095	2760	2747
其他住宿服务	6144	6095	2760	2747
餐饮业	262364	257989	150224	147031
正餐服务	193304	189075	110367	107433
正餐服务	193304	189075	110367	107433
快餐服务	33092	33058	20340	20337
快餐服务	33092	33058	20340	20337
饮料及冷饮服务	23715	23633	12252	12009
饮料及冷饮服务	23715	23633	12252	12009
其他餐饮服务	12252	12222	7264	7252
其他餐饮服务	12252	12222	7264	7252

2－B－5 续表5－1

单位：万元、人

指标名称	营业税金及附加	主营业务税金及附加	主营业务利润	其他业务利润
总计	**23147**	**22949**	**202692**	**7496**
一、按登记注册类型分				
内资	**22581**	**22387**	**196197**	**7420**
国有	885	883	9106	310
集体	606	587	5796	328
股份合作企业	187	183	1446	17
联营企业	140	139	264	
国有联营	122	122	186	
集体联营	7	6	20	
其他联营	11	11	57	
有限责任公司	1508	1436	13764	274
国有独资公司	18	18	629	
其他有限责任公司	1490	1419	13135	274
股份有限公司	84	84	2680	69
私营企业	18968	18872	161512	6390
私营独资	7056	7038	58533	1659
私营合伙	1913	1904	16880	318
私营有限责任公司	9232	9176	80749	3927
私营股份有限公司	767	753	5351	487
其他	204	203	1629	31
港澳台商投资	**189**	**185**	**2360**	**38**
与港澳台商合资经营	32	32	745	3
与港澳台商合作经营	8	8	73	
港澳台商独资	116	116	1162	28
港澳台商投资股份有限公司	33	30	380	7
外商投资	**377**	**377**	**4136**	**38**
中外合资经营	14	14	98	10

2-B-5 续表5-2

单位：万元、人

指标名称	营业税金及附加	主营业务税金及附加	主营业务利润	其他业务利润
外资企业	337	337	3726	16
外商投资股份有限公司	26	26	312	12
二、按控股情况分				
国有控股	1080	1078	11638	323
集体控股	822	798	7629	344
私人控股	20603	20435	176244	6612
港澳台商控股	179	175	2248	38
外商控股	366	365	4067	38
其他	98	98	866	142
三、按国民经济行业（门类、大类、中类、小类）分				
住宿和餐饮业	**23147**	**22949**	**202692**	**7496**
住宿业	11011	10866	103818	4318
旅游饭店	1824	1728	14630	397
旅游饭店	1824	1728	14630	397
一般旅馆	9025	8976	86002	3900
一般旅馆	9025	8976	86002	3900
其他住宿服务	163	162	3186	21
其他住宿服务	163	162	3186	21
餐饮业	12136	12083	98875	3178
正餐服务	9156	9112	72531	2794
正餐服务	9156	9112	72531	2794
快餐服务	1318	1314	11407	110
快餐服务	1318	1314	11407	110
饮料及冷饮服务	1181	1180	10444	261
饮料及冷饮服务	1181	1180	10444	261
其他餐饮服务	480	477	4493	13
其他餐饮服务	480	477	4493	13

2－B－5　续表6－1

单位：万元、人

指 标 名 称	营业费用、管理费用、财务费用合计	#税金	#利息支出	营业利润	职工工资和福利费（包括养老、医疗、失业、工伤、生育保险和住房公积金）
总　计	**174038**	**4282**	**4133**	**36275**	**91200**
一、按登记注册类型分					
内　资	**166860**	**4170**	**4126**	**36883**	**88241**
国　有	8881	226	209	552	4267
集　体	4859	145	19	1265	3412
股份合作企业	1358	25	282	105	600
联营企业	248	170	20	299	368
国有联营	185	165	20	285	311
集体联营	10	5	...	11	27
其他联营	53	...		4	30
有限责任公司	14828	232	40	－773	6023
国有独资公司	492	...		137	110
其他有限责任公司	14336	232	40	－910	5913
股份有限公司	2325	88	262	375	633
私营企业	133057	3233	3255	34703	72001
私营独资	34854	956	886	25238	23835
私营合伙	11419	413	174	5786	7826
私营有限责任公司	81384	1790	2138	3241	37946
私营股份有限公司	5400	74	57	438	2395
其　他	1303	50	40	357	937
港澳台商投资	**2534**	**50**	**14**	**－137**	**1054**
与港澳台商合资经营	346	10	10	402	224
与港澳台商合作经营	65	3		8	19
港澳台商独资	1689	38	4	－499	679
港澳台商投资股份有限公司	435	...		－48	132
外商投资	**4644**	**63**	**－7**	**－471**	**1906**
中外合资经营	444	17		－336	560

2-B-5 续表6-2

单位：万元、人

指标名称	营业费用、管理费用、财务费用合计	#税金	#利息支出	营业利润	职工工资和福利费（包括养老、医疗、失业、工伤、生育保险和住房公积金）
外资企业	3675	45	-11	67	1172
外商投资股份有限公司	525	...	4	-201	174
二、按控股情况分					
国有控股	10849	411	475	1412	4996
集体控股	6826	174	307	1148	4289
私人控股	148485	3563	3548	34196	78677
港澳台商控股	2507	50	14	-222	1005
外商控股	4410	63	-7	-306	1846
其　他	961	22	-205	47	386
三、按国民经济行业（门类、大类、中类、小类）分					
住宿和餐饮业	**174038**	**4282**	**4133**	**36275**	**91200**
住宿业	95627	2219	2538	12424	43192
旅游饭店	13650	419	357	1377	8434
旅游饭店	13650	419	357	1377	8434
一般旅馆	78374	1767	1910	11444	33791
一般旅馆	78374	1767	1910	11444	33791
其他住宿服务	3604	33	271	-398	968
其他住宿服务	3604	33	271	-398	968
餐饮业	78411	2063	1595	23851	48008
正餐服务	59674	1455	1483	15600	35339
正餐服务	59674	1455	1483	15600	35339
快餐服务	6793	349	43	4963	5423
快餐服务	6793	349	43	4963	5423
饮料及冷饮服务	8764	230	52	1948	4948
饮料及冷饮服务	8764	230	52	1948	4948
其他餐饮服务	3180	29	17	1341	2298
其他餐饮服务	3180	29	17	1341	2298

2－B－5 续表7－1

单位：万元、人

指标名称	本年应交增值税	全部从业人员年平均人数	资产减值损失	公允价值变动收益	投资收益
总计	**1904**	**58193**	**9**	**－30**	**1541**
一、按登记注册类型分					
内资	**1893**	**56797**	**8**	**－30**	**1541**
国有	69	2235	4	－30	
集体	74	2076			
股份合作企业	21	442			
联营企业	23	251			
国有联营	23	198			
集体联营		27			
其他联营		26			
有限责任公司	126	4108	...		－3
国有独资公司		46			
其他有限责任公司	126	4062	...		－3
股份有限公司	20	405			
私营企业	1526	46680	3		1544
私营独资	592	15298	...		36
私营合伙	291	5364	2		－17
私营有限责任公司	562	24394	1		1525
私营股份有限公司	80	1624			
其他	35	600			
港澳台商投资	**7**	**572**			
与港澳台商合资经营		116			
与港澳台商合作经营		8			
港澳台商独资	7	393			
港澳台商投资股份有限公司		55			
外商投资	**4**	**824**	**2**		
中外合资经营	2	95			

2-B-5 续表7-2 单位:万元、人

指标名称	本年应交增值税	全部从业人员年平均人数	资产减值损失	公允价值变动收益	投资收益
外资企业	2	631	2		
外商投资股份有限公司		98			
二、按控股情况分					
国有控股	107	2642	4	-30	
集体控股	96	2725			
私人控股	1690	51250	3		1541
港澳台商控股	7	551			
外商控股	4	787	2		
其　他		238			
三、按国民经济行业(门类、大类、中类、小类)分					
住宿和餐饮业	**1904**	**58193**	**9**	**-30**	**1541**
住宿业	911	27249	6	-30	1499
旅游饭店	113	5097		-30	
旅游饭店	113	5097		-30	
一般旅馆	785	21399	6		1499
一般旅馆	785	21399	6		1499
其他住宿服务	13	753			
其他住宿服务	13	753			
餐饮业	993	30944	3		42
正餐服务	789	22296	3		37
正餐服务	789	22296	3		37
快餐服务	126	3790	...		
快餐服务	126	3790	...		
饮料及冷饮服务	53	3193			7
饮料及冷饮服务	53	3193			7
其他餐饮服务	25	1665			-2
其他餐饮服务	25	1665			-2

2-B-6 按地区分组的限额以下住宿和餐饮业财务状况

单位：万元、人

地区	年初存货	年末存货	固定资产原价	所有者权益合计	实收资本
总计	**19614**	**21764**	**543461**	**683750**	**645725**
杭州市	**7491**	**9450**	**139538**	**174691**	**188663**
上城区	510	725	8401	13464	18216
下城区	471	626	17144	28987	30322
江干区	156	353	12327	12931	16878
拱墅区	297	403	9530	13350	16278
西湖区	1074	1349	21323	31913	34739
滨江区	58	107	748	1669	1908
萧山区	239	358	4850	17939	17784
余杭区	4277	4950	13164	15246	17889
桐庐县	54	83	10426	10717	9032
淳安县	70	72	10005	9461	8375
建德市	34	34	5042	4206	4460
富阳市	205	290	5997	5942	4893
临安市	46	102	20583	8866	7890
宁波市	**2814**	**3121**	**88088**	**150745**	**142217**
海曙区	220	303	11271	10083	11616
江东区	382	326	5298	61562	64008
江北区	317	330	4335	543	4559
北仑区	362	312	18331	22212	22556
镇海区	39	40	1169	10086	2068
鄞州区	777	858	10942	15943	15950
象山县	69	69	5671	6676	5166
宁海县	42	60	2097	1310	1281
余姚市	307	505	5241	5186	3891
慈溪市	235	212	16505	13924	8120
奉化市	64	107	7229	3221	3003
温州市	**1551**	**1658**	**56554**	**60840**	**58079**
鹿城区	887	934	10195	11833	13231
龙湾区	15	17	1083	1122	1103
瓯海区	61	59	2117	1865	1484
洞头县			458	5330	5460
永嘉县	136	148	10510	15334	13505
平阳县	61	75	4693	8106	7379

2-B-6 续表1-1

单位:万元、人

地区	年初存货	年末存货	固定资产原价	所有者权益合计	实收资本
苍南县	27	47	9065	6597	5911
文成县	35	45	2531	233	233
泰顺县	2	2	23	23	23
瑞安市	148	144	6174	3240	3156
乐清市	180	188	9706	7157	6594
嘉兴市	**2153**	**1526**	**42779**	**58195**	**50703**
南湖区	143	296	9994	8267	8416
秀洲区	1319	179	1422	3435	3456
嘉善县	133	123	4099	3962	2387
海盐县	69	80	3759	6282	2116
海宁市	134	230	5536	13270	12407
平湖市	115	216	3407	15174	15677
桐乡市	239	403	14563	7805	6244
湖州市	**330**	**337**	**21412**	**21503**	**25276**
吴兴区	50	45	8243	4606	2867
南浔区	28	1	1651	1938	1978
德清县	169	175	5024	9486	8489
长兴县	49	46	3626	3712	4182
安吉县	35	69	2870	1761	7760
绍兴市	**1173**	**1345**	**38178**	**32842**	**24285**
越城区	428	409	6598	7284	6631
绍兴县	160	203	12101	10128	8095
新昌县	24	14	2406	2182	1368
诸暨市	502	661	10275	8161	4721
上虞市	45	30	4709	4135	2822
嵊州市	15	28	2090	953	648
金华市	**1737**	**2146**	**63038**	**78815**	**60702**
婺城区	120	218	4091	3732	3572
金东区	5	4	12	30	30
武义县	10	10	729	730	730
浦江县	60	64	350	783	672
磐安县	57	75	767	3271	3230
兰溪市	42	50	1221	710	693
义乌市	819	807	29029	47016	37699

2－B－6　续表1－2

单位：万元、人

地　　区	年初存货	年末存货	固定资产原　　价	所 有 者权益合计	实收资本
东阳市	355	336	6615	3446	2832
永康市	269	582	20225	19097	11246
衢州市	**206**	**268**	**11128**	**10639**	**8737**
柯城区	41	122	2707	2908	2497
衢江区	22	26	593	412	125
常山县	11	37	2639	2102	1126
开化县	39	52	1484	1346	1311
龙游县	21	23	1449	237	700
江山市	72	9	2257	3635	2978
舟山市	**441**	**478**	**22541**	**21304**	**21315**
定海区	50	109	5021	3453	4774
普陀区	135	169	12373	12893	11618
岱山县	214	162	2361	2683	2588
嵊泗县	42	38	2786	2275	2334
台州市	**1174**	**981**	**37254**	**56285**	**50103**
椒江区	82	98	1497	1672	1542
黄岩区	108	119	4485	4649	3915
路桥区	177	178	10046	10240	9631
玉环县	289	101	467	1128	1128
三门县	12	24	1355	1319	1058
天台县	16	17	684	791	671
仙居县	39	37	858	1595	725
温岭市	294	321	13705	31776	28254
临海市	156	88	4158	3115	3179
丽水市	**544**	**454**	**22950**	**17891**	**15646**
莲都区	93	96	4006	3011	1710
青田县	32	29	1096	1066	843
缙云县	11	11	1016	940	561
遂昌县	4	4	1882	149	253
松阳县	380	286	2898	1409	1048
云和县	9	9	153	124	100
庆元县	1	3	700	700	700
景宁畲族自治县	14	17	963	436	375
龙泉市			10237	10056	10056

2－B－6 续表2－1

单位：万元、人

地区	国家资本	集体资本	法人资本	个人资本	港澳台资本	外商资本
总计	**27732**	**25699**	**135783**	**312930**	**107671**	**35910**
杭州市	**10183**	**8731**	**64916**	**95646**	**1970**	**7217**
上城区	1866	802	841	14002		706
下城区	1159	921	17131	9142	1530	439
江干区	1469	1932	2660	9984		833
拱墅区		1026	3761	11177	315	
西湖区	2007	2725	13321	11387	110	5189
滨江区			430	1478		
萧山区	101	44	8119	9520		
余杭区		373	7020	10496		
桐庐县	2694	40	4638	1594	15	50
淳安县	857	475	2708	4335		
建德市		105	350	4005		
富阳市	30	115	255	4493		
临安市		172	3683	4035		
宁波市	**2712**	**3540**	**14612**	**44810**	**62721**	**13821**
海曙区	2133	955	377	7118	183	851
江东区		3	990	5374	57570	72
江北区			100	2670	1428	361
北仑区		85	9134	3586		9751
镇海区	3	504		1561		
鄞州区	577		560	9171	2890	2752
象山县		54	1090	3372	650	
宁海县		73	145	1063		
余姚市		82	734	3043		32
慈溪市		1693	884	5541		2
奉化市		92	599	2312		
温州市	**7479**	**6220**	**12743**	**31139**	**166**	**333**
鹿城区	795	559	5818	5587	166	308
龙湾区		…	315	788		
瓯海区		100	33	1351		
洞头县			2150	3310		
永嘉县	4981			8500		25
平阳县	90	2490	50	4749		

2－B－6 续表2－2

单位：万元、人

地区	国家资本	集体资本	法人资本	个人资本	港澳台资本	外商资本
苍南县		2647	976	2288		
文成县	3	30	200			
泰顺县	23					
瑞安市	103	317	534	2203		
乐清市	1485	77	2668	2364		
嘉兴市	**1315**	**668**	**8871**	**22687**	**5910**	**11252**
南湖区	50	133	5994	2239		
秀洲区	140	348	45	2824		100
嘉善县			146	987	1255	
海盐县	1010	12	258	691		145
海宁市		31	1680	6104	4490	101
平湖市	115	89	168	4234	166	10906
桐乡市		56	580	5609		
湖州市	**1191**	**1523**	**5498**	**8752**	**6017**	**2294**
吴兴区	1091	50	162	1564		
南浔区		1010		568	400	
德清县		427	1785	4527	670	1081
长兴县			102	1215	2645	220
安吉县	100	37	3449	879	2302	993
绍兴市	**386**	**645**	**5211**	**17196**	**640**	**208**
越城区	373	216	2981	3009		52
绍兴县	12	350	1768	5809		156
新昌县		10	293	1065		
诸暨市				4081	640	
上虞市		40		2782		
嵊州市	...	28	169	450		
金华市	**91**	**535**	**4640**	**45791**	**8957**	**689**
婺城区	30	315	724	2503		
金东区				30		
武义县			25	705		
浦江县			666	6		
磐安县		10	2060	1160		
兰溪市	11			683		
义乌市	50		1036	26987	8957	669

2-B-6 续表2-3 单位：万元、人

地区	国家资本	集体资本	法人资本	个人资本	港澳台资本	外商资本
东阳市		210		2622		
永康市			129	11097		20
衢州市	**460**	**242**	**210**	**7335**	**490**	
柯城区		1	140	1867	490	
衢江区			70	55		
常山县	200	19		907		
开化县	160	110		1041		
龙游县				700		
江山市	100	113		2765		
舟山市	**2878**	**681**	**4460**	**12144**	**1072**	**80**
定海区	10	161	1010	3593		
普陀区	2838	264	2940	5496		80
岱山县		5	510	1001	1072	
嵊泗县	30	251		2054		
台州市	**715**	**2766**	**3515**	**23364**	**19728**	**16**
椒江区	50	40		1452		
黄岩区	600	1326	58	1931		
路桥区	10	463	3377	5765		16
玉环县				1128		
三门县				1058		
天台县		57		614		
仙居县		100	50	575		
温岭市		210		8316	19728	
临海市	55	570	30	2525		
丽水市	**323**	**150**	**11107**	**4067**		
莲都区		60	553	1097		
青田县			91	752		
缙云县	23	90	70	379		
遂昌县			80	173		
松阳县	300		308	440		
云和县				100		
庆元县				700		
景宁畲族自治县				375		
龙泉市			10005	51		

2－B－6　续表3－1　　　　单位：万元、人

地　区	本年折旧	营业收入	主营业务收　入	营业成本	主营业务成　本	营业税金及附加
总　计	**39017**	**481826**	**472506**	**251227**	**246865**	**23147**
杭州市	**12549**	**129520**	**127748**	**61113**	**60197**	**6968**
上城区	780	22686	22589	8503	8491	1323
下城区	3020	16164	15598	6605	6372	870
江干区	511	7162	7091	2527	2524	436
拱墅区	901	12000	11674	4851	4810	661
西湖区	2518	25451	25157	10598	10186	1552
滨江区	88	2444	2444	1264	1238	135
萧山区	317	6440	6434	4828	4802	316
余杭区	835	14480	14471	8504	8504	669
桐庐县	722	4556	4437	3198	3127	138
淳安县	353	4126	4126	2381	2381	161
建德市	247	2298	2148	1041	1041	88
富阳市	516	6560	6448	3619	3542	371
临安市	1741	5154	5131	3194	3181	250
宁波市	**7005**	**78962**	**76488**	**41277**	**39597**	**4270**
海曙区	1159	13593	13560	5740	5674	721
江东区	655	9166	9090	4532	4528	552
江北区	450	6376	6195	3113	2905	463
北仑区	1095	9031	9027	5077	5076	545
镇海区	82	2745	2201	1606	1206	145
鄞州区	572	6634	6587	4008	4005	278
象山县	257	3413	3373	1654	1654	186
宁海县	143	2633	2624	1525	1522	102
余姚市	367	9368	9217	5609	5520	437
慈溪市	1423	12237	10849	6819	5914	694
奉化市	802	3767	3766	1594	1594	148
温州市	**3353**	**36540**	**35891**	**19623**	**19471**	**1697**
鹿城区	834	11075	10919	5721	5712	674
龙湾区	34	453	453	224	224	28
瓯海区	117	1872	1872	1012	1012	104
洞头县	23	144	144	74	74	6
永嘉县	507	4929	4903	2391	2386	228
平阳县	231	4308	4303	2624	2620	121

2－B－6 续表3－2 单位：万元、人

地　　区	本年折旧	营业收入	主营业务收　　入	营业成本	主营业务成　　本	营业税金及附加
苍南县	492	5007	4762	3317	3281	128
文成县	57	682	682	477	477	11
泰顺县	3	59	59	11	11	5
瑞安市	324	3611	3606	1836	1836	131
乐清市	731	4400	4187	1937	1839	262
嘉兴市	**2661**	**48642**	**46390**	**24586**	**23960**	**1923**
南湖区	374	6506	6506	3347	3347	311
秀洲区	105	1560	1528	928	888	85
嘉善县	249	3310	3302	1264	1264	96
海盐县	214	4225	4225	2101	2101	178
海宁市	594	12193	11948	5656	5552	375
平湖市	172	3032	2962	2052	2021	137
桐乡市	954	17817	15919	9239	8787	741
湖州市	**1004**	**9433**	**9347**	**4886**	**4801**	**445**
吴兴区	314	3366	3316	1356	1295	163
南浔区	52	722	708	502	483	41
德清县	218	1728	1728	932	932	85
长兴县	194	1698	1688	994	990	72
安吉县	226	1920	1908	1102	1102	84
绍兴市	**2520**	**37300**	**36668**	**19920**	**19505**	**1595**
越城区	377	9497	9497	4487	4487	571
绍兴县	747	8755	8635	4552	4550	295
新昌县	274	5218	5182	2899	2868	294
诸暨市	764	4493	4313	2426	2392	128
上虞市	260	5395	5395	2870	2870	224
嵊州市	98	3942	3647	2687	2338	83
金华市	**4700**	**64751**	**64169**	**37582**	**37398**	**3069**
婺城区	308	4976	4945	2980	2973	192
金东区	...	46	46	30	30	1
武义县	65	404	404	220	220	22
浦江县	55	1028	1028	458	458	64
磐安县	72	823	823	385	385	29
兰溪市	63	931	931	500	499	32
义乌市	2907	38487	38226	22323	22278	1917

2－B－6 续表3－3

单位：万元、人

地 区	本年折旧	营业收入	主营业务收入	营业成本	主营业务成本	营业税金及附加
东阳市	281	3109	3023	2009	2007	160
永康市	948	14947	14744	8678	8549	652
衢州市	**780**	**5517**	**5376**	**3311**	**3284**	**207**
柯城区	249	2068	2060	1324	1322	66
衢江区	13	317	317	153	153	15
常山县	221	552	522	343	343	8
开化县	78	595	595	396	396	36
龙游县	131	734	733	423	423	16
江山市	89	1251	1149	673	648	67
舟山市	**1474**	**16524**	**15892**	**7688**	**7498**	**1015**
定海区	398	5290	5166	2907	2904	301
普陀区	822	8995	8586	3629	3523	605
岱山县	141	1015	985	482	454	56
嵊泗县	114	1224	1155	670	618	53
台州市	**2186**	**42649**	**42601**	**25152**	**25096**	**1510**
椒江区	151	1992	1992	887	887	99
黄岩区	256	8645	8645	5778	5778	268
路桥区	450	10755	10747	6590	6562	180
玉环县	16	467	467	263	263	33
三门县	60	790	775	446	438	42
天台县	58	1258	1234	756	737	46
仙居县	47	1454	1454	888	888	42
温岭市	845	14474	14474	7837	7837	632
临海市	303	2815	2815	1706	1706	169
丽水市	**786**	**11989**	**11937**	**6089**	**6057**	**449**
莲都区	152	8269	8269	3917	3917	343
青田县	38	1574	1549	919	901	25
缙云县	48	572	566	319	315	20
遂昌县	47	226	226	162	162	3
松阳县	106	628	607	366	355	39
云和县	13	90	90	28	28	5
庆元县	15	148	148	94	94	1
景宁畲族自治县	46	245	245	137	137	10
龙泉市	321	236	236	147	147	3

2－B－6 续表4－1 单位:万元、人

地区	主营业务税金及附加	主营业务利润	其他业务利润	营业费用、管理费用、财务费用合计	#税金	#利息支出
总计	**22949**	**202692**	**7496**	**174038**	**4282**	**4133**
杭州市	**6848**	**60703**	**2442**	**68372**	**1338**	**1432**
上城区	1323	12776	514	14517	183	73
下城区	865	8362	756	10282	129	332
江干区	433	4134	120	7257	61	42
拱墅区	649	6215	215	7679	39	134
西湖区	1530	13441	338	15697	392	－24
滨江区	135	1071		1142		
萧山区	314	1318	15	1270	184	71
余杭区	598	5369	192	4562	169	578
桐庐县	137	1173	13	926	55	21
淳安县	161	1584	61	1175	18	37
建德市	87	1019	160	959	26	11
富阳市	370	2536	33	2102	52	56
临安市	246	1703	25	804	31	102
宁波市	**4245**	**32646**	**1433**	**32204**	**866**	**1050**
海曙区	720	7167	52	7582	145	199
江东区	551	4012	112	4673	167	47
江北区	463	2827	234	3956	53	6
北仑区	545	3406	9	5258	92	455
镇海区	145	849	147	870	16	13
鄞州区	275	2307	27	2422	92	29
象山县	184	1535	40	1193	87	41
宁海县	102	1001	6	634	13	33
余姚市	432	3265	79	1779	83	47
慈溪市	682	4253	727	2982	90	152
奉化市	148	2025		855	29	27
温州市	**1691**	**14728**	**187**	**11845**	**350**	**133**
鹿城区	673	4533	101	4145	76	19
龙湾区	28	201		120	11	...
瓯海区	104	756		737	22	11
洞头县	6	64		86	1	
永嘉县	228	2290	28	1654	58	42
平阳县	121	1562		1152	105	...

2－B－6 续表4－2

单位：万元、人

地　　区	主营业务税金及附加	主营业务利润	其他业务利润	营业费用、管理费用、财务费用合计	#税金	#利息支出
苍南县	123	1358	46	1184	27	53
文成县	11	194		145	5	
泰顺县	5	44		14		
瑞安市	131	1640	11	1167	16	1
乐清市	262	2086	1	1443	28	7
嘉兴市	**1910**	**20520**	**1713**	**15079**	**247**	**256**
南湖区	309	2850	39	2279	17	118
秀洲区	83	557	64	740	12	
嘉善县	96	1943	5	1194	8	4
海盐县	178	1946		1323	11	1
海宁市	375	6020	195	3355	111	26
平湖市	135	806	42	1364	24	32
桐乡市	734	6398	1368	4824	66	75
湖州市	**441**	**4105**	**30**	**2837**	**34**	**268**
吴兴区	161	1860	－1	1229	9	249
南浔区	40	185		148	1	1
德清县	85	711	8	605	15	2
长兴县	71	627	6	476	2	
安吉县	84	722	17	379	7	16
绍兴市	**1590**	**15574**	**297**	**9365**	**319**	**277**
越城区	571	4439	66	3603	104	84
绍兴县	295	3790	92	2392	107	85
新昌县	289	2025	9	733	16	51
诸暨市	128	1793	130	1010	57	20
上虞市	224	2301		1289	30	28
嵊州市	83	1226		338	5	9
金华市	**3068**	**23704**	**492**	**13345**	**253**	**201**
婺城区	192	1779	35	1448	85	6
金东区	1	14		10		
武义县	22	162		147		10
浦江县	64	507		358		3
磐安县	29	410		345	3	1
兰溪市	32	401	…	237		…
义乌市	1917	14031	299	7240	24	122

2-B-6 续表4-3

单位：万元、人

地　　区	主营业务税金及附加	主营业务利　润	其他业务利　润	营业费用、管理费用、财务费用合　计	#税金	#利息支出
东阳市	159	857	83	666	19	18
永康市	652	5543	74	2895	121	41
衢州市	**205**	**1886**	**99**	**1186**	**34**	**53**
柯城区	66	673	8	402	3	4
衢江区	15	149		37	2	13
常山县	8	172	10	91	1	1
开化县	36	162		53	22	12
龙游县	16	295	1	385	1	13
江山市	65	437	80	219	5	10
舟山市	**1002**	**7391**	**430**	**6431**	**341**	**215**
定海区	301	1962	121	2673	105	40
普陀区	597	4466	295	2966	214	107
岱山县	54	477		485	14	13
嵊泗县	50	488	13	308	8	56
台州市	**1506**	**16000**	**94**	**9774**	**370**	**116**
椒江区	99	1006		676	10	41
黄岩区	268	2599	41	1532	10	
路桥区	178	4007	20	2714	242	37
玉环县	31	172		261	2	
三门县	42	295	7	137	16	11
天台县	45	452	4	322	1	13
仙居县	42	524	4	186	1	
温岭市	632	6005	18	3051	31	8
临海市	169	940		896	58	7
丽水市	**444**	**5436**	**279**	**3599**	**130**	**132**
莲都区	343	4009	236	2598	81	33
青田县	24	624	25	407	16	6
缙云县	20	230	2	139	3	9
遂昌县	3	61		22	10	2
松阳县	34	218	16	242	15	64
云和县	5	57		66		
庆元县	1	54		5		
景宁畲族自治县	10	98		60		
龙泉市	3	86		61	5	19

2-B-6 续表5-1

单位：万元、人

地　区	营业利润	职工工资和福利费（包括养老、医疗、失业、工伤、生育保险和住房公积金）	本年应交增值税	全部从业人员年平均人数	资产减值损失	公允价值变动收益	投资收益
总　计	**36275**	**91200**	**1904**	**58193**	**9**	**-30**	**1541**
杭州市	**-4987**	**24512**	**359**	**16008**	**3**	**-30**	**1554**
上城区	-1220	3696	11	2549			7
下城区	-1164	2816	25	1824			29
江干区	-3003	1563	10	1062	...		1518
拱墅区	-1249	2000	54	1392			
西湖区	-1968	5607	8	3087	2		
滨江区	-71	496		297			
萧山区	347	1598	60	1126	1		
余杭区	999	2269	33	1615			
桐庐县	260	935	37	566			
淳安县	471	753	7	538		-30	
建德市	220	445	12	387			
富阳市	467	1197	12	696			
临安市	924	1137	91	869			
宁波市	**1873**	**18833**	**303**	**11526**			**-2**
海曙区	-363	3481	31	2187			
江东区	-550	2584	10	1737			
江北区	-895	1384	1	923			
北仑区	-1845	1982	1	1282			-2
镇海区	127	831	...	467			
鄞州区	-88	1479	33	953			
象山县	383	709		347			
宁海县	373	492	9	357			
余姚市	1564	2504	143	1332			
慈溪市	1998	2470	41	1534			
奉化市	1170	916	33	407			
温州市	**3070**	**6570**	**355**	**4715**	**4**		**-8**
鹿城区	489	2342	1	1596			-19
龙湾区	81	146	6	114			
瓯海区	19	438	13	278			
洞头县	-21	54		48			
永嘉县	664	870	69	628			11
平阳县	410	483	181	351			

2－B－6 续表5－2

单位：万元、人

地 区	营业利润	职工工资和福利费（包括养老、医疗、失业、工伤、生育保险和住房公积金）	本年应交增值税	全部从业人员年平均人数	资产减值损失	公允价值变动收益	投资收益
苍南县	220	601	11	438			
文成县	50	111	8	101			
泰顺县	30	22		8			
瑞安市	484	652	3	540			
乐清市	644	851	62	613	4		
嘉兴市	**7154**	**8647**	**40**	**4807**			
南湖区	610	1179	4	905			
秀洲区	－119	226	2	341			
嘉善县	754	937	2	467			
海盐县	624	602	25	266			
海宁市	2861	1847	4	825			
平湖市	－516	836	…	614			
桐乡市	2941	3020	3	1389			
湖州市	**1282**	**1871**	**32**	**1397**	**…**		**－3**
吴兴区	615	445	20	249	…		
南浔区	36	176		95			
德清县	114	488	11	430			
长兴县	157	407	1	292			
安吉县	360	355		331			－3
绍兴市	**6506**	**7307**	**115**	**4211**			
越城区	902	2379	49	1448			
绍兴县	1489	1353		1029			
新昌县	1302	951	1	497			
诸暨市	913	1417		657			
上虞市	1012	860		324			
嵊州市	888	347	65	256			
金华市	**10753**	**10304**	**197**	**6993**			
婺城区	260	1245	82	844			
金东区	4	9		5			
武义县	15	101	6	61			
浦江县	148	244	3	138			
磐安县	65	345	5	207			
兰溪市	164	195		147			
义乌市	7090	5713	54	3861			

2－B－6　续表5－3

单位：万元、人

地　区	营业利润	职工工资和福利费（包括养老、医疗、失业、工伤、生育保险和住房公积金）	本年应交增值税	全部从业人员年平均人数	资产减值损失	公允价值变动收益	投资收益
东阳市	274	493	1	314			
永康市	2732	1959	46	1416			
衢州市	**800**	**1049**	**19**	**823**			
柯城区	279	338	14	248			
衢江区	112	98		78			
常山县	91	120		95			
开化县	109	149		123			
龙游县	－89	131		114			
江山市	298	212	5	165			
舟山市	**1390**	**3834**	**34**	**2204**	**…**		
定海区	－590	1160	8	781			
普陀区	1795	2011	18	999	…		
岱山县	－8	438	5	221			
嵊泗县	193	225	4	203			
台州市	**6320**	**6669**	**444**	**4245**	**2**		
椒江区	330	492	6	333			
黄岩区	1108	1320	107	683			
路桥区	1313	1725	304	1211	2		
玉环县	－89	255	15	171			
三门县	165	108	5	120			
天台县	135	201	7	162			
仙居县	343	260		169			
温岭市	2972	1731		959			
临海市	44	578		437			
丽水市	**2116**	**1606**	**6**	**1264**			
莲都区	1648	838		552			
青田县	242	283	2	215			
缙云县	94	105	1	115			
遂昌县	39	66	2	64			
松阳县	－9	163		125			
云和县	－9	14		15			
庆元县	49	18		23			
景宁畲族自治县	38	51		48			
龙泉市	25	69	…	107			

第三篇 Part Three

房地产业

Real Estate

浙江经济普查年鉴 2008

Zhejiang Economic Census Yearbook

A. 房地产开发企业

3－A－1　按登记注册类型、控股情况和资质等级分组的房地产开发企业投资情况

单位：万元、万平方米

指标名称	计划总投资	自开始建设累计完成投资	本年完成投资	土地开发投资	配套工程投资	建筑工程	安装工程	设备工器具购置
总计	**93724016**	**63002461**	**20231177**	**461715**	**787240**	**11069093**	**926074**	**244823**
一、按登记注册类型分								
内资	**85018479**	**57911715**	**18599127**	**422627**	**716802**	**10196050**	**822935**	**231438**
国有	3448646	2254494	656301	1033	14368	454034	24144	14546
集体	282057	173501	86280	929	547	36855	1201	389
股份合作企业	148136	108388	27417		7694	19750	515	1115
联营企业	347757	258548	92030		1087	68690	2778	
国有联营	346257	256605	90943			68611	1770	
国有与集体联营	1500	1943	1087		1087	79	1008	
有限责任公司	45331526	30688830	9364878	183627	347461	5086018	433617	124696
国有独资公司	1414503	792113	312954	995	10158	166361	2070	4168
其他有限责任公司	43917023	29896717	9051924	182632	337303	4919657	431547	120528
股份有限公司	3923494	2592546	836800	5896	64482	404459	32045	9072
私营企业	30259559	21109483	7203952	228712	263781	3997755	297159	80095
私营独资	453683	357299	126547	51980	6272	42328	8039	357
私营合伙	20220	19035	4391		10	2815	1296	
私营有限责任公司	29042170	20296490	6931931	173199	250554	3859060	281620	78626
私营股份有限公司	743486	436659	141083	3533	6945	93552	6204	1112
其他	1277304	725925	331469	2430	17382	128489	31476	1525
港澳台商投资	**3892596**	**2471516**	**757479**	**1658**	**42582**	**432764**	**68902**	**7729**
与港澳台商合资经营	1903362	1190584	297673	334	32559	205390	23526	5026
与港澳台商合作经营	465364	245977	75406			38757	10456	607

3－A－1 续表1－1

单位：万元、万平方米

指标名称	计划总投资	自开始建设累计完成投资	本年完成投资	土地开发投资	配套工程投资	建筑工程	安装工程	设备工器具购置
港澳台商独资	1268554	883462	320879	1324	9551	139663	27553	1096
港澳台商投资股份有限公司	255316	151493	63521		472	48954	7367	1000
外商投资	**4812941**	**2619230**	**874571**	**37430**	**27856**	**440279**	**34237**	**5656**
中外合资经营	2045409	1280112	347321	12364	14207	188407	20400	1924
中外合作经营	6368	6807	3912			3912		
外资企业	2707228	1296127	508129	25036	11666	240616	13815	3732
外商投资股份有限公司	53936	36184	15209	30	1983	7344	22	
二、按控股情况分								
国有控股	11817246	7456261	2347963	19098	82441	1399564	103080	42714
集体控股	4933643	3500061	995624	21893	61294	528034	62420	14275
私人控股	53403118	38509918	12808108	312114	424611	7103132	539423	156104
港澳台商控股	3771396	2398454	724697	1573	42472	413546	72339	7669
外商控股	4925016	2678752	919578	37430	26762	482658	34033	7994
其他	14873597	8459015	2435207	69607	149660	1142159	114779	16067
三、按资质等级分								
一级	8290873	5734260	1790414	11747	62160	963863	79031	32942
二级	19131909	14137472	3691072	42605	132205	2103044	174363	55782
三级	29060124	20770241	6082288	112398	271460	3600997	314721	64420
四级	4600452	3526863	998824	21949	64099	648336	46944	11498
暂定	24904774	14794401	6225211	214095	177760	3176286	226085	63948
其他	7735884	4039224	1443368	58921	79556	576567	84930	16233

3－A－1 续表2－1 单位：万元、万平方米

指标名称	其他费用	旧建筑物购置费	土地购置费	住宅	90平方米以下住房	140平方米以上住房	经济适用房	别墅、高档公寓
总计	**7991187**	**10763**	**6043533**	**14265508**	**3722733**	**5010598**	**491452**	**1444881**
一、按登记注册类型分								
内资	**7348704**	**10763**	**5632421**	**13219390**	**3502981**	**4574872**	**484280**	**1250053**
国有	163577	950	66886	534830	221445	70146	205820	10574
集体	47835		45819	64050	2952	14879	1504	2737
股份合作企业	6037		4592	21444	5876	8392		
联营企业	20562		19800	56648	20719	16643	8620	
国有联营	20562		19800	55993	20719	15988	8620	
国有与集体联营				655		655		
有限责任公司	3720547	1452	2801239	6728745	1825507	2488966	129607	709924
国有独资公司	140355		85019	240917	85554	41197	20879	1383
其他有限责任公司	3580192	1452	2716220	6487828	1739953	2447769	108728	708541
股份有限公司	391224		286420	552612	192041	170621	30198	51718
私营企业	2828943	8361	2276168	5061822	1162739	1731636	98531	474582
私营独资	75823		67877	91963	55755	25852		
私营合伙	280			2403	690	1713		
私营有限责任公司	2712625	8361	2181291	4892879	1089528	1682692	98531	471483
私营股份有限公司	40215		27000	74577	16766	21379		3099
其他	169979		131497	199239	71702	73589	10000	518
港澳台商投资	**248084**		**175969**	**439791**	**124634**	**154596**	**5604**	**60162**
与港澳台商合资经营	63731		38213	204232	58312	72340	5604	41722
与港澳台商合作经营	25586		8000	20697	9992	312		10810

3－A－1 续表2－2 单位：万元、万平方米

指标名称	其他费用	旧建筑物购置费	土地购置费	住宅	90平方米以下住房	140平方米以上住房	经济适用房	别墅、高档公寓
港澳台商独资	152567		124756	182123	54426	55559		2255
港澳台商投资股份有限公司	6200		5000	32739	1904	26385		5375
外商投资	**394399**		**235143**	**606327**	**95118**	**281130**	**1568**	**134666**
中外合资经营	136590		105002	218717	40185	131203		26475
中外合作经营				2286	1401		1568	
外资企业	249966		124535	374611	53532	145629		104427
外商投资股份有限公司	7843		5606	10713		4298		3764
二、按控股情况分								
国有控股	802605	950	526325	1745168	506428	445538	240623	93370
集体控股	390895	168	305923	728999	156102	257132	9456	87093
私人控股	5009449	8384	3975052	8914970	2273735	3274398	203990	877596
港澳台商控股	231143		163759	414404	118432	150666	2546	60162
外商控股	394893		234173	600697	92668	287363	1568	134666
其他	1162202	1261	838301	1861270	575368	595501	33269	191994
三、按资质等级分								
一级	714578	670	544696	1303744	274340	431781	29747	131089
二级	1357883	950	964282	2644663	658881	901710	104449	216825
三级	2102150	7379	1582507	4360975	1192250	1553091	179247	432010
四级	292046	375	211487	710518	165461	151605	13096	126226
暂定	2758892	133	2250475	4129728	1085400	1633771	78995	424845
其他	765638	1256	490086	1115880	346401	338640	85918	113886

3－A－1 续表3－1

单位:万元、万平方米

指 标 名 称	办公楼	商业营业用房	其 他	本年新增固定资产	本年资金来源合计	上年末结余资金	本年资金来源小计	国内贷款
总 计	**1374590**	**2087399**	**2503680**	**11316600**	**36706349**	**6834125**	**29872224**	**6646244**
一、按登记注册类型分								
内 资	**1270214**	**1845433**	**2264090**	**10405413**	**33162299**	**6034282**	**27128017**	**6156990**
国 有	23722	38187	59562	554722	1045985	182617	863368	265671
集 体	412	3026	18792	53466	102991	21405	81586	10495
股份合作企业	616	3765	1592	27707	50805	819	49986	8200
联营企业	510	15032	19840	27741	104642	9668	94974	27000
国有联营	510	14600	19840	27741	102671	9093	93578	27000
国有与集体联营		432			1971	575	1396	
有限责任公司	700334	733494	1202305	5294009	17906225	3433348	14472877	3428481
国有独资公司	5407	15073	51557	272073	477622	55693	421929	116914
其他有限责任公司	694927	718421	1150748	5021936	17428603	3377655	14050948	3311567
股份有限公司	86610	61284	136294	588468	2021587	466463	1555124	552041
私营企业	414885	940008	787237	3779169	11327986	1853354	9474632	1674082
私营独资	9552	13971	11061	53252	238528	29903	208625	45667
私营合伙	870	792	326	1	10097	536	9561	4600
私营有限责任公司	375480	900601	762971	3624762	10842649	1785220	9057429	1559115
私营股份有限公司	28983	24644	12879	101154	236712	37695	199017	64700
其 他	43125	50637	38468	80131	602078	66608	535470	191020
港澳台商投资	**41819**	**134591**	**141278**	**558713**	**1447517**	**362382**	**1085135**	**143783**
与港澳台商合资经营	7123	35851	50467	356737	796738	203652	593086	60070
与港澳台商合作经营	14358	20440	19911	4038	101316	3910	97406	39050

3－A－1 续表3－2 单位：万元、万平方米

指 标 名 称	办公楼	商业营业用房	其他	本年新增固定资产	本年资金来源合计	上年末结余资金	本年资金来源小计	国内贷款
港澳台商独资	14277	60317	64162	192047	449565	142798	306767	29000
港澳台商投资股份有限公司	6061	17983	6738	5891	99898	12022	87876	15663
外商投资	**62557**	**107375**	**98312**	**352474**	**2096533**	**437461**	**1659072**	**345471**
中外合资经营	39884	46496	42224	285358	895879	71220	824659	232122
中外合作经营		621	1005		9061	215	8846	405
外资企业	22673	58629	52216	67092	1162614	365638	796976	112944
外商投资股份有限公司		1629	2867	24	28979	388	28591	
二、按控股情况分								
国有控股	118976	163136	320683	1674139	4331896	734588	3597308	1172762
集体控股	69936	64926	131763	646655	1935388	363182	1572206	336110
私人控股	866457	1460152	1566529	6762688	20962092	3339313	17622779	3691266
港澳台商控股	41819	132959	135515	521801	1380491	362447	1018044	133383
外商控股	74178	137586	107117	288535	2139388	439705	1699683	340971
其他	203224	128640	242073	1422782	5957094	1594890	4362204	971752
三、按资质等级分								
一级	110006	148041	228623	1101886	3916284	672110	3244174	1054703
二级	254829	336994	454586	2954605	6978058	1342603	5635455	1133550
三级	400936	550988	769389	3988667	10128397	1798696	8329701	1634310
四级	31424	141292	115590	697026	1840639	433035	1407604	169698
暂定	481017	789288	825178	2026212	10409078	1517700	8891378	2065975
其他	96378	120796	110314	548204	3433893	1069981	2363912	588008

3－A－1 续表4－1 单位：万元、万平方米

指标名称	银行贷款	非银行金融机构贷款	利用外资	外商直接投资	自筹资金	自有资金	其他资金来源	定金及预收款
总计	**6318889**	**327355**	**274651**	**274651**	**7566981**	**3768705**	**15384348**	**8624954**
一、按登记注册类型分								
内资	**5849162**	**307828**			**6984425**	**3619578**	**13986602**	**7812868**
国有	259478	6193			162775	77644	434922	289966
集体	8100	2395			27343	7751	43748	20382
股份合作企业	8200				29964	2964	11822	3149
联营企业	27000				15000	15000	52974	45402
国有联营	27000				15000	15000	51578	44965
国有与集体联营							1396	437
有限责任公司	3233787	194694			3321731	1570841	7722665	4205594
国有独资公司	116614	300			96517	44870	208498	60414
其他有限责任公司	3117173	194394			3225214	1525971	7514167	4145180
股份有限公司	550532	1509			392912	267713	610171	363945
私营企业	1571365	102717			2882407	1624811	4918143	2784441
私营独资	43590	2077			81830	65534	81128	39276
私营合伙	4600				2244	2120	2717	2011
私营有限责任公司	1459295	99820			2744523	1522096	4753791	2684681
私营股份有限公司	63880	820			53810	35061	80507	58473
其他	190700	320			152293	52854	192157	99989
港澳台商投资	**138283**	**5500**	**56166**	**56166**	**361131**	**65037**	**524055**	**278308**
与港澳台商合资经营	55070	5000	4657	4657	237275	44656	291084	146673
与港澳台商合作经营	39050				43202	2844	15154	6504

3－A－1 续表4－2 单位：万元、万平方米

指标名称	银行贷款	非银行金融机构贷款	利用外资	外商直接投资	自筹资金	自有资金	其他资金来源	定金及预收款
港澳台商独资	28500	500	50597	50597	51475	6887	175695	85372
港澳台商投资股份有限公司	15663		912	912	29179	10650	42122	39759
外商投资	**331444**	**14027**	**218485**	**218485**	**221425**	**84090**	**873691**	**533778**
中外合资经营	228600	3522	3055	3055	114782	56758	474700	280642
中外合作经营		405			300	300	8141	6706
外资企业	102844	10100	210531	210531	106343	27032	367158	241641
外商投资股份有限公司			4899	4899			23692	4789
二、按控股情况分								
国有控股	1146109	26653			724247	289471	1700299	903090
集体控股	318880	17230			292667	112965	943429	597256
私人控股	3442135	249131			4910561	2642757	9020952	5014405
港澳台商控股	127883	5500	56166	56166	338182	54348	490313	262765
外商控股	326944	14027	218485	218485	244424	82079	895803	565782
其他	956938	14814			1056900	587085	2333552	1281656
三、按资质等级分								
一级	1052508	2195			546263	331984	1643208	939289
二级	1111016	22534			922004	464833	3579901	2026328
三级	1569769	64541	27941	27941	2101633	1015336	4565817	2617622
四级	152652	17046	5210	5210	434070	267473	798626	411316
暂定	1866730	199245	151875	151875	2749870	1352229	3923658	2200947
其他	566214	21794	89625	89625	813141	336850	873138	429452

3－A－1 续表5－1

单位：万元、万平方米

指标名称	个人按揭贷款	本年各项应付款合计	工程款	本年完成开发土地面积	待开发土地面积	本年购置土地面积	本年土地成交价款
总计	**4824038**	**3487089**	**1717423**	**1252**	**2059**	**1834**	**4600122**
一、按登记注册类型分							
内资	**4371262**	**3164613**	**1636997**	**1185**	**1874**	**1743**	**4372657**
国有	34236	179311	102973	27	36	40	20586
集体	5835	46863	6055	9	4	7	38574
股份合作企业	513	7084	7084				
联营企业	7072						
国有联营	6613						
国有与集体联营	459						
有限责任公司	2444303	1589592	866703	476	917	791	1939706
国有独资公司	39339	31184	30882	23	6	20	53028
其他有限责任公司	2404964	1558408	835821	453	910	770	1886678
股份有限公司	204873	113456	67638	66	100	75	244839
私营企业	1626506	1173746	550130	583	794	801	1916833
私营独资	41847	37661	24788	7	1	4	7956
私营合伙	706	1260	1138		4		
私营有限责任公司	1562582	1070992	502667	554	771	769	1853919
私营股份有限公司	21371	63833	21537	22	18	28	54958
其他	47924	54561	36414	24	24	30	212119
港澳台商投资	**213107**	**214859**	**42740**	**27**	**90**	**54**	**91171**
与港澳台商合资经营	138614	43514	16680	11	47	38	32927
与港澳台商合作经营	8650	35446	2051		12		

3-A-1 续表5-2

单位:万元、万平方米

指标名称	个人按揭贷款	本年各项应付款合计	工程款	本年完成开发土地面积	待开发土地面积	本年购置土地面积	本年土地成交价款
港澳台商独资	63480	131099	20209	16	32	13	49308
港澳台商投资股份有限公司	2363	4800	3800			4	8936
外商投资	**239669**	**107617**	**37686**	**40**	**95**	**36**	**136294**
中外合资经营	108323	75981	20487	14	6	9	111655
中外合作经营	1435	1495	185				
外资企业	116020	22790	17012	25	89	28	24639
外商投资股份有限公司	13891	7351	2	1	...		
二、按控股情况分							
国有控股	410669	497349	244977	161	234	160	247296
集体控股	284189	234839	92244	58	87	71	255387
私人控股	2881401	2015954	1043418	923	1236	1314	3242407
港澳台商控股	194908	215315	43196	22	90	51	83041
外商控股	229807	107617	37686	40	90	36	136294
其　他	823064	416015	255902	48	322	202	635697
三、按资质等级分							
一　级	623254	168123	114698	84	115	115	348653
二　级	892549	561123	349950	180	225	194	548980
三　级	1326978	1178394	541500	331	549	363	1159819
四　级	309007	280150	115486	63	167	110	198549
暂　定	1352618	989587	458556	541	774	900	1945595
其　他	319632	309712	137233	53	229	151	398526

3－A－2 按地区分组的房地产开发企业投资情况

单位:万元、万平方米

地 区	计 划总投资	自开始建设累计完成投资	本年完成投资	土地开发投资	配套工程投资	建筑工程	安装工程	设备工器具购置
总 计	**93724016**	**63002461**	**20231177**	**461715**	**787240**	**11069093**	**926074**	**244823**
杭州市	**35380183**	**21736150**	**6154060**	**96251**	**364012**	**3100547**	**400657**	**52479**
上城区	2151841	1568477	450605	3554	761	197862	46705	3452
下城区	2992227	2253335	557138	1500	48849	315139	17867	3788
江干区	6540634	4691131	1137586	18312	91092	662652	62498	8628
拱墅区	1787994	1034826	264346		18033	108462	15119	4580
西湖区	6532296	3371706	1011673	51792	83465	402436	48677	22009
滨江区	2768516	1881015	608791	19013	26813	232509	32231	1075
萧山区	3089153	2084612	642514		10324	367283	65120	1806
余杭区	4868398	2217935	615540		22710	378560	46698	2247
桐庐县	648774	439974	139197		13600	67440	4569	1397
淳安县	577958	340683	152391	2080	18772	94255	15575	1001
建德市	712983	250702	115565		1832	46456	4626	74
富阳市	1360234	926935	296548		4718	145575	12256	1072
临安市	1349175	674819	162166		23043	81918	28716	1350
宁波市	**12229038**	**8556027**	**3077538**	**35149**	**142107**	**1869633**	**139244**	**59971**
海曙区	1242174	1026413	268934	2331	15837	201184	9547	4012
江东区	2423819	1571812	547309	1538	27884	313315	37992	12609
江北区	1008105	739536	225760	157	15037	117479	11547	9894
北仑区	731806	483971	192319	1200	9320	101576	7965	1642
镇海区	1138891	562856	220591	13534	12505	120098	5436	1239
鄞州区	3088187	2157281	756924	2291	24938	545338	36299	12598
象山县	510822	416672	188947	4793	9434	124908	10463	2154
宁海县	326501	201525	101667		2054	57711	1357	1235
余姚市	666267	545013	263479	3087	12594	146364	12299	7668
慈溪市	690103	545501	231159	4871	9027	85720	3305	4838
奉化市	402363	305447	80449	1347	3477	55940	3034	2082
温州市	**8828023**	**6409478**	**2193919**	**28161**	**32390**	**1135063**	**33225**	**35660**
鹿城区	5456936	3929772	1288416	16405	19999	638554	10928	24832
龙湾区	437109	323647	132898	1658	329	45191	1288	1313
瓯海区	321722	210042	73273	100	489	54805	451	641
洞头县	70881	64397	10234			9746		
永嘉县	400961	279471	99660		2363	61426	2866	1560
平阳县	343239	204860	102481	120	1734	64431	2219	268

3－A－2 续表1－1

单位：万元、万平方米

地　区	计　划 总投资	自开始 建设累计 完成投资	本年完成 投　资	土地开发 投　资	配套工程 投　资	建筑工程	安装工程	设　备 工器具 购　置
苍南县	338936	268761	95841	360	3336	56002	9119	3141
文成县	55388	40768	13420	72		11508	17	28
泰顺县	16169	9713	5766	710		4514	20	22
瑞安市	765584	637984	212584	5073	3134	109899	2841	3274
乐清市	621098	440063	159346	3663	1006	78987	3476	581
嘉兴市	**7933330**	**5649985**	**1811202**	**18937**	**42852**	**1043786**	**95977**	**17587**
南湖区	2297697	1697254	552273	3686	6667	312961	33395	10613
秀洲区	1344415	943331	278002	4638	6468	159411	18453	1230
嘉善县	515972	411807	210357	288	3978	94505	9759	1392
海盐县	494369	207723	110055	2152	10858	57332	3193	1575
海宁市	972262	648981	216923	3521	1973	110011	6903	45
平湖市	1014318	767944	244500	1340	2679	157140	4836	1650
桐乡市	1294297	972945	199092	3312	10229	152426	19438	1082
湖州市	**5506227**	**3492524**	**1068445**	**120747**	**44127**	**645103**	**49251**	**6229**
吴兴区	2469731	1655612	526003	36045	16148	338079	20187	2659
南浔区	142868	133988	42660	5348	2231	35367	1185	13
德清县	862764	649339	145219	24214	2639	90167	6747	562
长兴县	1505590	699633	238334	48967	20920	121612	18271	2196
安吉县	525274	353952	116229	6173	2189	59878	2861	799
绍兴市	**7839619**	**5389528**	**2020573**	**39087**	**53523**	**1102823**	**88911**	**30442**
越城区	2206555	1442658	583076	1764	11987	310662	16956	11846
绍兴县	2587268	1601806	608193	13337	10657	355060	30269	10184
新昌县	298805	202450	91200	60	3926	47282	2191	802
诸暨市	1133664	895084	222081	16616	11882	129721	9380	2064
上虞市	1203087	922235	394745	4503	11871	204218	25969	4173
嵊州市	410240	325295	121278	2807	3200	55880	4146	1373
金华市	**5900439**	**4338425**	**1409595**	**55805**	**24746**	**731350**	**59045**	**20520**
婺城区	1593776	1106667	281835	3591	1450	165842	13648	3726
金东区	402774	296476	65604	406	200	28958	3694	100
武义县	170284	107767	31704	521	1394	26050	624	114
浦江县	269962	286037	74154	26541	24	37991	1379	101
磐安县	91800	49551	8441	2500	500	4960	1551	
兰溪市	450363	268452	110340	16682	5467	42061	6463	5
义乌市	2015191	1480641	547735	2681	11753	243646	17968	16354

3-A-2 续表1-2

单位:万元、万平方米

地区	计划总投资	自开始建设累计完成投资	本年完成投资	土地开发投资	配套工程投资	建筑工程	安装工程	设备工器具购置
东阳市	524357	384288	128011	2843	1673	86382	10731	120
永康市	381932	358546	161771	40	2285	95460	2987	
衢州市	**1824782**	**1418223**	**443875**	**4834**	**10290**	**216198**	**14804**	**1749**
柯城区	1018542	803747	196493	3365	5757	113918	9925	584
衢江区	8560	42533	6133	27	1324	2527	832	143
常山县	118686	88789	35664	2		15954	1012	800
开化县	137133	95499	36248	1101	1280	18449	440	
龙游县	169690	145550	62776	105	216	17000	1636	86
江山市	372171	242105	106561	234	1713	48350	959	136
舟山市	**1577661**	**1010525**	**389546**	**27882**	**5950**	**283796**	**4326**	**3765**
定海区	727493	493705	144300	14583	2452	118406	2868	503
普陀区	546573	317825	175884	11999	3408	120225	303	2800
岱山县	265754	163767	55502	1200	90	34356	755	312
嵊泗县	37841	35228	13860	100		10809	400	150
台州市	**5093961**	**3647278**	**1262494**	**34862**	**53078**	**720615**	**33797**	**13709**
椒江区	1628246	1094977	265100	355	20233	187686	12654	6538
黄岩区	475000	387649	187518	18561	2201	106295	817	103
路桥区	691469	459394	151044			92053	1595	3398
玉环县	397956	345662	90235			49746	2230	63
三门县	166296	90528	34907	2720	3811	21453	475	190
天台县	420404	290647	76665	8444	3010	50147	9627	319
仙居县	175135	158316	42262	1824		33391		
温岭市	573660	515908	246060	2528	23473	107967	6262	1940
临海市	565795	304197	168703	430	350	71877	137	1158
丽水市	**1610753**	**1354318**	**399930**		**14165**	**220179**	**6837**	**2712**
莲都区	755105	607793	178849		4213	81009	3040	627
青田县	309828	244915	92207		5479	49227	2194	1822
缙云县	64465	92075	10378		700	8728	260	210
遂昌县	124891	93904	19066		2453	17687		
松阳县	64153	51629	11707		600	7203	159	
云和县	61720	57458	9820		720	7709	824	16
庆元县	58671	56475	11331			5811	20	
景宁畲族自治县	38439	34831	18825			13825		
龙泉市	133481	115238	47747			28980	340	37

3－A－2 续表 2－1

单位：万元、万平方米

地区	其他费用	旧建筑物购置费	土地购置费	住宅	90平方米以下住房	140平方米以上住房	经济适用房	别墅、高档公寓
总计	**7991187**	**10763**	**6043533**	**14265508**	**3722733**	**5010598**	**491452**	**1444881**
杭州市	**2600377**	**3337**	**1676118**	**4562170**	**1495652**	**1659556**	**298079**	**516432**
上城区	202586	950	105582	306453	83813	109899	84213	59821
下城区	220344		142276	378062	156440	90045	72885	45248
江干区	403808		259672	759401	276855	222403	71815	34957
拱墅区	136185	5	14247	211289	48641	36648	18359	106192
西湖区	538551		386881	769798	283709	321735	16654	69259
滨江区	342976	1256	278818	408808	235987	73953	3058	
萧山区	208305		169581	483619	69049	288105	931	19730
余杭区	188035	1126	76886	532782	221519	183359	25454	42939
桐庐县	65791		23840	122842	15399	27845	2262	18352
淳安县	41560		25261	106140	37536	52521		36587
建德市	64409		52092	91357	8159	15867	405	2986
富阳市	137645		114392	256635	45345	149797	10	38629
临安市	50182		26590	134984	13200	87379	2033	41732
宁波市	**1008690**		**791550**	**1939168**	**544923**	**627991**	**41790**	**61564**
海曙区	54191		29308	136430	57032	34258	9673	
江东区	183393		127996	254386	92508	103530	8195	
江北区	86840		79317	134611	34500	52663	7359	3874
北仑区	81136		67454	152058	34539	29529	219	
镇海区	93818		76295	135893	44612	25930	843	649
鄞州区	162689		122438	521096	151926	144835		13000
象山县	51422		36147	145470	3330	68447		19564
宁海县	41364		35800	64865	20886	13219	260	
余姚市	97148		89908	177458	48828	65681		
慈溪市	137296		115445	157419	44618	77502	12777	24472
奉化市	19393		11442	59482	12144	12397	2464	5
温州市	**989971**		**829556**	**1529927**	**310091**	**842805**	**41523**	**44573**
鹿城区	614102		505644	863053	181374	462463	30601	43587
龙湾区	85106		78752	97792	38758	45415	1369	
瓯海区	17376		14752	64376	11082	28136		
洞头县	488		200	8398	1111	2524		986
永嘉县	33808		30107	67830	764	36003	3989	
平阳县	35563		27118	79521	6938	51573		

3－A－2 续表2－2

单位：万元、万平方米

地区	其他费用	旧建筑物购置费	土地购置费	住宅	90平方米以下住房	140平方米以上住房	经济适用房	别墅、高档公寓
苍南县	27579		19061	68961	2325	45875		
文成县	1867		1518	10843	1371	1086	2430	
泰顺县	1210		1130	3180	2673	193		
瑞安市	96570		77961	151627	22812	104530		
乐清市	76302		73313	114346	40883	65007	3134	
嘉兴市	**653852**		**504573**	**1227086**	**305939**	**381700**	**12108**	**110374**
南湖区	195304		136821	390713	115732	80681		2767
秀洲区	98908		68670	188755	35741	73709		27605
嘉善县	104701		84325	170876	38289	74042	1504	33312
海盐县	47955		45440	60793	16606	5324	4130	
海宁市	99964		81261	141681	37664	41153	5379	12774
平湖市	80874		68465	166153	41389	57727		30798
桐乡市	26146		19591	108115	20518	49064	1095	3118
湖州市	**367862**	**190**	**280787**	**715137**	**137783**	**148203**	**8640**	**119118**
吴兴区	165078		110681	335851	104078	71658	8620	19160
南浔区	6095		3674	25051	7851	6852	20	1809
德清县	47743		42672	101824	2539	20813		56110
长兴县	96255	190	80231	162860	5609	34203		32462
安吉县	52691		43529	89551	17706	14677		9577
绍兴市	**798397**	**413**	**619942**	**1345987**	**306093**	**603694**	**23801**	**181614**
越城区	243612		175852	399305	108677	181633	23801	1027
绍兴县	212680	1	196692	353157	105089	187584		74630
新昌县	40925		30638	78332	8672	36403		25156
诸暨市	80916		51419	142368	3230	54515		50814
上虞市	160385	412	119905	261016	32370	122911		26048
嵊州市	59879		45436	111809	48055	20648		3939
金华市	**598680**	**453**	**521329**	**1110808**	**254874**	**247828**	**20049**	**264684**
婺城区	98619	97	73668	205590	18032	41317	250	37948
金东区	32852		31319	50119	10963	581		10375
武义县	4916	3	3484	24978	3028	6557		395
浦江县	34683		23173	34118	5480	818		
磐安县	1930		1868	2638				1913
兰溪市	61811	353	46163	82927	7966	11634		5336
义乌市	269767		253572	454617	163335	62059	19799	134675

3－A－2 续表2－3 单位：万元、万平方米

地　　区	其他费用	旧建筑物购置费	土　地购置费	住　宅	90平方米以下住房	140平方米以上住房	经　济适用房	别墅、高档公　　寓
东阳市	30778		26480	103139	24480	41445		3733
永康市	63324		61602	152682	21590	83417		70309
衢州市	**211124**		**184817**	**340930**	**63361**	**116285**	**10547**	**91143**
柯城区	72066		60672	165611	23423	68123	10547	56325
衢江区	2631		2257	6113	1104	3336		2088
常山县	17898		16990	20770	7179	5090		
开化县	17359		17159	31962	3107	7477		6470
龙游县	44054		38953	41388	12177	15635		13396
江山市	57116		48786	75086	16371	16624		12864
舟山市	**97659**	**200**	**74117**	**280579**	**72948**	**59564**	**2652**	**9543**
定海区	22523	200	10327	103482	21333	20992	2652	910
普陀区	52556		44385	119897	23259	35567		7431
岱山县	20079		19255	48190	24939	3005		1202
嵊泗县	2501		150	9010	3417			
台州市	**494373**		**412023**	**916313**	**198546**	**282694**	**15805**	**35439**
椒江区	58222		37560	188979	13475	27640	9980	5454
黄岩区	80303		75468	113522	50630	26831		410
路桥区	53998		44260	113251	4520	41158		14554
玉环县	38196		15209	76611	5207	38231		2
三门县	12789		11395	20772	6145	2540		650
天台县	16572		12359	55238	8952	19121	5825	
仙居县	8871		7830	40741				789
温岭市	129891		121756	179790	81314	63593		13580
临海市	95531		86186	127409	28303	63580		
丽水市	**170202**	**6170**	**148721**	**297403**	**32523**	**40278**	**16458**	**10397**
莲都区	94173	670	85356	147482	23090	16420	12369	3672
青田县	38964		36250	42596	2570	16271	2637	1504
缙云县	1180			9238	2200	920		600
遂昌县	1379		290	17183	641	3334	122	2794
松阳县	4345		3515	11186		3183		1726
云和县	1271		476	7821	24	150		
庆元县	5500	5500		10619	634			101
景宁畲族自治县	5000		5000	18010			1330	
龙泉市	18390		17834	33268	3364			

3－A－2 续表3－1

单位：万元、万平方米

地　区	办公楼	商业营业用　房	其 他	本年新增固定资产	本年资金来源合计	上 年 末结余资金	本年资金来源小计	国内贷款
总　计	**1374590**	**2087399**	**2503680**	**11316600**	**36706349**	**6834125**	**29872224**	**6646244**
杭州市	**541986**	**400707**	**649197**	**3364169**	**15965277**	**3600851**	**12364426**	**3562261**
上城区	45487	18466	80199	247070	1426050	320457	1105593	518953
下城区	67560	27645	83871	308113	1303097	250195	1052902	308588
江干区	191263	75532	111390	565097	3539113	585325	2953788	694581
拱墅区	14430	6590	32037	95400	689911	131048	558863	121900
西湖区	83588	49222	109065	543799	3435651	1220254	2215397	591726
滨江区	65523	58319	76141	316499	1193320	231537	961783	382286
萧山区	53153	67456	38286	559981	1292211	253693	1038518	233933
余杭区	13083	35261	34414	275704	1416270	270633	1145637	392111
桐庐县	1073	9230	6052	120681	283930	39718	244212	112965
淳安县	82	7007	39162	12540	212047	68273	143774	14080
建德市	1694	16193	6321	35201	170505	20600	149905	37550
富阳市	3618	19470	16825	170312	602429	105904	496525	89519
临安市	1432	10316	15434	113772	400743	103214	297529	64069
宁波市	**271850**	**342509**	**524011**	**1989404**	**3194774**	**133793**	**3060981**	**524207**
海曙区	43973	28278	60253	178086	273767	7133	266634	46097
江东区	114400	62592	115931	302566	572220	34736	537484	164440
江北区	18650	14632	57867	157848	205503		205503	41886
北仑区	5510	19399	15352	164215	214496	7530	206966	27300
镇海区	822	51898	31978	178045	227061	13322	213739	27407
鄞州区	69342	52019	114467	476786	777861	10712	767149	81384
象山县	2512	24073	16892	149624	191576	220	191356	10950
宁海县	3100	15633	18069	3211	147670	52500	95170	23500
余姚市	4458	38387	43176	147644	270959	7316	263643	40016
慈溪市	8409	22031	43300	177103	229953	324	229629	37417
奉化市	674	13567	6726	54276	83708		83708	23810
温州市	**117647**	**236404**	**309941**	**1338238**	**2920697**	**325189**	**2595508**	**402924**
鹿城区	102277	127327	195759	860754	1716493	196381	1520112	228454
龙湾区	519	15437	19150	47247	159696	12379	147317	32000
瓯海区	384	2980	5533	27343	103909	15970	87939	42470
洞头县		992	844	28930	12339	118	12221	
永嘉县	8137	11892	11801	20745	115376	6576	108800	
平阳县	354	11903	10703	26171	120349	8435	111914	19800

3－A－2 续表3－2 单位：万元、万平方米

地区	办公楼	商业营业用房	其他	本年新增固定资产	本年资金来源合计	上年末结余资金	本年资金来源小计	国内贷款
苍南县	1021	17343	8516	18700	143034	10626	132408	17000
文成县		551	2026		21780	6280	15500	200
泰顺县		2410	176		5897	153	5744	
瑞安市	4729	28037	28191	235060	291706	52225	239481	37000
乐清市	226	17532	27242	73288	230118	16046	214072	26000
嘉兴市	**75606**	**336943**	**171567**	**994434**	**3149458**	**554652**	**2594806**	**509173**
南湖区	22619	83258	55683	280405	1043045	281575	761470	166269
秀洲区	23949	37797	27501	156429	489578	92351	397227	60886
嘉善县	573	32841	6067	78150	344228	39344	304884	102854
海盐县	1634	21274	26354	32001	155718	32620	123098	43100
海宁市	16554	37198	21490	162724	402040	15467	386573	55550
平湖市	9877	52857	15613	108094	341954	32712	309242	54185
桐乡市	400	71718	18859	176631	372895	60583	312312	26329
湖州市	**17599**	**179026**	**156683**	**536146**	**1805013**	**214179**	**1590834**	**314822**
吴兴区	12040	93290	84822	151205	856888	117530	739358	179452
南浔区	620	16440	549	52257	60012	4600	55412	6691
德清县	1524	10846	31025	109570	345565	33551	312014	80401
长兴县	550	38692	36232	180936	346749	31250	315499	39358
安吉县	2865	19758	4055	42178	195799	27248	168551	8920
绍兴市	**245836**	**251250**	**177500**	**1058216**	**2718320**	**589142**	**2129178**	**513655**
越城区	83700	62483	37588	233757	887003	304068	582935	134845
绍兴县	109329	97984	47723	312308	774022	104240	669782	209651
新昌县	654	9802	2412	34951	125174	6533	118641	37100
诸暨市	13196	37927	28590	297546	344558	81162	263396	66514
上虞市	37759	38281	57689	165088	417074	52446	364628	52545
嵊州市	1198	4773	3498	14566	170489	40693	129796	13000
金华市	**18890**	**100572**	**179325**	**660311**	**2383894**	**417492**	**1966402**	**256658**
婺城区	14997	26550	34698	151061	548070	119332	428738	67237
金东区	200	13168	2117	25580	132458	19777	112681	17500
武义县		5993	733	17083	75821	11766	64055	2500
浦江县	24	7929	32083	54629	123302	45066	78236	400
磐安县	1000	2739	2064	15159	17444	4078	13366	
兰溪市	759	13563	13091	51557	196866	17782	179084	43505
义乌市	1775	15465	75878	165220	785502	136853	648649	66516

3-A-2 续表3-3

单位：万元、万平方米

地　区	办公楼	商业营业用　房	其 他	本年新增固定资产	本年资金来源合计	上 年 末结余资金	本年资金来源小计	国内贷款
东阳市	135	9889	14848	88884	275273	41286	233987	41600
永康市		5276	3813	91138	229158	21552	207606	17400
衢州市	**5306**	**47219**	**50420**	**294847**	**794009**	**166547**	**627462**	**91774**
柯城区	2790	14091	14001	137504	387841	103019	284822	32026
衢江区	2	12	6	23194	13778	1934	11844	4150
常山县	109	10521	4264	35206	48586	6225	42361	1000
开化县		2955	1331	32253	82376	21139	61237	17080
龙游县	1	5373	16014	22364	77574	12096	65478	2200
江山市	2404	14267	14804	44326	183854	22134	161720	35318
舟山市	**39860**	**33162**	**35945**	**214345**	**634727**	**82740**	**551987**	**141280**
定海区	16029	11290	13499	125592	332301	62472	269829	86450
普陀区	21568	14862	19557	65415	204209	3963	200246	54030
岱山县		4923	2389	14538	84357	16305	68052	800
嵊泗县	2263	2087	500	8800	13860		13860	
台州市	**35852**	**127714**	**182615**	**666306**	**2469362**	**644878**	**1824484**	**258255**
椒江区	7624	22033	46464	153067	693251	301979	391272	50677
黄岩区	10127	35513	28356	73718	342362	80366	261996	49920
路桥区	10158	18851	8784	94992	265358		265358	49206
玉环县	268	5570	7786	101205	158141	39779	118362	8325
三门县	3615	4927	5593	8391	60501	4056	56445	5034
天台县	1685	9746	9996	52689	140903	16376	124527	7493
仙居县	10	353	1158	29942	64637	6129	58508	8000
温岭市	2365	15565	48340	78229	406351	85620	320731	45500
临海市		15156	26138	74073	337858	110573	227285	34100
丽水市	**4158**	**31893**	**66476**	**200184**	**670818**	**104662**	**566156**	**71235**
莲都区	2266	9786	19315	97555	352044	58527	293517	37000
青田县	657	8579	40375	19041	126247	13755	112492	29115
缙云县		400	740	8036	25058	9637	15421	
遂昌县	914	705	264	41000	34516	4730	29786	
松阳县	11	390	120	8130	26269	2563	23706	
云和县	8	1525	466	19197	25392	366	25026	2420
庆元县	302	377	33		12083	3662	8421	
景宁畲族自治县		815		3213	6863	1863	5000	
龙泉市		9316	5163	4012	62346	9559	52787	2700

3－A－2 续表4－1 单位：万元、万平方米

地区	银行贷款	非银行金融机构贷款	利用外资	外商直接投资	自筹资金	自有资金	其他资金来源	定金及预收款
总计	**6318889**	**327355**	**274651**	**274651**	**7566981**	**3768705**	**15384348**	**8624954**
杭州市	**3513037**	**49224**	**50701**	**50701**	**2440313**	**1250941**	**6311151**	**3536887**
上城区	518953				119863	109953	466777	316187
下城区	308588				183187	100109	561127	327386
江干区	691931	2650	17632	17632	461818	248408	1779757	1052672
拱墅区	121900		33018	33018	141484	47285	262461	122000
西湖区	568267	23459			540308	349065	1083363	520052
滨江区	379901	2385	51	51	228266	116174	351180	155690
萧山区	233933				237768	62391	566817	380377
余杭区	378740	13371			161466	65797	592060	290239
桐庐县	111265	1700			23749	13363	107498	64638
淳安县	14080				61111	35435	68583	25237
建德市	37550				60186	39557	52169	40559
富阳市	89429	90			114094	37573	292912	157987
临安市	58500	5569			107013	25831	126447	83863
宁波市	**524207**		**98128**	**98128**	**1054095**	**261759**	**1384551**	**857611**
海曙区	46097				84712	13339	135825	92038
江东区	164440				177773	57785	195271	146863
江北区	41886		55924	55924	59722	16363	47971	29916
北仑区	27300		33096	33096	79767	8495	66803	57557
镇海区	27407				132276	17630	54056	47260
鄞州区	81384		9108	9108	138650	36114	538007	295876
象山县	10950				54044	5040	126362	41537
宁海县	23500				36578	9578	35092	17983
余姚市	40016				103866	45488	119761	82866
慈溪市	37417				164927	45226	27285	25505
奉化市	23810				21780	6701	38118	20210
温州市	**383554**	**19370**	**26186**	**26186**	**379305**	**170507**	**1787093**	**721675**
鹿城区	227954	500	3055	3055	205694	75090	1082909	473834
龙湾区	32000				26038	12396	89279	20165
瓯海区	25600	16870			19627	5292	25842	15756
洞头县					1000	1000	11221	3890
永嘉县					35300	12690	73500	24612
平阳县	19800				21823	19555	70291	21750

3－A－2 续表4－2 单位：万元、万平方米

地区	银行贷款	非银行金融机构贷款	利用外资	外商直接投资	自筹资金	自有资金	其他资金来源	定金及预收款
苍南县	16000	1000			20912	13110	94496	61214
文成县	200				2470		12830	4414
泰顺县					2614	2064	3130	
瑞安市	37000		23131	23131	12432	7251	166918	60307
乐清市	25000	1000			31395	22059	156677	35733
嘉兴市	**407753**	**101420**	**70202**	**70202**	**639383**	**378065**	**1376048**	**852272**
南湖区	164974	1295	54886	54886	161107	118247	379208	244089
秀洲区	48750	12136			148296	83822	188045	113108
嘉善县	46100	56754	2069	2069	41626	23617	158335	93370
海盐县	33000	10100	6813	6813	12170	11920	61015	40132
海宁市	52850	2700			92689	45395	238334	136566
平湖市	41335	12850	1451	1451	92506	49229	161100	106394
桐乡市	20744	5585	4983	4983	90989	45835	190011	118613
湖州市	**284298**	**30524**	**25289**	**25289**	**480994**	**185625**	**769729**	**468406**
吴兴区	166900	12552	24377	24377	169582	93434	365947	228433
南浔区	2798	3893			19296	4340	29425	17927
德清县	77980	2421			68911	19113	162702	110789
长兴县	28700	10658	912	912	155314	47983	119915	68350
安吉县	7920	1000			67891	20755	91740	42907
绍兴市	**445102**	**68553**	**4145**	**4145**	**727376**	**412264**	**884002**	**521941**
越城区	104106	30739			200738	93085	247352	196473
绍兴县	186851	22800			249950	194952	210181	111173
新昌县	37100				28187	13671	53354	11816
诸暨市	53295	13219			62745	31090	134137	72806
上虞市	50950	1595	4145	4145	125769	70960	182169	101215
嵊州市	12800	200			59987	8506	56809	28458
金华市	**233420**	**23238**			**735115**	**435219**	**974629**	**479516**
婺城区	63600	3637			108470	79859	253031	119382
金东区	17500				36655	11333	58526	31106
武义县	2500				12520	7520	49035	24011
浦江县		400			37150		40686	22555
磐安县					7572	2500	5794	3295
兰溪市	29270	14235			63434	48421	72145	28465
义乌市	66050	466			330518	172304	251615	115220

3－A－2 续表4－3 单位：万元、万平方米

地区	银行贷款	非银行金融机构贷款	利用外资	外商直接投资	自筹资金	自有资金	其他资金来源	定金及预收款
东阳市	41600				64924	46329	127463	79712
永康市	12900	4500			73872	66953	116334	55770
衢州市	**78406**	**13368**			**205489**	**141938**	**330199**	**163986**
柯城区	28526	3500			100421	81263	152375	77409
衢江区	1310	2840			1638	1638	6056	3397
常山县	1000				19465	14053	21896	10187
开化县	13200	3880			22112	10295	22045	11558
龙游县	2200				33672	23625	29606	16890
江山市	32170	3148			28181	11064	98221	44545
舟山市	**135550**	**5730**			**184792**	**86437**	**225915**	**161927**
定海区	83900	2550			37350	33512	146029	97322
普陀区	50850	3180			100451	37328	45765	32336
岱山县	800				33131	15597	34121	32269
嵊泗县					13860			
台州市	**243602**	**14653**			**548569**	**350552**	**1017660**	**644281**
椒江区	48200	2477			129500	59787	211095	123115
黄岩区	49400	520			86326	70922	125750	86760
路桥区	40243	8963			63732	63732	152420	136511
玉环县	8325				54087	3300	55950	17965
三门县	5034				26887	6680	24524	14226
天台县	6800	693			39848	20775	77186	29316
仙居县	8000				11143	11143	39365	26206
温岭市	43500	2000			94959	72131	180272	136460
临海市	34100				42087	42082	151098	73722
丽水市	**69960**	**1275**			**171550**	**95398**	**323371**	**216452**
莲都区	37000				93148	41157	163369	128732
青田县	28260	855			32337	26485	51040	42574
缙云县					3250	3250	12171	4295
遂昌县					3795	2995	25991	11057
松阳县					3440	1940	20266	11021
云和县	2000	420			8120	3761	14486	5576
庆元县					1511	110	6910	410
景宁畲族自治县					5000			
龙泉市	2700				20949	15700	29138	12787

3－A－2 续表5－1 单位：万元、万平方米

地区	个人按揭贷款	本年各项应付款合计	工程款	本年完成开发土地面积	待开发土地面积	本年购置土地面积	本年土地成交价款
总计	**4824038**	**3487089**	**1717423**	**1252**	**2059**	**1834**	**460**
杭州市	**2160870**	**1315941**	**785880**	**17**	**597**	**383**	**127**
上城区	118650	96253	44474	…		30	14
下城区	219940	115447	69812	3	10	3	6
江干区	611063	206850	80547	7	68	23	17
拱墅区	59445	63816	40901		9		
西湖区	400675	119050	79930	3	256	69	27
滨江区	134178	132331	85945	1	12	24	8
萧山区	139564	179070	148951		12	25	9
余杭区	252245	145614	84535		97	50	21
桐庐县	36734	45005	16808		33	17	6
淳安县	12388	24905	21933	3	4	37	2
建德市	7729	19508	13991		6	43	5
富阳市	130302	112861	55767		26	44	11
临安市	37957	55231	42286		64	18	2
宁波市	**430833**	**355302**	**173228**	**291**	**186**	**168**	**47**
海曙区	41787	29465	4412	30	…		
江东区	31393	100515	61042	16	22	1	…
江北区	18025	24100	5351	9	1	5	1
北仑区	9246	30354	24287	36	28	10	4
镇海区	6741	73919	18744	46	16	38	7
鄞州区	173596	54268	32379	56	59	27	8
象山县	84802	15119	9026	13		4	2
宁海县	17109	402	402			6	6
余姚市	29896	14194	12185	40	17	36	10
慈溪市	330	7106	3350	35	27	16	5
奉化市	17908	5860	2050	11	16	24	5
温州市	**295708**	**132800**	**69461**	**100**	**69**	**48**	**37**
鹿城区	137863	104322	50097	58	54	33	30
龙湾区	7418	295	295	4		3	2
瓯海区	4568	1218	818	2	1	1	1
洞头县	5703	740	740				
永嘉县	11198	2128	1828				
平阳县	11517	8250	8250	1	3	1	1

3-A-2 续表5-2 单位:万元、万平方米

地　　区	个　人按揭贷款	本年各项应付款合计	工程款	本年完成开发土地面　积	待开发土地面积	本年购置土地面积	本年土地成交价款
苍南县	20546	9403	5152	5	3		
文成县	5630			2		1	...
泰顺县		116	116	...		...	...
瑞安市	32690	3412	545	17	8		
乐清市	58575	2916	1620	12		8	3
嘉兴市	**488112**	**505100**	**173603**	**271**	**303**	**355**	**51**
南湖区	129684	269381	63615	86	72	70	14
秀洲区	67153	81980	26750	23	57	21	3
嘉善县	58665	12522	9166	18	5	59	8
海盐县	20780	46594	6649	25	19	41	4
海宁市	101603	17629	15356	22	9	49	9
平湖市	43974	31637	25431	59	58	60	9
桐乡市	66253	45357	26636	39	81	56	5
湖州市	**247593**	**258739**	**93995**	**86**	**369**	**159**	**34**
吴兴区	130694	134080	49707	45	112	51	16
南浔区	4819	16035	10581	...	80	17	2
德清县	50255	26507	15658	2	72	24	3
长兴县	39136	64368	15958	22	85	41	8
安吉县	22689	17749	2091	16	20	26	4
绍兴市	**261768**	**528709**	**198239**	**193**	**105**	**253**	**67**
越城区	40602	50485	42827	67	14	58	17
绍兴县	48340	208222	37379	38	27	78	32
新昌县	24268	31421	4907	3	38	32	2
诸暨市	56746	89971	39717	1	1	1	...
上虞市	66761	136866	64535	64		65	11
嵊州市	25051	11744	8874	20	26	19	6
金华市	**349794**	**176099**	**90661**	**83**	**218**	**187**	**41**
婺城区	83657	37764	15934	19	26	38	4
金东区	19668	12845	9165	1	12	13	2
武义县	25024	3414	1994	3	17	9	1
浦江县	16258	6372	5237	14	9	6	3
磐安县	300	2460	415		3	1	...
兰溪市	31110	5102	3323	15	47	64	6
义乌市	92275	68316	20569	27	45	26	15

3－A－2 续表 5－3

单位：万元、万平方米

地区	个人按揭贷款	本年各项应付款合计	工程款	本年完成开发土地面积	待开发土地面积	本年购置土地面积	本年土地成交价款
东阳市	42362	36583	33991	2	20	11	3
永康市	39140	3243	33	2	40	19	7
衢州市	**154042**	**30595**	**20619**	**99**	**147**	**138**	**18**
柯城区	73364	16796	12549	38	70	65	7
衢江区	2659	4117	1271	3	5		
常山县	9003			...	5	17	2
开化县	9006	5355	4750	18	19	16	3
龙游县	12620	1766		16	13	14	3
江山市	47390	2561	2049	22	36	26	3
舟山市	**52707**	**21898**	**16831**	**58**	**15**	**44**	**7**
定海区	38514	21487	16451	16	7	6	...
普陀区	13429			42	8	38	7
岱山县	764	411	380				
嵊泗县				...		...	...
台州市	**292437**	**112613**	**79407**	**54**	**35**	**60**	**16**
椒江区	71566	53756	46209	20	19	25	4
黄岩区	29557	3216	3214	1	2	13	3
路桥区	15909				1		
玉环县	17173	9087	6100		...	...	...
三门县	9497	4384	3837	4	4		
天台县	46250	8316	7020	4		4	1
仙居县	13158					3	...
温岭市	35164	21868	4310	24	9	16	8
临海市	54163	11986	8717	1			
丽水市	**90174**	**49293**	**15499**		**15**	**38**	**14**
莲都区	31270	11073	4903		13	23	10
青田县	6649	14832	1250		2	2	...
缙云县	7876						
遂昌县	9934	70	70			...	...
松阳县	9185	1678	1678			4	1
云和县	8909	1275	1275		...	...	...
庆元县		2038	2038			2	1
景宁畲族自治县		13000					
龙泉市	16351	5327	4285			7	2

3－A－3 按登记注册类型、控股情况和资质等级分组的房地产开发企业施工和销售情况

单位：万元、万平方米

指标名称	房屋施工面积							
		住宅	90平方米以下住房	140平方米以上住房	经济适用房	别墅、高档公寓	办公楼	商业营业用房
总计	**19273**	**13688**	**2851**	**4487**	**770**	**996**	**1119**	**1996**
一、按登记注册类型分								
内资	**17797**	**12833**	**2694**	**4105**	**753**	**904**	**1003**	**1728**
国有	944	777	269	102	313	13	27	43
集体	100	70	4	22	2	4	1	6
股份合作企业	47	35	9	12			...	4
联营企业	72	56	24	13	11		...	15
国有联营	72	56	24	13	11		...	14
国有与集体联营	...	...		...				...
有限责任公司	8141	5810	1193	1937	214	417	515	677
国有独资公司	408	304	79	70	16	1	8	20
其他有限责任公司	7733	5506	1113	1866	198	416	508	658
股份有限公司	697	472	123	116	25	32	58	63
私营企业	7552	5455	1030	1843	182	435	372	893
私营独资	97	69	11	31			8	10
私营合伙	10	4	1	3			1	2
私营有限责任公司	7268	5274	996	1774	182	431	341	850
私营股份有限公司	177	108	23	34		4	22	31
其他	243	158	42	61	7	3	30	27
港澳台商投资	**763**	**429**	**80**	**159**	**15**	**34**	**40**	**141**
与港澳台商合资经营	384	240	47	91	15	22	6	52
与港澳台商合作经营	56	17	5	2		8	10	15

3－A－3 续表1－1

单位：万元、万平方米

指标名称	房屋施工面积	住宅	90平方米以下住房	140平方米以上住房	经济适用房	别墅、高档公寓	办公楼	商业营业用房
港澳台商独资	256	144	27	53		1	18	52
港澳台商投资股份有限公司	67	26	1	12		3	7	22
外商投资	**714**	**427**	**77**	**223**	**2**	**58**	**76**	**127**
中外合资经营	333	182	32	97		42	44	65
中外合作经营	4	3	2		2			1
外资企业	366	235	43	121		15	31	60
外商投资股份有限公司	10	7		5		1		1
二、按控股情况分								
国有控股	2636	2018	531	467	368	55	103	161
集体控股	921	661	121	206	35	50	61	83
私人控股	12444	8811	1727	3020	315	675	702	1342
港澳台商控股	710	396	74	152	2	34	40	135
外商控股	722	405	75	217	2	58	85	150
其他	1841	1396	323	425	48	124	128	125
三、按资质等级分								
一级	1421	960	184	280	56	79	96	132
二级	3969	2869	492	1022	175	193	234	353
三级	6678	4932	1138	1581	337	351	329	567
四级	1155	860	130	181	32	79	33	164
暂定	5051	3341	692	1208	77	268	376	685
其他	999	726	215	215	94	26	50	96

3－A－3 续表2－1

单位：万元、万平方米

指标名称	其他房屋	新开工面积	住宅	90平方米以下住房	140平方米以上住房	经济适用房	别墅、高档公寓	办公楼
总计	**2470**	**5257**	**3709**	**1007**	**1076**	**111**	**277**	**318**
一、按登记注册类型分								
内资	**2233**	**4922**	**3489**	**966**	**975**	**108**	**234**	**299**
国有	98	188	152	87	9	39	2	5
集体	24	40	32	3	4	2		...
股份合作企业	7	20	14	7	4			...
联营企业	1	14						
国有联营	1	14						
国有与集体联营								
有限责任公司	1139	2172	1552	437	466	35	105	159
国有独资公司	77	125	90	41	5	...	1	2
其他有限责任公司	1062	2047	1462	396	460	34	104	157
股份有限公司	104	238	175	66	40	13	10	14
私营企业	832	2149	1508	350	423	20	117	110
私营独资	10	20	10	8	1			4
私营合伙	2							
私营有限责任公司	803	2069	1467	335	412	20	113	93
私营股份有限公司	17	60	30	7	10		4	13
其他	28	100	57	16	30		...	11
港澳台商投资	**152**	**190**	**124**	**24**	**58**	**2**	**7**	**13**
与港澳台商合资经营	86	101	77	8	46	2	5	3
与港澳台商合作经营	15	2	2	1			1	

3－A－3 续表2－2

单位：万元、万平方米

指 标 名 称	其他房屋	新开工面 积	住 宅	90平方米以下住房	140平方米以上住房	经 济适用房	别墅、高档公 寓	办公楼
港澳台商独资	42	58	37	14	10			3
港澳台商投资股份有限公司	11	30	9	1	2		2	7
外商投资	**85**	**144**	**96**	**17**	**43**		**35**	**6**
中外合资经营	42	51	41	5	24		24	
中外合作经营	1							
外资企业	40	91	53	12	19		11	6
外商投资股份有限公司	2	3	1		...			
二、按控股情况分								
国有控股	353	673	487	182	106	41	16	38
集体控股	116	294	213	43	52	2	17	16
私人控股	1588	3471	2410	609	735	59	168	208
港澳台商控股	138	166	111	24	54	2	7	13
外商控股	82	144	96	17	43		35	6
其 他	193	507	391	131	87	7	32	38
三、按资质等级分								
一 级	232	371	243	42	66	7	15	16
二 级	513	870	647	129	181	24	54	46
三 级	851	1606	1154	366	341	17	74	87
四 级	98	306	223	30	37	8	26	7
暂 定	648	1874	1245	368	395	39	91	161
其 他	127	230	198	72	56	15	16	1

3－A－3 续表3－1　　　　单位：万元、万平方米

指标名称	商业营业用房	其他房屋	房屋竣工面积	住宅	90平方米以下住房	140平方米以上住房	经济适用房	别墅、高档公寓
总计	**565**	**664**	**4458**	**3261**	**367**	**1210**	**195**	**197**
一、按登记注册类型分								
内资	**521**	**613**	**4131**	**3048**	**343**	**1117**	**183**	**192**
国有	12	20	276	217	47	52	92	1
集体	1	7	26	21	1	5		...
股份合作企业	2	4	19	16	1	6		
联营企业	14		12	11	1	4		
国有联营	14		12	11	1	4		
国有与集体联营								
有限责任公司	162	299	1814	1347	117	541	53	75
国有独资公司	6	27	129	101	27	16	12	...
其他有限责任公司	156	272	1685	1246	90	525	42	74
股份有限公司	19	31	199	127	21	29	5	18
私营企业	295	237	1755	1293	153	476	33	98
私营独资	3	3	21	18	1	10		
私营合伙								
私营有限责任公司	280	228	1676	1235	148	449	33	96
私营股份有限公司	12	5	57	41	4	17		2
其他	15	16	30	15	2	4		
港澳台商投资	**23**	**30**	**200**	**125**	**14**	**37**	**13**	**3**
与港澳台商合资经营	10	11	128	78	11	17	13	2
与港澳台商合作经营			1	1				

3－A－3 续表3－2

单位：万元、万平方米

指标名称	商业营业用房	其他房屋	房屋竣工面积	住宅	90平方米以下住房	140平方米以上住房	经济适用房	别墅、高档公寓
港澳台商独资	3	15	68	42	3	20		1
港澳台商投资股份有限公司	11	3	3	3				
外商投资	**21**	**21**	**127**	**88**	**10**	**57**		**2**
中外合资经营	6	4	97	63	4	40		2
中外合作经营								
外资企业	15	17	30	25	6	17		
外商投资股份有限公司	1	1						
二、按控股情况分								
国有控股	46	102	696	531	94	142	129	9
集体控股	33	32	250	188	11	73	12	9
私人控股	419	434	2819	2058	224	791	38	147
港澳台商控股	18	24	185	113	13	35		3
外商控股	21	21	91	61	10	45		2
其他	27	51	417	310	15	124	16	27
三、按资质等级分								
一级	52	60	365	262	17	108	14	14
二级	84	94	1141	844	67	355	92	56
三级	143	222	1711	1306	194	413	73	67
四级	49	26	348	250	33	60	10	10
暂定	225	242	702	476	42	203	7	47
其他	12	19	191	122	15	70		2

3－A－3 续表4－1 单位:万元、万平方米

指标名称	办公楼	商业营业用房	其他房屋	竣工房屋价值	住宅	90平方米以下住房	140平方米以上住房	经济适用房
总计	**193**	**411**	**593**	**951**	**685**	**74**	**287**	**39**
一、按登记注册类型分								
内资	**180**	**377**	**526**	**876**	**635**	**68**	**264**	**36**
国有	9	11	38	51	39	9	11	17
集体		2	3	4	3	...	1	
股份合作企业	...	2	...	2	2	...	1	
联营企业		...	...	2	2	...	1	
国有联营		...	...	2	2	...	1	
国有与集体联营								
有限责任公司	85	117	265	430	317	25	141	12
国有独资公司	2	5	21	25	19	6	3	3
其他有限责任公司	83	112	244	406	297	19	138	9
股份有限公司	16	20	36	53	34	4	10	1
私营企业	59	220	183	326	235	30	99	7
私营独资	1	1	2	4	4	...	2	
私营合伙								
私营有限责任公司	53	212	176	313	226	29	94	7
私营股份有限公司	5	7	5	9	6	...	3	
其他	11	3	2	7	3	...	1	
港澳台商投资	**11**	**15**	**50**	**45**	**30**	**4**	**11**	**3**
与港澳台商合资经营	3	10	37	28	20	3	6	3
与港澳台商合作经营			...	...	...			

3－A－3　续表4－2　　　　单位：万元、万平方米

指标名称	办公楼	商业营业用房	其他房屋	竣工房屋价值	住宅	90平方米以下住房	140平方米以上住房	经济适用房
港澳台商独资	8	6	12	15	9	1	5	
港澳台商投资股份有限公司				1	1			
外商投资	**2**	**19**	**17**	**30**	**20**	**2**	**13**	
中外合资经营	2	16	16	24	15	1	9	
中外合作经营								
外资企业	...	3	2	6	5	1	4	
外商投资股份有限公司								
二、按控股情况分								
国有控股	29	29	107	139	103	18	30	26
集体控股	8	21	33	53	39	2	16	2
私人控股	119	300	341	574	410	44	179	7
港澳台商控股	11	18	44	41	27	4	10	
外商控股	2	19	9	23	15	2	11	
其　他	23	25	59	121	91	5	41	5
三、按资质等级分								
一　级	16	21	66	85	60	4	25	4
二　级	64	73	160	243	176	13	82	19
三　级	63	139	203	347	261	39	94	15
四　级	11	59	28	60	41	6	9	1
暂　定	32	106	88	170	118	9	58	1
其　他	7	13	49	45	29	3	18	

3－A－3　续表5－1　　　　单位：万元、万平方米

指 标 名 称					出租房屋面积			
	别墅、高档公寓	办公楼	商业营业用房	其他房屋		住　宅	90平方米以下住房	140平方米以上住房
总　计	**59**	**53**	**95**	**117**	**291**	**13**	**10**	**...**
一、按登记注册类型分								
内　资	**56**	**50**	**86**	**105**	**260**	**12**	**10**	**...**
国　有	...	2	3	7	25	6	6	
集　体	...		...	...	10	...	...	
股份合作企业		...	...	...				
联营企业			...	...	1			
国有联营			...	...	...			
国有与集体联营					...			
有限责任公司	21	24	31	59	120	2	1	
国有独资公司	...	...	1	4	8	...	...	
其他有限责任公司	21	24	30	54	112	2	...	
股份有限公司	10	5	5	9	20	1	1	
私营企业	25	15	46	30	81	4	2	...
私营独资		...	...	...	2			
私营合伙								
私营有限责任公司	25	14	44	30	74	3	2	...
私营股份有限公司	1	1	2	1	5	1		
其　他		3	1	1	3			
港澳台商投资	**2**	**3**	**4**	**8**	**14**	**...**	**...**	**...**
与港澳台商合资经营	2	1	2	6	4			
与港澳台商合作经营				...	1	...	...	

3－A－3　续表5－2　　　　单位：万元、万平方米

指标名称					出租房屋面积			
	别墅、高档公寓	办公楼	商业营业用房	其他房屋		住宅	90平方米以下住房	140平方米以上住房
港澳台商独资	...	2	2	3	9	...		...
港澳台商投资股份有限公司					...			
外商投资	**1**	**1**	**6**	**4**	**17**	**...**	**...**	
中外合资经营	1	1	5	3	17	...	...	
中外合作经营								
外资企业		...	1	...				
外商投资股份有限公司								
二、按控股情况分								
国有控股	2	8	7	21	41	6	6	
集体控股	2	3	5	6	28	1	1	
私人控股	41	33	65	66	156	5	3	...
港澳台商控股	2	3	4	7	13	...	...	...
外商控股	1	1	5	2	17	...	...	
其　他	11	7	8	15	36	1		
三、按资质等级分								
一　级	9	5	5	16	34	2	1	
二　级	19	17	18	32	79	7	6	
三　级	14	17	31	37	111	4	3	...
四　级	2	3	12	4	13	...	...	
暂　定	14	8	26	18	30	...		...
其　他	1	3	4	10	24	1		

3－A－3 续表6－1 单位:万元、万平方米

指 标 名 称	经 济适用房	别墅、高档公 寓	办公楼	商业营业用 房	其他房屋	商 品 房销售面积	住 宅	90平方米以下住房
总 计			**38**	**194**	**46**	**2992**	**2481**	**598**
一、按登记注册类型分								
内 资			**37**	**170**	**41**	**2786**	**2329**	**553**
国 有			2	4	14	90	83	34
集 体			1	2	8	10	7	...
股份合作企业						2	1	...
联营企业				1		8	8	2
国有联营				...		8	8	2
国有与集体联营				...		...	...	
有限责任公司			15	93	10	1252	1053	278
国有独资公司			2	4	2	40	34	12
其他有限责任公司			13	89	8	1212	1020	266
股份有限公司			6	12	1	92	74	24
私营企业			12	58	8	1304	1086	206
私营独资					2	13	12	2
私营合伙						5	4	...
私营有限责任公司			12	53	5	1251	1041	200
私营股份有限公司			...	4		35	30	4
其 他			1	1	1	29	18	7
港澳台商投资			**1**	**10**	**3**	**120**	**84**	**27**
与港澳台商合资经营			1	1	2	73	47	20
与港澳台商合作经营				1		5	4	2

3－A－3　续表6－2　　　　单位：万元、万平方米

指标名称	经济适用房	别墅、高档公寓	办公楼	商业营业用房	其他房屋	商品房销售面积	住宅	90平方米以下住房
港澳台商独资				8	1	25	19	6
港澳台商投资股份有限公司			...			16	13	...
外商投资			**...**	**14**	**2**	**86**	**68**	**19**
中外合资经营			...	14	2	44	34	11
中外合作经营						3	2	1
外资企业						40	32	6
外商投资股份有限公司								
二、按控股情况分								
国有控股			7	12	16	289	246	75
集体控股			4	11	12	182	153	35
私人控股			22	118	11	2018	1686	379
港澳台商控股			1	9	2	113	75	22
外商控股			...	14	2	88	68	19
其　他			4	30	2	303	254	68
三、按资质等级分								
一　级			7	22	4	209	176	46
二　级			13	37	22	561	470	108
三　级			16	81	10	1007	856	224
四　级			1	9	3	273	217	32
暂　定			2	27	1	799	654	141
其　他			1	17	6	144	107	48

3－A－3 续表7－1　　单位：万元、万平方米

指标名称	140平方米以上住房	经济适用房	别墅、高档公寓	办公楼	商业营业用房	其他房屋	现房销售面积	住宅
总计	**845**	**153**	**159**	**130**	**240**	**142**	**634**	**424**
一、按登记注册类型分								
内资	**784**	**152**	**151**	**115**	**225**	**117**	**585**	**405**
国有	26	32	2	...	3	5	22	18
集体	3	...	1		2	...	4	2
股份合作企业	...				1	...	1	...
联营企业	2	1			1		4	3
国有联营	2	1			1		4	3
国有与集体联营	...							
有限责任公司	353	85	73	63	88	47	259	176
国有独资公司	4	7		1	2	3	30	24
其他有限责任公司	349	77	73	62	86	44	229	152
股份有限公司	19	10	5	10	6	3	23	18
私营企业	375	23	70	34	122	62	265	184
私营独资	2				1	...	1	1
私营合伙	3			1	...		...	...
私营有限责任公司	360	23	70	32	119	59	255	177
私营股份有限公司	9		...	1	2	2	8	7
其他	7		...	8	3	...	8	2
港澳台商投资	**26**		**3**	**2**	**10**	**23**	**39**	**15**
与港澳台商合资经营	9		2	...	4	22	31	9
与港澳台商合作经营	2		1		...	...	2	2

3-A-3 续表7-2　　单位：万元、万平方米

指 标 名 称	140平方米以上住房	经济适用房	别墅、高档公寓	办公楼	商业营业用房	其他房屋	现房销售面积	住 宅
港澳台商独资	8			2	3	1	5	4
港澳台商投资股份有限公司	7				2	1	...	...
外商投资	**35**	**2**	**6**	**12**	**5**	**2**	**10**	**4**
中外合资经营	18		5	6	2	1	5	4
中外合作经营		2			...	1	...	
外资企业	17		...	6	2	1	5	...
外商投资股份有限公司								
二、按控股情况分								
国有控股	71	44	8	9	20	15	96	68
集体控股	45	23	3	14	10	5	30	22
私人控股	568	61	115	61	180	91	392	268
港澳台商控股	24		3	5	10	23	37	11
外商控股	36	2	6	14	4	2	10	4
其 他	101	24	24	27	16	6	70	51
三、按资质等级分								
一 级	66	1	22	8	14	10	33	19
二 级	153	35	29	38	32	21	121	89
三 级	286	61	45	31	77	43	211	146
四 级	65	5	14	8	36	11	94	64
暂 定	246	20	45	40	71	34	137	94
其 他	30	31	5	4	9	24	39	12

3－A－3 续表8－1

单位：万元、万平方米

指 标 名 称	90平方米以下住房	140平方米以上住房	经 济适用房	别墅、高档公 寓	办公楼	商业营业用 房	其他房屋	期 房销售面积
总 计	**56**	**175**	**26**	**29**	**35**	**114**	**61**	**2358**
一、按登记注册类型分								
内 资	**55**	**163**	**26**	**26**	**31**	**110**	**40**	**2201**
国 有	5	5	3	...	...	2	1	69
集 体	...	1	...	...		2	...	5
股份合作企业		...				...	...	1
联营企业	...	1	1			1		5
国有联营	...	1	1			1		5
国有与集体联营								...
有限责任公司	22	76	15	9	18	49	16	993
国有独资公司	8	2	4		1	2	2	11
其他有限责任公司	14	74	11	9	17	47	14	982
股份有限公司	5	5	1	1	1	3	2	68
私营企业	22	74	5	17	8	52	21	1039
私营独资	...	...				...	...	12
私营合伙					...	...		5
私营有限责任公司	21	73	5	16	7	51	20	995
私营股份有限公司	...	1		...	...	...	...	27
其 他	...	1		...	4	1	...	21
港澳台商投资	**1**	**8**		**1**	**1**	**3**	**20**	**81**
与港澳台商合资经营	1	4		1	...	2	20	42
与港澳台商合作经营	1	1				...	...	3

3－A－3　续表 8－2　　　　单位：万元、万平方米

指标名称	90 平方米以下住房	140 平方米以上住房	经济适用房	别墅、高档公寓	办公楼	商业营业用房	其他房屋	期房销售面积
港澳台商独资	...	3			1	...	...	21
港澳台商投资股份有限公司		...						15
外商投资	**...**	**3**		**1**	**3**	**2**	**1**	**77**
中外合资经营	...	3		1	...	1	1	39
中外合作经营						...		3
外资企业	...	...			3	1	...	35
外商投资股份有限公司								
二、按控股情况分								
国有控股	18	17	11	1	5	16	6	193
集体控股	1	9	3	1	1	5	2	152
私人控股	30	115	6	22	15	78	30	1626
港澳台商控股	1	6		1	4	3	20	76
外商控股	...	3		1	3	1	1	79
其　他	5	24	5	3	6	11	2	233
三、按资质等级分								
一　级	3	8	1	1	4	5	5	176
二　级	8	33	5	6	4	18	10	440
三　级	25	64	10	10	15	38	12	796
四　级	7	24	1	4	4	22	4	179
暂　定	10	40	8	5	8	26	8	662
其　他	2	6	1	2		5	22	105

3－A－3 续表9－1 单位：万元、万平方米

指标名称	住宅	90平方米以下住房	140平方米以上住房	经济适用房	别墅、高档公寓	办公楼	商业营业用房
总计	**2056**	**542**	**671**	**128**	**131**	**95**	**126**
一、按登记注册类型分							
内资	**1924**	**498**	**621**	**126**	**124**	**84**	**115**
国有	64	29	21	29	2	...	1
集体	5	...	2		1		...
股份合作企业	...	...					...
联营企业	5	2	1				
国有联营	5	2	1				
国有与集体联营	...		...				
有限责任公司	877	257	277	70	64	45	40
国有独资公司	10	4	2	4			
其他有限责任公司	867	252	274	66	64	45	40
股份有限公司	55	19	14	9	4	9	2
私营企业	902	184	301	18	53	27	70
私营独资	11	2	2				1
私营合伙	4	...	3			1	...
私营有限责任公司	864	179	288	18	53	24	68
私营股份有限公司	23	4	8		...	1	2
其他	16	7	5			3	1
港澳台商投资	**68**	**25**	**18**		**2**	**2**	**8**
与港澳台商合资经营	38	19	5		1	...	2
与港澳台商合作经营	2	1	1		1		...

3－A－3　续表9－2

单位：万元、万平方米

指 标 名 称	住 宅	90平方米以下住房	140平方米以上住房	经 济适用房	别墅、高档公 寓	办公楼	商业营业用 房
港澳台商独资	15	6	5			1	3
港澳台商投资股份有限公司	12	...	7				2
外商投资	**63**	**18**	**32**	**2**	**4**	**9**	**3**
中外合资经营	30	11	15		4	6	2
中外合作经营	2	1		2			
外资企业	31	6	17		...	2	1
外商投资股份有限公司							
二、按控股情况分							
国有控股	177	57	55	33	7	3	4
集体控股	132	33	36	19	2	13	5
私人控股	1417	349	453	55	93	45	102
港澳台商控股	64	21	18		2	2	7
外商控股	64	18	33	2	4	11	3
其 他	203	63	77	19	21	21	5
三、按资质等级分							
一 级	158	43	59	...	21	5	8
二 级	381	100	120	30	23	34	14
三 级	710	198	222	51	35	17	40
四 级	153	24	41	4	10	4	14
暂 定	560	131	206	12	39	31	45
其 他	95	45	25	30	2	4	4

3－A－3 续表 10－1

单位：万元、万平方米

指标名称	其他房屋	商品房销售额	住宅	90平方米以下住房	140平方米以上住房	经济适用房	别墅、高档公寓
总计	**82**	**18736825**	**15241113**	**3633161**	**6448146**	**473768**	**1501683**
一、按登记注册类型分							
内资	**77**	**16827295**	**13656655**	**3185252**	**5647235**	**468711**	**1437807**
国有	3	289057	245881	101029	59334	93918	10488
集体	...	36211	26797	1047	12055	163	6143
股份合作企业	...	4877	1388	361	461		
联营企业		33331	30069	9438	8693	2937	
国有联营		32522	29260	9438	7884	2937	
国有与集体联营		809	809		809		
有限责任公司	31	8637514	7087319	1781799	2969168	265436	827315
国有独资公司	1	125579	102256	33952	18166	20235	
其他有限责任公司	31	8511935	6985063	1747847	2951002	245201	827315
股份有限公司	1	708908	494714	139024	193748	38463	68948
私营企业	41	6884509	5599771	1085734	2347282	67794	524820
私营独资		82091	78885	15051	10593		
私营合伙		27983	18561	997	16391		
私营有限责任公司	39	6590953	5350350	1055528	2266391	67794	523684
私营股份有限公司	2	183482	151975	14158	53907		1136
其他	...	232888	170716	66820	56494		93
港澳台商投资	**3**	**857240**	**690562**	**238388**	**237403**		**33637**
与港澳台商合资经营	2	454994	387100	170566	86082		24780
与港澳台商合作经营	...	52028	40100	20437	13206		8857

3-A-3 续表 10-2 单位:万元、万平方米

指标名称	其他房屋	商品房销售额	住宅	90平方米以下住房	140平方米以上住房	经济适用房	别墅、高档公寓
港澳台商独资	1	211261	139395	47202	63934		
港澳台商投资股份有限公司	1	138957	123967	183	74181		
外商投资	**1**	**1052290**	**893896**	**209521**	**563508**	**5057**	**30239**
中外合资经营	...	523091	419853	134771	260575		29510
中外合作经营	1	9362	7040	4457		5057	
外资企业	1	519837	467003	70293	302933		729
外商投资股份有限公司							
二、按控股情况分							
国有控股	9	1587666	1297708	360034	385193	121626	71977
集体控股	3	1082374	831333	156674	303116	68773	27991
私人控股	61	11704157	9544655	2212675	3925465	206872	946598
港澳台商控股	3	807485	610770	188310	222052		33637
外商控股	2	1110941	905187	209521	577424	5057	30239
其他	4	2444202	2051460	505947	1034896	71440	391241
三、按资质等级分							
一级	5	2000284	1729029	391605	832810	3219	208385
二级	11	3785922	2964822	723020	1184121	112467	317552
三级	30	5813842	4820562	1245836	1929744	182356	388898
四级	7	1093291	827941	121052	312865	10224	105613
暂定	25	5004190	4024310	895092	1804950	64001	404079
其他	2	1039296	874449	256556	383656	101501	77156

3－A－3 续表11－1 单位：万元、万平方米

指标名称	办公楼	商业营业用房	其他房屋	现房销售额	住宅	90平方米以下住房	140平方米以上住房
总计	**1258668**	**1784836**	**452208**	**2873140**	**1768366**	**206900**	**874274**
一、按登记注册类型分							
内资	**1132978**	**1640798**	**396864**	**2689516**	**1665299**	**198588**	**812514**
国有	3593	27557	12026	71245	48296	14932	15528
集体		8309	1105	14610	6382	701	1684
股份合作企业		2337	1152	3019	1027		461
联营企业		3262		13754	10492	1159	4164
国有联营		3262		13754	10492	1159	4164
国有与集体联营							
有限责任公司	670561	692172	187462	1302012	786249	81840	411636
国有独资公司	6983	10187	6153	79685	59019	21701	4848
其他有限责任公司	663578	681985	181309	1222327	727230	60139	406788
股份有限公司	146400	57242	10552	129762	93338	28414	32152
私营企业	276583	823949	184206	1116558	709867	70453	340321
私营独资		2831	375	2498	1695	720	121
私营合伙	6128	3294		561	44		
私营有限责任公司	259995	802410	178198	1063937	664414	68535	335290
私营股份有限公司	10460	15414	5633	49562	43714	1198	4910
其他	35841	25970	361	38556	9648	1089	6568
港澳台商投资	**13553**	**103398**	**49727**	**127370**	**80575**	**6992**	**45273**
与港澳台商合资经营	987	26931	39976	90922	54939	4492	28062
与港澳台商合作经营		10247	1681	9887	9322	2483	4349

3-A-3 续表11-2

单位:万元、万平方米

指标名称	办公楼	商业营业用房	其他房屋	现房销售额	住宅	90平方米以下住房	140平方米以上住房
港澳台商独资	12566	56860	2440	25761	15514	17	12595
港澳台商投资股份有限公司		9360	5630	800	800		267
外商投资	**112137**	**40640**	**5617**	**56254**	**22492**	**1320**	**16487**
中外合资经营	76547	24137	2554	29912	20654	942	15408
中外合作经营		608	1714	608			
外资企业	35590	15895	1349	25734	1838	378	1079
外商投资股份有限公司							
二、按控股情况分							
国有控股	91332	147474	51152	401104	227451	50908	62321
集体控股	175407	63239	12395	123942	87965	6008	41721
私人控股	539819	1312089	307594	1763839	1083022	111048	544080
港澳台商控股	37299	109747	49669	123763	48669	4191	30369
外商控股	161318	34592	9844	52563	21160	1320	15220
其他	253493	117695	21554	407929	300099	33425	180563
三、按资质等级分							
一级	69586	158357	43312	240078	118722	24625	61074
二级	459925	274351	86824	614393	412348	39925	181701
三级	212305	611109	169866	992682	623928	83738	336061
四级	41017	201693	22640	342750	204007	18655	89001
暂定	419955	466310	93615	547141	332722	27342	157939
其他	55880	73016	35951	136096	76639	12615	48498

3－A－3 续表12－1

单位：万元、万平方米

指标名称	经济适用房	别墅、高档公寓	办公楼	商业营业用房	其他房屋	期房销售额	住宅
总计	**61778**	**209351**	**242892**	**706658**	**155224**	**15863685**	**13472747**
一、按登记注册类型分							
内资	**61778**	**194963**	**217697**	**674050**	**132470**	**14137779**	**11991356**
国有	6757	2290	207	16053	6689	217812	197585
集体	163	452		7597	631	21601	20415
股份合作企业				1954	38	1858	361
联营企业	2937			3262		19577	19577
国有联营	2937			3262		18768	18768
国有与集体联营						809	809
有限责任公司	38678	82880	142350	317042	56371	7335502	6301070
国有独资公司	9526		6983	10187	3496	45894	43237
其他有限责任公司	29152	82880	135367	306855	52875	7289608	6257833
股份有限公司	5075	9478	2857	27541	6026	579146	401376
私营企业	8168	99770	52000	292137	62554	5767951	4889904
私营独资				428	375	79593	77190
私营合伙			328	189		27422	18517
私营有限责任公司	8168	99300	49960	288165	61398	5527016	4685936
私营股份有限公司		470	1712	3355	781	133920	108261
其他		93	20283	8464	161	194332	161068
港澳台商投资		**7699**	**5992**	**19246**	**21557**	**729870**	**609987**
与港澳台商合资经营		7699	579	15105	20299	364072	332161
与港澳台商合作经营				203	362	42141	30778

3－A－3 续表 12－2

单位：万元、万平方米

指 标 名 称	经 济 适用房	别墅、高档 公 寓	办公楼	商业营业 用 房	其他房屋	期 房 销售额	住 宅
港澳台商独资			5413	3938	896	185500	123881
港澳台商投资股份有限公司						138157	123167
外商投资		**6689**	**19203**	**13362**	**1197**	**996036**	**871404**
中外合资经营		6689	603	7531	1124	493179	399199
中外合作经营				608		8754	7040
外资企业			18600	5223	73	494103	465165
外商投资股份有限公司							
二、按控股情况分							
国有控股	23756	5670	50751	97847	25055	1186562	1070257
集体控股	8702	5301	2673	28565	4739	958432	743368
私人控股	13243	145088	107697	475900	97220	9940318	8461633
港澳台商控股		7699	29738	23818	21538	683722	562101
外商控股		6689	19203	11003	1197	1058378	884027
其 他	16077	38904	32830	69525	5475	2036273	1751361
三、按资质等级分							
一 级	2937	14379	33985	61271	26100	1760206	1610307
二 级	12060	44432	29136	135613	37296	3171529	2552474
三 级	23557	56187	94376	233060	41318	4821160	4196634
四 级	866	27283	20522	111137	7084	750541	623934
暂 定	20613	31110	64873	133045	16501	4457049	3691588
其 他	1745	35960		32532	26925	903200	797810

3-A-3 续表 13-1 单位:万元、万平方米

指标名称	90平方米以下住房	140平方米以上住房	经济适用房	别墅、高档公寓	办公楼	商业营业用房	其他房屋
总计	**3426261**	**5573872**	**411990**	**1292332**	**1015776**	**1078178**	**296984**
一、按登记注册类型分							
内资	**2986664**	**4834721**	**406933**	**1242844**	**915281**	**966748**	**264394**
国有	86097	43806	87161	8198	3386	11504	5337
集体	346	10371		5691		712	474
股份合作企业	361					383	1114
联营企业	8279	4529					
国有联营	8279	3720					
国有与集体联营		809					
有限责任公司	1699959	2557532	226758	744435	528211	375130	131091
国有独资公司	12251	13318	10709				2657
其他有限责任公司	1687708	2544214	216049	744435	528211	375130	128434
股份有限公司	110610	161596	33388	59470	143543	29701	4526
私营企业	1015281	2006961	59626	425050	224583	531812	121652
私营独资	14331	10472				2403	
私营合伙	997	16391			5800	3105	
私营有限责任公司	986993	1931101	59626	424384	210035	514245	116800
私营股份有限公司	12960	48997		666	8748	12059	4852
其他	65731	49926			15558	17506	200
港澳台商投资	**231396**	**192130**		**25938**	**7561**	**84152**	**28170**
与港澳台商合资经营	166074	58020		17081	408	11826	19677
与港澳台商合作经营	17954	8857		8857		10044	1319

3－A－3 续表 13－2

单位：万元、万平方米

指标名称	90平方米以下住房	140平方米以上住房	经济适用房	别墅、高档公寓	办公楼	商业营业用房	其他房屋
港澳台商独资	47185	51339			7153	52922	1544
港澳台商投资股份有限公司	183	73914				9360	5630
外商投资	**208201**	**547021**	**5057**	**23550**	**92934**	**27278**	**4420**
中外合资经营	133829	245167		22821	75944	16606	1430
中外合作经营	4457		5057				1714
外资企业	69915	301854		729	16990	10672	1276
外商投资股份有限公司							
二、按控股情况分							
国有控股	309126	322872	97870	66307	40581	49627	26097
集体控股	150666	261395	60071	22690	172734	34674	7656
私人控股	2101627	3381385	193629	801510	432122	836189	210374
港澳台商控股	184119	191683		25938	7561	85929	28131
外商控股	208201	562204	5057	23550	142115	23589	8647
其他	472522	854333	55363	352337	220663	48170	16079
三、按资质等级分							
一级	366980	771736	282	194006	35601	97086	17212
二级	683095	1002420	100407	273120	430789	138738	49528
三级	1162098	1593683	158799	332711	117929	378049	128548
四级	102397	223864	9358	78330	20495	90556	15556
暂定	867750	1647011	43388	372969	355082	333265	77114
其他	243941	335158	99756	41196	55880	40484	9026

3－A－4 按地区分组的房地产开发企业施工和销售情况

单位：万元、万平方米

地　区	房屋施工面积	住宅	90平方米以下住房	140平方米以上住房	经济适用房	别墅、高档公寓	办公楼
总计	**19273**	**13688**	**2851**	**4487**	**770**	**996**	**1119**
杭州市	**4987**	**3623**	**1032**	**1174**	**408**	**250**	**417**
上城区	381	261	60	57	108	19	45
下城区	365	272	127	68	75	29	34
江干区	912	617	234	138	112	14	118
拱墅区	206	141	56	42	24	13	17
西湖区	586	419	109	138	17	38	61
滨江区	398	247	73	79	13		37
萧山区	656	448	52	219	3	9	80
余杭区	673	576	225	160	41	32	16
桐庐县	165	134	14	42	4	16	1
淳安县	106	68	31	23		19	...
建德市	89	71	10	13	1	2	2
富阳市	286	232	31	124	4	20	4
临安市	165	138	11	73	5	39	2
宁波市	**3105**	**2007**	**560**	**587**	**135**	**45**	**214**
海曙区	361	221	97	37	60		31
江东区	519	270	59	103	26		75
江北区	261	165	48	36	19	4	15
北仑区	252	195	48	31	...		8
镇海区	290	215	52	74	14	1	1
鄞州区	674	442	157	113		10	58
象山县	146	109	3	52		8	1
宁海县	71	45	16	8	3		3
余姚市	206	129	33	56			8
慈溪市	195	121	30	61	9	22	14
奉化市	131	96	18	17	4	...	1
温州市	**2396**	**1760**	**231**	**877**	**78**	**20**	**82**
鹿城区	1260	894	150	394	59	19	61
龙湾区	106	81	14	39	4		7
瓯海区	112	84	11	41			1
洞头县	41	36	4	6		1	
永嘉县	149	122	1	54	7		2
平阳县	123	97	8	52			2

3－A－4　续表1－1　　　　单位：万元、万平方米

地　　区	房屋施工面　　积	住　宅	90平方米以下住房	140平方米以上住房	经　济适用房	别墅、高档公　　寓	办公楼
苍南县	130	94	5	52			3
文成县	18	15	...	3	3		
泰顺县	6	3	2	1			
瑞安市	303	226	7	163			6
乐清市	148	108	28	73	6		...
嘉兴市	**1980**	**1313**	**263**	**359**	**20**	**81**	**80**
南湖区	572	395	86	86		9	22
秀洲区	290	157	23	64		15	32
嘉善县	195	158	27	41	2	16	1
海盐县	144	98	20	6	3		1
海宁市	275	188	50	57	13	23	15
平湖市	256	161	34	40		16	8
桐乡市	248	156	23	65	2	2	1
湖州市	**999**	**747**	**87**	**150**	**13**	**95**	**17**
吴兴区	477	347	58	60	11	15	9
南浔区	59	45	7	10	1	3	...
德清县	157	129	3	32		43	2
长兴县	191	143	4	31		20	1
安吉县	116	83	14	17		14	4
绍兴市	**1804**	**1231**	**195**	**569**	**24**	**151**	**185**
越城区	447	308	75	129	24	1	59
绍兴县	477	290	52	163		73	84
新昌县	106	91	16	32		10	1
诸暨市	304	192	4	86		23	6
上虞市	361	258	23	139		36	32
嵊州市	108	92	24	20		8	2
金华市	**1160**	**885**	**149**	**264**	**14**	**184**	**18**
婺城区	329	239	26	61	3	36	15
金东区	67	57	13	3		17	1
武义县	61	51	5	18		1	
浦江县	63	31	4	1			...
磐安县	14	4				2	...
兰溪市	125	102	8	14		11	...
义乌市	238	179	61	69	12	62	2

3－A－4 续表1－2

单位：万元、万平方米

地区	房屋施工面积	住宅	90平方米以下住房	140平方米以上住房	经济适用房	别墅、高档公寓	办公楼
东阳市	148	120	24	65		24	…
永康市	115	101	8	34		31	
衢州市	**590**	**466**	**61**	**135**	**22**	**86**	**9**
柯城区	314	258	34	86	22	50	7
衢江区	20	17	2	3		2	…
常山县	27	20	3	4			1
开化县	63	53	4	15		12	
龙游县	53	38	4	15		13	…
江山市	113	82	15	12		8	1
舟山市	**385**	**288**	**88**	**50**	**5**	**10**	**31**
定海区	167	130	34	21	5	…	14
普陀区	144	101	21	26		8	13
岱山县	56	47	29	3		2	
嵊泗县	18	10	4				4
台州市	**1365**	**980**	**124**	**230**	**25**	**49**	**60**
椒江区	417	297	22	58	19	14	23
黄岩区	135	88	25	27		2	…
路桥区	154	114	3	26		15	24
玉环县	100	76	2	14		3	1
三门县	54	39	7	9		2	5
天台县	89	74	7	15	6		2
仙居县	69	57				2	1
温岭市	189	129	31	47		10	4
临海市	158	107	27	35			
丽水市	**502**	**388**	**61**	**94**	**26**	**24**	**5**
莲都区	243	182	45	24	16	6	3
青田县	111	88	8	53	7	7	…
缙云县	24	22	4	2		…	
遂昌县	28	21	1	5	…	3	1
松阳县	18	15		9		7	…
云和县	19	12	…	…			…
庆元县	19	16	2			…	1
景宁畲族自治县	17	16			3		
龙泉市	23	17	1				

3－A－4 续表2－1

单位：万元、万平方米

地　区	商业营业用房	其他房屋	新开工面积	住　宅	90平方米以下住房	140平方米以上住房	经济适用房	别墅、高档公寓
总　计	**1996**	**2470**	**5257**	**3709**	**1007**	**1076**	**111**	**277**
杭州市	**368**	**580**	**1313**	**964**	**376**	**285**	**63**	**81**
上城区	13	61	56	33	16	15		8
下城区	24	34	111	78	59	12	22	4
江干区	65	112	154	126	65	38	17	
拱墅区	15	33	37	31	16		16	10
西湖区	32	74	178	136	45	50		25
滨江区	42	72	128	65	24	3		
萧山区	63	64	168	104	22	47		2
余杭区	37	44	251	203	80	59	7	2
桐庐县	20	10	67	52	6	16		12
淳安县	8	30	30	24	13	7		3
建德市	12	4	49	41	4	9		2
富阳市	22	27	57	49	21	19		9
临安市	13	12	28	22	5	9		5
宁波市	**301**	**583**	**764**	**488**	**165**	**126**	**14**	**11**
海曙区	31	78	36	21	6	7		
江东区	49	125	93	61	24	20	5	
江北区	16	66	63	34	17	10	7	
北仑区	26	23	96	76	24	12	...	
镇海区	37	36	80	49	22	3		
鄞州区	44	131	174	102	47	19		
象山县	13	23	43	33	...	15		4
宁海县	11	12	36	18	3	3		
余姚市	33	37	77	43	7	20		
慈溪市	23	37	53	38	10	16		6
奉化市	19	16	14	12	5	1	2	
温州市	**202**	**352**	**485**	**347**	**60**	**178**	**5**	**11**
鹿城区	101	203	202	129	26	65	...	11
龙湾区	5	14	16	11	5	2		
瓯海区	5	21	33	28	7	12		
洞头县	2	2						
永嘉县	12	13	60	48	1	26	4	
平阳县	16	9	32	28	3	15		

3－A－4 续表2－3 单位：万元、万平方米

地　　区	商业营业用　　房	其他房屋	新开工面　积	住　宅	90平方米以下住房	140平方米以上住房	经　济适用房	别墅、高档公　　寓
苍南县	20	12	21	13		9		
文成县	…	3	7	5	…	…	…	
泰顺县	3	1	6	3	2	1		
瑞安市	22	49	76	58	4	38		
乐清市	14	25	33	24	12	10		
嘉兴市	**382**	**205**	**722**	**502**	**129**	**110**	**7**	**25**
南湖区	81	75	216	157	43	24		1
秀洲区	66	35	97	61	14	24		3
嘉善县	33	3	82	67	19	18	2	8
海盐县	34	11	92	66	17	3	3	
海宁市	37	34	100	63	14	20		10
平湖市	59	28	78	48	18	12		3
桐乡市	73	18	56	40	4	8	2	
湖州市	**153**	**82**	**282**	**197**	**21**	**39**		**44**
吴兴区	70	51	96	54	12	8		10
南浔区	12	2	10	7	1	1		
德清县	14	11	64	52	1	12		26
长兴县	31	16	62	46		10		8
安吉县	26	2	50	38	8	8		2
绍兴市	**225**	**163**	**576**	**382**	**85**	**130**	**9**	**27**
越城区	50	30	119	79	24	26	9	…
绍兴县	65	39	169	105	25	41		6
新昌县	8	6	48	39	4	10		9
诸暨市	69	37	74	48	3	20		11
上虞市	26	44	130	80	14	28		
嵊州市	6	7	35	30	15	5		
金华市	**110**	**147**	**337**	**246**	**40**	**57**		**44**
婺城区	37	39	95	69	10	16		15
金东区	7	2	19	17	5	…		5
武义县	9	1	14	13	1	4		…
浦江县	6	26	9	3	1			
磐安县	9	1	11	2				2
兰溪市	12	10	59	46	6	2		1
义乌市	11	45	36	16	2	3		1

3－A－4 续表2－3 单位：万元、万平方米

地区	商业营业用房	其他房屋	新开工面积	住宅	90平方米以下住房	140平方米以上住房	经济适用房	别墅、高档公寓
东阳市	10	18	38	32	9	16		3
永康市	8	5	56	48	5	16		16
衢州市	**51**	**64**	**166**	**125**	**20**	**44**		**29**
柯城区	20	29	74	60	6	30		18
衢江区	1	2	2	2	...			
常山县	4	3	6	2	1	...		
开化县	7	3	25	21	2	4		3
龙游县	6	9	19	13	2	4		3
江山市	13	17	40	27	9	7		4
舟山市	**35**	**31**	**120**	**89**	**25**	**14**		**2**
定海区	7	16	34	30	8	3		...
普陀区	17	13	59	36	8	10		1
岱山县	7	1	24	19	8	1		1
嵊泗县	4	1	4	3	2			
台州市	**132**	**193**	**352**	**260**	**67**	**78**		**3**
椒江区	36	62	65	48	11	1		
黄岩区	20	26	46	28	19	6		
路桥区	11	5	49	38	1	24		
玉环县	9	13	19	15	2	6		
三门县	5	5	9	7	2	4		2
天台县	7	6	39	32	6	11		
仙居县	2	9	24	19				
温岭市	18	38	51	35	15	12		1
临海市	23	28	51	37	12	14		
丽水市	**39**	**70**	**140**	**111**	**19**	**14**	**12**	**...**
莲都区	15	44	74	55	12	3	7	
青田县	9	14	29	24	5	10	5	
缙云县	...	1	2	2	1	...		
遂昌县	2	3	3	2	...	...		...
松阳县	2	1	6	5		1		
云和县	3	4	6	4				
庆元县	3	...	3	3				
景宁畲族自治县	1		7	7				
龙泉市	3	2	10	8	1			

3－A－4 续表3－1 单位：万元、万平方米

地　区	办公楼	商业营业用　房	其他房屋	房屋竣工面　积	住　宅	90平方米以下住房	140平方米以上住房	经　济适用房
总　计	**318**	**565**	**664**	**4458**	**3261**	**367**	**1210**	**195**
杭州市	**119**	**95**	**135**	**1031**	**773**	**74**	**363**	**87**
上城区	6	4	13	99	54	7	6	30
下城区	18	2	13	92	61	7	41	14
江干区	5	6	18	122	89	22	29	20
拱墅区			6	37	26	1	20	
西湖区	24	4	15	147	118	9	51	3
滨江区	32	9	22	98	76	1	39	13
萧山区	23	26	15	151	110	3	75	3
余杭区	12	18	18	86	74	11	24	
桐庐县	1	11	3	47	35	4	6	
淳安县	...	...	6	6	6	4	...	
建德市		8	1	19	15	1	1	
富阳市	...	4	3	75	64	3	43	
临安市	...	3	3	52	45	1	27	5
宁波市	**26**	**86**	**164**	**834**	**594**	**109**	**164**	**41**
海曙区	3	3	9	87	65	19	10	14
江东区		7	25	106	59	6	27	
江北区	7	6	17	73	49	4	16	
北仑区		8	12	84	60	13	6	
镇海区	...	18	12	98	72	12	15	14
鄞州区	11	15	46	167	134	28	40	
象山县		2	8	69	49	2	14	
宁海县	3	5	9	3	3	3		3
余姚市		18	15	49	36	4	16	
慈溪市	...	3	11	67	42	17	16	9
奉化市	...	1	1	31	26	2	4	2
温州市	**21**	**44**	**73**	**594**	**456**	**37**	**219**	**34**
鹿城区	17	20	36	333	256	31	109	33
龙湾区		1	3	21	13	...	4	
瓯海区		2	3	16	12	1	3	
洞头县				22	21	1	1	
永嘉县	2	5	5	16	13		4	1
平阳县		3	2	19	17	1	4	

3－A－4 续表3－2

单位：万元、万平方米

地　　区	办公楼	商业营业用　房	其他房屋	房屋竣工面　积	住　宅	90平方米以下住房	140平方米以上住房	经　济适用房
苍南县	2	3	3	13	11		5	
文成县			1					
泰顺县		3	1					
瑞安市	...	6	11	119	87	3	64	
乐清市		2	7	33	25		25	
嘉兴市	**34**	**116**	**71**	**425**	**264**	**41**	**80**	**7**
南湖区	5	23	31	108	72	11	15	
秀洲区	14	13	10	57	22	4	9	
嘉善县	...	12	2	53	34	5	7	
海盐县	...	19	7	14	9	1	2	
海宁市	11	14	13	78	60	10	25	6
平湖市	3	23	4	49	31	2	7	
桐乡市		12	4	66	35	7	14	...
湖州市	**4**	**63**	**19**	**183**	**139**	**8**	**37**	**1**
吴兴区	...	37	6	59	39	2	13	
南浔区		3	...	22	18	3	3	1
德清县	2	4	6	42	35	1	11	
长兴县	1	8	7	41	33	1	8	
安吉县		11	...	18	13	1	2	
绍兴市	**85**	**57**	**52**	**390**	**274**	**15**	**163**	
越城区	28	5	7	91	69	1	42	
绍兴县	28	19	18	104	60	5	39	
新昌县		5	4	30	28	2	21	
诸暨市	3	17	6	107	76	1	44	
上虞市	25	10	15	46	33	4	15	
嵊州市	...	2	3	11	9	2	2	
金华市	**9**	**36**	**47**	**251**	**189**	**17**	**64**	**6**
婺城区	8	9	9	76	64	9	16	3
金东区		2	...	16	12	...	1	
武义县		1	...	13	12	1	2	
浦江县		1	5	32	11			
磐安县	...	9	...	11	2			
兰溪市	...	6	6	20	17	...	7	
义乌市	...	4	16	13	9	2	...	4

3－A－4 续表 3－3　　　　单位：万元、万平方米

地　区	办公楼	商业营业用房	其他房屋	房屋竣工面积	住　宅	90 平方米以下住房	140 平方米以上住房	经　济适用房
东阳市		1	5	43	39	3	25	
永康市		3	5	27	22	2	13	
衢州市	**6**	**16**	**19**	**245**	**189**	**21**	**42**	**7**
柯城区	5	5	4	111	89	13	18	7
衢江区			...	19	16	1	3	
常山县		3	...	22	15	2	1	
开化县		2	2	34	29	1	11	
龙游县		1	5	24	16	1	2	
江山市	1	6	7	35	24	2	6	
舟山市	**12**	**10**	**10**	**97**	**83**	**17**	**15**	**2**
定海区		1	3	58	50	12	11	2
普陀区	12	5	6	31	26	4	3	
岱山县		4	...	4	4	2	1	
嵊泗县		...	1	4	3	...		
台州市	**4**	**35**	**54**	**296**	**218**	**16**	**44**	**9**
椒江区	2	5	10	63	47	3	11	9
黄岩区	...	11	7	21	16	2	6	
路桥区	1	6	4	41	33		...	
玉环县		2	2	38	27			
三门县		1	...	5	4	...	...	
天台县	...	4	3	31	24	5	7	
仙居县			5	20	18			
温岭市		5	10	35	29	3	10	
临海市		2	11	43	21	2	10	
丽水市		**9**	**21**	**112**	**82**	**11**	**20**	**1**
莲都区		3	15	55	39	10	8	
青田县		1	3	13	10	1	7	1
缙云县				11	10			
遂昌县			...	19	12	1	3	...
松阳县		1	...	7	6		2	
云和县		1	1	6	4	...		
庆元县		1	...					
景宁畲族自治县		1						
龙泉市		1	1	2	2	...		

3－A－4　续表4－1　　　　单位：万元、万平方米

地　　区	别墅、高档公　　寓	办公楼	商业营业用　　房	其他房屋	竣工房屋价　　值	住　宅	90平方米以下住房	140平方米以上住房
总　计	**197**	**193**	**411**	**593**	**951**	**685**	**74**	**287**
杭州市	**58**	**59**	**57**	**142**	**276**	**208**	**18**	**108**
上城区		20	4	21	20	10	1	1
下城区	22	10	4	18	30	20	2	15
江干区	10	8	7	19	42	30	5	13
拱墅区		6	3	2	9	6	...	5
西湖区	6	...	5	23	42	35	3	15
滨江区			4	18	28	23	...	11
萧山区	1	14	11	16	42	30	1	23
余杭区	3		3	9	23	20	3	8
桐庐县	2	...	10	2	9	7	1	2
淳安县			...	...	1	1	1	...
建德市	...		1	2	4	2	...	...
富阳市	3	...	4	7	14	12	...	9
临安市	10	...	3	4	11	10	...	6
宁波市	**21**	**45**	**53**	**141**	**176**	**123**	**22**	**39**
海曙区		2	3	17	15	11	3	2
江东区		17	6	24	27	15	1	8
江北区	1	3	3	18	15	10	1	3
北仑区		8	7	9	15	10	3	1
镇海区	...	1	7	18	17	13	2	3
鄞州区	10	6	5	22	40	31	5	10
象山县		1	7	11	13	9	...	3
宁海县				...	...	...	...	
余姚市			5	8	11	8	...	4
慈溪市	11	6	8	11	17	11	5	4
奉化市	...	...	2	3	5	4	...	1
温州市		**16**	**36**	**87**	**113**	**84**	**7**	**43**
鹿城区		9	19	49	69	52	6	23
龙湾区		4	2	2	5	2	...	1
瓯海区			...	4	3	2	...	1
洞头县			1	...	3	3	...	...
永嘉县			1	2	2	2		1
平阳县		...	2	1	2	2	...	...

3－A－4 续表4－2 单位：万元、万平方米

地 区	别墅、高档公寓	办公楼	商业营业用房	其他房屋	竣工房屋价值	住 宅	90平方米以下住房	140平方米以上住房
苍南县			2	...	2	2		1
文成县								
泰顺县								
瑞安市		3	6	23	21	15	1	12
乐清市			3	5	7	5		4
嘉兴市	**13**	**20**	**100**	**41**	**87**	**52**	**8**	**19**
南湖区	2	8	14	13	25	15	2	3
秀洲区	1	8	21	6	14	6	1	2
嘉善县	3		18	1	8	5	1	1
海盐县		1	1	2	3	2	...	...
海宁市	5	2	6	10	13	10	1	6
平湖市		1	12	5	9	6	...	2
桐乡市	1	...	27	3	15	8	2	4
湖州市	**11**	**5**	**21**	**18**	**42**	**30**	**2**	**8**
吴兴区	4	4	6	10	14	8	...	2
南浔区	2		3	1	4	2	1	...
德清县	2		2	5	9	8	...	3
长兴县	3		5	2	11	9	...	2
安吉县		1	5	...	4	2	...	...
绍兴市	**16**	**30**	**43**	**43**	**89**	**61**	**3**	**38**
越城区	...	3	5	13	21	16	...	11
绍兴县	12	23	15	6	25	13	1	9
新昌县	...		1	1	3	3	...	3
诸暨市	1		14	18	29	21	...	12
上虞市	2	4	7	2	10	7	1	4
嵊州市	...	...	1	2	1	1	...	...
金华市	**45**	**3**	**26**	**33**	**46**	**36**	**4**	**15**
婺城区	10	2	4	6	14	11	2	2
金东区	3		2	2	3	2	...	...
武义县			1	...	1	1	...	...
浦江县		...	1	20	4	2		
磐安县	...	...	8	...	1	...		
兰溪市	2		1	3	5	4	...	2
义乌市	3		4	...	2	2	1	...

3-A-4 续表4-3 单位:万元、万平方米

地区	别墅、高档公寓	办公楼	商业营业用房	其他房屋	竣工房屋价值	住宅	90平方米以下住房	140平方米以上住房
东阳市	17	...	2	2	8	7	1	5
永康市	10		4	...	8	7	...	6
衢州市	**21**	**2**	**25**	**29**	**26**	**20**	**2**	**5**
柯城区	6	1	11	10	12	9	1	2
衢江区	2	...	1	2	2	2	...	1
常山县		1	4	2	3	2	...	...
开化县	9		4	1	3	3	...	1
龙游县	1		1	7	2	2	...	...
江山市	3	...	4	6	4	3	...	1
舟山市	**...**	**1**	**5**	**9**	**19**	**15**	**4**	**2**
定海区		...	3	6	12	9	3	1
普陀区		1	2	3	5	4	1	1
岱山县	...		...		1	1	1	...
嵊泗县			1		1	1	...	
台州市	**8**	**10**	**35**	**33**	**60**	**44**	**3**	**10**
椒江区	2	4	4	8	11	8	1	3
黄岩区		...	2	3	7	5	1	2
路桥区		3	5	...	9	7		...
玉环县	3	1	2	8	10	8		
三门县		1	...		1	1	...	...
天台县		2	3	2	5	4	1	1
仙居县			...	2	3	3		
温岭市	3		3	3	7	6	...	3
临海市			16	6	7	3	...	2
丽水市	**3**	**3**	**8**	**19**	**17**	**12**	**2**	**3**
莲都区		1	3	12	9	6	2	1
青田县			1	1	2	1	...	1
缙云县			...	1	1	1		
遂昌县	2	1	2	3	2	1	...	...
松阳县	1	...	...	...	1	1		...
云和县			1	1	2	1	...	
庆元县								
景宁畲族自治县								
龙泉市			...	...	...	...	...	

3－A－4　续表5－1　　　　单位:万元、万平方米

地　区						出租房屋面积		
	经济适用房	别墅、高档公寓	办公楼	商业营业用房	其他房屋		住宅	90平方米以下住房
总　计	**39**	**59**	**53**	**95**	**117**	**291**	**13**	**10**
杭州市	**19**	**23**	**18**	**16**	**34**	**79**	**6**	**6**
上城区	5		5	1	4	16		
下城区	4	7	3	1	6	5		
江干区	5	6	3	3	6	32	6	6
拱墅区			2	1	...	1		
西湖区	1	5	...	1	5	5	...	
滨江区	3			1	4	1		
萧山区	...	...	4	4	3	4		
余杭区		1		1	2	8		
桐庐县		1	...	2	...	3	...	...
淳安县				...	...	1		
建德市		...		...	1	...		
富阳市		...	...	1	1	3	...	
临安市	1	3	...	1	1	1		
宁波市	**8**	**6**	**13**	**13**	**28**	**54**	**1**	**1**
海曙区	2		1	1	3	4	...	...
江东区			5	2	5	6	...	...
江北区		...	1	1	4	...		
北仑区			2	2	2	7	...	...
镇海区	3	...	...	1	3	...		
鄞州区		3	2	1	5	30		
象山县			...	2	2	2		
宁海县	...				...			
余姚市				2	2	2		
慈溪市	3	3	2	2	3	2		
奉化市	...	...	...	...	...	...		
温州市	**8**		**5**	**7**	**17**	**16**	**...**	**...**
鹿城区	8		3	4	10	10	...	...
龙湾区			1	1	1	2		
瓯海区				...	...			
洞头县				...	...	1		
永嘉县	...			...	...	...		
平阳县			...	...	...	1		

3－A－4 续表5－2

单位：万元、万平方米

地区	经济适用房	别墅、高档公寓	办公楼	商业营业用房	其他房屋	出租房屋面积	住宅	90平方米以下住房
苍南县				...	...	...		
文成县								
泰顺县						1		
瑞安市			1	1	4	2		
乐清市				1	1			
嘉兴市	**1**	**5**	**5**	**23**	**7**	**36**	**3**	**3**
南湖区		1	3	4	2	16	3	3
秀洲区		...	2	5	1	10	...	...
嘉善县		...		2	...	3		
海盐县			...	...	1	2		
海宁市	1	3	...	1	1	2		
平湖市			...	2	1	1		
桐乡市	...	1	...	7	1	1		
湖州市	**...**	**2**	**1**	**7**	**4**	**11**	**1**	
吴兴区		1	1	2	3	...	...	
南浔区	...	...		2	...	3	...	
德清县		1		...	1	6	1	
长兴县		1		2	1	...		
安吉县			...	1	...	1		
绍兴市		**5**	**8**	**11**	**9**	**33**	**2**	**1**
越城区		...	1	2	3	12	...	...
绍兴县		4	6	4	1	11	1	1
新昌县		...		...	...	1		
诸暨市		...		3	4	7	...	
上虞市		1	1	1	...	1		
嵊州市		...	...	...	...	2	...	
金华市	**1**	**12**	**1**	**4**	**5**	**36**	**1**	**...**
婺城区	...	2	1	1	1	24	...	...
金东区		1		...	...			
武义县				...	...	3		
浦江县			...	...	2	...		
磐安县		...	...	1	...	1		
兰溪市		...		...	1	1		
义乌市	1	1		1	...	2		

3－A－4 续表5－3 单位：万元、万平方米

地　区	经　济适用房	别墅、高档公　寓	办公楼	商业营业用　房	其他房屋	出租房屋面　积	住　宅	90平方米以下住房
东阳市		3	...	1	...	3		
永康市		5		1	...	2	...	
衢州市	**1**	**2**	**...**	**3**	**3**	**11**		
柯城区	1	1	...	1	1	4		
衢江区		...	...	...	...			
常山县			...	1	...	...		
开化县		1		...	...	2		
龙游县		...		...	1	3		
江山市		...	...	...	1	2		
舟山市	**...**	**...**	**...**	**1**	**2**	**5**	**...**	**...**
定海区	...		...	1	2	4	...	...
普陀区			...	...	...	...		
岱山县		...		...				
嵊泗县				...		...		
台州市	**1**	**2**	**2**	**8**	**6**	**6**	**...**	
椒江区	1	1	1	1	1	2		
黄岩区			...	1	1	...		
路桥区			1	1	...			
玉环县		1	...	...	2			
三门县			...	...		1		
天台县			...	1	...			
仙居县				...	...			
温岭市		1		...	1	1		
临海市				3	1	2	...	
丽水市	**...**	**...**	**1**	**1**	**3**	**4**		
莲都区			...	...	2	2		
青田县	...			...	...	...		
缙云县				...	...			
遂昌县	...	...	...	...	...	...		
松阳县		...	...	...	...	1		
云和县				...	...			
庆元县								
景宁畲族自治县								
龙泉市				...	...	...		

3－A－4　续表6－1　　　　单位：万元、万平方米

地　　区	140平方米以上住房	经　济适用房	别墅、高档公　　寓	办公楼	商业营业用　　房	其他房屋	商品房销售面积	住　宅
总　计	...			**38**	**194**	**46**	**2992**	**2481**
杭州市	...			**15**	**33**	**25**	**775**	**677**
上城区				7	10		36	30
下城区				3	2	...	53	48
江干区				2	3	21	209	185
拱墅区				1	1		30	23
西湖区				1	2	1	87	75
滨江区				1			31	28
萧山区				...	3	2	92	74
余杭区					8		90	81
桐庐县	...			...	1	1	33	30
淳安县					1		14	14
建德市						...	12	12
富阳市					2	...	47	42
临安市				...	...		39	37
宁波市				**6**	**42**	**6**	**448**	**357**
海曙区				2	1	1	29	16
江东区				2	3		63	44
江北区					...		38	34
北仑区					4	3	33	27
镇海区					...	...	43	37
鄞州区					30		85	74
象山县				...	1	1	26	24
宁海县							8	8
余姚市				...	2	1	59	44
慈溪市				1	...	...	36	26
奉化市				...			27	24
温州市				**...**	**14**	**1**	**173**	**140**
鹿城区				...	9	1	78	56
龙湾区					2		17	16
瓯海区							2	1
洞头县					1		2	2
永嘉县					...		7	6
平阳县					1		19	16

3-A-4 续表6-2

单位:万元、万平方米

地　　区	140平方米以上住房	经济适用房	别墅、高档公寓	办公楼	商业营业用房	其他房屋	商品房销售面积	住　宅
苍南县						...	23	22
文成县							4	3
泰顺县					1		2	2
瑞安市					2		14	11
乐清市							6	5
嘉兴市				**4**	**29**	**1**	**333**	**255**
南湖区				2	11		86	71
秀洲区				...	10	1	53	37
嘉善县				1	1		37	30
海盐县				...	2		14	10
海宁市				...	2		46	33
平湖市				...	1		42	33
桐乡市					1		55	41
湖州市				**...**	**9**	**1**	**196**	**157**
吴兴区					...	...	77	59
南浔区					3	...	22	19
德清县					5	1	40	29
长兴县				...	...	...	33	29
安吉县				...	1		25	22
绍兴市				**8**	**17**	**6**	**217**	**182**
越城区				2	7	2	52	43
绍兴县				5	2	3	46	38
新昌县				...	1		26	24
诸暨市				1	6		38	29
上虞市					...	1	36	30
嵊州市				...	1	...	19	18
金华市				**2**	**30**	**3**	**337**	**281**
婺城区				2	20	2	82	69
金东区							37	29
武义县					3		14	13
浦江县					...		34	11
磐安县						1	4	3
兰溪市					1		26	24
义乌市					2		70	66

3－A－4 续表6－3 单位：万元、万平方米

地区	140平方米以上住房	经济适用房	别墅、高档公寓	办公楼	商业营业用房	其他房屋	商品房销售面积	住宅
东阳市					3		40	38
永康市					1		28	27
衢州市				**...**	**10**	**1**	**129**	**102**
柯城区				...	3	...	57	47
衢江区							4	3
常山县					...		10	7
开化县					2		17	14
龙游县					2	1	12	9
江山市					2	...	29	23
舟山市				**1**	**4**	**...**	**74**	**68**
定海区				1	3	...	30	27
普陀区					...		23	21
岱山县							14	12
嵊泗县				...	...		8	7
台州市	**...**			**1**	**3**	**2**	**228**	**197**
椒江区				1	2		39	31
黄岩区					...		29	26
路桥区							19	18
玉环县							23	21
三门县				1			9	7
天台县							20	19
仙居县							11	11
温岭市						1	44	37
临海市	...				2	...	33	27
丽水市				**...**	**3**		**82**	**64**
莲都区				...	2		24	18
青田县					...		15	12
缙云县							4	3
遂昌县					...		7	6
松阳县					1		6	4
云和县							6	5
庆元县							...	...
景宁畲族自治县							6	5
龙泉市					...		14	10

3－A－4 续表7－1 单位：万元、万平方米

地 区					办公楼	商业营业用房	其他房屋	现房销售面积
	90平方米以下住房	140平方米以上住房	经济适用房	别墅、高档公寓				
总 计	**598**	**845**	**153**	**159**	**130**	**240**	**142**	**634**
杭州市	**254**	**199**	**117**	**33**	**55**	**31**	**11**	**118**
上城区	14	10	10	4	3	1	1	8
下城区	26	11	24	5	4	1	1	3
江干区	97	29	56	...	21	3	...	6
拱墅区	13	3	8		3	3	1	5
西湖区	30	30	17	6	8	2	2	18
滨江区	11	8			1	...	1	5
萧山区	9	38		5	10	8	1	19
余杭区	32	18		3	4	4	1	16
桐庐县	2	7		3	...	3	...	14
淳安县	6	2		...		...	1	1
建德市	3	1		...		...	...	3
富阳市	7	22		1	...	4	2	5
临安市	3	20	2	6	...	2	1	13
宁波市	**90**	**112**	**12**	**9**	**25**	**41**	**24**	**88**
海曙区	5	4			5	5	3	8
江东区	4	19			13	4	2	10
江北区	9	5		...	...	3	1	1
北仑区	2	4			...	2	3	13
镇海区	5	11		...	...	4	2	23
鄞州区	33	21		1	2	5	4	8
象山县	...	17		4		1	...	2
宁海县	4	2	2			...	...	2
余姚市	14	10			1	9	5	8
慈溪市	10	11	7	4	3	5	2	12
奉化市	3	8	2	...		2	2	2
温州市	**24**	**75**	**2**	**1**	**14**	**11**	**8**	**12**
鹿城区	12	27		1	12	5	5	9
龙湾区	9	7				1	...	...
瓯海区		...				...	...	...
洞头县	...	...		...		...	...	...
永嘉县		4				1	...	1
平阳县	...	11			...	1	1	1

3－A－4　续表7－2　　　　单位：万元、万平方米

地　　区								现　　房
	90平方米以下住房	140平方米以上住房	经　济适用房	别墅、高档公　　寓	办公楼	商业营业用　　房	其他房屋	销售面积
苍南县	...	12				1	...	...
文成县		...	2				1	
泰顺县	1	...				...		
瑞安市	...	8			1	1	1	1
乐清市		4				1	...	1
嘉兴市	**52**	**84**	**7**	**17**	**11**	**52**	**15**	**85**
南湖区	13	23	1	2	3	7	5	16
秀洲区	6	17	3	2	6	7	3	20
嘉善县	5	10	...	5		7	...	9
海盐县	2	1			1	2	1	1
海宁市	8	10	2	4	1	8	3	9
平湖市	9	9		3	...	7	1	10
桐乡市	10	14	1	1		13	1	22
湖州市	**20**	**56**	**2**	**19**	**3**	**29**	**7**	**74**
吴兴区	10	18	1	3	2	10	5	19
南浔区	2	6	1	1	1	2	...	11
德清县	1	14	...	9	...	10	1	18
长兴县	4	9		4	...	3	1	15
安吉县	3	9		3	...	3	1	9
绍兴市	**28**	**81**	**4**	**16**	**12**	**16**	**7**	**70**
越城区	11	13	4	1	4	3	1	17
绍兴县	9	23	...	7	2	6	...	22
新昌县	5	7		1		1	1	7
诸暨市	...	16		2	...	5	3	14
上虞市	3	16		4	5	1	1	4
嵊州市	1	6		2	...	1	...	7
金华市	**48**	**109**	**4**	**37**	**2**	**19**	**35**	**92**
婺城区	7	30		6	2	4	6	22
金东区	5	7		3		3	6	23
武义县	2	5				1	...	3
浦江县	1	...				4	19	23
磐安县		1		...		1	...	1
兰溪市	3	4		2		2	1	6
义乌市	23	33	4	17		3	...	3

3－A－4 续表7－3 单位：万元、万平方米

地　区	90平方米以下住房	140平方米以上住房	经　济适用房	别墅、高档公　寓	办公楼	商业营业用　房	其他房屋	现　房销售面积
东阳市	6	15		2		1	1	8
永康市	2	14		8		1	...	4
衢州市	**15**	**29**		**15**	**1**	**13**	**12**	**40**
柯城区	7	15		7	...	6	4	19
衢江区	...	1		...		1	...	3
常山县	1	1		...		3	1	4
开化县	1	4		2		1	1	7
龙游县	1	4		4	...	2	1	4
江山市	5	4		2	...	1	5	4
舟山市	**22**	**10**		**2**	**2**	**2**	**2**	**6**
定海区	8	3			1	1	1	3
普陀区	5	7		2	...	1	1	2
岱山县	7	...		...		1	1	...
嵊泗县	2				1	...		1
台州市	**33**	**72**	**4**	**6**	**4**	**13**	**14**	**36**
椒江区	2	9	4	1	...	4	3	11
黄岩区	7	10		1		1	3	...
路桥区	1	4		...	...	1		...
玉环县	2	11		2		2	...	8
三门县	1	2		1	1	1	...	3
天台县	3	7				1	...	2
仙居县		3		...			...	
温岭市	12	15		1	2	2	2	7
临海市	6	11				2	4	3
丽水市	**11**	**18**	**2**	**4**	**1**	**11**	**6**	**14**
莲都区	3	5		2	1	4	2	3
青田县	2	6	2	1		1	2	2
缙云县	1	...		...	...	1	...	1
遂昌县	...	3		1		1	...	1
松阳县	...	1	...	...	...	1	...	2
云和县	...	1				1	...	3
庆元县								
景宁畲族自治县						...	...	...
龙泉市	5	3			...	2	2	1

3－A－4 续表8－1 单位：万元、万平方米

地 区	住 宅	90平方米以下住房	140平方米以上住房	经 济适用房	别墅、高档公 寓	办公楼	商业营业用 房	其他房屋
总 计	**424**	**56**	**175**	**26**	**29**	**35**	**114**	**61**
杭州市	**83**	**9**	**45**	**8**	**6**	**14**	**17**	**4**
上城区	4	...	4			3	1	1
下城区	3	...	2		2	...	...	
江干区	3	2	1	1	...	1	2	...
拱墅区	5	...	2			...	...	
西湖区	15	2	10	5	...		2	1
滨江区	5	...	3				...	...
萧山区	8	...	5		1	6	4	1
余杭区	10	1	6		...	4	2	...
桐庐县	12	1	4		2	...	2	...
淳安县	1	...	1				...	...
建德市	2	1	...				...	...
富阳市	2	...	2			...	2	...
临安市	12	1	6	1	...	...	1	...
宁波市	**55**	**16**	**7**	**8**	**1**	**7**	**17**	**9**
海曙区	1	...	1			2	2	3
江东区	2	...	1			5	3	1
江北区	...	...	...				...	...
北仑区	9	...	1			...	2	2
镇海区	18	2	1				3	2
鄞州区	7	5	1			...	1	...
象山县	1		1		1		1	
宁海县	2	2	...	2			...	
余姚市	4	...	1			...	3	...
慈溪市	9	5	1	4		...	2	1
奉化市	2	1		2			...	
温州市	**3**	**...**	**2**			**1**	**4**	**4**
鹿城区	2	...	1			1	3	4
龙湾区	...		...				...	...
瓯海区								...
洞头县	...		...					
永嘉县	...		...				...	...
平阳县	...	...	...				...	...

3-A-4 续表8-2 单位:万元、万平方米

地区	住宅	90平方米以下住房	140平方米以上住房	经济适用房	别墅、高档公寓	办公楼	商业营业用房	其他房屋
苍南县	...	...	...					
文成县								
泰顺县								
瑞安市	...		...			...	...	...
乐清市	...		...				...	...
嘉兴市	**59**	**12**	**28**	**4**	**3**	**4**	**17**	**5**
南湖区	11	2	5	1		1	2	1
秀洲区	13	4	7	3	1	2	3	1
嘉善县	5	1	2	...	1		4	...
海盐县	...	...	...				...	...
海宁市	5	1	3	...	...	...	2	1
平湖市	5	...	2		...	...	4	1
桐乡市	19	4	10	...	1		3	...
湖州市	**51**	**6**	**19**	**2**	**4**	**2**	**18**	**2**
吴兴区	15	1	6	1	1	1	3	1
南浔区	9	1	2	1	...	1	1	...
德清县	8	...	3	...		...	10	1
长兴县	13	3	5		3	...	2	...
安吉县	7	1	3		...	...	2	...
绍兴市	**54**	**5**	**29**	**...**	**4**	**2**	**11**	**3**
越城区	13	...	6		1	1	3	...
绍兴县	18	3	11	...	3	...	3	...
新昌县	5	1	2		...		1	1
诸暨市	9	...	7			...	3	1
上虞市	3	...	1			...	1	...
嵊州市	7	...	2		...		...	...
金华市	**55**	**2**	**24**		**7**	**1**	**8**	**27**
婺城区	17	1	5		1	1	2	1
金东区	16	...	6		2		2	5
武义县	3	...	1				...	...
浦江县	2	...	...				1	19
磐安县	1		1				...	...
兰溪市	5	1	2				1	...
义乌市	2	...	1		...		1	...

3－A－4　续表8－3　　　　单位：万元、万平方米

地　区	住　宅	90平方米以下住房	140平方米以上住房	经　济适用房	别墅、高档公　　寓	办公楼	商业营业用　　房	其他房屋
东阳市	7	…	6		1		1	1
永康市	3		3		3		…	
衢州市	**26**	**3**	**7**		**1**	**1**	**9**	**4**
柯城区	13	1	4		…	…	4	1
衢江区	2	…	1		…		1	…
常山县	2	…			…		2	1
开化县	5	1	1		…		1	…
龙游县	2		…		…	…	1	1
江山市	2	…	…			…	1	1
舟山市	**4**	**2**	**1**			**…**	**1**	**…**
定海区	2	1	…				…	…
普陀区	1	…	1				…	…
岱山县	…	…						
嵊泗县	1	…				…	…	
台州市	**28**	**1**	**11**	**3**	**3**	**1**	**6**	**1**
椒江区	8	…	1	3	…	…	3	1
黄岩区	…	…	…				…	…
路桥区	…		…					
玉环县	8		5		2		…	…
三门县	3	…	1		…		…	
天台县	2	…	1				…	…
仙居县								
温岭市	5	…	2		…	1	2	…
临海市	1	…	1				1	…
丽水市	**6**	**…**	**2**	**…**		**1**	**6**	**1**
莲都区	…		…			1	2	…
青田县	1	…	…				1	…
缙云县	…	…				…	…	…
遂昌县	1		…				…	…
松阳县	1	…	…	…		…	1	…
云和县	3	…	1				…	…
庆元县								
景宁畲族自治县	…						…	…
龙泉市	…	…	…			…	…	…

3-A-4 续表9-1 单位:万元、万平方米

地区	期房销售面积	住宅	90平方米以下住房	140平方米以上住房	经济适用房	别墅、高档公寓	办公楼
总计	**2358**	**2056**	**542**	**671**	**128**	**131**	**95**
杭州市	**657**	**594**	**245**	**154**	**109**	**27**	**41**
上城区	27	26	14	7	10	4	1
下城区	50	45	26	10	24	3	4
江干区	203	182	95	28	54	...	20
拱墅区	24	19	13	1	8		3
西湖区	69	60	28	20	11	6	8
滨江区	26	23	10	5			1
萧山区	73	65	8	33		4	4
余杭区	74	71	31	11		2	...
桐庐县	20	18	1	3		1	
淳安县	13	13	6	1		...	
建德市	9	9	2	1		...	
富阳市	42	39	7	20		1	...
临安市	26	25	2	14	1	6	...
宁波市	**361**	**302**	**74**	**105**	**4**	**8**	**18**
海曙区	21	15	5	3			3
江东区	53	42	4	17			8
江北区	37	34	9	4		...	...
北仑区	20	18	1	3			...
镇海区	20	19	3	10		...	...
鄞州区	77	68	29	21		1	2
象山县	24	23	...	16		2	
宁海县	6	6	2	2			
余姚市	52	40	13	9			1
慈溪市	24	17	5	11	4	4	3
奉化市	25	21	2	8		...	
温州市	**160**	**137**	**23**	**73**	**2**	**1**	**13**
鹿城区	69	54	12	26		1	12
龙湾区	17	16	9	7			
瓯海区	2	1		...			
洞头县	2	2	...	...		...	
永嘉县	6	6		4			
平阳县	18	16	...	11			...

3-A-4 续表9-2

单位：万元、万平方米

地区	期房销售面积	住宅	90平方米以下住房	140平方米以上住房	经济适用房	别墅、高档公寓	办公楼
苍南县	23	22	...	12			
文成县	4	3		...	2		
泰顺县	2	2	1	...			
瑞安市	13	10	...	8			1
乐清市	6	5		4			
嘉兴市	**248**	**196**	**41**	**56**	**3**	**14**	**7**
南湖区	71	60	11	19		2	2
秀洲区	33	24	2	10		2	3
嘉善县	29	25	4	7		4	
海盐县	14	10	2	1			1
海宁市	37	28	7	8	2	4	1
平湖市	33	28	8	7		3	
桐乡市	33	22	6	4	1		
湖州市	**123**	**106**	**14**	**37**		**15**	**1**
吴兴区	58	45	9	12		2	1
南浔区	10	10	2	4		1	
德清县	22	21	1	11		9	
长兴县	18	16	1	4		1	
安吉县	16	14	2	6		2	
绍兴市	**146**	**128**	**24**	**52**	**4**	**12**	**10**
越城区	35	30	10	7	4		3
绍兴县	24	20	6	12		4	2
新昌县	19	19	4	4		1	
诸暨市	24	20	...	9		2	
上虞市	33	27	2	15		4	5
嵊州市	12	11	1	4		1	...
金华市	**245**	**225**	**46**	**85**	**4**	**30**	**1**
婺城区	60	52	6	25		4	1
金东区	15	13	5	1		1	
武义县	11	11	1	3			
浦江县	12	9	...	...			
磐安县	3	2		...		...	
兰溪市	21	19	2	2		2	
义乌市	67	65	23	32	4	17	

3-A-4 续表9-3 单位:万元、万平方米

地区	期房销售面积	住宅	90平方米以下住房	140平方米以上住房	经济适用房	别墅、高档公寓	办公楼
东阳市	32	31	6	9		1	
永康市	25	24	2	11		5	
衢州市	**90**	**77**	**12**	**22**		**14**	**...**
柯城区	38	33	6	11		6	...
衢江区	1	1	...	...		...	
常山县	6	5	...	1			
开化县	10	9	...	2		2	
龙游县	8	7	1	4		3	
江山市	26	21	5	4		2	
舟山市	**68**	**63**	**19**	**9**		**2**	**2**
定海区	27	25	6	3			1
普陀区	21	20	5	6		2	...
岱山县	13	12	6	...		...	
嵊泗县	7	6	2				1
台州市	**192**	**170**	**32**	**61**	**1**	**3**	**3**
椒江区	28	23	2	9	1	...	...
黄岩区	29	25	7	10		1	
路桥区	19	18	1	4		...	...
玉环县	15	13	2	5		...	
三门县	6	4	...	1		...	1
天台县	18	17	3	6			
仙居县	11	11		3		...	
温岭市	36	33	12	12		1	1
临海市	30	25	5	10			
丽水市	**68**	**58**	**11**	**16**	**2**	**4**	**...**
莲都区	20	17	3	5		2	...
青田县	13	11	2	5	2	1	
缙云县	3	2	1	...		...	
遂昌县	6	6	...	3		1	
松阳县	4	3		1		...	
云和县	3	2		...			
庆元县	...	...					
景宁畲族自治县	5	5					
龙泉市	13	10	5	2			

3－A－4　续表 10－1　　　　单位：万元、万平方米

地　　区	商业营业用房	其他房屋	商品房销售额	住　宅	90 平方米以下住房	140 平方米以上住房	经济适用房	别墅、高档公寓
总　计	**126**	**82**	**18736825**	**15241113**	**3633161**	**6448146**	**473768**	**1501683**
杭州市	**15**	**7**	**6517463**	**5559079**	**1712385**	**2257818**	**387119**	**577584**
上城区	…	1	439076	364739	121587	190480	34768	138285
下城区	1	1	652413	570212	119592	256832	79718	112815
江干区	1	…	1846011	1551798	662738	393807	184947	10600
拱墅区	2	1	290847	216162	89342	49622	32170	
西湖区	1	1	1004757	842915	265857	451201	51254	102044
滨江区	…	1	355437	309450	112686	99244		
萧山区	4	…	663129	550859	60395	332356		71647
余杭区	2	1	588637	534545	190854	167027		44971
桐庐县	1	…	120427	102111	6843	33061		16951
淳安县	…	…	63483	61456	28061	17203		2906
建德市	…		44195	41982	9701	4077		2160
富阳市	2	1	261809	236037	32287	144912		9944
临安市	1	…	187242	176813	12442	117996	4262	65261
宁波市	**25**	**15**	**3239083**	**2443518**	**565670**	**1024894**	**27720**	**89474**
海曙区	3	…	346511	178957	46783	72719		
江东区	2	2	563707	366460	38482	164606		
江北区	2	1	231500	190206	52402	45689		658
北仑区	1	1	161345	130492	8339	25027		
镇海区	1	…	213012	172383	19316	84737		3492
鄞州区	4	4	795585	676041	244191	266308		14755
象山县	…	…	202062	191024	179	131435		34850
宁海县		…	50738	49134	11923	20983	4183	
余姚市	6	5	310444	233347	100469	61627		
慈溪市	4	1	217373	132535	30362	88992	20235	35330
奉化市	2	2	146806	122939	13224	62771	3302	389
温州市	**6**	**4**	**1527456**	**1210030**	**296189**	**712346**	**9914**	**12814**
鹿城区	2	1	918930	665928	183369	399626		11095
龙湾区	1	…	203088	188362	106431	78831		
瓯海区	…	…	7575	6120		1081		
洞头县	…	…	6838	6401	204	2074		1719
永嘉县	…		30966	26427		22984		
平阳县	1	1	87477	77626	354	57222		

3－A－4 续表 10－2 单位：万元、万平方米

地　区	商业营业用　房	其他房屋	商品房销售额	住　宅	90 平方米以下住房	140 平方米以上住房	经　济适用房	别墅、高档公　寓
苍南县	1	…	121573	116206	419	68876		
文成县		1	17621	16471		1800	9914	
泰顺县	…		5243	5161	4753	408		
瑞安市	1	1	92802	72538	659	55568		
乐清市	…	…	35343	28790		23876		
嘉兴市	**35**	**10**	**1471968**	**1093599**	**193643**	**445788**	**11880**	**156707**
南湖区	6	3	398926	334227	56194	115849	1745	10373
秀洲区	4	2	225274	157719	17966	85091	4536	17597
嘉善县	3	…	145555	111017	15333	45025	134	26117
海盐县	1	1	65548	49094	12511	7153		
海宁市	6	2	230041	179925	30942	94716	3910	65431
平湖市	4	1	185259	142768	37218	49360		31229
桐乡市	10	1	221365	118849	23479	48594	1555	5960
湖州市	**11**	**6**	**822804**	**645906**	**75869**	**266200**	**3947**	**113083**
吴兴区	7	5	349466	275125	44958	95823	2937	19092
南浔区	1	…	65869	46363	6123	16618	981	2657
德清县	…	…	181927	137745	2124	74407	29	51039
长兴县	1	…	133941	113366	14052	45711		24485
安吉县	1	…	91601	73307	8612	33641		15810
绍兴市	**5**	**4**	**1161205**	**921627**	**115105**	**478185**	**11476**	**120583**
越城区	…	1	321397	270625	41434	108740	11218	5992
绍兴县	2		311550	222817	38718	158006	258	64779
新昌县	…	…	89033	81572	16361	21950		4943
诸暨市	2	2	174016	123163	927	69830		14401
上虞市	…	1	179810	145755	11615	87301		24862
嵊州市	…	…	85399	77695	6050	32358		5606
金华市	**10**	**8**	**1470670**	**1274443**	**271302**	**558814**	**4655**	**267197**
婺城区	2	5	293262	242655	26325	105748		31697
金东区	1	1	107793	81601	16298	13579		27331
武义县	1	…	48669	44191	4880	16728		
浦江县	3	…	92233	47572	2138	930		
磐安县	1		15088	9112		2620		1270
兰溪市	1	1	75824	66276	7262	10923		3068
义乌市	2		511867	468262	172950	253906	4655	138578

3－A－4 续表 10－3

单位：万元、万平方米

地 区	商业营业用房	其他房屋	商品房销售额	住 宅	90平方米以下住房	140平方米以上住房	经济适用房	别墅、高档公寓
东阳市	...	1	162493	154634	32779	61254		9238
永康市	...	...	163441	160140	8670	93126		56015
衢州市	**5**	**8**	**394926**	**297632**	**41416**	**100951**		**59879**
柯城区	2	2	175288	134850	19008	50856		26000
衢江区		...	9040	6313	1763	2115		452
常山县	1	...	37857	20358	1824	3931		856
开化县	...	...	35850	29400	2724	7678		5552
龙游县	1	...	39917	30233	700	19042		17254
江山市	1	4	96974	76478	15397	17329		9765
舟山市	**2**	**2**	**456949**	**411537**	**109045**	**92362**		**22393**
定海区	1	1	200656	176908	43358	23705		
普陀区	...	1	171605	159259	30739	67956		21912
岱山县	1	1	53400	47531	24629	701		481
嵊泗县			31288	27839	10319			
台州市	**7**	**12**	**1226328**	**1046742**	**200326**	**406712**	**10832**	**53438**
椒江区	2	2	227804	179396	13973	60579	10832	4952
黄岩区	...	3	183513	161060	40866	68593		5439
路桥区	1		93995	79430	2745	19100		2977
玉环县	2	...	128671	117236	6533	60115		17110
三门县	...	...	38881	30229	1566	9715		6180
天台县	1	...	89185	77556	11664	28820		
仙居县		...	41499	41047		12586		2618
温岭市	...	2	261209	228640	95335	86703		14162
临海市	1	4	161571	132148	27644	60501		
丽水市	**6**	**5**	**447973**	**337000**	**52211**	**104076**	**6225**	**28531**
莲都区	1	2	194468	148538	23556	45287		17653
青田县	...	1	73071	56323	6044	28828	5800	6053
缙云县	1		18094	10748	3349	262		262
遂昌县	...	...	34670	27578	415	13270		4419
松阳县	...	...	23256	15536	425	3173	425	144
云和县	1	...	22431	17048	19	3916		
庆元县			1417	1417				
景宁畲族自治县			20330	19425				
龙泉市	2	2	60236	40387	18403	9340		

3－A－4 续表 11－1

单位：万元、万平方米

地　区	办公楼	商业营业用房	其他房屋	现房销售额	住宅	90 平方米以下住房	140 平方米以上住房
总计	**1258668**	**1784836**	**452208**	**2873140**	**1768366**	**206900**	**874274**
杭州市	**630510**	**261865**	**66009**	**767615**	**524516**	**62974**	**326329**
上城区	39215	23905	11217	71341	16606	253	15894
下城区	65796	11990	4415	48681	40649	5767	25283
江干区	262058	28851	3304	57379	26089	10205	14107
拱墅区	39546	32379	2760	66168	54597	4851	27823
西湖区	123921	26191	11730	157839	137553	21028	96407
滨江区	20322	7030	18635	37873	36416	3141	19119
萧山区	54586	54275	3409	101670	49063	3842	33762
余杭区	22606	28633	2853	89696	53709	6943	36700
桐庐县	333	17340	643	53403	43574	1808	20590
淳安县		999	1028	3643	2834	112	2178
建德市		2183	30	7051	5410	957	1000
富阳市	1743	19406	4623	19503	10633	48	6970
临安市	384	8683	1362	53368	47383	4019	26496
宁波市	**268814**	**402738**	**124013**	**425871**	**178113**	**49313**	**44330**
海曙区	92814	54658	20082	78474	6986	65	4362
江东区	118928	56552	21767	84974	9905	366	7349
江北区	6537	27821	6936	9711	5431	225	5155
北仑区	1711	16823	12319	47653	24792	566	2310
镇海区	3103	33406	4120	66735	44240	6129	3146
鄞州区	17086	76988	25470	42949	29168	20535	5598
象山县		10389	649	14700	8300		8300
宁海县		792	812	5100	4308	4183	71
余姚市	10627	45832	20638	33197	16827	2587	4182
慈溪市	18008	60127	6703	38931	24769	13483	3857
奉化市		19350	4517	3447	3387	1174	
温州市	**186130**	**104167**	**27129**	**75211**	**17075**	**1135**	**11714**
鹿城区	176118	57749	19135	56907	11629	984	8427
龙湾区		14357	369	4022	1052		1052
瓯海区		1358	97	68			
洞头县		427	10	427	427		79
永嘉县		4384	155	2753	771		345
平阳县	628	7662	1561	3833	1546	115	712

3-A-4 续表11-2

单位：万元、万平方米

地区	办公楼	商业营业用房	其他房屋	现房销售额	住宅	90平方米以下住房	140平方米以上住房
苍南县		5307	60	534	534	36	309
文成县			1150				
泰顺县		82					
瑞安市	9384	7506	3374	2789	836		510
乐清市		5335	1218	3878	280		280
嘉兴市	**44074**	**303106**	**31189**	**309770**	**201004**	**27743**	**112600**
南湖区	12124	44099	8476	59279	42984	6337	20450
秀洲区	22036	36885	8634	81359	48717	8671	31548
嘉善县		33662	876	27542	15253	1498	8135
海盐县	5676	8276	2502	3579	1414	41	411
海宁市	3542	40264	6310	36034	23899	3095	13377
平湖市	696	39093	2702	32484	14227	646	4418
桐乡市		100827	1689	69493	54510	7455	34261
湖州市	**17030**	**140971**	**18897**	**284390**	**177838**	**17523**	**74606**
吴兴区	6075	54945	13321	88584	60116	3021	29783
南浔区	10201	8914	391	33138	17584	1085	4335
德清县	154	42068	1960	75224	33646	237	13220
长兴县	519	18567	1489	55230	44478	10381	20542
安吉县	81	16477	1736	32214	22014	2799	6726
绍兴市	**63717**	**151123**	**24738**	**350996**	**246097**	**15522**	**134756**
越城区	29265	18960	2547	114321	88723	1392	39634
绍兴县	11393	76798	542	103566	69078	7620	45226
新昌县		5523	1938	22865	15963	4305	6744
诸暨市	1264	36335	13254	68038	37128	148	28936
上虞市	20867	7914	5274	14206	8722	384	4336
嵊州市	928	5593	1183	28000	26483	1673	9880
金华市	**8545**	**137955**	**49727**	**269225**	**184236**	**9007**	**89663**
婺城区	8545	26971	15091	86233	63490	3913	24077
金东区		18228	7964	54899	39366	283	12052
武义县		4194	284	9035	8267	1418	3843
浦江县		25885	18776	38808	10652	517	824
磐安县		5601	375	2318	1682		1350
兰溪市		7403	2145	15891	12205	2597	4639
义乌市		42411	1194	15674	7484	47	5770

3－A－4 续表11－3　　　　单位：万元、万平方米

地　区	办公楼	商业营业用房	其他房屋	现房销售额	住　宅	90平方米以下住房	140平方米以上住房
东阳市		4838	3021	25223	21206	232	17224
永康市		2424	877	21144	19884		19884
衢州市	**2125**	**65855**	**29314**	**113107**	**62514**	**6487**	**17088**
柯城区	1178	26262	12998	52551	32487	3546	11235
衢江区		1967	760	4897	2659	227	1827
常山县		16159	1340	17273	4219	861	
开化县		4757	1693	16064	11894	1675	2762
龙游县	417	7496	1771	11120	5862		895
江山市	530	9214	10752	11202	5393	178	369
舟山市	**13773**	**26333**	**5306**	**28537**	**20611**	**11249**	**5036**
定海区	8397	12839	2512	13215	11607	7418	2177
普陀区	2964	7539	1843	9630	5089	600	2859
岱山县		4918	951	1773	1773	1773	
嵊泗县	2412	1037		3919	2142	1458	
台州市	**18471**	**106219**	**54896**	**179172**	**132987**	**4257**	**51136**
椒江区	3135	36151	9122	57187	37949	305	4720
黄岩区		6418	16035	2929	2160	166	1131
路桥区	987	13578		2020	2020		2020
玉环县		9039	2396	44301	43356		21178
三门县	3790	4225	637	10976	9229	717	3008
天台县		10974	655	9257	7683	32	3833
仙居县			452				
温岭市	10559	12079	9931	41258	24968	1345	13065
临海市		13755	15668	11244	5622	1692	2181
丽水市	**5479**	**84504**	**20990**	**69246**	**23375**	**1690**	**7016**
莲都区	4362	34226	7342	25821	2952		1887
青田县		11901	4847	10287	2468	844	1443
缙云县	545	6731	70	4727	277	277	
遂昌县		6767	325	5817	2385		186
松阳县	534	5466	1720	5367	2214	425	559
云和县		4954	429	11935	10996	19	2719
庆元县							
景宁畲族自治县		862	43	1447	542		
龙泉市	38	13597	6214	3845	1541	125	222

3－A－4　续表 12－1

单位：万元、万平方米

地　　区	经　济 适用房	别墅、高档 公　　寓	办公楼	商业营业 用　　房	其他房屋	期　房 销售额	住　宅
总　计	**61778**	**209351**	**242892**	**706658**	**155224**	**15863685**	**13472747**
杭州市	**24248**	**70143**	**97046**	**122913**	**23140**	**5749848**	**5034563**
上城区			32283	16201	6251	367735	348133
下城区		27333	1120	6912		603732	529563
江干区	5075	6419	14205	15742	1343	1788632	1525709
拱墅区			1899	9672		224679	161565
西湖区	16077	5662		11915	8371	846918	705362
滨江区				960	497	317564	273034
萧山区		12702	23802	26153	2652	561459	501796
余杭区		3991	21996	13282	709	498941	480836
桐庐县		11374	333	8983	513	67024	58537
淳安县				415	394	59840	58622
建德市				1611	30	37144	36572
富阳市			1374	5963	1533	242306	225404
临安市	3096	2662	34	5104	847	133874	129430
宁波市	**17011**	**8300**	**73831**	**132005**	**41922**	**2813212**	**2265405**
海曙区			28632	27550	15306	268037	171971
江东区			43726	25252	6091	478733	356555
江北区				3662	618	221789	184775
北仑区			563	13042	9256	113692	105700
镇海区				19461	3034	146277	128143
鄞州区			300	12023	1458	752636	646873
象山县		8300		6400		187362	182724
宁海县	4183			792		45638	44826
余姚市			46	15013	1311	277247	216520
慈溪市	9526		564	8750	4848	178442	107766
奉化市	3302			60		143359	119552
温州市			**7223**	**36198**	**14715**	**1452245**	**1192955**
鹿城区			6161	26025	13092	862023	654299
龙湾区				2793	177	199066	187310
瓯海区					68	7507	6120
洞头县						6411	5974
永嘉县				1827	155	28213	25656
平阳县				2233	54	83644	76080

3－A－4　续表 12－2

单位：万元、万平方米

地　区	经　济适用房	别墅、高档公　寓	办公楼	商业营业用　房	其他房屋	期　房销售额	住　宅
苍南县						121039	115672
文成县						17621	16471
泰顺县						5243	5161
瑞安市			1062	531	360	90013	71702
乐清市				2789	809	31465	28510
嘉兴市	**7350**	**17917**	**14678**	**82072**	**12016**	**1162198**	**892595**
南湖区	1745		4566	9673	2056	339647	291243
秀洲区	4536	4363	8249	18390	6003	143915	109002
嘉善县	134	4250		12277	12	118013	95764
海盐县				2055	110	61969	47680
海宁市	352	3088	1167	8563	2405	194007	156026
平湖市		256	696	16891	670	152775	128541
桐乡市	583	5960		14223	760	151872	64339
湖州市	**3947**	**18610**	**15428**	**86331**	**4793**	**538414**	**468068**
吴兴区	2937	2526	4473	22535	1460	260882	215009
南浔区	981	155	10201	5070	283	32731	28779
德清县	29		154	39912	1512	106703	104099
长兴县		13948	519	9468	765	78711	68888
安吉县		1981	81	9346	773	59387	51293
绍兴市	**258**	**25732**	**17090**	**76342**	**11467**	**810209**	**675530**
越城区		5992	13073	10723	1802	207076	181902
绍兴县	258	18366	2265	31681	542	207984	153739
新昌县		1076		5366	1536	66168	65609
诸暨市			1264	23003	6643	105978	86035
上虞市			488	4592	404	165604	137033
嵊州市		298		977	540	57399	51212
金华市		**43881**	**5190**	**47256**	**32543**	**1201445**	**1090207**
婺城区		8096	5190	13891	3662	207029	179165
金东区		12124		7939	7594	52894	42235
武义县				756	12	39634	35924
浦江县				9386	18770	53425	36920
磐安县				261	375	12770	7430
兰溪市				3652	34	59933	54071
义乌市		1252		6996	1194	496193	460778

3－A－4 续表12－3

单位：万元、万平方米

地 区	经济适用房	别墅、高档公寓	办公楼	商业营业用房	其他房屋	期房销售额	住 宅
东阳市		3276		3115	902	137270	133428
永康市		19133		1260		142297	140256
衢州市		**4280**	**1552**	**40969**	**8072**	**281819**	**235118**
柯城区		1418	605	16007	3452	122737	102363
衢江区		164		1967	271	4143	3654
常山县		856		12279	775	20584	16139
开化县		1274		3368	802	19786	17506
龙游县		568	417	3926	915	28797	24371
江山市			530	3422	1857	85772	71085
舟山市			**740**	**5941**	**1245**	**428412**	**390926**
定海区				1326	282	187441	165301
普陀区				3578	963	161975	154170
岱山县						51627	45758
嵊泗县			740	1037		27369	25697
台州市	**8539**	**20488**	**5264**	**37552**	**3369**	**1047156**	**913755**
椒江区	8539	1738	721	16501	2016	170617	141447
黄岩区				533	236	180584	158900
路桥区						91975	77410
玉环县		14452		791	154	84370	73880
三门县		2180		1747		27905	21000
天台县				1426	148	79928	69873
仙居县						41499	41047
温岭市		2118	4543	11473	274	219951	203672
临海市				5081	541	150327	126526
丽水市	**425**		**4850**	**39079**	**1942**	**378727**	**313625**
莲都区			3733	18873	263	168647	145586
青田县				6919	900	62784	53855
缙云县			545	3835	70	13367	10471
遂昌县				3396	36	28853	25193
松阳县	425		534	2367	252	17889	13322
云和县				935	4	10496	6052
庆元县						1417	1417
景宁畲族自治县				862	43	18883	18883
龙泉市			38	1892	374	56391	38846

3－A－4 续表 13－1

单位:万元、万平方米

地　　区	90 平方米以下住房	140 平方米以上住房	经　济适用房	别墅、高档公　　寓	办公楼	商业营业用　　房	其他房屋
总　计	**3426261**	**5573872**	**411990**	**1292332**	**1015776**	**1078178**	**296984**
杭州市	**1649411**	**1931489**	**362871**	**507441**	**533464**	**138952**	**42869**
上城区	121334	174586	34768	138285	6932	7704	4966
下城区	113825	231549	79718	85482	64676	5078	4415
江干区	652533	379700	179872	4181	247853	13109	1961
拱墅区	84491	21799	32170		37647	22707	2760
西湖区	244829	354794	35177	96382	123921	14276	3359
滨江区	109545	80125			20322	6070	18138
萧山区	56553	298594		58945	30784	28122	757
余杭区	183911	130327		40980	610	15351	2144
桐庐县	5035	12471		5577		8357	130
淳安县	27949	15025		2906		584	634
建德市	8744	3077		2160		572	
富阳市	32239	137942		9944	369	13443	3090
临安市	8423	91500	1166	62599	350	3579	515
宁波市	**516357**	**980564**	**10709**	**81174**	**194983**	**270733**	**82091**
海曙区	46718	68357			64182	27108	4776
江东区	38116	157257			75202	31300	15676
江北区	52177	40534		658	6537	24159	6318
北仑区	7773	22717			1148	3781	3063
镇海区	13187	81591		3492	3103	13945	1086
鄞州区	223656	260710		14755	16786	64965	24012
象山县	179	123135		26550		3989	649
宁海县	7740	20912					812
余姚市	97882	57445			10581	30819	19327
慈溪市	16879	85135	10709	35330	17444	51377	1855
奉化市	12050	62771		389		19290	4517
温州市	**295054**	**700632**	**9914**	**12814**	**178907**	**67969**	**12414**
鹿城区	182385	391199		11095	169957	31724	6043
龙湾区	106431	77779				11564	192
瓯海区		1081				1358	29
洞头县	204	1995		1719		427	10
永嘉县		22639				2557	
平阳县	239	56510			628	5429	1507

3－A－4 续表13－2

单位：万元、万平方米

地　　区							
	90平方米以下住房	140平方米以上住房	经　济适用房	别墅、高档公　　寓	办公楼	商业营业用　　房	其他房屋
苍南县	383	68567				5307	60
文成县		1800	9914				1150
泰顺县	4753	408				82	
瑞安市	659	55058			8322	6975	3014
乐清市		23596				2546	409
嘉兴市	**165900**	**333188**	**4530**	**138790**	**29396**	**221034**	**19173**
南湖区	49857	95399		10373	7558	34426	6420
秀洲区	9295	53543		13234	13787	18495	2631
嘉善县	13835	36890		21867		21385	864
海盐县	12470	6742			5676	6221	2392
海宁市	27847	81339	3558	62343	2375	31701	3905
平湖市	36572	44942		30973		22202	2032
桐乡市	16024	14333	972			86604	929
湖州市	**58346**	**191594**		**94473**	**1602**	**54640**	**14104**
吴兴区	41937	66040		16566	1602	32410	11861
南浔区	5038	12283		2502		3844	108
德清县	1887	61187		51039		2156	448
长兴县	3671	25169		10537		9099	724
安吉县	5813	26915		13829		7131	963
绍兴市	**99583**	**343429**	**11218**	**94851**	**46627**	**74781**	**13271**
越城区	40042	69106	11218		16192	8237	745
绍兴县	31098	112780		46413	9128	45117	
新昌县	12056	15206		3867		157	402
诸暨市	779	40894		14401		13332	6611
上虞市	11231	82965		24862	20379	3322	4870
嵊州市	4377	22478		5308	928	4616	643
金华市	**262295**	**469151**	**4655**	**223316**	**3355**	**90699**	**17184**
婺城区	22412	81671		23601	3355	13080	11429
金东区	16015	1527		15207		10289	370
武义县	3462	12885				3438	272
浦江县	1621	106				16499	6
磐安县		1270		1270		5340	
兰溪市	4665	6284		3068		3751	2111
义乌市	172903	248136	4655	137326		35415	

3-A-4 续表 13-3 单位：万元、万平方米

地区	90平方米以下住房	140平方米以上住房	经济适用房	别墅、高档公寓	办公楼	商业营业用房	其他房屋
东阳市	32547	44030		5962		1723	2119
永康市	8670	73242		36882		1164	877
衢州市	**34929**	**83863**		**55599**	**573**	**24886**	**21242**
柯城区	15462	39621		24582	573	10255	9546
衢江区	1536	288		288			489
常山县	963	3931				3880	565
开化县	1049	4916		4278		1389	891
龙游县	700	18147		16686		3570	856
江山市	15219	16960		9765		5792	8895
舟山市	**97796**	**87326**		**22393**	**13033**	**20392**	**4061**
定海区	35940	21528			8397	11513	2230
普陀区	30139	65097		21912	2964	3961	880
岱山县	22856	701		481		4918	951
嵊泗县	8861				1672		
台州市	**196069**	**355576**	**2293**	**32950**	**13207**	**68667**	**51527**
椒江区	13668	55859	2293	3214	2414	19650	7106
黄岩区	40700	67462		5439		5885	15799
路桥区	2745	17080		2977	987	13578	
玉环县	6533	38937		2658		8248	2242
三门县	849	6707		4000	3790	2478	637
天台县	11632	24987				9548	507
仙居县		12586		2618			452
温岭市	93990	73638		12044	6016	606	9657
临海市	25952	58320				8674	15127
丽水市	**50521**	**97060**	**5800**	**28531**	**629**	**45425**	**19048**
莲都区	23556	43400		17653	629	15353	7079
青田县	5200	27385	5800	6053		4982	3947
缙云县	3072	262		262		2896	
遂昌县	415	13084		4419		3371	289
松阳县		2614		144		3099	1468
云和县		1197				4019	425
庆元县							
景宁畲族自治县							
龙泉市	18278	9118				11705	5840

3－A－5 按登记注册类型、控股情况和资质等级分组的房地产开发企业财务状况

单位：万元、人

指标名称	年初存货	流动资产合计	存货	固定资产原价	累计折旧	本年折旧	资产总计	负债合计	所有者权益合计
总计	**51460699**	**98589756**	**58849600**	**3113524**	**685546**	**181488**	**115353961**	**88377852**	**26976109**
一、按登记注册类型分									
内资	**47159049**	**88170215**	**53601309**	**2886458**	**632835**	**167372**	**103285189**	**80180844**	**23104345**
国有	1827682	3355919	1778582	221504	21982	4329	3905118	3054944	850175
集体	227487	445107	263465	47787	8938	1333	530735	410197	120538
股份合作企业	83837	203223	120550	3795	1235	407	213061	138480	74581
联营企业	112627	222700	135384	7860	1998	353	257927	159627	98300
国有联营	71329	174593	93585	3919	761	123	189609	119578	70031
集体联营	4636	1242	159	4	2	1	3501	1380	2121
国有与集体联营	36443	45907	41421	3906	1206	228	63357	38409	24948
其他联营	219	957	219	31	30	1	1461	261	1200
有限责任公司	24180704	46064690	28074056	1228656	253790	63091	53523986	41959143	11564843
国有独资公司	720376	2158789	929661	96196	8493	1929	2799240	2160308	638931
其他有限责任公司	23460328	43905900	27144396	1132461	245297	61162	50724746	39798834	10925912
股份有限公司	2046762	3791435	2006386	142006	36472	8925	5477015	3881563	1595451
私营企业	18057004	32629506	20350045	1207989	300499	87441	37796003	29355968	8440034
私营独资	201189	371289	285421	13918	1543	800	431126	332015	99110
私营合伙	24609	80568	30909	5510	1859	347	109496	82845	26651
私营有限责任公司	17444800	31286588	19500946	1124584	284237	83505	36082951	28107202	7975750
私营股份有限公司	386407	891061	532769	63978	12861	2790	1172430	833906	338524
其他	622946	1457635	872841	26860	7920	1494	1581344	1220922	360422
港澳台商投资	**2271141**	**4229675**	**2526963**	**147789**	**34627**	**9042**	**5129903**	**3235369**	**1894534**
与港澳台商合资经营	1113388	2165912	1181005	69149	21559	4452	2810241	1980410	829832

3－A－5 续表1－1 单位：万元、人

指 标 名 称	年初存货	流动资产合计	存 货	固定资产原价	累计折旧	本年折旧	资产总计	负债合计	所有者权益合计
与港澳台商合作经营	182954	341408	233191	6660	2143	288	350873	295447	55426
港澳台商独资	881564	1518789	1017396	65356	9772	4074	1722495	844807	877688
港澳台商投资股份有限公司	93235	203567	95371	6623	1154	228	246294	114706	131588
外商投资	**2030509**	**6189866**	**2721327**	**79278**	**18084**	**5074**	**6938869**	**4961639**	**1977230**
中外合资经营	934448	2272552	1116789	50278	8155	2603	2416984	1709987	706998
中外合作经营	2754	19810	8239	120	29	21	19901	7930	11971
外资企业	1068046	3841035	1560187	28309	9752	2351	4445064	3201518	1243546
外商投资股份有限公司	25261	56470	36112	571	147	100	56920	42205	14715
二、按控股情况分									
国有控股	6671469	12988799	7099058	715891	74927	15628	15632354	12186694	3445660
集体控股	2925434	5090102	3308929	160807	35551	7931	6073485	4644700	1428785
私人控股	31006628	57039514	35233028	1811724	465913	130383	66643965	51829344	14814621
港澳台商控股	2153300	4120831	2464857	143940	32883	8829	5031887	3161707	1870180
外商控股	2135773	6308661	2880409	72489	17252	4886	7043988	5016857	2027131
其 他	6568093	13041850	7863319	208673	59020	13832	14928282	11538551	3389732
三、按资质等级分									
一 级	4675624	10643753	4727660	353050	95208	24610	14761332	11443300	3318032
二 级	11567080	20633641	12144719	898845	198671	51901	24841740	19614439	5227300
三 级	17125659	29868834	17910588	1082169	235725	57334	34062441	26644315	7418126
四 级	2875064	4816576	2934758	203813	51517	13812	5323005	3946230	1376775
暂 定	11576669	24724603	16099541	386732	63579	24953	27244560	20509600	6734960
其 他	3640603	7902348	5032334	188916	40846	8879	9120883	6219968	2900915

3－A－5 续表2－1

单位：万元、人

指标名称	实收资本	国家资本	集体资本	法人资本	个人资本	港澳台资本	外商资本	主营业务收入
总计	**19860895**	**915373**	**499134**	**9669264**	**5844517**	**1441258**	**1491350**	**22258442**
一、按登记注册类型分								
内资	**16330982**	**900962**	**482028**	**9119952**	**5757545**	**39525**	**30971**	**20625520**
国有	358809	323457	715	33417	1220			616840
集体	78650	500	74487	1100	2563			76103
股份合作企业	65212		14000	37567	13646			10085
联营企业	38493	1845	1900	34656	93			45670
国有联营	26943	500		26443				37556
集体联营	550		500	50				3981
国有与集体联营	10000	1345	1400	7163	93			4132
其他联营	1000			1000				
有限责任公司	7974748	547943	188497	5741541	1472232	14435	10100	11680791
国有独资公司	346129	309005		37124				479947
其他有限责任公司	7628619	238939	188497	5704417	1472232	14435	10100	11200845
股份有限公司	925438	21363	125912	430175	346089	1900		1061852
私营企业	6541233	5854	71817	2547833	3873668	21190	20871	6980439
私营独资	107378			79059	28319			69859
私营合伙	20327			5058	15269			5122
私营有限责任公司	6161811	5854	71817	2417768	3624311	21190	20871	6726080
私营股份有限公司	251717			45949	205769			179379
其他	348399		4700	293664	48035	2000		153740
港澳台商投资	**1667420**	**9736**	**3171**	**189119**	**57640**	**1385921**	**21834**	**1012176**
与港澳台商合资经营	645876	8879	3171	161979	46014	420175	5658	521592

3－A－5 续表2－2

单位：万元、人

指标名称	实收资本	国家资本	集体资本	法人资本	个人资本	港澳台资本	外商资本	主营业务收入
与港澳台商合作经营	64604			17757	6120	40727		10845
港澳台商独资	858400			1115	210	840900	16176	345154
港澳台商投资股份有限公司	98541	857		8269	5296	84120		134585
外商投资	**1862493**	**4675**	**13935**	**360194**	**29333**	**15812**	**1438545**	**620746**
中外合资经营	684644	4675	13935	255247	27861	9312	373614	328655
中外合作经营	8976			414	－129		8691	634
外资企业	1152461			94817	1600	6500	1049545	291457
外商投资股份有限公司	16412			9716			6696	
二、按控股情况分								
国有控股	1879222	874236	9086	956665	30893	1265	7078	2858969
集体控股	1073025	7342	277879	698811	87809		1184	1374845
私人控股	11024482	19897	149177	5378435	5395733	45359	35880	13082740
港澳台商控股	1657927	6655	3171	202183	47885	1376200	21834	986957
外商控股	1910116	3355	13935	436321	20320	15812	1420374	619994
其他	2316123	3888	45886	1996849	261878	2623	5000	3334938
三、按资质等级分								
一级	1649794	26700	79366	835491	551776	56097	100364	2890577
二级	3091601	278117	93568	1404424	1072323	198714	44455	5437382
三级	5304797	313665	108851	2423227	1875556	313342	270156	7518112
四级	1103213	52044	46397	390888	512514	39433	61939	1371520
暂定	6304837	186126	146791	3391724	1319842	422853	837502	3551450
其他	2406652	58720	24162	1223510	512507	410819	176934	1489401

3－A－5 续表3－1

单位：万元、人

指标名称	土地转让收入	商品房屋销售收入	房屋出租收入	其他收入	主营业务成本	主营业务税金及附加	主营业务利润
总计	**162831**	**21674005**	**94736**	**326870**	**16329474**	**1507040**	**4014854**
一、按登记注册类型分							
内资	**110822**	**20105995**	**85461**	**323243**	**15141315**	**1397304**	**3727210**
国有		551380	5181	60280	477382	34658	100415
集体	1662	69599	2409	2434	57164	4970	13254
股份合作企业		10061		24	8193	715	1159
联营企业		45549	121		28821	5739	10469
国有联营		37504	53		22139	5232	9581
集体联营		3981			4558	266	－846
国有与集体联营		4064	69		2124	241	1733
其他联营							
有限责任公司	39780	11437270	36324	167419	8484319	795562	2205762
国有独资公司		453663	2046	24238	360573	31905	85460
其他有限责任公司	39780	10983606	34278	143181	8123746	763657	2120302
股份有限公司	17077	1035038	7958	1778	708561	73937	252537
私营企业	52305	6804919	31917	91298	5269155	470585	1115396
私营独资		67575	163	2121	51017	4938	11144
私营合伙		5118		4	3981	359	780
私营有限责任公司	52305	6554732	30008	89036	5064661	453377	1086633
私营股份有限公司		177495	1747	137	149496	11910	16839
其他		152179	1551	10	107721	11139	28219
港澳台商投资	**46434**	**955593**	**7273**	**2876**	**746632**	**66513**	**180974**
与港澳台商合资经营	46434	468322	4130	2706	387322	33675	92523

3－A－5 续表3－2

单位：万元、人

指标名称	土地转让收入	商品房屋销售收入	房屋出租收入	其他收入	主营业务成本	主营业务税金及附加	主营业务利润
与港澳台商合作经营		10131	714		9999	850	－740
港澳台商独资		342848	2136	170	271070	23372	42667
港澳台商投资股份有限公司		134292	293		78241	8616	46523
外商投资	**5575**	**612418**	**2002**	**751**	**441526**	**43222**	**106670**
中外合资经营		326434	2002	218	247178	21295	50461
中外合作经营		634			496	33	105
外资企业	5575	285350		533	193853	21895	56150
外商投资股份有限公司							－47
二、按控股情况分							
国有控股	1959	2749286	10679	97044	2126380	192429	500170
集体控股	7998	1353543	8773	4531	1011231	99506	244022
私人控股	98019	12715593	56014	213115	9661200	891231	2300249
港澳台商控股	46434	930587	7069	2866	712061	66838	189487
外商控股	5575	611668	2002	749	433790	43874	111575
其他	2846	3313329	10199	8565	2384812	213163	669350
三、按资质等级分							
一级	12030	2856985	14952	6610	1971772	229152	647423
二级	43513	5341122	21522	31224	3952882	353888	1044037
三级	68301	7220840	38337	190635	5592666	492215	1314926
四级	14703	1295710	3417	57690	1051673	95986	202586
暂定	14400	3502000	5954	29096	2710285	248930	484085
其他	9884	1457348	10555	11614	1050195	86870	321798

3－A－5 续表4－1

单位：万元、人

指标名称	其他业务收入	其他业务利润	销售费用	管理费用	税金	差旅费	工会经费	财务费用
总计	**185333**	**146998**	**444164**	**1234361**	**72304**	**42036**	**3004**	**421842**
一、按登记注册类型分								
内资	**167251**	**132823**	**393809**	**1108825**	**65938**	**37386**	**2878**	**394517**
国有	6484	6745	4507	42200	418	919	364	27847
集体	502	545	1435	8695	245	202	28	1652
股份合作企业	58	63	19	2360	34	146		－77
联营企业	392	317	715	3442	207	55	17	－203
国有联营	309	238	678	2117	188	26	13	－12
集体联营			3	26				－20
国有与集体联营	83	80	35	1215	19	28	3	－170
其他联营				85		1	1	...
有限责任公司	105427	78371	207542	497412	32575	16669	1220	196455
国有独资公司	3372	3163	2052	13939	1061	433	73	4931
其他有限责任公司	102055	75207	205490	483473	31514	16236	1148	191524
股份有限公司	3860	3851	27883	67050	7196	1704	234	16659
私营企业	48813	41284	145031	474510	24453	17322	995	149903
私营独资	232	34	2763	4023	253	250	7	1694
私营合伙	1588	1588	2	1577	124	104	1	1209
私营有限责任公司	44812	38103	140829	455680	23213	16544	928	144263
私营股份有限公司	2180	1559	1437	13231	864	424	59	2736
其他	1716	1647	6677	13156	810	370	20	2282
港澳台商投资	**14133**	**12199**	**19425**	**54729**	**4196**	**2076**	**97**	**9125**
与港澳台商合资经营	12764	11285	9295	30768	2797	1044	83	6001

3－A－5 续表4－2 单位：万元、人

指标名称	其他业务收入	其他业务利润	销售费用	管理费用	税金	差旅费	工会经费	财务费用
与港澳台商合作经营	5	5	868	3083	105	95	3	458
港澳台商独资	1355	892	8057	17677	1229	804	11	2700
港澳台商投资股份有限公司	9	17	1204	3201	65	134		－35
外商投资	**3948**	**1977**	**30930**	**70808**	**2170**	**2573**	**29**	**18200**
中外合资经营	2790	281	10998	22448	907	1152	15	3428
中外合作经营			3	204				11
外资企业	1158	1696	19882	47246	1131	1116	13	14623
外商投资股份有限公司			47	909	133	305		138
二、按控股情况分								
国有控股	41589	32375	42224	141001	10611	3422	921	65661
集体控股	5585	4661	21639	64465	3467	1974	136	11853
私人控股	91934	79158	258665	780436	44612	27892	1583	275472
港澳台商控股	11952	10035	19939	52023	4185	1947	88	11211
外商控股	3851	1882	32355	69675	2369	2559	30	18243
其他	30421	18888	69342	126762	7062	4242	247	39401
三、按资质等级分								
一级	20428	13477	47166	150343	9738	4279	523	91437
二级	54362	40045	90295	276580	17182	8638	805	114555
三级	70998	58743	128607	403831	23569	14941	953	123972
四级	7267	3850	24713	89481	3486	3042	82	19493
暂定	20283	19237	122764	247335	15683	8747	510	47931
其他	11993	11646	30619	66791	2647	2388	130	24453

3－A－5 续表5－1

单位：万元、人

指标名称	利息支出	营业利润	营业外收入	营业外支出	利润总额	应交所得税	劳动、失业保险费
总计	**321465**	**2902013**	**121448**	**143155**	**2883197**	**743512**	**28217**
一、按登记注册类型分							
内资	**296043**	**2735461**	**112732**	**125020**	**2726196**	**683946**	**25507**
国有	18481	56291	4609	3430	58102	18019	1995
集体	895	1801	2814	570	4045	3539	261
股份合作企业	－78	－935	10	75	－1001	229	19
联营企业	－106	7483	70	92	7461	1707	82
国有联营	86	7652	59	26	7685	1703	32
集体联营	－21	－851			－851		
国有与集体联营	－170	767	11	67	711	4	43
其他联营	…	－84			－84		8
有限责任公司	140361	1790928	59152	68115	1782926	435390	12337
国有独资公司	4887	71416	1515	1426	72100	20384	643
其他有限责任公司	135474	1719512	57636	66689	1710826	415007	11695
股份有限公司	12745	278809	9166	4401	284064	45433	1893
私营企业	122438	586455	33785	45688	575477	176408	8550
私营独资	958	5458	3	839	4622	276	43
私营合伙	1197	－419	130	118	－407	49	13
私营有限责任公司	117790	578577	31490	43816	567165	175023	7922
私营股份有限公司	2493	2839	2162	914	4098	1060	572
其他	1309	14628	3127	2649	15121	3221	370
港澳台商投资	**8141**	**148737**	**6914**	**8157**	**147362**	**36738**	**1308**
与港澳台商合资经营	5669	90015	5502	5745	89639	18524	770

3－A－5 续表5－2　　单位：万元、人

指标名称	利息支出	营业利润	营业外收入	营业外支出	利润总额	应交所得税	劳动、失业保险费
与港澳台商合作经营	436	－4409	59	358	－4708	1187	84
港澳台商独资	2215	19757	669	1778	18649	9208	439
港澳台商投资股份有限公司	－179	43374	684	276	43782	7819	15
外商投资	**17281**	**17815**	**1802**	**9978**	**9639**	**22829**	**1402**
中外合资经营	3300	23422	734	2211	21945	12272	485
中外合作经营	11	－113		11	－124	79	
外资企业	13883	－4400	1068	7742	－11074	11277	895
外商投资股份有限公司	87	－1094		14	－1108	－799	22
二、按控股情况分							
国有控股	51226	439373	26351	9025	456132	112835	5850
集体控股	5373	203693	7637	6403	206120	59345	1398
私人控股	212469	1486165	67440	92364	1463262	401120	14557
港澳台商控股	10268	155705	6807	8002	154379	38476	1249
外商控股	17329	23633	1771	9493	15912	24194	1399
其　他	24801	593443	11441	17868	587392	107542	3764
三、按资质等级分							
一　级	76076	576620	21118	22149	575589	129543	4722
二　级	86792	913322	18745	26303	906361	189559	6021
三　级	99082	877845	54321	52169	882457	227637	9369
四　级	13149	95598	10336	5911	102154	32005	1709
暂　定	31499	195075	13243	25911	180244	101337	4959
其　他	14868	243554	3684	10713	236393	63432	1437

3-A-5 续表6-1

单位：万元、人

指标名称	住房公积金和住房补贴	本年应付工资总额	本年应付福利费总额	全部从业人员年平均人数	资产减值损失	公允价值变动收益	投资收益
总计	**15383**	**405765**	**32183**	**91776**	**953**	**25332**	**411887**
一、按登记注册类型分							
内资	**14316**	**367509**	**28966**	**85253**	**953**	**25332**	**391455**
国有	1399	18614	1555	3642	-68		19864
集体	152	2675	194	725			-930
股份合作企业	10	671	45	226			125
联营企业	91	1040	122	276			10
国有联营	55	752	96	158			10
集体联营		9	…	4			
国有与集体联营	36	232	26	99			
其他联营		47		15			
有限责任公司	8863	174187	12966	34526	4333	-1706	219475
国有独资公司	413	6165	672	1194	104		2405
其他有限责任公司	8450	168023	12294	33332	4230	-1706	217071
股份有限公司	859	17979	1953	2676	-1791		105897
私营企业	2829	146997	11670	42126	-1558	27038	46748
私营独资	25	1779	147	447			
私营合伙	18	475	80	168			
私营有限责任公司	2620	139981	11206	40246	-1558	27038	46026
私营股份有限公司	166	4763	237	1265			722
其他	113	5345	461	1056	35		266
港澳台商投资	**485**	**17723**	**1728**	**3320**	**…**		**20654**
与港澳台商合资经营	234	9676	1088	1933	…		24067

3－A－5 续表6－2

单位：万元、人

指 标 名 称	住房公积金和住房补贴	本年应付工资总额	本年应付福利费总额	全部从业人员年平均人数	资产减值损失	公允价值变动收益	投资收益
与港澳台商合作经营	12	1198	155	105			
港澳台商独资	207	5490	399	1065			－3413
港澳台商投资股份有限公司	33	1360	86	217			1
外商投资	**582**	**20533**	**1489**	**3203**	**…**		**－221**
中外合资经营	167	8162	763	1507	…		－166
中外合作经营	…	89	13	48			
外资企业	415	12023	696	1604			－55
外商投资股份有限公司		260	18	44			
二、按控股情况分							
国有控股	4227	59984	5253	9531	2175	－267	117601
集体控股	626	21493	1434	4176	－1136	－1220	34158
私人控股	7649	240503	19178	63104	65	26873	166407
港澳台商控股	462	16689	1656	3195	…		20654
外商控股	564	20033	1548	3147			－305
其 他	1854	47064	3113	8623	－151	－54	73373
三、按资质等级分							
一 级	2813	47150	3288	6181	－159	－244	162521
二 级	3112	87035	5965	17568	－757	26422	198374
三 级	6315	125707	11656	30764	662	－591	45061
四 级	589	28626	2395	8931	2		3705
暂 定	1951	91302	7226	21938	1267		731
其 他	603	25946	1653	6394	－62	－256	1496

3－A－6 按地区分组的房地产开发企业财务状况

单位：万元、人

地　区	年初存货	流动资产合计	存　货	固定资产原价	累计折旧	本年折旧	资产总计	负债合计
总　计	**51460699**	**98589756**	**58849600**	**3113524**	**685546**	**181488**	**115353961**	**88377852**
杭州市	**18006986**	**37230465**	**20603217**	**868963**	**207043**	**51150**	**44396003**	**34475412**
上城区	1668918	3364277	1776657	77864	19409	5195	4284773	3434188
下城区	2165189	4184384	2363851	63535	22048	4490	5287051	4009563
江干区	2971718	6971119	3828527	105078	24999	6016	7857373	6274743
拱墅区	1048561	2069078	1139474	63193	17531	3319	2406097	1803894
西湖区	2789189	7474249	3313429	109641	31880	7585	9265148	7171484
滨江区	1419847	2174372	1434493	44875	7353	1740	2345611	1723759
萧山区	1684344	3079354	1592660	117008	28712	7082	3890072	2963343
余杭区	2103437	4148290	2617045	178393	31420	8693	4615620	3618201
桐庐县	266229	506895	309508	14100	3971	1058	826041	622334
淳安县	244143	560112	356081	10575	3363	932	590684	424768
建德市	306708	476196	335766	23149	2428	751	547218	411688
富阳市	788765	1405889	935022	38303	7801	2651	1560311	1269348
临安市	549938	816250	600706	23252	6129	1639	920004	748100
宁波市	**6957864**	**14420545**	**7604481**	**533138**	**122940**	**31436**	**17638998**	**12849764**
海曙区	861983	1798964	782346	67650	19781	4005	2347149	1551870
江东区	1335758	2363053	1275898	83823	21026	4545	2724085	1949699
江北区	616214	1333944	808187	29100	8684	2346	1745175	1232206
北仑区	487482	960789	480049	61471	15236	4381	1183587	823952
镇海区	293453	678728	340654	33642	7472	1798	918833	672766
鄞州区	1487847	3551490	1785293	104529	13678	5225	4268152	3264495
象山县	341182	733271	423185	13187	3567	847	808285	610349
宁海县	151480	351125	198861	9604	1914	430	390384	286887
余姚市	507287	948790	567995	49977	16191	3399	1145688	871244
慈溪市	608574	1208588	656198	61089	11766	3446	1461271	1148824
奉化市	266602	491803	285815	19066	3626	1014	646389	437472
温州市	**5318490**	**10444830**	**6203333**	**193748**	**64132**	**15826**	**11465492**	**9359684**
鹿城区	3348781	6767190	3821469	108242	41497	9622	7386232	6266098
龙湾区	251524	422967	317276	8883	3047	720	473353	376872
瓯海区	126373	324720	168638	11292	4176	746	356791	288545
洞头县	45045	138149	97625	1015	236	118	142792	111164
永嘉县	137543	310241	147921	3208	1340	306	359905	258195
平阳县	110247	346891	209983	7919	1823	561	374350	261432

3－A－6 续表1－1

单位：万元、人

地区	年初存货	流动资产合计	存货	固定资产原价	累计折旧	本年折旧	资产总计	负债合计
苍南县	242808	440033	297367	9478	1265	305	497317	411833
文成县	22819	40035	29011	97	208	25	40541	31484
泰顺县	7335	28180	23112	258	42	16	35005	24073
瑞安市	501464	896017	585381	24648	6148	1779	972972	725619
乐清市	524552	730405	505551	18707	4350	1628	826235	604370
嘉兴市	**3953982**	**6621419**	**4848140**	**199614**	**42927**	**12174**	**7392643**	**5581171**
南湖区	1025342	1832415	1384478	61844	15035	3753	2122462	1530385
秀洲区	659626	927149	739770	38592	7278	2972	1015659	761205
嘉善县	329696	681149	428785	10801	3401	1023	728520	575594
海盐县	163403	367082	244411	40190	1893	621	432514	301838
海宁市	537672	933582	560122	11490	4955	1062	993522	756322
平湖市	607616	1005898	778844	22908	5956	1451	1155465	954142
桐乡市	630627	874143	711729	13788	4410	1292	944500	701685
湖州市	**2057976**	**3656113**	**2493408**	**101196**	**22675**	**5817**	**4110531**	**2933567**
吴兴区	936887	1708200	1186527	47414	8683	1849	1857924	1274223
南浔区	140959	273871	190035	7443	1418	439	322592	216823
德清县	395884	605003	352542	34165	8126	1960	811925	628753
长兴县	368095	692813	506605	8269	3005	1146	725816	550800
安吉县	216151	376227	257699	3906	1444	423	392273	262968
绍兴市	**5130251**	**8635868**	**5968075**	**264810**	**60592**	**16744**	**10195120**	**7838422**
越城区	1643638	2560099	1830826	103930	21614	5345	3023663	2354846
绍兴县	1626476	2677253	2007213	72935	15167	4867	3092256	2375331
新昌县	158174	328759	245186	9155	2214	479	425753	283540
诸暨市	573862	1162969	792071	42153	8896	2464	1386683	1061880
上虞市	813868	1464931	794994	23154	7714	2288	1789573	1432135
嵊州市	314235	441857	297785	13483	4988	1301	477192	330691
金华市	**3412730**	**6377163**	**3974195**	**264648**	**54048**	**14853**	**7312275**	**5408954**
婺城区	748278	1495547	861099	84208	23309	5802	1706660	1133306
金东区	174053	261169	195658	3213	1505	514	266452	185358
武义县	70760	126859	65047	12424	1543	446	164129	91767
浦江县	123714	257256	156953	15488	2457	565	272685	214916
磐安县	31542	37746	27953	4575	578	241	46024	30313
兰溪市	137504	287714	206326	6803	2592	660	320947	239327
义乌市	1380192	2423307	1664586	43802	12209	4019	2770533	2124804

3－A－6 续表1－2

单位：万元、人

地　　区	年初存货	流动资产合计	存　货	固定资产原价	累计折旧	本年折旧	资产总计	负债合计
东阳市	469098	1075946	526435	85455	5950	1992	1330650	1060301
永康市	277589	411620	270139	8681	3905	615	434195	328861
衢州市	**853646**	**1422854**	**946337**	**66167**	**16845**	**4607**	**1608117**	**1184057**
柯城区	442241	736113	504620	38179	9632	2121	830277	602561
衢江区	27962	19240	15160	1025	331	128	21082	14221
常山县	70388	73800	48950	629	240	90	81199	53840
开化县	57202	134714	91404	2728	1060	271	153071	115210
龙游县	92121	174163	93856	9350	1947	794	187068	150689
江山市	163732	284824	192347	14256	3636	1203	335421	247536
舟山市	**1101591**	**2081938**	**1138557**	**398566**	**36810**	**13136**	**2694312**	**1952772**
定海区	556262	1132973	526454	367311	20006	10882	1610675	1127102
普陀区	433330	720374	473789	24753	15138	1853	828259	620616
岱山县	80900	169377	105874	3929	1021	267	190943	157570
嵊泗县	31100	59214	32440	2573	645	133	64435	47484
台州市	**3102282**	**5611990**	**3730313**	**140568**	**35853**	**8238**	**6070088**	**4821909**
椒江区	909704	1717692	1124819	67135	16629	2903	1888871	1505763
黄岩区	339141	610402	410197	6149	2102	568	651741	521149
路桥区	509216	809212	607255	11381	2208	679	818611	652509
玉环县	217401	335194	205480	3853	1645	419	360306	260642
三门县	107345	186986	138620	10912	1337	461	211677	142628
天台县	187382	271077	193851	4855	1660	527	279506	229007
仙居县	58627	151601	94053	1892	593	246	159358	127382
温岭市	509509	949467	622784	15396	5289	1132	1059730	888745
临海市	263959	580360	333255	18995	4391	1302	640287	494085
丽水市	**1564901**	**2086572**	**1339542**	**82106**	**21681**	**7510**	**2470383**	**1972139**
莲都区	648972	1055386	627042	41096	10645	3346	1340889	1076969
青田县	293585	396596	310840	28004	5891	2653	444118	355620
缙云县	102730	110192	68672	2768	987	203	121661	99932
遂昌县	77110	111054	71290	2579	1621	691	121555	104961
松阳县	59970	70479	64560	3839	860	295	74520	55539
云和县	252679	94010	69082	661	285	65	95819	73921
庆元县	23120	49167	25362	481	130	49	53010	45546
景宁畲族自治县	27529	40678	35161	85	38	11	41237	40600
龙泉市	79206	159011	67533	2594	1225	197	177574	119051

3－A－6 续表2－1

单位：万元、人

地　　区	所有者权益合计	实收资本	国家资本	集体资本	法人资本	个人资本	港澳台资本	外商资本
总　计	**26976109**	**19860895**	**915373**	**499134**	**9669264**	**5844517**	**1441258**	**1491350**
杭州市	**9920590**	**7244371**	**390626**	**196451**	**4234470**	**1181984**	**716723**	**524118**
上城区	850585	647001	110255	11180	302457	149753	16871	56484
下城区	1277488	949291	47333	65018	398582	87148	351211	
江干区	1582631	1317013	51300	31832	888433	115812	11080	218556
拱墅区	602202	375706	1650		242328	57680	9178	64870
西湖区	2093664	1370749	42433	23820	840402	176789	150677	136630
滨江区	621852	449461	18117		265195	45367	113632	7151
萧山区	926728	599054	12518	25796	414139	132544	14057	
余杭区	997420	624080	38300	29490	354553	180185	17415	4137
桐庐县	203707	164918	28100	500	40516	84482	2682	8638
淳安县	165917	162710		4000	81605	32489	16963	27653
建德市	135530	123129	12624	500	66680	41675	1650	
富阳市	290963	254554	2585	4315	197546	43705	6403	
临安市	171905	206707	25412		142035	34355	4905	
宁波市	**4789234**	**3270677**	**166662**	**56938**	**1591976**	**781722**	**365008**	**308370**
海曙区	795279	413115	48299	6508	187717	155522	8989	6080
江东区	774386	491246	38557	6047	214426	76004	78467	77745
江北区	512969	397221	9600		204262	37787	44503	101069
北仑区	359636	272308	5201	2214	100697	71044	79576	13576
镇海区	246067	176002	9000	4784	80618	39463	41637	500
鄞州区	1003658	784358	18261	14922	493167	115462	65558	76989
象山县	197936	140878	7000	1881	72189	51730	4766	3312
宁海县	103497	72469			56593	15876		
余姚市	274443	200138	12745	3570	47724	102733	31596	1772
慈溪市	312447	232456	1000	5991	116669	71755	9713	27328
奉化市	208917	90486	17000	11021	17914	44348	203	
温州市	**2105808**	**1549654**	**112130**	**44720**	**536239**	**629013**	**37231**	**190322**
鹿城区	1120133	817550	98538	11507	318664	238599	18806	131435
龙湾区	96481	54848			10404	44444		
瓯海区	68246	55315		2380	21445	31490		
洞头县	31628	21688	6000	1200	8488	6000		
永嘉县	101710	62846	3332	1016	14484	44014		
平阳县	112918	111356		11000	3250	95106	2000	

3－A－6　续表 2－2　　　　单位：万元、人

地　区	所有者权益合计	实收资本	国家资本	集体资本	法人资本	个人资本	港澳台资本	外商资本
苍南县	85483	99695	2665	2307	50496	37321	4346	2560
文成县	9057	7474	1000		2692	3782		
泰顺县	10932	8460			1136	7324		
瑞安市	247353	146782			54767	55014		37001
乐清市	221866	163641	594	15310	50412	65920	12079	19326
嘉兴市	**1811472**	**1464971**	**44862**	**25375**	**722039**	**392183**	**117161**	**163351**
南湖区	592077	495980	5981	4516	253314	100787	32398	98984
秀洲区	254454	201286	3000	2340	84819	72694	12381	26052
嘉善县	152926	116449	7510	7508	50521	47222		3687
海盐县	130677	85578	19050	4902	18866	18895		23865
海宁市	237200	191930	4080		104224	43692	39934	
平湖市	201323	195874	1900	2800	110363	58953	18813	3046
桐乡市	242815	177875	3340	3310	99932	49940	13636	7717
湖州市	**1176964**	**876803**	**33697**	**59948**	**428454**	**205179**	**59894**	**89632**
吴兴区	583701	379673	5715	40363	185586	104557	19808	23644
南浔区	105770	98298	6409	3000	21609	19192	10165	37924
德清县	183173	165485	1180	1550	113970	30235	1600	16951
长兴县	175016	142837	12392	3000	67372	32152	27921	
安吉县	129305	90509	8000	12035	39918	19043	400	11114
绍兴市	**2356698**	**1960108**	**28349**	**58743**	**1005590**	**728473**	**31857**	**107096**
越城区	668817	577555	14475	26287	276174	155192	4221	101207
绍兴县	716926	602627	8200	17291	311279	247858	12111	5889
新昌县	142213	86910	－76		46703	34475	5808	
诸暨市	324803	278043	3150		203060	71832		
上虞市	357438	303677	2600	13165	112074	166120	9718	
嵊州市	146501	111296		2000	56300	52996		
金华市	**1903321**	**1332370**	**40877**	**35036**	**411406**	**736674**	**60955**	**47421**
婺城区	573354	451767	23500	27585	170360	162564	38791	28968
金东区	81094	57256	2000		14947	26542	9506	4262
武义县	72362	36427			6994	19248	2221	7964
浦江县	57769	48564	105	2000	8900	32676	4883	
磐安县	15710	13730			8305	5425		
兰溪市	81620	62898	2066		13408	43870	3554	
义乌市	645729	394361	1264	2101	105271	283725	2000	

3－A－6 续表2－3 单位：万元、人

地区	所有者权益合计	实收资本	国家资本	集体资本	法人资本	个人资本	港澳台资本	外商资本
东阳市	270349	175260	7943	3350	64738	93003		6227
永康市	105334	92107	4000		18486	69621		
衢州市	**424060**	**371330**	**2110**	**4184**	**123086**	**241670**	**280**	
柯城区	227716	190383	610	1384	74729	113660		
衢江区	6861	5905	500	1800	2228	1377		
常山县	27359	13845			10323	3522		
开化县	37860	27115			11063	16052		
龙游县	36379	41759	1000	1000	14662	25098		
江山市	87885	92322			10081	81961	280	
舟山市	**741540**	**449863**	**28215**	**10218**	**239546**	**143569**	**3315**	**25000**
定海区	483573	247246	20736	6758	121777	69661	3315	25000
普陀区	207643	148876	6390	2960	85764	53763		
岱山县	33373	40593	1090	500	27005	11998		
嵊泗县	16952	13147			5000	8147		
台州市	**1248178**	**910641**	**67809**	**5182**	**301624**	**454382**	**48155**	**33490**
椒江区	383108	229534	5306		91696	106237	6531	19763
黄岩区	130592	124890	29998	3132	26776	57597		7387
路桥区	166102	147635	7008		50699	79207	7221	3500
玉环县	99665	71231			20350	41029	9852	
三门县	69049	54416	7600		1815	45001		
天台县	50500	22723	586		12213	9924		
仙居县	31976	30631	493		13285	14675		2178
温岭市	170986	103987	12000	2000	25791	63535		661
临海市	146203	125597	4818	50	59000	37178	24551	
丽水市	**498243**	**430108**	**36**	**2338**	**74836**	**349668**	**680**	**2550**
莲都区	263920	251197			14826	235691	680	
青田县	88498	60507	36	618	16378	43475		
缙云县	21729	16270		1720	700	11300		2550
遂昌县	16594	18511			8600	9911		
松阳县	18980	18660			4050	14610		
云和县	21898	20137			5885	14252		
庆元县	7464	6613				6613		
景宁畲族自治县	637	704				704		
龙泉市	58523	37510			24397	13113		

3－A－6 续表3－1

单位：万元、人

地 区	主营业务收 入	土地转让收 入	商品房屋销售收入	房屋出租收 入	其他收入	主营业务成 本	主营业务税金及附加	主营业务利 润
总 计	**22258442**	**162831**	**21674005**	**94736**	**326870**	**16329474**	**1507040**	**4014854**
杭州市	**7897554**	**15999**	**7716046**	**34086**	**131424**	**5543201**	**526522**	**1648884**
上城区	454272		432568	8134	13570	299340	40441	105385
下城区	657335		619131	2969	35236	447110	40967	158357
江干区	1249871		1234248	6495	9128	930712	79668	211377
拱墅区	609107		605633	1068	2407	419262	39369	142979
西湖区	1278204		1269852	5233	3118	814323	98157	328109
滨江区	534023		531976	891	1156	409961	32379	75927
萧山区	1217218	15216	1175253	5376	21372	832001	73615	293756
余杭区	1042326	769	1001084	1683	38791	714722	65418	233111
桐庐县	115589	14	114787	788		84612	7374	21202
淳安县	93287		92994	293		62709	6379	21098
建德市	81508		79964	4	1540	66050	4842	8399
富阳市	378928		373028	826	5074	299779	25553	45518
临安市	185888		185528	327	33	162621	12361	3667
宁波市	**4124302**	**3383**	**4041270**	**18343**	**61306**	**3023880**	**258971**	**756550**
海曙区	593455		563211	2555	27689	445309	35839	101646
江东区	855903		847111	6413	2379	608942	53127	177327
江北区	288848		288578	11	260	212666	15543	53683
北仑区	253414		249733	2265	1416	195303	15202	35986
镇海区	223497		205853	60	17583	172873	14595	33374
鄞州区	882403		869215	5612	7577	591297	57212	204412
象山县	285538	900	284344	294		224016	19632	39271
宁海县	67129		66875	254		46228	5319	15164
余姚市	317724	2469	311366	520	3369	242253	17233	54899
慈溪市	276243	14	275070	337	822	217074	21313	33069
奉化市	80149		79915	22	212	67919	3958	7719
温州市	**1698181**	**15987**	**1648538**	**8334**	**25322**	**1277331**	**111665**	**296718**
鹿城区	965014	12155	944658	6986	1215	717952	59913	177173
龙湾区	61154	...	59382	812	960	49574	3923	7390
瓯海区	13659		10464		3195	10339	821	2479
洞头县	4924		4864	60		3911	321	645
永嘉县	51878		51318	6	553	38457	3363	9516
平阳县	36501		36460	41		30672	2760	2897

3-A-6 续表3-2

单位:万元、人

地区	主营业务收入	土地转让收入	商品房屋销售收入	房屋出租收入	其他收入	主营业务成本	主营业务税金及附加	主营业务利润
苍南县	41420		41120	300		31261	4623	5036
文成县	8543	3295	5248			7447	464	626
泰顺县	...			...		...	...	
瑞安市	339074	537	319009	128	19400	230779	20445	87281
乐清市	176013		176013			156939	15033	3676
嘉兴市	**1518067**	**27286**	**1478316**	**7365**	**5100**	**1132778**	**107916**	**241104**
南湖区	420520		413077	4388	3055	309040	33837	67092
秀洲区	206271		204710	1255	306	147863	18199	34522
嘉善县	128048		127674	303	72	96729	8295	21099
海盐县	69681		68945	705	31	53104	5630	10202
海宁市	188734		188351	378	5	133086	13473	39244
平湖市	223627	3465	219385	240	537	181500	14482	23353
桐乡市	281185	23821	256174	95	1095	211457	14000	45593
湖州市	**1056163**	**18132**	**1029874**	**1838**	**6320**	**817131**	**76819**	**146741**
吴兴区	369957		367546	363	2048	267291	27618	70121
南浔区	63198		63009	190		49444	3635	8929
德清县	254946	74	250813	498	3561	219449	18881	14119
长兴县	201503	17063	183152	578	711	162465	13693	20959
安吉县	166559	995	165355	209		118481	12992	32614
绍兴市	**1794570**	**45481**	**1728382**	**14434**	**6273**	**1311341**	**132365**	**326291**
越城区	561801		554890	5741	1171	395384	41408	115263
绍兴县	504615	18519	481268	3716	1113	394935	38075	66129
新昌县	72169	82	69397	255	2435	43588	5702	22012
诸暨市	230033		228686	972	375	155145	19025	51338
上虞市	316563	26450	289646	171	296	240263	21660	51902
嵊州市	109389	430	104495	3580	884	82027	6496	19648
金华市	**1326902**	**12256**	**1246215**	**3980**	**64451**	**1007604**	**96950**	**201238**
婺城区	435683	290	429861	2278	3255	340055	27047	59595
金东区	45761		45757		4	37283	3381	3259
武义县	47226	135	46978	113		38043	3515	5295
浦江县	62574		62572	2		46722	4877	10236
磐安县	14439		14272	167		10659	826	2151
兰溪市	51380	4822	46531	26		39152	4367	7668
义乌市	448709	1008	394910	460	52331	347945	32422	64597

3－A－6　续表3－3　　　　单位：万元、人

地　　区	主营业务收　　入	土地转让收　　入	商品房屋销售收入	房屋出租收　　入	其他收入	主营业务成　　本	主营业务税金及附加	主营业务利　　润
东阳市	127728	6000	112277	590	8862	77851	12734	33809
永康市	93403		93058	344		69893	7781	14629
衢州市	**491032**	**30**	**487690**	**2380**	**933**	**402751**	**34171**	**53976**
柯城区	226921		224907	1373	641	185601	16047	25220
衢江区	25797		25797			20634	1771	3393
常山县	57727		57727	...		47195	3065	7467
开化县	33243		33161	73	10	27598	2279	3366
龙游县	40884		40502	380	2	34622	3162	3019
江山市	106461	30	105597	554	280	87102	7847	11512
舟山市	**445446**		**430894**	**1442**	**13110**	**322138**	**35802**	**77256**
定海区	183274		169238	1261	12775	130694	17369	30818
普陀区	212917		212735	34	148	149427	14398	44578
岱山县	31851		31813		38	28758	2720	－399
嵊泗县	17403		17108	147	149	13260	1316	2259
台州市	**1362878**	**7165**	**1342425**	**1766**	**11522**	**1048396**	**90223**	**206413**
椒江区	485367		484123	1204	40	364904	28669	87492
黄岩区	152694		141246	7	11442	127466	9973	12532
路桥区	125932		125932			102277	9030	12545
玉环县	131001	7165	123829		7	106753	8685	14535
三门县	42750		42599	151		29621	2903	9753
天台县	117485		117485			90038	5978	19765
仙居县	37923		37923			31183	2908	3425
温岭市	211285		211156	129		156931	16262	35023
临海市	58443		58134	276	34	39224	5815	11343
丽水市	**543348**	**17113**	**524357**	**768**	**1109**	**442922**	**35637**	**59683**
莲都区	256844	15632	240696	515	2	209821	15988	28780
青田县	93893		93869	20	5	72573	7786	11897
缙云县	57087		57087			49342	1804	5925
遂昌县	30001		28935		1067	24948	1762	2617
松阳县	22074		22003	71		18029	2022	1854
云和县	22639	1482	21157			21750	1522	－769
庆元县	19012		18976		36	13078	1080	4844
景宁畲族自治县	16002		16002			15518	1245	－862
龙泉市	25798		25634	164		17865	2429	5397

3－A－6 续表4－1 单位：万元、人

地　区	其他业务收　入	其他业务利　润	销售费用	管理费用	税　金	差旅费	工会经费	财务费用
总　计	**185333**	**146998**	**444164**	**1234361**	**72304**	**42036**	**3004**	**421842**
杭州市	**84702**	**57337**	**179089**	**412557**	**19358**	**13197**	**1002**	**137367**
上城区	20743	13071	9105	44393	1317	1601	186	14102
下城区	16368	11565	10902	46135	1157	1162	98	24231
江干区	2021	1916	28126	43604	3074	1143	120	7529
拱墅区	4948	4293	7498	21450	585	718	40	11222
西湖区	10089	9262	37614	74380	2254	1863	142	25177
滨江区	2029	1905	15758	20985	1682	1075	94	7132
萧山区	5597	4179	17846	41810	2125	1647	100	17110
余杭区	4870	4153	29206	60674	3892	1999	113	12965
桐庐县	489	441	2401	9336	363	359	12	3597
淳安县	26	25	3100	7666	377	382	16	694
建德市	482	452	2218	8804	320	398	5	2397
富阳市	2600	1328	8078	20841	1410	479	27	4598
临安市	14440	4747	7239	12480	801	372	50	6613
宁波市	**37930**	**34994**	**90992**	**206204**	**17418**	**5497**	**681**	**67718**
海曙区	7777	7342	10661	32263	1969	586	168	4526
江东区	5492	3517	17317	32328	4675	788	88	14165
江北区	1020	1396	6957	14328	466	303	17	6394
北仑区	11293	11058	6922	19326	1252	703	54	1795
镇海区	3296	3311	3912	10639	652	256	66	2528
鄞州区	2845	2701	33494	35767	4124	907	31	22823
象山县	27	345	2618	11809	313	376	27	1445
宁海县	969	876	419	3517	141	136	167	610
余姚市	2318	1237	3350	20481	2409	732	7	4168
慈溪市	2580	2916	4788	19411	994	576	39	2828
奉化市	314	295	554	6334	424	133	17	6440
温州市	**14342**	**13368**	**12514**	**104008**	**5264**	**5294**	**461**	**41005**
鹿城区	12025	10861	9980	60920	3543	2955	227	33325
龙湾区	159	120	267	3568	83	216	6	797
瓯海区	792	782	63	4056	49	162	196	－59
洞头县			48	905	16	38	3	59
永嘉县	106	299	543	3175	101	204	7	58
平阳县	497	432	172	4417	205	211	2	643

3-A-6 续表4-2

单位：万元、人

地　　区	其他业务收　　入	其他业务利　　润	销售费用	管理费用	税　金	差旅费	工会经费	财务费用
苍南县	29	-23	501	5446	378	544	5	3193
文成县			6	377	5	7		27
泰顺县				717	14	21	…	-1
瑞安市	607	807	569	10962	488	652	14	1476
乐清市	127	90	365	9466	385	283	2	1489
嘉兴市	**6520**	**7620**	**41630**	**100532**	**6714**	**2986**	**147**	**12539**
南湖区	2002	3958	11339	32169	2548	864	51	1375
秀洲区	649	672	7787	16073	639	529	9	4742
嘉善县	199	213	1926	10396	711	241	6	1215
海盐县	192	149	3177	4992	296	147	1	555
海宁市	1538	1419	2931	9035	552	256	29	430
平湖市	1277	757	4336	14258	712	529	34	-207
桐乡市	664	452	10135	13610	1256	421	17	4428
湖州市	**9379**	**7708**	**21463**	**58450**	**5114**	**1755**	**149**	**17956**
吴兴区	769	600	7642	25242	2720	577	91	5985
南浔区	101	24	1258	5380	203	146	10	2330
德清县	8036	8098	3257	12352	882	163	23	5184
长兴县	78	11	4386	9425	1048	562	5	2699
安吉县	395	-1026	4921	6052	262	307	21	1758
绍兴市	**8519**	**10662**	**28075**	**109750**	**6758**	**3382**	**108**	**39799**
越城区	2478	3830	10868	35314	2327	665	50	19387
绍兴县	3623	4894	6376	34773	2627	871	34	7741
新昌县	197	83	867	4918	143	222	1	2397
诸暨市	557	383	5383	12072	541	502	18	3950
上虞市	1172	1001	2956	15983	764	820	9	5217
嵊州市	491	473	1625	6691	355	302	-3	1106
金华市	**4777**	**2441**	**28696**	**83703**	**3866**	**3048**	**144**	**31596**
婺城区	3835	1052	12179	29596	1458	1037	29	10068
金东区	20	22	3012	3829	194	147	1	579
武义县	351	342	765	2631	108	41	2	770
浦江县	241	337	929	5061	185	143	2	753
磐安县		4	803	1171	125	128	5	85
兰溪市	80	66	1396	4402	155	208	1	791
义乌市	49	405	4220	20074	262	638	53	12697

3－A－6 续表4－3　　单位：万元、人

地　区	其他业务收　入	其他业务利　润	销售费用	管理费用	税　金	差旅费	工会经费	财务费用
东阳市	65	124	3988	11109	1182	345	20	5221
永康市	137	89	1404	5830	197	360	34	632
衢州市	**1850**	**1420**	**8325**	**25236**	**1566**	**889**	**47**	**11553**
柯城区	796	760	5512	13041	855	438	16	5848
衢江区	7	7	159	602	76	54	2	124
常山县	36	30	929	1781	171	30	3	994
开化县	27	313	516	1692	60	72	4	1867
龙游县	478	－149	276	2589	165	123	6	2188
江山市	505	459	934	5532	239	171	16	534
舟山市	**3118**	**2028**	**10249**	**43066**	**1438**	**1607**	**119**	**9863**
定海区	1959	735	4394	26911	728	809	69	6900
普陀区	1133	1267	4515	12378	478	564	40	1986
岱山县	5	4	772	2567	134	168	7	735
嵊泗县	22	22	569	1211	99	66	4	242
台州市	**5351**	**5172**	**17850**	**60341**	**3724**	**3124**	**88**	**26475**
椒江区	3009	2520	4302	17866	750	877	24	11756
黄岩区	532	1183	2724	5874	376	317	8	3149
路桥区	152	128	2080	4568	102	189	6	990
玉环县		－1	1027	4944	271	165	11	543
三门县	2	307	473	3161	264	157	7	897
天台县	23	102	1704	4170	268	199	17	2010
仙居县		351	407	2650	273	144	5	752
温岭市	1499	386	3072	9004	1069	285	3	2604
临海市	134	197	2061	8106	351	792	8	3774
丽水市	**8846**	**4248**	**5281**	**30514**	**1084**	**1257**	**58**	**25972**
莲都区	2851	1573	2394	15111	268	455	27	18604
青田县	5725	2239	1643	7099	168	352	9	3620
缙云县	32	142	16	1609	328	45	16	64
遂昌县	34	34	675	1634	84	54	5	1770
松阳县	159	166	169	1540	149	123	1	29
云和县	44	64	167	1203	57	157	1	557
庆元县			10	438	6	5		66
景宁畲族自治县			101	505	12	8		－8
龙泉市		30	107	1376	12	60	...	1271

3－A－6 续表5－1

单位：万元、人

地　　区	利息支出	营业利润	营业外收入	营业外支出	利润总额	应交所得税	劳动、失业保险费
总　计	**321465**	**2902013**	**121448**	**143155**	**2883197**	**743512**	**28217**
杭州市	**85015**	**1447224**	**37975**	**55185**	**1430014**	**313212**	**10875**
上城区	10260	117760	3306	6199	114866	20848	1527
下城区	19573	127405	9300	15076	121628	33547	1189
江干区	3639	207760	7493	4289	210965	57116	1511
拱墅区	436	141663	1804	2411	141056	28587	687
西湖区	14699	354195	2020	4617	351598	54769	2299
滨江区	4294	58036	2356	3717	56674	15726	608
萧山区	7639	241791	4111	3759	242142	55655	706
余杭区	9698	166531	2913	9058	160386	29211	1237
桐庐县	3086	10010	115	－1233	11358	4152	144
淳安县	401	12590	2369	613	14347	1506	208
建德市	2250	－1245	660	937	－1522	1144	166
富阳市	2963	21408	1070	2053	20425	8269	352
临安市	6076	－10680	460	3688	－13908	2683	241
宁波市	**57235**	**583430**	**26109**	**22581**	**586959**	**165125**	**5181**
海曙区	2876	112252	4817	2358	114711	27895	1368
江东区	12612	134143	4933	1620	137456	28664	859
江北区	5941	51321	1352	1854	50820	5973	358
北仑区	1521	26743	6121	2510	30354	9866	516
镇海区	2339	26521	2726	2141	27105	6260	279
鄞州区	17929	143953	2505	5599	140858	51554	899
象山县	1427	26362	684	1722	25325	7830	75
宁海县	598	21443	1275	241	22476	3584	31
余姚市	3415	28905	512	1645	27772	10279	202
慈溪市	2233	16285	1165	2645	14804	11101	361
奉化市	6345	－4495	20	247	－4722	2119	234
温州市	**35689**	**178101**	**8794**	**11276**	**176914**	**54492**	**2118**
鹿城区	31471	102193	6531	6036	103736	30899	1466
龙湾区	729	7463	141	403	7200	1293	80
瓯海区	－70	－780	803	316	－293	332	118
洞头县	57	－319	8	84	－396	32	17
永嘉县	48	6582	544	645	6717	1520	38
平阳县	499	－1729	32	791	－2484	695	44

3－A－6 续表5－2 单位：万元、人

地　　区	利息支出	营业利润	营业外收入	营业外支出	利润总额	应交所得税	劳动、失业保险费
苍南县	2219	－3626	200	1666	－5086	1174	87
文成县	4	223	7	10	219	165	1
泰顺县	－2	－716		11	－727		
瑞安市	242	75979	384	847	75517	14783	221
乐清市	493	－7169	145	467	－7491	3599	45
嘉兴市	**11072**	**140456**	**13413**	**7630**	**148156**	**39590**	**2137**
南湖区	1557	46225	1552	2419	45358	11489	652
秀洲区	4646	12068	911	1185	11843	7244	361
嘉善县	646	9701	2197	754	13002	3125	234
海盐县	308	2125	446	126	2482	966	170
海宁市	308	31198	159	1548	30114	8576	308
平湖市	－262	11132	6730	649	16886	4701	204
桐乡市	3870	28006	1419	950	28472	3489	209
湖州市	**16152**	**79450**	**2878**	**2954**	**78984**	**26345**	**2120**
吴兴区	5396	44179	332	1058	43943	11175	1112
南浔区	1413	1175	17	65	－720	1165	164
德清县	5008	3921	1294	821	4633	5408	272
长兴县	2595	8847	1076	591	10051	4663	398
安吉县	1740	21329	159	418	21078	3935	173
绍兴市	**31808**	**221857**	**18612**	**14040**	**226429**	**53838**	**1970**
越城区	17102	63803	2550	7624	58728	16819	893
绍兴县	3232	33500	12812	1377	44935	16026	360
新昌县	2173	15042	61	407	14696	1919	121
诸暨市	3291	34841	506	1669	33678	7457	142
上虞市	5007	62455	2589	2503	62541	10022	272
嵊州市	1003	12217	93	460	11850	1595	181
金华市	**23595**	**81371**	**6086**	**12129**	**75328**	**29864**	**1044**
婺城区	8701	18148	2404	5442	15110	5089	499
金东区	－4	－2301	66	305	－2540	272	57
武义县	733	2063	17	449	1631	942	30
浦江县	411	4569	37	2411	2195	1988	15
磐安县	75	898	3	164	738	304	11
兰溪市	791	1337	6	269	1074	1443	115
义乌市	9242	31755	1422	1391	31786	12079	132

3－A－6　续表5－3

单位：万元、人

地　区	利息支出	营业利润	营业外收入	营业外支出	利润总额	应交所得税	劳动、失业保险费
东阳市	3597	16949	157	1165	15941	4710	97
永康市	50	7952	1974	534	9393	3038	89
衢州市	**8726**	**9761**	**862**	**2358**	**8265**	**5240**	**593**
柯城区	4061	948	425	1036	336	2479	318
衢江区	123	2516		39	2477	147	18
常山县	771	3792	38	94	3737	602	15
开化县	1443	－395	27	657	－1026	78	35
龙游县	1992	－2072	193	148	－2028	325	36
江山市	336	4972	180	383	4769	1610	172
舟山市	**7411**	**27395**	**2183**	**4826**	**24823**	**16731**	**954**
定海区	5671	－1218	713	2769	－3274	5989	518
普陀区	1654	31481	877	1283	31145	9905	351
岱山县	－23	－3697	193	506	－4010	501	65
嵊泗县	109	829	401	268	962	337	21
台州市	**22810**	**125698**	**1948**	**6731**	**120915**	**31319**	**736**
椒江区	8999	60707	1002	1960	59749	11990	180
黄岩区	3123	4692	202	779	4115	2513	99
路桥区	990	7115	9	146	6978	918	38
玉环县	27	9048	256	1512	7792	3095	9
三门县	895	6003	158	319	5841	463	62
天台县	1943	13686	13	314	13385	2433	57
仙居县	749	374	…	75	299	313	39
温岭市	2531	24411	117	1322	23206	7568	65
临海市	3552	－338	191	304	－451	2027	188
丽水市	**21954**	**7270**	**2587**	**3447**	**6410**	**7757**	**489**
莲都区	16982	－3500	1468	2143	－4175	1383	283
青田县	1695	3411	229	791	2849	4340	95
缙云县	64	4395	47	101	4342	27	27
遂昌县	1652	－754	6	97	－845	466	68
松阳县	28	451	131	15	566	52	6
云和县	542	－2495	1	59	－2553	366	5
庆元县	57	4340		75	4265	494	
景宁畲族自治县	－8	－1358		8	－1366	40	4
龙泉市	943	2780	705	159	3327	590	1

3-A-6 续表6-1 单位:万元、人

地区	住房公积金和住房补贴	本年应付工资总额	本年应付福利费总额	全部从业人员年平均人数	资产减值损失	公允价值变动收益	投资收益
总计	**15383**	**405765**	**32183**	**91776**	**953**	**25332**	**411887**
杭州市	**6029**	**144044**	**9210**	**25007**	**-874**	**25900**	**264295**
上城区	942	15980	905	2090	-1947	-1220	57072
下城区	997	13094	881	1990	-813	-23	27060
江干区	635	15439	1115	2544	1011	-219	46843
拱墅区	256	6458	479	1018	-74	-90	27079
西湖区	1243	27769	1375	3474	1230	27452	90158
滨江区	348	7298	517	1244	3		8324
萧山区	306	15800	1006	3193	-192		2583
余杭区	775	19973	1325	4056	-149		2887
桐庐县	25	2836	152	1024	58		1357
淳安县	127	3140	343	672			-173
建德市	77	3123	186	815			1105
富阳市	137	7866	555	1679			
临安市	161	5268	371	1208	1		
宁波市	**4685**	**66141**	**4678**	**12152**	**2101**		**74001**
海曙区	696	13334	989	1690			40052
江东区	394	11000	781	1583	-15		587
江北区	197	5012	363	709	1182		18146
北仑区	276	6119	329	1167	357		1177
镇海区	91	2930	262	633			4260
鄞州区	2679	13521	806	2105	570		13
象山县	29	2732	152	795			
宁海县	18	809	64	237			9529
余姚市	101	3937	411	1121			-2572
慈溪市	97	4473	403	1654	6		2544
奉化市	109	2276	119	458			265
温州市	**929**	**36387**	**3567**	**9933**	**145**		**14514**
鹿城区	701	22246	2447	4851	145		9600
龙湾区	20	1013	80	381			4317
瓯海区	71	1673	121	504			
洞头县	1	614	33	203			
永嘉县	20	1437	138	638			236
平阳县	1	1457	109	752			6

3-A-6 续表6-2

单位:万元、人

地　区	住房公积金和住房补贴	本年应付工资总额	本年应付福利费总额	全部从业人员年平均人数	资产减值损　失	公允价值变动收益	投资收益
苍南县	11	2107	207	726			6
文成县		182	35	91			
泰顺县		324	39	134			
瑞安市	88	3666	239	987			330
乐清市	17	1669	120	666			20
嘉兴市	**941**	**37654**	**3325**	**8315**	**26**		**12105**
南湖区	398	8796	752	1929	24		9530
秀洲区	126	6059	720	1345	-1		-163
嘉善县	40	3510	334	944	2		1857
海盐县	54	1669	103	459			-210
海宁市	87	5367	267	958			304
平湖市	161	5355	447	1267			791
桐乡市	75	6897	700	1413			-3
湖州市	**725**	**22285**	**1808**	**5142**	**231**		**7017**
吴兴区	370	6896	591	2023	9		7897
南浔区	60	7653	111	471			-1847
德清县	152	3254	444	1181	222		239
长兴县	80	2898	475	886			720
安吉县	63	1584	187	581			8
绍兴市	**690**	**29066**	**2662**	**8708**	**400**	**-568**	**37993**
越城区	294	7962	633	2091	4		536
绍兴县	96	8061	715	2250	362	-568	5891
新昌县	68	1656	196	589			263
诸暨市	26	3841	436	1494			
上虞市	158	5586	558	1430	34		31005
嵊州市	47	1960	123	854			299
金华市	**328**	**21258**	**2044**	**7631**			**576**
婺城区	148	7805	802	2288			358
金东区	4	926	78	352			
武义县	7	709	36	374			219
浦江县	2	928	59	328			
磐安县	8	303	31	96			
兰溪市	29	1335	142	954			
义乌市	78	4845	657	1697			

3－A－6 续表6－3

单位：万元、人

地　区	住房公积金和住房补贴	本年应付工资总额	本年应付福利费总额	全部从业人员年平均人数	资产减值损失	公允价值变动收益	投资收益
东阳市	6	2808	147	997			
永康市	44	1600	93	545			
衢州市	**232**	**5750**	**560**	**2238**	**1**		**－655**
柯城区	117	2989	322	1056	1		－685
衢江区	14	126	6	64			
常山县	8	419	50	155			
开化县	21	392	78	226			
龙游县	26	805	63	316			29
江山市	47	1019	41	421			
舟山市	**299**	**12094**	**1169**	**2909**			**1111**
定海区	144	6347	552	1488			1040
普陀区	131	4263	475	1002			71
岱山县	21	967	111	259			
嵊泗县	3	517	31	160			
台州市	**207**	**20500**	**1876**	**6487**	**1**	**…**	**932**
椒江区	89	6377	509	1693	…		317
黄岩区	20	2054	230	731			
路桥区	11	1624	226	517			
玉环县		1884	92	622			
三门县	21	1056	65	401			
天台县	21	1374	109	465			
仙居县	3	920	89	368			
温岭市	21	2599	222	815	1	…	614
临海市	21	2612	334	875			1
丽水市	**317**	**10588**	**1286**	**3254**	**－1076**		
莲都区	202	4439	530	1131	－1076		
青田县	48	3339	464	1039			
缙云县	21	368	91	108			
遂昌县	18	527	35	176			
松阳县	6	500	50	187			
云和县	12	550	61	227			
庆元县		253	16	102			
景宁畲族自治县	1	186	12	73			
龙泉市	9	428	28	211			

B.物业管理企业

3－B－1 按登记注册类型、资质等级和隶属关系分组的物业管理企业主要指标

单位：个、人、平方米、万元

指标名称	企业数	年末从业人员数	在管物业占地面积	在管房屋建筑面积	住宅	办公用房
总计	**2589**	**126616**	**254539484**	**408365468**	**251940215**	**38773164**
一、按登记注册类型分组						
内资	**2548**	**124452**	**251973924**	**405298487**	**249714798**	**38491755**
国有	119	7788	11817273	26029972	17446172	1469530
集体	98	4159	12337365	7588386	4049177	1077020
股份合作企业	11	198	494317	717075	627037	1863
联营企业	5	111	37081	165715	30000	49793
集体联营	3	74	19081	109932		29010
其他联营	2	37	18000	55783	30000	20783
有限责任公司	711	44574	92989174	155269573	83403444	14430987
国有独资公司	16	1220	2429342	2979766	2466632	43302
其他有限责任公司	695	43354	90559832	152289807	80936812	14387685
股份有限公司	42	2885	5268473	7090627	5873269	245787
私营企业	1505	63906	123298931	201422093	132694739	20961808
私营独资	91	1858	3024665	4766281	3410288	721436
私营合伙	30	917	2493653	1567534	1443935	45826
私营有限责任公司	1345	58823	113441254	187453338	121992326	19304056
私营股份有限公司	39	2308	4339359	7634940	5848190	890490
其他	57	831	5731310	7015046	5590960	254967
港澳台商投资	**20**	**659**	**1803262**	**2212592**	**1869606**	**85207**
与港澳台商合资经营	6	196	556958	546878	445000	39428
与港澳台商合作经营	3	84	5690	79372	25225	
港澳台商独资	10	373	1240614	1573200	1391300	41700

3－B－1 续表1－1

单位：个、人、平方米、万元

指 标 名 称	企业数	年末从业人员数	在管物业占地面积	在管房屋建筑面积	住 宅	办公用房
港澳台商投资股份有限公司	1	6		13142	8081	4079
外商投资	**21**	**1505**	**762298**	**854389**	**355811**	**196202**
中外合资经营	8	873	156919	311903	128207	137921
中外合作经营	1	52	600	17630		
外资企业	9	430	423575	459352	167004	56177
外商投资股份有限公司	3	150	181204	65504	60600	2104
二、按物业资质等级分组						
一 级	71	19131	35067035	47347432	24782671	3935214
二 级	132	20503	42073475	80513906	49080909	6696979
三 级	1102	55058	112610157	183101336	127608600	15831095
其 他	1284	31924	64788817	97402794	50468035	12309876
三、按隶属关系分组						
中 央	5	1596	704882	799206		136942
省（自治区、直辖市）	38	4297	1424291	2882621	1234552	588747
地（区、市、州、盟）	104	9588	13429972	39772924	15029671	4752929
县（区、市、旗）	135	7984	17595354	30166719	18395160	1935354
乡镇（街道）	61	3554	12155980	11866143	9563850	685081
镇	28	467	1844944	1571327	803036	116102
乡	1	3	7710	6617		
基层群众自治组织	22	400	3059023	2437631	2054608	75511
村委会	23	214	118378	134656	13300	19200
其 他	2172	98513	204198950	318727624	204846038	30463298

3－B－1 续表2－1

单位：个、人、平方米、万元

指 标 名 称	商业营业用房	厂 房	固定资产原价	本年折旧	实收资本	营业收入合计
总 计	**26402091**	**18474260**	**505494**	**26107**	**467652**	**646017**
一、按登记注册类型分组						
内 资	**25983472**	**18404325**	**406565**	**20977**	**397679**	**609581**
国 有	1089198	2356089	57027	1657	37722	50944
集 体	561606	1725074	33540	1245	21583	28296
股份合作企业	36426		4546	235	2119	1733
联营企业	56642	24280	336	6	300	940
集体联营	56642	24280	335	6	200	885
其他联营			1	...	100	55
有限责任公司	10499399	6007846	172951	10375	147188	260170
国有独资公司	134647	35465	5122	387	2669	5612
其他有限责任公司	10364752	5972381	167829	9988	144520	254558
股份有限公司	292770	26828	21147	742	9953	15589
私营企业	13195786	8115008	114411	6626	171073	248812
私营独资	389424	90614	14999	214	11924	14675
私营合伙	51061	21381	1155	79	3680	2302
私营有限责任公司	12493572	7908591	96236	6252	151414	225236
私营股份有限公司	261729	94422	2022	81	4056	6599
其 他	251645	149200	2606	90	7740	3098
港澳台商投资	**159128**	**41050**	**15436**	**443**	**30285**	**4457**
与港澳台商合资经营	20000	38450	9418	30	5914	1078
与港澳台商合作经营	9146		4230	311	3366	2112
港澳台商独资	129000	2600	1757	95	20956	1259

3-B-1 续表2-2

单位：个、人、平方米、万元

指标名称	商业营业用房	厂房	固定资产原价	本年折旧	实收资本	营业收入合计
港澳台商投资股份有限公司	982		31	8	50	8
外商投资	**259491**	**28885**	**83493**	**4687**	**39689**	**31980**
中外合资经营	22890	22885	67542	3935	23358	23543
中外合作经营	17630		8464	289	9000	1427
外资企业	216171	6000	6912	404	6697	3128
外商投资股份有限公司	2800		576	59	634	3881
二、按物业资质等级分组						
一级	869825	1266710	13487	1378	20506	92371
二级	3963199	3052265	12619	1631	38494	96157
三级	12378900	6135286	128150	7128	123248	254112
其他	9190167	8019999	351238	15971	285405	203378
三、按隶属关系分组						
中央	600000	62263	2210	223	4865	17918
省（自治区、直辖市）	585107		73875	4736	31536	55224
地（区、市、州、盟）	3588839	382590	38335	3076	34279	50232
县（区、市、旗）	1193935	3092339	63904	2270	27574	53070
乡镇（街道）	740742	853288	27756	831	17130	22350
镇	192284	380800	7420	166	8228	2220
乡		6617	1125	56	670	14
基层群众自治组织	72968	107600	418	27	1210	1822
村委会	38050	17000	10522	274	6642	3449
其他	19390166	13571763	279929	14450	335519	439720

3－B－1 续表3－1

单位：个、人、平方米、万元

指标名称	主营业务收入	主营业务成本	主营业务税金及附加	营业费用、管理费用、财务费用合计	营业利润	职工工资和福利费	全部从业人员年平均人数
总计	**629268**	**306422**	**32995**	**276149**	**27239**	**260531**	**120442**
一、按登记注册类型分组							
内资	**593332**	**295767**	**31022**	**257412**	**22268**	**253452**	**118280**
国有	49843	25240	2649	20485	2846	18067	7570
集体	26573	10995	1338	14670	1166	13660	3989
股份合作企业	1733	477	95	871	241	512	188
联营企业	934	201	50	336	354	290	111
集体联营	880	193	47	273	373	233	74
其他联营	55	8	3	62	－19	57	37
有限责任公司	250566	133792	13001	97490	12986	99126	42198
国有独资公司	5247	3246	223	2352	－205	2801	1023
其他有限责任公司	245319	130547	12779	95138	13192	96325	41175
股份有限公司	15547	7847	1057	6393	344	6336	2564
私营企业	245171	116210	12688	115406	4164	114282	60865
私营独资	14559	8918	619	4638	587	4191	1869
私营合伙	2285	1595	95	880	－268	1489	932
私营有限责任公司	221768	102879	11611	106422	3835	105482	55945
私营股份有限公司	6560	2819	363	3466	10	3121	2119
其他	2964	1004	144	1762	168	1179	795
港澳台商投资	**4209**	**1603**	**257**	**2337**	**244**	**1851**	**636**
与港澳台商合资经营	906	348	86	604	25	407	185
与港澳台商合作经营	2111	413	107	873	719	385	84
港澳台商独资	1183	831	63	857	－494	1059	362

3－B－1 续表3－2

单位：个、人、平方米、万元

指标名称	主营业务收入	主营业务成本	主营业务税金及附加	营业费用、管理费用、财务费用合计	营业利润	职工工资和福利费	全部从业人员年平均人数
港澳台商投资股份有限公司	8	12	1	3	－5		5
外商投资	**31728**	**9052**	**1716**	**16400**	**4726**	**5228**	**1526**
中外合资经营	23423	4816	1213	13395	4039	4000	901
中外合作经营	1427	248	72	904	203	157	45
外资企业	2997	1086	233	1754	49	805	424
外商投资股份有限公司	3881	2902	198	346	435	266	156
二、按物业资质等级分组							
一　级	91080	45601	4951	37433	3390	46758	17556
二　级	93123	56970	4899	32685	1507	40513	19683
三　级	247756	112468	12663	115653	12956	107576	52812
其　他	197310	91382	10482	90379	9385	65684	30391
三、按隶属关系分组							
中　央	17887	10493	349	3093	3951	3331	1425
省（自治区、直辖市）	54049	20716	2775	25487	5628	15593	4016
地（区、市、州、盟）	48180	24902	2738	22123	475	25597	9243
县（区、市、旗）	49752	24976	2266	20121	4495	17216	7587
乡镇（街道）	22082	10038	1231	10633	354	10116	3214
镇	2124	1240	107	967	118	997	439
乡	11	6	3	2	4		3
基层群众自治组织	1805	1123	80	854	－249	592	404
村委会	3366	1958	166	1082	172	550	228
其　他	430012	210970	23280	191787	12290	186538	93883

3－B－2　按地区分组的物业管理企业主要指标情况

单位：个、人、平方米、万元

地　　区	企业数	在管物业占地面积	在管房屋建筑面积				
				住　宅	办公用房	商业营业用　　房	厂　房
总　计	**2589**	**25453948**	**40836547**	**25194022**	**3877316**	**2640209**	**1847426**
杭州市	**860**	**7475199**	**12693837**	**8002236**	**1270662**	**715601**	**401313**
上城区	72	456556	1003525	764299	118802	92287	1101
下城区	110	576881	1497228	1028989	230055	25619	18074
江干区	86	284879	486263	333557	63993	28887	46817
拱墅区	46	306507	820471	528785	146009	109875	360
西湖区	142	2578212	3892218	1695508	297514	117380	11241
滨江区	61	475783	615477	405298	143856	17171	22634
萧山区	104	470407	766113	444464	60879	104689	116987
余杭区	99	1146710	1105479	846323	61996	71184	113251
桐庐县	28	104245	323501	126499	90636	97228	251
淳安县	24	169482	1059417	1039637	2896	8962	3662
建德市	12	60991	88920	61694	8506	8147	3897
富阳市	53	650732	766527	485901	39009	19441	63040
临安市	23	193815	268699	241281	6511	14732	
宁波市	**372**	**5600775**	**6957075**	**4527922**	**667420**	**305482**	**472404**
海曙区	70	507487	837208	563405	193919	40267	22209
江东区	44	1377768	1676967	1229885	227092	53528	97699
江北区	21	426554	396384	152379	8458	9295	2092
北仑区	45	470078	859238	553873	54400	43854	9780
镇海区	23	498101	250513	153383	12763	4575	
鄞州区	57	881201	745231	500070	61164	62563	31816
象山县	9	72000	259261	8032	4450	492	128560
宁海县	7	67271	145952	99345	170	9317	31070
余姚市	26	283694	943294	840815	42344	19827	35733
慈溪市	64	999926	778305	371965	62411	52464	113345
奉化市	6	16697	64722	54771	250	9300	100
温州市	**230**	**2040473**	**4759342**	**2900671**	**330653**	**249727**	**219216**
鹿城区	92	988690	3215980	1923642	270240	174175	40331
龙湾区	12	18235	61358	42704	10585	4100	
瓯海区	15	35865	143842	109506	4269	14246	632
洞头县	2	3526	7251	6588		663	
永嘉县	6	10264	17126	9007	319	1400	

3-B-2 续表1-1 单位：个、人、平方米、万元

地区	企业数	在管物业占地面积	在管房屋建筑面积	住宅	办公用房	商业营业用房	厂房
平阳县	13	11249	91715	65545	11969	12406	
苍南县	30	55039	84842	37583	10970	12031	2281
泰顺县	1						
瑞安市	27	875150	1048030	642089	13535	17585	175958
乐清市	32	42455	89199	64008	8767	13121	14
嘉兴市	**311**	**3391325**	**3647381**	**2582053**	**379760**	**371786**	**263779**
南湖区	64	693137	1240598	895871	182143	87694	74408
秀洲区	38	963931	816510	609347	88752	50573	22292
嘉善县	13	139207	130588	109526	581	19261	881
海盐县	12	93224	163386	149578	2321	10574	
海宁市	46	899274	651248	386734	80212	81517	102240
平湖市	26	336060	301060	254779	9896	31339	5047
桐乡市	112	266493	343992	176219	15855	90827	58911
湖州市	**84**	**829820**	**2731268**	**1169809**	**280418**	**103545**	**21515**
吴兴区	35	361123	2113892	725028	275361	21991	7589
南浔区	11	63725	74810	68645	68	5557	
德清县	9	103904	74429	60499	20	5420	1333
长兴县	18	198713	255849	176892	4268	15104	8093
安吉县	11	102355	212289	138746	700	55473	4500
绍兴市	**208**	**2252851**	**2872712**	**1678427**	**158653**	**183706**	**200283**
越城区	72	944434	1436400	947369	51443	56570	4368
绍兴县	63	819278	798833	385788	75959	56823	96247
新昌县	16	86239	128425	69320	200	4319	35221
诸暨市	25	188075	165010	73911	13121	22808	8600
上虞市	20	184343	302731	173066	16466	33519	55047
嵊州市	12	30483	41312	28972	1465	9667	800
金华市	**198**	**1439565**	**2090649**	**1077566**	**397092**	**256653**	**102792**
婺城区	67	564162	837089	511798	84028	62918	10930
金东区	11	72488	80342	38380	1346	30812	
武义县	6	7259	15893	7762		4832	
浦江县	6	10572	71418	62294	100	9024	
兰溪市	9	74891	55820	3180	20	170	
义乌市	55	362635	673413	306014	277392	70005	7462

3－B－2　续表1－2　　　　单位：个、人、平方米、万元

地　　区	企业数	在管物业占地面积	在管房屋建筑面积				
				住　宅	办公用房	商业营业用　房	厂　房
东阳市	15	99704	134824	114304	3051	10202	
永康市	29	247853	221849	33834	31155	68691	84400
衢州市	**69**	**732555**	**1027541**	**713360**	**93727**	**59377**	**2545**
柯城区	28	304381	567213	321969	75034	14804	2545
衢江区	4	64661	52547	46185	340	2884	
常山县	4	84858	82617	77870	560	1785	
开化县	12	50746	129536	102276	10353	16907	
龙游县	8	187130	90531	75937	7410	7184	
江山市	13	40779	105098	89124	30	15814	
舟山市	**54**	**655008**	**774222**	**634442**	**63806**	**17905**	**11236**
定海区	32	373126	474861	396154	63343	9338	4540
普陀区	14	160537	138087	86693	144	7233	6696
岱山县	5	71390	102504	92825	320	1334	
嵊泗县	3	49955	58770	58770			
台州市	**148**	**705914**	**2567430**	**1385587**	**127615**	**348689**	**148246**
椒江区	39	297560	1455987	578421	58372	294745	14676
黄岩区	20	43207	220390	58126	11839	1270	131332
路桥区	11	50205	278209	215608	30027	21043	
玉环县	8	6608	14945	12625	120	70	2130
三门县	12	6955	23995	21783	61	2151	
天台县	10	63668	79871	73635	293	3148	108
仙居县	7	49242	42759	35759	3500	1500	
温岭市	23	112020	300719	276615	15081	8072	
临海市	18	76450	150555	113015	8323	16690	
丽水市	**55**	**330463**	**715091**	**521950**	**107512**	**27740**	**4096**
莲都区	20	227886	529672	404830	101289	17402	850
青田县	7	7589	39914	24107	2267	2540	
缙云县	6	26438	58226	52182	1240	4804	
遂昌县	7	21446	28547	22074	2620	608	3246
云和县	2	2500	6250	5420	30	800	
庆元县	2	8130	15605	13338	54	1186	
景宁畲族自治县	3	10	413		13	400	
龙泉市	8	36464	36464				

3－B－2 续表2－1 单位：个、人、平方米、万元

地 区	固定资产原 价	本年折旧	实收资本	营业收入	主营业务收 入	主营业务成 本
总 计	**505494**	**26107**	**467652**	**646017**	**629268**	**306422**
杭州市	**226384**	**12511**	**228887**	**279108**	**270740**	**125719**
上城区	32512	1734	14322	41509	39861	22161
下城区	40162	2263	36196	45196	43529	20497
江干区	11109	252	24814	15464	15002	7459
拱墅区	2456	180	6357	17767	17616	7290
西湖区	99710	6055	89380	103291	100734	44023
滨江区	17850	856	18620	11602	11383	5740
萧山区	7288	288	16181	19608	19220	7125
余杭区	3287	275	8592	11205	10553	5505
桐庐县	3224	169	2322	2398	2230	1201
淳安县	3903	236	4620	2280	2189	858
建德市	372	28	482	2100	2090	1571
富阳市	4090	150	2550	4924	4614	1467
临安市	422	25	4453	1763	1721	824
宁波市	**97649**	**4541**	**72817**	**144613**	**141155**	**71705**
海曙区	8771	494	14345	30393	29958	15847
江东区	4569	575	8547	36784	35633	10816
江北区	35473	1044	5976	15219	14249	7883
北仑区	3113	199	4315	13164	12919	9665
镇海区	17310	892	3965	13789	13607	8673
鄞州区	21389	997	25667	16714	16357	8069
象山县	299	13	1301	636	636	87
宁海县	208	32	1000	994	931	802
余姚市	1845	71	2648	5349	5348	2261
慈溪市	3310	189	4387	10172	10117	6608
奉化市	1363	37	666	1401	1401	994
温州市	**19461**	**912**	**25198**	**41042**	**40676**	**19171**
鹿城区	3755	305	11069	27520	27244	10837
龙湾区	4816	227	1605	2082	2063	714
瓯海区	3850	85	1363	2385	2377	1626
洞头县	53	5	100	79	79	
永嘉县	390	2	792	96	96	33

3－B－2　续表2－2　　单位：个、人、平方米、万元

地　区	固定资产原价	本年折旧	实收资本	营业收入	主营业务收入	主营业务成本
平阳县	95	6	540	414	411	377
苍南县	626	41	1539	1906	1906	1338
泰顺县	2		40			
瑞安市	1062	74	2275	4106	4071	2807
乐清市	4812	167	5875	2455	2429	1439
嘉兴市	**78553**	**3072**	**50121**	**60105**	**58881**	**26922**
南湖区	4723	799	7162	18238	17768	10756
秀洲区	10397	502	8559	9986	9822	4492
嘉善县	2383	140	1609	2559	2528	797
海盐县	328	21	630	1393	1200	622
海宁市	3088	136	4321	5821	5697	2528
平湖市	273	29	1370	2036	2020	1310
桐乡市	57362	1446	26471	20073	19846	6416
湖州市	**10547**	**911**	**10341**	**15728**	**14449**	**10001**
吴兴区	5077	649	5118	7180	6030	4256
南浔区	3812	170	1665	1792	1792	824
德清县	352	19	1215	1720	1699	1303
长兴县	1162	56	1893	4358	4272	3127
安吉县	146	17	450	679	656	492
绍兴市	**19322**	**950**	**22676**	**28295**	**27708**	**12841**
越城区	4177	160	8439	11348	10914	4787
绍兴县	8427	332	5393	8331	8192	3664
新昌县	6075	316	1990	3140	3140	1486
诸暨市	302	113	4488	3208	3207	1552
上虞市	196	14	1286	1584	1584	1187
嵊州市	146	14	1080	684	671	166
金华市	**27036**	**1855**	**20344**	**24980**	**24357**	**11771**
婺城区	673	92	6617	7001	6825	3975
金东区	4650	1341	919	2319	2278	316
武义县	5	...	350	173	169	89
浦江县	837	73	1020	1881	1727	943
兰溪市	750	8	331	263	236	71
义乌市	5526	225	6195	8227	8062	4289

3-B-2 续表2-3 单位：个、人、平方米、万元

地区	固定资产原价	本年折旧	实收资本	营业收入	主营业务收入	主营业务成本
东阳市	421	18	1718	1042	992	522
永康市	14177	98	3195	4074	4066	1567
衢州市	**1500**	**109**	**4282**	**8810**	**8789**	**4377**
柯城区	1076	65	1873	6511	6509	3461
衢江区	51	6	250	196	196	99
常山县	1	...	250	148	148	40
开化县	79	4	530	483	483	193
龙游县	268	32	768	1073	1073	289
江山市	26	1	611	399	381	297
舟山市	**3235**	**225**	**5001**	**7516**	**7333**	**3908**
定海区	2019	197	3273	5459	5391	2330
普陀区	1057	20	1311	1689	1592	1377
岱山县	13	2	278	269	252	151
嵊泗县	146	7	140	99	99	51
台州市	**17085**	**949**	**22395**	**18382**	**17792**	**10363**
椒江区	11253	580	12741	5468	5180	3306
黄岩区	648	44	1201	1966	1942	1370
路桥区	3465	213	2841	2574	2491	1340
玉环县	482	20	976	1235	1179	777
三门县	261	8	1669	1118	1118	1077
天台县	27	3	345	1192	1188	483
仙居县	42	3	265	630	630	147
温岭市	317	28	1019	2275	2265	1090
临海市	590	50	1338	1925	1800	772
丽水市	**4721**	**72**	**5591**	**17438**	**17388**	**9644**
莲都区	2179	39	1940	15463	15413	8908
青田县	372	8	500	625	625	190
缙云县	128	6	210	467	467	240
遂昌县	9	2	207	297	297	154
云和县	11	1	60	44	44	26
庆元县	2	...	63	49	49	15
景宁畲族自治县	301	10	400	186	186	66
龙泉市	1719	6	2210	308	308	46

3－B－2 续表3－1

单位：个、人、平方米、万元

地　　区	主营业务税金及附加	营业费用、管理费用、财务费用合　　计	营业利润	职工工资和福利费	全部从业人员年平均人数
总　计	**32995**	**276149**	**27239**	**260531**	**120442**
杭州市	**14296**	**126578**	**10642**	**97003**	**37306**
上城区	2046	16275	991	13249	3619
下城区	2643	22261	－490	18363	6454
江干区	928	7471	－397	5647	2765
拱墅区	991	8097	1029	6253	2527
西湖区	4792	42523	10818	29345	9880
滨江区	598	6103	－878	3959	1949
萧山区	1057	9574	2221	7699	3449
余杭区	568	6970	－2129	6455	3430
桐庐县	109	1179	－169	979	507
淳安县	137	1001	282	714	379
建德市	99	431	－5	683	392
富阳市	238	3375	－172	2573	1291
临安市	89	1321	－458	1087	664
宁波市	**6865**	**61539**	**4667**	**71783**	**32657**
海曙区	1618	12806	123	16616	6665
江东区	1828	21209	2890	19948	8325
江北区	724	5911	675	6344	2313
北仑区	580	3846	－1085	9264	4625
镇海区	439	2619	2063	2295	1175
鄞州区	681	8864	－480	6858	3131
象山县	40	625	－110	553	283
宁海县	62	174	－83	627	350
余姚市	294	2379	439	2114	1529
慈溪市	533	2840	164	6653	3855
奉化市	67	269	71	513	406
温州市	**2128**	**18840**	**862**	**23610**	**13167**
鹿城区	1534	15034	288	18179	9473
龙湾区	103	1138	122	836	449
瓯海区	43	812	－96	638	464
洞头县	1	26	51	32	19
永嘉县	1	76	－14	70	52

3－B－2 续表3－2 单位：个、人、平方米、万元

地区	主营业务税金及附加	营业费用、管理费用、财务费用合计	营业利润	职工工资和福利费	全部从业人员年平均人数
平阳县	25	48	－35	256	205
苍南县	76	344	148	655	437
泰顺县					1
瑞安市	238	905	155	2169	1670
乐清市	107	458	244	776	397
嘉兴市	**3448**	**24109**	**5393**	**24144**	**12456**
南湖区	816	6280	191	8615	4563
秀洲区	608	5122	－261	5718	2933
嘉善县	142	838	779	819	468
海盐县	74	446	195	660	399
海宁市	305	2301	645	2433	1368
平湖市	121	797	－203	1221	750
桐乡市	1384	8325	4046	4678	1975
湖州市	**821**	**3956**	**－48**	**5209**	**2848**
吴兴区	373	1718	－183	1901	1247
南浔区	89	639	239	199	122
德清县	60	339	16	984	271
长兴县	252	963	57	1806	945
安吉县	46	297	－177	318	263
绍兴市	**1696**	**12228**	**1613**	**11371**	**6460**
越城区	759	6105	－291	5025	3003
绍兴县	539	4015	90	2999	1885
新昌县	156	809	689	993	363
诸暨市	145	494	1124	1051	512
上虞市	77	373	－53	1048	560
嵊州市	20	432	53	255	137
金华市	**1428**	**9986**	**1577**	**11045**	**5694**
婺城区	306	2734	－144	3921	2086
金东区	123	2020	－140	657	314
武义县	9	128	－20	891	74
浦江县	60	1053	－328	723	344
兰溪市	10	73	100	125	101
义乌市	491	2162	1328	3566	2088

3－B－2　续表3－3　　单位：个、人、平方米、万元

地　　区	主营业务税金及附加	营业费用、管理费用、财务费用合计	营业利润	职工工资和福利费	全部从业人员年平均人数
东阳市	67	270	174	385	229
永康市	363	1547	607	778	458
衢州市	**381**	**2772**	**1278**	**2404**	**1278**
柯城区	305	2240	519	1509	644
衢江区	6	124	－33	84	55
常山县	7	73	29	115	92
开化县	23	162	105	203	103
龙游县	19	71	695	232	145
江山市	21	102	－36	260	239
舟山市	**410**	**3302**	**－106**	**3616**	**2488**
定海区	271	2818	42	2552	1722
普陀区	120	330	－140	746	448
岱山县	15	102	1	267	226
嵊泗县	5	52	－9	52	92
台州市	**851**	**7800**	**－749**	**7799**	**4487**
椒江区	337	3685	－1862	2872	1809
黄岩区	98	266	231	987	539
路桥区	111	912	140	681	331
玉环县	32	244	176	263	147
三门县	6	61	－26	133	76
天台县	74	407	221	448	306
仙居县	22	461	1	313	165
温岭市	95	1014	80	1113	628
临海市	78	751	291	989	486
丽水市	**672**	**5039**	**2111**	**2547**	**1601**
莲都区	575	4056	1953	1443	1065
青田县	32	436	－32	388	181
缙云县	23	128	76	197	82
遂昌县	16	76	51	262	121
云和县	6	28	－16	32	15
庆元县	3	13	18	49	31
景宁畲族自治县	10	186	－76	126	41
龙泉市	9	117	136	51	65

3-B-3 按登记注册类型、资质等级和隶属关系分组的物业管理企业财务状况

单位：个、人、万元

指标名称	企业数	年初存货	年末存货	固定资产原价	本年折旧	营业收入合计
总计	**2589**	**28290**	**31496**	**505494**	**26107**	**646017**
一、按登记注册类型分组						
内资	**2548**	**28026**	**30959**	**406565**	**20977**	**609581**
国有	119	1476	1196	57027	1657	50944
集体	98	297	683	33540	1245	28296
股份合作企业	11	3	5	4546	235	1733
联营企业	5	10	10	336	6	940
集体联营	3	10	10	335	6	885
其他联营	2			1	...	55
有限责任公司	711	12996	14508	172951	10375	260170
国有独资公司	16	51	133	5122	387	5612
其他有限责任公司	695	12945	14375	167829	9988	254558
股份有限公司	42	65	51	21147	742	15589
私营企业	1505	13146	14476	114411	6626	248812
私营独资	91	350	257	14999	214	14675
私营合伙	30	14	13	1155	79	2302
私营有限责任公司	1345	12766	14191	96236	6252	225236
私营股份有限公司	39	17	16	2022	81	6599
其他	57	35	30	2606	90	3098
港澳台商投资	**20**	**19**	**22**	**15436**	**443**	**4457**
与港澳台商合资经营	6		3	9418	30	1078
与港澳台商合作经营	3	19	19	4230	311	2112
港澳台商独资	10			1757	95	1259

3－B－3 续表1－1

单位：个、人、万元

指标名称	企业数	年初存货	年末存货	固定资产原价	本年折旧	营业收入合计
港澳台商投资股份有限公司	1			31	8	8
外商投资	**21**	**245**	**515**	**83493**	**4687**	**31980**
中外合资经营	8	224	495	67542	3935	23543
中外合作经营	1	3	3	8464	289	1427
外资企业	9			6912	404	3128
外商投资股份有限公司	3	19	18	576	59	3881
二、按物业资质等级分组						
一　级	71	477	540	13487	1378	92371
二　级	132	1559	1550	12619	1631	96157
三　级	1102	7781	8142	128150	7128	254112
其　他	1284	18474	21265	351238	15971	203378
三、按隶属关系分组						
中　央	5	44	46	2210	223	17918
省（自治区、直辖市）	38	508	959	73875	4736	55224
地（区、市、州、盟）	104	477	570	38335	3076	50232
县（区、市、旗）	135	653	616	63904	2270	53070
乡镇（街道）	61	73	459	27756	831	22350
镇	28	710	562	7420	166	2220
乡	1			1125	56	14
基层群众自治组织	22	34	43	418	27	1822
村委会	23	519	477	10522	274	3449
其　他	2172	25271	27765	279929	14450	439720

3－B－3 续表2－1

单位：个、人、万元

指标名称	主营业务收入	营业成本	主营业务成本	营业税金及附加	主营业务税金及附加	主营业务利润
总计	**629268**	**310239**	**306422**	**33351**	**32995**	**288344**
一、按登记注册类型分组						
内资	**593332**	**299544**	**295767**	**31378**	**31022**	**265036**
国有	49843	25322	25240	2675	2649	21910
集体	26573	11179	10995	1369	1338	14237
股份合作企业	1733	477	477	95	95	1074
联营企业	934	204	201	50	50	684
集体联营	880	196	193	47	47	640
其他联营	55	8	8	3	3	43
有限责任公司	250566	136001	133792	13109	13001	102495
国有独资公司	5247	3247	3246	223	223	1779
其他有限责任公司	245319	132754	130547	12887	12779	100716
股份有限公司	15547	7879	7847	1059	1057	6642
私营企业	245171	117457	116210	12876	12688	116178
私营独资	14559	8931	8918	622	619	5044
私营合伙	2285	1646	1595	95	95	595
私营有限责任公司	221768	104061	102879	11796	11611	107183
私营股份有限公司	6560	2819	2819	363	363	3356
其他	2964	1026	1004	144	144	1816
港澳台商投资	**4209**	**1603**	**1603**	**257**	**257**	**2349**
与港澳台商合资经营	906	348	348	86	86	472
与港澳台商合作经营	2111	413	413	107	107	1591
港澳台商独资	1183	831	831	63	63	290

3-B-3 续表2-2

单位：个、人、万元

指标名称	主营业务收入	营业成本	主营业务成本	营业税金及附加	主营业务税金及附加	主营业务利润
港澳台商投资股份有限公司	8	12	12	1	1	-4
外商投资	**31728**	**9092**	**9052**	**1716**	**1716**	**20960**
中外合资经营	23423	4850	4816	1213	1213	17394
中外合作经营	1427	248	248	72	72	1107
外资企业	2997	1092	1086	233	233	1678
外商投资股份有限公司	3881	2902	2902	198	198	781
二、按物业资质等级分组						
一级	91080	46134	45601	4964	4951	40529
二级	93123	57529	56970	4937	4899	30263
三级	247756	113636	112468	12829	12663	122544
其他	197310	92940	91382	10621	10482	95008
三、按隶属关系分组						
中央	17887	10493	10493	349	349	7044
省(自治区、直辖市)	54049	21320	20716	2794	2775	30412
地(区、市、州、盟)	48180	24937	24902	2754	2738	20183
县(区、市、旗)	49752	25096	24976	2297	2266	22511
乡镇(街道)	22082	10216	10038	1242	1231	10812
镇	2124	1256	1240	107	107	734
乡	11	6	6	3	3	3
基层群众自治组织	1805	1123	1123	80	80	602
村委会	3366	2022	1958	173	166	1242
其他	430012	213769	210970	23553	23280	194802

3－B－3 续表3－1

单位：个、人、万元

指标名称	其他业务利润	营业费用、管理费用、财务费用合计	#税金	#利息支出	营业利润
总计	**13984**	**276149**	**5522**	**12067**	**27239**
一、按登记注册类型分组					
内资	**13587**	**257412**	**4636**	**10170**	**22268**
国有	1163	20485	303	616	2846
集体	1599	14670	367	231	1166
股份合作企业	32	871	19	2	241
联营企业	6	336	...	...	354
集体联营	6	273	...	...	373
其他联营		62	...		－19
有限责任公司	7107	97490	2310	6262	12986
国有独资公司	368	2352	106	150	－205
其他有限责任公司	6738	95138	2204	6112	13192
股份有限公司	94	6393	72	239	344
私营企业	3474	115406	1549	2834	4164
私营独资	86	4638	32	16	587
私营合伙	17	880	20	－14	－268
私营有限责任公司	3318	106422	1470	2833	3835
私营股份有限公司	53	3466	27	－1	10
其他	114	1762	16	－13	168
港澳台商投资	**231**	**2337**	**16**	**105**	**244**
与港澳台商合资经营	157	604	2	－15	25
与港澳台商合作经营	1	873	7	121	719
港澳台商独资	73	857	8	－2	－494

3－B－3　续表3－2　　　　单位：个、人、万元

指标名称	其他业务利润	营业费用、管理费用、财务费用合计	#税金	#利息支出	营业利润
港澳台商投资股份有限公司		3		…	－5
外商投资	**166**	**16400**	**870**	**1791**	**4726**
中外合资经营	41	13395	676	1542	4039
中外合作经营		904	178	334	203
外资企业	125	1754	1	17	49
外商投资股份有限公司		346	14	－101	435
二、按物业资质等级分组					
一　级	618	37433	154	－47	3390
二　级	3141	32685	459	163	1507
三　级	5768	115653	2292	3994	12956
其　他	4457	90379	2618	7957	9385
三、按隶属关系分组					
中　央		3093	34	1717	3951
省（自治区、直辖市）	526	25487	1156	1532	5628
地（区、市、州、盟）	2200	22123	529	1351	475
县（区、市、旗）	2104	20121	286	1511	4495
乡镇（街道）	175	10633	263	247	354
镇	95	967	27	－1	118
乡	3	2			4
基层群众自治组织	3	854	8	－1	－249
村委会	12	1082	57	72	172
其　他	8866	191787	3164	5639	12290

3－B－3 续表4－1

单位：个、人、万元

指标名称	职工工资和福利费	本年应交增值税	所有者权益合计	实收资本	国家资本
总计	**260531**	**1188**	**549768**	**467652**	**62038**
一、按登记注册类型分组					
内资	**253452**	**1182**	**480405**	**397679**	**59632**
国有	18067	265	59745	37722	36014
集体	13660	58	30053	21583	45
股份合作企业	512	3	3255	2119	
联营企业	290		359	300	
集体联营	233		259	200	
其他联营	57		100	100	
有限责任公司	99126	347	174204	147188	21810
国有独资公司	2801	4	3663	2669	2669
其他有限责任公司	96325	343	170541	144520	19142
股份有限公司	6336	1	17805	9953	1696
私营企业	114282	507	189966	171073	56
私营独资	4191	7	15227	11924	
私营合伙	1489	1	3972	3680	
私营有限责任公司	105482	438	166211	151414	56
私营股份有限公司	3121	61	4556	4056	
其他	1179	2	5019	7740	12
港澳台商投资	**1851**		**26508**	**30285**	
与港澳台商合资经营	407		5432	5914	
与港澳台商合作经营	385		2191	3366	
港澳台商独资	1059		18859	20956	

3－B－3 续表4－2 单位：个、人、万元

指标名称	职工工资和福利费	本年应交增值税	所有者权益合计	实收资本	国家资本
港澳台商投资股份有限公司			26	50	
外商投资	**5228**	**5**	**42855**	**39689**	**2405**
中外合资经营	4000	5	34990	23358	2405
中外合作经营	157		482	9000	
外资企业	805		6166	6697	
外商投资股份有限公司	266		1216	634	
二、按物业资质等级分组					
一 级	46758	1	26876	20506	3650
二 级	40513	394	39245	38494	6180
三 级	107576	192	149230	123248	11696
其 他	65684	601	334417	285405	40512
三、按隶属关系分组					
中 央	3331		11260	4865	2076
省（自治区、直辖市）	15593	127	45272	31536	12079
地（区、市、州、盟）	25597	48	34584	34279	17521
县（区、市、旗）	17216	277	45038	27574	19119
乡镇（街道）	10116	20	20613	17130	878
镇	997	3	9562	8228	3503
乡			670	670	
基层群众自治组织	592		1286	1210	40
村委会	550	66	8109	6642	
其 他	186538	648	373375	335519	6821

3－B－3 续表5－1 单位：个、人、万元

指标名称	集体资本	法人资本	个人资本	港澳台资本	外商资本	全部从业人员年平均人数
总计	**59844**	**129135**	**163583**	**45462**	**7591**	**120442**
一、按登记注册类型分组						
内资	**48097**	**127287**	**162400**	**262**	**1**	**118280**
国有	839	627	243			7570
集体	20678	540	320			3989
股份合作企业	1690	70	359			188
联营企业	260		40			111
集体联营	190		10			74
其他联营	70		30			37
有限责任公司	19957	75667	29714	40		42198
国有独资公司						1023
其他有限责任公司	19957	75667	29714	40		41175
股份有限公司	4431	2493	1333			2564
私营企业	113	41554	129129	222	1	60865
私营独资	50	5980	5894			1869
私营合伙		995	2685			932
私营有限责任公司	63	34005	117069	222		55945
私营股份有限公司		574	3481		1	2119
其他	130	6336	1262			795
港澳台商投资	**45**	**185**	**193**	**29862**		**636**
与港澳台商合资经营		40	138	5736		185
与港澳台商合作经营		145		3221		84
港澳台商独资			50	20906		362

3－B－3 续表5－2

单位：个、人、万元

指标名称	集体资本	法人资本	个人资本	港澳台资本	外商资本	全部从业人员年平均人数
港澳台商投资股份有限公司	45		5			5
外商投资	**11702**	**1664**	**990**	**15338**	**7591**	**1526**
中外合资经营	11702	1664	906	6338	343	901
中外合作经营				9000		45
外资企业					6697	424
外商投资股份有限公司			84		550	156
二、按物业资质等级分组						
一　级	1186	9103	6017	50	500	17556
二　级	340	16428	14844	702		19683
三　级	19150	31594	52534	6916	1357	52812
其　他	39168	72009	90188	37795	5734	30391
三、按隶属关系分组						
中　央		1405	1384			1425
省（自治区、直辖市）	13005	1150	307	4994		4016
地（区、市、州、盟）	2784	2643	1231	10100		9243
县（区、市、旗）	7459	614	382			7587
乡镇（街道）	14681	1541	10	20		3214
镇	3051	930	188	556		439
乡	670					3
基层群众自治组织	667	500	3			404
村委会	5136	700	806			228
其　他	12390	119653	159271	29792	7591	93883

3－B－4　按地区分组的物业管理企业财务状况

单位：个、人、万元

地　　区	企业数	年初存货	年末存货	固定资产原　　价	本年折旧	营业收入合　　计	主营业务收　　入
总　计	**2589**	**28290**	**31496**	**505494**	**26107**	**646017**	**629268**
杭州市	**860**	**14295**	**15203**	**226384**	**12511**	**279108**	**270740**
上城区	72	521	396	32512	1734	41509	39861
下城区	110	2309	2739	40162	2263	45196	43529
江干区	86	399	55	11109	252	15464	15002
拱墅区	46	105	226	2456	180	17767	17616
西湖区	142	10251	10992	99710	6055	103291	100734
滨江区	61	105	164	17850	856	11602	11383
萧山区	104	91	52	7288	288	19608	19220
余杭区	99	241	329	3287	275	11205	10553
桐庐县	28	3	4	3224	169	2398	2230
淳安县	24	132	127	3903	236	2280	2189
建德市	12	12	63	372	28	2100	2090
富阳市	53	66	57	4090	150	4924	4614
临安市	23	60	...	422	25	1763	1721
宁波市	**372**	**1406**	**1940**	**97649**	**4541**	**144613**	**141155**
海曙区	70	339	104	8771	494	30393	29958
江东区	44	49	152	4569	575	36784	35633
江北区	21	72	69	35473	1044	15219	14249
北仑区	45	18	53	3113	199	13164	12919
镇海区	23	115	25	17310	892	13789	13607
鄞州区	57	460	1210	21389	997	16714	16357
象山县	9	3	1	299	13	636	636
宁海县	7	56	22	208	32	994	931
余姚市	26	7	10	1845	71	5349	5348
慈溪市	64	68	50	3310	189	10172	10117
奉化市	6	220	244	1363	37	1401	1401
温州市	**230**	**419**	**442**	**19461**	**912**	**41042**	**40676**
鹿城区	92	98	49	3755	305	27520	27244
龙湾区	12	12	11	4816	227	2082	2063
瓯海区	15	266	334	3850	85	2385	2377
洞头县	2			53	5	79	79
永嘉县	6			390	2	96	96

3-B-4 续表1-1　　单位：个、人、万元

地　区	企业数	年初存货	年末存货	固定资产原价	本年折旧	营业收入合计	主营业务收入
平阳县	13	35	38	95	6	414	411
苍南县	30			626	41	1906	1906
泰顺县	1			2			
瑞安市	27	4	5	1062	74	4106	4071
乐清市	32	4	5	4812	167	2455	2429
嘉兴市	**311**	**4956**	**7111**	**78553**	**3072**	**60105**	**58881**
南湖区	64	63	204	4723	799	18238	17768
秀洲区	38	102	115	10397	502	9986	9822
嘉善县	13	2	2	2383	140	2559	2528
海盐县	12	4	171	328	21	1393	1200
海宁市	46	30	41	3088	136	5821	5697
平湖市	26	22	23	273	29	2036	2020
桐乡市	112	4734	6556	57362	1446	20073	19846
湖州市	**84**	**940**	**769**	**10547**	**911**	**15728**	**14449**
吴兴区	35	242	222	5077	649	7180	6030
南浔区	11	585	443	3812	170	1792	1792
德清县	9	1	1	352	19	1720	1699
长兴县	18	10	9	1162	56	4358	4272
安吉县	11	102	94	146	17	679	656
绍兴市	**208**	**782**	**981**	**19322**	**950**	**28295**	**27708**
越城区	72	17	43	4177	160	11348	10914
绍兴县	63	90	62	8427	332	8331	8192
新昌县	16	134	197	6075	316	3140	3140
诸暨市	25	79	102	302	113	3208	3207
上虞市	20	4	4	196	14	1584	1584
嵊州市	12	458	572	146	14	684	671
金华市	**198**	**4289**	**3998**	**27036**	**1855**	**24980**	**24357**
婺城区	67	3762	3848	673	92	7001	6825
金东区	11	435	33	4650	1341	2319	2278
武义县	6	2	2	5	...	173	169
浦江县	6	1	4	837	73	1881	1727
兰溪市	9			750	8	263	236
义乌市	55	36	38	5526	225	8227	8062

3－B－4 续表1－2 单位：个、人、万元

地区	企业数	年初存货	年末存货	固定资产原价	本年折旧	营业收入合计	主营业务收入
东阳市	15	...	27	421	18	1042	992
永康市	29	52	47	14177	98	4074	4066
衢州市	**69**	**545**	**395**	**1500**	**109**	**8810**	**8789**
柯城区	28	534	388	1076	65	6511	6509
衢江区	4	1	1	51	6	196	196
常山县	4			1	...	148	148
开化县	12			79	4	483	483
龙游县	8	10	6	268	32	1073	1073
江山市	13			26	1	399	381
舟山市	**54**	**57**	**60**	**3235**	**225**	**7516**	**7333**
定海区	32	35	37	2019	197	5459	5391
普陀区	14	22	22	1057	20	1689	1592
岱山县	5		1	13	2	269	252
嵊泗县	3			146	7	99	99
台州市	**148**	**578**	**576**	**17085**	**949**	**18382**	**17792**
椒江区	39	15	58	11253	580	5468	5180
黄岩区	20	8	11	648	44	1966	1942
路桥区	11	529	482	3465	213	2574	2491
玉环县	8	7	5	482	20	1235	1179
三门县	12			261	8	1118	1118
天台县	10	2	7	27	3	1192	1188
仙居县	7		...	42	3	630	630
温岭市	23	12	13	317	28	2275	2265
临海市	18	6	...	590	50	1925	1800
丽水市	**55**	**23**	**21**	**4721**	**72**	**17438**	**17388**
莲都区	20	23	20	2179	39	15463	15413
青田县	7	...		372	8	625	625
缙云县	6			128	6	467	467
遂昌县	7		...	9	2	297	297
云和县	2			11	1	44	44
庆元县	2			2	...	49	49
景宁畲族自治县	3		...	301	10	186	186
龙泉市	8			1719	6	308	308

3－B－4 续表2－1

单位：个、人、万元

地　区	营业成本	主营业务成　本	营业税金及附加	主营业务税金及附加	主营业务利　润	其他业务利　润	营业费用、管理费用、财务费用合　计
总　计	**310239**	**306422**	**33351**	**32995**	**288344**	**13984**	**276149**
杭州市	**127971**	**125719**	**14410**	**14296**	**130467**	**6411**	**126578**
上城区	22184	22161	2048	2046	15654	1596	16275
下城区	20577	20497	2645	2643	20245	1356	22261
江干区	7481	7459	930	928	6614	459	7471
拱墅区	7296	7290	996	991	9336	100	8097
西湖区	45698	44023	4849	4792	51915	1417	42523
滨江区	5786	5740	604	598	5044	180	6103
萧山区	7149	7125	1061	1057	10927	399	9574
余杭区	5794	5505	591	568	4479	370	6970
桐庐县	1266	1201	114	109	920	91	1179
淳安县	873	858	137	137	1194	89	1001
建德市	1571	1571	99	99	420	6	431
富阳市	1467	1467	242	238	2909	293	3375
临安市	830	824	95	89	809	55	1321
宁波市	**72090**	**71705**	**6963**	**6865**	**61857**	**3765**	**61539**
海曙区	15872	15847	1634	1618	12493	436	12806
江东区	11021	10816	1830	1828	22989	1110	21209
江北区	7890	7883	798	724	5642	944	5911
北仑区	9669	9665	581	580	1945	230	3846
镇海区	8674	8673	442	439	4495	187	2619
鄞州区	8178	8069	683	681	7608	777	8864
象山县	87	87	40	40	509	6	625
宁海县	802	802	62	62	67	25	174
余姚市	2273	2261	294	294	2794	23	2379
慈溪市	6630	6608	533	533	2976	28	2840
奉化市	994	994	67	67	340		269
温州市	**19334**	**19171**	**2155**	**2128**	**19311**	**657**	**18840**
鹿城区	10847	10837	1549	1534	14873	449	15034
龙湾区	717	714	104	103	1246	15	1138
瓯海区	1627	1626	43	43	707	8	812
洞头县			1	1	78		26
永嘉县	33	33	1	1	62		76

3－B－4 续表2－2

单位：个、人、万元

地　　区	营业成本	主营业务成　　本	营业税金及附加	主营业务税金及附加	主营业务利　　润	其他业务利　　润	营业费用、管理费用、财务费用合　　计
平阳县	378	377	25	25	10	3	48
苍南县	1338	1338	76	76	492		344
泰顺县							
瑞安市	2950	2807	240	238	1027	33	905
乐清市	1443	1439	115	107	817	149	458
嘉兴市	**27379**	**26922**	**3503**	**3448**	**28510**	**992**	**24109**
南湖区	10868	10756	824	816	6196	275	6280
秀洲区	4664	4492	629	608	4722	140	5122
嘉善县	811	797	142	142	1589	29	838
海盐县	727	622	80	74	504	137	446
海宁市	2570	2528	313	305	2864	82	2301
平湖市	1310	1310	121	121	589	5	797
桐乡市	6429	6416	1395	1384	12046	325	8325
湖州市	**10044**	**10001**	**827**	**821**	**3236**	**352**	**3956**
吴兴区	4290	4256	373	373	1030	253	1718
南浔区	824	824	89	89	879		639
德清县	1303	1303	60	60	336	19	339
长兴县	3136	3127	257	252	873	78	963
安吉县	492	492	48	46	118	2	297
绍兴市	**12999**	**12841**	**1705**	**1696**	**13172**	**670**	**12228**
越城区	4918	4787	766	759	5369	446	6105
绍兴县	3690	3664	542	539	3989	116	4015
新昌县	1486	1486	156	156	1499		809
诸暨市	1552	1552	145	145	1511	108	494
上虞市	1187	1187	77	77	320		373
嵊州市	166	166	20	20	485		432
金华市	**11987**	**11771**	**1459**	**1428**	**11158**	**403**	**9986**
婺城区	4035	3975	328	306	2544	45	2734
金东区	316	316	123	123	1839	41	2020
武义县	90	89	10	9	71	37	128
浦江县	1019	943	60	60	725		1053
兰溪市	73	71	11	10	156	16	73
义乌市	4324	4289	498	491	3283	207	2162

3－B－4　续表2－3　　　　单位：个、人、万元

地　　区	营业成本	主营业务成本	营业税金及附加	主营业务税金及附加	主营业务利润	其他业务利润	营业费用、管理费用、财务费用合计
东阳市	562	522	67	67	404	40	270
永康市	1568	1567	364	363	2136	16	1547
衢州市	**4395**	**4377**	**381**	**381**	**3968**	**5**	**2772**
柯城区	3461	3461	305	305	2680	2	2240
衢江区	99	99	6	6	91		124
常山县	40	40	7	7	101		73
开化县	193	193	23	23	267		162
龙游县	289	289	19	19	765		71
江山市	315	297	21	21	63	3	102
舟山市	**3911**	**3908**	**410**	**410**	**3015**	**180**	**3302**
定海区	2330	2330	271	271	2791	69	2818
普陀区	1379	1377	120	120	95	95	330
岱山县	151	151	15	15	86	17	102
嵊泗县	51	51	5	5	44		52
台州市	**10483**	**10363**	**865**	**851**	**6578**	**472**	**7800**
椒江区	3356	3306	339	337	1537	286	3685
黄岩区	1370	1370	98	98	474	23	266
路桥区	1405	1340	118	111	1040	12	912
玉环县	777	777	32	32	370	50	244
三门县	1077	1077	6	6	35		61
天台县	489	483	74	74	631	－3	407
仙居县	147	147	22	22	461		461
温岭市	1090	1090	95	95	1081	13	1014
临海市	772	772	82	78	950	92	751
丽水市	**9646**	**9644**	**672**	**672**	**7072**	**78**	**5039**
莲都区	8908	8908	575	575	5931	78	4056
青田县	192	190	32	32	404		436
缙云县	240	240	23	23	204		128
遂昌县	154	154	16	16	127		76
云和县	26	26	6	6	12		28
庆元县	15	15	3	3	31		13
景宁畲族自治县	66	66	10	10	110		186
龙泉市	46	46	9	9	253		117

3-B-4 续表3-1

单位：个、人、万元

地　区	#税金	#利息支出	营业利润	职工工资和福利费	本年应交增值税	所有者权益合计	实收资本
总　计	**5522**	**12067**	**27239**	**260531**	**1188**	**549768**	**467652**
杭州市	**2698**	**6764**	**10642**	**97003**	**289**	**260981**	**228887**
上城区	227	909	991	13249	179	31260	14322
下城区	432	577	-490	18363	13	40183	36196
江干区	81	345	-397	5647	3	26099	24814
拱墅区	74	-11	1029	6253	26	9455	6357
西湖区	1409	4397	10818	29345	15	100513	89380
滨江区	96	232	-878	3959	2	14076	18620
萧山区	162	-72	2221	7699	14	17112	16181
余杭区	17	11	-2129	6455	13	7288	8592
桐庐县	53	185	-169	979	13	2327	2322
淳安县	67	18	282	714	1	5836	4620
建德市	6	6	-5	683		447	482
富阳市	48	168	-172	2573	7	2437	2550
临安市	26	-1	-458	1087	5	3949	4453
宁波市	**709**	**2885**	**4667**	**71783**	**518**	**86927**	**72817**
海曙区	82	262	123	16616		23195	14345
江东区	133	259	2890	19948	150	11735	8547
江北区	83	1411	675	6344	1	8635	5976
北仑区	42	-5	-1085	9264		4959	4315
镇海区	36	588	2063	2295	129	5597	3965
鄞州区	243	197	-480	6858	27	21814	25667
象山县	2	-1	-110	553		1098	1301
宁海县	...	1	-83	627		1343	1000
余姚市	29	154	439	2114	45	2914	2648
慈溪市	41	17	164	6653	164	4847	4387
奉化市	20		71	513	3	789	666
温州市	**278**	**117**	**862**	**23610**	**10**	**26052**	**25198**
鹿城区	100	-11	288	18179		11320	11069
龙湾区	81	130	122	836		1642	1605
瓯海区	22	3	-96	638	10	1417	1363
洞头县			51	32		99	100
永嘉县	1		-14	70		802	792

3－B－4 续表3－2

单位：个、人、万元

地　　区	#税金	#利息支出	营业利润	职工工资和福利费	本年应交增值税	所有者权益合计	实收资本
平阳县	2		－35	256		540	540
苍南县	3		148	655		1569	1539
泰顺县						40	40
瑞安市	67	－5	155	2169		1924	2275
乐清市	2	1	244	776	...	6701	5875
嘉兴市	**362**	**189**	**5393**	**24144**	**68**	**65396**	**50121**
南湖区	65	－15	191	8615	1	9166	7162
秀洲区	24	16	－261	5718		8014	8559
嘉善县	59	41	779	819	17	4120	1609
海盐县	6		195	660		1027	630
海宁市	24	15	645	2433	6	4729	4321
平湖市	3	...	－203	1221		588	1370
桐乡市	181	132	4046	4678	44	37752	26471
湖州市	**142**	**208**	**－48**	**5209**	**4**	**3918**	**10341**
吴兴区	61	34	－183	1901		－1614	5118
南浔区	40	165	239	199		2180	1665
德清县	20	－3	16	984	3	1049	1215
长兴县	8	－2	57	1806	1	2029	1893
安吉县	14	14	－177	318		274	450
绍兴市	**503**	**175**	**1613**	**11371**	**52**	**27869**	**22676**
越城区	125	－8	－291	5025	1	10049	8439
绍兴县	171	146	90	2999	36	7280	5393
新昌县	2	31	689	993		2414	1990
诸暨市	192	...	1124	1051	14	4500	4488
上虞市	3		－53	1048		2283	1286
嵊州市	11	6	53	255	1	1342	1080
金华市	**190**	**638**	**1577**	**11045**	**114**	**37163**	**20344**
婺城区	38	－95	－144	3921	27	8500	6617
金东区	32	602	－140	657		925	919
武义县			－20	891		361	350
浦江县	3	...	－328	723	23	1082	1020
兰溪市	2		100	125		333	331
义乌市	95	57	1328	3566	1	9899	6195

3－B－4 续表3－3

单位：个、人、万元

地区	#税金	#利息支出	营业利润	职工工资和福利费	本年应交增值税	所有者权益合计	实收资本
东阳市	2	－1	174	385	52	2151	1718
永康市	19	76	607	778	11	13912	3195
衢州市	**53**	**41**	**1278**	**2404**	**12**	**3370**	**4282**
柯城区	51		519	1509	9	935	1873
衢江区		9	－33	84	2	260	250
常山县	1		29	115		250	250
开化县	…	32	105	203	1	611	530
龙游县	1		695	232		776	768
江山市	…	…	－36	260		539	611
舟山市	**54**	**20**	**－106**	**3616**		**4618**	**5001**
定海区	44	…	42	2552		2734	3273
普陀区	9	20	－140	746		1503	1311
岱山县	1	…	1	267		258	278
嵊泗县			－9	52		123	140
台州市	**507**	**994**	**－749**	**7799**	**120**	**25779**	**22395**
椒江区	379	865	－1862	2872	28	14967	12741
黄岩区	20	…	231	987		1508	1201
路桥区	47	58	140	681	70	3078	2841
玉环县	2	1	176	263		1327	976
三门县	3	51	－26	133		1561	1669
天台县	10	18	221	448		379	345
仙居县	1	…	1	313	8	228	265
温岭市	24		80	1113	16	1237	1019
临海市	23	1	291	989		1495	1338
丽水市	**25**	**37**	**2111**	**2547**	**1**	**7696**	**5591**
莲都区	22	37	1953	1443	1	3824	1940
青田县			－32	388		500	500
缙云县	1		76	197		392	210
遂昌县	1		51	262		267	207
云和县	1	…	－16	32		30	60
庆元县	1		18	49		63	63
景宁畲族自治县			－76	126		400	400
龙泉市			136	51		2219	2210

3－B－4 续表4－1

单位：个、人、万元

地区	国家资本	集体资本	法人资本	个人资本	港澳台资本	外商资本	全部从业人员年平均人数
总计	**62038**	**59844**	**129135**	**163583**	**45462**	**7591**	**120442**
杭州市	**26121**	**35725**	**57592**	**65105**	**43553**	**790**	**37306**
上城区	3255	1328	1085	7368	1204	83	3619
下城区	9150	3968	11202	9827	2050		6454
江干区	1470	1493	9568	6783	5000	500	2765
拱墅区	100	410	1510	4337			2527
西湖区	5301	16026	13910	20518	33419	207	9880
滨江区	168	8230	4938	4292	993		1949
萧山区	3270	1486	7024	3514	887		3449
余杭区	1604	255	3373	3360			3430
桐庐县		292	299	1731			507
淳安县	1400	1529	179	1511			379
建德市	50		190	242			392
富阳市	355	509	1061	625			1291
临安市		200	3254	999			664
宁波市	**14753**	**3677**	**30028**	**22885**	**474**	**1001**	**32657**
海曙区	6542	468	3483	3752	100		6665
江东区	1800	840	1834	3749	324		8325
江北区	2449	1197	50	1780		500	2313
北仑区	1350	100	516	2349			4625
镇海区	1485	520	1100	860			1175
鄞州区	60	245	21393	3919	50		3131
象山县	1000			301			283
宁海县		50	650	300			350
余姚市	50	10	390	2198			1529
慈溪市	17	247	255	3368		501	3855
奉化市			357	309			406
温州市	**3145**	**3798**	**4451**	**13705**	**99**		**13167**
鹿城区	2370	275	2939	5486			9473
龙湾区	605	205	470	326			449
瓯海区	100	50	225	889	99		464
洞头县				100			19
永嘉县			110	682			52

3－B－4 续表4－2

单位：个、人、万元

地 区	国家资本	集体资本	法人资本	个人资本	港澳台资本	外商资本	全部从业人员年平均人数
平阳县	20			520			205
苍南县		150	5	1384			437
泰顺县				40			1
瑞安市	50	250	285	1690			1670
乐清市		2868	418	2589			397
嘉兴市	**8493**	**7555**	**5513**	**21554**	**1256**	**5750**	**12456**
南湖区	1852	816	2428	2067			4563
秀洲区	1188	100	220	1376	500	5175	2933
嘉善县	152	57	150	1250			468
海盐县	50	75	45	460			399
海宁市	1638	1054	590	1040			1368
平湖市	100	60	210	1000			750
桐乡市	3514	5393	1871	14361	756	576	1975
湖州市	**1205**	**1250**	**3186**	**4699**			**2848**
吴兴区	905	425	2188	1599			1247
南浔区	165	100	295	1105			122
德清县	100	600	371	144			271
长兴县	35	75	152	1631			945
安吉县		50	180	220			263
绍兴市	**4271**	**3786**	**6016**	**8583**	**20**		**6460**
越城区	1166	1636	2892	2725	20		3003
绍兴县	25		2544	2824			1885
新昌县	30	1320	100	540			363
诸暨市	3050	330	430	678			512
上虞市				1286			560
嵊州市		500	50	530			137
金华市	**2886**	**860**	**5527**	**10962**	**60**	**50**	**5694**
婺城区	134	71	2636	3726		50	2086
金东区		509	110	300			314
武义县			70	280			74
浦江县			831	189			344
兰溪市		10		321			101
义乌市	492	120	1442	4141			2088

3－B－4　续表4－3

单位：个、人、万元

地　区	国家资本	集体资本	法人资本	个人资本	港澳台资　本	外商资本	全部从业人员年平均人数
东阳市			300	1418			229
永康市	2260	150	138	587	60		458
衢州市		**140**	**269**	**3873**			**1278**
柯城区			49	1824			644
衢江区		90	50	110			55
常山县				250			92
开化县		50	145	335			103
龙游县				768			145
江山市			25	586			239
舟山市	**400**	**130**	**1740**	**2732**			**2488**
定海区	300	100	1129	1744			1722
普陀区	100		601	610			448
岱山县				278			226
嵊泗县		30	10	100			92
台州市	**764**	**2419**	**12251**	**6961**			**4487**
椒江区	210		11176	1355			1809
黄岩区	4	120	152	925			539
路桥区		2299	140	402			331
玉环县	500		50	426			147
三门县			130	1539			76
天台县			90	255			306
仙居县			208	57			165
温岭市	50		205	764			628
临海市			100	1238			486
丽水市		**505**	**2561**	**2525**			**1601**
莲都区		75	1009	856			1065
青田县			57	443			181
缙云县			50	160			82
遂昌县		50	45	112			121
云和县				60			15
庆元县				63			31
景宁畲族自治县			300	100			41
龙泉市		380	1100	730			65

C. 中介服务企业

3－C－1 按登记注册类型分组的房地产中介服务企业主要指标

单位：个、人、平方米、万元

登记注册类型	企业数	年末从业人员数	房屋代理销售			房屋代理出租
			成交合同面积	成交合同数	成交合同金额	成交合同面积
总　计	**2682**	**19254**	**33544413**	**186018**	**7930943**	**6145952**
内　资	**2670**	**18670**	**32829269**	**184214**	**7769042**	**5073033**
国　有	29	353	146009	941	51487	47340
集　体	14	174	49418	390	11317	7500
股份合作企业	11	101	37213	253	18787	5900
联营企业	1	17				670
国有联营	1	17				670
有限责任公司	256	2746	3864834	40060	743996	903637
国有独资公司	2	29				
其他有限责任公司	254	2717	3864834	40060	743996	903637
股份有限公司	32	385	90776	1136	72277	122311
私营企业	2296	14671	28522264	140277	6764906	3963824
私营独资	162	580	454926	4368	226197	327431
私营合伙	666	2281	2168716	16785	655948	338645
私营有限责任公司	1412	10943	25576072	111305	5640835	2959317
私营股份有限公司	56	867	322550	7819	241925	338431
其　他	31	223	118755	1157	106272	21851
港澳台商投资	**7**	**308**	**163176**	**1134**	**93400**	**122972**
与港澳台商合资经营	2	13	450	1	45	100
港澳台商独资	5	295	162726	1133	93355	122872
外商投资	**5**	**276**	**551968**	**670**	**68501**	**949947**
中外合资经营	2	269	550968	655	68351	948947
外资企业	2	4				
外商投资股份有限公司	1	3	1000	15	150	1000

3－C－1 续表1

单位：个、人、平方米、万元

登记注册类型	成交合同数	成交合同金额	固定资产原价	本年折旧	实收资本	营业收入
总计	**128834**	**1013201**	**158682**	**10101**	**468998**	**281447**
内资	**126440**	**1011218**	**153560**	**9826**	**383273**	**276209**
国有	1968	7703	2017	224	13048	50269
集体	106	142	12729	88	1315	1608
股份合作企业	82	409	1733	27	713	7846
联营企业	16	234	371	15	356	362
国有联营	16	234	371	15	356	362
有限责任公司	36780	231924	41772	3080	91891	53365
国有独资公司			30		100	321
其他有限责任公司	36780	231924	41742	3080	91791	53044
股份有限公司	486	436	3033	184	6883	4648
私营企业	86484	763719	89904	6060	264794	155761
私营独资	4058	30029	2431	189	6862	8391
私营合伙	5173	7982	4008	301	6863	20849
私营有限责任公司	68955	719373	80673	5268	244834	118516
私营股份有限公司	8298	6335	2792	302	6235	8005
其他	518	6653	2001	149	4273	2349
港澳台商投资	**1056**	**1693**	**4545**	**183**	**7223**	**3122**
与港澳台商合资经营	1	9	4216	126	5058	186
港澳台商独资	1055	1684	329	58	2165	2937
外商投资	**1338**	**289**	**577**	**91**	**78503**	**2116**
中外合资经营	1323	288	577	91	1300	1966
外资企业					77200	
外商投资股份有限公司	15	2	...	...	3	150

3-C-1 续表2 单位：个、人、平方米、万元

登记注册类型	主营业务收入	主营业务成本	主营业务税金及附加	营业费用、管理费用、财务费用合计	营业利润	职工工资和福利费	全部从业人员年平均人数
总计	**265977**	**108306**	**11454**	**118721**	**28594**	**52065**	**19719**
内资	**260925**	**107515**	**11194**	**110412**	**32716**	**47907**	**19008**
国有	49647	35833	393	3232	10570	1323	350
集体	1586	532	60	1104	-98	845	175
股份合作企业	7440	6124	81	1224	340	311	99
联营企业	170	90	1	77	194	39	17
国有联营	170	90	1	77	194	39	17
有限责任公司	40690	13632	2143	20958	2545	7617	2804
国有独资公司	321		18	263	40	70	26
其他有限责任公司	40369	13632	2125	20696	2505	7547	2778
股份有限公司	4614	1923	255	2292	278	771	350
私营企业	154430	48687	8106	79956	18956	36013	14915
私营独资	8335	3279	307	2759	2008	1928	565
私营合伙	20816	8818	822	5033	6295	4448	2251
私营有限责任公司	117458	35769	6533	65002	11076	27093	11156
私营股份有限公司	7822	821	445	7162	-423	2544	943
其他	2348	694	156	1569	-71	989	298
港澳台商投资	**2937**	**740**	**151**	**4675**	**-2444**	**2117**	**340**
与港澳台商合资经营				796	-611	47	13
港澳台商独资	2937	740	151	3879	-1833	2070	327
外商投资	**2116**	**50**	**109**	**3634**	**-1678**	**2041**	**371**
中外合资经营	1966	48	108	3578	-1769	2028	364
外资企业				16	-16	9	4
外商投资股份有限公司	150	2	1	40	107	4	3

3－C－2 按地区分组的房地产中介服务企业主要指标

单位：个、人、平方米、万元

地　　区	企业数	年末从业人员数	房屋代理销售			房屋代理出租
			成交合同面积	成交合同数	成交合同金额	成交合同面积
总　计	**2682**	**19254**	**33544413**	**186018**	**7930943**	**6145952**
杭州市	**913**	**8621**	**25876181**	**128187**	**5235485**	**3836634**
上城区	111	1117	505753	69314	664064	393544
下城区	175	2119	23240430	37561	2875520	1578757
江干区	83	371	90592	433	20122	561685
拱墅区	59	718	172789	1916	31844	175664
西湖区	155	2681	855826	12833	447170	600015
滨江区	34	169	125741	198	26803	47304
萧山区	52	317	219612	1366	967651	61190
余杭区	118	562	180496	1610	96512	171814
桐庐县	17	51	27887	168	5541	2720
淳安县	24	96	51401	507	9867	32512
建德市	19	89	76983	650	22904	66440
富阳市	42	153	102023	553	34224	65521
临安市	24	178	226648	1078	33264	79468
宁波市	**326**	**3737**	**3461505**	**21685**	**1387142**	**952962**
海曙区	66	1232	610693	4695	288135	220377
江东区	75	1354	1946138	9950	708765	447655
江北区	18	199	98436	828	36207	28948
北仑区	29	174	191869	1402	92994	45060
镇海区	10	40	2110	781	35	2000
鄞州区	13	131	36819	178	5006	39400
象山县	26	102	79606	478	24609	21610
宁海县	18	117	49623	647	35645	10935
余姚市	42	193	361991	1704	153554	102312
慈溪市	19	134	7385	61	7129	21782
奉化市	10	61	76835	961	35064	12883
温州市	**619**	**2803**	**2092952**	**17732**	**669514**	**172659**
鹿城区	89	722	107700	911	114744	113063
龙湾区	9	92	21680	132	17310	
瓯海区	6	66	4700	2006	300	3500
永嘉县	7	77	2380	20	830	
平阳县	7	31	9488	190	3010	310

3-C-2 续表1-1

单位：个、人、平方米、万元

地　区	企业数	年末从业人员数	房屋代理销售			房屋代理出租
			成交合同面积	成交合同数	成交合同金额	成交合同面积
苍南县	471	1562	1794364	13154	483195	30396
泰顺县	7	59	138700	1000	46520	13270
瑞安市	12	136	13940	319	3605	12120
乐清市	11	58				
嘉兴市	**142**	**726**	**679002**	**7429**	**74431**	**545129**
南湖区	54	285	190161	2192	32539	340804
秀洲区	7	20	13244	172	499	27090
嘉善县	11	46	39722	405	11977	31490
海盐县	3	10				
海宁市	20	111	30149	326	9208	38019
平湖市	10	75	1000	8	391	4000
桐乡市	37	179	404726	4326	19817	103726
湖州市	**53**	**281**	**182540**	**1763**	**70076**	**65338**
吴兴区	24	149	83366	843	38203	28664
南浔区	2	5				5297
德清县	11	53	19940	169	6348	7175
长兴县	15	64	21561	209	6375	15952
安吉县	1	10	57673	542	19150	8250
绍兴市	**98**	**494**	**162034**	**1468**	**63319**	**67944**
越城区	22	168	34068	140	12927	4830
绍兴县	7	29	850	9	320	5000
新昌县	18	56	32580	305	9571	
诸暨市	14	131	19848	184	6906	12560
上虞市	21	56	62452	710	25019	37874
嵊州市	16	54	12236	120	8576	7680
金华市	**237**	**1077**	**561679**	**3965**	**226697**	**98705**
婺城区	97	407	151929	1508	43357	44090
武义县	14	47	18072	159	3388	1474
浦江县	12	59	79323	464	98392	9523
磐安县	1	8	500	3	5	
兰溪市	3	15	39550	50	377	
义乌市	77	387	149583	987	53913	21310
东阳市	20	89	109290	664	25569	22308

3－C－2 续表1－2 单位：个、人、平方米、万元

地 区	企业数	年末从业人员数	房屋代理销售 成交合同面积	房屋代理销售 成交合同数	房屋代理销售 成交合同金额	房屋代理出租 成交合同面积
永康市	13	65	13432	130	1696	
衢州市	**31**	**174**	**108273**	**934**	**9287**	**25954**
柯城区	13	108	60567	630	5110	
衢江区	1	2	800	6	96	
常山县	3	21	15000	6	3	
开化县	1	1	1400	20	260	2340
龙游县	10	37	30506	272	3818	23614
江山市	3	5				
舟山市	**74**	**240**	**88473**	**1192**	**58884**	**148008**
定海区	45	109	42150	575	37369	68509
普陀区	23	110	42513	562	20110	74679
岱山县	5	20	3810	55	1405	4820
嵊泗县	1	1				
台州市	**114**	**637**	**201865**	**656**	**106717**	**42510**
椒江区	30	201	3465	27	1154	6160
黄岩区	2	15				
路桥区	27	119	32434	296	10663	19230
玉环县	17	99	143418	135	85116	
三门县	5	16	5432	41	1670	3500
天台县	4	25				
仙居县	5	32	2500	24	800	
温岭市	14	73	4266	45	2740	
临海市	10	57	10350	88	4575	13620
丽水市	**75**	**464**	**129909**	**1007**	**29393**	**190109**
莲都区	25	205	19081	148	7800	122748
青田县	18	94	5140	43	1917	15625
缙云县	6	28	46388	351	9636	17500
遂昌县	5	19	12900	124	3065	23600
松阳县	2	10				
云和县	3	31	16320	168	4351	2400
庆元县	4	25	18833	45	568	2356
景宁畲族自治县	4	18	4346	41	712	850
龙泉市	8	34	6901	87	1344	5030

3－C－2 续表2－1 单位：个、人、平方米、万元

地 区	成交合同数	成交合同金额	固定资产原价	本年折旧	实收资本	营业收入
总 计	**128834**	**1013201**	**158682**	**10101**	**468998**	**281447**
杭州市	**96639**	**752314**	**91054**	**6012**	**267361**	**120940**
上城区	72112	545325	8019	681	16609	14597
下城区	6451	22002	13078	1093	61337	23725
江干区	1596	125064	18831	479	13581	3253
拱墅区	2697	19302	1315	226	5309	6469
西湖区	7639	12505	30823	2365	41322	52156
滨江区	416	9645	2912	59	5548	421
萧山区	723	13147	3614	194	6640	3164
余杭区	1830	2711	7470	655	108927	4817
桐庐县	33	7	189	16	1592	335
淳安县	420	55	289	20	1502	842
建德市	704	1508	2661	79	613	7410
富阳市	722	664	242	35	1815	684
临安市	1296	379	1610	112	2567	3067
宁波市	**11114**	**224765**	**23103**	**1912**	**29277**	**42927**
海曙区	2063	25936	2938	356	7180	13289
江东区	4071	20199	5721	729	11161	15422
江北区	500	112483	2544	101	2001	2975
北仑区	683	3102	823	73	2191	2620
镇海区	35	1	80	6	338	609
鄞州区	502	31389	686	59	726	1431
象山县	313	54	515	35	1032	708
宁海县	156	378	587	42	972	1029
余姚市	1195	4927	8231	376	1785	2880
慈溪市	359	1264	780	115	1536	1428
奉化市	1237	25033	198	19	354	536
温州市	**4609**	**11168**	**4739**	**407**	**85503**	**19116**
鹿城区	1123	396	1726	180	80666	5212
龙湾区			83	1	494	435
瓯海区	2500	250	78	4	215	532
永嘉县			164	5	123	1099
平阳县	5	1	169	13	202	1086

3－C－2 续表2－2

单位：个、人、平方米、万元

地 区	成交合同数	成交合同金额	固定资产原价	本年折旧	实收资本	营业收入
苍南县	268	3455	587	55	2396	7996
泰顺县	195	40	64	8	174	490
瑞安市	518	7027	780	62	571	1769
乐清市			1088	81	664	497
嘉兴市	**7234**	**3282**	**6789**	**428**	**8216**	**11432**
南湖区	4522	418	1385	93	2114	2548
秀洲区	326	23	34	7	262	79
嘉善县	357	37	42	6	383	181
海盐县						
海宁市	565	310	630	56	533	635
平湖市	22	2280	1205	67	345	1692
桐乡市	1442	215	3494	199	4579	6297
湖州市	**905**	**1925**	**1928**	**170**	**2345**	**2822**
吴兴区	503	338	1099	43	1781	1626
南浔区	59	608			45	15
德清县	89	70	52	9	309	355
长兴县	163	834	348	110	160	814
安吉县	91	76	429	8	50	12
绍兴市	**782**	**2284**	**3979**	**219**	**41177**	**4885**
越城区	37	32	2494	138	38709	2173
绍兴县	42	7	307	27	429	701
新昌县			321	12	381	468
诸暨市	140	422	85	16	710	767
上虞市	438	540	588	12	599	430
嵊州市	125	1283	185	15	349	347
金华市	**1232**	**5594**	**4180**	**433**	**9341**	**13346**
婺城区	614	2709	848	79	2154	2807
武义县	16	65	18	1	128	226
浦江县	92	105	319	99	180	683
磐安县			12	1	53	29
兰溪市			31	7	869	205
义乌市	209	2616	2417	215	4163	8127
东阳市	301	100	168	7	1239	532

3－C－2 续表2－3 单位：个、人、平方米、万元

地区	成交合同数	成交合同金额	固定资产原价	本年折旧	实收资本	营业收入
永康市			368	25	555	737
衢州市	**256**	**25**	**433**	**106**	**1167**	**2290**
柯城区			346	94	596	1494
衢江区			3	1	200	7
常山县			24	6	154	158
开化县	36	1			50	5
龙游县	220	24	47	5	146	578
江山市			13	1	21	49
舟山市	**2389**	**8796**	**416**	**34**	**722**	**1614**
定海区	1015	7344	245	21	520	596
普陀区	1304	1448	116	6	174	924
岱山县	70	5	56	7	26	93
嵊泗县					3	
台州市	**791**	**152**	**2568**	**204**	**6973**	**7442**
椒江区	32	24	904	69	2960	1354
黄岩区			55	2	35	181
路桥区	532	62	340	34	906	2235
玉环县			186	19	386	1205
三门县	103	3	115	1	190	69
天台县			68	13	90	193
仙居县			231	19	206	593
温岭市			195	13	1671	688
临海市	124	62	474	36	530	924
丽水市	**2883**	**2896**	**19492**	**176**	**16916**	**54633**
莲都区	1804	2543	17833	124	14106	53046
青田县	252	111	1078	36	1046	440
缙云县	250	150	94	4	490	218
遂昌县	425	6	68	2	270	199
松阳县			19	3	110	121
云和县	48	2	37	1	200	181
庆元县	17	49	36	3	117	160
景宁畲族自治县	8	6	21	3	254	119
龙泉市	79	29	308	1	323	150

3-C-2 续表3-1

单位：个、人、平方米、万元

地区	主营业务收入	主营业务成本	主营业务税金及附加	营业费用、管理费用、财务费用合计	营业利润	职工工资和福利费	全部从业人员年平均人数
总计	**265977**	**108306**	**11454**	**118721**	**28594**	**52065**	**19719**
杭州市	**105862**	**36651**	**5558**	**68539**	**-3959**	**24965**	**8844**
上城区	14249	2666	780	10379	-898	3465	1089
下城区	22719	6147	1292	19618	-3336	7733	2250
江干区	2977	1991	147	1974	-859	653	378
拱墅区	6445	1547	414	5029	-523	1795	780
西湖区	39682	13390	2217	22866	1129	8090	2773
滨江区	418	166	28	1021	-794	223	149
萧山区	3126	1083	220	1666	182	708	321
余杭区	4258	1722	164	2672	261	980	554
桐庐县	335	172	16	97	50	85	51
淳安县	836	170	22	182	469	112	86
建德市	7071	6023	36	1003	447	282	87
富阳市	684	138	35	499	12	320	151
临安市	3061	1439	186	1534	-98	519	175
宁波市	**42864**	**7489**	**2381**	**23327**	**9694**	**11017**	**3708**
海曙区	13254	1707	757	7546	3256	3660	1216
江东区	15408	1415	847	9550	3606	4387	1364
江北区	2975	599	132	1532	713	673	204
北仑区	2620	1235	159	790	436	407	170
镇海区	609	166	34	272	137	187	41
鄞州区	1431	103	98	835	395	419	126
象山县	698	99	40	431	128	268	101
宁海县	1029	623	54	132	220	278	116
余姚市	2880	1057	140	1168	515	368	179
慈溪市	1424	261	100	892	175	225	130
奉化市	536	223	19	181	113	145	61
温州市	**19112**	**7757**	**950**	**7081**	**3253**	**6254**	**2983**
鹿城区	5208	1184	305	3617	106	1704	856
龙湾区	435	167	19	153	20	144	91
瓯海区	532	92	24	358	59	183	60
永嘉县	1099	543	63	311	182	650	72
平阳县	1086	656	51	134	245	481	88

3-C-2 续表3-2

单位：个、人、平方米、万元

地　区	主营业务收　入	主营业务成　本	主营业务税金及附加	营业费用、管理费用、财务费用合　计	营业利润	职工工资和福利费	全部从业人员年平均人数
苍南县	7996	4004	337	1567	2088	2531	1564
泰顺县	490	97	26	333	34	138	68
瑞安市	1769	982	113	339	336	334	133
乐清市	497	32	14	271	184	89	51
嘉兴市	**11367**	**4346**	**662**	**4009**	**2408**	**1799**	**690**
南湖区	2487	840	140	1384	178	767	279
秀洲区	79	54	5	49	-29	47	20
嘉善县	181	24	9	128	19	83	44
海盐县							
海宁市	632	55	33	566	-19	228	105
平湖市	1692	847	60	599	186	179	69
桐乡市	6296	2526	415	1283	2072	496	173
湖州市	**2820**	**915**	**169**	**1522**	**188**	**609**	**284**
吴兴区	1626	806	100	718	-8	388	155
南浔区	15	3	1	3	8	4	5
德清县	354	51	23	192	88	118	49
长兴县	813	55	46	564	131	96	65
安吉县	12		1	44	-32	3	10
绍兴市	**4837**	**1031**	**335**	**3478**	**9**	**1077**	**532**
越城区	2169	276	197	2261	-561	302	154
绍兴县	660	101	39	320	209	40	28
新昌县	465	130	21	222	94	186	56
诸暨市	767	203	43	420	101	237	132
上虞市	430	258	16	29	128	110	55
嵊州市	346	63	21	226	40	203	107
金华市	**13291**	**7294**	**414**	**2655**	**2969**	**3113**	**1098**
婺城区	2806	1689	114	901	103	834	458
武义县	226	131	10	51	34	99	38
浦江县	683	137	31	323	192	98	59
磐安县	29	1	2	1	25	16	8
兰溪市	205	106	2	15	82	29	12
义乌市	8092	4328	196	1180	2423	1759	364
东阳市	512	321	24	110	64	136	94

3－C－2　续表3－3

单位：个、人、平方米、万元

地　　区	主营业务收　　入	主营业务成　　本	主营业务税金及附加	营业费用、管理费用、财务费用合　　计	营业利润	职工工资和福利费	全部从业人员年平均人数
永康市	737	582	33	75	47	142	65
衢州市	**2290**	**741**	**110**	**1002**	**425**	**399**	**165**
柯城区	1494	468	79	870	64	295	100
衢江区	7	2	...	7	－2	4	2
常山县	158	46	19	43	50	39	21
开化县	5	1	1	1	3	3	1
龙游县	578	193	9	74	303	53	37
江山市	49	32	3	7	7	5	4
舟山市	**1611**	**538**	**63**	**685**	**325**	**337**	**244**
定海区	593	105	29	242	219	161	105
普陀区	924	393	29	391	112	158	103
岱山县	93	40	6	53	－5	18	35
嵊泗县						1	1
台州市	**7405**	**2897**	**278**	**3016**	**1219**	**1305**	**591**
椒江区	1354	203	78	931	142	395	180
黄岩区	181	158	2	11	10	35	15
路桥区	2202	1216	17	718	252	250	115
玉环县	1204	653	35	345	172	177	92
三门县	69	20	4	20	25	15	11
天台县	193	84	13	48	48	38	25
仙居县	593	179	22	278	114	115	32
温岭市	688	87	34	455	113	121	65
临海市	921	299	73	211	342	159	56
丽水市	**54519**	**38647**	**534**	**3408**	**12065**	**1190**	**580**
莲都区	52936	37988	468	2886	11725	708	215
青田县	437	225	16	214	－15	164	89
缙云县	217	56	11	81	70	38	28
遂昌县	198	85	10	78	27	36	19
松阳县	121	67	7	25	22	20	9
云和县	181	71	10	27	72	89	29
庆元县	160	45	5	20	90	79	28
景宁畲族自治县	119	35	7	68	9	35	18
龙泉市	150	75	2	10	64	21	145

3－C－3 按登记注册类型分组的房地产中介服务企业财务状况

单位：个、人、万元

登记注册类型	企业数	年初存货	年末存货	固定资产原价	本年折旧	营业收入合计
总 计	**2682**	**10167**	**30079**	**158682**	**10101**	**281447**
内 资	**2670**	**10165**	**30078**	**153560**	**9826**	**276209**
国 有	29	12	11	2017	224	50269
集 体	14	192	167	12729	88	1608
股份合作企业	11	294	385	1733	27	7846
联营企业	1			371	15	362
国有联营	1			371	15	362
有限责任公司	256	1857	1947	41772	3080	53365
国有独资公司	2			30		321
其他有限责任公司	254	1857	1947	41742	3080	53044
股份有限公司	32	926	136	3033	184	4648
私营企业	2296	6882	27272	89904	6060	155761
私营独资	162	394	453	2431	189	8391
私营合伙	666	14	15	4008	301	20849
私营有限责任公司	1412	5582	26143	80673	5268	118516
私营股份有限公司	56	893	660	2792	302	8005
其 他	31	2	160	2001	149	2349
港澳台商投资	**7**			**4545**	**183**	**3122**
与港澳台商合资经营	2			4216	126	186
港澳台商独资	5			329	58	2937
外商投资	**5**	**2**	**2**	**577**	**91**	**2116**
中外合资经营	2	2	2	577	91	1966
外资企业	2					
外商投资股份有限公司	1			…	…	150

3－C－3 续表1

单位：个、人、万元

登记注册类型	主营业务收入	营业成本	主营业务成本	营业税金及附加	主营业务税金及附加	主营业务利润
总 计	**265977**	**120333**	**108306**	**11488**	**11454**	**145646**
内 资	**260925**	**119542**	**107515**	**11228**	**11194**	**141644**
国 有	49647	35833	35833	393	393	13421
集 体	1586	534	532	60	60	994
股份合作企业	7440	6130	6124	83	81	1235
联营企业	170	90	90	1	1	80
国有联营	170	90	90	1	1	80
有限责任公司	40690	25589	13632	2144	2143	24818
国有独资公司	321			18	18	303
其他有限责任公司	40369	25589	13632	2126	2125	24515
股份有限公司	4614	1924	1923	255	255	2019
私营企业	154430	48748	48687	8137	8106	97580
私营独资	8335	3296	3279	307	307	4749
私营合伙	20816	8823	8818	839	822	11176
私营有限责任公司	117458	35797	35769	6541	6533	75111
私营股份有限公司	7822	833	821	450	445	6543
其 他	2348	694	694	156	156	1498
港澳台商投资	**2937**	**740**	**740**	**151**	**151**	**2046**
与港澳台商合资经营						
港澳台商独资	2937	740	740	151	151	2046
外商投资	**2116**	**50**	**50**	**109**	**109**	**1956**
中外合资经营	1966	48	48	108	108	1809
外资企业						
外商投资股份有限公司	150	2	2	1	1	147

3－C－3 续表2

单位：个、人、万元

登记注册类型	其他业务利润	营业费用、管理费用、财务费用合计	#税金	#利息支出	营业利润	职工工资和福利费
总 计	**2751**	**118721**	**1858**	**3130**	**28594**	**52065**
内 资	**2565**	**110412**	**1848**	**3094**	**32716**	**47907**
国 有	381	3232	134	－63	10570	1323
集 体	12	1104	2	－3	－98	845
股份合作企业	307	1224	13	127	340	311
联营企业	192	77			194	39
国有联营	192	77			194	39
有限责任公司	355	20958	414	1373	2545	7617
国有独资公司		263	…		40	70
其他有限责任公司	355	20696	414	1373	2505	7547
股份有限公司	133	2292	107	54	278	771
私营企业	1185	79956	1170	1531	18956	36013
私营独资	18	2759	129	19	2008	1928
私营合伙	25	5033	145	107	6295	4448
私营有限责任公司	967	65002	874	1368	11076	27093
私营股份有限公司	175	7162	23	37	－423	2544
其 他	…	1569	6	75	－71	989
港澳台商投资	**186**	**4675**	**10**	**42**	**－2444**	**2117**
与港澳台商合资经营	186	796	9	39	－611	47
港澳台商独资		3879	1	3	－1833	2070
外商投资		**3634**		**－6**	**－1678**	**2041**
中外合资经营		3578		－6	－1769	2028
外资企业		16			－16	9
外商投资股份有限公司		40			107	4

3－C－3 续表3

单位：个、人、万元

登记注册类型	本年应交增值税	所有者权益合计	实收资本	国家资本	集体资本	法人资本
总 计	**1198**	**671947**	**468998**	**27927**	**6256**	**87604**
内 资	**1198**	**590239**	**383273**	**27927**	**6256**	**87060**
国 有	1	177640	13048	12958		
集 体		5214	1315		1288	
股份合作企业	167	1021	713		318	237
联营企业		356	356	356		
国有联营		356	356	356		
有限责任公司	31	98983	91891	14564	4422	48483
国有独资公司		134	100	100		
其他有限责任公司	31	98849	91791	14464	4422	48483
股份有限公司	8	7578	6883		100	4462
私营企业	987	296007	264794		98	32577
私营独资	76	8521	6862			1262
私营合伙	31	11594	6863			384
私营有限责任公司	865	269323	244834		68	30343
私营股份有限公司	16	6570	6235		30	588
其 他	6	3440	4273	50	30	1302
港澳台商投资		**4249**	**7223**			
与港澳台商合资经营		4055	5058			
港澳台商独资		193	2165			
外商投资		**77460**	**78503**			**544**
中外合资经营		363	1300			544
外资企业		77094	77200			
外商投资股份有限公司		3	3			

3－C－3 续表4 单位：个、人、万元

登记注册类型	个人资本	港澳台资本	外商资本	全部从业人员年平均人数
总计	**264414**	**4986**	**77810**	**19719**
内资	**261021**	**1004**	**4**	**19008**
国有	90			350
集体	27			175
股份合作企业	158			99
联营企业				17
国有联营				17
有限责任公司	23416	1004	2	2804
国有独资公司				26
其他有限责任公司	23416	1004	2	2778
股份有限公司	2322			350
私营企业	232117		2	14915
私营独资	5600			565
私营合伙	6480			2251
私营有限责任公司	214421		2	11156
私营股份有限公司	5617			943
其他	2891			298
港澳台商投资	**3240**	**3982**		**340**
与港澳台商合资经营	3240	1818		13
港澳台商独资		2165		327
外商投资	**153**		**77806**	**371**
中外合资经营	150		606	364
外资企业			77200	4
外商投资股份有限公司	3			3

3－C－4 按地区分组的房地产中介服务企业财务状况

单位：个、人、万元

地　　区	企业数	年初存货	年末存货	固定资产原　　价	本年折旧	营业收入合　　计	主营业务收　　入
总　计	**2682**	**10167**	**30079**	**158682**	**10101**	**281447**	**265977**
杭州市	**913**	**7907**	**24551**	**91054**	**6012**	**120940**	**105862**
上城区	111	17	17	8019	681	14597	14249
下城区	175	4820	21967	13078	1093	23725	22719
江干区	83	58	51	18831	479	3253	2977
拱墅区	59	2	31	1315	226	6469	6445
西湖区	155	160	292	30823	2365	52156	39682
滨江区	34	5	5	2912	59	421	418
萧山区	52	1253	1251	3614	194	3164	3126
余杭区	118	316	357	7470	655	4817	4258
桐庐县	17			189	16	335	335
淳安县	24	23	22	289	20	842	836
建德市	19	343	474	2661	79	7410	7071
富阳市	42	1	3	242	35	684	684
临安市	24	911	83	1610	112	3067	3061
宁波市	**326**	**651**	**707**	**23103**	**1912**	**42927**	**42864**
海曙区	66	3	12	2938	356	13289	13254
江东区	75	65	149	5721	729	15422	15408
江北区	18	44	66	2544	101	2975	2975
北仑区	29	30	30	823	73	2620	2620
镇海区	10			80	6	609	609
鄞州区	13			686	59	1431	1431
象山县	26	125	125	515	35	708	698
宁海县	18	259	214	587	42	1029	1029
余姚市	42	120	105	8231	376	2880	2880
慈溪市	19			780	115	1428	1424
奉化市	10	6	6	198	19	536	536
温州市	**619**	**28**	**27**	**4739**	**407**	**19116**	**19112**
鹿城区	89	23	18	1726	180	5212	5208
龙湾区	9			83	1	435	435
瓯海区	6			78	4	532	532
永嘉县	7		5	164	5	1099	1099
平阳县	7			169	13	1086	1086

3－C－4 续表1－1 单位：个、人、万元

地区	企业数	年初存货	年末存货	固定资产原价	本年折旧	营业收入合计	主营业务收入
苍南县	471			587	55	7996	7996
泰顺县	7			64	8	490	490
瑞安市	12	5	4	780	62	1769	1769
乐清市	11			1088	81	497	497
嘉兴市	**142**	**876**	**3746**	**6789**	**428**	**11432**	**11367**
南湖区	54	39	1	1385	93	2548	2487
秀洲区	7	...	...	34	7	79	79
嘉善县	11			42	6	181	181
海盐县	3						
海宁市	20			630	56	635	632
平湖市	10			1205	67	1692	1692
桐乡市	37	836	3745	3494	199	6297	6296
湖州市	**53**	**48**	**104**	**1928**	**170**	**2822**	**2820**
吴兴区	24	39	94	1099	43	1626	1626
南浔区	2					15	15
德清县	11	9	9	52	9	355	354
长兴县	15	1	1	348	110	814	813
安吉县	1			429	8	12	12
绍兴市	**98**	**129**	**86**	**3979**	**219**	**4885**	**4837**
越城区	22	117	66	2494	138	2173	2169
绍兴县	7			307	27	701	660
新昌县	18			321	12	468	465
诸暨市	14	1	1	85	16	767	767
上虞市	21			588	12	430	430
嵊州市	16	11	19	185	15	347	346
金华市	**237**	**100**	**291**	**4180**	**433**	**13346**	**13291**
婺城区	97	53	46	848	79	2807	2806
武义县	14			18	1	226	226
浦江县	12	4	5	319	99	683	683
磐安县	1			12	1	29	29
兰溪市	3			31	7	205	205
义乌市	77	28	23	2417	215	8127	8092
东阳市	20	15	217	168	7	532	512

3－C－4　续表1－2

单位：个、人、万元

地　区	企业数	年初存货	年末存货	固定资产原　价	本年折旧	营业收入合　计	主营业务收　入
永康市	13	…	1	368	25	737	737
衢州市	**31**	**8**	**6**	**433**	**106**	**2290**	**2290**
柯城区	13	8	6	346	94	1494	1494
衢江区	1			3	1	7	7
常山县	3			24	6	158	158
开化县	1					5	5
龙游县	10			47	5	578	578
江山市	3			13	1	49	49
舟山市	**74**	**3**	**2**	**416**	**34**	**1614**	**1611**
定海区	45	3	2	245	21	596	593
普陀区	23			116	6	924	924
岱山县	5			56	7	93	93
嵊泗县	1						
台州市	**114**	**319**	**461**	**2568**	**204**	**7442**	**7405**
椒江区	30	1	95	904	69	1354	1354
黄岩区	2			55	2	181	181
路桥区	27	318	365	340	34	2235	2202
玉环县	17		1	186	19	1205	1204
三门县	5			115	1	69	69
天台县	4			68	13	193	193
仙居县	5			231	19	593	593
温岭市	14	1	…	195	13	688	688
临海市	10			474	36	924	921
丽水市	**75**	**97**	**99**	**19492**	**176**	**54633**	**54519**
莲都区	25	2	2	17833	124	53046	52936
青田县	18			1078	36	440	437
缙云县	6			94	4	218	217
遂昌县	5	51	53	68	2	199	198
松阳县	2	1	…	19	3	121	121
云和县	3	1	1	37	1	181	181
庆元县	4			36	3	160	160
景宁畲族自治县	4			21	3	119	119
龙泉市	8	42	42	308	1	150	150

3－C－4 续表2－1 单位：个、人、万元

地　　区	营业成本	主营业务成　　本	营业税金及附加	主营业务税金及附加	主营业务利　　润	其他业务利　　润	营业费用、管理费用、财务费用合　　计
总　计	**120333**	**108306**	**11488**	**11454**	**145646**	**2751**	**118721**
杭州市	**48611**	**36651**	**5559**	**5558**	**63235**	**2586**	**68539**
上城区	2666	2666	780	780	10803	346	10379
下城区	6147	6147	1293	1292	15281	1001	19618
江干区	1992	1991	147	147	839	275	1974
拱墅区	1547	1547	414	414	4485	22	5029
西湖区	25339	13390	2217	2217	24076	－89	22866
滨江区	166	166	28	28	224	3	1021
萧山区	1092	1083	220	220	1404	24	1666
余杭区	1722	1722	164	164	2373	559	2672
桐庐县	172	172	16	16	147		97
淳安县	170	170	22	22	645	5	182
建德市	6023	6023	36	36	1012	439	1003
富阳市	138	138	35	35	511		499
临安市	1439	1439	186	186	1436		1534
宁波市	**7495**	**7489**	**2382**	**2381**	**32995**	**25**	**23327**
海曙区	1708	1707	758	757	10790	12	7546
江东区	1418	1415	848	847	13146	10	9550
江北区	599	599	132	132	2245		1532
北仑区	1235	1235	159	159	1225		790
镇海区	166	166	34	34	409		272
鄞州区	103	103	98	98	1230		835
象山县	101	99	40	40	559		431
宁海县	623	623	54	54	351	…	132
余姚市	1057	1057	140	140	1683		1168
慈溪市	261	261	100	100	1063	4	892
奉化市	223	223	19	19	294		181
温州市	**7762**	**7757**	**956**	**950**	**10302**	**6**	**7081**
鹿城区	1187	1184	310	305	3719	4	3617
龙湾区	167	167	19	19	150		153
瓯海区	92	92	24	24	417		358
永嘉县	543	543	63	63	493		311
平阳县	656	656	51	51	379		134

3－C－4　续表2－2　　　　单位：个、人、万元

地　　区	营业成本	主营业务成　　本	营业税金及附加	主营业务税金及附加	主营业务利　　润	其他业务利　　润	营业费用、管理费用、财务费用合　　计
苍南县	4006	4004	338	337	3655		1567
泰顺县	97	97	26	26	367		333
瑞安市	982	982	113	113	674		339
乐清市	32	32	14	14	449	2	271
嘉兴市	**4346**	**4346**	**679**	**662**	**6359**	**58**	**4009**
南湖区	840	840	140	140	1507	54	1384
秀洲区	54	54	5	5	20		49
嘉善县	24	24	9	9	148		128
海盐县							
海宁市	55	55	33	33	544	3	566
平湖市	847	847	77	60	785		599
桐乡市	2526	2526	415	415	3355	1	1283
湖州市	**915**	**915**	**169**	**169**	**1704**	**6**	**1522**
吴兴区	806	806	100	100	700	4	718
南浔区	3	3	1	1	12		3
德清县	51	51	23	23	268		192
长兴县	55	55	46	46	713	2	564
安吉县			1	1	12		44
绍兴市	**1032**	**1031**	**337**	**335**	**3470**	**16**	**3478**
越城区	276	276	198	197	1696	3	2261
绍兴县	101	101	39	39	521	8	320
新昌县	130	130	21	21	314	2	222
诸暨市	203	203	43	43	521		420
上虞市	258	258	16	16	157		29
嵊州市	63	63	21	21	262	3	226
金华市	**7327**	**7294**	**422**	**414**	**5571**	**42**	**2655**
婺城区	1689	1689	117	114	992		901
武义县	142	131	11	10	85		51
浦江县	137	137	31	31	515		323
磐安县	1	1	2	2	26		1
兰溪市	106	106	2	2	97		15
义乌市	4338	4328	201	196	3568	36	1180
东阳市	333	321	25	24	168	7	110

3－C－4 续表2－3　　单位：个、人、万元

地　区	营业成本	主营业务成本	营业税金及附加	主营业务税金及附加	主营业务利润	其他业务利润	营业费用、管理费用、财务费用合计
永康市	582	582	33	33	122		75
衢州市	**741**	**741**	**110**	**110**	**1433**		**1002**
柯城区	468	468	79	79	940		870
衢江区	2	2	…	…	5		7
常山县	46	46	19	19	93		43
开化县	1	1	1	1	4		1
龙游县	193	193	9	9	376		74
江山市	32	32	3	3	14		7
舟山市	**541**	**538**	**63**	**63**	**1010**	**…**	**685**
定海区	107	105	29	29	460	…	242
普陀区	393	393	29	29	502		391
岱山县	40	40	6	6	48		53
嵊泗县							
台州市	**2913**	**2897**	**278**	**278**	**4231**	**4**	**3016**
椒江区	203	203	78	78	1074		931
黄岩区	158	158	2	2	21		11
路桥区	1231	1216	17	17	970		718
玉环县	653	653	35	35	516	1	345
三门县	20	20	4	4	45		20
天台县	84	84	13	13	96		48
仙居县	179	179	22	22	393		278
温岭市	87	87	34	34	568		455
临海市	299	299	73	73	549	3	211
丽水市	**38651**	**38647**	**534**	**534**	**15337**	**8**	**3408**
莲都区	37989	37988	468	468	14480	3	2886
青田县	226	225	16	16	196	2	214
缙云县	57	56	11	11	150	1	81
遂昌县	85	85	10	10	103	1	78
松阳县	67	67	7	7	47		25
云和县	71	71	10	10	99		27
庆元县	45	45	5	5	110		20
景宁畲族自治县	35	35	7	7	78		68
龙泉市	75	75	2	2	74		10

3-C-4 续表3-1

单位：个、人、万元

地区	#税金	#利息支出	营业利润	职工工资和福利费	本年应交增值税	所有者权益合计	实收资本
总计	**1858**	**3130**	**28594**	**52065**	**1198**	**671947**	**468998**
杭州市	**686**	**1616**	**-3959**	**24965**	**930**	**274310**	**267361**
上城区	68	-24	-898	3465	1	18221	16609
下城区	160	159	-3336	7733	4	64380	61337
江干区	43	62	-859	653	1	11877	13581
拱墅区	15	-1	-523	1795	1	6281	5309
西湖区	179	1036	1129	8090	737	43797	41322
滨江区	21	16	-794	223		4489	5548
萧山区	60	39	182	708	1	7549	6640
余杭区	66	58	261	980	2	109427	108927
桐庐县	2	...	50	85	5	1697	1592
淳安县	2		469	112	1	1610	1502
建德市	50	127	447	282	178	629	613
富阳市	6	5	12	320		1800	1815
临安市	14	140	-98	519		2554	2567
宁波市	**353**	**923**	**9694**	**11017**	**36**	**46439**	**29277**
海曙区	91	261	3256	3660		10221	7180
江东区	101	159	3606	4387	5	19566	11161
江北区	20	119	713	673	1	1737	2001
北仑区	55	43	436	407	...	2756	2191
镇海区	1		137	187		1021	338
鄞州区	1		395	419	...	4824	726
象山县	15	...	128	268	1	992	1032
宁海县	5	2	220	278	26	906	972
余姚市	57	341	515	368	2	2370	1785
慈溪市	6	-1	175	225		1597	1536
奉化市	2		113	145	1	448	354
温州市	**143**	**169**	**3253**	**6254**	**25**	**89655**	**85503**
鹿城区	27	33	106	1704	10	80895	80666
龙湾区	...	...	20	144		494	494
瓯海区	1	-1	59	183	2	634	215
永嘉县	6		182	650	...	1418	123
平阳县	29		245	481		535	202

3－C－4 续表3－2

单位：个、人、万元

地区	#税金	#利息支出	营业利润	职工工资和福利费	本年应交增值税	所有者权益合计	实收资本
苍南县	38	93	2088	2531	13	3146	2396
泰顺县	...	2	34	138		218	174
瑞安市	17	...	336	334		961	571
乐清市	25	42	184	89		1354	664
嘉兴市	**54**	**－13**	**2408**	**1799**	**9**	**12759**	**8216**
南湖区	19	－3	178	767	2	3068	2114
秀洲区			－29	47		206	262
嘉善县	1		19	83		433	383
海盐县							
海宁市	4	...	－19	228	3	1171	533
平湖市	...	－8	186	179		620	345
桐乡市	30	－3	2072	496	5	7261	4579
湖州市	**14**	**10**	**188**	**609**	**9**	**2883**	**2345**
吴兴区	10	...	－8	388	8	2060	1781
南浔区			8	4		47	45
德清县	1	...	88	118		374	309
长兴县	2	8	131	96	...	290	160
安吉县		2	－32	3	1	112	50
绍兴市	**237**	**154**	**9**	**1077**	**13**	**42120**	**41177**
越城区	124	154	－561	302		38912	38709
绍兴县			209	40		1011	429
新昌县	1		94	186		399	381
诸暨市	106		101	237	1	629	710
上虞市	1		128	110	11	670	599
嵊州市	4		40	203	2	499	349
金华市	**124**	**11**	**2969**	**3113**	**43**	**11127**	**9341**
婺城区	43	...	103	834	23	2254	2154
武义县	5		34	99		187	128
浦江县	22	－1	192	98	2	201	180
磐安县			25	16		102	53
兰溪市	2	2	82	29		869	869
义乌市	30	9	2423	1759	15	5569	4163
东阳市	9	...	64	136	...	1257	1239

3－C－4 续表3－3

单位：个、人、万元

地 区	#税金	#利息支出	营业利润	职工工资和福利费	本年应交增值税	所有者权益合计	实收资本
永康市	13		47	142	2	688	555
衢州市	**7**	**12**	**425**	**399**	**33**	**1358**	**1167**
柯城区	7	11	64	295	32	696	596
衢江区			－2	4		199	200
常山县		1	50	39		194	154
开化县			3	3		50	50
龙游县	...		303	53	1	154	146
江山市			7	5		65	21
舟山市	**67**	**...**	**325**	**337**	**...**	**705**	**722**
定海区	5	...	219	161		471	520
普陀区	61		112	158	...	206	174
岱山县	1		－5	18		26	26
嵊泗县				1		3	3
台州市	**89**	**18**	**1219**	**1305**	**89**	**9042**	**6973**
椒江区	3	4	142	395		3794	2960
黄岩区			10	35		47	35
路桥区	63	2	252	250	71	965	906
玉环县	1	1	172	177	12	518	386
三门县	1	16	25	15	1	210	190
天台县	4	－2	48	38		342	90
仙居县		－1	114	115	4	391	206
温岭市	4		113	121	1	1935	1671
临海市	14	－2	342	159		841	530
丽水市	**84**	**233**	**12065**	**1190**	**14**	**181549**	**16916**
莲都区	74	227	11725	708	13	178387	14106
青田县	1	1	－15	164		1269	1046
缙云县	...		70	38	...	558	490
遂昌县	6	...	27	36		270	270
松阳县			22	20		88	110
云和县	4		72	89		278	200
庆元县	...		90	79		117	117
景宁畲族自治县		5	9	35	1	256	254
龙泉市		...	64	21		326	323

3－C－4 续表4－1 单位：个、人、万元

地区							全部从业人员年平均数
	国家资本	集体资本	法人资本	个人资本	港澳台资本	外商资本	
总计	**27927**	**6256**	**87604**	**264414**	**4986**	**77810**	**19719**
杭州市	**15938**	**5009**	**43970**	**197740**	**4098**	**606**	**8844**
上城区	361	2251	1352	12106	539		1089
下城区	11276	100	18835	29779	741	606	2250
江干区	150	126	2375	9821	1109		378
拱墅区			1292	4017			780
西湖区	550	1651	14381	23741	1000		2773
滨江区			767	4073	708		149
萧山区		430	2673	3537			321
余杭区	3600	75	802	104450			554
桐庐县			300	1292			51
淳安县			230	1272			86
建德市		377	128	107			87
富阳市			215	1600			151
临安市	1		620	1946			175
宁波市	**135**	**485**	**6767**	**21005**	**884**		**3708**
海曙区	100	150	1310	4736	884		1216
江东区		30	3047	8084			1364
江北区		15	357	1629			204
北仑区			683	1509			170
镇海区	35		57	246			41
鄞州区		200		526			126
象山县		90	110	832			101
宁海县			293	679			116
余姚市			700	1085			179
慈溪市			135	1401			130
奉化市			76	278			61
温州市	**58**	**11**	**619**	**7616**		**77200**	**2983**
鹿城区		10	415	3041		77200	856
龙湾区			183	312			91
瓯海区				215			60
永嘉县				123			72
平阳县				202			88

3－C－4　续表4－2

单位：个、人、万元

地　区	国家资本	集体资本	法人资本	个人资本	港澳台资本	外商资本	全部从业人员年平均人数
苍南县	8	1		2387			1564
泰顺县	10		11	153			68
瑞安市	40		10	521			133
乐清市				664			51
嘉兴市	**590**	**40**	**2029**	**5558**			**690**
南湖区			1705	410			279
秀洲区			24	238			20
嘉善县			60	323			44
海盐县							
海宁市		40	240	253			105
平湖市	100			245			69
桐乡市	490			4089			173
湖州市		**86**	**269**	**1991**			**284**
吴兴区		83	35	1663			155
南浔区				45			5
德清县		3	134	172			49
长兴县			50	110			65
安吉县			50				10
绍兴市	**3**	**290**	**32211**	**8672**			**532**
越城区	3	90	31628	6987			154
绍兴县			344	85			28
新昌县		200		181			56
诸暨市			220	490			132
上虞市				599			55
嵊州市			19	330			107
金华市	**500**	**3**	**605**	**8231**		**2**	**1098**
婺城区	500	3	319	1332			458
武义县			1	127			38
浦江县			10	170			59
磐安县				51		2	8
兰溪市			50	819			12
义乌市			120	4043			364
东阳市			5	1234			94

3－C－4 续表4－3

单位：个、人、万元

地 区	国家资本	集体资本	法人资本	个人资本	港澳台资 本	外商资本	全部从业人员年平均人数
永康市			100	455			65
衢州市	**247**		**50**	**870**			**165**
柯城区	183			413			100
衢江区				200			2
常山县	54		50	50			21
开化县				50			1
龙游县				146			37
江山市	10			11			4
舟山市		**3**		**719**			**244**
定海区				520			105
普陀区				174			103
岱山县				26			35
嵊泗县		3					1
台州市			**474**	**6499**			**591**
椒江区			220	2740			180
黄岩区				35			15
路桥区			63	843			115
玉环县			3	383			92
三门县				190			11
天台县				90			25
仙居县			48	158			32
温岭市			130	1541			65
临海市			10	520			56
丽水市	**10456**	**329**	**612**	**5514**	**4**	**2**	**580**
莲都区	10456	329	254	3061	4	2	215
青田县			42	1004			89
缙云县				490			28
遂昌县			20	250			19
松阳县				110			9
云和县				200			29
庆元县			23	95			28
景宁畲族自治县				254			18
龙泉市			273	50			145

D.其他房地产企业

3-D-1 按登记注册类型和隶属关系分组的其他房地产企业主要指标

单位：个、人、万元

指标名称	企业数	年末从业人员数	固定资产原价	本年折旧	实收资本	营业收入合计	主营业务收入
总计	**2046**	**19876**	**1363085**	**50304**	**1363725**	**540676**	**520493**
一、按登记注册类型分组							
内资	**2004**	**19326**	**1272607**	**45978**	**1201543**	**514923**	**496421**
国有	305	5143	173652	6984	301638	245467	243231
集体	280	2865	94977	2936	72262	22690	21143
股份合作企业	38	328	4652	188	6122	2988	2963
联营企业	5	24	19325	365	7593	954	705
集体联营	4	18	19240	362	7518	883	634
国有与集体联营	1	6	85	3	75	71	71
有限责任公司	249	3367	347739	10942	437568	95231	88170
国有独资公司	29	399	46778	1444	234859	39864	39317
其他有限责任公司	220	2968	300962	9498	202710	55367	48853
股份有限公司	11	366	46446	1915	49133	4853	4711
私营企业	1087	7122	578852	22398	323556	137822	130772
私营独资	214	849	64575	2620	40324	11783	11757
私营合伙	54	276	10487	459	3603	2670	2641
私营有限责任公司	803	5887	501222	19189	274927	118211	111268
私营股份有限公司	16	110	2568	131	4702	5158	5106
其他	29	111	6965	250	3671	4918	4727
港澳台商投资	**19**	**161**	**16961**	**914**	**54781**	**9396**	**8168**
与港澳台商合资经营	11	109	11350	720	33742	7304	6086
港澳台商独资	8	52	5611	194	21039	2093	2082
外商投资	**23**	**389**	**73517**	**3412**	**107400**	**16357**	**15904**

3-D-1 续表1-1

单位：个、人、万元

指 标 名 称	企业数	年末从业人员数	固定资产原价	本年折旧	实收资本	营业收入合计	主营业务收入
中外合资经营	6	173	31007	1570	21693	7847	7450
中外合作经营	1	13	629	22	120	75	62
外资企业	15	202	41880	1820	79782	8436	8392
外商投资股份有限公司	1	1			5805		
二、按隶属关系分组							
中 央	6	163	44908	1870	45314	4129	4107
中 央	6	163	44908	1870	45314	4129	4107
省(自治区、直辖市)	16	583	34385	2244	23400	10496	9435
省(自治区、直辖市)	16	583	34385	2244	23400	10496	9435
地(区、市、州、盟)	112	2134	70837	2168	280100	39851	38801
地(区、市、州、盟)	112	2134	70837	2168	280100	39851	38801
县(区、市、旗)	416	5011	187361	6844	344142	206923	204748
县(区、市、旗)	416	5011	187361	6844	344142	206923	204748
乡镇(街道)	120	1618	77804	1959	37596	62315	61800
街 道	61	997	40430	1405	23450	56695	56274
镇	56	605	37339	553	13991	5422	5327
乡	3	16	35	2	155	199	199
基层群众自治组织	32	209	13100	356	12396	2958	2824
居委会	5	37	5641	229	3066	836	832
村委会	27	172	7458	127	9330	2122	1991
其 他	1344	10158	934692	34863	620778	214005	198778
其 他	1344	10158	934692	34863	620778	214005	198778

3－D－1　续表2－1

单位：个、人、万元

指标名称	主营业务成本	主营业务税金及附加	营业费用、管理费用、财务费用合计	营业利润	职工工资和福利费	全部从业人员年平均人数
总　计	**218971**	**20945**	**193047**	**123498**	**56085**	**19240**
一、按登记注册类型分组						
内　资	**204968**	**19185**	**178837**	**128625**	**53901**	**18702**
国　有	91945	3778	49960	118298	21108	5027
集　体	4911	1289	13188	2549	6164	2799
股份合作企业	1119	168	1095	628	680	307
联营企业	61	154	707	－184	47	36
集体联营	56	141	586	－146	27	18
国有与集体联营	6	12	121	－38	20	18
有限责任公司	46265	4050	51963	－9076	8676	3285
国有独资公司	30530	898	14035	－5537	1409	405
其他有限责任公司	15736	3152	37928	－3539	7267	2880
股份有限公司	2774	410	1564	107	1116	364
私营企业	56834	9237	59968	13084	15865	6780
私营独资	3690	804	4700	2602	1402	746
私营合伙	745	173	688	1059	521	242
私营有限责任公司	50634	7957	53233	7664	13727	5681
私营股份有限公司	1765	303	1348	1759	215	111
其　他	1059	100	392	3219	245	104
港澳台商投资	**4976**	**673**	**3452**	**－600**	**427**	**160**
与港澳台商合资经营	4593	330	1673	－190	307	109
港澳台商独资	384	344	1779	－410	121	51
外商投资	**9027**	**1087**	**10758**	**－4526**	**1757**	**378**

3-D-1 续表2-2

单位：个、人、万元

指标名称	主营业务成本	主营业务税金及附加	营业费用、管理费用、财务费用合计	营业利润	职工工资和福利费	全部从业人员年平均人数
中外合资经营	5464	403	5099	-3119	771	174
中外合作经营		3	97	-36	34	13
外资企业	3563	681	5563	-1371	953	190
外商投资股份有限公司						1
二、按隶属关系分组						
中　央	2645	381	968	104	531	164
中　央	2645	381	968	104	531	164
省(自治区、直辖市)	2490	505	5813	1539	2352	595
省(自治区、直辖市)	2490	505	5813	1539	2352	595
地(区、市、州、盟)	4616	1467	23928	9707	7982	2157
地(区、市、州、盟)	4616	1467	23928	9707	7982	2157
县(区、市、旗)	112894	4034	48655	60126	17671	4790
县(区、市、旗)	112894	4034	48655	60126	17671	4790
乡镇(街道)	10880	744	4926	45039	3073	1573
街　道	9126	420	3145	43732	1817	965
镇	1587	319	1780	1281	1254	602
乡	167	5	2	26	2	6
基层群众自治组织	1457	97	686	588	334	215
居委会	481	54	344	-43	81	38
村委会	976	43	342	630	253	177
其　他	83991	13716	108071	6395	24143	9746
其　他	83991	13716	108071	6395	24143	9746

3-D-2 按地区分组的其他房地产企业主要指标

单位：个、人、平方米、万元

地 区	企业数	年末从业人员数	固定资产原价	本年折旧	实收资本	营业收入	主营业务收入
总 计	**2046**	**19876**	**1363085**	**50304**	**1363725**	**540676**	**520493**
杭州市	**443**	**4401**	**473682**	**21386**	**413261**	**151599**	**142865**
上城区	52	954	113959	3522	65503	23335	19949
下城区	15	151	26567	2279	19634	12845	12630
江干区	77	791	95544	3795	162517	16043	14049
拱墅区	17	212	4243	146	4419	1770	1395
西湖区	20	235	4489	604	4348	4727	4452
滨江区	14	214	87050	4000	60673	8837	7407
萧山区	27	202	28103	1054	21280	7191	7102
余杭区	156	944	87708	4994	62028	67719	66873
桐庐县	22	98	7209	174	1778	1010	1010
淳安县	3	30	38	2	71	162	151
建德市	6	84	793	38	636	1079	1079
富阳市	14	184	10567	498	7909	2728	2715
临安市	20	302	7414	280	2469	4153	4053
宁波市	**246**	**2421**	**190684**	**8097**	**245370**	**103352**	**100926**
海曙区	36	281	13573	466	71468	10103	10085
江东区	5	91	15367	517	4237	5254	3718
江北区	21	122	8474	293	6836	1358	1263
北仑区	28	198	14083	653	64334	28747	28688
镇海区	50	914	58919	3393	30344	25229	24914
鄞州区	74	440	54374	1459	25541	7965	7674
象山县	12	73	9393	322	7337	2214	2204
宁海县	7	104	3024	290	3264	1293	1204
余姚市	10	178	11142	595	25960	16826	16812
慈溪市	1	16	1490	74	5000	4260	4260
奉化市	2	4	846	36	1050	104	104
温州市	**348**	**3588**	**148041**	**3493**	**192340**	**38069**	**37563**
鹿城区	75	1591	84001	1395	126837	13585	13386
龙湾区	10	55	1710	50	2044	234	234
瓯海区	96	414	32707	1136	21557	5117	4969
洞头县	13	41	913	27	442	900	900
永嘉县	13	212	1360	26	1637	768	768
平阳县	7	86	405	15	1802	532	532

3－D－2 续表1－1 单位：个、人、平方米、万元

地　　区	企业数	年末从业人员数	固定资产原价	本年折旧	实收资本	营业收入	主营业务收入
苍南县	14	61	375	24	4791	627	627
文成县	12	86	1248	25	847	545	525
泰顺县	30	210	2990	34	1522	1355	1335
瑞安市	36	206	7491	171	4792	1598	1596
乐清市	42	626	14840	591	26069	12809	12693
嘉兴市	**336**	**2907**	**205035**	**9177**	**179644**	**82443**	**78345**
南湖区	56	884	51796	2495	26410	11760	10069
秀洲区	33	226	31751	1143	35544	4969	4799
嘉善县	89	530	41850	2138	29388	8766	8645
海盐县	18	280	4963	289	1775	2283	2266
海宁市	62	461	44626	1897	68905	12353	10479
平湖市	55	357	23056	952	12166	5528	5373
桐乡市	23	169	6994	263	5457	36783	36714
湖州市	**20**	**201**	**7248**	**257**	**37830**	**2041**	**2041**
吴兴区	6	53	628	11	1777	361	361
南浔区	7	101	4961	220	4489	1396	1396
德清县	4	22	1659	26	1562	284	284
长兴县	3	25			30002		
绍兴市	**93**	**989**	**86848**	**1888**	**91797**	**31560**	**29706**
越城区	24	337	54619	1457	53416	10499	9106
绍兴县	15	82	7279	175	12920	1505	1505
新昌县	2	22	68	7	60	531	531
诸暨市	2	64	60	9	150	344	344
上虞市	36	337	9943	161	13611	3368	3368
嵊州市	14	147	14880	79	11640	15313	14852
金华市	**198**	**860**	**145320**	**2448**	**76817**	**18964**	**18804**
婺城区	9	71	684	60	21067	6201	6196
金东区	10	249	37760	39	10419	1545	1545
武义县	46	76	8492	299	3565	1954	1938
磐安县	2	16	13	2	850	95	95
兰溪市	4	44	219	49	261	342	342
义乌市	39	215	50275	206	6077	4047	3907
东阳市	3	17	518	2	220	321	321

3－D－2 续表1－2

单位：个、人、平方米、万元

地　区	企业数	年末从业人员数	固定资产原价	本年折旧	实收资本	营业收入	主营业务收入
永康市	85	172	47359	1791	34356	4460	4460
衢州市	**37**	**426**	**21096**	**324**	**10628**	**13103**	**13073**
柯城区	5	56	135	8	235	282	282
衢江区	3	5	152	3	181	56	56
常山县	6	80	1936	22	1558	1170	1170
开化县	8	61	640	14	162	1001	1001
龙游县	2	33	8725	210	7317	480	480
江山市	13	191	9508	68	1174	10113	10083
舟山市	**106**	**1040**	**22234**	**971**	**25686**	**9826**	**9190**
定海区	26	335	8312	545	2719	3742	3741
普陀区	36	326	6899	255	18235	4325	3880
岱山县	7	38	1450	31	963	206	165
嵊泗县	37	341	5574	141	3770	1553	1403
台州市	**180**	**2546**	**55520**	**1955**	**62317**	**81980**	**80425**
椒江区	32	385	12989	433	19823	11300	10349
黄岩区	58	862	12604	224	10431	3579	3551
路桥区	4	33	2383	96	2383	721	721
玉环县	8	188	2132	98	805	1722	1722
三门县	11	105	781	28	1507	971	946
天台县	9	143	1265	18	2069	4134	4134
仙居县	17	97	2011	64	1403	5170	5170
温岭市	29	591	19814	916	20980	18201	18179
临海市	12	142	1541	78	2916	36183	35652
丽水市	**39**	**497**	**7377**	**309**	**28036**	**7741**	**7556**
莲都区	8	180	1162	29	22374	5344	5339
青田县	4	36	1404	9	1383	215	209
缙云县	9	115	1864	30	1937	1416	1411
遂昌县	8	114	2607	236	1658	687	519
松阳县	1	9			43	25	25
云和县	2	6	77	1	150	4	4
庆元县	5	21	217	3	487	30	30
景宁畲族自治县	1	13	45				
龙泉市	1	3			5	20	20

3－D－2 续表2－1 单位：个、人、平方米、万元

地　　区	主营业务成　　本	主营业务税金及附加	营业费用、管理费用、财务费用合　　计	营业利润	职工工资和福利费	全部从业人员年平均人数
总　计	**218971**	**20945**	**193047**	**123498**	**56085**	**19240**
杭州市	**45134**	**5347**	**61982**	**38286**	**14451**	**4335**
上城区	4784	1040	19049	－1724	4001	928
下城区	6599	785	4101	1346	593	151
江干区	4167	1066	12517	－2102	2456	783
拱墅区	251	85	1334	14	641	213
西湖区	1790	329	2224	232	674	231
滨江区	3746	701	6033	－1895	685	218
萧山区	4881	186	2110	222	611	201
余杭区	15570	791	10018	41192	2607	922
桐庐县	541	34	239	196	235	98
淳安县	31	8	126	－3	78	24
建德市	474	31	436	139	324	85
富阳市	875	231	1785	－163	774	189
临安市	1425	61	2010	831	773	292
宁波市	**53987**	**5172**	**38041**	**23673**	**7742**	**2382**
海曙区	1280	675	4747	3390	805	247
江东区	2152	154	1776	180	240	93
江北区	423	69	1356	－525	303	121
北仑区	21782	1465	4537	19712	831	194
镇海区	13786	1335	10636	－506	3245	917
鄞州区	1218	623	4406	1507	1262	437
象山县	1440	120	1127	－477	184	70
宁海县	110	52	695	437	350	104
余姚市	7660	422	8381	368	394	180
慈溪市	4002	250	303	－296	122	15
奉化市	135	7	78	－116	7	4
温州市	**11393**	**2703**	**17991**	**5441**	**8258**	**3598**
鹿城区	2259	948	11557	－1149	4667	1722
龙湾区	68	10	160	15	95	52
瓯海区	734	454	2192	1727	764	402
洞头县	303	12	150	422	163	43
永嘉县	17	10	483	258	413	179
平阳县	414	3	133	－17	330	86

3－D－2 续表2－2 单位：个、人、平方米、万元

地　　区	主营业务成　　本	主营业务税金及附加	营业费用、管理费用、财务费用合　　计	营业利润	职工工资和福利费	全部从业人员年平均人数
苍南县	509	13	129	－24	106	61
文成县	391	4	208	－56	173	85
泰顺县	785	20	582	－47	499	261
瑞安市	242	33	1135	184	385	209
乐清市	5673	1196	1263	4127	664	498
嘉兴市	**47095**	**3019**	**27951**	**1365**	**7646**	**2852**
南湖区	3072	608	8092	－1212	1868	867
秀洲区	1217	293	4269	－886	542	218
嘉善县	2898	410	3948	1506	1876	514
海盐县	445	85	1294	533	408	280
海宁市	3401	887	5470	833	1458	450
平湖市	1239	621	3730	－105	862	357
桐乡市	34822	114	1150	697	633	166
湖州市	**1157**	**121**	**880**	**31**	**552**	**212**
吴兴区	312	20	67	－46	228	52
南浔区	700	96	503	107	144	102
德清县	146	6	164	－31	179	33
长兴县			147			25
绍兴市	**14331**	**1122**	**13435**	**2521**	**3421**	**1165**
越城区	1544	592	9796	－1629	886	455
绍兴县	838	166	429	72	158	82
新昌县	406	18	35	72	63	22
诸暨市	27	14	107	195	74	29
上虞市	1453	237	1302	420	1258	334
嵊州市	10061	96	1765	3391	982	243
金华市	**7331**	**1371**	**5555**	**4994**	**1586**	**664**
婺城区	4357	461	1182	209	185	72
金东区	378	42	410	715	201	131
武义县	208	103	163	1574	184	69
磐安县	20	4	31	40	13	15
兰溪市	157	16	49	120	72	29
义乌市	1346	289	1038	1558	572	159
东阳市	20	36	195	70	55	17

3－D－2 续表2－3 单位：个、人、平方米、万元

地 区	主营业务成本	主营业务税金及附加	营业费用、管理费用、财务费用合计	营业利润	职工工资和福利费	全部从业人员年平均人数
永康市	845	420	2487	708	304	172
衢州市	**6245**	**361**	**3161**	**3324**	**1364**	**370**
柯城区	100	10	101	75	31	20
衢江区	5	2	35	15	9	5
常山县	108	148	389	526	409	80
开化县	761	14	175	51	225	61
龙游县	427	21	329	－297	68	22
江山市	4845	165	2132	2954	622	182
舟山市	**3273**	**546**	**4833**	**1027**	**2555**	**1010**
定海区	1728	66	1191	756	1152	315
普陀区	1102	428	2499	245	714	315
岱山县	3	8	127	68	79	38
嵊泗县	440	43	1015	－42	610	342
台州市	**23763**	**690**	**17049**	**40381**	**7268**	**2125**
椒江区	1390	6	5339	4511	2017	489
黄岩区	1812	247	908	589	1081	573
路桥区			492	229	241	36
玉环县	1240	42	428	12	731	145
三门县	361	11	521	54	364	80
天台县	952	63	2069	1051	542	125
仙居县	85	43	1851	3192	689	87
温岭市	9317	196	2536	6162	1272	449
临海市	8607	82	2905	24582	331	141
丽水市	**5264**	**495**	**2170**	**2456**	**1243**	**527**
莲都区	4247	325	1236	2098	588	176
青田县	132	9	59	33	86	36
缙云县	700	102	330	280	173	116
遂昌县	169	55	491	41	303	152
松阳县	…	1	26	－2		8
云和县	3	1	2	－1	6	4
庆元县	7	2	27	－7	27	21
景宁畲族自治县					61	13
龙泉市	5	1	1	14		1

3-D-3 按登记注册类型和隶属关系分组的其他房地产企业财务状况

单位：个、人、万元

指标名称	企业数	年初存货	年末存货	固定资产原价	本年折旧	营业收入合计	主营业务收入
总计	**2046**	**561129**	**613184**	**1363085**	**50304**	**540676**	**520493**
一、按登记注册类型分组							
内资	**2004**	**544352**	**593496**	**1272607**	**45978**	**514923**	**496421**
国有	305	105856	126361	173652	6984	245467	243231
集体	280	5585	6397	94977	2936	22690	21143
股份合作企业	38	159	159	4652	188	2988	2963
联营企业	5	33		19325	365	954	705
集体联营	4			19240	362	883	634
国有与集体联营	1	33		85	3	71	71
有限责任公司	249	400082	427391	347739	10942	95231	88170
国有独资公司	29	381870	376612	46778	1444	39864	39317
其他有限责任公司	220	18211	50779	300962	9498	55367	48853
股份有限公司	11	95	63	46446	1915	4853	4711
私营企业	1087	32542	32902	578852	22398	137822	130772
私营独资	214	705	722	64575	2620	11783	11757
私营合伙	54	145	151	10487	459	2670	2641
私营有限责任公司	803	30607	29693	501222	19189	118211	111268
私营股份有限公司	16	1085	2336	2568	131	5158	5106
其他	29		224	6965	250	4918	4727
港澳台商投资	**19**	**7607**	**8389**	**16961**	**914**	**9396**	**8168**
与港澳台商合资经营	11	7607	8120	11350	720	7304	6086
港澳台商独资	8		270	5611	194	2093	2082
外商投资	**23**	**9170**	**11299**	**73517**	**3412**	**16357**	**15904**

3－D－3 续表1－1 单位：个、人、万元

指标名称	企业数	年初存货	年末存货	固定资产原价	本年折旧	营业收入合计	主营业务收入
中外合资经营	6	118	81	31007	1570	7847	7450
中外合作经营	1	85	85	629	22	75	62
外资企业	15	8968	11133	41880	1820	8436	8392
外商投资股份有限公司	1						
二、按隶属关系分组							
中　央	6	76	43	44908	1870	4129	4107
中　央	6	76	43	44908	1870	4129	4107
省（自治区、直辖市）	16	184	130	34385	2244	10496	9435
省（自治区、直辖市）	16	184	130	34385	2244	10496	9435
地（区、市、州、盟）	112	30455	13777	70837	2168	39851	38801
地（区、市、州、盟）	112	30455	13777	70837	2168	39851	38801
县（区、市、旗）	416	458501	491436	187361	6844	206923	204748
县（区、市、旗）	416	458501	491436	187361	6844	206923	204748
乡镇（街道）	120	4848	8673	77804	1959	62315	61800
街　道	61	4421	5203	40430	1405	56695	56274
镇	56	427	3470	37339	553	5422	5327
乡	3			35	2	199	199
基层群众自治组织	32			13100	356	2958	2824
居委会	5			5641	229	836	832
村委会	27			7458	127	2122	1991
其　他	1344	67066	99124	934692	34863	214005	198778
其　他	1344	67066	99124	934692	34863	214005	198778

3－D－3　续表2－1

单位：个、人、万元

指标名称	营业成本	主营业务成本	营业税金及附加	主营业务税金及附加	主营业务利润	其他业务利润	营业费用、管理费用、财务费用合计
总计	**226155**	**218971**	**21337**	**20945**	**297650**	**14756**	**193047**
一、按登记注册类型分组							
内资	**211296**	**204968**	**19469**	**19185**	**289341**	**13981**	**178837**
国有	92887	91945	3812	3778	162557	2098	49960
集体	5443	4911	1360	1289	14464	1255	13188
股份合作企业	1120	1119	168	168	1676	20	1095
联营企业	85	61	154	154	431	92	707
集体联营	79	56	141	141	437	3	586
国有与集体联营	6	6	12	12	－6	89	121
有限责任公司	48672	46265	4086	4050	37770	4900	51963
国有独资公司	30530	30530	898	898	7889	609	14035
其他有限责任公司	18142	15736	3188	3152	29881	4292	37928
股份有限公司	2774	2774	410	410	1499	162	1564
私营企业	59225	56834	9380	9237	67377	5412	59968
私营独资	3690	3690	804	804	7263	39	4700
私营合伙	747	745	173	173	1723	24	688
私营有限责任公司	53022	50634	8099	7957	55359	5292	53233
私营股份有限公司	1765	1765	303	303	3032	57	1348
其他	1091	1059	100	100	3568	42	392
港澳台商投资	**5818**	**4976**	**730**	**673**	**2518**	**334**	**3452**
与港澳台商合资经营	5433	4593	386	330	1164	319	1673
港澳台商独资	385	384	344	344	1355	14	1779
外商投资	**9041**	**9027**	**1138**	**1087**	**5790**	**442**	**10758**

3－D－3 续表2－2

单位：个、人、万元

指标名称	营业成本	主营业务成本	营业税金及附加	主营业务税金及附加	主营业务利润	其他业务利润	营业费用、管理费用、财务费用合计
中外合资经营	5464	5464	403	403	1583	397	5099
中外合作经营	14		3	3	59	2	97
外资企业	3563	3563	732	681	4149	43	5563
外商投资股份有限公司							
二、按隶属关系分组							
中　央	2673	2645	384	381	1081	－9	968
中　央	2673	2645	384	381	1081	－9	968
省（自治区、直辖市）	2822	2490	505	505	6441	927	5813
省（自治区、直辖市）	2822	2490	505	505	6441	927	5813
地（区、市、州、盟）	4662	4616	1471	1467	32453	921	23928
地（区、市、州、盟）	4662	4616	1471	1467	32453	921	23928
县（区、市、旗）	114333	112894	4112	4034	103052	2229	48655
县（区、市、旗）	114333	112894	4112	4034	103052	2229	48655
乡镇（街道）	10997	10880	765	744	49721	239	4926
街　道	9242	9126	420	420	46728	149	3145
镇	1588	1587	340	319	2965	90	1780
乡	167	167	5	5	27		2
基层群众自治组织	1497	1457	103	97	1270	3	686
居委会	504	481	54	54	298	3	344
村委会	993	976	49	43	972		342
其　他	89170	83991	13997	13716	103633	10447	108071
其　他	89170	83991	13997	13716	103633	10447	108071

3－D－3 续表3－1

单位：个、人、万元

指标名称	#税金	#利息支出	营业利润	职工工资和福利费	本年应交增值税	所有者权益合计	实收资本
总计	**8630**	**43514**	**123498**	**56085**	**835**	**2124023**	**1363725**
一、按登记注册类型分组							
内资	**8066**	**40072**	**128625**	**53901**	**821**	**1973682**	**1201543**
国有	696	6539	118298	21108	37	725605	301638
集体	804	7	2549	6164	42	172941	72262
股份合作企业	84	154	628	680		6305	6122
联营企业	1	236	－184	47		17265	7593
集体联营	1	233	－146	27		17190	7518
国有与集体联营		3	－38	20		75	75
有限责任公司	2795	21244	－9076	8676	174	597524	437568
国有独资公司	217	9849	－5537	1409	3	349997	234859
其他有限责任公司	2578	11396	－3539	7267	171	247527	202710
股份有限公司	249	－62	107	1116		52115	49133
私营企业	3427	11951	13084	15865	568	396892	323556
私营独资	371	877	2602	1402	56	41640	40324
私营合伙	18	42	1059	521	2	5180	3603
私营有限责任公司	3020	11012	7664	13727	494	345476	274927
私营股份有限公司	17	20	1759	215	15	4597	4702
其他	10	2	3219	245	…	5035	3671
港澳台商投资	**424**	**540**	**－600**	**427**	**4**	**52707**	**54781**
与港澳台商合资经营	170	368	－190	307	…	32006	33742
港澳台商独资	254	172	－410	121	4	20701	21039
外商投资	**140**	**2902**	**－4526**	**1757**	**11**	**97634**	**107400**

3-D-3 续表3-2

单位：个、人、万元

指 标 名 称	#税金	#利息支出	营业利润	职工工资和福利费	本年应交增值税	所有者权益合计	实收资本
中外合资经营	60	2088	-3119	771	8	12957	21693
中外合作经营	13		-36	34	2	237	120
外资企业	67	814	-1371	953	1	78635	79782
外商投资股份有限公司						5805	5805
二、按隶属关系分组							
中 央	132	1	104	531		47260	45314
中 央	132	1	104	531		47260	45314
省(自治区、直辖市)	535	-440	1539	2352	4	103192	23400
省(自治区、直辖市)	535	-440	1539	2352	4	103192	23400
地(区、市、州、盟)	375	2294	9707	7982	11	463022	280100
地(区、市、州、盟)	375	2294	9707	7982	11	463022	280100
县(区、市、旗)	963	14680	60126	17671	83	658351	344142
县(区、市、旗)	963	14680	60126	17671	83	658351	344142
乡镇(街道)	287	463	45039	3073	4	119256	37596
街 道	217	145	43732	1817	4	102487	23450
镇	71	317	1281	1254	...	16614	13991
乡			26	2		155	155
基层群众自治组织	97	166	588	334	6	14494	12396
居委会	77	166	-43	81	6	3650	3066
村委会	20	...	630	253		10843	9330
其 他	6241	26351	6395	24143	728	718448	620778
其 他	6241	26351	6395	24143	728	718448	620778

3-D-3 续表4-1

单位：个、人、万元

指标名称	国家资本	集体资本	法人资本	个人资本	港澳台资本	外商资本	全部从业人员年平均人数
总计	**642531**	**107951**	**155158**	**305987**	**52366**	**99731**	**19240**
一、按登记注册类型分组							
内资	**642402**	**107384**	**151302**	**299459**	**366**	**630**	**18702**
国有	293638		7881	118			5027
集体	457	70927	168	710			2799
股份合作企业	260	1874	100	3888			307
联营企业	18	7028	47	500			36
集体联营		7018		500			18
国有与集体联营	18	10	47				18
有限责任公司	304162	25929	61776	45161		540	3285
国有独资公司	233859		1000				405
其他有限责任公司	70304	25929	60776	45161		540	2880
股份有限公司	43837	620	213	4463			364
私营企业		747	80838	241514	366	90	6780
私营独资			979	39345			746
私营合伙			105	3498			242
私营有限责任公司		747	79125	194599	366	90	5681
私营股份有限公司			630	4072			111
其他	30	258	278	3105			104
港澳台商投资	**129**	**220**	**877**	**1556**	**52000**		**160**
与港澳台商合资经营	129	220	877	1556	30961		109
港澳台商独资					21039		51
外商投资		**347**	**2979**	**4973**		**99101**	**378**

3-D-3 续表4-2

单位:个、人、万元

指标名称	国家资本	集体资本	法人资本	个人资本	港澳台资本	外商资本	全部从业人员年平均人数
中外合资经营		347	2979	4883		13484	174
中外合作经营				90		30	13
外资企业						79782	190
外商投资股份有限公司						5805	1
二、按隶属关系分组							
中　央	45314						164
中　央	45314						164
省(自治区、直辖市)	11193	11285	871	50			595
省(自治区、直辖市)	11193	11285	871	50			595
地(区、市、州、盟)	253660	16116	10176	148			2157
地(区、市、州、盟)	253660	16116	10176	148			2157
县(区、市、旗)	317646	22569	2369	1558			4790
县(区、市、旗)	317646	22569	2369	1558			4790
乡镇(街道)	5943	25061	16	771		5805	1573
街　道	4282	12704	16	643		5805	965
镇	1661	12202		128			602
乡		155					6
基层群众自治组织		11386	35	975			215
居委会		3066					38
村委会		8320	35	975			177
其　他	8775	21535	141691	302484	52366	93926	9746
其　他	8775	21535	141691	302484	52366	93926	9746

3-D-4 按地区分组的其他房地产企业财务状况

单位：个、人、万元

地区	企业数	年初存货	年末存货	固定资产原价	本年折旧	营业收入合计	主营业务收入
总计	**2046**	**561129**	**613184**	**1363085**	**50304**	**540676**	**520493**
杭州市	**443**	**11580**	**34789**	**473682**	**21386**	**151599**	**142865**
上城区	52	2929	3110	113959	3522	23335	19949
下城区	15	59	281	26567	2279	12845	12630
江干区	77	6533	123	95544	3795	16043	14049
拱墅区	17	99	88	4243	146	1770	1395
西湖区	20	7	5	4489	604	4727	4452
滨江区	14	78	46	87050	4000	8837	7407
萧山区	27	43	43	28103	1054	7191	7102
余杭区	156	1328	30554	87708	4994	67719	66873
桐庐县	22	51	61	7209	174	1010	1010
淳安县	3			38	2	162	151
建德市	6	1	1	793	38	1079	1079
富阳市	14	48	45	10567	498	2728	2715
临安市	20	403	432	7414	280	4153	4053
宁波市	**246**	**441275**	**434400**	**190684**	**8097**	**103352**	**100926**
海曙区	36	19411	2496	13573	466	10103	10085
江东区	5	104	17	15367	517	5254	3718
江北区	21	1163	1163	8474	293	1358	1263
北仑区	28	223642	227369	14083	653	28747	28688
镇海区	50	154	115	58919	3393	25229	24914
鄞州区	74	8892	9427	54374	1459	7965	7674
象山县	12	5396	6282	9393	322	2214	2204
宁海县	7	9	9	3024	290	1293	1204
余姚市	10	181981	186971	11142	595	16826	16812
慈溪市	1			1490	74	4260	4260
奉化市	2	523	551	846	36	104	104
温州市	**348**	**21421**	**26290**	**148041**	**3493**	**38069**	**37563**
鹿城区	75	5235	5473	84001	1395	13585	13386
龙湾区	10	...	...	1710	50	234	234
瓯海区	96	72	72	32707	1136	5117	4969
洞头县	13	16	65	913	27	900	900
永嘉县	13	127	127	1360	26	768	768
平阳县	7	9580	11142	405	15	532	532

3－D－4 续表1－1 单位：个、人、万元

地区	企业数	年初存货	年末存货	固定资产原价	本年折旧	营业收入合计	主营业务收入
苍南县	14			375	24	627	627
文成县	12	3	3	1248	25	545	525
泰顺县	30	26	24	2990	34	1355	1335
瑞安市	36	50	49	7491	171	1598	1596
乐清市	42	6313	9334	14840	591	12809	12693
嘉兴市	**336**	**17683**	**18878**	**205035**	**9177**	**82443**	**78345**
南湖区	56	954	907	51796	2495	11760	10069
秀洲区	33	6242	3336	31751	1143	4969	4799
嘉善县	89	324	545	41850	2138	8766	8645
海盐县	18	401	884	4963	289	2283	2266
海宁市	62	7214	7775	44626	1897	12353	10479
平湖市	55	2094	1932	23056	952	5528	5373
桐乡市	23	454	3500	6994	263	36783	36714
湖州市	**20**	**27**	**25**	**7248**	**257**	**2041**	**2041**
吴兴区	6			628	11	361	361
南浔区	7	27	25	4961	220	1396	1396
德清县	4			1659	26	284	284
长兴县	3						
绍兴市	**93**	**6345**	**9005**	**86848**	**1888**	**31560**	**29706**
越城区	24	2744	3190	54619	1457	10499	9106
绍兴县	15	3594	5760	7279	175	1505	1505
新昌县	2			68	7	531	531
诸暨市	2			60	9	344	344
上虞市	36	5	5	9943	161	3368	3368
嵊州市	14	2	51	14880	79	15313	14852
金华市	**198**	**7423**	**7953**	**145320**	**2448**	**18964**	**18804**
婺城区	9	7333	7867	684	60	6201	6196
金东区	10	3	5	37760	39	1545	1545
武义县	46	8	...	8492	299	1954	1938
磐安县	2			13	2	95	95
兰溪市	4			219	49	342	342
义乌市	39			50275	206	4047	3907
东阳市	3			518	2	321	321

3－D－4 续表1－2 单位：个、人、万元

地区	企业数	年初存货	年末存货	固定资产原价	本年折旧	营业收入合计	主营业务收入
永康市	85	80	80	47359	1791	4460	4460
衢州市	**37**	**63**	**63**	**21096**	**324**	**13103**	**13073**
柯城区	5			135	8	282	282
衢江区	3			152	3	56	56
常山县	6			1936	22	1170	1170
开化县	8	58	63	640	14	1001	1001
龙游县	2			8725	210	480	480
江山市	13	5		9508	68	10113	10083
舟山市	**106**	**184**	**530**	**22234**	**971**	**9826**	**9190**
定海区	26	31	39	8312	545	3742	3741
普陀区	36	44	378	6899	255	4325	3880
岱山县	7	8	8	1450	31	206	165
嵊泗县	37	101	105	5574	141	1553	1403
台州市	**180**	**55045**	**80958**	**55520**	**1955**	**81980**	**80425**
椒江区	32	1072	16974	12989	433	11300	10349
黄岩区	58	1359	1365	12604	224	3579	3551
路桥区	4			2383	96	721	721
玉环县	8			2132	98	1722	1722
三门县	11	14	14	781	28	971	946
天台县	9	1	1	1265	18	4134	4134
仙居县	17			2011	64	5170	5170
温岭市	29	26327	17401	19814	916	18201	18179
临海市	12	26272	45203	1541	78	36183	35652
丽水市	**39**	**84**	**293**	**7377**	**309**	**7741**	**7556**
莲都区	8	50	50	1162	29	5344	5339
青田县	4			1404	9	215	209
缙云县	9	…	210	1864	30	1416	1411
遂昌县	8	3	3	2607	236	687	519
松阳县	1					25	25
云和县	2			77	1	4	4
庆元县	5	30	30	217	3	30	30
景宁畲族自治县	1			45			
龙泉市	1					20	20

3－D－4 续表2－1 单位：个、人、万元

地区	营业成本	主营业务成本	营业税金及附加	主营业务税金及附加	主营业务利润	其他业务利润	营业费用、管理费用、财务费用合计
总计	**226155**	**218971**	**21337**	**20945**	**297650**	**14756**	**193047**
杭州市	**46791**	**45134**	**5436**	**5347**	**92332**	**7537**	**61982**
上城区	5120	4784	1061	1040	13865	3199	19049
下城区	6599	6599	785	785	5246	216	4101
江干区	4209	4167	1069	1066	8816	1600	12517
拱墅区	261	251	85	85	1060	288	1334
西湖区	2721	1790	339	329	2333	124	2224
滨江区	3776	3746	701	701	2960	1178	6033
萧山区	4881	4881	207	186	2243	89	2110
余杭区	15778	15570	806	791	50512	545	10018
桐庐县	541	541	34	34	435		239
淳安县	31	31	8	8	112	11	126
建德市	474	474	49	31	575		436
富阳市	875	875	231	231	1609	13	1785
临安市	1525	1425	61	61	2567	275	2010
宁波市	**55031**	**53987**	**5243**	**5172**	**57200**	**1198**	**38041**
海曙区	1280	1280	675	675	8130	7	4747
江东区	3088	2152	210	154	1412	544	1776
江北区	456	423	71	69	772	60	1356
北仑区	21782	21782	1465	1465	20874	58	4537
镇海区	13789	13786	1342	1335	9794	337	10636
鄞州区	1288	1218	629	623	5833	80	4406
象山县	1441	1440	120	120	644	6	1127
宁海县	110	110	52	52	1043	89	695
余姚市	7660	7660	422	422	8730	19	8381
慈溪市	4002	4002	250	250	7		303
奉化市	135	135	7	7	－38		78
温州市	**11570**	**11393**	**2747**	**2703**	**22603**	**534**	**17991**
鹿城区	2374	2259	954	948	10120	275	11557
龙湾区	68	68	10	10	36		160
瓯海区	734	734	463	454	3771	142	2192
洞头县	303	303	12	12	481	61	150
永嘉县	17	17	10	10	741		483
平阳县	414	414	3	3	115		133

3－D－4　续表2－2

单位：个、人、万元

地　　区	营业成本	主营业务成本	营业税金及附加	主营业务税金及附加	主营业务利润	其他业务利润	营业费用、管理费用、财务费用合计
苍南县	509	509	13	13	105		129
文成县	391	391	4	4	131	21	208
泰顺县	846	785	30	20	530	5	582
瑞安市	242	242	52	33	1321		1135
乐清市	5673	5673	1196	1196	5252	29	1263
嘉兴市	**50060**	**47095**	**3143**	**3019**	**28231**	**1085**	**27951**
南湖区	3190	3072	681	608	6390	491	8092
秀洲区	1231	1217	293	293	3289	94	4269
嘉善县	2902	2898	410	410	5336	117	3948
海盐县	1199	445	85	85	1736	90	1294
海宁市	5476	3401	938	887	6191	112	5470
平湖市	1239	1239	621	621	3512	113	3730
桐乡市	34822	34822	114	114	1777	69	1150
湖州市	**1166**	**1157**	**121**	**121**	**751**	**22**	**880**
吴兴区	320	312	20	20	30		67
南浔区	700	700	96	96	588	22	503
德清县	146	146	6	6	133		164
长兴县							147
绍兴市	**15128**	**14331**	**1126**	**1122**	**14254**	**1703**	**13435**
越城区	1721	1544	593	592	6969	1198	9796
绍兴县	839	838	166	166	501		429
新昌县	406	406	18	18	108		35
诸暨市	27	27	14	14	302		107
上虞市	1453	1453	237	237	1678	43	1302
嵊州市	10682	10061	98	96	4695	461	1765
金华市	**7393**	**7331**	**1381**	**1371**	**10102**	**446**	**5555**
婺城区	4357	4357	462	461	1378	13	1182
金东区	378	378	42	42	1125		410
武义县	236	208	103	103	1628	110	163
磐安县	20	20	4	4	71		31
兰溪市	157	157	16	16	169		49
义乌市	1379	1346	298	289	2272	324	1038
东阳市	20	20	36	36	265		195

3－D－4 续表2－3

单位：个、人、万元

地　区	营业成本	主营业务成　本	营业税金及附加	主营业务税金及附加	主营业务利　润	其他业务利　润	营业费用、管理费用、财务费用合　计
永康市	845	845	420	420	3195		2487
衢州市	**6260**	**6245**	**363**	**361**	**6467**	**13**	**3161**
柯城区	100	100	10	10	171		101
衢江区	5	5	2	2	49		35
常山县	108	108	148	148	915		389
开化县	761	761	14	14	226		175
龙游县	427	427	21	21	32		329
江山市	4860	4845	167	165	5074	13	2132
舟山市	**3415**	**3273**	**552**	**546**	**5372**	**488**	**4833**
定海区	1729	1728	66	66	1947		1191
普陀区	1153	1102	429	428	2350	393	2499
岱山县	3	3	8	8	154	41	127
嵊泗县	530	440	49	43	920	53	1015
台州市	**23979**	**23763**	**727**	**690**	**55973**	**1457**	**17049**
椒江区	1444	1390	7	6	8952	897	5339
黄岩区	1946	1812	248	247	1492	5	908
路桥区					721		492
玉环县	1240	1240	42	42	440		428
三门县	373	361	11	11	575		521
天台县	952	952	63	63	3120		2069
仙居县	85	85	43	43	5043		1851
温岭市	9317	9317	232	196	8667	32	2536
临海市	8624	8607	82	82	26963	523	2905
丽水市	**5364**	**5264**	**501**	**495**	**4367**	**274**	**2170**
莲都区	4247	4247	325	325	3336	12	1236
青田县	135	132	10	9	68	24	59
缙云县	700	700	102	102	609	1	330
遂昌县	265	169	59	55	295	237	491
松阳县	…	…	1	1	24		26
云和县	3	3	1	1	1		2
庆元县	7	7	3	2	21		27
景宁畲族自治县							
龙泉市	5	5	1	1	15		1

3－D－4 续表3－1

单位：个、人、万元

地 区	#税金	#利息支出	营业利润	职工工资和福利费	本年应交增值税	所有者权益合计	实收资本
总 计	**8630**	**43514**	**123498**	**56085**	**835**	**2124023**	**1363725**
杭州市	**3028**	**14186**	**38286**	**14451**	**246**	**732989**	**413261**
上城区	1214	4049	－1724	4001		134458	65503
下城区	237	1418	1346	593	92	21860	19634
江干区	445	3441	－2102	2456	27	330975	162517
拱墅区	61	75	14	641	1	5022	4419
西湖区	11	…	232	674	4	5768	4348
滨江区	567	2604	－1895	685	1	69757	60673
萧山区	90	105	222	611	35	25015	21280
余杭区	286	2014	41192	2607	42	120759	62028
桐庐县	13	5	196	235	1	4904	1778
淳安县		－4	－3	78		100	71
建德市	1		139	324	8	811	636
富阳市	82	332	－163	774		7827	7909
临安市	22	148	831	773	36	5735	2469
宁波市	**1270**	**15098**	**23673**	**7742**	**106**	**379741**	**245370**
海曙区	26	1810	3390	805	1	83566	71468
江东区	113	523	180	240	16	18061	4237
江北区	126	351	－525	303	4	4906	6836
北仑区	219	2883	19712	831		141251	64334
镇海区	206	1576	－506	3245	16	49996	30344
鄞州区	244	425	1507	1262	41	29939	25541
象山县	81	337	－477	184		8847	7337
宁海县	19	163	437	350	6	5461	3264
余姚市	236	7030	368	394	18	31614	25960
慈溪市			－296	122		5000	5000
奉化市			－116	7	4	1100	1050
温州市	**604**	**1268**	**5441**	**8258**	**156**	**290797**	**192340**
鹿城区	322	699	－1149	4667	8	223474	126837
龙湾区	17	28	15	95		3128	2044
瓯海区	91	284	1727	764	11	24112	21557
洞头县	9	8	422	163		477	442
永嘉县	13	7	258	413	4	1421	1637
平阳县			－17	330		1802	1802

3－D－4 续表3－2

单位：个、人、万元

地　　区	#税金	#利息支出	营业利润	职工工资和福利费	本年应交增值税	所有者权益合计	实收资本
苍南县	1	－4	－24	106		4814	4791
文成县	10	23	－56	173		1001	847
泰顺县	18	2	－47	499		741	1522
瑞安市	80	76	184	385	3	2189	4792
乐清市	43	147	4127	664	130	27639	26069
嘉兴市	**1677**	**5818**	**1365**	**7646**	**185**	**278989**	**179644**
南湖区	680	2426	－1212	1868	80	32322	26410
秀洲区	201	921	－886	542	5	34179	35544
嘉善县	165	726	1506	1876	8	110118	29388
海盐县	10	103	533	408	9	2822	1775
海宁市	440	1214	833	1458	82	75305	68905
平湖市	173	428	－105	862	1	18451	12166
桐乡市	7	1	697	633	1	5792	5457
湖州市	**51**	**193**	**31**	**552**	**8**	**35755**	**37830**
吴兴区	3	－9	－46	228		1833	1777
南浔区	48	158	107	144		2540	4489
德清县		44	－31	179	8	1380	1562
长兴县						30002	30002
绍兴市	**400**	**3896**	**2521**	**3421**	**9**	**151781**	**91797**
越城区	251	2385	－1629	886	…	75780	53416
绍兴县	54	99	72	158		14090	12920
新昌县	8		72	63		210	60
诸暨市	78	…	195	74		150	150
上虞市	3	194	420	1258	1	29919	13611
嵊州市	6	1218	3391	982	7	31632	11640
金华市	**488**	**156**	**4994**	**1586**	**87**	**97453**	**76817**
婺城区	27	…	209	185		21892	21067
金东区	45	2	715	201	3	11089	10419
武义县	42	5	1574	184	71	4490	3565
磐安县			40	13		881	850
兰溪市			120	72		261	261
义乌市	127	91	1558	572	12	19113	6077
东阳市	…	－1	70	55		229	220

3－D－4 续表3－3

单位：个、人、万元

地　区	#税金	#利息支出	营业利润	职工工资和福利费	本年应交增值税	所有者权益合计	实收资本
永康市	247	60	708	304	1	39498	34356
衢州市	**15**	**101**	**3324**	**1364**	**7**	**10734**	**10628**
柯城区	3		75	31		273	235
衢江区			15	9	3	181	181
常山县		－21	526	409		2100	1558
开化县	12	7	51	225	4	207	162
龙游县		116	－297	68		6319	7317
江山市	1	...	2954	622		1653	1174
舟山市	**451**	**149**	**1027**	**2555**	**4**	**26963**	**25686**
定海区	118	41	756	1152		2719	2719
普陀区	304	96	245	714	1	19434	18235
岱山县	6	...	68	79		892	963
嵊泗县	23	12	－42	610	3	3918	3770
台州市	**273**	**2505**	**40381**	**7268**	**28**	**88411**	**62317**
椒江区	111	123	4511	2017	...	17496	19823
黄岩区	83	28	589	1081		27520	10431
路桥区			229	241		2383	2383
玉环县	...	4	12	731		1334	805
三门县	19	127	54	364	15	1647	1507
天台县		131	1051	542		2521	2069
仙居县	15	5	3192	689	1	2967	1403
温岭市	28	－14	6162	1272	12	28225	20980
临海市	16	2101	24582	331		4319	2916
丽水市	**374**	**145**	**2456**	**1243**		**30412**	**28036**
莲都区	248	64	2098	588		23749	22374
青田县			33	86		1383	1383
缙云县	60	78	280	173		2112	1937
遂昌县	63	3	41	303		2508	1658
松阳县	1		－2			14	43
云和县			－1	6		154	150
庆元县	2		－7	27		488	487
景宁畲族自治县				61			
龙泉市			14			5	5

3－D－4 续表4－1

单位：个、人、万元

地　区	国家资本	集体资本	法人资本	个人资本	港澳台资　本	外商资本	全部从业人员年平均人数
总　计	**642531**	**107951**	**155158**	**305987**	**52366**	**99731**	**19240**
杭州市	**194983**	**37475**	**65823**	**101227**	**1026**	**12728**	**4335**
上城区	21090	14965	1907	16695		10847	928
下城区	6678	32	11000	1924			151
江干区	112440	14116	9404	24106	660	1791	783
拱墅区	716	262	502	2939			213
西湖区	533	450	1557	1808			231
滨江区	48837	1300	4370	6166			218
萧山区	1742	933	11206	7398			201
余杭区	1500	4449	25141	30482	366	90	922
桐庐县	150	205	245	1178			98
淳安县	71						24
建德市	420		52	164			85
富阳市	288	672		6949			189
临安市	520	92	439	1418			292
宁波市	**156045**	**12421**	**13423**	**40786**	**10413**	**12283**	**2382**
海曙区	56069	759	3267	11331	42		247
江东区		1800		2011	126	300	93
江北区	607	1121	1150	2158	1800		121
北仑区	55050	168	1580	4890	2645		194
镇海区	1567	3725	2525	4805	5739	11983	917
鄞州区	10251	4677	2086	8467	61		437
象山县	4500		2550	287			70
宁海县	2500	121	15	628			104
余姚市	20500		250	5210			180
慈溪市	5000						15
奉化市		50		1000			4
温州市	**114234**	**17922**	**15639**	**42072**	**178**	**2296**	**3598**
鹿城区	106722	7261	11105	1572	178		1722
龙湾区		48	150	1306		540	52
瓯海区	1101	1111	1263	16326		1756	402
洞头县	4	250		188			43
永嘉县	185	369		1083			179
平阳县	1792			10			86

3－D－4 续表4－2

单位：个、人、万元

地区	国家资本	集体资本	法人资本	个人资本	港澳台资本	外商资本	全部从业人员年平均人数
苍南县	150		2000	2641			61
文成县	847						85
泰顺县	1105	364		54			261
瑞安市	1582	2488	98	624			209
乐清市	747	6031	1023	18268			498
嘉兴市	**31342**	**21306**	**16794**	**39771**	**7480**	**62950**	**2852**
南湖区	5516	10311	3789	6793			867
秀洲区	5256	704	3339	7580		18665	218
嘉善县	6893	180	2718	10958	7150	1490	514
海盐县	72		620	1083			280
海宁市	6586	8328	4088	7273		42630	450
平湖市	4065	1613	1190	5298			357
桐乡市	2954	170	1050	786	331	166	166
湖州市	**33170**	**427**	**550**	**1242**	**1655**	**786**	**212**
吴兴区	1667	50		60			52
南浔区		331	550	1167	1655	786	102
德清县	1503	46		13			33
长兴县	30000			2			25
绍兴市	**53189**	**3694**	**14645**	**10774**	**5357**	**4139**	**1165**
越城区	39063	3614	2419	8321			455
绍兴县			3117	308	5357	4139	82
新昌县	50			10			22
诸暨市	50		100				29
上虞市	12176			1435			334
嵊州市	1850	80	9010	700			243
金华市	**2406**	**733**	**1785**	**51335**	**20557**		**664**
婺城区	20		230	260	20557		72
金东区		33	25	10361			131
武义县	280	50	600	2635			69
磐安县	800			50			15
兰溪市	63	90		108			29
义乌市	512	560	880	4125			159
东阳市				220			17

3－D－4 续表4－3

单位：个、人、万元

地　　区	国家资本	集体资本	法人资本	个人资本	港澳台资本	外商资本	全部从业人员年平均人数
永康市	731		50	33575			172
衢州市	**8314**	**92**		**2222**		**…**	**370**
柯城区				235			20
衢江区				181			5
常山县	997			561		…	80
开化县		92		70			61
龙游县	7307			10			22
江山市	10			1164			182
舟山市	**2511**	**4892**	**7917**	**4666**	**5700**		**1010**
定海区		1772	50	897			315
普陀区	1281	838	7050	3366	5700		315
岱山县	350	530	83				38
嵊泗县	881	1752	734	403			342
台州市	**26237**	**5784**	**17008**	**8738**		**4550**	**2125**
椒江区	2469	715	13668	2972			489
黄岩区	6504	1130	340	2456			573
路桥区	2383						36
玉环县	210			595			145
三门县	120	385		1002			80
天台县	2069						125
仙居县		1349		54			87
温岭市	10299	1683	3000	1448		4550	449
临海市	2183	522		211			141
丽水市	**20100**	**3205**	**1575**	**3156**			**527**
莲都区	20000		230	2144			176
青田县			1300	83			36
缙云县		1879		58			116
遂昌县		1200		458			152
松阳县				43			8
云和县	100			50			4
庆元县		126	40	321			21
景宁畲族自治县							13
龙泉市			5				1

浙江经济普查年鉴

Zhejiang Economic Census Yearbook

2008

第三产业卷｜下册

浙江省人民政府第二次经济普查领导小组办公室　编

中国统计出版社
China Statistics Press

目 录

第一篇 批发和零售业

A. 批发和零售业商品销售情况

B. 批发和零售业财务状况

第二篇　住宿业和餐饮业

A. 住宿和餐饮业经营状况

B. 住宿和餐饮业财务状况

第三篇　房地产业

A. 房地产开发企业

B. 物业管理企业

C. 中介服务企业

D. 其他房地产企业

第四篇 其他第三产业

A. 服务业企业

B. 行政事业单位

C. 社会团体和其他单位

第四篇 Part Four

其他第三产业

Other Services of Tertiary Industry

浙江经济普查年鉴 2008

Zhejiang Economic Census Yearbook

A.服务业企业

4－A－1 按登记注册类型和行业(门类、大类、中类)分组的服务业企业财务状况

单位:万元、人

指标名称	法人单位	年初存货	年末存货	固定资产原价	本年折旧	营业收入	#主营业务收入
总计	**69392**	**5843861**	**7608953**	**59666163**	**3757589**	**43810199**	**42750753**
一、按登记注册类型分							
内资	**68374**	**5691310**	**7312476**	**51320493**	**3005441**	**37429414**	**36761058**
国有	2807	1652512	2197044	12959339	774084	6844782	6669527
集体	5029	366811	374671	2070859	107163	1279197	1236730
股份合作企业	618	14085	16123	814833	16029	150766	145998
联营企业	151	56069	65014	122843	6850	70779	66056
国有联营	32	43030	52309	30933	1854	21353	20985
集体联营	70	2822	3289	50401	2367	27927	23791
国有与集体联营	35	9875	9075	38027	2408	17012	16925
其他联营	14	342	341	3483	222	4487	4354
有限责任公司	8359	2459576	3075775	15939340	817861	10585773	10319900
国有独资公司	673	887056	1253351	4684146	171490	1185771	1150254
其他有限责任公司	7686	1572520	1822424	11255194	646371	9400002	9169646
股份有限公司	992	303314	311508	8553745	569709	3161465	3112334
私营企业	47947	826057	1248301	10294874	685488	14963994	14842971
私营独资	10263	31590	38854	772637	68667	1163988	1155761
私营合伙	4085	11671	16254	355458	32473	764128	761901
私营有限责任公司	32349	758115	1148049	7247700	532196	12250865	12148170
私营股份有限公司	1250	24681	45145	1919079	52152	785014	777140
其他	2471	12886	24041	564661	28257	372659	367542
港澳台商投资	**390**	**104597**	**126282**	**6001941**	**558922**	**4458569**	**4399418**
与港澳台商合资经营	128	38870	36618	616007	32240	391691	385686
与港澳台商合作经营	22	508	368	77999	3587	13791	13686
港澳台商独资	206	65159	89184	5111344	512145	3921300	3868258
港澳台商投资股份有限公司	34	60	112	196591	10951	131787	131787
外商投资	**628**	**47954**	**170195**	**2343730**	**193227**	**1922216**	**1590277**
中外合资经营	221	31629	109420	1604253	65270	796616	772471
中外合作经营	21	1291	12261	158821	6366	47802	47436
外资企业	349	10320	43938	203668	20066	304124	301386
外商投资股份有限公司	37	4714	4576	376988	101524	773673	468984
二、按国民经济行业(门类、大类、中类)分							
交通运输、仓储和邮政业	**9575**	**482519**	**602155**	**19642639**	**1144773**	**15058389**	**14518641**
道路运输业	4264	46140	66495	11364497	546306	5948288	5527432
公路旅客运输	430	9701	10387	1171151	121490	1118290	1077786
道路货物运输	3338	13349	13658	1050148	99073	2829811	2785560
道路运输辅助活动	496	23091	42451	9143199	325742	2000187	1664086
城市公共交通业	349	4453	5546	880762	96995	556779	533682
公共电汽车客运	94	3587	4213	678241	70102	375742	356128

4-A-1 续表1-1 单位:万元、人

指 标 名 称	法人单位	年初存货	年末存货	固定资产原 价	本年折旧	营业收入	#主营业务收 入
轨道交通	4	193	231	7491	265	5539	5493
出租车客运	220	521	933	179419	22278	165301	163544
城市轮渡	9	130	134	7823	393	6762	5081
其他城市公共交通	22	22	34	7788	3957	3435	3435
水上运输业	788	47880	61180	4334778	303476	2788306	2752602
水上旅客运输	87	1690	2339	190559	16365	144095	141069
水上货物运输	506	31597	32701	2629014	203208	1954643	1939563
水上运输辅助活动	195	14594	26140	1515205	83904	689568	671970
航空运输业	35	1732	368	1024276	52450	384142	378645
航空客货运输	20	1197	146	534027	33863	262265	261724
航空运输辅助活动	15	534	223	490249	18587	121877	116922
装卸搬运和其他运输服务业	3206	27519	49380	600040	50244	4171401	4142672
装卸搬运	606	1539	2271	221505	12228	180004	177243
运输代理服务	2600	25981	47109	378535	38016	3991397	3965429
仓储业	555	345946	408295	858162	54736	721517	712975
谷物、棉花等农产品仓储	95	317274	372724	196293	15518	218863	212226
其他仓储	460	28672	35571	661869	39218	502654	500749
邮政业	378	8849	10893	580123	40568	487956	470634
国家邮政	29	7502	9877	523477	34298	367769	352819
其他寄递服务	349	1347	1015	56646	6269	120187	117815
信息传输、计算机服务和软件业	**10813**	**219661**	**243636**	**15183475**	**1385263**	**9070836**	**8953343**
电信和其他信息传输服务业	791	46009	62774	14370205	1304684	6552733	6469104
电 信	287	30221	42878	13172598	1200066	5759230	5686257
互联网信息服务	432	3703	5128	787037	68866	635989	628797
广播电视传输服务	64	12013	14627	408526	35691	153636	150614
卫星传输服务	8	72	141	2045	60	3878	3436
计算机服务业	6946	71926	71637	436479	42319	1150888	1140444
计算机系统服务	1071	62850	61942	135335	7924	791479	785441
数据处理	17	59	13	871	234	2460	2420
计算机维修	201	1199	1659	4890	759	18355	17205
其他计算机服务	5657	7819	8023	295382	33401	338593	335378
软件业	3076	101727	109225	376791	38260	1367215	1343794
公共软件服务	2892	100570	107747	367531	37431	1333959	1310798
其他软件服务	184	1156	1478	9261	829	33256	32996
租赁和商务服务业	**27661**	**4079629**	**5301619**	**17235713**	**788072**	**11548223**	**11247650**
租赁业	1164	25805	27852	286792	26840	258622	256362
机械设备租赁	1124	25066	27152	285599	26698	255250	253048
文化及日用品出租	40	738	699	1193	142	3372	3314
商务服务业	26497	4053824	5273767	16948921	761233	11289601	10991288

4－A－1 续表1－2

单位：万元、人

指 标 名 称	法人单位	年初存货	年末存货	固定资产原价	本年折旧	营业收入	#主营业务收入
企业管理服务	7455	3774223	4941535	13559932	555144	6252267	6010161
法律服务	764	505	664	37064	4137	200907	200703
咨询与调查	6200	23629	38755	438087	34347	773356	763345
广告业	5246	18863	21119	230668	24645	949024	942690
知识产权服务	383	191	166	7887	937	31882	31728
职业中介服务	836	5253	9671	55076	3974	497595	496587
市场管理	2110	217343	244037	2033901	102126	964750	943574
旅行社	1481	2625	5131	221507	14005	1097401	1093973
其他商务服务	2022	11192	12691	364800	21917	522419	508527
科学研究、技术服务和地质勘查业	**9061**	**342843**	**512323**	**2266685**	**138811**	**4283008**	**4250022**
研究与试验发展	610	58303	118291	191378	12216	277946	276505
自然科学研究与试验发展	54	1886	2072	13277	637	10240	10124
工程和技术研究与试验发展	320	48845	108404	128775	7845	234738	234082
农业科学研究与试验发展	129	5999	5899	29975	2256	17151	16675
医学研究与试验发展	94	1564	1903	19130	1439	15251	15060
社会人文科学研究与试验发展	13	9	14	222	39	565	565
专业技术服务业	5134	205252	254427	1170368	91479	2851472	2836631
气象服务	49		...	2788	260	6161	6140
地震服务	2		2	36	3	44	44
海洋服务	11	156	348	1914	162	5327	5320
测绘服务	294	621	1380	30713	3952	86028	85839
技术检测	634	1810	1587	97790	10417	185801	184671
环境监测	92	1036	1143	6066	773	17367	17210
工程技术与规划管理	3093	166817	199385	908380	67963	2345919	2335817
其他专业技术服务	959	34811	50582	122682	7950	204824	201591
科技交流和推广服务业	3263	77576	138138	891541	33640	1102322	1085940
技术推广服务	2947	77010	137276	872603	32085	1070271	1055030
科技中介服务	236	353	532	15279	1315	20805	19800
其他科技服务	80	212	329	3659	240	11246	11110
地质勘查业	54	1712	1467	13398	1476	51269	50946
矿产地质勘查	17	154	286	3125	455	13025	12763
基础地质勘查	18	375	364	7700	652	23776	23743
地质勘查技术服务	19	1183	816	2573	370	14468	14440
水利、环境和公共设施管理业	**2126**	**535421**	**646945**	**3114217**	**124218**	**1271304**	**1247048**
水利管理业	169	11749	23637	931017	25654	81710	80481
防洪管理	19	1318	289	7866	765	5210	5207
水资源管理	102	3474	5150	579515	19367	46014	45315
其他水利管理	48	6958	18197	343636	5522	30486	29959

4－A－1 续表1－3

单位：万元、人

指 标 名 称	法人单位	年初存货	年末存货	固定资产原价	本年折旧	营业收入	#主营业务收入
环境管理业	429	63909	84039	329956	20856	123365	122125
自然保护	17	291	413	16256	1092	11856	11856
环境治理	412	63618	83626	313700	19764	111509	110269
公共设施管理业	1528	459763	539270	1853244	77709	1066229	1044442
市政公共设施管理	223	284286	329809	793710	33464	264172	257991
城市绿化管理	820	144573	180477	130062	10924	566950	562048
游览景区管理	485	30905	28984	929473	33321	235108	224403
居民服务和其他服务业	**4777**	**77461**	**80671**	**304886**	**27368**	**727840**	**718079**
居民服务业	2105	48148	49672	176863	13575	332862	330088
家庭服务	265	308	321	5213	510	19186	19055
托儿所	12			255	54	820	816
洗染服务	149	259	303	13330	1094	19760	19733
理发及美容保健服务	634	2163	2494	45214	4579	82610	82239
洗浴服务	218	1178	1011	29453	2427	46390	45828
婚姻服务	204	108	90	2419	248	6401	6330
殡葬服务	185	18904	23367	48181	2052	63887	63641
摄影扩印服务	233	2475	3118	13262	1557	29455	28826
其他居民服务	205	22753	18968	19536	1055	64353	63621
其他服务业	2672	29313	30999	128024	13793	394977	387991
修理与维护	1803	27228	28807	93087	9309	276325	270955
清洁服务	628	1310	1473	19760	2475	80746	79438
其他未列明的服务	241	776	720	15177	2009	37906	37598
教 育	**2019**	**4718**	**4482**	**377664**	**27491**	**310265**	**306067**
教 育	2019	4718	4482	377664	27491	310265	306067
学前教育	477	1420	704	40524	2878	33806	33475
初等教育	28			18376	1253	10514	10514
中等教育	56	45	96	69843	2377	25483	24740
高等教育	11	…		30760	97	2243	2243
其他教育	1447	3252	3682	218162	20887	238220	235096
卫生、社会保障和社会福利业	**968**	**14313**	**17583**	**339967**	**32273**	**325829**	**324118**
卫 生	869	13016	16255	306491	30888	301231	299897
医 院	213	7919	9549	252587	23301	203476	203081
卫生院及社区医疗活动	110	1515	2339	24250	4350	33269	32707
门诊部医疗活动	492	3354	4046	25842	2590	56271	56151
计划生育技术服务活动	3	66	121	182	42	680	680
妇幼保健活动	7	21	37	261	32	519	513
专科疾病防治活动	15	31	32	1127	100	696	695
疾病预防控制及防疫活动	6	60	76	60	33	519	274

4－A－1 续表1－4

单位：万元、人

指 标 名 称	法人单位	年初存货	年末存货	固定资产原价	本年折旧	营业收入	#主营业务收入
其他卫生活动	23	51	56	2182	442	5800	5796
社会保障业	23	6	8	548	79	19181	19181
社会保障业	23	6	8	548	79	19181	19181
社会福利业	76	1291	1320	32929	1306	5418	5040
提供住宿的社会福利	57	1116	1152	17067	866	3641	3406
不提供住宿的社会福利	19	175	168	15862	440	1777	1634
文化、体育和娱乐业	**2346**	**87277**	**199530**	**1200593**	**89272**	**1212608**	**1183896**
新闻出版业	105	53391	52889	282484	15115	405317	395784
新闻业	3	91	125	2071	397	4234	4220
出版业	102	53300	52763	280413	14719	401083	391564
广播、电视、电影和音像业	539	15500	20764	488330	39021	463763	448516
广 播	7	690	1437	1348	82	2781	2694
电 视	273	12771	16679	354658	31003	391960	384965
电 影	214	1756	2389	127176	7077	62228	54120
音像制作	45	284	258	5148	860	6793	6737
文化艺术业	337	10571	117191	75381	5766	49301	47144
文艺创作与表演	112	1621	988	28106	3034	25079	24263
艺术表演场馆	33	33	65	13757	801	7204	6550
图书馆与档案馆	24	18	34	730	57	1468	1453
文物及文化保护	12	8586	115375	4429	111	1817	1740
博物馆	16	31	33	3883	199	972	972
群众文化活动	57	53	80	7377	487	4075	3989
文化艺术经纪代理	60	29	161	15124	917	7036	6762
其他文化艺术	23	199	456	1974	160	1651	1415
体 育	119	85	93	21207	1070	13534	13203
体育组织	57	30	25	4391	336	3421	3421
体育场馆	37	44	50	16372	679	9296	8998
其他体育	25	11	18	444	55	816	784
娱乐业	1246	7730	8593	333192	28299	280694	279250
室内娱乐活动	732	2704	3090	123644	14450	203160	201976
游乐园	44	2449	2580	26877	2349	9024	9010
休闲健身娱乐活动	367	2453	2643	165748	10495	58966	58755
其他娱乐活动	103	125	280	16923	1006	9545	9510
公共管理和社会组织	**46**	**20**	**9**	**324**	**49**	**1899**	**1890**
群众团体、社会团体和宗教组织	46	20	9	324	49	1899	1890
群众团体	3			18	1	338	338
社会团体	40	20	9	290	48	1344	1335
宗教组织	3			16	...	217	217

4－A－1 续表2－1 单位：万元、人

指 标 名 称	营业成本	#主营业务成本	营业税金及附加	#主营业务税金及附加	主营业务利润	其他业务利润	营业费用、管理费用、财务费用合计
总 计	**28272084**	**27776912**	**1206717**	**1181444**	**13688211**	**806010**	**9857426**
一、按登记注册类型分							
内 资	**25726888**	**25480826**	**1022488**	**1005949**	**10311968**	**649036**	**8199204**
国 有	4933511	4856816	181689	174948	1589575	206821	1717400
集 体	667148	660969	34701	34264	543200	38337	411189
股份合作企业	93379	89664	5546	5512	50404	1566	37021
联营企业	38035	36129	2583	2555	27290	6025	24872
国有联营	12137	11986	1013	995	8004	3442	9068
集体联营	16133	14378	821	811	8580	2355	7268
国有与集体联营	9494	9494	509	509	6863	90	5178
其他联营	271	271	240	240	3843	138	3358
有限责任公司	7351360	7262113	253602	250318	2926746	221127	2363027
国有独资公司	909488	903345	32035	31698	224917	38435	357324
其他有限责任公司	6441872	6358767	221567	218621	2701829	182692	2005703
股份有限公司	1867150	1850801	95208	93962	1189076	55743	712932
私营企业	10561668	10510695	437784	433066	3844158	114764	2831977
私营独资	710920	705195	42830	42589	406787	5543	233077
私营合伙	442940	442445	26787	26645	289556	3053	170896
私营有限责任公司	8884699	8841011	345990	341750	2916654	90209	2277146
私营股份有限公司	523110	522044	22177	22083	231162	15958	150858
其 他	214637	213638	11376	11324	141520	4654	100785
港澳台商投资	**1505609**	**1474286**	**130129**	**129364**	**2625149**	**29483**	**1251327**
与港澳台商合资经营	176998	176426	11355	11334	195864	3489	114208
与港澳台商合作经营	8980	8911	635	635	4133	37	6039
港澳台商独资	1276297	1245615	112841	112095	2248578	25969	1092475
港澳台商投资股份有限公司	43334	43334	5299	5299	176574	－11	38606
外商投资	**1039587**	**821800**	**54100**	**46132**	**751093**	**127491**	**406895**
中外合资经营	503832	489339	19618	19363	262012	21393	160628
中外合作经营	13679	13679	2602	2602	30008	2	17710
外资企业	141694	141632	8216	8211	149371	2517	157197
外商投资股份有限公司	380382	177151	23664	15955	309703	103580	71361
二、按国民经济行业(门类、大类、中类)分							
交通运输、仓储和邮政业	**11084925**	**10760378**	**374317**	**360569**	**3416342**	**314996**	**2094723**
道路运输业	3943805	3675158	188223	177724	1646518	154307	1003223
公路旅客运输	788689	769389	34563	33534	272587	32440	199739
道路货物运输	2248871	2208523	87916	86937	484216	7792	315727
道路运输辅助活动	906245	697246	65744	57253	889716	114075	487758
城市公共交通业	498219	488598	17834	16665	27502	100480	129567
公共电汽车客运	392567	384359	12397	11328	－40299	97440	83805

4－A－1 续表2－2

单位:万元、人

指 标 名 称	营业成本	#主营业务成本	营业税金及附加	#主营业务税金及附加	主营业务利润	其他业务利润	营业费用、管理费用、财务费用合计
轨道交通	1464	1464	313	313	3716	46	2634
出租车客运	97196	96943	4906	4810	61616	2509	39838
城市轮渡	5311	4152	154	149	780	471	1793
其他城市公共交通	1681	1681	65	65	1689	13	1496
水上运输业	1711441	1698902	91197	90069	1031330	14176	361879
水上旅客运输	98125	96875	4794	4689	39434	1934	28638
水上货物运输	1307917	1300057	63109	62220	554059	8605	194390
水上运输辅助活动	305398	301970	23294	23161	437837	3637	138852
航空运输业	317320	317062	12546	12290	49294	5178	42514
航空客货运输	255433	255433	8015	8015	－1725	461	10910
航空运输辅助活动	61887	61628	4531	4275	51018	4718	31604
装卸搬运和其他运输服务业	3706706	3683028	41662	41247	407888	13931	283772
装卸搬运	106242	104884	5696	5566	66768	1383	41880
运输代理服务	3600464	3578145	35966	35681	341121	12548	241892
仓储业	540568	538551	13870	13656	154906	16214	142264
谷物、棉花等农产品仓储	194604	193011	1368	1277	14249	9500	43310
其他仓储	345965	345540	12502	12379	140657	6714	98954
邮政业	366867	359079	8984	8918	98904	10711	131503
国家邮政	295908	288788	5564	5507	54838	8261	93883
其他寄递服务	70959	70291	3421	3410	44066	2450	37620
信息传输、计算机服务和软件业	**4410177**	**4351012**	**254772**	**252339**	**3791777**	**79040**	**2449017**
电信和其他信息传输服务业	2771080	2724373	202688	200643	3005155	51961	1773187
电 信	2468276	2423387	171303	169449	2555010	26994	1473911
互联网信息服务	209057	207770	27521	27384	393491	22068	247394
广播电视传输服务	91100	90939	3746	3692	55614	2827	51031
卫星传输服务	2647	2277	118	118	1041	72	851
计算机服务业	820482	818165	26255	26060	287718	9524	185692
计算机系统服务	641281	640105	10029	9988	127113	4659	100153
数据处理	1417	1417	47	47	955	40	698
计算机维修	12894	12805	381	380	4020	1125	4141
其他计算机服务	164889	163839	15798	15645	155630	3700	80700
软件业	818615	808473	25829	25636	498903	17555	490138
公共软件服务	799982	789938	25092	24900	485884	16491	481775
其他软件服务	18633	18535	738	736	13019	1064	8363
租赁和商务服务业	**7700241**	**7644008**	**288849**	**283385**	**3843912**	**326131**	**3249578**
租赁业	177874	177190	6650	6594	71244	1423	54224
机械设备租赁	176008	175332	6494	6442	69940	1372	53287
文化及日用品出租	1867	1858	156	152	1304	51	938
商务服务业	7522367	7466818	282199	276790	3772669	324708	3195354

4－A－1 续表2－3

单位：万元、人

指标名称	营业成本	#主营业务成本	营业税金及附加	#主营业务税金及附加	主营业务利润	其他业务利润	营业费用、管理费用、财务费用合计
企业管理服务	4390939	4353449	123502	120537	2099727	271545	1889075
法律服务	43948	43901	11586	11515	143608	739	88164
咨询与调查	373204	369917	34038	33805	348602	10361	286334
广告业	656800	653280	34006	32520	250900	4468	168904
知识产权服务	10794	10619	1541	1535	19517	151	18107
职业中介服务	387395	387118	9822	9784	96974	873	96950
市场管理	407891	401164	43431	43027	482566	21114	385311
旅行社	964880	962754	8442	8401	123976	1917	82168
其他商务服务	286517	284617	15830	15666	206798	13542	180342
科学研究、技术服务和地质勘查业	**2823330**	**2808213**	**141279**	**140382**	**1240132**	**24460**	**928925**
研究与试验发展	199848	199392	4668	4665	71564	1857	47293
自然科学研究与试验发展	7459	7429	257	257	2436	227	3215
工程和技术研究与试验发展	173048	172736	3384	3383	58703	951	33406
农业科学研究与试验发展	11298	11221	362	361	5068	454	3855
医学研究与试验发展	7731	7692	644	644	5127	226	6664
社会人文科学研究与试验发展	313	313	20	20	232		154
专业技术服务业	1789871	1783789	113617	113077	885218	13418	644368
气象服务	3187	3158	272	268	2713	2	1661
地震服务	33	33	2	2	10		19
海洋服务	3056	3054	323	323	1943	6	1414
测绘服务	33520	33066	4671	4661	47843	506	31379
技术检测	86910	86610	8645	8633	87951	1039	65472
环境监测	8561	8497	834	833	7647	149	7279
工程技术与规划管理	1514092	1510480	92993	92485	680431	8894	487535
其他专业技术服务	140513	138891	5877	5872	56681	2822	49609
科技交流和推广服务业	798670	790289	20698	20348	269658	9004	228736
技术推广服务	780760	772425	19568	19222	257803	8106	218805
科技中介服务	10279	10267	845	845	8622	807	6996
其他科技服务	7631	7596	286	281	3233	91	2935
地质勘查业	34941	34743	2296	2292	13692	180	8528
矿产地质勘查	8193	8193	542	542	3942	118	3148
基础地质勘查	15453	15453	1033	1029	7262	34	3455
地质勘查技术服务	11296	11098	722	722	2488	28	1925
水利、环境和公共设施管理业	**832701**	**812539**	**41131**	**39865**	**382190**	**23037**	**326023**
水利管理业	38506	38342	2007	2005	40022	2498	39044
防洪管理	2433	2433	70	70	2704	4	2966
水资源管理	22355	22251	1538	1537	21423	1909	21266
其他水利管理	13718	13658	399	398	15895	586	14812

4－A－1 续表2－4

单位：万元、人

指标名称	营业成本	#主营业务成本	营业税金及附加	#主营业务税金及附加	主营业务利润	其他业务利润	营业费用、管理费用、财务费用合计
环境管理业	79495	79186	5416	5371	36118	4797	42516
自然保护	5237	5187	451	451	6218		6548
环境治理	74258	74000	4965	4921	29900	4797	35968
公共设施管理业	714700	695011	33707	32489	306050	15742	244463
市政公共设施管理	191587	176877	6584	6425	68238	6019	80978
城市绿化管理	469747	466232	16848	16758	77827	2114	50356
游览景区管理	53367	51903	10276	9306	159986	7609	113129
居民服务和其他服务业	**422215**	**418221**	**21385**	**21241**	**272443**	**6785**	**191658**
居民服务业	165721	165061	10643	10597	147407	2789	100454
家庭服务	9048	9046	877	863	9029	125	7707
托儿所	356	356	36	36	424	5	340
洗染服务	9733	9733	824	824	8965	54	7882
理发及美容保健服务	35729	35603	3364	3362	43263	357	28513
洗浴服务	23491	23463	2172	2168	19744	434	15350
婚姻服务	2239	2232	293	283	3807	111	2499
殡葬服务	37646	37609	641	640	25243	453	14735
摄影扩印服务	13667	13619	1201	1189	14018	606	10863
其他居民服务	33813	33400	1237	1234	22914	644	12566
其他服务业	256494	253160	10743	10644	125037	3996	91204
修理与维护	190540	188252	5515	5486	78908	3513	56529
清洁服务	44338	43600	3946	3877	31711	340	23937
其他未列明的服务	21617	21308	1281	1281	14418	144	10739
教 育	**164018**	**162793**	**9522**	**9429**	**132758**	**3631**	**110814**
教 育	164018	162793	9522	9429	132758	3631	110814
学前教育	16168	15968	740	733	16775	143	12355
初等教育	5910	5910	215	215	4388	31	3927
中等教育	16506	16337	261	244	7773	200	8370
高等教育	1521	1521	7	7	715	1	1143
其他教育	123913	123058	8300	8231	103106	3257	85019
卫生、社会保障和社会福利业	**195164**	**193746**	**7979**	**7968**	**118770**	**1223**	**106141**
卫 生	176382	175121	7803	7793	113355	819	100766
医 院	118074	117143	4963	4960	77965	263	72523
卫生院及社区医疗活动	23202	22935	1228	1226	8546	78	6729
门诊部医疗活动	31044	30986	1261	1256	23294	212	18335
计划生育技术服务活动	567	567	2	2	111		108
妇幼保健活动	294	294	26	26	193	6	238
专科疾病防治活动	235	230	11	11	454	1	325
疾病预防控制及防疫活动	212	212	22	22	39	246	287

4－A－1 续表2－5

单位：万元、人

指标名称	营业成本	#主营业务成本	营业税金及附加	#主营业务税金及附加	主营业务利润	其他业务利润	营业费用、管理费用、财务费用合计
其他卫生活动	2754	2754	289	289	2754	12	2221
社会保障业	16384	16384	100	100	2690	28	2456
社会保障业	16384	16384	100	100	2690	28	2456
社会福利业	2398	2241	75	74	2725	376	2919
提供住宿的社会福利	2157	2000	58	57	1349	234	1562
不提供住宿的社会福利	241	241	18	18	1375	142	1357
文化、体育和娱乐业	**638383**	**625078**	**67410**	**66194**	**489005**	**26692**	**399941**
新闻出版业	232437	230785	15243	15100	149350	12281	108570
新闻业	3036	3036	155	155	1029	97	986
出版业	229401	227749	15088	14946	148320	12184	107583
广播、电视、电影和音像业	258144	249131	29530	28540	168250	8699	136796
广　播	1820	1809	140	140	745	87	855
电　视	221519	216192	26365	26051	142477	1436	105360
电　影	31583	27907	2648	1972	22136	7118	28459
音像制作	3223	3223	377	377	2892	58	2121
文化艺术业	25989	25103	1972	1959	20030	3751	23979
文艺创作与表演	13916	13916	944	939	9386	2666	10903
艺术表演场馆	4981	4407	222	217	1927	676	4560
图书馆与档案馆	266	256	73	71	1126	11	892
文物及文化保护	1063	1061	56	56	623	77	965
博物馆	478	478	36	36	458		280
群众文化活动	1676	1600	134	134	2255	36	2462
文化艺术经纪代理	2761	2717	331	331	3685	230	3434
其他文化艺术	849	669	176	176	570	56	483
体　育	10287	9062	342	341	3798	440	7548
体育组织	2817	1609	130	129	1683	68	3555
体育场馆	7105	7088	181	181	1730	340	3589
其他体育	365	365	31	31	386	33	405
娱乐业	111525	110997	20323	20253	147577	1522	123049
室内娱乐活动	82155	81813	15527	15477	104671	1192	73813
游乐园	3056	3049	438	437	5523	108	5990
休闲健身娱乐活动	21209	21044	3907	3888	33414	196	38879
其他娱乐活动	5105	5090	451	451	3969	25	4367
公共管理和社会组织	**931**	**925**	**73**	**73**	**883**	**15**	**606**
群众团体、社会团体和宗教组织	931	925	73	73	883	15	606
群众团体	289	289	4	4	46		75
社会团体	576	570	68	68	689	15	517
宗教组织	66	66	2	2	149		14

4－A－1 续表3－1

单位：万元、人

指 标 名 称	#税金	#利息支出	营业利润	职工工资和福利费	本年应交增值税	所有者权益合计	实收资本
总　计	**255964**	**1342979**	**5717039**	**4985280**	**205329**	**100462627**	**54834266**
一、按登记注册类型分							
内　资	**223959**	**1218701**	**3559337**	**4438864**	**167545**	**89170237**	**48018712**
国　有	28532	273334	336568	1078293	19387	24114626	10790403
集　体	11305	42234	177867	233636	4721	3420246	1801158
股份合作企业	2021	3071	15305	30090	600	852986	186901
联营企业	287	3972	8605	11703	119	116051	93519
国有联营	47	1158	2378	5067	27	53719	46112
集体联营	116	2182	3689	2360	75	28329	18482
国有与集体联营	104	666	1915	3177	16	28914	23164
其他联营	21	－33	623	1100	1	5090	5761
有限责任公司	66917	523020	1032852	1118874	46116	36731822	19819744
国有独资公司	8879	99084	－69257	191160	1918	16098177	5966872
其他有限责任公司	58038	423936	1102109	927714	44198	20633645	13852872
股份有限公司	25457	109788	726101	369410	13972	7024709	2619163
私营企业	86855	256517	1213092	1533407	80221	16200851	12369768
私营独资	7720	8700	180371	175153	8888	962324	689646
私营合伙	4658	2743	125138	111508	4413	379966	269771
私营有限责任公司	70702	204297	805113	1177611	62448	12900998	9824753
私营股份有限公司	3775	40777	102470	69136	4472	1957563	1585598
其　他	2586	6764	48948	63453	2410	708947	338058
港澳台商投资	**23582**	**48392**	**1678653**	**300880**	**4353**	**7014501**	**3504166**
与港澳台商合资经营	1559	39118	86705	32389	560	961552	850998
与港澳台商合作经营	36	1646	－1862	2042	1	54926	63363
港澳台商独资	19739	10216	1427707	251581	3791	4201506	1395185
港澳台商投资股份有限公司	2249	－2587	166104	14868	…	1796518	1194620
外商投资	**8423**	**75886**	**479050**	**245536**	**33432**	**4277889**	**3311387**
中外合资经营	6262	44150	124509	104480	9020	1953573	1617697
中外合作经营	611	3548	13444	4118	296	117559	108501
外资企业	568	1165	－2737	102896	2053	793376	737138
外商投资股份有限公司	982	27024	343834	34041	22063	1413382	848052
二、按国民经济行业（门类、大类、中类）分							
交通运输、仓储和邮政业	**58970**	**475115**	**1751210**	**1479032**	**24702**	**15457497**	**10712290**
道路运输业	23411	338667	832684	500026	9389	6980975	4448006
公路旅客运输	7790	11396	107892	193456	2910	586693	262884
道路货物运输	11180	17242	182032	192327	5574	913414	678897
道路运输辅助活动	4441	310029	542760	114243	905	5480867	3506225
城市公共交通业	3992	4656	－787	212037	1162	550048	560732
公共电汽车客运	1106	2506	－26070	172134	234	247536	107570

4－A－1 续表3－2

单位：万元、人

指标名称	#税金	#利息支出	营业利润	职工工资和福利费	本年应交增值税	所有者权益合计	实收资本
轨道交通	24	224	1127	3529	700	202476	386133
出租车客运	2833	1943	24491	33176	207	87506	58786
城市轮渡	23	－16	－541	2383		9785	7325
其他城市公共交通	7	－1	206	816	21	2745	918
水上运输业	9551	101461	735100	282075	8137	4556463	2941580
水上旅客运输	175	4200	12801	27288	199	114256	68784
水上货物运输	4027	67702	389102	158641	7132	1718341	1001996
水上运输辅助活动	5349	29559	333197	96146	805	2723865	1870800
航空运输业	3791	4723	11958	54141	29	736149	719921
航空客货运输	22	1400	－12174	14516		34225	28238
航空运输辅助活动	3769	3324	24132	39625	29	701924	691683
装卸搬运和其他运输服务业	11956	9118	154585	203346	3454	1031912	810809
装卸搬运	906	2508	26295	47783	624	181475	136771
运输代理服务	11050	6610	128291	155564	2831	850437	674038
仓储业	3584	16447	35826	59957	2307	1246614	1012171
谷物、棉花等农产品仓储	396	6476	－15898	13911	201	163080	95522
其他仓储	3188	9972	51723	46047	2106	1083535	916649
邮政业	2685	43	－18155	167449	224	355336	219071
国家邮政	2486	－80	－27099	125692	80	317115	178245
其他寄递服务	199	123	8944	41757	144	38221	40826
信息传输、计算机服务和软件业	**49074**	**5875**	**1815301**	**948512**	**56908**	**8618751**	**3980400**
电信和其他信息传输服务业	35262	－11124	1659458	589724	4233	6394978	2172843
电　信	33560	－6071	1483005	417372	2330	5448026	1684062
互联网信息服务	1376	－13844	168380	144112	1090	735228	308182
广播电视传输服务	315	8788	7812	27414	801	209733	178813
卫星传输服务	12	3	262	826	13	1992	1786
计算机服务业	8739	9550	122694	106020	12022	840098	622234
计算机系统服务	4159	5842	42524	53233	8432	533203	382295
数据处理	4	15	297	307	102	1595	1386
计算机维修	86	184	1004	2634	362	9698	9236
其他计算机服务	4490	3509	78868	49847	3126	295602	229317
软件业	5073	7449	33149	252767	40654	1383676	1185324
公共软件服务	4671	7438	26883	248277	39170	1355365	1164333
其他软件服务	403	10	6265	4491	1484	28310	20991
租赁和商务服务业	**93337**	**729815**	**1392011**	**1239281**	**62354**	**63468318**	**33053509**
租赁业	947	5542	20799	18462	961	484126	378084
机械设备租赁	877	5535	20381	17663	960	479100	374225
文化及日用品出租	70	7	418	799	1	5027	3859
商务服务业	92391	724274	1371212	1220819	61393	62984192	32675425

4－A－1 续表3－3

单位：万元、人

指标名称	#税金	#利息支出	营业利润	职工工资和福利费	本年应交增值税	所有者权益合计	实收资本
企业管理服务	56547	648975	914657	472838	46103	57581000	27517901
法律服务	1509	－19	57926	44860	1003	57237	19438
咨询与调查	5200	7848	81124	158895	3628	1982981	1422149
广告业	5034	2550	92727	82825	3111	447379	324639
知识产权服务	185	－412	1613	5577	63	23874	25202
职业中介服务	717	39	3080	160480	626	87698	56690
市场管理	18224	53611	131436	108480	2548	1977136	2756590
旅行社	2033	5054	47201	46290	730	504465	302132
其他商务服务	2942	6629	41447	140575	3582	322423	250684
科学研究、技术服务和地质勘查业	**18708**	**32942**	**405007**	**640693**	**38017**	**4279887**	**2771973**
研究与试验发展	1168	70	30427	46554	5751	402628	210187
自然科学研究与试验发展	66	143	－551	1323	160	36135	30943
工程和技术研究与试验发展	769	－203	28869	39395	5417	293955	105451
农业科学研究与试验发展	157	12	1691	2800	63	40125	40758
医学研究与试验发展	172	118	339	2853	103	32034	32724
社会人文科学研究与试验发展	4		78	183	8	379	310
专业技术服务业	13497	16878	308899	478896	9259	2647188	1601661
气象服务	11	11	1054	1158	84	4526	1184
地震服务			－9	7		28	40
海洋服务	14	19	535	670		16023	15751
测绘服务	872	187	17346	17718	317	48137	16690
技术检测	1053	534	24995	40310	1062	168679	110077
环境监测	219	43	740	3993	64	13507	10295
工程技术与规划管理	10333	15401	254252	383937	6157	2161737	1269971
其他专业技术服务	996	685	9985	31103	1576	234552	177652
科技交流和推广服务业	3940	16370	60119	108674	22570	1194320	938522
技术推广服务	3498	16251	57230	103286	20393	1121132	884348
科技中介服务	316	85	2500	4162	65	56199	43476
其他科技服务	126	33	390	1225	2111	16989	10699
地质勘查业	104	－376	5563	6570	437	35751	21604
矿产地质勘查	5	52	998	1147	10	13805	10300
基础地质勘查	64	－526	3841	4066	410	17042	7458
地质勘查技术服务	34	98	724	1358	17	4903	3847
水利、环境和公共设施管理业	**6538**	**75111**	**91310**	**148534**	**4783**	**5770827**	**2552444**
水利管理业	1415	12486	3588	15374	453	1838471	774898
防洪管理	121	302	－259	1443	23	883285	128763
水资源管理	1203	7541	2170	12085	209	588806	413613
其他水利管理	92	4644	1677	1846	220	366380	232522

4－A－1 续表3－4

单位：万元、人

指标名称	#税金	#利息支出	营业利润	职工工资和福利费	本年应交增值税	所有者权益合计	实收资本
环境管理业	1683	7490	－4	31041	980	746899	249852
自然保护	418	239	－329	2203	108	23085	16599
环境治理	1266	7251	325	28838	872	723814	233253
公共设施管理业	3439	55135	87726	102119	3350	3185457	1527695
市政公共设施管理	822	38303	－184	19312	308	2056750	743983
城市绿化管理	1441	5590	30817	42831	2161	401795	301128
游览景区管理	1176	11242	57093	39976	881	726912	482584
居民服务和其他服务业	**5555**	**7088**	**95755**	**139573**	**10519**	**516014**	**384082**
居民服务业	2110	2165	56389	69762	2596	278725	186221
家庭服务	366	81	1563	8577	145	10493	9456
托儿所	37		89	248		236	288
洗染服务	115	314	1349	4724	71	13992	7592
理发及美容保健服务	549	111	15117	21007	388	46299	41890
洗浴服务	421	383	5266	9227	157	18817	16999
婚姻服务	47	4	1427	1531	21	4545	3132
殡葬服务	260	740	10894	9100	842	95348	32382
摄影扩印服务	232	159	3762	5708	132	14529	12648
其他居民服务	84	374	16924	9639	842	74468	61833
其他服务业	3445	4923	39365	69810	7922	237288	197861
修理与维护	1970	1591	26534	42248	7045	143944	122335
清洁服务	1237	3317	8388	22297	691	47612	42790
其他未列明的服务	237	15	4443	5266	186	45733	32735
教　育	**1959**	**2930**	**26621**	**78668**	**1280**	**351610**	**245296**
教　育	1959	2930	26621	78668	1280	351610	245296
学前教育	184	329	4563	13549	320	32546	24918
初等教育	1	366	492	4544	42	14059	2320
中等教育	152	839	－10	9121	32	27122	25889
高等教育			－428	397		7448	6593
其他教育	1622	1396	22004	51056	887	270436	185576
卫生、社会保障和社会福利业	**2894**	**4023**	**17376**	**73029**	**377**	**283713**	**230079**
卫　生	2824	3882	16925	69976	357	251602	207217
医　院	1242	3361	8609	50642	161	182874	166277
卫生院及社区医疗活动	69	287	1895	6517	30	35123	15059
门诊部医疗活动	344	211	5786	11049	133	25160	22074
计划生育技术服务活动	2		3	55	12	231	172
妇幼保健活动	8	…	－40	157		837	811
专科疾病防治活动	15		130	202	6	1379	1337
疾病预防控制及防疫活动	110	1	－3	199	2	150	97

4－A－1　续表3－5　　　　单位：万元、人

指标名称	#税金	#利息支出	营业利润	职工工资和福利费	本年应交增值税	所有者权益合计	实收资本
其他卫生活动	1036	22	545	1155	13	5849	1390
社会保障业	29	5	269	1186		6374	5145
社会保障业	29	5	269	1186		6374	5145
社会福利业	41	136	182	1867	21	25737	17717
提供住宿的社会福利	33	121	22	1224	15	8533	9426
不提供住宿的社会福利	7	15	160	643	5	17205	8291
文化、体育和娱乐业	**18918**	**10083**	**122154**	**237561**	**6390**	**1714803**	**903337**
新闻出版业	1633	－925	53619	75246	5122	559408	135221
新闻业	8	11	140	698	156	1697	621
出版业	1625	－936	53479	74549	4966	557712	134600
广播、电视、电影和音像业	13363	5781	45517	78355	267	644499	390752
广　播	3	...	－24	352	5	6873	6587
电　视	12608	4634	41286	65568	30	556813	328724
电　影	725	1077	3181	11272	193	74232	49161
音像制作	27	71	1074	1163	39	6581	6279
文化艺术业	803	834	－147	9943	26	187929	73301
文艺创作与表演	127	28	1170	4218	2	16874	22269
艺术表演场馆	47	2	－1957	2544	4	12740	10769
图书馆与档案馆	11	－1	245	261	3	1440	691
文物及文化保护	335	46	－266	585		136143	21040
博物馆	1	8	178	131	2	3300	1997
群众文化活动	13	2	－170	845	8	6792	6484
文化艺术经纪代理	258	657	511	1049	5	7458	6810
其他文化艺术	12	91	143	312	2	3181	3241
体　育	54	16	－3309	5074	19	7209	20327
体育组织	13	6	－1805	1424	10	1832	8994
体育场馆	38	10	－1520	3408	1	4167	10164
其他体育	3	...	15	242	7	1211	1169
娱乐业	3065	4377	26473	68943	956	315758	283736
室内娱乐活动	1770	1191	32065	51568	781	107932	109113
游乐园	79	431	－358	1839	5	22080	21911
休闲健身娱乐活动	1070	2736	－4860	13315	106	155265	121409
其他娱乐活动	146	19	－373	2221	65	30481	31304
公共管理和社会组织	**12**	**－3**	**294**	**398**	**1**	**1208**	**855**
群众团体、社会团体和宗教组织	12	－3	294	398	1	1208	855
群众团体			－29	72		－25	8
社会团体	12	－3	189	283	1	748	363
宗教组织			135	42		484	484

4－A－1 续表4－1

单位：万元、人

指标名称	国家资本	集体资本	法人资本	个人资本	港澳台资本	外商资本	全部就业人员年平均人数
总计	**19885432**	**3314331**	**13705097**	**13864564**	**2558470**	**1506421**	**1352787**
一、按登记注册类型分							
内资	**19414966**	**3280630**	**11499178**	**13785781**	**30771**	**7435**	**1274835**
国有	9629330	14067	1128330	18002	192	482	229729
集体	7251	1738756	45668	9333		151	88934
股份合作企业	7229	114020	21782	41766	2100	5	11024
联营企业	19725	39177	33799	819			2907
国有联营	13855	535	31263	460			942
集体联营	38	17907	253	284			978
国有与集体联营	5402	17131	566	65			770
其他联营	430	3603	1717	10			217
有限责任公司	8863373	975781	6037129	3915710	24307	3444	267542
国有独资公司	5748512	80	218114	160		6	42627
其他有限责任公司	3114861	975701	5819016	3915550	24307	3438	224915
股份有限公司	836153	303438	922198	557297	5	71	64399
私营企业	27380	18448	3195410	9121389	4048	3144	585646
私营独资	148	701	98243	590436	50	68	77738
私营合伙	89	291	56071	213168	15	137	40586
私营有限责任公司	23932	17260	2250264	7526551	3963	2833	442200
私营股份有限公司	3212	195	790831	791234	20	106	25122
其他	24526	76945	114863	121465	120	139	24654
港澳台商投资	**82897**	**9343**	**1195903**	**21227**	**2183476**	**11321**	**43345**
与港澳台商合资经营	77039	9109	175810	12740	571304	4998	6588
与港澳台商合作经营	5858	234	13355	1404	42430	83	570
港澳台商独资			3171	6783	1379676	5555	34204
港澳台商投资股份有限公司			1003566	301	190066	686	1983
外商投资	**387569**	**24358**	**1010017**	**57556**	**344223**	**1487665**	**34607**
中外合资经营	231241	24358	649105	41824	14478	656692	17080
中外合作经营	24719		20535	248	38866	24133	1293
外资企业	9		37461	225	1	699443	12501
外商投资股份有限公司	131600		302916	15260	290878	107398	3733
二、按国民经济行业（门类、大类、中类）分							
交通运输、仓储和邮政业	**2531770**	**335372**	**4413217**	**2083504**	**799531**	**548896**	**392089**
道路运输业	1191817	97889	1827626	679788	483839	167048	156557
公路旅客运输	75502	34413	53472	97844	1622	32	58467
道路货物运输	62924	26240	169975	378913	9541	31304	71714
道路运输辅助活动	1053391	37236	1604180	203031	472676	135711	26376
城市公共交通业	86418	14042	416457	42058	1246	511	55544
公共电汽车客运	77050	4670	15363	9567	420	500	44839

4－A－1 续表4－2 单位：万元、人

指 标 名 称	国家资本	集体资本	法人资本	个人资本	港澳台资 本	外商资本	全部就业人员年平均人数
轨道交通	1000		384953	180			429
出租车客运	3765	9221	16141	28823	826	10	9232
城市轮渡	3981	37		3306		1	646
其他城市公共交通	622	114		182			398
水上运输业	425942	122160	1324197	796090	209839	63351	50862
水上旅客运输	35699	4457	9649	18859	120		5886
水上货物运输	68410	100974	183647	647884		1080	31465
水上运输辅助活动	321833	16729	1130901	129347	209719	62271	13511
航空运输业	117096	110	390956	12750		199010	6605
航空客货运输	13218		2420	12600			1643
航空运输辅助活动	103878	110	388536	150		199010	4962
装卸搬运和其他运输服务业	133786	14603	183050	424298	24565	30506	64325
装卸搬运	22687	2296	38803	38276	10595	24113	20127
运输代理服务	111098	12308	144247	386022	13970	6393	44198
仓储业	381071	83133	266463	116276	77787	87441	16218
谷物、棉花等农产品仓储	74575	893	18319	1038		696	3594
其他仓储	306496	82240	248144	115238	77787	86745	12624
邮政业	195640	3435	4469	12244	2255	1028	41978
国家邮政	175430	2208	168	440			29262
其他寄递服务	20211	1228	4300	11804	2255	1028	12716
信息传输、计算机服务和软件业	**1058983**	**20421**	**647105**	**817719**	**1232008**	**204165**	**174783**
电信和其他信息传输服务业	996949	6638	218601	74947	843887	31821	83964
电 信	831363	3329	124216	21044	700168	3942	62703
互联网信息服务	67341	1505	17875	49863	143719	27880	16065
广播电视传输服务	98245	1804	75952	2811			5006
卫星传输服务			558	1229			190
计算机服务业	28027	4184	182492	302296	94130	11106	40094
计算机系统服务	24478	3339	160882	94647	88642	10307	13285
数据处理	550	3	150	683			101
计算机维修	723	31	1227	7048		207	1062
其他计算机服务	2276	811	20233	199917	5488	592	25646
软件业	34007	9599	246012	440476	293991	161238	50725
公共软件服务	31989	9171	243044	428504	293991	157633	49078
其他软件服务	2018	428	2968	11973		3605	1647
租赁和商务服务业	**13311348**	**2651297**	**7168818**	**9064168**	**282256**	**575673**	**397249**
租赁业	34269	14190	124206	166460	7021	31938	7721
机械设备租赁	34254	13290	123749	163974	7021	31938	7258
文化及日用品出租	15	900	457	2487			463
商务服务业	13277079	2637107	7044612	8897708	275236	543735	389528

4-A-1 续表4-3

单位：万元、人

指标名称	国家资本	集体资本	法人资本	个人资本	港澳台资本	外商资本	全部就业人员年平均人数
企业管理服务	12595959	2244477	6201041	5918445	172567	385462	113201
法律服务	1171	719	4611	12688	14	236	8898
咨询与调查	275169	46137	276448	626107	49672	148617	50584
广告业	37821	5926	54733	224509	1481	170	34516
知识产权服务	3466	197	4626	16914		...	2147
职业中介服务	7972	7074	8243	33181	210	10	55402
市场管理	205141	269574	363158	1870834	43254	4628	40098
旅行社	95360	43631	54696	102580	4864	1002	18038
其他商务服务	55021	19372	77057	92452	3173	3610	66644
科学研究、技术服务和地质勘查业	**840354**	**109010**	**756108**	**853734**	**109669**	**103099**	**154415**
研究与试验发展	13774	7991	87467	79712	13429	7814	10123
自然科学研究与试验发展	3589	8	22482	4864			449
工程和技术研究与试验发展	8543	2094	34626	53049	3089	4051	7413
农业科学研究与试验发展	467	5782	21519	11790		1200	1198
医学研究与试验发展	1073	102	8840	9808	10340	2563	959
社会人文科学研究与试验发展	103	5		202			104
专业技术服务业	722468	72124	301304	425907	32830	47029	110344
气象服务	835	110	39	201			447
地震服务		10		30			4
海洋服务	50	30	1525	14146			167
测绘服务	4575	1705	2049	8356		6	4682
技术检测	26292	17044	18141	40395	3182	5023	11921
环境监测	531	136	3596	5825	207		1403
工程技术与规划管理	653866	47510	237583	295492	23695	11825	82114
其他专业技术服务	36319	5580	38370	61462	5746	30176	9606
科技交流和推广服务业	95084	23229	365501	345542	60910	48256	31841
技术推广服务	90177	19530	343586	322719	60810	47525	29794
科技中介服务	4730	2303	19348	16777		318	1553
其他科技服务	177	1396	2567	6046	100	413	494
地质勘查业	9028	5666	1836	2574	2500		2107
矿产地质勘查	4138	5263	371	528			449
基础地质勘查	3245	33	564	1116	2500		1285
地质勘查技术服务	1646	370	901	930			373
水利、环境和公共设施管理业	**1615262**	**82917**	**414921**	**376500**	**32091**	**30754**	**54140**
水利管理业	672377	6557	93599	2365			3042
防洪管理	66576	27	61500	660			265
水资源管理	376007	4612	31936	1058			2184
其他水利管理	229794	1918	163	647			593

4-A-1 续表4-4

单位：万元、人

指标名称	国家资本	集体资本	法人资本	个人资本	港澳台资本	外商资本	全部就业人员年平均人数
环境管理业	123023	6614	38784	80257	1173		13163
自然保护		250	9470	6879			1049
环境治理	123023	6364	29314	73378	1173		12114
公共设施管理业	819861	69746	282538	293878	30918	30754	37935
市政公共设施管理	629094	14466	72034	14388	14000	1	5306
城市绿化管理	27676	14696	67239	189921	472	1125	17693
游览景区管理	163091	40584	143266	89569	16445	29629	14936
居民服务和其他服务业	**24879**	**14047**	**73038**	**223075**	**41605**	**7438**	**63734**
居民服务业	13635	8541	24161	98604	38810	2471	30381
家庭服务	145	1322	1266	6723			4300
托儿所				207		81	104
洗染服务	249	276	1608	5394	65		2278
理发及美容保健服务	526	702	5705	33336	569	1053	10061
洗浴服务	21	513	2214	13008		1243	4570
婚姻服务	65	23	591	2454			799
殡葬服务	8626	3553	2047	14689	3467		2814
摄影扩印服务	619	235	2933	8194	655	12	2817
其他居民服务	3384	1916	7798	14599	34053	83	2638
其他服务业	11245	5506	48877	124471	2795	4967	33353
修理与维护	4476	4164	26783	79669	2461	4783	19503
清洁服务	752	643	19335	21974		86	11834
其他未列明的服务	6017	699	2760	22828	334	98	2016
教　育	**46820**	**16505**	**26144**	**146390**	**7645**	**1793**	**31843**
教　育	46820	16505	26144	146390	7645	1793	31843
学前教育	80	1201	4726	18312	300	299	7465
初等教育	500	133	228	1460			1374
中等教育	10	6387	6641	12841	10		2418
高等教育	5000	871	511	211			228
其他教育	41230	7913	14038	113566	7335	1494	20358
卫生、社会保障和社会福利业	**26901**	**8433**	**96715**	**95739**	**838**	**1453**	**22606**
卫　生	13328	7260	96146	89030		1453	21047
医　院	12472	5285	83993	63222		1306	13868
卫生院及社区医疗活动	254	944	6430	7432			1954
门诊部医疗活动	400	316	4697	16662			4591
计划生育技术服务活动		63	45	65			15
妇幼保健活动		78	2	597		135	136
专科疾病防治活动	60	500	10	767			77
疾病预防控制及防疫活动	2	23		62		10	87

4-A-1 续表4-5

单位:万元、人

指标名称	国家资本	集体资本	法人资本	个人资本	港澳台资本	外商资本	全部就业人员年平均人数
其他卫生活动	140	53	970	225		2	319
社会保障业	4913	163	69				548
社会保障业	4913	163	69				548
社会福利业	8660	1010	501	6709	838		1011
提供住宿的社会福利	600	934	396	6659	838		648
不提供住宿的社会福利	8060	76	105	50			363
文化、体育和娱乐业	**429045**	**76247**	**108405**	**203661**	**52827**	**33152**	**61623**
新闻出版业	121925	172	10158	2965			8115
新闻业	321			300			126
出版业	121605	172	10158	2665			7989
广播、电视、电影和音像业	261741	62580	14246	51950	53	182	23953
广　播	6306	208	50	23			96
电　视	232698	56275	6875	32823	53		19694
电　影	21477	6077	6719	14884		5	3762
音像制作	1260	20	602	4220		177	401
文化艺术业	39687	6162	8075	17731	21	1625	3506
文艺创作与表演	10906	229	2389	7246		1500	1596
艺术表演场馆	9035	155	1167	288		125	701
图书馆与档案馆	26	591	53	20			133
文物及文化保护	13424	4400	2800	416			139
博物馆	1300	68	95	534			55
群众文化活动	2637	648	492	2686	21		325
文化艺术经纪代理	2360	70	683	3697			394
其他文化艺术			396	2845			163
体　育	3464	997	10903	3906	426	631	1261
体育组织	1440	228	5075	1846	406		585
体育场馆	1950	770	5690	1103	21	631	524
其他体育	74		138	957			152
娱乐业	2227	6336	65023	127110	52327	30714	24788
室内娱乐活动	136	2969	21211	75455		9342	16869
游乐园	1244	799	9881	8908	1079		893
休闲健身娱乐活动	348	1639	31672	21771	46219	19762	5746
其他娱乐活动	500	930	2259	20976	5029	1610	1280
公共管理和社会组织	**71**	**82**	**627**	**76**			**305**
群众团体、社会团体和宗教组织	71	82	627	76			305
群众团体	5			3			59
社会团体	66	82	147	68			218
宗教组织			479	5			28

注:本表按有填写财务表的服务业企业统计,不包括铁路运输、批发、零售、住宿、餐饮、银行、证券、保险、房地产业。

4-A-2 按地区分组的服务业企业财务状况

单位:个、万元、人

地　　区	法人单位	年初存货	年末存货	固定资产原　　价	本年折旧	营业收入	#主营业务收　　入
总　计	**69392**	**5843861**	**7608953**	**59666163**	**3757589**	**43810199**	**42750753**
杭州市	23497	1221554	1627782	18314177	1325036	17270563	16630686
宁波市	10915	1619267	2074250	12753020	666300	10198051	10070817
温州市	7377	343824	400895	5130138	354286	3100164	3040837
嘉兴市	4583	796998	1082455	4578235	219971	2250356	2190171
湖州市	2004	336289	516226	2022870	133837	987979	980299
绍兴市	5510	401887	590359	4272178	213364	2390664	2371209
金华市	5152	169579	197853	4280796	301058	2316921	2282457
衢州市	1875	335994	287776	1619092	82480	622379	587538
舟山市	2008	210550	277881	2187506	162523	1565280	1542290
台州市	4997	357715	483070	3501918	241256	2538138	2497310
丽水市	1474	50204	70405	1006234	57478	569704	557139

4-A-2 续表1 单位:个、万元、人

地　区	营业成本	#主营业务成本	营业税金及附加	#主营业务税金及附加	主营业务利润	其他业务利润	营业费用、管理费用、财务费用合计
总　计	**28272084**	**27776912**	**1206717**	**1181444**	**13688211**	**806010**	**9857426**
杭州市	11783684	11508942	436131	423495	4860040	404351	4334406
宁波市	7059738	7005074	248121	243998	2936628	122559	1749303
温州市	1643951	1602557	105780	103103	1295013	20269	756162
嘉兴市	1218251	1199947	68671	68162	827530	76026	634068
湖州市	595843	593829	27912	27655	260181	35793	273527
绍兴市	1413269	1398879	70312	69550	847401	46286	507241
金华市	1300600	1270840	79570	77654	928180	37597	491415
衢州市	407659	375180	18239	17983	169170	6527	142837
舟山市	1026791	1017435	58272	57300	429381	12662	273205
台州市	1443115	1427791	79016	78277	968445	31041	570276
丽水市	379184	376438	14693	14269	166242	12900	124988

4－A－2 续表2

单位：个、万元、人

地　区	#税金	#利息支出	营业利润	职工工资和福利费	本年应交增值税	所有者权益合计	实收资本
总　计	**255964**	**1342979**	**5717039**	**4985280**	**205329**	**100462627**	**54834266**
杭州市	63720	610942	1314037	1967300	119842	42237904	25353544
宁波市	39215	286654	1632097	965039	30953	18871393	9959122
温州市	17730	64620	597517	421409	11661	4946950	2730699
嘉兴市	22196	88560	367582	315834	5103	8045340	4500305
湖州市	7094	78396	115618	104229	4065	3527809	1305006
绍兴市	26156	56373	420759	329293	13041	6763263	2943513
金华市	36812	37586	490126	247411	6779	4932896	2202838
衢州市	9832	15566	56872	79361	1848	1018784	738486
舟山市	5885	42432	209148	200482	4124	3366492	2603781
台州市	24046	49394	452387	284285	6928	5347165	1782335
丽水市	3277	12456	60897	70638	986	1404631	714638

4－A－2 续表3 单位：个、万元、人

地　区	国家资本	集体资本	法人资本	个人资本	港澳台资　本	外商资本	全部就业人员年平均人数
总　计	**19885432**	**3314331**	**13705097**	**13864564**	**2558470**	**1506421**	**1352787**
杭州市	7034175	1272883	7660941	7142463	1257457	985625	443612
宁波市	3662190	723748	2757865	2172856	367565	274898	253682
温州市	985283	150907	338229	959377	279200	17703	143895
嘉兴市	3086887	182314	658371	380681	86766	105287	84152
湖州市	712895	83354	239778	220078	34263	14638	36993
绍兴市	1091171	427401	513765	663411	200254	47512	101199
金华市	665353	122212	443531	808485	146112	17145	94599
衢州市	457839	17709	65289	140091	57527	32	28842
舟山市	1027026	115612	678224	642293	109419	31257	51846
台州市	717357	205924	266153	580535	1182	11184	88267
丽水市	445257	12267	82951	154295	18727	1141	25700

注：本表按有填写财务表的服务业企业统计，不包括铁路运输、批发、零售、住宿、餐饮、银行、证券、保险、房地产业

4－A－3 杭州市按登记注册类型和行业(门类、大类、中类)分组的服务业企业财务状况

单位:个、万元、人

指标名称	法人单位	年初存货	年末存货	固定资产原价	本年折旧	营业收入	#主营业务收入
总计	**23497**	**1221554**	**1627782**	**18314177**	**1325036**	**17270563**	**16630686**
一、按登记注册类型分							
内资	**22931**	**1162640**	**1460638**	**16119214**	**1026190**	**14478057**	**14166701**
国有	784	414845	480079	4843697	359897	3604158	3530257
集体	904	14688	10781	652165	39188	358952	326585
股份合作企业	97	1395	967	696046	6310	37128	32901
联营企业	41	2729	2845	14913	1193	20517	20276
国有联营	8	2356	2393	5139	117	9189	9175
集体联营	21	45	49	6964	593	6161	6066
国有与集体联营	9	321	396	2590	429	1871	1871
其他联营	3	7	7	221	54	3297	3164
有限责任公司	3754	419770	464963	5762125	278134	4527008	4397475
国有独资公司	103	29602	60442	1669933	52476	222969	201999
其他有限责任公司	3651	390168	404521	4092192	225658	4304039	4195476
股份有限公司	430	37055	40341	2037840	157517	1238531	1225483
私营企业	16291	265632	444924	1940035	171811	4531972	4476926
私营独资	1871	9625	11927	108175	11222	210022	209293
私营合伙	583	1848	4100	46839	4063	208420	207409
私营有限责任公司	13454	245169	411343	1723751	151548	3982887	3930417
私营股份有限公司	383	8990	17554	61270	4978	130643	129807
其他	630	6526	15738	172393	12140	159790	156799
港澳台商投资	**189**	**20365**	**20921**	**1492846**	**188149**	**1617141**	**1595845**
与港澳台商合资经营	56	14572	13114	121205	5969	231838	226572
与港澳台商合作经营	16	439	334	58460	2853	8522	8417
港澳台商独资	103	5336	7463	1310104	178812	1337986	1322060
港澳台商投资股份有限公司	14	18	10	3077	516	38796	38796
外商投资	**377**	**38549**	**146224**	**702117**	**110697**	**1175365**	**868140**
中外合资经营	108	27278	101287	359047	18216	271457	270265
中外合作经营	11	850	1096	81956	2982	16429	16063
外资企业	236	6934	40096	86751	12161	212384	210235
外商投资股份有限公司	22	3488	3744	174363	77338	675094	371577
二、按国民经济行业(门类、大类、中类)分							
交通运输、仓储和邮政业	**2231**	**38965**	**43209**	**5357903**	**372396**	**3895086**	**3546292**
道路运输业	1371	10583	15690	3541545	227788	2356598	2027835
公路旅客运输	88	806	1120	217987	26727	214138	209147
道路货物运输	1195	3217	3135	286671	26842	965995	962532
道路运输辅助活动	88	6559	11436	3036887	174219	1176466	856156
城市公共交通业	85	910	1139	420345	48507	166546	158865
公共电汽车客运	14	594	850	365414	41703	128740	122337

4－A－3 续表1－1 单位：个、万元、人

指 标 名 称	法人单位	年初存货	年末存货	固定资产原 价	本年折旧	营业收入	#主营业务收 入
轨道交通	2	11	11	796	37	850	850
出租车客运	65	305	277	53479	6694	36457	35180
城市轮渡	1			566	55	275	275
其他城市公共交通	3			91	18	224	224
水上运输业	81	9355	2595	186069	21996	196306	195289
水上旅客运输	23	89	130	16415	1107	12189	11660
水上货物运输	39	9197	2415	147918	19828	171866	171511
水上运输辅助活动	19	69	50	21736	1061	12252	12117
航空运输业	19	289	293	794360	43714	338754	338528
航空客货运输	13	145	144	526299	33256	257361	257262
航空运输辅助活动	6	144	149	268061	10458	81393	81266
装卸搬运和其他运输服务业	430	1920	4967	108142	9079	534869	534130
装卸搬运	60	429	864	57804	2687	37163	36723
运输代理服务	370	1492	4103	50338	6393	497706	497406
仓储业	129	13533	15977	146107	9097	144749	144316
谷物、棉花等农产品仓储	13	10045	12088	22432	936	25013	24901
其他仓储	116	3488	3889	123676	8162	119737	119415
邮政业	116	2375	2547	161335	12215	157263	147329
国家邮政	10	1623	2396	117978	7436	97512	89821
其他寄递服务	106	752	151	43357	4779	59752	57508
信息传输、计算机服务和软件业	**3990**	**163172**	**169501**	**4739791**	**495191**	**3700313**	**3649468**
电信和其他信息传输服务业	352	14771	18095	4337730	451039	1778282	1752981
电 信	120	6436	9330	4027596	413977	1335528	1316567
互联网信息服务	211	1029	1582	117275	18620	361325	357388
广播电视传输服务	16	7234	7042	190872	18386	77733	75772
卫星传输服务	5	71	140	1989	56	3697	3255
计算机服务业	1673	59936	58524	121311	12618	754850	747558
计算机系统服务	554	55552	53651	41571	5416	674458	669493
数据处理	5	50		64	11	1140	1110
计算机维修	94	512	925	2495	605	9532	8962
其他计算机服务	1020	3822	3948	77182	6586	69720	67992
软件业	1965	88465	92882	280750	31534	1167182	1148929
公共软件服务	1908	88076	92322	278884	31247	1156549	1138528
其他软件服务	57	389	560	1866	287	10632	10401
租赁和商务服务业	**9530**	**596419**	**860513**	**5981904**	**279085**	**5648573**	**5464481**
租赁业	306	9196	10209	113102	13271	139291	138033
机械设备租赁	289	8725	9867	112339	13163	137579	136320
文化及日用品出租	17	470	342	763	108	1712	1712
商务服务业	9224	587224	850305	5868803	265814	5509282	5326448

4－A－3 续表1－2 单位：个、万元、人

指标名称	法人单位	年初存货	年末存货	固定资产原价	本年折旧	营业收入	#主营业务收入
企业管理服务	2451	516869	775925	4716260	189308	3189176	3034117
法律服务	197	110	39	15197	1672	83543	83489
咨询与调查	2603	6793	15259	174235	15956	340829	333160
广告业	1989	7728	7311	120591	13734	564545	561230
知识产权服务	98	85	79	3844	486	16020	15973
职业中介服务	188	4678	8990	20870	1954	182293	182111
市场管理	405	44964	35134	561875	28683	378327	367580
旅行社	463	416	2446	80316	3546	542849	541910
其他商务服务	830	5581	5122	175615	10474	211700	206877
科学研究、技术服务和地质勘查业	**4165**	**205339**	**320471**	**874420**	**71736**	**2542403**	**2518101**
研究与试验发展	219	30382	75963	52038	3429	131601	130964
自然科学研究与试验发展	26	1013	986	7773	311	4093	4079
工程和技术研究与试验发展	112	26727	71516	23124	1492	114099	113808
农业科学研究与试验发展	23	1875	2273	12089	782	5455	5201
医学研究与试验发展	51	764	1181	9004	823	7721	7642
社会人文科学研究与试验发展	7	3	6	49	23	234	234
专业技术服务业	2171	108926	123702	614043	48454	1518485	1508598
气象服务	5			625	47	1264	1243
地震服务	1		2	5	1	44	44
海洋服务	5	156	348	1301	115	2604	2597
测绘服务	66	36	173	7429	1027	29335	29261
技术检测	174	807	554	33394	3786	80669	80145
环境监测	40	611	671	3158	512	10534	10431
工程技术与规划管理	1348	74555	83224	474201	36807	1250652	1244488
其他专业技术服务	532	32761	38729	93931	6159	143382	140388
科技交流和推广服务业	1750	64946	120090	203578	19392	868588	855132
技术推广服务	1625	64621	119624	195468	18686	851676	839164
科技中介服务	91	161	195	6619	544	8781	7850
其他科技服务	34	164	271	1491	161	8131	8119
地质勘查业	25	1085	716	4761	461	23729	23407
矿产地质勘查	8	18	26	1159	102	9545	9283
基础地质勘查	9			2407	189	4137	4104
地质勘查技术服务	8	1068	689	1195	170	10048	10019
水利、环境和公共设施管理业	**590**	**115716**	**126121**	**661256**	**41102**	**506459**	**492738**
水利管理业	27	1299	290	3949	294	5247	5181
防洪管理	3	1293	263	640	84	2107	2107
水资源管理	16	6	27	3167	187	2255	2244
其他水利管理	8			142	23	885	830

4－A－3 续表1－3 单位：个、万元、人

指标名称	法人单位	年初存货	年末存货	固定资产原价	本年折旧	营业收入	#主营业务收入
环境管理业	118	1447	1984	77577	6231	32819	32545
自然保护	9	93	115	11898	591	5032	5032
环境治理	109	1354	1869	65679	5641	27787	27513
公共设施管理业	445	112970	123847	579730	34577	468393	455011
市政公共设施管理	55	36611	23909	271318	17296	63912	60718
城市绿化管理	277	72278	94824	65560	5293	339349	335856
游览景区管理	113	4082	5114	242852	11989	65132	58437
居民服务和其他服务业	**1615**	**26922**	**27123**	**94050**	**8592**	**223578**	**219648**
居民服务业	633	12393	14383	44930	3619	81325	80062
家庭服务	114	257	60	2766	288	9062	9000
托儿所	1			6	1	26	26
洗染服务	49	107	127	6320	478	10213	10201
理发及美容保健服务	187	475	520	6037	988	14847	14684
洗浴服务	55	203	214	4652	699	11401	11399
婚姻服务	81	29	27	653	96	1820	1753
殡葬服务	26	9540	11391	18621	412	15625	15457
摄影扩印服务	76	1150	1485	3497	463	11024	10466
其他居民服务	44	632	558	2378	193	7308	7077
其他服务业	982	14529	12741	49120	4973	142253	139586
修理与维护	740	13853	12142	40533	4047	102551	100181
清洁服务	159	301	253	4398	616	25848	25688
其他未列明的服务	83	375	347	4189	310	13855	13717
教　育	**438**	**636**	**827**	**50945**	**4788**	**81920**	**79851**
教　育	438	636	827	50945	4788	81920	79851
学前教育	39	7	21	4379	192	3003	2988
初等教育	4			120	20	61	61
中等教育	13	13	12	4576	381	4511	4239
高等教育	5			89	17	700	700
其他教育	377	617	794	41781	4179	73646	71863
卫生、社会保障和社会福利业	**251**	**3666**	**4686**	**64539**	**9592**	**77911**	**77711**
卫　生	242	3620	4639	62264	9457	77435	77235
医　院	60	1759	2142	52333	8190	49237	49085
卫生院及社区医疗活动	4	21	76	431	5	632	632
门诊部医疗活动	161	1721	2247	8307	925	24622	24583
计划生育技术服务活动	3	66	121	182	42	680	680
妇幼保健活动	4	12	21	55	11	74	67
专科疾病防治活动	1			64	6	39	39
疾病预防控制及防疫活动	2	7	4			42	42

4－A－3 续表1－4

单位：个、万元、人

指标名称	法人单位	年初存货	年末存货	固定资产原价	本年折旧	营业收入	#主营业务收入
其他卫生活动	7	33	29	892	278	2110	2106
社会保障业	2			4	1	106	106
社会保障业	2			4	1	106	106
社会福利业	7	46	46	2271	134	371	371
提供住宿的社会福利	5	46	46	2269	134	150	150
不提供住宿的社会福利	2			2	...	221	221
文化、体育和娱乐业	**678**	**70720**	**75332**	**489177**	**42522**	**593202**	**581279**
新闻出版业	73	52871	52150	140872	7837	264558	258215
新闻业	1			10	2	28	14
出版业	72	52871	52150	140862	7835	264530	258201
广播、电视、电影和音像业	120	8511	12744	185222	22206	240886	237245
广　播	1	666	1410	111	11	1880	1793
电　视	38	6285	9599	159065	19540	211131	210015
电　影	59	1303	1494	21580	1860	22625	20243
音像制作	22	257	242	4466	795	5250	5194
文化艺术业	121	5431	6150	34788	3852	26625	25077
文艺创作与表演	45	423	692	14835	2626	17067	16278
艺术表演场馆	6	7	7	191	25	915	593
图书馆与档案馆	6	2	3	67	7	718	718
文物及文化保护	3	4851	4939	162	22	835	758
博物馆	2			22	1	138	138
群众文化活动	20	21	36	5127	317	1490	1404
文化艺术经纪代理	28	20	148	14257	840	5078	4803
其他文化艺术	11	109	326	126	14	384	384
体　育	41	57	63	12946	396	6835	6802
体育组织	22	19	13	549	59	828	828
体育场馆	7	27	32	12292	325	5732	5732
其他体育	12	11	18	104	13	275	242
娱乐业	323	3850	4225	115349	8230	54298	53941
室内娱乐活动	140	1167	1253	24166	3399	25074	24829
游乐园	10	1374	1465	4738	373	1788	1788
休闲健身娱乐活动	143	1273	1359	83801	4175	24610	24510
其他娱乐活动	30	35	148	2645	284	2826	2815
公共管理和社会组织	**9**			**194**	**33**	**1118**	**1118**
群众团体、社会团体和宗教组织	9			194	33	1118	1118
群众团体	1			18	...	288	288
社会团体	7			160	33	637	637
宗教组织	1			16	...	193	193

4－A－3 续表2－1

单位：个、万元、人

指标名称	营业成本	#主营业务成本	营业税金及附加	#主营业务税金及附加	主营业务利润	其他业务利润	营业费用、管理费用、财务费用合计
总计	**11783684**	**11508942**	**436131**	**423495**	**4860040**	**404351**	**4334406**
一、按登记注册类型分							
内资	**10614672**	**10544582**	**350891**	**346111**	**3397693**	**285811**	**3576702**
国有	3005289	2977143	80708	78694	496802	123132	847686
集体	137124	135553	13043	12995	181010	10047	173601
股份合作企业	15330	11923	1774	1774	18945	572	15739
联营企业	11528	11528	837	837	7845	230	6845
国有联营	8121	8121	157	157	897	14	1184
集体联营	2390	2390	439	439	3231	78	2145
国有与集体联营	961	961	73	73	778		784
其他联营	57	57	167	167	2940	138	2733
有限责任公司	3226872	3209031	99189	97861	1199925	102264	1120783
国有独资公司	142286	139465	5618	5549	75898	19084	128705
其他有限责任公司	3084585	3069566	93571	92311	1124027	83180	992079
股份有限公司	814971	812027	27227	27075	394381	9326	282058
私营企业	3310814	3295182	123294	122066	1039615	38082	1078059
私营独资	146642	146452	8492	8472	53744	634	39826
私营合伙	125038	125012	6318	6262	75096	924	52299
私营有限责任公司	2942884	2928257	104767	103634	880622	35913	960471
私营股份有限公司	96251	95460	3718	3698	30153	611	25463
其他	92745	92195	4818	4810	59171	2159	51930
港澳台商投资	**580043**	**578037**	**49446**	**49340**	**978197**	**21866**	**499980**
与港澳台商合资经营	78628	78262	6915	6910	140157	1743	82874
与港澳台商合作经营	6618	6549	404	404	1457	37	4001
港澳台商独资	485542	483970	40204	40103	808967	20087	410564
港澳台商投资股份有限公司	9255	9255	1923	1923	27618		2541
外商投资	**588969**	**386323**	**35794**	**28044**	**484149**	**96674**	**257724**
中外合资经营	184132	183857	7822	7736	77367	1105	60571
中外合作经营	2715	2715	905	905	12442	...	13298
外资企业	76964	76901	5662	5662	125529	2022	131992
外商投资股份有限公司	325157	122850	21405	13742	268811	93546	51863
二、按国民经济行业(门类、大类、中类)分							
交通运输、仓储和邮政业	**2807149**	**2592934**	**102065**	**93430**	**818123**	**200008**	**621704**
道路运输业	1488008	1283621	71185	62713	657735	107781	378568
公路旅客运输	146665	146321	6719	6554	55492	4557	38273
道路货物运输	828543	826856	28154	27600	104650	794	87874
道路运输辅助活动	512800	310444	36313	28559	497592	102430	252420
城市公共交通业	194756	194566	4916	4914	-40705	85530	52219
公共电汽车客运	173915	173889	3774	3774	-55327	84287	38949

4－A－3 续表2－2

单位：个、万元、人

指标名称	营业成本	#主营业务成本	营业税金及附加	#主营业务税金及附加	主营业务利润	其他业务利润	营业费用、管理费用、财务费用合计
轨道交通	278	278	47	47	525		452
出租车客运	20021	19857	1072	1070	14163	1244	12588
城市轮渡	424	424	14	14	－164		138
其他城市公共交通	117	117	9	9	98		92
水上运输业	137969	137833	3191	3144	39930	759	33408
水上旅客运输	2504	2416	662	639	8605	342	7530
水上货物运输	127704	127689	2065	2060	27380	334	22622
水上运输辅助活动	7760	7728	464	444	3945	82	3256
航空运输业	291954	291954	10902	10902	35673	156	25944
航空客货运输	251886	251886	7891	7891	－2514	39	9809
航空运输辅助活动	40068	40068	3011	3011	38187	118	16135
装卸搬运和其他运输服务业	475743	471137	5226	5216	56124	371	49347
装卸搬运	25370	25195	1298	1289	10217	131	7175
运输代理服务	450374	445942	3928	3927	45907	240	42172
仓储业	101460	101363	3443	3339	37733	280	33347
谷物、棉花等农产品仓储	23443	23442	140	140	1308	99	4209
其他仓储	78018	77921	3302	3199	36425	181	29138
邮政业	117259	112460	3203	3201	31633	5130	48870
国家邮政	79544	74750	1574	1574	13497	2902	27013
其他寄递服务	37716	37710	1629	1627	18136	2228	21858
信息传输、计算机服务和软件业	**2162961**	**2149891**	**90162**	**89771**	**1404494**	**45430**	**1191812**
电信和其他信息传输服务业	859813	855938	59007	58800	848982	26991	651391
电　信	761375	758130	39227	39024	530302	4853	423044
互联网信息服务	49496	49307	18541	18541	289388	20177	198495
广播电视传输服务	46373	46301	1125	1120	28351	1890	29063
卫星传输服务	2569	2200	114	114	941	72	789
计算机服务业	601126	600249	10632	10588	128568	5556	105580
计算机系统服务	552572	551714	7724	7696	102019	3299	81607
数据处理	560	560	31	31	519	30	412
计算机维修	6846	6842	170	170	1951	561	2693
其他计算机服务	41148	41134	2707	2692	24079	1666	20868
软件业	702022	693704	20523	20383	426944	12883	434842
公共软件服务	694077	685848	20305	20166	424626	12681	432244
其他软件服务	7945	7856	218	216	2318	203	2598
租赁和商务服务业	**4117122**	**4093707**	**113182**	**110446**	**1524165**	**131132**	**1528568**
租赁业	107470	107336	2362	2330	28115	840	26251
机械设备租赁	106247	106114	2303	2272	27684	840	25883
文化及日用品出租	1223	1223	58	58	431		367
商务服务业	4009652	3986371	110821	108116	1496050	130293	1502317

4－A－3 续表2－3 单位：个、万元、人

指 标 名 称	营业成本	#主营业务成本	营业税金及附加	#主营业务税金及附加	主营业务利润	其他业务利润	营业费用、管理费用、财务费用合计
企业管理服务	2438330	2420205	46992	45030	850647	107039	939432
法律服务	13376	13365	4998	4994	65129	37	42767
咨询与调查	177707	177123	14237	14152	132571	6577	137722
广告业	437185	434967	15129	14615	106513	1678	85156
知识产权服务	4637	4526	802	798	10645	45	12703
职业中介服务	152562	152562	2890	2886	24310	143	20408
市场管理	170029	169195	16784	16727	179343	8546	159773
旅行社	493550	492894	2592	2553	48062	617	33215
其他商务服务	122276	121534	6398	6360	78830	5612	71143
科学研究、技术服务和地质勘查业	**1766303**	**1756237**	**77232**	**76665**	**637704**	**12427**	**554898**
研究与试验发展	97538	97356	2342	2341	32249	477	22021
自然科学研究与试验发展	3446	3446	151	151	482	12	1686
工程和技术研究与试验发展	85519	85373	1791	1791	27632	144	14776
农业科学研究与试验发展	4048	4015	25	25	1156	231	1487
医学研究与试验发展	4405	4401	367	367	2874	89	4003
社会人文科学研究与试验发展	121	121	8	8	105		68
专业技术服务业	1007320	1004816	58687	58433	402333	4858	341872
气象服务	702	702	60	60	481	2	289
地震服务	33	33	2	2	10		11
海洋服务	1845	1843	144	144	609	6	573
测绘服务	15783	15350	1450	1450	12332	94	9361
技术检测	44685	44521	3562	3562	30926	359	27163
环境监测	5380	5324	449	449	4439	103	4664
工程技术与规划管理	836263	835776	49942	49693	317498	2457	264551
其他专业技术服务	102629	101268	3078	3074	36037	1838	35259
科技交流和推广服务业	642995	635813	15150	14840	199018	6913	187808
技术推广服务	633092	625922	14663	14353	193431	6168	181769
科技中介服务	4052	4043	325	325	3479	742	3947
其他科技服务	5851	5849	162	162	2108	3	2093
地质勘查业	18450	18252	1054	1051	4104	179	3198
矿产地质勘查	7270	7270	373	373	1640	118	1079
基础地质勘查	3192	3192	210	206	706	33	770
地质勘查技术服务	7988	7790	472	472	1758	28	1349
水利、环境和公共设施管理业	**370573**	**366150**	**14759**	**14639**	**110200**	**6416**	**100170**
水利管理业	1623	1623	95	95	3360	63	4234
防洪管理	399	399	2	2	1706		2090
水资源管理	1008	1008	44	44	1088	8	1644
其他水利管理	216	216	49	49	566	55	500

4－A－3 续表2－4 单位：个、万元、人

指标名称	营业成本	#主营业务成本	营业税金及附加	#主营业务税金及附加	主营业务利润	其他业务利润	营业费用、管理费用、财务费用合计
环境管理业	19371	19226	730	728	12588	226	15250
自然保护	1028	978	180	180	3874		4457
环境治理	18343	18248	550	547	8714	226	10794
公共设施管理业	349579	345302	13934	13817	94252	6127	80686
市政公共设施管理	41304	39643	1564	1535	19271	2147	23055
城市绿化管理	289409	286947	10312	10230	37446	791	23788
游览景区管理	18866	18712	2058	2052	37535	3190	33842
居民服务和其他服务业	**133618**	**132532**	**6511**	**6467**	**82019**	**2492**	**76051**
居民服务业	36225	35976	3071	3045	41005	853	39384
家庭服务	3473	3472	487	474	5049	57	5115
托儿所			1	1	24		20
洗染服务	4845	4845	454	454	4902	12	4701
理发及美容保健服务	4388	4345	722	722	9605	90	10287
洗浴服务	5806	5799	608	608	4993	2	5265
婚姻服务	513	512	66	65	1168	66	1133
殡葬服务	6829	6814	95	95	8549	73	5779
摄影扩印服务	4707	4671	430	419	5376	554	5808
其他居民服务	5665	5519	208	208	1339		1276
其他服务业	97393	96556	3440	3422	41015	1639	36667
修理与维护	72608	71859	1568	1556	28525	1488	25124
清洁服务	14383	14296	1538	1531	9766	115	9523
其他未列明的服务	10402	10400	335	334	2724	36	2020
教 育	**43751**	**42972**	**2610**	**2552**	**33682**	**1356**	**32274**
教 育	43751	42972	2610	2552	33682	1356	32274
学前教育	1043	951	46	46	1992	12	1756
初等教育	56	56	1	1	4		6
中等教育	1521	1352	116	99	2402	103	3162
高等教育	9	9	1	1	691		687
其他教育	41122	40605	2447	2406	28594	1241	26663
卫生、社会保障和社会福利业	**42406**	**42387**	**1591**	**1588**	**30709**	**196**	**33655**
卫 生	42245	42226	1573	1570	30411	196	33203
医 院	26035	26033	1050	1048	18992	153	23298
卫生院及社区医疗活动	466	466	32	32	134		192
门诊部医疗活动	13938	13921	382	381	10267	34	8672
计划生育技术服务活动	567	567	2	2	111		108
妇幼保健活动	43	43	1	1	24	6	26
专科疾病防治活动	2	2	...	...	37		34
疾病预防控制及防疫活动	24	24	1	1	17		13

4－A－3 续表2－5 单位：个、万元、人

指标名称	营业成本	#主营业务成本	营业税金及附加	#主营业务税金及附加	主营业务利润	其他业务利润	营业费用、管理费用、财务费用合计
其他卫生活动	1172	1172	105	105	830	4	861
社会保障业	32	32	7	7	68		54
社会保障业	32	32	7	7	68		54
社会福利业	129	129	11	11	230		398
提供住宿的社会福利	121	121	3	3	25		303
不提供住宿的社会福利	8	8	8	8	205		95
文化、体育和娱乐业	**339293**	**331625**	**27984**	**27902**	**218369**	**4894**	**194901**
新闻出版业	168950	168212	9215	9179	80274	5393	58549
新闻业			...	...	14	41	98
出版业	168950	168212	9215	9179	80260	5352	58451
广播、电视、电影和音像业	129510	124382	11625	11600	98864	－1901	81739
广　播	1149	1149	100	100	543	87	620
电　视	115070	110351	10497	10497	88923	－3766	69658
电　影	10734	10325	713	687	7322	1721	9879
音像制作	2557	2557	316	316	2076	57	1581
文化艺术业	14562	14253	1115	1109	9692	1230	13816
文艺创作与表演	9938	9938	620	614	5704	789	7174
艺术表演场馆	1299	1110	16	16	－533	133	1741
图书馆与档案馆	24	24	44	44	650		548
文物及文化保护	622	622	29	29	108	77	316
博物馆	112	112	1	1	24		23
群众文化活动	445	370	56	56	978	1	1218
文化艺术经纪代理	2048	2004	230	230	2570	230	2545
其他文化艺术	73	73	120	120	191		252
体　育	7319	6112	103	103	587	33	3610
体育组织	1787	580	33	33	215		1517
体育场馆	5437	5437	60	60	235		1878
其他体育	95	95	10	10	137	33	215
娱乐业	18953	18666	5925	5911	28952	139	37188
室内娱乐活动	11181	11044	3818	3818	9954	108	13289
游乐园	856	856	83	83	849		980
休闲健身娱乐活动	5967	5818	1864	1850	16443	20	21104
其他娱乐活动	949	949	160	160	1706	11	1815
公共管理和社会组织	**507**	**507**	**35**	**35**	**575**		**373**
群众团体、社会团体和宗教组织	507	507	35	35	575		373
群众团体	277	277	1	1	10		45
社会团体	177	177	35	35	425		317
宗教组织	53	53			140		11

4－A－3 续表3－1

单位：个、万元、人

指 标 名 称	#税金	#利息支出	营业利润	职工工资和福利费	本年应交增值税	所有者权益合计	实收资本
总 计	**63720**	**610942**	**1314037**	**1967300**	**119842**	**42237904**	**25353544**
一、按登记注册类型分							
内 资	**54682**	**557638**	**492256**	**1611878**	**90129**	**37562393**	**21947667**
国 有	10338	132407	－44538	510819	10694	9752089	4177540
集 体	3989	26028	23813	63918	403	1363650	663360
股份合作企业	810	24	4067	10385	95	162026	33845
联营企业	86	234	1376	2279	13	14356	15398
国有联营	25	269	－273	339	...	424	1958
集体联营	50	1	1171	753	3	3981	3914
国有与集体联营	11	－3	134	357	11	8406	8439
其他联营	1	－33	345	831		1545	1088
有限责任公司	18320	269479	321897	440256	33149	17477066	10839637
国有独资公司	3917	34525	－21136	36654	859	6898419	2649426
其他有限责任公司	14403	234954	343032	403602	32290	10578646	8190212
股份有限公司	5085	45011	126598	139329	11366	2370603	1027901
私营企业	15152	79605	46282	420549	33096	6156536	5010852
私营独资	837	1281	15151	26434	1253	228299	158881
私营合伙	574	172	24958	23776	832	114666	71675
私营有限责任公司	13359	77454	376	358888	28848	5280127	4265885
私营股份有限公司	382	698	5797	11451	2163	533444	514412
其 他	902	4851	12761	24343	1312	266068	179136
港澳台商投资	**3305**	**21425**	**492947**	**174682**	**2508**	**1764501**	**1132648**
与港澳台商合资经营	238	29642	60241	15764	352	488415	408679
与港澳台商合作经营	29	1145	－2500	1299	1	42035	55175
港澳台商独资	2865	－6885	410130	153626	2155	1124864	589379
港澳台商投资股份有限公司	173	－2476	25076	3993		109186	79414
外商投资	**5734**	**31878**	**328833**	**180740**	**27205**	**2911011**	**2273229**
中外合资经营	4171	2524	19181	62749	3950	1045411	968625
中外合作经营	571	3484	－855	2779	3	31790	46057
外资企业	400	476	－1899	87877	1190	602201	570456
外商投资股份有限公司	591	25394	312406	27336	22062	1231609	688091
二、按国民经济行业（门类、大类、中类）分							
交通运输、仓储和邮政业	**11388**	**182729**	**440231**	**387111**	**3043**	**3848814**	**3236558**
道路运输业	5272	165653	412413	131614	1796	2272944	1803292
公路旅客运输	2803	453	22885	37361	598	140117	50940
道路货物运输	1892	4386	20993	45792	1139	277918	186124
道路运输辅助活动	576	160814	368535	48461	60	1854909	1566228
城市公共交通业	507	－775	－7275	84797	122	374746	451588
公共电汽车客运	408	－1767	－9989	77669	11	136800	41031

4-A-3 续表3-2

单位：个、万元、人

指标名称	#税金	#利息支出	营业利润	职工工资和福利费	本年应交增值税	所有者权益合计	实收资本
轨道交通		2	73	2355		201246	384953
出租车客运	99	1006	2937	4502	112	35000	23589
城市轮渡	...	-14	-302	249		1633	2000
其他城市公共交通		-1	7	22		67	15
水上运输业	329	12770	19983	16486	617	218918	117060
水上旅客运输	18	80	1417	5133	2	8649	8675
水上货物运输	139	12378	17794	8020	610	180185	79871
水上运输辅助活动	172	312	772	3332	4	30083	28513
航空运输业	3575	84	9885	37572	5	579710	593427
航空客货运输	19	1405	-12285	12789		24395	24227
航空运输辅助活动	3557	-1321	22170	24783	5	555315	569200
装卸搬运和其他运输服务业	534	1261	9618	30475	388	162028	125611
装卸搬运	139	225	3195	9887	52	18679	13165
运输代理服务	395	1036	6423	20589	336	143350	112446
仓储业	770	3698	7680	15428	72	150979	113794
谷物、棉花等农产品仓储	69	723	-2792	1461	6	19886	8398
其他仓储	701	2974	10472	13967	66	131093	105396
邮政业	402	39	-12073	70740	42	89490	31786
国家邮政	349	-41	-10613	42161	31	73581	3215
其他寄递服务	53	80	-1460	28578	11	15909	28571
信息传输、计算机服务和软件业	**12277**	**-4681**	**216009**	**548482**	**43041**	**2416854**	**2082429**
电信和其他信息传输服务业	4554	-18015	167330	274225	930	694456	651248
电　信	4191	-11340	54645	150851	230	148109	331688
互联网信息服务	194	-14035	111284	111472	157	452174	218380
广播电视传输服务	167	7357	1177	11112	530	92288	99480
卫星传输服务	2	3	224	790	13	1886	1700
计算机服务业	4664	7452	39373	54593	7401	498740	378389
计算机系统服务	3680	5005	34452	41494	6615	400142	311431
数据处理	...		137	176	64	548	420
计算机维修	30	110	-181	1318	154	5718	6165
其他计算机服务	954	2337	4964	11605	568	92333	60373
软件业	3059	5883	9306	219664	34711	1223657	1052792
公共软件服务	3046	5874	9373	218599	34641	1216823	1045941
其他软件服务	13	9	-67	1065	70	6834	6851
租赁和商务服务业	**24211**	**393206**	**440118**	**472735**	**39184**	**30941922**	**17166449**
租赁业	204	3423	4099	6234	267	262993	214197
机械设备租赁	199	3423	4035	5985	267	260960	212220
文化及日用品出租	6	...	64	249	1	2032	1978
商务服务业	24007	389783	436019	466501	38917	30678929	16952251

4-A-3 续表3-3

单位：个、万元、人

指标名称	#税金	#利息支出	营业利润	职工工资和福利费	本年应交增值税	所有者权益合计	实收资本
企业管理服务	15974	364183	310688	225169	33349	28470857	13722593
法律服务	307	-86	22401	16578	38	23160	5154
咨询与调查	1600	2694	8076	63420	1877	957291	746762
广告业	1994	978	28498	34088	1233	242737	174773
知识产权服务	48	-433	-2008	2557	6	11479	16441
职业中介服务	206	-126	5877	23653	29	29755	13893
市场管理	2906	18149	30431	36295	890	513314	2010706
旅行社	281	1257	18592	16510	82	293675	142775
其他商务服务	692	3168	13465	48232	1414	136661	119155
科学研究、技术服务和地质勘查业	**9452**	**16631**	**151642**	**350801**	**25522**	**2211100**	**1550269**
研究与试验发展	353	-142	13094	18191	4108	196205	109618
自然科学研究与试验发展	11	-22	-1191	622	5	29545	24790
工程和技术研究与试验发展	252	-202	15384	14522	4079	128263	39896
农业科学研究与试验发展	27	-25	-95	1105	11	16623	20531
医学研究与试验发展	63	107	-1040	1848	13	21643	24331
社会人文科学研究与试验发展			36	94	...	131	70
专业技术服务业	5891	10603	109330	249441	2398	1133699	683521
气象服务			194	86		572	200
地震服务			-1	5		28	30
海洋服务	1		42	318		1320	1560
测绘服务	122	-14	3192	4817	199	12624	5933
技术检测	297	179	5260	15441	188	71305	47914
环境监测	118	41	97	2502	35	8617	6475
工程技术与规划管理	4857	10071	97975	204695	1339	872685	493128
其他专业技术服务	496	325	2571	21578	638	166549	128280
科技交流和推广服务业	3152	6048	28134	81400	18990	867823	748003
技术推广服务	2850	6002	27839	78855	16881	834743	720168
科技中介服务	210	28	277	1967	21	26850	21241
其他科技服务	91	19	18	579	2087	6230	6594
地质勘查业	56	122	1085	1770	27	13374	9128
矿产地质勘查	5	52	679	672	10	7271	4257
基础地质勘查	22	-4	-31	628		3667	3239
地质勘查技术服务	29	74	437	470	17	2436	1631
水利、环境和公共设施管理业	**1735**	**11614**	**18280**	**49125**	**788**	**1702188**	**650998**
水利管理业	93	949	-708	1947	...	911357	156230
防洪管理	89		-385	996		797628	64500
水资源管理		949	-445	849	...	112393	90507
其他水利管理	4	-1	121	102		1335	1223

4－A－3 续表3－4 单位：个、万元、人

指标名称	#税金	#利息支出	营业利润	职工工资和福利费	本年应交增值税	所有者权益合计	实收资本
环境管理业	120	4181	－2432	7044	91	119514	71870
自然保护	65	73	－582	651	9	15572	9388
环境治理	55	4108	－1850	6393	83	103942	62482
公共设施管理业	1522	6484	21419	40134	696	671316	422898
市政公共设施管理	431	140	－1282	7178	11	216151	138530
城市绿化管理	732	4064	15681	20840	505	174808	135476
游览景区管理	359	2280	7020	12116	181	280358	148892
居民服务和其他服务业	**1053**	**3902**	**9478**	**40675**	**3068**	**201778**	**140562**
居民服务业	504	552	2509	18675	204	93985	43364
家庭服务	187	79	－4	4383	13	6593	5935
托儿所			5	12		10	10
洗染服务	60	166	213	2751	10	8055	3395
理发及美容保健服务	61	23	－582	4485	72	6335	10041
洗浴服务	111	29	－270	1969		5385	7752
婚姻服务	11	－2	109	692	13	1186	1356
殡葬服务	10	256	2843	803	8	55365	5630
摄影扩印服务	57	7	121	2705	85	5038	5281
其他居民服务	7	－7	74	876	3	6018	3964
其他服务业	549	3350	6969	22000	2864	107794	97198
修理与维护	420	279	5462	13759	2713	71938	63930
清洁服务	56	3159	479	6365	51	26414	25703
其他未列明的服务	73	－88	1028	1876	100	9442	7565
教　育	**565**	**602**	**3385**	**15695**	**399**	**36292**	**30165**
教　育	565	602	3385	15695	399	36292	30165
学前教育	1	28	248	1491	229	1013	1222
初等教育			－2	36	...	108	165
中等教育	19	144	－271	1187		892	1170
高等教育			4	23		209	211
其他教育	545	431	3407	12958	170	34070	27397
卫生、社会保障和社会福利业	**368**	**262**	**168**	**21027**	**57**	**43872**	**52420**
卫　生	348	181	323	20773	56	43592	51032
医　院	226	95	－1250	15509	21	32318	40971
卫生院及社区医疗活动			－58	96		57	744
门诊部医疗活动	117	64	1643	4432	18	9740	8025
计划生育技术服务活动	2		3	55	12	231	172
妇幼保健活动	...		4	34		86	84
专科疾病防治活动	...		3	2	2	60	60
疾病预防控制及防疫活动	2		4	9	1	17	15

4-A-3 续表3-5

单位：个、万元、人

指 标 名 称	#税金	#利息支出	营业利润	职工工资和福利费	本年应交增值税	所有者权益合计	实收资本
其他卫生活动	1	22	-27	635	2	1084	962
社会保障业	...		13	33		13	8
社会保障业	...		13	33		13	8
社会福利业	20	81	-168	221	...	268	1380
提供住宿的社会福利	20	81	-278	99		164	1280
不提供住宿的社会福利			110	122	...	104	100
文化、体育和娱乐业	**2667**	**6678**	**34525**	**81484**	**4740**	**834200**	**443100**
新闻出版业	933	-517	27677	36041	4365	360274	62480
新闻业			-43	38		556	50
出版业	933	-517	27721	36003	4365	359719	62430
广播、电视、电影和音像业	242	3474	20396	27227	114	346591	222080
广　播	1		10	118		6401	6000
电　视	120	3121	18231	23087	29	310561	191160
电　影	106	295	1357	3094	48	24829	20155
音像制作	15	58	797	928	37	4800	4765
文化艺术业	304	756	-2871	3954	7	25172	31967
文艺创作与表演	26	38	-659	2081	1	9934	17402
艺术表演场馆	28	-1	-2140	560	...	855	1086
图书馆与档案馆	5		102	90	...	655	483
文物及文化保护	...	...	-132	92		4223	3410
博物馆	...	...	1	11		50	50
群众文化活动	5		-239	423	1	4118	4135
文化艺术经纪代理	240	628	256	644	3	4844	4626
其他文化艺术		91	-61	53	2	494	775
体　育	33	2	-2991	3348	14	-2015	12266
体育组织	4	-1	-1302	592	8	-1578	5934
体育场馆	28	2	-1643	2640	...	-962	5714
其他体育	...		-46	115	6	524	618
娱乐业	1156	2964	-7685	10914	240	104178	114306
室内娱乐活动	182	305	-3214	4147	164	19505	28330
游乐园	6	10	-131	354		2345	1712
休闲健身娱乐活动	860	2650	-4242	5775	41	74479	74941
其他娱乐活动	108	...	-98	639	35	7850	9323
公共管理和社会组织	**4**	**-2**	**202**	**165**		**887**	**595**
群众团体、社会团体和宗教组织	4	-2	202	165		887	595
群众团体			-35	19		-45	5
社会团体	4	-2	108	118		462	120
宗教组织			129	28		469	469

4－A－3 续表4－1

单位：个、万元、人

指标名称	国家资本	集体资本	法人资本	个人资本	港澳台资本	外商资本	全部就业人员年平均人数
总计	**7034175**	**1272883**	**7660941**	**7142463**	**1257457**	**985625**	**443612**
一、按登记注册类型分							
内资	**6850620**	**1256285**	**6715796**	**7098701**	**23238**	**3028**	**401075**
国有	3270226	2175	896313	8825			92068
集体	1011	625741	32859	3750			20373
股份合作企业	402	22490	2383	8570			2912
联营企业	1593	11663	2113	29			626
国有联营	923	35	1000				92
集体联营		3891	23				335
国有与集体联营	670	7650	90	29			94
其他联营		88	1000				105
有限责任公司	3474344	471573	3762149	3106806	22863	1902	96245
国有独资公司	2565272		84154				5956
其他有限责任公司	909073	471573	3677995	3106806	22863	1902	90289
股份有限公司	91380	75242	606866	254409		5	23738
私营企业	5562	3135	1354089	3646701	375	990	157246
私营独资	46	500	36546	121785		4	12610
私营合伙		140	27624	43878		33	6110
私营有限责任公司	5516	2425	1166568	3090054	375	948	133842
私营股份有限公司		70	123351	390985		6	4684
其他	6103	44267	59025	69610		130	7867
港澳台商投资	**5640**	**2269**	**69225**	**14365**	**1039759**	**1390**	**19002**
与港澳台商合资经营	3982	2209	49818	8480	343618	573	3296
与港澳台商合作经营	1658	60	13355	10	40010	83	281
港澳台商独资			3041	5746	580538	55	14685
港澳台商投资股份有限公司			3012	129	75593	680	740
外商投资	**177915**	**14329**	**875920**	**29397**	**194461**	**981207**	**23535**
中外合资经营	45637	14329	528060	13980	11043	355577	11325
中外合作经营	769		7749	248	30566	6726	777
外资企业	9		37435	15		532996	9095
外商投资股份有限公司	131500		302676	15154	152852	85909	2338
二、按国民经济行业（门类、大类、中类）分							
交通运输、仓储和邮政业	**294262**	**26729**	**1935860**	**347119**	**411417**	**221171**	**91999**
道路运输业	128834	8663	1078915	167220	404437	15224	33757
公路旅客运输	12854	1148	16138	19183	1617		9047
道路货物运输	7296	6100	37178	132186	3193	172	17295
道路运输辅助活动	108684	1415	1025600	15850	399627	15052	7415
城市公共交通业	38524	6634	396793	7881	1246	510	21101
公共电汽车客运	35665		3922	524	420	500	19272

4－A－3 续表4－2 单位：个、万元、人

指标名称							全部就业人员年平均人数
	国家资本	集体资本	法人资本	个人资本	港澳台资本	外商资本	
轨道交通			384953				201
出租车客运	859	6629	7918	7347	826	10	1548
城市轮渡	2000						68
其他城市公共交通		5		10			12
水上运输业	28272	3559	26426	58802			4143
水上旅客运输	317	1181	1159	6019			1207
水上货物运输	20755	2350	15697	41069			2005
水上运输辅助活动	7200	28	9571	11714			931
航空运输业	12277	110	369956	12075		199010	3791
航空客货运输	12057		120	12050			1304
航空运输辅助活动	220	110	369836	25		199010	2487
装卸搬运和其他运输服务业	26643	3697	31201	64060	10		9196
装卸搬运	4010	246	1385	7524			3168
运输代理服务	22633	3451	29816	56536	10		6028
仓储业	37070	3546	30573	32110	4069	6427	4620
谷物、棉花等农产品仓储	6225	885	1229	60			341
其他仓储	30846	2660	29344	32050	4069	6427	4279
邮政业	22643	520	1996	4973	1655		15391
国家邮政	2495	490		230			7912
其他寄递服务	20148	30	1996	4743	1655		7479
信息传输、计算机服务和软件业	**334960**	**10846**	**480620**	**540399**	**530504**	**185100**	**87735**
电信和其他信息传输服务业	307862	2260	117163	48582	143719	31663	34709
电　信	276948	945	34072	15807		3916	22039
互联网信息服务	2222	90	13189	31413	143719	27748	10417
广播电视传输服务	28692	1224	69400	164			2081
卫星传输服务			503	1198			172
计算机服务业	9948	1101	155135	114135	94100	3969	14070
计算机系统服务	7069	931	144258	66632	88642	3900	8410
数据处理			150	270			45
计算机维修	723		880	4561			503
其他计算机服务	2156	170	9847	42672	5458	70	5112
软件业	17150	7485	208321	377683	292685	149468	38956
公共软件服务	17150	7255	206726	372757	292685	149367	38485
其他软件服务		230	1595	4926		100	471
租赁和商务服务业	**5661608**	**1122370**	**4322686**	**5407645**	**176441**	**475700**	**130863**
租赁业	7146	11431	96306	79735	6913	12667	2107
机械设备租赁	7131	11431	96006	78073	6913	12667	1936
文化及日用品出租	15		300	1663			171
商务服务业	5654462	1110939	4226381	5327909	169528	463033	128756

4－A－3 续表4－3

单位：个、万元、人

指标名称	国家资本	集体资本	法人资本	个人资本	港澳台资本	外商资本	全部就业人员年平均人数
企业管理服务	5455407	955758	3744499	3133593	116435	316902	45166
法律服务	24	175	1366	3361	4	225	2744
咨询与调查	79687	24543	176689	294981	26872	143991	20022
广告业	32113	2391	32687	106863	619	101	12962
知识产权服务	2112	60	2370	11900			701
职业中介服务	3909	662	3670	5641		10	7863
市场管理	23094	78388	200066	1686830	22324	4	12242
旅行社	46702	38735	12105	44877	357		6302
其他商务服务	11415	10227	52931	39864	2919	1800	20754
科学研究、技术服务和地质勘查业	**249251**	**60774**	**583155**	**499469**	**84164**	**73457**	**71755**
研究与试验发展	8008	5464	49238	28365	13246	5296	3023
自然科学研究与试验发展	3489	3	19770	1528			121
工程和技术研究与试验发展	4400	740	12613	16503	2907	2733	1918
农业科学研究与试验发展	113	4620	12646	3152			395
医学研究与试验发展	3	97	4209	7120	10340	2563	561
社会人文科学研究与试验发展	3	5		62			28
专业技术服务业	204445	43940	198846	204760	9163	22366	48932
气象服务	100	60	10	30			35
地震服务				30			3
海洋服务		20	1450	90			44
测绘服务	1185	796	1223	2723		6	1228
技术检测	9890	11891	6996	17411	1000	726	3952
环境监测	95	50	3274	3056			666
工程技术与规划管理	158631	25798	158184	144220	3155	3141	37243
其他专业技术服务	34543	5326	27709	37201	5008	18494	5761
科技交流和推广服务业	32123	11286	333685	265859	59255	45795	19239
技术推广服务	31211	10689	316012	257938	59255	45063	18445
科技中介服务	896	597	15555	3875		318	542
其他科技服务	16		2118	4047		413	252
地质勘查业	4675	83	1385	484	2500		561
矿产地质勘查	3987		171	99			241
基础地质勘查	187	33	514	6	2500		173
地质勘查技术服务	501	50	700	380			147
水利、环境和公共设施管理业	**235255**	**13958**	**199229**	**181703**	**17694**	**3158**	**16274**
水利管理业	93854	500	60363	1513			327
防洪管理	4000		60000	500			102
水资源管理	89554		263	690			196
其他水利管理	300	500	100	323			29

4－A－3　续表4－4　　　　单位：个、万元、人

指标名称	国家资本	集体资本	法人资本	个人资本	港澳台资本	外商资本	全部就业人员年平均人数
环境管理业	7184	318	20130	44238			2624
自然保护			4470	4918			460
环境治理	7184	318	15660	39320			2164
公共设施管理业	134217	13140	118737	135952	17694	3158	13323
市政公共设施管理	103800	1081	12598	7051	14000		1300
城市绿化管理	3105	7502	34467	89214	100	1088	7741
游览景区管理	27312	4557	71671	39687	3594	2071	4282
居民服务和其他服务业	**3927**	**6455**	**45548**	**75571**	**1840**	**7222**	**18426**
居民服务业	1228	3088	10540	24938	1250	2320	8400
家庭服务	140	300	985	4510			1923
托儿所				10			7
洗染服务	46	77	1108	2099	65		1108
理发及美容保健服务	20	141	2225	6103	559	994	2230
洗浴服务	10	288	1252	4959		1243	931
婚姻服务	50		271	1035			348
殡葬服务	161	1092	315	3950	112		283
摄影扩印服务	599	80	2324	1785	494		1135
其他居民服务	203	1111	2060	487	20	83	435
其他服务业	2699	3367	35008	50634	590	4902	10026
修理与维护	2068	2950	15927	37667	590	4728	6570
清洁服务	102	338	17380	7807		76	2917
其他未列明的服务	528	79	1701	5159		98	539
教　育	**7236**	**3613**	**5312**	**12609**		**1396**	**5964**
教　育	7236	3613	5312	12609		1396	5964
学前教育	30	90	157	872		73	735
初等教育		20	5	140			22
中等教育		115	518	537			441
高等教育				211			13
其他教育	7206	3388	4632	10848		1323	4753
卫生、社会保障和社会福利业	**7163**	**421**	**22212**	**21352**		**1272**	**5330**
卫　生	7113	413	22112	20122		1272	5172
医　院	7029	250	18213	14208		1270	3414
卫生院及社区医疗活动			303	441			57
门诊部医疗活动	24	65	2739	5197			1504
计划生育技术服务活动		63	45	65			15
妇幼保健活动			2	82			31
专科疾病防治活动	60						1
疾病预防控制及防疫活动		15					6

4－A－3 续表4－5 单位：个、万元、人

指 标 名 称	国家资本	集体资本	法人资本	个人资本	港澳台资 本	外商资本	全部就业人员年平均人数
其他卫生活动		20	810	130		2	144
社会保障业		8					9
社会保障业		8					9
社会福利业	50		100	1230			149
提供住宿的社会福利			100	1180			38
不提供住宿的社会福利	50			50			111
文化、体育和娱乐业	**240508**	**27712**	**65737**	**56596**	**35398**	**17149**	**15186**
新闻出版业	52286	172	7558	2465			3791
新闻业	50						9
出版业	52236	172	7558	2465			3782
广播、电视、电影和音像业	172084	25193	10681	13892	53	177	4700
广 播	6000						15
电 视	158214	23695	6285	2913	53		3427
电 影	6610	1498	3919	8128			988
音像制作	1260		477	2851		177	270
文化艺术业	15001	859	6076	8407		1625	1228
文艺创作与表演	9993	25	1224	4660		1500	647
艺术表演场馆	50		852	59		125	137
图书馆与档案馆		413	50	20			44
文物及文化保护	209		2800	401			24
博物馆			30	20			5
群众文化活动	2564	421	221	930			140
文化艺术经纪代理	2185		556	1885			202
其他文化艺术			343	432			29
体 育	531	95	10448	1192			457
体育组织	457	45	4940	492			204
体育场馆		50	5480	184			192
其他体育	74		28	516			61
娱乐业	607	1393	30975	30641	35345	15346	5010
室内娱乐活动		582	6359	15403		5986	2177
游乐园	20		556	1136			191
休闲健身娱乐活动	87	754	22142	8865	35345	7750	2328
其他娱乐活动	500	58	1918	5237		1610	314
公共管理和社会组织	**5**	**6**	**584**				**80**
群众团体、社会团体和宗教组织	5	6	584				80
群众团体	5						6
社会团体		6	114				60
宗教组织			469				14

注：本表按有填写财务表的服务业企业统计，不包括铁路运输、批发、零售、住宿、餐饮、银行、证券、保险、房地产业。

4-A-4 宁波市按登记注册类型和行业(门类、大类、中类)分组的服务业企业财务状况

单位:个、万元、人

指标名称	法人单位	年初存货	年末存货	固定资产原价	本年折旧	营业收入	#主营业务收入
总　计	**10915**	**1619267**	**2074250**	**12753020**	**666300**	**10198051**	**10070817**
一、按登记注册类型分							
内　资	**10712**	**1599048**	**2051623**	**10466985**	**512959**	**8734520**	**8626469**
国　有	420	440398	759721	2128039	89931	889765	851505
集　体	788	272154	279587	477778	13037	256782	254224
股份合作企业	38	675	211	10824	518	5496	5351
联营企业	30	1798	1920	63559	3026	20228	15800
国有联营	5	2	1	115	11	803	483
集体联营	16	1794	1917	37061	1464	10996	6967
国有与集体联营	6			26066	1529	8058	7979
其他联营	3	1	1	318	23	370	370
有限责任公司	585	560880	626424	1523581	89801	2278261	2256234
国有独资公司	100	153387	181120	756188	40837	558814	553276
其他有限责任公司	485	407493	445304	767394	48965	1719447	1702958
股份有限公司	101	199072	196881	2040200	111929	641545	629211
私营企业	8670	123989	186788	4219496	204405	4633167	4605070
私营独资	2033	7550	7379	171000	14261	261265	256474
私营合伙	586	2246	2683	117316	10461	143878	143667
私营有限责任公司	5650	107432	166825	2197900	143614	3789824	3768383
私营股份有限公司	401	6761	9900	1733280	36070	438200	436545
其　他	80	82	92	3507	312	9277	9076
港澳台商投资	**102**	**16888**	**18754**	**1669589**	**124565**	**973892**	**958281**
与港澳台商合资经营	40	14892	15063	440397	22055	141866	141143
与港澳台商合作经营	2			18540	564	3481	3481
港澳台商独资	45	1954	3589	1017371	91541	736734	721846
港澳台商投资股份有限公司	15	42	102	193282	10404	91812	91812
外商投资	**101**	**3331**	**3874**	**616446**	**28777**	**489639**	**486066**
中外合资经营	49	2410	3074	508823	22394	386847	383924
中外合作经营	3	199	178	57738	2848	24640	24640
外资企业	39	591	448	31039	2167	54071	53545
外商投资股份有限公司	10	131	173	18847	1368	24081	23957
二、按国民经济行业(门类、大类、中类)分							
交通运输、仓储和邮政业	**2205**	**114999**	**144422**	**6166017**	**289972**	**6026412**	**5968394**
道路运输业	820	6187	5023	3002761	100612	1206190	1190927
公路旅客运输	45	1186	873	203633	21515	223648	220329
道路货物运输	686	4407	3254	273485	31421	800376	790582
道路运输辅助活动	89	594	897	2525644	47676	182167	180015

4-A-4 续表1-1

单位：个、万元、人

指标名称	法人单位	年初存货	年末存货	固定资产原价	本年折旧	营业收入	#主营业务收入
城市公共交通业	52	1036	1255	161299	10714	130214	119327
公共电汽车客运	19	894	1109	107770	4905	69814	59055
出租车客运	30	46	45	51004	5681	58721	58653
城市轮渡	3	97	101	2525	128	1679	1619
水上运输业	157	9874	15367	2337270	137201	1445257	1425796
水上旅客运输	11	391	630	9272	780	9200	9199
水上货物运输	104	5572	6665	1095567	71641	880327	877124
水上运输辅助活动	42	3911	8072	1232431	64781	555731	539474
航空运输业	3			122194	1658	19519	14691
航空客货运输	1			26	5		
航空运输辅助活动	2			122168	1653	19519	14691
装卸搬运和其他运输服务业	941	21799	40238	211066	17460	2942483	2938552
装卸搬运	84	610	517	56026	3321	53155	51230
运输代理服务	857	21189	39721	155040	14139	2889328	2887322
仓储业	170	76092	82471	242289	16188	199414	196864
谷物、棉花等农产品仓储	10	60251	65541	28117	955	35144	33741
其他仓储	160	15840	16930	214172	15233	164270	163123
邮政业	62	12	69	89137	6138	83334	82238
国家邮政	2			85789	5645	65021	63972
其他寄递服务	60	12	69	3349	493	18313	18266
信息传输、计算机服务和软件业	**1441**	**15858**	**19803**	**2093271**	**182291**	**1242183**	**1220951**
电信和其他信息传输服务业	125	4371	6251	1952834	173954	1042870	1026945
电　信	34	2298	4019	1807405	160390	954006	939592
互联网信息服务	81	1099	1425	102487	8553	75037	73713
广播电视传输服务	9	974	807	42937	5011	13824	13636
卫星传输服务	1			5	1	4	4
计算机服务业	1001	4401	4974	90881	5127	118097	116713
计算机系统服务	188	3729	4191	55294	1590	78047	77362
数据处理	5		1	87	14	190	190
计算机维修	33	331	326	264	13	2448	2070
其他计算机服务	775	341	457	35237	3510	37412	37091
软件业	315	7086	8579	49556	3210	81216	77294
公共软件服务	293	6581	8004	47367	2990	69003	65094
其他软件服务	22	504	575	2190	220	12213	12200
租赁和商务服务业	**4055**	**1424032**	**1717490**	**2498994**	**115959**	**1592724**	**1560868**
租赁业	172	9369	9437	63204	4511	35418	34963
机械设备租赁	169	9349	9418	62933	4493	34815	34360

4-A-4 续表1-2

单位：个、万元、人

指标名称	法人单位	年初存货	年末存货	固定资产原价	本年折旧	营业收入	#主营业务收入
文化及日用品出租	3	20	20	271	18	603	603
商务服务业	3883	1414663	1708053	2435790	111448	1557306	1525905
企业管理服务	793	1406418	1698564	1916455	80010	719621	696967
法律服务	113	72	82	2597	336	31591	31466
咨询与调查	1008	1774	1666	163446	8337	123925	123341
广告业	829	2752	3397	31770	3207	101789	100578
知识产权服务	48	4	1	812	85	3562	3558
职业中介服务	165	224	288	6914	587	186706	186585
市场管理	406	663	1119	228986	11952	121082	118823
旅行社	208	589	439	64721	4533	166850	166613
其他商务服务	313	2170	2497	20090	2401	102180	97973
科学研究、技术服务和地质勘查业	**988**	**12959**	**21832**	**820933**	**22747**	**749412**	**746487**
研究与试验发展	89	1391	2102	15331	1008	31079	30835
自然科学研究与试验发展	8	626	747	3427	200	3842	3754
工程和技术研究与试验发展	53	674	1107	8612	593	25089	25042
农业科学研究与试验发展	23	80	128	3090	193	1919	1919
医学研究与试验发展	5	11	120	202	22	230	120
专业技术服务业	693	8998	15999	212222	14883	654839	653370
气象服务	7		...	366	30	459	459
海洋服务	2			97	12	690	690
测绘服务	36	104	151	5944	722	12832	12773
技术检测	117	289	380	19334	2255	43354	43088
环境监测	11	71	62	598	125	2353	2308
工程技术与规划管理	391	8141	14867	181290	11371	580618	579529
其他专业技术服务	129	394	539	4592	369	14533	14525
科技交流和推广服务业	202	2570	3731	589573	6539	48951	47738
技术推广服务	169	2551	3708	589099	6485	46338	45127
科技中介服务	26	12	12	372	42	1619	1619
其他科技服务	7	6	11	102	12	994	993
地质勘查业	4			3807	317	14543	14543
矿产地质勘查	1						
基础地质勘查	3			3807	317	14543	14543
水利、环境和公共设施管理业	**295**	**31109**	**41448**	**690120**	**23370**	**159043**	**156171**
水利管理业	34	6594	17341	463483	9289	31205	30655
防洪管理	2	1	1	107	4	71	67
水资源管理	25	69	63	163986	5625	13189	13090
其他水利管理	7	6524	17277	299391	3661	17945	17497

4－A－4 续表1－3

单位：个、万元、人

指标名称	法人单位	年初存货	年末存货	固定资产原价	本年折旧	营业收入	#主营业务收入
环境管理业	58	1889	2196	153419	9801	29344	28816
自然保护	2	25	43	2129	236	2323	2323
环境治理	56	1865	2153	151289	9565	27022	26494
公共设施管理业	203	22626	21911	73218	4280	98494	96700
市政公共设施管理	25	503	404	4871	178	17590	17491
城市绿化管理	111	20096	20972	11411	887	60182	60011
游览景区管理	67	2027	534	56937	3216	20723	19197
居民服务和其他服务业	**886**	**7992**	**10928**	**58706**	**5650**	**163890**	**159906**
居民服务业	459	3663	4837	35205	2825	87683	87015
家庭服务	65	4	4	378	61	2478	2477
托儿所	5			78	33	510	510
洗染服务	27	40	51	3395	291	2985	2970
理发及美容保健服务	137	133	237	8834	882	11422	11375
洗浴服务	53	222	218	9443	427	7395	7321
婚姻服务	22		...	188	8	336	336
殡葬服务	78	2281	3672	6763	405	27840	27799
摄影扩印服务	28	74	216	1277	237	3307	3307
其他居民服务	44	907	439	4848	481	31408	30920
其他服务业	427	4329	6091	23501	2825	76207	72890
修理与维护	297	4203	5914	17400	1390	59164	56603
清洁服务	103	75	120	2478	443	9010	8255
其他未列明的服务	27	51	56	3623	992	8032	8032
教　育	**452**	**1605**	**890**	**93536**	**5315**	**62207**	**61211**
教　育	452	1605	890	93536	5315	62207	61211
学前教育	172	1218	348	17969	1050	11465	11234
初等教育	12			17077	1144	8938	8938
中等教育	12	7	9	40627	1558	11114	10662
高等教育	1			37	2	277	277
其他教育	255	380	534	17827	1561	30413	30099
卫生、社会保障和社会福利业	**216**	**3343**	**3564**	**91024**	**5288**	**49892**	**49214**
卫　生	193	2148	2345	69322	4364	47151	46616
医　院	36	1289	1278	51669	2542	28125	28074
卫生院及社区医疗活动	45	347	434	9320	982	7406	7207
门诊部医疗活动	104	491	603	7187	679	8674	8636
妇幼保健活动	2	5	13	126	18	202	202
疾病预防控制及防疫活动	2	16	17	56	32	349	103

4-A-4 续表1-4

单位：个、万元、人

指标名称	法人单位	年初存货	年末存货	固定资产原价	本年折旧	营业收入	#主营业务收入
其他卫生活动	4			964	111	2395	2395
社会保障业	2	1	2	242	44	262	262
社会保障业	2	1	2	242	44	262	262
社会福利业	21	1194	1217	21460	879	2480	2336
提供住宿的社会福利	17	1046	1079	5678	446	1182	1182
不提供住宿的社会福利	4	148	138	15782	433	1298	1154
文化、体育和娱乐业	**376**	**7371**	**113873**	**240421**	**15710**	**152282**	**147609**
新闻出版业	9	468	700	57577	3701	58734	57375
新闻业	1	91	125	2038	390	4056	4056
出版业	8	377	575	55539	3311	54678	53319
广播、电视、电影和音像业	33	89	194	129656	7702	45927	42850
广　播	1	8	3	968	55	212	212
电　视	3	16	134	118016	7006	37069	35150
电　影	24	64	57	10456	621	8415	7257
音像制作	5			217	21	231	231
文化艺术业	41	4871	110759	5132	478	7883	7775
文艺创作与表演	13	1102	202	1637	192	3394	3367
艺术表演场馆	7	4	5	1861	179	3475	3394
图书馆与档案馆	1			5	...	51	51
文物及文化保护	3	3726	110430	963	70	361	361
博物馆	4	2	2	80	7	82	82
群众文化活动	8	26	27	218	10	63	63
文化艺术经纪代理	3			68	10	424	424
其他文化艺术	2	11	93	300	9	34	34
体　育	33	8	10	4311	331	2579	2571
体育组织	21			3710	264	1930	1930
体育场馆	6	8	10	403	39	341	333
其他体育	6			198	27	308	308
娱乐业	260	1936	2211	43745	3498	37159	37038
室内娱乐活动	164	529	611	22897	2171	25234	25168
游乐园	3	1034	1034	2801	220	1483	1483
休闲健身娱乐活动	78	326	527	17180	1058	8764	8708
其他娱乐活动	15	47	39	867	50	1679	1679
公共管理和社会组织	**1**					**7**	**7**
群众团体、社会团体和宗教组织	1					7	7
社会团体	1					7	7

4－A－4 续表2－1 单位：个、万元、人

指标名称	营业成本	#主营业务成本	营业税金及附加	#主营业务税金及附加	主营业务利润	其他业务利润	营业费用、管理费用、财务费用合计
总计	**7059738**	**7005074**	**248121**	**243998**	**2936628**	**122559**	**1749303**
一、按登记注册类型分							
内资	**6382693**	**6342654**	**210879**	**206917**	**2246591**	**110854**	**1409001**
国有	561921	552018	27248	25380	266709	18966	204303
集体	167596	166258	5549	5489	82125	4159	55130
股份合作企业	3194	3179	182	176	1995	209	1687
联营企业	10221	8315	484	456	7013	2513	6342
国有联营	184	33	43	25	425	169	269
集体联营	5231	3476	255	245	3230	2265	3831
国有与集体联营	4639	4639	165	165	3176	79	2085
其他联营	167	167	21	21	183		156
有限责任公司	1864079	1857049	45827	45345	385840	33410	293762
国有独资公司	502333	499765	15172	15055	29274	6844	80937
其他有限责任公司	1361746	1357284	30655	30291	356565	26566	212825
股份有限公司	334651	330871	21989	21687	435438	20325	158567
私营企业	3438176	3422128	109200	107991	1061626	31216	685167
私营独资	175441	171800	7877	7809	76852	1229	48191
私营合伙	84138	84060	4683	4669	54843	155	22601
私营有限责任公司	2897634	2885315	83866	82777	788309	21024	529065
私营股份有限公司	280964	280953	12774	12737	141623	8808	85309
其他	2856	2837	400	393	5846	56	4045
港澳台商投资	**349331**	**336093**	**27088**	**27016**	**540646**	**9409**	**268823**
与港澳台商合资经营	88354	88147	3940	3925	49067	1255	25745
与港澳台商合作经营	1267	1267	130	130	2083		1666
港澳台商独资	226055	213023	19734	19677	341094	8165	205805
港澳台商投资股份有限公司	33656	33656	3284	3284	148402	－11	35607
外商投资	**327714**	**326326**	**10154**	**10065**	**149391**	**2296**	**71479**
中外合资经营	258915	257528	7056	6972	119169	1411	53401
中外合作经营	8329	8329	875	875	15408		1786
外资企业	42526	42526	1462	1457	9561	310	10663
外商投资股份有限公司	17943	17943	761	761	5253	575	5629
二、按国民经济行业(门类、大类、中类)分							
交通运输、仓储和邮政业	**4685418**	**4661044**	**112296**	**110923**	**1279036**	**42494**	**581089**
道路运输业	887780	880343	36125	35787	274544	14065	188459
公路旅客运输	148685	148581	7346	7280	64469	8045	37102
道路货物运输	654946	648320	22219	22181	119827	3583	81708
道路运输辅助活动	84149	83442	6561	6326	90248	2437	69649

4－A－4 续表2－2

单位：个、万元、人

指 标 名 称	营业成本	#主营业务成 本	营业税金及 附 加	#主营业务税金及附加	主营业务利 润	其他业务利 润	营业费用、管理费用、财务费用合 计
城市公共交通业	109370	101924	3929	3615	13788	11059	20757
公共电汽车客运	73682	66235	2192	1964	－9144	10609	9936
出租车客运	34315	34315	1681	1596	22741	390	10417
城市轮渡	1374	1374	56	56	190	60	405
水上运输业	743069	738754	44667	44369	730305	4736	171527
水上旅客运输	6164	6164	412	412	2622	1	1292
水上货物运输	511735	510590	25690	25506	336003	2163	63935
水上运输辅助活动	225169	221999	18564	18451	391680	2572	106300
航空运输业	10279	10021	763	507	4163	4575	8375
航空客货运输							23
航空运输辅助活动	10279	10021	763	507	4163	4575	8352
装卸搬运和其他运输服务业	2726019	2721760	20725	20624	191654	3302	127261
装卸搬运	30035	28966	1599	1542	20722	682	9312
运输代理服务	2695984	2692793	19126	19082	170933	2620	117949
仓储业	145985	145458	4697	4687	46464	3835	46347
谷物、棉花等农产品仓储	34684	34451	158	158	－868	727	5195
其他仓储	111301	111007	4539	4528	47332	3108	41152
邮政业	62917	62786	1389	1333	18118	924	18362
国家邮政	53771	53645	825	769	9557	867	13470
其他寄递服务	9146	9141	564	564	8561	56	4892
信息传输、计算机服务和软件业	**507638**	**493313**	**36417**	**36317**	**465278**	**15501**	**294227**
电信和其他信息传输服务业	382906	370004	31810	31743	399929	10297	250792
电 信	321294	308407	28936	28876	377041	9014	229852
互联网信息服务	49462	49451	2421	2421	21841	1101	15502
广播电视传输服务	12148	12144	453	446	1046	182	5438
卫星传输服务	2	2	...	...	2		...
计算机服务业	78747	78548	2620	2606	35559	1642	18396
计算机系统服务	63112	63050	1004	1004	13309	1039	10929
数据处理	96	96	8	8	86		93
计算机维修	1658	1658	52	52	360	380	565
其他计算机服务	13880	13744	1556	1543	21804	223	6808
软件业	45984	44761	1987	1967	29791	3561	25039
公共软件服务	41744	40521	1778	1758	22706	2714	21317
其他软件服务	4241	4241	210	210	7085	847	3722
租赁和商务服务业	**1030848**	**1020502**	**51215**	**49732**	**763717**	**50812**	**548399**
租赁业	16337	16245	1760	1750	16744	－83	10111
机械设备租赁	16312	16221	1727	1717	16199	－83	9813

4－A－4 续表2－3

单位：个、万元、人

指标名称	营业成本	#主营业务成本	营业税金及附加	#主营业务税金及附加	主营业务利润	其他业务利润	营业费用、管理费用、财务费用合计
文化及日用品出租	24	24	33	33	545		298
商务服务业	1014511	1004257	49455	47982	746973	50894	538288
企业管理服务	486833	481307	21859	21406	469402	43392	329962
法律服务	4324	4324	1928	1921	25221	25	10659
咨询与调查	45561	44542	6694	6587	71433	2111	55703
广告业	60309	59830	5646	4891	35852	653	25417
知识产权服务	545	545	193	193	2821	8	1446
职业中介服务	163546	163507	3677	3649	19077	89	15325
市场管理	43236	40960	5561	5544	72319	2108	54452
旅行社	147633	147615	1295	1293	17705	249	14666
其他商务服务	62526	61627	2603	2499	33144	2258	30660
科学研究、技术服务和地质勘查业	**502057**	**500235**	**26738**	**26721**	**210884**	**3573**	**132434**
研究与试验发展	25090	25044	562	562	5230	200	4859
自然科学研究与试验发展	2571	2571	40	40	1143	90	913
工程和技术研究与试验发展	21062	21051	455	455	3536	17	3536
农业科学研究与试验发展	1341	1341	60	60	519		328
医学研究与试验发展	117	82	7	7	32	92	82
专业技术服务业	439410	438321	24182	24177	182261	2462	110273
气象服务	257	257	25	24	178		170
海洋服务	71	71	34	34	585		509
测绘服务	3115	3115	807	807	8852	3	4768
技术检测	16219	16219	2179	2177	24616	321	15031
环境监测	1181	1181	136	136	977	33	889
工程技术与规划管理	410261	409176	20049	20045	141786	2093	84550
其他专业技术服务	8307	8303	954	954	5268	12	4356
科技交流和推广服务业	27854	27166	1414	1403	19134	912	16180
技术推广服务	26552	25864	1287	1275	17952	910	15559
科技中介服务	630	630	81	81	908	2	352
其他科技服务	672	672	46	46	274	...	269
地质勘查业	9704	9704	580	580	4259		1122
矿产地质勘查							1
基础地质勘查	9704	9704	580	580	4259		1121
水利、环境和公共设施管理业	**101438**	**100723**	**5201**	**4247**	**51202**	**3397**	**50616**
水利管理业	12332	12272	261	260	18124	876	16786
防洪管理	35	35	3	3	29	4	23
水资源管理	5021	4986	201	201	7904	350	5349
其他水利管理	7275	7250	57	56	10191	522	11415

4-A-4 续表2-4

单位：个、万元、人

指标名称	营业成本	#主营业务成本	营业税金及附加	#主营业务税金及附加	主营业务利润	其他业务利润	营业费用、管理费用、财务费用合计
环境管理业	24134	24113	791	789	3915	674	8742
自然保护	393	393	83	83	1847		1321
环境治理	23741	23720	708	706	2068	674	7421
公共设施管理业	64972	64338	4150	3198	29164	1848	25089
市政公共设施管理	6890	6833	671	670	9989	103	4439
城市绿化管理	51317	51311	1819	1818	6883	189	5692
游览景区管理	6765	6195	1660	711	12292	1556	14958
居民服务和其他服务业	**100810**	**99924**	**3673**	**3623**	**50317**	**1360**	**40126**
居民服务业	49907	49712	1966	1956	29319	521	23031
家庭服务	1515	1515	84	84	878	3	797
托儿所	210	210	24	24	277		257
洗染服务	1237	1237	159	159	1574	15	1509
理发及美容保健服务	4859	4827	446	446	6103	109	5625
洗浴服务	3136	3136	367	367	3795	5	3099
婚姻服务	208	207	43	33	97		108
殡葬服务	19751	19735	162	162	7902	42	2295
摄影扩印服务	1625	1625	107	107	1576	4	1196
其他居民服务	17367	17221	576	576	7118	342	8145
其他服务业	50903	50212	1707	1667	20998	839	17095
修理与维护	43161	42698	970	967	12924	901	10310
清洁服务	5118	4890	413	375	2990	4	2629
其他未列明的服务	2625	2625	324	324	5084	-66	4157
教　育	**33634**	**33557**	**1552**	**1540**	**26042**	**350**	**24050**
教　育	33634	33557	1552	1540	26042	350	24050
学前教育	6310	6243	302	302	4689	90	3574
初等教育	4991	4991	156	156	3792		3585
中等教育	9325	9325	28	28	1310	97	1923
高等教育	120	120	1	1	157	1	64
其他教育	12889	12878	1065	1053	16096	162	14905
卫生、社会保障和社会福利业	**21885**	**21563**	**1569**	**1567**	**26084**	**560**	**25935**
卫　生	20725	20404	1531	1528	24685	390	24270
医　院	10489	10460	920	920	16694	55	16072
卫生院及社区医疗活动	4677	4410	186	184	2613	38	3138
门诊部医疗活动	4474	4449	265	264	3923	46	3601
妇幼保健活动	77	77	11	11	114		205
疾病预防控制及防疫活动	108	108	16	16	-20	246	225

4－A－4 续表2－5

单位：个、万元、人

指标名称	营业成本	#主营业务成本	营业税金及附加	#主营业务税金及附加	主营业务利润	其他业务利润	营业费用、管理费用、财务费用合计
其他卫生活动	900	900	134	134	1362	7	1028
社会保障业	93	93	13	13	156	28	171
社会保障业	93	93	13	13	156	28	171
社会福利业	1067	1067	26	26	1244	142	1493
提供住宿的社会福利	967	967	22	22	194		347
不提供住宿的社会福利	101	101	4	4	1050	142	1146
文化、体育和娱乐业	**76010**	**74214**	**9459**	**9330**	**64066**	**4512**	**52422**
新闻出版业	33772	33423	2501	2430	21523	－180	14995
新闻业	3014	3014	147	147	895	56	844
出版业	30758	30409	2353	2282	20628	－236	14151
广播、电视、电影和音像业	20896	19479	3401	3349	20023	2911	15597
广　播	103	103	13	13	96		110
电　视	15971	15971	2987	2987	16192	1919	11316
电　影	4663	3246	388	336	3676	992	4095
音像制作	159	159	13	13	59		77
文化艺术业	4356	4354	327	327	3094	1581	4450
文艺创作与表演	1945	1945	202	202	1221	1501	2249
艺术表演场馆	1909	1909	91	91	1394	81	1640
图书馆与档案馆			2	2	49		16
文物及文化保护	326	324	2	2	34		22
博物馆	39	39	5	5	37		25
群众文化活动	38	38	4	4	22		160
文化艺术经纪代理	84	84	20	20	320		330
其他文化艺术	16	16	2	2	16		8
体　育	987	978	74	74	1519	75	2067
体育组织	595	595	56	56	1279	67	1891
体育场馆	227	217	9	9	107	8	47
其他体育	166	166	9	9	133		128
娱乐业	15999	15980	3157	3150	17908	123	15313
室内娱乐活动	9984	9971	2595	2594	12604	55	9674
游乐园	763	763	38	38	682		811
休闲健身娱乐活动	3958	3952	483	478	4279	68	4662
其他娱乐活动	1294	1294	41	41	344		167
公共管理和社会组织					**3**		**4**
群众团体、社会团体和宗教组织					3		4
社会团体					3		4

4－A－4 续表3－1

单位：个、万元、人

指 标 名 称	#税金	#利息支出	营业利润	职工工资和福利费	本年应交增值税	所有者权益合计	实收资本
总 计	**39215**	**286654**	**1632097**	**965039**	**30953**	**18871393**	**9959122**
一、按登记注册类型分							
内 资	**33501**	**245782**	**1100884**	**880335**	**25653**	**15601269**	**8041805**
国 有	3861	42994	97980	172289	2280	3441278	1949189
集 体	1432	8460	31504	38365	1389	730794	347056
股份合作企业	45	300	518	868	4	566133	76792
联营企业	98	2756	3199	2538	1	31758	20629
国有联营	3	－21	325	172		1513	1159
集体联营	41	2166	1678	754	1	18527	9558
国有与集体联营	53	611	1170	1516		10881	8273
其他联营	2		27	96		838	1639
有限责任公司	7803	46849	157467	216093	3937	4524744	2048682
国有独资公司	1916	18185	－36298	95744	153	2692435	996230
其他有限责任公司	5887	28664	193765	120348	3784	1832309	1052452
股份有限公司	3855	49429	385726	60318	1476	2184578	647165
私营企业	16373	94989	422634	386961	16562	4117405	2947266
私营独资	1041	1652	29904	40123	2079	175248	129459
私营合伙	459	406	32477	19135	1067	65482	45611
私营有限责任公司	12585	58052	289552	288605	12356	2678844	1878789
私营股份有限公司	2288	34880	70702	39098	1060	1197831	893408
其 他	35	4	1857	2904	4	4578	5026
港澳台商投资	**4112**	**20532**	**450722**	**43301**	**93**	**2757583**	**1511824**
与港澳台商合资经营	1116	7923	24580	13575	53	326858	298809
与港澳台商合作经营	5	451	417	482		7519	6579
港澳台商独资	919	12268	284904	18497	40	737521	92748
港澳台商投资股份有限公司	2073	－110	140821	10748		1685686	1113688
外商投资	**1602**	**20341**	**80491**	**41403**	**5207**	**512540**	**405493**
中外合资经营	1241	18445	67433	29041	4783	387185	304626
中外合作经营	39	72	13650	809	2	46923	25683
外资企业	81	179	－792	9708	422	55512	54468
外商投资股份有限公司	240	1646	199	1845	...	22921	20716
二、按国民经济行业(门类、大类、中类)分							
交通运输、仓储和邮政业	**16197**	**121910**	**782323**	**401446**	**11632**	**5477238**	**3847758**
道路运输业	4452	62213	100378	91605	3166	1450597	1208818
公路旅客运输	890	2115	35411	27020	762	104859	42328
道路货物运输	2091	6506	41931	51296	1912	311480	198709
道路运输辅助活动	1472	53592	23035	13289	492	1034258	967781

4－A－4 续表3－2

单位：个、万元、人

指标名称	#税金	#利息支出	营业利润	职工工资和福利费	本年应交增值税	所有者权益合计	实收资本
城市公共交通业	2569	1947	4089	43162	148	62812	45400
公共电汽车客运	98	1608	－8470	32628	145	48552	34917
出租车客运	2468	341	12714	9933	3	13012	6643
城市轮渡	3	－2	－155	601		1249	3840
水上运输业	5301	44433	595156	124524	5790	3114757	1933938
水上旅客运输	5	112	1331	1256	2	7286	2544
水上货物运输	869	21608	276963	50764	5760	687967	318106
水上运输辅助活动	4428	22713	316862	72504	28	2419504	1613288
航空运输业	103	4332	363	6677		72431	74709
航空客货运输			－23	5		658	1000
航空运输辅助活动	103	4332	386	6672		71772	73709
装卸搬运和其他运输服务业	1777	4543	77451	94034	927	452923	354012
装卸搬运	111	539	12092	11313	114	56634	31809
运输代理服务	1666	4003	65359	82721	814	396290	322203
仓储业	1447	4440	4207	16637	1601	262269	207726
谷物、棉花等农产品仓储	3	628	－5336	1857	…	21791	15040
其他仓储	1444	3812	9542	14780	1600	240478	192685
邮政业	549	2	680	24807	2	61449	23157
国家邮政	521		－3046	21713		53534	21423
其他寄递服务	28	2	3726	3094	2	7914	1735
信息传输、计算机服务和软件业	**3502**	**2475**	**370698**	**78529**	**4083**	**1286944**	**192261**
电信和其他信息传输服务业	2348	1011	342967	49815	240	1134438	64235
电　信	2262	104	339736	40457	138	1086934	24516
互联网信息服务	80	24	7440	6655	54	28764	25364
广播电视传输服务	7	883	－4210	2700	49	18736	14351
卫星传输服务			2	3		5	5
计算机服务业	438	983	18805	12313	1094	80777	72187
计算机系统服务	128	754	3419	6408	894	46582	43594
数据处理	1	－1	－7	47	…	181	194
计算机维修	4	70	175	359	56	957	933
其他计算机服务	305	160	15219	5501	145	33057	27466
软件业	716	480	8926	16401	2749	71730	55839
公共软件服务	381	481	4211	14474	1834	63509	52498
其他软件服务	335	－1	4715	1928	914	8221	3341
租赁和商务服务业	**12235**	**140527**	**349157**	**252364**	**4067**	**10007478**	**4773618**
租赁业	157	996	6653	3329	62	112259	72876
机械设备租赁	152	996	6406	3006	62	110282	71853

4－A－4 续表3－3 单位：个、万元、人

指标名称	#税金	#利息支出	营业利润	职工工资和福利费	本年应交增值税	所有者权益合计	实收资本
文化及日用品出租	5		247	324		1977	1023
商务服务业	12078	139532	342504	249035	4006	9895220	4700741
企业管理服务	7395	124481	263913	74168	1907	8846731	4074468
法律服务	207	1	14587	5925	309	7797	2070
咨询与调查	772	3668	18632	30697	316	661018	386620
广告业	736	432	11090	13070	460	57312	38490
知识产权服务	9	3	1383	696	9	3015	1633
职业中介服务	109	－81	4188	74980	129	19553	14126
市场管理	2172	6971	19978	16905	492	189644	103803
旅行社	479	1509	3288	7373	170	62270	51620
其他商务服务	200	2549	5446	25221	213	47879	27910
科学研究、技术服务和地质勘查业	**2372**	**8693**	**89220**	**103015**	**5676**	**708392**	**287483**
研究与试验发展	195	116	570	4446	397	24900	21185
自然科学研究与试验发展	15	163	321	422	82	4283	4000
工程和技术研究与试验发展	179	－70	18	3580	313	15682	15227
农业科学研究与试验发展	1	21	190	358	1	4720	1728
医学研究与试验发展		2	42	86	1	215	230
专业技术服务业	1955	528	81613	91036	3105	492621	172048
气象服务	4	5	7	154		596	111
海洋服务	1		77	231		119	56
测绘服务	324	－11	4086	3353	53	12171	2255
技术检测	222	17	9979	11099	260	41430	20541
环境监测	74	...	125	399	1	1334	972
工程技术与规划管理	1282	437	66416	73193	2658	413670	136661
其他专业技术服务	48	80	923	2608	133	23302	11453
科技交流和推广服务业	191	8592	3899	5438	1765	181414	92335
技术推广服务	179	8591	3335	4745	1736	171561	81023
科技中介服务	3	...	558	459	26	9580	11106
其他科技服务	9	...	5	234	3	274	206
地质勘查业	31	－543	3138	2096	410	9456	1915
矿产地质勘查			－1	2		206	207
基础地质勘查	31	－543	3139	2094	410	9250	1708
水利、环境和公共设施管理业	**1557**	**9425**	**3982**	**22549**	**850**	**752197**	**559728**
水利管理业	409	5299	2213	4431	91	526776	354346
防洪管理			11	17		16	54
水资源管理	405	702	2905	3676	90	188000	147012
其他水利管理	5	4597	－702	737	1	338761	207280

4－A－4 续表3－4 单位：个、万元、人

指标名称	#税金	#利息支出	营业利润	职工工资和福利费	本年应交增值税	所有者权益合计	实收资本
环境管理业	810	1592	－4153	6392	464	78000	77802
自然保护	348	－118	526	789		5533	5150
环境治理	462	1710	－4679	5603	464	72467	72652
公共设施管理业	338	2534	5923	11726	295	147421	127580
市政公共设施管理	37	1266	5653	1122	19	30770	18443
城市绿化管理	193	210	1380	4846	246	39584	32006
游览景区管理	109	1058	－1110	5759	30	77067	77130
居民服务和其他服务业	**906**	**808**	**17436**	**35355**	**3674**	**94830**	**66977**
居民服务业	271	334	12681	21165	1412	43831	28268
家庭服务	8	…	84	1729	9	896	941
托儿所	30		20	171		117	171
洗染服务	26	80	80	713	3	2400	1739
理发及美容保健服务	66	15	587	4778	17	6869	6404
洗浴服务	86	130	709	2245	89	3953	3317
婚姻服务	3	…	－11	108		382	398
殡葬服务	15	19	5649	4528	623	13026	3222
摄影扩印服务	4	1	384	515	8	1042	1172
其他居民服务	32	90	5178	6378	664	15147	10903
其他服务业	635	474	4755	14191	2263	50999	38709
修理与维护	319	594	3529	9288	1978	21857	18336
清洁服务	307	1	365	3750	277	4255	3565
其他未列明的服务	9	－120	861	1153	8	24887	16809
教　育	**208**	**1172**	**2414**	**22054**	**333**	**94920**	**46438**
教　育	208	1172	2414	22054	333	94920	46438
学前教育	35	144	1205	5110	44	14915	10603
初等教育		364	207	3881	34	13080	1325
中等教育	2	620	－516	4189		11573	11738
高等教育			94	11		220	220
其他教育	171	45	1424	8863	255	55133	22551
卫生、社会保障和社会福利业	**1301**	**1821**	**710**	**12311**	**45**	**78075**	**66114**
卫　生	1276	1808	805	11361	45	54858	51855
医　院	12	1467	676	6681	2	38657	43814
卫生院及社区医疗活动	42	282	－488	1936	10	5915	2080
门诊部医疗活动	103	58	368	2223	32	5365	5086
妇幼保健活动		…	－91	100		572	650
疾病预防控制及防疫活动	108	1	…	173	…	54	70

4－A－4 续表3－5

单位：个、万元、人

指标名称	#税金	#利息支出	营业利润	职工工资和福利费	本年应交增值税	所有者权益合计	实收资本
其他卫生活动	1011		340	248		4295	155
社会保障业	22		13	121		4797	4853
社会保障业	22		13	121		4797	4853
社会福利业	4	14	－108	829		18420	9406
提供住宿的社会福利	1	－1	－154	396		1476	1433
不提供住宿的社会福利	3	15	46	433		16944	7974
文化、体育和娱乐业	**937**	**－177**	**16155**	**37400**	**593**	**371313**	**118740**
新闻出版业	402	－749	6348	13651	334	78577	4737
新闻业	3	11	107	641	156	765	271
出版业	398	－760	6242	13010	178	77812	4466
广播、电视、电影和音像业	135	265	7337	10625	15	133062	65061
广　播			－14	53		250	250
电　视	59	195	6795	9070		124872	60335
电　影	71	71	573	1453	15	7417	3949
音像制作	5		－18	49	…	523	526
文化艺术业	34	－7	225	2140	2	124867	15410
文艺创作与表演	23	－10	473	726		2112	1266
艺术表演场馆	7	3	－166	823		1274	619
图书馆与档案馆	1		32	5		41	10
文物及文化保护			13	368		120159	12215
博物馆			12	18	2	48	64
群众文化活动	2		－138	51		427	427
文化艺术经纪代理	…		－10	110		675	680
其他文化艺术	…		8	40		130	130
体　育	1	1	－473	853	…	3990	3459
体育组织	…	1	－546	710		3139	2841
体育场馆	…	－1	68	88	…	358	242
其他体育	…		5	55		492	376
娱乐业	365	314	2718	10132	242	30818	30073
室内娱乐活动	224	245	2985	7223	196	14007	12071
游乐园	19	58	－129	289	3	1148	1857
休闲健身娱乐活动	122	1	－315	2307	26	12978	13490
其他娱乐活动	…	10	177	313	17	2685	2656
公共管理和社会组织			**3**	**14**		**6**	**6**
群众团体、社会团体和宗教组织			3	14		6	6
社会团体			3	14		6	6

4－A－4 续表4－1 单位：个、万元、人

指标名称	国家资本	集体资本	法人资本	个人资本	港澳台资本	外商资本	全部就业人员年平均人数
总计	**3662190**	**723748**	**2757865**	**2172856**	**367565**	**274898**	**253682**
一、按登记注册类型分							
内资	**3521758**	**711085**	**1640192**	**2166379**	**600**	**1791**	**239202**
国有	1944696	1030	3179	275		10	31699
集体	95	343840	2732	389			14471
股份合作企业	112	74345	2254	76		5	361
联营企业	2659	17624	346				691
国有联营	1159						37
集体联营		9558					285
国有与集体联营	1150	6777	346				339
其他联营	350	1289					30
有限责任公司	1374741	86530	509093	77107	585	626	43189
国有独资公司	996230						16688
其他有限责任公司	378511	86530	509093	77107	585	626	26501
股份有限公司	188136	185457	104668	168903		2	8865
私营企业	11202	2007	1014842	1918051	15	1149	138931
私营独资	1	2	7899	121547		10	17514
私营合伙			6371	39237	1	3	7009
私营有限责任公司	8005	1980	363638	1504116	15	1037	101391
私营股份有限公司	3197	25	636934	253152		100	13017
其他	117	253	3079	1578			995
港澳台商投资	**50537**	**7074**	**1088402**	**3476**	**358321**	**4014**	**8262**
与港澳台商合资经营	46337	6900	87717	2991	150857	4007	2387
与港澳台商合作经营	4200	174			2206		164
港澳台商独资			131	394	92223		4558
港澳台商投资股份有限公司			1000555	91	113036	6	1153
外商投资	**89895**	**5590**	**29271**	**3000**	**8644**	**269093**	**6218**
中外合资经营	76996	5590	29031	2895	331	189784	3350
中外合作经营	12900				8300	4483	397
外资企业						54468	1818
外商投资股份有限公司			240	106	13	20358	653
二、按国民经济行业(门类、大类、中类)分							
交通运输、仓储和邮政业	**732113**	**123204**	**1761559**	**730560**	**297100**	**203225**	**91785**
道路运输业	215838	22600	531202	273931	73155	92092	31249
公路旅客运输	8978	6973	1973	24405			8426
道路货物运输	31887	8759	34611	95776	4119	23558	19342
道路运输辅助活动	174974	6867	494618	153750	69036	68535	3481

4－A－4　续表4－2　　　　单位：个、万元、人

指标名称	国家资本	集体资本	法人资本	个人资本	港澳台资本	外商资本	全部就业人员年平均人数
城市公共交通业	27525	331	6715	10830			9194
公共电汽车客运	26239	31	4623	4025			6842
出租车客运	722	300	2092	3529			2210
城市轮渡	564			3276			142
水上运输业	277948	90970	1126206	204073	176669	58071	15354
水上旅客运输	1650	276		618			359
水上货物运输	14098	83632	59706	159589		1080	8265
水上运输辅助活动	262200	7062	1066500	43866	176669	56991	6730
航空运输业	73709		1000				1081
航空客货运输			1000				2
航空运输辅助活动	73709						1079
装卸搬运和其他运输服务业	67570	4057	48551	207828	12973	13032	23883
装卸搬运	8200	53	5451	5680	1241	11185	4646
运输代理服务	59370	4005	43101	202148	11732	1848	19237
仓储业	48101	5185	47705	32404	34302	40029	5162
谷物、棉花等农产品仓储	14094		180	70		696	429
其他仓储	34007	5185	47525	32334	34302	39333	4733
邮政业	21423	61	180	1494			5862
国家邮政	21423						5051
其他寄递服务		61	180	1494			811
信息传输、计算机服务和软件业	**80517**	**5911**	**23021**	**71590**	**881**	**10340**	**19881**
电信和其他信息传输服务业	50501	2303	2893	7906	500	132	9278
电　信	21490	998	225	1302	500		6773
互联网信息服务	14691	1305	2663	6573		132	1944
广播电视传输服务	14320			31			558
卫星传输服务			5				3
计算机服务业	15764	2042	8467	39472		6442	5603
计算机系统服务	15764	2016	7237	12549		6028	2270
数据处理				194			21
计算机维修		26	146	762			172
其他计算机服务			1085	25967		414	3140
软件业	14253	1566	11661	24212	381	3766	5000
公共软件服务	12753	1416	11411	22771	381	3766	4446
其他软件服务	1500	150	250	1441			554
租赁和商务服务业	**2178773**	**543672**	**857238**	**1093196**	**54232**	**46506**	**77425**
租赁业	20877	965	8658	24106	4	18266	1461
机械设备租赁	20877	65	8558	24083	4	18266	1322

4－A－4 续表4－3 单位：个、万元、人

指标名称	国家资本	集体资本	法人资本	个人资本	港澳台资本	外商资本	全部就业人员年平均人数
文化及日用品出租		900	100	23			139
商务服务业	2157895	542707	848580	1069090	54228	28240	75964
企业管理服务	1957811	503688	738158	814274	35039	25498	17360
法律服务	65	54	116	1834		1	1267
咨询与调查	145232	9289	57333	153229	18925	2612	9029
广告业	2385	1402	5229	29442	…	32	5667
知识产权服务	550	3	218	862			282
职业中介服务	2174	3966	991	6785	210		21386
市场管理	28799	23181	14820	37003			7071
旅行社	12480	326	26290	12524		1	2749
其他商务服务	8400	797	5425	13137	54	96	11153
科学研究、技术服务和地质勘查业	**116437**	**13346**	**33933**	**117605**	**4695**	**1467**	**22399**
研究与试验发展	695	2340	2872	15090	159	30	1049
自然科学研究与试验发展			2412	1588			149
工程和技术研究与试验发展	695	1232	455	12687	159		664
农业科学研究与试验发展		1108	5	585		30	208
医学研究与试验发展				230			28
专业技术服务业	64503	7781	24978	70380	3357	1049	18788
气象服务	48	13		51			45
海洋服务	50			6			79
测绘服务	515	79	296	1365			760
技术检测	5585	1102	3476	7273	2180	924	3087
环境监测	300	50	100	315	207		140
工程技术与规划管理	57733	6469	16627	55419	287	125	13563
其他专业技术服务	272	68	4478	5951	683		1114
科技交流和推广服务业	49581	3225	6033	31928	1180	388	1781
技术推广服务	49268	3205	3958	23024	1180	388	1560
科技中介服务	313	20	2000	8773			172
其他科技服务			75	131			49
地质勘查业	1658		50	207			781
矿产地质勘查				207			1
基础地质勘查	1658		50				780
水利、环境和公共设施管理业	**442066**	**20443**	**39469**	**45252**	**658**	**11841**	**7456**
水利管理业	352439	1728	10	170			812
防洪管理		24		30			14
水资源管理	145339	1624	10	40			583
其他水利管理	207100	80		100			215

4－A－4 续表4－4

单位：个、万元、人

指 标 名 称	国家资本	集体资本	法人资本	个人资本	港澳台资本	外商资本	全部就业人员年平均人数
环境管理业	63573	864	9634	3197	533		2127
自然保护		150	5000				246
环境治理	63573	714	4634	3197	533		1881
公共设施管理业	26054	17851	29825	41885	124	11841	4517
市政公共设施管理	2952	103	14070	1318			490
城市绿化管理	2351	445	4568	24518	124		2006
游览景区管理	20751	17303	11187	16049		11841	2021
居民服务和其他服务业	**9421**	**2348**	**5245**	**48619**	**1263**	**81**	**14648**
居民服务业	2061	1847	2266	21918	96	81	7677
家庭服务	5	9	56	871			926
托儿所				90		81	47
洗染服务		150	135	1454			418
理发及美容保健服务	1	...	1066	5337		...	2264
洗浴服务			236	3081			1205
婚姻服务			170	228			71
殡葬服务	1045	1566	98	513			1574
摄影扩印服务			116	961	96		278
其他居民服务	1010	122	389	9382			894
其他服务业	7360	501	2979	26702	1167		6971
修理与维护	2267	302	2229	12370	1167		4268
清洁服务	40	55	461	3009			2155
其他未列明的服务	5053	144	289	11323			548
教 育	**12618**	**6734**	**8335**	**18689**	**10**	**52**	**7663**
教 育	12618	6734	8335	18689	10	52	7663
学前教育		395	1602	8604		2	2643
初等教育		93	83	1150			970
中等教育		5736	5072	920	10		681
高等教育			220				9
其他教育	12618	510	1358	8015		50	3360
卫生、社会保障和社会福利业	**13392**	**1282**	**26292**	**25003**		**145**	**4184**
卫 生	535	563	26292	24319		145	3726
医 院	50	153	25960	17651			1917
卫生院及社区医疗活动	171	192	82	1636			563
门诊部医疗活动	235	203	250	4398			1027
妇幼保健活动				515		135	82
疾病预防控制及防疫活动				60		10	72

4－A－4 续表4－5 单位：个、万元、人

指标名称	国家资本	集体资本	法人资本	个人资本	港澳台资本	外商资本	全部就业人员年平均人数
其他卫生活动	80	15		60			65
社会保障业	4853						36
社会保障业	4853						36
社会福利业	8004	719		684			422
提供住宿的社会福利	50	699		684			211
不提供住宿的社会福利	7954	20					211
文化、体育和娱乐业	**76853**	**6809**	**2768**	**22341**	**8726**	**1241**	**8235**
新闻出版业	4737						1147
新闻业	271						107
出版业	4466						1040
广播、电视、电影和音像业	61512	476	815	2259			1369
广　播	250						7
电　视	60255	30	50				972
电　影	1007	446	690	1807			368
音像制作			75	451			22
文化艺术业	9322	4424	55	1589	21		603
文艺创作与表演	862		2	402			255
艺术表演场馆	410			209			175
图书馆与档案馆		10					3
文物及文化保护	8000	4200		15			41
博物馆				64			10
群众文化活动	50	214	53	89	21		31
文化艺术经纪代理				680			58
其他文化艺术				130			30
体　育	1133	210	20	1691	406		400
体育组织	983	180	20	1253	406		307
体育场馆	150	30		62			44
其他体育				376			49
娱乐业	150	1700	1878	16804	8300	1241	4716
室内娱乐活动		1262	608	9869		333	3165
游乐园			423	1434			136
休闲健身娱乐活动	150	428	668	3035	8300	909	1238
其他娱乐活动		10	180	2466			177
公共管理和社会组织			**6**				**6**
群众团体、社会团体和宗教组织			6				6
社会团体			6				6

注：本表按有填写财务表的服务业企业统计，不包括铁路运输、批发、零售、住宿、餐饮、银行、证券、保险、房地产业。

4－A－5 温州市按登记注册类型和行业(门类、大类、中类)分组的服务业企业财务状况

单位：个、万元、人

指标名称	法人单位	年初存货	年末存货	固定资产原价	本年折旧	营业收入	#主营业务收入
总计	**7377**	**343824**	**400895**	**5130138**	**354286**	**3100164**	**3040837**
一、按登记注册类型分							
内资	**7342**	**341869**	**396431**	**4228190**	**270756**	**2404618**	**2354928**
国有	317	55542	71629	678163	59896	470801	452501
集体	519	2060	2971	110888	9824	90772	89404
股份合作企业	271	3562	3913	51081	5176	54941	54799
联营企业	21	58	50	2981	322	8992	8992
国有联营	6	57	49	1941	138	925	925
集体联营	10			810	150	7552	7552
国有与集体联营	4			218	32	386	386
其他联营	1	1	...	13	3	130	130
有限责任公司	343	110382	135204	2613591	131286	670794	643710
国有独资公司	62	71950	85843	214542	6247	36864	35120
其他有限责任公司	281	38432	49362	2399049	125039	633930	608590
股份有限公司	137	2558	2729	91929	4003	36364	36272
私营企业	5558	167445	179428	666744	59317	1054679	1052038
私营独资	889	1384	1704	46819	5371	65341	65285
私营合伙	1280	1423	2057	63295	7355	130354	130118
私营有限责任公司	3227	163446	174201	527760	44018	812742	810442
私营股份有限公司	162	1192	1466	28870	2573	46243	46193
其他	176	262	507	12814	934	17275	17212
港澳台商投资	**15**	**1924**	**4429**	**879526**	**81443**	**685064**	**675477**
与港澳台商合资经营	8	214	351	30970	3187	8181	8181
港澳台商独资	7	1710	4078	848557	78257	676883	667296
外商投资	**20**	**31**	**36**	**22422**	**2087**	**10483**	**10433**
中外合资经营	15	23	30	13696	1656	8282	8232
外资企业	5	8	6	8726	431	2201	2201
二、按国民经济行业(门类、大类、中类)分							
交通运输、仓储和邮政业	**1499**	**57654**	**76798**	**1908480**	**98813**	**973522**	**934498**
道路运输业	605	6243	5340	1333591	49175	457300	439226
公路旅客运输	101	5640	4589	180439	19322	215721	203308
道路货物运输	414	260	426	48379	5063	117273	116480
道路运输辅助活动	90	343	325	1104772	24790	124306	119439
城市公共交通业	49	1287	1316	85785	10194	75902	74264

4－A－5 续表1－1 单位：个、万元、人

指标名称	法人单位	年初存货	年末存货	固定资产原价	本年折旧	营业收入	#主营业务收入
公共电汽车客运	15	1264	1271	75571	9069	67476	67400
出租车客运	20	...	...	6576	937	4564	4542
城市轮渡	3	20	30	3582	178	3214	1673
其他城市公共交通	11	3	15	56	10	648	648
水上运输业	76	11824	17430	238895	19149	154036	152584
水上旅客运输	11	22	8	3685	354	7413	7373
水上货物运输	48	5147	5541	152676	12321	119396	117984
水上运输辅助活动	17	6654	11882	82534	6474	27227	27227
航空运输业	2	132	44	61617	5142	16862	16862
航空运输辅助活动	2	132	44	61617	5142	16862	16862
装卸搬运和其他运输服务业	682	349	249	39131	3700	166995	152824
装卸搬运	241	7	35	12050	1212	14084	14078
运输代理服务	441	342	214	27081	2488	152911	138746
仓储业	42	36640	50948	37025	5948	31565	30843
谷物、棉花等农产品仓储	15	36579	50915	22791	4900	24509	23793
其他仓储	27	60	33	14233	1049	7056	7050
邮政业	43	1180	1472	112437	5505	70862	67896
国家邮政	4	1178	1426	110374	5263	60006	57040
其他寄递服务	39	3	46	2063	242	10856	10856
信息传输、计算机服务和软件业	**1170**	**6119**	**8524**	**2070719**	**184530**	**1095745**	**1082133**
电信和其他信息传输服务业	64	3670	5888	2023395	178675	1015224	1001789
电　信	18	2886	4919	1967551	175840	993733	980492
互联网信息服务	39	79	90	1090	154	4535	4535
广播电视传输服务	7	705	880	54754	2682	16956	16762
计算机服务业	914	703	971	39625	5423	53615	53507
计算机系统服务	64	236	376	1441	158	4733	4733
计算机维修	13	93	58	264	38	850	850
其他计算机服务	837	374	537	37920	5227	48032	47924
软件业	192	1746	1665	7699	432	26907	26837
公共软件服务	179	1737	1665	5479	422	24898	24829
其他软件服务	13	9		2220	9	2009	2009
租赁和商务服务业	**2721**	**230937**	**254193**	**866281**	**47195**	**629384**	**624627**
租赁业	157	361	600	18815	1853	14055	14040
机械设备租赁	155	361	600	18807	1852	13933	13918

4－A－5 续表1－2

单位：个、万元、人

指标名称	法人单位	年初存货	年末存货	固定资产原价	本年折旧	营业收入	#主营业务收入
文化及日用品出租	2			7	…	123	123
商务服务业	2564	230577	253592	847466	45343	615328	610587
企业管理服务	477	219004	234909	602445	31384	280239	277431
法律服务	101	109	207	6231	753	24709	24687
咨询与调查	724	294	552	23585	1968	53127	52993
广告业	527	949	1870	16222	1616	53919	53856
知识产权服务	85	4	3	1079	126	3168	3168
职业中介服务	49	46	91	9188	203	16793	16768
市场管理	223	9443	13760	138870	6199	65591	64403
旅行社	159	140	439	20941	1094	69363	69292
其他商务服务	219	590	1762	28908	2001	48418	47990
科学研究、技术服务和地质勘查业	**680**	**34154**	**43245**	**57808**	**5342**	**144247**	**143696**
研究与试验发展	64	492	507	3343	312	6067	6061
工程和技术研究与试验发展	33	252	226	1528	168	3667	3661
农业科学研究与试验发展	14	194	249	1034	74	1041	1041
医学研究与试验发展	15	46	31	778	69	1353	1353
社会人文科学研究与试验发展	2			4	…	6	6
专业技术服务业	444	33388	42088	47049	4241	123126	122728
气象服务	8			371	56	585	585
海洋服务	1			45	2	980	980
测绘服务	32	15	16	3231	303	9015	9002
技术检测	71	84	96	7804	806	9613	9611
环境监测	9	18	14	370	38	765	756
工程技术与规划管理	264	33177	41835	32069	2898	97599	97225
其他专业技术服务	59	95	127	3159	138	4569	4569
科技交流和推广服务业	168	150	404	6001	455	12527	12380
技术推广服务	141	134	379	4531	406	11182	11035
科技中介服务	21	12	19	365	38	1043	1043
其他科技服务	6	4	5	1105	11	302	302
地质勘查业	4	124	247	1415	334	2527	2527
矿产地质勘查	3	116	241	1328	316	2344	2344
地质勘查技术服务	1	7	6	87	18	183	183
水利、环境和公共设施管理业	**169**	**5865**	**6920**	**31050**	**2261**	**35272**	**35231**
水利管理业	7	1	2	1719	58	452	452

4－A－5 续表1－3 单位：个、万元、人

指 标 名 称	法人单位	年初存货	年末存货	固定资产原 价	本年折旧	营业收入	#主营业务收 入
水资源管理	2			897	32	109	109
其他水利管理	5	1	2	822	26	344	344
环境管理业	58	185	332	5078	575	14202	14172
环境治理	58	185	332	5078	575	14202	14172
公共设施管理业	104	5679	6586	24253	1629	20618	20607
市政公共设施管理	11	23	35	1250	103	4697	4697
城市绿化管理	53	4952	5767	8035	631	12386	12376
游览景区管理	40	705	784	14968	894	3535	3534
居民服务和其他服务业	**442**	**6197**	**7287**	**26494**	**2372**	**58021**	**57948**
居民服务业	219	4710	5368	17055	1388	31242	31202
家庭服务	19	2	3	116	5	594	594
托儿所	4			55	5	141	141
洗染服务	17	73	66	874	76	1271	1271
理发及美容保健服务	66	490	472	1797	185	7919	7918
洗浴服务	20	49	55	1600	297	6380	6377
婚姻服务	22	66	56	514	44	1237	1235
殡葬服务	25	3750	4308	10176	567	6923	6923
摄影扩印服务	32	88	155	1522	160	2551	2519
其他居民服务	14	192	254	401	50	4226	4224
其他服务业	223	1487	1919	9439	984	26779	26746
修理与维护	161	1275	1629	5286	566	17890	17857
清洁服务	52	82	258	3409	309	7135	7135
其他未列明的服务	10	131	31	744	110	1754	1754
教 育	**288**	**328**	**556**	**23761**	**2154**	**29917**	**29705**
教 育	288	328	556	23761	2154	29917	29705
学前教育	86	54	55	5582	426	6193	6168
中等教育	9	10	27	181	21	632	632
其他教育	193	263	474	17997	1708	23092	22904
卫生、社会保障和社会福利业	**124**	**1963**	**2659**	**40281**	**4047**	**46755**	**46689**
卫 生	111	1961	2656	35374	3855	45568	45567
医 院	42	1558	2077	29750	2984	37210	37209
卫生院及社区医疗活动	9	141	173	3135	661	3377	3377
门诊部医疗活动	52	242	378	2223	187	4293	4293
专科疾病防治活动	4	2	2	242	21	155	155

4－A－5　续表1－4

单位：个、万元、人

指标名称	法人单位	年初存货	年末存货	固定资产原价	本年折旧	营业收入	#主营业务收入
其他卫生活动	4	17	27	25	3	534	534
社会保障业	1			10	1	120	120
社会保障业	1			10	1	120	120
社会福利业	12	3	3	4897	191	1067	1002
提供住宿的社会福利	11	3	3	4896	191	1062	997
不提供住宿的社会福利	1			1	...	5	5
文化、体育和娱乐业	**279**	**607**	**713**	**105243**	**7570**	**87029**	**86037**
新闻出版业	3			43140	1318	22974	22974
出版业	3			43140	1318	22974	22974
广播、电视、电影和音像业	31	158	168	11585	736	8671	7945
广　播	2	16	25	73	5	423	423
电　视	1	110	95	74	5	243	243
电　影	25	24	39	11399	723	7900	7174
音像制作	3	8	9	38	4	105	105
文化艺术业	28	37	39	3579	236	2546	2392
文艺创作与表演	10			144	10	693	693
艺术表演场馆	1	4	4	785	37	385	232
图书馆与档案馆	3			20	3	167	167
文物及文化保护	1			5	1	6	6
博物馆	2	29	31	822	44	356	356
群众文化活动	7	4	4	1748	136	843	843
文化艺术经纪代理	4			54	5	96	96
体　育	17	4	4	2658	112	740	734
体育组织	3			22	1	112	112
体育场馆	12	4	4	2614	110	514	508
其他体育	2			22	1	114	114
娱乐业	200	409	503	44280	5168	52098	51993
室内娱乐活动	124	363	439	23930	3144	44044	43961
游乐园	13	16	22	11777	1466	3532	3519
休闲健身娱乐活动	39	12	22	6370	465	3308	3308
其他娱乐活动	24	18	21	2204	93	1214	1204
公共管理和社会组织	**5**			**21**	**1**	**274**	**274**
群众团体、社会团体和宗教组织	5			21	1	274	274
社会团体	5			21	1	274	274

4-A-5 续表2-1

单位：个、万元、人

指标名称	营业成本	#主营业务成本	营业税金及附加	#主营业务税金及附加	主营业务利润	其他业务利润	营业费用、管理费用、财务费用合计
总计	**1643951**	**1602557**	**105780**	**103103**	**1295013**	**20269**	**756162**
一、按登记注册类型分							
内资	**1451390**	**1417798**	**85915**	**83535**	**837459**	**25936**	**589299**
国有	311090	298782	15542	14264	126693	7693	136968
集体	51496	50801	3004	2965	35671	1072	23295
股份合作企业	40026	39758	2359	2333	12709	206	9439
联营企业	7247	7247	159	159	1586		1367
国有联营	459	459	46	46	420		355
集体联营	6562	6562	74	74	916		793
国有与集体联营	207	207	13	13	166		134
其他联营	19	19	26	26	84		85
有限责任公司	350000	330808	20986	20375	292163	9368	157812
国有独资公司	20468	20467	1145	1143	13510	1649	22273
其他有限责任公司	329532	310341	19841	19232	278653	7719	135539
股份有限公司	18168	18150	2002	1988	16113	485	11280
私营企业	664717	663611	41133	40721	344684	7033	242695
私营独资	36640	36600	2932	2895	25787	241	15647
私营合伙	75344	75237	5879	5848	47521	772	30389
私营有限责任公司	531691	530737	30546	30202	247991	5601	176579
私营股份有限公司	21042	21037	1776	1776	23385	419	20080
其他	8647	8642	731	731	7840	80	6444
港澳台商投资	**188791**	**180990**	**19426**	**19130**	**451330**	**-5673**	**160568**
与港澳台商合资经营	3807	3807	264	263	4110		2994
港澳台商独资	184984	177182	19163	18867	447219	-5673	157574
外商投资	**3770**	**3770**	**439**	**439**	**6224**	**7**	**6294**
中外合资经营	2127	2127	278	278	5827	7	5211
外资企业	1643	1643	161	161	397		1084
二、按国民经济行业(门类、大类、中类)分							
交通运输、仓储和邮政业	**690573**	**660187**	**31393**	**29775**	**244522**	**12336**	**175995**
道路运输业	314382	302102	15922	15279	121835	6659	76521
公路旅客运输	170425	160869	6550	6177	36263	3756	33937
道路货物运输	83923	83761	4773	4760	27948	732	19479
道路运输辅助活动	60033	57473	4598	4342	57625	2171	23104
城市公共交通业	58341	57036	3133	2322	14906	663	14192

4-A-5 续表2-2

单位：个、万元、人

指标名称	营业成本	#主营业务成本	营业税金及附加	#主营业务税金及附加	主营业务利润	其他业务利润	营业费用、管理费用、财务费用合计
公共电汽车客运	52564	52418	2830	2020	12963	184	12108
出租车客运	3380	3380	206	206	956	86	792
城市轮渡	2286	1127	60	60	486	381	819
其他城市公共交通	111	111	36	36	501	11	473
水上运输业	102645	101742	5816	5759	45083	2323	27975
水上旅客运输	6673	6673	441	440	260	378	559
水上货物运输	81979	81076	4378	4322	32586	1945	17980
水上运输辅助活动	13992	13992	998	998	12237		9436
航空运输业	9547	9547	655	655	6661	26	5126
航空运输辅助活动	9547	9547	655	655	6661	26	5126
装卸搬运和其他运输服务业	123344	109455	4125	4097	39269	654	26969
装卸搬运	7338	7270	420	420	6388	23	4377
运输代理服务	116006	102184	3705	3677	32881	631	22593
仓储业	24006	23761	415	336	6746	787	10253
谷物、棉花等农产品仓储	20603	20359	112	33	3401	581	8047
其他仓储	3402	3402	303	303	3345	206	2207
邮政业	58309	56545	1327	1327	10024	1225	14958
国家邮政	52639	50875	971	971	5193	1202	11637
其他寄递服务	5670	5670	356	356	4830	23	3321
信息传输、计算机服务和软件业	**415697**	**405739**	**33986**	**33344**	**612250**	**-3537**	**231616**
电信和其他信息传输服务业	367042	357246	30531	29937	584228	-4109	215320
电　信	356052	346290	29683	29096	574729	-4271	210144
互联网信息服务	2474	2474	233	233	1829	1	1568
广播电视传输服务	8516	8482	616	609	7670	162	3608
计算机服务业	30580	30489	2557	2511	20508	441	10372
计算机系统服务	2857	2856	178	169	1708	46	1505
计算机维修	698	698	17	17	135	4	101
其他计算机服务	27025	26935	2362	2324	18664	391	8766
软件业	18076	18004	898	896	7514	131	5925
公共软件服务	16977	16906	842	840	6660	131	5599
其他软件服务	1098	1098	56	56	855		326
租赁和商务服务业	**336738**	**336078**	**21468**	**21165**	**259779**	**8475**	**215905**
租赁业	8653	8645	695	695	4682	88	3353
机械设备租赁	8557	8549	694	694	4656	88	3336

4－A－5 续表2－3

单位：个、万元、人

指标名称	营业成本	#主营业务成本	营业税金及附加	#主营业务税金及附加	主营业务利润	其他业务利润	营业费用、管理费用、财务费用合计
文化及日用品出租	96	96	1	1	26		17
商务服务业	328086	327433	20773	20470	255097	8387	212552
企业管理服务	154768	154721	8421	8387	113932	5692	96262
法律服务	5823	5823	1412	1412	16016	385	12347
咨询与调查	25744	25665	2205	2198	24849	494	18332
广告业	31244	31170	2506	2362	20307	403	14867
知识产权服务	1152	1149	152	152	1857	1	1474
职业中介服务	7322	7322	308	304	9141	49	8896
市场管理	19113	18694	3392	3280	36981	830	32731
旅行社	60572	60568	659	659	8064	173	7634
其他商务服务	22349	22322	1718	1717	23950	361	20009
科学研究、技术服务和地质勘查业	**69737**	**69561**	**7182**	**7121**	**66239**	**1051**	**47062**
研究与试验发展	2769	2767	205	205	3089	28	1579
工程和技术研究与试验发展	1289	1287	159	159	2216	4	1096
农业科学研究与试验发展	535	535	18	18	488		275
医学研究与试验发展	941	941	29	29	384	24	208
社会人文科学研究与试验发展	5	5	...	...	1		...
专业技术服务业	60003	59830	6272	6235	55943	1001	39304
气象服务	437	437	34	34	113		202
海洋服务	640	640	90	90	250		150
测绘服务	3061	3061	507	507	5434	197	4043
技术检测	3575	3573	397	396	5642	16	4450
环境监测	110	103	79	78	576	...	362
工程技术与规划管理	48988	48824	4995	4959	42722	763	29305
其他专业技术服务	3192	3192	171	171	1206	25	793
科技交流和推广服务业	6628	6628	554	530	5167	23	4228
技术推广服务	5995	5995	441	417	4623	23	3735
科技中介服务	409	409	109	109	469		452
其他科技服务	224	224	4	4	74		41
地质勘查业	336	336	151	151	2041		1950
矿产地质勘查	216	216	128	128	2000		1922
地质勘查技术服务	120	120	23	23	41		28
水利、环境和公共设施管理业	**22028**	**21967**	**1035**	**1034**	**11464**	**58**	**8780**
水利管理业	282	282	49	49	122		80

4－A－5 续表2－4

单位：个、万元、人

指标名称	营业成本	#主营业务成本	营业税金及附加	#主营业务税金及附加	主营业务利润	其他业务利润	营业费用、管理费用、财务费用合计
水资源管理	61	61	1	1	46		28
其他水利管理	220	220	48	48	76		52
环境管理业	8840	8840	245	244	4322	30	3740
环境治理	8840	8840	245	244	4322	30	3740
公共设施管理业	12906	12845	741	741	7020	28	4959
市政公共设施管理	2210	2210	165	165	2321	1	1291
城市绿化管理	9655	9594	419	419	2364	22	1608
游览景区管理	1041	1041	157	157	2335	6	2061
居民服务和其他服务业	**33357**	**33339**	**2218**	**2216**	**22392**	**189**	**14033**
居民服务业	15501	15490	1305	1304	14408	135	8476
家庭服务	247	247	18	18	330	1	241
托儿所	68	68	10	10	62		35
洗染服务	654	654	51	51	567	24	445
理发及美容保健服务	4112	4112	365	364	3442	2	2163
洗浴服务	3481	3481	445	445	2451	1	1163
婚姻服务	543	539	60	60	637	...	448
殡葬服务	3607	3599	199	199	3125	30	2595
摄影扩印服务	1126	1126	89	89	1304	26	932
其他居民服务	1665	1665	69	69	2490	51	455
其他服务业	17855	17850	912	912	7984	53	5558
修理与维护	12919	12913	519	519	4425	43	2738
清洁服务	3799	3799	323	323	3014		2403
其他未列明的服务	1138	1138	71	71	546	10	417
教育	**14833**	**14806**	**1242**	**1239**	**13657**	**332**	**10529**
教育	14833	14806	1242	1239	13657	332	10529
学前教育	3170	3155	258	257	2757	18	2093
中等教育	276	276	10	10	347		265
其他教育	11388	11376	975	973	10553	315	8171
卫生、社会保障和社会福利业	**28382**	**28382**	**2067**	**2067**	**16240**	**110**	**14740**
卫生	27788	27788	2055	2055	15724	46	14361
医院	22760	22760	1518	1518	12931	39	12392
卫生院及社区医疗活动	2160	2160	414	414	803	6	562
门诊部医疗活动	2474	2474	98	98	1721	1	1257
专科疾病防治活动	99	99	1	1	54		35

4－A－5 续表2－5 单位：个、万元、人

指标名称	营业成本	#主营业务成本	营业税金及附加	#主营业务税金及附加	主营业务利润	其他业务利润	营业费用、管理费用、财务费用合计
其他卫生活动	295	295	23	23	215		116
社会保障业	48	48	2	2	70		30
社会保障业	48	48	2	2	70		30
社会福利业	546	546	10	10	445	65	348
提供住宿的社会福利	543	543	10	10	445	65	348
不提供住宿的社会福利	3	3	1	1	1		...
文化、体育和娱乐业	**32399**	**32292**	**5176**	**5129**	**48421**	**1249**	**37433**
新闻出版业	3200	3200	245	245	19528	284	15980
出版业	3200	3200	245	245	19528	284	15980
广播、电视、电影和音像业	4694	4640	265	265	2844	705	3259
广　播	362	351	14	14	58		54
电　视	184	184	8	8	52		69
电　影	4119	4076	238	238	2665	705	3067
音像制作	29	29	6	6	70		69
文化艺术业	686	685	76	76	1630	101	1380
文艺创作与表演	139	139	15	15	539		450
艺术表演场馆	166	166	12	12	54	67	189
图书馆与档案馆	16	15	9	9	143	8	33
文物及文化保护	5	5			1		1
博物馆	168	168	19	19	170		94
群众文化活动	149	149	17	17	677	25	570
文化艺术经纪代理	45	45	5	5	47		43
体　育	370	365	28	28	341	9	252
体育组织	53	53	9	9	51		35
体育场馆	278	273	16	16	219	9	166
其他体育	39	39	4	4	71		51
娱乐业	23450	23402	4561	4514	24076	150	16563
室内娱乐活动	20238	20196	4216	4170	19595	133	11304
游乐园	283	283	126	126	3110	17	3423
休闲健身娱乐活动	2281	2281	168	168	859		1428
其他娱乐活动	647	642	50	50	512		409
公共管理和社会组织	**207**	**207**	**13**	**13**	**50**	**6**	**70**
群众团体、社会团体和宗教组织	207	207	13	13	50	6	70
社会团体	207	207	13	13	50	6	70

4－A－5　续表3－1　　单位：个、万元、人

指标名称	#税金	#利息支出	营业利润	职工工资和福利费	本年应交增值税	所有者权益合计	实收资本
总　计	**17730**	**64620**	**597517**	**421409**	**11661**	**4946950**	**2730699**
一、按登记注册类型分							
内　资	**17001**	**63221**	**290214**	**398154**	**11658**	**4030289**	**2374342**
国　有	4971	4474	6094	115535	2094	739345	506130
集　体	451	280	13463	20580	530	118134	65897
股份合作企业	606	1441	3475	9920	435	47125	38610
联营企业	21	15	219	728	1	3509	3015
国有联营	2	1	65	253		2124	1658
集体联营	19	12	123	341	1	974	946
国有与集体联营		3	32	92		311	311
其他联营			－1	42		100	100
有限责任公司	3265	41703	143953	94150	798	1647005	656341
国有独资公司	523	6205	－7114	11464	41	398206	201057
其他有限责任公司	2742	35498	151068	82686	756	1248799	455284
股份有限公司	392	2617	5339	6367	158	98088	56241
私营企业	7199	12636	116194	146244	7520	1365497	1040527
私营独资	679	801	10383	12377	502	50573	44035
私营合伙	1132	456	19417	22620	891	69012	58256
私营有限责任公司	4903	10749	82666	105389	6022	1180456	873584
私营股份有限公司	485	630	3729	5859	105	65456	64651
其　他	96	55	1476	4630	123	11586	7582
港澳台商投资	**638**	**1040**	**307367**	**21304**	**2**	**883216**	**319561**
与港澳台商合资经营	168	971	1117	1823	2	89283	85611
港澳台商独资	471	69	306250	19481		793932	233950
外商投资	**91**	**359**	**－64**	**1951**	**2**	**33446**	**36795**
中外合资经营	78	357	622	1472	2	27239	30848
外资企业	13	2	－687	479		6206	5947
二、按国民经济行业（门类、大类、中类）分							
交通运输、仓储和邮政业	**4167**	**29017**	**80878**	**153182**	**3163**	**1084870**	**591432**
道路运输业	1366	18976	51984	59195	1213	537646	234549
公路旅客运输	455	1208	6081	35225	756	88693	48655
道路货物运输	803	356	9212	12582	352	52000	44806
道路运输辅助活动	108	17412	36691	11388	105	396953	141088
城市公共交通业	257	906	1376	23740	33	45387	18209

4－A－5 续表3－2 单位：个、万元、人

指标名称	#税金	#利息支出	营业利润	职工工资和福利费	本年应交增值税	所有者权益合计	实收资本
公共电汽车客运	232	894	1039	22179	7	34574	13015
出租车客运	3	12	251	311	5	4363	4038
城市轮渡	17		48	1129		6260	1076
其他城市公共交通	5		39	120	21	189	80
水上运输业	1066	6706	19431	21846	861	281980	155535
水上旅客运输	16	11	79	811	189	1954	1725
水上货物运输	554	5356	16551	12983	386	174614	70775
水上运输辅助活动	496	1339	2801	8052	286	105412	83035
航空运输业	101		1560	6685		45252	30150
航空运输辅助活动	101		1560	6685		45252	30150
装卸搬运和其他运输服务业	715	520	12957	20309	1007	55766	43749
装卸搬运	110	101	2034	5345	25	10352	7585
运输代理服务	605	419	10923	14963	983	45413	36164
仓储业	90	1908	－2720	4051	40	32215	22767
谷物、棉花等农产品仓储	29	1555	－4064	2946	1	18679	12514
其他仓储	61	353	1344	1105	40	13536	10254
邮政业	573	2	－3710	17357	9	86624	86474
国家邮政	551		－5242	14418		83071	83065
其他寄递服务	22	2	1533	2940	9	3553	3409
信息传输、计算机服务和软件业	**3161**	**507**	**405940**	**77023**	**1919**	**1369384**	**307140**
电信和其他信息传输服务业	2095	227	393244	64299	8	1312094	257193
电　信	2051	－112	388759	59660	3	1288365	233639
互联网信息服务	13	...	261	894	5	3809	3653
广播电视传输服务	31	339	4224	3745		19919	19901
计算机服务业	861	167	10577	8722	686	38326	33775
计算机系统服务	62	...	250	1045	33	3172	3135
计算机维修	1	...	39	136	28	418	398
其他计算机服务	798	167	10288	7542	625	34736	30242
软件业	206	112	2120	4002	1225	18965	16172
公共软件服务	193	112	1591	3713	884	13604	12150
其他软件服务	13	...	528	289	341	5361	4021
租赁和商务服务业	**7473**	**32076**	**60359**	**96968**	**3457**	**2051883**	**1456154**
租赁业	39	65	1437	1628	135	23261	21518
机械设备租赁	39	65	1428	1615	135	23208	21465

4-A-5 续表3-3

单位：个、万元、人

指标名称	#税金	#利息支出	营业利润	职工工资和福利费	本年应交增值税	所有者权益合计	实收资本
文化及日用品出租			9	13		53	53
商务服务业	7434	32011	58923	95339	3322	2028622	1434636
企业管理服务	3147	27036	28167	22401	733	1730678	1213489
法律服务	121	-5	5489	7046	188	7306	3311
咨询与调查	389	111	7293	13610	451	53794	46189
广告业	634	150	5859	9874	512	31340	25142
知识产权服务	20	5	395	957	13	2414	1778
职业中介服务	35	20	297	4074	67	2538	1954
市场管理	2240	3655	6518	12961	139	139347	88395
旅行社	406	802	603	5682	63	26656	24269
其他商务服务	442	238	4302	18733	1156	34550	30110
科学研究、技术服务和地质勘查业	**1001**	**300**	**21003**	**36473**	**736**	**150604**	**109558**
研究与试验发展	37	13	1537	1144	56	8255	7322
工程和技术研究与试验发展	26	-4	1124	780	43	5089	4007
农业科学研究与试验发展	3	17	212	180	5	1578	1623
医学研究与试验发展	8	...	200	181	8	1573	1677
社会人文科学研究与试验发展			1	3		15	15
专业技术服务业	875	255	18360	32103	581	124243	85077
气象服务	...		-89	248		521	89
海洋服务	10	20	100	50		14000	14000
测绘服务	27	81	1589	2750	2	1684	2110
技术检测	45	73	1208	2752	62	10247	7955
环境监测	15	1	214	239	...	396	255
工程技术与规划管理	747	68	14900	25186	494	93286	56924
其他专业技术服务	31	13	438	877	23	4110	3744
科技交流和推广服务业	87	32	1016	2836	100	12291	11711
技术推广服务	78	11	911	2453	94	10601	10315
科技中介服务	8	3	72	344	4	435	336
其他科技服务	1	19	33	39	2	1255	1060
地质勘查业	2		91	390		5816	5448
矿产地质勘查			78	322		5631	5263
地质勘查技术服务	2		13	68		185	185
水利、环境和公共设施管理业	**185**	**795**	**3295**	**8223**	**1057**	**75794**	**65573**
水利管理业	3		42	136	...	1890	1093

4－A－5 续表3－4 单位：个、万元、人

指 标 名 称	#税金	#利息支出	营业利润	职工工资和福利费	本年应交增值税	所有者权益合计	实收资本
水资源管理	1		18	25	...	798	33
其他水利管理	2		23	110		1092	1060
环境管理业	63	385	1165	5256	86	29376	24018
环境治理	63	385	1165	5256	86	29376	24018
公共设施管理业	119	410	2089	2831	971	44529	40462
市政公共设施管理	24	35	1032	624	101	4901	2460
城市绿化管理	41	32	778	1234	851	27203	25330
游览景区管理	55	344	280	973	20	12425	12672
居民服务和其他服务业	**374**	**344**	**8548**	**12153**	**765**	**36064**	**33542**
居民服务业	241	270	6068	6182	302	23647	22722
家庭服务	...		90	225	...	327	280
托儿所	3		27	20		47	47
洗染服务	15	25	146	315	12	481	567
理发及美容保健服务	64	4	1282	1861	28	3649	3431
洗浴服务	72	4	1289	617	20	1319	1161
婚姻服务	8	5	189	226	1	352	327
殡葬服务	47	201	559	1982	134	14847	14645
摄影扩印服务	21	30	399	660	21	1697	1475
其他居民服务	12		2087	277	87	929	789
其他服务业	133	74	2480	5971	463	12416	10820
修理与维护	106	54	1731	2714	436	8353	7731
清洁服务	25	19	611	2859	15	2862	2464
其他未列明的服务	2	...	139	399	12	1202	625
教 育	**359**	**163**	**3462**	**6943**	**155**	**22915**	**18127**
教 育	359	163	3462	6943	155	22915	18127
学前教育	107	61	681	2120	33	4461	3626
中等教育	93		82	167	5	250	247
其他教育	159	102	2699	4657	117	18204	14255
卫生、社会保障和社会福利业	**288**	**838**	**1611**	**11034**	**110**	**31146**	**27122**
卫 生	281	838	1409	10658	107	27604	23657
医 院	239	838	579	9136	57	20334	16763
卫生院及社区医疗活动	6	...	247	357	...	3931	3928
门诊部医疗活动	33		465	985	39	2473	2298
专科疾病防治活动			19	40		592	592

4-A-5 续表3-5

单位：个、万元、人

指 标 名 称	#税金	#利息支出	营业利润	职工工资和福利费	本年应交增值税	所有者权益合计	实收资本
其他卫生活动	2		100	140	11	275	76
社会保障业			40	35		14	10
社会保障业			40	35		14	10
社会福利业	8		162	341	3	3528	3455
提供住宿的社会福利	7		161	339	3	3524	3451
不提供住宿的社会福利	...		1	2		4	4
文化、体育和娱乐业	**719**	**581**	**12429**	**19387**	**300**	**124258**	**122029**
新闻出版业	9	...	3833	8760	7	54045	51553
出版业	9	...	3833	8760	7	54045	51553
广播、电视、电影和音像业	129	116	484	1652	118	8903	5631
广 播	2		4	43	5	69	57
电 视	1		-17	61	1	191	39
电 影	126	116	496	1516	113	8550	5455
音像制作	...		1	32		94	80
文化艺术业	8	3	351	721	...	2220	1346
文艺创作与表演	2	...	89	346	...	200	198
艺术表演场馆	...	1	-68	96		48	106
图书馆与档案馆	...		118	35		16	15
文物及文化保护			...	4		55	55
博物馆			76	16		854	68
群众文化活动	5	2	132	204		934	792
文化艺术经纪代理			4	21		115	113
体 育	10	9	99	194	...	2877	2513
体育组织	2		16	19		42	21
体育场馆	8	9	62	135	...	2796	2452
其他体育	...		20	41		40	40
娱乐业	563	453	7663	8061	174	56212	60986
室内娱乐活动	521	77	8424	6306	161	30109	34898
游乐园	26	364	-296	639		13474	14236
休闲健身娱乐活动	13	8	-569	844	12	4312	3634
其他娱乐活动	4	5	103	271	1	8317	8217
公共管理和社会组织	**3**	**-1**	**-9**	**24**		**32**	**21**
群众团体、社会团体和宗教组织	3	-1	-9	24		32	21
社会团体	3	-1	-9	24		32	21

4－A－5　续表 4－1　　　　单位：个、万元、人

指 标 名 称							全部就业人员年平均人数
	国家资本	集体资本	法人资本	个人资本	港澳台资本	外商资本	
总　计	**985283**	**150907**	**338229**	**959377**	**279200**	**17703**	**143895**
一、按登记注册类型分							
内　资	**961803**	**146538**	**308639**	**956172**	**421**	**770**	**139823**
国　有	460804	229	40348	4557	192		31900
集　体	3	59500	1914	4480			13355
股份合作企业	3449	4026	3583	27452	100		4200
联营企业	1430	1066	13	506			375
国有联营	1198			460			125
集体联营		946					174
国有与集体联营	232	30	13	36			46
其他联营		90		10			30
有限责任公司	481422	63248	53686	57899	31	56	20551
国有独资公司	194521		6530			6	4616
其他有限责任公司	286901	63248	47156	57899	31	50	15935
股份有限公司	7286	13331	14735	20885	5		2259
私营企业	7409	4843	192673	834795	93	714	64982
私营独资	30	12	3266	40725		2	6451
私营合伙	9	71	12082	46034	10	50	10929
私营有限责任公司	7370	4661	167061	693768	63	661	45218
私营股份有限公司		100	10264	54267	20	...	2384
其　他		295	1688	5599			2201
港澳台商投资	**23480**		**17250**	**1250**	**277582**		**3574**
与港澳台商合资经营	23480		17250	1250	43632		360
港澳台商独资					233950		3214
外商投资		**4369**	**12340**	**1955**	**1197**	**16934**	**498**
中外合资经营		4369	12340	1955	1197	10987	373
外资企业						5947	125
二、按国民经济行业（门类、大类、中类）分							
交通运输、仓储和邮政业	**336226**	**35278**	**67809**	**114326**	**32382**	**5411**	**52700**
道路运输业	152367	16208	21591	41531	5	2847	20512
公路旅客运输	21968	5366	10212	11105	5		11137
道路货物运输	2056	7860	5241	26803		2847	6827
道路运输辅助活动	128343	2983	6139	3623			2548
城市公共交通业	8689	1914	2238	5367			7384

4－A－5　续表4－2　　单位：个、万元、人

指标名称	国家资本	集体资本	法人资本	个人资本	港澳台资本	外商资本	全部就业人员年平均人数
公共电汽车客运	7650	1427	550	3389			6788
出租车客运		376	1688	1973			170
城市轮渡	1039	37					351
其他城市公共交通		75		5			75
水上运输业	43664	12844	32336	34618	32072		6003
水上旅客运输	226	330	118	1051			366
水上货物运输	9566	12412	15315	33482			2702
水上运输辅助活动	33872	102	16903	85	32072		2935
航空运输业	29950		200				1142
航空运输辅助活动	29950		200				1142
装卸搬运和其他运输服务业	2957	2680	8853	28594	125	541	10071
装卸搬运	5	932	475	6173			4503
运输代理服务	2952	1748	8378	22421	125	541	5568
仓储业	15755	1288	1953	2532	180	1060	1215
谷物、棉花等农产品仓储	12485			29			901
其他仓储	3270	1288	1953	2503	180	1060	314
邮政业	82845	344	638	1684		963	6373
国家邮政	82845	50		170			4799
其他寄递服务		294	638	1514		963	1574
信息传输、计算机服务和软件业	**19777**	**444**	**24918**	**43998**	**214482**	**3521**	**14307**
电信和其他信息传输服务业	19594		19643	4031	213924	2	7943
电　信	103		19305	306	213924	2	6983
互联网信息服务	100		228	3325			403
广播电视传输服务	19391		110	400			557
计算机服务业	100	444	2316	30916			4805
计算机系统服务	100		750	2285			605
计算机维修			10	388			52
其他计算机服务		444	1556	28243			4148
软件业	83		2960	9051	559	3519	1559
公共软件服务	83		2880	8614	559	15	1475
其他软件服务			80	437		3504	84
租赁和商务服务业	**532266**	**98493**	**191963**	**626470**	**6255**	**706**	**40799**
租赁业		178	1517	19824			934
机械设备租赁		178	1517	19771			925

4－A－5 续表4－3 单位：个、万元、人

指标名称	国家资本	集体资本	法人资本	个人资本	港澳台资本	外商资本	全部就业人员年平均人数
文化及日用品出租				53			9
商务服务业	532266	98316	190446	606647	6255	706	39865
企业管理服务	482875	74117	154977	500823	63	634	8597
法律服务	609	78	1120	1504			1418
咨询与调查	768	730	12718	29471	2432	71	5639
广告业	1566	75	4106	19364	30	…	4346
知识产权服务	56	73	254	1395			489
职业中介服务	281	86	382	1205			3582
市场管理	22518	19706	15021	31151		…	4329
旅行社	2813	967	1148	15611	3730		1843
其他商务服务	20781	2484	721	6124			9622
科学研究、技术服务和地质勘查业	**19248**	**6789**	**9876**	**50463**	**19942**	**3241**	**12072**
研究与试验发展	1070	4	828	5421			446
工程和技术研究与试验发展		4	132	3872			273
农业科学研究与试验发展			562	1061			84
医学研究与试验发展	1070		134	473			85
社会人文科学研究与试验发展				15			4
专业技术服务业	16822	1170	6742	38203	19942	2199	9736
气象服务	69	3		17			91
海洋服务				14000			12
测绘服务	167	373	90	1480			735
技术检测	1220	298	1209	3030		2199	1001
环境监测	6		22	227			154
工程技术与规划管理	15350	487	3129	18017	19942		7355
其他专业技术服务	10	9	2293	1432			388
科技交流和推广服务业	1356	433	2121	6759		1043	1731
技术推广服务	1276	330	2118	5549		1042	1533
科技中介服务	80	73	3	180		…	169
其他科技服务		30		1030			29
地质勘查业		5183	185	80			159
矿产地质勘查		5183		80			148
地质勘查技术服务			185				11
水利、环境和公共设施管理业	**15130**	**6987**	**8564**	**34891**			**3575**
水利管理业	1028	45	6	14			50

4－A－5 续表4－4

单位：个、万元、人

指 标 名 称	国家资本	集体资本	法人资本	个人资本	港澳台资 本	外商资本	全部就业人员年平均人数
水资源管理	28	5					13
其他水利管理	1000	40	6	14			37
环境管理业	1500	11	3335	19173			2293
环境治理	1500	11	3335	19173			2293
公共设施管理业	12603	6931	5223	15705			1232
市政公共设施管理	450		1030	980			182
城市绿化管理	11930	50	3420	9931			578
游览景区管理	223	6881	773	4795			472
居民服务和其他服务业	**5382**	**542**	**4698**	**22920**			**6415**
居民服务业	5273	289	2991	14169			2860
家庭服务			23	257			150
托儿所				47			15
洗染服务		49	50	468			183
理发及美容保健服务		29	1797	1606			1094
洗浴服务			200	961			410
婚姻服务	10	3	139	175			106
殡葬服务	5243	88	660	8654			378
摄影扩印服务	20	10	100	1345			407
其他居民服务		110	22	657			117
其他服务业	109	253	1708	8751			3555
修理与维护	49	141	1645	5896			1556
清洁服务		112	57	2296			1914
其他未列明的服务	60		6	559			85
教 育	**851**	**125**	**2019**	**14915**	**10**	**208**	**4074**
教 育	851	125	2019	14915	10	208	4074
学前教育	50	20	693	2659		204	1337
中等教育	10		161	76			133
其他教育	791	105	1165	12180	10	4	2604
卫生、社会保障和社会福利业	**112**	**839**	**7857**	**18315**			**4030**
卫 生	100	782	7748	15028			3850
医 院			7593	9170			3059
卫生院及社区医疗活动		258		3670			183
门诊部医疗活动	40	11	155	2092			545
专科疾病防治活动		500		92			31

4－A－5 续表4－5 单位：个、万元、人

指 标 名 称	国家资本	集体资本	法人资本	个人资本	港澳台资 本	外商资本	全部就业人员年平均人数
其他卫生活动	60	13		3			32
社会保障业	10						15
社会保障业	10						15
社会福利业	2	57	109	3287			165
提供住宿的社会福利		55	109	3287			163
不提供住宿的社会福利	2	2					2
文化、体育和娱乐业	**56284**	**1397**	**20525**	**33077**	**6129**	**4617**	**5899**
新闻出版业	50503		1050				828
出版业	50503		1050				828
广播、电视、电影和音像业	3454	1010	359	809			552
广 播	7		50				31
电 视	39						10
电 影	3407	990	309	749			491
音像制作		20		60			20
文化艺术业	106	163		1078			291
文艺创作与表演		25		173			155
艺术表演场馆	106						23
图书馆与档案馆		15					27
文物及文化保护		55					3
博物馆		68					8
群众文化活动				792			65
文化艺术经纪代理				113			10
体 育	1120	45	20	677	21	631	114
体育组织			10	11			9
体育场馆	1120	45		636	21	631	89
其他体育			10	30			16
娱乐业	1102	180	19096	30514	6108	3986	4114
室内娱乐活动		90	9969	21896		2943	3255
游乐园	1000	90	8797	3270	1079		310
休闲健身娱乐活动	102		250	2239		1043	354
其他娱乐活动			80	3108	5029		195
公共管理和社会组织	**7**	**11**		**3**			**24**
群众团体、社会团体和宗教组织	7	11		3			24
社会团体	7	11		3			24

注：本表按有填写财务表的服务业企业统计，不包括铁路运输、批发、零售、住宿、餐饮、银行、证券、保险、房地产业。

4-A-6 嘉兴市按登记注册类型和行业(门类、大类、中类)分组的服务业企业财务状况

单位:个、万元、人

指标名称	法人单位	年初存货	年末存货	固定资产原价	本年折旧	营业收入	#主营业务收入
总计	**4583**	**796998**	**1082455**	**4578235**	**219971**	**2250356**	**2190171**
一、按登记注册类型分							
内资	**4499**	**794274**	**1077078**	**4175263**	**183599**	**1971242**	**1932539**
国有	291	217809	334795	1189243	54277	404204	396618
集体	363	34972	33638	79581	4440	69211	67549
股份合作企业	32	6634	9268	2082	107	6520	6520
联营企业	13	5557	6847	27695	1569	12909	12890
国有联营	2	6	3	21781	1410	8579	8579
集体联营	2	983	1308	433	17	543	531
国有与集体联营	7	4423	5391	2845	18	3422	3415
其他联营	2	146	146	2636	124	365	365
有限责任公司	577	404822	553631	2077003	57587	643337	620170
国有独资公司	83	31848	43139	873493	11139	50064	45087
其他有限责任公司	494	372974	510492	1203510	46448	593274	575083
股份有限公司	8	41361	38417	463896	33456	133897	133897
私营企业	2980	82411	99742	322429	31244	680334	674194
私营独资	718	1352	1566	54404	6836	93666	92476
私营合伙	219	702	759	10900	1080	35726	35556
私营有限责任公司	2042	80357	97416	257125	23328	550933	546153
私营股份有限公司	1			1	...	9	9
其他	235	707	741	13335	919	20830	20701
港澳台商投资	**32**	**986**	**2992**	**265600**	**28380**	**210720**	**207945**
与港澳台商合资经营	8	2	3	2027	125	1071	1055
与港澳台商合作经营	2	44	7	429	106	375	375
港澳台商独资	22	940	2981	263144	28149	209274	206515
外商投资	**52**	**1738**	**2385**	**137372**	**7992**	**68394**	**49688**
中外合资经营	24	871	1217	83399	3424	42131	23462
外资企业	28	867	1168	53972	4568	26264	26226
二、按国民经济行业(门类、大类、中类)分							
交通运输、仓储和邮政业	**575**	**49707**	**47931**	**744531**	**39358**	**609205**	**603763**
道路运输业	242	778	812	495931	23690	322433	319359
公路旅客运输	11	132	132	45359	6058	46185	44863
道路货物运输	211	488	495	57903	7667	138106	137721
道路运输辅助活动	20	158	185	392669	9965	138142	136775

4－A－6 续表1－1

单位：个、万元、人

指标名称	法人单位	年初存货	年末存货	固定资产原价	本年折旧	营业收入	#主营业务收入
城市公共交通业	34	184	175	31572	4313	35656	35186
公共电汽车客运	6	145	163	22109	2862	22062	21761
出租车客运	25	30	1	9345	1438	13484	13315
其他城市公共交通	3	9	11	118	13	110	110
水上运输业	34	124	246	41392	1657	16781	16586
水上货物运输	20	52	122	19477	833	11259	11076
水上运输辅助活动	14	73	124	21914	824	5523	5511
航空运输业	1	2	2	6	2	109	109
航空客货运输	1	2	2	6	2	109	109
装卸搬运和其他运输服务业	184	246	1177	79790	4165	91754	91608
装卸搬运	71	38	173	59875	2417	21123	21115
运输代理服务	113	209	1003	19915	1747	70631	70494
仓储业	56	46986	43616	45539	2113	107057	106608
谷物、棉花等农产品仓储	10	42573	41317	19988	799	40948	40509
其他仓储	46	4414	2299	25551	1315	66108	66099
邮政业	24	1386	1904	50302	3417	35416	34306
国家邮政	1	860	1277	48914	3270	27616	26545
其他寄递服务	23	525	627	1388	148	7800	7761
信息传输、计算机服务和软件业	**635**	**5537**	**7441**	**993460**	**86437**	**451184**	**447999**
电信和其他信息传输服务业	46	2986	5143	966123	82319	397317	394826
电　信	22	2544	3824	929202	79751	383704	381212
互联网信息服务	17	343	591	8774	24	4470	4470
广播电视传输服务	7	99	727	28147	2544	9144	9144
计算机服务业	438	1592	954	21043	3391	36655	36088
计算机系统服务	40	350	482	545	66	4864	4785
数据处理	2	5	3	21	2	410	410
计算机维修	7	34	106	56	11	762	601
其他计算机服务	389	1203	362	20422	3313	30620	30293
软件业	151	960	1345	6294	727	17212	17085
公共软件服务	142	934	1327	5920	701	16281	16155
其他软件服务	9	25	18	374	26	931	931
租赁和商务服务业	**1886**	**602325**	**874562**	**2332376**	**57334**	**665431**	**621070**
租赁业	52	822	759	15964	1151	5138	5136
机械设备租赁	44	662	546	15947	1149	4966	4964

4－A－6 续表1－2

单位：个、万元、人

指 标 名 称	法人单位	年初存货	年末存货	固定资产原价	本年折旧	营业收入	#主营业务收入
文化及日用品出租	8	160	213	17	2	172	172
商务服务业	1834	601503	873804	2316412	56183	660293	615935
企业管理服务	705	546756	811891	2079562	43535	380852	340705
法律服务	56		29	1989	199	14058	14056
咨询与调查	325	264	77	13433	1388	37061	36911
广告业	321	791	660	8289	996	49395	48900
知识产权服务	30	3	3	491	67	2400	2400
职业中介服务	79	85	135	3679	273	19287	19086
市场管理	126	52962	60254	158547	6643	54051	52611
旅行社	81	79	79	4345	503	61218	61114
其他商务服务	111	563	675	46077	2580	41972	40153
科学研究、技术服务和地质勘查业	**573**	**19301**	**19637**	**155708**	**11788**	**199609**	**197519**
研究与试验发展	48	12184	15499	78868	4351	57732	57365
自然科学研究与试验发展	4	43	37	302	27	432	417
工程和技术研究与试验发展	34	12124	15394	75119	4088	56623	56341
农业科学研究与试验发展	7	12	61	3427	234	655	584
医学研究与试验发展	3	5	7	20	1	23	23
专业技术服务业	347	6500	3200	67152	6756	111495	110453
气象服务	9			439	51	2057	2057
地震服务	1			31	2		
测绘服务	31	...		2734	425	5948	5948
技术检测	57	28	53	11386	1234	13717	13562
环境监测	9	203	263	551	51	1164	1164
工程技术与规划管理	172	6087	2649	50326	4816	80942	80055
其他专业技术服务	68	181	235	1686	178	7666	7666
科技交流和推广服务业	177	618	938	9604	672	29926	29246
技术推广服务	140	483	718	5411	522	26781	26138
科技中介服务	27	134	220	4123	138	2585	2548
其他科技服务	10		...	70	13	559	559
地质勘查业	1			84	9	456	456
基础地质勘查	1			84	9	456	456
水利、环境和公共设施管理业	**209**	**114525**	**125596**	**150971**	**7372**	**114292**	**112476**
水利管理业	15	43	63	2447	224	2092	2068
防洪管理	2			10	1	28	28

4－A－6 续表1－3

单位：个、万元、人

指 标 名 称	法人单位	年初存货	年末存货	固定资产原 价	本年折旧	营业收入	#主营业务收 入
水资源管理	4	33	46	1646	164	414	414
其他水利管理	9	10	17	790	60	1650	1626
环境管理业	54	228	454	24531	1693	12465	12347
自然保护	1						
环境治理	53	228	454	24531	1693	12465	12347
公共设施管理业	140	114255	125079	123993	5455	99736	98060
市政公共设施管理	40	107505	118969	46276	1213	31922	31415
城市绿化管理	74	5973	5126	7056	655	34344	33684
游览景区管理	26	777	984	70660	3587	33469	32962
居民服务和其他服务业	**338**	**3303**	**4387**	**28350**	**2718**	**62405**	**61350**
居民服务业	135	1407	2106	21140	2078	31294	30591
家庭服务	15	1	193	260	21	2529	2469
洗染服务	9	8	17	187	27	691	691
理发及美容保健服务	28	29	30	13439	1352	15678	15546
洗浴服务	35	105	114	3850	466	6123	5642
婚姻服务	4			5	...	56	55
殡葬服务	8	1092	1496	1404	65	1997	1969
摄影扩印服务	16	127	133	965	93	1702	1700
其他居民服务	20	44	123	1030	54	2519	2519
其他服务业	203	1896	2281	7210	640	31111	30759
修理与维护	138	1773	2069	6277	513	24254	24063
清洁服务	49	62	132	709	106	5257	5241
其他未列明的服务	16	61	80	225	21	1600	1456
教 育	**132**	**200**	**277**	**27609**	**2526**	**23452**	**23415**
教 育	132	200	277	27609	2526	23452	23415
学前教育	18	4	108	2112	280	1558	1556
初等教育	2			465	32	189	189
中等教育	2			1549	103	998	978
其他教育	110	196	169	23484	2111	20707	20693
卫生、社会保障和社会福利业	**58**	**1470**	**1639**	**48802**	**4850**	**45243**	**45242**
卫 生	47	1460	1628	48553	4826	43145	43144
医 院	13	1012	1254	45521	4530	34048	34048
卫生院及社区医疗活动	3	103	86	520	27	1941	1941
门诊部医疗活动	26	308	233	2408	256	6801	6801

4－A－6　续表1－4　　单位：个、万元、人

指　标　名　称	法人单位	年初存货	年末存货	固定资产原　价	本年折旧	营业收入	#主营业务收　入
专科疾病防治活动	4			102	14	229	227
疾病预防控制及防疫活动	1	36	54	2	...	126	126
社会保障业	4			161	21	1995	1995
社会保障业	4			161	21	1995	1995
社会福利业	7	11	11	88	4	103	103
提供住宿的社会福利	6	10	10	87	4	88	88
不提供住宿的社会福利	1	1	1	1	...	15	15
文化、体育和娱乐业	**173**	**627**	**983**	**96425**	**7588**	**79501**	**77305**
新闻出版业	3			13304	679	10953	10187
出版业	3			13304	679	10953	10187
广播、电视、电影和音像业	23	36	474	27162	1752	12741	12144
电　视	3			23047	1446	9381	9381
电　影	19	36	474	4116	307	3360	2763
音像制作	1						
文化艺术业	30	5	21	4696	255	3204	2963
文艺创作与表演	4			767	41	173	173
艺术表演场馆	5			645	38	733	728
图书馆与档案馆	4	2	6	2	...	121	121
文物及文化保护	1	3	6	1369	1	393	393
博物馆	1			373	30	108	108
群众文化活动	3		10	12	2	117	117
文化艺术经纪代理	9			319	34	881	881
其他文化艺术	3			1209	109	677	441
体　育	5	4	4	334	74	1257	1237
体育场馆	5	4	4	334	74	1257	1237
娱乐业	112	582	484	50929	4828	51346	50773
室内娱乐活动	89	75	103	15106	1945	38094	37526
游乐园	1			420	29	52	52
休闲健身娱乐活动	21	507	381	35352	2851	12001	11996
其他娱乐活动	1			51	3	1199	1199
公共管理和社会组织	**4**	**3**	**3**	**5**	**...**	**34**	**34**
群众团体、社会团体和宗教组织	4	3	3	5	...	34	34
社会团体	4	3	3	5	...	34	34

4－A－6 续表2－1 单位：个、万元、人

指标名称	营业成本	#主营业务成本	营业税金及附加	#主营业务税金及附加	主营业务利润	其他业务利润	营业费用、管理费用、财务费用合计
总计	**1218251**	**1199947**	**68671**	**68162**	**827530**	**76026**	**634068**
一、按登记注册类型分							
内资	**1138875**	**1123229**	**60417**	**59926**	**703504**	**57534**	**561932**
国有	241485	239227	13291	13248	123383	12949	131739
集体	27272	27047	1983	1829	38341	2435	31798
股份合作企业	2478	2478	93	93	3949	20	2415
联营企业	5554	5554	838	838	6497	43	6510
国有联营	2333	2333	715	715	5532	21	5892
集体联营	175	175	12	12	344	12	202
国有与集体联营	3046	3046	103	103	265	10	148
其他联营			9	9	356		268
有限责任公司	386720	378684	16541	16478	242864	35053	201613
国有独资公司	17850	17548	1563	1519	26011	5165	27259
其他有限责任公司	368870	361136	14979	14959	216853	29888	174354
股份有限公司	70326	70326	4956	4956	16751	12	21168
私营企业	392303	387243	22293	22067	264117	6702	160593
私营独资	44314	43889	3646	3615	44972	1006	24958
私营合伙	13752	13719	1577	1576	20082	182	10954
私营有限责任公司	334237	329634	17070	16875	199054	5514	124661
私营股份有限公司			1	1	9		20
其他	12737	12671	421	418	7602	321	6097
港澳台商投资	**51740**	**49362**	**6563**	**6563**	**103367**	**306**	**51066**
与港澳台商合资经营	573	573	58	58	424	16	474
与港澳台商合作经营	173	173	1	1	201		192
港澳台商独资	50994	48616	6503	6503	102742	290	50401
外商投资	**27637**	**27356**	**1691**	**1673**	**20659**	**18185**	**21069**
中外合资经营	11115	10835	1028	1010	11618	18011	11384
外资企业	16522	16522	664	664	9041	174	9685
二、按国民经济行业(门类、大类、中类)分							
交通运输、仓储和邮政业	**398758**	**393659**	**15717**	**15395**	**191725**	**6972**	**108265**
道路运输业	179354	175948	10737	10442	132258	2495	59694
公路旅客运输	28584	28183	1246	1213	15465	954	11330
道路货物运输	105308	102320	4644	4382	30311	367	22543
道路运输辅助活动	45462	45446	4848	4848	86482	1174	25822

4－A－6 续表2－2 单位：个、万元、人

指标名称	营业成本	#主营业务成本	营业税金及附加	#主营业务税金及附加	主营业务利润	其他业务利润	营业费用、管理费用、财务费用合计
城市公共交通业	23391	23349	1089	1081	10679	550	9552
公共电汽车客运	16733	16733	614	614	4415	479	6589
出租车客运	6596	6554	470	463	6222	68	2931
其他城市公共交通	63	63	4	4	43	2	33
水上运输业	8816	8670	539	536	7381	13	4204
水上货物运输	6232	6085	378	376	4615	…	2059
水上运输辅助活动	2584	2584	161	161	2766	12	2146
航空运输业	68	68	4	4	37		13
航空客货运输	68	68	4	4	37		13
装卸搬运和其他运输服务业	62041	61792	2176	2174	27642	192	14917
装卸搬运	10441	10440	692	692	9982	57	5693
运输代理服务	51601	51352	1484	1482	17660	135	9224
仓储业	98016	97478	629	621	6312	2663	10417
谷物、棉花等农产品仓储	36331	35793	118	118	2401	437	4976
其他仓储	61685	61685	510	503	3911	2226	5441
邮政业	27072	26354	544	536	7416	1059	9468
国家邮政	21817	21752	409	409	4384	1007	6829
其他寄递服务	5255	4602	135	127	3032	53	2638
信息传输、计算机服务和软件业	**183617**	**180879**	**14440**	**14388**	**145491**	**661**	**103980**
电信和其他信息传输服务业	159606	157228	12480	12459	117911	36	85984
电　信	149016	146638	12052	12031	115315	36	83999
互联网信息服务	4434	4434	106	106	－70	1	407
广播电视传输服务	6155	6155	322	322	2667		1577
计算机服务业	14163	13849	1777	1746	20493	390	11340
计算机系统服务	3353	3328	124	124	1333	69	1137
数据处理	282	282	1	1	127		30
计算机维修	541	472	23	23	106	139	158
其他计算机服务	9987	9766	1629	1598	18928	182	10015
软件业	9849	9802	184	184	7086	234	6656
公共软件服务	9239	9193	169	169	6780	225	6412
其他软件服务	610	610	15	15	306	9	244
租赁和商务服务业	**373088**	**365481**	**19358**	**19280**	**252351**	**55635**	**254778**
租赁业	2667	2664	234	234	2238	53	1911
机械设备租赁	2560	2560	227	227	2177	50	1869

4－A－6 续表2－3 单位：个、万元、人

指标名称	营业成本	#主营业务成本	营业税金及附加	#主营业务税金及附加	主营业务利润	其他业务利润	营业费用、管理费用、财务费用合计
文化及日用品出租	107	104	6	6	62	3	42
商务服务业	370421	362817	19124	19046	250113	55582	252866
企业管理服务	232558	226865	8767	8700	122748	50560	160693
法律服务	3626	3596	805	805	9655	75	5372
咨询与调查	14218	14171	1607	1605	21269	277	15318
广告业	27071	26938	2377	2371	19591	473	9660
知识产权服务	1318	1318	123	123	959		776
职业中介服务	4994	4937	539	539	13610	319	10816
市场管理	22646	21053	2562	2560	27298	1790	23554
旅行社	48774	48723	776	775	11616	42	5200
其他商务服务	15217	15217	1569	1568	23368	2046	21479
科学研究、技术服务和地质勘查业	**102289**	**102110**	**6537**	**6504**	**88564**	**1938**	**50523**
研究与试验发展	38487	38333	385	384	18647	369	9606
自然科学研究与试验发展	250	250	9	9	158	15	244
工程和技术研究与试验发展	38031	37913	361	361	18067	247	9008
农业科学研究与试验发展	198	162	14	13	409	107	341
医学研究与试验发展	8	8	2	2	13		13
专业技术服务业	46357	46351	5505	5474	58298	881	36053
气象服务	764	764	77	77	1216		535
地震服务							7
测绘服务	1309	1309	301	301	4338	20	2933
技术检测	3393	3391	666	659	9513	213	6696
环境监测	399	399	59	59	705		622
工程技术与规划管理	36461	36457	4191	4166	39101	580	22919
其他专业技术服务	4030	4030	212	212	3424	67	2340
科技交流和推广服务业	17446	17426	618	617	11192	688	4596
技术推广服务	15735	15716	523	523	9889	628	3607
科技中介服务	1482	1482	70	70	996	60	771
其他科技服务	228	228	24	24	307		218
地质勘查业			29	29	427		268
基础地质勘查			29	29	427		268
水利、环境和公共设施管理业	**62350**	**61586**	**5183**	**5182**	**45708**	**2501**	**38549**
水利管理业	1385	1350	94	93	625	6	519
防洪管理	13	13	...	...	15		13

4-A-6 续表2-4

单位：个、万元、人

指标名称	营业成本	#主营业务成本	营业税金及附加	#主营业务税金及附加	主营业务利润	其他业务利润	营业费用、管理费用、财务费用合计
水资源管理	351	351	10	10	53	11	154
其他水利管理	1021	986	83	82	558	-5	353
环境管理业	8382	8353	244	244	3751	988	4822
自然保护							
环境治理	8382	8353	244	244	3751	988	4822
公共设施管理业	52582	51883	4846	4845	41332	1507	33208
市政公共设施管理	18785	18785	377	377	12253	509	11624
城市绿化管理	26499	26040	1066	1066	6579	499	5596
游览景区管理	7299	7059	3403	3403	22500	499	15988
居民服务和其他服务业	**30554**	**29667**	**1990**	**1973**	**29710**	**1004**	**17416**
居民服务业	12747	12626	1238	1234	16731	679	8490
家庭服务	1138	1138	62	62	1269	60	506
洗染服务	323	323	23	23	346		210
理发及美容保健服务	5847	5847	766	766	8932	134	3541
洗浴服务	2565	2545	198	194	2903	402	1833
婚姻服务	7	7	...	...	47	1	38
殡葬服务	908	908	14	14	1047	32	640
摄影扩印服务	634	633	80	80	988		899
其他居民服务	1325	1225	95	95	1199	49	824
其他服务业	17807	17041	752	739	12979	325	8926
修理与维护	14560	13922	491	477	9663	273	6832
清洁服务	2267	2266	217	217	2758	21	1695
其他未列明的服务	981	853	45	45	558	31	398
教　育	**7764**	**7764**	**799**	**796**	**14847**	**146**	**13154**
教　育	7764	7764	799	796	14847	146	13154
学前教育	222	222	17	17	1317	2	1226
初等教育	91	91	16	16	83	31	78
中等教育	297	297	17	17	663		639
其他教育	7154	7154	750	747	12784	114	11212
卫生、社会保障和社会福利业	**30213**	**30174**	**695**	**695**	**14373**	**38**	**11297**
卫　生	30148	30114	656	656	12374	38	9422
医　院	24443	24410	402	402	9236		7248
卫生院及社区医疗活动	1675	1675	17	17	249		232
门诊部医疗活动	3877	3876	228	228	2697	37	1809

4－A－6 续表2－5 单位：个、万元、人

指标名称	营业成本	#主营业务成本	营业税金及附加	#主营业务税金及附加	主营业务利润	其他业务利润	营业费用、管理费用、财务费用合计
专科疾病防治活动	74	74	3	3	151	1	88
疾病预防控制及防疫活动	80	80	6	6	41		46
社会保障业	10	10	36	36	1949		1809
社会保障业	10	10	36	36	1949		1809
社会福利业	54	50	4	4	50		66
提供住宿的社会福利	49	44	3	3	41		57
不提供住宿的社会福利	5	5	1	1	9		9
文化、体育和娱乐业	**29615**	**28622**	**3950**	**3948**	**44735**	**7132**	**36079**
新闻出版业	6617	6390	783	783	3014	6052	4815
出版业	6617	6390	783	783	3014	6052	4815
广播、电视、电影和音像业	4060	3579	812	810	7755	339	7580
电　视	2623	2623	743	743	6016	21	6085
电　影	1437	956	70	68	1740	318	1493
音像制作							3
文化艺术业	1310	1128	123	123	1712	59	1235
文艺创作与表演	37	37	4	4	133		84
艺术表演场馆	281	279	35	35	414	3	347
图书馆与档案馆	50	50	2	2	70		40
文物及文化保护	39	39			354		276
博物馆			…	…	108		60
群众文化活动	90	90	1	1	26		15
文化艺术经纪代理	370	370	51	51	460		270
其他文化艺术	443	263	31	31	148	56	144
体　育	977	974	56	56	207	26	292
体育场馆	977	974	56	56	207	26	292
娱乐业	16651	16551	2176	2176	32046	656	22157
室内娱乐活动	12262	12162	1397	1397	23966	614	13995
游乐园	30	30	6	6	16		7
休闲健身娱乐活动	3531	3531	771	771	7695	42	7934
其他娱乐活动	828	828	2	2	369		222
公共管理和社会组织	**5**	**5**	**2**	**2**	**27**		**27**
群众团体、社会团体和宗教组织	5	5	2	2	27		27
社会团体	5	5	2	2	27		27

4－A－6 续表3－1

单位：个、万元、人

指 标 名 称			营业利润	职工工资和福利费	本年应交增值税	所有者权益合计	实收资本
	#税金	#利息支出					
总 计	**22196**	**88560**	**367582**	**315834**	**5103**	**8045340**	**4500305**
一、按登记注册类型分							
内 资	**21703**	**83048**	**250762**	**299738**	**4620**	**7474353**	**4252229**
国 有	1353	33212	24155	71354	345	2946999	1824351
集 体	653	3317	9432	17585	280	163075	101115
股份合作企业	8	－3	1554	533	19	18683	3054
联营企业	20	129	31	4092	8	18442	9996
国有联营	3	82	－339	3954	3	10411	4930
集体联营			155	35		507	95
国有与集体联营	...	47	127	47	5	4962	2360
其他联营	17		88	56		2562	2611
有限责任公司	16077	41979	86533	81691	1691	3478714	1810226
国有独资公司	263	3954	3909	11059	64	1096284	561213
其他有限责任公司	15814	38025	82623	70632	1628	2382430	1249013
股份有限公司	658	176	16095	15673	...	262159	28868
私营企业	2760	3977	111125	104336	2234	566467	456922
私营独资	715	321	21020	15904	463	48700	39537
私营合伙	346	101	9480	6754	364	12240	7266
私营有限责任公司	1698	3555	80636	81663	1407	505438	410019
私营股份有限公司		...	－11	14		89	100
其 他	173	260	1837	4477	44	19814	17697
港澳台商投资	**288**	**236**	**99046**	**8445**	**25**	**284791**	**89097**
与港澳台商合资经营	27		－34	218		4038	4289
与港澳台商合作经营		41	10	20		4537	850
港澳台商独资	261	195	99069	8207	25	276217	83958
外商投资	**205**	**5276**	**17775**	**7651**	**458**	**286196**	**158980**
中外合资经营	139	5038	18245	4104	284	188012	82377
外资企业	66	238	－470	3547	173	98184	76603
二、按国民经济行业(门类、大类、中类)分							
交通运输、仓储和邮政业	**1819**	**26074**	**93360**	**65362**	**671**	**607441**	**565528**
道路运输业	854	21572	75761	31117	304	315218	323271
公路旅客运输	85	181	5092	10445	60	21987	6426
道路货物运输	470	879	8835	15698	242	37542	87551
道路运输辅助活动	300	20512	61834	4973	2	255689	229294

4-A-6 续表3-2 单位：个、万元、人

指标名称	#税金	#利息支出	营业利润	职工工资和福利费	本年应交增值税	所有者权益合计	实收资本
城市公共交通业	63	447	1754	10882		9077	7373
公共电汽车客运	50	425	-1695	7335		3702	2663
出租车客运	12	22	3436	3517		5249	4605
其他城市公共交通	2		12	30		127	105
水上运输业	83	1010	3189	2685	4	42272	37901
水上货物运输	16	467	2556	1190		15519	13116
水上运输辅助活动	67	543	632	1495	4	26753	24786
航空运输业	1		24	16		45	50
航空客货运输	1		24	16		45	50
装卸搬运和其他运输服务业	403	1483	12917	9944	147	96056	76071
装卸搬运	104	1087	4347	4041	78	40266	37550
运输代理服务	299	395	8570	5903	69	55791	38521
仓储业	176	1539	709	2769	212	115407	112075
谷物、棉花等农产品仓储	26	428	13	1250	146	16862	9404
其他仓储	151	1111	696	1520	66	98545	102672
邮政业	240	23	-993	7950	5	29366	8787
国家邮政	210	5	-1439	6422		27938	7509
其他寄递服务	30	19	446	1528	5	1428	1278
信息传输、计算机服务和软件业	**1429**	**1045**	**125059**	**37292**	**677**	**455331**	**62392**
电信和其他信息传输服务业	916	986	114838	28139	19	417394	28799
电　信	911	908	114226	26585	13	383689	19194
互联网信息服务	6	52	-477	357	...	11131	747
广播电视传输服务	...	26	1090	1197	5	22575	8857
计算机服务业	431	50	9544	5083	438	21049	17601
计算机系统服务	39	...	265	594	28	2666	2756
数据处理	1		97	18	3	58	53
计算机维修	7	...	87	102	17	373	270
其他计算机服务	385	49	9095	4369	390	17952	14523
软件业	82	10	677	4069	220	16889	15992
公共软件服务	80	10	606	3965	204	16378	15552
其他软件服务	2		71	104	16	510	440
租赁和商务服务业	**17332**	**47482**	**65148**	**106052**	**1812**	**5989479**	**3407813**
租赁业	84	138	380	864	14	10819	8836
机械设备租赁	82	138	358	800	14	10366	8396

4-A-6 续表3-3

单位：个、万元、人

指 标 名 称	#税金	#利息支出	营业利润	职工工资和福利费	本年应交增值税	所有者权益合计	实收资本
文化及日用品出租	2		22	64	1	453	440
商务服务业	17248	47344	64768	105188	1798	5978660	3398976
企业管理服务	15622	43793	23229	45447	1290	5763200	3282177
法律服务	146	-1	4358	3425	282	2961	851
咨询与调查	181	269	6235	10763	33	34468	20902
广告业	195	57	10404	5525	56	22751	14594
知识产权服务	55		183	400	1	1414	1281
职业中介服务	35	32	3113	13003	3	4938	2319
市场管理	736	3085	6853	6726	83	123252	60223
旅行社	35	19	6457	2303	12	4986	3608
其他商务服务	244	92	3936	17598	39	20689	13021
科学研究、技术服务和地质勘查业	**475**	**989**	**40325**	**38982**	**683**	**410479**	**177133**
研究与试验发展	11	5	9410	11474	64	112151	20149
自然科学研究与试验发展	...		-71	66	13	444	450
工程和技术研究与试验发展	11	4	9306	11212	47	108207	14849
农业科学研究与试验发展		...	176	187	4	3429	4760
医学研究与试验发展			-1	10		71	90
专业技术服务业	427	957	23461	24435	566	272517	137028
气象服务	...	1	682	234	83	1903	121
地震服务			-7	2			10
测绘服务	42	-1	1425	1341	8	3753	674
技术检测	87	21	3030	3969	234	13965	10078
环境监测	5		83	267	26	1038	805
工程技术与规划管理	219	937	17097	17533	19	247714	122027
其他专业技术服务	74	-1	1151	1089	196	4144	3313
科技交流和推广服务业	34	27	7294	3023	53	25732	19876
技术推广服务	22	25	6921	2602	37	18761	16629
科技中介服务	12	3	285	348	13	6518	2813
其他科技服务	...		89	74	3	453	434
地质勘查业	2		160	50		80	80
基础地质勘查	2		160	50		80	80
水利、环境和公共设施管理业	**403**	**11772**	**9660**	**13436**	**416**	**355643**	**151888**
水利管理业	21	85	112	344	6	10014	9352
防洪管理			2	13	1	12	10

4－A－6 续表3－4

单位：个、万元、人

指标名称			营业利润	职工工资和福利费	本年应交增值税	所有者权益合计	实收资本
	#税金	#利息支出					
水资源管理	1	85	－90	122	5	8519	8603
其他水利管理	21	...	201	209	1	1483	739
环境管理业	6	823	－83	2788	60	26225	8352
自然保护							
环境治理	6	823	－83	2788	60	26225	8352
公共设施管理业	376	10865	9631	10304	349	319403	134185
市政公共设施管理	109	8339	1137	1151	4	198253	77620
城市绿化管理	56	148	1481	2981	52	32138	16235
游览景区管理	211	2379	7012	6173	293	89012	40330
居民服务和其他服务业	**161**	**393**	**13298**	**12938**	**637**	**61910**	**54525**
居民服务业	65	58	8919	5926	71	52738	47007
家庭服务	7		823	364	6	1336	1190
洗染服务	...		136	132	30	248	93
理发及美容保健服务	20	3	5525	2972	1	10779	7104
洗浴服务	29	37	1472	1116	7	2341	2187
婚姻服务	1		10	12		37	19
殡葬服务			439	176	20	2111	702
摄影扩印服务	2	15	88	377	2	700	641
其他居民服务	6	4	425	777	6	35185	35071
其他服务业	96	335	4379	7013	566	9173	7518
修理与维护	80	331	3104	5235	521	6668	5792
清洁服务	11	3	1084	1542	35	1983	1258
其他未列明的服务	6	1	191	237	10	523	468
教　育	**73**	**415**	**1831**	**6890**	**89**	**19854**	**17847**
教　育	73	415	1831	6890	89	19854	17847
学前教育	...	...	93	850		2345	1921
初等教育	...		36	125		26	10
中等教育			25	334		578	310
其他教育	73	415	1678	5581	89	16906	15606
卫生、社会保障和社会福利业	**72**	**172**	**3114**	**12124**	**24**	**41210**	**18394**
卫　生	72	177	2990	11229	24	39859	18169
医　院	10	125	1988	9497		37373	16350
卫生院及社区医疗活动	3		17	283		757	138
门诊部医疗活动	54	52	926	1368	20	1529	1561

4－A－6 续表3－5

单位：个、万元、人

指 标 名 称	#税金	#利息支出	营业利润	职工工资和福利费	本年应交增值税	所有者权益合计	实收资本
专科疾病防治活动	4		64	67	4	132	110
疾病预防控制及防疫活动			－5	14		68	10
社会保障业	...	－6	141	842		1204	73
社会保障业	...	－6	141	842		1204	73
社会福利业	...		－16	54		146	152
提供住宿的社会福利	...		－16	46		143	149
不提供住宿的社会福利				7		3	3
文化、体育和娱乐业	**431**	**219**	**15787**	**22733**	**94**	**103975**	**44770**
新闻出版业	9	－29	4251	4491	78	15396	4361
出版业	9	－29	4251	4491	78	15396	4361
广播、电视、电影和音像业	8	121	514	4764	1	30212	9680
电 视		82	－48	4116		26969	7730
电 影	8	39	565	645	1	3143	1850
音像制作			－3	3		100	100
文化艺术业	15	75	536	603	6	7608	5119
文艺创作与表演	7		49	57		1433	1199
艺术表演场馆	1	...	70	133		1092	510
图书馆与档案馆	4		30	26	1	58	32
文物及文化保护		46	78	78		1403	50
博物馆			48	46		300	300
群众文化活动	...		12	5	5	202	202
文化艺术经纪代理	1	29	190	121		1304	820
其他文化艺术	2		59	138		1817	2006
体 育	...	－1	－59	97	1	422	181
体育场馆	...	－1	－59	97	1	422	181
娱乐业	399	53	10545	12778	8	50337	25429
室内娱乐活动	344	45	10585	10441	2	11489	9612
游乐园			9	7		390	390
休闲健身娱乐活动	47	8	－197	2118	5	37605	14627
其他娱乐活动	9		147	213	1	853	800
公共管理和社会组织	**...**		**1**	**26**	**...**	**17**	**17**
群众团体、社会团体和宗教组织	...		1	26	...	17	17
社会团体	...		1	26	...	17	17

4－A－6 续表4－1

单位：个、万元、人

指 标 名 称	国家资本	集体资本	法人资本	个人资本	港澳台资 本	外商资本	全部就业人员年平均人数
总 计	**3086887**	**182314**	**658371**	**380681**	**86766**	**105287**	**84152**
一、按登记注册类型分							
内 资	**3082049**	**182244**	**624981**	**362014**	**370**	**571**	**80608**
国 有	1749547	518	73415	406		466	18573
集 体	326	98513	2187	89			5385
股份合作企业	31	2002	38	982			215
联营企业	5738	3653	604				556
国有联营	4880		50				507
集体联营	23	72					13
国有与集体联营	835	1524					17
其他联营		2057	554				19
有限责任公司	1302292	73820	376861	56836	360	57	15553
国有独资公司	531813		29350	50			2742
其他有限责任公司	770479	73820	347511	56786	360	57	12811
股份有限公司	22168		200	6500			2599
私营企业	260	419	161397	294797	10	39	36023
私营独资	20	100	1551	37866			5949
私营合伙		10	665	6590			1988
私营有限责任公司	240	309	159181	250241	10	39	28081
私营股份有限公司				100			5
其 他	1687	3319	10279	2403		9	1704
港澳台商投资			**1252**	**1032**	**86396**	**417**	**1744**
与港澳台商合资经营			1252	8	2611	417	62
与港澳台商合作经营				635	215		5
港澳台商独资				388	83570		1677
外商投资	**4838**	**70**	**32138**	**17635**		**104298**	**1800**
中外合资经营	4838	70	32138	17435		27896	770
外资企业				200		76403	1030
二、按国民经济行业(门类、大类、中类)分							
交通运输、仓储和邮政业	**237944**	**5972**	**189052**	**52463**	**38972**	**41125**	**16749**
道路运输业	198729	626	94065	25834		4017	8395
公路旅客运输	410	80	2401	3535			2318
道路货物运输		430	63063	20041		4017	4890
道路运输辅助活动	198319	116	28601	2258			1187

4-A-6 续表4-2

单位：个、万元、人

指标名称	国家资本	集体资本	法人资本	个人资本	港澳台资本	外商资本	全部就业人员年平均人数
城市公共交通业	1742	1643	929	3060			2554
公共电汽车客运	1513	48	853	250			1635
出租车客运	230	1565	76	2734			904
其他城市公共交通		30		75			15
水上运输业	4030	1478	28226	690	978	2500	579
水上货物运输	4030	1470	7055	561			350
水上运输辅助活动		8	21171	129	978	2500	229
航空运输业				50			5
航空客货运输				50			5
装卸搬运和其他运输服务业	16590	675	25293	18152	2104	13258	2988
装卸搬运	4978	323	14803	8001		9445	1484
运输代理服务	11611	351	10490	10151	2104	3814	1504
仓储业	9281	1414	40126	4014	35890	21350	692
谷物、棉花等农产品仓储	8729		336	339			250
其他仓储	552	1414	39790	3675	35890	21350	442
邮政业	7572	137	415	663			1536
国家邮政	7509						866
其他寄递服务	63	137	415	663			670
信息传输、计算机服务和软件业	**28804**	**467**	**8036**	**22176**	**15**	**2893**	**8540**
电信和其他信息传输服务业	26899	423	650	827			4986
电　信	18410	233	72	479			4569
互联网信息服务	100	110	200	337			174
广播电视传输服务	8389	80	378	10			243
计算机服务业	386	44	1322	15643		207	2142
计算机系统服务	366		182	2209			262
数据处理		3		50			7
计算机维修				63		207	33
其他计算机服务	20	41	1140	13322			1840
软件业	1520		6064	5706	15	2686	1412
公共软件服务	1520		5964	5366	15	2686	1374
其他软件服务			100	340			38
租赁和商务服务业	**2594905**	**155145**	**390814**	**222896**	**3153**	**40902**	**28183**
租赁业	2028		1847	4961			376
机械设备租赁	2028		1790	4578			326

4－A－6 续表4－3

单位：个、万元、人

指 标 名 称	国家资本	集体资本	法人资本	个人资本	港澳台资 本	外商资本	全部就业人员年平均人数
文化及日用品出租			57	383			50
商务服务业	2592877	155145	388967	217934	3153	40902	27807
企业管理服务	2550028	143498	374042	170725	3044	40840	6392
法律服务		105	84	662			560
咨询与调查	2887	2296	1048	14562	98	12	2828
广告业	692	354	2387	11152	10	...	2053
知识产权服务	35	30	633	583			150
职业中介服务	597	561	269	892			4165
市场管理	33427	7991	7620	11136		50	2370
旅行社	490	175	464	2480			921
其他商务服务	4722	136	2420	5743			8368
科学研究、技术服务和地质勘查业	**108672**	**5780**	**32664**	**27428**	**258**	**2331**	**10193**
研究与试验发展	1848	3	15070	3205	24		1895
自然科学研究与试验发展			250	200			37
工程和技术研究与试验发展	1848	3	11600	1375	24		1777
农业科学研究与试验发展			3200	1560			72
医学研究与试验发展			20	70			9
专业技术服务业	105054	4214	8938	17178	229	1415	7174
气象服务	108		13				72
地震服务		10					1
测绘服务	92	5	216	362			340
技术检测	2117	1755	1811	3475		920	1211
环境监测	10			795			101
工程技术与规划管理	102476	2385	5924	11069	174		4985
其他专业技术服务	252	59	974	1477	55	496	464
科技交流和推广服务业	1770	1564	8655	6965	6	916	1106
技术推广服务	600	1281	7917	5909	6	916	920
科技中介服务	1170	172	651	820			152
其他科技服务		111	87	236			34
地质勘查业				80			18
基础地质勘查				80			18
水利、环境和公共设施管理业	**100204**	**11284**	**14930**	**16549**	**1058**	**7862**	**4837**
水利管理业	7040	2136		175			110
防洪管理				10			5

4－A－6 续表4－4 单位：个、万元、人

指 标 名 称	国家资本	集体资本	法人资本	个人资本	港澳台资本	外商资本	全部就业人员年平均人数
水资源管理	6603	2000					38
其他水利管理	438	136		165			67
环境管理业	3467	198	2704	1742	240		1081
自然保护							
环境治理	3467	198	2704	1742	240		1081
公共设施管理业	89697	8950	12226	14632	818	7862	3646
市政公共设施管理	63055	6870	6450	1245			373
城市绿化管理	734	650	2646	11920	248	37	1359
游览景区管理	25908	1430	3130	1467	570	7825	1914
居民服务和其他服务业	**526**	**2150**	**1635**	**15989**	**34130**	**97**	**5444**
居民服务业	526	1875	160	10282	34110	55	2383
家庭服务		1013	36	141			165
洗染服务				93			71
理发及美容保健服务			16	7025	10	53	1019
洗浴服务		175		2012			529
婚姻服务		10		9			7
殡葬服务	526	177					62
摄影扩印服务		2	58	513	66	2	172
其他居民服务		498	50	490	34033		358
其他服务业		275	1475	5707	20	42	3061
修理与维护		118	1265	4378		32	2099
清洁服务		57	200	991		10	855
其他未列明的服务		100	10	338	20		107
教 育	**2132**	**231**	**1321**	**6521**	**7625**	**17**	**2232**
教 育	2132	231	1321	6521	7625	17	2232
学前教育		8	335	1278	300		345
初等教育				10			81
中等教育				310			82
其他教育	2132	223	986	4923	7325	17	1724
卫生、社会保障和社会福利业	**25**	**179**	**13374**	**4815**			**2878**
卫 生	22	41	13354	4751			2413
医 院			12800	3550			1827
卫生院及社区医疗活动		30	53	54			74
门诊部医疗活动	20	5	501	1036			484

4－A－6　续表4－5　　单位：个、万元、人

指　标　名　称	国家资本	集体资本	法人资本	个人资本	港澳台资　本	外商资本	全部就业人员年平均人数
专科疾病防治活动				110			21
疾病预防控制及防疫活动	2	6		2			7
社会保障业		73					425
社会保障业		73					425
社会福利业	3	65	20	64			40
提供住宿的社会福利		65	20	64			35
不提供住宿的社会福利	3						5
文化、体育和娱乐业	**13664**	**1100**	**6546**	**11844**	**1556**	**10060**	**5054**
新闻出版业	4289		73				795
出版业	4289		73				795
广播、电视、电影和音像业	8754	98	625	204			768
电　视	7730						544
电　影	1024	98	625	104			222
音像制作				100			2
文化艺术业	560	128	768	3662			234
文艺创作与表演			200	999			20
艺术表演场馆	150	45	315				39
图书馆与档案馆		32					22
文物及文化保护		50					34
博物馆	300						9
群众文化活动		2	200				4
文化艺术经纪代理	110		50	660			53
其他文化艺术			3	2003			53
体　育			110	71			29
体育场馆			110	71			29
娱乐业	61	874	4971	7908	1556	10060	3228
室内娱乐活动	61	64	2577	6911			2374
游乐园				390			3
休闲健身娱乐活动		10	2394	607	1556	10060	734
其他娱乐活动		800					117
公共管理和社会组织	**12**	**5**					**42**
群众团体、社会团体和宗教组织	12	5					42
社会团体	12	5					42

注：本表按有填写财务表的服务业企业统计，不包括铁路运输、批发、零售、住宿、餐饮、银行、证券、保险、房地产业。

4－A－7 湖州市按登记注册类型和行业(门类、大类、中类)分组的服务业企业财务状况

单位:个、万元、人

指标名称	法人单位	年初存货	年末存货	固定资产原价	本年折旧	营业收入	#主营业务收入
总计	**2004**	**336289**	**516226**	**2022870**	**133837**	**987979**	**980299**
一、按登记注册类型分							
内资	**1978**	**328796**	**508760**	**1995910**	**132536**	**979600**	**971940**
国有	160	189220	258321	569777	38795	173585	172447
集体	207	10298	9875	52575	3442	44921	44581
股份合作企业	53	851	638	2226	105	6152	6085
联营企业	9	3	4	2822	215	1863	1830
国有联营	2			358	47	681	647
集体联营	6			1857	67	807	807
国有与集体联营	1	3	4	607	101	376	376
有限责任公司	314	89489	188253	736746	48353	441221	438026
国有独资公司	17	40376	121818	35158	3247	10203	10203
其他有限责任公司	297	49113	66436	701588	45107	431018	427823
股份有限公司	48	8426	18793	382523	28043	105134	103559
私营企业	1090	30238	32273	235325	12420	196068	194953
私营独资	374	1162	2868	25760	2315	26366	26280
私营合伙	118	1735	2298	16548	1141	21288	21181
私营有限责任公司	557	26300	25841	187060	8373	140064	139171
私营股份有限公司	41	1042	1266	5958	593	8350	8323
其他	97	272	602	13916	1163	10657	10459
港澳台商投资	**9**	**7209**	**7141**	**6617**	**305**	**2336**	**2336**
与港澳台商合资经营	5	7209	7109	5936	287	1861	1861
港澳台商独资	2		32	645	11	126	126
港澳台商投资股份有限公司	2			36	7	350	350
外商投资	**17**	**284**	**324**	**20343**	**996**	**6042**	**6022**
中外合资经营	8	28	57	4157	249	1933	1933
中外合作经营	2	233	250	12141	487	3868	3868
外资企业	7	23	16	4045	261	241	221
二、按国民经济行业(门类、大类、中类)分							
交通运输、仓储和邮政业	**283**	**36050**	**50557**	**663284**	**42130**	**289655**	**286314**
道路运输业	143	4858	7166	555171	34887	179579	177157
公路旅客运输	18	76	61	64578	6685	36454	35256
道路货物运输	90	1674	2211	20517	1880	33592	33460
道路运输辅助活动	35	3108	4895	470076	26323	109533	108441
城市公共交通业	14	100	519	14083	1794	11549	10935
公共电汽车客运	4	99	79	9079	1020	9815	9258
出租车客运	10	1	440	5004	774	1734	1677
水上运输业	33	141	194	47182	3011	45325	45138
水上旅客运输	1	36	34	39	4	10	10
水上货物运输	24	87	151	26894	2177	40760	40574

4－A－7 续表1－1 单位：个、万元、人

指标名称	法人单位	年初存货	年末存货	固定资产原价	本年折旧	营业收入	#主营业务收入
水上运输辅助活动	8	18	9	20249	830	4555	4553
装卸搬运和其他运输服务业	64	38	282	7717	584	24027	23922
装卸搬运	20	38	205	2066	155	2719	2711
运输代理服务	44		77	5652	429	21308	21211
仓储业	21	30385	41732	28708	1209	22466	22453
谷物、棉花等农产品仓储	4	30204	41667	18443	621	15353	15353
其他仓储	17	181	65	10265	588	7113	7100
邮政业	8	529	664	10423	645	6710	6710
国家邮政	1	529	649	10300	636	6191	6191
其他寄递服务	7	...	15	123	9	519	519
信息传输、计算机服务和软件业	**307**	**3353**	**4705**	**676959**	**53932**	**280991**	**280528**
电信和其他信息传输服务业	15	2824	3751	664498	52310	258920	258866
电　信	11	2573	1752	654445	51426	252032	252032
互联网信息服务	1			12	1	12	12
广播电视传输服务	3	251	1999	10040	883	6877	6823
计算机服务业	230	166	536	10831	1445	9671	9598
计算机系统服务	8	23	50	138	12	785	775
计算机维修	6	34	39	65	11	749	726
其他计算机服务	216	109	447	10628	1422	8137	8097
软件业	62	363	418	1630	177	12400	12064
公共软件服务	56	334	392	1474	155	11840	11515
其他软件服务	6	30	25	156	22	560	549
租赁和商务服务业	**823**	**141244**	**258644**	**449647**	**28173**	**252137**	**249483**
租赁业	17	238	318	6031	290	1642	1642
机械设备租赁	17	238	318	6031	290	1642	1642
商务服务业	806	141006	258326	443616	27883	250495	247841
企业管理服务	302	113727	219213	247060	20932	153493	152930
法律服务	34	...		1334	209	4325	4325
咨询与调查	153	70	68	7796	1080	13045	13022
广告业	108	319	429	4889	309	11041	10881
知识产权服务	5			80	5	130	130
职业中介服务	25	26	39	822	66	1679	1546
市场管理	74	26565	38208	172409	3486	28167	28034
旅行社	67	74	122	6072	1334	27816	27611
其他商务服务	38	225	247	3155	463	10799	9360
科学研究、技术服务和地质勘查业	**225**	**1762**	**5301**	**29542**	**2183**	**55781**	**55454**
研究与试验发展	32	231	548	8302	453	5378	5316
自然科学研究与试验发展	3			120	11	210	210
工程和技术研究与试验发展	21	76	191	813	58	1427	1395

4－A－7 续表1－2 单位：个、万元、人

指标名称	法人单位	年初存货	年末存货	固定资产原价	本年折旧	营业收入	#主营业务收入
农业科学研究与试验发展	6	38	111	359	7	328	298
医学研究与试验发展	2	116	246	7010	378	3413	3413
专业技术服务业	126	230	2801	14082	1425	41279	41225
气象服务	1			66	3	139	139
测绘服务	11	…	…	954	199	2510	2510
技术检测	20	65	90	3143	245	3011	2995
环境监测	4			44	3	197	197
工程技术与规划管理	85	64	2539	9022	878	33396	33357
其他专业技术服务	5	101	172	852	98	2026	2026
科技交流和推广服务业	64	1186	1896	6547	254	7191	6980
技术推广服务	51	1175	1879	5307	207	6503	6403
科技中介服务	9			671	32	291	291
其他科技服务	4	11	16	569	15	397	287
地质勘查业	3	116	57	611	50	1934	1934
矿产地质勘查	2	19	18	407	20	846	846
地质勘查技术服务	1	97	39	204	30	1088	1088
水利、环境和公共设施管理业	**106**	**150594**	**193482**	**150654**	**3271**	**58106**	**57869**
水利管理业	7	26	20	48841	912	2071	1915
水资源管理	3	26	20	46897	800	2024	1868
其他水利管理	4			1944	112	47	47
环境管理业	18	12089	12245	18071	395	3320	3320
环境治理	18	12089	12245	18071	395	3320	3320
公共设施管理业	81	138478	181217	83742	1965	52715	52634
市政公共设施管理	21	127895	170917	56517	889	39613	39540
城市绿化管理	23	3083	2825	3302	122	5843	5841
游览景区管理	37	7501	7475	23923	954	7258	7254
居民服务和其他服务业	**95**	**2071**	**1527**	**4567**	**274**	**11373**	**11325**
居民服务业	47	1045	813	1961	120	5894	5891
家庭服务	6	34	43	52	7	272	272
洗染服务	1			50	2	114	114
理发及美容保健服务	6	1	1	27	7	185	185
洗浴服务	10	23	22	661	38	1269	1269
婚姻服务	4			24	1	48	48
殡葬服务	5	298	248	352	5	921	917
摄影扩印服务	2	525	310	112	15	1128	1128
其他居民服务	13	163	190	684	45	1959	1959
其他服务业	48	1027	714	2607	154	5478	5434
修理与维护	28	667	585	1657	101	3886	3842
清洁服务	11	318	87	271	27	1041	1041

4－A－7 续表1－3 单位：个、万元、人

指 标 名 称	法人单位	年初存货	年末存货	固定资产原价	本年折旧	营业收入	#主营业务收入
其他未列明的服务	9	42	42	679	26	551	551
教 育	**40**	**172**	**155**	**7857**	**1243**	**8535**	**8517**
教 育	40	172	155	7857	1243	8535	8517
学前教育	3	111	94	337	32	257	248
其他教育	37	61	61	7520	1211	8277	8269
卫生、社会保障和社会福利业	**72**	**254**	**305**	**8309**	**372**	**20280**	**20273**
卫 生	56	229	274	6311	360	3307	3300
医 院	4	45	47	4518	188	625	625
卫生院及社区医疗活动	4	8	8	9	3	54	54
门诊部医疗活动	47	177	219	1784	170	2625	2617
其他卫生活动	1	1	...			3	3
社会保障业	12	5	5	129	11	16667	16667
社会保障业	12	5	5	129	11	16667	16667
社会福利业	4	20	25	1869	1	306	306
提供住宿的社会福利	3			1869	1	136	136
不提供住宿的社会福利	1	20	25			170	170
文化、体育和娱乐业	**52**	**789**	**1551**	**32054**	**2260**	**11121**	**10536**
新闻出版业	1			746	66	427	76
出版业	1			746	66	427	76
广播、电视、电影和音像业	9	768	1470	17931	1607	7685	7478
电 视	3	766	1466	17144	1544	7476	7268
电 影	6	2	4	787	63	210	210
文化艺术业	16	2	8	9852	91	705	692
文艺创作与表演	5	2	1	9021	46	336	336
图书馆与档案馆	1		3	5	...	86	73
博物馆	1			400	20	5	5
群众文化活动	6			136	4	93	93
文化艺术经纪代理	3		5	290	20	187	187
体 育	3			160	7	69	69
体育组织	1					17	17
体育场馆	1			150	6	2	2
其他体育	1			10	1	50	50
娱乐业	23	20	73	3364	489	2234	2222
室内娱乐活动	14	14	47	2292	305	1900	1888
游乐园	2	6	26	380	8	39	39
休闲健身娱乐活动	7			692	177	295	295
公共管理和社会组织	**1**						
群众团体、社会团体和宗教组织	1						
社会团体	1						

4－A－7 续表2－1

单位：个、万元、人

指标名称	营业成本	#主营业务成本	营业税金及附加	#主营业务税金及附加	主营业务利润	其他业务利润	营业费用、管理费用、财务费用合计
总计	**595843**	**593829**	**27912**	**27655**	**260181**	**35793**	**273527**
一、按登记注册类型分							
内资	**592314**	**590300**	**27599**	**27341**	**257933**	**35317**	**269328**
国有	111752	111623	4109	4066	31811	19443	70831
集体	33049	32951	803	766	10270	2292	11170
股份合作企业	5093	5084	41	40	803	7	418
联营企业	1154	1154	64	64	612	3238	1228
国有联营	343	343	37	37	268	3238	987
集体联营	567	567	14	14	225		127
国有与集体联营	244	244	13	13	119		115
有限责任公司	240670	239520	11953	11913	152175	4353	112424
国有独资公司	7819	7819	268	268	1472	101	1955
其他有限责任公司	232851	231701	11685	11645	150703	4252	110469
股份有限公司	64391	64372	3549	3490	4069	3615	24714
私营企业	130623	130056	6776	6698	53988	2031	45325
私营独资	15888	15737	1492	1477	8588	216	5061
私营合伙	13383	13326	766	766	6847	107	4370
私营有限责任公司	95892	95556	4209	4182	36068	1704	33665
私营股份有限公司	5460	5437	309	274	2484	4	2229
其他	5583	5541	305	305	4205	337	3219
港澳台商投资	**917**	**917**	**123**	**123**	**372**	**475**	**1506**
与港澳台商合资经营	702	702	59	59	284	475	1372
港澳台商独资	94	94	4	4	28		25
港澳台商投资股份有限公司	120	120	60	60	60		110
外商投资	**2612**	**2612**	**190**	**190**	**1876**	**2**	**2692**
中外合资经营	525	525	69	69	1143		1472
中外合作经营	1936	1936	114	114	701	2	1118
外资企业	151	151	8	8	32		102
二、按国民经济行业(门类、大类、中类)分							
交通运输、仓储和邮政业	**193596**	**192618**	**9080**	**8966**	**74414**	**5492**	**73805**
道路运输业	103276	102900	6198	6184	66398	3943	54490
公路旅客运输	26605	26587	1163	1156	7063	1894	7415
道路货物运输	24406	24340	1300	1300	6906	297	4882
道路运输辅助活动	52265	51974	3735	3728	52429	1752	42193
城市公共交通业	9993	9443	389	388	354	694	1692
公共电汽车客运	8244	7697	330	330	490	227	1327
出租车客运	1750	1747	59	58	－136	467	365
水上运输业	36374	36321	1762	1695	6362	613	6020
水上旅客运输	15	15			－63		58
水上货物运输	33840	33788	1612	1546	4873	609	5134

4－A－7 续表2－2 单位：个、万元、人

指标名称	营业成本	#主营业务成本	营业税金及附加	#主营业务税金及附加	主营业务利润	其他业务利润	营业费用、管理费用、财务费用合计
水上运输辅助活动	2519	2519	149	149	1552	4	828
装卸搬运和其他运输服务业	20034	20034	348	317	1668	184	3386
装卸搬运	1889	1889	100	70	752	93	654
运输代理服务	18144	18144	247	247	917	91	2732
仓储业	20061	20061	218	216	647	22	4387
谷物、棉花等农产品仓储	15999	15999	1	1	－2129		2441
其他仓储	4062	4062	218	216	2776	22	1946
邮政业	3859	3859	166	166	－1015	36	3829
国家邮政	3555	3555	147	147	－1196		3685
其他寄递服务	304	304	19	19	181	36	144
信息传输、计算机服务和软件业	**131426**	**131306**	**8631**	**8602**	**65968**	**1836**	**64056**
电信和其他信息传输服务业	119620	119617	7810	7810	58229	1362	58791
电　信	115855	115855	7643	7643	55691	1353	56324
互联网信息服务	1	1	2	2	9		3
广播电视传输服务	3764	3761	164	164	2529	9	2464
计算机服务业	5508	5457	586	575	3387	124	1905
计算机系统服务	555	555	7	7	197	6	157
计算机维修	597	597	9	9	119	24	137
其他计算机服务	4356	4305	569	558	3070	94	1611
软件业	6298	6232	235	218	4352	350	3360
公共软件服务	6043	5986	228	211	4087	347	3110
其他软件服务	255	247	7	7	265	3	251
租赁和商务服务业	**172473**	**171863**	**5085**	**5020**	**73268**	**24564**	**77598**
租赁业	678	678	75	75	60	8	1230
机械设备租赁	678	678	75	75	60	8	1230
商务服务业	171795	171186	5011	4945	73208	24556	76368
企业管理服务	111402	111334	1868	1852	45695	22740	47232
法律服务	1844	1844	286	253	2173		1539
咨询与调查	6784	6744	721	720	4780	125	4993
广告业	6923	6789	638	625	2641	117	2810
知识产权服务	42	42	7	7	44		65
职业中介服务	454	453	63	63	1029	8	805
市场管理	15545	15313	964	962	9781	65	9920
旅行社	25999	25881	191	191	1285	54	1810
其他商务服务	2802	2786	273	273	5781	1447	7194
科学研究、技术服务和地质勘查业	**29192**	**29071**	**2399**	**2389**	**19707**	**515**	**16139**
研究与试验发展	2099	2064	238	236	1159	84	2314
自然科学研究与试验发展	156	156	5	5	49		42
工程和技术研究与试验发展	1178	1142	8	6	－2	38	434

4－A－7 续表2－3 单位：个、万元、人

指标名称	营业成本	#主营业务成本	营业税金及附加	#主营业务税金及附加	主营业务利润	其他业务利润	营业费用、管理费用、财务费用合计
农业科学研究与试验发展	86	86	19	19	183	31	172
医学研究与试验发展	680	680	206	206	930	16	1666
专业技术服务业	20453	20451	1999	1995	16649	341	12242
气象服务	36	36	6	6	97		89
测绘服务	723	723	136	136	1512		1066
技术检测	1063	1063	175	172	1522	23	1516
环境监测	69	69	10	10	118		123
工程技术与规划管理	17036	17034	1656	1656	13053	319	9094
其他专业技术服务	1526	1526	15	15	347		356
科技交流和推广服务业	5384	5301	84	79	1517	89	1364
技术推广服务	5101	5041	47	47	1241	3	1072
科技中介服务	131	131	12	12	138		207
其他科技服务	152	129	25	20	138	87	86
地质勘查业	1256	1256	79	79	381		219
矿产地质勘查	539	539	23	23	198		87
地质勘查技术服务	717	717	55	55	183		132
水利、环境和公共设施管理业	**33218**	**33143**	**1508**	**1504**	**15302**	**2382**	**28708**
水利管理业	1368	1342	27	27	546	62	1416
水资源管理	1366	1340	27	27	501	62	1391
其他水利管理	2	2	...	...	45		25
环境管理业	1986	1986	121	121	536	1	1262
环境治理	1986	1986	121	121	536	1	1262
公共设施管理业	29865	29815	1361	1356	14220	2320	26030
市政公共设施管理	22779	22779	932	932	9648	1635	19111
城市绿化管理	4697	4648	183	183	1010	21	671
游览景区管理	2389	2389	247	242	3562	663	6248
居民服务和其他服务业	**7039**	**7021**	**315**	**315**	**2794**	**396**	**3186**
居民服务业	3658	3658	180	180	1335	359	1476
家庭服务	78	78	15	15	92	1	162
洗染服务	100	100	9	9	4		7
理发及美容保健服务	154	154	11	11	20	1	12
洗浴服务	623	623	62	62	154		479
婚姻服务	15	15	3	3	30		18
殡葬服务	380	380	7	7	380	220	335
摄影扩印服务	847	847	41	41	240		126
其他居民服务	1461	1461	31	31	414	137	337
其他服务业	3381	3363	135	135	1459	37	1710
修理与维护	2623	2605	75	75	1111	37	1129
清洁服务	721	721	31	31	195		168

4－A－7 续表2－4 单位：个、万元、人

指标名称	营业成本	#主营业务成本	营业税金及附加	#主营业务税金及附加	主营业务利润	其他业务利润	营业费用、管理费用、财务费用合计
其他未列明的服务	37	37	29	29	154		414
教　育	**4219**	**4207**	**299**	**299**	**3725**	**33**	**3683**
教　育	4219	4207	299	299	3725	33	3683
学前教育	104	94	...	...	153		164
其他教育	4115	4113	299	299	3572	33	3519
卫生、社会保障和社会福利业	**18103**	**18041**	**163**	**162**	**1463**	**10**	**1858**
卫　生	1771	1762	118	118	821	10	1347
医　院	357	357	32	32	236		463
卫生院及社区医疗活动	37	37	...	...	18		15
门诊部医疗活动	1378	1369	86	85	564	10	867
其他卫生活动			...	...	3		3
社会保障业	16190	16190	41	41	430		381
社会保障业	16190	16190	41	41	430		381
社会福利业	143	90	3	3	213		130
提供住宿的社会福利	53				136		53
不提供住宿的社会福利	90	90	3	3	77		76
文化、体育和娱乐业	**6577**	**6558**	**431**	**398**	**3541**	**566**	**4495**
新闻出版业	76	76	30	...		239	279
出版业	76	76	30	...		239	279
广播、电视、电影和音像业	5373	5373	208	208	1896	282	2837
电　视	5256	5256	202	202	1810	208	2708
电　影	117	117	6	6	87	74	128
文化艺术业	366	358	25	23	283	2	258
文艺创作与表演	267	267	7	7	62		53
图书馆与档案馆	34	25	7	4	43	2	9
博物馆	4	4	1	1			...
群众文化活动	55	55	3	3	35		18
文化艺术经纪代理	7	7	8	8	143		177
体　育	27	27	4	4	38		4
体育组织					17		1
体育场馆	1	1	...	...	1		...
其他体育	27	27	3	3	20		2
娱乐业	735	725	164	164	1323	42	1119
室内娱乐活动	680	670	146	146	1073	42	763
游乐园	22	22	6	6	11		28
休闲健身娱乐活动	33	33	12	12	240		327
公共管理和社会组织							
群众团体、社会团体和宗教组织							
社会团体							

4-A-7 续表3-1

单位：个、万元、人

指标名称	#税金	#利息支出	营业利润	职工工资和福利费	本年应交增值税	所有者权益合计	实收资本
总计	**7094**	**78396**	**115618**	**104229**	**4065**	**3527809**	**1305006**
一、按登记注册类型分							
内资	**7082**	**77898**	**115299**	**102792**	**3855**	**3447398**	**1235418**
国有	267	25838	4758	20909	180	2391734	592990
集体	285	500	1712	10461	686	64686	41628
股份合作企业	37	10	460	1055	7	2741	2323
联营企业	7	796	2622	367	21	25935	23913
国有联营	1	794	2519	145		22497	20500
集体联营	6	2	99	126	21	3316	3292
国有与集体联营			5	96		122	122
有限责任公司	4624	44004	90840	25724	815	647596	302362
国有独资公司	5	125	260	1747	7	146729	84542
其他有限责任公司	4619	43880	90580	23977	807	500867	217820
股份有限公司	518	2595	-3135	16707	130	99536	104086
私营企业	1313	4075	16545	25884	2002	206080	161594
私营独资	355	734	4177	3993	17	20959	19471
私营合伙	162	301	2826	3118	37	10962	8516
私营有限责任公司	720	2589	9157	17909	1122	167851	128039
私营股份有限公司	76	451	385	864	826	6307	5569
其他	33	78	1497	1685	15	9091	6521
港澳台商投资	**11**	**506**	**-209**	**580**		**37473**	**37502**
与港澳台商合资经营	10	506	-273	533		21174	21207
港澳台商独资	...		3	10		15171	15167
港澳台商投资股份有限公司			60	37		1128	1128
外商投资	**1**	**-7**	**528**	**857**	**210**	**42939**	**32086**
中外合资经营	1	1	-133	287		23227	13879
中外合作经营		-8	701	491	208	15271	13767
外资企业			-40	80	2	4441	4441
二、按国民经济行业(门类、大类、中类)分							
交通运输、仓储和邮政业	**826**	**39122**	**15339**	**30807**	**797**	**322914**	**138240**
道路运输业	556	37540	16597	16583	600	250387	63117
公路旅客运输	290	567	1993	6374	426	26605	8782
道路货物运输	75	113	3142	5330	167	12329	9489
道路运输辅助活动	191	36860	11463	4879	7	211453	44846
城市公共交通业	34	212	-42	3751	...	3388	2999
公共电汽车客运	31	136	-16	2972		1312	694
出租车客运	3	76	-26	779	...	2076	2305
水上运输业	116	398	1713	4911	132	24727	31601
水上旅客运输			-63	9		50	50
水上货物运输	108	349	716	4457	1	6875	14060

4－A－7 续表3－2 单位：个、万元、人

指 标 名 称	#税金	#利息支出	营业利润	职工工资和福利费	本年应交增 值 税	所 有 者权益合计	实收资本
水上运输辅助活动	8	50	1059	444	131	17802	17492
装卸搬运和其他运输服务业	24	45	347	2128	38	8971	8010
装卸搬运	11	7	191	755	4	1860	1307
运输代理服务	13	38	156	1373	34	7110	6703
仓储业	93	926	－2168	1442	26	29411	26618
谷物、棉花等农产品仓储	...	450	－3067	535		15264	13374
其他仓储	93	475	899	907	26	14147	13244
邮政业	3	1	－1108	1993	1	6031	5895
国家邮政			－1196	1865		5842	5746
其他寄递服务	3	1	88	127	1	189	149
信息传输、计算机服务和软件业	**4383**	**119**	**59817**	**18642**	**1333**	**169761**	**88292**
电信和其他信息传输服务业	4128	60	55654	15652	223	147621	69740
电 信	4127	－67	55171	13908	220	142200	65050
互联网信息服务			6	4	...	10	10
广播电视传输服务	2	126	477	1741	2	5412	4681
计算机服务业	129	50	1752	1733	30	14150	13243
计算机系统服务	...	3	56	102	12	602	555
计算机维修			6	105	3	277	231
其他计算机服务	129	48	1690	1526	14	13271	12457
软件业	126	9	2412	1256	1080	7990	5309
公共软件服务	108	10	2364	1127	1062	7661	5001
其他软件服务	18	－1	48	130	18	329	308
租赁和商务服务业	**1177**	**23739**	**34300**	**29116**	**1609**	**1998676**	**608690**
租赁业	8	43	－332	608	210	8992	8873
机械设备租赁	8	43	－332	608	210	8992	8873
商务服务业	1169	23696	34632	28508	1399	1989684	599817
企业管理服务	480	20876	30092	12962	1290	1863556	531082
法律服务	81	2	752	1242	40	1056	412
咨询与调查	48	213	675	3406	5	16180	14356
广告业	92	125	723	1442	30	5858	4991
知识产权服务	2		16	17	...	97	72
职业中介服务	27	9	235	560		676	343
市场管理	401	2417	1904	1951	6	90427	37224
旅行社	37	28	－309	1192	18	7740	7401
其他商务服务	1	28	544	5738	11	4094	3936
科学研究、技术服务和地质勘查业	**289**	**255**	**8526**	**10932**	**56**	**39962**	**30311**
研究与试验发展	75	－5	829	766	32	11840	9674
自然科学研究与试验发展			7	29		398	380
工程和技术研究与试验发展	6	－5	－160	262	22	4190	3876

4-A-7 续表3-3

单位：个、万元、人

指标名称	#税金	#利息支出	营业利润	职工工资和福利费	本年应交增值税	所有者权益合计	实收资本
农业科学研究与试验发展			52	63	2	345	368
医学研究与试验发展	69		930	413	8	6907	5050
专业技术服务业	189	227	6991	8782	21	18900	13823
气象服务			8	40		63	50
测绘服务	...	97	695	414		712	235
技术检测	9	80	268	622		2683	1819
环境监测		...	-5	73		77	64
工程技术与规划管理	154	29	5896	7375	8	14091	10755
其他专业技术服务	26	21	129	259	13	1274	901
科技交流和推广服务业	24	33	326	1136	4	8094	6121
技术推广服务	21	38	245	997	4	6570	5236
科技中介服务			-59	78		354	535
其他科技服务	3	-5	140	61		1170	350
地质勘查业	1		381	247		1128	693
矿产地质勘查			198	96		413	93
地质勘查技术服务	1		183	150		715	600
水利、环境和公共设施管理业	**66**	**14644**	**-3578**	**6180**	**104**	**956435**	**414715**
水利管理业	4	109	-808	1204	54	35225	43882
水资源管理	4	109	-828	1061	54	34027	43589
其他水利管理			20	144		1198	293
环境管理业	1	91	-48	1307	44	27084	4609
环境治理	1	91	-48	1307	44	27084	4609
公共设施管理业	61	14444	-2723	3669	7	894126	366223
市政公共设施管理	13	13086	-1647	1129		839254	315206
城市绿化管理	9	64	361	493	4	8637	8446
游览景区管理	39	1294	-1436	2047	3	46235	42572
居民服务和其他服务业	**196**	**138**	**983**	**2093**	**136**	**6835**	**6100**
居民服务业	167	39	718	857	17	4020	3547
家庭服务	10		17	117		86	89
洗染服务	1		-2	115		-1	3
理发及美容保健服务	2	...	9	79	...	74	68
洗浴服务	...	26	105	215		399	452
婚姻服务			12	26	...	87	86
殡葬服务	149		199	189		382	321
摄影扩印服务	...	8	114	25		1108	1010
其他居民服务	5	5	265	92	17	1884	1519
其他服务业	29	99	264	1236	119	2815	2553
修理与维护	18	84	72	569	117	1829	1666
清洁服务	9	3	121	559	2	292	288

4-A-7 续表3-4 单位:个、万元、人

指标名称	#税金	#利息支出	营业利润	职工工资和福利费	本年应交增值税	所有者权益合计	实收资本
其他未列明的服务	2	13	71	109	...	694	598
教　育	**95**	**23**	**360**	**2337**	**22**	**5139**	**4091**
教　育	95	23	360	2337	22	5139	4091
学前教育	4	16	-11	93		543	563
其他教育	91	7	371	2244	22	4596	3528
卫生、社会保障和社会福利业	**12**	**95**	**220**	**900**	**6**	**4041**	**4999**
卫　生	5	65	82	655	1	1782	2887
医　院	1	63	-226	149		216	1368
卫生院及社区医疗活动			3	15		22	18
门诊部医疗活动	4	2	306	491	1	1541	1496
其他卫生活动			...	...		3	5
社会保障业	7	11	55	145		326	180
社会保障业	7	11	55	145		326	180
社会福利业		20	83	100	5	1933	1933
提供住宿的社会福利		20	82	72		1923	1923
不提供住宿的社会福利			1	28	5	10	10
文化、体育和娱乐业	**52**	**262**	**-349**	**3221**	**3**	**24047**	**9569**
新闻出版业		...	-40	152	2	-207	10
出版业		...	-40	152	2	-207	10
广播、电视、电影和音像业	5	256	-658	2183		10475	4666
电　视	...	256	-691	2098		9938	4059
电　影	4	...	33	85		538	607
文化艺术业	18		57	284	1	900	896
文艺创作与表演	1		10	99	...	124	123
图书馆与档案馆			36	29	1	39	3
博物馆			...	4		400	400
群众文化活动	...		17	73		49	40
文化艺术经纪代理	17		-5	79	...	289	330
体　育			35	12		162	160
体育组织			16				
体育场馆			1	2		150	150
其他体育			18	10		12	10
娱乐业	30	6	257	590	...	12716	3838
室内娱乐活动	17	6	352	397	...	1913	1829
游乐园	12		-17	27		380	380
休闲健身娱乐活动	...		-78	166		10423	1629
公共管理和社会组织				**3**			
群众团体、社会团体和宗教组织				3			
社会团体				3			

4－A－7　续表4－1

单位：个、万元、人

指 标 名 称	国家资本	集体资本	法人资本	个人资本	港澳台资 本	外商资本	全部就业人员年平均人数
总　计	**712895**	**83354**	**239778**	**220078**	**34263**	**14638**	**36993**
一、按登记注册类型分							
内　资	**700593**	**83354**	**232056**	**218989**	**360**	**66**	**36481**
国　有	577125	99	15677	89			5933
集　体	7	38987	2557	77			2963
股份合作企业	230	441	600	1053			387
联营企业		3343	20312	259			163
国有联营		500	20000				53
集体联营		2833	200	259			53
国有与集体联营		10	112				57
有限责任公司	119352	31962	101301	49388	360		9835
国有独资公司	84442		100				344
其他有限责任公司	34910	31962	101201	49388	360		9491
股份有限公司	3339	4268	60528	35920		32	4132
私营企业	526	54	30087	130892		35	12203
私营独资		10	3082	16379			2233
私营合伙		3	639	7874			1191
私营有限责任公司	526	42	24586	102851		35	8293
私营股份有限公司			1781	3788			486
其　他	15	4201	992	1313			865
港澳台商投资	**3241**		**2216**		**32045**		**287**
与港澳台商合资经营	3241		2216		15750		256
港澳台商独资					15167		5
港澳台商投资股份有限公司					1128		26
外商投资	**9061**		**5507**	**1089**	**1858**	**14571**	**225**
中外合资经营	3011		1570	1079	1857	6361	86
中外合作经营	6050		3937			3780	90
外资企业				10	1	4430	49
二、按国民经济行业(门类、大类、中类)分							
交通运输、仓储和邮政业	**54986**	**7779**	**40642**	**24389**	**3380**	**7065**	**11858**
道路运输业	18472	5590	19647	11744	3380	4285	6561
公路旅客运输	600	1088	3892	3202			2997
道路货物运输	180	253	2025	6979		52	2094
道路运输辅助活动	17692	4249	13730	1563	3380	4233	1470
城市公共交通业	13	460	1628	898			1572
公共电汽车客运	13	430	201	50			1242
出租车客运		30	1428	848			330
水上运输业	17888	1022	4300	5611		2780	2155
水上旅客运输	50						3
水上货物运输	5618	1010	2422	5009			2012

4－A－7 续表4－2

单位:个、万元、人

指标名称	国家资本	集体资本	法人资本	个人资本	港澳台资本	外商资本	全部就业人员年平均人数
水上运输辅助活动	12220	12	1878	602		2780	140
装卸搬运和其他运输服务业	2630	678	859	3843			892
装卸搬运		48	269	990			393
运输代理服务	2630	630	590	2853			499
仓储业	10237	30	14167	2184			293
谷物、棉花等农产品仓储	550		12824				78
其他仓储	9687	30	1343	2184			215
邮政业	5746		40	109			385
国家邮政	5746						315
其他寄递服务			40	109			70
信息传输、计算机服务和软件业	**19483**	**678**	**53185**	**14307**	**351**	**287**	**3771**
电信和其他信息传输服务业	19362	298	50050	30			2123
电　信	14682	298	50050	20			1922
互联网信息服务				10			3
广播电视传输服务	4681						198
计算机服务业		202	1052	11989			1117
计算机系统服务		152	150	253			52
计算机维修			166	65			61
其他计算机服务		50	736	11671			1004
软件业	121	178	2083	2288	351	287	531
公共软件服务	103	178	1949	2133	351	287	493
其他软件服务	18		135	156			38
租赁和商务服务业	**263325**	**62444**	**116584**	**147143**	**15945**	**3250**	**11343**
租赁业			6918	955		1000	195
机械设备租赁			6918	955		1000	195
商务服务业	263325	62444	109667	146188	15945	2250	11148
企业管理服务	251420	57585	95542	112138	14366	32	4100
法律服务	4	78	11	319			299
咨询与调查	3226	42	3800	7286		2	1275
广告业	110	65	1244	2771	801		647
知识产权服务			4	68			12
职业中介服务	78	24	85	156			378
市场管理	4911	2970	6828	21299		1216	843
旅行社	2149	920	561	1994	778	1000	629
其他商务服务	1428	761	1591	156			2965
科学研究、技术服务和地质勘查业	**4789**	**981**	**8965**	**14269**	**460**	**848**	**3638**
研究与试验发展	748	3	6197	1908		818	361
自然科学研究与试验发展				380			27
工程和技术研究与试验发展	600	3	1752	703		818	165

4－A－7 续表4－3

单位：个、万元、人

指标名称	国家资本	集体资本	法人资本	个人资本	港澳台资本	外商资本	全部就业人员年平均人数
农业科学研究与试验发展	148		220				35
医学研究与试验发展			4225	825			134
专业技术服务业	3043	740	2403	7607		30	2792
气象服务				50			13
测绘服务	50	12	27	146			163
技术检测	548		821	450			232
环境监测		30	...	33			40
工程技术与规划管理	2245	697	1525	6258		30	2230
其他专业技术服务	200	1	30	670			114
科技交流和推广服务业	305	237	364	4754	460		429
技术推广服务	85	132	154	4504	360		360
科技中介服务	220	105	10	200			42
其他科技服务			200	50	100		27
地质勘查业	693						56
矿产地质勘查	93						35
地质勘查技术服务	600						21
水利、环境和公共设施管理业	**365569**	**8683**	**17355**	**7649**	**12271**	**3188**	**3031**
水利管理业	43877	5					356
水资源管理	43589						274
其他水利管理	288	5					82
环境管理业	2377	739	1100	393			784
环境治理	2377	739	1100	393			784
公共设施管理业	319315	7939	16255	7256	12271	3188	1891
市政公共设施管理	307700	5880	1540	85		1	383
城市绿化管理	1710	1000	1820	3916			327
游览景区管理	9905	1059	12895	3255	12271	3188	1181
居民服务和其他服务业	**3**	**358**	**591**	**5147**			**1085**
居民服务业	3	79	129	3336			507
家庭服务			74	15			87
洗染服务				3			60
理发及美容保健服务				68			63
洗浴服务				452			128
婚姻服务			10	76			17
殡葬服务	3	68		251			71
摄影扩印服务				1010			11
其他居民服务		12	45	1462			70
其他服务业		279	462	1811			578
修理与维护		46	298	1323			298
清洁服务		34	116	139			236

4－A－7 续表4－4

单位：个、万元、人

指标名称	国家资本	集体资本	法人资本	个人资本	港澳台资本	外商资本	全部就业人员年平均人数
其他未列明的服务		200	48	350			44
教育	**627**	**1255**	**579**	**1630**			**903**
教育	627	1255	579	1630			903
学前教育		560	3				76
其他教育	627	695	576	1630			827
卫生、社会保障和社会福利业	**114**	**103**	**1090**	**2855**	**838**		**495**
卫生	64	13	1040	1770			392
医院			1000	368			96
卫生院及社区医疗活动				18			9
门诊部医疗活动	64	8	40	1384			286
其他卫生活动		5					1
社会保障业	50	80	50				54
社会保障业	50	80	50				54
社会福利业		10		1084	838		49
提供住宿的社会福利				1084	838		37
不提供住宿的社会福利		10					12
文化、体育和娱乐业	**4000**	**1073**	**788**	**2690**	**1019**		**867**
新闻出版业	10						24
出版业	10						24
广播、电视、电影和音像业	3978	363	220	105			410
电视	3789	50	220				356
电影	189	313		105			54
文化艺术业	3	115	82	696			135
文艺创作与表演		100	23				61
图书馆与档案馆		3					11
博物馆				400			3
群众文化活动	3	12		25			33
文化艺术经纪代理			59	271			27
体育				160			11
体育组织							1
体育场馆				150			2
其他体育				10			8
娱乐业	9	595	486	1729	1019		287
室内娱乐活动		545	366	918			217
游乐园			80	300			11
休闲健身娱乐活动	9	50	40	511	1019		59
公共管理和社会组织							**2**
群众团体、社会团体和宗教组织							2
社会团体							2

注：本表按有填写财务表的服务业企业统计，不包括铁路运输、批发、零售、住宿、餐饮、银行、证券、保险、房地产业。

4－A－8　绍兴市按登记注册类型和行业(门类、大类、中类)分组的服务业企业财务状况

单位:个、万元、人

指标名称	法人单位	年初存货	年末存货	固定资产原价	本年折旧	营业收入	#主营业务收入
总　计	**5510**	**401887**	**590359**	**4272178**	**213364**	**2390664**	**2371209**
一、按登记注册类型分							
内　资	**5488**	**350014**	**525714**	**3543923**	**172846**	**2101325**	**2083102**
国　有	185	67310	91648	1096570	32050	284830	276530
集　体	1276	23658	25497	365409	23290	262821	260864
股份合作企业	11	6	6	30970	2380	11731	11658
联营企业	8	79	81	1063	70	2665	2665
国有联营	3	79	81	168	7	887	887
集体联营	2			80	8	1258	1258
国有与集体联营	2			763	50	305	305
其他联营	1			52	5	214	214
有限责任公司	413	210102	350521	914612	39810	406544	402180
国有独资公司	56	180317	318967	534663	12722	124392	124116
其他有限责任公司	357	29784	31555	379949	27088	282152	278065
股份有限公司	8	891	545	379254	34076	181520	180769
私营企业	2953	46038	54755	589292	34888	894951	892646
私营独资	848	2715	3226	88597	4438	112430	112194
私营合伙	217	2149	2091	22977	1190	70875	70828
私营有限责任公司	1839	39023	42336	458881	27542	646427	644427
私营股份有限公司	49	2151	7102	18837	1718	65219	65196
其　他	634	1931	2661	166753	6284	56264	55791
港澳台商投资	**10**	**51873**	**64645**	**466802**	**34236**	**267263**	**266030**
与港澳台商合资经营	2			157	16	511	511
与港澳台商合作经营	2	25	27	570	65	1414	1414
港澳台商独资	6	51848	64618	466074	34155	265338	264105
外商投资	**12**	**…**	**1**	**261453**	**6282**	**22077**	**22077**
中外合资经营	2			259641	6164	20692	20692
外资企业	9	…	1	1752	115	1264	1264
外商投资股份有限公司	1			60	2	121	121
二、按国民经济行业(门类、大类、中类)分							
交通运输、仓储和邮政业	**387**	**14684**	**18820**	**879585**	**42042**	**471734**	**467489**
道路运输业	177	1766	4519	708517	28532	282529	279842
公路旅客运输	29	341	330	113095	8274	101121	98557

4－A－8 续表1－1 单位：个、万元、人

指标名称	法人单位	年初存货	年末存货	固定资产原价	本年折旧	营业收入	#主营业务收入
道路货物运输	127	410	979	41217	4830	114380	114266
道路运输辅助活动	21	1015	3211	554205	15427	67029	67019
城市公共交通业	24	263	333	45204	5018	26328	25851
公共电汽车客运	5	218	292	34200	4096	21330	20954
出租车客运	19	45	41	11005	922	4998	4898
水上运输业	16	96	75	31917	1611	20695	20663
水上旅客运输	1	1		5	1	50	50
水上货物运输	9	95	75	4924	221	5394	5394
水上运输辅助活动	6			26989	1389	15251	15219
装卸搬运和其他运输服务业	118	405	640	24611	2586	86372	85971
装卸搬运	33	188	262	7068	622	22462	22392
运输代理服务	85	218	378	17542	1964	63910	63579
仓储业	20	11202	11888	27490	1321	11632	11489
谷物、棉花等农产品仓储	3	10852	10638	4203	168	4593	4467
其他仓储	17	351	1249	23286	1153	7039	7022
邮政业	32	953	1365	41847	2974	44179	43672
国家邮政	3	931	1363	40612	2854	39221	38719
其他寄递服务	29	22	2	1235	120	4958	4953
信息传输、计算机服务和软件业	**723**	**7198**	**9092**	**832794**	**64222**	**522723**	**520460**
电信和其他信息传输服务业	36	3838	4868	767884	61384	446866	445241
电　信	13	2994	3699	733930	59788	430786	429553
互联网信息服务	18	44	40	556	49	2032	2032
广播电视传输服务	5	801	1129	33399	1546	14048	13655
计算机服务业	585	1988	2034	54118	2228	51131	50958
计算机系统服务	53	966	1013	29409	287	9457	9433
数据处理	2	2	6	39	4	558	558
计算机维修	17	62	59	1239	38	2039	2039
其他计算机服务	513	958	956	23431	1900	39078	38928
软件业	102	1373	2191	10792	611	24726	24261
公共软件服务	96	1363	2119	10742	605	24382	23917
其他软件服务	6	10	72	50	6	344	344
租赁和商务服务业	**2715**	**300537**	**452428**	**1600193**	**71654**	**855792**	**844280**
租赁业	84	605	768	13857	748	9327	9249

4－A－8 续表1－2

单位：个、万元、人

指标名称	法人单位	年初存货	年末存货	固定资产原价	本年折旧	营业收入	#主营业务收入
机械设备租赁	84	605	768	13857	748	9327	9249
商务服务业	2631	299932	451660	1586336	70906	846465	835031
企业管理服务	1477	239015	382695	1164858	43537	489723	480399
法律服务	62	59	88	2818	282	10236	10236
咨询与调查	283	595	643	21384	2368	59928	59757
广告业	340	1143	1349	10379	920	41985	41860
知识产权服务	24	79	63	442	48	1269	1269
职业中介服务	36	144	37	2561	139	29633	29432
市场管理	211	57864	65785	363127	22092	141695	140506
旅行社	100	140	97	10449	822	51252	51183
其他商务服务	98	893	903	10318	699	20744	20389
科学研究、技术服务和地质勘查业	**927**	**8530**	**14199**	**155965**	**10745**	**250141**	**249593**
研究与试验发展	57	3003	3156	17679	1057	13733	13643
自然科学研究与试验发展	3	50	105	909	31	695	695
工程和技术研究与试验发展	31	906	1048	8507	328	6888	6888
农业科学研究与试验发展	16	1433	1700	6302	565	3912	3822
医学研究与试验发展	5	608	295	1815	119	2034	2034
社会人文科学研究与试验发展	2	6	8	147	15	203	203
专业技术服务业	369	2495	7049	85080	5482	148587	148189
气象服务	3			127	20	161	161
测绘服务	20	431	990	3523	441	10830	10830
技术检测	46	205	51	7030	707	11145	11145
环境监测	3		1	577	4	389	389
工程技术与规划管理	237	1481	1481	70962	3800	110693	110402
其他专业技术服务	60	377	4526	2863	510	15370	15263
科技交流和推广服务业	496	2663	3636	51991	4156	86872	86813
技术推广服务	475	2612	3576	51007	4071	83910	83851
科技中介服务	12	26	43	840	73	2552	2552
其他科技服务	9	25	16	144	13	410	410
地质勘查业	5	369	359	1215	49	949	949
矿产地质勘查	1			200	10	100	100
基础地质勘查	1	369	359	662	1	204	204
地质勘查技术服务	3			353	39	645	645

4－A－8 续表1－3

单位：个、万元、人

指标名称	法人单位	年初存货	年末存货	固定资产原价	本年折旧	营业收入	#主营业务收入
水利、环境和公共设施管理业	**230**	**66497**	**90085**	**703121**	**17158**	**158517**	**157850**
水利管理业	15	411	879	303103	6004	26363	26351
水资源管理	12	8	7	263444	4457	18111	18099
其他水利管理	3	403	872	39659	1547	8252	8252
环境管理业	43	47685	66409	22118	423	13564	13564
环境治理	43	47685	66409	22118	423	13564	13564
公共设施管理业	172	18401	22797	377900	10732	118590	117936
市政公共设施管理	19	149	3453	59531	5336	48251	47990
城市绿化管理	111	14128	18588	16927	1745	56376	56353
游览景区管理	42	4124	756	301442	3651	13962	13592
居民服务和其他服务业	**299**	**3055**	**3798**	**27353**	**2742**	**59697**	**59670**
居民服务业	103	843	1107	15455	1039	19954	19931
家庭服务	2			1030	42	980	980
洗染服务	4	...		31	2	160	160
理发及美容保健服务	33	304	405	5678	325	7860	7857
洗浴服务	15	42	42	3215	198	4381	4379
婚姻服务	9	...		286	15	770	768
殡葬服务	14	467	637	3746	362	3758	3752
摄影扩印服务	11	14	16	325	28	699	699
其他居民服务	15	16	8	1145	66	1345	1335
其他服务业	196	2212	2691	11899	1702	39744	39740
修理与维护	125	2069	2529	8945	1485	26100	26096
清洁服务	59	132	153	2207	164	11269	11269
其他未列明的服务	12	11	9	746	54	2376	2376
教育	**92**	**670**	**1146**	**17315**	**1457**	**27020**	**27017**
教育	92	670	1146	17315	1457	27020	27017
学前教育	11	5	49	192	8	472	472
中等教育	2	1		73	19	33	33
高等教育	1	...		1	...	1	1
其他教育	78	665	1097	17050	1431	26514	26511
卫生、社会保障和社会福利业	**29**	**188**	**217**	**1438**	**162**	**3769**	**3752**
卫生	23	188	217	1357	159	3676	3659

4－A－8 续表 1－4

单位：个、万元、人

指标名称	法人单位	年初存货	年末存货	固定资产原价	本年折旧	营业收入	#主营业务收入
医　院	2	147	183	417	82	1036	1022
卫生院及社区医疗活动	2	...		501	50	787	787
门诊部医疗活动	17	37	30	359	24	1609	1605
妇幼保健活动	1	4	4	81	4	244	244
专科疾病防治活动	1						
社会保障业	1	...		1	...	1	1
社会保障业	1	...		1	...	1	1
社会福利业	5			81	3	92	92
提供住宿的社会福利	3			66	2	69	69
不提供住宿的社会福利	2			15	1	23	23
文化、体育和娱乐业	**108**	**528**	**574**	**54414**	**3181**	**41272**	**41098**
新闻出版业	4			6743	388	17790	17790
出版业	4			6743	388	17790	17790
广播、电视、电影和音像业	21	62	56	15649	561	5508	5346
广　播	1			35	1	93	93
电　视	1			4813	39	776	776
电　影	16	50	56	10733	508	4480	4318
音像制作	3	12		69	13	159	159
文化艺术业	22	9	16	4165	213	2532	2520
文艺创作与表演	8			825	79	1415	1415
艺术表演场馆	5			2425	80	570	559
图书馆与档案馆	3	9	16	56	7	113	112
博物馆	1			536	22	10	10
文化艺术经纪代理	2			36	3	50	50
其他文化艺术	3			287	23	375	375
体　育	1	1	1	66	7	630	630
体育场馆	1	1	1	66	7	630	630
娱乐业	60	456	501	27791	2013	14813	14813
室内娱乐活动	29	138	135	3640	365	8857	8857
游乐园	3	2	2	2397	44	272	272
休闲健身娱乐活动	23	308	307	13241	1166	4875	4875
其他娱乐活动	5	8	57	8514	438	808	808

4－A－8 续表2－1

单位：个、万元、人

指标名称	营业成本	#主营业务成本	营业税金及附加	#主营业务税金及附加	主营业务利润	其他业务利润	营业费用、管理费用、财务费用合计
总计	**1413269**	**1398879**	**70312**	**69550**	**847401**	**46286**	**507241**
一、按登记注册类型分							
内资	**1317443**	**1304212**	**61934**	**61219**	**662291**	**45715**	**429569**
国有	191510	182603	10329	10022	83905	9021	79364
集体	138175	137526	4554	4465	118872	16795	72595
股份合作企业	7582	7582	389	389	3687	359	2808
联营企业	1749	1749	59	59	856		368
国有联营	636	636	3	3	248		196
集体联营	955	955	19	19	284		63
国有与集体联营	159	159	25	25	122		99
其他联营			12	12	202		10
有限责任公司	233092	232259	13537	13420	156501	8698	101333
国有独资公司	72987	72987	4138	4117	47011	1234	35574
其他有限责任公司	160105	159272	9399	9303	109489	7464	65759
股份有限公司	92885	92885	6466	6466	25748	1329	36690
私营企业	617746	614959	25230	25030	252946	8744	126913
私营独资	66056	66019	4980	4968	41208	701	16976
私营合伙	51409	51409	1564	1564	17855	115	9452
私营有限责任公司	440461	437914	17925	17738	189065	7122	96693
私营股份有限公司	59819	59617	761	761	4818	805	3793
其他	34704	34647	1370	1367	19777	770	9498
港澳台商投资	**89302**	**88143**	**7678**	**7631**	**170256**	**74**	**63398**
与港澳台商合资经营	265	265	26	26	220		157
与港澳台商合作经营	922	922	100	100	392		180
港澳台商独资	88114	86955	7553	7506	169645	74	63061
外商投资	**6524**	**6524**	**699**	**699**	**14854**	**497**	**14273**
中外合资经营	5807	5807	642	642	14243	497	13875
外资企业	645	645	54	54	566		369
外商投资股份有限公司	72	72	4	4	45		30
二、按国民经济行业(门类、大类、中类)分							
交通运输、仓储和邮政业	**328775**	**324969**	**12137**	**12000**	**130520**	**9105**	**92852**
道路运输业	177445	173760	8158	8026	98055	4076	62720
公路旅客运输	70480	66835	2411	2281	29441	2465	18793

4－A－8 续表2－2

单位：个、万元、人

指标名称	营业成本	#主营业务成本	营业税金及附加	#主营业务税金及附加	主营业务利润	其他业务利润	营业费用、管理费用、财务费用合计
道路货物运输	81252	81221	3062	3061	29985	676	10840
道路运输辅助活动	25713	25704	2685	2685	38630	935	33087
城市公共交通业	26594	26594	921	919	－1661	557	4916
公共电汽车客运	23902	23902	674	672	－3620	347	3603
出租车客运	2692	2692	247	247	1960	210	1313
水上运输业	17516	17516	255	255	2893	42	2386
水上旅客运输	30	30	2	2	18		10
水上货物运输	4304	4304	100	100	990	10	842
水上运输辅助活动	13182	13182	153	153	1884	32	1534
装卸搬运和其他运输服务业	64246	64177	1719	1717	20077	399	12933
装卸搬运	15266	15265	643	643	6484	81	4221
运输代理服务	48980	48912	1076	1074	13593	318	8713
仓储业	9212	9191	188	187	2111	3506	2687
谷物、棉花等农产品仓储	4291	4271	6	5	192	3097	1342
其他仓储	4920	4920	182	182	1920	409	1345
邮政业	33764	33731	896	896	9045	526	7211
国家邮政	30882	30853	748	748	7118	525	6232
其他寄递服务	2881	2878	148	148	1927	1	979
信息传输、计算机服务和软件业	**233930**	**232299**	**16371**	**16293**	**223140**	**1555**	**111169**
电信和其他信息传输服务业	190276	189068	13853	13787	193658	1004	98573
电　信	181675	180516	13094	13046	187263	660	93954
互联网信息服务	936	936	66	66	1031		615
广播电视传输服务	7666	7617	694	675	5364	344	4004
计算机服务业	29531	29468	1865	1854	19636	416	7347
计算机系统服务	6525	6512	265	265	2657	29	1449
数据处理	396	396	4	4	158		142
计算机维修	1328	1328	57	57	653		217
其他计算机服务	21282	21232	1539	1528	16169	387	5539
软件业	14124	13763	653	652	9846	136	5249
公共软件服务	13860	13499	647	646	9772	136	5192
其他软件服务	264	264	6	6	74	...	57
租赁和商务服务业	**502469**	**495460**	**22119**	**21689**	**321716**	**26990**	**200006**
租赁业	4879	4879	237	237	4133	103	1686

4－A－8 续表2－3

单位：个、万元、人

指标名称	营业成本	#主营业务成本	营业税金及附加	#主营业务税金及附加	主营业务利润	其他业务利润	营业费用、管理费用、财务费用合计
机械设备租赁	4879	4879	237	237	4133	103	1686
商务服务业	497591	490581	21882	21453	317582	26887	198319
企业管理服务	291192	284984	9287	8937	186415	21064	101481
法律服务	3586	3586	514	514	6136		3879
咨询与调查	31077	30533	2556	2540	26684	173	15260
广告业	21423	21415	1548	1511	18934	241	5880
知识产权服务	808	808	36	36	425	48	229
职业中介服务	20586	20406	379	379	8646	156	23426
市场管理	78750	78747	6123	6105	50302	4096	37045
旅行社	38774	38747	986	986	11450	327	5329
其他商务服务	11394	11353	452	445	8591	783	5791
科学研究、技术服务和地质勘查业	**167136**	**166333**	**7026**	**6947**	**76603**	**3026**	**42354**
研究与试验发展	8721	8721	349	349	4572	357	3182
自然科学研究与试验发展	451	451	18	18	226	100	97
工程和技术研究与试验发展	4408	4408	158	158	2323	200	1708
农业科学研究与试验发展	2421	2421	150	150	1250	57	793
医学研究与试验发展	1342	1342	12	12	681		520
社会人文科学研究与试验发展	100	100	11	11	93		64
专业技术服务业	90154	89361	4950	4871	54247	2571	32438
气象服务	57	57	6	6	97		89
测绘服务	3913	3913	566	557	6360		3145
技术检测	5659	5659	465	465	5022	5	3111
环境监测	193	193	6	6	190		153
工程技术与规划管理	68917	68379	3459	3390	38923	1770	23364
其他专业技术服务	11416	11160	448	447	3656	796	2577
科技交流和推广服务业	67578	67569	1672	1672	17572	96	6585
技术推广服务	65944	65935	1537	1537	16380	93	5968
科技中介服务	1431	1431	120	120	1001	3	489
其他科技服务	203	203	15	15	192		129
地质勘查业	682	682	55	55	211	2	149
矿产地质勘查	51	51	8	8	41		12
基础地质勘查	166	166	11	11	27	2	25
地质勘查技术服务	466	466	36	36	143		111

4-A-8 续表2-4 单位:个、万元、人

指标名称	营业成本	#主营业务成本	营业税金及附加	#主营业务税金及附加	主营业务利润	其他业务利润	营业费用、管理费用、财务费用合计
水利、环境和公共设施管理业	**110224**	**110209**	**7026**	**7004**	**39111**	**3590**	**30550**
水利管理业	12891	12891	1038	1038	12423	555	9694
水资源管理	8646	8645	931	930	8524	555	7577
其他水利管理	4245	4245	107	107	3899		2117
环境管理业	5464	5464	2818	2818	5281	2123	3281
环境治理	5464	5464	2818	2818	5281	2123	3281
公共设施管理业	91869	91854	3171	3149	21408	911	17575
市政公共设施管理	43616	43616	1599	1581	2793	242	4172
城市绿化管理	44821	44807	1092	1089	10458	297	5220
游览景区管理	3432	3432	479	479	8157	371	8184
居民服务和其他服务业	**32076**	**31748**	**2155**	**2150**	**25772**	**456**	**11868**
居民服务业	9468	9448	712	709	9773	111	5067
家庭服务	606	606	41	41	333		150
洗染服务	49	49	8	8	103		93
理发及美容保健服务	3894	3894	322	322	3642		1092
洗浴服务	1868	1868	192	192	2319	1	1501
婚姻服务	303	303	41	41	424	2	143
殡葬服务	1568	1568	38	38	2146	48	1763
摄影扩印服务	341	341	30	30	328	2	153
其他居民服务	839	818	40	37	479	58	172
其他服务业	22608	22300	1442	1441	15999	344	6801
修理与维护	16479	16171	776	774	9151	293	3924
清洁服务	5266	5266	529	529	5474	51	2185
其他未列明的服务	863	863	138	138	1375		692
教育	**18026**	**18026**	**818**	**818**	**8173**	**305**	**5074**
教育	18026	18026	818	818	8173	305	5074
学前教育	267	267	6	6	200		260
中等教育	19	19	13	13	1		22
高等教育	1	1	...	...	...		...
其他教育	17740	17740	799	799	7972	305	4792
卫生、社会保障和社会福利业	**2637**	**1853**	**105**	**105**	**1794**	**15**	**1156**
卫生	2597	1813	104	104	1742	15	1134

4－A－8 续表2－5

单位：个、万元、人

指标名称	营业成本	#主营业务成本	营业税金及附加	#主营业务税金及附加	主营业务利润	其他业务利润	营业费用、管理费用、财务费用合计
医院	1008	224	6	6	792	12	837
卫生院及社区医疗活动	602	602	16	16	170		56
门诊部医疗活动	813	813	68	68	725	4	233
妇幼保健活动	175	175	14	14	56		8
专科疾病防治活动							
社会保障业	...	...	...	...	1		1
社会保障业	...	...	...	...	1		1
社会福利业	40	40	1	1	52		21
提供住宿的社会福利	30	30	1	1	39		16
不提供住宿的社会福利	10	10	...	...	13		6
文化、体育和娱乐业	**17995**	**17982**	**2557**	**2545**	**20571**	**1244**	**12214**
新闻出版业	7199	7199	897	897	9693	14	3362
出版业	7199	7199	897	897	9693	14	3362
广播、电视、电影和音像业	2195	2195	153	141	3009	437	3025
广播	53	53	1	1	39		12
电视	345	345	35	35	396		378
电影	1701	1701	115	103	2513	437	2583
音像制作	96	96	2	2	61		52
文化艺术业	1436	1423	66	66	1031	750	657
文艺创作与表演	889	889	23	23	503	374	278
艺术表演场馆	280	267	27	27	265	376	241
图书馆与档案馆	29	29	5	5	78	1	76
博物馆	2	2			8		2
文化艺术经纪代理	19	19	1	1	30		8
其他文化艺术	217	217	11	11	147		52
体育	15	15	21	21	594		582
体育场馆	15	15	21	21	594		582
娱乐业	7150	7150	1419	1419	6244	43	4589
室内娱乐活动	3704	3704	833	833	4319	15	1536
游乐园	111	111	7	7	155	10	149
休闲健身娱乐活动	2893	2893	409	409	1573	17	1554
其他娱乐活动	441	441	171	171	196		1349

4－A－8 续表3－1

单位：个、万元、人

指标名称	#税金	#利息支出	营业利润	职工工资和福利费	本年应交增值税	所有者权益合计	实收资本
总计	**26156**	**56373**	**420759**	**329293**	**13041**	**6763263**	**2943513**
一、按登记注册类型分							
内资	**25271**	**47903**	**312750**	**303686**	**12869**	**6298030**	**2673718**
国有	3020	11282	13562	59473	1511	941676	442273
集体	3488	1281	63073	50923	945	617313	320813
股份合作企业	367	806	1237	3353	22	26884	9307
联营企业	11	42	488	394	74	1424	733
国有联营	7	33	53	103	24	475	353
集体联营			221	196	50	290	50
国有与集体联营	5	8	23	93		262	250
其他联营			191	2		396	80
有限责任公司	7067	23837	63865	49697	1969	2794286	776047
国有独资公司	1043	18940	12671	7777	460	2290940	420722
其他有限责任公司	6024	4897	51194	41920	1510	503346	355325
股份有限公司	3830	2925	24568	19718	19	415288	308764
私营企业	7259	7539	134908	111381	7658	1228047	765152
私营独资	1358	496	24933	16220	1465	102780	79504
私营合伙	270	549	8519	8958	564	31108	26101
私营有限责任公司	5380	6180	99626	82357	5455	1056503	634676
私营股份有限公司	250	315	1830	3846	175	37656	24871
其他	229	192	11048	8747	670	273112	50631
港澳台商投资	**351**	**1648**	**106932**	**25095**	**2**	**396263**	**200849**
与港澳台商合资经营			63	107		383	283
与港澳台商合作经营	3	9	211	241		835	758
港澳台商独资	349	1639	106658	24747	2	395046	199808
外商投资	**534**	**6822**	**1078**	**511**	**171**	**68970**	**68945**
中外合资经营	534	6822	866	365		66787	66787
外资企业	...		197	119	171	2153	2128
外商投资股份有限公司			15	27		30	30
二、按国民经济行业(门类、大类、中类)分							
交通运输、仓储和邮政业	**3198**	**10992**	**46774**	**88538**	**1272**	**411439**	**324488**
道路运输业	1983	9699	39411	40685	698	254450	201046
公路旅客运输	907	1966	13113	22629	40	41412	17175

4－A－8 续表3－2 单位：个、万元、人

指 标 名 称	#税金	#利息支出	营业利润	职工工资和福利费	本年应交增值税	所有者权益合计	实收资本
道路货物运输	450	489	19821	13140	631	37274	18593
道路运输辅助活动	625	7244	6478	4916	28	175763	165279
城市公共交通业	138	425	－6020	11565	57	11430	8274
公共电汽车客运	74	400	－6877	10665	1	7627	5526
出租车客运	64	25	857	900	56	3803	2748
水上运输业	231	87	548	1373	120	18233	16914
水上旅客运输	2		8	18		10	10
水上货物运输	225	87	158	809	120	4337	3018
水上运输辅助活动	4		383	546		13886	13886
装卸搬运和其他运输服务业	319	338	7543	13748	219	71386	58636
装卸搬运	85	14	2344	8126	70	9253	4422
运输代理服务	234	324	5199	5622	149	62134	54214
仓储业	354	502	2930	1447	78	25706	10844
谷物、棉花等农产品仓储	42	206	1947	719	1	2811	481
其他仓储	311	296	984	727	77	22895	10363
邮政业	174	－58	2360	19721	100	30234	28774
国家邮政	162	－59	1412	17956	7	28310	27114
其他寄递服务	12	...	949	1764	93	1924	1660
信息传输、计算机服务和软件业	**1965**	**1964**	**140129**	**54539**	**2128**	**744636**	**477889**
电信和其他信息传输服务业	1020	1613	122690	45524	292	639619	438883
电 信	898	1474	120571	42104	23	626629	431101
互联网信息服务	28	20	415	605	55	1339	1218
广播电视传输服务	93	119	1704	2815	214	11651	6564
计算机服务业	604	193	12706	6328	1587	91337	27672
计算机系统服务	49	44	1237	1337	719	66762	9405
数据处理	2	16	16	54	34	80	70
计算机维修	15		436	268	91	753	605
其他计算机服务	539	134	11017	4669	742	23742	17593
软件业	342	157	4733	2687	249	13681	11334
公共软件服务	341	156	4716	2639	236	13395	11056
其他软件服务	1	1	17	48	13	286	278
租赁和商务服务业	**14263**	**33624**	**154754**	**105913**	**4470**	**4226343**	**1642703**
租赁业	96	51	2550	1443	79	14536	10134

4－A－8 续表3－3

单位：个、万元、人

指标名称	#税金	#利息支出	营业利润	职工工资和福利费	本年应交增值税	所有者权益合计	实收资本
机械设备租赁	96	51	2550	1443	79	14536	10134
商务服务业	14167	33574	152204	104471	4391	4211807	1632569
企业管理服务	4090	24924	106061	39227	3012	3505959	1310805
法律服务	134	...	2258	3245	21	1988	887
咨询与调查	1295	62	11596	12007	214	49453	37124
广告业	480	60	13295	5595	344	19345	15807
知识产权服务	10	...	244	208	11	726	605
职业中介服务	120	5	－14624	22220	26	3576	1612
市场管理	7065	8108	23343	11896	131	568468	230597
旅行社	263	326	6448	3940	271	53095	28996
其他商务服务	711	89	3583	6134	360	9197	6136
科学研究、技术服务和地质勘查业	**2812**	**785**	**37406**	**34959**	**3088**	**182800**	**132867**
研究与试验发展	226	84	1748	1814	642	31320	27473
自然科学研究与试验发展	10		229	73	52	826	800
工程和技术研究与试验发展	93	73	815	1090	516	21788	19082
农业科学研究与试验发展	99	2	514	429	23	7612	6608
医学研究与试验发展	20	9	161	155	43	886	783
社会人文科学研究与试验发展	4		28	68	8	208	200
专业技术服务业	2314	420	24511	24450	1206	107300	82543
气象服务			8	57		23	22
测绘服务	145	－14	3215	1703	15	5881	2113
技术检测	128	13	1916	1958	219	7132	5203
环境监测	...		37	111	2	220	220
工程技术与规划管理	1789	232	17461	18193	793	82178	64741
其他专业技术服务	252	189	1875	2427	178	11867	10244
科技交流和推广服务业	266	261	11083	8260	1240	41542	20951
技术推广服务	176	211	10505	7809	1225	35725	18330
科技中介服务	72	50	515	363		5539	2351
其他科技服务	18	1	63	88	15	278	269
地质勘查业	6	21	64	435	...	2638	1900
矿产地质勘查			29	25		200	200
基础地质勘查	4	21	3	280		1834	1200
地质勘查技术服务	1		32	131	...	604	500

4－A－8 续表3－4 单位：个、万元、人

指 标 名 称	#税金	#利息支出	营业利润	职工工资和福利费	本年应交增 值 税	所 有 者权益合计	实收资本
水利、环境和公共设施管理业	**1867**	**8162**	**13677**	**17739**	**865**	**1078346**	**293413**
水利管理业	803	4174	3285	2901	228	178529	107743
水资源管理	754	4173	1502	2706	9	158278	87508
其他水利管理	48	1	1783	195	219	20251	20235
环境管理业	600	59	4124	3192	95	265731	29986
环境治理	600	59	4124	3192	95	265731	29986
公共设施管理业	464	3929	6269	11646	542	634086	155685
市政公共设施管理	113	926	－1136	2361	73	474728	49534
城市绿化管理	205	753	5536	6048	433	52628	38774
游览景区管理	146	2250	1869	3237	36	106730	67377
居民服务和其他服务业	**1557**	**500**	**14360**	**11470**	**869**	**32568**	**24721**
居民服务业	296	365	4818	4784	203	18042	13650
家庭服务	25		183	98		298	298
洗染服务	3		10	38	3	37	31
理发及美容保健服务	124	4	2549	1858	136	5449	5263
洗浴服务	70	136	820	1490	20	555	543
婚姻服务	14		283	79	2	363	145
殡葬服务	27	225	430	828	3	4296	1787
摄影扩印服务	25		177	134	1	589	293
其他居民服务	9	...	366	261	38	6455	5289
其他服务业	1261	136	9543	6686	666	14526	11071
修理与维护	701	84	5520	4069	499	10124	7288
清洁服务	465	34	3340	2327	155	3755	3279
其他未列明的服务	96	17	683	290	13	648	505
教 育	**134**	**126**	**3405**	**6361**	**98**	**18983**	**14415**
教 育	134	126	3405	6361	98	18983	14415
学前教育	9		－60	392	2	164	145
中等教育	...		－21	82		50	50
高等教育			...	4		5000	5000
其他教育	125	126	3485	5883	96	13769	9220
卫生、社会保障和社会福利业	**19**	**27**	**654**	**530**	**27**	**1695**	**1417**
卫 生	15	27	624	498	27	1461	1187

4－A－8 续表3－5

单位：个、万元、人

指标名称	#税金	#利息支出	营业利润	职工工资和福利费	本年应交增值税	所有者权益合计	实收资本
医院	6	16	－33	140	27	220	591
卫生院及社区医疗活动			113	96		626	101
门诊部医疗活动	1	11	496	239		385	387
妇幼保健活动	8		48	23		179	78
专科疾病防治活动						50	30
社会保障业				1		2	2
社会保障业				1		2	2
社会福利业	4		30	31		232	228
提供住宿的社会福利			23	28		210	210
不提供住宿的社会福利	4		7	3		22	18
文化、体育和娱乐业	**341**	**193**	**9601**	**9244**	**226**	**66454**	**31598**
新闻出版业	169	31	6346	3698	161	32202	7022
出版业	169	31	6346	3698	161	32202	7022
广播、电视、电影和音像业	87	105	421	1576	4	10695	3223
广播			27	15		130	130
电视			18	201		210	200
电影	87	92	367	1309	3	10126	2663
音像制作		13	9	51	1	230	230
文化艺术业	12	－1	1124	737	6	4122	2464
文艺创作与表演			598	321	1	1023	846
艺术表演场馆	2		400	318	4	2250	1254
图书馆与档案馆	1	－1	3	39	1	102	24
博物馆			6	1		50	50
文化艺术经纪代理			22	14		71	70
其他文化艺术	10		95	44		626	220
体育	2		12	143		180	180
体育场馆	2		12	143		180	180
娱乐业	71	58	1698	3091	55	19255	18709
室内娱乐活动	40	51	2798	1483	46	3663	3441
游乐园	5		16	69	...	870	759
休闲健身娱乐活动	10	7	37	1047	9	6515	6328
其他娱乐活动	16		－1153	491		8207	8182

4-A-8 续表4-1

单位:个、万元、人

指 标 名 称	国家资本	集体资本	法人资本	个人资本	港澳台资 本	外商资本	全部就业人员年平均人数
总 计	**1091171**	**427401**	**513765**	**663411**	**200254**	**47512**	**101199**
一、按登记注册类型分							
内 资	**1091171**	**427401**	**492304**	**662652**	**163**	**27**	**95044**
国 有	435778	5823	623	49			14960
集 体	3133	316714	649	318		1	18860
股份合作企业	5	3419	5780	103			1269
联营企业	660	35	38				133
国有联营	320		33				70
集体联营	15	35					36
国有与集体联营	245		5				26
其他联营	80						1
有限责任公司	406069	64309	214829	90727	108	5	14810
国有独资公司	362922		57800				1836
其他有限责任公司	43147	64309	157029	90727	108	5	12974
股份有限公司	232462	8800	67312	190			2124
私营企业	1065	7316	194526	562168	55	21	38917
私营独资			12711	66765	10	19	5918
私营合伙	80	5	2846	23171			2803
私营有限责任公司	970	7311	169557	456789	45	3	28986
私营股份有限公司	15		9412	15444			1210
其 他	12000	20984	8549	9098		...	3971
港澳台商投资				**758**	**200091**		**5875**
与港澳台商合资经营					283		34
与港澳台商合作经营				758			120
港澳台商独资					199808		5721
外商投资			**21460**			**47485**	**280**
中外合资经营			21435			45352	210
外资企业			26			2103	61
外商投资股份有限公司						30	9
二、按国民经济行业(门类、大类、中类)分							
交通运输、仓储和邮政业	**140692**	**24876**	**78649**	**37858**	**383**	**42030**	**26240**
道路运输业	105001	12746	25087	16098	83	42030	12761
公路旅客运输	2879	9123	705	4468			7004

4-A-8 续表4-2

单位：个、万元、人

指标名称	国家资本	集体资本	法人资本	个人资本	港澳台资本	外商资本	全部就业人员年平均人数
道路货物运输	981	422	6202	10958		30	3709
道路运输辅助活动	101142	3202	18180	673	83	42000	2048
城市公共交通业	3195	1297	2607	1175			3197
公共电汽车客运	2626	1200	1665	35			2902
出租车客运	569	97	942	1140			295
水上运输业	700	8686	4360	3168			408
水上旅客运输				10			7
水上货物运输	600		360	2058			245
水上运输辅助活动	100	8686	4000	1100			156
装卸搬运和其他运输服务业	3352	787	40980	13517			5664
装卸搬运	3030	75	299	1019			3376
运输代理服务	322	713	40681	12499			2288
仓储业	2730		5300	2814			565
谷物、棉花等农产品仓储	280			201			286
其他仓储	2450		5300	2613			279
邮政业	25714	1360	315	1086	300		3645
国家邮政	25714	1360		40			3216
其他寄递服务			315	1046	300		429
信息传输、计算机服务和软件业	**253017**	**676**	**14757**	**27029**	**182349**	**62**	**11879**
电信和其他信息传输服务业	252419	500	1972	1673	182319		8299
电　信	248067		100	615	182319		7518
互联网信息服务			180	1038			160
广播电视传输服务	4352	500	1692	20			621
计算机服务业	250	176	7656	19544	30	17	2660
计算机系统服务	150	130	6410	2715			535
数据处理				70			20
计算机维修		5	15	585			116
其他计算机服务	100	41	1231	16174	30	17	1989
软件业	348		5129	5812		45	920
公共软件服务	348		5124	5539		45	893
其他软件服务			5	273			27
租赁和商务服务业	**492297**	**381235**	**286338**	**461936**	**17414**	**3484**	**35664**
租赁业	2258	127	903	6843	4		567

4－A－8 续表4－3 单位：个、万元、人

指标名称	国家资本	集体资本	法人资本	个人资本	港澳台资本	外商资本	全部就业人员年平均人数
机械设备租赁	2258	127	903	6843	4		567
商务服务业	490039	381108	285435	455093	17410	3484	35097
企业管理服务	433756	318276	188719	370054			13123
法律服务	166	55	93	572			607
咨询与调查	264	6241	6277	23049	1220	73	3024
广告业	336	1296	3101	11026	21	28	2146
知识产权服务			80	525			119
职业中介服务	320	81	335	876			7263
市场管理	32508	54374	83303	41091	15969	3352	4042
旅行社	21369	346	1892	5388		1	1331
其他商务服务	1320	439	1635	2512	200	30	3442
科学研究、技术服务和地质勘查业	**15270**	**9916**	**44082**	**61556**	**108**	**1936**	**12334**
研究与试验发展	266	80	7119	18338		1670	867
自然科学研究与试验发展				800			42
工程和技术研究与试验发展		40	3819	14723		500	546
农业科学研究与试验发展	166	40	3048	2184		1170	165
医学研究与试验发展			252	531			55
社会人文科学研究与试验发展	100			100			59
专业技术服务业	11522	8147	31456	31055	98	265	7258
气象服务	8	14					16
测绘服务	1813	92	50	158			352
技术检测	840	639	1502	1968		254	681
环境监测				220			33
工程技术与规划管理	8373	7375	28381	20515	98		5348
其他专业技术服务	488	27	1523	8195		11	828
科技交流和推广服务业	2082	1389	5308	12162	10	…	4102
技术推广服务	561	1289	4756	11715	10	…	3865
科技中介服务	1521	100	515	216			198
其他科技服务			37	232			39
地质勘查业	1400	300	200				107
矿产地质勘查			200				4
基础地质勘查	1200						47
地质勘查技术服务	200	300					56

4－A－8　续表4－4

单位：个、万元、人

指标名称	国家资本	集体资本	法人资本	个人资本	港澳台资本	外商资本	全部就业人员年平均人数
水利、环境和公共设施管理业	**173440**	**7689**	**73804**	**38480**			**5610**
水利管理业	77389	302	30010	42			436
水资源管理	57189	302	30010	7			375
其他水利管理	20200			35			61
环境管理业	19035	4234	1479	5238			1146
环境治理	19035	4234	1479	5238			1146
公共设施管理业	77016	3154	42315	33200			4028
市政公共设施管理	36495		11300	1739			635
城市绿化管理	554	1828	14681	21711			2350
游览景区管理	39967	1326	16334	9750			1043
居民服务和其他服务业	**624**	**1005**	**9052**	**14040**			**4184**
居民服务业	534	634	5958	6524			1563
家庭服务			20	278			45
洗染服务	3		10	18			25
理发及美容保健服务	5	500	315	4443			648
洗浴服务		50	26	467			402
婚姻服务				145			30
殡葬服务	526	52	500	710			198
摄影扩印服务		32		261			60
其他居民服务			5087	202			155
其他服务业	90	371	3094	7516			2621
修理与维护		348	2050	4890			1392
清洁服务		13	864	2401			1120
其他未列明的服务	90	10	180	225			109
教　育	**5788**	**173**	**804**	**7650**		**1**	**2487**
教　育	5788	173	804	7650		1	2487
学前教育			60	85			129
中等教育		50					36
高等教育	5000						4
其他教育	788	123	744	7565		1	2318
卫生、社会保障和社会福利业	**8**	**248**	**76**	**1085**			**232**
卫　生		196	26	965			210

4－A－8 续表4－5 单位：个、万元、人

指 标 名 称	国家资本	集体资本	法人资本	个人资本	港澳台资本	外商资本	全部就业人员年平均人数
医 院			10	581			83
卫生院及社区医疗活动		101					20
门诊部医疗活动		18	16	354			83
妇幼保健活动		78					23
专科疾病防治活动				30			1
社会保障业		2					1
社会保障业		2					1
社会福利业	8	50	50	120			21
提供住宿的社会福利		40	50	120			19
不提供住宿的社会福利	8	10					2
文化、体育和娱乐业	**10035**	**1582**	**6204**	**13777**			**2569**
新闻出版业	6876		146				454
出版业	6876		146				454
广播、电视、电影和音像业	1664	556		1003			522
广 播		130					6
电 视	200						41
电 影	1464	426		773			448
音像制作				230			27
文化艺术业	1315	92	708	349			222
文艺创作与表演	51	8	608	179			108
艺术表演场馆	1244	10					77
图书馆与档案馆	10	14					9
博物馆			50				1
文化艺术经纪代理	10	60					8
其他文化艺术			50	170			19
体 育	180						80
体育场馆	180						80
娱乐业		935	5350	12425			1291
室内娱乐活动		26	300	3115			551
游乐园		709		50			21
休闲健身娱乐活动		200	5050	1078			426
其他娱乐活动				8182			293

注：本表按有填写财务表的服务业企业统计，不包括铁路运输、批发、零售、住宿、餐饮、银行、证券、保险、房地产业。

4-A-9 金华市按登记注册类型和行业(门类、大类、中类)分组的服务业企业财务状况

单位:个、万元、人

指标名称	法人单位	年初存货	年末存货	固定资产原价	本年折旧	营业收入	#主营业务收入
总计	**5152**	**169579**	**197853**	**4280796**	**301058**	**2316921**	**2282457**
一、按登记注册类型分							
内资	**5115**	**166972**	**185781**	**3898450**	**274041**	**2229233**	**2198135**
国有	179	70430	59876	955191	86960	487107	475979
集体	213	1218	1247	157498	4843	69474	69431
股份合作企业	18	138	123	1839	308	2756	2756
联营企业	2			7	...	12	12
集体联营	2			7	...	12	12
有限责任公司	323	33713	45271	447144	43679	321278	316604
国有独资公司	32	23384	29564	62794	10448	25354	25309
其他有限责任公司	291	10329	15708	384350	33231	295924	291295
股份有限公司	81	8163	8869	1710419	99195	402573	394580
私营企业	4063	50772	67452	494647	35402	901473	895196
私营独资	1441	5212	6675	126843	10006	180135	179411
私营合伙	365	499	701	20050	2310	54035	53957
私营有限责任公司	2200	44163	55689	344047	22686	655325	649870
私营股份有限公司	57	898	4388	3708	400	11979	11957
其他	236	2538	2943	131703	3653	44559	43576
港澳台商投资	**13**	**1978**	**978**	**6653**	**672**	**11588**	**10583**
与港澳台商合资经营	4	1964	965	4245	480	3814	3814
港澳台商独资	7	14	13	2232	172	7364	6360
港澳台商投资股份有限公司	2			176	21	409	409
外商投资	**24**	**629**	**11094**	**375693**	**26345**	**76100**	**73739**
中外合资经营	4	7	20	254166	6878	16030	14719
中外合作经营	2		10729	6918	46	858	858
外资企业	17	51	88	722	96	3945	3940
外商投资股份有限公司	1	571	257	113887	19325	55266	54222
二、按国民经济行业(门类、大类、中类)分							
交通运输、仓储和邮政业	**540**	**55041**	**72860**	**303390**	**27450**	**395182**	**388946**
道路运输业	138	3756	15510	185059	14039	166480	162411
公路旅客运输	18	769	700	108319	9247	77625	74040
道路货物运输	87	349	562	39207	2317	68142	67757
道路运输辅助活动	33	2637	14248	37533	2475	20713	20615
城市公共交通业	18	265	247	29436	5961	20653	20251
公共电汽车客运	4	191	180	17691	1683	13332	12946
出租车客运	10	59	59	4213	370	3925	3909

4－A－9 续表1－1 单位：个、万元、人

指标名称	法人单位	年初存货	年末存货	固定资产原价	本年折旧	营业收入	#主营业务收入
城市轮渡	1	4		50	...	966	966
其他城市公共交通	3	11	8	7482	3908	2431	2431
水上运输业	9			1239	91	3686	3685
水上旅客运输	1			75	6	5	5
水上货物运输	6			885	69	2669	2669
水上运输辅助活动	2			280	16	1012	1012
航空运输业	4	1051		6195	595	4778	4336
航空客货运输	4	1051		6195	595	4778	4336
装卸搬运和其他运输服务业	303	2146	1232	29303	4388	162742	162343
装卸搬运	15		1	671	31	1782	1782
运输代理服务	288	2146	1231	28632	4357	160961	160561
仓储业	31	47773	55777	49921	2122	27652	26768
谷物、棉花等农产品仓储	13	47762	55766	20204	1934	21298	20487
其他仓储	18	11	11	29717	188	6353	6282
邮政业	37	51	95	2236	254	9192	9151
国家邮政	2	35	35	714	51	1955	1948
其他寄递服务	35	15	61	1523	203	7237	7202
信息传输、计算机服务和软件业	**936**	**6166**	**9716**	**1090961**	**104205**	**636868**	**624710**
电信和其他信息传输服务业	67	3944	7350	1049973	98756	573871	562204
电　信	25	2408	5317	475513	55328	382304	372664
互联网信息服务	36	1069	1378	555340	41332	185289	183358
广播电视传输服务	5	466	654	19090	2092	6177	6081
卫星传输服务	1	1	1	31	3	101	101
计算机服务业	689	1600	1644	36070	4794	45377	44992
计算机系统服务	67	866	883	2987	184	8416	8259
数据处理	2	3	4	661	203	112	112
计算机维修	14	17	21	172	17	547	547
其他计算机服务	606	714	737	32250	4390	36302	36074
软件业	180	623	721	4917	655	17619	17514
公共软件服务	116	500	615	3588	453	14256	14152
其他软件服务	64	123	106	1329	203	3364	3362
租赁和商务服务业	**1918**	**69260**	**62678**	**2047932**	**123444**	**807398**	**801025**
租赁业	173	358	388	16192	1725	13743	13578
机械设备租赁	165	270	291	16071	1713	13217	13110
文化及日用品出租	8	88	97	121	13	526	468
商务服务业	1745	68902	62291	2031740	121719	793655	787447

4－A－9 续表1－2

单位：个、万元、人

指标名称	法人单位	年初存货	年末存货	固定资产原价	本年折旧	营业收入	#主营业务收入
企业管理服务	326	53749	41333	1794428	104118	531515	529393
法律服务	96	106	135	3664	368	17419	17419
咨询与调查	424	288	304	16939	1586	72141	71967
广告业	435	2792	3225	16833	2104	52516	52325
知识产权服务	39	16	18	625	74	2784	2681
职业中介服务	63	2	2	1464	221	2794	2794
市场管理	114	11426	16607	132041	10448	40966	37923
旅行社	86	188	242	9035	665	40366	40016
其他商务服务	162	335	426	56712	2135	33154	32930
科学研究、技术服务和地质勘查业	**446**	**11190**	**15121**	**58984**	**6856**	**110686**	**109726**
研究与试验发展	45	2388	1367	3661	522	3691	3680
自然科学研究与试验发展	5	132	149	346	22	572	572
工程和技术研究与试验发展	18	23	23	616	157	1275	1275
农业科学研究与试验发展	14	2221	1174	2446	319	1478	1468
医学研究与试验发展	7	13	21	250	24	284	284
社会人文科学研究与试验发展	1			3	...	82	82
专业技术服务业	274	4658	8378	41802	4740	84058	83408
气象服务	9			532	40	1005	1005
测绘服务	32	20	17	3538	465	5812	5768
技术检测	32	28	28	3158	337	6074	5992
环境监测	6	8	6	82	8	264	264
工程技术与规划管理	144	3937	2522	32937	3669	64544	64090
其他专业技术服务	51	665	5805	1556	221	6359	6289
科技交流和推广服务业	122	4135	5367	12872	1473	19041	18742
技术推广服务	99	4128	5339	11441	1093	16586	16298
科技中介服务	17	5	19	1296	370	2199	2199
其他科技服务	6	3	9	134	10	256	245
地质勘查业	5	8	8	650	120	3897	3897
矿产地质勘查	1	1	1	1	...	46	46
基础地质勘查	2	6	6	556	110	3639	3639
地质勘查技术服务	2	2	2	93	9	211	211
水利、环境和公共设施管理业	**154**	**17225**	**26148**	**499597**	**21141**	**73598**	**70455**
水利管理业	31	1789	3396	79920	7752	8855	8461
防洪管理	3			4188	426	723	723
水资源管理	21	1772	3370	75359	7293	7846	7452
其他水利管理	7	17	26	373	33	286	286

4-A-9 续表1-3

单位：个、万元、人

指标名称	法人单位	年初存货	年末存货	固定资产原价	本年折旧	营业收入	#主营业务收入
环境管理业	15	32	56	6355	305	1859	1859
自然保护	1	22	46	351	28	104	104
环境治理	14	10	10	6004	277	1754	1754
公共设施管理业	108	15404	22697	413322	13083	62884	60135
市政公共设施管理	17	2834	5621	254484	6960	17859	16547
城市绿化管理	51	12280	16677	4600	541	15874	15815
游览景区管理	40	290	399	154238	5582	29152	27773
居民服务和其他服务业	**416**	**1955**	**2165**	**21921**	**2192**	**55925**	**55845**
居民服务业	208	1058	1136	13688	1242	30738	30710
家庭服务	12			170	26	596	596
托儿所	2			117	16	144	140
洗染服务	15	18	26	970	85	2407	2407
理发及美容保健服务	86	221	226	5379	552	13570	13566
洗浴服务	14	470	292	3494	137	5516	5516
婚姻服务	34	10	7	310	41	1347	1347
殡葬服务	2	29	36	189	8	1134	1134
摄影扩印服务	18	287	484	2307	299	3063	3043
其他居民服务	25	23	65	752	77	2961	2961
其他服务业	208	897	1029	8233	950	25187	25136
修理与维护	116	810	939	5225	580	16122	16082
清洁服务	46	35	38	1447	203	5331	5331
其他未列明的服务	46	52	53	1561	167	3734	3722
教育	**276**	**447**	**188**	**116814**	**6162**	**38374**	**38289**
教育	276	447	188	116814	6162	38374	38289
学前教育	92	13	14	5922	606	7252	7203
初等教育	7			555	51	1009	1009
中等教育	8	14	35	20397	147	4306	4306
高等教育	4			30634	77	1264	1264
其他教育	165	421	140	59306	5282	24543	24507
卫生、社会保障和社会福利业	**98**	**2286**	**3112**	**60239**	**5662**	**52394**	**51864**
卫生	92	2275	3099	59469	5619	52109	51579
医院	20	1321	1513	47469	2794	31678	31518
卫生院及社区医疗活动	27	812	1461	9334	2540	16339	15977
门诊部医疗活动	36	114	95	1813	194	3493	3485
专科疾病防治活动	4	29	30	717	59	252	252
其他卫生活动	5			137	33	347	347

4-A-9 续表1-4

单位：个、万元、人

指标名称	法人单位	年初存货	年末存货	固定资产原价	本年折旧	营业收入	#主营业务收入
社会保障业	1			1	...	30	30
社会保障业	1			1	...	30	30
社会福利业	5	11	13	769	43	255	255
提供住宿的社会福利	4	11	13	768	43	246	246
不提供住宿的社会福利	1			1	...	10	10
文化、体育和娱乐业	**348**	**5992**	**5859**	**80863**	**3935**	**146146**	**141255**
新闻出版业	5	5	6	4384	193	5623	5603
新闻业	1			24	4	150	150
出版业	4	5	6	4360	189	5473	5453
广播、电视、电影和音像业	250	5735	5540	65417	2949	130376	125610
电视	220	5570	5355	25917	1113	120978	117225
电影	25	158	178	39359	1823	8736	7723
音像制作	5	7	7	142	13	662	662
文化艺术业	27	89	95	1605	137	1409	1328
文艺创作与表演	8	82	80	227	11	364	364
艺术表演场馆	5	5	12	1229	109	542	460
图书馆与档案馆	1			1	...	21	21
文物及文化保护	2			30	5	15	15
群众文化活动	7	3	3	94	10	279	279
文化艺术经纪代理	1			1	...	112	112
其他文化艺术	3			22	2	76	76
体育	10			199	104	351	351
体育组织	7			57	8	222	222
体育场馆	1			135	94	99	99
其他体育	2			7	2	30	30
娱乐业	56	163	218	9258	553	8386	8363
室内娱乐活动	35	155	195	2617	262	5314	5304
游乐园	5	4	14	3648	153	1497	1497
休闲健身娱乐活动	14	4	10	2978	137	1533	1533
其他娱乐活动	2			15	...	42	29
公共管理和社会组织	**20**	**16**	**6**	**97**	**13**	**352**	**343**
群众团体、社会团体和宗教组织	20	16	6	97	13	352	343
群众团体	2			1	...	50	50
社会团体	16	16	6	96	12	278	270
宗教组织	2					24	24

4－A－9 续表2－1

单位：个、万元、人

指标名称	营业成本	#主营业务成本	营业税金及附加	#主营业务税金及附加	主营业务利润	其他业务利润	营业费用、管理费用、财务费用合计
总计	**1300600**	**1270840**	**79570**	**77654**	**928180**	**37597**	**491415**
一、按登记注册类型分							
内资	**1237128**	**1220842**	**77351**	**75546**	**895965**	**27769**	**462921**
国有	204557	196763	16402	15624	263633	3772	122066
集体	46010	45967	1336	1332	22121	622	11091
股份合作企业	1531	1531	154	154	1071	61	768
联营企业	10	10			2		2
集体联营	10	10			2		2
有限责任公司	177415	174921	5811	5763	135600	4783	92482
国有独资公司	18854	18816	459	459	6025	652	4949
其他有限责任公司	158561	156105	5352	5305	129575	4132	87533
股份有限公司	211641	207868	15720	15420	166030	11827	69951
私营企业	567786	565697	36496	35833	293442	6017	159020
私营独资	107646	107018	5644	5610	66772	806	31707
私营合伙	31435	31321	2235	2210	20426	144	10639
私营有限责任公司	423376	422050	28246	27642	199964	5048	113869
私营股份有限公司	5329	5307	371	371	6280	19	2804
其他	28178	28085	1432	1420	14067	687	7543
港澳台商投资	**8291**	**8289**	**81**	**81**	**2213**	**4**	**1220**
与港澳台商合资经营	2954	2954	31	31	829		400
港澳台商独资	5119	5117	40	40	1203	4	713
港澳台商投资股份有限公司	218	218	11	11	181		108
外商投资	**55181**	**41709**	**2138**	**2028**	**30002**	**9824**	**27273**
中外合资经营	22799	10249	527	461	4009	357	11271
中外合作经营	699	699	33	33	126		309
外资企业	1258	1258	130	130	2552	11	2342
外商投资股份有限公司	30425	29504	1448	1403	23315	9457	13351
二、按国民经济行业(门类、大类、中类)分							
交通运输、仓储和邮政业	**307142**	**305597**	**10661**	**10413**	**72928**	**5319**	**66083**
道路运输业	131035	129719	5104	5074	27616	2469	29564
公路旅客运输	56486	55384	2442	2423	16233	1674	11677
道路货物运输	51786	51571	1893	1882	14301	368	11118
道路运输辅助活动	22764	22764	769	769	－2918	428	6769
城市公共交通业	16100	16073	591	573	3605	308	4636
公共电汽车客运	11532	11531	386	369	1045	292	2454
出租车客运	2251	2225	190	189	1495	16	1265

4-A-9 续表2-2

单位：个、万元、人

指标名称	营业成本	#主营业务成本	营业税金及附加	#主营业务税金及附加	主营业务利润	其他业务利润	营业费用、管理费用、财务费用合计
城市轮渡	944	944	1	1	21		21
其他城市公共交通	1373	1373	14	14	1044		896
水上运输业	3104	3104	111	111	468	...	411
水上旅客运输	50	50	...	...	-45		1
水上货物运输	2191	2191	74	74	401	...	344
水上运输辅助活动	863	863	36	36	113		65
航空运输业	3480	3480	119	119	737	421	1039
航空客货运输	3480	3480	119	119	737	421	1039
装卸搬运和其他运输服务业	128688	128495	3505	3304	30540	219	18481
装卸搬运	1134	1134	46	46	598	46	328
运输代理服务	127554	127361	3459	3258	29942	174	18153
仓储业	20038	20030	968	968	5771	1430	9246
谷物、棉花等农产品仓储	19151	19142	636	636	708	1199	5358
其他仓储	887	887	332	332	5063	232	3888
邮政业	4696	4695	264	264	4191	471	2708
国家邮政	965	965	95	95	888	448	1312
其他寄递服务	3731	3730	169	169	3303	24	1396
信息传输、计算机服务和软件业	**262322**	**252344**	**19284**	**18800**	**353565**	**10712**	**129816**
电信和其他信息传输服务业	228197	218655	16980	16515	327034	10368	116979
电信	127465	119003	10808	10479	243182	9509	84844
互联网信息服务	100395	99316	6043	5907	78135	769	29786
广播电视传输服务	307	307	127	127	5647	91	2312
卫星传输服务	29	29	3	3	69		37
计算机服务业	23944	23530	1674	1655	19806	298	8197
计算机系统服务	5511	5321	230	230	2708	47	1354
数据处理	64	64	3	3	45		16
计算机维修	286	286	14	14	247		40
其他计算机服务	18083	17860	1427	1408	16805	252	6788
软件业	10182	10160	631	630	6725	45	4639
公共软件服务	8129	8107	481	480	5564	43	3988
其他软件服务	2052	2052	149	149	1161	2	652
租赁和商务服务业	**441106**	**438222**	**25729**	**25454**	**332087**	**13096**	**181743**
租赁业	7929	7515	392	381	5671	103	3220
机械设备租赁	7589	7181	340	333	5586	55	3155
文化及日用品出租	340	334	52	48	86	49	66
商务服务业	433177	430707	25337	25073	326416	12993	178522

4－A－9 续表2－3 单位：个、万元、人

指标名称	营业成本	#主营业务成本	营业税金及附加	#主营业务税金及附加	主营业务利润	其他业务利润	营业费用、管理费用、财务费用合计
企业管理服务	297877	296711	15267	15244	212232	9260	109134
法律服务	6941	6935	879	858	9626	51	5040
咨询与调查	33045	32999	2757	2744	36224	202	19877
广告业	30252	30178	2557	2547	19597	311	10267
知识产权服务	1144	1083	95	93	1501	48	754
职业中介服务	1604	1604	142	142	1048	15	538
市场管理	11294	10354	2064	1882	25676	2915	19357
旅行社	32234	32218	524	524	7260	54	3262
其他商务服务	18787	18626	1052	1041	13252	137	10293
科学研究、技术服务和地质勘查业	**57836**	**56786**	**4568**	**4561**	**48380**	**804**	**29670**
研究与试验发展	2146	2108	102	102	1470	33	882
自然科学研究与试验发展	362	333	15	15	225	1	128
工程和技术研究与试验发展	660	660	44	44	570	1	422
农业科学研究与试验发展	894	886	32	32	550	29	202
医学研究与试验发展	164	164	11	11	109	2	121
社会人文科学研究与试验发展	65	65	...	...	16		9
专业技术服务业	40958	40195	3819	3812	39401	584	24681
气象服务	660	655	43	39	311		175
测绘服务	2461	2441	404	404	2923	39	2209
技术检测	4058	4027	208	208	1757	64	1308
环境监测	182	182	7	7	75	2	44
工程技术与规划管理	29984	29279	2990	2987	31824	471	19841
其他专业技术服务	3613	3611	167	167	2511	8	1104
科技交流和推广服务业	12545	12296	473	473	5973	187	3007
技术推广服务	10920	10681	397	397	5220	185	2809
科技中介服务	1474	1474	68	68	657		113
其他科技服务	151	141	7	7	96	2	85
地质勘查业	2187	2187	174	174	1536		1100
矿产地质勘查	32	32	3	3	11		8
基础地质勘查	2012	2012	159	159	1468		1048
地质勘查技术服务	143	143	12	12	57		45
水利、环境和公共设施管理业	**48596**	**35545**	**2026**	**1946**	**32668**	**2529**	**35224**
水利管理业	5386	5347	332	332	2775	910	3658
防洪管理	532	532	14	14	177		189
水资源管理	4727	4688	301	301	2463	897	3397
其他水利管理	127	127	16	16	135	14	72

4－A－9　续表2－4

单位：个、万元、人

指标名称	营业成本	#主营业务成本	营业税金及附加	#主营业务税金及附加	主营业务利润	其他业务利润	营业费用、管理费用、财务费用合计
环境管理业	1391	1391	27	25	443	1	579
自然保护	94	94	6	6	5		67
环境治理	1298	1298	21	19	438	1	511
公共设施管理业	41819	28807	1668	1589	29451	1618	30987
市政公共设施管理	24104	11553	604	530	4464	357	11719
城市绿化管理	10865	10830	564	564	4421	139	2481
游览景区管理	6850	6424	500	495	20566	1122	16788
居民服务和其他服务业	**34330**	**34277**	**1790**	**1790**	**19564**	**522**	**9560**
居民服务业	18070	18059	910	910	11527	75	5594
家庭服务	365	364	19	19	213		98
托儿所	79	79	...	...	61	5	29
洗染服务	1587	1587	54	54	553		382
理发及美容保健服务	6919	6912	387	387	6268	18	3150
洗浴服务	4015	4015	111	111	1390		503
婚姻服务	339	339	58	58	951	42	348
殡葬服务	966	966	25	25	143		109
摄影扩印服务	1374	1371	152	152	1519	4	753
其他居民服务	2427	2427	103	103	429	7	222
其他服务业	16260	16218	880	880	8037	447	3966
修理与维护	10440	10422	430	430	5230	300	2220
清洁服务	3632	3632	223	223	1476	18	902
其他未列明的服务	2188	2164	227	227	1331	129	844
教　育	**22584**	**22527**	**1078**	**1072**	**14690**	**376**	**8667**
教　育	22584	22527	1078	1072	14690	376	8667
学前教育	3696	3679	73	69	3455	1	2028
初等教育	534	534	41	41	435		220
中等教育	3601	3601	67	67	638		273
高等教育	1391	1391	6	6	－133		393
其他教育	13362	13322	891	890	10295	375	5753
卫生、社会保障和社会福利业	**34876**	**34785**	**1010**	**1008**	**16070**	**117**	**8616**
卫　生	34731	34640	1001	1000	15939	117	8519
医　院	20778	20695	442	442	10382		5104
卫生院及社区医疗活动	11941	11941	474	474	3561	33	2220
门诊部医疗活动	1700	1697	69	68	1721	82	986
专科疾病防治活动	45	40	4	4	207		167
其他卫生活动	267	267	12	12	69	2	43

4-A-9 续表2-5

单位：个、万元、人

指标名称	营业成本	#主营业务成本	营业税金及附加	#主营业务税金及附加	主营业务利润	其他业务利润	营业费用、管理费用、财务费用合计
社会保障业	11	11	2	2	17		10
社会保障业	11	11	2	2	17		10
社会福利业	134	134	7	7	114		87
提供住宿的社会福利	127	127	7	7	112		86
不提供住宿的社会福利	8	8	...	...	2		1
文化、体育和娱乐业	**91672**	**90628**	**13407**	**12594**	**38032**	**4120**	**21916**
新闻出版业	1697	1688	350	346	3569	7	1371
新闻业	22	22	8	8	121		44
出版业	1675	1666	343	339	3449	7	1327
广播、电视、电影和音像业	84805	84170	12398	11596	29845	3990	17399
电 视	79607	79000	11527	11213	27012	3040	14278
电 影	4935	4907	857	369	2447	950	2931
音像制作	264	264	13	13	386		190
文化艺术业	1155	784	62	58	487	27	392
文艺创作与表演	167	167	9	9	188	1	146
艺术表演场馆	723	352	26	21	88	16	119
图书馆与档案馆	19	19	2	2	1		...
文物及文化保护	10	10	2	2	4		15
群众文化活动	143	143	10	10	125	10	93
文化艺术经纪代理	70	70	10	10	32		9
其他文化艺术	23	23	3	3	50		10
体 育	217	217	17	16	118	1	131
体育组织	158	157	9	9	56	1	79
体育场馆	43	43	6	6	51		49
其他体育	17	17	2	2	11		4
娱乐业	3798	3770	580	578	4013	95	2623
室内娱乐活动	2157	2154	381	379	2770	1	1758
游乐园	673	668	146	146	684	81	446
休闲健身娱乐活动	945	934	49	49	549		396
其他娱乐活动	24	14	4	4	11	13	23
公共管理和社会组织	**135**	**129**	**17**	**17**	**197**	**3**	**121**
群众团体、社会团体和宗教组织	135	129	17	17	197	3	121
群众团体	11	11	3	3	36		30
社会团体	110	105	13	12	153	3	88
宗教组织	14	14	2	2	8		3

4－A－9 续表3－1

单位：个、万元、人

指标名称	#税金	#利息支出	营业利润	职工工资和福利费	本年应交增值税	所有者权益合计	实收资本
总计	**36812**	**37586**	**490126**	**247411**	**6779**	**4932896**	**2202838**
一、按登记注册类型分							
内资	**36674**	**26708**	**476576**	**241556**	**6486**	**4671700**	**1952673**
国有	2179	11258	145339	36836	442	1155179	307849
集体	331	643	11663	9847	96	120573	91603
股份合作企业	11	2	364	687	1	1146	731
联营企业			1	5		10	10
集体联营			1	5		10	10
有限责任公司	2509	5072	48191	24748	281	1411024	617394
国有独资公司	62	619	1738	2140	85	241294	138829
其他有限责任公司	2447	4453	46453	22609	196	1169730	478565
股份有限公司	6521	2159	123145	50345	435	903564	164031
私营企业	24670	7467	140662	111550	5193	1007980	744463
私营独资	846	1817	35880	22375	1924	161657	116407
私营合伙	476	37	9931	7389	175	30244	17902
私营有限责任公司	23265	5592	91357	80409	3061	791597	593392
私营股份有限公司	83	22	3494	1377	34	24482	16762
其他	453	107	7212	7539	39	72224	26593
港澳台商投资	**9**	**81**	**997**	**449**	**292**	**17359**	**16013**
与港澳台商合资经营		59	430	124		8429	7458
港澳台商独资	6	22	495	274	292	8602	8355
港澳台商投资股份有限公司	3		72	51	...	328	200
外商投资	**129**	**10797**	**12553**	**5406**	**...**	**243838**	**234152**
中外合资经营	4	10795	－6905	1813		80907	80892
中外合作经营			－183	25		10961	10951
外资企业	3	21	220	434	...	6620	4295
外商投资股份有限公司	122	－19	19420	3134		145350	138014
二、按国民经济行业（门类、大类、中类）分							
交通运输、仓储和邮政业	**12364**	**3537**	**12166**	**59091**	**294**	**262533**	**166467**
道路运输业	5059	2301	521	32443	177	100749	65845
公路旅客运输	1487	1250	6230	18721	47	43085	23069
道路货物运输	3455	403	3549	6713	112	34283	24969
道路运输辅助活动	117	648	－9259	7010	18	23382	17807
城市公共交通业	125	289	－723	6842	...	13006	4786
公共电汽车客运	14	243	－1117	5417		5236	1814
出租车客运	111	46	246	781	...	5402	2248

4－A－9 续表3－2 单位：个、万元、人

指 标 名 称	#税金	#利息支出	营业利润	职工工资和福利费	本年应交增值税	所有者权益合计	实收资本
城市轮渡			...	7		31	31
其他城市公共交通			148	636		2337	694
水上运输业	17	29	60	203		1741	1491
水上旅客运输	...		－47	30		41	31
水上货物运输	14	25	59	126		994	960
水上运输辅助活动	3	3	48	46		706	500
航空运输业	3	－11	119	1691		7626	1661
航空客货运输	3	－11	119	1691		7626	1661
装卸搬运和其他运输服务业	7024	416	12280	11391	102	66514	54852
装卸搬运	6	13	317	446		531	326
运输代理服务	7017	402	11963	10945	102	65983	54526
仓储业	120	464	－2045	3785	2	68061	36096
谷物、棉花等农产品仓储	94	694	－3451	2172	...	18556	9541
其他仓储	26	－231	1406	1613	2	49504	26555
邮政业	17	52	1955	2736	12	4836	1736
国家邮政	6	50	24	957		1124	350
其他寄递服务	11	2	1931	1779	12	3712	1386
信息传输、计算机服务和软件业	**1440**	**220**	**234461**	**44670**	**1614**	**741130**	**301183**
电信和其他信息传输服务业	1071	46	220423	36836	1096	688903	259994
电 信	379	16	167847	11455	299	433859	197410
互联网信息服务	689	91	49118	23831	797	234478	55474
广播电视传输服务	3	－61	3426	1528		20518	7080
卫星传输服务			33	22		48	31
计算机服务业	301	146	11908	5554	471	38535	29610
计算机系统服务	50	10	1401	793	40	6159	5129
数据处理			30	8		726	646
计算机维修	1		208	136	3	278	246
其他计算机服务	251	136	10269	4617	428	31374	23590
软件业	68	28	2131	2280	47	13693	11578
公共软件服务	65	27	1620	1756	25	9769	8184
其他软件服务	3	1	511	525	22	3923	3395
租赁和商务服务业	**8682**	**18362**	**178716**	**58085**	**2905**	**3302926**	**1268202**
租赁业	90	148	2564	1607	28	19023	14192
机械设备租赁	34	141	2496	1468	28	18592	13887
文化及日用品出租	56	7	68	139		431	305
商务服务业	8592	18214	176152	56478	2877	3283902	1254010

4－A－9 续表3－3

单位：个、万元、人

指标名称	#税金	#利息支出	营业利润	职工工资和福利费	本年应交增值税	所有者权益合计	实收资本
企业管理服务	6562	12338	127582	23573	2156	2997756	1064330
法律服务	268	45	4637	3651	96	8219	4707
咨询与调查	321	97	16549	8962	114	89949	67734
广告业	313	277	9644	4591	212	32434	23875
知识产权服务	17	14	794	344	10	1571	898
职业中介服务	17	－3	525	574	1	2278	1727
市场管理	759	4722	9246	6252	190	109747	64996
旅行社	33	384	4067	2152	17	13623	7357
其他商务服务	301	339	3106	6380	82	28326	18385
科学研究、技术服务和地质勘查业	**693**	**1237**	**19514**	**17915**	**1145**	**98058**	**69310**
研究与试验发展	31	10	621	590	28	5626	4469
自然科学研究与试验发展	16	2	98	69	3	258	220
工程和技术研究与试验发展	5	…	150	293	14	1186	738
农业科学研究与试验发展	4	8	376	102	5	3514	2996
医学研究与试验发展	6	…	－10	116	7	653	501
社会人文科学研究与试验发展			7	10		15	15
专业技术服务业	603	637	15305	13743	989	70801	49321
气象服务	6	…	136	152	1	631	445
测绘服务	15	14	754	1247	21	5434	1448
技术检测	24	50	513	934	32	3703	3113
环境监测	…	…	33	56	1	629	558
工程技术与规划管理	512	550	12454	10701	624	54000	39119
其他专业技术服务	45	22	1415	654	310	6404	4638
科技交流和推广服务业	55	589	3153	2558	128	19543	14216
技术推广服务	51	589	2597	2177	128	15068	11139
科技中介服务	2	…	544	298		4204	2823
其他科技服务	1		13	83	1	271	255
地质勘查业	5	1	436	1024		2089	1304
矿产地质勘查			4	11		85	80
基础地质勘查	4	…	421	931		1935	1170
地质勘查技术服务	…	…	12	83		68	54
水利、环境和公共设施管理业	**209**	**12535**	**243**	**10448**	**207**	**198037**	**161075**
水利管理业	44	1369	35	3083	69	42069	23844
防洪管理		30	－11	188	19	4544	4540
水资源管理	32	1339	－38	2842	50	36969	18859
其他水利管理	12		84	54		556	445

4－A－9 续表3－4

单位：个、万元、人

指标名称	#税金	#利息支出	营业利润	职工工资和福利费	本年应交增值税	所有者权益合计	实收资本
环境管理业	2	50	－135	234	5	3096	1935
自然保护			－62	42		911	100
环境治理	2	50	－73	192	5	2185	1835
公共设施管理业	164	11116	342	7131	133	152871	135296
市政公共设施管理	5	10849	－6898	2022	1	81209	83980
城市绿化管理	34	82	2079	1685	8	26347	14190
游览景区管理	124	185	5161	3424	123	45315	37126
居民服务和其他服务业	**460**	**398**	**10740**	**8693**	**440**	**36259**	**23746**
居民服务业	169	148	6222	4804	40	17849	10260
家庭服务	3	...	116	115	2	317	212
托儿所	5		37	46		62	60
洗染服务	1	32	383	306	4	1455	736
理发及美容保健服务	61	21	3135	2687	8	8204	6012
洗浴服务	10	8	887	721	8	3378	505
婚姻服务	1	...	645	197		939	434
殡葬服务			34	35	17	494	101
摄影扩印服务	84	81	770	473	3	1641	1039
其他居民服务	4	6	216	225		1361	1161
其他服务业	291	250	4518	3889	400	18410	13486
修理与维护	57	57	3310	2598	367	10239	7013
清洁服务	222	2	592	812	28	2491	1891
其他未列明的服务	12	191	616	479	5	5680	4582
教　育	**178**	**133**	**6400**	**9060**	**95**	**122348**	**89665**
教　育	178	133	6400	9060	95	122348	89665
学前教育	6	16	1428	2187	5	6161	4012
初等教育	...	...	215	396		714	700
中等教育	12	1	365	1728	1	11871	10840
高等教育			－525	359		2019	1162
其他教育	160	116	4917	4390	89	101583	72952
卫生、社会保障和社会福利业	**46**	**112**	**7571**	**9295**	**44**	**68486**	**44577**
卫　生	46	98	7537	9202	44	67813	43907
医　院	6	89	5278	4866	10	41790	34238
卫生院及社区医疗活动	9	4	1374	3430	19	22916	7267
门诊部医疗活动	17	5	817	759	15	2436	1731
专科疾病防治活动	10		41	86		535	535
其他卫生活动	5		27	62		137	137

4－A－9　续表3－5　　　　单位：个、万元、人

指 标 名 称	#税金	#利息支出	营业利润	职工工资和福利费	本年应交增值税	所有者权益合计	实收资本
社会保障业			7	9		19	19
社会保障业			7	9		19	19
社会福利业		14	27	84		654	651
提供住宿的社会福利		14	26	80		624	621
不提供住宿的社会福利			1	4		30	30
文化、体育和娱乐业	**12736**	**1054**	**20237**	**30010**	**34**	**102868**	**78411**
新闻出版业	8	12	2205	1169		6927	3065
新闻业	5		77	19		376	300
出版业	3	12	2128	1151		6551	2765
广播、电视、电影和音像业	12629	1030	16436	26314	2	85520	67721
电　视	12421	976	15774	25002		78995	62720
电　影	208	54	467	1259	2	6013	4701
音像制作		...	196	53		512	300
文化艺术业	75	1	122	694	1	2315	2100
文艺创作与表演	67	...	44	154	...	181	119
艺术表演场馆	8	...	－15	449		1152	1125
图书馆与档案馆			1	2		5	3
文物及文化保护			－12	11		27	10
群众文化活动		1	43	51	1	887	783
文化艺术经纪代理			23	6		20	20
其他文化艺术	...		39	21		42	40
体　育	6	3	－13	99		359	253
体育组织	3	3	－22	67		163	138
体育场馆			2	23		166	100
其他体育	3	...	8	9		30	15
娱乐业	18	8	1486	1734	31	7748	5273
室内娱乐活动	14	7	1014	1216	22	3838	2757
游乐园	2		318	285	1	2058	1328
休闲健身娱乐活动	2	1	153	212	7	1787	1123
其他娱乐活动			1	21		65	65
公共管理和社会组织	**4**		**79**	**145**	**...**	**251**	**202**
群众团体、社会团体和宗教组织	4		79	145	...	251	202
群众团体			6	53		20	3
社会团体	4		68	78	...	215	184
宗教组织			5	15		15	15

4－A－9 续表4－1 单位：个、万元、人

指标名称							全部就业人员年平均人数
	国家资本	集体资本	法人资本	个人资本	港澳台资本	外商资本	
总计	**665353**	**122212**	**443531**	**808485**	**146112**	**17145**	**94599**
一、按登记注册类型分							
内资	**580353**	**122212**	**441249**	**807740**	**140**	**979**	**93287**
国有	304804	838	2152	55		1	10312
集体	1787	89521	79	66		150	5043
股份合作企业		278	26	427			339
联营企业		10					6
集体联营		10					6
有限责任公司	178397	18873	307995	111389		740	9600
国有独资公司	138619	80	50	80			1120
其他有限责任公司	39778	18793	307945	111309		740	8480
股份有限公司	94326	11526	20646	37533			9850
私营企业	121	129	90814	653171	140	89	54959
私营独资	1	77	22917	93342	40	31	11707
私营合伙		52	1362	16477		10	3597
私营有限责任公司	120		65912	527213	100	48	39040
私营股份有限公司			623	16140			615
其他	920	1038	19536	5099			3178
港澳台商投资			**2270**	**335**	**7908**	**5500**	**318**
与港澳台商合资经营			2270		5188		88
港澳台商独资				255	2600	5500	216
港澳台商投资股份有限公司				80	120		14
外商投资	**85000**		**12**	**410**	**138064**	**10666**	**994**
中外合资经营	80000		12	410	50	420	436
中外合作经营	5000					5951	15
外资企业						4295	183
外商投资股份有限公司					138014		360
二、按国民经济行业（门类、大类、中类）分							
交通运输、仓储和邮政业	**45816**	**8213**	**13643**	**91821**	**277**	**6698**	**19505**
道路运输业	21498	6876	7633	23070	277	6492	9411
公路旅客运输	8201	5274	5397	4198			4789
道路货物运输	4550	900	1599	17093	227	600	2359
道路运输辅助活动	8747	702	637	1779	50	5892	2263
城市公共交通业	2947	277		1562		1	2164
公共电汽车客运	1750	63					1583
出租车客运	575	214		1460			286

4－A－9 续表4－2

单位：个、万元、人

指 标 名 称	国家资本	集体资本	法人资本	个人资本	港澳台资 本	外商资本	全部就业人员年平均人数
城市轮渡				30		1	6
其他城市公共交通	622			72			289
水上运输业		31	20	1440			107
水上旅客运输		31					17
水上货物运输			20	940			56
水上运输辅助活动				500			34
航空运输业	1161			500			329
航空客货运输	1161			500			329
装卸搬运和其他运输服务业	9820	168	4572	40101		190	5097
装卸搬运		48		278			296
运输代理服务	9820	120	4572	39823		190	4801
仓储业	10391	603	1265	23837			962
谷物、棉花等农产品仓储	9441			100			509
其他仓储	950	603	1265	23737			453
邮政业		258	153	1311		15	1435
国家邮政		208	143				499
其他寄递服务		50	10	1311		15	936
信息传输、计算机服务和软件业	**114198**	**1021**	**3270**	**42179**	**139014**	**1501**	**10527**
电信和其他信息传输服务业	112618	691	375	7273	139014	24	5912
电 信	57138	691	50	493	139014	24	2927
互联网信息服务	50000		325	5149			2763
广播电视传输服务	5480			1600			211
卫星传输服务				31			11
计算机服务业	1580	132	1725	26163		11	3310
计算机系统服务	1030	70	817	3212			464
数据处理	550			96			7
计算机维修			10	236			43
其他计算机服务		62	898	22620		11	2796
软件业		198	1170	8744		1466	1305
公共软件服务		150	967	5601		1466	964
其他软件服务		48	203	3143			341
租赁和商务服务业	**335516**	**57458**	**381049**	**485029**	**6181**	**2969**	**24886**
租赁业	800	30	2883	10379	100		895
机械设备租赁	800	30	2883	10074	100		808
文化及日用品出租				305			87
商务服务业	334716	57428	378166	474650	6081	2969	23991

4－A－9 续表4－3

单位：个、万元、人

指 标 名 称	国家资本	集体资本	法人资本	个人资本	港澳台资 本	外商资本	全部就业人员年平均人数
企业管理服务	288808	47870	355025	371182	1000	445	8672
法律服务	84	75	1303	3235		10	964
咨询与调查	4714	433	6431	55216	120	820	3653
广告业	337	205	1923	21402		8	2470
知识产权服务	10	27	106	755			169
职业中介服务	220	156	300	1051			313
市场管理	37643	5727	10665	5994	4961	6	2694
旅行社	400	1360	1748	3849			1059
其他商务服务	2501	1576	665	11964		1680	3997
科学研究、技术服务和地质勘查业	**18789**	**4935**	**6847**	**32843**	**40**	**5855**	**6596**
研究与试验发展	100	89	1803	2477			273
自然科学研究与试验发展	100	5		115			44
工程和技术研究与试验发展		70	55	613			91
农业科学研究与试验发展		14	1748	1234			61
医学研究与试验发展				501			72
社会人文科学研究与试验发展				15			5
专业技术服务业	17860	3287	3533	18745	40	5855	4820
气象服务	385	10		50			68
测绘服务	194	127	58	1069			469
技术检测	998	561	108	1446			431
环境监测			150	408			32
工程技术与规划管理	16203	2550	2170	12501	40	5655	3467
其他专业技术服务	80	40	1047	3271		200	353
科技交流和推广服务业	621	1479	1496	10621			1271
技术推广服务	481	399	1426	8833			1119
科技中介服务		1025	20	1778			120
其他科技服务	140	55	50	10			32
地质勘查业	208	80	16	1000			232
矿产地质勘查		80					8
基础地质勘查	170			1000			201
地质勘查技术服务	38		16				23
水利、环境和公共设施管理业	**124390**	**8942**	**11505**	**15838**	**400**		**3724**
水利管理业	21510	556	1557	221			559
防洪管理	4537	3					26
水资源管理	16615	533	1500	211			498
其他水利管理	358	20	57	10			35

4－A－9　续表4－4

单位：个、万元、人

指标名称	国家资本	集体资本	法人资本	个人资本	港澳台资本	外商资本	全部就业人员年平均人数
环境管理业		133	12	1390	400		177
自然保护		100					42
环境治理		33	12	1390	400		135
公共设施管理业	102880	8253	9936	14227			2988
市政公共设施管理	80200	390	2770	620			620
城市绿化管理	800	1000	1828	10562			901
游览景区管理	21880	6863	5338	3045			1467
居民服务和其他服务业	**1471**	**227**	**1345**	**20480**	**200**	**23**	**5226**
居民服务业	611	86	666	8898			3038
家庭服务				212			65
托儿所				60			35
洗染服务			217	519			192
理发及美容保健服务	500	10	108	5394			1634
洗浴服务	1		100	404			477
婚姻服务			1	434			126
殡葬服务	50			51			27
摄影扩印服务		71	130	838			320
其他居民服务	60	5	110	986			162
其他服务业	860	141	680	11583	200	23	2188
修理与维护	85		275	6431	200	23	1407
清洁服务	520		40	1331			498
其他未列明的服务	255	141	365	3821			283
教　育	**15728**	**2428**	**2991**	**68499**		**20**	**4388**
教　育	15728	2428	2991	68499		20	4388
学前教育		128	109	3755		20	1456
初等教育	500	20	70	110			231
中等教育		486	210	10144			556
高等教育		871	291				202
其他教育	15228	923	2311	54490			1943
卫生、社会保障和社会福利业	**6024**	**5192**	**20384**	**12978**			**3292**
卫　生	5494	5171	20365	12878			3238
医　院	5393	4866	13904	10075			1940
卫生院及社区医疗活动	83	305	5550	1328			864
门诊部医疗活动	17		801	913			358
专科疾病防治活动				535			20
其他卫生活动			110	27			56

4－A－9　续表4－5　　　　单位：个、万元、人

指标名称							全部就业人员年平均人数
	国家资本	集体资本	法人资本	个人资本	港澳台资本	外商资本	
社会保障业			19				8
社会保障业			19				8
社会福利业	530	21		100			46
提供住宿的社会福利	500	21		100			44
不提供住宿的社会福利	30						2
文化、体育和娱乐业	**3374**	**33737**	**2461**	**38760**		**80**	**16319**
新闻出版业	1517		1048	500			248
新闻业				300			10
出版业	1517		1048	200			238
广播、电视、电影和音像业	847	33539	830	32505			14522
电　视		32500	320	29900			13954
电　影	847	1039	510	2305			535
音像制作				300			33
文化艺术业	1010	145	18	927			354
文艺创作与表演		40	12	67			91
艺术表演场馆	1005	100		20			202
图书馆与档案馆			3				1
文物及文化保护	5	5					11
群众文化活动			3	780			25
文化艺术经纪代理				20			6
其他文化艺术				40			18
体　育		3	205	45			58
体育组织		3	105	30			47
体育场馆			100				5
其他体育				15			6
娱乐业		50	360	4783		80	1137
室内娱乐活动			90	2587		80	793
游乐园				1328			135
休闲健身娱乐活动		50	230	843			191
其他娱乐活动			40	25			18
公共管理和社会组织	**47**	**60**	**37**	**58**			**136**
群众团体、社会团体和宗教组织	47	60	37	58			136
群众团体				3			53
社会团体	47	60	27	50			69
宗教组织			10	5			14

注：本表按有填写财务表的服务业企业统计，不包括铁路运输、批发、零售、住宿、餐饮、银行、证券、保险、房地产业。

4-A-10 衢州市按登记注册类型和行业(门类、大类、中类)分组的服务业企业财务状况

单位:个、万元、人

指标名称	法人单位	年初存货	年末存货	固定资产原价	本年折旧	营业收入	#主营业务收入
总计	**1875**	**335994**	**287776**	**1619092**	**82480**	**622379**	**587538**
一、按登记注册类型分							
内资	**1871**	**335437**	**286359**	**1390412**	**64982**	**548836**	**515187**
国有	99	111173	36568	664261	12527	82599	80211
集体	71	1941	1491	15809	1186	10017	9999
股份合作企业	10	4	4	1618	224	1555	1555
联营企业	3			171	20	116	116
集体联营	1			110	11	21	21
国有与集体联营	1			10	3	45	45
其他联营	1			51	6	50	50
有限责任公司	271	197941	205658	304623	15719	167871	139197
国有独资公司	27	5926	14469	181800	7745	19935	19930
其他有限责任公司	244	192015	191189	122823	7975	147936	119267
股份有限公司	47	533	496	218340	17081	53064	51267
私营企业	1233	23713	41933	179095	17727	221664	220895
私营独资	533	738	977	58435	5040	38257	38178
私营合伙	92	224	396	7114	842	11127	11087
私营有限责任公司	583	20400	38245	111301	11617	164480	163830
私营股份有限公司	25	2351	2316	2245	229	7800	7800
其他	137	132	208	6494	498	11951	11948
港澳台商投资	**3**	**557**	**1417**	**228665**	**17496**	**73528**	**72336**
与港澳台商合资经营	1			50	8	45	45
港澳台商独资	2	557	1417	228615	17489	73483	72291
外商投资	**1**			**15**	**2**	**15**	**15**
中外合资经营	1			15	2	15	15
二、按国民经济行业(门类、大类、中类)分							
交通运输、仓储和邮政业	**288**	**27740**	**38488**	**562658**	**20759**	**229327**	**198770**
道路运输业	210	779	779	511492	11968	166803	137823
公路旅客运输	43	94	107	26179	3682	30001	29811
道路货物运输	142	342	464	52001	6216	118097	90275
道路运输辅助活动	25	343	209	433312	2071	18705	17738
城市公共交通业	13	54	101	9919	1627	8183	8183
公共电汽车客运	5	31	74	6365	1165	5780	5780
出租车客运	7	23	27	3534	460	2393	2393
其他城市公共交通	1			20	2	10	10
水上运输业	2			559	32	318	318
水上旅客运输	1			159	1	38	38

4－A－10 续表1－1 单位：个、万元、人

指标名称	法人单位	年初存货	年末存货	固定资产原价	本年折旧	营业收入	#主营业务收入
水上货物运输	1			400	31	280	280
装卸搬运和其他运输服务业	37	278	175	6116	997	19287	19287
装卸搬运	15	50	40	2741	392	7576	7576
运输代理服务	22	228	135	3376	605	11712	11712
仓储业	18	25766	36507	15451	2323	26101	24690
谷物、棉花等农产品仓储	13	25766	36507	14713	2217	23336	21928
其他仓储	5			737	106	2765	2762
邮政业	8	864	926	19121	3812	8635	8468
国家邮政	2	864	926	18986	3796	8406	8239
其他寄递服务	6			135	16	229	229
信息传输、计算机服务和软件业	**369**	**2057**	**2962**	**480292**	**38655**	**138316**	**135400**
电信和其他信息传输服务业	14	1827	2551	470333	37091	121135	118285
电　信	9	1085	1864	461356	36044	118080	115230
互联网信息服务	1			58	4	17	17
广播电视传输服务	4	742	687	8918	1043	3038	3038
计算机服务业	342	178	299	9236	1461	13593	13528
计算机系统服务	16	78	142	165	30	1242	1236
计算机维修	1	8	2	1	...	55	55
其他计算机服务	325	92	155	9070	1430	12296	12237
软件业	13	52	112	723	103	3589	3587
公共软件服务	10	19	31	581	81	553	553
其他软件服务	3	33	81	143	22	3036	3034
租赁和商务服务业	**598**	**299254**	**237203**	**484835**	**15984**	**151500**	**151336**
租赁业	32	442	362	12112	1085	3977	3977
机械设备租赁	32	442	362	12112	1085	3977	3977
商务服务业	566	298812	236841	472724	14899	147523	147359
企业管理服务	146	292687	224220	435115	12056	102504	102374
法律服务	29	1	1	598	55	2531	2531
咨询与调查	125	1768	7150	3527	604	11193	11193
广告业	84	227	424	2215	187	5066	5042
知识产权服务	10			165	14	523	523
职业中介服务	43		...	3863	188	2817	2817
市场管理	50	3913	4855	24282	1528	7465	7457
旅行社	54	98	82	1872	152	11145	11145
其他商务服务	25	120	108	1087	116	4279	4276
科学研究、技术服务和地质勘查业	**292**	**740**	**762**	**19664**	**2577**	**40587**	**40525**
研究与试验发展	16	65	63	2756	456	4344	4324

4－A－10 续表1－2

单位：个、万元、人

指标名称	法人单位	年初存货	年末存货	固定资产原价	本年折旧	营业收入	#主营业务收入
自然科学研究与试验发展	3			265	25	255	255
工程和技术研究与试验发展	5	1	2	2130	406	3257	3257
农业科学研究与试验发展	7	64	62	351	24	752	732
医学研究与试验发展	1			10	1	80	80
专业技术服务业	139	469	317	12777	1736	28889	28887
气象服务	1			16	1	16	16
测绘服务	23	15	33	724	82	3114	3114
技术检测	23	28	29	1906	292	2410	2410
环境监测	3	126	126	360	4	421	421
工程技术与规划管理	82	289	119	9599	1344	22425	22423
其他专业技术服务	7	12	10	173	13	502	502
科技交流和推广服务业	135	206	382	3941	304	6845	6806
技术推广服务	118	205	380	3308	262	5832	5829
科技中介服务	16	1	2	614	41	985	948
其他科技服务	1			19	1	29	29
地质勘查业	2			189	82	508	508
地质勘查技术服务	2			189	82	508	508
水利、环境和公共设施管理业	**93**	**5302**	**6961**	**48197**	**2241**	**30687**	**30020**
水利管理业	8	5	6	2404	118	912	912
水资源管理	6	2	3	2385	101	403	403
其他水利管理	2	3	3	19	17	510	510
环境管理业	18	14	23	1523	216	3606	3606
自然保护	1	13	16	869	158	1775	1775
环境治理	17	1	7	654	58	1831	1831
公共设施管理业	67	5283	6933	44269	1907	26169	25502
市政公共设施管理	17	2733	2221	29204	948	13912	13248
城市绿化管理	30	2476	4606	3216	289	8296	8296
游览景区管理	20	74	105	11850	670	3961	3959
居民服务和其他服务业	**81**	**475**	**706**	**1720**	**275**	**8021**	**7656**
居民服务业	19	53	90	170	27	799	799
家庭服务	4	...	...	7	1	54	54
洗染服务	2	...	2	91	21	205	205
理发及美容保健服务	4	1	2	19	1	138	138
洗浴服务	3	18	18	25	2	279	279
摄影扩印服务	3	3	3	22	1	87	87
其他居民服务	3	30	65	7	1	36	36

4－A－10 续表1－3 单位：个、万元、人

指标名称	法人单位	年初存货	年末存货	固定资产原价	本年折旧	营业收入	#主营业务收入
其他服务业	62	421	617	1550	248	7222	6857
修理与维护	34	316	463	643	51	2169	2169
清洁服务	24	95	106	885	195	2191	1827
其他未列明的服务	4	10	48	21	2	2862	2862
教育	**75**	**125**	**162**	**7481**	**648**	**7331**	**7321**
教育	75	125	162	7481	648	7331	7321
学前教育	25	10	15	893	63	1506	1506
中等教育	4			1921	140	2311	2311
其他教育	46	115	146	4667	445	3515	3504
卫生、社会保障和社会福利业	**33**	**278**	**503**	**6161**	**726**	**6049**	**6046**
卫生	31	278	503	6150	725	5952	5950
医院	11	171	385	5578	676	4231	4231
卫生院及社区医疗活动	4	22	29	161	9	448	448
门诊部医疗活动	14	84	89	289	25	918	915
疾病预防控制及防疫活动	1	1	1	2	...	3	3
其他卫生活动	1			120	15	352	352
社会福利业	2			11	1	97	97
提供住宿的社会福利	2			11	1	97	97
文化、体育和娱乐业	**46**	**24**	**30**	**8084**	**615**	**10561**	**10464**
新闻出版业	2			770	96	5805	5805
出版业	2			770	96	5805	5805
广播、电视、电影和音像业	16	1	5	4662	230	1890	1825
广播	1			43	2	50	50
电视	2			1382	90	570	570
电影	10	1	5	3129	129	1133	1068
音像制作	3			108	9	137	137
文化艺术业	6			55	10	235	235
文艺创作与表演	2			9	1	57	57
文物及文化保护	1			10	3	45	45
群众文化活动	1			5	5	105	105
文化艺术经纪代理	2			31	1	28	28
体育	2			83	5	108	108
体育场馆	2			83	5	108	108
娱乐业	20	23	25	2514	275	2523	2491
室内娱乐活动	15	23	25	2300	262	2431	2399
休闲健身娱乐活动	5			214	13	93	93

4－A－10 续表2－1

单位：个、万元、人

指标名称	营业成本	#主营业务成本	营业税金及附加	#主营业务税金及附加	主营业务利润	其他业务利润	营业费用、管理费用、财务费用合计
总计	**407659**	**375180**	**18239**	**17983**	**169170**	**6527**	**142837**
一、按登记注册类型分							
内资	**368806**	**337832**	**16156**	**15939**	**161416**	**6661**	**118952**
国有	44942	44282	1469	1420	34508	1788	27852
集体	6241	6241	239	239	3519	27	2318
股份合作企业	825	825	100	100	630	37	259
联营企业	43	43	5	5	69		46
集体联营	4	4	1	1	17		16
国有与集体联营	29	29	1	1	15		1
其他联营	10	10	3	3	37		29
有限责任公司	126060	98457	4248	4138	36602	2408	30376
国有独资公司	15541	15540	453	453	3938	894	8831
其他有限责任公司	110519	82917	3795	3686	32664	1514	21545
股份有限公司	40392	38667	1731	1731	10869	522	11580
私营企业	144630	143646	7846	7788	69461	1871	43074
私营独资	21067	21058	1199	1198	15921	481	8860
私营合伙	5633	5631	394	394	5063	175	3502
私营有限责任公司	111610	110638	5969	5912	47280	1185	29749
私营股份有限公司	6319	6319	284	284	1197	30	964
其他	5674	5671	518	518	5759	8	3448
港澳台商投资	**38841**	**37336**	**2083**	**2045**	**7752**	**－134**	**23882**
与港澳台商合资经营	31	31	...	...	14		4
港澳台商独资	38810	37305	2083	2044	7738	－134	23878
外商投资	**13**	**13**	**...**	**...**	**2**		**3**
中外合资经营	13	13	...	...	2		3
二、按国民经济行业（门类、大类、中类）分							
交通运输、仓储和邮政业	**162247**	**133884**	**5797**	**5715**	**59171**	**2766**	**38812**
道路运输业	121891	94023	4231	4159	39642	1297	23891
公路旅客运输	19954	19854	1146	1143	8814	243	5366
道路货物运输	90134	62366	2455	2386	25524	61	13677
道路运输辅助活动	11804	11804	630	630	5304	994	4848
城市公共交通业	4291	4291	361	361	3531	229	1980
公共电汽车客运	2626	2626	302	302	2852	229	1674
出租车客运	1659	1659	59	59	675		303
其他城市公共交通	6	6	1	1	3		2
水上运输业	213	213	6	6	99		32
水上旅客运输	23	23	1	1	14		1

4－A－10 续表2－2 单位：个、万元、人

指标名称	营业成本	#主营业务成本	营业税金及附加	#主营业务税金及附加	主营业务利润	其他业务利润	营业费用、管理费用、财务费用合计
水上货物运输	190	190	5	5	85		31
装卸搬运和其他运输服务业	14212	14140	796	796	4351	107	3421
装卸搬运	4127	4127	274	274	3175	10	2678
运输代理服务	10085	10013	522	522	1177	97	742
仓储业	19635	19212	245	236	5243	979	3045
谷物、棉花等农产品仓储	18185	17761	104	94	4073	978	2352
其他仓储	1450	1450	142	142	1170	...	693
邮政业	2005	2005	158	158	6305	155	6445
国家邮政	1870	1870	150	150	6219	155	6399
其他寄递服务	135	135	8	8	86	1	46
信息传输、计算机服务和软件业	**86059**	**82920**	**4092**	**4053**	**23223**	**437**	**39286**
电信和其他信息传输服务业	78004	74874	3560	3521	14685	－20	34417
电　信	75349	72220	3498	3459	14347	－35	33704
互联网信息服务	5	5	...	...	12		2
广播电视传输服务	2649	2649	62	62	327	16	711
计算机服务业	5706	5697	416	416	7416	382	4251
计算机系统服务	840	838	32	32	366	33	221
计算机维修	36	36	2	2	17	14	9
其他计算机服务	4831	4823	381	381	7033	335	4021
软件业	2350	2349	116	116	1122	76	618
公共软件服务	327	327	40	40	187	75	167
其他软件服务	2023	2022	77	77	935	1	452
租赁和商务服务业	**103263**	**103143**	**4389**	**4381**	**43812**	**2066**	**35479**
租赁业	1132	1132	148	148	2697	22	1249
机械设备租赁	1132	1132	148	148	2697	22	1249
商务服务业	102130	102011	4241	4233	41115	2044	34230
企业管理服务	74776	74673	2874	2866	24835	1367	22630
法律服务	754	754	111	111	1665	29	1089
咨询与调查	7041	7041	414	414	3738	99	2416
广告业	2711	2708	248	248	2086	158	1261
知识产权服务	139	139	27	27	357		107
职业中介服务	996	996	127	127	1695	19	1235
市场管理	3991	3991	217	217	3249	46	2790
旅行社	8664	8664	106	106	2375	32	1623
其他商务服务	3059	3045	117	116	1115	294	1080
科学研究、技术服务和地质勘查业	**21195**	**21089**	**1955**	**1892**	**17544**	**110**	**11391**
研究与试验发展	1620	1620	129	129	2575	12	1974

4－A－10 续表2－3

单位：个、万元、人

指标名称	营业成本	#主营业务成本	营业税金及附加	#主营业务税金及附加	主营业务利润	其他业务利润	营业费用、管理费用、财务费用合计
自然科学研究与试验发展	121	121	10	10	124		88
工程和技术研究与试验发展	909	909	88	88	2260	12	1813
农业科学研究与试验发展	566	566	26	26	141		47
医学研究与试验发展	25	25	5	5	50		25
专业技术服务业	15230	15130	1559	1496	12261	84	8149
气象服务	4	4	2	2	10		8
测绘服务	1138	1138	131	131	1846		1417
技术检测	1336	1236	124	124	1050	2	732
环境监测	185	185	22	22	215	11	188
工程技术与规划管理	12072	12072	1271	1208	9143	50	5682
其他专业技术服务	495	495	10	10	－3	21	123
科技交流和推广服务业	3798	3792	243	243	2771	15	1205
技术推广服务	3328	3325	212	212	2291	15	989
科技中介服务	453	450	29	29	469		206
其他科技服务	16	16	2	2	11		10
地质勘查业	547	547	24	24	－63		63
地质勘查技术服务	547	547	24	24	－63		63
水利、环境和公共设施管理业	**21105**	**20663**	**1134**	**1098**	**8260**	**702**	**4973**
水利管理业	600	600	27	27	285	7	197
水资源管理	188	188	10	10	204	7	126
其他水利管理	411	411	17	17	81		71
环境管理业	2616	2616	153	153	836	5	345
自然保护	1398	1398	95	95	282		30
环境治理	1218	1218	58	58	554	5	315
公共设施管理业	17889	17447	953	917	7138	690	4432
市政公共设施管理	10057	9616	518	481	3150	678	1197
城市绿化管理	5837	5837	283	283	2176		1442
游览景区管理	1995	1994	153	153	1813	12	1793
居民服务和其他服务业	**5092**	**4820**	**161**	**137**	**2699**	**164**	**2213**
居民服务业	322	322	32	32	445	27	358
家庭服务	16	16	3	3	35		19
洗染服务	22	22	11	11	172	3	165
理发及美容保健服务	53	53	5	5	79		42
洗浴服务	185	185	11	11	83	23	87
摄影扩印服务	31	31	1	1	56	1	29
其他居民服务	16	16	…	…	19		16

4－A－10 续表2－4

单位：个、万元、人

指 标 名 称	营业成本	#主营业务成 本	营业税金及 附 加	#主营业务税金及附加	主营业务利 润	其他业务利 润	营业费用、管理费用、财务费用合 计
其他服务业	4769	4498	129	105	2254	137	1856
修理与维护	1351	1351	36	36	783	29	593
清洁服务	1331	1060	87	64	704	109	522
其他未列明的服务	2088	2088	6	6	768		741
教 育	**2878**	**2878**	**125**	**125**	**4318**	**68**	**3362**
教 育	2878	2878	125	125	4318	68	3362
学前教育	606	606	19	19	881	6	582
中等教育	339	339	5	5	1966		1729
其他教育	1933	1933	100	100	1471	62	1052
卫生、社会保障和社会福利业	**3541**	**3538**	**154**	**154**	**2355**	**2**	**1751**
卫 生	3511	3508	149	149	2293	2	1704
医 院	2599	2599	117	117	1516		1321
卫生院及社区医疗活动	229	229	4	4	215	2	57
门诊部医疗活动	562	559	16	16	340	...	204
疾病预防控制及防疫活动	1	1	...	...	2		3
其他卫生活动	120	120	12	12	220		120
社会福利业	30	30	4	4	62		46
提供住宿的社会福利	30	30	4	4	62		46
文化、体育和娱乐业	**2281**	**2246**	**433**	**429**	**7789**	**211**	**5569**
新闻出版业	535	535	222	222	5048		2937
出版业	535	535	222	222	5048		2937
广播、电视、电影和音像业	762	759	78	75	990	122	1054
广 播	18	18	2	2	30		20
电 视	101	101	24	24	446		546
电 影	611	608	43	39	420	121	435
音像制作	33	33	10	10	94	1	53
文化艺术业	139	139	8	8	88		35
文艺创作与表演	27	27	2	2	28		9
文物及文化保护	29	29	1	1	15		1
群众文化活动	67	67	3	3	35		21
文化艺术经纪代理	16	16	1	1	11		5
体 育	10	10	1	1	98	32	52
体育场馆	10	10	1	1	98	32	52
娱乐业	834	803	124	124	1565	58	1490
室内娱乐活动	796	764	120	120	1515	58	1433
休闲健身娱乐活动	39	39	4	4	50		58

4－A－10 续表3－1

单位：个、万元、人

指 标 名 称			营业利润	职工工资和福利费	本年应交增值税	所有者权益合计	
	#税金	#利息支出					实收资本
总 计	**9832**	**15566**	**56872**	**79361**	**1848**	**1018784**	**738486**
一、按登记注册类型分							
内 资	**8080**	**14698**	**49126**	**74429**	**1848**	**944190**	**680900**
国 有	941	772	8444	13503	532	327432	336188
集 体	106	143	1229	2188	11	13580	9108
股份合作企业	16		408	282	1	1205	993
联营企业	1		23	29	1	584	460
集体联营	1		1	4		199	110
国有与集体联营	...		14	10		300	300
其他联营			8	15	1	86	50
有限责任公司	1365	9183	8634	15501	494	346951	175444
国有独资公司	132	5814	－3999	1797	1	101204	50219
其他有限责任公司	1233	3369	12633	13705	493	245747	125225
股份有限公司	1355	192	－190	9050	10	41204	14137
私营企业	4090	4333	28258	31258	730	207095	139881
私营独资	845	596	7543	7301	245	72322	25118
私营合伙	330	214	1736	1763	29	7282	6477
私营有限责任公司	2882	3522	18716	21880	449	123459	105016
私营股份有限公司	34	...	263	313	7	4033	3270
其 他	206	75	2319	2620	69	6139	4689
港澳台商投资	**1752**	**868**	**7748**	**4924**		**74544**	**57537**
与港澳台商合资经营			10	4		20	20
港澳台商独资	1752	868	7738	4920		74524	57517
外商投资	**...**		**－1**	**7**	**...**	**50**	**50**
中外合资经营	...		－1	7	...	50	50
二、按国民经济行业（门类、大类、中类）分							
交通运输、仓储和邮政业	**2194**	**5032**	**23125**	**26570**	**416**	**276685**	**252598**
道路运输业	1474	3972	17048	17069	234	253508	234129
公路旅客运输	272	538	3691	6771	18	20169	10880
道路货物运输	697	2279	11907	6922	198	37451	28992
道路运输辅助活动	505	1155	1449	3375	19	195888	194257
城市公共交通业	157	328	1780	2338	66	3531	1989
公共电汽车客运	155	186	1407	1974	66	2665	1650
出租车客运	2	143	372	360		847	319
其他城市公共交通			1	5		20	20
水上运输业	1		67	28		355	105
水上旅客运输			13	10		55	55

4－A－10 续表3－2

单位：个、万元、人

指 标 名 称			营业利润	职工工资和福利费	本年应交增值税	所有者权益合计	
	#税金	#利息支出					实收资本
水上货物运输	1		54	18		300	50
装卸搬运和其他运输服务业	305	22	1037	1913	24	3455	2618
装卸搬运	242		506	1331	16	1728	1428
运输代理服务	63	22	531	582	8	1727	1190
仓储业	43	709	3177	1131	50	12864	10792
谷物、棉花等农产品仓储	23	441	2699	770	47	9716	7727
其他仓储	20	269	478	361	3	3149	3065
邮政业	215	...	15	4091	42	2971	2965
国家邮政	212	...	－25	4021	42	2325	2324
其他寄递服务	3	1	40	70		646	641
信息传输、计算机服务和软件业	**3522**	**960**	**8386**	**14305**	**137**	**103835**	**85806**
电信和其他信息传输服务业	2887	832	4261	11752		91517	74549
电 信	2881	833	4620	11311		83411	66552
互联网信息服务			10	4		35	30
广播电视传输服务	6	－1	－369	437		8071	7967
计算机服务业	595	122	3546	2048	35	8559	8178
计算机系统服务	15	17	178	166	3	1002	955
计算机维修			22	2	1	23	20
其他计算机服务	580	104	3346	1880	30	7534	7203
软件业	40	6	579	506	102	3760	3079
公共软件服务	20	6	95	129	14	2374	2277
其他软件服务	19	...	484	377	88	1385	802
租赁和商务服务业	**2948**	**8411**	**10399**	**17046**	**167**	**517936**	**330640**
租赁业	133	42	1470	390	15	4742	4280
机械设备租赁	133	42	1470	390	15	4742	4280
商务服务业	2815	8370	8929	16657	152	513194	326360
企业管理服务	1984	7264	3572	6076	80	471719	292730
法律服务	105	1	606	535	2	671	343
咨询与调查	173	86	1421	4236	7	9731	9059
广告业	72	38	983	930	27	3026	2627
知识产权服务	2		250	70		1501	1277
职业中介服务	16	184	479	586	9	3720	2746
市场管理	253	667	505	1003	11	13337	10085
旅行社	145	63	784	838	2	3844	3334
其他商务服务	65	67	330	2383	15	5647	4160
科学研究、技术服务和地质勘查业	**493**	**86**	**6263**	**9362**	**571**	**27637**	**19120**
研究与试验发展	37	－29	613	1360	400	3379	2824

4－A－10 续表3－3 单位：个、万元、人

指标名称	#税金	#利息支出	营业利润	职工工资和福利费	本年应交增值税	所有者权益合计	实收资本
自然科学研究与试验发展	13	1	36	22	...	278	270
工程和技术研究与试验发展	15		459	1164	376	1847	1300
农业科学研究与试验发展	4	－30	94	148	1	1244	1244
医学研究与试验发展	5		25	25	23	10	10
专业技术服务业	382	79	4195	6586	109	18592	12417
气象服务			2	6		16	16
测绘服务	90	5	429	745	8	954	585
技术检测	8	6	321	892	10	1733	1505
环境监测	7		38	69		353	353
工程技术与规划管理	272	63	3512	4812	87	15312	9659
其他专业技术服务	6	4	－105	63	4	225	300
科技交流和推广服务业	74	26	1581	1238	62	5339	3552
技术推广服务	67	24	1318	1041	62	4040	2578
科技中介服务	5	1	262	181		1274	953
其他科技服务	2		1	17		25	21
地质勘查业		11	－126	178		327	327
地质勘查技术服务		11	－126	178		327	327
水利、环境和公共设施管理业	**113**	**539**	**3988**	**5362**	**382**	**68445**	**31431**
水利管理业	...	6	96	328	1	2384	1553
水资源管理	...	6	85	139	1	1948	1493
其他水利管理			11	190	...	436	60
环境管理业	16	3	496	1030	105	4364	3500
自然保护	5	3	252	238	99	1198	1121
环境治理	11		245	792	6	3166	2379
公共设施管理业	97	530	3396	4004	276	61697	26378
市政公共设施管理	34	161	2631	1728	99	36913	11208
城市绿化管理	50	92	734	1164	18	13858	7797
游览景区管理	12	277	32	1113	159	10927	7374
居民服务和其他服务业	**150**	**13**	**649**	**1296**	**102**	**2989**	**2665**
居民服务业	11	1	114	184	3	551	450
家庭服务	2		16	10		21	21
洗染服务	...		10	58		136	122
理发及美容保健服务	...		37	30	2	28	26
洗浴服务	5	...	19	48		260	180
摄影扩印服务	2		28	30		21	17
其他居民服务	2	...	4	9	1	84	84

4－A－10 续表3－4

单位：个、万元、人

指标名称	#税金	#利息支出	营业利润	职工工资和福利费	本年应交增值税	所有者权益合计	实收资本
其他服务业	139	12	536	1112	99	2439	2215
修理与维护	75	6	219	458	37	1566	1544
清洁服务	64	6	290	623	62	791	585
其他未列明的服务		...	27	31		82	86
教　育	**104**	**150**	**1024**	**2263**	**10**	**4576**	**3984**
教　育	104	150	1024	2263	10	4576	3984
学前教育	15	65	305	521		567	549
中等教育		75	237	752		1186	900
其他教育	89	10	482	990	10	2823	2535
卫生、社会保障和社会福利业	**139**	**104**	**607**	**1297**	**6**	**5026**	**4891**
卫　生	136	96	590	1265	6	4922	4787
医　院	113	92	195	1034		4440	4349
卫生院及社区医疗活动	8		160	46		105	90
门诊部医疗活动	3	4	137	137	6	315	296
疾病预防控制及防疫活动	...		－1	3		12	2
其他卫生活动	12		100	45		50	50
社会福利业	3	8	16	32		104	104
提供住宿的社会福利	3	8	16	32		104	104
文化、体育和娱乐业	**171**	**272**	**2431**	**1860**	**58**	**11655**	**7353**
新闻出版业	49	206	2110	746	51	2835	209
出版业	49	206	2110	746	51	2835	209
广播、电视、电影和音像业	28	－4	57	470	7	4468	3087
广　播		...	10	6		135	100
电　视	7	5	－100	245		183	56
电　影	14	－9	106	191	7	4032	2813
音像制作	7		42	28	...	118	118
文化艺术业	...		53	63		449	441
文艺创作与表演			19	18		60	53
文物及文化保护	...		14	10		300	300
群众文化活动			14	28		50	50
文化艺术经纪代理			6	8		39	38
体　育			78	52		501	501
体育场馆			78	52		501	501
娱乐业	94	69	132	529		3402	3116
室内娱乐活动	93	62	140	462		2840	2563
休闲健身娱乐活动	2	7	－8	66		563	553

4－A－10　续表4－1　　单位：个、万元、人

指标名称	国家资本	集体资本	法人资本	个人资本	港澳台资本	外商资本	全部就业人员年平均人数
总　计	**457839**	**17709**	**65289**	**140091**	**57527**	**32**	**28842**
一、按登记注册类型分							
内　资	**457839**	**17709**	**65289**	**140031**		**32**	**28172**
国　有	335444	625	91	28			4232
集　体	50	8884	150	24			920
股份合作企业		993					171
联营企业	210	250					16
集体联营		110					2
国有与集体联营	210	90					9
其他联营		50					5
有限责任公司	120263	4678	15778	34724			5874
国有独资公司	50219						658
其他有限责任公司	70044	4678	15778	34724			5216
股份有限公司	645	1663	6833	4996			2239
私营企业	1132	515	40983	97220		32	13746
私营独资			4892	20226			3467
私营合伙		10	924	5543			823
私营有限责任公司	1132	505	32732	70615		32	9296
私营股份有限公司			2434	836			160
其　他	94	101	1455	3039			974
港澳台商投资				**10**	**57527**		**663**
与港澳台商合资经营				10	10		2
港澳台商独资					57517		661
外商投资				**50**			**7**
中外合资经营				50			7
二、按国民经济行业（门类、大类、中类）分							
交通运输、仓储和邮政业	**220123**	**3276**	**13088**	**16080**		**32**	**10124**
道路运输业	207716	2441	11251	12689		32	7016
公路旅客运输	765	2072	4160	3851		32	3186
道路货物运输	15050	369	6789	6784			2398
道路运输辅助活动	191901		303	2054			1432
城市公共交通业	100		1050	839			840
公共电汽车客运	100		1050	500			705
出租车客运				319			131
其他城市公共交通				20			4
水上运输业			55	50			18
水上旅客运输			55				7

4-A-10 续表4-2 单位：个、万元、人

指标名称	国家资本	集体资本	法人资本	个人资本	港澳台资本	外商资本	全部就业人员年平均数
水上货物运输				50			11
装卸搬运和其他运输服务业	458	140	632	1388			779
装卸搬运	458	140	392	438			560
运输代理服务			240	950			219
仓储业	9625	8	100	1059			323
谷物、棉花等农产品仓储	7490	8		229			186
其他仓储	2135		100	830			137
邮政业	2224	687		55			1148
国家邮政	2224	100					1112
其他寄递服务		587		55			36
信息传输、计算机服务和软件业	**16596**	**140**	**4209**	**7345**	**57517**		**2892**
电信和其他信息传输服务业	16096	110	240	587	57517		1647
电　信	8666	110	240	20	57517		1504
互联网信息服务				30			4
广播电视传输服务	7430			537			139
计算机服务业		30	1526	6622			1099
计算机系统服务		30	597	328			95
计算机维修				20			2
其他计算机服务			929	6274			1002
软件业	500		2443	136			146
公共软件服务			2143	134			69
其他软件服务	500		300	2			77
租赁和商务服务业	**199671**	**10564**	**34277**	**86128**			**6667**
租赁业			1424	2855			174
机械设备租赁			1424	2855			174
商务服务业	199671	10564	32853	83273			6493
企业管理服务	196200	7087	23437	66006			2129
法律服务		50	94	200			197
咨询与调查	58	1323	3235	4443			1338
广告业		80	845	1702			412
知识产权服务	171		881	225			29
职业中介服务			1574	1172			295
市场管理	2795	1765	1382	4143			505
旅行社	66	224	1181	1863			352
其他商务服务	381	35	225	3519			1236
科学研究、技术服务和地质勘查业	**3119**	**959**	**3398**	**11644**			**3307**
研究与试验发展	1000		90	1734			325

4－A－10 续表4－3

单位：个、万元、人

指 标 名 称	国家资本	集体资本	法人资本	个人资本	港澳台资 本	外商资本	全部就业人员年平均人数
自然科学研究与试验发展			20	250			13
工程和技术研究与试验发展	1000			300			250
农业科学研究与试验发展			70	1174			59
医学研究与试验发展				10			3
专业技术服务业	1029	599	2460	8330			2250
气象服务			16				2
测绘服务	235	17	62	272			237
技术检测	318	50	315	823			268
环境监测		3	50	300			27
工程技术与规划管理	396	529	1878	6856			1689
其他专业技术服务	80		140	80			27
科技交流和推广服务业	784	340	848	1581			688
技术推广服务	733	177	410	1258			585
科技中介服务	30	163	438	323			95
其他科技服务	21						8
地质勘查业	307	20					44
地质勘查技术服务	307	20					44
水利、环境和公共设施管理业	**16312**	**566**	**6764**	**7778**	**10**		**2894**
水利管理业	1393	160					64
水资源管理	1393	100					38
其他水利管理		60					26
环境管理业	2100	5	85	1310			595
自然保护				1121			48
环境治理	2100	5	85	189			547
公共设施管理业	12819	401	6679	6469	10		2235
市政公共设施管理	7880	33	2275	1020			975
城市绿化管理	2000		861	4936			675
游览景区管理	2939	369	3543	513	10		585
居民服务和其他服务业	**140**		**1230**	**1295**			**720**
居民服务业	110		100	240			113
家庭服务				21			8
洗染服务	100			22			48
理发及美容保健服务				26			13
洗浴服务	10		100	70			26
摄影扩印服务				17			12
其他居民服务				84			6

4－A－10 续表4－4 单位:个、万元、人

指标名称							全部就业人员年平均人数
	国家资本	集体资本	法人资本	个人资本	港澳台资本	外商资本	
其他服务业	30		1130	1055			607
修理与维护			1027	517			232
清洁服务	30		103	453			345
其他未列明的服务				86			30
教　育	**10**	**150**	**905**	**2919**			**982**
教　育	10	150	905	2919			982
学前教育			50	499			277
中等教育			680	220			303
其他教育	10	150	175	2200			402
卫生、社会保障和社会福利业		**36**	**538**	**4317**			**484**
卫　生		32	538	4217			453
医　院		10	478	3861			335
卫生院及社区医疗活动		20	10	60			29
门诊部医疗活动				296			73
疾病预防控制及防疫活动		2					2
其他卫生活动			50				14
社会福利业		4		100			31
提供住宿的社会福利		4		100			31
文化、体育和娱乐业	**1869**	**2018**	**881**	**2585**			**772**
新闻出版业	209						196
出版业	209						196
广播、电视、电影和音像业	1450	978	503	156			154
广　播		78		22			5
电　视	56						52
电　影	1394	900	503	17			85
音像制作				118			12
文化艺术业	210	90	8	133			33
文艺创作与表演				53			16
文物及文化保护	210	90					9
群众文化活动				50			4
文化艺术经纪代理			8	30			4
体　育		500		1			36
体育场馆		500		1			36
娱乐业		450	370	2296			353
室内娱乐活动		400	70	2093			307
休闲健身娱乐活动		50	300	203			46

注:本表按有填写财务表的服务业企业统计,不包括铁路运输、批发、零售、住宿、餐饮、银行、证券、保险、房地产业。

4－A－11 舟山市按登记注册类型和行业(门类、大类、中类)分组的服务业企业财务状况

单位:个、万元、人

指标名称	法人单位	年初存货	年末存货	固定资产原价	本年折旧	营业收入	#主营业务收入
总计	**2008**	**210550**	**277881**	**2187506**	**162523**	**1565280**	**1542290**
一、按登记注册类型分							
内资	**1986**	**207244**	**271034**	**1899076**	**143465**	**1429013**	**1406023**
国有	125	54865	66190	209623	10800	172372	166155
集体	162	2671	6242	35405	1580	28165	27317
股份合作企业	8	7	30	1125	71	5780	5771
联营企业	11	45844	53250	1086	29	314	312
国有联营	4	40531	49781	610	22	111	111
集体联营	2			63			
国有与集体联营	4	5128	3284	379	6	199	198
其他联营	1	185	185	34	1	3	3
有限责任公司	269	90461	119250	500074	40143	324237	319365
国有独资公司	40	39784	51364	66474	6334	21727	21440
其他有限责任公司	229	50677	67886	433601	33809	302510	297925
股份有限公司	2	364	260	175053	13043	38665	38665
私营企业	1407	13031	25812	976692	77797	859140	848096
私营独资	258	175	235	23242	1609	36333	36230
私营合伙	129	106	146	7427	571	14128	13949
私营有限责任公司	1018	11737	24714	897164	71087	759567	748805
私营股份有限公司	2	1013	718	48858	4530	49112	49112
其他	2		...	18	2	342	342
港澳台商投资	**7**	**440**	**999**	**161874**	**12570**	**83551**	**83551**
与港澳台商合资经营	2			2584	109		
港澳台商独资	5	440	999	159290	12461	83551	83551
外商投资	**15**	**2866**	**5849**	**126556**	**6487**	**52717**	**52717**
中外合资经营	6	1011	3726	120686	6218	47097	47097
中外合作经营	3	9	7	68	3	2007	2007
外资企业	6	1847	2116	5802	266	3613	3613
二、按国民经济行业(门类、大类、中类)分							
交通运输、仓储和邮政业	**586**	**40630**	**53808**	**1561654**	**119742**	**1093990**	**1076825**
道路运输业	154	1834	2447	91204	8229	199823	197776
公路旅客运输	16	184	1326	26722	2135	30171	28836
道路货物运输	133	1629	1091	62942	5966	161674	160973
道路运输辅助活动	5	22	31	1540	128	7979	7966
城市公共交通业	6	205	257	15499	895	16891	16808
公共电汽车客运	1	24	37	8287	647	11162	11162
轨道交通	1	181	220	6512	217	4604	4558
出租车客运	4			700	31	1125	1088

4－A－11 续表1－1

单位：个、万元、人

指标名称	法人单位	年初存货	年末存货	固定资产原价	本年折旧	营业收入	#主营业务收入
水上运输业	286	13291	21641	1133335	93980	705153	692883
水上旅客运输	33	1118	1497	157902	13963	113780	111338
水上货物运输	182	8500	14496	882384	72385	535760	527015
水上运输辅助活动	71	3674	5647	93050	7632	55613	54530
航空运输业	5	259	30	39903	1338	4115	4113
航空客货运输	1			1500	5	18	16
航空运输辅助活动	4	259	30	38403	1333	4097	4097
装卸搬运和其他运输服务业	90	164	171	26737	1953	44251	43793
装卸搬运	24	97	102	11890	713	9584	9492
运输代理服务	66	67	69	14847	1239	34667	34301
仓储业	38	24602	28983	239183	12315	115321	113604
谷物、棉花等农产品仓储	5	23114	24457	22255	1096	13653	12253
其他仓储	33	1488	4527	216928	11219	101668	101351
邮政业	7	274	279	15793	1033	8437	7848
国家邮政	1	274	279	15530	1011	7834	7245
其他寄递服务	6	...	...	263	22	603	603
信息传输、计算机服务和软件业	**177**	**1776**	**2335**	**365046**	**27267**	**142912**	**142626**
电信和其他信息传输服务业	16	1343	1812	346669	26104	126303	126167
电　信	13	808	1357	334352	25503	122588	122588
互联网信息服务	2	1		1	...	11	11
广播电视传输服务	1	534	455	12316	601	3704	3568
计算机服务业	143	207	235	8268	616	13818	13694
计算机系统服务	13	171	190	626	40	2206	2194
数据处理	1					50	40
计算机维修	5	27	39	77	7	220	219
其他计算机服务	124	9	6	7565	570	11343	11241
软件业	18	227	288	10109	547	2791	2766
公共软件服务	15	194	248	9199	513	2636	2611
其他软件服务	3	33	41	910	35	155	155
租赁和商务服务业	**776**	**111532**	**150220**	**188271**	**10967**	**186457**	**183758**
租赁业	30	76	206	10769	710	4853	4577
机械设备租赁	29	76	178	10766	710	4647	4371
文化及日用品出租	1		28	3	...	206	206
商务服务业	746	111457	150014	177502	10257	181604	179181
企业管理服务	278	107060	145427	146559	8350	69617	68216
法律服务	15	1	2	376	52	3160	3159
咨询与调查	72	8	45	1481	136	7519	7391
广告业	77	430	796	2522	231	8780	8156

4-A-11 续表1-2

单位：个、万元、人

指标名称	法人单位	年初存货	年末存货	固定资产原价	本年折旧	营业收入	#主营业务收入
知识产权服务	9			117	9	252	252
职业中介服务	106	26	52	1647	147	27223	27207
市场管理	33	3105	2757	16622	784	9749	9691
旅行社	103	822	917	4759	382	46450	46268
其他商务服务	53	5	19	3419	166	8856	8843
科学研究、技术服务和地质勘查业	**147**	**37592**	**49299**	**11265**	**817**	**34632**	**33854**
研究与试验发展	6	21	21	133	11	272	269
工程和技术研究与试验发展	2			91	5	182	182
农业科学研究与试验发展	1	21	21	21	5	42	42
医学研究与试验发展	2			2	...	8	5
社会人文科学研究与试验发展	1			19	1	40	40
专业技术服务业	123	37392	48928	9358	735	27512	26737
海洋服务	3			471	33	1053	1053
测绘服务	5			280	48	600	600
技术检测	26	56	47	1972	136	2874	2874
环境监测	1			161	16	264	264
工程技术与规划管理	69	37206	48572	5029	391	16902	16177
其他专业技术服务	19	130	309	1445	111	5820	5770
科技交流和推广服务业	16	169	270	1322	49	5063	5063
技术推广服务	14	169	270	1320	49	5040	5039
科技中介服务	1					23	23
其他科技服务	1			2	...		
地质勘查业	2	10	80	451	23	1785	1785
地质勘查技术服务	2	10	80	451	23	1785	1785
水利、环境和公共设施管理业	**71**	**17675**	**21006**	**26294**	**1290**	**64269**	**63785**
水利管理业	4	1553	1610	4628	111	434	434
水资源管理	3	1553	1610	4528	106	265	265
其他水利管理	1			100	5	169	169
环境管理业	12	78	14	1955	126	2985	2827
环境治理	12	78	14	1955	126	2985	2827
公共设施管理业	55	16043	19381	19710	1053	60850	60524
市政公共设施管理	3	2395	2242	129	14	967	896
城市绿化管理	17	2400	4396	1013	91	10407	10200
游览景区管理	35	11248	12744	18568	948	49476	49428
居民服务和其他服务业	**147**	**703**	**929**	**9232**	**784**	**17131**	**17105**
居民服务业	61	206	200	5386	296	5347	5336
家庭服务	6			7	1	143	141
洗染服务	6	3	2	252	28	633	633

4－A－11 续表1－3 单位：个、万元、人

指标名称	法人单位	年初存货	年末存货	固定资产原价	本年折旧	营业收入	#主营业务收入
理发及美容保健服务	11	2	1	243	30	1118	1116
洗浴服务	1			40	2	75	75
婚姻服务	11			233	26	140	140
殡葬服务	8	185	185	3631	126	2147	2147
摄影扩印服务	16	16	12	974	83	1080	1072
其他居民服务	2			6	1	12	12
其他服务业	86	497	729	3846	487	11784	11769
修理与维护	31	316	498	1170	82	4360	4358
清洁服务	40	181	231	1835	233	6784	6771
其他未列明的服务	15			841	173	640	640
教　育	**25**	**317**	**25**	**2118**	**309**	**4382**	**4038**
教　育	25	317	25	2118	309	4382	4038
其他教育	25	317	25	2118	309	4382	4038
卫生、社会保障和社会福利业	**12**	**142**	**82**	**4967**	**451**	**6457**	**6457**
卫　生	6	138	79	4931	447	6378	6378
医　院	4	138	79	4686	434	6009	6009
门诊部医疗活动	1			200	10	310	310
其他卫生活动	1			45	2	59	59
社会福利业	6	4	3	36	4	79	79
提供住宿的社会福利	1					49	49
不提供住宿的社会福利	5	4	3	36	4	30	30
文化、体育和娱乐业	**67**	**183**	**178**	**18660**	**897**	**15052**	**13844**
新闻出版业	2	42	29	5356	226	5031	4338
出版业	2	42	29	5356	226	5031	4338
广播、电视、电影和音像业	7	12	14	4595	161	1388	924
电　视	1		1	3	...	6	6
电　影	5	12	13	4591	161	1206	742
音像制作	1			2	...	177	177
文化艺术业	12	18	18	1578	76	579	579
文艺创作与表演	2	8	9	17	2	122	122
博物馆	3	1		1510	70	76	76
群众文化活动	4			37	3	332	332
文化艺术经纪代理	3	9	9	15	1	49	49
娱乐业	46	111	117	7132	434	8053	8003
室内娱乐活动	25	96	91	3310	205	7296	7296
游乐园	3	4	3	246	12	16	16
休闲健身娱乐活动	8	11	23	3283	194	480	431
其他娱乐活动	10			293	23	260	259

4－A－11 续表2－1

单位：个、万元、人

指标名称	营业成本	#主营业务成本	营业税金及附加	#主营业务税金及附加	主营业务利润	其他业务利润	营业费用、管理费用、财务费用合计
总计	**1026791**	**1017435**	**58272**	**57300**	**429381**	**12662**	**273205**
一、按登记注册类型分							
内资	**976651**	**967294**	**53078**	**52105**	**373191**	**12662**	**243996**
国有	79786	77823	5208	5093	81985	4139	33994
集体	14233	13897	877	877	12531	511	9943
股份合作企业	4571	4569	3	3	1199	7	329
联营企业	144	144	3	3	165	2	190
国有联营	50	50	2	2	59		68
集体联营							
国有与集体联营	94	94	1	1	104	2	76
其他联营	1	1	...	...	3		47
有限责任公司	214303	212864	9629	9382	95765	3186	71454
国有独资公司	11915	11889	586	573	9039	247	9193
其他有限责任公司	202388	200975	9042	8809	86726	2939	62260
股份有限公司	27108	27108	1255	1255	1406		8896
私营企业	636406	630790	36089	35478	179912	4818	119152
私营独资	21371	21333	2078	2062	12777	49	7233
私营合伙	6257	6200	679	674	6888	116	3908
私营有限责任公司	573399	567879	31924	31335	147922	4652	102969
私营股份有限公司	35379	35379	1408	1408	12326		5041
其他	100	100	14	14	228		40
港澳台商投资	**30672**	**30672**	**2320**	**2320**	**25817**		**24499**
与港澳台商合资经营							138
港澳台商独资	30672	30672	2320	2320	25817		24361
外商投资	**19469**	**19469**	**2875**	**2875**	**30373**		**4711**
中外合资经营	17593	17593	2131	2131	27373		2563
中外合作经营			676	676	1331		1200
外资企业	1876	1876	68	68	1669		948
二、按国民经济行业(门类、大类、中类)分							
交通运输、仓储和邮政业	**792253**	**784754**	**39867**	**39051**	**247721**	**8851**	**152541**
道路运输业	155217	154951	6664	6503	34708	1621	26000
公路旅客运输	19172	19133	1138	1004	7656	1162	7408
道路货物运输	128900	128672	5301	5275	26456	447	18000
道路运输辅助活动	7146	7146	225	225	596	12	592
城市公共交通业	9437	9420	647	647	6741	66	5834
公共电汽车客运	7674	7674	374	374	3114		3257
轨道交通	1164	1164	264	264	3131	46	2172
出租车客运	599	581	9	9	497	20	405

4－A－11 续表2－2

单位：个、万元、人

指标名称	营业成本	#主营业务成本	营业税金及附加	#主营业务税金及附加	主营业务利润	其他业务利润	营业费用、管理费用、财务费用合计
水上运输业	517026	510075	28347	27694	153777	4666	91105
水上旅客运输	81712	80550	3245	3163	27613	1199	18969
水上货物运输	401986	396422	22761	22190	108403	2610	59593
水上运输辅助活动	33328	33103	2341	2341	17762	857	12543
航空运输业	1989	1989	102	102	2022	1	2016
航空客货运输			1	1	16	1	26
航空运输辅助活动	1989	1989	102	102	2006		1990
装卸搬运和其他运输服务业	29937	29850	1056	1055	10540	370	8718
装卸搬运	5301	5301	300	299	3892	91	3351
运输代理服务	24636	24549	756	756	6648	278	5368
仓储业	71271	71192	2922	2921	39490	1637	15774
谷物、棉花等农产品仓储	10340	10262	79	78	1913	1322	4235
其他仓储	60931	60931	2843	2843	37578	316	11539
邮政业	7376	7277	129	129	442	491	3095
国家邮政	7054	6955	107	107	183	491	2875
其他寄递服务	322	322	22	22	259		219
信息传输、计算机服务和软件业	**67662**	**67636**	**5359**	**5329**	**35833**	**231**	**39090**
电信和其他信息传输服务业	60005	60005	3726	3710	28815	120	34693
电　信	57909	57909	3616	3616	27425		33829
互联网信息服务	5	5	...	...	5		6
广播电视传输服务	2090	2090	110	93	1384	120	858
计算机服务业	6420	6394	1487	1474	5661	85	3048
计算机系统服务	1798	1798	34	34	207	12	415
数据处理	20	20			20	10	5
计算机维修	185	185	8	8	26	1	21
其他计算机服务	4417	4391	1445	1432	5408	62	2607
软件业	1238	1238	146	146	1358	25	1348
公共软件服务	1099	1099	146	146	1342	25	1288
其他软件服务	139	139	...	...	16		60
租赁和商务服务业	**111318**	**110863**	**7651**	**7634**	**66577**	**2227**	**46170**
租赁业	2734	2704	112	111	1762	244	1692
机械设备租赁	2673	2643	107	106	1623	244	1552
文化及日用品出租	61	61	5	5	139		140
商务服务业	108584	108159	7539	7523	64815	1983	44478
企业管理服务	33541	33471	3659	3646	32704	1318	20541
法律服务	786	786	138	138	2048	1	1143
咨询与调查	3257	3246	343	343	3802	117	2999
广告业	5569	5227	416	416	2510	281	1946

4－A－11 续表2－3 单位：个、万元、人

指 标 名 称	营业成本	#主营业务成本	营业税金及附加	#主营业务税金及附加	主营业务利润	其他业务利润	营业费用、管理费用、财务费用合计
知识产权服务	105	105	13	13	133		114
职业中介服务	21820	21820	1429	1429	3957	17	2939
市场管理	1710	1709	490	490	7492	58	6627
旅行社	39395	39395	555	555	6281	182	3096
其他商务服务	2400	2400	496	493	5889	11	5074
科学研究、技术服务和地质勘查业	**18804**	**18224**	**1882**	**1839**	**13781**	**156**	**11048**
研究与试验发展	156	156	2	2	101	3	56
工程和技术研究与试验发展	101	101	1	1	80		32
农业科学研究与试验发展	32	32	1	1	...		9
医学研究与试验发展	1	1	...	...	4	3	3
社会人文科学研究与试验发展	22	22	...	...	18		12
专业技术服务业	13647	13067	1760	1717	11953	152	9738
海洋服务	500	500	55	55	498		182
测绘服务	185	185	30	30	386		221
技术检测	1330	1330	152	152	1393		1256
环境监测	190	190	15	15	59		50
工程技术与规划管理	8363	7783	918	876	7519	102	6672
其他专业技术服务	3081	3081	590	590	2099	50	1356
科技交流和推广服务业	3685	3685	20	20	1357	1	1059
技术推广服务	3674	3674	19	19	1347	1	1058
科技中介服务	11	11	1	1	11		...
其他科技服务							...
地质勘查业	1316	1316	100	100	369		196
地质勘查技术服务	1316	1316	100	100	369		196
水利、环境和公共设施管理业	**12971**	**12806**	**1699**	**1695**	**49086**	**315**	**10415**
水利管理业	87	87	14	14	333		904
水资源管理	24	24	1	1	241		839
其他水利管理	63	63	14	14	92		65
环境管理业	1405	1402	44	44	1382	155	2034
环境治理	1405	1402	44	44	1382	155	2034
公共设施管理业	11480	11317	1641	1638	47372	160	7476
市政公共设施管理	664	664	28	28	204	71	198
城市绿化管理	8380	8223	319	318	1659	48	1082
游览景区管理	2435	2430	1294	1292	45508	41	6196
居民服务和其他服务业	**10871**	**10863**	**538**	**537**	**5621**	**17**	**4267**
居民服务业	3072	3064	124	124	2124	3	1310
家庭服务	67	67	6	6	44	2	56
洗染服务	257	257	14	14	361		216

4-A-11 续表2-4 单位：个、万元、人

指标名称	营业成本	#主营业务成本	营业税金及附加	#主营业务税金及附加	主营业务利润	其他业务利润	营业费用、管理费用、财务费用合计
理发及美容保健服务	553	549	22	22	545	-2	296
洗浴服务	63	63	1	1	11		25
婚姻服务	34	34	8	8	99		103
殡葬服务	1579	1579	36	36	532		296
摄影扩印服务	518	513	37	36	523	3	310
其他居民服务	2	2	1	1	10		9
其他服务业	7799	7799	414	414	3496	14	2957
修理与维护	3256	3256	74	74	1028	2	646
清洁服务	4316	4316	318	318	2078	12	1940
其他未列明的服务	227	227	22	22	391		371
教　育	**2550**	**2288**	**155**	**155**	**1521**	**82**	**1601**
教　育	2550	2288	155	155	1521	82	1601
其他教育	2550	2288	155	155	1521	82	1601
卫生、社会保障和社会福利业	**2960**	**2960**	**274**	**274**	**3223**		**2940**
卫　生	2912	2912	273	273	3193		2908
医　院	2732	2732	267	267	3010		2853
门诊部医疗活动	180	180	2	2	128		5
其他卫生活动			3	3	55		50
社会福利业	49	49	1	1	30		32
提供住宿的社会福利	36	36			13		9
不提供住宿的社会福利	12	12	1	1	17		23
文化、体育和娱乐业	**7401**	**7039**	**849**	**786**	**6019**	**783**	**5135**
新闻出版业	2666	2336	270	268	1733	362	2076
出版业	2666	2336	270	268	1733	362	2076
广播、电视、电影和音像业	373	341	91	31	553	372	972
电　视	...	...	...	...	5		5
电　影	311	279	81	21	442	372	888
音像制作	62	62	10	10	105		79
文化艺术业	133	133	17	17	429		449
文艺创作与表演	54	54	5	5	63		66
博物馆	29	29	...	...	47		43
群众文化活动	7	7	11	11	314		332
文化艺术经纪代理	44	44	1	1	5		8
娱乐业	4229	4229	471	471	3304	50	1638
室内娱乐活动	3791	3791	455	455	3051		1216
游乐园	7	7	1	1	9		45
休闲健身娱乐活动	275	275	10	10	146	49	326
其他娱乐活动	156	156	5	5	98	1	51

4-A-11 续表3-1

单位：个、万元、人

指标名称	#税金	#利息支出	营业利润	职工工资和福利费	本年应交增值税	所有者权益合计	实收资本
总计	**5885**	**42432**	**209148**	**200482**	**4124**	**3366492**	**2603781**
一、按登记注册类型分							
内资	**5750**	**42204**	**157914**	**191208**	**3944**	**3093521**	**2394106**
国有	330	3317	53457	27508	1026	613354	297436
集体	120	541	3112	5343	21	52437	31171
股份合作企业	16	...	878	124	1	1358	876
联营企业	3		-23	136		17405	17880
国有联营	1		-8	52		15498	15490
集体联营						100	100
国有与集体联营	2		30	52		2377	2230
其他联营			-44	32		-571	60
有限责任公司	820	10937	31403	60299	551	1606796	1356433
国有独资公司	44	1744	738	2924	4	249499	201038
其他有限责任公司	776	9193	30665	57375	547	1357297	1155395
股份有限公司	1255		1406	6100	82	88941	88941
私营企业	3208	27403	67493	91686	2264	712925	601066
私营独资	120	374	5651	5343	66	30434	22821
私营合伙	241	111	3284	2196	18	6108	4955
私营有限责任公司	2811	23804	51274	82361	2180	642690	551490
私营股份有限公司	36	3115	7284	1787		33694	21800
其他		6	188	13		306	303
港澳台商投资	**38**	**-156**	**25573**	**4288**		**120093**	**121379**
与港澳台商合资经营		17	-138	4		21948	23643
港澳台商独资	38	-173	25711	4285		98145	97736
外商投资	**97**	**383**	**25662**	**4985**	**180**	**152878**	**88296**
中外合资经营	93	133	24809	4329	1	133217	68454
中外合作经营			131	16	84	12614	12043
外资企业	4	250	722	640	96	7048	7799
二、按国民经济行业(门类、大类、中类)分							
交通运输、仓储和邮政业	**3093**	**34848**	**109329**	**135842**	**1468**	**1336698**	**1054814**
道路运输业	387	1171	11942	19616	71	71389	49610
公路旅客运输	59	228	2453	8157	7	16478	7832
道路货物运输	325	941	9473	10687	64	53678	40787
道路运输辅助活动	2	3	16	772		1232	992
城市公共交通业	22	270	974	6886	702	2060	1960
公共电汽车客运	...	2	-143	5195	2	-12	500
轨道交通	21	222	1005	1170	700	1000	1000
出租车客运	...	46	112	521		1072	460

4-A-11 续表3-2

单位:个、万元、人

指标名称	#税金	#利息支出	营业利润	职工工资和福利费	本年应交增值税	所有者权益合计	实收资本
水上运输业	2092	32321	68684	84970	508	650647	478595
水上旅客运输	126	3982	9855	19779	7	94425	54114
水上货物运输	1862	23851	51420	57738	150	475708	355147
水上运输辅助活动	104	4489	7408	7453	352	80514	69335
航空运输业	9	318	7	1498	24	31080	19920
航空客货运输		6	-9	15		1500	1300
航空运输辅助活动	9	312	16	1483	24	29580	18620
装卸搬运和其他运输服务业	125	-446	4531	8795	115	51189	45887
装卸搬运	20	284	633	3767	113	30986	29760
运输代理服务	105	-729	3899	5028	2	20203	16126
仓储业	321	1218	25353	11108	47	522550	451045
谷物、棉花等农产品仓储		567	-1001	640	...	19485	5627
其他仓储	321	652	26355	10468	47	503065	445418
邮政业	137	-4	-2162	2969		7784	7798
国家邮政	129	-4	-2202	2814		7698	7698
其他寄递服务	8	...	40	155		86	100
信息传输、计算机服务和软件业	**1501**	**781**	**30313**	**14040**	**156**	**197314**	**198199**
电信和其他信息传输服务业	1303	-22	27391	12006	82	186613	185558
电　信	1298	-22	26746	10679	82	180924	181133
互联网信息服务			-1	3	...	53	53
广播电视传输服务	5		646	1324		5636	4372
计算机服务业	97	45	2863	1528	7	7964	7780
计算机系统服务	8	2	-41	206	2	957	1082
数据处理			25	3		3	3
计算机维修	1		6	63	3	75	68
其他计算机服务	88	43	2873	1256	2	6929	6627
软件业	101	757	59	506	67	2737	4862
公共软件服务	101	757	103	485	65	1582	3607
其他软件服务		1	-44	20	2	1156	1255
租赁和商务服务业	**629**	**4106**	**24023**	**28287**	**2071**	**1444389**	**1017206**
租赁业	8	503	314	371	83	10456	9469
机械设备租赁	8	503	315	365	83	10391	9419
文化及日用品出租			-1	6		65	50
商务服务业	621	3603	23709	27916	1988	1433933	1007737
企业管理服务	208	2656	14581	6140	1478	1371129	951128
法律服务	6	34	1093	302		727	410
咨询与调查	64	2	920	1421	7	10179	9027
广告业	28	64	849	1039	27	3658	3925

4－A－11 续表3－3

单位：个、万元、人

指 标 名 称	#税金	#利息支出	营业利润	职工工资和福利费	本年应交增值税	所有者权益合计	实收资本
知识产权服务	...	－1	20	56		926	743
职业中介服务	79	3	1034	12504	319	15003	13444
市场管理	164	557	923	1961	138	16917	13827
旅行社	36	253	3404	2691	15	9950	10651
其他商务服务	37	35	886	1804	4	5445	4583
科学研究、技术服务和地质勘查业	**71**	**818**	**2898**	**6839**	**192**	**283362**	**258296**
研究与试验发展	...		58	19	...	495	402
工程和技术研究与试验发展			48	6		426	350
农业科学研究与试验发展			...	4		55	40
医学研究与试验发展	...		4	1	...	4	2
社会人文科学研究与试验发展			6	9		10	10
专业技术服务业	57	92	2368	6276	91	267036	250284
海洋服务	2	－2	316	70		584	135
测绘服务	6		165	120		1146	122
技术检测	8	28	136	648	11	2836	1827
环境监测			9	46		160	150
工程技术与规划管理	41	65	949	4508	29	258887	245537
其他专业技术服务	...	...	793	884	52	3423	2512
科技交流和推广服务业	12	713	299	265	101	15262	7060
技术推广服务	12	713	289	258	101	8502	5810
科技中介服务			10	7		52	50
其他科技服务			...			6708	1200
地质勘查业	1	12	174	278		569	550
地质勘查技术服务	1	12	174	278		569	550
水利、环境和公共设施管理业	**78**	**1085**	**39104**	**5602**	**31**	**76656**	**50829**
水利管理业		217	－571	296		39234	13077
水资源管理		170	－599	283		38157	12000
其他水利管理		46	28	14		1077	1077
环境管理业	11	－31	－498	1755	1	1098	801
环境治理	11	－31	－498	1755	1	1098	801
公共设施管理业	67	899	40173	3551	30	36324	36951
市政公共设施管理		－1	77	91		6553	6300
城市绿化管理	15	4	625	976	29	5675	5271
游览景区管理	53	897	39471	2485	1	24096	25380
居民服务和其他服务业	**54**	**57**	**1455**	**3584**	**161**	**9649**	**10498**
居民服务业	37	22	841	1118	9	5467	6455
家庭服务			14	73	...	72	85
洗染服务	2		146	114	1	150	190

4－A－11 续表3－4 单位：个、万元、人

指 标 名 称	#税金	#利息支出	营业利润	职工工资和福利费	本年应交增值税	所有者权益合计	实收资本
理发及美容保健服务	10	－1	248	349	5	454	346
洗浴服务	7	2	－14	25		50	50
婚姻服务			－4	66		845	71
殡葬服务	6	17	237	166	1	3082	4860
摄影扩印服务	12	4	216	294	2	811	846
其他居民服务	...		...	32		4	7
其他服务业	17	35	613	2466	152	4182	4043
修理与维护	8	23	385	784	93	1572	1505
清洁服务	9	10	209	1531	27	2119	1832
其他未列明的服务		2	19	152	33	491	706
教 育	**42**	**13**	**77**	**730**	**1**	**1651**	**1677**
教 育	42	13	77	730	1	1651	1677
其他教育	42	13	77	730	1	1651	1677
卫生、社会保障和社会福利业	**252**	**469**	**283**	**1593**		**3235**	**3801**
卫 生	252	469	285	1548		3124	3625
医 院	247	469	157	1509		3099	3600
门诊部医疗活动			123	13		20	20
其他卫生活动	6		5	26		5	5
社会福利业	...		－2	45		111	176
提供住宿的社会福利			5	3		50	50
不提供住宿的社会福利	...		－7	42		61	126
文化、体育和娱乐业	**166**	**255**	**1666**	**3966**	**44**	**13537**	**8461**
新闻出版业	1	174	19	1827	39	2913	373
出版业	1	174	19	1827	39	2913	373
广播、电视、电影和音像业	2	－1	－48	368	2	1262	828
电 视			...	1		10	10
电 影	2	－1	－74	364	2	1173	768
音像制作			26	3		79	50
文化艺术业	1	7	－20	85	2	1721	1184
文艺创作与表演	1		－3	45		48	101
博物馆		8	4	24		1540	1010
群众文化活动		－1	－18	4	1	114	45
文化艺术经纪代理			－3	12	2	18	28
娱乐业	161	74	1715	1686	...	7642	6075
室内娱乐活动	159	30	1834	1466	...	3165	3009
游乐园	1		－35	25		685	530
休闲健身娱乐活动		44	－132	103		3403	2258
其他娱乐活动	2		48	91		389	278

4－A－11 续表4－1 单位：个、万元、人

指标名称	国家资本	集体资本	法人资本	个人资本	港澳台资本	外商资本	全部就业人员年平均人数
总 计	**1027026**	**115612**	**678224**	**642293**	**109419**	**31257**	**51846**
一、按登记注册类型分							
内 资	**1006266**	**115612**	**629568**	**639293**	**3327**	**90**	**50312**
国 有	209443		87993				5708
集 体		29659	1512				2198
股份合作企业		367	509				57
联营企业	6577	1033	10270				80
国有联营	5310		10180				43
集体联营		70	30				4
国有与集体联营	1267	963					21
其他联营			60				12
有限责任公司	701310	84540	484815	85711		57	14304
国有独资公司	195978		5060				1396
其他有限责任公司	505332	84540	479755	85711		57	12908
股份有限公司	88931		10				607
私营企业	5	13	44156	553581	3327	33	27352
私营独资			1075	21746			2495
私营合伙			151	4799		5	888
私营有限责任公司	5	13	38423	509744	3327	28	23750
私营股份有限公司			4508	17293			219
其 他			303				6
港澳台商投资			**15288**		**106092**		**908**
与港澳台商合资经营			15288		8355		3
港澳台商独资					97736		905
外商投资	**20760**		**33369**	**3000**		**31168**	**626**
中外合资经营	20760		24519	3000		20175	475
中外合作经营			8849			3193	14
外资企业						7799	137
二、按国民经济行业(门类、大类、中类)分							
交通运输、仓储和邮政业	**276131**	**75600**	**237803**	**430542**	**12679**	**22059**	**29386**
道路运输业	3960	1413	5960	38278			5510
公路旅客运输	2643	1157	1940	2092			1937
道路货物运输	325	256	4020	36186			3337
道路运输辅助活动	992						236
城市公共交通业	1500	10		450			1860
公共电汽车客运	500						1369
轨道交通	1000						224
出租车客运		10		450			267

4－A－11 续表4－2 单位：个、万元、人

指标名称							全部就业人员年平均人数
	国家资本	集体资本	法人资本	个人资本	港澳台资本	外商资本	
水上运输业	37073	3540	70529	367454			17189
水上旅客运输	33366	2639	8318	9792			3834
水上货物运输	3000	100	51484	300563			11443
水上运输辅助活动	707	801	10728	57099			1912
航空运输业			19800	120			255
航空客货运输			1300				3
航空运输辅助活动			18500	120			252
装卸搬运和其他运输服务业	1476	167	17001	14405	9354	3484	1973
装卸搬运	31	18	15529	1345	9354	3484	856
运输代理服务	1445	150	1472	13060			1117
仓储业	224425	70470	124513	9737	3325	18575	1656
谷物、棉花等农产品仓储	1876		3750				178
其他仓储	222549	70470	120762	9737	3325	18575	1478
邮政业	7698			100			943
国家邮政	7698						881
其他寄递服务				100			62
信息传输、计算机服务和软件业	**90447**	**125**	**7992**	**8761**	**90494**	**380**	**2868**
电信和其他信息传输服务业	90414	53	4372	225	90494		1817
电　信	90414	53		172	90494		1625
互联网信息服务				53			3
广播电视传输服务			4372				189
计算机服务业			920	6480		380	845
计算机系统服务				702		380	117
数据处理				3			1
计算机维修				68			25
其他计算机服务			920	5707			702
软件业	34	72	2700	2056			206
公共软件服务	34	72	2700	801			193
其他软件服务				1255			13
租赁和商务服务业	**409397**	**36684**	**395654**	**171834**	**2575**	**1112**	**11973**
租赁业	1050	1350	1338	5731			166
机械设备租赁	1050	1350	1338	5681			161
文化及日用品出租				50			5
商务服务业	408347	35334	394317	166103	2575	1112	11807
企业管理服务	393173	33014	383258	138047	2575	1112	1949
法律服务	2	5	304	100			112
咨询与调查	4567	12	1967	2482			444
广告业	193	15	253	3465			638

4-A-11 续表4-3

单位：个、万元、人

指 标 名 称	国家资本	集体资本	法人资本	个人资本	港澳台资本	外商资本	全部就业人员年平均人数
知识产权服务	527			215			38
职业中介服务	218	170	402	12654			5876
市场管理	7200	1261	2411	2955			732
旅行社	1840	189	4992	3630			1118
其他商务服务	628	668	731	2556			900
科学研究、技术服务和地质勘查业	**223801**	**1399**	**19422**	**10786**	**2**	**2887**	**2031**
研究与试验发展	40		300	62			13
工程和技术研究与试验发展			300	50			3
农业科学研究与试验发展	40						1
医学研究与试验发展				2			1
社会人文科学研究与试验发展				10			8
专业技术服务业	223761	96	13860	9679	2	2887	1859
海洋服务		10	75	50			32
测绘服务	12	20		90			37
技术检测	697	26	440	662	2		234
环境监测				150			40
工程技术与规划管理	222864	40	13345	6415		2873	1281
其他专业技术服务	187			2312		13	235
科技交流和推广服务业		1303	5262	495			88
技术推广服务		103	5262	445			81
科技中介服务				50			6
其他科技服务		1200					1
地质勘查业				550			71
地质勘查技术服务				550			71
水利、环境和公共设施管理业	**23626**	**1544**	**12373**	**8582**		**4704**	**2393**
水利管理业	12000	1077					50
水资源管理	12000						44
其他水利管理		1077					6
环境管理业	540	26	75	160			1235
环境治理	540	26	75	160			1235
公共设施管理业	11086	441	12298	8422		4704	1108
市政公共设施管理	6240	10		50			38
城市绿化管理	700	3	350	4218			377
游览景区管理	4146	428	11948	4154		4704	693
居民服务和其他服务业	**1149**	**28**	**458**	**5178**	**3669**	**15**	**1515**
居民服务业	1147	27	356	1554	3355	15	526
家庭服务				85			50
洗染服务	100			90			51

4－A－11 续表4－4

单位：个、万元、人

指 标 名 称	国家资本	集体资本	法人资本	个人资本	港澳台资 本	外商资本	全部就业人员年平均人数
理发及美容保健服务		11		330		5	156
洗浴服务				50			12
婚姻服务	5	10		56			29
殡葬服务	1042		348	115	3355		54
摄影扩印服务		6	5	824		10	151
其他居民服务			3	4			23
其他服务业	2	1	102	3624	314		989
修理与维护	2		1	1502			402
清洁服务		1	101	1730			523
其他未列明的服务				392	314		64
教 育	**283**	**54**	**592**	**648**		**100**	**326**
教 育	283	54	592	648		100	326
其他教育	283	54	592	648		100	326
卫生、社会保障和社会福利业	**10**	**61**	**3105**	**625**			**406**
卫 生			3000	625			389
医 院			3000	600			370
门诊部医疗活动				20			12
其他卫生活动				5			7
社会福利业	10	61	105				17
提供住宿的社会福利		50					1
不提供住宿的社会福利	10	11	105				16
文化、体育和娱乐业	**2182**	**117**	**826**	**5336**			**948**
新闻出版业	313		60				212
出版业	313		60				212
广播、电视、电影和音像业	768		50	10			97
电 视				10			1
电 影	768						93
音像制作			50				3
文化艺术业	1020	10	25	129			57
文艺创作与表演				101			24
博物馆	1000		10				12
群众文化活动	20		15	10			15
文化艺术经纪代理		10		18			6
娱乐业	80	107	691	5197			582
室内娱乐活动	50		150	2809			466
游乐园	30			500			14
休闲健身娱乐活动		85	500	1673			57
其他娱乐活动		22	41	215			45

注：本表按有填写财务表的服务业企业统计，不包括铁路运输、批发、零售、住宿、餐饮、银行、证券、保险、房地产业。

4－A－12 台州市按登记注册类型和行业(门类、大类、中类)分组的服务业企业财务状况

单位:万元、人

指标名称	法人单位	年初存货	年末存货	固定资产原价	本年折旧	营业收入	#主营业务收入
总计	**4997**	**357715**	**483070**	**3501918**	**241256**	**2538138**	**2497310**
一、按登记注册类型分							
内资	**4985**	**355718**	**480371**	**2888051**	**177882**	**2098333**	**2063958**
国有	142	17821	19514	468233	22101	187437	180790
集体	439	3121	3299	107864	4774	74210	72904
股份合作企业	65	685	822	13372	548	10883	10817
联营企业	9	2	2	8412	372	2965	2965
国有联营	1			724	69	127	127
集体联营	5			2980	57	430	430
国有与集体联营	1			4549	240	2350	2350
其他联营	2	2	2	159	6	58	58
有限责任公司	1314	310320	342319	841308	59069	674105	657723
国有独资公司	114	282544	305327	150700	10630	76572	74947
其他有限责任公司	1200	27776	36992	690608	48439	597533	582776
股份有限公司	88	4038	3409	820079	55291	257281	248629
私营企业	2770	19396	110607	589328	33779	858958	857659
私营独资	971	1259	1734	55467	6498	118009	117855
私营合伙	340	385	565	26074	2388	53299	53246
私营有限责任公司	1386	17633	108125	499613	24123	673166	672076
私营股份有限公司	73	119	183	8175	771	14484	14482
其他	158	335	400	39454	1948	32495	32471
港澳台商投资	**7**	**1997**	**2699**	**602385**	**63303**	**437530**	**431077**
与港澳台商合资经营	1	18	12	113	5	656	656
港澳台商独资	5	1979	2686	602252	63295	436453	430001
港澳台商投资股份有限公司	1			21	4	420	420
外商投资	**5**			**11482**	**72**	**2275**	**2275**
中外合资经营	3			623	70	2133	2133
外资企业	2			10859	2	142	142
二、按国民经济行业(门类、大类、中类)分							
交通运输、仓储和邮政业	**851**	**39887**	**45992**	**1360221**	**81919**	**965789**	**940341**
道路运输业	324	6643	5100	842167	38940	530131	516039
公路旅客运输	45	402	1090	154901	13835	125322	116684
道路货物运输	208	513	997	150735	5432	289497	288938
道路运输辅助活动	71	5728	3013	536531	19673	115312	110418
城市公共交通业	49	150	204	65076	7854	62761	61916
公共电汽车客运	18	128	158	29440	2838	24203	23447
轨道交通	1			183	11	85	85
出租车客运	28	13	43	34330	4968	37834	37824
城市轮渡	1	9	3	1101	32	629	549

4－A－12 续表1－1

单位：万元、人

指标名称	法人单位	年初存货	年末存货	固定资产原价	本年折旧	营业收入	#主营业务收入
其他城市公共交通	1			22	5	11	11
水上运输业	89	3169	3624	316184	24727	200102	199101
水上旅客运输	5	34	40	3008	150	1410	1396
水上货物运输	70	2940	3228	297282	23685	186526	185618
水上运输辅助活动	14	195	357	15895	892	12166	12087
装卸搬运和其他运输服务业	340	121	164	66798	5261	96367	87989
装卸搬运	42	83	74	11304	679	10339	10127
运输代理服务	298	38	90	55495	4581	86027	77863
仓储业	22	29375	36217	21541	2043	32884	32662
谷物、棉花等农产品仓储	6	26642	29780	19982	1864	13833	13612
其他仓储	16	2733	6437	1559	179	19051	19051
邮政业	27	430	683	48455	3095	43544	42634
国家邮政	1	412	638	46794	2939	35157	34249
其他寄递服务	26	17	45	1661	156	8387	8385
信息传输、计算机服务和软件业	**823**	**6549**	**6836**	**1304829**	**119269**	**669107**	**661175**
电信和其他信息传输服务业	36	5028	5010	1265159	114670	612800	605189
电　信	15	4920	4844	1262303	114211	611546	603937
互联网信息服务	15	20	21	712	77	860	860
广播电视传输服务	6	89	146	2144	382	394	392
计算机服务业	721	1045	1373	36336	4365	44554	44351
计算机系统服务	62	877	965	3077	133	6866	6766
计算机维修	9	47	68	245	19	913	913
其他计算机服务	650	120	341	33014	4213	36775	36672
软件业	66	476	453	3334	234	11753	11636
公共软件服务	66	476	453	3334	234	11753	11636
租赁和商务服务业	**2062**	**290916**	**398710**	**586098**	**25697**	**617764**	**612916**
租赁业	99	3164	3282	13694	1239	10056	10046
机械设备租赁	98	3164	3282	13682	1237	10026	10016
文化及日用品出租	1			12	2	30	30
商务服务业	1963	287752	395428	572403	24458	607707	602870
企业管理服务	379	268186	374704	300944	11265	277921	275290
法律服务	36	48	81	2059	200	7207	7207
咨询与调查	378	11770	12970	8821	631	43293	42354
广告业	413	1551	1448	12793	1159	48475	48371
知识产权服务	30			199	22	1668	1668
职业中介服务	62	…	7	3272	145	21681	21657
市场管理	416	5537	5375	221986	9969	112304	111230
旅行社	114	57	58	4614	346	60320	60306
其他商务服务	135	602	783	17715	722	34839	34788

4－A－12 续表1－2

单位：万元、人

指标名称	法人单位	年初存货	年末存货	固定资产原价	本年折旧	营业收入	#主营业务收入
科学研究、技术服务和地质勘查业	**379**	**9869**	**20914**	**58196**	**2884**	**101585**	**101375**
研究与试验发展	19	8078	18975	8642	577	22954	22954
工程和技术研究与试验发展	10	8063	18896	8231	550	22192	22192
农业科学研究与试验发展	7	14	77	376	25	676	676
医学研究与试验发展	2	1	1	35	2	85	85
专业技术服务业	299	1176	1073	45824	2096	72392	72345
测绘服务	25			1872	179	4519	4519
技术检测	47	163	181	7090	526	8670	8670
环境监测	5	...	...	166	11	1016	1016
工程技术与规划管理	197	921	768	24505	1234	54057	54014
其他专业技术服务	25	92	124	12192	146	4130	4125
科技交流和推广服务业	61	614	866	3730	211	6239	6076
技术推广服务	45	612	843	3341	176	5415	5251
科技中介服务	14	2	23	366	32	657	657
其他科技服务	2			23	3	168	168
水利、环境和公共设施管理业	**158**	**6292**	**5870**	**77815**	**3294**	**43146**	**42673**
水利管理业	16	7	9	17629	617	2276	2259
防洪管理	7	7	9	2661	106	936	936
水资源管理	7			14573	472	942	925
其他水利管理	2			395	40	398	398
环境管理业	27	182	233	5005	431	8508	8376
自然保护	3	138	194	1009	79	2621	2621
环境治理	24	43	39	3996	352	5887	5755
公共设施管理业	115	6104	5629	55180	2245	32363	32038
市政公共设施管理	8	28	28	18007	16	4723	4723
城市绿化管理	58	6014	5547	7996	619	20931	20726
游览景区管理	49	62	54	29178	1611	6710	6590
居民服务和其他服务业	**356**	**3152**	**3594**	**20673**	**1570**	**48204**	**48057**
居民服务业	180	1875	2101	11471	828	24561	24537
家庭服务	18	10	18	328	48	2308	2302
洗染服务	18	11	12	1119	82	1038	1038
理发及美容保健服务	65	490	588	3138	244	9129	9111
洗浴服务	9	46	37	2293	152	2804	2804
婚姻服务	15			143	14	486	486
殡葬服务	17	1181	1287	2333	100	3316	3316
摄影扩印服务	22	118	139	1572	147	3492	3492
其他居民服务	16	21	20	544	41	1988	1988
其他服务业	176	1277	1493	9203	742	23643	23520

4－A－12 续表1－3

单位：万元、人

指 标 名 称	法人单位	年初存货	年末存货	固定资产原价	本年折旧	营业收入	#主营业务收入
修理与维护	94	1223	1378	5022	429	15501	15378
清洁服务	70	16	67	1719	163	6168	6168
其他未列明的服务	12	38	49	2462	150	1973	1973
教 育	**145**	**154**	**169**	**23486**	**1900**	**17884**	**17800**
教 育	145	154	169	23486	1900	17884	17800
学前教育	24			1593	80	1521	1521
初等教育	3			159	8	317	317
中等教育	6		14	519	9	1579	1579
其他教育	112	154	156	21215	1803	14467	14383
卫生、社会保障和社会福利业	**49**	**618**	**671**	**6954**	**477**	**9898**	**9872**
卫 生	44	618	671	5938	432	9533	9507
医 院	15	391	459	4843	309	6028	6023
卫生院及社区医疗活动	8	55	66	239	23	1212	1212
门诊部医疗活动	20	172	146	855	100	2271	2250
专科疾病防治活动	1			2	...	22	22
社会福利业	5			1016	44	365	365
提供住宿的社会福利	4			993	44	361	361
不提供住宿的社会福利	1			23	1	5	5
文化、体育和娱乐业	**174**	**279**	**314**	**63647**	**4247**	**64761**	**63101**
新闻出版业	2	4	4	9484	608	10073	10073
出版业	2	4	4	9484	608	10073	10073
广播、电视、电影和音像业	17	97	61	17719	576	3322	2095
电 影	17	97	61	17719	576	3322	2095
文化艺术业	27	25	42	9690	412	2577	2577
文艺创作与表演	12			413	22	1325	1325
艺术表演场馆	4	14	36	6622	334	584	584
图书馆与档案馆	3	4	6	574	38	177	177
文物及文化保护	1	7	...	1889	10	162	162
博物馆	2			140	6	198	198
文化艺术经纪代理	5			52	2	131	131
体 育	4	6	8	334	22	892	628
体育组织	2	6	8	38	4	279	279
体育场馆	2			296	19	613	348
娱乐业	124	147	198	26421	2630	47896	47729
室内娱乐活动	82	118	162	22349	2331	43546	43380
游乐园	3	5	10	304	27	281	280
休闲健身娱乐活动	25	11	15	1662	162	2630	2630
其他娱乐活动	14	13	12	2107	110	1439	1439

4－A－12 续表2－1

单位：万元、人

指标名称	营业成本	#主营业务成本	营业税金及附加	#主营业务税金及附加	主营业务利润	其他业务利润	营业费用、管理费用、财务费用合计
总计	**1443115**	**1427791**	**79016**	**78277**	**968445**	**31041**	**570276**
一、按登记注册类型分							
内资	**1314283**	**1302193**	**66074**	**65540**	**675697**	**28022**	**441531**
国有	115882	111830	5082	4863	60605	3853	42201
集体	37538	36316	2817	2812	33777	338	17197
股份合作企业	7225	7220	374	374	3223	67	2153
联营企业	366	366	133	133	2466		1955
国有联营			10	10	117		108
集体联营	231	231	6	6	192		82
国有与集体联营	117	117	115	115	2118		1737
其他联营	18	18	1	1	39		29
有限责任公司	420618	418384	22991	22801	213080	15652	148899
国有独资公司	49251	48865	1777	1706	24953	1992	29325
其他有限责任公司	371367	369518	21213	21095	188127	13660	119574
股份有限公司	138260	134354	8253	8154	104182	5917	74406
私营企业	575186	574616	25444	25425	245980	2073	148405
私营独资	62707	62535	3622	3619	51702	72	30216
私营合伙	23705	23686	2044	2043	27517	321	18276
私营有限责任公司	480235	479867	19331	19317	161253	1668	96613
私营股份有限公司	8539	8528	447	447	5508	11	3301
其他	19208	19108	981	978	12385	123	6315
港澳台商投资	**127916**	**124683**	**12868**	**12664**	**291463**	**3014**	**127901**
与港澳台商合资经营	525	525	27	27	105		37
港澳台商独资	127306	124072	12820	12615	291045	3014	127624
港澳台商投资股份有限公司	85	85	21	21	314		239
外商投资	**916**	**916**	**74**	**74**	**1285**	**5**	**845**
中外合资经营	806	806	66	66	1261	5	832
外资企业	110	110	8	8	24		13
二、按国民经济行业(门类、大类、中类)分							
交通运输、仓储和邮政业	**637438**	**629762**	**32426**	**32096**	**274949**	**19765**	**157540**
道路运输业	325994	318960	21350	21075	176005	8533	86507
公路旅客运输	90122	86674	3760	3683	26328	6566	23254
道路货物运输	182539	181982	13452	13448	93508	246	41362
道路运输辅助活动	53333	50304	4138	3945	56169	1721	21891
城市公共交通业	44096	44053	1792	1777	16086	746	13695
公共电汽车客运	19862	19818	855	845	2784	707	3858
轨道交通	22	22	2	2	60		10
出租车客运	23918	23918	911	911	12995	9	9417
城市轮渡	283	283	23	18	247	31	410

4－A－12 续表2－2

单位：万元、人

指标名称	营业成本	#主营业务成本	营业税金及附加	#主营业务税金及附加	主营业务利润	其他业务利润	营业费用、管理费用、财务费用合计
其他城市公共交通	11	11	...	...			...
水上运输业	144457	144433	6487	6487	44731	951	24653
水上旅客运输	954	954	31	31	411	14	218
水上货物运输	137580	137556	6035	6035	38576	859	21754
水上运输辅助活动	5923	5923	420	420	5744	79	2681
装卸搬运和其他运输服务业	61098	60846	1933	1893	25168	8113	17792
装卸搬运	5334	5287	323	290	4550	169	4088
运输代理服务	55764	55559	1610	1603	20618	7944	13704
仓储业	28638	28559	118	118	3985	749	5717
谷物、棉花等农产品仓储	10474	10428	12	12	3172	735	4419
其他仓储	18164	18131	106	106	814	15	1298
邮政业	33155	32912	747	747	8975	672	9176
国家邮政	28484	28241	408	408	5600	665	7256
其他寄递服务	4671	4671	339	339	3375	7	1920
信息传输、计算机服务和软件业	**257281**	**253401**	**21165**	**20899**	**380474**	**3968**	**199527**
电信和其他信息传输服务业	230562	226875	18610	18361	353938	3699	184202
电　信	229317	225630	18560	18311	353981	3698	183656
互联网信息服务	451	451	36	36	374		239
广播电视传输服务	794	794	14	14	－416	2	308
计算机服务业	19412	19252	2153	2148	22950	158	13237
计算机系统服务	3848	3822	425	422	2522	79	1310
计算机维修	523	523	25	25	364		171
其他计算机服务	15041	14907	1702	1701	20064	79	11756
软件业	7307	7274	402	390	3585	112	2087
公共软件服务	7307	7274	402	390	3585	112	2087
租赁和商务服务业	**393005**	**391152**	**15405**	**15349**	**193555**	**4000**	**132249**
租赁业	5653	5649	420	418	3980	41	2990
机械设备租赁	5639	5634	419	418	3965	41	2983
文化及日用品出租	15	15	...	...	15		7
商务服务业	387352	385503	14986	14931	189575	3959	129259
企业管理服务	208771	208289	3382	3348	50793	2821	47637
法律服务	1775	1775	398	398	5035	135	3880
咨询与调查	21829	20922	1987	1987	19445	85	11529
广告业	27485	27447	2348	2342	18582	130	9349
知识产权服务	868	868	66	66	734	...	420
职业中介服务	11656	11656	226	226	9775	30	8121
市场管理	40026	39606	5051	5038	66586	648	37942
旅行社	52371	52371	527	527	7407	54	4290
其他商务服务	22572	22570	1001	1000	11219	54	6092

4－A－12 续表2－3 单位：万元、人

指标名称	营业成本	#主营业务成本	营业税金及附加	#主营业务税金及附加	主营业务利润	其他业务利润	营业费用、管理费用、财务费用合计
科学研究、技术服务和地质勘查业	**58998**	**58948**	**3862**	**3852**	**38575**	**664**	**20892**
研究与试验发展	20358	20358	330	330	2266	287	670
工程和技术研究与试验发展	19882	19882	321	321	1990	287	546
农业科学研究与试验发展	432	432	5	5	239		106
医学研究与试验发展	44	44	5	5	37		18
专业技术服务业	35234	35232	3370	3361	33752	320	18763
测绘服务	1410	1410	241	241	2868	152	1480
技术检测	3574	3574	511	511	4586	5	3060
环境监测	672	672	51	51	293		184
工程技术与规划管理	27587	27585	2361	2352	24078	158	12799
其他专业技术服务	1991	1991	206	206	1928	6	1239
科技交流和推广服务业	3406	3358	161	161	2557	56	1459
技术推广服务	3117	3068	133	133	2050	56	1008
科技中介服务	156	156	27	27	474		447
其他科技服务	134	134	1	1	33		4
水利、环境和公共设施管理业	**26827**	**26466**	**1266**	**1228**	**14979**	**627**	**13862**
水利管理业	1348	1348	61	61	851	14	859
防洪管理	474	474	51	51	411		286
水资源管理	737	737	2	2	187	14	430
其他水利管理	137	137	8	8	253		144
环境管理业	5524	5414	224	187	2775	156	2092
自然保护	2324	2324	87	87	210		673
环境治理	3200	3090	137	100	2564	156	1419
公共设施管理业	19956	19704	982	981	11353	457	10911
市政公共设施管理	1761	1761	10	10	2952	206	3147
城市绿化管理	16221	15970	711	711	4045	105	2236
游览景区管理	1974	1974	261	261	4356	146	5528
居民服务和其他服务业	**26639**	**26510**	**1726**	**1726**	**19821**	**133**	**10355**
居民服务业	13084	13044	920	920	10573	18	5514
家庭服务	1493	1493	137	137	672	2	470
洗染服务	622	622	39	39	378		153
理发及美容保健服务	4689	4650	285	285	4176	5	2009
洗浴服务	1418	1418	129	129	1257		1083
婚姻服务	196	196	14	14	275		117
殡葬服务	1920	1920	62	62	1334	9	848
摄影扩印服务	1817	1817	168	168	1508	3	545
其他居民服务	930	930	86	86	973		290
其他服务业	13555	13465	806	806	9248	115	4841

4－A－12 续表2－4 单位：万元、人

指标名称	营业成本	#主营业务成本	营业税金及附加	#主营业务税金及附加	主营业务利润	其他业务利润	营业费用、管理费用、财务费用合计
修理与维护	9897	9807	486	486	5085	106	2487
清洁服务	3019	3019	245	245	2905	9	1715
其他未列明的服务	639	639	75	75	1259		640
教　育	**8662**	**8651**	**523**	**518**	**8631**	**191**	**5819**
教　育	8662	8651	523	518	8631	191	5819
学前教育	423	423	14	12	1086		445
初等教育	240	240	2	2	75		39
中等教育	1128	1128	4	4	447		357
其他教育	6872	6860	503	500	7023	191	4978
卫生、社会保障和社会福利业	**5955**	**5855**	**215**	**214**	**3803**	**5**	**2248**
卫　生	5750	5750	210	210	3547	5	2149
医　院	3657	3657	158	158	2208	5	1549
卫生院及社区医疗活动	725	725	14	14	473		101
门诊部医疗活动	1352	1352	36	36	862		497
专科疾病防治活动	15	15	2	2	4		2
社会福利业	206	106	4	4	256		99
提供住宿的社会福利	203	103	4	4	254		98
不提供住宿的社会福利	3	3			2		1
文化、体育和娱乐业	**28310**	**27047**	**2429**	**2396**	**33659**	**1689**	**27785**
新闻出版业	5536	5536	553	553	3984	110	3695
出版业	5536	5536	553	553	3984	110	3695
广播、电视、电影和音像业	2761	1498	127	95	501	1150	2453
电　影	2761	1498	127	95	501	1150	2453
文化艺术业	1017	1017	109	109	1451	1	1238
文艺创作与表演	393	393	54	54	879	1	380
艺术表演场馆	324	324	15	15	245		284
图书馆与档案馆	86	86	3	3	89		168
文物及文化保护	32	32	22	22	107		334
博物馆	124	124	9	9	64		33
文化艺术经纪代理	58	58	6	6	67		39
体　育	330	330	27	27	271	264	548
体育组织	211	211	14	14	54		26
体育场馆	118	118	13	13	217	264	522
娱乐业	18667	18667	1613	1612	27451	164	19852
室内娱乐活动	16702	16702	1443	1443	25235	164	18487
游乐园	141	141	22	21	118	...	61
休闲健身娱乐活动	1099	1099	128	128	1404	－1	979
其他娱乐活动	725	725	19	19	695		324

4－A－12 续表3－1

单位：万元、人

指 标 名 称	#税金	#利息支出	营业利润	职工工资和福利费	本年应交增值税	所有者权益合计	实收资本
总 计	**24046**	**49394**	**452387**	**284285**	**6928**	**5347165**	**1782335**
一、按登记注册类型分							
内 资	**11142**	**47182**	**289804**	**272389**	**5654**	**4692299**	**1770058**
国 有	665	6702	25746	33671	238	1345673	196974
集 体	426	1018	16918	11702	326	150167	120111
股份合作企业	99	77	1136	2293	16	11715	8234
联营企业	40		511	1031		2539	1396
国有联营	5		10	33		722	10
集体联营	...		110	60		391	373
国有与集体联营	33		381	914		1293	880
其他联营	1		10	25		134	133
有限责任公司	4127	20868	87771	98412	2264	2219670	965501
国有独资公司	808	5763	－64	17021	243	1539786	470332
其他有限责任公司	3319	15105	87835	81391	2020	679885	495168
股份有限公司	1522	4561	43696	34735	295	454012	74350
私营企业	4148	12863	107833	85519	2382	467861	368103
私营独资	764	486	21559	21146	798	54811	40719
私营合伙	534	243	9562	12338	405	22800	14670
私营有限责任公司	2781	12013	74494	49390	1119	381695	305228
私营股份有限公司	69	121	2218	2645	60	8556	7486
其 他	116	1093	6193	5027	134	40662	35390
港澳台商投资	**12903**	**2212**	**162137**	**11581**	**1274**	**643234**	**1035**
与港澳台商合资经营			68	37		505	500
港澳台商独资	12903	2212	161995	11505	1274	642539	345
港澳台商投资股份有限公司			74	39		190	190
外商投资	**1**	**...**	**446**	**315**		**11632**	**11242**
中外合资经营	1	...	434	302		621	240
外资企业			11	13		11012	11002
二、按国民经济行业(门类、大类、中类)分							
交通运输、仓储和邮政业	**3263**	**18810**	**148601**	**113727**	**1771**	**1762655**	**492584**
道路运输业	1718	12748	104349	48348	959	1428000	237976
公路旅客运输	469	2437	9640	17369	196	75728	40130
道路货物运输	865	332	52391	21314	742	48441	31844
道路运输辅助活动	384	9979	42318	9665	22	1303831	166002
城市公共交通业	118	606	3137	17694	34	23804	17505
公共电汽车客运	40	379	－368	5743	4	6825	5661
轨道交通	3		50	4		230	180
出租车客运	71	227	3586	11547	30	16132	11282
城市轮渡	4		－132	397		613	378

4－A－12 续表3－2 单位：万元、人

指标名称	#税金	#利息支出	营业利润	职工工资和福利费	本年应交增值税	所有者权益合计	实收资本
其他城市公共交通			...	3		4	4
水上运输业	309	3709	26052	24899	105	202490	168096
水上旅客运输	9	15	207	242		1786	1580
水上货物运输	233	3583	22703	22430	105	171598	146650
水上运输辅助活动	67	112	3142	2227		29106	19866
装卸搬运和其他运输服务业	728	927	15574	10419	482	62535	40458
装卸搬运	78	238	631	2768	151	11184	9417
运输代理服务	650	689	14944	7651	331	51351	31041
仓储业	150	847	－982	1582	179	24814	19144
谷物、棉花等农产品仓储	98	631	－513	1100		17880	12285
其他仓储	52	216	－469	482	179	6934	6858
邮政业	241	－26	471	10786	12	21012	9405
国家邮政	221	－30	－991	9190		18585	7862
其他寄递服务	20	4	1462	1596	12	2427	1543
信息传输、计算机服务和软件业	**14688**	**2410**	**184615**	**41222**	**1781**	**970670**	**53962**
电信和其他信息传输服务业	13975	2137	172747	33505	1338	928658	20226
电　信	13959	2133	173334	33190	1321	926387	16993
互联网信息服务	17	4	135	90	16	810	773
广播电视传输服务	...		－722	225	...	1461	2461
计算机服务业	510	274	9871	6483	238	33813	27553
计算机系统服务	109	3	1290	1053	78	4930	4039
计算机维修	28		193	123	4	741	222
其他计算机服务	374	271	8388	5308	156	28142	23292
软件业	202	－2	1998	1234	205	8199	6183
公共软件服务	202	－2	1998	1234	205	8199	6183
租赁和商务服务业	**3763**	**21744**	**77355**	**59612**	**2142**	**2304073**	**1011734**
租赁业	101	118	1031	1340	68	14200	11900
机械设备租赁	99	118	1023	1336	68	14184	11890
文化及日用品出租	1	...	8	4		15	10
商务服务业	3662	21625	76325	58272	2074	2289874	999834
企业管理服务	792	15393	18026	13790	639	1932381	742363
法律服务	125	－11	1290	2309	22	2869	966
咨询与调查	297	491	8002	8308	599	92385	78193
广告业	387	303	9364	4967	135	21871	15845
知识产权服务	21	...	313	252	13	676	442
职业中介服务	57	－3	1683	7720	44	4413	3685
市场管理	1485	5218	29293	11766	452	199790	130381
旅行社	267	244	3172	2272	61	9237	7815
其他商务服务	232	－10	5182	6888	109	26253	20143

4－A－12 续表3－3 单位：万元、人

指标名称	#税金	#利息支出	营业利润	职工工资和福利费	本年应交增值税	所有者权益合计	实收资本
科学研究、技术服务和地质勘查业	**721**	**1449**	**18347**	**22813**	**108**	**93913**	**84509**
研究与试验发展	185		1883	6591	7	7973	6747
工程和技术研究与试验发展	182		1731	6474	7	7273	6124
农业科学研究与试验发展	3		133	108		642	588
医学研究与试验发展			19	9		58	35
专业技术服务业	498	1422	15310	15263	76	75420	68609
测绘服务	97	24	1540	814	11	2955	934
技术检测	79	27	1531	1456	17	10380	7727
环境监测	1	...	109	231		681	441
工程技术与规划管理	305	1342	11437	12237	18	48704	47547
其他专业技术服务	17	30	695	524	30	12700	11961
科技交流和推广服务业	38	27	1155	960	25	10520	9153
技术推广服务	35	27	1098	796	24	8911	7685
科技中介服务	1		28	113	...	1284	1158
其他科技服务	1		29	51	1	325	310
水利、环境和公共设施管理业	**211**	**3913**	**1744**	**7628**	**69**	**120367**	**74749**
水利管理业	38	11	5	621	4	12601	7530
防洪管理	32	13	125	199	3	3711	3659
水资源管理	6	－2	－230	331	...	8700	3761
其他水利管理			110	91		190	110
环境管理业	49	338	839	1674	29	6267	6652
自然保护	...	282	－462	483	...	－130	840
环境治理	49	56	1302	1191	29	6397	5812
公共设施管理业	124	3565	900	5333	36	101498	60568
市政公共设施管理	...	3031	11	971		57319	30333
城市绿化管理	84	133	1915	2116	7	17904	14843
游览景区管理	40	400	－1026	2246	29	26276	15392
居民服务和其他服务业	**599**	**224**	**9599**	**9043**	**626**	**22612**	**15576**
居民服务业	332	106	5077	4861	325	10791	7310
家庭服务	120		204	1327	116	470	348
洗染服务	7	12	225	161	9	978	667
理发及美容保健服务	138	32	2172	1708	119	4049	2963
洗浴服务	25		174	523	9	1002	720
婚姻服务	10		159	85	4	273	256
殡葬服务	5	23	495	365	32	1734	1104
摄影扩印服务	21	13	966	342	11	1327	513
其他居民服务	8	26	683	350	27	958	741
其他服务业	267	119	4522	4182	300	11821	8266

4－A－12 续表3－4 单位：万元、人

指 标 名 称	#税金	#利息支出	营业利润	职工工资和福利费	本年应交增值税	所有者权益合计	实收资本
修理与维护	173	71	2703	2254	260	7759	6064
清洁服务	63	51	1199	1564	38	2277	1594
其他未列明的服务	32	－3	620	364	3	1785	608
教 育	**133**	**59**	**3002**	**4416**	**77**	**17529**	**13664**
教 育	133	59	3002	4416	77	17529	13664
学前教育	1	1	642	562	7	1846	1837
初等教育	1	2	36	108	8	130	120
中等教育	25	...	89	682	26	722	634
其他教育	107	56	2235	3064	36	14831	11074
卫生、社会保障和社会福利业	**72**	**59**	**1559**	**1682**	**61**	**4808**	**4648**
卫 生	72	59	1403	1576	49	4520	4469
医 院	61	44	664	1192	46	3196	3300
卫生院及社区医疗活动		1	372	111		313	214
门诊部医疗活动	10	15	365	266	3	1001	944
专科疾病防治活动			2	7		10	10
社会福利业	1		157	106	12	288	179
提供住宿的社会福利	1		156	104	12	265	156
不提供住宿的社会福利			1	2		23	23
文化、体育和娱乐业	**597**	**727**	**7563**	**24142**	**295**	**50538**	**30910**
新闻出版业	4	－53	399	3184	86	5476	910
出版业	4	－53	399	3184	86	5476	910
广播、电视、电影和音像业	55	410	－802	1137	3	5666	3950
电 影	55	410	－802	1137	3	5666	3950
文化艺术业	336		214	608	1	18120	11977
文艺创作与表演	...		500	345	...	1411	651
艺术表演场馆	1		－39	164		6070	6070
图书馆与档案馆			－79	32	1	519	116
文物及文化保护	334		－227	23		9976	5000
博物馆	...		31	11		59	55
文化艺术经纪代理			28	34		85	85
体 育	2		－13	259	2	596	685
体育组织	2		28	32	2	40	40
体育场馆			－41	227		556	645
娱乐业	200	371	7764	18954	202	20680	13387
室内娱乐活动	172	356	6912	18129	186	16538	9909
游乐园	10		57	68		230	219
休闲健身娱乐活动	13	10	424	595	5	1996	1677
其他娱乐活动	6	5	370	161	11	1916	1583

4－A－12　续表4－1　　单位：万元、人

指标名称							全部就业人员年平均人数
	国家资本	集体资本	法人资本	个人资本	港澳台资本	外商资本	
总　计	**717357**	**205924**	**266153**	**580535**	**1182**	**11184**	**88267**
一、按登记注册类型分							
内　资	**717357**	**205924**	**266153**	**580435**	**147**	**42**	**86742**
国　有	194745	2001	224			5	8675
集　体	527	119385	147	52			4126
股份合作企业		5471	79	2683			909
联营企业	802	466	103	25			215
国有联营	10						7
集体联营		348		25			32
国有与集体联营	792	88					161
其他联营		30	103				15
有限责任公司	505647	73221	160079	226552		1	33205
国有独资公司	435263		35070				6125
其他有限责任公司	70384	73221	125009	226552		1	27080
股份有限公司	12008	2971	38837	20533			5775
私营企业	38	15	57818	310169	27	36	31922
私营独资			1377	39342			7151
私营合伙			1247	13384	4	36	3755
私营有限责任公司	38	15	54557	250595	23	...	19875
私营股份有限公司			638	6848			1141
其　他	3591	2394	8866	20420	120		1915
港澳台商投资					**1035**		**1482**
与港澳台商合资经营					500		20
港澳台商独资					345		1412
港澳台商投资股份有限公司					190		50
外商投资				**100**		**11142**	**43**
中外合资经营				100		140	40
外资企业						11002	3
二、按国民经济行业(门类、大类、中类)分							
交通运输、仓储和邮政业	**168996**	**23329**	**71337**	**228430**	**443**	**50**	**34884**
道路运输业	128331	19690	28643	61310	2		17019
公路旅客运输	14845	1403	5675	18207			5816
道路货物运输		842	8815	22185	2		8543
道路运输辅助活动	113486	17444	14153	20919			2660
城市公共交通业	2084	1476	4498	9447			5420
公共电汽车客运	895	1472	2500	794			2251
轨道交通				180			4
出租车客运	811		1998	8473			3083
城市轮渡	378						79

4－A－12 续表4－2 单位：万元、人

指 标 名 称	国家资本	集体资本	法人资本	个人资本	港澳台资 本	外商资本	全部就业人员年平均人数
其他城市公共交通		4					3
水上运输业	16104	30	31738	120104	120		4849
水上旅客运输	90			1370	120		86
水上货物运输	10580		31588	104482			4335
水上运输辅助活动	5434	30	150	14252			428
装卸搬运和其他运输服务业	2290	1554	5058	31556			3692
装卸搬运	1975	414	200	6828			842
运输代理服务	315	1140	4858	24728			2850
仓储业	12325	570	713	5515	20		520
谷物、棉花等农产品仓储	12275			10			280
其他仓储	50	570	713	5505	20		240
邮政业	7862	9	687	497	300	50	3384
国家邮政	7862						2794
其他寄递服务		9	687	497	300	50	590
信息传输、计算机服务和软件业	**2589**		**18588**	**32514**	**190**	**81**	**7982**
电信和其他信息传输服务业	2589		15004	2444	190		3914
电 信			15004	1799	190		3738
互联网信息服务	178			595			52
广播电视传输服务	2411			50			124
计算机服务业			1295	26177		81	3462
计算机系统服务			277	3762			448
计算机维修				222			45
其他计算机服务			1018	22194		81	2969
软件业			2290	3893		…	606
公共软件服务			2290	3893		…	606
租赁和商务服务业	**461058**	**173821**	**129234**	**247525**	**45**	**51**	**23323**
租赁业	50	100	2010	9740			596
机械设备租赁	50	100	2010	9730			594
文化及日用品出租				10			2
商务服务业	461008	173721	127225	237785	45	51	22727
企业管理服务	408798	97998	86868	148654	45		4316
法律服务	216	6	20	724			514
咨询与调查	33630	1173	6522	36818		50	2494
广告业	14	43	2289	13497		1	2339
知识产权服务	5	4	80	353		…	145
职业中介服务	106	1354	128	2098			3653
市场管理	11608	70829	20460	27485			4855
旅行社	3268	69	1223	3255			1099
其他商务服务	3363	2246	9635	4900			3312

4－A－12 续表4－3

单位：万元、人

指标名称	国家资本	集体资本	法人资本	个人资本	港澳台资本	外商资本	全部就业人员年平均人数
科学研究、技术服务和地质勘查业	**42175**	**3574**	**9420**	**18379**		**10962**	**6515**
研究与试验发展		5	3900	2842			1772
工程和技术研究与试验发展			3900	2224			1718
农业科学研究与试验发展				588			50
医学研究与试验发展		5		30			4
专业技术服务业	38822	1712	4627	12488		10962	4276
测绘服务	212	105	24	593			237
技术检测	3579	672	719	2757			527
环境监测	120			321			169
工程技术与规划管理	34900	885	3709	8053			3081
其他专业技术服务	10	50	175	764		10962	262
科技交流和推广服务业	3353	1857	893	3050			467
技术推广服务	2853	1809	786	2237			391
科技中介服务	500	48	107	502			53
其他科技服务				310			23
水利、环境和公共设施管理业	**26329**	**2671**	**30291**	**15460**			**3424**
水利管理业	5797		1503	230			187
防洪管理	2039		1500	120			64
水资源管理	3648		3	110			88
其他水利管理	110						35
环境管理业	3006	35	203	3407			1012
自然保护				840			253
环境治理	3006	35	203	2567			759
公共设施管理业	17525	2636	28585	11823			2225
市政公共设施管理	10003	50	20000	280			96
城市绿化管理	2062	2218	2466	8097			1089
游览景区管理	5460	368	6118	3446			1040
居民服务和其他服务业	**138**	**805**	**2606**	**11523**	**504**		**4704**
居民服务业	93	586	585	6047			2534
家庭服务			72	276			772
洗染服务			88	579			104
理发及美容保健服务		12	99	2853			782
洗浴服务			200	520			315
婚姻服务			...	255			42
殡葬服务	32	510	126	436			155
摄影扩印服务		6		507			145
其他居民服务	61	58		622			219
其他服务业	45	219	2021	5477	504		2170

4-A-12 续表4-4

单位:万元、人

指标名称	国家资本	集体资本	法人资本	个人资本	港澳台资本	外商资本	全部就业人员年平均人数
修理与维护	5	215	1907	3433	504		988
清洁服务	30	4	3	1557			1092
其他未列明的服务	10		111	487			90
教　育	**978**	**963**	**2287**	**9437**			**1964**
教　育	978	963	2287	9437			1964
学前教育			1647	189			327
初等教育			70	50			70
中等教育				634			186
其他教育	978	963	569	8563			1381
卫生、社会保障和社会福利业		**67**	**1012**	**3533**		**36**	**726**
卫　生		44	896	3493		36	664
医　院		6	535	2724		36	480
卫生院及社区医疗活动		38	166	10			54
门诊部医疗活动		...	185	759			127
专科疾病防治活动			10				3
社会福利业		23	116	40			62
提供住宿的社会福利			116	40			61
不提供住宿的社会福利		23					1
文化、体育和娱乐业	**15096**	**696**	**1379**	**13735**		**5**	**4745**
新闻出版业	686		224				217
出版业	686		224				217
广播、电视、电影和音像业	2550	368	164	864		5	384
电　影	2550	368	164	864		5	384
文化艺术业	11141	131	335	370			310
文艺创作与表演		31	320	300			205
艺术表演场馆	6070						48
图书馆与档案馆	16	100					13
文物及文化保护	5000						17
博物馆			5	50			7
文化艺术经纪代理	55		10	20			20
体　育	500	145		40			61
体育组织				40			14
体育场馆	500	145					47
娱乐业	219	52	656	12461			3773
室内娱乐活动	25		583	9301			3382
游乐园	194		25				22
休闲健身娱乐活动		12	48	1617			267
其他娱乐活动		40		1543			102

注:本表按有填写财务表的服务业企业统计,不包括铁路运输、批发、零售、住宿、餐饮、银行、证券、保险、房地产业。

4－A－13 丽水市按登记注册类型和行业(门类、大类、中类)分组的服务业企业财务状况

单位:万元、人

指标名称	法人单位	年初存货	年末存货	固定资产原价	本年折旧	营业收入	#主营业务收入
总计	**1474**	**50204**	**70405**	**1006234**	**57478**	**569704**	**557139**
一、按登记注册类型分							
内资	**1467**	**49297**	**68688**	**715018**	**46185**	**454637**	**442077**
国有	105	13098	18704	156541	6852	87923	86537
集体	87	31	43	15887	1561	13873	13872
股份合作企业	15	128	141	3651	282	7825	7785
联营企业	4		15	135	34	198	198
国有联营	1			98	33	50	50
集体联营	3		15	37	1	148	148
有限责任公司	196	31696	44281	218532	14279	131117	129216
国有独资公司	39	27938	41299	138402	9666	38877	38828
其他有限责任公司	157	3758	2982	80130	4613	92239	90388
股份有限公司	42	852	769	234211	16076	72891	70003
私营企业	932	3393	4587	81790	6696	131590	125300
私营独资	327	418	563	13895	1071	22163	22084
私营合伙	156	354	459	16919	1073	21001	20902
私营有限责任公司	393	2456	3313	43098	4261	75452	74597
私营股份有限公司	56	164	251	7878	292	12975	7716
其他	86	101	149	4271	405	9221	9167
港澳台商投资	**3**	**381**	**1307**	**221384**	**7803**	**95956**	**95956**
与港澳台商合资经营	1			8324		1848	1848
港澳台商独资	2	381	1307	213060	7803	94108	94108
外商投资	**4**	**525**	**411**	**69831**	**3491**	**19111**	**19107**
中外合资经营	1		9				
外商投资股份有限公司	3	525	402	69831	3491	19111	19107
二、按国民经济行业(门类、大类、中类)分							
交通运输、仓储和邮政业	**130**	**7162**	**9271**	**134917**	**10193**	**108487**	**107011**
道路运输业	80	2714	4108	97060	8445	80422	79036
公路旅客运输	16	71	61	29939	4010	17905	16956
道路货物运输	45	60	45	17091	1439	22681	22576
道路运输辅助活动	19	2584	4003	50030	2996	39835	39505
城市公共交通业	5			2544	119	2096	2096
公共电汽车客运	3			2314	115	2030	2030
出租车客运	2			230	3	67	67
水上运输业	5	8	8	736	22	648	559
水上货物运输	3	8	8	607	17	407	318
水上运输辅助活动	2			129	5	241	241
航空运输业	1			1	...	6	6
航空运输辅助活动	1			1	...	6	6

4－A－13 续表1－1

单位：万元、人

指 标 名 称	法人单位	年初存货	年末存货	固定资产原价	本年折旧	营业收入	#主营业务收入
装卸搬运和其他运输服务业	17	52	87	629	72	2254	2252
装卸搬运	1			11	...	18	18
运输代理服务	16	52	87	618	72	2236	2234
仓储业	8	3592	4179	4909	55	2677	2677
谷物、棉花等农产品仓储	3	3485	4047	3165	29	1183	1183
其他仓储	5	107	132	1745	26	1495	1495
邮政业	14	796	889	29037	1480	20385	20385
国家邮政	2	796	889	27487	1398	18850	18850
其他寄递服务	12			1550	82	1535	1535
信息传输、计算机服务和软件业	**242**	**1876**	**2722**	**535355**	**29264**	**190493**	**187893**
电信和其他信息传输服务业	20	1408	2056	525607	28382	179146	176612
电 信	7	1268	1954	518946	27808	174924	172390
互联网信息服务	11	20	1	733	52	2402	2402
广播电视传输服务	1	120	100	5908	521	1744	1744
卫星传输服务	1			20	1	76	76
计算机服务业	210	112	94	8760	851	9526	9460
计算机系统服务	6	1	1	83	9	407	407
计算机维修	2	34	17	13	1	240	223
其他计算机服务	202	78	76	8664	840	8879	8830
软件业	12	356	572	987	32	1821	1821
公共软件服务	11	356	572	963	31	1809	1809
其他软件服务	1			24	...	12	12
租赁和商务服务业	**577**	**13171**	**34978**	**199184**	**12580**	**141064**	**133807**
租赁业	42	1174	1523	3054	258	21122	21122
机械设备租赁	42	1174	1523	3054	258	21122	21122
商务服务业	535	11997	33455	196130	12323	119942	112685
企业管理服务	121	10751	32654	156247	10649	57606	52340
法律服务	25			203	12	2128	2128
咨询与调查	105	6	20	3439	293	11295	11257
广告业	123	184	211	4166	181	11514	11491
知识产权服务	5			33	2	106	106
职业中介服务	20	23	30	795	50	6689	6585
市场管理	52	902	183	15156	344	5354	5316
旅行社	46	22	210	14384	629	19773	18515
其他商务服务	38	109	147	1705	162	5478	4949
科学研究、技术服务和地质勘查业	**239**	**1408**	**1543**	**24202**	**1137**	**53926**	**53693**
研究与试验发展	15	68	90	625	39	1095	1095
自然科学研究与试验发展	2	22	48	136	10	142	142

4－A－13 续表1－2

单位：万元、人

指标名称	法人单位	年初存货	年末存货	固定资产原价	本年折旧	营业收入	#主营业务收入
工程和技术研究与试验发展	1			4	1	40	40
农业科学研究与试验发展	11	46	42	481	28	893	893
医学研究与试验发展	1			5	...	20	20
专业技术服务业	149	1020	894	20980	932	40811	40692
气象服务	6			246	13	474	474
测绘服务	13	...	...	485	63	1515	1514
技术检测	21	58	78	1574	92	4264	4179
环境监测	1					...	...
工程技术与规划管理	104	959	810	18441	755	34090	34056
其他专业技术服务	4	3	5	234	8	468	468
科技交流和推广服务业	72	320	559	2381	135	11079	10965
技术推广服务	70	320	559	2370	130	11009	10895
科技中介服务	2			12	5	69	69
地质勘查业	3			215	31	941	941
矿产地质勘查	1			31	5	143	143
基础地质勘查	2			184	26	798	798
水利、环境和公共设施管理业	**51**	**4622**	**3308**	**75145**	**1719**	**27916**	**27781**
水利管理业	5	22	22	2893	275	1803	1792
防洪管理	2	17	17	261	144	1346	1346
水资源管理	3	5	5	2633	131	457	446
环境管理业	8	81	93	14324	660	694	694
环境治理	8	81	93	14324	660	694	694
公共设施管理业	38	4519	3193	57928	784	25420	25295
市政公共设施管理	7	3609	2009	52124	512	20726	20726
城市绿化管理	15	895	1148	947	53	2964	2891
游览景区管理	16	15	36	4856	219	1730	1678
居民服务和其他服务业	**102**	**21638**	**18228**	**11821**	**200**	**19596**	**19571**
居民服务业	41	20897	17533	10403	113	14026	14016
家庭服务	4			100	11	170	170
洗染服务	1			40	2	43	43
理发及美容保健服务	11	17	13	622	13	745	745
洗浴服务	3			179	8	768	768
婚姻服务	2	3		65	3	161	161
殡葬服务	2	80	107	967	2	226	226
摄影扩印服务	9	72	165	690	30	1322	1312
其他居民服务	9	20725	17249	7742	45	10592	10592
其他服务业	61	741	695	1417	87	5570	5555
修理与维护	39	723	661	931	66	4327	4327

4－A－13 续表1－3

单位：万元、人

指 标 名 称	法人单位	年初存货	年末存货	固定资产原价	本年折旧	营业收入	#主营业务收入
清洁服务	15	13	28	401	17	713	713
其他未列明的服务	7	5	5	86	5	531	515
教 育	**56**	**65**	**87**	**6742**	**991**	**9243**	**8904**
教 育	56	65	87	6742	991	9243	8904
学前教育	7			1546	143	579	579
其他教育	49	65	87	5196	848	8665	8326
卫生、社会保障和社会福利业	**26**	**105**	**146**	**7255**	**646**	**7182**	**6999**
卫 生	24	104	144	6823	644	6977	6964
医 院	6	89	132	5803	572	5250	5237
卫生院及社区医疗活动	4	6	5	602	49	1072	1072
门诊部医疗活动	14	8	7	418	22	655	655
社会福利业	2	1	1	432	2	205	36
提供住宿的社会福利	1			430	2	203	34
不提供住宿的社会福利	1	1	1	2	...	2	2
文化、体育和娱乐业	**45**	**157**	**124**	**11606**	**748**	**11683**	**11368**
新闻出版业	1			109	5	3348	3348
出版业	1			109	5	3348	3348
广播、电视、电影和音像业	12	32	37	8731	542	5369	5056
广 播	1			118	9	124	124
电 视	1	24	29	5198	221	4331	4331
电 影	8	8	8	3309	308	841	529
音像制作	2			106	5	72	72
文化艺术业	7	86	43	243	9	1006	1006
文艺创作与表演	3	5	5	210	5	133	133
图书馆与档案馆	2	1	1	1	...	14	14
群众文化活动	1			2	1	754	754
其他文化艺术	1	80	38	30	3	105	105
体 育	3	6	5	117	11	73	73
体育组织	1	6	5	15	1	33	33
其他体育	2			102	11	40	40
娱乐业	22	34	39	2408	181	1888	1885
室内娱乐活动	15	27	30	1038	62	1370	1368
游乐园	1	4	5	167	17	64	64
休闲健身娱乐活动	4			975	97	376	376
其他娱乐活动	2	3	4	228	5	78	78
公共管理和社会组织	**6**			**8**	**1**	**114**	**114**
群众团体、社会团体和宗教组织	6			8	1	114	114
社会团体	6			8	1	114	114

4－A－13 续表2－1

单位：万元、人

指标名称	营业成本	#主营业务成本	营业税金及附加	#主营业务税金及附加	主营业务利润	其他业务利润	营业费用、管理费用、财务费用合计
总计	**379184**	**376438**	**14693**	**14269**	**166242**	**12900**	**124988**
一、按登记注册类型分							
内资	**332634**	**329890**	**12194**	**11770**	**100227**	**12756**	**95973**
国有	65298	64723	2301	2274	19540	2066	20396
集体	8414	8413	496	496	4963	40	3053
股份合作企业	5525	5515	76	76	2194	22	1008
联营企业	19	19	1	1	178		19
国有联营	11	11	…	…	39		11
集体联营	8	8	1	1	139		8
有限责任公司	111533	110136	2891	2843	16234	1953	32091
国有独资公司	50184	50184	857	857	－12214	575	8324
其他有限责任公司	61349	59952	2035	1986	28447	1378	23767
股份有限公司	54358	54173	2061	1740	14090	2386	13623
私营企业	83282	82768	3983	3971	38388	6178	23576
私营独资	13148	12753	868	865	8464	108	4403
私营合伙	12845	12844	648	641	7417	40	4506
私营有限责任公司	53281	53163	2138	2137	19126	776	12813
私营股份有限公司	4008	4008	328	328	3380	5253	1855
其他	4205	4142	386	371	4641	113	2206
港澳台商投资	**39766**	**39766**	**2453**	**2453**	**53737**	**143**	**28484**
与港澳台商合资经营	1159	1159	35	35	655		13
港澳台商独资	38608	38608	2418	2418	53082	143	28471
外商投资	**6784**	**6782**	**46**	**46**	**12279**	**2**	**531**
中外合资经营							44
外商投资股份有限公司	6784	6782	46	46	12279	2	487
二、按国民经济行业(门类、大类、中类)分							
交通运输、仓储和邮政业	**81576**	**80971**	**2877**	**2805**	**23234**	**1888**	**26037**
道路运输业	59424	58831	2549	2482	17723	1368	16810
公路旅客运输	11512	10970	642	622	5364	1125	5185
道路货物运输	17134	17114	664	663	4799	221	4242
道路运输辅助活动	30778	30748	1243	1197	7560	22	7384
城市公共交通业	1850	1850	68	68	178	80	94
公共电汽车客运	1835	1835	65	65	130	80	51
出租车客运	15	15	3	3	48		42
水上运输业	253	243	18	14	302	74	159
水上货物运输	175	165	11	6	147	74	95
水上运输辅助活动	78	78	8	8	155		64
航空运输业	4	4	…	…	2		1
航空运输辅助活动	4	4	…	…	2		1

4－A－13 续表2－2

单位：万元、人

指标名称	营业成本	#主营业务成本	营业税金及附加	#主营业务税金及附加	主营业务利润	其他业务利润	营业费用、管理费用、财务费用合计
装卸搬运和其他运输服务业	1345	1343	53	53	856	21	546
装卸搬运	8	8	...	...	10		4
运输代理服务	1337	1335	53	53	846	21	543
仓储业	2246	2246	27	27	404	325	1044
谷物、棉花等农产品仓储	1102	1102	2	2	79	325	737
其他仓储	1144	1144	26	26	325		307
邮政业	16454	16454	161	161	3770	21	7382
国家邮政	15326	15326	129	129	3395		7176
其他寄递服务	1128	1128	32	32	375	21	207
信息传输、计算机服务和软件业	**101583**	**101285**	**4865**	**4543**	**82063**	**2247**	**44438**
电信和其他信息传输服务业	95051	94865	4322	4000	77747	2211	42045
电信	92967	92791	4188	3867	75733	2179	40561
互联网信息服务	1399	1390	73	73	939	21	771
广播电视传输服务	638	638	60	60	1046	12	687
卫星传输服务	46	46	1	1	29		26
计算机服务业	5346	5233	489	489	3735	33	2019
计算机系统服务	312	312	7	7	88		69
计算机维修	194	180	2	2	41	2	29
其他计算机服务	4840	4742	480	480	3606	30	1920
软件业	1186	1186	55	55	580	3	374
公共软件服务	1179	1179	54	54	575	3	372
其他软件服务	7	7	...	...	5		3
租赁和商务服务业	**118812**	**117537**	**3247**	**3236**	**12886**	**7135**	**28686**
租赁业	19744	19744	216	216	1161	2	531
机械设备租赁	19744	19744	216	216	1161	2	531
商务服务业	99068	97794	3031	3020	11725	7132	28155
企业管理服务	60891	60890	1126	1123	－9674	6293	14072
法律服务	1113	1113	116	112	904	1	451
咨询与调查	6943	6931	517	516	3808	100	2186
广告业	6627	6611	595	592	4288	24	2292
知识产权服务	37	37	27	27	43		19
职业中介服务	1856	1856	42	42	4687	28	4440
市场管理	1551	1541	223	223	3541	13	1122
旅行社	16913	15677	233	233	2470	135	2043
其他商务服务	3138	3138	152	152	1659	540	1530
科学研究、技术服务和地质勘查业	**29783**	**29619**	**1899**	**1892**	**22151**	**196**	**12517**
研究与试验发展	864	864	24	24	206	8	151
自然科学研究与试验发展	103	103	10	10	28	8	16

4-A-13 续表2-3

单位:万元、人

指标名称	营业成本	#主营业务成本	营业税金及附加	#主营业务税金及附加	主营业务利润	其他业务利润	营业费用、管理费用、财务费用合计
工程和技术研究与试验发展	10	10			30		36
农业科学研究与试验发展	747	747	13	13	133	...	94
医学研究与试验发展	5	5	1	1	15		5
专业技术服务业	21105	21036	1514	1507	18121	163	10856
气象服务	268	245	19	19	210		104
测绘服务	422	422	99	99	993	1	736
技术检测	2017	2017	208	208	1925	31	1150
环境监测	...	...			...		...
工程技术与规划管理	18163	18118	1162	1154	14784	132	8759
其他专业技术服务	234	234	27	27	208		107
科技交流和推广服务业	7350	7254	311	311	3399	25	1246
技术推广服务	7301	7205	310	310	3379	25	1233
科技中介服务	49	49	1	1	20		13
地质勘查业	464	464	51	51	426		264
矿产地质勘查	84	84	8	8	52		40
基础地质勘查	380	380	43	43	375		224
水利、环境和公共设施管理业	**23372**	**23281**	**294**	**289**	**4211**	**521**	**4176**
水利管理业	1207	1202	11	11	579	6	697
防洪管理	980	980			366		366
水资源管理	226	222	11	11	213	6	331
环境管理业	381	381	21	21	292	437	369
环境治理	381	381	21	21	292	437	369
公共设施管理业	21784	21697	262	258	3340	77	3111
市政公共设施管理	19416	19416	117	117	1193	71	1026
城市绿化管理	2046	2026	81	79	786	3	542
游览景区管理	321	255	64	62	1361	4	1544
居民服务和其他服务业	**7830**	**7521**	**309**	**309**	**11734**	**53**	**2584**
居民服务业	3667	3663	184	184	10167	9	1756
家庭服务	51	51	6	6	114		93
洗染服务	37	37	1	1	5		2
理发及美容保健服务	262	262	32	32	451		297
洗浴服务	332	332	47	47	389	-1	313
婚姻服务	80	80	2	2	79		44
殡葬服务	139	139	2	2	85		75
摄影扩印服务	649	645	66	66	601	10	112
其他居民服务	2117	2117	28	28	8444		820
其他服务业	4163	3859	125	125	1567	44	828
修理与维护	3248	3248	91	91	983	40	527

4－A－13 续表2－4 单位：万元、人

指标名称	营业成本	#主营业务成本	营业税金及附加	#主营业务税金及附加	主营业务利润	其他业务利润	营业费用、管理费用、财务费用合计
清洁服务	486	336	23	23	354	...	257
其他未列明的服务	429	275	10	10	230	4	45
教　育	**5118**	**5118**	**322**	**316**	**3471**	**392**	**2601**
教　育	5118	5118	322	316	3471	392	2601
学前教育	328	328	5	5	245	14	228
其他教育	4790	4790	316	310	3226	378	2374
卫生、社会保障和社会福利业	**4206**	**4206**	**138**	**137**	**2657**	**169**	**1946**
卫　生	4205	4205	134	133	2627		1747
医　院	3217	3217	51	51	1969		1387
卫生院及社区医疗活动	691	691	70	70	311		156
门诊部医疗活动	297	297	12	11	347		205
社会福利业	2	2	4	4	30	169	198
提供住宿的社会福利			4	4	30	169	198
不提供住宿的社会福利	2	2			...		...
文化、体育和娱乐业	**6830**	**6825**	**737**	**737**	**3805**	**294**	**1991**
新闻出版业	2189	2189	176	176	983		512
出版业	2189	2189	176	176	983		512
广播、电视、电影和音像业	2716	2716	371	371	1969	291	881
广　播	135	135	11	11	－21		40
电　视	2362	2362	343	343	1626	14	316
电　影	195	195	11	11	323	277	508
音像制作	24	24	7	7	41		17
文化艺术业	829	829	44	44	133		70
文艺创作与表演	62	62	4	4	68		17
图书馆与档案馆	9	9	2	2	4		3
群众文化活动	682	682	29	29	43		34
其他文化艺术	76	76	9	9	19		17
体　育	35	35	12	11	26		11
体育组织	12	12	8	8	12		7
其他体育	23	23	3	3	13		4
娱乐业	1060	1055	135	135	695	3	517
室内娱乐活动	660	655	122	122	590	3	359
游乐园	171	171	3	3	－110		39
休闲健身娱乐活动	189	189	9	9	178		112
其他娱乐活动	40	40	...	...	38		7
公共管理和社会组织	**76**	**76**	**6**	**6**	**32**	**6**	**12**
群众团体、社会团体和宗教组织	76	76	6	6	32	6	12
社会团体	76	76	6	6	32	6	12

4－A－13 续表3－1 单位：万元、人

指标名称	#税金	#利息支出	营业利润	职工工资和福利费	本年应交增值税	所有者权益合计	实收资本
总计	**3277**	**12456**	**60897**	**70638**	**986**	**1404631**	**714638**
一、按登记注册类型分							
内资	**3072**	**12420**	**23752**	**62698**	**829**	**1354795**	**695797**
国有	606	1079	1570	16397	44	459867	159482
集体	24	25	1950	2725	35	25838	9297
股份合作企业	7	413	1208	591		13970	12139
联营企业	1		159	103		89	89
国有联营	1		28	16		55	55
集体联营			130	87		34	34
有限责任公司	942	9108	－7702	12303	169	577970	271677
国有独资公司	167	3210	－19962	2833	1	443381	193264
其他有限责任公司	775	5898	12260	9471	168	134589	78414
股份有限公司	466	123	2852	11070	1	106736	104679
私营企业	684	1629	21156	18040	580	164958	133943
私营独资	159	143	4171	3937	77	16542	13694
私营合伙	135	153	2946	3462	32	10062	8342
私营有限责任公司	318	788	7261	8760	430	92339	78637
私营股份有限公司	72	545	6778	1882	41	46016	33271
其他	343	42	2561	1468	1	5366	4491
港澳台商投资	**175**	**1**	**25396**	**6230**	**158**	**35445**	**16722**
与港澳台商合资经营			641	200	154	500	500
港澳台商独资	175	1	24754	6030	4	34945	16222
外商投资	**30**	**36**	**11749**	**1710**		**14391**	**2120**
中外合资经营		34	－44	10		919	919
外商投资股份有限公司	30	2	11794	1699		13472	1201
二、按国民经济行业(门类、大类、中类)分							
交通运输、仓储和邮政业	**461**	**3043**	**－915**	**17357**	**175**	**66209**	**41823**
道路运输业	291	2823	2281	11753	171	46087	26353
公路旅客运输	73	454	1304	3384	1	7560	6668
道路货物运输	57	559	778	2854	17	11018	7033
道路运输辅助活动	161	1810	198	5515	154	27509	12653
城市公共交通业	4	1	164	380		806	650
公共电汽车客运	4	1	158	356		256	100
出租车客运			6	24		550	550
水上运输业	7	－1	217	151		344	344
水上货物运输	7	...	126	105		244	244
水上运输辅助活动	1	－1	91	46		100	100
航空运输业			1	2		5	5
航空运输辅助活动			1	2		5	5

4－A－13 续表3－2

单位：万元、人

指 标 名 称	#税金	#利息支出	营业利润	职工工资和福利费	本年应交增值税	所有者权益合计	实收资本
装卸搬运和其他运输服务业	4	10	330	191	4	1087	905
装卸搬运			6	4		1	1
运输代理服务	4	10	324	187	4	1086	904
仓储业	20	197	－316	579	...	2341	1271
谷物、棉花等农产品仓储	12	152	－333	461		2151	1131
其他仓储	8	45	17	118	...	190	140
邮政业	135	14	－3592	4300		15539	12294
国家邮政	125		－3781	4176		15106	11940
其他寄递服务	9	14	190	124		433	355
信息传输、计算机服务和软件业	**1207**	**76**	**39873**	**19768**	**40**	**162891**	**130848**
电信和其他信息传输服务业	965	1	37913	17972	5	153666	122417
电 信	605	...	37351	17173		147520	116787
互联网信息服务	350	1	189	199	5	2626	2480
广播电视传输服务	...		370	590		3467	3100
卫星传输服务	10		3	10		53	50
计算机服务业	109	67	1752	1635	35	6849	6247
计算机系统服务	21	3	19	37	7	229	215
计算机维修	...	3	14	23	1	88	80
其他计算机服务	88	61	1719	1575	26	6532	5952
软件业	133	8	209	162		2375	2185
公共软件服务	133	7	206	156		2070	1885
其他软件服务		...	2	6		305	300
租赁和商务服务业	**626**	**6539**	**－2319**	**13102**	**471**	**683212**	**370302**
租赁业	28	15	632	648		2846	1809
机械设备租赁	28	15	632	648		2846	1809
商务服务业	598	6524	－2951	12454	471	680367	368493
企业管理服务	293	6032	－11254	3887	170	627033	332737
法律服务	9	1	455	602	5	483	327
咨询与调查	62	157	1725	2064	7	8534	6183
广告业	105	68	2019	1704	76	7048	4571
知识产权服务	...		23	20		54	32
职业中介服务	17		274	609		1249	841
市场管理	44	62	2442	765	16	12893	6351
旅行社	50	170	696	1338	17	19392	14306
其他商务服务	18	35	669	1466	180	3681	3145
科学研究、技术服务和地质勘查业	**331**	**1700**	**9862**	**8602**	**239**	**73581**	**53117**
研究与试验发展	17	18	65	158	18	486	323
自然科学研究与试验发展			21	20	6	103	33

4-A-13 续表3-3

单位：万元、人

指标名称	#税金	#利息支出	营业利润	职工工资和福利费	本年应交增值税	所有者权益合计	实收资本
工程和技术研究与试验发展			-5	12		3	3
农业科学研究与试验发展	17	18	39	116	11	365	272
医学研究与试验发展	...		10	10		15	15
专业技术服务业	307	1659	7457	6781	118	66058	46990
气象服务	...	5	107	182		201	130
测绘服务	4	6	258	413		825	281
技术检测	147	40	835	541	29	3265	2396
环境监测				1		3	3
工程技术与规划管理	155	1607	6156	5503	89	61208	43874
其他专业技术服务		...	101	143		555	306
科技交流和推广服务业	7	23	2179	1560	104	6760	5544
技术推广服务	5	23	2172	1554	102	6650	5434
科技中介服务	2		7	6	2	110	110
地质勘查业	1		162	103		277	260
矿产地质勘查			12	19			200
基础地质勘查	1		150	84		277	60
水利、环境和公共设施管理业	**113**	**628**	**915**	**2242**	**15**	**386720**	**98046**
水利管理业	...	269	-111	82		78392	56248
防洪管理		260		30		77374	56000
水资源管理	...	10	-111	53		1018	248
环境管理业	6	1	720	369		186143	20328
环境治理	6	1	720	369		186143	20328
公共设施管理业	108	358	307	1790	15	122186	21470
市政公共设施管理	57	471	239	936		110701	10370
城市绿化管理	23	10	248	450	7	3013	2761
游览景区管理	28	-123	-179	404	8	8472	8339
居民服务和其他服务业	**44**	**311**	**9210**	**2273**	**41**	**10519**	**5172**
居民服务业	16	272	8422	1208	10	7806	3191
家庭服务	3	1	21	138		76	58
洗染服务			3	22		53	50
理发及美容保健服务	2	10	154	202		410	232
洗浴服务	6	11	75	259	5	174	133
婚姻服务		...	34	40		83	40
殡葬服务			10	29	5	11	11
摄影扩印服务	5		499	156		555	362
其他居民服务		250	7627	363		6444	2305
其他服务业	28	40	787	1066	30	2713	1981
修理与维护	14	8	501	523	27	2041	1467

4－A－13 续表3－4 单位：万元、人

指标名称	#税金	#利息支出	营业利润	职工工资和福利费	本年应交增值税	所有者权益合计	实收资本
清洁服务	7	30	97	367	2	372	331
其他未列明的服务	7	1	189	176	2	300	183
教育	**68**	**74**	**1262**	**1922**	**2**	**7403**	**5224**
教育	68	74	1262	1922	2	7403	5224
学前教育	7		32	224		531	441
其他教育	61	74	1230	1698	2	6871	4783
卫生、社会保障和社会福利业	**324**	**65**	**880**	**1238**		**2121**	**1696**
卫生	322	65	879	1212		2067	1643
医院	320	65	582	929		1231	933
卫生院及社区医疗活动			155	147		480	480
门诊部医疗活动	2	...	142	136		356	230
社会福利业	2		1	26		54	53
提供住宿的社会福利	2		1	24		51	50
不提供住宿的社会福利			...	2		3	3
文化、体育和娱乐业	**101**	**21**	**2109**	**4115**	**5**	**11960**	**8395**
新闻出版业	50		471	1527		971	500
出版业	50		471	1527		971	500
广播、电视、电影和音像业	43	11	1379	2041		7645	4824
广播			－61	118		－113	50
电视			1323	1688		4885	2415
电影	43	11	93	219		2746	2250
音像制作		1	24	16		126	110
文化艺术业			63	54		436	397
文艺创作与表演			51	25		347	312
图书馆与档案馆			1	4		5	5
群众文化活动			9	8		11	10
其他文化艺术			2	17		72	70
体育	1	2	16	17	2	138	130
体育组织	1	2	6	5	1	26	20
其他体育			10	12	2	112	110
娱乐业	7	7	180	475	2	2771	2544
室内娱乐活动	5	7	233	297	2	865	694
游乐园			－150	76		500	500
休闲健身娱乐活动	1	...	66	81		1206	1150
其他娱乐活动	2		31	22		200	200
公共管理和社会组织	**2**		**20**	**20**		**16**	**15**
群众团体、社会团体和宗教组织	2		20	20		16	15
社会团体	2		20	20		16	15

4－A－13 续表4－1 单位：万元、人

指标名称	国家资本	集体资本	法人资本	个人资本	港澳台资本	外商资本	全部就业人员年平均人数
总计	**445257**	**12267**	**82951**	**154295**	**18727**	**1141**	**25700**
一、按登记注册类型分							
内资	**445157**	**12267**	**82951**	**153376**	**2006**	**40**	**24089**
国有	146720	729	8316	3718			5669
集体	313	8014	882	88			1240
股份合作企业	3000	189	6530	420	2000		204
联营企业	55	34					46
国有联营	55						8
集体联营		34					38
有限责任公司	199537	3026	50544	18570			4376
国有独资公司	193234			30			1146
其他有限责任公司	6303	3026	50544	18540			3230
股份有限公司	95472	180	1564	7429		34	2211
私营企业	60	2	14026	119844	6	6	9365
私营独资	50		2926	10715		3	2243
私营合伙		2	2159	6181		...	1493
私营有限责任公司	10		8051	70567	6	3	4428
私营股份有限公司			889	32382			1201
其他		94	1090	3306			978
港澳台商投资					**16722**		**1230**
与港澳台商合资经营					500		80
港澳台商独资					16222		1150
外商投资	**100**			**919**		**1101**	**381**
中外合资经营				919			8
外商投资股份有限公司	100					1101	373
二、按国民经济行业(门类、大类、中类)分							
交通运输、仓储和邮政业	**24481**	**1117**	**3777**	**9917**	**2500**	**30**	**6859**
道路运输业	11073	1037	3632	8083	2500	30	4366
公路旅客运输	1360	729	981	3598			1810
道路货物运输	600	50	432	3921	2000	30	920
道路运输辅助活动	9113	258	2219	563	500		1636
城市公共交通业	100			550			258
公共电汽车客运	100						250
出租车客运				550			8
水上运输业	264			80			57
水上货物运输	164			80			41
水上运输辅助活动	100						16
航空运输业				5			2
航空运输辅助活动				5			2

4－A－13 续表4－2 单位：万元、人

指 标 名 称	国家资本	集体资本	法人资本	个人资本	港澳台资本	外商资本	全部就业人员年平均人数
装卸搬运和其他运输服务业			50	855			90
装卸搬运				1			3
运输代理服务			50	854			87
仓储业	1131	20	50	70			210
谷物、棉花等农产品仓储	1131						156
其他仓储		20	50	70			54
邮政业	11914	61	46	274			1876
国家邮政	11914		26				1817
其他寄递服务		61	20	274			59
信息传输、计算机服务和软件业	**98596**	**113**	**8508**	**7419**	**16212**		**4401**
电信和其他信息传输服务业	98596		6239	1370	16212		3336
电 信	95446		5099	30	16212		3105
互联网信息服务	50		1090	1340			142
广播电视传输服务	3100						85
卫星传输服务			50				4
计算机服务业		13	1079	5154			981
计算机系统服务		10	205				27
计算机维修				80			10
其他计算机服务		3	874	5074			944
软件业		100	1190	895			84
公共软件服务		100	890	895			80
其他软件服务			300				4
租赁和商务服务业	**182533**	**9412**	**62980**	**114367**	**16**	**995**	**6123**
租赁业	60	10	403	1331		5	250
机械设备租赁	60	10	403	1331		5	250
商务服务业	182473	9402	62577	113036	16	990	5873
企业管理服务	177683	5587	56517	92950		…	1397
法律服务	2	38	101	177	10		216
咨询与调查	136	57	429	4569	6	986	838
广告业	76		669	3826			836
知识产权服务				32			13
职业中介服务	68	15	107	650			628
市场管理	640	3383	583	1746			415
旅行社	3785	320	3092	7109			635
其他商务服务	83	3	1078	1977		4	895
科学研究、技术服务和地质勘查业	**38804**	**558**	**4348**	**9292**		**116**	**3575**
研究与试验发展		3	50	270			99
自然科学研究与试验发展			30	3			16

4－A－13　续表 4－3　　　　单位：万元、人

指标名称	国家资本	集体资本	法人资本	个人资本	港澳台资本	外商资本	全部就业人员年平均人数
工程和技术研究与试验发展		3					8
农业科学研究与试验发展			20	252			68
医学研究与试验发展				15			7
专业技术服务业	35608	439	3461	7481		1	2459
气象服务	117	10		3			105
测绘服务	100	79	4	98			124
技术检测	500	50	745	1101			297
环境监测		3					1
工程技术与规划管理	34695	296	2712	6170		1	1872
其他专业技术服务	196			110			60
科技交流和推广服务业	3108	117	837	1368		115	939
技术推广服务	3108	117	787	1308		115	935
科技中介服务			50	60			4
地质勘查业	88			172			78
矿产地质勘查	58			142			12
基础地质勘查	30			30			66
水利、环境和公共设施管理业	**92941**	**148**	**639**	**4318**			**922**
水利管理业	56050	48	150				91
防洪管理	56000						54
水资源管理	50	48	150				37
环境管理业	20240	50	28	10			89
环境治理	20240	50	28	10			89
公共设施管理业	16651	50	461	4308			742
市政公共设施管理	10320	50					214
城市绿化管理	1731		131	899			290
游览景区管理	4600		330	3409			238
居民服务和其他服务业	**2100**	**128**	**633**	**2311**		…	**1367**
居民服务业	2050	29	413	699			780
家庭服务				58			109
洗染服务				50			18
理发及美容保健服务			80	152			158
洗浴服务			100	33			135
婚姻服务				40			23
殡葬服务		1		10			12
摄影扩印服务		28	201	133			126
其他居民服务	2050		32	223			199
其他服务业	50	99	220	1612		…	587
修理与维护		44	160	1263		…	291

4－A－13 续表4－4

单位：万元、人

指标名称	国家资本	集体资本	法人资本	个人资本	港澳台资本	外商资本	全部就业人员年平均人数
清洁服务	30	30	10	261			179
其他未列明的服务	20	25	50	88			117
教　育	**569**	**779**	**1000**	**2875**			**860**
教　育	569	779	1000	2875			860
学前教育			70	371			140
其他教育	569	779	930	2504			720
卫生、社会保障和社会福利业	**53**	**6**	**776**	**861**			**549**
卫　生		6	776	861			540
医　院			500	433			347
卫生院及社区医疗活动			265	215			101
门诊部医疗活动		6	11	213			92
社会福利业	53						9
提供住宿的社会福利	50						8
不提供住宿的社会福利	3						1
文化、体育和娱乐业	**5180**	**5**	**290**	**2920**			**1029**
新闻出版业	500						203
出版业	500						203
广播、电视、电影和音像业	4680			144			475
广　播	49			1			32
电　视	2415						337
电　影	2217			33			94
音像制作				110			12
文化艺术业		5		392			39
文艺创作与表演				312			14
图书馆与档案馆		5					3
群众文化活动				10			8
其他文化艺术				70			14
体　育			100	30			15
体育组织				20			3
其他体育			100	10			12
娱乐业			190	2354			297
室内娱乐活动			140	554			182
游乐园				500			50
休闲健身娱乐活动			50	1100			46
其他娱乐活动				200			19
公共管理和社会组织			**1**	**15**			**15**
群众团体、社会团体和宗教组织			1	15			15
社会团体			1	15			15

注：本表按有填写财务表的服务业企业统计，不包括铁路运输、批发、零售、住宿、餐饮、银行、证券、保险、房地产业。

B. 行政事业单位

4－B－1 按登记注册类型和行业(门类、大类、中类)分组的行政事业单位财务状况

单位:个、万元、人

指标名称	法人单位	固定资产原价	本年收入合计	财政拨款	事业收入	经营收入
总计	**32769**	**34281935**	**37013227**	**20971823**	**10373398**	**1267424**
一、按登记注册类型分						
内资	**32764**	**34239136**	**36992424**	**20971095**	**10358665**	**1264124**
国有	25588	30493189	34045019	20120635	9432040	920897
集体	2223	942230	996397	346705	473951	113046
股份合作企业	38	75869	71246	2004	66659	1484
联营企业	17	8485	4630	1702	2157	256
国有联营	7	2809	1924	511	1211	89
集体联营	5	1754	1079	707	202	141
国有与集体联营	2	2816	891	66	514	20
其他联营	3	1106	736	419	230	6
有限责任公司	11	30690	27242	14712	11026	1481
其他有限责任公司	11	30690	27242	14712	11026	1481
股份有限公司	1	39	390			390
私营企业	220	172115	60204	1833	46661	9735
私营独资	134	121678	36234	1016	27454	6687
私营合伙	71	38578	20841	743	17411	1843
私营有限责任公司	15	11859	3130	73	1796	1206
其他	4666	2516520	1787295	483505	326172	216835
港澳台商投资	**3**	**1900**	**2607**	**470**	**1773**	**120**
与港澳台商合作经营	2	1868	2487	470	1773	
港澳台商独资	1	32	120			120
外商投资	**2**	**40900**	**18196**	**259**	**12959**	**3180**
中外合作经营	2	40900	18196	259	12959	3180
二、按国民经济行业(门类、大类、中类)分						
交通运输、仓储和邮政业	**262**	**381196**	**549511**	**324528**	**122429**	**13247**
道路运输业	203	254359	497945	302941	100707	9703
公路旅客运输	1	553	423	10	211	165
道路货物运输	1	272	108			102
道路运输辅助活动	201	253534	497414	302931	100496	9436
城市公共交通业	1	126	118	82		
轨道交通	1	126	118	82		
水上运输业	42	64723	30810	14809	11965	821
水上运输辅助活动	42	64723	30810	14809	11965	821
航空运输业	5	46745	13459	4466	7501	279
航空运输辅助活动	5	46745	13459	4466	7501	279
装卸搬运和其他运输服务业	1	286	314		314	

4－B－1 续表1－1 单位：个、万元、人

指标名称	法人单位	固定资产原价	本年收入合计	财政拨款	事业收入	经营收入
装卸搬运	1	286	314		314	
仓储业	10	14958	6866	2230	1943	2444
谷物、棉花等农产品仓储	6	3044	4293	1756	29	2307
其他仓储	4	11914	2573	474	1913	138
信息传输、计算机服务和软件业	**212**	**212709**	**148659**	**38203**	**83058**	**14834**
电信和其他信息传输服务业	167	187602	123275	21934	79420	12996
电　信	4	4390	3693	2364	85	713
互联网信息服务	11	1800	2994	1812	55	968
广播电视传输服务	152	181412	116588	17758	79280	11316
计算机服务业	43	23517	24552	16269	2850	1793
计算机系统服务	16	6769	7004	6018	347	85
数据处理	19	13859	15756	8638	2397	1699
计算机维修	2	5	126	40	86	
其他计算机服务	6	2884	1666	1573	20	9
软件业	2	1590	832		788	44
公共软件服务	2	1590	832		788	44
租赁和商务服务业	**1502**	**978156**	**559266**	**229503**	**117808**	**129240**
租赁业	1	2572	370			370
机械设备租赁	1	2572	370			370
商务服务业	1501	975584	558896	229503	117808	128870
企业管理服务	849	634506	379209	175705	44973	87668
法律服务	180	14680	29422	2926	15993	9763
咨询与调查	198	39915	41269	23816	9697	5414
广告业	3	1333	3207	60	2443	655
知识产权服务	6	2100	2828	32	278	2381
职业中介服务	135	25399	37313	12208	16302	5151
市场管理	74	227918	45916	3449	24375	14812
旅行社	3	1521	508	315	31	
其他商务服务	53	28212	19224	10992	3717	3027
科学研究、技术服务和地质勘查业	**1666**	**728383**	**1742248**	**1080337**	**321467**	**139613**
研究与试验发展	193	194919	267601	141196	70461	14183
自然科学研究与试验发展	13	37425	55792	28768	12423	1804
工程和技术研究与试验发展	27	44163	48935	13490	23101	9080
农业科学研究与试验发展	75	83875	105506	67160	22803	1504
医学研究与试验发展	18	14201	21179	6310	6531	382
社会人文科学研究与试验发展	60	15255	36189	25468	5603	1413

4－B－1　续表1－2

单位：个、万元、人

指标名称	法人单位	固定资产原价	本年收入合计	财政拨款	事业收入	经营收入
专业技术服务业	924	412409	1246972	794883	214860	100158
气象服务	116	58640	38408	14535	1887	15980
地震服务	7	2470	2984	1876		1105
海洋服务	7	4628	5077	3059	223	766
测绘服务	39	13107	41048	6941	16658	15616
技术检测	260	136065	152856	50877	66302	23558
环境监测	67	62851	59468	31250	13423	3373
工程技术与规划管理	411	132163	941698	685286	112667	39174
其他专业技术服务	17	2485	5433	1059	3700	588
科技交流和推广服务业	512	93726	150015	91928	29906	8976
技术推广服务	437	83857	132955	84258	25492	5895
科技中介服务	55	7768	12375	4834	3105	3022
其他科技服务	20	2101	4685	2836	1310	59
地质勘查业	37	27330	77660	52329	6240	16296
矿产地质勘查	11	10669	34339	22453	2	11184
基础地质勘查	18	7367	22431	16728	2090	2450
地质勘查技术服务	8	9294	20890	13149	4148	2662
水利、环境和公共设施管理业	**985**	**1342885**	**1116486**	**718740**	**133201**	**66227**
水利管理业	399	940660	167010	108908	26770	23238
防洪管理	65	87186	68909	59792	6451	864
水资源管理	210	827258	69922	33526	14547	18147
其他水利管理	124	26216	28178	15590	5772	4227
环境管理业	309	188822	262333	184559	42712	10021
自然保护	43	21837	17147	8580	3598	2516
环境治理	266	166985	245186	175980	39114	7505
公共设施管理业	277	213404	687144	425272	63719	32968
市政公共设施管理	104	49182	487607	325052	16551	14471
城市绿化管理	82	36740	95422	60390	4745	7690
游览景区管理	91	127481	104114	39831	42423	10807
居民服务和其他服务业	**240**	**92489**	**87944**	**19432**	**45292**	**16915**
居民服务业	182	81793	70330	16111	35967	14945
家庭服务	1	100	534		534	
托儿所	8	847	580	38	278	242
婚姻服务	1	2	12	4	6	
殡葬服务	116	78361	55057	6867	32406	14512
摄影扩印服务	2	56	189		179	9

4－B－1 续表1－3

单位：个、万元、人

指标名称	法人单位	固定资产原价	本年收入合计	财政拨款	事业收入	经营收入
其他居民服务	54	2427	13958	9203	2564	182
其他服务业	58	10696	17614	3321	9326	1970
修理与维护	4	880	1539	852	212	162
清洁服务	39	9382	14354	1264	8792	1678
其他未列明的服务	15	433	1722	1205	322	130
教　育	**7773**	**10917015**	**7494783**	**4182899**	**2293183**	**89601**
教　育	7773	10917015	7494783	4182899	2293183	89601
学前教育	1004	209858	195612	75002	100522	6688
初等教育	3091	1964373	1790578	1439848	166931	14723
中等教育	2573	4513181	2848431	1696815	812256	25055
高等教育	222	3884161	2347534	806295	1119798	12367
其他教育	883	345442	312629	164939	93677	30767
卫生、社会保障和社会福利业	**3423**	**5683966**	**6734928**	**726255**	**5457065**	**444028**
卫　生	2790	5506314	6521593	559363	5430501	439625
医　院	471	4531854	5134935	250940	4524692	324874
卫生院及社区医疗活动	1692	590113	918283	160003	640494	89679
门诊部医疗活动	139	26411	50222	8634	27910	13393
计划生育技术服务活动	116	30034	34442	15901	14418	1636
妇幼保健活动	81	123500	157851	20246	115446	6425
专科疾病防治活动	17	15183	17823	7926	9158	672
疾病预防控制及防疫活动	203	131677	166893	83068	71745	2847
其他卫生活动	71	57543	41145	12645	26638	100
社会保障业	204	64983	89414	77974	4567	799
社会保障业	204	64983	89414	77974	4567	799
社会福利业	429	112669	123921	88919	21997	3604
提供住宿的社会福利	289	85959	62507	45404	9809	1537
不提供住宿的社会福利	140	26710	61414	43515	12188	2066
文化、体育和娱乐业	**1185**	**1145263**	**732535**	**296486**	**298341**	**84229**
新闻出版业	113	58465	87746	15152	34182	35644
新闻业	27	5332	9498	4885	1718	2877
出版业	86	53133	78249	10267	32463	32767
广播、电视、电影和音像业	129	465090	296532	46989	200590	31595
广　播	25	55987	24082	5370	9773	5575
电　视	84	391118	269300	40671	189763	25255
电　影	20	17985	3149	948	1054	765
文化艺术业	799	486042	272879	184634	47670	10755

4－B－1 续表1－4

单位：个、万元、人

指标名称	法人单位	固定资产原价	本年收入合计	财政拨款	事业收入	经营收入
文艺创作与表演	65	29007	35818	25474	4903	2153
艺术表演场馆	37	32150	14176	6838	3862	838
图书馆与档案馆	180	227975	62081	50664	3780	1203
文物及文化保护	68	20011	34428	16789	11748	1247
博物馆	81	95477	49179	42706	1846	503
烈士陵园、纪念馆	31	10974	8391	6973	460	8
群众文化活动	298	67036	63119	30756	20420	4724
文化艺术经纪代理	1	609	180	64		
其他文化艺术	38	2803	5506	4370	651	79
体育	105	121251	63180	47620	8161	5647
体育组织	42	34599	42023	38189	2523	405
体育场馆	34	83515	15632	5188	5091	5032
其他体育	29	3138	5526	4244	547	210
娱乐业	39	14415	12198	2091	7739	587
室内娱乐活动	4	177	199	183	6	
游乐园	8	5570	2854	863	1365	501
休闲健身娱乐活动	5	567	236	96	110	31
其他娱乐活动	22	8101	8908	949	6258	56
公共管理和社会组织	**15521**	**12799874**	**17846869**	**13355441**	**1501555**	**269493**
中国共产党机关	840	136555	421861	393713	5554	278
中国共产党机关	840	136555	421861	393713	5554	278
国家机构	10720	11053278	16553540	12585091	1429828	124653
国家权力机构	122	48240	88435	83593	744	100
国家行政机构	10317	10412306	16028004	12092023	1422934	122522
人民法院和人民检察院	225	548347	362875	341550	4495	246
其他国家机构	56	44385	74225	67924	1654	1785
人民政协和民主党派	215	37644	76681	74870	808	
人民政协	96	34242	65075	63527	745	
民主党派	119	3402	11606	11344	63	
群众团体、社会团体和宗教组织	893	181024	256302	175187	23851	7461
群众团体	490	106242	182001	122509	13225	2530
社会团体	381	48633	72072	51848	9874	4317
宗教组织	22	26149	2229	830	752	614
基层群众自治组织	2853	1391373	538485	126580	41515	137100
社区自治组织	778	323240	133783	40013	13955	39742
村民自治组织	2075	1068133	404702	86568	27560	97358

4－B－1 续表2－1

单位：个、万元、人

指标名称	本年支出合计	工资福利支出	商品和服务支出	取暖费（降温费）	劳务费	差旅费	出国费
总 计	**34436410**	**9722383**	**12364490**	**24310**	**449836**	**272212**	**41211**
一、按登记注册类型分							
内 资	**34416157**	**9718779**	**12356482**	**24310**	**449629**	**272182**	**41211**
国 有	32055115	9065654	11464017	22068	393881	258330	35595
集 体	903457	312194	429098	834	16178	4412	73
股份合作企业	66935	18551	44642	11	1680	281	
联营企业	4391	2575	1112	15	59	44	3
国有联营	1777	804	708	9	54	28	
集体联营	1008	656	143	3	4	1	
国有与集体联营	848	729	45	3		4	3
其他联营	759	386	216		1	11	
有限责任公司	30565	4718	8772		2045	50	
其他有限责任公司	30565	4718	8772		2045	50	
股份有限公司	265	104	13				
私营企业	58817	30362	23822	48	1746	767	13
私营独资	37227	18667	15951	34	518	352	10
私营合伙	18843	9785	7196	13	1152	307	
私营有限责任公司	2748	1910	675	1	76	108	3
其 他	1296612	284621	385007	1334	34041	8298	5527
港澳台商投资	**2147**	**1350**	**492**		**9**	**19**	
与港澳台商合作经营	2026	1257	464		9	18	
港澳台商独资	122	93	28			2	
外商投资	**18106**	**2254**	**7516**		**197**	**11**	
中外合作经营	18106	2254	7516		197	11	
二、按国民经济行业（门类、大类、中类）分							
交通运输、仓储和邮政业	**456508**	**103266**	**77240**	**295**	**2780**	**2982**	**106**
道路运输业	404531	86009	59543	289	2258	2160	97
公路旅客运输	384	40	7			3	
道路货物运输	94	38	1				
道路运输辅助活动	404052	85932	59536	289	2258	2157	97
城市公共交通业	93	26	67			...	
轨道交通	93	26	67			...	
水上运输业	26701	9419	9667	6	349	372	4
水上运输辅助活动	26701	9419	9667	6	349	372	4
航空运输业	18360	6690	6538		158	397	
航空运输辅助活动	18360	6690	6538		158	397	
装卸搬运和其他运输服务业	231	22	50		...	2	

4－B－1 续表2－2 单位：个、万元、人

指 标 名 称	本年支出 合 计	工资福利 支 出	商 品 和 服务支出	取暖费 （降温费）	劳务费	差旅费	出国费
装卸搬运	231	22	50		...	2	
仓储业	6592	1100	1374		16	51	5
谷物、棉花等农产品仓储	4215	387	428		1	32	5
其他仓储	2377	712	946		15	19	
信息传输、计算机服务和软件业	**135483**	**34935**	**69260**	**109**	**8546**	**1335**	**68**
电信和其他信息传输服务业	116603	31008	60515	56	8201	1028	11
电 信	2908	1082	1071		26	17	1
互联网信息服务	3352	616	1425	2	41	19	
广播电视传输服务	110342	29311	58020	55	8134	992	10
计算机服务业	18046	3910	8604	4	321	242	57
计算机系统服务	4747	664	2038	1	16	27	33
数据处理	11883	2783	6372		305	210	24
计算机维修	124	82	16			...	
其他计算机服务	1293	381	178	3	...	4	
软件业	834	17	140	49	24	64	
公共软件服务	834	17	140	49	24	64	
租赁和商务服务业	**468484**	**101276**	**146075**	**254**	**7934**	**3840**	**382**
租赁业	404	125	106			1	
机械设备租赁	404	125	106			1	
商务服务业	468080	101151	145969	254	7934	3839	382
企业管理服务	313306	48509	82176	101	4257	1806	211
法律服务	23471	10455	9418	39	515	646	94
咨询与调查	38191	16174	14598	45	756	554	27
广告业	2964	252	2601			22	
知识产权服务	2172	443	1483	1	355	28	
职业中介服务	28309	7053	13326	17	851	366	15
市场管理	41143	11615	15193	29	764	222	21
旅行社	500	138	151			6	
其他商务服务	18025	6513	7024	23	436	190	13
科学研究、技术服务和地质勘查业	**1421758**	**239009**	**352210**	**666**	**25810**	**16550**	**1472**
研究与试验发展	232400	53583	115590	209	9336	5294	729
自然科学研究与试验发展	44003	6904	30270	4	2000	943	479
工程和技术研究与试验发展	47909	10119	25836	22	849	1359	35
农业科学研究与试验发展	93601	21222	41003	178	4823	1934	82
医学研究与试验发展	13852	4146	6200		198	169	53
社会人文科学研究与试验发展	33035	11192	12281	5	1466	889	80

4－B－1 续表2－3 单位：个、万元、人

指标名称	本年支出合计	工资福利支出	商品和服务支出	取暖费（降温费）	劳务费	差旅费	出国费
专业技术服务业	993594	130527	172552	278	11887	8582	623
气象服务	31564	10869	8245	27	215	658	36
地震服务	2991	854	1409		37	118	4
海洋服务	4408	1267	2743		55	101	
测绘服务	28822	9100	10339	10	1026	994	27
技术检测	125316	41212	42835	61	2830	2215	112
环境监测	44883	12202	14662	35	1039	1259	42
工程技术与规划管理	750569	53551	91024	124	6660	3224	402
其他专业技术服务	5040	1471	1297	21	25	13	...
科技交流和推广服务业	133646	35938	51700	90	3249	1659	102
技术推广服务	117462	32247	44978	68	3143	1454	80
科技中介服务	10263	2395	2725	9	35	124	12
其他科技服务	5921	1297	3996	14	71	81	11
地质勘查业	62118	18961	12368	89	1338	1015	18
矿产地质勘查	27058	7460	3109	13	59	207	
基础地质勘查	18160	7091	3967	33	1111	387	3
地质勘查技术服务	16900	4411	5292	43	167	421	14
水利、环境和公共设施管理业	**912353**	**199252**	**273551**	**495**	**15214**	**3328**	**292**
水利管理业	147760	36173	34673	109	1451	1018	69
防洪管理	62315	6777	6236	30	227	165	22
水资源管理	60620	21678	16603	64	856	607	17
其他水利管理	24825	7719	11834	16	368	245	30
环境管理业	251509	101288	90493	237	11550	1034	97
自然保护	15921	5739	6573	18	187	325	14
环境治理	235589	95549	83920	220	11363	709	83
公共设施管理业	513083	61791	148384	149	2213	1276	125
市政公共设施管理	350677	20758	104732	14	795	533	80
城市绿化管理	80313	18473	19498	48	500	271	
游览景区管理	82093	22561	24154	87	918	472	45
居民服务和其他服务业	**76687**	**26007**	**35490**	**64**	**2460**	**608**	**21**
居民服务业	62534	21788	28975	51	1934	484	11
家庭服务	478	395	73	3			
托儿所	619	295	176	1	14	5	
婚姻服务	14	5	9				
殡葬服务	48469	14627	24090	26	957	417	8
摄影扩印服务	160	76	28	...	3	1	

4－B－1 续表2－4 单位：个、万元、人

指 标 名 称	本年支出合 计	工资福利支 出	商 品 和服务支出	取暖费（降温费）	劳务费	差旅费	出国费
其他居民服务	12795	6391	4599	22	961	60	3
其他服务业	14153	4218	6516	13	526	124	10
修理与维护	1368	435	749	1	128	2	
清洁服务	11301	3181	5294	8	293	105	10
其他未列明的服务	1485	602	473	4	106	16	
教　育	**7072323**	**3308509**	**1680601**	**6405**	**143337**	**69302**	**12405**
教　育	7072323	3308509	1680601	6405	143337	69302	12405
学前教育	187004	113550	43021	212	3138	1564	27
初等教育	1748979	1028026	256532	2911	10669	8162	341
中等教育	2757037	1495978	527368	1473	25012	16489	800
高等教育	2082155	565743	739221	263	93105	38796	10567
其他教育	297149	105211	114460	1545	11412	4292	671
卫生、社会保障和社会福利业	**6433806**	**1684449**	**4174583**	**4051**	**47961**	**12229**	**1398**
卫　生	6251477	1634211	4112225	3796	45797	10949	1323
医　院	4959984	1202456	3415080	2278	22507	5493	1162
卫生院及社区医疗活动	874441	299096	479047	787	17423	2594	22
门诊部医疗活动	44741	13719	22935	479	969	157	4
计划生育技术服务活动	31524	11820	13283	55	453	282	2
妇幼保健活动	127745	45049	68936	147	1170	471	34
专科疾病防治活动	16145	5436	8267	3	258	194	6
疾病预防控制及防疫活动	157700	45128	86464	40	2161	1394	52
其他卫生活动	39197	11507	18214	8	857	365	42
社会保障业	89712	24503	29353	134	602	661	19
社会保障业	89712	24503	29353	134	602	661	19
社会福利业	92617	25735	33006	121	1561	619	56
提供住宿的社会福利	58751	18819	18601	88	392	383	22
不提供住宿的社会福利	33866	6916	14405	33	1169	236	34
文化、体育和娱乐业	**650362**	**203345**	**278659**	**594**	**18850**	**7133**	**470**
新闻出版业	69128	22550	36296	21	3363	751	40
新闻业	9518	3004	3835	8	394	122	4
出版业	59611	19546	32460	14	2969	629	36
广播、电视、电影和音像业	284540	90063	120960	110	6324	2021	44
广　播	25006	7346	8570	13	406	99	14
电　视	256574	81174	111272	93	5893	1908	30
电　影	2960	1542	1118	4	25	15	
文化艺术业	240734	78546	91373	242	7876	3626	299

4－B－1 续表2－5 单位：个、万元、人

指标名称	本年支出合计	工资福利支出	商品和服务支出	取暖费(降温费)	劳务费	差旅费	出国费
文艺创作与表演	35940	14540	11806	13	1208	1406	29
艺术表演场馆	13386	5184	5515	2	568	142	19
图书馆与档案馆	54058	19770	15475	64	605	546	54
文物及文化保护	24401	5131	9894	11	196	186	13
博物馆	38915	10344	18647	35	866	508	50
烈士陵园、纪念馆	8467	1269	2412	3	91	65	
群众文化活动	60040	20305	24907	114	4080	672	57
文化艺术经纪代理	183	81	69		7	4	
其他文化艺术	5344	1921	2650	2	256	98	78
体育	45007	9484	24664	210	1103	624	86
体育组织	29135	4197	17769	3	423	470	54
体育场馆	10695	3100	4830	11	500	78	8
其他体育	5177	2187	2066	196	181	76	24
娱乐业	10952	2703	5366	10	185	111	2
室内娱乐活动	173	68	77	...	2	3	
游乐园	2248	926	730	6	87	24	
休闲健身娱乐活动	191	103	49	2	15	1	
其他娱乐活动	8341	1607	4511	3	80	83	2
公共管理和社会组织	**16808646**	**3822336**	**5276822**	**11378**	**176944**	**154904**	**24598**
中国共产党机关	420690	118474	216500	171	6257	10222	3556
中国共产党机关	420690	118474	216500	171	6257	10222	3556
国家机构	15675859	3545116	4768158	9949	146848	135481	19383
国家权力机构	88189	31826	36184	46	414	2837	1046
国家行政机构	15181740	3339065	4609761	9699	143073	124569	17663
人民法院和人民检察院	350132	160306	112001	152	2915	7688	603
其他国家机构	55798	13919	10211	52	446	388	71
人民政协和民主党派	75404	25032	31385	317	564	2541	884
人民政协	63683	21058	26343	307	377	2162	824
民主党派	11722	3974	5042	9	187	379	60
群众团体、社会团体和宗教组织	240583	49978	98134	188	3520	3369	752
群众团体	171387	34065	69134	103	1518	2223	533
社会团体	67566	15037	28577	84	2000	1124	218
宗教组织	1630	877	423	2	2	22	1
基层群众自治组织	396110	83736	162645	753	19755	3291	23
社区自治组织	94150	32496	40406	207	3612	762	15
村民自治组织	301960	51240	122239	547	16143	2529	8

4－B－1 续表3－1

单位：个、万元、人

指 标 名 称	工会经费	福利费	对个人和家庭的补助	抚恤金	生活补助	救济费
总 计	**132862**	**435750**	**2805211**	**72759**	**164624**	**98691**
一、按登记注册类型分						
内 资	**132841**	**435344**	**2804185**	**72759**	**164623**	**98691**
国 有	125424	356291	2671719	70166	146697	95472
集 体	3821	16735	47313	1009	4465	685
股份合作企业	136	679	2160	11	51	...
联营企业	24	162	459	3	85	
国有联营	3	108	106		1	
集体联营	3	21	126	1	7	
国有与集体联营	13	22	75		75	
其他联营	5	11	152	3	3	
有限责任公司	46	394	25		5	
其他有限责任公司	46	394	25		5	
股份有限公司	2	12				
私营企业	162	1496	1950	230	79	34
私营独资	87	470	1070	14	47	32
私营合伙	64	987	765	217	23	2
私营有限责任公司	11	40	116		8	
其 他	3225	59576	80559	1339	13242	2500
港澳台商投资	**10**	**317**	**113**		**1**	
与港澳台商合作经营	10	315	112		1	
港澳台商独资		2	1			
外商投资	**11**	**89**	**914**			
中外合作经营	11	89	914			
二、按国民经济行业（门类、大类、中类）分						
交通运输、仓储和邮政业	**1768**	**7434**	**20922**	**511**	**851**	**69**
道路运输业	1505	5824	17830	463	772	64
公路旅客运输	1	3				
道路货物运输	1					
道路运输辅助活动	1504	5821	17830	463	772	64
城市公共交通业						
轨道交通						
水上运输业	140	874	1644	21	26	5
水上运输辅助活动	140	874	1644	21	26	5
航空运输业	99	661	1164	25	52	...
航空运输辅助活动	99	661	1164	25	52	...
装卸搬运和其他运输服务业	...		39			

4-B-1 续表3-2

单位：个、万元、人

指标名称	工会经费	福利费	对个人和家庭的补助	抚恤金	生活补助	救济费
装卸搬运	...		39			
仓储业	24	76	245	3	1	
谷物、棉花等农产品仓储	11	30	34			
其他仓储	13	47	211	3	1	
信息传输、计算机服务和软件业	**494**	**2292**	**5402**	**75**	**281**	**1**
电信和其他信息传输服务业	437	2160	4608	75	252	...
电　信	36	29	200			
互联网信息服务	3	29	74		1	
广播电视传输服务	397	2102	4334	75	251	...
计算机服务业	57	130	794		30	...
计算机系统服务	7	26	108		1	...
数据处理	44	83	613		28	
计算机维修	1	...	6		1	
其他计算机服务	6	20	67			
软件业		3	...			
公共软件服务		3	...			
租赁和商务服务业	**1387**	**11901**	**23989**	**343**	**3528**	**212**
租赁业	2	15	7	5	2	
机械设备租赁	2	15	7	5	2	
商务服务业	1385	11886	23981	338	3526	212
企业管理服务	687	8821	18317	226	3236	103
法律服务	107	538	489	5	29	4
咨询与调查	224	575	2485	27	74	6
广告业	5	36	36		2	
知识产权服务	5	39	45		2	
职业中介服务	156	483	1356	38	118	94
市场管理	161	1059	732	41	51	6
旅行社	1	1	52			
其他商务服务	39	334	470	2	15	
科学研究、技术服务和地质勘查业	**3899**	**12508**	**85501**	**1365**	**4666**	**551**
研究与试验发展	736	2063	22130	274	508	21
自然科学研究与试验发展	46	127	3135	36	57	...
工程和技术研究与试验发展	159	358	2005	6	252	19
农业科学研究与试验发展	319	806	11589	198	114	1
医学研究与试验发展	56	300	2010	20	3	
社会人文科学研究与试验发展	156	472	3391	14	82	

4-B-1 续表 3-3

单位：个、万元、人

指标名称	工会经费	福利费	对个人和家庭的补助	抚恤金	生活补助	救济费
专业技术服务业	2412	7322	32134	341	1062	60
气象服务	143	410	2897	35	39	9
地震服务	12	42	246	1		
海洋服务	13	133	315		68	
测绘服务	161	260	1892	19	74	1
技术检测	777	2557	7296	29	110	6
环境监测	194	395	3101	89	27	3
工程技术与规划管理	1032	3477	16107	170	725	41
其他专业技术服务	80	48	279		20	
科技交流和推广服务业	550	2185	11097	348	638	18
技术推广服务	494	1994	10063	341	561	18
科技中介服务	33	117	481	1	56	1
其他科技服务	23	73	552	5	21	
地质勘查业	202	938	20141	402	2458	452
矿产地质勘查	71	401	8973	107	1966	126
基础地质勘查	66	349	4776	162	338	231
地质勘查技术服务	65	188	6391	134	154	94
水利、环境和公共设施管理业	**2930**	**10938**	**32852**	**597**	**1093**	**357**
水利管理业	556	2421	6911	157	402	66
防洪管理	114	407	1832	32	57	11
水资源管理	291	1434	3582	101	262	53
其他水利管理	152	580	1497	25	83	2
环境管理业	1296	4776	13466	263	377	89
自然保护	99	167	1324	6	61	2
环境治理	1197	4610	12143	256	315	87
公共设施管理业	1078	3741	12475	177	314	203
市政公共设施管理	259	1237	3367	38	112	33
城市绿化管理	282	1288	3520	94	107	9
游览景区管理	537	1216	5588	44	95	161
居民服务和其他服务业	**396**	**1775**	**3070**	**31**	**165**	**5**
居民服务业	344	1562	2460	28	108	3
家庭服务		70	10		10	
托儿所	2	20	9		5	
婚姻服务						
殡葬服务	265	1153	1725	22	89	3
摄影扩印服务						

4－B－1 续表3－4 单位：个、万元、人

指标名称	工会经费	福利费	对个人和家庭的补助	抚恤金	生活补助	救济费
其他居民服务	77	319	717	5	4	
其他服务业	52	213	609	3	56	2
修理与维护	5	10	73	1	5	
清洁服务	43	162	419	2	47	
其他未列明的服务	4	40	118		4	2
教育	**36547**	**90023**	**924321**	**9870**	**20406**	**2810**
教育	36547	90023	924321	9870	20406	2810
学前教育	1346	4329	14290	104	430	11
初等教育	10716	25127	274238	4149	10098	565
中等教育	16780	41777	329920	3585	6033	812
高等教育	6220	15002	278823	1675	2971	1028
其他教育	1485	3788	27050	358	874	395
卫生、社会保障和社会福利业	**19190**	**45264**	**266223**	**2915**	**5497**	**1597**
卫生	18304	42624	220705	2443	3305	310
医院	13306	28154	161612	1631	1453	131
卫生院及社区医疗活动	3070	8821	34061	581	1283	110
门诊部医疗活动	154	347	4893	8	33	26
计划生育技术服务活动	171	804	2005	20	50	13
妇幼保健活动	682	1263	5611	18	314	12
专科疾病防治活动	82	104	1511	35	20	…
疾病预防控制及防疫活动	635	2682	9193	137	143	18
其他卫生活动	204	449	1820	14	10	1
社会保障业	411	1208	24557	7	567	3
社会保障业	411	1208	24557	7	567	3
社会福利业	475	1433	20960	465	1625	1284
提供住宿的社会福利	359	1041	15741	410	1441	1167
不提供住宿的社会福利	116	392	5220	55	185	117
文化、体育和娱乐业	**3065**	**10009**	**39463**	**603**	**915**	**52**
新闻出版业	294	1003	1992	36	95	4
新闻业	89	104	266	31	24	1
出版业	205	900	1727	5	71	4
广播、电视、电影和音像业	1316	4811	12828	269	291	22
广播	61	176	1043	91	58	13
电视	1242	4571	11577	168	229	8
电影	13	64	208	10	4	1
文化艺术业	1159	3707	19745	284	473	23

4－B－1　续表 3－5

单位：个、万元、人

指 标 名 称	工会经费	福利费	对个人和家庭的补助			
				抚恤金	生活补助	救济费
文艺创作与表演	230	596	4788	76	77	
艺术表演场馆	85	169	1501	11	27	
图书馆与档案馆	254	787	4213	33	115	4
文物及文化保护	68	301	889	61	27	17
博物馆	152	401	2498	21	16	1
烈士陵园、纪念馆	36	109	716	34	7	
群众文化活动	314	1212	4748	44	201	1
文化艺术经纪代理	...	29	3			
其他文化艺术	21	106	389	4	4	
体　育	260	416	4488	11	19	3
体育组织	90	201	3024	10	16	...
体育场馆	130	157	762		3	...
其他体育	41	58	702	1		2
娱乐业	37	71	409	3	37	
室内娱乐活动	1	...	27		...	
游乐园	21	33	217	3	1	
休闲健身娱乐活动	3	7	9			
其他娱乐活动	12	32	156		36	
公共管理和社会组织	**63186**	**243605**	**1403470**	**56450**	**127224**	**93036**
中国共产党机关	1607	6916	39337	643	2878	508
中国共产党机关	1607	6916	39337	643	2878	508
国家机构	58736	184504	1300899	54853	113171	89918
国家权力机构	462	1569	11852	144	159	8
国家行政机构	55146	173907	1248152	54339	112406	89490
人民法院和人民检察院	2960	8763	36931	302	526	419
其他国家机构	168	265	3964	68	81	
人民政协和民主党派	351	1395	9939	207	135	39
人民政协	271	865	7804	170	114	38
民主党派	80	529	2135	37	21	1
群众团体、社会团体和宗教组织	1619	4264	22258	142	1874	1569
群众团体	1422	2733	15619	107	1433	899
社会团体	195	1479	6411	35	440	621
宗教组织	2	52	229	...	1	50
基层群众自治组织	873	46526	31038	604	9166	1001
社区自治组织	450	14324	6101	195	2297	162
村民自治组织	424	32202	24937	409	6868	840

4－B－1 续表4－1

单位：个、万元、人

指标名称	助学金	退职(役)费	经营支出	经营税金	全部就业人员年平均人数
总计	**235380**	**26698**	**569299**	**57828**	**1602081**
一、按登记注册类型分					
内资	**234458**	**26697**	**569051**	**57828**	**1601209**
国有	224827	24997	460092	49240	1452191
集体	3023	704	35308	3274	65883
股份合作企业	409	6	150	1	3348
联营企业	85	3	114	23	735
国有联营	17		55	23	317
集体联营	29		46		163
国有与集体联营			10		127
其他联营	39	3	3	1	128
有限责任公司	15	5	984	2	1148
其他有限责任公司	15	5	984	2	1148
股份有限公司			265		24
私营企业	642	20	3413	218	7660
私营独资	552	19	2480	93	5022
私营合伙	90	1	728	58	2231
私营有限责任公司			205	67	407
其他	5457	962	68725	5070	70220
港澳台商投资	**8**	**1**	**98**		**351**
与港澳台商合作经营	8				326
港澳台商独资		1	98		25
外商投资	**914**		**150**		**521**
中外合作经营	914		150		521
二、按国民经济行业(门类、大类、中类)分					
交通运输、仓储和邮政业	**8**	**357**	**7605**	**338**	**18969**
道路运输业	8	286	4420	194	16491
公路旅客运输			65	10	20
道路货物运输			8	6	16
道路运输辅助活动	8	286	4347	178	16455
城市公共交通业					3
轨道交通					3
水上运输业		19	117	42	1602
水上运输辅助活动		19	117	42	1602
航空运输业		53	2786	10	679
航空运输辅助活动		53	2786	10	679
装卸搬运和其他运输服务业					3

4－B－1　续表4－2

单位：个、万元、人

指标名称	助学金	退职(役)费	经营支出	经营税金	全部就业人员年平均人数
装卸搬运					3
仓储业			282	93	191
谷物、棉花等农产品仓储			178	…	72
其他仓储			104	93	119
信息传输、计算机服务和软件业	**6**	**50**	**4261**	**2385**	**5629**
电信和其他信息传输服务业	6	50	2737	2011	5046
电　信			762	24	121
互联网信息服务			714	55	118
广播电视传输服务	6	50	1262	1933	4807
计算机服务业			1306	345	577
计算机系统服务			80	13	106
数据处理			1208	329	381
计算机维修				2	34
其他计算机服务			18	1	56
软件业			218	28	6
公共软件服务			218	28	6
租赁和商务服务业	**265**	**164**	**33721**	**8464**	**20999**
租赁业			88	24	40
机械设备租赁			88	24	40
商务服务业	265	164	33633	8440	20959
企业管理服务	241	143	20886	3806	9962
法律服务	1	…	2293	1516	1597
咨询与调查		6	731	348	2729
广告业			354	210	46
知识产权服务			1461	115	113
职业中介服务	19	7	2556	459	1369
市场管理	3	1	4501	1804	2871
旅行社					36
其他商务服务	1	6	851	182	2236
科学研究、技术服务和地质勘查业	**117**	**1176**	**86825**	**16081**	**39924**
研究与试验发展	63	748	12330	1827	9013
自然科学研究与试验发展		542	1413	664	1084
工程和技术研究与试验发展	13		8384	644	1887
农业科学研究与试验发展	50	67	1277	300	3875
医学研究与试验发展		41	381	20	616
社会人文科学研究与试验发展		98	875	198	1551

4－B－1 续表4－3 单位：个、万元、人

指 标 名 称			经营支出	经营税金	全部就业人员年平均人数
	助学金	退职(役)费			
专业技术服务业	35	249	60807	10544	20901
气象服务	...	27	7240	1084	1980
地震服务			3	54	123
海洋服务		1		45	157
测绘服务	1		7079	1419	1498
技术检测	2	98	10630	1926	6092
环境监测	6	47	2027	446	2752
工程技术与规划管理	26	77	33619	5524	7997
其他专业技术服务	1		208	47	302
科技交流和推广服务业	19	167	3693	3222	6214
技术推广服务	18	166	2837	1469	5575
科技中介服务	...	1	775	1734	428
其他科技服务			81	18	211
地质勘查业		11	9996	487	3796
矿产地质勘查		11	8371	190	1949
基础地质勘查			1409	147	581
地质勘查技术服务			215	151	1266
水利、环境和公共设施管理业	**37**	**262**	**32213**	**2795**	**57781**
水利管理业	20	54	9888	688	6584
防洪管理	2	7	608	94	1231
水资源管理	7	23	6446	344	4028
其他水利管理	11	24	2833	251	1325
环境管理业	16	168	6090	613	38943
自然保护	3		598	315	1423
环境治理	13	168	5492	299	37520
公共设施管理业	2	40	16235	1493	12254
市政公共设施管理	2	29	9587	215	2959
城市绿化管理	...	6	2596	232	4762
游览景区管理	...	5	4053	1046	4533
居民服务和其他服务业	**2**	**46**	**6453**	**159**	**5864**
居民服务业	2	42	6061	154	4891
家庭服务					6
托儿所			231		109
婚姻服务					4
殡葬服务	2	36	5458	127	2568
摄影扩印服务			102	1	18

4－B－1 续表4－4

单位：个、万元、人

指标名称	助学金	退职（役）费	经营支出	经营税金	全部就业人员年平均人数
其他居民服务		6	270	26	2186
其他服务业	1	3	392	6	973
修理与维护			108		143
清洁服务	…	3	267	6	606
其他未列明的服务	1		17		224
教　育	**217907**	**7353**	**51371**	**4236**	**570391**
教　育	217907	7353	51371	4236	570391
学前教育	208	118	2424	47	33921
初等教育	24885	3751	8619	68	191472
中等教育	75799	3034	12643	339	249603
高等教育	113791	240	6534	1573	77363
其他教育	3224	209	21152	2208	18032
卫生、社会保障和社会福利业	**140**	**1044**	**203887**	**1380**	**266682**
卫　生	51	998	200067	1233	256999
医　院	8	432	149171	473	176659
卫生院及社区医疗活动	18	461	37493	494	58788
门诊部医疗活动			7106	74	2799
计划生育技术服务活动	12	41	1181	18	2028
妇幼保健活动		41	4263	23	6877
专科疾病防治活动			85	1	995
疾病预防控制及防疫活动	14	22	730	150	6881
其他卫生活动			38		1972
社会保障业	1	17	1351	101	4112
社会保障业	1	17	1351	101	4112
社会福利业	88	28	2469	46	5571
提供住宿的社会福利	10	20	928	30	4313
不提供住宿的社会福利	78	8	1541	16	1258
文化、体育和娱乐业	**1654**	**275**	**42954**	**10741**	**36181**
新闻出版业	…	8	19680	2321	3262
新闻业		3	1830	147	497
出版业	…	5	17850	2175	2765
广播、电视、电影和音像业	8	99	18901	6562	15021
广　播		1	5615	411	1119
电　视	8	99	13117	6105	13616
电　影			168	47	286
文化艺术业	7	137	3439	1375	15554

4-B-1 续表4-5

单位:个、万元、人

指标名称	助学金	退职(役)费	经营支出	经营税金	全部就业人员年平均人数
文艺创作与表演		14	633	259	3038
艺术表演场馆		1	206	144	1054
图书馆与档案馆	...	23	533	220	3738
文物及文化保护	...	36	308	113	954
博物馆	1	6	381	89	1956
烈士陵园、纪念馆	4		43		280
群众文化活动	2	52	1285	537	4088
文化艺术经纪代理					15
其他文化艺术		5	51	13	431
体　育	1639	31	651	395	1773
体育组织	1291	28	143	47	758
体育场馆	40	3	360	339	562
其他体育	308		147	9	453
娱乐业		...	284	87	571
室内娱乐活动					19
游乐园		...	193	86	215
休闲健身娱乐活动			6	1	24
其他娱乐活动			84		313
公共管理和社会组织	**15245**	**15972**	**100010**	**11250**	**579661**
中国共产党机关	143	424	39	2	16832
中国共产党机关	143	424	39	2	16832
国家机构	14023	14693	71234	8243	525489
国家权力机构	6	137	94		4740
国家行政机构	13982	14495	70460	8044	496536
人民法院和人民检察院	29	50	227	1	22143
其他国家机构	6	12	453	199	2070
人民政协和民主党派	37	141			3287
人民政协	30	35			2650
民主党派	7	106			637
群众团体、社会团体和宗教组织	257	185	4924	80	8239
群众团体	182	96	2861	34	5099
社会团体	24	89	2055	38	2846
宗教组织	50		8	8	294
基层群众自治组织	787	530	23814	2925	25814
社区自治组织	95	200	5978	1648	10225
村民自治组织	691	330	17836	1277	15589

注:本表按有填写财务表且执行行政事业会计制度的单位统计。

4－B－2　按地区分组的行政事业单位财务状况

单位：个、万元、人

地　区	法人单位	固定资产原　价	本年收入合　计	财政拨款	事业收入	经营收入
总　计	**32769**	**34281935**	**37013227**	**20971823**	**10373398**	**1267424**
杭州市	6936	9958421	11661624	6198053	3262202	351911
宁波市	4868	6605180	6152303	3713632	1517807	252307
温州市	3944	3231835	4024714	2353908	1247199	62175
嘉兴市	2700	2021252	2098761	1259013	547525	123240
湖州市	1635	1413661	1602464	883623	493379	40578
绍兴市	2169	3468142	2982027	1750712	890456	94718
金华市	3070	2352554	2424788	1393776	652320	192005
衢州市	1552	931955	1066284	625239	281967	38651
舟山市	1060	944490	881467	497528	253927	18885
台州市	2798	2430981	2812768	1552265	904623	60563
丽水市	2037	923465	1306027	744074	321992	32393

4－B－2 续表1 单位：个、万元、人

地区	本年支出合计	工资福利支出	商品和服务支出	取暖费（降温费）	劳务费	差旅费	出国费	工会经费	福利费
总计	**34436410**	**9722383**	**12364490**	**24310**	**449836**	**272212**	**41211**	**132862**	**435750**
杭州市	10626596	2269229	4402481	3213	194574	88471	17992	32771	136601
宁波市	5757966	1686270	2072604	6019	70441	42371	7048	24714	66452
温州市	3770804	1276551	1281090	2295	42076	29666	6920	20783	38818
嘉兴市	2104958	677757	717268	595	24835	10200	1191	6749	20085
湖州市	1498520	441269	471101	2306	13301	10363	1216	4263	20759
绍兴市	2723824	773707	733377	1180	18716	14205	1117	11115	50549
金华市	2218471	748755	764493	5137	22141	16509	1474	10909	28128
衢州市	1030435	356534	296108	1919	10079	6687	528	4082	35138
舟山市	856467	264971	312533	243	6728	17280	1303	2367	4251
台州市	2652297	838007	937636	772	35367	24988	1934	10891	27653
丽水市	1196073	389335	375800	631	11577	11472	487	4219	7317

4-B-2 续表2

单位:个、万元、人

地 区	对个人和家庭的补助	抚恤金	生活补助	救济费	助学金	退职(役)费	经营支出	经营税金	全部就业人员年平均人数
总 计	**2805211**	**72759**	**164624**	**98691**	**235380**	**26698**	**569299**	**57828**	**1602081**
杭州市	846197	13399	39417	17771	82565	4094	120193	28300	357491
宁波市	447630	14859	37388	31670	37590	3394	110636	8522	230654
温州市	277403	7532	22886	7210	19204	2140	33803	2358	215003
嘉兴市	143710	1155	5114	1784	14688	1083	78528	2719	116006
湖州市	112888	3259	4012	3775	10988	377	26773	2073	76134
绍兴市	200179	7829	10232	7222	18546	3024	45723	5638	125438
金华市	202615	5969	10984	7243	17077	5108	81254	2883	141095
衢州市	118466	5833	6210	3668	6512	2407	19147	969	63379
舟山市	90142	1468	4860	2988	5907	912	7790	650	44357
台州市	248803	7371	13306	11310	14062	2149	21924	3053	155765
丽水市	117178	4087	10217	4053	8243	2010	23529	664	76759

注:本表按有填写财务表且执行行政事业会计制度的单位统计。

4－B－3 杭州市按登记注册类型和行业(门类、大类、中类)分组的行政事业单位财务状况

单位：个、万元、人

指标名称	法人单位	固定资产原价	本年收入合计	财政拨款	事业收入	经营收入
总计	**6936**	**9958421**	**11661624**	**6198053**	**3262202**	**351911**
一、按登记注册类型分						
内资	**6935**	**9957923**	**11660648**	**6198053**	**3261226**	**351911**
国有	4078	8305280	10210231	5835778	2973236	188182
集体	412	247081	263913	85201	104743	49050
股份合作企业	13	48747	44956	1300	41680	1012
联营企业	6	1386	890	29	780	55
国有联营	3	366	514		432	55
集体联营	1	325	143		143	
国有与集体联营	1	1	5	5		
其他联营	1	694	228	24	204	
有限责任公司	8	9660	14442	12747	199	1478
其他有限责任公司	8	9660	14442	12747	199	1478
私营企业	24	12978	7020	99	5179	1055
私营独资	11	7702	2999	4	2062	727
私营合伙	8	5024	3427	95	2694	202
私营有限责任公司	5	252	594		423	126
其他	2394	1332791	1119196	262900	135410	111079
港澳台商投资	**1**	**498**	**977**		**977**	
与港澳台商合作经营	1	498	977		977	
二、按国民经济行业(门类、大类、中类)分						
交通运输、仓储和邮政业	**38**	**89833**	**107897**	**67577**	**14889**	**3295**
道路运输业	26	49817	96484	64539	7749	2462
公路旅客运输	1	553	423	10	211	165
道路运输辅助活动	25	49264	96061	64529	7538	2297
城市公共交通业	1	126	118	82		
轨道交通	1	126	118	82		
水上运输业	6	16487	5752	2801	1894	695
水上运输辅助活动	6	16487	5752	2801	1894	695
航空运输业	1	22461	4902		4902	
航空运输辅助活动	1	22461	4902		4902	
仓储业	4	943	641	155	345	138
谷物、棉花等农产品仓储	2	442	184	155	29	

4－B－3 续表1－1

单位：个、万元、人

指 标 名 称	法人单位	固定资产原价	本年收入合计	财政拨款	事业收入	经营收入
其他仓储	2	501	457		315	138
信息传输、计算机服务和软件业	**27**	**31314**	**27555**	**15836**	**3251**	**2680**
电信和其他信息传输服务业	10	14106	7926	3493	421	1669
电 信	2	3313	2818	1607	80	713
互联网信息服务	3	527	1509	551		956
广播电视传输服务	5	10267	3599	1334	341	
计算机服务业	17	17208	19630	12343	2830	1011
计算机系统服务	4	4273	5072	4293	347	
数据处理	12	12935	14472	8051	2397	1011
计算机维修	1		86		86	
租赁和商务服务业	**482**	**339194**	**189760**	**62498**	**39078**	**53530**
租赁业	1	2572	370			370
机械设备租赁	1	2572	370			370
商务服务业	481	336622	189390	62498	39078	53161
企业管理服务	340	281145	133406	46258	19337	37912
法律服务	37	4931	10709	1065	6559	3019
咨询与调查	36	14843	10899	6061	2270	2050
知识产权服务	5	2098	2821	32	270	2381
职业中介服务	30	5422	12220	2953	4887	3729
市场管理	17	20816	11199	1527	4345	2638
旅行社	1	155	317	155		
其他商务服务	15	7212	7820	4447	1412	1432
科学研究、技术服务和地质勘查业	**323**	**317508**	**1134279**	**794296**	**159091**	**44883**
研究与试验发展	63	138843	202851	104065	61917	6101
自然科学研究与试验发展	9	36596	54161	27704	12414	1804
工程和技术研究与试验发展	11	22514	27261	5646	19331	1652
农业科学研究与试验发展	17	60629	80868	52077	20402	955
医学研究与试验发展	5	10656	18743	4898	5766	292
社会人文科学研究与试验发展	21	8448	21818	13740	4004	1398
专业技术服务业	165	136196	854584	640632	83797	30068
气象服务	13	3957	5797	2888	49	1426
地震服务	3	2366	2926	1823		1100
海洋服务	2	971	1850	1292	87	

4－B－3 续表1－2

单位：个、万元、人

指 标 名 称	法人单位	固定资产原价	本年收入合计	财政拨款	事业收入	经营收入
测绘服务	10	6781	22122	6182	8115	6485
技术检测	43	53472	63034	28891	17699	10355
环境监测	14	31051	29124	15380	4152	2111
工程技术与规划管理	80	37598	729731	584176	53696	8592
科技交流和推广服务业	84	32688	48291	32539	8322	3909
技术推广服务	69	27668	38783	28966	6294	1595
科技中介服务	10	3546	6842	1551	1828	2314
其他科技服务	5	1474	2667	2022	200	
地质勘查业	11	9782	28553	17060	5056	4807
矿产地质勘查	4	3912	10934	8741		1652
基础地质勘查	4	2379	3599	1307	1640	493
地质勘查技术服务	3	3491	14020	7011	3416	2662
水利、环境和公共设施管理业	**182**	**188860**	**539944**	**324723**	**53313**	**14081**
水利管理业	55	66053	73875	63239	8330	801
防洪管理	17	26345	56720	51041	4919	676
水资源管理	25	35758	10668	7180	2370	123
其他水利管理	13	3950	6487	5018	1042	1
环境管理业	74	47564	92479	62936	13627	4877
自然保护	9	9548	7265	3462	2765	691
环境治理	65	38016	85214	59474	10862	4187
公共设施管理业	53	75243	373591	198549	31356	8403
市政公共设施管理	23	8417	298576	166966	6297	1788
城市绿化管理	16	6772	26536	14552	1079	4905
游览景区管理	14	60055	48479	17031	23980	1710
居民服务和其他服务业	**63**	**23202**	**37195**	**9975**	**14849**	**7536**
居民服务业	52	20089	28204	9415	10857	5839
婚姻服务	1	2	12	4	6	
殡葬服务	18	18082	15904	855	9183	5664
其他居民服务	33	2006	12288	8556	1668	175
其他服务业	11	3113	8991	560	3992	1697
修理与维护	1	17	1060	518	77	162
清洁服务	9	2971	7752	42	3736	1535
其他未列明的服务	1	125	179		179	

4－B－3 续表1－3

单位：个、万元、人

指标名称	法人单位	固定资产原价	本年收入合计	财政拨款	事业收入	经营收入
教育	**1410**	**3741914**	**2424989**	**1154524**	**860206**	**31277**
教育	1410	3741914	2424989	1154524	860206	31277
学前教育	233	49114	53562	23748	25099	1355
初等教育	474	351367	308966	261819	25587	1217
中等教育	414	838329	469827	315146	107627	2694
高等教育	78	2345036	1462787	488734	662711	11022
其他教育	211	158068	129847	65077	39182	14990
卫生、社会保障和社会福利业	**606**	**1532360**	**2021889**	**222013**	**1690819**	**73873**
卫生	473	1470200	1954873	170881	1682900	73362
医院	91	1299994	1617647	93289	1476313	34222
卫生院及社区医疗活动	223	80470	202102	22799	147279	23886
门诊部医疗活动	73	7946	21802	5235	6066	10360
计划生育技术服务活动	16	6819	6144	4231	1806	
妇幼保健活动	10	18873	29259	3023	22175	3969
专科疾病防治活动	4	7933	8021	4017	3987	
疾病预防控制及防疫活动	43	31487	57085	34966	16057	911
其他卫生活动	13	16678	12814	3321	9218	15
社会保障业	43	18789	33280	30322	400	84
社会保障业	43	18789	33280	30322	400	84
社会福利业	90	43371	33736	20810	7518	427
提供住宿的社会福利	53	37324	19017	13774	2522	427
不提供住宿的社会福利	37	6048	14718	7036	4997	
文化、体育和娱乐业	**268**	**279554**	**246753**	**125506**	**89701**	**10829**
新闻出版业	58	17235	37209	6146	21143	7661
新闻业	10	1308	3244	754	902	1589
出版业	48	15926	33965	5392	20242	6072
广播、电视、电影和音像业	12	60561	61183	8423	48375	149
广播	1	550	458	458		
电视	8	58806	60213	7965	47901	111
电影	3	1205	512		474	38
文化艺术业	169	164519	114794	84565	13992	2437
文艺创作与表演	24	19192	21876	16332	3302	298
艺术表演场馆	9	17677	5312	2367	1663	30

4－B－3 续表1－4

单位：个、万元、人

指 标 名 称	法人单位	固定资产原价	本年收入合计	财政拨款	事业收入	经营收入
图书馆与档案馆	31	62277	27037	20577	1126	667
文物及文化保护	8	3168	8765	5553	39	54
博物馆	16	38461	30159	28306	489	120
烈士陵园、纪念馆	3	3421	1189	1007	5	
群众文化活动	70	19728	17890	8319	7022	1195
其他文化艺术	8	596	2568	2103	346	72
体 育	22	32573	30643	25368	4330	558
体育组织	12	25720	23644	22576	765	4
体育场馆	5	5858	5633	1797	3325	511
其他体育	5	995	1367	996	240	44
娱乐业	7	4666	2924	1004	1861	24
室内娱乐活动	1		22	22		
游乐园	1	2351	1657	734	923	
休闲健身娱乐活动	2	3	27	2	25	
其他娱乐活动	3	2311	1219	247	913	24
公共管理和社会组织	**3537**	**3414683**	**4931364**	**3421106**	**337005**	**109925**
中国共产党机关	133	32638	117357	106634	34	145
中国共产党机关	133	32638	117357	106634	34	145
国家机构	1467	2395860	4354826	3151778	299371	24501
国家权力机构	13	7340	16046	15564		
国家行政机构	1409	2280460	4259565	3060974	298353	24501
人民法院和人民检察院	36	104450	75850	72909	12	
其他国家机构	9	3610	3366	2330	1006	
人民政协和民主党派	30	14026	21787	21527	55	
人民政协	12	11775	14971	14894		
民主党派	18	2251	6816	6633	55	
群众团体、社会团体和宗教组织	184	63040	102811	77358	5532	635
群众团体	86	40087	69855	51203	658	136
社会团体	93	22309	32022	25759	4359	499
宗教组织	5	643	933	396	516	
基层群众自治组织	1723	909119	334583	63809	32014	84644
社区自治组织	530	296581	117118	31913	11991	35345
村民自治组织	1193	612539	217465	31896	20023	49299

4－B－3　续表2－1

单位：个、万元、人

指标名称	本年支出 合计	工资福利支出	商品和服务支出	取暖费（降温费）	劳务费	差旅费
总　计	**10626596**	**2269229**	**4402481**	**3213**	**194574**	**88471**
一、按登记注册类型分						
内　资	**10625995**	**2268921**	**4402190**	**3213**	**194574**	**88456**
国　有	9628101	2054630	4057077	2381	163792	82699
集　体	216063	67569	100531	114	5720	1244
股份合作企业	42266	9894	30549		1128	21
联营企业	888	447	393		1	13
国有联营	493	212	233		1	3
集体联营	142	130	12			
国有与集体联营	5	5				
其他联营	248	100	148			10
有限责任公司	18416	235	1267		1	8
其他有限责任公司	18416	235	1267		1	8
私营企业	5934	2741	2748		312	128
私营独资	2495	1145	1007		273	27
私营合伙	2884	1443	1376		40	8
私营有限责任公司	555	153	365		...	94
其　他	714327	133405	209625	719	23619	4344
港澳台商投资	**600**	**308**	**291**			**15**
与港澳台商合作经营	600	308	291			15
二、按国民经济行业（门类、大类、中类）分						
交通运输、仓储和邮政业	**81365**	**17916**	**9650**	**25**	**287**	**400**
道路运输业	67072	12530	6301	22	246	347
公路旅客运输	384	40	7			3
道路运输辅助活动	66688	12490	6294	22	246	344
城市公共交通业	93	26	67			...
轨道交通	93	26	67			...
水上运输业	4881	2132	1987	4	40	21
水上运输辅助活动	4881	2132	1987	4	40	21
航空运输业	8741	2961	1184			27
航空运输辅助活动	8741	2961	1184			27
仓储业	578	268	111		1	5
谷物、棉花等农产品仓储	152	53	65		1	4

4－B－3 续表2－2 单位：个、万元、人

指 标 名 称	本年支出 合 计	工资福利 支 出	商品和 服务支出	取暖费 （降温费）	劳务费	差旅费
其他仓储	426	215	46			1
信息传输、计算机服务和软件业	**21482**	**5201**	**10015**	**1**	**240**	**240**
电信和其他信息传输服务业	7777	2423	3017	1	23	38
电 信	1815	674	540		6	4
互联网信息服务	1991	231	973	1	6	8
广播电视传输服务	3971	1519	1504		11	26
计算机服务业	13705	2778	6998		217	202
计算机系统服务	2808	297	1126		1	12
数据处理	10822	2434	5865		216	189
计算机维修	75	47	7			
租赁和商务服务业	**145626**	**31506**	**64990**	**50**	**4864**	**1455**
租赁业	404	125	106			1
机械设备租赁	404	125	106			1
商务服务业	145222	31382	64884	50	4864	1454
企业管理服务	97759	16514	42589	29	3244	704
法律服务	9224	4209	4456	3	35	296
咨询与调查	9772	3216	4916	3	288	167
知识产权服务	2163	435	1482	1	354	28
职业中介服务	9159	1768	5026	1	285	95
市场管理	9307	3320	3403	6	351	82
旅行社	311	54	68			1
其他商务服务	7527	1867	2943	8	307	82
科学研究、技术服务和地质勘查业	**921715**	**85891**	**189749**	**188**	**13631**	**8332**
研究与试验发展	169508	32653	93875	89	8280	3692
自然科学研究与试验发展	42567	6343	29861	4	1982	915
工程和技术研究与试验发展	24064	5695	15755	14	648	628
农业科学研究与试验发展	72542	13480	35123	70	4475	1556
医学研究与试验发展	11505	3055	5321		18	119
社会人文科学研究与试验发展	18831	4080	7815	1	1157	473
专业技术服务业	688013	40018	75618	47	4449	3472
气象服务	5138	1578	1729	1	60	129
地震服务	2935	817	1396		34	117
海洋服务	1347	186	1116		36	25

4－B－3 续表2－3 单位：个、万元、人

指标名称	本年支出合计	工资福利支出	商品和服务支出	取暖费（降温费）	劳务费	差旅费
测绘服务	17855	3822	6127	2	374	664
技术检测	52359	16121	19144	5	955	1034
环境监测	18837	3411	7644	1	804	396
工程技术与规划管理	589542	14084	38461	38	2186	1107
科技交流和推广服务业	41478	7601	13399	9	473	641
技术推广服务	32641	6231	9013	8	453	571
科技中介服务	4768	717	1264	1	4	43
其他科技服务	4069	653	3122		16	27
地质勘查业	22717	5620	6857	44	429	527
矿产地质勘查	8778	1806	911	11	20	66
基础地质勘查	3402	753	1145	33	243	77
地质勘查技术服务	10537	3061	4801		167	385
水利、环境和公共设施管理业	**426421**	**51027**	**142344**	**33**	**6553**	**1042**
水利管理业	64251	6844	11001	6	751	472
防洪管理	50765	3309	3709	2	196	73
水资源管理	8578	2206	4776	4	510	333
其他水利管理	4908	1329	2516	1	45	66
环境管理业	83266	26201	27755	17	4973	268
自然保护	6625	2207	3192		34	118
环境治理	76641	23995	24564	17	4939	150
公共设施管理业	278904	17982	103588	10	830	302
市政公共设施管理	209586	4317	85489	5	145	89
城市绿化管理	25611	4158	6259	3	71	43
游览景区管理	43706	9507	11840	1	613	171
居民服务和其他服务业	**31438**	**9751**	**14184**	**15**	**1141**	**224**
居民服务业	24504	8545	10770	15	999	170
婚姻服务	14	5	9			
殡葬服务	13235	2998	6733	1	244	122
其他居民服务	11256	5543	4028	14	756	48
其他服务业	6934	1206	3414		142	54
修理与维护	1073	208	717		123	1
清洁服务	5685	844	2687		15	53
其他未列明的服务	176	154	10		4	1

4－B－3 续表2－4

单位：个、万元、人

指标名称	本年支出合计	工资福利支出	商品和服务支出	取暖费（降温费）	劳务费	差旅费
教育	**2215137**	**774751**	**716750**	**687**	**85839**	**32921**
教育	2215137	774751	716750	687	85839	32921
学前教育	49205	26321	12662	24	1701	236
初等教育	305451	165974	54603	442	3349	1176
中等教育	465454	232050	109719	114	5074	2806
高等教育	1270336	311005	487168	37	71927	26743
其他教育	124691	39401	52598	70	3788	1960
卫生、社会保障和社会福利业	**1933191**	**413879**	**1346537**	**604**	**13067**	**2727**
卫生	1869965	401983	1322792	599	11494	2391
医院	1557366	321820	1124799	489	5818	1169
卫生院及社区医疗活动	187705	48555	125224	103	3684	336
门诊部医疗活动	19041	4810	8364	2	617	29
计划生育技术服务活动	6310	1243	3879	1	19	41
妇幼保健活动	27397	8113	17380	5	258	71
专科疾病防治活动	7372	2873	3493		164	156
疾病预防控制及防疫活动	52606	11353	33070		606	471
其他卫生活动	12170	3215	6584	...	328	118
社会保障业	32987	5270	9248	1	350	173
社会保障业	32987	5270	9248	1	350	173
社会福利业	30239	6627	14497	3	1223	163
提供住宿的社会福利	17921	4403	8242	3	195	83
不提供住宿的社会福利	12318	2224	6254	1	1028	80
文化、体育和娱乐业	**219642**	**51871**	**100356**	**260**	**5845**	**3172**
新闻出版业	34298	7802	20508	6	2323	364
新闻业	3182	901	633	2	145	33
出版业	31116	6901	19875	4	2178	331
广播、电视、电影和音像业	58350	13109	19777		831	502
广播	353	95	213		...	9
电视	57494	12773	19401		830	492
电影	504	241	163		1	1
文化艺术业	99057	26292	41734	55	2242	1878
文艺创作与表演	23453	8277	7835	3	837	1184
艺术表演场馆	5327	1594	2486		285	57

4－B－3 续表2－5 单位：个、万元、人

指标名称	本年支出合计	工资福利支出	商品和服务支出	取暖费（降温费）	劳务费	差旅费
图书馆与档案馆	21666	5712	5969	12	241	135
文物及文化保护	5544	911	4058	1	7	20
博物馆	22143	4184	11841	6	106	277
烈士陵园、纪念馆	1203	314	655		15	20
群众文化活动	17203	4692	7292	32	629	126
其他文化艺术	2519	608	1599	1	123	60
体育	25204	3944	17337	198	428	412
体育组织	20014	2365	15032		235	371
体育场馆	3862	1113	1678	9	167	28
其他体育	1328	467	627	189	26	13
娱乐业	2733	724	1001	2	22	17
室内娱乐活动	20	15	3			...
游乐园	1429	582	330		17	3
休闲健身娱乐活动	27	14	13		1	1
其他娱乐活动	1257	113	655	2	4	13
公共管理和社会组织	**4630579**	**827435**	**1807907**	**1350**	**63108**	**37959**
中国共产党机关	111744	24200	67842	6	2979	2942
中国共产党机关	111744	24200	67842	6	2979	2942
国家机构	4169527	724540	1572459	828	42253	30952
国家权力机构	17352	5301	8197	1	60	779
国家行政机构	4077148	689257	1534804	811	41463	28478
人民法院和人民检察院	71853	29539	27175	16	578	1588
其他国家机构	3174	444	2282	...	152	107
人民政协和民主党派	22012	6187	10349		123	762
人民政协	15169	4151	7194		30	555
民主党派	6843	2036	3155		92	208
群众团体、社会团体和宗教组织	94137	14345	45836	9	1549	1104
群众团体	63568	9648	32343	1	438	660
社会团体	30107	4540	13264	9	1111	429
宗教组织	463	158	229			15
基层群众自治组织	233160	58163	111422	507	16204	2199
社区自治组织	80085	26747	36080	174	3441	618
村民自治组织	153075	31416	75342	334	12763	1582

4－B－3 续表3－1 单位：个、万元、人

指标名称	出国费	工会经费	福利费	对个人和家庭的补助	抚恤金	生活补助
总计	**17992**	**32771**	**136601**	**846197**	**13399**	**39417**
一、按登记注册类型分						
内资	**17992**	**32766**	**136330**	**846196**	**13399**	**39416**
国有	17590	30154	91451	794814	12631	32238
集体	20	858	6537	11292	257	739
股份合作企业		49	168	1273	1	2
联营企业		4	15	34		1
国有联营		2	3	34		1
集体联营			12			
国有与集体联营						
其他联营		2				
有限责任公司		17	20	5		5
其他有限责任公司		17	20	5		5
私营企业		15	100	130		...
私营独资		13	49	91		
私营合伙		2	42	34		...
私营有限责任公司			9	4		
其他	382	1669	38039	38649	511	6431
港澳台商投资		**5**	**271**	**1**		**1**
与港澳台商合作经营		5	271	1		1
二、按国民经济行业(门类、大类、中类)分						
交通运输、仓储和邮政业	**21**	**260**	**1231**	**4465**	**83**	**98**
道路运输业	16	166	754	3245	56	91
公路旅客运输		1	3			
道路运输辅助活动	16	165	751	3245	56	91
城市公共交通业						
轨道交通						
水上运输业		44	128	415	3	6
水上运输辅助活动		44	128	415	3	6
航空运输业		47	332	719	24	1
航空运输辅助活动		47	332	719	24	1
仓储业	5	4	17	86		
谷物、棉花等农产品仓储	5	1		34		

4－B－3 续表 3－2

单位：个、万元、人

指标名称	出国费	工会经费	福利费	对个人和家庭的补助	抚恤金	生活补助
其他仓储		3	17	52		
信息传输、计算机服务和软件业	**58**	**67**	**232**	**983**		**30**
电信和其他信息传输服务业	1	24	172	326		1
电　信	1	11	29	155		
互联网信息服务			12	44		
广播电视传输服务		13	131	127		1
计算机服务业	57	43	60	656		29
计算机系统服务	33	5	9	64		
数据处理	24	38	52	591		28
计算机维修		1		1		1
租赁和商务服务业	**153**	**397**	**5806**	**10093**	**92**	**550**
租赁业		2	15	7	5	2
机械设备租赁		2	15	7	5	2
商务服务业	153	395	5790	10086	87	547
企业管理服务	98	226	5070	8065	39	508
法律服务	6	30	121	134		3
咨询与调查	21	43	119	989	14	5
知识产权服务		5	39	45		2
职业中介服务	10	39	150	227	32	18
市场管理	4	20	167	337	1	11
旅行社		1	1	31		
其他商务服务	13	32	124	257	1	…
科学研究、技术服务和地质勘查业	**1082**	**1607**	**4920**	**40801**	**396**	**2890**
研究与试验发展	626	490	1362	17182	201	183
自然科学研究与试验发展	479	42	108	2981	36	56
工程和技术研究与试验发展		88	217	1308		60
农业科学研究与试验发展	46	235	535	9240	142	63
医学研究与试验发展	36	40	263	1723	17	3
社会人文科学研究与试验发展	64	85	239	1930	7	1
专业技术服务业	401	888	2779	11212	141	671
气象服务		46	16	422	1	7
地震服务	4	12	39	243	1	
海洋服务		4	5	45		…

4-B-3 续表3-3

单位：个、万元、人

指标名称	出国费	工会经费	福利费	对个人和家庭的补助	抚恤金	生活补助
测绘服务		84	117	1423	9	63
技术检测	69	245	1233	3726	16	44
环境监测	38	96	126	1345	49	19
工程技术与规划管理	291	401	1243	4008	67	538
科技交流和推广服务业	53	143	379	4161	32	210
技术推广服务	36	113	328	3806	32	210
科技中介服务	6	9	37	116		
其他科技服务	11	21	13	240		
地质勘查业	3	87	402	8247	22	1825
矿产地质勘查		28	149	5457	9	1814
基础地质勘查	3	19	175	920	5	9
地质勘查技术服务		40	77	1870	8	2
水利、环境和公共设施管理业	**100**	**1033**	**2091**	**11338**	**99**	**167**
水利管理业	47	164	411	1789	19	37
防洪管理	22	82	126	834	11	15
水资源管理	3	57	147	713	5	17
其他水利管理	22	26	139	243	3	5
环境管理业	20	479	1041	4621	17	45
自然保护	8	56	78	893	1	10
环境治理	12	423	962	3728	15	35
公共设施管理业	33	390	639	4928	63	86
市政公共设施管理	5	49	123	878		20
城市绿化管理		105	199	1257	60	56
游览景区管理	29	236	317	2792	3	11
居民服务和其他服务业	**11**	**177**	**452**	**1270**	**14**	**27**
居民服务业	11	154	391	1078	13	17
婚姻服务						
殡葬服务	8	82	192	442	10	13
其他居民服务	3	73	199	635	3	4
其他服务业		23	61	192	1	10
修理与维护		5	5	40		5
清洁服务		16	54	141	1	5
其他未列明的服务		2	2	12		

4－B－3 续表3－4

单位：个、万元、人

指 标 名 称	出国费	工会经费	福利费	对个人和家庭的补助	抚恤金	生活补助
教 育	**5144**	**10183**	**19832**	**318832**	**2430**	**3326**
教 育	5144	10183	19832	318832	2430	3326
学前教育	22	448	1327	5314	47	141
初等教育	31	2471	4094	54803	642	1209
中等教育	327	3583	6323	67224	286	618
高等教育	4416	2998	6589	180933	1300	1002
其他教育	349	683	1500	10558	156	357
卫生、社会保障和社会福利业	**297**	**4632**	**11776**	**91859**	**483**	**517**
卫 生	261	4452	11294	70443	482	328
医 院	192	3387	7823	55142	391	197
卫生院及社区医疗活动	6	572	1691	5152	49	81
门诊部医疗活动	4	77	113	3772	2	6
计划生育技术服务活动		18	70	423	1	7
妇幼保健活动	4	108	123	985	1	16
专科疾病防治活动		45	34	993	4	2
疾病预防控制及防疫活动	38	187	1333	3251	28	17
其他卫生活动	17	59	109	727	9	1
社会保障业	9	74	158	15898		4
社会保障业	9	74	158	15898		4
社会福利业	27	106	324	5518	1	185
提供住宿的社会福利	15	77	192	3507	1	164
不提供住宿的社会福利	12	29	132	2011		21
文化、体育和娱乐业	**241**	**1071**	**1787**	**15632**	**153**	**263**
新闻出版业	21	150	443	1214	29	71
新闻业		17	22	78	29	10
出版业	21	134	420	1136	1	61
广播、电视、电影和音像业	10	247	246	1997	15	12
广 播		1	8	45		
电 视	10	242	209	1852	10	12
电 影		4	29	100	5	
文化艺术业	153	475	912	9599	102	175
文艺创作与表演	17	117	151	3618	62	15
艺术表演场馆		31	100	945	3	11

4－B－3 续表3－5 单位：个、万元、人

指 标 名 称	出国费	工会经费	福利费	对个人和家庭的补助	抚恤金	生活补助
图书馆与档案馆	13	105	201	1459	11	6
文物及文化保护		11	24	128	2	2
博物馆	37	83	137	1301	11	3
烈士陵园、纪念馆		25	46	137		1
群众文化活动	15	95	206	1875	14	138
其他文化艺术	71	8	49	138		1
体 育	57	176	172	2621	4	5
体育组织	54	50	133	2084	4	4
体育场馆	3	102	25	370		1
其他体育		25	15	167		
娱乐业		23	14	201	3	1
室内娱乐活动		...		2		
游乐园		17	12	188	3	1
休闲健身娱乐活动			...	1		
其他娱乐活动		6	2	10		
公共管理和社会组织	**10885**	**13344**	**88474**	**350925**	**9648**	**31551**
中国共产党机关	2341	390	2592	9395	135	664
中国共产党机关	2341	390	2592	9395	135	664
国家机构	7918	11852	49467	309868	9074	24544
国家权力机构	406	97	424	1893	9	3
国家行政机构	7210	11295	46075	299717	9015	24400
人民法院和人民检察院	292	453	2935	8013	37	141
其他国家机构	10	6	33	244	13	...
人民政协和民主党派	230	80	802	3180	29	41
人民政协	185	45	364	1741	16	27
民主党派	45	35	438	1439	13	15
群众团体、社会团体和宗教组织	377	367	1965	7505	26	580
群众团体	284	283	1130	4958	20	533
社会团体	93	83	827	2516	6	47
宗教组织	1	...	9	30		
基层群众自治组织	20	656	33648	20978	384	5723
社区自治组织	15	409	13467	5716	193	2163
村民自治组织	5	247	20180	15262	191	3560

4－B－3　续表4－1

单位：个、万元、人

指标名称	救济费	助学金	退职(役)费	经营支出	经营税金	全部就业人员年平均人数
总　计	**17771**	**82565**	**4094**	**120193**	**28300**	**357491**
一、按登记注册类型分						
内　资	**17771**	**82565**	**4094**	**120193**	**28300**	**357328**
国　有	17145	80704	3461	85267	23848	306748
集　体	10	843	136	7856	1676	14071
股份合作企业				125		1545
联营企业				23		128
国有联营				23		50
集体联营						10
国有与集体联营						3
其他联营						65
有限责任公司				984	2	117
其他有限责任公司				984	2	117
私营企业	...	71		149	106	836
私营独资		68		1	57	448
私营合伙	...	3		62	7	299
私营有限责任公司				87	41	89
其　他	616	947	497	25788	2667	33883
港澳台商投资						**163**
与港澳台商合作经营						163
二、按国民经济行业(门类、大类、中类)分						
交通运输、仓储和邮政业	**2**	**4**	**161**	**2361**	**93**	**3324**
道路运输业	1	4	127	2257	46	2720
公路旅客运输				65	10	20
道路运输辅助活动	1	4	127	2191	36	2700
城市公共交通业						3
轨道交通						3
水上运输业	2				38	323
水上运输辅助活动	2				38	323
航空运输业			34			225
航空运输辅助活动			34			225
仓储业				104	10	53
谷物、棉花等农产品仓储						14

4－B－3 续表4－2

单位：个、万元、人

指 标 名 称				经营支出	经营税金	全部就业人员年平均人数
	救济费	助学金	退职（役）费			
其他仓储				104	10	39
信息传输、计算机服务和软件业			**4**	**2079**	**403**	**660**
电信和其他信息传输服务业			4	1473	99	283
电　信				762	24	89
互联网信息服务				711	53	51
广播电视传输服务			4		22	143
计算机服务业				606	304	377
计算机系统服务					9	41
数据处理				606	294	308
计算机维修					2	28
租赁和商务服务业	**10**	**66**	**92**	**14786**	**3878**	**7094**
租赁业				88	24	40
机械设备租赁				88	24	40
商务服务业	10	66	92	14698	3854	7054
企业管理服务	10	66	92	9615	1912	3997
法律服务				292	786	455
咨询与调查				285	166	634
知识产权服务				1461	115	109
职业中介服务				1457	374	339
市场管理				1316	367	948
旅行社						10
其他商务服务				273	134	562
科学研究、技术服务和地质勘查业	**169**	**49**	**651**	**18074**	**10231**	**14240**
研究与试验发展	19	48	550	3546	1756	5429
自然科学研究与试验发展	…		542	1413	664	977
工程和技术研究与试验发展	19			162	595	943
农业科学研究与试验发展		48	5	769	292	2439
医学研究与试验发展			3	332	7	449
社会人文科学研究与试验发展				870	198	621
专业技术服务业	10		51	12886	5268	5721
气象服务	3			698	82	237
地震服务				…	54	115
海洋服务						33

4－B－3 续表4－3

单位：个、万元、人

指标名称	救济费	助学金	退职（役）费	经营支出	经营税金	全部就业人员年平均人数
测绘服务	1			4660	781	827
技术检测			7	3087	815	1901
环境监测	2		42	1491	356	500
工程技术与规划管理	5		2	2950	3180	2108
科技交流和推广服务业		1	40	970	3002	1469
技术推广服务		1	40	651	1323	1237
科技中介服务				319	1666	120
其他科技服务					13	112
地质勘查业	139		10	672	204	1621
矿产地质勘查	45		10	353	24	797
基础地质勘查				104	29	158
地质勘查技术服务	94			215	151	666
水利、环境和公共设施管理业	**58**	**12**	**22**	**6803**	**1291**	**16347**
水利管理业	31	11	6	617	101	1135
防洪管理	1		...	597	87	496
水资源管理	30	1	5	18	14	447
其他水利管理		10	1	2		192
环境管理业	...		15	4317	420	11815
自然保护	...			1	292	489
环境治理			15	4316	129	11326
公共设施管理业	27	1	1	1869	770	3397
市政公共设施管理	27	1		1565	3	648
城市绿化管理			1	179	121	880
游览景区管理				125	647	1869
居民服务和其他服务业	**...**	**2**	**16**	**2319**	**35**	**2633**
居民服务业	...	2	16	1993	33	2253
婚姻服务						4
殡葬服务	...	2	16	1747	7	519
其他居民服务				246	26	1730
其他服务业				327	2	380
修理与维护				108		100
清洁服务				219	2	130
其他未列明的服务						150

4－B－3 续表4－4 单位：个、万元、人

指 标 名 称				经营支出	经营税金	全部就业人员年平均人数
	救济费	助学金	退职(役)费			
教 育	**542**	**74615**	**1098**	**21089**	**2874**	**125161**
教 育	542	74615	1098	21089	2874	125161
学前教育	5	8	23	679	11	8336
初等教育	125	1819	595	446	7	29845
中等教育	17	6624	167	2540	89	37474
高等教育	65	65429	210	4369	1561	42736
其他教育	329	734	103	13055	1206	6770
卫生、社会保障和社会福利业	**621**	**1**	**65**	**22943**	**239**	**58534**
卫 生	10	1	62	22708	221	56081
医 院	3	1	49	9343	105	42167
卫生院及社区医疗活动	6		8	3836	29	9059
门诊部医疗活动				6383	49	910
计划生育技术服务活动					18	236
妇幼保健活动			1	3137	20	1184
专科疾病防治活动						532
疾病预防控制及防疫活动	2	...	4			1594
其他卫生活动				10		399
社会保障业				51		910
社会保障业				51		910
社会福利业	610		3	185	18	1543
提供住宿的社会福利	610		3	185	18	1149
不提供住宿的社会福利						394
文化、体育和娱乐业	**4**	**822**	**29**	**5893**	**5707**	**8550**
新闻出版业	3		8	4895	1052	1117
新闻业			3	1520	49	148
出版业	3		5	3375	1003	969
广播、电视、电影和音像业			2	20	3705	1737
广 播						8
电 视			2	20	3694	1688
电 影					11	41
文化艺术业		1	14	571	782	4911
文艺创作与表演			6	80	229	1423
艺术表演场馆				15	104	372

4－B－3 续表4－5

单位：个、万元、人

指 标 名 称				经营支出	经营税金	全部就业人员年平均人数
	救济费	助学金	退职（役）费			
图书馆与档案馆			3	163	105	1052
文物及文化保护				91	4	161
博物馆				...	71	755
烈士陵园、纪念馆						57
群众文化活动		1	6	173	255	967
其他文化艺术				49	13	124
体 育	...	821	5	336	111	633
体育组织		794	5	1	25	401
体育场馆				291	85	148
其他体育	...	27		43	1	84
娱乐业				71	58	152
室内娱乐活动						4
游乐园					58	111
休闲健身娱乐活动						7
其他娱乐活动				71		30
公共管理和社会组织	**16365**	**6994**	**1958**	**23847**	**3548**	**120948**
中国共产党机关	101	9	1			3480
中国共产党机关	101	9	1			3480
国家机构	15406	6496	1467	10968	1517	96687
国家权力机构	1					634
国家行政机构	15290	6496	1467	10968	1517	92190
人民法院和人民检察院	116		...			3782
其他国家机构						81
人民政协和民主党派			89			770
人民政协						504
民主党派			89			266
群众团体、社会团体和宗教组织	296	35	24	64	61	2168
群众团体	253	35	3	12	26	1286
社会团体	42		21	51	27	840
宗教组织					8	42
基层群众自治组织	563	455	377	12815	1971	17843
社区自治组织	127	86	197	4654	1189	8412
村民自治组织	436	368	181	8161	782	9431

注：本表按有填写财务表且执行行政事业会计制度的单位统计。

4－B－4　宁波市按登记注册类型和行业(门类、大类、中类)分组的行政事业单位财务状况

单位:个、万元、人

指标名称	法人单位	固定资产原价	本年收入合计	财政拨款	事业收入	经营收入
总　计	**4868**	**6605180**	**6152303**	**3713632**	**1517807**	**252307**
一、按登记注册类型分						
内　资	**4867**	**6599782**	**6137287**	**3713374**	**1504848**	**252307**
国　有	3238	5524690	5481326	3488123	1318419	138341
集　体	480	237569	302673	143524	118174	28021
私营企业	75	111395	28282	1129	21874	4900
私营独资	52	89120	22004	712	16793	4364
私营合伙	17	17070	5919	417	4953	315
私营有限责任公司	6	5204	360		129	221
其　他	1074	726128	325007	80598	46381	81045
外商投资	**1**	**5398**	**15016**	**259**	**12959**	
中外合作经营	1	5398	15016	259	12959	
二、按国民经济行业(门类、大类、中类)分						
交通运输、仓储和邮政业	**32**	**68391**	**95015**	**40809**	**24047**	**4416**
道路运输业	23	35028	80506	31108	21557	4353
道路运输辅助活动	23	35028	80506	31108	21557	4353
水上运输业	8	23456	13096	9662	1132	63
水上运输辅助活动	8	23456	13096	9662	1132	63
仓储业	1	9906	1413	39	1359	
其他仓储	1	9906	1413	39	1359	
信息传输、计算机服务和软件业	**15**	**8792**	**11148**	**2497**	**5515**	**2047**
电信和其他信息传输服务业	13	8548	10352	2389	5515	1359
电　信	2	1077	874	757	5	
互联网信息服务	2	372	596	577	...	11
广播电视传输服务	9	7099	8882	1055	5510	1348
计算机服务业	2	244	796	108		688
计算机系统服务	1	20	60	60		
数据处理	1	224	736	48		688
租赁和商务服务业	**305**	**419834**	**151151**	**39158**	**32531**	**45070**
商务服务业	305	419834	151151	39158	32531	45070
企业管理服务	212	234596	108437	20749	14617	41025
法律服务	18	3180	4374	442	2241	1672
咨询与调查	39	13584	15113	12603	1730	160
职业中介服务	13	1940	6081	1742	3569	97
市场管理	12	164703	11672	93	9435	1838

4－B－4 续表1－1 单位：个、万元、人

指标名称	法人单位	固定资产原价	本年收入合计	财政拨款	事业收入	经营收入
其他商务服务	11	1832	5475	3529	940	278
科学研究、技术服务和地质勘查业	**191**	**116376**	**164382**	**54592**	**51487**	**31299**
研究与试验发展	31	29336	29699	15615	1211	7460
自然科学研究与试验发展	1	45	495	444	5	
工程和技术研究与试验发展	4	17593	15664	5798	254	7299
农业科学研究与试验发展	11	6678	6564	3352	259	56
医学研究与试验发展	5	1989	1384	773	477	90
社会人文科学研究与试验发展	10	3031	5593	5249	215	15
专业技术服务业	109	72918	107230	21632	47547	19922
气象服务	16	14221	4457	1885	404	1495
地震服务	1	2	11	11		
海洋服务	1	1946	739	613	126	
测绘服务	2	1830	9404		4683	4721
技术检测	33	28168	27937	6295	18873	1843
环境监测	8	11225	12309	6517	4007	616
工程技术与规划管理	48	15527	52373	6312	19454	11248
科技交流和推广服务业	48	11738	20479	11270	2730	3018
技术推广服务	39	9730	19137	10749	2515	2415
科技中介服务	9	2008	1342	522	214	603
地质勘查业	3	2383	6974	6075		899
基础地质勘查	3	2383	6974	6075		899
水利、环境和公共设施管理业	**156**	**444063**	**143717**	**92534**	**17581**	**15806**
水利管理业	68	380476	28487	14654	5090	7765
防洪管理	2	804	673	75	503	95
水资源管理	45	371071	21383	12129	3976	4646
其他水利管理	21	8600	6431	2449	610	3024
环境管理业	44	37959	48261	32327	9200	1033
自然保护	3	2501	1879	667		617
环境治理	41	35458	46382	31660	9200	416
公共设施管理业	44	25628	66969	45553	3291	7008
市政公共设施管理	22	13420	40555	27708	2368	6762
城市绿化管理	12	10920	22088	14255	709	132
游览景区管理	10	1288	4326	3590	214	115
居民服务和其他服务业	**33**	**11081**	**7089**	**2317**	**3842**	**708**
居民服务业	28	9854	5711	2212	2695	666

4－B－4 续表1－2 单位：个、万元、人

指标名称	法人单位	固定资产原价	本年收入合计	财政拨款	事业收入	经营收入
殡葬服务	18	9649	4549	1734	2012	666
其他居民服务	10	205	1162	478	683	
其他服务业	5	1227	1378	105	1147	43
清洁服务	5	1227	1378	105	1147	43
教　育	**1256**	**1789755**	**1129409**	**641482**	**333964**	**15787**
教　育	1256	1789755	1129409	641482	333964	15787
学前教育	234	52089	40705	16262	19425	1813
初等教育	450	351024	267934	201316	28662	4194
中等教育	375	850509	463880	272072	124822	5738
高等教育	41	490153	302602	118578	147227	64
其他教育	156	45980	54288	33254	13829	3978
卫生、社会保障和社会福利业	**407**	**860593**	**1097308**	**168028**	**858827**	**55798**
卫　生	273	821521	1045811	126154	851876	55002
医　院	73	621796	753743	57727	659372	30822
卫生院及社区医疗活动	149	137523	220570	44479	147014	24001
门诊部医疗活动	6	2960	6127	1399	4609	49
计划生育技术服务活动	8	1701	2775	1400	1172	
妇幼保健活动	11	21860	35057	7641	26648	63
专科疾病防治活动	3	1486	2074	467	1540	66
疾病预防控制及防疫活动	15	27639	19622	10930	8074	
其他卫生活动	8	6558	5842	2111	3447	
社会保障业	44	13422	22666	21793	180	
社会保障业	44	13422	22666	21793	180	
社会福利业	90	25651	28831	20082	6770	796
提供住宿的社会福利	62	13237	19507	15024	2899	631
不提供住宿的社会福利	28	12414	9324	5058	3871	165
文化、体育和娱乐业	**139**	**162176**	**107069**	**39552**	**37075**	**21520**
新闻出版业	6	2972	6016	2074	860	2891
新闻业	2	2021	2152	764	570	815
出版业	4	952	3865	1310	290	2077
广播、电视、电影和音像业	16	77237	43158	7164	19376	14311
广　播	3	9922	3259	880	1208	150
电　视	10	64915	38626	6031	17858	13620
电　影	3	2400	1273	253	310	541
文化艺术业	99	53472	48475	26691	13329	2174

4－B－4 续表1－3

单位：个、万元、人

指标名称	法人单位	固定资产原价	本年收入合计	财政拨款	事业收入	经营收入
文艺创作与表演	5	306	1203	826	46	50
艺术表演场馆	4	5675	4903	2977	740	559
图书馆与档案馆	25	14271	8973	8159	215	10
文物及文化保护	10	10053	11175	2280	8202	138
博物馆	9	11695	5589	3793	859	133
烈士陵园、纪念馆	5	4374	5145	4691		
群众文化活动	38	6417	11231	3886	3090	1285
其他文化艺术	3	684	257	80	177	
体　育	13	26406	7355	3414	1963	1842
体育组织	7	1611	3909	2795	1018	
体育场馆	5	24283	3012	298	831	1842
其他体育	1	513	435	322	113	
娱乐业	5	2088	2065	209	1547	301
游乐园	1	1718	728	101	318	301
休闲健身娱乐活动	1	128	87	87		
其他娱乐活动	3	242	1250	21	1229	
公共管理和社会组织	**2334**	**2724119**	**3246016**	**2632664**	**152939**	**59858**
中国共产党机关	73	16167	62837	61128	22	
中国共产党机关	73	16167	62837	61128	22	
国家机构	1345	2252097	2955506	2478964	142386	13124
国家权力机构	17	4251	12886	12292		
国家行政机构	1295	2120981	2877566	2405760	142386	13124
人民法院和人民检察院	28	125371	56895	53568		
其他国家机构	5	1493	8159	7344		
人民政协和民主党派	18	3243	13360	13217		
人民政协	12	3212	13023	12911		
民主党派	6	31	337	306		
群众团体、社会团体和宗教组织	108	38678	31397	22919	3052	894
群众团体	50	9149	22019	17299	2331	67
社会团体	48	4103	8447	5506	518	225
宗教组织	10	25426	931	114	203	602
基层群众自治组织	790	413935	182917	56437	7480	45840
社区自治组织	136	15961	10585	6077	741	2816
村民自治组织	654	397973	172332	50360	6739	43025

4－B－4 续表2－1

单位：个、万元、人

指标名称	本年支出合计	工资福利支出	商品和服务支出	取暖费（降温费）	劳务费	差旅费
总　计	**5757966**	**1686270**	**2072604**	**6019**	**70441**	**42371**
一、按登记注册类型分						
内　资	**5745553**	**1684752**	**2067799**	**6019**	**70245**	**42371**
国　有	5164453	1528795	1841741	5349	60849	39181
集　体	273242	95060	134980	350	4140	1414
私营企业	30850	16317	13001	26	953	188
私营独资	24874	12982	10818	24	67	152
私营合伙	5673	3159	2082	1	872	27
私营有限责任公司	304	177	101	1	13	8
其　他	277008	44580	78077	294	4304	1589
外商投资	**12413**	**1518**	**4805**		**197**	
中外合作经营	12413	1518	4805		197	
二、按国民经济行业（门类、大类、中类）分						
交通运输、仓储和邮政业	**85886**	**15005**	**15054**	**10**	**458**	**405**
道路运输业	74609	11837	11532	9	454	250
道路运输辅助活动	74609	11837	11532	9	454	250
水上运输业	9943	2897	2895	1	4	146
水上运输辅助活动	9943	2897	2895	1	4	146
仓储业	1334	271	628		...	9
其他仓储	1334	271	628		...	9
信息传输、计算机服务和软件业	**11413**	**2741**	**7762**	**7**	**775**	**54**
电信和其他信息传输服务业	10669	2528	7357	7	710	38
电　信	1093	408	531		20	13
互联网信息服务	628	234	212		30	8
广播电视传输服务	8948	1887	6614	7	661	17
计算机服务业	744	213	405		64	17
计算机系统服务	58	10	46		7	1
数据处理	686	203	359		57	16
租赁和商务服务业	**142334**	**27045**	**39422**	**53**	**1129**	**918**
商务服务业	142334	27045	39422	53	1129	918
企业管理服务	104474	11348	25666	12	575	475
法律服务	2873	1360	1096	1	1	115
咨询与调查	14352	6978	4419	25	199	247
职业中介服务	4790	1421	2221	3	170	31
市场管理	11060	3251	4446	2	108	36

4－B－4 续表2－2

单位：个、万元、人

指标名称	本年支出合计	工资福利支出	商品和服务支出	取暖费（降温费）	劳务费	差旅费
其他商务服务	4787	2687	1575	10	75	15
科学研究、技术服务和地质勘查业	**124258**	**41450**	**39229**	**28**	**3140**	**2709**
研究与试验发展	30843	7889	11748	3	375	776
自然科学研究与试验发展	336	49	5			…
工程和技术研究与试验发展	19825	2848	8528		57	580
农业科学研究与试验发展	4075	1563	1224	1	66	95
医学研究与试验发展	1321	627	519		126	22
社会人文科学研究与试验发展	5286	2803	1472	2	127	79
专业技术服务业	69430	26071	20032	22	1601	1486
气象服务	4225	1765	916	…	23	73
地震服务	19	11	6		3	
海洋服务	654	422	171		18	9
测绘服务	3695	2064	1473		4	184
技术检测	21891	8031	6269	11	89	389
环境监测	9980	2587	2397	3	45	108
工程技术与规划管理	28965	11191	8800	8	1421	724
科技交流和推广服务业	17451	5118	6192	2	964	184
技术推广服务	14983	4764	5880	2	963	170
科技中介服务	2468	354	312	…	2	14
地质勘查业	6536	2372	1256		199	263
基础地质勘查	6536	2372	1256		199	263
水利、环境和公共设施管理业	**134632**	**43423**	**40137**	**134**	**1447**	**676**
水利管理业	27508	8355	5445	17	160	144
防洪管理	325	131	34		3	2
水资源管理	21063	6106	2765	14	106	85
其他水利管理	6120	2119	2646	3	50	57
环境管理业	48129	21223	18457	108	1081	190
自然保护	977	515	77		7	1
环境治理	47152	20707	18380	108	1074	188
公共设施管理业	58995	13846	16236	8	206	343
市政公共设施管理	34656	7042	8205	4	23	220
城市绿化管理	20018	4962	6269	4	76	97
游览景区管理	4321	1842	1762	1	108	26
居民服务和其他服务业	**6727**	**3175**	**2714**	**9**	**260**	**91**
居民服务业	5408	2667	2072	7	210	69

4－B－4 续表2－3

单位：个、万元、人

指标名称	本年支出合计	工资福利支出	商品和服务支出	取暖费（降温费）	劳务费	差旅费
殡葬服务	4312	2007	1719	1	32	59
其他居民服务	1096	659	353	7	178	10
其他服务业	1319	508	642	2	50	21
清洁服务	1319	508	642	2	50	21
教　育	**1082760**	**554667**	**220539**	**2613**	**15556**	**9590**
教　育	1082760	554667	220539	2613	15556	9590
学前教育	39952	25259	9012	64	515	611
初等教育	265780	171809	37590	1670	1402	1546
中等教育	448767	250009	79980	303	5150	3528
高等教育	276325	88884	74416	27	6541	3262
其他教育	51937	18706	19542	549	1948	643
卫生、社会保障和社会福利业	**1036193**	**292548**	**627361**	**245**	**9348**	**1950**
卫　生	985964	277208	612069	206	9267	1535
医　院	721075	185993	467736	130	3814	717
卫生院及社区医疗活动	204316	69835	114582	70	4252	467
门诊部医疗活动	5309	2286	2609	1	33	5
计划生育技术服务活动	2776	1165	1100	1	110	35
妇幼保健活动	25921	9301	12867		517	88
专科疾病防治活动	1827	637	804		67	5
疾病预防控制及防疫活动	19069	6249	9760	2	183	162
其他卫生活动	5671	1743	2611	2	292	55
社会保障业	22585	6625	7388	4	32	185
社会保障业	22585	6625	7388	4	32	185
社会福利业	27644	8715	7905	35	49	230
提供住宿的社会福利	18609	6576	4439	26	44	161
不提供住宿的社会福利	9035	2139	3465	9	5	69
文化、体育和娱乐业	**99762**	**31988**	**42679**	**103**	**3818**	**1167**
新闻出版业	5696	1577	1984	...	49	38
新闻业	2276	527	1176		15	14
出版业	3420	1050	808	...	34	24
广播、电视、电影和音像业	47602	14982	22276	53	1611	390
广　播	5023	667	1524	2	30	12
电　视	41514	13845	20209	52	1581	374
电　影	1065	470	543			4
文化艺术业	39356	13692	14957	49	1766	644

4－B－4　续表2－4

单位：个、万元、人

指标名称	本年支出合计	工资福利支出	商品和服务支出	取暖费（降温费）	劳务费	差旅费
文艺创作与表演	1236	600	371	1	37	71
艺术表演场馆	4157	2310	1362		235	53
图书馆与档案馆	7903	3561	2662	32	85	142
文物及文化保护	5845	1529	2007	8	51	64
博物馆	4928	2060	2170	1	340	82
烈士陵园、纪念馆	5125	125	1092	…	1	22
群众文化活动	9902	3357	5201	7	1017	209
其他文化艺术	259	150	92	…		1
体育	5541	1379	2323	1	310	76
体育组织	3802	720	1838	1	144	57
体育场馆	1305	574	294		58	11
其他体育	435	85	192		108	8
娱乐业	1568	359	1139		82	19
游乐园	348	147	170		46	2
休闲健身娱乐活动	75	57	11			
其他娱乐活动	1144	156	958		37	17
公共管理和社会组织	**3034001**	**674227**	**1037707**	**2818**	**34512**	**24812**
中国共产党机关	62982	18183	37839	10	230	1048
中国共产党机关	62982	18183	37839	10	230	1048
国家机构	2783200	624322	942317	2526	30842	21976
国家权力机构	12712	5359	4982		117	535
国家行政机构	2709546	589254	918279	2513	29770	20067
人民法院和人民检察院	54644	27791	17023	14	912	1276
其他国家机构	6299	1918	2033		43	98
人民政协和民主党派	13291	4597	4459	15	146	342
人民政协	12985	4470	4374	7	139	337
民主党派	306	127	86	8	7	5
群众团体、社会团体和宗教组织	28087	7493	8730	49	708	484
群众团体	20214	4688	5937	45	316	276
社会团体	7047	2179	2705	3	392	202
宗教组织	826	627	89	…	…	5
基层群众自治组织	146440	19632	44361	218	2586	962
社区自治组织	9326	3534	2552	7	64	107
村民自治组织	137114	16098	41809	211	2522	855

4－B－4 续表3－1 单位：个、万元、人

指标名称	出国费	工会经费	福利费	对个人和家庭的补助	抚恤金	生活补助
总计	**7048**	**24714**	**66452**	**447630**	**14859**	**37388**
一、按登记注册类型分						
内资	**7048**	**24714**	**66438**	**446717**	**14859**	**37388**
国有	7001	22835	47149	415844	14195	31479
集体	12	1350	3153	13757	352	2436
私营企业	3	95	1061	840	2	46
私营独资	…	55	344	584	…	39
私营合伙		35	716	245	2	2
私营有限责任公司	3	5	1	11		6
其他	32	435	15075	16276	310	3428
外商投资			**14**	**914**		
中外合作经营			14	914		
二、按国民经济行业(门类、大类、中类)分						
交通运输、仓储和邮政业	**39**	**312**	**948**	**2514**	**68**	**110**
道路运输业	39	252	492	1952	61	105
道路运输辅助活动	39	252	492	1952	61	105
水上运输业		53	438	521	6	4
水上运输辅助活动		53	438	521	6	4
仓储业		7	19	41	2	1
其他仓储		7	19	41	2	1
信息传输、计算机服务和软件业	**4**	**48**	**55**	**296**		**5**
电信和其他信息传输服务业	4	43	26	294		5
电信		25		45		
互联网信息服务		2	9	1		
广播电视传输服务	4	17	18	248		5
计算机服务业		4	28	2		
计算机系统服务		…		2		
数据处理		4	28			
租赁和商务服务业	**39**	**261**	**3112**	**6878**	**81**	**2289**
商务服务业	39	261	3112	6878	81	2289
企业管理服务	39	122	2584	5708	79	2226
法律服务		…	58	27		5
咨询与调查		75	57	822	2	37
职业中介服务		43	102	160		
市场管理		21	274	89		14

4－B－4　续表 3－2

单位：个、万元、人

指　标　名　称	出国费	工会经费	福利费	对个人和家庭的补助	抚恤金	生活补助
其他商务服务		…	36	73		8
科学研究、技术服务和地质勘查业	**233**	**585**	**1254**	**6844**	**104**	**465**
研究与试验发展	72	103	186	1102	5	204
自然科学研究与试验发展						
工程和技术研究与试验发展	34	50	111	314	3	190
农业科学研究与试验发展	16	16	36	312	1	7
医学研究与试验发展	6	12	22	134		
社会人文科学研究与试验发展	16	24	17	342	1	7
专业技术服务业	152	395	713	2740	12	45
气象服务	33	27	85	292		
地震服务			3			
海洋服务		8	1	62		1
测绘服务	21	55		151	3	8
技术检测	14	127	278	964	2	
环境监测		37	27	378		
工程技术与规划管理	84	141	319	893	6	36
科技交流和推广服务业	9	72	256	559	4	10
技术推广服务	9	69	239	550	4	10
科技中介服务		3	17	8		1
地质勘查业		15	100	2444	83	206
基础地质勘查		15	100	2444	83	206
水利、环境和公共设施管理业	**83**	**524**	**2010**	**5309**	**74**	**173**
水利管理业	8	91	445	1307	23	73
防洪管理			1	160		
水资源管理		64	369	829	19	46
其他水利管理	8	27	76	319	5	28
环境管理业	10	229	508	2170	33	53
自然保护		1	1	12		4
环境治理	10	229	508	2158	33	48
公共设施管理业	64	205	1056	1831	18	47
市政公共设施管理	64	111	483	953	4	38
城市绿化管理		69	554	667	2	6
游览景区管理		25	19	211	12	3
居民服务和其他服务业	**10**	**54**	**172**	**317**	**5**	**67**
居民服务业		48	161	261	5	37

4－B－4 续表3－3

单位：个、万元、人

指标名称	出国费	工会经费	福利费	对个人和家庭的补助	抚恤金	生活补助
殡葬服务		44	52	214	5	37
其他居民服务		4	109	47		
其他服务业	10	5	11	57		31
清洁服务	10	5	11	57		31
教　育	**913**	**6731**	**14438**	**95981**	**907**	**1879**
教　育	913	6731	14438	95981	907	1879
学前教育	3	231	599	1766	2	69
初等教育	165	1947	4570	26231	475	861
中等教育	108	2873	6251	37193	347	711
高等教育	433	1345	2499	27001	28	88
其他教育	204	335	519	3791	55	150
卫生、社会保障和社会福利业	**707**	**4436**	**7254**	**43804**	**611**	**895**
卫　生	687	4109	6686	29268	568	346
医　院	670	2943	3884	19182	432	209
卫生院及社区医疗活动	4	835	1898	7488	103	123
门诊部医疗活动		13	14	243		6
计划生育技术服务活动		12	67	193	10	1
妇幼保健活动		169	420	1002	7	2
专科疾病防治活动		5	17	22		1
疾病预防控制及防疫活动	5	105	278	897	14	5
其他卫生活动	8	27	109	241	3	
社会保障业		109	276	6081	2	69
社会保障业		109	276	6081	2	69
社会福利业	20	218	292	8456	41	481
提供住宿的社会福利	5	175	156	6182		469
不提供住宿的社会福利	16	43	137	2274	41	12
文化、体育和娱乐业	**151**	**415**	**1636**	**4749**	**103**	**37**
新闻出版业	13	31	48	83	4	1
新闻业	4	12	25	34		…
出版业	10	19	24	49	4	1
广播、电视、电影和音像业	20	157	878	1612	44	17
广　播	4	6	38	81	4	1
电　视	16	145	833	1530	40	15
电　影		6	6			
文化艺术业	113	201	685	2155	55	19

4－B－4　续表3－4　　　　单位：个、万元、人

指标名称	出国费	工会经费	福利费	对个人和家庭的补助	抚恤金	生活补助
文艺创作与表演	6	23	41	105	...	3
艺术表演场馆	19	26	22	258	6	6
图书馆与档案馆	35	45	203	618	8	2
文物及文化保护	3	14	158	204	3	1
博物馆	8	17	52	201	2	3
烈士陵园、纪念馆		2	10	401	30	1
群众文化活动	42	70	165	357	5	2
其他文化艺术		5	35	11	...	
体　育	5	24	19	843		
体育组织		17	6	618		
体育场馆	5	4	12	67		
其他体育		2	2	158		
娱乐业		3	6	56		
游乐园		2		17		
休闲健身娱乐活动		1	6	8		
其他娱乐活动				31		
公共管理和社会组织	**4869**	**11349**	**35573**	**280938**	**12907**	**31469**
中国共产党机关	510	259	400	4267	63	298
中国共产党机关	510	259	400	4267	63	298
国家机构	3871	10407	22562	261555	12538	28056
国家权力机构	167	131	119	2035	54	10
国家行政机构	3511	9824	21701	252757	12401	27922
人民法院和人民检察院	133	419	741	6021	76	122
其他国家机构	60	33	1	742	7	1
人民政协和民主党派	384	109	76	1479	66	42
人民政协	382	106	74	1434	58	42
民主党派	3	3	2	45	8	...
群众团体、社会团体和宗教组织	101	399	693	4350	22	275
群众团体	63	376	362	3607	15	261
社会团体	38	22	296	643	7	15
宗教组织		1	34	100	...	
基层群众自治组织	3	175	11843	9288	217	2798
社区自治组织		29	216	268	2	56
村民自治组织	3	146	11627	9020	215	2743

4－B－4 续表4－1 单位：个、万元、人

指标名称	救济费	助学金	退职(役)费	经营支出	经营税金	全部就业人员年平均人数
总　计	**31670**	**37590**	**3394**	**110636**	**8522**	**230654**
一、按登记注册类型分						
内　资	**31670**	**36677**	**3394**	**110636**	**8522**	**230401**
国　有	30929	34664	2930	58770	5760	198978
集　体	238	912	257	14638	1034	16863
私营企业	1	399		2363	70	3584
私营独资	1	325		2170	32	2868
私营合伙		74		94	12	622
私营有限责任公司				99	26	94
其　他	503	702	207	34866	1658	10976
外商投资		**914**				**253**
中外合作经营		914				253
二、按国民经济行业(门类、大类、中类)分						
交通运输、仓储和邮政业		**...**	**4**	**315**	**89**	**2592**
道路运输业		...	4	265	18	2115
道路运输辅助活动		...	4	265	18	2115
水上运输业				50		452
水上运输辅助活动				50		452
仓储业					71	25
其他仓储					71	25
信息传输、计算机服务和软件业				**965**	**128**	**266**
电信和其他信息传输服务业				363	93	216
电　信						32
互联网信息服务				3	1	24
广播电视传输服务				360	91	160
计算机服务业				602	36	50
计算机系统服务						3
数据处理				602	36	47
租赁和商务服务业	**73**	**53**	**25**	**8697**	**2220**	**5392**
商务服务业	73	53	25	8697	2220	5392
企业管理服务	73	52	25	7580	1507	1982
法律服务				334	117	137
咨询与调查			1	289	46	1029
职业中介服务		1		1	1	230
市场管理				409	549	836

4－B－4 续表4－2 单位：个、万元、人

指标名称	救济费	助学金	退职(役)费	经营支出	经营税金	全部就业人员年平均人数
其他商务服务				83	1	1178
科学研究、技术服务和地质勘查业	**1**	**14**	**34**	**33748**	**1459**	**5056**
研究与试验发展		13	21	8274	57	1294
自然科学研究与试验发展						16
工程和技术研究与试验发展		13		8175	42	627
农业科学研究与试验发展			21	45	1	273
医学研究与试验发展				49	13	78
社会人文科学研究与试验发展				5	...	300
专业技术服务业	1	1	12	23635	1199	2954
气象服务				287	113	259
地震服务						1
海洋服务			1			47
测绘服务		1		351	254	164
技术检测			10	1281	130	1078
环境监测			1	18	34	363
工程技术与规划管理	1			21697	668	1042
科技交流和推广服务业			1	1506	155	677
技术推广服务				1122	97	608
科技中介服务			1	384	58	69
地质勘查业				334	50	131
基础地质勘查				334	50	131
水利、环境和公共设施管理业	**4**	**7**	**26**	**11046**	**486**	**9029**
水利管理业		6	8	4418	250	1262
防洪管理				1	...	28
水资源管理		6	6	2669	65	935
其他水利管理			3	1748	185	299
环境管理业		...	14	733	29	5788
自然保护				211	9	153
环境治理		...	14	522	20	5635
公共设施管理业	4		4	5895	207	1979
市政公共设施管理			2	5764	180	848
城市绿化管理	4		1	47	26	916
游览景区管理				84	1	215
居民服务和其他服务业		**...**	**3**	**513**	**86**	**864**
居民服务业		...		491	84	730

4－B－4 续表4－3

单位：个、万元、人

指标名称				经营支出	经营税金	全部就业人员年平均人数
	救济费	助学金	退职（役）费			
殡葬服务		...		491	84	330
其他居民服务						400
其他服务业			3	21	2	134
清洁服务			3	21	2	134
教　育	**158**	**32264**	**608**	**8451**	**393**	**78454**
教　育	158	32264	608	8451	393	78454
学前教育	1	96	6	455	30	7542
初等教育	99	3147	402	3735	32	25027
中等教育	37	11688	194	2544	83	33409
高等教育	21	16937	2	18	1	9626
其他教育	...	397	4	1698	247	2850
卫生、社会保障和社会福利业	**457**	**18**	**156**	**21049**	**532**	**40227**
卫　生	20	...	153	20550	510	37896
医　院	...		30	8995	225	24263
卫生院及社区医疗活动	20		107	11516	278	10722
门诊部医疗活动				7	4	303
计划生育技术服务活动						139
妇幼保健活动			7	1	3	1295
专科疾病防治活动				31	...	123
疾病预防控制及防疫活动		...	9			722
其他卫生活动						329
社会保障业	2	...				941
社会保障业	2	...				941
社会福利业	435	18	3	499	22	1390
提供住宿的社会福利	352		2	356	12	1094
不提供住宿的社会福利	82	18	1	142	10	296
文化、体育和娱乐业	**2**	**616**	**29**	**9463**	**1510**	**4506**
新闻出版业	1			174	257	179
新闻业	1			155	71	47
出版业				20	186	132
广播、电视、电影和音像业	1			8475	1046	2003
广　播	1			26	30	74
电　视				8338	984	1861
电　影				111	32	68
文化艺术业	1	...	6	779	107	2007

4-B-4 续表4-4　　　　单位：个、万元、人

指 标 名 称				经营支出	经营税金	全部就业人员年平均人数
	救济费	助学金	退 职（役）费			
文艺创作与表演				3	3	113
艺术表演场馆				3	28	305
图书馆与档案馆	1			10	1	479
文物及文化保护		...		14	1	194
博物馆				32	9	276
烈士陵园、纪念馆						23
群众文化活动			6	718	66	595
其他文化艺术						22
体　育		616	23	29	86	259
体育组织		496	23			148
体育场馆				29	86	96
其他体育		120				15
娱乐业				5	15	58
游乐园				5	15	15
休闲健身娱乐活动						5
其他娱乐活动						38
公共管理和社会组织	**30974**	**4619**	**2508**	**16390**	**1620**	**84268**
中国共产党机关	97	9	88			1797
中国共产党机关	97	9	88			1797
国家机构	30373	4197	2237	6923	765	75307
国家权力机构			15			508
国家行政机构	30256	4196	2221	6923	765	71455
人民法院和人民检察院	117	2	1			3139
其他国家机构						205
人民政协和民主党派	31	27				425
人民政协	31	27				404
民主党派						21
群众团体、社会团体和宗教组织	50	63	50	227	6	1029
群众团体		13	50	82	2	539
社会团体	...			140	4	279
宗教组织	50	50		5	...	211
基层群众自治组织	423	322	133	9240	848	5710
社区自治组织	31	7	3	1221	453	1086
村民自治组织	393	315	131	8019	396	4624

注：本表按有填写财务表且执行行政事业会计制度的单位统计。

4－B－5 温州市按登记注册类型和行业(门类、大类、中类)分组的行政事业单位财务状况

单位:个、万元、人

指标名称	法人单位	固定资产原价	本年收入合计	财政拨款	事业收入	经营收入
总计	**3944**	**3231835**	**4024714**	**2353908**	**1247199**	**62175**
一、按登记注册类型分						
内资	**3944**	**3231835**	**4024714**	**2353908**	**1247199**	**62175**
国有	3717	3129850	3921807	2318832	1189974	58499
集体	91	18649	28140	7265	16716	2660
股份合作企业	4	5241	2189		2189	
联营企业	2	1111	1349	881	341	107
国有联营	1	226	656	300	303	34
集体联营	1	885	693	581	38	73
私营企业	4	4042	1067	12	976	1
私营独资	2	4022	1067	12	976	1
私营合伙	2	20				
其他	126	72943	70162	26918	37004	908
二、按国民经济行业(门类、大类、中类)分						
交通运输、仓储和邮政业	**27**	**45606**	**68772**	**45524**	**11635**	**259**
道路运输业	25	33130	68123	45509	11001	259
道路运输辅助活动	25	33130	68123	45509	11001	259
水上运输业	1		15	15		
水上运输辅助活动	1		15	15		
航空运输业	1	12477	634		634	
航空运输辅助活动	1	12477	634		634	
信息传输、计算机服务和软件业	**13**	**5486**	**2627**	**1559**	**959**	**44**
电信和其他信息传输服务业	11	3953	1724	1476	183	
互联网信息服务	2	55	150	147		
广播电视传输服务	9	3898	1574	1328	183	
计算机服务业	1	6	83	83		
计算机系统服务	1	6	83	83		
软件业	1	1526	820		776	44
公共软件服务	1	1526	820		776	44
租赁和商务服务业	**135**	**35642**	**51005**	**40959**	**6816**	**1978**
商务服务业	135	35642	51005	40959	6816	1978
企业管理服务	66	22313	41809	38197	2045	1018
法律服务	10	313	1049	72	691	286
咨询与调查	25	323	1184	349	664	121

4－B－5 续表1－1 单位：个、万元、人

指 标 名 称	法人单位	固定资产原价	本年收入合计	财政拨款	事业收入	经营收入
职业中介服务	26	12035	6193	2107	2894	540
市场管理	6	602	575	112	449	14
其他商务服务	2	57	196	123	73	
科学研究、技术服务和地质勘查业	**199**	**96361**	**136215**	**97525**	**24131**	**11327**
研究与试验发展	21	8113	11282	5802	3994	394
工程和技术研究与试验发展	8	3685	4520	2047	2135	129
农业科学研究与试验发展	8	3306	5054	2691	1398	265
医学研究与试验发展	1	1	31	30	1	
社会人文科学研究与试验发展	4	1121	1678	1033	460	
专业技术服务业	130	79877	109726	84930	17453	5490
气象服务	14	8278	3472	2210	22	1089
海洋服务	4	1711	2489	1154	10	766
测绘服务	6	691	2279	36	530	1410
技术检测	22	8766	6944	1735	4226	247
环境监测	11	3565	4364	1544	2430	375
工程技术与规划管理	72	55960	87082	78252	7143	1601
其他专业技术服务	1	904	3098		3093	
科技交流和推广服务业	46	5258	7486	4338	2679	190
技术推广服务	38	4490	4817	3465	903	170
科技中介服务	6	686	1665	813	831	20
其他科技服务	2	82	1004	60	944	
地质勘查业	2	3113	7720	2455	6	5253
矿产地质勘查	1	3107	7674	2420		5253
基础地质勘查	1	6	47	35	6	
水利、环境和公共设施管理业	**104**	**55368**	**124676**	**107383**	**9414**	**6865**
水利管理业	27	24064	9870	9375	274	114
防洪管理	6	4112	3051	3022	18	
水资源管理	16	17703	4395	3996	213	114
其他水利管理	5	2249	2423	2356	43	
环境管理业	48	16444	20697	14040	5046	904
自然保护	10	4552	1935	645	614	392
环境治理	38	11893	18762	13395	4432	512
公共设施管理业	29	14860	94109	83968	4095	5848
市政公共设施管理	8	3523	78629	77466	1020	70

4－B－5 续表1－2 单位：个、万元、人

指标名称	法人单位	固定资产原价	本年收入合计	财政拨款	事业收入	经营收入
城市绿化管理	5	1065	1354	1116	80	62
游览景区管理	16	10271	14126	5386	2995	5716
居民服务和其他服务业	**18**	**9088**	**5092**	**834**	**3837**	**393**
居民服务业	12	8047	3749	804	2536	393
托儿所	2	480	295	21	32	242
殡葬服务	8	7489	3304	758	2383	148
其他居民服务	2	78	150	25	122	3
其他服务业	6	1041	1343	30	1300	
修理与维护	1	10	39	30		
清洁服务	5	1031	1304		1300	
教育	**1311**	**1103060**	**912662**	**546009**	**244359**	**11655**
教育	1311	1103060	912662	546009	244359	11655
学前教育	59	17635	20786	9496	9757	75
初等教育	697	285064	283052	224715	23716	2455
中等教育	457	533761	419514	249707	108468	4884
高等教育	16	237511	164439	49787	95437	524
其他教育	82	29089	24872	12305	6981	3717
卫生、社会保障和社会福利业	**529**	**574840**	**830524**	**66822**	**744225**	**12725**
卫生	493	567521	818773	60834	741371	10161
医院	47	476013	673674	24820	646693	590
卫生院及社区医疗活动	326	55575	98733	22195	64534	8732
门诊部医疗活动	4	1361	2032	170	1207	651
计划生育技术服务活动	17	3647	4291	1679	2081	19
妇幼保健活动	13	5294	8696	2187	6464	
专科疾病防治活动	1	45	45			45
疾病预防控制及防疫活动	75	20182	26550	8678	17239	39
其他卫生活动	10	5404	4752	1105	3154	85
社会保障业	5	2273	3066	1789	559	650
社会保障业	5	2273	3066	1789	559	650
社会福利业	31	5046	8685	4199	2295	1914
提供住宿的社会福利	17	3832	4697	3447	1010	20
不提供住宿的社会福利	14	1214	3989	752	1285	1894
文化、体育和娱乐业	**137**	**207560**	**92579**	**27060**	**53881**	**9106**
新闻出版业	9	1403	2094	1882	41	169

4－B－5 续表1－3

单位：个、万元、人

指 标 名 称	法人单位	固定资产原价	本年收入合计	财政拨款	事业收入	经营收入
新闻业	9	1403	2094	1882	41	169
广播、电视、电影和音像业	17	113502	65507	9600	50026	5052
广 播	3	708	406	381	23	
电 视	12	112404	65056	9197	50003	5030
电 影	2	390	45	23		22
文化艺术业	97	66053	20896	14817	2697	1829
文艺创作与表演	11	2392	4113	2993	448	251
艺术表演场馆	4	2536	203	99	91	6
图书馆与档案馆	24	26919	5308	4411	483	114
文物及文化保护	11	1035	2457	2301	34	
博物馆	4	22087	2085	1759	4	
烈士陵园、纪念馆	6	950	456	417	38	
群众文化活动	30	10010	5755	2345	1591	1458
其他文化艺术	7	124	518	492	9	
体 育	12	25256	3360	761	396	2056
体育组织	2	96	187	28	154	
体育场馆	4	24718	2441	188	184	1981
其他体育	6	442	732	545	58	75
娱乐业	2	1346	721		721	
其他娱乐活动	2	1346	721		721	
公共管理和社会组织	**1471**	**1098825**	**1800563**	**1420234**	**147943**	**7824**
中国共产党机关	124	23282	55063	52860	851	11
中国共产党机关	124	23282	55063	52860	851	11
国家机构	1228	1065004	1719774	1347876	146087	7608
国家权力机构	11	3991	9767	9469	9	
国家行政机构	1193	1010290	1666439	1296194	145258	7608
人民法院和人民检察院	24	50724	43568	42213	820	
人民政协和民主党派	22	3281	7890	7737	8	
人民政协	11	3153	6835	6682	8	
民主党派	11	128	1055	1055		
群众团体、社会团体和宗教组织	97	7259	17836	11761	997	205
群众团体	63	5840	15211	9552	852	
社会团体	33	1409	2625	2209	146	205
宗教组织	1	10				

4－B－5 续表2－1 单位：个、万元、人

指标名称	本年支出合计	工资福利支出	商品和服务支出	取暖费（降温费）	劳务费	差旅费
总计	**3770804**	**1276551**	**1281090**	**2295**	**42076**	**29666**
一、按登记注册类型分						
内资	**3770804**	**1276551**	**1281090**	**2295**	**42076**	**29666**
国有	3673698	1243171	1243171	2238	38163	29080
集体	26214	9919	14190	11	1666	128
股份合作企业	2483	752	1264		12	9
联营企业	989	578	173	3	9	20
国有联营	362	120	88		9	19
集体联营	627	458	84	3	…	1
私营企业	1123	544	283	3	9	7
私营独资	1123	544	283	3	9	7
私营合伙						
其他	66297	21587	22010	41	2217	421
二、按国民经济行业（门类、大类、中类）分						
交通运输、仓储和邮政业	**65138**	**15362**	**13879**	**22**	**514**	**954**
道路运输业	59674	13192	10864	22	480	646
道路运输辅助活动	59674	13192	10864	22	480	646
水上运输业	14	3	2			
水上运输辅助活动	14	3	2			
航空运输业	5451	2167	3013		34	308
航空运输辅助活动	5451	2167	3013		34	308
信息传输、计算机服务和软件业	**2477**	**846**	**613**	**49**	**31**	**93**
电信和其他信息传输服务业	1576	832	456		8	21
互联网信息服务	128	31	77		1	2
广播电视传输服务	1449	801	379		6	19
计算机服务业	79	8	20			9
计算机系统服务	79	8	20			9
软件业	821	5	138	49	24	63
公共软件服务	821	5	138	49	24	63
租赁和商务服务业	**34709**	**6208**	**6197**	**17**	**259**	**270**
商务服务业	34709	6208	6197	17	259	270
企业管理服务	26580	3298	2759	12	48	163
法律服务	998	480	291	1	22	29
咨询与调查	1155	612	369	1	90	20

4－B－5 续表 2－2

单位：个、万元、人

指 标 名 称	本年支出合计	工资福利支出	商品和服务支出	取暖费（降温费）	劳务费	差旅费
职业中介服务	5273	1511	2476	2	77	52
市场管理	550	256	225	2	23	4
其他商务服务	153	50	77			1
科学研究、技术服务和地质勘查业	**114517**	**23371**	**33942**	**156**	**800**	**1021**
研究与试验发展	9023	3334	2594	110	148	277
工程和技术研究与试验发展	3125	1182	1113	8	87	125
农业科学研究与试验发展	4311	1295	994	102	53	96
医学研究与试验发展	29	26	2		...	1
社会人文科学研究与试验发展	1558	831	486		8	55
专业技术服务业	91688	16356	29353	41	590	572
气象服务	3221	949	1218		11	49
海洋服务	2407	659	1456		2	66
测绘服务	1500	975	382		2	9
技术检测	6801	3160	1607	4	72	52
环境监测	3946	1641	1299	23	124	63
工程技术与规划管理	70746	8052	23101	3	380	333
其他专业技术服务	3066	920	289	12		
科技交流和推广服务业	6232	2465	1550	5	55	107
技术推广服务	4416	1824	753	3	38	72
科技中介服务	874	409	317	2	17	14
其他科技服务	942	233	480			21
地质勘查业	7574	1216	445		7	65
矿产地质勘查	7529	1182	439		7	64
基础地质勘查	45	34	6			1
水利、环境和公共设施管理业	**89764**	**18437**	**14015**	**7**	**237**	**383**
水利管理业	8811	1777	2122	2	28	64
防洪管理	3061	278	71	1	1	11
水资源管理	3932	1027	908	1	10	28
其他水利管理	1818	471	1143	...	17	26
环境管理业	20113	9340	6420	2	156	101
自然保护	1915	797	592		2	24
环境治理	18198	8543	5828	2	154	78
公共设施管理业	60840	7321	5473	2	52	218
市政公共设施管理	47055	1788	881	2	23	43

4－B－5 续表2－3

单位：个、万元、人

指标名称	本年支出合计	工资福利支出	商品和服务支出	取暖费（降温费）	劳务费	差旅费
城市绿化管理	1271	429	740		4	6
游览景区管理	12514	5104	3852		25	169
居民服务和其他服务业	**4931**	**1925**	**2195**	**2**	**257**	**43**
居民服务业	3663	1479	1496	1	92	34
托儿所	285	127	110	1	3	5
殡葬服务	3234	1309	1307		77	29
其他居民服务	144	44	80	...	12	1
其他服务业	1268	446	698	...	165	9
修理与维护	39	21	1	...		...
清洁服务	1229	425	698		165	9
教　育	**889871**	**484322**	**175379**	**354**	**11776**	**6200**
教　育	889871	484322	175379	354	11776	6200
学前教育	19713	13191	3432	7	279	94
初等教育	269201	175712	37316	144	2340	1290
中等教育	413959	238641	71334	131	2622	2198
高等教育	163678	47371	55005	62	5428	2300
其他教育	23321	9408	8292	10	1106	318
卫生、社会保障和社会福利业	**796266**	**218129**	**526545**	**1104**	**6407**	**1717**
卫　生	786028	214775	523974	1103	6350	1662
医　院	649387	165781	449926	375	2250	772
卫生院及社区医疗活动	92561	35159	48667	184	3431	534
门诊部医疗活动	1906	382	1368	464	93	22
计划生育技术服务活动	3755	1760	1396	1	48	33
妇幼保健活动	7790	3130	3758	58	77	69
专科疾病防治活动	38	21	7			...
疾病预防控制及防疫活动	25930	6979	16567	21	438	196
其他卫生活动	4660	1563	2286		13	37
社会保障业	2732	1200	394		31	13
社会保障业	2732	1200	394		31	13
社会福利业	7507	2155	2178	1	26	42
提供住宿的社会福利	4264	1731	997	1	12	18
不提供住宿的社会福利	3243	424	1181		15	24
文化、体育和娱乐业	**87524**	**33083**	**39097**	**11**	**2179**	**721**
新闻出版业	2154	1030	890	5	192	44

4－B－5　续表2－4　　单位：个、万元、人

指标名称	本年支出合计	工资福利支出	商品和服务支出	取暖费（降温费）	劳务费	差旅费
新闻业	2154	1030	890	5	192	44
广播、电视、电影和音像业	61861	22415	28550	1	950	404
广　播	358	217	87	1		8
电　视	61451	22174	28460		950	396
电　影	52	24	3			1
文化艺术业	19801	8113	7819	4	894	247
文艺创作与表演	3768	2097	1171	1	99	29
艺术表演场馆	235	128	65		5	4
图书馆与档案馆	4854	2175	1267		58	53
文物及文化保护	2426	574	958		26	32
博物馆	1925	530	1205		93	54
烈士陵园、纪念馆	534	176	289		54	3
群众文化活动	5547	2193	2632	2	523	64
其他文化艺术	513	242	234	…	38	8
体　育	3260	1256	1664	1	144	19
体育组织	168	75	14			2
体育场馆	2362	674	1511		142	11
其他体育	731	507	139	1	1	6
娱乐业	449	269	173			8
其他娱乐活动	449	269	173			8
公共管理和社会组织	**1685606**	**474868**	**469228**	**574**	**19617**	**18264**
中国共产党机关	54443	16045	24311	24	810	1449
中国共产党机关	54443	16045	24311	24	810	1449
国家机构	1606898	452034	435760	516	18647	16315
国家权力机构	9618	3237	4187		99	308
国家行政机构	1556666	428464	419672	516	18120	15171
人民法院和人民检察院	40614	20332	11900		429	836
人民政协和民主党派	7625	2626	2900		35	235
人民政协	6519	2227	2526		32	207
民主党派	1106	399	374		3	28
群众团体、社会团体和宗教组织	16641	4163	6257	34	125	265
群众团体	14100	3334	4913	26	75	199
社会团体	2541	829	1344	8	49	66
宗教组织						

4－B－5 续表3－1

单位：个、万元、人

指标名称	出国费	工会经费	福利费	对个人和家庭的补助	抚恤金	生活补助
总　计	**6920**	**20783**	**38818**	**277403**	**7532**	**22886**
一、按登记注册类型分						
内　资	**6920**	**20783**	**38818**	**277403**	**7532**	**22886**
国　有	1921	20441	37696	265126	7274	21599
集　体		62	300	951	99	93
股份合作企业		4	26	332	10	10
联营企业		2	4	95	1	6
国有联营			3	10		
集体联营		2	1	85	1	6
私营企业		4	12	49	13	6
私营独资		4	12	49	13	6
私营合伙						
其　他	4999	270	779	10851	135	1172
二、按国民经济行业（门类、大类、中类）分						
交通运输、仓储和邮政业	**8**	**388**	**1638**	**2926**	**60**	**225**
道路运输业	8	351	1381	2646	60	175
道路运输辅助活动	8	351	1381	2646	60	175
水上运输业				9		
水上运输辅助活动				9		
航空运输业		37	257	271		49
航空运输辅助活动		37	257	271		49
信息传输、计算机服务和软件业		**9**	**38**	**220**		**4**
电信和其他信息传输服务业		9	28	218		4
互联网信息服务		1	2	18		1
广播电视传输服务		8	27	201		3
计算机服务业			8	1		
计算机系统服务			8	1		
软件业			2	...		
公共软件服务			2	...		
租赁和商务服务业	**3**	**120**	**263**	**1399**	**15**	**92**
商务服务业	3	120	263	1399	15	92
企业管理服务	3	57	145	856	9	51
法律服务		3	34	34		...
咨询与调查	...	19	29	58	3	4

4－B－5　续表 3－2

单位：个、万元、人

指标名称	出国费	工会经费	福利费	对个人和家庭的补助	抚恤金	生活补助
职业中介服务		36	39	420	4	36
市场管理		3	10	22		
其他商务服务		2	6	9		1
科学研究、技术服务和地质勘查业	**19**	**513**	**982**	**12175**	**121**	**281**
研究与试验发展	...	36	78	944	8	11
工程和技术研究与试验发展		21	26	354	3	2
农业科学研究与试验发展		8	35	364	5	9
医学研究与试验发展		...		2		
社会人文科学研究与试验发展	...	8	18	224		
专业技术服务业	17	406	671	10285	85	171
气象服务		9	44	368		3
海洋服务		1	127	209		67
测绘服务			6	79		
技术检测	9	69	77	316	3	15
环境监测		12	30	508	20	1
工程技术与规划管理	8	247	388	8631	63	85
其他专业技术服务		70		175		
科技交流和推广服务业	2	47	119	847	15	99
技术推广服务	2	43	77	482	11	46
科技中介服务		4	18	136		50
其他科技服务			25	230	4	4
地质勘查业		24	113	98	12	
矿产地质勘查		23	112	93	11	
基础地质勘查		...	2	5	2	
水利、环境和公共设施管理业	**3**	**360**	**1334**	**3527**	**152**	**155**
水利管理业	3	13	12	333	2	15
防洪管理		2	2	23		1
水资源管理	3	6	9	144		...
其他水利管理		6	2	167	2	15
环境管理业		110	630	1326	120	130
自然保护		11	16	146	1	43
环境治理		99	615	1180	119	87
公共设施管理业		237	692	1868	30	10
市政公共设施管理		11	103	253	1	1

4－B－5 续表3－3

单位：个、万元、人

指标名称	出国费	工会经费	福利费	对个人和家庭的补助	抚恤金	生活补助
城市绿化管理		10	6	80		
游览景区管理		217	582	1535	29	9
居民服务和其他服务业		**46**	**64**	**456**	**3**	**22**
居民服务业		36	59	380	3	21
托儿所		2	9	6		4
殡葬服务		34	50	354	3	16
其他居民服务			1	21		…
其他服务业		10	5	76	1	1
修理与维护			…	18	1	…
清洁服务		10	4	58		…
教 育	**5351**	**6065**	**12114**	**89238**	**987**	**5083**
教 育	5351	6065	12114	89238	987	5083
学前教育		177	302	1573	9	41
初等教育	26	2160	3644	29177	402	2151
中等教育	102	3095	4693	37014	476	1386
高等教育	5203	541	3166	19493	81	1395
其他教育	20	93	310	1983	19	110
卫生、社会保障和社会福利业	**91**	**2243**	**5448**	**23350**	**224**	**576**
卫 生	88	2178	5211	22038	205	440
医 院	67	1611	3519	17201	66	152
卫生院及社区医疗活动	3	383	1190	3083	110	244
门诊部医疗活动		3	27	37		2
计划生育技术服务活动	2	29	25	219		18
妇幼保健活动		35	110	346	1	1
专科疾病防治活动			1	10		
疾病预防控制及防疫活动	4	99	293	972	28	23
其他卫生活动	12	18	47	171		1
社会保障业		30	58	128		
社会保障业		30	58	128		
社会福利业	3	35	179	1185	20	136
提供住宿的社会福利		31	161	1007	19	50
不提供住宿的社会福利	3	4	18	178	1	86
文化、体育和娱乐业	**5**	**536**	**1634**	**5117**	**93**	**168**
新闻出版业		58	31	121	2	14

4－B－5 续表3－4

单位：个、万元、人

指标名称	出国费	工会经费	福利费	对个人和家庭的补助	抚恤金	生活补助
新闻业		58	31	121	2	14
广播、电视、电影和音像业	4	370	1294	3177	28	89
广　播		2	5	38	3	1
电　视	4	368	1289	3129	25	87
电　影			...	10		2
文化艺术业	...	96	263	1569	63	61
文艺创作与表演		28	25	383	5	16
艺术表演场馆		3	9	18		2
图书馆与档案馆		29	69	350	2	5
文物及文化保护	...	10	15	167	50	12
博物馆		8	28	130	1	
烈士陵园、纪念馆		4	9	27		
群众文化活动		15	107	467	5	26
其他文化艺术		1	1	29		1
体　育		11	46	244		4
体育组织		1	2	25		4
体育场馆		9	42	152		
其他体育		1	2	66		
娱乐业				7		
其他娱乐活动				7		
公共管理和社会组织	**1441**	**10503**	**15302**	**138995**	**5877**	**16282**
中国共产党机关	180	191	913	4856	156	201
中国共产党机关	180	191	913	4856	156	201
国家机构	1184	10249	14153	131401	5694	15911
国家权力机构	116	38	61	1504	27	36
国家行政机构	1053	9550	13500	126173	5626	15815
人民法院和人民检察院	15	661	592	3724	40	60
人民政协和民主党派	45	25	99	1103	1	5
人民政协	45	23	80	947	1	5
民主党派		3	19	156		...
群众团体、社会团体和宗教组织	33	38	137	1636	26	165
群众团体	25	29	122	1352	20	156
社会团体	9	9	15	284	6	9
宗教组织						

4-B-5 续表4-1

单位：个、万元、人

指 标 名 称				经营支出	经营税金	全部就业人员年平均人数
	救济费	助学金	退职(役)费			
总 计	**7210**	**19204**	**2140**	**33803**	**2358**	**215003**
一、按登记注册类型分						
内 资	**7210**	**19204**	**2140**	**33803**	**2358**	**215003**
国 有	6176	17157	2101	31504	2323	206578
集 体	78	19	5	1878	15	2599
股份合作企业		290	6			96
联营企业		29		40	1	130
国有联营				32	1	26
集体联营		29		8		104
私营企业	3	14	7	1		198
私营独资	3	14	7	1		198
私营合伙						
其 他	954	1694	22	380	19	5402
二、按国民经济行业(门类、大类、中类)分						
交通运输、仓储和邮政业	**51**	**1**	**49**	**70**	**12**	**2773**
道路运输业	51	1	42	70	12	2616
道路运输辅助活动	51	1	42	70	12	2616
水上运输业						3
水上运输辅助活动						3
航空运输业			7			154
航空运输辅助活动			7			154
信息传输、计算机服务和软件业				**218**	**28**	**137**
电信和其他信息传输服务业						134
互联网信息服务						11
广播电视传输服务						123
计算机服务业						2
计算机系统服务						2
软件业				218	28	1
公共软件服务				218	28	1
租赁和商务服务业	**31**	**4**	**3**	**1447**	**150**	**1428**
商务服务业	31	4	3	1447	150	1428
企业管理服务	6	4	3	609	75	824
法律服务	1			135	20	118
咨询与调查	3			22	1	114

4－B－5 续表4－2 单位：个、万元、人

指标名称	救济费	助学金	退职(役)费	经营支出	经营税金	全部就业人员年平均人数
职业中介服务	22			603	33	293
市场管理				78	20	55
其他商务服务						24
科学研究、技术服务和地质勘查业	**117**	**28**	**106**	**7509**	**611**	**4444**
研究与试验发展		1	31	310	11	644
工程和技术研究与试验发展				47	7	251
农业科学研究与试验发展		1	31	263	4	298
医学研究与试验发展						4
社会人文科学研究与试验发展						91
专业技术服务业	32	27	73	2378	470	2974
气象服务				469	64	194
海洋服务					45	77
测绘服务				553	130	156
技术检测		1		104	23	546
环境监测			2	264	38	285
工程技术与规划管理	32	26	70	989	171	1531
其他专业技术服务						185
科技交流和推广服务业	10		1	113	2	530
技术推广服务	10		1	95	...	425
科技中介服务				18	1	73
其他科技服务						32
地质勘查业	76		2	4708	129	296
矿产地质勘查	76		2	4708	129	290
基础地质勘查						6
水利、环境和公共设施管理业	**42**	**3**	**10**	**1800**	**245**	**4769**
水利管理业				15		373
防洪管理						62
水资源管理				15		217
其他水利管理						94
环境管理业	39	3	...	783	26	2858
自然保护	2	3		364	15	340
环境治理	37		...	419	12	2518
公共设施管理业	3		10	1002	218	1538
市政公共设施管理			8	2	3	294

4－B－5 续表4－3 单位：个、万元、人

指 标 名 称				经营支出	经营税金	全部就业人员年平均人数
	救济费	助学金	退职(役)费			
城市绿化管理				52	9	129
游览景区管理	3		2	948	206	1115
居民服务和其他服务业			**6**	**379**	**24**	**431**
居民服务业			6	379	24	348
托儿所				231		28
殡葬服务				148	24	311
其他居民服务			6	1	…	9
其他服务业						83
修理与维护						4
清洁服务						79
教 育	**1357**	**18799**	**459**	**7656**	**307**	**83138**
教 育	1357	18799	459	7656	307	83138
学前教育	2	2	12	20		2833
初等教育	123	2063	218	2907	1	33337
中等教育	303	7102	218	2527	115	39278
高等教育	904	9475		371		6135
其他教育	26	156	11	1832	192	1555
卫生、社会保障和社会福利业	**127**	**51**	**58**	**10382**	**108**	**34644**
卫 生	68	12	53	8400	8	33973
医 院	3		19	840		23439
卫生院及社区医疗活动	50	7	23	6978	8	7974
门诊部医疗活动				526		167
计划生育技术服务活动	13	2	7	4		319
妇幼保健活动	1		1			455
专科疾病防治活动				…		6
疾病预防控制及防疫活动	1	2	2	24		1276
其他卫生活动				28		337
社会保障业				567	100	219
社会保障业				567	100	219
社会福利业	59	40	6	1416		452
提供住宿的社会福利	48	9	6	20		375
不提供住宿的社会福利	11	31		1396		77
文化、体育和娱乐业	**10**	**44**	**44**	**1446**	**530**	**6136**
新闻出版业				135		194

4－B－5 续表4－4 单位：个、万元、人

指 标 名 称				经营支出	经营税金	全部就业人员年平均人数
	救济费	助学金	退 职（役）费			
新闻业				135		194
广播、电视、电影和音像业			3	829	211	3865
广 播						35
电 视			3	817	209	3811
电 影				12	2	19
文化艺术业	10	1	39	363	165	1793
文艺创作与表演			...	215	18	518
艺术表演场馆						41
图书馆与档案馆				127	9	439
文物及文化保护	10		30			127
博物馆		1	1			121
烈士陵园、纪念馆						51
群众文化活动			3	21	139	446
其他文化艺术			5			50
体 育		43	3	120	154	256
体育组织						21
体育场馆		4	3	20	145	125
其他体育		39		100	9	110
娱乐业						28
其他娱乐活动						28
公共管理和社会组织	**5475**	**275**	**1404**	**2895**	**342**	**77103**
中国共产党机关	131	64	71	9	2	2461
中国共产党机关	131	64	71	9	2	2461
国家机构	5327	187	1254	2872	339	73499
国家权力机构						446
国家行政机构	5314	187	1249	2872	339	70151
人民法院和人民检察院	12		4			2902
人民政协和民主党派			7			369
人民政协						313
民主党派			7			56
群众团体、社会团体和宗教组织	17	24	72	14	2	774
群众团体	2	23	22			581
社会团体	15	1	50	14	2	193
宗教组织						

注：本表按有填写财务表且执行行政事业会计制度的单位统计。

4-B-6 嘉兴市按登记注册类型和行业(门类、大类、中类)分组的行政事业单位财务状况

单位:个、万元、人

指标名称	法人单位	固定资产原价	本年收入合计	财政拨款	事业收入	经营收入
总计	**2700**	**2021252**	**2098761**	**1259013**	**547525**	**123240**
一、按登记注册类型分						
内资	**2699**	**2019882**	**2097251**	**1258544**	**546728**	**123240**
国有	2229	1871629	1981281	1212063	503225	114134
集体	228	29398	56528	31707	13812	3041
股份合作企业	3	534	2325		2325	
有限责任公司	1	2	1877	1877		
其他有限责任公司	1	2	1877	1877		
私营企业	10	2612	1974	25	1389	560
私营独资	6	2085	990	15	763	212
私营合伙	4	526	984	10	626	348
其他	228	115708	53267	12873	25978	5505
港澳台商投资	**1**	**1370**	**1511**	**470**	**797**	
与港澳台商合作经营	1	1370	1511	470	797	
二、按国民经济行业(门类、大类、中类)分						
交通运输、仓储和邮政业	**27**	**23243**	**39428**	**25463**	**8100**	**501**
道路运输业	22	16926	36183	25463	4949	439
道路运输辅助活动	22	16926	36183	25463	4949	439
水上运输业	5	6318	3245		3151	61
水上运输辅助活动	5	6318	3245		3151	61
信息传输、计算机服务和软件业	**65**	**29323**	**18190**	**2195**	**11652**	**248**
电信和其他信息传输服务业	56	28573	16948	1173	11640	163
互联网信息服务	2	520	358	164	55	
广播电视传输服务	54	28053	16590	1010	11585	163
计算机服务业	8	686	1229	1022		85
计算机系统服务	4	572	969	762		85
数据处理	3	110	221	221		
计算机维修	1	5	40	40		
软件业	1	64	12		12	
公共软件服务	1	64	12		12	
租赁和商务服务业	**103**	**36442**	**30838**	**16655**	**8721**	**3426**
商务服务业	103	36442	30838	16655	8721	3426
企业管理服务	46	14298	14420	11896	1528	309
法律服务	13	968	2781	215	830	1424
咨询与调查	19	409	1919	1631	9	26
广告业	1	64	1972		1923	

4-B-6 续表1-1

单位：个、万元、人

指标名称	法人单位	固定资产原价	本年收入合计	财政拨款	事业收入	经营收入
职业中介服务	9	1479	1335	735	129	
市场管理	4	1547	5229	262	3800	1121
其他商务服务	11	17677	3182	1915	504	546
科学研究、技术服务和地质勘查业	**140**	**26404**	**52760**	**24263**	**13668**	**7183**
研究与试验发展	10	2473	1926	1470	203	72
工程和技术研究与试验发展	1	29	65		65	
农业科学研究与试验发展	5	1518	1002	768	30	72
医学研究与试验发展	1	14	50	50		
社会人文科学研究与试验发展	3	911	809	652	107	
专业技术服务业	60	14937	19308	5038	4481	7026
气象服务	9	4969	4187	700		3189
地震服务	1	61	20	20		
技术检测	29	7383	9369	1600	2532	3186
环境监测	1	156	152	146		
工程技术与规划管理	18	2366	5411	2444	1950	631
其他专业技术服务	2	2	170	129		20
科技交流和推广服务业	69	8845	31436	17680	8970	85
技术推广服务	60	8689	30919	17248	8920	85
科技中介服务	2	6	49	41	8	
其他科技服务	7	151	468	392	42	
地质勘查业	1	149	90	75	14	1
基础地质勘查	1	149	90	75	14	1
水利、环境和公共设施管理业	**84**	**53359**	**34742**	**26477**	**4612**	**1891**
水利管理业	31	40518	9220	5727	1456	652
防洪管理	8	3219	3056	2472	178	63
水资源管理	8	35168	2220	1004	860	14
其他水利管理	15	2132	3944	2251	419	575
环境管理业	33	10089	14753	12839	1197	540
自然保护	1	67	58	58		
环境治理	32	10023	14695	12781	1197	540
公共设施管理业	20	2753	10768	7911	1958	699
市政公共设施管理	10	502	7535	6018	1419	
城市绿化管理	7	1877	2439	1260	478	689
游览景区管理	3	373	794	632	62	10
居民服务和其他服务业	**27**	**4914**	**8413**	**1663**	**2789**	**3689**
居民服务业	17	4122	6064	250	2016	3674

4-B-6 续表1-2

单位：个、万元、人

指标名称	法人单位	固定资产原价	本年收入合计	财政拨款	事业收入	经营收入
托儿所	2	17	121	2	115	
殡葬服务	10	4030	5680	156	1764	3670
摄影扩印服务	1	24	136		135	
其他居民服务	4	51	127	92	2	4
其他服务业	10	792	2350	1413	773	15
清洁服务	6	726	1151	409	650	
其他未列明的服务	4	66	1198	1004	123	15
教育	**563**	**592877**	**445729**	**291158**	**115327**	**5317**
教育	563	592877	445729	291158	115327	5317
学前教育	122	21192	22476	6651	13277	518
初等教育	162	138846	132566	111703	12366	641
中等教育	184	300431	197497	134372	45863	1772
高等教育	11	107655	71220	28018	37350	221
其他教育	84	24753	21970	10414	6472	2166
卫生、社会保障和社会福利业	**233**	**337703**	**399401**	**36163**	**282423**	**75901**
卫生	159	324603	391578	30518	281209	75687
医院	29	240686	275999	11547	195865	67079
卫生院及社区医疗活动	86	62779	88412	12830	68281	6816
门诊部医疗活动	4	2895	5556	383	4143	994
计划生育技术服务活动	13	1546	2424	1336	933	78
妇幼保健活动	5	5945	7937	374	6131	
专科疾病防治活动	4	1007	1941	596	1284	39
疾病预防控制及防疫活动	10	6809	7504	3108	3142	682
其他卫生活动	8	2936	1807	343	1432	
社会保障业	10	2199	3029	2677	313	
社会保障业	10	2199	3029	2677	313	
社会福利业	64	10902	4794	2968	900	214
提供住宿的社会福利	53	10266	3928	2274	744	208
不提供住宿的社会福利	11	635	865	694	157	6
文化、体育和娱乐业	**101**	**79123**	**34746**	**12798**	**9119**	**8288**
新闻出版业	4	801	1981	226	46	1681
出版业	4	801	1981	226	46	1681
广播、电视、电影和音像业	5	51364	14571	1080	6013	5732
广播	3	32553	12146	780	4824	4830
电视	1	7806	2391	300	1189	902
电影	1	11005	35			1

4－B－6 续表1－3

单位：个、万元、人

指标名称	法人单位	固定资产原价	本年收入合计	财政拨款	事业收入	经营收入
文化艺术业	80	21361	15807	10631	2469	719
文艺创作与表演	2	193	547	328	146	35
艺术表演场馆	3	72	326	65	189	72
图书馆与档案馆	14	5818	4168	3553	278	153
文物及文化保护	8	753	985	581	169	
博物馆	15	6724	3373	2421	163	15
烈士陵园、纪念馆	3	908	558	140	385	3
群众文化活动	30	6016	4894	2830	1140	441
文化艺术经纪代理	1	609	180	64		
其他文化艺术	4	268	776	649		
体　育	6	4136	1043	565	178	148
体育组织	3	3459	469	104	143	144
体育场馆	1	517	40	23	17	
其他体育	2	159	534	438	17	5
娱乐业	6	1462	1344	296	413	7
游乐园	1	3	109	26	11	
休闲健身娱乐活动	1	250	85		85	
其他娱乐活动	4	1209	1149	269	317	7
公共管理和社会组织	**1357**	**837864**	**1034517**	**822179**	**91115**	**16795**
中国共产党机关	69	9917	25811	25093	61	
中国共产党机关	69	9917	25811	25093	61	
国家机构	1067	756834	967735	771007	88923	12331
国家权力机构	8	2063	5728	5650		
国家行政机构	1039	719542	932198	736614	88923	12318
人民法院和人民检察院	19	35118	23171	22259		13
其他国家机构	1	110	6638	6485		
人民政协和民主党派	24	1838	4371	4368	...	
人民政协	8	1803	3996	3995		
民主党派	16	35	375	373	...	
群众团体、社会团体和宗教组织	57	12167	22131	17324	1316	65
群众团体	37	10585	16479	12443	658	64
社会团体	19	1581	5614	4877	626	1
宗教组织	1	1	37	5	33	
基层群众自治组织	140	57108	14470	4386	814	4399
社区自治组织	47	4194	2555	938	452	944
村民自治组织	93	52914	11915	3448	362	3456

4－B－6 续表2－1

单位：个、万元、人

指标名称	本年支出合计	工资福利支出	商品和服务支出	取暖费（降温费）	劳务费	差旅费
总计	**2104958**	**677757**	**717268**	**595**	**24835**	**10200**
一、按登记注册类型分						
内资	**2103533**	**676808**	**717095**	**595**	**24826**	**10197**
国有	2003090	641450	677330	556	22837	9525
集体	48963	18800	16542	20	505	279
股份合作企业	1535	868	306		30	
有限责任公司	2030	269	1625		11	1
其他有限责任公司	2030	269	1625		11	1
私营企业	1690	975	614	12	52	105
私营独资	797	442	280	1	43	16
私营合伙	894	534	334	12	8	89
其他	46225	14445	20678	7	1391	287
港澳台商投资	**1425**	**949**	**173**		**9**	**3**
与港澳台商合作经营	1425	949	173		9	3
二、按国民经济行业（门类、大类、中类）分						
交通运输、仓储和邮政业	**33049**	**9692**	**10927**	**1**	**703**	**123**
道路运输业	29881	7999	9762	1	554	79
道路运输辅助活动	29881	7999	9762	1	554	79
水上运输业	3168	1693	1165		149	45
水上运输辅助活动	3168	1693	1165		149	45
信息传输、计算机服务和软件业	**16074**	**4190**	**7955**	**1**	**467**	**150**
电信和其他信息传输服务业	15009	3899	7554	1	460	147
互联网信息服务	213	77	121		4	1
广播电视传输服务	14796	3822	7433	1	456	146
计算机服务业	1052	280	400		7	2
计算机系统服务	905	188	385		6	1
数据处理	99	56	6		2	1
计算机维修	49	35	9			...
软件业	14	11	2		1	1
公共软件服务	14	11	2		1	1
租赁和商务服务业	**30303**	**6773**	**9738**	**2**	**299**	**178**
商务服务业	30303	6773	9738	2	299	178
企业管理服务	14204	3635	2816	1	117	61
法律服务	2188	835	744	1	51	44
咨询与调查	1907	876	763		55	17
广告业	1696	37	1659			

4－B－6 续表2－2　　单位：个、万元、人

指标名称	本年支出					
	合计	工资福利支出	商品和服务支出	取暖费（降温费）	劳务费	差旅费
职业中介服务	1354	386	519	…	52	39
市场管理	5591	197	1390		4	15
其他商务服务	3365	808	1847		19	2
科学研究、技术服务和地质勘查业	**49253**	**11090**	**25172**	**9**	**1476**	**249**
研究与试验发展	2036	1061	654		33	18
工程和技术研究与试验发展	84	49	19		1	
农业科学研究与试验发展	1009	480	261		9	5
医学研究与试验发展	46	9	37		19	3
社会人文科学研究与试验发展	897	523	338		4	10
专业技术服务业	16056	5266	5213	6	171	102
气象服务	2881	980	824	4	13	14
地震服务	17	11	4			…
技术检测	7863	2858	1884	1	81	53
环境监测	108	41	51			1
工程技术与规划管理	5018	1321	2369		73	34
其他专业技术服务	169	55	82	1	5	…
科技交流和推广服务业	31083	4721	19284	3	1272	129
技术推广服务	30617	4503	19088	3	1256	128
科技中介服务	47	41	2		1	…
其他科技服务	420	176	194	…	16	1
地质勘查业	78	42	20		…	…
基础地质勘查	78	42	20		…	…
水利、环境和公共设施管理业	**34288**	**11004**	**13450**	**5**	**1761**	**87**
水利管理业	8231	2379	3819	3	188	45
防洪管理	2859	789	960	2	3	14
水资源管理	1849	747	575		8	8
其他水利管理	3523	843	2284	…	176	23
环境管理业	14323	6067	6044	2	1550	9
自然保护	58	43	7			
环境治理	14265	6024	6038	2	1550	9
公共设施管理业	11733	2559	3587		23	33
市政公共设施管理	8290	1112	2643		13	16
城市绿化管理	2197	1003	661		8	8
游览景区管理	1246	443	283		2	9
居民服务和其他服务业	**6771**	**2109**	**3316**	**…**	**150**	**27**
居民服务业	4864	1363	2700	…	71	19

4－B－6 续表2－3

单位：个、万元、人

指标名称	本年支出合计	工资福利支出	商品和服务支出	取暖费(降温费)	劳务费	差旅费
托儿所	196	94	20		10	…
殡葬服务	4414	1148	2607	…	44	18
摄影扩印服务	129	47	27		3	
其他居民服务	125	75	46		14	…
其他服务业	1906	746	616		79	9
清洁服务	912	424	278		12	5
其他未列明的服务	995	322	338		67	4
教　育	**444232**	**229988**	**86412**	**93**	**5685**	**2823**
教　育	444232	229988	86412	93	5685	2823
学前教育	21567	13980	5260	11	183	121
初等教育	142482	81763	20963	29	442	617
中等教育	198122	111510	38723	51	1855	1174
高等教育	61586	14848	14828		1984	697
其他教育	20475	7887	6639	1	1221	214
卫生、社会保障和社会福利业	**381475**	**114568**	**238854**	**136**	**2388**	**524**
卫　生	374008	111334	236283	134	2287	480
医　院	267946	70729	180275	106	1090	246
卫生院及社区医疗活动	81247	31713	42583	27	1011	133
门诊部医疗活动	4898	1717	2759	…	17	3
计划生育技术服务活动	2386	995	829		8	16
妇幼保健活动	7124	2487	4228		57	16
专科疾病防治活动	1880	400	1374	1	15	17
疾病预防控制及防疫活动	6736	2706	3131		85	45
其他卫生活动	1792	586	1102		4	5
社会保障业	2933	1378	1010		17	21
社会保障业	2933	1378	1010		17	21
社会福利业	4534	1856	1562	1	84	23
提供住宿的社会福利	3672	1568	1371	1	42	20
不提供住宿的社会福利	862	287	191		41	3
文化、体育和娱乐业	**33580**	**11966**	**12266**	**3**	**1134**	**176**
新闻出版业	1715	739	651		27	19
出版业	1715	739	651		27	19
广播、电视、电影和音像业	14122	3956	5811		223	43
广　播	11755	3188	4294		213	29
电　视	2332	756	1495		10	14
电　影	35	12	23		…	

4-B-6 续表2-4

单位：个、万元、人

指 标 名 称	本年支出合计	工资福利支出	商品和服务支出	取暖费(降温费)	劳务费	差旅费
文化艺术业	15424	6542	5088	2	843	103
文艺创作与表演	641	424	156		44	2
艺术表演场馆	329	103	63	...		
图书馆与档案馆	4064	1770	920		50	20
文物及文化保护	926	436	313	...	28	6
博物馆	2930	1135	1168	1	135	14
烈士陵园、纪念馆	500	275	190	...	2	9
群众文化活动	5078	1959	1960	...	537	42
文化艺术经纪代理	183	81	69		7	4
其他文化艺术	773	359	251		39	6
体 育	923	425	420	...	31	5
体育组织	426	258	140	...	14	1
体育场馆	38	23	12		1	
其他体育	459	144	268		16	4
娱乐业	1397	304	295	2	10	5
游乐园	112	51	54			3
休闲健身娱乐活动	56	21	12	2	2	
其他娱乐活动	1229	233	228		8	2
公共管理和社会组织	**1075933**	**276379**	**309178**	**346**	**10773**	**5863**
中国共产党机关	25381	7880	12587	...	1019	362
中国共产党机关	25381	7880	12587	...	1019	362
国家机构	1014145	259996	279496	341	8540	5232
国家权力机构	5653	1956	2542		35	41
国家行政机构	978655	246187	268372	339	8276	4820
人民法院和人民检察院	23004	11272	7852	2	230	370
其他国家机构	6832	580	730			1
人民政协和民主党派	4254	1643	1823	1	92	94
人民政协	3885	1452	1724	1	87	83
民主党派	369	192	99	...	6	12
群众团体、社会团体和宗教组织	21359	3253	9990	1	260	75
群众团体	15778	2425	6106	1	173	60
社会团体	5558	824	3883		86	15
宗教组织	24	4				
基层群众自治组织	10794	3607	5282	2	862	99
社区自治组织	1753	749	715	...	69	12
村民自治组织	9041	2858	4568	2	793	87

4－B－6 续表3－1 单位：个、万元、人

指标名称	出国费	工会经费	福利费	对个人和家庭的补助	抚恤金	生活补助
总 计	**1191**	**6749**	**20085**	**143710**	**1155**	**5114**
一、按登记注册类型分						
内 资	**1191**	**6743**	**20041**	**143600**	**1155**	**5114**
国 有	1184	6395	17796	138831	1092	4223
集 体	4	219	1200	2834	13	220
股份合作企业				44		1
有限责任公司		5	37			
其他有限责任公司		5	37			
私营企业		5	29	46		17
私营独资		3	2	26		
私营合伙		2	27	21		17
其 他	4	120	979	1844	51	654
港澳台商投资		**5**	**44**	**111**		
与港澳台商合作经营		5	44	111		
二、按国民经济行业(门类、大类、中类)分						
交通运输、仓储和邮政业	**9**	**117**	**426**	**1136**	**5**	**12**
道路运输业	5	103	345	1022	2	8
道路运输辅助活动	5	103	345	1022	2	8
水上运输业	4	14	81	114	4	5
水上运输辅助活动	4	14	81	114	4	5
信息传输、计算机服务和软件业		**53**	**215**	**562**	**2**	**33**
电信和其他信息传输服务业		51	205	530	2	33
互联网信息服务		...	3	6		
广播电视传输服务		51	202	525	2	33
计算机服务业		2	9	31		
计算机系统服务		1	7	21		
数据处理		1	2	6		
计算机维修		...	...	5		
软件业			1			
公共软件服务			1			
租赁和商务服务业	**77**	**118**	**264**	**1447**	**12**	**138**
商务服务业	77	118	264	1447	12	138
企业管理服务	60	75	117	982	9	118
法律服务		20	37	101		3
咨询与调查		10	31	207	1	6
广告业						

4－B－6 续表3－2

单位：个、万元、人

指标名称	出国费	工会经费	福利费	对个人和家庭的补助	抚恤金	生活补助
职业中介服务		3	9	89	1	10
市场管理	17	6	18	26		
其他商务服务		3	52	43		2
科学研究、技术服务和地质勘查业	**21**	**161**	**564**	**1928**	**14**	**140**
研究与试验发展	11	8	19	175		6
工程和技术研究与试验发展			1	16		
农业科学研究与试验发展		5	7	124		
医学研究与试验发展	11		4			
社会人文科学研究与试验发展		4	7	36		6
专业技术服务业	6	104	282	732	4	26
气象服务	3	15	61	218	4	4
地震服务		...	...	2		
技术检测	3	76	138	356		2
环境监测		1	1	16		
工程技术与规划管理		12	81	122		2
其他专业技术服务	...		1	19		19
科技交流和推广服务业	4	48	263	1006	10	109
技术推广服务	4	47	256	964	10	100
科技中介服务		...	...	4		
其他科技服务		1	7	38		9
地质勘查业		...	1	15		
基础地质勘查		...	1	15		
水利、环境和公共设施管理业	**11**	**93**	**492**	**1753**	**46**	**100**
水利管理业	6	30	125	593	19	43
防洪管理		12	23	356	19	32
水资源管理	6	7	13	98		10
其他水利管理		11	89	138		1
环境管理业		29	248	763	22	10
自然保护		...	...	9		
环境治理		29	248	754	22	10
公共设施管理业	5	33	118	398	5	46
市政公共设施管理	5	13	57	97		2
城市绿化管理		9	53	141	5	1
游览景区管理		12	8	160		44
居民服务和其他服务业		**10**	**56**	**233**		**26**
居民服务业		6	37	109		15

4－B－6 续表3－3

单位：个、万元、人

指标名称	出国费	工会经费	福利费	对个人和家庭的补助	抚恤金	生活补助
托儿所		...	2	2		
殡葬服务		6	29	104		15
摄影扩印服务						
其他居民服务		...	6	3		
其他服务业		4	19	124		11
清洁服务		2	7	53		7
其他未列明的服务		2	13	71		4
教　育	**161**	**1831**	**5196**	**53470**	**226**	**405**
教　育	161	1831	5196	53470	226	405
学前教育		120	624	1271	4	46
初等教育	18	676	1638	18720	103	141
中等教育	29	889	2464	24651	75	150
高等教育	65	88	301	6325	34	21
其他教育	51	58	169	2502	10	47
卫生、社会保障和社会福利业	**19**	**763**	**1819**	**12094**	**176**	**410**
卫　生	19	733	1685	11520	176	231
医　院	19	391	1200	7048	141	44
卫生院及社区医疗活动		262	331	3402	32	149
门诊部医疗活动		18	9	152		1
计划生育技术服务活动		6	44	144	...	5
妇幼保健活动		21	32	260		13
专科疾病防治活动		6	22	38		2
疾病预防控制及防疫活动		25	40	417	3	19
其他卫生活动		4	7	59		1
社会保障业		13	26	175		7
社会保障业		13	26	175		7
社会福利业		17	108	400	...	172
提供住宿的社会福利		16	107	332		145
不提供住宿的社会福利		2	2	68	...	27
文化、体育和娱乐业	**11**	**94**	**274**	**1664**	**8**	**25**
新闻出版业		9	27	16	...	...
出版业		9	27	16	...	...
广播、电视、电影和音像业	10	26	15	441	1	20
广　播	10	23	10	360		18
电　视		4	5	81	1	2
电　影				...		

4－B－6　续表3－4　　　　单位：个、万元、人

指标名称	出国费	工会经费	福利费	对个人和家庭的补助	抚恤金	生活补助
文化艺术业		54	217	1114	7	4
文艺创作与表演		3	10	47	1	…
艺术表演场馆			3	25	1	
图书馆与档案馆		11	42	240		1
文物及文化保护		7	8	59	4	
博物馆		16	23	400		1
烈士陵园、纪念馆		2	24	35		1
群众文化活动		14	70	285	1	…
文化艺术经纪代理		…	29	3		
其他文化艺术		1	8	21		
体　育		2	8	65		
体育组织		1	…	15		
体育场馆		…	…	3		
其他体育		1	8	47		
娱乐业	2	2	7	29		2
游乐园			2	4		
休闲健身娱乐活动		2				
其他娱乐活动	2	…	5	25		2
公共管理和社会组织	**883**	**3509**	**10780**	**69424**	**666**	**3824**
中国共产党机关	52	63	223	2088	10	69
中国共产党机关	52	63	223	2088	10	69
国家机构	777	3369	9972	65548	642	3142
国家权力机构	5	8	58	727	4	7
国家行政机构	755	3197	9382	62432	635	3100
人民法院和人民检察院	17	162	528	2385	4	31
其他国家机构	1	2	5	3		3
人民政协和民主党派	40	14	45	465		4
人民政协	40	11	37	402		4
民主党派	…	3	8	64		
群众团体、社会团体和宗教组织	14	29	113	660	11	44
群众团体	14	22	66	434	8	42
社会团体		7	47	227	3	1
宗教组织						
基层群众自治组织		35	428	663	3	565
社区自治组织		5	78	83	1	49
村民自治组织		30	349	581	2	516

4－B－6 续表4－1

单位：个、万元、人

指 标 名 称				经营支出	经营税金	全部就业人员年平均人数
	救济费	助学金	退职(役)费			
总 计	**1784**	**14688**	**1083**	**78528**	**2719**	**116006**
一、按登记注册类型分						
内 资	**1784**	**14680**	**1083**	**78528**	**2719**	**115843**
国 有	1625	14552	961	75768	2492	107096
集 体	142	53	104	1527	65	4879
股份合作企业						202
有限责任公司						36
其他有限责任公司						36
私营企业		3		10	1	271
私营独资				4		144
私营合伙		3		6	1	127
其 他	16	72	19	1224	161	3359
港澳台商投资		**8**				**163**
与港澳台商合作经营		8				163
二、按国民经济行业(门类、大类、中类)分						
交通运输、仓储和邮政业		**2**	**7**	**480**	**20**	**1821**
道路运输业		2	6	413	16	1489
道路运输辅助活动		2	6	413	16	1489
水上运输业			1	67	3	332
水上运输辅助活动			1	67	3	332
信息传输、计算机服务和软件业	**...**	**6**	**2**	**131**	**11**	**833**
电信和其他信息传输服务业		6	2	51	7	783
互联网信息服务						11
广播电视传输服务		6	2	51	7	772
计算机服务业	...			80	5	45
计算机系统服务	...			80	5	31
数据处理						8
计算机维修						6
软件业						5
公共软件服务						5
租赁和商务服务业	**6**	**...**	**17**	**771**	**383**	**1283**
商务服务业	6	...	17	771	383	1283
企业管理服务			11	164	29	685
法律服务		...		527	131	128
咨询与调查				5	1	137
广告业					153	4

4－B－6 续表4－2 单位：个、万元、人

指标名称	救济费	助学金	退职(役)费	经营支出	经营税金	全部就业人员年平均人数
职业中介服务	6					80
市场管理				73	56	20
其他商务服务			6	2	12	229
科学研究、技术服务和地质勘查业	**2**	**13**	**48**	**3414**	**508**	**1840**
研究与试验发展			4	60		180
工程和技术研究与试验发展						10
农业科学研究与试验发展			4	60		99
医学研究与试验发展						4
社会人文科学研究与试验发展						67
专业技术服务业	2	...	4	3267	500	935
气象服务	1			1060	210	209
地震服务						2
技术检测		...	3	2053	246	480
环境监测						7
工程技术与规划管理	1		2	135	45	228
其他专业技术服务				19		9
科技交流和推广服务业		13	40	86	8	719
技术推广服务		13	40	29	6	683
科技中介服务						6
其他科技服务				57	2	30
地质勘查业				1		6
基础地质勘查				1		6
水利、环境和公共设施管理业	**15**	**9**	**19**	**852**	**105**	**3842**
水利管理业	9		1	416	35	423
防洪管理	9		1	5	3	164
水资源管理				3	1	121
其他水利管理				408	31	138
环境管理业	5	9	15	3	44	2822
自然保护						6
环境治理	5	9	15	3	44	2816
公共设施管理业	1		3	433	27	597
市政公共设施管理	1					172
城市绿化管理				432	26	372
游览景区管理			3	...	1	53
居民服务和其他服务业	**2**	**...**	**13**	**1844**		**366**
居民服务业	...		13	1842		255

4－B－6 续表4－3　　　　单位：个、万元、人

指 标 名 称				经营支出	经营税金	全部就业人员年平均人数
	救济费	助学金	退职(役)费			
托儿所						32
殡葬服务	...		13	1763		175
摄影扩印服务				56		12
其他居民服务				24		36
其他服务业	2	...		1		111
清洁服务		...				65
其他未列明的服务	2			1		46
教　育	**70**	**13867**	**246**	**2292**	**321**	**41891**
教　育	70	13867	246	2292	321	41891
学前教育			2	156	2	4724
初等教育	36	2716	134	148	22	14430
中等教育	10	7242	73	426	4	19044
高等教育	8	2830	6	220	2	2328
其他教育	16	1079	32	1343	291	1365
卫生、社会保障和社会福利业	**2**		**45**	**53863**	**27**	**20079**
卫　生	1		41	53678	27	19225
医　院			34	51698	8	11672
卫生院及社区医疗活动	1		4	1479	18	6120
门诊部医疗活动				2		306
计划生育技术服务活动			3	54		155
妇幼保健活动						356
专科疾病防治活动				1	1	66
疾病预防控制及防疫活动				443		428
其他卫生活动						122
社会保障业						232
社会保障业						232
社会福利业	1		4	185		622
提供住宿的社会福利			4	184		557
不提供住宿的社会福利	1			1		65
文化、体育和娱乐业	**2**	**31**		**6690**	**686**	**1989**
新闻出版业	...	...		335	121	129
出版业	...	...		335	121	129
广播、电视、电影和音像业	1			5642	439	499
广　播	1			5268	370	397
电　视	...			374	70	97
电　影				...	...	5

4－B－6 续表4－4

单位：个、万元、人

指 标 名 称				经营支出	经营税金	全部就业人员年平均人数
	救济费	助学金	退职(役)费			
文化艺术业	...	...		591	104	1217
文艺创作与表演				6		63
艺术表演场馆				87	8	21
图书馆与档案馆		...		53	24	269
文物及文化保护						108
博物馆	...			176	3	225
烈士陵园、纪念馆				3		67
群众文化活动				265	69	365
文化艺术经纪代理						15
其他文化艺术						84
体 育		31		122	22	73
体育组织				122	22	35
体育场馆						9
其他体育		31				29
娱乐业						71
游乐园						26
休闲健身娱乐活动						6
其他娱乐活动						39
公共管理和社会组织	**1686**	**761**	**687**	**8192**	**658**	**42062**
中国共产党机关	6		27			1153
中国共产党机关	6		27			1153
国家机构	1663	753	640	7227	546	39100
国家权力机构	3					245
国家行政机构	1656	753	640	7227	546	37301
人民法院和人民检察院	4					1505
其他国家机构						49
人民政协和民主党派	2					241
人民政协	2					209
民主党派	1					32
群众团体、社会团体和宗教组织	5	1	1	31	6	506
群众团体	4	1		31	6	352
社会团体	...		1			150
宗教组织						4
基层群众自治组织	10	7	19	933	106	1062
社区自治组织	1		...	38	6	267
村民自治组织	9	7	18	895	100	795

注：本表按有填写财务表且执行行政事业会计制度的单位统计。

4－B－7 湖州市按登记注册类型和行业(门类、大类、中类)分组的行政事业单位财务状况

单位:个、万元、人

指标名称	法人单位	固定资产原价	本年收入合计	财政拨款	事业收入	经营收入
总计	**1635**	**1413661**	**1602464**	**883623**	**493379**	**40578**
一、按登记注册类型分						
内资	**1635**	**1413661**	**1602464**	**883623**	**493379**	**40578**
国有	1369	1322660	1514838	863912	434073	36401
集体	167	56707	59923	10096	45195	2913
股份合作企业	6	1795	2714	615	1767	322
联营企业	3	1689	414	16	336	32
国有联营	1	1163	336		336	
集体联营	1	526	62	6		26
其他联营	1	1	16	10		6
私营企业	3	290	107	56	51	
私营独资	1	240	56	56		
私营合伙	2	50	51		51	
其他	87	30520	24467	8929	11957	908
二、按国民经济行业(门类、大类、中类)分						
交通运输、仓储和邮政业	**12**	**17683**	**16089**	**3233**	**8416**	
道路运输业	9	17347	14647	2733	7475	
道路运输辅助活动	9	17347	14647	2733	7475	
水上运输业	2	50	1128	500	628	
水上运输辅助活动	2	50	1128	500	628	
装卸搬运和其他运输服务业	1	286	314		314	
装卸搬运	1	286	314		314	
信息传输、计算机服务和软件业	**28**	**31145**	**14393**	**1089**	**11123**	**1690**
电信和其他信息传输服务业	28	31145	14393	1089	11123	1690
互联网信息服务	1	166	262	254		
广播电视传输服务	27	30979	14131	835	11123	1690
租赁和商务服务业	**66**	**30455**	**22020**	**11475**	**4827**	**3950**
商务服务业	66	30455	22020	11475	4827	3950
企业管理服务	29	18704	14604	10546	1157	1601
法律服务	10	126	1098	99	318	604
咨询与调查	11	505	2727	334	2074	119
知识产权服务	1	2	8		8	
职业中介服务	8	1389	1018	468	364	
市场管理	5	9671	2345		716	1625

4－B－7　续表1－1　　　　单位：个、万元、人

指标名称	法人单位	固定资产原价	本年收入合计	财政拨款	事业收入	经营收入
其他商务服务	2	59	222	28	192	
科学研究、技术服务和地质勘查业	**85**	**27636**	**38038**	**16006**	**11743**	**2629**
研究与试验发展	10	4772	4337	2933	252	105
自然科学研究与试验发展	2	509	839	323	3	
农业科学研究与试验发展	4	3707	2646	2216	87	105
医学研究与试验发展	1	35	108	88		
社会人文科学研究与试验发展	3	522	744	306	162	
专业技术服务业	40	11795	18942	3091	10502	2183
气象服务	3	4054	1197	642		370
测绘服务	1	827	1067	200	818	
技术检测	15	4892	6766	1077	4218	1355
环境监测	3	490	470	372		51
工程技术与规划管理	17	1495	9432	790	5466	408
其他专业技术服务	1	38	10	10		
科技交流和推广服务业	32	5515	8541	3763	988	341
技术推广服务	29	5214	8141	3581	846	282
科技中介服务	2	23	214	130	69	
其他科技服务	1	278	185	53	73	59
地质勘查业	3	5553	6218	6218		
矿产地质勘查	1	32	931	931		
地质勘查技术服务	2	5521	5287	5287		
水利、环境和公共设施管理业	**66**	**42569**	**68203**	**50627**	**4539**	**6133**
水利管理业	26	20629	5051	1103	2425	99
防洪管理	10	1544	1198	599		
水资源管理	11	18551	2624	210	1918	99
其他水利管理	5	534	1229	294	507	
环境管理业	19	5207	9166	6096	997	1146
自然保护	3	1230	886	722	108	55
环境治理	16	3976	8281	5374	889	1090
公共设施管理业	21	16734	53986	43428	1118	4888
市政公共设施管理	11	13803	47421	39797	1091	4764
城市绿化管理	2	402	723	518		
游览景区管理	8	2529	5842	3113	27	124
居民服务和其他服务业	**13**	**2912**	**2541**	**52**	**2403**	**53**

4-B-7 续表1-2

单位：个、万元、人

指标名称	法人单位	固定资产原价	本年收入合计	财政拨款	事业收入	经营收入
居民服务业	11	2701	2391	52	2305	3
托儿所	2	146	62	15	31	
殡葬服务	6	2554	2280	19	2254	3
其他居民服务	3	1	49	18	19	
其他服务业	2	212	150		98	50
清洁服务	2	212	150		98	50
教　育	**424**	**379679**	**288528**	**169384**	**84555**	**1825**
教　育	424	379679	288528	169384	84555	1825
学前教育	81	10082	10461	3218	6226	362
初等教育	137	84657	80295	67002	3051	488
中等教育	153	220838	147410	79913	47968	793
高等教育	9	54237	41190	16440	21923	
其他教育	44	9866	9172	2811	5387	182
卫生、社会保障和社会福利业	**161**	**289784**	**281808**	**23021**	**236206**	**18388**
卫　生	119	278360	274107	17467	235008	18388
医　院	29	240427	220303	7625	194368	16891
卫生院及社区医疗活动	63	16830	27789	3501	22579	1211
门诊部医疗活动	5	6684	7756	477	7095	181
计划生育技术服务活动	12	1383	2090	325	1191	106
妇幼保健活动	1	1925	3661	466	3195	
专科疾病防治活动	1	2978	3422	2020	1402	
疾病预防控制及防疫活动	6	4941	6195	1839	3753	
其他卫生活动	2	3193	2892	1215	1425	
社会保障业	23	4460	4750	3124	1083	
社会保障业	23	4460	4750	3124	1083	
社会福利业	19	6965	2951	2429	116	
提供住宿的社会福利	13	5701	1061	784	106	
不提供住宿的社会福利	6	1265	1891	1645	9	
文化、体育和娱乐业	**63**	**99243**	**34949**	**18536**	**14476**	**43**
新闻出版业	4	8631	8737	545	8162	
出版业	4	8631	8737	545	8162	
广播、电视、电影和音像业	8	11676	5302	1037	3727	…
广　播	3	997	482	147	334	…
电　视	4	10573	4816	886	3394	

4－B－7 续表1－3

单位：个、万元、人

指标名称	法人单位	固定资产原价	本年收入合计	财政拨款	事业收入	经营收入
电影	1	105	5	5		
文化艺术业	40	77385	8079	4890	2135	13
艺术表演场馆	3	959	935	574	39	
图书馆与档案馆	8	71214	2390	2238	46	13
文物及文化保护	2	398	270	223	44	
博物馆	4	1933	1541	1179	91	
烈士陵园、纪念馆	2	132	112	22		
群众文化活动	20	2697	2708	625	1890	
其他文化艺术	1	52	124	30	25	
体育	8	993	12401	12017	112	30
体育组织	3	454	11831	11702	24	
体育场馆	3	373	183	95	58	30
其他体育	2	165	387	220	30	
娱乐业	3	560	431	47	341	
室内娱乐活动	2	137	53	47	6	
其他娱乐活动	1	423	378		335	
公共管理和社会组织	**717**	**492554**	**835895**	**590201**	**115090**	**5866**
中国共产党机关	44	5937	18115	16246	207	99
中国共产党机关	44	5937	18115	16246	207	99
国家机构	623	475962	807259	567116	113470	5768
国家权力机构	6	1579	3471	3276		
国家行政机构	594	417315	766229	531057	112198	4391
人民法院和人民检察院	12	22004	18686	15463	1249	
其他国家机构	11	35064	18874	17321	23	1376
人民政协和民主党派	12	1352	3948	3227	658	
人民政协	6	1175	3667	2946	658	
民主党派	6	177	281	281		
群众团体、社会团体和宗教组织	37	9303	6323	3362	755	...
群众团体	20	6192	5003	2589	602	
社会团体	16	3111	1318	770	153	...
宗教组织	1		3	3		
基层群众自治组织	1		250	250		
社区自治组织	1		250	250		

4－B－7 续表2－1

单位：个、万元、人

指标名称	本年支出合计	工资福利支出	商品和服务支出	取暖费(降温费)	劳务费	差旅费	出国费
总 计	**1498520**	**441269**	**471101**	**2306**	**13301**	**10363**	**1216**
一、按登记注册类型分							
内 资	**1498520**	**441269**	**471101**	**2306**	**13301**	**10363**	**1216**
国 有	1415030	411420	428730	2254	11789	9973	1185
集 体	57397	19373	32313	22	360	223	2
股份合作企业	2302	886	1123	1	97	12	
联营企业	461	186	230		1	2	
国有联营	377	161	216			2	
集体联营	68	13	12				
其他联营	16	12	3		1		
私营企业	107	45	59	1	1	...	
私营独资	80	29	48	1	...	...	
私营合伙	27	16	11		1		
其 他	23222	9360	8646	30	1053	152	30
二、按国民经济行业(门类、大类、中类)分							
交通运输、仓储和邮政业	**14927**	**6889**	**2834**	**...**	**30**	**69**	
道路运输业	13589	6454	2389		30	67	
道路运输辅助活动	13589	6454	2389		30	67	
水上运输业	1107	413	395	...	...		
水上运输辅助活动	1107	413	395	...	...		
装卸搬运和其他运输服务业	231	22	50		...	2	
装卸搬运	231	22	50		...	2	
信息传输、计算机服务和软件业	**13240**	**3893**	**4437**	**3**	**505**	**63**	
电信和其他信息传输服务业	13240	3893	4437	3	505	63	
互联网信息服务	264	19	9		1	1	
广播电视传输服务	12976	3875	4428	3	504	62	
租赁和商务服务业	**21087**	**6176**	**4308**	**28**	**130**	**140**	
商务服务业	21087	6176	4308	28	130	140	
企业管理服务	14154	4311	1862	3	45	94	
法律服务	811	253	317	5	8	5	
咨询与调查	2427	504	498	1	11	10	
知识产权服务	9	8	1	...	1		
职业中介服务	982	319	406	7	60	8	
市场管理	2518	696	1135	12	1	24	

4－B－7 续表2－2 单位：个、万元、人

指标名称	本年支出						
	合计	工资福利支出	商品和服务支出	取暖费（降温费）	劳务费	差旅费	出国费
其他商务服务	186	85	90		6		
科学研究、技术服务和地质勘查业	**35405**	**12141**	**8765**	**82**	**708**	**441**	**52**
研究与试验发展	4351	1968	1405	...	34	56	9
自然科学研究与试验发展	830	358	366		17	21	
农业科学研究与试验发展	2700	1220	891		17	34	9
医学研究与试验发展	104	57	37			...	
社会人文科学研究与试验发展	718	333	111	...	...	1	
专业技术服务业	18113	5752	4883	39	622	280	24
气象服务	751	373	178	5	9	12	
测绘服务	787	326	172	1	...	21	6
技术检测	6293	1988	2413	1	54	151	5
环境监测	641	294	92		2	4	
工程技术与规划管理	9615	2752	2023	32	557	93	13
其他专业技术服务	26	20	5	...	...		
科技交流和推广服务业	7580	3143	2179		52	85	5
技术推广服务	7333	3021	2082		52	80	5
科技中介服务	96	35	55			1	
其他科技服务	152	87	43			3	
地质勘查业	5362	1279	299	43		20	14
矿产地质勘查	67	67					
地质勘查技术服务	5295	1212	299	43		20	14
水利、环境和公共设施管理业	**53115**	**9408**	**8461**	**19**	**137**	**160**	**17**
水利管理业	3736	1568	723	...	9	18	
防洪管理	1155	478	139	...	3	8	
水资源管理	1350	673	193	...	1	5	
其他水利管理	1231	418	392	...	6	5	
环境管理业	9048	4399	3508	18	110	77	6
自然保护	1335	108	1227	7	93	52	6
环境治理	7713	4292	2281	10	17	26	
公共设施管理业	40332	3440	4230	1	18	65	11
市政公共设施管理	37087	2777	2974	...	6	43	7
城市绿化管理	737	95	159			3	
游览景区管理	2509	569	1096	...	12	20	5
居民服务和其他服务业	**1878**	**564**	**1008**	**3**	**95**	**30**	

4－B－7 续表2－3 单位：个、万元、人

指 标 名 称	本年支出 合 计	工资福利 支 出	商品和 服务支出	取暖费 （降温费）	劳务费	差旅费	出国费
居民服务业	1737	493	963	...	95	28	
托儿所	61	38	14		...	...	
殡葬服务	1622	418	936		95	27	
其他居民服务	54	37	13	...	...	...	
其他服务业	141	71	45	2		2	
清洁服务	141	71	45	2		2	
教 育	**277847**	**150712**	**60480**	**925**	**3475**	**1663**	**72**
教 育	277847	150712	60480	925	3475	1663	72
学前教育	9970	6457	2584	31	103	59	3
初等教育	82426	51147	12533	7	265	418	2
中等教育	141592	77388	25964	60	1421	621	58
高等教育	35327	13160	15795	16	774	486	5
其他教育	8532	2560	3604	811	912	79	6
卫生、社会保障和社会福利业	**279088**	**67322**	**185398**	**356**	**2266**	**467**	**45**
卫 生	271271	64924	183011	200	2146	420	45
医 院	221605	48645	154376	172	1388	202	17
卫生院及社区医疗活动	26409	8389	15424	4	363	76	...
门诊部医疗活动	7565	2060	5040		71	27	
计划生育技术服务活动	1735	863	765		27	7	
妇幼保健活动	3379	1240	1613	23	8		22
专科疾病防治活动	2745	906	1556		11	8	6
疾病预防控制及防疫活动	5800	2165	2966	1	272	70	
其他卫生活动	2033	655	1272		7	29	
社会保障业	4842	1856	1649	93	102	33	
社会保障业	4842	1856	1649	93	102	33	
社会福利业	2975	543	737	64	18	14	
提供住宿的社会福利	1102	481	518	44	9	12	
不提供住宿的社会福利	1874	61	219	20	10	2	
文化、体育和娱乐业	**25181**	**6133**	**13427**	**58**	**619**	**233**	**35**
新闻出版业	8150	1288	6758	3	51	116	5
出版业	8150	1288	6758	3	51	116	5
广播、电视、电影和音像业	5230	1481	2820	...	102	34	
广 播	302	145	141		8	2	
电 视	4918	1328	2679		94	33	

4－B－7　续表2－4

单位：个、万元、人

指标名称	本年支出合计	工资福利支出	商品和服务支出	取暖费（降温费）	劳务费	差旅费	出国费
电　影	9	9	...	...			
文化艺术业	7844	2842	3167	53	404	55	6
艺术表演场馆	920	205	325		29	5	
图书馆与档案馆	2280	793	1025	...	43	9	
文物及文化保护	260	112	120	1	11	5	
博物馆	1470	526	337		32	9	5
烈士陵园、纪念馆	71	15	6		...	...	
群众文化活动	2710	1110	1308	53	289	27	
其他文化艺术	133	81	46	...			1
体　育	3609	429	431		47	24	24
体育组织	3033	206	173		12	18	
体育场馆	215	68	96		29	4	
其他体育	360	156	162		5	2	24
娱乐业	348	92	250	1	15	4	
室内娱乐活动	29	14	15	...	...		
其他娱乐活动	319	78	236	1	14	4	
公共管理和社会组织	**776753**	**178032**	**181984**	**834**	**5336**	**7099**	**995**
中国共产党机关	19232	6018	9721	19	103	512	78
中国共产党机关	19232	6018	9721	19	103	512	78
国家机构	747438	168663	168578	508	5165	6410	850
国家权力机构	3491	1288	1327	1	1	118	55
国家行政机构	706866	150798	158476	467	4998	5726	771
人民法院和人民检察院	18995	8194	6170	2	100	466	24
其他国家机构	18086	8382	2604	39	67	101	
人民政协和民主党派	3582	1524	1273	296	8	125	43
人民政协	3300	1395	1204	296	7	120	34
民主党派	282	129	70	...	1	5	9
群众团体、社会团体和宗教组织	6418	1778	2378	3	60	52	24
群众团体	5212	1255	1987	2	43	46	6
社会团体	1202	523	387	1	16	6	18
宗教组织	4		4				
基层群众自治组织	83	49	34	8			
社区自治组织	83	49	34	8			

4－B－7　续表3－1

单位：个、万元、人

指标名称	工会经费	福利费	对个人和家庭的补助	抚恤金	生活补助
总　计	**4263**	**20759**	**112888**	**3259**	**4012**
一、按登记注册类型分					
内　资	**4263**	**20759**	**112888**	**3259**	**4012**
国　有	3979	18982	109036	3218	3745
集　体	210	1152	2472	39	75
股份合作企业	2	7	189		7
联营企业	2	27	39		2
国有联营	1	18			
集体联营	1	7	38		1
其他联营		2	1		1
私营企业	1	1	4		2
私营独资			3		2
私营合伙	1	1	1		1
其　他	70	591	1148	2	180
二、按国民经济行业（门类、大类、中类）分					
交通运输、仓储和邮政业	**50**	**135**	**811**		**4**
道路运输业	49	126	747		4
道路运输辅助活动	49	126	747		4
水上运输业	1	9	25		
水上运输辅助活动	1	9	25		
装卸搬运和其他运输服务业	…		39		
装卸搬运	…		39		
信息传输、计算机服务和软件业	**41**	**247**	**575**		**13**
电信和其他信息传输服务业	41	247	575		13
互联网信息服务		4	2		
广播电视传输服务	41	243	573		13
租赁和商务服务业	**66**	**281**	**832**	**…**	**63**
商务服务业	66	281	832	…	63
企业管理服务	31	167	664	…	50
法律服务	1	53	16		13
咨询与调查	19	13	81		
知识产权服务					
职业中介服务	4	23	59		
市场管理	12	25	1		1

4－B－7 续表3－2

单位：个、万元、人

指标名称	工会经费	福利费	对个人和家庭的补助	抚恤金	生活补助
其他商务服务	...	1	11		
科学研究、技术服务和地质勘查业	**204**	**816**	**5802**	**128**	**252**
研究与试验发展	11	102	485	9	7
自然科学研究与试验发展	2	19	86		
农业科学研究与试验发展	8	67	366	8	6
医学研究与试验发展		3	10		
社会人文科学研究与试验发展	1	12	23	1	1
专业技术服务业	97	420	952		55
气象服务	3	2	158		3
测绘服务	6	7	44		
技术检测	51	132	437		18
环境监测	2		27		
工程技术与规划管理	36	279	286		33
其他专业技术服务			1		1
科技交流和推广服务业	75	204	581	7	51
技术推广服务	72	200	561	6	51
科技中介服务	3	3	6		
其他科技服务	1	1	15	1	...
地质勘查业	21	91	3784	112	139
矿产地质勘查					
地质勘查技术服务	21	91	3784	112	139
水利、环境和公共设施管理业	**193**	**876**	**1297**	**35**	**60**
水利管理业	38	112	241	1	5
防洪管理	4	26	92	...	1
水资源管理	2	68	82	1	4
其他水利管理	32	19	67		
环境管理业	136	433	410	23	19
自然保护	6	9	...		...
环境治理	130	424	410	23	18
公共设施管理业	19	331	645	11	36
市政公共设施管理	13	235	484	11	22
城市绿化管理	3	87	30		4
游览景区管理	2	9	131		11
居民服务和其他服务业	**6**	**92**	**36**	**2**	**3**

4－B－7 续表3－3 单位：个、万元、人

指 标 名 称	工会经费	福利费	对个人和家庭的补助	抚恤金	生活补助
居民服务业	6	79	28	2	1
托儿所		1	1		1
殡葬服务	6	74	23		
其他居民服务	...	4	4	2	
其他服务业		13	8		2
清洁服务		13	8		2
教 育	**1088**	**4839**	**32591**	**267**	**653**
教 育	1088	4839	32591	267	653
学前教育	31	294	520	4	29
初等教育	334	1240	10555	135	261
中等教育	641	2669	15490	116	327
高等教育	66	556	5398	8	4
其他教育	16	80	627	4	33
卫生、社会保障和社会福利业	**660**	**3204**	**18728**	**99**	**600**
卫 生	636	3008	18348	96	526
医 院	475	2229	15691	59	219
卫生院及社区医疗活动	56	405	1135	8	42
门诊部医疗活动	24	79	298	5	3
计划生育技术服务活动	7	86	70	1	...
妇幼保健活动	27	77	400		250
专科疾病防治活动	16	24	284	21	6
疾病预防控制及防疫活动	20	83	366	1	4
其他卫生活动	11	26	106	2	1
社会保障业	17	160	250		51
社会保障业	17	160	250		51
社会福利业	7	37	130	3	23
提供住宿的社会福利	7	36	98	3	14
不提供住宿的社会福利	...	2	33		9
文化、体育和娱乐业	**63**	**356**	**901**	**3**	**44**
新闻出版业	17	20	96		5
出版业	17	20	96		5
广播、电视、电影和音像业	9	73	196	1	
广 播	2	20			
电 视	7	53	196	1	

4－B－7 续表3－4

单位：个、万元、人

指标名称					
	工会经费	福利费	对个人和家庭的补助	抚恤金	生活补助
电影					
文化艺术业	23	223	432	2	38
艺术表演场馆	7	15	49		2
图书馆与档案馆	3	18	162		30
文物及文化保护		20	21		
博物馆	3	28	80		
烈士陵园、纪念馆	...		3	2	
群众文化活动	9	140	112		7
其他文化艺术		2	6	1	
体育	14	35	172		1
体育组织	13	30	101		1
体育场馆	1	5	51		
其他体育			19		
娱乐业	1	5	6		
室内娱乐活动			1		
其他娱乐活动	1	5	6		
公共管理和社会组织	**1892**	**9913**	**51316**	**2726**	**2320**
中国共产党机关	77	471	1593	17	27
中国共产党机关	77	471	1593	17	27
国家机构	1776	9139	49045	2645	2273
国家权力机构	9	102	481	6	6
国家行政机构	1583	8652	44053	2586	2175
人民法院和人民检察院	79	327	1890	9	20
其他国家机构	105	58	2620	44	72
人民政协和民主党派	14	11	393	64	6
人民政协	13	11	360	64	3
民主党派	1		34		3
群众团体、社会团体和宗教组织	24	266	285	1	14
群众团体	22	259	233	1	14
社会团体	2	7	52		
宗教组织					
基层群众自治组织		26			
社区自治组织		26			

4－B－7 续表4－1 单位：个、万元、人

指 标 名 称	救济费	助学金	退 职(役)费	经营支出	经营税金	全部就业人员年平均人数
总 计	**3775**	**10988**	**377**	**26773**	**2073**	**76134**
一、按登记注册类型分						
内 资	**3775**	**10988**	**377**	**26773**	**2073**	**76134**
国 有	3770	10687	332	25867	1939	68716
集 体	2	51	32	662	87	5195
股份合作企业		75	...	13		228
联营企业				15	22	79
国有联营					21	30
集体联营				12		37
其他联营				3	1	12
私营企业					1	38
私营独资						24
私营合伙					1	14
其 他	3	175	13	217	25	1878
二、按国民经济行业(门类、大类、中类)分						
交通运输、仓储和邮政业						**1101**
道路运输业						1032
道路运输辅助活动						1032
水上运输业						66
水上运输辅助活动						66
装卸搬运和其他运输服务业						3
装卸搬运						3
信息传输、计算机服务和软件业	**...**		**17**	**561**	**656**	**720**
电信和其他信息传输服务业	...		17	561	656	720
互联网信息服务						16
广播电视传输服务	...		17	561	656	704
租赁和商务服务业		**133**	**3**	**2013**	**305**	**1266**
商务服务业		133	3	2013	305	1266
企业管理服务		115	2	131	123	835
法律服务			...	153	72	66
咨询与调查				48	10	121
知识产权服务						4
职业中介服务		18				51
市场管理				1682	100	154

4－B－7　续表4－2　　　　　单位：个、万元、人

指　标　名　称	救济费	助学金	退　职（役）费	经营支出	经营税金	全部就业人员年平均人数
其他商务服务						35
科学研究、技术服务和地质勘查业	**1**	**1**	**3**	**1652**	**568**	**2163**
研究与试验发展				102		338
自然科学研究与试验发展						62
农业科学研究与试验发展				102		194
医学研究与试验发展						9
社会人文科学研究与试验发展						73
专业技术服务业	1	1	1	1258	564	848
气象服务	1			369	43	72
测绘服务					47	38
技术检测		1	1	704	105	345
环境监测				48	3	45
工程技术与规划管理				139	367	339
其他专业技术服务						9
科技交流和推广服务业			2	292	4	422
技术推广服务			2	268		407
科技中介服务						8
其他科技服务				24	4	7
地质勘查业						555
矿产地质勘查						7
地质勘查技术服务						548
水利、环境和公共设施管理业	**2**		**19**	**1491**	**78**	**2148**
水利管理业	...		6	94	1	345
防洪管理	...		6			111
水资源管理				94	1	175
其他水利管理						59
环境管理业			11	104	73	1328
自然保护				13		38
环境治理			11	91	73	1290
公共设施管理业	2		2	1294	5	475
市政公共设施管理			2	1288	5	305
城市绿化管理						26
游览景区管理	2			6		144
居民服务和其他服务业				**62**	**2**	**146**

4－B－7 续表4－3 单位：个、万元、人

指 标 名 称				经营支出	经营税金	全部就业人员年平均人数
	救济费	助学金	退 职（役）费			
居民服务业				55		116
托儿所						21
殡葬服务				55		86
其他居民服务						9
其他服务业				7	2	30
清洁服务				7	2	30
教 育	**75**	**10751**	**107**	**680**	**16**	**27469**
教 育	75	10751	107	680	16	27469
学前教育	2	12	...	139		2133
初等教育	20	2268	64	83	...	9986
中等教育	47	5541	43	278	4	12849
高等教育		2888				1950
其他教育	7	42		180	12	551
卫生、社会保障和社会福利业	**1**	**1**	**5**	**17945**	**14**	**13416**
卫 生	1	1	5	17945	8	12960
医 院	...	1	3	17524	8	9376
卫生院及社区医疗活动			2	403		2192
门诊部医疗活动						472
计划生育技术服务活动			...	18		130
妇幼保健活动						204
专科疾病防治活动	...					138
疾病预防控制及防疫活动						333
其他卫生活动						115
社会保障业						291
社会保障业						291
社会福利业	1				6	165
提供住宿的社会福利	1					150
不提供住宿的社会福利					6	15
文化、体育和娱乐业	**...**	**36**	**4**	**13**	**44**	**1370**
新闻出版业					41	318
出版业					41	318
广播、电视、电影和音像业						254
广 播						28
电 视						221

4－B－7 续表4－4　　单位：个、万元、人

指 标 名 称				经营支出	经营税金	全部就业人员年平均人数
	救济费	助学金	退职(役)费			
电　影						5
文化艺术业			4	13	3	680
艺术表演场馆						107
图书馆与档案馆			2	13	1	183
文物及文化保护						30
博物馆						117
烈士陵园、纪念馆						5
群众文化活动			2		2	198
其他文化艺术						40
体　育	...	36				96
体育组织	...					41
体育场馆		36				26
其他体育						29
娱乐业						22
室内娱乐活动						7
其他娱乐活动						15
公共管理和社会组织	**3695**	**66**	**221**	**2357**	**391**	**26335**
中国共产党机关	16		...	24		822
中国共产党机关	16		...	24		822
国家机构	3677	59	189	2333	391	24983
国家权力机构						158
国家行政机构	3677	53	177	2108	229	22507
人民法院和人民检察院			...			1172
其他国家机构		6	12	226	162	1146
人民政协和民主党派	...	7	32			164
人民政协	...		29			139
民主党派		7	3			25
群众团体、社会团体和宗教组织	1	...				330
群众团体		...				210
社会团体	1					101
宗教组织						19
基层群众自治组织						36
社区自治组织						36

注：本表按有填写财务表且执行行政事业会计制度的单位统计。

4-B-8 绍兴市按登记注册类型和行业(门类、大类、中类)分组的行政事业单位财务状况

单位:个、万元、人

指标名称	法人单位	固定资产原价	本年收入合计	财政拨款	事业收入	经营收入
总　计	**2169**	**3468142**	**2982027**	**1750712**	**890456**	**94718**
一、按登记注册类型分						
内　资	**2168**	**3468110**	**2981907**	**1750712**	**890456**	**94598**
国　有	1893	3091475	2761380	1697836	744828	76924
集　体	167	219739	141440	25739	99556	12998
联营企业	2	3815	1147	180	655	20
国有联营	1	1000	260	120	141	
国有与集体联营	1	2815	886	61	514	20
有限责任公司	2	21029	10924	89	10827	3
其他有限责任公司	2	21029	10924	89	10827	3
股份有限公司	1	39	390			390
私营企业	13	12814	6812	165	5442	1165
私营独资	9	3846	1074		765	269
私营合伙	3	2644	3650	150	3464	37
私营有限责任公司	1	6324	2087	15	1213	859
其　他	90	119199	59815	26703	29148	3099
港澳台商投资	**1**	**32**	**120**			**120**
港澳台商独资	1	32	120			120
二、按国民经济行业(门类、大类、中类)分						
交通运输、仓储和邮政业	**17**	**12779**	**32646**	**22542**	**6611**	**657**
道路运输业	12	11237	31170	22142	6063	600
道路货物运输	1	272	108			102
道路运输辅助活动	11	10966	31062	22142	6063	499
水上运输业	3	1377	1198	400	527	1
水上运输辅助活动	3	1377	1198	400	527	1
航空运输业	1	15	21		21	
航空运输辅助活动	1	15	21		21	
仓储业	1	150	258			56
谷物、棉花等农产品仓储	1	150	258			56
信息传输、计算机服务和软件业	**20**	**47344**	**30464**	**3128**	**19776**	**7338**
电信和其他信息传输服务业	13	46374	29107	1864	19757	7329
广播电视传输服务	13	46374	29107	1864	19757	7329
计算机服务业	7	970	1356	1264	20	9
计算机系统服务	1	60	49	49		
数据处理	1		19	19		
其他计算机服务	5	910	1289	1196	20	9

4-B-8 续表1-1 单位：个、万元、人

指标名称	法人单位	固定资产原价	本年收入合计	财政拨款	事业收入	经营收入
租赁和商务服务业	**95**	**50750**	**40410**	**24362**	**8952**	**5820**
商务服务业	95	50750	40410	24362	8952	5820
企业管理服务	34	36794	27870	22011	1969	2802
法律服务	17	1192	2217	11	1435	771
咨询与调查	21	819	1899	908	958	
广告业	1	238	580	60	520	
职业中介服务	15	1392	3700	480	3033	142
市场管理	3	9252	2455		790	1566
其他商务服务	4	1064	1690	893	247	538
科学研究、技术服务和地质勘查业	**148**	**34547**	**49939**	**22801**	**12482**	**12115**
研究与试验发展	8	1033	1331	886	1	
农业科学研究与试验发展	6	1008	1277	832		
社会人文科学研究与试验发展	2	25	54	54	1	
专业技术服务业	81	20253	32112	10085	9501	11076
气象服务	9	4102	5470	983	740	3054
测绘服务	1	208	666			666
技术检测	30	7414	7560	816	5571	1111
环境监测	8	2881	2245	1283	188	206
工程技术与规划管理	26	4830	14717	6189	2845	5601
其他专业技术服务	7	818	1454	814	158	439
科技交流和推广服务业	57	10940	10722	6857	2980	389
技术推广服务	52	10762	10112	6496	2891	343
科技中介服务	4	152	543	346	39	46
其他科技服务	1	26	67	16	50	
地质勘查业	2	2321	5774	4973		650
矿产地质勘查	1	2300	5761	4960		650
基础地质勘查	1	21	13	13		
水利、环境和公共设施管理业	**100**	**184550**	**69478**	**33812**	**24731**	**7554**
水利管理业	56	131347	14587	5525	4049	3919
防洪管理	5	21876	1556	841	369	30
水资源管理	28	107365	8290	2939	1363	3741
其他水利管理	23	2106	4740	1745	2317	149
环境管理业	15	15155	13852	7586	5642	
自然保护	1	56	32	32		
环境治理	14	15100	13820	7554	5642	
公共设施管理业	29	38048	41040	20702	15041	3635

4－B－8 续表1－2

单位：个、万元、人

指标名称	法人单位	固定资产原价	本年收入合计	财政拨款	事业收入	经营收入
市政公共设施管理	6	2136	2876	1313	497	1008
城市绿化管理	9	1303	16446	13984	920	1519
游览景区管理	14	34609	21717	5404	13624	1108
居民服务和其他服务业	**14**	**5813**	**4077**	**825**	**2197**	**859**
居民服务业	7	3201	2047	184	858	809
托儿所	1	10	13		13	
殡葬服务	6	3191	2034	184	846	809
其他服务业	7	2612	2030	641	1339	50
清洁服务	5	2594	1990	601	1339	50
其他未列明的服务	2	18	40	40		
教　育	**530**	**942868**	**568739**	**323924**	**195926**	**5586**
教　育	530	942868	568739	323924	195926	5586
学前教育	69	19610	13880	2611	9737	786
初等教育	171	175848	149494	121475	18638	1085
中等教育	196	559761	306166	164928	119167	1158
高等教育	12	161431	79626	23948	42859	189
其他教育	82	26219	19573	10963	5526	2369
卫生、社会保障和社会福利业	**214**	**623089**	**506424**	**49059**	**433190**	**13560**
卫　生	175	615847	497637	42011	432000	13481
医　院	46	489727	386938	18535	357560	4643
卫生院及社区医疗活动	97	61695	68468	14041	44218	7083
门诊部医疗活动	6	832	1301	72	1220	4
计划生育技术服务活动	7	4217	4499	1267	2421	755
妇幼保健活动	6	36335	23390	1644	21201	365
专科疾病防治活动	1	918	653	276	372	
疾病预防控制及防疫活动	7	12226	8144	4200	2950	630
其他卫生活动	5	9897	4245	1978	2058	
社会保障业	13	4145	5609	4542	900	43
社会保障业	13	4145	5609	4542	900	43
社会福利业	26	3097	3178	2506	290	37
提供住宿的社会福利	12	925	1703	1435	167	37
不提供住宿的社会福利	14	2173	1475	1071	123	
文化、体育和娱乐业	**91**	**100909**	**39021**	**14756**	**17233**	**4688**
新闻出版业	4	1898	1555	109	264	1181
新闻业	1	10	4	4		
出版业	3	1888	1550	104	264	1181

4－B－8 续表1－3

单位：个、万元、人

指标名称	法人单位	固定资产原价	本年收入合计	财政拨款	事业收入	经营收入
广播、电视、电影和音像业	23	22492	12289	1477	8945	1314
广播	1	216	634	302	332	
电视	21	21992	11511	1175	8569	1314
电影	1	284	144		45	
文化艺术业	53	58490	22640	12482	7115	1591
文艺创作与表演	5	5028	3156	1953	601	313
艺术表演场馆	2	333	141	8	55	62
图书馆与档案馆	12	30655	4452	2952	1135	149
文物及文化保护	9	2466	6151	1701	3004	1040
博物馆	5	9802	1230	877	92	1
群众文化活动	18	10141	7335	4835	2209	26
其他文化艺术	2	67	175	156	19	
体育	9	17388	1835	686	392	590
体育组织	2	42	196	39	19	
体育场馆	4	17144	1113	208	372	504
其他体育	3	202	526	440	...	86
娱乐业	2	640	703	2	516	12
游乐园	1	384	29	2	15	12
其他娱乐活动	1	257	674		501	
公共管理和社会组织	**940**	**1465493**	**1640830**	**1255503**	**169358**	**36540**
中国共产党机关	52	8487	28927	26708	206	12
中国共产党机关	52	8487	28927	26708	206	12
国家机构	787	1445934	1594666	1219280	166368	36432
国家权力机构	6	1421	4942	4902	14	
国家行政机构	763	1395555	1560171	1187042	165266	36199
人民法院和人民检察院	16	48684	29466	27248	1088	233
其他国家机构	2	274	87	87		
人民政协和民主党派	18	2806	4290	4222	7	
人民政协	6	2570	3638	3609		
民主党派	12	236	652	613	7	
群众团体、社会团体和宗教组织	52	6343	11417	4958	2415	14
群众团体	30	5788	9797	3820	2014	14
社会团体	21	540	1615	1133	401	
宗教组织	1	15	5	5		
基层群众自治组织	31	1923	1530	335	362	83
社区自治组织	31	1923	1530	335	362	83

4－B－8 续表2－1

单位：个、万元、人

指标名称	本年支出合计	工资福利支出	商品和服务支出	取暖费（降温费）	劳务费	差旅费
总计	**2723824**	**773707**	**733377**	**1180**	**18716**	**14205**
一、按登记注册类型分						
内资	**2723702**	**773614**	**733350**	**1180**	**18716**	**14204**
国有	2528735	705809	638878	1062	14932	13285
集体	131107	44182	72468	49	1180	424
联营企业	1241	947	173	12	44	5
国有联营	397	223	128	9	44	2
国有与集体联营	844	724	45	3		4
有限责任公司	10119	4214	5880		2033	41
其他有限责任公司	10119	4214	5880		2033	41
股份有限公司	265	104	13			
私营企业	5749	3074	2148	1	230	150
私营独资	778	337	235	1	16	19
私营合伙	3168	1233	1712		152	124
私营有限责任公司	1803	1505	201		62	6
其他	46486	15283	13790	57	298	299
港澳台商投资	**122**	**93**	**28**			**2**
港澳台商独资	122	93	28			2
二、按国民经济行业（门类、大类、中类）分						
交通运输、仓储和邮政业	**23402**	**6591**	**2173**	**8**	**84**	**35**
道路运输业	21999	6079	1695	7	83	25
道路货物运输	94	38	1			
道路运输辅助活动	21904	6041	1695	7	83	25
水上运输业	1136	457	286	1	2	5
水上运输辅助活动	1136	457	286	1	2	5
航空运输业	18	13	1			…
航空运输辅助活动	18	13	1			…
仓储业	251	42	190			5
谷物、棉花等农产品仓储	251	42	190			5
信息传输、计算机服务和软件业	**28254**	**9660**	**15012**	**4**	**616**	**77**
电信和其他信息传输服务业	27645	9290	14862	1	614	74
广播电视传输服务	27645	9290	14862	1	614	74
计算机服务业	609	370	150	3	2	3
计算机系统服务	49	27	18		1	…
数据处理	15	13	1			1
其他计算机服务	545	330	131	3	…	2

4－B－8　续表2－2　　　　　　　　　　　　　　　　　　单位：个、万元、人

指标名称	本年支出合计	工资福利支出	商品和服务支出	取暖费（降温费）	劳务费	差旅费
租赁和商务服务业	**29587**	**7355**	**5525**	**35**	**564**	**269**
商务服务业	29587	7355	5525	35	564	269
企业管理服务	19197	2595	1382	15	88	80
法律服务	2294	1137	637	8	192	18
咨询与调查	1848	1036	579	6	35	30
广告业	573	157	380			8
职业中介服务	1594	734	705	2	1	48
市场管理	2587	879	1487	2	228	13
其他商务服务	1494	818	356	3	20	72
科学研究、技术服务和地质勘查业	**42772**	**13699**	**13426**	**51**	**623**	**423**
研究与试验发展	1595	487	314	1	7	11
农业科学研究与试验发展	1484	476	227	…	4	11
社会人文科学研究与试验发展	110	11	87	1	3	…
专业技术服务业	26698	8166	8974	26	502	267
气象服务	3509	1431	854	1	32	28
测绘服务	585	231	303		149	10
技术检测	6254	1988	3321	9	40	94
环境监测	1841	1118	320	3	4	19
工程技术与规划管理	13032	3046	3389	7	258	110
其他专业技术服务	1478	351	787	6	20	7
科技交流和推广服务业	8872	4026	2820	22	108	117
技术推广服务	8329	3805	2614	21	108	104
科技中介服务	477	192	173			12
其他科技服务	67	29	32	…		1
地质勘查业	5606	1021	1318	2	6	29
矿产地质勘查	5586	1005	1313	2	6	28
基础地质勘查	21	16	5			…
水利、环境和公共设施管理业	**44736**	**18449**	**14123**	**28**	**1819**	**265**
水利管理业	14027	5311	5527	18	132	73
防洪管理	1769	840	383	3		8
水资源管理	7810	3210	2955	7	104	43
其他水利管理	4448	1262	2189	8	28	23
环境管理业	13607	7522	4471	2	1582	99
自然保护	32	14	18			8
环境治理	13575	7508	4453	2	1582	91
公共设施管理业	17103	5616	4126	8	105	93

4－B－8 续表 2－3　　　　单位：个、万元、人

指标名称	本年支出合计	工资福利支出	商品和服务支出			
				取暖费（降温费）	劳务费	差旅费
市政公共设施管理	3038	747	1031	...	46	55
城市绿化管理	5243	1928	963	1	56	21
游览景区管理	8822	2941	2132	7	4	17
居民服务和其他服务业	**3074**	**1206**	**772**	**16**	**12**	**19**
居民服务业	1677	549	106	12	4	8
托儿所	8	8	...			...
殡葬服务	1669	541	106	12	4	8
其他服务业	1397	657	666	4	8	11
清洁服务	1353	627	662	4	8	10
其他未列明的服务	44	30	4			2
教　育	**533024**	**276003**	**110367**	**237**	**5668**	**2576**
教　育	533024	276003	110367	237	5668	2576
学前教育	12832	7713	3038	23	120	145
初等教育	145098	83157	21040	43	569	335
中等教育	291715	159437	57381	125	3662	1184
高等教育	66661	18709	22094	22	651	510
其他教育	16718	6986	6813	25	667	402
卫生、社会保障和社会福利业	**483433**	**151809**	**293381**	**198**	**2442**	**777**
卫　生	473172	148870	288350	197	2414	656
医　院	370873	109033	241234	128	1409	350
卫生院及社区医疗活动	62608	25085	28117	22	771	141
门诊部医疗活动	1039	436	500	2	17	5
计划生育技术服务活动	3823	1603	1220	...	59	24
妇幼保健活动	22053	7898	12523	39	31	29
专科疾病防治活动	662	149	219	2	...	...
疾病预防控制及防疫活动	7906	3403	3312		95	58
其他卫生活动	4209	1264	1226	4	32	48
社会保障业	7373	2096	4008	...	5	93
社会保障业	7373	2096	4008	...	5	93
社会福利业	2888	843	1023	1	23	28
提供住宿的社会福利	1462	410	267	1	14	11
不提供住宿的社会福利	1427	433	756		9	17
文化、体育和娱乐业	**35150**	**11478**	**12471**	**17**	**1203**	**272**
新闻出版业	1510	527	942	...	13	39
新闻业	4	2	2	...		
出版业	1505	525	941		13	39

4－B－8 续表2－4

单位：个、万元、人

指 标 名 称	本年支出合计	工资福利支出	商品和服务支出	取暖费（降温费）	劳务费	差旅费
广播、电视、电影和音像业	10117	4071	2720		813	41
广 播	635	324	280		71	7
电 视	9368	3698	2386		742	34
电 影	114	49	54			…
文化艺术业	21114	6237	7310	11	300	184
文艺创作与表演	3174	1523	1345		88	64
艺术表演场馆	140	113	18		2	1
图书馆与档案馆	3937	1716	1315	5	16	37
文物及文化保护	5656	789	1823	1	14	32
博物馆	1198	378	314	2	2	11
群众文化活动	6798	1660	2367	4	170	35
其他文化艺术	212	57	128		8	3
体 育	1748	510	1009	4	78	7
体育组织	200	35	147	…	1	1
体育场馆	1190	266	760	3	76	2
其他体育	359	210	102	2	1	4
娱乐业	662	132	490	1		1
游乐园	26	18	3	1		
其他娱乐活动	637	114	488			1
公共管理和社会组织	**1500391**	**277458**	**266128**	**588**	**5684**	**9492**
中国共产党机关	28598	8322	13744	14	223	566
中国共产党机关	28598	8322	13744	14	223	566
国家机构	1455469	264452	246914	537	5370	8526
国家权力机构	4959	1730	1858		12	79
国家行政机构	1419538	249814	236196	532	5293	8003
人民法院和人民检察院	30885	12888	8841		65	445
其他国家机构	87	21	19	6		
人民政协和民主党派	4359	1565	2152	1	9	112
人民政协	3709	1337	1824	1	6	92
民主党派	650	228	328	…	3	20
群众团体、社会团体和宗教组织	11097	2645	3099	20	55	276
群众团体	9451	2220	2305	10	37	247
社会团体	1640	423	792	9	19	30
宗教组织	5	2	2	1		
基层群众自治组织	867	473	220	15	28	11
社区自治组织	867	473	220	15	28	11

4－B－8 续表3－1 单位：个、万元、人

指 标 名 称	出国费	工会经费	福利费	对个人和家庭的补助	抚恤金	生活补助
总 计	**1117**	**11115**	**50549**	**200179**	**7829**	**10232**
一、按登记注册类型分						
内 资	**1117**	**11115**	**50547**	**200178**	**7829**	**10232**
国 有	1082	10154	47007	190759	7709	9930
集 体	28	706	2275	7185	104	107
联营企业	3	13	96	121		75
国有联营			74	46		
国有与集体联营	3	13	22	75		75
有限责任公司		23	338	20		
其他有限责任公司		23	338	20		
股份有限公司		2	12			
私营企业		31	171	171		
私营独资		8	8	9		
私营合伙		16	141	63		
私营有限责任公司		6	22	98		
其 他	5	186	649	1923	15	120
港澳台商投资			**2**	**1**		
港澳台商独资			2	1		
二、按国民经济行业(门类、大类、中类)分						
交通运输、仓储和邮政业		**51**	**581**	**1108**	**35**	**22**
道路运输业		48	523	1005	31	21
道路货物运输		1				
道路运输辅助活动		47	523	1005	31	21
水上运输业		3	47	100	4	1
水上运输辅助活动		3	47	100	4	1
航空运输业			1	4		1
航空运输辅助活动			1	4		1
仓储业			10			
谷物、棉花等农产品仓储			10			
信息传输、计算机服务和软件业	**2**	**147**	**865**	**903**	**70**	**2**
电信和其他信息传输服务业	2	141	844	831	70	2
广播电视传输服务	2	141	844	831	70	2
计算机服务业		6	21	73		
计算机系统服务		...	1	4		
数据处理		...	...	2		
其他计算机服务		6	20	67		

4－B－8 续表3－2

单位：个、万元、人

指标名称	出国费	工会经费	福利费	对个人和家庭的补助	抚恤金	生活补助
租赁和商务服务业	**4**	**150**	**841**	**841**	**103**	**95**
商务服务业	4	150	841	841	103	95
企业管理服务	4	29	332	471	63	62
法律服务		20	102	24		...
咨询与调查		12	161	73		5
广告业		5	4	17		
职业中介服务		10	44	100		20
市场管理		74	104	87	40	5
其他商务服务			95	69		3
科学研究、技术服务和地质勘查业	**11**	**290**	**1204**	**5608**	**146**	**146**
研究与试验发展		9	55	179	11	2
农业科学研究与试验发展		9	55	179	11	2
社会人文科学研究与试验发展						
专业技术服务业	7	211	671	1609	36	7
气象服务	1	10	42	269	1	2
测绘服务		4	9	14		
技术检测		135	178	327	4	3
环境监测		24	86	138		
工程技术与规划管理	6	33	328	792	32	2
其他专业技术服务		6	28	70		
科技交流和推广服务业	4	63	428	1055	46	13
技术推广服务	4	59	413	1008	45	12
科技中介服务	...	4	11	42	...	1
其他科技服务		...	3	6		
地质勘查业		7	50	2765	53	123
矿产地质勘查		7	48	2764	53	123
基础地质勘查		...	2	1		
水利、环境和公共设施管理业	**3**	**233**	**1710**	**2813**	**76**	**138**
水利管理业	3	100	638	1392	64	78
防洪管理		6	135	241	1	4
水资源管理	3	63	354	868	55	59
其他水利管理		31	149	283	8	15
环境管理业		68	797	944	10	26
自然保护		3	5			
环境治理		65	792	944	10	26
公共设施管理业		65	275	478	2	34

4－B－8　续表3－3　　　　单位：个、万元、人

指　标　名　称	出国费	工会经费	福利费	对个人和家庭的补助	抚恤金	生活补助
市政公共设施管理		26	63	164	1	2
城市绿化管理		13	117	107	...	27
游览景区管理		26	95	206	...	5
居民服务和其他服务业		**25**	**80**	**117**	**1**	**5**
居民服务业		22	27	55		5
托儿所						
殡葬服务		22	27	55		5
其他服务业		3	54	63	1	
清洁服务		3	52	58	1	
其他未列明的服务		...	2	5		
教　育	**132**	**3090**	**14088**	**80627**	**563**	**2249**
教　育	132	3090	14088	80627	563	2249
学前教育		189	649	771	9	31
初等教育	6	565	3643	27733	255	1273
中等教育	80	1892	8520	42422	253	854
高等教育	39	348	697	7963	35	50
其他教育	7	96	579	1738	11	40
卫生、社会保障和社会福利业	**28**	**2143**	**3804**	**19824**	**470**	**279**
卫　生	28	2043	3555	18929	465	267
医　院	23	1411	2328	12366	313	135
卫生院及社区医疗活动		316	697	4298	111	91
门诊部医疗活动		7	13	96		1
计划生育技术服务活动		38	56	216	4	4
妇幼保健活动		169	107	1157	5	9
专科疾病防治活动		1	...	32	2	
疾病预防控制及防疫活动		59	290	637	31	27
其他卫生活动	5	42	64	127		
社会保障业		75	183	296		
社会保障业		75	183	296		
社会福利业		25	66	598	4	12
提供住宿的社会福利		17	35	489		2
不提供住宿的社会福利		8	31	110	4	10
文化、体育和娱乐业	**14**	**187**	**1262**	**1688**	**13**	**59**
新闻出版业		...	321	40		
新闻业			1	...		
出版业		...	319	40		

4－B－8　续表3－4　　　　单位：个、万元、人

指标名称	出国费	工会经费	福利费	对个人和家庭的补助	抚恤金	生活补助
广播、电视、电影和音像业		29	272	430	5	9
广　播		6	30	32	3	1
电　视		22	242	387	2	8
电　影		1		11	1	
文化艺术业	14	139	618	1096	8	14
文艺创作与表演		49	158	259		4
艺术表演场馆		1	1	3		...
图书馆与档案馆	5	21	151	279	1	4
文物及文化保护	9	22	62	152		1
博物馆		12	23	74	5	
群众文化活动		31	218	303	2	4
其他文化艺术		5	5	27		2
体　育		18	51	82		1
体育组织		...	4	2		
体育场馆		12	39	44		1
其他体育		6	9	36		
娱乐业				40		35
游乐园				5		
其他娱乐活动				35		35
公共管理和社会组织	**922**	**4800**	**26116**	**86649**	**6353**	**7237**
中国共产党机关	41	173	669	2337	47	142
中国共产党机关	41	173	669	2337	47	142
国家机构	784	4547	24960	82805	6262	6962
国家权力机构	41	12	71	878	2	11
国家行政机构	730	3973	24004	79117	6220	6918
人民法院和人民检察院	13	562	885	2811	40	34
其他国家机构			...			
人民政协和民主党派	51	22	133	618	28	7
人民政协	48	10	91	528	13	6
民主党派	3	12	42	91	15	2
群众团体、社会团体和宗教组织	46	53	271	863	16	102
群众团体	46	43	240	727	16	100
社会团体		9	30	135		1
宗教组织			1	1		1
基层群众自治组织		6	82	25		24
社区自治组织		6	82	25		24

4－B－8 续表4－1 单位：个、万元、人

指标名称	救济费	助学金	退职（役）费	经营支出	经营税金	全部就业人员年平均人数
总计	**7222**	**18546**	**3024**	**45723**	**5638**	**125438**
一、按登记注册类型分						
内资	**7222**	**18546**	**3023**	**45625**	**5638**	**125413**
国有	7203	17125	2890	40864	5329	111579
集体	17	629	95	3524	257	8581
联营企业		17		10		324
国有联营		17				200
国有与集体联营				10		124
有限责任公司		15	5			995
其他有限责任公司		15	5			995
股份有限公司				265		24
私营企业	...		8	59	1	572
私营独资	...		8	38	1	128
私营合伙				...		241
私营有限责任公司				20		203
其他	1	759	25	904	50	3338
港澳台商投资			**1**	**98**		**25**
港澳台商独资			1	98		25
二、按国民经济行业（门类、大类、中类）分						
交通运输、仓储和邮政业			**17**	**318**	**13**	**1137**
道路运输业			17	309	13	1044
道路货物运输				8	6	16
道路运输辅助活动			17	301	7	1028
水上运输业				...		85
水上运输辅助活动				...		85
航空运输业						3
航空运输辅助活动						3
仓储业				10		5
谷物、棉花等农产品仓储				10		5
信息传输、计算机服务和软件业				**206**	**970**	**1322**
电信和其他信息传输服务业				188	969	1267
广播电视传输服务				188	969	1267
计算机服务业				18	1	55
计算机系统服务						5
数据处理						2
其他计算机服务				18	1	48

4－B－8 续表4－2

单位：个、万元、人

指 标 名 称				经营支出	经营税金	全部就业人员年平均人数
	救济费	助学金	退 职（役）费			
租赁和商务服务业	**13**	**1**	**10**	**1745**	**362**	**1277**
商务服务业	13	1	10	1745	362	1277
企业管理服务	1		5	708	91	488
法律服务	...	1		273	128	200
咨询与调查			5			180
广告业						29
职业中介服务	12			20		116
市场管理				382	113	125
其他商务服务				362	30	139
科学研究、技术服务和地质勘查业	**5**		**49**	**6116**	**743**	**2510**
研究与试验发展						75
农业科学研究与试验发展						70
社会人文科学研究与试验发展						5
专业技术服务业	2		3	5429	715	1323
气象服务				1134	250	194
测绘服务				547	38	35
技术检测	...			436	78	408
环境监测	...		2	197	9	149
工程技术与规划管理	1		1	3023	305	478
其他专业技术服务				92	36	59
科技交流和推广服务业	3		46	185	25	648
技术推广服务	2		46	165	16	616
科技中介服务	1			20	9	27
其他科技服务						5
地质勘查业				502	2	464
矿产地质勘查				502	2	460
基础地质勘查						4
水利、环境和公共设施管理业	**16**	**5**	**110**	**4349**	**210**	**5652**
水利管理业	1	1	11	1196	122	1079
防洪管理		1		5	3	160
水资源管理			10	963	115	726
其他水利管理	1		1	228	4	193
环境管理业	11	3	78			3019
自然保护						2
环境治理	11	3	78			3017
公共设施管理业	5	...	21	3152	88	1554

4－B－8 续表4－3

单位：个、万元、人

指标名称	救济费	助学金	退职(役)费	经营支出	经营税金	全部就业人员年平均人数
市政公共设施管理	1		17	928	25	110
城市绿化管理	5	...	4	1520	7	847
游览景区管理				704	56	597
居民服务和其他服务业				**467**	**10**	**249**
居民服务业				447	10	119
托儿所						5
殡葬服务				447	10	114
其他服务业				20		130
清洁服务				20		123
其他未列明的服务						7
教育	**67**	**18324**	**985**	**1658**	**152**	**49358**
教育	67	18324	985	1658	152	49358
学前教育	...	3	9	283	1	2180
初等教育	46	3492	269	107		15856
中等教育	17	10981	701	486		26972
高等教育	4	3658		260	1	3283
其他教育	...	190	6	523	150	1067
卫生、社会保障和社会福利业	**9**	**15**	**117**	**6754**	**61**	**23273**
卫生	7	15	117	5988	61	22764
医院	2		11	230	50	15565
卫生院及社区医疗活动	4	4	90	4591	10	4973
门诊部医疗活动				3	1	74
计划生育技术服务活动			15	641	...	245
妇幼保健活动			1	319		1256
专科疾病防治活动						38
疾病预防控制及防疫活动	...	11	...	205		437
其他卫生活动	1					176
社会保障业				733		295
社会保障业				733		295
社会福利业	2			32		214
提供住宿的社会福利	2			32		105
不提供住宿的社会福利						109
文化、体育和娱乐业	**17**	**22**	**42**	**3794**	**684**	**2298**
新闻出版业				670	81	90
新闻业						2
出版业				670	81	88

4－B－8 续表4－4

单位：个、万元、人

指 标 名 称				经营支出	经营税金	全部就业人员年平均人数
	救济费	助学金	退职(役)费			
广播、电视、电影和音像业	7			2639	388	678
广 播						38
电 视	7			2639	388	630
电 影						10
文化艺术业	10		42	464	197	1417
文艺创作与表演			8	166	9	326
艺术表演场馆				2	...	22
图书馆与档案馆	3			122	77	443
文物及文化保护	7			166	108	168
博物馆	...			1	2	68
群众文化活动			35	8		379
其他文化艺术						11
体 育		22		20	19	107
体育组织						4
体育场馆				16	19	57
其他体育		22		4		46
娱乐业				1		6
游乐园				1		3
其他娱乐活动						3
公共管理和社会组织	**7096**	**180**	**1695**	**20317**	**2434**	**38362**
中国共产党机关	6	39	34	...		1006
中国共产党机关	6	39	34	...		1006
国家机构	7008	89	1661	20260	2434	36515
国家权力机构						201
国家行政机构	7005	87	1661	20033	2433	34529
人民法院和人民检察院	3	2		227	1	1783
其他国家机构						2
人民政协和民主党派						264
人民政协						181
民主党派						83
群众团体、社会团体和宗教组织	81	53		...		379
群众团体	80	53		...		305
社会团体	1					71
宗教组织						3
基层群众自治组织	1			56		198
社区自治组织	1			56		198

注：本表按有填写财务表且执行行政事业会计制度的单位统计。

4-B-9 金华市按登记注册类型和行业(门类、大类、中类)分组的行政事业单位财务状况

单位:个、万元、人

指标名称	法人单位	固定资产原价	本年收入合计	财政拨款	事业收入	经营收入
总计	**3070**	**2352554**	**2424788**	**1393776**	**652320**	**192005**
一、按登记注册类型分						
内资	**3069**	**2317052**	**2421608**	**1393776**	**652320**	**188825**
国有	2563	2208976	2311957	1352141	611499	168958
集体	145	55782	58618	15119	29167	10599
股份合作企业	1	33	33	33		
私营企业	11	571	704	59	141	488
私营独资	7	472	515		11	488
私营合伙	1	20	100		100	
私营有限责任公司	3	79	89	59	30	
其他	349	51690	50296	26424	11513	8780
外商投资	**1**	**35502**	**3180**			**3180**
中外合作经营	1	35502	3180			3180
二、按国民经济行业(门类、大类、中类)分						
交通运输、仓储和邮政业	**19**	**19017**	**32383**	**23887**	**4596**	**655**
道路运输业	17	17480	31649	23422	4356	655
道路运输辅助活动	17	17480	31649	23422	4356	655
水上运输业	1	30	30	30		
水上运输辅助活动	1	30	30	30		
仓储业	1	1507	703	435	240	
其他仓储	1	1507	703	435	240	
信息传输、计算机服务和软件业	**8**	**20460**	**9599**	**6675**	**2900**	**10**
电信和其他信息传输服务业	5	18749	8964	6041	2900	10
互联网信息服务	1	161	119	119		
广播电视传输服务	4	18588	8845	5921	2900	10
计算机服务业	3	1711	635	635		
计算机系统服务	3	1711	635	635		
租赁和商务服务业	**59**	**16677**	**13075**	**2837**	**3934**	**5999**
商务服务业	59	16677	13075	2837	3934	5999
企业管理服务	20	5657	4484	1488	1126	1679
法律服务	12	2890	2932	840	1718	375
咨询与调查	11	520	683	261	389	29
职业中介服务	7	221	739	151	557	
市场管理	6	7322	4036	40		3916
其他商务服务	3	67	202	58	144	

4－B－9 续表1－1 单位：个、万元、人

指 标 名 称	法人单位	固定资产原价	本年收入合计	财政拨款	事业收入	经营收入
科学研究、技术服务和地质勘查业	**130**	**24113**	**34893**	**21868**	**4267**	**6956**
研究与试验发展	11	3440	2328	1811	389	26
农业科学研究与试验发展	6	1980	814	703	85	26
医学研究与试验发展	3	1395	723	365	255	
社会人文科学研究与试验发展	2	66	792	744	49	
专业技术服务业	63	11969	14198	5505	3007	5289
气象服务	9	2881	1963	1118	239	482
测绘服务	1	129	433			433
技术检测	15	3138	3679	1253	1162	1253
环境监测	7	2973	2134	1812	153	
工程技术与规划管理	28	2726	5720	1217	1417	2993
其他专业技术服务	3	122	270	106	36	128
科技交流和推广服务业	49	5670	6121	4865	634	226
技术推广服务	41	5478	5475	4362	579	226
科技中介服务	7	182	556	412	56	
其他科技服务	1	10	91	91		
地质勘查业	7	3034	12245	9687	238	1415
矿产地质勘查	3	1051	1552	1172	2	369
基础地质勘查	3	1967	10540	8515	83	1045
地质勘查技术服务	1	15	153		153	
水利、环境和公共设施管理业	**85**	**95994**	**40116**	**28847**	**5026**	**4833**
水利管理业	47	48615	7699	2068	716	4669
防洪管理	5	135	655	650		
水资源管理	26	43002	5846	896	425	4295
其他水利管理	16	5479	1198	521	290	374
环境管理业	17	27392	24360	21128	3069	
自然保护	5	214	638	638		
环境治理	12	27179	23722	20490	3069	
公共设施管理业	21	19986	8057	5652	1242	164
市政公共设施管理	6	3365	1120	818	282	20
城市绿化管理	9	3872	5136	3271	848	18
游览景区管理	6	12749	1801	1563	112	126
居民服务和其他服务业	**22**	**8662**	**7010**	**1497**	**4376**	**860**
居民服务业	12	7940	6318	1245	4057	745
家庭服务	1	100	534		534	

4－B－9 续表1－2 单位：个、万元、人

指标名称	法人单位	固定资产原价	本年收入合计	财政拨款	事业收入	经营收入
殡葬服务	10	7753	5622	1212	3454	745
其他居民服务	1	87	162	33	69	
其他服务业	10	722	693	252	319	115
清洁服务	3	515	410	91	319	
其他未列明的服务	7	207	282	161		115
教　育	**747**	**804096**	**548271**	**361440**	**146933**	**5160**
教　育	747	804096	548271	361440	146933	5160
学前教育	43	10053	8476	4161	3102	519
初等教育	394	205999	191635	161928	16878	1506
中等教育	239	391192	267691	157758	87922	2630
高等教育	14	182055	65681	27173	35531	27
其他教育	57	14797	14787	10421	3500	479
卫生、社会保障和社会福利业	**319**	**469700**	**453236**	**45225**	**266888**	**126776**
卫　生	256	453805	442294	35735	265785	126695
医　院	52	358301	323065	11825	195644	114732
卫生院及社区医疗活动	146	74185	76515	11708	54290	8189
门诊部医疗活动	10	1129	1731	346	377	1007
计划生育技术服务活动	13	1829	3905	2552	1078	213
妇幼保健活动	7	5195	19014	971	5317	2028
专科疾病防治活动	1	462	608	86		522
疾病预防控制及防疫活动	18	9128	14840	6971	7760	3
其他卫生活动	9	3576	2617	1276	1319	
社会保障业	28	10588	5321	4776	414	23
社会保障业	28	10588	5321	4776	414	23
社会福利业	35	5307	5620	4713	690	59
提供住宿的社会福利	25	4368	3961	3078	690	59
不提供住宿的社会福利	10	939	1659	1636		
文化、体育和娱乐业	**97**	**97153**	**73438**	**13288**	**31950**	**25576**
新闻出版业	8	22240	23798	929	1339	21415
新闻业	2	222	700	247	136	304
出版业	6	22019	23098	682	1203	21110
广播、电视、电影和音像业	7	49556	34342	2430	27202	2838
广　播	1	2241	2024	797	700	505
电　视	5	46892	32212	1622	26433	2310
电　影	1	423	107	12	69	24

4－B－9 续表1－3

单位：个、万元、人

指标名称	法人单位	固定资产原价	本年收入合计	财政拨款	事业收入	经营收入
文化艺术业	67	14840	12883	9345	1628	1292
文艺创作与表演	3	858	3112	1706	53	1170
艺术表演场馆	5	886	672	385	191	69
图书馆与档案馆	15	6179	2983	2694	225	25
文物及文化保护	7	414	1129	844	186	
博物馆	11	1566	2069	1856	56	2
烈士陵园、纪念馆	5	863	340	307	14	
群众文化活动	17	3187	2262	1318	887	20
其他文化艺术	4	887	315	235	16	7
体育	11	8562	926	584	317	7
体育组织	3	679	192	77	111	
体育场馆	6	7811	574	375	177	7
其他体育	2	72	161	132	29	
娱乐业	4	1954	1489		1464	24
游乐园	1	545	68		68	
其他娱乐活动	3	1409	1421		1396	24
公共管理和社会组织	**1584**	**796683**	**1212769**	**888212**	**181453**	**15181**
中国共产党机关	80	11516	28677	24993	2893	
中国共产党机关	80	11516	28677	24993	2893	
国家机构	1197	750212	1152202	846349	175173	7464
国家权力机构	26	18802	15721	13152	722	100
国家行政机构	1134	666789	1070149	771361	173974	7299
人民法院和人民检察院	24	61760	32325	29639	310	
其他国家机构	13	2861	34006	32198	167	66
人民政协和民主党派	18	1464	4354	4280	74	
人民政协	9	1264	3600	3526	74	
民主党派	9	200	754	754		
群众团体、社会团体和宗教组织	134	24603	23311	11435	2582	5586
群众团体	37	11313	9056	3486	1164	2185
社会团体	94	13236	13936	7642	1419	3388
宗教组织	3	54	319	307		12
基层群众自治组织	155	8889	4226	1155	730	2131
社区自治组织	20	4183	1236	291	294	553
村民自治组织	135	4706	2990	864	436	1578

4－B－9 续表2－1

单位：个、万元、人

指标名称	本年支出合计	工资福利支出	商品和服务支出	取暖费（降温费）	劳务费	差旅费
总 计	**2218471**	**748755**	**764493**	**5137**	**22141**	**16509**
一、按登记注册类型分						
内 资	**2212778**	**748019**	**761782**	**5137**	**22141**	**16498**
国 有	2095154	703125	722047	4892	20619	15761
集 体	70256	22700	26711	125	987	161
股份合作企业	33	33				
私营企业	673	428	175	4	12	6
私营独资	514	289	160	4	12	6
私营合伙	73	63	7			
私营有限责任公司	86	76	8			
其 他	46662	21732	12849	117	524	571
外商投资	**5693**	**736**	**2711**			**11**
中外合作经营	5693	736	2711			11
二、按国民经济行业（门类、大类、中类）分						
交通运输、仓储和邮政业	**23959**	**5396**	**4477**	**140**	**187**	**67**
道路运输业	23311	5140	4205	140	172	58
道路运输辅助活动	23311	5140	4205	140	172	58
水上运输业	30	30				
水上运输辅助活动	30	30				
仓储业	617	227	273		15	9
其他仓储	617	227	273		15	9
信息传输、计算机服务和软件业	**9404**	**1726**	**5787**	**42**	**511**	**61**
电信和其他信息传输服务业	8688	1636	5420	41	510	58
互联网信息服务	129	25	32	...		...
广播电视传输服务	8560	1611	5388	41	510	58
计算机服务业	715	90	367	1	1	3
计算机系统服务	715	90	367	1	1	3
租赁和商务服务业	**9537**	**3601**	**2869**	**16**	**68**	**89**
商务服务业	9537	3601	2869	16	68	89
企业管理服务	4338	1682	942	4	33	41
法律服务	1690	684	522	5	19	10
咨询与调查	616	373	179	3	3	16
职业中介服务	690	170	213		5	7
市场管理	2062	611	966	4	5	13
其他商务服务	140	82	47	1	3	3

4－B－9 续表2－2 单位：个、万元、人

指 标 名 称	本年支出 合 计	工资福利 支 出	商 品 和 服务支出	取暖费 （降温费）	劳务费	差旅费
科学研究、技术服务和地质勘查业	**28807**	**13755**	**7260**	**42**	**1185**	**489**
研究与试验发展	2269	997	841	1	48	45
农业科学研究与试验发展	825	294	410	1	16	11
医学研究与试验发展	709	316	221		15	17
社会人文科学研究与试验发展	736	388	210		16	16
专业技术服务业	12216	5504	3906	31	429	348
气象服务	1669	703	567	10	4	212
测绘服务	433	433				
技术检测	2936	1200	1120	5	287	19
环境监测	2153	861	416	2	8	21
工程技术与规划管理	4948	2267	1796	13	130	95
其他专业技术服务	76	40	7	1	...	1
科技交流和推广服务业	5256	2688	1133	11	47	67
技术推广服务	4729	2433	946	5	45	57
科技中介服务	446	193	175	6	1	9
其他科技服务	81	61	12			1
地质勘查业	9066	4566	1380		662	29
矿产地质勘查	1527	841	48		2	1
基础地质勘查	7437	3666	1297		660	27
地质勘查技术服务	102	59	35		...	2
水利、环境和公共设施管理业	**39475**	**15652**	**13999**	**125**	**203**	**115**
水利管理业	8064	2831	3108	33	53	37
防洪管理	640	219	320	20		10
水资源管理	6025	2079	2459	12	23	15
其他水利管理	1399	532	330	2	30	12
环境管理业	23054	9806	9366	24	126	43
自然保护	491	376	48	...	7	9
环境治理	22562	9430	9318	24	119	34
公共设施管理业	8358	3016	1525	67	25	35
市政公共设施管理	990	545	182	2	6	11
城市绿化管理	4894	2089	1013	...	4	7
游览景区管理	2473	382	331	64	15	17
居民服务和其他服务业	**6617**	**1993**	**3854**	**12**	**157**	**25**
居民服务业	5933	1714	3570	8	83	11
家庭服务	478	395	73	3		

4－B－9 续表2－3

单位：个、万元、人

指标名称	本年支出					
	合计	工资福利支出	商品和服务支出			
				取暖费（降温费）	劳务费	差旅费
殡葬服务	5353	1301	3422	6	82	11
其他居民服务	102	18	75		1	...
其他服务业	684	279	284	4	74	13
清洁服务	434	189	176		39	3
其他未列明的服务	250	90	108	4	35	10
教　育	**498423**	**253917**	**95370**	**775**	**5312**	**4621**
教　育	498423	253917	95370	775	5312	4621
学前教育	7835	4636	1355	20	43	48
初等教育	170615	89240	22354	304	877	660
中等教育	245241	129955	45547	315	1358	1307
高等教育	60842	23536	21528	85	2646	2501
其他教育	13890	6551	4586	50	388	105
卫生、社会保障和社会福利业	**438614**	**123157**	**271272**	**634**	**2805**	**927**
卫　生	427975	119264	267139	615	2693	853
医　院	312638	82102	213632	443	1377	522
卫生院及社区医疗活动	87786	26973	40992	96	1042	134
门诊部医疗活动	1459	663	660	6	23	7
计划生育技术服务活动	2791	947	1076	49	65	40
妇幼保健活动	6016	2618	2906	11	33	49
专科疾病防治活动	577	184	346			4
疾病预防控制及防疫活动	14297	4785	6680	10	145	84
其他卫生活动	2411	991	848	1	7	14
社会保障业	4958	2178	2230	7	31	42
社会保障业	4958	2178	2230	7	31	42
社会福利业	5682	1715	1903	12	82	32
提供住宿的社会福利	4038	1376	976	9	47	20
不提供住宿的社会福利	1644	340	927	3	35	12
文化、体育和娱乐业	**51177**	**20169**	**18362**	**73**	**1232**	**272**
新闻出版业	9414	7746	1062	4	312	48
新闻业	647	289	158		38	17
出版业	8767	7458	904	4	274	31
广播、电视、电影和音像业	28685	7672	12957	33	438	89
广　播	2006	526	613	1	81	5
电　视	26570	7086	12338	31	357	85
电　影	109	60	6	1		

4－B－9　续表2－4　　　　单位：个、万元、人

指标名称	本年支出合计	工资福利支出	商品和服务支出	取暖费(降温费)	劳务费	差旅费
文化艺术业	10609	4114	3119	32	471	125
文艺创作与表演	1841	687	389	6	43	6
艺术表演场馆	643	247	188	1	3	7
图书馆与档案馆	2531	1060	626	7	16	44
文物及文化保护	1042	371	325	...	17	10
博物馆	1765	535	726	6	64	35
烈士陵园、纪念馆	375	194	68	2	1	5
群众文化活动	2257	912	773	10	327	18
其他文化艺术	155	107	25	1	1	1
体　育	853	286	160	4	11	3
体育组织	186	105	29		...	1
体育场馆	465	97	62	...	4	2
其他体育	203	83	69	4	7	1
娱乐业	1615	351	1064		1	7
游乐园	68	24	41			...
其他娱乐活动	1547	327	1024		1	6
公共管理和社会组织	**1112460**	**309388**	**341244**	**3279**	**10482**	**9842**
中国共产党机关	27440	8433	10770	47	153	516
中国共产党机关	27440	8433	10770	47	153	516
国家机构	1055609	292217	320338	3175	10034	8968
国家权力机构	14793	6583	4629	32	64	223
国家行政机构	991130	270263	305923	3116	9696	8043
人民法院和人民检察院	31504	13744	8891	26	228	645
其他国家机构	18181	1626	896	2	46	58
人民政协和民主党派	3943	1466	1241	2	20	75
人民政协	3122	1159	896	2	9	59
民主党派	821	308	345	...	11	16
群众团体、社会团体和宗教组织	21308	5739	7760	53	209	272
群众团体	8736	1680	3096	3	18	70
社会团体	12265	3974	4565	50	189	200
宗教组织	308	85	100	1	2	2
基层群众自治组织	4160	1533	1135	2	66	12
社区自治组织	1431	665	615	2	1	6
村民自治组织	2729	868	520	...	65	5

4－B－9 续表3－1

单位：个、万元、人

指标名称				对个人和家庭的补助		
	出国费	工会经费	福利费		抚恤金	生活补助
总 计	**1474**	**10909**	**28128**	**202615**	**5969**	**10984**
一、按登记注册类型分						
内 资	**1474**	**10898**	**28053**	**202615**	**5969**	**10984**
国 有	1416	10524	25618	193433	5811	10098
集 体	1	209	605	3372	59	293
股份合作企业						
私营企业		2	38	59		6
私营独资		2	23	54		1
私营合伙			7	3		3
私营有限责任公司			8	2		2
其 他	58	164	1792	5751	99	588
外商投资		**11**	**75**			
中外合作经营		11	75			
二、按国民经济行业(门类、大类、中类)分						
交通运输、仓储和邮政业		**91**	**499**	**1381**	**37**	**82**
道路运输业		88	488	1263	36	82
道路运输辅助活动		88	488	1263	36	82
水上运输业						
水上运输辅助活动						
仓储业		3	11	118	1	
其他仓储		3	11	118	1	
信息传输、计算机服务和软件业		**53**	**307**	**692**	**...**	**130**
电信和其他信息传输服务业		52	305	681	...	130
互联网信息服务		...	...	3		
广播电视传输服务		52	304	678	...	130
计算机服务业		1	2	11		
计算机系统服务		1	2	11		
租赁和商务服务业	**17**	**46**	**188**	**347**	**5**	**66**
商务服务业	17	46	188	347	5	66
企业管理服务		19	33	174	1	42
法律服务	12	8	8	87	3	3
咨询与调查		7	33	34	1	4
职业中介服务	6	4	13	18		
市场管理		8	91	29		16
其他商务服务			10	6	1	1

4-B-9 续表3-2

单位：个、万元、人

指标名称	出国费	工会经费	福利费	对个人和家庭的补助	抚恤金	生活补助
科学研究、技术服务和地质勘查业	**4**	**119**	**711**	**3380**	**145**	**218**
研究与试验发展		7	28	384	7	5
农业科学研究与试验发展		3	13	121	2	5
医学研究与试验发展		3	7	126	3	
社会人文科学研究与试验发展		1	7	138	2	
专业技术服务业	4	47	373	860	25	14
气象服务		7	6	286	2	1
测绘服务						
技术检测		5	101	167	1	8
环境监测	4	10	40	155	20	2
工程技术与规划管理		25	227	247	2	3
其他专业技术服务		...	...	5		1
科技交流和推广服务业		30	211	717	32	50
技术推广服务		24	189	655	32	50
科技中介服务		7	21	55		
其他科技服务			1	8		
地质勘查业		35	98	1419	80	150
矿产地质勘查		4	30	57	8	29
基础地质勘查		30	61	1356	72	122
地质勘查技术服务		1	8	6		
水利、环境和公共设施管理业	**3**	**115**	**717**	**1969**	**41**	**65**
水利管理业	2	31	189	438	11	27
防洪管理		1	37	16		1
水资源管理	2	24	91	305	8	15
其他水利管理		5	61	117	3	10
环境管理业	1	53	367	424	2	7
自然保护		5	15	19		
环境治理	1	48	352	406	2	7
公共设施管理业		31	161	1106	29	32
市政公共设施管理		6	58	236	10	16
城市绿化管理		24	80	595	19	4
游览景区管理		1	24	275		12
居民服务和其他服务业		**15**	**147**	**240**	**1**	**12**
居民服务业		9	111	192	...	10
家庭服务			70	10		10

4－B－9 续表3－3 单位：个、万元、人

指 标 名 称	出国费	工会经费	福利费	对个人和家庭的补助	抚恤金	生活补助
殡葬服务		9	40	176	...	...
其他居民服务			1	6		
其他服务业		6	36	48	1	2
清洁服务		6	13	18	1	2
其他未列明的服务		...	23	30		1
教 育	**328**	**2560**	**5769**	**77302**	**1392**	**2026**
教 育	328	2560	5769	77302	1392	2026
学前教育		28	148	744	3	7
初等教育	73	941	1867	28196	655	986
中等教育	50	1260	3206	34831	601	677
高等教育	204	287	329	12472	92	325
其他教育	1	44	220	1058	41	30
卫生、社会保障和社会福利业	**143**	**1340**	**2846**	**15526**	**229**	**435**
卫 生	143	1287	2528	13474	161	367
医 院	139	846	1525	9045	68	192
卫生院及社区医疗活动	1	276	531	2690	67	135
门诊部医疗活动		7	44	132	1	6
计划生育技术服务活动		14	135	202	2	10
妇幼保健活动	3	56	119	237	...	3
专科疾病防治活动		6	5	47	8	...
疾病预防控制及防疫活动		64	137	938	16	16
其他卫生活动		18	33	184		5
社会保障业		30	139	298		1
社会保障业		30	139	298		1
社会福利业		23	179	1754	67	66
提供住宿的社会福利		21	156	1507	67	60
不提供住宿的社会福利		2	23	247		6
文化、体育和娱乐业		**234**	**963**	**2398**	**99**	**108**
新闻出版业		18	62	236	...	2
新闻业		2	17	11	...	
出版业		16	46	225		2
广播、电视、电影和音像业		168	546	1158	86	37
广 播		8	27	111	80	30
电 视		159	520	1018	6	7
电 影				29		

4－B－9　续表3－4　　单位：个、万元、人

指　标　名　称	出国费	工会经费	福利费	对个人和家庭的补助	抚恤金	生活补助
文化艺术业		44	317	931	11	63
文艺创作与表演		8	179	120		34
艺术表演场馆		6	13	83	1	5
图书馆与档案馆		11	35	310	2	11
文物及文化保护		3	12	81	2	1
博物馆		4	24	72		5
烈士陵园、纪念馆		...	7	69		4
群众文化活动		12	46	176	6	3
其他文化艺术			1	19	...	
体　育		2	26	69	1	7
体育组织		...	21	20		7
体育场馆		1	6	12		
其他体育		1		37	1	
娱乐业		2	11	4		
游乐园			2	3		
其他娱乐活动		2	10	1		
公共管理和社会组织	**978**	**6336**	**15981**	**99381**	**4020**	**7841**
中国共产党机关	45	122	357	4459	89	1217
中国共产党机关	45	122	357	4459	89	1217
国家机构	867	5858	14722	91733	3898	6180
国家权力机构	19	75	496	1193	23	67
国家行政机构	797	5634	13299	87200	3845	6063
人民法院和人民检察院	51	136	852	3119	26	47
其他国家机构		13	75	222	4	3
人民政协和民主党派	5	19	68	521	17	17
人民政协	5	10	53	395	17	17
民主党派		9	15	126		
群众团体、社会团体和宗教组织	62	336	341	2584	17	372
群众团体	7	297	115	632	6	15
社会团体	56	38	217	1855	11	357
宗教组织		...	8	98		...
基层群众自治组织		1	494	84	1	57
社区自治组织		1	448	10		6
村民自治组织		1	46	74	1	51

4－B－9 续表4－1 单位：个、万元、人

指标名称	救济费	助学金	退职(役)费	经营支出	经营税金	全部就业人员年平均人数
总计	**7243**	**17077**	**5108**	**81254**	**2883**	**141095**
一、按登记注册类型分						
内资	**7243**	**17077**	**5108**	**81104**	**2883**	**140827**
国有	6678	16478	4961	74486	2436	130425
集体	193	85	29	3061	92	5009
股份合作企业						6
私营企业	15			213	3	128
私营独资	15			213	3	97
私营合伙						10
私营有限责任公司						21
其他	356	514	118	3344	352	5259
外商投资				**150**		**268**
中外合作经营				150		268
二、按国民经济行业(门类、大类、中类)分						
交通运输、仓储和邮政业	**1**	**1**	**68**	**630**	**47**	**1472**
道路运输业	1	1	68	630	34	1414
道路运输辅助活动	1	1	68	630	34	1414
水上运输业						3
水上运输辅助活动						3
仓储业					13	55
其他仓储					13	55
信息传输、计算机服务和软件业	**...**			**5**		**309**
电信和其他信息传输服务业	...			5		293
互联网信息服务						5
广播电视传输服务	...			5		288
计算机服务业						16
计算机系统服务						16
租赁和商务服务业	**8**	**5**		**1889**	**599**	**679**
商务服务业	8	5		1889	599	679
企业管理服务	...	1		1685	12	235
法律服务	...			97	124	104
咨询与调查	1			1	3	71
职业中介服务						43
市场管理	6	3		106	460	199
其他商务服务		1				27

4－B－9 续表4－2

单位：个、万元、人

指 标 名 称				经营支出	经营税金	全部就业人员年平均人数
	救济费	助学金	退职(役)费			
科学研究、技术服务和地质勘查业	**234**	**11**	**183**	**4042**	**553**	**2081**
研究与试验发展			88	12		199
农业科学研究与试验发展			1	12		73
医学研究与试验发展			38			64
社会人文科学研究与试验发展			49			62
专业技术服务业	1	6	77	2633	490	1022
气象服务				188	35	145
测绘服务				421	24	16
技术检测			77	448	165	237
环境监测		6				175
工程技术与规划管理	1			1479	255	431
其他专业技术服务		1		97	11	18
科技交流和推广服务业	2	5	19	131	1	516
技术推广服务	2	5	19	131	1	469
科技中介服务		...				35
其他科技服务						12
地质勘查业	231			1266	61	344
矿产地质勘查				300	17	96
基础地质勘查	231			966	44	240
地质勘查技术服务						8
水利、环境和公共设施管理业	**161**	**1**	**19**	**1726**	**129**	**6730**
水利管理业	1	1	19	1688	116	652
防洪管理		1				64
水资源管理		...	...	1305	90	427
其他水利管理	1	1	18	383	26	161
环境管理业						5142
自然保护						129
环境治理						5013
公共设施管理业	161	...		38	13	936
市政公共设施管理	5	...		9		107
城市绿化管理				12	1	752
游览景区管理	156			17	12	77
居民服务和其他服务业		**1**	**1**	**499**		**305**
居民服务业			1	483		260
家庭服务						6

4－B－9 续表4－3 单位：个、万元、人

指标名称				经营支出	经营税金	全部就业人员年平均人数
	救济费	助学金	退职(役)费			
殡葬服务			1	483		253
其他居民服务						1
其他服务业		1		16		45
清洁服务						27
其他未列明的服务		1		16		18
教　育	**215**	**16311**	**1497**	**2795**	**7**	**48246**
教　育	215	16311	1497	2795	7	48246
学前教育	...	6	3	317	...	1384
初等教育	25	3445	755	618		18048
中等教育	187	9457	731	1514		23853
高等教育		3324	6	...		3891
其他教育	3	80	3	346	7	1070
卫生、社会保障和社会福利业	**238**	**19**	**264**	**45573**	**99**	**21642**
卫　生	180	18	244	45531	98	20798
医　院	118	6	135	40726	28	13259
卫生院及社区医疗活动	16	2	62	3634	51	5736
门诊部医疗活动	25			164	19	161
计划生育技术服务活动		10	13	147		199
妇幼保健活动	9		32	806		375
专科疾病防治活动				53		34
疾病预防控制及防疫活动	12		3	1		828
其他卫生活动						206
社会保障业		1	17	1	1	435
社会保障业		1	17	1	1	435
社会福利业	57	1	2	41		409
提供住宿的社会福利	57	1	2	41		321
不提供住宿的社会福利	1					88
文化、体育和娱乐业	**2**	**18**	**28**	**13829**	**811**	**3734**
新闻出版业	...			12941	650	811
新闻业				21	27	55
出版业	...			12920	623	756
广播、电视、电影和音像业	...	...		577	160	1681
广　播				300	9	135
电　视	...	...		260	151	1532
电　影				17		14

4－B－9 续表4－4　　　　单位：个、万元、人

指 标 名 称				经营支出	经营税金	全部就业人员年平均人数
	救济费	助学金	退职（役）费			
文化艺术业	...	5	27	296	1	1056
文艺创作与表演				155		246
艺术表演场馆			1	96	...	89
图书馆与档案馆			17	24		265
文物及文化保护			4			83
博物馆	...	...	5	1		117
烈士陵园、纪念馆		4				37
群众文化活动		1		19	1	188
其他文化艺术				2		31
体　育	2	14		1		73
体育组织		1				19
体育场馆				1		33
其他体育	2	13				21
娱乐业			...	13		113
游乐园			...			13
其他娱乐活动				13		100
公共管理和社会组织	**6383**	**710**	**3049**	**10266**	**640**	**55897**
中国共产党机关	107	22	32			1494
中国共产党机关	107	22	32			1494
国家机构	5675	646	2988	4940	635	52087
国家权力机构		6	78	94		1546
国家行政机构	5585	617	2908	4834	635	48235
人民法院和人民检察院	90	23	3			2079
其他国家机构				12		227
人民政协和民主党派		3	13			219
人民政协		3	6			174
民主党派			7			45
群众团体、社会团体和宗教组织	596	36	16	4560	5	1226
群众团体	59	14		2707		329
社会团体	537	23	16	1850	5	882
宗教组织				3	...	15
基层群众自治组织	5	3	...	766		871
社区自治组织	2	2		6		132
村民自治组织	3	1	...	760		739

注：本表按有填写财务表且执行行政事业会计制度的单位统计。

4－B－10 衢州市按登记注册类型和行业(门类、大类、中类)分组的行政事业单位财务状况

单位:个、万元、人

指标名称	法人单位	固定资产原价	本年收入合计	财政拨款	事业收入	经营收入
总计	**1552**	**931955**	**1066284**	**625239**	**281967**	**38651**
一、按登记注册类型分						
内资	**1552**	**931955**	**1066284**	**625239**	**281967**	**38651**
国有	1442	906257	1041384	619287	267219	36966
集体	63	17111	12034	3547	6597	1628
股份合作企业	1	209	1586	4	1540	
联营企业	4	484	830	596	46	41
国有联营	1	55	157	91		
集体联营	2	18	181	120	21	41
其他联营	1	411	492	385	25	
私营企业	4	153	480	2	444	16
私营独资	4	153	480	2	444	16
其他	38	7741	9970	1804	6121	
二、按国民经济行业(门类、大类、中类)分						
交通运输、仓储和邮政业	**15**	**13037**	**29381**	**22435**	**4813**	**279**
道路运输业	13	8452	25493	18876	4764	1
道路运输辅助活动	13	8452	25493	18876	4764	1
水上运输业	1	17	49		49	
水上运输辅助活动	1	17	49		49	
航空运输业	1	4568	3838	3560		279
航空运输辅助活动	1	4568	3838	3560		279
信息传输、计算机服务和软件业	**4**	**810**	**2058**	**778**	**1272**	
电信和其他信息传输服务业	4	810	2058	778	1272	
广播电视传输服务	4	810	2058	778	1272	
租赁和商务服务业	**44**	**10416**	**29029**	**22413**	**3852**	**839**
商务服务业	44	10416	29029	22413	3852	839
企业管理服务	18	2432	22498	19834	922	114
法律服务	8	69	385	115	266	
咨询与调查	7	1132	759	389	66	56
广告业	1	1030	655			655
职业中介服务	4	224	1518	1362	99	14

4－B－10　续表 1－1　　　　　　　　　　　　　　　　　　　　　　　单位：个、万元、人

指 标 名 称	法人单位	固定资产原价	本年收入合计	财政拨款	事业收入	经营收入
市场管理	6	5529	3213	714	2499	
科学研究、技术服务和地质勘查业	**108**	**17509**	**18156**	**7824**	**5191**	**2941**
研究与试验发展	9	1003	809	560	116	
工程和技术研究与试验发展	2	89	79		79	
农业科学研究与试验发展	5	784	481	319	30	
医学研究与试验发展	1	30	49	41	8	
社会人文科学研究与试验发展	1	100	200	200		
专业技术服务业	46	12002	11235	3526	4368	2603
气象服务	5	3650	602	253		333
测绘服务	5	570	1010	74	274	611
技术检测	15	3512	3258	2197	661	135
环境监测	2	1971	1765	235	1530	
工程技术与规划管理	17	1930	4503	767	1824	1524
其他专业技术服务	2	369	97		80	
科技交流和推广服务业	51	4238	5237	2887	682	337
技术推广服务	46	3470	4996	2670	678	337
科技中介服务	4	740	212	188	4	
其他科技服务	1	28	29	29		
地质勘查业	2	266	876	851	25	
基础地质勘查	1	2	25		25	
地质勘查技术服务	1	264	851	851		
水利、环境和公共设施管理业	**44**	**55466**	**17136**	**10177**	**2448**	**1717**
水利管理业	21	45993	4551	1742	1608	453
防洪管理	4	156	809	329	119	
水资源管理	11	45438	3322	1244	1315	390
其他水利管理	6	400	420	169	175	63
环境管理业	10	5715	6596	4376	339	827
自然保护	4	1986	2253	474	48	761
环境治理	6	3729	4343	3902	291	66
公共设施管理业	13	3758	5988	4059	501	437
市政公共设施管理	3	566	2317	1462	188	2

4－B－10 续表 1－2 单位：个、万元、人

指 标 名 称	法人单位	固定资产原价	本年收入合计	财政拨款	事业收入	经营收入
城市绿化管理	4	1954	1411	1258	145	
游览景区管理	6	1238	2260	1339	169	435
居民服务和其他服务业	**9**	**9224**	**4416**	**321**	**3294**	**654**
居民服务业	8	9206	4394	321	3274	654
殡葬服务	8	9206	4394	321	3274	654
其他服务业	1	18	22		20	
其他未列明的服务	1	18	22		20	
教 育	**288**	**242283**	**197404**	**125608**	**48494**	**1476**
教 育	288	242283	197404	125608	48494	1476
学前教育	13	4016	2758	1127	1566	22
初等教育	139	66270	66774	55559	4747	147
中等教育	100	129893	100437	58119	29873	591
高等教育	8	36297	19579	6881	10060	5
其他教育	28	5809	7856	3923	2248	712
卫生、社会保障和社会福利业	**174**	**170526**	**171630**	**17657**	**127253**	**24618**
卫 生	151	163389	166696	14046	126404	24595
医 院	17	121773	123433	4952	96263	21731
卫生院及社区医疗活动	110	26739	26392	5301	17639	2858
门诊部医疗活动	1	128	130	67	63	
计划生育技术服务活动	7	2753	2729	737	1531	6
妇幼保健活动	6	6654	7827	689	7112	
疾病预防控制及防疫活动	6	2942	4728	1887	2833	
其他卫生活动	4	2400	1459	413	963	
社会保障业	8	2911	2122	1741	347	
社会保障业	8	2911	2122	1741	347	
社会福利业	15	4227	2812	1870	502	23
提供住宿的社会福利	9	3505	1979	1246	377	21
不提供住宿的社会福利	6	722	833	624	125	2
文化、体育和娱乐业	**52**	**24027**	**19079**	**7922**	**9096**	**285**
新闻出版业	4	223	805	689	116	
新闻业	1	30	149	79	70	

4－B－10 续表1－3

单位：个、万元、人

指 标 名 称	法人单位	固定资产原价	本年收入合计	财政拨款	事业收入	经营收入
出版业	3	193	656	610	45	
广播、电视、电影和音像业	7	17783	12191	2437	8125	123
广 播	3	5652	3443	823	2020	
电 视	3	11717	8652	1586	6062	97
电 影	1	415	97	28	43	26
文化艺术业	38	5424	5872	4686	830	162
文艺创作与表演	2	264	784	567	154	
图书馆与档案馆	13	2075	1625	1566	49	
文物及文化保护	4	516	451	423	28	
博物馆	2	187	780	591	20	162
烈士陵园、纪念馆	1	44	19	3	17	
群众文化活动	15	2333	2158	1480	563	
其他文化艺术	1	7	56	56		
体 育	3	597	212	110	26	
体育场馆	1	521	80	63	18	
其他体育	2	75	132	47	8	
公共管理和社会组织	**814**	**388656**	**577997**	**410106**	**76253**	**5843**
中国共产党机关	64	5313	13235	12126	253	
中国共产党机关	64	5313	13235	12126	253	
国家机构	686	378778	554120	391027	75065	5843
国家权力机构	9	1388	3639	3449		
国家行政机构	661	363572	534167	372904	74059	5843
人民法院和人民检察院	15	13747	16026	14385	1006	
其他国家机构	1	72	289	289		
人民政协和民主党派	22	968	3474	3218	6	
人民政协	7	805	2960	2710	6	
民主党派	15	163	514	508		
群众团体、社会团体和宗教组织	42	3597	7168	3735	928	
群众团体	34	3473	6927	3534	914	
社会团体	8	125	241	202	14	

4－B－10 续表2－1　　　　单位：个、万元、人

指标名称	本年支出					
	合计	工资福利支出	商品和服务支出	取暖费（降温费）	劳务费	差旅费
总计	**1030435**	**356534**	**296108**	**1919**	**10079**	**6687**
一、按登记注册类型分						
内资	**1030435**	**356534**	**296108**	**1919**	**10079**	**6687**
国有	1006572	346692	286217	1801	9762	6525
集体	11630	4761	4653	87	243	109
股份合作企业	1260	827	381			5
联营企业	812	418	143		4	4
国有联营	148	88	44			3
集体联营	170	55	35		4	...
其他联营	494	274	65		...	1
私营企业	329	255	68	2	6	...
私营独资	329	255	68	2	6	...
其他	9832	3582	4646	29	65	43
二、按国民经济行业（门类、大类、中类）分						
交通运输、仓储和邮政业	**23512**	**5303**	**2274**	**74**	**10**	**96**
道路运输业	22421	4756	1895	74	10	75
道路运输辅助活动	22421	4756	1895	74	10	75
水上运输业	49	14	13	...		...
水上运输辅助活动	49	14	13	...		...
航空运输业	1042	533	366			20
航空运输辅助活动	1042	533	366			20
信息传输、计算机服务和软件业	**2100**	**372**	**689**	**2**	**47**	**19**
电信和其他信息传输服务业	2100	372	689	2	47	19
广播电视传输服务	2100	372	689	2	47	19
租赁和商务服务业	**27437**	**1858**	**1995**	**19**	**64**	**62**
商务服务业	27437	1858	1995	19	64	62
企业管理服务	21552	581	563	8	41	23
法律服务	363	179	169	5	15	9
咨询与调查	768	466	211	3	3	7
广告业	695	58	562			14
职业中介服务	1184	146	137	1	1	4

4－B－10　续表2－2　　单位：个、万元、人

指 标 名 称	本年支出合　计	工资福利支　出	商 品 和服务支出	取暖费(降温费)	劳务费	差旅费
市场管理	2874	429	354	2	4	7
科学研究、技术服务和地质勘查业	**15684**	**5914**	**3841**	**49**	**252**	**168**
研究与试验发展	740	373	179	5	19	12
工程和技术研究与试验发展	102	37	33	...		1
农业科学研究与试验发展	400	187	70	4	11	6
医学研究与试验发展	52	30	16		6	1
社会人文科学研究与试验发展	187	120	60	1	1	3
专业技术服务业	9715	3525	2657	21	214	93
气象服务	595	204	139	2	8	8
测绘服务	579	277	244	4	19	11
技术检测	2573	948	825	3	84	27
环境监测	2098	303	140	...	2	10
工程技术与规划管理	3820	1773	1281	13	102	36
其他专业技术服务	51	21	27			2
科技交流和推广服务业	4352	1934	942	23	19	62
技术推广服务	4131	1803	909	23	15	57
科技中介服务	182	108	25	1	4	4
其他科技服务	39	23	8	...		1
地质勘查业	877	82	63	...	...	2
基础地质勘查	26	11	14	...	...	...
地质勘查技术服务	851	71	49			2
水利、环境和公共设施管理业	**16204**	**5650**	**3839**	**98**	**514**	**114**
水利管理业	4049	1514	863	8	12	35
防洪管理	530	181	143	1	1	6
水资源管理	3111	1106	629	5	1	22
其他水利管理	408	227	92	2	10	8
环境管理业	6095	2536	1521	48	448	63
自然保护	1995	517	319	10	8	49
环境治理	4100	2019	1202	38	440	14
公共设施管理业	6060	1601	1454	42	54	16
市政公共设施管理	2202	382	573	...	4	7

4－B－10 续表 2－3 单位：个、万元、人

指 标 名 称	本年支出合计	工资福利支出	商品和服务支出	取暖费（降温费）	劳务费	差旅费
城市绿化管理	1844	802	375	39	3	4
游览景区管理	2014	417	506	3	47	6
居民服务和其他服务业	**4066**	**920**	**2724**	**4**	**35**	**14**
居民服务业	4046	914	2711	4	35	14
殡葬服务	4046	914	2711	4	35	14
其他服务业	20	6	14			...
其他未列明的服务	20	6	14			...
教 育	**191054**	**98068**	**31717**	**521**	**1535**	**841**
教 育	191054	98068	31717	521	1535	841
学前教育	2868	1670	486	15	30	15
初等教育	65167	35388	8309	188	397	218
中等教育	97558	52952	15559	296	686	482
高等教育	17756	5271	5357	1	179	58
其他教育	7705	2788	2006	20	243	67
卫生、社会保障和社会福利业	**169065**	**50730**	**89674**	**289**	**1892**	**399**
卫 生	164563	48815	88352	259	1878	361
医 院	122102	32641	66663	128	1072	186
卫生院及社区医疗活动	26485	10519	13053	111	541	118
门诊部医疗活动	108	37	56			
计划生育技术服务活动	2523	836	1204	2	54	12
妇幼保健活动	7533	2948	3995	12	91	18
疾病预防控制及防疫活动	4499	1455	2547	6	32	21
其他卫生活动	1314	379	834	...	87	7
社会保障业	2088	1168	570	27	2	25
社会保障业	2088	1168	570	27	2	25
社会福利业	2413	748	752	3	13	13
提供住宿的社会福利	1685	525	469	3	11	7
不提供住宿的社会福利	728	223	284	1	2	6
文化、体育和娱乐业	**19498**	**7450**	**8292**	**53**	**400**	**114**
新闻出版业	747	333	352	2	5	7
新闻业	120	48	60			...

4－B－10 续表2－4

单位：个、万元、人

指标名称	本年支出					
	合计	工资福利支出	商品和服务支出	取暖费（降温费）	劳务费	差旅费
出版业	626	286	292	2	5	7
广播、电视、电影和音像业	13083	4785	6356	19	124	55
广　播	3350	1641	1168	8		16
电　视	9660	3113	5147	11	104	36
电　影	72	30	40	...	20	3
文化艺术业	5493	2270	1507	32	270	50
文艺创作与表演	811	409	224	1	29	11
图书馆与档案馆	1633	706	417	6	32	17
文物及文化保护	412	100	64	...	3	3
博物馆	587	222	149	20	2	2
烈士陵园、纪念馆	20	8	9		...	
群众文化活动	1956	793	608	4	194	15
其他文化艺术	74	32	37		11	1
体　育	175	62	78	...	...	2
体育场馆	70	17	45		...	...
其他体育	105	45	34	...		2
公共管理和社会组织	**561817**	**180269**	**151064**	**810**	**5331**	**4860**
中国共产党机关	13755	6036	4719	44	86	224
中国共产党机关	13755	6036	4719	44	86	224
国家机构	537702	170952	141706	757	5186	4520
国家权力机构	3501	1369	1087	5	7	64
国家行政机构	519103	162176	135960	728	5131	4301
人民法院和人民检察院	14837	7330	4558	19	40	153
其他国家机构	262	77	102	5	9	2
人民政协和民主党派	3404	1310	1258	1	19	50
人民政协	2902	1087	1107	1	14	41
民主党派	503	222	152		5	9
群众团体、社会团体和宗教组织	6956	1972	3380	9	40	66
群众团体	6651	1842	3260	8	33	65
社会团体	304	130	120	1	7	2

4－B－10 续表3－1

单位：个、万元、人

指标名称	出国费	工会经费	福利费	对个人和家庭的补助	抚恤金	生活补助
总计	**528**	**4082**	**35138**	**118466**	**5833**	**6210**
一、按登记注册类型分						
内资	**528**	**4082**	**35138**	**118466**	**5833**	**6210**
国有	528	4004	33759	116302	5814	6086
集体		29	806	927	11	80
股份合作企业		15	35	52		
联营企业		3	20	170	3	2
国有联营		...	9	16		
集体联营			1	3		
其他联营		3	9	152	3	2
私营企业		1	5	6		
私营独资		1	5	6		
其他		30	514	1008	5	42
二、按国民经济行业(门类、大类、中类)分						
交通运输、仓储和邮政业	**6**	**134**	**615**	**1037**	**39**	**23**
道路运输业	6	126	612	953	39	21
道路运输辅助活动	6	126	612	953	39	21
水上运输业		...	1	22		1
水上运输辅助活动		...	1	22		1
航空运输业		8	3	62	1	
航空运输辅助活动		8	3	62	1	
信息传输、计算机服务和软件业			**69**	**157**	**1**	**1**
电信和其他信息传输服务业			69	157	1	1
广播电视传输服务			69	157	1	1
租赁和商务服务业		**37**	**335**	**264**	**7**	**45**
商务服务业		37	335	264	7	45
企业管理服务		13	146	121	7	44
法律服务		1	65	13		
咨询与调查		16	41	49		
广告业			33	19		2
职业中介服务		5	14	16		

4－B－10 续表3－2

单位：个、万元、人

指 标 名 称	出国费	工会经费	福利费	对个人和家庭的补助	抚恤金	生活补助
市场管理		2	36	46		
科学研究、技术服务和地质勘查业	**7**	**70**	**727**	**2125**	**18**	**70**
研究与试验发展	1	3	86	158		2
工程和技术研究与试验发展	1	...	3	5		
农业科学研究与试验发展		2	28	143		2
医学研究与试验发展		...	1	4		
社会人文科学研究与试验发展			55	7		
专业技术服务业	1	46	395	640	2	10
气象服务		...	30	54		1
测绘服务		...	45	58	2	...
技术检测		15	119	136		3
环境监测		7	2	168		
工程技术与规划管理	1	23	196	224		7
其他专业技术服务			3	1		
科技交流和推广服务业	4	18	226	595	2	46
技术推广服务	4	18	217	538	1	43
科技中介服务		1	8	49	1	3
其他科技服务		...	2	8		
地质勘查业		3	20	732	14	12
基础地质勘查			8	2		
地质勘查技术服务		3	12	731	14	12
水利、环境和公共设施管理业		**61**	**435**	**1279**	**8**	**81**
水利管理业		6	141	280	2	23
防洪管理			39	20		1
水资源管理		4	70	199	1	23
其他水利管理		2	33	61	1	
环境管理业		41	144	900	5	49
自然保护		10	35	137		1
环境治理		32	108	763	5	48
公共设施管理业		13	150	100	2	8
市政公共设施管理		4	30	17		...

4－B－10 续表3－3

单位：个、万元、人

指标名称	出国费	工会经费	福利费	对个人和家庭的补助	抚恤金	生活补助
城市绿化管理		5	80	68	2	8
游览景区管理		4	40	15		
居民服务和其他服务业		**12**	**467**	**97**		
居民服务业		12	467	96		
殡葬服务		12	467	96		
其他服务业			1	1		
其他未列明的服务			1	1		
教　育	**15**	**718**	**4308**	**36317**	**926**	**761**
教　育	15	718	4308	36317	926	761
学前教育		9	94	506	2	
初等教育	...	247	1469	15541	424	527
中等教育	6	367	2393	16717	481	190
高等教育	9	67	166	2484	10	26
其他教育		29	186	1069	9	18
卫生、社会保障和社会福利业	**24**	**579**	**4185**	**8944**	**85**	**253**
卫　生	10	530	4011	7893	49	143
医　院	6	353	2327	5185	27	42
卫生院及社区医疗活动		106	1254	1626	18	85
门诊部医疗活动				4		
计划生育技术服务活动		7	181	164		...
妇幼保健活动	4	44	147	452	...	4
疾病预防控制及防疫活动		18	94	421	4	11
其他卫生活动		3	9	43		
社会保障业	10	33	128	307		79
社会保障业	10	33	128	307		79
社会福利业	4	16	45	743	36	31
提供住宿的社会福利		3	19	597	35	24
不提供住宿的社会福利	4	13	27	146	1	7
文化、体育和娱乐业		**21**	**934**	**1565**	**9**	**30**
新闻出版业		1	28	53		
新闻业			6	13		

4－B－10 续表3－4

单位：个、万元、人

指标名称	出国费	工会经费	福利费	对个人和家庭的补助	抚恤金	生活补助
出版业		1	21	40		
广播、电视、电影和音像业		7	652	779	8	5
广　播		7	18	243	1	2
电　视		...	617	534	5	3
电　影			17	2	2	
文化艺术业		13	240	718	2	25
文艺创作与表演		2	14	98		1
图书馆与档案馆		8	32	226		19
文物及文化保护		1	2	17		1
博物馆		1	68	58		...
烈士陵园、纪念馆			1	2	2	...
群众文化活动		2	122	312		3
其他文化艺术			...	5		
体　育		...	15	16		
体育场馆			5	4		
其他体育		...	10	12		
公共管理和社会组织	**477**	**2452**	**23064**	**66681**	**4738**	**4946**
中国共产党机关	48	67	454	2166	23	28
中国共产党机关	48	67	454	2166	23	28
国家机构	417	2307	22361	63211	4711	4903
国家权力机构	20	18	86	564	8	8
国家行政机构	385	2119	21289	60988	4692	4872
人民法院和人民检察院	13	169	914	1658	11	22
其他国家机构		2	72	1		1
人民政协和民主党派	12	18	89	617		3
人民政协	12	18	86	496		1
民主党派		...	3	122		2
群众团体、社会团体和宗教组织		60	160	687	4	13
群众团体		59	154	653	4	11
社会团体		1	6	34		1

4－B－10 续表4－1

单位：个、万元、人

指 标 名 称	救济费	助学金	退 职（役）费	经营支出	经营税金	全部就业人员年平均人数
总 计	**3668**	**6512**	**2407**	**19147**	**969**	**63379**
一、按登记注册类型分						
内 资	**3668**	**6512**	**2407**	**19147**	**969**	**63379**
国 有	3666	6112	2368	17875	964	61192
集 体	1	256	33	1236	5	1172
股份合作企业						157
联营企业		39	3	27		74
国有联营						11
集体联营				27		12
其他联营		39	3			51
私营企业		2	3	9		43
私营独资		2	3	9		43
其 他		103	1			741
二、按国民经济行业（门类、大类、中类）分						
交通运输、仓储和邮政业	**1**		**41**	**2787**	**10**	**1010**
道路运输业	1		13	1	…	944
道路运输辅助活动	1		13	1	…	944
水上运输业			16			3
水上运输辅助活动			16			3
航空运输业			12	2786	10	63
航空运输辅助活动			12	2786	10	63
信息传输、计算机服务和软件业						**72**
电信和其他信息传输服务业						72
广播电视传输服务						72
租赁和商务服务业	**6**	**1**	**…**	**475**	**63**	**381**
商务服务业	6	1	…	475	63	381
企业管理服务	6	1	…	114	2	116
法律服务						44
咨询与调查				6	4	74
广告业				354	57	13
职业中介服务				2	1	28

4－B－10 续表4－2

单位：个、万元、人

指标名称	救济费	助学金	退职(役)费	经营支出	经营税金	全部就业人员年平均人数
市场管理						106
科学研究、技术服务和地质勘查业	**3**		**15**	**1090**	**169**	**1246**
研究与试验发展			1			80
工程和技术研究与试验发展						5
农业科学研究与试验发展			1			52
医学研究与试验发展						3
社会人文科学研究与试验发展						20
专业技术服务业	2		14	954	169	716
气象服务	1		14	220	24	52
测绘服务				59	31	73
技术检测				69	3	192
环境监测						45
工程技术与规划管理	1			607	112	349
其他专业技术服务						5
科技交流和推广服务业	1			136	…	402
技术推广服务	1			136	…	376
科技中介服务						21
其他科技服务						5
地质勘查业						48
基础地质勘查						5
地质勘查技术服务						43
水利、环境和公共设施管理业	**3**	**…**	**3**	**1413**	**36**	**1097**
水利管理业	2		3	311	18	274
防洪管理						24
水资源管理	2		3	270	16	203
其他水利管理				41	2	47
环境管理业	1			14		468
自然保护				10		57
环境治理	1			4		411
公共设施管理业	…	…		1088	18	355
市政公共设施管理				1		58

4－B－10　续表4－3　　　　单位：个、万元、人

指　标　名　称				经营支出	经营税金	全部就业人员年平均人数
	救济费	助学金	退　职（役）费			
城市绿化管理	...					190
游览景区管理	...	...		1087	18	107
居民服务和其他服务业				**213**		**180**
居民服务业				213		177
殡葬服务				213		177
其他服务业						3
其他未列明的服务						3
教　育	**166**	**6386**	**518**	**1086**	**41**	**20612**
教　育	166	6386	518	1086	41	20612
学前教育	...	78		11		581
初等教育	20	1559	309	96		8214
中等教育	142	3478	205	330	41	10244
高等教育	1	1022		2		1035
其他教育	3	248	5	647		538
卫生、社会保障和社会福利业	**26**	**3**	**113**	**6995**	**3**	**9081**
卫　生	4	2	105	6968	3	8720
医　院	1		33	5964		5467
卫生院及社区医疗活动	2	2	71	975	3	2225
门诊部医疗活动						12
计划生育技术服务活动				29		188
妇幼保健活动						524
疾病预防控制及防疫活动	...		2			242
其他卫生活动						62
社会保障业						217
社会保障业						217
社会福利业	23	1	7	28		144
提供住宿的社会福利	10			26		107
不提供住宿的社会福利	13	1	7	2		37
文化、体育和娱乐业	**13**		**90**	**281**	**305**	**1698**
新闻出版业						67
新闻业						9

4-B-10 续表4-4

单位：个、万元、人

指 标 名 称	救济费	助学金	退 职（役）费	经营支出	经营税金	全部就业人员年平均人数
出版业						58
广播、电视、电影和音像业	12		89	119	305	1084
广 播	12					298
电 视	...		89	97	303	781
电 影				22	2	5
文化艺术业	1		1	162		535
文艺创作与表演			1			112
图书馆与档案馆	...					132
文物及文化保护						19
博物馆				162		77
烈士陵园、纪念馆						2
群众文化活动	1					182
其他文化艺术						11
体 育						12
体育场馆						4
其他体育						8
公共管理和社会组织	**3450**	**122**	**1628**	**4806**	**342**	**28002**
中国共产党机关	4	...	35			875
中国共产党机关	4	...	35			875
国家机构	3429	119	1592	4806	342	26619
国家权力机构	...		2			180
国家行政机构	3426	119	1550	4806	342	25294
人民法院和人民检察院	2		40			1135
其他国家机构						10
人民政协和民主党派	1					196
人民政协	1					151
民主党派						45
群众团体、社会团体和宗教组织	17	3	1			312
群众团体	16	3	1			279
社会团体	...	...				33

注：本表按有填写财务表且执行行政事业会计制度的单位统计。

4－B－11 舟山市按登记注册类型和行业(门类、大类、中类)分组的行政事业单位财务状况

单位：个、万元、人

指标名称	法人单位	固定资产原价	本年收入合计	财政拨款	事业收入	经营收入
总计	**1060**	**944490**	**881467**	**497528**	**253927**	**18885**
一、按登记注册类型分						
内资	**1060**	**944490**	**881467**	**497528**	**253927**	**18885**
国有	887	931997	861551	488225	248456	18078
集体	71	8167	8419	3309	3559	629
私营企业	1	360	201		201	
私营独资	1	360	201		201	
其他	101	3964	11297	5993	1711	178
二、按国民经济行业(门类、大类、中类)分						
交通运输、仓储和邮政业	**11**	**16603**	**13582**	**3424**	**5575**	**668**
道路运输业	7	4876	9480	2346	3484	45
道路运输辅助活动	7	4876	9480	2346	3484	45
水上运输业	3	11221	2691	291	2091	
水上运输辅助活动	3	11221	2691	291	2091	
仓储业	1	506	1411	788		623
谷物、棉花等农产品仓储	1	506	1411	788		623
信息传输、计算机服务和软件业	**8**	**4149**	**3419**	**981**	**1590**	**777**
电信和其他信息传输服务业	8	4149	3419	981	1590	777
广播电视传输服务	8	4149	3419	981	1590	777
租赁和商务服务业	**43**	**6431**	**5437**	**1307**	**1422**	**1100**
商务服务业	43	6431	5437	1307	1422	1100
企业管理服务	25	4538	2269	680	546	384
法律服务	6	118	748	16	225	255
咨询与调查	6	186	1233	107	577	462
职业中介服务	2	72	614		16	
市场管理	2	58	354	344		
旅行社	1	1361	160	160		
其他商务服务	1	100	58		58	
科学研究、技术服务和地质勘查业	**47**	**17788**	**23688**	**8983**	**8651**	**3116**
研究与试验发展	6	991	1975	1420	148	
自然科学研究与试验发展	1	275	297	297	...	
农业科学研究与试验发展	2	601	1181	754	108	
医学研究与试验发展	1	81	92	66	25	
社会人文科学研究与试验发展	2	34	406	303	15	
专业技术服务业	30	14495	16789	5172	6396	2945
气象服务	6	5820	2910	998		1510
测绘服务	1	7	21		21	
技术检测	8	4002	7436	1852	4195	841

4－B－11　续表1－1

单位：个、万元、人

指标名称	法人单位	固定资产原价	本年收入合计	财政拨款	事业收入	经营收入
环境监测	4	4080	3113	1874	324	14
工程技术与规划管理	11	586	3310	449	1857	579
科技交流和推广服务业	9	2233	3930	2392	1215	171
技术推广服务	8	2075	3771	2262	1197	171
科技中介服务	1	159	159	130	18	
地质勘查业	2	69	995		893	
基础地质勘查	1	66	415		314	
地质勘查技术服务	1	3	579		579	
水利、环境和公共设施管理业	**21**	**8757**	**13481**	**9280**	**1341**	**267**
水利管理业	2	296	75	36	18	21
水资源管理	2	296	75	36	18	21
环境管理业	12	4042	7373	4496	479	63
环境治理	12	4042	7373	4496	479	63
公共设施管理业	7	4419	6034	4748	844	183
市政公共设施管理	4	2089	1460	545	759	
城市绿化管理	3	2330	4573	4203	85	183
居民服务和其他服务业	**9**	**4180**	**1448**	**622**	**644**	**38**
居民服务业	9	4180	1448	622	644	38
托儿所	1	194	90		87	
殡葬服务	6	3953	1285	622	513	29
摄影扩印服务	1	32	53		44	9
其他居民服务	1		20			
教　育	**214**	**255122**	**170436**	**85500**	**59763**	**315**
教　育	214	255122	170436	85500	59763	315
学前教育	42	5984	5436	2298	2663	113
初等教育	71	47986	38040	28854	4112	58
中等教育	64	80968	63583	35637	18837	79
高等教育	5	111226	53261	13605	29814	
其他教育	32	8958	10117	5106	4336	65
卫生、社会保障和社会福利业	**104**	**144132**	**137257**	**18080**	**105654**	**9762**
卫　生	86	141436	134495	16178	105345	9638
医　院	13	124333	111076	7380	96530	6352
卫生院及社区医疗活动	55	9639	15991	4304	6631	3287
门诊部医疗活动	4	566	903	145	745	
计划生育技术服务活动	2	206	347	176	127	
妇幼保健活动	3	1025	932	488	335	
疾病预防控制及防疫活动	5	4096	4285	3358	456	
其他卫生活动	4	1572	961	328	523	

4－B－11 续表1－2 单位：个、万元、人

指标名称	法人单位	固定资产原价	本年收入合计	财政拨款	事业收入	经营收入
社会福利业	18	2697	2762	1902	309	124
提供住宿的社会福利	17	2638	2664	1844	269	124
不提供住宿的社会福利	1	59	98	58	40	
文化、体育和娱乐业	**44**	**22002**	**16471**	**7788**	**6951**	**291**
新闻出版业	3	632	1810	1154	656	
新闻业	2	339	1154	1154		
出版业	1	293	656		656	
广播、电视、电影和音像业	9	10994	7127	2623	4146	213
广　播	4	885	353	224	34	90
电　视	4	10104	6707	2399	4112	123
电　影	1	5	67			
文化艺术业	26	10012	6131	3512	1699	78
文艺创作与表演	1	66	140	98		
艺术表演场馆	2	3632	1254	284	613	
图书馆与档案馆	7	2136	1470	1321	58	
博物馆	2	943	424	416		
群众文化活动	14	3236	2843	1393	1028	78
体　育	3	166	603	383	155	
体育组织	2	39	315	160	155	
体育场馆	1	127	288	223		
娱乐业	3	199	799	115	295	
室内娱乐活动	1	40	125	115		
其他娱乐活动	2	159	675		295	
公共管理和社会组织	**559**	**465326**	**496247**	**361564**	**62336**	**2551**
中国共产党机关	26	4427	11940	10657	745	12
中国共产党机关	26	4427	11940	10657	745	12
国家机构	489	452789	472597	342912	60436	2497
国家权力机构	5	1714	3563	3493		
国家行政机构	474	433236	456971	327854	60436	2497
人民法院和人民检察院	10	17839	12063	11564		
人民政协和民主党派	7	3807	3210	3110		
人民政协	5	3701	2945	2847		
民主党派	2	106	265	264		
群众团体、社会团体和宗教组织	24	3905	7991	4677	1040	40
群众团体	19	3686	6801	3603	1039	40
社会团体	5	219	1190	1075	2	
基层群众自治组织	13	398	510	208	115	3
社区自治组织	13	398	510	208	115	3

4－B－11 续表2－1 单位：个、万元、人

指标名称	本年支出合计	工资福利支出	商品和服务支出	取暖费（降温费）	劳务费	差旅费
总　计	**856467**	**264971**	**312533**	**243**	**6728**	**17280**
一、按登记注册类型分						
内　资	**856467**	**264971**	**312533**	**243**	**6728**	**17280**
国　有	838388	258826	307072	237	6248	17035
集　体	8561	4068	3107	4	311	126
私营企业	245	161	40		2	1
私营独资	245	161	40		2	1
其　他	9273	1916	2313	2	167	119
二、按国民经济行业（门类、大类、中类）分						
交通运输、仓储和邮政业	**13643**	**2306**	**3221**	**3**	**119**	**151**
道路运输业	9103	1698	1045	3	3	88
道路运输辅助活动	9103	1698	1045	3	3	88
水上运输业	3146	526	2153		116	56
水上运输辅助活动	3146	526	2153		116	56
仓储业	1394	83	23			7
谷物、棉花等农产品仓储	1394	83	23			7
信息传输、计算机服务和软件业	**3297**	**1324**	**1433**		**50**	**65**
电信和其他信息传输服务业	3297	1324	1433		50	65
广播电视传输服务	3297	1324	1433		50	65
租赁和商务服务业	**4937**	**1990**	**1900**	**2**	**24**	**109**
商务服务业	4937	1990	1900	2	24	109
企业管理服务	2025	785	488	...	10	40
法律服务	460	236	196	2	10	25
咨询与调查	1083	427	525	...		8
职业中介服务	588	61	416		4	15
市场管理	563	377	185			11
旅行社	160	78	61			5
其他商务服务	57	26	30			6
科学研究、技术服务和地质勘查业	**20836**	**6023**	**7913**	**2**	**861**	**1152**
研究与试验发展	1801	850	599		32	65
自然科学研究与试验发展	271	155	39			7
农业科学研究与试验发展	911	376	341		17	35
医学研究与试验发展	87	28	47		13	6
社会人文科学研究与试验发展	534	291	172		2	18
专业技术服务业	14682	3931	5309	2	691	920
气象服务	2932	752	464	...	1	44
测绘服务	33	19	14			5
技术检测	5570	1515	1649		140	152

4－B－11 续表2－2

单位：个、万元、人

指标名称	本年支出合计	工资福利支出	商品和服务支出			
				取暖费（降温费）	劳务费	差旅费
环境监测	2830	710	1401	2	43	564
工程技术与规划管理	3317	936	1782		507	155
科技交流和推广服务业	3996	1197	1716	…	130	141
技术推广服务	3857	1121	1667	…	127	137
科技中介服务	139	76	49		3	4
地质勘查业	357	45	289		8	27
基础地质勘查	241	38	181		8	14
地质勘查技术服务	116	7	108			13
水利、环境和公共设施管理业	**14605**	**4855**	**5667**	**…**	**162**	**79**
水利管理业	61	34	12			1
水资源管理	61	34	12			1
环境管理业	9040	3068	4853		158	40
环境治理	9040	3068	4853		158	40
公共设施管理业	5504	1753	802	…	4	38
市政公共设施管理	876	483	307	…	1	16
城市绿化管理	4628	1270	495		3	23
居民服务和其他服务业	**1415**	**467**	**713**	**2**	**141**	**22**
居民服务业	1415	467	713	2	141	22
托儿所	70	28	33			
殡葬服务	1297	395	677	2	141	21
摄影扩印服务	31	29	1	…		1
其他居民服务	18	15	3			
教　育	**168670**	**76074**	**44844**	**4**	**2066**	**3092**
教　育	168670	76074	44844	4	2066	3092
学前教育	6758	3789	2036	1	42	72
初等教育	39849	21409	9436	4	81	539
中等教育	65484	33331	17175		594	845
高等教育	46566	14263	12348		690	1382
其他教育	10012	3283	3848		660	254
卫生、社会保障和社会福利业	**132815**	**38438**	**80792**	**14**	**997**	**688**
卫　生	130166	37823	80263	13	993	656
医　院	108251	28579	71633	8	262	275
卫生院及社区医疗活动	15211	6751	6142	5	653	201
门诊部医疗活动	842	294	316	1	50	35
计划生育技术服务活动	327	173	120			5
妇幼保健活动	1001	522	300		1	19
疾病预防控制及防疫活动	3726	1244	1281		25	98
其他卫生活动	809	261	472		1	24

4－B－11 续表2－3 单位：个、万元、人

指标名称	本年支出合计	工资福利支出	商品和服务支出			
				取暖费（降温费）	劳务费	差旅费
社会福利业	2649	616	528	1	4	32
提供住宿的社会福利	2558	571	485	1	4	24
不提供住宿的社会福利	91	45	43			8
文化、体育和娱乐业	**16059**	**6707**	**6850**	**1**	**174**	**329**
新闻出版业	1791	441	1324	...	5	24
新闻业	1135	208	917	...	5	14
出版业	656	233	407		1	10
广播、电视、电影和音像业	6616	3437	2344	1	22	132
广　播	355	182	101	1	1	6
电　视	6184	3232	2198		22	126
电　影	77	24	45			1
文化艺术业	6348	2512	2646		136	146
文艺创作与表演	144	47	59		8	18
艺术表演场馆	1249	266	907		8	9
图书馆与档案馆	1559	733	532		14	46
博物馆	358	134	154		16	14
群众文化活动	3038	1332	995		90	58
体　育	568	179	248		8	18
体育组织	291	108	83		1	6
体育场馆	278	71	166		7	12
娱乐业	736	137	289		3	9
室内娱乐活动	124	39	60		2	3
其他娱乐活动	612	98	229		1	6
公共管理和社会组织	**480190**	**126786**	**159199**	**214**	**2133**	**11593**
中国共产党机关	11555	3226	4940	...	66	737
中国共产党机关	11555	3226	4940	...	66	737
国家机构	456406	120335	150522	212	1892	10383
国家权力机构	3559	1119	1698		11	216
国家行政机构	441038	113981	144335	206	1844	9625
人民法院和人民检察院	11809	5236	4488	6	38	542
人民政协和民主党派	3027	1126	1424		61	234
人民政协	2747	1018	1280		12	183
民主党派	280	108	144		49	50
群众团体、社会团体和宗教组织	8597	1820	2122	1	105	232
群众团体	7482	1491	1685	1	41	148
社会团体	1114	329	437		64	83
基层群众自治组织	606	279	192	1	10	8
社区自治组织	606	279	192	1	10	8

4－B－11 续表3－1 单位：个、万元、人

指 标 名 称	出国费	工会经费	福利费	对个人和家庭的补助	抚恤金	生活补助
总 计	**1303**	**2367**	**4251**	**90142**	**1468**	**4860**
一、按登记注册类型分						
内 资	**1303**	**2367**	**4251**	**90142**	**1468**	**4860**
国 有	1297	2295	3808	88926	1459	4313
集 体	5	28	148	606	3	64
私营企业		1		43		
私营独资		1		43		
其 他		43	295	567	6	482
二、按国民经济行业(门类、大类、中类)分						
交通运输、仓储和邮政业		**32**	**206**	**813**	**3**	**8**
道路运输业		19	156	640	3	8
道路运输辅助活动		19	156	640	3	8
水上运输业		6	41	174	...	...
水上运输辅助活动		6	41	174	...	...
仓储业		6	10			
谷物、棉花等农产品仓储		6	10			
信息传输、计算机服务和软件业		**10**	**7**	**158**		**2**
电信和其他信息传输服务业		10	7	158		2
广播电视传输服务		10	7	158		2
租赁和商务服务业	**6**	**33**	**113**	**212**	**2**	**52**
商务服务业	6	33	113	212	2	52
企业管理服务		24	78	159		52
法律服务		5	9	7	2	
咨询与调查	6	...	14	12		
职业中介服务		1	...	11		
市场管理		2	11			
旅行社		...		21		
其他商务服务		1	...	2		
科学研究、技术服务和地质勘查业	**25**	**37**	**170**	**1627**	**16**	**31**
研究与试验发展		9	2	281		6
自然科学研究与试验发展		2	...	67		1
农业科学研究与试验发展		3	1	186		5
医学研究与试验发展		...	...	12		
社会人文科学研究与试验发展		3	1	16		
专业技术服务业	12	18	166	811	3	13
气象服务		7	22	242	3	6
测绘服务			2			
技术检测	12	3	68	302		5

4－B－11 续表3－2

单位：个、万元、人

指标名称	出国费	工会经费	福利费	对个人和家庭的补助	抚恤金	生活补助
环境监测		2	38	180		1
工程技术与规划管理		6	36	87		1
科技交流和推广服务业	12	10	2	535	12	12
技术推广服务	11	9	2	535	12	12
科技中介服务	1	1				
地质勘查业				1		
基础地质勘查						
地质勘查技术服务				1		
水利、环境和公共设施管理业		**29**	**17**	**809**	**4**	**13**
水利管理业		...		6		
水资源管理		...		6		
环境管理业		14	6	469	2	1
环境治理		14	6	469	2	1
公共设施管理业		15	11	334	2	13
市政公共设施管理		1	11	42	2	12
城市绿化管理		14	...	292	...	1
居民服务和其他服务业		**3**	**21**	**80**		**1**
居民服务业		3	21	80		1
托儿所			9			
殡葬服务		3	12	80		1
摄影扩印服务						
其他居民服务						
教　育	**120**	**616**	**851**	**22522**	**285**	**750**
教　育	120	616	851	22522	285	750
学前教育		29	103	456	2	3
初等教育		195	237	6779	159	455
中等教育	9	264	355	7066	83	269
高等教育	102	95	130	6854	25	15
其他教育	9	34	26	1366	17	7
卫生、社会保障和社会福利业	**16**	**252**	**649**	**6918**	**229**	**599**
卫　生	16	248	512	6155	20	159
医　院	11	191	378	4568	7	23
卫生院及社区医疗活动	5	38	93	1000	6	131
门诊部医疗活动	...	1	27	46		...
计划生育技术服务活动		1		28		
妇幼保健活动		4	3	101	1	
疾病预防控制及防疫活动		10	9	340	6	4
其他卫生活动		3	3	73	...	2

4－B－11 续表3－3

单位：个、万元、人

指 标 名 称	出国费	工会经费	福利费	对个人和家庭的补助	抚恤金	生活补助
社会福利业		4	138	763	209	440
提供住宿的社会福利		4	138	762	209	440
不提供住宿的社会福利				2		
文化、体育和娱乐业		**52**	**55**	**1491**	**8**	**33**
新闻出版业		1	2	24		2
新闻业		...	1	8		
出版业		1	1	15		2
广播、电视、电影和音像业		25	19	736	5	23
广　播		1	12	55		5
电　视		24	7	676	5	18
电　影		...		5		
文化艺术业		24	33	553	2	7
文艺创作与表演		...	1	35		2
艺术表演场馆		7	3	74		
图书馆与档案馆		6	2	145	2	1
博物馆		1	...	7		
群众文化活动		10	26	292	...	5
体　育		2	1	141	1	...
体育组织		1	...	100	1	
体育场馆		1	1	41		...
娱乐业		...	...	37		...
室内娱乐活动		...	...	24		...
其他娱乐活动				13		
公共管理和社会组织	**1136**	**1303**	**2162**	**55512**	**921**	**3371**
中国共产党机关	151	47	71	1444	47	50
中国共产党机关	151	47	71	1444	47	50
国家机构	889	1225	1953	52731	868	3197
国家权力机构	44	12	55	570		
国家行政机构	818	1168	1878	50987	852	3187
人民法院和人民检察院	27	44	21	1173	16	10
人民政协和民主党派	31	10	12	428		1
人民政协	31	9	12	403		1
民主党派		1	...	25		
群众团体、社会团体和宗教组织	65	22	120	909	5	124
群众团体	65	18	118	698	4	123
社会团体		4	1	211	2	1
基层群众自治组织			7	...		...
社区自治组织			7	...		...

4－B－11　续表4－1　　　　单位：个、万元、人

指标名称				经营支出	经营税金	全部就业人员年平均人数
	救济费	助学金	退职(役)费			
总　计	**2988**	**5907**	**912**	**7790**	**650**	**44357**
一、按登记注册类型分						
内　资	**2988**	**5907**	**912**	**7790**	**650**	**44357**
国　有	2970	5840	909	7405	626	42581
集　体	...	60	4	362	24	1109
私营企业		4				40
私营独资		4				40
其　他	17	3		23		627
二、按国民经济行业(门类、大类、中类)分						
交通运输、仓储和邮政业	**3**		**8**	**156**	**...**	**368**
道路运输业	3		8	26	...	266
道路运输辅助活动	3		8	26	...	266
水上运输业						87
水上运输辅助活动						87
仓储业				131	...	15
谷物、棉花等农产品仓储				131	...	15
信息传输、计算机服务和软件业			**10**	**96**	**66**	**234**
电信和其他信息传输服务业			10	96	66	234
广播电视传输服务			10	96	66	234
租赁和商务服务业				**281**	**58**	**332**
商务服务业				281	58	332
企业管理服务				188	30	160
法律服务				93	28	37
咨询与调查				...		45
职业中介服务						11
市场管理						53
旅行社						23
其他商务服务						3
科学研究、技术服务和地质勘查业	**4**	**1**	**2**	**1908**	**156**	**1781**
研究与试验发展						148
自然科学研究与试验发展						29
农业科学研究与试验发展						69
医学研究与试验发展						5
社会人文科学研究与试验发展						45
专业技术服务业	4	1	2	1821	114	1443
气象服务	...	...	2	1087	28	133
测绘服务						3
技术检测	3			723	49	248

4－B－11 续表4－2 单位：个、万元、人

指 标 名 称	救济费	助学金	退 职（役）费	经营支出	经营税金	全部就业人员年平均人数
环境监测	…	1		10	4	957
工程技术与规划管理				1	33	102
科技交流和推广服务业	…			87	19	178
技术推广服务	…			87	19	166
科技中介服务						12
地质勘查业					23	12
基础地质勘查					23	11
地质勘查技术服务						1
水利、环境和公共设施管理业	**…**			**213**	**34**	**1117**
水利管理业				7		8
水资源管理				7		8
环境管理业	…			4		722
环境治理	…			4		722
公共设施管理业	…			202	34	387
市政公共设施管理	…					72
城市绿化管理				202	34	315
居民服务和其他服务业	**…**		**5**	**56**	**1**	**106**
居民服务业	…		5	56	1	106
托儿所						23
殡葬服务	…		5	10		76
摄影扩印服务				46	1	6
其他居民服务						1
教 育	**26**	**5888**	**330**	**202**	**49**	**13091**
教 育	26	5888	330	202	49	13091
学前教育	…	…	4	29	2	1020
初等教育	17	1024	310	46		3826
中等教育	7	1386	1	82	1	5567
高等教育	…	3418	15			2111
其他教育	1	60		45	46	567
卫生、社会保障和社会福利业	**7**		**74**	**3696**	**60**	**6349**
卫 生	1		74	3622	60	6176
医 院			8	1635	45	4441
卫生院及社区医疗活动	1		66	1988	15	1297
门诊部医疗活动						75
计划生育技术服务活动						30
妇幼保健活动	…					81
疾病预防控制及防疫活动	1					202
其他卫生活动	…					50

4－B－11　续表4－3　　　　单位：个、万元、人

指　标　名　称				经营支出	经营税金	全部就业人员年平均人数
	救济费	助学金	退　职（役）费			
社会福利业	5			74		173
提供住宿的社会福利	5			74		168
不提供住宿的社会福利						5
文化、体育和娱乐业	**1**			**270**	**135**	**1097**
新闻出版业						73
新闻业						42
出版业						31
广播、电视、电影和音像业				223	131	525
广　播				21	3	31
电　视				202	128	488
电　影						6
文化艺术业	...			47	5	440
文艺创作与表演						9
艺术表演场馆						48
图书馆与档案馆	...				2	126
博物馆						26
群众文化活动	...			47	3	231
体　育	...					37
体育组织						21
体育场馆	...					16
娱乐业						22
室内娱乐活动						8
其他娱乐活动						14
公共管理和社会组织	**2947**	**18**	**484**	**912**	**91**	**19882**
中国共产党机关	27		41	6		550
中国共产党机关	27		41	6		550
国家机构	2908	14	443	900	91	18784
国家权力机构	4					177
国家行政机构	2892	14	443	900	91	17807
人民法院和人民检察院	12					800
人民政协和民主党派	4					162
人民政协	4					144
民主党派						18
群众团体、社会团体和宗教组织	8	4		4		292
群众团体	8	4		4		229
社会团体	...					63
基层群众自治组织	...			3		94
社区自治组织	...			3		94

注：本表按有填写财务表且执行行政事业会计制度的单位统计。

4－B－12 台州市按登记注册类型和行业(门类、大类、中类)分组的行政事业单位财务状况

单位：个、万元、人

指标名称	法人单位	固定资产原价	本年收入合计	财政拨款	事业收入	经营收入
总计	**2798**	**2430981**	**2812768**	**1552265**	**904623**	**60563**
一、按登记注册类型分						
内资	**2798**	**2430981**	**2812768**	**1552265**	**904623**	**60563**
国有	2354	2302242	2682810	1509008	833905	52642
集体	241	40703	51275	16349	28865	1235
股份合作企业	9	17897	17156	52	16953	128
私营企业	71	26799	13425	276	10877	1523
私营独资	37	13575	6716	205	5353	581
私营合伙	34	13224	6709	72	5524	942
其他	123	43340	48103	26579	14023	5036
二、按国民经济行业(门类、大类、中类)分						
交通运输、仓储和邮政业	**31**	**49124**	**61572**	**32855**	**22410**	
道路运输业	25	37649	55158	31356	18710	
道路运输辅助活动	25	37649	55158	31356	18710	
水上运输业	5	4251	2350	593	1757	
水上运输辅助活动	5	4251	2350	593	1757	
航空运输业	1	7224	4064	906	1944	
航空运输辅助活动	1	7224	4064	906	1944	
信息传输、计算机服务和软件业	**12**	**30710**	**26707**	**1866**	**24227**	
电信和其他信息传输服务业	8	29992	26262	1430	24227	
广播电视传输服务	8	29992	26262	1430	24227	
计算机服务业	4	718	446	437		
计算机系统服务	2	127	137	137		
数据处理	2	591	309	300		
租赁和商务服务业	**123**	**27145**	**20671**	**4463**	**5945**	**7386**
商务服务业	123	27145	20671	4463	5945	7386
企业管理服务	41	11667	7126	2641	1427	690
法律服务	42	674	2628	5	1272	1350
咨询与调查	12	7344	3863	538	758	2392
职业中介服务	16	1106	2501	1012	573	630
市场管理	8	6214	4158	266	1753	2093

4－B－12 续表1－1

单位：个、万元、人

指 标 名 称	法人单位	固定资产原价	本年收入合计	财政拨款	事业收入	经营收入
旅行社	1	5	31		31	
其他商务服务	3	135	364		132	232
科学研究、技术服务和地质勘查业	**170**	**33248**	**60795**	**18436**	**26429**	**9401**
研究与试验发展	17	3221	8966	5347	1963	26
工程和技术研究与试验发展	1	253	1346		1237	
农业科学研究与试验发展	6	2067	3936	2460	246	26
社会人文科学研究与试验发展	10	902	3684	2887	480	
专业技术服务业	106	25625	45242	8577	23905	9212
气象服务	15	4510	4842	1565	283	2274
地震服务	1	10	17	17		
测绘服务	8	1408	2965	450	2041	385
技术检测	27	10686	12888	2414	6123	3232
环境监测	5	2256	1864	571	311	
工程技术与规划管理	50	6756	22666	3560	15146	3320
科技交流和推广服务业	45	4142	6093	4033	558	151
技术推广服务	40	4024	5766	3760	539	117
科技中介服务	5	118	327	272	20	34
地质勘查业	2	260	494	479	3	12
基础地质勘查	2	260	494	479	3	12
水利、环境和公共设施管理业	**92**	**200009**	**47010**	**21078**	**7828**	**5993**
水利管理业	46	176923	12129	4538	2446	4607
防洪管理	6	28963	980	552	345	
水资源管理	36	147894	10986	3878	2088	4607
其他水利管理	4	66	163	108	13	
环境管理业	20	12714	14699	10567	1831	456
自然保护	2	32	72	30	42	
环境治理	18	12682	14627	10537	1789	456
公共设施管理业	26	10371	20181	5973	3551	930
市政公共设施管理	8	859	4352	844	2036	1
城市绿化管理	8	5283	12251	3908	274	92
游览景区管理	10	4230	3578	1222	1241	836

4-B-12 续表1-2 单位：个、万元、人

指 标 名 称	法人单位	固定资产原价	本年收入合计	财政拨款	事业收入	经营收入
居民服务和其他服务业	**13**	**9025**	**7529**	**422**	**5171**	**1915**
居民服务业	12	8964	7432	422	5074	1915
殡葬服务	12	8964	7432	422	5074	1915
其他服务业	1	61	97		97	
清洁服务	1	61	97		97	
教 育	**640**	**730176**	**582292**	**329566**	**153763**	**9363**
教 育	640	730176	582292	329566	153763	9363
学前教育	84	14108	12038	2909	7339	1058
初等教育	193	179437	196194	142948	25618	2083
中等教育	274	448882	303939	156878	95576	4087
高等教育	17	72806	58088	21470	21040	316
其他教育	72	14943	12033	5361	4190	1820
卫生、社会保障和社会福利业	**383**	**509068**	**610436**	**60521**	**524553**	**18586**
卫 生	342	500429	575864	29123	521974	18576
医 院	49	418306	468962	7663	445919	14167
卫生院及社区医疗活动	235	50268	71771	13921	52427	3228
门诊部医疗活动	21	1413	2051	96	1815	141
计划生育技术服务活动	11	3805	3731	1240	1603	460
妇幼保健活动	10	16101	14765	1355	11536	
专科疾病防治活动	1	11	40		40	
疾病预防控制及防疫活动	10	8137	12453	4665	6781	581
其他卫生活动	5	2389	2090	184	1854	
社会保障业	14	4652	5332	4799	305	
社会保障业	14	4652	5332	4799	305	
社会福利业	27	3987	29241	26599	2274	10
提供住宿的社会福利	18	2972	2958	1832	797	10
不提供住宿的社会福利	9	1015	26282	24767	1477	
文化、体育和娱乐业	**106**	**43915**	**43078**	**16831**	**19738**	**2483**
新闻出版业	7	2105	2381	755	1286	244
出版业	7	2105	2381	755	1286	244
广播、电视、电影和音像业	12	28864	25463	4600	16883	1571

4－B－12　续表1－3　　　　单位：个、万元、人

指标名称	法人单位	固定资产原价	本年收入合计	财政拨款	事业收入	经营收入
电视	7	27537	24632	3974	16803	1457
电影	5	1327	831	627	80	114
文化艺术业	75	9101	10492	8108	1138	358
文艺创作与表演	8	525	662	492	132	37
艺术表演场馆	3	282	366	73	282	
图书馆与档案馆	20	3930	2339	1975	152	71
文物及文化保护	4	250	2260	2252	7	
博物馆	9	1656	1085	856	45	70
烈士陵园、纪念馆	3	27	269	196		
群众文化活动	24	2375	3220	1992	501	180
其他文化艺术	4	58	291	272	19	
体育	9	2676	3411	2956	121	158
体育场馆	3	2162	2158	1851	70	158
其他体育	6	514	1253	1105	51	
娱乐业	3	1170	1332	412	310	152
游乐园	1	465	198			152
其他娱乐活动	2	705	1135	412	310	
公共管理和社会组织	**1228**	**798562**	**1352678**	**1066227**	**114560**	**5436**
中国共产党机关	105	10820	38513	37352	191	
中国共产党机关	105	10820	38513	37352	191	
国家机构	1013	776820	1289764	1010501	109752	5412
国家权力机构	10	3045	7625	7322		
国家行政机构	973	733482	1247379	970908	109297	5069
人民法院和人民检察院	21	39593	32328	30743		
其他国家机构	9	700	2431	1528	455	343
人民政协和民主党派	26	2795	6330	6324	1	
人民政协	10	2777	6169	6164		
民主党派	16	19	161	161	1	
群众团体、社会团体和宗教组织	84	8126	18072	12050	4616	24
群众团体	64	7406	15130	11151	2614	24
社会团体	20	721	2942	900	2002	

4－B－12 续表2－1 单位：个、万元、人

指标名称	本年支出合计	工资福利支出	商品和服务支出	取暖费（降温费）	劳务费	差旅费
总 计	**2652297**	**838007**	**937636**	**772**	**35367**	**24988**
一、按登记注册类型分						
内 资	**2652297**	**838007**	**937636**	**772**	**35367**	**24988**
国 有	2534593	793209	894841	696	33561	24036
集 体	46865	20195	17883	33	945	212
股份合作企业	16732	5130	10897	11	413	229
私营企业	11994	5737	4648	1	169	179
私营独资	5869	2399	2974		89	119
私营合伙	6125	3339	1674	1	80	59
其 他	42113	13735	9367	31	280	333
二、按国民经济行业（门类、大类、中类）分						
交通运输、仓储和邮政业	**46504**	**10938**	**8445**	**…**	**234**	**425**
道路运输业	41413	9353	6025		72	308
道路运输辅助活动	41413	9353	6025		72	308
水上运输业	1982	568	445	…	37	75
水上运输辅助活动	1982	568	445	…	37	75
航空运输业	3109	1017	1975		125	42
航空运输辅助活动	3109	1017	1975		125	42
信息传输、计算机服务和软件业	**25170**	**4364**	**15192**		**5210**	**501**
电信和其他信息传输服务业	24776	4244	14974		5180	495
广播电视传输服务	24776	4244	14974		5180	495
计算机服务业	394	120	218		30	6
计算机系统服务	132	43	77			2
数据处理	262	77	141		30	4
租赁和商务服务业	**18167**	**6527**	**7706**	**24**	**483**	**265**
商务服务业	18167	6527	7706	24	483	265
企业管理服务	6758	2582	2709	9	52	94
法律服务	2143	839	857	8	159	86
咨询与调查	3366	1262	1770	4	43	21
职业中介服务	2093	423	964	2	182	47
市场管理	3476	1329	1333	1	41	11

4－B－12　续表2－2　　　　单位：个、万元、人

指标名称	本年支出合计	工资福利支出	商品和服务支出	取暖费（降温费）	劳务费	差旅费
旅行社	28	6	22			
其他商务服务	303	87	51		6	6
科学研究、技术服务和地质勘查业	**48177**	**16239**	**16696**	**13**	**2821**	**1045**
研究与试验发展	8124	3095	2781		278	299
工程和技术研究与试验发展	710	308	389		57	25
农业科学研究与试验发展	3632	1162	973		74	51
社会人文科学研究与试验发展	3783	1626	1420		147	223
专业技术服务业	34130	10644	12203	11	2458	669
气象服务	4289	1263	825	2	44	21
地震服务	17	13	2			...
测绘服务	2688	739	1355		457	75
技术检测	10045	2282	3798	3	999	174
环境监测	1179	571	450		5	45
工程技术与规划管理	15912	5777	5774	7	952	354
科技交流和推广服务业	5710	2409	1689	2	86	75
技术推广服务	5423	2283	1616	2	84	66
科技中介服务	287	126	73		2	9
地质勘查业	213	91	22			2
基础地质勘查	213	91	22			2
水利、环境和公共设施管理业	**42162**	**14703**	**11117**	**21**	**1736**	**225**
水利管理业	7738	4954	1588	20	96	70
防洪管理	842	448	237	1	21	5
水资源管理	6715	4407	1291	19	74	62
其他水利管理	181	99	60		1	3
环境管理业	14741	6144	4900	...	850	47
自然保护	56	44	12		11	1
环境治理	14685	6100	4888	...	839	46
公共设施管理业	19684	3605	4630	1	791	108
市政公共设施管理	4657	1292	1593		528	26
城市绿化管理	11561	1084	1129	1	230	49
游览景区管理	3466	1229	1907		33	33

4－B－12 续表2－3 单位：个、万元、人

指标名称	本年支出合计					
		工资福利支出	商品和服务支出			
				取暖费（降温费）	劳务费	差旅费
居民服务和其他服务业	**6932**	**2680**	**2838**		**156**	**100**
居民服务业	6824	2642	2784		156	99
殡葬服务	6824	2642	2784		156	99
其他服务业	108	38	54			1
清洁服务	108	38	54			1
教　育	**548391**	**287052**	**102720**	**127**	**4642**	**3292**
教　育	548391	287052	102720	127	4642	3292
学前教育	11277	7166	2382	15	109	138
初等教育	188470	107394	23630	50	722	939
中等教育	283435	151104	48597	57	1740	1749
高等教育	54856	17212	24245		1800	317
其他教育	10353	4177	3865	5	272	149
卫生、社会保障和社会福利业	**560545**	**155859**	**367861**	**281**	**5010**	**1429**
卫　生	550439	152763	364094	281	4959	1350
医　院	449863	114052	315080	238	3130	783
卫生院及社区医疗活动	68138	27689	32893	40	1353	233
门诊部医疗活动	1807	723	875	2	26	9
计划生育技术服务活动	3693	1494	1290	...	58	56
妇幼保健活动	12951	4753	7134		89	97
专科疾病防治活动	40	30	2	...	1	
疾病预防控制及防疫活动	11560	3401	5909		219	149
其他卫生活动	2387	622	911		85	25
社会保障业	5266	1654	2277		20	49
社会保障业	5266	1654	2277		20	49
社会福利业	4840	1442	1490	...	32	30
提供住宿的社会福利	2470	776	554	...	11	20
不提供住宿的社会福利	2370	666	937		20	10
文化、体育和娱乐业	**38676**	**13965**	**15907**	**8**	**1755**	**461**
新闻出版业	2107	638	1244		347	37
出版业	2107	638	1244		347	37
广播、电视、电影和音像业	23916	8913	11219	3	1039	228

4－B－12 续表2－4

单位：个、万元、人

指 标 名 称	本年支出合 计	工资福利支 出	商品和服务支出	取暖费（降温费）	劳务费	差旅费
电 视	23030	8309	10995		1035	226
电 影	886	605	224	3	4	2
文化艺术业	9485	3547	2299	5	324	131
文艺创作与表演	657	362	215	1	17	20
艺术表演场馆	336	196	78		1	5
图书馆与档案馆	2280	1045	499	2	44	31
文物及文化保护	1807	157	63		28	10
博物馆	972	406	330		53	6
烈士陵园、纪念馆	191	103	50		12	1
群众文化活动	2959	1180	982	2	163	49
其他文化艺术	282	97	83		7	9
体 育	2018	643	642	1	30	42
体育场馆	820	153	168	...	14	6
其他体育	1198	490	474	...	16	36
娱乐业	1151	224	503		15	23
游乐园	184	72	81			...
其他娱乐活动	967	152	422		15	22
公共管理和社会组织	**1317574**	**325680**	**389155**	**298**	**13319**	**17247**
中国共产党机关	39182	13072	18058	6	471	1432
中国共产党机关	39182	13072	18058	6	471	1432
国家机构	1253842	306324	362653	291	12491	15063
国家权力机构	7401	2294	3375		6	344
国家行政机构	1212905	288340	348985	277	12102	13856
人民法院和人民检察院	31044	14950	8922	14	256	846
其他国家机构	2493	741	1371		127	17
人民政协和民主党派	6228	2041	2770	...	37	389
人民政协	6080	1958	2721		35	385
民主党派	147	83	49	...	2	4
群众团体、社会团体和宗教组织	18322	4243	5675	1	321	363
群众团体	14540	3699	5243	1	302	328
社会团体	3782	544	432		19	35

4－B－12 续表3－1

单位:个、万元、人

指标名称	出国费	工会经费	福利费	对个人和家庭的补助	抚恤金	生活补助
总 计	**1934**	**10891**	**27653**	**248803**	**7371**	**13306**
一、按登记注册类型分						
内 资	**1934**	**10891**	**27653**	**248803**	**7371**	**13306**
国 有	1917	10487	26023	243330	6906	12892
集 体	1	126	474	3155	46	311
股份合作企业		67	429	238	1	31
私营企业	10	10	78	603	216	1
私营独资	10	1	24	204	1	
私营合伙		9	53	399	215	1
其 他	6	203	649	1477	202	71
二、按国民经济行业(门类、大类、中类)分						
交通运输、仓储和邮政业	**7**	**181**	**647**	**2454**	**32**	**195**
道路运输业	7	166	527	2200	31	186
道路运输辅助活动	7	166	527	2200	31	186
水上运输业		8	52	145	1	8
水上运输辅助活动		8	52	145	1	8
航空运输业		7	68	109		1
航空运输辅助活动		7	68	109		1
信息传输、计算机服务和软件业	**4**	**66**	**230**	**746**	**1**	**52**
电信和其他信息传输服务业	4	65	229	727	1	52
广播电视传输服务	4	65	229	727	1	52
计算机服务业		1	1	19		1
计算机系统服务		...		5		1
数据处理		1	1	14		
租赁和商务服务业	**84**	**118**	**575**	**1111**	**20**	**109**
商务服务业	84	118	575	1111	20	109
企业管理服务	8	79	123	800	14	55
法律服务	76	18	50	13		3
咨询与调查		8	66	99	5	14
职业中介服务		11	90	110	1	34
市场管理		3	237	89	...	3

4－B－12 续表3－2 单位：个、万元、人

指标名称	出国费	工会经费	福利费	对个人和家庭的补助	抚恤金	生活补助
旅行社						
其他商务服务			10			
科学研究、技术服务和地质勘查业	**6**	**212**	**842**	**3454**	**241**	**76**
研究与试验发展	6	44	132	922	23	21
工程和技术研究与试验发展				8		
农业科学研究与试验发展	6	16	20	330	19	10
社会人文科学研究与试验发展		28	113	584	4	11
专业技术服务业		131	655	1583	33	28
气象服务		10	78	420	25	
地震服务		...		2		
测绘服务		8	68	108	5	2
技术检测		43	191	350	3	7
环境监测		3	45	78		3
工程技术与规划管理		67	275	625	...	16
科技交流和推广服务业		36	53	939	186	27
技术推广服务		35	52	905	186	27
科技中介服务		2	1	34		
地质勘查业		...	2	10		
基础地质勘查		...	2	10		
水利、环境和公共设施管理业	**60**	**214**	**1074**	**1788**	**50**	**120**
水利管理业		69	324	454	16	93
防洪管理		5	18	92		2
水资源管理		63	303	340	13	89
其他水利管理		1	2	23	3	1
环境管理业	60	93	475	754	20	25
自然保护			...			
环境治理	60	93	475	754	20	25
公共设施管理业		51	275	579	14	2
市政公共设施管理		18	74	175	11	
城市绿化管理		18	110	154	3	2
游览景区管理		15	91	250	...	1

4－B－12 续表3－3 单位：个、万元、人

指 标 名 称	出国费	工会经费	福利费	对个人和家庭的补助	抚恤金	生活补助
居民服务和其他服务业		**43**	**139**	**143**	**...**	**2**
居民服务业		43	132	127	...	2
殡葬服务		43	132	127	...	2
其他服务业		1	7	16		
清洁服务		1	7	16		
教　育	**139**	**2474**	**7417**	**82970**	**1523**	**2419**
教　育	139	2474	7417	82970	1523	2419
学前教育		49	171	917	20	46
初等教育	8	803	2401	40853	683	1702
中等教育	32	1356	4302	34642	751	624
高等教育	74	201	414	5450	50	30
其他教育	25	65	130	1108	20	19
卫生、社会保障和社会福利业	**15**	**1660**	**3307**	**18517**	**217**	**746**
卫　生	14	1625	3195	16435	130	386
医　院	13	1313	2297	11756	83	206
卫生院及社区医疗活动	1	200	518	3146	39	148
门诊部医疗活动			9	68	...	6
计划生育技术服务活动		27	122	213		1
妇幼保健活动		36	94	494		9
专科疾病防治活动		...	1	8		8
疾病预防控制及防疫活动		33	113	695	7	9
其他卫生活动		16	42	56		
社会保障业		12	61	919	3	343
社会保障业		12	61	919	3	343
社会福利业	2	23	51	1163	84	17
提供住宿的社会福利	2	8	35	1020	77	10
不提供住宿的社会福利		15	16	143	7	7
文化、体育和娱乐业	**6**	**249**	**906**	**2768**	**78**	**55**
新闻出版业		3	19	55	...	...
出版业		3	19	55	...	...
广播、电视、电影和音像业		184	650	1578	66	28

4－B－12 续表3－4 单位：个、万元、人

指 标 名 称	出国费	工会经费	福利费	对个人和家庭的补助	抚恤金	生活补助
电 视		182	643	1530	66	26
电 影		2	7	48		2
文化艺术业	6	51	176	943	12	26
文艺创作与表演	6	...	13	80	3	3
艺术表演场馆		3	1	42		2
图书馆与档案馆		11	32	257		3
文物及文化保护			...	9		6
博物馆		8	18	146	1	4
烈士陵园、纪念馆		2	11	37	1	
群众文化活动		26	97	311	5	9
其他文化艺术		...	4	61	3	...
体 育		5	37	171		1
体育场馆			24	12		1
其他体育		5	13	159		
娱乐业		5	24	21		...
游乐园		2	14	...		...
其他娱乐活动		3	10	21		
公共管理和社会组织	**1612**	**5674**	**12516**	**134853**	**5208**	**9530**
中国共产党机关	87	154	387	4156	33	128
中国共产党机关	87	154	387	4156	33	128
国家机构	1461	5241	11969	128190	5168	9278
国家权力机构	168	39	63	1211	4	4
国家行政机构	1273	5018	11498	123333	5134	9252
人民法院和人民检察院	19	178	394	3557	30	22
其他国家机构		6	15	89		
人民政协和民主党派	35	28	40	727	1	8
人民政协	35	16	37	713		8
民主党派		12	3	14	1	
群众团体、社会团体和宗教组织	29	251	120	1780	7	116
群众团体	24	248	96	1644	7	115
社会团体	5	3	24	135		1

4－B－12 续表4－1

单位：个、万元、人

指标名称				经营支出	经营税金	全部就业人员年平均人数
	救济费	助学金	退职(役)费			
总 计	**11310**	**14062**	**2149**	**21924**	**3053**	**155765**
一、按登记注册类型分						
内 资	**11310**	**14062**	**2149**	**21924**	**3053**	**155765**
国 有	11258	13700	2079	19168	2870	144251
集 体	4	66	8	444	11	4777
股份合作企业	...	19		1	1	1063
私营企业	14	148	3	600	37	1889
私营独资	12	139	2	34		971
私营合伙	2	10	1	566	37	918
其 他	34	129	59	1711	136	3785
二、按国民经济行业(门类、大类、中类)分						
交通运输、仓储和邮政业	**3**		**3**			**2055**
道路运输业			1			1727
道路运输辅助活动			1			1727
水上运输业	3		2			94
水上运输辅助活动	3		2			94
航空运输业	...					234
航空运输辅助活动	...					234
信息传输、计算机服务和软件业					**106**	**965**
电信和其他信息传输服务业					106	941
广播电视传输服务					106	941
计算机服务业						24
计算机系统服务						8
数据处理						16
租赁和商务服务业	**27**	**2**	**10**	**1542**	**438**	**1420**
商务服务业	27	2	10	1542	438	1420
企业管理服务	6	2	3	52	18	431
法律服务	3			382	108	260
咨询与调查	2			75	118	246
职业中介服务	16	...	7	474	50	151
市场管理				429	138	293

4－B－12 续表4－2

单位：个、万元、人

指标名称	救济费	助学金	退职(役)费	经营支出	经营税金	全部就业人员年平均人数
旅行社						3
其他商务服务				131	5	36
科学研究、技术服务和地质勘查业	**7**	**...**	**71**	**5141**	**796**	**2778**
研究与试验发展	1		53	26	4	465
工程和技术研究与试验发展						51
农业科学研究与试验发展	1		4	26	4	176
社会人文科学研究与试验发展			49			238
专业技术服务业	4		2	5039	785	1820
气象服务	2			1545	199	287
地震服务						3
测绘服务				369	53	115
技术检测	2		1	1727	308	421
环境监测					2	115
工程技术与规划管理			1	1397	222	879
科技交流和推广服务业	2	...	15	71	6	484
技术推广服务	2	...	15	38	6	459
科技中介服务				33		25
地质勘查业				6	2	9
基础地质勘查				6	2	9
水利、环境和公共设施管理业	**54**		**35**	**1882**	**163**	**4764**
水利管理业	21			1080	44	867
防洪管理						86
水资源管理	21			1080	44	752
其他水利管理						29
环境管理业	33		35	103	13	3061
自然保护						18
环境治理	33		35	103	13	3043
公共设施管理业				699	106	836
市政公共设施管理						286
城市绿化管理				112	2	221
游览景区管理				587	105	329

4－B－12 续表4－3 单位：个、万元、人

指标名称				经营支出	经营税金	全部就业人员年平均人数
	救济费	助学金	退职(役)费			
居民服务和其他服务业	**2**					**356**
居民服务业	2					352
殡葬服务	2					352
其他服务业						4
清洁服务						4
教　育	**105**	**12533**	**1235**	**4642**	**77**	**57152**
教　育	105	12533	1235	4642	77	57152
学前教育	1	3	18	317	1	2327
初等教育	54	2418	524	194	6	22263
中等教育	43	7951	647	1488	2	28742
高等教育	1	2121	2	1294	8	2716
其他教育	6	40	45	1350	59	1104
卫生、社会保障和社会福利业	**87**	**31**	**90**	**4483**	**156**	**28406**
卫　生	13	3	90	4473	156	27698
医　院	2		73	2215	3	19463
卫生院及社区医疗活动	9	3	13	1893	2	6279
门诊部医疗活动	...			19	1	243
计划生育技术服务活动	1		3	288		240
妇幼保健活动			...			802
专科疾病防治活动						8
疾病预防控制及防疫活动	1			58	150	550
其他卫生活动						113
社会保障业	...					354
社会保障业	...					354
社会福利业	73	28		10		354
提供住宿的社会福利	66			10		202
不提供住宿的社会福利	7	28				152
文化、体育和娱乐业	**1**	**61**	**5**	**720**	**169**	**2923**
新闻出版业				146	19	168
出版业				146	19	168
广播、电视、电影和音像业	1	4	5	356	125	1605

4－B－12 续表4－4

单位：个、万元、人

指标名称	救济费	助学金	退职（役）费	经营支出	经营税金	全部就业人员年平均人数
电　视	...	4	5	350	125	1505
电　影	1			6		100
文化艺术业			...	47	8	928
文艺创作与表演				8		165
艺术表演场馆						37
图书馆与档案馆				21	2	236
文物及文化保护						26
博物馆				10	3	113
烈士陵园、纪念馆						20
群众文化活动			...	8	3	304
其他文化艺术						27
体　育		57		2	4	151
体育场馆				2	4	40
其他体育		57				111
娱乐业				169	13	71
游乐园				169	13	37
其他娱乐活动						34
公共管理和社会组织	**11025**	**1435**	**700**	**3514**	**1149**	**54946**
中国共产党机关	10		41			2038
中国共产党机关	10		41			2038
国家机构	10539	1423	637	3490	1149	51837
国家权力机构						335
国家行政机构	10535	1423	636	3275	1112	48787
人民法院和人民检察院	4		1			2396
其他国家机构				216	37	319
人民政协和民主党派	...					303
人民政协	...					281
民主党派						22
群众团体、社会团体和宗教组织	476	12	22	24		768
群众团体	475	11	21	24		668
社会团体	...	1	1			100

注：本表按有填写财务表且执行行政事业会计制度的单位统计。

4－B－13 丽水市按登记注册类型和行业(门类、大类、中类)分组的行政事业单位财务状况

单位:个、万元、人

指标名称	法人单位	固定资产原价	本年收入合计	财政拨款	事业收入	经营收入
总计	**32769**	**34281935**	**37013227**	**20971823**	**10373398**	**1267424**
一、按登记注册类型分						
内资	**32764**	**34239136**	**36992424**	**20971095**	**10358665**	**1264124**
国有	25588	30493189	34045019	20120635	9432040	920897
集体	2223	942230	996397	346705	473951	113046
股份合作企业	38	75869	71246	2004	66659	1484
联营企业	17	8485	4630	1702	2157	256
国有联营	7	2809	1924	511	1211	89
集体联营	5	1754	1079	707	202	141
国有与集体联营	2	2816	891	66	514	20
其他联营	3	1106	736	419	230	6
有限责任公司	11	30690	27242	14712	11026	1481
其他有限责任公司	11	30690	27242	14712	11026	1481
股份有限公司	1	39	390			390
私营企业	220	172115	60204	1833	46661	9735
私营独资	134	121678	36234	1016	27454	6687
私营合伙	71	38578	20841	743	17411	1843
私营有限责任公司	15	11859	3130	73	1796	1206
其他	4666	2516520	1787295	483505	326172	216835
港澳台商投资	**3**	**1900**	**2607**	**470**	**1773**	**120**
与港澳台商合作经营	2	1868	2487	470	1773	
港澳台商独资	1	32	120			120
外商投资	**2**	**40900**	**18196**	**259**	**12959**	**3180**
中外合作经营	2	40900	18196	259	12959	3180
二、按国民经济行业(门类、大类、中类)分						
交通运输、仓储和邮政业	**262**	**381196**	**549511**	**324528**	**122429**	**13247**
道路运输业	203	254359	497945	302941	100707	9703
公路旅客运输	1	553	423	10	211	165
道路货物运输	1	272	108			102
道路运输辅助活动	201	253534	497414	302931	100496	9436
城市公共交通业	1	126	118	82		
轨道交通	1	126	118	82		
水上运输业	42	64723	30810	14809	11965	821
水上运输辅助活动	42	64723	30810	14809	11965	821
航空运输业	5	46745	13459	4466	7501	279
航空运输辅助活动	5	46745	13459	4466	7501	279
装卸搬运和其他运输服务业	1	286	314		314	

4－B－13 续表1－1

单位：个、万元、人

指 标 名 称	法人单位	固定资产原价	本年收入合计	财政拨款	事业收入	经营收入
装卸搬运	1	286	314		314	
仓储业	10	14958	6866	2230	1943	2444
谷物、棉花等农产品仓储	6	3044	4293	1756	29	2307
其他仓储	4	11914	2573	474	1913	138
信息传输、计算机服务和软件业	**212**	**212709**	**148659**	**38203**	**83058**	**14834**
电信和其他信息传输服务业	167	187602	123275	21934	79420	12996
电　信	4	4390	3693	2364	85	713
互联网信息服务	11	1800	2994	1812	55	968
广播电视传输服务	152	181412	116588	17758	79280	11316
计算机服务业	43	23517	24552	16269	2850	1793
计算机系统服务	16	6769	7004	6018	347	85
数据处理	19	13859	15756	8638	2397	1699
计算机维修	2	5	126	40	86	
其他计算机服务	6	2884	1666	1573	20	9
软件业	2	1590	832		788	44
公共软件服务	2	1590	832		788	44
租赁和商务服务业	**1502**	**978156**	**559266**	**229503**	**117808**	**129240**
租赁业	1	2572	370			370
机械设备租赁	1	2572	370			370
商务服务业	1501	975584	558896	229503	117808	128870
企业管理服务	849	634506	379209	175705	44973	87668
法律服务	180	14680	29422	2926	15993	9763
咨询与调查	198	39915	41269	23816	9697	5414
广告业	3	1333	3207	60	2443	655
知识产权服务	6	2100	2828	32	278	2381
职业中介服务	135	25399	37313	12208	16302	5151
市场管理	74	227918	45916	3449	24375	14812
旅行社	3	1521	508	315	31	
其他商务服务	53	28212	19224	10992	3717	3027
科学研究、技术服务和地质勘查业	**1666**	**728383**	**1742248**	**1080337**	**321467**	**139613**
研究与试验发展	193	194919	267601	141196	70461	14183
自然科学研究与试验发展	13	37425	55792	28768	12423	1804
工程和技术研究与试验发展	27	44163	48935	13490	23101	9080
农业科学研究与试验发展	75	83875	105506	67160	22803	1504
医学研究与试验发展	18	14201	21179	6310	6531	382
社会人文科学研究与试验发展	60	15255	36189	25468	5603	1413

4－B－13 续表 1－2 单位：个、万元、人

指标名称	法人单位	固定资产原价	本年收入合计	财政拨款	事业收入	经营收入
专业技术服务业	924	412409	1246972	794883	214860	100158
气象服务	116	58640	38408	14535	1887	15980
地震服务	7	2470	2984	1876		1105
海洋服务	7	4628	5077	3059	223	766
测绘服务	39	13107	41048	6941	16658	15616
技术检测	260	136065	152856	50877	66302	23558
环境监测	67	62851	59468	31250	13423	3373
工程技术与规划管理	411	132163	941698	685286	112667	39174
其他专业技术服务	17	2485	5433	1059	3700	588
科技交流和推广服务业	512	93726	150015	91928	29906	8976
技术推广服务	437	83857	132955	84258	25492	5895
科技中介服务	55	7768	12375	4834	3105	3022
其他科技服务	20	2101	4685	2836	1310	59
地质勘查业	37	27330	77660	52329	6240	16296
矿产地质勘查	11	10669	34339	22453	2	11184
基础地质勘查	18	7367	22431	16728	2090	2450
地质勘查技术服务	8	9294	20890	13149	4148	2662
水利、环境和公共设施管理业	**985**	**1342885**	**1116486**	**718740**	**133201**	**66227**
水利管理业	399	940660	167010	108908	26770	23238
防洪管理	65	87186	68909	59792	6451	864
水资源管理	210	827258	69922	33526	14547	18147
其他水利管理	124	26216	28178	15590	5772	4227
环境管理业	309	188822	262333	184559	42712	10021
自然保护	43	21837	17147	8580	3598	2516
环境治理	266	166985	245186	175980	39114	7505
公共设施管理业	277	213404	687144	425272	63719	32968
市政公共设施管理	104	49182	487607	325052	16551	14471
城市绿化管理	82	36740	95422	60390	4745	7690
游览景区管理	91	127481	104114	39831	42423	10807
居民服务和其他服务业	**240**	**92489**	**87944**	**19432**	**45292**	**16915**
居民服务业	182	81793	70330	16111	35967	14945
家庭服务	1	100	534		534	
托儿所	8	847	580	38	278	242
婚姻服务	1	2	12	4	6	
殡葬服务	116	78361	55057	6867	32406	14512
摄影扩印服务	2	56	189		179	9

4－B－13 续表1－3 单位：个、万元、人

指 标 名 称	法人单位	固定资产原价	本年收入合计	财政拨款	事业收入	经营收入
其他居民服务	54	2427	13958	9203	2564	182
其他服务业	58	10696	17614	3321	9326	1970
修理与维护	4	880	1539	852	212	162
清洁服务	39	9382	14354	1264	8792	1678
其他未列明的服务	15	433	1722	1205	322	130
教 育	**7773**	**10917015**	**7494783**	**4182899**	**2293183**	**89601**
教 育	7773	10917015	7494783	4182899	2293183	89601
学前教育	1004	209858	195612	75002	100522	6688
初等教育	3091	1964373	1790578	1439848	166931	14723
中等教育	2573	4513181	2848431	1696815	812256	25055
高等教育	222	3884161	2347534	806295	1119798	12367
其他教育	883	345442	312629	164939	93677	30767
卫生、社会保障和社会福利业	**3423**	**5683966**	**6734928**	**726255**	**5457065**	**444028**
卫 生	2790	5506314	6521593	559363	5430501	439625
医 院	471	4531854	5134935	250940	4524692	324874
卫生院及社区医疗活动	1692	590113	918283	160003	640494	89679
门诊部医疗活动	139	26411	50222	8634	27910	13393
计划生育技术服务活动	116	30034	34442	15901	14418	1636
妇幼保健活动	81	123500	157851	20246	115446	6425
专科疾病防治活动	17	15183	17823	7926	9158	672
疾病预防控制及防疫活动	203	131677	166893	83068	71745	2847
其他卫生活动	71	57543	41145	12645	26638	100
社会保障业	204	64983	89414	77974	4567	799
社会保障业	204	64983	89414	77974	4567	799
社会福利业	429	112669	123921	88919	21997	3604
提供住宿的社会福利	289	85959	62507	45404	9809	1537
不提供住宿的社会福利	140	26710	61414	43515	12188	2066
文化、体育和娱乐业	**1185**	**1145263**	**732535**	**296486**	**298341**	**84229**
新闻出版业	113	58465	87746	15152	34182	35644
新闻业	27	5332	9498	4885	1718	2877
出版业	86	53133	78249	10267	32463	32767
广播、电视、电影和音像业	129	465090	296532	46989	200590	31595
广 播	25	55987	24082	5370	9773	5575
电 视	84	391118	269300	40671	189763	25255
电 影	20	17985	3149	948	1054	765
文化艺术业	799	486042	272879	184634	47670	10755

4－B－13 续表1－4

单位：个、万元、人

指标名称	法人单位	固定资产原价	本年收入合计	财政拨款	事业收入	经营收入
文艺创作与表演	65	29007	35818	25474	4903	2153
艺术表演场馆	37	32150	14176	6838	3862	838
图书馆与档案馆	180	227975	62081	50664	3780	1203
文物及文化保护	68	20011	34428	16789	11748	1247
博物馆	81	95477	49179	42706	1846	503
烈士陵园、纪念馆	31	10974	8391	6973	460	8
群众文化活动	298	67036	63119	30756	20420	4724
文化艺术经纪代理	1	609	180	64		
其他文化艺术	38	2803	5506	4370	651	79
体　育	105	121251	63180	47620	8161	5647
体育组织	42	34599	42023	38189	2523	405
体育场馆	34	83515	15632	5188	5091	5032
其他体育	29	3138	5526	4244	547	210
娱乐业	39	14415	12198	2091	7739	587
室内娱乐活动	4	177	199	183	6	
游乐园	8	5570	2854	863	1365	501
休闲健身娱乐活动	5	567	236	96	110	31
其他娱乐活动	22	8101	8908	949	6258	56
公共管理和社会组织	**15521**	**12799874**	**17846869**	**13355441**	**1501555**	**269493**
中国共产党机关	840	136555	421861	393713	5554	278
中国共产党机关	840	136555	421861	393713	5554	278
国家机构	10720	11053278	16553540	12585091	1429828	124653
国家权力机构	122	48240	88435	83593	744	100
国家行政机构	10317	10412306	16028004	12092023	1422934	122522
人民法院和人民检察院	225	548347	362875	341550	4495	246
其他国家机构	56	44385	74225	67924	1654	1785
人民政协和民主党派	215	37644	76681	74870	808	
人民政协	96	34242	65075	63527	745	
民主党派	119	3402	11606	11344	63	
群众团体、社会团体和宗教组织	893	181024	256302	175187	23851	7461
群众团体	490	106242	182001	122509	13225	2530
社会团体	381	48633	72072	51848	9874	4317
宗教组织	22	26149	2229	830	752	614
基层群众自治组织	2853	1391373	538485	126580	41515	137100
社区自治组织	778	323240	133783	40013	13955	39742
村民自治组织	2075	1068133	404702	86568	27560	97358

4－B－13 续表2－1

单位：个、万元、人

指标名称	本年支出合计	工资福利支出	商品和服务支出	取暖费（降温费）	劳务费	差旅费
总计	**34436410**	**9722383**	**12364490**	**24310**	**449836**	**272212**
一、按登记注册类型分						
内资	**34416157**	**9718779**	**12356482**	**24310**	**449629**	**272182**
国有	32055115	9065654	11464017	22068	393881	258330
集体	903457	312194	429098	834	16178	4412
股份合作企业	66935	18551	44642	11	1680	281
联营企业	4391	2575	1112	15	59	44
国有联营	1777	804	708	9	54	28
集体联营	1008	656	143	3	4	1
国有与集体联营	848	729	45	3		4
其他联营	759	386	216		1	11
有限责任公司	30565	4718	8772		2045	50
其他有限责任公司	30565	4718	8772		2045	50
股份有限公司	265	104	13			
私营企业	58817	30362	23822	48	1746	767
私营独资	37227	18667	15951	34	518	352
私营合伙	18843	9785	7196	13	1152	307
私营有限责任公司	2748	1910	675	1	76	108
其他	1296612	284621	385007	1334	34041	8298
港澳台商投资	**2147**	**1350**	**492**		**9**	**19**
与港澳台商合作经营	2026	1257	464		9	18
港澳台商独资	122	93	28			2
外商投资	**18106**	**2254**	**7516**		**197**	**11**
中外合作经营	18106	2254	7516		197	11
二、按国民经济行业（门类、大类、中类）分						
交通运输、仓储和邮政业	**456508**	**103266**	**77240**	**295**	**2780**	**2982**
道路运输业	404531	86009	59543	289	2258	2160
公路旅客运输	384	40	7			3
道路货物运输	94	38	1			
道路运输辅助活动	404052	85932	59536	289	2258	2157
城市公共交通业	93	26	67			...
轨道交通	93	26	67			...
水上运输业	26701	9419	9667	6	349	372
水上运输辅助活动	26701	9419	9667	6	349	372
航空运输业	18360	6690	6538		158	397
航空运输辅助活动	18360	6690	6538		158	397
装卸搬运和其他运输服务业	231	22	50		...	2

4－B－13 续表2－2 单位：个、万元、人

指 标 名 称	本年支出合计	工资福利支出	商品和服务支出	取暖费（降温费）	劳务费	差旅费
装卸搬运	231	22	50		...	2
仓储业	6592	1100	1374		16	51
谷物、棉花等农产品仓储	4215	387	428		1	32
其他仓储	2377	712	946		15	19
信息传输、计算机服务和软件业	**135483**	**34935**	**69260**	**109**	**8546**	**1335**
电信和其他信息传输服务业	116603	31008	60515	56	8201	1028
电 信	2908	1082	1071		26	17
互联网信息服务	3352	616	1425	2	41	19
广播电视传输服务	110342	29311	58020	55	8134	992
计算机服务业	18046	3910	8604	4	321	242
计算机系统服务	4747	664	2038	1	16	27
数据处理	11883	2783	6372		305	210
计算机维修	124	82	16			...
其他计算机服务	1293	381	178	3	...	4
软件业	834	17	140	49	24	64
公共软件服务	834	17	140	49	24	64
租赁和商务服务业	**468484**	**101276**	**146075**	**254**	**7934**	**3840**
租赁业	404	125	106			1
机械设备租赁	404	125	106			1
商务服务业	468080	101151	145969	254	7934	3839
企业管理服务	313306	48509	82176	101	4257	1806
法律服务	23471	10455	9418	39	515	646
咨询与调查	38191	16174	14598	45	756	554
广告业	2964	252	2601			22
知识产权服务	2172	443	1483	1	355	28
职业中介服务	28309	7053	13326	17	851	366
市场管理	41143	11615	15193	29	764	222
旅行社	500	138	151			6
其他商务服务	18025	6513	7024	23	436	190
科学研究、技术服务和地质勘查业	**1421758**	**239009**	**352210**	**666**	**25810**	**16550**
研究与试验发展	232400	53583	115590	209	9336	5294
自然科学研究与试验发展	44003	6904	30270	4	2000	943
工程和技术研究与试验发展	47909	10119	25836	22	849	1359
农业科学研究与试验发展	93601	21222	41003	178	4823	1934
医学研究与试验发展	13852	4146	6200		198	169
社会人文科学研究与试验发展	33035	11192	12281	5	1466	889

4－B－13　续表 2－3

单位：个、万元、人

指标名称	本年支出合计	工资福利支出	商品和服务支出			
				取暖费（降温费）	劳务费	差旅费
专业技术服务业	993594	130527	172552	278	11887	8582
气象服务	31564	10869	8245	27	215	658
地震服务	2991	854	1409		37	118
海洋服务	4408	1267	2743		55	101
测绘服务	28822	9100	10339	10	1026	994
技术检测	125316	41212	42835	61	2830	2215
环境监测	44883	12202	14662	35	1039	1259
工程技术与规划管理	750569	53551	91024	124	6660	3224
其他专业技术服务	5040	1471	1297	21	25	13
科技交流和推广服务业	133646	35938	51700	90	3249	1659
技术推广服务	117462	32247	44978	68	3143	1454
科技中介服务	10263	2395	2725	9	35	124
其他科技服务	5921	1297	3996	14	71	81
地质勘查业	62118	18961	12368	89	1338	1015
矿产地质勘查	27058	7460	3109	13	59	207
基础地质勘查	18160	7091	3967	33	1111	387
地质勘查技术服务	16900	4411	5292	43	167	421
水利、环境和公共设施管理业	**912353**	**199252**	**273551**	**495**	**15214**	**3328**
水利管理业	147760	36173	34673	109	1451	1018
防洪管理	62315	6777	6236	30	227	165
水资源管理	60620	21678	16603	64	856	607
其他水利管理	24825	7719	11834	16	368	245
环境管理业	251509	101288	90493	237	11550	1034
自然保护	15921	5739	6573	18	187	325
环境治理	235589	95549	83920	220	11363	709
公共设施管理业	513083	61791	148384	149	2213	1276
市政公共设施管理	350677	20758	104732	14	795	533
城市绿化管理	80313	18473	19498	48	500	271
游览景区管理	82093	22561	24154	87	918	472
居民服务和其他服务业	**76687**	**26007**	**35490**	**64**	**2460**	**608**
居民服务业	62534	21788	28975	51	1934	484
家庭服务	478	395	73	3		
托儿所	619	295	176	1	14	5
婚姻服务	14	5	9			
殡葬服务	48469	14627	24090	26	957	417
摄影扩印服务	160	76	28	…	3	1

4－B－13 续表2－4

单位：个、万元、人

指标名称	本年支出合计	工资福利支出	商品和服务支出	取暖费（降温费）	劳务费	差旅费
其他居民服务	12795	6391	4599	22	961	60
其他服务业	14153	4218	6516	13	526	124
修理与维护	1368	435	749	1	128	2
清洁服务	11301	3181	5294	8	293	105
其他未列明的服务	1485	602	473	4	106	16
教　育	**7072323**	**3308509**	**1680601**	**6405**	**143337**	**69302**
教　育	7072323	3308509	1680601	6405	143337	69302
学前教育	187004	113550	43021	212	3138	1564
初等教育	1748979	1028026	256532	2911	10669	8162
中等教育	2757037	1495978	527368	1473	25012	16489
高等教育	2082155	565743	739221	263	93105	38796
其他教育	297149	105211	114460	1545	11412	4292
卫生、社会保障和社会福利业	**6433806**	**1684449**	**4174583**	**4051**	**47961**	**12229**
卫　生	6251477	1634211	4112225	3796	45797	10949
医　院	4959984	1202456	3415080	2278	22507	5493
卫生院及社区医疗活动	874441	299096	479047	787	17423	2594
门诊部医疗活动	44741	13719	22935	479	969	157
计划生育技术服务活动	31524	11820	13283	55	453	282
妇幼保健活动	127745	45049	68936	147	1170	471
专科疾病防治活动	16145	5436	8267	3	258	194
疾病预防控制及防疫活动	157700	45128	86464	40	2161	1394
其他卫生活动	39197	11507	18214	8	857	365
社会保障业	89712	24503	29353	134	602	661
社会保障业	89712	24503	29353	134	602	661
社会福利业	92617	25735	33006	121	1561	619
提供住宿的社会福利	58751	18819	18601	88	392	383
不提供住宿的社会福利	33866	6916	14405	33	1169	236
文化、体育和娱乐业	**650362**	**203345**	**278659**	**594**	**18850**	**7133**
新闻出版业	69128	22550	36296	21	3363	751
新闻业	9518	3004	3835	8	394	122
出版业	59611	19546	32460	14	2969	629
广播、电视、电影和音像业	284540	90063	120960	110	6324	2021
广　播	25006	7346	8570	13	406	99
电　视	256574	81174	111272	93	5893	1908
电　影	2960	1542	1118	4	25	15
文化艺术业	240734	78546	91373	242	7876	3626

4－B－13　续表2－5

单位：个、万元、人

指 标 名 称	本年支出合计	工资福利支出	商品和服务支出	取暖费（降温费）	劳务费	差旅费
文艺创作与表演	35940	14540	11806	13	1208	1406
艺术表演场馆	13386	5184	5515	2	568	142
图书馆与档案馆	54058	19770	15475	64	605	546
文物及文化保护	24401	5131	9894	11	196	186
博物馆	38915	10344	18647	35	866	508
烈士陵园、纪念馆	8467	1269	2412	3	91	65
群众文化活动	60040	20305	24907	114	4080	672
文化艺术经纪代理	183	81	69		7	4
其他文化艺术	5344	1921	2650	2	256	98
体　育	45007	9484	24664	210	1103	624
体育组织	29135	4197	17769	3	423	470
体育场馆	10695	3100	4830	11	500	78
其他体育	5177	2187	2066	196	181	76
娱乐业	10952	2703	5366	10	185	111
室内娱乐活动	173	68	77	...	2	3
游乐园	2248	926	730	6	87	24
休闲健身娱乐活动	191	103	49	2	15	1
其他娱乐活动	8341	1607	4511	3	80	83
公共管理和社会组织	**16808646**	**3822336**	**5276822**	**11378**	**176944**	**154904**
中国共产党机关	420690	118474	216500	171	6257	10222
中国共产党机关	420690	118474	216500	171	6257	10222
国家机构	15675859	3545116	4768158	9949	146848	135481
国家权力机构	88189	31826	36184	46	414	2837
国家行政机构	15181740	3339065	4609761	9699	143073	124569
人民法院和人民检察院	350132	160306	112001	152	2915	7688
其他国家机构	55798	13919	10211	52	446	388
人民政协和民主党派	75404	25032	31385	317	564	2541
人民政协	63683	21058	26343	307	377	2162
民主党派	11722	3974	5042	9	187	379
群众团体、社会团体和宗教组织	240583	49978	98134	188	3520	3369
群众团体	171387	34065	69134	103	1518	2223
社会团体	67566	15037	28577	84	2000	1124
宗教组织	1630	877	423	2	2	22
基层群众自治组织	396110	83736	162645	753	19755	3291
社区自治组织	94150	32496	40406	207	3612	762
村民自治组织	301960	51240	122239	547	16143	2529

4－B－13 续表 3－1

单位：个、万元、人

指 标 名 称	出国费	工会经费	福利费	对个人和家庭的补助	抚恤金	生活补助
总 计	**41211**	**132862**	**435750**	**2805211**	**72759**	**164624**
一、按登记注册类型分						
内 资	**41211**	**132841**	**435344**	**2804185**	**72759**	**164623**
国 有	35595	125424	356291	2671719	70166	146697
集 体	73	3821	16735	47313	1009	4465
股份合作企业		136	679	2160	11	51
联营企业	3	24	162	459	3	85
国有联营		3	108	106		1
集体联营		3	21	126	1	7
国有与集体联营	3	13	22	75		75
其他联营		5	11	152	3	3
有限责任公司		46	394	25		5
其他有限责任公司		46	394	25		5
股份有限公司		2	12			
私营企业	13	162	1496	1950	230	79
私营独资	10	87	470	1070	14	47
私营合伙		64	987	765	217	23
私营有限责任公司	3	11	40	116		8
其 他	5527	3225	59576	80559	1339	13242
港澳台商投资		**10**	**317**	**113**		**1**
与港澳台商合作经营		10	315	112		1
港澳台商独资			2	1		
外商投资		**11**	**89**	**914**		
中外合作经营		11	89	914		
二、按国民经济行业(门类、大类、中类)分						
交通运输、仓储和邮政业	**106**	**1768**	**7434**	**20922**	**511**	**851**
道路运输业	97	1505	5824	17830	463	772
公路旅客运输		1	3			
道路货物运输		1				
道路运输辅助活动	97	1504	5821	17830	463	772
城市公共交通业						
轨道交通						
水上运输业	4	140	874	1644	21	26
水上运输辅助活动	4	140	874	1644	21	26
航空运输业		99	661	1164	25	52
航空运输辅助活动		99	661	1164	25	52
装卸搬运和其他运输服务业		...		39		

4－B－13 续表3－2

单位：个、万元、人

指 标 名 称	出国费	工会经费	福利费	对个人和家庭的补助	抚恤金	生活补助
装卸搬运		…		39		
仓储业	5	24	76	245	3	1
谷物、棉花等农产品仓储	5	11	30	34		
其他仓储		13	47	211	3	1
信息传输、计算机服务和软件业	**68**	**494**	**2292**	**5402**	**75**	**281**
电信和其他信息传输服务业	11	437	2160	4608	75	252
电 信	1	36	29	200		
互联网信息服务		3	29	74		1
广播电视传输服务	10	397	2102	4334	75	251
计算机服务业	57	57	130	794		30
计算机系统服务	33	7	26	108		1
数据处理	24	44	83	613		28
计算机维修		1	…	6		1
其他计算机服务		6	20	67		
软件业			3	…		
公共软件服务			3	…		
租赁和商务服务业	**382**	**1387**	**11901**	**23989**	**343**	**3528**
租赁业		2	15	7	5	2
机械设备租赁		2	15	7	5	2
商务服务业	382	1385	11886	23981	338	3526
企业管理服务	211	687	8821	18317	226	3236
法律服务	94	107	538	489	5	29
咨询与调查	27	224	575	2485	27	74
广告业		5	36	36		2
知识产权服务		5	39	45		2
职业中介服务	15	156	483	1356	38	118
市场管理	21	161	1059	732	41	51
旅行社		1	1	52		
其他商务服务	13	39	334	470	2	15
科学研究、技术服务和地质勘查业	**1472**	**3899**	**12508**	**85501**	**1365**	**4666**
研究与试验发展	729	736	2063	22130	274	508
自然科学研究与试验发展	479	46	127	3135	36	57
工程和技术研究与试验发展	35	159	358	2005	6	252
农业科学研究与试验发展	82	319	806	11589	198	114
医学研究与试验发展	53	56	300	2010	20	3
社会人文科学研究与试验发展	80	156	472	3391	14	82

4－B－13 续表3－3

单位：个、万元、人

指 标 名 称	出国费	工会经费	福利费	对个人和家庭的补助	抚恤金	生活补助
专业技术服务业	623	2412	7322	32134	341	1062
气象服务	36	143	410	2897	35	39
地震服务	4	12	42	246	1	
海洋服务		13	133	315		68
测绘服务	27	161	260	1892	19	74
技术检测	112	777	2557	7296	29	110
环境监测	42	194	395	3101	89	27
工程技术与规划管理	402	1032	3477	16107	170	725
其他专业技术服务	...	80	48	279		20
科技交流和推广服务业	102	550	2185	11097	348	638
技术推广服务	80	494	1994	10063	341	561
科技中介服务	12	33	117	481	1	56
其他科技服务	11	23	73	552	5	21
地质勘查业	18	202	938	20141	402	2458
矿产地质勘查		71	401	8973	107	1966
基础地质勘查	3	66	349	4776	162	338
地质勘查技术服务	14	65	188	6391	134	154
水利、环境和公共设施管理业	**292**	**2930**	**10938**	**32852**	**597**	**1093**
水利管理业	69	556	2421	6911	157	402
防洪管理	22	114	407	1832	32	57
水资源管理	17	291	1434	3582	101	262
其他水利管理	30	152	580	1497	25	83
环境管理业	97	1296	4776	13466	263	377
自然保护	14	99	167	1324	6	61
环境治理	83	1197	4610	12143	256	315
公共设施管理业	125	1078	3741	12475	177	314
市政公共设施管理	80	259	1237	3367	38	112
城市绿化管理		282	1288	3520	94	107
游览景区管理	45	537	1216	5588	44	95
居民服务和其他服务业	**21**	**396**	**1775**	**3070**	**31**	**165**
居民服务业	11	344	1562	2460	28	108
家庭服务			70	10		10
托儿所		2	20	9		5
婚姻服务						
殡葬服务	8	265	1153	1725	22	89
摄影扩印服务						

4－B－13 续表3－4

单位：个、万元、人

指 标 名 称	出国费	工会经费	福利费	对个人和家庭的补助	抚恤金	生活补助
其他居民服务	3	77	319	717	5	4
其他服务业	10	52	213	609	3	56
修理与维护		5	10	73	1	5
清洁服务	10	43	162	419	2	47
其他未列明的服务		4	40	118		4
教 育	**12405**	**36547**	**90023**	**924321**	**9870**	**20406**
教 育	12405	36547	90023	924321	9870	20406
学前教育	27	1346	4329	14290	104	430
初等教育	341	10716	25127	274238	4149	10098
中等教育	800	16780	41777	329920	3585	6033
高等教育	10567	6220	15002	278823	1675	2971
其他教育	671	1485	3788	27050	358	874
卫生、社会保障和社会福利业	**1398**	**19190**	**45264**	**266223**	**2915**	**5497**
卫 生	1323	18304	42624	220705	2443	3305
医 院	1162	13306	28154	161612	1631	1453
卫生院及社区医疗活动	22	3070	8821	34061	581	1283
门诊部医疗活动	4	154	347	4893	8	33
计划生育技术服务活动	2	171	804	2005	20	50
妇幼保健活动	34	682	1263	5611	18	314
专科疾病防治活动	6	82	104	1511	35	20
疾病预防控制及防疫活动	52	635	2682	9193	137	143
其他卫生活动	42	204	449	1820	14	10
社会保障业	19	411	1208	24557	7	567
社会保障业	19	411	1208	24557	7	567
社会福利业	56	475	1433	20960	465	1625
提供住宿的社会福利	22	359	1041	15741	410	1441
不提供住宿的社会福利	34	116	392	5220	55	185
文化、体育和娱乐业	**470**	**3065**	**10009**	**39463**	**603**	**915**
新闻出版业	40	294	1003	1992	36	95
新闻业	4	89	104	266	31	24
出版业	36	205	900	1727	5	71
广播、电视、电影和音像业	44	1316	4811	12828	269	291
广 播	14	61	176	1043	91	58
电 视	30	1242	4571	11577	168	229
电 影		13	64	208	10	4
文化艺术业	299	1159	3707	19745	284	473

4－B－13 续表3－5 单位：个、万元、人

指 标 名 称	出国费	工会经费	福利费	对个人和家庭的补助	抚恤金	生活补助
文艺创作与表演	29	230	596	4788	76	77
艺术表演场馆	19	85	169	1501	11	27
图书馆与档案馆	54	254	787	4213	33	115
文物及文化保护	13	68	301	889	61	27
博物馆	50	152	401	2498	21	16
烈士陵园、纪念馆		36	109	716	34	7
群众文化活动	57	314	1212	4748	44	201
文化艺术经纪代理		...	29	3		
其他文化艺术	78	21	106	389	4	4
体 育	86	260	416	4488	11	19
体育组织	54	90	201	3024	10	16
体育场馆	8	130	157	762		3
其他体育	24	41	58	702	1	
娱乐业	2	37	71	409	3	37
室内娱乐活动		1	...	27		...
游乐园		21	33	217	3	1
休闲健身娱乐活动		3	7	9		
其他娱乐活动	2	12	32	156		36
公共管理和社会组织	**24598**	**63186**	**243605**	**1403470**	**56450**	**127224**
中国共产党机关	3556	1607	6916	39337	643	2878
中国共产党机关	3556	1607	6916	39337	643	2878
国家机构	19383	58736	184504	1300899	54853	113171
国家权力机构	1046	462	1569	11852	144	159
国家行政机构	17663	55146	173907	1248152	54339	112406
人民法院和人民检察院	603	2960	8763	36931	302	526
其他国家机构	71	168	265	3964	68	81
人民政协和民主党派	884	351	1395	9939	207	135
人民政协	824	271	865	7804	170	114
民主党派	60	80	529	2135	37	21
群众团体、社会团体和宗教组织	752	1619	4264	22258	142	1874
群众团体	533	1422	2733	15619	107	1433
社会团体	218	195	1479	6411	35	440
宗教组织	1	2	52	229	...	1
基层群众自治组织	23	873	46526	31038	604	9166
社区自治组织	15	450	14324	6101	195	2297
村民自治组织	8	424	32202	24937	409	6868

4－B－13 续表4－1

单位：个、万元、人

指 标 名 称				经营支出	经营税金	全部就业人员年平均人数
	救济费	助学金	退 职(役)费			
总 计	**98691**	**235380**	**26698**	**569299**	**57828**	**1602081**
一、按登记注册类型分						
内 资	**98691**	**234458**	**26697**	**569051**	**57828**	**1601209**
国 有	95472	224827	24997	460092	49240	1452191
集 体	685	3023	704	35308	3274	65883
股份合作企业	...	409	6	150	1	3348
联营企业		85	3	114	23	735
国有联营		17		55	23	317
集体联营		29		46		163
国有与集体联营				10		127
其他联营		39	3	3	1	128
有限责任公司		15	5	984	2	1148
其他有限责任公司		15	5	984	2	1148
股份有限公司				265		24
私营企业	34	642	20	3413	218	7660
私营独资	32	552	19	2480	93	5022
私营合伙	2	90	1	728	58	2231
私营有限责任公司				205	67	407
其 他	2500	5457	962	68725	5070	70220
港澳台商投资		**8**	**1**	**98**		**351**
与港澳台商合作经营		8				326
港澳台商独资			1	98		25
外商投资		**914**		**150**		**521**
中外合作经营		914		150		521
二、按国民经济行业(门类、大类、中类)分						
交通运输、仓储和邮政业	**69**	**8**	**357**	**7605**	**338**	**18969**
道路运输业	64	8	286	4420	194	16491
公路旅客运输				65	10	20
道路货物运输				8	6	16
道路运输辅助活动	64	8	286	4347	178	16455
城市公共交通业						3
轨道交通						3
水上运输业	5		19	117	42	1602
水上运输辅助活动	5		19	117	42	1602
航空运输业	...		53	2786	10	679
航空运输辅助活动	...		53	2786	10	679
装卸搬运和其他运输服务业						3

4－B－13 续表4－2

单位：个、万元、人

指标名称				经营支出	经营税金	全部就业人员年平均人数
	救济费	助学金	退职(役)费			
装卸搬运						3
仓储业				282	93	191
谷物、棉花等农产品仓储				178	...	72
其他仓储				104	93	119
信息传输、计算机服务和软件业	**1**	**6**	**50**	**4261**	**2385**	**5629**
电信和其他信息传输服务业	...	6	50	2737	2011	5046
电　信				762	24	121
互联网信息服务				714	55	118
广播电视传输服务	...	6	50	1262	1933	4807
计算机服务业	...			1306	345	577
计算机系统服务	...			80	13	106
数据处理				1208	329	381
计算机维修					2	34
其他计算机服务				18	1	56
软件业				218	28	6
公共软件服务				218	28	6
租赁和商务服务业	**212**	**265**	**164**	**33721**	**8464**	**20999**
租赁业				88	24	40
机械设备租赁				88	24	40
商务服务业	212	265	164	33633	8440	20959
企业管理服务	103	241	143	20886	3806	9962
法律服务	4	1	...	2293	1516	1597
咨询与调查	6		6	731	348	2729
广告业				354	210	46
知识产权服务				1461	115	113
职业中介服务	94	19	7	2556	459	1369
市场管理	6	3	1	4501	1804	2871
旅行社						36
其他商务服务		1	6	851	182	2236
科学研究、技术服务和地质勘查业	**551**	**117**	**1176**	**86825**	**16081**	**39924**
研究与试验发展	21	63	748	12330	1827	9013
自然科学研究与试验发展	...		542	1413	664	1084
工程和技术研究与试验发展	19	13		8384	644	1887
农业科学研究与试验发展	1	50	67	1277	300	3875
医学研究与试验发展			41	381	20	616
社会人文科学研究与试验发展			98	875	198	1551

4－B－13　续表4－3

单位：个、万元、人

指标名称				经营支出	经营税金	全部就业人员年平均人数
	救济费	助学金	退职(役)费			
专业技术服务业	60	35	249	60807	10544	20901
气象服务	9	...	27	7240	1084	1980
地震服务				3	54	123
海洋服务			1		45	157
测绘服务	1	1		7079	1419	1498
技术检测	6	2	98	10630	1926	6092
环境监测	3	6	47	2027	446	2752
工程技术与规划管理	41	26	77	33619	5524	7997
其他专业技术服务		1		208	47	302
科技交流和推广服务业	18	19	167	3693	3222	6214
技术推广服务	18	18	166	2837	1469	5575
科技中介服务	1	...	1	775	1734	428
其他科技服务				81	18	211
地质勘查业	452		11	9996	487	3796
矿产地质勘查	126		11	8371	190	1949
基础地质勘查	231			1409	147	581
地质勘查技术服务	94			215	151	1266
水利、环境和公共设施管理业	**357**	**37**	**262**	**32213**	**2795**	**57781**
水利管理业	66	20	54	9888	688	6584
防洪管理	11	2	7	608	94	1231
水资源管理	53	7	23	6446	344	4028
其他水利管理	2	11	24	2833	251	1325
环境管理业	89	16	168	6090	613	38943
自然保护	2	3		598	315	1423
环境治理	87	13	168	5492	299	37520
公共设施管理业	203	2	40	16235	1493	12254
市政公共设施管理	33	2	29	9587	215	2959
城市绿化管理	9	...	6	2596	232	4762
游览景区管理	161	...	5	4053	1046	4533
居民服务和其他服务业	**5**	**2**	**46**	**6453**	**159**	**5864**
居民服务业	3	2	42	6061	154	4891
家庭服务						6
托儿所				231		109
婚姻服务						4
殡葬服务	3	2	36	5458	127	2568
摄影扩印服务				102	1	18

4－B－13 续表4－4 单位：个、万元、人

指 标 名 称				经营支出	经营税金	全部就业人员年平均人数
	救济费	助学金	退职(役)费			
其他居民服务			6	270	26	2186
其他服务业	2	1	3	392	6	973
修理与维护				108		143
清洁服务		...	3	267	6	606
其他未列明的服务	2	1		17		224
教 育	**2810**	**217907**	**7353**	**51371**	**4236**	**570391**
教 育	2810	217907	7353	51371	4236	570391
学前教育	11	208	118	2424	47	33921
初等教育	565	24885	3751	8619	68	191472
中等教育	812	75799	3034	12643	339	249603
高等教育	1028	113791	240	6534	1573	77363
其他教育	395	3224	209	21152	2208	18032
卫生、社会保障和社会福利业	**1597**	**140**	**1044**	**203887**	**1380**	**266682**
卫 生	310	51	998	200067	1233	256999
医 院	131	8	432	149171	473	176659
卫生院及社区医疗活动	110	18	461	37493	494	58788
门诊部医疗活动	26			7106	74	2799
计划生育技术服务活动	13	12	41	1181	18	2028
妇幼保健活动	12		41	4263	23	6877
专科疾病防治活动	...			85	1	995
疾病预防控制及防疫活动	18	14	22	730	150	6881
其他卫生活动	1			38		1972
社会保障业	3	1	17	1351	101	4112
社会保障业	3	1	17	1351	101	4112
社会福利业	1284	88	28	2469	46	5571
提供住宿的社会福利	1167	10	20	928	30	4313
不提供住宿的社会福利	117	78	8	1541	16	1258
文化、体育和娱乐业	**52**	**1654**	**275**	**42954**	**10741**	**36181**
新闻出版业	4	...	8	19680	2321	3262
新闻业	1		3	1830	147	497
出版业	4	...	5	17850	2175	2765
广播、电视、电影和音像业	22	8	99	18901	6562	15021
广 播	13		1	5615	411	1119
电 视	8	8	99	13117	6105	13616
电 影	1			168	47	286
文化艺术业	23	7	137	3439	1375	15554

4－B－13　续表4－5

单位：个、万元、人

指标名称	救济费	助学金	退职(役)费	经营支出	经营税金	全部就业人员年平均人数
文艺创作与表演			14	633	259	3038
艺术表演场馆			1	206	144	1054
图书馆与档案馆	4	...	23	533	220	3738
文物及文化保护	17	...	36	308	113	954
博物馆	1	1	6	381	89	1956
烈士陵园、纪念馆		4		43		280
群众文化活动	1	2	52	1285	537	4088
文化艺术经纪代理						15
其他文化艺术			5	51	13	431
体　育	3	1639	31	651	395	1773
体育组织	...	1291	28	143	47	758
体育场馆	...	40	3	360	339	562
其他体育	2	308		147	9	453
娱乐业			...	284	87	571
室内娱乐活动						19
游乐园			...	193	86	215
休闲健身娱乐活动				6	1	24
其他娱乐活动				84		313
公共管理和社会组织	**93036**	**15245**	**15972**	**100010**	**11250**	**579661**
中国共产党机关	508	143	424	39	2	16832
中国共产党机关	508	143	424	39	2	16832
国家机构	89918	14023	14693	71234	8243	525489
国家权力机构	8	6	137	94		4740
国家行政机构	89490	13982	14495	70460	8044	496536
人民法院和人民检察院	419	29	50	227	1	22143
其他国家机构		6	12	453	199	2070
人民政协和民主党派	39	37	141			3287
人民政协	38	30	35			2650
民主党派	1	7	106			637
群众团体、社会团体和宗教组织	1569	257	185	4924	80	8239
群众团体	899	182	96	2861	34	5099
社会团体	621	24	89	2055	38	2846
宗教组织	50	50		8	8	294
基层群众自治组织	1001	787	530	23814	2925	25814
社区自治组织	162	95	200	5978	1648	10225
村民自治组织	840	691	330	17836	1277	15589

注：本表按有填写财务表且执行行政事业会计制度的单位统计。

C. 社会团体和其他单位

4－C－1 按登记注册类型和行业（门类、大类、中类）分组的社会团体和其他单位财务状况

单位：个、万元、人

指标名称	单位法人	固定资产原价	本年收入合计	捐赠收入	会费收入
总 计	**56114**	**7375642**	**3470490**	**615706**	**163503**
一、按登记注册类型分					
内 资	**56103**	**7366500**	**3466346**	**614691**	**163503**
国 有	2449	142215	399880	131642	29733
集 体	1387	370549	140705	11652	7509
股份合作企业	91	41068	21521	565	27
联营企业	41	5000	2304	460	86
国有联营	3	156	83		
集体联营	15	1016	410	79	52
国有与集体联营	6	3184	1147	345	1
其他联营	17	644	664	37	33
有限责任公司	30	3312	1604	8	16
其他有限责任公司	30	3312	1604	8	16
股份有限公司	18	534	1003	44	54
私营企业	2568	252782	171097	5873	7680
私营独资	1890	153053	103595	4349	920
私营合伙	564	95351	61914	1266	6527
私营有限责任公司	101	3786	5120	178	203
私营股份有限公司	13	593	468	80	31
其 他	49519	6551040	2728233	464447	118400
港澳台商投资	**7**	**5774**	**3481**	**1015**	
与港澳台商合资经营	2	4986	3260	950	
与港澳台商合作经营	2	591	166	19	
港澳台商独资	2	152	46	46	
港澳台商投资股份有限公司	1	44	9		
外商投资	**4**	**3369**	**662**		
中外合资经营	1	3300	580		
外资企业	1	17	51		
外商投资股份有限公司	2	52	32		
二、按国民经济行业（门类、大类、中类）分					
交通运输、仓储和邮政业	**5**	**1098**	**5952**	**1000**	
道路运输业	3	950	5900	1000	
道路运输辅助活动	3	950	5900	1000	
水上运输业	2	148	52		
水上运输辅助活动	2	148	52		
信息传输、计算机服务和软件业	**8**	**239**	**270**		
电信和其他信息传输服务业	1	57	3		
互联网信息服务	1	57	3		
计算机服务业	4	117	103		
计算机系统服务	1		45		

4－C－1　续表1－1　　单位：个、万元、人

指　标　名　称	单位法人	固定资产原　价	本年收入合　计	捐赠收入	会费收入
其他计算机服务	3	117	58		
软件业	3	66	164		
公共软件服务	1	57	127		
其他软件服务	2	9	37		
租赁和商务服务业	**3371**	**1021475**	**389495**	**1965**	**3069**
租赁业	2	11	618		
机械设备租赁	2	11	618		
商务服务业	3369	1021464	388876	1965	3069
企业管理服务	3035	1006170	363602	1744	2437
法律服务	223	7245	20241	8	157
咨询与调查	54	5806	2994	119	375
知识产权服务	2	6	61		52
职业中介服务	12	92	384	90	1
市场管理	21	1881	1013	2	
旅行社	2	12	137		
其他商务服务	20	252	445	3	46
科学研究、技术服务和地质勘查业	**419**	**15177**	**56074**	**110**	**441**
研究与试验发展	145	3354	3891	53	36
自然科学研究与试验发展	8	109	116	26	...
工程和技术研究与试验发展	28	839	1214	10	13
农业科学研究与试验发展	50	1066	1603	10	5
医学研究与试验发展	46	1302	836	3	
社会人文科学研究与试验发展	13	38	122	5	17
专业技术服务业	30	734	42652		162
气象服务	2	121	633		
海洋服务	1	15	3		
测绘服务	1	1	205		103
技术检测	8	264	573		
环境监测	1	4	8		
工程技术与规划管理	10	279	41120		48
其他专业技术服务	7	50	111		11
科技交流和推广服务业	244	11089	9531	57	244
技术推广服务	215	10682	8111	42	153
科技中介服务	21	349	1143	5	20
其他科技服务	8	58	277	11	72
水利、环境和公共设施管理业	**76**	**54784**	**4294**	**50**	**62**
水利管理业	32	47523	1084	...	31
水资源管理	27	47329	828		13
其他水利管理	5	194	256	...	18
环境管理业	26	1887	2020	26	31

4－C－1 续表1－2 单位：个、万元、人

指 标 名 称	单位法人	固定资产原 价	本年收入合 计	捐赠收入	会费收入
自然保护	9	783	251	21	19
环境治理	17	1104	1769	5	12
公共设施管理业	18	5374	1190	24	
市政公共设施管理	2	44	196		
城市绿化管理	1	5	20		
游览景区管理	15	5325	974	24	
居民服务和其他服务业	**228**	**23146**	**13947**	**274**	**298**
居民服务业	220	15959	13802	273	294
家庭服务	4	228	103	5	
托儿所	44	828	804	15	53
理发及美容保健服务	1		58		
婚姻服务	7	194	184	3	
殡葬服务	97	11562	9846	15	235
摄影扩印服务	2	4	6		6
其他居民服务	65	3143	2801	235	...
其他服务业	8	7187	145	1	4
修理与维护	1	10	50		
其他未列明的服务	7	7177	95	1	4
教 育	**5230**	**799701**	**450632**	**12346**	**18336**
教 育	5230	799701	450632	12346	18336
学前教育	3443	247412	157563	1023	2193
初等教育	221	65581	42999	2304	141
中等教育	266	337170	129585	8061	6473
高等教育	39	103548	51299		8893
其他教育	1261	45990	69186	958	636
卫生、社会保障和社会福利业	**2214**	**150578**	**280898**	**117525**	**451**
卫 生	1509	97447	137410	1064	123
医 院	85	55137	53117	987	52
卫生院及社区医疗活动	266	19856	30499	41	22
门诊部医疗活动	1125	21159	51391	16	47
计划生育技术服务活动	5	47	52		4
妇幼保健活动	2	162	152		
专科疾病防治活动	16	977	1695	20	
疾病预防控制及防疫活动	5	77	271		
其他卫生活动	5	32	236		
社会保障业	5	189	6862	3818	
社会保障业	5	189	6862	3818	
社会福利业	700	52942	136626	112644	328
提供住宿的社会福利	469	45413	18659	1128	81
不提供住宿的社会福利	231	7528	117967	111516	247

4－C－1 续表1－3

单位：个、万元、人

指 标 名 称	单位法人	固定资产原价	本年收入合计	捐赠收入	会费收入
文化、体育和娱乐业	**626**	**32450**	**14895**	**2558**	**848**
新闻出版业	8	52	678	2	16
出版业	8	52	678	2	16
广播、电视、电影和音像业	1	2800	35		
电 影	1	2800	35		
文化艺术业	227	26219	6814	843	116
文艺创作与表演	65	729	1483	14	44
艺术表演场馆	1	100	70		
图书馆与档案馆	5	63	17		...
文物及文化保护	24	13701	1135	245	1
博物馆	30	8707	325	45	10
烈士陵园、纪念馆	8	1112	253	193	
群众文化活动	83	1743	3447	327	42
文化艺术经纪代理	1	20	13		
其他文化艺术	10	44	71	19	19
体 育	354	2363	6587	1640	643
体育组织	331	1891	5954	1637	519
体育场馆	2	33	94		
其他体育	21	440	540	2	124
娱乐业	36	1016	781	73	73
室内娱乐活动	7	297	105		2
休闲健身娱乐活动	24	661	555	61	59
其他娱乐活动	5	58	122	12	11
公共管理和社会组织	**43937**	**5276996**	**2254035**	**479878**	**139999**
中国共产党机关	4	165	4055		25
中国共产党机关	4	165	4055		25
国家机构	116	20467	94220	884	74
国家行政机构	115	20467	94219	884	74
人民法院和人民检察院	1		1		
人民政协和民主党派	10	50	315		5
人民政协	1	1	200		
民主党派	9	49	115		5
群众团体、社会团体和宗教组织	16570	1685834	889346	462026	126322
群众团体	508	14153	51593	19679	7954
社会团体	8225	192061	578544	284323	112392
宗教组织	7837	1479621	259209	158024	5976
基层群众自治组织	27237	3570479	1266098	16968	13572
社区自治组织	2600	357804	154860	4038	3490
村民自治组织	24637	3212675	1111238	12931	10082

4－C－1 续表2－1

单位：个、万元、人

指 标 名 称	提供服务收入	政府补助收入	本年费用合计	业务活动成本
总 计	**1308355**	**702310**	**2607398**	**1359460**
一、按登记注册类型分				
内 资	**1305470**	**702306**	**2603552**	**1357112**
国 有	70290	115961	330521	246006
集 体	82952	9892	106453	53554
股份合作企业	14341	377	18407	13550
联营企业	1208	28	2043	1366
国有联营	83		60	38
集体联营	234	11	324	164
国有与集体联营	311	15	980	701
其他联营	579	2	679	463
有限责任公司	1376	29	2123	1677
其他有限责任公司	1376	29	2123	1677
股份有限公司	332	140	702	448
私营企业	140363	9453	160911	94021
私营独资	86788	6417	93397	54987
私营合伙	49132	2709	61833	35584
私营有限责任公司	4217	276	5195	3124
私营股份有限公司	225	51	486	326
其 他	994610	566426	1982392	946491
港澳台商投资	**2223**	**4**	**3184**	**2272**
与港澳台商合资经营	2070		2952	2208
与港澳台商合作经营	144	4	157	37
港澳台商独资			46	28
港澳台商投资股份有限公司	9		29	
外商投资	**662**		**662**	**75**
中外合资经营	580		580	50
外资企业	51		51	2
外商投资股份有限公司	32		31	23
二、按国民经济行业(门类、大类、中类)分				
交通运输、仓储和邮政业	**4952**		**1258**	**1190**
道路运输业	4900		1212	1151
道路运输辅助活动	4900		1212	1151
水上运输业	52		45	39
水上运输辅助活动	52		45	39
信息传输、计算机服务和软件业	**180**	**33**	**289**	**82**
电信和其他信息传输服务业	3		2	1
互联网信息服务	3		2	1
计算机服务业	18	30	83	44
计算机系统服务			38	

4－C－1 续表2－2

单位：个、万元、人

指 标 名 称	提供服务收 入	政府补助收 入	本年费用合 计	业务活动成 本
其他计算机服务	18	30	46	44
软件业	159	3	203	37
公共软件服务	122	3	120	
其他软件服务	37		83	37
租赁和商务服务业	**188679**	**81471**	**247745**	**95248**
租赁业	618		639	608
机械设备租赁	618		639	608
商务服务业	188060	81471	247106	94640
企业管理服务	165726	80300	227758	84917
法律服务	19339	240	14935	7093
咨询与调查	1581	594	2919	1810
知识产权服务	8		50	19
职业中介服务	134	160	293	199
市场管理	915	24	763	449
旅行社	12	125	69	3
其他商务服务	346	30	320	152
科学研究、技术服务和地质勘查业	**10381**	**10712**	**50418**	**44788**
研究与试验发展	3033	540	3244	1877
自然科学研究与试验发展	81	8	99	77
工程和技术研究与试验发展	796	254	1247	538
农业科学研究与试验发展	1329	188	1028	619
医学研究与试验发展	783	38	757	582
社会人文科学研究与试验发展	44	53	112	61
专业技术服务业	1621	8932	40251	39024
气象服务	618	15	176	171
海洋服务	3		3	3
测绘服务	102		129	80
技术检测	428		635	284
环境监测	8		30	17
工程技术与规划管理	378	8902	39179	38390
其他专业技术服务	85	15	97	79
科技交流和推广服务业	5727	1240	6924	3887
技术推广服务	4819	903	5801	3118
科技中介服务	823	279	926	666
其他科技服务	85	57	198	103
水利、环境和公共设施管理业	**966**	**2786**	**3592**	**2511**
水利管理业	352	443	840	380
水资源管理	181	378	644	220
其他水利管理	171	66	196	161
环境管理业	407	1394	1983	1561

4－C－1 续表2－3

单位：个、万元、人

指 标 名 称	提供服务收入	政府补助收入	本年费用合计	业务活动成本
自然保护	100	58	220	195
环境治理	307	1336	1763	1366
公共设施管理业	207	948	770	570
市政公共设施管理		196	148	143
城市绿化管理	15	5	20	5
游览景区管理	192	748	602	422
居民服务和其他服务业	**10446**	**2031**	**11310**	**7091**
居民服务业	10370	1966	11160	7012
家庭服务	78	20	105	62
托儿所	696	8	739	484
理发及美容保健服务	58		53	41
婚姻服务	181		141	48
殡葬服务	8727	199	7203	5375
摄影扩印服务			6	1
其他居民服务	631	1739	2915	1002
其他服务业	76	65	150	78
修理与维护		50	22	
其他未列明的服务	76	15	128	78
教 育	**379372**	**17527**	**423669**	**258284**
教 育	379372	17527	423669	258284
学前教育	142499	3127	149711	89518
初等教育	35484	3031	41442	26336
中等教育	100534	6456	125992	82778
高等教育	38992	1428	42054	22894
其他教育	61864	3486	64470	36757
卫生、社会保障和社会福利业	**119747**	**16862**	**194052**	**134636**
卫 生	108728	6948	120665	86978
医 院	42522	2629	52948	36314
卫生院及社区医疗活动	25054	2111	26424	20696
门诊部医疗活动	40310	670	39207	28281
计划生育技术服务活动	18	31	40	12
妇幼保健活动	152		44	40
专科疾病防治活动	287	1386	1570	1381
疾病预防控制及防疫活动	152	119	237	107
其他卫生活动	233	3	196	147
社会保障业	2551	361	4436	4168
社会保障业	2551	361	4436	4168
社会福利业	8469	9553	68951	43490
提供住宿的社会福利	7010	7264	17556	7886
不提供住宿的社会福利	1459	2289	51395	35604

4－C－1 续表2－4

单位：个、万元、人

指标名称	提供服务收入	政府补助收入	本年费用合计	业务活动成本
文化、体育和娱乐业	**5500**	**3197**	**13596**	**8046**
新闻出版业	470	4	574	380
出版业	470	4	574	380
广播、电视、电影和音像业	35		73	73
电　影	35		73	73
文化艺术业	2119	1826	6047	3601
文艺创作与表演	931	278	1345	842
艺术表演场馆	70		65	20
图书馆与档案馆	13	2	15	4
文物及文化保护	91	749	430	192
博物馆	140	106	472	208
烈士陵园、纪念馆	7	24	195	137
群众文化活动	848	642	3440	2154
文化艺术经纪代理	13		2	
其他文化艺术	8	26	83	44
体　育	2391	1285	6102	3648
体育组织	1981	1270	5537	3418
体育场馆	25		70	23
其他体育	385	15	494	207
娱乐业	484	83	801	343
室内娱乐活动	30	30	211	13
休闲健身娱乐活动	391	18	497	271
其他娱乐活动	64	34	93	60
公共管理和社会组织	**588133**	**567692**	**1661469**	**807585**
中国共产党机关	802	3201	1804	587
中国共产党机关	802	3201	1804	587
国家机构	7697	83764	93801	77037
国家行政机构	7697	83763	93800	77037
人民法院和人民检察院		1	1	1
人民政协和民主党派	89	222	216	153
人民政协		200	100	50
民主党派	89	22	116	103
群众团体、社会团体和宗教组织	162122	68883	668571	401320
群众团体	4078	12336	49584	34502
社会团体	94078	54027	407804	266977
宗教组织	63966	2520	211183	99841
基层群众自治组织	417423	411623	897078	328489
社区自治组织	53285	58755	113037	45353
村民自治组织	364139	352868	784041	283136

4－C－1 续表3－1 单位：个、万元、人

指标名称	人员费用	日常费用	固定资产折旧	税费	管理费用
总计	**398864**	**455150**	**74333**	**10917**	**900688**
一、按登记注册类型分					
内资	**396640**	**455053**	**74331**	**10903**	**899204**
国有	28081	59513	3065	1039	54816
集体	16291	18787	2013	1695	36230
股份合作企业	6295	4574	735	73	3632
联营企业	783	486	17	6	557
国有联营	3	28	1		19
集体联营	110	46	4	1	101
国有与集体联营	429	260	3		276
其他联营	241	152	9	5	161
有限责任公司	627	880	55	26	440
其他有限责任公司	627	880	55	26	440
股份有限公司	329	104	7		188
私营企业	46988	29300	5523	1066	57936
私营独资	27084	17204	3119	473	34008
私营合伙	18622	10964	2133	510	21983
私营有限责任公司	1224	982	253	83	1816
私营股份有限公司	57	150	18		130
其他	297246	341409	62916	7000	745405
港澳台商投资	**2210**	**39**	**1**	**14**	**897**
与港澳台商合资经营	2184	23	1		745
与港澳台商合作经营	16	7		14	109
港澳台商独资	10	9			15
港澳台商投资股份有限公司					29
外商投资	**14**	**58**	**1**		**587**
中外合资经营		50			530
外资企业					50
外商投资股份有限公司	14	8	1		7
二、按国民经济行业(门类、大类、中类)分					
交通运输、仓储和邮政业	**324**	**163**	**74**	**53**	**64**
道路运输业	315	150	68	50	61
道路运输辅助活动	315	150	68	50	61
水上运输业	9	12	6	3	3
水上运输辅助活动	9	12	6	3	3
信息传输、计算机服务和软件业	**43**	**12**	**12**	**1**	**205**
电信和其他信息传输服务业		1			1
互联网信息服务		1			1
计算机服务业	15	11	12	1	38
计算机系统服务					38

4－C－1　续表3－2

单位：个、万元、人

指　标　名　称					
	人员费用	日常费用	固定资产折　旧	税　费	管理费用
其他计算机服务	15	11	12	1	
软件业	28				166
公共软件服务					120
其他软件服务	28				45
租赁和商务服务业	**17208**	**29956**	**4745**	**3154**	**86597**
租赁业		1	...		31
机械设备租赁		1	...		31
商务服务业	17208	29956	4744	3154	86566
企业管理服务	12594	27399	4509	2450	78297
法律服务	3446	2043	187	680	6746
咨询与调查	901	298	42	21	1010
知识产权服务	1	18		1	30
职业中介服务	104	89	1	2	95
市场管理	86	60	5	1	158
旅行社	2	1			65
其他商务服务	75	49	...	1	166
科学研究、技术服务和地质勘查业	**2567**	**6828**	**464**	**145**	**4650**
研究与试验发展	666	738	104	31	1293
自然科学研究与试验发展	30	43	...		22
工程和技术研究与试验发展	79	328	14	18	704
农业科学研究与试验发展	327	241	19	4	366
医学研究与试验发展	206	93	70	9	158
社会人文科学研究与试验发展	24	33	2		43
专业技术服务业	775	4752	51	45	596
气象服务	90	76	5		5
海洋服务	2	2			
测绘服务	10	39	...		49
技术检测	79	141	23	26	252
环境监测	2	3			14
工程技术与规划管理	546	4459	23	19	258
其他专业技术服务	46	33	...		18
科技交流和推广服务业	1126	1338	308	70	2761
技术推广服务	935	1202	301	59	2422
科技中介服务	174	74	6	8	260
其他科技服务	16	61	1	3	79
水利、环境和公共设施管理业	**1495**	**915**	**56**	**9**	**885**
水利管理业	56	289	19	9	305
水资源管理	42	150	19	1	270
其他水利管理	14	138		8	35
环境管理业	1220	291	26	...	396

4－C－1 续表3－3 单位：个、万元、人

指 标 名 称	人员费用	日常费用	固定资产折 旧	税 费	管理费用
自然保护	63	130	1		25
环境治理	1157	161	24	...	371
公共设施管理业	219	335	11		184
市政公共设施管理	22	121			5
城市绿化管理		4			15
游览景区管理	196	211	11		165
居民服务和其他服务业	**1943**	**3977**	**549**	**66**	**3620**
居民服务业	1920	3953	519	66	3569
家庭服务	6	2	...	4	39
托儿所	324	106	16	1	235
理发及美容保健服务		41			12
婚姻服务	10	20	2		91
殡葬服务	821	3659	442	50	1478
摄影扩印服务	1	...			4
其他居民服务	757	125	59	10	1710
其他服务业	24	24	31		52
修理与维护					22
其他未列明的服务	24	24	31		30
教 育	**136935**	**79503**	**16636**	**1897**	**146315**
教 育	136935	79503	16636	1897	146315
学前教育	52677	26376	5394	373	55492
初等教育	14889	6904	1308	191	13660
中等教育	44734	22981	7281	343	34600
高等教育	8447	10269	1336	45	18274
其他教育	16188	12973	1317	946	24289
卫生、社会保障和社会福利业	**30912**	**60712**	**5000**	**324**	**33570**
卫 生	25102	40607	4426	303	22654
医 院	11043	18119	2736	150	10794
卫生院及社区医疗活动	6266	11413	1115	73	3880
门诊部医疗活动	6935	10410	520	79	7590
计划生育技术服务活动	4	7	...	1	28
妇幼保健活动	28	2	11		4
专科疾病防治活动	713	577	42	1	185
疾病预防控制及防疫活动	50	11	1		125
其他卫生活动	64	69	1		49
社会保障业	17	1			266
社会保障业	17	1			266
社会福利业	5793	20104	574	21	10651
提供住宿的社会福利	3101	3602	444	20	8212
不提供住宿的社会福利	2692	16503	130	1	2439

4－C－1 续表3－4

单位：个、万元、人

指 标 名 称	人员费用	日常费用	固定资产折旧	税 费	管理费用
文化、体育和娱乐业	**2257**	**2811**	**233**	**67**	**4537**
新闻出版业		354	13	7	186
出版业		354	13	7	186
广播、电视、电影和音像业	7	10	56		
电 影	7	10	56		
文化艺术业	1214	693	122	29	1824
文艺创作与表演	508	230	35	11	471
艺术表演场馆	5	11	4		45
图书馆与档案馆	2	2	1		9
文物及文化保护	24	126	24		235
博物馆	120	42	17	1	264
烈士陵园、纪念馆	19	94	23		58
群众文化活动	518	166	17	16	702
文化艺术经纪代理					2
其他文化艺术	19	23	2	1	38
体 育	897	1574	36	24	2187
体育组织	760	1543	28	22	1884
体育场馆	13			1	47
其他体育	124	31	8	2	256
娱乐业	139	180	5	7	339
室内娱乐活动	3	10			93
休闲健身娱乐活动	90	160	4	7	215
其他娱乐活动	46	10	1		32
公共管理和社会组织	**205181**	**270273**	**46566**	**5201**	**620246**
中国共产党机关	1	586			630
中国共产党机关	1	586			630
国家机构	1896	1190	452	13	13511
国家行政机构	1896	1190	452	13	13511
人民法院和人民检察院					...
人民政协和民主党派	146	4	...		63
人民政协	50				50
民主党派	96	4	...		13
群众团体、社会团体和宗教组织	95578	151769	18490	2789	205451
群众团体	10901	19265	115	10	8201
社会团体	48531	101461	3871	2586	101308
宗教组织	36146	31043	14504	193	95942
基层群众自治组织	107561	116724	27623	2399	400591
社区自治组织	15292	16924	5458	579	51307
村民自治组织	92269	99800	22165	1819	349284

4-C-1 续表4-1

单位：个、万元、人

指标名称	人员费用	日常费用	固定资产折旧	税费	净资产变动额	全部就业人员年平均人数
总计	**412979**	**270003**	**107164**	**5474**	**565329**	**417153**
一、按登记注册类型分						
内资	**412012**	**269815**	**106839**	**5474**	**565063**	**416599**
国有	19865	25195	2135	617	48805	16806
集体	12098	13455	3646	766	40959	11898
股份合作企业	1807	1149	204	13	2208	2207
联营企业	268	213	23	5	227	395
国有联营	10	6		2		6
集体联营	45	51	1	3	103	81
国有与集体联营	183	35	13		158	182
其他联营	30	120	10	…	-34	126
有限责任公司	187	176	66	6	36	425
其他有限责任公司	187	176	66	6	36	425
股份有限公司	63	70	45		291	146
私营企业	33944	16388	4240	545	9385	32737
私营独资	19517	10136	2770	163	8552	21683
私营合伙	13092	5800	1417	369	2183	10101
私营有限责任公司	1249	434	34	13	-1316	878
私营股份有限公司	87	20	20	1	-34	75
其他	343780	213168	96479	3522	463151	351985
港澳台商投资	**527**	**47**	**322**	**…**	**274**	**432**
与港澳台商合资经营	421	31	292		274	349
与港澳台商合作经营	86	2	21			55
港澳台商独资	5	2	7			8
港澳台商投资股份有限公司	14	12	2	…		20
外商投资	**440**	**141**	**3**		**-8**	**122**
中外合资经营	410	120				105
外资企业	29	15	3			7
外商投资股份有限公司	2	6			-8	10
二、按国民经济行业（门类、大类、中类）分						
交通运输、仓储和邮政业	**50**	**2**	**2**		**2158**	**98**
道路运输业	48	1	2		2158	93
道路运输辅助活动	48	1	2		2158	93
水上运输业	2	1				5
水上运输辅助活动	2	1				5
信息传输、计算机服务和软件业	**97**	**100**	**6**	**2**	**69**	**62**
电信和其他信息传输服务业	1					1
互联网信息服务	1					1
计算机服务业	32	6				20
计算机系统服务	32	6				10

4－C－1 续表4－2

单位：个、万元、人

指 标 名 称	人员费用	日常费用	固定资产折旧	税 费	净资产变动额	全部就业人员年平均人数
其他计算机服务						10
软件业	63	95	6	2	69	41
公共软件服务	33	82	5		69	11
其他软件服务	30	13	1	2		30
租赁和商务服务业	**30870**	**22333**	**16347**	**1384**	**86258**	**17306**
租赁业	10	19	...	1	1	6
机械设备租赁	10	19	...	1	1	6
商务服务业	30860	22313	16347	1383	86257	17300
企业管理服务	26986	19660	15946	1055	85325	14940
法律服务	3034	2225	234	315	767	1633
咨询与调查	500	287	161	11	80	318
知识产权服务	20	9	1		11	6
职业中介服务	89	5	...		4	168
市场管理	134	14	...	2		112
旅行社	53	11	...			21
其他商务服务	45	104	4	1	69	102
科学研究、技术服务和地质勘查业	**2800**	**1329**	**230**	**76**	**920**	**2664**
研究与试验发展	660	512	82	23	－212	806
自然科学研究与试验发展	10	...	4	7	－3	35
工程和技术研究与试验发展	360	271	56	14	－232	291
农业科学研究与试验发展	187	164	14		12	253
医学研究与试验发展	94	54	7	3	1	197
社会人文科学研究与试验发展	10	24	1		10	30
专业技术服务业	246	228	17	6	545	301
气象服务	4	1				17
海洋服务						10
测绘服务	18		...		80	6
技术检测	84	121	15	6	－61	66
环境监测	3		...		－23	2
工程技术与规划管理	122	104	2		548	163
其他专业技术服务	15	3	...		...	37
科技交流和推广服务业	1894	589	131	47	588	1557
技术推广服务	1719	480	111	39	463	1391
科技中介服务	151	62	13	8	51	141
其他科技服务	25	46	7	...	74	25
水利、环境和公共设施管理业	**654**	**131**	**73**		**379**	**1391**
水利管理业	230	30	31		265	138
水资源管理	201	25	31		208	108
其他水利管理	30	6			57	30
环境管理业	331	46	8		2	1042

4－C－1 续表4－3 单位：个、万元、人

指 标 名 称					净资产变动额	全部就业人员年平均人数
	人员费用	日常费用	固定资产折旧	税 费		
自然保护	17	8			3	230
环境治理	314	38	8		－2	812
公共设施管理业	93	54	35		112	211
市政公共设施管理	3	1			106	15
城市绿化管理	15					3
游览景区管理	74	53	35		6	193
居民服务和其他服务业	**2358**	**603**	**95**	**52**	**863**	**1828**
居民服务业	2317	596	93	51	835	1803
家庭服务	5	34			1	30
托儿所	171	53	10		82	295
理发及美容保健服务	12					5
婚姻服务	25	2	1	6	7	19
殡葬服务	836	203	65	23	553	455
摄影扩印服务	4				3	2
其他居民服务	1263	304	17	22	189	997
其他服务业	41	8	2	1	28	25
修理与维护	22				28	1
其他未列明的服务	19	8	2	1		24
教 育	**78650**	**44537**	**13195**	**791**	**37320**	**84031**
教 育	78650	44537	13195	791	37320	84031
学前教育	36291	12477	3708	49	9942	44708
初等教育	6758	4809	1403	53	870	8504
中等教育	16809	12020	3269	117	17614	15357
高等教育	6681	6904	3690	132	6093	3908
其他教育	12112	8328	1126	440	2802	11554
卫生、社会保障和社会福利业	**13416**	**13912**	**2544**	**187**	**30215**	**15966**
卫 生	9393	9551	1440	48	4231	10625
医 院	3553	5233	514	6	1007	4066
卫生院及社区医疗活动	2130	1067	402	13	1986	3050
门诊部医疗活动	3476	3117	517	17	1197	3225
计划生育技术服务活动	28	...			8	15
妇幼保健活动	4				...	19
专科疾病防治活动	136	42	3		7	186
疾病预防控制及防疫活动	22	89	3	11	23	25
其他卫生活动	45	3	...	1	3	39
社会保障业	62	168	20	16	2421	26
社会保障业	62	168	20	16	2421	26
社会福利业	3961	4193	1083	124	23564	5315
提供住宿的社会福利	3172	3078	920	7	2068	3466
不提供住宿的社会福利	790	1116	163	117	21496	1849

4－C－1 续表4－4

单位：个、万元、人

指 标 名 称	人员费用	日常费用	固定资产折 旧	税 费	净资产变动额	全部就业人员年平均人数
文化、体育和娱乐业	**2500**	**1234**	**190**	**45**	**1277**	**3401**
新闻出版业	114	47	4	2	131	59
出版业	114	47	4	2	131	59
广播、电视、电影和音像业						7
电 影						7
文化艺术业	1200	367	113	1	843	1516
文艺创作与表演	410	49	11		78	670
艺术表演场馆	40	5				17
图书馆与档案馆	9		...		－1	9
文物及文化保护	143	63	24		582	207
博物馆	93	104	17	1	3	124
烈士陵园、纪念馆	45	5	8			36
群众文化活动	446	117	52	...	193	426
文化艺术经纪代理	2					2
其他文化艺术	13	24	1	...	－13	25
体 育	1056	648	56	40	265	1659
体育组织	910	531	48	34	299	1481
体育场馆	26	1	5		－45	26
其他体育	120	116	2	6	11	152
娱乐业	130	172	18	2	39	160
室内娱乐活动	53	22	16	2	1	53
休闲健身娱乐活动	68	128	2	1	38	90
其他娱乐活动	10	22	1			17
公共管理和社会组织	**281583**	**185822**	**74482**	**2937**	**405870**	**290406**
中国共产党机关	622	8				137
中国共产党机关	622	8				137
国家机构	2362	8045	642	60	2622	1176
国家行政机构	2362	8045	642	60	2622	1172
人民法院和人民检察院						4
人民政协和民主党派	56	7	...		1	152
人民政协	50		...			24
民主党派	6	7			1	128
群众团体、社会团体和宗教组织	94955	71559	19842	1857	161785	98754
群众团体	3669	3022	189	21	513	2236
社会团体	36829	45349	6088	1582	95887	48504
宗教组织	54457	23188	13565	254	65385	48014
基层群众自治组织	183588	106203	53998	1021	241461	190187
社区自治组织	28502	13394	4159	324	36980	19102
村民自治组织	155086	92810	49838	697	204481	171085

注：本表按有填写财务表且执行民间非营利组织及其他会计制度的单位统计。

4－C－2 按地区分组的社会团体和其他单位财务状况

单位：个、万元、人

地 区	单位法人	固定资产原价	本年收入合计	捐赠收入	会费收入	提供服务收入	政府补助收入
总 计	**56114**	**7375642**	**3470490**	**615706**	**163503**	**1308355**	**702310**
杭州市	4912	530692	562522	139548	40979	209704	63762
宁波市	5774	1244294	554377	104940	22318	198068	109777
温州市	12863	1722117	557948	121619	25636	209918	94747
嘉兴市	2124	450120	188723	23798	6611	72129	47376
湖州市	1958	328233	136932	13047	4436	51352	35379
绍兴市	3282	440233	249610	55311	20943	113773	34432
金华市	8112	755030	383532	49577	25056	138629	97141
衢州市	3142	174649	80029	7937	2632	23917	24804
舟山市	1369	207526	174618	18931	2697	24738	98883
台州市	7885	1325778	494289	65527	9362	247308	67205
丽水市	4693	196971	87910	15471	2833	18820	28804

4－C－2 续表1

单位：个、万元、人

地 区	本年费用合计	业务活动成本	人员费用	日常费用	固定资产折旧	税 费	管理费用
总 计	**2607398**	**1359460**	**398864**	**455150**	**74333**	**10917**	**900688**
杭州市	407650	238298	47649	87864	5562	2933	130849
宁波市	396099	208934	55822	66168	10249	2115	128349
温州市	470853	248484	101132	100139	17269	1066	157958
嘉兴市	145210	58387	17610	16310	4637	538	69558
湖州市	109026	47513	17566	17235	4482	399	38451
绍兴市	182435	98789	35790	27374	8389	1463	60394
金华市	260417	151805	54493	53323	8807	901	70382
衢州市	67331	32822	11518	10049	2291	298	25968
舟山市	151544	99318	5520	13504	2416	378	38125
台州市	347008	138700	41854	51697	8454	554	163242
丽水市	69826	36410	9911	11486	1777	272	17412

4－C－2 续表2

单位：个、万元、人

地 区	人员费用	日常费用	固定资产折旧	税 费	净资产变动额	全部就业人员年平均人数
总 计	**412979**	**270003**	**107164**	**5474**	**565329**	**417153**
杭州市	45691	56054	10241	1368	60112	38884
宁波市	63019	27438	23000	665	119558	40066
温州市	69197	51316	20404	331	153774	95834
嘉兴市	33278	16410	9526	317	37660	17270
湖州市	17771	13357	1570	55	21673	15322
绍兴市	32783	14804	6217	763	41770	24054
金华市	30707	21519	6322	1142	70808	57179
衢州市	13621	7506	1229	131	13340	21459
舟山市	13484	15086	5788	235	30744	8582
台州市	86595	40319	21728	425	5971	66776
丽水市	6833	6194	1140	42	9920	31727

注：本表按有填写财务表且执行民间非营利组织及其他会计制度的单位统计。

4－C－3 杭州市按登记注册类型和行业(门类、大类、中类)分组的社会团体和其他单位财务状况

单位:个、万元、人

指标名称	单位法人	固定资产原价	本年收入合计	捐赠收入	会费收入
总计	**4912**	**530692**	**562522**	**139548**	**40979**
一、按登记注册类型分					
内资	**4910**	**530646**	**562500**	**139548**	**40979**
国有	637	23235	97076	21221	5612
集体	244	147814	50020	104	727
股份合作企业	15	1905	3008	1	2
联营企业	10	258	310	18	18
国有联营	1	3	18		
集体联营	5	164	73	18	
国有与集体联营	1	68	141		
其他联营	3	24	78		18
有限责任公司	17	664	854	8	16
其他有限责任公司	17	664	854	8	16
股份有限公司	8	160	270	30	10
私营企业	318	16272	20688	358	300
私营独资	241	13341	15095	176	146
私营合伙	42	1904	4067	86	18
私营有限责任公司	31	941	1470	56	136
私营股份有限公司	4	86	56	40	1
其他	3661	340338	390274	117808	34295
港澳台商投资	**1**	**44**	**9**		
港澳台商投资股份有限公司	1	44	9		
外商投资	**1**	**2**	**14**		
外商投资股份有限公司	1	2	14		
二、按国民经济行业(门类、大类、中类)分					
信息传输、计算机服务和软件业	**1**		**45**		
计算机服务业	1		45		
计算机系统服务	1		45		
租赁和商务服务业	**167**	**172630**	**47097**	**230**	**122**
商务服务业	167	172630	47097	230	122
企业管理服务	95	171163	42919	44	21
法律服务	39	763	2978		
咨询与调查	18	208	536	109	100
职业中介服务	2	25	158	78	
市场管理	5	263	198		
其他商务服务	8	207	309		1
科学研究、技术服务和地质勘查业	**83**	**2052**	**34898**	**14**	**202**
研究与试验发展	29	680	854	5	16
自然科学研究与试验发展	1	1			

4－C－3 续表 1－1 单位：个、万元、人

指标名称	单位法人	固定资产原价	本年收入合计	捐赠收入	会费收入
工程和技术研究与试验发展	9	192	468		13
农业科学研究与试验发展	8	310	212		2
医学研究与试验发展	7	161	158		
社会人文科学研究与试验发展	4	15	17	5	1
专业技术服务业	10	369	31889		105
测绘服务	1	1	205		103
技术检测	5	211	357		
工程技术与规划管理	3	153	31327		2
其他专业技术服务	1	3			
科技交流和推广服务业	44	1004	2156	9	81
技术推广服务	35	850	1316	1	8
科技中介服务	5	102	632	3	1
其他科技服务	4	52	208	6	72
水利、环境和公共设施管理业	**5**	**1173**	**356**		
环境管理业	3	915	331		
自然保护	1	723	143		
环境治理	2	193	189		
公共设施管理业	2	258	25		
市政公共设施管理	1	28	10		
游览景区管理	1	230	15		
居民服务和其他服务业	**34**	**809**	**1411**		**1**
居民服务业	34	809	1411		1
家庭服务	1	10	65		
托儿所	7	117	82		
婚姻服务	2	10	115		
殡葬服务	8	610	876		
摄影扩印服务	1	3	1		1
其他居民服务	15	59	273		
教　育	**689**	**72443**	**76966**	**982**	**539**
教　育	689	72443	76966	982	539
学前教育	392	25144	19236	158	335
初等教育	26	8249	8309	602	
中等教育	45	7205	10688	125	
高等教育	26	25095	21194		67
其他教育	200	6751	17539	98	137
卫生、社会保障和社会福利业	**639**	**20878**	**94431**	**45954**	**44**
卫　生	544	16835	46002	905	21
医　院	21	7251	12021	883	
卫生院及社区医疗活动	94	4509	7609	21	18

4－C－3 续表1－2 单位：个、万元、人

指标名称	单位法人	固定资产原价	本年收入合计	捐赠收入	会费收入
门诊部医疗活动	423	4893	26182	...	3
计划生育技术服务活动	1	1	4		
妇幼保健活动	1	152	45		
专科疾病防治活动	2	24	76		
其他卫生活动	2	5	65		
社会福利业	95	4043	48429	45050	22
提供住宿的社会福利	53	3832	2356	124	
不提供住宿的社会福利	42	211	46073	44926	22
文化、体育和娱乐业	**122**	**2255**	**2962**	**444**	**185**
新闻出版业	7	51	672		16
出版业	7	51	672		16
文化艺术业	53	1904	879	28	33
文艺创作与表演	17	200	294	7	
文物及文化保护	2	278	75	2	
博物馆	11	591	50	15	...
烈士陵园、纪念馆	1	200	1		
群众文化活动	18	613	444		33
其他文化艺术	4	22	15	4	
体育	54	223	1263	416	128
体育组织	51	203	1137	416	108
其他体育	3	20	126		20
娱乐业	8	78	148		9
室内娱乐活动	1	2	3		2
休闲健身娱乐活动	5	26	82		1
其他娱乐活动	2	50	62		5
公共管理和社会组织	**3172**	**258452**	**304356**	**91923**	**39887**
中国共产党机关	2	143	4008		
中国共产党机关	2	143	4008		
国家机构	13	11815	6276	552	57
国家行政机构	12	11815	6275	552	57
人民法院和人民检察院	1		1		
群众团体、社会团体和宗教组织	2432	95000	226873	90567	39747
群众团体	193	1458	9529	275	1793
社会团体	1665	28466	179212	77407	37155
宗教组织	574	65076	38131	12885	798
基层群众自治组织	725	151494	67200	804	84
社区自治组织	242	54759	33035	632	64
村民自治组织	483	96735	34165	172	20

4－C－3 续表2－1 单位：个、万元、人

指 标 名 称	提供服务收入	政府补助收入	本年费用合计	业务活动成本
总 计	**209704**	**63762**	**407650**	**238298**
一、按登记注册类型分				
内 资	**209682**	**63762**	**407607**	**238289**
国 有	22381	9776	83805	59514
集 体	39525	1013	38961	19170
股份合作企业	1683	38	2467	1135
联营企业	247		255	99
国有联营	18		13	10
集体联营	28		36	33
国有与集体联营	141		143	
其他联营	59		64	56
有限责任公司	629	29	1330	1146
其他有限责任公司	629	29	1330	1146
股份有限公司	164	...	247	120
私营企业	16897	1954	20594	13292
私营独资	12598	1152	15046	9448
私营合伙	3132	772	3781	2557
私营有限责任公司	1159	30	1704	1248
私营股份有限公司	9		63	40
其 他	128157	50952	259948	143814
港澳台商投资	**9**		**29**	
港澳台商投资股份有限公司	9		29	
外商投资	**14**		**14**	**8**
外商投资股份有限公司	14		14	8
二、按国民经济行业(门类、大类、中类)分				
信息传输、计算机服务和软件业			**38**	
计算机服务业			38	
计算机系统服务			38	
租赁和商务服务业	**36312**	**5792**	**35106**	**14131**
商务服务业	36312	5792	35106	14131
企业管理服务	32955	5667	31469	12358
法律服务	2549	27	2664	1251
咨询与调查	303	17	496	285
职业中介服务	10	70	81	63
市场管理	198		192	107
其他商务服务	297	10	204	68
科学研究、技术服务和地质勘查业	**2331**	**514**	**33129**	**31911**
研究与试验发展	567	218	610	348
自然科学研究与试验发展			...	...

4－C－3 续表2－2

单位：个、万元、人

指标名称	提供服务收入	政府补助收入	本年费用合计	业务活动成本
工程和技术研究与试验发展	238	217	253	84
农业科学研究与试验发展	164	1	173	130
医学研究与试验发展	154		153	109
社会人文科学研究与试验发展	11		31	24
专业技术服务业	587		30515	30307
测绘服务	102		129	80
技术检测	246		337	222
工程技术与规划管理	240		30024	29980
其他专业技术服务			25	25
科技交流和推广服务业	1177	296	2004	1255
技术推广服务	524	242	1274	710
科技中介服务	624	4	597	481
其他科技服务	29	50	134	64
水利、环境和公共设施管理业	**84**	**227**	**330**	**309**
环境管理业	84	202	310	300
自然保护	84	47	124	124
环境治理		155	186	176
公共设施管理业		25	20	9
市政公共设施管理		10	10	6
游览景区管理		15	10	3
居民服务和其他服务业	**1199**	**189**	**1142**	**720**
居民服务业	1199	189	1142	720
家庭服务	65		75	53
托儿所	80	2	84	66
婚姻服务	115		90	6
殡葬服务	876		647	386
摄影扩印服务			1	…
其他居民服务	62	187	245	210
教　育	**70077**	**2193**	**78941**	**42896**
教　育	70077	2193	78941	42896
学前教育	17565	454	20828	11726
初等教育	7150	461	7480	3756
中等教育	8924	626	11003	6924
高等教育	20410	211	20890	10440
其他教育	16029	441	18740	10050
卫生、社会保障和社会福利业	**33568**	**3204**	**52581**	**39583**
卫　生	32035	1919	39785	28760
医　院	9291	1512	10249	6544
卫生院及社区医疗活动	6087	161	7152	5290

4－C－3 续表2－3

单位：个、万元、人

指 标 名 称	提供服务收入	政府补助收入	本年费用合计	业务活动成本
门诊部医疗活动	16544	171	22213	16760
计划生育技术服务活动	4		2	1
妇幼保健活动	45		34	34
专科疾病防治活动		76	78	74
其他卫生活动	65		57	57
社会福利业	1532	1285	12796	10823
提供住宿的社会福利	1166	974	2371	1036
不提供住宿的社会福利	366	311	10425	9787
文化、体育和娱乐业	**1365**	**453**	**2835**	**1837**
新闻出版业	470		569	377
出版业	470		569	377
文化艺术业	560	145	939	521
文艺创作与表演	223	60	288	223
文物及文化保护	21	2	59	15
博物馆	11	8	83	13
烈士陵园、纪念馆	1		5	2
群众文化活动	299	71	465	260
其他文化艺术	5	6	39	8
体 育	201	303	1189	816
体育组织	94	303	1076	800
其他体育	106		112	16
娱乐业	134	5	139	123
室内娱乐活动	1		5	3
休闲健身娱乐活动	81		84	72
其他娱乐活动	52	5	50	48
公共管理和社会组织	**64770**	**51191**	**203549**	**106909**
中国共产党机关	800	3180	1789	580
中国共产党机关	800	3180	1789	580
国家机构	5564	57	6151	3008
国家行政机构	5564	56	6150	3007
人民法院和人民检察院		1	1	1
群众团体、社会团体和宗教组织	46689	23009	137838	88437
群众团体	1351	1404	8370	3541
社会团体	32821	21121	109168	73684
宗教组织	12517	485	20300	11213
基层群众自治组织	11718	24945	57771	14885
社区自治组织	4407	12342	29550	9591
村民自治组织	7311	12603	28221	5293

4－C－3　续表3－1

单位：个、万元、人

指 标 名 称	人员费用	日常费用	固定资产折　旧	税　费	管理费用
总　计	**47649**	**87864**	**5562**	**2933**	**130849**
一、按登记注册类型分					
内　资	**47640**	**87864**	**5562**	**2933**	**130815**
国　有	3823	18636	456	348	18579
集　体	3405	4826	390	868	14011
股份合作企业	646	135	43	3	976
联营企业	33	43	1		150
国有联营	3				
集体联营	16	14	1		1
国有与集体联营					143
其他联营	14	29	…		6
有限责任公司	372	724	47	3	184
其他有限责任公司	372	724	47	3	184
股份有限公司	106	6			94
私营企业	4924	4886	774	170	6156
私营独资	3648	3463	475	81	4523
私营合伙	861	1054	143	64	1218
私营有限责任公司	414	368	155	25	393
私营股份有限公司	2	1	2		23
其　他	34331	58607	3851	1542	90666
港澳台商投资					**29**
港澳台商投资股份有限公司					29
外商投资	**8**				**6**
外商投资股份有限公司	8				6
二、按国民经济行业(门类、大类、中类)分					
信息传输、计算机服务和软件业					**38**
计算机服务业					38
计算机系统服务					38
租赁和商务服务业	**1813**	**3873**	**552**	**772**	**14240**
商务服务业	1813	3873	552	772	14240
企业管理服务	995	3338	452	572	12479
法律服务	631	290	90	191	1380
咨询与调查	112	152	10	9	189
职业中介服务	10	53	1		18
市场管理	26	30			37
其他商务服务	40	10			136
科学研究、技术服务和地质勘查业	**1050**	**836**	**110**	**74**	**1094**
研究与试验发展	163	107	29	17	242
自然科学研究与试验发展		…			

4－C－3 续表3－2

单位：个、万元、人

指 标 名 称	人员费用	日常费用	固定资产折旧	税 费	管理费用
工程和技术研究与试验发展	25	39	6	11	169
农业科学研究与试验发展	85	8	9	2	40
医学研究与试验发展	46	43	14	5	27
社会人文科学研究与试验发展	7	17	1		7
专业技术服务业	534	561	43	29	157
测绘服务	10	39	...		49
技术检测	79	90	23	16	67
工程技术与规划管理	423	429	20	13	41
其他专业技术服务	22	3	...		
科技交流和推广服务业	354	168	38	28	696
技术推广服务	294	116	37	21	510
科技中介服务	44	28	1	5	116
其他科技服务	15	24	1	3	70
水利、环境和公共设施管理业	**159**	**127**			**17**
环境管理业	156	121			10
自然保护	46	78			
环境治理	110	43			10
公共设施管理业	3	6			7
市政公共设施管理		6			4
游览景区管理	3				3
居民服务和其他服务业	**305**	**253**	**41**	**4**	**383**
居民服务业	305	253	41	4	383
家庭服务				4	19
托儿所	45	21	...		17
婚姻服务		6			82
殡葬服务	123	191	39		233
摄影扩印服务	...	...			
其他居民服务	137	36	2		31
教 育	**17763**	**15632**	**1841**	**412**	**32103**
教 育	17763	15632	1841	412	32103
学前教育	6034	3607	860	58	8019
初等教育	2186	1073	44	1	3438
中等教育	3501	1731	209	19	3458
高等教育	3330	5405	481	44	10262
其他教育	2713	3816	247	291	6925
卫生、社会保障和社会福利业	**8054**	**15135**	**721**	**88**	**9204**
卫 生	7574	8650	694	86	7592
医 院	1681	2323	273	36	2634
卫生院及社区医疗活动	1751	2160	199	34	1092

4－C－3　续表3－3　　　　单位：个、万元、人

指　标　名　称	人员费用	日常费用	固定资产折旧	税　费	管理费用
门诊部医疗活动	4055	4163	210	17	3862
计划生育技术服务活动	...	...			1
妇幼保健活动	22	2	11		
专科疾病防治活动	25	1	2		4
其他卫生活动	41	3	...		
社会福利业	480	6485	27	2	1612
提供住宿的社会福利	452	494	23	2	1060
不提供住宿的社会福利	29	5992	4		552
文化、体育和娱乐业	**423**	**1079**	**33**	**13**	**860**
新闻出版业		351	13	7	184
出版业		351	13	7	184
文化艺术业	269	134	10	6	315
文艺创作与表演	142	47	5		34
文物及文化保护	1	13			43
博物馆		1		1	69
烈士陵园、纪念馆	1				3
群众文化活动	121	72	3	4	134
其他文化艺术	4	2	2	1	31
体　育	110	515	9	1	345
体育组织	98	513	8	...	249
其他体育	12	3	1	...	96
娱乐业	44	78	1		16
室内娱乐活动	...	3			2
休闲健身娱乐活动	6	66			12
其他娱乐活动	38	9	1		2
公共管理和社会组织	**18081**	**50929**	**2264**	**1571**	**72912**
中国共产党机关		580			622
中国共产党机关		580			622
国家机构	1389	65	238		3007
国家行政机构	1389	65	238		3007
人民法院和人民检察院					...
群众团体、社会团体和宗教组织	12243	43201	1482	1356	39631
群众团体	799	1578	38	3	1700
社会团体	8064	36837	420	1348	29827
宗教组织	3380	4787	1024	5	8103
基层群众自治组织	4450	7083	544	215	29653
社区自治组织	3004	4452	464	208	13066
村民自治组织	1446	2632	80	7	16587

4－C－3 续表4－1

单位：个、万元、人

指标名称					净资产变动额	全部就业人员年平均人数
	人员费用	日常费用	固定资产折旧	税费		
总计	**45691**	**56054**	**10241**	**1368**	**60112**	**38884**
一、按登记注册类型分						
内资	**45677**	**56036**	**10239**	**1367**	**60120**	**38858**
国有	5690	8148	1001	234	12767	3497
集体	3726	5272	1959	635	8966	2367
股份合作企业	449	417	72	1	－77	298
联营企业	88	2	15		49	66
国有联营						2
集体联营	...	...	...		35	10
国有与集体联营	85		13			40
其他联营	4	1	2		14	14
有限责任公司	73	97	11	3	37	149
其他有限责任公司	73	97	11	3	37	149
股份有限公司	24	18	45		21	50
私营企业	2955	2535	384	76	－53	3158
私营独资	2251	1855	279	13	952	2420
私营合伙	433	581	79	55	417	462
私营有限责任公司	265	99	11	7	－1422	262
私营股份有限公司	7	...	15	...		14
其他	32671	39548	6753	419	38410	29273
港澳台商投资	**14**	**12**	**2**	**...**		**20**
港澳台商投资股份有限公司	14	12	2	...		20
外商投资		**6**			**－8**	**6**
外商投资股份有限公司		6			－8	6
二、按国民经济行业(门类、大类、中类)分						
信息传输、计算机服务和软件业	**32**	**6**				**10**
计算机服务业	32	6				10
计算机系统服务	32	6				10
租赁和商务服务业	**3485**	**5569**	**2082**	**625**	**6779**	**1751**
商务服务业	3485	5569	2082	625	6779	1751
企业管理服务	3117	4636	2002	572	6495	1318
法律服务	241	733	74	51	160	284
咨询与调查	59	102	3	1	59	83
职业中介服务	15	3				9
市场管理	30					40
其他商务服务	24	96	3	1	66	17
科学研究、技术服务和地质勘查业	**525**	**347**	**83**	**18**	**384**	**520**
研究与试验发展	107	113	17	2	24	168
自然科学研究与试验发展						1

4－C－3　续表4－2

单位：个、万元、人

指　标　名　称					净资产变动额	全部就业人员年平均人数
	人员费用	日常费用	固定资产折　旧	税　费		
工程和技术研究与试验发展	68	85	12	2	34	59
农业科学研究与试验发展	26	8	4		－1	57
医学研究与试验发展	11	15	1	...	...	45
社会人文科学研究与试验发展	2	4	1		－9	6
专业技术服务业	71	17	6	6	100	129
测绘服务	18		...		80	6
技术检测	12	17	6	6	21	35
工程技术与规划管理	41		...			82
其他专业技术服务						6
科技交流和推广服务业	347	218	60	10	260	223
技术推广服务	259	145	42	7	139	173
科技中介服务	68	30	11	3	47	35
其他科技服务	20	42	7	...	74	15
水利、环境和公共设施管理业	**3**	**1**	**1**		**106**	**75**
环境管理业						67
自然保护						23
环境治理						44
公共设施管理业	3	1	1		106	8
市政公共设施管理	3	1			106	7
游览景区管理			1			1
居民服务和其他服务业	**191**	**78**	**44**	**6**	**58**	**224**
居民服务业	191	78	44	6	58	224
家庭服务		19				20
托儿所	14	3			1	40
婚姻服务	19		1	6	7	8
殡葬服务	147	36	43			72
摄影扩印服务					3	1
其他居民服务	12	19	...		47	83
教　育	**13587**	**13031**	**2536**	**176**	**3372**	**12132**
教　育	13587	13031	2536	176	3372	12132
学前教育	5099	2121	385	29	1421	5412
初等教育	1219	1580	483	3	666	1264
中等教育	1274	1410	234	47	830	1382
高等教育	3664	5030	1186	30	831	1991
其他教育	2330	2890	249	67	－377	2083
卫生、社会保障和社会福利业	**2804**	**4733**	**432**	**9**	**6830**	**3392**
卫　生	2236	4050	160	7	1420	2748
医　院	301	1458	46		－112	808
卫生院及社区医疗活动	630	318	21	2	597	645

4－C－3 续表4－3

单位：个、万元、人

指标名称	人员费用	日常费用	固定资产折旧	税费	净资产变动额	全部就业人员年平均人数
门诊部医疗活动	1302	2273	93	5	937	1258
计划生育技术服务活动	…	…				1
妇幼保健活动						14
专科疾病防治活动	3	1			－2	6
其他卫生活动						16
社会福利业	568	682	271	3	5410	644
提供住宿的社会福利	443	274	261	3	295	468
不提供住宿的社会福利	125	409	11		5115	176
文化、体育和娱乐业	**338**	**391**	**19**	**7**	**232**	**491**
新闻出版业	114	45	4	2	130	58
出版业	114	45	4	2	130	58
文化艺术业	109	146	10	…	20	283
文艺创作与表演	24	8	2		21	172
文物及文化保护	23	20	1		－9	9
博物馆	25	39	5	…	－11	28
烈士陵园、纪念馆	2	1				3
群众文化活动	28	55	1		33	64
其他文化艺术	7	24	…		－14	7
体　育	107	195	4	5	83	128
体育组织	93	124	2	…	78	116
其他体育	15	72	1	4	5	12
娱乐业	9	5	2		…	22
室内娱乐活动	2					2
休闲健身娱乐活动	6	4	1		…	11
其他娱乐活动	1	1	1			9
公共管理和社会组织	**24726**	**31899**	**5044**	**527**	**42351**	**20289**
中国共产党机关	622					126
中国共产党机关	622					126
国家机构	517	59	474	55	73	123
国家行政机构	517	59	474	55	73	119
人民法院和人民检察院						4
群众团体、社会团体和宗教组织	9832	23353	1796	417	30639	13463
群众团体	484	819	40	2	－48	622
社会团体	7975	17083	1243	388	25452	7455
宗教组织	1373	5452	513	27	5236	5386
基层群众自治组织	13756	8487	2774	56	11639	6577
社区自治组织	6802	3763	860	37	8634	3423
村民自治组织	6954	4724	1914	19	3005	3154

注：本表按有填写财务表且执行民间非营利组织及其他会计制度的单位统计。

4-C-4 宁波市按登记注册类型和行业(门类、大类、中类)分组的社会团体和其他单位财务状况

单位:个、万元、人

指标名称	单位法人	固定资产原价	本年收入合计	捐赠收入	会费收入
总计	**5774**	**1244294**	**554377**	**104940**	**22318**
一、按登记注册类型分					
内资	**5769**	**1238966**	**552658**	**103944**	**22318**
国有	360	10739	43549	19523	8283
集体	209	101758	30626	2557	688
联营企业	2	53	88		
集体联营	2	53	88		
股份有限公司	1	4	8		8
私营企业	641	58915	34250	360	301
私营独资	484	44039	23175	81	255
私营合伙	135	14170	10104	240	25
私营有限责任公司	18	408	918	1	21
私营股份有限公司	4	298	53	39	1
其他	4556	1067497	444139	81503	13038
港澳台商投资	**4**	**2028**	**1139**	**996**	
与港澳台商合资经营	1	1343	950	950	
与港澳台商合作经营	1	533	143		
港澳台商独资	2	152	46	46	
外商投资	**1**	**3300**	**580**		
中外合资经营	1	3300	580		
二、按国民经济行业(门类、大类、中类)分					
信息传输、计算机服务和软件业	**1**	**57**	**3**		
电信和其他信息传输服务业	1	57	3		
互联网信息服务	1	57	3		
租赁和商务服务业	**1555**	**587126**	**232769**	**942**	**1546**
租赁业	1	10	5		
机械设备租赁	1	10	5		
商务服务业	1554	587116	232764	942	1546
企业管理服务	1505	586167	229635	921	1408
法律服务	24	638	1895		
咨询与调查	12	245	866	10	84
知识产权服务	2	6	61		52
职业中介服务	4	24	140	11	1
市场管理	3	31	31		
旅行社	1	4	125		
其他商务服务	3	1	11		
科学研究、技术服务和地质勘查业	**40**	**1666**	**2478**		**12**

4－C－4 续表1－1

单位：个、万元、人

指标名称	单位法人	固定资产原价	本年收入合计	捐赠收入	会费收入
研究与试验发展	15	604	1108		3
自然科学研究与试验发展	1	85	48		
工程和技术研究与试验发展	3	18	43		
农业科学研究与试验发展	9	222	945		
医学研究与试验发展	1	280	55		
社会人文科学研究与试验发展	1		17		3
专业技术服务业	2	5	11		
环境监测	1	4	8		
其他专业技术服务	1	1	3		
科技交流和推广服务业	23	1057	1359		9
技术推广服务	19	937	1009		4
科技中介服务	4	120	350		5
水利、环境和公共设施管理业	**7**	**205**	**1105**	**5**	**22**
水利管理业	2	49	165		12
水资源管理	1	2	12		12
其他水利管理	1	47	153		
环境管理业	5	156	940	5	10
环境治理	5	156	940	5	10
居民服务和其他服务业	**40**	**1039**	**2081**	**16**	**5**
居民服务业	39	1029	2031	16	5
婚姻服务	1	6	4	3	
殡葬服务	24	804	795		
摄影扩印服务	1	1	5		5
其他居民服务	13	219	1228	13	
其他服务业	1	10	50		
修理与维护	1	10	50		
教　育	**976**	**89413**	**50854**	**376**	**363**
教　育	976	89413	50854	376	363
学前教育	696	49043	26520	206	311
初等教育	43	6509	4432	103	24
中等教育	20	25714	9048	8	
高等教育	5	1233	1677		
其他教育	212	6914	9178	59	28
卫生、社会保障和社会福利业	**149**	**17151**	**29383**	**12393**	**4**
卫　生	78	6977	9084	10	2
医　院	8	3461	6246		
卫生院及社区医疗活动	23	639	1060	10	2

4－C－4 续表 1－2

单位：个、万元、人

指标名称	单位法人	固定资产原价	本年收入合计	捐赠收入	会费收入
门诊部医疗活动	46	2868	1777		
计划生育技术服务活动	1	10	1		
社会保障业	2	57	3025		
社会保障业	2	57	3025		
社会福利业	69	10117	17274	12383	2
提供住宿的社会福利	49	9671	4742	493	1
不提供住宿的社会福利	20	446	12532	11890	1
文化、体育和娱乐业	**148**	**8506**	**5198**	**1021**	**130**
文化艺术业	52	7435	2712	329	23
文艺创作与表演	20	266	472		20
图书馆与档案馆	2	5	4		...
文物及文化保护	1	1000	43	1	
博物馆	8	5756	162	26	
烈士陵园、纪念馆	1		3		
群众文化活动	20	408	2029	302	3
体育	89	1026	2351	676	98
体育组织	85	915	2228	676	84
体育场馆	1	8	76		
其他体育	3	103	47		14
娱乐业	7	45	136	15	9
室内娱乐活动	1	5	10		
休闲健身娱乐活动	4	37	68	3	3
其他娱乐活动	2	3	58	12	6
公共管理和社会组织	**2858**	**539131**	**230507**	**90187**	**20237**
中国共产党机关	1	9	3		
中国共产党机关	1	9	3		
国家机构	7	59	85		
国家行政机构	7	59	85		
人民政协和民主党派	1	1	200		
人民政协	1	1	200		
群众团体、社会团体和宗教组织	1932	290235	145849	89558	19781
群众团体	120	2454	6919	1618	919
社会团体	1071	21325	84245	49153	18246
宗教组织	741	266456	54686	38788	617
基层群众自治组织	917	248828	84370	629	456
社区自治组织	307	75044	27037	467	17
村民自治组织	610	173784	57333	162	439

4－C－4 续表2－1

单位：个、万元、人

指 标 名 称	提供服务收入	政府补助收入	本年费用合计	业务活动成本
总 计	**198068**	**109777**	**396099**	**208934**
一、按登记注册类型分				
内 资	**197345**	**109777**	**394422**	**207934**
国 有	6965	6318	35633	25571
集 体	11203	2435	22152	10400
联营企业	83	5	84	2
集体联营	83	5	84	2
股份有限公司			7	…
私营企业	28643	3194	31664	14265
私营独资	19237	2421	21245	9418
私营合伙	8641	656	9530	4383
私营有限责任公司	756	116	831	429
私营股份有限公司	9	1	59	35
其 他	150451	97825	304883	157696
港澳台商投资	**143**		**1097**	**950**
与港澳台商合资经营			917	906
与港澳台商合作经营	143		135	16
港澳台商独资			46	28
外商投资	**580**		**580**	**50**
中外合资经营	580		580	50
二、按国民经济行业（门类、大类、中类）分				
信息传输、计算机服务和软件业	**3**		**2**	**1**
电信和其他信息传输服务业	3		2	1
互联网信息服务	3		2	1
租赁和商务服务业	**93243**	**57907**	**131233**	**51526**
租赁业	5		3	1
机械设备租赁	5		3	1
商务服务业	93238	57907	131230	51525
企业管理服务	91110	57183	128931	50333
法律服务	1862	33	1177	491
咨询与调查	176	478	827	609
知识产权服务	8		50	19
职业中介服务	48	80	142	71
市场管理	31		31	2
旅行社		125	60	
其他商务服务	2	8	13	1
科学研究、技术服务和地质勘查业	**2036**	**407**	**1596**	**613**

4－C－4　续表2－2

单位：个、万元、人

指 标 名 称			本年费用	
	提供服务收　入	政府补助收　入	合　计	业务活动成　本
研究与试验发展	992	97	594	333
自然科学研究与试验发展	48		44	30
工程和技术研究与试验发展	3	25	40	3
农业科学研究与试验发展	886	60	439	267
医学研究与试验发展	55		52	32
社会人文科学研究与试验发展		12	20	1
专业技术服务业	11		33	17
环境监测	8		30	17
其他专业技术服务	3		3	
科技交流和推广服务业	1034	310	968	264
技术推广服务	959	44	799	182
科技中介服务	75	266	170	82
水利、环境和公共设施管理业	**182**	**820**	**1050**	**876**
水利管理业	153		111	99
水资源管理			12	
其他水利管理	153		99	99
环境管理业	29	820	938	777
环境治理	29	820	938	777
居民服务和其他服务业	**832**	**1176**	**1809**	**467**
居民服务业	832	1126	1787	467
婚姻服务	1		4	...
殡葬服务	795		663	370
摄影扩印服务			5	1
其他居民服务	37	1126	1115	96
其他服务业		50	22	
修理与维护		50	22	
教　育	**43612**	**4309**	**49399**	**21802**
教　育	43612	4309	49399	21802
学前教育	23714	1107	25681	12094
初等教育	3282	765	4605	2302
中等教育	8137	849	8905	2670
高等教育	429	831	1280	527
其他教育	8050	757	8929	4209
卫生、社会保障和社会福利业	**10286**	**2337**	**23941**	**15768**
卫　生	6391	203	8474	3972
医　院	3940	124	5942	2672
卫生院及社区医疗活动	922	55	886	358

4－C－4 续表2－3

单位：个、万元、人

指标名称	提供服务收入	政府补助收入	本年费用合计	业务活动成本
门诊部医疗活动	1529	23	1645	941
计划生育技术服务活动		1	1	
社会保障业	2543	350	1985	1771
社会保障业	2543	350	1985	1771
社会福利业	1353	1784	13482	10025
提供住宿的社会福利	1140	1508	4670	1640
不提供住宿的社会福利	213	276	8812	8386
文化、体育和娱乐业	**1442**	**1221**	**4888**	**3042**
文化艺术业	467	646	2622	1924
文艺创作与表演	264	186	429	239
图书馆与档案馆		2	4	1
文物及文化保护	41	...	81	76
博物馆	70	57	244	110
烈士陵园、纪念馆		3	3	3
群众文化活动	92	397	1862	1495
体　育	898	542	2143	1078
体育组织	858	542	2085	1057
体育场馆	8		8	6
其他体育	33		50	14
娱乐业	78	34	123	40
室内娱乐活动	6	4	22	9
休闲健身娱乐活动	62		59	19
其他娱乐活动	10	29	41	12
公共管理和社会组织	**46432**	**41601**	**182181**	**114838**
中国共产党机关	2	1	2	1
中国共产党机关	2	1	2	1
国家机构	10	76	83	32
国家行政机构	10	76	83	32
人民政协和民主党派		200	100	50
人民政协		200	100	50
群众团体、社会团体和宗教组织	15770	10916	112242	77902
群众团体	351	3005	5278	2032
社会团体	6036	7005	65299	47430
宗教组织	9383	907	41665	28440
基层群众自治组织	30651	30408	69754	36853
社区自治组织	13640	10200	22048	11450
村民自治组织	17011	20208	47706	25403

4－C－4　续表3－1

单位：个、万元、人

指　标　名　称					管理费用
	人员费用	日常费用	固定资产折　旧	税　费	
总　计	**55822**	**66168**	**10249**	**2115**	**128349**
一、按登记注册类型分					
内　资	**54910**	**66104**	**10249**	**2101**	**127684**
国　有	2522	8536	117	95	6313
集　体	2598	4587	594	608	6750
联营企业	1				82
集体联营	1				82
股份有限公司		...			7
私营企业	6625	4903	877	164	16161
私营独资	5006	3289	582	73	10934
私营合伙	1508	1453	275	76	4836
私营有限责任公司	91	147	19	16	367
私营股份有限公司	19	15	1		24
其　他	43164	48078	8660	1233	98371
港澳台商投资	**912**	**14**	**1**	**14**	**135**
与港澳台商合资经营	902	3	1		11
与港澳台商合作经营		2		14	109
港澳台商独资	10	9			15
外商投资		**50**			**530**
中外合资经营		50			530
二、按国民经济行业（门类、大类、中类）分					
信息传输、计算机服务和软件业		**1**			**1**
电信和其他信息传输服务业		1			1
互联网信息服务		1			1
租赁和商务服务业	**6342**	**17569**	**2932**	**1435**	**42572**
租赁业		1	...		3
机械设备租赁		1	...		3
商务服务业	6342	17569	2932	1435	42569
企业管理服务	5939	17354	2925	1385	41595
法律服务	254	166	5	46	560
咨询与调查	95	14	3	2	213
知识产权服务	1	18		1	30
职业中介服务	50	17		2	72
市场管理	2	...	...		29
旅行社					60
其他商务服务	1				11
科学研究、技术服务和地质勘查业	**225**	**244**	**62**	**13**	**918**

4-C-4 续表3-2

单位:个、万元、人

指标名称	人员费用	日常费用	固定资产折旧	税费	管理费用
研究与试验发展	143	165	23	2	257
自然科学研究与试验发展	12	18			14
工程和技术研究与试验发展		1	...	2	33
农业科学研究与试验发展	120	146	1		172
医学研究与试验发展	10		22		20
社会人文科学研究与试验发展	1				18
专业技术服务业	2	3			17
环境监测	2	3			14
其他专业技术服务					3
科技交流和推广服务业	80	75	39	11	644
技术推广服务	28	48	39	9	556
科技中介服务	52	28	...	2	88
水利、环境和公共设施管理业	**749**	**120**		**8**	**147**
水利管理业	10	81		8	12
水资源管理					12
其他水利管理	10	81		8	
环境管理业	738	39			135
环境治理	738	39			135
居民服务和其他服务业	**168**	**204**	**24**	**6**	**1303**
居民服务业	168	204	24	6	1281
婚姻服务		...			3
殡葬服务	90	194	17	4	256
摄影扩印服务	1				4
其他居民服务	77	10	7	2	1017
其他服务业					22
修理与维护					22
教育	**10051**	**7321**	**1361**	**283**	**25026**
教育	10051	7321	1361	283	25026
学前教育	6438	3911	778	59	13045
初等教育	1080	858	230	17	2246
中等教育	454	719	212	16	4683
高等教育	239	134	11	...	736
其他教育	1840	1699	132	190	4316
卫生、社会保障和社会福利业	**2517**	**9086**	**190**	**10**	**6044**
卫生	1801	1920	98	9	2662
医院	1284	1353	35		1883
卫生院及社区医疗活动	100	204	11	3	274

4－C－4 续表3－3

单位：个、万元、人

指标名称	人员费用	日常费用	固定资产折旧	税费	管理费用
门诊部医疗活动	417	363	53	6	504
计划生育技术服务活动					1
社会保障业	17				214
社会保障业	17				214
社会福利业	699	7166	92	2	3168
提供住宿的社会福利	522	887	89	2	2860
不提供住宿的社会福利	177	6280	3	...	308
文化、体育和娱乐业	**627**	**540**	**27**	**6**	**1610**
文化艺术业	382	166	21	3	587
文艺创作与表演	138	65	7	1	188
图书馆与档案馆	...	1			2
文物及文化保护	4	72			5
博物馆	83	16	2		134
烈士陵园、纪念馆	3				
群众文化活动	153	13	13	2	257
体育	234	353	4	4	941
体育组织	228	343	3	2	904
体育场馆	6			1	1
其他体育		11	1	1	36
娱乐业	12	21	2		82
室内娱乐活动	2	7			13
休闲健身娱乐活动	2	13	2		40
其他娱乐活动	8	1			29
公共管理和社会组织	**35144**	**31084**	**5653**	**354**	**50728**
中国共产党机关	1	...			1
中国共产党机关	1	...			1
国家机构	16	14	1		51
国家行政机构	16	14	1		51
人民政协和民主党派	50				50
人民政协	50				50
群众团体、社会团体和宗教组织	23884	16375	1661	202	27253
群众团体	734	308	30	1	1480
社会团体	10141	9645	229	162	14737
宗教组织	13009	6422	1401	40	11036
基层群众自治组织	11193	14694	3992	152	23374
社区自治组织	1355	5746	2560	89	8319
村民自治组织	9839	8948	1432	63	15055

4－C－4 续表4－1

单位：个、万元、人

指标名称	人员费用	日常费用	固定资产折旧	税费	净资产变动额	全部就业人员年平均人数
总计	**63019**	**27438**	**23000**	**665**	**119558**	**40066**
一、按登记注册类型分						
内资	**62509**	**27313**	**22971**	**665**	**119558**	**39903**
国有	3499	1714	292	150	9163	2313
集体	2795	1296	548	4	24249	1966
联营企业	38	45				24
集体联营	38	45				24
股份有限公司	5					1
私营企业	10365	3390	1911	85	4269	7273
私营独资	6948	2439	1213	39	3520	5353
私营合伙	3095	938	686	46	672	1778
私营有限责任公司	308	8	9		78	136
私营股份有限公司	13	5	4			6
其他	45807	20869	20220	426	81877	28326
港澳台商投资	**100**	**4**	**29**			**58**
与港澳台商合资经营	9	1	1			7
与港澳台商合作经营	86	2	21			43
港澳台商独资	5	2	7			8
外商投资	**410**	**120**				**105**
中外合资经营	410	120				105
二、按国民经济行业(门类、大类、中类)分						
信息传输、计算机服务和软件业	**1**					**1**
电信和其他信息传输服务业	1					1
互联网信息服务	1					1
租赁和商务服务业	**14574**	**8566**	**11515**	**244**	**70050**	**6840**
租赁业	2		...			1
机械设备租赁	2		...			1
商务服务业	14572	8566	11515	244	70050	6839
企业管理服务	13904	8366	11468	195	69962	6510
法律服务	399	80	32	40	54	170
咨询与调查	97	92	14	9	22	45
知识产权服务	20	9	1		11	6
职业中介服务	71		...		...	76
市场管理	24	5				8
旅行社	49	10	...			16
其他商务服务	6	4	...		1	8
科学研究、技术服务和地质勘查业	**621**	**233**	**32**	**11**	**23**	**289**

4－C－4　续表4－2

单位：个、万元、人

指　标　名　称	人员费用	日常费用	固定资产折　　旧	税　费	净资产变动额	全部就业人员年平均人数
研究与试验发展	125	114	10	7	20	97
自然科学研究与试验发展	3	…	4	7		10
工程和技术研究与试验发展	27	4	2		…	26
农业科学研究与试验发展	75	93	4		20	46
医学研究与试验发展	20					9
社会人文科学研究与试验发展	1	17				6
专业技术服务业	5	…	…		－23	3
环境监测	3		…		－23	2
其他专业技术服务	2	…	…			1
科技交流和推广服务业	491	118	21	4	25	189
技术推广服务	424	99	20	3	23	148
科技中介服务	66	20	2	1	3	41
水利、环境和公共设施管理业	**132**	**14**			**56**	**550**
水利管理业	12				54	7
水资源管理	12					3
其他水利管理					54	4
环境管理业	120	14			2	543
环境治理	120	14			2	543
居民服务和其他服务业	**1008**	**146**	**2**	**22**	**169**	**758**
居民服务业	986	146	2	22	141	757
婚姻服务	3					3
殡葬服务	124	7	1		57	101
摄影扩印服务	4					1
其他居民服务	855	139	1	22	85	652
其他服务业	22				28	1
修理与维护	22				28	1
教　育	**17383**	**4325**	**2265**	**198**	**4680**	**12216**
教　育	17383	4325	2265	198	4680	12216
学前教育	9490	1564	1451	8	2146	8142
初等教育	1482	484	209	10	－4	1337
中等教育	3295	1076	270	…	1734	775
高等教育	423	255	57	…	444	169
其他教育	2693	945	278	179	359	1793
卫生、社会保障和社会福利业	**1925**	**2270**	**755**	**21**	**3006**	**1458**
卫　生	982	1059	294	6	134	777
医　院	489	953	177	1	48	359
卫生院及社区医疗活动	237	18	14	4		124

4－C－4 续表4－3

单位：个、万元、人

指 标 名 称	人员费用	日常费用	固定资产折旧	税 费	净资产变动额	全部就业人员年平均人数
门诊部医疗活动	255	88	102	...	87	293
计划生育技术服务活动	1					1
社会保障业	55	138	6	16	1038	17
社会保障业	55	138	6	16	1038	17
社会福利业	889	1073	455	...	1834	664
提供住宿的社会福利	725	950	436		680	556
不提供住宿的社会福利	164	123	19	...	1154	108
文化、体育和娱乐业	**974**	**294**	**46**	**4**	**160**	**743**
文化艺术业	439	77	20	...	67	337
文艺创作与表演	161	19	8		39	157
图书馆与档案馆	2				－1	4
文物及文化保护	3	2			38	6
博物馆	41	33	10	...	4	51
烈士陵园、纪念馆						3
群众文化活动	232	23	2		－13	116
体 育	486	197	25	4	92	376
体育组织	456	190	25	4	92	338
体育场馆		1			...	18
其他体育	31	5				20
娱乐业	49	21	...			30
室内娱乐活动	13		...			13
休闲健身娱乐活动	28	...	...			10
其他娱乐活动	8	21				7
公共管理和社会组织	**26401**	**11589**	**8385**	**165**	**41415**	**17211**
中国共产党机关	1	...				1
中国共产党机关	1	...				1
国家机构	39	10	...		1	12
国家行政机构	39	10	...		1	12
人民政协和民主党派	50		...			24
人民政协	50		...			24
群众团体、社会团体和宗教组织	14432	7375	2808	164	34057	11081
群众团体	733	342	6		1350	557
社会团体	7887	4824	651	125	19316	5508
宗教组织	5812	2209	2151	40	13391	5016
基层群众自治组织	11879	4204	5577	1	7357	6093
社区自治组织	5291	1754	970		2672	2226
村民自治组织	6588	2449	4607	1	4685	3867

注：本表按有填写财务表且执行民间非营利组织及其他会计制度的单位统计。

4-C-5 温州市按登记注册类型和行业(门类、大类、中类)分组的社会团体和其他单位财务状况

单位:个、万元、人

指 标 名 称	单位法人	固定资产原价	本年收入合计	捐赠收入	会费收入
总 计	**12863**	**1722117**	**557948**	**121619**	**25636**
一、按登记注册类型分					
内 资	**12863**	**1722117**	**557948**	**121619**	**25636**
国 有	137	16884	32208	14044	1139
集 体	85	15928	5794	608	367
股份合作企业	39	20914	6423	424	3
联营企业	3	3109	864	346	1
国有与集体联营	1	3094	816	344	
其他联营	2	15	48	2	1
有限责任公司	1	10	21		
其他有限责任公司	1	10	21		
股份有限公司	2	100	490		
私营企业	349	52876	30451	1121	588
私营独资	162	16737	7566	87	254
私营合伙	176	35972	22040	937	310
私营有限责任公司	10	164	835	97	15
私营股份有限公司	1	3	10	1	9
其 他	12247	1612295	481698	105076	23537
二、按国民经济行业(门类、大类、中类)分					
交通运输、仓储和邮政业	**1**	**370**	**2400**		
道路运输业	1	370	2400		
道路运输辅助活动	1	370	2400		
租赁和商务服务业	**34**	**25570**	**2143**	**11**	**8**
商务服务业	34	25570	2143	11	8
企业管理服务	11	21932	1262		1
法律服务	8	328	241	8	
咨询与调查	8	2764	557		7
职业中介服务	2	32	52		
市场管理	3	511	25		
其他商务服务	2	3	6	3	
科学研究、技术服务和地质勘查业	**86**	**5490**	**11381**	**18**	**58**
研究与试验发展	55	827	550	11	7
工程和技术研究与试验发展	11	155	122		
农业科学研究与试验发展	14	299	175	9	

4－C－5 续表1－1

单位：个、万元、人

指标名称	单位法人	固定资产原价	本年收入合计	捐赠收入	会费收入
医学研究与试验发展	26	357	211	3	
社会人文科学研究与试验发展	4	16	41		7
专业技术服务业	7	142	9793		35
海洋服务	1	15	3		
工程技术与规划管理	4	96	9711		35
其他专业技术服务	2	31	79		
科技交流和推广服务业	24	4521	1038	7	16
技术推广服务	18	4401	982	5	3
科技中介服务	4	114	49	2	13
其他科技服务	2	6	7		
水利、环境和公共设施管理业	**7**	**475**	**885**	**9**	
水利管理业	1	160	23		
水资源管理	1	160	23		
环境管理业	3	11	119	9	
自然保护	2	3	51	9	
环境治理	1	8	69		
公共设施管理业	3	304	742		
游览景区管理	3	304	742		
居民服务和其他服务业	**32**	**14566**	**5130**	**5**	**44**
居民服务业	30	8058	5118	5	40
家庭服务	1	191	25	5	
托儿所	5	68	117		35
殡葬服务	20	7551	4840		5
其他居民服务	4	249	136		
其他服务业	2	6508	12		4
其他未列明的服务	2	6508	12		4
教　育	**1427**	**285330**	**139184**	**9449**	**1762**
教　育	1427	285330	139184	9449	1762
学前教育	973	86395	56506	235	1338
初等教育	38	37090	17112	1552	18
中等教育	77	146637	49762	6942	314
其他教育	339	15208	15804	720	93
卫生、社会保障和社会福利业	**182**	**13859**	**21815**	**12452**	**76**
卫　生	59	6376	6187	23	33

4－C－5 续表1－2 单位：个、万元、人

指标名称	单位法人	固定资产原价	本年收入合计	捐赠收入	会费收入
医院	7	3116	1940		
卫生院及社区医疗活动	19	2410	3089		
门诊部医疗活动	22	713	919	3	33
计划生育技术服务活动	1	30	21		
妇幼保健活动	1	10	107		
专科疾病防治活动	9	97	110	20	
社会福利业	123	7483	15629	12429	43
提供住宿的社会福利	66	5314	2176	94	5
不提供住宿的社会福利	57	2168	13452	12335	38
文化、体育和娱乐业	**94**	**2419**	**1070**	**217**	**156**
文化艺术业	27	1669	398	113	3
文艺创作与表演	2	1	51	1	
图书馆与档案馆	1	30	2		
文物及文化保护	4	632	35	6	
博物馆	2	95	45	4	
烈士陵园、纪念馆	3	630	148	92	
群众文化活动	14	280	113	6	3
其他文化艺术	1		5	5	
体育	63	212	556	104	103
体育组织	62	202	531	104	103
其他体育	1	10	25		
娱乐业	4	537	116		50
室内娱乐活动	1	5	4		
休闲健身娱乐活动	3	532	112		50
公共管理和社会组织	**11000**	**1374039**	**373940**	**99459**	**23533**
国家机构	1	100	200		
国家行政机构	1	100	200		
群众团体、社会团体和宗教组织	5136	536605	155958	94623	17620
群众团体	44	2140	21225	15211	394
社会团体	1253	17326	75327	38236	15594
宗教组织	3839	517139	59406	41177	1632
基层群众自治组织	5863	837334	217783	4836	5913
社区自治组织	462	12349	6342	205	51
村民自治组织	5401	824985	211440	4631	5862

4－C－5 续表2－1　　　　单位：个、万元、人

指标名称	提供服务收入	政府补助收入	本年费用合计	业务活动成本
总计	**209918**	**94747**	**470853**	**248484**
一、按登记注册类型分				
内资	**209918**	**94747**	**470853**	**248484**
国有	7993	8434	21592	16871
集体	4141	342	5671	2780
股份合作企业	4758	92	5162	4006
联营企业	45		679	665
国有与集体联营			658	658
其他联营	45		22	7
有限责任公司	21		20	15
其他有限责任公司	21		20	15
股份有限公司	130		272	248
私营企业	26258	989	30571	19893
私营独资	6640	341	7271	4733
私营合伙	18999	638	22457	14689
私营有限责任公司	620	10	799	443
私营股份有限公司			44	28
其他	166572	84890	406886	204006
二、按国民经济行业(门类、大类、中类)分				
交通运输、仓储和邮政业	**2400**		**242**	**192**
道路运输业	2400		242	192
道路运输辅助活动	2400		242	192
租赁和商务服务业	**1618**	**35**	**1853**	**824**
商务服务业	1618	35	1853	824
企业管理服务	964	26	1226	696
法律服务	226	7	299	39
咨询与调查	350		252	25
职业中介服务	52		47	47
市场管理	25		24	12
其他商务服务	1	2	6	6
科学研究、技术服务和地质勘查业	**910**	**8935**	**9950**	**8861**
研究与试验发展	516	13	501	375
工程和技术研究与试验发展	121	1	154	136
农业科学研究与试验发展	157	8	144	94

4－C－5 续表2－2

单位：个、万元、人

指标名称	提供服务收入	政府补助收入	本年费用合计	业务活动成本
医学研究与试验发展	207	1	169	117
社会人文科学研究与试验发展	32	3	33	27
专业技术服务业	147	8904	9119	8361
海洋服务	3		3	3
工程技术与规划管理	67	8902	9071	8328
其他专业技术服务	78	2	45	31
科技交流和推广服务业	247	19	331	125
技术推广服务	211	15	294	106
科技中介服务	32	1	28	18
其他科技服务	4	3	9	…
水利、环境和公共设施管理业	**87**	**749**	**335**	**293**
水利管理业	16	7	23	
水资源管理	16	7	23	
环境管理业	61	10	107	102
自然保护		2	48	43
环境治理	61	8	59	59
公共设施管理业	10	732	206	192
游览景区管理	10	732	206	192
居民服务和其他服务业	**4613**	**41**	**4820**	**3849**
居民服务业	4610	36	4781	3827
家庭服务		20	20	
托儿所	82		102	58
殡葬服务	4399	9	4420	3755
其他居民服务	129	7	239	14
其他服务业	3	5	40	22
其他未列明的服务	3	5	40	22
教　育	**115535**	**3805**	**133090**	**90082**
教　育	115535	3805	133090	90082
学前教育	51035	518	54429	35192
初等教育	14465	212	15959	12282
中等教育	36280	2330	48547	34676
其他教育	13755	745	14155	7933
卫生、社会保障和社会福利业	**8061**	**805**	**13747**	**6130**
卫　生	6101	26	5443	4075

4－C－5 续表2－3

单位：个、万元、人

指标名称	提供服务收入	政府补助收入	本年费用合计	业务活动成本
医院	1940		1945	1600
卫生院及社区医疗活动	3074	16	2530	1833
门诊部医疗活动	879		841	566
计划生育技术服务活动	11	10	15	4
妇幼保健活动	107		10	7
专科疾病防治活动	90		102	65
社会福利业	1960	779	8304	2055
提供住宿的社会福利	1604	455	2023	1038
不提供住宿的社会福利	356	324	6281	1017
文化、体育和娱乐业	**553**	**108**	**906**	**408**
文化艺术业	192	59	294	130
文艺创作与表演	50		31	31
图书馆与档案馆	2		2	1
文物及文化保护	17	11	33	1
博物馆	30	11	43	10
烈士陵园、纪念馆	5	21	87	32
群众文化活动	88	15	94	52
其他文化艺术			4	3
体育	295	50	505	193
体育组织	270	50	485	182
其他体育	25		20	11
娱乐业	66		107	85
室内娱乐活动	4		3	
休闲健身娱乐活动	62		104	85
公共管理和社会组织	**76141**	**80269**	**305911**	**137845**
国家机构	200		100	10
国家行政机构	200		100	10
群众团体、社会团体和宗教组织	23739	11112	142154	83863
群众团体	1948	3598	22953	22036
社会团体	11246	7079	56467	30895
宗教组织	10546	435	62735	30932
基层群众自治组织	52202	69157	163656	53972
社区自治组织	1694	3014	6136	1929
村民自治组织	50508	66143	157520	52043

4－C－5　续表3－1　　　　　　　　　　　　　　　　　　　　单位：个、万元、人

指 标 名 称	人员费用	日常费用	固定资产折旧	税费	管理费用
总　计	**101132**	**100139**	**17269**	**1066**	**157958**
一、按登记注册类型分					
内　资	**101132**	**100139**	**17269**	**1066**	**157958**
国　有	6411	5873	396	47	2327
集　体	2027	617	62	10	2720
股份合作企业	2379	1432	71	6	778
联营企业	423	240	...	2	15
国有与集体联营	418	239			
其他联营	4	1	...	2	15
有限责任公司	15				
其他有限责任公司	15				
股份有限公司	175	66	7		24
私营企业	12038	6094	974	278	9600
私营独资	2705	1667	188	31	2293
私营合伙	9146	4183	776	246	7050
私营有限责任公司	188	217	11	1	241
私营股份有限公司		28			16
其　他	77665	85818	15759	724	142493
二、按国民经济行业（门类、大类、中类）分					
交通运输、仓储和邮政业	**145**	**10**	**37**		**50**
道路运输业	145	10	37		50
道路运输辅助活动	145	10	37		50
租赁和商务服务业	**145**	**616**	**3**	**24**	**967**
商务服务业	145	616	3	24	967
企业管理服务	85	573	1	1	471
法律服务	10	5	1	22	257
咨询与调查	10	15	...	1	226
职业中介服务	35	12			...
市场管理	3	9			12
其他商务服务	4	2			
科学研究、技术服务和地质勘查业	**288**	**4251**	**44**	**11**	**470**
研究与试验发展	191	151	26	6	119
工程和技术研究与试验发展	41	86	5	6	18
农业科学研究与试验发展	63	23	9		49

4－C－5 续表3－2

单位：个、万元、人

指 标 名 称	人员费用	日常费用	固定资产折旧	税费	管理费用
医学研究与试验发展	76	30	12		51
社会人文科学研究与试验发展	12	13	1		2
专业技术服务业	51	4055	3	5	230
海洋服务	2	2			
工程技术与规划管理	44	4028	3	5	215
其他专业技术服务	5	26			15
科技交流和推广服务业	46	45	14	...	121
技术推广服务	37	42	9		103
科技中介服务	10	3	5	...	9
其他科技服务	...	...			9
水利、环境和公共设施管理业	**121**	**173**			**38**
水利管理业					19
水资源管理					19
环境管理业	47	55			5
自然保护		43			5
环境治理	47	12			
公共设施管理业	74	118			14
游览景区管理	74	118			14
居民服务和其他服务业	**406**	**3052**	**302**	**48**	**890**
居民服务业	406	3030	302	48	873
家庭服务					20
托儿所	51	6	1		44
殡葬服务	354	3019	300	40	585
其他居民服务	2	5		8	225
其他服务业		22			17
其他未列明的服务		22			17
教 育	**52335**	**25727**	**6508**	**355**	**35438**
教 育	52335	25727	6508	355	35438
学前教育	22166	9957	1651	42	17389
初等教育	6392	2872	664	163	3150
中等教育	19230	10160	3934	78	8948
其他教育	4547	2739	260	71	5950
卫生、社会保障和社会福利业	**2326**	**2723**	**360**	**26**	**2357**
卫 生	1259	2102	245	26	1131

4－C－5 续表 3－3

单位：个、万元、人

指标名称	人员费用	日常费用	固定资产折旧	税费	管理费用
医院	520	691	97	2	292
卫生院及社区医疗活动	413	1226	110	19	625
门诊部医疗活动	261	178	33	5	163
计划生育技术服务活动	4			1	11
妇幼保健活动	6	...	...		4
专科疾病防治活动	55	6	4		36
社会福利业	1067	621	115		1226
提供住宿的社会福利	543	450	20		910
不提供住宿的社会福利	525	171	96		316
文化、体育和娱乐业	**208**	**164**	**33**	**...**	**490**
文化艺术业	76	26	28		160
文艺创作与表演	28	2	...		
图书馆与档案馆	1				
文物及文化保护	...	1			32
博物馆	2	4	4		33
烈士陵园、纪念馆	6	4	23		55
群众文化活动	38	13	1		40
其他文化艺术	2	1			1
体育	99	87	4	...	311
体育组织	87	87	4	...	302
其他体育	11				9
娱乐业	33	52	1		20
室内娱乐活动					3
休闲健身娱乐活动	33	52	1		17
公共管理和社会组织	**45159**	**63424**	**9982**	**603**	**117258**
国家机构	6	2	1	2	90
国家行政机构	6	2	1	2	90
群众团体、社会团体和宗教组织	24604	41746	7938	169	41252
群众团体	6888	15132	7		435
社会团体	6997	16697	1063	83	15665
宗教组织	10718	9916	6868	86	25151
基层群众自治组织	20549	21677	2043	432	75916
社区自治组织	810	837	45	17	3441
村民自治组织	19739	20840	1999	415	72476

4－C－5 续表4－1

单位：个、万元、人

指标名称	人员费用	日常费用	固定资产折旧	税费	净资产变动额	全部就业人员年平均人数
总计	**69197**	**51316**	**20404**	**331**	**153774**	**95834**
一、按登记注册类型分						
内资	**69197**	**51316**	**20404**	**331**	**153774**	**95834**
国有	1156	917	42	7	3636	1520
集体	891	1474	54	27	899	894
股份合作企业	436	326	6	5	1005	944
联营企业	9	5	...	...	160	93
国有与集体联营					158	89
其他联营	9	5	...	...	2	4
有限责任公司						5
其他有限责任公司						5
股份有限公司	15	10			181	46
私营企业	5977	2612	435	129	1065	5963
私营独资	1336	637	88	9	530	2011
私营合伙	4523	1844	346	117	568	3824
私营有限责任公司	107	125	1	3	1	125
私营股份有限公司	11	5	1		－34	3
其他	60714	45973	19868	163	146829	86369
二、按国民经济行业(门类、大类、中类)分						
交通运输、仓储和邮政业	**40**				**2158**	**41**
道路运输业	40				2158	41
道路运输辅助活动	40				2158	41
租赁和商务服务业	**270**	**122**	**164**	**16**	**80**	**283**
商务服务业	270	122	164	16	80	283
企业管理服务	85	61	17	15	43	70
法律服务	114	31	10	1	7	54
咨询与调查	61	28	137		26	69
职业中介服务			...		4	72
市场管理	10	2				13
其他商务服务						5
科学研究、技术服务和地质勘查业	**239**	**179**	**18**	**1**	**690**	**384**
研究与试验发展	72	38	7	...	10	220
工程和技术研究与试验发展	3	12	1	...	5	37
农业科学研究与试验发展	29	19	1			68

4-C-5 续表4-2

单位:个、万元、人

指 标 名 称					净资产变动额	全部就业人员年平均人数
	人员费用	日常费用	固定资产折旧	税费		
医学研究与试验发展	38	7	5		...	104
社会人文科学研究与试验发展	2				5	11
专业技术服务业	93	105	2		544	74
海洋服务						10
工程技术与规划管理	81	102	2		544	58
其他专业技术服务	13	2				6
科技交流和推广服务业	73	36	9	1	135	90
技术推广服务	60	32	9	1	134	70
科技中介服务	9		...		1	12
其他科技服务	5	4				8
水利、环境和公共设施管理业	**27**	**9**			**1**	**103**
水利管理业	16				1	7
水资源管理	16				1	7
环境管理业	1	5				43
自然保护	1	5				16
环境治理						27
公共设施管理业	10	4				53
游览景区管理	10	4				53
居民服务和其他服务业	**499**	**173**	**13**	**1**	**478**	**251**
居民服务业	490	168	12		478	242
家庭服务	5	15				6
托儿所	33	9	2		8	63
殡葬服务	370	85	10		447	139
其他居民服务	82	59			23	34
其他服务业	9	5	2	1		9
其他未列明的服务	9	5	2	1		9
教 育	**19178**	**11497**	**2678**	**66**	**8382**	**26915**
教 育	19178	11497	2678	66	8382	26915
学前教育	11148	4451	820	-77	4437	15342
初等教育	1259	1243	451	34	553	2344
中等教育	3418	3802	1143	61	2314	5759
其他教育	3353	2001	264	47	1078	3470
卫生、社会保障和社会福利业	**1174**	**887**	**28**	**11**	**8466**	**1768**
卫 生	698	280	23	11	863	875

4－C－5　续表4－3　　　　单位：个、万元、人

指　标　名　称					净资产变动额	全部就业人员年平均人数
	人员费用	日常费用	固定资产折旧	税　费		
医　院	103	79	11	4	515	263
卫生院及社区医疗活动	456	152	5	6	323	405
门诊部医疗活动	95	42	7	1	12	140
计划生育技术服务活动	11				5	6
妇幼保健活动	4				...	5
专科疾病防治活动	29	7	1		8	56
社会福利业	476	608	5		7603	893
提供住宿的社会福利	374	516	5		465	490
不提供住宿的社会福利	102	92	...		7138	403
文化、体育和娱乐业	**245**	**203**	**15**	**10**	**46**	**526**
文化艺术业	95	51	11		7	165
文艺创作与表演						46
图书馆与档案馆						2
文物及文化保护	20	9	1		3	16
博物馆	9	23	1			5
烈士陵园、纪念馆	43	4	8			17
群众文化活动	23	14	...		4	75
其他文化艺术	...	1				4
体　育	138	149	4	10	31	341
体育组织	129	149	4	10	27	321
其他体育	9				5	20
娱乐业	13	3	1	1	8	20
室内娱乐活动	2	...	1			3
休闲健身娱乐活动	11	3	...	1	8	17
公共管理和社会组织	**47526**	**38245**	**17487**	**226**	**133473**	**65563**
国家机构	65	10	10	5		12
国家行政机构	65	10	10	5		12
群众团体、社会团体和宗教组织	17306	15566	4903	135	39443	24435
群众团体	384	37	12		－1489	240
社会团体	4879	8518	339	25	8238	7169
宗教组织	12043	7011	4552	110	32694	17026
基层群众自治组织	30155	22670	12574	86	94030	41116
社区自治组织	1964	1073	122	14	596	2827
村民自治组织	28192	21597	12452	72	93434	38289

注：本表按有填写财务表且执行民间非营利组织及其他会计制度的单位统计。

4－C－6 嘉兴市按登记注册类型和行业(门类、大类、中类)分组的社会团体和其他单位财务状况

单位:个、万元、人

指标名称	单位法人	固定资产原价	本年收入合计	捐赠收入	会费收入
总计	**2124**	**450120**	**188723**	**23798**	**6611**
一、按登记注册类型分					
内资	**2122**	**446460**	**186362**	**23798**	**6611**
国有	217	9913	19952	6623	1189
集体	71	7115	4222	266	287
股份合作企业	9	953	532	2	
联营企业	3	269	95		
国有联营	1	145	15		
其他联营	2	124	80		
有限责任公司	1	1	17		
其他有限责任公司	1	1	17		
私营企业	97	9056	7492	43	55
私营独资	69	6842	5229	41	55
私营合伙	24	2158	2184		
私营有限责任公司	4	56	79	2	
其他	1724	419153	154053	16864	5079
港澳台商投资	**1**	**3643**	**2310**		
与港澳台商合资经营	1	3643	2310		
外商投资	**1**	**17**	**51**		
外资企业	1	17	51		
二、按国民经济行业(门类、大类、中类)分					
信息传输、计算机服务和软件业	**1**		**8**		
软件业	1		8		
其他软件服务	1		8		
租赁和商务服务业	**23**	**1574**	**1493**		**6**
商务服务业	23	1574	1493		6
企业管理服务	7	842	247		
法律服务	10	243	729		6
咨询与调查	2	24	100		

4－C－6 续表1－1

单位：个、万元、人

指标名称	单位法人	固定资产原价	本年收入合计	捐赠收入	会费收入
职业中介服务	1		4		
市场管理	2	465	406		
其他商务服务	1	…	6		
科学研究、技术服务和地质勘查业	**19**	**277**	**609**	**5**	**38**
研究与试验发展	3	9	52		
工程和技术研究与试验发展	1	3	15		
农业科学研究与试验发展	1	4	30		
医学研究与试验发展	1	2	7		
专业技术服务业	1		5		
其他专业技术服务	1		5		
科技交流和推广服务业	15	268	552	5	38
技术推广服务	11	267	437		38
科技中介服务	3	2	54		
其他科技服务	1		61	5	
居民服务和其他服务业	**12**	**450**	**866**		
居民服务业	12	450	866		
家庭服务	1	1	13		
托儿所	6	48	136		
殡葬服务	2	393	561		
其他居民服务	3	9	157		
教　育	**216**	**43140**	**34672**	**45**	**39**
教　育	216	43140	34672	45	39
学前教育	82	9060	5751	3	4
初等教育	43	3940	3988	32	10
中等教育	18	10889	11045		
高等教育	4	18445	9926		
其他教育	69	806	3963	10	26
卫生、社会保障和社会福利业	**28**	**1387**	**8537**	**6307**	**47**
卫　生	7	758	1119		4

4-C-6 续表1-2

单位：个、万元、人

指标名称	单位法人	固定资产原价	本年收入合计	捐赠收入	会费收入
医院	1	343	365		
卫生院及社区医疗活动	1	300	109		
门诊部医疗活动	3	103	523		
计划生育技术服务活动	1	4	4		4
疾病预防控制及防疫活动	1	8	119		
社会保障业	1	40	17		
社会保障业	1	40	17		
社会福利业	20	589	7401	6307	43
提供住宿的社会福利	8	436	275	2	4
不提供住宿的社会福利	12	153	7126	6305	39
文化、体育和娱乐业	**46**	**160**	**928**	**115**	**33**
文化艺术业	7	14	68	11	
文艺创作与表演	2	3	19		
文物及文化保护	1		5		
博物馆	1	2	...		
群众文化活动	1	1	31		
其他文化艺术	2	9	13	11	
体育	39	146	860	104	33
体育组织	36	118	804	104	33
体育场馆	1	25	18		
其他体育	2	3	39		
公共管理和社会组织	**1779**	**403132**	**141610**	**17326**	**6447**
群众团体、社会团体和宗教组织	743	36018	36386	16624	6309
群众团体	24	1355	2311	5	393
社会团体	575	5488	24280	11257	5549
宗教组织	144	29175	9795	5361	367
基层群众自治组织	1036	367115	105224	702	139
社区自治组织	245	16953	6959	114	25
村民自治组织	791	350162	98266	588	113

4－C－6 续表2－1　　单位：个、万元、人

指标名称	提供服务收入	政府补助收入	本年费用合计	业务活动成本
总计	**72129**	**47376**	**145210**	**58387**
一、按登记注册类型分				
内资	**70009**	**47376**	**143123**	**57083**
国有	7756	2518	15899	9707
集体	1794	243	3293	1806
股份合作企业	465	1	524	243
联营企业	95		68	64
国有联营	15		5	1
其他联营	80		63	63
有限责任公司	17		15	8
其他有限责任公司	17		15	8
私营企业	6888	220	7324	3142
私营独资	4750	127	5249	2153
私营合伙	2061	93	1988	930
私营有限责任公司	77		87	59
其他	52993	44394	116000	42116
港澳台商投资	**2070**		**2036**	**1302**
与港澳台商合资经营	2070		2036	1302
外商投资	**51**		**51**	**2**
外资企业	51		51	2
二、按国民经济行业（门类、大类、中类）分				
信息传输、计算机服务和软件业	**8**		**8**	
软件业	8		8	
其他软件服务	8		8	
租赁和商务服务业	**1277**	**98**	**1239**	**517**
商务服务业	1277	98	1239	517
企业管理服务	125	11	241	25
法律服务	723		504	238
咨询与调查	14	87	104	3

4－C－6　续表2－2　　　　单位：个、万元、人

指标名称	提供服务收入	政府补助收入	本年费用合计	业务活动成本
职业中介服务	4		4	4
市场管理	405		381	247
其他商务服务	6		5	1
科学研究、技术服务和地质勘查业	**513**	**18**	**509**	**359**
研究与试验发展	42	10	57	33
工程和技术研究与试验发展	5	10	23	...
农业科学研究与试验发展	30		28	28
医学研究与试验发展	7		7	5
专业技术服务业	5		4	4
其他专业技术服务	5		4	4
科技交流和推广服务业	467	8	448	322
技术推广服务	360	5	353	284
科技中介服务	54		42	
其他科技服务	53	3	54	38
居民服务和其他服务业	**520**	**342**	**458**	**106**
居民服务业	520	342	458	106
家庭服务	13		9	9
托儿所	131		93	72
殡葬服务	372	189	193	16
其他居民服务	5	152	163	9
教育	**32274**	**1393**	**30193**	**17403**
教育	32274	1393	30193	17403
学前教育	5399	177	5357	2592
初等教育	3279	355	3574	2011
中等教育	10700	92	9547	6018
高等教育	9489	374	7917	4577
其他教育	3408	396	3798	2207
卫生、社会保障和社会福利业	**897**	**670**	**4857**	**4229**
卫生	860	119	817	558

4－C－6 续表2－3 单位：个、万元、人

指 标 名 称	提供服务收入	政府补助收入	本年费用合计	业务活动成本
医 院	365		360	220
卫生院及社区医疗活动	109		110	110
门诊部医疗活动	386		227	226
计划生育技术服务活动			4	4
疾病预防控制及防疫活动		119	118	
社会保障业	8	9	15	
社会保障业	8	9	15	
社会福利业	29	542	4025	3671
提供住宿的社会福利	21	182	257	89
不提供住宿的社会福利	8	360	3768	3582
文化、体育和娱乐业	**553**	**134**	**985**	**730**
文化艺术业	53	5	75	67
文艺创作与表演	19		26	25
文物及文化保护		5	5	5
博物馆	...		2	2
群众文化活动	31		29	29
其他文化艺术	3		13	7
体 育	500	129	910	663
体育组织	444	129	809	611
体育场馆	18		63	17
其他体育	39		39	36
公共管理和社会组织	**36088**	**44721**	**106961**	**35042**
群众团体、社会团体和宗教组织	5355	3576	27184	16241
群众团体	23	1232	2116	315
社会团体	3081	2155	18029	12850
宗教组织	2251	189	7039	3076
基层群众自治组织	30733	41145	79776	18802
社区自治组织	1596	4018	6171	1308
村民自治组织	29136	37127	73606	17493

4－C－6　续表3－1　　单位：个、万元、人

指标名称	人员费用	日常费用	固定资产折旧	税费	管理费用
总计	**17610**	**16310**	**4637**	**538**	**69558**
一、按登记注册类型分					
内资	**16328**	**16290**	**4637**	**538**	**68775**
国有	2650	1429	101	57	4903
集体	648	300	88	48	1225
股份合作企业	105	102	16	...	282
联营企业	33	22	7		4
国有联营	...		1		4
其他联营	33	22	6		
有限责任公司	6		1	1	7
其他有限责任公司	6		1	1	7
私营企业	1867	817	222	32	4077
私营独资	1281	592	139	21	2997
私营合伙	558	214	83	11	1053
私营有限责任公司	28	11		...	27
其他	11019	13620	4203	399	58278
港澳台商投资	**1282**	**20**			**734**
与港澳台商合资经营	1282	20			734
外商投资					**50**
外资企业					50
二、按国民经济行业(门类、大类、中类)分					
信息传输、计算机服务和软件业					**8**
软件业					8
其他软件服务					8
租赁和商务服务业	**150**	**26**	**7**	**19**	**595**
商务服务业	150	26	7	19	595
企业管理服务	3			7	198
法律服务	144	25	7	11	264
咨询与调查				1	101

4－C－6 续表3－2

单位：个、万元、人

指标名称					
	人员费用	日常费用	固定资产折旧	税费	管理费用
职业中介服务	3				1
市场管理	...		1		28
其他商务服务		1			3
科学研究、技术服务和地质勘查业	**146**	**186**	**11**	**13**	**135**
研究与试验发展	21	8	1	1	25
工程和技术研究与试验发展		...			23
农业科学研究与试验发展	18	8	...		
医学研究与试验发展	3		1	1	2
专业技术服务业	4				
其他专业技术服务	4				
科技交流和推广服务业	121	178	10	13	111
技术推广服务	120	141	10	13	68
科技中介服务					42
其他科技服务	1	37			...
居民服务和其他服务业	**65**	**19**	**2**	**2**	**209**
居民服务业	65	19	2	2	209
家庭服务	6	2	...	1	
托儿所	49	1	2	1	21
殡葬服务	6	10			35
其他居民服务	4	5			153
教 育	**9707**	**4192**	**963**	**140**	**11889**
教 育	9707	4192	963	140	11889
学前教育	1784	522	176	10	2705
初等教育	1311	489	69	3	1535
中等教育	4581	1014	408	5	3529
高等教育	1392	1473	238		2758
其他教育	639	695	72	122	1362
卫生、社会保障和社会福利业	**816**	**418**	**91**	**...**	**607**
卫 生	215	257	87	...	258

4－C－6 续表3－3

单位：个、万元、人

指 标 名 称	人员费用	日常费用	固定资产折 旧	税 费	管理费用
医 院	56	109	56		140
卫生院及社区医疗活动	21	67	21	...	
门诊部医疗活动	138	78	10	...	...
计划生育技术服务活动		3	...		
疾病预防控制及防疫活动					118
社会保障业					15
社会保障业					15
社会福利业	602	161	4		334
提供住宿的社会福利	54	24	4		148
不提供住宿的社会福利	548	138	...		186
文化、体育和娱乐业	**129**	**236**	**12**	**26**	**234**
文化艺术业	49	9	2	7	8
文艺创作与表演	13	4	2	7	1
文物及文化保护	3	2			
博物馆	2				...
群众文化活动	25	3	...		
其他文化艺术	6		...	...	7
体 育	80	227	10	19	226
体育组织	69	227	10	18	179
体育场馆	7			1	46
其他体育	4	...	...		2
公共管理和社会组织	**6598**	**11234**	**3551**	**339**	**55882**
群众团体、社会团体和宗教组织	3105	5055	535	127	9341
群众团体	93	217	3	...	1023
社会团体	1803	3869	77	118	4926
宗教组织	1209	969	455	9	3392
基层群众自治组织	3493	6179	3016	212	46541
社区自治组织	435	482	91	11	4449
村民自治组织	3057	5697	2924	201	42093

4－C－6 续表4－1

单位：个、万元、人

指标名称	人员费用	日常费用	固定资产折旧	税费	净资产变动额	全部就业人员年平均人数
总计	**33278**	**16410**	**9526**	**317**	**37660**	**17270**
一、按登记注册类型分						
内资	**32837**	**16365**	**9232**	**317**	**37386**	**16921**
国有	2346	1492	469	78	4007	942
集体	548	301	250	6	899	464
股份合作企业	145	95	31	5	－32	124
联营企业	2	…		2		7
国有联营	2	…		2		1
其他联营						6
有限责任公司	6		…	1		2
其他有限责任公司	6		…	1		2
私营企业	2281	1091	440	50	319	1749
私营独资	1778	747	328	6	74	1312
私营合伙	493	339	108	44	253	422
私营有限责任公司	10	5	4		－8	15
其他	27510	13385	8041	176	32194	13633
港澳台商投资	**412**	**30**	**292**		**274**	**342**
与港澳台商合资经营	412	30	292		274	342
外商投资	**29**	**15**	**3**			**7**
外资企业	29	15	3			7
二、按国民经济行业(门类、大类、中类)分						
信息传输、计算机服务和软件业	**8**	**…**				**2**
软件业	8	…				2
其他软件服务	8	…				2
租赁和商务服务业	**320**	**142**	**17**	**47**	**92**	**121**
商务服务业	320	142	17	47	92	121
企业管理服务	82	87	8	…	－92	36
法律服务	134	32	6	45	193	62
咨询与调查	76	22	3		－9	5

4－C－6　续表4－2

单位：个、万元、人

指标名称					净资产变动额	全部就业人员年平均人数
	人员费用	日常费用	固定资产折旧	税费		
职业中介服务		1				3
市场管理	26	...		2		14
其他商务服务	2					1
科学研究、技术服务和地质勘查业	**65**	**32**	**9**	**7**	**39**	**56**
研究与试验发展	10	14	1	...	－1	9
工程和技术研究与试验发展	9	14	1			5
农业科学研究与试验发展						3
医学研究与试验发展	2		...	...	－1	1
专业技术服务业					...	15
其他专业技术服务					...	15
科技交流和推广服务业	55	19	8	7	39	32
技术推广服务	48	10	8	2	39	27
科技中介服务	7	8	...	5		4
其他科技服务		...				1
居民服务和其他服务业	**173**	**33**	**3**		**1**	**129**
居民服务业	173	33	3		1	129
家庭服务					1	3
托儿所	16	5	...			26
殡葬服务	25	7	2			12
其他居民服务	132	21	1			88
教　育	**6353**	**2907**	**2035**	**75**	**8992**	**5112**
教　育	6353	2907	2035	75	8992	5112
学前教育	1519	755	330	11	162	1627
初等教育	1027	297	64	4	－87	1205
中等教育	1872	896	665	8	6759	1235
高等教育	1307	474	918	2	2009	564
其他教育	629	485	58	49	148	481
卫生、社会保障和社会福利业	**203**	**338**	**50**	**10**	**465**	**186**
卫　生	111	119	18	10	－3	113

4－C－6 续表4－3 单位：个、万元、人

指 标 名 称					净资产	全部就业
						人员年
	人员费用	日常费用	固定资产折旧	税 费	变动额	平均人数
医 院	94	30	16			40
卫生院及社区医疗活动						8
门诊部医疗活动			…		－3	56
计划生育技术服务活动						5
疾病预防控制及防疫活动	17	89	1	10		4
社会保障业	3	9	3			2
社会保障业	3	9	3			2
社会福利业	89	210	29		467	71
提供住宿的社会福利	34	91	20		…	34
不提供住宿的社会福利	55	119	9		468	37
文化、体育和娱乐业	**132**	**12**	**20**	**21**	**－43**	**134**
文化艺术业	7		1	…		29
文艺创作与表演	1					13
文物及文化保护						3
博物馆			…			4
群众文化活动						3
其他文化艺术	6		…	…		6
体 育	125	12	20	21	－43	105
体育组织	99	12	15	20	2	92
体育场馆	26		5		－45	8
其他体育			…	1		5
公共管理和社会组织	**26024**	**12946**	**7392**	**157**	**28115**	**11530**
群众团体、社会团体和宗教组织	3705	2818	1368	66	8361	3228
群众团体	542	348	99	3	15	106
社会团体	1501	1943	333	59	7082	1875
宗教组织	1663	527	936	5	1264	1247
基层群众自治组织	22319	10128	6024	91	19755	8302
社区自治组织	2621	1215	249	2	320	1296
村民自治组织	19698	8913	5775	89	19434	7006

注：本表按有填写财务表且执行民间非营利组织及其他会计制度的单位统计。

4－C－7 湖州市按登记注册类型和行业(门类、大类、中类)分组的社会团体和其他单位财务状况

单位:个、万元、人

指 标 名 称	单位法人	固定资产原价	本年收入合计	捐赠收入	会费收入
总 计	**1958**	**328233**	**136932**	**13047**	**4436**
一、按登记注册类型分					
内 资	**1958**	**328233**	**136932**	**13047**	**4436**
国 有	77	2398	4428	470	865
集 体	73	6274	6714	1515	191
股份合作企业	4	47	181	3	
联营企业	2	50	115		4
其他联营	2	50	115		4
有限责任公司	1	2100	1		
其他有限责任公司	1	2100	1		
私营企业	66	15713	7264	7	22
私营独资	45	10552	5003	4	
私营合伙	16	5094	2137	3	
私营有限责任公司	4	27	53		22
私营股份有限公司	1	41	71		
其 他	1735	301651	118229	11052	3355
二、按国民经济行业(门类、大类、中类)分					
交通运输、仓储和邮政业	**1**	**123**	**22**		
水上运输业	1	123	22		
水上运输辅助活动	1	123	22		
租赁和商务服务业	**23**	**3740**	**2376**		**2**
租赁业	1	1	613		
机械设备租赁	1	1	613		
商务服务业	22	3739	1763		2
企业管理服务	3	1760	170		
法律服务	13	1948	1560		
咨询与调查	5	29	33		2
其他商务服务	1	3	…		…

4－C－7 续表1－1 单位：个、万元、人

指 标 名 称	单位法人	固定资产原 价	本年收入合 计	捐赠收入	会费收入
科学研究、技术服务和地质勘查业	**4**	**75**	**58**		
研究与试验发展	2	72	15		
农业科学研究与试验发展	1	67	15		
医学研究与试验发展	1	5			
专业技术服务业	1		14		
工程技术与规划管理	1		14		
科技交流和推广服务业	1	3	29		
技术推广服务	1	3	29		
水利、环境和公共设施管理业	**4**	**603**	**99**		
水利管理业	4	603	99		
水资源管理	1	480	15		
其他水利管理	3	123	84		
居民服务和其他服务业	**8**	**747**	**102**		
居民服务业	7	147	74		
托儿所	5	135	61		
殡葬服务	2	12	14		
其他服务业	1	600	28		
其他未列明的服务	1	600	28		
教 育	**149**	**31643**	**13669**	**30**	**2**
教 育	149	31643	13669	30	2
学前教育	78	3057	2579	16	
初等教育	13	2011	1703	14	
中等教育	12	11938	5411		
高等教育	1	13006	884		
其他教育	45	1631	3092		2
卫生、社会保障和社会福利业	**72**	**13402**	**18530**	**5135**	**18**
卫 生	37	10929	11740		
医 院	6	7706	4671		

4-C-7 续表1-2

单位：个、万元、人

指 标 名 称	单位法人	固定资产原价	本年收入合计	捐赠收入	会费收入
卫生院及社区医疗活动	24	3154	6978		
门诊部医疗活动	6	61	78		
疾病预防控制及防疫活动	1	9	13		
社会福利业	35	2473	6790	5135	18
提供住宿的社会福利	30	2364	1255	33	
不提供住宿的社会福利	5	109	5536	5101	18
文化、体育和娱乐业	**19**	**2062**	**461**	**241**	**16**
文化艺术业	7	2018	373	200	...
文艺创作与表演	2	8	8		
文物及文化保护	1	2000	200	200	
博物馆	1	5			
群众文化活动	3	5	165		...
体 育	10	41	70	41	16
体育组织	10	41	70	41	16
娱乐业	2	3	18		
室内娱乐活动	1	3	1		
休闲健身娱乐活动	1		17		
公共管理和社会组织	**1678**	**275838**	**101615**	**7641**	**4399**
国家机构	4	19	724	28	8
国家行政机构	4	19	724	28	8
群众团体、社会团体和宗教组织	469	41111	17650	6428	3904
群众团体	10	940	1123		685
社会团体	282	4436	12277	3348	3042
宗教组织	177	35735	4250	3080	177
基层群众自治组织	1205	234707	83241	1185	487
社区自治组织	216	27256	9476	328	406
村民自治组织	989	207451	73765	857	81

4－C－7 续表2－1

单位：个、万元、人

指 标 名 称	提供服务收入	政府补助收入	本年费用合计	业务活动成本
总 计	**51352**	**35379**	**109026**	**47513**
一、按登记注册类型分				
内 资	**51352**	**35379**	**109026**	**47513**
国 有	2358	615	4201	2979
集 体	4416	382	5234	3032
股份合作企业	174		270	137
联营企业	97		202	106
其他联营	97		202	106
有限责任公司	1		1	1
其他有限责任公司	1		1	1
私营企业	6486	524	9851	5514
私营独资	4392	466	5459	3946
私营合伙	2063	58	4289	1500
私营有限责任公司	31	...	31	27
私营股份有限公司			73	42
其 他	37821	33858	89268	35744
二、按国民经济行业(门类、大类、中类)分				
交通运输、仓储和邮政业	**22**		**27**	**27**
水上运输业	22		27	27
水上运输辅助活动	22		27	27
租赁和商务服务业	**2212**	**35**	**1672**	**985**
租赁业	613		635	607
机械设备租赁	613		635	607
商务服务业	1599	35	1036	377
企业管理服务	15	28	180	13
法律服务	1560		825	350
咨询与调查	24	7	31	14
其他商务服务			...	...

4－C－7　续表2－2　　单位：个、万元、人

指标名称	提供服务收入	政府补助收入	本年费用合计	业务活动成本
科学研究、技术服务和地质勘查业	**14**		**66**	**23**
研究与试验发展			24	11
农业科学研究与试验发展			24	11
医学研究与试验发展				
专业技术服务业	14		10	10
工程技术与规划管理	14		10	10
科技交流和推广服务业			32	2
技术推广服务			32	2
水利、环境和公共设施管理业	**29**	**70**	**118**	**56**
水利管理业	29	70	118	56
水资源管理	10	5	37	
其他水利管理	19	65	81	56
居民服务和其他服务业	**76**		**108**	**77**
居民服务业	48		66	43
托儿所	34		52	30
殡葬服务	14		14	13
其他服务业	28		42	34
其他未列明的服务	28		42	34
教　育	**12532**	**853**	**15012**	**10426**
教　育	12532	853	15012	10426
学前教育	2276	170	2646	1832
初等教育	1485	175	2249	1322
中等教育	4952	384	5593	3936
高等教育	883		1116	804
其他教育	2938	124	3409	2531
卫生、社会保障和社会福利业	**9762**	**1535**	**17265**	**12682**
卫　生	9131	1082	13008	9378
医　院	4327	60	6673	3678

4－C－7 续表2－3

单位：个、万元、人

指 标 名 称	提供服务收入	政府补助收入	本年费用合计	本年费用业务活动成本
卫生院及社区医疗活动	4713	1022	6255	5634
门诊部医疗活动	78		68	59
疾病预防控制及防疫活动	13		13	8
社会福利业	631	453	4258	3304
提供住宿的社会福利	431	352	1285	539
不提供住宿的社会福利	200	101	2972	2765
文化、体育和娱乐业	**201**	**3**	**239**	**188**
文化艺术业	173		163	146
文艺创作与表演	8		8	4
文物及文化保护				
博物馆			10	10
群众文化活动	165		145	132
体 育	10	3	66	36
体育组织	10	3	66	36
娱乐业	18		10	7
室内娱乐活动	1		...	
休闲健身娱乐活动	17		10	7
公共管理和社会组织	**26503**	**32884**	**74519**	**23049**
国家机构	648	39	648	17
国家行政机构	648	39	648	17
群众团体、社会团体和宗教组织	2708	3251	12730	6783
群众团体	39	376	1102	404
社会团体	2155	2811	8059	4458
宗教组织	514	64	3570	1922
基层群众自治组织	23147	29594	61140	16249
社区自治组织	2986	3653	7458	2140
村民自治组织	20160	25941	53682	14109

4－C－7　续表3－1

单位：个、万元、人

指　标　名　称	人员费用	日常费用	固定资产折　　旧	税　费	管理费用
总　计	**17566**	**17235**	**4482**	**399**	**38451**
一、按登记注册类型分					
内　资	**17566**	**17235**	**4482**	**399**	**38451**
国　有	761	890	43	34	1107
集　体	708	2053	126	1	1516
股份合作企业	68	37	6	19	28
联营企业		69		3	96
其他联营		69		3	96
有限责任公司	1				...
其他有限责任公司	1				...
私营企业	3007	1380	609	32	1801
私营独资	2229	1112	394	26	1420
私营合伙	758	249	214	6	377
私营有限责任公司	19	7	...	...	4
私营股份有限公司	1	12			
其　他	13022	12806	3698	310	33903
二、按国民经济行业（门类、大类、中类）分					
交通运输、仓储和邮政业	**6**	**12**	**6**	**3**	
水上运输业	6	12	6	3	
水上运输辅助活动	6	12	6	3	
租赁和商务服务业	**127**	**114**		**117**	**548**
租赁业					28
机械设备租赁					28
商务服务业	127	114		117	519
企业管理服务		13			104
法律服务	122	91		117	398
咨询与调查	5	10			17
其他商务服务		...			

4－C－7 续表3－2 单位：个、万元、人

指 标 名 称					管理费用
	人员费用	日常费用	固定资产折旧	税 费	
科学研究、技术服务和地质勘查业	**9**	**12**		**1**	**32**
研究与试验发展	1	10			13
农业科学研究与试验发展	1	10			13
医学研究与试验发展					
专业技术服务业	8	1		1	...
工程技术与规划管理	8	1		1	...
科技交流和推广服务业					19
技术推广服务					19
水利、环境和公共设施管理业		**56**			**62**
水利管理业		56			62
水资源管理					37
其他水利管理		56			25
居民服务和其他服务业	**20**	**14**	**34**	**1**	**31**
居民服务业	19	12	4	1	23
托儿所	16	11	4		22
殡葬服务	3	1	1	1	1
其他服务业	2	2	30		8
其他未列明的服务	2	2	30		8
教 育	**5611**	**3159**	**846**	**100**	**3866**
教 育	5611	3159	846	100	3866
学前教育	1160	504	35	27	701
初等教育	742	378	147		603
中等教育	2348	1127	397		1634
高等教育	219	398	188		312
其他教育	1143	752	80	73	616
卫生、社会保障和社会福利业	**4276**	**6611**	**423**		**1737**
卫 生	3061	5840	410		1136
医 院	1020	2261	395		815

4－C－7 续表3－3

单位：个、万元、人

指 标 名 称	人员费用	日常费用	固定资产折旧	税 费	管理费用
卫生院及社区医疗活动	1998	3565	14		313
门诊部医疗活动	37	12			8
疾病预防控制及防疫活动	6	1	1		
社会福利业	1215	771	12		601
提供住宿的社会福利	214	225	12		394
不提供住宿的社会福利	1001	546	...		207
文化、体育和娱乐业	**104**	**11**	**2**		**42**
文化艺术业	93	9	...		12
文艺创作与表演	2	2			4
文物及文化保护					
博物馆	10				
群众文化活动	81	7	...		8
体 育	11	2	1		28
体育组织	11	2	1		28
娱乐业					3
室内娱乐活动					...
休闲健身娱乐活动					3
公共管理和社会组织	**7413**	**7248**	**3171**	**178**	**32133**
国家机构	13		1		85
国家行政机构	13		1		85
群众团体、社会团体和宗教组织	1619	1957	307	37	4595
群众团体	202	118	...		600
社会团体	907	1077	45	22	2968
宗教组织	509	762	263	14	1028
基层群众自治组织	5782	5291	2863	141	27453
社区自治组织	810	427	754	18	2945
村民自治组织	4972	4864	2109	123	24508

4－C－7 续表4－1

单位：个、万元、人

指标名称	人员费用	日常费用	固定资产折旧	税费	净资产变动额	全部就业人员年平均人数
总计	**17771**	**13357**	**1570**	**55**	**21673**	**15322**
一、按登记注册类型分						
内资	**17771**	**13357**	**1570**	**55**	**21673**	**15322**
国有	293	460	29	1	301	529
集体	374	941	103		411	569
股份合作企业	11	13		－1	17	73
联营企业		88	7		－59	26
其他联营		88	7		－59	26
有限责任公司		…				5
其他有限责任公司		…				5
私营企业	755	880	82	16	－108	1571
私营独资	527	770	65	4	－183	1222
私营合伙	227	107	17	12	29	300
私营有限责任公司	2	3			46	26
私营股份有限公司						23
其他	16339	10976	1350	39	21111	12549
二、按国民经济行业（门类、大类、中类）分						
交通运输、仓储和邮政业						**2**
水上运输业						2
水上运输辅助活动						2
租赁和商务服务业	**281**	**80**	**34**	**38**	**43**	**153**
租赁业	8	19		1	1	5
机械设备租赁	8	19		1	1	5
商务服务业	273	61	34	37	42	148
企业管理服务	24	12				23
法律服务	234	48	34	37	41	109
咨询与调查	15	1			1	15
其他商务服务						1

4－C－7　续表4－2　　　　单位：个、万元、人

指 标 名 称					净资产 变动额	全部就业 人员年 平均人数
	人员费用	日常费用	固定资产 折　　旧	税　费		
科学研究、技术服务和地质勘查业	**14**	**13**	**5**		**－3**	**20**
研究与试验发展	4	5	4		－5	8
农业科学研究与试验发展	4	5	4		－5	5
医学研究与试验发展						3
专业技术服务业		...			4	7
工程技术与规划管理		...			4	7
科技交流和推广服务业	11	9	...		－3	5
技术推广服务	11	9	...		－3	5
水利、环境和公共设施管理业	**39**	**4**	**19**			**25**
水利管理业	39	4	19			25
水资源管理	18		19			4
其他水利管理	21	4				21
居民服务和其他服务业	**26**	**5**	**...**		**2**	**42**
居民服务业	20	3	...		2	37
托儿所	19	2	...		3	31
殡葬服务	...	1			－1	6
其他服务业	6	2				5
其他未列明的服务	6	2				5
教　育	**1374**	**1993**	**96**	**11**	**43**	**2981**
教　育	1374	1993	96	11	43	2981
学前教育	497	121	36	1	62	988
初等教育	220	328	24		－145	577
中等教育	410	1203	5	4	－65	875
高等教育	54				－232	117
其他教育	193	341	31	5	424	424
卫生、社会保障和社会福利业	**731**	**806**	**148**		**1679**	**1567**
卫　生	463	545	126		598	1308
医　院	314	486	14		－5	438

4-C-7 续表4-3 单位:个、万元、人

指 标 名 称					净资产变动额	全部就业人员年平均人数
	人员费用	日常费用	固定资产折旧	税费		
卫生院及社区医疗活动	143	58	112		603	836
门诊部医疗活动	6	2				29
疾病预防控制及防疫活动						5
社会福利业	268	262	22		1081	259
提供住宿的社会福利	183	148	19		40	234
不提供住宿的社会福利	85	114	3		1041	25
文化、体育和娱乐业	**23**	**8**			**46**	**108**
文化艺术业	7	4			29	71
文艺创作与表演	2	2				31
文物及文化保护						16
博物馆						3
群众文化活动	6	2			29	21
体 育	14	4			9	20
体育组织	14	4			9	20
娱乐业	3	...			8	17
室内娱乐活动		...			1	1
休闲健身娱乐活动	3				7	16
公共管理和社会组织	**15283**	**10447**	**1267**	**7**	**19862**	**10424**
国家机构	72	11			29	54
国家行政机构	72	11			29	54
群众团体、社会团体和宗教组织	1143	2220	314	3	2986	2554
群众团体	74	166	19		20	61
社会团体	767	1539	199	3	2583	1473
宗教组织	302	515	96		383	1020
基层群众自治组织	14068	8216	953	4	16848	7816
社区自治组织	1602	1014	61	2	2626	1251
村民自治组织	12466	7202	891	1	14222	6565

注:本表按有填写财务表且执行民间非营利组织及其他会计制度的单位统计。

4-C-8 绍兴市按登记注册类型和行业(门类、大类、中类)分组的社会团体和其他单位财务状况

单位:个、万元、人

指标名称	单位法人	固定资产原价	本年收入合计	捐赠收入	会费收入
总计	**3282**	**440233**	**249610**	**55311**	**20943**
一、按登记注册类型分					
内资	**3282**	**440233**	**249610**	**55311**	**20943**
国有	301	12495	41855	22853	5602
集体	349	31800	23672	3233	3872
股份合作企业	6	4184	3153	50	
联营企业	9	168	372	23	49
国有联营	1	8	50		
集体联营	4	78	102	1	42
国有与集体联营	1		170		
其他联营	3	82	50	22	6
有限责任公司	2	283	172		
其他有限责任公司	2	283	172		
股份有限公司	1	1	4		4
私营企业	181	25212	16597	102	6134
私营独资	136	6611	5879	82	42
私营合伙	39	16877	10233	...	6092
私营有限责任公司	6	1724	485	20	
其他	2433	366090	163787	29049	5283
二、按国民经济行业(门类、大类、中类)分					
交通运输、仓储和邮政业	**1**	**230**	**2500**		
道路运输业	1	230	2500		
道路运输辅助活动	1	230	2500		
租赁和商务服务业	**598**	**79318**	**36043**	**174**	**191**
商务服务业	598	79318	36043	174	191
企业管理服务	556	77356	29016	173	191
法律服务	35	1570	6661		
咨询与调查	1	40	78		
市场管理	4	330	273	2	
其他商务服务	2	22	15		
科学研究、技术服务和地质勘查业	**34**	**1563**	**1248**	**10**	**24**

4－C－8 续表1－1

单位：个、万元、人

指标名称	单位法人	固定资产原价	本年收入合计	捐赠收入	会费收入
研究与试验发展	5	396	439	10	
工程和技术研究与试验发展	2	367	437	10	
农业科学研究与试验发展	3	29	3		
专业技术服务业	2	43	183		
技术检测	2	43	183		
科技交流和推广服务业	27	1124	626		24
技术推广服务	25	1122	612		24
科技中介服务	1	2	13		
其他科技服务	1	...	1		
水利、环境和公共设施管理业	**10**	**894**	**522**	**7**	**1**
水利管理业	5	437	102		1
水资源管理	5	437	102		1
环境管理业	4	180	386	7	1
自然保护	1	1	8	7	1
环境治理	3	180	377		
公共设施管理业	1	277	35		
游览景区管理	1	277	35		
居民服务和其他服务业	**52**	**1731**	**2161**	**30**	**230**
居民服务业	52	1731	2161	30	230
家庭服务	1	26	...		
托儿所	6	190	141	15	
殡葬服务	29	1247	1654	15	230
其他居民服务	16	269	365	...	...
教育	**295**	**51542**	**36695**	**122**	**6210**
教育	295	51542	36695	122	6210
学前教育	136	16856	9502	93	30
初等教育	15	1004	2115		
中等教育	14	27441	10924	25	6119
高等教育	1	2638	7143		
其他教育	129	3603	7012	4	61
卫生、社会保障和社会福利业	**136**	**11767**	**23036**	**12728**	**58**

4－C－8 续表1－2 单位：个、万元、人

指 标 名 称	单位法人	固定资产原价	本年收入合计	捐赠收入	会费收入
卫 生	69	8647	8579		
医 院	4	7063	6753		
卫生院及社区医疗活动	15	703	668		
门诊部医疗活动	50	881	1158		
社会福利业	67	3120	14457	12728	58
提供住宿的社会福利	54	2679	1363	68	57
不提供住宿的社会福利	13	441	13093	12660	1
文化、体育和娱乐业	**52**	**481**	**842**	**102**	**75**
文化艺术业	18	253	347	21	11
文艺创作与表演	3	43	76	2	1
图书馆与档案馆	1	8	5		
文物及文化保护	3	27	42	7	
博物馆	4	37	27		10
群众文化活动	7	139	197	12	
体 育	30	222	413	81	64
体育组织	28	158	369	81	54
其他体育	2	64	44		10
娱乐业	4	6	82		
休闲健身娱乐活动	3	1	81		
其他娱乐活动	1	5	2		
公共管理和社会组织	**2104**	**292707**	**146564**	**42138**	**14154**
国家机构	2	1774	189		
国家行政机构	2	1774	189		
群众团体、社会团体和宗教组织	989	50008	69441	41356	13364
群众团体	23	1024	2679	48	1579
社会团体	724	15509	59082	36384	11710
宗教组织	242	33475	7679	4924	75
基层群众自治组织	1113	240924	76934	782	790
社区自治组织	305	42288	18179	188	374
村民自治组织	808	198636	58755	595	416

4-C-8 续表2-1 单位：个、万元、人

指 标 名 称	提供服务收入	政府补助收入	本年费用合计	业务活动成本
总 计	**113773**	**34432**	**182435**	**98789**
一、按登记注册类型分				
内 资	**113773**	**34432**	**182435**	**98789**
国 有	9771	2574	20525	16303
集 体	11828	2681	17799	10828
股份合作企业	2236	117	2689	1819
联营企业	299	2	284	112
国有联营	50		42	28
集体联营	59		40	31
国有与集体联营	170		160	30
其他联营	20	2	43	24
有限责任公司	172		381	274
其他有限责任公司	172		381	274
股份有限公司			10	9
私营企业	9218	654	14647	8079
私营独资	4932	444	5212	2551
私营合伙	3820	210	8956	5169
私营有限责任公司	465		479	359
其 他	80250	28405	126099	61365
二、按国民经济行业(门类、大类、中类)分				
交通运输、仓储和邮政业	**2500**		**210**	**199**
道路运输业	2500		210	199
道路运输辅助活动	2500		210	199
租赁和商务服务业	**16339**	**7293**	**36741**	**10344**
商务服务业	16339	7293	36741	10344
企业管理服务	9486	7190	31739	7864
法律服务	6543	100	4771	2308
咨询与调查	78		115	100
市场管理	217	3	103	62
其他商务服务	15		14	11
科学研究、技术服务和地质勘查业	**1021**	**32**	**1450**	**578**

4－C－8　续表2－2

单位：个、万元、人

指 标 名 称	提供服务收入	政府补助收入	本年费用合计	业务活动成本
研究与试验发展	303		647	247
工程和技术研究与试验发展	300		645	245
农业科学研究与试验发展	3		3	2
专业技术服务业	183		267	61
技术检测	183		267	61
科技交流和推广服务业	536	32	537	270
技术推广服务	533	24	523	257
科技中介服务	3	7	13	12
其他科技服务		1	1	1
水利、环境和公共设施管理业	**261**	**232**	**740**	**466**
水利管理业	33	47	97	45
水资源管理	33	47	97	45
环境管理业	193	184	398	276
自然保护			5	5
环境治理	193	184	393	271
公共设施管理业	35		245	144
游览景区管理	35		245	144
居民服务和其他服务业	**1660**	**163**	**1012**	**596**
居民服务业	1660	163	1012	596
家庭服务	...		...	...
托儿所	120	6	130	66
殡葬服务	1335	...	695	430
其他居民服务	205	157	187	99
教　育	**26731**	**1479**	**30235**	**19391**
教　育	26731	1479	30235	19391
学前教育	7741	294	8086	5121
初等教育	1564	549	1978	1240
中等教育	3591	522	11179	6108
高等教育	7141	2	3669	3319
其他教育	6696	113	5325	3603
卫生、社会保障和社会福利业	**8701**	**810**	**12350**	**8767**

4－C－8 续表2－3

单位：个、万元、人

指标名称	提供服务收入	政府补助收入	本年费用合计	业务活动成本
卫生	8085	24	8226	5388
医院	6308		6707	4356
卫生院及社区医疗活动	668		543	359
门诊部医疗活动	1109	24	977	673
社会福利业	616	786	4124	3379
提供住宿的社会福利	566	588	1236	702
不提供住宿的社会福利	50	198	2887	2677
文化、体育和娱乐业	**358**	**271**	**920**	**478**
文化艺术业	191	123	533	199
文艺创作与表演	71	3	75	61
图书馆与档案馆	5		3	2
文物及文化保护		35	39	22
博物馆	17		35	17
群众文化活动	99	86	382	97
体育	85	148	369	265
体育组织	51	148	335	241
其他体育	34		34	24
娱乐业	82		18	15
休闲健身娱乐活动	81		17	14
其他娱乐活动	2		2	1
公共管理和社会组织	**56201**	**24153**	**98776**	**57971**
国家机构	16	13	189	103
国家行政机构	16	13	189	103
群众团体、社会团体和宗教组织	8619	3994	45268	35250
群众团体	184	549	2594	1741
社会团体	6408	3419	37553	30596
宗教组织	2027	27	5121	2913
基层群众自治组织	47567	20145	53319	22618
社区自治组织	11507	4204	11085	5499
村民自治组织	36059	15942	42234	17119

4－C－8 续表3－1

单位：个、万元、人

指 标 名 称					
	人员费用	日常费用	固定资产折旧	税 费	管理费用
总 计	**35790**	**27374**	**8389**	**1463**	**60394**
一、按登记注册类型分					
内 资	**35790**	**27374**	**8389**	**1463**	**60394**
国 有	3441	7702	390	237	3521
集 体	4610	4301	455	109	5311
股份合作企业	297	1076	216	45	856
联营企业	44	67	1	1	172
国有联营		28			15
集体联营	20	10	1	1	9
国有与集体联营	10	20			130
其他联营	14	10	1		19
有限责任公司	153	118	1	2	107
其他有限责任公司	153	118	1	2	107
股份有限公司	9	…			1
私营企业	5200	2267	146	113	5595
私营独资	1498	686	57	49	2166
私营合伙	3464	1568	55	49	3308
私营有限责任公司	237	13	34	16	121
其 他	22036	11844	7180	957	44832
二、按国民经济行业(门类、大类、中类)分					
交通运输、仓储和邮政业	**130**	**5**	**14**	**50**	**11**
道路运输业	130	5	14	50	11
道路运输辅助活动	130	5	14	50	11
租赁和商务服务业	**3730**	**2850**	**267**	**411**	**11364**
商务服务业	3730	2850	267	411	11364
企业管理服务	2004	2468	252	293	9457
法律服务	1576	364	12	118	1848
咨询与调查	100				15
市场管理	41	16	4	1	41
其他商务服务	10	1			3
科学研究、技术服务和地质勘查业	**149**	**257**	**27**	**24**	**832**

4－C－8 续表3－2 单位：个、万元、人

指 标 名 称	人员费用	日常费用	固定资产折旧	税 费	管理费用
研究与试验发展	3	147	2		401
工程和技术研究与试验发展	1	147	2		400
农业科学研究与试验发展	2				1
专业技术服务业	...	51		11	185
技术检测	...	51		11	185
科技交流和推广服务业	146	59	25	14	246
技术推广服务	138	57	25	13	245
科技中介服务	9	3	...	1	1
其他科技服务	...	...	...		...
水利、环境和公共设施管理业	**262**	**169**	**29**		**272**
水利管理业	4	26	9		50
水资源管理	4	26	9		50
环境管理业	192	65	19		122
自然保护		5			...
环境治理	192	60	19		122
公共设施管理业	66	78			101
游览景区管理	66	78			101
居民服务和其他服务业	**238**	**224**	**42**	**1**	**386**
居民服务业	238	224	42	1	386
家庭服务	...	...			...
托儿所	24	42	...		64
殡葬服务	123	177	41	1	238
其他居民服务	91	6	1		83
教 育	**10102**	**5834**	**1064**	**204**	**9708**
教 育	10102	5834	1064	204	9708
学前教育	3115	1300	444	68	2848
初等教育	1007	212	11	2	736
中等教育	2496	1612	152	12	4263
高等教育	1312	1689	318	...	350
其他教育	2173	1020	139	122	1511
卫生、社会保障和社会福利业	**2018**	**3341**	**467**	**4**	**3350**

4－C－8 续表3－3 单位：个、万元、人

指 标 名 称	人员费用	日常费用	固定资产折旧	税 费	管理费用
卫 生	1633	2960	442	1	2734
医 院	1282	2577	422		2286
卫生院及社区医疗活动	131	85	5		169
门诊部医疗活动	221	299	15	1	279
社会福利业	385	381	25	4	616
提供住宿的社会福利	301	317	19	4	505
不提供住宿的社会福利	84	64	6		111
文化、体育和娱乐业	**169**	**221**	**5**	**12**	**363**
文化艺术业	81	84	2	7	260
文艺创作与表演	16	45	1		13
图书馆与档案馆	1	1	1		1
文物及文化保护	7	15			17
博物馆	2	9			17
群众文化活动	56	15	...	7	212
体 育	82	132	4	...	100
体育组织	75	126	1	...	92
其他体育	8	6	3		9
娱乐业	5	5		4	3
休闲健身娱乐活动	5	5		4	2
其他娱乐活动	1				1
公共管理和社会组织	**18991**	**14473**	**6474**	**757**	**34109**
国家机构	38	3		1	86
国家行政机构	38	3		1	86
群众团体、社会团体和宗教组织	10289	9226	644	380	8082
群众团体	797	853	10		628
社会团体	8561	7311	142	365	5444
宗教组织	932	1062	492	15	2010
基层群众自治组织	8665	5244	5831	376	25942
社区自治组织	2881	1166	998	165	4742
村民自治组织	5783	4078	4833	211	21200

4－C－8 续表4－1

单位：个、万元、人

指标名称	人员费用	日常费用	固定资产折旧	税费	净资产变动额	全部就业人员年平均人数
总计	**32783**	**14804**	**6217**	**763**	**41770**	**24054**
一、按登记注册类型分						
内资	**32783**	**14804**	**6217**	**763**	**41770**	**24054**
国有	1832	1369	58	12	7888	2701
集体	2204	2336	128	39	4428	3209
股份合作企业	547	175	36		308	160
联营企业	122	48	1	...	58	64
国有联营	9	6				3
集体联营	5	3	1	...	57	14
国有与集体联营	95	35				27
其他联营	14	4	1		1	20
有限责任公司	38	40	28	1	10	68
其他有限责任公司	38	40	28	1	10	68
股份有限公司	1					1
私营企业	3668	1386	199	57	640	2300
私营独资	1254	611	150	11	170	1137
私营合伙	2317	751	49	45	469	1073
私营有限责任公司	97	23		...	1	90
其他	24371	9451	5766	654	28437	15551
二、按国民经济行业（门类、大类、中类）分						
交通运输、仓储和邮政业	**8**	**1**	**2**			**32**
道路运输业	8	1	2			32
道路运输辅助活动	8	1	2			32
租赁和商务服务业	**6106**	**2358**	**448**	**194**	**2092**	**3820**
商务服务业	6106	2358	448	194	2092	3820
企业管理服务	5270	1540	410	154	2048	3465
法律服务	792	805	38	40	70	321
咨询与调查	10	5			－26	7
市场管理	34	6	...	...		22
其他商务服务	1	2	...			5
科学研究、技术服务和地质勘查业	**484**	**270**	**64**	**12**	**－352**	**295**

4－C－8 续表 4－2

单位：个、万元、人

指标名称	人员费用	日常费用	固定资产折旧	税费	净资产变动额	全部就业人员年平均人数
研究与试验发展	241	107	40	12	－271	151
工程和技术研究与试验发展	241	106	40	12	－271	148
农业科学研究与试验发展	...	...				3
专业技术服务业	72	104	9		－82	26
技术检测	72	104	9		－82	26
科技交流和推广服务业	171	59	15	...	2	118
技术推广服务	170	59	15	...	1	107
科技中介服务	...				...	10
其他科技服务	...					1
水利、环境和公共设施管理业	**176**	**62**	**31**		**8**	**206**
水利管理业	40	4	3		5	25
水资源管理	40	4	3		5	25
环境管理业	101	21			3	121
自然保护	...				3	1
环境治理	100	21				120
公共设施管理业	36	37	28			60
游览景区管理	36	37	28			60
居民服务和其他服务业	**195**	**59**	**14**	**23**	**161**	**163**
居民服务业	195	59	14	23	161	163
家庭服务	...					1
托儿所	47	11	6		77	35
殡葬服务	86	34	7	23	50	74
其他居民服务	62	14	1		35	53
教　育	**6418**	**2206**	**746**	**46**	**2001**	**4974**
教　育	6418	2206	746	46	2001	4974
学前教育	1889	610	157	9	432	1987
初等教育	426	221	40	2	1	362
中等教育	2868	913	476	3	1152	1068
高等教育	349	1	...		149	345
其他教育	886	462	72	32	267	1212
卫生、社会保障和社会福利业	**1649**	**1520**	**97**	**1**	**408**	**994**

4－C－8 续表4－3 单位：个、万元、人

指 标 名 称					净资产	全部就业
						人 员 年
	人员费用	日常费用	固定资产折 旧	税 费	变动额	平均人数
卫 生	1275	1302	88	1	274	561
医 院	1006	1224	52		232	383
卫生院及社区医疗活动	105	3	21		20	72
门诊部医疗活动	164	76	15	1	22	106
社会福利业	374	217	9	1	134	433
提供住宿的社会福利	292	200	8	1	125	356
不提供住宿的社会福利	82	17	...		10	77
文化、体育和娱乐业	**228**	**46**	**50**	**...**	**30**	**227**
文化艺术业	153	25	48	...	6	100
文艺创作与表演	7	6	1			10
图书馆与档案馆	1		...			1
文物及文化保护	11	5				31
博物馆	11	6	...			10
群众文化活动	124	9	47	...	6	48
体 育	71	20	2		25	117
体育组织	64	19	2		25	110
其他体育	7	1				7
娱乐业	3	...			...	10
休闲健身娱乐活动	2	...			...	9
其他娱乐活动	1	...				1
公共管理和社会组织	**17519**	**8281**	**4766**	**487**	**37421**	**13343**
国家机构	35	50			1	90
国家行政机构	35	50			1	90
群众团体、社会团体和宗教组织	3916	2961	382	58	23660	6154
群众团体	377	149	...	2	74	117
社会团体	2368	2305	137	48	22605	4701
宗教组织	1171	507	245	8	981	1336
基层群众自治组织	13568	5270	4384	430	13760	7099
社区自治组织	2828	944	579	257	609	1777
村民自治组织	10739	4326	3805	173	13152	5322

注：本表按有填写财务表且执行民间非营利组织及其他会计制度的单位统计。

4-C-9 金华市按登记注册类型和行业(门类、大类、中类)分组的社会团体和其他单位财务状况

单位:个、万元、人

指标名称	单位法人	固定资产原价	本年收入合计	捐赠收入	会费收入
总计	**8112**	**755030**	**383532**	**49577**	**25056**
一、按登记注册类型分					
内资	**8110**	**754922**	**383490**	**49558**	**25056**
国有	234	40825	38730	20930	3090
集体	131	44998	7048	442	213
股份合作企业	1	78	80		
联营企业	8	923	176	73	14
集体联营	2	700	101	60	10
国有与集体联营	3	22	20	1	1
其他联营	3	201	55	12	3
有限责任公司	2	103	82		
其他有限责任公司	2	103	82		
股份有限公司	3	145	48	14	26
私营企业	366	27799	24467	3856	63
私营独资	332	19965	21095	3855	59
私营合伙	28	7730	3232	1	4
私营有限责任公司	5	94	93		
私营股份有限公司	1	10	48		
其他	7365	640051	312861	24243	21649
港澳台商投资	**1**	**58**	**24**	**19**	
与港澳台商合作经营	1	58	24	19	
外商投资	**1**	**50**	**18**		
外商投资股份有限公司	1	50	18		
二、按国民经济行业(门类、大类、中类)分					
交通运输、仓储和邮政业	**1**	**25**	**30**		
水上运输业	1	25	30		
水上运输辅助活动	1	25	30		
信息传输、计算机服务和软件业	**1**	**9**	**28**		
软件业	1	9	28		
其他软件服务	1	9	28		
租赁和商务服务业	**454**	**43553**	**17990**	**290**	**864**
商务服务业	454	43553	17990	290	864
企业管理服务	414	40476	15168	289	688
法律服务	31	427	2085		2
咨询与调查	4	2403	653		174
职业中介服务	1	7	10	1	
市场管理	1	220	35		
旅行社	1	8	12		
其他商务服务	2	12	27		

4－C－9 续表1－1 单位：个、万元、人

指 标 名 称	单位法人	固定资产原价	本年收入合计	捐赠收入	会费收入
科学研究、技术服务和地质勘查业	**98**	**2916**	**4211**	**59**	**68**
研究与试验发展	11	104	148	27	3
自然科学研究与试验发展	3	18	28	26	…
农业科学研究与试验发展	6	73	119	1	3
医学研究与试验发展	2	14	1		
专业技术服务业	6	167	700		11
气象服务	2	121	633		
技术检测	1	10	32		
工程技术与规划管理	1	22	10		
其他专业技术服务	2	15	25		11
科技交流和推广服务业	81	2644	3363	32	54
技术推广服务	80	2642	3334	32	54
科技中介服务	1	2	30		
水利、环境和公共设施管理业	**30**	**49847**	**808**	**13**	**20**
水利管理业	17	46216	631		
水资源管理	17	46216	631		
环境管理业	7	149	69		20
自然保护	4	55	45		19
环境治理	3	94	25		2
公共设施管理业	6	3482	107	13	
游览景区管理	6	3482	107	13	
居民服务和其他服务业	**21**	**2554**	**318**	**53**	
居民服务业	17	2484	263	52	
托儿所	2	1	3		
婚姻服务	3	178	65		
其他居民服务	12	2305	195	52	
其他服务业	4	69	55	1	
其他未列明的服务	4	69	55	1	
教 育	**728**	**139734**	**54911**	**1055**	**9015**
教 育	728	139734	54911	1055	9015
学前教育	552	31323	19747	134	13
初等教育	18	1542	1503	1	
中等教育	36	58671	16585	861	40
高等教育	1	41243	9826		8826
其他教育	121	6956	7250	59	136
卫生、社会保障和社会福利业	**289**	**30271**	**31012**	**4652**	**73**
卫 生	209	18974	23985	102	63
医 院	14	9694	11775	80	52
卫生院及社区医疗活动	42	6499	8445	10	1

4－C－9 续表1－2

单位：个、万元、人

指标名称	单位法人	固定资产原价	本年收入合计	捐赠收入	会费收入
门诊部医疗活动	148	2078	2388	13	11
专科疾病防治活动	3	681	1367		
其他卫生活动	2	22	11		
社会保障业	2	92	3820	3818	
社会保障业	2	92	3820	3818	
社会福利业	78	11204	3208	732	10
提供住宿的社会福利	48	8668	2454	171	1
不提供住宿的社会福利	30	2537	754	561	10
文化、体育和娱乐业	**46**	**9271**	**1487**	**67**	**178**
新闻出版业	1	1	6	2	...
出版业	1	1	6	2	...
文化艺术业	27	8807	1076	29	28
文艺创作与表演	7	89	83		8
艺术表演场馆	1	100	70		
图书馆与档案馆	1	20	6		
文物及文化保护	10	8512	701	26	1
烈士陵园、纪念馆	1	32	1		
群众文化活动	5	41	178	3	
其他文化艺术	2	13	39		19
体育	16	182	319	36	151
体育组织	14	140	204	36	74
其他体育	2	42	115		77
娱乐业	2	282	87		
室内娱乐活动	2	282	87		
公共管理和社会组织	**6444**	**476850**	**272737**	**43389**	**14836**
中国共产党机关	1	14	45		25
中国共产党机关	1	14	45		25
国家机构	19	2271	1071	206	6
国家行政机构	19	2271	1071	206	6
人民政协和民主党派	6	28	13		5
民主党派	6	28	13		5
群众团体、社会团体和宗教组织	1403	71633	79486	40032	10284
群众团体	34	1339	2986	1809	623
社会团体	1049	30253	68799	32588	8670
宗教组织	320	40041	7702	5636	990
基层群众自治组织	5015	402904	192122	3151	4516
社区自治组织	312	74268	33247	1529	2093
村民自治组织	4703	328636	158875	1622	2424

4－C－9 续表2－1

单位：个、万元、人

指标名称	提供服务收入	政府补助收入	本年费用合计	业务活动成本
总　计	**138629**	**97141**	**260417**	**151805**
一、按登记注册类型分				
内　资	**138610**	**97137**	**260378**	**151769**
国　有	4445	5382	26439	11079
集　体	4076	1808	4240	2552
股份合作企业	80		76	22
联营企业	60	19	196	107
集体联营	20	4	120	54
国有与集体联营		15	19	13
其他联营	40		57	40
有限责任公司	82		90	64
其他有限责任公司	82		90	64
股份有限公司			56	23
私营企业	19083	810	19046	14323
私营独资	15822	742	15881	12401
私营合伙	3166	23	3036	1821
私营有限责任公司	48	45	84	65
私营股份有限公司	48		46	36
其　他	110783	89118	210234	123599
港澳台商投资	**1**	**4**	**22**	**21**
与港澳台商合作经营	1	4	22	21
外商投资	**18**		**17**	**15**
外商投资股份有限公司	18		17	15
二、按国民经济行业（门类、大类、中类）分				
交通运输、仓储和邮政业	**30**		**18**	**12**
水上运输业	30		18	12
水上运输辅助活动	30		18	12
信息传输、计算机服务和软件业	**28**		**74**	**37**
软件业	28		74	37
其他软件服务	28		74	37
租赁和商务服务业	**8981**	**3356**	**13854**	**9585**
商务服务业	8981	3356	13854	9585
企业管理服务	6484	3269	11563	8077
法律服务	1997	63	1426	788
咨询与调查	479		825	709
职业中介服务		9	4	
市场管理		15	8	
旅行社	12		9	3
其他商务服务	9		19	8

4－C－9　续表2－2　　　　　　　　　　　　　　　单位：个、万元、人

指 标 名 称			本年费用	
	提供服务收入	政府补助收入	合计	业务活动成本
科学研究、技术服务和地质勘查业	**2747**	**533**	**2538**	**1629**
研究与试验发展	62	50	136	44
自然科学研究与试验发展	1	...	18	17
农业科学研究与试验发展	60	49	116	24
医学研究与试验发展	...	1	3	3
专业技术服务业	628	29	234	194
气象服务	618	15	176	171
技术检测			32	
工程技术与规划管理	10		5	3
其他专业技术服务		14	21	20
科技交流和推广服务业	2058	454	2168	1392
技术推广服务	2028	454	2138	1362
科技中介服务	30		30	29
水利、环境和公共设施管理业	**228**	**323**	**553**	**270**
水利管理业	121	294	421	174
水资源管理	121	294	421	174
环境管理业	20	29	62	41
自然保护	16	10	38	20
环境治理	4	19	24	21
公共设施管理业	86		70	55
游览景区管理	86		70	55
居民服务和其他服务业	**126**	**84**	**960**	**576**
居民服务业	81	74	913	554
托儿所	1		2	...
婚姻服务	65		47	42
其他居民服务	16	74	864	512
其他服务业	44	10	47	23
其他未列明的服务	44	10	47	23
教　育	**40126**	**877**	**45152**	**29732**
教　育	40126	877	45152	29732
学前教育	18495	201	17069	11746
初等教育	1106	159	1438	985
中等教育	13786	303	14831	10548
高等教育			6649	3022
其他教育	6739	214	5164	3430
卫生、社会保障和社会福利业	**20064**	**4878**	**26788**	**21880**
卫　生	19647	3278	22170	18234
医　院	10493	900	11937	10092
卫生院及社区医疗活动	7587	653	7142	5705

4－C－9 续表2－3　　单位：个、万元、人

指标名称	提供服务收入	政府补助收入	本年费用合计	业务活动成本
门诊部医疗活动	1502	412	1821	1270
专科疾病防治活动	57	1311	1264	1162
其他卫生活动	8	3	7	5
社会保障业		2	2437	2397
社会保障业		2	2437	2397
社会福利业	417	1598	2181	1249
提供住宿的社会福利	370	1470	1925	1141
不提供住宿的社会福利	47	128	256	108
文化、体育和娱乐业	**297**	**764**	**947**	**309**
新闻出版业		4	5	3
出版业		4	5	3
文化艺术业	160	721	477	159
文艺创作与表演	73		50	44
艺术表演场馆	70		65	20
图书馆与档案馆	6		6	
文物及文化保护	10	664	178	56
烈士陵园、纪念馆	1		...	
群众文化活动		37	152	14
其他文化艺术		20	26	26
体　育	118	13	286	147
体育组织	86	8	182	63
其他体育	33	5	104	84
娱乐业	18	26	179	
室内娱乐活动	18	26	179	
公共管理和社会组织	**66003**	**86328**	**169533**	**87774**
中国共产党机关		20	14	6
中国共产党机关		20	14	6
国家机构	730	66	545	407
国家行政机构	730	66	545	407
人民政协和民主党派	1	7	14	11
民主党派	1	7	14	11
群众团体、社会团体和宗教组织	16374	4703	57460	29557
群众团体	22	361	2840	1986
社会团体	15617	4186	48075	23259
宗教组织	736	156	6545	4312
基层群众自治组织	48898	81531	111501	57793
社区自治组织	9518	14581	16644	9213
村民自治组织	39380	66950	94856	48580

4－C－9 续表3－1

单位：个、万元、人

指标名称	人员费用	日常费用	固定资产折旧	税费	管理费用
总计	**54493**	**53323**	**8807**	**901**	**70382**
一、按登记注册类型分					
内资	**54472**	**53310**	**8806**	**901**	**70381**
国有	4786	4718	1162	13	3527
集体	1052	994	204	22	1428
股份合作企业					54
联营企业	72	18	8		30
集体联营	47	4	3		9
国有与集体联营	1	1	3		4
其他联营	24	14	2		17
有限责任公司	44	11	5		25
其他有限责任公司	44	11	5		25
股份有限公司	23				
私营企业	6273	3963	751	120	4179
私营独资	5481	3223	471	106	3027
私营合伙	750	733	273	4	1124
私营有限责任公司	42	7	7	10	19
私营股份有限公司					10
其他	42223	43606	6678	746	61138
港澳台商投资	**16**	**5**			
与港澳台商合作经营	16	5			
外商投资	**6**	**8**	**1**		**2**
外商投资股份有限公司	6	8	1		2
二、按国民经济行业(门类、大类、中类)分					
交通运输、仓储和邮政业	**3**				**3**
水上运输业	3				3
水上运输辅助活动	3				3
信息传输、计算机服务和软件业	**28**				**37**
软件业	28				37
其他软件服务	28				37
租赁和商务服务业	**2712**	**1867**	**125**	**96**	**3124**
商务服务业	2712	1867	125	96	3124
企业管理服务	1983	1292	85	82	2445
法律服务	173	479	12	9	595
咨询与调查	548	95	28	5	57
职业中介服务					4
市场管理					8
旅行社	2	1			5
其他商务服务	7	2			11

4－C－9 续表3－2 单位：个、万元、人

指 标 名 称	人员费用	日常费用	固定资产折旧	税 费	管理费用
科学研究、技术服务和地质勘查业	**417**	**826**	**162**	**2**	**835**
研究与试验发展	31	9	1		54
自然科学研究与试验发展	15	1			...
农业科学研究与试验发展	15	8	...		54
医学研究与试验发展	...	1	1		...
专业技术服务业	107	82	5		8
气象服务	90	76	5		5
技术检测					
工程技术与规划管理	2	1			2
其他专业技术服务	15	5			1
科技交流和推广服务业	280	735	156	2	773
技术推广服务	250	735	156	2	773
科技中介服务	29	...			...
水利、环境和公共设施管理业	**102**	**145**	**22**	**1**	**181**
水利管理业	38	124	10	1	147
水资源管理	38	124	10	1	147
环境管理业	28	6	7	...	21
自然保护	14	5	1		18
环境治理	14	1	5	...	3
公共设施管理业	36	14	5		13
游览景区管理	36	14	5		13
居民服务和其他服务业	**444**	**65**	**52**		**182**
居民服务业	422	65	52		177
托儿所		...			2
婚姻服务	10	14	2		5
其他居民服务	411	50	50		170
其他服务业	22		1		5
其他未列明的服务	22		1		5
教 育	**16395**	**9237**	**2420**	**321**	**14348**
教 育	16395	9237	2420	321	14348
学前教育	6748	3410	930	83	4919
初等教育	608	299	29	4	342
中等教育	5501	3253	1065	199	3875
高等教育	1830	1093	100		3627
其他教育	1709	1182	297	35	1586
卫生、社会保障和社会福利业	**5048**	**11849**	**1833**	**59**	**4090**
卫 生	4542	11406	1680	58	3217
医 院	2343	6817	895	23	1448
卫生院及社区医疗活动	1214	3554	728	9	1163

4－C－9　续表3－3

单位：个、万元、人

指 标 名 称	人员费用	日常费用	固定资产折旧	税 费	管理费用
门诊部医疗活动	377	514	23	26	502
专科疾病防治活动	607	521	34		102
其他卫生活动	3	1	1		2
社会保障业	1	1			37
社会保障业	1	1			37
社会福利业	505	443	153	1	836
提供住宿的社会福利	447	405	151	1	691
不提供住宿的社会福利	58	38	2	1	145
文化、体育和娱乐业	**161**	**82**	**37**	**2**	**330**
新闻出版业		3			2
出版业		3			2
文化艺术业	61	60	36	2	180
文艺创作与表演	29	5	7	2	6
艺术表演场馆	5	11	4		45
图书馆与档案馆					6
文物及文化保护	8	24	24		122
烈士陵园、纪念馆					...
群众文化活动	12	1	...		1
其他文化艺术	7	20			
体 育	100	19	1		74
体育组织	20	16	1		66
其他体育	80	3	1		8
娱乐业					73
室内娱乐活动					73
公共管理和社会组织	**29184**	**29254**	**4157**	**420**	**47253**
中国共产党机关		6			8
中国共产党机关		6			8
国家机构	97	226	66	1	111
国家行政机构	97	226	66	1	111
人民政协和民主党派	7	2	...		3
民主党派	7	2	...		3
群众团体、社会团体和宗教组织	8200	9194	1340	216	11862
群众团体	705	76	12	6	842
社会团体	6567	7778	848	199	9465
宗教组织	928	1341	480	10	1556
基层群众自治组织	20880	19825	2751	203	35269
社区自治组织	3707	2671	326	63	6010
村民自治组织	17173	17154	2425	140	29259

4－C－9 续表4－1

单位：个、万元、人

指标名称	人员费用	日常费用	固定资产折旧	税费	净资产变动额	全部就业人员年平均人数
总计	**30707**	**21519**	**6322**	**1142**	**70808**	**57179**
一、按登记注册类型分						
内资	**30706**	**21519**	**6322**	**1142**	**70808**	**57163**
国有	1573	1225	131	48	1767	2009
集体	661	219	409	13	416	877
股份合作企业						6
联营企业	9	18		3	12	56
集体联营	2	4		3	4	13
国有与集体联营	4				…	26
其他联营	3	14			9	17
有限责任公司	5	17		1	－11	35
其他有限责任公司	5	17		1	－11	35
股份有限公司						14
私营企业	2128	1010	237	25	3560	3885
私营独资	1647	862	214	21	3532	3390
私营合伙	468	133	22	4	28	465
私营有限责任公司	5	13	1	…		27
私营股份有限公司	8	2				3
其他	26330	19030	5545	1052	65064	50281
港澳台商投资						**12**
与港澳台商合作经营						12
外商投资	**2**					**4**
外商投资股份有限公司	2					4
二、按国民经济行业（门类、大类、中类）分						
交通运输、仓储和邮政业	**2**	**1**				**3**
水上运输业	2	1				3
水上运输辅助活动	2	1				3
信息传输、计算机服务和软件业	**22**	**12**	**1**	**2**		**28**
软件业	22	12	1	2		28
其他软件服务	22	12	1	2		28
租赁和商务服务业	**1678**	**673**	**258**	**28**	**441**	**1872**
商务服务业	1678	673	258	28	441	1872
企业管理服务	1273	566	254	10	401	1650
法律服务	351	78	4	18	40	157
咨询与调查	29	28				46
职业中介服务	3	1				3
市场管理	8					5
旅行社	5	1				5
其他商务服务	11					6

4－C－9 续表4－2

单位：个、万元、人

指 标 名 称					净资产	全部就业人员年
	人员费用	日常费用	固定资产折旧	税 费	变动额	平均人数
科学研究、技术服务和地质勘查业	**696**	**100**	**13**	**26**	**65**	**612**
研究与试验发展	36	18	...		－3	46
自然科学研究与试验发展						14
农业科学研究与试验发展	35	18	...		－3	28
医学研究与试验发展	...	...				4
专业技术服务业	6	2			...	37
气象服务	4	1				17
技术检测					...	5
工程技术与规划管理	1	1				6
其他专业技术服务	1	...				9
科技交流和推广服务业	654	79	13	26	68	529
技术推广服务	654	79	13	26	68	510
科技中介服务	...		...	...		19
水利、环境和公共设施管理业	**135**	**29**	**9**		**204**	**126**
水利管理业	113	19	9		203	58
水资源管理	113	19	9		203	58
环境管理业	19	3			1	17
自然保护	17	2			...	10
环境治理	2	1			1	7
公共设施管理业	4	8	1			51
游览景区管理	4	8	1			51
居民服务和其他服务业	**106**	**48**	**14**			**79**
居民服务业	102	48	14			69
托儿所	2	...				2
婚姻服务	3	2				7
其他居民服务	97	46	14			60
其他服务业	4	...	...			10
其他未列明的服务	4	...	...			10
教 育	**6578**	**3741**	**2041**	**228**	**8242**	**9752**
教 育	6578	3741	2041	228	8242	9752
学前教育	2944	1240	260	16	769	5502
初等教育	278	59	1		93	472
中等教育	1535	950	251	78	3806	2086
高等教育	832	1057	1438	100	2786	669
其他教育	989	434	90	33	788	1023
卫生、社会保障和社会福利业	**2017**	**1397**	**461**	**1**	**2479**	**2519**
卫 生	1638	1086	334	1	882	1875
医 院	857	512	47		391	799
卫生院及社区医疗活动	408	444	220		431	617

4－C－9 续表4－3

单位：个、万元、人

指标名称	人员费用	日常费用	固定资产折旧	税费	净资产变动额	全部就业人员年平均人数
门诊部医疗活动	285	122	65	1	56	348
专科疾病防治活动	87	8	2		1	108
其他卫生活动	2				3	3
社会保障业	4	21	12		1383	7
社会保障业	4	21	12		1383	7
社会福利业	374	290	116	...	214	637
提供住宿的社会福利	355	278	14		209	424
不提供住宿的社会福利	20	12	101	...	5	213
文化、体育和娱乐业	**195**	**59**	**35**	**2**	**683**	**446**
新闻出版业		2			1	1
出版业		2			1	1
文化艺术业	127	31	20		681	240
文艺创作与表演	5	...	...		－5	63
艺术表演场馆	40	5				17
图书馆与档案馆	6					2
文物及文化保护	75	25	20		550	119
烈士陵园、纪念馆	...	...				1
群众文化活动		1			135	31
其他文化艺术					1	7
体　育	33	4	...		1	173
体育组织	26	3	...		1	122
其他体育	6	1	...		...	51
娱乐业	35	21	15	2		32
室内娱乐活动	35	21	15	2		32
公共管理和社会组织	**19280**	**15459**	**3489**	**856**	**58696**	**41742**
中国共产党机关		8				10
中国共产党机关		8				10
国家机构	87	18	3		19	210
国家行政机构	87	18	3		19	210
人民政协和民主党派	...	2			1	91
民主党派	...	2			1	91
群众团体、社会团体和宗教组织	4818	3942	571	860	5175	9564
群众团体	332	475	...		116	169
社会团体	4007	2771	332	847	4103	6962
宗教组织	479	696	240	13	956	2433
基层群众自治组织	14375	11490	2915	－4	53500	31867
社区自治组织	2854	1674	298	4	20544	2895
村民自治组织	11521	9816	2617	－7	32956	28972

注：本表按有填写财务表且执行民间非营利组织及其他会计制度的单位统计。

4－C－10 衢州市按登记注册类型和行业(门类、大类、中类)分组的社会团体和其他单位财务状况

单位:个、万元、人

指 标 名 称	单位法人	固定资产原 价	本年收入合 计	捐赠收入	会费收入
总 计	**3142**	**174649**	**80029**	**7937**	**2632**
一、按登记注册类型分					
内 资	**3142**	**174649**	**80029**	**7937**	**2632**
国 有	97	864	5759	4013	600
集 体	48	1385	1186	145	155
股份合作企业	4	8449	4060	85	20
联营企业	2	167	273		
集体联营	1	18	45		
其他联营	1	149	228		
私营企业	112	13326	7190	5	26
私营独资	88	10315	5089	5	2
私营合伙	21	2761	2019		1
私营有限责任公司	2	100	13		4
私营股份有限公司	1	150	70		20
其 他	2879	150459	61561	3689	1831
二、按国民经济行业(门类、大类、中类)分					
租赁和商务服务业	**30**	**941**	**1644**		**8**
商务服务业	30	941	1644		8
企业管理服务	2	67	95		
法律服务	25	782	1384		
咨询与调查	2	91	165		8
职业中介服务	1	1	1		
科学研究、技术服务和地质勘查业	**13**	**600**	**557**		**20**
研究与试验发展	4	396	409		
工程和技术研究与试验发展	1	89	128		
医学研究与试验发展	2	305	275		
社会人文科学研究与试验发展	1	2	6		
科技交流和推广服务业	9	205	148		20
技术推广服务	7	198	137		20
科技中介服务	2	7	11		
水利、环境和公共设施管理业	**4**	**766**	**77**	**13**	
环境管理业	1	2	5	5	
自然保护	1	2	5	5	
公共设施管理业	3	764	72	8	
城市绿化管理	1	5	20		
游览景区管理	2	759	52	8	

4－C－10 续表1－1

单位：个、万元、人

指 标 名 称	单位法人	固定资产原价	本年收入合计	捐赠收入	会费收入
教 育	**133**	**21826**	**10978**	**103**	**25**
教 育	133	21826	10978	103	25
学前教育	66	3703	1564	1	
初等教育	2	179	276		
中等教育	19	16809	8135	97	
其他教育	46	1135	1003	5	25
卫生、社会保障和社会福利业	**106**	**13492**	**5437**	**210**	**10**
卫 生	47	9621	3944		
医 院	9	8271	2970		
卫生院及社区医疗活动	20	1004	727		
门诊部医疗活动	18	346	248		
社会福利业	59	3870	1493	210	10
提供住宿的社会福利	57	3849	1333	77	10
不提供住宿的社会福利	2	21	159	133	
文化、体育和娱乐业	**19**	**286**	**350**	**100**	**10**
文化艺术业	5	23	40		2
文艺创作与表演	2	19	25		
群众文化活动	3	4	15		2
体 育	13	223	166	42	8
体育组织	11	60	109	42	8
其他体育	2	162	57		
娱乐业	1	40	144	58	
休闲健身娱乐活动	1	40	144	58	
公共管理和社会组织	**2837**	**136740**	**60986**	**7511**	**2559**
国家机构	2	5	129		
国家行政机构	2	5	129		
人民政协和民主党派	3	21	102		…
民主党派	3	21	102		…
群众团体、社会团体和宗教组织	566	16218	14582	6667	2295
群众团体	11	263	708	4	226
社会团体	342	5932	12150	5646	1972
宗教组织	213	10023	1724	1018	98
基层群众自治组织	2266	120495	46173	844	263
社区自治组织	78	2189	2280	179	98
村民自治组织	2188	118307	43894	665	165

4－C－10　续表2－1

单位：个、万元、人

指标名称	提供服务收入	政府补助收入	本年费用合计	业务活动成本
总　计	**23917**	**24804**	**67331**	**32822**
一、按登记注册类型分				
内　资	**23917**	**24804**	**67331**	**32822**
国　有	390	666	5426	4580
集　体	357	359	1293	712
股份合作企业	3837	113	3518	3467
联营企业	273		257	203
集体联营	45		43	43
其他联营	228		214	160
私营企业	6539	390	7166	4421
私营独资	4576	312	5118	3052
私营合伙	1963	18	1965	1303
私营有限责任公司		9	13	6
私营股份有限公司		50	70	60
其　他	12522	23276	49671	19439
二、按国民经济行业（门类、大类、中类）分				
租赁和商务服务业	**1514**	**98**	**1409**	**691**
商务服务业	1514	98	1409	691
企业管理服务		95	65	
法律服务	1358	2	1077	627
咨询与调查	157		266	64
职业中介服务		1	1	
科学研究、技术服务和地质勘查业	**462**	**63**	**572**	**448**
研究与试验发展	403	5	391	316
工程和技术研究与试验发展	128		128	66
医学研究与试验发展	275		258	246
社会人文科学研究与试验发展		5	5	4
科技交流和推广服务业	59	58	182	132
技术推广服务	59	57	135	90
科技中介服务	...	1	47	43
水利、环境和公共设施管理业	**56**	**5**	**69**	**15**
环境管理业			5	3
自然保护			5	3
公共设施管理业	56	5	64	12
城市绿化管理	15	5	20	5
游览景区管理	41	...	44	7

4-C-10 续表2-2

单位：个、万元、人

指 标 名 称	提供服务收入	政府补助收入	本年费用合计	本年费用：业务活动成本
教 育	**9774**	**734**	**10510**	**8187**
教 育	9774	734	10510	8187
学前教育	1440	27	1472	1114
初等教育	228	11	289	236
中等教育	7291	565	7816	6167
其他教育	815	131	933	671
卫生、社会保障和社会福利业	**4044**	**939**	**5478**	**4115**
卫 生	3735	75	3970	3417
医 院	2961	7	3167	2746
卫生院及社区医疗活动	534	67	575	483
门诊部医疗活动	239	2	228	189
社会福利业	309	864	1508	697
提供住宿的社会福利	306	841	1232	450
不提供住宿的社会福利	3	23	275	248
文化、体育和娱乐业	**209**	**4**	**392**	**160**
文化艺术业	33	2	83	25
文艺创作与表演	22	...	68	19
群众文化活动	11	2	14	6
体 育	114	2	129	76
体育组织	57	2	80	64
其他体育	57		49	12
娱乐业	62		180	59
休闲健身娱乐活动	62		180	59
公共管理和社会组织	**7858**	**22960**	**48901**	**19207**
国家机构	115	14	129	97
国家行政机构	115	14	129	97
人民政协和民主党派	88	14	102	92
民主党派	88	14	102	92
群众团体、社会团体和宗教组织	3314	1724	12759	8933
群众团体	19	460	746	474
社会团体	2897	1153	10566	7909
宗教组织	398	110	1448	550
基层群众自治组织	4342	21209	35911	10086
社区自治组织	274	1102	1752	655
村民自治组织	4068	20107	34159	9431

4－C－10　续表3－1　　　　单位：个、万元、人

指标名称	人员费用	日常费用	固定资产折旧	税费	管理费用
总　计	**11518**	**10049**	**2291**	**298**	**25968**
一、按登记注册类型分					
内　资	**11518**	**10049**	**2291**	**298**	**25968**
国　有	316	618	5	17	736
集　体	347	294	40	14	532
股份合作企业	1778	1688	2		32
联营企业	177	18			
集体联营	25	18			
其他联营	151				
私营企业	1799	1509	533	38	2438
私营独资	1290	1055	413	1	1864
私营合伙	490	423	105	36	557
私营有限责任公司	4	2			7
私营股份有限公司	15	30	15		10
其　他	7102	5922	1710	230	22231
二、按国民经济行业(门类、大类、中类)分					
租赁和商务服务业	**256**	**97**	**43**	**45**	**613**
商务服务业	256	97	43	45	613
企业管理服务					65
法律服务	224	84	42	40	356
咨询与调查	31	13	1	4	191
职业中介服务					1
科学研究、技术服务和地质勘查业	**85**	**121**	**37**	**4**	**123**
研究与试验发展	22	69	21	4	74
工程和技术研究与试验发展	10	55	1		62
医学研究与试验发展	9	14	20	4	12
社会人文科学研究与试验发展	3	1			
科技交流和推广服务业	64	52	16		49
技术推广服务	33	40	16		45
科技中介服务	31	12			4
水利、环境和公共设施管理业	**5**	**4**	**6**		**44**
环境管理业	3				2
自然保护	3				2
公共设施管理业	2	4	6		42
城市绿化管理		4			15
游览景区管理	2		6		27

4－C－10 续表3－2 单位：个、万元、人

指标名称	人员费用	日常费用	固定资产折旧	税费	管理费用
教育	**4671**	**2953**	**478**	**11**	**2217**
教育	4671	2953	478	11	2217
学前教育	656	388	49	...	334
初等教育	194	31	2		
中等教育	3465	2295	382	9	1624
其他教育	356	239	46	1	259
卫生、社会保障和社会福利业	**1469**	**1870**	**201**	**...**	**846**
卫生	1335	1619	171		355
医院	1119	1344	163		259
卫生院及社区医疗活动	177	257	7		67
门诊部医疗活动	39	18	2		29
社会福利业	134	251	29	...	491
提供住宿的社会福利	132	245	29	...	463
不提供住宿的社会福利	2	6			27
文化、体育和娱乐业	**105**	**46**	**6**	**3**	**217**
文化艺术业	20	2	3		58
文艺创作与表演	15	2	3		49
群众文化活动	6	...			8
体育	48	24	3	1	45
体育组织	42	21	1		14
其他体育	6	2	2	1	32
娱乐业	36	20		2	114
休闲健身娱乐活动	36	20		2	114
公共管理和社会组织	**4928**	**4959**	**1521**	**235**	**21909**
国家机构	81	6	1	9	32
国家行政机构	81	6	1	9	32
人民政协和民主党派	89	3			11
民主党派	89	3			11
群众团体、社会团体和宗教组织	2230	2008	897	91	3118
群众团体	84	189	1		271
社会团体	1977	1533	831	91	2132
宗教组织	169	286	65	...	714
基层群众自治组织	2529	2943	622	135	18749
社区自治组织	393	175	21	...	996
村民自治组织	2136	2768	601	135	17753

4－C－10　续表4－1

单位：个、万元、人

指 标 名 称	人员费用	日常费用	固定资产折旧	税　费	净资产变动额	全部就业人员年平均人数
总　计	**13621**	**7506**	**1229**	**131**	**13340**	**21459**
一、按登记注册类型分						
内　资	**13621**	**7506**	**1229**	**131**	**13340**	**21459**
国　有	454	229	23	7	461	695
集　体	292	222	8	1	83	235
股份合作企业	7	12	9	3	735	196
联营企业					8	51
集体联营					8	18
其他联营						33
私营企业	1191	950	163	8	－196	1420
私营独资	976	688	149	2	－89	1114
私营合伙	209	251	14	6	－106	296
私营有限责任公司	2	5				4
私营股份有限公司	5	5				6
其　他	11677	6094	1026	112	12248	18862
二、按国民经济行业（门类、大类、中类）分						
租赁和商务服务业	**391**	**116**	**17**	**8**	**153**	**181**
商务服务业	391	116	17	8	153	181
企业管理服务	43	17	5			9
法律服务	195	90	8	7	147	136
咨询与调查	153	8	4	1	6	35
职业中介服务		1	...			1
科学研究、技术服务和地质勘查业	**39**	**78**	**4**	**2**	**38**	**80**
研究与试验发展	20	50	2	2	1	21
工程和技术研究与试验发展	12	50	1			13
医学研究与试验发展	8	1	1	2	1	7
社会人文科学研究与试验发展						1
科技交流和推广服务业	19	28	3		37	59
技术推广服务	19	24	3		37	40
科技中介服务	...	4				19
水利、环境和公共设施管理业	**32**	**6**	**5**		**6**	**194**
环境管理业		2				180
自然保护		2				180
公共设施管理业	32	4	5		6	14
城市绿化管理	15					3
游览景区管理	17	4	5		6	11

4－C－10 续表4－2　　　　　　　　　　　　　　　　　　　　　　　　　单位：个、万元、人

指 标 名 称	人员费用	日常费用	固定资产折旧	税 费	净资产变动额	全部就业人员年平均人数
教 育	**1220**	**733**	**165**	**7**	**850**	**1842**
教 育	1220	733	165	7	850	1842
学前教育	205	115	6	2	78	643
初等教育						55
中等教育	858	573	147	2	737	874
其他教育	157	46	12	4	35	270
卫生、社会保障和社会福利业	**275**	**457**	**66**	**...**	**－16**	**863**
卫 生	87	241	13		－257	594
医 院	38	200	8		－287	448
卫生院及社区医疗活动	29	33	5		30	111
门诊部医疗活动	21	8	...			35
社会福利业	188	217	53	...	241	269
提供住宿的社会福利	177	203	51	...	241	263
不提供住宿的社会福利	12	14	2			6
文化、体育和娱乐业	**87**	**121**	**1**	**...**	**36**	**93**
文化艺术业	56	1	...			31
文艺创作与表演	49					21
群众文化活动	7	1	...			10
体 育	25	14	1	...	10	54
体育组织	5	7	...	...	10	33
其他体育	20	6	1			21
娱乐业	5	107			25	8
休闲健身娱乐活动	5	107			25	8
公共管理和社会组织	**11577**	**5995**	**971**	**114**	**12274**	**18206**
国家机构	29	3				9
国家行政机构	29	3				9
人民政协和民主党派	6	5				37
民主党派	6	5				37
群众团体、社会团体和宗教组织	1899	851	135	69	1934	3401
群众团体	187	80	2		14	48
社会团体	1373	520	73	30	879	2318
宗教组织	339	252	60	39	1041	1035
基层群众自治组织	9644	5136	836	45	10340	14759
社区自治组织	579	364	18	...	825	503
村民自治组织	9065	4773	819	44	9514	14256

注：本表按有填写财务表且执行民间非营利组织及其他会计制度的单位统计。

4－C－11 舟山市按登记注册类型和行业(门类、大类、中类)分组的社会团体和其他单位财务状况

单位：个、万元、人

指标名称	单位法人	固定资产原价	本年收入合计	捐赠收入	会费收入
总计	**1369**	**207526**	**174618**	**18931**	**2697**
一、按登记注册类型分					
内资	**1369**	**207526**	**174618**	**18931**	**2697**
国有	172	4136	87246	5385	1012
集体	30	778	941	63	23
有限责任公司	4	3	292		
其他有限责任公司	4	3	292		
私营企业	67	1725	3190	5	7
私营独资	35	946	1403	3	
私营合伙	11	506	613		2
私营有限责任公司	21	273	1175	2	6
其他	1096	200884	82949	13478	1655
二、按国民经济行业(门类、大类、中类)分					
租赁和商务服务业	**322**	**48004**	**21384**	**108**	**14**
商务服务业	322	48004	21384	108	14
企业管理服务	318	47870	20642	108	14
法律服务	4	134	742		
科学研究、技术服务和地质勘查业	**4**	**4**	**72**		**3**
研究与试验发展	3	4	68		3
自然科学研究与试验发展	2	2	32		
社会人文科学研究与试验发展	1	2	36		3
科技交流和推广服务业	1		4		
科技中介服务	1		4		
水利、环境和公共设施管理业	**1**		**60**		
环境管理业	1		60		
环境治理	1		60		
居民服务和其他服务业	**10**	**217**	**198**		
居民服务业	10	217	198		
托儿所	10	217	198		
教育	**73**	**2969**	**3893**	**14**	**48**
教育	73	2969	3893	14	48
学前教育	50	2429	2180	13	

4－C－11 续表1－1 单位：个、万元、人

指标名称	单位法人	固定资产原价	本年收入合计	捐赠收入	会费收入
初等教育	6	327	715	1	48
其他教育	17	212	998		
卫生、社会保障和社会福利业	**31**	**2010**	**6871**	**5369**	**11**
卫　生	15	1449	859	23	
医　院	2	1320	488	23	
卫生院及社区医疗活动	5	19	74		
门诊部医疗活动	7	60	228		
疾病预防控制及防疫活动	1	50	69		
社会福利业	16	562	6012	5345	11
提供住宿的社会福利	8	243	192	5	2
不提供住宿的社会福利	8	319	5820	5341	9
文化、体育和娱乐业	**17**	**214**	**263**	**14**	**13**
文化艺术业	4	186	41	5	
文艺创作与表演	2	1	5	5	
博物馆	1	185	37		
其他文化艺术	1				
体　育	9	11	185	10	7
体育组织	6	3	160	8	7
其他体育	3	8	25	2	
娱乐业	4	18	37		6
休闲健身娱乐活动	4	18	37		6
公共管理和社会组织	**911**	**154108**	**141878**	**13426**	**2609**
国家机构	64	4303	85493	98	
国家行政机构	64	4303	85493	98	
群众团体、社会团体和宗教组织	554	91308	36305	13034	2579
群众团体	13	429	785	6	219
社会团体	376	54339	22636	9307	2271
宗教组织	165	36541	12883	3721	89
基层群众自治组织	293	58497	20081	294	30
社区自治组织	73	1943	3290	152	13
村民自治组织	220	56554	16791	142	17

4－C－11 续表2－1 单位：个、万元、人

指 标 名 称	提供服务收 入	政府补助收 入	本年费用合 计	业务活动成 本
总 计	**24738**	**98883**	**151544**	**99318**
一、按登记注册类型分				
内 资	**24738**	**98883**	**151544**	**99318**
国 有	1857	77198	88379	76265
集 体	149	116	604	324
有限责任公司	289		219	162
其他有限责任公司	289		219	162
私营企业	2470	127	3270	1138
私营独资	1094	43	1420	470
私营合伙	315	18	681	180
私营有限责任公司	1062	66	1169	489
其 他	19972	21442	59073	21429
二、按国民经济行业(门类、大类、中类)分				
租赁和商务服务业	**3335**	**6597**	**13309**	**3850**
商务服务业	3335	6597	13309	3850
企业管理服务	2593	6597	12877	3464
法律服务	742		432	385
科学研究、技术服务和地质勘查业	**28**	**41**	**49**	**26**
研究与试验发展	24	41	49	26
自然科学研究与试验发展	24	8	31	24
社会人文科学研究与试验发展		33	18	2
科技交流和推广服务业	4			
科技中介服务	4			
水利、环境和公共设施管理业	**20**	**40**	**65**	**61**
环境管理业	20	40	65	61
环境治理	20	40	65	61
居民服务和其他服务业	**198**		**221**	**147**
居民服务业	198		221	147
托儿所	198		221	147
教 育	**2996**	**193**	**4066**	**1537**
教 育	2996	193	4066	1537
学前教育	1691	80	2306	1017

4－C－11 续表2－2

单位：个、万元、人

指标名称	提供服务收入	政府补助收入	本年费用合计	业务活动成本
初等教育	421	113	765	127
其他教育	885		996	392
卫生、社会保障和社会福利业	**633**	**168**	**4807**	**2654**
卫 生	368		955	541
医 院			518	295
卫生院及社区医疗活动	71		168	33
门诊部医疗活动	228		220	165
疾病预防控制及防疫活动	69		48	46
社会福利业	266	168	3852	2113
提供住宿的社会福利	108	71	174	112
不提供住宿的社会福利	158	97	3678	2001
文化、体育和娱乐业	**57**	**63**	**170**	**106**
文化艺术业	7	30	11	3
文艺创作与表演			3	3
博物馆	7	30	7	
其他文化艺术			...	...
体 育	39	15	129	95
体育组织	19	14	106	88
其他体育	21	1	23	7
娱乐业	11	18	30	8
休闲健身娱乐活动	11	18	30	8
公共管理和社会组织	**17470**	**91781**	**128858**	**90938**
国家机构	408	83459	85906	73320
国家行政机构	408	83459	85906	73320
群众团体、社会团体和宗教组织	14257	1991	29174	13047
群众团体	2	272	673	323
社会团体	7873	1694	19531	9430
宗教组织	6382	26	8970	3295
基层群众自治组织	2804	6331	13778	4571
社区自治组织	338	1600	2583	605
村民自治组织	2466	4731	11195	3966

4－C－11 续表 3－1 单位：个、万元、人

指 标 名 称	人员费用	日常费用	固定资产折旧	税 费	管理费用
总 计	**5520**	**13504**	**2416**	**378**	**38125**
一、按登记注册类型分					
内 资	**5520**	**13504**	**2416**	**378**	**38125**
国 有	426	1100	128	126	9535
集 体	128	81	13	4	155
有限责任公司	31	25	1	21	56
其他有限责任公司	31	25	1	21	56
私营企业	554	422	74	22	1945
私营独资	241	180	11	6	875
私营合伙	112	30	36	1	433
私营有限责任公司	202	211	27	15	638
其 他	4381	11876	2201	206	26435
二、按国民经济行业（门类、大类、中类）分					
租赁和商务服务业	**647**	**2008**	**618**	**176**	**4702**
商务服务业	647	2008	618	176	4702
企业管理服务	629	1714	612	110	4659
法律服务	19	295	6	65	43
科学研究、技术服务和地质勘查业	**...**	**25**			**21**
研究与试验发展	...	25			21
自然科学研究与试验发展	...	24			7
社会人文科学研究与试验发展		1			14
科技交流和推广服务业					
科技中介服务					
水利、环境和公共设施管理业	**56**	**6**			**4**
环境管理业	56	6			4
环境治理	56	6			4
居民服务和其他服务业	**111**	**10**	**8**		**56**
居民服务业	111	10	8		56
托儿所	111	10	8		56
教 育	**776**	**576**	**103**	**20**	**2309**
教 育	776	576	103	20	2309
学前教育	515	393	82	1	1135

4－C－11 续表3－2

单位：个、万元、人

指标名称					
	人员费用	日常费用	固定资产折旧	税费	管理费用
初等教育	56	39	16		596
其他教育	206	144	5	18	579
卫生、社会保障和社会福利业	**334**	**427**	**26**		**741**
卫生	245	97	1		345
医院	208	87			176
卫生院及社区医疗活动	25	9	...		120
门诊部医疗活动	11	1	1		46
疾病预防控制及防疫活动	2	...			2
社会福利业	89	330	25		396
提供住宿的社会福利	58	26	18		62
不提供住宿的社会福利	32	304	8		334
文化、体育和娱乐业	**82**	**13**	**1**	**...**	**60**
文化艺术业	3	...			8
文艺创作与表演	3				...
博物馆					7
其他文化艺术		...			
体育	75	10		...	32
体育组织	72	6		...	16
其他体育	3	4		...	16
娱乐业	4	3	1	...	21
休闲健身娱乐活动	4	3	1	...	21
公共管理和社会组织	**3514**	**10440**	**1659**	**183**	**30233**
国家机构	236	872	144		10043
国家行政机构	236	872	144		10043
群众团体、社会团体和宗教组织	1861	8001	610	113	13791
群众团体	49	193	10		285
社会团体	426	6809	152	103	9557
宗教组织	1385	999	449	10	3949
基层群众自治组织	1418	1568	904	70	6399
社区自治组织	357	117	27	2	1479
村民自治组织	1060	1451	878	68	4921

4－C－11　续表4－1

单位：个、万元、人

指 标 名 称	人员费用	日常费用	固定资产折旧	税　费	净资产变动额	全部就业人员年平均人数
总　计	**13484**	**15086**	**5788**	**235**	**30744**	**8582**
一、按登记注册类型分						
内　资	**13484**	**15086**	**5788**	**235**	**30744**	**8582**
国　有	993	7807	44	41	5723	784
集　体	83	29	5		89	89
有限责任公司	52	3		…		150
其他有限责任公司	52	3		…		150
私营企业	1221	601	53	10	－124	742
私营独资	504	300	34	8	6	378
私营合伙	264	150	10		－119	171
私营有限责任公司	453	152	8	2	－12	193
其　他	11136	6645	5687	184	25056	6817
二、按国民经济行业(门类、大类、中类)分						
租赁和商务服务业	**1630**	**1356**	**753**	**46**	**6451**	**963**
商务服务业	1630	1356	753	46	6451	963
企业管理服务	1630	1328	738	46	6451	927
法律服务	…	28	14		1	36
科学研究、技术服务和地质勘查业	**9**	**2**			**11**	**9**
研究与试验发展	9	2			11	8
自然科学研究与试验发展	7	…			－3	7
社会人文科学研究与试验发展	3	2			14	1
科技交流和推广服务业						1
科技中介服务						1
水利、环境和公共设施管理业	**3**				**－5**	**3**
环境管理业	3				－5	3
环境治理	3				－5	3
居民服务和其他服务业	**34**	**19**	**2**		**－7**	**75**
居民服务业	34	19	2		－7	75
托儿所	34	19	2		－7	75
教　育	**1417**	**740**	**83**	**7**	**－98**	**1006**
教　育	1417	740	83	7	－98	1006
学前教育	717	320	53	1	－45	673

4－C－11 续表4－2

单位：个、万元、人

指 标 名 称	人员费用	日常费用	固定资产折旧	税费	净资产变动额	全部就业人员年平均人数
初等教育	380	186	17		－79	194
其他教育	320	234	14	6	26	139
卫生、社会保障和社会福利业	**263**	**232**	**74**	**119**	**3753**	**167**
卫 生	156	105	69	2	－26	108
医 院	37	74	64		－31	62
卫生院及社区医疗活动	76	31	3	2	－18	26
门诊部医疗活动	43	…				16
疾病预防控制及防疫活动			2		23	4
社会福利业	106	127	5	117	3778	59
提供住宿的社会福利	30	32			…	31
不提供住宿的社会福利	76	95	5	117	3778	28
文化、体育和娱乐业	**29**	**26**	**1**	**1**	**46**	**55**
文化艺术业	7	…	…			9
文艺创作与表演			…			2
博物馆	7	…				6
其他文化艺术						1
体 育	14	13	1	1	50	40
体育组织	8	6			49	34
其他体育	6	7	1	1	1	6
娱乐业	8	12			－4	6
休闲健身娱乐活动	8	12			－4	6
公共管理和社会组织	**10099**	**12711**	**4875**	**62**	**20592**	**6304**
国家机构	1515	7880	155		2500	628
国家行政机构	1515	7880	155		2500	628
群众团体、社会团体和宗教组织	5957	3299	3466	43	10411	4129
群众团体	158	120	3		191	52
社会团体	4207	1962	2649	37	2850	2577
宗教组织	1592	1218	813	6	7370	1500
基层群众自治组织	2628	1533	1255	19	7681	1547
社区自治组织	828	516	14	7	132	517
村民自治组织	1801	1016	1241	12	7549	1030

注：本表按有填写财务表且执行民间非营利组织及其他会计制度的单位统计。

4－C－12 台州市按登记注册类型和行业（门类、大类、中类）分组的社会团体和其他单位财务状况

单位：个、万元、人

指标名称	单位法人	固定资产原价	本年收入合计	捐赠收入	会费收入
总计	**7885**	**1325778**	**494289**	**65527**	**9362**
一、按登记注册类型分					
内资	**7885**	**1325778**	**494289**	**65527**	**9362**
国有	156	18879	26004	16124	1552
集体	126	12431	9982	2717	821
股份合作企业	10	3611	3744		2
联营企业	1		10		…
其他联营	1		10		…
有限责任公司	2	149	165		
其他有限责任公司	2	149	165		
股份有限公司	3	125	185		7
私营企业	265	18789	13211	16	139
私营独资	205	11906	8463	16	74
私营合伙	60	6884	4748		65
其他	7322	1271793	440989	46671	6842
二、按国民经济行业（门类、大类、中类）分					
信息传输、计算机服务和软件业	**1**	**57**	**127**		
软件业	1	57	127		
公共软件服务	1	57	127		
租赁和商务服务业	**149**	**56959**	**25947**	**209**	**169**
商务服务业	149	56959	25947	209	169
企业管理服务	117	56568	24350	209	113
法律服务	28	329	1462		12
职业中介服务	1	3	20		
市场管理	2	56	44		
其他商务服务	1	2	71		45
科学研究、技术服务和地质勘查业	**14**	**272**	**273**		**14**
研究与试验发展	8	188	155		3
工程和技术研究与试验发展	1	15	1		
农业科学研究与试验发展	3	12	45		

4－C－12 续表1－1　　单位：个、万元、人

指标名称	单位法人	固定资产原价	本年收入合计	捐赠收入	会费收入
医学研究与试验发展	3	161	105		
社会人文科学研究与试验发展	1	1	4		3
专业技术服务业	1	8	58		11
工程技术与规划管理	1	8	58		11
科技交流和推广服务业	5	75	60		
技术推广服务	5	75	60		
水利、环境和公共设施管理业	**3**	**624**	**113**	**3**	
环境管理业	2	474	110		
环境治理	2	474	110		
公共设施管理业	1	150	3	3	
游览景区管理	1	150	3	3	
居民服务和其他服务业	**17**	**987**	**1280**	**3**	
居民服务业	17	987	1280	3	
托儿所	2	22	49		
理发及美容保健服务	1		58		
婚姻服务	1		...		
殡葬服务	12	946	1106		
其他居民服务	1	20	67	3	
教　育	**409**	**44307**	**22446**	**170**	**284**
教　育	409	44307	22446	170	284
学前教育	306	14670	11173	164	122
初等教育	11	1728	888		41
中等教育	20	23697	6580	3	
高等教育	1	1888	650		
其他教育	71	2324	3154	3	121
卫生、社会保障和社会福利业	**507**	**19065**	**37300**	**12275**	**105**
卫　生	417	11186	22214		
医　院	11	5545	4981		
卫生院及社区医疗活动	13	348	671		

4－C－12　续表1－2　　单位：个、万元、人

指　标　名　称	单位法人	固定资产原　价	本年收入合　计	捐赠收入	会费收入
门诊部医疗活动	391	5236	16413		
计划生育技术服务活动	1	2	23		
专科疾病防治活动	1	55	127		
社会福利业	90	7880	15086	12275	105
提供住宿的社会福利	70	7669	1923	29	2
不提供住宿的社会福利	20	210	13163	12246	103
文化、体育和娱乐业	**51**	**1884**	**964**	**236**	**49**
文化艺术业	19	1806	638	107	14
文艺创作与表演	7	99	447		13
文物及文化保护	2	1253	35	2	
烈士陵园、纪念馆	2	250	101	101	
群众文化活动	7	184	43	4	1
文化艺术经纪代理	1	20	13		
体　育	28	71	311	129	34
体育组织	25	43	248	128	31
其他体育	3	27	63	1	3
娱乐业	4	8	15		
室内娱乐活动	1				
休闲健身娱乐活动	3	8	15		
公共管理和社会组织	**6734**	**1201624**	**405840**	**52631**	**8741**
国家机构	1	22	40		
国家行政机构	1	22	40		
群众团体、社会团体和宗教组织	1477	412161	86676	50530	8009
群众团体	10	245	901		330
社会团体	543	6433	26660	11629	7028
宗教组织	924	405482	59116	38901	650
基层群众自治组织	5256	789441	319124	2101	732
社区自治组织	258	48682	13725	82	349
村民自治组织	4998	740759	305398	2019	383

4－C－12 续表2－1

单位：个、万元、人

指 标 名 称	提供服务收入	政府补助收入	本年费用合计	业务活动成本
总 计	**247308**	**67205**	**347008**	**138700**
一、按登记注册类型分				
内 资	**247308**	**67205**	**347008**	**138700**
国 有	5939	1411	26214	21901
集 体	5296	380	6704	1686
股份合作企业	780	8	3453	2529
联营企业	10		16	8
其他联营	10		16	8
有限责任公司	165		68	7
其他有限责任公司	165		68	7
股份有限公司	38	140	110	48
私营企业	12200	382	11408	5949
私营独资	7733	169	6685	3279
私营合伙	4467	213	4723	2670
其 他	222880	64886	299035	106571
二、按国民经济行业(门类、大类、中类)分				
信息传输、计算机服务和软件业	**122**	**3**	**120**	
软件业	122	3	120	
公共软件服务	122	3	120	
租赁和商务服务业	**23461**	**256**	**10881**	**2625**
商务服务业	23461	256	10881	2625
企业管理服务	21974	232	9416	2060
法律服务	1412	8	1369	473
职业中介服务	20		15	15
市场管理	38	6	23	20
其他商务服务	16	10	59	57
科学研究、技术服务和地质勘查业	**142**	**110**	**313**	**182**
研究与试验发展	94	52	150	89
工程和技术研究与试验发展	1		5	5
农业科学研究与试验发展	28	16	48	28

4－C－12 续表2－2 单位：个、万元、人

指标名称	提供服务收入	政府补助收入	本年费用合计	业务活动成本
医学研究与试验发展	64	36	93	54
社会人文科学研究与试验发展	1		4	3
专业技术服务业	47		69	69
工程技术与规划管理	47		69	69
科技交流和推广服务业	1	58	93	24
技术推广服务	1	58	93	24
水利、环境和公共设施管理业		**110**	**102**	**4**
环境管理业		110	98	
环境治理		110	98	
公共设施管理业			4	4
游览景区管理			4	4
居民服务和其他服务业	**1043**	**3**	**713**	**502**
居民服务业	1043	3	713	502
托儿所	49		36	31
理发及美容保健服务	58		53	41
婚姻服务	…		…	
殡葬服务	936		570	404
其他居民服务		3	54	26
教　育	**20307**	**1240**	**20878**	**12351**
教　育	20307	1240	20878	12351
学前教育	10702	24	9571	5531
初等教育	843		901	298
中等教育	5647	701	7066	4696
高等教育	640	10	533	205
其他教育	2474	505	2808	1622
卫生、社会保障和社会福利业	**20139**	**767**	**28447**	**15948**
卫　生	18879	68	14853	10360
医　院	2017		4443	3281
卫生院及社区医疗活动	395	10	504	405

4－C－12 续表2－3　　单位：个、万元、人

指标名称	提供服务收入	政府补助收入	本年费用合计	业务活动成本
门诊部医疗活动	16337	39	9773	6600
计划生育技术服务活动	3	20	19	3
专科疾病防治活动	127		114	72
社会福利业	1261	699	13594	5588
提供住宿的社会福利	1242	416	1821	795
不提供住宿的社会福利	19	282	11773	4793
文化、体育和娱乐业	**306**	**146**	**856**	**533**
文化艺术业	250	65	551	318
文艺创作与表演	202	30	365	191
文物及文化保护	1	32	35	19
烈士陵园、纪念馆			101	100
群众文化活动	35	3	49	8
文化艺术经纪代理	13		2	
体　育	40	81	290	209
体育组织	2	72	226	206
其他体育	39	8	64	3
娱乐业	15		15	6
室内娱乐活动			2	
休闲健身娱乐活动	15		13	6
公共管理和社会组织	**181789**	**64572**	**284697**	**106555**
国家机构		40	40	40
国家行政机构		40	40	40
群众团体、社会团体和宗教组织	23562	2755	76176	30338
群众团体	70	439	809	427
社会团体	4903	2219	25311	18935
宗教组织	18590	97	50056	10976
基层群众自治组织	158227	61777	208481	76177
社区自治组织	7263	3165	8461	2311
村民自治组织	150964	58612	200021	73866

4－C－12 续表3－1

单位：个、万元、人

指 标 名 称	人员费用	日常费用	固定资产折旧	税费	管理费用
总 计	**41854**	**51697**	**8454**	**554**	**163242**
一、按登记注册类型分					
内 资	**41854**	**51697**	**8454**	**554**	**163242**
国 有	2521	9255	267	65	3274
集 体	655	596	36	6	2459
股份合作企业	877	102	339		611
联营企业		8			8
其他联营		8			8
有限责任公司	5	2			60
其他有限责任公司	5	2			60
股份有限公司	16	32			62
私营企业	2515	2184	293	29	5175
私营独资	1674	1163	129	12	3181
私营合伙	840	1021	164	17	1994
其 他	35266	39517	7519	455	151592
二、按国民经济行业（门类、大类、中类）分					
信息传输、计算机服务和软件业					**120**
软件业					120
公共软件服务					120
租赁和商务服务业	**1235**	**845**	**194**	**35**	**7697**
商务服务业	1235	845	194	35	7697
企业管理服务	934	645	182	1	6801
法律服务	266	155	12	34	893
职业中介服务	7	8			
市场管理	14	5	1		1
其他商务服务	14	33	...	1	2
科学研究、技术服务和地质勘查业	**151**	**21**	**6**	**2**	**122**
研究与试验发展	73	12		2	61
工程和技术研究与试验发展	3				
农业科学研究与试验发展	20	6		2	21

4－C－12 续表3－2 单位：个、万元、人

指 标 名 称	人员费用	日常费用	固定资产折旧	税 费	管理费用
医学研究与试验发展	50	4			39
社会人文科学研究与试验发展	1	2			2
专业技术服务业	69				
工程技术与规划管理	69				
科技交流和推广服务业	9	10	6		61
技术推广服务	9	10	6		61
水利、环境和公共设施管理业	**1**				**98**
环境管理业					98
环境治理					98
公共设施管理业	1				
游览景区管理	1				
居民服务和其他服务业	**147**	**131**	**44**	**5**	**174**
居民服务业	147	131	44	5	174
托儿所	20	11	...		5
理发及美容保健服务		41			12
婚姻服务					...
殡葬服务	123	68	44	5	130
其他居民服务	5	12			28
教 育	**6855**	**3501**	**717**	**47**	**8000**
教 育	6855	3501	717	47	8000
学前教育	3051	2034	260	22	3830
初等教育	250	36	7		603
中等教育	2617	698	410	6	2230
高等教育	127	78			229
其他教育	812	655	40	20	1110
卫生、社会保障和社会福利业	**2681**	**8385**	**591**	**68**	**4252**
卫 生	2258	5176	511	56	3089
医 院	1257	317	400	32	860
卫生院及社区医疗活动	177	186	17	4	36

4－C－12 续表3－3

单位：个、万元、人

指标名称	人员费用	日常费用	固定资产折旧	税费	管理费用
门诊部医疗活动	801	4623	92	20	2135
计划生育技术服务活动		3			16
专科疾病防治活动	23	47	2	...	43
社会福利业	424	3209	80	12	1163
提供住宿的社会福利	259	397	76	12	936
不提供住宿的社会福利	165	2812	4		227
文化、体育和娱乐业	**179**	**308**	**10**	**3**	**312**
文化艺术业	139	149	10	3	233
文艺创作与表演	122	58	10	1	174
文物及文化保护	2				16
烈士陵园、纪念馆	10	90			...
群众文化活动	5	1	...	1	41
文化艺术经纪代理					2
体育	36	158	...		70
体育组织	35	156	...		20
其他体育	...	2			50
娱乐业	5	1			9
室内娱乐活动					2
休闲健身娱乐活动	5	1			7
公共管理和社会组织	**30604**	**38505**	**6892**	**395**	**142466**
国家机构	20				
国家行政机构	20				
群众团体、社会团体和宗教组织	5650	12242	2854	93	43828
群众团体	124	85	1		153
社会团体	2199	8395	50	90	5603
宗教组织	3327	3761	2803	4	38072
基层群众自治组织	24934	26264	4038	301	98638
社区自治组织	1024	742	162	4	5390
村民自治组织	23910	25522	3876	297	93248

4－C－12 续表4－1 单位：个、万元、人

指 标 名 称					净资产 变动额	全部就业人员年平均人数
	人员费用	日常费用	固定资产折旧	税 费		
总 计	**86595**	**40319**	**21728**	**425**	**5971**	**66776**
一、按登记注册类型分						
内 资	**86595**	**40319**	**21728**	**425**	**5971**	**66776**
国 有	1641	1328	35	23	3079	1502
集 体	442	1343	182	25	439	1025
股份合作企业	204	110	50		252	325
联营企业		8				6
其他联营		8				6
有限责任公司	13	20	27		...	11
其他有限责任公司	13	20	27		...	11
股份有限公司	20	42			89	34
私营企业	2965	1672	262	91	51	3228
私营独资	1917	970	187	52	77	2274
私营合伙	1048	702	75	39	－27	954
其 他	81310	35796	21173	287	2061	60645
二、按国民经济行业（门类、大类、中类）分						
信息传输、计算机服务和软件业	**33**	**82**	**5**		**69**	**11**
软件业	33	82	5		69	11
公共软件服务	33	82	5		69	11
租赁和商务服务业	**2036**	**3332**	**1056**	**123**	**24**	**1227**
商务服务业	2036	3332	1056	123	24	1227
企业管理服务	1539	3043	1044	63	12	905
法律服务	496	287	13	60	10	251
职业中介服务						4
市场管理	1					8
其他商务服务		2			3	59
科学研究、技术服务和地质勘查业	**76**	**45**	**1**	**...**	**24**	**93**
研究与试验发展	30	31	...			37
工程和技术研究与试验发展						3
农业科学研究与试验发展	17	4	...			21

4－C－12 续表4－2

单位：个、万元、人

指 标 名 称					净资产	全部就业
	人员费用	日常费用	固定资产折旧	税 费	变动额	人员年平均人数
医学研究与试验发展	12	28				10
社会人文科学研究与试验发展	2					3
专业技术服务业						10
工程技术与规划管理						10
科技交流和推广服务业	47	14	1	...	24	46
技术推广服务	47	14	1	...	24	46
水利、环境和公共设施管理业	**88**	**1**	**8**			**74**
环境管理业	88	1	8			68
环境治理	88	1	8			68
公共设施管理业						6
游览景区管理						6
居民服务和其他服务业	**124**	**38**	**3**	**...**		**79**
居民服务业	124	38	3	...		79
托儿所	3	1				15
理发及美容保健服务	12					5
婚姻服务	...	...				1
殡葬服务	84	33	3	...		51
其他居民服务	24	4				7
教 育	**4463**	**2824**	**425**	**－23**	**800**	**5465**
教 育	4463	2824	425	－23	800	5465
学前教育	2423	1023	180	49	83	3298
初等教育	340	178	74		60	403
中等教育	1109	1066	29	－86	496	1107
高等教育	52	87	90		107	53
其他教育	539	471	51	14	53	604
卫生、社会保障和社会福利业	**2205**	**1147**	**423**	**13**	**3133**	**1898**
卫 生	1678	698	314	10	345	1287
医 院	315	217	79	1	256	367
卫生院及社区医疗活动	30	5				94

4－C－12 续表4－3

单位：个、万元、人

指 标 名 称	人员费用	日常费用	固定资产折旧	税 费	净资产变动额	全部就业人员年平均人数
门诊部医疗活动	1300	450	234	9	85	811
计划生育技术服务活动	16				3	2
专科疾病防治活动	17	26	...			13
社会福利业	527	449	110	3	2789	611
提供住宿的社会福利	468	330	106	3	4	467
不提供住宿的社会福利	59	119	4		2785	144
文化、体育和娱乐业	**238**	**66**	**4**	**...**	**31**	**513**
文化艺术业	200	29	4		23	201
文艺创作与表演	160	14			23	154
文物及文化保护	12	2	2			7
烈士陵园、纪念馆		...				12
群众文化活动	26	13	2			26
文化艺术经纪代理	2					2
体 育	33	35	...	...	7	297
体育组织	6	12	...	...	7	287
其他体育	26	23				10
娱乐业	6	2			1	15
室内娱乐活动	1	1				2
休闲健身娱乐活动	5	2			1	13
公共管理和社会组织	**77331**	**32784**	**19804**	**312**	**1890**	**57416**
国家机构						10
国家行政机构						10
群众团体、社会团体和宗教组织	31032	7880	3943	26	1890	13831
群众团体	84	69				72
社会团体	1536	3386	102	21	1392	5103
宗教组织	29412	4425	3841	5	498	8656
基层群众自治组织	46299	24904	15860	286		43575
社区自治组织	2845	911	982			1931
村民自治组织	43454	23993	14878	286		41644

注：本表按有填写财务表且执行民间非营利组织及其他会计制度的单位统计。

4－C－13 丽水市按登记注册类型和行业(门类、大类、中类)分组的社会团体和其他单位财务状况

单位:个、万元、人

指 标 名 称	单位法人	固定资产原价	本年收入合计	捐赠收入	会费收入
总 计	**4693**	**196971**	**87910**	**15471**	**2833**
一、按登记注册类型分					
内 资	**4693**	**196971**	**87910**	**15471**	**2833**
国 有	61	1846	3074	455	789
集 体	21	267	501	2	165
股份合作企业	3	927	340		
联营企业	1	3	2		
集体联营	1	3	2		
私营企业	106	13099	6299		44
私营独资	93	11800	5599		34
私营合伙	12	1294	539		10
私营股份有限公司	1	5	160		
其 他	4501	180830	77694	15014	1835
二、按国民经济行业(门类、大类、中类)分					
交通运输、仓储和邮政业	**1**	**350**	**1000**	**1000**	
道路运输业	1	350	1000	1000	
道路运输辅助活动	1	350	1000	1000	
信息传输、计算机服务和软件业	**3**	**117**	**58**		
计算机服务业	3	117	58		
其他计算机服务	3	117	58		
租赁和商务服务业	**16**	**2060**	**610**		**138**
商务服务业	16	2060	610		138
企业管理服务	7	1969	99		
法律服务	6	84	504		138
咨询与调查	2	2	6		
市场管理	1	6	1		
科学研究、技术服务和地质勘查业	**24**	**262**	**290**	**4**	**2**

4－C－13 续表1－1　　单位：个、万元、人

指标名称	单位法人	固定资产原价	本年收入合计	捐赠收入	会费收入
研究与试验发展	10	74	94		1
自然科学研究与试验发展	1	3	8		
农业科学研究与试验发展	5	52	60		
医学研究与试验发展	3	18	24		
社会人文科学研究与试验发展	1	2	2		1
科技交流和推广服务业	14	188	196	4	1
技术推广服务	14	188	196	4	1
水利、环境和公共设施管理业	**5**	**197**	**270**	**…**	**18**
水利管理业	3	58	64	…	18
水资源管理	2	35	45		
其他水利管理	1	23	19	…	18
公共设施管理业	2	139	206		
市政公共设施管理	1	16	186		
游览景区管理	1	123	20		
居民服务和其他服务业	**2**	**46**	**398**	**168**	**18**
居民服务业	2	46	398	168	18
托儿所	1	31	18		18
其他居民服务	1	15	380	168	
教　育	**135**	**17355**	**6365**		**50**
教　育	135	17355	6365		50
学前教育	112	5733	2805		42
初等教育	6	3002	1958		
中等教育	5	8169	1406		
其他教育	12	451	195		8
卫生、社会保障和社会福利业	**75**	**7297**	**4548**	**50**	**6**
卫　生	27	5696	3700		
医　院	2	1368	907		

4－C－13　续表1－2　　　　单位：个、万元、人

指标名称	单位法人	固定资产原价	本年收入合计	捐赠收入	会费收入
卫生院及社区医疗活动	10	272	1069		
门诊部医疗活动	11	3921	1479		
专科疾病防治活动	1	120	15		
疾病预防控制及防疫活动	2	10	70		
其他卫生活动	1	5	160		
社会福利业	48	1601	848	50	6
提供住宿的社会福利	26	688	587	33	
不提供住宿的社会福利	22	913	260	17	6
文化、体育和娱乐业	**12**	**4912**	**370**	**1**	**3**
广播、电视、电影和音像业	1	2800	35		
电　影	1	2800	35		
文化艺术业	8	2105	241	1	2
文艺创作与表演	1		4		2
博物馆	2	2037	4		
群众文化活动	5	68	233	1	...
体　育	3	7	94	1	1
体育组织	3	7	94	1	1
公共管理和社会组织	**4420**	**164376**	**74002**	**14248**	**2599**
国家机构	3	98	14		4
国家行政机构	3	98	14		4
群众团体、社会团体和宗教组织	869	45538	20141	12606	2431
群众团体	26	2506	2426	704	791
社会团体	345	2554	13877	9369	1156
宗教组织	498	40478	3838	2534	484
基层群众自治组织	3548	118740	53848	1641	164
社区自治组织	102	2073	1291	164	1
村民自治组织	3446	116667	52557	1478	164

4－C－13 续表2－1

单位：个、万元、人

指 标 名 称	提供服务收入	政府补助收入	本年费用合计	业务活动成本
总 计	**18820**	**28804**	**69826**	**36410**
一、按登记注册类型分				
内 资	**18820**	**28804**	**69826**	**36410**
国 有	434	1069	2407	1237
集 体	168	133	503	264
股份合作企业	329	8	248	192
联营企业		2	2	2
集体联营		2	2	2
私营企业	5681	210	5372	4004
私营独资	5014	200	4811	3536
私营合伙	507	10	429	383
私营股份有限公司	160		132	85
其 他	12208	27382	61295	30711
二、按国民经济行业(门类、大类、中类)分				
交通运输、仓储和邮政业			**760**	**760**
道路运输业			760	760
道路运输辅助活动			760	760
信息传输、计算机服务和软件业	**18**	**30**	**46**	**44**
计算机服务业	18	30	46	44
其他计算机服务	18	30	46	44
租赁和商务服务业	**388**	**7**	**447**	**171**
商务服务业	388	7	447	171
企业管理服务	20	2	51	26
法律服务	367		392	144
咨询与调查	1	5	3	…
市场管理	1		1	
科学研究、技术服务和地质勘查业	**177**	**59**	**246**	**158**

4－C－13 续表2－2 单位：个、万元、人

指标名称	提供服务收入	政府补助收入	本年费用合计	业务活动成本
研究与试验发展	32	54	85	57
自然科学研究与试验发展	8		7	6
农业科学研究与试验发展	2	54	54	35
医学研究与试验发展	21		22	16
社会人文科学研究与试验发展	1		2	1
科技交流和推广服务业	145	5	162	101
技术推广服务	145	5	162	101
水利、环境和公共设施管理业	**21**	**211**	**232**	**159**
水利管理业	1	25	70	6
水资源管理	1	25	54	
其他水利管理		1	16	6
公共设施管理业	20	186	162	154
市政公共设施管理		186	138	137
游览景区管理	20		24	17
居民服务和其他服务业	**178**	**34**	**68**	**51**
居民服务业	178	34	68	51
托儿所			20	15
其他居民服务	178	34	48	36
教　育	**5408**	**451**	**6193**	**4477**
教　育	5408	451	6193	4477
学前教育	2443	74	2267	1554
初等教育	1662	232	2206	1778
中等教育	1227	83	1507	1035
其他教育	76	62	213	110
卫生、社会保障和社会福利业	**3592**	**748**	**3793**	**2881**
卫　生	3496	155	2965	2294
医　院	880	27	1008	831

4－C－13 续表 2－3

单位：个、万元、人

指 标 名 称	提供服务收 入	政府补助收 入	本年费用 合 计	业务活动成 本
卫生院及社区医疗活动	893	128	560	487
门诊部医疗活动	1479		1196	831
专科疾病防治活动	14		12	8
疾病预防控制及防疫活动	70		58	53
其他卫生活动	160		132	85
社会福利业	96	594	828	586
提供住宿的社会福利	56	404	561	345
不提供住宿的社会福利	40	190	267	241
文化、体育和娱乐业	**161**	**31**	**459**	**254**
广播、电视、电影和音像业	35		73	73
电 影	35		73	73
文化艺术业	34	31	300	109
文艺创作与表演			3	2
博物馆	4		48	45
群众文化活动	29	31	249	63
体 育	92		86	72
体育组织	92		86	72
公共管理和社会组织	**8878**	**27232**	**57583**	**27456**
国家机构	7	...	9	3
国家行政机构	7	...	9	3
群众团体、社会团体和宗教组织	1735	1852	15584	10970
群众团体	69	642	2102	1225
社会团体	1042	1186	9746	7532
宗教组织	624	24	3736	2213
基层群众自治组织	7136	25380	41990	16484
社区自治组织	61	875	1149	651
村民自治组织	7075	24505	40842	15833

4－C－13　续表3－1

单位：个、万元、人

指标名称	人员费用	日常费用	固定资产折旧	税费	管理费用
总计	**9911**	**11486**	**1777**	**272**	**17412**
一、按登记注册类型分					
内资	**9911**	**11486**	**1777**	**272**	**17412**
国有	423	758	1	2	996
集体	116	137	4	7	124
股份合作企业	146	3	43		16
联营企业	2				
集体联营	2				
私营企业	2186	874	271	67	809
私营独资	2031	775	260	67	728
私营合伙	135	35	11	...	34
私营股份有限公司	20	65			47
其他	7038	9714	1458	197	15468
二、按国民经济行业(门类、大类、中类)分					
交通运输、仓储和邮政业	**40**	**135**	**17**		
道路运输业	40	135	17		
道路运输辅助活动	40	135	17		
信息传输、计算机服务和软件业	**15**	**11**	**12**	**1**	
计算机服务业	15	11	12	1	
其他计算机服务	15	11	12	1	
租赁和商务服务业	**51**	**92**	**2**	**26**	**177**
商务服务业	51	92	2	26	177
企业管理服务	24	2			22
法律服务	27	89	2	26	152
咨询与调查	...	...			3
市场管理					1
科学研究、技术服务和地质勘查业	**45**	**50**	**4**	**1**	**66**

4－C－13 续表3－2 单位：个、万元、人

指标名称	人员费用	日常费用	固定资产折旧	税费	管理费用
研究与试验发展	19	35	...	...	25
自然科学研究与试验发展	3	1	...		
农业科学研究与试验发展	4	31	...	...	19
医学研究与试验发展	13	2			7
社会人文科学研究与试验发展		1			...
科技交流和推广服务业	26	15	3	1	41
技术推广服务	26	15	3	1	41
水利、环境和公共设施管理业	**42**	**117**	**...**		**23**
水利管理业	4	2			15
水资源管理					5
其他水利管理	4	2			10
公共设施管理业	38	116	...		8
市政公共设施管理	22	115			1
游览景区管理	16	1	...		8
居民服务和其他服务业	**40**	**7**			**7**
居民服务业	40	7			7
托儿所	10	5			5
其他居民服务	30	2			2
教育	**2668**	**1372**	**335**	**6**	**1411**
教育	2668	1372	335	6	1411
学前教育	1010	352	129	3	567
初等教育	1064	616	91		412
中等教育	542	372	114		356
其他教育	51	33	...	3	76
卫生、社会保障和社会福利业	**1373**	**867**	**98**	**68**	**344**
卫生	1179	582	87	68	137
医院	273	241		57	

4－C－13　续表3－3　　　　　　　　　　　　　单位：个、万元、人

指　标　名　称	人员费用	日常费用	固定资产折　旧	税　费	管理费用
卫生院及社区医疗活动	259	102	4	5	21
门诊部医疗活动	580	161	82	6	63
专科疾病防治活动	4	2	1	1	1
疾病预防控制及防疫活动	43	10			5
其他卫生活动	20	65			47
社会福利业	193	285	11		208
提供住宿的社会福利	121	133	2		183
不提供住宿的社会福利	72	153	9		25
文化、体育和娱乐业	**72**	**112**	**68**	**2**	**20**
广播、电视、电影和音像业	7	10	56		
电　影	7	10	56		
文化艺术业	41	55	12	2	5
文艺创作与表演		2			1
博物馆	21	12	11	...	3
群众文化活动	20	41	...	2	1
体　育	24	48			15
体育组织	24	48			15
公共管理和社会组织	**5565**	**8723**	**1243**	**167**	**15364**
国家机构	1	1			7
国家行政机构	1	1			7
群众团体、社会团体和宗教组织	1894	2765	222	6	2700
群众团体	425	518	3		785
社会团体	889	1509	14	5	984
宗教组织	581	739	205	1	932
基层群众自治组织	3669	5957	1021	161	12657
社区自治组织	516	108	11	2	472
村民自治组织	3153	5850	1009	160	12185

4－C－13 续表4－1

单位：个、万元、人

指 标 名 称	人员费用	日常费用	固定资产折旧	税 费	净资产变动额	全部就业人员年平均人数
总 计	**6833**	**6194**	**1140**	**42**	**9920**	**31727**
一、按登记注册类型分						
内 资	**6833**	**6194**	**1140**	**42**	**9920**	**31727**
国 有	389	505	13	17	13	314
集 体	83	24	2	15	81	203
股份合作企业	8	3	1			81
联营企业						2
集体联营						2
私营企业	438	262	75	1	－37	1448
私营独资	379	255	64		－37	1072
私营合伙	16	4	11			356
私营股份有限公司	43	3	...	1		20
其 他	5915	5401	1051	10	9863	29679
二、按国民经济行业(门类、大类、中类)分						
交通运输、仓储和邮政业						**20**
道路运输业						20
道路运输辅助活动						20
信息传输、计算机服务和软件业						**10**
计算机服务业						10
其他计算机服务						10
租赁和商务服务业	**99**	**18**	**2**	**15**	**52**	**95**
商务服务业	99	18	2	15	52	95
企业管理服务	19	4			6	27
法律服务	80	13	2	15	46	53
咨询与调查	...	2	...		...	13
市场管理	1					2
科学研究、技术服务和地质勘查业	**32**	**29**	**1**	**...**	**2**	**306**

4－C－13 续表4－2

单位：个、万元、人

指 标 名 称	人员费用	日常费用	固定资产折旧	税 费	净资产变动额	全部就业人员年平均人数
研究与试验发展	5	20	...		...	41
自然科学研究与试验发展						3
农业科学研究与试验发展	1	17	...		...	22
医学研究与试验发展	4	3				14
社会人文科学研究与试验发展	...	...				2
科技交流和推广服务业	27	9	1	...	2	265
技术推广服务	27	9	1	...	2	265
水利、环境和公共设施管理业	**18**	**4**	**...**		**4**	**35**
水利管理业	11	4			3	16
水资源管理	2	2				11
其他水利管理	9	2			3	5
公共设施管理业	8	...	...		1	19
市政公共设施管理	...	...				8
游览景区管理	7	...	...		1	11
居民服务和其他服务业	**3**	**4**				**28**
居民服务业	3	4				28
托儿所	3	2				8
其他居民服务		2				20
教 育	**681**	**542**	**125**	**2**	**57**	**1636**
教 育	681	542	125	2	57	1636
学前教育	361	156	30		396	1094
初等教育	127	233	38		－189	291
中等教育	170	133	49		－150	196
其他教育	24	20	7	2		55
卫生、社会保障和社会福利业	**171**	**124**	**9**	**1**	**13**	**1154**
卫 生	69	66	1	1		379
医 院						99

4－C－13 续表4－3　　单位：个、万元、人

指 标 名 称					净资产变动额	全部就业人员年平均人数
	人员费用	日常费用	固定资产折旧	税费		
卫生院及社区医疗活动	15	6	...			112
门诊部医疗活动	6	56	...			133
专科疾病防治活动	...	...				3
疾病预防控制及防疫活动	5			...		12
其他卫生活动	43	3	...	1		20
社会福利业	102	59	9		13	775
提供住宿的社会福利	92	57	1		10	143
不提供住宿的社会福利	10	2	8		3	632
文化、体育和娱乐业	**11**	**8**			**11**	**65**
广播、电视、电影和音像业						7
电　影						7
文化艺术业	1	4			11	50
文艺创作与表演	1	...				1
博物馆		3			11	17
群众文化活动	...	...				32
体　育	10	5				8
体育组织	10	5				8
公共管理和社会组织	**5817**	**5464**	**1003**	**24**	**9782**	**28378**
国家机构	3	4				28
国家行政机构	3	4				28
群众团体、社会团体和宗教组织	916	1294	157	16	3229	6914
群众团体	314	419	9	15	271	192
社会团体	331	499	30		1388	3363
宗教组织	272	376	118	1	1571	3359
基层群众自治组织	4898	4166	847	8	6552	21436
社区自治组织	289	166	7	...	22	456
村民自治组织	4608	4000	839	8	6531	20980

注：本表按有填写财务表且执行民间非营利组织及其他会计制度的单位统计。

浙江经济普查年鉴

Zhejiang Economic Census Yearbook

2008

第二产业卷｜上册

浙江省人民政府第二次经济普查领导小组办公室　编

中国统计出版社
China Statistics Press

目　　录

第一篇　工　业

A. 综　合

B. 国有及国有控股企业

C. 集体企业

D. 外商投资和港澳台投资企业

E. 大中小型企业

F. 能　源

第二篇　工业企业科技活动

A. 规模以上工业企业

B. 大中工业企业

第三篇　建筑业

A. 综　合

B. 总承包和专业承包建筑企业

C. 劳务分包建筑企业

D. 资质以外建筑企业

第一篇 Part One

工业

Industry

浙江经济普查年鉴 2008

Zhejiang Economic Census Yearbook

A.综 合

1－A－1 全部工业企业主要经济指标一览表

单位:个、万元、人

指标名称	全部工业
企业数	224585
亏损企业	29127
工业总产值(当年价)	453388741
年末存货	52074724
固定资产原价	172874994
本年折旧	11790384
资产总计	403491943
负债合计	246942234
实收资本	91628181
国家资本	49730877
集体资本	1189301
法人资本	24070645
个人资本	37006184
港澳台资本	10332672
外商资本	14056291
主营业务收入	439908305
主营业务成本	386040639
主营业务税金及附加	3293257
营业费用、管理费用、财务费用合计	35516386
营业利润	17083277
职工工资和福利费	24882605
从业人员年平均人数	10721272

1－A－2　规模以上工业企业主要经济指标一览表

单位：个、万元

指 标 名 称	规模以上
企业数	58816
亏损企业	8918
工业总产值（当年价格）	408321003
工业销售产值（当年价格）	397175091
出口交货值	98266247
资产总计	355507623
流动资产合计	196681158
固定资产合计	118879890
负债合计	220144946
流动负债合计	189965718
长期负债合计	27783382
所有者权益合计	135240917
实收资本	75205365
国家资本	4627710
集体资本	855703
法人资本	22069008
个人资本	25620184
港澳台资本	9303843
外商资本	12728917
主营业务收入	396306043
主营业务成本	348935841
主营业务税金及附加	2869920
营业费用	8982445
管理费用	15667318
财务费用	7076525
营业利润	14682851
利润总额	16342029
利税总额	30016058
本年应交增值税	10804109
本年应付工资总额	19070019
本年应付福利费总额	1510386
全部从业人员年平均人数（人）	8145545

1－A－3 规模以下工业企业主要经济指标一览表

单位：个、人、万元

指 标 名 称	规模以下
企业数	165769
亏损企业	20209
工业总产值(当年价)	45067738
年初存货	3495482
年末存货	4583574
资产总计	47984320
固定资产原价	18092269
所有者权益合计	21181722
实收资本	16422816
国家资本	345378
集体资本	333598
法人资本	2001638
个人资本	11386000
港澳台资本	1028829
外商资本	1327373
本年折旧	1329180
营业收入	43821053
主营业务收入	43602262
营业成本	37286655
主营业务成本	37104799
营业税金及附加	434938
主营业务税金及附加	423337
主营业务利润	6085823
其他业务利润	104701
营业费用、管理费用、财务费用合计	3790098
税金	237894
利息支出	318521
营业利润	2400427
职工工资和福利费	4302200
本年应交增值税	1571168
全部从业人员年平均人数	2575727
资产减值损失	3285
公允价值变动收益	178
公允价值变动损失	754
投资收益	23693

1－A－4 全部工业企业主要产品产量、销售量和销售额

单位：个、万元

产品名称	计量单位	企业数	规模以上工业	本年生产量
原煤	吨	3	1	131400
其中：烟煤	吨	1	1	131000
其中：一般烟煤	吨	1	1	131000
褐煤	吨	1		200
铁矿石原矿	吨	9	5	1308600
铜金属含量	吨	16	13	12211
铅金属含量	吨	17	10	28679
锌金属含量	吨	33	21	42810
锡金属含量	吨	1	1	106
锑金属含量	吨	1		800
金金属含量	千克	1	1	72
钨精矿折合量（折三氧化钨65%）	吨	5	1	402
钼精矿折合量（折纯钼45%）	吨	10	9	2707
天然大理石荒料	立方米	10		385095
天然花岗石荒料	立方米	54	3	5040288
萤石	吨	81	32	1625221
高岭土（也称瓷土）	吨	17		159205
硫铁矿石（折含硫35%）	吨	4	4	131065
原盐	吨	24	2	177635
石英砂	吨	25	6	1585200
小麦粉	吨	21	11	586822
其中：小麦专用粉	吨	2	2	70331
大米	吨	140	57	616455
饲料	吨	307	140	4310850
其中：配合饲料	吨	149	89	2297183
混合饲料	吨	59	25	367438
宠物饲料	吨	39	15	42346
毛油（初榨植物油）	吨	15	2	116170
精制食用植物油	吨	90	34	613326
其中：大豆精制油	吨	8	4	159565
菜籽精制油	吨	15	3	7792
人造黄油及其他食用油脂	吨	2	1	1541
非食用植物油	吨	13	4	52092
成品糖	吨	1		70
加工糖	吨	7	1	88621
鲜、冷藏肉	吨	64	24	178623
其中：鲜、冷藏猪肉	吨	20	9	81745
冻肉	吨	4	1	308
熟肉制品	吨	192	50	121919
冷冻水产品	吨	760	291	1388762

1－A－4 续表1－1

单位：个、万元

产 品 名 称	计量单位	企业数	规模以上工业	本年生产量
熏制水产品	吨	39	18	16883
鱼糜（熟肉）制品	吨	73	36	157599
干制水生植物	吨	34	13	4617
饲料用水产品渣粉	吨	88	24	115614
冷冻蔬菜	吨	73	29	172175
暂时保藏的蔬菜	吨	22	9	46244
腌渍菜	吨	190	41	403358
焙、炒加工的坚果及果仁	吨	273	66	126056
淀粉及淀粉制品	吨	51	8	159823
豆腐及豆制品	吨	85	15	186115
糕点	吨	183	32	55879
面包	吨	47	7	14692
饼干	吨	46	18	95899
膨化食品	吨	16	8	50150
焙烤松脆食品	吨	18	3	6522
糖果	吨	52	12	28106
巧克力	吨	3	2	13295
蜜饯	吨	78	18	55945
果冻	吨	13	2	43186
面制半成品	吨	33	4	36927
米制半成品	吨	57	7	66857
速冻米面食品	吨	41	19	74922
方便面	吨	16	10	287647
乳制品	吨	45	30	362380
1. 液体乳	吨	38	25	307800
其中：灭菌乳	吨	8	5	10977
巴氏杀菌乳	吨	8	8	42269
酸牛乳	吨	8	8	62717
2. 固体乳制品	吨	11	9	54580
其中：乳粉	吨	5	5	26240
炼乳	吨	4	3	23832
奶油	吨	2	2	4457
干酪（奶酪）	吨	1		51
罐头	吨	235	105	870810
其中：畜肉类罐头	吨	2	1	175
禽肉类罐头	吨	5	2	14560
水产动物类罐头	吨	16	12	21294
蔬菜类罐头	吨	131	43	207834
水果类罐头	吨	54	33	299318
味精（谷氨酸钠）	吨	32	12	95721

1－A－4 续表1－2

单位：个、万元

产品名称	计量单位	企业数	规模以上工业	本年生产量
酱油	吨	80	16	198722
食醋	吨	53	10	44439
复合调味品	吨	59	19	30242
其中：鸡精	吨	15	7	6723
食品用氨基酸	吨	5	3	1408
蜂蜜营养制品	吨	68	19	56432
冷冻饮品	吨	44	12	179265
食品添加剂	吨	76	30	47591
饲料添加剂	吨	36	17	58052
发酵酒精（折96度，商品量）	千升	5	2	28885
饮料酒	千升	441	98	3641511
其中：白酒（折65度，商品量）	千升	154	34	76385
啤酒	千升	31	28	2699384
黄酒	千升	290	54	757376
葡萄酒	千升	8		2845
软饮料	吨	593	76	12813893
其中：碳酸饮料类（汽水）	吨	25	9	2695880
包装饮用水类	吨	428	25	5075186
果汁和蔬菜汁饮料类	吨	51	23	511546
蛋白饮料类	吨	20	11	545732
其中：含乳饮料	吨	13	10	524774
固体饮料类	吨	32	7	1059952
茶饮料类	吨	20	10	882414
特殊用途饮料	吨	2		2220
精制茶	吨	757	144	424214
卷烟	万支	2	2	7609942
1. 一类卷烟	万支	2	2	4473795
2. 二类卷烟	万支	1	1	1332173
3. 三类卷烟	万支	1	1	161558
4. 四类卷烟	万支	1	1	748939
5. 五类卷烟	万支	1	1	893477
纱	吨	1042	511	1943160
1. 棉纱	吨	532	240	1112511
2. 棉混纺纱	吨	277	165	449896
3. 化学纤维纱	吨	295	154	380753
缝纫线	吨	357	55	164416
布	万米	6664	1948	2301787
其中：色织布（含牛仔布）	万米	135	64	34771
其中：1. 棉布	万米	956	373	461754
2. 棉混纺布	万米	989	492	227164

1－A－4 续表1－3

单位：个、万元

产 品 名 称	计量单位	企业数	规模以上工业	本年生产量
3. 化学纤维布	万米	2527	1203	1130939
印染布	万米	801	559	2980944
1. 漂白布	万米	117	74	169057
2. 染色布	万米	557	474	2345213
3. 印花布	万米	253	131	466674
毛条	吨	33	12	50924
毛纱	吨	202	95	97161
绒线（俗称毛线）	吨	46	21	30710
毛机织物（呢绒）	万米	116	41	18207
亚麻纱（含亚麻≥55%）	吨	28	13	41073
苎麻纱（含苎麻≥55%）	吨	1	1	2907
亚麻布（含亚麻≥55%）	万米	19	9	4047
苎麻布（含苎麻≥55%）	万米	2	1	284
生丝	吨	151	116	19014
绢纺丝	吨	133	65	30713
蚕丝及交织机织物（含蚕丝≥50%）	万米	624	314	696637
合成纤维长丝机织物	万米	470	158	355973
人造纤维长丝机织物	万米	247	96	180264
印染蚕丝及交织机织物（含蚕丝≥50%）	万米	35	15	8629
床褥单类	万条	302	123	1826128
床罩	万个	123	71	1887
棉被	万条	229	131	28173
毛巾被	万条	27	6	358
毛巾	万条	224	32	4852596
毛毯	条	130	80	72392340
毡呢	吨	10	1	2900
麻袋（混合数）	万条	7	2	428
丝针织围巾	万条	130	50	11764
丝针织领带	万条	177	81	29583
蚕丝被	万条	94	40	539
纤维纺制的线、绳、索、缆	吨	234	23	2866623
帘子布	吨	136	15	2035249
无纺布（无纺织物）	吨	504	170	409281
棉、化纤针织坯布	吨	1136	398	980971
针织袜	万双	1130	394	12443988
服装	万件	9835	4345	609091
1. 针织服装	万件	4690	2251	338543
其中：针织内衣	万件	771	271	46624
针织T恤衫	万件	820	383	45279
其中：棉针织T恤衫	万件	280	182	17039

1－A－4 续表1－4 单位：个、万元

产品名称	计量单位	企业数	规模以上工业	本年生产量
化学纤维针织T恤衫	万件	90	54	1804
丝针织T恤衫	万件	23	8	623
针织休闲衫类服装	万件	656	296	25390
针织衬衫	万件	136	73	3384
针织运动类服装	万件	239	160	10928
2.梭织服装	万件	5504	2364	270548
其中：毛制大衣	万件	160	56	2892
羽绒服	万件	295	138	5836
防寒服	万件	586	282	12549
西服套装	万件	570	223	9118
其中：男式西服套装	万件	259	88	3435
女式西服套装（套裙）	万件	133	52	1305
衬衫	万件	1155	590	51819
其中：男衬衫	万件	485	213	17372
女衬衫	万件	343	194	7050
裤	万件	654	331	25477
其中：男裤	万件	294	146	9163
女裤	万件	326	180	6857
裙	万件	288	173	4093
女式保健内衣	万件	43	9	1197
睡衣裤	万件	81	35	1463
婴儿服装及衣着附件	万件	165	62	5726
运动服类服装	万件	194	70	5860
针织帽	万个	200	46	14506
钩编帽	万个	18	6	961
轻革	平方米	333	167	232076997
其中：牛轻革	平方米	103	48	52273545
猪轻革	平方米	95	65	48215765
皮革鞋靴	万双	2517	940	1236486
其中：皮革面旅游（运动）鞋靴	万双	272	138	283893
皮革服装	件	480	201	29534699
衣箱、提箱及类似容器	万个	428	124	1474786
手提包（袋）、背包	万个	655	221	1971790
其中：天然皮革制手提包（袋）、背包	万个	96	40	11634
天然皮革制座套	位（单座位）	35	18	12512748
鞣制毛皮（折羊毛皮）	张	15	7	10429387
天然毛皮服装	件	139	47	2202602
羽绒被	条	79	41	14864815
锯材	立方米	231	11	2085787
人造板	立方米	536	220	7374005

1－A－4 续表1－5

单位：个、万元

产 品 名 称	计量单位	企业数	规模以上工业	本年生产量
其中：胶合板	立方米	421	158	4870552
纤维板	立方米	28	16	1063324
刨花板	立方米	35	17	344560
人造板表面装饰板	平方米	173	79	101619651
实木制门	扇	183	33	4518112
非实木制门	扇	99	24	2368173
木制地板	平方米	194	95	89097519
其中：实木木地板	平方米	114	72	44822228
复合木地板	平方米	46	29	33725973
包装用木箱	立方米	309	28	6300066
竹地板	平方米	134	46	14736903
柳（荆）条制品	件	19	3	587435
草制品	件	234	46	51025205
家具	件	2086	707	200552931
其中：木质家具	件	1114	309	41159567
竹、藤家具	件	62	12	2953881
金属家具	件	593	267	115696450
塑料家具	件	50	18	4650541
软体家具	件	210	94	20886157
纸浆（原生浆及废纸浆）	吨	26	7	85504
其中：木浆	吨	1		346
非木材纤维纸浆	吨	3		1813
废纸纸浆	吨	3	1	3707
机制纸及纸板（外购原纸加工除外）	吨	777	646	13662687
其中：未涂布印刷书写用纸	吨	12	9	167355
其中：新闻纸	吨	3	3	76198
涂布类印刷用纸	吨	22	18	162844
卫生用纸原纸	吨	34	16	62890
包装用纸及纸板	吨	376	294	6719856
其中：箱纸板	吨	61	45	1086433
白纸板	吨	147	125	3945984
瓦楞原纸	吨	76	61	859317
加工纸	吨	195	47	319303
其中：静电复印纸	吨	14	4	10264
纸制品	吨	4423	770	18241344
其中：瓦楞纸箱	吨	3014	465	9114165
纸制餐具	吨	62	6	752090
纸制文具及办公用品	吨	100	11	73589
卫生用纸制品	吨	232	24	406853
单色印刷品	令	879	100	15092777

1－A－4 续表1－6

单位：个、万元

产品名称	计量单位	企业数	规模以上工业	本年生产量
多色印刷品	对开色令	881	307	108882630
本册	万本	529	58	1144728
塑料印刷品	万印	1565	63	10276853
金属印刷品	万印	97	14	165723
磁介质复制品	万盒	1	1	6655
光盘复制品	万张	5	3	18950
文具盒（铅笔盒）	万个	154	18	31282
文件夹类文具	万个	146	39	68333
修改类文具	千元	54	10	262815
圆珠笔	万支	580	149	2623581
木杆铅笔	万支	77	35	410079
活动铅笔	万支	43	22	77138
记号笔	万支	91	40	604672
墨水	吨	6	1	216036
皮或革制可充气运动用球	万个	21	5	1575
体育器材及配件	千元	159	34	945834
球拍、球棒	支（根）	77	24	52652189
室内训练健身器材	台	193	57	11945203
运动专用手套	副	26	11	20929079
运动专用鞋	双	32	17	13944736
钓鱼用品和器材	千元	85	14	758714
中乐器	把（件）	6		92691
西弦乐器	把	5	1	196014
西管乐器	支	6	1	847156
西乐键盘乐器	架	31	10	111413
电子乐器	台	3	2	161680
玩具	千元	885	227	9159827
其中：供儿童乘骑的带轮玩具	千元	136	29	2595077
填充类玩具	千元	130	40	1694938
木制玩具	千元	404	105	3406064
塑胶玩具	千元	206	44	1108054
原油加工量	吨	4	4	20348604
汽油	吨	4	4	2887502
煤油	吨	1	1	1294050
柴油	吨	3	3	8623340
润滑油	吨	96	31	370266
燃料油	吨	13	7	1743643
石脑油	吨	3	3	1420704
溶剂油	吨	12	6	132614
润滑脂	吨	27	7	18893

1－A－4 续表1－7

单位：个、万元

产 品 名 称	计量单位	企业数	规模以上工业	本年生产量
液化石油气	吨	5	5	1377041
石油焦	吨	3	3	1422438
石油沥青	吨	8	8	1038629
焦炭	吨	3	3	1662085
其中：机焦	吨	3	3	1662085
硫酸（折100%）	吨	30	14	1094825
盐酸（氯化氢，含量31%）	吨	29	18	453341
磷酸（含量85%）	吨	5	1	12793
过氧化氢（双氧水）	吨	6	5	123554
烧碱（折100%）	吨	10	10	1036663
其中：离子膜法烧碱（折100%）	吨	6	6	726536
纯碱（碳酸钠）	吨	3	2	171141
亚硝酸钠	吨	23	7	47456
三磷酸钠（三聚磷酸钠）	吨	2	1	7920
碳化钙（电石，折300升/千克）	吨	1	1	87940
轻质碳酸钙	吨	94	32	1620451
甲烷	吨	4		1010
丙烯	吨	4	2	343900
丁二烯	吨	2		2365
醋酸乙烯	吨	3	1	4469
环氧乙烷	吨	3	3	219688
环氧丙烷	吨	2		514
粗苯	吨	1		100
纯苯	吨	4	4	238223
甲苯	吨	5	5	173311
邻二甲苯	吨	3	2	199783
对二甲苯	吨	1	1	500479
混合二甲苯	吨	5	3	140840
二氯甲烷	吨	4	3	546713
二氯乙烷	吨	1	1	131273
氯化苯	吨	2		828
对硝基氯苯	吨	1	1	14623
精甲醇	吨	9	5	97450
苯酚	吨	2	2	475
丙酮	吨	4	1	5001
冰乙酸（冰醋酸）	吨	7	5	3342
邻苯二甲酸酐	吨	4	3	104044
甲醛	吨	15	13	493957
重铬酸钠（红钒钠）	吨	6		1079
浓硝酸	吨	6	5	90326

1－A－4 续表1－8

单位：个、万元

产品名称	计量单位	企业数	规模以上工业	本年生产量
合成氨(无水氨)	吨	11	11	617266
农用氮、磷、钾化学肥料总计(折纯)	吨	51	25	516223
1. 氮肥(折含N100%)	吨	23	16	457738
其中：尿素(折含N100%)	吨	5	2	197762
碳酸氢铵(折含N100%)	吨	9	9	130444
2. 磷肥(折五氧化二磷100%)	吨	18	10	34218
3. 钾肥(折氧化钾100%)	吨	2		425
合成复合肥料(实物量)	吨	46	14	294824
其中：磷酸铵肥(实物量)	吨	3	2	4559
化学农药原药(折有效成分100%)	吨	91	66	227267
其中：杀虫剂原药	吨	40	26	44232
杀菌剂原药	吨	21	17	11388
除草剂原药	吨	26	24	121398
涂料	吨	883	192	1186635
其中：建筑涂料	吨	290	44	282384
油墨	吨	125	29	141409
颜料	吨	121	69	257906
其中：无机颜料	吨	20	10	23798
有机颜料	吨	29	14	84673
染料	吨	114	78	679984
合成粘合剂(胶粘剂)	吨	168	41	282573
初级形态的塑料	吨	274	141	3608370
其中：聚乙烯树酯	吨	36	9	16974
聚丙烯树脂	吨	38	17	880417
聚氯乙烯树脂	吨	25	16	522928
聚苯乙烯树脂	吨	9	6	301959
ABS树脂	吨	16	7	18723
合成橡胶	吨	50	22	105239
其中：丁苯橡胶	吨	2		27
合成纤维单体	吨	10	5	2111683
其中：精对苯二甲酸(PTA)	吨	3	3	2079598
己内酰胺	吨	2	1	11687
合成纤维聚合物	吨	54	40	4487209
其中：聚脂	吨	36	27	4277004
化学试剂	吨	238	43	256472
催化剂	吨	50	18	29515
橡胶助剂	吨	41	11	56850
塑料助剂	吨	100	41	361677
纺织工业用整理剂、助剂	吨	337	100	597485
制革工业用整理剂、助剂	吨	82	17	75388

1－A－4 续表 1－9

单位：个、万元

产品名称	计量单位	企业数	规模以上工业	本年生产量
建工建材用化学助剂	吨	58	15	172690
炭黑（或称炉黑）	吨	6	4	81360
硬脂酸	吨	76	14	1303354
松节油	吨	8	1	4204
松香	吨	10	1	4122
改性松香	吨	2	2	4183
活性炭	吨	64	18	77623
炸药	吨	8	6	132784
雷管	万支	2	2	220
焰火制品	千元	10	1	44791
其中：烟花	千元	6	1	27079
彩色照像胶卷	万平方米	2		36
摄影感光纸	万平方米	1		5500
空白光盘	万片	1	1	112
明胶	吨	28	6	30641
肥（香）皂	吨	22	10	301174
合成洗涤剂	吨	138	20	368175
其中：合成洗衣粉	吨	14	9	149885
液体洗涤剂	吨	56	9	96668
表面活性剂	吨	20	13	153243
清洁类化妆品	千元	54	13	241590
护肤用化妆品	千元	82	18	4503312
护发用化妆品	千元	15	2	83107
美容、修饰类化妆品	千元	57	24	474209
牙膏（折65克标准支）	万支	4	3	23537
天然香料	吨	14	5	1600
合成香料	吨	16	8	4036149
香精	吨	39	10	16958
火柴（折50支标准盒）	件	5	2	265663
化学药品原药	吨	173	139	203870
其中：抗菌素（抗感染药）	吨	18	13	8381
消化系统用药	吨	4	3	107
解热镇痛药	吨	4	3	13273
维生素类	吨	6	4	1153
中枢神经系统用药	吨	2	2	459
激素类药	吨	3	3	55
心血管系统用药	吨	9	7	2815
冻干粉针剂	万瓶（支）	12	12	437837
粉针剂	万瓶（支）	4	4	4592
注射液	万支	18	15	74813

1－A－4 续表1－10

单位：个、万元

产品名称	计量单位	企业数	规模以上工业	本年生产量
输液	万瓶	6	5	10432
片剂	万片	38	32	1439488
胶囊剂	万粒	39	32	688091
颗粒剂	万袋(包)	14	12	15368
膏霜剂	万支	9	5	900
口服液体制剂	万瓶	14	9	6229
植物类饮片	千克	44	8	7315261
中成药	吨	59	47	19869
其中：中成药丸剂	吨	8	7	837
中成药冲剂	吨	13	9	2164
中成药针剂	吨	1	1	10
中成药胶囊	吨	16	13	469
兽用化学药品	吨	28	15	29794
兽用疫苗	万支	4	2	3289
生物化学药品	千克	37	16	3136885
人用疫苗	万支	3	2	1201
血液制品	万支	1		
卫生材料及敷料	筒(卷、包、团)	77	20	492206773
医用缝合材料及外科用无菌材料	团(盒、瓶)	28	11	129108228
化学纤维用浆粕	吨	4	2	13384
化学纤维	吨	652	408	11211430
其中：人造纤维(纤维素纤维)	吨	11	9	191546
其中：粘胶纤维	吨	5	4	165543
醋酸纤维	吨	1	1	23156
合成纤维	吨	497	349	10755932
其中：锦纶纤维	吨	75	50	299781
涤纶纤维	吨	300	243	9931097
其中：涤纶长丝	吨	120	104	6891953
腈纶纤维	吨	5	2	60365
丙纶纤维	吨	68	28	76153
氨纶纤维	吨	34	20	115840
橡胶轮胎外胎	条	43	18	48464945
其中：子午线轮胎外胎	条	7	7	37657982
其中：载货汽车橡胶轮胎外胎	条	6	2	9129409
乘用车橡胶轮胎外胎	条	2	1	14095365
摩托车充气橡胶轮胎外胎	条	3	1	517163
力车橡胶轮胎外胎	条	15	8	107365795
力车橡胶胎内胎	条	7	7	111680362
橡胶输送带	平方米	128	33	76002233
橡胶管	万标米	94	27	33942

1-A-4 续表1-11

单位：个、万元

产品名称	计量单位	企业数	规模以上工业	本年生产量
橡胶板(片、带)	吨	223	45	1537547
橡胶零件、附件	吨	773	79	386526
初级形状的再生橡胶	吨	37	10	111649
橡胶手套	万副	17	3	16403
日用橡胶制品	吨	73	19	47250
医疗、卫生用橡胶制品	吨	12	3	4931
胶鞋类	万双	385	219	426228
塑料制品	吨	12002	2786	50086963
1. 塑料薄膜	吨	1016	322	2299913
其中：农用薄膜	吨	38	9	66145
2. 塑料板、片	吨	531	138	1168984
3. 塑料管及其附件	吨	870	245	1474145
4. 塑料条、棒、型材	吨	272	57	690119
5. 塑料丝、绳及编织品	吨	1255	298	1687394
其中：塑料编织布	吨	66	20	55994
塑料编织袋	吨	559	214	867833
6. 泡沫塑料	吨	537	130	614375
7. 塑料人造革、合成革	吨	245	176	1030949
8. 塑料包装箱及容器	吨	1112	204	31092964
9. 塑料零件	吨	2764	385	3933096
10. 日用塑料制品	吨	2135	545	4648881
11. 建筑用塑料制品	吨	249	23	233790
12. 其他塑料制品	吨	1229	376	1212373
水泥熟料	吨	69	69	58964634
其中：窑外分解窑水泥熟料	吨	63	63	57480183
水泥	吨	250	212	102308661
其中：1. 通用水泥	吨	220	205	99744699
其中：硅酸盐水泥(P·Ⅰ或P·Ⅱ)	吨	23	18	10375344
普通硅酸盐水泥(P·O)	吨	125	118	39777537
粉煤灰硅酸盐水泥(P·F)	吨	2	1	148190
复合硅酸盐水泥(P·C)	吨	117	116	48495578
石灰石硅酸盐水泥(P·L)	吨	4	3	948050
2. 专用水泥	吨	7	4	926998
3. 特性水泥	吨	9	8	1252813
其中：强度等级42.5水泥(含R型)	吨	8	8	1026895
强度等级52.5水泥(含R型)	吨	1	1	60749
石灰	吨	130	18	2878622
商品混凝土	立方米	333	229	71024340
水泥混凝土排水管	千米	157	24	4728
水泥混凝土压力管	千米	24	9	1075

1－A－4 续表1－12

单位：个、万元

产 品 名 称	计量单位	企业数	规模以上工业	本年生产量
水泥混凝土电杆	根	49	31	1066967
预应力混凝土桩	米	137	98	74681795
盾构法施工用钢筋混凝土管片	米	4	2	12892
混凝土轨枕	根	2	2	190097
水泥混凝土预制构件	立方米	432	23	7005998
石棉水泥瓦	平方米	6		127872
石膏板	万平方米	19		220
蒸压加气混凝土板	立方米	6	2	394538
砖	万块	1269	132	1670989
其中：烧结粘土砖	万块	632	70	859113
其中：烧结普通砖	万块	319	34	420082
蒸压砖	万块	39	2	39190
其中：蒸压灰砂砖	万块	16	1	16909
免烧砖	万块	82	4	69396
瓦	万片	69	4	20124
建筑砌块	立方米	59	20	2232843
其中：蒸压加气混凝土砌块	立方米	18	15	1448260
瓷质砖	平方米	13	5	44063353
炻瓷砖	平方米	1		5300
陶质砖	平方米	20	4	11605799
陶瓷马赛克	平方米	3		94405
建筑琉璃制品	吨	17	1	81507
天然大理石建筑板材	平方米	67	4	2789772
天然花岗石建筑板材	平方米	257	13	7201141
人造石材	平方米	42	3	780566
碑石及其他类似制品	平方米	45	1	613547
沥青和改性沥青防水卷材	平方米	48	11	29776102
隔热、隔音人造矿物材料及其制品	吨	83	8	271692
平板玻璃	重量箱	29	7	43512289
钢化玻璃	平方米	153	70	43652952
其中：车辆用钢化安全玻璃	平方米	6	1	1346895
夹层玻璃	平方米	27	18	2068039
其中：车辆用夹层玻璃	平方米	2	1	26269
中空玻璃	平方米	41	22	4085190
镀膜玻璃	平方米	11	8	2420992
日用玻璃制品	吨	215	55	505497
玻璃包装容器	吨	31	11	290222
其中：玻璃啤酒瓶	吨	3	2	89963
玻璃保温容器	万个	39	10	5035
玻璃纤维纱	吨	47	18	622445

1－A－4 续表 1－13 单位：个、万元

产品名称	计量单位	企业数	规模以上工业	本年生产量
玻璃纤维毡	吨	8	6	47998
玻璃纤维布	米	56	16	178765943
玻璃纤维工业用玻璃球	吨	1	1	4664
玻璃纤维增强塑料制品	吨	120	36	117582
显像管玻璃外壳	万个	7		25648
卫生陶瓷制品	件	119	13	3086926
其中：陶瓷质便器	件	70	3	1526441
陶瓷质洗涤器	件	44	3	807291
日用陶瓷制品	万件	74	15	7031
石棉制品	吨	64	4	34709
耐火材料制品	吨	426	114	1844333
石墨及炭素制品	吨	58	15	64848
磨具	吨	220	13	134855
生铁	吨	8	8	4736506
1. 炼钢生铁	吨	5	5	4696972
2. 铸造生铁	吨	5	5	39534
铸铁管	吨	7	2	4324
粗钢	吨	58	58	9465553
其中：1. 非合金钢	吨	7	7	4522525
2. 低合金钢	吨	6	6	3276002
3. 合金钢（不含不锈钢）	吨	6	6	998835
4. 不锈钢	吨	48	48	668190
其中：1. 转炉钢	吨	12	12	7617831
2. 电弧炉钢	吨	26	26	1515583
3. 感应电炉钢	吨	8	8	239561
4. 其他炉种冶炼钢	吨	19	19	92577
钢材	吨	696	604	19751225
其中：铁道用钢材	吨	2	2	169315
其中：轻轨	吨	1	1	105339
重轨	吨	1	1	19811
大型型钢	吨	1	1	98680
中小型型钢	吨	31	22	486976
棒材	吨	38	33	3649060
钢筋	吨	21	19	1077996
线材（盘条）	吨	48	46	2371533
厚钢板	吨	2	1	3790
中板	吨	9	9	72118
热轧薄板	吨	12	11	433037
冷轧薄板	吨	38	36	1877686
中厚宽钢带	吨	2	2	78195

1－A－4 续表1－14

单位：个、万元

产品名称	计量单位	企业数	规模以上工业	本年生产量
热轧薄宽钢带	吨	15	15	422188
冷轧薄宽钢带	吨	18	17	787666
热轧窄钢带	吨	25	25	1237223
冷轧窄钢带	吨	112	109	1164235
镀层板(带)	吨	11	10	1107118
其中：镀锌板(带)	吨	7	6	979228
涂层板(带)	吨	10	10	371864
电工钢板(带)	吨	5	5	450105
无缝钢管	吨	192	181	1380210
焊接钢管	吨	94	87	2067237
其它钢材	吨	39	36	397417
用外购国产钢材再加工生产的钢材	吨	529	72	1306294
用进口钢材再加工生产的钢材	吨	2	1	1556
铁合金	吨	31	25	192930
1. 普通铁合金	吨	16	15	49216
其中：锰硅合金	吨	1		675
2. 特种铁合金	吨	12	10	142615
十种有色金属	吨	43	37	377278
矿产粗铜	吨	13	2	20392
精炼铜(电解铜)	吨	12	12	265126
矿产粗铅	吨	1		294
铅	吨	2	2	4606
锌	吨	18	17	45379
镍	吨	2	2	150
锡	吨	3	3	694
原铝(电解铝)	吨	1	1	60708
再生铝	吨	41	15	64326
黄金	千克	10	9	8566
白银(银锭)	千克	19	14	757889
钨	千克	4	3	389324
钼	千克	3	2	81237
混合稀土金属	千克	2	2	1115370
硅	吨	12	6	82369
单晶硅	千克	47	38	2235415
多晶硅	千克	5	4	17633
稀土化合物	千克	1	1	107254
铜合金	吨	21	15	33538
锌合金	吨	46	28	87848
铝合金	吨	103	64	229672
硬质合金	吨	19	10	10395

1－A－4 续表 1－15

单位：个、万元

产 品 名 称	计量单位	企业数	规模以上工 业	本 年 生产量
稀有稀土金属合金	吨	13	8	4098
铜材	吨	680	354	1802941
其中：铜板材	吨	35	17	46244
铜带材	吨	38	29	221917
铜箔材	吨	1	1	1113
铜棒材	吨	159	68	292805
铜管材	吨	170	46	175112
铜线材	吨	69	49	213650
铜盘条（电工用铜线坯）	吨	11	8	86050
铝材	吨	507	250	1256975
其中：铝棒材	吨	34	18	33654
铝型材	吨	129	78	327231
铝板材	吨	32	19	270167
铝带材	吨	18	5	14481
铝箔材	吨	18	8	11582
铝管材	吨	52	22	29373
铝线材	吨	16	9	23943
铝盘条（电工用圆铝杆）	吨	4	3	28255
铅材	吨	8	1	1594
锌材	吨	26	4	18023
镍材	吨	5	4	1914
锡材	吨	12	2	2390
钢结构及其产品	吨	537	143	2580420
预制建筑物（活动房屋）	个	15	2	243703
金属制门及其框架、门槛	吨	711	121	2401500
金属制窗及窗框	吨	270	34	277697
金属切削工具	万件	358	70	87768
机床可互换工具	万件	35	8	3769
通用手工具	万把	738	160	3722533
专用手工具	万把	222	56	16025982
日常用剪刀	万把	80	8	23865
日常用刀	万把	103	19	138993
金属集装箱	立方米	5	3	9345782
金属压力容器	吨	62	31	140972
金属包装容器	吨	190	31	377482
金属丝	吨	327	76	722127
其中：钢丝	吨	123	37	451656
钢丝绳	吨	26	8	96722
钢绞线	吨	29	15	136196
锁具	万把	724	208	826502

1－A－4 续表1－16 单位：个、万元

产 品 名 称	计量单位	企业数	规模以上工 业	本 年 生产量
保险柜	个	60	11	2158659
搪瓷制品	吨	43	21	280136
不锈钢日用制品	吨	472	138	626713
其中：不锈钢制洗涤、卫生器具	吨	110	13	294816
厨房用手动机械器具	吨	164	18	1146522
水龙头(水嘴)	只(套)	216	108	104655082
焊条	吨	68	20	593327
金属铸造制品	吨	473	145	3290352
电站锅炉	蒸发量吨	1	1	9246
工业锅炉	蒸发量吨	37	17	32126
锅炉用辅助设备及装置	台	51	10	115515
发动机	台	41	25	4516604
发动机	千瓦	37	21	34833016
其中：汽车用发动机	台	7	5	847943
汽车用发动机	千瓦	6	4	14667795
摩托车用发动机	台	11	5	1899232
摩托车用发动机	千瓦	11	5	9420150
汽轮机	千瓦	10	3	4661148
其中：电站用汽轮机	千瓦	1	1	1019430
水轮机	千瓦	7	4	794299
其中：电站水轮机	千瓦	4	4	748412
金属切削机床	台	180	128	134479
其中：车床	台	11	10	9925
钻床	台	6	4	6667
磨床	台	8	8	4248
铣床	台	5	4	3337
特种加工机床	台	4	4	631
其中：数控金属切削机床	台	62	60	30660
其中：加工中心	台	11	11	2336
金属成形机床	台	167	40	68847
金属成形机床	吨	157	30	240112
其中：锻造机及冲压机械	台	62	13	30807
金属加工压力机	台	20	4	9018
弯曲、折叠、矫直或矫平机床	台	25	1	6749
其中：数控金属成形机床(数控锻压设备)	台	14	8	1017
数控金属成形机床(数控锻压设备)	吨	14	8	5316
铸造机械	台	115	27	105543
电焊机	台	176	33	2580281
工具夹具	件	109	16	30629462
轻小型起重设备	台	113	49	14594819

1－A－4 续表1－17

单位：个、万元

产 品 名 称	计量单位	企业数	规模以上工业	本年生产量
轻小型起重设备	吨	107	43	762987
其中：手动葫芦	台	16	4	643966
手动葫芦	吨	15	3	66269
电动葫芦	台	15	8	694938
电动葫芦	吨	15	8	192182
千斤顶	台	52	26	9380275
千斤顶	吨	47	21	144706
起重机	台	66	28	70386
起重机	吨	67	29	156853
其中：塔式起重机	台	14	7	1881
塔式起重机	吨	15	8	90179
门式起重机（龙门起重机）	台	5	3	203
其中：轮胎式集装箱门式起重机	台	1		34
门式起重机（龙门起重机）	吨	4	2	5505
其中：轮胎式集装箱门式起重机	吨	1		68
桥式起重机	台	7	4	1038
桥式起重机	吨	7	4	11312
流动式起重机	台	12		1208
流动式起重机	吨	12		1698
装卸桥	台	1		45
装卸桥	吨	1		1652
电梯、自动扶梯及升降机	台	78	44	5937906
其中：升降机	台	23	8	31632
电梯	台	37	24	43690
自动扶梯	台	8	7	5310
自动人行道	台	4	4	591
电动车辆（电动叉车）	台	29	21	223893
内燃叉车	台	9	7	66785
输送机械（输送机和提升机）	台	77	47	97638
输送机械（输送机和提升机）	米	72	42	530726
其中：带式输送机	台	29	18	11731
带式输送机	米	27	16	103563
刮板输送机	台	4	3	243
刮板输送机	米	4	3	9208
装卸机械	台	12	4	26950
装卸机械	吨	11	3	5338
其中：堆取料机械	台	1		95
堆取料机械	吨	1		167
给料机械	台	11	4	331
泵	台	1094	311	51199956

1－A－4 续表1－18 单位：个、万元

产品名称	计量单位	企业数	规模以上工业	本年生产量
其中：真空泵	台	140	34	4978483
气体压缩机	台	137	59	21679945
其中：制冷设备用压缩机	台	33	7	14793850
其中：空调压缩机(功率大于7.5kw)	台	8		25153
空调压缩机(功率为3.75kw－7.5kw)	台	5	1	57841
冰箱压缩机	台	3	2	7831828
阀门	吨	2903	680	3832538
1. 普通阀门	吨	2867	675	3783436
2. 真空阀门	吨	55	15	49102
液压元件	件	352	85	90156891
液压系统及装置	套	63	9	574869
液力机械及装置	台(套)	56	3	697318
气动元件	件	122	39	39067411
滚动轴承	万套	1039	383	647583
轴承零配件	吨	810	138	5775090
齿轮传动轴	吨	180	32	97005252
齿轮	吨	392	92	359297
钢铁铰接链(工业链条)	吨	140	43	689665
炉用燃烧器	台	17	4	420213
工业电炉	台	131	19	22437
风机	台	268	55	4132329
其中：离心式通风机	台	46	10	439755
鼓风机	台	51	8	1021676
热交换装置	台	28	10	192709
气体分离及液化设备	台	43	15	23493
冷却设备	台	27	12	38535
石油化工用加氢反应器	台	4	2	419
液体真空过滤器	个	51	6	5191109
非家用制冷、空调设备	台(套)	206	34	3057376
其中：制冷设备	台(套)	94	10	1058116
风动或液压工具	台	111	14	8426823
电动手提式工具	台	434	194	117596593
灭火器	台	45	20	11240915
包装专用设备	台	248	62	206913
其中：饮料及液体食品灌装设备	台	35	8	45921
固体产品灌装机、包装机	台	46	5	29667
纸板箱装箱包装机	台	84	4	65124
衡器(秤)	台	77	25	18038468
其中：工业用衡器	台	14	4	2235127
商业用衡器	台	13	3	1272794

1－A－4 续表1－19 单位：个、万元

产 品 名 称	计量单位	企业数	规模以上工 业	本 年 生产量
固液分离机	台	54	8	61104
减速机	台	224	71	2291921
真空干燥设备	台	28	5	215277
金属密封件	万件	277	16	177138
机械密封件	套	252	25	119711571
金属紧固件	吨	3253	601	7623884
弹簧	吨	583	71	373841
铸铁件	吨	1187	315	1728483
铸钢件	吨	538	255	910690
锻件	吨	400	106	697098
粉末冶金零件	吨	167	41	106630
采矿专用设备	台	61	17	647672
采矿专用设备	吨	60	16	75745
石油钻井设备	台(套)	6	3	878719
采油设备	台(套)	3	1	126459
挖掘、铲土运输机械	台	34	9	13049
其中：挖掘机	台	10	3	3552
平地机	台	1		1580
装载机	台	8	4	2492
压实机械	台	3	1	1717
其中：机动压路机	台	1	1	1680
挖沟及管道吊装联合机	台	4		7191
桩工机械	台	7	1	283
摊铺机械	台	2	1	35
筑路机械	台	7	2	2918
水泥专用设备	吨	35	8	35116
平板玻璃垂直引上机	台	1	1	1500
平板玻璃拉伸机	台	2		3479
混凝土机械	台	53	12	29432
其中：混凝土搅拌车	台	10	3	8494
金属冶炼设备	台	10	2	2049
金属冶炼设备	吨	9	2	2911
其中：造块设备	台	2		70
炼铁设备	台	4		1872
炼钢设备	台	1		28
连续铸钢设备	台	1	1	2
有色金属冶炼设备	台	2	1	77
金属轧制设备	台	20	10	6295
金属轧制设备	吨	20	10	21868
轧材锯切设备	台	2		3210

1－A－4 续表1－20 单位：个、万元

产品名称	计量单位	企业数	规模以上工业	本年生产量
炼油、化工生产专用设备	吨	50	18	31422
炼油、化工生产专用设备	台	49	17	35706
其中：塔类设备	台	4	3	2147
橡胶加工专用设备	台	40	12	8099
其中：炼胶机械	台	7	3	995
橡胶挤出机	台	8	5	183
橡胶压延机械	台	5	2	1016
橡胶成形压力机	台	8	5	405
其中：充气轮胎模塑成型机	台	2	2	249
橡胶硫化设备	台	13	6	3199
塑料加工专用设备	台	586	162	320171
塑料加工专用设备	吨	579	155	1070964
木工机床	台	23	8	15158
其中：木工锯床	台	3		502
木工刨床	台	3	1	374
木工铣床	台	1		48
模具	套	2097	375	9246064
其中：金属冲压模具	套	426	32	2027288
金属铸造模具	套	425	73	704240
矿物材料用模具	套	16	2	552629
乳品加工机械	台	74	8	517267
酒及饮料加工机械	台	38	9	17337
烟草加工机械	台(套、条)	5	1	31986
粮食加工机械	台	42	8	180540
其中：碾米机	台	12	2	6879
磨粉机	台	10		2719
制糖机械	台	1	1	13
饲料生产专用设备	台	5	3	469
制浆和造纸专用设备	台	53	13	14588
印刷专用设备	台	201	49	271584
印刷专用设备	吨	178	26	47052
其中：印前设备	台	24	5	7723
印前设备	吨	25	6	7645
印刷机设备	台	53	21	20943
印刷机设备	吨	42	10	14278
化学纺织纤维加工专用机械	台	119	15	362654
纺织纤维梳理机	台	25	1	11400
细纱机	台	15	3	12874
织机	台	200	53	208701
缝纫机	台	324	109	7710358

1－A－4 续表1－21

单位：个、万元

产 品 名 称	计量单位	企业数	规模以上工业	本年生产量
1. 家用型缝纫机	台	84	23	4695001
2. 工业用缝纫机	台	245	90	3015357
其中：刺绣机(绣花机)	台	73	29	41206
铁芯制造专用设备	台	19	2	10604558
绝缘处理设备	台	10		2252
电子整机装联设备	台	36	3	111774
拖拉机	台	16	9	129420
其中：中型拖拉机	台	5	4	21367
小型拖拉机	台	12	6	108053
农林用自装或自卸式挂车	台	3	2	4765
土壤耕整机械	台	19	3	299707
播种、种植机械	台	4	1	6278
植保机械	台	25	7	3441645
农作物收获机械	台	15	5	40135
其中：联合收割机	台	7	4	10033
场上作业机械	台	6	1	14802
畜牧机械	台	9		46574
棉花加工机械	台	4		1600
农作物清洁、分选机械	台	14	2	19289
医用射线设备	台	10	1	706
医用超声诊断、治疗仪器及设备	台	13	3	66937
医用激光诊断、治疗仪器及设备	台	6		5192
医用高频仪器设备	台	7	1	34822
临床检验分析仪器及诊断系统	台	13	4	7543887
环境污染防治专用设备	台(套)	268	75	204175
其中：大气污染防治设备	台	106	38	45660
其中：除尘设备	台	79	26	36304
水质污染防治设备	台(套)	53	14	65128
固体废弃物处理设备	台	14	4	7118
噪音与振动控制设备	台	5	1	81
铁路机车车辆配件及零件	吨	30	21	217376
汽车	辆	11	11	232096
乘用车	辆	4	4	197064
基本型乘用车(轿车)	辆	4	4	197064
其中：1升＜排量≤1.6升	辆	3	3	128688
1.6升＜排量≤2.0升	辆	2	2	68376
客车	辆	5	5	13936
(1)大型客车(车长＞10米)	辆	3	3	4090
(2)中型客车(7米＜车长≤10米)	辆	2	2	165
(3)轻型客车(车长≤7米)	辆	2	2	9681

1－A－4 续表1－22

单位：个、万元

产 品 名 称	计量单位	企业数	规模以上工业	本年生产量
载货汽车	辆	5	5	20336
汽车底盘	辆	1	1	760
改装汽车	辆	25	18	25141
其中：改装载货汽车	辆	4	3	14858
改装自卸汽车	辆	3	1	1369
改装牵引汽车	辆	2	1	173
改装客车	辆	4	3	4603
改装厢式汽车	辆	7	4	1558
改装罐式汽车	辆	3	3	195
汽车车身(包括驾驶室)	辆	14	6	140282
挂车、半挂车	辆	7	5	49922
机动车(汽车)零配件	千元	5720	1116	128032597
摩托车整车	辆	56	44	2783669
摩托车零部件及配件	千元	1164	375	14500955
两轮脚踏自行车	辆	72	41	13156265
其中：普通型自行车	辆	31	13	3158304
运动型自行车	辆	2	1	35020
特种脚踏自行车	辆	9	1	31807
电动自行车	辆	312	77	3980625
民用钢质船舶	载重吨	150	131	6070901
钢质机动货船	载重吨	142	115	5166301
钢质机动非货船	载重吨	22	18	754793
钢质驳船	载重吨	1	1	48500
船舶修理	载重吨	226	37	40882924
其中：船舶改装	载重吨	8	2	168669
船舶拆船	轻吨(LDT)	2		2339
发电机	台	87	39	3456647
其中：交流发电机	台	34	24	2707207
直流发电机	台	9	5	137088
发电机组(发电设备)	台	16	16	105827
发电机组(发电设备)	千瓦	12	12	4570917
其中：水轮发电机组	台	10	10	14509
水轮发电机组	千瓦	8	8	3146456
汽轮发电机	台	3	3	125
汽轮发电机	千瓦	3	3	992640
内燃发电机组	千瓦	7	4	274907
直流电动机	千瓦	144	21	16005181
交流电动机	千瓦	273	89	30136594
微电机	万台	451	146	202447
其中：控制微电机	万台	60	17	10588

1－A－4　续表1－23　　　　　单位：个、万元

产品名称	计量单位	企业数	规模以上工业	本年生产量
驱动微电机	万台	56	19	8021
变压器	台	195	79	10755805
变压器	千伏安	179	63	69133318
其中：电力变压器	台	86	42	623027
电力变压器	千伏安	83	39	57557543
其中：电力变压器(额定容量≥8000kVA)	台	37	12	53320
电力变压器(额定容量≥8000kVA)	千伏安	37	12	21931252
其中：电力变压器(额定容量≥8000kVA，电压≥500kV)	台	17	5	27034
电力变压器(额定容量≥8000kVA，电压≥500kV)	千伏安	17	5	2465518
电力变压器(额定容量≥8000kVA，220kV≤电压<500kV)	台	9	2	3670
电力变压器(额定容量≥8000kVA，220kV≤电压<500kV)	千伏安	9	2	3585992
电力变压器(额定容量≥8000kVA，110kV≤电压<220kV)	台	2	1	8690
电力变压器(额定容量≥8000kVA，110kV≤电压<220kV)	千伏安	2	1	1330000
电力变压器(5000kVA < 额定容量 < 8000kVA)	台	2	2	198
电力变压器(5000kVA < 额定容量 < 8000kVA)	千伏安	2	2	1196900
电力变压器(额定容量≤5000kVA)	台	17	12	44667
电力变压器(额定容量≤5000kVA)	千伏安	18	13	12406142
互感器	台	53	27	10373508
其中：电压互感器，额定容量≤16kVA	台	17	10	1611224
电压互感器，额定容量 > 16kVA	台	5	2	9442
静止式变流器	台	12	5	6130084
电感器	台	29	10	10001657
电力电容器	千乏	50	26	191388396
电力电容器成套装置	套	49	16	8143437
配电或电器控制设备(11万伏以下)	台(套、面)	675	245	467029764
其中：高压电路开关、保护电器装置	台(套)	96	24	10699430
高压开关板	面	52	43	190786
漏电断路器	台	90	42	33842212
低压开关板	面	210	54	15015881
高压开关设备(11万伏以上)	台	53	20	74790
其中：550kV(含330kV)及以上全封闭组合电器(GIS)	间隔	1	1	23
550kV(含330kV)及以上六氟化硫断路器	台	13		7419
252kV六氟化硫断路器	台	2		4291
126kV六氟化硫断路器	台	3	1	6913
安全、自动化监控设备	台(套)	22	7	195421
电力半导体器件(5A以上)	万个	71	7	51340
电力微电子组件	万个	105	13	220155
电力集成电路	万块	27	5	5533
继电器	万个	156	51	11712074
电线	千米	596	207	11099072

1－A－4 续表1－24 单位：个、万元

产品名称	计量单位	企业数	规模以上工业	本年生产量
通信及电子网络用电缆	对千米	177	110	36495860
电力电缆	千米	209	116	3026695
裸铜线	吨	42	26	181013
漆包绕组线	吨	64	38	192301
电子元器件引线	吨	30	15	10018381
裸铝线	吨	19	16	213456
光纤	千米	4	4	6853
光缆	芯千米	21	20	10149691
绝缘制品	吨	161	46	288494
其中：电气绝缘子（玻璃、陶瓷制除外）	吨	17	1	18610
电气设备用绝缘配件	吨	57	11	38129
铅酸蓄电池	千伏安时	152	74	20775076
其中：电动自行车用铅酸蓄电池	千伏安时	77	42	9080874
用于起动活塞发动机铅酸蓄电池	千伏安时	13	4	859671
碱性蓄电池	只（自然只）	36	7	86741243
其中：氢镍蓄电池	只（自然只）	9	3	57239195
锂离子电池	只（自然只）	23	10	26199562
原电池及原电池组（折R20标准只）	万只	47	29	944215
其中：碱性锌锰原电池（组）	万只	22	11	262796
锂的原电池（组）	万只	1	1	403
太阳能电池	千瓦	29	18	233497
家用电冰箱	台	80	34	7182904
其中：双门电冰箱	台	6	6	1311976
单门电冰箱	台	6	4	363130
家用冷柜（家用冷冻箱）	台	34	22	3100415
家用冷藏箱	台	9	4	130053
房间空气调节器	台	73	21	3923254
其中：整体式房间空气调节器	台	3	1	35257
分体式房间空气调节器	台	7	5	2485276
家用电风扇	台	98	30	11079674
其中：台扇	台	13	5	419664
落地扇	台	13	6	723909
吊扇	台	6	4	873680
家用吸排油烟机	台	69	43	4096652
家用电热烹调器具	个	59	18	20568985
其中：电饭锅	个	8	4	878207
家用电热烘烤器具	个	65	37	39203527
电咖啡壶	个	29	11	1447759
电水壶	个	41	21	34925628
电冷热饮水机	台	148	32	11397144

1－A－4 续表1－25

单位：个、万元

产 品 名 称	计量单位	企业数	规模以上工 业	本 年 生产量
家用电炉灶	个	25	9	8996644
电磁炉	台	6	4	6352695
家用食品加工电动器具	个	37	18	13628617
家用洗衣机	台	101	47	16637707
其中：全自动洗衣机	台	4	2	145061
其中：波轮式全自动洗衣机	台	3	2	145040
滚筒式全自动洗衣机	台	1		21
半自动双缸洗衣机	台	11	9	2257480
家用电热水器	台	49	10	803820
家用吸尘器	台	57	34	16725695
电吹风机	万个	55	24	1217163
电动剃须刀	万个	77	27	7842
电暖气	台	193	46	25589351
电熨斗	万个	50	24	6453
家用燃气用具	台	89	29	4941567
其中：家用燃气灶具	台	57	25	4344970
家用燃气热水器	台	13	2	125483
太阳能热水器	台	131	28	784024
电光源	万只	678	214	957491
其中：白炽灯泡	万只	182	40	136311
荧光灯	万只	226	63	164230
其中：紧凑型荧光灯	万只	41	22	33070
钠蒸汽灯	万只	5	1	130
金属卤化物灯	万只	33	9	12517
灯具及照明装置	套(台、个)	1013	300	796398153
其中：室内照明灯具	套	243	32	62885556
其中：嵌入灯	套(个)	26	7	6976264
户外照明用灯具及装置	套	301	70	69444980
其中：街灯及照明装置	台	41	15	10112921
灯用镇流器	万个	144	33	39399
光端机	部	16	6	80903
光缆中继设备	部	4	1	106070
光纤放大器	部	7	4	121544
卫星地面接收机	部	1	1	1130090
GPS接收机	部	9	2	91447
卫星通信地面站终端机	部	1		21150
微波收发通信机	部	4	1	432444
微波终端机	部	5	1	1450
数字程控交换机	线	21	7	1175602
光交换机	台	7	2	15414

1-A-4 续表1-26

单位：个、万元

产品名称	计量单位	企业数	规模以上工业	本年生产量
电话单机	部	10	3	109547
其中：特种电话机	部	5	1	26009
移动通信基站设备	信道	11	6	114781
移动通信基站天线	套	3	1	17123
移动通信手持机(手机)	台	12	12	30406576
移动通信核心网分组域设备	套	7	3	11306
雷达设备	台	1	1	63
音频节目制作和播控设备	部	11	5	291568
其中：调音台	部	5	4	72001
广播发射设备	台	1	1	15
电视发射设备	台	5	3	67839
视听节目制作及播控设备	部	5	3	1023661
卫星电视接收转发设备	台	13	4	4880289
电视接收机顶盒	台	12	4	1889765
大屏幕电子显示系统	台	12	6	30023
电子计算机整机	台	11	3	1063274
微型计算机设备	台	9	3	1063054
其中：台式微型计算机	台	3	1	3342
笔记本计算机	台	1	1	1053407
工业控制计算机	台	1		125
网络控制设备	台	14	4	117860
网络接口和适配器	台	6	1	5062902
网络连接设备	台	16	11	1345401
其中：路由器	台	2	2	132874
二层交换机	台	1		2068
网络检测设备	台	1	1	165
显示器	台	13	10	13588554
1. 单色显示器(CRT)	台	1	1	
2. 彩色显示器(CRT)	台	5	4	10058794
3. 平板显示器	台	8	6	3529760
扫描仪	台	1		7168
打印机	台	3	1	6185
外存储设备及部件	台(个)	7	1	95789
1. 硬盘存储器	台	1		5263
2. 软盘存储器	台	2		2295
3. 光盘存储器	台	3	1	85311
4. 半导体存储盘	个	1		2920
网络存储设备	台	3	2	104961
电子管	只	17	2	4745066
彩色显像管	只	2	2	100453000

1-A-4 续表1-27 单位：个、万元

产品名称	计量单位	企业数	规模以上工业	本年生产量
真空开关管	只	10	5	14032222
半导体分立器件	万只	42	22	1977149
其中：半导体二极管	万只	12	5	87002
半导体敏感器件	万只	2		257
敏感元件及传感器	万只	85	20	204026
集成电路	万块	29	28	246933
集成电路圆片	万片	5	3	12444
智能卡芯片及电子标签芯片	万只	7	2	1555
光电子器件	万只(片、套)	118	42	671451
其中：电子束光电器件	万只	15	2	7226
半导体光电器件	万只	41	17	252023
其中：发光二极管(LED)	万只	35	15	228458
液晶显示屏	万片	11	4	48311
液晶显示模组	万套	5	4	2016399
激光器件	万只	9	2	10792
电子元件	万只	989	388	9858754
其中：片式元件	万只	128	16	164760
射频元器件	万只	29	6	48911
电声器件	万只	248	59	565854
磁性材料元件	万只	247	51	978590
其中：金属软磁元件	万只	37	9	202656
印制电路板	平方米	158	51	10862169
其中：刚性印制电路板	平方米	37	10	1672381
挠性印制电路板	平方米	2		12438
彩色电视机	台	12	12	3604493
其中：显像管彩色(CRT)电视机	台	1	1	620061
液晶(LCD)电视机	台	7	7	1559103
黑白电视机	台	1	1	116159
移动电视机	台	1		368
家用摄录像机	台	1	1	83820
数字激光音、视盘机	台	2	1	16072
收音机	台	9	1	456755
家用录放音机	台	6		42809
其中：复读机	台	1		1000
组合音响	台	75	22	3249507
数字化多媒体组合机	台	5	4	81248
半导体存储器播放器(含MP3、MP4)	个	2	1	2944
工业自动调节仪表与控制系统	台(套)	222	51	2389968
1. 工业自动调节仪表	台	58	15	777913
2. 工业自动控制系统	台(套)	79	33	651581

1－A－4 续表 1－28

单位：个、万元

产品名称	计量单位	企业数	规模以上工业	本年生产量
其中：分散型控制系统（DCS系统）	台（套）	3	2	13030
可编程控制系统（PLC系统）	台（套）	13	7	22978
3. 楼宇控制系统	台（套）	5	3	588
4. 其他形式的自动控制系统	台（套）	94	11	959886
电工仪器仪表	台	238	52	85221639
其中：电能表	台	65	22	37749064
量具	万件	85	22	19257
量仪	台	17	3	388974
工业仪表	台（个）	243	81	63778256
其中：温度测量仪表	台	47	10	16461600
压力测量仪表	台	38	12	9069179
流量测量仪表	台	76	33	17112318
其中：煤气表	个	10	8	1099641
水表	个	35	15	12378077
物位/液位测量仪表	台	11	2	159391
执行器	台	8	4	44201
分析仪器及装置	台（套）	22	3	48424
其中：电化学式分析仪器	台（套）	1		268
光学分析仪器	台（套）	4	1	155
热学分析仪器	台（套）	1		20000
物性分析仪器	台（套）	4	1	4005
质谱仪器	台（套）	1		8
色谱仪器	台（套）	2	2	1996
能谱仪及射线分析仪器	台（套）	1		47
试验机	台	17	7	5587
环境监测专用仪器仪表	台	14	6	16648
汽车仪器仪表	台	71	13	13151192
钟	只	32	14	28223080
其中：石英钟	只	8	3	1245014
机械钟	只	5	1	1384047
表	只	24	9	7445999
其中：石英电子表	只	11	2	5218857
机械表	只	5		321755
光学仪器	台（个）	81	30	7905177
其中：显微镜	台	19	8	388445
已装配光学元件	个	12		150509
眼镜成镜	副	452	136	612003279
眼镜片	片	89	36	934605946
眼镜框架	副	206	37	152435034

1－A－4 续表1－29

单位：个、万元

产品名称	计量单位	企业数	规模以上工业	本年生产量
影像投影仪	台	3		1107
照相机	台	6	5	1655772
1. 通用照相机	台	2	1	26350
2. 数码照相机	台	4	4	1629422
复印和胶版印制设备	台	5	1	9379
其中：静电复印设备	台	1		31
喷墨复印机	台	1		3
电子计算器	台	9	2	4510543
自动柜员机（ATM机）	台	3	2	4333
税控机	台	6	2	91968
雕塑工艺品	千元	1080	113	3823610
金属工艺品	千元	921	137	4409279
漆器工艺品	千元	225	86	1485765
花画工艺品	千元	146	25	961877
天然植物纤维编织工艺品	千元	151	23	587485
抽纱刺绣工艺品	千元	928	111	7053646
手工地毯、挂毯	平方米	30	5	1909795
机制地毯、挂毯	平方米	58	28	47916476
贵金属首饰	千元	67	18	3744934
牙刷	万把	15	4	11190
漆刷及类似刷	万把	76	15	6983210
伞类制品	把	243	94	379165010
打火机	万个	198	55	565568
拉链	万米	277	109	1705933
熔炼用废钢	吨	77	51	819056
熔炼用废铁	吨	76	47	611630
发电量	万千瓦小时	4058	326	19487393
其中：火力发电量	万千瓦小时	196	188	15195285
水力发电量	万千瓦小时	1971	114	1434888
核能发电量	万千瓦小时	3	3	2299399
风力发电量	万千瓦小时	3	2	5766
售电量	万千瓦小时	50	44	24110000
供电量	万千瓦小时	48	39	23025004
供热总量	万吉焦	93	90	38509699
煤气生产量	万立方米	1		3
人工煤气供应总量	万立方米	2	1	1128
天然气供应量	万立方米	20	12	45514
液化石油气供应总量	万吨	16	8	18
自来水生产量	万立方米	535	108	1195187

1－A－4 续表2－1 单位：个、万元

产品名称	计量单位	本年		
		规模以上工业	销售量	规模以上工业
原煤	吨	131000	131400	131000
其中：烟煤	吨	131000	131000	131000
其中：一般烟煤	吨	131000	131000	131000
褐煤	吨		200	
铁矿石原矿	吨	1284952	138095	117372
铜金属含量	吨	11875	13121	12801
铅金属含量	吨	19961	28027	20397
锌金属含量	吨	36073	42878	36299
锡金属含量	吨	106	105	105
锑金属含量	吨		700	
金金属含量	千克	72	72	72
钨精矿折合量（折三氧化钨65%）	吨	110	400	110
钼精矿折合量（折纯钼45%）	吨	2602	2588	2483
天然大理石荒料	立方米		350089	
天然花岗石荒料	立方米	2716619	4767868	2477923
萤石	吨	1102500	1539953	1023767
高岭土（也称瓷土）	吨		161480	
硫铁矿石（折含硫35%）	吨	131065	107798	107798
原盐	吨	37800	188813	41943
石英砂	吨	1103000	1583004	1107827
小麦粉	吨	566206	556322	534212
其中：小麦专用粉	吨	70331	47835	47835
大米	吨	478849	610054	471292
饲料	吨	4086447	4229257	4007800
其中：配合饲料	吨	2192656	2279600	2175972
混合饲料	吨	335659	268102	236751
宠物饲料	吨	21243	42181	21197
毛油（初榨植物油）	吨	114181	120495	118543
精制食用植物油	吨	602377	581345	570768
其中：大豆精制油	吨	159212	159150	158802
菜籽精制油	吨	5806	6751	4778
人造黄油及其他食用油脂	吨	1496	1541	1496
非食用植物油	吨	48817	51242	48046
成品糖	吨		70	
加工糖	吨	81777	84233	78531
鲜、冷藏肉	吨	160090	178354	160211
其中：鲜、冷藏猪肉	吨	72863	81923	73069
冻肉	吨	150	297	140
熟肉制品	吨	76522	120091	75607
冷冻水产品	吨	1096961	1221934	961249

1－A－4 续表2－2

单位：个、万元

产 品 名 称	计量单位	规模以上工业	本年销售量	规模以上工业
熏制水产品	吨	12848	16279	12638
鱼糜（熟肉）制品	吨	146179	150131	138770
干制水生植物	吨	1880	4394	1804
饲料用水产品渣粉	吨	75159	114896	77180
冷冻蔬菜	吨	133740	165644	129236
暂时保藏的蔬菜	吨	37945	46030	37820
腌渍菜	吨	260978	393735	257653
焙、炒加工的坚果及果仁	吨	92268	125321	92041
淀粉及淀粉制品	吨	19647	214190	19328
豆腐及豆制品	吨	139512	186518	140314
糕点	吨	24566	55644	24483
面包	吨	7348	13524	6240
饼干	吨	83900	99918	87953
膨化食品	吨	47058	50110	47028
焙烤松脆食品	吨	3281	6402	3173
糖果	吨	21628	27818	21513
巧克力	吨	13246	13314	13237
蜜饯	吨	35826	54233	34340
果冻	吨	26473	40848	26415
面制半成品	吨	13074	38743	14851
米制半成品	吨	45659	66166	45037
速冻米面食品	吨	70148	70072	65519
方便面	吨	285554	288641	286563
乳制品	吨	353242	358830	351320
1. 液体乳	吨	299072	305074	297941
其中：灭菌乳	吨	9277	10881	9279
巴氏杀菌乳	吨	42269	42155	42155
酸牛乳	吨	62717	63238	63238
2. 固体乳制品	吨	54170	53756	53379
其中：乳粉	吨	26240	24300	24300
炼乳	吨	23473	25397	25069
奶油	吨	4457	4010	4010
干酪（奶酪）	吨		49	
罐头	吨	786677	840205	758702
其中：畜肉类罐头	吨	172	177	174
禽肉类罐头	吨	13215	11343	9998
水产动物类罐头	吨	20580	21551	20854
蔬菜类罐头	吨	151390	206165	151333
水果类罐头	吨	279011	282325	262898
味精（谷氨酸钠）	吨	90856	102306	97443

1-A-4 续表2-3 单位：个、万元

产 品 名 称	计量单位		本 年	
		规模以上工 业	销售量	规模以上工 业
酱油	吨	153471	194283	151204
食醋	吨	29448	42895	28470
复合调味品	吨	20161	28452	19616
其中：鸡精	吨	5800	6706	5796
食品用氨基酸	吨	1059	1376	1058
蜂蜜营养制品	吨	45153	56874	45762
冷冻饮品	吨	94758	178774	94401
食品添加剂	吨	35881	46180	35427
饲料添加剂	吨	49107	57573	48907
发酵酒精（折96度，商品量）	千升	16851	27848	16833
饮料酒	千升	3385697	3544285	3306787
其中：白酒（折65度，商品量）	千升	31356	72863	33528
啤酒	千升	2695893	2670406	2666940
黄酒	千升	566678	699686	520506
葡萄酒	千升		1436	
软饮料	吨	8315157	12825728	8321774
其中：碳酸饮料类（汽水）	吨	2655498	2725190	2685438
包装饮用水类	吨	1796724	5045474	1811208
果汁和蔬菜汁饮料类	吨	484392	507592	482846
蛋白饮料类	吨	540694	535004	529992
其中：含乳饮料	吨	522288	514011	511526
固体饮料类	吨	40908	1110277	35022
茶饮料类	吨	866929	877781	863290
特殊用途饮料	吨		2015	
精制茶	吨	357203	416148	350808
卷烟	万支	7609942	7588205	7588205
1. 一类卷烟	万支	4473795	4455111	4455111
2. 二类卷烟	万支	1332173	1332189	1332189
3. 三类卷烟	万支	161558	161648	161648
4. 四类卷烟	万支	748939	748938	748938
5. 五类卷烟	万支	893477	890319	890319
纱	吨	1679342	1912948	1651187
1. 棉纱	吨	972182	1106090	967806
2. 棉混纺纱	吨	394136	429997	375456
3. 化学纤维纱	吨	313024	376860	307924
缝纫线	吨	111999	160926	111098
布	万米	1343709	2164451	1324975
其中：色织布（含牛仔布）	万米	25847	34865	25489
其中：1. 棉布	万米	196568	405801	193459
2. 棉混纺布	万米	194546	223205	190735

1－A－4 续表2－4 单位：个、万元

产 品 名 称	计量单位	规模以上工 业	本 年 销售量	规模以上工 业
3. 化学纤维布	万米	952595	1112845	940781
印染布	万米	2890505	2964848	2875471
1. 漂白布	万米	140021	168752	139765
2. 染色布	万米	2296463	2330473	2282564
3. 印花布	万米	454021	465623	453142
毛条	吨	45077	50749	45033
毛纱	吨	58885	93595	55622
绒线（俗称毛线）	吨	22797	30258	22814
毛机织物（呢绒）	万米	15243	18156	15250
亚麻纱（含亚麻≥55%）	吨	37461	39000	35478
苎麻纱（含苎麻≥55%）	吨	2907	2774	2774
亚麻布（含亚麻≥55%）	万米	2972	3836	2763
苎麻布（含苎麻≥55%）	万米	165	290	171
生丝	吨	15736	18075	14872
绢纺丝	吨	18275	32130	20119
蚕丝及交织机织物（含蚕丝≥50%）	万米	676606	695022	676074
合成纤维长丝机织物	万米	316626	351166	312738
人造纤维长丝机织物	万米	123562	178493	122718
印染蚕丝及交织机织物（含蚕丝≥50%）	万米	6291	9220	6222
床褥单类	万条	1816883	1645339	1636246
床罩	万个	1458	1866	1445
棉被	万条	6260	26957	6240
毛巾被	万条	19	348	20
毛巾	万条	4820908	4760800	4729521
毛毯	条	70201048	72245677	70107903
毡呢	吨	68	2730	68
麻袋（混合数）	万条	118	398	124
丝针织围巾	万条	5370	11567	5472
丝针织领带	万条	22169	28892	21802
蚕丝被	万条	391	533	387
纤维纺制的线、绳、索、缆	吨	2736241	2852407	2721542
帘子布	吨	80842	1636057	76661
无纺布（无纺织物）	吨	303630	407059	300898
棉、化纤针织坯布	吨	656403	890351	573971
针织袜	万双	12075795	12413995	12054069
服装	万件	497060	601574	492637
1. 针织服装	万件	286187	334210	283045
其中：针织内衣	万件	37620	45396	36573
针织T恤衫	万件	37494	44958	37339
其中：棉针织T恤衫	万件	15889	17087	15947

1-A-4 续表2-5 单位：个、万元

产品名称	计量单位	规模以上工业	本年销售量	规模以上工业
化学纤维针织T恤衫	万件	1408	1792	1406
丝针织T恤衫	万件	219	626	222
针织休闲衫类服装	万件	18535	25020	18371
针织衬衫	万件	2026	3369	2024
针织运动类服装	万件	10185	10796	10080
2. 梭织服装	万件	210873	267363	209591
其中：毛制大衣	万件	1460	2845	1431
羽绒服	万件	4005	5771	3986
防寒服	万件	9341	12585	9419
西服套装	万件	6199	8966	6092
其中：男式西服套装	万件	1793	3403	1778
女式西服套装（套裙）	万件	838	1278	820
衬衫	万件	44202	51298	43995
其中：男衬衫	万件	14747	17215	14714
女衬衫	万件	5868	6994	5831
裤	万件	20170	25308	20078
其中：男裤	万件	7594	9324	7783
女裤	万件	5293	6787	5239
裙	万件	3009	4115	3041
女式保健内衣	万件	573	1162	572
睡衣裤	万件	800	1423	790
婴儿服装及衣着附件	万件	4166	5515	4114
运动服类服装	万件	3816	5824	3793
针织帽	万个	6086	14479	6112
钩编帽	万个	653	936	657
轻革	平方米	215165846	230069147	212914973
其中：牛轻革	平方米	46522425	51427143	45760490
猪轻革	平方米	45627723	47445222	44562284
皮革鞋靴	万双	1167529	1190760	1137528
其中：皮革面旅游（运动）鞋靴	万双	280156	254200	250536
皮革服装	件	23713652	29423369	23631616
衣箱、提箱及类似容器	万个	1465495	1462442	1453583
手提包（袋）、背包	万个	1150158	1951238	1132085
其中：天然皮革制手提包（袋）、背包	万个	5688	11324	5639
天然皮革制座套	位（单座位）	12025345	12498118	12013947
鞣制毛皮（折羊毛皮）	张	10400298	8633638	8604549
天然毛皮服装	件	1733395	2143815	1676884
羽绒被	条	13193320	14861493	13198105
锯材	立方米	934946	2042364	904365
人造板	立方米	3481349	7162558	3337277

1－A－4 续表2－6

单位：个、万元

产 品 名 称	计量单位	规模以上工 业	本 年 销售量	规模以上工 业
其中：胶合板	立方米	1648952	4735328	1572869
纤维板	立方米	929661	1001188	871544
刨花板	立方米	218248	337519	217981
人造板表面装饰板	平方米	89678469	98847360	87836446
实木制门	扇	3174979	4421004	3125898
非实木制门	扇	1321309	2325502	1311108
木制地板	平方米	81181389	85800326	80584289
其中：实木木地板	平方米	43467588	44518663	43244201
复合木地板	平方米	28013914	31527824	28339135
包装用木箱	立方米	1092782	6249112	1086686
竹地板	平方米	8443849	14337317	8206870
柳（荆）条制品	件	365529	571042	351053
草制品	件	35114631	50116713	34938041
家具	件	155094706	197753803	153731582
其中：木质家具	件	26466352	40489201	26111650
竹、藤家具	件	1588600	2705900	1530305
金属家具	件	98354838	114465552	97805490
塑料家具	件	3567732	4579884	3528642
软体家具	件	14591914	20221788	14414348
纸浆（原生浆及废纸浆）	吨	41660	83037	41110
其中：木浆	吨		346	
非木材纤维纸浆	吨		1779	
废纸纸浆	吨	1568	4166	2138
机制纸及纸板（外购原纸加工除外）	吨	13485074	13159735	12992410
其中：未涂布印刷书写用纸	吨	164198	161098	157971
其中：新闻纸	吨	76198	73277	73277
涂布类印刷用纸	吨	158203	155935	151417
卫生用纸原纸	吨	42418	60224	40038
包装用纸及纸板	吨	6610377	6519495	6419206
其中：箱纸板	吨	1068141	1077505	1059429
白纸板	吨	3914715	3796704	3769548
瓦楞原纸	吨	841945	831935	814349
加工纸	吨	174483	308370	164680
其中：静电复印纸	吨	6226	9641	5651
纸制品	吨	6516873	17938995	6454885
其中：瓦楞纸箱	吨	3882836	8924349	3855470
纸制餐具	吨	4298	750630	4239
纸制文具及办公用品	吨	27312	72744	26790
卫生用纸制品	吨	285159	404282	283980
单色印刷品	令	4800617	14395346	4701361

1－A－4 续表2－7

单位：个、万元

产品名称	计量单位		本年	
		规模以上工业	销售量	规模以上工业
多色印刷品	对开色令	93223007	105312720	89738842
本册	万本	72487	1130462	70784
塑料印刷品	万印	2073541	10027146	1894644
金属印刷品	万印	36207	160353	35490
磁介质复制品	万盒	6655	6655	6655
光盘复制品	万张	18016	19093	18159
文具盒（铅笔盒）	万个	9497	32536	9943
文件夹类文具	万个	33984	68707	34531
修改类文具	千元	177394	275944	193765
圆珠笔	万支	729877	2619498	730508
木杆铅笔	万支	323006	395076	314153
活动铅笔	万支	69192	74001	66255
记号笔	万支	300810	599869	299912
墨水	吨	214590	215673	214146
皮或革制可充气运动用球	万个	673	1505	617
体育器材及配件	千元	647275	910800	618287
球拍、球棒	支（根）	34841764	56172602	34163171
室内训练健身器材	台	9987130	11704489	9842189
运动专用手套	副	16715844	20121003	16009539
运动专用鞋	双	13448704	12638994	12178043
钓鱼用品和器材	千元	600206	732798	579291
中乐器	把（件）		90985	
西弦乐器	把	153404	194421	154291
西管乐器	支	77356	848815	79575
西乐键盘乐器	架	95855	110753	95391
电子乐器	台	136320	158760	133400
玩具	千元	7690380	8872922	7435931
其中：供儿童乘骑的带轮玩具	千元	2355953	2569604	2323952
填充类玩具	千元	1452738	1661983	1421206
木制玩具	千元	2843579	3202848	2668138
塑胶玩具	千元	682416	1082690	666838
原油加工量	吨	20348604	960444	960444
汽油	吨	2887502	2899663	2899663
煤油	吨	1294050	1011163	1011163
柴油	吨	8623340	8589600	8589600
润滑油	吨	344901	364934	342701
燃料油	吨	1739361	1280153	1275874
石脑油	吨	1420704	1334916	1334916
溶剂油	吨	130460	129973	128014
润滑脂	吨	13589	18606	13329

1-A-4 续表2-8 单位：个、万元

产 品 名 称	计量单位	规模以上工业	本 年 销售量	规模以上工业
液化石油气	吨	1377041	1370598	1370598
石油焦	吨	1422438	672036	672036
石油沥青	吨	1038629	1026744	1026744
焦炭	吨	1662085	250	250
其中：机焦	吨	1662085	250	250
硫酸（折100%）	吨	1078529	930386	914596
盐酸（氯化氢，含量31%）	吨	438306	316641	302090
磷酸（含量85%）	吨	4500	12468	4500
过氧化氢（双氧水）	吨	121604	121920	119970
烧碱（折100%）	吨	1036663	954784	954784
其中：离子膜法烧碱（折100%）	吨	726536	673400	673400
纯碱（碳酸钠）	吨	164891	136883	130783
亚硝酸钠	吨	39454	46782	38876
三磷酸钠（三聚磷酸钠）	吨	1020	7537	1037
碳化钙（电石，折300升/千克）	吨	87940	80397	80397
轻质碳酸钙	吨	1075353	1604303	1060269
甲烷	吨		995	
丙烯	吨	343820	87948	87884
丁二烯	吨		2365	
醋酸乙烯	吨	4015	4428	3974
环氧乙烷	吨	219688	214913	214913
环氧丙烷	吨		493	
粗苯	吨		100	
纯苯	吨	238223	226661	226661
甲苯	吨	173311	167022	167022
邻二甲苯	吨	199639	200222	200070
对二甲苯	吨	500479	494998	494998
混合二甲苯	吨	140245	136816	136268
二氯甲烷	吨	546649	187509	187447
二氯乙烷	吨	131273	129601	129601
氯化苯	吨		827	
对硝基氯苯	吨	14623	10022	10022
精甲醇	吨	94102	79996	77108
苯酚	吨	475	484	484
丙酮	吨	42	4843	41
冰乙酸（冰醋酸）	吨	2740	3078	2498
邻苯二甲酸酐	吨	103934	91175	91065
甲醛	吨	468261	475400	454619
重铬酸钠（红钒钠）	吨		1079	
浓硝酸	吨	90009	78330	78003

1－A－4 续表2－9 单位：个、万元

产品名称	计量单位	规模以上工业	本年销售量	规模以上工业
合成氨（无水氨）	吨	617266	126700	126700
农用氮、磷、钾化学肥料总计（折纯）	吨	468539	492783	449321
1. 氮肥（折含N100%）	吨	445643	439813	428759
其中：尿素（折含N100%）	吨	195848	197270	195406
碳酸氢铵（折含N100%）	吨	130444	117222	117222
2. 磷肥（折五氧化二磷100%）	吨	22896	30821	20561
3. 钾肥（折氧化钾100%）	吨		417	
合成复合肥料（实物量）	吨	238428	277440	222183
其中：磷酸铵肥（实物量）	吨	3418	4651	3516
化学农药原药（折有效成分100%）	吨	216549	209178	199001
其中：杀虫剂原药	吨	38626	43525	38445
杀菌剂原药	吨	10385	11503	10513
除草剂原药	吨	120981	104957	104543
涂料	吨	524916	1156202	518665
其中：建筑涂料	吨	141553	279903	140755
油墨	吨	67649	137929	67068
颜料	吨	230792	248161	221634
其中：无机颜料	吨	21060	23385	20638
有机颜料	吨	77248	80616	73213
染料	吨	653546	671353	644923
合成粘合剂（胶粘剂）	吨	195594	282142	194502
初级形态的塑料	吨	3546734	3594699	3538435
其中：聚乙烯树酯	吨	8912	16142	8253
聚丙烯树脂	吨	866870	863128	850288
聚氯乙烯树脂	吨	517282	532516	526908
聚苯乙烯树脂	吨	299241	307096	304388
ABS树脂	吨	16832	18902	17154
合成橡胶	吨	98323	104980	98441
其中：丁苯橡胶	吨		32	
合成纤维单体	吨	2105867	2151718	2146634
其中：精对苯二甲酸（PTA）	吨	2079598	2120449	2120449
己内酰胺	吨	11656	11583	11552
合成纤维聚合物	吨	4483083	4120823	4116782
其中：聚脂	吨	4273264	3911870	3908170
化学试剂	吨	134778	252546	133213
催化剂	吨	21052	29157	20809
橡胶助剂	吨	41510	56625	41557
塑料助剂	吨	334949	360535	334125
纺织工业用整理剂、助剂	吨	476061	591353	471718
制革工业用整理剂、助剂	吨	40995	73962	40575

1－A－4 续表2－10

单位：个、万元

产品名称	计量单位	规模以上工业	本年销售量	规模以上工业
建工建材用化学助剂	吨	102345	174888	102458
炭黑(或称炉黑)	吨	80655	82944	82239
硬脂酸	吨	1218925	1375826	1292735
松节油	吨	2500	4699	3000
松香	吨	200	3849	
改性松香	吨	4183	3960	3960
活性炭	吨	42684	75006	41966
炸药	吨	131947	132295	131458
雷管	万支	220	220	220
焰火制品	千元	8293	41935	6682
其中：烟花	千元	8293	24992	6682
彩色照像胶卷	万平方米		35	
摄影感光纸	万平方米		5500	
空白光盘	万片	112	627	627
明胶	吨	14978	30061	15561
肥（香）皂	吨	293767	292531	285234
合成洗涤剂	吨	290120	356793	280072
其中：合成洗衣粉	吨	148917	146711	145743
液体洗涤剂	吨	77715	91285	72976
表面活性剂	吨	149780	148034	144622
清洁类化妆品	千元	175619	241813	173729
护肤用化妆品	千元	4361944	4408005	4271889
护发用化妆品	千元	64898	85711	67846
美容、修饰类化妆品	千元	381438	473785	375360
牙膏(折65克标准支)	万支	21231	22152	19846
天然香料	吨	324	1577	303
合成香料	吨	4034489	3902593	3900973
香精	吨	13635	15785	12330
火柴(折50支标准盒)	件	236653	257235	228125
化学药品原药	吨	191723	174083	166622
其中：抗菌素(抗感染药)	吨	7681	8238	7538
消化系统用药	吨	87	73	53
解热镇痛药	吨	13263	10418	10410
维生素类	吨	972	1166	985
中枢神经系统用药	吨	459	535	535
激素类药	吨	55	56	56
心血管系统用药	吨	2767	2531	2488
冻干粉针剂	万瓶(支)	437837	385378	385378
粉针剂	万瓶(支)	4592	4506	4506
注射液	万支	73616	73357	72407

1－A－4 续表2－11

单位：个、万元

产品名称	计量单位	规模以上工业	本年销售量	规模以上工业
输液	万瓶	10417	9963	9945
片剂	万片	1431863	1404503	1395909
胶囊剂	万粒	678565	637332	627687
颗粒剂	万袋(包)	14657	15709	15000
膏霜剂	万支	826	723	652
口服液体制剂	万瓶	4816	6117	4710
植物类饮片	千克	6165536	7387481	6235267
中成药	吨	18324	19629	18111
其中：中成药丸剂	吨	809	789	761
中成药冲剂	吨	1048	2125	1012
中成药针剂	吨	10	5	5
中成药胶囊	吨	436	430	400
兽用化学药品	吨	17395	29347	16999
兽用疫苗	万支	3265	3780	3756
生物化学药品	千克	3057716	3375249	3295726
人用疫苗	万支	1197	1018	1014
血液制品	万支		1	
卫生材料及敷料	筒(卷、包、团)	458029308	490818737	454936779
医用缝合材料及外科用无菌材料	团(盒、瓶)	124471763	127438110	122982846
化学纤维用浆粕	吨	12298	4402	3328
化学纤维	吨	11126204	10845487	10762811
其中：人造纤维(纤维素纤维)	吨	190479	182324	181287
其中：粘胶纤维	吨	164693	156170	155320
醋酸纤维	吨	23156	23364	23364
合成纤维	吨	10700689	10416993	10363343
其中：锦纶纤维	吨	290246	294552	285303
涤纶纤维	吨	9903970	9605879	9579516
其中：涤纶长丝	吨	6886322	6612456	6606905
腈纶纤维	吨	59573	62356	61596
丙纶纤维	吨	66608	73864	64464
氨纶纤维	吨	110942	108068	103187
橡胶轮胎外胎	条	46611191	47624799	45779048
其中：子午线轮胎外胎	条	37657982	36378438	36378438
其中：载货汽车橡胶轮胎外胎	条	9108098	9090309	9069198
乘用车橡胶轮胎外胎	条	14086617	13830530	13821788
摩托车充气橡胶轮胎外胎	条	515158	508656	507071
力车橡胶轮胎外胎	条	102908840	104662601	100356412
力车橡胶胎内胎	条	111680362	108025660	108025660
橡胶输送带	平方米	64641916	74531154	63616104
橡胶管	万标米	19283	36815	22552

1－A－4 续表 2－12

单位：个、万元

产品名称	计量单位	规模以上工业	本年销售量	规模以上工业
橡胶板(片、带)	吨	230502	1524371	225580
橡胶零件、附件	吨	167135	379116	165249
初级形状的再生橡胶	吨	83681	110158	83711
橡胶手套	万副	7171	16039	6831
日用橡胶制品	吨	26444	47060	26522
医疗、卫生用橡胶制品	吨	2139	5016	2136
胶鞋类	万双	46240	411510	46046
塑料制品	吨	10146506	48188268	9895046
1. 塑料薄膜	吨	2086672	2235868	2027622
其中：农用薄膜	吨	56400	68047	58399
2. 塑料板、片	吨	320130	1140386	316246
3. 塑料管及其附件	吨	1000010	1454876	985003
4. 塑料条、棒、型材	吨	512642	664902	491441
5. 塑料丝、绳及编织品	吨	686932	1665002	673137
其中：塑料编织布	吨	23101	55698	22927
塑料编织袋	吨	513121	856686	504877
6. 泡沫塑料	吨	181698	596938	170351
7. 塑料人造革、合成革	吨	871058	1025229	866014
8. 塑料包装箱及容器	吨	437168	29553977	402297
9. 塑料零件	吨	526370	3905343	509800
10. 日用塑料制品	吨	2582302	4535287	2534228
11. 建筑用塑料制品	吨	41786	227146	41929
12. 其他塑料制品	吨	899738	1183335	876979
水泥熟料	吨	58964634	27501396	27501396
其中：窑外分解窑水泥熟料	吨	57480183	26988790	26988790
水泥	吨	101540357	102247254	101491058
其中：1. 通用水泥	吨	99382854	99679264	99323533
其中：硅酸盐水泥(P·Ⅰ或P·Ⅱ)	吨	10289501	10194110	10111154
普通硅酸盐水泥(P·O)	吨	39560418	39764403	39552510
粉煤灰硅酸盐水泥(P·F)	吨	104756	143519	104070
复合硅酸盐水泥(P·C)	吨	48484578	48628349	48617349
石灰石硅酸盐水泥(P·L)	吨	943601	948883	938450
2. 专用水泥	吨	905065	913731	892003
3. 特性水泥	吨	1252439	1276161	1275522
其中：强度等级42.5水泥(含R型)	吨	1026895	1047378	1047378
强度等级52.5水泥(含R型)	吨	60749	56102	56102
石灰	吨	1458308	2792331	1380178
商品混凝土	立方米	67500874	70185631	66742780
水泥混凝土排水管	千米	1366	6071	1379
水泥混凝土压力管	千米	555	1064	560

1－A－4 续表2－13

单位：个、万元

产品名称	计量单位	规模以上工业	本年销售量	规模以上工业
水泥混凝土电杆	根	952913	1064471	950143
预应力混凝土桩	米	72275514	72678766	70518727
遁构法施工用钢筋混凝土管片	米	6229	10980	5987
混凝土轨枕	根	190097	189597	189597
水泥混凝土预制构件	立方米	2733263	6741525	2726771
石棉水泥瓦	平方米		100333	
石膏板	万平方米		196	
蒸压加气混凝土板	立方米	381678	297308	284648
砖	万块	495603	1618961	491211
其中：烧结粘土砖	万块	260577	836081	258917
其中：烧结普通砖	万块	118230	406739	116940
蒸压砖	万块	333	36858	333
其中：蒸压灰砂砖	万块	79	16093	79
免烧砖	万块	16556	65664	15983
瓦	万片	4370	19435	4304
建筑砌块	立方米	1707369	2198251	1697324
其中：蒸压加气混凝土砌块	立方米	1361072	1432829	1355303
瓷质砖	平方米	43411554	39286181	38458601
炻瓷砖	平方米		5300	
陶质砖	平方米	5871259	11376869	5536519
陶瓷马赛克	平方米		94206	
建筑琉璃制品	吨	21474	78836	19614
天然大理石建筑板材	平方米	350295	2647124	237907
天然花岗石建筑板材	平方米	1370401	7046357	1357862
人造石材	平方米	317319	814332	360291
碑石及其他类似制品	平方米	36600	561757	34600
沥青和改性沥青防水卷材	平方米	23280745	29321147	22754982
隔热、隔音人造矿物材料及其制品	吨	41420	240276	30286
平板玻璃	重量箱	43224885	42658171	42387797
钢化玻璃	平方米	36821971	42326455	35833442
其中：车辆用钢化安全玻璃	平方米	654800	1360682	688599
夹层玻璃	平方米	1831329	1993861	1776373
其中：车辆用夹层玻璃	平方米	13269	29439	16439
中空玻璃	平方米	3653772	3890587	3459896
镀膜玻璃	平方米	2331590	2240771	2156842
日用玻璃制品	吨	378329	490173	365928
玻璃包装容器	吨	163346	247053	152082
其中：玻璃啤酒瓶	吨	89013	80493	79548
玻璃保温容器	万个	2148	4892	2147
玻璃纤维纱	吨	595665	469956	444360

1－A－4 续表2－14

单位：个、万元

产品名称	计量单位	规模以上工业	本年销售量	规模以上工业
玻璃纤维毡	吨	47768	47046	46816
玻璃纤维布	米	143164318	176343357	141795483
玻璃纤维工业用玻璃球	吨	4664	5165	5165
玻璃纤维增强塑料制品	吨	87078	116254	86727
显像管玻璃外壳	万个		25634	
卫生陶瓷制品	件	1073300	3038471	1058255
其中：陶瓷质便器	件	201500	1505467	199700
陶瓷质洗涤器	件	118606	786584	112135
日用陶瓷制品	万件	2912	6697	2747
石棉制品	吨	4654	33869	4337
耐火材料制品	吨	1262324	1795447	1249926
石墨及炭素制品	吨	53090	64400	53023
磨具	吨	28360	133148	28160
生铁	吨	4736506	283806	283806
1. 炼钢生铁	吨	4696972	279971	279971
2. 铸造生铁	吨	39534	3835	3835
铸铁管	吨	2367	4241	2308
粗钢	吨	9465553	3519764	3519764
其中：1. 非合金钢	吨	4522525	1123158	1123158
2. 低合金钢	吨	3276002	1923626	1923626
3. 合金钢（不含不锈钢）	吨	998835	82034	82034
4. 不锈钢	吨	668190	390946	390946
其中：1. 转炉钢	吨	7617831	2974575	2974575
2. 电弧炉钢	吨	1515583	242887	242887
3. 感应电炉钢	吨	239561	241573	241573
4. 其他炉种冶炼钢	吨	92577	60729	60729
钢材	吨	19656075	18954353	18859751
其中：铁道用钢材	吨	169315	166454	166454
其中：轻轨	吨	105339	104621	104621
重轨	吨	19811	19899	19899
大型型钢	吨	98680	98087	98087
中小型型钢	吨	478005	480580	471730
棒材	吨	3645775	3588175	3584913
钢筋	吨	1077353	1071214	1070572
线材（盘条）	吨	2370593	2130975	2130041
厚钢板	吨	177	3780	177
中板	吨	72118	73180	73180
热轧薄板	吨	432659	440806	440428
冷轧薄板	吨	1877246	1873415	1872987
中厚宽钢带	吨	78195	78041	78041

1－A－4 续表2－15

单位：个、万元

产品名称	计量单位	规模以上工业	本年销售量	规模以上工业
热轧薄宽钢带	吨	422188	421657	421657
冷轧薄宽钢带	吨	787651	786445	786433
热轧窄钢带	吨	1237223	1254756	1254756
冷轧窄钢带	吨	1151102	1148984	1135868
镀层板(带)	吨	1107024	972900	972806
其中：镀锌板(带)	吨	979134	952166	952072
涂层板(带)	吨	371864	364116	364116
电工钢板(带)	吨	450105	411940	411940
无缝钢管	吨	1366702	1365306	1351806
焊接钢管	吨	2065803	1803250	1801883
其它钢材	吨	396296	372991	371876
用外购国产钢材再加工生产的钢材	吨	1140882	1278879	1119552
用进口钢材再加工生产的钢材	吨	819	1319	819
铁合金	吨	190732	183859	181665
1. 普通铁合金	吨	48541	49075	48400
其中：锰硅合金	吨		675	
2. 特种铁合金	吨	142191	133687	133265
十种有色金属	吨	376416	316904	316054
矿产粗铜	吨	14925	21058	15524
精炼铜(电解铜)	吨	265126	266141	266141
矿产粗铅	吨		294	
铅	吨	4606	4348	4348
锌	吨	45132	45031	44784
镍	吨	150	143	143
锡	吨	694	637	637
原铝(电解铝)	吨	60708		
再生铝	吨	57150	63456	56484
黄金	千克	8056	8601	8091
白银(银锭)	千克	752444	752261	746834
钨	千克	388456	399928	399063
钼	千克	75071	81620	75062
混合稀土金属	千克	1115370	1077370	1077370
硅	吨	79671	19055	16542
单晶硅	千克	2205533	2061679	2037461
多晶硅	千克	14623	20445	17783
稀土化合物	千克	107254	107254	107254
铜合金	吨	32719	27511	26706
锌合金	吨	85281	86933	84518
铝合金	吨	223769	226665	220862
硬质合金	吨	953	8752	929

1－A－4 续表 2－16 单位：个、万元

产 品 名 称	计量单位	规模以上工 业	本 年 销售量	规模以上工 业
稀有稀土金属合金	吨	3671	4093	3680
铜材	吨	1655993	1807583	1662561
其中：铜板材	吨	40575	45784	40382
铜带材	吨	219309	220703	218151
铜箔材	吨	1113	1096	1096
铜棒材	吨	260409	296308	264609
铜管材	吨	105750	175306	106822
铜线材	吨	209917	212507	208786
铜盘条(电工用铜线坯)	吨	85435	87283	86669
铝材	吨	1190640	1237119	1172252
其中：铝棒材	吨	29905	33489	29776
铝型材	吨	312901	322570	308490
铝板材	吨	267182	269654	266721
铝带材	吨	10480	14341	10356
铝箔材	吨	10568	11635	10612
铝管材	吨	20067	29631	20548
铝线材	吨	21422	23589	21162
铝盘条(电工用圆铝杆)	吨	28183	28270	28198
铅材	吨	218	1597	218
锌材	吨	12600	17932	12610
镍材	吨	446	1867	399
锡材	吨	211	2312	212
钢结构及其产品	吨	2146279	2545778	2116846
预制建筑物(活动房屋)	个	981	261167	981
金属制门及其框架、门槛	吨	1671273	2376557	1645567
金属制窗及窗框	吨	143028	270367	142031
金属切削工具	万件	43056	84483	40938
机床可互换工具	万件	1607	3634	1655
通用手工具	万把	3605064	3713087	3599319
专用手工具	万把	3544321	16288258	3887761
日常用剪刀	万把	3819	23483	3649
日常用刀	万把	131094	137302	129422
金属集装箱	立方米	9339986	9651979	9646183
金属压力容器	吨	118179	136778	114625
金属包装容器	吨	250069	373293	244924
金属丝	吨	559273	714831	553184
其中：钢丝	吨	394170	448004	390690
钢丝绳	吨	87774	95536	87061
钢绞线	吨	130345	131208	125494
锁具	万把	69230	811547	67618

1－A－4 续表2－17

单位：个、万元

产 品 名 称	计量单位	规模以上工业	本年销售量	规模以上工业
保险柜	个	1979475	2144674	1968784
搪瓷制品	吨	70697	230164	70954
不锈钢日用制品	吨	547014	618688	541917
其中：不锈钢制洗涤、卫生器具	吨	275903	297204	278734
厨房用手动机械器具	吨	19988	864500	19674
水龙头(水嘴)	只(套)	93154728	103470408	92404780
焊条	吨	575994	582600	565835
金属铸造制品	吨	3199400	3350254	3262010
电站锅炉	蒸发量吨	9246	9437	9437
工业锅炉	蒸发量吨	22819	30300	21297
锅炉用辅助设备及装置	台	22733	122269	26454
发动机	台	4224059	4508593	4222257
发动机	千瓦	33971205	34098992	33251104
其中：汽车用发动机	台	845905	843678	841628
汽车用发动机	千瓦	14631135	14019967	13983872
摩托车用发动机	台	1622572	1893958	1622488
摩托车用发动机	千瓦	9089559	9420262	9096779
汽轮机	千瓦	4642858	4235990	4218201
其中：电站用汽轮机	千瓦	1019430	1037130	1037130
水轮机	千瓦	748412	848814	803827
其中：电站水轮机	千瓦	748412	803827	803827
金属切削机床	台	121075	128775	115589
其中：车床	台	9905	9614	9594
钻床	台	6144	6415	5974
磨床	台	4248	3490	3490
铣床	台	3097	3309	3096
特种加工机床	台	631	599	599
其中：数控金属切削机床	台	30643	30920	30903
其中：加工中心	台	2336	2162	2162
金属成形机床	台	28925	65754	26751
金属成形机床	吨	185551	226995	173906
其中：锻造机及冲压机械	台	17415	29260	16127
金属加工压力机	台	5171	8069	4327
弯曲、折叠、矫直或矫平机床	台		6662	
其中：数控金属成形机床(数控锻压设备)	台	715	965	681
数控金属成形机床(数控锻压设备)	吨	3935	5202	3862
铸造机械	台	13456	102379	12574
电焊机	台	2100741	2564923	2092582
工具夹具	件	18903777	30615085	18731987
轻小型起重设备	台	13201711	14582087	13200261

1-A-4 续表2-18 单位：个、万元

产品名称	计量单位		本年销售量	
		规模以上工业		规模以上工业
轻小型起重设备	吨	664601	766229	668583
其中：手动葫芦	台	600740	611408	568337
手动葫芦	吨	19134	65281	18194
电动葫芦	台	664067	694964	665993
电动葫芦	吨	184926	191834	184770
千斤顶	台	8968431	9410016	9004846
千斤顶	吨	109942	144888	110098
起重机	台	67814	72315	69761
起重机	吨	142981	154073	140254
其中：塔式起重机	台	1602	1865	1598
塔式起重机	吨	89561	87361	86763
门式起重机(龙门起重机)	台	140	194	133
其中：轮胎式集装箱门式起重机	台		34	
门式起重机(龙门起重机)	吨	5147	5417	5079
其中：轮胎式集装箱门式起重机	吨		68	
桥式起重机	台	789	1054	805
桥式起重机	吨	10460	11372	10520
流动式起重机	台		1209	
流动式起重机	吨		1699	
装卸桥	台		45	
装卸桥	吨		1652	
电梯、自动扶梯及升降机	台	5930233	5121178	5113924
其中：升降机	台	26790	31314	26779
电梯	台	42665	43370	42423
自动扶梯	台	4570	5300	4575
自动人行道	台	591	592	592
电动车辆(电动叉车)	台	215336	223466	214946
内燃叉车	台	65580	65159	64064
输送机械(输送机和提升机)	台	93293	99359	95159
输送机械(输送机和提升机)	米	468286	530286	467724
其中：带式输送机	台	10704	10436	9408
带式输送机	米	81068	103550	80880
刮板输送机	台	222	210	189
刮板输送机	米	8830	8878	8500
装卸机械	台	25003	27017	25138
装卸机械	吨	2106	5619	2424
其中：堆取料机械	台		95	
堆取料机械	吨		167	
给料机械	台	114	304	114
泵	台	45417125	50712120	44988648

1－A－4 续表2－19 单位：个、万元

产品名称	计量单位	规模以上工业	本年销售量	规模以上工业
其中：真空泵	台	4459950	4817525	4314608
气体压缩机	台	19910055	21535129	19787063
其中：制冷设备用压缩机	台	14689445	14736165	14634045
其中：空调压缩机(功率大于7.5kw)	台		25591	
空调压缩机(功率为3.75kw－7.5kw)	台	32970	53429	30143
冰箱压缩机	台	7828000	7830828	7827000
阀门	吨	1947043	3748520	1909791
1. 普通阀门	吨	1907862	3699282	1870442
2. 真空阀门	吨	39181	49237	39348
液压元件	件	60593349	89660249	60329192
液压系统及装置	套	413243	568121	411848
液力机械及装置	台(套)	636824	703504	643699
气动元件	件	36227047	41007290	38222381
滚动轴承	万套	495510	628544	481289
轴承零配件	吨	5416615	5456278	5100276
齿轮传动轴	吨	96866195	97105617	96968065
齿轮	吨	233605	352202	228028
钢铁铰接链(工业链条)	吨	629230	683952	625997
炉用燃烧器	台	261787	419727	261701
工业电炉	台	1112	22203	1038
风机	台	2006242	4104792	2003396
其中：离心式通风机	台	304561	438240	306506
鼓风机	台	453305	1026705	460166
热交换装置	台	165432	193768	166156
气体分离及液化设备	台	4719	21802	4627
冷却设备	台	17852	37356	17788
石油化工用加氢反应器	台	43	366	40
液体真空过滤器	个	2322509	5064556	2217142
非家用制冷、空调设备	台(套)	701770	2996726	715841
其中：制冷设备	台(套)	78012	1039410	76718
风动或液压工具	台	6497897	8318083	6434849
电动手提式工具	台	108904723	116606701	108017273
灭火器	台	10284955	11174563	10231543
包装专用设备	台	49172	203592	49276
其中：饮料及液体食品灌装设备	台	2812	45500	2736
固体产品灌装机、包装机	台	4353	28553	4280
纸板箱装箱包装机	台	3284	63708	3281
衡器(秤)	台	16477208	17984343	16520948
其中：工业用衡器	台	2076269	2220754	2070288
商业用衡器	台	1042817	1249227	1042101

1－A－4 续表2－20

单位：个、万元

产品名称	计量单位	规模以上工业	本年销售量	规模以上工业
固液分离机	台	2366	61140	2357
减速机	台	1838113	2248826	1806740
真空干燥设备	台	201081	165178	151081
金属密封件	万件	34720	172310	34370
机械密封件	套	113322987	118744703	112275239
金属紧固件	吨	3447539	7466941	3396076
弹簧	吨	122312	377298	121900
铸铁件	吨	1087685	1685766	1067749
铸钢件	吨	717284	882509	694336
锻件	吨	443813	685622	437922
粉末冶金零件	吨	74036	102926	70988
采矿专用设备	台	634641	628893	616309
采矿专用设备	吨	64323	72688	61805
石油钻井设备	台(套)	877975	864492	863777
采油设备	台(套)	48330	89306	48330
挖掘、铲土运输机械	台	6978	12891	7033
其中：挖掘机	台	2798	3537	2792
平地机	台		1500	
装载机	台	463	2484	465
压实机械	台	1680	1683	1646
其中：机动压路机	台	1680	1646	1646
挖沟及管道吊装联合机	台		6643	
桩工机械	台	203	273	197
摊铺机械	台	15	33	15
筑路机械	台	2158	2899	2165
水泥专用设备	吨	24201	34880	24189
平板玻璃垂直引上机	台	1500	1500	1500
平板玻璃拉伸机	台		3463	
混凝土机械	台	6572	29261	6399
其中：混凝土搅拌车	台	4593	8271	4414
金属冶炼设备	台	59	2014	59
金属冶炼设备	吨	610	3075	610
其中：造块设备	台		70	
炼铁设备	台		1841	
炼钢设备	台		28	
连续铸钢设备	台	2	2	2
有色金属冶炼设备	台	57	73	57
金属轧制设备	台	3793	6235	3764
金属轧制设备	吨	19421	21585	19164
轧材锯切设备	台		3192	

1－A－4 续表2－21 单位：个、万元

产品名称	计量单位	规模以上工业	本年销售量	规模以上工业
炼油、化工生产专用设备	吨	25471	30116	24266
炼油、化工生产专用设备	台	29512	31547	25611
其中：塔类设备	台	932	2011	796
橡胶加工专用设备	台	4900	8061	4898
其中：炼胶机械	台	57	995	57
橡胶挤出机	台	93	179	93
橡胶压延机械	台	928	1016	928
橡胶成形压力机	台	318	404	318
其中：充气轮胎模塑成型机	台	249	249	249
橡胶硫化设备	台	2876	3164	2863
塑料加工专用设备	台	127419	309250	123114
塑料加工专用设备	吨	944110	1033676	911186
木工机床	台	4469	14917	4315
其中：木工锯床	台		496	
木工刨床	台	68	345	68
木工铣床	台		26	
模具	套	3945117	8964826	3841370
其中：金属冲压模具	套	178814	1910464	166197
金属铸造模具	套	62479	696488	61670
矿物材料用模具	套	298	552506	276
乳品加工机械	台	477994	515338	477880
酒及饮料加工机械	台	1667	16605	1658
烟草加工机械	台(套、条)	12	31986	12
粮食加工机械	台	9722	173914	10004
其中：碾米机	台	713	6776	750
磨粉机	台		2695	
制糖机械	台	13	13	13
饲料生产专用设备	台	59	466	56
制浆和造纸专用设备	台	1394	13269	1367
印刷专用设备	台	20405	260548	20324
印刷专用设备	吨	20770	49528	20541
其中：印前设备	台	2520	7583	2537
印前设备	吨	4828	7359	4651
印刷机设备	台	3064	20955	3153
印刷机设备	吨	8354	14186	8316
化学纺织纤维加工专用机械	台	302139	358646	299340
纺织纤维梳理机	台	103	11265	82
细纱机	台	1806	12745	1750
织机	台	58212	201512	56594
缝纫机	台	6424402	7599604	6374260

1-A-4 续表2-22

单位：个、万元

产 品 名 称	计量单位	规模以上工 业	本 年 销售量	规模以上工 业
1. 家用型缝纫机	台	3764954	4618622	3743344
2. 工业用缝纫机	台	2659448	2980982	2630916
其中：刺绣机(绣花机)	台	25962	41312	26056
铁芯制造专用设备	台	10588300	10375641	10359700
绝缘处理设备	台		2223	
电子整机装联设备	台	38262	101246	30325
拖拉机	台	112032	128790	111284
其中：中型拖拉机	台	20367	20968	19768
小型拖拉机	台	91665	107822	91516
农林用自装或自卸式挂车	台	4743	6443	6421
土壤耕整机械	台	281523	294688	277309
播种、种植机械	台	2558	6589	3018
植保机械	台	3346064	3317698	3221791
农作物收获机械	台	33030	37017	30145
其中：联合收割机	台	8733	9709	8609
场上作业机械	台	112	14615	109
畜牧机械	台		45314	
棉花加工机械	台		1420	
农作物清洁、分选机械	台	6096	18803	6082
医用射线设备	台	82	711	82
医用超声诊断、治疗仪器及设备	台	62505	63998	59829
医用激光诊断、治疗仪器及设备	台		5739	
医用高频仪器设备	台	30400	34479	30190
临床检验分析仪器及诊断系统	台	7539253	7253795	7249100
环境污染防治专用设备	台(套)	11584	193897	11474
其中：大气污染防治设备	台	5806	44471	5779
其中：除尘设备	台	3464	35436	3470
水质污染防治设备	台(套)	1439	57822	1447
固体废弃物处理设备	台	240	6887	235
噪音与振动控制设备	台	20	75	15
铁路机车车辆配件及零件	吨	215657	214827	213131
汽车	辆	232096	233601	233601
乘用车	辆	197064	198244	198244
基本型乘用车(轿车)	辆	197064	198244	198244
其中：1升＜排量≤1.6升	辆	128688	127858	127858
1.6升＜排量≤2.0升	辆	68376	70386	70386
客车	辆	13936	14180	14180
(1)大型客车(车长＞10米)	辆	4090	4129	4129
(2)中型客车(7米＜车长≤10米)	辆	165	208	208
(3)轻型客车(车长≤7米)	辆	9681	9843	9843

1－A－4 续表2－23 单位：个、万元

产品名称	计量单位	规模以上工业	本年销售量	规模以上工业
载货汽车	辆	20336	20492	20492
汽车底盘	辆	760	685	685
改装汽车	辆	23090	24918	23048
其中：改装载货汽车	辆	14841	14856	14840
改装自卸汽车	辆	366	1325	367
改装牵引汽车	辆	170	192	190
改装客车	辆	4403	4469	4391
改装厢式汽车	辆	737	1495	686
改装罐式汽车	辆	195	195	195
汽车车身（包括驾驶室）	辆	137898	146283	143918
挂车、半挂车	辆	47838	49358	47282
机动车（汽车）零配件	千元	115612598	124983460	113121018
摩托车整车	辆	2774804	2779195	2770519
摩托车零部件及配件	千元	12671123	14164361	12373966
两轮脚踏自行车	辆	12496325	12974395	12343269
其中：普通型自行车	辆	2691836	3056148	2600861
运动型自行车	辆	32320	34880	32180
特种脚踏自行车	辆	3806	30820	3520
电动自行车	辆	2524066	3946481	2518696
民用钢质船舶	载重吨	5992004	5796179	5776589
钢质机动货船	载重吨	5131699	4941945	4907443
钢质机动非货船	载重吨	751866	763634	760707
钢质驳船	载重吨	48500	48500	48500
船舶修理	载重吨	38805517	40747857	38674205
其中：船舶改装	载重吨	143500	174369	149200
船舶拆船	轻吨（LDT）		1704	
发电机	台	3306829	3413216	3273626
其中：交流发电机	台	2647849	2670694	2612603
直流发电机	台	105816	132923	103651
发电机组（发电设备）	台	105827	108701	108701
发电机组（发电设备）	千瓦	4570917	4186279	4186279
其中：水轮发电机组	台	14509	14500	14500
水轮发电机组	千瓦	3146456	2881806	2881806
汽轮发电机	台	125	126	126
汽轮发电机	千瓦	992640	948140	948140
内燃发电机组	千瓦	273127	270149	268444
直流电动机	千瓦	13689858	15911440	13659277
交流电动机	千瓦	27618852	29988310	27556312
微电机	万台	54852	196490	53785
其中：控制微电机	万台	6398	9494	6407

1－A－4 续表2－24

单位：个、万元

产 品 名 称	计量单位	规模以上工 业	本 年	规模以上工 业
			销售量	
驱动微电机	万台	7225	7768	7054
变压器	台	10119939	10608149	9990182
变压器	千伏安	66929031	67096138	64954594
其中：电力变压器	台	543437	623503	545749
电力变压器	千伏安	57107135	55533461	55091008
其中：电力变压器（额定容量≥8000kVA）	台	2909	54345	2887
电力变压器（额定容量≥8000kVA）	千伏安	21604912	21318466	20998940
其中：电力变压器（额定容量≥8000kVA，电压≥500kV）	台	1191	28431	1239
电力变压器（额定容量≥8000kVA，电压≥500kV）	千伏安	2418108	2213208	2165112
电力变压器（额定容量≥8000kVA，220kV≤电压＜500kV）	台	909	3311	855
电力变压器（额定容量≥8000kVA，220kV≤电压＜500kV）	千伏安	3440267	3757016	3618791
电力变压器（额定容量≥8000kVA，110kV≤电压＜220kV）	台	122	8688	120
电力变压器（额定容量≥8000kVA，110kV≤电压＜220kV）	千伏安	1245000	1295000	1210000
电力变压器（5000kVA＜额定容量＜8000kVA）	台	198	195	195
电力变压器（5000kVA＜额定容量＜8000kVA）	千伏安	1196900	1177900	1177900
电力变压器（额定容量≤5000kVA）	台	41606	45604	42752
电力变压器（额定容量≤5000kVA）	千伏安	12375162	12330294	12300314
互感器	台	8846455	10480064	8993291
其中：电压互感器，额定容量≤16kVA	台	563352	1707479	663845
电压互感器，额定容量＞16kVA	台	2350	9677	2452
静止式变流器	台	5906632	5862839	5655949
电感器	台	2658208	9943368	2652134
电力电容器	千乏	189913958	190654946	189217017
电力电容器成套装置	套	7348344	8385717	7594765
配电或电器控制设备（11 万伏以下）	台（套、面）	441043597	449514396	424384048
其中：高压电路开关、保护电器装置	台（套）	9262308	9828485	8451123
高压开关板	面	61232	194788	60773
漏电断路器	台	32666316	33827803	32700601
低压开关板	面	959853	14548838	952632
高压开关设备（11万伏以上）	台	28813	72763	27471
其中：550kV（含330kV）及以上全封闭组合电器（GIS）	间隔	23	23	23
550kV（含330kV）及以上六氟化硫断路器	台		7525	
252kV六氟化硫断路器	台		4282	
126kV六氟化硫断路器	台	27	6710	27
安全、自动化监控设备	台（套）	183257	195078	183289
电力半导体器件（5A以上）	万个	2423	50975	2438
电力微电子组件	万个	201420	218320	200112
电力集成电路	万块	2017	5520	2028
继电器	万个	11619278	11573079	11482284
电线	千米	8787659	10853451	8702481

1－A－4 续表2－25

单位：个、万元

产品名称	计量单位	规模以上工业	本年销售量	规模以上工业
通信及电子网络用电缆	对千米	34285777	36472413	34249896
电力电缆	千米	2686470	3011672	2692889
裸铜线	吨	176833	196181	192132
漆包绕组线	吨	182516	193388	183928
电子元器件引线	吨	10006984	9846794	9835745
裸铝线	吨	212896	206306	205770
光纤	千米	6853	6461	6461
光缆	芯千米	10147511	9954845	9952665
绝缘制品	吨	225487	286769	225925
其中：电气绝缘子（玻璃、陶瓷制除外）	吨	2152	17062	2277
电气设备用绝缘配件	吨	17577	36790	17510
铅酸蓄电池	千伏安时	18615470	20554815	18485197
其中：电动自行车用铅酸蓄电池	千伏安时	8679046	8901334	8559363
用于起动活塞发动机铅酸蓄电池	千伏安时	820731	890440	852855
碱性蓄电池	只（自然只）	65495712	79713534	58946349
其中：氢镍蓄电池	只（自然只）	56533017	50775313	50069216
锂离子电池	只（自然只）	24722325	25511888	24092784
原电池及原电池组（折R20标准只）	万只	922140	948655	928004
其中：碱性锌锰原电池（组）	万只	254632	264563	256797
锂的原电池（组）	万只	403	385	385
太阳能电池	千瓦	218662	220503	206370
家用电冰箱	台	6777418	6992725	6639003
其中：双门电冰箱	台	1311976	1311242	1311242
单门电冰箱	台	348257	339819	327392
家用冷柜（家用冷冻箱）	台	3073012	3070359	3043364
家用冷藏箱	台	115971	106632	93400
房间空气调节器	台	3727906	3956634	3758274
其中：整体式房间空气调节器	台	35000	35257	35000
分体式房间空气调节器	台	2482356	2479867	2477067
家用电风扇	台	8434447	10950929	8432927
其中：台扇	台	150298	411674	149247
落地扇	台	614556	714517	614278
吊扇	台	671380	877647	681611
家用吸排油烟机	台	3917617	4024414	3858883
家用电热烹调器具	个	18054095	20287505	17805973
其中：电饭锅	个	800004	841479	766433
家用电热烘烤器具	个	38463188	38541991	37854974
电咖啡壶	个	1143838	1441224	1143432
电水壶	个	32813361	34555477	32475212
电冷热饮水机	台	8229214	10992614	7978464

1-A-4　续表2-26　　　　单位：个、万元

产品名称	计量单位	规模以上工业	本年销售量	规模以上工业
家用电炉灶	个	8839641	8547528	8391670
电磁炉	台	6335995	5928219	5911619
家用食品加工电动器具	个	13113947	13499573	13021381
家用洗衣机	台	15917779	16357268	15709548
其中：全自动洗衣机	台	143940	143621	142531
其中：波轮式全自动洗衣机	台	143940	143601	142531
滚筒式全自动洗衣机	台		20	
半自动双缸洗衣机	台	2219380	2236425	2200065
家用电热水器	台	694758	781732	674455
家用吸尘器	台	16283367	16797208	16367963
电吹风机	万个	1216775	1207416	1207043
电动剃须刀	万个	6110	7652	6015
电暖气	台	19828190	25093370	19610707
电熨斗	万个	5891	6322	5780
家用燃气用具	台	4163662	4939304	4179897
其中：家用燃气灶具	台	3852590	4369400	3885505
家用燃气热水器	台	79518	122053	76317
太阳能热水器	台	610674	784151	609637
电光源	万只	721230	945087	711500
其中：白炽灯泡	万只	62399	133217	60390
荧光灯	万只	120824	161563	118649
其中：紧凑型荧光灯	万只	31072	32153	30263
钠蒸汽灯	万只	8	131	8
金属卤化物灯	万只	2021	12459	2021
灯具及照明装置	套(台、个)	707504733	783392397	699303850
其中：室内照明灯具	套	37612717	61484367	37318675
其中：嵌入灯	套(个)	4932566	6890031	4962387
户外照明用灯具及装置	套	58824815	68666609	58486962
其中：街灯及照明装置	台	8857379	10033282	8825079
灯用镇流器	万个	11568	39169	11404
光端机	部	67729	83034	68751
光缆中继设备	部	100000	95810	90000
光纤放大器	部	115376	120088	113956
卫星地面接收机	部	1130090	1037654	1037654
GPS接收机	部	86350	93642	88805
卫星通信地面站终端机	部		21020	
微波收发通信机	部	429268	423768	420592
微波终端机	部		1450	
数字程控交换机	线	1162272	1180583	1168012
光交换机	台	10186	15142	9996

1-A-4 续表2-27 单位：个、万元

产 品 名 称	计量单位	规模以上工业	本年销售量	规模以上工业
电话单机	部	84602	86722	61936
其中：特种电话机	部	19830	25569	19780
移动通信基站设备	信道	51968	109805	50992
移动通信基站天线	套	3725	14939	3659
移动通信手持机（手机）	台	30406576	30470264	30470264
移动通信核心网分组域设备	套	1932	10209	1642
雷达设备	台	63	64	64
音频节目制作和播控设备	部	287671	291590	287535
其中：调音台	部	71581	72343	71923
广播发射设备	台	15	15	15
电视发射设备	台	67715	64937	64813
视听节目制作及播控设备	部	1023499	1021024	1020862
卫星电视接收转发设备	台	2644204	4777322	2542335
电视接收机顶盒	台	1782937	1880307	1774469
大屏幕电子显示系统	台	20974	35255	26906
电子计算机整机	台	1062294	1058339	1057385
微型计算机设备	台	1062294	1058119	1057385
其中：台式微型计算机	台	3087	3342	3087
笔记本计算机	台	1053407	1048498	1048498
工业控制计算机	台		112	
网络控制设备	台	90477	106724	80876
网络接口和适配器	台	5051205	5272005	5261321
网络连接设备	台	1306237	1327795	1295343
其中：路由器	台	132874	132874	132874
二层交换机	台		2068	
网络检测设备	台	165	129	129
显示器	台	13575274	13898130	13884930
1. 单色显示器（CRT）	台			
2. 彩色显示器（CRT）	台	10053514	10264317	10259117
3. 平板显示器	台	3521760	3633813	3625813
扫描仪	台		7168	
打印机	台	1673	5409	1673
外存储设备及部件	台（个）	72000	93106	70999
1. 硬盘存储器	台		3727	
2. 软盘存储器	台		2270	
3. 光盘存储器	台	72000	84189	70999
4. 半导体存储盘	个		2920	
网络存储设备	台	104705	102415	102159
电子管	只	2379400	4830329	2508000
彩色显像管	只	100453000	102865000	102865000

1－A－4 续表2－28

单位：个、万元

产 品 名 称	计量单位	规模以上工业	本年销售量	规模以上工业
真空开关管	只	13630222	13934526	13545356
半导体分立器件	万只	1958464	2019269	2000990
其中：半导体二极管	万只	81359	84486	78945
半导体敏感器件	万只		240	
敏感元件及传感器	万只	146454	208486	149059
集成电路	万块	238533	236420	229505
集成电路圆片	万片	214	12321	205
智能卡芯片及电子标签芯片	万只	1435	1505	1407
光电子器件	万只(片、套)	552258	606042	503154
其中：电子束光电器件	万只	4160	6850	4100
半导体光电器件	万只	163571	228237	155295
其中：发光二极管(LED)	万只	140752	203291	131097
液晶显示屏	万片	39418	48292	39289
液晶显示模组	万套	2016314	1998899	1998814
激光器件	万只	7323	10430	6964
电子元件	万只	9304261	9598309	9090431
其中：片式元件	万只	69614	151336	67200
射频元器件	万只	3074	41351	3077
电声器件	万只	324149	534378	320102
磁性材料元件	万只	493276	899948	453504
其中：金属软磁元件	万只	107860	208371	107390
印制电路板	平方米	8565723	10719220	8505150
其中：刚性印制电路板	平方米	1129806	1654981	1128770
挠性印制电路板	平方米		12438	
彩色电视机	台	3604493	3438626	3438626
其中：显像管彩色(CRT)电视机	台	620061	599449	599449
液晶(LCD)电视机	台	1559103	1556146	1556146
黑白电视机	台	116159	135967	135967
移动电视机	台		368	
家用摄录像机	台	83820	86449	86449
数字激光音、视盘机	台	872	15272	872
收音机	台	151764	457030	151764
家用录放音机	台		41990	
其中：复读机	台		600	
组合音响	台	2146685	3215722	2102888
数字化多媒体组合机	台	66016	79053	63821
半导体存储器播放器(含MP3、MP4)	个		4234	1290
工业自动调节仪表与控制系统	台(套)	1988853	2450790	2023206
1. 工业自动调节仪表	台	525326	776875	530193
2. 工业自动控制系统	台(套)	598145	680541	635692

1-A-4 续表2-29

单位：个、万元

产品名称	计量单位	规模以上工业	本年销售量	规模以上工业
其中：分散型控制系统（DCS系统）	台(套)	30	13042	42
可编程控制系统（PLC系统）	台(套)	21607	23282	21463
3.楼宇控制系统	台(套)	459	573	458
4.其他形式的自动控制系统	台(套)	864923	992801	856863
电工仪器仪表	台	76654887	82648655	75406119
其中：电能表	台	36288266	36849077	35716854
量具	万件	13649	18674	13667
量仪	台	169735	345160	157540
工业仪表	台(个)	56332419	64460665	57249136
其中：温度测量仪表	台	14485392	17039111	15248020
压力测量仪表	台	6861055	9101200	6994128
流量测量仪表	台	15445342	17097668	15503322
其中：煤气表	个	1019163	1028327	947999
水表	个	11285839	12389661	11338844
物位/液位测量仪表	台	28053	159205	28156
执行器	台	33743	42810	33487
分析仪器及装置	台(套)	7643	46333	7250
其中：电化学式分析仪器	台(套)		268	
光学分析仪器	台(套)	15	145	14
热学分析仪器	台(套)		18512	
物性分析仪器	台(套)	75	4005	75
质谱仪器	台(套)		8	
色谱仪器	台(套)	1996	2065	2065
能谱仪及射线分析仪器	台(套)		45	
试验机	台	1477	5413	1533
环境监测专用仪器仪表	台	5761	15820	5764
汽车仪器仪表	台	10352721	13180436	10501610
钟	只	26661176	27982084	26465843
其中：石英钟	只	917391	1211173	909313
机械钟	只	1187984	1378567	1187504
表	只	6476209	7375188	6439909
其中：石英电子表	只	4794552	5213596	4794332
机械表	只		272740	
光学仪器	台(个)	7237720	7729085	7094502
其中：显微镜	台	356811	386058	355587
已装配光学元件	个		143067	
眼镜成镜	副	458459429	608927122	449590707
眼镜片	片	912574296	889847544	868057373
眼镜框架	副	54326604	151898263	53848299

1－A－4 续表2－30

单位：个、万元

产品名称	计量单位	规模以上工业	本年销售量	规模以上工业
影像投影仪	台		1094	
照相机	台	1651652	1692560	1689360
1. 通用照相机	台	22230	70756	67556
2. 数码照相机	台	1629422	1621804	1621804
复印和胶版印制设备	台	8986	8533	8157
其中：静电复印设备	台		31	
喷墨复印机	台		3	
电子计算器	台	4260270	4405816	4158716
自动柜员机(ATM机)	台	3089	4268	3068
税控机	台	54121	88694	51673
雕塑工艺品	千元	1495156	3768976	1486931
金属工艺品	千元	2247282	4248268	2229637
漆器工艺品	千元	1163492	1471761	1152442
花画工艺品	千元	675299	934495	651570
天然植物纤维编织工艺品	千元	315489	577896	311152
抽纱刺绣工艺品	千元	4596034	6800514	4472230
手工地毯、挂毯	平方米	1391360	1886254	1387269
机制地毯、挂毯	平方米	45259020	47603483	45077659
贵金属首饰	千元	3468348	3874065	3600160
牙刷	万把	8505	11121	8499
漆刷及类似刷	万把	6965759	6817370	6800188
伞类制品	把	313627469	389191484	315306362
打火机	万个	545433	570156	550313
拉链	万米	1164580	1659960	1119635
熔炼用废钢	吨	744087	813315	740759
熔炼用废铁	吨	334527	606459	329885
发电量	万千瓦小时	18614279	17571966	16704578
其中：火力发电量	万千瓦小时	15180503	13329111	13316304
水力发电量	万千瓦小时	1013511	1425574	1005131
核能发电量	万千瓦小时	2299399	2280091	2280091
风力发电量	万千瓦小时	5521	5752	5507
售电量	万千瓦小时	24104775	26384159	26378934
供电量	万千瓦小时	23021986	24810161	24806782
供热总量	万吉焦	38500813	36909701	36900815
煤气生产量	万立方米		3	
人工煤气供应总量	万立方米	1086	1127	1086
天然气供应量	万立方米	41350	45326	41274
液化石油气供应总量	万吨	10	22	14
自来水生产量	万立方米	399368	1173117	379248

1－A－4 续表3－1

单位：个、万元

产 品 名 称	计量单位	本年销售金 额	规模以上工 业
原煤	吨	8239	8223
其中：烟煤	吨	8223	8223
其中：一般烟煤	吨	8223	8223
褐煤	吨	8	
铁矿石原矿	吨	9652	8486
铜金属含量	吨	40724	40524
铅金属含量	吨	40235	28606
锌金属含量	吨	43481	38751
锡金属含量	吨	667	667
锑金属含量	吨	421	
金金属含量	千克	1250	1250
钨精矿折合量(折三氧化钨65%)	吨	2254	883
钼精矿折合量(折纯钼45%)	吨	42324	41694
天然大理石荒料	立方米	2046	
天然花岗石荒料	立方米	19164	7081
萤石	吨	98995	83464
高岭土(也称瓷土)	吨	1747	
硫铁矿石(折含硫35%)	吨	13594	13594
原盐	吨	6854	1481
石英砂	吨	19127	14606
小麦粉	吨	116421	112461
其中：小麦专用粉	吨	9306	9306
大米	吨	156216	127810
饲料	吨	1341511	1284412
其中：配合饲料	吨	720921	691831
混合饲料	吨	101305	93996
宠物饲料	吨	73594	64155
毛油(初榨植物油)	吨	95268	92804
精制食用植物油	吨	487897	477142
其中：大豆精制油	吨	83274	82183
菜籽精制油	吨	6198	4838
人造黄油及其他食用油脂	吨	881	818
非食用植物油	吨	36478	34488
成品糖	吨	20	
加工糖	吨	3932	2329
鲜、冷藏肉	吨	278084	254088
其中：鲜、冷藏猪肉	吨	211709	199564
冻肉	吨	546	30
熟肉制品	吨	157786	113041
冷冻水产品	吨	1505854	1387121

1－A－4 续表3－2

单位：个、万元

产 品 名 称	计量单位	本年销售金 额	规模以上工 业
熏制水产品	吨	48367	44011
鱼糜（熟肉）制品	吨	216055	209775
干制水生植物	吨	8707	4951
饲料用水产品渣粉	吨	67685	50627
冷冻蔬菜	吨	123110	109317
暂时保藏的蔬菜	吨	20046	16304
腌渍菜	吨	115178	82604
焙、炒加工的坚果及果仁	吨	268930	201844
淀粉及淀粉制品	吨	15306	6555
豆腐及豆制品	吨	75252	58293
糕点	吨	79888	56911
面包	吨	15202	9371
饼干	吨	106233	98823
膨化食品	吨	67499	65583
焙烤松脆食品	吨	8624	5634
糖果	吨	56784	51647
巧克力	吨	45040	45034
蜜饯	吨	56974	42878
果冻	吨	14419	12505
面制半成品	吨	12721	4309
米制半成品	吨	93823	84700
速冻米面食品	吨	67398	64809
方便面	吨	484693	483082
乳制品	吨	322644	318314
1. 液体乳	吨	155064	151238
其中：灭菌乳	吨	5330	4582
巴氏杀菌乳	吨	26728	26728
酸牛乳	吨	47102	47102
2. 固体乳制品	吨	167580	167076
其中：乳粉	吨	133520	133520
炼乳	吨	27146	26790
奶油	吨	6766	6766
干酪（奶酪）	吨	148	
罐头	吨	489941	459149
其中：畜肉类罐头	吨	1185	1171
禽肉类罐头	吨	11935	11494
水产动物类罐头	吨	27613	26735
蔬菜类罐头	吨	115950	94338
水果类罐头	吨	168364	163075
味精（谷氨酸钠）	吨	77172	74198

1－A－4 续表3－3

单位：个、万元

产品名称	计量单位	本年销售金额	规模以上工业
酱油	吨	31315	24725
食醋	吨	7593	4965
复合调味品	吨	41249	33217
其中：鸡精	吨	14131	12702
食品用氨基酸	吨	16616	15822
蜂蜜营养制品	吨	78180	67950
冷冻饮品	吨	79169	72707
食品添加剂	吨	63664	55702
饲料添加剂	吨	88694	83924
发酵酒精（折96度，商品量）	千升	9714	9172
饮料酒	千升	851053	785475
其中：白酒（折65度，商品量）	千升	47252	29872
啤酒	千升	463529	462907
黄酒	千升	313159	273765
葡萄酒	千升	1794	
软饮料	吨	1845269	1774706
其中：碳酸饮料类（汽水）	吨	280701	277772
包装饮用水类	吨	194723	146906
果汁和蔬菜汁饮料类	吨	108036	102611
蛋白饮料类	吨	270509	268530
其中：含乳饮料	吨	262266	261128
固体饮料类	吨	75801	70447
茶饮料类	吨	410424	408907
特殊用途饮料	吨	243	
精制茶	吨	629748	480285
卷烟	万支	2144273	2144273
1. 一类卷烟	万支	1486862	1486862
2. 二类卷烟	万支	492012	492012
3. 三类卷烟	万支	30717	30717
4. 四类卷烟	万支	73844	73844
5. 五类卷烟	万支	60838	60838
纱	吨	3258287	3056518
1. 棉纱	吨	2047788	1934901
2. 棉混纺纱	吨	711625	677742
3. 化学纤维纱	吨	498874	443876
缝纫线	吨	325385	256818
布	万米	11303172	9547703
其中：色织布（含牛仔布）	万米	317380	300845
其中：1. 棉布	万米	1652731	1489636
2. 棉混纺布	万米	2058983	1914463

1－A－4 续表3－4 单位：个、万元

产品名称	计量单位	本年销售金额	规模以上工业
3. 化学纤维布	万米	6712244	6143603
印染布	万米	6176713	6116183
1. 漂白布	万米	239881	227265
2. 染色布	万米	4628698	4602121
3. 印花布	万米	1308134	1286797
毛条	吨	252587	248299
毛纱	吨	368703	334018
绒线（俗称毛线）	吨	50973	43725
毛机织物（呢绒）	万米	302204	275181
亚麻纱（含亚麻≥55%）	吨	201314	197931
苎麻纱（含苎麻≥55%）	吨	1692	1692
亚麻布（含亚麻≥55%）	万米	50658	49202
苎麻布（含苎麻≥55%）	万米	1500	1389
生丝	吨	294974	276300
绢纺丝	吨	287384	262610
蚕丝及交织机织物（含蚕丝≥50%）	万米	859273	766784
合成纤维长丝机织物	万米	1009833	913133
人造纤维长丝机织物	万米	501894	446965
印染蚕丝及交织机织物（含蚕丝≥50%）	万米	73602	68748
床褥单类	万条	285104	238018
床罩	万个	73226	64867
棉被	万条	355436	328804
毛巾被	万条	7389	1107
毛巾	万条	163213	115197
毛毯	条	354240	338540
毡呢	吨	2668	513
麻袋（混合数）	万条	2851	2219
丝针织围巾	万条	70239	51666
丝针织领带	万条	368549	343764
蚕丝被	万条	68282	49808
纤维纺制的线、绳、索、缆	吨	111327	54168
帘子布	吨	208839	179371
无纺布（无纺织物）	吨	607006	513959
棉、化纤针织坯布	吨	1339512	1106530
针织袜	万双	1760363	1545487
服装	万件	17683142	16010603
1. 针织服装	万件	7263154	6564982
其中：针织内衣	万件	722568	595721
针织T恤衫	万件	796518	692889
其中：棉针织T恤衫	万件	350234	330487

1－A－4 续表3－5

单位：个、万元

产品名称	计量单位	本年销售金额	规模以上工业
化学纤维针织T恤衫	万件	27122	19612
丝针织T恤衫	万件	23835	21818
针织休闲衫类服装	万件	650206	549612
针织衬衫	万件	66200	55024
针织运动类服装	万件	243329	225065
2. 梭织服装	万件	10419988	9445620
其中：毛制大衣	万件	118836	93872
羽绒服	万件	465806	408642
防寒服	万件	539789	441896
西服套装	万件	1107432	985346
其中：男式西服套装	万件	325452	251539
女式西服套装（套裙）	万件	88126	72852
衬衫	万件	1344011	1223684
其中：男衬衫	万件	382749	340982
女衬衫	万件	224391	195693
裤	万件	598928	528786
其中：男裤	万件	218784	188767
女裤	万件	174312	150437
裙	万件	146696	127255
女式保健内衣	万件	16954	7904
睡衣裤	万件	41731	32198
婴儿服装及衣着附件	万件	117394	97574
运动服类服装	万件	185040	151977
针织帽	万个	89825	49162
钩编帽	万个	14970	11901
轻革	平方米	1418171	1342206
其中：牛轻革	平方米	453169	422457
猪轻革	平方米	220040	204729
皮革鞋靴	万双	5139943	4630730
其中：皮革面旅游（运动）鞋靴	万双	475328	436247
皮革服装	件	682914	607813
衣箱、提箱及类似容器	万个	443762	361023
手提包（袋）、背包	万个	620981	487614
其中：天然皮革制手提包（袋）、背包	万个	98020	78807
天然皮革制座套	位（单座位）	199033	194417
鞣制毛皮（折羊毛皮）	张	62077	60944
天然毛皮服装	件	77163	61700
羽绒被	条	350037	334590
锯材	立方米	58630	12434
人造板	立方米	1004743	906482

1－A－4 续表3－6 单位：个、万元

产 品 名 称	计量单位	本年销售金额	规模以上工业
其中：胶合板	立方米	710130	625941
纤维板	立方米	122823	120430
刨花板	立方米	52595	48586
人造板表面装饰板	平方米	237890	207649
实木制门	扇	208744	165604
非实木制门	扇	85077	53280
木制地板	平方米	1206942	1175211
其中：实木木地板	平方米	831469	819128
复合木地板	平方米	280117	273553
包装用木箱	立方米	82323	27626
竹地板	平方米	149332	125493
柳（荆）条制品	件	6076	3249
草制品	件	108229	72031
家具	件	4199790	3861747
其中：木质家具	件	1287999	1108017
竹、藤家具	件	42419	29602
金属家具	件	1517657	1422309
塑料家具	件	67601	54592
软体家具	件	993291	972773
纸浆（原生浆及废纸浆）	吨	13136	9756
其中：木浆	吨	230	
非木材纤维纸浆	吨	756	
废纸纸浆	吨	613	53
机制纸及纸板（外购原纸加工除外）	吨	4690584	4641166
其中：未涂布印刷书写用纸	吨	65824	64781
其中：新闻纸	吨	36043	36043
涂布类印刷用纸	吨	47454	46450
卫生用纸原纸	吨	26686	20206
包装用纸及纸板	吨	2301329	2275452
其中：箱纸板	吨	348551	344096
白纸板	吨	1449633	1441631
瓦楞原纸	吨	194979	190754
加工纸	吨	173067	136174
其中：静电复印纸	吨	9188	5446
纸制品	吨	3616313	2811224
其中：瓦楞纸箱	吨	2126912	1572182
纸制餐具	吨	17788	4910
纸制文具及办公用品	吨	36804	21794
卫生用纸制品	吨	289637	242936
单色印刷品	令	197781	86137

1－A－4 续表3－7 单位：个、万元

产 品 名 称	计量单位	本年销售金额	规模以上工业
多色印刷品	对开色令	864974	729930
本册	万本	304292	226017
塑料印刷品	万印	600421	210995
金属印刷品	万印	38996	22715
磁介质复制品	万盒	1183	1183
光盘复制品	万张	14544	14219
文具盒（铅笔盒）	万个	47755	12484
文件夹类文具	万个	100609	79553
修改类文具	千元	27594	19377
圆珠笔	万支	384553	270749
木杆铅笔	万支	42644	32316
活动铅笔	万支	25857	23369
记号笔	万支	79620	67692
墨水	吨	1919	1206
皮或革制可充气运动用球	万个	15468	10249
体育器材及配件	千元	91080	61829
球拍、球棒	支（根）	39204	20296
室内训练健身器材	台	285498	245086
运动专用手套	副	15789	11614
运动专用鞋	双	28915	26011
钓鱼用品和器材	千元	73280	57929
中乐器	把（件）	532	
西弦乐器	把	13519	12200
西管乐器	支	16496	15515
西乐键盘乐器	架	81328	79728
电子乐器	台	3962	3686
玩具	千元	808592	664893
其中：供儿童乘骑的带轮玩具	千元	253814	229249
填充类玩具	千元	166198	142121
木制玩具	千元	244523	191052
塑胶玩具	千元	108476	66891
原油加工量	吨	309875	309875
汽油	吨	1603617	1603617
煤油	吨	576284	576284
柴油	吨	4214870	4214870
润滑油	吨	304539	288606
燃料油	吨	416162	415011
石脑油	吨	769775	769775
溶剂油	吨	74750	73791
润滑脂	吨	14562	10616

1-A-4 续表3-8

单位：个、万元

产 品 名 称	计量单位	本年销售金 额	规模以上工 业
液化石油气	吨	654388	654388
石油焦	吨	90809	90809
石油沥青	吨	357001	357001
焦炭	吨	56	56
其中：机焦	吨	56	56
硫酸（折100%）	吨	114015	110755
盐酸（氯化氢，含量31%）	吨	12091	10492
磷酸（含量85%）	吨	5069	995
过氧化氢（双氧水）	吨	12030	11849
烧碱（折100%）	吨	181357	181357
其中：离子膜法烧碱（折100%）	吨	127245	127245
纯碱（碳酸钠）	吨	19459	19045
亚硝酸钠	吨	17311	12650
三磷酸钠（三聚磷酸钠）	吨	2671	2340
碳化钙（电石，折300升/千克）	吨	26386	26386
轻质碳酸钙	吨	74388	54764
甲烷	吨	1085	
丙烯	吨	78151	78068
丁二烯	吨	503	
醋酸乙烯	吨	4103	3680
环氧乙烷	吨	87644	87644
环氧丙烷	吨	563	
粗苯	吨	490	
纯苯	吨	159291	159291
甲苯	吨	116396	116396
邻二甲苯	吨	167993	167816
对二甲苯	吨	407561	407561
混合二甲苯	吨	94280	93869
二氯甲烷	吨	32768	32746
二氯乙烷	吨	45346	45346
氯化苯	吨	933	
对硝基氯苯	吨	4535	4535
精甲醇	吨	22669	21747
苯酚	吨	1936	1936
丙酮	吨	1291	48
冰乙酸（冰醋酸）	吨	1033	847
邻苯二甲酸酐	吨	90264	89962
甲醛	吨	66825	64545
重铬酸钠（红钒钠）	吨	1390	
浓硝酸	吨	17767	17714

1－A－4 续表3－9

单位：个、万元

产 品 名 称	计量单位	本年销售金 额	规模以上工 业
合成氨（无水氨）	吨	35273	35273
农用氮、磷、钾化学肥料总计（折纯）	吨	182654	178491
1. 氮肥（折含N100%）	吨	168309	167706
其中：尿素（折含N100%）	吨	74731	74423
碳酸氢铵（折含N100%）	吨	37138	37138
2. 磷肥（折五氧化二磷100%）	吨	12223	10786
3. 钾肥（折氧化钾100%）	吨	41	
合成复合肥料（实物量）	吨	62658	54751
其中：磷酸铵肥（实物量）	吨	1689	1576
化学农药原药（折有效成分100%）	吨	1136807	1129632
其中：杀虫剂原药	吨	210117	205515
杀菌剂原药	吨	51292	50421
除草剂原药	吨	672517	671897
涂料	吨	755518	615571
其中：建筑涂料	吨	125268	83245
油墨	吨	180666	154606
颜料	吨	442046	426833
其中：无机颜料	吨	20588	18721
有机颜料	吨	190357	186928
染料	吨	1613507	1604078
合成粘合剂（胶粘剂）	吨	148154	116701
初级形态的塑料	吨	3874232	3839991
其中：聚乙烯树酯	吨	14837	10059
聚丙烯树脂	吨	897921	891132
聚氯乙烯树脂	吨	372046	367270
聚苯乙烯树脂	吨	312172	310842
ABS树脂	吨	19520	17795
合成橡胶	吨	76987	70943
其中：丁苯橡胶	吨	21	
合成纤维单体	吨	1445345	1443844
其中：精对苯二甲酸（PTA）	吨	1399525	1399525
己内酰胺	吨	19914	19829
合成纤维聚合物	吨	3429815	3426356
其中：聚脂	吨	3242523	3239701
化学试剂	吨	189438	141019
催化剂	吨	37137	30182
橡胶助剂	吨	60845	52419
塑料助剂	吨	396900	380985
纺织工业用整理剂、助剂	吨	380878	320171
制革工业用整理剂、助剂	吨	66315	49230

1－A－4 续表3－10 单位：个、万元

产品名称	计量单位	本年销售金额	规模以上工业
建工建材用化学助剂	吨	43504	30658
炭黑（或称炉黑）	吨	48739	48517
硬脂酸	吨	86213	65545
松节油	吨	4160	3000
松香	吨	1298	
改性松香	吨	2909	2909
活性炭	吨	38830	24950
炸药	吨	66092	65666
雷管	万支	1205	1205
焰火制品	千元	4194	668
其中：烟花	千元	2499	668
彩色照像胶卷	万平方米	752	
摄影感光纸	万平方米	67	
空白光盘	万片	461	461
明胶	吨	52569	45814
肥（香）皂	吨	355806	353893
合成洗涤剂	吨	1724683	1705289
其中：合成洗衣粉	吨	141667	141277
液体洗涤剂	吨	75963	69370
表面活性剂	吨	97902	96915
清洁类化妆品	千元	24160	17351
护肤用化妆品	千元	440801	427189
护发用化妆品	千元	8571	6785
美容、修饰类化妆品	千元	47379	37536
牙膏（折65克标准支）	万支	57890	53482
天然香料	吨	5168	4085
合成香料	吨	99474	98022
香精	吨	50386	45436
火柴（折50支标准盒）	件	1251	879
化学药品原药	吨	2119350	2108988
其中：抗菌素（抗感染药）	吨	212214	211108
消化系统用药	吨	10314	9950
解热镇痛药	吨	34036	34005
维生素类	吨	32661	32463
中枢神经系统用药	吨	3711	3711
激素类药	吨	18832	18832
心血管系统用药	吨	67342	66608
冻干粉针剂	万瓶（支）	106658	106658
粉针剂	万瓶（支）	11749	11749
注射液	万支	87384	85559

1－A－4 续表3－11　　　　单位：个、万元

产品名称	计量单位	本年销售金额	规模以上工业
输液	万瓶	28503	28361
片剂	万片	342392	341423
胶囊剂	万粒	138505	137397
颗粒剂	万袋(包)	7130	6654
膏霜剂	万支	2093	1753
口服液体制剂	万瓶	8087	7089
植物类饮片	千克	27632	19480
中成药	吨	332750	329894
其中：中成药丸剂	吨	8376	8191
中成药冲剂	吨	9524	8723
中成药针剂	吨	100	100
中成药胶囊	吨	45811	45329
兽用化学药品	吨	112525	109637
兽用疫苗	万支	28761	28301
生物化学药品	千克	105897	101424
人用疫苗	万支	10125	10059
血液制品	万支	113	
卫生材料及敷料	筒(卷、包、团)	44650	33474
医用缝合材料及外科用无菌材料	团(盒、瓶)	34808	30921
化学纤维用浆粕	吨	3062	2727
化学纤维	吨	12272481	12183882
其中：人造纤维(纤维素纤维)	吨	279261	278820
其中：粘胶纤维	吨	219897	219771
醋酸纤维	吨	53662	53662
合成纤维	吨	11706440	11652461
其中：锦纶纤维	吨	648230	639791
涤纶纤维	吨	10033751	10008620
其中：涤纶长丝	吨	7106129	7099182
腈纶纤维	吨	104003	103579
丙纶纤维	吨	99795	89267
氨纶纤维	吨	506736	501909
橡胶轮胎外胎	条	1632883	1628190
其中：子午线轮胎外胎	条	1283174	1283174
其中：载货汽车橡胶轮胎外胎	条	671039	670523
乘用车橡胶轮胎外胎	条	442735	442297
摩托车充气橡胶轮胎外胎	条	2364	2335
力车橡胶轮胎外胎	条	171564	169289
力车橡胶胎内胎	条	75974	75974
橡胶输送带	平方米	204070	180434
橡胶管	万标米	76629	60114

1－A－4　续表3－12　　　　　　　　　　　　　　　　　　　　　　单位：个、万元

产品名称	计量单位	本年销售金额	规模以上工业
橡胶板(片、带)	吨	232520	195362
橡胶零件、附件	吨	307195	165829
初级形状的再生橡胶	吨	29906	22755
橡胶手套	万副	8465	4988
日用橡胶制品	吨	55063	41502
医疗、卫生用橡胶制品	吨	15698	13641
胶鞋类	万双	584757	530311
塑料制品	吨	13846930	11683452
1. 塑料薄膜	吨	2977107	2821869
其中：农用薄膜	吨	73221	66558
2. 塑料板、片	吨	466074	361534
3. 塑料管及其附件	吨	1356405	1182506
4. 塑料条、棒、型材	吨	463503	413543
5. 塑料丝、绳及编织品	吨	906538	675553
其中：塑料编织布	吨	34474	27243
塑料编织袋	吨	611960	508392
6. 泡沫塑料	吨	383672	277911
7. 塑料人造革、合成革	吨	1881812	1858872
8. 塑料包装箱及容器	吨	813241	592875
9. 塑料零件	吨	1197078	708826
10. 日用塑料制品	吨	2147660	1768757
11. 建筑用塑料制品	吨	95801	46084
12. 其他塑料制品	吨	1158088	975122
水泥熟料	吨	603416	603416
其中：窑外分解窑水泥熟料	吨	597153	597153
水泥	吨	2355913	2335683
其中：1. 通用水泥	吨	2288024	2278844
其中：硅酸盐水泥(P·Ⅰ或P·Ⅱ)	吨	228604	226458
普通硅酸盐水泥(P·O)	吨	913002	907281
粉煤灰硅酸盐水泥(P·F)	吨	3113	2330
复合硅酸盐水泥(P·C)	吨	1123838	1123548
石灰石硅酸盐水泥(P·L)	吨	19467	19227
2. 专用水泥	吨	23719	22800
3. 特性水泥	吨	34055	34039
其中：强度等级42.5水泥(含R型)	吨	26358	26358
强度等级52.5水泥(含R型)	吨	1580	1580
石灰	吨	69901	37207
商品混凝土	立方米	1843213	1787442
水泥混凝土排水管	千米	46730	21389
水泥混凝土压力管	千米	25518	23158

1－A－4 续表3－13

单位：个、万元

产品名称	计量单位	本年销售金额	规模以上工业
水泥混凝土电杆	根	117011	112881
预应力混凝土桩	米	757847	742828
遁构法施工用钢筋混凝土管片	米	5823	2808
混凝土轨枕	根	2375	2375
水泥混凝土预制构件	立方米	132809	72156
石棉水泥瓦	平方米	371	
石膏板	万平方米	2792	
蒸压加气混凝土板	立方米	6528	6046
砖	万块	452899	129037
其中：烧结粘土砖	万块	229962	65151
其中：烧结普通砖	万块	117328	32279
蒸压砖	万块	15471	6522
其中：蒸压灰砂砖	万块	4449	1420
免烧砖	万块	17444	4225
瓦	万片	20394	5670
建筑砌块	立方米	44748	36394
其中：蒸压加气混凝土砌块	立方米	30452	28646
瓷质砖	平方米	317677	315557
炻瓷砖	平方米	196	
陶质砖	平方米	22344	12642
陶瓷马赛克	平方米	1357	
建筑琉璃制品	吨	5733	1204
天然大理石建筑板材	平方米	24626	3442
天然花岗石建筑板材	平方米	74748	17396
人造石材	平方米	8671	2265
碑石及其他类似制品	平方米	12772	520
沥青和改性沥青防水卷材	平方米	42798	35713
隔热、隔音人造矿物材料及其制品	吨	25046	7759
平板玻璃	重量箱	664901	658496
钢化玻璃	平方米	313688	286503
其中：车辆用钢化安全玻璃	平方米	6941	4923
夹层玻璃	平方米	29729	27127
其中：车辆用夹层玻璃	平方米	750	290
中空玻璃	平方米	53414	49336
镀膜玻璃	平方米	9499	8551
日用玻璃制品	吨	229505	182761
玻璃包装容器	吨	50885	45597
其中：玻璃啤酒瓶	吨	11500	11028
玻璃保温容器	万个	31722	24451
玻璃纤维纱	吨	307351	300212

1－A－4 续表3－14

单位：个、万元

产品名称	计量单位	本年销售金额	规模以上工业
玻璃纤维毡	吨	54112	53614
玻璃纤维布	米	46167	38340
玻璃纤维工业用玻璃球	吨	2195	2195
玻璃纤维增强塑料制品	吨	117311	98997
显像管玻璃外壳	万个	1856	
卫生陶瓷制品	件	124342	64541
其中：陶瓷质便器	件	43478	5195
陶瓷质洗涤器	件	39292	17774
日用陶瓷制品	万件	35010	20007
石棉制品	吨	22812	7590
耐火材料制品	吨	501717	406827
石墨及炭素制品	吨	75444	67916
磨具	吨	71500	28709
生铁	吨	303719	303719
1. 炼钢生铁	吨	300027	300027
2. 铸造生铁	吨	3692	3692
铸铁管	吨	2789	1241
粗钢	吨	2284363	2284363
其中：1. 非合金钢	吨	432916	432916
2. 低合金钢	吨	1089146	1089146
3. 合金钢(不含不锈钢)	吨	45381	45381
4. 不锈钢	吨	716920	716920
其中：1. 转炉钢	吨	1532806	1532806
2. 电弧炉钢	吨	223063	223063
3. 感应电炉钢	吨	381060	381060
4. 其他炉种冶炼钢	吨	147433	147433
钢材	吨	12017036	11964605
其中：铁道用钢材	吨	76552	76552
其中：轻轨	吨	47414	47414
重轨	吨	8582	8582
大型型钢	吨	45405	45405
中小型型钢	吨	228602	225056
棒材	吨	2047782	2046589
钢筋	吨	400470	400118
线材(盘条)	吨	1101184	1100653
厚钢板	吨	2601	83
中板	吨	40105	40105
热轧薄板	吨	178696	178473
冷轧薄板	吨	1127884	1127382
中厚宽钢带	吨	38088	38088

1－A－4 续表3－15

单位：个、万元

产 品 名 称	计量单位	本年销售金 额	规模以上工 业
热轧薄宽钢带	吨	229597	229597
冷轧薄宽钢带	吨	956133	956083
热轧窄钢带	吨	636996	636996
冷轧窄钢带	吨	686209	678270
镀层板(带)	吨	545442	545337
其中：镀锌板(带)	吨	530201	530097
涂层板(带)	吨	245440	245440
电工钢板(带)	吨	236468	236468
无缝钢管	吨	1798240	1792690
焊接钢管	吨	1034720	1031996
其它钢材	吨	334210	333225
用外购国产钢材再加工生产的钢材	吨	700718	556176
用进口钢材再加工生产的钢材	吨	5549	5349
铁合金	吨	307602	305021
1. 普通铁合金	吨	71527	71103
其中：锰硅合金	吨	424	
2. 特种铁合金	吨	234784	233919
十种有色金属	吨	1394804	1392977
矿产粗铜	吨	75373	71445
精炼铜(电解铜)	吨	1310154	1310154
矿产粗铅	吨	250	
铅	吨	1068	1068
锌	吨	73434	73014
镍	吨	2492	2492
锡	吨	6249	6249
原铝(电解铝)	吨		
再生铝	吨	89615	81144
黄金	千克	112507	112251
白银(银锭)	千克	243433	241884
钨	千克	7997	7902
钼	千克	4170	3772
混合稀土金属	千克	1534	1534
硅	吨	26742	22286
单晶硅	千克	772140	764867
多晶硅	千克	4268	3503
稀土化合物	千克	2821	2821
铜合金	吨	117044	114667
锌合金	吨	142160	138697
铝合金	吨	367195	357602
硬质合金	吨	27249	24505

1－A－4 续表 3－16

单位：个、万元

产 品 名 称	计量单位	本年销售金 额	规模以上工 业
稀有稀土金属合金	吨	20652	19329
铜材	吨	7440526	7282548
其中：铜板材	吨	202152	197333
铜带材	吨	679087	676329
铜箔材	吨	6800	6800
铜棒材	吨	1023014	952202
铜管材	吨	564845	522557
铜线材	吨	967620	952579
铜盘条（电工用铜线坯）	吨	442482	441656
铝材	吨	2254645	2175405
其中：铝棒材	吨	51581	47639
铝型材	吨	567022	553633
铝板材	吨	472887	468516
铝带材	吨	21462	17821
铝箔材	吨	26154	22167
铝管材	吨	47032	39882
铝线材	吨	42154	39250
铝盘条（电工用圆铝杆）	吨	44095	43715
铅材	吨	1681	369
锌材	吨	21085	16860
镍材	吨	7148	6854
锡材	吨	3568	1607
钢结构及其产品	吨	1610070	1499477
预制建筑物（活动房屋）	个	2567	884
金属制门及其框架、门槛	吨	979111	825030
金属制窗及窗框	吨	91364	43209
金属切削工具	万件	252398	199902
机床可互换工具	万件	15031	10400
通用手工具	万把	552019	403238
专用手工具	万把	171960	131972
日常用剪刀	万把	27277	12344
日常用刀	万把	68082	50790
金属集装箱	立方米	393913	393532
金属压力容器	吨	178739	170596
金属包装容器	吨	257317	214131
金属丝	吨	390343	315508
其中：钢丝	吨	253148	227349
钢丝绳	吨	41137	37581
钢绞线	吨	174429	171670
锁具	万把	802164	670613

1－A－4 续表 3－17

单位：个、万元

产品名称	计量单位	本年销售金额	规模以上工业
保险柜	个	57970	47241
搪瓷制品	吨	94618	88529
不锈钢日用制品	吨	891801	803025
其中：不锈钢制洗涤、卫生器具	吨	100395	76632
厨房用手动机械器具	吨	117283	80454
水龙头(水嘴)	只(套)	395688	367811
焊条	吨	76011	65127
金属铸造制品	吨	385130	316256
电站锅炉	蒸发量吨	115134	115134
工业锅炉	蒸发量吨	134608	128157
锅炉用辅助设备及装置	台	30473	18381
发动机	台	640190	634405
发动机	千瓦	628437	622856
其中：汽车用发动机	台	248190	247625
汽车用发动机	千瓦	240736	240171
摩托车用发动机	台	139538	136895
摩托车用发动机	千瓦	139638	136995
汽轮机	千瓦	302703	301373
其中：电站用汽轮机	千瓦	59922	59922
水轮机	千瓦	18895	17795
其中：电站水轮机	千瓦	17795	17795
金属切削机床	台	512768	502048
其中：车床	台	10417	10319
钻床	台	1426	1328
磨床	台	26698	26698
铣床	台	3781	3599
特种加工机床	台	2988	2988
其中：数控金属切削机床	台	318257	317979
其中：加工中心	台	84889	84889
金属成形机床	台	150578	123925
金属成形机床	吨	120375	90363
其中：锻造机及冲压机械	台	38348	28493
金属加工压力机	台	19042	15423
弯曲、折叠、矫直或矫平机床	台	6176	
其中：数控金属成形机床(数控锻压设备)	台	17653	16516
数控金属成形机床(数控锻压设备)	吨	6822	5684
铸造机械	台	93103	71434
电焊机	台	127997	97262
工具夹具	件	45470	26894
轻小型起重设备	台	261266	246031

1－A－4 续表3－18 单位：个、万元

产 品 名 称	计量单位	本年销售金额	规模以上工业
轻小型起重设备	吨	204235	189492
其中：手动葫芦	台	17874	15932
手动葫芦	吨	16672	14730
电动葫芦	台	26804	25332
电动葫芦	吨	26310	25332
千斤顶	台	99771	92082
千斤顶	吨	84905	77216
起重机	台	139180	128050
起重机	吨	122329	111536
其中：塔式起重机	台	41440	40295
塔式起重机	吨	43420	42275
门式起重机(龙门起重机)	台	8526	7719
其中：轮胎式集装箱门式起重机	台	372	
门式起重机(龙门起重机)	吨	6181	5739
其中：轮胎式集装箱门式起重机	吨	7	
桥式起重机	台	11813	10794
桥式起重机	吨	11813	10794
流动式起重机	台	2742	
流动式起重机	吨	2742	
装卸桥	台	1286	
装卸桥	吨	1286	
电梯、自动扶梯及升降机	台	731843	720901
其中：升降机	台	13735	10110
电梯	台	561957	558191
自动扶梯	台	87805	87587
自动人行道	台	3842	3842
电动车辆(电动叉车)	台	90575	89105
内燃叉车	台	267893	266775
输送机械(输送机和提升机)	台	125942	120380
输送机械(输送机和提升机)	米	114744	109728
其中：带式输送机	台	63934	62228
带式输送机	米	56207	55047
刮板输送机	台	364	338
刮板输送机	米	364	338
装卸机械	台	7024	5891
装卸机械	吨	2973	1840
其中：堆取料机械	台	334	
堆取料机械	吨	334	
给料机械	台	732	87
泵	台	1397176	1221524

1－A－4 续表3－19 单位：个、万元

产 品 名 称	计量单位	本年销售金 额	规模以上工 业
其中：真空泵	台	162715	143889
气体压缩机	台	703074	677579
其中：制冷设备用压缩机	台	331864	325976
其中：空调压缩机（功率大于7.5kw）	台	1279	
空调压缩机（功率为3.75kw－7.5kw）	台	1840	859
冰箱压缩机	台	175530	175186
阀门	吨	4104825	3477142
1. 普通阀门	吨	4001286	3381014
2. 真空阀门	吨	103539	96128
液压元件	件	272712	220809
液压系统及装置	套	23072	12539
液力机械及装置	台（套）	68478	59363
气动元件	件	104385	90934
滚动轴承	万套	1457199	1275507
轴承零配件	吨	361748	215913
齿轮传动轴	吨	85566	57175
齿轮	吨	375871	316036
钢铁铰接链（工业链条）	吨	337926	306446
炉用燃烧器	台	3955	1692
工业电炉	台	65116	41545
风机	台	288161	240869
其中：离心式通风机	台	27827	21278
鼓风机	台	15106	6400
热交换装置	台	35555	30892
气体分离及液化设备	台	254850	249545
冷却设备	台	34132	30271
石油化工用加氢反应器	台	734	214
液体真空过滤器	个	14823	4691
非家用制冷、空调设备	台（套）	190563	155217
其中：制冷设备	台（套）	34663	17488
风动或液压工具	台	75023	58687
电动手提式工具	台	1332261	1260002
灭火器	台	2205864	2198730
包装专用设备	台	143290	109896
其中：饮料及液体食品灌装设备	台	17114	13662
固体产品灌装机、包装机	台	15487	8045
纸板箱装箱包装机	台	16764	3346
衡器（秤）	台	105987	92460
其中：工业用衡器	台	39076	36495
商业用衡器	台	28631	25758

1－A－4 续表3－20 单位：个、万元

产品名称	计量单位	本年销售金额	规模以上工业
固液分离机	台	33062	21818
减速机	台	386227	354746
真空干燥设备	台	11728	4067
金属密封件	万件	78333	25885
机械密封件	套	82173	50980
金属紧固件	吨	2913102	2302665
弹簧	吨	225244	126232
铸铁件	吨	994587	726908
铸钢件	吨	735870	643637
锻件	吨	464561	386493
粉末冶金零件	吨	157614	130289
采矿专用设备	台	116723	107994
采矿专用设备	吨	114746	106024
石油钻井设备	台(套)	11844	11317
采油设备	台(套)	1005	115
挖掘、铲土运输机械	台	226478	220517
其中：挖掘机	台	203167	202188
平地机	台	375	
装载机	台	9159	8816
压实机械	台	763	502
其中：机动压路机	台	502	502
挖沟及管道吊装联合机	台	1098	
桩工机械	台	6335	5100
摊铺机械	台	56	21
筑路机械	台	7016	5394
水泥专用设备	吨	29930	22915
平板玻璃垂直引上机	台	14964	14964
平板玻璃拉伸机	台	491	
混凝土机械	台	31994	25712
其中：混凝土搅拌车	台	10827	9520
金属冶炼设备	台	6320	3660
金属冶炼设备	吨	5606	3660
其中：造块设备	台	1159	
炼铁设备	台	1247	
炼钢设备	台	55	
连续铸钢设备	台	380	380
有色金属冶炼设备	台	3480	3280
金属轧制设备	台	29120	25474
金属轧制设备	吨	18759	15113
轧材锯切设备	台	466	

1－A－4 续表3－21 单位：个、万元

产品名称	计量单位	本年销售金额	规模以上工业
炼油、化工生产专用设备	吨	71746	64430
炼油、化工生产专用设备	台	70834	63520
其中：塔类设备	台	9724	9209
橡胶加工专用设备	台	31824	26575
其中：炼胶机械	台	1088	213
橡胶挤出机	台	3916	3228
橡胶压延机械	台	872	609
橡胶成形压力机	台	7107	6489
其中：充气轮胎模塑成型机	台	4716	4716
橡胶硫化设备	台	8202	6656
塑料加工专用设备	台	983918	779358
塑料加工专用设备	吨	942805	739031
木工机床	台	19356	15963
其中：木工锯床	台	976	
木工刨床	台	3335	2958
木工铣床	台	387	
模具	套	831714	527636
其中：金属冲压模具	套	114660	43905
金属铸造模具	套	160498	94959
矿物材料用模具	套	4588	2509
乳品加工机械	台	39443	23455
酒及饮料加工机械	台	70675	65089
烟草加工机械	台(套、条)	1844	503
粮食加工机械	台	27690	17292
其中：碾米机	台	2906	742
磨粉机	台	2053	
制糖机械	台	912	912
饲料生产专用设备	台	6069	5931
制浆和造纸专用设备	台	32280	23946
印刷专用设备	台	105163	74742
印刷专用设备	吨	82793	52400
其中：印前设备	台	19438	15915
印前设备	吨	20034	16534
印刷机设备	台	37747	30127
印刷机设备	吨	28920	21300
化学纺织纤维加工专用机械	台	52692	33409
纺织纤维梳理机	台	5182	340
细纱机	台	32301	30712
织机	台	271872	236029
缝纫机	台	708413	658825

1－A－4　续表3－22　　　　单位：个、万元

产品名称	计量单位	本年销售金额	规模以上工业
1. 家用型缝纫机	台	136365	124725
2. 工业用缝纫机	台	572049	534100
其中：刺绣机(绣花机)	台	194574	181621
铁芯制造专用设备	台	7473	3703
绝缘处理设备	台	2444	
电子整机装联设备	台	11599	5144
拖拉机	台	120054	114984
其中：中型拖拉机	台	61783	58869
小型拖拉机	台	58272	56115
农林用自装或自卸式挂车	台	1248	1238
土壤耕整机械	台	8354	5495
播种、种植机械	台	1247	926
植保机械	台	48961	44652
农作物收获机械	台	35456	33784
其中：联合收割机	台	33835	33286
场上作业机械	台	2114	1599
畜牧机械	台	1268	
棉花加工机械	台	152	
农作物清洁、分选机械	台	7287	4487
医用射线设备	台	2558	1296
医用超声诊断、治疗仪器及设备	台	9194	7461
医用激光诊断、治疗仪器及设备	台	1386	
医用高频仪器设备	台	4224	3015
临床检验分析仪器及诊断系统	台	16867	15151
环境污染防治专用设备	台(套)	672518	627537
其中：大气污染防治设备	台	506766	492523
其中：除尘设备	台	304360	293921
水质污染防治设备	台(套)	24910	16100
固体废弃物处理设备	台	11909	9029
噪音与振动控制设备	台	368	58
铁路机车车辆配件及零件	吨	62929	61341
汽车	辆	1323090	1323090
乘用车	辆	826749	826749
基本型乘用车(轿车)	辆	826749	826749
其中：1升＜排量≤1.6升	辆	474827	474827
1.6升＜排量≤2.0升	辆	351922	351922
客车	辆	404650	404650
(1)大型客车(车长＞10米)	辆	340365	340365
(2)中型客车(7米＜车长≤10米)	辆	2882	2882
(3)轻型客车(车长≤7米)	辆	61404	61404

1－A－4 续表3－23 单位：个、万元

产品名称	计量单位	本年销售金额	规模以上工业
载货汽车	辆	84031	84031
汽车底盘	辆	7660	7660
改装汽车	辆	270053	268874
其中：改装载货汽车	辆	66489	66421
改装自卸汽车	辆	5327	4972
改装牵引汽车	辆	2532	2527
改装客车	辆	107450	107330
改装厢式汽车	辆	31272	30763
改装罐式汽车	辆	6295	6295
汽车车身(包括驾驶室)	辆	13889	11867
挂车、半挂车	辆	10833	10213
机动车(汽车)零配件	千元	10722895	9536651
摩托车整车	辆	945951	943845
摩托车零部件及配件	千元	1411178	1232138
两轮脚踏自行车	辆	273485	262272
其中：普通型自行车	辆	48008	40615
运动型自行车	辆	1146	1056
特种脚踏自行车	辆	1135	88
电动自行车	辆	482580	426366
民用钢质船舶	载重吨	3119905	3109722
钢质机动货船	载重吨	2541940	2521951
钢质机动非货船	载重吨	521954	518947
钢质驳船	载重吨	10011	10011
船舶修理	载重吨	727991	692131
其中：船舶改装	载重吨	18149	15958
船舶拆船	轻吨(LDT)	105	
发电机	台	197994	187288
其中：交流发电机	台	129432	126214
直流发电机	台	8330	7062
发电机组(发电设备)	台	312408	312408
发电机组(发电设备)	千瓦	300470	300470
其中：水轮发电机组	台	205774	205774
水轮发电机组	千瓦	201932	201932
汽轮发电机	台	9077	9077
汽轮发电机	千瓦	9077	9077
内燃发电机组	千瓦	17716	17472
直流电动机	千瓦	209804	181281
交流电动机	千瓦	665103	620428
微电机	万台	1040963	962452
其中：控制微电机	万台	97353	87547

1-A-4 续表3-24

单位：个、万元

产品名称	计量单位	本年销售金额	规模以上工业
驱动微电机	万台	213568	206513
变压器	台	798876	771942
变压器	千伏安	641261	616215
其中：电力变压器	台	534805	524046
电力变压器	千伏安	514412	505077
其中：电力变压器（额定容量≥8000kVA）	台	116515	109665
电力变压器（额定容量≥8000kVA）	千伏安	115711	109665
其中：电力变压器（额定容量≥8000kVA，电压≥500kV）	台	17272	14299
电力变压器（额定容量≥8000kVA，电压≥500kV）	千伏安	16900	14299
电力变压器（额定容量≥8000kVA，220kV≤电压<500kV）	台	20148	17767
电力变压器（额定容量≥8000kVA，220kV≤电压<500kV）	千伏安	19833	17767
电力变压器（额定容量≥8000kVA，110kV≤电压<220kV）	台	7333	6413
电力变压器（额定容量≥8000kVA，110kV≤电压<220kV）	千伏安	7333	6413
电力变压器（5000kVA<额定容量<8000kVA）	台	6296	6296
电力变压器（5000kVA<额定容量<8000kVA）	千伏安	6296	6296
电力变压器（额定容量≤5000kVA）	台	117620	116611
电力变压器（额定容量≤5000kVA）	千伏安	118620	117611
互感器	台	52807	47940
其中：电压互感器，额定容量≤16kVA	台	14635	12382
电压互感器，额定容量>16kVA	台	1248	878
静止式变流器	台	16719	14423
电感器	台	13772	9533
电力电容器	千乏	63974	55952
电力电容器成套装置	套	33038	26557
配电或电器控制设备（11万伏以下）	台（套、面）	1764982	1656468
其中：高压电路开关、保护电器装置	台（套）	71509	54252
高压开关板	面	235548	234258
漏电断路器	台	104529	94031
低压开关板	面	346481	311181
高压开关设备（11万伏以上）	台	195925	187610
其中：550kV（含330kV）及以上全封闭组合电器（GIS）	间隔	300	300
550kV（含330kV）及以上六氟化硫断路器	台	2180	
252kV六氟化硫断路器	台	453	
126kV六氟化硫断路器	台	815	146
安全、自动化监控设备	台（套）	11610	9618
电力半导体器件（5A以上）	万个	23937	10780
电力微电子组件	万个	45175	24736
电力集成电路	万块	11789	8014
继电器	万个	239975	219635
电线	千米	706222	612707

1－A－4 续表3－25

单位：个、万元

产 品 名 称	计量单位	本年销售金额	规模以上工业
通信及电子网络用电缆	对千米	1105836	1083515
电力电缆	千米	1664910	1630704
裸铜线	吨	432961	427838
漆包绕组线	吨	956013	941158
电子元器件引线	吨	73934	69481
裸铝线	吨	116717	115723
光纤	千米	45215	45215
光缆	芯千米	390928	390710
绝缘制品	吨	160651	129625
其中：电气绝缘子（玻璃、陶瓷制除外）	吨	5873	1822
电气设备用绝缘配件	吨	31870	17366
铅酸蓄电池	千伏安时	1461944	1439673
其中：电动自行车用铅酸蓄电池	千伏安时	710629	700201
用于起动活塞发动机铅酸蓄电池	千伏安时	47057	44873
碱性蓄电池	只（自然只）	34110	26424
其中：氢镍蓄电池	只（自然只）	17282	15691
锂离子电池	只（自然只）	41499	37566
原电池及原电池组（折R20标准只）	万只	389078	384384
其中：碱性锌锰原电池（组）	万只	171608	168569
锂的原电池（组）	万只	8804	8804
太阳能电池	千瓦	429989	426865
家用电冰箱	台	579854	550869
其中：双门电冰箱	台	135447	135447
单门电冰箱	台	21621	20901
家用冷柜（家用冷冻箱）	台	273966	271981
家用冷藏箱	台	4699	3887
房间空气调节器	台	607995	598798
其中：整体式房间空气调节器	台	617	605
分体式房间空气调节器	台	413029	412743
家用电风扇	台	68639	49912
其中：台扇	台	1927	676
落地扇	台	3803	2408
吊扇	台	4610	4178
家用吸排油烟机	台	353055	347417
家用电热烹调器具	个	173976	162785
其中：电饭锅	个	34926	34252
家用电热烘烤器具	个	260123	253098
电咖啡壶	个	14757	10028
电水壶	个	91841	86144
电冷热饮水机	台	225567	190049

1－A－4 续表3－26

单位：个、万元

产品名称	计量单位	本年销售金额	规模以上工业
家用电炉灶	个	130951	128055
电磁炉	台	116982	116506
家用食品加工电动器具	个	55722	52998
家用洗衣机	台	785523	759961
其中：全自动洗衣机	台	7939	7854
其中：波轮式全自动洗衣机	台	7937	7854
滚筒式全自动洗衣机	台	3	
半自动双缸洗衣机	台	65619	65100
家用电热水器	台	61427	53726
家用吸尘器	台	302536	294618
电吹风机	万个	97623	91431
电动剃须刀	万个	124011	106868
电暖气	台	241847	205780
电熨斗	万个	231914	226113
家用燃气用具	台	200050	185560
其中：家用燃气灶具	台	173388	165388
家用燃气热水器	台	8605	6056
太阳能热水器	台	114095	95435
电光源	万只	1151243	1019764
其中：白炽灯泡	万只	115995	76654
荧光灯	万只	424981	383661
其中：紧凑型荧光灯	万只	104902	98908
钠蒸汽灯	万只	2466	180
金属卤化物灯	万只	22152	17359
灯具及照明装置	套(台、个)	1528463	1354494
其中：室内照明灯具	套	108656	63266
其中：嵌入灯	套(个)	11010	7599
户外照明用灯具及装置	套	276590	218662
其中：街灯及照明装置	台	34486	29744
灯用镇流器	万个	77406	54219
光端机	部	8330	6089
光缆中继设备	部	1235	400
光纤放大器	部	1735	1444
卫星地面接收机	部	9268	9268
GPS接收机	部	5821	4084
卫星通信地面站终端机	部	452	
微波收发通信机	部	11337	10515
微波终端机	部	1630	
数字程控交换机	线	54913	52724
光交换机	台	5032	2843

1－A－4 续表3－27

单位：个、万元

产品名称	计量单位	本年销售金额	规模以上工业
电话单机	部	4623	4027
其中：特种电话机	部	1648	1353
移动通信基站设备	信道	44512	42769
移动通信基站天线	套	753	293
移动通信手持机（手机）	台	1365563	1365563
移动通信核心网分组域设备	套	9966	9280
雷达设备	台	2440	2440
音频节目制作和播控设备	部	13356	12610
其中：调音台	部	3683	3515
广播发射设备	台	89	89
电视发射设备	台	3986	3788
视听节目制作及播控设备	部	5504	5105
卫星电视接收转发设备	台	14125	11927
电视接收机顶盒	台	50105	47279
大屏幕电子显示系统	台	18048	16123
电子计算机整机	台	634007	633469
微型计算机设备	台	633986	633469
其中：台式微型计算机	台	890	752
笔记本计算机	台	630561	630561
工业控制计算机	台	121	
网络控制设备	台	22104	20586
网络接口和适配器	台	1282	512
网络连接设备	台	44133	42565
其中：路由器	台	14825	14825
二层交换机	台	128	
网络检测设备	台	792	792
显示器	台	563749	561460
1. 单色显示器（CRT）	台		
2. 彩色显示器（CRT）	台	9009	8539
3. 平板显示器	台	554740	552921
扫描仪	台	158	
打印机	台	6620	6588
外存储设备及部件	台（个）	5102	3936
1. 硬盘存储器	台	373	
2. 软盘存储器	台	508	
3. 光盘存储器	台	4214	3936
4. 半导体存储盘	个	7	
网络存储设备	台	1834	1578
电子管	只	2583	940
彩色显像管	只	3161	3161

1－A－4 续表3－28 单位：个、万元

产 品 名 称	计量单位	本年销售金额	规模以上工业
真空开关管	只	6593	5578
半导体分立器件	万只	117330	110045
其中：半导体二极管	万只	9772	8724
半导体敏感器件	万只	131	
敏感元件及传感器	万只	42220	32366
集成电路	万块	152018	150635
集成电路圆片	万片	47283	46905
智能卡芯片及电子标签芯片	万只	4190	3071
光电子器件	万只(片、套)	233940	216087
其中：电子束光电器件	万只	4472	2381
半导体光电器件	万只	48826	42311
其中：发光二极管(LED)	万只	39711	33900
液晶显示屏	万片	8629	7535
液晶显示模组	万套	29074	28317
激光器件	万只	14362	13092
电子元件	万只	1801963	1673044
其中：片式元件	万只	58094	33183
射频元器件	万只	12942	7967
电声器件	万只	229408	193307
磁性材料元件	万只	313197	267143
其中：金属软磁元件	万只	67380	61724
印制电路板	平方米	250757	221599
其中：刚性印制电路板	平方米	44687	37282
挠性印制电路板	平方米	662	
彩色电视机	台	362060	362060
其中：显像管彩色(CRT)电视机	台	18180	18180
液晶(LCD)电视机	台	209645	209645
黑白电视机	台	2547	2547
移动电视机	台	55	
家用摄录像机	台	1677	1677
数字激光音、视盘机	台	3944	3629
收音机	台	1445	573
家用录放音机	台	862	
其中：复读机	台	8	
组合音响	台	74227	55089
数字化多媒体组合机	台	6739	6319
半导体存储器播放器(含MP3、MP4)	个	184	131
工业自动调节仪表与控制系统	台(套)	309061	277174
1. 工业自动调节仪表	台	82041	73434
2. 工业自动控制系统	台(套)	167462	158394

1－A－4 续表3－29

单位：个、万元

产品名称	计量单位	本年销售金额	规模以上工业
其中：分散型控制系统（DCS系统）	台（套）	2326	1889
可编程控制系统（PLC系统）	台（套）	9323	8064
3.楼宇控制系统	台（套）	985	483
4.其他形式的自动控制系统	台（套）	58574	44863
电工仪器仪表	台	637070	596825
其中：电能表	台	260313	252467
量具	万件	113853	98417
量仪	台	3086	1252
工业仪表	台（个）	339236	302353
其中：温度测量仪表	台	14445	7647
压力测量仪表	台	25393	19837
流量测量仪表	台	229521	218860
其中：煤气表	个	42354	41552
水表	个	150523	145343
物位/液位测量仪表	台	7270	6177
执行器	台	9477	8413
分析仪器及装置	台（套）	7089	4137
其中：电化学式分析仪器	台（套）	339	
光学分析仪器	台（套）	166	34
热学分析仪器	台（套）	256	
物性分析仪器	台（套）	465	60
质谱仪器	台（套）	6	
色谱仪器	台（套）	1513	1513
能谱仪及射线分析仪器	台（套）	90	
试验机	台	7561	5846
环境监测专用仪器仪表	台	33899	31971
汽车仪器仪表	台	76865	64502
钟	只	29741	25992
其中：石英钟	只	3449	2220
机械钟	只	2575	1781
表	只	27486	18865
其中：石英电子表	只	5402	3068
机械表	只	5523	
光学仪器	台（个）	104390	95426
其中：显微镜	台	26794	25638
已装配光学元件	个	1574	
眼镜成镜	副	387015	289227
眼镜片	片	103532	88591
眼镜框架	副	88298	43818

1－A－4 续表3－30

单位：个、万元

产品名称	计量单位	本年销售金额	规模以上工业
影像投影仪	台	585	
照相机	台	16553	16233
1. 通用照相机	台	1096	776
2. 数码照相机	台	15458	15458
复印和胶版印制设备	台	8344	7750
其中：静电复印设备	台	16	
喷墨复印机	台	57	
电子计算器	台	4912	3349
自动柜员机（ATM机）	台	30375	30075
税控机	台	4342	3085
雕塑工艺品	千元	378740	150535
金属工艺品	千元	468077	266214
漆器工艺品	千元	147112	115180
花画工艺品	千元	96150	67857
天然植物纤维编织工艺品	千元	57731	31057
抽纱刺绣工艺品	千元	680051	447223
手工地毯、挂毯	平方米	10535	5328
机制地毯、挂毯	平方米	97641	90149
贵金属首饰	千元	387407	360016
牙刷	万把	8972	7208
漆刷及类似刷	万把	59842	45424
伞类制品	把	535974	482424
打火机	万个	248126	218446
拉链	万米	405433	362725
熔炼用废钢	吨	228529	213055
熔炼用废铁	吨	96650	90611
发电量	万千瓦小时	6973867	6617128
其中：火力发电量	万千瓦小时	5242991	5236691
水力发电量	万千瓦小时	557746	386112
核能发电量	万千瓦小时	812999	812999
风力发电量	万千瓦小时	4310	4015
售电量	万千瓦小时	13799257	13796961
供电量	万千瓦小时	12782052	12780778
供热总量	万吉焦	954464	952845
煤气生产量	万立方米	10	
人工煤气供应总量	万立方米	994	587
天然气供应量	万立方米	115170	105927
液化石油气供应总量	万吨	59036	53891
自来水生产量	万立方米	546203	448814

1－A－5 规模以上工业产品生产、销售、库存情况

产品名称	计量单位	年初库存量	本年生产量	本企业自用量及其他	年末库存量
原煤	吨		131000		
其中：烟煤	吨		131000		
其中：一般烟煤	吨		131000		
铁矿石原矿	吨	5328	1284952	1162502	10406
铜金属含量	吨	1658	11875		732
铅金属含量	吨	1133	19961		696
锌金属含量	吨	2294	36073		2068
锡金属含量	吨		106		1
金金属含量	千克	20	72		20
钨精矿折合量（折三氧化钨65%）	吨		110		
钼精矿折合量（折纯钼45%）	吨	144	2602		263
天然花岗石荒料	立方米		2716619		238696
萤石	吨	87435	1102500	84642	81526
硫铁矿石（折含硫35%）	吨	6496	131065	29150	612
原盐	吨	11836	37800		7693
石英砂	吨	110376	1103000	227	105321
小麦粉	吨	8087	566206	31426	8655
其中：小麦专用粉	吨	450	70331	20309	2637
大米	吨	16803	478849	6236	18124
饲料	吨	177815	4086447	110120	146341
其中：配合饲料	吨	21775	2192656	10430	28029
混合饲料	吨	6532	335659	97958	7482
宠物饲料	吨	1237	21243	6	1277
毛油（初榨植物油）	吨	11438	114181		7075
精制食用植物油	吨	42629	602377	18779	55459
其中：大豆精制油	吨	2255	159212		2665
菜籽精制油	吨	868	5806	651	1244
人造黄油及其他食用油脂	吨		1496		
非食用植物油	吨	677	48817		1448
加工糖	吨	5928	81777		9174
鲜、冷藏肉	吨	1823	160090	17	1685
其中：鲜、冷藏猪肉	吨	334	72863	4	124
冻肉	吨	20	150		30
熟肉制品	吨	1358	76522	2	2270
冷冻水产品	吨	127909	1096961	98589	165032
熏制水产品	吨	864	12848		1074
鱼糜（熟肉）制品	吨	9808	146179	778	16439
干制水生植物	吨	306	1880	46	336
饲料用水产品渣粉	吨	10522	75159	35	8466
冷冻蔬菜	吨	34932	133740	3929	35508

1－A－5 续表1

产品名称	计量单位	年初库存量	本年生产量	本企业自用量及其他	年末库存量
暂时保藏的蔬菜	吨	76	37945	5	196
腌渍菜	吨	16548	260978	137	19736
焙、炒加工的坚果及果仁	吨	5084	92268	20	5292
淀粉及淀粉制品	吨	1295	19647		1614
豆腐及豆制品	吨	2147	139512	48	1297
糕点	吨	329	24566	54	358
面包	吨	8	7348	1	1115
饼干	吨	10381	83900	1860	4468
膨化食品	吨	706	47058		736
焙烤松脆食品	吨	24	3281		132
糖果	吨	787	21628	70	833
巧克力	吨	69	13246		78
蜜饯	吨	2010	35826	1	3494
果冻	吨	53	26473	23	88
面制半成品	吨	2295	13074		519
米制半成品	吨	779	45659	142	1259
速冻米面食品	吨	8217	70148	6	12840
方便面	吨	5606	285554	－885	5482
乳制品	吨	5782	353242	2512	5193
1. 液体乳	吨	3084	299072	1219	2996
其中：灭菌乳	吨	3	9277	1	
巴氏杀菌乳	吨	236	42269		350
酸牛乳	吨	615	62717	16	78
2. 固体乳制品	吨	2699	54170	1293	2197
其中：乳粉	吨	301	26240	1273	968
炼乳	吨	2378	23473	20	762
奶油	吨	20	4457		467
罐头	吨	157340	786677	788	184526
其中：畜肉类罐头	吨	47	172		45
禽肉类罐头	吨	63	13215		3280
水产动物类罐头	吨	2391	20580	7	2110
蔬菜类罐头	吨	24266	151390	60	24263
水果类罐头	吨	105735	279011	335	121511
味精（谷氨酸钠）	吨	11154	90856	44	4523
酱油	吨	5540	153471	40	7767
食醋	吨	2182	29448	－8	3168
复合调味品	吨	1279	20161	128	1697
其中：鸡精	吨	170	5800		174
食品用氨基酸	吨	61	1059		62
蜂蜜营养制品	吨	3827	45153	5	3213

1－A－5 续表2

产品名称	计量单位	年初库存量	本年生产量	本企业自用量及其他	年末库存量
冷冻饮品	吨	1737	94758	350	1744
食品添加剂	吨	1710	35881	27	2136
饲料添加剂	吨	1854	49107		2054
发酵酒精(折96度,商品量)	千升	941	16851		959
饮料酒	千升	881947	3385697	41459	919398
其中：白酒(折65度,商品量)	千升	11675	31356	－808	10311
啤酒	千升	32892	2695893	22110	39735
黄酒	千升	542996	566678	20243	568925
软饮料	吨	318851	8315157	23606	288527
其中：碳酸饮料类(汽水)	吨	87632	2655498		57691
包装饮用水类	吨	107697	1796724	2025	91187
果汁和蔬菜汁饮料类	吨	11313	484392	1163	11696
蛋白饮料类	吨	4937	540694	7818	7721
其中：含乳饮料	吨	4767	522288	7818	7611
固体饮料类	吨	21135	40908	2	27019
茶饮料类	吨	45249	866929	11406	37482
精制茶	吨	37453	357203	44	43804
卷烟	万支	396	7609942		22133
1. 一类卷烟	万支	272	4473795		18956
2. 二类卷烟	万支	20	1332173		4
3. 三类卷烟	万支	94	161558		4
4. 四类卷烟	万支		748939		1
5. 五类卷烟	万支	10	893477		3168
纱	吨	95520	1679342	22453	101221
1. 棉纱	吨	64382	972182	3207	65551
2. 棉混纺纱	吨	18737	394136	18277	19140
3. 化学纤维纱	吨	12401	313024	969	16531
缝纫线	吨	6198	111999		7099
布	万米	208247	1343709	7056	219924
其中：色织布(含牛仔布)	万米	1330	25847	422	1265
其中：1. 棉布	万米	12402	196568	2539	12972
2. 棉混纺布	万米	16506	194546	575	19742
3. 化学纤维布	万米	179338	952595	3942	187210
印染布	万米	49649	2890505	16577	48105
1. 漂白布	万米	2747	140021	28	2975
2. 染色布	万米	40804	2296463	15648	39055
3. 印花布	万米	6098	454021	902	6075
毛条	吨	5009	45077		5053
毛纱	吨	5652	58885	3326	5589
绒线(俗称毛线)	吨	1936	22797	14	1904

1－A－5 续表3

产 品 名 称	计量单位	年初库存量	本年生产量	本企业自用量及其他	年末库存量
毛机织物（呢绒）	万米	5215	15243	4	5204
亚麻纱（含亚麻≥55%）	吨	4937	37461	1571	5350
苎麻纱（含苎麻≥55%）	吨	271	2907	347	57
亚麻布（含亚麻≥55%）	万米	667	2972	54	822
苎麻布（含苎麻≥55%）	万米	150	165		144
生丝	吨	584	15736	662	787
绢纺丝	吨	5261	18275	115	3302
蚕丝及交织机织物（含蚕丝≥50%）	万米	3159	676606	276	3416
合成纤维长丝机织物	万米	13660	316626	457	17091
人造纤维长丝机织物	万米	3769	123562	33	4580
印染蚕丝及交织机织物（含蚕丝≥50%）	万米	51	6291	23	98
床褥单类	万条	263	1816883	4	180897
床罩	万个	52	1458		64
棉被	万条	142	6260	1	161
毛巾被	万条	3	19		2
毛巾	万条	75530	4820908		166917
毛毯	条	2131568	70201048	1933	2222780
毡呢	吨	2	68		2
麻袋（混合数）	万条	10	118		4
丝针织围巾	万条	298	5370		196
丝针织领带	万条	777	22169	175	970
蚕丝被	万条	19	391		23
纤维纺制的线、绳、索、缆	吨	6821	2736241		21520
帘子布	吨	6326	80842		10507
无纺布（无纺织物）	吨	13102	303630	768	15066
棉、化纤针织坯布	吨	25299	656403	75674	32058
针织袜	万双	71191	12075795	18211	74705
服装	万件	20197	497060	382	24238
1. 针织服装	万件	10425	286187	179	13386
其中：针织内衣	万件	1951	37620	17	2982
针织T恤衫	万件	800	37494	9	947
其中：棉针织T恤衫	万件	393	15889		335
化学纤维针织T恤衫	万件	8	1408	2	8
丝针织T恤衫	万件	7	219		3
针织休闲衫类服装	万件	674	18535	1	836
针织衬衫	万件	55	2026		57
针织运动类服装	万件	193	10185	1	298
2. 梭织服装	万件	9772	210873	203	10852
其中：毛制大衣	万件	30	1460		60
羽绒服	万件	347	4005	2	364

1－A－5 续表4

产品名称	计量单位	年初库存量	本年生产量	本企业自用量及其他	年末库存量
防寒服	万件	324	9341	...	246
西服套装	万件	326	6199	2	432
其中：男式西服套装	万件	71	1793	2	84
女式西服套装（套裙）	万件	6	838	...	23
衬衫	万件	1995	44202	28	2173
其中：男衬衫	万件	513	14747		545
女衬衫	万件	124	5868	1	160
裤	万件	996	20170	1	1088
其中：男裤	万件	584	7594		395
女裤	万件	151	5293	...	205
裙	万件	115	3009		82
女式保健内衣	万件	25	573	2	25
睡衣裤	万件	45	800		54
婴儿服装及衣着附件	万件	199	4166		252
运动服类服装	万件	148	3816		171
针织帽	万个	570	6086		544
钩编帽	万个	13	653		9
轻革	平方米	13388706	215165846	365251	15274329
其中：牛轻革	平方米	2506278	46522425	271855	2996357
猪轻革	平方米	3421807	45627723		4487246
皮革鞋靴	万双	18085	1167529	76	48010
其中：皮革面旅游（运动）鞋靴	万双	11873	280156	12	41482
皮革服装	件	771452	23713652	1668	851820
衣箱、提箱及类似容器	万个	5893	1465495	4	17801
手提包（袋）、背包	万个	22689	1150158	33	40729
其中：天然皮革制手提包（袋）、背包	万个	101	5688	3	148
天然皮革制座套	位（单座位）	196003	12025345	7880	199521
鞣制毛皮（折羊毛皮）	张	817383	10400298		2613132
天然毛皮服装	件	32104	1733395	1500	87115
羽绒被	条	322674	13193320	2000	315889
锯材	立方米	38517	934946	25000	44098
人造板	立方米	181013	3481349	41311	283775
其中：胶合板	立方米	100277	1648952	40591	135769
纤维板	立方米	30382	929661		88499
刨花板	立方米	14401	218248		14668
人造板表面装饰板	平方米	4249484	89678469	694	6090812
实木制门	扇	29086	3174979	67	78100
非实木制门	扇	38294	1321309		48495
木制地板	平方米	4616787	81181389	46469	5167417
其中：实木木地板	平方米	2150658	43467588	28804	2345240

1－A－5 续表5

产 品 名 称	计量单位	年初库存量	本年生产量	本企业自用量及其他	年末库存量
复合木地板	平方米	2098149	28013914	992	1771936
包装用木箱	立方米	11692	1092782		17789
竹地板	平方米	443258	8443849	80520	599717
柳(荆)条制品	件	273949	365529		288425
草制品	件	3104302	35114631	183863	3097029
家具	件	6781505	155094706	374034	7770595
其中：木质家具	件	1677375	26466352	352685	1679392
竹、藤家具	件	41730	1588600		100025
金属家具	件	4070439	98354838	5858	4613929
塑料家具	件	73851	3567732	9299	103642
软体家具	件	452763	14591914	209	630120
纸浆(原生浆及废纸浆)	吨	1143	41660		1693
其中：废纸纸浆	吨	626	1568		56
机制纸及纸板(外购原纸加工除外)	吨	601359	13485074	152876	941147
其中：未涂布印刷书写用纸	吨	2543	164198	1712	7058
其中：新闻纸	吨	928	76198		3849
涂布类印刷用纸	吨	7710	158203	212	14285
卫生用纸原纸	吨	2108	42418	2841	1647
包装用纸及纸板	吨	341506	6610377	18407	514270
其中：箱纸板	吨	67201	1068141	3153	72759
白纸板	吨	208355	3914715	5289	348234
瓦楞原纸	吨	29567	841945	3119	54044
加工纸	吨	11579	174483	5648	15734
其中：静电复印纸	吨	483	6226	103	955
纸制品	吨	120203	6516873	26797	155395
其中：瓦楞纸箱	吨	76600	3882836	5313	98653
纸制餐具	吨	24	4298		83
纸制文具及办公用品	吨	1127	27312	99	1550
卫生用纸制品	吨	2800	285159	377	3602
单色印刷品	令	134149	4800617	6572	138295
多色印刷品	对开色令	2308114	93223007	6853	2733569
本册	万本	2994	72487	3	4694
塑料印刷品	万印	71640	2073541	90131	160046
金属印刷品	万印	396	36207		759
磁介质复制品	万盒		6655		
光盘复制品	万张	1355	18016		1212
文具盒(铅笔盒)	万个	2172	9497		1726
文件夹类文具	万个	2045	33984	6	1492
修改类文具	千元	27585	177394		11214
圆珠笔	万支	35065	729877	71	34363

1－A－5 续表6

产品名称	计量单位	年初库存量	本年生产量	本企业自用量及其他	年末库存量
木杆铅笔	万支	16326	323006	48	25131
活动铅笔	万支	13192	69192	557	15572
记号笔	万支	21938	300810	1254	21582
墨水	吨	36630	214590		37074
皮或革制可充气运动用球	万个	87	673		143
体育器材及配件	千元	17294	647275		46282
球拍、球棒	支(根)	2284094	34841764	2423	2960264
室内训练健身器材	台	252121	9987130	41703	355359
运动专用手套	副	833026	16715844	1293	1538038
运动专用鞋	双	304255	13448704		1574916
钓鱼用品和器材	千元	198284	600206	2532	216666
西弦乐器	把	5935	153404		5048
西管乐器	支	4611	77356		2392
西乐键盘乐器	架	6694	95855		7158
电子乐器	台	4707	136320	1127	6500
玩具	千元	136936	7690380	7604	383781
其中：供儿童乘骑的带轮玩具	千元	28898	2355953	2738	58161
填充类玩具	千元	30923	1452738		62454
木制玩具	千元	45414	2843579	3032	217823
塑胶玩具	千元	20228	682416	1834	33971
原油加工量	吨	522255	20348604	19342989	567426
汽油	吨	19996	2887502	－597	8432
煤油	吨	24254	1294050	281721	25420
柴油	吨	16185	8623340	34375	15550
润滑油	吨	11798	344901	13	13985
燃料油	吨	84886	1739361	541392	6981
石脑油	吨	11617	1420704	79443	17962
溶剂油	吨	4365	130460	－122	6933
润滑脂	吨	266	13589	262	264
液化石油气	吨	4410	1377041	2025	8828
石油焦	吨	17382	1422438	711273	56511
石油沥青	吨	91781	1038629	24089	79577
焦炭	吨	89939	1662085	1694978	56796
其中：机焦	吨	89939	1662085	1694978	56796
硫酸(折100%)	吨	18145	1078529	152533	29545
盐酸(氯化氢,含量31%)	吨	2400	438306	134639	3977
磷酸(含量85%)	吨		4500		
过氧化氢(双氧水)	吨	694	121604	31	2298
烧碱(折100%)	吨	11708	1036663	84812	8775
其中：离子膜法烧碱(折100%)	吨	8579	726536	55384	6331

1－A－5 续表7

产 品 名 称	计量单位	年初库存量	本年生产量	本企业自用量及其他	年末库存量
纯碱（碳酸钠）	吨	931	164891	30991	4048
亚硝酸钠	吨	160	39454		737
三磷酸钠（三聚磷酸钠）	吨	20	1020		3
碳化钙（电石，折300升/千克）	吨	79	87940	7430	191
轻质碳酸钙	吨	35462	1075353	13326	37221
丙烯	吨	99	343820	255594	441
醋酸乙烯	吨		4015		41
环氧乙烷	吨	16405	219688	4143	17037
纯苯	吨	1774	238223	6133	7203
甲苯	吨	1750	173311	－389	8428
邻二甲苯	吨	3021	199639	－80	2670
对二甲苯	吨	902	500479	－172	6555
混合二甲苯	吨	2993	140245	－148	7118
二氯甲烷	吨	585	546649		359787
二氯乙烷	吨	1235	131273	79	2829
对硝基氯苯	吨	391	14623	4399	593
精甲醇	吨	124	94102	15095	2023
苯酚	吨	10	475		1
丙酮	吨	1	42		2
冰乙酸（冰醋酸）	吨	67	2740	250	59
邻苯二甲酸酐	吨	4004	103934	16543	330
甲醛	吨	8728	468261	10488	11882
浓硝酸	吨	1725	90009	12603	1127
合成氨（无水氨）	吨	6348	617266	477781	19133
农用氮、磷、钾化学肥料总计（折纯）	吨	7804	468539	2236	24786
1. 氮肥（折含N100%）	吨	5517	445643	603	21798
其中：尿素（折含N100%）	吨	439	195848		881
碳酸氢铵（折含N100%）	吨	3202	130444		16424
2. 磷肥（折五氧化二磷100%）	吨	2287	22896	1633	2988
合成复合肥料（实物量）	吨	20224	238428	578	35891
其中：磷酸铵肥（实物量）	吨	336	3418		238
化学农药原药（折有效成分100%）	吨	10594	216549	15097	13045
其中：杀虫剂原药	吨	3411	38626	819	2774
杀菌剂原药	吨	1560	10385	24	1408
除草剂原药	吨	2883	120981	13248	6073
涂料	吨	26616	524916	3879	28988
其中：建筑涂料	吨	9276	141553	83	9992
油墨	吨	4162	67649	18	4725
颜料	吨	26234	230792	1016	34376
其中：无机颜料	吨	3815	21060		4237

1－A－5 续表8

产品名称	计量单位	年初库存量	本年生产量	本企业自用量及其他	年末库存量
有机颜料	吨	4571	77248	3	8603
染料	吨	36204	653546	832	43996
合成粘合剂（胶粘剂）	吨	9699	195594	37	10754
初级形态的塑料	吨	155619	3546734	11729	152189
其中：聚乙烯树酯	吨	73	8912	390	342
聚丙烯树脂	吨	5690	866870	4433	17839
聚氯乙烯树脂	吨	22151	517282	792	11733
聚苯乙烯树脂	吨	15757	299241	2	10608
ABS树脂	吨	896	16832		574
合成橡胶	吨	3292	98323	27	3147
合成纤维单体	吨	67774	2105867	851	26156
其中：精对苯二甲酸（PTA）	吨	66636	2079598	851	24934
己内酰胺	吨		11656		104
合成纤维聚合物	吨	83280	4483083	390575	59006
其中：聚脂	吨	80827	4273264	390575	55347
化学试剂	吨	2820	134778	74	4312
催化剂	吨	1266	21052	73	1436
橡胶助剂	吨	1824	41510	25	1751
塑料助剂	吨	11992	334949	2407	10409
纺织工业用整理剂、助剂	吨	10856	476061	1820	13379
制革工业用整理剂、助剂	吨	2123	40995	202	2342
建工建材用化学助剂	吨	1702	102345		1589
炭黑（或称炉黑）	吨	4197	80655		2613
硬脂酸	吨	97600	1218925	3969	19821
松节油	吨	1000	2500	200	300
松香	吨		200		200
改性松香	吨	250	4183		473
活性炭	吨	1402	42684	521	1599
炸药	吨	2050	131947		2538
雷管	万支	13	220		13
焰火制品	千元	2605	8293		4216
其中：烟花	千元	2605	8293		4216
空白光盘	万片	1160	112		645
明胶	吨	2110	14978	55	1472
肥（香）皂	吨	20888	293767	79	29341
合成洗涤剂	吨	6598	290120	1279	15367
其中：合成洗衣粉	吨	2002	148917	940	4236
液体洗涤剂	吨	1627	77715	339	6026
表面活性剂	吨	5346	149780	1326	9177
清洁类化妆品	千元	6124	175619	13	8000

1－A－5 续表9

产品名称	计量单位	年初库存量	本年生产量	本企业自用量及其他	年末库存量
护肤用化妆品	千元	141715	4361944	10504	221266
护发用化妆品	千元	10238	64898		7290
美容、修饰类化妆品	千元	44001	381438		50079
牙膏(折65克标准支)	万支	63	21231		1448
天然香料	吨	53	324		73
合成香料	吨	3133	4034489		136648
香精	吨	471	13635	3	1773
火柴(折50支标准盒)	件	6779	236653		15307
化学药品原药	吨	10703	191723	25650	10154
其中：抗菌素(抗感染药)	吨	471	7681	134	480
消化系统用药	吨	1	87	30	5
解热镇痛药	吨	636	13263	3061	428
维生素类	吨	63	972		50
中枢神经系统用药	吨	150	459	1	73
激素类药	吨	10	55	2	7
心血管系统用药	吨	182	2767	194	267
冻干粉针剂	万瓶(支)	169779	437837	78	222160
粉针剂	万瓶(支)	540	4592	...	626
注射液	万支	14385	73616	9	15586
输液	万瓶	1275	10417	21	1725
片剂	万片	120908	1431863	484	156378
胶囊剂	万粒	57194	678565	224	107848
颗粒剂	万袋(包)	1474	14657	31	1100
膏霜剂	万支	359	826	2	531
口服液体制剂	万瓶	476	4816	...	582
植物类饮片	千克	214620	6165536		144889
中成药	吨	2260	18324	47	2427
其中：中成药丸剂	吨	120	809	2	166
中成药冲剂	吨	63	1048	3	96
中成药针剂	吨		10		5
中成药胶囊	吨	47	436	2	81
兽用化学药品	吨	676	17395	1	1071
兽用疫苗	万支	1519	3265		1028
生物化学药品	千克	375444	3057716		137434
人用疫苗	万支	356	1197	2	537
卫生材料及敷料	筒(卷、包、团)	11081485	458029308	36000	14138014
医用缝合材料及外科用无菌材料	团(盒、瓶)	1927553	124471763		3416470
化学纤维用浆粕	吨	344	12298	8598	716
化学纤维	吨	424416	11126204	277652	510156
其中：人造纤维(纤维素纤维)	吨	4982	190479		14174

1－A－5 续表 10

产品名称	计量单位	年初库存量	本年生产量	本企业自用量及其他	年末库存量
其中：粘胶纤维	吨	3800	164693		13173
醋酸纤维	吨	1174	23156		966
合成纤维	吨	409153	10700689	260232	486266
其中：锦纶纤维	吨	25115	290246	732	29327
涤纶纤维	吨	353433	9903970	257624	420264
其中：涤纶长丝	吨	239324	6886322	240592	278149
腈纶纤维	吨	12597	59573		10574
丙纶纤维	吨	3281	66608	671	4754
氨纶纤维	吨	7489	110942	1206	14039
橡胶轮胎外胎	条	3209286	46611191	60356	3981073
其中：子午线轮胎外胎	条	1940546	37657982	58006	3162084
其中：载货汽车橡胶轮胎外胎	条	362722	9108098		401622
乘用车橡胶轮胎外胎	条	1522059	14086617		1786888
摩托车充气橡胶轮胎外胎	条	31450	515158		39537
力车橡胶轮胎外胎	条	6548762	102908840	13600	9087590
力车橡胶胎内胎	条	5565130	111680362	13850	9205982
橡胶输送带	平方米	4517723	64641916	7581	5535954
橡胶管	万标米	13385	19283	110	10006
橡胶板(片、带)	吨	17131	230502		22053
橡胶零件、附件	吨	15992	167135	15	17862
初级形状的再生橡胶	吨	3548	83681	396	3122
橡胶手套	万副	601	7171	72	869
日用橡胶制品	吨	873	26444		795
医疗、卫生用橡胶制品	吨	98	2139		101
胶鞋类	万双	1919	46240	4	2109
塑料制品	吨	458076	10146506	144142	565394
1. 塑料薄膜	吨	72725	2086672	60158	71618
其中：农用薄膜	吨	3289	56400	30	1260
2. 塑料板、片	吨	14177	320130	3283	14778
3. 塑料管及其附件	吨	76193	1000010	2968	88233
4. 塑料条、棒、型材	吨	24712	512642	459	45454
5. 塑料丝、绳及编织品	吨	34159	686932	1880	46074
其中：塑料编织布	吨	736	23101	91	819
塑料编织袋	吨	29391	513121	1789	35846
6. 泡沫塑料	吨	9117	181698	12384	8081
7. 塑料人造革、合成革	吨	24531	871058	1148	28428
8. 塑料包装箱及容器	吨	15090	437168	23543	26417
9. 塑料零件	吨	14471	526370	7810	23231
10. 日用塑料制品	吨	139540	2582302	17174	170441
11. 建筑用塑料制品	吨	2771	41786		2627

1－A－5 续表11

产 品 名 称	计量单位	年 初 库存量	本 年 生产量	本企业自用量及其他	年 末 库存量
12. 其他塑料制品	吨	30588	899738	13336	40012
水泥熟料	吨	1277022	58964634	31063105	1677154
其中：窑外分解窑水泥熟料	吨	1272982	57480183	30094900	1669474
水泥	吨	1878344	101540357	278470	1649173
其中：1. 通用水泥	吨	1806895	99382854	278470	1587745
其中：硅酸盐水泥（P·Ⅰ或P·Ⅱ）	吨	135064	10289501	189381	124031
普通硅酸盐水泥（P·O）	吨	686487	39560418	77689	616706
粉煤灰硅酸盐水泥（P·F）	吨	936	104756		1622
复合硅酸盐水泥（P·C）	吨	963588	48484578	11400	819417
石灰石硅酸盐水泥（P·L）	吨	20819	943601		25970
2. 专用水泥	吨	6531	905065		19593
3. 特性水泥	吨	64918	1252439		41835
其中：强度等级42.5水泥（含R型）	吨	38742	1026895		18259
强度等级52.5水泥（含R型）	吨	383	60749		5030
石灰	吨	24983	1458308	79332	23780
商品混凝土	立方米	2546668	67500874	36369	3268393
水泥混凝土排水管	千米	357	1366	1	342
水泥混凝土压力管	千米	93	555	1	88
水泥混凝土电杆	根	69839	952913		72609
预应力混凝土桩	米	7378809	72275514	122186	9013410
遁构法施工用钢筋混凝土管片	米	2222	6229		2464
混凝土轨枕	根	36120	190097		36620
水泥混凝土预制构件	立方米	615279	2733263		621772
蒸压加气混凝土板	立方米	19206	381678	2436	113800
砖	万块	19961	495603	74	24279
其中：烧结粘土砖	万块	11426	260577	71	13015
其中：烧结普通砖	万块	3459	118230	49	4699
蒸压砖	万块		333		
其中：蒸压灰砂砖	万块		79		
免烧砖	万块	2006	16556		2579
瓦	万片	235	4370		301
建筑砌块	立方米	171604	1707369	1589	180061
其中：蒸压加气混凝土砌块	立方米	128119	1361072	735	133154
瓷质砖	平方米	11515008	43411554		16467961
陶质砖	平方米	1662073	5871259		1996813
建筑琉璃制品	吨	725	21474		2585
天然大理石建筑板材	平方米	21959	350295		134347
天然花岗石建筑板材	平方米	35356	1370401	2200	45695
人造石材	平方米	96046	317319		53074
碑石及其他类似制品	平方米	5000	36600		7000

1-A-5 续表12

产品名称	计量单位	年初库存量	本年生产量	本企业自用量及其他	年末库存量
沥青和改性沥青防水卷材	平方米	371598	23280745		897361
隔热、隔音人造矿物材料及其制品	吨	1371	41420	500	12005
平板玻璃	重量箱	982162	43224885	708681	1110568
钢化玻璃	平方米	1902107	36821971	576611	2314025
其中：车辆用钢化安全玻璃	平方米	164022	654800	93	130130
夹层玻璃	平方米	180176	1831329	73	235059
其中：车辆用夹层玻璃	平方米	27365	13269	73	24122
中空玻璃	平方米	159094	3653772		352969
镀膜玻璃	平方米	117355	2331590	124978	167125
日用玻璃制品	吨	27625	378329	2252	37774
玻璃包装容器	吨	28522	163346	831	38955
其中：玻璃啤酒瓶	吨	22260	89013		31725
玻璃保温容器	万个	56	2148		57
玻璃纤维纱	吨	12379	595665	42807	120876
玻璃纤维毡	吨	2552	47768	43	3461
玻璃纤维布	米	13070756	143164318	633400	13806191
玻璃纤维工业用玻璃球	吨	1040	4664		539
玻璃纤维增强塑料制品	吨	1534	87078	53	1832
卫生陶瓷制品	件	15313174	1073300		15328219
其中：陶瓷质便器	件	1240	201500		3040
陶瓷质洗涤器	件	11133	118606		17604
日用陶瓷制品	万件	679	2912	60	784
石棉制品	吨	397	4654	170	544
耐火材料制品	吨	56962	1262324	128	69231
石墨及炭素制品	吨	348	53090	32	383
磨具	吨	698	28360		898
生铁	吨	1431	4736506	4446231	7900
1. 炼钢生铁	吨	17	4696972	4410531	6487
2. 铸造生铁	吨	1414	39534	35700	1413
铸铁管	吨	110	2367		169
粗钢	吨	73270	9465553	5881030	138029
其中：1. 非合金钢	吨	12416	4522525	3405361	6422
2. 低合金钢	吨	43618	3276002	1295040	100954
3. 合金钢(不含不锈钢)	吨	7597	998835	909399	14999
4. 不锈钢	吨	9639	668190	271230	15654
其中：1. 转炉钢	吨	48598	7617831	4586897	104957
2. 电弧炉钢	吨	15003	1515583	1264509	23190
3. 感应电炉钢	吨	5978	239561	13	3954
4. 其他炉种冶炼钢	吨	3691	92577	29611	5928
钢材	吨	576199	19656075	691260	681264

1－A－5 续表 13

产 品 名 称	计量单位	年初库存量	本年生产量	本企业自用量及其他	年末库存量
其中：铁道用钢材	吨	1172	169315	－189	4222
其中：轻轨	吨	1172	105339	－101	1991
重轨	吨		19811	－88	
大型型钢	吨	309	98680	107	795
中小型型钢	吨	13267	478005	18	19524
棒材	吨	58160	3645775	57660	61363
钢筋	吨	23475	1077353		30256
线材(盘条)	吨	35242	2370593	246000	29795
厚钢板	吨	177	177		177
中板	吨	3322	72118	9	2251
热轧薄板	吨	9479	432659	－7301	9011
冷轧薄板	吨	58124	1877246	4051	58331
中厚宽钢带	吨	15	78195		169
热轧薄宽钢带	吨	14089	422188	2000	12620
冷轧薄宽钢带	吨	17646	787651	5610	13255
热轧窄钢带	吨	7921	1237223	－45532	35920
冷轧窄钢带	吨	30323	1151102	5651	39906
镀层板(带)	吨	35368	1107024	103636	65950
其中：镀锌板(带)	吨	33348	979134		60410
涂层板(带)	吨	14574	371864	176	22147
电工钢板(带)	吨	4857	450105	39217	3805
无缝钢管	吨	82741	1366702	3953	93685
焊接钢管	吨	152906	2065803	257232	159594
其它钢材	吨	13031	396296	18962	18489
用外购国产钢材再加工生产的钢材	吨	44962	1140882	8965	57327
用进口钢材再加工生产的钢材	吨	392	819		392
铁合金	吨	9938	190732	140	18865
1. 普通铁合金	吨	2288	48541	129	2300
2. 特种铁合金	吨	7650	142191	11	16565
十种有色金属	吨	4070	376416	60726	3706
矿产粗铜	吨	625	14925		26
精炼铜(电解铜)	吨	1680	265126	1	664
铅	吨	2	4606		260
锌	吨	2364	45132	14	2697
镍	吨	4	150		11
锡	吨	17	694		74
原铝(电解铝)	吨	3	60708	60711	
再生铝	吨	760	57150		1426
黄金	千克	310	8056		275
白银(银锭)	千克	14777	752444		20387

1－A－5 续表 14

产品名称	计量单位	年初库存量	本年生产量	本企业自用量及其他	年末库存量
钨	千克	62049	388456		51442
钼	千克	2	75071		11
混合稀土金属	千克	32000	1115370		70000
硅	吨	110	79671	62994	245
单晶硅	千克	51781	2205533	12226	207628
多晶硅	千克	3983	14623		823
稀土化合物	千克		107254		
铜合金	吨	612	32719	5378	1247
锌合金	吨	3731	85281	54	4439
铝合金	吨	6817	223769	3132	6592
硬质合金	吨	31	953		55
稀有稀土金属合金	吨	118	3671		109
铜材	吨	49227	1655993	3140	39520
其中：铜板材	吨	949	40575		1142
铜带材	吨	6529	219309	621	7066
铜箔材	吨	23	1113		40
铜棒材	吨	11116	260409	28	6888
铜管材	吨	4287	105750	339	2876
铜线材	吨	3980	209917	1860	3251
铜盘条(电工用铜线坯)	吨	1375	85435	32	109
铝材	吨	42990	1190640	7881	53497
其中：铝棒材	吨	509	29905		638
铝型材	吨	11345	312901	210	15547
铝板材	吨	7097	267182		7558
铝带材	吨	319	10480		443
铝箔材	吨	520	10568		476
铝管材	吨	1008	20067		527
铝线材	吨	96	21422	29	327
铝盘条(电工用圆铝杆)	吨	435	28183		420
铅材	吨	8	218		8
锌材	吨	179	12600		169
镍材	吨	19	446		66
锡材	吨	4	211		3
钢结构及其产品	吨	82164	2146279	223	111374
预制建筑物(活动房屋)	个		981		
金属制门及其框架、门槛	吨	80023	1671273	409	105321
金属制窗及窗框	吨	3408	143028	12	4393
金属切削工具	万件	2525	43056	2	4641
机床可互换工具	万件	66	1607		18
通用手工具	万把	78477	3605064		84222

1－A－5 续表15

产 品 名 称	计量单位	年 初 库存量	本 年 生产量	本企业 自用量 及其他	年 末 库存量
专用手工具	万把	431768	3544321	41	88287
日常用剪刀	万把	359	3819		529
日常用刀	万把	3002	131094		4674
金属集装箱	立方米	542831	9339986		236634
金属压力容器	吨	2147	118179	1	5700
金属包装容器	吨	17664	250069	5725	17085
金属丝	吨	14508	559273	10343	10254
其中：钢丝	吨	11471	394170	8436	6514
钢丝绳	吨	12016	87774		12729
钢绞线	吨	5025	130345		9877
锁具	万把	2148	69230	226	3534
保险柜	个	181539	1979475	585	191645
搪瓷制品	吨	9662	70697	52	9354
不锈钢日用制品	吨	28278	547014	278	33097
其中：不锈钢制洗涤、卫生器具	吨	18569	275903		15738
厨房用手动机械器具	吨	877	19988		1191
水龙头(水嘴)	只(套)	2890868	93154728	5504	3635312
焊条	吨	12605	575994	712	22052
金属铸造制品	吨	263648	3199400	84	200954
电站锅炉	蒸发量吨	1167	9246		976
工业锅炉	蒸发量吨	1646	22819		3168
锅炉用辅助设备及装置	台	3875	22733		154
发动机	台	86280	4224059	1558	86524
发动机	千瓦	545377	33971205	337086	928392
其中：汽车用发动机	台	15280	845905	1089	18468
汽车用发动机	千瓦	62661	14631135	296200	413724
摩托车用发动机	台	6108	1622572		6192
摩托车用发动机	千瓦	27199	9089559		19979
汽轮机	千瓦	608542	4642858		1033199
其中：电站用汽轮机	千瓦	253200	1019430		235500
水轮机	千瓦	490723	748412		435308
其中：电站水轮机	千瓦	490723	748412		435308
金属切削机床	台	15921	121075	887	20520
其中：车床	台	2435	9905		2746
钻床	台	14	6144		184
磨床	台	1104	4248		1862
铣床	台	30	3097		31
特种加工机床	台	98	631		130
其中：数控金属切削机床	台	3906	30643	12	3634
其中：加工中心	台	261	2336		435

1－A－5 续表16

产品名称	计量单位	年初库存量	本年生产量	本企业自用量及其他	年末库存量
金属成形机床	台	3700	28925	33	5841
金属成形机床	吨	28505	185551	119	40031
其中：锻造机及冲压机械	台	2100	17415		3388
金属加工压力机	台	743	5171	33	1554
弯曲、折叠、矫直或矫平机床	台	7			7
其中：数控金属成形机床(数控锻压设备)	台	99	715		133
数控金属成形机床(数控锻压设备)	吨	85	3935		159
铸造机械	台	948	13456	2	1828
电焊机	台	31517	2100741		39676
工具夹具	件	1129000	18903777	3215	1297575
轻小型起重设备	台	475873	13201711	59	477264
轻小型起重设备	吨	22226	664601	2	18242
其中：手动葫芦	台	40008	600740	57	72354
手动葫芦	吨	1290	19134	2	2228
电动葫芦	台	10987	664067	2	9059
电动葫芦	吨	3932	184926		4088
千斤顶	台	322795	8968431		286380
千斤顶	吨	3561	109942		3404
起重机	台	5127	67814	6	3174
起重机	吨	4604	142981	2320	5011
其中：塔式起重机	台	60	1602		64
塔式起重机	吨	2055	89561	2250	2603
门式起重机(龙门起重机)	台	4	140	4	7
门式起重机(龙门起重机)	吨	192	5147	48	212
桥式起重机	台	49	789	2	31
桥式起重机	吨	559	10460	22	477
电梯、自动扶梯及升降机	台	670	5930233	8	816971
其中：升降机	台	50	26790		61
电梯	台	432	42665		674
自动扶梯	台	60	4570	1	54
自动人行道	台	2	591	1	
电动车辆(电动叉车)	台	3820	215336		4210
内燃叉车	台	2903	65580	11	4408
输送机械(输送机和提升机)	台	4798	93293		2932
输送机械(输送机和提升机)	米	10417	468286		10979
其中：带式输送机	台	217	10704		1513
带式输送机	米	374	81068		562
刮板输送机	台		222		33
刮板输送机	米		8830		330
装卸机械	台	941	25003		806

1－A－5 续表17

产品名称	计量单位	年初库存量	本年生产量	本企业自用量及其他	年末库存量
装卸机械	吨	383	2106		65
给料机械	台	7	114		7
泵	台	1994526	45417125	63309	2359694
其中：真空泵	台	363324	4459950	21370	487296
气体压缩机	台	1622277	19910055	1981	1743288
其中：制冷设备用压缩机	台	1386102	14689445	35	1441467
其中：空调压缩机(功率为3.75kw－7.5kw)	台		32970		2827
冰箱压缩机	台	653722	7828000		654722
阀门	吨	119037	1947043	1282	155007
1. 普通阀门	吨	118202	1907862	1281	154340
2. 真空阀门	吨	835	39181	1	667
液压元件	件	1409498	60593349	20852	1652803
液压系统及装置	套	48839	413243	12	50222
液力机械及装置	台(套)	31294	636824		24419
气动元件	件	4881708	36227047	4163	2882211
滚动轴承	万套	41709	495510	2744	53187
轴承零配件	吨	593607	5416615	100	909846
齿轮传动轴	吨	9994076	96866195		9892206
齿轮	吨	20836	233605	3	26410
钢铁铰接链(工业链条)	吨	48295	629230	80	51447
炉用燃烧器	台	12186	261787		12272
工业电炉	台	91	1112		165
风机	台	152946	2006242	50	155742
其中：离心式通风机	台	3249	304561		1304
鼓风机	台	51510	453305		44649
热交换装置	台	12124	165432	4887	6513
气体分离及液化设备	台	231	4719		323
冷却设备	台	387	17852		451
石油化工用加氢反应器	台	5	43		8
液体真空过滤器	个	4383	2322509		109750
非家用制冷、空调设备	台(套)	41919	701770	1980	25868
其中：制冷设备	台(套)	5066	78012	1725	4635
风动或液压工具	台	235523	6497897	6	298565
电动手提式工具	台	3146051	108904723	21652	4011849
灭火器	台	266316	10284955	800	318928
包装专用设备	台	1837	49172		1733
其中：饮料及液体食品灌装设备	台	38	2812		114
固体产品灌装机、包装机	台	124	4353		197
纸板箱装箱包装机	台	9	3284		12
衡器(秤)	台	673903	16477208	67791	562372

1－A－5 续表 18

产品名称	计量单位	年初库存量	本年生产量	本企业自用量及其他	年末库存量
其中：工业用衡器	台	50242	2076269		56223
商业用衡器	台	7466	1042817		8182
固液分离机	台	128	2366		137
减速机	台	43769	1838113	2795	72347
真空干燥设备	台		201081		50000
金属密封件	万件	299	34720		649
机械密封件	套	3086248	113322987		4133996
金属紧固件	吨	281430	3447539	920	331974
弹簧	吨	12428	122312	7	12834
铸铁件	吨	49254	1087685	2430	66760
铸钢件	吨	43297	717284	7237	59008
锻件	吨	12971	443813	596	18266
粉末冶金零件	吨	5327	74036	1074	7301
采矿专用设备	台	25955	634641		44287
采矿专用设备	吨	3218	64323		5736
石油钻井设备	台(套)	68202	877975	20000	62400
采油设备	台(套)		48330		
挖掘、铲土运输机械	台	616	6978		561
其中：挖掘机	台	56	2798		62
装载机	台	138	463		136
压实机械	台		1680		34
其中：机动压路机	台		1680		34
桩工机械	台	16	203		22
摊铺机械	台		15		
筑路机械	台	21	2158		14
水泥专用设备	吨	782	24201		794
平板玻璃垂直引上机	台		1500		
混凝土机械	台	114	6572		287
其中：混凝土搅拌车	台	19	4593		198
金属冶炼设备	台		59		
金属冶炼设备	吨		610		
其中：连续铸钢设备	台		2		
有色金属冶炼设备	台		57		
金属轧制设备	台	51	3793		80
金属轧制设备	吨	771	19421		1028
炼油、化工生产专用设备	吨	1999	25471	76	3127
炼油、化工生产专用设备	台	5243	29512	14	9130
其中：塔类设备	台	71	932	2	205
橡胶加工专用设备	台	193	4900		195
其中：炼胶机械	台		57		

1－A－5 续表 19

产 品 名 称	计量单位	年 初 库存量	本 年 生产量	本企业自用量及其他	年 末 库存量
橡胶挤出机	台		93		
橡胶压延机械	台		928		
橡胶成形压力机	台	3	318		3
其中：充气轮胎模塑成型机	台		249		
橡胶硫化设备	台	17	2876		30
塑料加工专用设备	台	20358	127419	180	24483
塑料加工专用设备	吨	166307	944110	343	198888
木工机床	台	183	4469	78	259
其中：木工刨床	台	5	68		5
模具	套	300898	3945117	493	404152
其中：金属冲压模具	套	29332	178814		41949
金属铸造模具	套	1304	62479	75	2038
矿物材料用模具	套	86	298		108
乳品加工机械	台	775	477994	50	839
酒及饮料加工机械	台	23	1667		32
烟草加工机械	台(套、条)		12		
粮食加工机械	台	1404	9722		1122
其中：碾米机	台	60	713		23
制糖机械	台		13		
饲料生产专用设备	台	2	59		5
制浆和造纸专用设备	台	68	1394		95
印刷专用设备	台	780	20405		861
印刷专用设备	吨	975	20770		1204
其中：印前设备	台	85	2520		68
印前设备	吨	64	4828		241
印刷机设备	台	171	3064		82
印刷机设备	吨	257	8354		295
化学纺织纤维加工专用机械	台	35181	302139		37980
纺织纤维梳理机	台	9	103		30
细纱机	台	103	1806	3	156
织机	台	3400	58212	15	5003
缝纫机	台	419123	6424402	40569	428696
1. 家用型缝纫机	台	107747	3764954	147	129210
2. 工业用缝纫机	台	311376	2659448	40422	299486
其中：刺绣机(绣花机)	台	601	25962	4	503
铁芯制造专用设备	台	164190	10588300		392790
电子整机装联设备	台		38262		7937
拖拉机	台	7478	112032	18	8208
其中：中型拖拉机	台	2260	20367	14	2845
小型拖拉机	台	5218	91665	4	5363

1－A－5 续表20

产品名称	计量单位	年初库存量	本年生产量	本企业自用量及其他	年末库存量
农林用自装或自卸式挂车	台	2827	4743		1149
土壤耕整机械	台	1717	281523		5931
播种、种植机械	台	812	2558		352
植保机械	台	276170	3346064		400443
农作物收获机械	台	2411	33030	2	5294
其中：联合收割机	台	580	8733	2	702
场上作业机械	台	5	112		8
农作物清洁、分选机械	台		6096		14
医用射线设备	台		82		
医用超声诊断、治疗仪器及设备	台	7922	62505		10598
医用高频仪器设备	台	3120	30400		3330
临床检验分析仪器及诊断系统	台	135284	7539253		425437
环境污染防治专用设备	台(套)	324	11584	7	427
其中：大气污染防治设备	台	124	5806		151
其中：除尘设备	台	75	3464		69
水质污染防治设备	台(套)	102	1439	7	87
固体废弃物处理设备	台	12	240		17
噪音与振动控制设备	台	12	20		17
铁路机车车辆配件及零件	吨	15347	215657	1	17872
汽车	辆	3211	232096	15	1691
乘用车	辆	2461	197064	15	1266
基本型乘用车(轿车)	辆	2461	197064	15	1266
其中：1升＜排量≤1.6升	辆	93	128688	15	908
1.6升＜排量≤2.0升	辆	2368	68376		358
客车	辆	395	13936		151
(1)大型客车(车长＞10米)	辆	97	4090		58
(2)中型客车(7米＜车长≤10米)	辆	46	165		3
(3)轻型客车(车长≤7米)	辆	252	9681		90
载货汽车	辆	331	20336		175
汽车底盘	辆	24	760		99
改装汽车	辆	576	23090		618
其中：改装载货汽车	辆	223	14841		224
改装自卸汽车	辆	46	366		45
改装牵引汽车	辆	35	170		15
改装客车	辆	188	4403		200
改装厢式汽车	辆	29	737		80
改装罐式汽车	辆	11	195		11
汽车车身(包括驾驶室)	辆	21020	137898		15000
挂车、半挂车	辆	2282	47838		2838
机动车(汽车)零配件	千元	4332884	115612598	425244	6399220

1－A－5 续表21

产 品 名 称	计量单位	年 初 库存量	本 年 生产量	本企业 自用量 及其他	年 末 库存量
摩托车整车	辆	90910	2774804	1118	94077
摩托车零部件及配件	千元	505253	12671123	5913	796497
两轮脚踏自行车	辆	289570	12496325	7760	434866
其中：普通型自行车	辆	99978	2691836	13	190940
运动型自行车	辆	450	32320		590
特种脚踏自行车	辆	8	3806		294
电动自行车	辆	159204	2524066	225	164349
民用钢质船舶	载重吨	708799	5992004		924215
钢质机动货船	载重吨	475300	5131699		699557
钢质机动非货船	载重吨	233499	751866		224658
钢质驳船	载重吨		48500		
船舶修理	载重吨	373236	38805517		504548
其中：船舶改装	载重吨	26200	143500		20500
发电机	台	194989	3306829	321	227871
其中：交流发电机	台	162540	2647849		197786
直流发电机	台	1679	105816	320	3524
发电机组(发电设备)	台	4719	105827		1845
发电机组(发电设备)	千瓦	611839	4570917		996477
其中：水轮发电机组	台	72	14509		81
水轮发电机组	千瓦	328825	3146456		593475
汽轮发电机	台	44	125		43
汽轮发电机	千瓦	267500	992640		312000
内燃发电机组	千瓦	5172	273127		9855
直流电动机	千瓦	509605	13689858	5399	534787
交流电动机	千瓦	898939	27618852	144281	817199
微电机	万台	1477	54852	107	2436
其中：控制微电机	万台	52	6398		43
驱动微电机	万台	217	7225		388
变压器	台	221881	10119939	844	350794
变压器	千伏安	6885732	66929031	2435	8857735
其中：电力变压器	台	27510	543437	6	25192
电力变压器	千伏安	6427190	57107135	2400	8440917
其中：电力变压器(额定容量≥8000kVA)	台	453	2909		475
电力变压器(额定容量≥8000kVA)	千伏安	1788153	21604912		2394125
其中:电力变压器(额定容量≥8000kVA,电压≥500kV)	台	110	1191		62
电力变压器(额定容量≥8000kVA,电压≥500kV)	千伏安	261017	2418108		514013
电力变压器(额定容量≥8000kVA,220kV≤电压<500kV)	台	260	909		314
电力变压器(额定容量≥8000kVA,220kV≤电压<500kV)	千伏安	497136	3440267		318612
电力变压器(额定容量≥8000kVA,110kV≤电压<220kV)	台	23	122		25
电力变压器(额定容量≥8000kVA,110kV≤电压<220kV)	千伏安	235000	1245000		270000

1－A－5　续表22

产品名称	计量单位	年初库存量	本年生产量	本企业自用量及其他	年末库存量
电力变压器(5000kVA<额定容量<8000kVA)	台	52	198		55
电力变压器(5000kVA<额定容量<8000kVA)	千伏安	327600	1196900		346600
电力变压器(额定容量≤5000kVA)	台	6656	41606		5510
电力变压器(额定容量≤5000kVA)	千伏安	1545505	12375162		1620353
互感器	台	463508	8846455	119	316553
其中：电压互感器,额定容量≤16kVA	台	111954	563352		11461
电压互感器,额定容量>16kVA	台	307	2350		205
静止式变流器	台	386414	5906632		637097
电感器	台	29271	2658208		35345
电力电容器	千乏	8541138	189913958	339995	8898084
电力电容器成套装置	套	353753	7348344		107332
配电或电器控制设备(11万伏以下)	台(套、面)	12669580	441043597	2310222	27018907
其中：高压电路开关、保护电器装置	台(套)	584014	9262308	234	1394965
高压开关板	面	2942	61232		3401
漏电断路器	台	1006710	32666316	794	971631
低压开关板	面	42517	959853		49738
高压开关设备(11万伏以上)	台	1932	28813	146	3128
其中：550kV(含330kV)及以上全封闭组合电器(GIS)	间隔		23		
126kV六氟化硫断路器	台		27		
安全、自动化监控设备	台(套)	1076	183257		1044
电力半导体器件(5A以上)	万个	64	2423	1	48
电力微电子组件	万个	10700	201420		12007
电力集成电路	万块	200	2017		188
继电器	万个	528286	11619278	81	665199
电线	千米	205437	8787659	30906	259708
通信及电子网络用电缆	对千米	1364324	34285777	298	1399906
电力电缆	千米	177398	2686470	45	170934
裸铜线	吨	19473	176833		4175
漆包绕组线	吨	10497	182516		9084
电子元器件引线	吨	2220	10006984	20	173439
裸铝线	吨	5637	212896		12762
光纤	千米	645	6853	782	255
光缆	芯千米	330726	10147511	35620	489952
绝缘制品	吨	7480	225487		7042
其中：电气绝缘子(玻璃、陶瓷制除外)	吨	250	2152		125
电气设备用绝缘配件	吨	1246	17577		1313
铅酸蓄电池	千伏安时	384785	18615470	513	514546
其中：电动自行车用铅酸蓄电池	千伏安时	181777	8679046		301459
用于起动活塞发动机铅酸蓄电池	千伏安时	49560	820731		17436
碱性蓄电池	只(自然只)	15884012	65495712	1000	22432375

1－A－5 续表23

产 品 名 称	计量单位	年 初 库存量	本 年 生产量	本企业 自用量 及其他	年 末 库存量
其中：氢镍蓄电池	只(自然只)	15293830	56533017		21757631
锂离子电池	只(自然只)	2250008	24722325	153362	2726187
原电池及原电池组(折R20标准只)	万只	957041	922140	407	950770
其中：碱性锌锰原电池(组)	万只	9247	254632	43	7040
锂的原电池(组)	万只		403		18
太阳能电池	千瓦	9338	218662	417	21212
家用电冰箱	台	414741	6777418	20273	532883
其中：双门电冰箱	台	81380	1311976	35	82079
单门电冰箱	台	15574	348257		36439
家用冷柜(家用冷冻箱)	台	143832	3073012	16251	157229
家用冷藏箱	台	54950	115971	20	77501
房间空气调节器	台	756997	3727906	140	726489
其中：整体式房间空气调节器	台	1300	35000		1300
分体式房间空气调节器	台	535668	2482356		540957
家用电风扇	台	490215	8434447	10435	481300
其中：台扇	台	918	150298	100	1869
落地扇	台	633	614556	200	711
吊扇	台	91358	671380	68	81059
家用吸排油烟机	台	171251	3917617	15	229970
家用电热烹调器具	个	531379	18054095	6022	773479
其中：电饭锅	个	43145	800004	750	75966
家用电热烘烤器具	个	1410566	38463188	132	2018648
电咖啡壶	个	34010	1143838	2003	32413
电水壶	个	1275820	32813361	26568	1587401
电冷热饮水机	台	616660	8229214	53	867357
家用电炉灶	个	238994	8839641		686965
电磁炉	台	170519	6335995		594895
家用食品加工电动器具	个	336129	13113947	2500	426195
家用洗衣机	台	854294	15917779	62355	1000170
其中：全自动洗衣机	台	1030	143940		2439
其中：波轮式全自动洗衣机	台	1030	143940		2439
半自动双缸洗衣机	台	12302	2219380	315	31302
家用电热水器	台	120304	694758		140607
家用吸尘器	台	614844	16283367	7298	522950
电吹风机	万个	13580	1216775		23312
电动剃须刀	万个	1048	6110	3	1140
电暖气	台	515100	19828190	1230	731353
电熨斗	万个	160	5891	1	269
家用燃气用具	台	218251	4163662	3	202013
其中：家用燃气灶具	台	213285	3852590	3	180367

1－A－5 续表 24

产 品 名 称	计量单位	年初库存量	本年生产量	本企业自用量及其他	年末库存量
家用燃气热水器	台	3130	79518		6331
太阳能热水器	台	13571	610674	44	14564
电光源	万只	22041	721230	261	31510
其中：白炽灯泡	万只	4054	62399	1	6063
荧光灯	万只	2722	120824	201	4696
其中：紧凑型荧光灯	万只	896	31072		1706
钠蒸汽灯	万只	1	8		1
金属卤化物灯	万只	37	2021	3	34
灯具及照明装置	套(台、个)	51498134	707504733	655419	59043598
其中：室内照明灯具	套	3027774	37612717	265	3321551
其中：嵌入灯	套(个)	59344	4932566	28	29495
户外照明用灯具及装置	套	1755518	58824815	979	2092392
其中：街灯及照明装置	台	184470	8857379	71	216699
灯用镇流器	万个	731	11568		895
光端机	部	2052	67729		1030
光缆中继设备	部	2000	100000		12000
光纤放大器	部	15508	115376	5161	11767
卫星地面接收机	部		1130090	4119	88317
GPS接收机	部	3018	86350		563
微波收发通信机	部		429268		8676
微波终端机	部	20			20
数字程控交换机	线	43511	1162272		37771
光交换机	台	100	10186		290
电话单机	部	14088	84602		36754
其中：特种电话机	部	178	19830		228
移动通信基站设备	信道	5031	51968		6007
移动通信基站天线	套	1456	3725		1522
移动通信手持机(手机)	台	1159408	30406576		1095720
移动通信核心网分组域设备	套	8	1932		298
雷达设备	台	1	63		
音频节目制作和播控设备	部	2289	287671		2425
其中：调音台	部	560	71581		218
广播发射设备	台	3	15		3
电视发射设备	台	4211	67715	5179	1934
视听节目制作及播控设备	部	7201	1023499		9838
卫星电视接收转发设备	台	115885	2644204	794	216960
电视接收机顶盒	台	7048	1782937		15516
大屏幕电子显示系统	台	7706	20974		1774
电子计算机整机	台	3922	1062294	46	8785
微型计算机设备	台	3922	1062294	46	8785

1－A－5 续表25

产 品 名 称	计量单位	年初库存量	本年生产量	本企业自用量及其他	年末库存量
其中：台式微型计算机	台	385	3087		385
笔记本计算机	台	3537	1053407	46	8400
网络控制设备	台	21089	90477		30690
网络接口和适配器	台	222212	5051205		12096
网络连接设备	台	3484	1306237		14379
其中：路由器	台	1	132874		1
网络检测设备	台		165		36
显示器	台	1209160	13575274	17840	881664
1. 单色显示器(CRT)	台				
2. 彩色显示器(CRT)	台	285990	10053514	8038	72349
3. 平板显示器	台	923170	3521760	9802	809315
打印机	台		1673		
外存储设备及部件	台(个)	3745	72000		4746
其中：光盘存储器	台	3745	72000		4746
网络存储设备	台		104705		2546
电子管	只	228600	2379400		100000
彩色显像管	只	4264000	100453000		1852000
真空开关管	只	155339	13630222		240205
半导体分立器件	万只	241263	1958464	153	198584
其中：半导体二极管	万只	8716	81359		11130
敏感元件及传感器	万只	11785	146454		9179
集成电路	万块	44005	238533	34	53000
集成电路圆片	万片	33	214	19	23
智能卡芯片及电子标签芯片	万只	5	1435		33
光电子器件	万只(片、套)	91051	552258	5065	135091
其中：电子束光电器件	万只	290	4160		350
半导体光电器件	万只	84024	163571	6	92294
其中：发光二极管(LED)	万只	80182	140752	6	89831
液晶显示屏	万片	225	39418		354
液晶显示模组	万套	37	2016314	39	17498
激光器件	万只	47	7323	322	84
电子元件	万只	1446988	9304261	18326	1642492
其中：片式元件	万只	6403	69614	55	8762
射频元器件	万只	159	3074	4	152
电声器件	万只	3359	324149	158	7248
磁性材料元件	万只	43456	493276	38128	45100
其中：金属软磁元件	万只	4684	107860		5154
印制电路板	平方米	362026	8565723		422599
其中：刚性印制电路板	平方米	46896	1129806		47932
彩色电视机	台	186502	3604493	133	352236

1－A－5 续表 26

产 品 名 称	计量单位	年 初 库存量	本 年 生产量	本企业自用量及其他	年 末 库存量
其中：显像管彩色（CRT）电视机	台	132746	620061		153358
液晶（LCD）电视机	台	22679	1559103	133	25503
黑白电视机	台	19808	116159		
家用摄录像机	台	3477	83820		848
数字激光音、视盘机	台		872		
收音机	台		151764		
组合音响	台	110810	2146685	10357	144250
数字化多媒体组合机	台	2635	66016		4830
半导体存储器播放器（含MP3、MP4）	个	1448			158
工业自动调节仪表与控制系统	台（套）	246299	1988853		211946
1. 工业自动调节仪表	台	35840	525326		30973
2. 工业自动控制系统	台（套）	205180	598145		167633
其中：分散型控制系统（DCS系统）	台（套）	40	30		28
可编程控制系统（PLC系统）	台（套）	2310	21607		2454
3. 楼宇控制系统	台（套）	1	459		2
4. 其他形式的自动控制系统	台（套）	5278	864923		13338
电工仪器仪表	台	3501614	76654887	45	4750337
其中：电能表	台	399191	36288266	35	970568
量具	万件	2423	13649		2405
量仪	台	16123	169735		28318
工业仪表	台（个）	3677653	56332419	1525	2759411
其中：温度测量仪表	台	2104267	14485392		1341639
压力测量仪表	台	206379	6861055		73306
流量测量仪表	台	961200	15445342		903220
其中：煤气表	个	168851	1019163		240015
水表	个	685447	11285839		632442
物位/液位测量仪表	台	471	28053		368
执行器	台	156	33743	25	387
分析仪器及装置	台（套）	830	7643		1223
其中：光学分析仪器	台（套）		15		1
物性分析仪器	台（套）		75		
色谱仪器	台（套）	122	1996		53
试验机	台	175	1477	5	114
环境监测专用仪器仪表	台	55	5761		52
汽车仪器仪表	台	458120	10352721		309231
钟	只	442690	26661176	1000	637023
其中：石英钟	只	41155	917391		49233
机械钟	只	168270	1187984		168750
表	只	168415	6476209	58906	145809
其中：石英电子表	只	1682	4794552		1902

1－A－5 续表27

产 品 名 称	计量单位	年初库存量	本年生产量	本企业自用量及其他	年末库存量
光学仪器	台(个)	381417	7237720		524635
其中：显微镜	台	18397	356811		19621
眼镜成镜	副	24256250	458459429	580516	32544456
眼镜片	片	73858533	912574296	16154328	102221128
眼镜框架	副	1819186	54326604	204651	2092840
照相机	台	170667	1651652	6	132953
1. 通用照相机	台	45332	22230	6	
2. 数码照相机	台	125335	1629422		132953
复印和胶版印制设备	台	119	8986	7	941
电子计算器	台	185012	4260270		286566
自动柜员机(ATM机)	台	421	3089		442
税控机	台	5542	54121		7990
雕塑工艺品	千元	30637	1495156	1441	37421
金属工艺品	千元	61592	2247282	4048	75189
漆器工艺品	千元	54914	1163492	13	65951
花画工艺品	千元	219392	675299	191549	51572
天然植物纤维编织工艺品	千元	4878	315489	353	8862
抽纱刺绣工艺品	千元	121411	4596034	3258	241957
手工地毯、挂毯	平方米	17	1391360		4108
机制地毯、挂毯	平方米	1527632	45259020	885	1708108
贵金属首饰	千元	516289	3468348	4018	380459
牙刷	万把	129	8505		135
漆刷及类似刷	万把	673188	6965759		838760
伞类制品	把	22709465	313627469	261964	20768608
打火机	万个	35649	545433	570	30199
拉链	万米	45981	1164580	4288	86639
熔炼用废钢	吨	40365	744087	34	43659
熔炼用废铁	吨	16890	334527		21532
发电量	万千瓦小时	125	18614279	1452317	55
其中：火力发电量	万千瓦小时		15180503	1406744	
水力发电量	万千瓦小时	1	1013511	8379	2
核能发电量	万千瓦小时		2299399	19308	
风力发电量	万千瓦小时		5521	14	
售电量	万千瓦小时		24104775	109152	
供电量	万千瓦小时		23021986	545276	1749
供热总量	万吉焦		38500813	1599998	
人工煤气供应总量	万立方米		1086		
天然气供应量	万立方米	67	41350	7	135
液化石油气供应总量	万吨	...	10		...
自来水生产量	万立方米		399368	22413	1387

1-A-6 规模以上工业主要产品生产能力、产量、能力利用率情况

产品名称	计量单位	企业数（个）	本年生产量	年初生产能力	年末生产能力	能力利用率（%）
原煤	吨	1	131000	120000	120000	109.16
卷烟	万支	2	7609942	7565886	8165886	96.74
棉纺锭/纺纱量	锭/吨	380	1346936.53	6450679.31	6696687.81	20.48
气流纺锭/纺纱量	头/吨	116	284371.23	533966.91	530944.91	53.40
棉布织机/布	台/万米	1946	1341320.15	315955.74	327764.53	416.74
原油加工能力/原油加工量	吨/吨	4	20348604	21570000	21570000	94.33
焦炭	吨	3	1662085.26	1700000	1700000	97.76
碳化钙（电石，折300升/千克）	吨	1	87940	82000	82000	107.24
农用氮、磷、钾化学肥料总计（折纯）	吨	25	468539.23	780248	797198	59.40
化学纤维	吨	417	11188051.18	12534673.45	13850322.09	84.80
水泥熟料	吨	69	58964645.37	72517000	72285164	81.44
其中：窑外分解窑熟料	吨	63	57480194.37	69630000	69493164	82.63
立窑熟料	吨	1	33487	150000		44.64
中空窑熟料	吨	3	488611	2092000	2147000	23.05
水泥	吨	212	101542620.45	147533500	150737400	68.08
平板玻璃	重量箱	7	43224884.60	34985440	44455200	108.82
其中：浮法玻璃	重量箱	5	41592757	33360000	42720000	109.33
平拉玻璃	重量箱	1	207289.60	125440	235200	114.95
生铁	吨	8	4736506.33	4108608	5608696	97.48
粗钢	吨	59	9565713.52	8077272.70	11778173.70	96.35
钢材	吨	605	19626075.59	26829153.46	29285769.62	69.94
铁合金	吨	25	190731.50	272262.85	292538.89	67.53
原铝（电解铝）	吨	1	60707.86	120000	120000	50.58
金属切削机床	台	132	121932	172993	173065	70.46
汽车	辆	12	243849	357150	378860	66.26
其中：基本型乘用车（轿车）	辆	4	197064	275000	301000	68.42
家用电冰箱	台	36	7038359	9092500	10527800	71.74
房间空气调节器	台	21	3727906	6412630	6490570	57.78
家用洗衣机	台	46	15917779	21433466	23497700	70.85
移动通信手持机（手机）	台	11	30406576	52202269	56702269	55.84
电子计算机整机	台	3	1062294	1377800	1131207	84.67
其中：微型计算机设备	台	3	1062294	1377800	1131207	84.67
彩色电视机	台	11	3604493	5217000	6645000	60.77
发电设备容量总计/发电量	万千瓦/万千瓦小时	328	18646529.41	3870.15	4119.59	

1－A－7 全部工业企业主要经济指标

单位：个、万元、人

指标名称	企业数	亏损企业	工业总产值（当年价）	固定资产原价	所有者权益合计
总 计	**224585**	**29127**	**453388741**	**172874994**	**156422640**
一、按轻重工业分					
轻工业	106335	14446	190743663	67088479	67369473
重工业	118250	14681	262645078	105786515	89053167
二、按登记注册类型分					
内 资	**211774**	**25120**	**341009516**	**129348545**	**112094403**
国 有	610	193	26217859	23014901	10759253
集 体	2489	389	1939476	869520	879101
股份合作企业	6937	521	4870662	1453607	1556921
联营企业	102	29	202817	202935	75536
国有联营	9	1	6507	19923	9832
集体联营	74	22	81988	133839	36219
国有与集体联营	9	2	73345	30903	9562
其他联营	10	4	40977	18270	19923
有限责任公司	11226	1865	66486792	34087011	25129901
国有独资公司	93	35	1610106	1907953	1531040
其他有限责任公司	11133	1830	64876687	32179058	23598861
股份有限公司	1128	174	32567957	9914779	11439905
私营企业	188472	21877	207573456	59277658	61826659
私营独资	74922	6530	26564558	7049465	7006554
私营合伙	14687	1219	5754206	1600105	1722341
私营有限责任公司	97108	13855	164823081	48412877	50296164
私营股份有限公司	1755	273	10431611	2215210	2801600
其 他	810	72	1150496	528134	427127
港澳台商投资	**5726**	**1761**	**48979930**	**18516031**	**19435431**
与港澳台商合资经营	3065	810	30582482	10784383	10531940
与港澳台商合作经营	102	21	755536	459303	325075
港澳台商独资	2430	893	16642609	6755505	8101213
港澳台商投资股份有限公司	129	37	999303	516842	477204
外商投资	**7085**	**2246**	**63399295**	**25010417**	**24892806**
中外合资经营	3869	1029	34703562	12115035	12129422
中外合作经营	146	34	1135493	458361	401277
外资企业	2968	1158	24927244	11256112	11250246
外商投资股份有限公司	102	25	2632996	1180910	1111861
三、按控股情况分					
国有控股	1147	353	53327393	45756346	21160018
集体控股	4261	731	11810076	5060823	4479916
私人控股	209600	24898	304877139	89029143	96075476
港澳台商控股	3973	1323	31182356	12494288	13834900
外商控股	4642	1634	43193728	17287257	17680228

1－A－7 续表1－1 单位：个、万元、人

指 标 名 称	企业数	亏损企业	工业总产值（当年价）	固定资产原价	所有者权益合计
其 他	962	188	8998050	3247136	3192101
四、按国民经济行业(门类、大类、中类、小类)分					
采矿业	**1399**	**160**	**1938452**	**745087**	**718172**
煤炭开采和洗选业	13	2	80117	95286	25999
烟煤和无烟煤的开采洗选	1	1	77125	94434	25210
烟煤和无烟煤的开采洗选	1	1	77125	94434	25210
其他煤炭采选	12	1	2993	852	789
其他煤炭采选	12	1	2993	852	789
黑色金属矿采选业	13	1	253108	49467	126630
铁矿采选	12	1	252976	49439	126615
铁矿采选	12	1	252976	49439	126615
其他黑色金属矿采选	1		132	28	15
其他黑色金属矿采选	1		132	28	15
有色金属矿采选业	64	13	310176	67401	124754
常用有色金属矿采选	38	7	225762	47044	74227
铜矿采选	10	2	138486	30324	52003
铅锌矿采选	26	5	86594	16592	22075
锑矿采选	1		427	98	99
铝矿采选	1		255	30	50
贵金属矿采选	4		3757	2363	2949
金矿采选	2		1725	1829	1977
银矿采选	1		1660	499	909
其他贵金属矿采选	1		372	34	64
稀有稀土金属矿采选	22	6	80657	17994	47578
钨钼矿采选	21	6	74489	12821	42274
放射性金属矿采选	1		6168	5173	5304
非金属矿采选业	1306	144	1294246	532715	440711
土砂石开采	1185	118	1219944	484133	424422
石灰石、石膏开采	157	20	142754	59027	48968
建筑装饰用石开采	372	35	502695	179277	143090
耐火土石开采	116	9	130064	26982	45331
粘土及其他土砂石开采	540	54	444432	218848	187033
化学矿采选	7	2	10224	13466	－3431
化学矿采选	7	2	10224	13466	－3431
采 盐	25	14	6445	8051	6109
采 盐	25	14	6445	8051	6109
石棉及其他非金属矿采选	89	10	57632	27064	13611
其他非金属矿采选	86	9	56678	26326	12518
石棉、云母矿采选	1		236	700	700
石墨、滑石采选	1		492	28	25

1－A－7 续表1－2

单位：个、万元、人

指标名称	企业数	亏损企业	工业总产值（当年价）	固定资产原价	所有者权益合计
宝石、玉石开采	1	1	226	11	368
其他采矿业	3		805	219	78
其他采矿业	3		805	219	78
其他采矿业	3		805	219	78
制造业	**219644**	**28366**	**423553796**	**133790174**	**141663891**
农副食品加工业	3730	548	7188984	1897841	1830569
谷物磨制	202	36	321240	68253	48495
谷物磨制	202	36	321240	68253	48495
饲料加工	372	50	1148426	225456	221979
饲料加工	372	50	1148426	225456	221979
植物油加工	151	30	1161510	187660	145092
食用植物油加工	133	26	1150792	184105	142491
非食用植物油加工	18	4	10718	3555	2601
屠宰及肉类加工	508	97	810358	184579	222038
畜禽屠宰	145	41	259638	58688	48421
肉制品及副产品加工	363	56	550720	125891	173617
水产品加工	1178	204	2425207	747780	650594
水产品冷冻加工	851	144	1978554	574032	459315
鱼糜制品及水产品干腌制加工	184	39	299129	121341	140901
水产饲料制造	123	17	124953	42593	41576
鱼油提取及制品的制造	3	1	4115	2719	2002
其他水产品加工	17	3	18457	7095	6800
蔬菜、水果和坚果加工	1006	86	966357	340694	398136
蔬菜、水果和坚果加工	1006	86	966357	340694	398136
其他农副食品加工	307	43	354508	143059	143704
淀粉及淀粉制品的制造	73	9	45927	20430	21945
豆制品制造	108	22	120784	52376	40088
蛋品加工	56	3	72276	14451	17487
其他未列明的农副食品加工	70	9	115522	55803	64184
制 糖	6	2	1378	359	533
制 糖	6	2	1378	359	533
食品制造业	1641	326	3280573	1265177	1244614
焙烤食品制造	366	65	317358	166515	139570
糕点、面包制造	270	55	128750	43325	44583
饼干及其他焙烤食品制造	96	10	188607	123190	94987
糖果、巧克力及蜜饯制造	150	22	206021	85662	117602
糖果、巧克力制造	61	10	122009	68034	71740
蜜饯制作	89	12	84012	17628	45862
方便食品制造	216	43	806951	268490	245653
米、面制品制造	126	21	100276	48549	43285

1-A-7 续表1-3

单位：个、万元、人

指 标 名 称	企业数	亏损企业	工业总产值（当年价）	固定资产原价	所有者权益合计
速冻食品制造	53	15	116914	66049	59749
方便面及其他方便食品制造	37	7	589761	153892	142618
液体乳及乳制品制造	48	12	195425	98423	78550
液体乳及乳制品制造	48	12	195425	98423	78550
罐头制造	236	56	627039	203731	207395
肉、禽类罐头制造	10	2	32750	8535	7687
水产品罐头制造	12	5	39093	25837	13956
蔬菜、水果罐头制造	208	48	430997	151704	132417
其他罐头食品制造	6	1	124200	17655	53335
调味品、发酵制品制造	210	40	255636	173954	123739
味精制造	41	10	80730	77272	34348
酱油、食醋及类似制品的制造	92	21	84759	52640	32904
其他调味品、发酵制品制造	77	9	90147	44043	56487
其他食品制造	415	88	872144	268402	332106
营养、保健食品制造	156	44	243499	81879	120477
冷冻饮品及食用冰制造	68	12	85365	45764	34506
盐加工	5	1	11324	3480	4893
食品及饲料添加剂制造	147	29	515483	132782	167086
其他未列明的食品制造	39	2	16473	4497	5143
饮料制造业	2138	259	4165956	2025415	1889359
酒精制造	3	1	7264	4732	1047
酒精制造	3	1	7264	4732	1047
酒的制造	556	87	1096784	944873	742872
白酒制造	121	14	58778	36989	37094
啤酒制造	49	22	561153	590029	293600
黄酒制造	328	46	439065	298809	394387
其他酒制造	48	3	34796	17148	15704
葡萄酒制造	10	2	2993	1897	2087
软饮料制造	705	99	2321538	871980	905240
碳酸饮料制造	22	4	436358	147384	116673
瓶（罐）装饮用水制造	541	71	383487	235877	148345
果菜汁及果菜汁饮料制造	49	13	100353	66718	41622
含乳饮料和植物蛋白饮料制造	25	4	418251	125266	273912
固体饮料制造	41	5	44014	23944	28778
茶饮料及其他软饮料制造	27	2	939075	272790	295911
精制茶加工	874	72	740369	203831	240200
精制茶加工	874	72	740369	203831	240200
烟草制品业	5		2161197	610889	1987917
卷烟制造	2		2148366	602101	1974913

1-A-7 续表1-4

单位：个、万元、人

指 标 名 称	企业数	亏损企业	工业总产值（当年价）	固定资产原 价	所有者权益合 计
卷烟制造	2		2148366	602101	1974913
其他烟草制品加工	2		12479	8488	12610
其他烟草制品加工	2		12479	8488	12610
烟叶复烤	1		353	300	394
烟叶复烤	1		353	300	394
纺织业	24019	3395	49682923	19500355	16507709
棉、化纤纺织及印染精加工	8147	1154	24672391	10560359	7840013
棉、化纤纺织加工	6695	903	16178528	6433159	5096449
棉、化纤印染精加工	1452	251	8493862	4127201	2743564
毛纺织和染整精加工	690	99	1342262	594577	511761
毛条加工	63	13	256390	102967	101046
毛纺织	480	65	911911	355862	335572
毛染整精加工	147	21	173961	135748	75143
麻纺织	52	14	157738	87794	88384
麻纺织	52	14	157738	87794	88384
丝绢纺织及精加工	1909	328	4309681	1718474	1422005
缫丝加工	187	85	445536	156027	95837
绢纺和丝织加工	1579	209	3536746	1329593	1176891
丝印染精加工	143	34	327400	232855	149276
纺织制成品制造	5160	693	7600868	2715462	2681436
棉及化纤制品制造	1930	297	3209277	1065758	1071825
毛制品制造	166	24	410276	137760	111756
麻制品制造	28	2	17728	3150	4292
丝制品制造	511	78	977579	296097	344354
绳、索、缆的制造	233	28	138369	38178	41711
纺织带和帘子布制造	766	71	936844	412399	368116
无纺布制造	725	85	1135353	469598	388541
其他纺织制成品制造	801	108	775442	292523	350843
针织品、编织品及其制品制造	8061	1107	11599984	3823689	3964110
棉、化纤针织品及编织品制造	5566	806	8598759	2692370	2892415
毛针织品及编织品制造	1534	182	1607190	666800	573611
丝针织品及编织品制造	349	62	958848	323258	367921
其他针织品及编织品制造	612	57	435188	141262	130164
纺织服装、鞋、帽制造业	9950	1833	16569286	4661756	5578448
纺织服装制造	9232	1737	16124137	4540389	5449235
纺织服装制造	9232	1737	16124137	4540389	5449235
纺织面料鞋的制造	479	62	313489	81930	95268
纺织面料鞋的制造	479	62	313489	81930	95268
制 帽	239	34	131659	39436	33945

1－A－7 续表1－5

单位：个、万元、人

指标名称	企业数	亏损企业	工业总产值（当年价）	固定资产原价	所有者权益合计
制帽	239	34	131659	39436	33945
皮革、毛皮、羽毛(绒)及其制品业	6609	625	12283475	2467642	3266116
皮革鞣制加工	373	41	1713549	439547	720798
皮革鞣制加工	373	41	1713549	439547	720798
皮革制品制造	5261	441	9095984	1763515	2152222
皮鞋制造	2779	107	5834384	1068660	1368915
皮革服装制造	604	118	1014883	169219	217750
皮箱、包(袋)制造	1415	163	1568604	338794	356876
皮手套及皮装饰制品制造	298	31	271018	56409	82738
其他皮革制品制造	165	22	407094	130433	125943
毛皮鞣制及制品加工	729	90	411444	90315	127419
毛皮鞣制加工	33	3	51784	18546	15897
毛皮服装加工	155	20	184487	45262	60142
其他毛皮制品加工	541	67	175173	26507	51380
羽毛(绒)加工及制品制造	246	53	1062497	174266	265677
羽毛(绒)加工	82	17	94130	20920	28919
羽毛(绒)制品加工	164	36	968367	153345	236758
木材加工及木、竹、藤、棕、草制品业	3742	445	4493703	1055818	1285727
锯材、木片加工	450	40	232983	42792	59102
锯材加工	280	19	119791	24787	36630
木片加工	170	21	113191	18005	22472
人造板制造	839	127	1668657	459738	545431
胶合板制造	521	73	1091366	252081	317828
纤维板制造	40	9	168018	108954	89563
刨花板制造	34	6	41526	6344	13951
其他人造板、材制造	244	39	367748	92360	124090
木制品制造	1462	165	1855121	357394	469166
建筑用木料及木材组件加工	592	69	1502420	266477	366343
木容器制造	429	38	141177	28420	35742
软木制品及其他木制品制造	441	58	211524	62497	67081
竹、藤、棕、草制品制造	991	113	736942	195894	212028
竹、藤、棕、草制品制造	991	113	736942	195894	212028
家具制造业	2603	466	4978496	1534941	1733736
木质家具制造	1448	261	1656918	641821	681630
木质家具制造	1448	261	1656918	641821	681630
竹、藤家具制造	68	14	55225	19591	18509
竹、藤家具制造	68	14	55225	19591	18509
金属家具制造	719	121	2169789	542618	685864
金属家具制造	719	121	2169789	542618	685864

1－A－7　续表1－6　　单位：个、万元、人

指　标　名　称	企业数	亏损企业	工业总产值（当年价）	固定资产原　价	所有者权益合　计
塑料家具制造	84	15	123182	29237	35258
塑料家具制造	84	15	123182	29237	35258
其他家具制造	284	55	973382	301675	312476
其他家具制造	284	55	973382	301675	312476
造纸及纸制品业	6814	803	9961709	4987213	3794497
纸浆制造	26	5	26162	16261	11649
纸浆制造	26	5	26162	16261	11649
造　纸	1294	249	5600760	3458138	2216652
机制纸及纸板制造	989	202	5333479	3355551	2127778
手工纸制造	23	3	8895	3147	2372
加工纸制造	282	44	258385	99440	86503
纸制品制造	5494	549	4334788	1512814	1566196
纸和纸板容器的制造	4588	430	3341169	1134330	1192119
其他纸制品制造	906	119	993619	378485	374077
印刷业和记录媒介的复制	7042	705	3958312	2202807	2115998
印　刷	6530	652	3739211	2079742	2002121
书、报、刊印刷	994	125	550565	452312	341994
本册印制	557	57	330766	126191	145450
包装装潢及其他印刷	4979	470	2857880	1501240	1514678
装订及其他印刷服务活动	497	51	145813	75396	81180
装订及其他印刷服务活动	497	51	145813	75396	81180
记录媒介的复制	15	2	73288	47670	32696
记录媒介的复制	15	2	73288	47670	32696
文教体育用品制造业	4407	567	4737204	1397690	1783282
文化用品制造	1980	215	1739880	555493	651711
文具制造	775	111	675443	225163	243467
笔的制造	929	70	753291	259356	241491
教学用模型及教具制造	144	19	255812	50754	141720
墨水、墨汁制造	13	3	5206	1687	4282
其他文化用品制造	119	12	50128	18534	20751
体育用品制造	878	146	1028149	323054	369085
球类制造	83	6	102559	33746	32041
体育器材及配件制造	279	51	261945	93578	107271
训练健身器材制造	306	50	415003	105627	146571
运动防护用具制造	49	13	60802	34064	24605
其他体育用品制造	161	26	187841	56040	58596
乐器制造	134	22	221597	82399	127436
中乐器制造	14	5	3125	1176	4942
西乐器制造	61	8	133669	50985	73311

1-A-7 续表1-7

单位：个、万元、人

指 标 名 称	企业数	亏损企业	工业总产值（当年价）	固定资产原价	所有者权益合计
电子乐器制造	5	1	13294	2612	9847
其他乐器及零件制造	54	8	71509	27626	39336
玩具制造	1169	147	1339402	332209	478582
玩具制造	1169	147	1339402	332209	478582
游艺器材及娱乐用品制造	246	37	408177	104536	156467
露天游乐场所游乐设备制造	130	11	254226	52853	83815
游艺用品及室内游艺器材制造	116	26	153951	51683	72653
石油加工、炼焦及核燃料加工业	198	36	11089986	1978758	952658
精炼石油产品的制造	195	35	10900218	1951031	958710
原油加工及石油制品制造	187	35	10898142	1949835	957831
人造原油生产	8		2075	1196	879
炼 焦	3	1	189769	27727	-6052
炼 焦	3	1	189769	27727	-6052
化学原料及化学制品制造业	6739	999	27713156	10705151	9891190
基础化学原料制造	990	159	5071452	2813452	1844715
无机酸制造	86	15	299570	153450	149250
无机碱制造	40	4	360988	200766	130526
无机盐制造	299	30	336122	102939	109585
有机化学原料制造	372	68	3585777	1979523	1188724
其他基础化学原料制造	193	42	488996	376774	266630
肥料制造	153	36	417744	270003	148455
氮肥制造	24	3	286113	209808	101119
磷肥制造	22	4	18506	8026	5946
复混肥料制造	46	7	84546	33338	34279
有机肥料及微生物肥料制造	48	18	9492	7019	5614
其他肥料制造	13	4	19088	11813	1497
农药制造	119	19	1653000	509480	758732
化学农药制造	98	15	1495837	395422	622875
生物化学农药及微生物农药制造	21	4	157162	114058	135858
涂料、油墨、颜料及类似产品制造	1782	253	4178813	1071161	1678287
涂料制造	1160	162	1182522	300868	476999
油墨及类似产品制造	171	26	234138	74469	125853
颜料制造	113	20	314127	122351	123662
染料制造	204	20	2327579	542462	916480
密封用填料及类似品制造	134	25	120448	31011	35293
合成材料制造	575	95	8869114	3845330	2347730
初级形态的塑料及合成树脂制造	405	72	4128514	1955957	1384193
合成橡胶制造	62	12	49714	12759	28577
合成纤维单(聚合)体的制造	48	4	4535919	1813399	855577

1－A－7 续表1－8

单位：个、万元、人

指 标 名 称	企业数	亏损企业	工业总产值（当年价）	固定资产原 价	所有者权益合 计
其他合成材料制造	60	7	154967	63216	79382
专用化学产品制造	2382	300	5327188	1582118	2032051
化学试剂和助剂制造	1140	129	2368474	533596	706817
专项化学用品制造	390	48	1007920	322974	347597
林产化学产品制造	155	17	110930	34776	35344
炸药及火工产品制造	23	2	89276	41789	38607
信息化学品制造	95	25	1135986	473066	699703
环境污染处理专用药剂材料制造	66	15	68813	23381	38462
动物胶制造	32	4	65105	37254	42444
其他专用化学产品制造	481	60	480684	115283	123075
日用化学产品制造	738	137	2195846	613607	1081221
肥皂及合成洗涤剂制造	213	34	741819	211406	563852
化妆品制造	266	42	659102	141424	242614
口腔清洁用品制造	15	1	9250	2470	2451
香料、香精制造	85	29	394968	166906	161132
其他日用化学产品制造	159	31	390708	91400	111172
医药制造业	972	224	6281258	2775234	3331222
化学药品原药制造	237	49	3159586	1412048	1567402
化学药品原药制造	237	49	3159586	1412048	1567402
化学药品制剂制造	114	42	1405790	641810	751927
化学药品制剂制造	114	42	1405790	641810	751927
中药饮片加工	92	20	92032	35139	47807
中药饮片加工	92	20	92032	35139	47807
中成药制造	80	26	467956	240620	350047
中成药制造	80	26	467956	240620	350047
兽用药品制造	55	13	227827	76531	98712
兽用药品制造	55	13	227827	76531	98712
生物、生化制品的制造	140	43	633230	266646	399515
生物、生化制品的制造	140	43	633230	266646	399515
卫生材料及医药用品制造	254	31	294837	102440	115812
卫生材料及医药用品制造	254	31	294837	102440	115812
化学纤维制造业	853	178	15615863	5933119	4104159
纤维素纤维原料及纤维制造	78	14	153003	91216	61508
化纤浆粕制造	14	1	9999	2573	4098
人造纤维（纤维素纤维）制造	64	13	143005	88642	57410
合成纤维制造	775	164	15462859	5841904	4042650
锦纶纤维制造	64	13	595435	183669	167701
涤纶纤维制造	310	68	12748473	4258270	2940205
腈纶纤维制造	16	6	155332	94833	－47282

1-A-7 续表1-9 单位：个、万元、人

指 标 名 称	企业数	亏损企业	工业总产值（当年价）	固定资产原价	所有者权益合计
维纶纤维制造	6	2	2187	1219	1335
其他合成纤维制造	379	75	1961433	1303913	980691
橡胶制品业	2696	264	4498884	1801716	1434449
轮胎制造	122	27	2060144	1081184	635614
车辆、飞机及工程机械轮胎制造	62	12	2013530	1063151	617175
力车胎制造	22	5	26599	11967	12555
轮胎翻新加工	38	10	20015	6067	5884
橡胶板、管、带的制造	589	62	755638	236891	287737
橡胶板、管、带的制造	589	62	755638	236891	287737
橡胶零件制造	1065	75	523618	197884	209929
橡胶零件制造	1065	75	523618	197884	209929
再生橡胶制造	50	7	37959	15308	15318
再生橡胶制造	50	7	37959	15308	15318
日用及医用橡胶制品制造	150	20	116769	33736	38132
日用及医用橡胶制品制造	150	20	116769	33736	38132
橡胶靴鞋制造	413	39	706483	163796	165940
橡胶靴鞋制造	413	39	706483	163796	165940
其他橡胶制品制造	307	34	298274	72916	81779
其他橡胶制品制造	307	34	298274	72916	81779
塑料制品业	16615	1728	18345823	5789856	5859310
塑料薄膜制造	1001	119	3200739	1246432	1119334
塑料薄膜制造	1001	119	3200739	1246432	1119334
塑料板、管、型材的制造	1938	229	2914537	890573	1075352
塑料板、管、型材的制造	1938	229	2914537	890573	1075352
塑料丝、绳及编织品的制造	1622	230	1172890	284728	344030
塑料丝、绳及编织品的制造	1622	230	1172890	284728	344030
泡沫塑料制造	745	80	752907	190629	225223
泡沫塑料制造	745	80	752907	190629	225223
塑料人造革、合成革制造	301	25	2465809	733528	555701
塑料人造革、合成革制造	301	25	2465809	733528	555701
塑料包装箱及容器制造	1552	164	1412862	546119	565515
塑料包装箱及容器制造	1552	164	1412862	546119	565515
塑料零件制造	4387	353	2287225	749646	788892
塑料零件制造	4387	353	2287225	749646	788892
日用塑料制造	2935	283	2783293	758618	793856
塑料鞋制造	411	7	308906	72658	76892
日用塑料杂品制造	2524	276	2474388	685960	716964
其他塑料制品制造	2134	245	1355560	389584	391407
其他塑料制品制造	2134	245	1355560	389584	391407

1－A－7 续表1－10

单位：个、万元、人

指标名称	企业数	亏损企业	工业总产值（当年价）	固定资产原价	所有者权益合计
非金属矿物制品业	8205	1006	13135525	7666821	6239552
水泥、石灰和石膏的制造	545	94	3536949	2858091	2033868
水泥制造	275	75	3388764	2808132	1984028
石灰和石膏制造	270	19	148186	49959	49840
水泥及石膏制品制造	1934	246	3469201	1388413	1271824
水泥制品制造	1300	174	2850265	1135007	1041435
砼结构构件制造	496	37	415757	141773	138512
石棉水泥制品制造	8	1	9405	4679	2712
轻质建筑材料制造	100	27	168578	96509	79624
其他水泥制品制造	30	7	25197	10446	9541
砖瓦、石材及其他建筑材料制造	2866	312	1763277	765831	698005
粘土砖瓦及建筑砌块制造	1538	169	611917	327872	272105
建筑陶瓷制品制造	108	17	504902	189174	143836
建筑用石加工	686	56	248105	105231	116717
防水建筑材料制造	107	16	157943	45238	58753
隔热和隔音材料制造	185	35	99714	56938	72170
其他建筑材料制造	242	19	140697	41377	34425
玻璃及玻璃制品制造	1369	231	2963518	2185773	1710442
平板玻璃制造	38	12	245295	283282	164210
技术玻璃制品制造	228	60	1077314	617386	621195
光学玻璃制造	32	7	14343	8947	10479
玻璃仪器制造	43	11	22276	7113	6100
日用玻璃制品及玻璃包装容器制造	473	59	626241	274015	293304
玻璃保温容器制造	34	5	46704	14863	9399
玻璃纤维及制品制造	202	27	672020	888536	497603
玻璃纤维增强塑料制品制造	193	27	159827	33942	48244
其他玻璃制品制造	126	23	99497	57689	59908
陶瓷制品制造	346	34	357438	108694	120085
卫生陶瓷制品制造	166	15	211518	51080	65134
特种陶瓷制品制造	67	8	75779	31117	33209
日用陶瓷制品制造	88	8	64541	23290	18718
园林、陈设艺术及其他陶瓷制品制造	25	3	5600	3207	3024
耐火材料制品制造	623	35	610985	175590	209610
石棉制品制造	132	13	70341	33429	37933
云母制品制造	19	2	11129	5081	3332
耐火陶瓷制品及其他耐火材料制造	472	20	529515	137080	168346
石墨及其他非金属矿物制品制造	522	54	434157	184429	195717
石墨及碳素制品制造	91	9	173457	82462	85964
其他非金属矿物制品制造	431	45	260700	101967	109753

1－A－7 续表1－11

单位：个、万元、人

指 标 名 称	企业数	亏损企业	工业总产值（当年价）	固定资产原价	所有者权益合计
黑色金属冶炼及压延加工业	1789	294	16801344	4843230	3566716
炼 铁	27	4	17669	5582	4250
炼 铁	27	4	17669	5582	4250
炼 钢	24	8	824219	84236	77535
炼 钢	24	8	824219	84236	77535
钢压延加工	1702	273	15365800	4725506	3429214
钢压延加工	1702	273	15365800	4725506	3429214
铁合金冶炼	36	9	593656	27907	55718
铁合金冶炼	36	9	593656	27907	55718
有色金属冶炼及压延加工业	2159	430	14459149	1803907	2608334
常用有色金属冶炼	247	58	3467897	246214	414029
铜冶炼	81	20	2320917	74777	148430
铅锌冶炼	32	17	116083	31073	25794
镍钴冶炼	24	6	416949	47823	124156
锡冶炼	7	2	3474	201	201
铝冶炼	85	11	526936	85078	104621
镁冶炼	4		6995	895	1438
其他常用有色金属冶炼	14	2	76542	6366	9390
贵金属冶炼	31	15	396369	33155	53214
金冶炼	10	4	293992	24590	43925
银冶炼	15	10	68189	7527	7298
其他贵金属冶炼	6	1	34188	1038	1991
稀有稀土金属冶炼	19	6	66965	35990	42830
钨钼冶炼	6	2	8561	2338	1736
稀土金属冶炼	10	4	57889	33356	40466
其他稀有金属冶炼	3		515	296	628
有色金属合金制造	190	34	763833	90794	133353
有色金属合金制造	190	34	763833	90794	133353
有色金属压延加工	1672	317	9764085	1397755	1964909
常用有色金属压延加工	1615	308	9634834	1372999	1923147
贵金属压延加工	17	4	57255	3030	20491
稀有稀土金属压延加工	40	5	71996	21726	21271
金属制品业	15280	1848	20769753	5222877	6501132
结构性金属制品制造	2883	406	5929696	1397000	2061645
金属结构制造	1527	229	4141737	969236	1381805
金属门窗制造	1356	177	1787959	427765	679841
金属工具制造	2847	346	2303716	704467	759879
切削工具制造	596	62	392592	157244	174025
手工具制造	1239	141	1099695	300212	307130

1－A－7 续表1－12

单位：个、万元、人

指 标 名 称	企业数	亏损企业	工业总产值（当年价）	固定资产原 价	所有者权益合 计
农用及园林用金属工具制造	253	27	299359	80359	107795
刀剪及类似日用金属工具制造	292	48	189480	72863	74835
其他金属工具制造	467	68	322591	93789	96093
集装箱及金属包装容器制造	512	86	1482523	375259	404048
集装箱制造	13	5	412295	48924	54316
金属压力容器制造	117	19	286062	81369	89191
金属包装容器制造	382	62	784167	244966	260541
金属丝绳及其制品的制造	784	105	1773274	371797	379593
金属丝绳及其制品的制造	784	105	1773274	371797	379593
建筑、安全用金属制品制造	3356	340	3696012	856723	1116455
建筑、家具用金属配件制造	1668	178	1811379	410133	532197
建筑装饰及水暖管道零件制造	1334	99	1574857	356109	453208
安全、消防用金属制品制造	222	44	238502	65423	98923
其他建筑、安全用金属制品制造	132	19	71274	25058	32127
金属表面处理及热处理加工	2024	221	1802228	606099	586676
金属表面处理及热处理加工	2024	221	1802228	606099	586676
搪瓷制品制造	169	26	155075	37351	40785
工业生产配套用搪瓷制品制造	23	5	9877	2834	2445
搪瓷卫生洁具制造	84	10	42637	9349	19289
搪瓷日用品及其他搪瓷制品制造	62	11	102561	25168	19051
不锈钢及类似日用金属制品制造	1813	200	2802425	720903	957259
金属制厨房调理及卫生器具制造	408	58	534430	168264	189466
金属制厨用器皿及餐具制造	715	56	1722722	393892	575040
其他日用金属制品制造	690	86	545274	158747	192753
其他金属制品制造	892	118	824804	153280	194792
其他未列明的金属制品制造	891	118	824304	153137	194395
铸币及贵金属制实验室用品制造	1		500	143	397
通用设备制造业	30311	3433	35679218	10485878	13279909
锅炉及原动机制造	460	60	1556104	344116	644994
锅炉及辅助设备制造	189	32	558969	113001	216989
内燃机及配件制造	190	19	434709	98305	145521
汽轮机及辅机制造	29	2	481914	110441	252030
水轮机及辅机制造	42	4	52825	20977	26726
其他原动机制造	10	3	27686	1392	3728
金属加工机械制造	1916	296	1901294	736455	989173
金属切削机床制造	417	79	743944	297082	451472
金属成形机床制造	293	51	289176	142048	165622
铸造机械制造	181	27	108998	47501	49032
金属切割及焊接设备制造	343	45	342310	75143	116218

1－A－7 续表1－13

单位：个、万元、人

指标名称	企业数	亏损企业	工业总产值（当年价）	固定资产原价	所有者权益合计
机床附件制造	311	41	167745	94597	96321
其他金属加工机械制造	371	53	249122	80084	110508
起重运输设备制造	871	138	2944876	527729	876992
起重运输设备制造	871	138	2944876	527729	876992
泵、阀门、压缩机及类似机械的制造	6324	491	8756771	2352903	3128535
泵及真空设备制造	1501	119	2026956	591248	784860
气体压缩机械制造	333	40	1140715	384809	309168
阀门和旋塞的制造	3454	209	4651972	1055012	1608605
液压和气压动力机械及元件制造	1036	123	937128	321834	425901
轴承、齿轮、传动和驱动部件的制造	3905	414	4794239	1948126	2103245
轴承制造	2662	285	2819547	1154190	1331500
齿轮、传动和驱动部件制造	1243	129	1974691	793936	771746
烘炉、熔炉及电炉制造	223	30	146269	33992	45839
烘炉、熔炉及电炉制造	223	30	146269	33992	45839
风机、衡器、包装设备等通用设备制造	3259	447	5601665	1618248	2165620
风机、风扇制造	437	59	447955	167013	263676
气体、液体分离及纯净设备制造	321	49	840168	194421	315087
制冷、空调设备制造	592	74	2139533	577551	723288
风动和电动工具制造	943	104	1301621	366879	465366
喷枪及类似器具制造	214	40	283804	68536	84437
包装专用设备制造	319	39	243881	90109	115274
衡器制造	108	19	68258	21129	26577
其他通用设备制造	325	63	276446	132610	171916
通用零部件制造及机械修理	10180	1236	6629919	2027195	2401104
金属密封件制造	598	52	299554	114464	153840
紧固件、弹簧制造	5166	538	4250496	1222072	1353074
机械零部件加工及设备修理	3139	507	1009843	347341	434440
其他通用零部件制造	1277	139	1070027	343318	459750
金属铸、锻加工	3173	321	3348083	897116	924407
钢铁铸件制造	2106	201	2475834	592422	620785
锻件及粉末冶金制品制造	1067	120	872248	304694	303622
专用设备制造业	10690	1615	11423860	4111316	5155386
矿山、冶金、建筑专用设备制造	656	97	984177	266367	349356
采矿、采石设备制造	215	23	210043	73119	82157
石油钻采专用设备制造	27	1	84296	15941	22895
建筑工程用机械制造	179	39	477435	111476	161011
建筑材料生产专用机械制造	160	23	127016	34323	46518
冶金专用设备制造	75	11	85388	31509	36776
化工、木材、非金属加工专用设备制造	3949	554	3544190	1581154	1789740

1－A－7 续表 1－14

单位：个、万元、人

指 标 名 称	企业数	亏损企业	工业总产值（当年价）	固定资产原价	所有者权益合计
炼油、化工生产专用设备制造	139	13	339376	97800	121771
橡胶加工专用设备制造	52	17	48240	20816	26176
塑料加工专用设备制造	833	174	1369580	505050	733322
木材加工机械制造	65	11	53004	24907	22759
模具制造	2822	332	1701400	919394	871784
其他非金属加工专用设备制造	38	7	32589	13187	13928
食品、饮料、烟草及饲料生产专用设备制造	376	53	316076	106423	136380
食品、饮料、烟草工业专用设备制造	282	35	249917	81812	106280
农副食品加工专用设备制造	84	16	57164	22627	27580
饲料生产专用设备制造	10	2	8996	1984	2520
印刷、制药、日化生产专用设备制造	686	100	514630	183712	210137
制浆和造纸专用设备制造	102	17	65500	29412	24202
印刷专用设备制造	320	43	231137	83586	104755
日用化工专用设备制造	35	3	18440	6505	6936
制药专用设备制造	108	12	125625	44390	54644
照明器具生产专用设备制造	41	8	24279	5067	6376
玻璃、陶瓷和搪瓷制品生产专用设备制造	18	5	17321	7374	5993
其他日用品生产专用设备制造	62	12	32328	7379	7231
纺织、服装和皮革工业专用设备制造	2537	411	2425379	968144	1149010
纺织专用设备制造	1317	224	949550	388007	466091
皮革、毛皮及其制品加工专用设备制造	73	9	67476	41200	41355
缝纫机械制造	1053	164	1366226	524317	617207
其他服装加工专用设备制造	94	14	42127	14620	24356
电子和电工机械专用设备制造	427	89	369425	155804	195123
电工机械专用设备制造	152	30	110402	38848	39798
电子工业专用设备制造	267	58	255785	112746	151898
武器弹药制造	4		2806	4140	3261
航空、航天及其他专用设备制造	4	1	432	71	166
农、林、牧、渔专用机械制造	531	74	708105	161718	203380
拖拉机制造	22	5	203314	37557	43205
机械化农业及园艺机具制造	193	33	380403	88787	123482
畜牧机械制造	15	2	3816	759	1276
渔业机械制造	22	3	12428	4039	2388
农林牧渔机械配件制造	176	21	85627	22173	26402
其他农林牧渔业机械制造及机械修理	101	10	21978	8320	6461
营林及木竹采伐机械制造	2		540	83	166
医疗仪器设备及器械制造	541	92	544661	275919	323805
医疗诊断、监护及治疗设备制造	89	10	100865	67685	72133
口腔科用设备及器具制造	41	9	10192	4502	3000

1-A-7 续表1-15

单位：个、万元、人

指标名称	企业数	亏损企业	工业总产值（当年价）	固定资产原价	所有者权益合计
实验室及医用消毒设备和器具的制造	33	7	18429	8061	9725
医疗、外科及兽医用器械制造	182	26	300582	151470	162594
机械治疗及病房护理设备制造	52	11	51497	17470	28198
假肢、人工器官及植（介）入器械制造	34	7	9176	5458	7983
其他医疗设备及器械制造	110	22	53919	21274	40172
环保、社会公共安全及其他专用设备制造	987	145	2017218	412076	798457
环境污染防治专用设备制造	487	75	1363794	218316	455678
地质勘查专用设备制造	7	1	17253	2586	10997
邮政专用机械及器材制造	15	4	8819	2887	3448
商业、饮食、服务业专用设备制造	14	2	11437	3382	3713
社会公共安全设备及器材制造	258	25	473903	146750	243871
交通安全及管制专用设备制造	28	2	14168	2924	6938
水资源专用机械制造	44	12	36874	6747	13062
其他专用设备制造	134	24	90970	28484	60749
交通运输设备制造业	12717	1510	28836842	8434048	9732091
铁路运输设备制造	75	13	63312	27281	35089
铁路机车车辆配件制造	24	2	18920	8560	10785
铁路专用设备及器材、配件制造	36	6	36981	13026	18511
其他铁路设备制造及设备修理	12	4	6981	5663	5439
铁路机车车辆及动车组制造	2	1	103	17	205
工矿有轨专用车辆制造	1		328	15	150
汽车制造	8673	999	17347301	4725078	6003168
汽车整车制造	70	23	1854690	412130	780029
改装汽车制造	16	5	77062	13416	26920
汽车车身、挂车的制造	27	8	30761	19034	13122
汽车零部件及配件制造	7687	821	15094853	4179722	5073579
汽车修理	868	141	288656	100617	109231
电车制造	5	1	1280	161	287
摩托车制造	1384	93	3065609	843070	952535
摩托车整车制造	40	9	917843	219274	289213
摩托车零部件及配件制造	1344	84	2147767	623795	663322
自行车制造	1164	175	1363052	314673	367813
脚踏自行车及残疾人座车制造	576	90	740100	173052	177896
助动自行车制造	588	85	622952	141621	189917
船舶及浮动装置制造	1222	198	6784361	2458204	2278186
金属船舶制造	272	48	5328304	1828440	1655973
非金属船舶制造	27	2	115963	8727	38956
娱乐船和运动船的建造和修理	31	3	33527	29351	56578
船用配套设备制造	313	43	590593	295247	265788

1－A－7 续表 1－16　　单位：个、万元、人

指 标 名 称	企业数	亏损企业	工业总产值（当年价）	固定资产原价	所有者权益合计
船舶修理及拆船	575	101	714997	296239	260456
航标器材及其他浮动装置的制造	4	1	977	200	434
航空航天器制造	13	2	21740	11443	15248
飞机制造及修理	8	2	5112	2951	3398
其他飞行器制造	4		16468	8483	11828
航天器制造	1		160	9	22
交通器材及其他交通运输设备制造	186	30	191468	54300	80052
潜水及水下救捞装备制造	2		741	580	3000
交通管理用金属标志及设施制造	132	16	125374	34194	57158
其他交通运输设备制造	52	14	65352	19525	19894
电气机械及器材制造业	18420	2040	40398817	8904500	13580726
电机制造	2342	218	5714756	1555430	1947969
发电机及发电机组制造	267	32	724738	229095	318558
电动机制造	1122	86	2612194	657671	881635
微电机及其他电机制造	953	100	2377824	668663	747777
输配电及控制设备制造	6124	496	9698761	2222880	4401318
变压器、整流器和电感器制造	771	99	1556555	342774	585600
电容器及其配套设备制造	207	15	273576	78291	124203
配电开关控制设备制造	2963	188	5221004	1156790	2626139
电力电子元器件制造	1785	155	2216845	543683	866375
其他输配电及控制设备制造	398	39	430782	101343	199001
电线、电缆、光缆及电工器材制造	2188	262	8075729	1452707	2236458
电线电缆制造	1699	200	7094122	1213558	1881945
光纤、光缆制造	40	7	588945	130582	218606
绝缘制品制造	204	20	142937	38495	52529
其他电工器材制造	245	35	249724	70072	83377
电池制造	466	93	3154577	500696	901582
电池制造	466	93	3154577	500696	901582
家用电力器具制造	2928	359	7878495	1742800	2190185
家用制冷电器具制造	140	27	929341	174974	273151
家用空气调节器制造	109	19	876401	138489	248326
家用通风电器具制造	251	27	556635	132619	165118
家用厨房电器具制造	615	82	1795655	342345	500664
家用清洁卫生电器具制造	256	48	1352406	366327	383896
家用美容、保健电器具制造	229	24	468915	105324	92084
家用电力器具专用配件制造	781	72	888007	241881	255754
其他家用电力器具制造	547	60	1011135	240840	271193
非电力家用器具制造	459	69	636463	154957	230297
燃气、太阳能及类似能源的器具制造	394	59	498775	111690	180445

1－A－7 续表 1－17

单位：个、万元、人

指标名称	企业数	亏损企业	工业总产值（当年价）	固定资产原价	所有者权益合计
其他非电力家用器具制造	65	10	137688	43267	49852
照明器具制造	3494	493	4803609	1130692	1472124
电光源制造	1048	178	1560733	367149	415474
照明灯具制造	1636	240	2541039	610945	864070
灯用电器附件及其他照明器具制造	810	75	701837	152598	192580
其他电气机械及器材制造	419	50	436426	144338	200792
车辆专用照明及电气信号设备装置制造	244	32	325930	111302	152383
其他未列明的电气机械制造	175	18	110496	33037	48410
通信设备、计算机及其他电子设备制造业	5299	923	18016228	5351038	6628294
通信设备制造	578	121	4374318	965982	1457330
通信传输设备制造	152	31	436432	117129	207932
通信交换设备制造	113	21	146292	56761	79478
通信终端设备制造	72	13	119363	35976	31749
移动通信及终端设备制造	90	25	3498898	670577	878891
其他通信设备制造	151	31	173333	85540	259281
雷达及配套设备制造	2	1	3391	1514	2933
雷达及配套设备制造	2	1	3391	1514	2933
广播电视设备制造	310	54	516426	127968	273017
广播电视节目制作及发射设备制造	21	6	26656	12539	17226
广播电视接收设备及器材制造	258	42	353485	90271	119770
应用电视设备及其他广播电视设备制造	31	6	136285	25158	136021
电子计算机制造	224	60	6016299	1083777	1362431
电子计算机整机制造	14	5	640220	48836	32411
计算机网络设备制造	65	19	740351	89962	359509
电子计算机外部设备制造	145	36	4635728	944979	970510
电子器件制造	639	148	1549971	1004479	1029934
电子真空器件制造	61	11	41087	19873	25822
半导体分立器件制造	207	40	460505	326161	326295
集成电路制造	89	30	417250	285002	310736
光电子器件及其他电子器件制造	282	67	631128	373442	367080
电子元件制造	2868	397	4314700	1804963	2091413
电子元件及组件制造	2635	361	3966057	1657452	1937897
印制电路板制造	233	36	348643	147511	153516
家用视听设备制造	453	85	834018	231054	272385
家用影视设备制造	89	18	540698	137701	164172
家用音响设备制造	364	67	293320	93353	108213
其他电子设备制造	225	57	407106	131302	138851
其他电子设备制造	225	57	407106	131302	138851
仪器仪表及文化、办公用机械制造业	4154	558	5929283	1815030	2634712

1－A－7 续表 1－18

单位：个、万元、人

指 标 名 称	企业数	亏损企业	工业总产值（当年价）	固定资产原价	所有者权益合计
通用仪器仪表制造	1925	301	3307163	853132	1379421
工业自动控制系统装置制造	473	103	814992	210118	404392
电工仪器仪表制造	558	70	578969	129142	234020
绘图、计算及测量仪器制造	185	35	273242	96999	97496
实验分析仪器制造	245	36	147979	54563	64140
试验机制造	40	8	25427	17536	17248
供应用仪表及其他通用仪器制造	424	49	1466554	344774	562125
专用仪器仪表制造	521	98	919370	263963	388675
环境监测专用仪器仪表制造	28	8	74430	15370	25368
汽车及其他用计数仪表制造	170	21	497704	149147	184531
导航、气象及海洋专用仪器制造	25	5	31199	12098	15215
农林牧渔专用仪器仪表制造	8		7302	1610	1235
地质勘探和地震专用仪器制造	15	5	3852	1797	2600
教学专用仪器制造	117	18	140099	37104	73784
电子测量仪器制造	80	24	122673	35537	44687
其他专用仪器制造	77	17	41085	11025	40256
核子及核辐射测量仪器制造	1		1025	276	1000
钟表与计时仪器制造	187	37	194921	78960	70275
钟表与计时仪器制造	187	37	194921	78960	70275
光学仪器及眼镜制造	1089	63	960700	401980	511654
光学仪器制造	158	19	245391	156380	194117
眼镜制造	931	44	715309	245600	317537
文化、办公用机械制造	320	47	484778	190524	257724
电影机械制造	9	1	10513	851	2831
幻灯及投影设备制造	15	9	5170	1914	10349
照相机及器材制造	52	5	141517	62083	75767
复印和胶印设备制造	30	7	40835	29727	27789
计算器及货币专用设备制造	94	11	78090	31189	52644
其他文化、办公用机械制造	120	14	208654	64759	88345
其他仪器仪表的制造及修理	112	12	62351	26473	26963
其他仪器仪表的制造及修理	112	12	62351	26473	26963
工艺品及其他制造业	9103	1140	8644997	2401403	2936598
工艺美术品制造	6433	952	5375729	1610720	1897007
雕塑工艺品制造	1470	251	579019	167379	213742
金属工艺品制造	1277	143	719993	200212	254108
漆器工艺品制造	209	20	161434	57893	54374
花画工艺品制造	183	25	121445	32004	35005
天然植物纤维编织工艺品制造	230	38	167759	40921	52385
抽纱刺绣工艺品制造	1628	269	1442352	566054	483663

1－A－7 续表1－19

单位：个、万元、人

指标名称	企业数	亏损企业	工业总产值（当年价）	固定资产原价	所有者权益合计
地毯、挂毯制造	166	33	234288	103275	94582
珠宝首饰及有关物品的制造	165	35	943242	154337	376095
其他工艺美术品制造	1105	138	1006198	288645	333052
日用杂品制造	2535	175	3152623	757828	1003535
制镜及类似品加工	118	14	192056	64090	68293
鬃毛加工、制刷及清扫工具的制造	199	20	218257	64656	60053
其他日用杂品制造	2218	141	2742310	629083	875189
煤制品制造	51	5	17077	5323	8212
煤制品制造	51	5	17077	5323	8212
核辐射加工	2	1	1004	2829	972
核辐射加工	2	1	1004	2829	972
其他未列明的制造业	82	7	98564	24703	26873
其他未列明的制造业	82	7	98564	24703	26873
废弃资源和废旧材料回收加工业	744	168	2451992	158749	209483
金属废料和碎屑的加工处理	296	126	2185002	88889	120919
金属废料和碎屑的加工处理	296	126	2185002	88889	120919
非金属废料和碎屑的加工处理	448	42	266990	69861	88564
非金属废料和碎屑的加工处理	448	42	266990	69861	88564
电力、燃气及水的生产和供应业	**3542**	**601**	**27896493**	**38339732**	**14040577**
电力、热力的生产和供应业	2406	302	25899021	33454540	11165472
电力生产	2265	285	8220946	20524492	6513972
火力发电	126	53	6644042	12795806	3658698
水力发电	2117	224	727323	3643401	1490733
核力发电	3		812999	3879798	1279055
其他能源发电	19	8	36583	205487	85487
电力供应	101	5	17315299	12512733	4495925
电力供应	101	5	17315299	12512733	4495925
热力生产和供应	40	12	362775	417315	155575
热力生产和供应	40	12	362775	417315	155575
燃气生产和供应业	108	20	928038	761835	546365
燃气生产和供应业	108	20	928038	761835	546365
燃气生产和供应业	108	20	928038	761835	546365
水的生产和供应业	1028	279	1069435	4123357	2328740
自来水的生产和供应	678	193	802907	2936917	1724715
自来水的生产和供应	678	193	802907	2936917	1724715
污水处理及其再生利用	154	60	233168	1101934	541746
污水处理及其再生利用	154	60	233168	1101934	541746
其他水的处理、利用与分配	196	26	33359	84506	62279
其他水的处理、利用与分配	196	26	33359	84506	62279

1－A－7 续表2－1

单位：个、万元、人

指标名称	实收资本	国家资本	集体资本	法人资本	个人资本
总 计	**91628181**	**49730877**	**1189301**	**24070645**	**37006184**
一、按轻重工业分					
轻工业	38693507	11521630	510898	8786926	16740232
重工业	52934674	38209247	678402	15283719	20265952
二、按登记注册类型分					
内 资	**59711661**	**45163729**	**884828**	**18815198**	**34994706**
国 有	3399450	26239476	16803	755610	3056
集 体	366655	58077	270632	79192	10588
股份合作企业	813569	18752	91046	115711	604182
联营企业	64834	215800	26038	15810	821
国有联营	8245	29147	3	5052	69
集体联营	31987	159498	15128	178	352
国有与集体联营	10369	25776	7787	5	
其他联营	14233	1379	3120	10575	400
有限责任公司	13735146	15932451	341030	7350209	4295159
国有独资公司	579185	4639674		115158	50
其他有限责任公司	13155961	11292777	341030	7235052	4295109
股份有限公司	5369033	2337310	85934	2756234	2202641
私营企业	35745672	190862	50537	7673453	27777303
私营独资	4000378	31552	6235	469143	3515280
私营合伙	1009407	6611	2253	114309	887292
私营有限责任公司	29461756	145612	41271	6642903	22582944
私营股份有限公司	1274131	7087	778	447098	791787
其 他	217302	171001	2809	68979	100957
港澳台商投资	**13670172**	**1059302**	**113752**	**2536732**	**912716**
与港澳台商合资经营	6709143	819332	112822	2382519	853097
与港澳台商合作经营	229729	200929	886	69962	25712
港澳台商独资	6402808	4000		37893	20517
港澳台商投资股份有限公司	328492	35041	44	46358	13390
外商投资	**18246347**	**3507846**	**190721**	**2718716**	**1098762**
中外合资经营	8119775	3043772	164893	2456406	962777
中外合作经营	270523	159305	12051	51998	57354
外资企业	9287419	42591	12960	137085	43643
外商投资股份有限公司	568630	262178	818	73227	34988
三、按控股情况分					
国有控股	10615189	47780325	35356	5308436	142677
集体控股	2512790	148285	910001	1317790	111540
私人控股	52233250	743836	136531	13812313	36262572
港澳台商控股	10548397	235682	28268	1134145	203962
外商控股	13850604	748365	76950	986287	207104

1－A－7 续表2－2

单位：个、万元、人

指标名称	实收资本	国家资本	集体资本	法人资本	个人资本
其他	1867952	74384	2195	1511675	78329
四、按国民经济行业（门类、大类、中类、小类）分					
采矿业	**438228**	**708326**	**14722**	**76129**	**222042**
煤炭开采和洗选业	33968	307735	14	2745	436
烟煤和无烟煤的开采洗选	33374	307735		2600	
烟煤和无烟煤的开采洗选	33374	307735		2600	
其他煤炭采选	595		14	145	436
其他煤炭采选	595		14	145	436
黑色金属矿采选业	23151	53000	20	11147	1718
铁矿采选	23136	53000	20	11147	1703
铁矿采选	23136	53000	20	11147	1703
其他黑色金属矿采选	15				15
其他黑色金属矿采选	15				15
有色金属矿采选业	64597	79145	1294	7362	48026
常用有色金属矿采选	37864	77800		2450	27634
铜矿采选	23808	77800		510	15518
铅锌矿采选	13907			1940	11967
锑矿采选	99				99
铝矿采选	50				50
贵金属矿采选	1427	1345			1293
金矿采选	613				613
银矿采选	800	1200			680
其他贵金属矿采选	15	145			
稀有稀土金属矿采选	25306		1294	4912	19099
钨钼矿采选	21926		1294	1532	19099
放射性金属矿采选	3380			3380	
非金属矿采选业	316452	268446	13395	54875	171802
土砂石开采	299301	225946	10983	53195	162994
石灰石、石膏开采	49968	39000	2123	6979	15419
建筑装饰用石开采	90000	173100	4655	25509	34163
耐火土石开采	26748	3100	638	5493	20217
粘土及其他土砂石开采	132586	10746	3568	15214	93195
化学矿采选	4476	38500		120	506
化学矿采选	4476	38500		120	506
采盐	2659	1000	2204		356
采盐	2659	1000	2204		356
石棉及其他非金属矿采选	10015	3000	208	1560	7947
其他非金属矿采选	9273	3000	208	1560	7205
石棉、云母矿采选	700				700
石墨、滑石采选	10				10

1-A-7 续表2-3

单位：个、万元、人

指标名称	实收资本	国家资本	集体资本	法人资本	个人资本
宝石、玉石开采	32				32
其他采矿业	60				60
其他采矿业	60				60
其他采矿业	60				60
制造业	**83753411**	**17719334**	**985877**	**21043186**	**36198730**
农副食品加工业	1207944	234402	13981	290502	576466
谷物磨制	32402	103334	231	3896	17087
谷物磨制	32402	103334	231	3896	17087
饲料加工	124400	6488	2022	26463	77909
饲料加工	124400	6488	2022	26463	77909
植物油加工	139088	4606	116	18308	20846
食用植物油加工	136941	4606	116	18016	18990
非食用植物油加工	2148			292	1856
屠宰及肉类加工	130720	65470	1131	41882	71732
畜禽屠宰	27096	42483	542	13190	8135
肉制品及副产品加工	103624	22987	589	28692	63597
水产品加工	472232	47731	7379	138424	239483
水产品冷冻加工	377707	47691	4104	112742	196822
鱼糜制品及水产品干腌制加工	61465	40	379	19816	21145
水产饲料制造	25676		867	4367	18005
鱼油提取及制品的制造	1750				1750
其他水产品加工	5634		2030	1499	1761
蔬菜、水果和坚果加工	200293	2520	2550	53841	106210
蔬菜、水果和坚果加工	200293	2520	2550	53841	106210
其他农副食品加工	108507	4253	551	7657	42929
淀粉及淀粉制品的制造	20794		298	920	13373
豆制品制造	23247	4053	217	4851	12807
蛋品加工	6110		36	703	5371
其他未列明的农副食品加工	58357	200		1184	11378
制　糖	300			30	270
制　糖	300			30	270
食品制造业	810626	271143	11518	153863	280400
焙烤食品制造	94990	10035	282	6541	29966
糕点、面包制造	31972	10035	282	3634	18500
饼干及其他焙烤食品制造	63018			2908	11467
糖果、巧克力及蜜饯制造	80083	50	398	2276	22749
糖果、巧克力制造	52480		...	1675	5543
蜜饯制作	27603	50	398	601	17206
方便食品制造	139900	17125	200	25227	24477
米、面制品制造	30112	1875	162	11609	11853

1-A-7 续表2-4

单位：个、万元、人

指标名称	实收资本	国家资本	集体资本	法人资本	个人资本
速冻食品制造	40159			8188	4278
方便面及其他方便食品制造	69629	15250	38	5431	8347
液体乳及乳制品制造	42913	13569		9970	23765
液体乳及乳制品制造	42913	13569		9970	23765
罐头制造	132233	11400	2144	30746	63117
肉、禽类罐头制造	3732		945	1260	999
水产品罐头制造	17971				12238
蔬菜、水果罐头制造	84228	11400	1199	17622	47788
其他罐头食品制造	26302			11864	2091
调味品、发酵制品制造	99286	122669	2385	9352	42474
味精制造	37035	101508	2186	542	15256
酱油、食醋及类似制品的制造	19153	15561	91	5507	11595
其他调味品、发酵制品制造	43098	5600	108	3303	15623
其他食品制造	221221	96295	6110	69752	73852
营养、保健食品制造	87492	17000	5685	23746	28368
冷冻饮品及食用冰制造	32107	37975	15	14532	7758
盐加工	2027	8210	56	830	320
食品及饲料添加剂制造	96016	33110	321	29853	34652
其他未列明的食品制造	3579		33	792	2754
饮料制造业	1052784	736942	12861	308204	244781
酒精制造	3855			655	1975
酒精制造	3855			655	1975
酒的制造	431175	605170	4624	112670	93790
白酒制造	26741		377	4715	11714
啤酒制造	264222	391872	1375	54527	29991
黄酒制造	124800	213298	2771	47615	43824
其他酒制造	13302		77	5319	7615
葡萄酒制造	2111		25	494	645
软饮料制造	470472	93735	4267	163800	56390
碳酸饮料制造	63547		2482	24214	1076
瓶（罐）装饮用水制造	123197	7352	1190	65238	34036
果菜汁及果菜汁饮料制造	65526		90	9025	9505
含乳饮料和植物蛋白饮料制造	80739		5	17511	3921
固体饮料制造	22427			14907	4113
茶饮料及其他软饮料制造	115036	86383	500	32906	3739
精制茶加工	147281	38037	3970	31080	92626
精制茶加工	147281	38037	3970	31080	92626
烟草制品业	103685	976000		85	4600
卷烟制造	97600	976000			

1－A－7 续表2－5 单位：个、万元、人

指标名称	实收资本	国家资本	集体资本	法人资本	个人资本
卷烟制造	97600	976000			
其他烟草制品加工	5785			85	4300
其他烟草制品加工	5785			85	4300
烟叶复烤	300				300
烟叶复烤	300				300
纺织业	9998385	792662	167509	2209945	4433674
棉、化纤纺织及印染精加工	4579925	136100	92884	1039549	2175978
棉、化纤纺织加工	3002696	134405	27979	716782	1591453
棉、化纤印染精加工	1577228	1695	64905	322766	584525
毛纺织和染整精加工	341101	213057	3336	60628	128991
毛条加工	70903	7532		300	12157
毛纺织	206959	205525	3167	43391	90386
毛染整精加工	63240		169	16937	26448
麻纺织	43983	10		14162	12995
麻纺织	43983	10		14162	12995
丝绢纺织及精加工	811849	253075	25178	165851	306179
缫丝加工	75759		1018	20216	33174
绢纺和丝织加工	646374	53075	20716	124235	234848
丝印染精加工	89717	200000	3444	21400	38158
纺织制成品制造	1816531	91319	30079	463990	727732
棉及化纤制品制造	726545	26046	1140	227044	248212
毛制品制造	73595		2438	8942	35757
麻制品制造	2958			458	1763
丝制品制造	192147	50	8111	38879	93220
绳、索、缆的制造	26157	200	663	5376	14963
纺织带和帘子布制造	263077	16554	330	94595	101999
无纺布制造	280730	48469	15460	49360	135341
其他纺织制成品制造	251323		1938	39336	96476
针织品、编织品及其制品制造	2404996	99101	16032	465765	1081798
棉、化纤针织品及编织品制造	1736954	2814	8250	357302	741888
毛针织品及编织品制造	394738	81497	3112	48160	192373
丝针织品及编织品制造	177192	14790	4660	40347	87238
其他针织品及编织品制造	96113		10	19957	60300
纺织服装、鞋、帽制造业	3508494	107412	22637	611184	1390634
纺织服装制造	3427779	106902	22350	603528	1341370
纺织服装制造	3427779	106902	22350	603528	1341370
纺织面料鞋的制造	55569	510	282	5107	35905
纺织面料鞋的制造	55569	510	282	5107	35905
制 帽	25146		5	2548	13359

1－A－7 续表2－6 单位：个、万元、人

指标名称	实收资本	国家资本	集体资本	法人资本	个人资本
制帽	25146		5	2548	13359
皮革、毛皮、羽毛(绒)及其制品业	2069586	15577	23429	427569	1040006
皮革鞣制加工	447043		17458	95520	138604
皮革鞣制加工	447043		17458	95520	138604
皮革制品制造	1372459	15277	4110	286850	782111
皮鞋制造	841311	12048	3331	200684	521937
皮革服装制造	134687	3229	152	25685	72186
皮箱、包(袋)制造	242300		220	31244	112802
皮手套及皮装饰制品制造	62781		407	3628	37642
其他皮革制品制造	91380			25609	37545
毛皮鞣制及制品加工	85460	300	96	8591	50418
毛皮鞣制加工	10585			2918	4530
毛皮服装加工	44998			4346	21424
其他毛皮制品加工	29877	300	96	1327	24464
羽毛(绒)加工及制品制造	164624		1765	36608	68873
羽毛(绒)加工	24827			3234	20412
羽毛(绒)制品加工	139797		1765	33374	48461
木材加工及木、竹、藤、棕、草制品业	739618	30217	3409	191764	373040
锯材、木片加工	38728	9557	827	9531	21564
锯材加工	26174	3620	768	6684	13327
木片加工	12554	5937	59	2848	8237
人造板制造	334977	17960	655	110765	137725
胶合板制造	209615		630	65287	76195
纤维板制造	38761	17960		20762	10557
刨花板制造	11990		5		11985
其他人造板、材制造	74611		20	24716	38987
木制品制造	236345	2045	1350	46666	135476
建筑用木料及木材组件加工	159671	45	549	36288	91570
木容器制造	26290	2000	797	2871	16813
软木制品及其他木制品制造	50385		4	7507	27092
竹、藤、棕、草制品制造	129568	655	577	24802	78276
竹、藤、棕、草制品制造	129568	655	577	24802	78276
家具制造业	1310443	1862	3889	232385	498495
木质家具制造	576106	1812	2299	107105	246306
木质家具制造	576106	1812	2299	107105	246306
竹、藤家具制造	14972		5	5118	6100
竹、藤家具制造	14972		5	5118	6100
金属家具制造	462552		1556	82305	169079
金属家具制造	462552		1556	82305	169079

1－A－7 续表2－7

单位：个、万元、人

指标名称	实收资本	国家资本	集体资本	法人资本	个人资本
塑料家具制造	23300			3968	12798
塑料家具制造	23300			3968	12798
其他家具制造	233513	50	30	33889	64212
其他家具制造	233513	50	30	33889	64212
造纸及纸制品业	2527393	243766	16109	926913	1122957
纸浆制造	10326		83	918	2327
纸浆制造	10326		83	918	2327
造　纸	1516522	151555	6882	785362	520894
机制纸及纸板制造	1449383	146062	5544	771189	488296
手工纸制造	2009			372	1637
加工纸制造	65130	5493	1338	13801	30961
纸制品制造	1000546	92211	9144	140633	599737
纸和纸板容器的制造	729166	69654	7846	114178	473300
其他纸制品制造	271380	22557	1298	26455	126437
印刷业和记录媒介的复制	1360888	364928	33264	291870	901502
印　刷	1266724	300668	31382	266277	856850
书、报、刊印刷	212849	224469	5393	66368	108082
本册印制	82764	2017	1474	11655	67960
包装装潢及其他印刷	971111	74182	24515	188254	680808
装订及其他印刷服务活动	65669	3000	1883	11694	42933
装订及其他印刷服务活动	65669	3000	1883	11694	42933
记录媒介的复制	28495	61260		13900	1720
记录媒介的复制	28495	61260		13900	1720
文教体育用品制造业	1172406	14215	4893	164250	504495
文化用品制造	402270	5359	1403	71468	196041
文具制造	190588	4500	525	30330	80427
笔的制造	162104	359	309	28770	89651
教学用模型及教具制造	29234	500	545	11106	15467
墨水、墨汁制造	2608		14	99	2470
其他文化用品制造	17735		10	1163	8026
体育用品制造	309615	8537	1313	43535	89160
球类制造	30956	1379	30	1837	6097
体育器材及配件制造	85379	4200		9733	29296
训练健身器材制造	119853	2958	1261	26664	39358
运动防护用具制造	31273			497	6569
其他体育用品制造	42154		22	4805	7841
乐器制造	100380		454	9202	15944
中乐器制造	5173		4	513	818
西乐器制造	66893		450	6137	9458

1－A－7 续表2－8 单位：个、万元、人

指 标 名 称	实收资本				
		国家资本	集体资本	法人资本	个人资本
电子乐器制造	4113				929
其他乐器及零件制造	24200			2552	4740
玩具制造	243620	319	1468	29070	139970
玩具制造	243620	319	1468	29070	139970
游艺器材及娱乐用品制造	116521		255	10975	63380
露天游乐场所游乐设备制造	62965		105	9662	43775
游艺用品及室内游艺器材制造	53557		150	1313	19606
石油加工、炼焦及核燃料加工业	1238111	207803	4159	1124320	20747
精炼石油产品的制造	1234076	207803	4159	1120320	20718
原油加工及石油制品制造	1233283	207803	4116	1120153	20226
人造原油生产	793		43	167	492
炼 焦	4035			4000	29
炼 焦	4035			4000	29
化学原料及化学制品制造业	5776315	2433814	119767	1572389	1562009
基础化学原料制造	1092024	1384307	11689	264984	240515
无机酸制造	89876	6089	20	63320	14991
无机碱制造	60271	292296		10505	15183
无机盐制造	70705	6039	856	6189	32405
有机化学原料制造	680755	1034067	10365	148402	153196
其他基础化学原料制造	190417	45816	448	36568	24740
肥料制造	96281	68526	1994	52307	32782
氮肥制造	65225	68346	1813	37757	18820
磷肥制造	2555			406	2149
复混肥料制造	16859	180	128	8604	6640
有机肥料及微生物肥料制造	4963		52	500	3948
其他肥料制造	6679			5040	1225
农药制造	297890	114801	5215	95138	133741
化学农药制造	247394	114401	5035	66375	118104
生物化学农药及微生物农药制造	50496	400	180	28763	15637
涂料、油墨、颜料及类似产品制造	699306	57565	22367	137073	360340
涂料制造	241123	50985	6999	44213	144980
油墨及类似产品制造	78930	6500	1654	24577	22189
颜料制造	74596		5598	14493	35025
染料制造	281613		8051	49016	148877
密封用填料及类似品制造	23045	80	65	4775	9270
合成材料制造	2017063	119819	60207	703981	240617
初级形态的塑料及合成树脂制造	1182835	19300	54940	87191	201354
合成橡胶制造	15799			2463	8337
合成纤维单（聚合）体的制造	784804	100519	5016	609526	23283

1－A－7 续表2－9

单位：个、万元、人

指 标 名 称	实收资本	国家资本	集体资本	法人资本	个人资本
其他合成材料制造	33624		251	4801	7643
专用化学产品制造	1210959	661681	14350	256763	378320
化学试剂和助剂制造	379637	184249	6547	105589	159271
专项化学用品制造	211983	66736	2105	45824	82852
林产化学产品制造	22642			4164	17110
炸药及火工产品制造	17633	29921		5022	7500
信息化学品制造	430849	356127	928	72963	63817
环境污染处理专用药剂材料制造	26021	5625	4664	1324	4839
动物胶制造	36728		10	6213	4306
其他专用化学产品制造	85466	19023	97	15666	38625
日用化学产品制造	362793	27115	3946	62143	175695
肥皂及合成洗涤剂制造	95037	68	1858	25314	56335
化妆品制造	116999		56	19057	53470
口腔清洁用品制造	2302			1080	904
香料、香精制造	77556	27047	1951	13077	14054
其他日用化学产品制造	70899		82	3614	50932
医药制造业	1490801	626228	20377	468079	584022
化学药品原药制造	529878	373044	8897	172322	228122
化学药品原药制造	529878	373044	8897	172322	228122
化学药品制剂制造	432075	193672	2355	141342	124003
化学药品制剂制造	432075	193672	2355	141342	124003
中药饮片加工	35460	3000	1080	12534	17311
中药饮片加工	35460	3000	1080	12534	17311
中成药制造	172479	31116	4599	44919	79656
中成药制造	172479	31116	4599	44919	79656
兽用药品制造	52776	900	83	15883	22422
兽用药品制造	52776	900	83	15883	22422
生物、生化制品的制造	193321	24496	2793	63860	69450
生物、生化制品的制造	193321	24496	2793	63860	69450
卫生材料及医药用品制造	74812		571	17219	43059
卫生材料及医药用品制造	74812		571	17219	43059
化学纤维制造业	2378717	6078	28697	812469	677820
纤维素纤维原料及纤维制造	68808	5978		25551	26704
化纤浆粕制造	2075	5978		20	1458
人造纤维（纤维素纤维）制造	66732			25531	25246
合成纤维制造	2309909	100	28697	786918	651116
锦纶纤维制造	114031			17970	41321
涤纶纤维制造	1513043		28036	611873	457052
腈纶纤维制造	39916			26700	9498

1-A-7 续表2-10

单位：个、万元、人

指标名称	实收资本	国家资本	集体资本	法人资本	个人资本
维纶纤维制造	958	100			948
其他合成纤维制造	641962		661	130375	142297
橡胶制品业	792803	6960	4527	159628	353804
轮胎制造	363694	6780	503	98808	41624
车辆、飞机及工程机械轮胎制造	350909	3680	62	97166	31629
力车胎制造	8685		251	362	8072
轮胎翻新加工	4100	3100	190	1280	1922
橡胶板、管、带的制造	136228		526	13897	105685
橡胶板、管、带的制造	136228		526	13897	105685
橡胶零件制造	104861		1662	25675	67284
橡胶零件制造	104861		1662	25675	67284
再生橡胶制造	9319		100	695	8522
再生橡胶制造	9319		100	695	8522
日用及医用橡胶制品制造	26138		340	3395	15259
日用及医用橡胶制品制造	26138		340	3395	15259
橡胶靴鞋制造	102479		289	12404	82853
橡胶靴鞋制造	102479		289	12404	82853
其他橡胶制品制造	50084	180	1109	4753	32578
其他橡胶制品制造	50084	180	1109	4753	32578
塑料制品业	3405982	122376	45430	606613	1936863
塑料薄膜制造	604131	58718	17255	76446	259819
塑料薄膜制造	604131	58718	17255	76446	259819
塑料板、管、型材的制造	633730	48600	5934	181147	322824
塑料板、管、型材的制造	633730	48600	5934	181147	322824
塑料丝、绳及编织品的制造	256466	3020	4426	29367	210068
塑料丝、绳及编织品的制造	256466	3020	4426	29367	210068
泡沫塑料制造	136063	500	1282	11640	74768
泡沫塑料制造	136063	500	1282	11640	74768
塑料人造革、合成革制造	322430	789	6	48178	234418
塑料人造革、合成革制造	322430	789	6	48178	234418
塑料包装箱及容器制造	337334		5468	65901	148175
塑料包装箱及容器制造	337334		5468	65901	148175
塑料零件制造	434209	3480	4894	90878	268332
塑料零件制造	434209	3480	4894	90878	268332
日用塑料制造	439232	6373	4320	75588	265005
塑料鞋制造	45603		227	8663	32711
日用塑料杂品制造	393628	6373	4093	66925	232294
其他塑料制品制造	242389	896	1846	27468	153455
其他塑料制品制造	242389	896	1846	27468	153455

1－A－7　续表2－11　　　　单位：个、万元、人

指标名称	实收资本	国家资本	集体资本	法人资本	个人资本
非金属矿物制品业	3932023	2502150	60137	1293159	1626517
水泥、石灰和石膏的制造	1250034	2318519	21170	571599	304366
水泥制造	1222007	2316569	20408	566569	284191
石灰和石膏制造	28028	1950	762	5029	20175
水泥及石膏制品制造	856674	106005	14292	264137	472088
水泥制品制造	676433	104917	8207	214753	384064
砼结构构件制造	99616		5152	27873	65222
石棉水泥制品制造	1265		60	10	1195
轻质建筑材料制造	71495	1088	355	18992	16782
其他水泥制品制造	7865		518	2509	4824
砖瓦、石材及其他建筑材料制造	486164	4546	20618	67255	277929
粘土砖瓦及建筑砌块制造	178652	2085	12362	31747	129791
建筑陶瓷制品制造	92616		1344	9139	19208
建筑用石加工	90826		4140	9441	68545
防水建筑材料制造	33793		1966	9099	21309
隔热和隔音材料制造	64699		543	4409	18565
其他建筑材料制造	25578	2461	262	3421	20511
玻璃及玻璃制品制造	1056387	71720	720	321846	407738
平板玻璃制造	129832		210	85751	12908
技术玻璃制品制造	380585			45783	250675
光学玻璃制造	8987			1880	6112
玻璃仪器制造	4756		59	465	3995
日用玻璃制品及玻璃包装容器制造	131883	1500	33	15563	65330
玻璃保温容器制造	5642			1546	4096
玻璃纤维及制品制造	310269		50	154527	29907
玻璃纤维增强塑料制品制造	38938			8282	23230
其他玻璃制品制造	45497	70220	368	8049	11485
陶瓷制品制造	68384		273	16171	39879
卫生陶瓷制品制造	41839		130	11351	20998
特种陶瓷制品制造	16609		39	1787	12725
日用陶瓷制品制造	8124		103	2923	4869
园林、陈设艺术及其他陶瓷制品制造	1811			110	1287
耐火材料制品制造	119592	60	2039	22600	72109
石棉制品制造	19038	60	132	5956	8467
云母制品制造	2487		13	416	2058
耐火陶瓷制品及其他耐火材料制造	98067		1894	16228	61584
石墨及其他非金属矿物制品制造	94787	1300	1026	29552	52409
石墨及碳素制品制造	41772			21722	17792
其他非金属矿物制品制造	53015	1300	1026	7831	34617

1－A－7 续表 2－12 单位：个、万元、人

指 标 名 称	实收资本				
		国家资本	集体资本	法人资本	个人资本
黑色金属冶炼及压延加工业	2307377	3179135	10125	670765	905201
炼 铁	2189		3	272	1914
炼 铁	2189		3	272	1914
炼 钢	44429	500		11605	24083
炼 钢	44429	500		11605	24083
钢压延加工	2220009	3178635	10122	654939	845034
钢压延加工	2220009	3178635	10122	654939	845034
铁合金冶炼	40749			3949	34170
铁合金冶炼	40749			3949	34170
有色金属冶炼及压延加工业	1389300	111205	13125	383231	679349
常用有色金属冶炼	189606	20380	1808	46391	96898
铜冶炼	47160		1737	5977	35320
铅锌冶炼	11877	9590	55	3276	7588
镍钴冶炼	64142			27118	3058
锡冶炼	439			110	329
铝冶炼	59778	10790	16	9856	48246
镁冶炼	920				778
其他常用有色金属冶炼	5290			54	1580
贵金属冶炼	32288	52030	272	8325	17288
金冶炼	23294	52030	26	8325	8541
银冶炼	7122		246		6876
其他贵金属冶炼	1872				1872
稀有稀土金属冶炼	39976			26648	7069
钨钼冶炼	1681				664
稀土金属冶炼	37732			26098	6393
其他稀有金属冶炼	563			550	13
有色金属合金制造	99662	30600	719	24966	39070
有色金属合金制造	99662	30600	719	24966	39070
有色金属压延加工	1027768	8195	10325	276902	519023
常用有色金属压延加工	1009093	8195	10034	273768	507769
贵金属压延加工	3108			591	1457
稀有稀土金属压延加工	15568		291	2543	9797
金属制品业	3908367	150866	32047	927361	2087779
结构性金属制品制造	1109268	29010	5908	351453	618106
金属结构制造	749061	27700	3065	289594	366716
金属门窗制造	360207	1310	2844	61859	251390
金属工具制造	484086	1949	2435	80012	284515
切削工具制造	110136	1250	210	17598	77387
手工具制造	180980		1587	40615	102085

1-A-7 续表2-13 单位：个、万元、人

指 标 名 称	实收资本	国家资本	集体资本	法人资本	个人资本
农用及园林用金属工具制造	81817	60	170	10761	35747
刀剪及类似日用金属工具制造	47236		154	5677	30035
其他金属工具制造	63917	639	314	5361	39261
集装箱及金属包装容器制造	260889	39618	1607	81364	93916
集装箱制造	46364	33040		8964	933
金属压力容器制造	54476	988	28	11186	31446
金属包装容器制造	160049	5590	1579	61214	61537
金属丝绳及其制品的制造	268055	400	4537	60911	122543
金属丝绳及其制品的制造	268055	400	4537	60911	122543
建筑、安全用金属制品制造	740898	72164	11227	133396	377261
建筑、家具用金属配件制造	371351		2136	67603	203561
建筑装饰及水暖管道零件制造	281025	71641	8920	51043	137271
安全、消防用金属制品制造	62472		71	11749	26168
其他建筑、安全用金属制品制造	26051	523	101	3001	10262
金属表面处理及热处理加工	342260	3111	2097	78393	182066
金属表面处理及热处理加工	342260	3111	2097	78393	182066
搪瓷制品制造	29034		151	7305	18590
工业生产配套用搪瓷制品制造	1386			22	1365
搪瓷卫生洁具制造	17204			6390	8054
搪瓷日用品及其他搪瓷制品制造	10445		151	893	9171
不锈钢及类似日用金属制品制造	537988	1318	2501	103657	318063
金属制厨房调理及卫生器具制造	110119		1782	18517	70379
金属制厨用器皿及餐具制造	299179	1300	462	72284	182441
其他日用金属制品制造	128689	18	258	12856	65244
其他金属制品制造	135889	3296	1583	30871	72717
其他未列明的金属制品制造	135589	3296	1583	30871	72417
铸币及贵金属制实验室用品制造	300				300
通用设备制造业	7584128	1434286	54976	1624052	3850743
锅炉及原动机制造	308576	353062	2995	104849	81167
锅炉及辅助设备制造	139347	35982	120	62280	29500
内燃机及配件制造	68135	27000	325	16509	35102
汽轮机及辅机制造	77671	257000	2550	13065	11245
水轮机及辅机制造	20084	33080		9995	4981
其他原动机制造	3339			3000	339
金属加工机械制造	581327	45707	4617	140604	260499
金属切削机床制造	242394	34686	419	74076	106749
金属成形机床制造	101243		231	20873	32236
铸造机械制造	31134	170	553	5106	11590
金属切割及焊接设备制造	82123	600	1989	25219	42954

1－A－7 续表2－14 单位：个、万元、人

指 标 名 称	实收资本	国家资本	集体资本	法人资本	个人资本
机床附件制造	55987	629	220	5350	29336
其他金属加工机械制造	68445	9622	1205	9981	37634
起重运输设备制造	494934	15763	5033	146161	202504
起重运输设备制造	494934	15763	5033	146161	202504
泵、阀门、压缩机及类似机械的制造	1943501	79775	10002	402638	1141990
泵及真空设备制造	464473	42003	6877	84188	291297
气体压缩机械制造	246100	3668	206	57669	64504
阀门和旋塞的制造	1024313	29052	2470	220758	671401
液压和气压动力机械及元件制造	208614	5052	449	40023	114788
轴承、齿轮、传动和驱动部件的制造	1131661	196985	2169	233572	566247
轴承制造	721962	9775	550	162941	313310
齿轮、传动和驱动部件制造	409699	187210	1619	70631	252937
烘炉、熔炉及电炉制造	26546		10	2963	15908
烘炉、熔炉及电炉制造	26546		10	2963	15908
风机、衡器、包装设备等通用设备制造	1196696	721379	8804	281368	563609
风机、风扇制造	109641	2823	295	45242	52266
气体、液体分离及纯净设备制造	173850	2932	246	75035	72386
制冷、空调设备制造	356469	247193	795	59536	167197
风动和电动工具制造	288919	17951	1176	46506	138495
喷枪及类似器具制造	52603		210	9808	33333
包装专用设备制造	78334		305	21785	52468
衡器制造	15530		50	2418	8398
其他通用设备制造	121350	[illegible]	5727	21038	39065
通用零部件制造及机械修理	1399701	[illegible]	12227	208123	711835
金属密封件制造	94509	250	[illegible]	10331	55577
紧固件、弹簧制造	847050	9044	[illegible]	133038	375695
机械零部件加工及设备修理	281664	10000	3002	40608	171559
其他通用零部件制造	176477	169	214	24148	109003
金属铸、锻加工	501188	2152	9119	103773	306985
钢铁铸件制造	333087	2152	7559	67252	200961
锻件及粉末冶金制品制造	168101		1560	36521	106023
专用设备制造业	3027082	420114	53147	511424	1432502
矿山、冶金、建筑专用设备制造	210032	17870	853	40723	104541
采矿、采石设备制造	48245	2870	520	10187	35805
石油钻采专用设备制造	11488	15000	219	2184	7422
建筑工程用机械制造	95939		110	20273	31309
建筑材料生产专用机械制造	24918			4391	17939
冶金专用设备制造	29443		4	3688	12067
化工、木材、非金属加工专用设备制造	975734	2025	6346	116008	423359

1-A-7 续表 2-15 单位：个、万元、人

指 标 名 称	实收资本	国家资本	集体资本	法人资本	个人资本
炼油、化工生产专用设备制造	71965	580	517	15679	46408
橡胶加工专用设备制造	14752	252	57	4839	4157
塑料加工专用设备制造	292647		4560	24241	109024
木材加工机械制造	22572			1295	7071
模具制造	562671	1193	1212	69649	252649
其他非金属加工专用设备制造	11127			306	4050
食品、饮料、烟草及饲料生产专用设备制造	73941		532	19360	40530
食品、饮料、烟草工业专用设备制造	49868		482	10000	31784
农副食品加工专用设备制造	22824		50	9360	7496
饲料生产专用设备制造	1250				1250
印刷、制药、日化生产专用设备制造	144595		910	22384	93466
制浆和造纸专用设备制造	17726			1593	12769
印刷专用设备制造	68466		212	6805	45181
日用化工专用设备制造	8143		50	1007	2825
制药专用设备制造	33941		568	9688	22134
照明器具生产专用设备制造	5307			588	3160
玻璃、陶瓷和搪瓷制品生产专用设备制造	4245		80	1662	1675
其他日用品生产专用设备制造	6768			1042	5724
纺织、服装和皮革工业专用设备制造	695409	17800	29435	89842	384057
纺织专用设备制造	280487	15750	3184	43344	160081
皮革、毛皮及其制品加工专用设备制造	32486	300	487	3855	19724
缝纫机械制造	362364	1750	25588	39974	193159
其他服装加工专用设备制造	20072		176	2669	11094
电子和电工机械专用设备制造	142581	12420	351	48107	46407
电工机械专用设备制造	34944		133	5030	18603
电子工业专用设备制造	105975	2420	216	43070	27151
武器弹药制造	1515	10000	2	8	505
航空、航天及其他专用设备制造	148				148
农、林、牧、渔专用机械制造	161783	146478	9837	29125	49496
拖拉机制造	43758	87584	339	9754	4155
机械化农业及园艺机具制造	93474	58014	9300	17071	25512
畜牧机械制造	577				577
渔业机械制造	1674			218	1196
农林牧渔机械配件制造	17902		141	1535	14518
其他农林牧渔业机械制造及机械修理	4287	880	36	548	3450
营林及木竹采伐机械制造	111		21		90
医疗仪器设备及器械制造	208207	12240	1316	23349	80773
医疗诊断、监护及治疗设备制造	46947		654	3123	16559
口腔科用设备及器具制造	3519			321	2444

1－A－7 续表2－16 单位：个、万元、人

指标名称	实收资本	国家资本	集体资本	法人资本	个人资本
实验室及医用消毒设备和器具的制造	8038		200	150	4996
医疗、外科及兽医用器械制造	94411	8000	240	13785	28583
机械治疗及病房护理设备制造	17895		25	2356	11813
假肢、人工器官及植（介）入器械制造	3222	4240	9	73	2716
其他医疗设备及器械制造	34176		187	3542	13662
环保、社会公共安全及其他专用设备制造	414801	211281	3567	122526	209873
环境污染防治专用设备制造	224911	191576	903	71405	107204
地质勘查专用设备制造	7262			1277	3905
邮政专用机械及器材制造	2260	4205	20	761	897
商业、饮食、服务业专用设备制造	2247			1201	1046
社会公共安全设备及器材制造	119521		226	39351	71332
交通安全及管制专用设备制造	5876		10	747	5119
水资源专用机械制造	10145	15500	1490	1162	5499
其他专用设备制造	42580		[illegible]	6622	14872
交通运输设备制造业	5781065	1225641	[illegible]	1648649	2457326
铁路运输设备制造	24115	5000	956	7566	9781
铁路机车车辆配件制造	7498			1900	4422
铁路专用设备及器材、配件制造	11041		[illegible]	5355	4702
其他铁路设备制造及设备修理	5316	5000	384	260	447
铁路机车车辆及动车组制造	200			50	150
工矿有轨专用车辆制造	60				60
汽车制造	3435633	425437	[illegible]	913567	1285619
汽车整车制造	506189	299211		311637	140219
改装汽车制造	21314	100		14636	6626
汽车车身、挂车的制造	13132		58	425	3675
汽车零部件及配件制造	2811428	96821	[illegible]	570835	1077252
汽车修理	83266	29305	[illegible]	16033	57544
电车制造	304				304
摩托车制造	394993	39800	[illegible]	104650	261462
摩托车整车制造	59871	39800	[illegible]	11986	35904
摩托车零部件及配件制造	335123		[illegible]	92664	225558
自行车制造	276098		[illegible]	41408	125608
脚踏自行车及残疾人座车制造	115858		[illegible]	12732	51747
助动自行车制造	160240		[illegible]	28676	73861
船舶及浮动装置制造	1574805	726612	[illegible]	562733	735319
金属船舶制造	1178643	687648	[illegible]	478051	570128
非金属船舶制造	20065		[illegible]	10989	2113
娱乐船和运动船的建造和修理	56942			18360	2544
船用配套设备制造	185118	15164	[illegible]	36493	71985

1－A－7 续表2－17

单位：个、万元、人

指 标 名 称	实收资本	国家资本	集体资本	法人资本	个人资本
船舶修理及拆船	133830	23800	1758	18841	88341
航标器材及其他浮动装置的制造	208				208
航空航天器制造	8077			1160	6542
飞机制造及修理	4442			1125	2942
其他飞行器制造	3615			15	3600
航天器制造	20			20	
交通器材及其他交通运输设备制造	67345	28792	232	17565	32995
潜水及水下救捞装备制造	2980	28000			180
交通管理用金属标志及设施制造	43307	792	182	16335	23977
其他交通运输设备制造	21059		50	1230	8838
电气机械及器材制造业	7543354	255571	91038	1813751	3959989
电机制造	1009537	97509	23878	183566	486147
发电机及发电机组制造	188691	87070	501	36725	58289
电动机制造	375258	9550	3036	64086	210946
微电机及其他电机制造	445589	889	20341	82756	216912
输配电及控制设备制造	2664364	49314	26286	656160	1737232
变压器、整流器和电感器制造	334703	25471	3804	86765	213508
电容器及其配套设备制造	56145	1500	697	11986	37879
配电开关控制设备制造	1523104	15318	19671	452880	934411
电力电子元器件制造	631839	5530	819	79793	465250
其他输配电及控制设备制造	118573	1495	1295	24735	86184
电线、电缆、光缆及电工器材制造	1119824	60491	10638	291668	570150
电线电缆制造	924786	20203	9837	232457	491821
光纤、光缆制造	123079	1363	96	45781	36744
绝缘制品制造	27962		370	6052	15063
其他电工器材制造	43998	38925	335	7377	26523
电池制造	549493	5439	5226	135995	149887
电池制造	549493	5439	5226	135995	149887
家用电力器具制造	1156417	26400	2080	345083	488719
家用制冷电器具制造	122676	2000	404	57950	45034
家用空气调节器制造	140208		50	96634	30447
家用通风电器具制造	86736	23546	516	33407	39123
家用厨房电器具制造	258873		258	58978	97710
家用清洁卫生电器具制造	161690			30928	59100
家用美容、保健电器具制造	65341		175	5746	42219
家用电力器具专用配件制造	149124		678	48809	64995
其他家用电力器具制造	171770	854	...	12632	110092
非电力家用器具制造	125104	6991	445	21871	57777
燃气、太阳能及类似能源的器具制造	92167	6991	445	19841	52203

1－A－7 续表2－18 单位：个、万元、人

指 标 名 称	实收资本	国家资本	集体资本	法人资本	个人资本
其他非电力家用器具制造	32937			2030	5574
照明器具制造	782900	7502	19463	148780	397831
电光源制造	216992		14474	40920	103768
照明灯具制造	456841	2247	4519	91625	228412
灯用电器附件及其他照明器具制造	109067	5255	471	16235	65652
其他电气机械及器材制造	135715	1925	3023	30628	72246
车辆专用照明及电气信号设备装置制造	103957	1925	75	26001	57051
其他未列明的电气机械制造	31757		2948	4627	15196
通信设备、计算机及其他电子设备制造业	4048431	1082935	22242	948151	958544
通信设备制造	1022180	661612	817	333791	163665
通信传输设备制造	115262	37534	283	18844	28100
通信交换设备制造	57615		34	11256	26524
通信终端设备制造	24631	5348		13718	8502
移动通信及终端设备制造	662700	618730		195743	77673
其他通信设备制造	161972		500	94230	22866
雷达及配套设备制造	1892				1026
雷达及配套设备制造	1892				1026
广播电视设备制造	139069	17552	212	25232	47619
广播电视节目制作及发射设备制造	13119	17552	150	3058	5044
广播电视接收设备及器材制造	81606		62	19513	23181
应用电视设备及其他广播电视设备制造	44345			2661	19393
电子计算机制造	695759	58386	2532	91928	44610
电子计算机整机制造	26657			462	2454
计算机网络设备制造	126801	31000	200	30502	8252
电子计算机外部设备制造	542302	27386	2332	60965	33904
电子器件制造	758665	66279	4216	203766	155266
电子真空器件制造	18489	27650	110	3417	9008
半导体分立器件制造	233322	30	172	48294	30235
集成电路制造	231051	16200	214	98892	64289
光电子器件及其他电子器件制造	275802	22399	3720	53163	51734
电子元件制造	1172051	170781	11236	253272	454190
电子元件及组件制造	1046570	170781	11174	229586	429690
印制电路板制造	125481		62	23686	24500
家用视听设备制造	160046	105950	2441	21580	53054
家用影视设备制造	82077	105850	2283	14266	27130
家用音响设备制造	77969	100	158	7315	25924
其他电子设备制造	98770	2375	788	18582	39115
其他电子设备制造	98770	2375	788	18582	39115
仪器仪表及文化、办公用机械制造业	1422510	104382	16317	316219	715784

1－A－7　续表2－19

单位：个、万元、人

指　标　名　称	实收资本	国家资本	集体资本	法人资本	个人资本
通用仪器仪表制造	638545	26585	8580	168960	333277
工业自动控制系统装置制造	201922	3861	5527	55434	103733
电工仪器仪表制造	143661	740	935	32686	100020
绘图、计算及测量仪器制造	64187		372	9518	18979
实验分析仪器制造	42162	251	495	9154	23759
试验机制造	10255	17350	40	4014	2605
供应用仪表及其他通用仪器制造	176358	4383	1211	58155	84181
专用仪器仪表制造	233238	29302	1002	38884	152131
环境监测专用仪器仪表制造	16031	2820	250	1832	13140
汽车及其他用计数仪表制造	99724	11244	183	23421	69002
导航、气象及海洋专用仪器制造	7414	5089	103	335	4945
农林牧渔专用仪器仪表制造	949			500	449
地质勘探和地震专用仪器制造	1952			152	1649
教学专用仪器制造	55585	3229	357	5389	47275
电子测量仪器制造	34939	6920	95	5640	8495
其他专用仪器制造	15645		14	1615	6177
核子及核辐射测量仪器制造	1000				1000
钟表与计时仪器制造	49145		727	9173	22367
钟表与计时仪器制造	49145		727	9173	22367
光学仪器及眼镜制造	303003	22069	2904	42740	139407
光学仪器制造	93178	12725	2821	13035	16390
眼镜制造	209825	9344	83	29706	123017
文化、办公用机械制造	174408	26426	1229	55439	62818
电影机械制造	2601			2100	501
幻灯及投影设备制造	9446	7110		6680	1896
照相机及器材制造	47255			12679	7586
复印和胶印设备制造	14725	2000	50	2083	8835
计算器及货币专用设备制造	57238	16916	1154	12487	32241
其他文化、办公用机械制造	43144	400	25	19410	11759
其他仪器仪表的制造及修理	24171		1875	1024	5785
其他仪器仪表的制造及修理	24171		1875	1024	5785
工艺品及其他制造业	1669915	33489	4120	299507	955924
工艺美术品制造	1143844	10723	3673	200766	648407
雕塑工艺品制造	150859	2310	502	28317	95385
金属工艺品制造	169883	102	1060	33209	111242
漆器工艺品制造	33923		100	2034	27736
花画工艺品制造	22294			5097	11163
天然植物纤维编织工艺品制造	34349		821	5839	22477
抽纱刺绣工艺品制造	288545	200	526	46541	175122

1-A-7 续表 2-20

单位：个、万元、人

指 标 名 称	实收资本	国家资本	集体资本	法人资本	个人资本
地毯、挂毯制造	70150	2000	338	8647	31068
珠宝首饰及有关物品的制造	139062	6111	176	38721	28919
其他工艺美术品制造	234778		150	32363	145295
日用杂品制造	498134	22766	388	96704	290143
制镜及类似品加工	28994			3830	11632
鬃毛加工、制刷及清扫工具的制造	43642			8752	13048
其他日用杂品制造	425497	22766	388	84123	265463
煤制品制造	6676		35	59	6532
煤制品制造	6676		35	59	6532
核辐射加工	1630			30	1600
核辐射加工	1630			30	1600
其他未列明的制造业	19632		24	1947	9243
其他未列明的制造业	19632		24	1947	9243
废弃资源和废旧材料回收加工业	194880	27175	319	54888	62759
金属废料和碎屑的加工处理	138516	18575	70	31855	39653
金属废料和碎屑的加工处理	138516	18575	70	31855	39653
非金属废料和碎屑的加工处理	56365	8600	249	23033	23106
非金属废料和碎屑的加工处理	56365	8600	249	23033	23106
电力、燃气及水的生产和供应业	**7436542**	**31303217**	**188702**	**2951330**	**585413**
电力、热力的生产和供应业	5786782	21049846	118656	2634882	471764
电力生产	4859067	12986251	103149	2566786	452759
火力发电	2996349	8260218	53741	1623511	117895
水力发电	1276169	4707686	49408	410254	290280
核力发电	502793			502793	
其他能源发电	83756	18347		30228	44585
电力供应	809183	7848015	12388	7912	4080
电力供应	809183	7848015	12388	7912	4080
热力生产和供应	118533	215580	3118	60184	14924
热力生产和供应	118533	215580	3118	60184	14924
燃气生产和供应业	373548	1842805	2134	81145	23660
燃气生产和供应业	373548	1842805	2134	81145	23660
燃气生产和供应业	373548	1842805	2134	81145	23660
水的生产和供应业	1276212	8410566	67912	235303	89989
自来水的生产和供应	923470	6761412	63155	115829	52201
自来水的生产和供应	923470	6761412	63155	115829	52201
污水处理及其再生利用	328484	1588654	4141	119129	20541
污水处理及其再生利用	328484	1588654	4141	119129	20541
其他水的处理、利用与分配	24258	60500	616	345	17247
其他水的处理、利用与分配	24258	60500	616	345	17247

1－A－7 续表3－1

单位：个、万元、人

指 标 名 称	港澳台资本	外商资本	本年折旧	主营业务收入	主营业务成本
总 计	**10332672**	**14056291**	**11790384**	**439908305**	**386040639**
一、按轻重工业分					
轻工业	5527227	5976061	4538254	185148575	159071335
重工业	4805445	8080230	7252130	254759730	226969304
二、按登记注册类型分					
内 资	**243786**	**256770**	**8880547**	**330784944**	**291661481**
国 有		34	1588931	26731985	23607725
集 体	369	67	53387	1887539	1633864
股份合作企业	124	631	92310	4686720	4082305
联营企业	251	335	12503	191113	178202
国有联营	208		1028	6931	5859
集体联营	43	335	8353	81420	81198
国有与集体联营			2048	56162	46712
其他联营			1075	46600	44433
有限责任公司	63685	91817	2159020	64803771	57295942
国有独资公司		10	128433	1692865	1399810
其他有限责任公司	63685	91807	2030586	63110907	55896133
股份有限公司	39738	50756	695464	31954650	29215629
私营企业	122436	102857	4246381	199405936	174659157
私营独资	1539	5027	527859	25719567	22260359
私营合伙	4311	581	113530	5563604	4771027
私营有限责任公司	94708	85367	3461567	158113163	138748979
私营股份有限公司	21877	11882	143425	10009602	8878792
其 他	17184	10273	32551	1123231	988656
港澳台商投资	**9946846**	**54197**	**1181086**	**47122956**	**40682439**
与港澳台商合资经营	3246924	31849	675043	29313581	25561895
与港澳台商合作经营	111336	1740	27832	736522	635743
港澳台商独资	6323837	20161	447533	15948304	13556222
港澳台商投资股份有限公司	264749	447	30677	1124549	928579
外商投资	**142040**	**13745324**	**1728752**	**62000405**	**53696720**
中外合资经营	116871	4114452	820953	34332215	29779209
中外合作经营	4385	128805	30140	1041439	926248
外资企业	16315	9073158	807082	24155421	21066478
外商投资股份有限公司	4469	428909	70578	2471329	1924785
三、按控股情况分					
国有控股	83920	266769	2925879	53806550	49119165
集体控股	73242	85389	330372	11535819	10117895
私人控股	892766	1054684	6291549	293470909	256788412
港澳台商控股	9087987	70466	811589	29955525	25659423
外商控股	46494	12458933	1227908	42540948	36878946

1－A－7 续表 3－2

单位：个、万元、人

指 标 名 称			本年折旧	主营业务收 入	主营业务成 本
	港澳台资本	外商资本			
其 他	148264	120050	203088	8598554	7476798
四、按国民经济行业(门类、大类、中类、小类)分					
采矿业	**15477**	**39025**	**49990**	**1867878**	**1528917**
煤炭开采和洗选业			4962	92471	86960
烟煤和无烟煤的开采洗选			4900	89536	84530
烟煤和无烟煤的开采洗选			4900	89536	84530
其他煤炭采选			62	2935	2430
其他煤炭采选			62	2935	2430
黑色金属矿采选业		4966	2295	222281	161630
铁矿采选		4966	2294	222149	161533
铁矿采选		4966	2294	222149	161533
其他黑色金属矿采选			2	132	98
其他黑色金属矿采选			2	132	98
有色金属矿采选业			4183	275118	222970
常用有色金属矿采选			2128	215615	179048
铜矿采选			918	129439	101449
铅锌矿采选			1196	85575	77084
锑矿采选			8	421	361
铝矿采选			6	180	153
贵金属矿采选			131	3554	1938
金矿采选			100	1587	844
银矿采选			28	1635	920
其他贵金属矿采选			4	332	174
稀有稀土金属矿采选			1924	55949	41984
钨钼矿采选			1541	50349	38142
放射性金属矿采选			383	5600	3843
非金属矿采选业	15477	34059	38524	1277218	1056704
土砂石开采	15477	34059	35718	1201415	995479
石灰石、石膏开采		21547	4708	136697	105360
建筑装饰用石开采	1857	6507	12300	500268	425544
耐火土石开采	91		2069	126938	103029
粘土及其他土砂石开采	13529	6005	16641	437512	361546
化学矿采选			481	11986	10037
化学矿采选			481	11986	10037
采 盐			323	7269	6253
采 盐			323	7269	6253
石棉及其他非金属矿采选			2003	56548	44935
其他非金属矿采选			1938	55660	44202
石棉、云母矿采选			55	215	176
石墨、滑石采选			3	470	409

1－A－7 续表3－3

单位：个、万元、人

指标名称	港澳台资本	外商资本	本年折旧	主营业务收入	主营业务成本
宝石、玉石开采			7	203	148
其他采矿业			26	789	653
其他采矿业			26	789	653
其他采矿业			26	789	653
制造业	**10090202**	**13663483**	**9239795**	**410240237**	**358832177**
农副食品加工业	91954	211601	108054	6908593	6264238
谷物磨制	440	415	3385	332988	315431
谷物磨制	440	415	3385	332988	315431
饲料加工	4469	12888	13333	1117374	1019107
饲料加工	4469	12888	13333	1117374	1019107
植物油加工	6417	92941	9875	1147444	1107025
食用植物油加工	6417	92941	9639	1137725	1097946
非食用植物油加工			236	9720	9080
屠宰及肉类加工	8611	816	12094	805567	704383
畜禽屠宰	942	38	3919	257417	236864
肉制品及副产品加工	7669	778	8175	548150	467519
水产品加工	20995	61178	39691	2240569	2030280
水产品冷冻加工	8566	50705	30343	1842438	1678111
鱼糜制品及水产品干腌制加工	10111	10009	6434	250625	221361
水产饲料制造	2318	120	2447	126760	112748
鱼油提取及制品的制造			104	3707	3083
其他水产品加工		344	364	17039	14978
蔬菜、水果和坚果加工	8922	28517	21536	917881	787295
蔬菜、水果和坚果加工	8922	28517	21536	917881	787295
其他农副食品加工	42100	14845	8094	345391	299434
淀粉及淀粉制品的制造		6203	1024	46993	41200
豆制品制造	248	4719	3542	117125	96512
蛋品加工			917	65676	59156
其他未列明的农副食品加工	41852	3924	2611	115598	102565
制糖			48	1379	1283
制糖			48	1379	1283
食品制造业	127309	210422	71944	3128460	2497520
焙烤食品制造	25371	31826	8979	320821	250162
糕点、面包制造	6098	2456	2907	123172	96753
饼干及其他焙烤食品制造	19273	29370	6072	197649	153409
糖果、巧克力及蜜饯制造	4652	50004	6159	207983	166692
糖果、巧克力制造	4652	40610	5100	126687	98764
蜜饯制作		9394	1059	81295	67928
方便食品制造	42735	45549	11577	729046	561471
米、面制品制造	2196	4105	2448	102866	78477

1－A－7 续表3－4 单位：个、万元、人

指标名称	港澳台资本	外商资本	本年折旧	主营业务收入	主营业务成本
速冻食品制造	5467	22226	3695	114370	92750
方便面及其他方便食品制造	35072	19217	5435	511810	390244
液体乳及乳制品制造	7822		6962	193542	168718
液体乳及乳制品制造	7822		6962	193542	168718
罐头制造	4593	30493	12785	570228	494012
肉、禽类罐头制造	288	240	519	32280	27265
水产品罐头制造		5733	1507	39007	35010
蔬菜、水果罐头制造	4305	12173	10165	401872	351776
其他罐头食品制造		12348	595	97070	79961
调味品、发酵制品制造	19459	13349	7550	266210	224587
味精制造	8900		3180	93652	85727
酱油、食醋及类似制品的制造	237	167	2344	84798	65858
其他调味品、发酵制品制造	10322	13182	2026	87761	73002
其他食品制造	22677	39201	17933	840630	631880
营养、保健食品制造	10763	17230	5686	237206	194397
冷冻饮品及食用冰制造	5636	370	2880	110556	88357
盐加工			278	10922	7462
食品及饲料添加剂制造	6279	21601	8734	467095	328867
其他未列明的食品制造			354	14852	12796
饮料制造业	150713	262531	121749	4888692	3775256
酒精制造	1225		344	9959	9387
酒精制造	1225		344	9959	9387
酒的制造	45249	114326	51530	1065892	723236
白酒制造		9935	2499	56921	42212
啤酒制造	42862	96280	33427	522591	322682
黄酒制造	2387	6873	14594	449628	332720
其他酒制造		292	884	34185	23606
葡萄酒制造		947	127	2567	2017
软饮料制造	99054	137588	57508	3088793	2415303
碳酸饮料制造	10375	25401	11677	368978	281977
瓶（罐）装饮用水制造	2291	19707	14488	1329350	1175044
果菜汁及果菜汁饮料制造	29176	17731	4062	98220	69696
含乳饮料和植物蛋白饮料制造	16549	42753	8623	385188	273915
固体饮料制造	2768	639	1387	44447	36281
茶饮料及其他软饮料制造	37896	31357	17271	862609	578390
精制茶加工	5185	10616	12367	724047	627330
精制茶加工	5185	10616	12367	724047	627330
烟草制品业	1400		36816	2156806	499208
卷烟制造			36225	2143902	492501

1－A－7 续表3－5 单位：个、万元、人

指 标 名 称			本年折旧	主营业务收入	主营业务成本
	港澳台资本	外商资本			
卷烟制造			36225	2143902	492501
其他烟草制品加工	1400		566	12604	6527
其他烟草制品加工	1400		566	12604	6527
烟叶复烤			25	300	180
烟叶复烤			25	300	180
纺织业	1954551	1153440	1413962	48146907	43148467
棉、化纤纺织及印染精加工	798132	459771	782391	23981350	21725816
棉、化纤纺织加工	437270	215772	477977	15743985	14324277
棉、化纤印染精加工	360862	244000	304414	8237366	7401539
毛纺织和染整精加工	98416	28424	35994	1291659	1153378
毛条加工	55175	2518	5088	241625	226567
毛纺织	33274	16188	22057	879013	779819
毛染整精加工	9967	9719	8848	171022	146992
麻纺织	14168	2657	7790	150990	128393
麻纺织	14168	2657	7790	150990	128393
丝绢纺织及精加工	243554	45780	118973	4215911	3843704
缫丝加工	20313	1039	7804	431437	406050
绢纺和丝织加工	218557	42710	95559	3456039	3142381
丝印染精加工	4684	2031	15610	328435	295272
纺织制成品制造	298821	286778	192052	7257331	6381314
棉及化纤制品制造	110590	136954	77047	3162584	2783099
毛制品制造	11756	14702	9092	394993	352530
麻制品制造	737		270	17430	15070
丝制品制造	36914	15019	22612	926137	783174
绳、索、缆的制造	1313	3822	2757	133898	117575
纺织带和帘子布制造	30359	34138	25607	855501	763073
无纺布制造	24668	51055	34040	1053132	935848
其他纺织制成品制造	82484	31089	20627	713656	630945
针织品、编织品及其制品制造	501461	330030	276764	11249667	9915863
棉、化纤针织品及编织品制造	365405	263829	196958	8331315	7323234
毛针织品及编织品制造	99266	43678	44477	1559963	1372187
丝针织品及编织品制造	27648	15820	23826	929567	838955
其他针织品及编织品制造	9143	6703	11503	428823	381487
纺织服装、鞋、帽制造业	784948	688350	297718	16029480	13484595
纺织服装制造	779422	670419	289047	15598182	13109434
纺织服装制造	779422	670419	289047	15598182	13109434
纺织面料鞋的制造	2371	11852	5290	303914	265367
纺织面料鞋的制造	2371	11852	5290	303914	265367
制 帽	3156	6078	3381	127385	109794

1－A－7 续表3－6　　单位：个、万元、人

指标名称	港澳台资本	外商资本	本年折旧	主营业务收入	主营业务成本
制帽	3156	6078	3381	127385	109794
皮革、毛皮、羽毛(绒)及其制品业	169067	407958	156782	11831378	10313037
皮革鞣制加工	48184	147278	27472	1570308	1419323
皮革鞣制加工	48184	147278	27472	1570308	1419323
皮革制品制造	74999	222861	110966	8839594	7636408
皮鞋制造	18193	95962	63605	5664921	4838278
皮革服装制造	10948	25394	9835	990445	863238
皮箱、包(袋)制造	40306	57729	24354	1526894	1356903
皮手套及皮装饰制品制造	1165	19938	3347	265584	232980
其他皮革制品制造	4388	23838	9826	391749	345010
毛皮鞣制及制品加工	16594	9731	6886	399414	342716
毛皮鞣制加工	1731	1406	1477	50854	44984
毛皮服装加工	13823	5406	3267	179108	156107
其他毛皮制品加工	1041	2920	2143	169453	141625
羽毛(绒)加工及制品制造	29290	28088	11458	1022062	914590
羽毛(绒)加工	348	834	1844	92171	83172
羽毛(绒)制品加工	28942	27255	9614	929892	831418
木材加工及木、竹、藤、棕、草制品业	80469	87914	67690	4438127	3907563
锯材、木片加工	4695	1156	3025	221902	193279
锯材加工	3880	1154	1770	115027	98126
木片加工	815	2	1255	106874	95153
人造板制造	43654	40383	29697	1705442	1529157
胶合板制造	38916	28588	14888	1043345	938808
纤维板制造	147	5498	8038	266130	241831
刨花板制造			489	41154	38224
其他人造板、材制造	4591	6297	6282	354812	310294
木制品制造	19595	33054	23341	1803952	1578751
建筑用木料及木材组件加工	5241	26018	16904	1463073	1281019
木容器制造	5377	231	2052	137494	120580
软木制品及其他木制品制造	8977	6805	4385	203385	177152
竹、藤、棕、草制品制造	12526	13322	11627	706832	606376
竹、藤、棕、草制品制造	12526	13322	11627	706832	606376
家具制造业	190590	384898	95175	4824454	4141134
木质家具制造	73687	146529	40911	1588347	1358745
木质家具制造	73687	146529	40911	1588347	1358745
竹、藤家具制造	2806	944	1094	53970	46128
竹、藤家具制造	2806	944	1094	53970	46128
金属家具制造	54563	155049	34409	2117882	1836514
金属家具制造	54563	155049	34409	2117882	1836514

1-A-7 续表3-7

单位：个、万元、人

指 标 名 称	港澳台资本	外商资本	本年折旧	主营业务收入	主营业务成本
塑料家具制造	2347	4187	1992	116501	99068
塑料家具制造	2347	4187	1992	116501	99068
其他家具制造	57188	78189	16770	947754	800680
其他家具制造	57188	78189	16770	947754	800680
造纸及纸制品业	246235	190803	304062	9527408	8437123
纸浆制造		6998	1161	24811	22177
纸浆制造		6998	1161	24811	22177
造 纸	125835	62393	197835	5315053	4727448
机制纸及纸板制造	119115	50633	190393	5062321	4507992
手工纸制造			170	8594	7315
加工纸制造	6721	11760	7272	244138	212140
纸制品制造	120400	121411	105067	4187544	3687498
纸和纸板容器的制造	60636	66241	78609	3241207	2863223
其他纸制品制造	59765	55171	26458	946337	824275
印刷业和记录媒介的复制	47305	50454	155609	3875722	3299561
印 刷	40682	41467	147250	3659249	3114059
书、报、刊印刷	83	10477	29996	565136	478638
本册印制	1195	279	8742	290491	257582
包装装潢及其他印刷	39405	30711	108513	2803622	2377839
装订及其他印刷服务活动	6623	2238	5272	143222	121371
装订及其他印刷服务活动	6623	2238	5272	143222	121371
记录媒介的复制		6750	3087	73252	64131
记录媒介的复制		6750	3087	73252	64131
文教体育用品制造业	208685	288662	97483	4559949	3918978
文化用品制造	51868	80955	37816	1668578	1422237
文具制造	34926	43931	15966	652474	563017
笔的制造	14243	29095	17103	707392	601553
教学用模型及教具制造	376	1691	3297	253430	210395
墨水、墨汁制造		25	102	5022	4161
其他文化用品制造	2323	6213	1348	50261	43111
体育用品制造	86572	88181	22346	992752	858495
球类制造	2521	20334	2271	98208	86765
体育器材及配件制造	36082	9849	5873	252832	213255
训练健身器材制造	24410	27865	7576	399533	347259
运动防护用具制造	21899	2308	2397	58896	53830
其他体育用品制造	1660	27826	4229	183283	157387
乐器制造	8407	66373	7576	216565	184685
中乐器制造	101	3737	85	3061	2461
西乐器制造	4790	46059	4765	129272	109945

1－A－7 续表3－8 单位：个、万元、人

指标名称			本年折旧	主营业务收入	主营业务成本
	港澳台资本	外商资本			
电子乐器制造	3184		502	13366	10989
其他乐器及零件制造	332	16576	2225	70866	61291
玩具制造	28980	44101	22625	1285263	1110598
玩具制造	28980	44101	22625	1285263	1110598
游艺器材及娱乐用品制造	32858	9053	7119	396791	342962
露天游乐场所游乐设备制造	4139	5285	3383	247704	215937
游艺用品及室内游艺器材制造	28719	3769	3736	149087	127025
石油加工、炼焦及核燃料加工业	33332	34773	117236	11056987	11573897
精炼石油产品的制造	33332	34767	115376	10859934	11366341
原油加工及石油制品制造	33241	34767	115307	10857854	11364511
人造原油生产	91		69	2080	1830
炼　焦		6	1860	197053	207556
炼　焦		6	1860	197053	207556
化学原料及化学制品制造业	563566	1715203	711760	27520116	23976074
基础化学原料制造	106056	330350	188672	5132170	4513549
无机酸制造	2018	8918	11713	284272	241251
无机碱制造	5353		13426	356923	297219
无机盐制造	10373	20279	7404	325685	274660
有机化学原料制造	78706	186679	136482	3684614	3309034
其他基础化学原料制造	9606	114474	19647	480676	391386
肥料制造	1278	1069	16563	402330	346144
氮肥制造			11376	281217	241768
磷肥制造			425	17253	14996
复混肥料制造	400	1069	3046	75652	62882
有机肥料及微生物肥料制造	464		433	9347	8209
其他肥料制造	414		1282	18862	18289
农药制造	12281	40035	38172	1612585	1228574
化学农药制造	6405	40035	30142	1463315	1102982
生物化学农药及微生物农药制造	5877		8029	149270	125592
涂料、油墨、颜料及类似产品制造	58744	115026	85834	3964577	3337525
涂料制造	11897	27936	21038	1153729	950056
油墨及类似产品制造	13136	16724	6143	225500	191256
颜料制造	6096	13385	7524	290736	252401
染料制造	27234	48435	48892	2184645	1851131
密封用填料及类似品制造	381	8546	2238	109967	92681
合成材料制造	222963	777313	224727	8710784	8273628
初级形态的塑料及合成树脂制造	178457	658963	97803	3993919	3825690
合成橡胶制造	1645	3354	1073	48777	41005
合成纤维单(聚合)体的制造	41642	95286	120899	4519213	4285156

1－A－7 续表 3－9

单位：个、万元、人

指 标 名 称	港澳台资本	外商资本	本年折旧	主营业务收入	主营业务成本
其他合成材料制造	1218	19710	4952	148874	121778
专用化学产品制造	140070	355288	113402	5179178	4447376
化学试剂和助剂制造	20792	69014	39983	2359701	2061007
专项化学用品制造	48954	25575	22081	984395	839726
林产化学产品制造	20	1348	2421	105062	89880
炸药及火工产品制造	2119		2925	88525	66399
信息化学品制造	63283	194246	33950	1033238	871978
环境污染处理专用药剂材料制造	538	14095	1462	71069	55461
动物胶制造		26199	2497	64198	53947
其他专用化学产品制造	4365	24812	8084	472991	408978
日用化学产品制造	22176	96122	44390	2518492	1829279
肥皂及合成洗涤剂制造	2407	9117	14203	1125412	940859
化妆品制造	7852	36565	11419	637757	250285
口腔清洁用品制造	318		172	9094	6892
香料、香精制造	50	45719	13105	362915	303445
其他日用化学产品制造	11549	4721	5492	383314	327797
医药制造业	99357	256343	196083	5880732	4039906
化学药品原药制造	23493	59740	99448	2890158	2041344
化学药品原药制造	23493	59740	99448	2890158	2041344
化学药品制剂制造	20295	124714	42921	1334776	846330
化学药品制剂制造	20295	124714	42921	1334776	846330
中药饮片加工	166	4069	2084	86183	71974
中药饮片加工	166	4069	2084	86183	71974
中成药制造	20378	19815	18210	464646	237903
中成药制造	20378	19815	18210	464646	237903
兽用药品制造	125	14173	5564	208703	159780
兽用药品制造	125	14173	5564	208703	159780
生物、生化制品的制造	28215	26555	20635	615605	448896
生物、生化制品的制造	28215	26555	20635	615605	448896
卫生材料及医药用品制造	6686	7277	7222	280661	233679
卫生材料及医药用品制造	6686	7277	7222	280661	233679
化学纤维制造业	412129	446994	391620	15102052	14246767
纤维素纤维原料及纤维制造	12202	3752	4879	139611	132346
化纤浆粕制造			205	9800	8912
人造纤维（纤维素纤维）制造	12202	3752	4674	129812	123434
合成纤维制造	399927	443242	386741	14962440	14114421
锦纶纤维制造	43186	11554	12290	559910	525551
涤纶纤维制造	258755	157327	278062	12430019	11786417
腈纶纤维制造	3318	400	10476	174117	176118

1－A－7 续表3－10 单位：个、万元、人

指 标 名 称			本年折旧	主营业务收 入	主营业务成 本
	港澳台资本	外商资本			
维纶纤维制造			159	2103	1720
其他合成纤维制造	94668	273962	85753	1796293	1624616
橡胶制品业	17170	256978	125766	4488846	3918141
轮胎制造	1501	220580	76858	2070279	1842307
车辆、飞机及工程机械轮胎制造	1124	220560	75790	2026473	1804457
力车胎制造			664	25017	21771
轮胎翻新加工	377	20	405	18790	16079
橡胶板、管、带的制造	9423	6697	16987	721153	608725
橡胶板、管、带的制造	9423	6697	16987	721153	608725
橡胶零件制造	563	9678	14223	509927	421445
橡胶零件制造	563	9678	14223	509927	421445
再生橡胶制造		2	1085	36375	31820
再生橡胶制造		2	1085	36375	31820
日用及医用橡胶制品制造	1314	5831	2488	113660	99033
日用及医用橡胶制品制造	1314	5831	2488	113660	99033
橡胶靴鞋制造	2289	4644	8663	690225	607084
橡胶靴鞋制造	2289	4644	8663	690225	607084
其他橡胶制品制造	2080	9547	5463	347227	307729
其他橡胶制品制造	2080	9547	5463	347227	307729
塑料制品业	331467	473372	423205	17793569	15587375
塑料薄膜制造	85176	159564	89646	3146706	2833169
塑料薄膜制造	85176	159564	89646	3146706	2833169
塑料板、管、型材的制造	46698	72267	62313	2868077	2486777
塑料板、管、型材的制造	46698	72267	62313	2868077	2486777
塑料丝、绳及编织品的制造	6427	5876	19344	1134440	1026369
塑料丝、绳及编织品的制造	6427	5876	19344	1134440	1026369
泡沫塑料制造	13036	35286	13167	733863	651296
泡沫塑料制造	13036	35286	13167	733863	651296
塑料人造革、合成革制造	29234	10516	55576	2323335	2104520
塑料人造革、合成革制造	29234	10516	55576	2323335	2104520
塑料包装箱及容器制造	33348	84442	40152	1383037	1173944
塑料包装箱及容器制造	33348	84442	40152	1383037	1173944
塑料零件制造	36129	33627	60180	2192012	1855043
塑料零件制造	36129	33627	60180	2192012	1855043
日用塑料制造	49447	44236	53260	2694561	2310301
塑料鞋制造	756	3247	4878	300133	262147
日用塑料杂品制造	48690	40988	48383	2394428	2048154
其他塑料制品制造	31971	27558	29567	1317539	1145955
其他塑料制品制造	31971	27558	29567	1317539	1145955

1－A－7 续表3－11

单位：个、万元、人

指标名称			本年折旧	主营业务收入	主营业务成本
	港澳台资本	外商资本			
非金属矿物制品业	286532	415463	526768	12683753	10928263
水泥、石灰和石膏的制造	65627	55421	187724	3596834	3250381
水泥制造	64800	54381	184152	3453097	3130199
石灰和石膏制造	827	1040	3573	143738	120182
水泥及石膏制品制造	45884	49674	121172	3302094	2849853
水泥制品制造	20385	38533	102444	2703557	2328903
砼结构构件制造	935	434	10938	393732	343269
石棉水泥制品制造			370	8938	8203
轻质建筑材料制造	24564	10693	6305	170638	146757
其他水泥制品制造		14	1115	25229	22722
砖瓦、石材及其他建筑材料制造	48958	70949	57069	1634550	1343959
粘土砖瓦及建筑砌块制造	1809	2736	23752	588030	493114
建筑陶瓷制品制造	38086	24840	15578	425248	330511
建筑用石加工	8595	105	7107	234258	188882
防水建筑材料制造		1419	3446	153127	135005
隔热和隔音材料制造	386	40795	3871	96352	78790
其他建筑材料制造	83	1055	3316	137536	117658
玻璃及玻璃制品制造	101875	217037	124250	2782874	2361634
平板玻璃制造	30398	565	10375	228589	206800
技术玻璃制品制造	13994	70133	40022	1031928	918477
光学玻璃制造		995	681	13626	11841
玻璃仪器制造		238	503	19660	17732
日用玻璃制品及玻璃包装容器制造	34086	16721	18655	589108	500232
玻璃保温容器制造			1050	46038	40007
玻璃纤维及制品制造	6371	119414	45190	604875	451918
玻璃纤维增强塑料制品制造	3170	4256	2382	154179	133945
其他玻璃制品制造	13857	4716	5392	94871	80682
陶瓷制品制造	5429	6633	8104	345751	292776
卫生陶瓷制品制造	4835	4525	4014	206131	179245
特种陶瓷制品制造	365	1694	2513	72446	55475
日用陶瓷制品制造	230		1361	61625	53270
园林、陈设艺术及其他陶瓷制品制造		414	216	5549	4786
耐火材料制品制造	16985	5854	13404	593063	476824
石棉制品制造	4472	6	2462	66890	56202
云母制品制造			388	10806	9495
耐火陶瓷制品及其他耐火材料制造	12513	5848	10554	515368	411128
石墨及其他非金属矿物制品制造	1774	9896	15045	428587	352835
石墨及碳素制品制造	41	2217	7172	169428	140803
其他非金属矿物制品制造	1733	7679	7873	259158	212032

1－A－7 续表 3－12

单位：个、万元、人

指标名称	港澳台资本	外商资本	本年折旧	主营业务收入	主营业务成本
黑色金属冶炼及压延加工业	229345	174028	305575	16065440	15296977
炼铁			475	20851	18688
炼铁			475	20851	18688
炼钢	8692		6988	715364	664661
炼钢	8692		6988	715364	664661
钢压延加工	220653	171398	296326	14754249	14067492
钢压延加工	220653	171398	296326	14754249	14067492
铁合金冶炼		2630	1786	574977	546136
铁合金冶炼		2630	1786	574977	546136
有色金属冶炼及压延加工业	237972	64503	129321	14222913	13586423
常用有色金属冶炼	35520	6951	20610	3427077	3343492
铜冶炼	2855	1270	6544	2291784	2260232
铅锌冶炼			1619	114362	110747
镍钴冶炼	28866	5099	2898	407280	381225
锡冶炼			22	3363	3324
铝冶炼		581	8931	532347	514315
镁冶炼	142		67	6776	6156
其他常用有色金属冶炼	3657		529	71165	67493
贵金属冶炼	1200		1733	373346	356822
金冶炼	1200		1091	275159	262904
银冶炼			554	64252	61273
其他贵金属冶炼			88	33935	32645
稀有稀土金属冶炼	5934	324	2112	63460	58192
钨钼冶炼	1017		134	8095	7460
稀土金属冶炼	4917	324	1901	54861	50332
其他稀有金属冶炼			78	504	400
有色金属合金制造	17887	13960	6208	740380	688271
有色金属合金制造	17887	13960	6208	740380	688271
有色金属压延加工	177431	43267	98658	9618649	9139645
常用有色金属压延加工	174495	42208	96977	9490835	9035156
贵金属压延加工		1060	203	56503	42010
稀有稀土金属压延加工	2936		1479	71311	62478
金属制品业	409883	436211	358573	19987023	17477396
结构性金属制品制造	80720	50180	100228	5667825	4912736
金属结构制造	62789	24127	75016	3921746	3418586
金属门窗制造	17931	26052	25212	1746079	1494151
金属工具制造	45468	71461	52341	2213868	1904612
切削工具制造	8887	5930	13163	368268	304010
手工具制造	18720	17973	21524	1057771	927402

1－A－7　续表 3－13　　　　单位：个、万元、人

指标名称			本年折旧	主营业务收入	主营业务成本
	港澳台资本	外商资本			
农用及园林用金属工具制造	12778	22354	5387	293968	249216
刀剪及类似日用金属工具制造	1862	9508	4463	188421	162878
其他金属工具制造	3222	15695	7803	305441	261107
集装箱及金属包装容器制造	26626	53414	12927	1379066	1254594
集装箱制造	12859	20303	3416	396527	379213
金属压力容器制造	8291	3427	5243	269125	233570
金属包装容器制造	5476	29684	4268	713415	641811
金属丝绳及其制品的制造	75731	4292	24617	1714593	1589527
金属丝绳及其制品的制造	75731	4292	24617	1714593	1589527
建筑、安全用金属制品制造	88881	122917	59611	3592635	3129037
建筑、家具用金属配件制造	39444	58608	28083	1759540	1534475
建筑装饰及水暖管道零件制造	25313	51314	24892	1533907	1338645
安全、消防用金属制品制造	16437	8048	4842	230181	197021
其他建筑、安全用金属制品制造	7687	4949	1794	69007	58897
金属表面处理及热处理加工	36117	43276	46431	1709661	1481581
金属表面处理及热处理加工	36117	43276	46431	1709661	1481581
搪瓷制品制造	2067	921	2434	148395	130482
工业生产配套用搪瓷制品制造			304	9652	8801
搪瓷卫生洁具制造	1838	921	640	38864	32166
搪瓷日用品及其他搪瓷制品制造	229		1491	99879	89515
不锈钢及类似日用金属制品制造	33068	80567	48878	2687000	2276415
金属制厨房调理及卫生器具制造	11785	7657	11186	538774	443477
金属制厨用器皿及餐具制造	13090	30773	27047	1620459	1367195
其他日用金属制品制造	8193	42136	10645	527767	465743
其他金属制品制造	21205	9184	11107	873979	798413
其他未列明的金属制品制造	21205	9184	11098	873358	797948
铸币及贵金属制实验室用品制造			9	621	465
通用设备制造业	675387	1235542	774036	34625127	29485422
锅炉及原动机制造	39458	44800	22884	1535249	1271306
锅炉及辅助设备制造	19133	24716	7472	609982	542271
内燃机及配件制造	10666	2833	7212	419823	363345
汽轮机及辅机制造	9659	15452	6952	446798	317268
水轮机及辅机制造		1800	1048	50270	41724
其他原动机制造			200	8376	6697
金属加工机械制造	85982	85055	50065	1864471	1523154
金属切削机床制造	30022	27659	18864	716401	584556
金属成形机床制造	16859	31045	9558	262950	207876
铸造机械制造	12553	1315	3435	102972	87074
金属切割及焊接设备制造	2708	9195	5090	335060	285127

1－A－7 续表3－14

单位：个、万元、人

指 标 名 称	港澳台资本	外商资本	本年折旧	主营业务收入	主营业务成本
机床附件制造	12428	8590	6963	160750	130246
其他金属加工机械制造	11412	7251	6155	286337	228276
起重运输设备制造	75084	64576	39354	2899835	2466512
起重运输设备制造	75084	64576	39354	2899835	2466512
泵、阀门、压缩机及类似机械的制造	66593	314300	185302	8452363	7149165
泵及真空设备制造	4470	73441	41189	1947279	1614580
气体压缩机械制造	11178	112176	47616	1137123	998062
阀门和旋塞的制造	31963	94816	72808	4458723	3814746
液压和气压动力机械及元件制造	18982	33867	23689	909239	721777
轴承、齿轮、传动和驱动部件的制造	117865	192109	148255	4597365	3904660
轴承制造	94759	149424	88418	2705487	2292064
齿轮、传动和驱动部件制造	23107	42685	59837	1891878	1612597
烘炉、熔炉及电炉制造	1791	5874	2085	136541	113496
烘炉、熔炉及电炉制造	1791	5874	2085	136541	113496
风机、衡器、包装设备等通用设备制造	112785	157993	111103	5425248	4578522
风机、风扇制造	5359	6197	11199	423937	352241
气体、液体分离及纯净设备制造	4535	21355	12530	822976	691590
制冷、空调设备制造	33423	70799	41231	2101394	1767647
风动和电动工具制造	60531	40417	25908	1244740	1077209
喷枪及类似器具制造	3751	5501	5429	273602	235278
包装专用设备制造	243	3533	6302	231485	185121
衡器制造	4391	273	1726	64273	50725
其他通用设备制造	554	9918	6778	262841	218712
通用零部件制造及机械修理	134403	331166	149009	6454976	5597510
金属密封件制造	2330	25885	8666	288080	233265
紧固件、弹簧制造	104723	224041	91080	4110397	3621367
机械零部件加工及设备修理	16207	49289	26370	981590	840228
其他通用零部件制造	11143	31952	22894	1074909	902651
金属铸、锻加工	41427	39669	65980	3259079	2881096
钢铁铸件制造	38825	18275	43941	2407677	2130043
锻件及粉末冶金制品制造	2603	21394	22039	851402	751053
专用设备制造业	402222	585776	299126	10845724	8999185
矿山、冶金、建筑专用设备制造	5136	56993	19545	948940	797387
采矿、采石设备制造	687	760	4650	204722	170771
石油钻采专用设备制造	163		1451	84896	69984
建筑工程用机械制造	1566	42681	8301	454421	379842
建筑材料生产专用机械制造	2575	13	2635	122504	105009
冶金专用设备制造	145	13538	2508	82397	71782
化工、木材、非金属加工专用设备制造	213447	216372	115328	3329792	2702745

1－A－7 续表3－15

单位：个、万元、人

指 标 名 称	港澳台资本	外商资本	本年折旧	主营业务收入	主营业务成本
炼油、化工生产专用设备制造	1307	7996	6688	329138	281641
橡胶加工专用设备制造		5674	1530	46052	35443
塑料加工专用设备制造	115884	38939	36351	1236095	984456
木材加工机械制造	4137	10070	1687	52328	45650
模具制造	91309	147732	68468	1634249	1328516
其他非金属加工专用设备制造	810	5961	605	31930	27040
食品、饮料、烟草及饲料生产专用设备制造	1424	12095	7040	292402	231421
食品、饮料、烟草工业专用设备制造	576	7026	5427	230122	181335
农副食品加工专用设备制造	848	5070	1506	54837	44234
饲料生产专用设备制造			108	7443	5852
印刷、制药、日化生产专用设备制造	10664	17170	13230	480103	396885
制浆和造纸专用设备制造	87	3277	2093	60241	49488
印刷专用设备制造	8191	8077	6399	213302	179031
日用化工专用设备制造		4262	598	18385	15562
制药专用设备制造		1551	2313	117086	92370
照明器具生产专用设备制造	1559		433	22760	19402
玻璃、陶瓷和搪瓷制品生产专用设备制造	828		688	16676	14161
其他日用品生产专用设备制造		2	705	31654	26871
纺织、服装和皮革工业专用设备制造	115255	75040	69612	2295107	1937294
纺织专用设备制造	54830	17473	27803	911386	765925
皮革、毛皮及其制品加工专用设备制造	6418	1973	2780	63613	52067
缝纫机械制造	48573	54895	37774	1279912	1086881
其他服装加工专用设备制造	5434	700	1255	40197	32422
电子和电工机械专用设备制造	3790	42684	11232	354363	295748
电工机械专用设备制造	897	10281	2987	109901	94255
电子工业专用设备制造	2892	32403	8108	238960	197017
武器弹药制造			131	5074	4130
航空、航天及其他专用设备制造			7	429	346
农、林、牧、渔专用机械制造	9802	48875	11319	677867	591883
拖拉机制造		20752	1950	191558	171013
机械化农业及园艺机具制造	9773	26017	6642	364045	315367
畜牧机械制造			58	3744	3350
渔业机械制造		261	376	12090	10753
农林牧渔机械配件制造	29	1680	1731	82960	72191
其他农林牧渔业机械制造及机械修理		165	551	22931	18772
营林及木竹采伐机械制造			11	540	437
医疗仪器设备及器械制造	26868	74677	20467	520327	389134
医疗诊断、监护及治疗设备制造	7478	19133	5372	97851	69438
口腔科用设备及器具制造		754	360	9374	7136

1－A－7 续表3－16 单位：个、万元、人

指标名称	港澳台资本	外商资本	本年折旧	主营业务收入	主营业务成本
实验室及医用消毒设备和器具的制造		2691	609	18249	12906
医疗、外科及兽医用器械制造	1645	49358	10769	284172	214000
机械治疗及病房护理设备制造	2474	1227	1182	49349	36038
假肢、人工器官及植（介）入器械制造			516	9161	6335
其他医疗设备及器械制造	15271	1514	1659	52172	43281
环保、社会公共安全及其他专用设备制造	15837	41870	31353	1946822	1656689
环境污染防治专用设备制造	11503	14738	16431	1320758	1155472
地质勘查专用设备制造	170	1910	173	16521	12500
邮政专用机械及器材制造		162	188	8202	6212
商业、饮食、服务业专用设备制造			204	11150	9635
社会公共安全设备及器材制造	1380	7232	11283	455303	363211
交通安全及管制专用设备制造			302	14444	11909
水资源专用机械制造		444	555	35307	30359
其他专用设备制造	2784	17385	2218	85137	67391
交通运输设备制造业	475001	985697	562182	26944986	23411190
铁路运输设备制造		5273	1843	61287	50754
铁路机车车辆配件制造		1176	682	18767	15152
铁路专用设备及器材、配件制造		372	846	35063	29501
其他铁路设备制造及设备修理		3725	313	7026	5738
铁路机车车辆及动车组制造			1	103	84
工矿有轨专用车辆制造			2	328	279
汽车制造	397556	718597	336684	16598973	14323333
汽车整车制造	5680	18732	25773	1706212	1470340
改装汽车制造	41		546	73722	66003
汽车车身、挂车的制造	8974		1663	28768	28373
汽车零部件及配件制造	378563	698368	301330	14479936	12502406
汽车修理	4298	1497	7356	309092	255081
电车制造			16	1243	1131
摩托车制造	7608	8583	62094	2972181	2590888
摩托车整车制造			14676	907392	782511
摩托车零部件及配件制造	7608	8583	47418	2064789	1808377
自行车制造	33008	74805	22978	1307739	1163517
脚踏自行车及残疾人座车制造	6762	44209	13093	708652	635589
助动自行车制造	26246	30596	9885	599087	527929
船舶及浮动装置制造	30488	170731	134594	5800159	5110413
金属船舶制造	9675	51608	93220	4508823	4046579
非金属船舶制造	6033	357	511	107105	89704
娱乐船和运动船的建造和修理		36037	1527	28613	23012
船用配套设备制造	6482	68518	17038	535534	474186

1-A-7 续表3-17

单位：个、万元、人

指标名称	港澳台资本	外商资本	本年折旧	主营业务收入	主营业务成本
船舶修理及拆船	8299	14211	22282	619213	476182
航标器材及其他浮动装置的制造			17	870	750
航空航天器制造		375	924	20162	16127
飞机制造及修理		375	302	4904	4054
其他飞行器制造			621	15100	11932
航天器制造			1	159	142
交通器材及其他交通运输设备制造	6341	7333	3066	184486	156159
潜水及水下救捞装备制造			7	721	594
交通管理用金属标志及设施制造	467	2266	1814	120986	99310
其他交通运输设备制造	5874	5067	1245	62779	56256
电气机械及器材制造业	622375	1030644	651943	38926214	33383837
电机制造	59176	247020	116368	5529109	4717497
发电机及发电机组制造	15004	69465	14193	699221	590048
电动机制造	20333	75901	48995	2562097	2184395
微电机及其他电机制造	23839	101654	53180	2267790	1943054
输配电及控制设备制造	87848	151908	172058	9435670	7808868
变压器、整流器和电感器制造	12974	15105	25848	1509985	1261243
电容器及其配套设备制造	5318	115	5815	265140	219551
配电开关控制设备制造	32852	81758	89164	5076829	4185992
电力电子元器件制造	36198	49227	43844	2148400	1783984
其他输配电及控制设备制造	507	5703	7386	435315	358098
电线、电缆、光缆及电工器材制造	99764	141556	98706	7742354	6904594
电线电缆制造	88913	99739	82064	6788021	6115287
光纤、光缆制造	4191	36131	8792	590117	492271
绝缘制品制造	1184	5292	2737	139560	114008
其他电工器材制造	5476	395	5113	224657	183028
电池制造	77871	179970	34016	3243349	2858883
电池制造	77871	179970	34016	3243349	2858883
家用电力器具制造	162521	155374	126206	7393933	6260692
家用制冷电器具制造	4890	14198	12747	766053	666171
家用空气调节器制造	11819	1259	8206	832386	764126
家用通风电器具制造	11210	125	10587	537976	418449
家用厨房电器具制造	61466	40462	23321	1687812	1350341
家用清洁卫生电器具制造	32567	39095	26862	1309393	1100284
家用美容、保健电器具制造	13031	4170	7659	445251	394898
家用电力器具专用配件制造	2143	32499	17636	856627	738294
其他家用电力器具制造	25395	23565	19188	958435	828130
非电力家用器具制造	8800	35513	11037	611380	520052
燃气、太阳能及类似能源的器具制造	5377	13602	7996	476911	406048

1－A－7 续表3－18 单位：个、万元、人

指标名称	港澳台资本	外商资本	本年折旧	主营业务收入	主营业务成本
其他非电力家用器具制造	3422	21911	3041	134469	114004
照明器具制造	122482	93594	82396	4554561	3960324
电光源制造	25498	32332	28950	1473906	1282868
照明灯具制造	85188	46874	41907	2410372	2099240
灯用电器附件及其他照明器具制造	11796	14388	11539	670284	578217
其他电气机械及器材制造	3915	25711	11157	415858	352927
车辆专用照明及电气信号设备装置制造	2954	17685	7976	310725	263973
其他未列明的电气机械制造	961	8026	3182	105133	88954
通信设备、计算机及其他电子设备制造业	845079	1166121	427288	17509008	15190182
通信设备制造	208419	249327	71182	4273762	3840412
通信传输设备制造	16511	47771	7746	388821	297501
通信交换设备制造	3455	16346	3637	147736	112391
通信终端设备制造	842	1034	2377	114164	97953
移动通信及终端设备制造	174995	152416	52119	3461541	3197580
其他通信设备制造	12617	31759	5305	161500	134986
雷达及配套设备制造		866	189	3143	2778
雷达及配套设备制造		866	189	3143	2778
广播电视设备制造	36458	27794	8984	507675	421495
广播电视节目制作及发射设备制造	2272	839	713	26778	22564
广播电视接收设备及器材制造	11895	26954	6492	344730	302408
应用电视设备及其他广播电视设备制造	22291		1779	136168	96523
电子计算机制造	258679	292171	111472	5813753	5073984
电子计算机整机制造	3463	20278	2633	634927	605159
计算机网络设备制造	70996	13751	9752	732806	365265
电子计算机外部设备制造	184220	258143	99087	4446020	4103561
电子器件制造	122436	266354	72817	1471288	1242133
电子真空器件制造		3189	1225	40674	33595
半导体分立器件制造	54006	100613	18086	447831	377118
集成电路制造	32913	33124	23998	386019	328971
光电子器件及其他电子器件制造	35517	129428	29509	596764	502449
电子元件制造	168164	268110	138773	4170683	3513415
电子元件及组件制造	123193	235849	127425	3837659	3220953
印制电路板制造	44972	32261	11348	333024	292462
家用视听设备制造	44295	28081	14552	875500	763094
家用影视设备制造	26551	1263	7930	582580	510247
家用音响设备制造	17744	26818	6622	292920	252847
其他电子设备制造	6629	33419	9318	393204	332872
其他电子设备制造	6629	33419	9318	393204	332872
仪器仪表及文化、办公用机械制造业	142005	221746	131177	5654548	4628634

1－A－7 续表3－19

单位：个、万元、人

指 标 名 称	港澳台资本	外商资本	本年折旧	主营业务收 入	主营业务成 本
通用仪器仪表制造	59339	65731	63297	3191466	2576221
工业自动控制系统装置制造	11668	25175	14158	793964	606464
电工仪器仪表制造	4211	5735	10185	551335	449984
绘图、计算及测量仪器制造	22284	13035	5801	253044	214043
实验分析仪器制造	2769	5960	4305	141573	115133
试验机制造		1861	1194	24089	18172
供应用仪表及其他通用仪器制造	18407	13966	27655	1427461	1172426
专用仪器仪表制造	5811	32481	21346	846635	713552
环境监测专用仪器仪表制造		527	1120	59223	43880
汽车及其他用计数仪表制造	140	5855	11561	473572	408483
导航、气象及海洋专用仪器制造	280	1242	934	30161	25040
农林牧渔专用仪器仪表制造			87	7037	6032
地质勘探和地震专用仪器制造		152	65	3847	3231
教学专用仪器制造	360	1881	2882	136195	109979
电子测量仪器制造	3324	16694	3705	94716	83354
其他专用仪器制造	1708	6131	965	40862	32702
核子及核辐射测量仪器制造			28	1025	852
钟表与计时仪器制造	3332	13545	4359	185963	158160
钟表与计时仪器制造	3332	13545	4359	185963	158160
光学仪器及眼镜制造	52712	63033	27395	910968	750976
光学仪器制造	37514	22146	11632	237516	185228
眼镜制造	15198	40887	15763	673452	565748
文化、办公用机械制造	15859	36421	12642	461718	380007
电影机械制造			81	10401	9276
幻灯及投影设备制造	159		158	5099	4179
照相机及器材制造	8112	18878	4391	138135	115626
复印和胶印设备制造	3475	83	1854	39430	30230
计算器及货币专用设备制造	176	9488	1769	73485	61976
其他文化、办公用机械制造	3937	7973	4389	195169	158722
其他仪器仪表的制造及修理	4953	10535	2138	57796	49718
其他仪器仪表的制造及修理	4953	10535	2138	57796	49718
工艺品及其他制造业	229979	177037	169930	8199332	7061200
工艺美术品制造	166008	123919	110427	5151128	4440744
雕塑工艺品制造	14475	11951	10587	564861	471100
金属工艺品制造	7453	16910	12022	693872	592845
漆器工艺品制造	3904	149	3313	155759	129628
花画工艺品制造	1240	4795	2336	114947	96375
天然植物纤维编织工艺品制造	3016	2197	2981	160444	139620
抽纱刺绣工艺品制造	36435	29901	44538	1386189	1218913

1－A－7 续表3－20

单位：个、万元、人

指 标 名 称			本年折旧	主营业务收 入	主营业务成 本
	港澳台资本	外商资本			
地毯、挂毯制造	9998	19899	7301	224604	192967
珠宝首饰及有关物品的制造	52893	17742	8649	880111	779426
其他工艺美术品制造	36594	20375	18701	970341	819870
日用杂品制造	60675	47947	56808	2933226	2518615
制镜及类似品加工	8359	5173	5939	188513	163075
鬃毛加工、制刷及清扫工具的制造	18557	3286	4698	210119	177723
其他日用杂品制造	33759	39488	46172	2534595	2177818
煤制品制造		50	488	16612	13861
煤制品制造		50	488	16612	13861
核辐射加工			251	1004	741
核辐射加工			251	1004	741
其他未列明的制造业	3296	5122	1956	97362	87239
其他未列明的制造业	3296	5122	1956	97362	87239
废弃资源和废旧材料回收加工业	24175	50022	11161	2417895	2354631
金属废料和碎屑的加工处理	22175	42905	6502	2165148	2136274
金属废料和碎屑的加工处理	22175	42905	6502	2165148	2136274
非金属废料和碎屑的加工处理	2000	7117	4659	252746	218357
非金属废料和碎屑的加工处理	2000	7117	4659	252746	218357
电力、燃气及水的生产和供应业	**226993**	**353783**	**2500600**	**27800190**	**25679545**
电力、热力的生产和供应业	206344	250152	2207529	25799886	24015585
电力生产	199116	238631	1138487	8176823	7176006
火力发电	186435	188745	743725	6604279	6162235
水力发电	5572	49886	173476	721553	492102
核力发电			209429	813880	492289
其他能源发电	7109		11857	37111	29381
电力供应			1038392	17260347	16506395
电力供应			1038392	17260347	16506395
热力生产和供应	7227	11521	30651	362715	333184
热力生产和供应	7227	11521	30651	362715	333184
燃气生产和供应业	13916	68413	46921	950384	847950
燃气生产和供应业	13916	68413	46921	950384	847950
燃气生产和供应业	13916	68413	46921	950384	847950
水的生产和供应业	6734	35217	246150	1049921	816009
自来水的生产和供应	6664	9480	168791	783599	594048
自来水的生产和供应	6664	9480	168791	783599	594048
污水处理及其再生利用	70	25737	73505	233673	194296
污水处理及其再生利用	70	25737	73505	233673	194296
其他水的处理、利用与分配			3854	32648	27666
其他水的处理、利用与分配			3854	32648	27666

1－A－7 续表4－1 单位：个、万元、人

指 标 名 称	主营业务税金及附加	主营业务利润	其他业务利润	营业费用、管理费用、财务费用合计	营业利润
总 计	**3293257**	**50586106**	**1376999**	**35516386**	**17083277**
一、按轻重工业分					
轻工业	1932931	24150090	452140	16636822	8184670
重工业	1360326	26436015	924859	18879564	8898608
二、按登记注册类型分					
内 资	**3068527**	**36064679**	**928282**	**25467724**	**12048297**
国 有	1198245	1926187	68482	1350871	674644
集 体	16243	237431	10723	169578	81370
股份合作企业	28060	576488	8898	385062	199831
联营企业	1217	11694	92	21798	－9888
国有联营	95	977	95	910	162
集体联营	557	－335	64	9067	－9373
国有与集体联营	464	8986	2	9326	－195
其他联营	101	2067	－68	2495	－482
有限责任公司	341306	7166802	249866	5680829	1834033
国有独资公司	21781	271275	18492	254774	39825
其他有限责任公司	319526	6895527	231374	5426055	1794209
股份有限公司	298955	2440151	95035	2193110	518226
私营企业	1179267	23576512	491310	15572874	8699247
私营独资	213488	3248739	33639	1812520	1468475
私营合伙	45676	747629	9934	413188	344306
私营有限责任公司	870148	18498837	431657	12602037	6508409
私营股份有限公司	49955	1081307	16079	745129	378058
其 他	5234	129414	3876	93603	50833
港澳台商投资	**98518**	**6342498**	**161589**	**4325758**	**2238737**
与港澳台商合资经营	67175	3684942	78239	2417324	1380844
与港澳台商合作经营	774	100006	2431	54222	48721
港澳台商独资	29422	2362726	64621	1651801	798027
港澳台商投资股份有限公司	1146	194824	16298	202412	11145
外商投资	**126212**	**8178928**	**287129**	**5722904**	**2796243**
中外合资经营	81257	4472969	139297	2978794	1652977
中外合作经营	1256	113935	6714	74174	50989
外资企业	29430	3059750	122615	2316022	882853
外商投资股份有限公司	14270	532274	18503	353915	209423
三、按控股情况分					
国有控股	1533971	3154311	156323	3246808	154082
集体控股	66339	1351619	53268	951884	492802
私人控股	1539589	35152893	807908	23536383	12891710
港澳台商控股	48574	4247659	126237	3059725	1363512
外商控股	85122	5577263	210342	3965063	1830279

1－A－7 续表4－2

单位：个、万元、人

指 标 名 称	主营业务税金及附加	主营业务利润	其他业务利润	营业费用、管理费用、财务费用合计	营业利润
其 他	19661	1102362	22922	756523	350893
四、按国民经济行业（门类、大类、中类、小类）分					
采矿业	**41397**	**297575**	**6858**	**185066**	**128843**
煤炭开采和洗选业	576	4936	2238	15853	－8997
烟煤和无烟煤的开采洗选	528	4478	2238	15680	－9282
烟煤和无烟煤的开采洗选	528	4478	2238	15680	－9282
其他煤炭采选	48	458		173	285
其他煤炭采选	48	458		173	285
黑色金属矿采选业	1507	59143	371	14557	47286
铁矿采选	1507	59109	371	14555	47254
铁矿采选	1507	59109	371	14555	47254
其他黑色金属矿采选	...	34		2	32
其他黑色金属矿采选	...	34		2	32
有色金属矿采选业	3250	48899	822	30351	25683
常用有色金属矿采选	1303	35265	517	20954	21948
铜矿采选	737	27253	465	13895	12093
铅锌矿采选	551	7940	53	7009	9833
锑矿采选	4	56		44	12
铝矿采选	11	16		6	10
贵金属矿采选	71	1545	2	954	432
金矿采选	3	740		369	211
银矿采选	64	652	2	558	95
其他贵金属矿采选	4	154		28	126
稀有稀土金属矿采选	1876	12089	303	8442	3302
钨钼矿采选	1876	10331	321	7261	2758
放射性金属矿采选		1757	－18	1182	544
非金属矿采选业	36045	184481	3426	124221	64838
土砂石开采	34759	171188	3050	108935	65964
石灰石、石膏开采	8137	23200	191	21650	1630
建筑装饰用石开采	12017	62717	217	29883	31638
耐火土石开采	1190	22719	1478	16825	8065
粘土及其他土砂石开采	13416	62552	1165	40576	24631
化学矿采选	157	1791	6	4669	－2869
化学矿采选	157	1791	6	4669	－2869
采 盐	61	955	190	1199	－53
采 盐	61	955	190	1199	－53
石棉及其他非金属矿采选	1067	10546	180	9419	1797
其他非金属矿采选	1048	10410	180	9287	1792
石棉、云母矿采选	12	26		13	13
石墨、滑石采选	5	56		24	33

1－A－7 续表4－3

单位：个、万元、人

指标名称	主营业务税金及附加	主营业务利润	其他业务利润	营业费用、管理费用、财务费用合计	营业利润
宝石、玉石开采	2	53		95	－42
其他采矿业	19	117		84	33
其他采矿业	19	117		84	33
其他采矿业	19	117		84	33
制造业	**3104310**	**48314897**	**1275584**	**33561121**	**16577493**
农副食品加工业	19849	624583	4229	474363	164998
谷物磨制	904	16655	1280	13951	3663
谷物磨制	904	16655	1280	13951	3663
饲料加工	1483	96786	2455	73016	33374
饲料加工	1483	96786	2455	73016	33374
植物油加工	1055	39365	－1963	34372	3836
食用植物油加工	995	38785	－1968	33658	3934
非食用植物油加工	60	580	5	714	－98
屠宰及肉类加工	3609	97653	1692	67712	30621
畜禽屠宰	772	19781	1162	13108	8029
肉制品及副产品加工	2837	77872	530	54604	22591
水产品加工	5913	204419	－1808	176365	28124
水产品冷冻加工	4568	159793	－3094	139418	17259
鱼糜制品及水产品干腌制加工	816	28449	1046	25315	4290
水产饲料制造	294	13727	161	9219	6455
鱼油提取及制品的制造	15	609		527	82
其他水产品加工	221	1841	79	1886	39
蔬菜、水果和坚果加工	5305	125245	1829	77629	51710
蔬菜、水果和坚果加工	5305	125245	1829	77629	51710
其他农副食品加工	1566	44379	743	31247	13660
淀粉及淀粉制品的制造	226	5554	161	3907	1700
豆制品制造	713	19900	519	14652	5825
蛋品加工	329	6191	6	2485	3713
其他未列明的农副食品加工	298	12734	57	10204	2422
制 糖	14	82		72	10
制 糖	14	82		72	10
食品制造业	11719	620034	15760	450502	187715
焙烤食品制造	1376	69350	1032	54664	17014
糕点、面包制造	807	25678	605	21124	5631
饼干及其他焙烤食品制造	569	43672	427	33541	11383
糖果、巧克力及蜜饯制造	536	40755	259	21704	19254
糖果、巧克力制造	177	27746	62	9059	18742
蜜饯制作	358	13009	197	12645	512
方便食品制造	3006	165302	3068	103138	66393
米、面制品制造	957	23438	498	18884	5135

1-A-7 续表4-4

单位：个、万元、人

指标名称	主营业务税金及附加	主营业务利润	其他业务利润	营业费用、管理费用、财务费用合计	营业利润
速冻食品制造	311	21309	266	17018	4573
方便面及其他方便食品制造	1738	120556	2305	67235	56685
液体乳及乳制品制造	525	24299	3695	22936	3838
液体乳及乳制品制造	525	24299	3695	22936	3838
罐头制造	1917	74308	1371	54837	20103
肉、禽类罐头制造	107	4908	77	2687	2298
水产品罐头制造	55	3942	22	3002	962
蔬菜、水果罐头制造	1648	48456	814	46157	2373
其他罐头食品制造	107	17002	458	2991	14469
调味品、发酵制品制造	1618	40010	1578	38069	4261
味精制造	380	7550	690	14644	-6053
酱油、食醋及类似制品的制造	862	18078	737	14178	4640
其他调味品、发酵制品制造	377	14382	151	9246	5674
其他食品制造	2742	206009	4757	155155	56852
营养、保健食品制造	1065	41745	2033	23646	19502
冷冻饮品及食用冰制造	336	21864	123	16483	5471
盐加工	45	3414	45	1670	1768
食品及饲料添加剂制造	1192	137035	2555	112199	29301
其他未列明的食品制造	104	1952	1	1156	809
饮料制造业	96765	1016737	15764	734198	311860
酒精制造	470	102	17	755	-636
酒精制造	470	102	17	755	-636
酒的制造	88310	254367	8623	246546	22839
白酒制造	1814	12911	61	5990	6982
啤酒制造	66499	133410	5177	160797	-17015
黄酒制造	18538	98372	3360	72128	30805
其他酒制造	1397	9182	25	7270	1938
葡萄酒制造	62	491		361	130
软饮料制造	4340	669156	6131	424906	255682
碳酸饮料制造	343	86658	115	59098	27842
瓶（罐）装饮用水制造	1924	152388	4419	148471	6951
果菜汁及果菜汁饮料制造	412	28112	189	30222	248
含乳饮料和植物蛋白饮料制造	402	110872	627	21947	89397
固体饮料制造	126	8041	73	4924	3249
茶饮料及其他软饮料制造	1133	283086	707	160245	127995
精制茶加工	3645	93112	994	61991	33975
精制茶加工	3645	93112	994	61991	33975
烟草制品业	1072080	585518	-26481	126268	432769
卷烟制造	1072041	579360	-26540	123619	429201

1－A－7 续表4－5 单位：个、万元、人

指标名称	主营业务税金及附加	主营业务利润	其他业务利润	营业费用、管理费用、财务费用合计	营业利润
卷烟制造	1072041	579360	－26540	123619	429201
其他烟草制品加工	37	6040	59	2608	3491
其他烟草制品加工	37	6040	59	2608	3491
烟叶复烤	2	118		40	78
烟叶复烤	2	118		40	78
纺织业	203092	4795998	130270	3311135	1651097
棉、化纤纺织及印染精加工	105186	2150711	59280	1451502	781796
棉、化纤纺织加工	71355	1348699	44414	894446	515581
棉、化纤印染精加工	33832	802012	14866	557056	266215
毛纺织和染整精加工	4624	133646	4203	92093	45050
毛条加工	362	14685	1461	10192	5722
毛纺织	3479	95715	2416	64838	33009
毛染整精加工	783	23246	326	17063	6320
麻纺织	362	22235	1078	14831	9989
麻纺织	362	22235	1078	14831	9989
丝绢纺织及精加工	17143	355200	14304	259942	107135
缫丝加工	2141	23245	1571	25611	－636
绢纺和丝织加工	13690	300104	11695	204379	105194
丝印染精加工	1312	31851	1038	29952	2577
纺织制成品制造	27243	848909	17638	647475	232624
棉及化纤制品制造	11951	367548	6617	281541	101858
毛制品制造	1449	41015	1118	35949	4686
麻制品制造	70	2290	9	1532	681
丝制品制造	2213	140749	3998	98509	48273
绳、索、缆的制造	1003	15395	369	9923	5673
纺织带和帘子布制造	3283	89168	2435	69487	20954
无纺布制造	4352	112924	2005	89532	30324
其他纺织制成品制造	2922	79821	1088	61003	20175
针织品、编织品及其制品制造	48534	1285298	33767	845292	474502
棉、化纤针织品及编织品制造	34355	973745	26811	622387	365958
毛针织品及编织品制造	8240	179544	3637	128037	57080
丝针织品及编织品制造	3648	86963	2306	64682	36264
其他针织品及编织品制造	2291	45047	1013	30186	15201
纺织服装、鞋、帽制造业	72599	2472491	43061	1749305	789733
纺织服装制造	69438	2419471	42141	1712738	772673
纺织服装制造	69438	2419471	42141	1712738	772673
纺织面料鞋的制造	2411	36177	828	23802	12860
纺织面料鞋的制造	2411	36177	828	23802	12860
制帽	749	16842	92	12765	4199

1－A－7 续表4－6 单位：个、万元、人

指标名称	主营业务税金及附加	主营业务利润	其他业务利润	营业费用、管理费用、财务费用合计	营业利润
制帽	749	16842	92	12765	4199
皮革、毛皮、羽毛(绒)及其制品业	48523	1470484	15634	947427	547304
皮革鞣制加工	3845	147139	4859	101122	51018
皮革鞣制加工	3845	147139	4859	101122	51018
皮革制品制造	40844	1162811	8491	726102	452006
皮鞋制造	27109	799662	3126	475193	327866
皮革服装制造	2914	124294	1542	66567	60677
皮箱、包(袋)制造	7742	162509	1867	128948	40210
皮手套及皮装饰制品制造	1531	31075	486	21408	10062
其他皮革制品制造	1548	45271	1472	33986	13193
毛皮鞣制及制品加工	1535	55167	786	36470	19486
毛皮鞣制加工	208	5662	243	3797	2107
毛皮服装加工	517	22484	309	16116	6624
其他毛皮制品加工	810	27020	234	16557	10755
羽毛(绒)加工及制品制造	2299	105368	1498	83733	24794
羽毛(绒)加工	490	8675	290	6245	2718
羽毛(绒)制品加工	1809	96693	1208	77488	22076
木材加工及木、竹、藤、棕、草制品业	39530	491545	20238	301884	217280
锯材、木片加工	3754	24899	493	12589	13164
锯材加工	1578	15333	283	6865	8771
木片加工	2176	9566	210	5724	4393
人造板制造	7340	168965	4117	114929	63372
胶合板制造	4211	100327	2222	70994	34140
纤维板制造	571	23729	1808	19870	7592
刨花板制造	192	2738	－274	2055	1122
其他人造板、材制造	2367	42172	361	22010	20518
木制品制造	23881	201791	14785	114572	101078
建筑用木料及木材组件加工	21196	160948	14760	86151	87880
木容器制造	1020	15895	50	9878	6190
软木制品及其他木制品制造	1665	24949	－25	18543	7008
竹、藤、棕、草制品制造	4554	95890	843	59794	39665
竹、藤、棕、草制品制造	4554	95890	843	59794	39665
家具制造业	19185	664194	9536	512951	166137
木质家具制造	8297	221334	1464	179607	46650
木质家具制造	8297	221334	1464	179607	46650
竹、藤家具制造	301	7561	11	5007	2565
竹、藤家具制造	301	7561	11	5007	2565
金属家具制造	7449	273922	3264	206920	72973
金属家具制造	7449	273922	3264	206920	72973

1－A－7 续表4－7

单位：个、万元、人

指 标 名 称	主营业务税金及附加	主营业务利润	其他业务利润	营业费用、管理费用、财务费用合计	营业利润
塑料家具制造	576	16869	163	12530	4936
塑料家具制造	576	16869	163	12530	4936
其他家具制造	2562	144508	4635	108887	39014
其他家具制造	2562	144508	4635	108887	39014
造纸及纸制品业	40995	1049455	32768	771823	351674
纸浆制造	107	2527	15	2431	294
纸浆制造	107	2527	15	2431	294
造 纸	20058	567584	16717	430964	193717
机制纸及纸板制造	18892	535438	15804	406517	184855
手工纸制造	93	1185		579	611
加工纸制造	1073	30960	913	23869	8250
纸制品制造	20830	479344	16036	338427	157663
纸和纸板容器的制造	15861	362242	14059	247325	130690
其他纸制品制造	4968	117102	1977	91102	26973
印刷业和记录媒介的复制	25033	551206	16026	345351	226407
印 刷	23640	521605	15593	324299	217141
书、报、刊印刷	5276	81194	7444	61517	28504
本册印制	1512	31397	725	19745	12828
包装装潢及其他印刷	16852	409014	7424	243038	175809
装订及其他印刷服务活动	1317	20557	323	13686	7249
装订及其他印刷服务活动	1317	20557	323	13686	7249
记录媒介的复制	76	9044	110	7366	2017
记录媒介的复制	76	9044	110	7366	2017
文教体育用品制造业	21265	620290	9136	450261	195109
文化用品制造	8396	238067	4499	165512	76389
文具制造	3530	86001	2638	68818	19640
笔的制造	3788	102093	860	75508	27069
教学用模型及教具制造	759	42275	827	15822	27248
墨水、墨汁制造	16	845	...	360	481
其他文化用品制造	304	6852	173	5004	1951
体育用品制造	4592	129894	－41	107896	28445
球类制造	687	10756	－203	9641	1133
体育器材及配件制造	1509	38151	－85	29598	9062
训练健身器材制造	1626	50754	225	40303	15034
运动防护用具制造	241	4825	－235	7657	－2254
其他体育用品制造	529	25408	257	20698	5470
乐器制造	624	31256	662	20758	11648
中乐器制造	13	588		904	－443
西乐器制造	287	19040	167	11550	8335

1-A-7 续表4-8　　　　单位：个、万元、人

指标名称	主营业务税金及附加	主营业务利润	其他业务利润	营业费用、管理费用、财务费用合计	营业利润
电子乐器制造	102	2275	34	1220	1077
其他乐器及零件制造	222	9353	461	7084	2679
玩具制造	5993	168821	3226	118037	62104
玩具制造	5993	168821	3226	118037	62104
游艺器材及娱乐用品制造	1660	52253	791	38058	16524
露天游乐场所游乐设备制造	1158	30634	70	21858	10321
游艺用品及室内游艺器材制造	502	21619	721	16200	6203
石油加工、炼焦及核燃料加工业	238012	-754858	2701	155912	-908932
精炼石油产品的制造	236729	-743072	2701	151262	-893418
原油加工及石油制品制造	236717	-743311	2701	151103	-893498
人造原油生产	12	239	...	159	79
炼焦	1283	-11786		4650	-15514
炼焦	1283	-11786		4650	-15514
化学原料及化学制品制造业	106738	3437650	149580	2344659	1328675
基础化学原料制造	29665	589019	57053	477028	170008
无机酸制造	5173	37873	2031	27351	12109
无机碱制造	1965	57768	823	37308	21232
无机盐制造	2049	48975	1107	30049	19580
有机化学原料制造	13313	362267	50372	329302	78746
其他基础化学原料制造	7165	82135	2720	53018	38341
肥料制造	1960	54229	2154	43190	13017
氮肥制造	1442	38007	1385	31110	7755
磷肥制造	50	2207	35	1756	358
复混肥料制造	332	12439	631	7002	6165
有机肥料及微生物肥料制造	108	1030	98	1285	-142
其他肥料制造	29	546	5	2037	-1119
农药制造	5420	378591	35404	168269	267850
化学农药制造	4777	355557	34688	149747	258903
生物化学农药及微生物农药制造	644	23034	716	18523	8947
涂料、油墨、颜料及类似产品制造	15538	611534	9590	383230	252947
涂料制造	5313	198386	4914	126842	79312
油墨及类似产品制造	775	33463	360	24601	9189
颜料制造	811	37524	134	24979	12932
染料制造	8161	325353	3970	195851	145645
密封用填料及类似品制造	477	16809	212	10958	5870
合成材料制造	16154	421014	8598	360799	69751
初级形态的塑料及合成树脂制造	7235	161056	6728	221337	-54135
合成橡胶制造	183	7590	173	4695	3088
合成纤维单(聚合)体的制造	7565	226444	1532	122229	106721

1－A－7 续表4－9

单位：个、万元、人

指 标 名 称	主营业务税金及附加	主营业务利润	其他业务利润	营业费用、管理费用、财务费用合计	营业利润
其他合成材料制造	1172	25924	165	12538	14077
专用化学产品制造	27618	704302	30509	456171	316815
化学试剂和助剂制造	9940	288866	10732	200410	101433
专项化学用品制造	7636	137034	8465	107342	57812
林产化学产品制造	1051	14130	161	9650	5237
炸药及火工产品制造	1001	21125	182	15123	5954
信息化学品制造	4087	157172	9353	67314	114117
环境污染处理专用药剂材料制造	253	15359	909	11822	5355
动物胶制造	152	10100	96	6487	4019
其他专用化学产品制造	3497	60516	611	38022	22887
日用化学产品制造	10382	678961	6273	455972	238288
肥皂及合成洗涤剂制造	3187	181365	2005	130761	61490
化妆品制造	3354	384250	1146	271035	112844
口腔清洁用品制造	51	2151		1789	363
香料、香精制造	1268	58200	3074	27725	34074
其他日用化学产品制造	2522	52995	48	24662	29518
医药制造业	32146	1808854	25322	1210177	648214
化学药品原药制造	17601	831213	17139	478888	368663
化学药品原药制造	17601	831213	17139	478888	368663
化学药品制剂制造	6497	481949	3456	367152	129946
化学药品制剂制造	6497	481949	3456	367152	129946
中药饮片加工	371	13970	160	11020	3319
中药饮片加工	371	13970	160	11020	3319
中成药制造	3457	223311	1073	163338	63587
中成药制造	3457	223311	1073	163338	63587
兽用药品制造	472	48451	875	29923	23209
兽用药品制造	472	48451	875	29923	23209
生物、生化制品的制造	2296	164416	915	124835	48356
生物、生化制品的制造	2296	164416	915	124835	48356
卫生材料及医药用品制造	1452	45545	1704	35020	11133
卫生材料及医药用品制造	1452	45545	1704	35020	11133
化学纤维制造业	24459	830840	25620	582995	236417
纤维素纤维原料及纤维制造	394	6879	1299	12825	－4626
化纤浆粕制造	89	798	65	522	341
人造纤维（纤维素纤维）制造	305	6081	1234	12302	－4966
合成纤维制造	24065	823961	24322	570170	241043
锦纶纤维制造	1107	33252	1648	27547	6379
涤纶纤维制造	17897	625711	19215	412102	233353
腈纶纤维制造	386	－2388	38	20788	－61817

1－A－7 续表4－10 单位：个、万元、人

指标名称	主营业务税金及附加	主营业务利润	其他业务利润	营业费用、管理费用、财务费用合计	营业利润
维纶纤维制造	35	349	1	193	157
其他合成纤维制造	4640	167037	3420	109539	62972
橡胶制品业	19490	551211	5473	400047	159347
轮胎制造	6811	221161	1377	176251	48413
车辆、飞机及工程机械轮胎制造	6405	215611	1202	172762	46177
力车胎制造	218	3028	115	1881	1263
轮胎翻新加工	188	2522	60	1609	973
橡胶板、管、带的制造	3704	108706	545	71849	37857
橡胶板、管、带的制造	3704	108706	545	71849	37857
橡胶零件制造	3311	85166	1381	58791	27877
橡胶零件制造	3311	85166	1381	58791	27877
再生橡胶制造	230	4326	13	3804	540
再生橡胶制造	230	4326	13	3804	540
日用及医用橡胶制品制造	593	14023	173	9105	5073
日用及医用橡胶制品制造	593	14023	173	9105	5073
橡胶靴鞋制造	3400	79742	1798	54312	27037
橡胶靴鞋制造	3400	79742	1798	54312	27037
其他橡胶制品制造	1442	38087	186	25935	12549
其他橡胶制品制造	1442	38087	186	25935	12549
塑料制品业	78736	2128302	38832	1330862	820754
塑料薄膜制造	8364	305175	14255	160142	156157
塑料薄膜制造	8364	305175	14255	160142	156157
塑料板、管、型材的制造	12089	369168	5508	251376	122643
塑料板、管、型材的制造	12089	369168	5508	251376	122643
塑料丝、绳及编织品的制造	5818	102631	1016	68856	35021
塑料丝、绳及编织品的制造	5818	102631	1016	68856	35021
泡沫塑料制造	2921	79646	1911	56905	25885
泡沫塑料制造	2921	79646	1911	56905	25885
塑料人造革、合成革制造	8805	210010	5975	125518	91406
塑料人造革、合成革制造	8805	210010	5975	125518	91406
塑料包装箱及容器制造	6903	202255	2669	110565	95425
塑料包装箱及容器制造	6903	202255	2669	110565	95425
塑料零件制造	13913	323111	2647	204832	120137
塑料零件制造	13913	323111	2647	204832	120137
日用塑料制造	12659	371843	3662	238192	122838
塑料鞋制造	1734	36253	259	22787	13851
日用塑料杂品制造	10926	335591	3403	215405	108987
其他塑料制品制造	7264	164461	1190	114475	51242
其他塑料制品制造	7264	164461	1190	114475	51242

1－A－7 续表4－11 单位：个、万元、人

指 标 名 称	主营业务税金及附加	主营业务利润	其他业务利润	营业费用、管理费用、财务费用合计	营业利润
非金属矿物制品业	80519	1675559	40999	1181551	567179
水泥、石灰和石膏的制造	18640	327913	15460	293247	83618
水泥制造	16920	305978	15433	281693	73079
石灰和石膏制造	1720	21935	27	11554	10539
水泥及石膏制品制造	23409	429179	5540	287197	149860
水泥制品制造	20063	354603	4751	237849	123145
砼结构构件制造	2740	48049	504	29024	20359
石棉水泥制品制造	39	697		425	272
轻质建筑材料制造	378	23512	262	17836	5806
其他水泥制品制造	189	2318	23	2063	278
砖瓦、石材及其他建筑材料制造	15773	274864	7939	190857	86783
粘土砖瓦及建筑砌块制造	6779	88167	1455	57722	32069
建筑陶瓷制品制造	999	93738	5452	76205	19971
建筑用石加工	4463	40927	214	23139	18311
防水建筑材料制造	870	17252	222	11238	6418
隔热和隔音材料制造	653	16910	212	12619	1871
其他建筑材料制造	2008	17870	383	9934	8144
玻璃及玻璃制品制造	11301	409974	8928	251670	165091
平板玻璃制造	663	21126	1810	21167	1243
技术玻璃制品制造	3258	110193	2698	74862	37044
光学玻璃制造	73	1712	31	1181	562
玻璃仪器制造	130	1798	36	1334	734
日用玻璃制品及玻璃包装容器制造	4062	84819	852	49145	34697
玻璃保温容器制造	244	5787	40	4367	1643
玻璃纤维及制品制造	1534	151433	3313	73478	81997
玻璃纤维增强塑料制品制造	720	19534	76	16661	2948
其他玻璃制品制造	616	13573	72	9475	4224
陶瓷制品制造	2688	50309	1169	32240	22371
卫生陶瓷制品制造	1751	25141	716	15306	12058
特种陶瓷制品制造	498	16473	304	10909	6325
日用陶瓷制品制造	395	7954	79	5572	3655
园林、陈设艺术及其他陶瓷制品制造	44	741	70	453	334
耐火材料制品制造	5637	110657	1250	78178	34883
石棉制品制造	439	10299	－63	9281	1105
云母制品制造	53	1259	4	1372	－75
耐火陶瓷制品及其他耐火材料制造	5145	99100	1309	67524	33853
石墨及其他非金属矿物制品制造	3073	72663	714	48163	24573
石墨及碳素制品制造	1311	27315	233	22451	4675
其他非金属矿物制品制造	1762	45348	480	25712	19898

1-A-7 续表4-12 单位：个、万元、人

指标名称	主营业务税金及附加	主营业务利润	其他业务利润	营业费用、管理费用、财务费用合计	营业利润
黑色金属冶炼及压延加工业	60010	708608	40478	647043	162706
炼铁	123	2040	101	1627	514
炼铁	123	2040	101	1627	514
炼钢	1937	48766	5613	23852	31761
炼钢	1937	48766	5613	23852	31761
钢压延加工	57237	629675	34544	606257	116844
钢压延加工	57237	629675	34544	606257	116844
铁合金冶炼	714	28127	219	15306	13587
铁合金冶炼	714	28127	219	15306	13587
有色金属冶炼及压延加工业	41522	595137	17246	457620	145085
常用有色金属冶炼	9801	73796	2226	70513	-10993
铜冶炼	7766	23786	545	32708	-30570
铅锌冶炼	338	3277	804	5992	-1730
镍钴冶炼	404	25651	544	18106	7975
锡冶炼	13	27		179	-152
铝冶炼	847	17185	216	11527	11499
镁冶炼	30	601		295	305
其他常用有色金属冶炼	401	3271	117	1707	1681
贵金属冶炼	555	15969	707	12654	4506
金冶炼	432	11823	676	9814	3167
银冶炼	67	2912	28	2352	591
其他贵金属冶炼	55	1234	3	488	749
稀有稀土金属冶炼	209	5085	645	4632	1292
钨钼冶炼	36	626	41	661	6
稀土金属冶炼	138	4390	603	3940	1248
其他稀有金属冶炼	35	69		31	38
有色金属合金制造	1853	50281	565	34302	17180
有色金属合金制造	1853	50281	565	34302	17180
有色金属压延加工	29104	450006	13104	335520	133101
常用有色金属压延加工	28722	427060	11898	333576	110893
贵金属压延加工	128	14365	808	-3966	19138
稀有稀土金属压延加工	255	8582	398	5909	3070
金属制品业	111347	2399189	58719	1618778	884928
结构性金属制品制造	41390	713771	19034	449049	285870
金属结构制造	32659	470383	15191	306410	169513
金属门窗制造	8731	243389	3843	142639	116358
金属工具制造	11878	297521	7415	204783	105134
切削工具制造	2605	61613	1096	38982	23182
手工具制造	5171	125243	3499	90098	41945

1－A－7 续表4－13 单位：个、万元、人

指 标 名 称	主营业务税金及附加	主营业务利润	其他业务利润	营业费用、管理费用、财务费用合计	营业利润
农用及园林用金属工具制造	1399	43388	547	27561	16361
刀剪及类似日用金属工具制造	972	24608	860	18753	8069
其他金属工具制造	1730	42669	1414	29389	15578
集装箱及金属包装容器制造	4872	119710	6898	106790	41605
集装箱制造	70	17244	3319	20040	600
金属压力容器制造	1586	33968	930	25520	9542
金属包装容器制造	3216	68498	2650	61231	31462
金属丝绳及其制品的制造	8005	117062	－62	84299	36734
金属丝绳及其制品的制造	8005	117062	－62	84299	36734
建筑、安全用金属制品制造	20011	443712	6368	299804	148215
建筑、家具用金属配件制造	10282	214847	4013	146265	71782
建筑装饰及水暖管道零件制造	8121	187178	1527	121415	66044
安全、消防用金属制品制造	1194	31991	696	24931	7697
其他建筑、安全用金属制品制造	414	9696	132	7193	2693
金属表面处理及热处理加工	9160	219170	5670	119652	104508
金属表面处理及热处理加工	9160	219170	5670	119652	104508
搪瓷制品制造	893	17020	145	13188	4351
工业生产配套用搪瓷制品制造	30	821	2	592	231
搪瓷卫生洁具制造	224	6474	35	5236	1270
搪瓷日用品及其他搪瓷制品制造	639	9725	109	7360	2851
不锈钢及类似日用金属制品制造	11655	399052	8376	289507	133641
金属制厨房调理及卫生器具制造	2297	93000	2667	72450	24266
金属制厨用器皿及餐具制造	6903	246420	4040	169437	95361
其他日用金属制品制造	2455	59633	1669	47620	14014
其他金属制品制造	3483	72171	4874	51706	24870
其他未列明的金属制品制造	3477	72020	4874	51683	24741
铸币及贵金属制实验室用品制造	6	151		23	129
通用设备制造业	164492	4976369	150347	3223139	1913142
锅炉及原动机制造	4696	259297	9683	155532	116033
锅炉及辅助设备制造	1646	66063	5326	45067	28209
内燃机及配件制造	1655	54875	3209	38800	20009
汽轮机及辅机制造	1119	128411	845	64369	64924
水轮机及辅机制造	244	8302	241	5855	2623
其他原动机制造	32	1646	62	1441	267
金属加工机械制造	8051	333291	14772	235875	111499
金属切削机床制造	2734	129113	9254	98996	37100
金属成形机床制造	1049	54028	2263	34161	22671
铸造机械制造	612	15286	510	12208	3388
金属切割及焊接设备制造	1406	48527	884	33649	16904

1-A-7 续表4-14 单位：个、万元、人

指 标 名 称	主营业务税金及附加	主营业务利润	其他业务利润	营业费用、管理费用、财务费用合计	营业利润
机床附件制造	994	29534	664	17952	12489
其他金属加工机械制造	1257	56803	1197	38908	18946
起重运输设备制造	8656	424683	18252	250907	186134
起重运输设备制造	8656	424683	18252	250907	186134
泵、阀门、压缩机及类似机械的制造	39369	1264124	21764	820336	472772
泵及真空设备制造	8442	324451	5731	205124	128236
气体压缩机械制造	3524	135540	7619	108649	40609
阀门和旋塞的制造	22598	621463	5039	397710	226766
液压和气压动力机械及元件制造	4806	182671	3374	108853	77161
轴承、齿轮、传动和驱动部件的制造	22328	670391	30773	448310	255429
轴承制造	13604	399848	15924	259976	157080
齿轮、传动和驱动部件制造	8724	270543	14849	188334	98349
烘炉、熔炉及电炉制造	680	22366	213	11181	9662
烘炉、熔炉及电炉制造	680	22366	213	11181	9662
风机、衡器、包装设备等通用设备制造	27734	819439	17975	551096	294059
风机、风扇制造	4260	67437	2041	49382	20749
气体、液体分离及纯净设备制造	3428	127958	3668	82397	53832
制冷、空调设备制造	11141	322626	4329	201557	126960
风动和电动工具制造	4850	163004	5464	110175	56782
喷枪及类似器具制造	1120	37204	549	26054	11546
包装专用设备制造	1260	45103	464	34262	11450
衡器制造	369	13180	147	8380	4978
其他通用设备制造	1305	42929	1315	38889	7762
通用零部件制造及机械修理	34621	822914	27867	521568	328119
金属密封件制造	2006	52809	1142	33426	20799
紧固件、弹簧制造	19170	469850	22745	312017	177727
机械零部件加工及设备修理	7283	134162	2396	84898	51210
其他通用零部件制造	6162	166094	1584	91228	78383
金属铸、锻加工	18358	359862	9049	228334	139436
钢铁铸件制造	13641	264208	4205	157567	110151
锻件及粉末冶金制品制造	4717	95654	4845	70767	29285
专用设备制造业	60167	1787207	49135	1240740	634693
矿山、冶金、建筑专用设备制造	4405	147139	8141	91448	64348
采矿、采石设备制造	1626	32326	1103	21951	11708
石油钻采专用设备制造	550	14363	138	10468	4477
建筑工程用机械制造	1182	73397	4597	41561	36345
建筑材料生产专用机械制造	636	16850	283	11114	6000
冶金专用设备制造	412	10204	2020	6354	5818
化工、木材、非金属加工专用设备制造	16601	610774	14116	427387	201548

1－A－7 续表4－15

单位：个、万元、人

指 标 名 称	主营业务税金及附加	主营业务利润	其他业务利润	营业费用、管理费用、财务费用合计	营业利润
炼油、化工生产专用设备制造	1143	46358	293	31982	14828
橡胶加工专用设备制造	173	10436	358	8349	2837
塑料加工专用设备制造	3826	247806	6483	174239	79943
木材加工机械制造	356	6339	123	3962	2355
模具制造	10847	295203	6752	205495	99930
其他非金属加工专用设备制造	256	4632	107	3359	1656
食品、饮料、烟草及饲料生产专用设备制造	2980	58002	2131	34884	26263
食品、饮料、烟草工业专用设备制造	2531	46255	1934	25078	23165
农副食品加工专用设备制造	427	10177	185	8885	2435
饲料生产专用设备制造	22	1570	12	921	663
印刷、制药、日化生产专用设备制造	8396	74879	1732	57323	24516
制浆和造纸专用设备制造	390	10365	406	8642	2126
印刷专用设备制造	6480	27790	885	22629	11229
日用化工专用设备制造	192	2632	15	1633	1014
制药专用设备制造	874	23850	167	15549	8502
照明器具生产专用设备制造	111	3248	16	2505	753
玻璃、陶瓷和搪瓷制品生产专用设备制造	168	2347	113	2347	114
其他日用品生产专用设备制造	183	4648	130	4018	779
纺织、服装和皮革工业专用设备制造	12671	345213	8530	264617	101333
纺织专用设备制造	6887	138593	6190	111893	37226
皮革、毛皮及其制品加工专用设备制造	471	11075	484	8538	1897
缝纫机械制造	5144	187938	1835	138592	58327
其他服装加工专用设备制造	169	7607	21	5594	3883
电子和电工机械专用设备制造	1568	57337	1499	41448	18058
电工机械专用设备制造	417	15513	603	14323	2289
电子工业专用设备制造	1107	40841	762	26268	15571
武器弹药制造	40	904	133	812	165
航空、航天及其他专用设备制造	4	79		46	33
农、林、牧、渔专用机械制造	1986	84021	3340	70224	17641
拖拉机制造	275	20271	2028	22943	－841
机械化农业及园艺机具制造	963	47729	884	36485	12489
畜牧机械制造	24	370	4	208	166
渔业机械制造	89	1248	39	1041	261
农林牧渔机械配件制造	391	10376	169	6907	3959
其他农林牧渔业机械制造及机械修理	238	3930	217	2571	1579
营林及木竹采伐机械制造	6	98		69	29
医疗仪器设备及器械制造	3530	127719	2222	75656	55936
医疗诊断、监护及治疗设备制造	785	27615	722	18127	10169
口腔科用设备及器具制造	73	2165	7	1899	237

1－A－7 续表4－16

单位：个、万元、人

指 标 名 称	主营业务税金及附加	主营业务利润	其他业务利润	营业费用、管理费用、财务费用合计	营业利润
实验室及医用消毒设备和器具的制造	91	5252	36	3837	1861
医疗、外科及兽医用器械制造	1939	68290	661	33111	36930
机械治疗及病房护理设备制造	282	13030	147	8416	4759
假肢、人工器官及植（介）入器械制造	41	2785	508	2896	396
其他医疗设备及器械制造	319	8583	141	7370	1585
环保、社会公共安全及其他专用设备制造	8031	282123	7425	177753	125051
环境污染防治专用设备制造	4953	160352	6161	112619	64408
地质勘查专用设备制造	70	3951	183	2696	1669
邮政专用机械及器材制造	65	1924	126	2014	47
商业、饮食、服务业专用设备制造	76	1439		1082	366
社会公共安全设备及器材制造	1910	90182	676	42527	50882
交通安全及管制专用设备制造	308	2227	26	1487	767
水资源专用机械制造	182	4766	97	3866	894
其他专用设备制造	466	17282	157	11463	6017
交通运输设备制造业	140397	3394437	138461	2250411	1346922
铁路运输设备制造	479	10065	38	8930	1500
铁路机车车辆配件制造	245	3371	17	3038	615
铁路专用设备及器材、配件制造	160	5413	21	4321	1177
其他铁路设备制造及设备修理	73	1215		1534	－320
铁路机车车辆及动车组制造	1	18		19	－1
工矿有轨专用车辆制造	1	48		19	29
汽车制造	87636	2188570	76172	1552982	765338
汽车整车制造	20938	214934	18128	156632	83131
改装汽车制造	251	7468	308	6102	1655
汽车车身、挂车的制造	59	336	164	2042	－1522
汽车零部件及配件制造	64044	1913881	56067	1344591	670662
汽车修理	2338	51845	1504	43511	11409
电车制造	5	107	1	104	4
摩托车制造	27839	353778	10088	277183	92165
摩托车整车制造	16448	108717	1358	94190	13525
摩托车零部件及配件制造	11391	245061	8729	182993	78639
自行车制造	5220	139107	2589	109916	34730
脚踏自行车及残疾人座车制造	2475	70620	1338	58734	14197
助动自行车制造	2744	68487	1250	51182	20533
船舶及浮动装置制造	17216	672553	49235	276944	446335
金属船舶制造	9951	452314	29693	161888	321661
非金属船舶制造	80	17322	10	1111	16321
娱乐船和运动船的建造和修理	89	5512	175	6931	－1275
船用配套设备制造	1709	59640	6533	38416	27890

1－A－7　续表4－17

单位：个、万元、人

指　标　名　称	主营业务税金及附加	主营业务利　润	其他业务利　润	营业费用、管理费用、财务费用合　计	营业利润
船舶修理及拆船	5382	137650	12824	68506	81714
航标器材及其他浮动装置的制造	5	115	...	92	24
航空航天器制造	182	3854		2814	1269
飞机制造及修理	33	817		920	－108
其他飞行器制造	145	3023		1883	1375
航天器制造	3	14		12	2
交通器材及其他交通运输设备制造	1825	26511	341	21642	5586
潜水及水下救捞装备制造	4	123		52	71
交通管理用金属标志及设施制造	1689	19995	152	14147	5868
其他交通运输设备制造	133	6393	189	7443	－353
电气机械及器材制造业	144953	5397737	117674	3605259	1952709
电机制造	22646	789052	25629	497708	318364
发电机及发电机组制造	2710	106473	2412	65446	43901
电动机制造	11033	366745	9979	214609	159930
微电机及其他电机制造	8903	315834	13238	217654	114534
输配电及控制设备制造	42290	1584688	41891	994271	651446
变压器、整流器和电感器制造	6267	242476	10455	161413	91911
电容器及其配套设备制造	1640	43951	169	25117	17772
配电开关控制设备制造	21381	869597	20605	535700	375433
电力电子元器件制造	10190	354259	9583	226757	135322
其他输配电及控制设备制造	2812	74405	1079	45284	31009
电线、电缆、光缆及电工器材制造	19958	817810	13991	502194	330660
电线电缆制造	17361	655381	12040	413734	265352
光纤、光缆制造	384	97462	695	43105	44801
绝缘制品制造	772	24780	222	16494	8639
其他电工器材制造	1442	40187	1034	28862	11868
电池制造	8206	376273	8897	239197	146929
电池制造	8206	376273	8897	239197	146929
家用电力器具制造	27440	1105822	11407	837087	278389
家用制冷电器具制造	3199	96683	－178	83458	13619
家用空气调节器制造	1153	67106	678	69907	－1278
家用通风电器具制造	2917	116611	856	94338	24493
家用厨房电器具制造	5768	331723	2154	219695	109475
家用清洁卫生电器具制造	3449	205659	5788	154285	55489
家用美容、保健电器具制造	1541	48812	1342	42053	8592
家用电力器具专用配件制造	5642	112693	2687	76435	38866
其他家用电力器具制造	3772	126534	－1920	96916	29133
非电力家用器具制造	2471	88861	1333	56004	33895
燃气、太阳能及类似能源的器具制造	1971	68895	1231	41748	27810

1－A－7 续表4－18 单位：个、万元、人

指标名称	主营业务税金及附加	主营业务利润	其他业务利润	营业费用、管理费用、财务费用合计	营业利润
其他非电力家用器具制造	499	19966	102	14256	6085
照明器具制造	19755	574484	13681	430646	176970
电光源制造	6259	184784	4982	125756	62414
照明灯具制造	9930	301199	7683	244777	82836
灯用电器附件及其他照明器具制造	3565	88501	1017	60113	31719
其他电气机械及器材制造	2187	60748	845	48151	16057
车辆专用照明及电气信号设备装置制造	1408	45347	694	37838	9518
其他未列明的电气机械制造	779	15401	151	10313	6540
通信设备、计算机及其他电子设备制造业	44916	2274079	77026	1576602	803758
通信设备制造	7157	426194	24940	373117	88271
通信传输设备制造	1566	89755	1815	56953	33710
通信交换设备制造	1019	34325	404	29598	5575
通信终端设备制造	304	15907	414	13460	2897
移动通信及终端设备制造	3512	260449	19803	250066	41112
其他通信设备制造	756	25759	2504	23040	4977
雷达及配套设备制造	21	344	368	343	373
雷达及配套设备制造	21	344	368	343	373
广播电视设备制造	2263	83925	2763	64596	23472
广播电视节目制作及发射设备制造	135	4079	35	3751	542
广播电视接收设备及器材制造	1370	40953	756	32042	10695
应用电视设备及其他广播电视设备制造	758	38893	1972	28803	12235
电子计算机制造	3355	736430	8333	355557	388658
电子计算机整机制造	46	29723	36	24485	5015
计算机网络设备制造	1725	365832	179	198457	168024
电子计算机外部设备制造	1585	340875	8118	132615	215619
电子器件制造	4802	224450	9023	195681	38749
电子真空器件制造	230	6878	516	8246	－910
半导体分立器件制造	876	69878	2701	51665	19328
集成电路制造	1704	55346	4574	56479	2689
光电子器件及其他电子器件制造	1992	92349	1232	79291	17641
电子元件制造	19981	637331	23670	449949	224176
电子元件及组件制造	18806	597944	22597	416707	213262
印制电路板制造	1175	39386	1073	33242	10914
家用视听设备制造	5869	106537	2683	89484	22474
家用影视设备制造	4569	67765	1501	55987	15524
家用音响设备制造	1300	38772	1182	33497	6950
其他电子设备制造	1468	58869	5245	47875	17586
其他电子设备制造	1468	58869	5245	47875	17586
仪器仪表及文化、办公用机械制造业	28071	998026	25196	742682	289607

1－A－7 续表 4－19

单位：个、万元、人

指 标 名 称	主营业务税金及附加	主营业务利润	其他业务利润	营业费用、管理费用、财务费用合计	营业利润
通用仪器仪表制造	15307	600098	12353	435295	179932
工业自动控制系统装置制造	3838	183662	4228	130238	58016
电工仪器仪表制造	3377	97987	1109	68502	32521
绘图、计算及测量仪器制造	961	38041	717	30136	8685
实验分析仪器制造	930	25667	794	20065	6046
试验机制造	143	5775	176	5876	－24
供应用仪表及其他通用仪器制造	6058	248967	5329	180478	74689
专用仪器仪表制造	4211	128873	7029	106575	31665
环境监测专用仪器仪表制造	561	14781	306	10231	4850
汽车及其他用计数仪表制造	1900	63189	5120	52216	17343
导航、气象及海洋专用仪器制造	151	4970	15	4204	785
农林牧渔专用仪器仪表制造	22	982	26	506	503
地质勘探和地震专用仪器制造	48	568	9	509	67
教学专用仪器制造	800	25416	546	20015	6862
电子测量仪器制造	440	10922	676	12368	－645
其他专用仪器制造	284	7877	331	6440	1818
核子及核辐射测量仪器制造	5	168		86	83
钟表与计时仪器制造	1145	26658	890	23008	4523
钟表与计时仪器制造	1145	26658	890	23008	4523
光学仪器及眼镜制造	4716	155301	2604	110093	46831
光学仪器制造	953	51335	933	37235	15290
眼镜制造	3763	103966	1671	72858	31541
文化、办公用机械制造	2356	79355	2126	60655	25785
电影机械制造	47	1078	5	836	247
幻灯及投影设备制造	34	886	75	906	55
照相机及器材制造	440	22069	1542	14291	9795
复印和胶印设备制造	184	9017	177	7135	2061
计算器及货币专用设备制造	586	10923	86	10038	543
其他文化、办公用机械制造	1065	35382	240	27449	13084
其他仪器仪表的制造及修理	337	7742	194	7058	871
其他仪器仪表的制造及修理	337	7742	194	7058	871
工艺品及其他制造业	53530	1084927	24411	719925	388423
工艺美术品制造	35511	674893	16175	460357	227938
雕塑工艺品制造	4794	89080	435	67743	21956
金属工艺品制造	5031	96044	646	65059	31698
漆器工艺品制造	1225	24915	92	20575	4469
花画工艺品制造	867	17701	60	13572	3976
天然植物纤维编织工艺品制造	882	19940	199	14127	6093
抽纱刺绣工艺品制造	12008	155248	809	91479	61013

1－A－7 续表4－20 单位：个、万元、人

指 标 名 称	主营业务税金及附加	主营业务利润	其他业务利润	营业费用、管理费用、财务费用合计	营业利润
地毯、挂毯制造	1033	30605	730	27089	4262
珠宝首饰及有关物品的制造	4348	96337	12200	51547	56522
其他工艺美术品制造	5322	145023	1005	109166	37951
日用杂品制造	17589	397323	8092	250734	155087
制镜及类似品加工	1689	23749	91	13176	10993
鬃毛加工、制刷及清扫工具的制造	839	31650	445	25407	6750
其他日用杂品制造	15061	341925	7557	212152	137343
煤制品制造	107	2644	...	1821	824
煤制品制造	107	2644	...	1821	824
核辐射加工	12	251		247	4
核辐射加工	12	251		247	4
其他未列明的制造业	311	9815	144	6767	4571
其他未列明的制造业	311	9815	144	6767	4571
废弃资源和废旧材料回收加工业	4173	59087	2425	97257	－38215
金属废料和碎屑的加工处理	2696	26178	759	76852	－52392
金属废料和碎屑的加工处理	2696	26178	759	76852	－52392
非金属废料和碎屑的加工处理	1477	32909	1666	20405	14176
非金属废料和碎屑的加工处理	1477	32909	1666	20405	14176
电力、燃气及水的生产和供应业	**147550**	**1973634**	**94557**	**1770199**	**376941**
电力、热力的生产和供应业	136456	1648227	61677	1400922	391480
电力生产	61552	939648	33555	911435	78563
火力发电	36964	405080	30859	559964	－118448
水力发电	10178	219657	1291	156254	71957
核力发电	14082	307509	346	185263	125165
其他能源发电	328	7403	1058	9954	－111
电力供应	73765	680186	24676	454381	309820
电力供应	73765	680186	24676	454381	309820
热力生产和供应	1139	28393	3447	35106	3098
热力生产和供应	1139	28393	3447	35106	3098
燃气生产和供应业	3370	99007	12395	86705	18399
燃气生产和供应业	3370	99007	12395	86705	18399
燃气生产和供应业	3370	99007	12395	86705	18399
水的生产和供应业	7724	226399	20485	282572	－32938
自来水的生产和供应	6897	182866	18875	217285	－10095
自来水的生产和供应	6897	182866	18875	217285	－10095
污水处理及其再生利用	543	38835	1607	61628	－23886
污水处理及其再生利用	543	38835	1607	61628	－23886
其他水的处理、利用与分配	284	4699	3	3659	1043
其他水的处理、利用与分配	284	4699	3	3659	1043

1－A－7 续表5－1

单位：个、万元、人

指 标 名 称	职工工资和福利费	本年应交增值税	年末存货	全部从业人员年平均人数
总 计	**24882605**	**12375278**	**52074724**	**10721272**
一、按轻重工业分				
轻工业	12571132	5491904	23110560	5796151
重工业	12311473	6883373	28964164	4925121
二、按登记注册类型分				
内 资	**18557337**	**9726514**	**36596691**	**8380885**
国 有	885101	1230195	1475439	146035
集 体	149953	65345	186781	70802
股份合作企业	376397	157702	499450	192981
联营企业	14443	8257	25809	5040
国有联营	1027	690	4531	420
集体联营	6457	4146	4587	1809
国有与集体联营	3824	2187	12428	1383
其他联营	3135	1235	4262	1428
有限责任公司	3004070	1945914	8378318	1197783
国有独资公司	121639	68766	307715	41737
其他有限责任公司	2882431	1877148	8070603	1156046
股份有限公司	940741	651812	3437108	319914
私营企业	13131389	5637920	22457797	6420148
私营独资	2276038	860757	2118434	1268433
私营合伙	488342	202658	464223	272337
私营有限责任公司	9991726	4390647	18462235	4727479
私营股份有限公司	375284	183858	1412904	151899
其 他	55243	29368	135991	28182
港澳台商投资	**2764860**	**1251222**	**6961169**	**1065852**
与港澳台商合资经营	1519702	762313	4116535	604291
与港澳台商合作经营	41896	20697	112173	16995
港澳台商独资	1123440	449776	2516794	424609
港澳台商投资股份有限公司	79822	18436	215667	19957
外商投资	**3560408**	**1397541**	**8516864**	**1274535**
中外合资经营	1892068	884350	4205930	706021
中外合作经营	60560	32041	116775	23978
外资企业	1473590	400346	3768415	506685
外商投资股份有限公司	134190	80804	425744	37851
三、按控股情况分				
国有控股	1704618	2071477	4447164	336879
集体控股	608078	313742	1310322	253114
私人控股	17876108	8162848	34134227	8443670
港澳台商控股	1903138	781785	4687801	712263
外商控股	2376137	873376	5976425	813910

1－A－7 续表5－2

单位：个、万元、人

指标名称	职工工资和福利费	本年应交增值税	年末存货	全部从业人员年平均人数
其他	414526	172050	1518786	161436
四、按国民经济行业(门类、大类、中类、小类)分				
采矿业	**119298**	**74122**	**137323**	**51155**
煤炭开采和洗选业	9090	3970	3727	3706
烟煤和无烟煤的开采洗选	8874	3880	3588	3574
烟煤和无烟煤的开采洗选	8874	3880	3588	3574
其他煤炭采选	217	91	139	132
其他煤炭采选	217	91	139	132
黑色金属矿采选业	7727	6225	41951	1736
铁矿采选	7719	6216	41951	1733
铁矿采选	7719	6216	41951	1733
其他黑色金属矿采选	8	10		3
其他黑色金属矿采选	8	10		3
有色金属矿采选业	20756	14163	23781	6722
常用有色金属矿采选	9023	9415	12482	3135
铜矿采选	6040	4616	6322	1579
铅锌矿采选	2944	4775	6140	1537
锑矿采选	28	13	1	15
铝矿采选	10	12	20	4
贵金属矿采选	540	140	724	267
金矿采选	319	...	474	157
银矿采选	194	117	243	103
其他贵金属矿采选	27	23	8	7
稀有稀土金属矿采选	11194	4608	10574	3320
钨钼矿采选	10163	4608	10343	2929
放射性金属矿采选	1030		231	391
非金属矿采选业	81670	49733	67847	38959
土砂石开采	68460	45158	60147	31679
石灰石、石膏开采	8812	8327	6443	4360
建筑装饰用石开采	25006	15728	12036	10624
耐火土石开采	7336	6050	16948	3675
粘土及其他土砂石开采	27307	15052	24720	13020
化学矿采选	3981	902	1686	2110
化学矿采选	3981	902	1686	2110
采盐	4000	273	1271	2414
采盐	4000	273	1271	2414
石棉及其他非金属矿采选	5229	3400	4743	2756
其他非金属矿采选	5124	3357	4684	2711
石棉、云母矿采选	3	1	21	3
石墨、滑石采选	8	20		9

1－A－7 续表5－3

单位：个、万元、人

指 标 名 称	职工工资和福利费	本年应交增值税	年末存货	全部从业人员年平均人数
宝石、玉石开采	94	22	38	33
其他采矿业	55	32	18	32
其他采矿业	55	32	18	32
其他采矿业	55	32	18	32
制造业	**23842246**	**11045876**	**51382183**	**10525175**
农副食品加工业	247211	98814	983162	124712
谷物磨制	7112	2299	26934	3734
谷物磨制	7112	2299	26934	3734
饲料加工	37051	19230	97407	15346
饲料加工	37051	19230	97407	15346
植物油加工	9729	4124	124321	4000
食用植物油加工	9314	3909	122226	3748
非食用植物油加工	415	214	2095	252
屠宰及肉类加工	39271	14322	86749	17537
畜禽屠宰	10070	1227	4191	5127
肉制品及副产品加工	29201	13096	82558	12410
水产品加工	86914	28234	470058	46172
水产品冷冻加工	69132	21830	385925	36975
鱼糜制品及水产品干腌制加工	12034	4962	62651	6290
水产饲料制造	4209	1105	17361	2214
鱼油提取及制品的制造	197	34	1026	102
其他水产品加工	1341	303	3095	591
蔬菜、水果和坚果加工	49394	22930	125976	28906
蔬菜、水果和坚果加工	49394	22930	125976	28906
其他农副食品加工	17663	7643	51689	8961
淀粉及淀粉制品的制造	2308	840	7190	1158
豆制品制造	9886	3186	10678	5091
蛋品加工	1889	942	5214	1058
其他未列明的农副食品加工	3580	2675	28607	1654
制 糖	78	32	29	56
制 糖	78	32	29	56
食品制造业	202360	119346	407825	86322
焙烤食品制造	36038	18475	31619	14931
糕点、面包制造	12684	6144	14088	7447
饼干及其他焙烤食品制造	23354	12330	17531	7484
糖果、巧克力及蜜饯制造	10149	7228	26861	4410
糖果、巧克力制造	7083	5033	14391	2397
蜜饯制作	3066	2196	12470	2013
方便食品制造	35251	34001	48805	15587
米、面制品制造	10921	4531	12595	5674

1－A－7　续表5－4

单位：个、万元、人

指标名称	职工工资和福利费	本年应交增值税	年末存货	全部从业人员年平均人数
速冻食品制造	8048	4112	17164	4163
方便面及其他方便食品制造	16281	25359	19046	5750
液体乳及乳制品制造	13583	3397	24658	5522
液体乳及乳制品制造	13583	3397	24658	5522
罐头制造	46269	15449	147968	20722
肉、禽类罐头制造	1642	1280	4401	675
水产品罐头制造	2078	131	8392	721
蔬菜、水果罐头制造	38512	9439	132336	18392
其他罐头食品制造	4037	4599	2839	934
调味品、发酵制品制造	17318	8642	34698	7690
味精制造	6683	2973	9728	2519
酱油、食醋及类似制品的制造	5751	3401	13940	2856
其他调味品、发酵制品制造	4884	2268	11031	2315
其他食品制造	43753	32155	93216	17460
营养、保健食品制造	10226	5987	30162	4861
冷冻饮品及食用冰制造	8351	3516	9620	2948
盐加工	778	418	2924	178
食品及饲料添加剂制造	23545	21827	49151	8908
其他未列明的食品制造	852	406	1360	565
饮料制造业	214226	200555	781936	78838
酒精制造	217	320	7082	131
酒精制造	217	320	7082	131
酒的制造	93264	71366	458167	36597
白酒制造	4120	2210	15696	2191
啤酒制造	51596	40411	157771	18189
黄酒制造	35358	27215	274169	15267
其他酒制造	2004	1446	9360	846
葡萄酒制造	186	84	1170	104
软饮料制造	91433	113153	169664	25492
碳酸饮料制造	14183	12672	23717	3262
瓶（罐）装饮用水制造	18087	25865	53293	7695
果菜汁及果菜汁饮料制造	6392	1911	15750	1810
含乳饮料和植物蛋白饮料制造	15584	19059	35196	2899
固体饮料制造	3294	1518	4585	1090
茶饮料及其他软饮料制造	33893	52129	37122	8736
精制茶加工	29312	15716	147023	16618
精制茶加工	29312	15716	147023	16618
烟草制品业	37073	268732	661880	3149
卷烟制造	35603	267424	661511	2907

1－A－7 续表5－5

单位：个、万元、人

指 标 名 称	职工工资和福利费	本年应交增值税	年末存货	全部从业人员年平均人数
卷烟制造	35603	267424	661511	2907
其他烟草制品加工	1440	1308	353	226
其他烟草制品加工	1440	1308	353	226
烟叶复烤	30	1	16	16
烟叶复烤	30	1	16	16
纺织业	3018400	1254226	5785662	1438813
棉、化纤纺织及印染精加工	1207508	610149	2714305	583992
棉、化纤纺织加工	755164	339754	2020634	373031
棉、化纤印染精加工	452344	270395	693671	210961
毛纺织和染整精加工	81604	37380	245036	40183
毛条加工	6556	4235	60909	3255
毛纺织	56556	25588	158084	28136
毛染整精加工	18491	7557	26042	8792
麻纺织	12286	3777	43308	5654
麻纺织	12286	3777	43308	5654
丝绢纺织及精加工	246248	123555	582840	118154
缫丝加工	32838	13675	98411	19374
绢纺和丝织加工	180916	91546	460838	86085
丝印染精加工	32494	18335	23591	12695
纺织制成品制造	508373	184172	899527	234904
棉及化纤制品制造	228618	74515	397871	104748
毛制品制造	38400	14522	52826	13225
麻制品制造	1539	779	1578	808
丝制品制造	64308	26411	99212	29334
绳、索、缆的制造	10531	4673	14096	5281
纺织带和帘子布制造	57292	18851	129437	28874
无纺布制造	55270	26887	121113	25955
其他纺织制成品制造	52415	17534	83395	26679
针织品、编织品及其制品制造	962380	295195	1300648	455926
棉、化纤针织品及编织品制造	700521	203581	977952	331122
毛针织品及编织品制造	163119	52642	203606	78758
丝针织品及编织品制造	67211	27564	81379	28930
其他针织品及编织品制造	31530	11408	37710	17116
纺织服装、鞋、帽制造业	1947126	561228	2113065	907556
纺织服装制造	1896348	548524	2067765	879300
纺织服装制造	1896348	548524	2067765	879300
纺织面料鞋的制造	36040	8724	32268	20166
纺织面料鞋的制造	36040	8724	32268	20166
制 帽	14738	3980	13032	8090

1-A-7 续表5-6 单位：个、万元、人

指标名称	职工工资和福利费	本年应交增值税	年末存货	全部从业人员年平均人数
制帽	14738	3980	13032	8090
皮革、毛皮、羽毛(绒)及其制品业	1157882	363295	1438761	546362
皮革鞣制加工	77636	39183	424980	31464
皮革鞣制加工	77636	39183	424980	31464
皮革制品制造	998133	284047	722016	475133
皮鞋制造	663048	184648	364379	316498
皮革服装制造	89688	28528	113570	35906
皮箱、包(袋)制造	184343	46820	139128	94714
皮手套及皮装饰制品制造	27518	8429	37308	14887
其他皮革制品制造	33537	15621	67631	13128
毛皮鞣制及制品加工	32757	15630	65756	15632
毛皮鞣制加工	3021	1231	7004	1680
毛皮服装加工	15516	8040	42725	6804
其他毛皮制品加工	14220	6359	16027	7148
羽毛(绒)加工及制品制造	49356	24435	226009	24133
羽毛(绒)加工	3489	1751	19761	2137
羽毛(绒)制品加工	45867	22684	206248	21996
木材加工及木、竹、藤、棕、草制品业	236557	114470	737725	126940
锯材、木片加工	13069	6468	29352	7664
锯材加工	7557	3555	16668	4439
木片加工	5513	2913	12685	3225
人造板制造	87574	42596	379605	45768
胶合板制造	55745	25120	217425	30266
纤维板制造	8496	8519	95387	3232
刨花板制造	1573	1189	9197	923
其他人造板、材制造	21761	7767	57596	11347
木制品制造	81688	41799	218552	42683
建筑用木料及木材组件加工	47415	30743	183320	23056
木容器制造	10887	4563	12856	6211
软木制品及其他木制品制造	23385	6493	22376	13416
竹、藤、棕、草制品制造	54226	23608	110216	30825
竹、藤、棕、草制品制造	54226	23608	110216	30825
家具制造业	431520	124412	734414	197604
木质家具制造	163872	43897	276042	81442
木质家具制造	163872	43897	276042	81442
竹、藤家具制造	6611	1213	10295	3113
竹、藤家具制造	6611	1213	10295	3113
金属家具制造	190674	57212	300961	81105
金属家具制造	190674	57212	300961	81105

1-A-7　续表5-7　　　　单位：个、万元、人

指　标　名　称	职工工资和福利费	本年应交增值税	年末存货	全部从业人员年平均人数
塑料家具制造	8024	3093	11675	3934
塑料家具制造	8024	3093	11675	3934
其他家具制造	62339	18996	135442	28010
其他家具制造	62339	18996	135442	28010
造纸及纸制品业	472583	309584	1136183	221936
纸浆制造	1505	1019	4412	704
纸浆制造	1505	1019	4412	704
造　纸	210471	185011	777937	91798
机制纸及纸板制造	194457	177713	748074	84618
手工纸制造	837	302	893	490
加工纸制造	15177	6996	28970	6690
纸制品制造	260607	123555	353834	129434
纸和纸板容器的制造	201416	93424	247871	102195
其他纸制品制造	59191	30131	105964	27239
印刷业和记录媒介的复制	307714	138927	320677	148948
印　刷	289458	133949	303525	140044
书、报、刊印刷	49627	18817	63043	22861
本册印制	22914	8477	22855	12192
包装装潢及其他印刷	216917	106655	217627	104991
装订及其他印刷服务活动	15483	4707	10703	8220
装订及其他印刷服务活动	15483	4707	10703	8220
记录媒介的复制	2773	271	6449	684
记录媒介的复制	2773	271	6449	684
文教体育用品制造业	426422	106143	555411	208350
文化用品制造	163201	41903	191043	80913
文具制造	64088	14269	85118	33460
笔的制造	84798	18557	83834	39946
教学用模型及教具制造	9442	7709	15435	4721
墨水、墨汁制造	397	154	689	231
其他文化用品制造	4477	1214	5966	2555
体育用品制造	95632	20966	136849	44603
球类制造	12358	2541	16744	5827
体育器材及配件制造	24603	6290	36629	11659
训练健身器材制造	29252	7885	38558	13853
运动防护用具制造	9318	1319	8840	4264
其他体育用品制造	20101	2930	36078	9000
乐器制造	19531	5516	48242	8421
中乐器制造	554	41	601	333
西乐器制造	10622	3306	26899	4688

1－A－7 续表5－8

单位：个、万元、人

指 标 名 称	职工工资和福利费	本年应交增值税	年末存货	全部从业人员年平均人数
电子乐器制造	1056	289	3578	465
其他乐器及零件制造	7299	1881	17164	2935
玩具制造	121832	27429	128163	61910
玩具制造	121832	27429	128163	61910
游艺器材及娱乐用品制造	26226	10329	51114	12503
露天游乐场所游乐设备制造	13764	6305	18543	6187
游艺用品及室内游艺器材制造	12462	4024	32571	6316
石油加工、炼焦及核燃料加工业	77984	157267	610739	11700
精炼石油产品的制造	76847	150710	569603	11516
原油加工及石油制品制造	76692	150639	568979	11433
人造原油生产	156	71	624	83
炼 焦	1137	6557	41137	184
炼 焦	1137	6557	41137	184
化学原料及化学制品制造业	840339	723434	2908110	289536
基础化学原料制造	195084	160411	574937	63467
无机酸制造	9899	12818	21078	3640
无机碱制造	16234	19364	19173	4709
无机盐制造	16438	11054	32069	7953
有机化学原料制造	127047	95980	399170	40366
其他基础化学原料制造	25466	21196	103448	6799
肥料制造	21549	13232	52420	8844
氮肥制造	14710	10759	28759	5741
磷肥制造	1009	263	4167	588
复混肥料制造	3860	1671	15691	1557
有机肥料及微生物肥料制造	732	284	1470	489
其他肥料制造	1238	255	2333	469
农药制造	68301	31088	190692	19291
化学农药制造	58925	25100	166927	15879
生物化学农药及微生物农药制造	9376	5988	23766	3412
涂料、油墨、颜料及类似产品制造	155101	130776	484980	60220
涂料制造	55844	37768	118606	23699
油墨及类似产品制造	11918	6768	35060	4309
颜料制造	13762	9435	57695	5873
染料制造	66636	71969	261246	23316
密封用填料及类似品制造	6941	4836	12374	3023
合成材料制造	108823	130245	633743	32564
初级形态的塑料及合成树脂制造	65410	62108	430859	20152
合成橡胶制造	3590	1731	6087	1505
合成纤维单(聚合)体的制造	34167	58832	185960	9086

1－A－7 续表5－9

单位：个、万元、人

指 标 名 称	职工工资和福利费	本年应交增值税	年末存货	全部从业人员年平均人数
其他合成材料制造	5656	7575	10837	1821
专用化学产品制造	193217	137935	678558	70783
化学试剂和助剂制造	78169	61348	170599	30317
专项化学用品制造	31986	29667	111840	13568
林产化学产品制造	6996	3197	12246	3771
炸药及火工产品制造	14761	5465	6588	3075
信息化学品制造	32990	19374	323126	9294
环境污染处理专用药剂材料制造	4120	3217	11214	1306
动物胶制造	3674	2758	9610	1349
其他专用化学产品制造	20521	12910	33335	8103
日用化学产品制造	98264	119746	292780	34367
肥皂及合成洗涤剂制造	33367	33039	116724	13011
化妆品制造	36869	62052	70061	10558
口腔清洁用品制造	1984	356	1993	1098
香料、香精制造	12924	10408	68694	3958
其他日用化学产品制造	13121	13892	35310	5742
医药制造业	375504	321712	1100359	115133
化学药品原药制造	156603	139987	569463	49105
化学药品原药制造	156603	139987	569463	49105
化学药品制剂制造	101889	84667	251412	25910
化学药品制剂制造	101889	84667	251412	25910
中药饮片加工	6582	2183	19065	2541
中药饮片加工	6582	2183	19065	2541
中成药制造	34374	47924	84153	9648
中成药制造	34374	47924	84153	9648
兽用药品制造	10227	7666	45884	3499
兽用药品制造	10227	7666	45884	3499
生物、生化制品的制造	41436	27241	99843	11584
生物、生化制品的制造	41436	27241	99843	11584
卫生材料及医药用品制造	24393	12044	30540	12846
卫生材料及医药用品制造	24393	12044	30540	12846
化学纤维制造业	270579	177829	1242092	109789
纤维素纤维原料及纤维制造	7988	2543	18526	5286
化纤浆粕制造	512	325	1221	295
人造纤维（纤维素纤维）制造	7476	2218	17305	4991
合成纤维制造	262591	175286	1223566	104503
锦纶纤维制造	10249	6421	98453	4733
涤纶纤维制造	195343	128285	861100	77542
腈纶纤维制造	5365	2124	30212	2165

1-A-7 续表5-10

单位：个、万元、人

指标名称	职工工资和福利费	本年应交增值税	年末存货	全部从业人员年平均人数
维纶纤维制造	172	93	585	110
其他合成纤维制造	51463	38363	233216	19953
橡胶制品业	306321	129366	580300	141082
轮胎制造	86143	45877	289862	30383
车辆、飞机及工程机械轮胎制造	83170	44703	284003	28749
力车胎制造	1867	686	2806	1041
轮胎翻新加工	1106	488	3053	593
橡胶板、管、带的制造	49196	27520	95559	23313
橡胶板、管、带的制造	49196	27520	95559	23313
橡胶零件制造	53066	20241	69160	27772
橡胶零件制造	53066	20241	69160	27772
再生橡胶制造	2981	1557	7561	1574
再生橡胶制造	2981	1557	7561	1574
日用及医用橡胶制品制造	9612	3495	16081	4968
日用及医用橡胶制品制造	9612	3495	16081	4968
橡胶靴鞋制造	87615	23051	72220	44498
橡胶靴鞋制造	87615	23051	72220	44498
其他橡胶制品制造	17708	7626	29858	8574
其他橡胶制品制造	17708	7626	29858	8574
塑料制品业	1057465	481045	1651119	489583
塑料薄膜制造	79158	51356	237255	30337
塑料薄膜制造	79158	51356	237255	30337
塑料板、管、型材的制造	136148	71344	366235	60610
塑料板、管、型材的制造	136148	71344	366235	60610
塑料丝、绳及编织品的制造	111490	33765	96054	51009
塑料丝、绳及编织品的制造	111490	33765	96054	51009
泡沫塑料制造	43261	20039	54412	20289
泡沫塑料制造	43261	20039	54412	20289
塑料人造革、合成革制造	118950	64602	210279	43377
塑料人造革、合成革制造	118950	64602	210279	43377
塑料包装箱及容器制造	85644	42597	107968	41556
塑料包装箱及容器制造	85644	42597	107968	41556
塑料零件制造	184997	79518	197321	93652
塑料零件制造	184997	79518	197321	93652
日用塑料制造	208224	78520	260637	102773
塑料鞋制造	34445	10009	22141	18841
日用塑料杂品制造	173779	68511	238496	83932
其他塑料制品制造	89592	39307	120957	45980
其他塑料制品制造	89592	39307	120957	45980

1-A-7 续表 5-11 单位：个、万元、人

指标名称	职工工资和福利费	本年应交增值税	年末存货	全部从业人员年平均人数
非金属矿物制品业	705327	514643	1681458	328291
水泥、石灰和石膏的制造	127619	161674	320776	48044
水泥制造	119461	156155	311387	43291
石灰和石膏制造	8158	5519	9389	4753
水泥及石膏制品制造	148379	145120	520829	65867
水泥制品制造	119366	124118	436113	51730
砼结构构件制造	20804	13964	51616	9919
石棉水泥制品制造	659	328	905	345
轻质建筑材料制造	6376	5413	27583	3237
其他水泥制品制造	1174	1298	4613	636
砖瓦、石材及其他建筑材料制造	169599	60599	245300	94206
粘土砖瓦及建筑砌块制造	94779	20123	67813	62366
建筑陶瓷制品制造	33341	18272	112964	10743
建筑用石加工	21588	8796	23278	10990
防水建筑材料制造	7135	4450	17915	2977
隔热和隔音材料制造	5871	3909	12061	3213
其他建筑材料制造	6886	5049	11270	3917
玻璃及玻璃制品制造	170143	90132	433049	75696
平板玻璃制造	12457	8007	60674	5079
技术玻璃制品制造	37695	24386	136643	18472
光学玻璃制造	1515	546	2539	806
玻璃仪器制造	1602	552	1490	930
日用玻璃制品及玻璃包装容器制造	51273	22029	86052	24807
玻璃保温容器制造	5069	1781	2793	1958
玻璃纤维及制品制造	41149	24162	111918	14453
玻璃纤维增强塑料制品制造	10065	4395	16868	4656
其他玻璃制品制造	9318	4275	14073	4535
陶瓷制品制造	27020	11473	41265	14070
卫生陶瓷制品制造	11500	5896	19547	6054
特种陶瓷制品制造	9183	3626	13334	4353
日用陶瓷制品制造	5766	1800	7847	3260
园林、陈设艺术及其他陶瓷制品制造	573	152	538	403
耐火材料制品制造	33306	28180	61288	16772
石棉制品制造	6280	2659	11269	3585
云母制品制造	1048	492	1871	504
耐火陶瓷制品及其他耐火材料制造	25978	25029	48148	12683
石墨及其他非金属矿物制品制造	29262	17465	58951	13636
石墨及碳素制品制造	10176	7548	26807	4344
其他非金属矿物制品制造	19085	9917	32144	9292

1-A-7 续表5-12 单位：个、万元、人

指标名称	职工工资和福利费	本年应交增值税	年末存货	全部从业人员年平均人数
黑色金属冶炼及压延加工业	352530	372390	1942420	120664
炼铁	1500	714	2830	745
炼铁	1500	714	2830	745
炼钢	8346	17780	85205	2998
炼钢	8346	17780	85205	2998
钢压延加工	337610	346232	1777091	114480
钢压延加工	337610	346232	1777091	114480
铁合金冶炼	5074	7665	77295	2441
铁合金冶炼	5074	7665	77295	2441
有色金属冶炼及压延加工业	260646	257888	1293201	109103
常用有色金属冶炼	39083	87699	348848	14577
铜冶炼	15147	69140	185922	5899
铅锌冶炼	4349	2729	18115	1465
镍钴冶炼	7345	6663	88726	2221
锡冶炼	112	87	195	64
铝冶炼	11274	6533	46975	4497
镁冶炼	154	117	332	87
其他常用有色金属冶炼	703	2430	8583	344
贵金属冶炼	5561	2505	34863	1962
金冶炼	3933	1458	24534	1205
银冶炼	1377	623	7491	602
其他贵金属冶炼	251	424	2839	155
稀有稀土金属冶炼	2832	1046	10890	1261
钨钼冶炼	527	109	2531	248
稀土金属冶炼	2235	917	8283	972
其他稀有金属冶炼	71	20	75	41
有色金属合金制造	21667	11023	69732	8734
有色金属合金制造	21667	11023	69732	8734
有色金属压延加工	191503	155615	828869	82569
常用有色金属压延加工	185455	149682	819347	79719
贵金属压延加工	1199	3958	1756	690
稀有稀土金属压延加工	4849	1975	7766	2160
金属制品业	1372367	507690	2528947	622610
结构性金属制品制造	336600	110675	923820	136691
金属结构制造	192471	65950	703433	77679
金属门窗制造	144130	44726	220387	59012
金属工具制造	200832	67299	274502	99886
切削工具制造	39848	12389	62027	19391
手工具制造	92524	31246	109750	45927

1－A－7 续表 5－13 单位：个、万元、人

指 标 名 称	职工工资和福利费	本年应交增值税	年末存货	全部从业人员年平均人数
农用及园林用金属工具制造	20574	9135	35530	10104
刀剪及类似日用金属工具制造	21783	6074	28616	10836
其他金属工具制造	26103	8457	38579	13628
集装箱及金属包装容器制造	67427	27682	186652	28545
集装箱制造	11939	78	52698	3718
金属压力容器制造	17059	7156	45336	7621
金属包装容器制造	38429	20448	88618	17206
金属丝绳及其制品的制造	67616	47416	132273	26228
金属丝绳及其制品的制造	67616	47416	132273	26228
建筑、安全用金属制品制造	286714	94756	402790	136404
建筑、家具用金属配件制造	155275	48282	187212	75429
建筑装饰及水暖管道零件制造	106138	38305	174068	48802
安全、消防用金属制品制造	18713	5722	34701	8981
其他建筑、安全用金属制品制造	6588	2447	6810	3192
金属表面处理及热处理加工	136009	54177	157003	70474
金属表面处理及热处理加工	136009	54177	157003	70474
搪瓷制品制造	12973	3971	27906	6898
工业生产配套用搪瓷制品制造	1100	458	2155	527
搪瓷卫生洁具制造	4417	1506	8835	2240
搪瓷日用品及其他搪瓷制品制造	7457	2007	16916	4131
不锈钢及类似日用金属制品制造	219959	82599	354921	95413
金属制厨房调理及卫生器具制造	44066	17711	73283	18972
金属制厨用器皿及餐具制造	131713	50136	216637	54150
其他日用金属制品制造	44180	14752	65001	22291
其他金属制品制造	44238	19116	69080	22071
其他未列明的金属制品制造	44231	19070	69078	22065
铸币及贵金属制实验室用品制造	7	46	2	6
通用设备制造业	2487590	1043747	5016042	1094181
锅炉及原动机制造	94052	41927	356026	26022
锅炉及辅助设备制造	29456	15093	120725	8924
内燃机及配件制造	27639	10650	78913	10049
汽轮机及辅机制造	31872	14064	134888	5023
水轮机及辅机制造	4346	1999	7604	1774
其他原动机制造	739	121	13896	252
金属加工机械制造	161037	54793	432355	67260
金属切削机床制造	61026	19721	187675	21955
金属成形机床制造	26013	9579	81378	9948
铸造机械制造	10593	3919	23891	4704
金属切割及焊接设备制造	24221	8893	55585	11557

1-A-7 续表5-14 单位：个、万元、人

指标名称	职工工资和福利费	本年应交增值税	年末存货	全部从业人员年平均人数
机床附件制造	19591	6058	32637	9627
其他金属加工机械制造	19593	6623	51188	9469
起重运输设备制造	141552	70440	329840	50564
起重运输设备制造	141552	70440	329840	50564
泵、阀门、压缩机及类似机械的制造	625908	266342	1080181	272262
泵及真空设备制造	145485	65915	274533	62843
气体压缩机械制造	60609	26373	150110	24896
阀门和旋塞的制造	334571	138300	533855	148542
液压和气压动力机械及元件制造	85243	35754	121683	35981
轴承、齿轮、传动和驱动部件的制造	428298	142025	803942	196374
轴承制造	278940	85867	491761	133167
齿轮、传动和驱动部件制造	149358	56158	312181	63207
烘炉、熔炉及电炉制造	8829	3481	28575	3918
烘炉、熔炉及电炉制造	8829	3481	28575	3918
风机、衡器、包装设备等通用设备制造	337320	142205	756863	145996
风机、风扇制造	25223	10348	48338	11827
气体、液体分离及纯净设备制造	48031	27763	119913	16894
制冷、空调设备制造	93238	49258	272653	39829
风动和电动工具制造	94927	32684	170394	45361
喷枪及类似器具制造	20508	4992	21370	9412
包装专用设备制造	24737	7646	47973	10201
衡器制造	7158	2618	8262	3234
其他通用设备制造	23499	6896	67961	9238
通用零部件制造及机械修理	457485	205203	855573	222737
金属密封件制造	27832	9693	34257	12816
紧固件、弹簧制造	263662	116134	511776	127271
机械零部件加工及设备修理	98824	36273	102192	49945
其他通用零部件制造	67168	43104	207348	32705
金属铸、锻加工	233109	117332	372687	109048
钢铁铸件制造	175080	88689	272111	82101
锻件及粉末冶金制品制造	58029	28642	100577	26947
专用设备制造业	830019	327531	2001987	352303
矿山、冶金、建筑专用设备制造	60350	27509	149054	23030
采矿、采石设备制造	20853	8052	30745	7651
石油钻采专用设备制造	5862	3242	8075	2242
建筑工程用机械制造	20885	10518	76694	7546
建筑材料生产专用机械制造	8130	3987	15961	3627
冶金专用设备制造	4621	1711	17579	1964
化工、木材、非金属加工专用设备制造	288823	119400	669725	118695

1-A-7 续表5-15

单位：个、万元、人

指标名称	职工工资和福利费	本年应交增值税	年末存货	全部从业人员年平均人数
炼油、化工生产专用设备制造	19741	6829	49631	7367
橡胶加工专用设备制造	4906	1917	11676	1743
塑料加工专用设备制造	85942	35168	324197	32231
木材加工机械制造	3132	1093	8072	1833
模具制造	172842	73666	272054	74418
其他非金属加工专用设备制造	2260	727	4094	1103
食品、饮料、烟草及饲料生产专用设备制造	20918	8193	45894	9160
食品、饮料、烟草工业专用设备制造	16145	6888	35118	6906
农副食品加工专用设备制造	4278	1105	9908	2031
饲料生产专用设备制造	495	200	868	223
印刷、制药、日化生产专用设备制造	44264	17379	82839	20439
制浆和造纸专用设备制造	6256	2059	9196	2836
印刷专用设备制造	18739	7316	40362	8934
日用化工专用设备制造	1921	628	4795	863
制药专用设备制造	10434	5071	16522	4484
照明器具生产专用设备制造	1871	754	1821	1079
玻璃、陶瓷和搪瓷制品生产专用设备制造	1722	563	4319	744
其他日用品生产专用设备制造	3321	988	5824	1499
纺织、服装和皮革工业专用设备制造	181759	72629	496924	86325
纺织专用设备制造	73147	30014	173217	33999
皮革、毛皮及其制品加工专用设备制造	5797	2104	13587	2761
缝纫机械制造	97573	38658	301999	47244
其他服装加工专用设备制造	5243	1853	8121	2321
电子和电工机械专用设备制造	28442	12193	55974	13334
电工机械专用设备制造	8002	2886	19551	3675
电子工业专用设备制造	19547	9121	35031	9337
武器弹药制造	838	169	1377	294
航空、航天及其他专用设备制造	55	18	15	28
农、林、牧、渔专用机械制造	51183	9457	112422	20644
拖拉机制造	13024	755	32006	3588
机械化农业及园艺机具制造	26137	5078	63629	10792
畜牧机械制造	298	77	306	178
渔业机械制造	1734	185	2620	926
农林牧渔机械配件制造	7813	2661	10561	4062
其他农林牧渔业机械制造及机械修理	2103	655	3261	1070
营林及木竹采伐机械制造	75	47	39	28
医疗仪器设备及器械制造	60371	18293	82541	24610
医疗诊断、监护及治疗设备制造	9368	3167	15946	3444
口腔科用设备及器具制造	1505	323	2084	834

1－A－7 续表5－16 单位：个、万元、人

指 标 名 称	职工工资和福利费	本年应交增 值 税	年末存货	全部从业人员年平均人数
实验室及医用消毒设备和器具的制造	1877	451	3420	777
医疗、外科及兽医用器械制造	35887	9734	36942	14168
机械治疗及病房护理设备制造	4135	2432	11716	1772
假肢、人工器官及植(介)入器械制造	1645	352	2514	705
其他医疗设备及器械制造	5954	1835	9919	2910
环保、社会公共安全及其他专用设备制造	93907	42479	306616	36066
环境污染防治专用设备制造	48115	23377	213492	17923
地质勘查专用设备制造	1495	457	7387	549
邮政专用机械及器材制造	1341	329	2323	489
商业、饮食、服务业专用设备制造	839	345	2545	471
社会公共安全设备及器材制造	31238	13527	56783	11185
交通安全及管制专用设备制造	1280	521	1590	640
水资源专用机械制造	2139	965	7764	1114
其他专用设备制造	7461	2958	14733	3695
交通运输设备制造业	1621310	586602	4598659	654543
铁路运输设备制造	5581	2301	10446	2585
铁路机车车辆配件制造	1829	739	1943	850
铁路专用设备及器材、配件制造	2954	1123	7814	1333
其他铁路设备制造及设备修理	759	419	668	378
铁路机车车辆及动车组制造	20	4	2	15
工矿有轨专用车辆制造	20	16	19	9
汽车制造	970571	365673	2206693	402446
汽车整车制造	59953	27218	258853	17787
改装汽车制造	2684	1303	17721	983
汽车车身、挂车的制造	1570	440	6470	759
汽车零部件及配件制造	875002	325664	1887080	367977
汽车修理	31234	10982	36481	14877
电车制造	127	66	88	63
摩托车制造	216458	104089	320424	95652
摩托车整车制造	46383	28604	131437	19619
摩托车零部件及配件制造	170074	75485	188987	76033
自行车制造	87461	29470	140590	43560
脚踏自行车及残疾人座车制造	51309	14149	72139	25567
助动自行车制造	36153	15322	68451	17993
船舶及浮动装置制造	326015	79847	1889305	103665
金属船舶制造	193319	49295	1639200	55691
非金属船舶制造	2018	410	69073	988
娱乐船和运动船的建造和修理	5069	721	13656	1659
船用配套设备制造	47148	11904	78564	14265

1－A－7 续表5－17

单位：个、万元、人

指 标 名 称	职工工资和福利费	本年应交增值税	年末存货	全部从业人员年平均人数
船舶修理及拆船	78359	17473	88578	30997
航标器材及其他浮动装置的制造	102	45	234	65
航空航天器制造	2489	412	2659	912
飞机制造及修理	542	196	2284	298
其他飞行器制造	1935	213	373	604
航天器制造	13	3	1	10
交通器材及其他交通运输设备制造	12735	4809	28543	5723
潜水及水下救捞装备制造	106	9	103	47
交通管理用金属标志及设施制造	6617	2976	21057	3247
其他交通运输设备制造	6013	1825	7383	2429
电气机械及器材制造业	2280230	1000192	4503573	997138
电机制造	382575	139178	788128	158549
发电机及发电机组制造	44378	18205	174486	13668
电动机制造	160255	58525	339321	66019
微电机及其他电机制造	177942	62448	274321	78862
输配电及控制设备制造	616486	309586	1142098	262368
变压器、整流器和电感器制造	74615	43068	230785	32355
电容器及其配套设备制造	20126	10193	21427	9056
配电开关控制设备制造	315286	164937	613417	132123
电力电子元器件制造	175423	76377	221140	76012
其他输配电及控制设备制造	31036	15011	55329	12822
电线、电缆、光缆及电工器材制造	233466	133306	599265	97740
电线电缆制造	189263	115628	511925	79201
光纤、光缆制造	12814	3922	44826	4924
绝缘制品制造	11719	5381	15010	5129
其他电工器材制造	19670	8376	27504	8486
电池制造	106621	63195	308527	42933
电池制造	106621	63195	308527	42933
家用电力器具制造	471558	200948	980117	207080
家用制冷电器具制造	38827	19829	108361	16231
家用空气调节器制造	29424	12825	205513	14426
家用通风电器具制造	30525	18091	70170	12831
家用厨房电器具制造	117032	70940	186039	46500
家用清洁卫生电器具制造	65992	23186	120579	26836
家用美容、保健电器具制造	41307	14622	42036	21266
家用电力器具专用配件制造	72684	23786	85737	33543
其他家用电力器具制造	75767	17670	161683	35447
非电力家用器具制造	38359	16088	83916	17400
燃气、太阳能及类似能源的器具制造	27784	11847	63350	13350

1－A－7 续表5－18 单位：个、万元、人

指 标 名 称	职工工资和福利费	本年应交增值税	年末存货	全部从业人员年平均人数
其他非电力家用器具制造	10575	4240	20566	4050
照明器具制造	396070	125873	553878	194899
电光源制造	159142	39567	161609	78619
照明灯具制造	177033	66039	316089	86649
灯用电器附件及其他照明器具制造	59895	20267	76180	29631
其他电气机械及器材制造	35096	12018	47643	16169
车辆专用照明及电气信号设备装置制造	26860	8653	36774	11972
其他未列明的电气机械制造	8237	3365	10870	4197
通信设备、计算机及其他电子设备制造业	1011755	311812	1954077	383128
通信设备制造	196258	60830	406579	48808
通信传输设备制造	29744	12728	73717	10458
通信交换设备制造	13132	7922	12783	4393
通信终端设备制造	9643	2708	17826	4365
移动通信及终端设备制造	127468	31560	276663	23691
其他通信设备制造	16272	5912	25591	5901
雷达及配套设备制造	141	117	505	41
雷达及配套设备制造	141	117	505	41
广播电视设备制造	47583	13155	83117	18231
广播电视节目制作及发射设备制造	1791	873	2842	842
广播电视接收设备及器材制造	33140	6487	44998	15016
应用电视设备及其他广播电视设备制造	12652	5796	35277	2373
电子计算机制造	154114	65451	416342	47891
电子计算机整机制造	12367	197	74859	2379
计算机网络设备制造	49176	51343	62445	7437
电子计算机外部设备制造	92571	13911	279038	38075
电子器件制造	124670	35841	269757	46716
电子真空器件制造	5121	1515	7929	2035
半导体分立器件制造	32063	9803	89869	12024
集成电路制造	33179	11200	99136	9459
光电子器件及其他电子器件制造	54307	13323	72822	23198
电子元件制造	395814	107869	528374	181118
电子元件及组件制造	365252	100392	481840	167058
印制电路板制造	30562	7477	46534	14060
家用视听设备制造	53327	15241	207914	23952
家用影视设备制造	25842	6794	174293	10703
家用音响设备制造	27485	8447	33621	13249
其他电子设备制造	39847	13309	41491	16371
其他电子设备制造	39847	13309	41491	16371
仪器仪表及文化、办公用机械制造业	510765	198864	801917	221870

1－A－7 续表5－19　　　　单位：个、万元、人

指 标 名 称	职工工资和福利费	本年应交增值税	年末存货	全部从业人员年平均人数
通用仪器仪表制造	229145	118224	439732	88602
工业自动控制系统装置制造	68915	35310	151704	21552
电工仪器仪表制造	39991	19212	68135	18239
绘图、计算及测量仪器制造	23535	7399	39516	11430
实验分析仪器制造	16160	5213	20424	6872
试验机制造	3118	926	8075	1393
供应用仪表及其他通用仪器制造	77427	50164	151878	29116
专用仪器仪表制造	65770	29802	115920	28050
环境监测专用仪器仪表制造	3881	1256	14523	1485
汽车及其他用计数仪表制造	36906	17543	66901	14899
导航、气象及海洋专用仪器制造	1835	997	3211	1081
农林牧渔专用仪器仪表制造	418	116	597	170
地质勘探和地震专用仪器制造	409	136	868	196
教学专用仪器制造	11097	5618	13780	5352
电子测量仪器制造	7080	2703	11390	2956
其他专用仪器制造	4091	1431	4650	1876
核子及核辐射测量仪器制造	53	1		35
钟表与计时仪器制造	18682	5627	29144	10119
钟表与计时仪器制造	18682	5627	29144	10119
光学仪器及眼镜制造	138069	30851	133552	69064
光学仪器制造	36436	6293	34372	13818
眼镜制造	101633	24558	99180	55246
文化、办公用机械制造	51754	12315	73710	22466
电影机械制造	960	323	1233	580
幻灯及投影设备制造	424	118	1496	224
照相机及器材制造	17983	1826	15923	7043
复印和胶印设备制造	4786	1688	8590	1953
计算器及货币专用设备制造	7548	2966	8054	3691
其他文化、办公用机械制造	20054	5394	38414	8975
其他仪器仪表的制造及修理	7344	2046	9859	3569
其他仪器仪表的制造及修理	7344	2046	9859	3569
工艺品及其他制造业	734368	235552	1031263	372262
工艺美术品制造	468216	144949	723313	240982
雕塑工艺品制造	78923	24670	67834	45690
金属工艺品制造	77049	19133	71267	40674
漆器工艺品制造	20514	8450	15176	10454
花画工艺品制造	14448	2960	9446	6687
天然植物纤维编织工艺品制造	14642	5503	13655	7995
抽纱刺绣工艺品制造	116726	40337	134708	55984

1-A-7 续表5-20 单位：个、万元、人

指标名称	职工工资和福利费	本年应交增值税	年末存货	全部从业人员年平均人数
地毯、挂毯制造	20819	6117	38320	10727
珠宝首饰及有关物品的制造	28368	12261	244046	12383
其他工艺美术品制造	96726	25520	128861	50388
日用杂品制造	258409	87780	297759	128058
制镜及类似品加工	12535	5466	21607	6016
鬃毛加工、制刷及清扫工具的制造	22293	4743	27301	11032
其他日用杂品制造	223581	77571	248850	111010
煤制品制造	785	371	1359	405
煤制品制造	785	371	1359	405
核辐射加工	181	90	77	58
核辐射加工	181	90	77	58
其他未列明的制造业	6776	2362	8756	2759
其他未列明的制造业	6776	2362	8756	2759
废弃资源和废旧材料回收加工业	48075	38580	279218	22729
金属废料和碎屑的加工处理	34742	29898	255887	15894
金属废料和碎屑的加工处理	34742	29898	255887	15894
非金属废料和碎屑的加工处理	13333	8682	23330	6835
非金属废料和碎屑的加工处理	13333	8682	23330	6835
电力、燃气及水的生产和供应业	**921062**	**1255279**	**555218**	**144942**
电力、热力的生产和供应业	783006	1194290	500835	105665
电力生产	359480	577188	473899	61785
火力发电	206614	384646	318028	33176
水力发电	70832	53873	10979	22892
核力发电	77244	136361	143625	4325
其他能源发电	4790	2307	1267	1392
电力供应	412086	605973	16951	40621
电力供应	412086	605973	16951	40621
热力生产和供应	11440	11130	9985	3259
热力生产和供应	11440	11130	9985	3259
燃气生产和供应业	22918	21407	17174	5967
燃气生产和供应业	22918	21407	17174	5967
燃气生产和供应业	22918	21407	17174	5967
水的生产和供应业	115138	39582	37209	33310
自来水的生产和供应	95138	36857	31498	26275
自来水的生产和供应	95138	36857	31498	26275
污水处理及其再生利用	16480	1856	3873	4919
污水处理及其再生利用	16480	1856	3873	4919
其他水的处理、利用与分配	3520	868	1838	2116
其他水的处理、利用与分配	3520	868	1838	2116

1－A－8 规模以上工业企业主要经济指标

单位：个、万元、人

指 标 名 称	企业数	亏损企业	工业总产值（当年价格）	工业销售产值（当年价格）	出口交货值
总 计	**58816**	**8918**	**408321003**	**397175091**	**98266247**
一、按轻重工业分					
轻工业	29676	4834	169434694	164551254	53547039
重工业	29140	4084	238886308	232623837	44719209
二、按规模分					
大型企业	194	18	73990966	72707361	18228222
中型企业	4319	522	151172619	146920490	40585918
小型企业	54303	8378	183157418	177547239	39452108
三、按登记注册类型分					
内 资	**49463**	**6442**	**297568145**	**289970719**	**54835922**
国 有	312	78	26091958	26054973	271188
集 体	426	47	1411716	1377317	108100
股份合作企业	1423	124	3599049	3488858	570996
联营企业	22	6	188162	182832	18606
国有联营	2		4825	5239	222
集体联营	7	2	69475	69162	4245
国有与集体联营	5	1	73088	68453	4109
其他联营	8	3	40774	39978	10030
有限责任公司	6224	1016	64739848	63055683	11389881
国有独资公司	65	23	1587501	1591221	156158
其他有限责任公司	6159	993	63152346	61464461	11233724
股份有限公司	574	83	32365831	31654642	4395791
私营企业	40320	5058	168172549	163176590	37904626
私营独资	6226	516	11157151	10869645	2473864
私营合伙	1547	125	2731873	2664002	499501
私营有限责任公司	31925	4331	144231673	139754845	32541424
私营股份有限公司	622	86	10051852	9888099	2389838
其 他	162	30	999032	979823	176734
港澳台商投资	**4296**	**1109**	**48290345**	**46724873**	**15818374**
与港澳台商合资经营	2454	550	30232397	29197209	9119929
与港澳台商合作经营	82	12	747571	723902	198275
港澳台商独资	1690	528	16342194	15717860	6097011
港澳台商投资股份有限公司	70	19	968184	1085902	403160
外商投资	**5057**	**1367**	**62462513**	**60479499**	**27611951**
中外合资经营	2926	664	34256550	33326602	12970371
中外合作经营	101	16	1120594	1097895	353445
外资企业	1964	676	24469489	23598097	13543215
外商投资股份有限公司	66	11	2615881	2456906	744921
四、按控股情况分					
国有控股	736	190	53088714	52691448	2315789

1－A－8 续表1－1 单位：个、万元、人

指 标 名 称	企业数	亏损企业	工业总产值（当年价格）	工业销售产值（当年价格）	出口交货值
集体控股	1172	197	10981228	10756968	1685863
私人控股	50249	6648	262227806	254359790	61231944
港澳台商控股	2803	783	30619309	29607837	10169321
外商控股	3182	965	42522370	41179674	20437034
其 他	674	135	8881575	8579374	2426297
五、按国民经济行业（门类、大类、中类、小类）分					
采矿业	**304**	**42**	**1444375**	**1385082**	**24823**
煤炭开采和洗选业	1	1	77125	77038	
烟煤和无烟煤的开采洗选	1	1	77125	77038	
烟煤和无烟煤的开采洗选	1	1	77125	77038	
黑色金属矿采选业	7		251677	223501	
铁矿采选	7		251677	223501	
铁矿采选	7		251677	223501	
有色金属矿采选业	28	8	296147	271080	
常用有色金属矿采选	13	5	216364	215530	
铜矿采选	5	2	136603	136076	
铅锌矿采选	8	3	79761	79454	
贵金属矿采选	2		3160	2881	
金矿采选	1		1500	1250	
银矿采选	1		1660	1631	
稀有稀土金属矿采选	13	3	76623	52669	
钨钼矿采选	12	3	70455	47069	
放射性金属矿采选	1		6168	5600	
非金属矿采选业	268	33	819426	813463	24823
土砂石开采	246	26	773179	767954	24061
石灰石、石膏开采	47	9	100920	97873	
建筑装饰用石开采	77	5	304666	303673	
耐火土石开采	40	4	105807	105196	15199
粘土及其他土砂石开采	82	8	261786	261212	8862
化学矿采选	3	2	8015	7573	591
化学矿采选	3	2	8015	7573	591
采 盐	2		1295	1589	
采 盐	2		1295	1589	
石棉及其他非金属矿采选	17	5	36937	36347	171
其他非金属矿采选	17	5	36937	36347	171
制造业	**57936**	**8705**	**379549122**	**368522595**	**98225880**
农副食品加工业	1022	149	6373502	6124402	1287857
谷物磨制	66	9	267900	264906	
谷物磨制	66	9	267900	264906	
饲料加工	142	17	1060720	1033943	82083

1－A－8 续表1－2

单位：个、万元、人

指标名称	企业数	亏损企业	工业总产值（当年价格）	工业销售产值（当年价格）	出口交货值
饲料加工	142	17	1060720	1033943	82083
植物油加工	46	11	1138770	1104885	1093
食用植物油加工	42	8	1130652	1097703	1093
非食用植物油加工	4	3	8118	7182	
屠宰及肉类加工	124	19	685001	672145	80303
畜禽屠宰	24	7	213395	212692	7542
肉制品及副产品加工	100	12	471606	459454	72761
水产品加工	379	60	2188416	2060644	909225
水产品冷冻加工	272	43	1800494	1690133	781141
鱼糜制品及水产品干腌制加工	65	12	271506	255658	120708
水产饲料制造	37	4	99304	99417	503
鱼油提取及制品的制造	1		2572	2224	
其他水产品加工	4	1	14541	13211	6874
蔬菜、水果和坚果加工	210	26	744656	715966	189587
蔬菜、水果和坚果加工	210	26	744656	715966	189587
其他农副食品加工	55	7	288039	271912	25567
淀粉及淀粉制品的制造	11		33399	34462	24
豆制品制造	21	4	95493	92823	9981
蛋品加工	14	2	62532	60983	222
其他未列明的农副食品加工	9	1	96615	83645	15341
食品制造业	443	83	2987245	2853452	512250
焙烤食品制造	63	10	255062	265348	14426
糕点、面包制造	32	6	83072	81346	12108
饼干及其他焙烤食品制造	31	4	171990	184002	2318
糖果、巧克力及蜜饯制造	31	2	175659	169737	16534
糖果、巧克力制造	15		111013	106268	11736
蜜饯制作	16	2	64645	63469	4798
方便食品制造	54	11	761797	755907	28883
米、面制品制造	17	1	73913	71182	1472
速冻食品制造	21	8	110795	108764	13779
方便面及其他方便食品制造	16	2	577089	575961	13632
液体乳及乳制品制造	30	10	189604	184952	4259
液体乳及乳制品制造	30	10	189604	184952	4259
罐头制造	97	21	586434	561282	312348
肉、禽类罐头制造	2		30981	30457	4420
水产品罐头制造	5	1	38080	39455	37063
蔬菜、水果罐头制造	87	20	393615	367370	270632
其他罐头食品制造	3		123757	124001	233
调味品、发酵制品制造	46	14	219274	220180	9603
味精制造	12	7	75822	79495	34

1－A－8 续表1－3 单位：个、万元、人

指 标 名 称	企业数	亏损企业	工业总产值（当年价格）	工业销售产值（当年价格）	出口交货值
酱油、食醋及类似制品的制造	12	5	67782	66799	1954
其他调味品、发酵制品制造	22	2	75670	73887	7616
其他食品制造	122	15	799415	696046	126198
营养、保健食品制造	44	6	220101	218037	81462
冷冻饮品及食用冰制造	16	5	74249	71418	
盐加工	2		10979	10679	
食品及饲料添加剂制造	57	4	487178	389536	44736
其他未列明的食品制造	3		6908	6376	
饮料制造业	343	62	3777260	3746323	315019
酒精制造	1	1	6821	9376	
酒精制造	1	1	6821	9376	
酒的制造	108	25	1000331	984430	28444
白酒制造	12	1	33488	32868	2235
啤酒制造	43	20	559557	558408	122
黄酒制造	47	4	384178	370172	25787
其他酒制造	6		23109	22983	300
软饮料制造	73	11	2224681	2220549	27235
碳酸饮料制造	6	1	433663	442165	12
瓶（罐）装饮用水制造	22	4	312373	308867	117
果菜汁及果菜汁饮料制造	17	5	92898	94035	16291
含乳饮料和植物蛋白饮料制造	10	1	413807	407271	3471
固体饮料制造	8		35965	36790	7035
茶饮料及其他软饮料制造	10		935975	931422	309
精制茶加工	161	25	545427	531968	259340
精制茶加工	161	25	545427	531968	259340
烟草制品业	4		2160844	2159084	8725
卷烟制造	2		2148366	2146480	8218
卷烟制造	2		2148366	2146480	8218
其他烟草制品加工	2		12479	12604	506
其他烟草制品加工	2		12479	12604	506
纺织业	8613	1427	44820610	43664196	13730178
棉、化纤纺织及印染精加工	3189	542	22881770	22361185	4813302
棉、化纤纺织加工	2477	403	14581005	14195972	2665504
棉、化纤印染精加工	712	139	8300765	8165213	2147798
毛纺织和染整精加工	292	38	1212821	1175085	273694
毛条加工	20	7	243506	233517	53259
毛纺织	195	21	816653	791770	200910
毛染整精加工	77	10	152662	149798	19525
麻纺织	22	6	151758	142187	33726
麻纺织	22	6	151758	142187	33726

1－A－8 续表1－4

单位：个、万元、人

指标名称	企业数	亏损企业	工业总产值（当年价格）	工业销售产值（当年价格）	出口交货值
丝绢纺织及精加工	818	185	3936618	3840041	846288
缫丝加工	133	65	413597	407978	64449
绢纺和丝织加工	608	100	3215235	3133783	725905
丝印染精加工	77	20	307786	298280	55934
纺织制成品制造	1451	225	6593368	6343723	2800261
棉及化纤制品制造	581	98	2845882	2757694	1545818
毛制品制造	73	13	379045	367304	257582
麻制品制造	7	2	12164	12271	1795
丝制品制造	174	33	875086	853182	401501
绳、索、缆的制造	34	4	87248	82082	25184
纺织带和帘子布制造	151	19	785964	731771	167389
无纺布制造	248	31	994197	937765	152995
其他纺织制成品制造	183	25	613782	601656	247999
针织品、编织品及其制品制造	2841	431	10044275	9801975	4962906
棉、化纤针织品及编织品制造	2068	314	7509820	7313711	3960593
毛针织品及编织品制造	506	68	1336189	1314000	538308
丝针织品及编织品制造	168	36	906110	888713	344446
其他针织品及编织品制造	99	13	292157	285551	119559
纺织服装、鞋、帽制造业	3228	652	14457082	14013796	7060453
纺织服装制造	3066	626	14152997	13716328	6858141
纺织服装制造	3066	626	14152997	13716328	6858141
纺织面料鞋的制造	117	13	224877	219489	131718
纺织面料鞋的制造	117	13	224877	219489	131718
制　帽	45	13	79209	77980	70594
制　帽	45	13	79209	77980	70594
皮革、毛皮、羽毛（绒）及其制品业	2173	230	10902782	10655442	5383195
皮革鞣制加工	161	23	1623519	1554065	559203
皮革鞣制加工	161	23	1623519	1554065	559203
皮革制品制造	1804	176	8000487	7840446	4100698
皮鞋制造	1026	39	5248501	5150014	2304780
皮革服装制造	182	47	905799	889027	653023
皮箱、包（袋）制造	461	61	1277247	1252332	895170
皮手套及皮装饰制品制造	82	18	195766	191587	112915
其他皮革制品制造	53	11	373174	357487	134809
毛皮鞣制及制品加工	103	8	266742	256436	81298
毛皮鞣制加工	17	1	47007	46281	3432
毛皮服装加工	32	5	149824	143733	64518
其他毛皮制品加工	54	2	69911	66423	13348
羽毛（绒）加工及制品制造	105	23	1012035	1004495	641997
羽毛（绒）加工	17	3	71644	69823	19611

1-A-8 续表1-5 单位：个、万元、人

指标名称	企业数	亏损企业	工业总产值（当年价格）	工业销售产值（当年价格）	出口交货值
羽毛(绒)制品加工	88	20	940392	934672	622385
木材加工及木、竹、藤、棕、草制品业	919	111	3721469	3600761	917765
锯材、木片加工	40	3	130936	126099	14509
锯材加工	18	1	60048	57113	13589
木片加工	22	2	70888	68986	920
人造板制造	323	45	1479578	1419056	320636
胶合板制造	204	31	966897	931867	249046
纤维板制造	19	3	164403	151472	2981
刨花板制造	10	1	36101	35491	5091
其他人造板、材制造	90	10	312177	300226	63518
木制品制造	301	40	1552154	1516035	302056
建筑用木料及木材组件加工	160	13	1363662	1332915	232901
木容器制造	50	6	60244	59588	10482
软木制品及其他木制品制造	91	21	128248	123532	58672
竹、藤、棕、草制品制造	255	23	558801	539571	280565
竹、藤、棕、草制品制造	255	23	558801	539571	280565
家具制造业	812	174	4499097	4350491	2879718
木质家具制造	387	93	1386392	1334628	814354
木质家具制造	387	93	1386392	1334628	814354
竹、藤家具制造	12	5	36264	35479	17755
竹、藤家具制造	12	5	36264	35479	17755
金属家具制造	289	49	2035134	1968029	1422570
金属家具制造	289	49	2035134	1968029	1422570
塑料家具制造	29	5	108192	102180	63699
塑料家具制造	29	5	108192	102180	63699
其他家具制造	95	22	933114	910174	561342
其他家具制造	95	22	933114	910174	561342
造纸及纸制品业	1522	296	8652657	8357309	443419
纸浆制造	5	2	20927	20063	3436
纸浆制造	5	2	20927	20063	3436
造　纸	706	171	5421357	5219404	207296
机制纸及纸板制造	636	160	5217983	5022389	189801
手工纸制造	3	1	2997	2874	2297
加工纸制造	67	10	200377	194141	15198
纸制品制造	811	123	3210373	3117842	232687
纸和纸板容器的制造	637	86	2419741	2366327	121418
其他纸制品制造	174	37	790632	751515	111269
印刷业和记录媒介的复制	926	106	2561912	2527549	279733
印　刷	889	99	2440110	2407859	221755
书、报、刊印刷	140	24	364364	358418	7446

1-A-8 续表1-6

单位：个、万元、人

指 标 名 称	企业数	亏损企业	工业总产值（当年价格）	工业销售产值（当年价格）	出口交货值
本册印制	46	3	242053	235773	110799
包装装潢及其他印刷	703	72	1833694	1813668	103510
装订及其他印刷服务活动	32	7	50449	49402	6010
装订及其他印刷服务活动	32	7	50449	49402	6010
记录媒介的复制	5		71352	70288	51968
记录媒介的复制	5		71352	70288	51968
文教体育用品制造业	1123	207	3869258	3752464	2120078
文化用品制造	463	78	1330964	1280167	675590
文具制造	198	47	524749	512843	311524
笔的制造	225	22	551336	513929	337864
教学用模型及教具制造	17	5	221589	220516	10892
墨水、墨汁制造	2		2769	2744	
其他文化用品制造	21	4	30520	30135	15309
体育用品制造	244	57	843122	822965	539492
球类制造	28	6	84109	81422	47160
体育器材及配件制造	78	16	205936	198421	113245
训练健身器材制造	89	24	350451	342742	234850
运动防护用具制造	18	5	49617	47890	37641
其他体育用品制造	31	6	153008	152489	106596
乐器制造	34	7	201655	198843	76468
中乐器制造	2	1	1434	1434	850
西乐器制造	13	1	123418	120775	44236
电子乐器制造	4	1	13017	12949	5594
其他乐器及零件制造	15	4	63785	63685	25787
玩具制造	308	51	1127738	1091815	687131
玩具制造	308	51	1127738	1091815	687131
游艺器材及娱乐用品制造	74	14	365780	358676	141398
露天游乐场所游乐设备制造	46	6	232563	229355	114386
游艺用品及室内游艺器材制造	28	8	133217	129321	27012
石油加工、炼焦及核燃料加工业	62	13	11044098	10958883	6018
精炼石油产品的制造	61	12	10854543	10762044	6018
原油加工及石油制品制造	61	12	10854543	10762044	6018
炼 焦	1	1	189555	196840	
炼 焦	1	1	189555	196840	
化学原料及化学制品制造业	2185	325	26448155	25596053	3609536
基础化学原料制造	434	80	4867841	4566963	711840
无机酸制造	33	5	283651	273231	48873
无机碱制造	17	1	352870	348620	15715
无机盐制造	89	16	264657	255922	17774
有机化学原料制造	221	41	3515797	3266266	559637

1－A－8 续表1－7

单位：个、万元、人

指 标 名 称	企业数	亏损企业	工业总产值（当年价格）	工业销售产值（当年价格）	出口交货值
其他基础化学原料制造	74	17	450867	422925	69841
肥料制造	43	7	387728	376971	36447
氮肥制造	14	3	283054	276127	26078
磷肥制造	8	1	13665	12998	
复混肥料制造	17	2	72657	69853	9040
有机肥料及微生物肥料制造	2		2035	2025	
其他肥料制造	2	1	16317	15969	1329
农药制造	75	12	1638903	1578997	897464
化学农药制造	67	10	1485506	1434255	827124
生物化学农药及微生物农药制造	8	2	153397	144741	70340
涂料、油墨、颜料及类似产品制造	484	55	3864323	3742356	554028
涂料制造	251	25	977941	955284	62240
油墨及类似产品制造	34	5	193873	189293	13778
颜料制造	55	13	295321	282113	73877
染料制造	118	9	2300796	2223913	392031
密封用填料及类似品制造	26	3	96392	91753	12101
合成材料制造	264	42	8778340	8668575	436097
初级形态的塑料及合成树脂制造	201	34	4069864	3937529	297831
合成橡胶制造	19	4	37754	37475	3062
合成纤维单（聚合）体的制造	27	2	4529103	4554949	94591
其他合成材料制造	17	2	141620	138622	40613
专用化学产品制造	715	94	4845699	4663994	662215
化学试剂和助剂制造	358	35	2149744	2116492	204408
专项化学用品制造	117	16	924659	903851	182165
林产化学产品制造	38	6	75065	72027	7806
炸药及火工产品制造	11	1	85465	82624	3590
信息化学品制造	64	18	1113856	999430	205078
环境污染处理专用药剂材料制造	9	3	54354	54407	11498
动物胶制造	11	3	56199	56091	6849
其他专用化学产品制造	107	12	386358	379072	40821
日用化学产品制造	170	35	2065322	1998197	311446
肥皂及合成洗涤剂制造	33	6	702900	677581	57652
化妆品制造	72	16	612969	602672	57850
口腔清洁用品制造	2		3540	3404	
香料、香精制造	25	4	382515	357323	175511
其他日用化学产品制造	38	9	363398	357218	20433
医药制造业	503	99	6154903	5792778	1995250
化学药品原药制造	165	32	3135533	2935212	1377336
化学药品原药制造	165	32	3135533	2935212	1377336
化学药品制剂制造	75	27	1391097	1305058	203093

1-A-8 续表1-8

单位：个、万元、人

指标名称	企业数	亏损企业	工业总产值（当年价格）	工业销售产值（当年价格）	出口交货值
化学药品制剂制造	75	27	1391097	1305058	203093
中药饮片加工	26	4	76458	74657	13526
中药饮片加工	26	4	76458	74657	13526
中成药制造	44	12	458584	440807	25418
中成药制造	44	12	458584	440807	25418
兽用药品制造	29	5	222285	207621	43465
兽用药品制造	29	5	222285	207621	43465
生物、生化制品的制造	72	10	615243	587200	239984
生物、生化制品的制造	72	10	615243	587200	239984
卫生材料及医药用品制造	92	9	255705	242223	92428
卫生材料及医药用品制造	92	9	255705	242223	92428
化学纤维制造业	466	123	15463419	15069606	1007773
纤维素纤维原料及纤维制造	29	9	137844	131399	15448
化纤浆粕制造	5	1	7222	7097	
人造纤维（纤维素纤维）制造	24	8	130622	124302	15448
合成纤维制造	437	114	15325575	14938206	992326
锦纶纤维制造	39	11	587918	570230	4659
涤纶纤维制造	219	55	12705161	12448097	883191
腈纶纤维制造	7	4	153751	156107	16962
维纶纤维制造	1		614	577	
其他合成纤维制造	171	44	1878131	1763196	87514
橡胶制品业	664	85	3981843	3962390	1186633
轮胎制造	42	11	2043024	2076796	579683
车辆、飞机及工程机械轮胎制造	31	6	2006948	2042581	576854
力车胎制造	8	4	23178	22320	2829
轮胎翻新加工	3	1	12899	11896	
橡胶板、管、带的制造	143	20	640767	617850	179681
橡胶板、管、带的制造	143	20	640767	617850	179681
橡胶零件制造	153	16	320380	312552	68867
橡胶零件制造	153	16	320380	312552	68867
再生橡胶制造	18	2	27616	26723	630
再生橡胶制造	18	2	27616	26723	630
日用及医用橡胶制品制造	35	3	82653	80149	34791
日用及医用橡胶制品制造	35	3	82653	80149	34791
橡胶靴鞋制造	212	23	635685	623142	281374
橡胶靴鞋制造	212	23	635685	623142	281374
其他橡胶制品制造	61	10	231717	225179	41606
其他橡胶制品制造	61	10	231717	225179	41606
塑料制品业	3470	442	14986458	14627360	3041687
塑料薄膜制造	291	49	3014686	2970610	320055

1-A-8 续表1-9

单位：个、万元、人

指标名称	企业数	亏损企业	工业总产值（当年价格）	工业销售产值（当年价格）	出口交货值
塑料薄膜制造	291	49	3014686	2970610	320055
塑料板、管、型材的制造	494	78	2490111	2449690	403952
塑料板、管、型材的制造	494	78	2490111	2449690	403952
塑料丝、绳及编织品的制造	361	75	844659	821639	119675
塑料丝、绳及编织品的制造	361	75	844659	821639	119675
泡沫塑料制造	211	20	605914	592998	95134
泡沫塑料制造	211	20	605914	592998	95134
塑料人造革、合成革制造	219	17	2437015	2334944	326261
塑料人造革、合成革制造	219	17	2437015	2334944	326261
塑料包装箱及容器制造	305	40	1090532	1078819	201375
塑料包装箱及容器制造	305	40	1090532	1078819	201375
塑料零件制造	602	50	1401537	1356062	311221
塑料零件制造	602	50	1401537	1356062	311221
日用塑料制造	653	71	2191509	2136950	1046316
塑料鞋制造	102	2	210446	206143	92043
日用塑料杂品制造	551	69	1981063	1930808	954272
其他塑料制品制造	334	42	910497	885648	217700
其他塑料制品制造	334	42	910497	885648	217700
非金属矿物制品业	1694	293	11236769	10851005	943098
水泥、石灰和石膏的制造	273	67	3440892	3408717	20287
水泥制造	237	65	3371521	3340934	20287
石灰和石膏制造	36	2	69371	67784	
水泥及石膏制品制造	453	77	3099191	3025911	30159
水泥制品制造	365	65	2586096	2526771	9817
砼结构构件制造	60	4	339629	329605	
石棉水泥制品制造	1		8603	8172	5535
轻质建筑材料制造	21	6	143210	139760	14808
其他水泥制品制造	6	2	21653	21602	
砖瓦、石材及其他建筑材料制造	267	49	966446	879836	30334
粘土砖瓦及建筑砌块制造	142	27	159396	157365	2628
建筑陶瓷制品制造	18	7	474716	402858	5454
建筑用石加工	35	6	75346	71309	4773
防水建筑材料制造	26	4	139140	134221	5947
隔热和隔音材料制造	25	5	59748	59597	8829
其他建筑材料制造	21		58100	54486	2704
玻璃及玻璃制品制造	408	78	2680496	2512091	634812
平板玻璃制造	15	4	239162	218365	4
技术玻璃制品制造	95	26	1031488	1000736	82874
光学玻璃制造	4	1	3939	3821	587
玻璃仪器制造	6	2	15695	15314	758

1－A－8 续表 1－10

单位：个、万元、人

指 标 名 称	企业数	亏损企业	工业总产值（当年价格）	工业销售产值（当年价格）	出口交货值
日用玻璃制品及玻璃包装容器制造	129	15	522917	494824	158427
玻璃保温容器制造	13		40770	40484	25979
玻璃纤维及制品制造	71	19	635353	554326	304643
玻璃纤维增强塑料制品制造	48	6	118694	114641	53699
其他玻璃制品制造	27	5	72478	69581	7842
陶瓷制品制造	67	4	249007	242310	102772
卫生陶瓷制品制造	30	2	138323	135869	72691
特种陶瓷制品制造	20		64508	61487	5204
日用陶瓷制品制造	16	2	45038	43815	23739
园林、陈设艺术及其他陶瓷制品制造	1		1139	1139	1139
耐火材料制品制造	130	5	460059	445978	33143
石棉制品制造	15	4	37433	35182	9446
云母制品制造	6		6856	6667	
耐火陶瓷制品及其他耐火材料制造	109	1	415770	404129	23696
石墨及其他非金属矿物制品制造	96	13	340678	336163	91591
石墨及碳素制品制造	26	3	160734	160867	63052
其他非金属矿物制品制造	70	10	179944	175297	28539
黑色金属冶炼及压延加工业	824	163	16439279	15810673	834282
炼 铁	4		9590	10001	2283
炼 铁	4		9590	10001	2283
炼 钢	17	7	821865	794608	
炼 钢	17	7	821865	794608	
钢压延加工	779	151	15017352	14437573	825028
钢压延加工	779	151	15017352	14437573	825028
铁合金冶炼	24	5	590473	568491	6970
铁合金冶炼	24	5	590473	568491	6970
有色金属冶炼及压延加工业	894	273	13990753	13751402	1295245
常用有色金属冶炼	106	45	3418995	3363881	106313
铜冶炼	36	18	2304076	2293587	396
铅锌冶炼	20	15	112255	110059	138
镍钴冶炼	13	5	413091	386560	86363
锡冶炼	1		1177	1177	99
铝冶炼	29	6	507607	496926	14461
镁冶炼	2		6405	6411	4856
其他常用有色金属冶炼	5	1	74384	69161	
贵金属冶炼	17	10	391081	371228	2095
金冶炼	9	4	293703	277897	2000
银冶炼	6	5	65128	61305	95
其他贵金属冶炼	2	1	32251	32026	
稀有稀土金属冶炼	9	3	62509	58618	2236

1－A－8 续表1－11

单位：个、万元、人

指 标 名 称	企业数	亏损企业	工业总产值（当年价格）	工业销售产值（当年价格）	出口交货值
钨钼冶炼	2	1	7412	6938	2236
稀土金属冶炼	7	2	55097	51680	
有色金属合金制造	87	22	734102	716349	58763
有色金属合金制造	87	22	734102	716349	58763
有色金属压延加工	675	193	9384066	9241326	1125838
常用有色金属压延加工	655	189	9272953	9130856	1119221
贵金属压延加工	4	2	47247	47383	
稀有稀土金属压延加工	16	2	63866	63086	6617
金属制品业	3709	499	17682320	17118753	5554285
结构性金属制品制造	649	91	5338703	5152507	831519
金属结构制造	405	71	3841364	3684570	335514
金属门窗制造	244	20	1497339	1467937	496005
金属工具制造	641	84	1749747	1694941	940054
切削工具制造	122	17	290550	270766	126769
手工具制造	303	32	848270	822308	474601
农用及园林用金属工具制造	69	13	244001	240540	153422
刀剪及类似日用金属工具制造	52	5	134029	136529	65535
其他金属工具制造	95	17	232897	224797	119726
集装箱及金属包装容器制造	178	32	1388929	1354946	526875
集装箱制造	4	1	410694	407672	406818
金属压力容器制造	60	8	269013	254231	31347
金属包装容器制造	114	23	709222	693044	88711
金属丝绳及其制品的制造	238	46	1602429	1533218	127318
金属丝绳及其制品的制造	238	46	1602429	1533218	127318
建筑、安全用金属制品制造	884	107	3012881	2928389	1558336
建筑、家具用金属配件制造	474	52	1497639	1459247	821134
建筑装饰及水暖管道零件制造	330	41	1282260	1241684	632989
安全、消防用金属制品制造	56	10	197474	192746	89432
其他建筑、安全用金属制品制造	24	4	35509	34712	14781
金属表面处理及热处理加工	411	42	1379602	1333375	48965
金属表面处理及热处理加工	411	42	1379602	1333375	48965
搪瓷制品制造	46	10	122384	118305	83824
工业生产配套用搪瓷制品制造	3		6488	6666	4434
搪瓷卫生洁具制造	16	2	24037	22923	10765
搪瓷日用品及其他搪瓷制品制造	27	8	91859	88716	68625
不锈钢及类似日用金属制品制造	491	68	2437854	2374757	1341903
金属制厨房调理及卫生器具制造	109	17	456397	456824	159200
金属制厨用器皿及餐具制造	243	27	1576941	1519802	975086
其他日用金属制品制造	139	24	404516	398132	207617
其他金属制品制造	171	19	649793	628314	95491

1－A－8 续表1－12 单位：个、万元、人

指 标 名 称	企业数	亏损企业	工业总产值（当年价格）	工业销售产 值（当年价格）	出口交货值
其他未列明的金属制品制造	171	19	649793	628314	95491
通用设备制造业	6754	702	29741580	28780486	8588522
锅炉及原动机制造	151	19	1459286	1386114	253091
锅炉及辅助设备制造	64	8	523007	508984	60605
内燃机及配件制造	55	7	389389	361121	132412
汽轮机及辅机制造	16	2	479102	468822	58997
水轮机及辅机制造	14	2	42313	40864	
其他原动机制造	2		25476	6323	1078
金属加工机械制造	397	71	1488045	1396768	264171
金属切削机床制造	116	31	662416	607109	49024
金属成形机床制造	77	13	237002	216331	15877
铸造机械制造	37	5	67713	62806	12717
金属切割及焊接设备制造	68	8	275293	272531	129596
机床附件制造	45	5	106524	102795	26741
其他金属加工机械制造	54	9	139098	135196	30217
起重运输设备制造	337	50	2803468	2733152	702243
起重运输设备制造	337	50	2803468	2733152	702243
泵、阀门、压缩机及类似机械的制造	1703	123	7481498	7230714	2767417
泵及真空设备制造	412	29	1752924	1703191	700483
气体压缩机械制造	124	16	1080597	1057114	210668
阀门和旋塞的制造	946	60	3895393	3748458	1735880
液压和气压动力机械及元件制造	221	18	752584	721951	120386
轴承、齿轮、传动和驱动部件的制造	977	103	4021144	3863662	1167112
轴承制造	642	75	2275420	2179088	667359
齿轮、传动和驱动部件制造	335	28	1745725	1684574	499753
烘炉、熔炉及电炉制造	35	5	106215	102350	2202
烘炉、熔炉及电炉制造	35	5	106215	102350	2202
风机、衡器、包装设备等通用设备制造	768	103	4963937	4820736	1451866
风机、风扇制造	68	9	349883	333872	76954
气体、液体分离及纯净设备制造	114	15	788527	761810	138377
制冷、空调设备制造	167	23	2024045	1985511	282858
风动和电动工具制造	228	35	1108369	1074516	682017
喷枪及类似器具制造	50	7	242951	234862	164081
包装专用设备制造	56	3	187470	182836	77738
衡器制造	22	3	44640	43006	14977
其他通用设备制造	63	8	218053	204324	14865
通用零部件制造及机械修理	1448	138	4731207	4631129	1692563
金属密封件制造	75	4	197490	189918	52099
紧固件、弹簧制造	928	86	3244030	3175792	1369814
机械零部件加工及设备修理	252	32	436334	427877	81430

1-A-8 续表1-13 单位：个、万元、人

指 标 名 称	企业数	亏损企业	工业总产值（当年价格）	工业销售产 值（当年价格）	出口交货值
其他通用零部件制造	193	16	853353	837542	189220
金属铸、锻加工	938	90	2686779	2615861	287857
钢铁铸件制造	719	69	2021722	1966126	229800
锻件及粉末冶金制品制造	219	21	665057	649735	58057
专用设备制造业	2268	340	9419810	9060284	2155350
矿山、冶金、建筑专用设备制造	157	17	853132	835760	152181
采矿、采石设备制造	45	2	163055	156076	2067
石油钻采专用设备制造	16		81547	77553	29844
建筑工程用机械制造	44	6	448197	444652	92600
建筑材料生产专用机械制造	32	5	97603	95423	7941
冶金专用设备制造	20	4	62731	62056	19729
化工、木材、非金属加工专用设备制造	780	118	2787939	2662810	638281
炼油、化工生产专用设备制造	48	4	313311	305716	45396
橡胶加工专用设备制造	13	5	39889	37771	4776
塑料加工专用设备制造	208	51	1136900	1068407	307471
木材加工机械制造	15	2	43014	43039	13056
模具制造	488	53	1231036	1184222	262118
其他非金属加工专用设备制造	8	3	23790	23655	5464
食品、饮料、烟草及饲料生产专用设备制造	76	7	239434	221766	51581
食品、饮料、烟草工业专用设备制造	58	2	192674	177820	29973
农副食品加工专用设备制造	15	4	39152	37524	20409
饲料生产专用设备制造	3	1	7608	6422	1200
印刷、制药、日化生产专用设备制造	169	19	384038	361750	80030
制浆和造纸专用设备制造	24	3	45534	42340	7661
印刷专用设备制造	72	7	170473	160255	30791
日用化工专用设备制造	8	2	8897	8651	2078
制药专用设备制造	40	1	107753	100955	24128
照明器具生产专用设备制造	9	1	18077	16955	6471
玻璃、陶瓷和搪瓷制品生产专用设备制造	6	3	14068	13740	2886
其他日用品生产专用设备制造	10	2	19237	18854	6016
纺织、服装和皮革工业专用设备制造	506	95	1989765	1921577	567190
纺织专用设备制造	219	38	701921	678958	59085
皮革、毛皮及其制品加工专用设备制造	21	5	54967	52436	5367
缝纫机械制造	256	49	1210933	1169482	494313
其他服装加工专用设备制造	10	3	21943	20703	8425
电子和电工机械专用设备制造	87	19	290907	282556	51762
电工机械专用设备制造	33	6	83281	83013	16622
电子工业专用设备制造	53	13	206088	198032	34322
武器弹药制造	1		1538	1511	818
农、林、牧、渔专用机械制造	120	23	611297	597028	222284

1－A－8 续表1－14

单位：个、万元、人

指 标 名 称	企业数	亏损企业	工业总产值（当年价格）	工业销售产值（当年价格）	出口交货值
拖拉机制造	11	5	197273	196569	61075
机械化农业及园艺机具制造	68	15	343960	331937	144413
畜牧机械制造	1		613	595	
渔业机械制造	4		8844	8701	5596
农林牧渔机械配件制造	31	3	53538	52327	9366
其他农林牧渔业机械制造及机械修理	5		7070	6899	1834
医疗仪器设备及器械制造	126	13	452230	434941	186853
医疗诊断、监护及治疗设备制造	19	1	84056	82866	37078
口腔科用设备及器具制造	4	1	5274	4766	1763
实验室及医用消毒设备和器具的制造	9	1	13216	13151	5839
医疗、外科及兽医用器械制造	57	4	268602	256017	111702
机械治疗及病房护理设备制造	14	1	43318	41853	16053
假肢、人工器官及植（介）入器械制造	2		5116	4876	291
其他医疗设备及器械制造	21	5	32647	31412	14127
环保、社会公共安全及其他专用设备制造	247	29	1811067	1742096	205189
环境污染防治专用设备制造	119	12	1263533	1213074	55999
地质勘查专用设备制造	2		15323	14386	
邮政专用机械及器材制造	4	1	5878	5686	723
商业、饮食、服务业专用设备制造	3	2	5635	5693	3047
社会公共安全设备及器材制造	77	7	418475	405283	126947
交通安全及管制专用设备制造	3		5722	5886	
水资源专用机械制造	7		28888	27492	2868
其他专用设备制造	32	7	67613	64598	15604
交通运输设备制造业	3196	391	26244902	25365841	7983859
铁路运输设备制造	22	7	46220	46249	5119
铁路机车车辆配件制造	10	1	13754	13738	1373
铁路专用设备及器材、配件制造	9	5	28620	28626	3746
其他铁路设备制造及设备修理	3	1	3846	3885	
汽车制造	2094	244	15581525	15274136	3603968
汽车整车制造	57	19	1851370	1831238	375851
改装汽车制造	10	4	75588	73746	456
汽车车身、挂车的制造	10	5	26268	24574	2131
汽车零部件及配件制造	1964	208	13496869	13212991	3220277
汽车修理	53	8	131430	131587	5252
摩托车制造	451	41	2835212	2767986	772541
摩托车整车制造	25	4	910293	899920	439927
摩托车零部件及配件制造	426	37	1924919	1868065	332614
自行车制造	286	57	1133976	1106444	460188
脚踏自行车及残疾人座车制造	161	29	621858	607247	356592
助动自行车制造	125	28	512118	499197	103596

1－A－8 续表 1－15

单位：个、万元、人

指标名称	企业数	亏损企业	工业总产值（当年价格）	工业销售产值（当年价格）	出口交货值
船舶及浮动装置制造	298	36	6474661	6009539	3083147
金属船舶制造	151	25	5232238	4860393	2477144
非金属船舶制造	6		112302	102659	45100
娱乐船和运动船的建造和修理	12	2	26553	21876	15978
船用配套设备制造	73	7	521916	466837	214920
船舶修理及拆船	56	2	581653	557774	330004
航空航天器制造	5		19903	19047	14056
飞机制造及修理	3		4080	4060	66
其他飞行器制造	2		15823	14987	13990
交通器材及其他交通运输设备制造	40	6	153407	142440	44841
潜水及水下救捞装备制造	1		506	506	
交通管理用金属标志及设施制造	25	2	99084	92524	11026
其他交通运输设备制造	14	4	53817	49411	33815
电气机械及器材制造业	5302	658	36681923	35620151	10481491
电机制造	781	75	5296226	5160425	1874793
发电机及发电机组制造	82	12	664350	642031	181356
电动机制造	295	26	2400025	2358438	825648
微电机及其他电机制造	404	37	2231851	2159956	867789
输配电及控制设备制造	1545	126	8417203	8172630	1204707
变压器、整流器和电感器制造	220	20	1398819	1344266	174391
电容器及其配套设备制造	62	1	229162	224835	18532
配电开关控制设备制造	774	59	4628445	4494897	581185
电力电子元器件制造	386	39	1809053	1761602	375921
其他输配电及控制设备制造	103	7	351724	347031	54679
电线、电缆、光缆及电工器材制造	833	127	7660209	7413350	865019
电线电缆制造	719	110	6788830	6578021	782809
光纤、光缆制造	22	4	583824	573147	38506
绝缘制品制造	39	7	90863	87472	13991
其他电工器材制造	53	6	196692	174710	29713
电池制造	205	32	3069622	2983591	1010916
电池制造	205	32	3069622	2983591	1010916
家用电力器具制造	785	121	7249482	7058869	2908959
家用制冷电器具制造	52	11	895756	886575	255486
家用空气调节器制造	46	10	856333	850190	345462
家用通风电器具制造	60	8	500938	481563	95001
家用厨房电器具制造	158	21	1652435	1584723	641135
家用清洁卫生电器具制造	99	16	1300686	1270352	623056
家用美容、保健电器具制造	84	10	419687	402559	265904
家用电力器具专用配件制造	154	18	735364	715869	123431
其他家用电力器具制造	132	27	888282	867038	559484

1－A－8 续表1－16

单位：个、万元、人

指 标 名 称	企业数	亏损企业	工业总产值（当年价格）	工业销售产值（当年价格）	出口交货值
非电力家用器具制造	111	14	530827	512742	231611
燃气、太阳能及类似能源的器具制造	93	10	404510	389686	117689
其他非电力家用器具制造	18	4	126317	123056	113922
照明器具制造	943	155	4100335	3978361	2263245
电光源制造	305	50	1336660	1296303	545457
照明灯具制造	462	87	2226169	2158485	1380500
灯用电器附件及其他照明器具制造	176	18	537506	523572	337288
其他电气机械及器材制造	99	8	358019	340184	122241
车辆专用照明及电气信号设备装置制造	74	6	282060	267919	98303
其他未列明的电气机械制造	25	2	75959	72265	23938
通信设备、计算机及其他电子设备制造业	1584	283	17055818	16702792	10002790
通信设备制造	207	38	4271936	4297179	2302314
通信传输设备制造	56	8	404536	389051	102334
通信交换设备制造	36	6	122542	121593	3017
通信终端设备制造	28	6	109702	106363	14793
移动通信及终端设备制造	47	10	3488722	3544889	2139903
其他通信设备制造	40	8	146434	135283	42267
雷达及配套设备制造	2	1	3391	3391	500
雷达及配套设备制造	2	1	3391	3391	500
广播电视设备制造	79	11	450448	440051	182979
广播电视节目制作及发射设备制造	8		24262	24178	9825
广播电视接收设备及器材制造	60	11	295684	288711	151287
应用电视设备及其他广播电视设备制造	11		130502	127162	21867
电子计算机制造	91	21	5979029	5798192	4899115
电子计算机整机制造	5	1	638860	635925	631686
计算机网络设备制造	22	4	730369	724711	151230
电子计算机外部设备制造	64	16	4609801	4437556	4116199
电子器件制造	229	54	1435732	1380864	445978
电子真空器件制造	18	4	33741	34081	3727
半导体分立器件制造	71	14	428986	418187	117785
集成电路制造	45	15	406936	382025	80854
光电子器件及其他电子器件制造	95	21	566069	546570	243612
电子元件制造	784	117	3788577	3684548	1451930
电子元件及组件制造	708	103	3482731	3382377	1373247
印制电路板制造	76	14	305846	302171	78683
家用视听设备制造	120	28	751076	730298	515525
家用影视设备制造	33	6	527532	512243	384049
家用音响设备制造	87	22	223544	218055	131476
其他电子设备制造	72	13	375629	368270	204450
其他电子设备制造	72	13	375629	368270	204450

1－A－8 续表1－17 单位：个、万元、人

指标名称	企业数	亏损企业	工业总产值（当年价格）	工业销售产值（当年价格）	出口交货值
仪器仪表及文化、办公用机械制造业	1103	120	5132076	4893431	1308786
通用仪器仪表制造	516	55	2960370	2852900	536068
工业自动控制系统装置制造	149	22	749324	732081	86480
电工仪器仪表制造	106	9	457636	434468	56806
绘图、计算及测量仪器制造	52	8	239210	227657	148464
实验分析仪器制造	53	6	102512	97446	35768
试验机制造	11	1	19709	19180	916
供应用仪表及其他通用仪器制造	145	9	1391980	1342069	207634
专用仪器仪表制造	153	14	825550	749256	126604
环境监测专用仪器仪表制造	9		70046	53784	1943
汽车及其他用计数仪表制造	66	7	472359	444820	51767
导航、气象及海洋专用仪器制造	8	2	26339	25336	5840
农林牧渔专用仪器仪表制造	2		5829	5675	
地质勘探和地震专用仪器制造	1		1417	1378	
教学专用仪器制造	34	1	113117	111315	12114
电子测量仪器制造	17	3	108061	78710	48644
其他专用仪器制造	16	1	28384	28239	6296
钟表与计时仪器制造	58	9	159127	155840	39601
钟表与计时仪器制造	58	9	159127	155840	39601
光学仪器及眼镜制造	273	23	722234	684286	392336
光学仪器制造	53	6	221678	214468	111907
眼镜制造	220	17	500556	469819	280429
文化、办公用机械制造	86	17	421177	410459	203867
电影机械制造	3		8325	8323	1150
幻灯及投影设备制造	1		1967	1967	1629
照相机及器材制造	18	2	130897	130788	99075
复印和胶印设备制造	17	3	38445	36755	10346
计算器及货币专用设备制造	28	5	58434	55065	13989
其他文化、办公用机械制造	19	7	183109	177562	77678
其他仪器仪表的制造及修理	17	2	43617	40690	10309
其他仪器仪表的制造及修理	17	2	43617	40690	10309
工艺品及其他制造业	1932	288	6780233	6510360	3283443
工艺美术品制造	1279	229	4066018	3927263	2114708
雕塑工艺品制造	194	56	271455	265898	174495
金属工艺品制造	210	34	438561	422565	151488
漆器工艺品制造	76	9	127530	122552	103966
花画工艺品制造	38	6	86591	82669	55500
天然植物纤维编织工艺品制造	64	10	127523	123716	80681
抽纱刺绣工艺品制造	293	47	1110203	1085516	719658

1－A－8 续表1－18

单位：个、万元、人

指 标 名 称	企业数	亏损企业	工业总产值（当年价格）	工业销售产值（当年价格）	出口交货值
地毯、挂毯制造	65	12	204649	197630	114881
珠宝首饰及有关物品的制造	49	6	893961	849450	201635
其他工艺美术品制造	290	49	805546	777266	512405
日用杂品制造	634	57	2619654	2489344	1145799
制镜及类似品加工	35	7	158004	159344	23831
鬃毛加工、制刷及清扫工具的制造	59	10	180893	172092	114600
其他日用杂品制造	540	40	2280757	2157908	1007368
煤制品制造	2		9593	9111	
煤制品制造	2		9593	9111	
核辐射加工	1		907	907	
核辐射加工	1		907	907	
其他未列明的制造业	16	2	84062	83736	22935
其他未列明的制造业	16	2	84062	83736	22935
废弃资源和废旧材料回收加工业	198	111	2281066	2245079	9444
金属废料和碎屑的加工处理	141	97	2110253	2079932	505
金属废料和碎屑的加工处理	141	97	2110253	2079932	505
非金属废料和碎屑的加工处理	57	14	170814	165148	8939
非金属废料和碎屑的加工处理	57	14	170814	165148	8939
电力、燃气及水的生产和供应业	**576**	**171**	**27327506**	**27267414**	**15544**
电力、热力的生产和供应业	350	94	25613726	25564937	15544
电力生产	255	86	7967040	7918711	15544
火力发电	115	45	6602674	6557152	15544
水力发电	124	36	520764	518670	
核力发电	3		812999	812999	
其他能源发电	13	5	30603	29891	
电力供应	71		17303512	17303448	
电力供应	71		17303512	17303448	
热力生产和供应	24	8	343174	342778	
热力生产和供应	24	8	343174	342778	
燃气生产和供应业	44	10	873673	873248	
燃气生产和供应业	44	10	873673	873248	
燃气生产和供应业	44	10	873673	873248	
水的生产和供应业	182	67	840107	829229	1
自来水的生产和供应	138	47	663398	656395	1
自来水的生产和供应	138	47	663398	656395	1
污水处理及其再生利用	43	20	175992	172122	
污水处理及其再生利用	43	20	175992	172122	
其他水的处理、利用与分配	1		718	712	
其他水的处理、利用与分配	1		718	712	

1－A－8 续表2－1

单位：个、万元、人

指标名称	资产总计	流动资产合计	应收帐款	存货	产成品
总计	**355507623**	**196681158**	**46776089**	**47491150**	**19900297**
一、按轻重工业分					
轻工业	148597655	87457934	19024357	20993855	9785558
重工业	206909968	109223224	27751733	26497295	10114739
二、按规模分					
大型企业	59492559	28767268	5134246	7816297	2732346
中型企业	137874265	75676270	15993674	18759964	7655670
小型企业	158140799	92237620	25648169	20914890	9512281
三、按登记注册类型分					
内资	**256700152**	**139012750**	**33475428**	**32431286**	**13770812**
国有	25445051	6925143	464894	1456317	206477
集体	1389985	919855	259003	143181	78328
股份合作企业	2614300	1707364	655906	357253	183367
联营企业	188817	76199	22085	22375	13644
国有联营	17788	5140	511	4313	3480
集体联营	77748	15988	9070	1458	729
国有与集体联营	59908	36837	6638	12385	6047
其他联营	33373	18234	5866	4219	3388
有限责任公司	67518003	34057015	7598239	8126377	3305583
国有独资公司	3336060	1550216	187231	305853	131732
其他有限责任公司	64181943	32506799	7411008	7820524	3173851
股份有限公司	24575037	12384903	2856224	3408286	1407390
私营企业	133981022	82369463	21487593	18793892	8521036
私营独资	7121082	4554425	1716584	976973	479320
私营合伙	1719230	1119170	468282	228281	106503
私营有限责任公司	117778123	72202540	18397188	16226131	7417173
私营股份有限公司	7362588	4493328	905540	1362507	518041
其他	987937	572809	131483	123607	54988
港澳台商投资	**44718822**	**26989932**	**5693053**	**6778447**	**2915695**
与港澳台商合资经营	26897857	16364615	3257690	4028747	1800967
与港澳台商合作经营	673731	418852	103262	110952	40166
港澳台商独资	15877993	9375701	2075240	2427373	943182
港澳台商投资股份有限公司	1269241	830764	256861	211375	131380
外商投资	**54088650**	**30678476**	**7607608**	**8281417**	**3213790**
中外合资经营	28321409	16772913	4220861	4101577	1740622
中外合作经营	901787	550473	132348	110207	42523
外资企业	22401591	12093672	2970661	3647063	1247448
外商投资股份有限公司	2463863	1261418	283739	422569	183197
四、按控股情况分					
国有控股	55579666	16916619	2190894	4411824	1031858

1－A－8 续表2－2 单位：个、万元、人

指 标 名 称	资产总计	流动资产合 计	应收帐款	存 货	产成品
集体控股	10522767	5952726	1416347	1213024	554367
私人控股	214608121	130283202	33022952	30022589	13588264
港澳台商控股	29871555	17762446	3900542	4539195	2009874
外商控股	36354297	20488670	5242320	5803765	2077526
其 他	8571218	5277495	1003034	1500753	638407
五、按国民经济行业(门类、大类、中类、小类)分					
采矿业	**1175775**	**627806**	**141224**	**110210**	**67171**
煤炭开采和洗选业	92531	37049	7907	3588	887
烟煤和无烟煤的开采洗选	92531	37049	7907	3588	887
烟煤和无烟煤的开采洗选	92531	37049	7907	3588	887
黑色金属矿采选业	239330	191767	25095	41710	27491
铁矿采选	239330	191767	25095	41710	27491
铁矿采选	239330	191767	25095	41710	27491
有色金属矿采选业	225863	123632	21043	22196	13597
常用有色金属矿采选	131979	69886	17183	11243	6853
铜矿采选	70827	33916	2718	6317	2945
铅锌矿采选	61152	35969	14465	4926	3908
贵金属矿采选	6345	2724	376	717	681
金矿采选	2692	1965		474	474
银矿采选	3653	759	376	243	207
稀有稀土金属矿采选	87539	51023	3484	10236	6064
钨钼矿采选	73114	45616	3484	10005	5996
放射性金属矿采选	14425	5407		231	68
非金属矿采选业	618052	275358	87179	42716	25195
土砂石开采	563406	251972	79714	37075	22232
石灰石、石膏开采	99405	45118	19679	5044	3438
建筑装饰用石开采	165797	68079	27883	4810	2230
耐火土石开采	85781	53444	8138	15711	11045
粘土及其他土砂石开采	212423	85332	24013	11510	5518
化学矿采选	14610	6218	1241	1615	601
化学矿采选	14610	6218	1241	1615	601
采 盐	4179	2480	436	332	313
采 盐	4179	2480	436	332	313
石棉及其他非金属矿采选	35857	14688	5788	3694	2050
其他非金属矿采选	35857	14688	5788	3694	2050
制造业	**317945939**	**189362123**	**45647764**	**46856984**	**19812214**
农副食品加工业	4571645	2770965	490123	882784	582843
谷物磨制	141307	94956	15506	22582	8906
谷物磨制	141307	94956	15506	22582	8906
饲料加工	483152	279304	78229	87795	28394

1－A－8 续表2－3

单位：个、万元、人

指标名称	资产总计	流动资产合计	应收帐款	存货	产成品
饲料加工	483152	279304	78229	87795	28394
植物油加工	517454	376793	16731	118816	99778
食用植物油加工	511949	373612	15731	117935	99012
非食用植物油加工	5505	3181	1001	881	766
屠宰及肉类加工	393893	235618	50079	75610	42244
畜禽屠宰	71522	29238	2753	2953	2010
肉制品及副产品加工	322372	206380	47326	72657	40234
水产品加工	2054062	1260751	183693	427583	311918
水产品冷冻加工	1617286	1055309	136118	358237	264490
鱼糜制品及水产品干腌制加工	341446	149691	29211	52245	35860
水产饲料制造	81073	48681	17020	13490	8248
鱼油提取及制品的制造	2266	1309	202	690	660
其他水产品加工	11992	5761	1142	2921	2660
蔬菜、水果和坚果加工	644526	311916	68495	105619	58323
蔬菜、水果和坚果加工	644526	311916	68495	105619	58323
其他农副食品加工	337251	211626	77389	44781	33281
淀粉及淀粉制品的制造	74386	55115	9291	5745	4454
豆制品制造	78664	36698	9314	9098	4459
蛋品加工	28751	16529	2134	3711	2512
其他未列明的农副食品加工	155450	103285	56650	26226	21857
食品制造业	2512854	1412362	386716	353933	214733
焙烤食品制造	199829	101477	28076	23877	10666
糕点、面包制造	61398	29577	5206	8182	2618
饼干及其他焙烤食品制造	138431	71901	22870	15695	8048
糖果、巧克力及蜜饯制造	193798	118988	54415	19291	6231
糖果、巧克力制造	111253	60699	33427	12224	3940
蜜饯制作	82546	58289	20988	7067	2291
方便食品制造	467365	253946	111099	43514	30898
米、面制品制造	81766	40772	10842	9761	7332
速冻食品制造	114820	61691	11611	16066	11190
方便面及其他方便食品制造	270780	151482	88646	17688	12377
液体乳及乳制品制造	188225	82014	16067	23804	7024
液体乳及乳制品制造	188225	82014	16067	23804	7024
罐头制造	558608	340011	69294	137809	98284
肉、禽类罐头制造	17185	10526	3211	4008	4008
水产品罐头制造	44453	17993	5307	8195	3814
蔬菜、水果罐头制造	431944	279362	38259	122851	90075
其他罐头食品制造	65027	32131	22517	2755	387
调味品、发酵制品制造	241776	121601	20364	28284	14638
味精制造	96210	46950	3699	8920	5479

1－A－8 续表2－4

单位：个、万元、人

指 标 名 称	资产总计	流动资产合 计	应收帐款	存 货	产成品
酱油、食醋及类似制品的制造	68607	30656	5515	10962	5387
其他调味品、发酵制品制造	76959	43995	11150	8402	3772
其他食品制造	663252	394327	87400	77354	46992
营养、保健食品制造	178138	102712	23618	24717	13821
冷冻饮品及食用冰制造	74845	42485	9514	7943	5659
盐加工	7551	5133	1403	2876	1835
食品及饲料添加剂制造	399922	243158	52585	41609	25502
其他未列明的食品制造	2795	839	280	209	175
饮料制造业	3909611	2132695	394529	719218	281795
酒精制造	27734	21535	356	7058	326
酒精制造	27734	21535	356	7058	326
酒的制造	1638907	772270	66007	431035	177349
白酒制造	50988	28768	2785	12363	2698
啤酒制造	804193	302344	16572	157505	14085
黄酒制造	754750	425377	45407	255116	158950
其他酒制造	28976	15781	1244	6050	1616
软饮料制造	1792765	1036331	242106	154991	48785
碳酸饮料制造	213848	122668	11099	23351	5161
瓶（罐）装饮用水制造	574802	474316	144258	43098	10268
果菜汁及果菜汁饮料制造	116170	64189	29134	13444	6528
含乳饮料和植物蛋白饮料制造	361882	119465	17315	34990	4087
固体饮料制造	48163	19711	3598	3440	1578
茶饮料及其他软饮料制造	477901	235982	36703	36669	21164
精制茶加工	450205	302558	86059	126134	55335
精制茶加工	450205	302558	86059	126134	55335
烟草制品业	2158443	1630085	1148	661863	78793
卷烟制造	2142933	1624196	－1011	661511	78735
卷烟制造	2142933	1624196	－1011	661511	78735
其他烟草制品加工	15510	5888	2159	353	58
其他烟草制品加工	15510	5888	2159	353	58
纺织业	40742021	23812269	5049674	5332570	2625916
棉、化纤纺织及印染精加工	20853412	11867670	2315803	2555131	1322620
棉、化纤纺织加工	13394559	7831224	1405881	1884025	1047137
棉、化纤印染精加工	7458854	4036446	909922	671106	275482
毛纺织和染整精加工	1114174	662293	142827	227832	119992
毛条加工	214885	141979	15164	58332	37265
毛纺织	710194	432459	96946	145810	73374
毛染整精加工	189094	87855	30717	23690	9353
麻纺织	211626	124948	36279	41764	23272
麻纺织	211626	124948	36279	41764	23272

1-A-8 续表2-5 单位:个、万元、人

指标名称	资产总计	流动资产合计	应收帐款	存货	产成品
丝绢纺织及精加工	3701649	2208543	407073	546218	248494
缫丝加工	317945	214666	47569	92866	39818
绢纺和丝织加工	3016925	1823891	315703	432033	196595
丝印染精加工	366779	169986	43801	21318	12081
纺织制成品制造	6468910	3932824	903933	805465	375009
棉及化纤制品制造	2798174	1704777	338698	362560	171429
毛制品制造	370298	249222	57403	49064	22004
麻制品制造	8651	6746	1852	1067	504
丝制品制造	753492	494641	125373	87049	36714
绳、索、缆的制造	77145	46269	7899	9984	5866
纺织带和帘子布制造	947474	598472	143228	118647	56078
无纺布制造	858370	479996	143502	107886	53366
其他纺织制成品制造	655305	352701	85979	69207	29050
针织品、编织品及其制品制造	8392251	5015991	1243758	1156160	536530
棉、化纤针织品及编织品制造	6305763	3840707	975442	867719	403480
毛针织品及编织品制造	1120610	645186	147485	182412	86343
丝针织品及编织品制造	708325	383452	81366	76740	30831
其他针织品及编织品制造	257553	146645	39466	29289	15876
纺织服装、鞋、帽制造业	11463307	7114041	1628401	1894051	999836
纺织服装制造	11267399	7001648	1599724	1862166	989416
纺织服装制造	11267399	7001648	1599724	1862166	989416
纺织面料鞋的制造	147227	85103	23178	23849	7197
纺织面料鞋的制造	147227	85103	23178	23849	7197
制帽	48681	27290	5499	8037	3223
制帽	48681	27290	5499	8037	3223
皮革、毛皮、羽毛(绒)及其制品业	7673229	5067622	1284562	1325258	401979
皮革鞣制加工	1695142	1106690	209227	418680	94863
皮革鞣制加工	1695142	1106690	209227	418680	94863
皮革制品制造	4809326	3051528	874309	632912	236243
皮鞋制造	2934948	1818737	533381	327426	125093
皮革服装制造	593374	417331	139392	96965	29153
皮箱、包(袋)制造	820917	536958	136139	117212	54511
皮手套及皮装饰制品制造	130549	85620	20472	26399	13017
其他皮革制品制造	329539	192882	44926	64910	14469
毛皮鞣制及制品加工	252503	181271	41148	59827	15360
毛皮鞣制加工	37951	23641	8476	6229	3207
毛皮服装加工	147757	110336	20932	40353	6475
其他毛皮制品加工	66795	47294	11740	13245	5679
羽毛(绒)加工及制品制造	916258	728135	159877	213840	55514
羽毛(绒)加工	64461	53509	20391	10897	4798

1－A－8　续表2－6　　　　单位：个、万元、人

指　标　名　称	资产总计	流动资产合　计	应收帐款	存　货	产成品
羽毛(绒)制品加工	851796	674626	139486	202943	50716
木材加工及木、竹、藤、棕、草制品业	2426033	1501785	267413	641695	259982
锯材、木片加工	68594	42029	10973	17868	8670
锯材加工	40007	24423	6706	11045	3344
木片加工	28587	17606	4268	6823	5325
人造板制造	1198210	764868	110937	354256	118073
胶合板制造	702398	454461	82551	203986	79011
纤维板制造	241219	161413	6579	94085	15305
刨花板制造	41099	35999	3852	8716	3907
其他人造板、材制造	213494	112996	17955	47469	19850
木制品制造	766623	447757	86147	188882	92777
建筑用木料及木材组件加工	628822	372190	59819	167760	84299
木容器制造	44780	31483	13740	5937	1460
软木制品及其他木制品制造	93021	44084	12589	15185	7018
竹、藤、棕、草制品制造	392606	247130	59355	80689	40464
竹、藤、棕、草制品制造	392606	247130	59355	80689	40464
家具制造业	3980512	2509062	530396	674774	245833
木质家具制造	1380211	787517	148501	239422	101762
木质家具制造	1380211	787517	148501	239422	101762
竹、藤家具制造	35168	17444	2548	8683	4502
竹、藤家具制造	35168	17444	2548	8683	4502
金属家具制造	1713884	1175967	253633	285799	97349
金属家具制造	1713884	1175967	253633	285799	97349
塑料家具制造	72317	44377	12850	10758	4918
塑料家具制造	72317	44377	12850	10758	4918
其他家具制造	778932	483756	112864	130113	37302
其他家具制造	778932	483756	112864	130113	37302
造纸及纸制品业	9151602	4918066	1361953	1032064	535426
纸浆制造	24596	12288	5456	4071	2684
纸浆制造	24596	12288	5456	4071	2684
造　纸	6343403	3238422	756090	756230	422804
机制纸及纸板制造	6161366	3123184	720349	732116	407796
手工纸制造	2006	987	263	534	478
加工纸制造	180031	114252	35477	23580	14530
纸制品制造	2783603	1667356	600407	271763	109939
纸和纸板容器的制造	2028607	1231112	471029	183372	66914
其他纸制品制造	754996	436244	129378	88391	43024
印刷业和记录媒介的复制	3157932	1694917	542351	223113	83828
印　刷	3002630	1609529	517957	211102	80003
书、报、刊印刷	570685	266593	78955	44827	15305

1-A-8 续表2-7

单位：个、万元、人

指标名称	资产总计	流动资产合计	应收帐款	存货	产成品
本册印制	211521	116347	32280	16544	7703
包装装潢及其他印刷	2220424	1226589	406723	149731	56995
装订及其他印刷服务活动	63822	29034	9563	5690	1825
装订及其他印刷服务活动	63822	29034	9563	5690	1825
记录媒介的复制	91480	56355	14831	6321	1999
记录媒介的复制	91480	56355	14831	6321	1999
文教体育用品制造业	3261098	1927298	438382	477771	169747
文化用品制造	1100257	640197	172649	158406	60480
文具制造	452245	257283	58881	71133	23323
笔的制造	459841	272790	69660	69163	27697
教学用模型及教具制造	155273	89360	39119	13071	7558
墨水、墨汁制造	4631	3183	841	506	206
其他文化用品制造	28268	17583	4148	4534	1696
体育用品制造	728748	442036	98518	118063	43540
球类制造	69897	38370	4176	15181	7040
体育器材及配件制造	200934	110089	21426	30492	9668
训练健身器材制造	265350	173327	44026	32854	12363
运动防护用具制造	57577	30240	10305	7654	2398
其他体育用品制造	134990	90011	18586	31883	12071
乐器制造	193059	117772	34052	45387	13207
中乐器制造	1377	781	125	398	44
西乐器制造	110366	59888	15865	24941	7184
电子乐器制造	16569	12197	3488	3490	2641
其他乐器及零件制造	64747	44907	14573	16558	3338
玩具制造	911102	504873	109439	109410	43888
玩具制造	911102	504873	109439	109410	43888
游艺器材及娱乐用品制造	327933	222420	23725	46505	8633
露天游乐场所游乐设备制造	205915	141853	17428	16839	3076
游艺用品及室内游艺器材制造	122018	80567	6296	29666	5557
石油加工、炼焦及核燃料加工业	3339363	1018030	183231	606074	92265
精炼石油产品的制造	3276294	976215	183188	564943	51135
原油加工及石油制品制造	3276294	976215	183188	564943	51135
炼　焦	63068	41816	43	41131	41131
炼　焦	63068	41816	43	41131	41131
化学原料及化学制品制造业	22858373	12074979	2484911	2766971	1257324
基础化学原料制造	5332446	2550562	359344	554817	297240
无机酸制造	289945	127862	24078	19353	7863
无机碱制造	391670	148386	13542	18994	6410
无机盐制造	217497	142047	35951	27685	11856
有机化学原料制造	3703951	1761647	238149	390197	246792

1－A－8 续表2－8

单位：个、万元、人

指 标 名 称	资产总计	流动资产合计	应收帐款	存货	产成品
其他基础化学原料制造	729384	370620	47625	98588	24319
肥料制造	342052	135149	17237	47703	25432
氮肥制造	254349	91752	12116	28637	11143
磷肥制造	9128	4735	1078	2810	1784
复混肥料制造	61806	35083	3881	14107	10790
有机肥料及微生物肥料制造	1964	413	60	110	17
其他肥料制造	14805	3167	102	2038	1699
农药制造	1490282	808065	152862	189473	113770
化学农药制造	1280388	732949	139298	166068	104313
生物化学农药及微生物农药制造	209893	75117	13565	23405	9457
涂料、油墨、颜料及类似产品制造	3143837	2076969	591973	448647	246453
涂料制造	823374	575624	205447	96601	47563
油墨及类似产品制造	182943	112408	44623	29086	13392
颜料制造	288992	160716	35330	54927	25311
染料制造	1788267	1188670	289434	258195	153534
密封用填料及类似品制造	60262	39551	17139	9838	6653
合成材料制造	6837263	3119116	696528	622759	189452
初级形态的塑料及合成树脂制造	3608480	1616540	351148	423257	135823
合成橡胶制造	37322	28365	7019	4787	1367
合成纤维单(聚合)体的制造	3083538	1422002	306522	185623	47397
其他合成材料制造	107922	52208	31839	9091	4865
专用化学产品制造	4010588	2344179	539406	629669	222674
化学试剂和助剂制造	1427882	871968	293756	151979	85292
专项化学用品制造	725348	406887	99120	103558	47992
林产化学产品制造	44776	24308	7145	6310	3661
炸药及火工产品制造	74957	29254	4553	6109	2442
信息化学品制造	1354645	797539	75527	319112	65168
环境污染处理专用药剂材料制造	70612	45242	9350	9912	4743
动物胶制造	49800	20983	7314	7846	4060
其他专用化学产品制造	262568	147998	42640	24843	9317
日用化学产品制造	1701905	1040940	127561	273903	162304
肥皂及合成洗涤剂制造	750330	465452	29379	113243	71193
化妆品制造	395561	274835	45525	62252	35082
口腔清洁用品制造	3959	2399	1119	386	185
香料、香精制造	371711	206055	31437	66314	37952
其他日用化学产品制造	180344	92199	20100	31707	17890
医药制造业	6660455	3748337	890058	1070622	530668
化学药品原药制造	3261824	1798339	442282	563973	287824
化学药品原药制造	3261824	1798339	442282	563973	287824
化学药品制剂制造	1518561	861766	196190	246524	120621

1－A－8 续表2－9

单位：个、万元、人

指标名称	资产总计	流动资产合计	应收帐款	存货	产成品
化学药品制剂制造	1518561	861766	196190	246524	120621
中药饮片加工	95266	54316	12842	15013	7458
中药饮片加工	95266	54316	12842	15013	7458
中成药制造	653316	358404	78091	82222	40919
中成药制造	653316	358404	78091	82222	40919
兽用药品制造	232073	159054	19908	44942	22204
兽用药品制造	232073	159054	19908	44942	22204
生物、生化制品的制造	682615	388131	87677	92090	39145
生物、生化制品的制造	682615	388131	87677	92090	39145
卫生材料及医药用品制造	216801	128326	53069	25859	12497
卫生材料及医药用品制造	216801	128326	53069	25859	12497
化学纤维制造业	11406284	5942071	542281	1223817	624553
纤维素纤维原料及纤维制造	188012	108264	12622	16468	8825
化纤浆粕制造	5939	4515	970	923	450
人造纤维(纤维素纤维)制造	182073	103749	11652	15545	8375
合成纤维制造	11218272	5833807	529659	1207349	615728
锦纶纤维制造	507763	321995	41791	97335	75024
涤纶纤维制造	8363019	4367134	355586	857576	381253
腈纶纤维制造	140316	93499	2933	30082	26533
维纶纤维制造	986	565	195	124	92
其他合成纤维制造	2206189	1050614	129153	222232	132826
橡胶制品业	3493832	1899681	569382	531211	317121
轮胎制造	1883944	832162	261664	287528	189761
车辆、飞机及工程机械轮胎制造	1849300	807557	255833	283164	187732
力车胎制造	26297	18200	3517	2395	1267
轮胎翻新加工	8348	6405	2314	1969	762
橡胶板、管、带的制造	555780	365698	120865	81678	49948
橡胶板、管、带的制造	555780	365698	120865	81678	49948
橡胶零件制造	365264	230691	73460	52876	30616
橡胶零件制造	365264	230691	73460	52876	30616
再生橡胶制造	29348	17400	6256	5779	1773
再生橡胶制造	29348	17400	6256	5779	1773
日用及医用橡胶制品制造	60878	39946	9824	12650	4811
日用及医用橡胶制品制造	60878	39946	9824	12650	4811
橡胶靴鞋制造	447922	312940	67521	67481	29668
橡胶靴鞋制造	447922	312940	67521	67481	29668
其他橡胶制品制造	150698	100845	29792	23220	10545
其他橡胶制品制造	150698	100845	29792	23220	10545
塑料制品业	12105975	7351293	1913902	1383898	603205
塑料薄膜制造	2621214	1435440	175465	225694	103971

1－A－8 续表2－10 单位：个、万元、人

指标名称	资产总计	流动资产合计	应收帐款	存货	产成品
塑料薄膜制造	2621214	1435440	175465	225694	103971
塑料板、管、型材的制造	2274727	1429808	344248	326782	154374
塑料板、管、型材的制造	2274727	1429808	344248	326782	154374
塑料丝、绳及编织品的制造	571623	372231	154144	70284	40979
塑料丝、绳及编织品的制造	571623	372231	154144	70284	40979
泡沫塑料制造	479291	316975	113588	43062	21248
泡沫塑料制造	479291	316975	113588	43062	21248
塑料人造革、合成革制造	1756440	1122325	228683	207150	53959
塑料人造革、合成革制造	1756440	1122325	228683	207150	53959
塑料包装箱及容器制造	1008161	552950	171739	83179	39687
塑料包装箱及容器制造	1008161	552950	171739	83179	39687
塑料零件制造	1241834	798195	315583	135138	59307
塑料零件制造	1241834	798195	315583	135138	59307
日用塑料制造	1526518	931264	251880	209292	91003
塑料鞋制造	137423	80575	27958	17271	6483
日用塑料杂品制造	1389095	850689	223923	192021	84520
其他塑料制品制造	626167	392106	158571	83317	38677
其他塑料制品制造	626167	392106	158571	83317	38677
非金属矿物制品业	13998825	6782626	1605750	1451977	734587
水泥、石灰和石膏的制造	5007325	1991600	321091	315236	113945
水泥制造	4965301	1969160	312442	309191	110584
石灰和石膏制造	42024	22440	8649	6045	3361
水泥及石膏制品制造	3243006	2144497	667231	448585	269503
水泥制品制造	2769069	1883768	593785	386457	232532
砼结构构件制造	288870	171545	56137	42517	24616
石棉水泥制品制造	5132	1909	154	856	648
轻质建筑材料制造	152146	69519	9845	14759	10734
其他水泥制品制造	27788	17755	7311	3997	972
砖瓦、石材及其他建筑材料制造	976434	592721	111085	157171	108832
粘土砖瓦及建筑砌块制造	163377	73127	15459	20051	11737
建筑陶瓷制品制造	477043	341736	30680	102644	76652
建筑用石加工	76899	42632	14154	7338	4509
防水建筑材料制造	131613	78570	30513	14656	9159
隔热和隔音材料制造	84143	31290	12449	6752	3215
其他建筑材料制造	43359	25366	7830	5730	3560
玻璃及玻璃制品制造	3814697	1461287	294690	400183	184818
平板玻璃制造	435146	148625	26731	60096	16278
技术玻璃制品制造	1448663	610737	90419	131094	53972
光学玻璃制造	4143	3133	688	1045	316
玻璃仪器制造	8094	3027	1334	926	339

1－A－8 续表2－11

单位：个、万元、人

指 标 名 称	资产总计	流动资产合 计	应收帐款	存 货	产成品
日用玻璃制品及玻璃包装容器制造	502773	253583	57745	72313	31636
玻璃保温容器制造	21630	8976	2357	2305	844
玻璃纤维及制品制造	1216381	324784	86651	107782	66949
玻璃纤维增强塑料制品制造	97382	67792	18392	13758	7120
其他玻璃制品制造	80486	40630	10373	10863	7363
陶瓷制品制造	211063	132503	37047	32111	14542
卫生陶瓷制品制造	105310	65441	12783	13816	7552
特种陶瓷制品制造	71576	47811	18886	11975	3040
日用陶瓷制品制造	32803	19138	5379	6287	3951
园林、陈设艺术及其他陶瓷制品制造	1375	114		33	
耐火材料制品制造	371852	240431	106500	50062	23255
石棉制品制造	49764	26229	7852	8290	4476
云母制品制造	6843	4699	1615	865	469
耐火陶瓷制品及其他耐火材料制造	315245	209503	97033	40907	18310
石墨及其他非金属矿物制品制造	374448	219587	68106	48630	19693
石墨及碳素制品制造	190727	107863	35038	25723	9576
其他非金属矿物制品制造	183721	111725	33068	22907	10117
黑色金属冶炼及压延加工业	11651988	6606521	816884	1904973	635655
炼 铁	7681	4497	1602	1668	1003
炼 铁	7681	4497	1602	1668	1003
炼 钢	446984	362853	48106	84913	27484
炼 钢	446984	362853	48106	84913	27484
钢压延加工	11009409	6091921	749652	1741908	566333
钢压延加工	11009409	6091921	749652	1741908	566333
铁合金冶炼	187914	147249	17524	76484	40835
铁合金冶炼	187914	147249	17524	76484	40835
有色金属冶炼及压延加工业	6811848	4473722	836153	1242887	486682
常用有色金属冶炼	1321971	961828	128206	343156	76389
铜冶炼	595902	481148	54658	184657	24804
铅锌冶炼	66555	43559	8435	17320	5151
镍钴冶炼	372951	261742	35790	87703	26179
锡冶炼	822	757	230	17	
铝冶炼	259755	155680	23025	44704	15342
镁冶炼	2754	1530	608	327	31
其他常用有色金属冶炼	23232	17412	5460	8429	4882
贵金属冶炼	154597	122922	6036	34505	17880
金冶炼	115927	94014	2274	24505	14697
银冶炼	34642	25775	3728	7216	2871
其他贵金属冶炼	4028	3133	35	2784	311
稀有稀土金属冶炼	83772	47133	14319	10588	3164

1－A－8 续表 2－12 单位：个、万元、人

指 标 名 称	资产总计	流动资产合计	应收帐款	存 货	产成品
钨钼冶炼	7096	5449	708	2472	1047
稀土金属冶炼	76676	41684	13610	8116	2116
有色金属合金制造	376562	278911	84429	65634	20665
有色金属合金制造	376562	278911	84429	65634	20665
有色金属压延加工	4874946	3062929	603164	789004	368584
常用有色金属压延加工	4792411	2998566	586837	781445	364405
贵金属压延加工	29100	26875	1609	672	180
稀有稀土金属压延加工	53435	37488	14719	6887	4000
金属制品业	14092327	9203095	2458109	2224816	893482
结构性金属制品制造	5132020	3586743	953491	854624	334112
金属结构制造	3801563	2705270	755245	669197	254583
金属门窗制造	1330457	881473	198245	185427	79528
金属工具制造	1334356	829771	243722	215792	99829
切削工具制造	288918	175244	54853	47787	22988
手工具制造	551440	335366	102441	87622	36064
农用及园林用金属工具制造	196640	131611	34500	30823	14247
刀剪及类似日用金属工具制造	123086	80289	22688	19725	10106
其他金属工具制造	174272	107261	29239	29835	16425
集装箱及金属包装容器制造	1002801	650022	165144	173708	56743
集装箱制造	180469	130872	39094	52586	9782
金属压力容器制造	226627	151344	46823	42796	22517
金属包装容器制造	595705	367807	79226	78327	24443
金属丝绳及其制品的制造	908514	581472	162285	115564	53774
金属丝绳及其制品的制造	908514	581472	162285	115564	53774
建筑、安全用金属制品制造	2057261	1261037	342405	335980	127872
建筑、家具用金属配件制造	1010374	606007	157362	157753	54993
建筑装饰及水暖管道零件制造	828774	515714	147382	146175	55418
安全、消防用金属制品制造	186462	120887	32706	28214	15665
其他建筑、安全用金属制品制造	31652	18429	4955	3838	1796
金属表面处理及热处理加工	1135160	672904	232212	131262	42191
金属表面处理及热处理加工	1135160	672904	232212	131262	42191
搪瓷制品制造	92127	60066	17193	24837	12697
工业生产配套用搪瓷制品制造	3648	2427	477	1611	248
搪瓷卫生洁具制造	27304	17408	3878	7501	3543
搪瓷日用品及其他搪瓷制品制造	61175	40232	12838	15726	8906
不锈钢及类似日用金属制品制造	2049064	1306067	272333	319759	143845
金属制厨房调理及卫生器具制造	456907	297871	47573	65360	27604
金属制厨用器皿及餐具制造	1288917	831286	179760	202443	96227
其他日用金属制品制造	303240	176911	45000	51957	20014
其他金属制品制造	381024	255012	69325	53289	22422

1-A-8 续表2-13 单位：个、万元、人

指标名称	资产总计	流动资产合计	应收帐款	存货	产成品
其他未列明的金属制品制造	381024	255012	69325	53289	22422
通用设备制造业	25896615	16312347	4820120	4372670	1752297
锅炉及原动机制造	1571849	1134479	294728	341816	72046
锅炉及辅助设备制造	581159	419758	108831	115357	11657
内燃机及配件制造	345461	232808	31204	72204	20477
汽轮机及辅机制造	580566	430853	144535	134577	35610
水轮机及辅机制造	39167	26062	9178	5915	3656
其他原动机制造	25496	24997	982	13763	647
金属加工机械制造	1746737	1035673	211689	363945	149789
金属切削机床制造	866176	498824	88302	171249	75020
金属成形机床制造	280063	159542	30442	72258	27342
铸造机械制造	84618	44018	9792	18958	8817
金属切割及焊接设备制造	248636	180771	46963	45252	17638
机床附件制造	131682	71387	17895	25673	8994
其他金属加工机械制造	135562	81130	18297	30555	11977
起重运输设备制造	1890100	1297506	383788	311663	110082
起重运输设备制造	1890100	1297506	383788	311663	110082
泵、阀门、压缩机及类似机械的制造	5787674	3600619	1208558	941960	379233
泵及真空设备制造	1475175	905574	289241	243875	114846
气体压缩机械制造	906498	503876	135717	143922	75850
阀门和旋塞的制造	2696783	1775419	614718	456322	144248
液压和气压动力机械及元件制造	709219	415750	168881	97841	44289
轴承、齿轮、传动和驱动部件的制造	4378180	2637808	739322	710784	335648
轴承制造	2744132	1690102	475483	431473	204198
齿轮、传动和驱动部件制造	1634049	947706	263838	279311	131450
烘炉、熔炉及电炉制造	89412	57489	7925	24241	12335
烘炉、熔炉及电炉制造	89412	57489	7925	24241	12335
风机、衡器、包装设备等通用设备制造	4488471	2814306	714121	677664	249464
风机、风扇制造	383086	204133	60558	36939	20868
气体、液体分离及纯净设备制造	758990	506395	133933	110626	50669
制冷、空调设备制造	1554449	985329	237022	259591	87762
风动和电动工具制造	1080574	725745	169157	151097	44236
喷枪及类似器具制造	146801	86031	28917	16373	5023
包装专用设备制造	218862	122662	29999	38178	23026
衡器制造	39273	24761	10292	5454	3337
其他通用设备制造	306436	159249	44245	59406	14544
通用零部件制造及机械修理	3973427	2455925	725338	693784	281869
金属密封件制造	209130	118909	43991	25170	8417
紧固件、弹簧制造	2464336	1524286	480411	432720	212216
机械零部件加工及设备修理	404897	239396	75017	47484	19514

1－A－8 续表2－14

单位：个、万元、人

指 标 名 称	资产总计	流动资产合计	应收帐款	存 货	产成品
其他通用零部件制造	895064	573334	125919	188410	41723
金属铸、锻加工	1970764	1278542	534652	306815	161831
钢铁铸件制造	1351016	904537	400637	226021	127459
锻件及粉末冶金制品制造	619748	374006	134014	80794	34372
专用设备制造业	9847926	6200784	1851905	1723197	670053
矿山、冶金、建筑专用设备制造	731983	501039	198025	131066	71961
采矿、采石设备制造	145884	91407	34188	24941	12561
石油钻采专用设备制造	73058	55586	24139	7885	4424
建筑工程用机械制造	373202	258979	111371	70492	42895
建筑材料生产专用机械制造	73154	52003	13155	12240	5065
冶金专用设备制造	66685	43064	15172	15507	7016
化工、木材、非金属加工专用设备制造	3211760	1961730	572919	575245	212993
炼油、化工生产专用设备制造	281266	174741	65898	47147	17703
橡胶加工专用设备制造	44106	29582	6336	10173	4831
塑料加工专用设备制造	1309061	873937	224229	294279	121369
木材加工机械制造	31516	15328	3992	5565	2049
模具制造	1530097	858792	269377	215643	65978
其他非金属加工专用设备制造	15713	9349	3088	2438	1063
食品、饮料、烟草及饲料生产专用设备制造	235374	149610	57168	33884	15292
食品、饮料、烟草工业专用设备制造	189087	124871	52240	26074	12274
农副食品加工专用设备制造	41620	22082	4275	7090	2528
饲料生产专用设备制造	4667	2658	653	721	490
印刷、制药、日化生产专用设备制造	360477	220560	63879	62724	23027
制浆和造纸专用设备制造	41581	23687	7055	5650	3410
印刷专用设备制造	175487	109838	29916	30864	9297
日用化工专用设备制造	9401	6745	1319	3979	2231
制药专用设备制造	97948	56319	19630	12134	5016
照明器具生产专用设备制造	9776	4885	1553	1313	672
玻璃、陶瓷和搪瓷制品生产专用设备制造	12732	8571	1689	3743	1798
其他日用品生产专用设备制造	13552	10516	2716	5040	604
纺织、服装和皮革工业专用设备制造	2381719	1445444	442315	432386	158392
纺织专用设备制造	893836	564050	149845	135446	60265
皮革、毛皮及其制品加工专用设备制造	81818	46499	14476	11294	2630
缝纫机械制造	1382335	818973	274679	280492	93804
其他服装加工专用设备制造	23730	15923	3315	5154	1693
电子和电工机械专用设备制造	285037	161843	56498	42921	13648
电工机械专用设备制造	58306	40002	16202	12823	4039
电子工业专用设备制造	220858	119893	39943	28760	9383
武器弹药制造	5874	1948	353	1339	226
农、林、牧、渔专用机械制造	498693	332730	95470	99945	47286

1-A-8 续表2-15 单位：个、万元、人

指标名称	资产总计	流动资产合计	应收帐款	存货	产成品
拖拉机制造	161213	103083	18470	30493	17255
机械化农业及园艺机具制造	285152	195158	66081	58696	24705
畜牧机械制造	241	87	27	10	10
渔业机械制造	6967	4409	1307	1914	872
农林牧渔机械配件制造	39620	26103	8780	7281	3598
其他农林牧渔业机械制造及机械修理	5500	3890	805	1552	847
医疗仪器设备及器械制造	510338	282329	81152	66630	27459
医疗诊断、监护及治疗设备制造	117391	58500	18367	13760	8550
口腔科用设备及器具制造	4345	2075	922	961	476
实验室及医用消毒设备和器具的制造	15607	7295	1100	2428	628
医疗、外科及兽医用器械制造	270241	156561	48095	32121	12767
机械治疗及病房护理设备制造	52536	34163	6319	9435	3169
假肢、人工器官及植(介)入器械制造	8701	4924	1027	2168	93
其他医疗设备及器械制造	41517	18812	5321	5757	1776
环保、社会公共安全及其他专用设备制造	1632544	1145500	284480	278396	99995
环境污染防治专用设备制造	1026994	725763	166544	199758	72116
地质勘查专用设备制造	19714	17229	5424	7099	1450
邮政专用机械及器材制造	4704	3426	1142	1556	632
商业、饮食、服务业专用设备制造	4130	2554	1034	1351	601
社会公共安全设备及器材制造	457929	314944	89519	49407	20901
交通安全及管制专用设备制造	3082	2343	573	1109	103
水资源专用机械制造	27336	24020	5174	6166	490
其他专用设备制造	88656	55221	15069	11952	3702
交通运输设备制造业	26115238	15926636	3401359	4334963	1214606
铁路运输设备制造	70617	42788	19179	8901	4247
铁路机车车辆配件制造	18853	11763	7101	1605	932
铁路专用设备及器材、配件制造	40175	26627	10913	7041	3258
其他铁路设备制造及设备修理	11589	4397	1165	255	56
汽车制造	13510253	8138513	2181630	2034482	744537
汽车整车制造	1864402	1103760	168916	257725	73093
改装汽车制造	66856	46053	4856	17493	6306
汽车车身、挂车的制造	29188	15681	2402	5435	1083
汽车零部件及配件制造	11430599	6898097	1995292	1732349	649732
汽车修理	119207	74922	10164	21480	14323
摩托车制造	2511458	1623812	501479	299596	133673
摩托车整车制造	874811	599158	147822	130788	50492
摩托车零部件及配件制造	1636647	1024654	353657	168809	83181
自行车制造	868601	564553	146793	114162	45740
脚踏自行车及残疾人座车制造	488939	324787	98962	59001	24307
助动自行车制造	379662	239766	47832	55161	21433

1－A－8 续表 2－16

单位：个、万元、人

指 标 名 称	资产总计	流动资产合计	应收帐款	存货	产成品
船舶及浮动装置制造	8942622	5419278	519285	1852221	278432
金属船舶制造	7579885	4742189	404157	1624246	230371
非金属船舶制造	151637	124565	1027	68025	738
娱乐船和运动船的建造和修理	88471	51392	4129	12526	1191
船用配套设备制造	567445	244723	59023	69873	26805
船舶修理及拆船	555185	256409	50949	77551	19327
航空航天器制造	39422	17699	3745	620	231
飞机制造及修理	9006	6608	1323	284	36
其他飞行器制造	30416	11091	2422	336	195
交通器材及其他交通运输设备制造	172265	119993	29248	24982	7747
潜水及水下救捞装备制造	2992	303	12	73	73
交通管理用金属标志及设施制造	109946	77252	20211	18664	5039
其他交通运输设备制造	59328	42439	9025	6245	2635
电气机械及器材制造业	29674669	19364610	6396919	4110047	1890349
电机制造	4515140	2964904	879085	744352	254704
发电机及发电机组制造	825198	599766	156520	164691	48437
电动机制造	1870617	1201573	327357	322513	81523
微电机及其他电机制造	1819325	1163566	395208	257149	124745
输配电及控制设备制造	7943147	4987295	2106861	1019023	509504
变压器、整流器和电感器制造	1327843	892292	354554	213330	116994
电容器及其配套设备制造	188487	123432	49027	18179	8830
配电开关控制设备制造	4640335	2779696	1174911	553949	272600
电力电子元器件制造	1452553	958577	433491	185062	85129
其他输配电及控制设备制造	333928	233299	94879	48502	25952
电线、电缆、光缆及电工器材制造	5405560	3738847	1434837	562670	306479
电线电缆制造	4676399	3218288	1242741	484249	266173
光纤、光缆制造	488529	361525	131241	44302	22759
绝缘制品制造	79429	54942	23899	11808	6430
其他电工器材制造	161203	104091	36955	22311	11117
电池制造	2019397	1318580	337504	295462	115448
电池制造	2019397	1318580	337504	295462	115448
家用电力器具制造	5738268	3695068	846291	908506	446005
家用制冷电器具制造	746593	444731	71255	101973	65483
家用空气调节器制造	856341	641976	98104	203032	110167
家用通风电器具制造	342323	224479	55908	64528	43238
家用厨房电器具制造	1162614	747556	189782	167752	78258
家用清洁卫生电器具制造	1014049	598161	153095	113082	53155
家用美容、保健电器具制造	274330	162588	38339	37476	15308
家用电力器具专用配件制造	573409	389262	131904	72354	36472
其他家用电力器具制造	768610	486315	107904	148309	43924

1－A－8 续表2－17

单位：个、万元、人

指 标 名 称	资产总计	流动资产合 计	应收帐款	存 货	产成品
非电力家用器具制造	398594	250494	64959	69077	32662
燃气、太阳能及类似能源的器具制造	307073	201925	51059	50327	27436
其他非电力家用器具制造	91522	48569	13899	18750	5226
照明器具制造	3321010	2225852	658679	471344	208936
电光源制造	977990	633972	224926	132912	68291
照明灯具制造	1985377	1347897	357991	278916	115867
灯用电器附件及其他照明器具制造	357643	243983	75762	59515	24779
其他电气机械及器材制造	333554	183570	68704	39614	16612
车辆专用照明及电气信号设备装置制造	262335	139316	52182	31283	14101
其他未列明的电气机械制造	71220	44254	16523	8331	2511
通信设备、计算机及其他电子设备制造业	13224543	8297719	2591542	1843123	764517
通信设备制造	3028281	2005015	771983	393927	173540
通信传输设备制造	367515	262313	98711	69775	41709
通信交换设备制造	165179	104956	55267	10748	5584
通信终端设备制造	99261	69578	24907	16731	4527
移动通信及终端设备制造	2016965	1454045	559735	274181	113483
其他通信设备制造	379361	114124	33364	22492	8238
雷达及配套设备制造	7985	6059	728	505	114
雷达及配套设备制造	7985	6059	728	505	114
广播电视设备制造	447084	317809	99212	74975	32263
广播电视节目制作及发射设备制造	21245	13800	4044	1841	1596
广播电视接收设备及器材制造	225047	146698	43684	38186	12520
应用电视设备及其他广播电视设备制造	200792	157311	51483	34948	18147
电子计算机制造	2885387	1993601	498135	410984	170253
电子计算机整机制造	167062	139457	47997	74686	7065
计算机网络设备制造	538860	486513	83462	60425	46532
电子计算机外部设备制造	2179465	1367631	366677	275873	116656
电子器件制造	1920412	956489	269175	253205	120726
电子真空器件制造	34405	22950	8544	6797	4352
半导体分立器件制造	584207	265045	93440	85644	39951
集成电路制造	590523	304292	71826	96306	44449
光电子器件及其他电子器件制造	711278	364203	95366	64458	31974
电子元件制造	3941231	2359615	804830	475124	206216
电子元件及组件制造	3622031	2174974	734540	431957	186863
印制电路板制造	319200	184641	70290	43167	19353
家用视听设备制造	730316	509860	93258	196142	47762
家用影视设备制造	544408	398174	58438	171798	39744
家用音响设备制造	185909	111686	34820	24344	8018
其他电子设备制造	263847	149270	54221	38261	13643
其他电子设备制造	263847	149270	54221	38261	13643

1－A－8 续表2－18

单位：个、万元、人

指 标 名 称	资产总计	流动资产合计	应收帐款	存 货	产成品
仪器仪表及文化、办公用机械制造业	5320992	3480008	1019678	710455	306559
通用仪器仪表制造	2754168	1943690	650648	395502	147968
工业自动控制系统装置制造	743894	517907	176335	142136	46118
电工仪器仪表制造	413645	304825	152510	55890	22659
绘图、计算及测量仪器制造	214749	132470	25786	35856	20708
实验分析仪器制造	94798	57504	22382	13594	3349
试验机制造	33167	15884	4295	6559	3036
供应用仪表及其他通用仪器制造	1253915	915099	269340	141466	52099
专用仪器仪表制造	817012	513603	163971	103268	50927
环境监测专用仪器仪表制造	59813	44603	13704	13562	9557
汽车及其他用计数仪表制造	500052	305030	91664	64108	28794
导航、气象及海洋专用仪器制造	24798	14682	5050	2911	1481
农林牧渔专用仪器仪表制造	4924	3590	603	497	134
地质勘探和地震专用仪器制造	492	372	74	87	38
教学专用仪器制造	103117	64264	34651	9622	3812
电子测量仪器制造	76396	41693	12343	9515	5489
其他专用仪器制造	47420	39368	5881	2967	1622
钟表与计时仪器制造	150161	89928	26162	24954	14259
钟表与计时仪器制造	150161	89928	26162	24954	14259
光学仪器及眼镜制造	982191	523995	114144	113684	59677
光学仪器制造	355097	193092	36046	31810	13754
眼镜制造	627094	330903	78098	81875	45923
文化、办公用机械制造	567665	378461	56947	65156	29853
电影机械制造	3291	3085	1474	912	262
幻灯及投影设备制造	1230	824	197	99	99
照相机及器材制造	177587	131597	21405	14738	4205
复印和胶印设备制造	54067	28004	6515	7751	4320
计算器及货币专用设备制造	73227	35806	9045	6175	1446
其他文化、办公用机械制造	258264	179145	18311	35482	19520
其他仪器仪表的制造及修理	49796	30332	7806	7891	3875
其他仪器仪表的制造及修理	49796	30332	7806	7891	3875
工艺品及其他制造业	5647313	3559494	793285	870029	431042
工艺美术品制造	3438490	2107634	416708	603543	321452
雕塑工艺品制造	209133	110167	22161	36166	16057
金属工艺品制造	346006	206201	39170	52289	19823
漆器工艺品制造	108955	57153	13544	11782	2672
花画工艺品制造	59578	38637	13173	4333	1817
天然植物纤维编织工艺品制造	83070	38395	10113	10190	3659
抽纱刺绣工艺品制造	933916	557326	136777	107392	47085

1－A－8 续表2－19

单位：个、万元、人

指 标 名 称	资产总计	流动资产合计	应收帐款	存货	产成品
地毯、挂毯制造	217840	112881	21977	32324	8669
珠宝首饰及有关物品的制造	722874	514792	56409	237148	183135
其他工艺美术品制造	757116	472082	103386	111919	38534
日用杂品制造	2141923	1411426	365551	258839	105954
制镜及类似品加工	120072	69647	14433	17475	6740
鬃毛加工、制刷及清扫工具的制造	174769	112298	32468	23256	6944
其他日用杂品制造	1847082	1229481	318650	218108	92270
煤制品制造	11084	7152	1847	356	275
煤制品制造	11084	7152	1847	356	275
核辐射加工	3111	776	205	69	69
核辐射加工	3111	776	205	69	69
其他未列明的制造业	52706	32506	8974	7222	3293
其他未列明的制造业	52706	32506	8974	7222	3293
废弃资源和废旧材料回收加工业	791085	629002	96648	266164	126536
金属废料和碎屑的加工处理	646154	540782	68990	249442	119514
金属废料和碎屑的加工处理	646154	540782	68990	249442	119514
非金属废料和碎屑的加工处理	144930	88219	27658	16722	7022
非金属废料和碎屑的加工处理	144930	88219	27658	16722	7022
电力、燃气及水的生产和供应业	**36385909**	**6691230**	**987102**	**523956**	**20912**
电力、热力的生产和供应业	30828527	5271219	892502	488354	11598
电力生产	19166542	3405443	797487	462799	6196
火力发电	11666815	2426472	655978	308692	4913
水力发电	2784384	280270	59778	9277	980
核力发电	4507685	655684	75686	143625	
其他能源发电	207659	43017	6046	1205	304
电力供应	11113813	1644964	56204	16339	4821
电力供应	11113813	1644964	56204	16339	4821
热力生产和供应	548172	220812	38811	9216	581
热力生产和供应	548172	220812	38811	9216	581
燃气生产和供应业	1041279	294123	21246	13002	6825
燃气生产和供应业	1041279	294123	21246	13002	6825
燃气生产和供应业	1041279	294123	21246	13002	6825
水的生产和供应业	4516104	1125888	73354	22600	2490
自来水的生产和供应	3547023	937562	48293	21224	2411
自来水的生产和供应	3547023	937562	48293	21224	2411
污水处理及其再生利用	966881	187955	24981	1357	60
污水处理及其再生利用	966881	187955	24981	1357	60
其他水的处理、利用与分配	2200	371	80	19	18
其他水的处理、利用与分配	2200	371	80	19	18

1－A－8 续表3－1

单位：个、万元、人

指 标 名 称	流动资产年平均余额	固定资产合计	固定资产原价	累计折旧	本年折旧
总 计	**190925962**	**118879890**	**154782725**	**48699216**	**10461205**
一、按轻重工业分					
轻工业	84012317	44651212	59017095	18631723	3939374
重工业	106913645	74228678	95765630	30067493	6521831
二、按规模分					
大型企业	28216863	23038645	31404209	11142421	2237187
中型企业	74297092	45404111	59065733	18821948	3887031
小型企业	88412008	50437134	64312783	18734847	4336987
三、按登记注册类型分					
内 资	**134714359**	**86189643**	**112946431**	**37040756**	**7669667**
国 有	7255143	15301361	22713618	8528283	1575537
集 体	877509	342908	537981	238307	34577
股份合作企业	1677395	660410	936437	344439	55570
联营企业	82449	95288	186285	97526	11218
国有联营	5073	12521	18826	12609	980
集体联营	17520	55654	118821	63204	7129
国有与集体联营	40863	15703	30591	14888	2035
其他联营	18992	11411	18048	6825	1074
有限责任公司	33274625	25695454	32667131	10557766	2068128
国有独资公司	1484435	1336311	1797562	776922	118747
其他有限责任公司	31790189	24359142	30869569	9780844	1949381
股份有限公司	12333292	7870481	9814214	3860337	689317
私营企业	78683549	35869390	45615854	13277100	3206698
私营独资	4356652	2019800	2630856	795708	182838
私营合伙	1056530	456186	609530	189595	43111
私营有限责任公司	68967358	31960461	40364088	11607391	2850365
私营股份有限公司	4303009	1432944	2011380	684406	130384
其 他	530398	354351	474911	136999	28621
港澳台商投资	**26176227**	**13821435**	**17796282**	**5049536**	**1130938**
与港澳台商合资经营	15682456	8086286	10453333	2931716	651506
与港澳台商合作经营	417247	224932	448030	235406	27141
港澳台商独资	9214706	5136261	6392310	1714210	422395
港澳台商投资股份有限公司	861817	373956	502609	168204	29896
外商投资	**30035376**	**18868812**	**24040012**	**6608924**	**1660600**
中外合资经营	16418179	9123507	11722960	3364239	793285
中外合作经营	532570	280150	436652	176038	28580
外资企业	11729346	8630352	10711334	2683120	769066
外商投资股份有限公司	1355281	834802	1169066	385529	69669
四、按控股情况分					
国有控股	17404162	32979534	44920264	16393057	2881457

1－A－8 续表3－2

单位：个、万元、人

指 标 名 称	流动资产年平均余额	固定资产合计	固定资产原价	累计折旧	本年折旧
集体控股	5812428	3434661	4530816	1474699	298127
私人控股	125247143	57703651	73737933	22046009	5137054
港澳台商控股	17328895	9515415	11899477	3126068	771593
外商控股	20002955	12926027	16541921	4573292	1176157
其 他	5130379	2320603	3152313	1086091	196816
五、按国民经济行业(门类、大类、中类、小类)分					
采矿业	**623882**	**361850**	**525911**	**207238**	**34449**
煤炭开采和洗选业	37450	55482	94434	49719	4900
烟煤和无烟煤的开采洗选	37450	55482	94434	49719	4900
烟煤和无烟煤的开采洗选	37450	55482	94434	49719	4900
黑色金属矿采选业	191914	33439	48408	17192	2180
铁矿采选	191914	33439	48408	17192	2180
铁矿采选	191914	33439	48408	17192	2180
有色金属矿采选业	118221	40825	56467	26892	3496
常用有色金属矿采选	66623	23130	39511	20876	1634
铜矿采选	34610	18439	29412	15303	851
铅锌矿采选	32013	4691	10099	5572	783
贵金属矿采选	2692	951	2242	1291	127
金矿采选	1944	500	1742	1243	99
银矿采选	748	451	499	48	28
稀有稀土金属矿采选	48906	16745	14715	4725	1736
钨钼矿采选	43358	8168	9541	2770	1352
放射性金属矿采选	5548	8577	5173	1955	383
非金属矿采选业	276297	232105	326602	113437	23873
土砂石开采	250219	208920	289355	97825	21896
石灰石、石膏开采	46002	28524	42506	15791	3325
建筑装饰用石开采	67895	84276	121132	43048	8336
耐火土石开采	52247	11338	19140	7934	1455
粘土及其他土砂石开采	84074	84782	106578	31052	8780
化学矿采选	7336	6649	12893	6244	415
化学矿采选	7336	6649	12893	6244	415
采 盐	3446	1572	4524	2977	186
采 盐	3446	1572	4524	2977	186
石棉及其他非金属矿采选	15296	14963	19829	6391	1376
其他非金属矿采选	15296	14963	19829	6391	1376
制造业	**183485323**	**92109482**	**117790258**	**35689742**	**8020582**
农副食品加工业	2770623	1208429	1545318	462984	83517
谷物磨制	84595	35523	50868	16941	2088
谷物磨制	84595	35523	50868	16941	2088
饲料加工	278959	141845	200627	71944	11515

1－A－8 续表3－3

单位：个、万元、人

指 标 名 称	流动资产年平均余额	固定资产合计	固定资产原价	累计折旧	本年折旧
饲料加工	278959	141845	200627	71944	11515
植物油加工	404394	117933	174413	65417	8951
食用植物油加工	401048	115783	172106	64867	8817
非食用植物油加工	3346	2150	2307	550	134
屠宰及肉类加工	230499	111987	128963	31827	8125
畜禽屠宰	28646	32398	34291	6586	2527
肉制品及副产品加工	201854	79589	94672	25240	5598
水产品加工	1255195	490685	603579	161544	30279
水产品冷冻加工	1054318	369865	464494	135666	23028
鱼糜制品及水产品干腌制加工	144950	91653	102077	16646	5179
水产饲料制造	49433	22667	30770	8498	1738
鱼油提取及制品的制造	1197	755	989	234	74
其他水产品加工	5297	5745	5249	500	261
蔬菜、水果和坚果加工	327866	213939	267527	79534	16180
蔬菜、水果和坚果加工	327866	213939	267527	79534	16180
其他农副食品加工	189115	96517	119341	35778	6379
淀粉及淀粉制品的制造	36758	14935	16445	1715	740
豆制品制造	34316	35757	41033	11645	2687
蛋品加工	15147	10553	10926	1420	709
其他未列明的农副食品加工	102895	35272	50938	20999	2244
食品制造业	1320102	769649	1102303	384191	60729
焙烤食品制造	83066	78799	129134	55293	7105
糕点、面包制造	26166	22965	27931	6413	1796
饼干及其他焙烤食品制造	56901	55834	101203	48880	5309
糖果、巧克力及蜜饯制造	112179	55288	72291	20836	5114
糖果、巧克力制造	53446	43564	59604	16200	4474
蜜饯制作	58733	11724	12687	4636	640
方便食品制造	227679	150069	246920	106253	9978
米、面制品制造	35798	30347	34460	8072	1523
速冻食品制造	60232	40637	61377	24103	3309
方便面及其他方便食品制造	131649	79085	151084	74078	5146
液体乳及乳制品制造	82725	73564	94167	27664	6720
液体乳及乳制品制造	82725	73564	94167	27664	6720
罐头制造	308978	135988	184960	60794	11714
肉、禽类罐头制造	9270	5914	6464	1771	458
水产品罐头制造	17886	24377	25350	5944	1462
蔬菜、水果罐头制造	258261	101763	136188	40009	9210
其他罐头食品制造	23561	3934	16958	13070	584
调味品、发酵制品制造	115744	94809	148220	57677	5920
味精制造	46990	36300	75246	40030	3057

1－A－8 续表3－4

单位：个、万元、人

指标名称	流动资产年平均余额	固定资产合计	固定资产原价	累计折旧	本年折旧
酱油、食醋及类似制品的制造	26396	31887	38984	9779	1451
其他调味品、发酵制品制造	42359	26623	33991	7868	1412
其他食品制造	389731	181133	226612	55673	14178
营养、保健食品制造	92373	53605	64870	15468	4493
冷冻饮品及食用冰制造	43178	27154	38966	12264	2397
盐加工	4380	2016	2967	950	230
食品及饲料添加剂制造	248934	96642	117969	26687	6918
其他未列明的食品制造	866	1717	1840	304	140
饮料制造业	2076381	1280228	1826856	681502	107952
酒精制造	26489	5288	4645	952	336
酒精制造	26489	5288	4645	952	336
酒的制造	763579	634937	888047	340267	47880
白酒制造	25963	16193	25970	11363	1714
啤酒制造	326831	406950	588561	216695	33390
黄酒制造	394465	202079	262835	108574	12328
其他酒制造	16320	9715	10681	3635	448
软饮料制造	1004039	537073	804824	306736	53072
碳酸饮料制造	109390	89367	146845	68915	11641
瓶（罐）装饮用水制造	447682	87697	186737	101452	11176
果菜汁及果菜汁饮料制造	62357	44687	57040	18243	3635
含乳饮料和植物蛋白饮料制造	104033	92992	123400	39573	8417
固体饮料制造	29563	18729	20069	3348	1037
茶饮料及其他软饮料制造	251014	203602	270734	75206	17167
精制茶加工	282274	102930	129339	33548	6664
精制茶加工	282274	102930	129339	33548	6664
烟草制品业	1675967	354656	610589	302826	36791
卷烟制造	1670342	347657	602101	300429	36225
卷烟制造	1670342	347657	602101	300429	36225
其他烟草制品加工	5626	6999	8488	2396	566
其他烟草制品加工	5626	6999	8488	2396	566
纺织业	22876875	13019069	17683116	5761696	1273919
棉、化纤纺织及印染精加工	11508758	7127043	9906100	3370958	731145
棉、化纤纺织加工	7661570	4325006	5925651	1976007	436858
棉、化纤印染精加工	3847188	2802037	3980448	1394951	294287
毛纺织和染整精加工	680260	352745	514189	180379	30299
毛条加工	140401	64708	97523	33692	4724
毛纺织	453275	197255	296957	113422	18063
毛染整精加工	86584	90782	119709	33265	7512
麻纺织	120580	68376	83726	20281	7467
麻纺织	120580	68376	83726	20281	7467

1－A－8 续表3－5

单位：个、万元、人

指标名称	流动资产年平均余额	固定资产合计	固定资产原价	累计折旧	本年折旧
丝绢纺织及精加工	2048987	1158420	1596740	537121	109300
缫丝加工	200075	78145	139234	63973	6498
绢纺和丝织加工	1673884	928703	1242460	394003	88601
丝印染精加工	175027	151572	215047	79144	14201
纺织制成品制造	3742979	1821609	2369283	701659	164695
棉及化纤制品制造	1637882	740225	936375	256182	66223
毛制品制造	242316	81198	124292	49770	7958
麻制品制造	6656	1445	1707	323	139
丝制品制造	467630	201802	266100	78027	20523
绳、索、缆的制造	46531	24879	23794	7451	1533
纺织带和帘子布制造	503114	283397	368581	121177	22037
无纺布制造	468125	309405	413736	121980	30030
其他纺织制成品制造	370724	179258	234698	66749	16252
针织品、编织品及其制品制造	4775312	2490876	3213079	951299	231014
棉、化纤针织品及编织品制造	3638701	1818887	2322268	676780	168293
毛针织品及编织品制造	624073	382347	483581	131426	32204
丝针织品及编织品制造	371167	194636	302027	119238	22073
其他针织品及编织品制造	141372	95006	105203	23856	8444
纺织服装、鞋、帽制造业	6686054	3176711	3982509	1092679	247243
纺织服装制造	6576592	3110160	3900458	1072029	241871
纺织服装制造	6576592	3110160	3900458	1072029	241871
纺织面料鞋的制造	82911	48007	57156	12930	3282
纺织面料鞋的制造	82911	48007	57156	12930	3282
制 帽	26552	18544	24895	7720	2089
制 帽	26552	18544	24895	7720	2089
皮革、毛皮、羽毛(绒)及其制品业	4706422	1746712	2111394	573269	132724
皮革鞣制加工	911512	288245	409490	142076	25991
皮革鞣制加工	911512	288245	409490	142076	25991
皮革制品制造	2920576	1268803	1479761	369627	91819
皮鞋制造	1762777	796130	915130	224166	53409
皮革服装制造	378289	119864	139974	34222	8093
皮箱、包(袋)制造	516916	220973	273743	76121	19223
皮手套及皮装饰制品制造	83848	35079	37113	8595	2251
其他皮革制品制造	178747	96758	113801	26524	8843
毛皮鞣制及制品加工	163075	52415	67783	19840	5057
毛皮鞣制加工	21082	12511	16661	4685	1224
毛皮服装加工	97729	29552	37977	11639	2797
其他毛皮制品加工	44264	10351	13145	3517	1036
羽毛(绒)加工及制品制造	711259	137250	154361	41725	9857
羽毛(绒)加工	54250	7493	9033	2153	793

1－A－8 续表3－6

单位：个、万元、人

指标名称	流动资产年平均余额	固定资产合计	固定资产原价	累计折旧	本年折旧
羽毛(绒)制品加工	657009	129757	145328	39572	9064
木材加工及木、竹、藤、棕、草制品业	1465223	707755	827269	210448	51607
锯材、木片加工	37645	20689	20807	4623	1548
锯材加工	22473	11754	11175	1678	816
木片加工	15172	8935	9632	2945	731
人造板制造	753148	336328	401426	118793	25775
胶合板制造	449927	195719	220881	66877	12949
纤维板制造	153969	69349	104167	36696	7816
刨花板制造	33884	3659	4008	531	357
其他人造板、材制造	115368	67601	72370	14690	4653
木制品制造	446808	238983	270695	53529	16769
建筑用木料及木材组件加工	374668	191604	217735	42412	13170
木容器制造	29084	8788	10748	2896	753
软木制品及其他木制品制造	43056	38591	42212	8221	2847
竹、藤、棕、草制品制造	227622	111756	134341	33503	7515
竹、藤、棕、草制品制造	227622	111756	134341	33503	7515
家具制造业	2359827	1151304	1340467	325728	82206
木质家具制造	771645	463749	526860	120688	33287
木质家具制造	771645	463749	526860	120688	33287
竹、藤家具制造	15818	14824	14245	1005	665
竹、藤家具制造	15818	14824	14245	1005	665
金属家具制造	1081414	411537	493011	121811	31081
金属家具制造	1081414	411537	493011	121811	31081
塑料家具制造	38974	22817	24375	5494	1655
塑料家具制造	38974	22817	24375	5494	1655
其他家具制造	451976	238378	281977	76731	15519
其他家具制造	451976	238378	281977	76731	15519
造纸及纸制品业	4751571	3290487	4521612	1398337	267606
纸浆制造	11920	10600	13227	5279	990
纸浆制造	11920	10600	13227	5279	990
造　纸	3117193	2417953	3379414	1056780	192749
机制纸及纸板制造	3009057	2369525	3296470	1020834	186983
手工纸制造	1069	918	1275	357	43
加工纸制造	107068	47510	81669	35588	5724
纸制品制造	1622458	861934	1128971	336278	73866
纸和纸板容器的制造	1218183	638039	852068	259562	55158
其他纸制品制造	404275	223895	276903	76716	18708
印刷业和记录媒介的复制	1607979	1073033	1514683	510942	106642
印　刷	1529422	1018834	1433166	480190	101005
书、报、刊印刷	247393	233704	355277	135388	22975

1－A－8 续表3－7 单位：个、万元、人

指标名称	流动资产年平均余额	固定资产合计	固定资产原价	累计折旧	本年折旧
本册印制	99611	64918	86273	23627	6008
包装装潢及其他印刷	1182419	720212	991616	321174	72023
装订及其他印刷服务活动	26811	28153	34590	9376	2607
装订及其他印刷服务活动	26811	28153	34590	9376	2607
记录媒介的复制	51745	26046	46928	21376	3030
记录媒介的复制	51745	26046	46928	21376	3030
文教体育用品制造业	1814326	901287	1123985	300166	76804
文化用品制造	608909	336013	427019	115271	28165
文具制造	248449	149570	176861	41758	11851
笔的制造	266180	147245	194810	56200	12818
教学用模型及教具制造	73849	29672	42690	13812	2681
墨水、墨汁制造	2747	915	1053	138	49
其他文化用品制造	17685	8610	11606	3364	765
体育用品制造	429314	225156	261784	63774	17579
球类制造	36802	28530	29138	8757	1914
体育器材及配件制造	109399	73789	78039	12070	4574
训练健身器材制造	166552	65742	79120	19684	5678
运动防护用具制造	27363	22469	30951	10059	2192
其他体育用品制造	89198	34625	44537	13205	3220
乐器制造	109334	59020	73955	22068	6949
中乐器制造	764	242	351	109	32
西乐器制造	54695	41493	46070	10673	4387
电子乐器制造	11165	2070	2610	883	502
其他乐器及零件制造	42711	15215	24925	10402	2028
玩具制造	461460	209673	275013	77575	18155
玩具制造	461460	209673	275013	77575	18155
游艺器材及娱乐用品制造	205310	71427	86213	21478	5957
露天游乐场所游乐设备制造	128653	41208	44063	8643	2932
游艺用品及室内游艺器材制造	76657	30219	42150	12835	3025
石油加工、炼焦及核燃料加工业	1381073	2185496	1963319	1047202	115881
精炼石油产品的制造	1326777	2165970	1935607	1039016	114023
原油加工及石油制品制造	1326777	2165970	1935607	1039016	114023
炼 焦	54296	19527	27712	8186	1859
炼 焦	54296	19527	27712	8186	1859
化学原料及化学制品制造业	11743210	8167483	10207944	2798827	674189
基础化学原料制造	2481678	2097753	2716608	861336	181196
无机酸制造	130634	101381	148192	50216	11267
无机碱制造	159152	186073	198621	96755	13214
无机盐制造	149641	56687	76883	25749	5226
有机化学原料制造	1681663	1447125	1940216	631005	133787

1-A-8 续表3-8

单位:个、万元、人

指标名称	流动资产年平均余额	固定资产合计	固定资产原价	累计折旧	本年折旧
其他基础化学原料制造	360589	306488	352696	57611	17701
肥料制造	147662	160540	253839	106533	15590
氮肥制造	103863	127708	208848	89842	11294
磷肥制造	4724	3466	4596	1973	261
复混肥料制造	35000	17332	28525	12963	2778
有机肥料及微生物肥料制造	542	1529	1623	94	48
其他肥料制造	3533	10505	10247	1661	1210
农药制造	759353	383310	497440	182893	37495
化学农药制造	672191	315320	386169	139612	29720
生物化学农药及微生物农药制造	87162	67990	111271	43281	7775
涂料、油墨、颜料及类似产品制造	2045923	746378	952637	320445	75956
涂料制造	569681	178498	228858	74535	15243
油墨及类似产品制造	100930	53118	55186	11363	4705
颜料制造	159234	109929	115333	27618	6869
染料制造	1176555	387681	529768	199413	47460
密封用填料及类似品制造	39522	17152	23493	7516	1680
合成材料制造	3164650	3229957	3808813	728628	222153
初级形态的塑料及合成树脂制造	1646818	1649294	1929926	338371	96179
合成橡胶制造	28110	7843	9105	2588	775
合成纤维单(聚合)体的制造	1436300	1518988	1811572	370700	120715
其他合成材料制造	53422	53831	58210	16968	4485
专用化学产品制造	2180622	1143271	1415532	404377	101349
化学试剂和助剂制造	851522	351520	473267	146397	35131
专项化学用品制造	397743	237858	294853	84941	20119
林产化学产品制造	24461	16012	20395	4963	1307
炸药及火工产品制造	27256	30692	40627	14599	2836
信息化学品制造	675797	402869	450949	115396	32589
环境污染处理专用药剂材料制造	41733	15834	19794	5787	1117
动物胶制造	20768	23494	26983	6553	2275
其他专用化学产品制造	141342	64991	88664	25742	5976
日用化学产品制造	963323	406275	563076	194616	40451
肥皂及合成洗涤剂制造	457044	146251	201536	76749	13421
化妆品制造	216557	84295	116760	35360	9413
口腔清洁用品制造	2399	1230	1733	502	86
香料、香精制造	200757	118495	162285	56070	12725
其他日用化学产品制造	86566	56004	80763	25935	4805
医药制造业	3670798	1993224	2658802	911269	188767
化学药品原药制造	1742375	1004948	1382449	504736	98034
化学药品原药制造	1742375	1004948	1382449	504736	98034
化学药品制剂制造	848169	462847	608624	196819	40851

1－A－8 续表3－9

单位：个、万元、人

指 标 名 称	流动资产年平均余额	固定资产合计	固定资产原价	累计折旧	本年折旧
化学药品制剂制造	848169	462847	608624	196819	40851
中药饮片加工	51054	27246	30091	6437	1695
中药饮片加工	51054	27246	30091	6437	1695
中成药制造	364592	184698	234377	82555	17943
中成药制造	364592	184698	234377	82555	17943
兽用药品制造	153511	55413	72695	19930	5278
兽用药品制造	153511	55413	72695	19930	5278
生物、生化制品的制造	389331	190811	243889	73579	19008
生物、生化制品的制造	389331	190811	243889	73579	19008
卫生材料及医药用品制造	121765	67262	86678	27213	5959
卫生材料及医药用品制造	121765	67262	86678	27213	5959
化学纤维制造业	5935680	4166739	5855233	1961500	386112
纤维素纤维原料及纤维制造	103511	65609	84720	26456	4409
化纤浆粕制造	4289	1103	1601	540	133
人造纤维(纤维素纤维)制造	99222	64507	83118	25916	4276
合成纤维制造	5832169	4101130	5770514	1935044	381703
锦纶纤维制造	320406	144495	179637	51939	12033
涤纶纤维制造	4370343	2938812	4233376	1499023	276395
腈纶纤维制造	115365	41243	93360	53352	10328
维纶纤维制造	505	420	451	31	31
其他合成纤维制造	1025549	976161	1263690	330698	82916
橡胶制品业	1809272	1246989	1633110	497088	113383
轮胎制造	788266	835308	1070856	314247	76128
车辆、飞机及工程机械轮胎制造	767384	827034	1057364	308999	75425
力车胎制造	15404	6626	10794	4197	573
轮胎翻新加工	5478	1647	2698	1051	130
橡胶板、管、带的制造	345531	146522	195282	62360	14235
橡胶板、管、带的制造	345531	146522	195282	62360	14235
橡胶零件制造	220991	92168	140574	54616	9899
橡胶零件制造	220991	92168	140574	54616	9899
再生橡胶制造	15430	7888	10491	3744	726
再生橡胶制造	15430	7888	10491	3744	726
日用及医用橡胶制品制造	37725	17864	21443	5691	1670
日用及医用橡胶制品制造	37725	17864	21443	5691	1670
橡胶靴鞋制造	304557	109238	144735	41842	7259
橡胶靴鞋制造	304557	109238	144735	41842	7259
其他橡胶制品制造	96772	38002	49729	14589	3466
其他橡胶制品制造	96772	38002	49729	14589	3466
塑料制品业	7097045	3552532	4656740	1429314	334139
塑料薄膜制造	1400679	942065	1186629	338413	84951

1-A-8 续表3-10 单位：个、万元、人

指标名称	流动资产年平均余额	固定资产合计	固定资产原价	累计折旧	本年折旧
塑料薄膜制造	1400679	942065	1186629	338413	84951
塑料板、管、型材的制造	1378926	580510	734007	222580	49639
塑料板、管、型材的制造	1378926	580510	734007	222580	49639
塑料丝、绳及编织品的制造	356667	144034	191873	58501	11853
塑料丝、绳及编织品的制造	356667	144034	191873	58501	11853
泡沫塑料制造	301099	112917	146391	43152	9852
泡沫塑料制造	301099	112917	146391	43152	9852
塑料人造革、合成革制造	1085635	510095	709989	242428	54333
塑料人造革、合成革制造	1085635	510095	709989	242428	54333
塑料包装箱及容器制造	528278	313228	440654	149497	31741
塑料包装箱及容器制造	528278	313228	440654	149497	31741
塑料零件制造	783094	328862	460530	155940	36966
塑料零件制造	783094	328862	460530	155940	36966
日用塑料制造	885163	441725	555132	151529	37603
塑料鞋制造	81910	44737	53063	14886	3075
日用塑料杂品制造	803253	396987	502069	136644	34528
其他塑料制品制造	377505	179096	231535	67275	17201
其他塑料制品制造	377505	179096	231535	67275	17201
非金属矿物制品业	6218929	5277952	6823354	1902846	465636
水泥、石灰和石膏的制造	1823322	2065801	2812503	914011	184551
水泥制造	1801065	2050151	2791083	907491	183008
石灰和石膏制造	22257	15650	21420	6520	1543
水泥及石膏制品制造	1954572	794257	1186445	427920	106924
水泥制品制造	1710719	640923	994612	380190	91830
砼结构构件制造	159553	80903	107272	30659	8875
石棉水泥制品制造	1708	2604	4285	1682	357
轻质建筑材料制造	68024	63934	71648	12602	4831
其他水泥制品制造	14568	5893	8628	2786	1031
砖瓦、石材及其他建筑材料制造	539911	276863	385241	129090	31124
粘土砖瓦及建筑砌块制造	77002	75468	102900	33590	8371
建筑陶瓷制品制造	284375	97052	156276	64649	14079
建筑用石加工	41292	23268	30009	7636	2084
防水建筑材料制造	78462	32044	34936	9123	2611
隔热和隔音材料制造	33684	34590	41637	8324	2648
其他建筑材料制造	25096	14441	19484	5768	1330
玻璃及玻璃制品制造	1347526	1872722	2079264	317995	116226
平板玻璃制造	125087	241569	281758	47650	10253
技术玻璃制品制造	594777	562697	598817	105415	38260
光学玻璃制造	2908	940	1197	264	113
玻璃仪器制造	2874	4075	4851	1392	361

1－A－8 续表3－11

单位：个、万元、人

指 标 名 称	流动资产年平均余额	固定资产合计	固定资产原价	累计折旧	本年折旧
日用玻璃制品及玻璃包装容器制造	242328	207563	234212	49029	15936
玻璃保温容器制造	8426	10943	12894	3917	886
玻璃纤维及制品制造	269951	792642	874077	86492	44165
玻璃纤维增强塑料制品制造	60406	21128	22806	4758	1718
其他玻璃制品制造	40769	31166	48652	19079	4535
陶瓷制品制造	125964	59373	78192	22454	5118
卫生陶瓷制品制造	65743	27765	33638	8083	2392
特种陶瓷制品制造	44292	19196	25821	7366	1806
日用陶瓷制品制造	15816	11356	17394	6723	840
园林、陈设艺术及其他陶瓷制品制造	114	1056	1338	282	80
耐火材料制品制造	230619	93745	135288	48312	10154
石棉制品制造	25992	19529	24944	6869	1710
云母制品制造	4685	2050	2840	805	176
耐火陶瓷制品及其他耐火材料制造	199942	72166	107504	40638	8268
石墨及其他非金属矿物制品制造	197016	115192	146421	43065	11539
石墨及碳素制品制造	95331	53163	78065	25471	6793
其他非金属矿物制品制造	101685	62029	68356	17594	4747
黑色金属冶炼及压延加工业	6545058	3976901	4701028	1232555	296127
炼 铁	3938	2589	3366	801	295
炼 铁	3938	2589	3366	801	295
炼 钢	363217	76904	83589	14384	6936
炼 钢	363217	76904	83589	14384	6936
钢压延加工	6034080	3869362	4587309	1213181	287222
钢压延加工	6034080	3869362	4587309	1213181	287222
铁合金冶炼	143823	28045	26764	4188	1673
铁合金冶炼	143823	28045	26764	4188	1673
有色金属冶炼及压延加工业	4782305	1325410	1664879	495676	118774
常用有色金属冶炼	1059845	168049	230792	83632	19446
铜冶炼	596660	62011	69727	24403	6057
铅锌冶炼	46609	20594	29840	9801	1520
镍钴冶炼	230299	41351	46891	7049	2827
锡冶炼	472	65	74	9	8
铝冶炼	171681	38285	77941	40961	8503
镁冶炼	1211	453	539	92	34
其他常用有色金属冶炼	12914	5291	5781	1318	497
贵金属冶炼	128561	23476	31841	13924	1644
金冶炼	95859	16460	24533	12236	1085
银冶炼	29569	6414	6475	1457	488
其他贵金属冶炼	3133	602	833	231	70
稀有稀土金属冶炼	48682	24850	31791	7090	1697

1-A-8 续表3-12

单位：个、万元、人

指标名称	流动资产年平均余额	固定资产合计	固定资产原价	累计折旧	本年折旧
钨钼冶炼	5506	955	1971	1099	102
稀土金属冶炼	43176	23895	29820	5991	1595
有色金属合金制造	287649	65610	81918	19121	5480
有色金属合金制造	287649	65610	81918	19121	5480
有色金属压延加工	3257569	1043426	1288538	371908	90508
常用有色金属压延加工	3194956	1031890	1268406	362581	89203
贵金属压延加工	26253	1788	2256	494	127
稀有稀土金属压延加工	36360	9748	17876	8834	1178
金属制品业	8751351	3365917	4111508	1102479	276047
结构性金属制品制造	3323058	932452	1157137	314780	83356
金属结构制造	2521455	653315	833293	243078	65896
金属门窗制造	801603	279137	323844	71702	17460
金属工具制造	794033	389129	506593	151635	36897
切削工具制造	167199	87409	112214	33109	9337
手工具制造	332724	169045	225298	66007	15405
农用及园林用金属工具制造	133050	43972	58950	18096	3796
刀剪及类似日用金属工具制造	63245	35933	45160	15831	2785
其他金属工具制造	97815	52770	64971	18592	5576
集装箱及金属包装容器制造	678855	247193	332658	96461	10063
集装箱制造	188180	36973	48531	11626	3382
金属压力容器制造	136009	52924	69226	21997	4345
金属包装容器制造	354666	157296	214901	62838	2336
金属丝绳及其制品的制造	569238	244576	320085	109923	20304
金属丝绳及其制品的制造	569238	244576	320085	109923	20304
建筑、安全用金属制品制造	1217409	590500	641573	153540	43798
建筑、家具用金属配件制造	568089	300975	306488	76687	20974
建筑装饰及水暖管道零件制造	515787	233355	274194	60870	18460
安全、消防用金属制品制造	115812	46278	49166	13149	3590
其他建筑、安全用金属制品制造	17721	9892	11725	2834	774
金属表面处理及热处理加工	636045	358649	433240	97852	33199
金属表面处理及热处理加工	636045	358649	433240	97852	33199
搪瓷制品制造	58527	24502	29934	7451	1810
工业生产配套用搪瓷制品制造	2422	1126	1774	741	221
搪瓷卫生洁具制造	17573	5718	6243	1394	375
搪瓷日用品及其他搪瓷制品制造	38533	17658	21918	5316	1215
不锈钢及类似日用金属制品制造	1214892	491882	588475	144608	39624
金属制厨房调理及卫生器具制造	268264	111237	134870	29764	9225
金属制厨用器皿及餐具制造	778157	277146	342983	89903	23532
其他日用金属制品制造	168471	103499	110622	24942	6867
其他金属制品制造	259293	87035	101814	26230	6995

1－A－8 续表3－13

单位：个、万元、人

指 标 名 称	流动资产年平均余额	固定资产合计	固定资产原价	累计折旧	本年折旧
其他未列明的金属制品制造	259293	87035	101814	26230	6995
通用设备制造业	15738838	6567626	8462501	2576912	616839
锅炉及原动机制造	1044095	220128	300013	112317	19694
锅炉及辅助设备制造	368447	68873	99083	34992	6352
内燃机及配件制造	211435	60016	77189	27386	5770
汽轮机及辅机制造	412626	78572	108238	45688	6878
水轮机及辅机制造	26591	12296	15043	4162	649
其他原动机制造	24997	371	459	88	45
金属加工机械制造	999741	493765	578217	163062	36063
金属切削机床制造	489238	228036	255971	69960	15350
金属成形机床制造	153130	98676	116476	36644	6892
铸造机械制造	45181	35854	35109	8393	2420
金属切割及焊接设备制造	170990	46246	56194	14426	3516
机床附件制造	67758	49320	65921	19486	4950
其他金属加工机械制造	73444	35633	48546	14153	2936
起重运输设备制造	1278862	383364	481497	146585	35697
起重运输设备制造	1278862	383364	481497	146585	35697
泵、阀门、压缩机及类似机械的制造	3508096	1555117	1943066	512889	154201
泵及真空设备制造	871230	392397	503086	143526	33465
气体压缩机械制造	506883	304249	369832	90266	46393
阀门和旋塞的制造	1724690	656728	813278	211688	55912
液压和气压动力机械及元件制造	405293	201744	256870	67410	18431
轴承、齿轮、传动和驱动部件的制造	2500041	1208728	1645196	554001	123576
轴承制造	1583416	688918	958799	332933	71983
齿轮、传动和驱动部件制造	916625	519810	686397	221068	51593
烘炉、熔炉及电炉制造	50877	15015	21062	6419	1248
烘炉、熔炉及电炉制造	50877	15015	21062	6419	1248
风机、衡器、包装设备等通用设备制造	2743183	1059384	1335394	408283	91449
风机、风扇制造	182626	96476	127691	46421	7449
气体、液体分离及纯净设备制造	500686	133161	158926	51659	10979
制冷、空调设备制造	992599	380999	525345	180427	37705
风动和电动工具制造	701911	238734	293232	75305	20270
喷枪及类似器具制造	84468	44739	55823	13817	4257
包装专用设备制造	116222	53718	59595	16488	4814
衡器制造	25290	8085	11310	3952	1028
其他通用设备制造	139381	103473	103473	20215	4946
通用零部件制造及机械修理	2411634	1089738	1449283	454169	104036
金属密封件制造	106015	65530	73612	19515	5521
紧固件、弹簧制造	1500713	701290	946867	310978	69724
机械零部件加工及设备修理	221065	124049	149033	33649	10959

1-A-8 续表3-14 单位：个、万元、人

指标名称	流动资产年平均余额	固定资产合计	固定资产原价	累计折旧	本年折旧
其他通用零部件制造	583842	198869	279771	90027	17832
金属铸、锻加工	1202310	542387	708774	219187	50875
钢铁铸件制造	843682	366797	473982	143080	34419
锻件及粉末冶金制品制造	358628	175590	234792	76107	16456
专用设备制造业	6053363	2532971	3252431	972364	233554
矿山、冶金、建筑专用设备制造	472166	170419	213868	58248	15507
采矿、采石设备制造	86068	38772	51230	15277	3184
石油钻采专用设备制造	47731	10725	15145	4828	1351
建筑工程用机械制造	250498	84602	99703	24521	7200
建筑材料生产专用机械制造	48095	16566	21376	6001	1722
冶金专用设备制造	39774	19754	26415	7621	2050
化工、木材、非金属加工专用设备制造	1928257	953050	1240203	374407	90122
炼油、化工生产专用设备制造	157958	64427	87038	27773	5931
橡胶加工专用设备制造	29923	11309	17601	7215	1354
塑料加工专用设备制造	913690	318267	426700	140169	30516
木材加工机械制造	16624	12212	19284	7466	1255
模具制造	800571	541597	683521	190952	50699
其他非金属加工专用设备制造	9491	5239	6059	833	368
食品、饮料、烟草及饲料生产专用设备制造	148669	58003	77094	23467	5179
食品、饮料、烟草工业专用设备制造	122765	46434	58118	15481	3955
农副食品加工专用设备制造	23250	10049	17429	7674	1159
饲料生产专用设备制造	2654	1520	1547	313	65
印刷、制药、日化生产专用设备制造	208246	98734	129052	39034	8826
制浆和造纸专用设备制造	20717	12188	15567	4852	979
印刷专用设备制造	103904	44584	58494	19212	4488
日用化工专用设备制造	7119	2068	3820	2168	404
制药专用设备制造	54098	31535	38762	8369	1822
照明器具生产专用设备制造	5328	2591	2885	515	251
玻璃、陶瓷和搪瓷制品生产专用设备制造	8307	3546	6412	2921	558
其他日用品生产专用设备制造	8775	2223	3112	997	324
纺织、服装和皮革工业专用设备制造	1437513	589121	773720	235156	54556
纺织专用设备制造	555606	194085	273911	96256	18924
皮革、毛皮及其制品加工专用设备制造	44388	29115	35703	8628	2406
缝纫机械制造	822052	359865	456215	128414	32647
其他服装加工专用设备制造	15468	6057	7892	1859	579
电子和电工机械专用设备制造	156961	88191	115569	33077	7743
电工机械专用设备制造	36097	13369	18873	6496	1313
电子工业专用设备制造	119000	72484	92606	24829	6304
武器弹药制造	1864	2338	4090	1752	126
农、林、牧、渔专用机械制造	337505	101274	124867	43612	8527

1－A－8 续表3－15

单位：个、万元、人

指 标 名 称	流动资产年平均余额	固定资产合计	固定资产原价	累计折旧	本年折旧
拖拉机制造	111216	27994	36056	17915	1858
机械化农业及园艺机具制造	193341	61741	73527	20412	5574
畜牧机械制造	86	145	49	19	2
渔业机械制造	4542	1583	2368	1077	189
农林牧渔机械配件制造	24007	8673	10714	2955	816
其他农林牧渔业机械制造及机械修理	4313	1139	2154	1233	88
医疗仪器设备及器械制造	279301	178335	236956	79580	17169
医疗诊断、监护及治疗设备制造	56497	51961	61618	14479	4772
口腔科用设备及器具制造	2040	2052	2638	585	198
实验室及医用消毒设备和器具的制造	5308	6705	6145	1197	408
医疗、外科及兽医用器械制造	158718	88515	136331	54668	9624
机械治疗及病房护理设备制造	34023	13151	14530	4773	1006
假肢、人工器官及植（介）入器械制造	4572	3518	4113	595	276
其他医疗设备及器械制造	18145	12432	11581	3283	885
环保、社会公共安全及其他专用设备制造	1084745	295845	341103	85784	25924
环境污染防治专用设备制造	708017	163902	183119	54623	13771
地质勘查专用设备制造	13439	698	1013	495	92
邮政专用机械及器材制造	3192	1192	2073	882	127
商业、饮食、服务业专用设备制造	2329	1058	1328	270	82
社会公共安全设备及器材制造	282502	110005	128798	22422	9801
交通安全及管制专用设备制造	2366	376	707	373	69
水资源专用机械制造	23417	2119	4101	2114	365
其他专用设备制造	49483	16495	19964	4607	1617
交通运输设备制造业	15200982	6493389	7479422	1844280	491687
铁路运输设备制造	41243	19873	22467	7988	1479
铁路机车车辆配件制造	10339	5738	7551	2012	592
铁路专用设备及器材、配件制造	27164	9972	10102	5326	651
其他铁路设备制造及设备修理	3741	4164	4815	651	236
汽车制造	7840426	3246780	4132167	1225500	288873
汽车整车制造	1061229	386762	410542	110025	25652
改装汽车制造	46020	13854	13133	2699	516
汽车车身、挂车的制造	15600	10799	16349	5789	1123
汽车零部件及配件制造	6645949	2807791	3652581	1091317	258566
汽车修理	71628	27574	39562	15669	3016
摩托车制造	1578695	576574	772179	250636	56254
摩托车整车制造	579400	157901	214335	70809	14375
摩托车零部件及配件制造	999295	418673	557844	179826	41880
自行车制造	557298	205137	233802	63849	16640
脚踏自行车及残疾人座车制造	334525	98187	130787	41764	9574
助动自行车制造	222773	106950	103015	22085	7065

1－A－8 续表3－16　　单位：个、万元、人

指标名称	流动资产年平均余额	固定资产合计	固定资产原价	累计折旧	本年折旧
船舶及浮动装置制造	5057005	2400653	2269855	286785	125673
金属船舶制造	4455301	1859106	1714764	187975	88264
非金属船舶制造	105317	7009	7260	2005	399
娱乐船和运动船的建造和修理	40479	28983	26933	4313	1367
船用配套设备制造	238956	260683	267658	47887	15601
船舶修理及拆船	216951	244872	253241	44605	20043
航空航天器制造	14062	10048	10131	1193	740
飞机制造及修理	6749	1845	1896	575	144
其他飞行器制造	7313	8203	8236	619	597
交通器材及其他交通运输设备制造	112253	34324	38821	8330	2028
潜水及水下救捞装备制造	296	515	515	13	
交通管理用金属标志及设施制造	72894	21765	26875	5895	1241
其他交通运输设备制造	39062	12045	11431	2422	787
电气机械及器材制造业	18663226	6144265	7704254	2304550	548708
电机制造	2861839	1110368	1421446	440288	105854
发电机及发电机组制造	544667	167954	201230	53115	12628
电动机制造	1185094	448705	598871	192059	44085
微电机及其他电机制造	1132079	493709	621345	195115	49141
输配电及控制设备制造	4884247	1419037	1833669	591164	136507
变压器、整流器和电感器制造	856764	247546	294122	94292	21675
电容器及其配套设备制造	126501	47281	62927	19738	4553
配电开关控制设备制造	2726107	756216	992874	314499	73597
电力电子元器件制造	951764	296910	403194	134524	31162
其他输配电及控制设备制造	223110	71084	80551	28111	5519
电线、电缆、光缆及电工器材制造	3632382	1032757	1334142	421481	88462
电线电缆制造	3141750	898568	1133421	347214	75137
光纤、光缆制造	342100	78214	128926	52023	8658
绝缘制品制造	52767	16904	23854	9505	1456
其他电工器材制造	95765	39071	47942	12738	3212
电池制造	1201319	418329	454437	117467	30985
电池制造	1201319	418329	454437	117467	30985
家用电力器具制造	3502502	1225181	1508020	425120	105606
家用制冷电器具制造	427758	129604	160760	42096	11629
家用空气调节器制造	638384	101467	130330	37921	7283
家用通风电器具制造	208314	82189	110219	32169	8747
家用厨房电器具制造	698274	250673	282446	67320	18161
家用清洁卫生电器具制造	550477	266766	340612	108803	24435
家用美容、保健电器具制造	153807	80095	88487	19844	6192
家用电力器具专用配件制造	361074	147429	199123	63917	14189
其他家用电力器具制造	464415	166959	196043	53051	14971

1－A－8　续表 3－17

单位：个、万元、人

指　标　名　称	流动资产年平均余额	固定资产合　　计	固定资产原　　价	累计折旧	本年折旧
非电力家用器具制造	219303	103886	121754	26884	7971
燃气、太阳能及类似能源的器具制造	172114	71787	82017	17437	5269
其他非电力家用器具制造	47189	32099	39737	9447	2702
照明器具制造	2175749	734095	912611	250555	64433
电光源制造	599809	248827	309306	77046	22964
照明灯具制造	1341429	404227	497328	144517	33687
灯用电器附件及其他照明器具制造	234511	81040	105977	28993	7781
其他电气机械及器材制造	185885	100612	118174	31591	8891
车辆专用照明及电气信号设备装置制造	141661	80750	97880	25633	6617
其他未列明的电气机械制造	44224	19861	20294	5958	2274
通信设备、计算机及其他电子设备制造业	8470745	3602591	4951519	1589765	391987
通信设备制造	1939911	606540	915316	356616	67047
通信传输设备制造	236744	81614	97275	24300	6198
通信交换设备制造	100914	43706	48482	13869	2862
通信终端设备制造	65953	18349	31113	13375	1939
移动通信及终端设备制造	1424716	410242	663156	278629	51644
其他通信设备制造	111584	52630	75290	26444	4404
雷达及配套设备制造	7886	1277	1514	237	189
雷达及配套设备制造	7886	1277	1514	237	189
广播电视设备制造	280343	82423	104369	27356	7243
广播电视节目制作及发射设备制造	13793	5422	7762	2500	445
广播电视接收设备及器材制造	142765	57008	73910	20655	5188
应用电视设备及其他广播电视设备制造	123786	19994	22697	4201	1610
电子计算机制造	2322617	791170	1055766	295031	109447
电子计算机整机制造	129876	26336	46410	20969	2422
计算机网络设备制造	485607	25795	84987	59777	9327
电子计算机外部设备制造	1707135	739039	924369	214284	97698
电子器件制造	951277	700137	929794	292411	64289
电子真空器件制造	21244	9949	14209	5340	797
半导体分立器件制造	287707	235836	304504	79887	16619
集成电路制造	289033	164702	280425	123003	23648
光电子器件及其他电子器件制造	353293	289651	330656	84181	23225
电子元件制造	2351020	1167433	1628799	540401	123531
电子元件及组件制造	2162629	1070659	1494139	496450	113348
印制电路板制造	188391	96774	134660	43951	10184
家用视听设备制造	475645	157071	197565	48176	11980
家用影视设备制造	367002	103666	131216	31311	7314
家用音响设备制造	108643	53405	66350	16865	4666
其他电子设备制造	142045	96539	118397	29537	8262
其他电子设备制造	142045	96539	118397	29537	8262

1－A－8 续表3－18

单位：个、万元、人

指 标 名 称	流动资产年平均余额	固定资产合计	固定资产原价	累计折旧	本年折旧
仪器仪表及文化、办公用机械制造业	3202210	1245333	1553060	504508	110054
通用仪器仪表制造	1743746	580433	735873	259029	53574
工业自动控制系统装置制造	486839	147772	191709	59136	12478
电工仪器仪表制造	280531	63615	93194	33643	7039
绘图、计算及测量仪器制造	131186	67382	83363	19273	4765
实验分析仪器制造	56114	28380	35849	10211	2955
试验机制造	14553	8297	14832	9014	1022
供应用仪表及其他通用仪器制造	774523	264988	316926	127752	25315
专用仪器仪表制造	487138	179173	229540	68691	17537
环境监测专用仪器仪表制造	39137	11260	13614	2701	966
汽车及其他用计数仪表制造	302552	100030	140443	46287	10751
导航、气象及海洋专用仪器制造	11149	7032	11314	4468	870
农林牧渔专用仪器仪表制造	3716	1191	1322	132	52
地质勘探和地震专用仪器制造	366	119	178	59	5
教学专用仪器制造	60398	25973	27115	8073	1756
电子测量仪器制造	35215	27538	28078	5203	2577
其他专用仪器制造	34605	6031	7475	1768	560
钟表与计时仪器制造	89425	48383	64381	22112	3314
钟表与计时仪器制造	89425	48383	64381	22112	3314
光学仪器及眼镜制造	483022	301278	338784	98204	23021
光学仪器制造	168292	105067	144843	42035	10849
眼镜制造	314730	196211	193941	56169	12172
文化、办公用机械制造	372552	122503	165470	49653	11023
电影机械制造	2917	205	234	29	23
幻灯及投影设备制造	774	188	326	138	27
照相机及器材制造	126597	41631	58838	17323	4184
复印和胶印设备制造	29295	20838	28124	9754	1736
计算器及货币专用设备制造	36832	18914	21431	4817	1296
其他文化、办公用机械制造	176137	40727	56517	17591	3757
其他仪器仪表的制造及修理	26327	13564	19013	6818	1585
其他仪器仪表的制造及修理	26327	13564	19013	6818	1585
工艺品及其他制造业	3406494	1487939	1802045	483823	122782
工艺美术品制造	2013657	964831	1153707	298315	74628
雕塑工艺品制造	108007	70947	75872	20312	4608
金属工艺品制造	193608	112628	118425	24051	5480
漆器工艺品制造	57736	38942	43735	10806	2288
花画工艺品制造	38518	16851	21716	5596	1449
天然植物纤维编织工艺品制造	39193	23087	28982	8481	1976
抽纱刺绣工艺品制造	537065	320734	414310	113529	31659

1－A－8 续表 3－19 单位：个、万元、人

指 标 名 称	流动资产年平均余额	固定资产合计	固定资产原价	累计折旧	本年折旧
地毯、挂毯制造	108492	76878	92900	25791	6589
珠宝首饰及有关物品的制造	481001	99319	131538	40515	6480
其他工艺美术品制造	450036	205445	226230	49233	14100
日用杂品制造	1349607	502340	621401	178366	46023
制镜及类似品加工	69259	39554	53710	16299	5044
鬃毛加工、制刷及清扫工具的制造	101540	54456	55984	11670	4001
其他日用杂品制造	1178809	408330	511706	150397	36979
煤制品制造	7151	2918	3817	1061	358
煤制品制造	7151	2918	3817	1061	358
核辐射加工	676	1906	2678	1048	227
核辐射加工	676	1906	2678	1048	227
其他未列明的制造业	35404	15945	20442	5035	1546
其他未列明的制造业	35404	15945	20442	5035	1546
废弃资源和废旧材料回收加工业	703395	97407	119009	30019	8178
金属废料和碎屑的加工处理	617917	62274	74596	17704	5446
金属废料和碎屑的加工处理	617917	62274	74596	17704	5446
非金属废料和碎屑的加工处理	85478	35134	44413	12316	2732
非金属废料和碎屑的加工处理	85478	35134	44413	12316	2732
电力、燃气及水的生产和供应业	**6816758**	**26408557**	**36466556**	**12802235**	**2406173**
电力、热力的生产和供应业	5443658	23051672	32310009	11476138	2155621
电力生产	3441250	14483326	19404728	6863085	1088267
火力发电	2515498	8110577	12502335	4395831	728696
水力发电	266570	2394495	2838311	1001920	140276
核力发电	609793	3832959	3879798	1403306	209429
其他能源发电	49389	145295	184285	62028	9865
电力供应	1789660	8270143	12504563	4478176	1037980
电力供应	1789660	8270143	12504563	4478176	1037980
热力生产和供应	212748	298203	400718	134877	29374
热力生产和供应	212748	298203	400718	134877	29374
燃气生产和供应业	269334	618130	701813	189999	44060
燃气生产和供应业	269334	618130	701813	189999	44060
燃气生产和供应业	269334	618130	701813	189999	44060
水的生产和供应业	1103766	2738755	3454735	1136099	206492
自来水的生产和供应	914905	2046884	2629848	938427	152983
自来水的生产和供应	914905	2046884	2629848	938427	152983
污水处理及其再生利用	188636	690043	822523	197137	53509
污水处理及其再生利用	188636	690043	822523	197137	53509
其他水的处理、利用与分配	225	1829	2364	535	
其他水的处理、利用与分配	225	1829	2364	535	

1－A－8 续表4－1

单位：个、万元、人

指 标 名 称	固定资产净值	固定资产净值年平均余额	负债合计	流动负债合计	应付账款
总 计	**106083509**	**104385861**	**220144946**	**189965718**	**36034452**
一、按轻重工业分					
轻工业	40385371	40249641	90752634	83418768	14606963
重工业	65698138	64136220	129392312	106546950	21427489
二、按规模分					
大型企业	20261788	19469828	37968094	30321554	6703328
中型企业	40243785	39537274	84036151	71387163	12854269
小型企业	45577936	45378759	98140701	88257001	16476855
三、按登记注册类型分					
内 资	**75905675**	**75101308**	**162602419**	**138427436**	**23833967**
国 有	14185335	13795595	14764490	7808009	1543222
集 体	299675	304678	806617	769369	158301
股份合作企业	591998	588253	1572274	1486408	242664
联营企业	88759	99030	128679	107421	20817
国有联营	6217	12856	9040	5326	850
集体联营	55617	59246	55531	38751	11347
国有与集体联营	15703	15768	50598	50078	4474
其他联营	11223	11161	13510	13267	4146
有限责任公司	22109366	21858409	43790639	33692143	6169774
国有独资公司	1020641	1022755	1892410	1552691	218667
其他有限责任公司	21088725	20835654	41898229	32139452	5951106
股份有限公司	5953877	5993992	13329618	12280806	2064776
私营企业	32338754	32122650	87592874	81738124	13546698
私营独资	1835148	1846528	4756743	4487576	981053
私营合伙	419935	423175	1089758	1044486	239398
私营有限责任公司	28756697	28551793	76953533	71818103	11582147
私营股份有限公司	1326973	1301154	4792841	4387959	744100
其 他	337912	338701	617228	545154	87715
港澳台商投资	**12746746**	**12444266**	**26573878**	**24302834**	**4992269**
与港澳台商合资经营	7521617	7320319	16915879	15349784	2986017
与港澳台商合作经营	212625	220314	362621	345794	68021
港澳台商独资	4678100	4553482	8474079	7825029	1727667
港澳台商投资股份有限公司	334405	350152	821299	782227	210565
外商投资	**17431088**	**16840288**	**30968649**	**27235449**	**7208217**
中外合资经营	8358722	8185893	16880299	15066815	3381538
中外合作经营	260615	269438	520303	418411	88118
外资企业	8028214	7698244	12185601	10467975	3368113
外商投资股份有限公司	783538	686713	1382445	1282249	370448
四、按控股情况分					
国有控股	28527207	27923919	34821493	20443093	3739692

1－A－8　续表4－2　　单位：个、万元、人

指　标　名　称	固定资产净　　值	固定资产净值年平均余　　额	负债合计	流动负债合　　计	应付账款
集体控股	3056118	3024900	6559272	5529786	948544
私人控股	51691924	51218201	136007240	125847433	21581552
港澳台商控股	8773409	8493755	17148324	15575922	3441604
外商控股	11968629	11620087	20085827	17692697	5445743
其　他	2066222	2104999	5522791	4876787	877318
五、按国民经济行业(门类、大类、中类、小类)分					
采矿业	**318672**	**316331**	**665122**	**563372**	**85991**
煤炭开采和洗选业	44716	47173	67320	50631	9529
烟煤和无烟煤的开采洗选	44716	47173	67320	50631	9529
烟煤和无烟煤的开采洗选	44716	47173	67320	50631	9529
黑色金属矿采选业	31216	31920	113539	106899	17761
铁矿采选	31216	31920	113539	106899	17761
铁矿采选	31216	31920	113539	106899	17761
有色金属矿采选业	29576	28899	125126	105639	8749
常用有色金属矿采选	18635	17753	73112	62658	3533
铜矿采选	14109	13021	29142	24736	1318
铅锌矿采选	4527	4732	43970	37923	2215
贵金属矿采选	951	920	3547	2914	7
金矿采选	500	521	803	490	
银矿采选	451	399	2744	2424	7
稀有稀土金属矿采选	9990	10226	48467	40067	5209
钨钼矿采选	6771	7039	39346	39146	4970
放射性金属矿采选	3219	3187	9121	921	239
非金属矿采选业	213165	208339	359136	300203	49953
土砂石开采	191531	188432	309485	257811	45724
石灰石、石膏开采	26716	26376	66548	56062	8998
建筑装饰用石开采	78084	76528	69591	65707	13477
耐火土石开采	11206	11278	52347	45340	8878
粘土及其他土砂石开采	75526	74250	121000	90701	14371
化学矿采选	6649	5983	18179	17044	441
化学矿采选	6649	5983	18179	17044	441
采　盐	1547	1652	1907	1907	26
采　盐	1547	1652	1907	1907	26
石棉及其他非金属矿采选	13438	12271	29565	23441	3761
其他非金属矿采选	13438	12271	29565	23441	3761
制造业	**82100516**	**80972146**	**195954736**	**179618871**	**34207501**
农副食品加工业	1082333	1079756	3088305	2769405	456290
谷物磨制	33927	33864	106634	97491	8300
谷物磨制	33927	33864	106634	97491	8300
饲料加工	128683	128056	289521	274525	55316

1-A-8 续表4-3

单位：个、万元、人

指标名称	固定资产净值	固定资产净值年平均余额	负债合计	流动负债合计	应付账款
饲料加工	128683	128056	289521	274525	55316
植物油加工	108996	106254	389702	363406	107379
食用植物油加工	107239	104620	385224	359113	106625
非食用植物油加工	1758	1635	4479	4293	754
屠宰及肉类加工	97137	99465	221387	206476	29138
畜禽屠宰	27705	25403	39837	35361	2233
肉制品及副产品加工	69432	74063	181550	171115	26906
水产品加工	442034	437743	1537863	1349884	156493
水产品冷冻加工	328828	324841	1260606	1106446	129366
鱼糜制品及水产品干腌制加工	85431	84393	220132	195195	18533
水产饲料制造	22272	22424	48886	40035	8048
鱼油提取及制品的制造	755	746	914	914	78
其他水产品加工	4749	5340	7326	7294	468
蔬菜、水果和坚果加工	187994	197664	321275	294501	43684
蔬菜、水果和坚果加工	187994	197664	321275	294501	43684
其他农副食品加工	83563	76709	221923	183122	55981
淀粉及淀粉制品的制造	14731	9720	56606	56606	3796
豆制品制造	29388	29131	49886	43461	12524
蛋品加工	9506	8445	15063	13558	1899
其他未列明的农副食品加工	29939	29414	100367	69498	37761
食品制造业	718112	698188	1454493	1340687	271175
焙烤食品制造	73841	56207	94068	80974	28153
糕点、面包制造	21518	20142	35895	27305	5878
饼干及其他焙烤食品制造	52323	36065	58173	53669	22276
糖果、巧克力及蜜饯制造	51455	49749	101903	99085	34085
糖果、巧克力制造	43403	41917	47752	47718	30540
蜜饯制作	8051	7832	54151	51367	3545
方便食品制造	140667	136162	252613	243011	68308
米、面制品制造	26388	25485	58114	53238	6997
速冻食品制造	37274	38501	57554	54989	9195
方便面及其他方便食品制造	77006	72176	136945	134785	52116
液体乳及乳制品制造	66502	63002	112874	96772	19911
液体乳及乳制品制造	66502	63002	112874	96772	19911
罐头制造	124165	129013	365562	347896	53078
肉、禽类罐头制造	4693	5933	10060	9807	2386
水产品罐头制造	19406	21218	31387	29300	2405
蔬菜、水果罐头制造	96178	98017	311706	296380	43600
其他罐头食品制造	3888	3845	12409	12409	4687
调味品、发酵制品制造	90543	92091	141246	124572	9755
味精制造	35216	36824	63904	59687	2869

1－A－8 续表4－4

单位：个、万元、人

指 标 名 称	固定资产净值	固定资产净值年平均余额	负债合计	流动负债合计	应付账款
酱油、食醋及类似制品的制造	29205	28590	43365	34494	3406
其他调味品、发酵制品制造	26122	26677	33977	30391	3479
其他食品制造	170939	171964	386227	348377	57885
营养、保健食品制造	49402	49243	82208	76800	11896
冷冻饮品及食用冰制造	26702	26822	45122	24871	4681
盐加工	2016	1984	3043	3043	2218
食品及饲料添加剂制造	91282	92426	254284	242093	38915
其他未列明的食品制造	1536	1489	1570	1570	175
饮料制造业	1145353	1154579	2221748	2100364	456871
酒精制造	3693	4012	27010	27010	216
酒精制造	3693	4012	27010	27010	216
酒的制造	547781	562383	951908	881006	109699
白酒制造	14607	14898	26203	25574	3036
啤酒制造	371867	367867	511833	490141	53881
黄酒制造	154260	170397	394672	347988	48792
其他酒制造	7047	9221	19200	17304	3991
软饮料制造	498088	494294	950315	916375	274806
碳酸饮料制造	77930	79706	98639	93103	23172
瓶（罐）装饮用水制造	85285	80420	471060	449837	138828
果菜汁及果菜汁饮料制造	38797	42541	82068	75980	38783
含乳饮料和植物蛋白饮料制造	83827	92229	89245	88998	23705
固体饮料制造	16721	19021	23458	23438	1676
茶饮料及其他软饮料制造	195529	180378	185846	185019	48642
精制茶加工	95791	93890	292515	275974	72150
精制茶加工	95791	93890	292515	275974	72150
烟草制品业	307764	359528	170920	142655	44829
卷烟制造	301671	353341	168021	140500	44368
卷烟制造	301671	353341	168021	140500	44368
其他烟草制品加工	6092	6187	2899	2155	461
其他烟草制品加工	6092	6187	2899	2155	461
纺织业	11921420	11930875	26111200	24319677	3646729
棉、化纤纺织及印染精加工	6535142	6621989	13695132	12654669	1576761
棉、化纤纺织加工	3949644	4043382	8834482	8118231	844829
棉、化纤印染精加工	2585498	2578607	4860650	4536438	731932
毛纺织和染整精加工	333810	336019	667678	620366	140100
毛条加工	63832	60412	123103	113947	31011
毛纺织	183535	186617	418930	388338	83556
毛染整精加工	86444	88990	125645	118081	25533
麻纺织	63445	66393	126822	121391	12932
麻纺织	63445	66393	126822	121391	12932

1－A－8 续表4－5 单位：个、万元、人

指标名称	固定资产净值	固定资产净值年平均余额	负债合计	流动负债合计	应付账款
丝绢纺织及精加工	1059619	990876	2387836	2164603	447076
缫丝加工	75260	77470	228969	213517	28863
绢纺和丝织加工	848457	784411	1930193	1748100	386160
丝印染精加工	135902	128996	228674	202987	32052
纺织制成品制造	1667624	1662787	4191769	3945298	600462
棉及化纤制品制造	680192	684472	1852033	1774008	262160
毛制品制造	74522	76326	273174	256047	29637
麻制品制造	1384	1154	6318	6307	2322
丝制品制造	188074	187729	442351	425303	67445
绳、索、缆的制造	16343	17154	50788	42653	4818
纺织带和帘子布制造	247404	255386	636216	594118	91783
无纺布制造	291757	277251	537354	498939	81230
其他纺织制成品制造	167949	163315	393535	347923	61069
针织品、编织品及其制品制造	2261781	2252811	5041963	4813350	869399
棉、化纤针织品及编织品制造	1645489	1627950	3828771	3689475	641807
毛针织品及编织品制造	352155	351976	685259	656293	138200
丝针织品及编织品制造	182790	185139	364441	329870	58329
其他针织品及编织品制造	81347	87746	163494	137712	31063
纺织服装、鞋、帽制造业	2889830	2792207	6868082	6518318	1473628
纺织服装制造	2828429	2727549	6755232	6410047	1439953
纺织服装制造	2828429	2727549	6755232	6410047	1439953
纺织面料鞋的制造	44226	45684	83297	79551	27102
纺织面料鞋的制造	44226	45684	83297	79551	27102
制帽	17175	18974	29553	28720	6574
制帽	17175	18974	29553	28720	6574
皮革、毛皮、羽毛(绒)及其制品业	1538125	1576612	4883234	4747496	845605
皮革鞣制加工	267413	279434	1020131	996259	140557
皮革鞣制加工	267413	279434	1020131	996259	140557
皮革制品制造	1110134	1120578	3004802	2917752	580711
皮鞋制造	690964	695470	1744797	1674618	262477
皮革服装制造	105752	107800	420717	417607	99216
皮箱、包(袋)制造	197623	198559	551255	539702	166055
皮手套及皮装饰制品制造	28518	29939	68356	67543	11415
其他皮革制品制造	87278	88810	219677	218283	41548
毛皮鞣制及制品加工	47942	49379	177381	169055	31708
毛皮鞣制加工	11976	12237	24094	23986	4167
毛皮服装加工	26338	26983	98349	90473	20907
其他毛皮制品加工	9628	10159	54938	54596	6634
羽毛(绒)加工及制品制造	112636	127222	680920	664429	92630
羽毛(绒)加工	6880	7390	52194	47894	6773

1－A－8 续表4－6

单位：个、万元、人

指 标 名 称	固定资产净值	固定资产净值年平均余额	负债合计	流动负债合计	应付账款
羽毛(绒)制品加工	105755	119832	628726	616536	85857
木材加工及木、竹、藤、棕、草制品业	616821	628609	1384405	1302611	219881
锯材、木片加工	16184	16461	35162	33015	4379
锯材加工	9497	9166	19320	18881	1988
木片加工	6687	7295	15842	14135	2391
人造板制造	282633	307160	703923	663689	103686
胶合板制造	154004	179130	413068	397070	74002
纤维板制造	67471	62278	154991	142469	7815
刨花板制造	3477	2732	28856	28796	4127
其他人造板、材制造	57680	63021	107009	95354	17742
木制品制造	217166	204714	405273	386097	66215
建筑用木料及木材组件加工	175323	163435	326442	311316	48504
木容器制造	7852	7688	28853	26452	6704
软木制品及其他木制品制造	33991	33591	49977	48329	11007
竹、藤、棕、草制品制造	100838	100274	240048	219810	45601
竹、藤、棕、草制品制造	100838	100274	240048	219810	45601
家具制造业	1014739	1007634	2545282	2433017	539499
木质家具制造	406172	415327	865307	828737	169622
木质家具制造	406172	415327	865307	828737	169622
竹、藤家具制造	13240	11700	24078	24078	11717
竹、藤家具制造	13240	11700	24078	24078	11717
金属家具制造	371200	359891	1109357	1073438	240315
金属家具制造	371200	359891	1109357	1073438	240315
塑料家具制造	18881	18938	42126	41797	10019
塑料家具制造	18881	18938	42126	41797	10019
其他家具制造	205246	201778	504415	464968	107826
其他家具制造	205246	201778	504415	464968	107826
造纸及纸制品业	3123276	3078233	5951035	5051138	867998
纸浆制造	7948	8485	17217	17195	2102
纸浆制造	7948	8485	17217	17195	2102
造 纸	2322634	2285240	4233864	3439347	535600
机制纸及纸板制造	2275636	2238108	4111854	3324023	515141
手工纸制造	918	947	1018	1018	235
加工纸制造	46081	46185	120991	114306	20224
纸制品制造	792693	784507	1699954	1594596	330296
纸和纸板容器的制造	592506	589226	1230679	1176833	236313
其他纸制品制造	200187	195281	469275	417763	93983
印刷业和记录媒介的复制	1003741	985014	1813626	1706626	314223
印 刷	952976	936275	1722895	1627000	298673
书、报、刊印刷	219889	212628	327162	310651	55624

1-A-8 续表4-7 单位：个、万元、人

指标名称	固定资产净值	固定资产净值年平均余额	负债合计	流动负债合计	应付账款
本册印制	62646	58137	111691	105475	27259
包装装潢及其他印刷	670442	665510	1284043	1210874	215790
装订及其他印刷服务活动	25213	23239	30950	27060	3307
装订及其他印刷服务活动	25213	23239	30950	27060	3307
记录媒介的复制	25552	25500	59780	52566	12243
记录媒介的复制	25552	25500	59780	52566	12243
文教体育用品制造业	823820	807790	1847464	1748663	357981
文化用品制造	311748	295137	613580	599704	97047
文具制造	135104	135856	275230	268082	44556
笔的制造	138610	128030	292688	287863	45975
教学用模型及教具制造	28878	22642	29133	28959	2760
墨水、墨汁制造	915	558	1102	1072	138
其他文化用品制造	8242	8051	15426	13728	3617
体育用品制造	198011	201356	437144	419079	103795
球类制造	20381	23385	42913	38832	9790
体育器材及配件制造	65970	64663	120266	111548	23168
训练健身器材制造	59436	58289	151909	148269	43208
运动防护用具制造	20892	22841	35243	33637	7764
其他体育用品制造	31332	32177	86814	86793	19865
乐器制造	51888	56247	82274	71451	23925
中乐器制造	242	186	548	548	120
西乐器制造	35396	37423	43760	37694	15606
电子乐器制造	1727	3857	6811	6628	894
其他乐器及零件制造	14523	14781	31155	26581	7305
玩具制造	197438	193283	510837	468182	105304
玩具制造	197438	193283	510837	468182	105304
游艺器材及娱乐用品制造	64735	61768	203629	190247	27910
露天游乐场所游乐设备制造	35420	32672	136248	134899	16875
游艺用品及室内游艺器材制造	29315	29096	67381	55348	11035
石油加工、炼焦及核燃料加工业	916118	960955	2402207	2354053	283666
精炼石油产品的制造	896591	940929	2333034	2284881	277433
原油加工及石油制品制造	896591	940929	2333034	2284881	277433
炼　焦	19527	20025	69172	69172	6233
炼　焦	19527	20025	69172	69172	6233
化学原料及化学制品制造业	7409117	7318634	13485860	11195484	2064345
基础化学原料制造	1855272	1789564	3492156	2871247	369542
无机酸制造	97976	102123	145209	99457	12832
无机碱制造	101865	147923	263140	243845	20920
无机盐制造	51135	48091	145239	135878	15599
有机化学原料制造	1309211	1282655	2448060	2009631	268725

1－A－8　续表4－8　　　　单位：个、万元、人

指标名称	固定资产净值	固定资产净值年平均余额	负债合计	流动负债合计	应付账款
其他基础化学原料制造	295085	208771	490508	382435	51466
肥料制造	147306	154504	210183	181927	48379
氮肥制造	119005	125959	154863	129551	40008
磷肥制造	2623	3287	5799	5374	2258
复混肥料制造	15562	16573	33666	31147	5053
有机肥料及微生物肥料制造	1529	454	1111	1111	56
其他肥料制造	8587	8232	14745	14745	1003
农药制造	314547	318959	747605	661793	192837
化学农药制造	246557	249897	671224	601819	180644
生物化学农药及微生物农药制造	67990	69062	76380	59973	12193
涂料、油墨、颜料及类似产品制造	632192	627333	1625737	1525120	277722
涂料制造	154324	161814	446684	433714	85874
油墨及类似产品制造	43823	42762	86311	79424	19146
颜料制造	87714	72799	175449	143470	25637
染料制造	330354	334482	882796	835106	135580
密封用填料及类似品制造	15977	15477	34497	33407	11485
合成材料制造	3080185	3124577	4536947	3387924	706426
初级形态的塑料及合成树脂制造	1591554	1597570	2253567	1771786	356256
合成橡胶制造	6517	7112	14886	12568	484
合成纤维单(聚合)体的制造	1440872	1473802	2229943	1566062	338393
其他合成材料制造	41241	46094	38550	37508	11292
专用化学产品制造	1011156	953343	2180956	1917947	374274
化学试剂和助剂制造	326871	327582	802364	734947	151434
专项化学用品制造	209912	194179	408526	321540	47370
林产化学产品制造	15432	15173	25606	23892	4357
炸药及火工产品制造	26028	27065	37838	30407	4078
信息化学品制造	335553	296301	678428	586457	135130
环境污染处理专用药剂材料制造	14007	14285	36596	33736	6184
动物胶制造	20430	20456	19369	19267	4406
其他专用化学产品制造	62922	58303	172230	167700	21315
日用化学产品制造	368460	350353	692277	649526	95165
肥皂及合成洗涤剂制造	124787	123336	201874	179397	15716
化妆品制造	81400	73777	189625	181031	38443
口腔清洁用品制造	1230	1435	2529	2229	543
香料、香精制造	106215	97614	215947	208149	30746
其他日用化学产品制造	54828	54192	82303	78719	9718
医药制造业	1747533	1761940	3501217	3186860	515864
化学药品原药制造	877713	860460	1723193	1609201	223436
化学药品原药制造	877713	860460	1723193	1609201	223436
化学药品制剂制造	411805	435850	814538	704197	124938

1－A－8　续表4－9　　单位：个、万元、人

指 标 名 称	固定资产净值	固定资产净值年平均余额	负债合计	流动负债合计	应付账款
化学药品制剂制造	411805	435850	814538	704197	124938
中药饮片加工	23653	23423	55159	54455	12141
中药饮片加工	23653	23423	55159	54455	12141
中成药制造	151822	158124	316636	299330	64327
中成药制造	151822	158124	316636	299330	64327
兽用药品制造	52765	54384	137928	97703	18730
兽用药品制造	52765	54384	137928	97703	18730
生物、生化制品的制造	170310	168783	320813	300090	52441
生物、生化制品的制造	170310	168783	320813	300090	52441
卫生材料及医药用品制造	59465	60915	132951	121882	19852
卫生材料及医药用品制造	59465	60915	132951	121882	19852
化学纤维制造业	3893734	4020964	7399218	6621798	840471
纤维素纤维原料及纤维制造	58264	63657	136009	111591	7632
化纤浆粕制造	1062	1111	3153	2504	817
人造纤维（纤维素纤维）制造	57202	62546	132856	109087	6815
合成纤维制造	3835470	3957307	7263209	6510207	832840
锦纶纤维制造	127698	127138	345475	315017	44400
涤纶纤维制造	2734352	2822070	5455671	4878887	667401
腈纶纤维制造	40008	76360	189241	184241	21254
维纶纤维制造	419	435	703	703	103
其他合成纤维制造	932992	931304	1272119	1131360	99682
橡胶制品业	1136022	1102766	2247549	2015917	303709
轮胎制造	756609	728850	1257538	1072169	172408
车辆、飞机及工程机械轮胎制造	748365	720964	1236695	1051546	170078
力车胎制造	6597	6168	14746	14746	1389
轮胎翻新加工	1647	1719	6098	5878	942
橡胶板、管、带的制造	132922	131171	316196	304203	56781
橡胶板、管、带的制造	132922	131171	316196	304203	56781
橡胶零件制造	85958	80437	221921	211356	29382
橡胶零件制造	85958	80437	221921	211356	29382
再生橡胶制造	6748	6459	18869	18069	2952
再生橡胶制造	6748	6459	18869	18069	2952
日用及医用橡胶制品制造	15753	15838	41135	40406	7511
日用及医用橡胶制品制造	15753	15838	41135	40406	7511
橡胶靴鞋制造	102893	104758	302892	282235	32438
橡胶靴鞋制造	102893	104758	302892	282235	32438
其他橡胶制品制造	35140	35252	88999	87478	2238
其他橡胶制品制造	35140	35252	88999	87478	2238
塑料制品业	3227425	3179104	7506599	7037102	1169936
塑料薄膜制造	848217	830403	1587850	1341607	264130

1－A－8 续表4－10 单位：个、万元、人

指 标 名 称	固定资产净值	固定资产净值年平均余额	负债合计	流动负债合计	应付账款
塑料薄膜制造	848217	830403	1587850	1341607	264130
塑料板、管、型材的制造	511427	504627	1383345	1341811	178352
塑料板、管、型材的制造	511427	504627	1383345	1341811	178352
塑料丝、绳及编织品的制造	133372	134732	350322	331857	45338
塑料丝、绳及编织品的制造	133372	134732	350322	331857	45338
泡沫塑料制造	103240	103025	307025	301078	54231
泡沫塑料制造	103240	103025	307025	301078	54231
塑料人造革、合成革制造	467562	454272	1221647	1196728	160360
塑料人造革、合成革制造	467562	454272	1221647	1196728	160360
塑料包装箱及容器制造	291156	281253	543704	505665	85929
塑料包装箱及容器制造	291156	281253	543704	505665	85929
塑料零件制造	304591	305260	768341	722282	157742
塑料零件制造	304591	305260	768341	722282	157742
日用塑料制造	403603	404088	942665	909101	145981
塑料鞋制造	38178	41489	81602	78903	13805
日用塑料杂品制造	365425	362600	861063	830198	132176
其他塑料制品制造	164259	161444	401701	386974	77873
其他塑料制品制造	164259	161444	401701	386974	77873
非金属矿物制品业	4920508	4633107	8612272	7360791	1475526
水泥、石灰和石膏的制造	1898492	1868152	3023248	2592841	454637
水泥制造	1883592	1852975	3000023	2570893	449510
石灰和石膏制造	14901	15177	23225	21949	5127
水泥及石膏制品制造	758525	765098	2177778	2070570	513882
水泥制品制造	614421	625462	1869962	1801888	447552
砼结构构件制造	76612	75551	191640	174890	50001
石棉水泥制品制造	2604	2604	2836	2836	673
轻质建筑材料制造	59046	55108	92757	73126	11155
其他水泥制品制造	5842	6373	20582	17829	4502
砖瓦、石材及其他建筑材料制造	256151	253004	638950	606089	112710
粘土砖瓦及建筑砌块制造	69310	70558	91432	85979	19394
建筑陶瓷制品制造	91627	88065	356985	355475	63516
建筑用石加工	22373	21595	44862	43029	8796
防水建筑材料制造	25813	25937	85128	66760	11049
隔热和隔音材料制造	33313	34247	32520	27882	5306
其他建筑材料制造	13716	12603	28023	26964	4649
玻璃及玻璃制品制造	1761269	1501561	2218350	1568977	284683
平板玻璃制造	234109	233450	272575	213562	32769
技术玻璃制品制造	493402	398531	844249	579322	62758
光学玻璃制造	933	926	2087	2087	386
玻璃仪器制造	3459	3140	5062	4679	931

1－A－8 续表4－11 单位：个、万元、人

指标名称	固定资产净值	固定资产净值年平均余额	负债合计	流动负债合计	应付账款
日用玻璃制品及玻璃包装容器制造	185183	186689	253317	246067	38083
玻璃保温容器制造	8977	8665	14923	14873	1906
玻璃纤维及制品制造	787585	623587	733234	417663	124869
玻璃纤维增强塑料制品制造	18048	17464	63292	62517	15298
其他玻璃制品制造	29573	29109	29611	28207	7684
陶瓷制品制造	55738	51360	126610	125027	24262
卫生陶瓷制品制造	25556	23231	64663	64606	10976
特种陶瓷制品制造	18455	16546	42450	41075	7869
日用陶瓷制品制造	10671	10527	19049	18898	5212
园林、陈设艺术及其他陶瓷制品制造	1056	1056	448	448	205
耐火材料制品制造	86976	87677	204973	196164	51470
石棉制品制造	18075	17619	23428	23033	4885
云母制品制造	2035	1972	4284	3473	941
耐火陶瓷制品及其他耐火材料制造	66867	68086	177261	169658	45644
石墨及其他非金属矿物制品制造	103356	106255	222364	201122	33882
石墨及碳素制品制造	52594	52417	110088	97148	10389
其他非金属矿物制品制造	50762	53838	112276	103973	23493
黑色金属冶炼及压延加工业	3468473	3274579	8223720	7225865	1193882
炼　铁	2565	2175	5971	4656	903
炼　铁	2565	2175	5971	4656	903
炼　钢	69205	64598	370003	358099	43077
炼　钢	69205	64598	370003	358099	43077
钢压延加工	3374128	3182386	7712681	6729899	1081240
钢压延加工	3374128	3182386	7712681	6729899	1081240
铁合金冶炼	22576	25420	135065	133211	68663
铁合金冶炼	22576	25420	135065	133211	68663
有色金属冶炼及压延加工业	1169204	1142588	4381139	4115300	546572
常用有色金属冶炼	147160	148076	923817	881019	121187
铜冶炼	45324	47732	452480	447362	48769
铅锌冶炼	20040	19558	42575	33152	506
镍钴冶炼	39842	38113	250154	225110	63057
锡冶炼	65	42	655	655	...
铝冶炼	36980	37717	162048	161227	7171
镁冶炼	447	441	1454	1294	701
其他常用有色金属冶炼	4463	4473	14450	12220	983
贵金属冶炼	17917	17111	103201	102896	1415
金冶炼	12297	12054	72052	72017	788
银冶炼	5018	4456	28666	28396	243
其他贵金属冶炼	602	601	2483	2483	384
稀有稀土金属冶炼	24701	25773	47998	21538	6111

1-A-8 续表4-12

单位：个、万元、人

指标名称	固定资产净值	固定资产净值年平均余额	负债合计	流动负债合计	应付账款
钨钼冶炼	872	859	5693	5693	1326
稀土金属冶炼	23829	24914	42305	15845	4785
有色金属合金制造	62797	50264	253865	251043	29749
有色金属合金制造	62797	50264	253865	251043	29749
有色金属压延加工	916630	901364	3052259	2858803	388111
常用有色金属压延加工	905825	890792	3002200	2810018	382098
贵金属压延加工	1763	1590	10161	10161	630
稀有稀土金属压延加工	9043	8982	39898	38625	5383
金属制品业	3009029	3001675	8941308	8486648	1359798
结构性金属制品制造	842357	835987	3400688	3310761	490703
金属结构制造	590215	597870	2613095	2549405	372545
金属门窗制造	252142	238117	787593	761356	118158
金属工具制造	354958	359009	797691	780143	162212
切削工具制造	79105	82304	167742	164859	31259
手工具制造	159291	159274	336604	332228	63433
农用及园林用金属工具制造	40854	40771	112238	110538	29617
刀剪及类似日用金属工具制造	29330	30034	71465	64866	14656
其他金属工具制造	46379	46626	109642	107652	23248
集装箱及金属包装容器制造	236196	224122	640828	599555	117349
集装箱制造	36905	35918	127212	112635	31354
金属压力容器制造	47229	44993	147655	137950	24552
金属包装容器制造	152063	143210	365961	348970	61443
金属丝绳及其制品的制造	210162	204353	585369	513533	58387
金属丝绳及其制品的制造	210162	204353	585369	513533	58387
建筑、安全用金属制品制造	488033	513176	1250043	1157589	221918
建筑、家具用金属配件制造	229801	257458	612698	560344	100351
建筑装饰及水暖管道零件制造	213324	211010	509264	473777	87356
安全、消防用金属制品制造	36017	36206	109471	105809	29108
其他建筑、安全用金属制品制造	8892	8502	18610	17659	5103
金属表面处理及热处理加工	335388	335922	708068	631830	81347
金属表面处理及热处理加工	335388	335922	708068	631830	81347
搪瓷制品制造	22484	23828	60679	60600	13583
工业生产配套用搪瓷制品制造	1033	1194	2297	2297	1057
搪瓷卫生洁具制造	4848	6274	13620	13542	2657
搪瓷日用品及其他搪瓷制品制造	16602	16360	44762	44761	9869
不锈钢及类似日用金属制品制造	443867	424899	1248635	1190097	180335
金属制厨房调理及卫生器具制造	105107	94648	303952	285323	41442
金属制厨用器皿及餐具制造	253080	244895	770374	743677	112307
其他日用金属制品制造	85680	85356	174309	161098	26585
其他金属制品制造	75584	80379	249307	242539	33964

1－A－8 续表4－13

单位：个、万元、人

指 标 名 称	固定资产净值	固定资产净值年平均余额	负债合计	流动负债合计	应付账款
其他未列明的金属制品制造	75584	80379	249307	242539	33964
通用设备制造业	5885589	5795557	15276097	14293068	3054151
锅炉及原动机制造	187696	198564	1019771	966545	216370
锅炉及辅助设备制造	64090	65844	407144	394199	98697
内燃机及配件制造	49803	50205	233380	230400	69315
汽轮机及辅机制造	62551	70063	332176	296993	39438
水轮机及辅机制造	10881	12317	24586	22470	6228
其他原动机制造	371	136	22484	22484	2693
金属加工机械制造	415155	398052	973912	869752	194816
金属切削机床制造	186011	182997	474476	425846	99031
金属成形机床制造	79832	73987	142011	128749	28290
铸造机械制造	26716	26360	49882	34162	9193
金属切割及焊接设备制造	41768	34780	162387	149601	33431
机床附件制造	46435	45799	63302	51689	7903
其他金属加工机械制造	34393	34131	81854	79705	16968
起重运输设备制造	334912	331400	1103748	1063619	255096
起重运输设备制造	334912	331400	1103748	1063619	255096
泵、阀门、压缩机及类似机械的制造	1430176	1396144	3304811	3074451	701409
泵及真空设备制造	359561	345643	838060	784939	172221
气体压缩机械制造	279566	280591	620421	548239	162042
阀门和旋塞的制造	601590	587451	1478047	1418732	271746
液压和气压动力机械及元件制造	189460	182458	368283	322542	95400
轴承、齿轮、传动和驱动部件的制造	1091195	1122218	2607373	2411636	492451
轴承制造	625866	638226	1618245	1534735	325479
齿轮、传动和驱动部件制造	465329	483992	989128	876901	166972
烘炉、熔炉及电炉制造	14643	13580	59271	55261	13754
烘炉、熔炉及电炉制造	14643	13580	59271	55261	13754
风机、衡器、包装设备等通用设备制造	927111	895449	2670758	2517485	531452
风机、风扇制造	81269	76566	163676	157300	35630
气体、液体分离及纯净设备制造	107268	117464	485480	452033	77531
制冷、空调设备制造	344918	337616	895791	829127	174855
风动和电动工具制造	217927	216301	714503	683106	165834
喷枪及类似器具制造	42006	38667	83512	82240	23008
包装专用设备制造	43108	46532	136915	129893	26571
衡器制造	7358	7379	22786	21634	4633
其他通用设备制造	83258	54925	168095	162152	23391
通用零部件制造及机械修理	995114	956290	2297781	2169023	395764
金属密封件制造	54097	53730	111755	105180	22428
紧固件、弹簧制造	635889	631360	1442372	1359280	237291
机械零部件加工及设备修理	115383	106830	232864	226743	46641

1－A－8 续表4－14

单位：个、万元、人

指标名称	固定资产净值	固定资产净值年平均余额	负债合计	流动负债合计	应付账款
其他通用零部件制造	189744	164371	510791	477820	89404
金属铸、锻加工	489587	483860	1238672	1165297	253040
钢铁铸件制造	330902	328281	849788	811413	178779
锻件及粉末冶金制品制造	158685	155579	388884	353883	74261
专用设备制造业	2280067	2239545	5711113	5357173	1275611
矿山、冶金、建筑专用设备制造	155620	157252	452775	423629	128652
采矿、采石设备制造	35953	35391	87871	82173	13983
石油钻采专用设备制造	10317	10525	51431	50327	5829
建筑工程用机械制造	75181	77959	233472	216043	89144
建筑材料生产专用机械制造	15375	14499	40823	38651	9393
冶金专用设备制造	18794	18878	39178	36436	10302
化工、木材、非金属加工专用设备制造	865796	833076	1778313	1693138	424722
炼油、化工生产专用设备制造	59265	57909	176883	171291	33261
橡胶加工专用设备制造	10386	10780	21703	19326	5289
塑料加工专用设备制造	286531	275923	649544	625799	207208
木材加工机械制造	11818	11587	14235	11049	4912
模具制造	492569	472981	904192	853957	171296
其他非金属加工专用设备制造	5226	3895	11757	11717	2756
食品、饮料、烟草及饲料生产专用设备制造	53626	52544	130231	127692	24305
食品、饮料、烟草工业专用设备制造	42637	41053	107056	104866	20155
农副食品加工专用设备制造	9755	10116	20355	20005	3820
饲料生产专用设备制造	1234	1375	2821	2821	329
印刷、制药、日化生产专用设备制造	90017	89537	211496	208175	39115
制浆和造纸专用设备制造	10714	10687	26966	26610	5002
印刷专用设备制造	39282	39120	101276	99603	18743
日用化工专用设备制造	1652	1753	6144	6095	780
制药专用设备制造	30394	30180	52291	51322	8238
照明器具生产专用设备制造	2370	2063	6264	6220	1958
玻璃、陶瓷和搪瓷制品生产专用设备制造	3492	3619	7827	7824	1823
其他日用品生产专用设备制造	2115	2115	10728	10501	2571
纺织、服装和皮革工业专用设备制造	538564	542822	1449103	1387055	302497
纺织专用设备制造	177655	183388	551837	525040	99210
皮革、毛皮及其制品加工专用设备制造	27075	27622	47829	46629	6453
缝纫机械制造	327801	325716	837032	802982	193888
其他服装加工专用设备制造	6033	6096	12405	12405	2947
电子和电工机械专用设备制造	82492	73122	148096	137618	54970
电工机械专用设备制造	12377	11624	44006	42991	18819
电子工业专用设备制造	67777	59218	100906	92004	35968
武器弹药制造	2338	2281	3185	2623	184
农、林、牧、渔专用机械制造	81256	88732	337706	255627	85853

1－A－8 续表4－15

单位：个、万元、人

指标名称	固定资产净值	固定资产净值年平均余额	负债合计	流动负债合计	应付账款
拖拉机制造	18141	21374	119787	44246	21541
机械化农业及园艺机具制造	53114	58384	183619	177551	56319
畜牧机械制造	30	155	53	53	5
渔业机械制造	1292	1227	5947	5732	1853
农林牧渔机械配件制造	7759	6632	24816	24658	4708
其他农林牧渔业机械制造及机械修理	921	960	3485	3388	1428
医疗仪器设备及器械制造	157376	157252	247385	223646	43934
医疗诊断、监护及治疗设备制造	47140	48247	53677	41516	3752
口腔科用设备及器具制造	2052	2079	3608	3608	526
实验室及医用消毒设备和器具的制造	4948	4923	7846	7614	956
医疗、外科及兽医用器械制造	81663	81698	131837	121759	29312
机械治疗及病房护理设备制造	9757	8960	28994	28435	5471
假肢、人工器官及植（介）入器械制造	3518	3020	3997	3954	392
其他医疗设备及器械制造	8299	8325	17425	16759	3526
环保、社会公共安全及其他专用设备制造	255319	245209	956009	900594	171564
环境污染防治专用设备制造	128496	136187	629912	591798	116542
地质勘查专用设备制造	519	539	12080	11921	5306
邮政专用机械及器材制造	1192	1154	3103	3061	672
商业、饮食、服务业专用设备制造	1058	1064	3646	3646	590
社会公共安全设备及器材制造	106377	89571	244219	227336	34102
交通安全及管制专用设备制造	334	320	2029	2029	983
水资源专用机械制造	1987	1966	19264	19169	4566
其他专用设备制造	15357	14409	41756	41634	8803
交通运输设备制造业	5635141	5440906	17649367	16055534	2957233
铁路运输设备制造	14479	13043	42689	42328	6808
铁路机车车辆配件制造	5539	5121	10902	10612	1789
铁路专用设备及器材、配件制造	4776	4715	24458	24386	4434
其他铁路设备制造及设备修理	4164	3206	7329	7329	585
汽车制造	2906668	2845674	8291714	7649267	1607553
汽车整车制造	300517	338183	1087440	943613	274482
改装汽车制造	10434	10979	42242	41229	20022
汽车车身、挂车的制造	10560	10886	21690	21085	4852
汽车零部件及配件制造	2561264	2461167	7063997	6569187	1293289
汽车修理	23893	24460	76345	74154	14907
摩托车制造	521543	510112	1649644	1581628	311098
摩托车整车制造	143525	138379	592979	564099	135198
摩托车零部件及配件制造	378018	371733	1056665	1017529	175901
自行车制造	169953	180301	600120	581573	111743
脚踏自行车及残疾人座车制造	89023	94499	355412	348126	63827
助动自行车制造	80930	85802	244708	233447	47916

1－A－8 续表 4－16

单位：个、万元、人

指 标 名 称	固定资产净值	固定资产净值年平均余额	负债合计	流动负债合计	应付账款
船舶及浮动装置制造	1983070	1848141	6925492	6063264	904046
金属船舶制造	1526789	1411413	6089920	5367016	812464
非金属船舶制造	5255	5160	114501	114501	2734
娱乐船和运动船的建造和修理	22620	21828	38128	37802	4577
船用配套设备制造	219771	205725	341226	235570	54189
船舶修理及拆船	208636	204015	341718	308375	30082
航空航天器制造	8938	9705	26031	24621	568
飞机制造及修理	1321	1331	7284	7284	102
其他飞行器制造	7617	8374	18747	17338	466
交通器材及其他交通运输设备制造	30491	33931	113678	112853	15417
潜水及水下救捞装备制造	502	502	192	192	192
交通管理用金属标志及设施制造	20979	21785	65585	64761	10094
其他交通运输设备制造	9009	11644	47901	47901	5131
电气机械及器材制造业	5399704	5291348	17860460	16874576	3909060
电机制造	981158	957317	2757219	2647312	600656
发电机及发电机组制造	148115	148402	539435	515767	100496
电动机制造	406813	388466	1084415	1033426	246338
微电机及其他电机制造	426230	420449	1133369	1098119	253823
输配电及控制设备制造	1242506	1262666	4192372	4007744	1027508
变压器、整流器和电感器制造	199830	197693	824933	795743	170237
电容器及其配套设备制造	43190	42980	85978	83953	24007
配电开关控制设备制造	678376	697587	2322054	2189903	564403
电力电子元器件制造	268670	269718	789680	775357	228902
其他输配电及控制设备制造	52440	54688	169728	162788	39959
电线、电缆、光缆及电工器材制造	912661	892153	3334054	3118472	482364
电线电缆制造	786206	760924	2916482	2723004	416856
光纤、光缆制造	76903	77567	274747	256742	29795
绝缘制品制造	14349	14471	43699	42017	14585
其他电工器材制造	35204	39191	99126	96709	21128
电池制造	336970	321428	1185292	1097058	201477
电池制造	336970	321428	1185292	1097058	201477
家用电力器具制造	1082899	1056471	3837707	3611950	899939
家用制冷电器具制造	118664	111210	489792	406297	96067
家用空气调节器制造	92409	78878	622577	592735	74103
家用通风电器具制造	78050	74053	198907	197756	49227
家用厨房电器具制造	215126	237282	744676	714055	216512
家用清洁卫生电器具制造	231809	221952	658350	621063	195218
家用美容、保健电器具制造	68643	61182	201721	193417	54637
家用电力器具专用配件制造	135205	131987	372923	355181	92262
其他家用电力器具制造	142993	139927	548761	531447	121913

1－A－8 续表4－17 单位：个、万元、人

指标名称	固定资产净值	固定资产净值年平均余额	负债合计	流动负债合计	应付账款
非电力家用器具制造	94870	73596	224169	205058	52585
燃气、太阳能及类似能源的器具制造	64580	52243	178601	162492	39717
其他非电力家用器具制造	30290	21353	45568	42567	12868
照明器具制造	662056	640010	2151506	2027425	598943
电光源制造	232260	222455	635837	598594	225852
照明灯具制造	352811	344087	1283647	1206731	297027
灯用电器附件及其他照明器具制造	76984	73469	232022	222100	76063
其他电气机械及器材制造	86583	87707	178141	159555	45588
车辆专用照明及电气信号设备装置制造	72247	71847	139420	122206	33373
其他未列明的电气机械制造	14336	15861	38720	37349	12215
通信设备、计算机及其他电子设备制造业	3361754	3178277	7234953	6588383	2430451
通信设备制造	558700	548835	1689600	1652096	670840
通信传输设备制造	72975	68933	190838	182622	66026
通信交换设备制造	34614	39194	102176	95038	42141
通信终端设备制造	17738	18187	69282	68651	11170
移动通信及终端设备制造	384527	373186	1189558	1169863	519852
其他通信设备制造	48846	49335	137746	135923	31652
雷达及配套设备制造	1277	1373	5052	5052	137
雷达及配套设备制造	1277	1373	5052	5052	137
广播电视设备制造	77013	72927	208366	188011	62514
广播电视节目制作及发射设备制造	5262	5335	11658	11624	3391
广播电视接收设备及器材制造	53255	52886	128627	122623	35829
应用电视设备及其他广播电视设备制造	18496	14707	68082	53764	23294
电子计算机制造	760736	705097	1580691	1305076	800119
电子计算机整机制造	25441	26301	136710	136710	128300
计算机网络设备制造	25210	25269	211176	210980	48527
电子计算机外部设备制造	710085	653528	1232805	957386	623293
电子器件制造	637383	571043	1004740	908605	194703
电子真空器件制造	8869	9001	18531	18523	4690
半导体分立器件制造	224618	220467	294924	234623	54662
集成电路制造	157422	163635	287819	273871	53434
光电子器件及其他电子器件制造	246475	177940	403466	381588	81917
电子元件制造	1088398	1044129	2099728	1957068	578733
电子元件及组件制造	997689	953553	1903076	1769326	510119
印制电路板制造	90709	90576	196653	187742	68614
家用视听设备制造	149389	145792	495761	428231	79764
家用影视设备制造	99904	96753	390132	324795	47236
家用音响设备制造	49485	49038	105630	103436	32527
其他电子设备制造	88860	89081	151014	144246	43642
其他电子设备制造	88860	89081	151014	144246	43642

1－A－8　续表4－18

单位：个、万元、人

指标名称	固定资产净值	固定资产净值年平均余额	负债合计	流动负债合计	应付账款
仪器仪表及文化、办公用机械制造业	1048553	1103468	3081699	2829330	666123
通用仪器仪表制造	476843	530463	1558800	1423325	354182
工业自动控制系统装置制造	132573	133624	378028	355996	82666
电工仪器仪表制造	59551	60357	237413	218093	89303
绘图、计算及测量仪器制造	64090	63821	141442	137099	33051
实验分析仪器制造	25638	25552	50298	43572	18095
试验机制造	5818	6024	19596	16395	3843
供应用仪表及其他通用仪器制造	189173	241084	732022	652170	127224
专用仪器仪表制造	160849	157982	483894	451700	155991
环境监测专用仪器仪表制造	10913	9831	37891	37308	14460
汽车及其他用计数仪表制造	94156	93914	329060	304435	103435
导航、气象及海洋专用仪器制造	6846	6685	11031	10031	2605
农林牧渔专用仪器仪表制造	1191	1199	4176	4176	192
地质勘探和地震专用仪器制造	119	119	223	223	35
教学专用仪器制造	19042	21725	48564	46942	10388
电子测量仪器制造	22875	18674	40380	36017	22471
其他专用仪器制造	5707	5834	12570	12570	2405
钟表与计时仪器制造	42269	41757	105855	91589	20118
钟表与计时仪器制造	42269	41757	105855	91589	20118
光学仪器及眼镜制造	240580	249524	552423	498077	79250
光学仪器制造	102808	96341	172609	135092	28260
眼镜制造	137772	153183	379814	362986	50990
文化、办公用机械制造	115817	112468	350812	334923	52088
电影机械制造	205	525	1078	1075	283
幻灯及投影设备制造	188	188	664	664	486
照相机及器材制造	41515	41743	105947	105818	20350
复印和胶印设备制造	18370	16980	28481	27373	3046
计算器及货币专用设备制造	16614	16363	34466	34020	6273
其他文化、办公用机械制造	38926	36668	180176	165973	21651
其他仪器仪表的制造及修理	12195	11275	29915	29716	4493
其他仪器仪表的制造及修理	12195	11275	29915	29716	4493
工艺品及其他制造业	1318222	1339375	3462901	3230856	495515
工艺美术品制造	855393	864433	2079153	1923869	274852
雕塑工艺品制造	55560	60198	113825	103761	19346
金属工艺品制造	94374	88515	207219	196598	34473
漆器工艺品制造	32929	30366	65247	63423	14145
花画工艺品制造	16120	15654	37554	37472	4121
天然植物纤维编织工艺品制造	20501	21203	45945	40940	7493
抽纱刺绣工艺品制造	300781	312274	586329	541138	69073

1-A-8 续表4-19　　单位：个、万元、人

指 标 名 称	固定资产净值	固定资产净值年平均余额	负债合计	流动负债合计	应付账款
地毯、挂毯制造	67109	65327	136086	118153	17436
珠宝首饰及有关物品的制造	91023	98529	384058	353050	42565
其他工艺美术品制造	176997	172366	502890	469334	66201
日用杂品制造	443035	454736	1343376	1271522	214850
制镜及类似品加工	37410	39346	65956	62611	4899
鬃毛加工、制刷及清扫工具的制造	44315	45672	124618	119222	21352
其他日用杂品制造	361310	369718	1152803	1089689	188599
煤制品制造	2757	2689	5930	5764	208
煤制品制造	2757	2689	5930	5764	208
核辐射加工	1630	1863	2291	1041	11
核辐射加工	1630	1863	2291	1041	11
其他未列明的制造业	15408	15654	32151	28661	5594
其他未列明的制造业	15408	15654	32151	28661	5594
废弃资源和废旧材料回收加工业	88990	88336	637265	609479	170881
金属废料和碎屑的加工处理	56892	57878	546573	519536	155299
金属废料和碎屑的加工处理	56892	57878	546573	519536	155299
非金属废料和碎屑的加工处理	32097	30459	90692	89943	15583
非金属废料和碎屑的加工处理	32097	30459	90692	89943	15583
电力、燃气及水的生产和供应业	**23664321**	**23097385**	**23525089**	**9783475**	**1740960**
电力、热力的生产和供应业	20833871	20335150	20280125	8213107	1610807
电力生产	12541644	12387826	13252033	5221335	645268
火力发电	8106503	7593377	8090068	3891660	476427
水力发电	1836391	1959445	1798971	463239	78509
核力发电	2476492	2710007	3228630	797871	81877
其他能源发电	122257	124998	134364	68565	8454
电力供应	8026386	7673992	6629120	2732159	936044
电力供应	8026386	7673992	6629120	2732159	936044
热力生产和供应	265841	273332	398972	259612	29495
热力生产和供应	265841	273332	398972	259612	29495
燃气生产和供应业	511814	527983	560668	270702	24399
燃气生产和供应业	511814	527983	560668	270702	24399
燃气生产和供应业	511814	527983	560668	270702	24399
水的生产和供应业	2318636	2234253	2684295	1299666	105754
自来水的生产和供应	1691421	1621738	2043519	1117064	65406
自来水的生产和供应	1691421	1621738	2043519	1117064	65406
污水处理及其再生利用	625386	610686	640774	182599	40349
污水处理及其再生利用	625386	610686	640774	182599	40349
其他水的处理、利用与分配	1829	1829	3	3	
其他水的处理、利用与分配	1829	1829	3	3	

1－A－8 续表5－1 单位：个、万元、人

指 标 名 称	长期负债合 计	所有者权益合 计	实收资本	国家资本	集体资本
总 计	**27783382**	**135240917**	**75205365**	**4627710**	**855703**
一、按轻重工业分					
轻工业	6227392	57843076	31239860	1053728	349765
重工业	21555990	77397841	43965505	3573982	505939
二、按规模分					
大型企业	7593594	21404651	8806419	1263693	105807
中型企业	11948500	53838114	27167478	1680558	298389
小型企业	8241288	59998153	39231468	1683459	451507
三、按登记注册类型分					
内 资	**22196132**	**93975973**	**46245020**	**4188479**	**582101**
国 有	6893918	10560747	3263769	2497930	16668
集 体	34601	583368	194573	112	110961
股份合作企业	63677	1042025	453654	1164	30916
联营企业	21257	60138	52739	20116	16562
国有联营	3714	8748	6582	1530	
集体联营	16781	22216	21834	15901	5839
国有与集体联营	520	9311	10151	2548	7604
其他联营	243	19863	14172	138	3120
有限责任公司	9371079	23727364	12632442	1406423	279091
国有独资公司	337752	1443650	542077	426973	
其他有限责任公司	9033327	22283714	12090365	979449	279091
股份有限公司	1021920	11245419	5232678	231847	83129
私营企业	4724030	46386203	24243501	13787	42440
私营独资	145582	2364340	1041143	902	5012
私营合伙	36393	629472	291349	194	1163
私营有限责任公司	4206143	40822645	21824602	12114	35655
私营股份有限公司	335913	2569747	1086407	578	610
其 他	65650	370709	171663	17100	2334
港澳台商投资	**2126774**	**18144943**	**12397288**	**99548**	**106854**
与港澳台商合资经营	1501780	9981978	6183701	77709	106291
与港澳台商合作经营	11072	311110	214840	18999	519
港澳台商独资	576211	7403914	5694485	370	
港澳台商投资股份有限公司	37710	447942	304262	2469	44
外商投资	**3460476**	**23120001**	**16563057**	**339683**	**166748**
中外合资经营	1676179	11441109	7483846	297535	141256
中外合作经营	81103	381484	250381	15931	12023
外资企业	1603602	10215990	8291113		12770
外商投资股份有限公司	99592	1081418	537718	26218	700
四、按控股情况分					
国有控股	13930272	20638358	10267679	4450839	35043

1－A－8 续表5－2

单位：个、万元、人

指标名称	长期负债合计	所有者权益合计	实收资本	国家资本	集体资本
集体控股	983220	3963495	2171802	13500	591133
私人控股	8578884	78598936	39081349	66110	126995
港澳台商控股	1454010	12723231	9450302	21410	25098
外商控股	2214690	16268470	12493393	68679	75341
其 他	622305	3048427	1740840	7172	2093
五、按国民经济行业（门类、大类、中类、小类）分					
采矿业	**95251**	**510653**	**274387**	**69898**	**5003**
煤炭开采和洗选业	16689	25210	33374	30774	
烟煤和无烟煤的开采洗选	16689	25210	33374	30774	
烟煤和无烟煤的开采洗选	16689	25210	33374	30774	
黑色金属矿采选业	6640	125790	22536	5300	
铁矿采选	6640	125790	22536	5300	
铁矿采选	6640	125790	22536	5300	
有色金属矿采选业	16957	100737	42237	7900	
常用有色金属矿采选	9913	58867	23428	7780	
铜矿采选	4407	41685	13880	7780	
铅锌矿采选	5506	17182	9548		
贵金属矿采选	320	2798	1330	120	
金矿采选		1890	530		
银矿采选	320	909	800	120	
稀有稀土金属矿采选	6724	39072	17480		
钨钼矿采选	200	33768	14100		
放射性金属矿采选	6524	5304	3380		
非金属矿采选业	54965	258916	176241	25925	5003
土砂石开采	47707	253921	166568	21775	4560
石灰石、石膏开采	10332	32858	37406	3900	1617
建筑装饰用石开采	3737	96206	57759	17000	1077
耐火土石开采	4467	33434	17877	310	166
粘土及其他土砂石开采	29171	91423	53525	565	1700
化学矿采选	1134	－3569	4395	3850	
化学矿采选	1134	－3569	4395	3850	
采 盐		2272	545		305
采 盐		2272	545		305
石棉及其他非金属矿采选	6124	6292	4733	300	138
其他非金属矿采选	6124	6292	4733	300	138
制造业	**14344445**	**121869443**	**68377506**	**1672854**	**758417**
农副食品加工业	293948	1483340	932204	7419	7386
谷物磨制	6899	34673	17758	3436	167
谷物磨制	6899	34673	17758	3436	167
饲料加工	13657	193631	103998	380	407

1－A－8　续表5－3　　单位：个、万元、人

指　标　名　称	长期负债合　计	所有者权益合　计	实收资本	国家资本	集体资本
饲料加工	13657	193631	103998	380	407
植物油加工	26036	127752	123619	391	
食用植物油加工	25899	126726	122665	391	
非食用植物油加工	137	1026	954		
屠宰及肉类加工	14322	172506	93183	2384	20
畜禽屠宰	4476	31684	15770	854	20
肉制品及副产品加工	9846	140822	77413	1530	
水产品加工	170990	516199	363717	353	4348
水产品冷冻加工	145683	356680	293631	353	1592
鱼糜制品及水产品干腌制加工	24178	121314	46444		241
水产饲料制造	1129	32187	18362		496
鱼油提取及制品的制造		1352	1100		
其他水产品加工		4666	4180		2020
蔬菜、水果和坚果加工	23838	323251	142400	70	2232
蔬菜、水果和坚果加工	23838	323251	142400	70	2232
其他农副食品加工	38207	115328	87529	405	212
淀粉及淀粉制品的制造		17780	17531		
豆制品制造	6218	28777	14935	405	176
蛋品加工	1270	13688	4504		36
其他未列明的农副食品加工	30720	55083	50560		
食品制造业	85608	1058361	639064	19398	9904
焙烤食品制造	5331	105761	64400		56
糕点、面包制造	2108	25503	16208		56
饼干及其他焙烤食品制造	3223	80258	48192		
糖果、巧克力及蜜饯制造	2095	91896	52388		10
糖果、巧克力制造	34	63501	41080		
蜜饯制作	2061	28394	11308		10
方便食品制造	9476	214752	115385	25	38
米、面制品制造	4750	23652	13817		
速冻食品制造	2565	57266	37875		
方便面及其他方便食品制造	2160	133834	63693	25	38
液体乳及乳制品制造	14904	75352	40138	1357	
液体乳及乳制品制造	14904	75352	40138	1357	
罐头制造	16166	193046	120229	1140	1554
肉、禽类罐头制造	253	7124	2745		945
水产品罐头制造	2088	13066	17078		
蔬菜、水果罐头制造	13825	120238	74877	1140	610
其他罐头食品制造		52619	25529		
调味品、发酵制品制造	15915	100530	78931	11858	2305
味精制造	3831	32307	35844	10151	2186

1－A－8 续表5－4

单位：个、万元、人

指标名称	长期负债合计	所有者权益合计			
			实收资本	国家资本	集体资本
酱油、食醋及类似制品的制造	8603	25242	11498	1147	70
其他调味品、发酵制品制造	3482	42982	31590	560	49
其他食品制造	21723	277025	167593	5019	5941
营养、保健食品制造	2098	95931	65022	200	5675
冷冻饮品及食用冰制造	7454	29723	27502	3798	
盐加工		4508	1621	821	
食品及饲料添加剂制造	12171	145638	72582	200	266
其他未列明的食品制造		1226	866		
饮料制造业	108962	1687863	901858	70782	5954
酒精制造		724	3800		
酒精制造		724	3800		
酒的制造	60761	686999	389023	59906	2059
白酒制造	630	24785	17000		
啤酒制造	21383	292361	263164	39187	1375
黄酒制造	36862	360078	100160	20719	684
其他酒制造	1887	9776	8699		
软饮料制造	33940	842450	417536	8638	2913
碳酸饮料制造	5535	115209	62281		2482
瓶(罐)装饮用水制造	21223	103742	87147		341
果菜汁及果菜汁饮料制造	6088	34102	57862		90
含乳饮料和植物蛋白饮料制造	247	272636	79595		
固体饮料制造	20	24705	18996		
茶饮料及其他软饮料制造	827	292055	111656	8638	
精制茶加工	14261	157690	91500	2237	982
精制茶加工	14261	157690	91500	2237	982
烟草制品业	28265	1987523	103385	97600	
卷烟制造	27521	1974913	97600	97600	
卷烟制造	27521	1974913	97600	97600	
其他烟草制品加工	744	12610	5785		
其他烟草制品加工	744	12610	5785		
纺织业	1418499	14630821	8537064	69907	151665
棉、化纤纺织及印染精加工	833947	7158281	4048421	13303	88813
棉、化纤纺织加工	581584	4560077	2594450	13191	26592
棉、化纤印染精加工	252363	2598204	1453971	112	62221
毛纺织和染整精加工	46793	446496	288491	21306	3073
毛条加工	9054	91782	64167	753	
毛纺织	30176	291264	172839	20553	2940
毛染整精加工	7564	63449	51485		133
麻纺织	5431	84804	41087		
麻纺织	5431	84804	41087		

1－A－8 续表5－5

单位：个、万元、人

指标名称	长期负债合计	所有者权益合计	实收资本	国家资本	集体资本
丝绢纺织及精加工	205718	1313813	722197	25308	24160
缫丝加工	14881	88976	68682		1018
绢纺和丝织加工	171037	1086733	575847	5308	19982
丝印染精加工	19799	138104	77668	20000	3161
纺织制成品制造	174565	2277140	1498601	4455	20313
棉及化纤制品制造	63059	946142	626674		142
毛制品制造	16822	97125	65023		2388
麻制品制造	11	2333	1660		
丝制品制造	11218	311141	166994		8098
绳、索、缆的制造	6083	26357	15623		660
纺织带和帘子布制造	37725	311258	219680	1655	
无纺布制造	27229	321016	222461	2800	8657
其他纺织制成品制造	12418	261769	180486		368
针织品、编织品及其制品制造	152045	3350288	1938266	5536	15306
棉、化纤针织品及编织品制造	105679	2476992	1434641	193	7625
毛针织品及编织品制造	25484	435352	279567	3864	3031
丝针织品及编织品制造	16650	343884	157784	1479	4650
其他针织品及编织品制造	4233	94059	66274		
纺织服装、鞋、帽制造业	230503	4593281	2734739	9552	14400
纺织服装制造	226265	4510222	2688490	9501	14165
纺织服装制造	226265	4510222	2688490	9501	14165
纺织面料鞋的制造	3405	63930	31856	51	230
纺织面料鞋的制造	3405	63930	31856	51	230
制　帽	833	19128	14394		5
制　帽	833	19128	14394		5
皮革、毛皮、羽毛(绒)及其制品业	105152	2789994	1696037	285	21863
皮革鞣制加工	23440	675010	413617		17450
皮革鞣制加工	23440	675010	413617		17450
皮革制品制造	64529	1804524	1089119	285	2648
皮鞋制造	54776	1190151	698756	285	2276
皮革服装制造	2727	172657	92156		
皮箱、包(袋)制造	5132	269662	174266		50
皮手套及皮装饰制品制造	706	62193	45637		322
其他皮革制品制造	1188	109862	78305		
毛皮鞣制及制品加工	8326	75122	55829		
毛皮鞣制加工	108	13857	9008		
毛皮服装加工	7875	49409	37792		
其他毛皮制品加工	343	11857	9029		
羽毛(绒)加工及制品制造	8858	235338	137471		1765
羽毛(绒)加工	4300	12267	8980		

1-A-8 续表5-6

单位：个、万元、人

指 标 名 称	长期负债合 计	所有者权益合 计	实收资本	国家资本	集体资本
羽毛(绒)制品加工	4558	223070	128491		1765
木材加工及木、竹、藤、棕、草制品业	61917	1041628	550030	1801	1422
锯材、木片加工	987	33433	18596		30
锯材加工	395	20687	13693		
木片加工	592	12745	4904		30
人造板制造	36193	494287	291114	1796	565
胶合板制造	14721	289330	185484		565
纤维板制造	10288	86228	35192	1796	
刨花板制造	60	12243	11130		
其他人造板、材制造	11125	106486	59307		
木制品制造	13792	361350	158679	5	627
建筑用木料及木材组件加工	12497	302380	114145	5	488
木容器制造	863	15927	11516		139
软木制品及其他木制品制造	432	43044	33019		
竹、藤、棕、草制品制造	10945	152558	81641		201
竹、藤、棕、草制品制造	10945	152558	81641		201
家具制造业	76862	1435230	1063769	5	1723
木质家具制造	24189	514904	438271	5	612
木质家具制造	24189	514904	438271	5	612
竹、藤家具制造		11091	8478		
竹、藤家具制造		11091	8478		
金属家具制造	28148	604527	398799		1112
金属家具制造	28148	604527	398799		1112
塑料家具制造	63	30191	18918		
塑料家具制造	63	30191	18918		
其他家具制造	24462	274517	199304		
其他家具制造	24462	274517	199304		
造纸及纸制品业	854320	3200567	2047431	23856	11593
纸浆制造	22	7379	8586		
纸浆制造	22	7379	8586		
造 纸	759951	2109539	1431714	14925	5549
机制纸及纸板制造	755584	2049512	1386662	14506	4549
手工纸制造		988	765		
加工纸制造	4367	59040	44286	419	1000
纸制品制造	94347	1083649	607131	8931	6043
纸和纸板容器的制造	51422	797928	411278	6696	5119
其他纸制品制造	42926	285721	195853	2235	924
印刷业和记录媒介的复制	91699	1344306	729884	33064	3975
印 刷	81325	1279735	675712	26638	3975
书、报、刊印刷	14836	243524	132855	20425	1480

1－A－8　续表5－7

单位：个、万元、人

指　标　名　称	长期负债合　　计	所有者权益合　　计	实收资本	国家资本	集体资本
本册印制	5649	99830	46664		160
包装装潢及其他印刷	60839	936381	496193	6213	2335
装订及其他印刷服务活动	3160	32872	26318	300	
装订及其他印刷服务活动	3160	32872	26318	300	
记录媒介的复制	7214	31700	27853	6126	
记录媒介的复制	7214	31700	27853	6126	
文教体育用品制造业	78608	1413634	888532	854	2944
文化用品制造	7377	486677	275308		500
文具制造	4351	177015	134568		
笔的制造	1623	167152	109758		
教学用模型及教具制造	113	126140	17462		500
墨水、墨汁制造	30	3529	2130		
其他文化用品制造	1261	12842	11390		
体育用品制造	15307	291604	251945	854	1170
球类制造	4080	26984	27270	138	
体育器材及配件制造	6555	80668	64313	420	
训练健身器材制造	3296	113441	96648	296	1170
运动防护用具制造	1376	22334	29159		
其他体育用品制造		48176	34555		
乐器制造	9924	110785	84410		450
中乐器制造		828	766		
西乐器制造	5166	66606	59985		450
电子乐器制造	183	9758	4063		
其他乐器及零件制造	4574	33592	19595		
玩具制造	33950	400264	185368		569
玩具制造	33950	400264	185368		569
游艺器材及娱乐用品制造	12050	124304	91502		255
露天游乐场所游乐设备制造	25	69667	51136		105
游艺用品及室内游艺器材制造	12026	54637	40366		150
石油加工、炼焦及核燃料加工业	48135	937156	1225077	20780	3896
精炼石油产品的制造	48135	943260	1221077	20780	3896
原油加工及石油制品制造	48135	943260	1221077	20780	3896
炼　焦		－6104	4000		
炼　焦		－6104	4000		
化学原料及化学制品制造业	2202526	9252698	5258950	236910	112839
基础化学原料制造	589792	1720476	991287	137462	10287
无机酸制造	44615	144736	86159	609	
无机碱制造	19295	128529	58947	29230	
无机盐制造	9085	72259	43062	584	357
有机化学原料制造	435320	1136077	635261	102498	9826

1－A－8 续表5－8

单位：个、万元、人

指 标 名 称	长期负债合 计	所有者权益合 计	实收资本	国家资本	集体资本
其他基础化学原料制造	81476	238876	167858	4542	105
肥料制造	28208	131869	82185	6048	1813
氮肥制造	25312	99486	63994	6048	1813
磷肥制造	425	3329	1006		
复混肥料制造	2471	28140	11146		
有机肥料及微生物肥料制造		853	568		
其他肥料制造		61	5472		
农药制造	85363	742677	282340	11440	4515
化学农药制造	68956	609164	233947	11440	4335
生物化学农药及微生物农药制造	16407	133513	48393		180
涂料、油墨、颜料及类似产品制造	91526	1518100	570880	1416	21648
涂料制造	11416	376689	160968	856	6576
油墨及类似产品制造	6576	96632	54882	560	1417
颜料制造	31638	113543	67124		5539
染料制造	40806	905470	272536		8051
密封用填料及类似品制造	1090	25765	15370		65
合成材料制造	1122170	2300316	1977131	11972	59883
初级形态的塑料及合成树脂制造	480947	1354913	1158565	1920	54704
合成橡胶制造	1185	22435	10447		
合成纤维单(聚合)体的制造	639297	853595	782950	10052	4946
其他合成材料制造	741	69372	25169		234
专用化学产品制造	248862	1829632	1050595	65868	11349
化学试剂和助剂制造	64519	625518	316048	18180	3781
专项化学用品制造	78525	316822	188583	6669	2055
林产化学产品制造	1711	19170	10672		
炸药及火工产品制造	7431	37119	16300	2942	
信息化学品制造	91652	676218	408059	35613	928
环境污染处理专用药剂材料制造	1194	34017	22422	563	4586
动物胶制造	102	30431	25386		
其他专用化学产品制造	3727	90338	63125	1902	
日用化学产品制造	36604	1009628	304532	2705	3343
肥皂及合成洗涤剂制造	22349	548456	84747		1709
化妆品制造	3003	205936	84371		
口腔清洁用品制造	300	1430	1160		
香料、香精制造	7587	155764	72693	2705	1634
其他日用化学产品制造	3364	98041	61560		
医药制造业	275958	3159239	1327352	56029	14767
化学药品原药制造	113630	1538631	503025	34304	8733
化学药品原药制造	113630	1538631	503025	34304	8733
化学药品制剂制造	105216	704024	382535	17117	2223

1－A－8 续表5－9

单位：个、万元、人

指标名称	长期负债合计	所有者权益合计	实收资本	国家资本	集体资本
化学药品制剂制造	105216	704024	382535	17117	2223
中药饮片加工	704	40107	28546	300	800
中药饮片加工	704	40107	28546	300	800
中成药制造	17050	336680	161513	3062	2200
中成药制造	17050	336680	161513	3062	2200
兽用药品制造	10673	94145	47177		
兽用药品制造	10673	94145	47177		
生物、生化制品的制造	20684	361802	154174	1246	374
生物、生化制品的制造	20684	361802	154174	1246	374
卫生材料及医药用品制造	8000	83850	50382		436
卫生材料及医药用品制造	8000	83850	50382		436
化学纤维制造业	649285	4007066	2308305	598	28187
纤维素纤维原料及纤维制造	24418	52003	62323	598	
化纤浆粕制造	649	2785	1128	598	
人造纤维（纤维素纤维）制造	23768	49218	61196		
合成纤维制造	624868	3955063	2245982		28187
锦纶纤维制造	30172	162288	110272		
涤纶纤维制造	450428	2907348	1487606		28036
腈纶纤维制造	5000	－48925	38407		
维纶纤维制造		283	280		
其他合成纤维制造	139268	934071	609417		151
橡胶制品业	214790	1246283	658900	310	2755
轮胎制造	183496	626406	356891	310	452
车辆、飞机及工程机械轮胎制造	183276	612605	346831		62
力车胎制造		11551	8202		200
轮胎翻新加工	219	2250	1858	310	190
橡胶板、管、带的制造	11752	239584	100648		219
橡胶板、管、带的制造	11752	239584	100648		219
橡胶零件制造	8202	143343	63791		501
橡胶零件制造	8202	143343	63791		501
再生橡胶制造	752	10478	4990		100
再生橡胶制造	752	10478	4990		100
日用及医用橡胶制品制造	5	19743	11431		218
日用及医用橡胶制品制造	5	19743	11431		218
橡胶靴鞋制造	9195	145030	85803		265
橡胶靴鞋制造	9195	145030	85803		265
其他橡胶制品制造	1389	61699	35347		1001
其他橡胶制品制造	1389	61699	35347		1001
塑料制品业	367068	4599376	2500120	9736	37763
塑料薄膜制造	195916	1033364	536789	5822	16609

1－A－8 续表5－10 单位：个、万元、人

指标名称	长期负债合计	所有者权益合计	实收资本	国家资本	集体资本
塑料薄膜制造	195916	1033364	536789	5822	16609
塑料板、管、型材的制造	38450	891381	492039	2710	5556
塑料板、管、型材的制造	38450	891381	492039	2710	5556
塑料丝、绳及编织品的制造	4594	221301	164601	302	2310
塑料丝、绳及编织品的制造	4594	221301	164601	302	2310
泡沫塑料制造	5761	172266	95627		1083
泡沫塑料制造	5761	172266	95627		1083
塑料人造革、合成革制造	17203	534793	306792		
塑料人造革、合成革制造	17203	534793	306792		
塑料包装箱及容器制造	34210	464458	264141		4752
塑料包装箱及容器制造	34210	464458	264141		4752
塑料零件制造	32753	473494	235608	330	3293
塑料零件制造	32753	473494	235608	330	3293
日用塑料制造	25383	583854	287520	573	3241
塑料鞋制造	2478	55821	31677		
日用塑料杂品制造	22906	528033	255842	573	3241
其他塑料制品制造	12799	224467	117004		920
其他塑料制品制造	12799	224467	117004		920
非金属矿物制品业	1191135	5386554	3263710	244099	38741
水泥、石灰和石膏的制造	401392	1984077	1216271	227994	19433
水泥制造	401251	1965278	1206980	227799	19425
石灰和石膏制造	141	18798	9291	195	8
水泥及石膏制品制造	98437	1065229	682742	9081	10777
水泥制品制造	66702	899107	558568	8972	5673
砼结构构件制造	11190	97231	65419		4309
石棉水泥制品制造		2296	1019		60
轻质建筑材料制造	19631	59389	52089	109	234
其他水泥制品制造	913	7206	5647		500
砖瓦、石材及其他建筑材料制造	19231	337484	201449	53	5663
粘土砖瓦及建筑砌块制造	3491	71944	34756	53	1146
建筑陶瓷制品制造	605	120058	60308		1311
建筑用石加工	1434	32037	24123		2314
防水建筑材料制造	8268	46486	24874		866
隔热和隔音材料制造	4376	51622	46460		25
其他建筑材料制造	1059	15336	10928		
玻璃及玻璃制品制造	641485	1596347	966702	6972	553
平板玻璃制造	58765	162570	128559		210
技术玻璃制品制造	261839	604414	366885		
光学玻璃制造		2056	1489		
玻璃仪器制造	383	3033	2718		

1－A－8 续表5－11

单位：个、万元、人

指标名称	长期负债合计	所有者权益合计	实收资本	国家资本	集体资本
日用玻璃制品及玻璃包装容器制造	6862	249455	99079		33
玻璃保温容器制造	50	6707	3962		
玻璃纤维及制品制造	312184	483147	298762		
玻璃纤维增强塑料制品制造	775	34090	26795		
其他玻璃制品制造	628	50875	38453	6972	310
陶瓷制品制造	1525	84454	44907		136
卫生陶瓷制品制造		40647	26432		130
特种陶瓷制品制造	1375	29125	14038		6
日用陶瓷制品制造	150	13754	4023		
园林、陈设艺术及其他陶瓷制品制造		927	414		
耐火材料制品制造	8302	166879	88120		1468
石棉制品制造	395	26336	11107		
云母制品制造	810	2559	1073		13
耐火陶瓷制品及其他耐火材料制造	7097	137984	75940		1455
石墨及其他非金属矿物制品制造	20763	152084	63519		712
石墨及碳素制品制造	12939	80639	37959		
其他非金属矿物制品制造	7823	71445	25560		712
黑色金属冶炼及压延加工业	908349	3428268	2191543	317864	8783
炼 铁	1315	1710	375		
炼 铁	1315	1710	375		
炼 钢	11605	76981	43971	50	
炼 钢	11605	76981	43971	50	
钢压延加工	893576	3296729	2108992	317814	8783
钢压延加工	893576	3296729	2108992	317814	8783
铁合金冶炼	1854	52849	38205		
铁合金冶炼	1854	52849	38205		
有色金属冶炼及压延加工业	223189	2430709	1256008	10022	11117
常用有色金属冶炼	42220	398154	177698	959	1736
铜冶炼	5118	143422	43709		1720
铅锌冶炼	9424	23980	10406	959	
镍钴冶炼	25045	122797	62962		
锡冶炼		167	150		
铝冶炼	244	97707	54844		16
镁冶炼	160	1300	790		
其他常用有色金属冶炼	2230	8782	4839		
贵金属冶炼	305	51396	30638	5203	72
金冶炼	35	43875	23244	5203	26
银冶炼	270	5976	5664		46
其他贵金属冶炼		1546	1730		
稀有稀土金属冶炼	22	35774	32933		

1－A－8 续表5－12

单位：个、万元、人

指 标 名 称	长期负债合计	所有者权益合计	实收资本	国家资本	集体资本
钨钼冶炼		1403	1431		
稀土金属冶炼	22	34371	31502		
有色金属合金制造	2607	122697	91293	3060	516
有色金属合金制造	2607	122697	91293	3060	516
有色金属压延加工	178035	1822687	923446	800	8793
常用有色金属压延加工	176773	1790211	913266	800	8502
贵金属压延加工		18939	1600		
稀有稀土金属压延加工	1263	13537	8580		291
金属制品业	365734	5151019	2905767	13668	20980
结构性金属制品制造	59148	1731332	854613	2430	2491
金属结构制造	42772	1188468	606649	2430	2276
金属门窗制造	16376	542864	247965		216
金属工具制造	12453	536664	315939		1619
切削工具制造	1211	121175	67355		50
手工具制造	2652	214836	112657		1226
农用及园林用金属工具制造	1083	84402	66558		4
刀剪及类似日用金属工具制造	5643	51621	29565		71
其他金属工具制造	1863	64630	39805		268
集装箱及金属包装容器制造	28029	361973	225064	3962	779
集装箱制造	14577	53258	45563	3304	
金属压力容器制造	9705	78972	45625	99	28
金属包装容器制造	3747	229743	133876	559	751
金属丝绳及其制品的制造	58672	323145	223090		4014
金属丝绳及其制品的制造	58672	323145	223090		4014
建筑、安全用金属制品制造	82008	807218	522021	7216	8936
建筑、家具用金属配件制造	48120	397676	265772		
建筑装饰及水暖管道零件制造	29293	319510	198592	7164	8836
安全、消防用金属制品制造	3645	76991	46914		50
其他建筑、安全用金属制品制造	951	13042	10743	52	50
金属表面处理及热处理加工	69437	427092	236823		540
金属表面处理及热处理加工	69437	427092	236823		540
搪瓷制品制造	48	31448	21296		116
工业生产配套用搪瓷制品制造		1351	783		
搪瓷卫生洁具制造	48	13684	12299		
搪瓷日用品及其他搪瓷制品制造		16413	8214		116
不锈钢及类似日用金属制品制造	52767	800429	418548		1509
金属制厨房调理及卫生器具制造	17830	152955	79888		1494
金属制厨用器皿及餐具制造	25231	518544	256640		
其他日用金属制品制造	9706	128931	82020		15
其他金属制品制造	3172	131718	88372	60	977

1-A-8 续表5-13 单位：个、万元、人

指标名称	长期负债合计	所有者权益合计			
			实收资本	国家资本	集体资本
其他未列明的金属制品制造	3172	131718	88372	60	977
通用设备制造业	839510	10620519	5618556	133607	25241
锅炉及原动机制造	26398	552078	226233	33922	2650
锅炉及辅助设备制造	12732	174015	101058	3414	100
内燃机及配件制造	2679	112081	39568	2700	
汽轮机及辅机制造	10928	248389	74156	25700	2550
水轮机及辅机制造	60	14581	8401	2108	
其他原动机制造		3012	3050		
金属加工机械制造	98596	772825	412295	2765	1528
金属切削机床制造	47753	391700	189226	1767	164
金属成形机床制造	12941	138053	78920		155
铸造机械制造	15597	34736	20922	17	463
金属切割及焊接设备制造	9897	86249	57829	40	500
机床附件制造	10272	68380	36284	61	160
其他金属加工机械制造	2135	53707	29113	880	86
起重运输设备制造	35666	786352	415340	1516	2660
起重运输设备制造	35666	786352	415340	1516	2660
泵、阀门、压缩机及类似机械的制造	197131	2482863	1436171	5048	3301
泵及真空设备制造	38487	637115	351336	4176	2589
气体压缩机械制造	72181	286077	229521	367	130
阀门和旋塞的制造	51807	1218735	707452		277
液压和气压动力机械及元件制造	34656	340936	147862	505	305
轴承、齿轮、传动和驱动部件的制造	173141	1770808	891583	18759	594
轴承制造	66110	1125887	580385	38	237
齿轮、传动和驱动部件制造	107031	644921	311198	18721	357
烘炉、熔炉及电炉制造	2467	30142	14726		
烘炉、熔炉及电炉制造	2467	30142	14726		
风机、衡器、包装设备等通用设备制造	139699	1817713	918851	70499	5669
风机、风扇制造	5917	219410	74813	282	
气体、液体分离及纯净设备制造	32763	273510	137090	293	
制冷、空调设备制造	62156	658658	305663	24699	721
风动和电动工具制造	27196	366071	215589	306	238
喷枪及类似器具制造	682	63289	35235		10
包装专用设备制造	7022	81947	48496		
衡器制造	967	16488	7949		
其他通用设备制造	2995	138342	94018	44918	4700
通用零部件制造及机械修理	108545	1675646	926986	1088	1343
金属密封件制造	6476	97375	56946		244
紧固件、弹簧制造	66413	1021965	629776	274	634
机械零部件加工及设备修理	2998	172033	114122	800	307

1－A－8 续表5－14 单位：个、万元、人

指标名称	长期负债合计	所有者权益合计	实收资本	国家资本	集体资本
其他通用零部件制造	32660	384274	126141	14	159
金属铸、锻加工	57868	732092	376372	11	7497
钢铁铸件制造	30796	501228	254612	11	6468
锻件及粉末冶金制品制造	27072	230864	121760		1029
专用设备制造业	290406	4136813	2227716	39770	46915
矿山、冶金、建筑专用设备制造	26396	279208	154111	1500	4
采矿、采石设备制造	4219	58012	31060		
石油钻采专用设备制造	806	21627	10625	1500	
建筑工程用机械制造	16545	139730	77909		
建筑材料生产专用机械制造	2084	32331	13643		
冶金专用设备制造	2742	27507	20875		4
化工、木材、非金属加工专用设备制造	82343	1433447	704864	17	5668
炼油、化工生产专用设备制造	5412	104383	63174	3	308
橡胶加工专用设备制造	2376	22404	12323		
塑料加工专用设备制造	23233	659517	240218		4450
木材加工机械制造	3186	17281	17446		
模具制造	48096	625905	369858	14	910
其他非金属加工专用设备制造	40	3957	1846		
食品、饮料、烟草及饲料生产专用设备制造	2255	105143	51453		60
食品、饮料、烟草工业专用设备制造	1921	82031	32986		60
农副食品加工专用设备制造	334	21266	17657		
饲料生产专用设备制造		1846	810		
印刷、制药、日化生产专用设备制造	2565	148981	94859		674
制浆和造纸专用设备制造	305	14614	9675		
印刷专用设备制造	1277	74211	42921		106
日用化工专用设备制造	49	3257	5521		
制药专用设备制造	661	45657	27569		568
照明器具生产专用设备制造	44	3512	3029		
玻璃、陶瓷和搪瓷制品生产专用设备制造	3	4905	3279		
其他日用品生产专用设备制造	227	2824	2866		
纺织、服装和皮革工业专用设备制造	61525	932617	535276	1675	26537
纺织专用设备制造	26636	341999	189658	1500	811
皮革、毛皮及其制品加工专用设备制造	1170	33989	25935		487
缝纫机械制造	33719	545304	311014	175	25240
其他服装加工专用设备制造		11326	8668		
电子和电工机械专用设备制造	9978	136941	90752	1050	149
电工机械专用设备制造	797	14300	11192		100
电子工业专用设备制造	8619	119952	78560	50	49
武器弹药制造	562	2689	1000	1000	
农、林、牧、渔专用机械制造	43775	160987	127539	14560	9639

1-A-8 续表5-15 单位：个、万元、人

指 标 名 称	长期负债合计	所有者权益合计			
			实收资本	国家资本	集体资本
拖拉机制造	37750	41426	42233	8758	339
机械化农业及园艺机具制造	5652	101533	73369	5801	9300
畜牧机械制造		188	15		
渔业机械制造	215	1020	568		
农林牧渔机械配件制造	158	14804	10232		
其他农林牧渔业机械制造及机械修理		2015	1122		
医疗仪器设备及器械制造	21886	262954	156563	800	887
医疗诊断、监护及治疗设备制造	12158	63713	39626		519
口腔科用设备及器具制造		737	1437		
实验室及医用消毒设备和器具的制造	232	7761	6091		200
医疗、外科及兽医用器械制造	8228	138404	72241	800	168
机械治疗及病房护理设备制造	559	23542	14154		
假肢、人工器官及植（介）入器械制造	43	4704	1600		
其他医疗设备及器械制造	666	24092	21415		
环保、社会公共安全及其他专用设备制造	39684	676536	312299	20168	3297
环境污染防治专用设备制造	22717	397082	173046	18247	758
地质勘查专用设备制造	159	7634	4008		
邮政专用机械及器材制造	42	1601	981	421	
商业、饮食、服务业专用设备制造		484	308		
社会公共安全设备及器材制造	16580	213710	95314		216
交通安全及管制专用设备制造		1053	910		
水资源专用机械制造	64	8072	6632	1500	1417
其他专用设备制造	122	46900	31100		905
交通运输设备制造业	1500938	8465871	4800393	116319	82199
铁路运输设备制造	361	27928	18445	500	612
铁路机车车辆配件制造	290	7952	4982		
铁路专用设备及器材、配件制造	71	15717	8978		612
其他铁路设备制造及设备修理		4260	4485	500	
汽车制造	583366	5218540	2871420	40275	72519
汽车整车制造	116843	776963	501917	29921	
改装汽车制造	1013	24614	19041		
汽车车身、挂车的制造	605	7498	9929		
汽车零部件及配件制造	462715	4366602	2313110	9286	72489
汽车修理	2190	42863	27424	1067	30
摩托车制造	61758	861814	327523	3980	8342
摩托车整车制造	28757	281832	52927	3980	8000
摩托车零部件及配件制造	33000	579982	274596		342
自行车制造	11064	268481	189928		214
脚踏自行车及残疾人座车制造	3336	133527	73432		214
助动自行车制造	7729	134954	116496		

1－A－8　续表 5－16　　　　单位：个、万元、人

指标名称	长期负债合计	所有者权益合计	实收资本	国家资本	集体资本
船舶及浮动装置制造	843564	2017130	1340276	68765	333
金属船舶制造	705214	1489964	1025750	68765	
非金属船舶制造		37136	18362		
娱乐船和运动船的建造和修理	326	50344	50466		
船用配套设备制造	105408	226219	153661		
船舶修理及拆船	32616	213467	92037		333
航空航天器制造		13391	4670		
飞机制造及修理		1722	1160		
其他飞行器制造		11669	3510		
交通器材及其他交通运输设备制造	825	58588	48132	2800	180
潜水及水下救捞装备制造		2800	2800	2800	
交通管理用金属标志及设施制造	825	44360	33786		180
其他交通运输设备制造		11427	11547		
电气机械及器材制造业	858727	11814210	6135393	23985	61854
电机制造	96762	1757920	860934	9662	22839
发电机及发电机组制造	23566	285762	161763	8707	1
电动机制造	50263	786202	301161	955	2606
微电机及其他电机制造	22933	685956	398009		20231
输配电及控制设备制造	150793	3750775	2114247	4157	22783
变压器、整流器和电感器制造	22403	502910	264023	2547	3476
电容器及其配套设备制造	1961	102510	38789	150	390
配电开关控制设备制造	111494	2318281	1267177	1310	17426
电力电子元器件制造	8627	662873	453636		286
其他输配电及控制设备制造	6309	164201	90622	150	1205
电线、电缆、光缆及电工器材制造	204001	2071506	998841	5910	8140
电线电缆制造	183506	1759917	832198	2018	7409
光纤、光缆制造	16906	213781	119423		96
绝缘制品制造	1450	35730	18193		300
其他电工器材制造	2138	62078	29027	3893	335
电池制造	78740	834105	487465	325	5196
电池制造	78740	834105	487465	325	5196
家用电力器具制造	214239	1900561	952433	2555	1660
家用制冷电器具制造	73467	256801	106996	200	404
家用空气调节器制造	29842	233764	132156		
家用通风电器具制造	1117	143416	71477	2355	516
家用厨房电器具制造	29381	417937	198090		258
家用清洁卫生电器具制造	37287	355699	140375		
家用美容、保健电器具制造	8283	72609	50754		175
家用电力器具专用配件制造	17549	200485	114379		308
其他家用电力器具制造	17314	219849	138207		...

1－A－8 续表5－17

单位：个、万元、人

指 标 名 称	长期负债合计	所有者权益合计	实收资本	国家资本	集体资本
非电力家用器具制造	18437	174425	80029	699	187
燃气、太阳能及类似能源的器具制造	15643	128472	49848	699	187
其他非电力家用器具制造	2794	45953	30181		
照明器具制造	92323	1169504	543994	486	951
电光源制造	28936	342153	151248		144
照明灯具制造	54785	701730	332215		505
灯用电器附件及其他照明器具制造	8602	125621	60532	486	302
其他电气机械及器材制造	3432	155414	97451	193	98
车辆专用照明及电气信号设备装置制造	2063	122914	77814	193	
其他未列明的电气机械制造	1369	32500	19636		98
通信设备、计算机及其他电子设备制造业	580251	5989590	3478923	101461	15984
通信设备制造	37358	1338681	915455	65626	753
通信传输设备制造	8126	176677	89284	3753	253
通信交换设备制造	7139	63003	44905		
通信终端设备制造	619	29980	20965		
移动通信及终端设备制造	19691	827407	613559	61873	
其他通信设备制造	1783	241615	146741		500
雷达及配套设备制造		2933	1892		
雷达及配套设备制造		2933	1892		
广播电视设备制造	15912	238718	113062	1755	
广播电视节目制作及发射设备制造	34	9587	6676	1755	
广播电视接收设备及器材制造	5305	96420	65277		
应用电视设备及其他广播电视设备制造	10573	132711	41109		
电子计算机制造	274970	1304697	640223	3100	2332
电子计算机整机制造		30353	21794		
计算机网络设备制造	196	327684	95477	3100	
电子计算机外部设备制造	274775	946660	522952		2332
电子器件制造	89839	915672	644591	5860	2885
电子真空器件制造	8	15873	11366	2000	
半导体分立器件制造	59858	289283	199880		35
集成电路制造	13350	302704	221022	1620	
光电子器件及其他电子器件制造	16623	307812	212323	2240	2850
电子元件制造	111688	1841503	961875	14535	7706
电子元件及组件制造	104592	1718956	864466	14535	7666
印制电路板制造	7096	122547	97410		40
家用视听设备制造	45406	234555	127758	10585	2308
家用影视设备制造	43213	154276	72766	10585	2283
家用音响设备制造	2193	80279	54992		25
其他电子设备制造	5078	112832	74067		
其他电子设备制造	5078	112832	74067		

1-A-8 续表 5-18

单位：个、万元、人

指标名称	长期负债合计	所有者权益合计			
			实收资本		
				国家资本	集体资本
仪器仪表及文化、办公用机械制造业	222754	2239293	1109520	8256	12069
通用仪器仪表制造	112324	1195368	498542	2375	6680
工业自动控制系统装置制造	18418	365866	167087	386	4850
电工仪器仪表制造	4791	176232	98956		597
绘图、计算及测量仪器制造	4057	73306	50654		250
实验分析仪器制造	5091	44500	27335	25	140
试验机制造	415	13571	7808	1675	
供应用仪表及其他通用仪器制造	79552	521893	146701	288	843
专用仪器仪表制造	26938	333118	186992	1939	156
环境监测专用仪器仪表制造	583	21922	13373		
汽车及其他用计数仪表制造	20905	170992	89702	1124	156
导航、气象及海洋专用仪器制造	1000	13768	6211	509	
农林牧渔专用仪器仪表制造		749	540		
地质勘探和地震专用仪器制造		269	151		
教学专用仪器制造	257	54553	38697	306	
电子测量仪器制造	4193	36016	27285		
其他专用仪器制造		34850	11034		
钟表与计时仪器制造	13528	44306	26154		396
钟表与计时仪器制造	13528	44306	26154		396
光学仪器及眼镜制造	54200	429768	238574	2050	1837
光学仪器制造	37517	182488	85322	1243	1837
眼镜制造	16683	247280	153251	808	
文化、办公用机械制造	15565	216853	140447	1892	1128
电影机械制造	3	2213	2100		
幻灯及投影设备制造		565	161		
照相机及器材制造	129	71640	44341		
复印和胶印设备制造	1108	25585	13496	200	
计算器及货币专用设备制造	122	38761	43767	1692	1128
其他文化、办公用机械制造	14203	78088	36582		
其他仪器仪表的制造及修理	199	19881	18812		1872
其他仪器仪表的制造及修理	199	19881	18812		1872
工艺品及其他制造业	144181	2184412	1134230	2838	1429
工艺美术品制造	86878	1359337	729195	611	1081
雕塑工艺品制造	9323	95308	59883		112
金属工艺品制造	2988	138787	81451	...	53
漆器工艺品制造	900	43708	26354		100
花画工艺品制造	82	22024	13931		
天然植物纤维编织工艺品制造	4805	37125	22131		816
抽纱刺绣工艺品制造	26862	347587	183927		

1－A－8 续表5－19 单位：个、万元、人

指标名称	长期负债合计	所有者权益合计	实收资本	国家资本	集体资本
地毯、挂毯制造	12383	81755	59353		
珠宝首饰及有关物品的制造	18270	338817	107699	611	
其他工艺美术品制造	11266	254226	174466		
日用杂品制造	52396	798547	385092	2227	348
制镜及类似品加工	119	54116	23284		
鬃毛加工、制刷及清扫工具的制造	5393	50151	37638		
其他日用杂品制造	46885	694280	324170	2227	348
煤制品制造	166	5153	4000		
煤制品制造	166	5153	4000		
核辐射加工	1250	820	1580		
核辐射加工	1250	820	1580		
其他未列明的制造业	3490	20555	14364		
其他未列明的制造业	3490	20555	14364		
废弃资源和废旧材料回收加工业	27167	153820	153047	2082	70
金属废料和碎屑的加工处理	26438	99581	121460	1782	70
金属废料和碎屑的加工处理	26438	99581	121460	1782	70
非金属废料和碎屑的加工处理	729	54239	31587	300	
非金属废料和碎屑的加工处理	729	54239	31587	300	
电力、燃气及水的生产和供应业	**13343686**	**12860821**	**6553472**	**2884958**	**92283**
电力、热力的生产和供应业	11681481	10548402	5278035	2002069	73159
电力生产	7692897	5914509	4366917	1198582	58369
火力发电	4198294	3576747	2921699	765712	53451
水力发电	998045	985413	869673	431035	4918
核力发电	2430759	1279055	502793		
其他能源发电	65799	73295	72753	1835	
电力供应	3878342	4484693	801922	783250	11672
电力供应	3878342	4484693	801922	783250	11672
热力生产和供应	110242	149199	109196	20238	3118
热力生产和供应	110242	149199	109196	20238	3118
燃气生产和供应业	289956	480610	315625	178880	850
燃气生产和供应业	289956	480610	315625	178880	850
燃气生产和供应业	289956	480610	315625	178880	850
水的生产和供应业	1372250	1831809	959811	704008	18274
自来水的生产和供应	918494	1503504	775622	634721	16874
自来水的生产和供应	918494	1503504	775622	634721	16874
污水处理及其再生利用	453756	326108	182189	69287	1400
污水处理及其再生利用	453756	326108	182189	69287	1400
其他水的处理、利用与分配		2197	2000		
其他水的处理、利用与分配		2197	2000		

1-A-8 续表6-1

单位：个、万元、人

指 标 名 称					主营业务收 入
	法人资本	个人资本	港澳台资本	外商资本	
总 计	**22069008**	**25620184**	**9303843**	**12728917**	**396306043**
一、按轻重工业分					
轻工业	7956015	11591930	4987995	5300427	164461425
重工业	14112993	14028255	4315847	7428490	231844619
二、按规模分					
大型企业	3413878	1547208	903340	1572493	73133045
中型企业	9106484	8115422	3412761	4553864	147108528
小型企业	9548645	15957555	4987742	6602561	176064470
三、按登记注册类型分					
内 资	**17136720**	**23867672**	**234884**	**235164**	**288786767**
国 有	747188	1984			26609128
集 体	77250	5936	260	54	1378398
股份合作企业	90522	330469	24	560	3456761
联营企业	15566	492	3		176931
国有联营	5052				5239
集体联营		92	3		69385
国有与集体联营					55908
其他联营	10514	400			46398
有限责任公司	7043075	3759684	62241	81928	63109151
国有独资公司	115104				1670467
其他有限责任公司	6927971	3759684	62241	81928	61438683
股份有限公司	2697566	2129877	39738	50522	31757607
私营企业	6404344	17575664	115434	91832	161322418
私营独资	244071	789814	616	727	10797078
私营合伙	45611	241703	2679		2653677
私营有限责任公司	5708865	15897986	90398	79585	138227653
私营股份有限公司	405797	646162	21741	11520	9644010
其 他	61210	63568	17184	10268	976372
港澳台商投资	**2397097**	**799087**	**8950269**	**44434**	**46411388**
与港澳台商合资经营	2254424	756736	2962737	25804	28925852
与港澳台商合作经营	69614	22986	101022	1700	729124
港澳台商独资	27092	7971	5642568	16483	15662125
港澳台商投资股份有限公司	45967	11394	243942	447	1094286
外商投资	**2535191**	**953425**	**118690**	**12449320**	**61107889**
中外合资经营	2283584	826500	94770	3840201	33905469
中外合作经营	44474	53434	3222	121298	1026939
外资企业	134927	41740	16247	8085430	23720486
外商投资股份有限公司	72206	31751	4452	402390	2454995
四、按控股情况分					
国有控股	5296422	140004	80820	264551	53572113

1－A－8 续表 6－2

单位：个、万元、人

指 标 名 称	法人资本	个人资本	港澳台资本	外商资本	主营业务收 入
集体控股	1314251	101180	70921	80817	10733153
私人控股	12085541	24977180	842757	982765	252232852
港澳台商控股	1049154	169116	8118794	66731	29369267
外商控股	920902	168010	45028	11215433	41904295
其 他	1402737	64695	145522	118621	8494364
五、按国民经济行业(门类、大类、中类、小类)分					
采矿业	**59887**	**91562**	**13487**	**34551**	**1389154**
煤炭开采和洗选业	2600				89536
烟煤和无烟煤的开采洗选	2600				89536
烟煤和无烟煤的开采洗选	2600				89536
黑色金属矿采选业	10987	1283		4966	220883
铁矿采选	10987	1283		4966	220883
铁矿采选	10987	1283		4966	220883
有色金属矿采选业	4790	29547			261638
常用有色金属矿采选	1410	14238			206671
铜矿采选	510	5590			127580
铅锌矿采选	900	8648			79090
贵金属矿采选		1210			2997
金矿采选		530			1362
银矿采选		680			1635
稀有稀土金属矿采选	3380	14100			51971
钨钼矿采选		14100			46371
放射性金属矿采选	3380				5600
非金属矿采选业	41510	60732	13487	29585	817096
土砂石开采	40455	56707	13487	29585	769425
石灰石、石膏开采	5650	4692		21547	96191
建筑装饰用石开采	22619	9088	1468	6507	304758
耐火土石开采	3185	14125	91		103217
粘土及其他土砂石开采	9001	28801	11927	1531	265259
化学矿采选	120	425			9738
化学矿采选	120	425			9738
采 盐		240			1605
采 盐		240			1605
石棉及其他非金属矿采选	935	3360			36329
其他非金属矿采选	935	3360			36329
制造业	**19180603**	**25294322**	**9088791**	**12382519**	**367672504**
农副食品加工业	256851	384310	88691	187548	6125905
谷物磨制	2620	10681	440	414	276801
谷物磨制	2620	10681	440	414	276801
饲料加工	24410	61594	4394	12813	1031649

1－A－8 续表6－3

单位：个、万元、人

指 标 名 称					主营业务收 入
	法人资本	个人资本	港澳台资本	外商资本	
饲料加工	24410	61594	4394	12813	1031649
植物油加工	16694	14139	6417	85978	1125172
食用植物油加工	16402	13477	6417	85978	1118015
非食用植物油加工	292	662			7157
屠宰及肉类加工	34421	46941	8601	816	685155
畜禽屠宰	10794	3122	942	38	213089
肉制品及副产品加工	23628	43819	7659	778	472066
水产品加工	124269	158245	20719	55783	2026649
水产品冷冻加工	102707	132521	8414	48044	1683205
鱼糜制品及水产品干腌制加工	16246	12576	9987	7395	224857
水产饲料制造	4067	11482	2318		103152
鱼油提取及制品的制造		1100			2224
其他水产品加工	1249	567		344	13211
蔬菜、水果和坚果加工	49479	63113	6683	20824	700181
蔬菜、水果和坚果加工	49479	63113	6683	20824	700181
其他农副食品加工	4957	29598	41438	10920	280298
淀粉及淀粉制品的制造	620	10708		6203	34780
豆制品制造	3175	6462		4718	92268
蛋品加工	668	3800			56130
其他未列明的农副食品加工	494	8628	41438		97120
食品制造业	127235	190621	116851	175055	2846441
焙烤食品制造	4406	13437	24278	22224	260206
糕点、面包制造	2374	6324	5874	1581	78888
饼干及其他焙烤食品制造	2032	7114	18404	20643	181318
糖果、巧克力及蜜饯制造	1863	11797	4531	34188	178576
糖果、巧克力制造	1385	1718	4531	33447	115895
蜜饯制作	478	10079		741	62681
方便食品制造	19811	12971	41780	40760	684668
米、面制品制造	6474	6102	1241		77235
速冻食品制造	8067	2299	5467	22042	108197
方便面及其他方便食品制造	5271	4571	35072	18717	499236
液体乳及乳制品制造	9860	21099	7822		188103
液体乳及乳制品制造	9860	21099	7822		188103
罐头制造	27999	55679	4255	29602	531555
肉、禽类罐头制造	1000	560		240	30523
水产品罐头制造		11345		5733	38034
蔬菜、水果罐头制造	15135	42456	4255	11282	366366
其他罐头食品制造	11864	1318		12348	96631
调味品、发酵制品制造	6650	29128	15975	13016	230831
味精制造	492	14115	8900		88870

1－A－8 续表6－4

单位：个、万元、人

指 标 名 称					主营业务
	法人资本	个人资本	港澳台资本	外商资本	收 入
酱油、食醋及类似制品的制造	3908	6022	207	143	68260
其他调味品、发酵制品制造	2250	8991	6867	12872	73701
其他食品制造	56647	46510	18211	35267	772504
营养、保健食品制造	21215	14263	9710	13959	214630
冷冻饮品及食用冰制造	13127	4573	5636	370	100191
盐加工	800				10625
食品及饲料添加剂制造	21454	26858	2866	20938	441288
其他未列明的食品制造	50	816			5770
饮料制造业	288019	133004	148196	255904	4513072
酒精制造	655	1920	1225		9376
酒精制造	655	1920	1225		9376
酒的制造	107118	61619	45239	113082	974514
白酒制造	4300	2765		9935	32382
啤酒制造	54389	29071	42862	96280	521110
黄酒制造	43860	25653	2377	6867	398029
其他酒制造	4569	4130			22994
软饮料制造	156375	18729	97053	133829	2995081
碳酸饮料制造	23974	50	10375	25401	366309
瓶（罐）装饮用水制造	61402	4967	1010	19427	1260155
果菜汁及果菜汁饮料制造	7961	5904	29176	14731	91267
含乳饮料和植物蛋白饮料制造	17386	2932	16549	42728	380858
固体饮料制造	14307	1737	2768	184	36816
茶饮料及其他软饮料制造	31346	3138	37176	31357	859675
精制茶加工	23872	50736	4679	8994	534102
精制茶加工	23872	50736	4679	8994	534102
烟草制品业	85	4300	1400		2156506
卷烟制造					2143902
卷烟制造					2143902
其他烟草制品加工	85	4300	1400		12604
其他烟草制品加工	85	4300	1400		12604
纺织业	2055722	3440935	1793474	1025361	43391993
棉、化纤纺织及印染精加工	984555	1806142	738638	416970	22226283
棉、化纤纺织加工	672245	1273652	419427	189344	14176804
棉、化纤印染精加工	312310	532490	319211	227627	8049479
毛纺织和染整精加工	53597	94210	93648	22656	1166460
毛条加工	155	10360	52118	781	229095
毛纺织	37202	66341	32084	13719	787421
毛染整精加工	16241	17509	9446	8156	149944
麻纺织	13551	10802	14078	2657	145296
麻纺织	13551	10802	14078	2657	145296

1-A-8 续表6-5

单位：个、万元、人

指标名称	法人资本	个人资本	港澳台资本	外商资本	主营业务收入
丝绢纺织及精加工	153707	241441	234033	43549	3851620
缫丝加工	19259	27453	19913	1039	400579
绢纺和丝织加工	118899	180131	210929	40599	3141669
丝印染精加工	15549	33856	3192	1911	309372
纺织制成品制造	433196	514349	269568	256720	6272854
棉及化纤制品制造	216035	173894	106020	130584	2807455
毛制品制造	7862	29453	10813	14506	364702
麻制品制造	288	635	737		12022
丝制品制造	37173	73281	36072	12370	825762
绳、索、缆的制造	4725	5740	1313	3184	83651
纺织带和帘子布制造	87486	73749	26593	30198	707597
无纺布制造	44600	106373	22514	37518	916997
其他纺织制成品制造	35027	51223	65506	28361	554669
针织品、编织品及其制品制造	417116	773991	443509	282808	9729479
棉、化纤针织品及编织品制造	322785	535926	335400	232712	7271260
毛针织品及编织品制造	37590	126107	72597	36378	1293795
丝针织品及编织品制造	39737	77339	27072	7507	877097
其他针织品及编织品制造	17004	34619	8440	6211	287328
纺织服装、鞋、帽制造业	514475	937400	688371	570542	13973368
纺织服装制造	508951	916265	684864	554745	13677903
纺织服装制造	508951	916265	684864	554745	13677903
纺织面料鞋的制造	3747	15314	1815	10698	218764
纺织面料鞋的制造	3747	15314	1815	10698	218764
制　帽	1776	5821	1692	5100	76702
制　帽	1776	5821	1692	5100	76702
皮革、毛皮、羽毛(绒)及其制品业	397835	751127	154850	370077	10489439
皮革鞣制加工	94072	108887	48150	145058	1481854
皮革鞣制加工	94072	108887	48150	145058	1481854
皮革制品制造	261746	570219	65761	188460	7778144
皮鞋制造	189163	403868	17585	85579	5097664
皮革服装制造	21834	46327	9614	14381	886449
皮箱、包(袋)制造	24192	70157	33978	45889	1242173
皮手套及皮装饰制品制造	2960	22245	833	19276	192851
其他皮革制品制造	23597	27623	3749	23335	359007
毛皮鞣制及制品加工	6859	23856	15811	9304	255221
毛皮鞣制加工	2918	2953	1731	1406	46124
毛皮服装加工	3311	15402	13673	5406	144862
其他毛皮制品加工	629	5500	408	2492	64235
羽毛(绒)加工及制品制造	35158	48165	25129	27255	974221
羽毛(绒)加工	2646	6334			69969

1-A-8 续表6-6

单位：个、万元、人

指 标 名 称	法人资本	个人资本	港澳台资本	外商资本	主营业务收入
羽毛(绒)制品加工	32512	41831	25129	27255	904252
木材加工及木、竹、藤、棕、草制品业	162888	226575	74581	82762	3692096
锯材、木片加工	6697	6475	4240	1154	124219
锯材加工	4848	3811	3880	1154	56882
木片加工	1849	2665	360		67337
人造板制造	102453	105350	41857	39094	1522195
胶合板制造	60171	59535	37218	27996	923884
纤维板制造	20412	7339	147	5498	262632
刨花板制造		11130			35916
其他人造板、材制造	21870	27347	4491	5599	299763
木制品制造	35671	72763	18000	31613	1511161
建筑用木料及木材组件加工	28540	55214	4628	25270	1329630
木容器制造	1953	4375	5049		58632
软木制品及其他木制品制造	5179	13174	8323	6343	122900
竹、藤、棕、草制品制造	18068	41986	10485	10902	534521
竹、藤、棕、草制品制造	18068	41986	10485	10902	534521
家具制造业	205102	332581	166650	357708	4361684
木质家具制造	95299	144308	59549	138498	1327671
木质家具制造	95299	144308	59549	138498	1327671
竹、藤家具制造	4031	1031	2806	610	35431
竹、藤家具制造	4031	1031	2806	610	35431
金属家具制造	73621	130055	48929	145083	1987532
金属家具制造	73621	130055	48929	145083	1987532
塑料家具制造	2593	10081	2247	3996	102563
塑料家具制造	2593	10081	2247	3996	102563
其他家具制造	29558	47107	53119	69521	908488
其他家具制造	29558	47107	53119	69521	908488
造纸及纸制品业	881232	722813	243537	164400	8256080
纸浆制造	868	720		6998	19943
纸浆制造	868	720		6998	19943
造 纸	776686	448879	125234	60440	5140822
机制纸及纸板制造	764762	435439	118514	48892	4950480
手工纸制造	150	615			2611
加工纸制造	11774	12825	6721	11547	187731
纸制品制造	103678	273214	118303	96963	3095315
纸和纸板容器的制造	83174	193013	59286	63991	2348181
其他纸制品制造	20505	80201	59017	32972	747134
印刷业和记录媒介的复制	229769	374067	43639	45369	2513627
印 刷	206544	364748	37041	36765	2392679
书、报、刊印刷	53033	47754		10163	384932

1－A－8 续表6－7

单位：个、万元、人

指标名称					主营业务收入
	法人资本	个人资本	港澳台资本	外商资本	
本册印制	7679	37388	1175	263	203899
包装装潢及其他印刷	145832	279606	35867	26339	1803848
装订及其他印刷服务活动	9498	8069	6598	1854	49536
装订及其他印刷服务活动	9498	8069	6598	1854	49536
记录媒介的复制	13728	1250		6750	71412
记录媒介的复制	13728	1250		6750	71412
文教体育用品制造业	135805	317111	178568	253250	3723203
文化用品制造	59097	113009	42412	60291	1273348
文具制造	23262	46104	29534	35669	508069
笔的制造	25575	56992	10344	16848	511299
教学用模型及教具制造	9727	5484	211	1539	220013
墨水、墨汁制造		2106		25	2744
其他文化用品制造	533	2324	2323	6210	31224
体育用品制造	36755	51181	79235	82750	814965
球类制造	1502	2776	2521	20334	80330
体育器材及配件制造	6867	18150	29697	9178	198270
训练健身器材制造	24488	22199	23914	24582	338355
运动防护用具制造	315	4637	21899	2308	47809
其他体育用品制造	3584	3419	1204	26348	150202
乐器制造	6419	10677	4758	62106	197288
中乐器制造	363	353	50		1394
西乐器制造	5344	7271	1191	45728	119506
电子乐器制造		879	3184		13089
其他乐器及零件制造	712	2174	332	16378	63299
玩具制造	23506	96967	25194	39133	1082076
玩具制造	23506	96967	25194	39133	1082076
游艺器材及娱乐用品制造	10028	45278	26970	8971	355527
露天游乐场所游乐设备制造	8988	32620	4139	5285	226906
游艺用品及室内游艺器材制造	1040	12659	22832	3686	128621
石油加工、炼焦及核燃料加工业	1121891	10628	33164	34717	11013972
精炼石油产品的制造	1117891	10628	33164	34717	10817133
原油加工及石油制品制造	1117891	10628	33164	34717	10817133
炼　焦	4000				196840
炼　焦	4000				196840
化学原料及化学制品制造业	1491039	1243602	505414	1669147	26290800
基础化学原料制造	245049	189330	82868	326292	4936194
无机酸制造	62826	11834	1972	8918	268812
无机碱制造	10425	13939	5353		349106
无机盐制造	3727	16687	1599	20109	255435
有机化学原料制造	136825	131232	72049	182832	3619467

1-A-8 续表6-8

单位：个、万元、人

指 标 名 称	法人资本	个人资本	港澳台资本	外商资本	主营业务收入
其他基础化学原料制造	31245	15638	1895	114433	443374
肥料制造	50967	22109	414	835	373518
氮肥制造	37757	18376			278512
磷肥制造	124	882			12912
复混肥料制造	8086	2225		835	63978
有机肥料及微生物肥料制造		568			2024
其他肥料制造	5000	58	414		16092
农药制造	93912	121124	11314	40035	1598735
化学农药制造	66375	106324	5437	40035	1453191
生物化学农药及微生物农药制造	27537	14800	5877		145544
涂料、油墨、颜料及类似产品制造	109872	282085	48357	107503	3658467
涂料制造	29668	92599	6301	24969	954378
油墨及类似产品制造	14691	13881	10761	13572	186975
颜料制造	13534	29621	6096	12335	272021
染料制造	48548	142550	25080	48306	2158507
密封用填料及类似品制造	3430	3436	118	8321	86586
合成材料制造	695071	221942	213306	774957	8623949
初级形态的塑料及合成树脂制造	82926	191242	170011	657762	3937574
合成橡胶制造	656	5743	695	3354	37236
合成纤维单(聚合)体的制造	609236	22334	41642	94740	4513149
其他合成材料制造	2253	2624	959	19100	135990
专用化学产品制造	241360	269180	131097	331742	4708872
化学试剂和助剂制造	97765	116170	18887	61265	2145472
专项化学用品制造	43200	69538	44229	22893	903438
林产化学产品制造	2608	6755	20	1290	70701
炸药及火工产品制造	4887	6352	2119		84914
信息化学品制造	72129	45397	62787	191206	1012336
环境污染处理专用药剂材料制造	1002	1950	501	13820	56868
动物胶制造	6213	1974		17199	55836
其他专用化学产品制造	13556	21043	2554	24069	379308
日用化学产品制造	54810	137833	18058	87784	2391065
肥皂及合成洗涤剂制造	23809	47961	2317	8952	1086868
化妆品制造	15285	35371	5163	28553	592740
口腔清洁用品制造	1080	80			3404
香料、香精制造	12588	10182		45585	351085
其他日用化学产品制造	2049	44239	10578	4695	356968
医药制造业	429927	514713	75830	236088	5760884
化学药品原药制造	168466	212415	19929	59178	2867845
化学药品原药制造	168466	212415	19929	59178	2867845
化学药品制剂制造	124282	113479	16263	109171	1321625

1－A－8 续表6－9

单位：个、万元、人

指 标 名 称	法人资本	个人资本	港澳台资本	外商资本	主营业务收入
化学药品制剂制造	124282	113479	16263	109171	1321625
中药饮片加工	12218	11431		3797	71003
中药饮片加工	12218	11431		3797	71003
中成药制造	43218	73539	19680	19815	456078
中成药制造	43218	73539	19680	19815	456078
兽用药品制造	15118	17886		14173	203435
兽用药品制造	15118	17886		14173	203435
生物、生化制品的制造	52386	56086	19872	24210	598226
生物、生化制品的制造	52386	56086	19872	24210	598226
卫生材料及医药用品制造	14240	29878	85	5744	242671
卫生材料及医药用品制造	14240	29878	85	5744	242671
化学纤维制造业	807309	629903	405608	436701	14955517
纤维素纤维原料及纤维制造	24465	23805	9843	3612	124934
化纤浆粕制造		530			7049
人造纤维（纤维素纤维）制造	24465	23275	9843	3612	117885
合成纤维制造	782844	606097	395765	433089	14830583
锦纶纤维制造	17940	37592	43186	11554	552488
涤纶纤维制造	610324	437369	258755	153122	12387922
腈纶纤维制造	26700	7989	3318	400	172656
维纶纤维制造		280			577
其他合成纤维制造	127880	122868	90505	268013	1716940
橡胶制品业	150957	241405	15314	248159	3990264
轮胎制造	98278	36657	1124	220071	2053673
车辆、飞机及工程机械轮胎制造	96666	28909	1124	220071	2020034
力车胎制造	362	7640			21720
轮胎翻新加工	1250	108			11919
橡胶板、管、带的制造	11578	73740	9409	5702	610339
橡胶板、管、带的制造	11578	73740	9409	5702	610339
橡胶零件制造	22878	30383	563	9465	312279
橡胶零件制造	22878	30383	563	9465	312279
再生橡胶制造	575	4315			26675
再生橡胶制造	575	4315			26675
日用及医用橡胶制品制造	1844	7902	184	1283	80701
日用及医用橡胶制品制造	1844	7902	184	1283	80701
橡胶靴鞋制造	11921	68678	2007	2932	622676
橡胶靴鞋制造	11921	68678	2007	2932	622676
其他橡胶制品制造	3882	19730	2028	8706	283921
其他橡胶制品制造	3882	19730	2028	8706	283921
塑料制品业	518996	1240796	268255	424574	14528497
塑料薄膜制造	73091	211477	73461	156330	2965929

1－A－8　续表6－10　　　　单位：个、万元、人

指　标　名　称	法人资本	个人资本	港澳台资本	外商资本	主营业务收　　入
塑料薄膜制造	73091	211477	73461	156330	2965929
塑料板、管、型材的制造	162101	217603	36840	67229	2451711
塑料板、管、型材的制造	162101	217603	36840	67229	2451711
塑料丝、绳及编织品的制造	22464	130491	3525	5509	815676
塑料丝、绳及编织品的制造	22464	130491	3525	5509	815676
泡沫塑料制造	7730	47449	12023	27342	590437
泡沫塑料制造	7730	47449	12023	27342	590437
塑料人造革、合成革制造	45810	223539	27100	10343	2295502
塑料人造革、合成革制造	45810	223539	27100	10343	2295502
塑料包装箱及容器制造	56983	88414	31133	82859	1070576
塑料包装箱及容器制造	56983	88414	31133	82859	1070576
塑料零件制造	69302	112139	27422	23121	1337819
塑料零件制造	69302	112139	27422	23121	1337819
日用塑料制造	64453	144138	39753	35363	2116167
塑料鞋制造	7512	20944	756	2465	204953
日用塑料杂品制造	56941	123194	38997	32897	1911214
其他塑料制品制造	17064	65547	16997	16478	884680
其他塑料制品制造	17064	65547	16997	16478	884680
非金属矿物制品业	1203133	1130877	247406	399453	10858489
水泥、石灰和石膏的制造	564724	283864	65627	54629	3502673
水泥制造	563466	277109	64800	54381	3436691
石灰和石膏制造	1258	6756	827	248	65982
水泥及石膏制品制造	239681	336764	39500	46940	2949920
水泥制品制造	200970	286506	20385	36063	2452214
砼结构构件制造	20498	39301	877	434	320349
石棉水泥制品制造		959			8197
轻质建筑材料制造	17127	5938	18238	10443	147413
其他水泥制品制造	1086	4061			21747
砖瓦、石材及其他建筑材料制造	29854	71472	25336	69072	870142
粘土砖瓦及建筑砌块制造	8215	23330	174	1838	157556
建筑陶瓷制品制造	7366	10516	16675	24439	395647
建筑用石加工	3508	9813	8487		68783
防水建筑材料制造	6876	15714		1418	134940
隔热和隔音材料制造	1260	4543		40632	58076
其他建筑材料制造	2628	7555		745	55142
玻璃及玻璃制品制造	310317	341143	97150	210567	2509731
平板玻璃制造	85431	11956	30398	565	222427
技术玻璃制品制造	44058	239643	13969	69215	987279
光学玻璃制造	50	1100		339	3821
玻璃仪器制造	25	2693			13379

1-A-8 续表6-11 单位：个、万元、人

指标名称	法人资本	个人资本	港澳台资本	外商资本	主营业务收入
日用玻璃制品及玻璃包装容器制造	12689	40271	29841	16245	490066
玻璃保温容器制造	1496	2466			40184
玻璃纤维及制品制造	151954	21768	5915	119124	570180
玻璃纤维增强塑料制品制造	7429	15832	3170	364	113686
其他玻璃制品制造	7186	5413	13857	4716	68709
陶瓷制品制造	13551	21830	3013	6377	240780
卫生陶瓷制品制造	10280	8971	2700	4352	134866
特种陶瓷制品制造	1629	10708	83	1612	61911
日用陶瓷制品制造	1642	2151	230		42865
园林、陈设艺术及其他陶瓷制品制造				414	1139
耐火材料制品制造	19503	44965	16330	5854	446691
石棉制品制造	5205	1465	4431	6	35051
云母制品制造	209	851			6601
耐火陶瓷制品及其他耐火材料制造	14089	42649	11900	5848	405040
石墨及其他非金属矿物制品制造	25503	30840	450	6015	338551
石墨及碳素制品制造	20123	15627	41	2167	157165
其他非金属矿物制品制造	5379	15213	408	3848	181386
黑色金属冶炼及压延加工业	650215	819841	220927	173913	15712674
炼 铁		375			12998
炼 铁		375			12998
炼 钢	11605	23624	8692		713208
炼 钢	11605	23624	8692		713208
钢压延加工	634693	764185	212235	171284	14414593
钢压延加工	634693	764185	212235	171284	14414593
铁合金冶炼	3918	31657		2630	571875
铁合金冶炼	3918	31657		2630	571875
有色金属冶炼及压延加工业	366417	588331	221351	58770	13766440
常用有色金属冶炼	43174	90030	35430	6370	3380319
铜冶炼	5139	32724	2855	1270	2275589
铅锌冶炼	2750	6697			110555
镍钴冶炼	26468	2618	28776	5099	403641
锡冶炼		150			1177
铝冶炼	8767	46061			514044
镁冶炼		648	142		6187
其他常用有色金属冶炼	50	1132	3657		69125
贵金属冶炼	8325	15839	1200		368164
金冶炼	8325	8491	1200		274903
银冶炼		5618			61234
其他贵金属冶炼		1730			32026
稀有稀土金属冶炼	23058	3617	5934	324	59029

1－A－8 续表6－12　　　　单位：个、万元、人

指 标 名 称	法人资本	个人资本	港澳台资本	外商资本	主营业务收入
钨钼冶炼		414	1017		6950
稀土金属冶炼	23058	3203	4917	324	52079
有色金属合金制造	23500	32743	17834	13640	711540
有色金属合金制造	23500	32743	17834	13640	711540
有色金属压延加工	268361	446103	160954	38436	9247389
常用有色金属压延加工	265457	441768	158504	38236	9136762
贵金属压延加工	500	900		200	47384
稀有稀土金属压延加工	2403	3435	2450		63243
金属制品业	805170	1335155	358762	372032	17001850
结构性金属制品制造	314630	431233	65674	38154	5095504
金属结构制造	271327	267067	49222	14326	3630373
金属门窗制造	43303	164166	16452	23828	1465131
金属工具制造	64720	151685	34398	63518	1679593
切削工具制造	13223	46831	5316	1934	269764
手工具制造	34040	49925	12247	15219	814756
农用及园林用金属工具制造	10031	22335	11906	22282	240576
刀剪及类似日用金属工具制造	4745	13766	1862	9122	135174
其他金属工具制造	2682	18827	3068	14961	219323
集装箱及金属包装容器制造	78727	73415	25874	42308	1289195
集装箱制造	8954	142	12859	20303	394929
金属压力容器制造	10402	26806	8291		252706
金属包装容器制造	59370	46468	4724	22004	641560
金属丝绳及其制品的制造	56194	87184	71783	3916	1548183
金属丝绳及其制品的制造	56194	87184	71783	3916	1548183
建筑、安全用金属制品制造	101623	220189	79062	104994	2931348
建筑、家具用金属配件制造	53785	128308	36525	47154	1454410
建筑装饰及水暖管道零件制造	37945	73934	22847	47866	1252033
安全、消防用金属制品制造	8008	14628	16238	7990	190577
其他建筑、安全用金属制品制造	1886	3319	3452	1984	34329
金属表面处理及热处理加工	69682	96178	34082	36342	1302733
金属表面处理及热处理加工	69682	96178	34082	36342	1302733
搪瓷制品制造	6926	11355	2067	831	115754
工业生产配套用搪瓷制品制造		783			6305
搪瓷卫生洁具制造	6108	3522	1838	831	20937
搪瓷日用品及其他搪瓷制品制造	818	7051	229		88512
不锈钢及类似日用金属制品制造	90479	226312	24907	75342	2335902
金属制厨房调理及卫生器具制造	14976	50253	8049	5117	463528
金属制厨用器皿及餐具制造	67350	148307	11929	29055	1480348
其他日用金属制品制造	8153	27752	4930	41170	392026
其他金属制品制造	22189	37603	20915	6629	703637

1-A-8 续表6-13

单位：个、万元、人

指 标 名 称	法人资本	个人资本	港澳台资本	外商资本	主营业务收入
其他未列明的金属制品制造	22189	37603	20915	6629	703637
通用设备制造业	1354169	2434801	584119	1086620	28849600
锅炉及原动机制造	57808	58407	32434	41012	1442123
锅炉及辅助设备制造	34017	20250	18612	24666	575429
内燃机及配件制造	4723	27087	4163	894	376412
汽轮机及辅机制造	13015	7780	9659	15452	444061
水轮机及辅机制造	3053	3240			40029
其他原动机制造	3000	50			6193
金属加工机械制造	119097	153174	61741	73990	1420756
金属切削机床制造	65897	71877	25041	24482	637865
金属成形机床制造	18611	18579	11592	29982	213324
铸造机械制造	3534	4442	12077	391	62649
金属切割及焊接设备制造	24190	26368	1024	5708	270180
机床附件制造	3444	15158	10931	6530	101396
其他金属加工机械制造	3422	16750	1077	6898	135342
起重运输设备制造	135793	145738	65955	63678	2764344
起重运输设备制造	135793	145738	65955	63678	2764344
泵、阀门、压缩机及类似机械的制造	353568	734093	58973	281188	7219510
泵及真空设备制造	78214	200453	4192	61712	1681641
气体压缩机械制造	54844	51333	10858	111989	1079052
阀门和旋塞的制造	186680	412850	26683	80962	3728903
液压和气压动力机械及元件制造	33831	69457	17240	26524	729915
轴承、齿轮、传动和驱动部件的制造	208543	388422	104321	170946	3858247
轴承制造	146018	214854	81896	137343	2186260
齿轮、传动和驱动部件制造	62525	173568	22425	33603	1671986
烘炉、熔炉及电炉制造	2252	8464	1261	2750	97213
烘炉、熔炉及电炉制造	2252	8464	1261	2750	97213
风机、衡器、包装设备等通用设备制造	240716	378711	98419	124838	4808563
风机、风扇制造	36007	27473	5339	5712	328120
气体、液体分离及纯净设备制造	71794	52600	4050	8353	773197
制冷、空调设备制造	52162	142923	24425	60733	1989664
风动和电动工具制造	41802	83903	56401	32938	1057814
喷枪及类似器具制造	4297	21967	3751	5210	233898
包装专用设备制造	18675	27178	213	2431	177881
衡器制造	1026	2802	4122		42013
其他通用设备制造	14954	19865	119	9461	205977
通用零部件制造及机械修理	144064	369103	121783	289605	4621116
金属密封件制造	6406	28930	2230	19138	190055
紧固件、弹簧制造	101827	222110	97381	207550	3134906
机械零部件加工及设备修理	17051	46732	11706	37527	425929

1－A－8 续表 6－14

单位：个、万元、人

指 标 名 称					主营业务收 入
	法人资本	个人资本	港澳台资本	外商资本	
其他通用零部件制造	18780	71331	10467	25390	870227
金属铸、锻加工	92328	198691	39231	38614	2617728
钢铁铸件制造	58904	134114	37402	17714	1968536
锻件及粉末冶金制品制造	33425	64577	1829	20900	649193
专用设备制造业	429110	852314	355710	503897	8955337
矿山、冶金、建筑专用设备制造	36045	59667	2023	54872	822158
采矿、采石设备制造	8277	22782			160235
石油钻采专用设备制造	2184	6778	163		82257
建筑工程用机械制造	19203	17384		41322	425755
建筑材料生产专用机械制造	3181	8734	1716	13	93917
冶金专用设备制造	3200	3988	145	13538	59995
化工、木材、非金属加工专用设备制造	94308	230322	183324	191224	2639949
炼油、化工生产专用设备制造	14728	39138	1007	7989	304032
橡胶加工专用设备制造	4759	1983		5582	38280
塑料加工专用设备制造	17453	67999	112084	38233	1051447
木材加工机械制造	754	4978	1644	10070	42571
模具制造	56548	115256	67779	129351	1180241
其他非金属加工专用设备制造	66	970	810		23380
食品、饮料、烟草及饲料生产专用设备制造	16076	23058	1148	11111	217962
食品、饮料、烟草工业专用设备制造	7867	18306	300	6454	174678
农副食品加工专用设备制造	8210	3942	848	4657	37207
饲料生产专用设备制造		810			6077
印刷、制药、日化生产专用设备制造	15092	57260	10427	11407	355475
制浆和造纸专用设备制造	543	8224		907	40894
印刷专用设备制造	4369	25458	8041	4948	155358
日用化工专用设备制造	227	1292		4002	9128
制药专用设备制造	8150	17301		1550	100903
照明器具生产专用设备制造	90	1381	1559		16800
玻璃、陶瓷和搪瓷制品生产专用设备制造	1293	1158	828		13621
其他日用品生产专用设备制造	420	2446			18772
纺织、服装和皮革工业专用设备制造	74405	260213	106993	65453	1878879
纺织专用设备制造	34092	94288	49464	9504	675248
皮革、毛皮及其制品加工专用设备制造	3438	13938	6220	1852	51992
缝纫机械制造	34853	151146	45875	53725	1130994
其他服装加工专用设备制造	2022	840	5434	372	20646
电子和电工机械专用设备制造	41619	18987	2659	26288	280021
电工机械专用设备制造	2035	8193	774	89	84013
电子工业专用设备制造	39584	10794	1885	26199	192202
武器弹药制造					3807
农、林、牧、渔专用机械制造	26744	24345	9773	42478	582340

1－A－8 续表6－15

单位：个、万元、人

指 标 名 称	法人资本	个人资本	港澳台资本	外商资本	主营业务收入
拖拉机制造	9730	2855		20550	185112
机械化农业及园艺机具制造	15509	12852	9773	20133	327766
畜牧机械制造		15			595
渔业机械制造	218	350			8708
农林牧渔机械配件制造	979	7623		1630	51828
其他农林牧渔业机械制造及机械修理	307	650		165	8333
医疗仪器设备及器械制造	15502	46433	26585	66357	430357
医疗诊断、监护及治疗设备制造	1268	11835	7478	18526	81512
口腔科用设备及器具制造		700		737	4579
实验室及医用消毒设备和器具的制造	150	3050		2691	13185
医疗、外科及兽医用器械制造	10688	17416	1362	41807	253031
机械治疗及病房护理设备制造	2206	8305	2474	1169	41853
假肢、人工器官及植（介）入器械制造	70	1530			4876
其他医疗设备及器械制造	1120	3597	15271	1427	31321
环保、社会公共安全及其他专用设备制造	109320	132029	12778	34708	1748195
环境污染防治专用设备制造	67235	65803	8738	12265	1223688
地质勘查专用设备制造	450	3558			14609
邮政专用机械及器材制造	169	230		162	5516
商业、饮食、服务业专用设备制造	150	158			5706
社会公共安全设备及器材制造	34831	51814	1256	7198	402242
交通安全及管制专用设备制造	510	400			6186
水资源专用机械制造	850	2865			27588
其他专用设备制造	5126	7202	2784	15083	62660
交通运输设备制造业	1507162	1756037	425475	913201	24471515
铁路运输设备制造	7516	4544		5273	44620
铁路机车车辆配件制造	1900	1906		1176	13794
铁路专用设备及器材、配件制造	5355	2638		372	26936
其他铁路设备制造及设备修理	260			3725	3890
汽车制造	830765	895459	361167	671236	14886794
汽车整车制造	311387	136238	5680	18690	1703225
改装汽车制造	14636	4363	41		72269
汽车车身、挂车的制造	25	930	8974		24235
汽车零部件及配件制造	495914	741366	342274	651781	12932236
汽车修理	8803	12562	4198	765	154829
摩托车制造	99219	202630	5793	7560	2748542
摩托车整车制造	11686	29261			899577
摩托车零部件及配件制造	87532	173370	5793	7560	1848965
自行车制造	32786	74626	21836	60466	1084755
脚踏自行车及残疾人座车制造	10607	28228	3450	30934	595174
助动自行车制造	22179	46398	18386	29532	489581

1－A－8 续表6－16

单位：个、万元、人

指 标 名 称	法人资本	个人资本	港澳台资本	外商资本	主营业务收入
船舶及浮动装置制造	521133	553313	30339	166393	5541001
金属船舶制造	439809	456395	9675	51106	4448639
非金属船舶制造	10857	1116	6033	357	103513
娱乐船和运动船的建造和修理	16870	260		33336	22338
船用配套设备制造	35369	43957	6382	67953	471624
船舶修理及拆船	18228	51586	8250	13640	494888
航空航天器制造		4670			18565
飞机制造及修理		1160			4059
其他飞行器制造		3510			14506
交通器材及其他交通运输设备制造	15744	20794	6341	2273	147238
潜水及水下救捞装备制造					506
交通管理用金属标志及设施制造	15441	15438	467	2261	95224
其他交通运输设备制造	303	5357	5874	13	51508
电气机械及器材制造业	1645166	2917697	561921	924770	35362307
电机制造	168630	366794	50971	242038	5126597
发电机及发电机组制造	32403	37434	14741	68478	641447
电动机制造	58940	148049	16523	74087	2356369
微电机及其他电机制造	77287	181312	19706	99473	2128782
输配电及控制设备制造	595672	1290622	70279	130735	8203504
变压器、整流器和电感器制造	73968	160591	11894	11548	1357943
电容器及其配套设备制造	9600	23637	4918	95	221903
配电开关控制设备制造	426058	713887	31517	76978	4508673
电力电子元器件制造	63613	328335	21857	39545	1756726
其他输配电及控制设备制造	22433	64172	93	2570	358259
电线、电缆、光缆及电工器材制造	275172	478810	97018	133792	7340416
电线电缆制造	218684	424003	86316	93768	6492305
光纤、光缆制造	45631	34338	4041	35317	584164
绝缘制品制造	4878	7512	1184	4319	88970
其他电工器材制造	5978	12957	5476	388	174977
电池制造	127256	122070	69724	162894	3161799
电池制造	127256	122070	69724	162894	3161799
家用电力器具制造	319676	333385	150452	144705	6800514
家用制冷电器具制造	54712	35113	4433	12135	735580
家用空气调节器制造	95815	26043	9301	997	812727
家用通风电器具制造	31538	26551	10394	125	484449
家用厨房电器具制造	48495	56278	57683	35377	1553837
家用清洁卫生电器具制造	29691	39939	32457	38288	1261773
家用美容、保健电器具制造	4414	31143	12048	2974	398782
家用电力器具专用配件制造	45679	35356	1385	31652	710831
其他家用电力器具制造	9334	82964	22751	23158	842536

1-A-8 续表6-17 单位：个、万元、人

指标名称	法人资本	个人资本	港澳台资本	外商资本	主营业务收入
非电力家用器具制造	16151	27071	8201	27721	508573
燃气、太阳能及类似能源的器具制造	14395	23979	4778	5810	384726
其他非电力家用器具制造	1756	3092	3422	21911	123847
照明器具制造	118927	248927	112248	62456	3880397
电光源制造	34025	67124	25082	24872	1259632
照明灯具制造	72856	147872	76463	34519	2105798
灯用电器附件及其他照明器具制造	12046	33931	10702	3065	514967
其他电气机械及器材制造	23683	50019	3030	20429	340507
车辆专用照明及电气信号设备装置制造	20748	42402	2069	12403	268478
其他未列明的电气机械制造	2935	7617	961	8026	72029
通信设备、计算机及其他电子设备制造业	877756	685521	772381	1025820	16588985
通信设备制造	326132	117217	204387	201340	4175330
通信传输设备制造	16262	15680	16438	36899	358844
通信交换设备制造	9823	15686	3405	15992	124146
通信终端设备制造	12676	6477	778	1034	104809
移动通信及终端设备制造	195072	65839	174995	115781	3451872
其他通信设备制造	92300	13535	8772	31634	135659
雷达及配套设备制造		1026		866	3143
雷达及配套设备制造		1026		866	3143
广播电视设备制造	19341	32553	34233	25181	443068
广播电视节目制作及发射设备制造	1316	3238	268	99	24440
广播电视接收设备及器材制造	16614	11908	11674	25082	288155
应用电视设备及其他广播电视设备制造	1411	17407	22291		130474
电子计算机制造	68924	32167	246221	287480	5777327
电子计算机整机制造	108	1822		19864	633636
计算机网络设备制造	9494	3853	66529	12501	722828
电子计算机外部设备制造	59322	26492	179692	255115	4420862
电子器件制造	193716	123190	102398	216542	1361415
电子真空器件制造	973	5545		2848	33507
半导体分立器件制造	46008	23588	36430	93819	417144
集成电路制造	98385	60095	32676	28245	376555
光电子器件及其他电子器件制造	48350	33961	33292	91630	534208
电子元件制造	234944	317762	139322	247607	3668924
电子元件及组件制造	212349	300991	113113	215812	3377076
印制电路板制造	22595	16771	26209	31795	291848
家用视听设备制造	18607	38573	39945	17741	796236
家用影视设备制造	12659	23218	23303	718	569984
家用音响设备制造	5948	15355	16642	17023	226252
其他电子设备制造	16092	23035	5876	29065	363543
其他电子设备制造	16092	23035	5876	29065	363543

1－A－8 续表6－18 单位：个、万元、人

指 标 名 称	法人资本	个人资本	港澳台资本	外商资本	主营业务收入
仪器仪表及文化、办公用机械制造业	265190	507037	129907	187062	4886234
通用仪器仪表制造	139434	233228	54224	62601	2857506
工业自动控制系统装置制造	45077	80937	10783	25055	730931
电工仪器仪表制造	28843	63395	664	5457	433031
绘图、计算及测量仪器制造	3910	11788	21763	12943	221022
实验分析仪器制造	6026	13000	2769	5375	97232
试验机制造	3728	600		1805	18853
供应用仪表及其他通用仪器制造	51851	63508	18244	11967	1356438
专用仪器仪表制造	32713	120132	2883	29170	756318
环境监测专用仪器仪表制造	1142	11704		527	55329
汽车及其他用计数仪表制造	21825	61988		4608	448899
导航、气象及海洋专用仪器制造	180	4280		1242	25445
农林牧渔专用仪器仪表制造	500	40			5675
地质勘探和地震专用仪器制造		151			1378
教学专用仪器制造	2847	35524		21	110129
电子测量仪器制造	5214	2545	2883	16644	80682
其他专用仪器制造	1004	3901		6129	28781
钟表与计时仪器制造	8119	13395	3045	1199	152306
钟表与计时仪器制造	8119	13395	3045	1199	152306
光学仪器及眼镜制造	37112	98146	51361	48068	678798
光学仪器制造	11423	12136	36646	22038	214669
眼镜制造	25689	86010	14715	26029	464129
文化、办公用机械制造	47771	40665	13502	35489	400856
电影机械制造	2100				8323
幻灯及投影设备制造		161			1974
照相机及器材制造	12406	6273	6969	18694	128293
复印和胶印设备制造	1583	8155	3475	83	37055
计算器及货币专用设备制造	12487	18804	176	9481	54543
其他文化、办公用机械制造	19195	7272	2882	7233	170667
其他仪器仪表的制造及修理	42	1471	4892	10535	40449
其他仪器仪表的制造及修理	42	1471	4892	10535	40449
工艺品及其他制造业	251222	542066	184275	152401	6382605
工艺美术品制造	163981	339129	123567	100825	3875673
雕塑工艺品制造	17905	24289	7920	9657	264306
金属工艺品制造	24140	37757	5823	13678	417572
漆器工艺品制造	1964	21934	2207	149	122264
花画工艺品制造	4079	4302	1190	4360	81094
天然植物纤维编织工艺品制造	4847	14653	1134	680	121935
抽纱刺绣工艺品制造	41517	96864	25697	19850	1062594

1-A-8 续表6-19 单位：个、万元、人

指标名称	法人资本	个人资本	港澳台资本	外商资本	主营业务收入
地毯、挂毯制造	5094	24654	9828	19778	196837
珠宝首饰及有关物品的制造	36240	16319	39054	15476	834118
其他工艺美术品制造	28194	98358	30714	17199	774953
日用杂品制造	85704	192243	58117	46453	2413265
制镜及类似品加工	3332	6668	8111	5173	155466
鬃毛加工、制刷及清扫工具的制造	8461	7454	18488	3236	174238
其他日用杂品制造	73911	178121	31519	38045	2083560
煤制品制造		4000			9185
煤制品制造		4000			9185
核辐射加工		1580			907
核辐射加工		1580			907
其他未列明的制造业	1537	5114	2591	5122	83576
其他未列明的制造业	1537	5114	2591	5122	83576
废弃资源和废旧材料回收加工业	50757	28756	24165	47218	2253121
金属废料和碎屑的加工处理	31245	25180	22165	41019	2092034
金属废料和碎屑的加工处理	31245	25180	22165	41019	2092034
非金属废料和碎屑的加工处理	19512	3576	2000	6199	161087
非金属废料和碎屑的加工处理	19512	3576	2000	6199	161087
电力、燃气及水的生产和供应业	**2828518**	**234300**	**201565**	**311848**	**27244385**
电力、热力的生产和供应业	2566079	193721	198395	244612	25519608
电力生产	2503093	180066	193718	233091	7927390
火力发电	1614208	116635	182948	188745	6563235
水力发电	356487	27365	5522	44346	518468
核力发电	502793				813880
其他能源发电	29605	36066	5247		31807
电力供应	7000				17248938
电力供应	7000				17248938
热力生产和供应	55986	13655	4677	11521	343280
热力生产和供应	55986	13655	4677	11521	343280
燃气生产和供应业	65135	17334	3170	50255	896640
燃气生产和供应业	65135	17334	3170	50255	896640
燃气生产和供应业	65135	17334	3170	50255	896640
水的生产和供应业	197304	23245		16981	828137
自来水的生产和供应	101323	14481		8224	649481
自来水的生产和供应	101323	14481		8224	649481
污水处理及其再生利用	95981	6765		8757	177944
污水处理及其再生利用	95981	6765		8757	177944
其他水的处理、利用与分配		2000			712
其他水的处理、利用与分配		2000			712

1－A－8 续表7－1

单位：个、万元、人

指标名称	主营业务成本	主营业务税金及附加	其他业务收入	其他业务利润	营业费用
总计	**348935841**	**2869920**	**7687903**	**1272298**	**8982445**
一、按轻重工业分					
轻工业	141325391	1736224	3527341	406051	4875416
重工业	207610449	1133696	4160563	866247	4107029
二、按规模分					
大型企业	66281255	436865	2075711	214068	1763538
中型企业	126992078	1645631	3396601	465040	3760076
小型企业	155662508	787424	2215591	593190	3458831
三、按登记注册类型分					
内资	**255914024**	**2655120**	**5137252**	**838508**	**5635233**
国有	23510410	1196729	694987	64717	142369
集体	1203393	9303	21954	6429	28861
股份合作企业	3047369	17100	23114	7111	61753
联营企业	166743	1013	2438	－43	2613
国有联营	4448	87	17	17	30
集体联营	71580	364	205	15	138
国有与集体联营	46472	462	1936	－6	2171
其他联营	44243	100	281	－69	275
有限责任公司	55871839	327638	1304850	241226	1427663
国有独资公司	1381357	21633	80221	18400	70698
其他有限责任公司	54490482	306005	1224629	222825	1356965
股份有限公司	29049062	296817	1391682	94057	678082
私营企业	142199225	803074	1680778	421313	3271269
私营独资	9551050	58629	53252	17952	184834
私营合伙	2324175	15108	11986	6699	47379
私营有限责任公司	121750837	683524	1514369	381543	2832371
私营股份有限公司	8573163	45813	101171	15118	206685
其他	865983	3447	17449	3699	22624
港澳台商投资	**40086629**	**94228**	**1200378**	**156002**	**1353527**
与港澳台商合资经营	25244658	64908	656334	75557	737637
与港澳台商合作经营	630141	746	9196	2363	10889
港澳台商独资	13308333	27649	509353	61879	563475
港澳台商投资股份有限公司	903498	924	25495	16203	41526
外商投资	**52935188**	**120573**	**1350273**	**277788**	**1993685**
中外合资经营	29421173	78427	815723	136590	1026538
中外合作经营	914258	1114	39641	6290	14782
外资企业	20688974	26912	428437	116490	758270
外商投资股份有限公司	1910782	14120	66472	18418	194095
四、按控股情况分					
国有控股	48933588	1531217	1658691	150335	504210

1－A－8 续表7－2

单位：个、万元、人

指标名称	主营业务成本	主营业务税金及附加	其他业务收入	其他业务利润	营业费用
集体控股	9441522	56343	307813	47653	216680
私人控股	221664159	1137579	3597108	727159	5534513
港澳台商控股	25170044	45022	837017	121785	1032186
外商控股	36334263	81031	1050983	202954	1464266
其他	7392264	18729	236292	22412	230590
五、按国民经济行业（门类、大类、中类、小类）分					
采矿业	**1126770**	**30358**	**26725**	**6393**	**35477**
煤炭开采和洗选业	84530	528	8067	2238	507
烟煤和无烟煤的开采洗选	84530	528	8067	2238	507
烟煤和无烟煤的开采洗选	84530	528	8067	2238	507
黑色金属矿采选业	160573	1444	1449	371	6198
铁矿采选	160573	1444	1449	371	6198
铁矿采选	160573	1444	1449	371	6198
有色金属矿采选业	211711	2996	1585	815	3617
常用有色金属矿采选	171890	1092	1053	510	2736
铜矿采选	100048	690	957	458	1213
铅锌矿采选	71842	402	96	52	1523
贵金属矿采选	1561	66	2	2	46
金矿采选	641	3			
银矿采选	920	64	2	2	46
稀有稀土金属矿采选	38259	1837	530	303	835
钨钼矿采选	34417	1837	505	321	817
放射性金属矿采选	3843		25	－18	17
非金属矿采选业	669956	25390	15624	2969	25155
土砂石开采	632255	24565	15290	2685	21019
石灰石、石膏开采	72883	6701	695	191	5549
建筑装饰用石开采	253691	9038	92	47	2700
耐火土石开采	83521	763	12064	1443	8038
粘土及其他土砂石开采	222161	8063	2439	1004	4732
化学矿采选	8062	97	26	6	633
化学矿采选	8062	97	26	6	633
采盐	1347	20	100	97	
采盐	1347	20	100	97	
石棉及其他非金属矿采选	28292	708	207	180	3503
其他非金属矿采选	28292	708	207	180	3503
制造业	**322535541**	**2701069**	**7422708**	**1176754**	**8854515**
农副食品加工业	5590817	12761	130221	2221	140876
谷物磨制	264253	458	7133	1251	2494
谷物磨制	264253	458	7133	1251	2494
饲料加工	942829	905	5238	2275	25636

1-A-8 续表7-3

单位：个、万元、人

指标名称	主营业务成本	主营业务税金及附加	其他业务收入	其他业务利润	营业费用
饲料加工	942829	905	5238	2275	25636
植物油加工	1087708	887	36416	-2069	11630
食用植物油加工	1080753	872	36403	-2074	11457
非食用植物油加工	6955	15	12	5	173
屠宰及肉类加工	601097	2510	8816	1244	25220
畜禽屠宰	199142	410	1513	903	3159
肉制品及副产品加工	401956	2100	7304	341	22061
水产品加工	1850505	4087	66015	-2641	42109
水产品冷冻加工	1543823	3269	62465	-3856	33964
鱼糜制品及水产品干腌制加工	200115	537	2453	1001	5859
水产饲料制造	92577	129	1003	134	1930
鱼油提取及制品的制造	1958	11	10		36
其他水产品加工	12032	142	84	79	320
蔬菜、水果和坚果加工	601351	3135	5578	1512	23765
蔬菜、水果和坚果加工	601351	3135	5578	1512	23765
其他农副食品加工	243075	780	1025	649	10022
淀粉及淀粉制品的制造	30827	33	142	136	992
豆制品制造	75301	388	719	463	5884
蛋品加工	50803	233	65	4	463
其他未列明的农副食品加工	86143	126	99	46	2683
食品制造业	2260558	9092	129939	12332	241796
焙烤食品制造	198739	710	3297	719	29300
糕点、面包制造	59727	293	646	330	8938
饼干及其他焙烤食品制造	139012	417	2651	389	20362
糖果、巧克力及蜜饯制造	140547	337	640	201	8872
糖果、巧克力制造	89187	77	370	29	2289
蜜饯制作	51360	261	271	173	6583
方便食品制造	524899	2557	78558	2684	75942
米、面制品制造	57198	665	345	345	6865
速冻食品制造	87341	258	2067	258	8944
方便面及其他方便食品制造	380361	1635	76146	2082	60134
液体乳及乳制品制造	163905	430	18913	3683	9977
液体乳及乳制品制造	163905	430	18913	3683	9977
罐头制造	461466	1654	9403	1283	15785
肉、禽类罐头制造	25753	98	112	69	1381
水产品罐头制造	34131	53	186	15	723
蔬菜、水果罐头制造	322004	1398	7589	740	13568
其他罐头食品制造	79578	105	1517	458	114
调味品、发酵制品制造	194917	1318	2389	1084	8851
味精制造	81639	344	1610	684	1983

1-A-8 续表7-4

单位：个、万元、人

指标名称	主营业务成本	主营业务税金及附加	其他业务收入	其他业务利润	营业费用
酱油、食醋及类似制品的制造	52077	714	536	318	4143
其他调味品、发酵制品制造	61200	260	244	82	2725
其他食品制造	576085	2086	16738	2678	93069
营养、保健食品制造	176497	842	958	131	7906
冷冻饮品及食用冰制造	79889	238	552	77	9140
盐加工	7208	44	54	45	339
食品及饲料添加剂制造	307381	934	15173	2425	75556
其他未列明的食品制造	5111	28			129
饮料制造业	3465508	90750	365983	15022	508334
酒精制造	8933	467	17	17	25
酒精制造	8933	467	17	17	25
酒的制造	650084	85414	30597	8446	134608
白酒制造	22706	1090	1112	50	1157
啤酒制造	321503	66469	22114	5177	102099
黄酒制造	291327	16639	7370	3218	27962
其他酒制造	14549	1216	1	1	3390
软饮料制造	2339587	3218	333965	5876	351984
碳酸饮料制造	279624	305	1993	115	48270
瓶(罐)装饮用水制造	1119915	1043	302534	4266	128509
果菜汁及果菜汁饮料制造	63948	360	2293	121	23108
含乳饮料和植物蛋白饮料制造	270449	345	16329	598	1041
固体饮料制造	29745	70	148	72	2124
茶饮料及其他软饮料制造	575906	1095	10668	704	148932
精制茶加工	466904	1651	1405	683	21716
精制茶加工	466904	1651	1405	683	21716
烟草制品业	499028	1072078	415095	-26481	57549
卷烟制造	492501	1072041	414857	-26540	57066
卷烟制造	492501	1072041	414857	-26540	57066
其他烟草制品加工	6527	37	238	59	483
其他烟草制品加工	6527	37	238	59	483
纺织业	38973011	160907	605842	119175	563806
棉、化纤纺织及印染精加工	20168712	89216	307399	57042	206561
棉、化纤纺织加工	12925373	57135	239963	42504	124690
棉、化纤印染精加工	7243339	32082	67436	14538	81871
毛纺织和染整精加工	1043838	3694	21699	3582	12325
毛条加工	216135	244	5650	1276	1409
毛纺织	698833	2819	14900	2261	9231
毛染整精加工	128869	631	1148	45	1685
麻纺织	123434	314	1514	1078	1508
麻纺织	123434	314	1514	1078	1508

1－A－8 续表 7－5

单位：个、万元、人

指 标 名 称	主营业务成 本	主营业务税金及附加	其他业务收 入	其他业务利 润	营业费用
丝绢纺织及精加工	3516045	14493	48812	12929	42539
缫丝加工	377261	1907	9430	1453	1543
绢纺和丝织加工	2861106	11440	34456	10678	36909
丝印染精加工	277678	1145	4926	799	4087
纺织制成品制造	5525398	18992	136046	15825	148944
棉及化纤制品制造	2472409	9019	14915	5797	71481
毛制品制造	326238	1208	2786	1104	10940
麻制品制造	10548	25	89	9	249
丝制品制造	698133	1593	28549	3751	24928
绳、索、缆的制造	73457	378	613	338	1247
纺织带和帘子布制造	634162	1819	26004	2214	11496
无纺布制造	817535	3297	4503	1808	17407
其他纺织制成品制造	492916	1652	58586	804	11197
针织品、编织品及其制品制造	8595585	34198	90373	28719	151930
棉、化纤针织品及编织品制造	6401178	24151	71596	22592	115290
毛针织品及编织品制造	1142487	5766	10109	3107	21333
丝针织品及编织品制造	793606	3166	7348	2237	10890
其他针织品及编织品制造	258314	1116	1319	783	4417
纺织服装、鞋、帽制造业	11714246	52874	267960	36724	539691
纺织服装制造	11455454	51282	267130	36106	533059
纺织服装制造	11455454	51282	267130	36106	533059
纺织面料鞋的制造	192142	1365	688	587	4334
纺织面料鞋的制造	192142	1365	688	587	4334
制 帽	66650	227	142	31	2298
制 帽	66650	227	142	31	2298
皮革、毛皮、羽毛(绒)及其制品业	9173719	36382	62947	14016	236616
皮革鞣制加工	1342632	2820	23885	4841	13914
皮革鞣制加工	1342632	2820	23885	4841	13914
皮革制品制造	6732248	31034	30529	7320	195426
皮鞋制造	4360048	21820	7159	2585	143136
皮革服装制造	775091	2276	14966	1391	14799
皮箱、包(袋)制造	1107489	5098	4274	1613	28485
皮手套及皮装饰制品制造	172290	679	887	351	3286
其他皮革制品制造	317330	1161	3242	1381	5721
毛皮鞣制及制品加工	225653	685	1753	722	3154
毛皮鞣制加工	41019	134	479	242	712
毛皮服装加工	127457	319	1077	300	1832
其他毛皮制品加工	57177	232	198	181	610
羽毛(绒)加工及制品制造	873186	1844	6781	1133	24122
羽毛(绒)加工	64264	294	241	162	567

1-A-8 续表7-6

单位：个、万元、人

指标名称	主营业务成本	主营业务税金及附加	其他业务收入	其他业务利润	营业费用
羽毛(绒)制品加工	808922	1550	6540	971	23555
木材加工及木、竹、藤、棕、草制品业	3267834	30666	45249	19479	79302
锯材、木片加工	109146	2271	623	295	2382
锯材加工	48928	655	183	182	790
木片加工	60218	1616	440	112	1592
人造板制造	1371053	5541	23761	3969	26003
胶合板制造	836230	3161	17052	2136	16463
纤维板制造	238833	517	4147	1804	3844
刨花板制造	33721	156	836	-280	275
其他人造板、材制造	262269	1708	1727	310	5422
木制品制造	1328276	20066	17331	14505	35232
建筑用木料及木材组件加工	1167191	19092	16972	14563	30911
木容器制造	52486	253	255	17	1077
软木制品及其他木制品制造	108599	722	104	-75	3244
竹、藤、棕、草制品制造	459360	2788	3535	711	15684
竹、藤、棕、草制品制造	459360	2788	3535	711	15684
家具制造业	3749870	14610	24208	8788	170845
木质家具制造	1139404	5533	6876	1061	52921
木质家具制造	1139404	5533	6876	1061	52921
竹、藤家具制造	30842	107	60	10	910
竹、藤家具制造	30842	107	60	10	910
金属家具制造	1725106	6348	7945	3011	68542
金属家具制造	1725106	6348	7945	3011	68542
塑料家具制造	87197	451	619	127	4740
塑料家具制造	87197	451	619	127	4740
其他家具制造	767321	2171	8708	4580	43733
其他家具制造	767321	2171	8708	4580	43733
造纸及纸制品业	7340058	29742	198730	30451	165440
纸浆制造	17807	84	3	3	725
纸浆制造	17807	84	3	3	725
造　纸	4575958	18031	163025	16264	89611
机制纸及纸板制造	4410869	17535	161188	15563	84304
手工纸制造	2241	13			75
加工纸制造	162848	483	1836	701	5232
纸制品制造	2746293	11627	35702	14184	75105
纸和纸板容器的制造	2093697	8200	30513	12637	53825
其他纸制品制造	652596	3428	5189	1548	21280
印刷业和记录媒介的复制	2133978	12194	59728	13657	50532
印　刷	2029803	11779	59242	13372	47313
书、报、刊印刷	323723	3571	20577	6897	9930

1-A-8 续表7-7

单位：个、万元、人

指 标 名 称	主营业务成本	主营业务税金及附加	其他业务收入	其他业务利润	营业费用
本册印制	184621	537	3802	465	2404
包装装潢及其他印刷	1521459	7671	34863	6010	34979
装订及其他印刷服务活动	41426	359	321	179	1597
装订及其他印刷服务活动	41426	359	321	179	1597
记录媒介的复制	62749	56	165	107	1622
记录媒介的复制	62749	56	165	107	1622
文教体育用品制造业	3210226	12958	31150	7853	108804
文化用品制造	1085933	4551	6589	3815	37015
文具制造	440285	1957	3709	2293	14318
笔的制造	433448	2058	1617	571	16383
教学用模型及教具制造	183006	436	890	822	5427
墨水、墨汁制造	2219	4			23
其他文化用品制造	26974	97	374	129	865
体育用品制造	711127	3034	4170	-146	24238
球类制造	71896	447	1090	-229	1776
体育器材及配件制造	168463	980	1344	-109	5792
训练健身器材制造	296463	1163	926	187	10976
运动防护用具制造	44423	151	98	-235	1294
其他体育用品制造	129882	293	713	240	4401
乐器制造	167686	451	2397	615	4586
中乐器制造	1075	2			44
西乐器制造	101015	217	951	147	2657
电子乐器制造	10721	101	34	34	259
其他乐器及零件制造	54875	131	1413	435	1627
玩具制造	937410	3629	15820	2969	30662
玩具制造	937410	3629	15820	2969	30662
游艺器材及娱乐用品制造	308072	1294	2175	600	12302
露天游乐场所游乐设备制造	198627	963	359	68	6974
游艺用品及室内游艺器材制造	109444	331	1816	532	5328
石油加工、炼焦及核燃料加工业	11536712	237517	604316	2624	31935
精炼石油产品的制造	11329341	236234	604316	2624	31315
原油加工及石油制品制造	11329341	236234	604316	2624	31315
炼 焦	207371	1282			620
炼 焦	207371	1282			620
化学原料及化学制品制造业	22934085	94253	681128	147175	736581
基础化学原料制造	4348129	27772	131224	56704	98506
无机酸制造	227823	5052	6200	2011	7718
无机碱制造	290272	1862	6941	802	5981
无机盐制造	215276	1316	2330	1014	6377
有机化学原料制造	3254135	12705	108062	50353	60263

1－A－8 续表7－8

单位：个、万元、人

指 标 名 称	主营业务成 本	主营业务税金及附加	其他业务收 入	其他业务利 润	营业费用
其他基础化学原料制造	360622	6837	7691	2524	18168
肥料制造	322198	1651	15650	2009	8609
氮肥制造	239486	1415	12359	1385	6251
磷肥制造	11465	12	279	35	437
复混肥料制造	53513	222	2996	587	1685
有机肥料及微生物肥料制造	1872	2			29
其他肥料制造	15863	1	17	2	209
农药制造	1217051	5266	157685	35418	49684
化学农药制造	1094407	4658	155735	34682	43967
生物化学农药及微生物农药制造	122644	608	1949	736	5717
涂料、油墨、颜料及类似产品制造	3077575	12536	61768	8742	97917
涂料制造	780646	3364	10738	4324	33596
油墨及类似产品制造	159141	386	2280	263	5992
颜料制造	236244	700	1901	88	5929
染料制造	1829040	7824	46081	3940	49429
密封用填料及类似品制造	72503	262	769	127	2971
合成材料制造	8199113	15290	86303	8401	86856
初级形态的塑料及合成树脂制造	3776794	6733	62115	6678	61329
合成橡胶制造	31031	74	1054	137	876
合成纤维单(聚合)体的制造	4280086	7468	22644	1474	21216
其他合成材料制造	111201	1015	491	112	3436
专用化学产品制造	4046516	22797	151407	29804	124985
化学试剂和助剂制造	1877976	7762	52615	10424	63845
专项化学用品制造	770975	6902	62889	8311	31562
林产化学产品制造	62029	581	132	120	2063
炸药及火工产品制造	63472	901	269	182	3184
信息化学品制造	853373	3961	30811	9353	7782
环境污染处理专用药剂材料制造	43242	163	928	907	3870
动物胶制造	46875	97	1629	96	1962
其他专用化学产品制造	328574	2431	2135	412	10716
日用化学产品制造	1723503	8942	77090	6098	270023
肥皂及合成洗涤剂制造	908212	2861	63973	1923	96363
化妆品制造	212865	2828	2107	1111	163653
口腔清洁用品制造	2870	16			105
香料、香精制造	293564	1025	10958	3047	4842
其他日用化学产品制造	305992	2212	53	17	5060
医药制造业	3943446	30859	121212	24703	529223
化学药品原药制造	2021828	17327	56083	16891	137226
化学药品原药制造	2021828	17327	56083	16891	137226
化学药品制剂制造	836055	6395	51791	3296	207761

1-A-8　续表7-9　　　　单位：个、万元、人

指标名称	主营业务成本	主营业务税金及附加	其他业务收入	其他业务利润	营业费用
化学药品制剂制造	836055	6395	51791	3296	207761
中药饮片加工	59573	234	196	147	3318
中药饮片加工	59573	234	196	147	3318
中成药制造	231285	3373	2181	1064	106490
中成药制造	231285	3373	2181	1064	106490
兽用药品制造	155837	409	3075	874	9435
兽用药品制造	155837	409	3075	874	9435
生物、生化制品的制造	435868	2123	5489	788	56284
生物、生化制品的制造	435868	2123	5489	788	56284
卫生材料及医药用品制造	203000	999	2397	1644	8710
卫生材料及医药用品制造	203000	999	2397	1644	8710
化学纤维制造业	14120169	23055	439638	25257	69763
纤维素纤维原料及纤维制造	119476	246	4023	1280	1777
化纤浆粕制造	6435	36	60	60	69
人造纤维（纤维素纤维）制造	113041	210	3963	1220	1708
合成纤维制造	14000693	22810	435614	23977	67986
锦纶纤维制造	519212	1052	8176	1600	3667
涤纶纤维制造	11750341	17495	385049	19051	51393
腈纶纤维制造	174867	367	75	38	829
维纶纤维制造	445	2			14
其他合成纤维制造	1555827	3894	42315	3288	12083
橡胶制品业	3496588	15388	36190	5062	105848
轮胎制造	1828202	6623	27923	1370	62039
车辆、飞机及工程机械轮胎制造	1799081	6341	27300	1202	61338
力车胎制造	18925	179	554	115	373
轮胎翻新加工	10196	102	69	53	329
橡胶板、管、带的制造	514982	2880	2261	475	17591
橡胶板、管、带的制造	514982	2880	2261	475	17591
橡胶零件制造	254970	1669	2428	1187	8373
橡胶零件制造	254970	1669	2428	1187	8373
再生橡胶制造	23577	146	62	13	454
再生橡胶制造	23577	146	62	13	454
日用及医用橡胶制品制造	70661	299	597	103	1744
日用及医用橡胶制品制造	70661	299	597	103	1744
橡胶靴鞋制造	549456	2972	2018	1740	10691
橡胶靴鞋制造	549456	2972	2018	1740	10691
其他橡胶制品制造	254741	800	902	175	4956
其他橡胶制品制造	254741	800	902	175	4956
塑料制品业	12787345	50013	203327	34730	279291
塑料薄膜制造	2676353	6791	59783	13797	30838

1－A－8 续表 7－10

单位：个、万元、人

指 标 名 称	主营业务成 本	主 营 业 务税金及附加	其他业务收 入	其他业务利 润	营业费用
塑料薄膜制造	2676353	6791	59783	13797	30838
塑料板、管、型材的制造	2129245	8912	48828	4987	68798
塑料板、管、型材的制造	2129245	8912	48828	4987	68798
塑料丝、绳及编织品的制造	746481	3394	8017	735	8760
塑料丝、绳及编织品的制造	746481	3394	8017	735	8760
泡沫塑料制造	527108	1764	9273	1662	11377
泡沫塑料制造	527108	1764	9273	1662	11377
塑料人造革、合成革制造	2081052	8481	20158	5971	22058
塑料人造革、合成革制造	2081052	8481	20158	5971	22058
塑料包装箱及容器制造	903183	3706	16740	2259	24284
塑料包装箱及容器制造	903183	3706	16740	2259	24284
塑料零件制造	1132900	5487	16231	1752	34196
塑料零件制造	1132900	5487	16231	1752	34196
日用塑料制造	1817691	7911	18677	2854	58529
塑料鞋制造	181432	1072	1160	235	3439
日用塑料杂品制造	1636259	6839	17517	2619	55089
其他塑料制品制造	773333	3568	5622	715	20451
其他塑料制品制造	773333	3568	5622	715	20451
非金属矿物制品业	9381943	57619	121669	38615	322868
水泥、石灰和石膏的制造	3170155	17243	29287	15351	62690
水泥制造	3115535	16749	29205	15330	59299
石灰和石膏制造	54620	493	82	21	3391
水泥及石膏制品制造	2550037	19569	11024	4908	92709
水泥制品制造	2114044	17377	9670	4244	79101
砼结构构件制造	281069	1822	778	468	7195
石棉水泥制品制造	7575	31			49
轻质建筑材料制造	127578	202	554	173	6028
其他水泥制品制造	19772	138	23	23	337
砖瓦、石材及其他建筑材料制造	701182	5031	17166	6894	63142
粘土砖瓦及建筑砌块制造	131821	1118	1256	393	6143
建筑陶瓷制品制造	304816	638	10867	5672	46931
建筑用石加工	51027	1815	192	164	4246
防水建筑材料制造	119904	710	3603	195	1337
隔热和隔音材料制造	46477	272	358	91	2288
其他建筑材料制造	47137	478	889	379	2197
玻璃及玻璃制品制造	2127112	8421	34366	8529	52453
平板玻璃制造	201565	571	10089	1796	2447
技术玻璃制品制造	879507	2942	6148	2671	15509
光学玻璃制造	3319	18			94
玻璃仪器制造	12561	37	237	35	171

1-A-8 续表7-11 单位：个、万元、人

指 标 名 称	主营业务成 本	主营业务税金及附加	其他业务收 入	其他业务利 润	营业费用
日用玻璃制品及玻璃包装容器制造	416199	2713	1627	606	12668
玻璃保温容器制造	35097	157	99	39	1114
玻璃纤维及制品制造	422403	1265	15654	3282	12871
玻璃纤维增强塑料制品制造	98021	451	414	30	5098
其他玻璃制品制造	58439	267	98	71	2481
陶瓷制品制造	202537	1169	1344	1144	6266
卫生陶瓷制品制造	117889	627	740	705	2803
特种陶瓷制品制造	46601	363	336	294	2413
日用陶瓷制品制造	37072	180	198	75	1034
园林、陈设艺术及其他陶瓷制品制造	975		70	70	17
耐火材料制品制造	353258	3978	27454	1091	35207
石棉制品制造	29387	143	284	-119	1160
云母制品制造	5786	36	18	3	226
耐火陶瓷制品及其他耐火材料制造	318085	3799	27152	1208	33821
石墨及其他非金属矿物制品制造	277662	2208	1028	697	10400
石墨及碳素制品制造	130461	1191	248	232	5748
其他非金属矿物制品制造	147201	1017	781	465	4652
黑色金属冶炼及压延加工业	14983349	56809	258764	39849	99956
炼 铁	11746	56	35	35	132
炼 铁	11746	56	35	35	132
炼 钢	662626	1918	14354	5608	4202
炼 钢	662626	1918	14354	5608	4202
钢压延加工	13765388	54154	242220	33992	92577
钢压延加工	13765388	54154	242220	33992	92577
铁合金冶炼	543589	681	2155	214	3044
铁合金冶炼	543589	681	2155	214	3044
有色金属冶炼及压延加工业	13186473	37702	327241	16214	72792
常用有色金属冶炼	3303697	9297	118256	2193	6734
铜冶炼	2246727	7554	57204	538	2625
铅锌冶炼	107482	300	1542	804	321
镍钴冶炼	378021	390	57166	520	1638
锡冶炼	1030	2			14
铝冶炼	498965	663	2228	216	1764
镁冶炼	5692	10			43
其他常用有色金属冶炼	65780	377	115	115	329
贵金属冶炼	352211	515	1329	707	314
金冶炼	262677	421	1245	676	105
银冶炼	58467	59	81	28	207
其他贵金属冶炼	31068	35	3	3	1
稀有稀土金属冶炼	54357	120	11646	645	238

1－A－8 续表7－12　　单位：个、万元、人

指标名称	主营业务成本	主营业务税金及附加	其他业务收入	其他业务利润	营业费用
钨钼冶炼	6460	12	83	41	99
稀土金属冶炼	47897	109	11562	603	139
有色金属合金制造	663292	1586	5409	505	6677
有色金属合金制造	663292	1586	5409	505	6677
有色金属压延加工	8812916	26184	190603	12164	58829
常用有色金属压延加工	8723254	25870	188361	11013	57851
贵金属压延加工	34242	115	845	805	20
稀有稀土金属压延加工	55420	199	1396	346	958
金属制品业	14934377	83953	205005	51882	350803
结构性金属制品制造	4425267	35694	51661	17240	91158
金属结构制造	3167035	29836	35566	14139	53961
金属门窗制造	1258232	5857	16096	3101	37197
金属工具制造	1451347	7389	28562	6444	37552
切削工具制造	220574	1616	2256	907	7059
手工具制造	721028	3280	15411	3159	16100
农用及园林用金属工具制造	205762	1008	7306	520	5419
刀剪及类似日用金属工具制造	116998	469	1359	594	2958
其他金属工具制造	186985	1015	2231	1263	6016
集装箱及金属包装容器制造	1176237	3989	23011	6740	26916
集装箱制造	377869	55	3604	3319	5490
金属压力容器制造	219556	1419	1800	873	5124
金属包装容器制造	578812	2515	17608	2548	16302
金属丝绳及其制品的制造	1442108	6696	27500	－694	13681
金属丝绳及其制品的制造	1442108	6696	27500	－694	13681
建筑、安全用金属制品制造	2569214	13523	16759	4784	64214
建筑、家具用金属配件制造	1274444	7212	9262	2815	31972
建筑装饰及水暖管道零件制造	1101549	5365	5496	1276	25556
安全、消防用金属制品制造	163075	810	1705	592	5927
其他建筑、安全用金属制品制造	30147	136	296	101	759
金属表面处理及热处理加工	1138348	5091	10206	4910	12419
金属表面处理及热处理加工	1138348	5091	10206	4910	12419
搪瓷制品制造	102033	636	346	133	2749
工业生产配套用搪瓷制品制造	5731	17			63
搪瓷卫生洁具制造	16768	93	83	32	1632
搪瓷日用品及其他搪瓷制品制造	79534	526	263	101	1054
不锈钢及类似日用金属制品制造	1978149	8911	24736	7866	91953
金属制厨房调理及卫生器具制造	380613	1700	4871	2491	24534
金属制厨用器皿及餐具制造	1249845	5817	13859	3836	58467
其他日用金属制品制造	347690	1395	6006	1540	8951
其他金属制品制造	651673	2025	22224	4460	10160

1－A－8 续表7－13 单位：个、万元、人

指 标 名 称	主营业务成本	主营业务税金及附加	其他业务收入	其他业务利润	营业费用
其他未列明的金属制品制造	651673	2025	22224	4460	10160
通用设备制造业	24577698	111863	411819	136323	713134
锅炉及原动机制造	1193635	3779	21910	9410	34349
锅炉及辅助设备制造	513396	1239	10301	5194	12143
内燃机及配件制造	327717	1250	6053	3110	8498
汽轮机及辅机制造	314984	1096	3875	845	12069
水轮机及辅机制造	32765	189	1548	218	1346
其他原动机制造	4773	4	133	43	294
金属加工机械制造	1158908	4887	30390	13742	56302
金属切削机床制造	517818	2094	18939	9074	31855
金属成形机床制造	165359	671	5996	2028	8943
铸造机械制造	52152	286	517	371	2446
金属切割及焊接设备制造	230734	812	1877	631	6187
机床附件制造	79870	515	630	540	2637
其他金属加工机械制造	112974	509	2431	1099	4235
起重运输设备制造	2349685	7388	77614	16635	83684
起重运输设备制造	2349685	7388	77614	16635	83684
泵、阀门、压缩机及类似机械的制造	6111672	27728	67667	19986	186514
泵及真空设备制造	1390138	6657	21425	5230	49656
气体压缩机械制造	949589	2923	18204	7481	26266
阀门和旋塞的制造	3197924	14860	18913	4203	89492
液压和气压动力机械及元件制造	574020	3289	9125	3073	21100
轴承、齿轮、传动和驱动部件的制造	3268321	15570	56598	29136	77119
轴承制造	1844751	8606	29209	14880	38972
齿轮、传动和驱动部件制造	1423570	6964	27389	14257	38147
烘炉、熔炉及电炉制造	79692	286	2096	204	1099
烘炉、熔炉及电炉制造	79692	286	2096	204	1099
风机、衡器、包装设备等通用设备制造	4064257	21770	50161	15980	143101
风机、风扇制造	271686	3207	3068	1880	14471
气体、液体分离及纯净设备制造	650286	2969	11913	3251	24694
制冷、空调设备制造	1672667	9795	16644	3508	58594
风动和电动工具制造	922898	3339	10402	5259	19807
喷枪及类似器具制造	201923	790	1463	499	4993
包装专用设备制造	141469	805	1449	310	9162
衡器制造	32342	158	719	98	1194
其他通用设备制造	170987	707	4504	1174	10186
通用零部件制造及机械修理	4023892	17589	76474	23905	100125
金属密封件制造	150824	903	1811	762	5662
紧固件、弹簧制造	2781125	10167	66984	20847	72212
机械零部件加工及设备修理	365337	2265	2216	984	6361

1－A－8 续表7－14

单位：个、万元、人

指标名称	主营业务成本	主营业务税金及附加	其他业务收入	其他业务利润	营业费用
其他通用零部件制造	726605	4254	5464	1313	15890
金属铸、锻加工	2327638	12867	28908	7325	30842
钢铁铸件制造	1751042	9818	12158	2913	20136
锻件及粉末冶金制品制造	576596	3049	16750	4412	10706
专用设备制造业	7410573	41359	112835	41407	279241
矿山、冶金、建筑专用设备制造	688962	3212	13657	7828	21880
采矿、采石设备制造	133093	1291	1635	1061	4400
石油钻采专用设备制造	67746	511	754	137	3610
建筑工程用机械制造	355328	924	6379	4557	10113
建筑材料生产专用机械制造	80275	350	238	152	2688
冶金专用设备制造	52520	137	4651	1921	1069
化工、木材、非金属加工专用设备制造	2121216	10553	32382	11714	109552
炼油、化工生产专用设备制造	260708	937	1260	189	8786
橡胶加工专用设备制造	28695	113	657	345	1267
塑料加工专用设备制造	824709	2666	17668	5276	64975
木材加工机械制造	37603	154	322	81	722
模具制造	949026	6508	12415	5799	33422
其他非金属加工专用设备制造	20475	176	60	25	381
食品、饮料、烟草及饲料生产专用设备制造	169220	2168	2985	1963	6692
食品、饮料、烟草工业专用设备制造	135186	1886	2256	1793	4899
农副食品加工专用设备制造	29346	266	716	158	1531
饲料生产专用设备制造	4688	17	14	12	262
印刷、制药、日化生产专用设备制造	292828	7127	3345	1444	12425
制浆和造纸专用设备制造	33645	201	722	367	1540
印刷专用设备制造	130118	5955	1932	752	3888
日用化工专用设备制造	7811	41	14	10	163
制药专用设备制造	79257	689	97	82	4752
照明器具生产专用设备制造	14446	68	46	12	563
玻璃、陶瓷和搪瓷制品生产专用设备制造	11608	102	138	112	453
其他日用品生产专用设备制造	15943	71	396	110	1066
纺织、服装和皮革工业专用设备制造	1585096	7701	22769	6422	47111
纺织专用设备制造	565131	3791	15706	4572	16464
皮革、毛皮及其制品加工专用设备制造	42417	255	560	375	1364
缝纫机械制造	961410	3590	6302	1456	28748
其他服装加工专用设备制造	16138	66	201	19	535
电子和电工机械专用设备制造	233384	981	4034	932	7948
电工机械专用设备制造	71703	227	302	257	3528
电子工业专用设备制造	158691	720	3587	541	4411
武器弹药制造	2990	33	145	133	10
农、林、牧、渔专用机械制造	511032	1112	9347	2996	15452

1－A－8 续表7－15

单位：个、万元、人

指标名称	主营业务成本	主营业务税金及附加	其他业务收入	其他业务利润	营业费用
拖拉机制造	165412	154	4982	2028	5336
机械化农业及园艺机具制造	284666	690	3365	872	8696
畜牧机械制造	544	1			9
渔业机械制造	7815	39	28	2	81
农林牧渔机械配件制造	45927	175	931	74	1059
其他农林牧渔业机械制造及机械修理	6668	54	40	20	272
医疗仪器设备及器械制造	316157	2570	2929	1523	16863
医疗诊断、监护及治疗设备制造	56306	649	815	691	4436
口腔科用设备及器具制造	3281	32	68	7	268
实验室及医用消毒设备和器具的制造	8719	47	85	31	720
医疗、外科及兽医用器械制造	188758	1490	1394	586	7866
机械治疗及病房护理设备制造	30057	206	300	127	2289
假肢、人工器官及植（介）入器械制造	3070	20	4	4	491
其他医疗设备及器械制造	25966	127	263	77	792
环保、社会公共安全及其他专用设备制造	1492679	5935	21388	6585	41317
环境污染防治专用设备制造	1074613	4006	13037	5590	28969
地质勘查专用设备制造	10845	51	374	183	529
邮政专用机械及器材制造	4084	36	114	89	188
商业、饮食、服务业专用设备制造	5126	24	9		105
社会公共安全设备及器材制造	320307	1302	7527	513	8723
交通安全及管制专用设备制造	5183	175			140
水资源专用机械制造	23904	108	120	76	342
其他专用设备制造	48618	234	206	134	2321
交通运输设备制造业	21326856	118190	547052	133384	537680
铁路运输设备制造	37132	248	312	34	1429
铁路机车车辆配件制造	11138	107	294	17	324
铁路专用设备及器材、配件制造	22735	103	18	17	930
其他铁路设备制造及设备修理	3259	39			175
汽车制造	12885116	72706	388997	72724	368200
汽车整车制造	1467570	20922	100474	18125	49959
改装汽车制造	64812	240	748	307	1684
汽车车身、挂车的制造	24286	42	383	163	462
汽车零部件及配件制造	11198357	50935	268089	53129	307895
汽车修理	130091	567	19305	999	8200
摩托车制造	2402870	26134	56111	9605	75911
摩托车整车制造	775582	16390	30164	1358	35874
摩托车零部件及配件制造	1627288	9744	25947	8247	40037
自行车制造	968500	3584	13650	2280	28446
脚踏自行车及残疾人座车制造	533823	1636	3247	1109	15682
助动自行车制造	434677	1949	10403	1171	12765

1-A-8 续表7-16 单位：个、万元、人

指标名称	主营业务成本	主营业务税金及附加	其他业务收入	其他业务利润	营业费用
船舶及浮动装置制造	4893652	13953	86391	48639	57583
金属船舶制造	3995027	9531	63749	29323	45246
非金属船舶制造	86634	46			509
娱乐船和运动船的建造和修理	17882	37	2275	163	1216
船用配套设备制造	420992	1116	7083	6503	4157
船舶修理及拆船	373117	3223	13284	12649	6455
航空航天器制造	14769	173	2		573
飞机制造及修理	3370	30	2		76
其他飞行器制造	11400	143			497
交通器材及其他交通运输设备制造	124817	1392	1589	103	5539
潜水及水下救捞装备制造	422	4			
交通管理用金属标志及设施制造	78276	1330	1568	125	4201
其他交通运输设备制造	46120	59	21	-22	1338
电气机械及器材制造业	30391331	113331	592316	111874	1069884
电机制造	4376945	19645	72676	24680	122378
发电机及发电机组制造	541995	2203	6899	2119	16452
电动机制造	2009362	9684	45678	9596	62518
微电机及其他电机制造	1825587	7757	20100	12966	43408
输配电及控制设备制造	6795888	32787	219612	40130	279191
变压器、整流器和电感器制造	1134558	5110	78112	10129	50093
电容器及其配套设备制造	183890	1211	4457	90	4157
配电开关控制设备制造	3725443	17102	43777	19927	158038
电力电子元器件制造	1457524	7291	91496	8946	55710
其他输配电及控制设备制造	294473	2073	1771	1039	11194
电线、电缆、光缆及电工器材制造	6561949	16408	74397	13441	134664
电线电缆制造	5861072	14684	53933	11659	106375
光纤、光缆制造	487446	363	15233	695	16317
绝缘制品制造	72915	335	1104	159	4296
其他电工器材制造	140517	1026	4127	928	7676
电池制造	2788462	7409	72285	8757	75530
电池制造	2788462	7409	72285	8757	75530
家用电力器具制造	5765378	20681	99778	10434	335143
家用制冷电器具制造	639771	2916	7901	-205	38038
家用空气调节器制造	747449	1021	10402	634	31608
家用通风电器具制造	373261	2343	5274	676	58303
家用厨房电器具制造	1240309	4067	14798	1997	94667
家用清洁卫生电器具制造	1060121	2719	35016	5535	60858
家用美容、保健电器具制造	355536	1197	2501	1317	11500
家用电力器具专用配件制造	615283	4278	13417	2558	13695
其他家用电力器具制造	733648	2142	10470	-2078	26476

1-A-8 续表7-17 单位：个、万元、人

指 标 名 称	主营业务成本	主营业务税金及附加	其他业务收入	其他业务利润	营业费用
非电力家用器具制造	431482	1483	2731	868	16577
燃气、太阳能及类似能源的器具制造	326315	1126	2092	812	12301
其他非电力家用器具制造	105167	358	639	57	4276
照明器具制造	3379865	13433	48559	12779	97275
电光源制造	1093860	4524	12856	4698	25483
照明灯具制造	1839653	7093	33516	7400	59077
灯用电器附件及其他照明器具制造	446351	1816	2188	682	12715
其他电气机械及器材制造	291363	1485	2277	785	9127
车辆专用照明及电气信号设备装置制造	228826	1137	2018	659	8180
其他未列明的电气机械制造	62537	348	260	126	947
通信设备、计算机及其他电子设备制造业	14423251	35209	247846	67601	395901
通信设备制造	3759921	6163	110255	22937	90372
通信传输设备制造	273876	1297	5831	1602	10954
通信交换设备制造	93128	774	1038	295	13619
通信终端设备制造	90254	210	572	309	2841
移动通信及终端设备制造	3188805	3427	99209	18289	59116
其他通信设备制造	113858	455	3605	2443	3842
雷达及配套设备制造	2778	21	395	368	46
雷达及配套设备制造	2778	21	395	368	46
广播电视设备制造	366662	1665	6581	2652	19147
广播电视节目制作及发射设备制造	20732	119	66	29	839
广播电视接收设备及器材制造	254398	837	4387	651	6028
应用电视设备及其他广播电视设备制造	91532	708	2129	1972	12280
电子计算机制造	5044655	2897	11812	8138	143566
电子计算机整机制造	604409	34	36	36	7004
计算机网络设备制造	357516	1542	305	168	85193
电子计算机外部设备制造	4082731	1320	11471	7934	51369
电子器件制造	1147119	3839	17715	4572	26809
电子真空器件制造	27615	154	120	85	1122
半导体分立器件制造	351483	530	6397	2706	6389
集成电路制造	320592	1643	5669	805	6141
光电子器件及其他电子器件制造	447429	1513	5529	976	13156
电子元件制造	3097534	14350	64381	21512	87589
电子元件及组件制造	2840219	13606	62607	21127	82468
印制电路板制造	257315	744	1774	385	5121
家用视听设备制造	696221	5159	29501	2397	15621
家用影视设备制造	499837	4469	26977	1493	10113
家用音响设备制造	196384	690	2523	905	5508
其他电子设备制造	308361	1115	7208	5024	12751
其他电子设备制造	308361	1115	7208	5024	12751

1－A－8 续表7－18 单位：个、万元、人

指标名称	主营业务成本	主营业务税金及附加	其他业务收入	其他业务利润	营业费用
仪器仪表及文化、办公用机械制造业	3988171	20908	114783	22742	207834
通用仪器仪表制造	2300061	12318	38719	10860	142071
工业自动控制系统装置制造	554367	3383	8104	3782	40386
电工仪器仪表制造	353021	2386	3090	937	18062
绘图、计算及测量仪器制造	186921	614	914	504	6854
实验分析仪器制造	78714	419	1350	561	3450
试验机制造	14097	68	38	31	748
供应用仪表及其他通用仪器制造	1112941	5449	25222	5045	72572
专用仪器仪表制造	639670	3252	36074	6680	27548
环境监测专用仪器仪表制造	41046	523	323	241	2884
汽车及其他用计数仪表制造	388002	1685	33070	5028	13303
导航、气象及海洋专用仪器制造	21016	102	26	15	667
农林牧渔专用仪器仪表制造	4910	16	273	26	28
地质勘探和地震专用仪器制造	1197	13			2
教学专用仪器制造	88260	506	906	528	6446
电子测量仪器制造	72468	275	969	530	2898
其他专用仪器制造	22770	132	507	312	1320
钟表与计时仪器制造	128576	718	1790	757	3366
钟表与计时仪器制造	128576	718	1790	757	3366
光学仪器及眼镜制造	555962	2819	5719	2240	16638
光学仪器制造	166421	688	3560	874	5831
眼镜制造	389541	2132	2160	1367	10807
文化、办公用机械制造	328494	1678	32078	2015	16925
电影机械制造	7607	40	249	5	230
幻灯及投影设备制造	1377	7	10	10	27
照相机及器材制造	107557	170	4497	1527	3055
复印和胶印设备制造	28193	163	353	171	1518
计算器及货币专用设备制造	46239	390	624	71	1868
其他文化、办公用机械制造	137521	908	26346	232	10227
其他仪器仪表的制造及修理	35410	123	404	190	1286
其他仪器仪表的制造及修理	35410	123	404	190	1286
工艺品及其他制造业	5520509	35007	49115	22813	161646
工艺美术品制造	3360037	22225	23003	14805	97462
雕塑工艺品制造	221439	1952	538	322	12267
金属工艺品制造	362285	2343	1613	459	13819
漆器工艺品制造	101636	870	58	37	4493
花画工艺品制造	68387	467	237	30	3428
天然植物纤维编织工艺品制造	106593	613	251	138	3056
抽纱刺绣工艺品制造	935522	7997	2050	352	13413

1－A－8 续表 7－19

单位：个、万元、人

指 标 名 称	主营业务成本	主营业务税金及附加	其他业务收入	其他业务利润	营业费用
地毯、挂毯制造	168729	752	1318	547	7310
珠宝首饰及有关物品的制造	740950	3754	15076	12085	11796
其他工艺美术品制造	654496	3476	1864	835	27881
日用杂品制造	2076022	12582	25755	7868	62238
制镜及类似品加工	134730	1246	1280	71	2417
鬃毛加工、制刷及清扫工具的制造	147835	472	1634	435	7476
其他日用杂品制造	1793457	10864	22842	7362	52346
煤制品制造	7772	34	...	...	565
煤制品制造	7772	34	...	...	565
核辐射加工	655	11			24
核辐射加工	655	11			24
其他未列明的制造业	76023	155	356	139	1358
其他未列明的制造业	76023	155	356	139	1358
废弃资源和废旧材料回收加工业	2213812	3019	11403	1264	26548
金属废料和碎屑的加工处理	2072062	2372	4855	427	22722
金属废料和碎屑的加工处理	2072062	2372	4855	427	22722
非金属废料和碎屑的加工处理	141750	647	6548	837	3826
非金属废料和碎屑的加工处理	141750	647	6548	837	3826
电力、燃气及水的生产和供应业	**25273530**	**138493**	**238471**	**89151**	**92453**
电力、热力的生产和供应业	23829743	130752	160844	60748	18307
电力生产	7016047	56184	102104	32986	4995
火力发电	6136724	36304	92079	30642	776
水力发电	363291	5516	1779	1027	661
核力发电	492289	14082	7216	346	3381
其他能源发电	23744	282	1030	972	178
电力供应	16497695	73475	46038	24462	11392
电力供应	16497695	73475	46038	24462	11392
热力生产和供应	316002	1093	12703	3300	1920
热力生产和供应	316002	1093	12703	3300	1920
燃气生产和供应业	805490	2734	23308	11044	37739
燃气生产和供应业	805490	2734	23308	11044	37739
燃气生产和供应业	805490	2734	23308	11044	37739
水的生产和供应业	638296	5007	54319	17359	36407
自来水的生产和供应	490667	4753	52034	16053	35470
自来水的生产和供应	490667	4753	52034	16053	35470
污水处理及其再生利用	147243	249	2285	1306	937
污水处理及其再生利用	147243	249	2285	1306	937
其他水的处理、利用与分配	386	5			
其他水的处理、利用与分配	386	5			

1-A-8 续表8-1 单位：个、万元、人

指 标 名 称	管理费用	税 金	财务费用	利息支出	营业利润
总 计	**15667318**	**801443**	**7076525**	**6610773**	**14682851**
一、按轻重工业分					
轻工业	6846854	366593	3188334	2861276	7114518
重工业	8820464	434850	3888191	3749497	7568333
二、按规模分					
大型企业	2109827	85837	1047562	1018692	1816060
中型企业	5769866	301478	2782558	2683371	6934827
小型企业	7787626	414128	3246405	2908710	5931964
三、按登记注册类型分					
内 资	**10829252**	**572993**	**5502606**	**5044913**	**9612100**
国 有	723051	23984	458204	464992	673930
集 体	69221	3311	23935	22733	52909
股份合作企业	162577	9546	55133	49596	119449
联营企业	11221	309	6354	6042	-10933
国有联营	253	12	376	376	63
集体联营	4455	47	3153	3045	-10324
国有与集体联营	4636	232	2499	2458	-193
其他联营	1878	19	326	163	-478
有限责任公司	2565800	123916	1469161	1412769	1786471
国有独资公司	133444	4846	44239	43254	42329
其他有限责任公司	2432356	119070	1424922	1369515	1744142
股份有限公司	1078525	48361	415105	437356	510224
私营企业	6185280	360941	3048944	2627863	6440239
私营独资	428020	25688	151952	130619	439163
私营合伙	115894	6099	30299	26387	127452
私营有限责任公司	5345835	318864	2662266	2372958	5514315
私营股份有限公司	295531	10290	204427	97899	359309
其 他	33578	2626	25771	23563	39812
港澳台商投资	**2038283**	**102425**	**808561**	**786514**	**2246570**
与港澳台商合资经营	1041162	57100	577582	553405	1370447
与港澳台商合作经营	28482	2701	13737	12707	47999
港澳台商独资	823987	39530	203343	203069	819699
港澳台商投资股份有限公司	144653	3094	13900	17333	8424
外商投资	**2799783**	**126025**	**765358**	**779346**	**2824181**
中外合资经营	1383646	67215	504387	484031	1647392
中外合作经营	41684	1545	13955	10669	51950
外资企业	1249662	53220	214374	255064	915294
外商投资股份有限公司	124790	4046	32642	29582	209545
四、按控股情况分					
国有控股	1631567	62385	1044089	1126335	168033

1－A－8 续表 8－2

单位：个、万元、人

指标名称	管理费用	税金	财务费用	利息支出	营业利润
集体控股	451787	21313	204255	200225	450019
私人控股	9810577	539348	4791935	4219514	10488541
港澳台商控股	1444985	72943	476214	469559	1371942
外商控股	1963983	87664	411444	444223	1859999
其 他	364419	17790	148589	150918	344316
五、按国民经济行业（门类、大类、中类、小类）分					
采矿业	**102025**	**3791**	**11071**	**14540**	**99321**
煤炭开采和洗选业	14052	330	1121	1116	－9282
烟煤和无烟煤的开采洗选	14052	330	1121	1116	－9282
烟煤和无烟煤的开采洗选	14052	330	1121	1116	－9282
黑色金属矿采选业	9969	340	－1689	2799	47088
铁矿采选	9969	340	－1689	2799	47088
铁矿采选	9969	340	－1689	2799	47088
有色金属矿采选业	21692	970	3207	3019	25543
常用有色金属矿采选	14601	788	2726	2620	21254
铜矿采选	11529	728	976	976	11851
铅锌矿采选	3072	60	1750	1644	9403
贵金属矿采选	672	110	190	189	303
金矿采选	350	109			208
银矿采选	322	1	190	189	95
稀有稀土金属矿采选	6419	72	291	210	3985
钨钼矿采选	5278	61	268	170	3441
放射性金属矿采选	1141	11	23	40	544
非金属矿采选业	56312	2151	8432	7607	35973
土砂石开采	48600	1983	7805	6985	38527
石灰石、石膏开采	10687	1127	1628	1325	－1177
建筑装饰用石开采	15493	233	1394	1276	21078
耐火土石开采	4916	349	1883	1722	6234
粘土及其他土砂石开采	17504	274	2900	2661	12392
化学矿采选	3846	63	77	77	－2968
化学矿采选	3846	63	77	77	－2968
采 盐	303	4	－43	－43	75
采 盐	303	4	－43	－43	75
石棉及其他非金属矿采选	3563	101	594	589	339
其他非金属矿采选	3563	101	594	589	339
制造业	**14925808**	**774004**	**6145235**	**5667484**	**14235224**
农副食品加工业	165086	12258	105765	100689	123370
谷物磨制	5358	482	3352	3356	1817
谷物磨制	5358	482	3352	3356	1817
饲料加工	30286	1916	11695	10148	29722

1-A-8 续表8-3

单位：个、万元、人

指标名称	管理费用	税金	财务费用	利息支出	营业利润
饲料加工	30286	1916	11695	10148	29722
植物油加工	12372	1526	8372	11379	2941
食用植物油加工	12108	1523	8361	11368	3164
非食用植物油加工	264	3	11	11	-224
屠宰及肉类加工	23823	2177	8757	7751	23979
畜禽屠宰	4933	216	1028	748	5514
肉制品及副产品加工	18890	1961	7729	7003	18465
水产品加工	50805	3387	59759	51730	18621
水产品冷冻加工	39364	2778	48165	40503	10743
鱼糜制品及水产品干腌制加工	7756	403	8433	8142	3268
水产饲料制造	2837	184	2842	2826	4756
鱼油提取及制品的制造	171	16	2	2	47
其他水产品加工	678	7	317	258	-193
蔬菜、水果和坚果加工	27740	1956	12485	10990	35483
蔬菜、水果和坚果加工	27740	1956	12485	10990	35483
其他农副食品加工	14702	814	1345	5334	10807
淀粉及淀粉制品的制造	1460	104	504	462	992
豆制品制造	5533	368	1142	1393	4541
蛋品加工	722	99	723	718	3189
其他未列明的农副食品加工	6987	243	-1024	2762	2086
食品制造业	131868	6597	40237	36566	177646
焙烤食品制造	15355	426	2216	2138	15900
糕点、面包制造	5967	229	917	856	3848
饼干及其他焙烤食品制造	9389	197	1299	1281	12052
糖果、巧克力及蜜饯制造	6383	283	1859	1326	20723
糖果、巧克力制造	4595	265	615	484	19155
蜜饯制作	1789	18	1244	842	1568
方便食品制造	19448	1275	2355	1822	63311
米、面制品制造	5904	327	3091	3011	3942
速冻食品制造	5972	195	1632	1481	4325
方便面及其他方便食品制造	7573	754	-2369	-2670	55044
液体乳及乳制品制造	9266	564	3115	3138	3874
液体乳及乳制品制造	9266	564	3115	3138	3874
罐头制造	22630	1507	12567	11562	17997
肉、禽类罐头制造	1003	83	159	24	2199
水产品罐头制造	1381	71	793	677	969
蔬菜、水果罐头制造	17510	1324	11552	10813	336
其他罐头食品制造	2737	30	63	48	14493
调味品、发酵制品制造	20250	720	4423	4401	2898
味精制造	10262	283	1961	1964	-6285

1-A-8 续表8-4

单位：个、万元、人

指 标 名 称	管理费用	税 金	财务费用	利息支出	营业利润
酱油、食醋及类似制品的制造	5947	280	1441	1437	4258
其他调味品、发酵制品制造	4041	156	1021	1000	4925
其他食品制造	38535	1822	13704	12180	52943
营养、保健食品制造	8547	300	3328	2864	17012
冷冻饮品及食用冰制造	4542	300	1474	377	4953
盐加工	1245	9	43	45	1771
食品及饲料添加剂制造	23986	1213	8771	8806	28995
其他未列明的食品制造	216	1	88	88	212
饮料制造业	152389	9438	38390	37645	286280
酒精制造	393	8	306	284	-732
酒精制造	393	8	306	284	-732
酒的制造	75491	5748	26846	26114	16912
白酒制造	2342	148	637	613	4499
啤酒制造	46859	2925	11622	11443	-17071
黄酒制造	24336	2606	13652	13126	28533
其他酒制造	1955	70	935	932	951
软饮料制造	62214	2523	-321	1388	249576
碳酸饮料制造	8863	352	1831	1705	27697
瓶（罐）装饮用水制造	12826	616	-1444	-1474	2188
果菜汁及果菜汁饮料制造	6417	433	-294	1609	19
含乳饮料和植物蛋白饮料制造	20925	337	-373	-632	88914
固体饮料制造	1285	232	798	611	2925
茶饮料及其他软饮料制造	11898	553	-840	-431	127833
精制茶加工	14292	1159	11559	9860	20524
精制茶加工	14292	1159	11559	9860	20524
烟草制品业	92036	2680	-23357	-23421	432691
卷烟制造	89984	2635	-23431	-23494	429201
卷烟制造	89984	2635	-23431	-23494	429201
其他烟草制品加工	2052	46	74	73	3491
其他烟草制品加工	2052	46	74	73	3491
纺织业	1470276	89451	956011	876251	1423120
棉、化纤纺织及印染精加工	627176	39327	516144	481427	698824
棉、化纤纺织加工	356510	24200	333145	310148	439371
棉、化纤印染精加工	270667	15127	182999	171279	259453
毛纺织和染整精加工	48633	3141	20901	20665	39946
毛条加工	5528	462	2143	4038	4678
毛纺织	33643	1433	15002	13370	29871
毛染整精加工	9462	1246	3756	3256	5396
麻纺织	6745	257	6080	4330	9800
麻纺织	6745	257	6080	4330	9800

1－A－8 续表8－5

单位：个、万元、人

指标名称	管理费用	税金	财务费用	利息支出	营业利润
丝绢纺织及精加工	128089	9698	67996	67439	92962
缫丝加工	14048	1566	7999	7860	－567
绢纺和丝织加工	97357	7224	52848	52705	90462
丝印染精加工	16684	908	7149	6873	3067
纺织制成品制造	262831	16360	158490	142401	187576
棉及化纤制品制造	109730	6064	72705	65840	87143
毛制品制造	11671	1140	10707	9955	3544
麻制品制造	661	26	243	243	219
丝制品制造	43620	3315	20324	16836	42951
绳、索、缆的制造	3607	262	2023	1762	3109
纺织带和帘子布制造	26534	1359	21059	20850	13579
无纺布制造	41974	2585	19340	17027	24178
其他纺织制成品制造	25034	1609	12090	9888	12853
针织品、编织品及其制品制造	396802	20668	186399	159990	394014
棉、化纤针织品及编织品制造	292115	15413	141475	120444	307433
毛针织品及编织品制造	61983	3425	22185	19235	45085
丝针织品及编织品制造	32107	1317	17593	16008	33649
其他针织品及编织品制造	10598	513	5147	4303	7846
纺织服装、鞋、帽制造业	789499	33981	228407	190738	708862
纺织服装制造	773801	33008	225218	188128	698994
纺织服装制造	773801	33008	225218	188128	698994
纺织面料鞋的制造	10806	629	2273	1835	8088
纺织面料鞋的制造	10806	629	2273	1835	8088
制帽	4892	344	916	776	1780
制帽	4892	344	916	776	1780
皮革、毛皮、羽毛(绒)及其制品业	419023	28862	175455	146117	470873
皮革鞣制加工	42386	3526	38448	38172	46636
皮革鞣制加工	42386	3526	38448	38172	46636
皮革制品制造	338853	23285	101081	79816	393629
皮鞋制造	219431	17506	61003	50472	295082
皮革服装制造	27761	885	14846	9282	54477
皮箱、包(袋)制造	65056	3214	13903	9958	28536
皮手套及皮装饰制品制造	9410	433	2979	2588	4467
其他皮革制品制造	17196	1247	8350	7516	11067
毛皮鞣制及制品加工	11350	491	6986	5633	8119
毛皮鞣制加工	1888	47	734	567	1877
毛皮服装加工	6840	347	4577	3595	4084
其他毛皮制品加工	2622	98	1676	1470	2158
羽毛(绒)加工及制品制造	26433	1560	28940	22496	22489
羽毛(绒)加工	1295	29	2208	689	1501

1-A-8 续表8-6

单位：个、万元、人

指 标 名 称	管理费用	税 金	财务费用	利息支出	营业利润
羽毛(绒)制品加工	25139	1531	26732	21807	20988
木材加工及木、竹、藤、棕、草制品业	111040	6558	58271	52782	171844
锯材、木片加工	3455	415	1133	878	6489
锯材加工	1552	373	682	605	4477
木片加工	1904	42	451	274	2011
人造板制造	45468	3353	29436	26924	53883
胶合板制造	27485	2019	18515	16517	26752
纤维板制造	9121	809	6549	6213	7497
刨花板制造	746	155	556	965	895
其他人造板、材制造	8115	372	3815	3230	18740
木制品制造	39964	1465	18086	15895	83116
建筑用木料及木材组件加工	30341	953	15320	13745	79660
木容器制造	2496	96	858	709	1604
软木制品及其他木制品制造	7127	415	1908	1441	1851
竹、藤、棕、草制品制造	22154	1324	9617	9086	28356
竹、藤、棕、草制品制造	22154	1324	9617	9086	28356
家具制造业	208362	12232	89264	75943	142879
木质家具制造	69552	4488	30647	24415	34135
木质家具制造	69552	4488	30647	24415	34135
竹、藤家具制造	1922	213	592	564	1067
竹、藤家具制造	1922	213	592	564	1067
金属家具制造	90494	5590	36660	33102	66099
金属家具制造	90494	5590	36660	33102	66099
塑料家具制造	5241	308	1363	868	4132
塑料家具制造	5241	308	1363	868	4132
其他家具制造	41152	1633	20002	16994	37447
其他家具制造	41152	1633	20002	16994	37447
造纸及纸制品业	298053	20176	213874	221621	280637
纸浆制造	1270	63	125	104	118
纸浆制造	1270	63	125	104	118
造 纸	172636	13955	156626	173358	184603
机制纸及纸板制造	161935	13256	152557	169667	178972
手工纸制造	120	4	59	59	108
加工纸制造	10581	694	4010	3632	5523
纸制品制造	124146	6159	57122	48159	95916
纸和纸板容器的制造	86501	4819	42342	35534	77968
其他纸制品制造	37646	1340	14780	12625	17948
印刷业和记录媒介的复制	136443	6299	50745	47393	147920
印 刷	128281	5983	48886	45367	144231
书、报、刊印刷	27899	1127	8274	7894	19815

1－A－8　续表8－7

单位：个、万元、人

指标名称	管理费用	税金	财务费用	利息支出	营业利润
本册印制	8984	312	1503	1816	6765
包装装潢及其他印刷	91398	4544	39109	35657	117651
装订及其他印刷服务活动	3603	212	999	919	1788
装订及其他印刷服务活动	3603	212	999	919	1788
记录媒介的复制	4558	104	861	1107	1901
记录媒介的复制	4558	104	861	1107	1901
文教体育用品制造业	195882	11441	73107	57468	146023
文化用品制造	68600	3695	29436	23772	50964
文具制造	30488	1932	12896	10586	10237
笔的制造	29951	1475	14132	10971	15523
教学用模型及教具制造	6045	194	1799	1766	24089
墨水、墨汁制造	170	10	－15	－15	338
其他文化用品制造	1946	83	624	462	776
体育用品制造	49100	2912	16634	11980	17175
球类制造	4045	224	2483	1697	－325
体育器材及配件制造	13033	1065	4907	3685	5581
训练健身器材制造	18195	760	4927	3321	11176
运动防护用具制造	3833	331	1502	1125	－2816
其他体育用品制造	9994	533	2816	2152	3559
乐器制造	11323	1081	2623	2054	11722
中乐器制造	140	3	19	19	－13
西乐器制造	6406	490	1451	1122	8584
电子乐器制造	751	243	204	177	1076
其他乐器及零件制造	4026	345	948	737	2075
玩具制造	51914	2844	17942	14675	51583
玩具制造	51914	2844	17942	14675	51583
游艺器材及娱乐用品制造	14944	910	6473	4987	14579
露天游乐场所游乐设备制造	8383	480	4778	3450	8725
游艺用品及室内游艺器材制造	6562	430	1696	1537	5854
石油加工、炼焦及核燃料加工业	119861	8175	891	54942	－911183
精炼石油产品的制造	119048	8175	－2299	51752	－895669
原油加工及石油制品制造	119048	8175	－2299	51752	－895669
炼　焦	813		3190	3190	－15515
炼　焦	813		3190	3190	－15515
化学原料及化学制品制造业	1086050	41058	407755	476116	1265355
基础化学原料制造	239982	10589	119600	113918	159873
无机酸制造	10296	1017	8138	7699	11351
无机碱制造	23717	700	7186	6812	20839
无机盐制造	12456	513	5333	4434	15239
有机化学原料制造	169068	7156	93895	89276	75162

1－A－8 续表8－8 单位：个、万元、人

指标名称	管理费用	税金	财务费用	利息支出	营业利润
其他基础化学原料制造	24445	1203	5048	5696	37283
肥料制造	24121	999	7419	7085	11352
氮肥制造	19099	720	5556	5296	7563
磷肥制造	535	35	234	233	137
复混肥料制造	3161	159	1289	1247	4793
有机肥料及微生物肥料制造	115	...	47	47	－27
其他肥料制造	1213	85	292	261	－1114
农药制造	97528	3866	19260	14618	267488
化学农药制造	87761	2938	16784	12734	258701
生物化学农药及微生物农药制造	9766	928	2477	1884	8787
涂料、油墨、颜料及类似产品制造	175227	5945	81963	72942	237044
涂料制造	58016	2563	16917	15237	69017
油墨及类似产品制造	10666	297	4046	2804	6974
颜料制造	11159	599	6175	5480	12154
染料制造	90290	2325	53940	48794	144096
密封用填料及类似品制造	5096	160	885	627	4803
合成材料制造	186305	8212	80336	176674	65390
初级形态的塑料及合成树脂制造	122713	4816	32449	91060	－56348
合成橡胶制造	2703	159	351	398	2357
合成纤维单（聚合）体的制造	55272	2961	45375	84001	106181
其他合成材料制造	5617	277	2160	1215	13199
专用化学产品制造	211324	8728	78954	70128	292275
化学试剂和助剂制造	86311	3690	32668	29518	89580
专项化学用品制造	46876	2083	20877	18775	54212
林产化学产品制造	3095	224	1045	946	2605
炸药及火工产品制造	10369	235	1160	1012	5781
信息化学品制造	40938	1722	16850	14425	113691
环境污染处理专用药剂材料制造	5521	87	1183	996	4705
动物胶制造	3035	79	644	566	3629
其他专用化学产品制造	15180	608	4527	3890	18075
日用化学产品制造	151563	2719	20225	20753	231934
肥皂及合成洗涤剂制造	25176	882	5524	6596	59536
化妆品制造	99371	602	2969	3759	110648
口腔清洁用品制造	160	6	72	72	181
香料、香精制造	12791	687	8434	7231	34001
其他日用化学产品制造	14065	543	3225	3095	27567
医药制造业	491033	20070	163883	141606	651357
化学药品原药制造	246367	11063	90958	78339	370229
化学药品原药制造	246367	11063	90958	78339	370229
化学药品制剂制造	114775	4288	38673	32284	132956

1－A－8 续表8－9 单位：个、万元、人

指 标 名 称	管理费用	税 金	财务费用	利息支出	营业利润
化学药品制剂制造	114775	4288	38673	32284	132956
中药饮片加工	4392	320	1561	853	2282
中药饮片加工	4392	320	1561	853	2282
中成药制造	47111	1725	7918	8867	63506
中成药制造	47111	1725	7918	8867	63506
兽用药品制造	14295	882	5224	5050	22915
兽用药品制造	14295	882	5224	5050	22915
生物、生化制品的制造	49031	1217	12657	10704	50913
生物、生化制品的制造	49031	1217	12657	10704	50913
卫生材料及医药用品制造	15062	575	6892	5509	8558
卫生材料及医药用品制造	15062	575	6892	5509	8558
化学纤维制造业	221053	15159	282493	286809	227191
纤维素纤维原料及纤维制造	5095	679	5000	4812	－5359
化纤浆粕制造	317	8	45	45	207
人造纤维（纤维素纤维）制造	4778	671	4955	4767	－5566
合成纤维制造	215958	14481	277493	281997	232551
锦纶纤维制造	10433	633	12824	11801	5924
涤纶纤维制造	145069	10973	213229	216113	229976
腈纶纤维制造	8908	138	10917	10795	－61873
维纶纤维制造	86	12	18	14	11
其他合成纤维制造	51461	2725	40505	43274	58513
橡胶制品业	173004	8478	80109	82519	127099
轮胎制造	71802	3169	40830	49088	47674
车辆、飞机及工程机械轮胎制造	70652	3042	40037	48330	45913
力车胎制造	794	66	547	515	1018
轮胎翻新加工	356	61	247	243	744
橡胶板、管、带的制造	32732	1225	12486	9975	30599
橡胶板、管、带的制造	32732	1225	12486	9975	30599
橡胶零件制造	25268	994	9337	7987	13970
橡胶零件制造	25268	994	9337	7987	13970
再生橡胶制造	1458	67	809	743	250
再生橡胶制造	1458	67	809	743	250
日用及医用橡胶制品制造	3399	171	1466	1399	3218
日用及医用橡胶制品制造	3399	171	1466	1399	3218
橡胶靴鞋制造	27212	1876	10683	9721	23211
橡胶靴鞋制造	27212	1876	10683	9721	23211
其他橡胶制品制造	11133	976	4497	3606	8179
其他橡胶制品制造	11133	976	4497	3606	8179
塑料制品业	547235	34874	253636	229193	630189
塑料薄膜制造	57660	5027	57813	57724	147140

1-A-8 续表 8-10 单位：个、万元、人

指 标 名 称	管理费用	税 金	财务费用	利息支出	营业利润
塑料薄膜制造	57660	5027	57813	57724	147140
塑料板、管、型材的制造	91866	6552	58232	53195	98987
塑料板、管、型材的制造	91866	6552	58232	53195	98987
塑料丝、绳及编织品的制造	25449	2160	13138	12034	19419
塑料丝、绳及编织品的制造	25449	2160	13138	12034	19419
泡沫塑料制造	24169	1501	10687	9567	18228
泡沫塑料制造	24169	1501	10687	9567	18228
塑料人造革、合成革制造	74184	5359	26459	23015	90178
塑料人造革、合成革制造	74184	5359	26459	23015	90178
塑料包装箱及容器制造	45826	2530	17724	15676	79178
塑料包装箱及容器制造	45826	2530	17724	15676	79178
塑料零件制造	82545	3476	23258	18688	60398
塑料零件制造	82545	3476	23258	18688	60398
日用塑料制造	100396	5882	31756	26560	88264
塑料鞋制造	9222	798	2460	1856	7689
日用塑料杂品制造	91174	5083	29296	24704	80576
其他塑料制品制造	45140	2388	14570	12734	28398
其他塑料制品制造	45140	2388	14570	12734	28398
非金属矿物制品业	433786	25358	271762	249516	461298
水泥、石灰和石膏的制造	121366	8257	102141	98695	77921
水泥制造	118749	8165	101195	97914	73854
石灰和石膏制造	2616	93	946	781	4067
水泥及石膏制品制造	105053	5016	55612	49718	134185
水泥制品制造	88167	4076	47032	41482	112377
砼结构构件制造	10927	451	5161	5207	15474
石棉水泥制品制造	202	14	115	115	226
轻质建筑材料制造	4874	470	2922	2547	5851
其他水泥制品制造	883	5	383	367	258
砖瓦、石材及其他建筑材料制造	44062	1834	20118	18367	38338
粘土砖瓦及建筑砌块制造	13316	773	2519	2331	3200
建筑陶瓷制品制造	12567	519	10899	10877	22453
建筑用石加工	5921	290	1643	1031	4603
防水建筑材料制造	5450	110	2347	2197	5568
隔热和隔音材料制造	4520	64	1501	746	476
其他建筑材料制造	2288	78	1209	1185	2038
玻璃及玻璃制品制造	101678	7610	75121	66972	151336
平板玻璃制造	8039	917	10070	8800	1005
技术玻璃制品制造	28658	2623	26826	22146	35525
光学玻璃制造	279	...	-2		113
玻璃仪器制造	474	20	146	145	260

1-A-8 续表8-11

单位：个、万元、人

指标名称	管理费用	税金	财务费用	利息支出	营业利润
日用玻璃制品及玻璃包装容器制造	19181	1284	9249	6549	28833
玻璃保温容器制造	2148	37	608	447	1282
玻璃纤维及制品制造	32695	2215	25292	26626	79666
玻璃纤维增强塑料制品制造	6064	152	2107	1584	1973
其他玻璃制品制造	4141	362	826	676	2680
陶瓷制品制造	14135	601	4964	3736	15988
卫生陶瓷制品制造	5993	243	2222	2071	7545
特种陶瓷制品制造	5365	171	2123	1177	5796
日用陶瓷制品制造	2611	187	629	488	2608
园林、陈设艺术及其他陶瓷制品制造	166		-11		40
耐火材料制品制造	26030	886	5865	5153	24596
石棉制品制造	4672	180	698	475	-979
云母制品制造	409	4	109	105	72
耐火陶瓷制品及其他耐火材料制造	20949	703	5058	4573	25503
石墨及其他非金属矿物制品制造	21462	1155	7942	6875	18935
石墨及碳素制品制造	11299	263	4310	3855	3968
其他非金属矿物制品制造	10163	892	3632	3020	14967
黑色金属冶炼及压延加工业	287601	27534	236640	227679	148831
炼铁	728	51	73	66	298
炼铁	728	51	73	66	298
炼钢	8058	326	11504	11229	31743
炼钢	8058	326	11504	11229	31743
钢压延加工	271811	26305	220268	211796	103269
钢压延加工	271811	26305	220268	211796	103269
铁合金冶炼	7005	853	4796	4589	13520
铁合金冶炼	7005	853	4796	4589	13520
有色金属冶炼及压延加工业	202356	13155	152832	139833	120823
常用有色金属冶炼	29784	1940	30684	28027	-14186
铜冶炼	12356	724	16522	16545	-31850
铅锌冶炼	3476	192	1994	1949	-2035
镍钴冶炼	6489	420	9737	7300	7772
锡冶炼	91	...	20	20	20
铝冶炼	6249	542	2084	1928	10159
镁冶炼	181	9	22	22	238
其他常用有色金属冶炼	941	53	304	262	1509
贵金属冶炼	7787	240	4218	4170	4311
金冶炼	6370	177	3332	3329	3156
银冶炼	1197	41	764	755	571
其他贵金属冶炼	219	22	122	87	584
稀有稀土金属冶炼	2680	167	1151	1161	1322

1－A－8 续表 8－12

单位：个、万元、人

指 标 名 称	管理费用	税 金	财务费用	利息支出	营业利润
钨钼冶炼	268	36	208	207	－55
稀土金属冶炼	2412	130	943	954	1377
有色金属合金制造	14986	1047	10676	10523	15464
有色金属合金制造	14986	1047	10676	10523	15464
有色金属压延加工	147120	9762	106104	95953	113913
常用有色金属压延加工	148650	9650	104619	94775	93042
贵金属压延加工	－4613	23	203	202	18222
稀有稀土金属压延加工	3083	90	1282	976	2648
金属制品业	698082	44471	311847	276555	720468
结构性金属制品制造	192166	12808	112723	105371	257850
金属结构制造	136975	10071	88937	83109	158115
金属门窗制造	55191	2738	23787	22262	99735
金属工具制造	92138	6359	28795	23246	73797
切削工具制造	18227	1640	5002	4179	17650
手工具制造	40928	2158	12638	10514	27242
农用及园林用金属工具制造	11057	975	5648	4390	12187
刀剪及类似日用金属工具制造	9341	531	1594	1080	5762
其他金属工具制造	12585	1055	3913	3083	10956
集装箱及金属包装容器制造	46119	6366	24828	21717	39632
集装箱制造	4660	495	9679	7044	572
金属压力容器制造	14397	657	4242	3982	9004
金属包装容器制造	27062	5213	10907	10690	30056
金属丝绳及其制品的制造	41246	2181	18961	17630	28829
金属丝绳及其制品的制造	41246	2181	18961	17630	28829
建筑、安全用金属制品制造	133645	6899	47669	37965	105807
建筑、家具用金属配件制造	67407	3514	20697	16436	54679
建筑装饰及水暖管道零件制造	52963	2765	22442	17511	44188
安全、消防用金属制品制造	11044	492	4086	3570	6167
其他建筑、安全用金属制品制造	2231	128	443	447	772
金属表面处理及热处理加工	50278	2679	20135	17854	80691
金属表面处理及热处理加工	50278	2679	20135	17854	80691
搪瓷制品制造	5400	280	2536	2036	2906
工业生产配套用搪瓷制品制造	280	5	38	38	175
搪瓷卫生洁具制造	1657	91	459	424	357
搪瓷日用品及其他搪瓷制品制造	3463	184	2038	1573	2375
不锈钢及类似日用金属制品制造	115665	5509	49837	44318	114974
金属制厨房调理及卫生器具制造	30042	1300	9929	8904	20250
金属制厨用器皿及餐具制造	65444	2873	32180	29079	86769
其他日用金属制品制造	20179	1336	7727	6335	7955
其他金属制品制造	21425	1390	6363	6419	15982

1－A－8 续表 8－13

单位：个、万元、人

指 标 名 称	管理费用	税 金	财务费用	利息支出	营业利润
其他未列明的金属制品制造	21425	1390	6363	6419	15982
通用设备制造业	1532470	71675	491302	415427	1569020
锅炉及原动机制造	101453	2512	10625	10944	110278
锅炉及辅助设备制造	24317	997	4383	5169	27032
内燃机及配件制造	22344	853	3899	3450	16540
汽轮机及辅机制造	50394	554	1646	1634	64754
水轮机及辅机制造	3519	106	553	519	1810
其他原动机制造	879	3	144	173	142
金属加工机械制造	101074	5496	27601	24025	85037
金属切削机床制造	46320	2086	12852	11000	33730
金属成形机床制造	16830	1072	3725	3926	20366
铸造机械制造	5264	306	1059	1065	1613
金属切割及焊接设备制造	15384	949	4955	3639	13881
机床附件制造	7606	400	2136	1602	9414
其他金属加工机械制造	9670	683	2874	2793	6033
起重运输设备制造	131207	4017	23055	17772	180067
起重运输设备制造	131207	4017	23055	17772	180067
泵、阀门、压缩机及类似机械的制造	398486	19813	127691	102248	394625
泵及真空设备制造	104938	5117	27516	23263	111143
气体压缩机械制造	53312	2069	24056	20224	36486
阀门和旋塞的制造	182358	10073	63801	48015	182644
液压和气压动力机械及元件制造	57878	2554	12318	10746	64352
轴承、齿轮、传动和驱动部件的制造	219491	10752	92774	80701	216683
轴承制造	126157	6162	55026	46101	128912
齿轮、传动和驱动部件制造	93333	4590	37748	34600	87771
烘炉、熔炉及电炉制造	6426	311	689	890	7488
烘炉、熔炉及电炉制造	6426	311	689	890	7488
风机、衡器、包装设备等通用设备制造	258188	12385	86642	75746	258327
风机、风扇制造	18708	895	8279	6824	14303
气体、液体分离及纯净设备制造	45183	1240	5751	6775	52169
制冷、空调设备制造	90953	4074	40450	35538	122277
风动和电动工具制造	50969	4099	22737	19198	41813
喷枪及类似器具制造	12764	612	3775	2088	10000
包装专用设备制造	15560	664	2792	2146	8548
衡器制造	3738	208	735	707	3975
其他通用设备制造	20313	591	2123	2471	5243
通用零部件制造及机械修理	202787	10484	83178	68509	216356
金属密封件制造	15918	778	2934	2307	14848
紧固件、弹簧制造	117757	6790	54634	42866	117008
机械零部件加工及设备修理	26936	1279	7224	6669	18340

1－A－8 续表 8－14

单位：个、万元、人

指 标 名 称	管理费用	税 金	财务费用	利息支出	营业利润
其他通用零部件制造	42177	1638	18385	16668	66161
金属铸、锻加工	113359	5906	39048	34593	100159
钢铁铸件制造	80946	4193	26557	21888	82256
锻件及粉末冶金制品制造	32413	1714	12492	12704	17903
专用设备制造业	601766	28003	166058	150297	536837
矿山、冶金、建筑专用设备制造	44504	2315	14163	12214	57781
采矿、采石设备制造	11450	564	2625	2418	8667
石油钻采专用设备制造	4752	570	1900	1669	4319
建筑工程用机械制造	20129	954	8178	6214	35551
建筑材料生产专用机械制造	5196	105	962	934	4580
冶金专用设备制造	2979	122	499	980	4663
化工、木材、非金属加工专用设备制造	206818	8799	40276	37885	167293
炼油、化工生产专用设备制造	15685	481	5088	4434	13176
橡胶加工专用设备制造	5660	140	523	445	2759
塑料加工专用设备制造	79958	2299	9769	10091	74539
木材加工机械制造	1654	121	393	506	1981
模具制造	102253	5598	24261	22179	74041
其他非金属加工专用设备制造	1609	160	242	230	798
食品、饮料、烟草及饲料生产专用设备制造	14675	617	5747	4140	22437
食品、饮料、烟草工业专用设备制造	10614	401	4435	3570	19505
农副食品加工专用设备制造	3532	204	1253	512	2396
饲料生产专用设备制造	529	13	59	58	537
印刷、制药、日化生产专用设备制造	27442	1434	4045	4675	18282
制浆和造纸专用设备制造	3514	131	730	692	1629
印刷专用设备制造	11489	526	1406	2290	8436
日用化工专用设备制造	1001	14	－113	－135	234
制药专用设备制造	7347	602	1400	1244	7573
照明器具生产专用设备制造	1110	4	216	190	402
玻璃、陶瓷和搪瓷制品生产专用设备制造	1368	21	258	187	－55
其他日用品生产专用设备制造	1611	137	148	208	63
纺织、服装和皮革工业专用设备制造	127510	6212	53313	48626	76778
纺织专用设备制造	54149	3042	20775	20046	23846
皮革、毛皮及其制品加工专用设备制造	4676	213	1458	1369	1073
缝纫机械制造	66227	2889	30760	26927	48861
其他服装加工专用设备制造	2457	69	320	284	2998
电子和电工机械专用设备制造	20150	936	3830	3392	15330
电工机械专用设备制造	5981	231	1108	958	2217
电子工业专用设备制造	13533	698	2628	2340	12996
武器弹药制造	636	8	94	94	117
农、林、牧、渔专用机械制造	38251	1157	7882	6660	12110

1－A－8 续表 8－15

单位：个、万元、人

指 标 名 称	管理费用	税 金	财务费用	利息支出	营业利润
拖拉机制造	15376	388	1730	1817	－1066
机械化农业及园艺机具制造	18975	576	5298	4060	10674
畜牧机械制造	13	5	4	4	25
渔业机械制造	512	3	121	121	157
农林牧渔机械配件制造	2630	172	640	618	1792
其他农林牧渔业机械制造及机械修理	746	13	89	39	528
医疗仪器设备及器械制造	39131	2161	6185	6015	52626
医疗诊断、监护及治疗设备制造	10716	656	893	1566	9161
口腔科用设备及器具制造	711	33	136	127	123
实验室及医用消毒设备和器具的制造	2249	70	273	215	1618
医疗、外科及兽医用器械制造	17596	906	3107	2096	35891
机械治疗及病房护理设备制造	4115	117	779	1225	4533
假肢、人工器官及植（介）入器械制造	800	226	154	158	345
其他医疗设备及器械制造	2945	152	843	629	955
环保、社会公共安全及其他专用设备制造	83286	4371	30617	26690	114201
环境污染防治专用设备制造	54020	3414	18929	16967	59256
地质勘查专用设备制造	1776	7	255	255	1567
邮政专用机械及器材制造	813	64	147	128	348
商业、饮食、服务业专用设备制造	348	17	44	37	69
社会公共安全设备及器材制造	17622	550	10093	8349	47261
交通安全及管制专用设备制造	475	7	20	16	194
水资源专用机械制造	2189	53	248	196	770
其他专用设备制造	6045	261	882	740	4736
交通运输设备制造业	1125288	53876	351644	305133	1209676
铁路运输设备制造	4037	201	1749	1858	387
铁路机车车辆配件制造	1677	72	581	548	249
铁路专用设备及器材、配件制造	1893	95	731	872	626
其他铁路设备制造及设备修理	467	34	437	438	－488
汽车制造	721234	37469	304356	174336	661485
汽车整车制造	80953	7349	25393	20322	83254
改装汽车制造	3306	81	975	804	1542
汽车车身、挂车的制造	1058	36	161	54	－1591
汽车零部件及配件制造	624104	29717	275380	151178	573999
汽车修理	11813	286	2448	1979	4281
摩托车制造	126797	5445	54393	46057	77524
摩托车整车制造	42368	1145	14939	10979	13423
摩托车零部件及配件制造	84430	4300	39454	35078	64101
自行车制造	45720	3312	17749	12140	25985
脚踏自行车及残疾人座车制造	23309	1283	11140	7785	11666
助动自行车制造	22412	2028	6609	4355	14319

1－A－8　续表 8－16

单位：个、万元、人

指 标 名 称	管理费用	税　金	财务费用	利息支出	营业利润
船舶及浮动装置制造	219092	7212	－31209	66748	438061
金属船舶制造	154955	4506	－47114	44662	321858
非金属船舶制造	1703	117	－1419	2331	16142
娱乐船和运动船的建造和修理	4030	7	1117	1308	－1811
船用配套设备制造	21675	1396	5443	9916	24876
船舶修理及拆船	36729	1185	10764	8532	76995
航空航天器制造	963	19	743	657	1573
飞机制造及修理	274	14	88	85	215
其他飞行器制造	689	5	655	572	1357
交通器材及其他交通运输设备制造	7445	218	3863	3337	4661
潜水及水下救捞装备制造	33				48
交通管理用金属标志及设施制造	5202	111	2158	1979	4051
其他交通运输设备制造	2211	107	1705	1358	563
电气机械及器材制造业	1625786	74075	586389	486180	1730017
电机制造	259147	12147	80623	68194	293931
发电机及发电机组制造	36600	1729	6502	6288	40274
电动机制造	101488	4946	33270	28963	147456
微电机及其他电机制造	121059	5473	40851	32944	106201
输配电及控制设备制造	469793	21290	127101	106291	558014
变压器、整流器和电感器制造	71562	3059	24392	22532	82750
电容器及其配套设备制造	14053	600	2495	2038	14956
配电开关控制设备制造	256891	12312	70101	56601	321957
电力电子元器件制造	105314	4037	25102	21055	112967
其他输配电及控制设备制造	21973	1282	5010	4065	25385
电线、电缆、光缆及电工器材制造	206365	10740	128906	121064	306619
电线电缆制造	170538	9386	114082	106831	248879
光纤、光缆制造	16095	437	10100	10180	44287
绝缘制品制造	5856	218	1578	1188	4280
其他电工器材制造	13876	700	3146	2865	9173
电池制造	101221	5212	55455	35812	143436
电池制造	101221	5212	55455	35812	143436
家用电力器具制造	340574	13855	102609	84276	244809
家用制冷电器具制造	26807	1458	15152	11674	13263
家用空气调节器制造	26241	1431	10085	9371	－2198
家用通风电器具制造	24881	1302	6440	6008	21261
家用厨房电器具制造	91037	2598	18887	15511	102161
家用清洁卫生电器具制造	69332	3276	18340	13746	54264
家用美容、保健电器具制造	20385	1037	5767	4157	6206
家用电力器具专用配件制造	38187	1235	13311	11456	28556
其他家用电力器具制造	43704	1517	14627	12354	21297

1-A-8 续表8-17 单位：个、万元、人

指 标 名 称	管理费用	税 金	财务费用	利息支出	营业利润
非电力家用器具制造	22765	1089	8559	6745	28280
燃气、太阳能及类似能源的器具制造	16104	653	6241	5494	22882
其他非电力家用器具制造	6661	436	2318	1251	5398
照明器具制造	201022	8832	77119	57709	143912
电光源制造	66360	2371	18086	14409	54420
照明灯具制造	107457	5315	50873	36911	67776
灯用电器附件及其他照明器具制造	27205	1145	8160	6389	21715
其他电气机械及器材制造	24900	910	6016	6089	11016
车辆专用照明及电气信号设备装置制造	19807	690	5107	5109	7395
其他未列明的电气机械制造	5094	220	909	981	3621
通信设备、计算机及其他电子设备制造业	927757	34914	146679	124139	757042
通信设备制造	256786	5550	10955	14173	84325
通信传输设备制造	36593	735	3910	3055	32911
通信交换设备制造	11745	331	1222	1157	4396
通信终端设备制造	6984	305	2711	2277	2153
移动通信及终端设备制造	187504	3766	1451	5978	40785
其他通信设备制造	13961	415	1661	1704	4080
雷达及配套设备制造	394	28	-97	-106	373
雷达及配套设备制造	394	28	-97	-106	373
广播电视设备制造	33548	830	5365	4501	20713
广播电视节目制作及发射设备制造	2180	68	156	155	621
广播电视接收设备及器材制造	15532	521	5139	4149	7899
应用电视设备及其他广播电视设备制造	15836	242	70	197	12193
电子计算机制造	196118	6858	8474	9920	389206
电子计算机整机制造	9662	1439	7144	151	5161
计算机网络设备制造	112177	238	-1465	605	168503
电子计算机外部设备制造	74280	5181	2794	9164	215542
电子器件制造	118122	4676	34553	27933	36501
电子真空器件制造	4272	77	562	523	-191
半导体分立器件制造	30598	931	11294	9341	17971
集成电路制造	37972	1231	9904	9439	357
光电子器件及其他电子器件制造	45279	2437	12793	8630	18365
电子元件制造	248632	13224	66554	51381	188901
电子元件及组件制造	229095	12334	61747	47376	180495
印制电路板制造	19537	890	4807	4005	8406
家用视听设备制造	49402	2467	15145	12271	19823
家用影视设备制造	32256	1084	11997	9426	15051
家用音响设备制造	17146	1383	3147	2845	4772
其他电子设备制造	24755	1281	5730	4066	17200
其他电子设备制造	24755	1281	5730	4066	17200

1－A－8 续表 8－18

单位：个、万元、人

指标名称	管理费用	税金	财务费用	利息支出	营业利润
仪器仪表及文化、办公用机械制造业	362355	14654	89580	77364	249194
通用仪器仪表制造	205616	7000	49004	41505	162073
工业自动控制系统装置制造	71437	1643	9663	9510	55840
电工仪器仪表制造	31935	815	6132	5666	24361
绘图、计算及测量仪器制造	14751	1408	5177	3689	7273
实验分析仪器制造	8504	390	2313	1172	4044
试验机制造	3643	673	633	526	－403
供应用仪表及其他通用仪器制造	75346	2072	25087	20942	70959
专用仪器仪表制造	55473	2116	11461	10927	27932
环境监测专用仪器仪表制造	5710	63	542	384	4858
汽车及其他用计数仪表制造	27825	1436	8591	7291	15771
导航、气象及海洋专用仪器制造	2701	90	336	330	642
农林牧渔专用仪器仪表制造	249	21	140	139	358
地质勘探和地震专用仪器制造	82	...			84
教学专用仪器制造	9012	247	1604	1536	5744
电子测量仪器制造	6348	116	110	1034	－760
其他专用仪器制造	3545	142	139	212	1236
钟表与计时仪器制造	11553	577	4475	4117	4357
钟表与计时仪器制造	11553	577	4475	4117	4357
光学仪器及眼镜制造	56969	3150	15440	12529	32230
光学仪器制造	26660	832	2199	3233	14001
眼镜制造	30308	2318	13241	9297	18229
文化、办公用机械制造	29552	1596	8473	7627	22708
电影机械制造	291	3	－1		162
幻灯及投影设备制造	413	7	－1		161
照相机及器材制造	8064	276	2392	2140	9057
复印和胶印设备制造	4310	281	1057	931	1987
计算器及货币专用设备制造	5538	202	600	593	－451
其他文化、办公用机械制造	10936	827	4425	3964	11792
其他仪器仪表的制造及修理	3193	214	726	658	－107
其他仪器仪表的制造及修理	3193	214	726	658	－107
工艺品及其他制造业	282270	16866	126047	107266	278949
工艺美术品制造	166451	9312	84864	72442	156665
雕塑工艺品制造	18642	808	5675	3890	4837
金属工艺品制造	19258	903	7826	6934	12566
漆器工艺品制造	10267	795	2477	2064	2594
花画工艺品制造	4917	259	1958	1532	1752
天然植物纤维编织工艺品制造	6270	349	1566	1312	4057
抽纱刺绣工艺品制造	34685	2007	20616	16470	47149

1－A－8 续表8－19

单位：个、万元、人

指 标 名 称	管理费用	税 金	财务费用	利息支出	营业利润
地毯、挂毯制造	11539	561	5712	4516	3358
珠宝首饰及有关物品的制造	15961	834	18888	18023	54387
其他工艺美术品制造	44912	2797	20147	17700	25966
日用杂品制造	112111	7364	40195	33889	118392
制镜及类似品加工	5576	170	2965	2790	8933
鬃毛加工、制刷及清扫工具的制造	10333	355	4575	3731	4046
其他日用杂品制造	96202	6839	32655	27368	105413
煤制品制造	311	73	184	182	319
煤制品制造	311	73	184	182	319
核辐射加工	138		69	69	9
核辐射加工	138		69	69	9
其他未列明的制造业	3259	117	734	685	3564
其他未列明的制造业	3259	117	734	685	3564
废弃资源和废旧材料回收加工业	38100	1637	19520	17119	-49084
金属废料和碎屑的加工处理	30753	1380	17073	14821	-54998
金属废料和碎屑的加工处理	30753	1380	17073	14821	-54998
非金属废料和碎屑的加工处理	7347	257	2447	2298	5914
非金属废料和碎屑的加工处理	7347	257	2447	2298	5914
电力、燃气及水的生产和供应业	**639485**	**23648**	**920219**	**928748**	**348305**
电力、热力的生产和供应业	502505	16941	814340	824183	367207
电力生产	269409	14163	575268	578163	55269
火力发电	180089	12968	360079	351985	-114518
水力发电	35841	841	78410	81817	43038
核力发电	48767	296	133115	141509	125165
其他能源发电	4712	58	3664	2853	1583
电力供应	217461	2298	224086	231370	308631
电力供应	217461	2298	224086	231370	308631
热力生产和供应	15635	480	14987	14650	3307
热力生产和供应	15635	480	14987	14650	3307
燃气生产和供应业	26969	712	14280	15290	14174
燃气生产和供应业	26969	712	14280	15290	14174
燃气生产和供应业	26969	712	14280	15290	14174
水的生产和供应业	110011	5996	91600	89275	-33076
自来水的生产和供应	93872	5193	62445	62450	-16225
自来水的生产和供应	93872	5193	62445	62450	-16225
污水处理及其再生利用	16055	795	29125	26795	-17058
污水处理及其再生利用	16055	795	29125	26795	-17058
其他水的处理、利用与分配	84	7	30	30	207
其他水的处理、利用与分配	84	7	30	30	207

1-A-8 续表9-1

单位:个、万元、人

指标名称	投资收益	补贴收入	营业外收入	营业外支出	利润总额
总 计	**904896**	**1462293**	**1186428**	**1532263**	**16342029**
一、按轻重工业分					
轻工业	362082	310039	466185	642025	7480566
重工业	542814	1152254	720243	890238	8861463
二、按规模分					
大型企业	291120	606385	239249	343365	2512808
中型企业	381940	475377	518168	537056	7558094
小型企业	231836	380531	429012	651842	6271127
三、按登记注册类型分					
内 资	**712782**	**1227058**	**886719**	**1160215**	**10986752**
国 有	34613	64895	127029	193665	674466
集 体	341	8543	8956	4974	65523
股份合作企业	3141	8617	6025	6046	130730
联营企业		560	161	1102	-11313
国有联营			2	37	27
集体联营		79	29	873	-11089
国有与集体联营		154	73	130	-95
其他联营		328	57	62	-155
有限责任公司	238491	286429	356872	261304	2281732
国有独资公司	5672	27482	7211	9161	68099
其他有限责任公司	232819	258946	349661	252143	2213633
股份有限公司	208966	543150	119541	115947	1173726
私营企业	225277	309757	265067	565848	6634049
私营独资	2359	14215	11292	29495	434885
私营合伙	1221	2659	3678	5858	128697
私营有限责任公司	119355	270712	234327	510427	5592451
私营股份有限公司	102342	22171	15771	20067	478016
其 他	1953	5107	3067	11330	37839
港澳台商投资	**70303**	**131309**	**144976**	**150259**	**2401694**
与港澳台商合资经营	65202	64804	82726	78175	1464715
与港澳台商合作经营	61	1280	1109	3877	46549
港澳台商独资	5414	63371	57402	65271	879755
港澳台商投资股份有限公司	-375	1853	3739	2936	10676
外商投资	**121811**	**103926**	**154733**	**221790**	**2953583**
中外合资经营	62604	68287	75989	85368	1744333
中外合作经营	2992	1707	1175	2452	52328
外资企业	37087	31543	69661	105791	947240
外商投资股份有限公司	19128	2389	7908	28178	209682
四、按控股情况分					
国有控股	134160	691979	339765	313864	893317

1－A－8 续表9－2

单位：个、万元、人

指标名称	投资收益	补贴收入	营业外收入	营业外支出	利润总额
集体控股	36795	28367	38367	33022	510965
私人控股	596030	561260	539145	894102	11127099
港澳台商控股	43172	84803	104568	106086	1471569
外商控股	49165	68769	111725	164815	1915615
其　他	45574	27114	52858	20374	423464
五、按国民经济行业(门类、大类、中类、小类)分					
采矿业	**1696**	**8666**	**6295**	**5420**	**108114**
煤炭开采和洗选业	9	5013	268	317	－4310
烟煤和无烟煤的开采洗选	9	5013	268	317	－4310
烟煤和无烟煤的开采洗选	9	5013	268	317	－4310
黑色金属矿采选业	－574	145	432	532	46558
铁矿采选	－574	145	432	532	46558
铁矿采选	－574	145	432	532	46558
有色金属矿采选业	651	325	733	1062	25972
常用有色金属矿采选	438	325	498	281	22234
铜矿采选	325	325	59	169	12391
铅锌矿采选	113		439	112	9843
贵金属矿采选	217		221	11	513
金矿采选	217		221	7	421
银矿采选				4	91
稀有稀土金属矿采选	－4		15	770	3226
钨钼矿采选	－4			288	3149
放射性金属矿采选			15	483	76
非金属矿采选业	1611	3184	4863	3509	39894
土砂石开采	1604	1059	1979	3265	39807
石灰石、石膏开采		465	432	288	－568
建筑装饰用石开采	15		1126	784	21435
耐火土石开采	1169	296	54	675	6980
粘土及其他土砂石开采	421	298	368	1519	11960
化学矿采选	2	2050	2120	126	－974
化学矿采选	2	2050	2120	126	－974
采　盐			7	1	81
采　盐			7	1	81
石棉及其他非金属矿采选	4	75	757	117	979
其他非金属矿采选	4	75	757	117	979
制造业	**859183**	**1320882**	**998684**	**1327184**	**15797999**
农副食品加工业	1856	23387	31028	25798	152361
谷物磨制	28	993	431	485	2776
谷物磨制	28	993	431	485	2776
饲料加工	47	8413	15740	11479	42042

1－A－8 续表9－3

单位：个、万元、人

指 标 名 称	投资收益	补贴收入	营业外收入	营业外支出	利润总额
饲料加工	47	8413	15740	11479	42042
植物油加工	95	882	3604	830	6691
食用植物油加工	95	763	3593	825	6790
非食用植物油加工		118	11	5	－98
屠宰及肉类加工	1665	1823	1838	4832	24074
畜禽屠宰	－64	606	1021	2414	4663
肉制品及副产品加工	1729	1216	817	2419	19411
水产品加工	68	6848	7492	5614	27279
水产品冷冻加工	－312	5274	7067	2812	19845
鱼糜制品及水产品干腌制加工	379	583	388	707	3891
水产饲料制造	1	835	19	2086	3524
鱼油提取及制品的制造		54	10	2	110
其他水产品加工		102	9	8	－91
蔬菜、水果和坚果加工	－89	3673	1170	1611	38320
蔬菜、水果和坚果加工	－89	3673	1170	1611	38320
其他农副食品加工	44	755	753	948	11179
淀粉及淀粉制品的制造		20	196	97	1111
豆制品制造	42	524	456	398	5085
蛋品加工	2	9	30	328	2902
其他未列明的农副食品加工		203	71	124	2081
食品制造业	－491	8535	17247	16046	186582
焙烤食品制造	15	1029	937	821	17060
糕点、面包制造	1	78	184	143	3968
饼干及其他焙烤食品制造	13	951	753	678	13092
糖果、巧克力及蜜饯制造	155	196	262	340	20997
糖果、巧克力制造	49	111	174	167	19321
蜜饯制作	106	86	88	172	1676
方便食品制造	233	818	3955	2058	66158
米、面制品制造	292	140	1956	432	5898
速冻食品制造	－59	396	151	81	4732
方便面及其他方便食品制造		281	1849	1545	55528
液体乳及乳制品制造	166	1554	1179	479	6206
液体乳及乳制品制造	166	1554	1179	479	6206
罐头制造	－482	2055	8940	2436	25971
肉、禽类罐头制造		81	77	95	2262
水产品罐头制造		65	45	197	882
蔬菜、水果罐头制造	－482	1898	8805	1880	8573
其他罐头食品制造		11	14	263	14255
调味品、发酵制品制造	129	707	752	2560	1924
味精制造	93	464	244	2402	－7886

1－A－8 续表9－4

单位：个、万元、人

指标名称	投资收益	补贴收入	营业外收入	营业外支出	利润总额
酱油、食醋及类似制品的制造	35	141	187	71	4551
其他调味品、发酵制品制造	...	102	321	87	5260
其他食品制造	－706	2176	1222	7353	48266
营养、保健食品制造	－66	615	337	2896	14985
冷冻饮品及食用冰制造	44	95	19	774	4336
盐加工			6	19	1759
食品及饲料添加剂制造	－683	1445	858	3653	26962
其他未列明的食品制造		22	2	11	224
饮料制造业	44963	10167	27211	22189	344593
酒精制造		1	1	25	－755
酒精制造		1	1	25	－755
酒的制造	1038	1895	13662	6266	27203
白酒制造	31	256	119	76	4828
啤酒制造	1137	884	12103	3402	－6349
黄酒制造	－123	324	1427	2763	27361
其他酒制造	－7	431	13	25	1363
软饮料制造	44073	6614	11723	14665	296232
碳酸饮料制造	3809		1872	325	33053
瓶(罐)装饮用水制造	219	1885	1252	2413	3131
果菜汁及果菜汁饮料制造		305	1999	2014	－780
含乳饮料和植物蛋白饮料制造	36687	1826	827	674	127579
固体饮料制造		21	24	16	2954
茶饮料及其他软饮料制造	3358	2577	5750	9223	130295
精制茶加工	－148	1658	1825	1233	21914
精制茶加工	－148	1658	1825	1233	21914
烟草制品业	785	1817	1392	10841	425844
卷烟制造	785	1755	1386	10792	422335
卷烟制造	785	1755	1386	10792	422335
其他烟草制品加工		62	6	49	3510
其他烟草制品加工		62	6	49	3510
纺织业	57142	62099	124959	165492	1490662
棉、化纤纺织及印染精加工	34863	33155	57959	72333	747865
棉、化纤纺织加工	27747	21078	37133	41339	479587
棉、化纤印染精加工	7115	12077	20826	30994	268278
毛纺织和染整精加工	1604	2689	7988	4940	47287
毛条加工	...	882	2814	446	7928
毛纺织	1580	1554	4844	4065	33785
毛染整精加工	23	253	330	429	5574
麻纺织	42	26	154	1572	8450
麻纺织	42	26	154	1572	8450

1-A-8 续表9-5 单位：个、万元、人

指 标 名 称	投资收益	补贴收入	营业外收入	营业外支出	利润总额
丝绢纺织及精加工	5495	4054	13673	11011	102368
缫丝加工	245	1503	1491	959	1683
绢纺和丝织加工	4356	1798	11384	6912	98315
丝印染精加工	894	752	798	3140	2371
纺织制成品制造	6860	8520	18253	19866	199195
棉及化纤制品制造	4063	3424	7418	10488	89830
毛制品制造	27	590	540	944	3669
麻制品制造		1	11	15	216
丝制品制造	13	709	1907	3082	42177
绳、索、缆的制造	4	6	49	186	2981
纺织带和帘子布制造	1166	857	1060	1339	15314
无纺布制造	1575	2719	4449	1708	31208
其他纺织制成品制造	13	216	2820	2104	13800
针织品、编织品及其制品制造	8279	13655	26931	55770	385497
棉、化纤针织品及编织品制造	7070	10833	19860	37481	306410
毛针织品及编织品制造	529	2281	5186	7539	45514
丝针织品及编织品制造	708	292	893	8751	26556
其他针织品及编织品制造	-27	249	992	2000	7018
纺织服装、鞋、帽制造业	38930	11807	19436	43207	713709
纺织服装制造	39081	11720	19259	42371	704573
纺织服装制造	39081	11720	19259	42371	704573
纺织面料鞋的制造	-195	26	152	694	7368
纺织面料鞋的制造	-195	26	152	694	7368
制 帽	44	61	26	142	1769
制 帽	44	61	26	142	1769
皮革、毛皮、羽毛(绒)及其制品业	625	14638	10432	72378	423106
皮革鞣制加工	1195	5486	1227	18283	36204
皮革鞣制加工	1195	5486	1227	18283	36204
皮革制品制造	-957	7912	7768	51051	356372
皮鞋制造	667	3056	3210	8301	292843
皮革服装制造	98	2164	469	34008	23150
皮箱、包(袋)制造	199	2431	3202	6571	27788
皮手套及皮装饰制品制造	56	67	184	516	4258
其他皮革制品制造	-1976	194	703	1655	8333
毛皮鞣制及制品加工	152	844	379	229	9265
毛皮鞣制加工		81	50	58	1950
毛皮服装加工	24	702	204	128	4886
其他毛皮制品加工	128	61	125	43	2429
羽毛(绒)加工及制品制造	234	397	1058	2815	21266
羽毛(绒)加工	53	22	132	76	1633

1-A-8 续表9-6 单位:个、万元、人

指标名称	投资收益	补贴收入	营业外收入	营业外支出	利润总额
羽毛(绒)制品加工	181	375	926	2740	19633
木材加工及木、竹、藤、棕、草制品业	186	12218	8006	22539	169374
锯材、木片加工	98	149	84	97	6723
锯材加工		87	14	24	4554
木片加工	98	62	70	73	2169
人造板制造	-245	10069	5055	2940	65739
胶合板制造	-92	2123	1697	1917	28484
纤维板制造	45	7442	2213	491	16705
刨花板制造		23	104	13	1006
其他人造板、材制造	-198	482	1041	519	19544
木制品制造	274	1127	638	16209	68908
建筑用木料及木材组件加工	275	767	509	15611	65565
木容器制造	9	67	14	210	1485
软木制品及其他木制品制造	-10	292	114	388	1858
竹、藤、棕、草制品制造	59	874	2230	3294	28004
竹、藤、棕、草制品制造	59	874	2230	3294	28004
家具制造业	1222	4690	11282	27482	131781
木质家具制造	219	1202	2600	6893	31279
木质家具制造	219	1202	2600	6893	31279
竹、藤家具制造			11	357	721
竹、藤家具制造			11	357	721
金属家具制造	-858	2204	4672	6796	64594
金属家具制造	-858	2204	4672	6796	64594
塑料家具制造		256	216	284	4235
塑料家具制造		256	216	284	4235
其他家具制造	1861	1029	3783	13152	30952
其他家具制造	1861	1029	3783	13152	30952
造纸及纸制品业	5279	27837	28520	43477	296968
纸浆制造		283	107	63	167
纸浆制造		283	107	63	167
造　纸	3718	18941	17247	34155	189245
机制纸及纸板制造	3677	18492	17031	33374	183706
手工纸制造					108
加工纸制造	42	449	216	781	5431
纸制品制造	1561	8613	11165	9259	107556
纸和纸板容器的制造	798	5761	7889	6758	85273
其他纸制品制造	763	2853	3276	2501	22284
印刷业和记录媒介的复制	12298	5682	5210	8934	161756
印　刷	12219	5640	5165	8410	158424
书、报、刊印刷	3585	781	624	2364	22441

1-A-8 续表9-7

单位：个、万元、人

指 标 名 称	投资收益	补贴收入	营业外收入	营业外支出	利润总额
本册印制	2979	272	156	594	9578
包装装潢及其他印刷	5655	4587	4385	5452	126406
装订及其他印刷服务活动	5		19	77	1735
装订及其他印刷服务活动	5		19	77	1735
记录媒介的复制	74	41	27	446	1597
记录媒介的复制	74	41	27	446	1597
文教体育用品制造业	17797	5329	7504	16313	144702
文化用品制造	1097	1773	2853	3356	53285
文具制造	169	920	1070	1531	10826
笔的制造	855	724	1730	1558	17274
教学用模型及教具制造	17	72	34	151	24055
墨水、墨汁制造					338
其他文化用品制造	56	57	20	116	793
体育用品制造	31	1437	1443	6030	13749
球类制造	11	90	586	216	145
体育器材及配件制造	17	354	192	665	5432
训练健身器材制造		694	374	3392	8629
运动防护用具制造		150	193	848	-3320
其他体育用品制造	3	149	99	909	2864
乐器制造	24	325	312	491	11891
中乐器制造				...	-13
西乐器制造	-10	230	265	331	8738
电子乐器制造		15	...	9	1081
其他乐器及零件制造	35	80	47	151	2086
玩具制造	16630	1351	2769	4688	52450
玩具制造	16630	1351	2769	4688	52450
游艺器材及娱乐用品制造	15	443	126	1749	13326
露天游乐场所游乐设备制造		88	36	1426	7399
游艺用品及室内游艺器材制造	15	355	90	323	5927
石油加工、炼焦及核燃料加工业	9619	513829	35507	16732	-368960
精炼石油产品的制造	9619	513829	21106	1409	-352524
原油加工及石油制品制造	9619	513829	21106	1409	-352524
炼 焦			14401	15323	-16437
炼 焦			14401	15323	-16437
化学原料及化学制品制造业	69211	74849	106486	98528	1364317
基础化学原料制造	21800	16213	22669	22484	182796
无机酸制造	266	488	921	616	12402
无机碱制造	2636	1073	1339	505	25383
无机盐制造	-126	1012	259	696	15687
有机化学原料制造	18283	12183	18709	19407	89661

1-A-8 续表9-8 单位:个、万元、人

指 标 名 称	投资收益	补贴收入	营业外收入	营业外支出	利润总额
其他基础化学原料制造	742	1457	1442	1260	39664
肥料制造	146	761	1571	1409	12172
氮肥制造	138	502	1354	1249	8127
磷肥制造	...	13	75	21	203
复混肥料制造	7	166	112	55	4955
有机肥料及微生物肥料制造		80	1	1	53
其他肥料制造			30	82	-1166
农药制造	3278	2812	7113	27978	250421
化学农药制造	3541	1568	6624	27324	240817
生物化学农药及微生物农药制造	-262	1243	489	654	9603
涂料、油墨、颜料及类似产品制造	10029	7956	9609	11788	243510
涂料制造	-476	2904	1757	4877	68293
油墨及类似产品制造	922	447	1537	757	9109
颜料制造	-22	984	801	681	13236
染料制造	9604	3545	5452	5370	148033
密封用填料及类似品制造	1	76	62	103	4839
合成材料制造	18730	27877	40905	9682	119521
初级形态的塑料及合成树脂制造	18302	4246	9573	6248	-30884
合成橡胶制造	6	59	21	49	2381
合成纤维单(聚合)体的制造	423	23402	29888	1961	134666
其他合成材料制造	...	170	1423	1424	13358
专用化学产品制造	8165	10744	14844	18336	305609
化学试剂和助剂制造	5617	3277	2766	7569	93561
专项化学用品制造	1251	4092	6015	2271	61553
林产化学产品制造	-11	402	169	95	3009
炸药及火工产品制造	22	75	90	141	5825
信息化学品制造	685	2049	5101	6595	114807
环境污染处理专用药剂材料制造	56	198	37	44	4951
动物胶制造	15	81	248	200	3773
其他专用化学产品制造	530	570	419	1422	18130
日用化学产品制造	7062	8486	9775	6852	250288
肥皂及合成洗涤剂制造	4592	6059	863	2045	68911
化妆品制造	233	359	5768	1027	115982
口腔清洁用品制造			3	8	176
香料、香精制造	803	1629	3097	3649	35865
其他日用化学产品制造	1434	440	44	124	29355
医药制造业	15337	23774	19590	40565	665589
化学药品原药制造	17027	10115	9181	21463	383380
化学药品原药制造	17027	10115	9181	21463	383380
化学药品制剂制造	-1979	6328	4164	9735	131694

1－A－8 续表9－9

单位：个、万元、人

指 标 名 称	投资收益	补贴收入	营业外收入	营业外支出	利润总额
化学药品制剂制造	－1979	6328	4164	9735	131694
中药饮片加工	9	429	265	74	2845
中药饮片加工	9	429	265	74	2845
中成药制造	－588	3039	2040	1661	64712
中成药制造	－588	3039	2040	1661	64712
兽用药品制造	－489	596	324	1240	22105
兽用药品制造	－489	596	324	1240	22105
生物、生化制品的制造	1308	2839	2973	5653	51972
生物、生化制品的制造	1308	2839	2973	5653	51972
卫生材料及医药用品制造	49	429	643	740	8882
卫生材料及医药用品制造	49	429	643	740	8882
化学纤维制造业	20695	16412	24433	25648	249025
纤维素纤维原料及纤维制造	2	142	2514	524	－3226
化纤浆粕制造	...	97		24	280
人造纤维（纤维素纤维）制造	1	45	2514	501	－3506
合成纤维制造	20694	16270	21919	25124	252251
锦纶纤维制造	1308	145	638	674	7336
涤纶纤维制造	19637	10983	16761	20245	243756
腈纶纤维制造		108	21	128	－61873
维纶纤维制造					11
其他合成纤维制造	－252	5033	4500	4077	63020
橡胶制品业	2000	6379	8160	10756	132127
轮胎制造	1074	1290	5443	3560	51921
车辆、飞机及工程机械轮胎制造	1074	1244	5431	3450	50211
力车胎制造		47	12	38	1039
轮胎翻新加工				72	672
橡胶板、管、带的制造	156	2057	1481	4979	29313
橡胶板、管、带的制造	156	2057	1481	4979	29313
橡胶零件制造	305	1115	718	948	15159
橡胶零件制造	305	1115	718	948	15159
再生橡胶制造	439	504	7	96	1103
再生橡胶制造	439	504	7	96	1103
日用及医用橡胶制品制造	6	153	108	134	3351
日用及医用橡胶制品制造	6	153	108	134	3351
橡胶靴鞋制造	12	950	328	705	23107
橡胶靴鞋制造	12	950	328	705	23107
其他橡胶制品制造	9	310	74	333	8173
其他橡胶制品制造	9	310	74	333	8173
塑料制品业	28470	24537	25724	37002	667290
塑料薄膜制造	303	2134	2653	3060	145957

1－A－8 续表9－10 单位：个、万元、人

指 标 名 称	投资收益	补贴收入	营业外收入	营业外支出	利润总额
塑料薄膜制造	303	2134	2653	3060	145957
塑料板、管、型材的制造	－371	5553	7382	6775	104629
塑料板、管、型材的制造	－371	5553	7382	6775	104629
塑料丝、绳及编织品的制造	220	798	585	776	20183
塑料丝、绳及编织品的制造	220	798	585	776	20183
泡沫塑料制造	603	1341	464	2127	18451
泡沫塑料制造	603	1341	464	2127	18451
塑料人造革、合成革制造	7976	3132	1882	8961	94201
塑料人造革、合成革制造	7976	3132	1882	8961	94201
塑料包装箱及容器制造	8809	1592	3685	3671	89504
塑料包装箱及容器制造	8809	1592	3685	3671	89504
塑料零件制造	1035	3343	4389	5119	63516
塑料零件制造	1035	3343	4389	5119	63516
日用塑料制造	9656	4902	3183	5369	100308
塑料鞋制造	－129	11	57	231	7397
日用塑料杂品制造	9785	4891	3125	5138	92911
其他塑料制品制造	240	1743	1502	1146	30543
其他塑料制品制造	240	1743	1502	1146	30543
非金属矿物制品业	25815	87826	48162	52872	540648
水泥、石灰和石膏的制造	7158	63199	26766	25380	130342
水泥制造	7096	62886	26758	25299	125973
石灰和石膏制造	62	313	8	81	4369
水泥及石膏制品制造	11262	8264	7726	12435	148868
水泥制品制造	10654	7156	5862	6907	129063
砼结构构件制造	602	686	1780	3352	15134
石棉水泥制品制造				7	219
轻质建筑材料制造	7	422	68	2117	4230
其他水泥制品制造	…		16	52	222
砖瓦、石材及其他建筑材料制造	590	6092	1118	5418	40708
粘土砖瓦及建筑砌块制造	147	1056	626	1393	3624
建筑陶瓷制品制造	39	3034	79	2614	22991
建筑用石加工	76	3	109	615	4176
防水建筑材料制造	524	183	246	556	5964
隔热和隔音材料制造	－203	1727	52	152	1900
其他建筑材料制造	7	90	7	89	2053
玻璃及玻璃制品制造	6692	6984	7615	6093	156447
平板玻璃制造	145	64	819	429	1604
技术玻璃制品制造	222	1016	896	1613	36008
光学玻璃制造				3	110
玻璃仪器制造		98	1	257	101

1－A－8 续表9－11

单位：个、万元、人

指 标 名 称	投资收益	补贴收入	营业外收入	营业外支出	利润总额
日用玻璃制品及玻璃包装容器制造	282	659	983	596	30144
玻璃保温容器制造	28	183	6	95	1282
玻璃纤维及制品制造	5946	4779	4579	2783	82275
玻璃纤维增强塑料制品制造	69	120	215	154	2223
其他玻璃制品制造		67	116	163	2700
陶瓷制品制造	－152	317	544	1527	15166
卫生陶瓷制品制造	－152	118	38	1302	6242
特种陶瓷制品制造		157	308	128	6133
日用陶瓷制品制造		42	198	91	2757
园林、陈设艺术及其他陶瓷制品制造		1		5	35
耐火材料制品制造	248	1332	1887	853	27210
石棉制品制造	466	181	573	135	106
云母制品制造		2	4	14	64
耐火陶瓷制品及其他耐火材料制造	－218	1149	1310	703	27041
石墨及其他非金属矿物制品制造	17	1638	2506	1167	21908
石墨及碳素制品制造	16	1119	2207	228	7081
其他非金属矿物制品制造	1	520	300	940	14827
黑色金属冶炼及压延加工业	8445	23521	23690	22951	170011
炼 铁		15	...	10	303
炼 铁		15	...	10	303
炼 钢	65	1158	568	515	32262
炼 钢	65	1158	568	515	32262
钢压延加工	8380	22330	23004	19958	126257
钢压延加工	8380	22330	23004	19958	126257
铁合金冶炼		18	118	2467	11189
铁合金冶炼		18	118	2467	11189
有色金属冶炼及压延加工业	6400	27557	35424	36293	148382
常用有色金属冶炼	－2010	6650	4534	4383	－12055
铜冶炼	－1257	1608	2425	1419	－30795
铅锌冶炼	139	75	369	106	－1557
镍钴冶炼	－893	1901	1109	983	8906
锡冶炼				2	18
铝冶炼	...	3024	616	1844	9597
镁冶炼		9	15	4	258
其他常用有色金属冶炼		34		26	1518
贵金属冶炼	－82	461	162	527	4325
金冶炼	67	448	42	366	3347
银冶炼			121	144	548
其他贵金属冶炼	－149	13		17	431
稀有稀土金属冶炼	222	52	40	40	1374

1-A-8 续表9-12

单位：个、万元、人

指标名称	投资收益	补贴收入	营业外收入	营业外支出	利润总额
钨钼冶炼			1	6	-60
稀土金属冶炼	222	52	38	34	1434
有色金属合金制造	-10	1789	900	3822	14254
有色金属合金制造	-10	1789	900	3822	14254
有色金属压延加工	8280	18605	29788	27521	140484
常用有色金属压延加工	8263	18071	29719	27246	119296
贵金属压延加工		384	5	6	18606
稀有稀土金属压延加工	17	149	64	270	2583
金属制品业	26897	26740	27692	48190	745178
结构性金属制品制造	3965	4786	9053	15287	258246
金属结构制造	2758	2343	7001	9222	160895
金属门窗制造	1207	2442	2052	6064	97351
金属工具制造	38	2331	2108	8139	69866
切削工具制造	82	767	648	704	18341
手工具制造	-59	810	680	4901	23768
农用及园林用金属工具制造	1	350	123	436	12151
刀剪及类似日用金属工具制造	3	128	585	253	6214
其他金属工具制造	10	276	72	1845	9392
集装箱及金属包装容器制造	242	1364	3533	2916	41259
集装箱制造			1137	462	1247
金属压力容器制造	-167	251	409	445	8988
金属包装容器制造	409	1113	1988	2009	31025
金属丝绳及其制品的制造	1261	3672	1775	1878	33127
金属丝绳及其制品的制造	1261	3672	1775	1878	33127
建筑、安全用金属制品制造	11985	3259	6537	7014	120139
建筑、家具用金属配件制造	-69	1483	4407	3829	56415
建筑装饰及水暖管道零件制造	12054	893	1824	2540	56419
安全、消防用金属制品制造	...	861	216	558	6508
其他建筑、安全用金属制品制造		23	91	88	797
金属表面处理及热处理加工	110	3420	1459	2803	82675
金属表面处理及热处理加工	110	3420	1459	2803	82675
搪瓷制品制造		140	211	279	2979
工业生产配套用搪瓷制品制造				2	173
搪瓷卫生洁具制造		113	151	25	595
搪瓷日用品及其他搪瓷制品制造		27	60	252	2210
不锈钢及类似日用金属制品制造	9845	7156	1851	8663	121171
金属制厨房调理及卫生器具制造	656	3552	505	903	21555
金属制厨用器皿及餐具制造	9140	3110	1051	6751	91949
其他日用金属制品制造	50	494	294	1009	7666
其他金属制品制造	-548	614	1166	1212	15716

1-A-8 续表9-13 单位：个、万元、人

指 标 名 称	投资收益	补贴收入	营业外收入	营业外支出	利润总额
其他未列明的金属制品制造	-548	614	1166	1212	15716
通用设备制造业	42322	57193	65295	89001	1636699
锅炉及原动机制造	14269	2369	3517	2963	127458
锅炉及辅助设备制造	3664	669	1760	433	32686
内燃机及配件制造	2263	1001	1118	1924	18995
汽轮机及辅机制造	8342	623	502	527	73694
水轮机及辅机制造		75	57	74	1868
其他原动机制造			79	7	215
金属加工机械制造	-789	5436	5999	6453	87223
金属切削机床制造	-1138	2384	2920	2945	33751
金属成形机床制造	113	695	1360	590	21943
铸造机械制造	-20	187	594	514	1861
金属切割及焊接设备制造	47	883	234	1968	12326
机床附件制造	4	617	301	241	10095
其他金属加工机械制造	205	670	592	196	7247
起重运输设备制造	6791	3678	4775	8595	186594
起重运输设备制造	6791	3678	4775	8595	186594
泵、阀门、压缩机及类似机械的制造	5766	11618	17661	16684	412321
泵及真空设备制造	889	5229	2096	2958	116317
气体压缩机械制造	2549	1238	9160	4964	44217
阀门和旋塞的制造	1955	3544	4621	6129	186680
液压和气压动力机械及元件制造	372	1608	1785	2633	65107
轴承、齿轮、传动和驱动部件的制造	3605	8552	9029	16758	220351
轴承制造	3687	4815	5451	13512	129141
齿轮、传动和驱动部件制造	-82	3737	3579	3247	91210
烘炉、熔炉及电炉制造	4	378	136	145	7862
烘炉、熔炉及电炉制造	4	378	136	145	7862
风机、衡器、包装设备等通用设备制造	10521	8510	9360	19976	263923
风机、风扇制造	290	300	760	423	15199
气体、液体分离及纯净设备制造	3829	1479	1917	6552	52841
制冷、空调设备制造	3477	3097	3481	8639	123610
风动和电动工具制造	210	1614	1420	2818	41943
喷枪及类似器具制造	-384	574	341	277	10250
包装专用设备制造	198	1027	583	268	10088
衡器制造	25	91	135	86	4140
其他通用设备制造	2877	329	723	914	5852
通用零部件制造及机械修理	659	5155	9868	11440	220393
金属密封件制造	7	674	292	414	15285
紧固件、弹簧制造	536	2853	3170	8012	115482
机械零部件加工及设备修理	-404	892	470	931	18367

1－A－8 续表9－14

单位：个、万元、人

指 标 名 称	投资收益	补贴收入	营业外收入	营业外支出	利润总额
其他通用零部件制造	520	737	5935	2083	71259
金属铸、锻加工	1497	11497	4951	5988	110575
钢铁铸件制造	690	8329	3767	4832	89865
锻件及粉末冶金制品制造	807	3168	1184	1156	20709
专用设备制造业	13565	27888	30534	40441	565125
矿山、冶金、建筑专用设备制造	－2653	1455	2550	3455	55594
采矿、采石设备制造	－522	239	1207	339	9253
石油钻采专用设备制造		198	178	356	4255
建筑工程用机械制造	548	518	710	1400	35928
建筑材料生产专用机械制造	40	497	327	324	5120
冶金专用设备制造	－2719	3	127	1037	1037
化工、木材、非金属加工专用设备制造	1455	11561	9513	11179	178578
炼油、化工生产专用设备制造	216	1085	330	539	14250
橡胶加工专用设备制造	－3	44	219	149	2870
塑料加工专用设备制造	337	3933	4783	4736	78809
木材加工机械制造	1	7	15	1136	868
模具制造	904	6426	4139	4601	80908
其他非金属加工专用设备制造		66	27	18	873
食品、饮料、烟草及饲料生产专用设备制造	1	751	503	676	22952
食品、饮料、烟草工业专用设备制造	1	603	457	349	20203
农副食品加工专用设备制造		128	45	269	2250
饲料生产专用设备制造		20	2	59	500
印刷、制药、日化生产专用设备制造	267	898	707	887	19265
制浆和造纸专用设备制造		141	174	53	1891
印刷专用设备制造	267	375	291	607	8762
日用化工专用设备制造		25	...	7	253
制药专用设备制造		111	103	152	7634
照明器具生产专用设备制造		...		23	379
玻璃、陶瓷和搪瓷制品生产专用设备制造		213	73	24	207
其他日用品生产专用设备制造		32	66	22	139
纺织、服装和皮革工业专用设备制造	4785	4767	6911	13629	79135
纺织专用设备制造	1832	2837	3314	1943	29739
皮革、毛皮及其制品加工专用设备制造		115	69	246	955
缝纫机械制造	2953	1789	3434	9498	47266
其他服装加工专用设备制造		26	94	1943	1175
电子和电工机械专用设备制造	9	2037	2095	1244	16762
电工机械专用设备制造		166	74	749	1708
电子工业专用设备制造	4	1871	1669	495	14579
武器弹药制造	6		353		475
农、林、牧、渔专用机械制造	1935	916	1251	1609	14414

1-A-8　续表9-15　　　　单位：个、万元、人

指　标　名　称	投资收益	补贴收入	营业外收入	营业外支出	利润总额
拖拉机制造	70	20	259	627	-1344
机械化农业及园艺机具制造	1883	826	932	876	13310
畜牧机械制造					25
渔业机械制造			3	6	154
农林牧渔机械配件制造		70	57	67	1792
其他农林牧渔业机械制造及机械修理	-18			34	477
医疗仪器设备及器械制造	-339	1910	1886	1499	54573
医疗诊断、监护及治疗设备制造	16	350	1123	675	9975
口腔科用设备及器具制造	...		1	5	119
实验室及医用消毒设备和器具的制造		226	19	82	1780
医疗、外科及兽医用器械制造	-421	842	661	524	36439
机械治疗及病房护理设备制造	30	354	15	126	4806
假肢、人工器官及植（介）入器械制造		57		20	382
其他医疗设备及器械制造	36	81	68	68	1072
环保、社会公共安全及其他专用设备制造	8104	3593	5118	6263	123852
环境污染防治专用设备制造	7366	2937	4435	5115	68228
地质勘查专用设备制造	568	20	6	13	2148
邮政专用机械及器材制造		6	24	5	373
商业、饮食、服务业专用设备制造			1	1	69
社会公共安全设备及器材制造	150	275	452	887	47087
交通安全及管制专用设备制造				21	173
水资源专用机械制造		39	35	35	809
其他专用设备制造	20	316	166	186	4965
交通运输设备制造业	159585	53837	50778	126337	1310919
铁路运输设备制造	16	37	134	147	427
铁路机车车辆配件制造	8	6	1	90	174
铁路专用设备及器材、配件制造	4	31	119	56	724
其他铁路设备制造及设备修理	5		14	2	-471
汽车制造	148330	46630	35343	45263	811307
汽车整车制造	23567	7317	4145	8214	105343
改装汽车制造			72	1069	544
汽车车身、挂车的制造	11	67	78	18	-1454
汽车零部件及配件制造	124890	39231	30820	35457	702990
汽车修理	-137	15	228	504	3884
摩托车制造	4670	2531	5315	8120	81877
摩托车整车制造	4067	606	2032	1923	18204
摩托车零部件及配件制造	603	1925	3284	6196	63672
自行车制造	-259	868	905	5552	21944
脚踏自行车及残疾人座车制造	29	586	492	4460	8313
助动自行车制造	-288	283	414	1092	13631

1－A－8　续表9－16　　单位：个、万元、人

指　标　名　称	投资收益	补贴收入	营业外收入	营业外支出	利润总额
船舶及浮动装置制造	6828	2553	8924	66748	389472
金属船舶制造	6231	1588	5851	63337	272049
非金属船舶制造	...	4	478	681	15944
娱乐船和运动船的建造和修理		397	409	108	－1113
船用配套设备制造	3	415	1466	906	25851
船舶修理及拆船	594	148	720	1716	76741
航空航天器制造		922		131	1442
飞机制造及修理				4	212
其他飞行器制造		922		127	1230
交通器材及其他交通运输设备制造		296	157	376	4452
潜水及水下救捞装备制造					48
交通管理用金属标志及设施制造		5	127	197	3986
其他交通运输设备制造		291	31	179	417
电气机械及器材制造业	132820	68279	107808	110893	1899804
电机制造	5781	12719	13932	22840	301476
发电机及发电机组制造	197	2870	3179	5471	40908
电动机制造	1016	4463	3374	10321	145120
微电机及其他电机制造	4569	5386	7379	7048	115449
输配电及控制设备制造	54389	11853	11306	26350	608534
变压器、整流器和电感器制造	146	2279	2081	2416	84581
电容器及其配套设备制造	1126	651	204	585	16351
配电开关控制设备制造	46802	5817	6281	16228	364432
电力电子元器件制造	6347	2214	1843	6319	116849
其他输配电及控制设备制造	－31	892	898	803	26321
电线、电缆、光缆及电工器材制造	4582	13566	10226	23371	311577
电线电缆制造	4130	12955	9289	22496	252713
光纤、光缆制造	2	35	551	184	44692
绝缘制品制造	2	112	154	346	4202
其他电工器材制造	448	463	232	347	9970
电池制造	960	12292	3974	3556	157045
电池制造	960	12292	3974	3556	157045
家用电力器具制造	56376	9564	55747	15093	326876
家用制冷电器具制造	21	858	930	3486	11585
家用空气调节器制造	23726	757	30364	1587	27384
家用通风电器具制造	－72	450	1078	1347	21293
家用厨房电器具制造	2934	2436	17738	2843	122195
家用清洁卫生电器具制造	9257	1363	1133	2142	63342
家用美容、保健电器具制造	－9	698	941	598	7230
家用电力器具专用配件制造	20311	1312	1690	1245	50623
其他家用电力器具制造	209	1690	1873	1846	23224

1－A－8 续表9－17

单位：个、万元、人

指标名称	投资收益	补贴收入	营业外收入	营业外支出	利润总额
非电力家用器具制造	-143	366	544	1584	27463
燃气、太阳能及类似能源的器具制造	-143	343	459	1259	22282
其他非电力家用器具制造		23	85	325	5181
照明器具制造	10872	6970	11294	17362	154928
电光源制造	1847	4585	1382	4352	57329
照明灯具制造	9019	1990	9465	9137	78939
灯用电器附件及其他照明器具制造	6	395	447	3873	18661
其他电气机械及器材制造	3	949	785	736	11904
车辆专用照明及电气信号设备装置制造	11	740	687	616	8104
其他未列明的电气机械制造	-8	209	99	120	3800
通信设备、计算机及其他电子设备制造业	53587	66537	69374	41649	884865
通信设备制造	33401	7569	16179	4846	125752
通信传输设备制造	504	2243	764	681	35740
通信交换设备制造	401	134	60	141	4850
通信终端设备制造	45	35	82	153	2163
移动通信及终端设备制造	17486	4535	15015	3235	63710
其他通信设备制造	14965	621	258	636	19289
雷达及配套设备制造	73		85	47	411
雷达及配套设备制造	73		85	47	411
广播电视设备制造	-3	4345	2180	1776	25458
广播电视节目制作及发射设备制造		9	20	26	625
广播电视接收设备及器材制造	...	432	275	1431	7174
应用电视设备及其他广播电视设备制造	-4	3904	1885	319	17660
电子计算机制造	-83	41502	13907	10296	434237
电子计算机整机制造	-8	52	1245	552	5898
计算机网络设备制造	15	40140	120	141	208637
电子计算机外部设备制造	-89	1310	12542	9603	219702
电子器件制造	6961	5656	13649	3658	58856
电子真空器件制造		468	36	42	270
半导体分立器件制造	774	1737	5679	1763	24191
集成电路制造	6012	2068	3164	806	10795
光电子器件及其他电子器件制造	175	1383	4771	1048	23600
电子元件制造	14138	5861	20038	14349	206142
电子元件及组件制造	14078	5748	18385	12829	197430
印制电路板制造	60	113	1653	1521	8712
家用视听设备制造	-661	1074	2609	3538	18932
家用影视设备制造	-972	634	1931	2329	13939
家用音响设备制造	311	439	678	1208	4992
其他电子设备制造	-240	531	727	3140	15078
其他电子设备制造	-240	531	727	3140	15078

1-A-8 续表9-18

单位：个、万元、人

指 标 名 称	投资收益	补贴收入	营业外收入	营业外支出	利润总额
仪器仪表及文化、办公用机械制造业	57335	27072	16942	35619	311597
通用仪器仪表制造	21689	20175	11900	17217	198413
工业自动控制系统装置制造	1795	12262	1882	2531	69204
电工仪器仪表制造	-201	965	780	749	24994
绘图、计算及测量仪器制造	-31	579	452	568	7705
实验分析仪器制造	1	328	76	167	4282
试验机制造	5	66	87	39	-285
供应用仪表及其他通用仪器制造	20120	5975	8623	13162	92515
专用仪器仪表制造	30518	4303	1465	11640	52110
环境监测专用仪器仪表制造	8	146	93	106	4999
汽车及其他用计数仪表制造	5226	2535	270	7008	16793
导航、气象及海洋专用仪器制造	30	455	1	39	1089
农林牧渔专用仪器仪表制造				20	339
地质勘探和地震专用仪器制造					84
教学专用仪器制造	51	874	68	458	5852
电子测量仪器制造	213	94	991	3808	-3271
其他专用仪器制造	24991	199	41	202	26225
钟表与计时仪器制造	14	66	118	209	4338
钟表与计时仪器制造	14	66	118	209	4338
光学仪器及眼镜制造	972	1396	1880	2527	33919
光学仪器制造	937	873	1054	1129	15735
眼镜制造	35	523	825	1398	18184
文化、办公用机械制造	4118	1052	1523	3861	22927
电影机械制造		16	1	...	179
幻灯及投影设备制造					161
照相机及器材制造	240	298	617	742	9470
复印和胶印设备制造	-69	374	126	85	2334
计算器及货币专用设备制造	1320	297	235	289	1112
其他文化、办公用机械制造	2627	67	545	2746	9672
其他仪器仪表的制造及修理	25	81	56	165	-110
其他仪器仪表的制造及修理	25	81	56	165	-110
工艺品及其他制造业	6497	5632	9553	16176	283750
工艺美术品制造	4018	3305	5472	8783	160501
雕塑工艺品制造	1	283	310	518	4911
金属工艺品制造	73	343	514	626	12841
漆器工艺品制造	161	65	127	152	2794
花画工艺品制造		41	197	168	1822
天然植物纤维编织工艺品制造	74	107	61	158	4141
抽纱刺绣工艺品制造	24	468	536	4294	43872

1－A－8 续表9－19

单位：个、万元、人

指 标 名 称	投资收益	补贴收入	营业外收入	营业外支出	利润总额
地毯、挂毯制造	87	444	765	413	4241
珠宝首饰及有关物品的制造	3481	853	546	874	58348
其他工艺美术品制造	117	703	2417	1581	27532
日用杂品制造	2478	2140	4040	7214	119317
制镜及类似品加工	2	379	40	533	8767
鬃毛加工、制刷及清扫工具的制造	－20	166	370	1846	2660
其他日用杂品制造	2496	1595	3629	4836	107890
煤制品制造		167	11	11	485
煤制品制造		167	11	11	485
核辐射加工			9		19
核辐射加工			9		19
其他未列明的制造业	1	21	21	168	3428
其他未列明的制造业	1	21	21	168	3428
废弃资源和废旧材料回收加工业	－8	814	1309	2837	－49806
金属废料和碎屑的加工处理	－15	586	1074	2703	－56056
金属废料和碎屑的加工处理	－15	586	1074	2703	－56056
非金属废料和碎屑的加工处理	6	228	235	134	6250
非金属废料和碎屑的加工处理	6	228	235	134	6250
电力、燃气及水的生产和供应业	**44016**	**132745**	**181449**	**199659**	**435916**
电力、热力的生产和供应业	25585	98574	170097	193252	409536
电力生产	10920	73868	110050	26151	171342
火力发电	6558	25895	18960	19580	－87372
水力发电	459	948	1596	2884	42987
核力发电	600	44506	88656	3570	210251
其他能源发电	3303	2519	839	117	5475
电力供应	14665	20619	58687	166246	230901
电力供应	14665	20619	58687	166246	230901
热力生产和供应	1	4088	1360	855	7293
热力生产和供应	1	4088	1360	855	7293
燃气生产和供应业	888	12279	1378	2118	26349
燃气生产和供应业	888	12279	1378	2118	26349
燃气生产和供应业	888	12279	1378	2118	26349
水的生产和供应业	17542	21891	9973	4289	31
自来水的生产和供应	17502	16864	9720	3221	12628
自来水的生产和供应	17502	16864	9720	3221	12628
污水处理及其再生利用	41	5028	253	1068	－12804
污水处理及其再生利用	41	5028	253	1068	－12804
其他水的处理、利用与分配					207
其他水的处理、利用与分配					207

1－A－8 续表 10－1

单位：个、万元、人

指标名称	亏损企业亏损总额	应交所得税	利税总额	本年应付工资总额	本年应付福利费总额
总计	**3057124**	**2862764**	**30016058**	**19070019**	**1510386**
一、按轻重工业分					
轻工业	879546	1224029	13984997	9727782	724874
重工业	2177578	1638735	16031061	9342237	785512
二、按规模分					
大型企业	643721	488364	4564446	2347227	205898
中型企业	891245	1265430	13512249	6991253	558677
小型企业	1522158	1108970	11939363	9731539	745811
三、按登记注册类型分					
内资	**1940551**	**2195073**	**21855005**	**13349343**	**1101465**
国有	194871	264825	3097170	779858	87444
集体	18051	13703	123113	90459	7075
股份合作企业	9623	26189	254047	231367	15209
联营企业	12166	258	－2718	12082	471
国有联营		8	715	730	37
集体联营	11467	211	－7122	4713	171
国有与集体联营	135	16	2542	3735	59
其他联营	564	23	1147	2904	204
有限责任公司	721278	483087	4481249	2606385	222517
国有独资公司	20885	14727	158242	108303	10905
其他有限责任公司	700394	468360	4323007	2498081	211612
股份有限公司	432637	209635	2115158	843040	78978
私营企业	546621	1189187	11720911	8748980	686574
私营独资	24042	86927	817625	747464	67220
私营合伙	6982	28311	236998	191067	13676
私营有限责任公司	501614	982008	9971601	7490564	587617
私营股份有限公司	13983	91941	694687	319885	18060
其他	5304	8190	66074	37171	3198
港澳台商投资	**379222**	**272057**	**3724820**	**2520810**	**161664**
与港澳台商合资经营	143713	148634	2281442	1404181	80458
与港澳台商合作经营	2601	4525	67675	38735	2318
港澳台商独资	193631	109233	1346500	1011921	67945
港澳台商投资股份有限公司	39277	9666	29203	65973	10943
外商投资	**737351**	**395634**	**4436234**	**3199866**	**247257**
中外合资经营	315119	237643	2690352	1715245	124060
中外合作经营	2207	7216	84829	55381	2961
外资企业	398663	120273	1356936	1306187	110565
外商投资股份有限公司	21362	30502	304117	123053	9671
四、按控股情况分					
国有控股	1098781	391439	4484633	1515962	161397

1-A-8 续表10-2 单位：个、万元、人

指 标 名 称	亏损企业亏损总额	应交所得税	利税总额	本年应付工资总额	本年应付福利费总额
集体控股	64055	100762	853299	487087	38713
私人控股	936060	1886074	18942693	12841855	1000554
港澳台商控股	318582	179652	2280240	1722879	113247
外商控股	602105	253563	2844715	2123422	171944
其 他	37540	51275	610478	378813	24531
五、按国民经济行业(门类、大类、中类、小类)分					
采矿业	**14023**	**17307**	**198145**	**74870**	**7278**
煤炭开采和洗选业	4310	31	98	7884	990
烟煤和无烟煤的开采洗选	4310	31	98	7884	990
烟煤和无烟煤的开采洗选	4310	31	98	7884	990
黑色金属矿采选业		6113	54187	7000	595
铁矿采选		6113	54187	7000	595
铁矿采选		6113	54187	7000	595
有色金属矿采选业	1506	4282	42490	17093	2081
常用有色金属矿采选	1435	3589	32390	7875	269
铜矿采选	1265	3240	17624	5556	180
铅锌矿采选	170	348	14766	2319	89
贵金属矿采选		125	696	438	37
金矿采选		109	424	251	30
银矿采选		16	272	187	7
稀有稀土金属矿采选	71	569	9404	8780	1775
钨钼矿采选	71	550	9328	7869	1655
放射性金属矿采选		19	76	911	120
非金属矿采选业	8208	6882	101370	42894	3612
土砂石开采	6870	6637	96904	36106	2080
石灰石、石膏开采	3208	688	13023	5447	461
建筑装饰用石开采	318	2507	41789	12972	669
耐火土石开采	145	709	13107	5081	190
粘土及其他土砂石开采	3199	2733	28986	12605	760
化学矿采选	983	2	-37	2812	1039
化学矿采选	983	2	-37	2812	1039
采 盐		1	286	994	249
采 盐		1	286	994	249
石棉及其他非金属矿采选	355	242	4216	2982	244
其他非金属矿采选	355	242	4216	2982	244
制造业	**2641686**	**2638757**	**28012307**	**18214813**	**1416655**
农副食品加工业	44879	28611	242543	176965	13302
谷物磨制	843	506	4454	4201	381
谷物磨制	843	506	4454	4201	381
饲料加工	1152	4435	60208	29697	2409

1－A－8 续表10－3

单位：个、万元、人

指标名称	亏损企业亏损总额	应交所得税	利税总额	本年应付工资总额	本年应付福利费总额
饲料加工	1152	4435	60208	29697	2409
植物油加工	4431	1320	11050	7223	833
食用植物油加工	4324	1317	11010	7000	816
非食用植物油加工	107	3	40	222	16
屠宰及肉类加工	2756	4799	36853	27355	2317
畜禽屠宰	444	937	5321	5971	473
肉制品及副产品加工	2312	3862	31532	21384	1844
水产品加工	33096	9602	54645	65905	4222
水产品冷冻加工	28762	7759	41509	53497	3358
鱼糜制品及水产品干腌制加工	3712	1162	8529	8977	595
水产饲料制造	339	614	4298	2315	234
鱼油提取及制品的制造		27	130	123	3
其他水产品加工	283	41	179	994	32
蔬菜、水果和坚果加工	2192	6120	57502	30999	2477
蔬菜、水果和坚果加工	2192	6120	57502	30999	2477
其他农副食品加工	409	1829	17830	11586	664
淀粉及淀粉制品的制造		6	1562	1033	44
豆制品制造	323	736	8043	7166	518
蛋品加工	84	285	3745	1081	76
其他未列明的农副食品加工	3	802	4481	2306	26
食品制造业	23175	27507	304716	162916	11512
焙烤食品制造	1596	2070	33899	28478	1199
糕点、面包制造	461	750	8636	7739	448
饼干及其他焙烤食品制造	1135	1320	25263	20740	752
糖果、巧克力及蜜饯制造	381	288	27572	6793	514
糖果、巧克力制造		161	23953	5259	446
蜜饯制作	381	127	3619	1533	68
方便食品制造	2768	10369	100939	27933	2839
米、面制品制造	57	446	10233	6875	1444
速冻食品制造	2575	906	8797	6741	486
方便面及其他方便食品制造	137	9017	81909	14317	909
液体乳及乳制品制造	1887	1160	9734	11949	1007
液体乳及乳制品制造	1887	1160	9734	11949	1007
罐头制造	4202	5687	41708	40243	3048
肉、禽类罐头制造		526	3558	1333	152
水产品罐头制造	957	266	1047	1882	67
蔬菜、水果罐头制造	3245	1334	18164	33576	2301
其他罐头食品制造		3562	18939	3452	527
调味品、发酵制品制造	9719	1587	10714	13103	818
味精制造	9328	291	－4734	5940	325

1－A－8 续表 10－4

单位：个、万元、人

指标名称	亏损企业亏损总额	应交所得税	利税总额	本年应付工资总额	本年应付福利费总额
酱油、食醋及类似制品的制造	192	1106	8128	3782	301
其他调味品、发酵制品制造	199	190	7320	3381	192
其他食品制造	2622	6346	80150	34417	2086
营养、保健食品制造	744	809	20982	6719	453
冷冻饮品及食用冰制造	789	391	7774	6950	392
盐加工		54	2215	621	131
食品及饲料添加剂制造	1089	5058	48775	20032	1101
其他未列明的食品制造		35	404	97	9
饮料制造业	55114	35907	624640	167112	14425
酒精制造	755		11	170	18
酒精制造	755		11	170	18
酒的制造	31707	8926	180574	76476	7920
白酒制造	37	816	7382	1969	109
啤酒制造	31332	1220	100494	46893	4508
黄酒制造	339	6663	69062	26845	2938
其他酒制造		227	3636	769	365
软饮料制造	21439	23834	409328	75999	5214
碳酸饮料制造	184	4513	45963	13540	375
瓶（罐）装饮用水制造	17427	2711	27540	9269	1015
果菜汁及果菜汁饮料制造	3458	715	1250	5507	152
含乳饮料和植物蛋白饮料制造	369	4445	146883	13063	2194
固体饮料制造		195	4246	2269	265
茶饮料及其他软饮料制造		11255	183448	32351	1213
精制茶加工	1214	3147	34727	14467	1273
精制茶加工	1214	3147	34727	14467	1273
烟草制品业		105917	1766654	31430	5613
卷烟制造		105584	1761800	30143	5460
卷烟制造		105584	1761800	30143	5460
其他烟草制品加工		333	4855	1287	153
其他烟草制品加工		333	4855	1287	153
纺织业	191441	234233	2755609	2394797	183773
棉、化纤纺织及印染精加工	100381	116824	1390375	1003120	64461
棉、化纤纺织加工	59047	73406	828629	599909	40141
棉、化纤印染精加工	41334	43418	561746	403211	24320
毛纺织和染整精加工	5057	8817	83636	61721	6992
毛条加工	2238	2292	12033	5010	497
毛纺织	2055	6068	58888	43074	4727
毛染整精加工	764	457	12715	13637	1767
麻纺织	1985	302	12407	8534	3053
麻纺织	1985	302	12407	8534	3053

1-A-8 续表10-5

单位：个、万元、人

指标名称	亏损企业亏损总额	应交所得税	利税总额	本年应付工资总额	本年应付福利费总额
丝绢纺织及精加工	20239	15000	230764	196031	22170
缫丝加工	6444	691	16165	26097	3935
绢纺和丝织加工	8498	13176	193354	142175	15610
丝印染精加工	5297	1133	21245	27760	2625
纺织制成品制造	31886	36074	371265	384777	29220
棉及化纤制品制造	14880	16293	162527	178252	13705
毛制品制造	3393	1562	18338	34404	1260
麻制品制造	6	39	850	939	71
丝制品制造	3144	6328	67102	49528	4713
绳、索、缆的制造	152	607	6563	5295	549
纺织带和帘子布制造	1279	2737	31286	40517	3268
无纺布制造	3772	5757	56876	41277	3192
其他纺织制成品制造	5259	2751	27724	34566	2461
针织品、编织品及其制品制造	31894	57217	667163	740613	57879
棉、化纤针织品及编织品制造	22008	42352	502273	552461	37980
毛针织品及编织品制造	5157	8191	93963	113004	14292
丝针织品及编织品制造	2741	5513	55597	57086	4672
其他针织品及编织品制造	1988	1161	15330	18062	935
纺织服装、鞋、帽制造业	62432	114376	1248268	1537768	102624
纺织服装制造	60354	112449	1229956	1506321	100057
纺织服装制造	60354	112449	1229956	1506321	100057
纺织面料鞋的制造	1621	1558	14210	23353	2038
纺织面料鞋的制造	1621	1558	14210	23353	2038
制帽	458	369	4101	8094	528
制帽	458	369	4101	8094	528
皮革、毛皮、羽毛(绒)及其制品业	25673	69200	773837	921812	73796
皮革鞣制加工	4715	5756	75345	63687	8673
皮革鞣制加工	4715	5756	75345	63687	8673
皮革制品制造	18056	57546	632102	799109	59812
皮鞋制造	4866	48529	477598	559304	30631
皮革服装制造	3642	3081	50207	61202	12225
皮箱、包(袋)制造	6553	3908	68877	133936	11929
皮手套及皮装饰制品制造	1371	637	11356	18693	921
其他皮革制品制造	1624	1391	24065	25974	4105
毛皮鞣制及制品加工	351	1526	20085	15476	3143
毛皮鞣制加工	38	375	3190	2286	334
毛皮服装加工	147	722	11987	9838	2007
其他毛皮制品加工	167	430	4908	3352	802
羽毛(绒)加工及制品制造	2551	4372	46306	43540	2169
羽毛(绒)加工	73	301	3157	2209	122

1-A-8 续表10-6

单位：个、万元、人

指 标 名 称	亏损企业亏损总额	应交所得税	利税总额	本年应付工资总额	本年应付福利费总额
羽毛(绒)制品加工	2478	4071	43149	41331	2047
木材加工及木、竹、藤、棕、草制品业	14072	28830	292275	159239	12734
锯材、木片加工	1011	1156	12558	5300	529
锯材加工	15	771	7015	2881	312
木片加工	996	386	5544	2419	217
人造板制造	6227	9707	109052	67558	5649
胶合板制造	5279	4733	53926	43270	3515
纤维板制造	488	1864	25644	7457	660
刨花板制造	118	86	2185	995	56
其他人造板、材制造	341	3024	27297	15837	1418
木制品制造	4975	13272	121559	51561	4115
建筑用木料及木材组件加工	3040	12398	111391	33392	2699
木容器制造	321	280	3707	3972	258
软木制品及其他木制品制造	1614	594	6462	14197	1157
竹、藤、棕、草制品制造	1859	4695	49106	34820	2442
竹、藤、棕、草制品制造	1859	4695	49106	34820	2442
家具制造业	33422	24670	255257	361083	24093
木质家具制造	19102	7477	71469	128892	7595
木质家具制造	19102	7477	71469	128892	7595
竹、藤家具制造	521	197	1550	4831	266
竹、藤家具制造	521	197	1550	4831	266
金属家具制造	8419	11537	124019	168649	10377
金属家具制造	8419	11537	124019	168649	10377
塑料家具制造	279	853	7254	6203	392
塑料家具制造	279	853	7254	6203	392
其他家具制造	5101	4606	50965	52508	5462
其他家具制造	5101	4606	50965	52508	5462
造纸及纸制品业	54109	40195	590241	335017	26081
纸浆制造	170	3	1113	1014	123
纸浆制造	170	3	1113	1014	123
造 纸	41303	19338	385911	182288	13355
机制纸及纸板制造	39657	18413	374661	172414	12461
手工纸制造	47	40	206	158	21
加工纸制造	1599	885	11043	9717	873
纸制品制造	12637	20854	203217	151715	12603
纸和纸板容器的制造	6197	17424	156221	112166	8864
其他纸制品制造	6439	3430	46996	39549	3739
印刷业和记录媒介的复制	10620	28132	263464	167733	14339
印 刷	10158	27652	257519	158934	13820
书、报、刊印刷	3011	3281	38082	28428	2553

1－A－8 续表10－7

单位：个、万元、人

指 标 名 称	亏损企业亏损总额	应交所得税	利税总额	本年应付工资总额	本年应付福利费总额
本册印制	228	944	15313	13714	685
包装装潢及其他印刷	6920	23428	204124	116792	10582
装订及其他印刷服务活动	462	337	4084	6436	379
装订及其他印刷服务活动	462	337	4084	6436	379
记录媒介的复制		143	1860	2363	139
记录媒介的复制		143	1860	2363	139
文教体育用品制造业	29307	28512	233269	317919	19102
文化用品制造	8301	12658	86624	119133	4941
文具制造	5586	2544	22407	47828	2179
笔的制造	1255	2987	31588	62701	1689
教学用模型及教具制造	546	6894	30777	5993	921
墨水、墨汁制造		57	434	125	9
其他文化用品制造	916	176	1418	2486	141
体育用品制造	13364	3528	30815	70007	6041
球类制造	3849	171	2361	9465	941
体育器材及配件制造	976	1017	10406	15896	2101
训练健身器材制造	3229	1730	15478	21709	1853
运动防护用具制造	4156	155	－2281	7528	395
其他体育用品制造	1154	454	4851	15409	751
乐器制造	1085	2067	17175	16681	641
中乐器制造	62	13	－11	348	2
西乐器制造	197	1548	11903	9460	94
电子乐器制造	63	68	1466	1006	45
其他乐器及零件制造	763	438	3817	5867	500
玩具制造	4472	7629	75186	92057	5496
玩具制造	4472	7629	75186	92057	5496
游艺器材及娱乐用品制造	2086	2631	23471	20041	1983
露天游乐场所游乐设备制造	1120	1779	13914	10825	1173
游艺用品及室内游艺器材制造	966	851	9557	9215	810
石油加工、炼焦及核燃料加工业	421135	－12171	24784	71278	4422
精炼石油产品的制造	404698	－12201	33398	70235	4339
原油加工及石油制品制造	404698	－12201	33398	70235	4339
炼 焦	16437	30	－8613	1043	83
炼 焦	16437	30	－8613	1043	83
化学原料及化学制品制造业	266444	230400	2138162	669069	74582
基础化学原料制造	32199	42792	363963	162931	17626
无机酸制造	2625	4842	29772	8290	782
无机碱制造	113	4863	46375	13721	1996
无机盐制造	1367	2311	25322	10243	1359
有机化学原料制造	21790	23025	196231	110946	11037

1-A-8 续表 10-8

单位：个、万元、人

指 标 名 称	亏损企业亏损总额	应交所得税	利税总额	本年应付工资总额	本年应付福利费总额
其他基础化学原料制造	6303	7751	66263	19730	2453
肥料制造	2654	2496	25804	16554	2830
氮肥制造	1333	1710	20223	12035	2519
磷肥制造	5	18	323	576	46
复混肥料制造	105	764	6202	2928	173
有机肥料及微生物肥料制造		...	60	59	3
其他肥料制造	1211	4	-1004	957	90
农药制造	13402	34605	286137	57782	9409
化学农药制造	13071	34286	270112	49360	8827
生物化学农药及微生物农药制造	331	318	16025	8421	581
涂料、油墨、颜料及类似产品制造	3960	39624	375716	118727	11614
涂料制造	1587	11163	102097	35810	3721
油墨及类似产品制造	304	1034	14830	8023	820
颜料制造	1026	2202	22713	11380	870
染料制造	903	24812	226982	59253	5467
密封用填料及类似品制造	141	413	9093	4261	737
合成材料制造	192700	37064	261947	92460	9768
初级形态的塑料及合成树脂制造	165398	13325	35849	55151	6048
合成橡胶制造	339	183	3770	2452	250
合成纤维单(聚合)体的制造	26899	21446	200797	31158	2444
其他合成材料制造	64	2109	21531	3699	1026
专用化学产品制造	18564	39034	450194	144122	14849
化学试剂和助剂制造	5823	14951	155121	57456	5114
专项化学用品制造	4375	9087	95154	23537	2445
林产化学产品制造	294	360	5824	3488	546
炸药及火工产品制造	56	1327	12010	12264	2080
信息化学品制造	3011	10094	137670	28039	3576
环境污染处理专用药剂材料制造	799	223	7852	2824	150
动物胶制造	479	53	6382	2873	172
其他专用化学产品制造	3728	2940	30181	13642	767
日用化学产品制造	2966	34786	374401	76494	8487
肥皂及合成洗涤剂制造	705	3093	103300	29547	653
化妆品制造	1009	20634	179446	26643	5288
口腔清洁用品制造		46	325	171	12
香料、香精制造	425	3956	46868	10450	1412
其他日用化学产品制造	827	7057	44463	9682	1121
医药制造业	41258	111692	1013297	331488	29492
化学药品原药制造	13979	65009	539805	143099	11311
化学药品原药制造	13979	65009	539805	143099	11311
化学药品制剂制造	12241	25675	221909	91423	8365

1-A-8 续表10-9

单位：个、万元、人

指标名称	亏损企业亏损总额	应交所得税	利税总额	本年应付工资总额	本年应付福利费总额
化学药品制剂制造	12241	25675	221909	91423	8365
中药饮片加工	762	782	4831	5084	199
中药饮片加工	762	782	4831	5084	199
中成药制造	1958	8616	115620	29475	4004
中成药制造	1958	8616	115620	29475	4004
兽用药品制造	727	2482	30005	9070	532
兽用药品制造	727	2482	30005	9070	532
生物、生化制品的制造	11170	7461	80563	34746	3771
生物、生化制品的制造	11170	7461	80563	34746	3771
卫生材料及医药用品制造	421	1667	20565	18592	1310
卫生材料及医药用品制造	421	1667	20565	18592	1310
化学纤维制造业	128719	37756	445768	241083	20171
纤维素纤维原料及纤维制造	4499	236	-1012	6387	390
化纤浆粕制造	84	89	605	239	37
人造纤维（纤维素纤维）制造	4415	146	-1617	6148	353
合成纤维制造	124221	37521	446780	234696	19781
锦纶纤维制造	8809	1176	14565	8587	973
涤纶纤维制造	30139	29424	388638	177703	15576
腈纶纤维制造	62197	36	-59431	5141	38
维纶纤维制造		7	18	90	2
其他合成纤维制造	23075	6877	102990	43174	3192
橡胶制品业	19031	20815	257694	240743	17444
轮胎制造	13384	7012	103860	77719	6840
车辆、飞机及工程机械轮胎制造	13200	6534	101043	75850	6692
力车胎制造	105	279	1740	1418	94
轮胎翻新加工	80	199	1077	451	55
橡胶板、管、带的制造	1517	4986	55917	37279	2792
橡胶板、管、带的制造	1517	4986	55917	37279	2792
橡胶零件制造	1435	2911	28776	31148	1804
橡胶零件制造	1435	2911	28776	31148	1804
再生橡胶制造	332	172	2443	1819	299
再生橡胶制造	332	172	2443	1819	299
日用及医用橡胶制品制造	149	522	5989	5872	408
日用及医用橡胶制品制造	149	522	5989	5872	408
橡胶靴鞋制造	1233	3527	46502	75904	4137
橡胶靴鞋制造	1233	3527	46502	75904	4137
其他橡胶制品制造	981	1686	14208	11003	1162
其他橡胶制品制造	981	1686	14208	11003	1162
塑料制品业	40148	110153	1081154	712552	57050
塑料薄膜制造	8049	22096	198190	49905	15147

1－A－8 续表 10－10

单位：个、万元、人

指标名称	亏损企业亏损总额	应交所得税	利税总额	本年应付工资总额	本年应付福利费总额
塑料薄膜制造	8049	22096	198190	49905	15147
塑料板、管、型材的制造	10719	17940	170802	95125	7782
塑料板、管、型材的制造	10719	17940	170802	95125	7782
塑料丝、绳及编织品的制造	2752	4122	46385	79561	4896
塑料丝、绳及编织品的制造	2752	4122	46385	79561	4896
泡沫塑料制造	2764	3214	35258	28838	1979
泡沫塑料制造	2764	3214	35258	28838	1979
塑料人造革、合成革制造	1697	12631	166361	111005	5970
塑料人造革、合成革制造	1697	12631	166361	111005	5970
塑料包装箱及容器制造	3177	14323	125085	55544	4072
塑料包装箱及容器制造	3177	14323	125085	55544	4072
塑料零件制造	3468	11051	115724	100160	5674
塑料零件制造	3468	11051	115724	100160	5674
日用塑料制造	4368	18871	164389	143683	7941
塑料鞋制造	51	1438	14978	22282	1515
日用塑料杂品制造	4317	17433	149410	121402	6427
其他塑料制品制造	3155	5904	58961	48731	3587
其他塑料制品制造	3155	5904	58961	48731	3587
非金属矿物制品业	69318	87701	1050381	477803	43710
水泥、石灰和石膏的制造	29895	21058	305784	107775	13129
水泥制造	29586	20515	298284	105251	13046
石灰和石膏制造	309	543	7501	2524	83
水泥及石膏制品制造	12554	22212	301441	109622	9193
水泥制品制造	10202	18808	261611	91357	7765
砼结构构件制造	1006	2317	28350	13083	1171
石棉水泥制品制造		55	555	538	59
轻质建筑材料制造	1209	964	9397	3933	158
其他水泥制品制造	137	68	1528	710	41
砖瓦、石材及其他建筑材料制造	7693	5317	80090	71150	4117
粘土砖瓦及建筑砌块制造	3049	1029	10189	24789	2813
建筑陶瓷制品制造	2447	2160	40908	29779	376
建筑用石加工	579	669	9226	6643	428
防水建筑材料制造	710	518	10667	5271	124
隔热和隔音材料制造	909	580	4706	2543	159
其他建筑材料制造		361	4394	2126	218
玻璃及玻璃制品制造	15299	28054	245915	130726	13039
平板玻璃制造	1847	355	9982	10881	1073
技术玻璃制品制造	4764	8371	61816	31903	1805
光学玻璃制造	27	66	240	310	16
玻璃仪器制造	23	7	405	612	189

1－A－8 续表10－11 单位：个、万元、人

指 标 名 称	亏损企业亏损总额	应交所得税	利税总额	本年应付工资总额	本年应付福利费总额
日用玻璃制品及玻璃包装容器制造	1084	5595	51767	37922	3245
玻璃保温容器制造		194	3002	4373	248
玻璃纤维及制品制造	6489	12168	106427	32440	5442
玻璃纤维增强塑料制品制造	223	482	5933	6277	590
其他玻璃制品制造	842	817	6344	6008	432
陶瓷制品制造	486	1771	24175	17716	1022
卫生陶瓷制品制造	180	1038	10368	6476	322
特种陶瓷制品制造		639	9633	7332	546
日用陶瓷制品制造	306	89	4140	3822	154
园林、陈设艺术及其他陶瓷制品制造		5	35	86	
耐火材料制品制造	2156	5855	54377	21269	1579
石棉制品制造	1017	203	1596	3446	63
云母制品制造		25	428	526	41
耐火陶瓷制品及其他耐火材料制造	1139	5628	52354	17297	1476
石墨及其他非金属矿物制品制造	1236	3434	38597	19547	1631
石墨及碳素制品制造	253	1045	15325	8660	410
其他非金属矿物制品制造	983	2389	23272	10887	1221
黑色金属冶炼及压延加工业	256049	50657	588242	299570	29366
炼 铁		9	821	667	103
炼 铁		9	821	667	103
炼 钢	1745	1807	51877	7925	256
炼 钢	1745	1807	51877	7925	256
钢压延加工	254201	47927	516119	286645	28532
钢压延加工	254201	47927	516119	286645	28532
铁合金冶炼	104	914	19426	4333	474
铁合金冶炼	104	914	19426	4333	474
有色金属冶炼及压延加工业	142292	35356	429070	207981	20472
常用有色金属冶炼	54148	3570	83237	32380	3228
铜冶炼	46411	1083	45285	12939	889
铅锌冶炼	3003	342	1365	3802	309
镍钴冶炼	3318	1579	15778	6093	1061
锡冶炼		4	39	37	
铝冶炼	1226	153	16144	8938	931
镁冶炼		25	370	83	8
其他常用有色金属冶炼	190	384	4256	487	30
贵金属冶炼	1745	1247	7142	5222	53
金冶炼	1157	951	5213	4026	－110
银冶炼	498	262	1148	1106	149
其他贵金属冶炼	90	35	782	91	14
稀有稀土金属冶炼	256	291	2333	2315	86

1－A－8 续表 10－12

单位：个、万元、人

指 标 名 称	亏损企业亏损总额	应交所得税	利税总额	本年应付工资总额	本年应付福利费总额
钨钼冶炼	67	2	34	424	28
稀土金属冶炼	189	289	2299	1890	58
有色金属合金制造	6911	1436	25852	17816	1576
有色金属合金制造	6911	1436	25852	17816	1576
有色金属压延加工	79231	28813	310505	150249	15529
常用有色金属压延加工	78967	25926	283725	145818	15269
贵金属压延加工	119	2315	22316	427	53
稀有稀土金属压延加工	144	572	4464	4004	208
金属制品业	72238	110276	1230271	997741	85857
结构性金属制品制造	8561	33191	385128	259512	25250
金属结构制造	6799	22202	246709	152745	13617
金属门窗制造	1763	10989	138419	106768	11633
金属工具制造	5066	9380	125886	135895	11407
切削工具制造	798	2715	29017	26914	1620
手工具制造	1996	3874	49960	64144	5171
农用及园林用金属工具制造	1170	1126	20269	14344	1495
刀剪及类似日用金属工具制造	51	922	10800	13751	1777
其他金属工具制造	1051	743	15839	16743	1345
集装箱及金属包装容器制造	4428	5760	70071	55368	3421
集装箱制造	74	437	1324	11205	481
金属压力容器制造	1213	2051	17005	13951	1280
金属包装容器制造	3141	3272	51742	30212	1660
金属丝绳及其制品的制造	18865	6591	82299	47886	8491
金属丝绳及其制品的制造	18865	6591	82299	47886	8491
建筑、安全用金属制品制造	17466	20373	203918	208548	14137
建筑、家具用金属配件制造	6067	9503	101110	113600	9678
建筑装饰及水暖管道零件制造	9168	9270	89186	78249	3420
安全、消防用金属制品制造	1999	1299	11615	13154	823
其他建筑、安全用金属制品制造	232	301	2007	3545	217
金属表面处理及热处理加工	6215	10236	125075	83814	4673
金属表面处理及热处理加工	6215	10236	125075	83814	4673
搪瓷制品制造	709	899	6348	9182	686
工业生产配套用搪瓷制品制造		13	519	657	133
搪瓷卫生洁具制造	127	116	1441	2606	98
搪瓷日用品及其他搪瓷制品制造	582	770	4389	5919	455
不锈钢及类似日用金属制品制造	8356	21244	200789	171456	15898
金属制厨房调理及卫生器具制造	824	3629	38220	34176	2521
金属制厨用器皿及餐具制造	4650	15908	143490	108647	10453
其他日用金属制品制造	2882	1707	19079	28633	2924
其他金属制品制造	2572	2603	30757	26081	1892

1－A－8 续表10－13

单位：个、万元、人

指标名称	亏损企业亏损总额	应交所得税	利税总额	本年应付工资总额	本年应付福利费总额
其他未列明的金属制品制造	2572	2603	30757	26081	1892
通用设备制造业	76734	263253	2572207	1800951	120131
锅炉及原动机制造	1302	18302	169756	77558	7079
锅炉及辅助设备制造	413	4295	47870	23798	1970
内燃机及配件制造	264	2752	29231	22084	1185
汽轮机及辅机制造	539	10715	88754	27931	3702
水轮机及辅机制造	87	496	3646	3252	187
其他原动机制造		45	256	494	35
金属加工机械制造	5229	14323	133970	116884	7525
金属切削机床制造	2719	5396	53174	49533	3281
金属成形机床制造	626	4409	30281	19765	1322
铸造机械制造	190	258	4499	7158	243
金属切割及焊接设备制造	453	2054	19648	16398	1114
机床附件制造	392	908	14462	11951	936
其他金属加工机械制造	848	1299	11908	12080	630
起重运输设备制造	6889	15606	258993	120795	7674
起重运输设备制造	6889	15606	258993	120795	7674
泵、阀门、压缩机及类似机械的制造	14236	71404	655782	479998	27621
泵及真空设备制造	3575	22807	178175	111750	8165
气体压缩机械制造	5099	4864	71281	52385	3108
阀门和旋塞的制造	4330	32366	310051	255180	11555
液压和气压动力机械及元件制造	1232	11368	96275	60683	4794
轴承、齿轮、传动和驱动部件的制造	8934	39235	347390	322970	18784
轴承制造	7177	21657	201701	203574	11574
齿轮、传动和驱动部件制造	1757	17578	145689	119396	7210
烘炉、熔炉及电炉制造	238	548	10460	5274	261
烘炉、熔炉及电炉制造	238	548	10460	5274	261
风机、衡器、包装设备等通用设备制造	23065	46682	405978	255584	21955
风机、风扇制造	1904	1748	25492	15567	958
气体、液体分离及纯净设备制造	907	8681	81829	40487	2542
制冷、空调设备制造	7838	23964	178968	74198	8458
风动和电动工具制造	8111	6405	71255	72022	5787
喷枪及类似器具制造	239	1775	14449	15243	1209
包装专用设备制造	169	1926	16341	17421	1079
衡器制造	108	590	6251	4213	720
其他通用设备制造	3789	1593	11393	16434	1203
通用零部件制造及机械修理	11121	37914	373257	257661	18161
金属密封件制造	715	3217	21525	16031	1018
紧固件、弹簧制造	5459	19648	206703	162005	11860
机械零部件加工及设备修理	3235	4378	34398	37693	2179

1－A－8 续表 10－14

单位：个、万元、人

指 标 名 称	亏损企业亏损总额	应交所得税	利税总额	本年应付工资总额	本年应付福利费总额
其他通用零部件制造	1713	10672	110632	41933	3104
金属铸、锻加工	5720	19239	216620	164228	11070
钢铁铸件制造	3355	14999	171949	127061	8493
锻件及粉末冶金制品制造	2366	4240	44671	37167	2577
专用设备制造业	56213	85735	857518	586264	47774
矿山、冶金、建筑专用设备制造	2692	8180	82169	45282	3323
采矿、采石设备制造	23	2044	17065	15277	1101
石油钻采专用设备制造		837	7915	5180	468
建筑工程用机械制造	844	4095	46310	17031	1207
建筑材料生产专用机械制造	266	728	8486	5056	400
冶金专用设备制造	1560	477	2393	2739	146
化工、木材、非金属加工专用设备制造	16529	29007	278500	205656	11867
炼油、化工生产专用设备制造	783	2436	21159	15857	1281
橡胶加工专用设备制造	679	693	4510	3606	363
塑料加工专用设备制造	5726	12535	109543	67156	3983
木材加工机械制造	991	196	1805	1828	35
模具制造	8301	13024	140010	115864	6081
其他非金属加工专用设备制造	49	124	1473	1346	124
食品、饮料、烟草及饲料生产专用设备制造	1095	3945	30532	12808	1068
食品、饮料、烟草工业专用设备制造	32	2764	26915	10306	805
农副食品加工专用设备制造	1018	1047	2956	2168	223
饲料生产专用设备制造	44	134	661	334	41
印刷、制药、日化生产专用设备制造	1116	3299	38554	28761	2190
制浆和造纸专用设备制造	268	249	3305	3720	152
印刷专用设备制造	266	1263	19672	11366	1160
日用化工专用设备制造	80	76	553	1046	127
制药专用设备制造	17	1419	12621	8120	501
照明器具生产专用设备制造	33	103	935	1168	73
玻璃、陶瓷和搪瓷制品生产专用设备制造	276	121	720	1388	24
其他日用品生产专用设备制造	176	69	748	1953	154
纺织、服装和皮革工业专用设备制造	17775	14662	143200	124841	9997
纺织专用设备制造	8161	7950	55011	45032	4133
皮革、毛皮及其制品加工专用设备制造	991	166	2893	4507	281
缝纫机械制造	8153	6311	83054	72533	5324
其他服装加工专用设备制造	471	234	2242	2770	260
电子和电工机械专用设备制造	2066	2449	26836	19249	1072
电工机械专用设备制造	551	326	3754	4830	254
电子工业专用设备制造	1515	2123	22458	13742	724
武器弹药制造			624	677	94
农、林、牧、渔专用机械制造	6958	2333	21438	39573	2345

1－A－8 续表10－15 单位：个、万元、人

指 标 名 称	亏损企业亏损总额	应交所得税	利税总额	本年应付工资总额	本年应付福利费总额
拖拉机制造	3538	410	－631	11538	988
机械化农业及园艺机具制造	3261	1442	17748	22009	1011
畜牧机械制造		5	31	27	
渔业机械制造		38	243	1221	...
农林牧渔机械配件制造	160	420	3391	4177	339
其他农林牧渔业机械制造及机械修理		18	656	600	6
医疗仪器设备及器械制造	1005	7328	71389	45529	4069
医疗诊断、监护及治疗设备制造	4	982	13276	7097	482
口腔科用设备及器具制造	269	42	279	742	20
实验室及医用消毒设备和器具的制造	77	130	2086	1323	28
医疗、外科及兽医用器械制造	521	5405	46044	28963	3101
机械治疗及病房护理设备制造	31	652	7088	3050	169
假肢、人工器官及植（介）入器械制造			613	775	102
其他医疗设备及器械制造	104	117	2005	3580	168
环保、社会公共安全及其他专用设备制造	6977	14533	164900	64565	11842
环境污染防治专用设备制造	5673	11099	92150	36037	3591
地质勘查专用设备制造		205	2618	1312	58
邮政专用机械及器材制造	135	104	602	849	196
商业、饮食、服务业专用设备制造	13	22	238	447	38
社会公共安全设备及器材制造	705	2320	59861	19088	7531
交通安全及管制专用设备制造		37	436	562	77
水资源专用机械制造		90	1635	1251	34
其他专用设备制造	452	656	7362	5019	318
交通运输设备制造业	95016	225922	1915124	1252906	90576
铁路运输设备制造	1111	328	2328	3557	395
铁路机车车辆配件制造	406	168	865	1448	74
铁路专用设备及器材、配件制造	143	137	1655	1828	295
其他铁路设备制造及设备修理	562	23	－193	281	26
汽车制造	57613	145751	1182932	740873	49816
汽车整车制造	13703	29721	153357	54353	5257
改装汽车制造	627	29	2031	2317	243
汽车车身、挂车的制造	1601	6	－1107	1168	81
汽车零部件及配件制造	39862	114986	1019209	672148	43376
汽车修理	1819	1009	9442	10886	860
摩托车制造	10630	12858	202831	178794	13700
摩托车整车制造	4800	1438	62950	42984	2956
摩托车零部件及配件制造	5831	11421	139881	135810	10745
自行车制造	10557	4893	45144	62965	3572
脚踏自行车及残疾人座车制造	6398	2011	20347	38569	1974
助动自行车制造	4159	2883	24797	24396	1598

1－A－8 续表 10－16

单位：个、万元、人

指标名称	亏损企业亏损总额	应交所得税	利税总额	本年应付工资总额	本年应付福利费总额
船舶及浮动装置制造	13957	60733	470504	256088	22355
金属船舶制造	9918	41198	329083	170200	14818
非金属船舶制造		1948	16240	1595	57
娱乐船和运动船的建造和修理	3079	73	－638	3841	212
船用配套设备制造	854	4156	35873	32448	3427
船舶修理及拆船	107	13357	89946	48004	3842
航空航天器制造		291	1978	2014	187
飞机制造及修理		47	412	280	22
其他飞行器制造		244	1567	1734	165
交通器材及其他交通运输设备制造	1147	1067	9407	8615	551
潜水及水下救捞装备制造			52	50	
交通管理用金属标志及设施制造	835	927	7319	4154	231
其他交通运输设备制造	313	140	2035	4411	319
电气机械及器材制造业	124275	300567	2888301	1818606	132111
电机制造	10751	49031	444886	315588	27407
发电机及发电机组制造	2833	6700	58949	36998	1629
电动机制造	3236	27048	205786	128440	13061
微电机及其他电机制造	4683	15283	180151	150150	12717
输配电及控制设备制造	20870	117115	907841	478382	33996
变压器、整流器和电感器制造	2863	14874	127012	56562	4432
电容器及其配套设备制造	68	2285	26059	15208	1094
配电开关控制设备制造	12189	71766	526476	251582	16984
电力电子元器件制造	5331	22884	187660	133623	8208
其他输配电及控制设备制造	419	5307	40632	21407	3278
电线、电缆、光缆及电工器材制造	32884	35654	446523	186927	15754
电线电缆制造	30093	31040	372418	154820	13504
光纤、光缆制造	1977	2155	48733	11384	967
绝缘制品制造	504	609	7895	6644	480
其他电工器材制造	311	1850	17478	14079	803
电池制造	16287	21032	225074	90940	7711
电池制造	16287	21032	225074	90940	7711
家用电力器具制造	23062	47623	529446	391694	23457
家用制冷电器具制造	3179	898	33484	32301	3519
家用空气调节器制造	1694	3271	40448	25720	2131
家用通风电器具制造	213	3653	40346	23942	1725
家用厨房电器具制造	6024	13915	193222	101296	3427
家用清洁卫生电器具制造	3110	10510	87730	58137	3419
家用美容、保健电器具制造	3223	2341	21547	34860	1553
家用电力器具专用配件制造	1084	7177	73171	55394	2648
其他家用电力器具制造	4536	5857	39496	60044	5035

1－A－8 续表 10－17

单位：个、万元、人

指标名称	亏损企业亏损总额	应交所得税	利税总额	本年应付工资总额	本年应付福利费总额
非电力家用器具制造	1728	4162	41610	27360	2252
燃气、太阳能及类似能源的器具制造	635	3679	32251	18197	1796
其他非电力家用器具制造	1093	483	9359	9163	456
照明器具制造	16350	24006	270251	301552	19991
电光源制造	3311	6935	94321	122908	8064
照明灯具制造	11782	13730	140599	136950	9613
灯用电器附件及其他照明器具制造	1257	3342	35331	41695	2314
其他电气机械及器材制造	2343	1944	22671	26163	1545
车辆专用照明及电气信号设备装置制造	2187	1609	16306	21045	1337
其他未列明的电气机械制造	156	335	6365	5118	208
通信设备、计算机及其他电子设备制造业	159008	111763	1196448	835013	76789
通信设备制造	57474	15199	188497	163212	22539
通信传输设备制造	2382	3222	48543	23364	2971
通信交换设备制造	1865	1035	12379	9673	1283
通信终端设备制造	970	691	4709	8473	319
移动通信及终端设备制造	50421	9529	98399	109325	16978
其他通信设备制造	1836	723	24467	12376	988
雷达及配套设备制造	33	55	548	133	8
雷达及配套设备制造	33	55	548	133	8
广播电视设备制造	1243	3109	37938	36769	3981
广播电视节目制作及发射设备制造		122	1502	1481	40
广播电视接收设备及器材制造	1243	1272	12480	24098	3087
应用电视设备及其他广播电视设备制造		1715	23956	11190	854
电子计算机制造	31442	43466	501244	136171	14126
电子计算机整机制造	166	1265	6085	9872	2164
计算机网络设备制造	72	31176	261104	38999	9014
电子计算机外部设备制造	31205	11025	234055	87300	2948
电子器件制造	33239	11333	94798	105153	7196
电子真空器件制造	830	168	1690	3625	128
半导体分立器件制造	2270	2471	33165	26931	2059
集成电路制造	12017	3380	23292	29220	2314
光电子器件及其他电子器件制造	18121	5313	36652	45377	2695
电子元件制造	27502	33002	308815	318515	23057
电子元件及组件制造	24897	31713	293588	293751	21292
印制电路板制造	2605	1289	15227	24764	1766
家用视听设备制造	6586	3474	36414	41686	2945
家用影视设备制造	4967	2623	24756	22822	1570
家用音响设备制造	1620	851	11659	18865	1375
其他电子设备制造	1489	2126	28193	33374	2937
其他电子设备制造	1489	2126	28193	33374	2937

1－A－8 续表 10－18

单位：个、万元、人

指 标 名 称	亏损企业亏损总额	应交所得税	利税总额	本年应付工资总额	本年应付福利费总额
仪器仪表及文化、办公用机械制造业	28418	50521	500530	393060	31381
通用仪器仪表制造	11687	26699	316112	178661	15948
工业自动控制系统装置制造	6782	8336	105477	54940	6548
电工仪器仪表制造	819	4903	42545	27734	2598
绘图、计算及测量仪器制造	970	1103	14407	18661	1381
实验分析仪器制造	1560	707	7849	9936	784
试验机制造	714	62	456	2152	161
供应用仪表及其他通用仪器制造	842	11587	145380	65238	4476
专用仪器仪表制造	6985	10334	81469	51238	4816
环境监测专用仪器仪表制造		501	6698	3053	372
汽车及其他用计数仪表制造	1126	3438	35108	31064	3005
导航、气象及海洋专用仪器制造	121	210	2002	1368	169
农林牧渔专用仪器仪表制造		81	431	231	19
地质勘探和地震专用仪器制造		24	132	117	3
教学专用仪器制造	6	955	10753	7441	950
电子测量仪器制造	5624	436	－987	5218	222
其他专用仪器制造	108	4690	27332	2747	75
钟表与计时仪器制造	543	927	9222	13592	949
钟表与计时仪器制造	543	927	9222	13592	949
光学仪器及眼镜制造	2839	6279	57495	101306	6975
光学仪器制造	2071	2877	21728	30830	2682
眼镜制造	768	3401	35767	70476	4293
文化、办公用机械制造	5288	6063	34827	43257	2345
电影机械制造		50	418	748	
幻灯及投影设备制造			168	129	18
照相机及器材制造	336	1790	11116	16011	1057
复印和胶印设备制造	1491	558	4093	4190	190
计算器及货币专用设备制造	1582	964	3778	5562	296
其他文化、办公用机械制造	1879	2702	15255	16617	785
其他仪器仪表的制造及修理	1077	219	1406	5005	349
其他仪器仪表的制造及修理	1077	219	1406	5005	349
工艺品及其他制造业	23869	47227	486299	509050	32535
工艺美术品制造	16156	24635	279438	305150	19849
雕塑工艺品制造	3635	1382	17867	39506	2069
金属工艺品制造	2681	2540	25518	45312	2869
漆器工艺品制造	430	725	10500	14978	1185
花画工艺品制造	500	412	4149	10339	584
天然植物纤维编织工艺品制造	536	607	9026	10198	451
抽纱刺绣工艺品制造	3606	7490	79917	75965	5273

1－A－8 续表10－19

单位：个、万元、人

指标名称	亏损企业亏损总额	应交所得税	利税总额	本年应付工资总额	本年应付福利费总额
地毯、挂毯制造	1267	827	10047	17166	645
珠宝首饰及有关物品的制造	132	5837	72260	21135	1719
其他工艺美术品制造	3368	4814	50155	70553	5056
日用杂品制造	7636	22181	200675	198460	12179
制镜及类似品加工	637	1533	14397	9248	557
鬃毛加工、制刷及清扫工具的制造	2769	890	6538	17771	874
其他日用杂品制造	4231	19758	179739	171441	10748
煤制品制造		120	693	362	11
煤制品制造		120	693	362	11
核辐射加工		11	107	153	10
核辐射加工		11	107	153	10
其他未列明的制造业	77	280	5386	4926	486
其他未列明的制造业	77	280	5386	4926	486
废弃资源和废旧材料回收加工业	77278	5044	－13715	35867	1400
金属废料和碎屑的加工处理	75902	3250	－25808	29553	1020
金属废料和碎屑的加工处理	75902	3250	－25808	29553	1020
非金属废料和碎屑的加工处理	1376	1794	12093	6314	380
非金属废料和碎屑的加工处理	1376	1794	12093	6314	380
电力、燃气及水的生产和供应业	**401414**	**206700**	**1805607**	**780336**	**86454**
电力、热力的生产和供应业	351372	194887	1719654	681589	75135
电力生产	343107	56307	790438	302150	32863
火力发电	319258	11689	328574	184730	20540
水力发电	18248	13195	93465	44173	3948
核力发电		30889	360695	69305	7938
其他能源发电	5602	535	7704	3941	436
电力供应		135047	910152	369820	41178
电力供应		135047	910152	369820	41178
热力生产和供应	8265	3533	19064	9619	1094
热力生产和供应	8265	3533	19064	9619	1094
燃气生产和供应业	2324	4615	48902	17550	2049
燃气生产和供应业	2324	4615	48902	17550	2049
燃气生产和供应业	2324	4615	48902	17550	2049
水的生产和供应业	47718	7198	37051	81196	9270
自来水的生产和供应	31118	6596	48681	71635	7560
自来水的生产和供应	31118	6596	48681	71635	7560
污水处理及其再生利用	16601	596	－11857	9485	1703
污水处理及其再生利用	16601	596	－11857	9485	1703
其他水的处理、利用与分配		6	227	76	7
其他水的处理、利用与分配		6	227	76	7

1－A－8 续表 11－1

单位：个、万元、人

指标名称	本年应交增值税	本年进项税额	本年销项税额	全部从业人员年平均人数	银行贷款余额
总 计	**10804109**	**49748034**	**53730904**	**8145545**	**90380577**
一、按轻重工业分					
轻工业	4768207	20299947	21527386	4496878	37806486
重工业	6035902	29448087	32203518	3648667	52574091
二、按规模分					
大型企业	1614773	9449387	10114849	788439	14921619
中型企业	4308524	18271916	19469621	2737899	37580184
小型企业	4880812	22026731	24146434	4619207	37878774
三、按登记注册类型分					
内 资	**8213133**	**37397823**	**41629581**	**5913465**	**67693338**
国 有	1225976	3771492	4882683	137827	7469937
集 体	48287	153315	192206	39310	223308
股份合作企业	106218	441364	502035	115937	545057
联营企业	7582	21912	25680	3971	45902
国有联营	602	164	123	302	
集体联营	3603	7726	11308	902	27896
国有与集体联营	2175	7626	9308	1356	15886
其他联营	1202	6396	4941	1411	2120
有限责任公司	1871879	8062723	8933666	1095640	19477736
国有独资公司	68510	215856	261521	40809	764472
其他有限责任公司	1803369	7846867	8672145	1054831	18713264
股份有限公司	644615	4800344	4993920	308332	5153855
私营企业	4283788	20009847	21955626	4194282	34533346
私营独资	324111	1332172	1549976	384574	1535488
私营合伙	93193	303296	374403	97806	294626
私营有限责任公司	3695626	17359025	18943241	3582707	30440364
私营股份有限公司	170859	1015354	1088006	129195	2262869
其 他	24788	136826	143766	18166	244198
港澳台商投资	**1228898**	**5742524**	**5781491**	**1019517**	**10152109**
与港澳台商合资经营	751818	3557019	3679124	584097	6778281
与港澳台商合作经营	20380	83589	93347	16458	163248
港澳台商独资	439096	1961105	1882226	400517	3093984
港澳台商投资股份有限公司	17604	140811	126795	18445	116597
外商投资	**1362079**	**6607687**	**6319832**	**1212563**	**12535130**
中外合资经营	867592	4107253	4098932	676057	6923935
中外合作经营	31388	120024	119250	22646	198782
外资企业	382784	2119521	1783482	476896	5019441
外商投资股份有限公司	80314	260889	318168	36964	392971
四、按控股情况分					
国有控股	2060099	7359290	8974832	324565	16948960

1-A-8 续表11-2

单位:个、万元、人

指 标 名 称	本年应交增值税	本年进项税额	本年销项税额	全部从业人员年平均人数	银行贷款余额
集体控股	285992	1388117	1568311	203755	2787474
私人控股	6678015	31769399	34324141	6016999	54378223
港澳台商控股	763649	3787625	3716944	674485	6449849
外商控股	848069	4305469	3996658	771045	7759175
其　他	168285	1138134	1150019	154696	2056897
五、按国民经济行业(门类、大类、中类、小类)分					
采矿业	**59673**	**127016**	**181568**	**29917**	**154500**
煤炭开采和洗选业	3880	11119	14975	3574	4400
烟煤和无烟煤的开采洗选	3880	11119	14975	3574	4400
烟煤和无烟煤的开采洗选	3880	11119	14975	3574	4400
黑色金属矿采选业	6185	53048	58529	1666	68333
铁矿采选	6185	53048	58529	1666	68333
铁矿采选	6185	53048	58529	1666	68333
有色金属矿采选业	13522	23818	35435	5772	29050
常用有色金属矿采选	9064	21957	29534	2623	25985
铜矿采选	4542	15714	20193	1439	11975
铅锌矿采选	4522	6244	9342	1184	14010
贵金属矿采选	117	93	264	226	2200
金矿采选			55	123	
银矿采选	117	93	210	103	2200
稀有稀土金属矿采选	4341	1768	5636	2923	865
钨钼矿采选	4341	1768	5636	2532	865
放射性金属矿采选				391	
非金属矿采选业	36086	39031	72630	18905	52717
土砂石开采	32532	36088	66213	14896	49553
石灰石、石膏开采	6890	5895	12666	2400	4914
建筑装饰用石开采	11317	11214	21978	4793	6137
耐火土石开采	5363	9356	14541	2346	15762
粘土及其他土砂石开采	8963	9623	17028	5357	22740
化学矿采选	840	464	1294	2021	623
化学矿采选	840	464	1294	2021	623
采　盐	185	15	201	518	
采　盐	185	15	201	518	
石棉及其他非金属矿采选	2529	2464	4922	1470	2541
其他非金属矿采选	2529	2464	4922	1470	2541
制造业	**9513239**	**46398210**	**49364504**	**7999706**	**75826241**
农副食品加工业	77421	603931	571088	87760	1270094
谷物磨制	1220	29262	29824	2149	38974
谷物磨制	1220	29262	29824	2149	38974
饲料加工	17262	26286	34745	12404	136409

1-A-8 续表 11-3

单位：个、万元、人

指 标 名 称	本年应交增值税	本年进项税额	本年销项税额	全部从业人员年平均人数	银行贷款余额
饲料加工	17262	26286	34745	12404	136409
植物油加工	3472	142362	140803	2745	140309
食用植物油加工	3348	141386	139702	2627	138539
非食用植物油加工	124	977	1101	118	1770
屠宰及肉类加工	10268	79120	84872	11550	95486
畜禽屠宰	248	26154	24836	2803	15089
肉制品及副产品加工	10020	52966	60035	8747	80397
水产品加工	23279	216513	160634	36247	654950
水产品冷冻加工	18396	184923	130182	29926	534183
鱼糜制品及水产品干腌制加工	4101	25230	23402	4670	95564
水产饲料制造	645	4113	4602	1163	21555
鱼油提取及制品的制造	10	371	380	65	50
其他水产品加工	128	1875	2069	423	3597
蔬菜、水果和坚果加工	16048	77101	85444	17351	149588
蔬菜、水果和坚果加工	16048	77101	85444	17351	149588
其他农副食品加工	5871	33287	34768	5314	54379
淀粉及淀粉制品的制造	417	4798	5075	447	14000
豆制品制造	2570	10711	12278	3468	15924
蛋品加工	610	5495	5890	590	8670
其他未列明的农副食品加工	2274	12283	11525	809	15785
食品制造业	109043	360758	438762	68753	500174
焙烤食品制造	16128	40384	52861	10681	29957
糕点、面包制造	4376	10358	12870	4347	13627
饼干及其他焙烤食品制造	11753	30026	39991	6334	16330
糖果、巧克力及蜜饯制造	6239	20731	25049	2562	24452
糖果、巧克力制造	4556	12356	15204	1596	2994
蜜饯制作	1683	8375	9845	966	21458
方便食品制造	32224	86156	117119	12577	65745
米、面制品制造	3670	6342	9943	3798	32013
速冻食品制造	3807	12913	15840	3671	21192
方便面及其他方便食品制造	24747	66900	91336	5108	12540
液体乳及乳制品制造	3098	22796	25494	5179	46613
液体乳及乳制品制造	3098	22796	25494	5179	46613
罐头制造	14084	59765	57814	18767	144004
肉、禽类罐头制造	1198	3450	4647	582	3020
水产品罐头制造	113	4298	2076	647	9970
蔬菜、水果罐头制造	8194	39953	34447	16637	129754
其他罐头食品制造	4580	12064	16644	901	1260
调味品、发酵制品制造	7473	28577	36066	5595	53428
味精制造	2809	11693	14595	2238	18037

1－A－8 续表11－4

单位：个、万元、人

指 标 名 称	本年应交增值税	本年进项税额	本年销项税额	全部从业人员年平均人数	银行贷款余额
酱油、食醋及类似制品的制造	2863	7695	10536	1770	18100
其他调味品、发酵制品制造	1801	9189	10936	1587	17291
其他食品制造	29798	102350	124359	13392	135975
营养、保健食品制造	5155	23092	24462	3174	33469
冷冻饮品及食用冰制造	3200	11450	14509	2298	3949
盐加工	412	995	1161	160	400
食品及饲料添加剂制造	20879	65985	83247	7692	97062
其他未列明的食品制造	152	829	981	68	1095
饮料制造业	189296	665640	800747	57247	645861
酒精制造	299	1505	1593	111	7758
酒精制造	299	1505	1593	111	7758
酒的制造	67957	94549	153251	30782	390521
白酒制造	1465	4032	5060	814	12835
啤酒制造	40374	49652	86159	17990	147288
黄酒制造	25062	38041	58155	11609	220224
其他酒制造	1056	2824	3878	369	10174
软饮料制造	109878	506108	583533	18751	129095
碳酸饮料制造	12605	60293	72135	3088	16397
瓶（罐）装饮用水制造	23366	274462	268042	2546	46123
果菜汁及果菜汁饮料制造	1670	7882	9280	1376	23265
含乳饮料和植物蛋白饮料制造	18959	63172	81821	2657	3100
固体饮料制造	1222	4259	5372	582	12970
茶饮料及其他软饮料制造	52058	96040	146883	8502	27240
精制茶加工	11162	63478	62370	7603	118487
精制茶加工	11162	63478	62370	7603	118487
烟草制品业	268732	170327	437724	3133	500
卷烟制造	267424	169374	435569	2907	
卷烟制造	267424	169374	435569	2907	
其他烟草制品加工	1308	954	2154	226	500
其他烟草制品加工	1308	954	2154	226	500
纺织业	1104040	5542474	5780990	1178025	11155767
棉、化纤纺织及印染精加工	553294	2895990	3107628	502975	6028435
棉、化纤纺织加工	291907	1900341	2015556	306589	4045784
棉、化纤印染精加工	261387	995649	1092072	196386	1982651
毛纺织和染整精加工	32656	130289	141326	32235	255267
毛条加工	3861	21568	25054	2654	48434
毛纺织	22285	92926	95018	22585	163284
毛染整精加工	6510	15795	21254	6996	43549
麻纺织	3643	20901	21118	5211	68831
麻纺织	3643	20901	21118	5211	68831

1-A-8 续表11-5

单位：个、万元、人

指标名称	本年应交增值税	本年进项税额	本年销项税额	全部从业人员年平均人数	银行贷款余额
丝绢纺织及精加工	113902	511849	566937	101045	909424
缫丝加工	12575	52801	62660	17435	71092
绢纺和丝织加工	83599	421824	466441	72212	730650
丝印染精加工	17729	37224	37837	11398	107682
纺织制成品制造	153078	815997	755804	178041	1809755
棉及化纤制品制造	63677	347281	297689	82136	789106
毛制品制造	13461	51684	36059	11609	141913
麻制品制造	609	1801	1731	466	2747
丝制品制造	23332	108532	99017	23366	201266
绳、索、缆的制造	3204	10624	12232	2608	22535
纺织带和帘子布制造	14153	104549	104809	20710	319061
无纺布制造	22371	120339	133201	19382	187621
其他纺织制成品制造	12272	71187	71066	17764	145506
针织品、编织品及其制品制造	247468	1167448	1188177	358518	2084055
棉、化纤针织品及编织品制造	171712	876707	862123	265845	1583794
毛针织品及编织品制造	42684	156876	180063	57866	225273
丝针织品及编织品制造	25875	99993	111997	25588	200173
其他针织品及编织品制造	7197	33872	33994	9219	74816
纺织服装、鞋、帽制造业	481685	1612089	1650235	716182	2568701
纺织服装制造	474102	1576578	1611949	698657	2535461
纺织服装制造	474102	1576578	1611949	698657	2535461
纺织面料鞋的制造	5477	26739	29459	13307	23211
纺织面料鞋的制造	5477	26739	29459	13307	23211
制　帽	2106	8773	8827	4218	10029
制　帽	2106	8773	8827	4218	10029
皮革、毛皮、羽毛(绒)及其制品业	314349	1189131	1231114	446397	2259932
皮革鞣制加工	36322	163784	178803	28303	583168
皮革鞣制加工	36322	163784	178803	28303	583168
皮革制品制造	244696	891392	933374	387867	1296006
皮鞋制造	162935	567595	605838	269746	867036
皮革服装制造	24780	111000	122875	27718	112673
皮箱、包(袋)制造	35991	147992	130869	69737	167939
皮手套及皮装饰制品制造	6419	21202	26215	9710	29953
其他皮革制品制造	14571	43603	47576	10956	118405
毛皮鞣制及制品加工	10135	28415	31475	8576	61138
毛皮鞣制加工	1105	3641	4468	1458	4565
毛皮服装加工	6782	16433	18105	5136	39480
其他毛皮制品加工	2248	8341	8902	1982	17093
羽毛(绒)加工及制品制造	23196	105540	87462	21651	319620
羽毛(绒)加工	1231	9426	7913	1323	29649

1－A－8 续表11－6

单位：个、万元、人

指 标 名 称	本年应交增值税	本年进项税额	本年销项税额	全部从业人员年平均人数	银行贷款余额
羽毛(绒)制品加工	21966	96114	79549	20328	289972
木材加工及木、竹、藤、棕、草制品业	92234	468293	508163	82650	665721
锯材、木片加工	3564	17219	18536	2831	11836
锯材加工	1805	7578	7430	1526	8843
木片加工	1759	9640	11106	1305	2993
人造板制造	37772	195833	200827	35661	352850
胶合板制造	22281	121379	115056	23864	191350
纤维板制造	8422	31529	38496	2968	104964
刨花板制造	1024	5667	6411	603	6423
其他人造板、材制造	6045	37258	40863	8226	50114
木制品制造	32585	195588	220192	25959	186745
建筑用木料及木材组件加工	26734	173658	196154	15709	158020
木容器制造	1970	7449	9150	2153	10112
软木制品及其他木制品制造	3882	14481	14889	8097	18613
竹、藤、棕、草制品制造	18314	59654	68607	18199	114291
竹、藤、棕、草制品制造	18314	59654	68607	18199	114291
家具制造业	108866	492451	375621	167631	1148387
木质家具制造	34657	148231	119363	63669	394354
木质家具制造	34657	148231	119363	63669	394354
竹、藤家具制造	722	5573	5595	2105	3449
竹、藤家具制造	722	5573	5595	2105	3449
金属家具制造	53077	218781	151256	73665	511022
金属家具制造	53077	218781	151256	73665	511022
塑料家具制造	2568	16088	10142	2941	12348
塑料家具制造	2568	16088	10142	2941	12348
其他家具制造	17843	103777	89265	25251	227214
其他家具制造	17843	103777	89265	25251	227214
造纸及纸制品业	263531	1061329	1271201	156261	2686181
纸浆制造	862	2579	3019	467	2702
纸浆制造	862	2579	3019	467	2702
造 纸	178634	689568	839774	82387	2085719
机制纸及纸板制造	173420	666062	812169	78377	2032249
手工纸制造	86	355	444	108	440
加工纸制造	5129	23151	27160	3902	53030
纸制品制造	84034	369182	428409	73407	597760
纸和纸板容器的制造	62749	276034	320511	55332	445078
其他纸制品制造	21285	93148	107898	18075	152683
印刷业和记录媒介的复制	89514	283548	354959	74351	669104
印 刷	87316	274350	345316	71223	625099
书、报、刊印刷	12070	43396	53066	12359	108344

1－A－8 续表11－7

单位：个、万元、人

指 标 名 称	本年应交增值税	本年进项税额	本年销项税额	全部从业人员年平均人数	银行贷款余额
本册印制	5198	11026	13145	7037	37925
包装装潢及其他印刷	70047	219928	279105	51827	478831
装订及其他印刷服务活动	1991	5210	6526	2570	13615
装订及其他印刷服务活动	1991	5210	6526	2570	13615
记录媒介的复制	207	3988	3117	558	30390
记录媒介的复制	207	3988	3117	558	30390
文教体育用品制造业	75609	489801	373379	151035	781301
文化用品制造	28788	198411	132077	55831	302492
文具制造	9624	57416	47179	24263	118174
笔的制造	12255	112236	50787	27044	160500
教学用模型及教具制造	6287	25185	30941	3127	17218
墨水、墨汁制造	93	306	398	71	400
其他文化用品制造	529	3269	2772	1326	6199
体育用品制造	14032	99840	70627	32457	169970
球类制造	1770	10466	7209	4502	17625
体育器材及配件制造	3994	22696	20303	7600	52237
训练健身器材制造	5686	40829	26522	10343	56224
运动防护用具制造	889	5217	4428	3451	14815
其他体育用品制造	1694	20633	12164	6561	29069
乐器制造	4832	19956	21682	7045	35859
中乐器制造		185	113	184	112
西乐器制造	2949	13602	14138	3996	16715
电子乐器制造	283	984	1185	460	3440
其他乐器及零件制造	1600	5186	6247	2405	15592
玩具制造	19107	126077	106862	45845	185971
玩具制造	19107	126077	106862	45845	185971
游艺器材及娱乐用品制造	8850	45517	42131	9857	87010
露天游乐场所游乐设备制造	5552	28004	24206	5050	60512
游艺用品及室内游艺器材制造	3298	17513	17925	4807	26499
石油加工、炼焦及核燃料加工业	156228	1753595	1848335	10459	91975
精炼石油产品的制造	149687	1724147	1811864	10285	35723
原油加工及石油制品制造	149687	1724147	1811864	10285	35723
炼 焦	6541	29448	36471	174	56251
炼 焦	6541	29448	36471	174	56251
化学原料及化学制品制造业	679592	3831136	4190349	234150	6551729
基础化学原料制造	153396	761642	840150	54678	1515300
无机酸制造	12318	35733	47229	3170	96520
无机碱制造	19131	40233	56157	4436	65422
无机盐制造	8320	30248	37603	4562	68072
有机化学原料制造	93865	601879	630328	37612	1179280

1－A－8 续表 11－8

单位：个、万元、人

指标名称	本年应交增值税	本年进项税额	本年销项税额	全部从业人员年平均人数	银行贷款余额
其他基础化学原料制造	19762	53548	68832	4898	106007
肥料制造	11981	42319	45925	7435	58035
氮肥制造	10681	31800	35516	5644	45364
磷肥制造	108	603	711	323	1380
复混肥料制造	1025	7237	7101	1082	9973
有机肥料及微生物肥料制造	5	25	30	46	690
其他肥料制造	161	2654	2567	340	629
农药制造	30451	259753	202210	18635	229121
化学农药制造	24637	246298	184467	15395	201538
生物化学农药及微生物农药制造	5814	13456	17743	3240	27583
涂料、油墨、颜料及类似产品制造	119670	490618	604926	46226	695608
涂料制造	30440	120055	144983	14427	172257
油墨及类似产品制造	5336	25877	30193	2672	35788
颜料制造	8776	37851	45232	5022	84729
染料制造	71125	295764	371231	22250	394065
密封用填料及类似品制造	3993	11072	13287	1855	8769
合成材料制造	127136	1283780	1346487	28798	2836229
初级形态的塑料及合成树脂制造	60000	538129	557953	17737	1424130
合成橡胶制造	1315	4227	5363	988	4439
合成纤维单（聚合）体的制造	58663	726183	767139	8744	1394661
其他合成材料制造	7158	15242	16032	1329	13000
专用化学产品制造	121788	649861	720032	52237	925390
化学试剂和助剂制造	53799	294164	340998	22233	321576
专项化学用品制造	26699	130674	138598	10253	197921
林产化学产品制造	2234	7902	9608	1960	11193
炸药及火工产品制造	5284	8280	13525	2784	13971
信息化学品制造	18902	145467	142232	8610	321461
环境污染处理专用药剂材料制造	2738	6569	8952	757	15580
动物胶制造	2513	6971	8587	982	4029
其他专用化学产品制造	9619	49836	57533	4658	39658
日用化学产品制造	115171	343162	430621	26141	292047
肥皂及合成洗涤剂制造	31528	210292	238152	11145	103794
化妆品制造	60637	39708	97023	7409	50007
口腔清洁用品制造	133	443	576	94	437
香料、香精制造	9978	45682	36575	3314	95749
其他日用化学产品制造	12896	47037	58295	4179	42060
医药制造业	316850	605842	762443	106860	1568823
化学药品原药制造	139098	329712	367738	47947	774277
化学药品原药制造	139098	329712	367738	47947	774277
化学药品制剂制造	83820	123718	195498	24769	396281

1-A-8 续表11-9

单位：个、万元、人

指标名称	本年应交增值税	本年进项税额	本年销项税额	全部从业人员年平均人数	银行贷款余额
化学药品制剂制造	83820	123718	195498	24769	396281
中药饮片加工	1753	6887	8070	1760	17230
中药饮片加工	1753	6887	8070	1760	17230
中成药制造	47535	36242	76248	9144	117407
中成药制造	47535	36242	76248	9144	117407
兽用药品制造	7490	22355	22965	3072	62752
兽用药品制造	7490	22355	22965	3072	62752
生物、生化制品的制造	26468	59915	62619	10141	136865
生物、生化制品的制造	26468	59915	62619	10141	136865
卫生材料及医药用品制造	10685	27014	29304	10027	64011
卫生材料及医药用品制造	10685	27014	29304	10027	64011
化学纤维制造业	173688	2197406	2335430	104386	3250096
纤维素纤维原料及纤维制造	1968	19540	19340	4470	42719
化纤浆粕制造	289	910	1199	138	449
人造纤维(纤维素纤维)制造	1680	18630	18141	4332	42270
合成纤维制造	171719	2177866	2316091	99916	3207376
锦纶纤维制造	6176	74134	83187	4324	168394
涤纶纤维制造	127387	1844313	1938944	76282	2366847
腈纶纤维制造	2075	23882	26537	2010	84125
维纶纤维制造	5	59	65	58	
其他合成纤维制造	36076	235477	267358	17242	588011
橡胶制品业	110179	449328	496890	111564	1150252
轮胎制造	45316	232410	248224	29376	747610
车辆、飞机及工程机械轮胎制造	44491	227394	242429	28338	737542
力车胎制造	522	3247	3725	821	7598
轮胎翻新加工	304	1769	2070	217	2470
橡胶板、管、带的制造	23724	68410	81330	17788	116751
橡胶板、管、带的制造	23724	68410	81330	17788	116751
橡胶零件制造	11948	36488	45065	15675	82720
橡胶零件制造	11948	36488	45065	15675	82720
再生橡胶制造	1194	2934	4067	1066	10961
再生橡胶制造	1194	2934	4067	1066	10961
日用及医用橡胶制品制造	2339	6606	7672	2967	15330
日用及医用橡胶制品制造	2339	6606	7672	2967	15330
橡胶靴鞋制造	20423	73449	78628	39469	131480
橡胶靴鞋制造	20423	73449	78628	39469	131480
其他橡胶制品制造	5235	29029	31903	5223	45401
其他橡胶制品制造	5235	29029	31903	5223	45401
塑料制品业	363851	1879708	2046191	323389	3096432
塑料薄膜制造	45443	411989	444572	22319	851862

1-A-8 续表 11-10

单位：个、万元、人

指标名称	本年应交增值税	本年进项税额	本年销项税额	全部从业人员年平均人数	银行贷款余额
塑料薄膜制造	45443	411989	444572	22319	851862
塑料板、管、型材的制造	57261	325048	348222	42311	629805
塑料板、管、型材的制造	57261	325048	348222	42311	629805
塑料丝、绳及编织品的制造	22809	105216	121264	35214	138362
塑料丝、绳及编织品的制造	22809	105216	121264	35214	138362
泡沫塑料制造	15044	76127	85180	13327	111247
泡沫塑料制造	15044	76127	85180	13327	111247
塑料人造革、合成革制造	63679	308082	335063	42118	403609
塑料人造革、合成革制造	63679	308082	335063	42118	403609
塑料包装箱及容器制造	31875	129288	144764	26107	221886
塑料包装箱及容器制造	31875	129288	144764	26107	221886
塑料零件制造	46721	158310	186387	48247	250185
塑料零件制造	46721	158310	186387	48247	250185
日用塑料制造	56169	256092	262509	69509	351276
塑料鞋制造	6509	25719	28854	12632	26121
日用塑料杂品制造	49660	230373	233655	56877	325155
其他塑料制品制造	24850	109557	118231	24237	138201
其他塑料制品制造	24850	109557	118231	24237	138201
非金属矿物制品业	452114	1077157	1413037	209010	3363592
水泥、石灰和石膏的制造	158200	420766	563840	43897	925196
水泥制造	155561	412878	553401	42573	917672
石灰和石膏制造	2639	7888	10439	1324	7524
水泥及石膏制品制造	133004	177523	286558	47658	696840
水泥制品制造	115172	128613	220718	39336	597579
砼结构构件制造	11394	30633	41675	5766	53432
石棉水泥制品制造	306	748	1054	296	1360
轻质建筑材料制造	4965	16623	21037	1895	38229
其他水泥制品制造	1168	906	2075	365	6240
砖瓦、石材及其他建筑材料制造	34351	89483	119688	30299	266918
粘土砖瓦及建筑砌块制造	5447	7348	11864	14768	28866
建筑陶瓷制品制造	17279	48705	65516	8766	180435
建筑用石加工	3235	2444	4472	2531	16259
防水建筑材料制造	3992	17102	20065	1842	23745
隔热和隔音材料制造	2534	6940	9251	1307	6804
其他建筑材料制造	1864	6945	8519	1085	10808
玻璃及玻璃制品制造	81048	272801	298515	59576	1260358
平板玻璃制造	7807	31794	39289	4805	125562
技术玻璃制品制造	22866	98448	113190	16083	482352
光学玻璃制造	112	445	550	148	
玻璃仪器制造	266	1956	2153	384	1730

1－A－8 续表11－11 单位：个、万元、人

指 标 名 称	本年应交增值税	本年进项税额	本年销项税额	全部从业人员年平均人数	银行贷款余额
日用玻璃制品及玻璃包装容器制造	18911	54655	65962	18437	101006
玻璃保温容器制造	1564	5237	4038	1665	5335
玻璃纤维及制品制造	22887	56137	49666	12556	506828
玻璃纤维增强塑料制品制造	3259	15390	12504	2728	26883
其他玻璃制品制造	3377	8739	11163	2770	10662
陶瓷制品制造	7839	29015	30458	8884	54877
卫生陶瓷制品制造	3500	16812	17226	3223	24299
特种陶瓷制品制造	3137	6909	10050	3516	23159
日用陶瓷制品制造	1203	5295	3182	2100	7419
园林、陈设艺术及其他陶瓷制品制造				45	
耐火材料制品制造	23189	52173	73538	10091	54625
石棉制品制造	1347	4475	5235	1897	4870
云母制品制造	328	694	1022	229	752
耐火陶瓷制品及其他耐火材料制造	21514	47004	67281	7965	49003
石墨及其他非金属矿物制品制造	14482	35395	40440	8605	104778
石墨及碳素制品制造	7054	17478	13132	3701	66729
其他非金属矿物制品制造	7428	17917	27308	4904	38049
黑色金属冶炼及压延加工业	361422	2577457	2866334	106961	2760641
炼 铁	462	1760	2222	332	1060
炼 铁	462	1760	2222	332	1060
炼 钢	17696	96863	116646	2896	89683
炼 钢	17696	96863	116646	2896	89683
钢压延加工	335707	2415380	2677504	101460	2641444
钢压延加工	335707	2415380	2677504	101460	2641444
铁合金冶炼	7557	63454	69962	2273	28454
铁合金冶炼	7557	63454	69962	2273	28454
有色金属冶炼及压延加工业	242986	1865980	2018628	90377	1783467
常用有色金属冶炼	85995	489026	543318	12459	369848
铜冶炼	68526	312087	362576	5152	170347
铅锌冶炼	2621	14845	17096	1319	14305
镍钴冶炼	6482	71154	66899	2110	81751
锡冶炼	19	182	200	16	600
铝冶炼	5883	80761	84101	3616	96166
镁冶炼	102	864	966	43	290
其他常用有色金属冶炼	2361	9134	11480	203	6390
贵金属冶炼	2302	46584	46033	1759	42031
金冶炼	1446	34445	33620	1195	32885
银冶炼	541	7022	6968	512	8433
其他贵金属冶炼	316	5118	5445	52	713
稀有稀土金属冶炼	839	11046	11680	1078	13735

1－A－8 续表 11－12

单位：个、万元、人

指标名称	本年应交增值税	本年进项税额	本年销项税额	全部从业人员年平均人数	银行贷款余额
钨钼冶炼	83	1113	1195	211	2495
稀土金属冶炼	757	9933	10486	867	11240
有色金属合金制造	10011	97691	104663	7331	94198
有色金属合金制造	10011	97691	104663	7331	94198
有色金属压延加工	143838	1221633	1312933	67750	1263654
常用有色金属压延加工	138560	1208564	1295883	65783	1251769
贵金属压延加工	3596	4501	8087	173	2530
稀有稀土金属压延加工	1683	8568	8963	1794	9355
金属制品业	401141	2165619	2175572	448377	3602293
结构性金属制品制造	91189	669427	699351	105409	1301773
金属结构制造	55978	476770	506678	62788	924857
金属门窗制造	35211	192657	192673	42621	376916
金属工具制造	48631	205367	200367	66718	330437
切削工具制造	9060	35463	31696	12890	58529
手工具制造	22912	99216	109517	31351	144321
农用及园林用金属工具制造	7109	26860	17325	7090	64978
刀剪及类似日用金属工具制造	4117	15918	14238	6880	19256
其他金属工具制造	5432	27909	27592	8507	43353
集装箱及金属包装容器制造	24823	152093	143202	23509	249370
集装箱制造	22	26201	391	3610	52581
金属压力容器制造	6598	31296	36599	6577	49641
金属包装容器制造	18203	94595	106212	13322	147148
金属丝绳及其制品的制造	42475	226794	262078	19706	190819
金属丝绳及其制品的制造	42475	226794	262078	19706	190819
建筑、安全用金属制品制造	70257	359729	328326	98755	517259
建筑、家具用金属配件制造	37483	167755	162319	56217	248580
建筑装饰及水暖管道零件制造	27402	162777	141725	34728	228934
安全、消防用金属制品制造	4297	25328	20152	6189	33902
其他建筑、安全用金属制品制造	1074	3869	4130	1621	5843
金属表面处理及热处理加工	37309	174187	205198	41491	302001
金属表面处理及热处理加工	37309	174187	205198	41491	302001
搪瓷制品制造	2734	15563	13063	4995	29365
工业生产配套用搪瓷制品制造	328	686	1014	326	350
搪瓷卫生洁具制造	753	2692	2924	1224	5705
搪瓷日用品及其他搪瓷制品制造	1654	12185	9125	3445	23310
不锈钢及类似日用金属制品制造	70707	270666	226246	75081	613334
金属制厨房调理及卫生器具制造	14965	58398	60722	14414	119569
金属制厨用器皿及餐具制造	45724	167076	121608	46001	401374
其他日用金属制品制造	10018	45192	43917	14666	92391
其他金属制品制造	13016	91796	97742	12713	67935

1-A-8 续表11-13

单位：个、万元、人

指 标 名 称	本年应交增值税	本年进项税额	本年销项税额	全部从业人员年平均人数	银行贷款余额
其他未列明的金属制品制造	13016	91796	97742	12713	67935
通用设备制造业	823645	3697329	3890065	768644	5301770
锅炉及原动机制造	38519	189756	210877	20633	149746
锅炉及辅助设备制造	13944	76798	80051	7045	68146
内燃机及配件制造	8986	50512	57175	7350	36257
汽轮机及辅机制造	13964	54422	65435	4802	37364
水轮机及辅机制造	1589	5553	7141	1278	7408
其他原动机制造	37	2471	1076	158	570
金属加工机械制造	41860	188039	201134	45707	376241
金属切削机床制造	17329	89291	99136	17167	190239
金属成形机床制造	7667	28349	34249	7043	64720
铸造机械制造	2352	7763	9582	2796	11721
金属切割及焊接设备制造	6510	34358	25608	7532	51291
机床附件制造	3852	11397	13535	5978	23735
其他金属加工机械制造	4151	16882	19024	5191	34536
起重运输设备制造	65011	388682	401499	43267	315668
起重运输设备制造	65011	388682	401499	43267	315668
泵、阀门、压缩机及类似机械的制造	215734	920938	954139	205040	1231769
泵及真空设备制造	55201	207425	221729	49204	279793
气体压缩机械制造	24142	150034	159273	22114	263853
阀门和旋塞的制造	108512	469626	465514	109143	562454
液压和气压动力机械及元件制造	27880	93853	107623	24579	125669
轴承、齿轮、传动和驱动部件的制造	111469	483709	532338	145562	958062
轴承制造	63954	282273	313482	95370	533832
齿轮、传动和驱动部件制造	47515	201436	218856	50192	424230
烘炉、熔炉及电炉制造	2312	14179	15473	2039	12287
烘炉、熔炉及电炉制造	2312	14179	15473	2039	12287
风机、衡器、包装设备等通用设备制造	120285	619924	642121	110711	944907
风机、风扇制造	7087	39859	40001	7071	69843
气体、液体分离及纯净设备制造	26019	96035	112246	14087	127117
制冷、空调设备制造	45563	273927	297255	33974	334169
风动和电动工具制造	25973	131999	116195	34496	295557
喷枪及类似器具制造	3409	28031	21271	6962	28944
包装专用设备制造	5448	19291	20074	6620	38942
衡器制造	1952	4946	6045	1825	7342
其他通用设备制造	4834	25837	29036	5676	42992
通用零部件制造及机械修理	135275	558744	525149	119573	900655
金属密封件制造	5336	21245	23211	6784	33684
紧固件、弹簧制造	81054	401084	359878	76081	524238
机械零部件加工及设备修理	13766	57179	64708	16822	73230

1－A－8 续表 11－14

单位：个、万元、人

指标名称	本年应交增值税	本年进项税额	本年销项税额	全部从业人员年平均人数	银行贷款余额
其他通用零部件制造	35119	79236	77352	19886	269504
金属铸、锻加工	93179	333357	407335	76112	412437
钢铁铸件制造	72266	250012	304659	59782	263369
锻件及粉末冶金制品制造	20913	83345	102676	16330	149068
专用设备制造业	251034	1085173	1164311	241690	1920605
矿山、冶金、建筑专用设备制造	23362	82608	89022	16480	126458
采矿、采石设备制造	6521	22047	27644	5189	30576
石油钻采专用设备制造	3149	8732	8385	2102	12418
建筑工程用机械制造	9457	30323	29916	6050	63619
建筑材料生产专用机械制造	3016	13039	15033	2093	9618
冶金专用设备制造	1219	8467	8043	1046	10226
化工、木材、非金属加工专用设备制造	89369	386697	410218	79863	512112
炼油、化工生产专用设备制造	5973	37416	40015	5995	60800
橡胶加工专用设备制造	1527	4448	5777	1210	8401
塑料加工专用设备制造	28068	198580	200508	24129	145802
木材加工机械制造	783	4497	3638	1064	3186
模具制造	52594	138784	157634	46776	290054
其他非金属加工专用设备制造	424	2971	2647	689	3869
食品、饮料、烟草及饲料生产专用设备制造	5412	22297	24649	5290	54214
食品、饮料、烟草工业专用设备制造	4827	16033	18465	4033	44204
农副食品加工专用设备制造	441	5492	5414	1093	9460
饲料生产专用设备制造	145	772	770	164	550
印刷、制药、日化生产专用设备制造	12163	45258	51309	12910	67108
制浆和造纸专用设备制造	1214	5106	5916	1685	10009
印刷专用设备制造	4956	19198	21228	5146	35586
日用化工专用设备制造	259	1166	1123	462	1081
制药专用设备制造	4298	12692	15379	3516	14409
照明器具生产专用设备制造	488	2419	2131	698	1960
玻璃、陶瓷和搪瓷制品生产专用设备制造	412	1906	2234	609	2250
其他日用品生产专用设备制造	537	2771	3298	794	1815
纺织、服装和皮革工业专用设备制造	56363	226997	235070	59277	575181
纺织专用设备制造	21482	84906	102450	20471	216950
皮革、毛皮及其制品加工专用设备制造	1684	6281	7610	2084	17985
缝纫机械制造	32197	133571	122457	35650	333989
其他服装加工专用设备制造	1001	2239	2553	1072	6256
电子和电工机械专用设备制造	9093	36045	39823	8508	44272
电工机械专用设备制造	1818	10409	10200	2040	7003
电子工业专用设备制造	7159	25505	29440	6205	36909
武器弹药制造	116	131	182	263	360
农、林、牧、渔专用机械制造	5911	69113	62193	15225	90121

1－A－8 续表 11－15

单位：个、万元、人

指标名称	本年应交增值税	本年进项税额	本年销项税额	全部从业人员年平均人数	银行贷款余额
拖拉机制造	559	19261	18043	3333	28896
机械化农业及园艺机具制造	3748	40787	33983	8881	50172
畜牧机械制造	5		24	15	50
渔业机械制造	49	1105	689	638	1400
农林牧渔机械配件制造	1424	7243	8525	2112	8061
其他农林牧渔业机械制造及机械修理	126	717	930	246	1543
医疗仪器设备及器械制造	14246	37777	42664	18212	108409
医疗诊断、监护及治疗设备制造	2652	5068	5946	2520	29210
口腔科用设备及器具制造	128	482	534	366	1290
实验室及医用消毒设备和器具的制造	259	1236	1437	491	3050
医疗、外科及兽医用器械制造	8115	21728	25072	11628	53141
机械治疗及病房护理设备制造	2076	4882	5458	1256	14793
假肢、人工器官及植(介)入器械制造	211	477	641	318	1740
其他医疗设备及器械制造	805	3904	3577	1633	5185
环保、社会公共安全及其他专用设备制造	35114	178382	209363	25925	342730
环境污染防治专用设备制造	19916	110703	132908	13031	208309
地质勘查专用设备制造	419	2059	2478	474	2757
邮政专用机械及器材制造	193	647	809	355	1330
商业、饮食、服务业专用设备制造	145	833	977	258	400
社会公共安全设备及器材制造	11472	52243	58194	8497	112779
交通安全及管制专用设备制造	88	964	1052	276	200
水资源专用机械制造	718	3374	3954	609	4240
其他专用设备制造	2163	7560	8992	2425	12715
交通运输设备制造业	486015	2781437	2718401	494626	5602876
铁路运输设备制造	1653	5627	6415	1633	20997
铁路机车车辆配件制造	585	1807	2115	645	2970
铁路专用设备及器材、配件制造	829	3476	3764	800	12472
其他铁路设备制造及设备修理	239	344	535	188	5555
汽车制造	298920	1757024	1856566	298511	3190353
汽车整车制造	27091	267533	261153	17528	249890
改装汽车制造	1248	10015	11159	905	10521
汽车车身、挂车的制造	305	3743	3873	583	3507
汽车零部件及配件制造	265285	1451744	1551986	275704	2900022
汽车修理	4992	23990	28396	3791	26413
摩托车制造	94821	380560	399271	82054	670094
摩托车整车制造	28356	135267	107342	19260	238813
摩托车零部件及配件制造	66465	245293	291928	62794	431280
自行车制造	19616	139247	132588	30982	202091
脚踏自行车及残疾人座车制造	10399	81262	71670	19062	125576
助动自行车制造	9217	57985	60918	11920	76515

1－A－8 续表 11－16

单位：个、万元、人

指标名称	本年应交增值税	本年进项税额	本年销项税额	全部从业人员年平均人数	银行贷款余额
船舶及浮动装置制造	67080	477536	305427	76969	1462873
金属船舶制造	47503	382302	225864	51439	1115400
非金属船舶制造	251	8003	1216	770	33345
娱乐船和运动船的建造和修理	438	2135	1889	1250	13260
船用配套设备制造	8906	44508	43267	9101	201364
船舶修理及拆船	9982	40589	33191	14409	99505
航空航天器制造	363	1719	1181	751	3819
飞机制造及修理	170	517	670	171	2759
其他飞行器制造	194	1202	510	580	1060
交通器材及其他交通运输设备制造	3563	19724	16954	3726	52650
潜水及水下救捞装备制造				12	183
交通管理用金属标志及设施制造	2004	12229	12831	1996	28300
其他交通运输设备制造	1559	7495	4123	1718	24167
电气机械及器材制造业	875166	4656990	4760204	799121	6335906
电机制造	123765	679888	651909	135921	894975
发电机及发电机组制造	15838	92804	91018	10632	82772
电动机制造	50982	333798	305135	55264	406220
微电机及其他电机制造	56945	253286	255756	70025	405984
输配电及控制设备制造	266520	1062679	1222691	200168	1492397
变压器、整流器和电感器制造	37321	199550	223582	24752	328941
电容器及其配套设备制造	8497	27959	34767	6851	28847
配电开关控制设备制造	144943	566599	657164	103754	828704
电力电子元器件制造	63521	224575	259425	55777	251941
其他输配电及控制设备制造	12239	43996	47753	9034	53965
电线、电缆、光缆及电工器材制造	118538	1065143	1125029	80121	1395926
电线电缆制造	105021	943469	993628	67206	1202325
光纤、光缆制造	3678	88436	91232	4659	140391
绝缘制品制造	3357	10687	13421	2573	11924
其他电工器材制造	6482	22551	26749	5683	41287
电池制造	60620	441117	422596	38033	562457
电池制造	60620	441117	422596	38033	562457
家用电力器具制造	181889	857076	819359	172194	1130553
家用制冷电器具制造	18984	98382	95748	14254	181523
家用空气调节器制造	12044	120655	119734	13562	138502
家用通风电器具制造	16711	53118	59739	9671	65739
家用厨房电器具制造	66960	190363	203350	38628	218566
家用清洁卫生电器具制造	21669	148440	125479	24200	203334
家用美容、保健电器具制造	13121	45044	35509	18405	67985
家用电力器具专用配件制造	18270	93187	103648	24928	88061
其他家用电力器具制造	14130	107887	76153	28546	166842

1－A－8 续表 11－17 单位：个、万元、人

指 标 名 称	本年应交增值税	本年进项税额	本年销项税额	全部从业人员年平均人数	银行贷款余额
非电力家用器具制造	12664	62574	62578	12364	99439
燃气、太阳能及类似能源的器具制造	8843	51950	57549	8923	87923
其他非电力家用器具制造	3820	10624	5029	3441	11517
照明器具制造	101889	452383	415326	148227	686444
电光源制造	32468	158394	159899	60719	159526
照明灯具制造	54567	230215	205141	67292	448781
灯用电器附件及其他照明器具制造	14854	63773	50287	20216	78137
其他电气机械及器材制造	9282	36132	40716	12093	73715
车辆专用照明及电气信号设备装置制造	7065	29663	32759	9608	63901
其他未列明的电气机械制造	2217	6469	7957	2485	9814
通信设备、计算机及其他电子设备制造业	276373	1230908	1215936	325740	2288624
通信设备制造	56582	346917	321826	43063	247614
通信传输设备制造	11506	46322	41985	8713	46533
通信交换设备制造	6755	13389	19598	3299	30645
通信终端设备制造	2336	10159	11772	3766	36800
移动通信及终端设备制造	31262	264556	233590	23027	63511
其他通信设备制造	4723	12492	14880	4258	70125
雷达及配套设备制造	117	435	498	41	2550
雷达及配套设备制造	117	435	498	41	2550
广播电视设备制造	10815	55904	52598	14276	71015
广播电视节目制作及发射设备制造	758	3150	3320	700	3970
广播电视接收设备及器材制造	4469	36577	30693	11496	45498
应用电视设备及其他广播电视设备制造	5587	16177	18585	2080	21547
电子计算机制造	64111	116084	155854	45887	512904
电子计算机整机制造	153	578	731	2255	1180
计算机网络设备制造	50925	57098	100902	6884	8654
电子计算机外部设备制造	13033	58407	54220	36748	503070
电子器件制造	32103	157586	162860	40345	484179
电子真空器件制造	1266	3127	4717	1433	3904
半导体分立器件制造	8444	53089	56325	10124	128960
集成电路制造	10854	47894	51891	8647	115771
光电子器件及其他电子器件制造	11539	53476	49927	20141	235544
电子元件制造	88323	460877	429418	149020	719923
电子元件及组件制造	82552	429101	398808	137380	676898
印制电路板制造	5771	31775	30610	11640	43025
家用视听设备制造	12323	56150	52638	18706	200885
家用影视设备制造	6347	28263	26624	9875	164031
家用音响设备制造	5976	27887	26014	8831	36853
其他电子设备制造	11999	36954	40245	14402	49555
其他电子设备制造	11999	36954	40245	14402	49555

1－A－8 续表 11－18 单位：个、万元、人

指标名称	本年应交增值税	本年进项税额	本年销项税额	全部从业人员年平均人数	银行贷款余额
仪器仪表及文化、办公用机械制造业	168025	555498	651667	168777	1166879
通用仪器仪表制造	105381	336560	409842	69453	544187
工业自动控制系统装置制造	32890	83952	106848	17835	98369
电工仪器仪表制造	15165	57535	67254	12514	44023
绘图、计算及测量仪器制造	6088	22886	21645	9350	63201
实验分析仪器制造	3148	9828	10234	4020	9764
试验机制造	673	2060	2325	975	5083
供应用仪表及其他通用仪器制造	47417	160300	201538	24759	323747
专用仪器仪表制造	26106	87450	104992	22547	167673
环境监测专用仪器仪表制造	1176	4947	5672	1195	10383
汽车及其他用计数仪表制造	16630	58946	69008	13287	117260
导航、气象及海洋专用仪器制造	811	3055	3783	884	4840
农林牧渔专用仪器仪表制造	76	842	918	95	1350
地质勘探和地震专用仪器制造	35	164	198	78	
教学专用仪器制造	4395	14256	17837	3932	20416
电子测量仪器制造	2009	2580	4051	1957	10143
其他专用仪器制造	975	2661	3525	1119	3281
钟表与计时仪器制造	4166	15547	17968	7536	42591
钟表与计时仪器制造	4166	15547	17968	7536	42591
光学仪器及眼镜制造	20757	65694	67079	48193	247075
光学仪器制造	5305	17074	17569	12228	39262
眼镜制造	15452	48620	49511	35965	207812
文化、办公用机械制造	10223	46055	46510	18661	150855
电影机械制造	199	1160	1262	453	
幻灯及投影设备制造		260	108	69	
照相机及器材制造	1476	10448	6803	6518	30495
复印和胶印设备制造	1596	4500	5569	1740	15609
计算器及货币专用设备制造	2276	5744	5774	2543	9935
其他文化、办公用机械制造	4675	23942	26994	7338	94816
其他仪器仪表的制造及修理	1393	4192	5276	2387	14498
其他仪器仪表的制造及修理	1393	4192	5276	2387	14498
工艺品及其他制造业	167542	708820	676547	249721	1439521
工艺美术品制造	96712	413900	420313	150004	925626
雕塑工艺品制造	11003	26181	27637	21376	53293
金属工艺品制造	10334	51145	49434	21652	97966
漆器工艺品制造	6836	12362	14781	7846	25746
花画工艺品制造	1860	8663	5472	4321	21574
天然植物纤维编织工艺品制造	4272	12821	15014	5350	21974
抽纱刺绣工艺品制造	28048	121285	128975	34646	250421

1－A－8 续表 11－19

单位：个、万元、人

指 标 名 称	本年应交增值税	本年进项税额	本年销项税额	全部从业人员年平均人数	银行贷款余额
地毯、挂毯制造	5053	24406	18405	8793	58793
珠宝首饰及有关物品的制造	10159	97615	101667	9322	223829
其他工艺美术品制造	19147	59423	58927	36698	172030
日用杂品制造	68776	282362	243293	97617	499761
制镜及类似品加工	4384	20947	23013	4534	37287
鬃毛加工、制刷及清扫工具的制造	3407	20985	15588	8481	51385
其他日用杂品制造	60986	240430	204693	84602	411090
煤制品制造	174	1097	1263	137	1200
煤制品制造	174	1097	1263	137	1200
核辐射加工	78	77	154	52	1000
核辐射加工	78	77	154	52	1000
其他未列明的制造业	1803	11385	11524	1911	11934
其他未列明的制造业	1803	11385	11524	1911	11934
废弃资源和废旧材料回收加工业	33072	339060	340183	16429	199039
金属废料和碎屑的加工处理	27876	317954	314840	13384	166133
金属废料和碎屑的加工处理	27876	317954	314840	13384	166133
非金属废料和碎屑的加工处理	5197	21106	25343	3045	32906
非金属废料和碎屑的加工处理	5197	21106	25343	3045	32906
电力、燃气及水的生产和供应业	**1231198**	**3222807**	**4184832**	**115922**	**14399837**
电力、热力的生产和供应业	1179366	3115661	4031333	89585	12491363
电力生产	562912	754286	1033159	46541	9230125
火力发电	379642	742494	912893	32525	5905622
水力发电	44961	4502	31558	8465	832041
核力发电	136361	5052	85361	4325	2402838
其他能源发电	1948	2239	3347	1226	89623
电力供应	605775	2302594	2936694	40041	3097460
电力供应	605775	2302594	2936694	40041	3097460
热力生产和供应	10679	58781	61481	3003	163778
热力生产和供应	10679	58781	61481	3003	163778
燃气生产和供应业	19818	94641	114456	4691	299046
燃气生产和供应业	19818	94641	114456	4691	299046
燃气生产和供应业	19818	94641	114456	4691	299046
水的生产和供应业	32013	12506	39042	21646	1609428
自来水的生产和供应	31299	9796	35880	18809	1193131
自来水的生产和供应	31299	9796	35880	18809	1193131
污水处理及其再生利用	698	2710	3163	2764	416297
污水处理及其再生利用	698	2710	3163	2764	416297
其他水的处理、利用与分配	16			73	
其他水的处理、利用与分配	16			73	

1-A-8 续表12-1

单位：个、万元、人

指 标 名 称	固定资产实际投资额	产销率（%）	资产负债率（%）	成本费用利润率（%）	每百元资金实现利税（元）
总 计	**22533343**	**97.27**	**61.92**	**4.29**	**10.16**
一、按轻重工业分					
轻工业	7795293	97.12	61.07	4.79	11.25
重工业	14738050	97.38	62.54	3.95	9.37
二、按规模分					
大型企业	4456874	98.27	63.82	3.53	9.57
中型企业	7945112	97.19	60.95	5.43	11.87
小型企业	10131358	96.94	62.06	3.69	8.92
三、按登记注册类型分					
内 资	**15902259**	**97.45**	**63.34**	**3.95**	**10.42**
国 有	2937020	99.86	58.02	2.72	14.71
集 体	25857	97.56	58.03	4.94	10.41
股份合作企业	88796	96.94	60.14	3.93	11.21
联营企业	3182	97.17	68.15	-6.05	-1.50
国有联营		108.58	50.82	0.53	3.99
集体联营	1307	99.55	71.43	-13.98	-9.28
国有与集体联营	657	93.66	84.46	-0.17	4.49
其他联营	1218	98.05	40.48	-0.33	3.80
有限责任公司	4011182	97.40	64.86	3.72	8.13
国有独资公司	175584	100.23	56.73	4.18	6.31
其他有限责任公司	3835599	97.33	65.28	3.71	8.21
股份有限公司	1536012	97.80	54.24	3.76	11.54
私营企业	7261024	97.03	65.38	4.29	10.58
私营独资	360883	97.42	66.80	4.22	13.18
私营合伙	93890	97.52	63.39	5.11	16.02
私营有限责任公司	6553100	96.90	65.34	4.22	10.23
私营股份有限公司	253151	98.37	65.10	5.15	12.40
其 他	39186	98.08	62.48	3.99	7.60
港澳台商投资	**2923153**	**96.76**	**59.42**	**5.42**	**9.64**
与港澳台商合资经营	1616359	96.58	62.89	5.31	9.92
与港澳台商合作经营	17430	96.83	53.82	6.81	10.61
港澳台商独资	1242890	96.18	53.37	5.90	9.78
港澳台商投资股份有限公司	46475	112.16	64.71	0.97	2.41
外商投资	**3707931**	**96.83**	**57.26**	**5.05**	**9.46**
中外合资经营	1792790	97.29	59.60	5.39	10.93
中外合作经营	25969	97.97	57.70	5.31	10.58
外资企业	1723981	96.44	54.40	4.13	6.98
外商投资股份有限公司	165191	93.92	56.11	9.27	14.89
四、按控股情况分					
国有控股	5587252	99.25	62.65	1.71	9.89

1-A-8 续表12-2

单位：个、万元、人

指 标 名 称	固定资产实际投资额	产销率（%）	资产负债率（%）	成本费用利润率（%）	每百元资金实现利税（元）
集体控股	342937	97.96	62.33	4.95	9.66
私人控股	11506573	97.00	63.37	4.60	10.73
港澳台商控股	2081105	96.70	57.41	5.23	8.83
外商控股	2493104	96.84	55.25	4.77	9.00
其 他	522372	96.60	64.43	5.20	8.44
五、按国民经济行业(门类、大类、中类、小类)分					
采矿业	**54961**	**95.89**	**56.57**	**8.48**	**21.07**
煤炭开采和洗选业	3250	99.89	72.75	-4.30	0.12
烟煤和无烟煤的开采洗选	3250	99.89	72.75	-4.30	0.12
烟煤和无烟煤的开采洗选	3250	99.89	72.75	-4.30	0.12
黑色金属矿采选业	2331	88.80	47.44	26.60	24.21
铁矿采选	2331	88.80	47.44	26.60	24.21
铁矿采选	2331	88.80	47.44	26.60	24.21
有色金属矿采选业	9694	91.54	55.40	10.81	28.88
常用有色金属矿采选	3398	99.61	55.40	11.58	38.39
铜矿采选	3014	99.61	41.15	10.89	37.00
铅锌矿采选	384	99.62	71.90	12.59	40.19
贵金属矿采选	320	91.15	55.90	20.77	19.27
金矿采选		83.33	29.82	42.50	17.21
银矿采选	320	98.21	75.12	6.18	23.69
稀有稀土金属矿采选	5976	68.74	55.37	7.04	15.90
钨钼矿采选	5607	66.81	53.81	7.72	18.51
放射性金属矿采选	369	90.79	63.23	1.52	0.87
非金属矿采选业	39686	99.27	58.11	5.25	20.92
土砂石开采	37940	99.32	54.93	5.61	22.09
石灰石、石膏开采	2037	96.98	66.95	-0.63	17.99
建筑装饰用石开采	8063	99.67	41.97	7.84	28.93
耐火土石开采	3556	99.42	61.02	7.10	20.63
粘土及其他土砂石开采	24284	99.78	56.96	4.84	18.31
化学矿采选	473	94.48	124.43	-7.72	-0.27
化学矿采选	473	94.48	124.43	-7.72	-0.27
采 盐		122.71	45.63	5.04	5.61
采 盐		122.71	45.63	5.04	5.61
石棉及其他非金属矿采选	1274	98.40	82.45	2.72	15.29
其他非金属矿采选	1274	98.40	82.45	2.72	15.29
制造业	**18306570**	**97.09**	**61.63**	**4.48**	**10.59**
农副食品加工业	233142	96.09	67.55	2.54	6.30
谷物磨制	3658	98.88	75.46	1.01	3.76
谷物磨制	3658	98.88	75.46	1.01	3.76
饲料加工	29517	97.48	59.92	4.16	14.79

1－A－8 续表12－3

单位：个、万元、人

指标名称	固定资产实际投资额	产销率（%）	资产负债率（%）	成本费用利润率（%）	每百元资金实现利税（元）
饲料加工	29517	97.48	59.92	4.16	14.79
植物油加工	25278	97.02	75.31	0.60	2.16
食用植物油加工	24285	97.09	75.25	0.61	2.18
非食用植物油加工	993	88.47	81.36	－1.33	0.81
屠宰及肉类加工	38435	98.12	56.20	3.65	11.17
畜禽屠宰	17893	99.67	55.70	2.24	9.84
肉制品及副产品加工	20542	97.42	56.32	4.31	11.43
水产品加工	80156	94.16	74.87	1.36	3.23
水产品冷冻加工	58006	93.87	77.95	1.19	3.01
鱼糜制品及水产品干腌制加工	6232	94.16	64.47	1.75	3.72
水产饲料制造	11690	100.11	60.30	3.52	5.98
鱼油提取及制品的制造	91	86.49	40.32	5.07	6.71
其他水产品加工	4137	90.85	61.09	－0.68	1.68
蔬菜、水果和坚果加工	29931	96.15	49.85	5.76	10.94
蔬菜、水果和坚果加工	29931	96.15	49.85	5.76	10.94
其他农副食品加工	26167	94.40	65.80	4.15	6.71
淀粉及淀粉制品的制造	10321	103.18	76.10	3.29	3.36
豆制品制造	3120	97.20	63.42	5.79	12.68
蛋品加工	1320	97.52	52.39	5.50	15.87
其他未列明的农副食品加工	11406	86.58	64.57	2.20	3.39
食品制造业	122193	95.52	57.88	6.98	15.10
焙烤食品制造	20130	104.03	47.07	6.95	24.34
糕点、面包制造	10719	97.92	58.46	5.25	18.65
饼干及其他焙烤食品制造	9411	106.98	42.02	7.70	27.17
糖果、巧克力及蜜饯制造	4445	96.63	52.58	13.32	17.03
糖果、巧克力制造	3944	95.73	42.92	19.98	25.12
蜜饯制作	500	98.18	65.60	2.75	5.44
方便食品制造	29537	99.23	54.05	10.63	27.74
米、面制品制造	2360	96.30	71.07	8.07	16.70
速冻食品制造	23430	98.17	50.13	4.55	8.91
方便面及其他方便食品制造	3748	99.80	50.57	12.46	40.19
液体乳及乳制品制造	5006	97.55	59.97	3.33	6.68
液体乳及乳制品制造	5006	97.55	59.97	3.33	6.68
罐头制造	19014	95.71	65.44	5.07	9.52
肉、禽类罐头制造	905	98.31	58.54	7.99	23.40
水产品罐头制造	2636	103.61	70.61	2.38	2.68
蔬菜、水果罐头制造	14362	93.33	72.16	2.35	5.10
其他罐头食品制造	1111	100.20	19.08	17.28	69.11
调味品、发酵制品制造	13554	100.41	58.42	0.84	5.16
味精制造	1035	104.84	66.42	－8.23	－5.65

1－A－8 续表12－4

单位：个、万元、人

指 标 名 称	固定资产实际投资额	产销率（%）	资产负债率（%）	成本费用利润率（%）	每百元资金实现利税（元）
酱油、食醋及类似制品的制造	7144	98.55	63.21	7.15	14.78
其他调味品、发酵制品制造	5376	97.64	44.15	7.62	10.60
其他食品制造	30508	87.07	58.23	6.69	14.27
营养、保健食品制造	13317	99.06	46.15	7.63	14.82
冷冻饮品及食用冰制造	2495	96.19	60.29	4.56	11.11
盐加工	470	97.27	40.30	19.91	34.80
食品及饲料添加剂制造	13315	79.96	63.58	6.49	14.29
其他未列明的食品制造	910	92.30	56.15	4.05	17.14
饮料制造业	256683	99.18	56.83	8.27	19.33
酒精制造	4471	137.45	97.39	-7.82	0.04
酒精制造	4471	137.45	97.39	-7.82	0.04
酒的制造	114535	98.41	58.08	3.07	13.62
白酒制造	3722	98.15	51.39	17.99	18.07
啤酒制造	95247	99.79	63.65	-1.32	14.47
黄酒制造	15512	96.35	52.29	7.66	12.23
其他酒制造	54	99.45	66.26	6.55	14.23
软饮料制造	122945	99.81	53.01	10.76	27.32
碳酸饮料制造	15493	101.96	46.13	9.76	24.31
瓶（罐）装饮用水制造	22536	98.88	81.95	0.25	5.21
果菜汁及果菜汁饮料制造	16490	101.22	70.64	-0.84	1.19
含乳饮料和植物蛋白饮料制造	19948	98.42	24.66	43.69	74.84
固体饮料制造	4675	102.30	48.70	8.70	8.74
茶饮料及其他软饮料制造	43802	99.51	38.89	17.71	42.52
精制茶加工	14732	97.53	64.97	4.26	9.23
精制茶加工	14732	97.53	64.97	4.26	9.23
烟草制品业	45664	99.92	7.92	68.11	86.79
卷烟制造	45070	99.91	7.84	68.55	87.06
卷烟制造	45070	99.91	7.84	68.55	87.06
其他烟草制品加工	594	101.00	18.69	38.42	41.10
其他烟草制品加工	594	101.00	18.69	38.42	41.10
纺织业	2127722	97.42	64.09	3.55	7.92
棉、化纤纺织及印染精加工	1111188	97.72	65.67	3.48	7.67
棉、化纤纺织加工	679706	97.36	65.96	3.49	7.08
棉、化纤印染精加工	431482	98.37	65.17	3.45	8.74
毛纺织和染整精加工	53208	96.89	59.93	4.20	8.23
毛条加工	7534	95.90	57.29	3.52	5.99
毛纺织	35260	96.95	58.99	4.46	9.20
毛染整精加工	10414	98.12	66.45	3.88	7.24
麻纺织	13110	93.69	59.93	6.13	6.64
麻纺织	13110	93.69	59.93	6.13	6.64

1-A-8 续表12-5

单位：个、万元、人

指标名称	固定资产实际投资额	产销率（%）	资产负债率（%）	成本费用利润率（%）	每百元资金实现利税（元）
丝绢纺织及精加工	208189	97.55	64.51	2.73	7.59
缫丝加工	10846	98.64	72.02	0.42	5.82
绢纺和丝织加工	179046	97.47	63.98	3.23	7.87
丝印染精加工	18298	96.91	62.35	0.78	6.99
纺织制成品制造	303113	96.21	64.80	3.27	6.87
棉及化纤制品制造	128363	96.90	66.19	3.29	7.00
毛制品制造	12766	96.90	73.77	1.02	5.76
麻制品制造	1015	100.87	73.04	1.84	10.88
丝制品制造	24809	97.50	58.71	5.36	10.24
绳、索、缆的制造	5044	94.08	65.83	3.71	10.30
纺织带和帘子布制造	51622	93.10	67.15	2.21	4.12
无纺布制造	45690	94.32	62.60	3.48	7.63
其他纺织制成品制造	33804	98.02	60.05	2.55	5.19
针织品、编织品及其制品制造	438913	97.59	60.08	4.13	9.49
棉、化纤针织品及编织品制造	335609	97.39	60.72	4.41	9.54
毛针织品及编织品制造	63719	98.34	61.15	3.65	9.63
丝针织品及编织品制造	11958	98.08	51.45	3.11	9.99
其他针织品及编织品制造	27628	97.74	63.48	2.52	6.69
纺织服装、鞋、帽制造业	612133	96.93	59.91	5.38	13.17
纺织服装制造	600519	96.91	59.95	5.42	13.22
纺织服装制造	600519	96.91	59.95	5.42	13.22
纺织面料鞋的制造	7812	97.60	56.58	3.52	11.05
纺织面料鞋的制造	7812	97.60	56.58	3.52	11.05
制　帽	3802	98.45	60.71	2.37	9.01
制　帽	3802	98.45	60.71	2.37	9.01
皮革、毛皮、羽毛(绒)及其制品业	256623	97.73	63.64	4.23	12.32
皮革鞣制加工	25697	95.72	60.18	2.52	6.33
皮革鞣制加工	25697	95.72	60.18	2.52	6.33
皮革制品制造	210229	98.00	62.48	4.84	15.64
皮鞋制造	120022	98.12	59.45	6.12	19.43
皮革服装制造	21766	98.15	70.90	2.78	10.33
皮箱、包(袋)制造	40733	98.05	67.15	2.29	9.63
皮手套及皮装饰制品制造	5901	97.87	52.36	2.27	9.98
其他皮革制品制造	21807	95.80	66.66	2.39	8.99
毛皮鞣制及制品加工	6851	96.14	70.25	3.75	9.45
毛皮鞣制加工	1783	98.45	63.49	4.40	9.57
毛皮服装加工	2787	95.93	66.56	3.47	9.61
其他毛皮制品加工	2281	95.01	82.25	3.91	9.02
羽毛(绒)加工及制品制造	13846	99.25	74.32	2.23	5.52
羽毛(绒)加工	1051	97.46	80.97	2.39	5.12

1-A-8 续表12-6

单位：个、万元、人

指 标 名 称	固定资产实际投资额	产销率（%）	资产负债率（%）	成本费用利润率（%）	每百元资金实现利税（元）
羽毛(绒)制品加工	12795	99.39	73.81	2.22	5.55
木材加工及木、竹、藤、棕、草制品业	162540	96.76	57.06	4.82	13.96
锯材、木片加工	6077	96.31	51.26	5.79	23.21
锯材加工	1296	95.11	48.29	8.77	22.17
木片加工	4782	97.32	55.42	3.38	24.68
人造板制造	72183	95.91	58.75	4.47	10.28
胶合板制造	34172	96.38	58.81	3.17	8.57
纤维板制造	9007	92.13	64.25	6.47	11.86
刨花板制造	1753	98.31	70.21	2.85	5.97
其他人造板、材制造	27251	96.17	50.12	6.99	15.30
木制品制造	63738	97.67	52.86	4.85	18.66
建筑用木料及木材组件加工	45367	97.75	51.91	5.27	20.70
木容器制造	4191	98.91	64.43	2.61	10.08
软木制品及其他木制品制造	14180	96.32	53.73	1.54	8.43
竹、藤、棕、草制品制造	20541	96.56	61.14	5.53	14.98
竹、藤、棕、草制品制造	20541	96.56	61.14	5.53	14.98
家具制造业	235191	96.70	63.94	3.12	7.58
木质家具制造	64861	96.27	62.69	2.42	6.02
木质家具制造	64861	96.27	62.69	2.42	6.02
竹、藤家具制造	10712	97.84	68.46	2.11	5.63
竹、藤家具制造	10712	97.84	68.46	2.11	5.63
金属家具制造	96736	96.70	64.73	3.36	8.60
金属家具制造	96736	96.70	64.73	3.36	8.60
塑料家具制造	10093	94.44	58.25	4.30	12.53
塑料家具制造	10093	94.44	58.25	4.30	12.53
其他家具制造	52789	97.54	64.76	3.55	7.80
其他家具制造	52789	97.54	64.76	3.55	7.80
造纸及纸制品业	403127	96.59	65.03	3.70	7.54
纸浆制造	801	95.87	70.00	0.84	5.45
纸浆制造	801	95.87	70.00	0.84	5.45
造 纸	232266	96.27	66.74	3.79	7.14
机制纸及纸板制造	224507	96.25	66.74	3.82	7.14
手工纸制造	150	95.90	50.74	4.31	10.24
加工纸制造	7608	96.89	67.21	2.97	7.21
纸制品制造	170060	97.12	61.07	3.58	8.44
纸和纸板容器的制造	89233	97.79	60.67	3.75	8.64
其他纸制品制造	80827	95.05	62.16	3.07	7.84
印刷业和记录媒介的复制	254986	98.66	57.43	6.82	10.16
印 刷	243753	98.68	57.38	7.03	10.44
书、报、刊印刷	80911	98.37	57.33	6.07	8.28

1-A-8 续表12-7

单位：个、万元、人

指标名称	固定资产实际投资额	产销率（%）	资产负债率（%）	成本费用利润率（%）	每百元资金实现利税（元）
本册印制	16011	97.41	52.80	4.85	9.71
包装装潢及其他印刷	146832	98.91	57.83	7.49	11.05
装订及其他印刷服务活动	8226	97.92	48.49	3.64	8.16
装订及其他印刷服务活动	8226	97.92	48.49	3.64	8.16
记录媒介的复制	3006	98.51	65.35	2.29	2.41
记录媒介的复制	3006	98.51	65.35	2.29	2.41
文教体育用品制造业	145983	96.98	56.65	4.03	8.90
文化用品制造	55196	96.18	55.77	4.36	9.58
文具制造	24393	97.73	60.86	2.17	5.83
笔的制造	27356	93.22	63.65	3.50	8.01
教学用模型及教具制造	1489	99.52	18.76	12.26	31.90
墨水、墨汁制造		99.09	23.81	14.08	13.14
其他文化用品制造	1959	98.74	54.57	2.61	5.51
体育用品制造	37111	97.61	59.99	1.72	4.89
球类制造	10959	96.81	61.39	0.18	3.92
体育器材及配件制造	11784	96.35	59.85	2.83	5.98
训练健身器材制造	9896	97.80	57.25	2.61	6.88
运动防护用具制造	1045	96.52	61.21	-6.50	-4.54
其他体育用品制造	3427	99.66	64.31	1.95	4.00
乐器制造	8670	98.61	42.62	6.39	10.37
中乐器制造	83	100.00	39.83	-1.04	-1.15
西乐器制造	5835	97.86	39.65	7.83	12.92
电子乐器制造	76	99.48	41.11	9.06	9.76
其他乐器及零件制造	2676	99.84	48.12	3.39	6.64
玩具制造	33907	96.81	56.07	5.05	11.48
玩具制造	33907	96.81	56.07	5.05	11.48
游艺器材及娱乐用品制造	11099	98.06	62.09	3.90	8.79
露天游乐场所游乐设备制造	9831	98.62	66.17	3.38	8.62
游艺用品及室内游艺器材制造	1267	97.08	55.22	4.82	9.04
石油加工、炼焦及核燃料加工业	557022	99.23	71.94	-3.16	1.06
精炼石油产品的制造	557022	99.15	71.21	-3.07	1.47
原油加工及石油制品制造	557022	99.15	71.21	-3.07	1.47
炼　焦		103.84	109.68	-7.75	-11.59
炼　焦		103.84	109.68	-7.75	-11.59
化学原料及化学制品制造业	1603738	96.78	59.00	5.42	11.22
基础化学原料制造	443687	93.82	65.49	3.80	8.52
无机酸制造	28664	96.33	50.08	4.88	12.79
无机碱制造	48815	98.80	67.18	7.76	15.10
无机盐制造	16077	96.70	66.78	6.55	12.81
有机化学原料制造	242184	92.90	66.09	2.51	6.62

1-A-8 续表12-8

单位：个、万元、人

指 标 名 称	固定资产实际投资额	产销率（%）	资产负债率（%）	成本费用利润率（%）	每百元资金实现利税（元）
其他基础化学原料制造	107948	93.80	67.25	9.71	11.64
肥料制造	20884	97.23	61.45	3.36	8.54
氮肥制造	18400	97.55	60.89	3.01	8.80
磷肥制造	247	95.12	63.53	1.60	4.03
复混肥料制造	2218	96.14	54.47	8.31	12.03
有机肥料及微生物肥料制造		99.50	56.55	2.55	6.01
其他肥料制造	19	97.86	99.59	-6.63	-8.54
农药制造	106367	96.34	50.17	18.10	26.54
化学农药制造	97577	96.55	52.42	19.38	29.29
生物化学农药及微生物农药制造	8790	94.36	36.39	6.83	10.26
涂料、油墨、颜料及类似产品制造	137770	96.84	51.71	7.09	14.05
涂料制造	37127	97.68	54.25	7.68	13.96
油墨及类似产品制造	10785	97.64	47.18	5.06	10.32
颜料制造	26560	95.53	60.71	5.10	9.79
染料制造	58956	96.66	49.37	7.32	15.02
密封用填料及类似品制造	4343	95.19	57.24	5.94	16.53
合成材料制造	487627	98.75	66.36	1.40	4.17
初级形态的塑料及合成树脂制造	357456	96.75	62.45	-0.77	1.10
合成橡胶制造	1672	99.26	39.89	6.81	10.70
合成纤维单(聚合)体的制造	113608	100.57	72.32	3.06	6.90
其他合成材料制造	14892	97.88	35.72	10.91	21.64
专用化学产品制造	333360	96.25	54.38	6.85	14.36
化学试剂和助剂制造	71313	98.45	56.19	4.54	13.16
专项化学用品制造	79011	97.75	56.32	7.07	16.08
林产化学产品制造	3934	95.95	57.19	4.41	14.69
炸药及火工产品制造	4819	96.68	50.48	7.45	22.11
信息化学品制造	143669	89.73	50.08	12.49	14.16
环境污染处理专用药剂材料制造	11786	100.10	51.83	9.20	14.02
动物胶制造	2524	99.81	38.89	7.18	15.48
其他专用化学产品制造	16304	98.11	65.59	5.05	15.12
日用化学产品制造	74043	96.75	40.68	11.56	28.50
肥皂及合成洗涤剂制造	14366	96.40	26.90	6.66	17.80
化妆品制造	5571	98.32	47.94	24.22	61.81
口腔清洁用品制造	300	96.16	63.88	5.50	8.47
香料、香精制造	44331	93.41	58.10	11.22	15.71
其他日用化学产品制造	9474	98.30	45.64	8.94	31.59
医药制造业	342015	94.12	52.57	12.98	18.65
化学药品原药制造	201281	93.61	52.83	15.36	20.74
化学药品原药制造	201281	93.61	52.83	15.36	20.74
化学药品制剂制造	54973	93.82	53.64	11.00	17.28

1－A－8 续表12－9

单位：个、万元、人

指标名称	固定资产实际投资额	产销率(%)	资产负债率(%)	成本费用利润率(%)	每百元资金实现利税(元)
化学药品制剂制造	54973	93.82	53.64	11.00	17.28
中药饮片加工	6571	97.65	57.90	4.13	6.49
中药饮片加工	6571	97.65	57.90	4.13	6.49
中成药制造	23377	96.12	48.47	16.47	22.12
中成药制造	23377	96.12	48.47	16.47	22.12
兽用药品制造	11747	93.40	59.43	11.96	14.43
兽用药品制造	11747	93.40	59.43	11.96	14.43
生物、生化制品的制造	33695	95.44	47.00	9.38	14.43
生物、生化制品的制造	33695	95.44	47.00	9.38	14.43
卫生材料及医药用品制造	10372	94.73	61.32	3.80	11.26
卫生材料及医药用品制造	10372	94.73	61.32	3.80	11.26
化学纤维制造业	676517	97.45	64.87	1.69	4.48
纤维素纤维原料及纤维制造	3234	95.32	72.34	－2.46	－0.61
化纤浆粕制造	40	98.26	53.10	4.08	11.20
人造纤维（纤维素纤维）制造	3194	95.16	72.97	－2.82	－1.00
合成纤维制造	673283	97.47	64.74	1.73	4.56
锦纶纤维制造	16453	96.99	68.04	1.34	3.25
涤纶纤维制造	341679	97.98	65.24	2.00	5.40
腈纶纤维制造	3235	101.53	134.87	－31.65	－31.00
维纶纤维制造	451	93.93	71.29	1.99	1.93
其他合成纤维制造	311465	93.88	57.66	3.80	5.26
橡胶制品业	235450	99.51	64.33	3.43	8.85
轮胎制造	141032	101.65	66.75	2.59	6.85
车辆、飞机及工程机械轮胎制造	138912	101.78	66.87	2.55	6.79
力车胎制造	1810	96.30	56.07	5.03	8.07
轮胎翻新加工	310	92.22	73.04	6.04	14.97
橡胶板、管、带的制造	43101	96.42	56.89	5.07	11.73
橡胶板、管、带的制造	43101	96.42	56.89	5.07	11.73
橡胶零件制造	15326	97.56	60.76	5.09	9.55
橡胶零件制造	15326	97.56	60.76	5.09	9.55
再生橡胶制造	3384	96.76	64.30	4.19	11.16
再生橡胶制造	3384	96.76	64.30	4.19	11.16
日用及医用橡胶制品制造	2980	96.97	67.57	4.34	11.18
日用及医用橡胶制品制造	2980	96.97	67.57	4.34	11.18
橡胶靴鞋制造	18803	98.03	67.62	3.86	11.36
橡胶靴鞋制造	18803	98.03	67.62	3.86	11.36
其他橡胶制品制造	10824	97.18	59.06	2.97	10.76
其他橡胶制品制造	10824	97.18	59.06	2.97	10.76
塑料制品业	692926	97.60	62.01	4.81	10.52
塑料薄膜制造	143053	98.54	60.58	5.17	8.88

1－A－8 续表12－10

单位：个、万元、人

指 标 名 称	固定资产实际投资额	产销率（%）	资产负债率（%）	成本费用利润率（%）	每百元资金实现利税（元）
塑料薄膜制造	143053	98.54	60.58	5.17	8.88
塑料板、管、型材的制造	124748	98.38	60.81	4.46	9.07
塑料板、管、型材的制造	124748	98.38	60.81	4.46	9.07
塑料丝、绳及编织品的制造	24287	97.27	61.29	2.54	9.44
塑料丝、绳及编织品的制造	24287	97.27	61.29	2.54	9.44
泡沫塑料制造	20159	97.87	64.06	3.22	8.72
泡沫塑料制造	20159	97.87	64.06	3.22	8.72
塑料人造革、合成革制造	89978	95.81	69.55	4.27	10.80
塑料人造革、合成革制造	89978	95.81	69.55	4.27	10.80
塑料包装箱及容器制造	94384	98.93	53.93	9.03	15.45
塑料包装箱及容器制造	94384	98.93	53.93	9.03	15.45
塑料零件制造	76018	96.76	61.87	4.99	10.63
塑料零件制造	76018	96.76	61.87	4.99	10.63
日用塑料制造	83110	97.51	61.75	4.99	12.75
塑料鞋制造	3641	97.96	59.38	3.76	12.14
日用塑料杂品制造	79470	97.46	61.99	5.13	12.82
其他塑料制品制造	37189	97.27	64.15	3.58	10.94
其他塑料制品制造	37189	97.27	64.15	3.58	10.94
非金属矿物制品业	1090622	96.57	61.52	5.19	9.68
水泥、石灰和石膏的制造	339732	99.06	60.38	3.77	8.28
水泥制造	335137	99.09	60.42	3.71	8.16
石灰和石膏制造	4595	97.71	55.27	7.09	20.04
水泥及石膏制品制造	207495	97.64	67.15	5.31	11.08
水泥制品制造	177176	97.71	67.53	5.54	11.20
砼结构构件制造	25170	97.05	66.34	4.97	12.06
石棉水泥制品制造	207	95.00	55.26	2.76	12.88
轻质建筑材料制造	4149	97.59	60.97	2.99	7.63
其他水泥制品制造	794	99.77	74.07	1.04	7.30
砖瓦、石材及其他建筑材料制造	40595	91.04	65.44	4.91	10.10
粘土砖瓦及建筑砌块制造	14164	98.73	55.96	2.36	6.91
建筑陶瓷制品制造	811	84.86	74.83	6.13	10.98
建筑用石加工	9335	94.64	58.34	6.65	14.67
防水建筑材料制造	7808	96.46	64.68	4.62	10.22
隔热和隔音材料制造	4254	99.75	38.65	3.47	6.93
其他建筑材料制造	4223	93.78	64.63	3.89	11.66
玻璃及玻璃制品制造	447847	93.72	58.15	6.64	8.63
平板玻璃制造	80122	91.30	62.64	0.72	2.78
技术玻璃制品制造	63763	97.02	58.28	3.79	6.22
光学玻璃制造	725	97.00	50.38	2.99	6.26
玻璃仪器制造	1902	97.57	62.53	0.76	6.73

1－A－8 续表12－11

单位：个、万元、人

指标名称	固定资产实际投资额	产销率（%）	资产负债率（%）	成本费用利润率（%）	每百元资金实现利税（元）
日用玻璃制品及玻璃包装容器制造	44047	94.63	50.38	6.59	12.07
玻璃保温容器制造	4616	99.30	68.99	3.29	17.57
玻璃纤维及制品制造	234613	87.25	60.28	16.68	11.91
玻璃纤维增强塑料制品制造	5210	96.59	64.99	2.00	7.62
其他玻璃制品制造	12850	96.00	36.79	4.10	9.08
陶瓷制品制造	7989	97.31	59.99	6.65	13.63
卫生陶瓷制品制造	2352	98.23	61.40	4.84	11.65
特种陶瓷制品制造	3928	95.32	59.31	10.85	15.83
日用陶瓷制品制造	1692	97.29	58.07	6.67	15.72
园林、陈设艺术及其他陶瓷制品制造	16	100.00	32.60	3.02	2.96
耐火材料制品制造	25946	96.94	55.12	6.47	17.08
石棉制品制造	2617	93.98	47.08	0.29	3.66
云母制品制造	1972	97.25	62.60	0.97	6.43
耐火陶瓷制品及其他耐火材料制造	21357	97.20	56.23	7.16	19.53
石墨及其他非金属矿物制品制造	21019	98.67	59.38	6.90	12.73
石墨及碳素制品制造	4856	100.08	57.72	4.66	10.37
其他非金属矿物制品制造	16163	97.42	61.11	8.95	14.96
黑色金属冶炼及压延加工业	684540	96.18	70.58	1.09	5.99
炼　铁	407	104.28	77.74	2.39	13.43
炼　铁	407	104.28	77.74	2.39	13.43
炼　钢	13799	96.68	82.78	4.70	12.13
炼　钢	13799	96.68	82.78	4.70	12.13
钢压延加工	666081	96.14	70.06	0.88	5.60
钢压延加工	666081	96.14	70.06	0.88	5.60
铁合金冶炼	4254	96.28	71.88	2.00	11.48
铁合金冶炼	4254	96.28	71.88	2.00	11.48
有色金属冶炼及压延加工业	275868	98.29	64.32	1.09	7.24
常用有色金属冶炼	45385	98.39	69.88	-0.36	6.89
铜冶炼	13185	99.54	75.93	-1.35	7.03
铅锌冶炼	2198	98.04	63.97	-1.37	2.06
镍钴冶炼	26340	93.58	67.07	2.25	5.88
锡冶炼	52	100.00	79.72	1.58	7.59
铝冶炼	2562	97.90	62.39	1.89	7.71
镁冶炼	206	100.09	52.81	4.34	22.41
其他常用有色金属冶炼	842	92.98	62.20	2.25	24.48
贵金属冶炼	9198	94.92	66.75	1.19	4.90
金冶炼	3638	94.62	62.15	1.23	4.83
银冶炼	5199	94.13	82.75	0.90	3.37
其他贵金属冶炼	362	99.30	61.63	1.37	20.94
稀有稀土金属冶炼	5629	93.78	57.30	2.35	3.13

1－A－8　续表 12－12　　　　单位：个、万元、人

指　标　名　称	固定资产实际投资额	产销率（%）	资产负债率（%）	成本费用利润率（%）	每百元资金实现利税（元）
钨钼冶炼	147	93.61	80.23	-0.85	0.53
稀土金属冶炼	5482	93.80	55.17	2.79	3.38
有色金属合金制造	25835	97.58	67.42	2.05	7.65
有色金属合金制造	25835	97.58	67.42	2.05	7.65
有色金属压延加工	189821	98.48	62.61	1.54	7.47
常用有色金属压延加工	187403	98.47	62.64	1.32	6.94
贵金属压延加工	532	100.29	34.92	62.33	80.15
稀有稀土金属压延加工	1886	98.78	74.67	4.25	9.85
金属制品业	732890	96.81	63.45	4.57	10.47
结构性金属制品制造	197134	96.51	66.26	5.36	9.26
金属结构制造	144257	95.92	68.74	4.67	7.91
金属门窗制造	52876	98.04	59.20	7.08	13.31
金属工具制造	81804	96.87	59.78	4.34	10.92
切削工具制造	16764	93.19	58.06	7.31	11.63
手工具制造	33059	96.94	61.04	3.01	10.15
农用及园林用金属工具制造	12495	98.58	57.08	5.33	11.66
刀剪及类似日用金属工具制造	3875	101.87	58.06	4.75	11.58
其他金属工具制造	15611	96.52	62.91	4.48	10.97
集装箱及金属包装容器制造	81820	97.55	63.90	3.24	7.76
集装箱制造	15508	99.26	70.49	0.31	0.59
金属压力容器制造	10620	94.51	65.15	3.69	9.39
金属包装容器制造	55692	97.72	61.43	4.90	10.39
金属丝绳及其制品的制造	61738	95.68	64.43	2.19	10.64
金属丝绳及其制品的制造	61738	95.68	64.43	2.19	10.64
建筑、安全用金属制品制造	143956	97.20	60.76	4.27	11.78
建筑、家具用金属配件制造	60234	97.44	60.64	4.05	12.25
建筑装饰及水暖管道零件制造	71570	96.84	61.45	4.69	12.27
安全、消防用金属制品制造	9188	97.61	58.71	3.53	7.64
其他建筑、安全用金属制品制造	2964	97.76	58.80	2.37	7.65
金属表面处理及热处理加工	40663	96.65	62.38	6.77	12.87
金属表面处理及热处理加工	40663	96.65	62.38	6.77	12.87
搪瓷制品制造	4923	96.67	65.86	2.64	7.71
工业生产配套用搪瓷制品制造	1015	102.73	62.97	2.83	14.34
搪瓷卫生洁具制造	1942	95.37	49.88	2.90	6.04
搪瓷日用品及其他搪瓷制品制造	1966	96.58	73.17	2.57	8.00
不锈钢及类似日用金属制品制造	95871	97.41	60.94	5.42	12.24
金属制厨房调理及卫生器具制造	33610	100.09	66.52	4.84	10.53
金属制厨用器皿及餐具制造	45284	96.38	59.77	6.54	14.03
其他日用金属制品制造	16977	98.42	57.48	1.99	7.52
其他金属制品制造	24982	96.69	65.43	2.28	9.05

1－A－8 续表12－13 单位：个、万元、人

指标名称	固定资产实际投资额	产销率（%）	资产负债率（%）	成本费用利润率（%）	每百元资金实现利税（元）
其他未列明的金属制品制造	24982	96.69	65.43	2.28	9.05
通用设备制造业	1449167	96.77	58.99	5.99	11.94
锅炉及原动机制造	42851	94.99	64.88	9.51	13.66
锅炉及辅助设备制造	9841	97.32	70.06	5.90	11.02
内燃机及配件制造	20191	92.74	67.56	5.24	11.17
汽轮机及辅机制造	10810	97.85	57.22	19.44	18.39
水轮机及辅机制造	1551	96.58	62.77	4.89	9.37
其他原动机制造	459	24.82	88.19	3.53	1.02
金属加工机械制造	109852	93.87	55.76	6.49	9.58
金属切削机床制造	52344	91.65	54.78	5.54	7.91
金属成形机床制造	19796	91.28	50.71	11.26	13.33
铸造机械制造	6523	92.75	58.95	3.05	6.29
金属切割及焊接设备制造	12160	99.00	65.31	4.79	9.55
机床附件制造	9282	96.50	48.07	10.94	12.74
其他金属加工机械制造	9747	97.19	60.38	5.59	11.07
起重运输设备制造	94798	97.49	58.40	7.21	16.08
起重运输设备制造	94798	97.49	58.40	7.21	16.08
泵、阀门、压缩机及类似机械的制造	332736	96.65	57.10	6.04	13.37
泵及真空设备制造	70182	97.16	56.81	7.40	14.64
气体压缩机械制造	43537	97.83	68.44	4.20	9.05
阀门和旋塞的制造	183780	96.23	54.81	5.28	13.41
液压和气压动力机械及元件制造	35238	95.93	51.93	9.79	16.38
轴承、齿轮、传动和驱动部件的制造	244919	96.08	59.55	6.02	9.59
轴承制造	135355	95.77	58.97	6.25	9.08
齿轮、传动和驱动部件制造	109563	96.50	60.53	5.73	10.40
烘炉、熔炉及电炉制造	6234	96.36	66.29	8.94	16.23
烘炉、熔炉及电炉制造	6234	96.36	66.29	8.94	16.23
风机、衡器、包装设备等通用设备制造	266346	97.12	59.50	5.80	11.16
风机、风扇制造	19680	95.42	42.73	4.85	9.84
气体、液体分离及纯净设备制造	63541	96.61	63.96	7.28	13.24
制冷、空调设备制造	77780	98.10	57.63	6.64	13.45
风动和电动工具制造	42735	96.95	66.12	4.13	7.76
喷枪及类似器具制造	9730	96.67	56.89	4.59	11.73
包装专用设备制造	8955	97.53	62.56	5.97	10.04
衡器制造	1815	96.34	58.02	10.89	19.13
其他通用设备制造	42112	93.70	54.85	2.87	5.86
通用零部件制造及机械修理	225521	97.88	57.83	5.00	11.08
金属密封件制造	21029	96.17	53.44	8.72	13.47
紧固件、弹簧制造	146249	97.90	58.53	3.82	9.69
机械零部件加工及设备修理	30425	98.06	57.51	4.53	10.49

1－A－8 续表 12－14

单位：个、万元、人

指标名称	固定资产实际投资额	产销率（%）	资产负债率（%）	成本费用利润率（%）	每百元资金实现利税（元）
其他通用零部件制造	27818	98.15	57.07	8.87	14.79
金属铸、锻加工	125911	97.36	62.85	4.40	12.85
钢铁铸件制造	84239	97.25	62.90	4.78	14.67
锻件及粉末冶金制品制造	41672	97.70	62.75	3.28	8.69
专用设备制造业	567370	96.18	57.99	6.68	10.34
矿山、冶金、建筑专用设备制造	67360	97.96	61.86	7.22	13.05
采矿、采石设备制造	8143	95.72	60.23	6.10	14.05
石油钻采专用设备制造	4000	95.10	70.40	5.45	13.59
建筑工程用机械制造	42858	99.21	62.56	9.12	14.10
建筑材料生产专用机械制造	4752	97.77	55.80	5.75	13.56
冶金专用设备制造	7609	98.93	58.75	1.82	4.08
化工、木材、非金属加工专用设备制造	220015	95.51	55.37	7.21	10.09
炼油、化工生产专用设备制造	23501	97.58	62.89	4.91	9.80
橡胶加工专用设备制造	1306	94.69	49.21	7.94	11.08
塑料加工专用设备制造	53163	93.98	49.62	8.05	9.21
木材加工机械制造	3314	100.06	45.17	2.15	6.40
模具制造	137894	96.20	59.09	7.30	10.99
其他非金属加工专用设备制造	837	99.43	74.82	3.85	11.01
食品、饮料、烟草及饲料生产专用设备制造	6465	92.62	55.33	11.69	15.17
食品、饮料、烟草工业专用设备制造	5660	92.29	56.62	13.02	16.43
农副食品加工专用设备制造	523	95.84	48.91	6.31	8.86
饲料生产专用设备制造	283	84.41	60.44	9.02	16.40
印刷、制药、日化生产专用设备制造	18726	94.20	58.67	5.72	12.95
制浆和造纸专用设备制造	2863	92.99	64.85	4.80	10.53
印刷专用设备制造	7724	94.01	57.71	5.96	13.75
日用化工专用设备制造	2386	97.24	65.36	2.85	6.23
制药专用设备制造	5395	93.69	53.39	8.23	14.98
照明器具生产专用设备制造	187	93.79	64.07	2.32	12.65
玻璃、陶瓷和搪瓷制品生产专用设备制造	51	97.67	61.47	1.51	6.04
其他日用品生产专用设备制造	120	98.01	79.16	0.74	6.87
纺织、服装和皮革工业专用设备制造	88154	96.57	60.84	4.36	7.23
纺织专用设备制造	44582	96.73	61.74	4.53	7.44
皮革、毛皮及其制品加工专用设备制造	1058	95.39	58.46	1.91	4.02
缝纫机械制造	42157	96.58	60.55	4.35	7.24
其他服装加工专用设备制造	357	94.35	52.27	6.04	10.40
电子和电工机械专用设备制造	22282	97.13	51.96	6.32	11.66
电工机械专用设备制造	3672	99.68	75.47	2.07	7.87
电子工业专用设备制造	18459	96.09	45.69	8.13	12.60
武器弹药制造	151	98.21	54.22	12.73	15.06
农、林、牧、渔专用机械制造	36830	97.67	67.72	2.52	5.03

1－A－8 续表12－15

单位：个、万元、人

指 标 名 称	固定资产实际投资额	产销率（%）	资产负债率（%）	成本费用利润率（%）	每百元资金实现利税（元）
拖拉机制造	1996	99.64	74.30	-0.72	-0.48
机械化农业及园艺机具制造	32177	96.50	64.39	4.19	7.05
畜牧机械制造		97.01	21.91	4.39	12.74
渔业机械制造	39	98.39	85.36	1.81	4.21
农林牧渔机械配件制造	2205	97.74	62.63	3.57	11.07
其他农林牧渔业机械制造及机械修理	414	97.59	63.36	6.13	12.44
医疗仪器设备及器械制造	32041	96.18	48.47	14.42	16.35
医疗诊断、监护及治疗设备制造	5304	98.58	45.73	13.79	12.67
口腔科用设备及器具制造	136	90.36	83.04	2.71	6.77
实验室及医用消毒设备和器具的制造	780	99.51	50.27	14.88	20.39
医疗、外科及兽医用器械制造	12440	95.31	48.78	16.77	19.15
机械治疗及病房护理设备制造	5019	96.62	55.19	12.91	16.49
假肢、人工器官及植（介）入器械制造	1169	95.32	45.94	8.47	8.07
其他医疗设备及器械制造	7192	96.22	41.97	3.51	7.57
环保、社会公共安全及其他专用设备制造	75497	96.19	58.56	7.52	12.40
环境污染防治专用设备制造	24952	96.01	61.34	5.80	10.92
地质勘查专用设备制造	55	93.88	61.28	16.02	18.73
邮政专用机械及器材制造	193	96.72	65.96	7.13	13.86
商业、饮食、服务业专用设备制造	249	101.03	88.28	1.23	7.00
社会公共安全设备及器材制造	44478	96.85	53.33	13.20	16.09
交通安全及管制专用设备制造	304	102.86	65.84	2.98	16.23
水资源专用机械制造	1131	95.17	70.47	3.03	6.44
其他专用设备制造	4135	95.54	47.10	8.58	11.52
交通运输设备制造业	1807044	96.65	67.58	5.62	9.28
铁路运输设备制造	4168	100.06	60.45	0.96	4.29
铁路机车车辆配件制造	1301	99.88	57.82	1.27	5.60
铁路专用设备及器材、配件制造	714	100.02	60.88	2.75	5.19
其他铁路设备制造及设备修理	2153	101.01	63.24	-10.85	-2.78
汽车制造	771281	98.03	61.37	5.68	11.07
汽车整车制造	103754	98.91	58.33	6.49	10.96
改装汽车制造	6451	97.56	63.18	0.77	3.56
汽车车身、挂车的制造	535	93.55	74.31	-5.60	-4.18
汽车零部件及配件制造	654945	97.90	61.80	5.67	11.19
汽车修理	5596	100.12	64.04	2.55	9.83
摩托车制造	84573	97.63	65.68	3.08	9.71
摩托车整车制造	10211	98.86	67.78	2.10	8.77
摩托车零部件及配件制造	74362	97.05	64.56	3.55	10.20
自行车制造	47802	97.57	69.09	2.07	6.12
脚踏自行车及残疾人座车制造	17314	97.65	72.69	1.42	4.74
助动自行车制造	30489	97.48	64.45	2.86	8.04

1－A－8 续表12－16

单位：个、万元、人

指 标 名 称	固定资产实际投资额	产销率（%）	资产负债率（%）	成本费用利润率（%）	每百元资金实现利税（元）
船舶及浮动装置制造	878840	92.82	77.44	7.58	6.81
金属船舶制造	765283	92.89	80.34	6.56	5.61
非金属船舶制造	514	91.41	75.51	18.24	14.70
娱乐船和运动船的建造和修理	3528	82.39	43.10	－4.59	－1.02
船用配套设备制造	64148	89.45	60.13	5.72	8.07
船舶修理及拆船	45368	95.89	61.55	17.97	21.37
航空航天器制造	2602	95.70	66.03	8.46	8.32
飞机制造及修理	432	99.52	80.88	5.56	5.09
其他飞行器制造	2169	94.72	61.64	9.29	9.99
交通器材及其他交通运输设备制造	17779	92.85	65.99	3.14	6.43
潜水及水下救捞装备制造		100.00	6.40	10.66	6.50
交通管理用金属标志及设施制造	5233	93.38	59.65	4.44	7.73
其他交通运输设备制造	12546	91.81	80.74	0.81	4.01
电气机械及器材制造业	1414525	97.11	60.19	5.64	12.06
电机制造	245340	97.44	61.07	6.23	11.65
发电机及发电机组制造	40962	96.64	65.37	6.80	8.51
电动机制造	111317	98.27	57.97	6.58	13.08
微电机及其他电机制造	93062	96.78	62.30	5.68	11.60
输配电及控制设备制造	238492	97.09	52.78	7.93	14.77
变压器、整流器和电感器制造	47066	96.10	62.13	6.60	12.05
电容器及其配套设备制造	10591	98.11	45.61	7.99	15.38
配电开关控制设备制造	104787	97.11	50.04	8.66	15.38
电力电子元器件制造	63327	97.38	54.36	7.11	15.36
其他输配电及控制设备制造	12720	98.67	50.83	7.91	14.63
电线、电缆、光缆及电工器材制造	246613	96.78	61.68	4.43	9.87
电线电缆制造	214678	96.89	62.37	4.04	9.54
光纤、光缆制造	12877	98.17	56.24	8.43	11.61
绝缘制品制造	4011	96.27	55.02	4.96	11.74
其他电工器材制造	15047	88.82	61.49	6.03	12.95
电池制造	150797	97.20	58.70	5.20	14.78
电池制造	150797	97.20	58.70	5.20	14.78
家用电力器具制造	267727	97.37	66.88	5.00	11.61
家用制冷电器具制造	22845	98.98	65.60	1.61	6.21
家用空气调节器制造	19151	99.28	72.70	3.36	5.64
家用通风电器具制造	16352	96.13	58.11	4.60	14.29
家用厨房电器具制造	60157	95.90	64.05	8.46	20.65
家用清洁卫生电器具制造	62222	97.67	64.92	5.24	11.36
家用美容、保健电器具制造	14081	95.92	73.53	1.84	10.02
家用电力器具专用配件制造	32978	97.35	65.04	7.44	14.84
其他家用电力器具制造	39941	97.61	71.40	2.84	6.54

1－A－8 续表 12－17

单位：个、万元、人

指标名称	固定资产实际投资额	产销率（%）	资产负债率（%）	成本费用利润率（%）	每百元资金实现利税（元）
非电力家用器具制造	43426	96.59	56.24	5.73	14.21
燃气、太阳能及类似能源的器具制造	37726	96.34	58.16	6.17	14.37
其他非电力家用器具制造	5700	97.42	49.79	4.38	13.65
照明器具制造	196370	97.03	64.78	4.13	9.60
电光源制造	74881	96.98	65.01	4.76	11.47
照明灯具制造	103566	96.96	64.66	3.84	8.34
灯用电器附件及其他照明器具制造	17923	97.41	64.88	3.77	11.47
其他电气机械及器材制造	25759	95.02	53.41	3.59	8.29
车辆专用照明及电气信号设备装置制造	20879	94.99	53.15	3.09	7.64
其他未列明的电气机械制造	4880	95.14	54.37	5.47	10.59
通信设备、计算机及其他电子设备制造业	779745	97.93	54.71	5.57	10.27
通信设备制造	115435	100.59	55.79	3.05	7.57
通信传输设备制造	38878	96.17	51.93	10.99	15.88
通信交换设备制造	15464	99.23	61.86	4.05	8.84
通信终端设备制造	1939	96.96	69.80	2.10	5.60
移动通信及终端设备制造	50803	101.61	58.98	1.85	5.47
其他通信设备制造	8350	92.38	36.31	14.47	15.20
雷达及配套设备制造	89	100.00	63.27	13.16	5.92
雷达及配套设备制造	89	100.00	63.27	13.16	5.92
广播电视设备制造	21453	97.69	46.61	5.99	10.74
广播电视节目制作及发射设备制造	530	99.66	54.88	2.61	7.85
广播电视接收设备及器材制造	14259	97.64	57.16	2.55	6.38
应用电视设备及其他广播电视设备制造	6664	97.44	33.91	14.75	17.30
电子计算机制造	196594	96.98	54.78	8.05	16.56
电子计算机整机制造	5727	99.54	81.83	0.94	3.90
计算机网络设备制造	4143	99.23	39.19	37.70	51.11
电子计算机外部设备制造	186724	96.26	56.56	5.22	9.91
电子器件制造	114695	96.18	52.32	4.44	6.23
电子真空器件制造	5034	101.01	53.86	0.81	5.59
半导体分立器件制造	34541	97.48	50.48	6.05	6.53
集成电路制造	23252	93.88	48.74	2.88	5.15
光电子器件及其他电子器件制造	51868	96.56	56.72	4.55	6.90
电子元件制造	282981	97.25	53.28	5.89	9.10
电子元件及组件制造	258240	97.12	52.54	6.14	9.42
印制电路板制造	24740	98.80	61.61	3.04	5.46
家用视听设备制造	31652	97.23	67.88	2.44	5.86
家用影视设备制造	22031	97.10	71.66	2.52	5.34
家用音响设备制造	9621	97.54	56.82	2.25	7.39
其他电子设备制造	16847	98.04	57.24	4.29	12.20
其他电子设备制造	16847	98.04	57.24	4.29	12.20

1－A－8 续表 12－18 单位：个、万元、人

指 标 名 称	固定资产实际投资额	产销率（%）	资产负债率（%）	成本费用利润率（%）	每百元资金实现利税（元）
仪器仪表及文化、办公用机械制造业	225042	95.35	57.92	6.70	11.62
通用仪器仪表制造	83463	96.37	56.60	7.36	13.90
工业自动控制系统装置制造	32906	97.70	50.82	10.24	17.00
电工仪器仪表制造	7459	94.94	57.40	6.11	12.48
绘图、计算及测量仪器制造	3789	95.17	65.86	3.61	7.39
实验分析仪器制造	5221	95.06	53.06	4.60	9.61
试验机制造	603	97.32	59.08	－1.49	2.21
供应用仪表及其他通用仪器制造	33484	96.41	58.38	7.19	14.31
专用仪器仪表制造	41939	90.76	59.23	7.10	12.63
环境监测专用仪器仪表制造	1418	76.78	63.35	9.96	13.68
汽车及其他用计数仪表制造	26483	94.17	65.81	3.84	8.86
导航、气象及海洋专用仪器制造	1628	96.19	44.48	4.40	11.22
农林牧渔专用仪器仪表制造	15	97.36	84.80	6.36	8.76
地质勘探和地震专用仪器制造	13	97.31	45.35	6.59	27.20
教学专用仪器制造	2112	98.41	47.10	5.56	13.09
电子测量仪器制造	9823	72.84	52.86	－4.00	－1.83
其他专用仪器制造	446	99.49	26.51	94.42	67.59
钟表与计时仪器制造	4224	97.93	70.49	2.93	7.03
钟表与计时仪器制造	4224	97.93	70.49	2.93	7.03
光学仪器及眼镜制造	71842	94.75	56.24	5.26	7.85
光学仪器制造	28382	96.75	48.61	7.82	8.21
眼镜制造	43461	93.86	60.57	4.10	7.64
文化、办公用机械制造	20397	97.46	61.80	5.98	7.18
电影机械制造	184	99.98	32.75	2.20	12.15
幻灯及投影设备制造		100.00	54.03	8.86	17.47
照相机及器材制造	7053	99.92	59.66	7.82	6.60
复印和胶印设备制造	2051	95.60	52.68	6.65	8.84
计算器及货币专用设备制造	762	94.23	47.07	2.05	7.10
其他文化、办公用机械制造	10347	96.97	69.76	5.93	7.17
其他仪器仪表的制造及修理	3177	93.29	60.08	－0.27	3.74
其他仪器仪表的制造及修理	3177	93.29	60.08	－0.27	3.74
工艺品及其他制造业	293922	96.02	61.32	4.66	10.25
工艺美术品制造	175260	96.59	60.47	4.33	9.71
雕塑工艺品制造	9089	97.95	54.43	1.90	10.62
金属工艺品制造	26495	96.35	59.89	3.18	9.04
漆器工艺品制造	5383	96.10	59.88	2.35	11.92
花画工艺品制造	3538	95.47	63.03	2.32	7.66
天然植物纤维编织工艺品制造	4385	97.01	55.31	3.52	14.94
抽纱刺绣工艺品制造	65440	97.78	62.78	4.37	9.41

1－A－8　续表 12－19　　　　单位：个、万元、人

指 标 名 称	固定资产实际投资额	产销率（%）	资产负债率（%）	成本费用利润率（%）	每百元资金实现利税（元）
地毯、挂毯制造	13523	96.57	62.47	2.19	5.78
珠宝首饰及有关物品的制造	15983	95.02	53.13	7.41	12.47
其他工艺美术品制造	31424	96.49	66.42	3.68	8.06
日用杂品制造	114481	95.03	62.72	5.21	11.12
制镜及类似品加工	6445	100.85	54.93	6.02	13.26
鬃毛加工、制刷及清扫工具的制造	9577	95.13	71.30	1.56	4.44
其他日用杂品制造	98459	94.61	62.41	5.46	11.61
煤制品制造	1241	94.97	53.51	5.49	7.04
煤制品制造	1241	94.97	53.51	5.49	7.04
核辐射加工		100.00	73.63	2.12	4.22
核辐射加工		100.00	73.63	2.12	4.22
其他未列明的制造业	2939	99.61	61.00	4.21	10.55
其他未列明的制造业	2939	99.61	61.00	4.21	10.55
废弃资源和废旧材料回收加工业	22183	98.42	80.56	-2.17	-1.73
金属废料和碎屑的加工处理	14087	98.56	84.59	-2.62	-3.82
金属废料和碎屑的加工处理	14087	98.56	84.59	-2.62	-3.82
非金属废料和碎屑的加工处理	8096	96.68	62.58	4.02	10.43
非金属废料和碎屑的加工处理	8096	96.68	62.58	4.02	10.43
电力、燃气及水的生产和供应业	**4171812**	**99.78**	**64.65**	**1.62**	**6.04**
电力、热力的生产和供应业	3736540	99.81	65.78	1.63	6.67
电力生产	1705123	99.39	69.14	2.18	4.99
火力发电	996481	99.31	69.34	-1.31	3.25
水力发电	179564	99.60	64.61	8.99	4.20
核力发电	458693	100.00	71.63	31.03	10.86
其他能源发电	70384	97.67	64.70	16.95	4.42
电力供应	1979762	100.00	59.65	1.36	9.62
电力供应	1979762	100.00	59.65	1.36	9.62
热力生产和供应	51655	99.88	72.78	2.09	3.92
热力生产和供应	51655	99.88	72.78	2.09	3.92
燃气生产和供应业	96219	99.95	53.84	2.98	6.13
燃气生产和供应业	96219	99.95	53.84	2.98	6.13
燃气生产和供应业	96219	99.95	53.84	2.98	6.13
水的生产和供应业	339053	98.71	59.44	...	1.11
自来水的生产和供应	251683	98.94	57.61	1.85	1.92
自来水的生产和供应	251683	98.94	57.61	1.85	1.92
污水处理及其再生利用	87370	97.80	66.27	-6.62	-1.48
污水处理及其再生利用	87370	97.80	66.27	-6.62	-1.48
其他水的处理、利用与分配		99.19	0.11	41.28	11.06
其他水的处理、利用与分配		99.19	0.11	41.28	11.06

1－A－8 续表 13－1 单位：个、万元、人

指标名称	每百元固定资产原值实现利税（元）	每百元主营业务收入实现利税（元）	流动资金周转次数（次）	流动比率	速动比率
总 计	**19.39**	**7.57**	**2.08**	**1.04**	**0.79**
一、按轻重工业分					
轻工业	23.70	8.50	1.96	1.05	0.80
重工业	16.74	6.91	2.17	1.03	0.78
二、按规模分					
大型企业	14.53	6.24	2.59	0.95	0.69
中型企业	22.88	9.19	1.98	1.06	0.80
小型企业	18.56	6.78	1.99	1.05	0.81
三、按登记注册类型分					
内 资	**19.35**	**7.57**	**2.14**	**1.00**	**0.77**
国 有	13.64	11.64	3.67	0.89	0.70
集 体	22.88	8.93	1.57	1.20	1.01
股份合作企业	27.13	7.35	2.06	1.15	0.91
联营企业	－1.46	－1.54	2.15	0.71	0.50
国有联营	3.80	13.65	1.03	0.97	0.16
集体联营	－5.99	－10.26	3.96	0.41	0.37
国有与集体联营	8.31	4.55	1.37	0.74	0.49
其他联营	6.35	2.47	2.44	1.37	1.06
有限责任公司	13.72	7.10	1.90	1.01	0.77
国有独资公司	8.80	9.47	1.13	1.00	0.80
其他有限责任公司	14.00	7.04	1.93	1.01	0.77
股份有限公司	21.55	6.66	2.57	1.01	0.73
私营企业	25.69	7.27	2.05	1.01	0.78
私营独资	31.08	7.57	2.48	1.01	0.80
私营合伙	38.88	8.93	2.51	1.07	0.85
私营有限责任公司	24.70	7.21	2.00	1.01	0.78
私营股份有限公司	34.54	7.20	2.24	1.02	0.71
其 他	13.91	6.77	1.84	1.05	0.82
港澳台商投资	**20.93**	**8.03**	**1.77**	**1.11**	**0.83**
与港澳台商合资经营	21.83	7.89	1.84	1.07	0.80
与港澳台商合作经营	15.10	9.28	1.75	1.21	0.89
港澳台商独资	21.06	8.60	1.70	1.20	0.89
港澳台商投资股份有限公司	5.81	2.67	1.27	1.06	0.79
外商投资	**18.45**	**7.26**	**2.03**	**1.13**	**0.82**
中外合资经营	22.95	7.93	2.07	1.11	0.84
中外合作经营	19.43	8.26	1.93	1.32	1.05
外资企业	12.67	5.72	2.02	1.16	0.81
外商投资股份有限公司	26.01	12.39	1.81	0.98	0.65
四、按控股情况分					
国有控股	9.98	8.37	3.08	0.83	0.61

1－A－8 续表13－2

单位：个、万元、人

指标名称	每百元固定资产原值实现利税（元）	每百元主营业务收入实现利税（元）	流动资金周转次数（次）	流动比率	速动比率
集体控股	18.83	7.95	1.85	1.08	0.86
私人控股	25.69	7.51	2.01	1.04	0.80
港澳台商控股	19.16	7.76	1.69	1.14	0.85
外商控股	17.20	6.79	2.09	1.16	0.83
其　他	19.37	7.19	1.66	1.08	0.77
五、按国民经济行业（门类、大类、中类、小类）分					
采矿业	**37.68**	**14.26**	**2.23**	**1.11**	**0.92**
煤炭开采和洗选业	0.10	0.11	2.39	0.73	0.66
烟煤和无烟煤的开采洗选	0.10	0.11	2.39	0.73	0.66
烟煤和无烟煤的开采洗选	0.10	0.11	2.39	0.73	0.66
黑色金属矿采选业	111.94	24.53	1.15	1.79	1.40
铁矿采选	111.94	24.53	1.15	1.79	1.40
铁矿采选	111.94	24.53	1.15	1.79	1.40
有色金属矿采选业	75.25	16.24	2.21	1.17	0.96
常用有色金属矿采选	81.98	15.67	3.10	1.12	0.94
铜矿采选	59.92	13.81	3.69	1.37	1.12
铅锌矿采选	146.22	18.67	2.47	0.95	0.82
贵金属矿采选	31.05	23.22	1.11	0.93	0.69
金矿采选	24.36	31.15	0.70	4.01	3.04
银矿采选	54.41	16.62	2.19	0.31	0.21
稀有稀土金属矿采选	63.91	18.09	1.06	1.27	1.02
钨钼矿采选	97.76	20.12	1.07	1.17	0.91
放射性金属矿采选	1.47	1.36	1.01	5.87	5.62
非金属矿采选业	31.04	12.41	2.96	0.92	0.77
土砂石开采	33.49	12.59	3.08	0.98	0.83
石灰石、石膏开采	30.64	13.54	2.09	0.80	0.71
建筑装饰用石开采	34.50	13.71	4.49	1.04	0.96
耐火土石开采	68.48	12.70	1.98	1.18	0.83
粘土及其他土砂石开采	27.20	10.93	3.16	0.94	0.81
化学矿采选	-0.28	-0.38	1.33	0.36	0.27
化学矿采选	-0.28	-0.38	1.33	0.36	0.27
采　盐	6.32	17.82	0.47	1.30	1.13
采　盐	6.32	17.82	0.47	1.30	1.13
石棉及其他非金属矿采选	21.26	11.61	2.38	0.63	0.47
其他非金属矿采选	21.26	11.61	2.38	0.63	0.47
制造业	**23.78**	**7.62**	**2.00**	**1.05**	**0.79**
农副食品加工业	15.70	3.96	2.21	1.00	0.68
谷物磨制	8.76	1.61	3.27	0.97	0.74
谷物磨制	8.76	1.61	3.27	0.97	0.74
饲料加工	30.01	5.84	3.70	1.02	0.70

1－A－8 续表13－3　　单位：个、万元、人

指标名称	每百元固定资产原值实现利税（元）	每百元主营业务收入实现利税（元）	流动资金周转次数（次）	流动比率	速动比率
饲料加工	30.01	5.84	3.70	1.02	0.70
植物油加工	6.34	0.98	2.78	1.04	0.71
食用植物油加工	6.40	0.98	2.79	1.04	0.71
非食用植物油加工	1.75	0.56	2.14	0.74	0.54
屠宰及肉类加工	28.58	5.38	2.97	1.14	0.77
畜禽屠宰	15.52	2.50	7.44	0.83	0.74
肉制品及副产品加工	33.31	6.68	2.34	1.21	0.78
水产品加工	9.05	2.70	1.61	0.93	0.62
水产品冷冻加工	8.94	2.47	1.60	0.95	0.63
鱼糜制品及水产品干腌制加工	8.36	3.79	1.55	0.77	0.50
水产饲料制造	13.97	4.17	2.09	1.22	0.88
鱼油提取及制品的制造	13.17	5.86	1.86	1.43	0.68
其他水产品加工	3.40	1.35	2.49	0.79	0.39
蔬菜、水果和坚果加工	21.49	8.21	2.14	1.06	0.70
蔬菜、水果和坚果加工	21.49	8.21	2.14	1.06	0.70
其他农副食品加工	14.94	6.36	1.48	1.16	0.91
淀粉及淀粉制品的制造	9.50	4.49	0.95	0.97	0.87
豆制品制造	19.60	8.72	2.69	0.84	0.64
蛋品加工	34.27	6.67	3.71	1.22	0.95
其他未列明的农副食品加工	8.80	4.61	0.94	1.49	1.11
食品制造业	27.64	10.71	2.16	1.05	0.79
焙烤食品制造	26.25	13.03	3.13	1.25	0.96
糕点、面包制造	30.92	10.95	3.01	1.08	0.78
饼干及其他焙烤食品制造	24.96	13.93	3.19	1.34	1.05
糖果、巧克力及蜜饯制造	38.14	15.44	1.59	1.20	1.01
糖果、巧克力制造	40.19	20.67	2.17	1.27	1.02
蜜饯制作	28.52	5.77	1.07	1.13	1.00
方便食品制造	40.88	14.74	3.01	1.04	0.87
米、面制品制造	29.69	13.25	2.16	0.77	0.58
速冻食品制造	14.33	8.13	1.80	1.12	0.83
方便面及其他方便食品制造	54.21	16.41	3.79	1.12	0.99
液体乳及乳制品制造	10.34	5.17	2.27	0.85	0.60
液体乳及乳制品制造	10.34	5.17	2.27	0.85	0.60
罐头制造	22.55	7.85	1.72	0.98	0.58
肉、禽类罐头制造	55.04	11.66	3.29	1.07	0.66
水产品罐头制造	4.13	2.75	2.13	0.61	0.33
蔬菜、水果罐头制造	13.34	4.96	1.42	0.94	0.53
其他罐头食品制造	111.68	19.60	4.10	2.59	2.37
调味品、发酵制品制造	7.23	4.64	1.99	0.98	0.75
味精制造	－6.29	－5.33	1.89	0.79	0.64

1-A-8 续表13-4 单位：个、万元、人

指 标 名 称	每百元固定资产原值实现利税（元）	每百元主营业务收入实现利税（元）	流动资金周转次数（次）	流动比率	速动比率
酱油、食醋及类似制品的制造	20.85	11.91	2.59	0.89	0.57
其他调味品、发酵制品制造	21.54	9.93	1.74	1.45	1.17
其他食品制造	35.37	10.38	1.98	1.13	0.91
营养、保健食品制造	32.34	9.78	2.32	1.34	1.02
冷冻饮品及食用冰制造	19.95	7.76	2.32	1.71	1.39
盐加工	74.66	20.85	2.43	1.69	0.74
食品及饲料添加剂制造	41.35	11.05	1.77	1.00	0.83
其他未列明的食品制造	21.94	7.00	6.67	0.53	0.40
饮料制造业	34.19	13.84	2.17	1.02	0.67
酒精制造	0.23	0.12	0.35	0.80	0.54
酒精制造	0.23	0.12	0.35	0.80	0.54
酒的制造	20.33	18.53	1.28	0.88	0.39
白酒制造	28.43	22.80	1.25	1.12	0.64
啤酒制造	17.07	19.28	1.59	0.62	0.30
黄酒制造	26.28	17.35	1.01	1.22	0.49
其他酒制造	34.04	15.81	1.41	0.91	0.56
软饮料制造	50.86	13.67	2.98	1.13	0.96
碳酸饮料制造	31.30	12.55	3.35	1.32	1.07
瓶（罐）装饮用水制造	14.75	2.19	2.81	1.05	0.96
果菜汁及果菜汁饮料制造	2.19	1.37	1.46	0.84	0.67
含乳饮料和植物蛋白饮料制造	119.03	38.57	3.66	1.34	0.95
固体饮料制造	21.15	11.53	1.25	0.84	0.69
茶饮料及其他软饮料制造	67.76	21.34	3.42	1.28	1.08
精制茶加工	26.85	6.50	1.89	1.10	0.64
精制茶加工	26.85	6.50	1.89	1.10	0.64
烟草制品业	289.34	81.92	1.29	11.43	6.79
卷烟制造	292.61	82.18	1.28	11.56	6.85
卷烟制造	292.61	82.18	1.28	11.56	6.85
其他烟草制品加工	57.19	38.51	2.24	2.73	2.57
其他烟草制品加工	57.19	38.51	2.24	2.73	2.57
纺织业	15.58	6.35	1.90	0.98	0.76
棉、化纤纺织及印染精加工	14.04	6.26	1.93	0.94	0.74
棉、化纤纺织加工	13.98	5.84	1.85	0.96	0.73
棉、化纤印染精加工	14.11	6.98	2.09	0.89	0.74
毛纺织和染整精加工	16.27	7.17	1.71	1.07	0.70
毛条加工	12.34	5.25	1.63	1.25	0.73
毛纺织	19.83	7.48	1.74	1.11	0.74
毛染整精加工	10.62	8.48	1.73	0.74	0.54
麻纺织	14.82	8.54	1.20	1.03	0.69
麻纺织	14.82	8.54	1.20	1.03	0.69

1－A－8 续表13－5

单位：个、万元、人

指 标 名 称	每百元固定资产原值实现利税（元）	每百元主营业务收入实现利税（元）	流动资金周转次数（次）	流动比率	速动比率
丝绢纺织及精加工	14.45	5.99	1.88	1.02	0.77
缫丝加工	11.61	4.04	2.00	1.01	0.57
绢纺和丝织加工	15.56	6.15	1.88	1.04	0.80
丝印染精加工	9.88	6.87	1.77	0.84	0.73
纺织制成品制造	15.67	5.92	1.68	1.00	0.79
棉及化纤制品制造	17.36	5.79	1.71	0.96	0.76
毛制品制造	14.75	5.03	1.51	0.97	0.78
麻制品制造	49.77	7.07	1.81	1.07	0.90
丝制品制造	25.22	8.13	1.77	1.16	0.96
绳、索、缆的制造	27.58	7.85	1.80	1.08	0.85
纺织带和帘子布制造	8.49	4.42	1.41	1.01	0.81
无纺布制造	13.75	6.20	1.96	0.96	0.75
其他纺织制成品制造	11.81	5.00	1.50	1.01	0.81
针织品、编织品及其制品制造	20.76	6.86	2.04	1.04	0.80
棉、化纤针织品及编织品制造	21.63	6.91	2.00	1.04	0.81
毛针织品及编织品制造	19.43	7.26	2.07	0.98	0.71
丝针织品及编织品制造	18.41	6.34	2.36	1.16	0.93
其他针织品及编织品制造	14.57	5.34	2.03	1.06	0.85
纺织服装、鞋、帽制造业	31.34	8.93	2.09	1.09	0.80
纺织服装制造	31.53	8.99	2.08	1.09	0.80
纺织服装制造	31.53	8.99	2.08	1.09	0.80
纺织面料鞋的制造	24.86	6.50	2.64	1.07	0.77
纺织面料鞋的制造	24.86	6.50	2.64	1.07	0.77
制 帽	16.47	5.35	2.89	0.95	0.67
制 帽	16.47	5.35	2.89	0.95	0.67
皮革、毛皮、羽毛(绒)及其制品业	36.65	7.38	2.23	1.07	0.79
皮革鞣制加工	18.40	5.08	1.63	1.11	0.69
皮革鞣制加工	18.40	5.08	1.63	1.11	0.69
皮革制品制造	42.72	8.13	2.66	1.05	0.83
皮鞋制造	52.19	9.37	2.89	1.09	0.89
皮革服装制造	35.87	5.66	2.34	1.00	0.77
皮箱、包(袋)制造	25.16	5.54	2.40	0.99	0.78
皮手套及皮装饰制品制造	30.60	5.89	2.30	1.27	0.88
其他皮革制品制造	21.15	6.70	2.01	0.88	0.59
毛皮鞣制及制品加工	29.63	7.87	1.57	1.07	0.72
毛皮鞣制加工	19.14	6.92	2.19	0.99	0.73
毛皮服装加工	31.56	8.27	1.48	1.22	0.77
其他毛皮制品加工	37.34	7.64	1.45	0.87	0.62
羽毛(绒)加工及制品制造	30.00	4.75	1.37	1.10	0.77
羽毛(绒)加工	34.95	4.51	1.29	1.12	0.89

1－A－8 续表13－6

单位：个、万元、人

指标名称	每百元固定资产原值实现利税（元）	每百元主营业务收入实现利税（元）	流动资金周转次数（次）	流动比率	速动比率
羽毛(绒)制品加工	29.69	4.77	1.38	1.09	0.77
木材加工及木、竹、藤、棕、草制品业	35.33	7.92	2.52	1.15	0.66
锯材、木片加工	60.36	10.11	3.30	1.27	0.73
锯材加工	62.77	12.33	2.53	1.29	0.71
木片加工	57.56	8.23	4.44	1.25	0.76
人造板制造	27.17	7.16	2.02	1.15	0.62
胶合板制造	24.41	5.84	2.05	1.14	0.63
纤维板制造	24.62	9.76	1.71	1.13	0.47
刨花板制造	54.51	6.08	1.06	1.25	0.95
其他人造板、材制造	37.72	9.11	2.60	1.19	0.69
木制品制造	44.91	8.04	3.38	1.16	0.67
建筑用木料及木材组件加工	51.16	8.38	3.55	1.20	0.66
木容器制造	34.49	6.32	2.02	1.19	0.97
软木制品及其他木制品制造	15.31	5.26	2.85	0.91	0.60
竹、藤、棕、草制品制造	36.55	9.19	2.35	1.12	0.76
竹、藤、棕、草制品制造	36.55	9.19	2.35	1.12	0.76
家具制造业	19.04	5.85	1.85	1.03	0.75
木质家具制造	13.57	5.38	1.72	0.95	0.66
木质家具制造	13.57	5.38	1.72	0.95	0.66
竹、藤家具制造	10.88	4.38	2.24	0.72	0.36
竹、藤家具制造	10.88	4.38	2.24	0.72	0.36
金属家具制造	25.16	6.24	1.84	1.10	0.83
金属家具制造	25.16	6.24	1.84	1.10	0.83
塑料家具制造	29.76	7.07	2.63	1.06	0.80
塑料家具制造	29.76	7.07	2.63	1.06	0.80
其他家具制造	18.07	5.61	2.01	1.04	0.76
其他家具制造	18.07	5.61	2.01	1.04	0.76
造纸及纸制品业	13.05	7.15	1.74	0.97	0.77
纸浆制造	8.41	5.58	1.67	0.71	0.48
纸浆制造	8.41	5.58	1.67	0.71	0.48
造　纸	11.42	7.51	1.65	0.94	0.72
机制纸及纸板制造	11.37	7.57	1.65	0.94	0.72
手工纸制造	16.18	7.90	2.44	0.97	0.45
加工纸制造	13.52	5.88	1.75	1.00	0.79
纸制品制造	18.00	6.57	1.91	1.05	0.88
纸和纸板容器的制造	18.33	6.65	1.93	1.05	0.89
其他纸制品制造	16.97	6.29	1.85	1.04	0.83
印刷业和记录媒介的复制	17.39	10.48	1.56	0.99	0.86
印　刷	17.97	10.76	1.56	0.99	0.86
书、报、刊印刷	10.72	9.89	1.56	0.86	0.71

1－A－8 续表 13－7

单位：个、万元、人

指 标 名 称	每百元固定资产原值实现利税（元）	每百元主营业务收入实现利税（元）	流动资金周转次数（次）	流动比率	速动比率
本册印制	17.75	7.51	2.05	1.10	0.95
包装装潢及其他印刷	20.59	11.32	1.53	1.01	0.89
装订及其他印刷服务活动	11.81	8.24	1.85	1.07	0.86
装订及其他印刷服务活动	11.81	8.24	1.85	1.07	0.86
记录媒介的复制	3.96	2.61	1.38	1.07	0.95
记录媒介的复制	3.96	2.61	1.38	1.07	0.95
文教体育用品制造业	20.75	6.27	2.05	1.10	0.83
文化用品制造	20.29	6.80	2.09	1.07	0.80
文具制造	12.67	4.41	2.04	0.96	0.69
笔的制造	16.21	6.18	1.92	0.95	0.71
教学用模型及教具制造	72.09	13.99	2.98	3.09	2.63
墨水、墨汁制造	41.26	15.83	1.00	2.97	2.50
其他文化用品制造	12.22	4.54	1.77	1.28	0.95
体育用品制造	11.77	3.78	1.90	1.05	0.77
球类制造	8.10	2.94	2.18	0.99	0.60
体育器材及配件制造	13.33	5.25	1.81	0.99	0.71
训练健身器材制造	19.56	4.57	2.03	1.17	0.95
运动防护用具制造	-7.37	-4.77	1.75	0.90	0.67
其他体育用品制造	10.89	3.23	1.68	1.04	0.67
乐器制造	23.22	8.71	1.80	1.65	1.01
中乐器制造	-3.11	-0.78	1.82	1.42	0.70
西乐器制造	25.84	9.96	2.18	1.59	0.93
电子乐器制造	56.15	11.20	1.17	1.84	1.31
其他乐器及零件制造	15.31	6.03	1.48	1.69	1.07
玩具制造	27.34	6.95	2.34	1.08	0.84
玩具制造	27.34	6.95	2.34	1.08	0.84
游艺器材及娱乐用品制造	27.22	6.60	1.73	1.17	0.92
露天游乐场所游乐设备制造	31.58	6.13	1.76	1.05	0.93
游艺用品及室内游艺器材制造	22.67	7.43	1.68	1.46	0.92
石油加工、炼焦及核燃料加工业	1.26	0.23	7.97	0.43	0.17
精炼石油产品的制造	1.73	0.31	8.15	0.43	0.18
原油加工及石油制品制造	1.73	0.31	8.15	0.43	0.18
炼 焦	-31.08	-4.38	3.63	0.60	0.01
炼 焦	-31.08	-4.38	3.63	0.60	0.01
化学原料及化学制品制造业	20.95	8.13	2.24	1.08	0.83
基础化学原料制造	13.40	7.37	1.99	0.89	0.70
无机酸制造	20.09	11.08	2.06	1.29	1.09
无机碱制造	23.35	13.28	2.19	0.61	0.53
无机盐制造	32.94	9.91	1.71	1.05	0.84
有机化学原料制造	10.11	5.42	2.15	0.88	0.68

1－A－8 续表13－8 单位：个、万元、人

指标名称	每百元固定资产原值实现利税（元）	每百元主营业务收入实现利税（元）	流动资金周转次数（次）	流动比率	速动比率
其他基础化学原料制造	18.79	14.95	1.23	0.97	0.71
肥料制造	10.17	6.91	2.53	0.74	0.48
氮肥制造	9.68	7.26	2.68	0.71	0.49
磷肥制造	7.03	2.50	2.73	0.88	0.36
复混肥料制造	21.74	9.69	1.83	1.13	0.67
有机肥料及微生物肥料制造	3.69	2.96	3.73	0.37	0.27
其他肥料制造	-9.80	-6.24	4.56	0.21	0.08
农药制造	57.52	17.90	2.11	1.22	0.93
化学农药制造	69.95	18.59	2.16	1.22	0.94
生物化学农药及微生物农药制造	14.40	11.01	1.67	1.25	0.86
涂料、油墨、颜料及类似产品制造	39.44	10.27	1.79	1.36	1.07
涂料制造	44.61	10.70	1.68	1.33	1.10
油墨及类似产品制造	26.87	7.93	1.85	1.42	1.05
颜料制造	19.69	8.35	1.71	1.12	0.74
染料制造	42.85	10.52	1.83	1.42	1.11
密封用填料及类似品制造	38.71	10.50	2.19	1.18	0.89
合成材料制造	6.88	3.04	2.73	0.92	0.74
初级形态的塑料及合成树脂制造	1.86	0.91	2.39	0.91	0.67
合成橡胶制造	41.40	10.12	1.32	2.26	1.88
合成纤维单（聚合）体的制造	11.08	4.45	3.14	0.91	0.79
其他合成材料制造	36.99	15.83	2.55	1.39	1.15
专用化学产品制造	31.80	9.56	2.16	1.22	0.89
化学试剂和助剂制造	32.78	7.23	2.52	1.19	0.98
专项化学用品制造	32.27	10.53	2.27	1.27	0.94
林产化学产品制造	28.56	8.24	2.89	1.02	0.75
炸药及火工产品制造	29.56	14.14	3.12	0.96	0.76
信息化学品制造	30.53	13.60	1.50	1.36	0.82
环境污染处理专用药剂材料制造	39.67	13.81	1.36	1.34	1.05
动物胶制造	23.65	11.43	2.69	1.09	0.68
其他专用化学产品制造	34.04	7.96	2.68	0.88	0.73
日用化学产品制造	66.49	15.66	2.48	1.60	1.18
肥皂及合成洗涤剂制造	51.26	9.50	2.38	2.59	1.96
化妆品制造	153.69	30.27	2.74	1.52	1.17
口腔清洁用品制造	18.74	9.54	1.42	1.08	0.90
香料、香精制造	28.88	13.35	1.75	0.99	0.67
其他日用化学产品制造	55.05	12.46	4.12	1.17	0.77
医药制造业	38.11	17.59	1.57	1.18	0.84
化学药品原药制造	39.05	18.82	1.65	1.12	0.77
化学药品原药制造	39.05	18.82	1.65	1.12	0.77
化学药品制剂制造	36.46	16.79	1.56	1.22	0.87

1－A－8 续表 13－9

单位：个、万元、人

指标名称	每百元固定资产原值实现利税（元）	每百元主营业务收入实现利税（元）	流动资金周转次数（次）	流动比率	速动比率
化学药品制剂制造	36.46	16.79	1.56	1.22	0.87
中药饮片加工	16.06	6.80	1.39	1.00	0.72
中药饮片加工	16.06	6.80	1.39	1.00	0.72
中成药制造	49.33	25.35	1.25	1.20	0.92
中成药制造	49.33	25.35	1.25	1.20	0.92
兽用药品制造	41.27	14.75	1.33	1.63	1.17
兽用药品制造	41.27	14.75	1.33	1.63	1.17
生物、生化制品的制造	33.03	13.47	1.54	1.29	0.99
生物、生化制品的制造	33.03	13.47	1.54	1.29	0.99
卫生材料及医药用品制造	23.73	8.47	1.99	1.05	0.84
卫生材料及医药用品制造	23.73	8.47	1.99	1.05	0.84
化学纤维制造业	7.61	2.98	2.52	0.90	0.71
纤维素纤维原料及纤维制造	－1.19	－0.81	1.21	0.97	0.82
化纤浆粕制造	37.78	8.58	1.64	1.80	1.43
人造纤维（纤维素纤维）制造	－1.94	－1.37	1.19	0.95	0.81
合成纤维制造	7.74	3.01	2.54	0.90	0.71
锦纶纤维制造	8.11	2.64	1.72	1.02	0.71
涤纶纤维制造	9.18	3.14	2.83	0.90	0.72
腈纶纤维制造	－63.66	－34.42	1.50	0.51	0.34
维纶纤维制造	4.02	3.14	1.14	0.80	0.63
其他合成纤维制造	8.15	6.00	1.67	0.93	0.73
橡胶制品业	15.78	6.46	2.21	0.94	0.68
轮胎制造	9.70	5.06	2.61	0.78	0.51
车辆、飞机及工程机械轮胎制造	9.56	5.00	2.63	0.77	0.50
力车胎制造	16.12	8.01	1.41	1.23	1.07
轮胎翻新加工	39.92	9.04	2.18	1.09	0.75
橡胶板、管、带的制造	28.63	9.16	1.77	1.20	0.93
橡胶板、管、带的制造	28.63	9.16	1.77	1.20	0.93
橡胶零件制造	20.47	9.21	1.41	1.09	0.84
橡胶零件制造	20.47	9.21	1.41	1.09	0.84
再生橡胶制造	23.28	9.16	1.73	0.96	0.64
再生橡胶制造	23.28	9.16	1.73	0.96	0.64
日用及医用橡胶制品制造	27.93	7.42	2.14	0.99	0.68
日用及医用橡胶制品制造	27.93	7.42	2.14	0.99	0.68
橡胶靴鞋制造	32.13	7.47	2.04	1.11	0.87
橡胶靴鞋制造	32.13	7.47	2.04	1.11	0.87
其他橡胶制品制造	28.57	5.00	2.93	1.15	0.89
其他橡胶制品制造	28.57	5.00	2.93	1.15	0.89
塑料制品业	23.22	7.44	2.05	1.04	0.85
塑料薄膜制造	16.70	6.68	2.12	1.07	0.90

1－A－8 续表 13－10

单位：个、万元、人

指标名称	每百元固定资产原值实现利税（元）	每百元主营业务收入实现利税（元）	流动资金周转次数（次）	流动比率	速动比率
塑料薄膜制造	16.70	6.68	2.12	1.07	0.90
塑料板、管、型材的制造	23.27	6.97	1.78	1.07	0.82
塑料板、管、型材的制造	23.27	6.97	1.78	1.07	0.82
塑料丝、绳及编织品的制造	24.18	5.69	2.29	1.12	0.91
塑料丝、绳及编织品的制造	24.18	5.69	2.29	1.12	0.91
泡沫塑料制造	24.09	5.97	1.96	1.05	0.91
泡沫塑料制造	24.09	5.97	1.96	1.05	0.91
塑料人造革、合成革制造	23.43	7.25	2.11	0.94	0.76
塑料人造革、合成革制造	23.43	7.25	2.11	0.94	0.76
塑料包装箱及容器制造	28.39	11.68	2.03	1.09	0.93
塑料包装箱及容器制造	28.39	11.68	2.03	1.09	0.93
塑料零件制造	25.13	8.65	1.71	1.11	0.92
塑料零件制造	25.13	8.65	1.71	1.11	0.92
日用塑料制造	29.61	7.77	2.39	1.02	0.79
塑料鞋制造	28.23	7.31	2.50	1.02	0.80
日用塑料杂品制造	29.76	7.82	2.38	1.02	0.79
其他塑料制品制造	25.47	6.66	2.34	1.01	0.80
其他塑料制品制造	25.47	6.66	2.34	1.01	0.80
非金属矿物制品业	15.39	9.67	1.75	0.92	0.72
水泥、石灰和石膏的制造	10.87	8.73	1.92	0.77	0.65
水泥制造	10.69	8.68	1.91	0.77	0.65
石灰和石膏制造	35.02	11.37	2.96	1.02	0.75
水泥及石膏制品制造	25.41	10.22	1.51	1.04	0.82
水泥制品制造	26.30	10.67	1.43	1.05	0.83
砼结构构件制造	26.43	8.85	2.01	0.98	0.74
石棉水泥制品制造	12.96	6.77	4.80	0.67	0.37
轻质建筑材料制造	13.12	6.37	2.17	0.95	0.75
其他水泥制品制造	17.71	7.03	1.49	1.00	0.77
砖瓦、石材及其他建筑材料制造	20.79	9.20	1.61	0.98	0.72
粘土砖瓦及建筑砌块制造	9.90	6.47	2.05	0.85	0.62
建筑陶瓷制品制造	26.18	10.34	1.39	0.96	0.67
建筑用石加工	30.74	13.41	1.67	0.99	0.82
防水建筑材料制造	30.53	7.90	1.72	1.18	0.96
隔热和隔音材料制造	11.30	8.10	1.72	1.12	0.88
其他建筑材料制造	22.55	7.97	2.20	0.94	0.73
玻璃及玻璃制品制造	11.83	9.80	1.86	0.93	0.68
平板玻璃制造	3.54	4.49	1.78	0.70	0.41
技术玻璃制品制造	10.32	6.26	1.66	1.05	0.83
光学玻璃制造	20.05	6.28	1.31	1.50	1.00
玻璃仪器制造	8.34	3.02	4.65	0.65	0.45

1－A－8 续表13－11 单位：个、万元、人

指标名称	每百元固定资产原值实现利税（元）	每百元主营业务收入实现利税（元）	流动资金周转次数（次）	流动比率	速动比率
日用玻璃制品及玻璃包装容器制造	22.10	10.56	2.02	1.03	0.74
玻璃保温容器制造	23.29	7.47	4.77	0.60	0.45
玻璃纤维及制品制造	12.18	18.67	2.11	0.78	0.52
玻璃纤维增强塑料制品制造	26.01	5.22	1.88	1.08	0.86
其他玻璃制品制造	13.04	9.23	1.69	1.44	1.06
陶瓷制品制造	30.92	10.04	1.91	1.06	0.80
卫生陶瓷制品制造	30.82	7.69	2.05	1.01	0.80
特种陶瓷制品制造	37.30	15.56	1.40	1.16	0.87
日用陶瓷制品制造	23.80	9.66	2.71	1.01	0.68
园林、陈设艺术及其他陶瓷制品制造	2.59	3.04	10.03	0.25	0.18
耐火材料制品制造	40.19	12.17	1.94	1.23	0.97
石棉制品制造	6.40	4.55	1.35	1.14	0.78
云母制品制造	15.06	6.48	1.41	1.35	1.10
耐火陶瓷制品及其他耐火材料制造	48.70	12.93	2.03	1.23	0.99
石墨及其他非金属矿物制品制造	26.36	11.40	1.72	1.09	0.85
石墨及碳素制品制造	19.63	9.75	1.65	1.11	0.85
其他非金属矿物制品制造	34.05	12.83	1.78	1.07	0.85
黑色金属冶炼及压延加工业	12.51	3.74	2.40	0.91	0.65
炼 铁	24.38	6.31	3.30	0.97	0.61
炼 铁	24.38	6.31	3.30	0.97	0.61
炼 钢	62.06	7.27	1.96	1.01	0.78
炼 钢	62.06	7.27	1.96	1.01	0.78
钢压延加工	11.25	3.58	2.39	0.91	0.65
钢压延加工	11.25	3.58	2.39	0.91	0.65
铁合金冶炼	72.58	3.40	3.98	1.11	0.53
铁合金冶炼	72.58	3.40	3.98	1.11	0.53
有色金属冶炼及压延加工业	25.77	3.12	2.88	1.09	0.79
常用有色金属冶炼	36.07	2.46	3.19	1.09	0.70
铜冶炼	64.95	1.99	3.81	1.08	0.66
铅锌冶炼	4.57	1.23	2.37	1.31	0.79
镍钴冶炼	33.65	3.91	1.75	1.16	0.77
锡冶炼	52.92	3.31	2.50	1.16	1.13
铝冶炼	20.71	3.14	2.99	0.97	0.69
镁冶炼	68.71	5.98	5.11	1.18	0.93
其他常用有色金属冶炼	73.61	6.16	5.35	1.42	0.74
贵金属冶炼	22.43	1.94	2.86	1.19	0.86
金冶炼	21.25	1.90	2.87	1.31	0.97
银冶炼	17.73	1.87	2.07	0.91	0.65
其他贵金属冶炼	93.84	2.44	10.22	1.26	0.14
稀有稀土金属冶炼	7.34	3.95	1.21	2.19	1.70

1－A－8 续表 13－12

单位：个、万元、人

指标名称	每百元固定资产原值实现利税（元）	每百元主营业务收入实现利税（元）	流动资金周转次数（次）	流动比率	速动比率
钨钼冶炼	1.72	0.49	1.26	0.96	0.52
稀土金属冶炼	7.71	4.42	1.21	2.63	2.12
有色金属合金制造	31.56	3.63	2.47	1.11	0.85
有色金属合金制造	31.56	3.63	2.47	1.11	0.85
有色金属压延加工	24.10	3.36	2.84	1.07	0.80
常用有色金属压延加工	22.37	3.11	2.86	1.07	0.79
贵金属压延加工	989.18	47.10	1.80	2.64	2.58
稀有稀土金属压延加工	24.97	7.06	1.74	0.97	0.79
金属制品业	29.92	7.24	1.94	1.08	0.82
结构性金属制品制造	33.28	7.56	1.53	1.08	0.83
金属结构制造	29.61	6.80	1.44	1.06	0.80
金属门窗制造	42.74	9.45	1.83	1.16	0.91
金属工具制造	24.85	7.50	2.12	1.06	0.79
切削工具制造	25.86	10.76	1.61	1.06	0.77
手工具制造	22.18	6.13	2.45	1.01	0.75
农用及园林用金属工具制造	34.38	8.43	1.81	1.19	0.91
刀剪及类似日用金属工具制造	23.92	7.99	2.14	1.24	0.93
其他金属工具制造	24.38	7.22	2.24	1.00	0.72
集装箱及金属包装容器制造	21.06	5.44	1.90	1.08	0.79
集装箱制造	2.73	0.34	2.10	1.16	0.70
金属压力容器制造	24.56	6.73	1.86	1.10	0.79
金属包装容器制造	24.08	8.06	1.81	1.05	0.83
金属丝绳及其制品的制造	25.71	5.32	2.72	1.13	0.91
金属丝绳及其制品的制造	25.71	5.32	2.72	1.13	0.91
建筑、安全用金属制品制造	31.78	6.96	2.41	1.09	0.80
建筑、家具用金属配件制造	32.99	6.95	2.56	1.08	0.80
建筑装饰及水暖管道零件制造	32.53	7.12	2.43	1.09	0.78
安全、消防用金属制品制造	23.62	6.09	1.65	1.14	0.88
其他建筑、安全用金属制品制造	17.12	5.85	1.94	1.04	0.83
金属表面处理及热处理加工	28.87	9.60	2.05	1.07	0.86
金属表面处理及热处理加工	28.87	9.60	2.05	1.07	0.86
搪瓷制品制造	21.21	5.48	1.98	0.99	0.58
工业生产配套用搪瓷制品制造	29.23	8.23	2.60	1.06	0.36
搪瓷卫生洁具制造	23.08	6.88	1.19	1.29	0.73
搪瓷日用品及其他搪瓷制品制造	20.03	4.96	2.30	0.90	0.55
不锈钢及类似日用金属制品制造	34.12	8.60	1.92	1.10	0.83
金属制厨房调理及卫生器具制造	28.34	8.25	1.73	1.04	0.81
金属制厨用器皿及餐具制造	41.84	9.69	1.90	1.12	0.85
其他日用金属制品制造	17.25	4.87	2.33	1.10	0.78
其他金属制品制造	30.21	4.37	2.71	1.05	0.83

1-A-8 续表 13-13

单位：个、万元、人

指 标 名 称	每百元固定资产原值实现利税（元）	每百元主营业务收入实现利税（元）	流动资金周转次数（次）	流动比率	速动比率
其他未列明的金属制品制造	30.21	4.37	2.71	1.05	0.83
通用设备制造业	30.40	8.92	1.83	1.14	0.84
锅炉及原动机制造	56.58	11.77	1.38	1.17	0.82
锅炉及辅助设备制造	48.31	8.32	1.56	1.06	0.77
内燃机及配件制造	37.87	7.77	1.78	1.01	0.70
汽轮机及辅机制造	82.00	19.99	1.08	1.45	1.00
水轮机及辅机制造	24.23	9.11	1.51	1.16	0.90
其他原动机制造	55.74	4.13	0.25	1.11	0.50
金属加工机械制造	23.17	9.43	1.42	1.19	0.77
金属切削机床制造	20.77	8.34	1.30	1.17	0.77
金属成形机床制造	26.00	14.19	1.39	1.24	0.68
铸造机械制造	12.81	7.18	1.39	1.29	0.73
金属切割及焊接设备制造	34.96	7.27	1.58	1.21	0.91
机床附件制造	21.94	14.26	1.50	1.38	0.88
其他金属加工机械制造	24.53	8.80	1.84	1.02	0.63
起重运输设备制造	53.79	9.37	2.16	1.22	0.93
起重运输设备制造	53.79	9.37	2.16	1.22	0.93
泵、阀门、压缩机及类似机械的制造	33.75	9.08	2.06	1.17	0.86
泵及真空设备制造	35.42	10.60	1.93	1.15	0.84
气体压缩机械制造	19.27	6.61	2.13	0.92	0.66
阀门和旋塞的制造	38.12	8.31	2.16	1.25	0.93
液压和气压动力机械及元件制造	37.48	13.19	1.80	1.29	0.99
轴承、齿轮、传动和驱动部件的制造	21.12	9.00	1.54	1.09	0.80
轴承制造	21.04	9.23	1.38	1.10	0.82
齿轮、传动和驱动部件制造	21.23	8.71	1.82	1.08	0.76
烘炉、熔炉及电炉制造	49.66	10.76	1.91	1.04	0.60
烘炉、熔炉及电炉制造	49.66	10.76	1.91	1.04	0.60
风机、衡器、包装设备等通用设备制造	30.40	8.44	1.75	1.12	0.85
风机、风扇制造	19.96	7.77	1.80	1.30	1.06
气体、液体分离及纯净设备制造	51.49	10.58	1.54	1.12	0.88
制冷、空调设备制造	34.07	8.99	2.00	1.19	0.88
风动和电动工具制造	24.30	6.74	1.51	1.06	0.84
喷枪及类似器具制造	25.88	6.18	2.77	1.05	0.85
包装专用设备制造	27.42	9.19	1.53	0.94	0.65
衡器制造	55.27	14.88	1.66	1.14	0.89
其他通用设备制造	11.01	5.53	1.48	0.98	0.62
通用零部件制造及机械修理	25.75	8.08	1.92	1.13	0.81
金属密封件制造	29.24	11.33	1.79	1.13	0.89
紧固件、弹簧制造	21.83	6.59	2.09	1.12	0.80
机械零部件加工及设备修理	23.08	8.08	1.93	1.06	0.85

1－A－8 续表13－14

单位：个、万元、人

指 标 名 称	每百元固定资产原值实现利税（元）	每百元主营业务收入实现利税（元）	流动资金周转次数（次）	流动比率	速动比率
其他通用零部件制造	39.54	12.71	1.49	1.20	0.81
金属铸、锻加工	30.56	8.28	2.18	1.10	0.83
钢铁铸件制造	36.28	8.73	2.33	1.11	0.84
锻件及粉末冶金制品制造	19.03	6.88	1.81	1.06	0.83
专用设备制造业	26.37	9.58	1.48	1.16	0.84
矿山、冶金、建筑专用设备制造	38.42	9.99	1.74	1.18	0.87
采矿、采石设备制造	33.31	10.65	1.86	1.11	0.81
石油钻采专用设备制造	52.26	9.62	1.72	1.10	0.95
建筑工程用机械制造	46.45	10.88	1.70	1.20	0.87
建筑材料生产专用机械制造	39.70	9.04	1.95	1.35	1.03
冶金专用设备制造	9.06	3.99	1.51	1.18	0.76
化工、木材、非金属加工专用设备制造	22.46	10.55	1.37	1.16	0.82
炼油、化工生产专用设备制造	24.31	6.96	1.92	1.02	0.74
橡胶加工专用设备制造	25.62	11.78	1.28	1.53	1.00
塑料加工专用设备制造	25.67	10.42	1.15	1.40	0.93
木材加工机械制造	9.36	4.24	2.56	1.39	0.88
模具制造	20.48	11.86	1.47	1.01	0.75
其他非金属加工专用设备制造	24.31	6.30	2.46	0.80	0.59
食品、饮料、烟草及饲料生产专用设备制造	39.60	14.01	1.47	1.17	0.91
食品、饮料、烟草工业专用设备制造	46.31	15.41	1.42	1.19	0.94
农副食品加工专用设备制造	16.96	7.94	1.60	1.10	0.75
饲料生产专用设备制造	42.71	10.87	2.29	0.94	0.69
印刷、制药、日化生产专用设备制造	29.87	10.85	1.71	1.06	0.76
制浆和造纸专用设备制造	21.23	8.08	1.97	0.89	0.68
印刷专用设备制造	33.63	12.66	1.50	1.10	0.79
日用化工专用设备制造	14.47	6.05	1.28	1.11	0.45
制药专用设备制造	32.56	12.51	1.87	1.10	0.86
照明器具生产专用设备制造	32.40	5.56	3.15	0.79	0.57
玻璃、陶瓷和搪瓷制品生产专用设备制造	11.23	5.29	1.64	1.10	0.62
其他日用品生产专用设备制造	24.03	3.98	2.14	1.00	0.52
纺织、服装和皮革工业专用设备制造	18.51	7.62	1.31	1.04	0.73
纺织专用设备制造	20.08	8.15	1.22	1.07	0.82
皮革、毛皮及其制品加工专用设备制造	8.10	5.56	1.17	1.00	0.76
缝纫机械制造	18.20	7.34	1.38	1.02	0.67
其他服装加工专用设备制造	28.41	10.86	1.33	1.28	0.87
电子和电工机械专用设备制造	23.22	9.58	1.78	1.18	0.86
电工机械专用设备制造	19.89	4.47	2.33	0.93	0.63
电子工业专用设备制造	24.25	11.68	1.62	1.30	0.99
武器弹药制造	15.26	16.39	2.04	0.74	0.23
农、林、牧、渔专用机械制造	17.17	3.68	1.73	1.30	0.91

1－A－8 续表 13－15

单位：个、万元、人

指 标 名 称	每百元固定资产原值实现利税（元）	每百元主营业务收入实现利税（元）	流动资金周转次数（次）	流动比率	速动比率
拖拉机制造	-1.75	-0.34	1.66	2.33	1.64
机械化农业及园艺机具制造	24.14	5.41	1.70	1.10	0.77
畜牧机械制造	63.17	5.16	6.91	1.66	1.47
渔业机械制造	10.24	2.79	1.92	0.77	0.44
农林牧渔机械配件制造	31.65	6.54	2.16	1.06	0.76
其他农林牧渔业机械制造及机械修理	30.46	7.87	1.93	1.15	0.69
医疗仪器设备及器械制造	30.13	16.59	1.54	1.26	0.96
医疗诊断、监护及治疗设备制造	21.54	16.29	1.44	1.41	1.08
口腔科用设备及器具制造	10.57	6.09	2.24	0.58	0.31
实验室及医用消毒设备和器具的制造	33.94	15.82	2.48	0.96	0.64
医疗、外科及兽医用器械制造	33.77	18.20	1.59	1.29	1.02
机械治疗及病房护理设备制造	48.78	16.94	1.23	1.20	0.87
假肢、人工器官及植（介）入器械制造	14.90	12.57	1.07	1.25	0.70
其他医疗设备及器械制造	17.31	6.40	1.73	1.12	0.78
环保、社会公共安全及其他专用设备制造	48.34	9.43	1.61	1.27	0.96
环境污染防治专用设备制造	50.32	7.53	1.73	1.23	0.89
地质勘查专用设备制造	258.34	17.92	1.09	1.45	0.85
邮政专用机械及器材制造	29.05	10.92	1.73	1.12	0.61
商业、饮食、服务业专用设备制造	17.89	4.16	2.45	0.70	0.33
社会公共安全设备及器材制造	46.48	14.88	1.42	1.39	1.17
交通安全及管制专用设备制造	61.67	7.05	2.61	1.15	0.61
水资源专用机械制造	39.86	5.92	1.18	1.25	0.93
其他专用设备制造	36.87	11.75	1.27	1.33	1.04
交通运输设备制造业	25.61	7.83	1.61	0.99	0.72
铁路运输设备制造	10.36	5.22	1.08	1.01	0.80
铁路机车车辆配件制造	11.46	6.27	1.33	1.11	0.96
铁路专用设备及器材、配件制造	16.39	6.15	0.99	1.09	0.80
其他铁路设备制造及设备修理	-4.00	-4.96	1.04	0.60	0.57
汽车制造	28.63	7.95	1.90	1.06	0.80
汽车整车制造	37.35	9.00	1.60	1.17	0.90
改装汽车制造	15.47	2.81	1.57	1.12	0.69
汽车车身、挂车的制造	-6.77	-4.57	1.55	0.74	0.49
汽车零部件及配件制造	27.90	7.88	1.95	1.05	0.79
汽车修理	23.87	6.10	2.16	1.01	0.72
摩托车制造	26.27	7.38	1.74	1.03	0.84
摩托车整车制造	29.37	7.00	1.55	1.06	0.83
摩托车零部件及配件制造	25.08	7.57	1.85	1.01	0.84
自行车制造	19.31	4.16	1.95	0.97	0.77
脚踏自行车及残疾人座车制造	15.56	3.42	1.78	0.93	0.76
助动自行车制造	24.07	5.06	2.20	1.03	0.79

1-A-8 续表13-16

单位：个、万元、人

指标名称	每百元固定资产原值实现利税（元）	每百元主营业务收入实现利税（元）	流动资金周转次数（次）	流动比率	速动比率
船舶及浮动装置制造	20.73	8.49	1.10	0.89	0.59
金属船舶制造	19.19	7.40	1.00	0.88	0.58
非金属船舶制造	223.71	15.69	0.98	1.09	0.49
娱乐船和运动船的建造和修理	-2.37	-2.86	0.55	1.36	1.03
船用配套设备制造	13.40	7.61	1.97	1.04	0.74
船舶修理及拆船	35.52	18.18	2.28	0.83	0.58
航空航天器制造	19.53	10.66	1.32	0.72	0.69
飞机制造及修理	21.71	10.14	0.60	0.91	0.87
其他飞行器制造	19.02	10.80	1.98	0.64	0.62
交通器材及其他交通运输设备制造	24.23	6.39	1.31	1.06	0.84
潜水及水下救捞装备制造	10.08	10.26	1.71	1.58	1.20
交通管理用金属标志及设施制造	27.24	7.69	1.31	1.19	0.90
其他交通运输设备制造	17.80	3.95	1.32	0.89	0.76
电气机械及器材制造业	37.49	8.17	1.89	1.15	0.90
电机制造	31.30	8.68	1.79	1.12	0.84
发电机及发电机组制造	29.29	9.19	1.18	1.16	0.84
电动机制造	34.36	8.73	1.99	1.16	0.85
微电机及其他电机制造	28.99	8.46	1.88	1.06	0.83
输配电及控制设备制造	49.51	11.07	1.68	1.24	0.99
变压器、整流器和电感器制造	43.18	9.35	1.58	1.12	0.85
电容器及其配套设备制造	41.41	11.74	1.75	1.47	1.25
配电开关控制设备制造	53.03	11.68	1.65	1.27	1.02
电力电子元器件制造	46.54	10.68	1.85	1.24	1.00
其他输配电及控制设备制造	50.44	11.34	1.61	1.43	1.14
电线、电缆、光缆及电工器材制造	33.47	6.08	2.02	1.20	1.02
电线电缆制造	32.86	5.74	2.07	1.18	1.00
光纤、光缆制造	37.80	8.34	1.71	1.41	1.24
绝缘制品制造	33.09	8.87	1.69	1.31	1.03
其他电工器材制造	36.46	9.99	1.83	1.08	0.85
电池制造	49.53	7.12	2.63	1.20	0.93
电池制造	49.53	7.12	2.63	1.20	0.93
家用电力器具制造	35.11	7.79	1.94	1.02	0.77
家用制冷电器具制造	20.83	4.55	1.72	1.09	0.84
家用空气调节器制造	31.03	4.98	1.27	1.08	0.74
家用通风电器具制造	36.61	8.33	2.33	1.14	0.81
家用厨房电器具制造	68.41	12.44	2.23	1.05	0.81
家用清洁卫生电器具制造	25.76	6.95	2.29	0.96	0.78
家用美容、保健电器具制造	24.35	5.40	2.59	0.84	0.65
家用电力器具专用配件制造	36.75	10.29	1.97	1.10	0.89
其他家用电力器具制造	20.15	4.69	1.81	0.92	0.64

1-A-8 续表13-17

单位：个、万元、人

指标名称	每百元固定资产原值实现利税（元）	每百元主营业务收入实现利税（元）	流动资金周转次数（次）	流动比率	速动比率
非电力家用器具制造	34.18	8.18	2.32	1.22	0.88
燃气、太阳能及类似能源的器具制造	39.32	8.38	2.24	1.24	0.93
其他非电力家用器具制造	23.55	7.56	2.62	1.14	0.70
照明器具制造	29.61	6.96	1.78	1.10	0.87
电光源制造	30.49	7.49	2.10	1.06	0.84
照明灯具制造	28.27	6.68	1.57	1.12	0.89
灯用电器附件及其他照明器具制造	33.34	6.86	2.20	1.10	0.83
其他电气机械及器材制造	19.18	6.66	1.83	1.15	0.90
车辆专用照明及电气信号设备装置制造	16.66	6.07	1.90	1.14	0.88
其他未列明的电气机械制造	31.36	8.84	1.63	1.18	0.96
通信设备、计算机及其他电子设备制造业	24.16	7.21	1.96	1.26	0.98
通信设备制造	20.59	4.51	2.15	1.21	0.98
通信传输设备制造	49.90	13.53	1.52	1.44	1.05
通信交换设备制造	25.53	9.97	1.23	1.10	0.99
通信终端设备制造	15.13	4.49	1.59	1.01	0.77
移动通信及终端设备制造	14.84	2.85	2.42	1.24	1.01
其他通信设备制造	32.50	18.04	1.22	0.84	0.67
雷达及配套设备制造	36.19	17.44	0.40	1.20	1.10
雷达及配套设备制造	36.19	17.44	0.40	1.20	1.10
广播电视设备制造	36.35	8.56	1.58	1.69	1.29
广播电视节目制作及发射设备制造	19.36	6.15	1.77	1.19	1.03
广播电视接收设备及器材制造	16.89	4.33	2.02	1.20	0.88
应用电视设备及其他广播电视设备制造	105.54	18.36	1.05	2.93	2.28
电子计算机制造	47.48	8.68	2.49	1.53	1.21
电子计算机整机制造	13.11	0.96	4.88	1.02	0.47
计算机网络设备制造	307.23	36.12	1.49	2.31	2.02
电子计算机外部设备制造	25.32	5.29	2.59	1.43	1.14
电子器件制造	10.20	6.96	1.43	1.05	0.77
电子真空器件制造	11.89	5.04	1.58	1.24	0.87
半导体分立器件制造	10.89	7.95	1.45	1.13	0.76
集成电路制造	8.31	6.19	1.30	1.11	0.76
光电子器件及其他电子器件制造	11.08	6.86	1.51	0.95	0.79
电子元件制造	18.96	8.42	1.56	1.21	0.96
电子元件及组件制造	19.65	8.69	1.56	1.23	0.99
印制电路板制造	11.31	5.22	1.55	0.98	0.75
家用视听设备制造	18.43	4.57	1.67	1.19	0.73
家用影视设备制造	18.87	4.34	1.55	1.23	0.70
家用音响设备制造	17.57	5.15	2.08	1.08	0.84
其他电子设备制造	23.81	7.76	2.56	1.03	0.77
其他电子设备制造	23.81	7.76	2.56	1.03	0.77

1-A-8 续表13-18 单位：个、万元、人

指 标 名 称	每百元固定资产原值实现利税（元）	每百元主营业务收入实现利税（元）	流动资金周转次数（次）	流动比率	速动比率
仪器仪表及文化、办公用机械制造业	32.23	10.24	1.53	1.23	0.98
通用仪器仪表制造	42.96	11.06	1.64	1.37	1.09
工业自动控制系统装置制造	55.02	14.43	1.50	1.45	1.06
电工仪器仪表制造	45.65	9.82	1.54	1.40	1.14
绘图、计算及测量仪器制造	17.28	6.52	1.68	0.97	0.70
实验分析仪器制造	21.89	8.07	1.73	1.32	1.01
试验机制造	3.07	2.42	1.30	0.97	0.57
供应用仪表及其他通用仪器制造	45.87	10.72	1.75	1.40	1.19
专用仪器仪表制造	35.49	10.77	1.55	1.14	0.91
环境监测专用仪器仪表制造	49.20	12.11	1.41	1.20	0.83
汽车及其他用计数仪表制造	25.00	7.82	1.48	1.00	0.79
导航、气象及海洋专用仪器制造	17.69	7.87	2.28	1.46	1.17
农林牧渔专用仪器仪表制造	32.57	7.59	1.53	0.86	0.74
地质勘探和地震专用仪器制造	74.09	9.58	3.76	1.67	1.28
教学专用仪器制造	39.66	9.76	1.82	1.37	1.16
电子测量仪器制造	-3.51	-1.22	2.29	1.16	0.89
其他专用仪器制造	365.65	94.96	0.83	3.13	2.90
钟表与计时仪器制造	14.32	6.05	1.70	0.98	0.71
钟表与计时仪器制造	14.32	6.05	1.70	0.98	0.71
光学仪器及眼镜制造	16.97	8.47	1.41	1.05	0.82
光学仪器制造	15.00	10.12	1.28	1.43	1.19
眼镜制造	18.44	7.71	1.47	0.91	0.69
文化、办公用机械制造	21.05	8.69	1.08	1.13	0.94
电影机械制造	178.60	5.02	2.85	2.87	2.02
幻灯及投影设备制造	51.52	8.51	2.55	1.24	1.09
照相机及器材制造	18.89	8.66	1.01	1.24	1.10
复印和胶印设备制造	14.55	11.05	1.26	1.02	0.74
计算器及货币专用设备制造	17.63	6.93	1.48	1.05	0.87
其他文化、办公用机械制造	26.99	8.94	0.97	1.08	0.87
其他仪器仪表的制造及修理	7.39	3.48	1.54	1.02	0.76
其他仪器仪表的制造及修理	7.39	3.48	1.54	1.02	0.76
工艺品及其他制造业	26.99	7.62	1.87	1.10	0.83
工艺美术品制造	24.22	7.21	1.92	1.10	0.78
雕塑工艺品制造	23.55	6.76	2.45	1.06	0.71
金属工艺品制造	21.55	6.11	2.16	1.05	0.78
漆器工艺品制造	24.01	8.59	2.12	0.90	0.72
花画工艺品制造	19.11	5.12	2.11	1.03	0.92
天然植物纤维编织工艺品制造	31.14	7.40	3.11	0.94	0.69
抽纱刺绣工艺品制造	19.29	7.52	1.98	1.03	0.83

1-A-8 续表 13-19 单位：个、万元、人

指 标 名 称	每百元固定资产原值实现利税（元）	每百元主营业务收入实现利税（元）	流动资金周转次数（次）	流动比率	速动比率
地毯、挂毯制造	10.81	5.10	1.81	0.96	0.68
珠宝首饰及有关物品的制造	54.93	8.66	1.73	1.46	0.79
其他工艺美术品制造	22.17	6.47	1.72	1.01	0.77
日用杂品制造	32.29	8.32	1.79	1.11	0.91
制镜及类似品加工	26.80	9.26	2.24	1.11	0.83
鬃毛加工、制刷及清扫工具的制造	11.68	3.75	1.72	0.94	0.75
其他日用杂品制造	35.13	8.63	1.77	1.13	0.93
煤制品制造	18.16	7.55	1.28	1.24	1.18
煤制品制造	18.16	7.55	1.28	1.24	1.18
核辐射加工	4.00	11.80	1.34	0.75	0.68
核辐射加工	4.00	11.80	1.34	0.75	0.68
其他未列明的制造业	26.35	6.44	2.36	1.13	0.88
其他未列明的制造业	26.35	6.44	2.36	1.13	0.88
废弃资源和废旧材料回收加工业	-11.52	-0.61	3.20	1.03	0.60
金属废料和碎屑的加工处理	-34.60	-1.23	3.39	1.04	0.56
金属废料和碎屑的加工处理	-34.60	-1.23	3.39	1.04	0.56
非金属废料和碎屑的加工处理	27.23	7.51	1.88	0.98	0.79
非金属废料和碎屑的加工处理	27.23	7.51	1.88	0.98	0.79
电力、燃气及水的生产和供应业	**4.95**	**6.63**	**4.00**	**0.68**	**0.63**
电力、热力的生产和供应业	5.32	6.74	4.69	0.64	0.58
电力生产	4.07	9.97	2.30	0.65	0.56
火力发电	2.63	5.01	2.61	0.62	0.54
水力发电	3.29	18.03	1.94	0.61	0.58
核力发电	9.30	44.32	1.33	0.82	0.64
其他能源发电	4.18	24.22	0.64	0.63	0.61
电力供应	7.28	5.28	9.64	0.60	0.60
电力供应	7.28	5.28	9.64	0.60	0.60
热力生产和供应	4.76	5.55	1.61	0.85	0.82
热力生产和供应	4.76	5.55	1.61	0.85	0.82
燃气生产和供应业	6.97	5.45	3.33	1.09	1.04
燃气生产和供应业	6.97	5.45	3.33	1.09	1.04
燃气生产和供应业	6.97	5.45	3.33	1.09	1.04
水的生产和供应业	1.07	4.47	0.75	0.87	0.85
自来水的生产和供应	1.85	7.50	0.71	0.84	0.82
自来水的生产和供应	1.85	7.50	0.71	0.84	0.82
污水处理及其再生利用	-1.44	-6.66	0.94	1.03	1.02
污水处理及其再生利用	-1.44	-6.66	0.94	1.03	1.02
其他水的处理、利用与分配	9.61	31.92	3.16	148.44	140.88
其他水的处理、利用与分配	9.61	31.92	3.16	148.44	140.88

1-A-8 续表14-1

单位：个、万元、人

指标名称	企业亏损面（%）	亏损率（%）	出口交货值占工业销售比重（%）	利润总额占利税比重（%）	存货周转次数（次）
总计	**15.16**	**15.76**	**24.74**	**54.44**	**7.35**
一、按轻重工业分					
轻工业	16.29	10.52	32.54	53.49	6.73
重工业	14.02	19.73	19.22	55.28	7.84
二、按规模分					
大型企业	9.28	20.39	25.07	55.05	8.48
中型企业	12.09	10.55	27.62	55.94	6.77
小型企业	15.43	19.53	22.22	52.52	7.44
三、按登记注册类型分					
内资	**13.02**	**15.01**	**18.91**	**50.27**	**7.89**
国有	25.00	22.42	1.04	21.78	16.14
集体	11.03	21.60	7.85	53.22	8.40
股份合作企业	8.71	6.86	16.37	51.46	8.53
联营企业	27.27	1425.91	10.18	416.20	7.45
国有联营			4.24	3.77	1.03
集体联营	28.57	3035.98	6.14	155.71	49.11
国有与集体联营	20.00	337.66	6.00	-3.75	3.75
其他联营	37.50	138.00	25.09	-13.53	10.49
有限责任公司	16.32	24.02	18.06	50.92	6.88
国有独资公司	35.38	23.47	9.81	43.03	4.52
其他有限责任公司	16.12	24.04	18.28	51.21	6.97
股份有限公司	14.46	26.93	13.89	55.49	8.52
私营企业	12.54	7.61	23.23	56.60	7.57
私营独资	8.29	5.24	22.76	53.19	9.78
私营合伙	8.08	5.15	18.75	54.30	10.18
私营有限责任公司	13.57	8.23	23.28	56.08	7.50
私营股份有限公司	13.83	2.84	24.17	68.81	6.29
其他	18.52	12.29	18.04	57.27	7.01
港澳台商投资	**25.81**	**13.64**	**33.85**	**64.48**	**5.91**
与港澳台商合资经营	22.41	8.94	31.24	64.20	6.27
与港澳台商合作经营	14.63	5.29	27.39	68.78	5.68
港澳台商独资	31.24	18.04	38.79	65.34	5.48
港澳台商投资股份有限公司	27.14	78.63	37.13	36.56	4.27
外商投资	**27.03**	**19.98**	**45.66**	**66.58**	**6.39**
中外合资经营	22.69	15.30	38.92	64.84	7.17
中外合作经营	15.84	4.05	32.19	61.69	8.30
外资企业	34.42	29.62	57.39	69.81	5.67
外商投资股份有限公司	16.67	9.25	30.32	68.95	4.52
四、按控股情况分					
国有控股	25.82	55.16	4.39	19.92	11.09

1－A－8 续表14－2

单位：个、万元、人

指标名称	企业亏损面（%）	亏损率（%）	出口交货值占工业销售比重（%）	利润总额占利税比重（%）	存货周转次数（次）
集体控股	16.81	11.14	15.67	59.88	7.78
私人控股	13.23	7.76	24.07	58.74	7.38
港澳台商控股	27.93	17.80	34.35	64.54	5.55
外商控股	30.33	23.91	49.63	67.34	6.26
其　他	20.03	8.14	28.28	69.37	4.93
五、按国民经济行业（门类、大类、中类、小类）分					
采矿业	**13.82**	**11.48**	**1.79**	**54.56**	**10.22**
煤炭开采和洗选业	100.00			－4384.13	23.56
烟煤和无烟煤的开采洗选	100.00			－4384.13	23.56
烟煤和无烟煤的开采洗选	100.00			－4384.13	23.56
黑色金属矿采选业				85.92	3.85
铁矿采选				85.92	3.85
铁矿采选				85.92	3.85
有色金属矿采选业	28.57	5.48		61.13	9.54
常用有色金属矿采选	38.46	6.06		68.64	15.29
铜矿采选	40.00	9.26		70.31	15.84
铅锌矿采选	37.50	1.70		66.66	14.58
贵金属矿采选				73.68	2.18
金矿采选				99.32	1.35
银矿采选				33.64	3.79
稀有稀土金属矿采选	23.08	2.15		34.30	3.74
钨钼矿采选	25.00	2.20		33.76	3.44
放射性金属矿采选				100.00	16.61
非金属矿采选业	12.31	17.06	3.05	39.35	15.68
土砂石开采	10.57	14.72	3.13	41.08	17.05
石灰石、石膏开采	19.15	121.50		－4.36	14.45
建筑装饰用石开采	6.49	1.46		51.29	52.74
耐火土石开采	10.00	2.03	14.45	53.26	5.32
粘土及其他土砂石开采	9.76	21.10	3.39	41.26	19.30
化学矿采选	66.67	10349.47	7.81	2660.38	4.99
化学矿采选	66.67	10349.47	7.81	2660.38	4.99
采　盐				28.33	4.06
采　盐				28.33	4.06
石棉及其他非金属矿采选	29.41	26.59	0.47	23.22	7.66
其他非金属矿采选	29.41	26.59	0.47	23.22	7.66
制造业	**15.03**	**14.33**	**26.65**	**56.40**	**6.88**
农副食品加工业	14.58	22.75	21.03	62.82	6.33
谷物磨制	13.64	23.30		62.33	11.70
谷物磨制	13.64	23.30		62.33	11.70
饲料加工	11.97	2.67	7.94	69.83	10.74

1-A-8 续表14-3

单位：个、万元、人

指标名称	企业亏损面（%）	亏损率（%）	出口交货值占工业销售比重（%）	利润总额占利税比重（%）	存货周转次数（次）
饲料加工	11.97	2.67	7.94	69.83	10.74
植物油加工	23.91	39.84	0.10	60.55	9.15
食用植物油加工	19.05	38.90	0.10	61.67	9.16
非食用植物油加工	75.00	1204.49		-243.32	7.89
屠宰及肉类加工	15.32	10.27	11.95	65.33	7.95
畜禽屠宰	29.17	8.70	3.55	87.64	67.44
肉制品及副产品加工	12.00	10.64	15.84	61.56	5.53
水产品加工	15.83	54.82	44.12	49.92	4.33
水产品冷冻加工	15.81	59.17	46.22	47.81	4.31
鱼糜制品及水产品干腌制加工	18.46	48.82	47.21	45.62	3.83
水产饲料制造	10.81	8.78	0.51	82.00	6.86
鱼油提取及制品的制造				84.27	2.84
其他水产品加工	25.00	147.45	52.03	-50.92	4.12
蔬菜、水果和坚果加工	12.38	5.41	26.48	66.64	5.69
蔬菜、水果和坚果加工	12.38	5.41	26.48	66.64	5.69
其他农副食品加工	12.73	3.53	9.40	62.70	5.43
淀粉及淀粉制品的制造			0.07	71.14	5.37
豆制品制造	19.05	5.97	10.75	63.23	8.28
蛋品加工	14.29	2.80	0.36	77.49	13.69
其他未列明的农副食品加工	11.11	0.12	18.34	46.44	3.28
食品制造业	18.74	11.05	17.95	61.23	6.39
焙烤食品制造	15.87	8.55	5.44	50.33	8.32
糕点、面包制造	18.75	10.41	14.88	45.95	7.30
饼干及其他焙烤食品制造	12.90	7.98	1.26	51.83	8.86
糖果、巧克力及蜜饯制造	6.45	1.78	9.74	76.15	7.29
糖果、巧克力制造			11.04	80.66	7.30
蜜饯制作	12.50	18.54	7.56	46.30	7.27
方便食品制造	20.37	4.02	3.82	65.54	12.06
米、面制品制造	5.88	0.95	2.07	57.64	5.86
速冻食品制造	38.10	35.24	12.67	53.79	5.44
方便面及其他方便食品制造	12.50	0.25	2.37	67.79	21.50
液体乳及乳制品制造	33.33	23.32	2.30	63.75	6.89
液体乳及乳制品制造	33.33	23.32	2.30	63.75	6.89
罐头制造	21.65	13.93	55.65	62.27	3.35
肉、禽类罐头制造			14.51	63.57	6.43
水产品罐头制造	20.00	52.05	93.94	84.19	4.16
蔬菜、水果罐头制造	22.99	27.46	73.67	47.20	2.62
其他罐头食品制造			0.19	75.27	28.89
调味品、发酵制品制造	30.43	83.47	4.36	17.96	6.89
味精制造	58.33	647.13	0.04	166.60	9.15

1－A－8 续表 14－4

单位：个、万元、人

指 标 名 称	企业亏损面 (%)	亏损率 (%)	出口交货值占工业销售比重 (%)	利润总额占利税比重 (%)	存货周转次数 (次)
酱油、食醋及类似制品的制造	41.67	4.04	2.92	55.99	4.75
其他调味品、发酵制品制造	9.09	3.65	10.31	71.85	7.28
其他食品制造	12.30	5.15	18.13	60.22	7.45
营养、保健食品制造	13.64	4.73	37.36	71.42	7.14
冷冻饮品及食用冰制造	31.25	15.39		55.78	10.06
盐加工				79.40	2.51
食品及饲料添加剂制造	7.02	3.88	11.48	55.28	7.39
其他未列明的食品制造				55.60	24.50
饮料制造业	18.08	13.79	8.41	55.17	4.82
酒精制造	100.00			－6928.44	1.27
酒精制造	100.00			－6928.44	1.27
酒的制造	23.15	53.82	2.89	15.06	1.51
白酒制造	8.33	0.75	6.80	65.39	1.84
啤酒制造	46.51	125.41	0.02	－6.32	2.04
黄酒制造	8.51	1.22	6.97	39.62	1.14
其他酒制造			1.31	37.50	2.40
软饮料制造	15.07	6.75	1.23	72.37	15.09
碳酸饮料制造	16.67	0.55	...	71.91	11.97
瓶（罐）装饮用水制造	18.18	84.77	0.04	11.37	25.99
果菜汁及果菜汁饮料制造	29.41	129.12	17.32	－62.42	4.76
含乳饮料和植物蛋白饮料制造	10.00	0.29	0.85	86.86	7.73
固体饮料制造			19.12	69.57	8.65
茶饮料及其他软饮料制造			0.03	71.03	15.71
精制茶加工	15.53	5.25	48.75	63.10	3.70
精制茶加工	15.53	5.25	48.75	63.10	3.70
烟草制品业			0.40	24.10	0.75
卷烟制造			0.38	23.97	0.74
卷烟制造			0.38	23.97	0.74
其他烟草制品加工			4.02	72.30	18.52
其他烟草制品加工			4.02	72.30	18.52
纺织业	16.57	11.38	31.44	54.10	7.31
棉、化纤纺织及印染精加工	17.00	11.83	21.53	53.79	7.89
棉、化纤纺织加工	16.27	10.96	18.78	57.88	6.86
棉、化纤印染精加工	19.52	13.35	26.30	47.76	10.79
毛纺织和染整精加工	13.01	9.66	23.29	56.54	4.58
毛条加工	35.00	22.01	22.81	65.89	3.71
毛纺织	10.77	5.73	25.37	57.37	4.79
毛染整精加工	12.99	12.05	13.03	43.83	5.44
麻纺织	27.27	19.02	23.72	68.11	2.96
麻纺织	27.27	19.02	23.72	68.11	2.96

1－A－8 续表14－5 单位：个、万元、人

指标名称	企业亏损面（%）	亏损率（%）	出口交货值占工业销售比重（%）	利润总额占利税比重（%）	存货周转次数（次）
丝绢纺织及精加工	22.62	16.51	22.04	44.36	6.44
缫丝加工	48.87	79.29	15.80	10.41	4.06
绢纺和丝织加工	16.45	7.96	23.16	50.85	6.62
丝印染精加工	25.97	69.08	18.75	11.16	13.03
纺织制成品制造	15.51	13.80	44.14	53.65	6.86
棉及化纤制品制造	16.87	14.21	56.05	55.27	6.82
毛制品制造	17.81	48.05	70.13	20.01	6.65
麻制品制造	28.57	2.71	14.62	25.40	9.89
丝制品制造	18.97	6.94	47.06	62.86	8.02
绳、索、缆的制造	11.76	4.86	30.68	45.42	7.36
纺织带和帘子布制造	12.58	7.71	22.87	48.95	5.34
无纺布制造	12.50	10.78	16.31	54.87	7.58
其他纺织制成品制造	13.66	27.59	41.22	49.78	7.12
针织品、编织品及其制品制造	15.17	7.64	50.63	57.78	7.43
棉、化纤针织品及编织品制造	15.18	6.70	54.15	61.00	7.38
毛针织品及编织品制造	13.44	10.18	40.97	48.44	6.26
丝针织品及编织品制造	21.43	9.35	38.76	47.76	10.34
其他针织品及编织品制造	13.13	22.07	41.87	45.78	8.82
纺织服装、鞋、帽制造业	20.20	8.04	50.38	57.18	6.18
纺织服装制造	20.42	7.89	50.00	57.28	6.15
纺织服装制造	20.42	7.89	50.00	57.28	6.15
纺织面料鞋的制造	11.11	18.03	60.01	51.85	8.06
纺织面料鞋的制造	11.11	18.03	60.01	51.85	8.06
制　帽	28.89	20.55	90.53	43.12	8.29
制　帽	28.89	20.55	90.53	43.12	8.29
皮革、毛皮、羽毛（绒）及其制品业	10.58	5.72	50.52	54.68	6.92
皮革鞣制加工	14.29	11.52	35.98	48.05	3.21
皮革鞣制加工	14.29	11.52	35.98	48.05	3.21
皮革制品制造	9.76	4.82	52.30	56.38	10.64
皮鞋制造	3.80	1.63	44.75	61.32	13.32
皮革服装制造	25.82	13.59	73.45	46.11	7.99
皮箱、包（袋）制造	13.23	19.08	71.48	40.34	9.45
皮手套及皮装饰制品制造	21.95	24.36	58.94	37.49	6.53
其他皮革制品制造	20.75	16.31	37.71	34.63	4.89
毛皮鞣制及制品加工	7.77	3.65	31.70	46.13	3.77
毛皮鞣制加工	5.88	1.91	7.42	61.15	6.59
毛皮服装加工	15.63	2.91	44.89	40.76	3.16
其他毛皮制品加工	3.70	6.42	20.10	49.48	4.32
羽毛（绒）加工及制品制造	21.90	10.71	63.91	45.92	4.08
羽毛（绒）加工	17.65	4.26	28.09	51.71	5.90

1-A-8 续表14-6 单位：个、万元、人

指 标 名 称	企业亏损面（%）	亏损率（%）	出口交货值占工业销售比重（%）	利润总额占利税比重（%）	存货周转次数（次）
羽毛(绒)制品加工	22.73	11.21	66.59	45.50	3.99
木材加工及木、竹、藤、棕、草制品业	12.08	7.67	25.49	57.95	5.09
锯材、木片加工	7.50	13.08	11.51	53.53	6.11
锯材加工	5.56	0.33	23.79	64.93	4.43
木片加工	9.09	31.48	1.33	39.12	8.83
人造板制造	13.93	8.65	22.60	60.28	3.87
胶合板制造	15.20	15.64	26.73	52.82	4.10
纤维板制造	15.79	2.84	1.97	65.14	2.54
刨花板制造	10.00	10.53	14.34	46.02	3.87
其他人造板、材制造	11.11	1.71	21.16	71.60	5.53
木制品制造	13.29	6.73	19.92	56.69	7.03
建筑用木料及木材组件加工	8.13	4.43	17.47	58.86	6.96
木容器制造	12.00	17.77	17.59	40.05	8.84
软木制品及其他木制品制造	23.08	46.49	47.50	28.76	7.15
竹、藤、棕、草制品制造	9.02	6.23	52.00	57.03	5.69
竹、藤、棕、草制品制造	9.02	6.23	52.00	57.03	5.69
家具制造业	21.43	20.23	66.19	51.63	5.56
木质家具制造	24.03	37.91	61.02	43.77	4.76
木质家具制造	24.03	37.91	61.02	43.77	4.76
竹、藤家具制造	41.67	41.96	50.04	46.53	3.55
竹、藤家具制造	41.67	41.96	50.04	46.53	3.55
金属家具制造	16.96	11.53	72.28	52.08	6.04
金属家具制造	16.96	11.53	72.28	52.08	6.04
塑料家具制造	17.24	6.19	62.34	58.38	8.11
塑料家具制造	17.24	6.19	62.34	58.38	8.11
其他家具制造	23.16	14.15	61.67	60.73	5.90
其他家具制造	23.16	14.15	61.67	60.73	5.90
造纸及纸制品业	19.45	15.41	5.31	50.31	7.11
纸浆制造	40.00	50.42	17.13	14.99	4.37
纸浆制造	40.00	50.42	17.13	14.99	4.37
造 纸	24.22	17.92	3.97	49.04	6.05
机制纸及纸板制造	25.16	17.75	3.78	49.03	6.02
手工纸制造	33.33	30.45	79.93	52.16	4.20
加工纸制造	14.93	22.75	7.83	49.18	6.91
纸制品制造	15.17	10.51	7.46	52.93	10.11
纸和纸板容器的制造	13.50	6.78	5.13	54.58	11.42
其他纸制品制造	21.26	22.42	14.81	47.42	7.38
印刷业和记录媒介的复制	11.45	6.16	11.07	61.40	9.56
印 刷	11.14	6.03	9.21	61.52	9.62
书、报、刊印刷	17.14	11.83	2.08	58.93	7.22

1-A-8 续表14-7 单位：个、万元、人

指标名称	企业亏损面（%）	亏损率（%）	出口交货值占工业销售比重（%）	利润总额占利税比重（%）	存货周转次数（次）
本册印制	6.52	2.32	46.99	62.55	11.16
包装装潢及其他印刷	10.24	5.19	5.71	61.93	10.16
装订及其他印刷服务活动	21.88	21.05	12.17	42.47	7.28
装订及其他印刷服务活动	21.88	21.05	12.17	42.47	7.28
记录媒介的复制			73.94	85.84	9.93
记录媒介的复制			73.94	85.84	9.93
文教体育用品制造业	18.43	16.84	56.50	62.03	6.72
文化用品制造	16.85	13.48	52.77	61.51	6.86
文具制造	23.74	34.03	60.74	48.32	6.19
笔的制造	9.78	6.77	65.74	54.69	6.27
教学用模型及教具制造	29.41	2.22	4.94	78.16	14.00
墨水、墨汁制造				77.76	4.39
其他文化用品制造	19.05	53.59	50.80	55.91	5.95
体育用品制造	23.36	49.29	65.55	44.62	6.02
球类制造	21.43	96.38	57.92	6.12	4.74
体育器材及配件制造	20.51	15.23	57.07	52.20	5.52
训练健身器材制造	26.97	27.23	68.52	55.75	9.02
运动防护用具制造	27.78	497.56	78.60	145.57	5.80
其他体育用品制造	19.35	28.72	69.90	59.04	4.07
乐器制造	20.59	8.36	38.46	69.24	3.69
中乐器制造	50.00	127.54	59.28	122.02	2.70
西乐器制造	7.69	2.21	36.63	73.41	4.05
电子乐器制造	25.00	5.53	43.20	73.78	3.07
其他乐器及零件制造	26.67	26.78	40.49	54.64	3.31
玩具制造	16.56	7.86	62.93	69.76	8.57
玩具制造	16.56	7.86	62.93	69.76	8.57
游艺器材及娱乐用品制造	18.92	13.53	39.42	56.78	6.62
露天游乐场所游乐设备制造	13.04	13.14	49.87	53.18	11.80
游艺用品及室内游艺器材制造	28.57	14.01	20.89	62.02	3.69
石油加工、炼焦及核燃料加工业	20.97	807.17	0.05	-1488.68	19.04
精炼石油产品的制造	19.67	775.67	0.06	-1055.53	20.05
原油加工及石油制品制造	19.67	775.67	0.06	-1055.53	20.05
炼　焦	100.00			190.83	5.04
炼　焦	100.00			190.83	5.04
化学原料及化学制品制造业	14.87	16.34	14.10	63.81	8.29
基础化学原料制造	18.43	14.98	15.59	50.22	7.84
无机酸制造	15.15	17.47	17.89	41.66	11.77
无机碱制造	5.88	0.44	4.51	54.73	15.28
无机盐制造	17.98	8.02	6.95	61.95	7.78
有机化学原料制造	18.55	19.55	17.13	45.69	8.34

1-A-8 续表14-8

单位：个、万元、人

指 标 名 称	企业亏损面（%）	亏损率（%）	出口交货值占工业销售比重（%）	利润总额占利税比重（%）	存货周转次数（次）
其他基础化学原料制造	22.97	13.71	16.51	59.86	3.66
肥料制造	16.28	17.90	9.67	47.17	6.75
氮肥制造	21.43	14.09	9.44	40.19	8.36
磷肥制造	12.50	2.40		62.93	4.08
复混肥料制造	11.76	2.08	12.94	79.89	3.79
有机肥料及微生物肥料制造				87.81	16.96
其他肥料制造	50.00	2656.36	8.32	116.07	7.78
农药制造	16.00	5.08	56.84	87.52	6.42
化学农药制造	14.93	5.15	57.67	89.15	6.59
生物化学农药及微生物农药制造	25.00	3.33	48.60	59.93	5.24
涂料、油墨、颜料及类似产品制造	11.36	1.60	14.80	64.81	6.86
涂料制造	9.96	2.27	6.52	66.89	8.08
油墨及类似产品制造	14.71	3.23	7.28	61.42	5.47
颜料制造	23.64	7.19	26.19	58.28	4.30
染料制造	7.63	0.61	17.63	65.22	7.08
密封用填料及类似品制造	11.54	2.83	13.19	53.21	7.37
合成材料制造	15.91	61.72	5.03	45.63	13.17
初级形态的塑料及合成树脂制造	16.92	122.96	7.56	-86.15	8.92
合成橡胶制造	21.05	12.45	8.17	63.16	6.48
合成纤维单(聚合)体的制造	7.41	16.65	2.08	67.07	23.06
其他合成材料制造	11.76	0.48	29.30	62.04	12.23
专用化学产品制造	13.15	5.73	14.20	67.88	6.43
化学试剂和助剂制造	9.78	5.86	9.66	60.31	12.36
专项化学用品制造	13.68	6.64	20.15	64.69	7.44
林产化学产品制造	15.79	8.89	10.84	51.66	9.83
炸药及火工产品制造	9.09	0.95	4.35	48.50	10.39
信息化学品制造	28.13	2.56	20.52	83.39	2.67
环境污染处理专用药剂材料制造	33.33	13.89	21.13	63.06	4.36
动物胶制造	27.27	11.26	12.21	59.11	5.97
其他专用化学产品制造	11.21	17.06	10.77	60.07	13.23
日用化学产品制造	20.59	1.17	15.59	66.85	6.29
肥皂及合成洗涤剂制造	18.18	1.01	8.51	66.71	8.02
化妆品制造	22.22	0.86	9.60	64.63	3.42
口腔清洁用品制造				54.31	7.43
香料、香精制造	16.00	1.17	49.12	76.52	4.43
其他日用化学产品制造	23.68	2.74	5.72	66.02	9.65
医药制造业	19.68	5.84	34.44	65.69	3.68
化学药品原药制造	19.39	3.52	46.92	71.02	3.58
化学药品原药制造	19.39	3.52	46.92	71.02	3.58
化学药品制剂制造	36.00	8.50	15.56	59.35	3.39

1-A-8 续表14-9 单位：个、万元、人

指标名称	企业亏损面（%）	亏损率（%）	出口交货值占工业销售比重（%）	利润总额占利税比重（%）	存货周转次数（次）
化学药品制剂制造	36.00	8.50	15.56	59.35	3.39
中药饮片加工	15.38	21.13	18.12	58.88	3.97
中药饮片加工	15.38	21.13	18.12	58.88	3.97
中成药制造	27.27	2.94	5.77	55.97	2.81
中成药制造	27.27	2.94	5.77	55.97	2.81
兽用药品制造	17.24	3.18	20.93	73.67	3.47
兽用药品制造	17.24	3.18	20.93	73.67	3.47
生物、生化制品的制造	13.89	17.69	40.87	64.51	4.73
生物、生化制品的制造	13.89	17.69	40.87	64.51	4.73
卫生材料及医药用品制造	9.78	4.52	38.16	43.19	7.85
卫生材料及医药用品制造	9.78	4.52	38.16	43.19	7.85
化学纤维制造业	26.39	34.08	6.69	55.86	11.54
纤维素纤维原料及纤维制造	31.03	353.39	11.76	318.84	7.26
化纤浆粕制造	20.00	23.04		46.34	6.98
人造纤维（纤维素纤维）制造	33.33	485.78	12.43	216.87	7.27
合成纤维制造	26.09	33.00	6.64	56.46	11.60
锦纶纤维制造	28.21	54.56	0.82	50.37	5.33
涤纶纤维制造	25.11	11.00	7.09	62.72	13.70
腈纶纤维制造	57.14	19167.06	10.87	104.11	5.81
维纶纤维制造				61.88	3.59
其他合成纤维制造	25.73	26.80	4.96	61.19	7.00
橡胶制品业	12.80	12.59	29.95	51.27	6.58
轮胎制造	26.19	20.50	27.91	49.99	6.36
车辆、飞机及工程机械轮胎制造	19.35	20.82	28.24	49.69	6.35
力车胎制造	50.00	9.18	12.68	59.68	7.90
轮胎翻新加工	33.33	10.59		62.35	5.18
橡胶板、管、带的制造	13.99	4.92	29.08	52.42	6.31
橡胶板、管、带的制造	13.99	4.92	29.08	52.42	6.31
橡胶零件制造	10.46	8.65	22.03	52.68	4.82
橡胶零件制造	10.46	8.65	22.03	52.68	4.82
再生橡胶制造	11.11	23.12	2.36	45.15	4.08
再生橡胶制造	11.11	23.12	2.36	45.15	4.08
日用及医用橡胶制品制造	8.57	4.26	43.41	55.96	5.59
日用及医用橡胶制品制造	8.57	4.26	43.41	55.96	5.59
橡胶靴鞋制造	10.85	5.06	45.15	49.69	8.14
橡胶靴鞋制造	10.85	5.06	45.15	49.69	8.14
其他橡胶制品制造	16.39	10.71	18.48	57.53	10.97
其他橡胶制品制造	16.39	10.71	18.48	57.53	10.97
塑料制品业	12.74	5.68	20.79	61.72	9.24
塑料薄膜制造	16.84	5.23	10.77	73.64	11.86

1－A－8 续表 14－10 单位：个、万元、人

指 标 名 称	企业亏损面（%）	亏损率（%）	出口交货值占工业销售比重（%）	利润总额占利税比重（%）	存货周转次数（次）
塑料薄膜制造	16.84	5.23	10.77	73.64	11.86
塑料板、管、型材的制造	15.79	9.29	16.49	61.26	6.52
塑料板、管、型材的制造	15.79	9.29	16.49	61.26	6.52
塑料丝、绳及编织品的制造	20.78	12.00	14.57	43.51	10.62
塑料丝、绳及编织品的制造	20.78	12.00	14.57	43.51	10.62
泡沫塑料制造	9.48	13.03	16.04	52.33	12.24
泡沫塑料制造	9.48	13.03	16.04	52.33	12.24
塑料人造革、合成革制造	7.76	1.77	13.97	56.62	10.05
塑料人造革、合成革制造	7.76	1.77	13.97	56.62	10.05
塑料包装箱及容器制造	13.11	3.43	18.67	71.55	10.86
塑料包装箱及容器制造	13.11	3.43	18.67	71.55	10.86
塑料零件制造	8.31	5.18	22.95	54.89	8.38
塑料零件制造	8.31	5.18	22.95	54.89	8.38
日用塑料制造	10.87	4.17	48.96	61.02	8.68
塑料鞋制造	1.96	0.69	44.65	49.39	10.50
日用塑料杂品制造	12.52	4.44	49.42	62.19	8.52
其他塑料制品制造	12.57	9.36	24.58	51.80	9.28
其他塑料制品制造	12.57	9.36	24.58	51.80	9.28
非金属矿物制品业	17.30	11.36	8.69	51.47	6.46
水泥、石灰和石膏的制造	24.54	18.66	0.60	42.63	10.06
水泥制造	27.43	19.02	0.61	42.23	10.08
石灰和石膏制造	5.56	6.60		58.24	9.04
水泥及石膏制品制造	17.00	7.78	1.00	49.39	5.68
水泥制品制造	17.81	7.33	0.39	49.33	5.47
砼结构构件制造	6.67	6.23		53.38	6.61
石棉水泥制品制造			67.72	39.41	8.85
轻质建筑材料制造	28.57	22.22	10.60	45.01	8.64
其他水泥制品制造	33.33	38.18		14.55	4.95
砖瓦、石材及其他建筑材料制造	18.35	15.89	3.45	50.83	4.46
粘土砖瓦及建筑砌块制造	19.01	45.69	1.67	35.57	6.57
建筑陶瓷制品制造	38.89	9.62	1.35	56.20	2.97
建筑用石加工	17.14	12.18	6.69	45.26	6.95
防水建筑材料制造	15.38	10.63	4.43	55.92	8.18
隔热和隔音材料制造	20.00	32.35	14.81	40.37	6.88
其他建筑材料制造			4.96	46.71	8.23
玻璃及玻璃制品制造	19.12	8.91	25.27	63.62	5.32
平板玻璃制造	26.67	53.52	...	16.07	3.35
技术玻璃制品制造	27.37	11.68	8.28	58.25	6.71
光学玻璃制造	25.00	19.49	15.36	45.96	3.18
玻璃仪器制造	33.33	18.57	4.95	25.04	13.56

1－A－8 续表 14－11 单位：个、万元、人

指 标 名 称	企业亏损面（%）	亏损率（%）	出口交货值占工业销售比重（%）	利润总额占利税比重（%）	存货周转次数（次）
日用玻璃制品及玻璃包装容器制造	11.63	3.47	32.02	58.23	5.76
玻璃保温容器制造			64.17	42.69	15.23
玻璃纤维及制品制造	26.76	7.31	54.96	77.31	3.92
玻璃纤维增强塑料制品制造	12.50	9.11	46.84	37.46	7.12
其他玻璃制品制造	18.52	23.76	11.27	42.56	5.38
陶瓷制品制造	5.97	3.11	42.41	62.74	6.31
卫生陶瓷制品制造	6.67	2.81	53.50	60.20	8.53
特种陶瓷制品制造			8.46	63.67	3.89
日用陶瓷制品制造	12.50	9.99	54.18	66.60	5.90
园林、陈设艺术及其他陶瓷制品制造			100.00	100.00	29.44
耐火材料制品制造	3.85	7.34	7.43	50.04	7.06
石棉制品制造	26.67	90.59	26.85	6.62	3.54
云母制品制造				14.85	6.69
耐火陶瓷制品及其他耐火材料制造	0.92	4.04	5.86	51.65	7.78
石墨及其他非金属矿物制品制造	13.54	5.34	27.25	56.76	5.71
石墨及碳素制品制造	11.54	3.44	39.20	46.20	5.07
其他非金属矿物制品制造	14.29	6.22	16.28	63.71	6.43
黑色金属冶炼及压延加工业	19.78	60.10	5.28	28.90	7.87
炼 铁			22.83	36.94	7.04
炼 铁			22.83	36.94	7.04
炼 钢	41.18	5.13		62.19	7.80
炼 钢	41.18	5.13		62.19	7.80
钢压延加工	19.38	66.81	5.71	24.46	7.90
钢压延加工	19.38	66.81	5.71	24.46	7.90
铁合金冶炼	20.83	0.92	1.23	57.59	7.11
铁合金冶炼	20.83	0.92	1.23	57.59	7.11
有色金属冶炼及压延加工业	30.54	48.95	9.42	34.58	10.61
常用有色金属冶炼	42.45	128.64	3.16	－14.48	9.63
铜冶炼	50.00	297.20	0.02	－68.00	12.17
铅锌冶炼	75.00	207.60	0.13	－114.04	6.21
镍钴冶炼	38.46	27.15	22.34	56.44	4.31
锡冶炼			8.44	46.92	61.29
铝冶炼	20.69	11.32	2.91	59.45	11.16
镁冶炼			75.75	69.61	17.40
其他常用有色金属冶炼	20.00	11.13		35.66	7.80
贵金属冶炼	58.82	28.75	0.56	60.56	10.21
金冶炼	44.44	25.69	0.72	64.20	10.72
银冶炼	83.33	47.65	0.16	47.70	8.10
其他贵金属冶炼	50.00	17.23		55.17	11.16
稀有稀土金属冶炼	33.33	15.73	3.81	58.88	5.13

1－A－8 续表14－12

单位：个、万元、人

指标名称	企业亏损面（%）	亏损率（%）	出口交货值占工业销售比重（%）	利润总额占利税比重（%）	存货周转次数（次）
钨钼冶炼	50.00	957.14	32.23	－176.47	2.61
稀土金属冶炼	28.57	11.67		62.36	5.90
有色金属合金制造	25.29	32.65	8.20	55.14	10.11
有色金属合金制造	25.29	32.65	8.20	55.14	10.11
有色金属压延加工	28.59	36.06	12.18	45.24	11.17
常用有色金属压延加工	28.85	39.83	12.26	42.05	11.16
贵金属压延加工	50.00	0.64		83.37	50.99
稀有稀土金属压延加工	12.50	5.28	10.49	57.85	8.05
金属制品业	13.45	8.84	32.45	60.57	6.71
结构性金属制品制造	14.02	3.21	16.14	67.05	5.18
金属结构制造	17.53	4.05	9.11	65.22	4.73
金属门窗制造	8.20	1.78	33.79	70.33	6.79
金属工具制造	13.10	6.76	55.46	55.50	6.73
切削工具制造	13.93	4.17	46.82	63.21	4.62
手工具制造	10.56	7.75	57.72	47.57	8.23
农用及园林用金属工具制造	18.84	8.78	63.78	59.95	6.68
刀剪及类似日用金属工具制造	9.62	0.82	48.00	57.54	5.93
其他金属工具制造	17.89	10.07	53.26	59.30	6.27
集装箱及金属包装容器制造	17.98	9.69	38.89	58.88	6.77
集装箱制造	25.00	5.60	99.79	94.16	7.19
金属压力容器制造	13.33	11.89	12.33	52.85	5.13
金属包装容器制造	20.18	9.19	12.80	59.96	7.39
金属丝绳及其制品的制造	19.33	36.28	8.30	40.25	12.48
金属丝绳及其制品的制造	19.33	36.28	8.30	40.25	12.48
建筑、安全用金属制品制造	12.10	12.69	53.21	58.92	7.65
建筑、家具用金属配件制造	10.97	9.71	56.27	55.80	8.08
建筑装饰及水暖管道零件制造	12.42	13.98	50.98	63.26	7.54
安全、消防用金属制品制造	17.86	23.50	46.40	56.03	5.78
其他建筑、安全用金属制品制造	16.67	22.53	42.58	39.72	7.86
金属表面处理及热处理加工	10.22	6.99	3.67	66.10	8.67
金属表面处理及热处理加工	10.22	6.99	3.67	66.10	8.67
搪瓷制品制造	21.74	19.23	70.85	46.92	4.11
工业生产配套用搪瓷制品制造			66.52	33.40	3.56
搪瓷卫生洁具制造	12.50	17.57	46.96	41.32	2.24
搪瓷日用品及其他搪瓷制品制造	29.63	20.85	77.35	50.35	5.06
不锈钢及类似日用金属制品制造	13.85	6.45	56.51	60.35	6.19
金属制厨房调理及卫生器具制造	15.60	3.68	34.85	56.40	5.82
金属制厨用器皿及餐具制造	11.11	4.81	64.16	64.08	6.17
其他日用金属制品制造	17.27	27.32	52.15	40.18	6.69
其他金属制品制造	11.11	14.06	15.20	51.10	12.23

1-A-8 续表14-13

单位：个、万元、人

指标名称	企业亏损面（%）	亏损率（%）	出口交货值占工业销售比重（%）	利润总额占利税比重（%）	存货周转次数（次）
其他未列明的金属制品制造	11.11	14.06	15.20	51.10	12.23
通用设备制造业	10.39	4.48	29.84	63.63	5.62
锅炉及原动机制造	12.58	1.01	18.26	75.08	3.49
锅炉及辅助设备制造	12.50	1.25	11.91	68.28	4.45
内燃机及配件制造	12.73	1.37	36.67	64.98	4.54
汽轮机及辅机制造	12.50	0.73	12.58	83.03	2.34
水轮机及辅机制造	14.29	4.43		51.25	5.54
其他原动机制造			17.04	83.94	0.35
金属加工机械制造	17.88	5.66	18.91	65.11	3.18
金属切削机床制造	26.72	7.45	8.07	63.47	3.02
金属成形机床制造	16.88	2.77	7.34	72.46	2.29
铸造机械制造	13.51	9.27	20.25	41.36	2.75
金属切割及焊接设备制造	11.76	3.55	47.55	62.74	5.10
机床附件制造	11.11	3.74	26.01	69.81	3.11
其他金属加工机械制造	16.67	10.48	22.35	60.86	3.70
起重运输设备制造	14.84	3.56	25.69	72.05	7.54
起重运输设备制造	14.84	3.56	25.69	72.05	7.54
泵、阀门、压缩机及类似机械的制造	7.22	3.34	38.27	62.87	6.49
泵及真空设备制造	7.04	2.98	41.13	65.28	5.70
气体压缩机械制造	12.90	10.34	19.93	62.03	6.60
阀门和旋塞的制造	6.34	2.27	46.31	60.21	7.01
液压和气压动力机械及元件制造	8.14	1.86	16.68	67.63	5.87
轴承、齿轮、传动和驱动部件的制造	10.54	3.90	30.21	63.43	4.60
轴承制造	11.68	5.26	30.63	64.03	4.28
齿轮、传动和驱动部件制造	8.36	1.89	29.67	62.61	5.10
烘炉、熔炉及电炉制造	14.29	2.94	2.15	75.16	3.29
烘炉、熔炉及电炉制造	14.29	2.94	2.15	75.16	3.29
风机、衡器、包装设备等通用设备制造	13.41	8.04	30.12	65.01	6.00
风机、风扇制造	13.24	11.13	23.05	59.62	7.36
气体、液体分离及纯净设备制造	13.16	1.69	18.16	64.58	5.88
制冷、空调设备制造	13.77	5.96	14.25	69.07	6.44
风动和电动工具制造	15.35	16.20	63.47	58.86	6.11
喷枪及类似器具制造	14.00	2.28	69.86	70.94	12.33
包装专用设备制造	5.36	1.65	42.52	61.74	3.71
衡器制造	13.64	2.54	34.82	66.24	5.93
其他通用设备制造	12.70	39.30	7.27	51.36	2.88
通用零部件制造及机械修理	9.53	4.80	36.55	59.05	5.80
金属密封件制造	5.33	4.47	27.43	71.01	5.99
紧固件、弹簧制造	9.27	4.51	43.13	55.87	6.43
机械零部件加工及设备修理	12.70	14.97	19.03	53.40	7.69

1-A-8 续表14-14

单位：个、万元、人

指 标 名 称	企业亏损面（%）	亏损率（%）	出口交货值占工业销售比重（%）	利润总额占利税比重（%）	存货周转次数（次）
其他通用零部件制造	8.29	2.35	22.59	64.41	3.86
金属铸、锻加工	9.59	4.92	11.00	51.05	7.59
钢铁铸件制造	9.60	3.60	11.69	52.26	7.75
锻件及粉末冶金制品制造	9.59	10.25	8.94	46.36	7.14
专用设备制造业	14.99	9.05	23.79	65.90	4.30
矿山、冶金、建筑专用设备制造	10.83	4.62	18.21	67.66	5.26
采矿、采石设备制造	4.44	0.25	1.32	54.22	5.34
石油钻采专用设备制造			38.48	53.76	8.59
建筑工程用机械制造	13.64	2.29	20.83	77.58	5.04
建筑材料生产专用机械制造	15.63	4.93	8.32	60.34	6.56
冶金专用设备制造	20.00	60.07	31.79	43.34	3.39
化工、木材、非金属加工专用设备制造	15.13	8.47	23.97	64.12	3.69
炼油、化工生产专用设备制造	8.33	5.21	14.85	67.35	5.53
橡胶加工专用设备制造	38.46	19.12	12.64	63.64	2.82
塑料加工专用设备制造	24.52	6.77	28.78	71.94	2.80
木材加工机械制造	13.33	53.31	30.34	48.10	6.76
模具制造	10.86	9.31	22.13	57.79	4.40
其他非金属加工专用设备制造	37.50	5.26	23.10	59.29	8.40
食品、饮料、烟草及饲料生产专用设备制造	9.21	4.55	23.26	75.17	4.99
食品、饮料、烟草工业专用设备制造	3.45	0.16	16.86	75.06	5.18
农副食品加工专用设备制造	26.67	31.16	54.39	76.11	4.14
饲料生产专用设备制造	33.33	8.14	18.68	75.63	6.50
印刷、制药、日化生产专用设备制造	11.24	5.47	22.12	49.97	4.67
制浆和造纸专用设备制造	12.50	12.41	18.09	57.20	5.95
印刷专用设备制造	9.72	2.94	19.21	44.54	4.22
日用化工专用设备制造	25.00	24.05	24.02	45.71	1.96
制药专用设备制造	2.50	0.22	23.90	60.49	6.53
照明器具生产专用设备制造	11.11	8.08	38.16	40.54	11.00
玻璃、陶瓷和搪瓷制品生产专用设备制造	50.00	57.18	21.00	28.74	3.10
其他日用品生产专用设备制造	20.00	55.76	31.91	18.64	3.16
纺织、服装和皮革工业专用设备制造	18.77	18.34	29.52	55.26	3.67
纺织专用设备制造	17.35	21.53	8.70	54.06	4.17
皮革、毛皮及其制品加工专用设备制造	23.81	50.93	10.24	33.00	3.76
缝纫机械制造	19.14	14.71	42.27	56.91	3.43
其他服装加工专用设备制造	30.00	28.63	40.69	52.42	3.13
电子和电工机械专用设备制造	21.84	10.97	18.32	62.46	5.44
电工机械专用设备制造	18.18	24.39	20.02	45.50	5.59
电子工业专用设备制造	24.53	9.41	17.33	64.92	5.52
武器弹药制造			54.15	76.09	2.23
农、林、牧、渔专用机械制造	19.17	32.56	37.23	67.24	5.11

1－A－8 续表 14－15

单位：个、万元、人

指 标 名 称	企业亏损面（%）	亏损率（%）	出口交货值占工业销售比重（%）	利润总额占利税比重（%）	存货周转次数（次）
拖拉机制造	45.45	161.26	31.07	213.16	5.42
机械化农业及园艺机具制造	22.06	19.68	43.51	74.99	4.85
畜牧机械制造				81.43	54.41
渔业机械制造			64.31	63.60	4.08
农林牧渔机械配件制造	9.68	8.18	17.90	52.85	6.31
其他农林牧渔业机械制造及机械修理			26.59	72.63	4.30
医疗仪器设备及器械制造	10.32	1.81	42.96	76.44	4.74
医疗诊断、监护及治疗设备制造	5.26	0.04	44.74	75.13	4.09
口腔科用设备及器具制造	25.00	69.31	37.00	42.66	3.42
实验室及医用消毒设备和器具的制造	11.11	4.13	44.40	85.35	3.59
医疗、外科及兽医用器械制造	7.02	1.41	43.63	79.14	5.88
机械治疗及病房护理设备制造	7.14	0.65	38.36	67.81	3.19
假肢、人工器官及植（介）入器械制造			5.96	62.38	1.42
其他医疗设备及器械制造	23.81	8.82	44.97	53.48	4.51
环保、社会公共安全及其他专用设备制造	11.74	5.33	11.78	75.11	5.36
环境污染防治专用设备制造	10.08	7.68	4.62	74.04	5.38
地质勘查专用设备制造				82.05	1.53
邮政专用机械及器材制造	25.00	26.49	12.72	61.95	2.63
商业、饮食、服务业专用设备制造	66.67	15.57	53.52	29.21	3.80
社会公共安全设备及器材制造	9.09	1.48	31.32	78.66	6.48
交通安全及管制专用设备制造				39.76	4.67
水资源专用机械制造			10.43	49.48	3.88
其他专用设备制造	21.88	8.34	24.16	67.44	4.07
交通运输设备制造业	12.23	6.76	31.47	68.45	4.92
铁路运输设备制造	31.82	72.25	11.07	18.33	4.17
铁路机车车辆配件制造	10.00	70.03	10.00	20.10	6.94
铁路专用设备及器材、配件制造	55.56	16.51	13.09	43.72	3.23
其他铁路设备制造及设备修理	33.33	618.50		244.19	12.78
汽车制造	11.65	6.63	23.60	68.58	6.33
汽车整车制造	33.33	11.51	20.52	68.69	5.69
改装汽车制造	40.00	53.57	0.62	26.76	3.71
汽车车身、挂车的制造	50.00	1084.16	8.67	131.36	4.47
汽车零部件及配件制造	10.59	5.37	24.37	68.97	6.46
汽车修理	15.09	31.89	3.99	41.13	6.06
摩托车制造	9.09	11.49	27.91	40.37	8.02
摩托车整车制造	16.00	20.86	48.89	28.92	5.93
摩托车零部件及配件制造	8.69	8.39	17.81	45.52	9.64
自行车制造	19.93	32.48	41.59	48.61	8.48
脚踏自行车及残疾人座车制造	18.01	43.49	58.72	40.86	9.05
助动自行车制造	22.40	23.38	20.75	54.97	7.88

1-A-8 续表 14-16

单位：个、万元、人

指 标 名 称	企业亏损面（%）	亏损率（%）	出口交货值占工业销售比重（%）	利润总额占利税比重（%）	存货周转次数（次）
船舶及浮动装置制造	12.08	3.46	51.30	82.78	2.64
金属船舶制造	16.56	3.52	50.97	82.67	2.46
非金属船舶制造			43.93	98.18	1.27
娱乐船和运动船的建造和修理	16.67	156.59	73.04	174.40	1.43
船用配套设备制造	9.59	3.20	46.04	72.06	6.03
船舶修理及拆船	3.57	0.14	59.16	85.32	4.81
航空航天器制造			73.80	72.88	23.84
飞机制造及修理			1.63	51.42	11.88
其他飞行器制造			93.35	78.52	33.93
交通器材及其他交通运输设备制造	15.00	20.49	31.48	47.33	5.00
潜水及水下救捞装备制造				93.26	5.77
交通管理用金属标志及设施制造	8.00	17.32	11.92	54.46	4.19
其他交通运输设备制造	28.57	42.81	68.44	20.51	7.38
电气机械及器材制造业	12.41	6.14	29.43	65.78	7.39
电机制造	9.60	3.44	36.33	67.76	5.88
发电机及发电机组制造	14.63	6.48	28.25	69.39	3.29
电动机制造	8.81	2.18	35.01	70.52	6.23
微电机及其他电机制造	9.16	3.90	40.18	64.08	7.10
输配电及控制设备制造	8.16	3.32	14.74	67.03	6.67
变压器、整流器和电感器制造	9.09	3.27	12.97	66.59	5.32
电容器及其配套设备制造	1.61	0.41	8.24	62.75	10.12
配电开关控制设备制造	7.62	3.24	12.93	69.22	6.73
电力电子元器件制造	10.10	4.36	21.34	62.27	7.88
其他输配电及控制设备制造	6.80	1.57	15.76	64.78	6.07
电线、电缆、光缆及电工器材制造	15.25	9.55	11.67	69.78	11.66
电线电缆制造	15.30	10.64	11.90	67.86	12.10
光纤、光缆制造	18.18	4.24	6.72	91.71	11.00
绝缘制品制造	17.95	10.71	15.99	53.23	6.18
其他电工器材制造	11.32	3.02	17.01	57.04	6.30
电池制造	15.61	9.40	33.88	69.78	9.44
电池制造	15.61	9.40	33.88	69.78	9.44
家用电力器具制造	15.41	6.59	41.21	61.74	6.35
家用制冷电器具制造	21.15	21.53	28.82	34.60	6.27
家用空气调节器制造	21.74	5.83	40.63	67.70	3.68
家用通风电器具制造	13.33	0.99	19.73	52.78	5.78
家用厨房电器具制造	13.29	4.70	40.46	63.24	7.39
家用清洁卫生电器具制造	16.16	4.68	49.05	72.20	9.37
家用美容、保健电器具制造	11.90	30.84	66.05	33.55	9.49
家用电力器具专用配件制造	11.69	2.10	17.24	69.18	8.50
其他家用电力器具制造	20.45	16.34	64.53	58.80	4.95

1－A－8　续表 14－17　　　　单位：个、万元、人

指标名称	企业亏损面（%）	亏损率（%）	出口交货值占工业销售比重（%）	利润总额占利税比重（%）	存货周转次数（次）
非电力家用器具制造	12.61	5.92	45.17	66.00	6.25
燃气、太阳能及类似能源的器具制造	10.75	2.77	30.20	69.09	6.48
其他非电力家用器具制造	22.22	17.42	92.58	55.36	5.61
照明器具制造	16.44	9.55	56.89	57.33	7.17
电光源制造	16.39	5.46	42.08	60.78	8.23
照明灯具制造	18.83	12.99	63.96	56.14	6.60
灯用电器附件及其他照明器具制造	10.23	6.31	64.42	52.82	7.50
其他电气机械及器材制造	8.08	16.44	35.93	52.51	7.36
车辆专用照明及电气信号设备装置制造	8.11	21.25	36.69	49.70	7.31
其他未列明的电气机械制造	8.00	3.94	33.13	59.71	7.51
通信设备、计算机及其他电子设备制造业	17.87	15.23	59.89	73.96	7.83
通信设备制造	18.36	31.37	53.58	66.71	9.54
通信传输设备制造	14.29	6.25	26.30	73.63	3.93
通信交换设备制造	16.67	27.78	2.48	39.18	8.66
通信终端设备制造	21.43	30.97	13.91	45.93	5.39
移动通信及终端设备制造	21.28	44.18	60.37	64.75	11.63
其他通信设备制造	20.00	8.69	31.24	78.84	5.06
雷达及配套设备制造	50.00	7.44	14.74	74.94	5.51
雷达及配套设备制造	50.00	7.44	14.74	74.94	5.51
广播电视设备制造	13.92	4.66	41.58	67.10	4.89
广播电视节目制作及发射设备制造			40.63	41.58	11.26
广播电视接收设备及器材制造	18.33	14.77	52.40	57.48	6.66
应用电视设备及其他广播电视设备制造			17.20	73.72	2.62
电子计算机制造	23.08	6.75	84.49	86.63	12.27
电子计算机整机制造	20.00	2.73	99.33	96.93	8.09
计算机网络设备制造	18.18	0.03	20.87	79.91	5.92
电子计算机外部设备制造	25.00	12.44	92.76	93.87	14.80
电子器件制造	23.58	36.09	32.30	62.09	4.53
电子真空器件制造	22.22	75.44	10.94	16.00	4.06
半导体分立器件制造	19.72	8.58	28.17	72.94	4.10
集成电路制造	33.33	52.68	21.16	46.35	3.33
光电子器件及其他电子器件制造	22.11	43.43	44.57	64.39	6.94
电子元件制造	14.92	11.77	39.41	66.75	6.52
电子元件及组件制造	14.55	11.20	40.60	67.25	6.58
印制电路板制造	18.42	23.02	26.04	57.21	5.96
家用视听设备制造	23.33	25.81	70.59	51.99	3.55
家用影视设备制造	18.18	26.27	74.97	56.31	2.91
家用音响设备制造	25.29	24.50	60.29	42.82	8.07
其他电子设备制造	18.06	8.99	55.52	53.48	8.06
其他电子设备制造	18.06	8.99	55.52	53.48	8.06

1－A－8 续表 14－18

单位：个、万元、人

指标名称	企业亏损面（%）	亏损率（%）	出口交货值占工业销售比重（%）	利润总额占利税比重（%）	存货周转次数（次）
仪器仪表及文化、办公用机械制造业	10.88	8.36	26.75	62.25	5.61
通用仪器仪表制造	10.66	5.56	18.79	62.77	5.82
工业自动控制系统装置制造	14.77	8.92	11.81	65.61	3.90
电工仪器仪表制造	8.49	3.17	13.07	58.75	6.32
绘图、计算及测量仪器制造	15.38	11.19	65.21	53.48	5.21
实验分析仪器制造	11.32	26.71	36.71	54.55	5.79
试验机制造	9.09	166.19	4.78	－62.45	2.15
供应用仪表及其他通用仪器制造	6.21	0.90	15.47	63.64	7.87
专用仪器仪表制造	9.15	11.82	16.90	63.96	6.19
环境监测专用仪器仪表制造			3.61	74.64	3.03
汽车及其他用计数仪表制造	10.61	6.29	11.64	47.83	6.05
导航、气象及海洋专用仪器制造	25.00	10.00	23.05	54.38	7.22
农林牧渔专用仪器仪表制造				78.66	9.89
地质勘探和地震专用仪器制造				63.89	13.79
教学专用仪器制造	2.94	0.10	10.88	54.42	9.17
电子测量仪器制造	17.65	238.96	61.80	331.53	7.62
其他专用仪器制造	6.25	0.41	22.30	95.95	7.67
钟表与计时仪器制造	15.52	11.12	25.41	47.04	5.15
钟表与计时仪器制造	15.52	11.12	25.41	47.04	5.15
光学仪器及眼镜制造	8.42	7.72	57.34	58.99	4.89
光学仪器制造	11.32	11.63	52.18	72.42	5.23
眼镜制造	7.73	4.05	59.69	50.84	4.76
文化、办公用机械制造	19.77	18.74	49.67	65.83	5.04
电影机械制造			13.82	42.79	8.34
幻灯及投影设备制造			82.80	95.77	13.89
照相机及器材制造	11.11	3.43	75.75	85.19	7.30
复印和胶印设备制造	17.65	38.98	28.15	57.02	3.64
计算器及货币专用设备制造	17.86	58.73	25.41	29.43	7.49
其他文化、办公用机械制造	36.84	16.27	43.75	63.40	3.88
其他仪器仪表的制造及修理	11.76	111.43	25.34	－7.85	4.49
其他仪器仪表的制造及修理	11.76	111.43	25.34	－7.85	4.49
工艺品及其他制造业	14.91	7.76	50.43	58.35	6.35
工艺美术品制造	17.90	9.15	53.85	57.44	5.57
雕塑工艺品制造	28.87	42.54	65.62	27.49	6.12
金属工艺品制造	16.19	17.27	35.85	50.32	6.93
漆器工艺品制造	11.84	13.32	84.83	26.61	8.63
花画工艺品制造	15.79	21.54	67.14	43.92	15.78
天然植物纤维编织工艺品制造	15.63	11.47	65.21	45.87	10.46
抽纱刺绣工艺品制造	16.04	7.59	66.30	54.90	8.71

1－A－8 续表 14－19

单位：个、万元、人

指 标 名 称	企业亏损面（%）	亏损率（%）	出口交货值占工业销售比重（%）	利润总额占利税比重（%）	存货周转次数（次）
地毯、挂毯制造	18.46	23.01	58.13	42.21	5.22
珠宝首饰及有关物品的制造	12.24	0.23	23.74	80.75	3.12
其他工艺美术品制造	16.90	10.90	65.92	54.89	5.85
日用杂品制造	8.99	6.01	46.03	59.46	8.02
制镜及类似品加工	20.00	6.77	14.96	60.89	7.71
鬃毛加工、制刷及清扫工具的制造	16.95	51.00	66.59	40.69	6.36
其他日用杂品制造	7.41	3.77	46.68	60.03	8.22
煤制品制造				70.01	21.81
煤制品制造				70.01	21.81
核辐射加工				17.57	9.53
核辐射加工				17.57	9.53
其他未列明的制造业	12.50	2.19	27.39	63.64	10.53
其他未列明的制造业	12.50	2.19	27.39	63.64	10.53
废弃资源和废旧材料回收加工业	56.06	281.30	0.42	363.16	8.32
金属废料和碎屑的加工处理	68.79	382.45	0.02	217.20	8.31
金属废料和碎屑的加工处理	68.79	382.45	0.02	217.20	8.31
非金属废料和碎屑的加工处理	24.56	18.05	5.41	51.68	8.48
非金属废料和碎屑的加工处理	24.56	18.05	5.41	51.68	8.48
电力、燃气及水的生产和供应业	**29.69**	**47.94**	**0.06**	**24.14**	**48.24**
电力、热力的生产和供应业	26.86	46.18	0.06	23.82	48.80
电力生产	33.73	66.69	0.20	21.68	15.16
火力发电	39.13	137.68	0.24	－26.59	19.88
水力发电	29.03	29.80		45.99	39.16
核力发电				58.29	3.43
其他能源发电	38.46	50.57		71.07	19.70
电力供应				25.37	1009.69
电力供应				25.37	1009.69
热力生产和供应	33.33	53.12		38.25	34.29
热力生产和供应	33.33	53.12		38.25	34.29
燃气生产和供应业	22.73	8.10		53.88	61.95
燃气生产和供应业	22.73	8.10		53.88	61.95
燃气生产和供应业	22.73	8.10		53.88	61.95
水的生产和供应业	36.81	99.94		0.08	28.24
自来水的生产和供应	34.06	71.13	...	25.94	23.12
自来水的生产和供应	34.06	71.13	...	25.94	23.12
污水处理及其再生利用	46.51	437.27		107.99	108.53
污水处理及其再生利用	46.51	437.27		107.99	108.53
其他水的处理、利用与分配				90.89	20.42
其他水的处理、利用与分配				90.89	20.42

1－A－9 规模以下工业企业主要经济指标

单位：个、人、万元

指 标 名 称	企业数	亏损企业	工业总产值（当年价）	全部从业人员年平均人数	年初存货
总 计	**165769**	**20209**	**45067738**	**2575727**	**3495482**
一、按轻重工业分					
轻工业	76659	9612	21308968	1299273	1629480
重工业	89110	10597	23758770	1276454	1866001
二、按登记注册类型分					
内 资	**162311**	**18678**	**43441371**	**2467420**	**3179989**
国 有	298	115	125901	8208	17609
集 体	2063	342	527760	31492	37896
股份合作企业	5514	397	1271613	77044	120637
联营企业	80	23	14655	1069	2664
国有联营	7	1	1682	118	37
集体联营	67	20	12513	907	2543
国有与集体联营	4	1	257	27	50
其他联营	2	1	203	17	35
有限责任公司	5002	849	1746945	102143	191300
国有独资公司	28	12	22604	928	1316
其他有限责任公司	4974	837	1724341	101215	189984
股份有限公司	554	91	202126	11582	21386
私营企业	148152	16819	39400907	2225866	2779241
私营独资	68696	6014	15407407	883859	886088
私营合伙	13140	1094	3022333	174531	178495
私营有限责任公司	65183	9524	20591408	1144772	1677646
私营股份有限公司	1133	187	379759	22704	37012
其 他	648	42	151465	10016	9256
港澳台商投资	**1430**	**652**	**689585**	**46335**	**144297**
与港澳台商合资经营	611	260	350085	20194	73634
与港澳台商合作经营	20	9	7965	537	1475
港澳台商独资	740	365	300416	24092	65023
港澳台商投资股份有限公司	59	18	31119	1512	4165
外商投资	**2028**	**879**	**936782**	**61972**	**171196**
中外合资经营	943	365	447012	29964	80328
中外合作经营	45	18	14899	1332	7517
外资企业	1004	482	457756	29789	80493
外商投资股份有限公司	36	14	17115	887	2858
三、按控股情况分					
国有控股	411	163	238679	12314	25397
集体控股	3089	534	828847	49359	76176
私人控股	159351	18250	42649333	2426671	3141463
港澳台商控股	1170	540	563047	37778	110670

1-A-9 续表1-1

单位：个、人、万元

指标名称	企业数	亏损企业	工业总产值（当年价）	全部从业人员年平均人数	年初存货
外商控股	1460	669	671358	42865	123181
其他	288	53	116474	6740	18595
四、按国民经济行业(门类、大类、中类、小类)分					
采矿业	**1095**	**118**	**494077**	**21238**	**19964**
煤炭开采和洗选业	12	1	2993	132	218
其他煤炭采选	12	1	2993	132	218
其他煤炭采选	12	1	2993	132	218
黑色金属矿采选业	6	1	1432	70	2
铁矿采选	5	1	1300	67	2
铁矿采选	5	1	1300	67	2
其他黑色金属矿采选	1		132	3	
其他黑色金属矿采选	1		132	3	
有色金属矿采选业	36	5	14028	950	1385
常用有色金属矿采选	25	2	9398	512	1218
铜矿采选	5		1883	140	8
铅锌矿采选	18	2	6833	353	1199
锑矿采选	1		427	15	1
铝矿采选	1		255	4	10
贵金属矿采选	2		597	41	8
金矿采选	1		225	34	
其他贵金属矿采选	1		372	7	8
稀有稀土金属矿采选	9	3	4034	397	160
钨钼矿采选	9	3	4034	397	160
非金属矿采选业	1038	111	474819	20054	18347
土砂石开采	939	92	446765	16783	15718
石灰石、石膏开采	110	11	41834	1960	1318
建筑装饰用石开采	295	30	198029	5831	5047
耐火土石开采	76	5	24257	1329	965
粘土及其他土砂石开采	458	46	182646	7663	8388
化学矿采选	4		2209	89	111
化学矿采选	4		2209	89	111
采盐	23	14	5151	1896	1488
采盐	23	14	5151	1896	1488
石棉及其他非金属矿采选	72	5	20694	1286	1030
石棉、云母矿采选	1		236	3	
石墨、滑石采选	1		492	9	
宝石、玉石开采	1	1	226	33	22
其他非金属矿采选	69	4	19740	1241	1009
其他采矿业	3		805	32	12

1－A－9 续表1－2

单位：个、人、万元

指 标 名 称	企业数	亏损企业	工业总产值（当年价）	全部从业人员年平均人数	年初存货
其他采矿业	3		805	32	12
其他采矿业	3		805	32	12
制造业	**161708**	**19661**	**44004674**	**2525469**	**3457229**
农副食品加工业	2708	399	815482	36952	83046
谷物磨制	136	27	53339	1585	4813
谷物磨制	136	27	53339	1585	4813
饲料加工	230	33	87706	2942	9638
饲料加工	230	33	87706	2942	9638
植物油加工	105	19	22740	1255	3462
食用植物油加工	91	18	20141	1121	2920
非食用植物油加工	14	1	2600	134	541
制 糖	6	2	1378	56	31
制 糖	6	2	1378	56	31
屠宰及肉类加工	384	78	125357	5987	8086
畜禽屠宰	121	34	46243	2324	547
肉制品及副产品加工	263	44	79114	3663	7539
水产品加工	799	144	236790	9925	36622
水产品冷冻加工	579	101	178060	7049	25138
鱼糜制品及水产品干腌制加工	119	27	27623	1620	8500
水产饲料制造	86	13	25650	1051	2753
鱼油提取及制品的制造	2	1	1543	37	136
其他水产品加工	13	2	3915	168	95
蔬菜、水果和坚果加工	796	60	221702	11555	14950
蔬菜、水果和坚果加工	796	60	221702	11555	14950
其他农副食品加工	252	36	66469	3647	5445
淀粉及淀粉制品的制造	62	9	12528	711	1353
豆制品制造	87	18	25290	1623	1638
蛋品加工	42	1	9745	468	960
其他未列明的农副食品加工	61	8	18907	845	1494
食品制造业	1198	243	293329	17569	44669
焙烤食品制造	303	55	62296	4250	5882
糕点、面包制造	238	49	45678	3100	4932
饼干及其他焙烤食品制造	65	6	16618	1150	950
糖果、巧克力及蜜饯制造	119	20	30363	1848	3585
糖果、巧克力制造	46	10	10996	801	1639
蜜饯制作	73	10	19367	1047	1946
方便食品制造	162	32	45154	3010	3934
米、面制品制造	109	20	26363	1876	1996
速冻食品制造	32	7	6119	492	747

1－A－9 续表1－3

单位：个、人、万元

指标名称	企业数	亏损企业	工业总产值（当年价）	全部从业人员年平均人数	年初存货
方便面及其他方便食品制造	21	5	12672	642	1191
液体乳及乳制品制造	18	2	5821	343	651
液体乳及乳制品制造	18	2	5821	343	651
罐头制造	139	35	40606	1955	12611
肉、禽类罐头制造	8	2	1769	93	222
水产品罐头制造	7	4	1012	74	156
蔬菜、水果罐头制造	121	28	37382	1755	12138
其他罐头食品制造	3	1	443	33	95
调味品、发酵制品制造	164	26	36362	2095	5750
味精制造	29	3	4907	281	570
酱油、食醋及类似制品的制造	80	16	16978	1086	3031
其他调味品、发酵制品制造	55	7	14477	728	2150
其他食品制造	293	73	72729	4068	12256
营养、保健食品制造	112	38	23398	1687	4630
冷冻饮品及食用冰制造	52	7	11116	650	1336
盐加工	3	1	345	18	243
食品及饲料添加剂制造	90	25	28305	1216	5440
其他未列明的食品制造	36	2	9565	497	607
饮料制造业	1795	197	388696	21591	54753
酒精制造	2		443	20	23
酒精制造	2		443	20	23
酒的制造	448	62	96453	5815	25121
白酒制造	109	13	25290	1377	3174
啤酒制造	6	2	1596	199	190
黄酒制造	281	42	54887	3658	17423
葡萄酒制造	10	2	2993	104	932
其他酒制造	42	3	11687	477	3401
软饮料制造	632	88	96857	6741	12359
碳酸饮料制造	16	3	2695	174	328
瓶（罐）装饮用水制造	519	67	71114	5149	9309
果菜汁及果菜汁饮料制造	32	8	7456	434	1240
含乳饮料和植物蛋白饮料制造	15	3	4444	242	190
固体饮料制造	33	5	8049	508	961
茶饮料及其他软饮料制造	17	2	3101	234	331
精制茶加工	713	47	194943	9015	17251
精制茶加工	713	47	194943	9015	17251
烟草制品业	1		353	16	15
烟叶复烤	1		353	16	15
烟叶复烤	1		353	16	15

1－A－9 续表1－4 单位：个、人、万元

指 标 名 称	企业数	亏损企业	工业总产值（当年价）	全部从业人员年平均人数	年初存货
纺织业	15406	1968	4862313	260788	355431
棉、化纤纺织及印染精加工	4958	612	1790621	81017	122494
棉、化纤纺织加工	4218	500	1597524	66442	108365
棉、化纤印染精加工	740	112	193097	14575	14128
毛纺织和染整精加工	398	61	129441	7948	13495
毛条加工	43	6	12884	601	850
毛纺织	285	44	95258	5551	10799
毛染整精加工	70	11	21299	1796	1847
麻纺织	30	8	5980	443	1263
麻纺织	30	8	5980	443	1263
丝绢纺织及精加工	1091	143	373063	17109	32738
缫丝加工	54	20	31939	1939	5336
绢纺和丝织加工	971	109	321510	13873	24261
丝印染精加工	66	14	19614	1297	3141
纺织制成品制造	3709	468	1007500	56863	71749
棉及化纤制品制造	1349	199	363396	22612	29068
毛制品制造	93	11	31231	1616	3665
麻制品制造	21		5564	342	403
丝制品制造	337	45	102494	5968	8725
绳、索、缆的制造	199	24	51121	2673	3581
纺织带和帘子布制造	615	52	150879	8164	8709
无纺布制造	477	54	141156	6573	8610
其他纺织制成品制造	618	83	161660	8915	8987
针织品、编织品及其制品制造	5220	676	1555709	97408	113693
棉、化纤针织品及编织品制造	3498	492	1088939	65277	84002
毛针织品及编织品制造	1028	114	271001	20892	18706
丝针织品及编织品制造	181	26	52738	3342	4376
其他针织品及编织品制造	513	44	143031	7897	6609
纺织服装、鞋、帽制造业	6722	1181	2112204	191374	165373
纺织服装制造	6166	1111	1971141	180643	154100
纺织服装制造	6166	1111	1971141	180643	154100
纺织面料鞋的制造	362	49	88613	6859	7263
纺织面料鞋的制造	362	49	88613	6859	7263
制 帽	194	21	52450	3872	4011
制 帽	194	21	52450	3872	4011
皮革、毛皮、羽毛(绒)及其制品业	4436	395	1380692	99965	89523
皮革鞣制加工	212	18	90031	3161	5493
皮革鞣制加工	212	18	90031	3161	5493
皮革制品制造	3457	265	1095497	87266	69309

1－A－9 续表1－5 单位：个、人、万元

指标名称	企业数	亏损企业	工业总产值（当年价）	全部从业人员年平均人数	年初存货
皮鞋制造	1753	68	585883	46752	25736
皮革服装制造	422	71	109084	8188	15052
皮箱、包(袋)制造	954	102	291357	24977	17103
皮手套及皮装饰制品制造	216	13	75253	5177	9146
其他皮革制品制造	112	11	33920	2172	2273
毛皮鞣制及制品加工	626	82	144703	7056	4790
毛皮鞣制加工	16	2	4777	222	610
毛皮服装加工	123	15	34663	1668	1923
其他毛皮制品加工	487	65	105263	5166	2257
羽毛(绒)加工及制品制造	141	30	50462	2482	9931
羽毛(绒)加工	65	14	22486	814	7532
羽毛(绒)制品加工	76	16	27975	1668	2399
木材加工及木、竹、藤、棕、草制品业	2823	334	772234	44290	75051
锯材、木片加工	410	37	102046	4833	7715
锯材加工	262	18	59743	2913	3792
木片加工	148	19	42303	1920	3923
人造板制造	516	82	189080	10107	20871
胶合板制造	317	42	124470	6402	11189
纤维板制造	21	6	3615	264	948
刨花板制造	24	5	5424	320	373
其他人造板、材制造	154	29	55571	3121	8362
木制品制造	1161	125	302967	16724	21570
建筑用木料及木材组件加工	432	56	138758	7347	11150
木容器制造	379	32	80933	4058	5377
软木制品及其他木制品制造	350	37	83276	5319	5044
竹、藤、棕、草制品制造	736	90	178141	12626	24894
竹、藤、棕、草制品制造	736	90	178141	12626	24894
家具制造业	1791	292	479399	29973	43051
木质家具制造	1061	168	270526	17773	26841
木质家具制造	1061	168	270526	17773	26841
竹、藤家具制造	56	9	18961	1008	942
竹、藤家具制造	56	9	18961	1008	942
金属家具制造	430	72	134655	7440	11321
金属家具制造	430	72	134655	7440	11321
塑料家具制造	55	10	14990	993	743
塑料家具制造	55	10	14990	993	743
其他家具制造	189	33	40268	2759	3204
其他家具制造	189	33	40268	2759	3204
造纸及纸制品业	5292	507	1309052	65675	75961

1－A－9 续表1－6

单位：个、人、万元

指标名称	企业数	亏损企业	工业总产值（当年价）	全部从业人员年平均人数	年初存货
纸浆制造	21	3	5235	237	308
纸浆制造	21	3	5235	237	308
造纸	588	78	179402	9411	13158
机制纸及纸板制造	353	42	115496	6241	8739
手工纸制造	20	2	5898	382	281
加工纸制造	215	34	58008	2788	4138
纸制品制造	4683	426	1124415	56027	62496
纸和纸板容器的制造	3951	344	921428	46863	50927
其他纸制品制造	732	82	202987	9164	11569
印刷业和记录媒介的复制	6116	599	1396400	74597	77935
印刷	5641	553	1299101	68821	74315
书、报、刊印刷	854	101	186202	10502	14338
本册印制	511	54	88714	5155	5063
包装装潢及其他印刷	4276	398	1024186	53164	54914
装订及其他印刷服务活动	465	44	95364	5650	3553
装订及其他印刷服务活动	465	44	95364	5650	3553
记录媒介的复制	10	2	1935	126	68
记录媒介的复制	10	2	1935	126	68
文教体育用品制造业	3284	360	867947	57315	58966
文化用品制造	1517	137	408916	25082	24893
文具制造	577	64	150694	9197	10165
笔的制造	704	48	201955	12902	11490
教学用模型及教具制造	127	14	34223	1594	1815
墨水、墨汁制造	11	3	2437	160	122
其他文化用品制造	98	8	19608	1229	1300
体育用品制造	634	89	185027	12146	14130
球类制造	55		18450	1325	1215
体育器材及配件制造	201	35	56009	4059	4715
训练健身器材制造	217	26	64551	3510	4293
运动防护用具制造	31	8	11185	813	941
其他体育用品制造	130	20	34832	2439	2967
乐器制造	100	15	19942	1376	2123
中乐器制造	12	4	1691	149	170
西乐器制造	48	7	10250	692	1411
电子乐器制造	1		277	5	86
其他乐器及零件制造	39	4	7724	530	455
玩具制造	861	96	211664	16065	14424
玩具制造	861	96	211664	16065	14424
游艺器材及娱乐用品制造	172	23	42397	2646	3397

1-A-9 续表1-7

单位：个、人、万元

指 标 名 称	企业数	亏损企业	工业总产值（当年价）	全部从业人员年平均人数	年初存货
露天游乐场所游乐设备制造	84	5	21663	1137	952
游艺用品及室内游艺器材制造	88	18	20734	1509	2444
石油加工、炼焦及核燃料加工业	136	23	45888	1241	3888
精炼石油产品的制造	134	23	45675	1231	3871
原油加工及石油制品制造	126	23	43599	1148	3280
人造原油生产	8		2075	83	590
炼 焦	2		213	10	17
炼 焦	2		213	10	17
化学原料及化学制品制造业	4554	674	1265001	55386	108771
基础化学原料制造	556	79	203611	8789	14371
无机酸制造	53	10	15919	470	1407
无机碱制造	23	3	8118	273	146
无机盐制造	210	14	71465	3391	3799
有机化学原料制造	151	27	69979	2754	5955
其他基础化学原料制造	119	25	38129	1901	3064
肥料制造	110	29	30016	1409	3577
氮肥制造	10		3059	97	86
磷肥制造	14	3	4841	265	1128
复混肥料制造	29	5	11889	475	1319
有机肥料及微生物肥料制造	46	18	7457	443	1032
其他肥料制造	11	3	2771	129	12
农药制造	44	7	14097	656	1300
化学农药制造	31	5	10331	484	829
生物化学农药及微生物农药制造	13	2	3765	172	470
涂料、油墨、颜料及类似产品制造	1298	198	314490	13994	28723
涂料制造	909	137	204581	9272	17475
油墨及类似产品制造	137	21	40265	1637	4567
颜料制造	58	7	18806	851	2507
染料制造	86	11	26782	1066	2290
密封用填料及类似品制造	108	22	24056	1168	1883
合成材料制造	311	53	90774	3766	7639
初级形态的塑料及合成树脂制造	204	38	58650	2415	5517
合成橡胶制造	43	8	11960	517	873
合成纤维单(聚合)体的制造	21	2	6817	342	157
其他合成材料制造	43	5	13347	492	1093
专用化学产品制造	1667	206	481490	18546	36865
化学试剂和助剂制造	782	94	218730	8084	15156
专项化学用品制造	273	32	83261	3315	6214
林产化学产品制造	117	11	35865	1811	3743

1－A－9 续表1－8

单位：个、人、万元

指 标 名 称	企业数	亏损企业	工业总产值（当年价）	全部从业人员年平均人数	年初存货
炸药及火工产品制造	12	1	3811	291	437
信息化学品制造	31	7	22130	684	2041
环境污染处理专用药剂材料制造	57	12	14459	549	1142
动物胶制造	21	1	8907	367	2521
其他专用化学产品制造	374	48	94327	3445	5611
日用化学产品制造	568	102	130524	8226	16297
肥皂及合成洗涤剂制造	180	28	38919	1866	3067
化妆品制造	194	26	46133	3149	6299
口腔清洁用品制造	13	1	5710	1004	1701
香料、香精制造	60	25	12453	644	2240
其他日用化学产品制造	121	22	27310	1563	2991
医药制造业	469	125	126354	8273	25489
化学药品原药制造	72	17	24054	1158	6362
化学药品原药制造	72	17	24054	1158	6362
化学药品制剂制造	39	15	14693	1141	3173
化学药品制剂制造	39	15	14693	1141	3173
中药饮片加工	66	16	15574	781	3571
中药饮片加工	66	16	15574	781	3571
中成药制造	36	14	9373	504	1791
中成药制造	36	14	9373	504	1791
兽用药品制造	26	8	5542	427	611
兽用药品制造	26	8	5542	427	611
生物、生化制品的制造	68	33	17987	1443	6383
生物、生化制品的制造	68	33	17987	1443	6383
卫生材料及医药用品制造	162	22	39132	2819	3600
卫生材料及医药用品制造	162	22	39132	2819	3600
化学纤维制造业	387	55	152444	5403	12075
纤维素纤维原料及纤维制造	49	5	15160	816	1634
化纤浆粕制造	9		2777	157	270
人造纤维（纤维素纤维）制造	40	5	12383	659	1364
合成纤维制造	338	50	137285	4587	10441
锦纶纤维制造	25	2	7517	409	1137
涤纶纤维制造	91	13	43311	1260	2387
腈纶纤维制造	9	2	1582	155	31
维纶纤维制造	5	2	1572	52	47
其他合成纤维制造	208	31	83302	2711	6840
橡胶制品业	2032	179	517042	29518	36007
轮胎制造	80	16	17120	1007	1787
车辆、飞机及工程机械轮胎制造	31	6	6583	411	495

1－A－9 续表1－9

单位：个、人、万元

指标名称	企业数	亏损企业	工业总产值（当年价）	全部从业人员年平均人数	年初存货
力车胎制造	14	1	3422	220	465
轮胎翻新加工	35	9	7116	376	827
橡胶板、管、带的制造	446	42	114871	5525	9759
橡胶板、管、带的制造	446	42	114871	5525	9759
橡胶零件制造	912	59	203238	12097	12242
橡胶零件制造	912	59	203238	12097	12242
再生橡胶制造	32	5	10343	508	1167
再生橡胶制造	32	5	10343	508	1167
日用及医用橡胶制品制造	115	17	34116	2001	2608
日用及医用橡胶制品制造	115	17	34116	2001	2608
橡胶靴鞋制造	201	16	70797	5029	3197
橡胶靴鞋制造	201	16	70797	5029	3197
其他橡胶制品制造	246	24	66558	3351	5247
其他橡胶制品制造	246	24	66558	3351	5247
塑料制品业	13145	1286	3359365	166194	209683
塑料薄膜制造	710	70	186054	8018	8665
塑料薄膜制造	710	70	186054	8018	8665
塑料板、管、型材的制造	1444	151	424426	18299	32307
塑料板、管、型材的制造	1444	151	424426	18299	32307
塑料丝、绳及编织品的制造	1261	155	328232	15795	22102
塑料丝、绳及编织品的制造	1261	155	328232	15795	22102
泡沫塑料制造	534	60	146993	6962	8206
泡沫塑料制造	534	60	146993	6962	8206
塑料人造革、合成革制造	82	8	28794	1259	2789
塑料人造革、合成革制造	82	8	28794	1259	2789
塑料包装箱及容器制造	1247	124	322331	15449	18837
塑料包装箱及容器制造	1247	124	322331	15449	18837
塑料零件制造	3785	303	885689	45405	46244
塑料零件制造	3785	303	885689	45405	46244
日用塑料制造	2282	212	591785	33264	39338
塑料鞋制造	309	5	98460	6209	3517
日用塑料杂品制造	1973	207	493325	27055	35822
其他塑料制品制造	1800	203	445063	21743	31195
其他塑料制品制造	1800	203	445063	21743	31195
非金属矿物制品业	6511	713	1898756	119281	159445
水泥、石灰和石膏的制造	272	27	96058	4147	3447
水泥制造	38	10	17243	718	1038
石灰和石膏制造	234	17	78815	3429	2409
水泥及石膏制品制造	1481	169	370010	18209	40435

1－A－9 续表1－10

单位：个、人、万元

指 标 名 称	企业数	亏损企业	工业总产值（当年价）	全部从业人员年平均人数	年初存货
水泥制品制造	935	109	264168	12394	30441
砼结构构件制造	436	33	76128	4153	6832
石棉水泥制品制造	7	1	802	49	40
轻质建筑材料制造	79	21	25368	1342	2601
其他水泥制品制造	24	5	3544	271	521
砖瓦、石材及其他建筑材料制造	2599	263	796831	63907	69515
粘土砖瓦及建筑砌块制造	1396	142	452521	47598	33644
建筑陶瓷制品制造	90	10	30186	1977	12730
建筑用石加工	651	50	172758	8459	12332
防水建筑材料制造	81	12	18803	1135	2632
隔热和隔音材料制造	160	30	39966	1906	3880
其他建筑材料制造	221	19	82597	2832	4297
玻璃及玻璃制品制造	961	153	283022	16120	21994
平板玻璃制造	23	8	6133	274	532
技术玻璃制品制造	133	34	45826	2389	4436
光学玻璃制造	28	6	10404	658	1268
玻璃仪器制造	37	9	6581	546	495
日用玻璃制品及玻璃包装容器制造	344	44	103324	6370	7165
玻璃保温容器制造	21	5	5935	293	384
玻璃纤维及制品制造	131	8	36667	1897	3448
玻璃纤维增强塑料制品制造	145	21	41133	1928	2159
其他玻璃制品制造	99	18	27020	1765	2107
陶瓷制品制造	279	30	108431	5186	7784
卫生陶瓷制品制造	136	13	73195	2831	4721
特种陶瓷制品制造	47	8	11271	837	1188
日用陶瓷制品制造	72	6	19504	1160	1486
园林、陈设艺术及其他陶瓷制品制造	24	3	4461	358	389
耐火材料制品制造	493	30	150926	6681	8825
石棉制品制造	117	9	32908	1688	2334
云母制品制造	13	2	4273	275	924
耐火陶瓷制品及其他耐火材料制造	363	19	113745	4718	5568
石墨及其他非金属矿物制品制造	426	41	93479	5031	7446
石墨及碳素制品制造	65	6	12723	643	1021
其他非金属矿物制品制造	361	35	80756	4388	6425
黑色金属冶炼及压延加工业	965	131	362065	13703	31944
炼 铁	23	4	8079	413	709
炼 铁	23	4	8079	413	709
炼 钢	7	1	2355	102	108
炼 钢	7	1	2355	102	108

1－A－9 续表 1－11 单位：个、人、万元

指标名称	企业数	亏损企业	工业总产值（当年价）	全部从业人员年平均人数	年初存货
钢压延加工	923	122	348448	13020	30536
钢压延加工	923	122	348448	13020	30536
铁合金冶炼	12	4	3183	168	591
铁合金冶炼	12	4	3183	168	591
有色金属冶炼及压延加工业	1265	157	468396	18726	38037
常用有色金属冶炼	141	13	48902	2118	4177
铜冶炼	45	2	16842	747	1009
铅锌冶炼	12	2	3828	146	707
镍钴冶炼	11	1	3858	111	535
锡冶炼	6	2	2297	48	145
铝冶炼	56	5	19329	881	1733
镁冶炼	2		590	44	5
其他常用有色金属冶炼	9	1	2158	141	43
贵金属冶炼	14	5	5288	203	220
金冶炼	1		289	10	1
银冶炼	9	5	3061	90	193
其他贵金属冶炼	4		1937	103	26
稀有稀土金属冶炼	10	3	4456	183	142
钨钼冶炼	4	1	1149	37	72
稀土金属冶炼	3	2	2793	105	3
其他稀有金属冶炼	3		515	41	67
有色金属合金制造	103	12	29732	1403	2693
有色金属合金制造	103	12	29732	1403	2693
有色金属压延加工	997	124	380019	14819	30805
常用有色金属压延加工	960	119	361880	13936	29311
贵金属压延加工	13	2	10008	517	747
稀有稀土金属压延加工	24	3	8131	366	747
金属制品业	11571	1349	3087434	174233	233091
结构性金属制品制造	2234	315	590993	31282	54182
金属结构制造	1122	158	300373	14891	28028
金属门窗制造	1112	157	290621	16391	26154
金属工具制造	2206	262	553970	33168	44770
切削工具制造	474	45	102042	6501	10689
手工具制造	936	109	251425	14576	17388
农用及园林用金属工具制造	184	14	55358	3014	3331
刀剪及类似日用金属工具制造	240	43	55451	3956	7470
其他金属工具制造	372	51	89693	5121	5890
集装箱及金属包装容器制造	334	54	93594	5036	9162
集装箱制造	9	4	1601	108	104

1-A-9 续表1-12

单位：个、人、万元

指 标 名 称	企业数	亏损企业	工业总产值（当年价）	全部从业人员年平均人数	年初存货
金属压力容器制造	57	11	17049	1044	1732
金属包装容器制造	268	39	74945	3884	7326
金属丝绳及其制品的制造	546	59	170846	6522	11886
金属丝绳及其制品的制造	546	59	170846	6522	11886
建筑、安全用金属制品制造	2472	233	683131	37649	53217
建筑、家具用金属配件制造	1194	126	313740	19212	23696
建筑装饰及水暖管道零件制造	1004	58	292598	14074	22677
安全、消防用金属制品制造	166	34	41029	2792	4840
其他建筑、安全用金属制品制造	108	15	35765	1571	2004
金属表面处理及热处理加工	1613	179	422626	28983	20246
金属表面处理及热处理加工	1613	179	422626	28983	20246
搪瓷制品制造	123	16	32692	1903	2136
工业生产配套用搪瓷制品制造	20	5	3389	201	508
搪瓷卫生洁具制造	68	8	18600	1016	955
搪瓷日用品及其他搪瓷制品制造	35	3	10703	686	673
不锈钢及类似日用金属制品制造	1322	132	364572	20332	26166
金属制厨房调理及卫生器具制造	299	41	78033	4558	5530
金属制厨用器皿及餐具制造	472	29	145781	8149	11212
其他日用金属制品制造	551	62	140758	7625	9424
其他金属制品制造	721	99	175011	9358	11325
铸币及贵金属制实验室用品制造	1		500	6	2
其他未列明的金属制品制造	720	99	174511	9352	11323
通用设备制造业	23557	2731	5937638	325537	485303
锅炉及原动机制造	309	41	96818	5389	10312
锅炉及辅助设备制造	125	24	35962	1879	3930
内燃机及配件制造	135	12	45320	2699	5086
汽轮机及辅机制造	13		2813	221	174
水轮机及辅机制造	28	2	10512	496	955
其他原动机制造	8	3	2211	94	167
金属加工机械制造	1519	225	413249	21553	52037
金属切削机床制造	301	48	81529	4788	11115
金属成形机床制造	216	38	52174	2905	4915
铸造机械制造	144	22	41285	1908	3631
金属切割及焊接设备制造	275	37	67017	4025	8347
机床附件制造	266	36	61221	3649	5578
其他金属加工机械制造	317	44	110024	4278	18451
起重运输设备制造	534	88	141408	7297	13568
起重运输设备制造	534	88	141408	7297	13568

1－A－9 续表1－13

单位：个、人、万元

指标名称	企业数	亏损企业	工业总产值（当年价）	全部从业人员年平均人数	年初存货
泵、阀门、压缩机及类似机械的制造	4621	368	1275273	67222	106007
泵及真空设备制造	1089	90	274032	13639	26220
气体压缩机械制造	209	24	60119	2782	4287
阀门和旋塞的制造	2508	149	756579	39399	58930
液压和气压动力机械及元件制造	815	105	184543	11402	16570
轴承、齿轮、传动和驱动部件的制造	2928	311	773094	50812	67106
轴承制造	2020	210	544128	37797	45002
齿轮、传动和驱动部件制造	908	101	228966	13015	22104
烘炉、熔炉及电炉制造	188	25	40054	1879	3271
烘炉、熔炉及电炉制造	188	25	40054	1879	3271
风机、衡器、包装设备等通用设备制造	2491	344	637728	35285	59859
风机、风扇制造	369	50	98072	4756	8919
气体、液体分离及纯净设备制造	207	34	51641	2807	5977
制冷、空调设备制造	425	51	115489	5855	9655
风动和电动工具制造	715	69	193251	10865	15522
喷枪及类似器具制造	164	33	40853	2450	3836
包装专用设备制造	263	36	56412	3581	7142
衡器制造	86	16	23618	1409	1935
其他通用设备制造	262	55	58393	3562	6874
通用零部件制造及机械修理	8732	1098	1898712	103164	119884
金属密封件制造	523	48	102064	6032	7200
紧固件、弹簧制造	4238	452	1006466	51190	57637
机械零部件加工及设备修理	2887	475	573509	33123	41501
其他通用零部件制造	1084	123	216674	12819	13545
金属铸、锻加工	2235	231	661303	32936	53261
钢铁铸件制造	1387	132	454113	22319	38291
锻件及粉末冶金制品制造	848	99	207191	10617	14969
专用设备制造业	8422	1275	2004050	110613	213656
矿山、冶金、建筑专用设备制造	499	80	131045	6550	14743
采矿、采石设备制造	170	21	46989	2462	4558
石油钻采专用设备制造	11	1	2749	140	109
建筑工程用机械制造	135	33	29238	1496	5341
建筑材料生产专用机械制造	128	18	29412	1534	3062
冶金专用设备制造	55	7	22657	918	1672
化工、木材、非金属加工专用设备制造	3169	436	756250	38832	65648
炼油、化工生产专用设备制造	91	9	26065	1372	2066
橡胶加工专用设备制造	39	12	8352	533	1066
塑料加工专用设备制造	625	123	232680	8102	24675

1－A－9　续表 1－14　　　　单位：个、人、万元

指　标　名　称	企业数	亏损企业	工业总产值（当年价）	全部从业人员年平均人数	年初存货
木材加工机械制造	50	9	9990	769	1767
模具制造	2334	279	470365	27642	35474
其他非金属加工专用设备制造	30	4	8799	414	600
食品、饮料、烟草及饲料生产专用设备制造	300	46	76642	3870	9322
食品、饮料、烟草工业专用设备制造	224	33	57243	2873	7089
农副食品加工专用设备制造	69	12	18012	938	2166
饲料生产专用设备制造	7	1	1388	59	68
印刷、制药、日化生产专用设备制造	517	81	130592	7529	16333
制浆和造纸专用设备制造	78	14	19966	1151	3417
印刷专用设备制造	248	36	60665	3788	7629
日用化工专用设备制造	27	1	9544	401	509
制药专用设备制造	68	11	17872	968	3256
照明器具生产专用设备制造	32	7	6202	381	449
玻璃、陶瓷和搪瓷制品生产专用设备制造	12	2	3253	135	391
其他日用品生产专用设备制造	52	10	13092	705	683
纺织、服装和皮革工业专用设备制造	2031	316	435613	27048	52464
纺织专用设备制造	1098	186	247629	13528	30742
皮革、毛皮及其制品加工专用设备制造	52	4	12509	677	1734
缝纫机械制造	797	115	155293	11594	17813
其他服装加工专用设备制造	84	11	20183	1249	2175
电子和电工机械专用设备制造	340	70	78519	4826	8675
电工机械专用设备制造	119	24	27122	1635	4015
电子工业专用设备制造	214	45	49697	3132	4614
武器弹药制造	3		1267	31	38
航空、航天及其他专用设备制造	4	1	432	28	8
农、林、牧、渔专用机械制造	411	51	96808	5419	10746
拖拉机制造	11		6041	255	1457
机械化农业及园艺机具制造	125	18	36443	1911	4511
营林及木竹采伐机械制造	2		540	28	48
畜牧机械制造	14	2	3203	163	222
渔业机械制造	18	3	3584	288	554
农林牧渔机械配件制造	145	18	32090	1950	2483
其他农林牧渔业机械制造及机械修理	96	10	14908	824	1471
医疗仪器设备及器械制造	415	79	92431	6398	12950
医疗诊断、监护及治疗设备制造	70	9	16809	924	1577
口腔科用设备及器具制造	37	8	4918	468	776
实验室及医用消毒设备和器具的制造	24	6	5213	286	857
医疗、外科及兽医用器械制造	125	22	31980	2540	3827

1－A－9 续表1－15

单位：个、人、万元

指标名称	企业数	亏损企业	工业总产值（当年价）	全部从业人员年平均人数	年初存货
机械治疗及病房护理设备制造	38	10	8179	516	1732
假肢、人工器官及植（介）入器械制造	32	7	4060	387	334
其他医疗设备及器械制造	89	17	21272	1277	3848
环保、社会公共安全及其他专用设备制造	740	116	206150	10141	22776
环境污染防治专用设备制造	368	63	100261	4892	11166
地质勘查专用设备制造	5	1	1930	75	260
邮政专用机械及器材制造	11	3	2941	134	445
商业、饮食、服务业专用设备制造	11		5802	213	1008
社会公共安全设备及器材制造	181	18	55428	2688	6066
交通安全及管制专用设备制造	25	2	8446	364	307
水资源专用机械制造	37	12	7985	505	1419
其他专用设备制造	102	17	23357	1270	2105
交通运输设备制造业	9521	1119	2591940	159917	190867
铁路运输设备制造	53	6	17092	952	1364
铁路机车车辆及动车组制造	2	1	103	15	...
工矿有轨专用车辆制造	1		328	9	17
铁路机车车辆配件制造	14	1	5166	205	325
铁路专用设备及器材、配件制造	27	1	8361	533	550
其他铁路设备制造及设备修理	9	3	3134	190	473
汽车制造	6579	755	1765777	103935	131715
汽车整车制造	13	4	3320	259	1380
改装汽车制造	6	1	1474	78	182
电车制造	5	1	1280	63	86
汽车车身、挂车的制造	17	3	4493	176	804
汽车零部件及配件制造	5723	613	1597983	92273	116064
汽车修理	815	133	157227	11086	13199
摩托车制造	933	52	230397	13598	15281
摩托车整车制造	15	5	7550	359	118
摩托车零部件及配件制造	918	47	222848	13239	15163
自行车制造	878	118	229076	12578	20820
脚踏自行车及残疾人座车制造	415	61	118242	6505	11066
助动自行车制造	463	57	110834	6073	9754
船舶及浮动装置制造	924	162	309700	26696	16672
金属船舶制造	121	23	96066	4252	3135
非金属船舶制造	21	2	3662	218	835
娱乐船和运动船的建造和修理	19	1	6974	409	533
船用配套设备制造	240	36	68677	5164	6167
船舶修理及拆船	519	99	133345	16588	5682

1－A－9 续表1－16

单位：个、人、万元

指 标 名 称	企业数	亏损企业	工业总产值（当年价）	全部从业人员年平均人数	年初存货
航标器材及其他浮动装置的制造	4	1	977	65	319
航空航天器制造	8	2	1837	161	1600
飞机制造及修理	5	2	1032	127	1563
航天器制造	1		160	10	
其他飞行器制造	2		645	24	37
交通器材及其他交通运输设备制造	146	24	38061	1997	3415
潜水及水下救捞装备制造	1		235	35	10
交通管理用金属标志及设施制造	107	14	26291	1251	2453
其他交通运输设备制造	38	10	11535	711	953
电气机械及器材制造业	13118	1382	3716894	198017	298435
电机制造	1561	143	418531	22628	36457
发电机及发电机组制造	185	20	60388	3036	8478
电动机制造	827	60	212168	10755	13742
微电机及其他电机制造	549	63	145974	8837	14236
输配电及控制设备制造	4579	370	1281559	62200	96725
变压器、整流器和电感器制造	551	79	157736	7603	12339
电容器及其配套设备制造	145	14	44415	2205	2631
配电开关控制设备制造	2189	129	592558	28369	47896
电力电子元器件制造	1399	116	407791	20235	28968
其他输配电及控制设备制造	295	32	79058	3788	4892
电线、电缆、光缆及电工器材制造	1355	135	415520	17619	28635
电线电缆制造	980	90	305293	11995	21029
光纤、光缆制造	18	3	5121	265	374
绝缘制品制造	165	13	52073	2556	3244
其他电工器材制造	192	29	53033	2803	3989
电池制造	261	61	84955	4900	9381
电池制造	261	61	84955	4900	9381
家用电力器具制造	2143	238	629013	34886	55236
家用制冷电器具制造	88	16	33585	1977	4487
家用空气调节器制造	63	9	20068	864	1760
家用通风电器具制造	191	19	55697	3160	4964
家用厨房电器具制造	457	61	143220	7872	13938
家用清洁卫生电器具制造	157	32	51721	2636	5974
家用美容、保健电器具制造	145	14	49227	2861	3837
家用电力器具专用配件制造	627	54	152643	8615	10016
其他家用电力器具制造	415	33	122853	6901	10261
非电力家用器具制造	348	55	105636	5036	8422
燃气、太阳能及类似能源的器具制造	301	49	94265	4427	7273

1-A-9 续表1-17

单位：个、人、万元

指标名称	企业数	亏损企业	工业总产值（当年价）	全部从业人员年平均人数	年初存货
其他非电力家用器具制造	47	6	11371	609	1150
照明器具制造	2551	338	703274	46672	57227
电光源制造	743	128	224074	17900	15423
照明灯具制造	1174	153	314870	19357	28244
灯用电器附件及其他照明器具制造	634	57	164331	9415	13561
其他电气机械及器材制造	320	42	78407	4076	6352
车辆专用照明及电气信号设备装置制造	170	26	43869	2364	4390
其他未列明的电气机械制造	150	16	34538	1712	1962
通信设备、计算机及其他电子设备制造业	3715	640	960411	57388	86694
通信设备制造	371	83	102382	5745	11750
通信传输设备制造	96	23	31897	1745	2421
通信交换设备制造	77	15	23750	1094	1595
通信终端设备制造	44	7	9661	599	3202
移动通信及终端设备制造	43	15	10176	664	1927
其他通信设备制造	111	23	26899	1643	2605
广播电视设备制造	231	43	65978	3955	6491
广播电视节目制作及发射设备制造	13	6	2395	142	1140
广播电视接收设备及器材制造	198	31	57801	3520	5072
应用电视设备及其他广播电视设备制造	20	6	5783	293	279
电子计算机制造	133	39	37270	2004	4847
电子计算机整机制造	9	4	1360	124	208
计算机网络设备制造	43	15	9982	553	1751
电子计算机外部设备制造	81	20	25927	1327	2888
电子器件制造	410	94	114239	6371	11597
电子真空器件制造	43	7	7347	602	1083
半导体分立器件制造	136	26	31519	1900	3479
集成电路制造	44	15	10314	812	2002
光电子器件及其他电子器件制造	187	46	65059	3057	5033
电子元件制造	2084	280	526122	32098	39611
电子元件及组件制造	1927	258	483326	29678	36994
印制电路板制造	157	22	42796	2420	2617
家用视听设备制造	333	57	82942	5246	7910
家用影视设备制造	56	12	13166	828	1902
家用音响设备制造	277	45	69776	4418	6008
其他电子设备制造	153	44	31478	1969	4488
其他电子设备制造	153	44	31478	1969	4488
仪器仪表及文化、办公用机械制造业	3051	438	797207	53093	73094
通用仪器仪表制造	1409	246	346793	19149	35517

1－A－9 续表1－18

单位：个、人、万元

指 标 名 称	企业数	亏损企业	工业总产值（当年价）	全部从业人员年平均人数	年初存货
工业自动控制系统装置制造	324	81	65668	3717	6431
电工仪器仪表制造	452	61	121333	5725	9880
绘图、计算及测量仪器制造	133	27	34032	2080	2820
实验分析仪器制造	192	30	45467	2852	6252
试验机制造	29	7	5718	418	1472
供应用仪表及其他通用仪器制造	279	40	74575	4357	8663
专用仪器仪表制造	368	84	93819	5503	10067
环境监测专用仪器仪表制造	19	8	4384	290	443
汽车及其他用计数仪表制造	104	14	25345	1612	2421
导航、气象及海洋专用仪器制造	17	3	4860	197	326
农林牧渔专用仪器仪表制造	6		1474	75	38
地质勘探和地震专用仪器制造	14	5	2436	118	661
教学专用仪器制造	83	17	26982	1420	3426
核子及核辐射测量仪器制造	1		1025	35	
电子测量仪器制造	63	21	14613	999	1377
其他专用仪器制造	61	16	12701	757	1375
钟表与计时仪器制造	129	28	35794	2583	2804
钟表与计时仪器制造	129	28	35794	2583	2804
光学仪器及眼镜制造	816	40	238466	20871	15919
光学仪器制造	105	13	23713	1590	2129
眼镜制造	711	27	214754	19281	13790
文化、办公用机械制造	234	30	63601	3805	7170
电影机械制造	6	1	2188	127	275
幻灯及投影设备制造	14	9	3203	155	1327
照相机及器材制造	34	3	10620	525	1036
复印和胶印设备制造	13	4	2389	213	735
计算器及货币专用设备制造	66	6	19656	1148	1608
其他文化、办公用机械制造	101	7	25545	1637	2189
其他仪器仪表的制造及修理	95	10	18734	1182	1618
其他仪器仪表的制造及修理	95	10	18734	1182	1618
工艺品及其他制造业	7171	852	1864765	122541	115452
工艺美术品制造	5154	723	1309712	90978	83992
雕塑工艺品制造	1276	195	307564	24314	23867
金属工艺品制造	1067	109	281432	19022	14701
漆器工艺品制造	133	11	33905	2608	1908
花画工艺品制造	145	19	34854	2366	1367
天然植物纤维编织工艺品制造	166	28	40236	2645	2767
抽纱刺绣工艺品制造	1335	222	332149	21338	18693

1－A－9 续表 1－19

单位：个、人、万元

指 标 名 称	企业数	亏损企业	工业总产值（当年价）	全部从业人员年平均人数	年初存货
地毯、挂毯制造	101	21	29639	1934	4132
珠宝首饰及有关物品的制造	116	29	49282	3061	4098
其他工艺美术品制造	815	89	200652	13690	12459
日用杂品制造	1901	118	532969	30441	29268
制镜及类似品加工	83	7	34052	1482	3654
鬃毛加工、制刷及清扫工具的制造	140	10	37364	2551	2965
其他日用杂品制造	1678	101	461554	26408	22649
煤制品制造	49	5	7484	268	774
煤制品制造	49	5	7484	268	774
核辐射加工	1	1	98	6	8
核辐射加工	1	1	98	6	8
其他未列明的制造业	66	5	14502	848	1410
其他未列明的制造业	66	5	14502	848	1410
废弃资源和废旧材料回收加工业	546	57	170926	6300	11524
金属废料和碎屑的加工处理	155	29	74749	2510	6181
金属废料和碎屑的加工处理	155	29	74749	2510	6181
非金属废料和碎屑的加工处理	391	28	96177	3790	5342
非金属废料和碎屑的加工处理	391	28	96177	3790	5342
电力、燃气及水的生产和供应业	**2966**	**430**	**568987**	**29020**	**18289**
电力、热力的生产和供应业	2056	208	285294	16080	3893
电力生产	2010	199	253906	15244	3240
火力发电	11	8	41367	651	956
水力发电	1993	188	206559	14427	1948
其他能源发电	6	3	5980	166	336
电力供应	30	5	11787	580	389
电力供应	30	5	11787	580	389
热力生产和供应	16	4	19602	256	264
热力生产和供应	16	4	19602	256	264
燃气生产和供应业	64	10	54366	1276	3577
燃气生产和供应业	64	10	54366	1276	3577
燃气生产和供应业	64	10	54366	1276	3577
水的生产和供应业	846	212	229327	11664	10819
自来水的生产和供应	540	146	139510	7466	7735
自来水的生产和供应	540	146	139510	7466	7735
污水处理及其再生利用	111	40	57176	2155	1999
污水处理及其再生利用	111	40	57176	2155	1999
其他水的处理、利用与分配	195	26	32642	2043	1086
其他水的处理、利用与分配	195	26	32642	2043	1086

1－A－9 续表2－1

单位：个、人、万元

指 标 名 称	年末存货	资产总计	固定资产原 价	负债合计	所有者权益合 计
总 计	**4583574**	**47984320**	**18092269**	**26802598**	**21181722**
一、按轻重工业分					
轻工业	2116705	21202846	8071384	11676449	9526397
重工业	2466869	26781475	10020885	15126149	11655326
二、按登记注册类型分					
内 资	**4165404**	**42912410**	**16402114**	**24793980**	**18118430**
国 有	19121	472362	301283	273856	198506
集 体	43600	603742	331539	308009	295733
股份合作企业	142197	1170433	517171	655537	514896
联营企业	3434	29173	16649	13775	15399
国有联营	219	2001	1097	916	1084
集体联营	3130	26652	15019	12649	14003
国有与集体联营	43	322	313	70	252
其他联营	42	199	221	139	60
有限责任公司	251941	3261637	1419880	1859101	1402537
国有独资公司	1861	203682	110391	116293	87390
其他有限责任公司	250080	3057955	1309489	1742808	1315147
股份有限公司	28822	696676	100565	502189	194486
私营企业	3663905	36558773	13661804	21118317	15440456
私营独资	1141461	11792447	4418609	7150232	4642215
私营合伙	235942	2413473	990575	1320604	1092869
私营有限责任公司	2236104	21859058	8048789	12385539	9473519
私营股份有限公司	50397	493795	203831	261942	231853
其 他	12384	119614	53224	63197	56418
港澳台商投资	**182723**	**2197911**	**719750**	**907424**	**1290488**
与港澳台商合资经营	87789	962299	331050	412337	549962
与港澳台商合作经营	1221	17913	11272	3949	13965
港澳台商独资	89421	1166703	363194	469404	697300
港澳台商投资股份有限公司	4292	50996	14233	21734	29261
外商投资	**235447**	**2873999**	**970405**	**1101194**	**1772805**
中外合资经营	104353	1207528	392075	519216	688312
中外合作经营	6568	55813	21709	36020	19793
外资企业	121352	1565341	544778	531085	1034256
外商投资股份有限公司	3175	45317	11844	14873	30444
三、按控股情况分					
国有控股	35340	1289470	836082	767811	521660
集体控股	97298	1062554	530007	546132	516422
私人控股	4111638	40913920	15291210	23437381	17476539
港澳台商控股	148606	1887847	594811	776177	1111670

1－A－9 续表2－2

单位：个、人、万元

指 标 名 称	年末存货	资产总计	固定资产原 价	负债合计	所有者权益合 计
外商控股	172660	2212433	745336	800674	1411758
其 他	18033	618097	94823	474422	143674
四、按国民经济行业（门类、大类、中类、小类）分					
采矿业	**27113**	**445989**	**219176**	**238470**	**207519**
煤炭开采和洗选业	139	1446	852	657	789
其他煤炭采选	139	1446	852	657	789
其他煤炭采选	139	1446	852	657	789
黑色金属矿采选业	240	1337	1059	497	840
铁矿采选	240	1307	1031	482	825
铁矿采选	240	1307	1031	482	825
其他黑色金属矿采选		30	28	15	15
其他黑色金属矿采选		30	28	15	15
有色金属矿采选业	1585	50962	10934	26945	24016
常用有色金属矿采选	1239	19014	7533	3654	15360
铜矿采选	5	10535	912	217	10318
铅锌矿采选	1213	8312	6493	3419	4893
锑矿采选	1	116	98	18	99
铝矿采选	20	51	30	1	50
贵金属矿采选	8	694	121	544	150
金矿采选		322	87	236	87
其他贵金属矿采选	8	372	34	308	64
稀有稀土金属矿采选	338	31253	3279	22747	8506
钨钼矿采选	338	31253	3279	22747	8506
非金属矿采选业	25131	391762	206113	209966	181796
土砂石开采	23072	366269	194777	195768	170501
石灰石、石膏开采	1399	37650	16521	21540	16111
建筑装饰用石开采	7226	99504	58145	52620	46884
耐火土石开采	1237	19948	7842	8051	11897
粘土及其他土砂石开采	13211	209167	112270	113558	95609
化学矿采选	71	695	573	557	139
化学矿采选	71	695	573	557	139
采 盐	939	7281	3528	3445	3837
采 盐	939	7281	3528	3445	3837
石棉及其他非金属矿采选	1049	17516	7235	10197	7319
石棉、云母矿采选	21	720	700	20	700
石墨、滑石采选		45	28	20	25
宝石、玉石开采	38	383	11	15	368
其他非金属矿采选	990	16368	6497	10142	6226
其他采矿业	18	483	219	405	78

1－A－9 续表2－3

单位：个、人、万元

指 标 名 称	年末存货	资产总计	固定资产原 价	负债合计	所有者权益合 计
其他采矿业	18	483	219	405	78
其他采矿业	18	483	219	405	78
制造业	**4525199**	**44970644**	**15999916**	**25176196**	**19794448**
农副食品加工业	100379	877386	352524	530157	347230
谷物磨制	4352	45219	17386	31397	13822
谷物磨制	4352	45219	17386	31397	13822
饲料加工	9612	59691	24830	31343	28348
饲料加工	9612	59691	24830	31343	28348
植物油加工	5505	31488	13247	14148	17340
食用植物油加工	4291	28431	11999	12666	15765
非食用植物油加工	1214	3057	1248	1482	1575
制 糖	29	1106	359	573	533
制 糖	29	1106	359	573	533
屠宰及肉类加工	11139	202501	55616	152970	49532
畜禽屠宰	1238	40730	24397	23993	16736
肉制品及副产品加工	9901	161772	31219	128976	32795
水产品加工	42476	312357	144201	177963	134394
水产品冷冻加工	27688	220372	109538	117737	102634
鱼糜制品及水产品干腌制加工	10407	60027	19265	40439	19587
水产饲料制造	3871	23278	11824	13889	9389
鱼油提取及制品的制造	336	4298	1730	3648	650
其他水产品加工	174	4383	1845	2249	2134
蔬菜、水果和坚果加工	20358	166713	73167	91827	74886
蔬菜、水果和坚果加工	20358	166713	73167	91827	74886
其他农副食品加工	6909	58311	23719	29935	28376
淀粉及淀粉制品的制造	1445	9313	3985	5148	4164
豆制品制造	1580	21199	11343	9889	11311
蛋品加工	1503	6761	3526	2961	3800
其他未列明的农副食品加工	2381	21038	4865	11937	9101
食品制造业	53893	404967	162874	218714	186253
焙烤食品制造	7742	70147	37382	36338	33809
糕点、面包制造	5906	40210	15394	21130	19080
饼干及其他焙烤食品制造	1836	29936	21988	15208	14728
糖果、巧克力及蜜饯制造	7570	53319	13371	27612	25707
糖果、巧克力制造	2167	13621	8430	5382	8239
蜜饯制作	5403	39698	4941	22230	17468
方便食品制造	5291	57445	21570	26544	30901
米、面制品制造	2834	31029	14089	11396	19633
速冻食品制造	1099	9531	4672	7048	2483

1－A－9 续表2－4

单位：个、人、万元

指 标 名 称	年末存货	资产总计	固定资产原价	负债合计	所有者权益合计
方便面及其他方便食品制造	1358	16884	2808	8100	8784
液体乳及乳制品制造	854	5933	4257	2734	3199
液体乳及乳制品制造	854	5933	4257	2734	3199
罐头制造	10160	45112	18771	30763	14348
肉、禽类罐头制造	393	3451	2071	2889	562
水产品罐头制造	197	1080	487	189	891
蔬菜、水果罐头制造	9485	39082	15517	26903	12179
其他罐头食品制造	85	1499	697	782	716
调味品、发酵制品制造	6414	50837	25734	27628	23209
味精制造	808	4777	2026	2736	2041
酱油、食醋及类似制品的制造	2977	26590	13656	18927	7663
其他调味品、发酵制品制造	2629	19470	10052	5965	13505
其他食品制造	15862	122176	41790	67095	55081
营养、保健食品制造	5445	52419	17009	27873	24546
冷冻饮品及食用冰制造	1677	14678	6798	9895	4783
盐加工	48	693	514	308	385
食品及饲料添加剂制造	7542	44860	14813	23411	21448
其他未列明的食品制造	1151	9525	2657	5608	3918
饮料制造业	62718	438848	198559	237352	201496
酒精制造	23	365	87	43	323
酒精制造	23	365	87	43	323
酒的制造	27132	130679	56825	74806	55873
白酒制造	3333	21421	11019	9112	12309
啤酒制造	266	2484	1468	1245	1239
黄酒制造	19053	87666	35975	53357	34309
葡萄酒制造	1170	7830	1897	5743	2087
其他酒制造	3310	11278	6467	5350	5928
软饮料制造	14673	137257	67156	74467	62790
碳酸饮料制造	366	2044	539	580	1463
瓶（罐）装饮用水制造	10195	97551	49141	52948	44603
果菜汁及果菜汁饮料制造	2306	19414	9678	11894	7520
含乳饮料和植物蛋白饮料制造	206	2830	1866	1555	1276
固体饮料制造	1146	9353	3875	5281	4073
茶饮料及其他软饮料制造	454	6065	2056	2210	3856
精制茶加工	20889	170546	74492	88036	82510
精制茶加工	20889	170546	74492	88036	82510
烟草制品业	16	544	300	150	394
烟叶复烤	16	544	300	150	394
烟叶复烤	16	544	300	150	394

1-A-9 续表2-5

单位:个、人、万元

指 标 名 称	年末存货	资产总计	固定资产原 价	负债合计	所有者权益合 计
纺织业	453092	4645718	1817239	2768830	1876888
棉、化纤纺织及印染精加工	159173	1801512	654260	1119780	681732
棉、化纤纺织加工	136609	1350649	507507	814277	536372
棉、化纤印染精加工	22565	450863	146752	305503	145360
毛纺织和染整精加工	17204	197358	80388	132093	65265
毛条加工	2577	23512	5444	14248	9264
毛纺织	12274	145785	58905	101477	44308
毛染整精加工	2353	28061	16040	16367	11694
麻纺织	1544	9874	4068	6294	3580
麻纺织	1544	9874	4068	6294	3580
丝绢纺织及精加工	36622	290934	121734	182742	108192
缫丝加工	5544	30326	16793	23464	6862
绢纺和丝织加工	28805	233995	87133	143836	90158
丝印染精加工	2273	26613	17808	15441	11172
纺织制成品制造	94062	932907	346179	528611	404296
棉及化纤制品制造	35312	310949	129384	185266	125683
毛制品制造	3762	39411	13468	24780	14631
麻制品制造	511	4404	1443	2445	1959
丝制品制造	12163	83490	29997	50278	33213
绳、索、缆的制造	4112	38127	14384	22772	15354
纺织带和帘子布制造	10790	131424	43818	74566	56858
无纺布制造	13227	136059	55861	68534	67525
其他纺织制成品制造	14188	189044	57825	99971	89074
针织品、编织品及其制品制造	144487	1413134	610610	799311	613823
棉、化纤针织品及编织品制造	110233	949991	370102	534569	415423
毛针织品及编织品制造	21194	330965	183219	192706	138259
丝针织品及编织品制造	4639	42717	21230	18680	24037
其他针织品及编织品制造	8421	89461	36059	53357	36104
纺织服装、鞋、帽制造业	219014	2185402	679248	1200235	985167
纺织服装制造	205599	2063692	639932	1124679	939013
纺织服装制造	205599	2063692	639932	1124679	939013
纺织面料鞋的制造	8420	86596	24774	55258	31338
纺织面料鞋的制造	8420	86596	24774	55258	31338
制 帽	4996	35115	14542	20298	14817
制 帽	4996	35115	14542	20298	14817
皮革、毛皮、羽毛(绒)及其制品业	113503	1101481	356248	625360	476122
皮革鞣制加工	6301	93923	30057	48136	45788
皮革鞣制加工	6301	93923	30057	48136	45788
皮革制品制造	89104	813989	283754	466292	347698

1-A-9 续表2-6

单位：个、人、万元

指 标 名 称	年末存货	资产总计	固定资产原价	负债合计	所有者权益合计
皮鞋制造	36952	432170	153530	253406	178764
皮革服装制造	16605	105933	29246	60840	45093
皮箱、包(袋)制造	21916	191702	65051	104488	87214
皮手套及皮装饰制品制造	10909	48210	19296	27664	20546
其他皮革制品制造	2721	35974	16632	19893	16081
毛皮鞣制及制品加工	5930	103622	22532	51325	52297
毛皮鞣制加工	776	7175	1885	5135	2040
毛皮服装加工	2372	24428	7285	13695	10733
其他毛皮制品加工	2782	72019	13362	32496	39523
羽毛(绒)加工及制品制造	12169	89946	19905	59607	30339
羽毛(绒)加工	8865	56885	11887	40234	16652
羽毛(绒)制品加工	3304	33061	8018	19374	13688
木材加工及木、竹、藤、棕、草制品业	96031	893164	228549	649064	244100
锯材、木片加工	11484	60768	21985	35099	25670
锯材加工	5623	34611	13612	18668	15943
木片加工	5862	26158	8373	16431	9727
人造板制造	25350	465663	58312	414519	51144
胶合板制造	13439	403119	31200	374621	28498
纤维板制造	1303	10801	4787	7466	3335
刨花板制造	481	4728	2336	3020	1707
其他人造板、材制造	10127	47016	19990	29412	17604
木制品制造	29670	221057	86699	113242	107815
建筑用木料及木材组件加工	15560	121936	48742	57973	63963
木容器制造	6919	49516	17672	29700	19816
软木制品及其他木制品制造	7192	49606	20285	25569	24037
竹、藤、棕、草制品制造	29527	145675	61553	86205	59470
竹、藤、棕、草制品制造	29527	145675	61553	86205	59470
家具制造业	59640	594286	194474	295779	298507
木质家具制造	36619	342495	114961	175770	166726
木质家具制造	36619	342495	114961	175770	166726
竹、藤家具制造	1612	16692	5346	9275	7418
竹、藤家具制造	1612	16692	5346	9275	7418
金属家具制造	15162	145750	49607	64413	81337
金属家具制造	15162	145750	49607	64413	81337
塑料家具制造	917	13266	4862	8198	5067
塑料家具制造	917	13266	4862	8198	5067
其他家具制造	5329	76083	19699	38124	37959
其他家具制造	5329	76083	19699	38124	37959
造纸及纸制品业	104119	1273224	465600	679295	593930

1－A－9　续表2－7　　　单位：个、人、万元

指标名称	年末存货	资产总计	固定资产原价	负债合计	所有者权益合计
纸浆制造	341	6528	3033	2258	4270
纸浆制造	341	6528	3033	2258	4270
造　纸	21707	237494	78724	130381	107113
机制纸及纸板制造	15958	162498	59081	84231	78266
手工纸制造	359	3296	1873	1912	1384
加工纸制造	5390	71700	17771	44238	27463
纸制品制造	82072	1029203	383843	546655	482547
纸和纸板容器的制造	64499	815044	282261	420853	394191
其他纸制品制造	17573	214159	101582	125802	88357
印刷业和记录媒介的复制	97564	1369551	688124	597859	771691
印　刷	92423	1286892	646576	564505	722386
书、报、刊印刷	18215	191256	97035	92786	98470
本册印制	6311	82491	39917	36871	45620
包装装潢及其他印刷	67896	1013145	509624	434849	578296
装订及其他印刷服务活动	5013	81032	40806	32724	48309
装订及其他印刷服务活动	5013	81032	40806	32724	48309
记录媒介的复制	128	1627	742	630	997
记录媒介的复制	128	1627	742	630	997
文教体育用品制造业	77640	779882	273705	410234	369648
文化用品制造	32637	351915	128474	186881	165034
文具制造	13985	140497	48302	74045	66452
笔的制造	14671	164294	64546	89955	74339
教学用模型及教具制造	2365	25993	8064	10412	15581
墨水、墨汁制造	183	2407	635	1653	754
其他文化用品制造	1432	18725	6928	10816	7909
体育用品制造	18786	165641	61270	88160	77482
球类制造	1563	11719	4609	6662	5057
体育器材及配件制造	6138	45267	15538	18663	26603
训练健身器材制造	5704	67036	26507	33906	33131
运动防护用具制造	1186	9146	3113	6875	2271
其他体育用品制造	4195	32474	11503	22054	10420
乐器制造	2855	34281	8443	17629	16652
中乐器制造	203	6052	825	1938	4114
西乐器制造	1959	10519	4915	3814	6705
电子乐器制造	87	124	2	35	89
其他乐器及零件制造	606	17587	2701	11843	5744
玩具制造	18753	158674	57196	80356	78318
玩具制造	18753	158674	57196	80356	78318
游艺器材及娱乐用品制造	4609	69371	18323	37208	32163

1－A－9 续表2－8 单位：个、人、万元

指 标 名 称	年末存货	资产总计	固定资产原价	负债合计	所有者权益合计
露天游乐场所游乐设备制造	1704	28503	8790	14356	14147
游艺用品及室内游艺器材制造	2906	40868	9533	22852	18016
石油加工、炼焦及核燃料加工业	4666	37853	15438	22351	15502
精炼石油产品的制造	4660	37750	15424	22300	15450
原油加工及石油制品制造	4036	34168	14228	19597	14571
人造原油生产	624	3582	1196	2704	879
炼 焦	6	103	14	50	52
炼 焦	6	103	14	50	52
化学原料及化学制品制造业	141140	1311184	497207	672692	638492
基础化学原料制造	20120	273684	96844	149445	124239
无机酸制造	1725	12249	5259	7735	4514
无机碱制造	179	4124	2146	2127	1997
无机盐制造	4384	67451	26055	30125	37326
有机化学原料制造	8973	106526	39307	53879	52647
其他基础化学原料制造	4859	83334	24078	55579	27755
肥料制造	4717	42921	16165	26334	16587
氮肥制造	121	2746	961	1113	1634
磷肥制造	1357	15359	3430	12742	2617
复混肥料制造	1584	11674	4813	5535	6139
有机肥料及微生物肥料制造	1360	9553	5396	4792	4760
其他肥料制造	294	3588	1566	2152	1436
农药制造	1219	23117	12040	7062	16055
化学农药制造	859	19143	9253	5433	13711
生物化学农药及微生物农药制造	360	3974	2787	1629	2345
涂料、油墨、颜料及类似产品制造	36333	331616	118524	171429	160187
涂料制造	22004	199414	72010	99104	100310
油墨及类似产品制造	5975	50039	19283	20818	29221
颜料制造	2768	23106	7019	12987	10119
染料制造	3051	37962	12694	26952	11010
密封用填料及类似品制造	2536	21095	7518	11567	9527
合成材料制造	10984	87211	36518	39798	47414
初级形态的塑料及合成树脂制造	7602	55129	26031	25849	29280
合成橡胶制造	1300	12310	3654	6169	6142
合成纤维单(聚合)体的制造	337	4566	1826	2584	1982
其他合成材料制造	1745	15206	5006	5196	10010
专用化学产品制造	48889	410103	166586	207684	202419
化学试剂和助剂制造	18620	170167	60328	88867	81300
专项化学用品制造	8282	75133	28121	44358	30775
林产化学产品制造	5936	27617	14381	11443	16174

1－A－9 续表2－9

单位：个、人、万元

指 标 名 称	年末存货	资产总计	固定资产原价	负债合计	所有者权益合计
炸药及火工产品制造	479	2794	1162	1305	1488
信息化学品制造	4015	36123	22117	12637	23486
环境污染处理专用药剂材料制造	1302	10301	3586	5856	4445
动物胶制造	1765	16472	10271	4459	12013
其他专用化学产品制造	8491	71496	26619	38759	32737
日用化学产品制造	18877	142532	50531	70939	71593
肥皂及合成洗涤剂制造	3481	34357	9870	18962	15395
化妆品制造	7808	61656	24665	24978	36678
口腔清洁用品制造	1607	3342	737	2321	1021
香料、香精制造	2379	14675	4622	9307	5368
其他日用化学产品制造	3602	28502	10638	15371	13131
医药制造业	29737	409065	116431	237081	171983
化学药品原药制造	5491	115144	29599	86373	28771
化学药品原药制造	5491	115144	29599	86373	28771
化学药品制剂制造	4889	101382	33186	53478	47903
化学药品制剂制造	4889	101382	33186	53478	47903
中药饮片加工	4052	18509	5048	10808	7701
中药饮片加工	4052	18509	5048	10808	7701
中成药制造	1931	21227	6243	7861	13366
中成药制造	1931	21227	6243	7861	13366
兽用药品制造	941	11883	3836	7316	4567
兽用药品制造	941	11883	3836	7316	4567
生物、生化制品的制造	7753	82772	22757	45060	37713
生物、生化制品的制造	7753	82772	22757	45060	37713
卫生材料及医药用品制造	4680	58147	15762	26185	31962
卫生材料及医药用品制造	4680	58147	15762	26185	31962
化学纤维制造业	18275	202077	77886	104984	97092
纤维素纤维原料及纤维制造	2058	19752	6496	10246	9506
化纤浆粕制造	299	2701	972	1388	1313
人造纤维（纤维素纤维）制造	1759	17051	5524	8858	8193
合成纤维制造	16217	182325	71390	94738	87587
锦纶纤维制造	1118	11248	4032	5835	5413
涤纶纤维制造	3524	69236	24894	36379	32858
腈纶纤维制造	130	2268	1472	625	1644
维纶纤维制造	461	2934	769	1882	1052
其他合成纤维制造	10984	96639	40223	50018	46621
橡胶制品业	49090	418567	168607	230401	188166
轮胎制造	2334	20772	10328	11564	9208
车辆、飞机及工程机械轮胎制造	839	11193	5786	6622	4571

1－A－9 续表2－10

单位：个、人、万元

指 标 名 称	年末存货	资产总计	固定资产原 价	负债合计	所有者权益合 计
力车胎制造	411	2394	1173	1390	1004
轮胎翻新加工	1084	7186	3369	3553	3633
橡胶板、管、带的制造	13881	107269	41610	59116	48153
橡胶板、管、带的制造	13881	107269	41610	59116	48153
橡胶零件制造	16284	148644	57311	82059	66586
橡胶零件制造	16284	148644	57311	82059	66586
再生橡胶制造	1783	11122	4817	6283	4840
再生橡胶制造	1783	11122	4817	6283	4840
日用及医用橡胶制品制造	3431	30956	12293	12567	18389
日用及医用橡胶制品制造	3431	30956	12293	12567	18389
橡胶靴鞋制造	4739	47739	19061	26829	20910
橡胶靴鞋制造	4739	47739	19061	26829	20910
其他橡胶制品制造	6638	52064	23187	31983	20080
其他橡胶制品制造	6638	52064	23187	31983	20080
塑料制品业	267221	2896950	1133117	1637017	1259934
塑料薄膜制造	11561	176107	59803	90136	85971
塑料薄膜制造	11561	176107	59803	90136	85971
塑料板、管、型材的制造	39453	412756	156566	228785	183970
塑料板、管、型材的制造	39453	412756	156566	228785	183970
塑料丝、绳及编织品的制造	25770	260518	92856	137789	122729
塑料丝、绳及编织品的制造	25770	260518	92856	137789	122729
泡沫塑料制造	11350	117727	44237	64770	52957
泡沫塑料制造	11350	117727	44237	64770	52957
塑料人造革、合成革制造	3129	38101	23539	17193	20908
塑料人造革、合成革制造	3129	38101	23539	17193	20908
塑料包装箱及容器制造	24790	260450	105465	159393	101057
塑料包装箱及容器制造	24790	260450	105465	159393	101057
塑料零件制造	62183	756506	289115	441107	315399
塑料零件制造	62183	756506	289115	441107	315399
日用塑料制造	51345	480454	203486	270452	210003
塑料鞋制造	4870	50061	19595	28990	21071
日用塑料杂品制造	46476	430393	183891	241462	188932
其他塑料制品制造	37640	394331	158049	227391	166941
其他塑料制品制造	37640	394331	158049	227391	166941
非金属矿物制品业	229481	1894263	843467	1041265	852998
水泥、石灰和石膏的制造	5540	97036	45588	47244	49792
水泥制造	2195	32604	17050	13855	18750
石灰和石膏制造	3345	64431	28538	33389	31042
水泥及石膏制品制造	72244	489428	201968	282833	206595

1－A－9 续表2－11

单位：个、人、万元

指 标 名 称	年末存货	资产总计	固定资产原 价	负债合计	所有者权益合 计
水泥制品制造	49656	348547	140396	206219	142328
砼结构构件制造	9100	78432	34501	37151	41282
石棉水泥制品制造	49	780	393	364	416
轻质建筑材料制造	12824	58114	24861	37880	20235
其他水泥制品制造	616	3554	1818	1219	2335
砖瓦、石材及其他建筑材料制造	88129	744495	380590	383974	360521
粘土砖瓦及建筑砌块制造	47761	400738	224972	200577	200161
建筑陶瓷制品制造	10319	48380	32899	24602	23778
建筑用石加工	15940	170428	75222	85749	84679
防水建筑材料制造	3259	29728	10303	17461	12267
隔热和隔音材料制造	5309	49502	15301	28954	20547
其他建筑材料制造	5540	45719	21893	26630	19089
玻璃及玻璃制品制造	32867	271504	106508	157409	114095
平板玻璃制造	578	4608	1523	2968	1640
技术玻璃制品制造	5549	52167	18569	35385	16782
光学玻璃制造	1494	12983	7750	4560	8423
玻璃仪器制造	563	5756	2261	2689	3068
日用玻璃制品及玻璃包装容器制造	13739	104831	39804	60982	43848
玻璃保温容器制造	488	5317	1969	2624	2692
玻璃纤维及制品制造	4136	30307	14459	15851	14456
玻璃纤维增强塑料制品制造	3109	34995	11136	20841	14153
其他玻璃制品制造	3210	20542	9037	11509	9033
陶瓷制品制造	9155	73156	30502	37524	35632
卫生陶瓷制品制造	5732	42857	17441	18370	24487
特种陶瓷制品制造	1359	9973	5296	5889	4083
日用陶瓷制品制造	1560	16166	5896	11203	4964
园林、陈设艺术及其他陶瓷制品制造	505	4160	1869	2062	2098
耐火材料制品制造	11226	121081	40302	78350	42731
石棉制品制造	2979	25955	8485	14358	11597
云母制品制造	1006	6705	2241	5933	772
耐火陶瓷制品及其他耐火材料制造	7241	88421	29576	58059	30361
石墨及其他非金属矿物制品制造	10321	97564	38008	53931	43633
石墨及碳素制品制造	1084	11556	4397	6231	5325
其他非金属矿物制品制造	9237	86008	33611	47700	38308
黑色金属冶炼及压延加工业	37447	367897	142202	229449	138448
炼 铁	1162	8809	2216	6269	2540
炼 铁	1162	8809	2216	6269	2540
炼 钢	291	1231	647	677	554
炼 钢	291	1231	647	677	554

1－A－9 续表2－12 单位：个、人、万元

指 标 名 称	年末存货	资产总计	固定资产原 价	负债合计	所有者权益合 计
钢压延加工	35183	351592	138197	219107	132485
钢压延加工	35183	351592	138197	219107	132485
铁合金冶炼	811	6266	1143	3397	2869
铁合金冶炼	811	6266	1143	3397	2869
有色金属冶炼及压延加工业	50315	415811	139028	238186	177625
常用有色金属冶炼	5692	40136	15422	24262	15874
铜冶炼	1265	11402	5050	6393	5008
铅锌冶炼	796	4444	1233	2630	1814
镍钴冶炼	1023	3412	932	2053	1359
锡冶炼	178	720	128	686	34
铝冶炼	2271	18366	7137	11452	6914
镁冶炼	5	445	356	307	138
其他常用有色金属冶炼	154	1349	586	741	608
贵金属冶炼	357	7780	1314	5962	1817
金冶炼	29	162	57	112	50
银冶炼	274	6264	1052	4942	1322
其他贵金属冶炼	54	1354	205	909	445
稀有稀土金属冶炼	302	12154	4199	5098	7056
钨钼冶炼	60	661	366	328	333
稀土金属冶炼	168	10335	3537	4241	6094
其他稀有金属冶炼	75	1158	296	529	628
有色金属合金制造	4098	30324	8876	19669	10655
有色金属合金制造	4098	30324	8876	19669	10655
有色金属压延加工	39865	325417	109217	183195	142223
常用有色金属压延加工	37902	310134	104594	177197	132937
贵金属压延加工	1084	2881	774	1328	1552
稀有稀土金属压延加工	879	12403	3850	4670	7734
金属制品业	304131	3958827	1111368	2608714	1350112
结构性金属制品制造	69196	735488	239863	405176	330313
金属结构制造	34236	442217	135943	248880	193337
金属门窗制造	34960	293272	103921	156296	136976
金属工具制造	58710	500368	197874	277154	223214
切削工具制造	14239	113334	45030	60485	52850
手工具制造	22128	201578	74914	109284	92294
农用及园林用金属工具制造	4708	44310	21410	20917	23394
刀剪及类似日用金属工具制造	8891	63649	27702	40434	23214
其他金属工具制造	8744	77497	28818	46034	31463
集装箱及金属包装容器制造	12943	105392	42601	63317	42075
集装箱制造	113	1644	393	586	1058

1－A－9　续表2－13　　　　单位：个、人、万元

指　标　名　称	年末存货	资产总计	固定资产原　价	负债合计	所有者权益合　计
金属压力容器制造	2539	26951	12143	16731	10220
金属包装容器制造	10291	76797	30065	45999	30798
金属丝绳及其制品的制造	16709	1049408	51712	992960	56448
金属丝绳及其制品的制造	16709	1049408	51712	992960	56448
建筑、安全用金属制品制造	66810	633816	215150	324579	309237
建筑、家具用金属配件制造	29459	287150	103645	152629	134521
建筑装饰及水暖管道零件制造	27893	263888	81916	130189	133698
安全、消防用金属制品制造	6486	45915	16257	23983	21932
其他建筑、安全用金属制品制造	2972	36863	13333	17777	19085
金属表面处理及热处理加工	25741	386144	172859	226560	159584
金属表面处理及热处理加工	25741	386144	172859	226560	159584
搪瓷制品制造	3069	22983	7417	13646	9337
工业生产配套用搪瓷制品制造	544	3634	1060	2540	1094
搪瓷卫生洁具制造	1334	10532	3107	4927	5605
搪瓷日用品及其他搪瓷制品制造	1191	8817	3250	6179	2638
不锈钢及类似日用金属制品制造	35162	364636	132428	207806	156830
金属制厨房调理及卫生器具制造	7924	69193	33394	32682	36511
金属制厨用器皿及餐具制造	14194	145163	50910	88666	56497
其他日用金属制品制造	13044	150280	48125	86458	63822
其他金属制品制造	15791	160592	51465	97517	63075
铸币及贵金属制实验室用品制造	2	522	143	125	397
其他未列明的金属制品制造	15789	160070	51322	97392	62678
通用设备制造业	643372	5739252	2023377	3079861	2659391
锅炉及原动机制造	14211	158375	44103	65459	92916
锅炉及辅助设备制造	5368	70010	13919	27036	42974
内燃机及配件制造	6709	61208	21116	27768	33440
汽轮机及辅机制造	311	6975	2203	3334	3641
水轮机及辅机制造	1690	18393	5933	6248	12145
其他原动机制造	133	1789	933	1073	716
金属加工机械制造	68410	464430	158238	248082	216348
金属切削机床制造	16427	148407	41110	88634	59772
金属成形机床制造	9120	61164	25572	33596	27569
铸造机械制造	4933	35937	12393	21641	14296
金属切割及焊接设备制造	10333	58114	18949	28145	29969
机床附件制造	6964	58883	28676	30942	27942
其他金属加工机械制造	20633	101925	31539	45124	56801
起重运输设备制造	18177	199237	46232	108597	90640
起重运输设备制造	18177	199237	46232	108597	90640

1－A－9 续表 2－14 单位：个、人、万元

指 标 名 称	年末存货	资产总计	固定资产原 价	负债合计	所有者权益合 计
泵、阀门、压缩机及类似机械的制造	138221	1197108	409837	551435	645672
泵及真空设备制造	30658	256195	88162	108449	147746
气体压缩机械制造	6188	47741	14977	24649	23091
阀门和旋塞的制造	77533	718443	241734	328574	389870
液压和气压动力机械及元件制造	23842	174729	64964	89764	84966
轴承、齿轮、传动和驱动部件的制造	93158	763503	302930	431065	332438
轴承制造	60289	506065	195391	300452	205613
齿轮、传动和驱动部件制造	32870	257438	107539	130613	126825
烘炉、熔炉及电炉制造	4334	33469	12930	17772	15697
烘炉、熔炉及电炉制造	4334	33469	12930	17772	15697
风机、衡器、包装设备等通用设备制造	79199	773605	282853	425698	347907
风机、风扇制造	11399	97694	39322	53428	44266
气体、液体分离及纯净设备制造	9287	84863	35495	43286	41577
制冷、空调设备制造	13062	155092	52206	90463	64630
风动和电动工具制造	19296	192090	73647	92795	99295
喷枪及类似器具制造	4996	39768	12713	18619	21149
包装专用设备制造	9795	100563	30514	67237	33326
衡器制造	2809	21890	9819	11801	10090
其他通用设备制造	8555	81644	29137	48070	33574
通用零部件制造及机械修理	161789	1657636	577912	932178	725457
金属密封件制造	9086	133037	40851	76572	56466
紧固件、弹簧制造	79057	802899	275204	471790	331110
机械零部件加工及设备修理	54708	543114	198309	280707	262406
其他通用零部件制造	18938	178586	63547	103110	75476
金属铸、锻加工	65872	491889	188342	299574	192315
钢铁铸件制造	46089	318687	118440	199130	119557
锻件及粉末冶金制品制造	19783	173202	69902	100444	72758
专用设备制造业	278791	2255213	858885	1236640	1018573
矿山、冶金、建筑专用设备制造	17989	139374	52500	69225	70149
采矿、采石设备制造	5804	52599	21889	28454	24145
石油钻采专用设备制造	190	1959	796	691	1268
建筑工程用机械制造	6202	38907	11773	17626	21281
建筑材料生产专用机械制造	3721	27502	12947	13315	14187
冶金专用设备制造	2072	18407	5094	9139	9269
化工、木材、非金属加工专用设备制造	94480	833533	340951	477239	356294
炼油、化工生产专用设备制造	2484	32952	10762	15564	17388
橡胶加工专用设备制造	1503	7531	3216	3758	3773
塑料加工专用设备制造	29918	198116	78350	124311	73805

1－A－9 续表 2－15

单位：个、人、万元

指 标 名 称	年末存货	资产总计	固定资产原 价	负债合计	所有者权益合 计
木材加工机械制造	2507	11417	5624	5939	5478
模具制造	56412	567743	235873	321864	245879
其他非金属加工专用设备制造	1656	15774	7128	5803	9971
食品、饮料、烟草及饲料生产专用设备制造	12009	77675	29329	46439	31237
食品、饮料、烟草工业专用设备制造	9045	59481	23694	35232	24249
农副食品加工专用设备制造	2818	16611	5198	10297	6314
饲料生产专用设备制造	147	1583	437	910	673
印刷、制药、日化生产专用设备制造	20115	135293	54660	74137	61155
制浆和造纸专用设备制造	3546	26001	13845	16413	9588
印刷专用设备制造	9498	65786	25091	35242	30544
日用化工专用设备制造	816	7263	2685	3584	3679
制药专用设备制造	4388	18016	5628	9029	8987
照明器具生产专用设备制造	508	5038	2182	2173	2864
玻璃、陶瓷和搪瓷制品生产专用设备制造	576	2656	962	1568	1088
其他日用品生产专用设备制造	783	10534	4268	6128	4406
纺织、服装和皮革工业专用设备制造	64539	497186	194424	280793	216393
纺织专用设备制造	37772	294677	114097	170584	124092
皮革、毛皮及其制品加工专用设备制造	2293	13465	5498	6099	7367
缝纫机械制造	21508	162315	68102	90411	71904
其他服装加工专用设备制造	2967	26730	6728	13699	13030
电子和电工机械专用设备制造	13053	113063	40235	54881	58182
电工机械专用设备制造	6729	47485	19974	21988	25498
电子工业专用设备制造	6271	64218	20140	32272	31946
武器弹药制造	38	946	50	373	573
航空、航天及其他专用设备制造	15	414	71	248	166
农、林、牧、渔专用机械制造	12476	101137	36851	58744	42393
拖拉机制造	1513	5608	1501	3829	1780
机械化农业及园艺机具制造	4932	53728	15261	31780	21948
营林及木竹采伐机械制造	39	174	83	8	166
畜牧机械制造	296	2376	710	1288	1088
渔业机械制造	706	3906	1671	2539	1368
农林牧渔机械配件制造	3281	24310	11459	12712	11598
其他农林牧渔业机械制造及机械修理	1709	11034	6166	6588	4446
医疗仪器设备及器械制造	15911	120412	38963	59562	60851
医疗诊断、监护及治疗设备制造	2186	17009	6066	8589	8420
口腔科用设备及器具制造	1124	4405	1864	2143	2263
实验室及医用消毒设备和器具的制造	992	4161	1916	2196	1965
医疗、外科及兽医用器械制造	4821	48878	15139	24688	24190

1-A-9 续表2-16

单位：个、人、万元

指标名称	年末存货	资产总计	固定资产原价	负债合计	所有者权益合计
机械治疗及病房护理设备制造	2281	9830	2940	5175	4655
假肢、人工器官及植（介）入器械制造	346	6633	1344	3354	3279
其他医疗设备及器械制造	4162	29497	9693	13417	16080
环保、社会公共安全及其他专用设备制造	28220	237541	70973	115620	121921
环境污染防治专用设备制造	13734	117467	35197	58871	58596
地质勘查专用设备制造	288	7145	1572	3782	3363
邮政专用机械及器材制造	767	3775	814	1928	1847
商业、饮食、服务业专用设备制造	1194	5732	2054	2504	3229
社会公共安全设备及器材制造	7376	55343	17952	25181	30162
交通安全及管制专用设备制造	481	10381	2218	4495	5886
水资源专用机械制造	1598	11500	2646	6509	4991
其他专用设备制造	2781	26198	8521	12349	13849
交通运输设备制造业	263696	2929052	954627	1662832	1266220
铁路运输设备制造	1545	17806	4814	10645	7161
铁路机车车辆及动车组制造	2	332	17	127	205
工矿有轨专用车辆制造	19	158	15	8	150
铁路机车车辆配件制造	339	6273	1009	3440	2833
铁路专用设备及器材、配件制造	773	8981	2924	6187	2794
其他铁路设备制造及设备修理	413	2062	849	884	1179
汽车制造	172211	1743644	592911	959015	784629
汽车整车制造	1129	18369	1588	15303	3066
改装汽车制造	228	2800	283	495	2305
电车制造	88	985	161	698	287
汽车车身、挂车的制造	1034	8781	2684	3157	5625
汽车零部件及配件制造	154732	1568310	527141	861333	706977
汽车修理	15001	144398	61054	78030	66369
摩托车制造	20828	220846	70891	130125	90721
摩托车整车制造	650	21064	4940	13683	7381
摩托车零部件及配件制造	20178	199782	65952	116442	83340
自行车制造	26428	223550	80871	124218	99332
脚踏自行车及残疾人座车制造	13138	113649	42265	69280	44369
助动自行车制造	13290	109901	38606	54938	54963
船舶及浮动装置制造	37084	670865	188349	409809	261056
金属船舶制造	14954	435927	113677	269918	166009
非金属船舶制造	1048	3427	1467	1607	1820
娱乐船和运动船的建造和修理	1130	8636	2418	2401	6235
船用配套设备制造	8691	119605	27589	80035	39569
船舶修理及拆船	11027	101938	42999	54950	46989

1-A-9 续表2-17 单位：个、人、万元

指标名称	年末存货	资产总计	固定资产原价	负债合计	所有者权益合计
航标器材及其他浮动装置的制造	234	1332	200	899	434
航空航天器制造	2039	8179	1312	6322	1858
飞机制造及修理	2000	7749	1055	6073	1676
航天器制造	1	31	9	9	22
其他飞行器制造	37	400	247	240	160
交通器材及其他交通运输设备制造	3561	44163	15479	22699	21465
潜水及水下救捞装备制造	30	560	65	360	200
交通管理用金属标志及设施制造	2393	25438	7320	12640	12798
其他交通运输设备制造	1138	18165	8094	9699	8467
电气机械及器材制造业	393526	3741773	1200246	1975257	1766516
电机制造	43776	433045	133984	242996	190049
发电机及发电机组制造	9795	83319	27865	50523	32796
电动机制造	16809	196824	58800	101391	95433
微电机及其他电机制造	17173	152902	47318	91082	61821
输配电及控制设备制造	123075	1274872	389211	624329	650543
变压器、整流器和电感器制造	17455	167100	48652	84410	82689
电容器及其配套设备制造	3247	45089	15364	23396	21693
配电开关控制设备制造	59468	578899	163916	271041	307858
电力电子元器件制造	36078	412350	140489	208847	203502
其他输配电及控制设备制造	6827	71435	20791	36635	34800
电线、电缆、光缆及电工器材制造	36595	347485	118565	182534	164952
电线电缆制造	27676	254462	80137	132434	122028
光纤、光缆制造	523	7240	1656	2415	4825
绝缘制品制造	3203	37196	14641	20397	16799
其他电工器材制造	5193	48587	22130	27288	21300
电池制造	13065	142902	46259	75425	67477
电池制造	13065	142902	46259	75425	67477
家用电力器具制造	71612	672186	234780	382561	289625
家用制冷电器具制造	6388	50315	14214	33965	16350
家用空气调节器制造	2481	25089	8159	10527	14562
家用通风电器具制造	5641	58323	22400	36621	21702
家用厨房电器具制造	18287	170951	59899	88225	82727
家用清洁卫生电器具制造	7497	78692	25715	50495	28197
家用美容、保健电器具制造	4560	42197	16838	22722	19475
家用电力器具专用配件制造	13382	131322	42759	76053	55269
其他家用电力器具制造	13374	115297	44797	63954	51344
非电力家用器具制造	14839	119832	33203	63960	55872
燃气、太阳能及类似能源的器具制造	13023	110338	29674	58365	51973

1－A－9 续表2－18

单位：个、人、万元

指标名称	年末存货	资产总计	固定资产原价	负债合计	所有者权益合计
其他非电力家用器具制造	1816	9494	3530	5595	3899
照明器具制造	82534	663995	218081	361375	302620
电光源制造	28696	170367	57843	97045	73321
照明灯具制造	37173	349863	113617	187523	162340
灯用电器附件及其他照明器具制造	16665	143765	46621	76806	66959
其他电气机械及器材制造	8030	87457	26165	42078	45379
车辆专用照明及电气信号设备装置制造	5490	54778	13422	25310	29469
其他未列明的电气机械制造	2539	32679	12743	16768	15910
通信设备、计算机及其他电子设备制造业	110955	1314179	399518	675474	638704
通信设备制造	12652	212746	50666	94097	118649
通信传输设备制造	3942	55488	19854	24232	31255
通信交换设备制造	2035	40433	8278	23958	16475
通信终端设备制造	1095	11820	4863	10051	1769
移动通信及终端设备制造	2481	61963	7421	10479	51484
其他通信设备制造	3099	43042	10250	25376	17666
广播电视设备制造	8142	71124	23599	36824	34300
广播电视节目制作及发射设备制造	1001	10065	4777	2425	7640
广播电视接收设备及器材制造	6812	55733	16362	32383	23350
应用电视设备及其他广播电视设备制造	329	5327	2460	2017	3310
电子计算机制造	5358	129722	28011	71987	57734
电子计算机整机制造	173	2647	2426	588	2059
计算机网络设备制造	2020	65880	4975	34055	31826
电子计算机外部设备制造	3164	61195	20610	37345	23850
电子器件制造	16552	236439	74685	122177	114262
电子真空器件制造	1133	66319	5665	56370	9949
半导体分立器件制造	4225	54813	21657	17801	37012
集成电路制造	2830	15686	4577	7654	8032
光电子器件及其他电子器件制造	8364	99621	42786	40352	59269
电子元件制造	53250	512719	176164	262808	249911
电子元件及组件制造	49884	460709	163313	241768	218941
印制电路板制造	3366	52010	12851	21041	30969
家用视听设备制造	11771	97687	33489	59857	37830
家用影视设备制造	2495	33985	6485	24088	9896
家用音响设备制造	9277	63702	27003	35769	27934
其他电子设备制造	3231	53742	12905	27724	26019
其他电子设备制造	3231	53742	12905	27724	26019
仪器仪表及文化、办公用机械制造业	91462	813528	261970	418110	395418
通用仪器仪表制造	44231	390158	117259	206105	184053

1-A-9 续表2-19

单位：个、人、万元

指 标 名 称	年末存货	资产总计	固定资产原价	负债合计	所有者权益合计
工业自动控制系统装置制造	9568	76922	18409	38396	38526
电工仪器仪表制造	12245	133194	35948	75406	57788
绘图、计算及测量仪器制造	3661	45582	13636	21393	24190
实验分析仪器制造	6830	45799	18714	26159	19640
试验机制造	1516	7363	2704	3685	3677
供应用仪表及其他通用仪器制造	10412	81298	27848	41066	40232
专用仪器仪表制造	12653	114507	34423	58950	55557
环境监测专用仪器仪表制造	960	7187	1756	3741	3446
汽车及其他用计数仪表制造	2794	27612	8704	14073	13539
导航、气象及海洋专用仪器制造	300	2469	784	1022	1448
农林牧渔专用仪器仪表制造	100	1406	288	919	487
地质勘探和地震专用仪器制造	782	4511	1618	2180	2331
教学专用仪器制造	4159	31753	9988	12523	19230
核子及核辐射测量仪器制造		2754	276	1754	1000
电子测量仪器制造	1875	24779	7459	16107	8671
其他专用仪器制造	1683	12037	3550	6631	5406
钟表与计时仪器制造	4189	52221	14579	26251	25969
钟表与计时仪器制造	4189	52221	14579	26251	25969
光学仪器及眼镜制造	19868	173185	63195	91299	81886
光学仪器制造	2563	29450	11536	17821	11629
眼镜制造	17305	143735	51659	73478	70257
文化、办公用机械制造	8553	66143	25054	25271	40871
电影机械制造	321	1591	617	973	618
幻灯及投影设备制造	1397	10680	1588	896	9784
照相机及器材制造	1185	10407	3246	6280	4127
复印和胶印设备制造	840	4072	1603	1868	2204
计算器及货币专用设备制造	1879	20154	9758	6271	13883
其他文化、办公用机械制造	2932	19240	8242	8983	10257
其他仪器仪表的制造及修理	1969	17315	7460	10233	7082
其他仪器仪表的制造及修理	1969	17315	7460	10233	7082
工艺品及其他制造业	161234	1570118	599358	817932	752186
工艺美术品制造	119770	1114414	457013	576744	537670
雕塑工艺品制造	31669	236817	91507	118382	118435
金属工艺品制造	18979	211325	81788	96003	115321
漆器工艺品制造	3395	28035	14158	17369	10666
花画工艺品制造	5113	26802	10288	13822	12981
天然植物纤维编织工艺品制造	3465	30103	11939	14843	15260
抽纱刺绣工艺品制造	27315	324749	151744	188673	136075

1-A-9 续表2-20 单位：个、人、万元

指标名称	年末存货	资产总计	固定资产原价	负债合计	所有者权益合计
地毯、挂毯制造	5995	25754	10375	12926	12828
珠宝首饰及有关物品的制造	6898	68034	22799	30755	37279
其他工艺美术品制造	16942	162797	62415	83971	78826
日用杂品制造	38920	431818	136428	226831	204988
制镜及类似品加工	4132	21600	10380	7423	14177
鬃毛加工、制刷及清扫工具的制造	4046	27294	8671	17392	9902
其他日用杂品制造	30742	382924	117377	202015	180909
煤制品制造	1002	5893	1506	2834	3059
煤制品制造	1002	5893	1506	2834	3059
核辐射加工	8	152	151	...	152
核辐射加工	8	152	151	...	152
其他未列明的制造业	1534	17841	4260	11524	6318
其他未列明的制造业	1534	17841	4260	11524	6318
废弃资源和废旧材料回收加工业	13054	130586	39741	74923	55663
金属废料和碎屑的加工处理	6445	55956	14293	34618	21338
金属废料和碎屑的加工处理	6445	55956	14293	34618	21338
非金属废料和碎屑的加工处理	6609	74630	25448	40304	34326
非金属废料和碎屑的加工处理	6609	74630	25448	40304	34326
电力、燃气及水的生产和供应业	**31262**	**2567688**	**1873176**	**1387932**	**1179756**
电力、热力的生产和供应业	12481	1377820	1144531	760750	617070
电力生产	11100	1320161	1119764	720699	599463
火力发电	9336	272770	293472	190819	81951
水力发电	1702	1019821	805090	514501	505320
其他能源发电	62	27571	21202	15379	12192
电力供应	611	29000	8170	17769	11232
电力供应	611	29000	8170	17769	11232
热力生产和供应	769	28659	16597	22283	6376
热力生产和供应	769	28659	16597	22283	6376
燃气生产和供应业	4173	143630	60022	77876	65754
燃气生产和供应业	4173	143630	60022	77876	65754
燃气生产和供应业	4173	143630	60022	77876	65754
水的生产和供应业	14609	1046238	668623	549306	496931
自来水的生产和供应	10273	444020	307068	222809	221211
自来水的生产和供应	10273	444020	307068	222809	221211
污水处理及其再生利用	2516	482462	279412	266823	215639
污水处理及其再生利用	2516	482462	279412	266823	215639
其他水的处理、利用与分配	1819	119756	82143	59674	60082
其他水的处理、利用与分配	1819	119756	82143	59674	60082

1－A－9　续表3－1

单位：个、人、万元

指标名称	实收资本				
		国家资本	集体资本	法人资本	个人资本
总　计	**16422816**	**345378**	**333598**	**2001638**	**11386000**
一、按轻重工业分					
轻工业	7453647	98435	161134	830912	5148302
重工业	8969169	246943	172464	1170726	6237698
二、按登记注册类型分					
内　资	**13466641**	**327894**	**302726**	**1678478**	**11127034**
国　有	135681	126017	134	8423	1073
集　体	172082	5695	159670	1942	4652
股份合作企业	359915	712	60130	25189	273713
联营企业	12094	1464	9475	244	329
国有联营	1664	1385	3		69
集体联营	10152	49	9289	178	260
国有与集体联营	218	30	183	5	
其他联营	61			61	
有限责任公司	1102704	186823	61939	307135	535475
国有独资公司	37108	36994		54	50
其他有限责任公司	1065596	149829	61939	307081	535425
股份有限公司	136355	1884	2806	58667	72764
私营企业	11502171	5299	8097	1269110	10201639
私营独资	2959236	2253	1222	225072	2725466
私营合伙	718059	468	1090	68699	645589
私营有限责任公司	7637154	2448	5616	934038	6684958
私营股份有限公司	187723	131	168	41301	145625
其　他	45639		475	7769	37389
港澳台商投资	**1272885**	**6383**	**6898**	**139635**	**113630**
与港澳台商合资经营	525443	4224	6531	128095	96360
与港澳台商合作经营	14889	1094	367	348	2727
港澳台商独资	708323	30		10801	12546
港澳台商投资股份有限公司	24230	1035		391	1997
外商投资	**1683290**	**11102**	**23973**	**183525**	**145337**
中外合资经营	635930	6843	23637	172822	136276
中外合作经营	20143		29	7524	3920
外资企业	996306	4259	190	2158	1904
外商投资股份有限公司	30912		118	1021	3237
三、按控股情况分					
国有控股	347510	327194	312	12014	2673
集体控股	340987	1329	318868	3539	10360
私人控股	13151901	8273	9536	1726772	11285392
港澳台商控股	1098094	2159	3171	84991	34847

1－A－9 续表3－2

单位：个、人、万元

指 标 名 称	实收资本	国家资本	集体资本	法人资本	个人资本
外商控股	1357211	6158	1608	65385	39095
其 他	127112	266	102	108938	13634
四、按国民经济行业(门类、大类、中类、小类)分					
采矿业	**163840**	**935**	**9719**	**16242**	**130480**
煤炭开采和洗选业	595		14	145	436
其他煤炭采选	595		14	145	436
其他煤炭采选	595		14	145	436
黑色金属矿采选业	615		20	160	435
铁矿采选	600		20	160	420
铁矿采选	600		20	160	420
其他黑色金属矿采选	15				15
其他黑色金属矿采选	15				15
有色金属矿采选业	22359	15	1294	2572	18479
常用有色金属矿采选	14436			1040	13396
铜矿采选	9928				9928
铅锌矿采选	4359			1040	3319
锑矿采选	99				99
铝矿采选	50				50
贵金属矿采选	98	15			83
金矿采选	83				83
其他贵金属矿采选	15	15			
稀有稀土金属矿采选	7826		1294	1532	5000
钨钼矿采选	7826		1294	1532	5000
非金属矿采选业	140211	920	8391	13365	111071
土砂石开采	132734	820	6423	12740	106287
石灰石、石膏开采	12562		506	1329	10727
建筑装饰用石开采	32241	310	3578	2890	25075
耐火土石开采	8871		471	2308	6091
粘土及其他土砂石开采	79061	510	1868	6213	64394
化学矿采选	81				81
化学矿采选	81				81
采 盐	2115	100	1899		116
采 盐	2115	100	1899		116
石棉及其他非金属矿采选	5282		70	625	4587
石棉、云母矿采选	700				700
石墨、滑石采选	10				10
宝石、玉石开采	32				32
其他非金属矿采选	4540		70	625	3845
其他采矿业	60				60

1-A-9 续表3-3

单位：个、人、万元

指 标 名 称	实收资本	国家资本	集体资本	法人资本	个人资本
其他采矿业	60				60
其他采矿业	60				60
制造业	**15375905**	**99080**	**227459**	**1862584**	**10904408**
农副食品加工业	275739	16021	6595	33650	192156
谷物磨制	14644	6897	64	1276	6406
谷物磨制	14644	6897	64	1276	6406
饲料加工	20402	269	1615	2052	16316
饲料加工	20402	269	1615	2052	16316
植物油加工	15470	70	116	1614	6707
食用植物油加工	14276	70	116	1614	5513
非食用植物油加工	1194				1194
制 糖	300			30	270
制 糖	300			30	270
屠宰及肉类加工	37537	4163	1111	7461	24792
畜禽屠宰	11326	3395	522	2396	5013
肉制品及副产品加工	26211	769	589	5065	19779
水产品加工	108515	4420	3031	14155	81238
水产品冷冻加工	84077	4416	2512	10034	64301
鱼糜制品及水产品干腌制加工	15021	4	138	3570	8570
水产饲料制造	7314		371	300	6523
鱼油提取及制品的制造	650				650
其他水产品加工	1454		10	250	1194
蔬菜、水果和坚果加工	57893	182	319	4362	43097
蔬菜、水果和坚果加工	57893	182	319	4362	43097
其他农副食品加工	20978	20	340	2701	13331
淀粉及淀粉制品的制造	3263		298	300	2665
豆制品制造	8312		42	1676	6345
蛋品加工	1606			35	1571
其他未列明的农副食品加工	7797	20		689	2750
食品制造业	171562	7716	1615	26628	89779
焙烤食品制造	30590	1004	226	2135	16529
糕点、面包制造	15764	1004	226	1259	12176
饼干及其他焙烤食品制造	14826			876	4353
糖果、巧克力及蜜饯制造	27695	5	388	413	10953
糖果、巧克力制造	11400		...	290	3826
蜜饯制作	16295	5	388	123	7127
方便食品制造	24515	1688	162	5416	11505
米、面制品制造	16296	188	162	5135	5751
速冻食品制造	2284			121	1979

1－A－9 续表3－4

单位：个、人、万元

指标名称	实收资本	国家资本	集体资本	法人资本	个人资本
方便面及其他方便食品制造	5936	1500		160	3776
液体乳及乳制品制造	2776			110	2666
液体乳及乳制品制造	2776			110	2666
罐头制造	12003		590	2747	7438
肉、禽类罐头制造	987			260	439
水产品罐头制造	893				893
蔬菜、水果罐头制造	9350		590	2487	5333
其他罐头食品制造	773				773
调味品、发酵制品制造	20355	409	80	2701	13346
味精制造	1191			50	1141
酱油、食醋及类似制品的制造	7656	409	21	1598	5573
其他调味品、发酵制品制造	11509		59	1053	6632
其他食品制造	53628	4611	169	13106	27342
营养、保健食品制造	22470	1500	10	2530	14105
冷冻饮品及食用冰制造	4605		15	1405	3185
盐加工	406		56	30	320
食品及饲料添加剂制造	23434	3111	55	8399	7794
其他未列明的食品制造	2713		33	742	1939
饮料制造业	150925	2913	6907	20185	111778
酒精制造	55				55
酒精制造	55				55
酒的制造	42153	611	2565	5552	32171
白酒制造	9741		377	415	8949
啤酒制造	1058			138	920
黄酒制造	24640	611	2087	3755	18171
葡萄酒制造	2111		25	494	645
其他酒制造	4603		77	750	3485
软饮料制造	52936	735	1354	7425	37661
碳酸饮料制造	1266			240	1026
瓶（罐）装饮用水制造	36050	735	849	3836	29069
果菜汁及果菜汁饮料制造	7665			1064	3601
含乳饮料和植物蛋白饮料制造	1144		5	125	989
固体饮料制造	3431			600	2376
茶饮料及其他软饮料制造	3380		500	1560	600
精制茶加工	55781	1567	2988	7208	41891
精制茶加工	55781	1567	2988	7208	41891
烟草制品业	300				300
烟叶复烤	300				300
烟叶复烤	300				300

1－A－9 续表3－5

单位：个、人、万元

指 标 名 称	实收资本	国家资本	集体资本	法人资本	个人资本
纺织业	1461321	9359	15844	154222	992739
棉、化纤纺织及印染精加工	531503	307	4071	54993	369836
棉、化纤纺织加工	408246	249	1387	44537	317801
棉、化纤印染精加工	123257	58	2684	10456	52035
毛纺织和染整精加工	52609		263	7031	34781
毛条加工	6735			145	1797
毛纺织	34120		227	6190	24045
毛染整精加工	11754		36	696	8939
麻纺织	2895	1		612	2193
麻纺织	2895	1		612	2193
丝绢纺织及精加工	89652		1018	12145	64739
缫丝加工	7077			957	5721
绢纺和丝织加工	70527		735	5336	54717
丝印染精加工	12048		283	5852	4302
纺织制成品制造	317930	4677	9766	30794	213383
棉及化纤制品制造	99871	2605	998	11010	74318
毛制品制造	8572		50	1080	6304
麻制品制造	1298			170	1128
丝制品制造	25153	5	12	1705	19939
绳、索、缆的制造	10534	20	3	650	9223
纺织带和帘子布制造	43396		330	7109	28251
无纺布制造	58269	2047	6803	4760	28968
其他纺织制成品制造	70837		1570	4309	45253
针织品、编织品及其制品制造	466730	4374	726	48649	307807
棉、化纤针织品及编织品制造	302313	88	625	34516	205962
毛针织品及编织品制造	115171	4286	82	10570	66265
丝针织品及编织品制造	19408		10	610	9899
其他针织品及编织品制造	29839		10	2953	25681
纺织服装、鞋、帽制造业	773755	1189	8237	96709	453234
纺织服装制造	739289	1189	8185	94577	425105
纺织服装制造	739289	1189	8185	94577	425105
纺织面料鞋的制造	23713		52	1360	20591
纺织面料鞋的制造	23713		52	1360	20591
制 帽	10753			772	7538
制 帽	10753			772	7538
皮革、毛皮、羽毛(绒)及其制品业	373550	1273	1566	29734	288879
皮革鞣制加工	33426		8	1448	29716
皮革鞣制加工	33426		8	1448	29716
皮革制品制造	283340	1243	1462	25104	211892

1－A－9 续表3－6

单位：个、人、万元

指标名称	实收资本				
		国家资本	集体资本	法人资本	个人资本
皮鞋制造	142555	920	1055	11521	118069
皮革服装制造	42531	323	152	3850	25859
皮箱、包(袋)制造	68035		170	7052	42645
皮手套及皮装饰制品制造	17144		85	668	15398
其他皮革制品制造	13075			2013	9922
毛皮鞣制及制品加工	29631	30	96	1733	26562
毛皮鞣制加工	1577				1577
毛皮服装加工	7206			1035	6022
其他毛皮制品加工	20848	30	96	698	18964
羽毛(绒)加工及制品制造	27153			1450	20708
羽毛(绒)加工	15847			588	14078
羽毛(绒)制品加工	11306			862	6630
木材加工及木、竹、藤、棕、草制品业	189588	1221	1987	28876	146465
锯材、木片加工	20132	956	797	2834	15089
锯材加工	12481	362	768	1835	9516
木片加工	7651	594	29	999	5573
人造板制造	43863		90	8312	32375
胶合板制造	24131		65	5116	16661
纤维板制造	3569			350	3219
刨花板制造	860		5		855
其他人造板、材制造	15303		20	2846	11640
木制品制造	77666	200	723	10995	62712
建筑用木料及木材组件加工	45526		61	7748	36356
木容器制造	14774	200	658	919	12438
软木制品及其他木制品制造	17366		4	2329	13918
竹、藤、棕、草制品制造	47927	66	377	6735	36289
竹、藤、棕、草制品制造	47927	66	377	6735	36289
家具制造业	246674	181	2166	27283	165914
木质家具制造	137835	176	1687	11806	101997
木质家具制造	137835	176	1687	11806	101997
竹、藤家具制造	6495		5	1087	5069
竹、藤家具制造	6495		5	1087	5069
金属家具制造	63753		444	8684	39024
金属家具制造	63753		444	8684	39024
塑料家具制造	4383			1375	2717
塑料家具制造	4383			1375	2717
其他家具制造	34209	5	30	4331	17106
其他家具制造	34209	5	30	4331	17106
造纸及纸制品业	479962	521	4516	45681	400144

1－A－9　续表3－7

单位：个、人、万元

指标名称	实收资本	国家资本	集体资本	法人资本	个人资本
纸浆制造	1740		83	50	1607
纸浆制造	1740		83	50	1607
造　纸	84808	230	1333	8676	72015
机制纸及纸板制造	62720	100	995	6427	52857
手工纸制造	1244			222	1021
加工纸制造	20844	130	338	2027	18136
纸制品制造	393414	290	3101	36955	326523
纸和纸板容器的制造	317888	269	2727	31005	280287
其他纸制品制造	75527	21	373	5950	46236
印刷业和记录媒介的复制	631004	3429	29289	62101	527435
印　刷	591012	3429	27406	59733	492101
书、报、刊印刷	79994	2022	3913	13335	60327
本册印制	36100	202	1314	3976	30573
包装装潢及其他印刷	474919	1205	22180	42422	401202
装订及其他印刷服务活动	39350		1883	2196	34864
装订及其他印刷服务活动	39350		1883	2196	34864
记录媒介的复制	642			172	470
记录媒介的复制	642			172	470
文教体育用品制造业	283874	568	1948	28445	187384
文化用品制造	126962	536	903	12371	83032
文具制造	56021	450	525	7068	34323
笔的制造	52346	36	309	3195	32659
教学用模型及教具制造	11773	50	45	1378	9983
墨水、墨汁制造	477		14	99	365
其他文化用品制造	6345		10	630	5702
体育用品制造	57670		143	6781	37980
球类制造	3686		30	335	3321
体育器材及配件制造	21067			2867	11145
训练健身器材制造	23205		91	2176	17159
运动防护用具制造	2115			182	1933
其他体育用品制造	7599		22	1221	4422
乐器制造	15970		4	2783	5267
中乐器制造	4408		4	150	465
西乐器制造	6908			793	2186
电子乐器制造	50				50
其他乐器及零件制造	4604			1840	2566
玩具制造	58252	32	898	5564	43003
玩具制造	58252	32	898	5564	43003
游艺器材及娱乐用品制造	25020			947	18102

1－A－9 续表3－8

单位：个、人、万元

指标名称	实收资本				
		国家资本	集体资本	法人资本	个人资本
露天游乐场所游乐设备制造	11829			674	11155
游艺用品及室内游艺器材制造	13191			273	6947
石油加工、炼焦及核燃料加工业	13035		263	2429	10118
精炼石油产品的制造	13000		263	2429	10090
原油加工及石油制品制造	12207		220	2262	9598
人造原油生产	793		43	167	492
炼　焦	35				29
炼　焦	35				29
化学原料及化学制品制造业	517365	6472	6929	81350	318407
基础化学原料制造	100737	969	1401	19935	51185
无机酸制造	3716		20	494	3157
无机碱制造	1324			80	1244
无机盐制造	27643	20	499	2462	15719
有机化学原料制造	45494	909	540	11577	21964
其他基础化学原料制造	22560	40	343	5322	9102
肥料制造	14096	805	180	1340	10673
氮肥制造	1231	787			444
磷肥制造	1549			282	1268
复混肥料制造	5713	18	128	518	4415
有机肥料及微生物肥料制造	4395		52	500	3380
其他肥料制造	1207			40	1167
农药制造	15550	40	700	1226	12617
化学农药制造	13447		700		11780
生物化学农药及微生物农药制造	2103	40		1226	837
涂料、油墨、颜料及类似产品制造	128427	4341	718	27202	78255
涂料制造	80155	4243	423	14546	52382
油墨及类似产品制造	24048	90	236	9886	8308
颜料制造	7472		60	958	5404
染料制造	9077			467	6327
密封用填料及类似品制造	7675	8		1344	5834
合成材料制造	39932	10	324	8911	18675
初级形态的塑料及合成树脂制造	24270	10	236	4265	10112
合成橡胶制造	5352			1808	2594
合成纤维单(聚合)体的制造	1855		70	290	949
其他合成材料制造	8455		18	2548	5019
专用化学产品制造	160363	300	3001	15403	109140
化学试剂和助剂制造	63589	245	2766	7824	43100
专项化学用品制造	23400	5	50	2623	13314
林产化学产品制造	11969			1556	10355

1－A－9 续表3－9

单位：个、人、万元

指 标 名 称	实收资本	国家资本	集体资本	法人资本	个人资本
炸药及火工产品制造	1333	50		135	1148
信息化学品制造	22790			834	18420
环境污染处理专用药剂材料制造	3599		78	322	2889
动物胶制造	11342		10		2332
其他专用化学产品制造	22342		97	2110	17582
日用化学产品制造	58261	7	604	7333	37862
肥皂及合成洗涤剂制造	10290	7	149	1506	8374
化妆品制造	32628		56	3773	18100
口腔清洁用品制造	1142				824
香料、香精制造	4863		317	489	3872
其他日用化学产品制造	9338		82	1565	6693
医药制造业	163448	6594	5610	38152	69310
化学药品原药制造	26852	3000	164	3856	15707
化学药品原药制造	26852	3000	164	3856	15707
化学药品制剂制造	49541	2251	131	17061	10523
化学药品制剂制造	49541	2251	131	17061	10523
中药饮片加工	6914		280	316	5880
中药饮片加工	6914		280	316	5880
中成药制造	10966	50	2399	1702	6118
中成药制造	10966	50	2399	1702	6118
兽用药品制造	5599	90	83	765	4536
兽用药品制造	5599	90	83	765	4536
生物、生化制品的制造	39147	1204	2418	11474	13364
生物、生化制品的制造	39147	1204	2418	11474	13364
卫生材料及医药用品制造	24430		135	2979	13182
卫生材料及医药用品制造	24430		135	2979	13182
化学纤维制造业	70412	10	510	5160	47917
纤维素纤维原料及纤维制造	6484			1086	2899
化纤浆粕制造	948			20	928
人造纤维（纤维素纤维）制造	5537			1066	1971
合成纤维制造	63928	10	510	4074	45018
锦纶纤维制造	3759			30	3729
涤纶纤维制造	25437			1550	19683
腈纶纤维制造	1509				1509
维纶纤维制造	678	10			668
其他合成纤维制造	32545		510	2494	19430
橡胶制品业	133903	386	1772	8671	112399
轮胎制造	6802	368	51	530	4967
车辆、飞机及工程机械轮胎制造	4078	368		500	2720

1－A－9 续表3－10

单位：个、人、万元

指标名称	实收资本	国家资本	集体资本	法人资本	个人资本
力车胎制造	483		51		432
轮胎翻新加工	2242			30	1814
橡胶板、管、带的制造	35580		307	2319	31945
橡胶板、管、带的制造	35580		307	2319	31945
橡胶零件制造	41070		1160	2797	36901
橡胶零件制造	41070		1160	2797	36901
再生橡胶制造	4329			120	4207
再生橡胶制造	4329			120	4207
日用及医用橡胶制品制造	14707		122	1551	7357
日用及医用橡胶制品制造	14707		122	1551	7357
橡胶靴鞋制造	16676		25	483	14175
橡胶靴鞋制造	16676		25	483	14175
其他橡胶制品制造	14737	18	108	871	12848
其他橡胶制品制造	14737	18	108	871	12848
塑料制品业	905862	2501	7667	87617	696067
塑料薄膜制造	67342	50	646	3355	48342
塑料薄膜制造	67342	50	646	3355	48342
塑料板、管、型材的制造	141691	2150	378	19047	105221
塑料板、管、型材的制造	141691	2150	378	19047	105221
塑料丝、绳及编织品的制造	91865		2116	6903	79577
塑料丝、绳及编织品的制造	91865		2116	6903	79577
泡沫塑料制造	40435	50	199	3910	27319
泡沫塑料制造	40435	50	199	3910	27319
塑料人造革、合成革制造	15639	79	6	2368	10879
塑料人造革、合成革制造	15639	79	6	2368	10879
塑料包装箱及容器制造	73193		716	8919	59761
塑料包装箱及容器制造	73193		716	8919	59761
塑料零件制造	198601	18	1601	21577	156193
塑料零件制造	198601	18	1601	21577	156193
日用塑料制造	151712	65	1079	11135	120867
塑料鞋制造	13926		227	1151	11767
日用塑料杂品制造	137786	65	852	9985	109100
其他塑料制品制造	125384	90	927	10404	87909
其他塑料制品制造	125384	90	927	10404	87909
非金属矿物制品业	668313	6116	21395	90026	495640
水泥、石灰和石膏的制造	33763	3858	1738	6874	20502
水泥制造	15027	3858	984	3103	7082
石灰和石膏制造	18737		754	3771	13420
水泥及石膏制品制造	173932	1520	3515	24455	135324

1－A－9 续表 3－11

单位：个、人、万元

指 标 名 称	实收资本	国家资本	集体资本	法人资本	个人资本
水泥制品制造	117865	1520	2534	13782	97559
砼结构构件制造	34197		843	7375	25922
石棉水泥制品制造	246			10	236
轻质建筑材料制造	19406		121	1865	10844
其他水泥制品制造	2218		18	1423	763
砖瓦、石材及其他建筑材料制造	284715	402	14955	37402	206457
粘土砖瓦及建筑砌块制造	143896	156	11215	23532	106460
建筑陶瓷制品制造	32308		33	1772	8692
建筑用石加工	66704		1826	5932	58732
防水建筑材料制造	8918		1100	2223	5595
隔热和隔音材料制造	18239		518	3150	14022
其他建筑材料制造	14650	246	262	793	12956
玻璃及玻璃制品制造	89685	200	167	11529	66595
平板玻璃制造	1272			320	952
技术玻璃制品制造	13699			1725	11032
光学玻璃制造	7498			1830	5012
玻璃仪器制造	2038		59	440	1302
日用玻璃制品及玻璃包装容器制造	32804	150		2874	25059
玻璃保温容器制造	1680			50	1630
玻璃纤维及制品制造	11507		50	2573	8138
玻璃纤维增强塑料制品制造	12143			852	7398
其他玻璃制品制造	7044	50	58	864	6072
陶瓷制品制造	23476		136	2620	18049
卫生陶瓷制品制造	15407			1071	12028
特种陶瓷制品制造	2571		33	158	2017
日用陶瓷制品制造	4101		103	1280	2718
园林、陈设艺术及其他陶瓷制品制造	1397			110	1287
耐火材料制品制造	31472	6	572	3097	27144
石棉制品制造	7931	6	132	751	7002
云母制品制造	1414			207	1207
耐火陶瓷制品及其他耐火材料制造	22127		440	2139	18935
石墨及其他非金属矿物制品制造	31268	130	314	4050	21569
石墨及碳素制品制造	3813			1598	2165
其他非金属矿物制品制造	27454	130	314	2451	19404
黑色金属冶炼及压延加工业	115834	50	1342	20549	85360
炼 铁	1814		3	272	1539
炼 铁	1814		3	272	1539
炼 钢	459				459
炼 钢	459				459

1-A-9 续表 3-12

单位：个、人、万元

指标名称	实收资本	国家资本	集体资本	法人资本	个人资本
钢压延加工	111017	50	1339	20246	80849
钢压延加工	111017	50	1339	20246	80849
铁合金冶炼	2544			31	2513
铁合金冶炼	2544			31	2513
有色金属冶炼及压延加工业	133292	1099	2008	16815	91018
常用有色金属冶炼	11908	1079	72	3217	6868
铜冶炼	3451		17	838	2596
铅锌冶炼	1472		55	526	891
镍钴冶炼	1180			650	440
锡冶炼	289			110	179
铝冶炼	4934	1079		1090	2185
镁冶炼	130				130
其他常用有色金属冶炼	451			4	448
贵金属冶炼	1650		200		1450
金冶炼	50				50
银冶炼	1458		200		1258
其他贵金属冶炼	142				142
稀有稀土金属冶炼	7042			3590	3452
钨钼冶炼	250				250
稀土金属冶炼	6230			3040	3190
其他稀有金属冶炼	563			550	13
有色金属合金制造	8370		203	1467	6327
有色金属合金制造	8370		203	1467	6327
有色金属压延加工	104323	20	1533	8541	72920
常用有色金属压延加工	95827	20	1533	8311	66001
贵金属压延加工	1508			91	557
稀有稀土金属压延加工	6988			140	6362
金属制品业	1002601	1418	11066	122192	752624
结构性金属制品制造	254655	471	3417	36823	186873
金属结构制造	142413	340	789	18267	99649
金属门窗制造	112243	131	2628	18556	87224
金属工具制造	168146	195	816	15292	132830
切削工具制造	42782	125	160	4375	30555
手工具制造	68323		362	6575	52160
农用及园林用金属工具制造	15259	6	166	731	13412
刀剪及类似日用金属工具制造	17671		83	933	16270
其他金属工具制造	24112	64	46	2679	20434
集装箱及金属包装容器制造	35825		829	2638	20501
集装箱制造	801			10	791

1-A-9 续表3-13

单位：个、人、万元

指标名称	实收资本	国家资本	集体资本	法人资本	个人资本
金属压力容器制造	8852			784	4641
金属包装容器制造	26173		829	1844	15069
金属丝绳及其制品的制造	44965	40	524	4716	35359
金属丝绳及其制品的制造	44965	40	524	4716	35359
建筑、安全用金属制品制造	218877		2291	31773	157072
建筑、家具用金属配件制造	105578		2136	13818	75253
建筑装饰及水暖管道零件制造	82433		84	13099	63337
安全、消防用金属制品制造	15558		21	3741	11539
其他建筑、安全用金属制品制造	15308		51	1115	6943
金属表面处理及热处理加工	105437	311	1557	8712	85889
金属表面处理及热处理加工	105437	311	1557	8712	85889
搪瓷制品制造	7739		35	379	7235
工业生产配套用搪瓷制品制造	603			22	582
搪瓷卫生洁具制造	4905			282	4533
搪瓷日用品及其他搪瓷制品制造	2231		35	75	2121
不锈钢及类似日用金属制品制造	119439	132	992	13178	91751
金属制厨房调理及卫生器具制造	30231		288	3541	20126
金属制厨用器皿及餐具制造	42539	130	462	4934	34133
其他日用金属制品制造	46669	2	243	4703	37492
其他金属制品制造	47517	270	606	8682	35114
铸币及贵金属制实验室用品制造	300				300
其他未列明的金属制品制造	47217	270	606	8682	34814
通用设备制造业	1965572	9822	29735	269883	1415942
锅炉及原动机制造	82343	1384	345	47042	22760
锅炉及辅助设备制造	38289	184	20	28264	9250
内燃机及配件制造	28567		325	11786	8015
汽轮机及辅机制造	3515			50	3465
水轮机及辅机制造	11683	1200		6942	1741
其他原动机制造	289				289
金属加工机械制造	169032	1806	3089	21507	107325
金属切削机床制造	53168	1702	256	8180	34872
金属成形机床制造	22324		76	2261	13657
铸造机械制造	10212		90	1573	7149
金属切割及焊接设备制造	24294	20	1489	1029	16586
机床附件制造	19703	2	60	1907	14178
其他金属加工机械制造	39332	82	1119	6559	20884
起重运输设备制造	79594	60	2374	10368	56766
起重运输设备制造	79594	60	2374	10368	56766

1－A－9 续表3－14 单位：个、人、万元

指 标 名 称	实收资本	国家资本	集体资本	法人资本	个人资本
泵、阀门、压缩机及类似机械的制造	507330	2930	6701	49070	407898
泵及真空设备制造	113137	24	4288	5974	90844
气体压缩机械制造	16580		76	2826	13171
阀门和旋塞的制造	316862	2905	2193	34078	258551
液压和气压动力机械及元件制造	60752		144	6192	45331
轴承、齿轮、传动和驱动部件的制造	240078	940	1575	25029	177825
轴承制造	141576	940	314	16923	98456
齿轮、传动和驱动部件制造	98501		1261	8106	79369
烘炉、熔炉及电炉制造	11820		10	712	7445
烘炉、熔炉及电炉制造	11820		10	712	7445
风机、衡器、包装设备等通用设备制造	277844	1639	3135	40651	184898
风机、风扇制造	34828	...	295	9235	24793
气体、液体分离及纯净设备制造	36760		246	3241	19786
制冷、空调设备制造	50806	20	74	7374	24274
风动和电动工具制造	73330	1489	938	4703	54592
喷枪及类似器具制造	17368		200	5511	11366
包装专用设备制造	29838		305	3111	25290
衡器制造	7581		50	1392	5597
其他通用设备制造	27332	130	1027	6085	19200
通用零部件制造及机械修理	472715	858	10884	64060	342733
金属密封件制造	37563	25	118	3925	26648
紧固件、弹簧制造	217275	630	8016	31210	153586
机械零部件加工及设备修理	167542	200	2695	23556	124827
其他通用零部件制造	50336	3	55	5368	37672
金属铸、锻加工	124816	204	1622	11445	108294
钢铁铸件制造	78475	204	1091	8349	66848
锻件及粉末冶金制品制造	46341		531	3096	41446
专用设备制造业	799366	2242	6232	82314	580188
矿山、冶金、建筑专用设备制造	55921	287	849	4678	44874
采矿、采石设备制造	17185	287	520	1909	13022
石油钻采专用设备制造	863		219		644
建筑工程用机械制造	18030		110	1071	13924
建筑材料生产专用机械制造	11275			1210	9205
冶金专用设备制造	8567			488	8079
化工、木材、非金属加工专用设备制造	270870	185	678	21700	193036
炼油、化工生产专用设备制造	8791	55	209	950	7270
橡胶加工专用设备制造	2429	25	57	80	2174
塑料加工专用设备制造	52429		110	6788	41025

1－A－9 续表3－15

单位：个、人、万元

指 标 名 称	实收资本	国家资本	集体资本	法人资本	个人资本
木材加工机械制造	5127			541	2093
模具制造	192814	105	302	13101	137394
其他非金属加工专用设备制造	9281			240	3080
食品、饮料、烟草及饲料生产专用设备制造	22488		472	3284	17471
食品、饮料、烟草工业专用设备制造	16881		422	2134	13478
农副食品加工专用设备制造	5167		50	1150	3554
饲料生产专用设备制造	440				440
印刷、制药、日化生产专用设备制造	49736		237	7292	36207
制浆和造纸专用设备制造	8051			1049	4545
印刷专用设备制造	25545		107	2436	19723
日用化工专用设备制造	2623		50	780	1533
制药专用设备制造	6372			1538	4833
照明器具生产专用设备制造	2278			498	1780
玻璃、陶瓷和搪瓷制品生产专用设备制造	965		80	369	517
其他日用品生产专用设备制造	3902			622	3278
纺织、服装和皮革工业专用设备制造	160133	105	2898	15437	123844
纺织专用设备制造	90829	75	2374	9253	65792
皮革、毛皮及其制品加工专用设备制造	6551	30		417	5786
缝纫机械制造	51350		348	5121	42013
其他服装加工专用设备制造	11404		176	646	10254
电子和电工机械专用设备制造	51829	192	202	6489	27419
电工机械专用设备制造	23752		33	2995	10410
电子工业专用设备制造	27414	192	167	3486	16357
武器弹药制造	515		2	8	505
航空、航天及其他专用设备制造	148				148
农、林、牧、渔专用机械制造	34244	88	198	2382	25151
拖拉机制造	1526			24	1300
机械化农业及园艺机具制造	20105			1562	12660
营林及木竹采伐机械制造	111		21		90
畜牧机械制造	562				562
渔业机械制造	1106				846
农林牧渔机械配件制造	7670		141	556	6895
其他农林牧渔业机械制造及机械修理	3164	88	36	241	2800
医疗仪器设备及器械制造	51644	424	429	7847	34340
医疗诊断、监护及治疗设备制造	7321		136	1855	4724
口腔科用设备及器具制造	2082			321	1744
实验室及医用消毒设备和器具的制造	1946				1946
医疗、外科及兽医用器械制造	22170		72	3096	11167

1－A－9 续表3－16 单位：个、人、万元

指标名称	实收资本	国家资本	集体资本	法人资本	个人资本
机械治疗及病房护理设备制造	3741		25	150	3508
假肢、人工器官及植（介）入器械制造	1622	424	9	3	1186
其他医疗设备及器械制造	12761		187	2422	10065
环保、社会公共安全及其他专用设备制造	102503	961	270	13206	77844
环境污染防治专用设备制造	51865	911	145	4170	41401
地质勘查专用设备制造	3254			827	347
邮政专用机械及器材制造	1279		20	592	667
商业、饮食、服务业专用设备制造	1939			1051	888
社会公共安全设备及器材制造	24207		10	4520	19518
交通安全及管制专用设备制造	4966		10	237	4719
水资源专用机械制造	3513	50	73	312	2634
其他专用设备制造	11480		12	1496	7670
交通运输设备制造业	980672	6245	9630	141487	701289
铁路运输设备制造	5670		384	50	5236
铁路机车车辆及动车组制造	200			50	150
工矿有轨专用车辆制造	60				60
铁路机车车辆配件制造	2516				2516
铁路专用设备及器材、配件制造	2063				2063
其他铁路设备制造及设备修理	831		384		447
汽车制造	564213	2269	5231	82801	390161
汽车整车制造	4273			250	3981
改装汽车制造	2273	10			2263
电车制造	304				304
汽车车身、挂车的制造	3203		58	400	2745
汽车零部件及配件制造	498318	396	4239	74921	335886
汽车修理	55842	1863	934	7231	44982
摩托车制造	67470		368	5432	58832
摩托车整车制造	6944			300	6644
摩托车零部件及配件制造	60527		368	5132	52189
自行车制造	86170		1055	8622	50982
脚踏自行车及残疾人座车制造	42426		194	2126	23519
助动自行车制造	43744		861	6496	27463
船舶及浮动装置制造	234529	3896	2539	41600	182006
金属船舶制造	152893		416	38242	113733
非金属船舶制造	1703		574	132	997
娱乐船和运动船的建造和修理	6476			1491	2284
船用配套设备制造	31457	1516	125	1123	28028
船舶修理及拆船	41792	2380	1425	613	36755

1－A－9 续表 3－17

单位：个、人、万元

指 标 名 称	实收资本	国家资本	集体资本	法人资本	个人资本
航标器材及其他浮动装置的制造	208				208
航空航天器制造	3407			1160	1872
飞机制造及修理	3282			1125	1782
航天器制造	20			20	
其他飞行器制造	105			15	90
交通器材及其他交通运输设备制造	19213	79	52	1822	12201
潜水及水下救捞装备制造	180				180
交通管理用金属标志及设施制造	9521	79	2	895	8540
其他交通运输设备制造	9512		50	927	3481
电气机械及器材制造业	1407961	1572	29184	168585	1042293
电机制造	148604	89	1039	14937	119353
发电机及发电机组制造	26928		500	4323	20855
电动机制造	74097		430	5145	62898
微电机及其他电机制造	47580	89	109	5469	35600
输配电及控制设备制造	550117	775	3503	60488	446610
变压器、整流器和电感器制造	70679		328	12797	52917
电容器及其配套设备制造	17356		307	2387	14242
配电开关控制设备制造	255927	222	2245	26822	220524
电力电子元器件制造	178203	553	533	16180	136915
其他输配电及控制设备制造	27952		90	2302	22012
电线、电缆、光缆及电工器材制造	120984	139	2498	16496	91341
电线电缆制造	92589	3	2428	13773	67818
光纤、光缆制造	3656	136		150	2406
绝缘制品制造	9768		70	1174	7551
其他电工器材制造	14971			1399	13565
电池制造	62028	219	30	8740	27818
电池制造	62028	219	30	8740	27818
家用电力器具制造	203984	85	420	25407	155334
家用制冷电器具制造	15680			3238	9921
家用空气调节器制造	8052		50	820	4404
家用通风电器具制造	15259			1870	12573
家用厨房电器具制造	60783			10482	41432
家用清洁卫生电器具制造	21315			1237	19161
家用美容、保健电器具制造	14586			1332	11076
家用电力器具专用配件制造	34745		370	3131	29639
其他家用电力器具制造	33564	85		3298	27129
非电力家用器具制造	45075		258	5720	30706
燃气、太阳能及类似能源的器具制造	42319		258	5446	28224

1－A－9 续表3－18

单位：个、人、万元

指 标 名 称	实收资本				
		国家资本	集体资本	法人资本	个人资本
其他非电力家用器具制造	2757			274	2483
照明器具制造	238906	265	18512	29853	148904
电光源制造	65744		14330	6895	36644
照明灯具制造	124626	225	4014	18769	80540
灯用电器附件及其他照明器具制造	48535	40	169	4189	31720
其他电气机械及器材制造	38264		2925	6945	22228
车辆专用照明及电气信号设备装置制造	26143		75	5253	14649
其他未列明的电气机械制造	12121		2850	1692	7579
通信设备、计算机及其他电子设备制造业	569508	6833	6258	70395	273023
通信设备制造	106725	535	64	7659	46448
通信传输设备制造	25977		30	2583	12420
通信交换设备制造	12710		34	1433	10838
通信终端设备制造	3666	535		1042	2026
移动通信及终端设备制造	49141			671	11834
其他通信设备制造	15231			1931	9330
广播电视设备制造	26007		212	5891	15066
广播电视节目制作及发射设备制造	6443		150	1742	1807
广播电视接收设备及器材制造	16329		62	2899	11274
应用电视设备及其他广播电视设备制造	3236			1250	1986
电子计算机制造	55536	2739	200	23004	12444
电子计算机整机制造	4862			353	632
计算机网络设备制造	31324		200	21007	4399
电子计算机外部设备制造	19350	2739		1643	7412
电子器件制造	114074	768	1331	10050	32076
电子真空器件制造	7124	765	110	2445	3463
半导体分立器件制造	33442	3	137	2286	6647
集成电路制造	10030		214	506	4194
光电子器件及其他电子器件制造	63479		870	4813	17773
电子元件制造	210176	2544	3530	18328	136428
电子元件及组件制造	182104	2544	3508	17237	128699
印制电路板制造	28071		22	1091	7729
家用视听设备制造	32288	10	133	2973	14481
家用影视设备制造	9311			1606	3912
家用音响设备制造	22977	10	133	1367	10569
其他电子设备制造	24703	238	788	2490	16080
其他电子设备制造	24703	238	788	2490	16080
仪器仪表及文化、办公用机械制造业	312990	2183	4248	51029	208747
通用仪器仪表制造	140003	284	1901	29525	100049

1－A－9 续表 3－19 单位：个、人、万元

指 标 名 称	实收资本				
		国家资本	集体资本	法人资本	个人资本
工业自动控制系统装置制造	34835		677	10357	22795
电工仪器仪表制造	44706	74	338	3843	36626
绘图、计算及测量仪器制造	13533		122	5607	7191
实验分析仪器制造	14827		355	3128	10759
试验机制造	2446	60	40	286	2005
供应用仪表及其他通用仪器制造	29657	150	369	6304	20673
专用仪器仪表制造	46246	991	846	6171	31999
环境监测专用仪器仪表制造	2658	282	250	690	1436
汽车及其他用计数仪表制造	10022		27	1596	7014
导航、气象及海洋专用仪器制造	1203		103	155	665
农林牧渔专用仪器仪表制造	409				409
地质勘探和地震专用仪器制造	1802			152	1498
教学专用仪器制造	16887	17	357	2542	11751
核子及核辐射测量仪器制造	1000				1000
电子测量仪器制造	7654	692	95	426	5950
其他专用仪器制造	4611		14	611	2276
钟表与计时仪器制造	22991		331	1054	8972
钟表与计时仪器制造	22991		331	1054	8972
光学仪器及眼镜制造	64430	157	1067	5629	41261
光学仪器制造	7856	30	984	1612	4255
眼镜制造	56574	127	83	4017	37007
文化、办公用机械制造	33962	751	101	7668	22152
电影机械制造	501				501
幻灯及投影设备制造	9285	711		6680	1735
照相机及器材制造	2914			273	1313
复印和胶印设备制造	1229		50	500	679
计算器及货币专用设备制造	13471		26		13437
其他文化、办公用机械制造	6562	40	25	215	4487
其他仪器仪表的制造及修理	5359		3	982	4314
其他仪器仪表的制造及修理	5359		3	982	4314
工艺品及其他制造业	535686	511	2691	48285	413858
工艺美术品制造	414649	461	2592	36785	309277
雕塑工艺品制造	90977	231	390	10411	71096
金属工艺品制造	88431	10	1006	9068	73485
漆器工艺品制造	7568			70	5802
花画工艺品制造	8363			1018	6861
天然植物纤维编织工艺品制造	12218		5	991	7823
抽纱刺绣工艺品制造	104619	20	526	5024	78259

1－A－9 续表3－20

单位：个、人、万元

指标名称	实收资本	国家资本	集体资本	法人资本	个人资本
地毯、挂毯制造	10797	200	338	3553	6415
珠宝首饰及有关物品的制造	31363		176	2480	12601
其他工艺美术品制造	60312		150	4169	46937
日用杂品制造	113042	50	40	11001	97900
制镜及类似品加工	5710			498	4964
鬃毛加工、制刷及清扫工具的制造	6005			291	5594
其他日用杂品制造	101327	50	40	10212	87342
煤制品制造	2676		35	59	2532
煤制品制造	2676		35	59	2532
核辐射加工	50			30	20
核辐射加工	50			30	20
其他未列明的制造业	5269		24	410	4129
其他未列明的制造业	5269		24	410	4129
废弃资源和废旧材料回收加工业	41833	636	249	4131	34003
金属废料和碎屑的加工处理	17056	76		611	14473
金属废料和碎屑的加工处理	17056	76		611	14473
非金属废料和碎屑的加工处理	24777	560	249	3520	19530
非金属废料和碎屑的加工处理	24777	560	249	3520	19530
电力、燃气及水的生产和供应业	**883071**	**245364**	**96419**	**122812**	**351112**
电力、热力的生产和供应业	508747	102915	45497	68803	278043
电力生产	492150	100044	44781	63693	272693
火力发电	74650	60310	290	9303	1260
水力发电	406496	39734	44491	53768	262914
其他能源发电	11003			623	8519
电力供应	7261	1552	716	912	4080
电力供应	7261	1552	716	912	4080
热力生产和供应	9337	1320		4197	1270
热力生产和供应	9337	1320		4197	1270
燃气生产和供应业	57923	5400	1284	16010	6325
燃气生产和供应业	57923	5400	1284	16010	6325
燃气生产和供应业	57923	5400	1284	16010	6325
水的生产和供应业	316400	137049	49638	37999	66744
自来水的生产和供应	147848	41420	46281	14506	37720
自来水的生产和供应	147848	41420	46281	14506	37720
污水处理及其再生利用	146294	89579	2741	23148	13777
污水处理及其再生利用	146294	89579	2741	23148	13777
其他水的处理、利用与分配	22258	6050	616	345	15247
其他水的处理、利用与分配	22258	6050	616	345	15247

1－A－9 续表4－1 单位：个、人、万元

指 标 名 称			本年折旧	营业收入	
	港澳台资本	外商资本			主营业务收入
总 计	**1028829**	**1327373**	**1329180**	**43821053**	**43602262**
一、按轻重工业分					
轻工业	539231	675633	598880	20790188	20687151
重工业	489598	651740	730299	23030865	22915111
二、按登记注册类型分					
内 资	**8902**	**21607**	**1210880**	**42189312**	**41998178**
国 有		34	13394	130473	122857
集 体	109	13	18809	516850	509141
股份合作企业	100	71	36740	1233708	1229959
联营企业	248	335	1285	14483	14182
国有联营	208		49	1770	1692
集体联营	40	335	1223	12250	12034
国有与集体联营			12	261	254
其他联营			1	203	202
有限责任公司	1444	9889	90892	1708146	1694621
国有独资公司		10	9687	22487	22397
其他有限责任公司	1444	9879	81205	1685659	1672224
股份有限公司		234	6147	198351	197042
私营企业	7001	11025	1039683	38240197	38083517
私营独资	923	4299	345020	14955706	14922489
私营合伙	1632	581	70420	2917301	2909927
私营有限责任公司	4311	5783	611201	19999450	19885510
私营股份有限公司	136	362	13041	367741	365591
其 他		6	3930	147103	146860
港澳台商投资	**996577**	**9763**	**50148**	**721305**	**711569**
与港澳台商合资经营	284187	6045	23538	393160	387728
与港澳台商合作经营	10314	40	691	7491	7398
港澳台商独资	681269	3678	25138	290167	286179
港澳台商投资股份有限公司	20808		781	30487	30264
外商投资	**23350**	**1296004**	**68152**	**910436**	**892516**
中外合资经营	22102	274250	27668	433658	426746
中外合作经营	1164	7507	1560	14979	14500
外资企业	68	987728	38016	445176	434935
外商投资股份有限公司	17	26519	909	16624	16334
三、按控股情况分					
国有控股	3099	2218	44422	245256	234437
集体控股	2321	4571	32245	812490	802666
私人控股	50009	71919	1154495	41415902	41238057
港澳台商控股	969193	3735	39996	593018	586259

1－A－9 续表4－2

单位：个、人、万元

指标名称	港澳台资本	外商资本	本年折旧	营业收入	主营业务收入
外商控股	1465	1243501	51751	649312	636654
其他	2742	1430	6272	105074	104190
四、按国民经济行业（门类、大类、中类、小类）分					
采矿业	**1990**	**4474**	**15541**	**479670**	**478724**
煤炭开采和洗选业			62	2935	2935
其他煤炭采选			62	2935	2935
其他煤炭采选			62	2935	2935
黑色金属矿采选业			115	1398	1398
铁矿采选			114	1266	1266
铁矿采选			114	1266	1266
其他黑色金属矿采选			2	132	132
其他黑色金属矿采选			2	132	132
有色金属矿采选业			687	13491	13480
常用有色金属矿采选			494	8956	8945
铜矿采选			67	1870	1859
铅锌矿采选			413	6485	6485
锑矿采选			8	421	421
铝矿采选			6	180	180
贵金属矿采选			5	557	557
金矿采选			1	225	225
其他贵金属矿采选			4	332	332
稀有稀土金属矿采选			189	3978	3978
钨钼矿采选			189	3978	3978
非金属矿采选业	1990	4474	14651	461057	460122
土砂石开采	1990	4474	13822	432794	431991
石灰石、石膏开采			1382	40507	40507
建筑装饰用石开采	388		3965	195824	195510
耐火土石开采			614	23756	23721
粘土及其他土砂石开采	1602	4474	7861	172708	172253
化学矿采选			66	2248	2248
化学矿采选			66	2248	2248
采盐			137	5797	5665
采盐			137	5797	5665
石棉及其他非金属矿采选			627	20219	20219
石棉、云母矿采选			55	215	215
石墨、滑石采选			3	470	470
宝石、玉石开采			7	203	203
其他非金属矿采选			562	19331	19331
其他采矿业			26	789	789

1－A－9 续表4－3

单位：个、人、万元

指 标 名 称	港澳台资本	外商资本	本年折旧	营业收入	主营业务收入
其他采矿业			26	789	789
其他采矿业			26	789	789
制造业	**1001411**	**1280964**	**1219212**	**42775134**	**42567733**
农副食品加工业	3263	24053	24537	786989	782689
谷物磨制		1	1297	56792	56187
谷物磨制		1	1297	56792	56187
饲料加工	75	75	1818	86065	85725
饲料加工	75	75	1818	86065	85725
植物油加工		6963	924	22378	22272
食用植物油加工		6963	822	19816	19710
非食用植物油加工			102	2562	2562
制 糖			48	1379	1379
制 糖			48	1379	1379
屠宰及肉类加工	10		3969	121012	120412
畜禽屠宰			1392	44666	44328
肉制品及副产品加工	10		2577	76346	76084
水产品加工	277	5395	9411	215540	213921
水产品冷冻加工	153	2661	7316	160742	159233
鱼糜制品及水产品干腌制加工	124	2615	1254	25836	25769
水产饲料制造		120	709	23641	23609
鱼油提取及制品的制造			30	1482	1482
其他水产品加工			103	3838	3828
蔬菜、水果和坚果加工	2240	7694	5356	218346	217700
蔬菜、水果和坚果加工	2240	7694	5356	218346	217700
其他农副食品加工	662	3925	1715	65477	65093
淀粉及淀粉制品的制造			284	12257	12213
豆制品制造	248	1	855	25114	24856
蛋品加工			209	9549	9546
其他未列明的农副食品加工	414	3924	367	18557	18477
食品制造业	10458	35367	11215	289252	282018
焙烤食品制造	1093	9603	1874	61287	60616
糕点、面包制造	224	875	1111	44897	44284
饼干及其他焙烤食品制造	869	8728	763	16390	16332
糖果、巧克力及蜜饯制造	121	15816	1045	30220	29407
糖果、巧克力制造	121	7164	626	11531	10793
蜜饯制作		8653	419	18689	18614
方便食品制造	955	4789	1599	45597	44378
米、面制品制造	955	4105	924	26115	25631
速冻食品制造		184	386	6181	6173

1－A－9 续表4－4　　　　单位：个、人、万元

指标名称	港澳台资本	外商资本	本年折旧	营业收入	主营业务收入
方便面及其他方便食品制造		500	289	13302	12574
液体乳及乳制品制造			242	5451	5439
液体乳及乳制品制造			242	5451	5439
罐头制造	338	891	1071	40039	38673
肉、禽类罐头制造	288		61	1764	1756
水产品罐头制造			44	979	973
蔬菜、水果罐头制造	50	891	955	36857	35505
其他罐头食品制造			11	439	439
调味品、发酵制品制造	3485	334	1630	36035	35379
味精制造			123	4787	4782
酱油、食醋及类似制品的制造	30	24	893	16991	16538
其他调味品、发酵制品制造	3455	310	614	14257	14060
其他食品制造	4466	3934	3755	70624	68126
营养、保健食品制造	1053	3271	1194	24623	22576
冷冻饮品及食用冰制造			483	10624	10366
盐加工			48	296	296
食品及饲料添加剂制造	3413	663	1816	25978	25807
其他未列明的食品制造			214	9103	9082
饮料制造业	2517	6627	13798	378272	375619
酒精制造			8	584	584
酒精制造			8	584	584
酒的制造	10	1245	3650	91701	91378
白酒制造			785	24620	24539
啤酒制造			37	1481	1481
黄酒制造	10	6	2266	51816	51599
葡萄酒制造		947	127	2567	2567
其他酒制造		292	436	11216	11191
软饮料制造	2001	3760	4436	94332	93712
碳酸饮料制造			37	2670	2669
瓶(罐)装饮用水制造	1281	280	3312	69616	69195
果菜汁及果菜汁饮料制造		3000	427	7100	6953
含乳饮料和植物蛋白饮料制造		25	206	4359	4330
固体饮料制造		455	350	7633	7631
茶饮料及其他软饮料制造	720		104	2955	2934
精制茶加工	506	1622	5703	191656	189946
精制茶加工	506	1622	5703	191656	189946
烟草制品业			25	300	300
烟叶复烤			25	300	300
烟叶复烤			25	300	300

1－A－9 续表4－5

单位：个、人、万元

指标名称	港澳台资本	外商资本	本年折旧	营业收入	主营业务收入
纺织业	161078	128079	140043	4776876	4754915
棉、化纤纺织及印染精加工	59494	42801	51245	1760323	1755067
棉、化纤纺织加工	17843	26428	41118	1571978	1567180
棉、化纤印染精加工	41651	16373	10127	188345	187887
毛纺织和染整精加工	4767	5768	5695	126906	125199
毛条加工	3057	1737	364	12716	12530
毛纺织	1190	2469	3994	92795	91591
毛染整精加工	521	1563	1336	21396	21078
麻纺织	90		323	5748	5694
麻纺织	90		323	5748	5694
丝绢纺织及精加工	9521	2231	9673	366042	364291
缫丝加工	400		1307	31026	30859
绢纺和丝织加工	7629	2111	6958	315832	314370
丝印染精加工	1492	120	1409	19184	19062
纺织制成品制造	29253	30057	27357	988346	984476
棉及化纤制品制造	4570	6370	10824	357026	355129
毛制品制造	943	196	1134	30325	30292
麻制品制造			130	5408	5408
丝制品制造	842	2649	2089	101057	100375
绳、索、缆的制造		637	1224	50287	50247
纺织带和帘子布制造	3767	3940	3570	148406	147903
无纺布制造	2153	13537	4010	136433	136135
其他纺织制成品制造	16978	2727	4375	159404	158987
针织品、编织品及其制品制造	57953	47222	45750	1529511	1520188
棉、化纤针织品及编织品制造	30004	31118	28665	1068161	1060055
毛针织品及编织品制造	26669	7300	12273	267016	266168
丝针织品及编织品制造	576	8313	1753	52594	52470
其他针织品及编织品制造	704	491	3059	141740	141495
纺织服装、鞋、帽制造业	96578	117808	50475	2069822	2056112
纺织服装制造	94558	115674	47176	1933542	1920279
纺织服装制造	94558	115674	47176	1933542	1920279
纺织面料鞋的制造	556	1155	2008	85524	85150
纺织面料鞋的制造	556	1155	2008	85524	85150
制　帽	1464	979	1292	50756	50683
制　帽	1464	979	1292	50756	50683
皮革、毛皮、羽毛(绒)及其制品业	14216	37881	24058	1346034	1341940
皮革鞣制加工	34	2220	1481	88632	88454
皮革鞣制加工	34	2220	1481	88632	88454
皮革制品制造	9239	34401	19148	1064702	1061450

1－A－9 续表4－6 单位：个、人、万元

指标名称			本年折旧	营业收入	主营业务收入
	港澳台资本	外商资本			
皮鞋制造	607	10383	10196	568166	567257
皮革服装制造	1333	11014	1742	104625	103997
皮箱、包(袋)制造	6328	11840	5130	285148	284721
皮手套及皮装饰制品制造	332	662	1096	73671	72733
其他皮革制品制造	638	503	983	33091	32742
毛皮鞣制及制品加工	783	427	1829	144308	144194
毛皮鞣制加工			253	4734	4731
毛皮服装加工	150		469	34297	34246
其他毛皮制品加工	633	427	1107	105277	105217
羽毛(绒)加工及制品制造	4161	834	1601	48391	47842
羽毛(绒)加工	348	834	1051	22391	22202
羽毛(绒)制品加工	3813		550	26001	25640
木材加工及木、竹、藤、棕、草制品业	5888	5151	16083	747992	746030
锯材、木片加工	455	2	1477	97942	97683
锯材加工			953	58357	58146
木片加工	455	2	524	39585	39537
人造板制造	1797	1289	3922	183574	183247
胶合板制造	1698	592	1938	119684	119461
纤维板制造			222	3502	3498
刨花板制造			132	5264	5238
其他人造板、材制造	100	698	1630	55124	55050
木制品制造	1594	1441	6572	293574	292790
建筑用木料及木材组件加工	613	748	3734	133879	133444
木容器制造	328	231	1300	78959	78862
软木制品及其他木制品制造	654	462	1538	80737	80485
竹、藤、棕、草制品制造	2042	2420	4112	172901	172310
竹、藤、棕、草制品制造	2042	2420	4112	172901	172310
家具制造业	23940	27190	12969	464179	462769
木质家具制造	14137	8031	7624	261573	260676
木质家具制造	14137	8031	7624	261573	260676
竹、藤家具制造		334	429	18567	18539
竹、藤家具制造		334	429	18567	18539
金属家具制造	5634	9966	3328	130689	130351
金属家具制造	5634	9966	3328	130689	130351
塑料家具制造	100	191	338	13995	13939
塑料家具制造	100	191	338	13995	13939
其他家具制造	4069	8669	1251	39355	39265
其他家具制造	4069	8669	1251	39355	39265
造纸及纸制品业	2698	26402	36457	1275243	1271329

1－A－9 续表4－7

单位：个、人、万元

指 标 名 称	港澳台资本	外商资本	本年折旧	营业收入	主营业务收入
纸浆制造			171	5018	4868
纸浆制造			171	5018	4868
造 纸	601	1954	5085	175196	174231
机制纸及纸板制造	601	1741	3411	112441	111841
手工纸制造			127	5983	5983
加工纸制造		213	1548	56773	56408
纸制品制造	2097	24449	31201	1095029	1092229
纸和纸板容器的制造	1350	2250	23450	895249	893026
其他纸制品制造	747	22199	7750	199780	199203
印刷业和记录媒介的复制	3666	5085	48967	1366783	1362094
印 刷	3641	4702	46245	1270870	1266570
书、报、刊印刷	83	314	7021	181465	180204
本册印制	20	16	2734	87123	86592
包装装潢及其他印刷	3538	4372	36490	1002281	999773
装订及其他印刷服务活动	25	383	2665	94071	93685
装订及其他印刷服务活动	25	383	2665	94071	93685
记录媒介的复制			57	1842	1839
记录媒介的复制			57	1842	1839
文教体育用品制造业	30116	35412	20679	839533	836746
文化用品制造	9456	20664	9652	396634	395230
文具制造	5392	8263	4115	145063	144405
笔的制造	3899	12248	4285	196690	196093
教学用模型及教具制造	165	151	616	33496	33417
墨水、墨汁制造			53	2279	2278
其他文化用品制造		3	583	19107	19037
体育用品制造	7337	5431	4767	178230	177787
球类制造			356	18145	17878
体育器材及配件制造	6385	670	1300	54595	54563
训练健身器材制造	496	3283	1898	61302	61178
运动防护用具制造			205	11087	11087
其他体育用品制造	457	1478	1009	33101	33081
乐器制造	3650	4267	628	19353	19277
中乐器制造	51	3737	52	1668	1668
西乐器制造	3598	331	378	9814	9767
电子乐器制造			...	277	277
其他乐器及零件制造		199	197	7595	7567
玩具制造	3787	4968	4470	203822	203187
玩具制造	3787	4968	4470	203822	203187
游艺器材及娱乐用品制造	5888	83	1163	41494	41264

1-A-9 续表4-8 单位：个、人、万元

指 标 名 称			本年折旧	营业收入	主营业务收入
	港澳台资本	外商资本			
露天游乐场所游乐设备制造			451	20804	20798
游艺用品及室内游艺器材制造	5888	83	711	20690	20467
石油加工、炼焦及核燃料加工业	168	56	1354	43252	43015
精炼石油产品的制造	168	50	1353	43038	42801
原油加工及石油制品制造	77	50	1285	40955	40721
人造原油生产	91		69	2083	2080
炼 焦		6	1	213	213
炼 焦		6	1	213	213
化学原料及化学制品制造业	58153	46056	37572	1234693	1229316
基础化学原料制造	23188	4059	7477	196810	195976
无机酸制造	46		446	15480	15460
无机碱制造			212	7840	7817
无机盐制造	8774	170	2177	70530	70249
有机化学原料制造	6657	3847	2695	65227	65147
其他基础化学原料制造	7712	41	1946	37733	37302
肥料制造	864	234	973	29091	28812
氮肥制造			83	2705	2705
磷肥制造			164	4341	4341
复混肥料制造	400	234	269	11725	11674
有机肥料及微生物肥料制造	464		386	7526	7323
其他肥料制造			72	2794	2770
农药制造	968		677	13862	13850
化学农药制造	968		423	10136	10124
生物化学农药及微生物农药制造			254	3726	3726
涂料、油墨、颜料及类似产品制造	10387	7523	9878	307519	306111
涂料制造	5595	2967	5794	200339	199351
油墨及类似产品制造	2375	3153	1438	38634	38525
颜料制造		1050	655	18862	18715
染料制造	2154	129	1432	26181	26138
密封用填料及类似品制造	263	225	558	23503	23381
合成材料制造	9656	2356	2574	87118	86834
初级形态的塑料及合成树脂制造	8446	1201	1624	56446	56345
合成橡胶制造	951		299	11598	11541
合成纤维单(聚合)体的制造		545	184	6121	6064
其他合成材料制造	260	610	468	12954	12884
专用化学产品制造	8973	23546	12053	472543	470306
化学试剂和助剂制造	1905	7749	4852	215137	214229
专项化学用品制造	4725	2682	1962	81286	80957
林产化学产品制造		58	1114	34568	34361

1－A－9　续表4－9

单位：个、人、万元

指标名称			本年折旧	营业收入	主营业务收入
	港澳台资本	外商资本			
炸药及火工产品制造			90	3611	3611
信息化学品制造	496	3040	1361	21009	20902
环境污染处理专用药剂材料制造	36	274	345	14204	14202
动物胶制造		9000	221	8367	8362
其他专用化学产品制造	1810	742	2108	94361	93682
日用化学产品制造	4118	8338	3940	127749	127427
肥皂及合成洗涤剂制造	89	165	782	38638	38544
化妆品制造	2688	8012	2006	45068	45017
口腔清洁用品制造	318		86	5690	5690
香料、香精制造	50	135	379	11964	11830
其他日用化学产品制造	972	27	687	26389	26346
医药制造业	23528	20255	7316	120984	119849
化学药品原药制造	3564	562	1414	22756	22313
化学药品原药制造	3564	562	1414	22756	22313
化学药品制剂制造	4032	15543	2070	13348	13151
化学药品制剂制造	4032	15543	2070	13348	13151
中药饮片加工	166	273	390	15210	15180
中药饮片加工	166	273	390	15210	15180
中成药制造	698		267	8697	8569
中成药制造	698		267	8697	8569
兽用药品制造	125		286	5269	5268
兽用药品制造	125		286	5269	5268
生物、生化制品的制造	8342	2345	1627	17595	17379
生物、生化制品的制造	8342	2345	1627	17595	17379
卫生材料及医药用品制造	6601	1533	1263	38110	37989
卫生材料及医药用品制造	6601	1533	1263	38110	37989
化学纤维制造业	6522	10293	5508	147755	146535
纤维素纤维原料及纤维制造	2359	140	470	14745	14677
化纤浆粕制造			72	2755	2751
人造纤维（纤维素纤维）制造	2359	140	398	11990	11927
合成纤维制造	4162	10153	5038	133010	131858
锦纶纤维制造			257	7618	7422
涤纶纤维制造		4205	1668	42422	42097
腈纶纤维制造			148	1461	1461
维纶纤维制造			128	1528	1526
其他合成纤维制造	4162	5949	2838	79981	79352
橡胶制品业	1855	8819	12383	499357	498582
轮胎制造	377	510	730	16626	16606
车辆、飞机及工程机械轮胎制造		490	365	6438	6438

1－A－9 续表4－10

单位：个、人、万元

指标名称			本年折旧	营业收入	主营业务收入
	港澳台资本	外商资本			
力车胎制造			91	3297	3297
轮胎翻新加工	377	20	274	6890	6870
橡胶板、管、带的制造	14	995	2751	110911	110814
橡胶板、管、带的制造	14	995	2751	110911	110814
橡胶零件制造		213	4325	197977	197648
橡胶零件制造		213	4325	197977	197648
再生橡胶制造		2	359	9787	9701
再生橡胶制造		2	359	9787	9701
日用及医用橡胶制品制造	1130	4548	818	33102	32959
日用及医用橡胶制品制造	1130	4548	818	33102	32959
橡胶靴鞋制造	282	1711	1404	67608	67549
橡胶靴鞋制造	282	1711	1404	67608	67549
其他橡胶制品制造	52	841	1997	63348	63306
其他橡胶制品制造	52	841	1997	63348	63306
塑料制品业	63212	48798	89066	3273961	3265072
塑料薄膜制造	11715	3234	4695	181502	180777
塑料薄膜制造	11715	3234	4695	181502	180777
塑料板、管、型材的制造	9858	5037	12674	418088	416366
塑料板、管、型材的制造	9858	5037	12674	418088	416366
塑料丝、绳及编织品的制造	2902	367	7491	319907	318764
塑料丝、绳及编织品的制造	2902	367	7491	319907	318764
泡沫塑料制造	1013	7944	3315	143793	143425
泡沫塑料制造	1013	7944	3315	143793	143425
塑料人造革、合成革制造	2134	173	1243	27850	27833
塑料人造革、合成革制造	2134	173	1243	27850	27833
塑料包装箱及容器制造	2215	1583	8411	313106	312461
塑料包装箱及容器制造	2215	1583	8411	313106	312461
塑料零件制造	8707	10506	23213	855835	854193
塑料零件制造	8707	10506	23213	855835	854193
日用塑料制造	9694	8873	15657	579718	578395
塑料鞋制造		782	1803	95233	95181
日用塑料杂品制造	9694	8091	13854	484486	483214
其他塑料制品制造	14974	11081	12366	434162	432859
其他塑料制品制造	14974	11081	12366	434162	432859
非金属矿物制品业	39126	16010	61132	1830424	1825265
水泥、石灰和石膏的制造		792	3173	94412	94161
水泥制造			1144	16559	16406
石灰和石膏制造		792	2030	77854	77756
水泥及石膏制品制造	6384	2735	14248	353456	352174

1－A－9 续表4－11

单位：个、人、万元

指 标 名 称			本年折旧	营业收入	
	港澳台资本	外商资本			主营业务收入
水泥制品制造		2470	10614	252276	251344
砼结构构件制造	58		2063	73447	73383
石棉水泥制品制造			13	741	741
轻质建筑材料制造	6326	251	1474	23509	23225
其他水泥制品制造		14	84	3482	3482
砖瓦、石材及其他建筑材料制造	23622	1877	25945	766533	764408
粘土砖瓦及建筑砌块制造	1635	898	15380	431746	430475
建筑陶瓷制品制造	21411	401	1499	29718	29601
建筑用石加工	108	105	5023	165808	165475
防水建筑材料制造		1	834	18264	18187
隔热和隔音材料制造	386	163	1223	38596	38276
其他建筑材料制造	83	310	1986	82401	82394
玻璃及玻璃制品制造	4725	6470	8024	274126	273143
平板玻璃制造			121	6230	6163
技术玻璃制品制造	24	918	1762	44747	44649
光学玻璃制造		656	569	9836	9805
玻璃仪器制造		238	142	6282	6281
日用玻璃制品及玻璃包装容器制造	4245	476	2719	99365	99042
玻璃保温容器制造			165	5855	5854
玻璃纤维及制品制造	456	290	1025	34790	34695
玻璃纤维增强塑料制品制造		3892	664	40858	40494
其他玻璃制品制造		...	858	26163	26161
陶瓷制品制造	2416	256	2986	105011	104971
卫生陶瓷制品制造	2135	173	1622	71288	71265
特种陶瓷制品制造	281	83	707	10547	10535
日用陶瓷制品制造			521	18765	18760
园林、陈设艺术及其他陶瓷制品制造			136	4410	4410
耐火材料制品制造	654		3250	146789	146372
石棉制品制造	41		752	32050	31839
云母制品制造			212	4214	4206
耐火陶瓷制品及其他耐火材料制造	613		2286	110525	110328
石墨及其他非金属矿物制品制造	1324	3881	3506	90098	90035
石墨及碳素制品制造		50	380	12264	12263
其他非金属矿物制品制造	1324	3831	3126	77834	77773
黑色金属冶炼及压延加工业	8419	114	9448	354435	352766
炼 铁			179	7919	7853
炼 铁			179	7919	7853
炼 钢			51	2160	2156
炼 钢			51	2160	2156

1－A－9 续表 4－12

单位：个、人、万元

指 标 名 称			本年折旧	营业收入	主营业务收入
	港澳台资本	外商资本			
钢压延加工	8419	114	9105	341246	339655
钢压延加工	8419	114	9105	341246	339655
铁合金冶炼			113	3109	3102
铁合金冶炼			113	3109	3102
有色金属冶炼及压延加工业	16621	5733	10547	458589	456472
常用有色金属冶炼	90	581	1165	46791	46759
铜冶炼			488	16201	16195
铅锌冶炼			98	3807	3807
镍钴冶炼	90		71	3664	3640
锡冶炼			14	2186	2186
铝冶炼		581	428	18304	18303
镁冶炼			33	589	589
其他常用有色金属冶炼			32	2041	2040
贵金属冶炼			89	5199	5182
金冶炼			6	256	256
银冶炼			66	3035	3018
其他贵金属冶炼			17	1909	1909
稀有稀土金属冶炼			415	4431	4431
钨钼冶炼			32	1145	1145
稀土金属冶炼			305	2782	2782
其他稀有金属冶炼			78	504	504
有色金属合金制造	53	320	729	28932	28840
有色金属合金制造	53	320	729	28932	28840
有色金属压延加工	16478	4831	8151	373236	371261
常用有色金属压延加工	15992	3972	7774	355969	354074
贵金属压延加工		860	76	9139	9119
稀有稀土金属压延加工	486		301	8127	8068
金属制品业	51122	64179	82527	3002831	2985173
结构性金属制品制造	15046	12025	16872	575909	572321
金属结构制造	13567	9801	9119	293247	291373
金属门窗制造	1479	2224	7753	282662	280948
金属工具制造	11070	7943	15444	536840	534276
切削工具制造	3571	3996	3826	99042	98504
手工具制造	6473	2754	6120	243818	243015
农用及园林用金属工具制造	872	72	1592	53428	53392
刀剪及类似日用金属工具制造		386	1679	54176	53248
其他金属工具制造	155	735	2228	86376	86118
集装箱及金属包装容器制造	752	11106	2865	90502	89871
集装箱制造			35	1598	1598

1-A-9 续表4-13

单位：个、人、万元

指标名称	港澳台资本	外商资本	本年折旧	营业收入	主营业务收入
金属压力容器制造		3427	898	16511	16419
金属包装容器制造	752	7679	1932	72393	71855
金属丝绳及其制品的制造	3949	377	4313	168058	166410
金属丝绳及其制品的制造	3949	377	4313	168058	166410
建筑、安全用金属制品制造	9818	17923	15813	664215	661287
建筑、家具用金属配件制造	2918	11453	7109	307223	305131
建筑装饰及水暖管道零件制造	2466	3448	6432	282473	281874
安全、消防用金属制品制造	199	58	1252	39800	39604
其他建筑、安全用金属制品制造	4235	2964	1020	34719	34678
金属表面处理及热处理加工	2035	6934	13231	408150	406927
金属表面处理及热处理加工	2035	6934	13231	408150	406927
搪瓷制品制造		90	624	32653	32640
工业生产配套用搪瓷制品制造			83	3349	3347
搪瓷卫生洁具制造		90	265	17931	17927
搪瓷日用品及其他搪瓷制品制造			276	11373	11366
不锈钢及类似日用金属制品制造	8161	5225	9254	355180	351098
金属制厨房调理及卫生器具制造	3736	2540	1961	75490	75246
金属制厨用器皿及餐具制造	1161	1719	3516	143715	140111
其他日用金属制品制造	3264	967	3777	135975	135741
其他金属制品制造	290	2555	4112	171326	170342
铸币及贵金属制实验室用品制造			9	621	621
其他未列明的金属制品制造	290	2555	4103	170705	169721
通用设备制造业	91268	148922	157197	5802218	5775527
锅炉及原动机制造	7024	3789	3190	93527	93126
锅炉及辅助设备制造	521	50	1121	34736	34553
内燃机及配件制造	6503	1939	1441	43571	43412
汽轮机及辅机制造			74	2738	2738
水轮机及辅机制造		1800	399	10264	10241
其他原动机制造			155	2218	2183
金属加工机械制造	24241	11064	14002	445376	443715
金属切削机床制造	4982	3177	3515	78881	78536
金属成形机床制造	5267	1063	2667	50088	49626
铸造机械制造	477	924	1015	40611	40324
金属切割及焊接设备制造	1684	3487	1574	65180	64880
机床附件制造	1497	2060	2013	59489	59354
其他金属加工机械制造	10335	354	3218	151127	150995
起重运输设备制造	9129	898	3657	136297	135491
起重运输设备制造	9129	898	3657	136297	135491

1－A－9 续表4－14

单位：个、人、万元

指标名称	港澳台资本	外商资本	本年折旧	营业收入	主营业务收入
泵、阀门、压缩机及类似机械的制造	7620	33112	31101	1236927	1232853
泵及真空设备制造	278	11729	7724	266432	265638
气体压缩机械制造	320	187	1223	58476	58071
阀门和旋塞的制造	5280	13853	16896	732127	729821
液压和气压动力机械及元件制造	1742	7343	5259	179891	179324
轴承、齿轮、传动和驱动部件的制造	13545	21163	24679	741991	739118
轴承制造	12863	12081	16435	521108	519227
齿轮、传动和驱动部件制造	682	9083	8244	220883	219892
烘炉、熔炉及电炉制造	530	3124	836	39381	39328
烘炉、熔炉及电炉制造	530	3124	836	39381	39328
风机、衡器、包装设备等通用设备制造	14365	33155	19654	623609	616685
风机、风扇制造	20	485	3750	95979	95817
气体、液体分离及纯净设备制造	485	13002	1550	50268	49779
制冷、空调设备制造	8998	10066	3526	116196	111730
风动和电动工具制造	4129	7479	5638	187832	186927
喷枪及类似器具制造		291	1172	39836	39704
包装专用设备制造	30	1103	1488	53954	53605
衡器制造	269	273	698	22322	22260
其他通用设备制造	435	457	1832	57224	56864
通用零部件制造及机械修理	12619	41562	44974	1840620	1833859
金属密封件制造	100	6747	3144	98763	98025
紧固件、弹簧制造	7342	16490	21357	978609	975491
机械零部件加工及设备修理	4502	11762	15411	557898	555661
其他通用零部件制造	675	6562	5062	205350	204682
金属铸、锻加工	2196	1055	15105	644491	641351
钢铁铸件制造	1423	561	9522	441699	439142
锻件及粉末冶金制品制造	774	494	5583	202792	202209
专用设备制造业	46511	81879	65572	1904781	1890387
矿山、冶金、建筑专用设备制造	3112	2120	4038	127362	126782
采矿、采石设备制造	687	760	1466	44601	44487
石油钻采专用设备制造			100	2640	2639
建筑工程用机械制造	1566	1359	1102	28766	28666
建筑材料生产专用机械制造	860	1	913	28809	28588
冶金专用设备制造			457	22546	22402
化工、木材、非金属加工专用设备制造	30123	25148	25206	694811	689843
炼油、化工生产专用设备制造	300	7	757	25324	25106
橡胶加工专用设备制造		93	177	7804	7773
塑料加工专用设备制造	3800	706	5835	186444	184649

1－A－9　续表4－15　　　　单位：个、人、万元

指标名称	港澳台资本	外商资本	本年折旧	营业收入	主营业务收入
木材加工机械制造	2493		432	9816	9757
模具制造	23530	18382	17769	456788	454008
其他非金属加工专用设备制造		5961	236	8635	8551
食品、饮料、烟草及饲料生产专用设备制造	276	985	1861	74793	74440
食品、饮料、烟草工业专用设备制造	276	572	1472	55643	55443
农副食品加工专用设备制造		413	347	17784	17630
饲料生产专用设备制造			43	1366	1366
印刷、制药、日化生产专用设备制造	237	5763	4403	125011	124628
制浆和造纸专用设备制造	87	2370	1114	19392	19347
印刷专用设备制造	150	3130	1911	58135	57944
日用化工专用设备制造		260	194	9263	9258
制药专用设备制造		1	492	16288	16183
照明器具生产专用设备制造			182	5967	5960
玻璃、陶瓷和搪瓷制品生产专用设备制造			130	3055	3055
其他日用品生产专用设备制造		2	381	12910	12882
纺织、服装和皮革工业专用设备制造	8262	9587	15056	419047	416228
纺织专用设备制造	5366	7969	8879	237927	236138
皮革、毛皮及其制品加工专用设备制造	198	120	374	11733	11621
缝纫机械制造	2698	1170	5127	149815	148918
其他服装加工专用设备制造		328	676	19572	19552
电子和电工机械专用设备制造	1131	16397	3489	75356	74342
电工机械专用设备制造	123	10192	1674	26241	25888
电子工业专用设备制造	1008	6205	1804	47419	46758
武器弹药制造			5	1267	1267
航空、航天及其他专用设备制造			7	429	429
农、林、牧、渔专用机械制造	29	6397	2792	95907	95527
拖拉机制造		202	92	6446	6446
机械化农业及园艺机具制造		5884	1067	36302	36279
营林及木竹采伐机械制造			11	540	540
畜牧机械制造			57	3162	3150
渔业机械制造		261	187	3438	3382
农林牧渔机械配件制造	29	50	916	31255	31132
其他农林牧渔业机械制造及机械修理			463	14764	14598
医疗仪器设备及器械制造	283	8320	3298	92188	89970
医疗诊断、监护及治疗设备制造		607	599	16456	16339
口腔科用设备及器具制造		17	162	4794	4794
实验室及医用消毒设备和器具的制造			201	5081	5063
医疗、外科及兽医用器械制造	283	7551	1145	31320	31140

1－A－9 续表4－16

单位：个、人、万元

指 标 名 称	港澳台资本	外商资本	本年折旧	营业收入	主营业务收入
机械治疗及病房护理设备制造		58	176	7517	7497
假肢、人工器官及植（介）入器械制造			240	6073	4285
其他医疗设备及器械制造		88	774	20947	20851
环保、社会公共安全及其他专用设备制造	3059	7163	5429	200308	198627
环境污染防治专用设备制造	2765	2474	2659	98162	97070
地质勘查专用设备制造	170	1910	81	1912	1912
邮政专用机械及器材制造			62	2728	2686
商业、饮食、服务业专用设备制造			122	5445	5445
社会公共安全设备及器材制造	124	34	1482	53289	53061
交通安全及管制专用设备制造			233	8284	8258
水资源专用机械制造		444	190	7745	7718
其他专用设备制造		2301	601	22743	22477
交通运输设备制造业	49526	72495	70495	2489635	2473471
铁路运输设备制造			364	16671	16667
铁路机车车辆及动车组制造			1	103	103
工矿有轨专用车辆制造			2	328	328
铁路机车车辆配件制造			91	4974	4974
铁路专用设备及器材、配件制造			194	8132	8128
其他铁路设备制造及设备修理			77	3135	3135
汽车制造	36389	47361	47811	1718870	1712179
汽车整车制造		42	121	2996	2987
改装汽车制造			30	1453	1453
电车制造			16	1244	1243
汽车车身、挂车的制造			541	4534	4534
汽车零部件及配件制造	36289	46587	42764	1553330	1547700
汽车修理	100	732	4340	155312	154263
摩托车制造	1815	1023	5840	224414	223639
摩托车整车制造			301	7815	7815
摩托车零部件及配件制造	1815	1023	5539	216599	215824
自行车制造	11172	14339	6338	223569	222984
脚踏自行车及残疾人座车制造	3312	13275	3519	113956	113478
助动自行车制造	7860	1064	2820	109613	109506
船舶及浮动装置制造	149	4339	8922	267026	259157
金属船舶制造		502	4956	66949	60184
非金属船舶制造			112	3610	3593
娱乐船和运动船的建造和修理		2701	160	6286	6275
船用配套设备制造	100	565	1437	64742	63911
船舶修理及拆船	49	571	2239	124569	124325

1－A－9　续表4－17

单位：个、人、万元

指　标　名　称	港澳台资本	外商资本	本年折旧	营业收入	主营业务收　入
航标器材及其他浮动装置的制造			17	870	870
航空航天器制造		375	184	1598	1598
飞机制造及修理		375	158	845	845
航天器制造			1	159	159
其他飞行器制造			24	594	594
交通器材及其他交通运输设备制造		5059	1037	37488	37247
潜水及水下救捞装备制造			7	215	215
交通管理用金属标志及设施制造		5	573	25788	25761
其他交通运输设备制造		5054	458	11484	11271
电气机械及器材制造业	60454	105874	103235	3579096	3563907
电机制造	8205	4982	10514	404166	402511
发电机及发电机组制造	263	988	1566	58095	57774
电动机制造	3810	1814	4910	206346	205729
微电机及其他电机制造	4133	2180	4038	139725	139008
输配电及控制设备制造	17569	21173	35551	1236496	1232166
变压器、整流器和电感器制造	1080	3557	4173	152784	152043
电容器及其配套设备制造	400	21	1262	43416	43237
配电开关控制设备制造	1334	4780	15567	569946	568157
电力电子元器件制造	14340	9682	12682	393213	391674
其他输配电及控制设备制造	414	3133	1867	77137	77056
电线、电缆、光缆及电工器材制造	2746	7764	10244	402807	401938
电线电缆制造	2596	5971	6927	296215	295716
光纤、光缆制造	150	813	134	5953	5953
绝缘制品制造		973	1281	50728	50590
其他电工器材制造		7	1901	49911	49680
电池制造	8147	17075	3031	82000	81550
电池制造	8147	17075	3031	82000	81550
家用电力器具制造	12069	10669	20600	596475	593419
家用制冷电器具制造	457	2063	1118	30489	30473
家用空气调节器制造	2517	262	923	19703	19659
家用通风电器具制造	816		1840	53883	53527
家用厨房电器具制造	3783	5085	5160	135028	133975
家用清洁卫生电器具制造	110	807	2427	48166	47621
家用美容、保健电器具制造	983	1196	1467	46571	46469
家用电力器具专用配件制造	758	848	3447	146215	145796
其他家用电力器具制造	2644	408	4217	116420	115899
非电力家用器具制造	599	7792	3066	105674	102807
燃气、太阳能及类似能源的器具制造	599	7792	2727	94989	92185

1－A－9 续表4－18

单位：个、人、万元

指 标 名 称			本年折旧	营业收入	
	港澳台资本	外商资本			主营业务收入
其他非电力家用器具制造			339	10686	10622
照明器具制造	10235	31137	17963	675757	674164
电光源制造	416	7460	5986	214921	214274
照明灯具制造	8725	12355	8220	305098	304574
灯用电器附件及其他照明器具制造	1094	11323	3758	155738	155316
其他电气机械及器材制造	885	5282	2267	75722	75352
车辆专用照明及电气信号设备装置制造	885	5282	1358	42553	42247
其他未列明的电气机械制造			908	33168	33105
通信设备、计算机及其他电子设备制造业	72698	140301	35301	932574	920023
通信设备制造	4032	47987	4135	101289	98432
通信传输设备制造	73	10872	1548	30581	29977
通信交换设备制造	50	355	775	24134	23590
通信终端设备制造	64		437	9485	9355
移动通信及终端设备制造		36636	475	11187	9669
其他通信设备制造	3845	125	901	25902	25841
广播电视设备制造	2225	2613	1741	65089	64607
广播电视节目制作及发射设备制造	2004	740	268	2344	2338
广播电视接收设备及器材制造	221	1873	1303	57028	56575
应用电视设备及其他广播电视设备制造			170	5718	5694
电子计算机制造	12458	4692	2025	36648	36426
电子计算机整机制造	3463	414	211	1291	1291
计算机网络设备制造	4467	1250	425	10013	9978
电子计算机外部设备制造	4528	3028	1389	25345	25158
电子器件制造	20038	49812	8528	114461	109873
电子真空器件制造		341	428	7598	7167
半导体分立器件制造	17577	6793	1467	30718	30687
集成电路制造	237	4879	350	13235	9464
光电子器件及其他电子器件制造	2225	37799	6284	62910	62556
电子元件制造	28843	20503	15242	504898	501759
电子元件及组件制造	10080	20037	14078	463003	460584
印制电路板制造	18763	466	1164	41895	41176
家用视听设备制造	4350	10341	2573	79624	79264
家用影视设备制造	3248	545	617	12622	12596
家用音响设备制造	1102	9796	1956	67002	66668
其他电子设备制造	753	4354	1056	30564	29661
其他电子设备制造	753	4354	1056	30564	29661
仪器仪表及文化、办公用机械制造业	12098	34684	21124	772411	768314
通用仪器仪表制造	5115	3130	9723	336342	333960

1－A－9 续表4－19

单位：个、人、万元

指 标 名 称			本年折旧	营业收入	主营业务收入
	港澳台资本	外商资本			
工业自动控制系统装置制造	885	120	1680	63750	63034
电工仪器仪表制造	3547	278	3146	118592	118304
绘图、计算及测量仪器制造	521	92	1036	32237	32022
实验分析仪器制造		585	1350	44789	44341
试验机制造		55	172	5555	5236
供应用仪表及其他通用仪器制造	162	1999	2340	71418	71023
专用仪器仪表制造	2929	3311	3810	90732	90317
环境监测专用仪器仪表制造			154	3943	3893
汽车及其他用计数仪表制造	140	1246	809	24810	24673
导航、气象及海洋专用仪器制造	280		65	4716	4716
农林牧渔专用仪器仪表制造			34	1362	1362
地质勘探和地震专用仪器制造		152	59	2486	2468
教学专用仪器制造	360	1861	1126	26089	26066
核子及核辐射测量仪器制造			28	1025	1025
电子测量仪器制造	441	50	1128	14181	14034
其他专用仪器制造	1708	2	406	12121	12081
钟表与计时仪器制造	286	12347	1045	33864	33657
钟表与计时仪器制造	286	12347	1045	33864	33657
光学仪器及眼镜制造	1351	14965	4374	232815	232170
光学仪器制造	868	108	783	23067	22847
眼镜制造	483	14857	3591	209748	209323
文化、办公用机械制造	2357	932	1619	61111	60862
电影机械制造			58	2135	2078
幻灯及投影设备制造	159		131	3194	3125
照相机及器材制造	1143	185	207	9917	9841
复印和胶印设备制造			118	2381	2375
计算器及货币专用设备制造		7	472	18970	18942
其他文化、办公用机械制造	1055	740	633	24514	24502
其他仪器仪表的制造及修理	60		553	17547	17347
其他仪器仪表的制造及修理	60		553	17547	17347
工艺品及其他制造业	45704	24637	47148	1820178	1816727
工艺美术品制造	42441	23093	35799	1278117	1275455
雕塑工艺品制造	6555	2294	5979	300899	300555
金属工艺品制造	1630	3232	6542	276563	276300
漆器工艺品制造	1696		1025	33791	33495
花画工艺品制造	50	435	888	33901	33853
天然植物纤维编织工艺品制造	1882	1517	1005	38639	38509
抽纱刺绣工艺品制造	10738	10052	12879	324385	323596

1－A－9 续表4－20

单位：个、人、万元

指标名称	港澳台资本	外商资本	本年折旧	营业收入	主营业务收入
地毯、挂毯制造	170	121	712	27955	27767
珠宝首饰及有关物品的制造	13840	2267	2169	46291	45993
其他工艺美术品制造	5880	3176	4601	195692	195388
日用杂品制造	2558	1494	10785	520641	519961
制镜及类似品加工	248		895	33068	33047
鬃毛加工、制刷及清扫工具的制造	69	50	697	35901	35880
其他日用杂品制造	2240	1443	9192	451672	451035
煤制品制造		50	130	7427	7427
煤制品制造		50	130	7427	7427
核辐射加工			24	98	98
核辐射加工			24	98	98
其他未列明的制造业	705		410	13896	13786
其他未列明的制造业	705		410	13896	13786
废弃资源和废旧材料回收加工业	10	2804	2983	166690	164773
金属废料和碎屑的加工处理	10	1886	1056	74097	73114
金属废料和碎屑的加工处理	10	1886	1056	74097	73114
非金属废料和碎屑的加工处理		918	1927	92593	91660
非金属废料和碎屑的加工处理		918	1927	92593	91660
电力、燃气及水的生产和供应业	**25428**	**41935**	**94427**	**566249**	**555805**
电力、热力的生产和供应业	7949	5540	51909	281824	280277
电力生产	5399	5540	50220	250338	249434
火力发电	3488		15029	41264	41044
水力发电	50	5540	33200	203683	203085
其他能源发电	1861		1992	5390	5305
电力供应			411	11904	11408
电力供应			411	11904	11408
热力生产和供应	2550		1277	19582	19435
热力生产和供应	2550		1277	19582	19435
燃气生产和供应业	10745	18158	2860	55610	53744
燃气生产和供应业	10745	18158	2860	55610	53744
燃气生产和供应业	10745	18158	2860	55610	53744
水的生产和供应业	6734	18237	39658	228815	221784
自来水的生产和供应	6664	1257	15808	140619	134118
自来水的生产和供应	6664	1257	15808	140619	134118
污水处理及其再生利用	70	16980	19996	56237	55729
污水处理及其再生利用	70	16980	19996	56237	55729
其他水的处理、利用与分配			3854	31959	31937
其他水的处理、利用与分配			3854	31959	31937

1-A-9 续表5-1

单位：个、人、万元

指标名称	营业成本	主营业务成本	营业税金及附加	主营业务税金及附加	主营业务利润
总 计	**37286655**	**37104799**	**434938**	**423337**	**6085823**
一、按轻重工业分					
轻工业	17833145	17745944	201306	196707	2750281
重工业	19453509	19358855	233633	226630	3335542
二、按登记注册类型分					
内 资	**35888665**	**35747457**	**424653**	**413407**	**5847056**
国 有	101283	97316	1579	1516	24197
集 体	433876	430472	7253	6940	71729
股份合作企业	1039585	1034936	11773	10960	184195
联营企业	11628	11459	205	204	2519
国有联营	1411	1411	9	9	272
集体联营	9759	9618	194	193	2223
国有与集体联营	268	240	2	2	12
其他联营	190	190	1	1	12
有限责任公司	1430409	1424104	15287	13669	257128
国有独资公司	18458	18453	148	148	3796
其他有限责任公司	1411951	1405651	15139	13521	253331
股份有限公司	166951	166567	2422	2139	28423
私营企业	32582022	32459933	384205	376193	5256393
私营独资	12730117	12709309	158483	154858	2061340
私营合伙	2451223	2446852	31700	30568	433235
私营有限责任公司	17093593	16998143	189686	186625	2705545
私营股份有限公司	307089	305628	4336	4143	56273
其 他	122911	122672	1929	1786	22473
港澳台商投资	**601503**	**595809**	**4473**	**4290**	**111967**
与港澳台商合资经营	320631	317237	2372	2267	68656
与港澳台商合作经营	5739	5602	29	28	1768
港澳台商独资	249970	247890	1850	1773	36583
港澳台商投资股份有限公司	25164	25081	222	222	4960
外商投资	**796486**	**761532**	**5812**	**5640**	**126800**
中外合资经营	361899	358036	2884	2830	67100
中外合作经营	12045	11990	143	143	2368
外资企业	408382	377503	2637	2518	55151
外商投资股份有限公司	14161	14004	149	149	2181
三、按控股情况分					
国有控股	189951	185577	2891	2754	47004
集体控股	680494	676374	10379	9997	116330
私人控股	35261454	35124252	412731	402010	5721779
港澳台商控股	493027	489379	3715	3553	93458

1－A－9 续表5－2

单位：个、人、万元

指 标 名 称	营业成本	主营业务成本	营业税金及附加	主营业务税金及附加	主营业务利润
外商控股	576646	544683	4245	4091	88262
其　他	85083	84534	977	933	18991
四、按国民经济行业(门类、大类、中类、小类)分					
采矿业	**402937**	**402147**	**11090**	**11038**	**65550**
煤炭开采和洗选业	2430	2430	48	48	458
其他煤炭采选	2430	2430	48	48	458
其他煤炭采选	2430	2430	48	48	458
黑色金属矿采选业	1057	1057	63	63	278
铁矿采选	959	959	63	63	244
铁矿采选	959	959	63	63	244
其他黑色金属矿采选	98	98	...	...	34
其他黑色金属矿采选	98	98	...	...	34
有色金属矿采选业	11263	11259	265	254	1967
常用有色金属矿采选	7161	7158	221	211	1576
铜矿采选	1405	1402	47	47	411
铅锌矿采选	5242	5242	149	149	1093
锑矿采选	361	361	4	4	56
铝矿采选	153	153	22	11	16
贵金属矿采选	377	377	4	4	176
金矿采选	203	203	...	...	22
其他贵金属矿采选	174	174	4	4	154
稀有稀土金属矿采选	3725	3725	39	39	215
钨钼矿采选	3725	3725	39	39	215
非金属矿采选业	387534	386748	10696	10655	62730
土砂石开采	363966	363224	10227	10195	58584
石灰石、石膏开采	32478	32478	1436	1436	6593
建筑装饰用石开采	172001	171853	2991	2980	20686
耐火土石开采	19508	19508	427	427	3787
粘土及其他土砂石开采	139979	139385	5374	5353	27517
化学矿采选	1975	1975	67	60	213
化学矿采选	1975	1975	67	60	213
采　盐	4945	4907	42	41	717
采　盐	4945	4907	42	41	717
石棉及其他非金属矿采选	16648	16643	360	359	3217
石棉、云母矿采选	176	176	12	12	26
石墨、滑石采选	409	409	5	5	56
宝石、玉石开采	148	148	2	2	53
其他非金属矿采选	15915	15910	340	340	3081
其他采矿业	653	653	19	19	117

1-A-9 续表5-3

单位：个、人、万元

指 标 名 称	营业成本	主营业务成 本	营业税金及附加	主营业务税金及附加	主营业务利 润
其他采矿业	653	653	19	19	117
其他采矿业	653	653	19	19	117
制造业	**36472717**	**36296637**	**414551**	**403242**	**5879002**
农副食品加工业	698849	673420	7616	7088	102257
谷物磨制	51840	51178	447	446	4565
谷物磨制	51840	51178	447	446	4565
饲料加工	76463	76278	605	579	8870
饲料加工	76463	76278	605	579	8870
植物油加工	42223	19317	168	168	2788
食用植物油加工	40098	17192	122	122	2396
非食用植物油加工	2125	2125	46	46	392
制 糖	1283	1283	14	14	82
制 糖	1283	1283	14	14	82
屠宰及肉类加工	103552	103286	1151	1099	16105
畜禽屠宰	37824	37723	394	362	6243
肉制品及副产品加工	65727	65563	756	737	9862
水产品加工	180803	179775	2241	1826	32362
水产品冷冻加工	134981	134288	1574	1299	23681
鱼糜制品及水产品干腌制加工	21580	21246	312	279	4244
水产饲料制造	20171	20171	272	165	3281
鱼油提取及制品的制造	1125	1125	4	4	353
其他水产品加工	2946	2946	79	79	803
蔬菜、水果和坚果加工	186152	185944	2189	2170	29550
蔬菜、水果和坚果加工	186152	185944	2189	2170	29550
其他农副食品加工	56533	56359	802	786	7936
淀粉及淀粉制品的制造	10441	10373	193	192	1635
豆制品制造	21318	21211	338	326	3320
蛋品加工	8353	8353	97	96	1097
其他未列明的农副食品加工	16422	16422	175	172	1883
食品制造业	240257	236962	2694	2627	43243
焙烤食品制造	51766	51422	687	666	8594
糕点、面包制造	37369	37025	532	514	6810
饼干及其他焙烤食品制造	14397	14397	156	152	1783
糖果、巧克力及蜜饯制造	26891	26145	208	198	3063
糖果、巧克力制造	10277	9578	101	101	1115
蜜饯制作	16614	16567	108	98	1949
方便食品制造	36890	36572	466	449	8091
米、面制品制造	21595	21280	309	293	4065
速冻食品制造	5412	5409	53	53	711

1－A－9 续表5－4

单位：个、人、万元

指 标 名 称	营业成本	主营业务成本	营业税金及附加	主营业务税金及附加	主营业务利润
方便面及其他方便食品制造	9883	9883	103	103	3315
液体乳及乳制品制造	4813	4813	94	94	532
液体乳及乳制品制造	4813	4813	94	94	532
罐头制造	33841	32546	263	263	5873
肉、禽类罐头制造	1519	1512	8	8	236
水产品罐头制造	879	879	2	2	92
蔬菜、水果罐头制造	31060	29772	250	250	5491
其他罐头食品制造	383	383	2	2	54
调味品、发酵制品制造	29888	29670	312	300	5414
味精制造	4087	4087	35	35	664
酱油、食醋及类似制品的制造	13841	13781	159	148	2609
其他调味品、发酵制品制造	11959	11802	118	117	2141
其他食品制造	56169	55795	663	656	11676
营养、保健食品制造	18024	17900	226	224	4453
冷冻饮品及食用冰制造	8680	8469	101	97	1800
盐加工	254	254	2	2	41
食品及饲料添加剂制造	21521	21486	260	258	4063
其他未列明的食品制造	7690	7686	76	76	1320
饮料制造业	311595	309748	6088	6014	59924
酒精制造	454	454	3	3	126
酒精制造	454	454	3	3	126
酒的制造	73276	73152	2913	2896	15352
白酒制造	19561	19506	739	725	4325
啤酒制造	1179	1179	30	30	273
黄酒制造	41462	41393	1902	1899	8309
葡萄酒制造	2017	2017	62	62	491
其他酒制造	9057	9057	181	181	1953
软饮料制造	76088	75716	1137	1122	16881
碳酸饮料制造	2354	2353	38	38	278
瓶（罐）装饮用水制造	55405	55130	894	881	13190
果菜汁及果菜汁饮料制造	5843	5748	55	52	1153
含乳饮料和植物蛋白饮料制造	3465	3465	57	57	808
固体饮料制造	6537	6536	55	55	1040
茶饮料及其他软饮料制造	2484	2484	38	38	413
精制茶加工	161777	160426	2036	1994	27565
精制茶加工	161777	160426	2036	1994	27565
烟草制品业	180	180	2	2	118
烟叶复烤	180	180	2	2	118
烟叶复烤	180	180	2	2	118

1－A－9 续表5－5

单位：个、人、万元

指标名称	营业成本	主营业务成本	营业税金及附加	主营业务税金及附加	主营业务利润
纺织业	4188419	4175456	42771	42185	537924
棉、化纤纺织及印染精加工	1561284	1557104	16168	15970	182356
棉、化纤纺织加工	1401906	1398904	14402	14220	154402
棉、化纤印染精加工	159378	158201	1766	1750	27953
毛纺织和染整精加工	110643	109541	931	930	14717
毛条加工	10432	10432	118	118	1970
毛纺织	82064	80986	661	660	9945
毛染整精加工	18147	18123	153	152	2803
麻纺织	4981	4959	48	48	687
麻纺织	4981	4959	48	48	687
丝绢纺织及精加工	328899	327658	2656	2650	34118
缫丝加工	28880	28789	235	234	1835
绢纺和丝织加工	282324	281275	2254	2249	30981
丝印染精加工	17696	17594	168	167	1302
纺织制成品制造	858053	855916	8339	8251	120444
棉及化纤制品制造	311831	310690	2954	2931	41521
毛制品制造	26351	26292	252	241	3760
麻制品制造	4522	4522	45	45	841
丝制品制造	85501	85041	626	620	14712
绳、索、缆的制造	44119	44118	625	625	5580
纺织带和帘子布制造	129126	128911	1489	1465	17552
无纺布制造	118436	118313	1055	1055	16760
其他纺织制成品制造	138167	138029	1293	1270	19720
针织品、编织品及其制品制造	1324559	1320278	14629	14336	185602
棉、化纤针织品及编织品制造	925814	922057	10399	10204	127813
毛针织品及编织品制造	230144	229700	2483	2474	34001
丝针织品及编织品制造	45409	45349	550	482	6639
其他针织品及编织品制造	123192	123173	1197	1175	17149
纺织服装、鞋、帽制造业	1777813	1770349	20072	19725	266242
纺织服装制造	1661293	1653981	18464	18157	248304
纺织服装制造	1661293	1653981	18464	18157	248304
纺织面料鞋的制造	73374	73225	1081	1046	10921
纺织面料鞋的制造	73374	73225	1081	1046	10921
制 帽	43146	43144	527	522	7017
制 帽	43146	43144	527	522	7017
皮革、毛皮、羽毛(绒)及其制品业	1141544	1139318	12887	12141	191146
皮革鞣制加工	76846	76691	1042	1026	10737
皮革鞣制加工	76846	76691	1042	1026	10737
皮革制品制造	906009	904161	10537	9810	147948

1－A－9 续表5－6

单位：个、人、万元

指标名称	营业成本	主营业务成本	营业税金及附加	主营业务税金及附加	主营业务利润
皮鞋制造	478473	478230	5326	5289	83866
皮革服装制造	88701	88147	643	637	15212
皮箱、包(袋)制造	249733	249414	2755	2645	32924
皮手套及皮装饰制品制造	61207	60690	1275	852	11193
其他皮革制品制造	27896	27680	538	388	4754
毛皮鞣制及制品加工	117114	117063	851	850	26283
毛皮鞣制加工	3967	3965	74	74	692
毛皮服装加工	28689	28650	198	198	5398
其他毛皮制品加工	84457	84449	579	578	20194
羽毛(绒)加工及制品制造	41575	41404	456	455	6178
羽毛(绒)加工	18968	18908	196	196	3264
羽毛(绒)制品加工	22607	22496	260	259	2914
木材加工及木、竹、藤、棕、草制品业	640992	639729	9013	8863	97949
锯材、木片加工	84271	84133	1509	1483	12097
锯材加工	49313	49198	944	923	8034
木片加工	34958	34935	565	560	4062
人造板制造	158271	158104	1819	1799	23364
胶合板制造	102732	102578	1057	1051	15833
纤维板制造	2998	2998	54	54	447
刨花板制造	4504	4503	36	36	699
其他人造板、材制造	48038	48025	671	659	6386
木制品制造	251010	250475	3864	3815	38972
建筑用木料及木材组件加工	114118	113828	2115	2104	17601
木容器制造	68152	68094	768	767	10001
软木制品及其他木制品制造	68741	68552	981	944	11370
竹、藤、棕、草制品制造	147441	147017	1822	1767	23516
竹、藤、棕、草制品制造	147441	147017	1822	1767	23516
家具制造业	392013	391264	4731	4575	66990
木质家具制造	219841	219341	2848	2764	38599
木质家具制造	219841	219341	2848	2764	38599
竹、藤家具制造	15299	15286	247	194	3079
竹、藤家具制造	15299	15286	247	194	3079
金属家具制造	111571	111408	1111	1101	17845
金属家具制造	111571	111408	1111	1101	17845
塑料家具制造	11871	11871	124	124	1955
塑料家具制造	11871	11871	124	124	1955
其他家具制造	33432	33359	401	392	5511
其他家具制造	33432	33359	401	392	5511
造纸及纸制品业	1102252	1097065	11453	11253	163176

1-A-9 续表5-7

单位:个、人、万元

指标名称	营业成本	主营业务成本	营业税金及附加	主营业务税金及附加	主营业务利润
纸浆制造	4370	4370	24	24	475
纸浆制造	4370	4370	24	24	475
造　纸	151987	151490	2073	2027	20751
机制纸及纸板制造	97490	97123	1395	1357	13362
手工纸制造	5075	5075	80	80	828
加工纸制造	49423	49292	598	589	6561
纸制品制造	945895	941205	9356	9202	141950
纸和纸板容器的制造	770607	769527	7792	7662	115958
其他纸制品制造	175288	171679	1565	1541	25992
印刷业和记录媒介的复制	1167954	1165583	13009	12839	183750
印　刷	1086568	1084256	12017	11861	170508
书、报、刊印刷	155792	154915	1755	1705	23556
本册印制	73266	72961	978	975	12656
包装装潢及其他印刷	857510	856380	9284	9181	134296
装订及其他印刷服务活动	80004	79945	972	958	12806
装订及其他印刷服务活动	80004	79945	972	958	12806
记录媒介的复制	1382	1382	20	20	437
记录媒介的复制	1382	1382	20	20	437
文教体育用品制造业	710302	708752	8413	8307	120271
文化用品制造	337093	336305	3880	3846	55202
文具制造	123028	122731	1578	1573	20174
笔的制造	168499	168105	1757	1730	26300
教学用模型及教具制造	27463	27389	324	324	5705
墨水、墨汁制造	1942	1942	12	12	324
其他文化用品制造	16161	16137	210	207	2699
体育用品制造	147700	147369	1559	1558	29090
球类制造	15110	14869	240	240	2770
体育器材及配件制造	44798	44792	530	530	9323
训练健身器材制造	50880	50796	463	462	10026
运动防护用具制造	9407	9407	90	90	1590
其他体育用品制造	27506	27505	236	236	5381
乐器制造	17041	17000	225	173	2105
中乐器制造	1386	1386	11	11	271
西乐器制造	8967	8930	73	70	766
电子乐器制造	268	268	1	1	8
其他乐器及零件制造	6421	6416	141	91	1060
玩具制造	173552	173188	2382	2364	27783
玩具制造	173552	173188	2382	2364	27783
游艺器材及娱乐用品制造	34917	34891	367	367	6091

1-A-9 续表5-8

单位：个、人、万元

指标名称	营业成本	主营业务成本	营业税金及附加	主营业务税金及附加	主营业务利润
露天游乐场所游乐设备制造	17314	17310	196	196	3317
游艺用品及室内游艺器材制造	17603	17581	171	171	2774
石油加工、炼焦及核燃料加工业	37344	37185	497	496	5398
精炼石油产品的制造	37159	37000	496	495	5371
原油加工及石油制品制造	35326	35170	484	483	5132
人造原油生产	1833	1830	12	12	239
炼焦	185	185	1	1	27
炼焦	185	185	1	1	27
化学原料及化学制品制造业	1050978	1041989	12620	12485	175188
基础化学原料制造	165951	165420	1920	1893	28726
无机酸制造	13442	13427	121	121	1937
无机碱制造	6949	6947	103	103	796
无机盐制造	59575	59384	738	734	10132
有机化学原料制造	55166	54899	630	608	9641
其他基础化学原料制造	30820	30764	328	328	6221
肥料制造	24174	23946	313	309	4561
氮肥制造	2282	2282	26	26	397
磷肥制造	3531	3531	38	38	772
复混肥料制造	9379	9370	110	110	2195
有机肥料及微生物肥料制造	6526	6337	109	106	880
其他肥料制造	2456	2426	30	28	317
农药制造	11523	11523	157	155	2172
化学农药制造	8575	8575	121	119	1431
生物化学农药及微生物农药制造	2948	2948	36	36	742
涂料、油墨、颜料及类似产品制造	261007	259950	3025	3002	43178
涂料制造	169754	169410	1969	1949	28019
油墨及类似产品制造	32130	32115	389	389	6014
颜料制造	16256	16157	112	111	2447
染料制造	22652	22091	338	338	3710
密封用填料及类似品制造	20215	20177	217	215	2989
合成材料制造	74663	74515	866	865	11466
初级形态的塑料及合成树脂制造	48952	48895	502	502	7008
合成橡胶制造	9992	9974	111	109	1459
合成纤维单(聚合)体的制造	5069	5069	97	97	849
其他合成材料制造	10649	10577	157	157	2150
专用化学产品制造	407661	400860	4893	4821	64743
化学试剂和助剂制造	183493	183031	2209	2179	29132
专项化学用品制造	68939	68751	750	735	11473
林产化学产品制造	28019	27852	470	470	6039

1-A-9 续表5-9

单位：个、人、万元

指标名称	营业成本	主营业务成本	营业税金及附加	主营业务税金及附加	主营业务利润
炸药及火工产品制造	2927	2927	100	100	584
信息化学品制造	24172	18605	127	127	2170
环境污染处理专用药剂材料制造	12219	12219	90	90	1896
动物胶制造	7076	7071	55	55	1236
其他专用化学产品制造	80817	80404	1093	1066	12212
日用化学产品制造	106000	105776	1446	1440	20341
肥皂及合成洗涤剂制造	32665	32647	332	327	5570
化妆品制造	37504	37421	526	526	7202
口腔清洁用品制造	4022	4022	35	35	1633
香料、香精制造	9984	9882	242	242	1705
其他日用化学产品制造	21826	21805	310	310	4231
医药制造业	96895	96460	1307	1287	22275
化学药品原药制造	19701	19516	280	274	2523
化学药品原药制造	19701	19516	280	274	2523
化学药品制剂制造	10284	10275	103	103	2773
化学药品制剂制造	10284	10275	103	103	2773
中药饮片加工	12421	12401	147	137	2773
中药饮片加工	12421	12401	147	137	2773
中成药制造	6659	6618	84	84	1891
中成药制造	6659	6618	84	84	1891
兽用药品制造	4005	3943	64	63	1262
兽用药品制造	4005	3943	64	63	1262
生物、生化制品的制造	13076	13027	175	173	4181
生物、生化制品的制造	13076	13027	175	173	4181
卫生材料及医药用品制造	30751	30679	455	454	6871
卫生材料及医药用品制造	30751	30679	455	454	6871
化学纤维制造业	127345	126598	1436	1403	18548
纤维素纤维原料及纤维制造	12919	12870	149	149	1667
化纤浆粕制造	2477	2477	53	53	220
人造纤维(纤维素纤维)制造	10442	10393	95	95	1447
合成纤维制造	114427	113729	1287	1255	16881
锦纶纤维制造	6478	6338	64	54	1029
涤纶纤维制造	36271	36076	403	402	5625
腈纶纤维制造	1251	1251	19	19	191
维纶纤维制造	1275	1274	33	33	219
其他合成纤维制造	69152	68789	769	746	9817
橡胶制品业	422010	421553	4305	4102	72923
轮胎制造	14119	14106	189	188	2312
车辆、飞机及工程机械轮胎制造	5376	5376	63	63	999

1－A－9 续表5－10 单位：个、人、万元

指标名称	营业成本	主营业务成本	营业税金及附加	主营业务税金及附加	主营业务利润
力车胎制造	2846	2846	38	38	413
轮胎翻新加工	5897	5884	87	86	900
橡胶板、管、带的制造	93830	93743	824	824	16228
橡胶板、管、带的制造	93830	93743	824	824	16228
橡胶零件制造	166617	166475	1797	1642	29526
橡胶零件制造	166617	166475	1797	1642	29526
再生橡胶制造	8304	8243	90	83	1374
再生橡胶制造	8304	8243	90	83	1374
日用及医用橡胶制品制造	28450	28371	302	295	4282
日用及医用橡胶制品制造	28450	28371	302	295	4282
橡胶靴鞋制造	57629	57628	431	427	9494
橡胶靴鞋制造	57629	57628	431	427	9494
其他橡胶制品制造	53062	52987	672	642	9708
其他橡胶制品制造	53062	52987	672	642	9708
塑料制品业	2805153	2800030	29206	28723	437163
塑料薄膜制造	156855	156817	1576	1573	22390
塑料薄膜制造	156855	156817	1576	1573	22390
塑料板、管、型材的制造	358914	357532	3231	3177	55614
塑料板、管、型材的制造	358914	357532	3231	3177	55614
塑料丝、绳及编织品的制造	280769	279888	2465	2425	36830
塑料丝、绳及编织品的制造	280769	279888	2465	2425	36830
泡沫塑料制造	124306	124188	1160	1157	18081
泡沫塑料制造	124306	124188	1160	1157	18081
塑料人造革、合成革制造	23491	23468	324	324	4041
塑料人造革、合成革制造	23491	23468	324	324	4041
塑料包装箱及容器制造	271156	270761	3255	3197	38568
塑料包装箱及容器制造	271156	270761	3255	3197	38568
塑料零件制造	723037	722143	8579	8426	123679
塑料零件制造	723037	722143	8579	8426	123679
日用塑料制造	493263	492610	4831	4749	81278
塑料鞋制造	80742	80715	663	661	13804
日用塑料杂品制造	412520	411895	4169	4087	67474
其他塑料制品制造	373361	372622	3785	3696	56682
其他塑料制品制造	373361	372622	3785	3696	56682
非金属矿物制品业	1552728	1546320	23287	22901	256631
水泥、石灰和石膏的制造	80315	80226	1412	1397	12638
水泥制造	14725	14664	170	170	1571
石灰和石膏制造	65590	65562	1241	1227	11066
水泥及石膏制品制造	300633	299816	3908	3840	48866

1-A-9 续表5-11

单位：个、人、万元

指标名称	营业成本	主营业务成本	营业税金及附加	主营业务税金及附加	主营业务利润
水泥制品制造	215364	214859	2750	2686	33810
砼结构构件制造	62218	62200	922	918	10591
石棉水泥制品制造	628	628	8	8	105
轻质建筑材料制造	19474	19180	176	176	3879
其他水泥制品制造	2950	2950	52	52	481
砖瓦、石材及其他建筑材料制造	647444	642777	10865	10741	110935
粘土砖瓦及建筑砌块制造	364257	361292	5761	5662	63551
建筑陶瓷制品制造	26056	25694	361	361	3546
建筑用石加工	139047	137856	2665	2648	24986
防水建筑材料制造	15154	15101	165	160	2927
隔热和隔音材料制造	32408	32312	384	380	5584
其他建筑材料制造	70522	70522	1531	1531	10342
玻璃及玻璃制品制造	234999	234522	3001	2880	35775
平板玻璃制造	5288	5236	92	92	835
技术玻璃制品制造	38992	38970	316	316	5362
光学玻璃制造	8524	8522	56	56	1228
玻璃仪器制造	5172	5171	93	93	1016
日用玻璃制品及玻璃包装容器制造	84432	84033	1468	1349	13665
玻璃保温容器制造	4910	4910	87	87	857
玻璃纤维及制品制造	29515	29514	272	270	4921
玻璃纤维增强塑料制品制造	35924	35924	269	269	4320
其他玻璃制品制造	22243	22243	349	349	3570
陶瓷制品制造	90251	90239	1530	1518	13235
卫生陶瓷制品制造	61365	61356	1134	1125	8791
特种陶瓷制品制造	8876	8873	135	135	1527
日用陶瓷制品制造	16198	16198	218	215	2341
园林、陈设艺术及其他陶瓷制品制造	3812	3812	44	44	577
耐火材料制品制造	123731	123566	1692	1658	21203
石棉制品制造	26945	26815	299	297	4778
云母制品制造	3716	3708	17	17	481
耐火陶瓷制品及其他耐火材料制造	93071	93043	1377	1345	15944
石墨及其他非金属矿物制品制造	75355	75174	880	865	13981
石墨及碳素制品制造	10354	10342	120	120	1801
其他非金属矿物制品制造	65001	64832	760	745	12180
黑色金属冶炼及压延加工业	330480	313628	3328	3201	36092
炼 铁	6942	6942	67	67	844
炼 铁	6942	6942	67	67	844
炼 钢	2035	2035	18	18	102
炼 钢	2035	2035	18	18	102

1－A－9 续表5－12

单位：个、人、万元

指标名称	营业成本	主营业务成本	营业税金及附加	主营业务税金及附加	主营业务利润
钢压延加工	318956	302104	3210	3083	34623
钢压延加工	318956	302104	3210	3083	34623
铁合金冶炼	2546	2546	33	33	523
铁合金冶炼	2546	2546	33	33	523
有色金属冶炼及压延加工业	401659	399950	3944	3820	52871
常用有色金属冶炼	39796	39796	504	504	6472
铜冶炼	13505	13505	212	212	2478
铅锌冶炼	3265	3265	38	38	504
镍钴冶炼	3205	3205	14	14	421
锡冶炼	2294	2294	11	11	－119
铝冶炼	15350	15350	184	184	2770
镁冶炼	464	464	20	20	116
其他常用有色金属冶炼	1713	1713	24	24	302
贵金属冶炼	4628	4611	40	40	531
金冶炼	227	227	11	11	18
银冶炼	2823	2806	8	8	203
其他贵金属冶炼	1578	1578	21	21	310
稀有稀土金属冶炼	3836	3836	89	89	532
钨钼冶炼	1000	1000	25	25	147
稀土金属冶炼	2436	2436	29	29	317
其他稀有金属冶炼	400	400	35	35	69
有色金属合金制造	25011	24979	279	266	3619
有色金属合金制造	25011	24979	279	266	3619
有色金属压延加工	328388	326729	3032	2921	41717
常用有色金属压延加工	313532	311902	2964	2852	39423
贵金属压延加工	7790	7768	13	13	1338
稀有稀土金属压延加工	7067	7059	56	56	957
金属制品业	2554352	2543019	28137	27394	415669
结构性金属制品制造	488897	487469	5737	5696	79228
金属结构制造	252147	251551	2849	2822	36881
金属门窗制造	236750	235918	2888	2874	42347
金属工具制造	454959	453265	4561	4490	76664
切削工具制造	83777	83436	1015	990	14038
手工具制造	206887	206375	1903	1891	34795
农用及园林用金属工具制造	43465	43454	393	391	9583
刀剪及类似日用金属工具制造	46544	45880	510	503	6902
其他金属工具制造	74287	74122	741	715	11346
集装箱及金属包装容器制造	78802	78356	884	883	10741
集装箱制造	1359	1344	15	15	239

1－A－9 续表 5－13

单位：个、人、万元

指标名称	营业成本	主营业务成本	营业税金及附加	主营业务税金及附加	主营业务利润
金属压力容器制造	14038	14014	167	167	2238
金属包装容器制造	63405	62998	702	701	8265
金属丝绳及其制品的制造	148563	147418	1310	1309	17683
金属丝绳及其制品的制造	148563	147418	1310	1309	17683
建筑、安全用金属制品制造	562175	559824	6848	6489	95100
建筑、家具用金属配件制造	260735	260031	3260	3070	42093
建筑装饰及水暖管道零件制造	238554	237096	2920	2757	42058
安全、消防用金属制品制造	34128	33947	390	383	5299
其他建筑、安全用金属制品制造	28759	28750	279	279	5650
金属表面处理及热处理加工	343787	343233	4171	4069	59876
金属表面处理及热处理加工	343787	343233	4171	4069	59876
搪瓷制品制造	28450	28448	288	257	3935
工业生产配套用搪瓷制品制造	3070	3070	12	12	265
搪瓷卫生洁具制造	15398	15398	162	132	2398
搪瓷日用品及其他搪瓷制品制造	9982	9981	113	113	1272
不锈钢及类似日用金属制品制造	301350	298266	2846	2744	50210
金属制厨房调理及卫生器具制造	62926	62864	598	597	11785
金属制厨用器皿及餐具制造	120320	117350	1180	1086	21734
其他日用金属制品制造	118104	118052	1068	1060	16692
其他金属制品制造	147369	146740	1494	1458	22232
铸币及贵金属制实验室用品制造	465	465	6	6	151
其他未列明的金属制品制造	146905	146275	1489	1452	22081
通用设备制造业	4931151	4907724	53863	52629	816331
锅炉及原动机制造	77775	77671	950	918	14587
锅炉及辅助设备制造	28936	28875	408	407	5269
内燃机及配件制造	35671	35628	432	405	7430
汽轮机及辅机制造	2285	2284	23	23	431
水轮机及辅机制造	8959	8959	55	55	1227
其他原动机制造	1924	1924	32	28	231
金属加工机械制造	365128	364247	3269	3164	76330
金属切削机床制造	66897	66737	671	640	11160
金属成形机床制造	42589	42517	378	377	6735
铸造机械制造	35091	34922	342	326	5076
金属切割及焊接设备制造	54533	54393	612	594	9893
机床附件制造	50676	50376	512	479	8523
其他金属加工机械制造	115343	115302	754	748	34944
起重运输设备制造	117312	116828	1314	1268	17412
起重运输设备制造	117312	116828	1314	1268	17412

1－A－9 续表5－14

单位：个、人、万元

指标名称	营业成本	主营业务成本	营业税金及附加	主营业务税金及附加	主营业务利润
泵、阀门、压缩机及类似机械的制造	1048353	1037493	12069	11641	184014
泵及真空设备制造	224564	224442	1787	1785	39605
气体压缩机械制造	49028	48473	617	601	9000
阀门和旋塞的制造	626725	616822	8102	7738	105344
液压和气压动力机械及元件制造	148036	147757	1563	1517	30065
轴承、齿轮、传动和驱动部件的制造	637564	636339	6822	6758	96036
轴承制造	448186	447313	5049	4998	66945
齿轮、传动和驱动部件制造	189379	189027	1773	1760	29091
烘炉、熔炉及电炉制造	33844	33804	394	394	5131
烘炉、熔炉及电炉制造	33844	33804	394	394	5131
风机、衡器、包装设备等通用设备制造	519312	514265	6112	5964	96903
风机、风扇制造	80585	80554	1054	1054	14210
气体、液体分离及纯净设备制造	41382	41304	461	460	8015
制冷、空调设备制造	98936	94980	1395	1346	15424
风动和电动工具制造	154847	154311	1540	1511	31427
喷枪及类似器具制造	33468	33355	330	330	6019
包装专用设备制造	43807	43652	479	456	9496
衡器制造	18401	18383	249	211	3667
其他通用设备制造	47888	47725	605	598	8646
通用零部件制造及机械修理	1576780	1573619	17390	17032	243279
金属密封件制造	82822	82441	1119	1103	14482
紧固件、弹簧制造	841855	840242	9158	9003	126236
机械零部件加工及设备修理	475658	474891	5159	5018	75834
其他通用零部件制造	176444	176046	1954	1908	26727
金属铸、锻加工	555083	553458	5543	5491	82639
钢铁铸件制造	380419	379001	3863	3823	56532
锻件及粉末冶金制品制造	174664	174457	1679	1668	26106
专用设备制造业	1594835	1588611	19130	18808	283802
矿山、冶金、建筑专用设备制造	108695	108426	1201	1192	17155
采矿、采石设备制造	37760	37678	341	335	6474
石油钻采专用设备制造	2237	2237	38	38	363
建筑工程用机械制造	24579	24514	258	258	3894
建筑材料生产专用机械制造	24812	24734	288	286	3558
冶金专用设备制造	19308	19262	275	275	2865
化工、木材、非金属加工专用设备制造	583417	581530	6113	6047	102594
炼油、化工生产专用设备制造	21116	20933	207	207	3971
橡胶加工专用设备制造	6775	6749	63	60	965
塑料加工专用设备制造	160448	159747	1178	1160	23734

1－A－9　续表5－15

单位：个、人、万元

指　标　名　称	营业成本	主营业务成　本	营业税金及附加	主营业务税金及附加	主营业务利　润
木材加工机械制造	8067	8047	202	202	1524
模具制造	380436	379490	4382	4339	70496
其他非金属加工专用设备制造	6576	6565	82	80	1903
食品、饮料、烟草及饲料生产专用设备制造	62316	62201	821	812	11428
食品、饮料、烟草工业专用设备制造	46219	46149	654	646	8649
农副食品加工专用设备制造	14933	14888	161	161	2581
饲料生产专用设备制造	1164	1164	6	6	197
印刷、制药、日化生产专用设备制造	104359	104057	1291	1270	19359
制浆和造纸专用设备制造	15849	15842	190	190	3317
印刷专用设备制造	49051	48913	541	525	8506
日用化工专用设备制造	7751	7751	151	151	1356
制药专用设备制造	13167	13113	190	185	2893
照明器具生产专用设备制造	4958	4956	43	43	962
玻璃、陶瓷和搪瓷制品生产专用设备制造	2553	2553	66	66	435
其他日用品生产专用设备制造	11030	10928	112	112	1890
纺织、服装和皮革工业专用设备制造	353114	352198	5084	4969	59132
纺织专用设备制造	201170	200793	3187	3096	32268
皮革、毛皮及其制品加工专用设备制造	9735	9650	228	216	1755
缝纫机械制造	125913	125471	1565	1554	21944
其他服装加工专用设备制造	16295	16283	104	103	3165
电子和电工机械专用设备制造	62841	62363	623	588	11681
电工机械专用设备制造	22578	22552	194	190	3431
电子工业专用设备制造	38776	38325	418	387	8050
武器弹药制造	1140	1140	7	7	120
航空、航天及其他专用设备制造	346	346	4	4	79
农、林、牧、渔专用机械制造	80964	80851	893	874	13825
拖拉机制造	5600	5600	120	120	726
机械化农业及园艺机具制造	30707	30701	274	274	5319
营林及木竹采伐机械制造	437	437	6	6	98
畜牧机械制造	2814	2806	24	24	320
渔业机械制造	2957	2938	51	50	394
农林牧渔机械配件制造	26283	26264	227	216	4650
其他农林牧渔业机械制造及机械修理	12165	12105	192	184	2319
医疗仪器设备及器械制造	74576	72976	963	960	16089
医疗诊断、监护及治疗设备制造	13217	13132	137	137	3058
口腔科用设备及器具制造	3855	3855	41	41	898
实验室及医用消毒设备和器具的制造	4200	4187	44	44	832
医疗、外科及兽医用器械制造	25429	25242	452	449	5507

1－A－9 续表5－16

单位：个、人、万元

指标名称	营业成本	主营业务成本	营业税金及附加	主营业务税金及附加	主营业务利润
机械治疗及病房护理设备制造	5981	5981	76	76	1440
假肢、人工器官及植(介)入器械制造	4549	3265	22	22	998
其他医疗设备及器械制造	17345	17315	191	191	3355
环保、社会公共安全及其他专用设备制造	164554	164009	2142	2096	32542
环境污染防治专用设备制造	81094	80859	987	948	15283
地质勘查专用设备制造	1655	1655	19	19	238
邮政专用机械及器材制造	2133	2128	30	30	528
商业、饮食、服务业专用设备制造	4509	4509	53	53	883
社会公共安全设备及器材制造	42959	42904	614	608	9549
交通安全及管制专用设备制造	6726	6726	133	133	1399
水资源专用机械制造	6461	6456	74	74	1189
其他专用设备制造	19015	18773	232	232	3474
交通运输设备制造业	2096691	2084334	25392	22207	367968
铁路运输设备制造	13622	13622	231	231	2825
铁路机车车辆及动车组制造	84	84	1	1	18
工矿有轨专用车辆制造	279	279	1	1	48
铁路机车车辆配件制造	4014	4014	138	138	822
铁路专用设备及器材、配件制造	6766	6766	58	58	1314
其他铁路设备制造及设备修理	2479	2479	34	34	623
汽车制造	1441868	1438217	17851	14930	259598
汽车整车制造	2777	2770	16	16	201
改装汽车制造	1191	1191	11	11	250
电车制造	1131	1131	5	5	107
汽车车身、挂车的制造	4087	4087	17	17	429
汽车零部件及配件制造	1307073	1304049	16018	13109	230937
汽车修理	125610	124990	1784	1771	27674
摩托车制造	188410	188017	1828	1706	34240
摩托车整车制造	6928	6928	59	59	1112
摩托车零部件及配件制造	181482	181089	1770	1647	33129
自行车制造	196543	195017	1688	1636	26436
脚踏自行车及残疾人座车制造	103275	101765	844	840	10905
助动自行车制造	93268	93252	844	796	15531
船舶及浮动装置制造	223454	216761	3342	3264	39157
金属船舶制造	57933	51552	433	420	8233
非金属船舶制造	3075	3070	34	34	489
娱乐船和运动船的建造和修理	5130	5130	52	52	1093
船用配套设备制造	53420	53193	623	593	10125
船舶修理及拆船	103146	103065	2195	2159	19102

1－A－9 续表5－17

单位：个、人、万元

指标名称	营业成本	主营业务成本	营业税金及附加	主营业务税金及附加	主营业务利润
航标器材及其他浮动装置的制造	750	750	5	5	115
航空航天器制造	1368	1358	8	8	232
飞机制造及修理	694	684	3	3	158
航天器制造	142	142	3	3	14
其他飞行器制造	532	532	2	2	60
交通器材及其他交通运输设备制造	31426	31342	443	433	5482
潜水及水下救捞装备制造	172	172	1	1	42
交通管理用金属标志及设施制造	21034	21034	369	359	4377
其他交通运输设备制造	10220	10136	74	74	1063
电气机械及器材制造业	3001806	2992506	31928	31622	540092
电机制造	341283	340552	3037	3001	59044
发电机及发电机组制造	48076	48052	509	507	9225
电动机制造	175329	175033	1369	1348	29423
微电机及其他电机制造	117878	117467	1159	1146	20396
输配电及控制设备制造	1015038	1012981	9626	9503	209858
变压器、整流器和电感器制造	127163	126685	1161	1157	24201
电容器及其配套设备制造	35771	35661	429	428	7149
配电开关控制设备制造	461281	460549	4371	4279	103469
电力电子元器件制造	327171	326460	2925	2899	62348
其他输配电及控制设备制造	63652	63625	741	740	12691
电线、电缆、光缆及电工器材制造	343023	342644	3560	3550	55751
电线电缆制造	254376	254215	2685	2677	38831
光纤、光缆制造	4825	4825	21	21	1107
绝缘制品制造	41189	41093	437	437	9060
其他电工器材制造	42633	42511	418	416	6753
电池制造	70762	70422	810	797	10344
电池制造	70762	70422	810	797	10344
家用电力器具制造	497692	495315	6854	6759	91366
家用制冷电器具制造	26401	26400	284	284	3790
家用空气调节器制造	16677	16677	133	133	2849
家用通风电器具制造	45362	45188	575	575	7766
家用厨房电器具制造	111207	110032	1713	1701	22263
家用清洁卫生电器具制造	40462	40164	746	730	6726
家用美容、保健电器具制造	39467	39362	344	344	6763
家用电力器具专用配件制造	123229	123010	1418	1365	21423
其他家用电力器具制造	94887	94482	1642	1630	19788
非电力家用器具制造	90945	88570	994	987	13253
燃气、太阳能及类似能源的器具制造	82090	79733	852	846	11610

1－A－9 续表5－18

单位：个、人、万元

指 标 名 称	营业成本	主营业务成 本	营业税金及附加	主营业务税金及附加	主营业务利 润
其他非电力家用器具制造	8855	8837	142	142	1644
照明器具制造	581195	580459	6345	6322	87385
电光源制造	189390	189007	1747	1736	23536
照明灯具制造	259828	259586	2845	2837	42148
灯用电器附件及其他照明器具制造	131977	131866	1753	1749	21702
其他电气机械及器材制造	61867	61564	704	702	13089
车辆专用照明及电气信号设备装置制造	35394	35147	272	271	6832
其他未列明的电气机械制造	26473	26417	431	431	6257
通信设备、计算机及其他电子设备制造业	770070	766931	9971	9706	143555
通信设备制造	80960	80491	998	994	16948
通信传输设备制造	23635	23625	270	269	6084
通信交换设备制造	19693	19263	248	245	4081
通信终端设备制造	7724	7699	94	94	1562
移动通信及终端设备制造	8779	8775	85	85	809
其他通信设备制造	21129	21128	301	301	4412
广播电视设备制造	55146	54833	611	598	9183
广播电视节目制作及发射设备制造	1831	1831	16	16	491
广播电视接收设备及器材制造	48324	48011	545	532	8034
应用电视设备及其他广播电视设备制造	4991	4991	50	50	659
电子计算机制造	29749	29329	459	458	6656
电子计算机整机制造	1133	750	12	12	529
计算机网络设备制造	7770	7749	182	182	2062
电子计算机外部设备制造	20845	20830	265	264	4064
电子器件制造	95272	95014	988	963	13994
电子真空器件制造	5991	5980	77	77	1139
半导体分立器件制造	25694	25636	347	346	4747
集成电路制造	8379	8379	61	61	1025
光电子器件及其他电子器件制造	55209	55020	504	479	7083
电子元件制造	416715	415881	5749	5632	80290
电子元件及组件制造	381530	380734	5316	5200	74694
印制电路板制造	35185	35148	433	432	5596
家用视听设备制造	67039	66873	815	710	11681
家用影视设备制造	10424	10410	100	100	2086
家用音响设备制造	56615	56463	715	610	9595
其他电子设备制造	25189	24510	353	353	4803
其他电子设备制造	25189	24510	353	353	4803
仪器仪表及文化、办公用机械制造业	643143	640463	7358	7163	120872
通用仪器仪表制造	277862	276161	3080	2989	54970

1－A－9 续表5－19

单位：个、人、万元

指 标 名 称	营业成本	主营业务成 本	营业税金及附加	主营业务税金及附加	主营业务利 润
工业自动控制系统装置制造	52415	52097	462	455	10481
电工仪器仪表制造	97049	96963	994	991	20362
绘图、计算及测量仪器制造	27327	27122	362	347	4554
实验分析仪器制造	36644	36419	511	511	7567
试验机制造	4305	4075	87	75	1086
供应用仪表及其他通用仪器制造	60121	59485	664	609	10919
专用仪器仪表制造	74008	73882	1014	958	15476
环境监测专用仪器仪表制造	2834	2834	38	38	1022
汽车及其他用计数仪表制造	20505	20480	257	215	3977
导航、气象及海洋专用仪器制造	4024	4024	49	49	642
农林牧渔专用仪器仪表制造	1122	1122	7	7	233
地质勘探和地震专用仪器制造	2043	2034	35	35	400
教学专用仪器制造	21723	21719	294	294	4054
核子及核辐射测量仪器制造	852	852	5	5	168
电子测量仪器制造	10963	10886	178	165	2983
其他专用仪器制造	9943	9932	152	152	1997
钟表与计时仪器制造	29629	29584	428	427	3645
钟表与计时仪器制造	29629	29584	428	427	3645
光学仪器及眼镜制造	195461	195014	1943	1896	35284
光学仪器制造	18970	18807	266	265	3775
眼镜制造	176491	176207	1678	1631	31509
文化、办公用机械制造	51648	51514	679	678	8671
电影机械制造	1725	1668	7	7	402
幻灯及投影设备制造	2803	2802	27	27	295
照相机及器材制造	8130	8069	270	269	1503
复印和胶印设备制造	2037	2037	21	21	317
计算器及货币专用设备制造	15750	15737	196	196	3010
其他文化、办公用机械制造	21204	21201	157	157	3144
其他仪器仪表的制造及修理	14535	14308	214	214	2826
其他仪器仪表的制造及修理	14535	14308	214	214	2826
工艺品及其他制造业	1542357	1540690	18904	18524	257838
工艺美术品制造	1081808	1080706	13594	13286	181483
雕塑工艺品制造	249905	249661	2851	2841	48165
金属工艺品制造	230683	230560	2764	2689	43100
漆器工艺品制造	28173	27992	355	355	5157
花画工艺品制造	28008	27989	410	400	5461
天然植物纤维编织工艺品制造	33084	33027	274	269	5211
抽纱刺绣工艺品制造	283651	283391	4127	4011	36174

1－A－9 续表5－20 单位：个、人、万元

指标名称	营业成本	主营业务成本	营业税金及附加	主营业务税金及附加	主营业务利润
地毯、挂毯制造	24238	24237	280	280	3249
珠宝首饰及有关物品的制造	38589	38476	685	595	6922
其他工艺美术品制造	165478	165374	1847	1846	28042
日用杂品制造	443060	442593	5079	5008	72662
制镜及类似品加工	28357	28345	443	443	4259
鬃毛加工、制刷及清扫工具的制造	29897	29887	367	367	5718
其他日用杂品制造	384805	384361	4269	4198	62685
煤制品制造	6088	6088	73	73	1266
煤制品制造	6088	6088	73	73	1266
核辐射加工	86	86	2	2	11
核辐射加工	86	86	2	2	11
其他未列明的制造业	11316	11217	157	156	2417
其他未列明的制造业	11316	11217	157	156	2417
废弃资源和废旧材料回收加工业	141549	140819	1188	1154	22797
金属废料和碎屑的加工处理	64862	64213	357	324	8577
金属废料和碎屑的加工处理	64862	64213	357	324	8577
非金属废料和碎屑的加工处理	76688	76607	831	830	14220
非金属废料和碎屑的加工处理	76688	76607	831	830	14220
电力、燃气及水的生产和供应业	**411001**	**406015**	**9297**	**9057**	**141271**
电力、热力的生产和供应业	186893	185842	5796	5704	89114
电力生产	160733	159959	5448	5368	84489
火力发电	25511	25511	660	660	14873
水力发电	129584	128811	4742	4662	69996
其他能源发电	5637	5637	46	46	-379
电力供应	8978	8700	303	290	2418
电力供应	8978	8700	303	290	2418
热力生产和供应	17182	17182	46	46	2207
热力生产和供应	17182	17182	46	46	2207
燃气生产和供应业	42884	42460	635	635	10592
燃气生产和供应业	42884	42460	635	635	10592
燃气生产和供应业	42884	42460	635	635	10592
水的生产和供应业	181225	177713	2866	2718	41565
自来水的生产和供应	106847	103381	2249	2144	28805
自来水的生产和供应	106847	103381	2249	2144	28805
污水处理及其再生利用	47097	47053	295	294	8382
污水处理及其再生利用	47097	47053	295	294	8382
其他水的处理、利用与分配	27280	27280	321	279	4378
其他水的处理、利用与分配	27280	27280	321	279	4378

1－A－9 续表6－1

单位：个、人、万元

指 标 名 称	其他业务利润	营业费用、管理费用、财务费用合计	#税金	#利息支出	营业利润
总 计	**104701**	**3790098**	**237894**	**318521**	**2400427**
一、按轻重工业分					
轻工业	46089	1726218	106699	147128	1070152
重工业	58612	2063880	131195	171393	1330275
二、按登记注册类型分					
内 资	**89774**	**3500633**	**225301**	**293988**	**2436197**
国 有	3765	27248	1016	3225	715
集 体	4293	47562	2493	3264	28461
股份合作企业	1787	105600	6269	8246	80383
联营企业	135	1609	95	191	1044
国有联营	78	251	5	6	99
集体联营	49	1321	87	180	951
国有与集体联营	7	21	2		－2
其他联营	1	16	1	5	－4
有限责任公司	8641	218205	10537	27129	47563
国有独资公司	92	6393	112	2606	－2505
其他有限责任公司	8549	211812	10425	24524	50067
股份有限公司	978	21399	1376	2144	8002
私营企业	69997	3067381	202410	248637	2259009
私营独资	15687	1047714	79139	72011	1029313
私营合伙	3235	219616	15057	15174	216854
私营有限责任公司	50114	1761565	105788	156881	994093
私营股份有限公司	961	38486	2426	4571	18749
其 他	177	11629	1106	1152	11021
港澳台商投资	**5587**	**125387**	**5380**	**12757**	**－7833**
与港澳台商合资经营	2682	60942	2445	8068	10397
与港澳台商合作经营	68	1114	105	104	722
港澳台商独资	2742	60997	2739	4289	－21672
港澳台商投资股份有限公司	94	2334	91	296	2721
外商投资	**9341**	**164078**	**7213**	**11776**	**－27938**
中外合资经营	2707	64222	3386	6708	5585
中外合作经营	424	3752	149	612	－961
外资企业	6125	93716	3496	4386	－32440
外商投资股份有限公司	85	2388	182	70	－121
三、按控股情况分					
国有控股	5988	66942	1694	9968	－13951
集体控股	5615	79162	3738	7259	42783
私人控股	80749	3399359	221285	282854	2403169
港澳台商控股	4452	106340	4581	9219	－8430

1-A-9 续表6-2 单位：个、人、万元

指 标 名 称	其他业务利润	营业费用、管理费用、财务费用合计	#税金	#利息支出	营业利润
外商控股	7388	125371	5446	7737	-29721
其 他	510	12925	1150	1485	6576
四、按国民经济行业(门类、大类、中类、小类)分					
采矿业	**465**	**36493**	**3176**	**3334**	**29522**
煤炭开采和洗选业		173	7	22	285
其他煤炭采选		173	7	22	285
其他煤炭采选		173	7	22	285
黑色金属矿采选业		80	9	27	199
铁矿采选		78	9	27	167
铁矿采选		78	9	27	167
其他黑色金属矿采选		2	...		32
其他黑色金属矿采选		2	...		32
有色金属矿采选业	8	1834	185	332	140
常用有色金属矿采选	8	890	50	18	694
铜矿采选	7	177	5	2	242
铅锌矿采选	...	664	43	16	430
锑矿采选		44	1		12
铝矿采选		6	1		10
贵金属矿采选		46	2		129
金矿采选		19	...		4
其他贵金属矿采选		28	2		126
稀有稀土金属矿采选		898	133	314	-683
钨钼矿采选		898	133	314	-683
非金属矿采选业	458	34323	2964	2953	28865
土砂石开采	365	31511	2798	2706	27437
石灰石、石膏开采		3786	291	468	2807
建筑装饰用石开采	169	10296	622	683	10560
耐火土石开采	35	1989	110	207	1832
粘土及其他土砂石开采	161	15441	1776	1349	12238
化学矿采选		114	6	9	99
化学矿采选		114	6	9	99
采 盐	93	939	14	60	-129
采 盐	93	939	14	60	-129
石棉及其他非金属矿采选		1759	146	178	1458
石棉、云母矿采选		13	...		13
石墨、滑石采选		24	...		33
宝石、玉石开采		95		75	-42
其他非金属矿采选		1628	145	104	1453
其他采矿业		84	10		33

1-A-9 续表6-3 单位:个、人、万元

指 标 名 称	其他业务利 润	营业费用、管理费用、财务费用合 计	#税金	#利息支出	营业利润
其他采矿业		84	10		33
其他采矿业		84	10		33
制造业	**98830**	**3635563**	**230235**	**292115**	**2342269**
农副食品加工业	2008	62637	4042	9178	41629
谷物磨制	29	2747	183	408	1846
谷物磨制	29	2747	183	408	1846
饲料加工	180	5399	241	683	3651
饲料加工	180	5399	241	683	3651
植物油加工	106	1998	140	177	896
食用植物油加工	106	1732	115	165	770
非食用植物油加工		266	25	13	126
制 糖		72	3	11	10
制 糖		72	3	11	10
屠宰及肉类加工	448	9912	793	1732	6642
畜禽屠宰	260	3987	241	615	2515
肉制品及副产品加工	189	5925	552	1117	4126
水产品加工	833	23692	1275	3530	9504
水产品冷冻加工	761	17926	1057	2793	6517
鱼糜制品及水产品干腌制加工	45	3267	115	428	1022
水产饲料制造	27	1610	101	256	1698
鱼油提取及制品的制造		318	…	…	35
其他水产品加工		572	2	54	232
蔬菜、水果和坚果加工	317	13639	1047	2040	16228
蔬菜、水果和坚果加工	317	13639	1047	2040	16228
其他农副食品加工	95	5178	360	597	2852
淀粉及淀粉制品的制造	25	952	84	101	708
豆制品制造	56	2093	113	260	1284
蛋品加工	2	576	82	13	523
其他未列明的农副食品加工	11	1558	80	222	337
食品制造业	3428	36601	1830	4081	10069
焙烤食品制造	313	7793	357	433	1114
糕点、面包制造	275	5302	226	233	1784
饼干及其他焙烤食品制造	38	2491	131	200	-670
糖果、巧克力及蜜饯制造	58	4590	100	279	-1469
糖果、巧克力制造	34	1561	54	116	-413
蜜饯制作	24	3029	47	162	-1056
方便食品制造	384	5393	259	441	3083
米、面制品制造	153	3025	187	293	1193
速冻食品制造	8	471	34	53	248

1-A-9 续表6-4

单位：个、人、万元

指标名称	其他业务利润	营业费用、管理费用、财务费用合计	#税金	#利息支出	营业利润
方便面及其他方便食品制造	224	1897	39	95	1641
液体乳及乳制品制造	12	579	44	116	-36
液体乳及乳制品制造	12	579	44	116	-36
罐头制造	88	3855	247	1175	2106
肉、禽类罐头制造	8	144	26	1	99
水产品罐头制造	7	105	6	1	-7
蔬菜、水果罐头制造	74	3528	215	1163	2037
其他罐头食品制造		77	1	11	-24
调味品、发酵制品制造	494	4544	429	698	1363
味精制造	6	438	40	14	232
酱油、食醋及类似制品的制造	419	2647	209	459	382
其他调味品、发酵制品制造	69	1460	180	225	750
其他食品制造	2079	9848	395	940	3908
营养、保健食品制造	1902	3866	163	234	2490
冷冻饮品及食用冰制造	47	1328	72	135	519
盐加工		44	2	...	-3
食品及饲料添加剂制造	130	3887	116	477	306
其他未列明的食品制造	1	724	43	94	597
饮料制造业	742	35085	2637	3694	25580
酒精制造		31		2	95
酒精制造		31		2	95
酒的制造	177	9601	704	1078	5927
白酒制造	12	1854	223	139	2483
啤酒制造		217	9	29	56
黄酒制造	141	6179	371	765	2272
葡萄酒制造		361	20	25	130
其他酒制造	24	990	81	122	987
软饮料制造	255	11029	556	719	6107
碳酸饮料制造	...	134	9	4	144
瓶(罐)装饮用水制造	153	8580	444	437	4763
果菜汁及果菜汁饮料制造	68	992	52	155	229
含乳饮料和植物蛋白饮料制造	29	353	5	10	483
固体饮料制造	2	717	31	86	325
茶饮料及其他软饮料制造	3	253	15	27	162
精制茶加工	311	14424	1377	1896	13451
精制茶加工	311	14424	1377	1896	13451
烟草制品业		40	2		78
烟叶复烤		40	2		78
烟叶复烤		40	2		78

1－A－9 续表6－5

单位：个、人、万元

指标名称	其他业务利润	营业费用、管理费用、财务费用合计	#税金	#利息支出	营业利润
纺织业	11095	321042	18961	32138	227977
棉、化纤纺织及印染精加工	2238	101621	6728	12320	82972
棉、化纤纺织加工	1909	80102	5276	9499	76210
棉、化纤印染精加工	328	21519	1452	2821	6763
毛纺织和染整精加工	621	10234	869	1333	5105
毛条加工	186	1111	173	198	1044
毛纺织	154	6962	519	848	3138
毛染整精加工	281	2160	177	287	923
麻纺织		498	42	31	189
麻纺织		498	42	31	189
丝绢纺织及精加工	1375	21319	1308	2440	14174
缫丝加工	118	2021	231	522	－69
绢纺和丝织加工	1018	17267	921	1718	14732
丝印染精加工	239	2031	156	200	－490
纺织制成品制造	1813	77209	4028	6339	45048
棉及化纤制品制造	819	27626	1583	2213	14715
毛制品制造	14	2632	249	366	1142
麻制品制造		379	20	40	462
丝制品制造	247	9637	344	647	5322
绳、索、缆的制造	31	3046	108	299	2564
纺织带和帘子布制造	221	10398	584	680	7375
无纺布制造	197	10811	595	990	6146
其他纺织制成品制造	284	12682	546	1103	7323
针织品、编织品及其制品制造	5048	110162	5986	9675	80488
棉、化纤针织品及编织品制造	4219	73508	3966	6769	58525
毛针织品及编织品制造	530	22537	1146	2389	11995
丝针织品及编织品制造	69	4093	303	170	2614
其他针织品及编织品制造	230	10024	571	347	7355
纺织服装、鞋、帽制造业	6337	191708	9759	14028	80871
纺织服装制造	6035	180660	9061	13232	73679
纺织服装制造	6035	180660	9061	13232	73679
纺织面料鞋的制造	241	6389	386	463	4772
纺织面料鞋的制造	241	6389	386	463	4772
制帽	61	4658	311	333	2419
制帽	61	4658	311	333	2419
皮革、毛皮、羽毛(绒)及其制品业	1618	116333	6952	7953	76432
皮革鞣制加工	18	6373	654	678	4382
皮革鞣制加工	18	6373	654	678	4382
皮革制品制造	1171	90742	5585	5902	58378

1-A-9 续表6-6

单位：个、人、万元

指标名称	其他业务利润	营业费用、管理费用、财务费用合计	#税金	#利息支出	营业利润
皮鞋制造	541	51624	3115	2668	32784
皮革服装制造	150	9162	609	950	6200
皮箱、包(袋)制造	254	21503	1325	1736	11674
皮手套及皮装饰制品制造	135	5733	406	441	5595
其他皮革制品制造	91	2720	130	108	2125
毛皮鞣制及制品加工	63	14980	497	511	11367
毛皮鞣制加工	1	463	44	132	229
毛皮服装加工	9	2867	171	152	2540
其他毛皮制品加工	54	11649	283	227	8598
羽毛(绒)加工及制品制造	366	4239	215	863	2305
羽毛(绒)加工	128	2176	82	669	1216
羽毛(绒)制品加工	237	2063	133	194	1089
木材加工及木、竹、藤、棕、草制品业	759	53271	3749	5469	45436
锯材、木片加工	198	5620	589	524	6675
锯材加工	101	3841	413	409	4294
木片加工	98	1778	176	115	2382
人造板制造	148	14022	600	1737	9490
胶合板制造	87	8531	307	1091	7389
纤维板制造	4	355	22	28	95
刨花板制造	6	478	22	6	227
其他人造板、材制造	51	4659	249	612	1779
木制品制造	281	21290	1373	1618	17962
建筑用木料及木材组件加工	197	9579	560	760	8219
木容器制造	33	5448	342	356	4586
软木制品及其他木制品制造	51	6263	471	502	5157
竹、藤、棕、草制品制造	132	12339	1188	1589	11309
竹、藤、棕、草制品制造	132	12339	1188	1589	11309
家具制造业	748	44480	2595	4092	23258
木质家具制造	403	26487	1499	2530	12515
木质家具制造	403	26487	1499	2530	12515
竹、藤家具制造	1	1583	113	213	1498
竹、藤家具制造	1	1583	113	213	1498
金属家具制造	253	11224	699	1026	6874
金属家具制造	253	11224	699	1026	6874
塑料家具制造	36	1187	69	32	804
塑料家具制造	36	1187	69	32	804
其他家具制造	56	4000	215	291	1567
其他家具制造	56	4000	215	291	1567
造纸及纸制品业	2317	94456	6500	7393	71037

1－A－9 续表6－7

单位：个、人、万元

指 标 名 称	其他业务利 润	营业费用、管理费用、财务费用合 计	#税金	#利息支出	营业利润
纸浆制造	12	311	10	16	176
纸浆制造	12	311	10	16	176
造 纸	453	12091	1009	1085	9114
机制纸及纸板制造	241	7721	722	731	5883
手工纸制造		324	26	26	504
加工纸制造	212	4046	261	328	2727
纸制品制造	1852	82054	5481	6293	61747
纸和纸板容器的制造	1422	64657	4635	5296	52723
其他纸制品制造	430	17397	846	996	9025
印刷业和记录媒介的复制	2368	107631	6114	8496	78487
印 刷	2221	99819	5801	7791	72910
书、报、刊印刷	547	15414	1082	1264	8689
本册印制	260	6853	381	474	6063
包装装潢及其他印刷	1414	77553	4338	6053	58158
装订及其他印刷服务活动	144	7488	310	696	5462
装订及其他印刷服务活动	144	7488	310	696	5462
记录媒介的复制	3	324	3	9	116
记录媒介的复制	3	324	3	9	116
文教体育用品制造业	1284	72468	4845	5038	49087
文化用品制造	684	30460	2242	2125	25425
文具制造	345	11116	951	803	9403
笔的制造	289	15043	1002	1010	11546
教学用模型及教具制造	5	2551	157	107	3159
墨水、墨汁制造	...	182	9	1	143
其他文化用品制造	44	1569	123	204	1175
体育用品制造	105	17925	1128	1009	11270
球类制造	26	1337	152	98	1458
体育器材及配件制造	24	5866	352	215	3481
训练健身器材制造	38	6205	331	352	3858
运动防护用具制造		1028	45	147	562
其他体育用品制造	17	3488	247	198	1910
乐器制造	47	2226	180	94	－74
中乐器制造		701	26	20	－430
西乐器制造	20	1036	123	51	－250
电子乐器制造		6	...		2
其他乐器及零件制造	27	483	31	23	604
玩具制造	257	17519	1039	1321	10521
玩具制造	257	17519	1039	1321	10521
游艺器材及娱乐用品制造	191	4338	257	488	1945

1－A－9 续表6－8

单位：个、人、万元

指标名称	其他业务利润	营业费用、管理费用、财务费用合计	#税金	#利息支出	营业利润
露天游乐场所游乐设备制造	2	1723	96	168	1596
游艺用品及室内游艺器材制造	189	2615	162	321	349
石油加工、炼焦及核燃料加工业	77	3224	243	231	2251
精炼石油产品的制造	77	3198	243	231	2250
原油加工及石油制品制造	77	3038	240	206	2171
人造原油生产	...	159	4	25	79
炼　焦		27			1
炼　焦		27			1
化学原料及化学制品制造业	2406	114273	7736	9177	63320
基础化学原料制造	349	18940	1795	2435	10135
无机酸制造	20	1198	135	143	759
无机碱制造	21	424	46	6	393
无机盐制造	93	5884	622	566	4341
有机化学原料制造	19	6076	660	1049	3584
其他基础化学原料制造	195	5358	332	672	1058
肥料制造	145	3041	184	369	1665
氮肥制造		205	10	56	192
磷肥制造		550	40	100	222
复混肥料制造	44	867	48	140	1372
有机肥料及微生物肥料制造	98	1094	73	20	－116
其他肥料制造	2	324	14	54	－5
农药制造	－13	1797	216	129	362
化学农药制造	6	1235	203	45	202
生物化学农药及微生物农药制造	－20	563	14	85	160
涂料、油墨、颜料及类似产品制造	848	28123	1682	1940	15903
涂料制造	589	18313	1081	1269	10296
油墨及类似产品制造	97	3896	222	292	2215
颜料制造	46	1716	96	62	777
染料制造	30	2192	199	207	1548
密封用填料及类似品制造	86	2007	84	110	1067
合成材料制造	197	7303	410	527	4361
初级形态的塑料及合成树脂制造	50	4846	242	361	2213
合成橡胶制造	36	765	102	35	730
合成纤维单(聚合)体的制造	58	367	33	24	540
其他合成材料制造	53	1326	33	107	878
专用化学产品制造	705	40909	2581	3021	24540
化学试剂和助剂制造	308	17586	1152	1223	11853
专项化学用品制造	155	8027	435	372	3601
林产化学产品制造	41	3448	244	445	2632

1-A-9 续表6-9

单位:个、人、万元

指标名称	其他业务利润	营业费用、管理费用、财务费用合计	#税金	#利息支出	营业利润
炸药及火工产品制造		410	9	62	174
信息化学品制造		1743	39	290	427
环境污染处理专用药剂材料制造	2	1248	47	133	650
动物胶制造		846	20	44	390
其他专用化学产品制造	200	7599	634	453	4813
日用化学产品制造	175	14161	867	755	6355
肥皂及合成洗涤剂制造	82	3698	292	199	1954
化妆品制造	35	5041	252	255	2196
口腔清洁用品制造		1452	26		181
香料、香精制造	27	1658	91	167	73
其他日用化学产品制造	31	2312	205	133	1951
医药制造业	619	26038	1185	3841	-3144
化学药品原药制造	248	4337	287	904	-1565
化学药品原药制造	248	4337	287	904	-1565
化学药品制剂制造	161	5943	199	987	-3009
化学药品制剂制造	161	5943	199	987	-3009
中药饮片加工	13	1749	112	116	1037
中药饮片加工	13	1749	112	116	1037
中成药制造	9	1820	185	91	81
中成药制造	9	1820	185	91	81
兽用药品制造	1	969	33	171	294
兽用药品制造	1	969	33	171	294
生物、生化制品的制造	127	6864	123	1237	-2556
生物、生化制品的制造	127	6864	123	1237	-2556
卫生材料及医药用品制造	60	4356	245	334	2576
卫生材料及医药用品制造	60	4356	245	334	2576
化学纤维制造业	363	9686	749	1730	9226
纤维素纤维原料及纤维制造	19	952	105	60	734
化纤浆粕制造	5	91	28	4	134
人造纤维(纤维素纤维)制造	14	861	77	56	600
合成纤维制造	345	8733	644	1670	8492
锦纶纤维制造	48	622	33	93	455
涤纶纤维制造	163	2412	255	237	3377
腈纶纤维制造		135	2	2	56
维纶纤维制造	1	75	14	13	146
其他合成纤维制造	132	5490	340	1325	4459
橡胶制品业	411	41086	2742	2892	32248
轮胎制造	7	1580	70	167	739
车辆、飞机及工程机械轮胎制造		735	16	90	264

1-A-9 续表6-10

单位：个、人、万元

指标名称	其他业务利润	营业费用、管理费用、财务费用合计	#税金	#利息支出	营业利润
力车胎制造		168	19	8	245
轮胎翻新加工	7	678	35	70	229
橡胶板、管、带的制造	70	9040	604	801	7259
橡胶板、管、带的制造	70	9040	604	801	7259
橡胶零件制造	194	15813	956	954	13908
橡胶零件制造	194	15813	956	954	13908
再生橡胶制造		1083	88	93	291
再生橡胶制造		1083	88	93	291
日用及医用橡胶制品制造	70	2496	172	163	1856
日用及医用橡胶制品制造	70	2496	172	163	1856
橡胶靴鞋制造	59	5726	498	342	3827
橡胶靴鞋制造	59	5726	498	342	3827
其他橡胶制品制造	11	5349	354	372	4371
其他橡胶制品制造	11	5349	354	372	4371
塑料制品业	4101	250700	18332	19188	190564
塑料薄膜制造	457	13831	815	1235	9017
塑料薄膜制造	457	13831	815	1235	9017
塑料板、管、型材的制造	521	32479	1763	3037	23656
塑料板、管、型材的制造	521	32479	1763	3037	23656
塑料丝、绳及编织品的制造	280	21509	1694	1618	15602
塑料丝、绳及编织品的制造	280	21509	1694	1618	15602
泡沫塑料制造	249	10672	801	778	7658
泡沫塑料制造	249	10672	801	778	7658
塑料人造革、合成革制造	4	2818	170	708	1228
塑料人造革、合成革制造	4	2818	170	708	1228
塑料包装箱及容器制造	411	22731	1630	2025	16248
塑料包装箱及容器制造	411	22731	1630	2025	16248
塑料零件制造	895	64834	5538	4733	59740
塑料零件制造	895	64834	5538	4733	59740
日用塑料制造	808	47512	3166	2851	34574
塑料鞋制造	24	7665	395	354	6163
日用塑料杂品制造	784	39847	2770	2498	28411
其他塑料制品制造	476	34314	2756	2201	22843
其他塑料制品制造	476	34314	2756	2201	22843
非金属矿物制品业	2384	153135	9867	14254	105880
水泥、石灰和石膏的制造	109	7050	523	708	5697
水泥制造	103	2449	200	387	-775
石灰和石膏制造	6	4601	323	320	6472
水泥及石膏制品制造	632	33823	1594	4055	15674

1-A-9 续表6-11

单位:个、人、万元

指标名称	其他业务利润	营业费用、管理费用、财务费用合计	#税金	#利息支出	营业利润
水泥制品制造	507	23549	1061	2922	10768
砼结构构件制造	35	5742	385	575	4885
石棉水泥制品制造		59	5	2	46
轻质建筑材料制造	89	4013	98	534	-45
其他水泥制品制造		461	44	23	20
砖瓦、石材及其他建筑材料制造	1045	63534	4531	5415	48446
粘土砖瓦及建筑砌块制造	1062	35744	2911	3206	28869
建筑陶瓷制品制造	-220	5808	247	118	-2483
建筑用石加工	51	11329	795	1233	13708
防水建筑材料制造	27	2104	142	235	850
隔热和隔音材料制造	122	4310	184	205	1395
其他建筑材料制造	4	4240	252	418	6107
玻璃及玻璃制品制造	399	22418	1611	2156	13755
平板玻璃制造	15	611	21	29	239
技术玻璃制品制造	27	3870	274	279	1519
光学玻璃制造	31	810	34	17	449
玻璃仪器制造	1	543	21	13	474
日用玻璃制品及玻璃包装容器制造	246	8047	727	996	5864
玻璃保温容器制造	1	497	37	21	361
玻璃纤维及制品制造	30	2621	184	294	2331
玻璃纤维增强塑料制品制造	46	3392	114	369	975
其他玻璃制品制造	1	2028	198	138	1544
陶瓷制品制造	24	6876	607	400	6383
卫生陶瓷制品制造	11	4288	459	166	4513
特种陶瓷制品制造	10	1007	58	128	529
日用陶瓷制品制造	4	1298	68	100	1047
园林、陈设艺术及其他陶瓷制品制造		282	22	7	295
耐火材料制品制造	159	11075	529	985	10286
石棉制品制造	57	2751	209	230	2084
云母制品制造	1	629	41	232	-147
耐火陶瓷制品及其他耐火材料制造	101	7696	279	524	8350
石墨及其他非金属矿物制品制造	17	8359	473	535	5639
石墨及碳素制品制造	1	1094	127	112	708
其他非金属矿物制品制造	16	7265	346	424	4931
黑色金属冶炼及压延加工业	629	22845	1740	4016	13875
炼 铁	66	694	67	114	216
炼 铁	66	694	67	114	216
炼 钢	5	89	4	10	18
炼 钢	5	89	4	10	18

1－A－9 续表6－12

单位：个、人、万元

指标名称	其他业务利润	营业费用、管理费用、财务费用合计	#税金	#利息支出	营业利润
钢压延加工	553	21601	1662	3847	13575
钢压延加工	553	21601	1662	3847	13575
铁合金冶炼	5	461	7	46	66
铁合金冶炼	5	461	7	46	66
有色金属冶炼及压延加工业	1031	29641	2770	3263	24262
常用有色金属冶炼	32	3311	255	350	3193
铜冶炼	6	1204	112	171	1280
铅锌冶炼		200	38	21	304
镍钴冶炼	24	242	13	10	203
锡冶炼		53	8		－172
铝冶炼		1430	76	136	1340
镁冶炼		49	…	7	68
其他常用有色金属冶炼	2	133	8	5	171
贵金属冶炼		336	8	11	195
金冶炼		7	1		11
银冶炼		184	3	11	20
其他贵金属冶炼		146	4		165
稀有稀土金属冶炼		563	12	15	－30
钨钼冶炼		86	9	1	61
稀土金属冶炼		446	1	4	－129
其他稀有金属冶炼		31	2	10	38
有色金属合金制造	60	1964	136	85	1716
有色金属合金制造	60	1964	136	85	1716
有色金属压延加工	939	23468	2360	2802	19188
常用有色金属压延加工	884	22456	2239	2656	17850
贵金属压延加工	4	425	74	68	916
稀有稀土金属压延加工	52	587	47	79	422
金属制品业	6837	258047	16647	23218	164460
结构性金属制品制造	1794	53002	3349	5132	28020
金属结构制造	1053	26537	1847	2526	11397
金属门窗制造	741	26465	1502	2606	16623
金属工具制造	972	46298	2982	4196	31337
切削工具制造	189	8695	553	805	5532
手工具制造	339	20432	1245	1639	14703
农用及园林用金属工具制造	27	5437	315	477	4174
刀剪及类似日用金属工具制造	265	4861	423	890	2307
其他金属工具制造	151	6875	447	385	4622
集装箱及金属包装容器制造	159	8927	440	755	1973
集装箱制造		210	7		28

1-A-9 续表6-13

单位：个、人、万元

指 标 名 称	其他业务利润	营业费用、管理费用、财务费用合计	#税金	#利息支出	营业利润
金属压力容器制造	57	1757	106	163	538
金属包装容器制造	102	6960	327	592	1407
金属丝绳及其制品的制造	632	10411	710	951	7905
金属丝绳及其制品的制造	632	10411	710	951	7905
建筑、安全用金属制品制造	1584	54276	4025	4483	42408
建筑、家具用金属配件制造	1198	26189	2089	1998	17102
建筑装饰及水暖管道零件制造	251	20453	1395	1716	21855
安全、消防用金属制品制造	104	3874	351	397	1529
其他建筑、安全用金属制品制造	31	3760	190	372	1921
金属表面处理及热处理加工	761	36820	2270	2739	23817
金属表面处理及热处理加工	761	36820	2270	2739	23817
搪瓷制品制造	12	2502	205	154	1445
工业生产配套用搪瓷制品制造	2	211	16	31	56
搪瓷卫生洁具制造	3	1488	127	31	913
搪瓷日用品及其他搪瓷制品制造	7	804	62	92	476
不锈钢及类似日用金属制品制造	510	32053	1751	3646	18667
金属制厨房调理及卫生器具制造	176	7945	395	322	4016
金属制厨用器皿及餐具制造	204	13346	722	1731	8592
其他日用金属制品制造	129	10763	635	1592	6059
其他金属制品制造	415	13758	916	1163	8888
铸币及贵金属制实验室用品制造		23	2		129
其他未列明的金属制品制造	415	13736	915	1163	8760
通用设备制造业	14025	486233	31833	34955	344122
锅炉及原动机制造	273	9106	931	771	5755
锅炉及辅助设备制造	131	4223	406	274	1177
内燃机及配件制造	100	4061	484	423	3469
汽轮机及辅机制造		260	13	27	170
水轮机及辅机制造	23	437	17	35	814
其他原动机制造	19	125	10	12	125
金属加工机械制造	1030	50898	2135	2017	26462
金属切削机床制造	180	7970	397	615	3370
金属成形机床制造	235	4664	264	278	2305
铸造机械制造	139	3439	244	201	1775
金属切割及焊接设备制造	253	7123	385	327	3023
机床附件制造	125	5573	325	253	3075
其他金属加工机械制造	98	22129	521	342	12913
起重运输设备制造	1617	12962	794	1496	6067
起重运输设备制造	1617	12962	794	1496	6067

1-A-9 续表6-14

单位：个、人、万元

指标名称	其他业务利润	营业费用、管理费用、财务费用合计	#税金	#利息支出	营业利润
泵、阀门、压缩机及类似机械的制造	1778	107645	7545	8629	78147
泵及真空设备制造	502	23014	1300	1464	17093
气体压缩机械制造	139	5015	333	281	4123
阀门和旋塞的制造	837	62059	4800	6045	44122
液压和气压动力机械及元件制造	301	17557	1112	840	12809
轴承、齿轮、传动和驱动部件的制造	1637	58927	4388	5646	38746
轴承制造	1044	39822	3294	3887	28167
齿轮、传动和驱动部件制造	593	19106	1094	1759	10578
烘炉、熔炉及电炉制造	9	2967	195	165	2174
烘炉、熔炉及电炉制造	9	2967	195	165	2174
风机、衡器、包装设备等通用设备制造	1995	63166	4334	4493	35732
风机、风扇制造	161	7925	1114	497	6446
气体、液体分离及纯净设备制造	417	6769	207	573	1663
制冷、空调设备制造	820	11561	723	655	4684
风动和电动工具制造	205	16663	1093	1547	14969
喷枪及类似器具制造	50	4522	226	257	1547
包装专用设备制造	154	6747	496	354	2902
衡器制造	48	2713	183	156	1002
其他通用设备制造	141	6267	292	454	2520
通用零部件制造及机械修理	3962	135478	8548	8053	111763
金属密封件制造	380	8911	754	440	5951
紧固件、弹簧制造	1898	67415	4385	4639	60719
机械零部件加工及设备修理	1413	44376	2467	2410	32871
其他通用零部件制造	271	14776	942	563	12222
金属铸、锻加工	1724	45086	2963	3686	39277
钢铁铸件制造	1291	29929	2139	2489	27895
锻件及粉末冶金制品制造	433	15157	824	1197	11382
专用设备制造业	7728	193674	12899	14946	97856
矿山、冶金、建筑专用设备制造	313	10901	835	941	6567
采矿、采石设备制造	42	3476	260	255	3041
石油钻采专用设备制造	1	206	7	15	158
建筑工程用机械制造	40	3141	222	238	793
建筑材料生产专用机械制造	131	2269	141	249	1420
冶金专用设备制造	98	1809	205	184	1155
化工、木材、非金属加工专用设备制造	2402	70740	4749	4985	34255
炼油、化工生产专用设备制造	104	2423	279	158	1652
橡胶加工专用设备制造	13	899	50	34	79
塑料加工专用设备制造	1208	19538	1072	1409	5404

1－A－9　续表6－15　　　　单位：个、人、万元

指　标　名　称	其他业务利　　润	营业费用、管理费用、财务费用合　　计	#税金	#利息支出	营业利润
木材加工机械制造	42	1193	149	85	374
模具制造	953	45560	3124	3121	25889
其他非金属加工专用设备制造	82	1127	75	178	858
食品、饮料、烟草及饲料生产专用设备制造	168	7770	479	603	3826
食品、饮料、烟草工业专用设备制造	141	5130	334	444	3660
农副食品加工专用设备制造	27	2569	139	159	39
饲料生产专用设备制造		71	7	...	126
印刷、制药、日化生产专用设备制造	287	13411	697	761	6235
制浆和造纸专用设备制造	39	2858	127	161	497
印刷专用设备制造	133	5846	304	398	2792
日用化工专用设备制造	6	582	67	59	780
制药专用设备制造	85	2050	58	46	929
照明器具生产专用设备制造	5	616	12	31	351
玻璃、陶瓷和搪瓷制品生产专用设备制造	1	267	8	5	169
其他日用品生产专用设备制造	20	1193	121	61	717
纺织、服装和皮革工业专用设备制造	2108	36684	2448	3653	24555
纺织专用设备制造	1618	20505	1225	1488	13381
皮革、毛皮及其制品加工专用设备制造	109	1040	110	34	824
缝纫机械制造	378	12857	924	1949	9466
其他服装加工专用设备制造	2	2283	189	182	885
电子和电工机械专用设备制造	567	9520	495	669	2728
电工机械专用设备制造	346	3706	222	183	71
电子工业专用设备制造	221	5696	265	477	2575
武器弹药制造		72	4		48
航空、航天及其他专用设备制造		46	4	8	33
农、林、牧、渔专用机械制造	345	8639	647	627	5531
拖拉机制造		500	6	18	226
机械化农业及园艺机具制造	12	3516	252	268	1815
营林及木竹采伐机械制造		69	13		29
畜牧机械制造	4	183	26	11	141
渔业机械制造	37	327	33	34	104
农林牧渔机械配件制造	95	2579	193	215	2166
其他农林牧渔业机械制造及机械修理	197	1465	124	82	1051
医疗仪器设备及器械制造	699	13477	856	887	3310
医疗诊断、监护及治疗设备制造	32	2082	81	142	1008
口腔科用设备及器具制造		784	29	15	114
实验室及医用消毒设备和器具的制造	5	595	34	20	242
医疗、外科及兽医用器械制造	75	4542	322	161	1040

1-A-9 续表6-16

单位：个、人、万元

指标名称	其他业务利润	营业费用、管理费用、财务费用合计	#税金	#利息支出	营业利润
机械治疗及病房护理设备制造	20	1234	35	59	226
假肢、人工器官及植（介）入器械制造	504	1451	232	20	51
其他医疗设备及器械制造	64	2790	123	470	630
环保、社会公共安全及其他专用设备制造	840	22533	1692	1821	10849
环境污染防治专用设备制造	571	10701	655	829	5153
地质勘查专用设备制造		136	3	7	102
邮政专用机械及器材制造	37	866	17	106	-302
商业、饮食、服务业专用设备制造		586	32	100	297
社会公共安全设备及器材制造	163	6090	653	537	3622
交通安全及管制专用设备制造	26	852	33	20	573
水资源专用机械制造	21	1086	204	116	124
其他专用设备制造	22	2215	96	106	1281
交通运输设备制造业	5077	235799	13086	15800	137247
铁路运输设备制造	4	1716	103	190	1113
铁路机车车辆及动车组制造		19	5		-1
工矿有轨专用车辆制造		19	…		29
铁路机车车辆配件制造		456	44	88	366
铁路专用设备及器材、配件制造	4	768	43	33	550
其他铁路设备制造及设备修理		454	11	68	169
汽车制造	3448	159192	9169	10991	103853
汽车整车制造	3	327	12	9	-124
改装汽车制造	…	138	45	5	113
电车制造	1	104	2		4
汽车车身、挂车的制造	1	361	8	38	69
汽车零部件及配件制造	2937	137211	7847	10098	96663
汽车修理	506	21051	1255	840	7128
摩托车制造	483	20083	1162	1293	14640
摩托车整车制造	…	1010	39	1	102
摩托车零部件及配件制造	482	19073	1123	1292	14538
自行车制造	309	18000	1064	1413	8744
脚踏自行车及残疾人座车制造	229	8603	543	831	2530
助动自行车制造	80	9397	522	582	6214
船舶及浮动装置制造	596	31478	1299	1529	8275
金属船舶制造	370	8800	319	549	-197
非金属船舶制造	10	319	33	7	179
娱乐船和运动船的建造和修理	12	568	44	47	536
船用配套设备制造	30	7141	278	436	3014
船舶修理及拆船	175	14558	621	487	4719

1－A－9 续表6－17

单位：个、人、万元

指 标 名 称	其他业务利润	营业费用、管理费用、财务费用合计	#税金	#利息支出	营业利润
航标器材及其他浮动装置的制造	...	92	4	3	24
航空航天器制造		535	48	102	－303
飞机制造及修理		481	45	92	－323
航天器制造		12	2		2
其他飞行器制造		42	1	10	18
交通器材及其他交通运输设备制造	238	4795	241	282	925
潜水及水下救捞装备制造		20	1		22
交通管理用金属标志及设施制造	27	2586	170	151	1818
其他交通运输设备制造	211	2189	70	131	－915
电气机械及器材制造业	5800	323199	22648	21541	222692
电机制造	949	35560	2211	2159	24433
发电机及发电机组制造	293	5892	286	506	3626
电动机制造	384	17333	1005	876	12474
微电机及其他电机制造	272	12336	919	778	8333
输配电及控制设备制造	1760	118187	7277	6665	93432
变压器、整流器和电感器制造	326	15366	1021	1362	9162
电容器及其配套设备制造	79	4412	331	317	2816
配电开关控制设备制造	678	50671	3378	2431	53476
电力电子元器件制造	638	40631	2100	2321	22354
其他输配电及控制设备制造	40	7107	448	234	5624
电线、电缆、光缆及电工器材制造	550	32260	2323	2375	24042
电线电缆制造	381	22740	1626	1747	16473
光纤、光缆制造		593	82	24	514
绝缘制品制造	63	4763	296	167	4360
其他电工器材制造	106	4164	320	436	2695
电池制造	140	6992	485	512	3493
电池制造	140	6992	485	512	3493
家用电力器具制造	974	58760	4893	4741	33580
家用制冷电器具制造	27	3461	303	563	356
家用空气调节器制造	44	1973	88	150	920
家用通风电器具制造	180	4713	297	339	3233
家用厨房电器具制造	157	15105	992	1280	7315
家用清洁卫生电器具制造	254	5755	401	772	1225
家用美容、保健电器具制造	24	4401	317	191	2386
家用电力器具专用配件制造	130	11242	1039	547	10310
其他家用电力器具制造	158	12109	1456	897	7837
非电力家用器具制造	465	8103	379	580	5614
燃气、太阳能及类似能源的器具制造	419	7102	284	521	4927

1－A－9 续表6－18

单位：个、人、万元

指标名称	其他业务利润	营业费用、管理费用、财务费用合计	#税金	#利息支出	营业利润
其他非电力家用器具制造	45	1001	96	59	687
照明器具制造	902	55230	4614	4030	33058
电光源制造	284	15826	1560	643	7994
照明灯具制造	283	27371	1856	2381	15060
灯用电器附件及其他照明器具制造	335	12033	1199	1006	10004
其他电气机械及器材制造	60	8108	466	480	5041
车辆专用照明及电气信号设备装置制造	35	4744	277	267	2122
其他未列明的电气机械制造	25	3364	189	212	2919
通信设备、计算机及其他电子设备制造业	9426	106265	5646	6864	46716
通信设备制造	2003	15004	987	1288	3947
通信传输设备制造	213	5498	193	527	799
通信交换设备制造	109	3011	369	182	1180
通信终端设备制造	105	923	66	59	744
移动通信及终端设备制造	1514	1996	84	74	327
其他通信设备制造	61	3576	275	445	897
广播电视设备制造	111	6536	194	325	2759
广播电视节目制作及发射设备制造	6	576	4	41	－79
广播电视接收设备及器材制造	106	5343	164	277	2796
应用电视设备及其他广播电视设备制造		617	26	6	42
电子计算机制造	195	7399	245	325	－548
电子计算机整机制造		675	38	－12	－146
计算机网络设备制造	11	2552	90	149	－479
电子计算机外部设备制造	184	4171	117	188	77
电子器件制造	4451	16198	974	1118	2247
电子真空器件制造	432	2289	113	412	－719
半导体分立器件制造	－6	3384	224	264	1357
集成电路制造	3769	2462	75	20	2333
光电子器件及其他电子器件制造	257	8063	562	423	－723
电子元件制造	2159	47174	2533	3205	35275
电子元件及组件制造	1470	43397	2342	2913	32767
印制电路板制造	689	3777	191	292	2508
家用视听设备制造	285	9316	528	376	2651
家用影视设备制造	8	1621	93	100	474
家用音响设备制造	277	7695	435	275	2177
其他电子设备制造	221	4639	185	228	385
其他电子设备制造	221	4639	185	228	385
仪器仪表及文化、办公用机械制造业	2454	82913	4270	3877	40413
通用仪器仪表制造	1493	38604	1974	1780	17859

1－A－9 续表6－19

单位：个、人、万元

指 标 名 称	其他业务利 润	营业费用、管理费用、财务费用合 计	#税金	#利息支出	营业利润
工业自动控制系统装置制造	446	8752	373	178	2176
电工仪器仪表制造	171	12373	815	401	8160
绘图、计算及测量仪器制造	213	3355	160	275	1413
实验分析仪器制造	234	5799	287	416	2002
试验机制造	145	853	34	69	379
供应用仪表及其他通用仪器制造	284	7473	306	442	3730
专用仪器仪表制造	349	12092	669	545	3733
环境监测专用仪器仪表制造	65	1095	109	47	－8
汽车及其他用计数仪表制造	93	2498	101	211	1572
导航、气象及海洋专用仪器制造		499	88	5	143
农林牧渔专用仪器仪表制造		89	5	7	145
地质勘探和地震专用仪器制造	9	426	10	14	－17
教学专用仪器制造	18	2953	182	181	1119
核子及核辐射测量仪器制造		86		18	83
电子测量仪器制造	145	3013	56	38	116
其他专用仪器制造	19	1435	118	25	581
钟表与计时仪器制造	134	3613	168	282	166
钟表与计时仪器制造	134	3613	168	282	166
光学仪器及眼镜制造	364	21047	1029	831	14601
光学仪器制造	59	2545	186	146	1289
眼镜制造	305	18502	844	685	13312
文化、办公用机械制造	110	5704	297	314	3077
电影机械制造		317	12	53	85
幻灯及投影设备制造	66	467	14	…	－106
照相机及器材制造	15	780	62	12	738
复印和胶印设备制造	7	249	12	32	75
计算器及货币专用设备制造	15	2031	106	72	994
其他文化、办公用机械制造	8	1861	93	146	1292
其他仪器仪表的制造及修理	4	1853	132	126	977
其他仪器仪表的制造及修理	4	1853	132	126	977
工艺品及其他制造业	1598	149963	9123	9905	109474
工艺美术品制造	1369	111580	5867	7292	71273
雕塑工艺品制造	112	31159	1398	1893	17119
金属工艺品制造	187	24156	1361	1505	19131
漆器工艺品制造	56	3338	177	166	1875
花画工艺品制造	30	3268	222	96	2223
天然植物纤维编织工艺品制造	61	3236	200	199	2036
抽纱刺绣工艺品制造	456	22766	1234	1873	13864

1－A－9 续表6－20

单位：个、人、万元

指标名称	其他业务利润	营业费用、管理费用、财务费用合计	#税金	#利息支出	营业利润
地毯、挂毯制造	183	2528	133	336	904
珠宝首饰及有关物品的制造	115	4902	173	164	2135
其他工艺美术品制造	170	16227	968	1060	11985
日用杂品制造	224	36191	3035	2470	36695
制镜及类似品加工	19	2218	132	123	2060
鬃毛加工、制刷及清扫工具的制造	10	3023	174	253	2705
其他日用杂品制造	195	30950	2729	2095	31930
煤制品制造		761	71	46	505
煤制品制造		761	71	46	505
核辐射加工		16	...		－6
核辐射加工		16	...		－6
其他未列明的制造业	5	1415	151	97	1007
其他未列明的制造业	5	1415	151	97	1007
废弃资源和废旧材料回收加工业	1161	13090	736	861	10868
金属废料和碎屑的加工处理	333	6304	281	388	2606
金属废料和碎屑的加工处理	333	6304	281	388	2606
非金属废料和碎屑的加工处理	828	6786	456	474	8262
非金属废料和碎屑的加工处理	828	6786	456	474	8262
电力、燃气及水的生产和供应业	**5406**	**118041**	**4483**	**23072**	**28636**
电力、热力的生产和供应业	929	65770	2534	12714	24274
电力生产	568	61763	2433	11805	23294
火力发电	218	19021	220	523	－3931
水力发电	265	41342	2203	11281	28918
其他能源发电	86	1401	11		－1694
电力供应	214	1443	68	68	1189
电力供应	214	1443	68	68	1189
热力生产和供应	147	2564	33	841	－209
热力生产和供应	147	2564	33	841	－209
燃气生产和供应业	1351	7718	272	580	4225
燃气生产和供应业	1351	7718	272	580	4225
燃气生产和供应业	1351	7718	272	580	4225
水的生产和供应业	3126	44554	1677	9779	138
自来水的生产和供应	2822	25497	1139	2805	6130
自来水的生产和供应	2822	25497	1139	2805	6130
污水处理及其再生利用	301	15512	397	6232	－6829
污水处理及其再生利用	301	15512	397	6232	－6829
其他水的处理、利用与分配	3	3545	140	741	836
其他水的处理、利用与分配	3	3545	140	741	836

1－A－9 续表7－1

单位：个、人、万元

指 标 名 称	职工工资和福利费	本年应交增值税	资产减值损失	公允价值变动收益	投资收益
总 计	**4302200**	**1571168**	**3285**	**178**	**23693**
一、按轻重工业分					
轻工业	2118475	723697	1157	74	3613
重工业	2183724	847471	2128	104	20079
二、按登记注册类型分					
内 资	**4106529**	**1513382**	**2434**	**226**	**818**
国 有	17798	4220	25	－546	63
集 体	52420	17058	5		1
股份合作企业	129821	51485	1	...	...
联营企业	1890	675	1		
国有联营	260	88			
集体联营	1573	543			
国有与集体联营	30	12	1		
其他联营	27	32			
有限责任公司	175169	74035	300	...	－46
国有独资公司	2431	256			
其他有限责任公司	172738	73779	300	...	－46
股份有限公司	18723	7197	106		－13
私营企业	3695835	1354131	1951	772	813
私营独资	1461354	536646	309	－40	408
私营合伙	283598	109465	21	5	17
私营有限责任公司	1913544	695021	1541	737	346
私营股份有限公司	37338	12999	81	70	41
其 他	14874	4580	45		
港澳台商投资	**82386**	**22324**	**592**	**－97**	**10**
与港澳台商合资经营	35063	10494	134	－97	10
与港澳台商合作经营	843	317			
港澳台商独资	43574	10680	458	...	
港澳台商投资股份有限公司	2906	833			
外商投资	**113285**	**35463**	**259**	**49**	**22865**
中外合资经营	52763	16758	243		2574
中外合作经营	2218	653			
外资企业	56839	17562	16	49	20291
外商投资股份有限公司	1466	489			
三、按控股情况分					
国有控股	27259	11378	74	－546	2995
集体控股	82277	27750	14		1
私人控股	4033699	1484832	2651	675	737
港澳台商控股	67013	18136	510	...	－326

1-A-9 续表7-2

单位：个、人、万元

指 标 名 称	职工工资和福利费	本年应交增值税	资产减值损失	公允价值变动收益	投资收益
外商控股	80771	25307	37	49	20286
其 他	11181	3765			
四、按国民经济行业(门类、大类、中类、小类)分					
采矿业	**37150**	**14450**	**15**		**-11**
煤炭开采和洗选业	217	91			
其他煤炭采选	217	91			
其他煤炭采选	217	91			
黑色金属矿采选业	132	41			
铁矿采选	124	31			
铁矿采选	124	31			
其他黑色金属矿采选	8	10			
其他黑色金属矿采选	8	10			
有色金属矿采选业	1583	641			
常用有色金属矿采选	879	351			
铜矿采选	304	74			
铅锌矿采选	537	253			
锑矿采选	28	13			
铝矿采选	10	12			
贵金属矿采选	65	23			
金矿采选	38	...			
其他贵金属矿采选	27	23			
稀有稀土金属矿采选	639	266			
钨钼矿采选	639	266			
非金属矿采选业	35164	13646	15		-11
土砂石开采	30274	12626	15		-11
石灰石、石膏开采	2903	1437			
建筑装饰用石开采	11365	4412			-11
耐火土石开采	2065	687			
粘土及其他土砂石开采	13941	6090	15		
化学矿采选	130	62			
化学矿采选	130	62			
采 盐	2758	88			
采 盐	2758	88			
石棉及其他非金属矿采选	2003	871			
石棉、云母矿采选	3	1			
石墨、滑石采选	8	20			
宝石、玉石开采	94	22			
其他非金属矿采选	1897	828			
其他采矿业	55	32			

1－A－9 续表 7－3

单位：个、人、万元

指 标 名 称	职工工资和福利费	本年应交增值税	资产减值损失	公允价值变动收益	投资收益
其他采矿业	55	32			
其他采矿业	55	32			
制造业	**4210777**	**1532637**	**3170**	**177**	**23815**
农副食品加工业	56944	21393	11		35
谷物磨制	2529	1079	1		30
谷物磨制	2529	1079	1		30
饲料加工	4945	1968	11		－2
饲料加工	4945	1968	11		－2
植物油加工	1674	652			
食用植物油加工	1497	562			
非食用植物油加工	177	90			
制 糖	78	32			
制 糖	78	32			
屠宰及肉类加工	9600	4054			4
畜禽屠宰	3626	979			
肉制品及副产品加工	5973	3075			4
水产品加工	16787	4954			4
水产品冷冻加工	12278	3434			4
鱼糜制品及水产品干腌制加工	2462	861			
水产饲料制造	1660	460			
鱼油提取及制品的制造	72	24			
其他水产品加工	315	175			
蔬菜、水果和坚果加工	15918	6882			
蔬菜、水果和坚果加工	15918	6882			
其他农副食品加工	5413	1772			
淀粉及淀粉制品的制造	1231	423			
豆制品制造	2202	616			
蛋品加工	732	332			
其他未列明的农副食品加工	1248	402			
食品制造业	27933	10304	84	－546	181
焙烤食品制造	6360	2346			
糕点、面包制造	4497	1769			
饼干及其他焙烤食品制造	1863	578			
糖果、巧克力及蜜饯制造	2843	990			
糖果、巧克力制造	1378	477			
蜜饯制作	1465	513			
方便食品制造	4478	1778	49		10
米、面制品制造	2602	861			
速冻食品制造	821	305			10

1－A－9 续表7－4

单位：个、人、万元

指 标 名 称	职工工资和福利费	本年应交增值税	资产减值损失	公允价值变动收益	投资收益
方便面及其他方便食品制造	1056	612	49		
液体乳及乳制品制造	627	299	35		
液体乳及乳制品制造	627	299	35		
罐头制造	2979	1365			
肉、禽类罐头制造	157	82			
水产品罐头制造	129	18			
蔬菜、水果罐头制造	2635	1245			
其他罐头食品制造	58	19			
调味品、发酵制品制造	3396	1169	1		
味精制造	417	164			
酱油、食醋及类似制品的制造	1668	537			
其他调味品、发酵制品制造	1312	468	1		
其他食品制造	7249	2357		－546	171
营养、保健食品制造	3055	832			
冷冻饮品及食用冰制造	1009	316			
盐加工	26	5			
食品及饲料添加剂制造	2412	948		－546	171
其他未列明的食品制造	747	255			
饮料制造业	32690	11259	52	27	－3
酒精制造	28	21			
酒精制造	28	21			
酒的制造	8868	3409	4	27	－4
白酒制造	2041	745			
啤酒制造	196	37			
黄酒制造	5576	2154	4	27	－4
葡萄酒制造	186	84			
其他酒制造	869	390			
软饮料制造	10221	3275			
碳酸饮料制造	269	68			
瓶（罐）装饮用水制造	7803	2499			
果菜汁及果菜汁饮料制造	734	241			
含乳饮料和植物蛋白饮料制造	327	101			
固体饮料制造	760	296			
茶饮料及其他软饮料制造	329	71			
精制茶加工	13573	4555	48		1
精制茶加工	13573	4555	48		1
烟草制品业	30	1			
烟叶复烤	30	1			
烟叶复烤	30	1			

1－A－9 续表 7－5

单位：个、人、万元

指 标 名 称	职工工资和福利费	本年应交增 值 税	资产减值损 失	公允价值变动收益	投资收益
纺织业	439830	150186	143	－96	294
棉、化纤纺织及印染精加工	139928	56855	139	－96	43
棉、化纤纺织加工	115114	47847	139	2	43
棉、化纤印染精加工	24814	9008	...	－97	
毛纺织和染整精加工	12891	4724			
毛条加工	1049	374			
毛纺织	8755	3303			
毛染整精加工	3087	1047			
麻纺织	699	134			
麻纺织	699	134			
丝绢纺织及精加工	28048	9653			
缫丝加工	2806	1100			
绢纺和丝织加工	23132	7947			
丝印染精加工	2110	606			
纺织制成品制造	94377	31094	4		－6
棉及化纤制品制造	36662	10838	1		－6
毛制品制造	2736	1061			
麻制品制造	529	170			
丝制品制造	10067	3078			
绳、索、缆的制造	4687	1470			
纺织带和帘子布制造	13507	4698			
无纺布制造	10801	4516	2		
其他纺织制成品制造	15389	5262	1		
针织品、编织品及其制品制造	163888	47727			257
棉、化纤针织品及编织品制造	110080	31869			86
毛针织品及编织品制造	35823	9958			172
丝针织品及编织品制造	5452	1689			
其他针织品及编织品制造	12533	4211			
纺织服装、鞋、帽制造业	306735	79543	98	178	－231
纺织服装制造	289970	74422	98	178	－231
纺织服装制造	289970	74422	98	178	－231
纺织面料鞋的制造	10649	3247			
纺织面料鞋的制造	10649	3247			
制 帽	6116	1874			
制 帽	6116	1874			
皮革、毛皮、羽毛(绒)及其制品业	162274	48946	62		11
皮革鞣制加工	5277	2862			
皮革鞣制加工	5277	2862			
皮革制品制造	139213	39351	62		11

1－A－9 续表7－6

单位：个、人、万元

指标名称	职工工资和福利费	本年应交增值税	资产减值损失	公允价值变动收益	投资收益
皮鞋制造	73113	21714	32		
皮革服装制造	16260	3748			
皮箱、包(袋)制造	38478	10829			11
皮手套及皮装饰制品制造	7904	2010	30		
其他皮革制品制造	3458	1050			
毛皮鞣制及制品加工	14138	5494	…		
毛皮鞣制加工	401	126			
毛皮服装加工	3672	1257			
其他毛皮制品加工	10065	4111	…		
羽毛(绒)加工及制品制造	3648	1239			
羽毛(绒)加工	1159	521			
羽毛(绒)制品加工	2489	718			
木材加工及木、竹、藤、棕、草制品业	64584	22236		10	82
锯材、木片加工	7241	2904			2
锯材加工	4364	1750			
木片加工	2877	1153			2
人造板制造	14367	4824			80
胶合板制造	8960	2839			80
纤维板制造	379	98			
刨花板制造	522	165			
其他人造板、材制造	4506	1722			
木制品制造	26012	9214		2	
建筑用木料及木材组件加工	11323	4009			
木容器制造	6658	2593			
软木制品及其他木制品制造	8031	2611		2	
竹、藤、棕、草制品制造	16964	5295		8	
竹、藤、棕、草制品制造	16964	5295		8	
家具制造业	46344	15545	…		…
木质家具制造	27386	9240			…
木质家具制造	27386	9240			…
竹、藤家具制造	1514	491			
竹、藤家具制造	1514	491			
金属家具制造	11647	4136	…		
金属家具制造	11647	4136	…		
塑料家具制造	1429	525			
塑料家具制造	1429	525			
其他家具制造	4368	1154			
其他家具制造	4368	1154			
造纸及纸制品业	111485	46054	35		94

1-A-9 续表7-7

单位：个、人、万元

指标名称	职工工资和福利费	本年应交增值税	资产减值损失	公允价值变动收益	投资收益
纸浆制造	368	156			
纸浆制造	368	156			
造纸	14829	6377			
机制纸及纸板制造	9583	4293			
手工纸制造	659	217			
加工纸制造	4587	1867			
纸制品制造	96289	39521	35		94
纸和纸板容器的制造	80387	30675	25		39
其他纸制品制造	15902	8846	10		55
印刷业和记录媒介的复制	125642	49413	58	29	73
印刷	116704	46633	56	29	63
书、报、刊印刷	18647	6746			15
本册印制	8514	3279			
包装装潢及其他印刷	89543	36608	56	29	49
装订及其他印刷服务活动	8667	2716	2		10
装订及其他印刷服务活动	8667	2716	2		10
记录媒介的复制	272	64			
记录媒介的复制	272	64			
文教体育用品制造业	89401	30534	466	471	5
文化用品制造	39128	13115	5	3	3
文具制造	14081	4645	2		
笔的制造	20408	6302			
教学用模型及教具制造	2528	1422			
墨水、墨汁制造	263	61			
其他文化用品制造	1849	685	3	3	3
体育用品制造	19583	6934	459		...
球类制造	1952	771			
体育器材及配件制造	6607	2296	459		...
训练健身器材制造	5690	2199			
运动防护用具制造	1395	431			
其他体育用品制造	3940	1237			
乐器制造	2209	684			
中乐器制造	204	41			
西乐器制造	1068	357			
电子乐器制造	5	6			
其他乐器及零件制造	933	280			
玩具制造	24279	8323	3	468	2
玩具制造	24279	8323	3	468	2
游艺器材及娱乐用品制造	4202	1479			

1-A-9 续表7-8 单位:个、人、万元

指标名称	职工工资和福利费	本年应交增值税	资产减值损失	公允价值变动收益	投资收益
露天游乐场所游乐设备制造	1766	753			
游艺用品及室内游艺器材制造	2436	726			
石油加工、炼焦及核燃料加工业	2284	1039			
精炼石油产品的制造	2273	1023			
原油加工及石油制品制造	2118	952			
人造原油生产	156	71			
炼焦	11	16			
炼焦	11	16			
化学原料及化学制品制造业	96687	43842	481	4	-169
基础化学原料制造	14527	7016	257		-18
无机酸制造	827	501			-18
无机碱制造	517	233			
无机盐制造	4836	2734			
有机化学原料制造	5064	2115	257		...
其他基础化学原料制造	3284	1434			
肥料制造	2165	1252			-148
氮肥制造	156	78			
磷肥制造	387	155			
复混肥料制造	759	646			-148
有机肥料及微生物肥料制造	670	279			
其他肥料制造	192	95			
农药制造	1110	637	204		
化学农药制造	737	463			
生物化学农药及微生物农药制造	374	174	204		
涂料、油墨、颜料及类似产品制造	24760	11107	19	4	3
涂料制造	16313	7329	11	4	3
油墨及类似产品制造	3076	1432	7		
颜料制造	1512	659	1		
染料制造	1916	844			
密封用填料及类似品制造	1943	843			
合成材料制造	6595	3109			
初级形态的塑料及合成树脂制造	4211	2108			
合成橡胶制造	888	416			
合成纤维单(聚合)体的制造	565	168			
其他合成材料制造	931	417			
专用化学产品制造	34247	16147	1		-5
化学试剂和助剂制造	15600	7550	1		
专项化学用品制造	6004	2968			-9
林产化学产品制造	2962	963			

1-A-9 续表7-9

单位:个、人、万元

指 标 名 称	职工工资和福利费	本年应交增值税	资产减值损失	公允价值变动收益	投资收益
炸药及火工产品制造	417	181			
信息化学品制造	1375	472			
环境污染处理专用药剂材料制造	1147	479			
动物胶制造	629	245			4
其他专用化学产品制造	6112	3291			...
日用化学产品制造	13284	4575	1		
肥皂及合成洗涤剂制造	3167	1511			
化妆品制造	4937	1415	1		
口腔清洁用品制造	1801	224			
香料、香精制造	1062	430			
其他日用化学产品制造	2318	996			
医药制造业	14523	4862	1		2930
化学药品原药制造	2193	888			
化学药品原药制造	2193	888			
化学药品制剂制造	2102	847			2930
化学药品制剂制造	2102	847			2930
中药饮片加工	1299	430			
中药饮片加工	1299	430			
中成药制造	895	389			
中成药制造	895	389			
兽用药品制造	625	176	1		
兽用药品制造	625	176	1		
生物、生化制品的制造	2919	773			
生物、生化制品的制造	2919	773			
卫生材料及医药用品制造	4491	1359			
卫生材料及医药用品制造	4491	1359			
化学纤维制造业	9326	4142			
纤维素纤维原料及纤维制造	1211	575			
化纤浆粕制造	236	37			
人造纤维(纤维素纤维)制造	975	538			
合成纤维制造	8114	3567			
锦纶纤维制造	689	246			
涤纶纤维制造	2064	898			
腈纶纤维制造	186	49			
维纶纤维制造	79	87			
其他合成纤维制造	5097	2287			
橡胶制品业	48134	19187	73	-72	
轮胎制造	1583	561			
车辆、飞机及工程机械轮胎制造	628	213			

1－A－9 续表7－10

单位：个、人、万元

指标名称	职工工资和福利费	本年应交增值税	资产减值损失	公允价值变动收益	投资收益
力车胎制造	355	164			
轮胎翻新加工	600	184			
橡胶板、管、带的制造	9125	3796	1		
橡胶板、管、带的制造	9125	3796	1		
橡胶零件制造	20114	8293			
橡胶零件制造	20114	8293			
再生橡胶制造	863	363			
再生橡胶制造	863	363			
日用及医用橡胶制品制造	3332	1156			
日用及医用橡胶制品制造	3332	1156			
橡胶靴鞋制造	7575	2627			
橡胶靴鞋制造	7575	2627			
其他橡胶制品制造	5543	2391	72	－72	
其他橡胶制品制造	5543	2391	72	－72	
塑料制品业	287863	117194	11	46	25
塑料薄膜制造	14106	5913			
塑料薄膜制造	14106	5913			
塑料板、管、型材的制造	33240	14082		50	10
塑料板、管、型材的制造	33240	14082		50	10
塑料丝、绳及编织品的制造	27033	10956			
塑料丝、绳及编织品的制造	27033	10956			
泡沫塑料制造	12444	4995			
泡沫塑料制造	12444	4995			
塑料人造革、合成革制造	1975	923			
塑料人造革、合成革制造	1975	923			
塑料包装箱及容器制造	26028	10722	…		2
塑料包装箱及容器制造	26028	10722	…		2
塑料零件制造	79163	32797	3		
塑料零件制造	79163	32797	3		
日用塑料制造	56600	22351	7	－4	4
塑料鞋制造	10649	3500	6	－4	
日用塑料杂品制造	45951	18851	1		4
其他塑料制品制造	37274	14456	…		8
其他塑料制品制造	37274	14456	…		8
非金属矿物制品业	183814	62529	120	－1	30
水泥、石灰和石膏的制造	6715	3474	2		
水泥制造	1164	594			
石灰和石膏制造	5551	2880	2		
水泥及石膏制品制造	29564	12116	102	－1	15

1－A－9 续表7－11

单位:个、人、万元

指 标 名 称	职工工资和福利费	本年应交增值税	资产减值损失	公允价值变动收益	投资收益
水泥制品制造	20244	8946	101	1	14
砼结构构件制造	6550	2570	1	－2	1
石棉水泥制品制造	62	22			
轻质建筑材料制造	2285	448	...	...	
其他水泥制品制造	423	130			
砖瓦、石材及其他建筑材料制造	94333	26247	11		2
粘土砖瓦及建筑砌块制造	67177	14675	11		2
建筑陶瓷制品制造	3186	993			
建筑用石加工	14518	5561			
防水建筑材料制造	1741	458			
隔热和隔音材料制造	3169	1375			
其他建筑材料制造	4542	3185			
玻璃及玻璃制品制造	26377	9084	4		13
平板玻璃制造	503	201			
技术玻璃制品制造	3987	1520			
光学玻璃制造	1189	433			
玻璃仪器制造	801	286			
日用玻璃制品及玻璃包装容器制造	10106	3118	4		
玻璃保温容器制造	448	218			
玻璃纤维及制品制造	3267	1275			
玻璃纤维增强塑料制品制造	3199	1136			
其他玻璃制品制造	2877	898			13
陶瓷制品制造	8283	3634	2		
卫生陶瓷制品制造	4701	2396			
特种陶瓷制品制造	1305	489			
日用陶瓷制品制造	1789	596	1		
园林、陈设艺术及其他陶瓷制品制造	487	152	1		
耐火材料制品制造	10458	4991			
石棉制品制造	2772	1312			
云母制品制造	482	164			
耐火陶瓷制品及其他耐火材料制造	7205	3516			
石墨及其他非金属矿物制品制造	8084	2983			
石墨及碳素制品制造	1107	495			
其他非金属矿物制品制造	6978	2488			
黑色金属冶炼及压延加工业	23594	10968	6		1
炼 铁	730	252			
炼 铁	730	252			
炼 钢	165	84			
炼 钢	165	84			

1－A－9 续表7－12

单位：个、人、万元

指 标 名 称	职工工资和福利费	本年应交增值税	资产减值损失	公允价值变动收益	投资收益
钢压延加工	22432	10525	6		1
钢压延加工	22432	10525	6		1
铁合金冶炼	266	108			
铁合金冶炼	266	108			
有色金属冶炼及压延加工业	32193	14902			
常用有色金属冶炼	3475	1704			
铜冶炼	1319	614			
铅锌冶炼	238	107			
镍钴冶炼	191	180			
锡冶炼	75	69			
铝冶炼	1404	650			
镁冶炼	64	15			
其他常用有色金属冶炼	186	69			
贵金属冶炼	286	203			
金冶炼	17	12			
银冶炼	123	82			
其他贵金属冶炼	147	109			
稀有稀土金属冶炼	431	206			
钨钼冶炼	74	26			
稀土金属冶炼	286	160			
其他稀有金属冶炼	71	20			
有色金属合金制造	2276	1012			
有色金属合金制造	2276	1012			
有色金属压延加工	25725	11777			
常用有色金属压延加工	24368	11122			
贵金属压延加工	719	363			
稀有稀土金属压延加工	637	292			
金属制品业	288770	106550	643	41	31
结构性金属制品制造	51838	19487	555		...
金属结构制造	26109	9972			...
金属门窗制造	25729	9515	555		
金属工具制造	53530	18669	7		41
切削工具制造	11314	3329			
手工具制造	23210	8333	2		21
农用及园林用金属工具制造	4735	2025	2		
刀剪及类似日用金属工具制造	6255	1957	...		
其他金属工具制造	8016	3024	3		20
集装箱及金属包装容器制造	8638	2859			
集装箱制造	253	56			

1-A-9 续表7-13

单位：个、人、万元

指 标 名 称	职工工资和福利费	本年应交增值税	资产减值损失	公允价值变动收益	投资收益
金属压力容器制造	1828	558			
金属包装容器制造	6558	2245			
金属丝绳及其制品的制造	11239	4940	11		
金属丝绳及其制品的制造	11239	4940	11		
建筑、安全用金属制品制造	64030	24498	62	40	4
建筑、家具用金属配件制造	31997	10798	60	40	4
建筑装饰及水暖管道零件制造	24470	10903	2		
安全、消防用金属制品制造	4737	1424			
其他建筑、安全用金属制品制造	2827	1373			
金属表面处理及热处理加工	47522	16867			-15
金属表面处理及热处理加工	47522	16867			-15
搪瓷制品制造	3105	1237			
工业生产配套用搪瓷制品制造	310	130			
搪瓷卫生洁具制造	1713	753			
搪瓷日用品及其他搪瓷制品制造	1083	354			
不锈钢及类似日用金属制品制造	32605	11893	8	1	1
金属制厨房调理及卫生器具制造	7369	2746			
金属制厨用器皿及餐具制造	12613	4412	5	1	1
其他日用金属制品制造	12623	4734	4		
其他金属制品制造	16265	6100			
铸币及贵金属制实验室用品制造	7	46			
其他未列明的金属制品制造	16258	6054			
通用设备制造业	566509	220102	163	110	36
锅炉及原动机制造	9415	3408	20		
锅炉及辅助设备制造	3688	1149			
内燃机及配件制造	4370	1664			
汽轮机及辅机制造	239	100			
水轮机及辅机制造	908	410	20		
其他原动机制造	210	85			
金属加工机械制造	36628	12932	20		7
金属切削机床制造	8212	2392	…		
金属成形机床制造	4927	1913			
铸造机械制造	3192	1567			
金属切割及焊接设备制造	6710	2383	20		-15
机床附件制造	6704	2206			
其他金属加工机械制造	6883	2472			22
起重运输设备制造	13083	5429			
起重运输设备制造	13083	5429			

1－A－9 续表 7－14

单位：个、人、万元

指 标 名 称	职工工资和福利费	本年应交增值税	资产减值损失	公允价值变动收益	投资收益
泵、阀门、压缩机及类似机械的制造	118289	50608	18	110	55
泵及真空设备制造	25571	10714	4		
气体压缩机械制造	5116	2232	3	110	
阀门和旋塞的制造	67836	29788	10		55
液压和气压动力机械及元件制造	19767	7874			
轴承、齿轮、传动和驱动部件的制造	86544	30556	29	…	1
轴承制造	63792	21914			1
齿轮、传动和驱动部件制造	22752	8643	29	…	
烘炉、熔炉及电炉制造	3294	1169			
烘炉、熔炉及电炉制造	3294	1169			
风机、衡器、包装设备等通用设备制造	59781	21920	68		1
风机、风扇制造	8698	3262	…		
气体、液体分离及纯净设备制造	5002	1744			
制冷、空调设备制造	10581	3695			
风动和电动工具制造	17118	6711	43		1
喷枪及类似器具制造	4057	1583	5		
包装专用设备制造	6237	2198			
衡器制造	2225	666			
其他通用设备制造	5862	2062	20		
通用零部件制造及机械修理	181663	69928	8	…	－16
金属密封件制造	10783	4357			
紧固件、弹簧制造	89796	35080	6	…	
机械零部件加工及设备修理	58952	22507	2		－16
其他通用零部件制造	22132	7985			
金属铸、锻加工	57810	24153	1		－12
钢铁铸件制造	39526	16423			1
锻件及粉末冶金制品制造	18285	7730	1		－12
专用设备制造业	195982	76498	14	4	2
矿山、冶金、建筑专用设备制造	11745	4147			－6
采矿、采石设备制造	4476	1531			
石油钻采专用设备制造	214	93			
建筑工程用机械制造	2647	1061			－6
建筑材料生产专用机械制造	2673	971			
冶金专用设备制造	1735	492			
化工、木材、非金属加工专用设备制造	71301	30031	1		
炼油、化工生产专用设备制造	2603	856	…		
橡胶加工专用设备制造	937	390			
塑料加工专用设备制造	14804	7100			

1－A－9 续表7－15 单位：个、人、万元

指 标 名 称	职工工资和福利费	本年应交增值税	资产减值损失	公允价值变动收益	投资收益
木材加工机械制造	1269	310			
模具制造	50898	21071	1		
其他非金属加工专用设备制造	790	303			
食品、饮料、烟草及饲料生产专用设备制造	7042	2781			
食品、饮料、烟草工业专用设备制造	5034	2061			
农副食品加工专用设备制造	1888	665			
饲料生产专用设备制造	120	55			
印刷、制药、日化生产专用设备制造	13313	5216	10	5	10
制浆和造纸专用设备制造	2384	845			
印刷专用设备制造	6214	2360			
日用化工专用设备制造	748	369			
制药专用设备制造	1814	774	10	5	10
照明器具生产专用设备制造	630	266			
玻璃、陶瓷和搪瓷制品生产专用设备制造	310	152			
其他日用品生产专用设备制造	1215	451			
纺织、服装和皮革工业专用设备制造	46921	16265	3	－1	－3
纺织专用设备制造	23982	8532	2	－1	－1
皮革、毛皮及其制品加工专用设备制造	1010	421			
缝纫机械制造	19716	6461	1		－2
其他服装加工专用设备制造	2213	852			
电子和电工机械专用设备制造	8121	3100			
电工机械专用设备制造	2918	1067			
电子工业专用设备制造	5081	1962			
武器弹药制造	67	53			
航空、航天及其他专用设备制造	55	18			
农、林、牧、渔专用机械制造	9266	3545			
拖拉机制造	498	196			
机械化农业及园艺机具制造	3116	1329			
营林及木竹采伐机械制造	75	47			
畜牧机械制造	271	72			
渔业机械制造	512	136			
农林牧渔机械配件制造	3297	1237			
其他农林牧渔业机械制造及机械修理	1497	530			
医疗仪器设备及器械制造	10774	4048			
医疗诊断、监护及治疗设备制造	1789	515			
口腔科用设备及器具制造	743	196			
实验室及医用消毒设备和器具的制造	527	191			
医疗、外科及兽医用器械制造	3823	1619			

1－A－9 续表7－16　　　　单位：个、人、万元

指 标 名 称	职工工资和福利费	本年应交增值税	资产减值损失	公允价值变动收益	投资收益
机械治疗及病房护理设备制造	917	356			
假肢、人工器官及植（介）入器械制造	769	141			
其他医疗设备及器械制造	2206	1030			
环保、社会公共安全及其他专用设备制造	17500	7365			
环境污染防治专用设备制造	8487	3461			
地质勘查专用设备制造	126	38			
邮政专用机械及器材制造	295	135			
商业、饮食、服务业专用设备制造	354	200			
社会公共安全设备及器材制造	4619	2055			
交通安全及管制专用设备制造	641	433			
水资源专用机械制造	854	247			
其他专用设备制造	2124	795			
交通运输设备制造业	277827	100587	70	－13	20139
铁路运输设备制造	1629	648	...		
铁路机车车辆及动车组制造	20	4			
工矿有轨专用车辆制造	20	16			
铁路机车车辆配件制造	307	155			
铁路专用设备及器材、配件制造	830	294	...		
其他铁路设备制造及设备修理	452	180			
汽车制造	179882	66753	32		20137
汽车整车制造	343	127			
改装汽车制造	124	56			
电车制造	127	66			
汽车车身、挂车的制造	321	135			
汽车零部件及配件制造	159478	60380	27		20135
汽车修理	19488	5991	5		2
摩托车制造	23964	9269	23		
摩托车整车制造	444	248			
摩托车零部件及配件制造	23520	9021	23		
自行车制造	20924	9855			
脚踏自行车及残疾人座车制造	10765	3750			
助动自行车制造	10159	6105			
船舶及浮动装置制造	47572	12767	15	－13	2
金属船舶制造	8301	1793		－13	1
非金属船舶制造	366	159			
娱乐船和运动船的建造和修理	1017	283			
船用配套设备制造	11273	2997	15		1
船舶修理及拆船	26513	7491	...	...	

1－A－9 续表7－17　　单位：个、人、万元

指标名称	职工工资和福利费	本年应交增值税	资产减值损失	公允价值变动收益	投资收益
航标器材及其他浮动装置的制造	102	45			
航空航天器制造	287	49			
飞机制造及修理	239	27			
航天器制造	13	3			
其他飞行器制造	36	20			
交通器材及其他交通运输设备制造	3569	1247			
潜水及水下救捞装备制造	55	9			
交通管理用金属标志及设施制造	2231	972			
其他交通运输设备制造	1283	266			
电气机械及器材制造业	329512	125027	495	－10	31
电机制造	39580	15413			19
发电机及发电机组制造	5751	2367			
电动机制造	18754	7543			4
微电机及其他电机制造	15076	5503			15
输配电及控制设备制造	104108	43066	245	－10	17
变压器、整流器和电感器制造	13621	5747	9	2	10
电容器及其配套设备制造	3824	1697			
配电开关控制设备制造	46720	19994	218		3
电力电子元器件制造	33592	12857	18	－12	5
其他输配电及控制设备制造	6352	2772			
电线、电缆、光缆及电工器材制造	30785	14768	2		1
电线电缆制造	20940	10607	2		1
光纤、光缆制造	464	244			
绝缘制品制造	4595	2023			
其他电工器材制造	4787	1894			
电池制造	7971	2576			
电池制造	7971	2576			
家用电力器具制造	56407	19060	11		－4
家用制冷电器具制造	3007	845			
家用空气调节器制造	1573	781			
家用通风电器具制造	4858	1380	11		
家用厨房电器具制造	12309	3980			
家用清洁卫生电器具制造	4437	1517			
家用美容、保健电器具制造	4895	1501			
家用电力器具专用配件制造	14642	5516	...		
其他家用电力器具制造	10687	3540			－4
非电力家用器具制造	8747	3424			－12
燃气、太阳能及类似能源的器具制造	7791	3004			－12

1－A－9 续表 7－18 单位：个、人、万元

指 标 名 称	职工工资和福利费	本年应交增值税	资产减值损失	公允价值变动收益	投资收益
其他非电力家用器具制造	956	420			
照明器具制造	74527	23983			10
电光源制造	28170	7099			8
照明灯具制造	30470	11472			2
灯用电器附件及其他照明器具制造	15886	5413			
其他电气机械及器材制造	7388	2736	236		
车辆专用照明及电气信号设备装置制造	4478	1588	236		
其他未列明的电气机械制造	2910	1149			
通信设备、计算机及其他电子设备制造业	99953	35439	11	－5	
通信设备制造	10507	4247			
通信传输设备制造	3409	1222			
通信交换设备制造	2176	1168			
通信终端设备制造	850	372			
移动通信及终端设备制造	1165	297			
其他通信设备制造	2908	1189			
广播电视设备制造	6833	2340			
广播电视节目制作及发射设备制造	270	115			
广播电视接收设备及器材制造	5955	2018			
应用电视设备及其他广播电视设备制造	607	208			
电子计算机制造	3817	1340			
电子计算机整机制造	331	44			
计算机网络设备制造	1163	418			
电子计算机外部设备制造	2324	878			
电子器件制造	12321	3738			
电子真空器件制造	1368	249			
半导体分立器件制造	3073	1359			
集成电路制造	1645	346			
光电子器件及其他电子器件制造	6236	1784			
电子元件制造	54242	19546	11	－5	
电子元件及组件制造	50209	17840	11	－5	
印制电路板制造	4033	1706			
家用视听设备制造	8696	2918			
家用影视设备制造	1451	447			
家用音响设备制造	7245	2471			
其他电子设备制造	3536	1310			
其他电子设备制造	3536	1310			
仪器仪表及文化、办公用机械制造业	86324	30839	1	…	…
通用仪器仪表制造	34536	12843	1		

1－A－9　续表 7－19

单位：个、人、万元

指　标　名　称	职工工资和福利费	本年应交增值税	资产减值损失	公允价值变动收益	投资收益
工业自动控制系统装置制造	7427	2420			
电工仪器仪表制造	9659	4047			
绘图、计算及测量仪器制造	3493	1311			
实验分析仪器制造	5439	2064			
试验机制造	806	253			
供应用仪表及其他通用仪器制造	7712	2748	1		
专用仪器仪表制造	9716	3695			
环境监测专用仪器仪表制造	456	81			
汽车及其他用计数仪表制造	2837	913			
导航、气象及海洋专用仪器制造	298	186			
农林牧渔专用仪器仪表制造	168	39			
地质勘探和地震专用仪器制造	289	102			
教学专用仪器制造	2707	1223			
核子及核辐射测量仪器制造	53	1			
电子测量仪器制造	1640	694			
其他专用仪器制造	1269	456			
钟表与计时仪器制造	4141	1461			
钟表与计时仪器制造	4141	1461			
光学仪器及眼镜制造	29788	10094	...	...	...
光学仪器制造	2924	987			
眼镜制造	26865	9107	...	...	...
文化、办公用机械制造	6152	2092			
电影机械制造	212	124			
幻灯及投影设备制造	277	118			
照相机及器材制造	916	350			
复印和胶印设备制造	406	92			
计算器及货币专用设备制造	1690	690			
其他文化、办公用机械制造	2652	719			
其他仪器仪表的制造及修理	1990	653			
其他仪器仪表的制造及修理	1990	653			
工艺品及其他制造业	192783	68009	71		210
工艺美术品制造	143217	48237	51		209
雕塑工艺品制造	37349	13667	50		
金属工艺品制造	28869	8798			
漆器工艺品制造	4351	1614	1		
花画工艺品制造	3525	1100			149
天然植物纤维编织工艺品制造	3993	1231			
抽纱刺绣工艺品制造	35489	12289	...		18

1-A-9 续表7-20

单位：个、人、万元

指 标 名 称	职工工资和福利费	本年应交增值税	资产减值损失	公允价值变动收益	投资收益
地毯、挂毯制造	3008	1064			1
珠宝首饰及有关物品的制造	5515	2102			
其他工艺美术品制造	21118	6373			40
日用杂品制造	47771	19004	20		1
制镜及类似品加工	2730	1082			
鬃毛加工、制刷及清扫工具的制造	3649	1336			
其他日用杂品制造	41392	16586	20		1
煤制品制造	412	197			
煤制品制造	412	197			
核辐射加工	18	12			
核辐射加工	18	12			
其他未列明的制造业	1364	559			
其他未列明的制造业	1364	559			
废弃资源和废旧材料回收加工业	10808	5508			5
金属废料和碎屑的加工处理	4169	2023			
金属废料和碎屑的加工处理	4169	2023			
非金属废料和碎屑的加工处理	6639	3485			5
非金属废料和碎屑的加工处理	6639	3485			5
电力、燃气及水的生产和供应业	**54272**	**24082**	**99**	**1**	**-111**
电力、热力的生产和供应业	26281	14924	91	1	2
电力生产	24466	14276	91	1	2
火力发电	1343	5005			
水力发电	22711	8912	91	1	2
其他能源发电	412	360			
电力供应	1089	198			
电力供应	1089	198			
热力生产和供应	727	451			
热力生产和供应	727	451			
燃气生产和供应业	3319	1589	9		
燃气生产和供应业	3319	1589	9		
燃气生产和供应业	3319	1589	9		
水的生产和供应业	24672	7568			-113
自来水的生产和供应	15942	5558			
自来水的生产和供应	15942	5558			
污水处理及其再生利用	5292	1158			-113
污水处理及其再生利用	5292	1158			-113
其他水的处理、利用与分配	3438	852			
其他水的处理、利用与分配	3438	852			

1－A－10 按地区分组的全部工业企业主要经济指标

单位：个、万元、人

地 区	企业数	亏损企业	工业总产值（当年价）	固定资产原价	所有者权益合计	实收资本	国家资本	集体资本
总 计	**224585**	**29127**	**453388741**	**172874994**	**156422640**	**91628181**	**49730877**	**1189301**
杭州市	34971	7009	109457009	41373213	35294557	18471541	17272633	294427
宁波市	47194	7662	94618329	36594083	30296900	19705376	7478918	215597
温州市	31051	1606	41556777	13226955	15749759	10559500	3617037	125044
嘉兴市	24784	3826	41607093	22302636	16743653	10839059	4115072	90647
湖州市	8840	1217	22065989	7252439	6729378	4163115	4439450	60676
绍兴市	21212	2518	57292824	20750741	21307252	10702353	2140700	154746
金华市	19366	1842	28901668	10707743	11342832	6382651	1894657	87220
衢州市	4221	295	8348582	4067895	3007316	1581579	2233314	9069
舟山市	2696	733	7499829	3223057	2521985	1601834	839720	28290
台州市	25989	2044	33556181	10414057	10495619	5981795	3358045	108005
丽水市	4261	375	8484460	2962175	2933391	1639378	2341331	15581

1－A－10 续表1

单位：个、万元、人

地区	法人资本	个人资本	港澳台资本	外商资本	本年折旧	主营业务收入	主营业务成本	主营业务税金及附加
总计	**24070645**	**37006184**	**10332672**	**14056291**	**11790384**	**439908305**	**386040639**	**3293257**
杭州市	4905501	6199631	2204741	3139977	3025879	107232381	93457963	1193784
宁波市	5937988	4798815	3558829	4446257	2368718	91424402	81954469	834420
温州市	2113655	7315174	185761	458164	871037	39808921	34049960	248257
嘉兴市	2278683	3210328	1512157	3335736	1451770	40199910	35337340	142395
湖州市	937753	1487365	575335	658041	468178	21722457	19270818	140188
绍兴市	3406914	4275565	1589553	1061506	1441447	56254138	49468508	252876
金华市	1699125	3687708	316994	402139	845009	28186953	24583866	181769
衢州市	418078	814858	59946	56297	259146	8476996	7365184	61595
舟山市	686580	622788	62291	117914	189500	6531225	5823633	23011
台州市	1241806	3741519	250549	304111	703372	32011666	27783346	168050
丽水市	444564	852435	16517	76150	166329	8059256	6945554	46912

1－A－10　续表2　　　　单位：个、万元、人

地　区	主营业务利　润	其他业务利　润	营业费用、管理费用、财务费用合　计	营业利润	职工工资和福利费	本年应交增值税	年末存货	全部从业人员年平均人　数
总　计	**50586106**	**1376999**	**35516386**	**17083277**	**24882605**	**12375278**	**52074724**	**10721272**
杭州市	12583790	331672	8622423	4376804	4525348	2974111	11496934	1689279
宁波市	8635513	277144	7173774	1758570	5293707	2211969	11632345	2327856
温州市	5511867	70841	3705054	1936178	3113242	1372507	4290533	1410054
嘉兴市	4720241	152440	3388121	1540350	3002532	1279603	5376668	1225237
湖州市	2311844	80970	1514902	855168	835761	608795	2101670	416863
绍兴市	6532913	184320	3996859	2819052	2403846	1378832	6496682	1101691
金华市	3425802	57308	2418741	1199059	2111904	858854	3321962	939410
衢州市	1050676	80722	679412	555224	469666	267644	990028	191516
舟山市	684581	36518	470111	263990	335625	104886	1496922	135710
台州市	4060669	94107	2918591	1252368	2332843	1053604	4057891	1078041
丽水市	1068211	10958	628398	526515	458131	264473	813088	205615

1－A－11 按地区分组的规模以上工业企业主要经济指标

单位：个、万元、人

地区	企业数	亏损企业	工业总产值（当年价格）	工业销售产值（当年价格）	出口交货值	资产总计	流动资产合计
总计	**58816**	**8918**	**408321003**	**397175091**	**98266247**	**355507623**	**196681158**
杭州市	9907	1984	101752467	100006371	18325471	81738779	45148895
宁波市	12119	2201	85639968	83092802	26236056	72808436	39835900
温州市	7451	489	35084277	33704264	6676346	31081582	18480350
嘉兴市	6735	1148	37382586	36299350	10807222	37176078	17583249
湖州市	3264	324	20266542	19763869	3621265	14215174	7599726
绍兴市	5212	793	52687758	51471224	11842312	48532864	28488407
金华市	5138	836	24825406	24167337	7207893	24481838	14242427
衢州市	1114	132	7433034	7225684	724858	6901172	3044169
舟山市	590	136	6718654	6419524	2825153	9133950	5178264
台州市	5973	704	28776593	27895606	9197288	23604041	13965618
丽水市	1313	171	7753719	7129061	802383	5833710	3114153

1－A－11 续表1

单位：个、万元、人

地 区	应收帐款	存 货		流动资产年平均余额	固定资产合计	固定资产原价	累计折旧	本年折旧
			产成品					
总 计	**46776089**	**47491150**	**19900297**	**190925962**	**118879890**	**154782725**	**48699216**	**10461205**
杭州市	10321316	10705570	4551952	43542691	26899589	38634845	13838028	2799170
宁波市	9724754	10491322	3839476	40455763	25655698	32704965	10008148	2069026
温州市	5866116	3735981	1587709	17675972	8453009	10787622	3242410	699993
嘉兴市	4775736	4916862	1972301	16540045	16639070	20510274	6016365	1327553
湖州市	2054705	1937937	852104	7304944	5154257	6566432	1984179	422432
绍兴市	5156762	6075073	3061008	27208816	14161156	19011000	6180720	1304655
金华市	2983780	2966496	1254126	13732501	7371341	9093298	2405583	712976
衢州市	584146	906890	407798	2936347	2983367	3616836	1098704	234210
舟山市	681763	1417928	465110	4958334	2608509	2791910	594545	163286
台州市	3903558	3592141	1569692	13633336	6765491	8763933	2716543	588459
丽水市	723454	744952	339021	2937213	2188404	2301611	613993	139446

1－A－11 续表2

单位：个、万元、人

地 区	固定资产净 值	固定资产净值年平均余额	负债合计	流动负债合 计	应付账款	长期负债合 计	所有者权益合 计	实收资本
总 计	**106083509**	**104385861**	**220144946**	**189965718**	**36034452**	**27783382**	**135240917**	**75205365**
杭州市	24796818	25064551	49907247	41633013	8884470	7547712	31831532	15618757
宁波市	22696817	21817412	46960850	40814717	8609411	6146113	25847587	16518090
温州市	7545212	7466830	18426914	16603577	2510259	1551566	12654668	7954038
嘉兴市	14493909	14091818	22415905	17621807	3828912	4713752	14758227	9151305
湖州市	4582253	4581895	8189055	7155689	1436456	969004	6026119	3596706
绍兴市	12830280	12560675	29524380	26493759	4107684	2633504	19008484	9049395
金华市	6687715	6706591	15057844	13587555	1961239	1051593	9423994	4962492
衢州市	2518131	2512435	4195712	3487651	730953	652029	2585646	1274329
舟山市	2197366	2107983	7019350	5898565	1073994	1077500	2114600	1274333
台州市	6047390	5821828	15057028	13974139	2423610	1082472	8547013	4562740
丽水市	1687618	1653842	3390663	2695248	467464	358136	2443046	1243182

1－A－11 续表3

单位：个、万元、人

地 区	国家资本	集体资本	法人资本	个人资本	港澳台资本	外商资本	主营业务收入	主营业务成本
总 计	**4627710**	**855703**	**22069008**	**25620184**	**9303843**	**12728917**	**396306043**	**348935841**
杭州市	1693350	232059	4585967	4202469	2050945	2853967	99671922	86874432
宁波市	625305	175353	5420884	3007219	3214280	4075049	82831803	74708605
温州市	326113	57192	1870696	5171839	163470	364728	33566229	28874318
嘉兴市	378909	64600	2078628	2314070	1317415	2997682	36063234	31722719
湖州市	427969	46488	860713	1142582	529789	589164	19964326	17725510
绍兴市	184338	127011	3134529	3199579	1428284	975654	51754003	45597141
金华市	173307	48351	1548129	2574836	265510	352358	24238105	21273802
衢州市	211977	4403	360001	592133	54910	50907	7592074	6636827
舟山市	74026	18635	646962	363714	55981	115015	5917097	5291153
台州市	310586	75178	1200698	2485108	207239	283932	27345810	23855061
丽水市	221831	6432	361801	566636	16020	70462	7361440	6376271

1－A－11 续表4

单位：个、万元、人

地 区	主营业务税金及附加	其他业务收入	其他业务利润	营业费用	管理费用	税 金	财务费用	利息支出
总 计	**2869920**	**7687903**	**1272298**	**8982445**	**15667318**	**801443**	**7076525**	**6610773**
杭州市	1120898	2138843	296768	2707970	3720201	123449	1527750	1321852
宁波市	747176	2627849	252578	1584136	3454139	177743	1299506	1341301
温州市	185725	265467	62591	978869	1545703	105961	630045	546526
嘉兴市	117067	584103	138190	669348	1567339	76445	776468	745780
湖州市	119500	192342	76645	424035	667169	31727	301193	276704
绍兴市	196330	771017	178495	898789	1608774	95345	1179515	1103990
金华市	138528	281814	53007	612226	926078	89730	564004	501966
衢州市	49640	205628	80254	138195	304047	18662	172276	159978
舟山市	16941	122623	34275	105860	258988	8302	35941	113771
台州市	139793	387015	90484	664025	1354642	61168	482898	407274
丽水市	38323	111202	9011	198992	260238	12912	106930	91631

1－A－11 续表5

单位：个、万元、人

地 区	营业利润	投资收益	补贴收入	营业外收入	营业外支出	利润总额	亏损企业亏损总额	应交所得税
总 计	**14682851**	**904896**	**1462293**	**1186428**	**1532263**	**16342029**	**3057124**	**2862764**
杭州市	4101205	327095	247132	268729	378060	4550368	480764	774707
宁波市	1310505	245448	689621	321767	186029	2212523	1472296	483845
温州市	1472684	85522	49547	68762	81160	1587230	150742	326850
嘉兴市	1404274	41884	150576	189917	221396	1508820	214716	206216
湖州市	780820	18154	33988	45328	66958	801401	113197	154304
绍兴市	2550628	76916	77810	121696	196539	2605778	147173	403493
金华市	911163	13420	81434	44845	106464	897441	204073	144674
衢州市	474582	7741	47000	32151	109984	430097	36946	52023
舟山市	255492	19758	15785	33476	64483	256361	68838	48151
台州市	956059	64815	42216	48206	104461	1003122	154807	229111
丽水市	465440	4143	27185	11552	16730	488889	13571	39392

1－A－11 续表6

单位：个、万元、人

地区	利税总额	本年应付工资总额	本年应付福利费总额	本年应交增值税	本年进项税额	本年销项税额	全部从业人员年平均人数	银行贷款余额
总计	**30016058**	**19070019**	**1510386**	**10804109**	**49748034**	**53730904**	**8145545**	**90380577**
杭州市	8383590	3610684	250351	2712324	12777398	14547784	1311676	19225372
宁波市	4832330	4146997	211779	1872631	10625745	10592558	1783739	18567289
温州市	2909472	2408162	135663	1136517	4054685	4631144	1047853	8338980
嘉兴市	2756709	2165562	331882	1130822	4454160	4799166	956223	10606642
湖州市	1479734	655641	55410	558833	2496739	2807185	332104	3119876
绍兴市	4050181	1857324	151351	1248074	6360299	6913766	863422	13985120
金华市	1771790	1562118	166475	735821	3029667	3166058	683951	6973690
衢州市	718168	334737	57140	238431	1018012	1199847	133508	1698554
舟山市	356016	238703	23338	82715	597862	493469	91754	2075258
台州市	1986963	1726904	98960	844048	3425087	3525365	782595	4729850
丽水市	771106	363186	28036	243895	908380	1054562	158720	1059946

1-A-11 续表7

单位：个、万元、人

地 区	固定资产实际投资额	产销率（%）	资产负债率（%）	成本费用利润率（%）	每百元资金实现利税（元）	每百元固定资产原值实现利税（元）	每百元主营业务收入实现利税（元）	流动资金周转次数（次）
总 计	**22533343**	**97.27**	**61.92**	**4.29**	**10.16**	**19.39**	**7.57**	**2.08**
杭州市	5230464	98.28	61.06	4.80	12.22	21.70	8.41	2.29
宁波市	4876138	97.03	64.50	2.73	7.76	14.78	5.83	2.05
温州市	1440465	96.07	59.29	4.96	11.57	26.97	8.67	1.90
嘉兴市	2884389	97.10	60.30	4.34	9.00	13.44	7.64	2.18
湖州市	1085397	97.52	57.61	4.19	12.45	22.53	7.41	2.73
绍兴市	2235275	97.69	60.83	5.29	10.18	21.30	7.83	1.90
金华市	1418382	97.35	61.51	3.84	8.67	19.48	7.31	1.77
衢州市	651094	97.21	60.80	5.93	13.18	19.86	9.46	2.59
舟山市	895584	95.55	76.85	4.50	5.04	12.75	6.02	1.19
台州市	1314395	96.94	63.79	3.81	10.21	22.67	7.27	2.01
丽水市	501760	91.94	58.12	7.04	16.80	33.50	10.47	2.51

1－A－11 续表8

单位：个、万元、人

地 区	流动比率	速动比率	企业亏损面（%）	亏损率（%）	出口交货值占工业销售比重（%）	利润总额占利税比重（%）	存货周转次数（次）
总 计	**1.04**	**0.79**	**15.16**	**15.76**	**24.74**	**54.44**	**7.35**
杭州市	1.08	0.83	20.03	9.56	18.32	54.28	8.11
宁波市	0.98	0.72	18.16	39.96	31.57	45.79	7.12
温州市	1.11	0.89	6.56	8.67	19.81	54.55	7.73
嘉兴市	1.00	0.72	17.05	12.46	29.77	54.73	6.45
湖州市	1.06	0.79	9.93	12.38	18.32	54.16	9.15
绍兴市	1.08	0.85	15.21	5.35	23.01	64.34	7.51
金华市	1.05	0.83	16.27	18.53	29.82	50.65	7.17
衢州市	0.87	0.61	11.85	7.91	10.03	59.89	7.32
舟山市	0.88	0.64	23.05	21.17	44.01	72.01	3.73
台州市	1.00	0.74	11.79	13.37	32.97	50.49	6.64
丽水市	1.16	0.88	13.02	2.70	11.26	63.40	8.56

1－A－12 按地区分组的规模以下工业企业主要经济指标

单位：个、人、万元

地 区	企业数	亏损企业	工业总产值（当年价）	全部从业人员年平均人数	年初存货	年末存货	资产总计
总 计	**165769**	**20209**	**45067738**	**2575727**	**3495482**	**4583574**	**47984320**
杭州市	25064	5025	7704542	377603	612361	791365	7801499
宁波市	35075	5461	8978362	544117	855973	1141023	10676171
温州市	23600	1117	6472500	362201	444922	554553	6097284
嘉兴市	18049	2678	4224507	269014	344003	459806	4632769
湖州市	5576	893	1799447	84759	128708	163733	1592449
绍兴市	16000	1725	4605066	238269	340926	421610	4872790
金华市	14228	1006	4076262	255459	260351	355466	3784557
衢州市	3107	163	915548	58008	56837	83139	879357
舟山市	2106	597	781175	43956	58998	78994	1097514
台州市	20016	1340	4779588	295446	344750	465751	5484898
丽水市	2948	204	730741	46895	47652	68136	1065033

1－A－12 续表1

单位：个、人、万元

地　区	固定资产原　价	负债合计	所有者权益合　计	实收资本			
					国家资本	集体资本	法人资本
总　计	**18092269**	**26802598**	**21181722**	**16422816**	**345378**	**333598**	**2001638**
杭州市	2738368	4338474	3463024	2852783	33913	62368	319534
宁波市	3889118	6226858	4449314	3187287	122587	40243	517103
温州市	2439334	3002193	3095091	2605463	35591	67851	242959
嘉兴市	1792362	2647344	1985425	1687754	32598	26047	200055
湖州市	686007	889191	703258	566409	15976	14187	77040
绍兴市	1739741	2574022	2298768	1652958	29732	27735	272385
金华市	1614446	1865720	1918837	1420160	16159	38869	150996
衢州市	451059	457687	421670	307250	11355	4666	58077
舟山市	431147	690129	407385	327501	9946	9655	39618
台州市	1650124	3536291	1948606	1419055	25219	32827	41109
丽水市	660564	574688	490344	396196	12302	9148	82763

1－A－12 续表2

单位：个、人、万元

地 区				本年折旧	营业收入	主营业务收 入	营业成本
	个人资本	港澳台资本	外商资本				
总 计	**11386000**	**1028829**	**1327373**	**1329180**	**43821053**	**43602262**	**37286655**
杭州市	1997162	153796	286010	226709	7613438	7560459	6600064
宁波市	1791596	344549	371208	299692	8649197	8592599	7322508
温州市	2143335	22291	93436	171044	6261713	6242692	5194003
嘉兴市	896258	194742	338054	124216	4169283	4136676	3639374
湖州市	344783	45546	68877	45746	1766148	1758131	1552229
绍兴市	1075986	161269	85852	136793	4511553	4500134	3876574
金华市	1112871	51484	49781	132033	3961825	3948849	3319870
衢州市	222725	5036	5391	24936	888222	884922	736365
舟山市	259074	6310	2899	26214	623923	614128	539992
台州市	1256411	43310	20179	114914	4673721	4665856	3933948
丽水市	285799	497	5688	26883	702030	697817	571728

1－A－12 续表3

单位：个、人、万元

地区	主营业务成本	营业税金及附加	主营业务税金及附加	主营业务利润	其他业务利润	营业费用、管理费用、财务费用合计	税金	利息支出
总计	**37104799**	**434938**	**423337**	**6085823**	**104701**	**3790098**	**237894**	**318521**
杭州市	6583531	73688	72886	907198	34904	666502	35731	46196
宁波市	7245864	88251	87243	1259492	24567	835994	59389	75318
温州市	5175642	64061	62532	1005681	8249	550436	37046	33590
嘉兴市	3614620	26108	25328	496793	14251	374967	12211	34190
湖州市	1545307	20962	20688	192528	4325	122504	6815	12581
绍兴市	3871367	57120	56546	572380	5825	309781	31948	24473
金华市	3310065	44378	43241	600027	4301	316432	20772	31519
衢州市	728357	12031	11956	145069	468	64894	5796	11034
舟山市	532479	6111	6071	75578	2243	69322	3287	7203
台州市	3928284	33487	28257	709713	3623	417027	20877	30535
丽水市	569283	8741	8589	121365	1948	62238	4021	11881

1－A－12 续表4

单位：个、人、万元

地 区	营业利润	职工工资和福利费	本年应交增值税	资产减值损失	公允价值变动收益	投资收益
总 计	**2400427**	**4302200**	**1571168**	**3285**	**178**	**23693**
杭州市	275599	664313	261787	352	376	2732
宁波市	448065	934931	339339	726	－5	20152
温州市	463494	569416	235990	391	170	12
嘉兴市	136076	505088	148781	205		108
湖州市	74348	124710	49962	350	－509	307
绍兴市	268424	395171	130758	21	50	
金华市	287895	383310	123034	459	－30	406
衢州市	80643	77788	29213	55	113	－113
舟山市	8499	73584	22172		－13	1
台州市	296309	506980	209556	75	28	93
丽水市	61075	66910	20578	651	－2	－4

B.国有及国有控股企业

1－B－1 全部国有及国有控股工业企业主要经济指标

单位：个、万元、人

指标名称	企业数	亏损企业	工业总产值	固定资产原价	所有者权益合计
总计	**1147**	**353**	**53327393**	**45756346**	**21160018**
一、按轻重工业分					
轻工业	430	153	5785708	5222600	5242313
重工业	717	200	47541686	40533746	15917704
二、按登记注册类型分					
内资	**1070**	**338**	**48406849**	**43342837**	**19749379**
国有	610	193	26217859	23014901	10759253
集体	7	3	2166	8745	8485
股份合作企业	4	1	3171	5953	2028
联营企业	15	3	87017	140674	33804
国有联营	9	1	6507	19923	9832
集体联营	1	1	54958	115074	18628
国有与集体联营	4	1	21150	4422	2879
其他联营	1		4402	1255	2465
有限责任公司	392	125	11405277	17190470	6874502
国有独资公司	93	35	1610106	1907953	1531040
其他有限责任公司	299	90	9795171	15282517	5343463
股份有限公司	39	12	10580034	2849128	2039758
其他	3	1	111325	132966	31549
港澳台商投资	**29**	**4**	**1517284**	**458509**	**443875**
与港澳台商合资经营	24	3	1459563	268548	356263
与港澳台商合作经营	3	1	49697	185091	74921
港澳台商独资	1		4005	1124	804
港澳台商投资股份有限公司	1		4019	3746	11888
外商投资	**48**	**11**	**3403261**	**1955000**	**966763**
中外合资经营	43	11	2974689	1505800	678633
中外合作经营	3		76973	45379	47640
外商投资股份有限公司	2		351598	403821	240491
三、按国民经济行业(门类、大类、中类、小类)分					
采矿业	**18**	**5**	**324439**	**190454**	**154775**
煤炭开采和洗选业	1	1	77125	94434	25210
烟煤和无烟煤的开采洗选	1	1	77125	94434	25210
烟煤和无烟煤的开采洗选	1	1	77125	94434	25210
黑色金属矿采选业	1		110631	40293	78095
铁矿采选	1		110631	40293	78095
铁矿采选	1		110631	40293	78095
有色金属矿采选业	3		104380	21458	26077
常用有色金属矿采选	1		97841	16251	20710
铜矿采选	1		97841	16251	20710

1－B－1　续表1－1

单位：个、万元、人

指　标　名　称	企业数	亏损企业	工业总产值	固定资产原　　价	所有者权益合　　计
稀有稀土金属矿采选	1		6168	5173	5304
放射性金属矿采选	1		6168	5173	5304
贵金属矿采选	1		372	34	64
其他贵金属矿采选	1		372	34	64
非金属矿采选业	13	4	32303	34268	25393
土砂石开采	11	2	25986	22328	29336
石灰石、石膏开采	2	1	8388	7141	2396
建筑装饰用石开采	2		10575	12239	21124
耐火土石开采	1	1	686	697	－852
粘土及其他土砂石开采	6		6337	2250	6669
化学矿采选	1	1	5771	11923	－4048
化学矿采选	1	1	5771	11923	－4048
采　盐	1	1	546	18	105
采　盐	1	1	546	18	105
制造业	**650**	**180**	**28042631**	**11925909**	**9483804**
农副食品加工业	49	21	131666	118962	56430
谷物磨制	11	6	14264	14501	13007
谷物磨制	11	6	14264	14501	13007
饲料加工	3	1	5503	714	568
饲料加工	3	1	5503	714	568
屠宰及肉类加工	29	12	51599	22084	17098
畜禽屠宰	22	10	34053	11513	11212
肉制品及副产品加工	7	2	17547	10571	5886
水产品加工	4	2	59904	81406	25582
水产品冷冻加工	4	2	59904	81406	25582
植物油加工	1		18	193	119
食用植物油加工	1		18	193	119
蔬菜、水果和坚果加工	1		379	63	55
蔬菜、水果和坚果加工	1		379	63	55
食品制造业	22	10	95850	48646	39466
方便食品制造	4	2	12614	2527	5631
速冻食品制造	1	1	4685	1442	1033
方便面及其他方便食品制造	2		7861	717	4382
米、面制品制造	1	1	67	368	217
液体乳及乳制品制造	3	2	15602	5156	564
液体乳及乳制品制造	3	2	15602	5156	564
罐头制造	1		17067	1636	3535
蔬菜、水果罐头制造	1		17067	1636	3535

1－B－1 续表1－2

单位：个、万元、人

指 标 名 称	企业数	亏损企业	工业总产值	固定资产原 价	所有者权益合 计
调味品、发酵制品制造	6	3	34792	33083	18699
味精制造	2	1	31047	32029	17446
酱油、食醋及类似制品的制造	3	1	3322	579	993
其他调味品、发酵制品制造	1	1	423	475	260
其他食品制造	6	2	13850	5980	9356
冷冻饮品及食用冰制造	1	1	761	1232	－378
盐加工	2		10979	2967	4508
食品及饲料添加剂制造	2	1	1814	256	3741
营养、保健食品制造	1		296	1525	1485
焙烤食品制造	2	1	1926	264	1681
糕点、面包制造	2	1	1926	264	1681
饮料制造业	30	10	209616	227827	277931
酒的制造	14	4	195734	207444	264092
啤酒制造	7	3	89141	81691	48851
黄酒制造	7	1	106593	125753	215240
软饮料制造	6	2	10758	12546	8357
茶饮料及其他软饮料制造	1		9714	8118	5779
瓶（罐）装饮用水制造	5	2	1044	4428	2577
精制茶加工	10	4	3124	7838	5483
精制茶加工	10	4	3124	7838	5483
烟草制品业	2		2148366	602101	1974913
卷烟制造	2		2148366	602101	1974913
卷烟制造	2		2148366	602101	1974913
纺织业	33	8	347195	236800	199461
棉、化纤纺织及印染精加工	9	3	120704	96521	47310
棉、化纤纺织加工	7	2	109423	86666	38382
棉、化纤印染精加工	2	1	11281	9855	8929
毛纺织和染整精加工	1		24250	9361	21385
毛纺织	1		24250	9361	21385
丝绢纺织及精加工	6	1	125683	97649	90957
绢纺和丝织加工	3		101857	42450	64960
丝印染精加工	3	1	23825	55198	25997
纺织制成品制造	11	3	53657	17297	23741
棉及化纤制品制造	3	1	10139	4766	3893
丝制品制造	2	1	6703	1133	5420
纺织带和帘子布制造	1	1	13739	3267	2503
无纺布制造	5		23075	8132	11925
针织品、编织品及其制品制造	6	1	22902	15973	16068

1-B-1 续表1-3

单位：个、万元、人

指标名称	企业数	亏损企业	工业总产值	固定资产原价	所有者权益合计
毛针织品及编织品制造	3		8793	9012	11976
丝针织品及编织品制造	1		10011	5322	3906
其他针织品及编织品制造	1		4067	1636	136
棉、化纤针织品及编织品制造	1	1	31	3	50
纺织服装、鞋、帽制造业	15	1	50973	29202	33209
纺织服装制造	14	1	50308	28801	33030
纺织服装制造	14	1	50308	28801	33030
纺织面料鞋的制造	1		665	401	179
纺织面料鞋的制造	1		665	401	179
皮革、毛皮、羽毛(绒)及其制品业	4	1	32019	13857	42510
皮革制品制造	4	1	32019	13857	42510
皮鞋制造	3	1	9997	3026	2914
皮箱、包(袋)制造	1		22022	10831	39596
木材加工及木、竹、藤、棕、草制品业	8	2	18929	18963	17608
人造板制造	1		7006	16035	15008
纤维板制造	1		7006	16035	15008
木制品制造	3	1	10999	2530	1335
建筑用木料及木材组件加工	1		2098	67	122
软木制品及其他木制品制造	1	1	8337	1220	971
木容器制造	1		564	1243	243
锯材、木片加工	3	1	526	332	1175
锯材加工	2	1	416	83	524
木片加工	1		110	249	651
竹、藤、棕、草制品制造	1		399	66	90
竹、藤、棕、草制品制造	1		399	66	90
造纸及纸制品业	3	2	136420	208549	100628
造 纸	2	1	136005	208494	100607
机制纸及纸板制造	2	1	136005	208494	100607
纸制品制造	1	1	415	55	21
纸和纸板容器的制造	1	1	415	55	21
印刷业和记录媒介的复制	44	10	130445	147830	115422
印 刷	42	10	126539	143331	113429
书、报、刊印刷	28	6	91551	111323	90707
本册印制	4	2	3094	3128	3619
包装装潢及其他印刷	10	2	31894	28881	19103
装订及其他印刷服务活动	1		2101	331	412
装订及其他印刷服务活动	1		2101	331	412
记录媒介的复制	1		1805	4168	1582

1－B－1 续表1－4

单位：个、万元、人

指 标 名 称	企业数	亏损企业	工业总产值	固定资产原 价	所有者权益合 计
记录媒介的复制	1		1805	4168	1582
文教体育用品制造业	6	1	12112	1954	5411
体育用品制造	3		11566	1712	4766
球类制造	1		4402	1255	2465
体育器材及配件制造	1		2559	267	1138
训练健身器材制造	1		4605	190	1163
文化用品制造	2		449	230	650
文具制造	1		350	200	600
教学用模型及教具制造	1		99	30	50
玩具制造	1	1	98	12	－5
玩具制造	1	1	98	12	－5
石油加工、炼焦及核燃料加工业	4	3	10573026	1877714	857789
精炼石油产品的制造	3	2	10383470	1850001	863893
原油加工及石油制品制造	3	2	10383470	1850001	863893
炼 焦	1	1	189555	27712	－6104
炼 焦	1	1	189555	27712	－6104
化学原料及化学制品制造业	59	15	1977957	1678861	975184
基础化学原料制造	15	4	1074978	1133985	412434
无机酸制造	1		14502	6836	4192
无机碱制造	3		135670	98963	67369
无机盐制造	1		1405	89	836
有机化学原料制造	6	2	911289	1017487	335091
其他基础化学原料制造	4	2	12113	10610	4947
肥料制造	5	2	101312	125607	51126
氮肥制造	4	1	86463	115732	51660
其他肥料制造	1	1	14849	9875	－533
农药制造	5	3	69945	59975	60167
化学农药制造	5	3	69945	59975	60167
涂料、油墨、颜料及类似产品制造	7	2	33557	11496	15697
涂料制造	5	1	30140	9006	13424
油墨及类似产品制造	2	1	3417	2490	2273
合成材料制造	3	1	405337	195501	225498
初级形态的塑料及合成树脂制造	2	1	17712	4752	7535
合成纤维单(聚合)体的制造	1		387626	190749	217963
专用化学产品制造	20	2	271508	145923	205714
化学试剂和助剂制造	6	1	68934	41442	58580
专项化学用品制造	3		143195	58729	50309
炸药及火工产品制造	4		45763	24193	22105

1－B－1 续表1－5

单位：个、万元、人

指标名称	企业数	亏损企业	工业总产值	固定资产原价	所有者权益合计
信息化学品制造	4		3251	14719	68193
其他专用化学产品制造	3	1	10365	6839	6527
日用化学产品制造	4	1	21320	6376	4548
肥皂及合成洗涤剂制造	3		19121	5664	3371
香料、香精制造	1	1	2199	711	1177
医药制造业	17	6	715330	508995	473692
化学药品原药制造	6	2	620470	440749	413173
化学药品原药制造	6	2	620470	440749	413173
化学药品制剂制造	5	3	68899	56179	45185
化学药品制剂制造	5	3	68899	56179	45185
中药饮片加工	2		10159	2230	1939
中药饮片加工	2		10159	2230	1939
中成药制造	1		2098	1563	－122
中成药制造	1		2098	1563	－122
生物、生化制品的制造	3	1	13704	8273	13517
生物、生化制品的制造	3	1	13704	8273	13517
化学纤维制造业	4	2	368770	327805	59722
纤维素纤维原料及纤维制造	2	1	28025	46086	12002
化纤浆粕制造	1		1368	353	1841
人造纤维（纤维素纤维）制造	1	1	26657	45733	10161
合成纤维制造	2	1	340745	281718	47719
涤纶纤维制造	1		291017	224704	105957
腈纶纤维制造	1	1	49728	57014	－58238
橡胶制品业	7	1	1372786	472551	209719
轮胎制造	5	1	1363960	468396	203401
车辆、飞机及工程机械轮胎制造	4		1363382	467273	203676
轮胎翻新加工	1	1	578	1123	－275
橡胶靴鞋制造	1		8697	4147	6220
橡胶靴鞋制造	1		8697	4147	6220
其他橡胶制品制造	1		129	8	98
其他橡胶制品制造	1		129	8	98
塑料制品业	13	6	58443	43463	17148
塑料薄膜制造	3	2	19280	20649	8919
塑料薄膜制造	3	2	19280	20649	8919
塑料板、管、型材的制造	3	2	30024	18485	4836
塑料板、管、型材的制造	3	2	30024	18485	4836
泡沫塑料制造	1	1	1855	790	530
泡沫塑料制造	1	1	1855	790	530

1-B-1 续表1-6

单位：个、万元、人

指标名称	企业数	亏损企业	工业总产值	固定资产原价	所有者权益合计
塑料零件制造	1		2060	2415	1220
塑料零件制造	1		2060	2415	1220
日用塑料制造	3	1	4272	814	813
日用塑料杂品制造	3	1	4272	814	813
其他塑料制品制造	2		952	310	830
其他塑料制品制造	2		952	310	830
非金属矿物制品业	61	12	1359610	1202948	605213
水泥、石灰和石膏的制造	42	11	1248824	1149145	560724
水泥制造	40	11	1243461	1147918	559944
石灰和石膏制造	2		5363	1227	780
水泥及石膏制品制造	12		105192	38785	31719
水泥制品制造	10		83790	30912	22621
砼结构构件制造	2		21402	7873	9098
玻璃及玻璃制品制造	2		3756	13963	10999
其他玻璃制品制造	1		3506	13463	10799
日用玻璃制品及玻璃包装容器制造	1		250	500	200
陶瓷制品制造	1		852	564	1028
特种陶瓷制品制造	1		852	564	1028
砖瓦、石材及其他建筑材料制造	3	1	616	305	492
粘土砖瓦及建筑砌块制造	2		520	243	246
其他建筑材料制造	1	1	96	63	246
石墨及其他非金属矿物制品制造	1		370	186	252
其他非金属矿物制品制造	1		370	186	252
黑色金属冶炼及压延加工业	7	2	3899559	2548579	1196554
钢压延加工	6	2	3880462	2547519	1193126
钢压延加工	6	2	3880462	2547519	1193126
铁合金冶炼	1		19097	1060	3428
铁合金冶炼	1		19097	1060	3428
有色金属冶炼及压延加工业	5	2	53685	37843	31412
常用有色金属冶炼	2	1	28358	24101	13401
铅锌冶炼	1		28340	22101	11401
铝冶炼	1	1	18	2000	2000
贵金属冶炼	1		10554	11948	13210
金冶炼	1		10554	11948	13210
有色金属合金制造	1	1	1525	1661	2131
有色金属合金制造	1	1	1525	1661	2131
有色金属压延加工	1		13248	134	2669
常用有色金属压延加工	1		13248	134	2669

1－B－1 续表1－7

单位：个、万元、人

指标名称	企业数	亏损企业	工业总产值	固定资产原价	所有者权益合计
金属制品业	22	5	314251	91260	92366
结构性金属制品制造	5	1	10602	3357	5980
金属结构制造	3	1	6325	2961	4705
金属门窗制造	2		4277	395	1275
金属工具制造	3	1	15136	10523	9402
手工具制造	1		14860	10496	9267
切削工具制造	2	1	275	26	135
集装箱及金属包装容器制造	4		173588	36072	47026
金属压力容器制造	2		9689	116	60
金属包装容器制造	2		163899	35956	46966
建筑、安全用金属制品制造	3		73811	37363	19637
建筑装饰及水暖管道零件制造	2		72771	37281	19278
其他建筑、安全用金属制品制造	1		1040	82	359
其他金属制品制造	5	2	40564	2861	9998
其他未列明的金属制品制造	5	2	40564	2861	9998
金属表面处理及热处理加工	2	1	550	1085	322
金属表面处理及热处理加工	2	1	550	1085	322
通用设备制造业	63	13	1259753	413916	579951
锅炉及原动机制造	9	2	424519	96290	203081
锅炉及辅助设备制造	3	1	46271	10046	17806
汽轮机及辅机制造	4		358519	80034	178844
水轮机及辅机制造	2	1	19730	6210	6432
金属加工机械制造	7	1	27397	22220	22439
金属切削机床制造	5	1	22447	18955	18046
其他金属加工机械制造	2		4950	3265	4393
起重运输设备制造	7	2	65895	53594	39748
起重运输设备制造	7	2	65895	53594	39748
泵、阀门、压缩机及类似机械的制造	11	4	92315	25205	52708
泵及真空设备制造	4	2	20022	13670	12438
气体压缩机械制造	1		22775	418	2296
阀门和旋塞的制造	2	1	9210	1026	9974
液压和气压动力机械及元件制造	4	1	40309	10091	27999
轴承、齿轮、传动和驱动部件的制造	5		159816	71336	45524
轴承制造	3		5543	2267	4379
齿轮、传动和驱动部件制造	2		154273	69069	41145
风机、衡器、包装设备等通用设备制造	14	1	471437	139095	209377
风机、风扇制造	1		1376	1117	830
气体、液体分离及纯净设备制造	4		253920	22936	104677

1－B－1 续表1－8

单位：个、万元、人

指标名称	企业数	亏损企业	工业总产值	固定资产原价	所有者权益合计
制冷、空调设备制造	4		191867	64220	49152
风动和电动工具制造	2		1342	542	3792
其他通用设备制造	3	1	22932	50281	50925
通用零部件制造及机械修理	7	2	8634	4222	3098
紧固件、弹簧制造	3	2	2685	2115	1007
机械零部件加工及设备修理	3		2725	1961	1671
其他通用零部件制造	1		3224	146	420
金属铸、锻加工	3	1	9740	1954	3977
钢铁铸件制造	2		4853	1652	3086
锻件及粉末冶金制品制造	1	1	4887	302	891
专用设备制造业	26	8	286820	64929	154085
矿山、冶金、建筑专用设备制造	4	1	14194	5369	16389
石油钻采专用设备制造	2		8650	1188	5303
建筑工程用机械制造	1		5521	4123	10810
采矿、采石设备制造	1	1	23	58	277
化工、木材、非金属加工专用设备制造	2	1	28877	7382	6797
炼油、化工生产专用设备制造	1		28537	7218	6358
橡胶加工专用设备制造	1	1	340	164	439
电子和电工机械专用设备制造	3	1	3197	4559	4539
电子工业专用设备制造	2	1	1659	469	1850
武器弹药制造	1		1538	4090	2689
农、林、牧、渔专用机械制造	4	1	68461	22579	23630
拖拉机制造	1	1	52514	15180	13112
机械化农业及园艺机具制造	1		15804	7165	10332
其他农林牧渔业机械制造及机械修理	2		142	234	186
医疗仪器设备及器械制造	2	1	1248	711	2231
假肢、人工器官及植（介）入器械制造	2	1	1248	711	2231
环保、社会公共安全及其他专用设备制造	11	3	170843	24330	100499
环境污染防治专用设备制造	8	2	159987	22889	97827
邮政专用机械及器材制造	1	1	1057	880	205
水资源专用机械制造	2		9800	561	2467
交通运输设备制造业	48	9	1460672	568345	423611
铁路运输设备制造	3		3810	1686	2054
铁路机车车辆配件制造	1		505	308	563
其他铁路设备制造及设备修理	2		3305	1378	1491
汽车制造	27	7	128415	94476	37902
汽车整车制造	2	1	54640	65047	11676
汽车零部件及配件制造	7	3	61701	23029	20426

1－B－1 续表1－9

单位：个、万元、人

指标名称	企业数	亏损企业	工业总产值	固定资产原价	所有者权益合计
汽车修理	18	3	12074	6401	5801
摩托车制造	2		539363	154182	215717
摩托车整车制造	1		433401	142738	187396
摩托车零部件及配件制造	1		105963	11444	28321
船舶及浮动装置制造	12	1	788010	317278	165049
金属船舶制造	8		784816	312248	160940
船用配套设备制造	1	1	39	2333	971
船舶修理及拆船	3		3156	2696	3139
交通器材及其他交通运输设备制造	4	1	1074	723	2889
潜水及水下救捞装备制造	1		506	515	2800
交通管理用金属标志及设施制造	3	1	568	208	89
电气机械及器材制造业	34	10	408708	103863	185098
电机制造	6		139032	18960	39268
发电机及发电机组制造	4		133148	18318	38496
电动机制造	1		5838	592	685
微电机及其他电机制造	1		46	51	87
输配电及控制设备制造	10	2	51378	15665	28550
变压器、整流器和电感器制造	1	1	434	118	368
电容器及其配套设备制造	1		1251	291	389
配电开关控制设备制造	5	1	44837	14320	23999
其他输配电及控制设备制造	1		4100	135	3236
电力电子元器件制造	2		757	802	558
电线、电缆、光缆及电工器材制造	8	3	73641	24778	16605
电线电缆制造	5	2	13410	10475	5612
其他电工器材制造	2		60071	14232	10649
光纤、光缆制造	1	1	161	71	344
电池制造	3	2	3943	874	1531
电池制造	3	2	3943	874	1531
家用电力器具制造	5	2	133727	39937	92970
家用空气调节器制造	1	1	92872	7783	9878
家用清洁卫生电器具制造	2		22848	24764	53025
家用电力器具专用配件制造	1		18006	7327	30017
其他家用电力器具制造	1	1	2	64	50
照明器具制造	1		3229	1767	5022
灯用电器附件及其他照明器具制造	1		3229	1767	5022
其他电气机械及器材制造	1	1	3757	1882	1152
车辆专用照明及电气信号设备装置制造	1	1	3757	1882	1152
通信设备、计算机及其他电子设备制造业	34	9	481307	297154	709955

1－B－1　续表1－10

单位：个、万元、人

指标名称	企业数	亏损企业	工业总产值	固定资产原价	所有者权益合计
通信设备制造	9	2	107706	89775	397865
通信传输设备制造	3	1	8174	2053	7078
通信交换设备制造	2		14725	5801	16563
移动通信及终端设备制造	2		83609	55990	223492
其他通信设备制造	1		1148	25925	151197
通信终端设备制造	1	1	51	5	－466
广播电视设备制造	1		1511	1906	5230
广播电视节目制作及发射设备制造	1		1511	1906	5230
电子计算机制造	5	2	190954	8741	114570
计算机网络设备制造	2	1	14793	1443	7308
电子计算机外部设备制造	3	1	176161	7297	107262
电子器件制造	8	3	59320	133563	72017
电子真空器件制造	2	1	3467	1608	5494
半导体分立器件制造	2		10371	8277	10470
集成电路制造	2	1	23560	72094	28707
光电子器件及其他电子器件制造	2	1	21922	51584	27347
电子元件制造	8	1	86902	47266	56967
电子元件及组件制造	8	1	86902	47266	56967
家用视听设备制造	1		33068	14974	62183
家用影视设备制造	1		33068	14974	62183
其他电子设备制造	2	1	1846	930	1124
其他电子设备制造	2	1	1846	930	1124
仪器仪表及文化、办公用机械制造业	18	7	33396	24224	24110
通用仪器仪表制造	5	1	17879	8236	8751
工业自动控制系统装置制造	1		16962	7382	6755
供应用仪表及其他通用仪器制造	2		501	654	978
电工仪器仪表制造	1	1	93	115	136
试验机制造	1		324	85	882
专用仪器仪表制造	5	1	3923	2199	2855
导航、气象及海洋专用仪器制造	1		2492	1482	1740
环境监测专用仪器仪表制造	1		226	33	343
教学专用仪器制造	2	1	353	5	31
电子测量仪器制造	1		853	679	742
光学仪器及眼镜制造	5	3	10890	12555	12109
光学仪器制造	3	1	10034	11547	10595
眼镜制造	2	2	856	1009	1514
文化、办公用机械制造	3	2	704	1234	395
计算器及货币专用设备制造	1	1	342	649	4

1－B－1 续表 1－11

单位：个、万元、人

指 标 名 称	企业数	亏损企业	工业总产值	固定资产原价	所有者权益合计
幻灯及投影设备制造	1		320	544	351
其他文化、办公用机械制造	1	1	42	41	40
工艺品及其他制造业	6	1	15307	3625	9386
工艺美术品制造	3	1	5515	360	1815
珠宝首饰及有关物品的制造	2		5102	320	1605
地毯、挂毯制造	1	1	413	40	210
日用杂品制造	3		9792	3265	7571
鬃毛加工、制刷及清扫工具的制造	1		3954	1035	1357
其他日用杂品制造	2		5839	2231	6215
废弃资源和废旧材料回收加工业	5	2	89442	5086	15811
金属废料和碎屑的加工处理	2	2	81435	1106	704
金属废料和碎屑的加工处理	2	2	81435	1106	704
非金属废料和碎屑的加工处理	3		8007	3980	15107
非金属废料和碎屑的加工处理	3		8007	3980	15107
家具制造业	1	1	219	62	14
木质家具制造	1	1	219	62	14
木质家具制造	1	1	219	62	14
电力、燃气及水的生产和供应业	**479**	**168**	**24960323**	**33639983**	**11521439**
电力、热力的生产和供应业	257	69	23612730	29581745	9238667
电力生产	180	65	6310149	16950848	4776453
火力发电	38	18	5043183	10677731	2665475
水力发电	135	46	446287	2342868	822182
核力发电	3		812999	3879798	1279055
其他能源发电	4	1	7681	50451	9742
电力供应	69	1	17190833	12473126	4426999
电力供应	69	1	17190833	12473126	4426999
热力生产和供应	8	3	111749	157772	35214
热力生产和供应	8	3	111749	157772	35214
燃气生产和供应业	16	2	571207	586761	364101
燃气生产和供应业	16	2	571207	586761	364101
燃气生产和供应业	16	2	571207	586761	364101
水的生产和供应业	206	97	776386	3471477	1918671
自来水的生产和供应	156	65	606195	2510920	1449409
自来水的生产和供应	156	65	606195	2510920	1449409
污水处理及其再生利用	48	30	165873	902598	428187
污水处理及其再生利用	48	30	165873	902598	428187
其他水的处理、利用与分配	2	2	4318	57958	41075
其他水的处理、利用与分配	2	2	4318	57958	41075

1－B－1 续表2－1

单位：个、万元、人

指 标 名 称	实收资本	国家资本	集体资本	法人资本	个人资本
总 计	**10615189**	**47780325**	**35356**	**5308436**	**142677**
一、按轻重工业分					
轻工业	1625796	10385245	4218	479379	65184
重工业	8989393	37395080	31138	4829056	77493
二、按登记注册类型分					
内 资	**9686162**	**44214688**	**26954**	**5047242**	**137232**
国 有	3399450	26239476	16803	755610	3056
集 体	4602	45097		92	
股份合作企业	2162	11140			488
联营企业	33511	215280	6650	5057	69
国有联营	8245	29147	3	5052	69
集体联营	21049	159008	5148		
国有与集体联营	4078	25746	1499	5	
其他联营	138	1379			
有限责任公司	4586792	15492237	2574	2944996	50585
国有独资公司	579185	4639674		115158	50
其他有限责任公司	4007607	10852563	2574	2829838	50535
股份有限公司	1626346	2040458	928	1325683	82638
其 他	33300	171000		15804	396
港澳台商投资	**268667**	**805486**	**8402**	**95493**	**4898**
与港澳台商合资经营	197559	635611	8402	59231	4793
与港澳台商合作经营	62630	166175		30262	105
港澳台商独资	479	3700			
港澳台商投资股份有限公司	8000			6000	
外商投资	**660360**	**2760151**		**165701**	**547**
中外合资经营	580495	2366406		151734	547
中外合作经营	42684	157145		13968	
外商投资股份有限公司	37180	236600			
三、按国民经济行业(门类、大类、中类、小类)分					
采矿业	**86636**	**704026**		**16214**	**20**
煤炭开采和洗选业	33374	307735		2600	
烟煤和无烟煤的开采洗选	33374	307735		2600	
烟煤和无烟煤的开采洗选	33374	307735		2600	
黑色金属矿采选业	15287	53000		9987	
铁矿采选	15287	53000		9987	
铁矿采选	15287	53000		9987	
有色金属矿采选业	11175	77945		3380	
常用有色金属矿采选	7780	77800			
铜矿采选	7780	77800			

1－B－1　续表2－2

单位：个、万元、人

指　标　名　称	实收资本	国家资本	集体资本	法人资本	个人资本
稀有稀土金属矿采选	3380			3380	
放射性金属矿采选	3380			3380	
贵金属矿采选	15	145			
其他贵金属矿采选	15	145			
非金属矿采选业	26801	265346		247	20
土砂石开采	22851	225846		247	20
石灰石、石膏开采	4147	39000		247	
建筑装饰用石开采	17300	173000			
耐火土石开采	310	3100			
粘土及其他土砂石开采	1095	10746			20
化学矿采选	3850	38500			
化学矿采选	3850	38500			
采　盐	100	1000			
采　盐	100	1000			
制造业	**4912721**	**16128392**	**22120**	**2886944**	**120524**
农副食品加工业	81197	216820		56103	2128
谷物磨制	10858	103234			120
谷物磨制	10858	103234			120
饲料加工	573	5438			29
饲料加工	573	5438			29
屠宰及肉类加工	13686	63807		4458	1979
畜禽屠宰	6631	40820		2210	339
肉制品及副产品加工	7056	22987		2248	1640
水产品加工	55957	43111		51646	
水产品冷冻加工	55957	43111		51646	
植物油加工	70	700			
食用植物油加工	70	700			
蔬菜、水果和坚果加工	53	530			
蔬菜、水果和坚果加工	53	530			
食品制造业	25333	155069	2186	2382	3389
方便食品制造	2893	16680		420	130
速冻食品制造	700			420	105
方便面及其他方便食品制造	2050	15250			25
米、面制品制造	143	1430			
液体乳及乳制品制造	1249	9369		312	
液体乳及乳制品制造	1249	9369		312	
罐头制造	3000	11400		791	319
蔬菜、水果罐头制造	3000	11400		791	319

1－B－1 续表2－3

单位：个、万元、人

指标名称	实收资本	国家资本	集体资本	法人资本	个人资本
调味品、发酵制品制造	10399	51300	2186		2940
味精制造	9000	38739	2186		2940
酱油、食醋及类似制品的制造	839	6961			
其他调味品、发酵制品制造	560	5600			
其他食品制造	6492	56320		860	
冷冻饮品及食用冰制造	60			60	
盐加工	1621	8210		800	
食品及饲料添加剂制造	3311	33110			
营养、保健食品制造	1500	15000			
焙烤食品制造	1300	10000			
糕点、面包制造	1300	10000			
饮料制造业	84657	471399	39	33991	860
酒的制造	70943	351267	9	33971	860
啤酒制造	51156	157768		33602	800
黄酒制造	19787	193499	9	369	60
软饮料制造	8394	83735		20	
茶饮料及其他软饮料制造	7638	76383			
瓶（罐）装饮用水制造	755	7352		20	
精制茶加工	5321	36397	31		
精制茶加工	5321	36397	31		
烟草制品业	97600	976000			
卷烟制造	97600	976000			
卷烟制造	97600	976000			
纺织业	116459	705293	60	36273	3471
棉、化纤纺织及印染精加工	39043	118237		22319	2205
棉、化纤纺织加工	31068	118237		17039	2205
棉、化纤印染精加工	7975			5279	
毛纺织和染整精加工	19000	190000			
毛纺织	19000	190000			
丝绢纺织及精加工	29430	253075		3799	308
绢纺和丝织加工	6930	53075		1359	248
丝印染精加工	22500	200000		2440	60
纺织制成品制造	20861	90449	60	9440	
棉及化纤制品制造	5502	25426		2959	
丝制品制造	3700			3700	
纺织带和帘子布制造	2268	16554			
无纺布制造	9391	48469	60	2781	
针织品、编织品及其制品制造	8125	53532		715	958

1－B－1　续表2－4

单位：个、万元、人

指　标　名　称	实收资本	国家资本	集体资本	法人资本	个人资本
毛针织品及编织品制造	4304	38642			240
丝针织品及编织品制造	3671	14790		575	718
其他针织品及编织品制造	100			100	
棉、化纤针织品及编织品制造	50	100		40	
纺织服装、鞋、帽制造业	11891	102331		1440	109
纺织服装制造	11791	101821		1440	60
纺织服装制造	11791	101821		1440	60
纺织面料鞋的制造	100	510			49
纺织面料鞋的制造	100	510			49
皮革、毛皮、羽毛(绒)及其制品业	3404	11688		2141	
皮革制品制造	3404	11688		2141	
皮鞋制造	1264	11688			
皮箱、包(袋)制造	2141			2141	
木材加工及木、竹、藤、棕、草制品业	3622	30217		600	
人造板制造	1796	17960			
纤维板制造	1796	17960			
木制品制造	805	2045		600	
建筑用木料及木材组件加工	5	45			
软木制品及其他木制品制造	600			600	
木容器制造	200	2000			
锯材、木片加工	956	9557			
锯材加工	362	3620			
木片加工	594	5937			
竹、藤、棕、草制品制造	66	655			
竹、藤、棕、草制品制造	66	655			
造纸及纸制品业	40378	144000		1208	11986
造　纸	40357	143792		1208	11986
机制纸及纸板制造	40357	143792		1208	11986
纸制品制造	21	208			
纸和纸板容器的制造	21	208			
印刷业和记录媒介的复制	55698	282230		25287	1981
印　刷	54188	271970		24803	1981
书、报、刊印刷	41362	218821		18818	662
本册印制	597	2017		395	
包装装潢及其他印刷	12229	51132		5590	1319
装订及其他印刷服务活动	300	3000			
装订及其他印刷服务活动	300	3000			
记录媒介的复制	1210	7260		484	

1－B－1 续表2－5

单位：个、万元、人

指标名称	实收资本	国家资本	集体资本	法人资本	个人资本
记录媒介的复制	1210	7260		484	
文教体育用品制造业	2400	13856		180	434
体育用品制造	1718	8537		180	284
球类制造	138	1379			
体育器材及配件制造	1000	4200		180	
训练健身器材制造	580	2958			284
文化用品制造	650	5000			150
文具制造	600	4500			150
教学用模型及教具制造	50	500			
玩具制造	32	319			
玩具制造	32	319			
石油加工、炼焦及核燃料加工业	1146656	207803	3666	1105911	
精炼石油产品的制造	1142656	207803	3666	1101911	
原油加工及石油制品制造	1142656	207803	3666	1101911	
炼　焦	4000			4000	
炼　焦	4000			4000	
化学原料及化学制品制造业	517543	2230344	1703	237441	39125
基础化学原料制造	203494	1351407		44250	8740
无机酸制造	4000			2800	
无机碱制造	39276	275226		2400	4000
无机盐制造	211	2114			
有机化学原料制造	154067	1029067		38550	3800
其他基础化学原料制造	5940	45000		500	940
肥料制造	50277	68346	775	39346	3322
氮肥制造	45277	68346	775	34346	3322
其他肥料制造	5000			5000	
农药制造	49795	111665		18502	20127
化学农药制造	49795	111665		18502	20127
涂料、油墨、颜料及类似产品制造	11903	48930		4870	1580
涂料制造	10003	42430		4870	890
油墨及类似产品制造	1900	6500			690
合成材料制造	97100	19200		94400	780
初级形态的塑料及合成树脂制造	3500	19200		800	780
合成纤维单(聚合)体的制造	93600			93600	
专用化学产品制造	103267	623228	928	35824	3877
化学试剂和助剂制造	19658	180299		1628	
专项化学用品制造	12492	63602		4800	1332
炸药及火工产品制造	7573	29921		2807	1774

1－B－1 续表 2－6

单位：个、万元、人

指 标 名 称	实收资本	国家资本	集体资本	法人资本	个人资本
信息化学品制造	58894	349406	928	21939	771
其他专用化学产品制造	4650			4650	
日用化学产品制造	1707	7568		250	700
肥皂及合成洗涤剂制造	507	68		250	250
香料、香精制造	1200	7500			450
医药制造业	98675	413863		39177	13620
化学药品原药制造	51047	291124		8434	11693
化学药品原药制造	51047	291124		8434	11693
化学药品制剂制造	35598	118672		21320	1927
化学药品制剂制造	35598	118672		21320	1927
中药饮片加工	1900			1900	
中药饮片加工	1900			1900	
中成药制造	341	3407			
中成药制造	341	3407			
生物、生化制品的制造	9789	660		7524	
生物、生化制品的制造	9789	660		7524	
化学纤维制造业	135019	5978		129989	
纤维素纤维原料及纤维制造	24323	5978		23725	
化纤浆粕制造	598	5978			
人造纤维（纤维素纤维）制造	23725			23725	
合成纤维制造	110696			106264	
涤纶纤维制造	85696			81264	
腈纶纤维制造	25000			25000	
橡胶制品业	90332	5280	190	70483	
轮胎制造	90314	5100	190	70483	
车辆、飞机及工程机械轮胎制造	89614	2000		70283	
轮胎翻新加工	700	3100	190	200	
橡胶靴鞋制造					
橡胶靴鞋制造					
其他橡胶制品制造	18	180			
其他橡胶制品制造	18	180			
塑料制品业	23175	115146		9441	221
塑料薄膜制造	9201	58715		1635	
塑料薄膜制造	9201	58715		1635	
塑料板、管、型材的制造	11810	48100		7000	
塑料板、管、型材的制造	11810	48100		7000	
泡沫塑料制造	373			190	183
泡沫塑料制造	373			190	183

1－B－1 续表 2－7

单位：个、万元、人

指 标 名 称	实收资本	国家资本	集体资本	法人资本	个人资本
塑料零件制造	600	3300		270	
塑料零件制造	600	3300		270	
日用塑料制造	601	4135			
日用塑料杂品制造	601	4135			
其他塑料制品制造	590	896		346	38
其他塑料制品制造	590	896		346	38
非金属矿物制品业	498255	2424235	5105	223025	12961
水泥、石灰和石膏的制造	469447	2257560	4832	215311	11532
水泥制造	468321	2255610	4832	214733	11427
石灰和石膏制造	1126	1950		578	105
水泥及石膏制品制造	18567	90134	240	7661	1352
水泥制品制造	13487	90134	240	2772	1162
砼结构构件制造	5080			4889	191
玻璃及玻璃制品制造	9496	71220			50
其他玻璃制品制造	9296	69720			
日用玻璃制品及玻璃包装容器制造	200	1500			50
陶瓷制品制造	53			53	
特种陶瓷制品制造	53			53	
砖瓦、石材及其他建筑材料制造	462	4021	33		27
粘土砖瓦及建筑砌块制造	216	1560	33		27
其他建筑材料制造	246	2461			
石墨及其他非金属矿物制品制造	230	1300			
其他非金属矿物制品制造	230	1300			
黑色金属冶炼及压延加工业	782658	3178131		364604	396
钢压延加工	781858	3178131		363804	396
钢压延加工	781858	3178131		363804	396
铁合金冶炼	800			800	
铁合金冶炼	800			800	
有色金属冶炼及压延加工业	12322	97410		1450	
常用有色金属冶炼	2619	20380			
铅锌冶炼	959	9590			
铝冶炼	1660	10790			
贵金属冶炼	5203	52030			
金冶炼	5203	52030			
有色金属合金制造	2500	25000			
有色金属合金制造	2500	25000			
有色金属压延加工	2000			1450	
常用有色金属压延加工	2000			1450	

1-B-1 续表2-8

单位：个、万元、人

指 标 名 称	实收资本	国家资本	集体资本	法人资本	个人资本
金属制品业	45637	112859	6886	21202	1807
结构性金属制品制造	5046	27950		1305	631
金属结构制造	3660	27300		360	570
金属门窗制造	1386	650		945	61
金属工具制造	3830	1250		3705	
手工具制造	3705			3705	
切削工具制造	125	1250			
集装箱及金属包装容器制造	17661	6088		12422	490
金属压力容器制造	99	988			
金属包装容器制造	17562	5100		12422	490
建筑、安全用金属制品制造	15100	72164	6883	1000	
建筑装饰及水暖管道零件制造	15047	71641	6883	1000	
其他建筑、安全用金属制品制造	52	523			
其他金属制品制造	3695	2346	3	2770	687
其他未列明的金属制品制造	3695	2346	3	2770	687
金属表面处理及热处理加工	306	3061			
金属表面处理及热处理加工	306	3061			
通用设备制造业	250017	1360853	160	87117	4996
锅炉及原动机制造	59330	313062		8170	2920
锅炉及辅助设备制造	6912	34982			
汽轮机及辅机制造	50310	257000		8170	2920
水轮机及辅机制造	2108	21080			
金属加工机械制造	6347	42866		2061	
金属切削机床制造	5439	33786		2061	
其他金属加工机械制造	908	9080			
起重运输设备制造	19886	15000		18313	74
起重运输设备制造	19886	15000		18313	74
泵、阀门、压缩机及类似机械的制造	17251	70357	160	6349	601
泵及真空设备制造	5475	40153	160	1300	
气体压缩机械制造	1600			1200	
阀门和旋塞的制造	6640	29052		1030	
液压和气压动力机械及元件制造	3535	1152		2819	601
轴承、齿轮、传动和驱动部件的制造	29483	196985		9273	511
轴承制造	1283	9775		293	13
齿轮、传动和驱动部件制造	28200	187210		8980	499
风机、衡器、包装设备等通用设备制造	113198	707089		40290	660
风机、风扇制造	553	2820			271
气体、液体分离及纯净设备制造	37593	2932		36838	315

1－B－1 续表2－9

单位：个、万元、人

指 标 名 称	实收资本	国家资本	集体资本	法人资本	个人资本
制冷、空调设备制造	25545	246993		547	75
风动和电动工具制造	4297	4044		2725	
其他通用设备制造	45210	450300		180	
通用零部件制造及机械修理	2011	15494		221	160
紧固件、弹簧制造	609	6094			
机械零部件加工及设备修理	1200	9400		100	160
其他通用零部件制造	202			121	
金属铸、锻加工	2510			2440	70
钢铁铸件制造	1510			1440	70
锻件及粉末冶金制品制造	1000			1000	
专用设备制造业	63683	391521	339	23632	560
矿山、冶金、建筑专用设备制造	7787	17870		6000	
石油钻采专用设备制造	1500	15000			
建筑工程用机械制造	6000			6000	
采矿、采石设备制造	287	2870			
化工、木材、非金属加工专用设备制造	6025	252		6000	
炼油、化工生产专用设备制造	6000			6000	
橡胶加工专用设备制造	25	252			
电子和电工机械专用设备制造	1235	12350			
电子工业专用设备制造	235	2350			
武器弹药制造	1000	10000			
农、林、牧、渔专用机械制造	17598	146478	339	2242	370
拖拉机制造	11339	87584	339	2242	
机械化农业及园艺机具制造	6171	58014			370
其他农林牧渔业机械制造及机械修理	88	880			
医疗仪器设备及器械制造	524	4240		70	30
假肢、人工器官及植（介）入器械制造	524	4240		70	30
环保、社会公共安全及其他专用设备制造	30514	210331		9321	160
环境污染防治专用设备制造	28544	190626		9321	160
邮政专用机械及器材制造	421	4205			
水资源专用机械制造	1550	15500			
交通运输设备制造业	232028	1195298		98003	
铁路运输设备制造	1740	5000		1240	
铁路机车车辆配件制造	980			980	
其他铁路设备制造及设备修理	760	5000		260	
汽车制造	68465	395094		14461	
汽车整车制造	56048	275670		13986	
汽车零部件及配件制造	9447	94469			

1－B－1 续表 2－10

单位：个、万元、人

指标名称	实收资本	国家资本	集体资本	法人资本	个人资本
汽车修理	2970	24955		475	
摩托车制造	27432	39800		23452	
摩托车整车制造	3980	39800			
摩托车零部件及配件制造	23452			23452	
船舶及浮动装置制造	131511	726612		58850	
金属船舶制造	127615	687648		58850	
船用配套设备制造	1516	15164			
船舶修理及拆船	2380	23800			
交通器材及其他交通运输设备制造	2879	28792			
潜水及水下救捞装备制造	2800	28000			
交通管理用金属标志及设施制造	79	792			
电气机械及器材制造业	63518	132680	434	43899	5317
电机制造	16448	52022	296	10200	750
发电机及发电机组制造	15310	43600		10200	750
电动机制造	1051	7550	296		
微电机及其他电机制造	87	872			
输配电及控制设备制造	6149	19729	138	2415	1209
变压器、整流器和电感器制造	500	5000			
电容器及其配套设备制造	250	1500			100
配电开关控制设备制造	4386	8099	138	2007	1017
其他输配电及控制设备制造	500			408	92
电力电子元器件制造	513	5130			
电线、电缆、光缆及电工器材制造	6920	47856		1639	496
电线电缆制造	2891	7568		1639	496
其他电工器材制造	3893	38925			
光纤、光缆制造	136	1363			
电池制造	2544	5439		2000	
电池制造	2544	5439		2000	
家用电力器具制造	30405	854		27645	2675
家用空气调节器制造	11000			11000	
家用清洁卫生电器具制造	9000			6325	2675
家用电力器具专用配件制造	10320			10320	
其他家用电力器具制造	85	854			
照明器具制造	486	4855			
灯用电器附件及其他照明器具制造	486	4855			
其他电气机械及器材制造	566	1925			187
车辆专用照明及电气信号设备装置制造	566	1925			187
通信设备、计算机及其他电子设备制造业	403726	1060744	225	257578	17096

1－B－1 续表2－11 单位：个、万元、人

指 标 名 称	实收资本	国家资本	集体资本	法人资本	个人资本
通信设备制造	234850	661612	225	163794	
通信传输设备制造	3978	37534	225		
通信交换设备制造	9406			7321	
移动通信及终端设备制造	131724	618730		67266	
其他通信设备制造	89207			89207	
通信终端设备制造	535	5348			
广播电视设备制造	3528	17552		766	739
广播电视节目制作及发射设备制造	3528	17552		766	739
电子计算机制造	51739	58386		32953	550
计算机网络设备制造	3500	31000			400
电子计算机外部设备制造	48239	27386		32953	150
电子器件制造	55361	60080		42790	5483
电子真空器件制造	3500	27650			735
半导体分立器件制造	4886	30		4883	
集成电路制造	31356	16200		28956	780
光电子器件及其他电子器件制造	15619	16200		8951	3968
电子元件制造	38335	154889		17200	1310
电子元件及组件制造	38335	154889		17200	1310
家用视听设备制造	19600	105850			9015
家用影视设备制造	19600	105850			9015
其他电子设备制造	313	2375		75	
其他电子设备制造	313	2375		75	
仪器仪表及文化、办公用机械制造业	12945	40005	1128	7667	55
通用仪器仪表制造	3421	5640		2843	14
工业自动控制系统装置制造	2843			2843	
供应用仪表及其他通用仪器制造	430	4300			
电工仪器仪表制造	88	740			14
试验机制造	60	600			
专用仪器仪表制造	1500	14998			
导航、气象及海洋专用仪器制造	509	5089			
环境监测专用仪器仪表制造	282	2820			
教学专用仪器制造	17	169			
电子测量仪器制造	692	6920			
光学仪器及眼镜制造	5113	1541		4824	41
光学仪器制造	4387	300		4357	
眼镜制造	727	1241		468	41
文化、办公用机械制造	2910	17826	1128		
计算器及货币专用设备制造	2819	16916	1128		

1－B－1 续表 2－12 单位：个、万元、人

指标名称	实收资本	国家资本	集体资本	法人资本	个人资本
幻灯及投影设备制造	51	510			
其他文化、办公用机械制造	40	400			
工艺品及其他制造业	4200	30377		718	12
工艺美术品制造	1011	8111		188	12
珠宝首饰及有关物品的制造	811	6111		188	12
地毯、挂毯制造	200	2000			
日用杂品制造	3189	22266		530	
鬃毛加工、制刷及清扫工具的制造	962			530	
其他日用杂品制造	2227	22266			
废弃资源和废旧材料回收加工业	9610	16100		6000	
金属废料和碎屑的加工处理	1050	10500			
金属废料和碎屑的加工处理	1050	10500			
非金属废料和碎屑的加工处理	8560	5600		6000	
非金属废料和碎屑的加工处理	8560	5600		6000	
家具制造业	86	862			
木质家具制造	86	862			
木质家具制造	86	862			
电力、燃气及水的生产和供应业	**5615832**	**30947907**	**13236**	**2405278**	**22133**
电力、热力的生产和供应业	4376005	20979805	11681	2194926	9068
电力生产	3535693	12921613	11681	2162480	9068
火力发电	2273488	8250495	11609	1377882	7920
水力发电	745377	4652771	72	269606	1148
核力发电	502793			502793	
其他能源发电	14035	18347		12200	
电力供应	791791	7847912		7000	
电力供应	791791	7847912		7000	
热力生产和供应	48521	210280		25446	
热力生产和供应	48521	210280		25446	
燃气生产和供应业	227347	1756023	750	36108	
燃气生产和供应业	227347	1756023	750	36108	
燃气生产和供应业	227347	1756023	750	36108	
水的生产和供应业	1012481	8212079	805	174243	13065
自来水的生产和供应	768507	6611690	805	90789	13065
自来水的生产和供应	768507	6611690	805	90789	13065
污水处理及其再生利用	237924	1539889		83455	
污水处理及其再生利用	237924	1539889		83455	
其他水的处理、利用与分配	6050	60500			
其他水的处理、利用与分配	6050	60500			

1-B-1 续表3-1

单位：个、万元、人

指标名称	港澳台资本	外商资本	本年折旧	主营业务收入	主营业务成本
总计	**83920**	**266769**	**2925879**	**53806550**	**49119165**
一、按轻重工业分					
轻工业	5836	32656	306084	6051636	3587504
重工业	78084	234113	2619795	47754914	45531661
二、按登记注册类型分					
内资	**611**	**52656**	**2786812**	**48885399**	**44716128**
国有		34	1588931	26731985	23607725
集体			387	2068	1524
股份合作企业		560	127	2856	2727
联营企业	208		8387	86577	87686
国有联营	208		1028	6931	5859
集体联营			6941	54958	58823
国有与集体联营			386	20672	19385
其他联营			32	4016	3620
有限责任公司	135	39278	1007546	11342846	10072788
国有独资公司		10	128433	1692865	1399810
其他有限责任公司	135	39268	879113	9649981	8672978
股份有限公司	268	12784	174407	10606830	10831085
其他			7028	112239	112593
港澳台商投资	**79326**		**24722**	**1556180**	**1376530**
与港澳台商合资经营	61572		15137	1483073	1314459
与港澳台商合作经营	15645		9283	64718	56110
港澳台商独资	109		106	4369	3652
港澳台商投资股份有限公司	2000		196	4019	2310
外商投资	**3983**	**214113**	**114345**	**3364972**	**3026507**
中外合资经营	3983	187591	92510	2969862	2731281
中外合作经营		13002	2161	76923	66331
外商投资股份有限公司		13520	19674	318186	228895
三、按国民经济行业(门类、大类、中类、小类)分					
采矿业			**9608**	**337648**	**272302**
煤炭开采和洗选业			4900	89536	84530
烟煤和无烟煤的开采洗选			4900	89536	84530
烟煤和无烟煤的开采洗选			4900	89536	84530
黑色金属矿采选业			1609	108665	75307
铁矿采选			1609	108665	75307
铁矿采选			1609	108665	75307
有色金属矿采选业			727	101211	88005
常用有色金属矿采选			340	95279	83988
铜矿采选			340	95279	83988

1－B－1 续表3－2

单位：个、万元、人

指 标 名 称			本年折旧	主营业务收 入	主营业务成 本
	港澳台资本	外商资本			
稀有稀土金属矿采选			383	5600	3843
放射性金属矿采选			383	5600	3843
贵金属矿采选			4	332	174
其他贵金属矿采选			4	332	174
非金属矿采选业			2372	38237	24460
土砂石开采			2017	30146	18003
石灰石、石膏开采			545	8521	4249
建筑装饰用石开采			579	13331	7441
耐火土石开采			34	674	559
粘土及其他土砂石开采			859	7619	5754
化学矿采选			351	7554	6132
化学矿采选			351	7554	6132
采 盐			4	537	325
采 盐			4	537	325
制造业	**63162**	**207131**	**690755**	**28559759**	**25594062**
农副食品加工业	869	415	4073	142357	128530
谷物磨制		415	411	17278	16019
谷物磨制		415	411	17278	16019
饲料加工			29	5350	5186
饲料加工			29	5350	5186
屠宰及肉类加工	869		740	53555	48331
畜禽屠宰			740	34941	30561
肉制品及副产品加工	869		...	18614	17770
水产品加工			2884	65777	58622
水产品冷冻加工			2884	65777	58622
植物油加工			2	18	16
食用植物油加工			2	18	16
蔬菜、水果和坚果加工			6	379	355
蔬菜、水果和坚果加工			6	379	355
食品制造业	175	1693	2171	92597	77761
方便食品制造	175	500	316	12504	10090
速冻食品制造	175		174	4576	4227
方便面及其他方便食品制造		500	135	7861	5800
米、面制品制造			7	67	62
液体乳及乳制品制造			192	15006	12893
液体乳及乳制品制造			192	15006	12893
罐头制造		750	158	13797	12952
蔬菜、水果罐头制造		750	158	13797	12952

1－B－1 续表3－3

单位：个、万元、人

指标名称			本年折旧	主营业务收入	主营业务成本
	港澳台资本	外商资本			
调味品、发酵制品制造		143	1133	35952	30563
味精制造			1079	32103	27267
酱油、食醋及类似制品的制造		143	30	3255	2846
其他调味品、发酵制品制造			25	593	450
其他食品制造			352	13441	9672
冷冻饮品及食用冰制造			45	776	563
盐加工			230	10625	7208
食品及饲料添加剂制造			5	1731	1651
营养、保健食品制造			73	308	250
焙烤食品制造		300	19	1897	1593
糕点、面包制造		300	19	1897	1593
饮料制造业		2628	12050	250042	177240
酒的制造		977	11136	236529	166390
啤酒制造		977	5496	86030	49383
黄酒制造			5640	150499	117006
软饮料制造			516	9124	6984
茶饮料及其他软饮料制造			429	8024	6345
瓶（罐）装饮用水制造			87	1101	639
精制茶加工		1651	398	4389	3867
精制茶加工		1651	398	4389	3867
烟草制品业			36225	2143902	492501
卷烟制造			36225	2143902	492501
卷烟制造			36225	2143902	492501
纺织业	3300	2825	14370	349491	311240
棉、化纤纺织及印染精加工	2387	309	4638	126218	119481
棉、化纤纺织加工			3965	114223	108435
棉、化纤印染精加工	2387	309	673	11995	11046
毛纺织和染整精加工			872	25774	21793
毛纺织			872	25774	21793
丝绢纺织及精加工	15		6455	126357	105425
绢纺和丝织加工	15		2584	102077	85423
丝印染精加工			3871	24280	20002
纺织制成品制造		2316	1426	49219	46093
棉及化纤制品制造			238	10499	9830
丝制品制造			260	5133	5018
纺织带和帘子布制造		612	253	11614	10959
无纺布制造		1703	675	21973	20287
针织品、编织品及其制品制造	898	200	979	21923	18448

1－B－1 续表3－4

单位：个、万元、人

指 标 名 称	港澳台资本	外商资本	本年折旧	主营业务收入	主营业务成本
毛针织品及编织品制造		200	390	8557	6669
丝针织品及编织品制造	898		163	9432	8248
其他针织品及编织品制造			426	3903	3510
棉、化纤针织品及编织品制造			...	31	21
纺织服装、鞋、帽制造业	109		3648	55056	32455
纺织服装制造	109		3631	54392	31884
纺织服装制造	109		3631	54392	31884
纺织面料鞋的制造			17	665	572
纺织面料鞋的制造			17	665	572
皮革、毛皮、羽毛(绒)及其制品业	95		1474	30129	16810
皮革制品制造	95		1474	30129	16810
皮鞋制造	95		242	9997	7858
皮箱、包(袋)制造			1231	20131	8952
木材加工及木、竹、藤、棕、草制品业			786	136550	129953
人造板制造			564	124962	119302
纤维板制造			564	124962	119302
木制品制造			210	10672	9871
建筑用木料及木材组件加工			31	1853	1780
软木制品及其他木制品制造			104	8337	7814
木容器制造			74	482	277
锯材、木片加工			10	518	424
锯材加工			5	416	347
木片加工			5	101	77
竹、藤、棕、草制品制造			2	399	355
竹、藤、棕、草制品制造			2	399	355
造纸及纸制品业		12784	11299	130766	109567
造 纸		12784	11289	130345	109144
机制纸及纸板制造		12784	11289	130345	109144
纸制品制造			10	421	423
纸和纸板容器的制造			10	421	423
印刷业和记录媒介的复制	208		8306	162504	128930
印 刷	208		8052	158621	126505
书、报、刊印刷			5978	122843	98235
本册印制			403	4092	2788
包装装潢及其他印刷	208		1672	31687	25482
装订及其他印刷服务活动			63	2101	1177
装订及其他印刷服务活动			63	2101	1177
记录媒介的复制			191	1782	1248

1－B－1 续表3－5

单位：个、万元、人

指标名称	港澳台资本	外商资本	本年折旧	主营业务收入	主营业务成本
记录媒介的复制			191	1782	1248
文教体育用品制造业		400	101	11298	9295
体育用品制造		400	77	10757	8844
球类制造			32	4016	3620
体育器材及配件制造		400	17	2136	1818
训练健身器材制造			27	4605	3406
文化用品制造			23	449	387
文具制造			20	350	305
教学用模型及教具制造			3	99	82
玩具制造			1	93	64
玩具制造			1	93	64
石油加工、炼焦及核燃料加工业	16298		111499	10557798	11126810
精炼石油产品的制造	16298		109640	10360958	10919439
原油加工及石油制品制造	16298		109640	10360958	10919439
炼　焦			1859	196840	207371
炼　焦			1859	196840	207371
化学原料及化学制品制造业	6556	9684	102670	2363122	2032885
基础化学原料制造	6240	9124	67067	1420625	1273600
无机酸制造		1200	640	14498	13510
无机碱制造	5353		7299	134531	109371
无机盐制造			12	1405	919
有机化学原料制造	886	7924	58411	1257919	1137747
其他基础化学原料制造			706	12271	12053
肥料制造			6174	98637	89611
氮肥制造			4989	83732	74706
其他肥料制造			1185	14905	14905
农药制造			4709	77903	71556
化学农药制造			4709	77903	71556
涂料、油墨、颜料及类似产品制造		560	802	46399	41844
涂料制造			713	43272	38898
油墨及类似产品制造		560	89	3127	2946
合成材料制造			13645	413704	297934
初级形态的塑料及合成树脂制造			298	16254	15443
合成纤维单(聚合)体的制造			13347	397451	282491
专用化学产品制造	317		9971	284057	238555
化学试剂和助剂制造			2491	81755	73741
专项化学用品制造			5067	128288	106483
炸药及火工产品制造			1518	45212	33876

1－B－1 续表3－6

单位：个、万元、人

指标名称	港澳台资本	外商资本	本年折旧	主营业务收入	主营业务成本
信息化学品制造	317		452	19422	17289
其他专用化学产品制造			442	9381	7166
日用化学产品制造			303	21798	19784
肥皂及合成洗涤剂制造			256	19642	17889
香料、香精制造			47	2156	1895
医药制造业	945	3546	34116	677353	358800
化学药品原药制造		1808	29578	583458	290286
化学药品原药制造		1808	29578	583458	290286
化学药品制剂制造		484	3694	70480	58397
化学药品制剂制造		484	3694	70480	58397
中药饮片加工			198	8456	6720
中药饮片加工			198	8456	6720
中成药制造			132	2069	765
中成药制造			132	2069	765
生物、生化制品的制造	945	1255	513	12890	2632
生物、生化制品的制造	945	1255	513	12890	2632
化学纤维制造业	135	4297	18162	532530	528351
纤维素纤维原料及纤维制造			27	22820	25129
化纤浆粕制造			27	1351	1041
人造纤维（纤维素纤维）制造				21469	24088
合成纤维制造	135	4297	18135	509710	503222
涤纶纤维制造	135	4297	10953	458801	444203
腈纶纤维制造			7182	50910	59019
橡胶制品业		19131	37665	1406937	1278116
轮胎制造		19131	37237	1397939	1269634
车辆、飞机及工程机械轮胎制造		19131	37209	1397516	1269275
轮胎翻新加工			28	423	358
橡胶靴鞋制造			427	8868	8418
橡胶靴鞋制造			427	8868	8418
其他橡胶制品制造			1	130	64
其他橡胶制品制造			1	130	64
塑料制品业	1694	303	2023	61329	56481
塑料薄膜制造	1694		852	19314	17450
塑料薄膜制造	1694		852	19314	17450
塑料板、管、型材的制造			981	33183	31020
塑料板、管、型材的制造			981	33183	31020
泡沫塑料制造				1614	1615
泡沫塑料制造				1614	1615

1－B－1　续表 3－7

单位：个、万元、人

指 标 名 称			本年折旧	主营业务收　入	主营业务成　本
	港澳台资本	外商资本			
塑料零件制造			123	2251	1878
塑料零件制造			123	2251	1878
日用塑料制造		188	33	4061	3729
日用塑料杂品制造		188	33	4061	3729
其他塑料制品制造		115	34	906	790
其他塑料制品制造		115	34	906	790
非金属矿物制品业	7500	7241	66703	1314175	1179271
水泥、石灰和石膏的制造	7200	4817	61689	1210778	1089614
水泥制造	7200	4569	61554	1205632	1085833
石灰和石膏制造		248	136	5146	3781
水泥及石膏制品制造	300		3422	97176	84911
水泥制品制造	300		2920	76573	67238
砼结构构件制造			502	20604	17672
玻璃及玻璃制品制造		2324	1533	3511	2553
其他玻璃制品制造		2324	1524	3316	2433
日用玻璃制品及玻璃包装容器制造			9	195	120
陶瓷制品制造			38	1725	1460
特种陶瓷制品制造			38	1725	1460
砖瓦、石材及其他建筑材料制造			15	615	415
粘土砖瓦及建筑砌块制造			13	519	359
其他建筑材料制造			2	96	56
石墨及其他非金属矿物制品制造		100	7	370	318
其他非金属矿物制品制造		100	7	370	318
黑色金属冶炼及压延加工业	3000	96845	143645	3807495	3837388
钢压延加工	3000	96845	143567	3784871	3817276
钢压延加工	3000	96845	143567	3784871	3817276
铁合金冶炼			78	22624	20112
铁合金冶炼			78	22624	20112
有色金属冶炼及压延加工业		1131	1332	55797	48455
常用有色金属冶炼		581	953	31375	29394
铅锌冶炼			952	31357	29378
铝冶炼		581	1	18	16
贵金属冶炼			205	9651	4411
金冶炼			205	9651	4411
有色金属合金制造			106	1524	1634
有色金属合金制造			106	1524	1634
有色金属压延加工		550	68	13248	13015
常用有色金属压延加工		550	68	13248	13015

1－B－1 续表 3－8

单位：个、万元、人

指 标 名 称	港澳台资本	外商资本	本年折旧	主营业务收入	主营业务成本
金属制品业		4456	-5588	288585	267057
结构性金属制品制造		315	55	8819	7977
金属结构制造			54	4986	4497
金属门窗制造		315	1	3833	3480
金属工具制造			561	17000	13865
手工具制造			555	16724	13628
切削工具制造			6	275	237
集装箱及金属包装容器制造		4141	-8741	141354	134518
金属压力容器制造			7	8160	7218
金属包装容器制造		4141	-8748	133194	127299
建筑、安全用金属制品制造			2244	85975	76637
建筑装饰及水暖管道零件制造			2239	84920	75993
其他建筑、安全用金属制品制造			5	1055	644
其他金属制品制造			266	34694	33548
其他未列明的金属制品制造			266	34694	33548
金属表面处理及热处理加工			26	743	512
金属表面处理及热处理加工			26	743	512
通用设备制造业	2942	18716	22860	1219495	950103
锅炉及原动机制造		16934	5817	408714	296905
锅炉及辅助设备制造		3414	599	66359	60146
汽轮机及辅机制造		13520	4958	323358	222064
水轮机及辅机制造			261	18997	14694
金属加工机械制造			890	28775	20621
金属切削机床制造			719	22630	15747
其他金属加工机械制造			171	6145	4874
起重运输设备制造			5317	64554	50273
起重运输设备制造			5317	64554	50273
泵、阀门、压缩机及类似机械的制造	2490	615	917	88203	66889
泵及真空设备制造			287	15772	11253
气体压缩机械制造		400	39	20076	18289
阀门和旋塞的制造	2490	215	35	9193	7675
液压和气压动力机械及元件制造			556	43162	29672
轴承、齿轮、传动和驱动部件的制造			4225	150188	119871
轴承制造			301	5196	2189
齿轮、传动和驱动部件制造			3924	144992	117682
风机、衡器、包装设备等通用设备制造	371	1168	5298	459152	378727
风机、风扇制造			71	1376	873
气体、液体分离及纯净设备制造	147		1555	242573	196721

1－B－1 续表3－9

单位：个、万元、人

指标名称	港澳台资本	外商资本	本年折旧	主营业务收入	主营业务成本
制冷、空调设备制造	224		2483	190436	162012
风动和电动工具制造		1168	39	1342	1102
其他通用设备制造			1150	23425	18018
通用零部件制造及机械修理	81		223	7724	6019
紧固件、弹簧制造			143	2609	1617
机械零部件加工及设备修理			63	2693	2165
其他通用零部件制造	81		17	2422	2238
金属铸、锻加工			174	12185	10798
钢铁铸件制造			126	5112	4166
锻件及粉末冶金制品制造			48	7073	6632
专用设备制造业			3065	306919	269473
矿山、冶金、建筑专用设备制造			188	18017	14859
石油钻采专用设备制造			35	12880	10920
建筑工程用机械制造			149	5114	3936
采矿、采石设备制造			4	23	4
化工、木材、非金属加工专用设备制造			137	26937	24996
炼油、化工生产专用设备制造			126	26597	24693
橡胶加工专用设备制造			11	340	303
电子和电工机械专用设备制造			204	5378	3857
电子工业专用设备制造			78	1571	868
武器弹药制造			126	3807	2990
农、林、牧、渔专用机械制造			1127	66952	57992
拖拉机制造			602	52134	46113
机械化农业及园艺机具制造			501	14676	11809
其他农林牧渔业机械制造及机械修理			25	142	70
医疗仪器设备及器械制造			182	1248	843
假肢、人工器官及植（介）入器械制造			182	1248	843
环保、社会公共安全及其他专用设备制造			1228	188387	166926
环境污染防治专用设备制造			1145	177601	157537
邮政专用机械及器材制造			31	976	746
水资源专用机械制造			51	9810	8644
交通运输设备制造业		14495	31725	1407869	1237809
铁路运输设备制造			101	4180	3437
铁路机车车辆配件制造			15	875	728
其他铁路设备制造及设备修理			86	3305	2709
汽车制造		14495	4781	125995	109883
汽车整车制造		14495	2867	54295	53115
汽车零部件及配件制造			1441	59639	47960

1－B－1 续表3－10

单位：个、万元、人

指 标 名 称			本年折旧	主营业务收 入	主营业务成 本
	港澳台资本	外商资本			
汽车修理			472	12061	8809
摩托车制造			10826	543052	465320
摩托车整车制造			9142	437184	364113
摩托车零部件及配件制造			1683	105869	101206
船舶及浮动装置制造			16003	733568	658291
金属船舶制造			15887	730571	655626
船用配套设备制造			41	39	43
船舶修理及拆船			75	2958	2622
交通器材及其他交通运输设备制造			16	1074	878
潜水及水下救捞装备制造				506	422
交通管理用金属标志及设施制造			16	568	456
电气机械及器材制造业		601	5774	385140	324035
电机制造			1200	123576	97062
发电机及发电机组制造			1136	117695	91574
电动机制造			60	5833	5455
微电机及其他电机制造			4	49	33
输配电及控制设备制造		414	856	48746	38595
变压器、整流器和电感器制造			1	782	617
电容器及其配套设备制造			－7	1081	647
配电开关控制设备制造		414	716	42069	34108
其他输配电及控制设备制造			16	4100	2675
电力电子元器件制造			130	713	549
电线、电缆、光缆及电工器材制造			1011	63939	49472
电线电缆制造			403	19612	18456
其他电工器材制造			601	44126	30855
光纤、光缆制造			7	201	161
电池制造			55	4591	4455
电池制造			55	4591	4455
家用电力器具制造			2529	137264	130082
家用空气调节器制造			820	92789	90551
家用清洁卫生电器具制造			1108	24059	22296
家用电力器具专用配件制造			596	20415	17234
其他家用电力器具制造			6	2	1
照明器具制造			20	3249	723
灯用电器附件及其他照明器具制造			20	3249	723
其他电气机械及器材制造		187	103	3775	3646
车辆专用照明及电气信号设备装置制造		187	103	3775	3646
通信设备、计算机及其他电子设备制造业	17336	5416	19169	531398	365246

1－B－1 续表 3－11

单位：个、万元、人

指 标 名 称			本年折旧	主营业务收 入	主营业务成 本
	港澳台资本	外商资本			
通信设备制造	4670		5843	113537	79774
通信传输设备制造			121	8688	6353
通信交换设备制造	2085		488	15693	10538
移动通信及终端设备制造	2585		4548	87288	62077
其他通信设备制造			685	1817	756
通信终端设备制造			1	51	51
广播电视设备制造	268		98	1570	1061
广播电视节目制作及发射设备制造	268		98	1570	1061
电子计算机制造	12398		726	187355	103039
计算机网络设备制造			119	14683	12656
电子计算机外部设备制造	12398		606	172672	90382
电子器件制造		1080	8832	55069	40102
电子真空器件制造			37	4346	3198
半导体分立器件制造			224	10227	5154
集成电路制造			4343	19057	17137
光电子器件及其他电子器件制造		1080	4228	21440	14614
电子元件制造		4336	2956	85972	66500
电子元件及组件制造		4336	2956	85972	66500
家用视听设备制造			622	86049	73083
家用影视设备制造			622	86049	73083
其他电子设备制造			93	1846	1687
其他电子设备制造			93	1846	1687
仪器仪表及文化、办公用机械制造业		94	897	33385	24329
通用仪器仪表制造			346	16827	12905
工业自动控制系统装置制造			301	15999	12383
供应用仪表及其他通用仪器制造			32	535	394
电工仪器仪表制造			5	81	70
试验机制造			8	212	57
专用仪器仪表制造			119	4155	2480
导航、气象及海洋专用仪器制造			102	2772	1633
环境监测专用仪器仪表制造			3	226	205
教学专用仪器制造			...	349	298
电子测量仪器制造			13	809	344
光学仪器及眼镜制造		94	382	11076	7849
光学仪器制造			322	8026	6192
眼镜制造		94	60	3051	1657
文化、办公用机械制造			50	1326	1096
计算器及货币专用设备制造			10	1040	878

1-B-1　续表3-12　　　　单位：个、万元、人

指　标　名　称	港澳台资本	外商资本	本年折旧	主营业务收　入	主营业务成　本
幻灯及投影设备制造			33	244	179
其他文化、办公用机械制造			8	42	39
工艺品及其他制造业		433	280	16076	10882
工艺美术品制造			16	6222	5823
珠宝首饰及有关物品的制造			13	5833	5403
地毯、挂毯制造			3	389	420
日用杂品制造		433	264	9854	5059
鬃毛加工、制刷及清扫工具的制造		433	59	3902	3599
其他日用杂品制造			205	5952	1460
废弃资源和废旧材料回收加工业	2000		252	89443	84139
金属废料和碎屑的加工处理			43	81439	80790
金属废料和碎屑的加工处理			43	81439	80790
非金属废料和碎屑的加工处理	2000		209	8005	3349
非金属废料和碎屑的加工处理	2000		209	8005	3349
家具制造业			6	224	153
木质家具制造			6	224	153
木质家具制造			6	224	153
电力、燃气及水的生产和供应业	**20758**	**59638**	**2225516**	**24909143**	**23252801**
电力、热力的生产和供应业	17720	44629	1979808	23553306	22110348
电力生产	17720	42583	931746	6307502	5588260
火力发电	12197	38831	603363	5047396	4761273
水力发电	5522	3752	115931	438416	327035
核力发电			209429	813880	492289
其他能源发电			3023	7811	7664
电力供应			1036122	17135940	16408067
电力供应			1036122	17135940	16408067
热力生产和供应		2046	11941	109863	114021
热力生产和供应		2046	11941	109863	114021
燃气生产和供应业	3038	11848	38934	591824	539798
燃气生产和供应业	3038	11848	38934	591824	539798
燃气生产和供应业	3038	11848	38934	591824	539798
水的生产和供应业		3160	206773	764013	602655
自来水的生产和供应		2680	144176	595388	453296
自来水的生产和供应		2680	144176	595388	453296
污水处理及其再生利用		480	59920	164308	144646
污水处理及其再生利用		480	59920	164308	144646
其他水的处理、利用与分配			2678	4318	4713
其他水的处理、利用与分配			2678	4318	4713

1-B-1 续表4-1 单位：个、万元、人

指标名称	主营业务税金及附加	主营业务利润	其他业务利润	营业费用、管理费用、财务费用合计	营业利润
总计	**1533971**	**3154311**	**156323**	**3246808**	**154082**
一、按轻重工业分					
轻工业	1123315	1341709	7187	771919	546844
重工业	410656	1812602	149136	2474890	-392762
二、按登记注册类型分					
内资	**1499020**	**2670421**	**150170**	**2889856**	**-11064**
国有	1198245	1926187	68482	1350871	674644
集体	17	526		287	232
股份合作企业	3	127	1	204	-77
联营企业	659	-1768	116	9098	-10607
国有联营	95	977	95	910	162
集体联营	316	-4180		6462	-10642
国有与集体联营	237	1050	12	1341	-136
其他联营	11	385	9	385	9
有限责任公司	95094	1174958	74937	1206459	32412
国有独资公司	21781	271275	18492	254774	39825
其他有限责任公司	73313	903684	56445	951685	-7412
股份有限公司	204682	-428933	6329	315144	-705411
其他	321	-676	305	7793	-2258
港澳台商投资	**26568**	**153081**	**1147**	**67997**	**86512**
与港澳台商合资经营	26486	142129	1094	61596	81968
与港澳台商合作经营	65	8542	21	4499	4034
港澳台商独资		717	30	687	30
港澳台商投资股份有限公司	16	1693	2	1215	480
外商投资	**8383**	**330808**	**5005**	**288956**	**78634**
中外合资经营	8052	231257	4250	228346	35937
中外合作经营	49	10543	515	7814	6244
外商投资股份有限公司	282	89008	240	52796	36453
三、按国民经济行业(门类、大类、中类、小类)分					
采矿业	**4289**	**61057**	**3364**	**47009**	**15589**
煤炭开采和洗选业	528	4478	2238	15680	-9282
烟煤和无烟煤的开采洗选	528	4478	2238	15680	-9282
烟煤和无烟煤的开采洗选	528	4478	2238	15680	-9282
黑色金属矿采选业	1331	32027	355	9964	22418
铁矿采选	1331	32027	355	9964	22418
铁矿采选	1331	32027	355	9964	22418
有色金属矿采选业	316	12890	429	9239	4066
常用有色金属矿采选	312	10979	446	8029	3396
铜矿采选	312	10979	446	8029	3396

1－B－1 续表4－2

单位：个、万元、人

指 标 名 称	主营业务税金及附加	主营业务利 润	其他业务利 润	营业费用、管理费用、财务费用合 计	营业利润
稀有稀土金属矿采选		1757	－18	1182	544
放射性金属矿采选		1757	－18	1182	544
贵金属矿采选	4	154		28	126
其他贵金属矿采选	4	154		28	126
非金属矿采选业	2115	11662	342	12126	－1613
土砂石开采	2024	10119	291	7509	1407
石灰石、石膏开采	737	3536	68	3876	－279
建筑装饰用石开采	1098	4792		1925	1223
耐火土石开采	7	108	27	195	－60
粘土及其他土砂石开采	181	1684	195	1513	524
化学矿采选	71	1351	6	4371	－3011
化学矿采选	71	1351	6	4371	－3011
采 盐	20	192	45	247	－10
采 盐	20	192	45	247	－10
制造业	**1398665**	**1567752**	**85060**	**1770562**	**－102409**
农副食品加工业	420	13400	－8336	8673	－3657
谷物磨制	29	1230	268	1758	－234
谷物磨制	29	1230	268	1758	－234
饲料加工	52	112	39	146	2
饲料加工	52	112	39	146	2
屠宰及肉类加工	215	5009	253	3130	2060
畜禽屠宰	166	4215	253	1995	2345
肉制品及副产品加工	50	794	...	1135	－286
水产品加工	124	7026	－8895	3632	－5501
水产品冷冻加工	124	7026	－8895	3632	－5501
植物油加工	1	1		1	...
食用植物油加工	1	1		1	...
蔬菜、水果和坚果加工	1	23		6	16
蔬菜、水果和坚果加工	1	23		6	16
食品制造业	369	15194	976	12209	3948
方便食品制造	36	3106	320	2674	753
速冻食品制造	5	343	－10	1085	－752
方便面及其他方便食品制造	30	2758	223	1457	1523
米、面制品制造	...	5	108	131	－19
液体乳及乳制品制造	37	2076	294	1297	1082
液体乳及乳制品制造	37	2076	294	1297	1082
罐头制造	12	833		782	51
蔬菜、水果罐头制造	12	833		782	51

1－B－1 续表4－3 单位：个、万元、人

指 标 名 称	主营业务税金及附加	主营业务利润	其他业务利润	营业费用、管理费用、财务费用合计	营业利润
调味品、发酵制品制造	219	5170	316	5279	207
味精制造	206	4630	306	4612	324
酱油、食醋及类似制品的制造	4	405	9	409	5
其他调味品、发酵制品制造	9	135	1	258	－122
其他食品制造	61	3708	46	1953	1778
冷冻饮品及食用冰制造	8	206		217	－13
盐加工	44	3374	45	1627	1771
食品及饲料添加剂制造	9	72	1	59	13
营养、保健食品制造	1	57		50	7
焙烤食品制造	3	301		224	77
糕点、面包制造	3	301		224	77
饮料制造业	18456	54346	3191	48255	10815
酒的制造	18374	51765	3191	45121	11275
啤酒制造	14307	22340	1187	24721	102
黄酒制造	4067	29426	2005	20399	11173
软饮料制造	70	2071	－18	2048	33
茶饮料及其他软饮料制造	50	1629	－20	1318	317
瓶(罐)装饮用水制造	20	442	3	730	－285
精制茶加工	12	509	17	1087	－493
精制茶加工	12	509	17	1087	－493
烟草制品业	1072041	579360	－26540	123619	429201
卷烟制造	1072041	579360	－26540	123619	429201
卷烟制造	1072041	579360	－26540	123619	429201
纺织业	1487	36764	744	41391	－3802
棉、化纤纺织及印染精加工	759	5978	362	15614	－9268
棉、化纤纺织加工	756	5032	409	14748	－9302
棉、化纤印染精加工	3	946	－46	866	34
毛纺织和染整精加工	35	3946	223	1270	2594
毛纺织	35	3946	223	1270	2594
丝绢纺织及精加工	439	20493	59	16056	4495
绢纺和丝织加工	268	16386	3	12037	4352
丝印染精加工	171	4107	56	4019	143
纺织制成品制造	142	2984	－27	5057	－1915
棉及化纤制品制造	39	630		1025	－394
丝制品制造	23	93	－27	1696	－1652
纺织带和帘子布制造	2	653		690	－37
无纺布制造	78	1608	...	1647	168
针织品、编织品及其制品制造	112	3364	127	3395	292

1－B－1 续表4－4 单位：个、万元、人

指 标 名 称	主营业务税金及附加	主营业务利 润	其他业务利 润	营业费用、管理费用、财务费用合 计	营业利润
毛针织品及编织品制造	86	1802	109	1263	860
丝针织品及编织品制造	4	1180	17	1239	－58
其他针织品及编织品制造	22	371	2	882	－509
棉、化纤针织品及编织品制造	...	10		11	－1
纺织服装、鞋、帽制造业	930	21671	2325	17498	6847
纺织服装制造	918	21590	2325	17447	6817
纺织服装制造	918	21590	2325	17447	6817
纺织面料鞋的制造	12	81		51	30
纺织面料鞋的制造	12	81		51	30
皮革、毛皮、羽毛(绒)及其制品业	383	12935	1257	8665	5521
皮革制品制造	383	12935	1257	8665	5521
皮鞋制造	33	2106	70	1407	763
皮箱、包(袋)制造	351	10829	1187	7258	4758
木材加工及木、竹、藤、棕、草制品业	238	6360	1918	9741	－1506
人造板制造	75	5585	1905	9164	－1674
纤维板制造	75	5585	1905	9164	－1674
木制品制造	154	647		485	121
建筑用木料及木材组件加工	10	63		23	40
软木制品及其他木制品制造	134	389		352	－5
木容器制造	10	195		109	86
锯材、木片加工	4	90	13	77	25
锯材加工	4	65	13	57	21
木片加工	...	24		20	4
竹、藤、棕、草制品制造	6	38		16	22
竹、藤、棕、草制品制造	6	38		16	22
造纸及纸制品业	798	20401	1153	22065	3083
造 纸	797	20404	1153	22050	3101
机制纸及纸板制造	797	20404	1153	22050	3101
纸制品制造	1	－3		16	－19
纸和纸板容器的制造	1	－3		16	－19
印刷业和记录媒介的复制	2256	31318	5630	21230	15770
印 刷	2234	29882	5652	19924	15632
书、报、刊印刷	2043	22565	5343	16087	11793
本册印制	45	1259	137	1127	268
包装装潢及其他印刷	146	6059	173	2711	3571
装订及其他印刷服务活动	18	906		832	104
装订及其他印刷服务活动	18	906		832	104
记录媒介的复制	4	530	－22	474	33

1-B-1 续表4-5 单位:个、万元、人

指标名称	主营业务税金及附加	主营业务利润	其他业务利润	营业费用、管理费用、财务费用合计	营业利润
记录媒介的复制	4	530	-22	474	33
文教体育用品制造业	55	1949	37	1017	969
体育用品制造	49	1864	37	967	934
球类制造	11	385	9	385	9
体育器材及配件制造	1	318	22	156	183
训练健身器材制造	37	1162	6	426	742
文化用品制造	6	56		20	36
文具制造	5	40		17	23
教学用模型及教具制造	1	16		3	13
玩具制造	1	28		30	-1
玩具制造	1	28		30	-1
石油加工、炼焦及核燃料加工业	233660	-802673	28	121046	-925351
精炼石油产品的制造	232378	-790859	28	116423	-909836
原油加工及石油制品制造	232378	-790859	28	116423	-909836
炼　焦	1282	-11814		4623	-15515
炼　焦	1282	-11814		4623	-15515
化学原料及化学制品制造业	11390	318848	44717	262538	116114
基础化学原料制造	6413	140611	41335	172868	4319
无机酸制造	242	747	405	1058	94
无机碱制造	435	24725	280	10890	14634
无机盐制造	15	471		438	33
有机化学原料制造	5667	114505	40271	158203	-8704
其他基础化学原料制造	54	163	378	2280	-1738
肥料制造	323	8703	648	10547	-1221
氮肥制造	323	8703	648	9017	-59
其他肥料制造				1530	-1162
农药制造	119	6229	180	11655	-5232
化学农药制造	119	6229	180	11655	-5232
涂料、油墨、颜料及类似产品制造	138	4417	70	3543	975
涂料制造	131	4243		3242	1033
油墨及类似产品制造	7	174	70	301	-58
合成材料制造	2628	113143		20231	92864
初级形态的塑料及合成树脂制造	5	805		1273	-464
合成纤维单(聚合)体的制造	2623	112337		18958	93328
专用化学产品制造	1708	43794	2398	42167	23904
化学试剂和助剂制造	329	7684	1460	8701	351
专项化学用品制造	896	20909	568	23939	18257
炸药及火工产品制造	381	10955	182	7096	3776

1－B－1　续表4－6　　　　单位：个、万元、人

指标名称	主营业务税金及附加	主营业务利润	其他业务利润	营业费用、管理费用、财务费用合计	营业利润
信息化学品制造	25	2109	5	1817	－187
其他专用化学产品制造	76	2138	184	615	1708
日用化学产品制造	63	1951	87	1527	505
肥皂及合成洗涤剂制造	57	1696	66	1183	578
香料、香精制造	6	255	21	344	－74
医药制造业	4483	314070	9322	171042	149330
化学药品原药制造	3975	289197	8334	146329	148289
化学药品原药制造	3975	289197	8334	146329	148289
化学药品制剂制造	365	11719	921	13544	－1064
化学药品制剂制造	365	11719	921	13544	－1064
中药饮片加工	45	1691		1612	100
中药饮片加工	45	1691		1612	100
中成药制造	33	1271	2	992	281
中成药制造	33	1271	2	992	281
生物、生化制品的制造	66	10192	65	8564	1724
生物、生化制品的制造	66	10192	65	8564	1724
化学纤维制造业	267	3913	898	28874	－62761
纤维素纤维原料及纤维制造	46	－2355	898	4180	－5637
化纤浆粕制造	12	299	60	104	256
人造纤维（纤维素纤维）制造	34	－2654	838	4077	－5892
合成纤维制造	221	6268		24693	－57124
涤纶纤维制造	79	14519		13000	1519
腈纶纤维制造	142	－8251		11693	－58643
橡胶制品业	5071	123751	1449	94304	31099
轮胎制造	4987	123318	530	93593	30459
车辆、飞机及工程机械轮胎制造	4985	123256	478	93471	30466
轮胎翻新加工	2	62	53	122	－7
橡胶靴鞋制造	81	369	919	674	614
橡胶靴鞋制造	81	369	919	674	614
其他橡胶制品制造	2	63		37	26
其他橡胶制品制造	2	63		37	26
塑料制品业	149	4699	336	8292	－2889
塑料薄膜制造	16	1848	223	2283	－212
塑料薄膜制造	16	1848	223	2283	－212
塑料板、管、型材的制造	94	2068	61	5004	－2876
塑料板、管、型材的制造	94	2068	61	5004	－2876
泡沫塑料制造	13	－13		345	－28
泡沫塑料制造	13	－13		345	－28

1－B－1 续表4－7

单位：个、万元、人

指标名称	主营业务税金及附加	主营业务利润	其他业务利润	营业费用、管理费用、财务费用合计	营业利润
塑料零件制造	16	357	32	259	127
塑料零件制造	16	357	32	259	127
日用塑料制造	6	326		320	46
日用塑料杂品制造	6	326		320	46
其他塑料制品制造	3	114	21	81	53
其他塑料制品制造	3	114	21	81	53
非金属矿物制品业	5375	129529	3355	105339	32842
水泥、石灰和石膏的制造	4678	116486	2814	97543	26473
水泥制造	4655	115144	2814	96714	25959
石灰和石膏制造	22	1343	...	828	514
水泥及石膏制品制造	639	11627	538	6869	5881
水泥制品制造	461	8874	368	4922	4320
砼结构构件制造	178	2753	171	1948	1562
玻璃及玻璃制品制造	27	931	2	492	441
其他玻璃制品制造	7	876	2	457	421
日用玻璃制品及玻璃包装容器制造	20	55		35	20
陶瓷制品制造	16	248		243	2
特种陶瓷制品制造	16	248		243	2
砖瓦、石材及其他建筑材料制造	14	185		153	32
粘土砖瓦及建筑砌块制造	12	147		53	94
其他建筑材料制造	2	39		101	－62
石墨及其他非金属矿物制品制造	1	52		39	13
其他非金属矿物制品制造	1	52		39	13
黑色金属冶炼及压延加工业	12765	－42658	504	173375	－193506
钢压延加工	12716	－45121	364	172563	－195341
钢压延加工	12716	－45121	364	172563	－195341
铁合金冶炼	48	2464	141	812	1835
铁合金冶炼	48	2464	141	812	1835
有色金属冶炼及压延加工业	186	7156	1216	7479	1313
常用有色金属冶炼	131	1850	655	2718	－214
铅锌冶炼	131	1848	655	2706	－203
铝冶炼	...	2		13	－11
贵金属冶炼	46	5194	561	4372	1414
金冶炼	46	5194	561	4372	1414
有色金属合金制造	5	－116		186	－302
有色金属合金制造	5	－116		186	－302
有色金属压延加工	5	228		203	414
常用有色金属压延加工	5	228		203	414

1－B－1 续表4－8

单位：个、万元、人

指 标 名 称	主营业务税金及附加	主营业务利润	其他业务利润	营业费用、管理费用、财务费用合计	营业利润
金属制品业	837	20691	4167	19226	13647
结构性金属制品制造	16	826	19	718	78
金属结构制造	13	476	19	470	－24
金属门窗制造	2	351		248	103
金属工具制造	103	3032	837	3438	431
手工具制造	100	2996	837	3398	435
切削工具制造	3	36		40	－4
集装箱及金属包装容器制造	242	6594	100	8087	7789
金属压力容器制造	123	819		379	442
金属包装容器制造	120	5775	100	7708	7348
建筑、安全用金属制品制造	369	8969	253	4859	4063
建筑装饰及水暖管道零件制造	355	8573	251	4624	3900
其他建筑、安全用金属制品制造	14	396	2	235	163
其他金属制品制造	99	1047	2943	1896	1275
其他未列明的金属制品制造	99	1047	2943	1896	1275
金属表面处理及热处理加工	9	223	17	228	11
金属表面处理及热处理加工	9	223	17	228	11
通用设备制造业	4304	265087	6300	161977	108384
锅炉及原动机制造	904	110906	642	57885	53597
锅炉及辅助设备制造	68	6146		2606	3540
汽轮机及辅机制造	737	100556	433	52088	48831
水轮机及辅机制造	99	4204	209	3191	1226
金属加工机械制造	121	8033	567	7170	1428
金属切削机床制造	105	6778	173	6175	776
其他金属加工机械制造	17	1255	395	995	652
起重运输设备制造	408	13873	1100	17261	－1943
起重运输设备制造	408	13873	1100	17261	－1943
泵、阀门、压缩机及类似机械的制造	512	20802	814	11563	10050
泵及真空设备制造	117	4403	306	3491	1218
气体压缩机械制造	8	1779	35	1442	372
阀门和旋塞的制造	6	1512	90	946	656
液压和气压动力机械及元件制造	382	13109	383	5684	7805
轴承、齿轮、传动和驱动部件的制造	562	29755	1322	22856	7146
轴承制造	74	2933	227	2519	587
齿轮、传动和驱动部件制造	488	26822	1095	20337	6559
风机、衡器、包装设备等通用设备制造	1646	78779	1518	42581	37465
风机、风扇制造	7	496		280	211
气体、液体分离及纯净设备制造	922	44930	1151	19329	26506

1－B－1 续表4－9

单位：个、万元、人

指 标 名 称	主营业务税金及附加	主营业务利润	其他业务利润	营业费用、管理费用、财务费用合计	营业利润
制冷、空调设备制造	636	27788	255	18085	9958
风动和电动工具制造	1	239	18	153	104
其他通用设备制造	80	5327	93	4735	686
通用零部件制造及机械修理	99	1605	309	1591	343
紧固件、弹簧制造	75	917	283	1122	78
机械零部件加工及设备修理	20	508	26	305	248
其他通用零部件制造	4	180	...	163	17
金属铸、锻加工	52	1334	28	1070	298
钢铁铸件制造	41	905	22	463	464
锻件及粉末冶金制品制造	12	429	6	607	－166
专用设备制造业	1081	36365	2500	34677	3273
矿山、冶金、建筑专用设备制造	246	2911	521	2083	1340
石油钻采专用设备制造	207	1753	45	521	1267
建筑工程用机械制造	38	1141	477	1544	73
采矿、采石设备制造	1	17		18	－1
化工、木材、非金属加工专用设备制造	84	1858	1	1364	495
炼油、化工生产专用设备制造	77	1828	1	1326	503
橡胶加工专用设备制造	7	30		37	－7
电子和电工机械专用设备制造	41	1480	190	1533	76
电子工业专用设备制造	8	696	56	793	－40
武器弹药制造	33	784	133	740	117
农、林、牧、渔专用机械制造	19	8941	397	7448	1214
拖拉机制造	8	6014	85	5410	12
机械化农业及园艺机具制造		2868	312	1995	1185
其他农林牧渔业机械制造及机械修理	12	60		43	17
医疗仪器设备及器械制造		405	501	951	－45
假肢、人工器官及植（介）入器械制造		405	501	951	－45
环保、社会公共安全及其他专用设备制造	690	20770	889	21298	193
环境污染防治专用设备制造	644	19420	800	20135	19
邮政专用机械及器材制造	11	219	89	463	－154
水资源专用机械制造	35	1131		701	328
交通运输设备制造业	13459	156601	18299	111255	66135
铁路运输设备制造	62	681		848	95
铁路机车车辆配件制造	24	124		378	8
其他铁路设备制造及设备修理	38	558		470	87
汽车制造	597	15514	1792	21452	－3839
汽车整车制造	53	1128	947	11016	－8969
汽车零部件及配件制造	335	11344	450	8662	3397

1－B－1 续表 4－10

单位：个、万元、人

指标名称	主营业务税金及附加	主营业务利润	其他业务利润	营业费用、管理费用、财务费用合计	营业利润
汽车修理	210	3042	395	1774	1733
摩托车制造	12450	65283	1104	53849	12538
摩托车整车制造	12261	60810	950	50079	11681
摩托车零部件及配件制造	189	4473	154	3770	857
船舶及浮动装置制造	335	74941	15403	34982	57284
金属船舶制造	312	74634	15399	34621	57333
船用配套设备制造	...	－5		115	－120
船舶修理及拆船	23	313	4	246	71
交通器材及其他交通运输设备制造	14	182		125	57
潜水及水下救捞装备制造	4	81		33	48
交通管理用金属标志及设施制造	11	101		92	9
电气机械及器材制造业	1583	59522	3492	47432	13956
电机制造	711	25803	608	14294	10567
发电机及发电机组制造	526	25595	607	14112	10540
电动机制造	185	192	1	168	25
微电机及其他电机制造	...	16		14	2
输配电及控制设备制造	265	9886	1449	6739	4550
变压器、整流器和电感器制造	9	157		305	－164
电容器及其配套设备制造	9	426		319	107
配电开关控制设备制造	197	7764	1350	5437	3648
其他输配电及控制设备制造	46	1378	46	504	920
电力电子元器件制造	4	161	53	174	39
电线、电缆、光缆及电工器材制造	411	14056	788	13701	500
电线电缆制造	68	1088	158	2254	－1206
其他电工器材制造	341	12930	630	11360	1756
光纤、光缆制造	2	38		88	－50
电池制造	12	124	5	697	－568
电池制造	12	124	5	697	－568
家用电力器具制造	144	7038	494	10843	－2698
家用空气调节器制造	59	2179	255	4338	－1292
家用清洁卫生电器具制造	39	1724	230	3367	－1412
家用电力器具专用配件制造	46	3135	9	3103	39
其他家用电力器具制造	...	1		34	－33
照明器具制造	37	2488	149	819	1819
灯用电器附件及其他照明器具制造	37	2488	149	819	1819
其他电气机械及器材制造	3	127		340	－213
车辆专用照明及电气信号设备装置制造	3	127		340	－213
通信设备、计算机及其他电子设备制造业	5763	160389	5006	93364	75119

1-B-1 续表4-11

单位：个、万元、人

指标名称	主营业务税金及附加	主营业务利润	其他业务利润	营业费用、管理费用、财务费用合计	营业利润
通信设备制造	1211	32552	3181	26240	9280
通信传输设备制造	125	2211	327	2236	83
通信交换设备制造	415	4740	25	2624	2140
移动通信及终端设备制造	672	24540	844	17931	7458
其他通信设备制造		1061	1985	3447	-401
通信终端设备制造	...			...	...
广播电视设备制造	9	500	21	575	125
广播电视节目制作及发射设备制造	9	500	21	575	125
电子计算机制造	402	83914	175	29600	54319
计算机网络设备制造	94	1932	...	1045	888
电子计算机外部设备制造	308	81982	175	28556	53432
电子器件制造	476	14491	836	14986	233
电子真空器件制造	55	1093	432	2003	-479
半导体分立器件制造	100	4973	53	2748	2171
集成电路制造	120	1800	313	3701	-1588
光电子器件及其他电子器件制造	202	6624	38	6534	129
电子元件制造	209	19262	700	13445	9793
电子元件及组件制造	209	19262	700	13445	9793
家用视听设备制造	3447	9519		8199	1444
家用影视设备制造	3447	9519		8199	1444
其他电子设备制造	8	151	94	320	-75
其他电子设备制造	8	151	94	320	-75
仪器仪表及文化、办公用机械制造业	199	8857	891	9489	354
通用仪器仪表制造	26	3897	121	3763	255
工业自动控制系统装置制造	14	3602	53	3498	157
供应用仪表及其他通用仪器制造	5	136		130	6
电工仪器仪表制造	2	10		11	-2
试验机制造	5	150	68	125	93
专用仪器仪表制造	21	1655		1512	143
导航、气象及海洋专用仪器制造	...	1139		1025	114
环境监测专用仪器仪表制造	12	9		9	...
教学专用仪器制造	1	50		37	13
电子测量仪器制造	8	456		441	16
光学仪器及眼镜制造	144	3083	694	3850	22
光学仪器制造	120	1713	451	2212	48
眼镜制造	23	1370	243	1638	-26
文化、办公用机械制造	8	222	77	364	-65
计算器及货币专用设备制造	4	158	11	305	-136

1－B－1 续表4－12

单位：个、万元、人

指标名称	主营业务税金及附加	主营业务利润	其他业务利润	营业费用、管理费用、财务费用合计	营业利润
幻灯及投影设备制造	4	61	66	53	74
其他文化、办公用机械制造	...	3		6	－3
工艺品及其他制造业	144	5050	218	4635	650
工艺美术品制造	32	367	212	447	148
珠宝首饰及有关物品的制造	31	398	212	444	183
地毯、挂毯制造	1	－32		4	－35
日用杂品制造	112	4683	6	4188	502
鬃毛加工、制刷及清扫工具的制造	8	294	...	214	83
其他日用杂品制造	104	4389	5	3974	420
废弃资源和废旧材料回收加工业	515	4790	7	1784	2697
金属废料和碎屑的加工处理	459	190	5	406	－527
金属废料和碎屑的加工处理	459	190	5	406	－527
非金属废料和碎屑的加工处理	56	4600	2	1378	3224
非金属废料和碎屑的加工处理	56	4600	2	1378	3224
家具制造业	2	69		73	－4
木质家具制造	2	69		73	－4
木质家具制造	2	69		73	－4
电力、燃气及水的生产和供应业	**131017**	**1525501**	**67899**	**1429237**	**240902**
电力、热力的生产和供应业	124193	1318770	47283	1151705	289172
电力生产	50823	668424	21109	696161	2559
火力发电	32448	253675	19419	424371	－148856
水力发电	4219	107166	882	85849	26537
核力发电	14082	307509	346	185263	125165
其他能源发电	73	74	463	678	－287
电力供应	73084	654790	24210	443028	295311
电力供应	73084	654790	24210	443028	295311
热力生产和供应	286	－4444	1963	12516	－8698
热力生产和供应	286	－4444	1963	12516	－8698
燃气生产和供应业	1941	50085	5475	53769	351
燃气生产和供应业	1941	50085	5475	53769	351
燃气生产和供应业	1941	50085	5475	53769	351
水的生产和供应业	4884	156646	15142	223763	－48621
自来水的生产和供应	4733	137530	13562	179440	－23081
自来水的生产和供应	4733	137530	13562	179440	－23081
污水处理及其再生利用	147	19515	1580	43404	－24221
污水处理及其再生利用	147	19515	1580	43404	－24221
其他水的处理、利用与分配	4	－399		920	－1318
其他水的处理、利用与分配	4	－399		920	－1318

1－B－1 续表5－1

单位：个、万元、人

指标名称	职工工资和福利费	本年应交增值税	年末存货	全部从业人员年平均人数
总计	**1704618**	**2071477**	**4447164**	**336879**
一、按轻重工业分				
轻工业	327367	426153	1393505	99285
重工业	1377251	1645324	3053659	237594
二、按登记注册类型分				
内资	**1547618**	**1837628**	**3937030**	**297936**
国有	885101	1230195	1475439	146035
集体	101	114	49	135
股份合作企业	122	23	1011	85
联营企业	5997	4558	6861	1421
国有联营	1027	690	4531	420
集体联营	3672	3157	515	424
国有与集体联营	890	297	1512	301
其他联营	408	414	303	276
有限责任公司	502332	533032	1608950	117248
国有独资公司	121639	68766	307715	41737
其他有限责任公司	380693	464265	1301235	75511
股份有限公司	152072	66436	840902	32574
其他	1894	3270	3818	438
港澳台商投资	**32080**	**135909**	**95992**	**6765**
与港澳台商合资经营	29818	132727	80552	5799
与港澳台商合作经营	1090	3151	14945	471
港澳台商独资	735		383	420
港澳台商投资股份有限公司	436	31	113	75
外商投资	**124920**	**97940**	**414142**	**32178**
中外合资经营	91596	87323	312177	28180
中外合作经营	3393	2430	15767	698
外商投资股份有限公司	29931	8186	86199	3300
三、按国民经济行业(门类、大类、中类、小类)分				
采矿业	**27056**	**13385**	**13280**	**8849**
煤炭开采和洗选业	8874	3880	3588	3574
烟煤和无烟煤的开采洗选	8874	3880	3588	3574
烟煤和无烟煤的开采洗选	8874	3880	3588	3574
黑色金属矿采选业	6314	5230	3346	1204
铁矿采选	6314	5230	3346	1204
铁矿采选	6314	5230	3346	1204
有色金属矿采选业	4391	1954	2972	1155
常用有色金属矿采选	3334	1931	2733	757
铜矿采选	3334	1931	2733	757

1－B－1 续表 5－2

单位：个、万元、人

指 标 名 称	职工工资和福利费	本年应交增值税	年末存货	全部从业人员年平均人数
稀有稀土金属矿采选	1030		231	391
放射性金属矿采选	1030		231	391
贵金属矿采选	27	23	8	7
其他贵金属矿采选	27	23	8	7
非金属矿采选业	7478	2322	3374	2916
土砂石开采	3553	1597	2037	877
石灰石、石膏开采	710	721	171	330
建筑装饰用石开采	465	765	1519	60
耐火土石开采	234	47	270	122
粘土及其他土砂石开采	2143	65	78	365
化学矿采选	3751	712	1330	1962
化学矿采选	3751	712	1330	1962
采 盐	174	12	7	77
采 盐	174	12	7	77
制造业	**883562**	**918413**	**3996402**	**232641**
农副食品加工业	10706	1405	41992	5743
谷物磨制	1214	285	2359	716
谷物磨制	1214	285	2359	716
饲料加工	335	642	432	102
饲料加工	335	642	432	102
屠宰及肉类加工	2386	307	2491	1525
畜禽屠宰	1794	203	993	1046
肉制品及副产品加工	593	104	1498	479
水产品加工	6724	164	36703	3377
水产品冷冻加工	6724	164	36703	3377
植物油加工	5	...	6	5
食用植物油加工	5	...	6	5
蔬菜、水果和坚果加工	41	6		18
蔬菜、水果和坚果加工	41	6		18
食品制造业	8704	3798	15225	3427
方便食品制造	1066	651	873	796
速冻食品制造	353	107	720	408
方便面及其他方便食品制造	626	541	87	325
米、面制品制造	88	2	67	63
液体乳及乳制品制造	990	292	1792	362
液体乳及乳制品制造	990	292	1792	362
罐头制造	2071	331	5223	814
蔬菜、水果罐头制造	2071	331	5223	814

1－B－1 续表5－3

单位：个、万元、人

指 标 名 称	职工工资和福利费	本年应交增值税	年末存货	全部从业人员年平均人数
调味品、发酵制品制造	3368	1895	3965	1154
味精制造	2926	1743	3422	1003
酱油、食醋及类似制品的制造	345	79	486	111
其他调味品、发酵制品制造	97	73	57	40
其他食品制造	970	545	3259	226
冷冻饮品及食用冰制造	146	74	70	31
盐加工	752	412	2876	160
食品及饲料添加剂制造	46	58	182	20
营养、保健食品制造	26	1	130	15
焙烤食品制造	239	84	113	75
糕点、面包制造	239	84	113	75
饮料制造业	19182	15565	137181	7724
酒的制造	18007	14913	126205	6889
啤酒制造	7202	7108	20644	3135
黄酒制造	10805	7805	105561	3754
软饮料制造	648	507	5703	344
茶饮料及其他软饮料制造	293	404	141	167
瓶(罐)装饮用水制造	356	103	5562	177
精制茶加工	527	145	5273	491
精制茶加工	527	145	5273	491
烟草制品业	35603	267424	661511	2907
卷烟制造	35603	267424	661511	2907
卷烟制造	35603	267424	661511	2907
纺织业	36355	14947	48394	15321
棉、化纤纺织及印染精加工	11460	7191	23174	6103
棉、化纤纺织加工	10502	6881	21299	5730
棉、化纤印染精加工	958	310	1875	373
毛纺织和染整精加工	2432	1017	4663	1057
毛纺织	2432	1017	4663	1057
丝绢纺织及精加工	11496	4704	10695	4165
绢纺和丝织加工	6909	3291	9964	3355
丝印染精加工	4587	1414	731	810
纺织制成品制造	3825	1131	5294	1707
棉及化纤制品制造	1064	245	1388	546
丝制品制造	1171	188	197	634
纺织带和帘子布制造	287		2345	63
无纺布制造	1304	698	1364	464
针织品、编织品及其制品制造	7142	904	4568	2289

1－B－1 续表5－4

单位：个、万元、人

指 标 名 称	职工工资和福利费	本年应交增值税	年末存货	全部从业人员年平均人数
毛针织品及编织品制造	5366	829	740	1523
丝针织品及编织品制造	1588	73	3095	668
其他针织品及编织品制造	173		733	86
棉、化纤针织品及编织品制造	15	2	1	12
纺织服装、鞋、帽制造业	12822	6840	3588	3646
纺织服装制造	12757	6811	3422	3606
纺织服装制造	12757	6811	3422	3606
纺织面料鞋的制造	66	29	167	40
纺织面料鞋的制造	66	29	167	40
皮革、毛皮、羽毛(绒)及其制品业	2701	3440	755	1363
皮革制品制造	2701	3440	755	1363
皮鞋制造	1483	480	289	479
皮箱、包(袋)制造	1218	2961	467	884
木材加工及木、竹、藤、棕、草制品业	4189	443	66563	1541
人造板制造	2501	202	66222	824
纤维板制造	2501	202	66222	824
木制品制造	1609	231	339	655
建筑用木料及木材组件加工	46	87	103	30
软木制品及其他木制品制造	1533	120	236	590
木容器制造	30	24		35
锯材、木片加工	60	4	1	54
锯材加工	30	3	1	15
木片加工	30	1		39
竹、藤、棕、草制品制造	20	7		8
竹、藤、棕、草制品制造	20	7		8
造纸及纸制品业	8886	7719	23146	2268
造 纸	8867	7709	23118	2253
机制纸及纸板制造	8867	7709	23118	2253
纸制品制造	19	10	27	15
纸和纸板容器的制造	19	10	27	15
印刷业和记录媒介的复制	13005	3563	12257	3135
印 刷	12780	3415	11960	3043
书、报、刊印刷	10220	1840	8637	2297
本册印制	338	390	550	108
包装装潢及其他印刷	2222	1186	2772	638
装订及其他印刷服务活动	60	114	84	30
装订及其他印刷服务活动	60	114	84	30
记录媒介的复制	166	34	213	62

1-B-1 续表5-5

单位:个、万元、人

指标名称	职工工资和福利费	本年应交增值税	年末存货	全部从业人员年平均人数
记录媒介的复制	166	34	213	62
文教体育用品制造业	1118	450	1181	527
体育用品制造	1063	430	1138	482
球类制造	408	414	303	276
体育器材及配件制造	495	16	653	159
训练健身器材制造	160		182	47
文化用品制造	30	14	39	27
文具制造	20	11	39	20
教学用模型及教具制造	10	3		7
玩具制造	25	6	4	18
玩具制造	25	6	4	18
石油加工、炼焦及核燃料加工业	70169	149714	541102	8665
精炼石油产品的制造	69044	143173	499971	8491
原油加工及石油制品制造	69044	143173	499971	8491
炼　焦	1126	6541	41131	174
炼　焦	1126	6541	41131	174
化学原料及化学制品制造业	107356	88044	205111	28467
基础化学原料制造	65808	53206	99651	17400
无机酸制造	258	636	760	70
无机碱制造	4805	8416	5450	1021
无机盐制造	71	113	17	25
有机化学原料制造	60236	43545	92779	16104
其他基础化学原料制造	438	495	645	180
肥料制造	6862	2095	13148	2788
氮肥制造	5877	1958	11369	2484
其他肥料制造	986	137	1778	304
农药制造	7138	189	21113	2205
化学农药制造	7138	189	21113	2205
涂料、油墨、颜料及类似产品制造	1115	986	7426	362
涂料制造	879	950	6229	277
油墨及类似产品制造	236	36	1196	85
合成材料制造	6606	21800	26934	830
初级形态的塑料及合成树脂制造	587		3346	155
合成纤维单(聚合)体的制造	6019	21800	23587	675
专用化学产品制造	19002	9259	35452	4535
化学试剂和助剂制造	5227	2329	6614	1486
专项化学用品制造	1757	2949	21969	1087
炸药及火工产品制造	10474	3143	2724	1607

1-B-1 续表5-6

单位：个、万元、人

指标名称	职工工资和福利费	本年应交增值税	年末存货	全部从业人员年平均人数
信息化学品制造	929	181	3875	263
其他专用化学产品制造	614	657	270	92
日用化学产品制造	825	508	1387	347
肥皂及合成洗涤剂制造	716	443	1131	316
香料、香精制造	109	65	256	31
医药制造业	46611	47301	120066	11673
化学药品原药制造	36210	42721	102446	9183
化学药品原药制造	36210	42721	102446	9183
化学药品制剂制造	5846	2230	14263	1812
化学药品制剂制造	5846	2230	14263	1812
中药饮片加工	2258	324	1454	219
中药饮片加工	2258	324	1454	219
中成药制造	166	271	148	70
中成药制造	166	271	148	70
生物、生化制品的制造	2131	1755	1755	389
生物、生化制品的制造	2131	1755	1755	389
化学纤维制造业	10640	2530	72021	5430
纤维素纤维原料及纤维制造	2670	381	7584	2263
化纤浆粕制造	...	98	274	1
人造纤维(纤维素纤维)制造	2669	282	7310	2262
合成纤维制造	7970	2150	64437	3167
涤纶纤维制造	4799	968	64437	2072
腈纶纤维制造	3172	1181	...	1095
橡胶制品业	50376	32092	195347	20241
轮胎制造	48155	31417	194940	19271
车辆、飞机及工程机械轮胎制造	48115	31417	194713	19246
轮胎翻新加工	40		227	25
橡胶靴鞋制造	2182	673	388	938
橡胶靴鞋制造	2182	673	388	938
其他橡胶制品制造	38	1	20	32
其他橡胶制品制造	38	1	20	32
塑料制品业	3133	1672	9830	1050
塑料薄膜制造	1111	322	4303	414
塑料薄膜制造	1111	322	4303	414
塑料板、管、型材的制造	1405	1052	3749	291
塑料板、管、型材的制造	1405	1052	3749	291
泡沫塑料制造	223	156	239	169
泡沫塑料制造	223	156	239	169

1－B－1 续表5－7 单位：个、万元、人

指标名称	职工工资和福利费	本年应交增值税	年末存货	全部从业人员年平均人数
塑料零件制造	92	103	371	40
塑料零件制造	92	103	371	40
日用塑料制造	221	9	921	113
日用塑料杂品制造	221	9	921	113
其他塑料制品制造	81	30	247	23
其他塑料制品制造	81	30	247	23
非金属矿物制品业	43654	64486	99639	14552
水泥、石灰和石膏的制造	37099	59621	77852	12453
水泥制造	36920	59400	77549	12379
石灰和石膏制造	180	221	303	74
水泥及石膏制品制造	5567	4383	21268	1708
水泥制品制造	4041	3350	16967	1128
砼结构构件制造	1526	1033	4300	580
玻璃及玻璃制品制造	664	336	277	231
其他玻璃制品制造	639	335	227	219
日用玻璃制品及玻璃包装容器制造	25	2	50	12
陶瓷制品制造	200	117	98	81
特种陶瓷制品制造	200	117	98	81
砖瓦、石材及其他建筑材料制造	86	16	122	54
粘土砖瓦及建筑砌块制造	56	12	122	45
其他建筑材料制造	29	3		9
石墨及其他非金属矿物制品制造	38	12	22	25
其他非金属矿物制品制造	38	12	22	25
黑色金属冶炼及压延加工业	86972	103114	552334	17292
钢压延加工	86599	102712	550233	17249
钢压延加工	86599	102712	550233	17249
铁合金冶炼	374	403	2101	43
铁合金冶炼	374	403	2101	43
有色金属冶炼及压延加工业	5970	1557	5676	1536
常用有色金属冶炼	2811	1089	4479	699
铅锌冶炼	2784	1089	4334	663
铝冶炼	27	...	145	36
贵金属冶炼	2822	145	1084	649
金冶炼	2822	145	1084	649
有色金属合金制造	162	41	107	99
有色金属合金制造	162	41	107	99
有色金属压延加工	176	282	6	89
常用有色金属压延加工	176	282	6	89

1－B－1 续表5－8 单位：个、万元、人

指 标 名 称	职工工资和福利费	本年应交增值税	年末存货	全部从业人员年平均人数
金属制品业	11611	7945	36611	2894
结构性金属制品制造	555	122	4681	180
金属结构制造	398	38	2692	128
金属门窗制造	157	83	1989	52
金属工具制造	3568	915	5607	1023
手工具制造	3518	894	5545	1004
切削工具制造	50	21	62	19
集装箱及金属包装容器制造	4272	5433	6825	858
金属压力容器制造	507	270	793	180
金属包装容器制造	3765	5162	6032	678
建筑、安全用金属制品制造	1339	567	9974	387
建筑装饰及水暖管道零件制造	1197	449	9779	338
其他建筑、安全用金属制品制造	142	118	194	49
其他金属制品制造	1629	843	9416	352
其他未列明的金属制品制造	1629	843	9416	352
金属表面处理及热处理加工	249	66	109	94
金属表面处理及热处理加工	249	66	109	94
通用设备制造业	106578	31535	332239	20931
锅炉及原动机制造	31057	11013	116254	4037
锅炉及辅助设备制造	3377	782	9770	406
汽轮机及辅机制造	25458	9357	102742	2903
水轮机及辅机制造	2222	874	3741	728
金属加工机械制造	7544	911	15254	1663
金属切削机床制造	6395	863	11486	1295
其他金属加工机械制造	1149	48	3768	368
起重运输设备制造	15588	2481	17918	3486
起重运输设备制造	15588	2481	17918	3486
泵、阀门、压缩机及类似机械的制造	9355	4947	19976	2125
泵及真空设备制造	2427	1004	4170	830
气体压缩机械制造	1126	379	4419	246
阀门和旋塞的制造	967	300	2638	151
液压和气压动力机械及元件制造	4834	3265	8748	898
轴承、齿轮、传动和驱动部件的制造	15186	2696	60919	3461
轴承制造	971	295	364	480
齿轮、传动和驱动部件制造	14215	2402	60555	2981
风机、衡器、包装设备等通用设备制造	26007	8531	97863	5389
风机、风扇制造	167	44	447	71
气体、液体分离及纯净设备制造	11886	5243	47576	1814

1－B－1 续表5－9

单位：个、万元、人

指 标 名 称	职工工资和福利费	本年应交增值税	年末存货	全部从业人员年平均人数
制冷、空调设备制造	9862	2905	26696	2468
风动和电动工具制造	120	39	96	66
其他通用设备制造	3972	300	23048	970
通用零部件制造及机械修理	922	525	1545	510
紧固件、弹簧制造	463	339	393	297
机械零部件加工及设备修理	342	145	812	141
其他通用零部件制造	117	41	341	72
金属铸、锻加工	920	431	2511	260
钢铁铸件制造	503	336	1831	177
锻件及粉末冶金制品制造	417	96	680	83
专用设备制造业	22458	4583	104594	5820
矿山、冶金、建筑专用设备制造	1888	625	2454	536
石油钻采专用设备制造	775	316	478	234
建筑工程用机械制造	1101	310	1573	286
采矿、采石设备制造	12		402	16
化工、木材、非金属加工专用设备制造	2956	694	6220	368
炼油、化工生产专用设备制造	2786	654	6220	302
橡胶加工专用设备制造	170	41		66
电子和电工机械专用设备制造	1013	165	1753	387
电子工业专用设备制造	242	49	414	124
武器弹药制造	771	116	1339	263
农、林、牧、渔专用机械制造	7378	17	14809	2278
拖拉机制造	6880	14	9803	1992
机械化农业及园艺机具制造	486		5005	280
其他农林牧渔业机械制造及机械修理	11	4		6
医疗仪器设备及器械制造	404	47	76	95
假肢、人工器官及植（介）入器械制造	404	47	76	95
环保、社会公共安全及其他专用设备制造	8818	3035	79284	2156
环境污染防治专用设备制造	8103	2720	77982	1971
邮政专用机械及器材制造	548	86	466	117
水资源专用机械制造	168	229	837	68
交通运输设备制造业	81654	23613	403783	24347
铁路运输设备制造	423	276	248	155
铁路机车车辆配件制造	231	67	188	58
其他铁路设备制造及设备修理	192	209	60	97
汽车制造	13621	4992	24937	4007
汽车整车制造	5110	1332	14061	1471
汽车零部件及配件制造	6873	2896	10448	1847

1－B－1 续表 5－10

单位：个、万元、人

指 标 名 称	职工工资和福利费	本年应交增值税	年末存货	全部从业人员年平均人数
汽车修理	1638	765	429	689
摩托车制造	28928	17520	81391	12409
摩托车整车制造	26686	16177	78118	11405
摩托车零部件及配件制造	2242	1343	3273	1004
船舶及浮动装置制造	38601	822	297073	7743
金属船舶制造	37795	626	295385	7520
船用配套设备制造	459	2	585	83
船舶修理及拆船	347	195	1104	140
交通器材及其他交通运输设备制造	82	3	133	33
潜水及水下救捞装备制造	50		73	12
交通管理用金属标志及设施制造	32	3	60	21
电气机械及器材制造业	22755	8858	65672	6047
电机制造	5109	2237	35851	1138
发电机及发电机组制造	5008	2197	35581	1080
电动机制造	87	38	193	38
微电机及其他电机制造	14	2	77	20
输配电及控制设备制造	3442	2092	14258	1058
变压器、整流器和电感器制造	55	74	299	33
电容器及其配套设备制造	129	71	313	45
配电开关控制设备制造	2685	1542	10740	656
其他输配电及控制设备制造	334	385	2562	61
电力电子元器件制造	239	21	344	263
电线、电缆、光缆及电工器材制造	6318	2457	8787	1350
电线电缆制造	1602	469	2340	393
其他电工器材制造	4688	1986	6436	934
光纤、光缆制造	28	2	12	23
电池制造	391	102	754	196
电池制造	391	102	754	196
家用电力器具制造	7042	1245	5708	2128
家用空气调节器制造	2717	594	322	1057
家用清洁卫生电器具制造	1274	287	2001	304
家用电力器具专用配件制造	3019	364	3385	750
其他家用电力器具制造	33	...		17
照明器具制造	14	600	144	15
灯用电器附件及其他照明器具制造	14	600	144	15
其他电气机械及器材制造	438	125	171	162
车辆专用照明及电气信号设备装置制造	438	125	171	162
通信设备、计算机及其他电子设备制造业	49053	20013	228693	13092

1-B-1 续表5-11

单位：个、万元、人

指标名称	职工工资和福利费	本年应交增值税	年末存货	全部从业人员年平均人数
通信设备制造	14135	5977	16087	5012
通信传输设备制造	1230	401	1750	280
通信交换设备制造	4186	728	657	942
移动通信及终端设备制造	7382	4722	13366	3562
其他通信设备制造	1325	126	314	225
通信终端设备制造	12	...		3
广播电视设备制造	291	64	1482	73
广播电视节目制作及发射设备制造	291	64	1482	73
电子计算机制造	13971	8525	21835	1723
计算机网络设备制造	1218	282	3217	448
电子计算机外部设备制造	12752	8244	18618	1275
电子器件制造	9340	1950	27581	3152
电子真空器件制造	1124	314	1863	242
半导体分立器件制造	1028	733	1895	228
集成电路制造	3391	715	18495	1211
光电子器件及其他电子器件制造	3797	188	5328	1471
电子元件制造	8508	3372	27748	2277
电子元件及组件制造	8508	3372	27748	2277
家用视听设备制造	2467	102	133833	767
家用影视设备制造	2467	102	133833	767
其他电子设备制造	341	23	127	88
其他电子设备制造	341	23	127	88
仪器仪表及文化、办公用机械制造业	6709	586	8525	1881
通用仪器仪表制造	2640	138	4017	679
工业自动控制系统装置制造	2449	60	3321	583
供应用仪表及其他通用仪器制造	94	32	402	39
电工仪器仪表制造	24	4	17	22
试验机制造	74	41	277	35
专用仪器仪表制造	270	87	848	171
导航、气象及海洋专用仪器制造	89	3	331	80
环境监测专用仪器仪表制造	6	3	49	4
教学专用仪器制造	22	5	33	11
电子测量仪器制造	153	76	434	76
光学仪器及眼镜制造	3511	294	3225	935
光学仪器制造	2887	79	1983	748
眼镜制造	624	215	1242	187
文化、办公用机械制造	289	67	435	96
计算器及货币专用设备制造	196	33	409	60

1-B-1 续表5-12

单位：个、万元、人

指 标 名 称	职工工资和福利费	本年应交增 值 税	年末存货	全部从业人员年平均人 数
幻灯及投影设备制造	73	33	26	23
其他文化、办公用机械制造	19	1	1	13
工艺品及其他制造业	3941	1138	2347	934
工艺美术品制造	222	61	1468	38
珠宝首饰及有关物品的制造	221	61	1398	37
地毯、挂毯制造	1		70	1
日用杂品制造	3719	1077	879	896
鬃毛加工、制刷及清扫工具的制造	644	121	868	255
其他日用杂品制造	3076	957	11	641
废弃资源和废旧材料回收加工业	618	4025	1012	175
金属废料和碎屑的加工处理	75	3750	899	29
金属废料和碎屑的加工处理	75	3750	899	29
非金属废料和碎屑的加工处理	543	275	113	146
非金属废料和碎屑的加工处理	543	275	113	146
家具制造业	34	15	8	12
木质家具制造	34	15	8	12
木质家具制造	34	15	8	12
电力、燃气及水的生产和供应业	**794000**	**1139678**	**437481**	**95389**
电力、热力的生产和供应业	696266	1094762	409055	71649
电力生产	284617	490266	390927	31098
火力发电	159182	313127	237871	17786
水力发电	46943	40245	8840	8642
核力发电	77244	136361	143625	4325
其他能源发电	1248	533	591	345
电力供应	407298	602459	16066	39581
电力供应	407298	602459	16066	39581
热力生产和供应	4352	2036	2062	970
热力生产和供应	4352	2036	2062	970
燃气生产和供应业	12492	15938	6971	2840
燃气生产和供应业	12492	15938	6971	2840
燃气生产和供应业	12492	15938	6971	2840
水的生产和供应业	85242	28978	21456	20900
自来水的生产和供应	73080	28460	19985	17827
自来水的生产和供应	73080	28460	19985	17827
污水处理及其再生利用	11836	478	1471	2957
污水处理及其再生利用	11836	478	1471	2957
其他水的处理、利用与分配	326	40		116
其他水的处理、利用与分配	326	40		116

1-B-2 规模以上国有及国有控股工业企业主要经济指标

单位：个、万元、人

指标名称	企业数	亏损企业	工业总产值（当年价格）	工业销售产值（当年价格）	出口交货值
总 计	**736**	**190**	**53088714**	**52691448**	**2315789**
一、按轻重工业分					
轻工业	246	76	5694489	5660712	644510
重工业	490	114	47394226	47030736	1671278
二、按规模分					
大型企业	24	6	27357412	27108203	1594211
中型企业	182	44	17155617	17047081	558125
小型企业	530	140	8575685	8536164	163452
三、按登记注册类型分					
内 资	**670**	**179**	**48178225**	**47787088**	**1651893**
国 有	312	78	26091958	26054973	271188
集 体	1		1815	1815	
股份合作企业	1	1	2758	2548	
联营企业	7	2	85315	85873	4221
国有联营	2		4825	5239	222
集体联营	1	1	54958	54958	
国有与集体联营	3	1	21129	21358	516
其他联营	1		4402	4317	3483
有限责任公司	310	85	11305682	11058651	1036586
国有独资公司	65	23	1587501	1591221	156158
其他有限责任公司	245	62	9718180	9467430	880428
股份有限公司	36	12	10579373	10471468	339898
其 他	3	1	111325	111760	
港澳台商投资	**26**	**3**	**1516528**	**1482486**	**58771**
与港澳台商合资经营	21	2	1458807	1424873	50951
与港澳台商合作经营	3	1	49697	49589	3815
港澳台商独资	1		4005	4005	4005
港澳台商投资股份有限公司	1		4019	4019	
外商投资	**40**	**8**	**3393962**	**3421874**	**605124**
中外合资经营	35	8	2965390	3003446	507597
中外合作经营	3		76973	76948	48272
外商投资股份有限公司	2		351598	341481	49255
四、按国民经济行业（门类、大类、中类、小类）分					
采矿业	**10**	**4**	**319597**	**317539**	**591**
煤炭开采和洗选业	1	1	77125	77038	
烟煤和无烟煤的开采洗选	1	1	77125	77038	
烟煤和无烟煤的开采洗选	1	1	77125	77038	
黑色金属矿采选业	1		110631	110253	
铁矿采选	1		110631	110253	
铁矿采选	1		110631	110253	

1－B－2 续表1－1

单位：个、万元、人

指 标 名 称	企业数	亏损企业	工业总产值（当年价格）	工业销售产值（当年价格）	出口交货值
有色金属矿采选业	2		104009	102839	
常用有色金属矿采选	1		97841	97239	
铜矿采选	1		97841	97239	
稀有稀土金属矿采选	1		6168	5600	
放射性金属矿采选	1		6168	5600	
非金属矿采选业	6	3	27833	27409	591
土砂石开采	5	2	22062	22020	
石灰石、石膏开采	2	1	8388	8047	
建筑装饰用石开采	1		10068	10055	
耐火土石开采	1	1	686	674	
粘土及其他土砂石开采	1		2920	3244	
化学矿采选	1	1	5771	5389	591
化学矿采选	1	1	5771	5389	591
制造业	**430**	**95**	**27936076**	**27553945**	**2315197**
农副食品加工业	15	7	104433	102818	17474
谷物磨制	3	1	6747	6950	
谷物磨制	3	1	6747	6950	
饲料加工	1	1	3358	3361	
饲料加工	1	1	3358	3361	
屠宰及肉类加工	9	4	34794	35088	7482
畜禽屠宰	6	3	17775	17753	7482
肉制品及副产品加工	3	1	17019	17334	
水产品加工	2	1	59534	57419	9992
水产品冷冻加工	2	1	59534	57419	9992
食品制造业	14	6	86412	83139	18166
方便食品制造	2	1	6092	5984	3815
速冻食品制造	1	1	4685	4577	3815
方便面及其他方便食品制造	1		1406	1406	
液体乳及乳制品制造	3	2	15602	14909	
液体乳及乳制品制造	3	2	15602	14909	
罐头制造	1		17067	13797	13797
蔬菜、水果罐头制造	1		17067	13797	13797
调味品、发酵制品制造	4	2	34217	35396	553
味精制造	2	1	31047	32094	34
酱油、食醋及类似制品的制造	1		2747	2712	519
其他调味品、发酵制品制造	1	1	423	590	
其他食品制造	4	1	13435	13052	
冷冻饮品及食用冰制造	1	1	761	761	
盐加工	2		10979	10679	
食品及饲料添加剂制造	1		1695	1612	

1－B－2 续表1－2

单位：个、万元、人

指标名称	企业数	亏损企业	工业总产值（当年价格）	工业销售产值（当年价格）	出口交货值
饮料制造业	14	4	205295	223544	7566
酒的制造	11	3	195080	212096	7177
啤酒制造	7	3	89141	88701	
黄酒制造	4		105939	123395	7177
软饮料制造	1		9714	9473	
茶饮料及其他软饮料制造	1		9714	9473	
精制茶加工	2	1	501	1975	388
精制茶加工	2	1	501	1975	388
烟草制品业	2		2148366	2146480	8218
卷烟制造	2		2148366	2146480	8218
卷烟制造	2		2148366	2146480	8218
纺织业	26	7	342800	343442	46834
棉、化纤纺织及印染精加工	7	3	119992	124611	1211
棉、化纤纺织加工	5	2	108711	113642	191
棉、化纤印染精加工	2	1	11281	10968	1020
毛纺织和染整精加工	1		24250	24276	5260
毛纺织	1		24250	24276	5260
丝绢纺织及精加工	5	1	125329	124241	16427
绢纺和丝织加工	2		101504	100408	14505
丝印染精加工	3	1	23825	23832	1922
纺织制成品制造	8	3	50357	48449	10421
棉及化纤制品制造	1	1	7380	7483	4757
丝制品制造	2	1	6703	6523	3071
纺织带和帘子布制造	1	1	13739	11755	2594
无纺布制造	4		22535	22687	
针织品、编织品及其制品制造	5		22871	21865	13515
毛针织品及编织品制造	3		8793	8423	4942
丝针织品及编织品制造	1		10011	9459	6221
其他针织品及编织品制造	1		4067	3984	2353
纺织服装、鞋、帽制造业	10		48410	47769	6796
纺织服装制造	9		47745	47104	6796
纺织服装制造	9		47745	47104	6796
纺织面料鞋的制造	1		665	665	
纺织面料鞋的制造	1		665	665	
皮革、毛皮、羽毛(绒)及其制品业	2		30809	30030	
皮革制品制造	2		30809	30030	
皮鞋制造	1		8787	8787	
皮箱、包(袋)制造	1		22022	21243	
木材加工及木、竹、藤、棕、草制品业	3	1	17440	16883	
人造板制造	1		7006	6448	

1－B－2 续表1－3

单位：个、万元、人

指 标 名 称	企业数	亏损企业	工业总产值（当年价格）	工业销售产值（当年价格）	出口交货值
纤维板制造	1		7006	6448	
木制品制造	2	1	10435	10435	
建筑用木料及木材组件加工	1		2098	2098	
软木制品及其他木制品制造	1	1	8337	8337	
造纸及纸制品业	2	1	136005	133608	3548
造 纸	2	1	136005	133608	3548
机制纸及纸板制造	2	1	136005	133608	3548
印刷业和记录媒介的复制	21	1	121880	123964	
印 刷	19	1	117975	120096	
书、报、刊印刷	13	1	85003	86290	
本册印制	1		2271	3266	
包装装潢及其他印刷	5		30700	30541	
装订及其他印刷服务活动	1		2101	2101	
装订及其他印刷服务活动	1		2101	2101	
记录媒介的复制	1		1805	1767	
记录媒介的复制	1		1805	1767	
文教体育用品制造业	3		11566	11339	10505
体育用品制造	3		11566	11339	10505
球类制造	1		4402	4317	3483
体育器材及配件制造	1		2559	2417	2417
训练健身器材制造	1		4605	4605	4605
石油加工、炼焦及核燃料加工业	4	3	10573026	10502327	5983
精炼石油产品的制造	3	2	10383470	10305487	5983
原油加工及石油制品制造	3	2	10383470	10305487	5983
炼 焦	1	1	189555	196840	
炼 焦	1	1	189555	196840	
化学原料及化学制品制造业	47	13	1974065	1953630	202801
基础化学原料制造	12	4	1074036	1044544	96965
无机酸制造	1		14502	14498	1397
无机碱制造	3		135670	134568	979
无机盐制造	1		1405	1405	
有机化学原料制造	5	2	910921	882610	94589
其他基础化学原料制造	2	2	11538	11463	
肥料制造	4	2	101272	99661	1329
氮肥制造	3	1	86423	84844	
其他肥料制造	1	1	14849	14817	1329
农药制造	5	3	69945	71963	28144
化学农药制造	5	3	69945	71963	28144
涂料、油墨、颜料及类似产品制造	3	1	32075	45008	1130
涂料制造	2		29317	42460	1130

1－B－2 续表1－4

单位：个、万元、人

指 标 名 称	企业数	亏损企业	工业总产值（当年价格）	工业销售产值（当年价格）	出口交货值
油墨及类似产品制造	1	1	2758	2548	
合成材料制造	3	1	405337	403793	25805
初级形态的塑料及合成树脂制造	2	1	17712	16260	555
合成纤维单（聚合）体的制造	1		387626	387533	25250
专用化学产品制造	17	1	270584	267376	49428
化学试剂和助剂制造	5		68788	68332	5071
专项化学用品制造	3		143195	142074	42472
炸药及火工产品制造	3		45343	43266	705
信息化学品制造	4		3251	3664	1179
其他专用化学产品制造	2	1	10007	10041	
日用化学产品制造	3	1	20815	21285	
肥皂及合成洗涤剂制造	2		18616	19129	
香料、香精制造	1	1	2199	2156	
医药制造业	14	4	712556	676061	351011
化学药品原药制造	5	1	620010	587207	325447
化学药品原药制造	5	1	620010	587207	325447
化学药品制剂制造	3	2	66584	64844	24947
化学药品制剂制造	3	2	66584	64844	24947
中药饮片加工	2		10159	9021	
中药饮片加工	2		10159	9021	
中成药制造	1		2098	2098	
中成药制造	1		2098	2098	
生物、生化制品的制造	3	1	13704	12892	618
生物、生化制品的制造	3	1	13704	12892	618
化学纤维制造业	4	2	368770	365388	43867
纤维素纤维原料及纤维制造	2	1	28025	24992	4230
化纤浆粕制造	1		1368	1351	
人造纤维（纤维素纤维）制造	1	1	26657	23640	4230
合成纤维制造	2	1	340745	340396	39638
涤纶纤维制造	1		291017	289486	39638
腈纶纤维制造	1	1	49728	50910	
橡胶制品业	5	1	1372414	1421059	368623
轮胎制造	4	1	1363717	1412105	367580
车辆、飞机及工程机械轮胎制造	3		1363139	1411684	367580
轮胎翻新加工	1	1	578	420	
橡胶靴鞋制造	1		8697	8955	1043
橡胶靴鞋制造	1		8697	8955	1043
塑料制品业	7	3	56820	57358	8510
塑料薄膜制造	2	1	19276	19502	4748
塑料薄膜制造	2	1	19276	19502	4748

1－B－2 续表 1－5

单位：个、万元、人

指 标 名 称	企业数	亏损企业	工业总产值（当年价格）	工业销售产值（当年价格）	出口交货值
塑料板、管、型材的制造	2	1	29722	30152	
塑料板、管、型材的制造	2	1	29722	30152	
泡沫塑料制造	1	1	1855	1835	
泡沫塑料制造	1	1	1855	1835	
塑料零件制造	1		2060	2044	
塑料零件制造	1		2060	2044	
日用塑料制造	1		3906	3826	3762
日用塑料杂品制造	1		3906	3826	3762
非金属矿物制品业	54	10	1353777	1335428	1987
水泥、石灰和石膏的制造	41	10	1248814	1233572	1265
水泥制造	39	10	1243451	1228377	1265
石灰和石膏制造	2		5363	5195	
水泥及石膏制品制造	11		100605	96816	
水泥制品制造	9		79203	79925	
砼结构构件制造	2		21402	16890	
玻璃及玻璃制品制造	1		3506	3316	722
其他玻璃制品制造	1		3506	3316	722
陶瓷制品制造	1		852	1725	
特种陶瓷制品制造	1		852	1725	
黑色金属冶炼及压延加工业	7	2	3899559	3713329	141686
钢压延加工	6	2	3880462	3693303	141686
钢压延加工	6	2	3880462	3693303	141686
铁合金冶炼	1		19097	20027	
铁合金冶炼	1		19097	20027	
有色金属冶炼及压延加工业	4	1	53667	55826	138
常用有色金属冶炼	1		28340	31210	138
铅锌冶炼	1		28340	31210	138
贵金属冶炼	1		10554	9630	
金冶炼	1		10554	9630	
有色金属合金制造	1	1	1525	1525	
有色金属合金制造	1	1	1525	1525	
有色金属压延加工	1		13248	13461	
常用有色金属压延加工	1		13248	13461	
金属制品业	14	3	312690	307495	59183
结构性金属制品制造	3	1	10334	8588	2412
金属结构制造	2	1	6235	4933	2412
金属门窗制造	1		4098	3655	
金属工具制造	1		14860	15403	
手工具制造	1		14860	15403	
集装箱及金属包装容器制造	4		173588	169774	6426

1－B－2 续表 1－6

单位：个、万元、人

指标名称	企业数	亏损企业	工业总产值（当年价格）	工业销售产值（当年价格）	出口交货值
金属压力容器制造	2		9689	8826	
金属包装容器制造	2		163899	160948	6426
建筑、安全用金属制品制造	3		73811	73721	49034
建筑装饰及水暖管道零件制造	2		72771	72664	49034
其他建筑、安全用金属制品制造	1		1040	1057	
其他金属制品制造	3	2	40097	40009	1311
其他未列明的金属制品制造	3	2	40097	40009	1311
通用设备制造业	48	6	1251252	1216489	147234
锅炉及原动机制造	7	1	424348	419733	50051
锅炉及辅助设备制造	1		46099	51845	
汽轮机及辅机制造	4		358519	348650	50051
水轮机及辅机制造	2	1	19730	19238	
金属加工机械制造	3		22730	23379	1595
金属切削机床制造	2		18050	18761	
其他金属加工机械制造	1		4680	4619	1595
起重运输设备制造	7	2	65895	63408	8005
起重运输设备制造	7	2	65895	63408	8005
泵、阀门、压缩机及类似机械的制造	8	1	91749	86458	
泵及真空设备制造	3	1	20005	19953	
气体压缩机械制造	1		22775	19574	
阀门和旋塞的制造	1		9175	9175	
液压和气压动力机械及元件制造	3		39795	37756	
轴承、齿轮、传动和驱动部件的制造	4		157503	142586	13661
轴承制造	2		3230	2883	
齿轮、传动和驱动部件制造	2		154273	139703	13661
风机、衡器、包装设备等通用设备制造	12	1	470912	462337	73923
风机、风扇制造	1		1376	1376	
气体、液体分离及纯净设备制造	4		253920	245741	9932
制冷、空调设备制造	4		191867	191470	62684
风动和电动工具制造	1		1308	1308	1308
其他通用设备制造	2	1	22442	22442	
通用零部件制造及机械修理	4		8376	8205	
紧固件、弹簧制造	1		2501	2320	
机械零部件加工及设备修理	2		2651	2669	
其他通用零部件制造	1		3224	3216	
金属铸、锻加工	3	1	9740	10383	
钢铁铸件制造	2		4853	4835	
锻件及粉末冶金制品制造	1	1	4887	5549	
专用设备制造业	17	5	284401	278802	59290

1－B－2 续表1－7

单位：个、万元、人

指 标 名 称	企业数	亏损企业	工业总产值（当年价格）	工业销售产值（当年价格）	出口交货值
矿山、冶金、建筑专用设备制造	3		14171	13664	
石油钻采专用设备制造	2		8650	8550	
建筑工程用机械制造	1		5521	5114	
化工、木材、非金属加工专用设备制造	1		28537	28537	
炼油、化工生产专用设备制造	1		28537	28537	
电子和电工机械专用设备制造	2	1	2832	2717	818
电子工业专用设备制造	1	1	1294	1206	
武器弹药制造	1		1538	1511	818
农、林、牧、渔专用机械制造	2	1	68319	66619	42436
拖拉机制造	1	1	52514	51943	40965
机械化农业及园艺机具制造	1		15804	14676	1471
医疗仪器设备及器械制造	1		772	772	
假肢、人工器官及植(介)入器械制造	1		772	772	
环保、社会公共安全及其他专用设备制造	8	3	169770	166493	16035
环境污染防治专用设备制造	6	2	159067	155871	14692
邮政专用机械及器材制造	1	1	1057	976	
水资源专用机械制造	1		9647	9647	1344
交通运输设备制造业	25	1	1452121	1447488	671974
铁路运输设备制造	3		3810	3805	
铁路机车车辆配件制造	1		505	500	
其他铁路设备制造及设备修理	2		3305	3305	
汽车制造	11	1	123626	122095	1606
汽车整车制造	2	1	54640	57391	584
汽车零部件及配件制造	4		60931	56773	1022
汽车修理	5		8055	7931	
摩托车制造	2		539363	537925	112187
摩托车整车制造	1		433401	431963	112187
摩托车零部件及配件制造	1		105963	105963	
船舶及浮动装置制造	8		784816	783156	558181
金属船舶制造	8		784816	783156	558181
交通器材及其他交通运输设备制造	1		506	506	
潜水及水下救捞装备制造	1		506	506	
电气机械及器材制造业	28	7	407548	372179	22968
电机制造	5		138986	122171	12452
发电机及发电机组制造	4		133148	116386	11936
电动机制造	1		5838	5785	516
输配电及控制设备制造	8	2	50621	46799	
变压器、整流器和电感器制造	1	1	434	555	
电容器及其配套设备制造	1		1251	1251	

1-B-2 续表1-8 单位：个、万元、人

指标名称	企业数	亏损企业	工业总产值（当年价格）	工业销售产值（当年价格）	出口交货值
配电开关控制设备制造	5	1	44837	40895	
其他输配电及控制设备制造	1		4100	4100	
电线、电缆、光缆及电工器材制造	7	2	73481	58700	1883
电线电缆制造	5	2	13410	14374	881
其他电工器材制造	2		60071	44326	1002
电池制造	2	1	3749	4397	
电池制造	2	1	3749	4397	
家用电力器具制造	4	1	133725	133109	4858
家用空气调节器制造	1	1	92872	92789	835
家用清洁卫生电器具制造	2		22848	22627	977
家用电力器具专用配件制造	1		18006	17694	3046
照明器具制造	1		3229	3229	
灯用电器附件及其他照明器具制造	1		3229	3229	
其他电气机械及器材制造	1	1	3757	3775	3775
车辆专用照明及电气信号设备装置制造	1	1	3757	3775	3775
通信设备、计算机及其他电子设备制造业	26	4	478655	459409	102274
通信设备制造	8	1	107655	107864	1060
通信传输设备制造	3	1	8174	8287	
通信交换设备制造	2		14725	14747	
移动通信及终端设备制造	2		83609	83580	1060
其他通信设备制造	1		1148	1250	
广播电视设备制造	1		1511	1462	121
广播电视节目制作及发射设备制造	1		1511	1462	121
电子计算机制造	4	1	190493	186355	31145
计算机网络设备制造	2	1	14793	14683	
电子计算机外部设备制造	2		175700	171672	31145
电子器件制造	6	2	59167	54989	13520
电子真空器件制造	1		3366	4047	1039
半导体分立器件制造	1		10319	10175	691
集成电路制造	2	1	23560	19112	2182
光电子器件及其他电子器件制造	2	1	21922	21656	9609
电子元件制造	5		85994	85248	51739
电子元件及组件制造	5		85994	85248	51739
家用视听设备制造	1		33068	22725	4689
家用影视设备制造	1		33068	22725	4689
其他电子设备制造	1		767	767	
其他电子设备制造	1		767	767	
仪器仪表及文化、办公用机械制造业	7	2	31011	28846	4660
通用仪器仪表制造	2		17361	16906	4660

1－B－2 续表1－9

单位：个、万元、人

指标名称	企业数	亏损企业	工业总产值（当年价格）	工业销售产值（当年价格）	出口交货值
工业自动控制系统装置制造	1		16962	16473	4660
供应用仪表及其他通用仪器制造	1		400	433	
专用仪器仪表制造	1		2492	2659	
导航、气象及海洋专用仪器制造	1		2492	2659	
光学仪器及眼镜制造	3	1	10816	8914	
光学仪器制造	2		9982	7974	
眼镜制造	1	1	834	941	
文化、办公用机械制造	1	1	342	367	
计算器及货币专用设备制造	1	1	342	367	
工艺品及其他制造业	5		14894	14381	3902
工艺美术品制造	2		5102	4529	
珠宝首饰及有关物品的制造	2		5102	4529	
日用杂品制造	3		9792	9852	3902
鬃毛加工、制刷及清扫工具的制造	1		3954	3902	3902
其他日用杂品制造	2		5839	5950	
废弃资源和废旧材料回收加工业	2	1	85436	85436	
金属废料和碎屑的加工处理	1	1	81417	81417	
金属废料和碎屑的加工处理	1	1	81417	81417	
非金属废料和碎屑的加工处理	1		4019	4019	
非金属废料和碎屑的加工处理	1		4019	4019	
电力、燃气及水的生产和供应业	**296**	**91**	**24833041**	**24819964**	
电力、热力的生产和供应业	173	40	23548670	23545225	
电力生产	100	37	6251396	6248130	
火力发电	33	16	5002490	5000130	
水力发电	60	20	428227	427321	
核力发电	3		812999	812999	
其他能源发电	4	1	7681	7681	
电力供应	66		17189912	17189848	
电力供应	66		17189912	17189848	
热力生产和供应	7	3	107362	107247	
热力生产和供应	7	3	107362	107247	
燃气生产和供应业	11	1	566422	564378	
燃气生产和供应业	11	1	566422	564378	
燃气生产和供应业	11	1	566422	564378	
水的生产和供应业	112	50	717950	710361	
自来水的生产和供应	93	37	582078	576831	
自来水的生产和供应	93	37	582078	576831	
污水处理及其再生利用	19	13	135871	133530	
污水处理及其再生利用	19	13	135871	133530	

1－B－2 续表2－1

单位：个、万元、人

指 标 名 称	资产总计	流动资产合计	应收帐款	存 货	产成品
总 计	**55579666**	**16916619**	**2190894**	**4411824**	**1031858**
一、按轻重工业分					
轻工业	9501427	4754712	408461	1378557	368337
重工业	46078238	12161907	1782433	3033268	663521
二、按规模分					
大型企业	21213115	6497800	774905	1999227	530978
中型企业	22086540	7158145	822044	1874598	303985
小型企业	12280010	3260673	593945	538000	196895
三、按登记注册类型分					
内 资	**51974924**	**15272430**	**1803360**	**3902635**	**822719**
国 有	25445051	6925143	464894	1456317	206477
集 体	4483	1923	57	2	
股份合作企业	3251	1180	171	1009	348
联营企业	101803	23113	6865	6642	4785
国有联营	17788	5140	511	4313	3480
集体联营	69970	10519	5927	515	
国有与集体联营	9305	4083	410	1512	1002
其他联营	4740	3371	17	303	303
有限责任公司	21096701	6359357	976082	1593983	410871
国有独资公司	3336060	1550216	187231	305853	131732
其他有限责任公司	17760641	4809141	788850	1288130	279138
股份有限公司	5194313	1932727	353847	840863	198908
其 他	129322	28986	1444	3818	1331
港澳台商投资	**808412**	**420470**	**65220**	**95849**	**15569**
与港澳台商合资经营	677234	362634	48259	80409	15004
与港澳台商合作经营	105835	45713	16339	14945	196
港澳台商独资	1886	994	242	383	370
港澳台商投资股份有限公司	23456	11129	381	113	
外商投资	**2796330**	**1223719**	**322314**	**413341**	**193569**
中外合资经营	2105469	921289	193914	311375	164214
中外合作经营	94773	51628	20599	15767	1417
外商投资股份有限公司	596089	250803	107801	86199	27938
四、按国民经济行业(门类、大类、中类、小类)分					
采矿业	**286745**	**148937**	**22222**	**13197**	**5029**
煤炭开采和洗选业	92531	37049	7907	3588	887
烟煤和无烟煤的开采洗选	92531	37049	7907	3588	887
烟煤和无烟煤的开采洗选	92531	37049	7907	3588	887
黑色金属矿采选业	91884	57130	1710	3346	1497
铁矿采选	91884	57130	1710	3346	1497
铁矿采选	91884	57130	1710	3346	1497

1－B－2 续表2－2

单位：个、万元、人

指 标 名 称	资产总计	流动资产合 计	应收帐款	存 货	产成品
有色金属矿采选业	47196	23673	1131	2965	1834
常用有色金属矿采选	32771	18266	1131	2733	1767
铜矿采选	32771	18266	1131	2733	1767
稀有稀土金属矿采选	14425	5407		231	68
放射性金属矿采选	14425	5407		231	68
非金属矿采选业	55134	31085	11474	3299	810
土砂石开采	43479	26252	10751	1969	351
石灰石、石膏开采	8127	2321	458	171	149
建筑装饰用石开采	27222	17128	9057	1519	150
耐火土石开采	1513	673	170	270	50
粘土及其他土砂石开采	6617	6129	1066	9	2
化学矿采选	11655	4833	723	1330	459
化学矿采选	11655	4833	723	1330	459
制造业	**23703782**	**11658657**	**1472115**	**3973957**	**1017296**
农副食品加工业	418963	255100	4820	40229	18446
谷物磨制	15881	9401	456	1597	1020
谷物磨制	15881	9401	456	1597	1020
饲料加工	938	854	443	391	53
饲料加工	938	854	443	391	53
屠宰及肉类加工	25131	10139	1582	1541	281
畜禽屠宰	8712	3671	352	44	26
肉制品及副产品加工	16419	6468	1230	1497	255
水产品加工	377012	234707	2339	36700	17092
水产品冷冻加工	377012	234707	2339	36700	17092
食品制造业	63530	38480	6613	14673	5333
方便食品制造	3943	2495	465	726	196
速冻食品制造	3612	2243	292	720	196
方便面及其他方便食品制造	330	252	173	7	
液体乳及乳制品制造	9333	6436	1357	1792	997
液体乳及乳制品制造	9333	6436	1357	1792	997
罐头制造	12650	8970	1709	5223	17
蔬菜、水果罐头制造	12650	8970	1709	5223	17
调味品、发酵制品制造	28970	14930	1605	3873	2164
味精制造	27003	13492	976	3422	1947
酱油、食醋及类似制品的制造	1262	1102	478	394	166
其他调味品、发酵制品制造	705	336	150	57	51
其他食品制造	8634	5648	1478	3059	1960
冷冻饮品及食用冰制造	456	103	32	70	17
盐加工	7551	5133	1403	2876	1835
食品及饲料添加剂制造	627	413	43	112	108

1－B－2 续表2－3

单位：个、万元、人

指 标 名 称	资产总计	流动资产合计	应收帐款	存货	产成品
饮料制造业	432009	215440	17456	130689	79705
酒的制造	415786	207369	17036	125580	74599
啤酒制造	107805	38311	949	20644	679
黄酒制造	307981	169058	16087	104936	73920
软饮料制造	8562	2585	34	141	141
茶饮料及其他软饮料制造	8562	2585	34	141	141
精制茶加工	7661	5486	385	4968	4965
精制茶加工	7661	5486	385	4968	4965
烟草制品业	2142933	1624196	－1011	661511	78735
卷烟制造	2142933	1624196	－1011	661511	78735
卷烟制造	2142933	1624196	－1011	661511	78735
纺织业	466835	251461	30203	47914	21144
棉、化纤纺织及印染精加工	143643	81704	7813	23174	9649
棉、化纤纺织加工	130743	75549	5351	21299	9169
棉、化纤印染精加工	12900	6155	2463	1875	481
毛纺织和染整精加工	27008	18848	507	4663	2199
毛纺织	27008	18848	507	4663	2199
丝绢纺织及精加工	227864	108206	12913	10611	5589
绢纺和丝织加工	182071	101804	12045	9880	5422
丝印染精加工	45793	6402	868	731	167
纺织制成品制造	39955	24335	6873	4899	2495
棉及化纤制品制造	6896	3120	1144	1164	212
丝制品制造	6095	5415	669	197	108
纺织带和帘子布制造	12159	9409	2580	2345	1282
无纺布制造	14805	6391	2480	1193	892
针织品、编织品及其制品制造	28365	18369	2097	4568	1213
毛针织品及编织品制造	16449	10589	792	740	692
丝针织品及编织品制造	7767	5063	1313	3095	77
其他针织品及编织品制造	4150	2717	－8	733	443
纺织服装、鞋、帽制造业	54113	34440	1929	3537	1628
纺织服装制造	53655	34216	1878	3371	1462
纺织服装制造	53655	34216	1878	3371	1462
纺织面料鞋的制造	458	225	51	167	167
纺织面料鞋的制造	458	225	51	167	167
皮革、毛皮、羽毛(绒)及其制品业	77681	68044	1765	582	108
皮革制品制造	77681	68044	1765	582	108
皮鞋制造	3980	1780	239	115	74
皮箱、包(袋)制造	73701	66264	1527	467	33
木材加工及木、竹、藤、棕、草制品业	110261	94827	3113	66562	661
人造板制造	107314	92668	1577	66222	591

1－B－2 续表2－4 单位：个、万元、人

指标名称	资产总计	流动资产合计	应收帐款	存货	产成品
纤维板制造	107314	92668	1577	66222	591
木制品制造	2948	2159	1536	339	70
建筑用木料及木材组件加工	458	422	253	103	31
软木制品及其他木制品制造	2490	1737	1283	236	39
造纸及纸制品业	214753	67104	21968	23118	11613
造　纸	214753	67104	21968	23118	11613
机制纸及纸板制造	214753	67104	21968	23118	11613
印刷业和记录媒介的复制	215960	84806	25996	11745	2973
印　刷	211673	82815	25604	11447	2820
书、报、刊印刷	170299	67645	19891	8226	2027
本册印制	5249	3254	138	525	278
包装装潢及其他印刷	36125	11916	5575	2696	515
装订及其他印刷服务活动	1375	1307	75	84	
装订及其他印刷服务活动	1375	1307	75	84	
记录媒介的复制	2913	684	317	213	152
记录媒介的复制	2913	684	317	213	152
文教体育用品制造业	7749	5964	424	1138	459
体育用品制造	7749	5964	424	1138	459
球类制造	4740	3371	17	303	303
体育器材及配件制造	1688	1408	407	653	156
训练健身器材制造	1320	1185		182	
石油加工、炼焦及核燃料加工业	3078714	831705	119147	541102	70231
精炼石油产品的制造	3015646	789889	119104	499971	29101
原油加工及石油制品制造	3015646	789889	119104	499971	29101
炼　焦	63068	41816	43	41131	41131
炼　焦	63068	41816	43	41131	41131
化学原料及化学制品制造业	2691015	1020755	117256	204213	91935
基础化学原料制造	1623760	604546	49312	99589	46405
无机酸制造	11308	4486	1932	760	154
无机碱制造	140642	38572	4116	5450	1406
无机盐制造	998	947	191	17	1
有机化学原料制造	1460198	559410	43111	92737	44739
其他基础化学原料制造	10615	1133	－39	625	105
肥料制造	121210	34068	2444	13138	3740
氮肥制造	107038	31216	2382	11360	2270
其他肥料制造	14172	2853	62	1778	1470
农药制造	157547	65189	13242	21113	18904
化学农药制造	157547	65189	13242	21113	18904
涂料、油墨、颜料及类似产品制造	32195	22639	8137	6638	4231
涂料制造	28944	21459	7966	5629	3883

1－B－2 续表2－5

单位：个、万元、人

指 标 名 称	资产总计	流动资产合计	应收帐款	存 货	产成品
油墨及类似产品制造	3251	1180	171	1009	348
合成材料制造	375616	154440	13530	26934	2280
初级形态的塑料及合成树脂制造	17657	6892	622	3346	1501
合成纤维单(聚合)体的制造	357959	147547	12908	23587	779
专用化学产品制造	372293	135739	29363	35425	16211
化学试剂和助剂制造	100342	29542	7537	6597	4645
专项化学用品制造	112528	58219	15372	21969	9997
炸药及火工产品制造	40071	14676	1906	2718	602
信息化学品制造	109759	30389	4339	3875	705
其他专用化学产品制造	9594	2914	208	266	262
日用化学产品制造	8395	4133	1229	1377	164
肥皂及合成洗涤剂制造	6641	3056	890	1121	15
香料、香精制造	1753	1077	339	256	149
医药制造业	773961	346103	116865	118874	65876
化学药品原药制造	667818	292451	101190	101977	53821
化学药品原药制造	667818	292451	101190	101977	53821
化学药品制剂制造	79304	36658	8782	13539	10289
化学药品制剂制造	79304	36658	8782	13539	10289
中药饮片加工	6534	4657	2060	1454	1260
中药饮片加工	6534	4657	2060	1454	1260
中成药制造	4074	2656	1804	148	17
中成药制造	4074	2656	1804	148	17
生物、生化制品的制造	16232	9682	3030	1755	488
生物、生化制品的制造	16232	9682	3030	1755	488
化学纤维制造业	338070	154615	6262	72021	9324
纤维素纤维原料及纤维制造	48412	17825	2411	7584	5048
化纤浆粕制造	2481	2375	363	274	204
人造纤维(纤维素纤维)制造	45931	15450	2048	7310	4844
合成纤维制造	289658	136789	3851	64437	4276
涤纶纤维制造	267970	134159	3851	64437	4276
腈纶纤维制造	21688	2631		…	
橡胶制品业	873334	462530	111180	195327	138963
轮胎制造	865773	458099	108997	194940	138769
车辆、飞机及工程机械轮胎制造	863939	456948	108265	194713	138579
轮胎翻新加工	1834	1151	732	227	190
橡胶靴鞋制造	7561	4431	2183	388	194
橡胶靴鞋制造	7561	4431	2183	388	194
塑料制品业	40206	18427	2764	9499	4647
塑料薄膜制造	18195	9265	1677	4303	2512
塑料薄膜制造	18195	9265	1677	4303	2512

1－B－2 续表 2－6

单位：个、万元、人

指标名称	资产总计	流动资产合计	应收帐款	存货	产成品
塑料板、管、型材的制造	16225	6233	329	3749	1417
塑料板、管、型材的制造	16225	6233	329	3749	1417
泡沫塑料制造	1018	598	208	239	145
泡沫塑料制造	1018	598	208	239	145
塑料零件制造	3252	1064	551	371	259
塑料零件制造	3252	1064	551	371	259
日用塑料制造	1516	1267		838	315
日用塑料杂品制造	1516	1267		838	315
非金属矿物制品业	1883343	662537	84549	97385	31486
水泥、石灰和石膏的制造	1766731	592061	61396	77395	19214
水泥制造	1764469	590897	60718	77092	18990
石灰和石膏制造	2261	1164	677	303	224
水泥及石膏制品制造	103757	63168	21166	19664	12116
水泥制品制造	63265	39110	14439	15364	8475
砼结构构件制造	40492	24058	6727	4300	3640
玻璃及玻璃制品制造	11537	6350	1626	227	113
其他玻璃制品制造	11537	6350	1626	227	113
陶瓷制品制造	1318	958	361	98	44
特种陶瓷制品制造	1318	958	361	98	44
黑色金属冶炼及压延加工业	4180355	1797718	17541	552334	57838
钢压延加工	4175708	1795029	17213	550233	56621
钢压延加工	4175708	1795029	17213	550233	56621
铁合金冶炼	4646	2689	328	2101	1217
铁合金冶炼	4646	2689	328	2101	1217
有色金属冶炼及压延加工业	47596	23880	2498	5531	2126
常用有色金属冶炼	25763	11079	285	4334	1646
铅锌冶炼	25763	11079	285	4334	1646
贵金属冶炼	16801	9548	1	1084	479
金冶炼	16801	9548	1	1084	479
有色金属合金制造	2249	561	280	107	
有色金属合金制造	2249	561	280	107	
有色金属压延加工	2783	2692	1932	6	
常用有色金属压延加工	2783	2692	1932	6	
金属制品业	229000	125513	32717	36314	19175
结构性金属制品制造	15089	6718	470	4615	3033
金属结构制造	12563	4281	265	2692	1312
金属门窗制造	2526	2437	206	1923	1721
金属工具制造	17484	11354	1927	5545	2715
手工具制造	17484	11354	1927	5545	2715
集装箱及金属包装容器制造	99097	51242	22079	6825	5254

1－B－2 续表2－7

单位：个、万元、人

指标名称	资产总计	流动资产合计	应收帐款	存货	产成品
金属压力容器制造	3444	3393	2161	793	735
金属包装容器制造	95653	47849	19918	6032	4518
建筑、安全用金属制品制造	73352	37394	4654	9974	7946
建筑装饰及水暖管道零件制造	72139	36196	4165	9779	7912
其他建筑、安全用金属制品制造	1213	1198	489	194	33
其他金属制品制造	23978	18805	3587	9355	228
其他未列明的金属制品制造	23978	18805	3587	9355	228
通用设备制造业	1443476	952918	269149	330131	125317
锅炉及原动机制造	481068	362047	135967	116253	32271
锅炉及辅助设备制造	37118	30197	7691	9770	
汽轮机及辅机制造	429623	320864	124781	102742	29096
水轮机及辅机制造	14328	10986	3495	3741	3176
金属加工机械制造	50308	32032	2246	14660	6787
金属切削机床制造	42805	27165	1687	10910	5500
其他金属加工机械制造	7503	4867	559	3750	1287
起重运输设备制造	82678	48287	6923	17918	7304
起重运输设备制造	82678	48287	6923	17918	7304
泵、阀门、压缩机及类似机械的制造	83034	56811	12826	18841	9105
泵及真空设备制造	22123	10062	1084	4146	1833
气体压缩机械制造	16181	11549	2175	4419	1127
阀门和旋塞的制造	7484	6093	1363	2621	
液压和气压动力机械及元件制造	37246	29108	8204	7655	6146
轴承、齿轮、传动和驱动部件的制造	174976	94927	11016	60862	31449
轴承制造	3582	2655	455	307	35
齿轮、传动和驱动部件制造	171395	92273	10561	60555	31413
风机、衡器、包装设备等通用设备制造	553249	346261	95959	97648	35906
风机、风扇制造	2052	1074	535	447	447
气体、液体分离及纯净设备制造	304905	209503	68838	47576	21564
制冷、空调设备制造	138557	94804	24466	26696	13895
风动和电动工具制造	4782	3452	140	45	
其他通用设备制造	102952	37429	1981	22884	
通用零部件制造及机械修理	8268	4820	2018	1438	893
紧固件、弹簧制造	2172	1591	1157	286	286
机械零部件加工及设备修理	4944	2229	544	812	497
其他通用零部件制造	1152	1000	316	341	110
金属铸、锻加工	9896	7733	2196	2511	1602
钢铁铸件制造	4941	3006	411	1831	922
锻件及粉末冶金制品制造	4954	4726	1785	680	680
专用设备制造业	433699	319023	61112	103981	17629

1－B－2 续表2－8

单位：个、万元、人

指 标 名 称	资产总计	流动资产合计	应收帐款	存货	产成品
矿山、冶金、建筑专用设备制造	43699	30685	5206	2051	820
石油钻采专用设备制造	10269	9262	4266	478	246
建筑工程用机械制造	33430	21423	940	1573	574
化工、木材、非金属加工专用设备制造	34118	30238	19563	6220	
炼油、化工生产专用设备制造	34118	30238	19563	6220	
电子和电工机械专用设备制造	6819	2876	559	1753	226
电子工业专用设备制造	946	928	206	414	
武器弹药制造	5874	1948	353	1339	226
农、林、牧、渔专用机械制造	57208	33945	7842	14809	7561
拖拉机制造	33744	23352	3789	9803	4749
机械化农业及园艺机具制造	23464	10593	4054	5005	2812
医疗仪器设备及器械制造	459	420	81	42	
假肢、人工器官及植（介）入器械制造	459	420	81	42	
环保、社会公共安全及其他专用设备制造	291395	220860	27862	79107	9022
环境污染防治专用设备制造	281494	211630	25705	77805	8830
邮政专用机械及器材制造	1270	906	354	466	193
水资源专用机械制造	8632	8323	1803	837	
交通运输设备制造业	1844531	1213084	244010	401547	62807
铁路运输设备制造	3753	2507	1474	248	98
铁路机车车辆配件制造	1270	1063	443	188	98
其他铁路设备制造及设备修理	2484	1444	1032	60	
汽车制造	118472	62946	13502	24449	10286
汽车整车制造	64334	24931	4073	14061	2638
汽车零部件及配件制造	46478	34645	8779	10146	7639
汽车修理	7659	3370	651	242	9
摩托车制造	549812	388688	107676	81391	34525
摩托车整车制造	507854	355845	81852	78118	34525
摩托车零部件及配件制造	41958	32843	25824	3273	
船舶及浮动装置制造	1169502	758640	121345	295385	17826
金属船舶制造	1169502	758640	121345	295385	17826
交通器材及其他交通运输设备制造	2992	303	12	73	73
潜水及水下救捞装备制造	2992	303	12	73	73
电气机械及器材制造业	395563	246082	61261	65207	34403
电机制造	113661	92993	27055	35774	17937
发电机及发电机组制造	112806	92486	26863	35581	17937
电动机制造	856	508	193	193	
输配电及控制设备制造	48869	36802	12501	13914	9366
变压器、整流器和电感器制造	987	860	406	299	166
电容器及其配套设备制造	909	727	157	313	288

1－B－2 续表2－9 单位：个、万元、人

指 标 名 称	资产总计	流动资产合 计	应收帐款	存 货	产成品
配电开关控制设备制造	42399	30701	10162	10740	8912
其他输配电及控制设备制造	4574	4516	1777	2562	
电线、电缆、光缆及电工器材制造	49951	25853	9142	8775	4970
电线电缆制造	12952	7299	2873	2340	1330
其他电工器材制造	36999	18554	6269	6436	3640
电池制造	6475	6166	1798	721	365
电池制造	6475	6166	1798	721	365
家用电力器具制造	168468	79075	9903	5708	1543
家用空气调节器制造	18030	5286	2643	322	41
家用清洁卫生电器具制造	105681	35144	3124	2001	849
家用电力器具专用配件制造	44757	38644	4137	3385	654
照明器具制造	6015	4580	577	144	121
灯用电器附件及其他照明器具制造	6015	4580	577	144	121
其他电气机械及器材制造	2124	613	284	171	102
车辆专用照明及电气信号设备装置制造	2124	613	284	171	102
通信设备、计算机及其他电子设备制造业	1162357	696155	105977	227859	58519
通信设备制造	526004	194730	33251	16087	9110
通信传输设备制造	10597	8447	2607	1750	481
通信交换设备制造	28834	18291	4769	657	393
移动通信及终端设备制造	267891	151468	25384	13366	7999
其他通信设备制造	218682	16524	491	314	238
广播电视设备制造	8406	6490	1243	1482	1482
广播电视节目制作及发射设备制造	8406	6490	1243	1482	1482
电子计算机制造	145964	134620	22553	21835	5782
计算机网络设备制造	10503	8117	2271	3217	
电子计算机外部设备制造	135460	126503	20282	18618	5782
电子器件制造	145095	70499	15665	27553	9021
电子真空器件制造	4993	4343	1359	1838	855
半导体分立器件制造	19906	10069	4799	1893	858
集成电路制造	57107	31522	3095	18495	3641
光电子器件及其他电子器件制造	63088	24566	6412	5328	3667
电子元件制造	110988	79217	27384	27065	6138
电子元件及组件制造	110988	79217	27384	27065	6138
家用视听设备制造	225569	210274	5755	133833	26986
家用影视设备制造	225569	210274	5755	133833	26986
其他电子设备制造	331	325	124	5	
其他电子设备制造	331	325	124	5	
仪器仪表及文化、办公用机械制造业	43194	23251	4990	7645	4951
通用仪器仪表制造	15610	7514	1383	3720	2580

1－B－2 续表2－10

单位：个、万元、人

指标名称	资产总计	流动资产合计	应收帐款	存货	产成品
工业自动控制系统装置制造	14630	6780	1100	3321	2448
供应用仪表及其他通用仪器制造	980	734	283	398	132
专用仪器仪表制造	3614	1732	600	331	331
导航、气象及海洋专用仪器制造	3614	1732	600	331	331
光学仪器及眼镜制造	21417	11496	2858	3186	1789
光学仪器制造	17796	8143	2805	1956	716
眼镜制造	3621	3353	52	1231	1073
文化、办公用机械制造	2552	2509	150	409	251
计算器及货币专用设备制造	2552	2509	150	409	251
工艺品及其他制造业	12796	10380	154	2277	1264
工艺美术品制造	2722	2509	69	1398	389
珠宝首饰及有关物品的制造	2722	2509	69	1398	389
日用杂品制造	10074	7871	85	879	875
鬃毛加工、制刷及清扫工具的制造	1872	1002		868	868
其他日用杂品制造	8201	6869	85	11	7
废弃资源和废旧材料回收加工业	27789	14123	1409	1012	
金属废料和碎屑的加工处理	4333	2993	1029	899	
金属废料和碎屑的加工处理	4333	2993	1029	899	
非金属废料和碎屑的加工处理	23456	11129	381	113	
非金属废料和碎屑的加工处理	23456	11129	381	113	
电力、燃气及水的生产和供应业	**31589139**	**5109025**	**696558**	**424671**	**9533**
电力、热力的生产和供应业	26787362	3894638	629392	400386	6438
电力生产	15557258	2225083	565780	382287	1039
火力发电	8857683	1344641	441106	229378	
水力发电	2157248	214225	48174	8693	777
核力发电	4507685	655684	75686	143625	
其他能源发电	34643	10533	814	591	262
电力供应	11013306	1592750	55335	16039	4821
电力供应	11013306	1592750	55335	16039	4821
热力生产和供应	216798	76805	8278	2060	578
热力生产和供应	216798	76805	8278	2060	578
燃气生产和供应业	761457	196499	8604	5886	977
燃气生产和供应业	761457	196499	8604	5886	977
燃气生产和供应业	761457	196499	8604	5886	977
水的生产和供应业	4040321	1017888	58562	18398	2119
自来水的生产和供应	3274509	873738	38378	17683	2119
自来水的生产和供应	3274509	873738	38378	17683	2119
污水处理及其再生利用	765811	144150	20184	715	
污水处理及其再生利用	765811	144150	20184	715	

1－B－2 续表3－1

单位：个、万元、人

指标名称	流动资产年平均余额	固定资产合计	固定资产原价	累计折旧	本年折旧
总计	**17404162**	**32979534**	**44920264**	**16393057**	**2881457**
一、按轻重工业分					
轻工业	4736720	3509874	5074559	2038670	298598
重工业	12667442	29469660	39845706	14354388	2582859
二、按规模分					
大型企业	6641292	12312880	17583185	6893427	1268673
中型企业	7504246	12733772	16601886	5835680	969659
小型企业	3258624	7932882	10735193	3663950	643126
三、按登记注册类型分					
内资	**15561180**	**31327006**	**42514813**	**15524750**	**2742785**
国有	7255143	15301361	22713618	8528283	1575537
集体	1923	2375	2606	231	201
股份合作企业	886	2071	2130	68	68
联营企业	28105	68254	139527	77577	8336
国有联营	5073	12521	18826	12609	980
集体联营	11909	53418	115074	61656	6941
国有与集体联营	8070	1876	4372	2496	383
其他联营	3052	439	1255	815	32
有限责任公司	6102279	13103284	16675547	5466801	977264
国有独资公司	1484435	1336311	1797562	776922	118747
其他有限责任公司	4617843	11766972	14877984	4689880	858517
股份有限公司	2140901	2753181	2848420	1415304	174352
其他	31944	96480	132966	36487	7028
港澳台商投资	**485896**	**260466**	**457812**	**218572**	**24680**
与港澳台商合资经营	427652	200001	267852	88596	15095
与港澳台商合作经营	47684	58320	185091	127252	9283
港澳台商独资	984	686	1124	437	106
港澳台商投资股份有限公司	9576	1459	3746	2288	196
外商投资	**1357087**	**1392062**	**1947639**	**649736**	**113992**
中外合资经营	1038818	1077895	1498439	499879	92157
中外合作经营	61541	35265	45379	17393	2161
外商投资股份有限公司	256727	278901	403821	132464	19674
四、按国民经济行业（门类、大类、中类、小类）分					
采矿业	**141427**	**125191**	**188827**	**89528**	**9493**
煤炭开采和洗选业	37450	55482	94434	49719	4900
烟煤和无烟煤的开采洗选	37450	55482	94434	49719	4900
烟煤和无烟煤的开采洗选	37450	55482	94434	49719	4900
黑色金属矿采选业	49404	27485	40293	14954	1609
铁矿采选	49404	27485	40293	14954	1609
铁矿采选	49404	27485	40293	14954	1609

1－B－2 续表3－2

单位：个、万元、人

指标名称	流动资产年平均余额	固定资产合计	固定资产原价	累计折旧	本年折旧
有色金属矿采选业	22879	20936	21424	9882	723
常用有色金属矿采选	17331	12360	16251	7927	340
铜矿采选	17331	12360	16251	7927	340
稀有稀土金属矿采选	5548	8577	5173	1955	383
放射性金属矿采选	5548	8577	5173	1955	383
非金属矿采选业	31694	21287	32675	14974	2261
土砂石开采	26169	15433	20753	8905	1911
石灰石、石膏开采	2614	4744	7141	2397	545
建筑装饰用石开采	17854	10094	11739	5227	569
耐火土石开采	600	183	697	519	34
粘土及其他土砂石开采	5101	413	1175	763	763
化学矿采选	5525	5854	11923	6068	351
化学矿采选	5525	5854	11923	6068	351
制造业	**11962733**	**9183712**	**11820198**	**4549389**	**684699**
农副食品加工业	245922	54456	99893	45780	3201
谷物磨制	9228	6388	8939	2612	110
谷物磨制	9228	6388	8939	2612	110
饲料加工	862	85	299	214	8
饲料加工	862	85	299	214	8
屠宰及肉类加工	8150	11177	13197	2301	276
畜禽屠宰	2770	3153	3959	1088	318
肉制品及副产品加工	5380	8024	9238	1213	－42
水产品加工	227684	36806	77459	40653	2807
水产品冷冻加工	227684	36806	77459	40653	2807
食品制造业	39601	21623	45748	25333	1940
方便食品制造	3495	1266	1587	803	185
速冻食品制造	3285	1224	1442	699	174
方便面及其他方便食品制造	209	42	145	103	11
液体乳及乳制品制造	7234	2833	5156	2443	192
液体乳及乳制品制造	7234	2833	5156	2443	192
罐头制造	8897	1754	1636	350	158
蔬菜、水果罐头制造	8897	1754	1636	350	158
调味品、发酵制品制造	15088	13376	32955	19718	1129
味精制造	13682	13007	32029	19160	1079
酱油、食醋及类似制品的制造	1035	160	452	292	26
其他调味品、发酵制品制造	371	209	475	266	25
其他食品制造	4888	2394	4414	2020	276
冷冻饮品及食用冰制造	127	182	1232	1050	45
盐加工	4380	2016	2967	950	230
食品及饲料添加剂制造	381	196	215	19	1

1－B－2 续表3－3

单位：个、万元、人

指标名称	流动资产年平均余额	固定资产合计	固定资产原价	累计折旧	本年折旧
饮料制造业	221288	152233	218626	93642	11620
酒的制造	213097	145514	205854	87539	11090
啤酒制造	37179	58636	81691	29122	5496
黄酒制造	175918	86879	124163	58417	5594
软饮料制造	2584	5977	8118	2191	429
茶饮料及其他软饮料制造	2584	5977	8118	2191	429
精制茶加工	5607	742	4654	3913	101
精制茶加工	5607	742	4654	3913	101
烟草制品业	1670342	347657	602101	300429	36225
卷烟制造	1670342	347657	602101	300429	36225
卷烟制造	1670342	347657	602101	300429	36225
纺织业	257051	149095	235201	104967	14280
棉、化纤纺织及印染精加工	74453	50722	96435	49564	4631
棉、化纤纺织加工	68133	44258	86579	46173	3958
棉、化纤印染精加工	6321	6464	9855	3391	673
毛纺织和染整精加工	26103	5631	9361	3730	872
毛纺织	26103	5631	9361	3730	872
丝绢纺织及精加工	112881	72528	97605	39761	6446
绢纺和丝织加工	104673	39005	42407	12779	2576
丝印染精加工	8208	33523	55198	26983	3871
纺织制成品制造	24933	11040	15831	4894	1352
棉及化纤制品制造	3108	3740	3990	250	189
丝制品制造	4986	612	1133	520	260
纺织带和帘子布制造	5508	2345	3267	973	253
无纺布制造	11332	4342	7442	3150	649
针织品、编织品及其制品制造	18680	9174	15970	7018	979
毛针织品及编织品制造	9966	5693	9012	3319	390
丝针织品及编织品制造	5997	2049	5322	3273	163
其他针织品及编织品制造	2717	1432	1636	426	426
纺织服装、鞋、帽制造业	33326	18212	28321	10438	3569
纺织服装制造	33101	17980	27920	10270	3552
纺织服装制造	33101	17980	27920	10270	3552
纺织面料鞋的制造	225	233	401	168	17
纺织面料鞋的制造	225	233	401	168	17
皮革、毛皮、羽毛(绒)及其制品业	68194	9413	13403	5893	1434
皮革制品制造	68194	9413	13403	5893	1434
皮鞋制造	1758	1977	2572	643	203
皮箱、包(袋)制造	66436	7437	10831	5250	1231
木材加工及木、竹、藤、棕、草制品业	90159	13654	17322	4006	699
人造板制造	88043	13008	16035	3364	564

1－B－2　续表3－4

单位：个、万元、人

指　标　名　称	流动资产年平均余额	固定资产合计	固定资产原价	累计折旧	本年折旧
纤维板制造	88043	13008	16035	3364	564
木制品制造	2116	645	1287	642	135
建筑用木料及木材组件加工	390	36	67	31	31
软木制品及其他木制品制造	1726	610	1220	611	104
造纸及纸制品业	61373	138474	208494	73861	11289
造　纸	61373	138474	208494	73861	11289
机制纸及纸板制造	61373	138474	208494	73861	11289
印刷业和记录媒介的复制	81086	98578	142959	45663	7985
印　刷	78935	96287	138459	43448	7731
书、报、刊印刷	61763	72043	107331	36485	5710
本册印制	2916	1927	2958	1031	394
包装装潢及其他印刷	14256	22317	28171	5931	1628
装订及其他印刷服务活动	1307	66	331	266	63
装订及其他印刷服务活动	1307	66	331	266	63
记录媒介的复制	845	2225	4168	1950	191
记录媒介的复制	845	2225	4168	1950	191
文教体育用品制造业	5622	824	1712	887	77
体育用品制造	5622	824	1712	887	77
球类制造	3052	439	1255	815	32
体育器材及配件制造	1408	250	267	17	17
训练健身器材制造	1162	135	190	55	27
石油加工、炼焦及核燃料加工业	1202562	2133160	1877714	1011141	111499
精炼石油产品的制造	1148266	2113633	1850001	1002955	109640
原油加工及石油制品制造	1148266	2113633	1850001	1002955	109640
炼　焦	54296	19527	27712	8186	1859
炼　焦	54296	19527	27712	8186	1859
化学原料及化学制品制造业	1006203	1194537	1672609	587399	102177
基础化学原料制造	575079	803054	1133119	414031	67017
无机酸制造	4666	6049	6836	789	640
无机碱制造	49568	75950	98963	32806	7299
无机盐制造	928	52	89	37	12
有机化学原料制造	516784	712825	1016835	377988	58379
其他基础化学原料制造	3132	8178	10396	2410	689
肥料制造	41773	68776	125574	59694	6172
氮肥制造	38614	58504	115700	58175	4987
其他肥料制造	3159	10272	9875	1519	1185
农药制造	70041	50113	59975	21740	4709
化学农药制造	70041	50113	59975	21740	4709
涂料、油墨、颜料及类似产品制造	26587	4372	6390	2053	377
涂料制造	25701	2300	4260	1985	309

1－B－2 续表3－5

单位：个、万元、人

指标名称	流动资产年平均余额	固定资产合计	固定资产原价	累计折旧	本年折旧
油墨及类似产品制造	886	2071	2130	68	68
合成材料制造	151535	168104	195501	32300	13645
初级形态的塑料及合成树脂制造	7349	9144	4752	511	298
合成纤维单(聚合)体的制造	144186	158960	190749	31789	13347
专用化学产品制造	137184	96763	145805	54690	9964
化学试剂和助剂制造	30323	25482	41404	19570	2491
专项化学用品制造	60853	41711	58729	18074	5067
炸药及火工产品制造	14324	16160	24142	8912	1514
信息化学品制造	29502	7952	14719	6784	452
其他专用化学产品制造	2182	5458	6810	1352	440
日用化学产品制造	4004	3356	6245	2890	293
肥皂及合成洗涤剂制造	3020	2937	5534	2599	246
香料、香精制造	984	420	711	292	47
医药制造业	345818	346488	494251	175237	33376
化学药品原药制造	286819	302870	433391	153873	29152
化学药品原药制造	286819	302870	433391	153873	29152
化学药品制剂制造	40966	34363	48794	16817	3382
化学药品制剂制造	40966	34363	48794	16817	3382
中药饮片加工	4376	1697	2230	533	198
中药饮片加工	4376	1697	2230	533	198
中成药制造	2787	1418	1563	145	132
中成药制造	2787	1418	1563	145	132
生物、生化制品的制造	10870	6140	8273	3870	513
生物、生化制品的制造	10870	6140	8273	3870	513
化学纤维制造业	163701	143199	327805	193107	18162
纤维素纤维原料及纤维制造	18345	29018	46086	17824	27
化纤浆粕制造	2359	106	353	248	27
人造纤维(纤维素纤维)制造	15986	28912	45733	17576	
合成纤维制造	145356	114182	281718	175283	18135
涤纶纤维制造	130293	100077	224704	132373	10953
腈纶纤维制造	15064	14105	57014	42910	7182
橡胶制品业	447527	365027	470158	175507	37555
轮胎制造	443593	361897	466010	174489	37128
车辆、飞机及工程机械轮胎制造	443068	361244	464887	174019	37100
轮胎翻新加工	525	653	1123	470	28
橡胶靴鞋制造	3934	3130	4147	1017	427
橡胶靴鞋制造	3934	3130	4147	1017	427
塑料制品业	20056	20572	38310	17805	1610
塑料薄膜制造	9900	8805	19193	10456	621
塑料薄膜制造	9900	8805	19193	10456	621

1－B－2 续表3－6

单位：个、万元、人

指 标 名 称	流动资产年平均余额	固定资产合计	固定资产原价	累计折旧	本年折旧
塑料板、管、型材的制造	7200	9475	15125	5650	834
塑料板、管、型材的制造	7200	9475	15125	5650	834
泡沫塑料制造	673	213	790	577	
泡沫塑料制造	673	213	790	577	
塑料零件制造	967	1892	2415	522	123
塑料零件制造	967	1892	2415	522	123
日用塑料制造	1316	187	786	600	32
日用塑料杂品制造	1316	187	786	600	32
非金属矿物制品业	601737	959833	1196320	326100	66182
水泥、石灰和石膏的制造	533830	929275	1144862	302300	61261
水泥制造	532629	928253	1143635	302023	61125
石灰和石膏制造	1200	1023	1227	277	136
水泥及石膏制品制造	61076	25757	37431	14574	3359
水泥制品制造	39259	19309	29558	12008	2857
砼结构构件制造	21817	6448	7873	2565	502
玻璃及玻璃制品制造	5819	4440	13463	9022	1524
其他玻璃制品制造	5819	4440	13463	9022	1524
陶瓷制品制造	1012	360	564	204	38
特种陶瓷制品制造	1012	360	564	204	38
黑色金属冶炼及压延加工业	1844412	1940794	2548579	717988	143645
钢压延加工	1841311	1939903	2547519	717644	143567
钢压延加工	1841311	1939903	2547519	717644	143567
铁合金冶炼	3101	891	1060	345	78
铁合金冶炼	3101	891	1060	345	78
有色金属冶炼及压延加工业	25312	22707	35843	17357	1331
常用有色金属冶炼	13097	14061	22101	8040	952
铅锌冶炼	13097	14061	22101	8040	952
贵金属冶炼	8749	7254	11948	8839	205
金冶炼	8749	7254	11948	8839	205
有色金属合金制造	701	1306	1661	355	106
有色金属合金制造	701	1306	1661	355	106
有色金属压延加工	2765	87	134	123	68
常用有色金属压延加工	2765	87	134	123	68
金属制品业	169073	67388	88482	24420	－5641
结构性金属制品制造	5850	1433	1729	296	38
金属结构制造	3763	1344	1430	86	41
金属门窗制造	2087	89	299	211	－4
金属工具制造	12308	6101	10496	4396	555
手工具制造	12308	6101	10496	4396	555
集装箱及金属包装容器制造	92687	24578	36072	11498	－8741

1－B－2 续表3－7

单位：个、万元、人

指标名称	流动资产年平均余额	固定资产合计	固定资产原价	累计折旧	本年折旧
金属压力容器制造	3238	50	116	66	7
金属包装容器制造	89449	24527	35956	11432	－8748
建筑、安全用金属制品制造	40113	32463	37363	6553	2244
建筑装饰及水暖管道零件制造	38901	32450	37281	6485	2239
其他建筑、安全用金属制品制造	1213	13	82	69	5
其他金属制品制造	18115	2814	2821	1677	263
其他未列明的金属制品制造	18115	2814	2821	1677	263
通用设备制造业	927394	295067	410337	178528	22600
锅炉及原动机制造	347669	57261	96076	46183	5812
锅炉及辅助设备制造	25367	6063	9832	3770	593
汽轮机及辅机制造	311022	48014	80034	39388	4958
水轮机及辅机制造	11280	3184	6210	3026	261
金属加工机械制造	28374	16974	20699	8086	840
金属切削机床制造	23914	15640	17462	6183	672
其他金属加工机械制造	4460	1334	3237	1903	168
起重运输设备制造	48031	28113	53594	26832	5317
起重运输设备制造	48031	28113	53594	26832	5317
泵、阀门、压缩机及类似机械的制造	55533	23815	25079	7331	906
泵及真空设备制造	9559	11618	13661	2203	287
气体压缩机械制造	12490	3931	418	101	39
阀门和旋塞的制造	5419	1102	1026	864	34
液压和气压动力机械及元件制造	28066	7164	9974	4163	546
轴承、齿轮、传动和驱动部件的制造	91848	45358	70795	41485	4063
轴承制造	2404	926	1725	799	139
齿轮、传动和驱动部件制造	89444	44432	69069	40685	3924
风机、衡器、包装设备等通用设备制造	343670	120058	138882	46640	5296
风机、风扇制造	847	728	1117	389	71
气体、液体分离及纯净设备制造	213840	17351	22936	13876	1555
制冷、空调设备制造	97279	37947	64220	28073	2483
风动和电动工具制造	3772	321	364	44	39
其他通用设备制造	27933	63712	50246	4259	1149
通用零部件制造及机械修理	4686	1885	3257	1418	193
紧固件、弹簧制造	1593	381	1251	872	115
机械零部件加工及设备修理	2302	1359	1861	506	61
其他通用零部件制造	791	146	146	40	17
金属铸、锻加工	7584	1603	1954	554	174
钢铁铸件制造	2821	1403	1652	452	126
锻件及粉末冶金制品制造	4763	200	302	102	48
专用设备制造业	327204	42795	62485	34587	2751

1－B－2 续表3－8 单位：个、万元、人

指标名称	流动资产年平均余额	固定资产合计	固定资产原价	累计折旧	本年折旧
矿山、冶金、建筑专用设备制造	28548	8060	5311	3059	184
石油钻采专用设备制造	9132	1007	1188	181	35
建筑工程用机械制造	19417	7053	4123	2878	149
化工、木材、非金属加工专用设备制造	30225	3880	7218	3338	126
炼油、化工生产专用设备制造	30225	3880	7218	3338	126
电子和电工机械专用设备制造	2628	2354	4106	1765	127
电子工业专用设备制造	764	16	16	13	1
武器弹药制造	1864	2338	4090	1752	126
农、林、牧、渔专用机械制造	36669	14641	22345	16042	1102
拖拉机制造	25506	9378	15180	14140	602
机械化农业及园艺机具制造	11163	5263	7165	1902	501
医疗仪器设备及器械制造	371	39	44	5	4
假肢、人工器官及植(介)入器械制造	371	39	44	5	4
环保、社会公共安全及其他专用设备制造	228763	13822	23462	10378	1209
环境污染防治专用设备制造	220111	13166	22022	9594	1126
邮政专用机械及器材制造	777	357	880	523	31
水资源专用机械制造	7875	299	560	261	51
交通运输设备制造业	1169559	416140	560676	152906	31492
铁路运输设备制造	2445	996	1686	690	101
铁路机车车辆配件制造	920	63	308	245	15
其他铁路设备制造及设备修理	1526	933	1378	445	86
汽车制造	71422	47600	92045	45434	4679
汽车整车制造	33873	33807	65047	31269	2867
汽车零部件及配件制造	34290	9863	22439	12588	1412
汽车修理	3259	3930	4559	1578	400
摩托车制造	376088	94942	154182	60084	10826
摩托车整车制造	343245	87542	142738	55299	9142
摩托车零部件及配件制造	32843	7399	11444	4785	1683
船舶及浮动装置制造	719307	272087	312248	46686	15887
金属船舶制造	719307	272087	312248	46686	15887
交通器材及其他交通运输设备制造	296	515	515	13	
潜水及水下救捞装备制造	296	515	515	13	
电气机械及器材制造业	207068	75235	102830	32815	5623
电机制造	81670	11922	18909	6997	1196
发电机及发电机组制造	81163	11573	18318	6754	1136
电动机制造	508	348	592	243	60
输配电及控制设备制造	34817	8211	14863	6672	727
变压器、整流器和电感器制造	1058	96	118	21	1
电容器及其配套设备制造	621	129	291	162	－7

1－B－2 续表3－9

单位：个、万元、人

指标名称	流动资产年平均余额	固定资产合计	固定资产原价	累计折旧	本年折旧
配电开关控制设备制造	28624	7927	14320	6413	716
其他输配电及控制设备制造	4516	58	135	77	16
电线、电缆、光缆及电工器材制造	24830	18248	24707	9832	1004
电线电缆制造	7806	5088	10475	5386	403
其他电工器材制造	17024	13160	14232	4445	601
电池制造	6174	309	828	527	51
电池制造	6174	309	828	527	51
家用电力器具制造	53508	33857	39874	8026	2523
家用空气调节器制造	5286	6846	7783	1448	820
家用清洁卫生电器具制造	20690	22048	24764	3772	1108
家用电力器具专用配件制造	27532	4963	7327	2806	596
照明器具制造	5080	1366	1767	204	20
灯用电器附件及其他照明器具制造	5080	1366	1767	204	20
其他电气机械及器材制造	988	1323	1882	559	103
车辆专用照明及电气信号设备装置制造	988	1323	1882	559	103
通信设备、计算机及其他电子设备制造业	686971	137324	289173	181860	18708
通信设备制造	194446	40463	89770	58316	5842
通信传输设备制造	8202	1245	2053	1423	121
通信交换设备制造	18085	10024	5801	3288	488
移动通信及终端设备制造	151480	15981	55990	40892	4548
其他通信设备制造	16680	13212	25925	12713	685
广播电视设备制造	7489	783	1906	1122	98
广播电视节目制作及发射设备制造	7489	783	1906	1122	98
电子计算机制造	128992	5198	7290	2097	712
计算机网络设备制造	8136	761	1443	682	119
电子计算机外部设备制造	120856	4436	5846	1415	593
电子器件制造	64572	60482	132830	91709	8801
电子真空器件制造	3907	367	887	520	7
半导体分立器件制造	9681	7228	8264	1037	224
集成电路制造	26940	18068	72094	56145	4343
光电子器件及其他电子器件制造	24045	34819	51584	34008	4228
电子元件制造	92840	23161	42403	20879	2632
电子元件及组件制造	92840	23161	42403	20879	2632
家用视听设备制造	198305	7238	14974	7736	622
家用影视设备制造	198305	7238	14974	7736	622
其他电子设备制造	328	...	1	...	...
其他电子设备制造	328	...	1	...	...
仪器仪表及文化、办公用机械制造业	22195	14422	22420	7998	797
通用仪器仪表制造	6902	4632	7891	3259	317

1－B－2 续表3－10 单位：个、万元、人

指 标 名 称	流动资产年平均余额	固定资产合计	固定资产原价	累计折旧	本年折旧
工业自动控制系统装置制造	6148	4386	7382	2996	301
供应用仪表及其他通用仪器制造	754	246	508	262	16
专用仪器仪表制造	1832	811	1482	671	102
导航、气象及海洋专用仪器制造	1832	811	1482	671	102
光学仪器及眼镜制造	11016	8935	12398	3463	367
光学仪器制造	7719	8752	11536	2784	321
眼镜制造	3298	183	863	679	46
文化、办公用机械制造	2445	43	649	606	10
计算器及货币专用设备制造	2445	43	649	606	10
工艺品及其他制造业	8404	2386	3585	1309	277
工艺美术品制造	2352	183	320	247	13
珠宝首饰及有关物品的制造	2352	183	320	247	13
日用杂品制造	6052	2203	3265	1062	264
鬃毛加工、制刷及清扫工具的制造	973	871	1035	164	59
其他日用杂品制造	5079	1332	2231	898	205
废弃资源和废旧材料回收加工业	13576	2419	4845	2426	239
金属废料和碎屑的加工处理	4000	960	1098	138	43
金属废料和碎屑的加工处理	4000	960	1098	138	43
非金属废料和碎屑的加工处理	9576	1459	3746	2288	196
非金属废料和碎屑的加工处理	9576	1459	3746	2288	196
电力、燃气及水的生产和供应业	**5300002**	**23670631**	**32911239**	**11754141**	**2187266**
电力、热力的生产和供应业	4126076	20734888	29219909	10546484	1964200
电力生产	2304893	12359461	16592203	6032916	916424
火力发电	1485008	6641657	10413978	3705548	591009
水力发电	198563	1867137	2247976	891287	112963
核力发电	609793	3832959	3879798	1403306	209429
其他能源发电	11529	17708	50451	32775	3023
电力供应	1745714	8245807	12471410	4466306	1036077
电力供应	1745714	8245807	12471410	4466306	1036077
热力生产和供应	75468	129620	156295	47262	11699
热力生产和供应	75468	129620	156295	47262	11699
燃气生产和供应业	171211	473759	572758	165835	38230
燃气生产和供应业	171211	473759	572758	165835	38230
燃气生产和供应业	171211	473759	572758	165835	38230
水的生产和供应业	1002716	2461985	3118573	1041821	184836
自来水的生产和供应	856091	1880735	2424640	878105	140259
自来水的生产和供应	856091	1880735	2424640	878105	140259
污水处理及其再生利用	146625	581250	693933	163716	44577
污水处理及其再生利用	146625	581250	693933	163716	44577

1－B－2 续表4－1 单位：个、万元、人

指 标 名 称	固定资产净 值	固定资产净值年平均余 额	负债合计	流动负债合 计	应付账款
总 计	**28527207**	**27923919**	**34821493**	**20443093**	**3739692**
一、按轻重工业分					
轻工业	3035889	3073283	4385227	3239358	407202
重工业	25491318	24850636	30436266	17203735	3332490
二、按规模分					
大型企业	10689757	10299913	14916231	10143816	2196183
中型企业	10766206	10550223	12702790	6498011	976924
小型企业	7071243	7073783	7202472	3801267	566585
三、按登记注册类型分					
内 资	**26990064**	**26424526**	**32604729**	**18590946**	**3402500**
国 有	14185335	13795595	14764490	7808009	1543222
集 体	2375	2500	574	574	
股份合作企业	2062	1032	1790	1790	1573
联营企业	61951	72278	69133	48641	14326
国有联营	6217	12856	9040	5326	850
集体联营	53418	57041	51342	34723	10587
国有与集体联营	1876	1948	6476	6476	2081
其他联营	439	432	2275	2117	807
有限责任公司	11208745	10981391	14515535	7651469	1463423
国有独资公司	1020641	1022755	1892410	1552691	218667
其他有限责任公司	10188105	9958636	12623125	6098778	1244756
股份有限公司	1433116	1472009	3155434	2982689	376614
其 他	96480	99722	97774	97774	3342
港澳台商投资	**239240**	**245648**	**371719**	**289924**	**96226**
与港澳台商合资经营	179256	183678	328154	250564	94610
与港澳台商合作经营	57839	59730	30914	26728	1109
港澳台商独资	686	695	1083	1083	62
港澳台商投资股份有限公司	1459	1545	11568	11549	445
外商投资	**1297903**	**1253745**	**1845045**	**1562223**	**240966**
中外合资经营	998560	1000776	1442314	1164533	204637
中外合作经营	27986	34013	47133	42370	12055
外商投资股份有限公司	271357	218957	355598	355320	24274
四、按国民经济行业（门类、大类、中类、小类）分					
采矿业	**99299**	**100517**	**133663**	**102910**	**17246**
煤炭开采和洗选业	44716	47173	67320	50631	9529
烟煤和无烟煤的开采洗选	44716	47173	67320	50631	9529
烟煤和无烟煤的开采洗选	44716	47173	67320	50631	9529
黑色金属矿采选业	25339	25803	13789	11739	1404
铁矿采选	25339	25803	13789	11739	1404
铁矿采选	25339	25803	13789	11739	1404

1－B－2 续表4－2

单位：个、万元、人

指标名称	固定资产净值	固定资产净值年平均余额	负债合计	流动负债合计	应付账款
有色金属矿采选业	11543	10950	21182	11500	813
常用有色金属矿采选	8324	7763	12061	10578	573
铜矿采选	8324	7763	12061	10578	573
稀有稀土金属矿采选	3219	3187	9121	921	239
放射性金属矿采选	3219	3187	9121	921	239
非金属矿采选业	17702	16592	31371	29040	5501
土砂石开采	11848	11627	15668	14351	5167
石灰石、石膏开采	4744	4589	5732	4454	343
建筑装饰用石开采	6513	6513	6398	6359	4777
耐火土石开采	178	185	2365	2365	
粘土及其他土砂石开采	413	340	1173	1173	47
化学矿采选	5854	4965	15703	14689	334
化学矿采选	5854	4965	15703	14689	334
制造业	**7270809**	**7247628**	**14222552**	**12535567**	**2193265**
农副食品加工业	54114	56018	386419	316074	6516
谷物磨制	6327	6338	7447	7062	1080
谷物磨制	6327	6338	7447	7062	1080
饲料加工	85	88	663	663	57
饲料加工	85	88	663	663	57
屠宰及肉类加工	10896	11901	16112	15135	1632
畜禽屠宰	2872	2948	4459	4367	39
肉制品及副产品加工	8024	8953	11653	10768	1593
水产品加工	36806	37691	362196	293214	3748
水产品冷冻加工	36806	37691	362196	293214	3748
食品制造业	20415	21253	35753	31114	5900
方便食品制造	784	1172	2805	1615	346
速冻食品制造	742	1125	2579	1390	236
方便面及其他方便食品制造	42	47	225	225	111
液体乳及乳制品制造	2713	2705	8769	7969	1509
液体乳及乳制品制造	2713	2705	8769	7969	1509
罐头制造	1286	1368	9115	9115	1242
蔬菜、水果罐头制造	1286	1368	9115	9115	1242
调味品、发酵制品制造	13238	13479	10688	8308	448
味精制造	12869	13113	9557	7177	148
酱油、食醋及类似制品的制造	160	158	686	686	253
其他调味品、发酵制品制造	209	209	445	445	46
其他食品制造	2394	2529	4377	4108	2355
冷冻饮品及食用冰制造	182	350	835	835	21
盐加工	2016	1984	3043	3043	2218
食品及饲料添加剂制造	196	196	499	230	116

1－B－2 续表4－3

单位：个、万元、人

指标名称	固定资产净值	固定资产净值年平均余额	负债合计	流动负债合计	应付账款
饮料制造业	124984	131258	160189	155927	25824
酒的制造	118315	124531	152418	148196	23926
啤酒制造	52569	57204	58954	58947	5698
黄酒制造	65746	67327	93464	89249	18228
软饮料制造	5927	5927	2783	2778	497
茶饮料及其他软饮料制造	5927	5927	2783	2778	497
精制茶加工	742	800	4988	4953	1401
精制茶加工	742	800	4988	4953	1401
烟草制品业	301671	353341	168021	140500	44368
卷烟制造	301671	353341	168021	140500	44368
卷烟制造	301671	353341	168021	140500	44368
纺织业	130234	135285	272133	244288	22049
棉、化纤纺织及印染精加工	46871	52280	96593	74577	10392
棉、化纤纺织加工	40406	46150	92622	70605	9128
棉、化纤印染精加工	6464	6130	3971	3971	1264
毛纺织和染整精加工	5631	5865	5623	5623	680
毛纺织	5631	5865	5623	5623	680
丝绢纺织及精加工	57844	56910	136967	131602	5108
绢纺和丝织加工	29628	28128	117171	116829	4154
丝印染精加工	28216	28782	19796	14773	954
纺织制成品制造	10937	11018	20603	20526	3889
棉及化纤制品制造	3740	3687	4336	4336	1062
丝制品制造	612	437	675	675	51
纺织带和帘子布制造	2293	2351	9656	9656	681
无纺布制造	4292	4543	5935	5858	2095
针织品、编织品及其制品制造	8952	9212	12348	11961	1981
毛针织品及编织品制造	5693	5913	4473	4326	641
丝针织品及编织品制造	2049	2086	3861	3620	865
其他针织品及编织品制造	1210	1213	4014	4014	475
纺织服装、鞋、帽制造业	17883	17506	21938	20483	2307
纺织服装制造	17650	17261	21659	20226	2209
纺织服装制造	17650	17261	21659	20226	2209
纺织面料鞋的制造	233	245	279	257	97
纺织面料鞋的制造	233	245	279	257	97
皮革、毛皮、羽毛(绒)及其制品业	7510	7453	35990	35057	1773
皮革制品制造	7510	7453	35990	35057	1773
皮鞋制造	1929	1966	1885	1643	1218
皮箱、包(袋)制造	5582	5488	34105	33414	554
木材加工及木、竹、藤、棕、草制品业	13316	13345	94161	85594	2972
人造板制造	12671	12671	92306	83818	1868

1－B－2 续表4－4 单位：个、万元、人

指 标 名 称	固定资产净值	固定资产净值年平均余额	负债合计	流动负债合计	应付账款
纤维板制造	12671	12671	92306	83818	1868
木制品制造	645	674	1855	1775	1105
建筑用木料及木材组件加工	36	37	336	336	
软木制品及其他木制品制造	610	637	1519	1439	1105
造纸及纸制品业	134633	140429	114146	112477	7346
造 纸	134633	140429	114146	112477	7346
机制纸及纸板制造	134633	140429	114146	112477	7346
印刷业和记录媒介的复制	97295	86431	104406	98352	19454
印 刷	95011	84056	102113	96348	18852
书、报、刊印刷	70846	69098	82714	81164	14716
本册印制	1926	1981	1818	518	439
包装装潢及其他印刷	22239	12976	17581	14666	3698
装订及其他印刷服务活动	66	66	962	962	156
装订及其他印刷服务活动	66	66	962	962	156
记录媒介的复制	2219	2310	1331	1042	445
记录媒介的复制	2219	2310	1331	1042	445
文教体育用品制造业	824	821	2982	2825	1235
体育用品制造	824	821	2982	2825	1235
球类制造	439	432	2275	2117	807
体育器材及配件制造	250	250	551	551	338
训练健身器材制造	135	139	157	157	90
石油加工、炼焦及核燃料加工业	866573	913611	2220925	2181400	257735
精炼石油产品的制造	847046	893585	2151753	2112228	251502
原油加工及石油制品制造	847046	893585	2151753	2112228	251502
炼 焦	19527	20025	69172	69172	6233
炼 焦	19527	20025	69172	69172	6233
化学原料及化学制品制造业	1085211	1101556	1604441	1322911	155206
基础化学原料制造	719089	734658	1093070	907541	83772
无机酸制造	6046	6049	7116	4109	870
无机碱制造	66157	67440	73273	66822	9015
无机盐制造	52	57	163	149	13
有机化学原料制造	638846	653062	1006603	830545	72421
其他基础化学原料制造	7987	8049	5916	5916	1454
肥料制造	65880	65974	70884	66042	31345
氮肥制造	57525	57975	56179	51336	30381
其他肥料制造	8356	7999	14706	14706	964
农药制造	38235	42354	97379	68290	3406
化学农药制造	38235	42354	97379	68290	3406
涂料、油墨、颜料及类似产品制造	4337	3210	22120	22097	7194
涂料制造	2275	2178	20330	20307	5621

1－B－2 续表4－5

单位：个、万元、人

指标名称	固定资产净值	固定资产净值年平均余额	负债合计	流动负债合计	应付账款
油墨及类似产品制造	2062	1032	1790	1790	1573
合成材料制造	163201	158802	150118	111640	10185
初级形态的塑料及合成树脂制造	4241	9782	10122	6742	890
合成纤维单（聚合）体的制造	158960	149020	139996	104899	9294
专用化学产品制造	91115	93142	166957	143432	17326
化学试剂和助剂制造	21835	22135	41936	27666	4618
专项化学用品制造	40656	42417	62219	59212	8869
炸药及火工产品制造	15230	16025	18044	12885	1746
信息化学品制造	7936	8188	41566	40677	1224
其他专用化学产品制造	5458	4376	3192	2993	870
日用化学产品制造	3355	3417	3913	3869	1978
肥皂及合成洗涤剂制造	2935	2965	3337	3293	1469
香料、香精制造	420	452	576	576	509
医药制造业	319015	325393	309449	277543	32726
化学药品原药制造	279519	287529	255753	224595	23099
化学药品原药制造	279519	287529	255753	224595	23099
化学药品制剂制造	31977	30310	42190	42190	6356
化学药品制剂制造	31977	30310	42190	42190	6356
中药饮片加工	1697	1745	4595	4595	2884
中药饮片加工	1697	1745	4595	4595	2884
中成药制造	1418	1513	4196	4192	－34
中成药制造	1418	1513	4196	4192	－34
生物、生化制品的制造	4403	4295	2714	1971	421
生物、生化制品的制造	4403	4295	2714	1971	421
化学纤维制造业	134698	172479	278348	256195	52532
纤维素纤维原料及纤维制造	28263	27964	36410	23652	2812
化纤浆粕制造	106	123	640	437	95
人造纤维（纤维素纤维）制造	28157	27840	35770	23215	2717
合成纤维制造	106435	144516	241939	232543	49720
涤纶纤维制造	92331	95547	162013	152617	49720
腈纶纤维制造	14104	48969	79926	79926	
橡胶制品业	294651	275829	664036	572149	123325
轮胎制造	291521	272857	662696	570818	122678
车辆、飞机及工程机械轮胎制造	290868	272170	660587	568928	121916
轮胎翻新加工	653	687	2109	1890	763
橡胶靴鞋制造	3130	2972	1341	1332	647
橡胶靴鞋制造	3130	2972	1341	1332	647
塑料制品业	20505	20052	17307	17106	1969
塑料薄膜制造	8738	8151	9326	9326	1077
塑料薄膜制造	8738	8151	9326	9326	1077

1－B－2 续表4－6

单位：个、万元、人

指 标 名 称	固定资产净值	固定资产净值年平均余额	负债合计	流动负债合计	应付账款
塑料板、管、型材的制造	9475	9549	4738	4738	433
塑料板、管、型材的制造	9475	9549	4738	4738	433
泡沫塑料制造	213	253	488	287	75
泡沫塑料制造	213	253	488	287	75
塑料零件制造	1892	1915	2032	2032	266
塑料零件制造	1892	1915	2032	2032	266
日用塑料制造	187	184	723	723	118
日用塑料杂品制造	187	184	723	723	118
非金属矿物制品业	870220	839894	1283286	1120303	209687
水泥、石灰和石膏的制造	842562	811019	1209865	1052519	191261
水泥制造	841612	810030	1208383	1051657	190827
石灰和石膏制造	951	989	1482	862	434
水泥及石膏制品制造	22857	23784	72394	66757	18193
水泥制品制造	17550	18804	41000	41000	15862
砼结构构件制造	5307	4980	31394	25756	2331
玻璃及玻璃制品制造	4440	4739	738	738	78
其他玻璃制品制造	4440	4739	738	738	78
陶瓷制品制造	360	352	290	290	155
特种陶瓷制品制造	360	352	290	290	155
黑色金属冶炼及压延加工业	1830591	1669696	2983801	2381424	476675
钢压延加工	1829876	1669019	2982583	2380206	476123
钢压延加工	1829876	1669019	2982583	2380206	476123
铁合金冶炼	715	676	1218	1218	552
铁合金冶炼	715	676	1218	1218	552
有色金属冶炼及压延加工业	18486	18885	18184	8866	1308
常用有色金属冶炼	14061	13589	14362	5078	976
铅锌冶炼	14061	13589	14362	5078	976
贵金属冶炼	3108	3250	3591	3556	205
金冶炼	3108	3250	3591	3556	205
有色金属合金制造	1306	1518	117	117	96
有色金属合金制造	1306	1518	117	117	96
有色金属压延加工	11	527	114	114	31
常用有色金属压延加工	11	527	114	114	31
金属制品业	64062	66116	138771	134413	15515
结构性金属制品制造	1433	836	10539	10539	9609
金属结构制造	1344	747	9160	9160	9003
金属门窗制造	89	89	1379	1379	606
金属工具制造	6101	5990	8218	8218	612
手工具制造	6101	5990	8218	8218	612
集装箱及金属包装容器制造	24574	24569	52071	48885	2706

1－B－2 续表4－7

单位：个、万元、人

指标名称	固定资产净值	固定资产净值年平均余额	负债合计	流动负债合计	应付账款
金属压力容器制造	50	42	3383	3334	775
金属包装容器制造	24523	24527	48687	45550	1931
建筑、安全用金属制品制造	30810	32225	53715	53345	1234
建筑装饰及水暖管道零件制造	30797	32209	52861	52861	1139
其他建筑、安全用金属制品制造	13	17	854	483	95
其他金属制品制造	1144	2495	14229	13427	1354
其他未列明的金属制品制造	1144	2495	14229	13427	1354
通用设备制造业	231808	229161	876219	785026	166921
锅炉及原动机制造	49893	50697	278292	252172	37254
锅炉及辅助设备制造	6063	5693	19616	19616	5424
汽轮机及辅机制造	40647	41427	250780	224720	28957
水轮机及辅机制造	3184	3578	7896	7836	2872
金属加工机械制造	12613	12792	31318	27181	2147
金属切削机床制造	11279	11474	28180	24567	1372
其他金属加工机械制造	1334	1319	3138	2614	775
起重运输设备制造	26763	27441	42930	36963	9766
起重运输设备制造	26763	27441	42930	36963	9766
泵、阀门、压缩机及类似机械的制造	17747	19381	36555	31625	11436
泵及真空设备制造	11458	11353	9704	6727	1131
气体压缩机械制造	316	331	13885	12317	5385
阀门和旋塞的制造	162	784	3320	3163	1156
液压和气压动力机械及元件制造	5812	6914	9645	9418	3766
轴承、齿轮、传动和驱动部件的制造	29310	49297	131893	115502	26014
轴承制造	926	688	1643	1544	118
齿轮、传动和驱动部件制造	28384	48609	130250	113957	25896
风机、衡器、包装设备等通用设备制造	92242	66610	343896	310637	78673
风机、风扇制造	728	665	1222	1222	685
气体、液体分离及纯净设备制造	9060	12542	200229	182937	45645
制冷、空调设备制造	36148	35648	89405	74520	29617
风动和电动工具制造	321	321	882	882	463
其他通用设备制造	45987	17435	52159	51077	2262
通用零部件制造及机械修理	1840	1436	5417	5416	945
紧固件、弹簧制造	379	379	1262	1261	266
机械零部件加工及设备修理	1355	948	3423	3423	632
其他通用零部件制造	106	110	732	732	47
金属铸、锻加工	1400	1507	5919	5531	686
钢铁铸件制造	1201	1269	1855	1855	275
锻件及粉末冶金制品制造	200	238	4064	3676	412
专用设备制造业	27897	38730	285090	265991	42208

1－B－2 续表4－8

单位：个、万元、人

指标名称	固定资产净值	固定资产净值年平均余额	负债合计	流动负债合计	应付账款
矿山、冶金、建筑专用设备制造	2252	5920	27586	11596	2427
石油钻采专用设备制造	1007	1051	4966	4966	1285
建筑工程用机械制造	1245	4869	22620	6630	1142
化工、木材、非金属加工专用设备制造	3880	3882	27760	27760	5925
炼油、化工生产专用设备制造	3880	3882	27760	27760	5925
电子和电工机械专用设备制造	2341	2292	3881	3319	356
电子工业专用设备制造	3	11	696	696	172
武器弹药制造	2338	2281	3185	2623	184
农、林、牧、渔专用机械制造	6302	10607	33764	31812	14168
拖拉机制造	1039	5314	20632	20167	11636
机械化农业及园艺机具制造	5263	5293	13132	11645	2532
医疗仪器设备及器械制造	39	39	95	90	41
假肢、人工器官及植（介）入器械制造	39	39	95	90	41
环保、社会公共安全及其他专用设备制造	13084	15990	192005	191414	19290
环境污染防治专用设备制造	12428	15323	184575	183984	16075
邮政专用机械及器材制造	357	372	1065	1065	155
水资源专用机械制造	299	295	6365	6365	3060
交通运输设备制造业	407770	408909	1427362	1330481	363915
铁路运输设备制造	996	950	1699	1699	834
铁路机车车辆配件制造	63	63	707	707	280
其他铁路设备制造及设备修理	933	887	992	992	555
汽车制造	46611	48087	82814	82309	26091
汽车整车制造	33778	35392	52659	52374	17675
汽车零部件及配件制造	9851	9664	26387	26173	7965
汽车修理	2982	3031	3768	3763	451
摩托车制造	94098	95802	334096	327147	98875
摩托车整车制造	87439	89143	320458	313510	85459
摩托车零部件及配件制造	6659	6659	13638	13638	13416
船舶及浮动装置制造	265562	263568	1008562	919133	237924
金属船舶制造	265562	263568	1008562	919133	237924
交通器材及其他交通运输设备制造	502	502	192	192	192
潜水及水下救捞装备制造	502	502	192	192	192
电气机械及器材制造业	70015	71129	211485	190139	45427
电机制造	11912	9547	74480	70586	20232
发电机及发电机组制造	11564	9199	74310	70415	20072
电动机制造	348	348	171	171	160
输配电及控制设备制造	8192	8375	20877	18668	7608
变压器、整流器和电感器制造	96	93	619	619	183
电容器及其配套设备制造	129	128	519	519	117

1－B－2 续表4－9

单位：个、万元、人

指 标 名 称	固定资产净值	固定资产净值年平均余额	负债合计	流动负债合计	应付账款
配电开关控制设备制造	7908	8096	18400	16192	5969
其他输配电及控制设备制造	58	58	1339	1339	1339
电线、电缆、光缆及电工器材制造	14875	18968	33690	33036	9972
电线电缆制造	5088	4891	7340	7337	1422
其他电工器材制造	9787	14078	26350	25698	8551
电池制造	301	292	4925	4925	1
电池制造	301	292	4925	4925	1
家用电力器具制造	31848	31555	75548	60958	7318
家用空气调节器制造	6335	6335	8153	5953	1934
家用清洁卫生电器具制造	20993	21147	52656	40266	1810
家用电力器具专用配件制造	4521	4074	14740	14740	3574
照明器具制造	1564	1011	993	993	12
灯用电器附件及其他照明器具制造	1564	1011	993	993	12
其他电气机械及器材制造	1323	1380	973	973	284
车辆专用照明及电气信号设备装置制造	1323	1380	973	973	284
通信设备、计算机及其他电子设备制造业	107313	116152	466811	411001	99321
通信设备制造	31455	36894	127674	119289	36068
通信传输设备制造	631	616	3519	3519	1295
通信交换设备制造	2513	8978	12271	7266	1069
移动通信及终端设备制造	15099	13680	44399	42565	24460
其他通信设备制造	13212	13619	67485	65939	9245
广播电视设备制造	783	802	3176	3142	408
广播电视节目制作及发射设备制造	783	802	3176	3142	408
电子计算机制造	5193	5238	38742	38660	21484
计算机网络设备制造	761	802	3195	3114	729
电子计算机外部设备制造	4431	4436	35547	35547	20755
电子器件制造	41121	43783	75218	72516	11854
电子真空器件制造	367	387	1626	1626	414
半导体分立器件制造	7228	2028	9450	9450	1108
集成电路制造	15949	22004	28401	25936	6045
光电子器件及其他电子器件制造	17577	19364	35741	35503	4286
电子元件制造	21524	21386	58364	50055	14212
电子元件及组件制造	21524	21386	58364	50055	14212
家用视听设备制造	7238	8048	163386	127089	15173
家用影视设备制造	7238	8048	163386	127089	15173
其他电子设备制造	...	...	251	251	122
其他电子设备制造	...	...	251	251	122
仪器仪表及文化、办公用机械制造业	14422	12165	22030	19468	5047
通用仪器仪表制造	4632	3829	8010	6772	2165

1－B－2 续表4－10 单位：个、万元、人

指 标 名 称	固定资产净值	固定资产净值年平均余额	负债合计	流动负债合计	应付账款
工业自动控制系统装置制造	4386	3581	7875	6637	2100
供应用仪表及其他通用仪器制造	246	247	135	135	65
专用仪器仪表制造	811	854	1874	874	130
导航、气象及海洋专用仪器制造	811	854	1874	874	130
光学仪器及眼镜制造	8935	7434	9598	9274	2466
光学仪器制造	8752	7251	7231	6953	1749
眼镜制造	183	183	2367	2321	718
文化、办公用机械制造	43	48	2548	2548	285
计算器及货币专用设备制造	43	48	2548	2548	285
工艺品及其他制造业	2276	2348	3619	3236	506
工艺美术品制造	73	71	1117	1109	15
珠宝首饰及有关物品的制造	73	71	1117	1109	15
日用杂品制造	2203	2277	2503	2127	491
鬃毛加工、制刷及清扫工具的制造	871	670	516	516	486
其他日用杂品制造	1332	1607	1987	1612	5
废弃资源和废旧材料回收加工业	2419	2387	15248	15229	3500
金属废料和碎屑的加工处理	960	842	3680	3680	3055
金属废料和碎屑的加工处理	960	842	3680	3680	3055
非金属废料和碎屑的加工处理	1459	1545	11568	11549	445
非金属废料和碎屑的加工处理	1459	1545	11568	11549	445
电力、燃气及水的生产和供应业	**21157099**	**20575775**	**20465278**	**7804616**	**1529180**
电力、热力的生产和供应业	18673424	18167632	17691741	6524596	1430532
电力生产	10559287	10395861	10920296	3697929	484393
火力发电	6708431	6179059	6272523	2568180	337257
水力发电	1356689	1488293	1394242	311052	65109
核力发电	2476492	2710007	3228630	797871	81877
其他能源发电	17676	18503	24901	20826	150
电力供应	8005104	7652675	6588541	2691749	932175
电力供应	8005104	7652675	6588541	2691749	932175
热力生产和供应	109033	119096	182904	134918	13965
热力生产和供应	109033	119096	182904	134918	13965
燃气生产和供应业	406923	424605	402209	178122	12312
燃气生产和供应业	406923	424605	402209	178122	12312
燃气生产和供应业	406923	424605	402209	178122	12312
水的生产和供应业	2076752	1983538	2371329	1101898	86336
自来水的生产和供应	1546535	1478846	1879602	991089	51850
自来水的生产和供应	1546535	1478846	1879602	991089	51850
污水处理及其再生利用	530217	504692	491728	110808	34486
污水处理及其再生利用	530217	504692	491728	110808	34486

1－B－2 续表5－1

单位：个、万元、人

指标名称	长期负债合计	所有者权益合计	实收资本	国家资本	集体资本
总 计	**13930272**	**20638358**	**10267679**	**4450839**	**35043**
一、按轻重工业分					
轻工业	1133843	5116201	1525591	950914	4013
重工业	12796429	15522158	8742088	3499925	31030
二、按规模分					
大型企业	4768404	6177070	3134534	1263193	
中型企业	6126656	9383751	3865590	1593806	12274
小型企业	3035212	5077538	3267554	1593840	22769
三、按登记注册类型分					
内 资	**13571073**	**19250381**	**9353213**	**4102923**	**26642**
国 有	6893918	10560747	3263769	2497930	16668
集 体		3909	50		
股份合作企业		1461	1600	560	
联营企业	20491	32670	31797	20113	6632
国有联营	3714	8748	6582	1530	
集体联营	16620	18628	21049	15901	5148
国有与集体联营		2829	4028	2545	1484
其他联营	157	2465	138	138	
有限责任公司	6485903	6581166	4397181	1363854	2414
国有独资公司	337752	1443650	542077	426973	
其他有限责任公司	6148151	5137516	3855103	936880	2414
股份有限公司	170761	2038880	1625516	203366	928
其 他		31549	33300	17100	
港澳台商投资	**81536**	**436693**	**261501**	**76735**	**8402**
与港澳台商合资经营	77350	349081	190393	59747	8402
与港澳台商合作经营	4186	74921	62630	16618	
港澳台商独资		804	479	370	
港澳台商投资股份有限公司		11888	8000		
外商投资	**277663**	**951285**	**652965**	**271181**	
中外合资经营	272827	663154	573101	231807	
中外合作经营	4763	47640	42684	15715	
外商投资股份有限公司	73	240491	37180	23660	
四、按国民经济行业(门类、大类、中类、小类)分					
采矿业	**29038**	**153082**	**85692**	**69478**	
煤炭开采和洗选业	16689	25210	33374	30774	
烟煤和无烟煤的开采洗选	16689	25210	33374	30774	
烟煤和无烟煤的开采洗选	16689	25210	33374	30774	
黑色金属矿采选业	2050	78095	15287	5300	
铁矿采选	2050	78095	15287	5300	
铁矿采选	2050	78095	15287	5300	

1－B－2 续表 5－2

单位：个、万元、人

指 标 名 称	长期负债合 计	所有者权益合 计	实收资本	国家资本	集体资本
有色金属矿采选业	8007	26014	11160	7780	
常用有色金属矿采选	1483	20710	7780	7780	
铜矿采选	1483	20710	7780	7780	
稀有稀土金属矿采选	6524	5304	3380		
放射性金属矿采选	6524	5304	3380		
非金属矿采选业	2292	23763	25871	25625	
土砂石开采	1278	27811	22021	21775	
石灰石、石膏开采	1278	2396	4147	3900	
建筑装饰用石开采		20824	17000	17000	
耐火土石开采		－852	310	310	
粘土及其他土砂石开采		5444	565	565	
化学矿采选	1014	－4048	3850	3850	
化学矿采选	1014	－4048	3850	3850	
制造业	**1626487**	**9361416**	**4815875**	**1529056**	**22045**
农副食品加工业	70333	32544	65086	6040	
谷物磨制	374	8434	3840	3426	
谷物磨制	374	8434	3840	3426	
饲料加工		275	280	280	
饲料加工		275	280	280	
屠宰及肉类加工	977	9019	9321	2334	
畜禽屠宰	91	4253	3034	804	
肉制品及副产品加工	885	4766	6287	1530	
水产品加工	68983	14816	51646		
水产品冷冻加工	68983	14816	51646		
食品制造业	4639	27776	16870	7844	2186
方便食品制造	1190	1138	750	25	
速冻食品制造	1190	1033	700		
方便面及其他方便食品制造		105	50	25	
液体乳及乳制品制造	800	564	1249	937	
液体乳及乳制品制造	800	564	1249	937	
罐头制造		3535	3000	1140	
蔬菜、水果罐头制造		3535	3000	1140	
调味品、发酵制品制造	2380	18282	9990	4721	2186
味精制造	2380	17446	9000	3874	2186
酱油、食醋及类似制品的制造		577	430	287	
其他调味品、发酵制品制造		260	560	560	
其他食品制造	269	4257	1881	1021	
冷冻饮品及食用冰制造		－378	60		
盐加工		4508	1621	821	
食品及饲料添加剂制造	269	128	200	200	

1－B－2 续表5－3

单位：个、万元、人

指 标 名 称	长期负债合计	所有者权益合计	实收资本	国家资本	集体资本
饮料制造业	1213	271820	81670	44271	
酒的制造	1173	263368	70264	34516	
啤酒制造	7	48851	51156	15777	
黄酒制造	1166	214516	19108	18739	
软饮料制造	5	5779	7638	7638	
茶饮料及其他软饮料制造	5	5779	7638	7638	
精制茶加工	35	2673	3768	2117	
精制茶加工	35	2673	3768	2117	
烟草制品业	27521	1974913	97600	97600	
卷烟制造	27521	1974913	97600	97600	
卷烟制造	27521	1974913	97600	97600	
纺织业	27619	194701	110650	65830	60
棉、化纤纺织及印染精加工	21997	47050	38943	11724	
棉、化纤纺织加工	21997	38122	30968	11724	
棉、化纤印染精加工		8929	7975		
毛纺织和染整精加工		21385	19000	19000	
毛纺织		21385	19000	19000	
丝绢纺织及精加工	5365	90896	29369	25308	
绢纺和丝织加工	342	64899	6869	5308	
丝印染精加工	5023	25997	22500	20000	
纺织制成品制造	16	19353	15263	4455	60
棉及化纤制品制造		2560	2959		
丝制品制造		5420	3700		
纺织带和帘子布制造		2503	2268	1655	
无纺布制造	16	8870	6336	2800	60
针织品、编织品及其制品制造	241	16017	8075	5343	
毛针织品及编织品制造		11976	4304	3864	
丝针织品及编织品制造	241	3906	3671	1479	
其他针织品及编织品制造		136	100		
纺织服装、鞋、帽制造业	1268	32175	10808	9150	
纺织服装制造	1247	31996	10708	9099	
纺织服装制造	1247	31996	10708	9099	
纺织面料鞋的制造	22	179	100	51	
纺织面料鞋的制造	22	179	100	51	
皮革、毛皮、羽毛(绒)及其制品业	694	41691	2520	285	
皮革制品制造	694	41691	2520	285	
皮鞋制造	2	2095	380	285	
皮箱、包(袋)制造	691	39596	2141		
木材加工及木、竹、藤、棕、草制品业	8567	16100	2401	1801	
人造板制造	8488	15008	1796	1796	

1－B－2 续表5－4

单位：个、万元、人

指标名称	长期负债合计	所有者权益合计	实收资本	国家资本	集体资本
纤维板制造	8488	15008	1796	1796	
木制品制造	80	1093	605	5	
建筑用木料及木材组件加工		122	5	5	
软木制品及其他木制品制造	80	971	600		
造纸及纸制品业	1669	100607	40357	14379	
造　纸	1669	100607	40357	14379	
机制纸及纸板制造	1669	100607	40357	14379	
印刷业和记录媒介的复制	6055	111554	52216	25116	
印　刷	5765	109560	50706	24090	
书、报、刊印刷	1550	87585	39311	19880	
本册印制	1300	3431	395		
包装装潢及其他印刷	2916	18543	11000	4210	
装订及其他印刷服务活动		412	300	300	
装订及其他印刷服务活动		412	300	300	
记录媒介的复制	290	1582	1210	726	
记录媒介的复制	290	1582	1210	726	
文教体育用品制造业	157	4766	1718	854	
体育用品制造	157	4766	1718	854	
球类制造	157	2465	138	138	
体育器材及配件制造		1138	1000	420	
训练健身器材制造		1163	580	296	
石油加工、炼焦及核燃料加工业	39525	857789	1146656	20780	3666
精炼石油产品的制造	39525	863893	1142656	20780	3666
原油加工及石油制品制造	39525	863893	1142656	20780	3666
炼　焦		－6104	4000		
炼　焦		－6104	4000		
化学原料及化学制品制造业	281097	966760	510012	216709	1703
基础化学原料制造	185517	410875	202159	134192	
无机酸制造	3007	4192	4000		
无机碱制造	6450	67369	39276	27523	
无机盐制造	1	836	211	211	
有机化学原料制造	176058	333780	152772	101998	
其他基础化学原料制造		4699	5900	4460	
肥料制造	4842	50326	49490	6048	775
氮肥制造	4842	50860	44490	6048	775
其他肥料制造		－533	5000		
农药制造	28934	60167	49795	11167	
化学农药制造	28934	60167	49795	11167	
涂料、油墨、颜料及类似产品制造	23	10076	6800	560	
涂料制造	23	8614	5200		

1-B-2 续表5-5

单位：个、万元、人

指 标 名 称	长期负债合计	所有者权益合计	实收资本	国家资本	集体资本
油墨及类似产品制造		1461	1600	560	
合成材料制造	38478	225498	97100	1920	
初级形态的塑料及合成树脂制造	3380	7535	3500	1920	
合成纤维单(聚合)体的制造	35098	217963	93600		
专用化学产品制造	23259	205336	102967	62073	928
化学试剂和助剂制造	14203	58406	19458	17830	
专项化学用品制造	3007	50309	12492	6360	
炸药及火工产品制造	5159	22027	7523	2942	
信息化学品制造	889	68193	58894	34941	928
其他专用化学产品制造	1	6402	4600		
日用化学产品制造	44	4481	1700	750	
肥皂及合成洗涤剂制造	44	3305	500		
香料、香精制造		1177	1200	750	
医药制造业	31570	464513	90740	36136	
化学药品原药制造	30822	412065	46047	26112	
化学药品原药制造	30822	412065	46047	26112	
化学药品制剂制造		37113	32663	9617	
化学药品制剂制造		37113	32663	9617	
中药饮片加工		1939	1900		
中药饮片加工		1939	1900		
中成药制造	5	-122	341	341	
中成药制造	5	-122	341	341	
生物、生化制品的制造	743	13517	9789	66	
生物、生化制品的制造	743	13517	9789	66	
化学纤维制造业	22154	59722	135019	598	
纤维素纤维原料及纤维制造	12758	12002	24323	598	
化纤浆粕制造	203	1841	598	598	
人造纤维(纤维素纤维)制造	12556	10161	23725		
合成纤维制造	9396	47719	110696		
涤纶纤维制造	9396	105957	85696		
腈纶纤维制造		-58238	25000		
橡胶制品业	91754	209297	90114	310	190
轮胎制造	91878	203078	90114	310	190
车辆、飞机及工程机械轮胎制造	91659	203352	89414		
轮胎翻新加工	219	-275	700	310	190
橡胶靴鞋制造	-124	6220			
橡胶靴鞋制造	-124	6220			
塑料制品业	201	22899	20375	9215	
塑料薄膜制造		8869	9151	5822	
塑料薄膜制造		8869	9151	5822	

1－B－2 续表5－6

单位：个、万元、人

指标名称	长期负债合计	所有者权益合计	实收资本	国家资本	集体资本
塑料板、管、型材的制造		11487	9710	2710	
塑料板、管、型材的制造		11487	9710	2710	
泡沫塑料制造	201	530	373		
泡沫塑料制造	201	530	373		
塑料零件制造		1220	600	330	
塑料零件制造		1220	600	330	
日用塑料制造		793	541	354	
日用塑料杂品制造		793	541	354	
非金属矿物制品业	145095	600056	493005	237383	5072
水泥、石灰和石膏的制造	139458	556866	465589	221898	4832
水泥制造	139458	556086	464463	221703	4832
石灰和石膏制造		780	1126	195	
水泥及石膏制品制造	5638	31363	18067	8513	240
水泥制品制造		22265	12987	8513	240
砼结构构件制造	5638	9098	5080		
玻璃及玻璃制品制造		10799	9296	6972	
其他玻璃制品制造		10799	9296	6972	
陶瓷制品制造		1028	53		
特种陶瓷制品制造		1028	53		
黑色金属冶炼及压延加工业	598571	1196554	782658	317813	
钢压延加工	598571	1193126	781858	317813	
钢压延加工	598571	1193126	781858	317813	
铁合金冶炼		3428	800		
铁合金冶炼		3428	800		
有色金属冶炼及压延加工业	9319	29412	10662	8662	
常用有色金属冶炼	9284	11401	959	959	
铅锌冶炼	9284	11401	959	959	
贵金属冶炼	35	13210	5203	5203	
金冶炼	35	13210	5203	5203	
有色金属合金制造		2131	2500	2500	
有色金属合金制造		2131	2500	2500	
有色金属压延加工		2669	2000		
常用有色金属压延加工		2669	2000		
金属制品业	1221	90229	44540	10255	6883
结构性金属制品制造		4550	4620	2430	
金属结构制造		3403	3360	2430	
金属门窗制造		1147	1260		
金属工具制造		9267	3705		
手工具制造		9267	3705		
集装箱及金属包装容器制造	49	47026	17661	609	

1－B－2 续表5－7

单位：个、万元、人

指标名称	长期负债合计	所有者权益合计	实收资本	国家资本	集体资本
金属压力容器制造	49	60	99	99	
金属包装容器制造		46966	17562	510	
建筑、安全用金属制品制造	370	19637	15100	7216	6883
建筑装饰及水暖管道零件制造		19278	15047	7164	6883
其他建筑、安全用金属制品制造	370	359	52	52	
其他金属制品制造	802	9749	3454		
其他未列明的金属制品制造	802	9749	3454		
通用设备制造业	66019	567257	239418	129397	160
锅炉及原动机制造	1864	202776	59246	31222	
锅炉及辅助设备制造		17501	6828	3414	
汽轮机及辅机制造	1804	178844	50310	25700	
水轮机及辅机制造	60	6432	2108	2108	
金属加工机械制造	4137	18990	4617	2557	
金属切削机床制造	3613	14625	3737	1677	
其他金属加工机械制造	524	4365	880	880	
起重运输设备制造	5841	39748	19886	1500	
起重运输设备制造	5841	39748	19886	1500	
泵、阀门、压缩机及类似机械的制造	4930	46479	10416	4111	160
泵及真空设备制造	2977	12419	5456	3996	160
气体压缩机械制造	1568	2296	1600		
阀门和旋塞的制造	158	4164	830		
液压和气压动力机械及元件制造	228	27601	2530	115	
轴承、齿轮、传动和驱动部件的制造	16391	43083	28543	18759	
轴承制造	99	1938	343	38	
齿轮、传动和驱动部件制造	16292	41145	28200	18721	
风机、衡器、包装设备等通用设备制造	32855	209353	112664	70175	
风机、风扇制造		830	553	282	
气体、液体分离及纯净设备制造	17242	104677	37593	293	
制冷、空调设备制造	14531	49152	25545	24699	
风动和电动工具制造		3901	3892		
其他通用设备制造	1082	50793	45080	44900	
通用零部件制造及机械修理		2852	1536	1074	
紧固件、弹簧制造		910	274	274	
机械零部件加工及设备修理		1521	1060	800	
其他通用零部件制造		420	202		
金属铸、锻加工		3977	2510		
钢铁铸件制造		3086	1510		
锻件及粉末冶金制品制造		891	1000		
专用设备制造业	19100	148609	61809	37277	339

1－B－2 续表5－8

单位：个、万元、人

指标名称	长期负债合计	所有者权益合计	实收资本	国家资本	集体资本
矿山、冶金、建筑专用设备制造	15990	16113	7500	1500	
石油钻采专用设备制造		5303	1500	1500	
建筑工程用机械制造	15990	10810	6000		
化工、木材、非金属加工专用设备制造		6358	6000		
炼油、化工生产专用设备制造		6358	6000		
电子和电工机械专用设备制造	562	2939	1050	1050	
电子工业专用设备制造		250	50	50	
武器弹药制造	562	2689	1000	1000	
农、林、牧、渔专用机械制造	1952	23444	17510	14560	339
拖拉机制造	464	13112	11339	8758	339
机械化农业及园艺机具制造	1488	10332	6171	5801	
医疗仪器设备及器械制造	5	364	100		
假肢、人工器官及植（介）入器械制造	5	364	100		
环保、社会公共安全及其他专用设备制造	591	99391	29649	20168	
环境污染防治专用设备制造	591	96919	27728	18247	
邮政专用机械及器材制造		205	421	421	
水资源专用机械制造		2267	1500	1500	
交通运输设备制造业	92607	417168	225963	113465	
铁路运输设备制造		2054	1740	500	
铁路机车车辆配件制造		563	980		
其他铁路设备制造及设备修理		1491	760	500	
汽车制造	230	35658	66376	37421	
汽车整车制造	11	11676	56048	27567	
汽车零部件及配件制造	214	20091	9211	9211	
汽车修理	5	3892	1117	642	
摩托车制造	6948	215717	27432	3980	
摩托车整车制造	6948	187396	3980	3980	
摩托车零部件及配件制造		28321	23452		
船舶及浮动装置制造	85429	160940	127615	68765	
金属船舶制造	85429	160940	127615	68765	
交通器材及其他交通运输设备制造		2800	2800	2800	
潜水及水下救捞装备制造		2800	2800	2800	
电气机械及器材制造业	21345	184078	62477	12227	434
电机制造	3894	39181	16361	5115	296
发电机及发电机组制造	3894	38496	15310	4360	
电动机制造		685	1051	755	296
输配电及控制设备制造	2209	27992	5636	1460	138
变压器、整流器和电感器制造		368	500	500	
电容器及其配套设备制造		389	250	150	

1-B-2 续表5-9 单位：个、万元、人

指标名称	长期负债合计	所有者权益合计	实收资本	国家资本	集体资本
配电开关控制设备制造	2209	23999	4386	810	138
其他输配电及控制设备制造		3236	500		
电线、电缆、光缆及电工器材制造	652	16261	6784	4649	
电线电缆制造		5612	2891	757	
其他电工器材制造	652	10649	3893	3893	
电池制造		1550	2325	325	
电池制造		1550	2325	325	
家用电力器具制造	14590	92920	30320		
家用空气调节器制造	2200	9878	11000		
家用清洁卫生电器具制造	12390	53025	9000		
家用电力器具专用配件制造		30017	10320		
照明器具制造		5022	486	486	
灯用电器附件及其他照明器具制造		5022	486	486	
其他电气机械及器材制造		1152	566	193	
车辆专用照明及电气信号设备装置制造		1152	566	193	
通信设备、计算机及其他电子设备制造业	54332	695546	396257	99341	225
通信设备制造	8385	398330	234315	65626	225
通信传输设备制造		7078	3978	3753	225
通信交换设备制造	5005	16563	9406		
移动通信及终端设备制造	1833	223492	131724	61873	
其他通信设备制造	1546	151197	89207		
广播电视设备制造	34	5230	3528	1755	
广播电视节目制作及发射设备制造	34	5230	3528	1755	
电子计算机制造	82	107222	49000	3100	
计算机网络设备制造	82	7308	3500	3100	
电子计算机外部设备制造		99914	45500		
电子器件制造	2703	69877	53858	5240	
电子真空器件制造		3368	2000	2000	
半导体分立器件制造		10456	4883		
集成电路制造	2464	28707	31356	1620	
光电子器件及其他电子器件制造	238	27347	15619	1620	
电子元件制造	8265	52624	35881	13035	
电子元件及组件制造	8265	52624	35881	13035	
家用视听设备制造	34863	62183	19600	10585	
家用影视设备制造	34863	62183	19600	10585	
其他电子设备制造		80	75		
其他电子设备制造		80	75		
仪器仪表及文化、办公用机械制造业	2557	21164	11276	2481	1128
通用仪器仪表制造	1238	7600	3123	280	

1－B－2 续表5－10

单位：个、万元、人

指标名称	长期负债合计	所有者权益合计	实收资本	国家资本	集体资本
工业自动控制系统装置制造	1238	6755	2843		
供应用仪表及其他通用仪器制造		845	280	280	
专用仪器仪表制造	1000	1740	509	509	
导航、气象及海洋专用仪器制造	1000	1740	509	509	
光学仪器及眼镜制造	319	11820	4824		
光学仪器制造	278	10565	4357		
眼镜制造	41	1255	468		
文化、办公用机械制造		4	2819	1692	1128
计算器及货币专用设备制造		4	2819	1692	1128
工艺品及其他制造业	286	9176	4000	2838	
工艺美术品制造	8	1605	811	611	
珠宝首饰及有关物品的制造	8	1605	811	611	
日用杂品制造	279	7571	3189	2227	
鬃毛加工、制刷及清扫工具的制造		1357	962		
其他日用杂品制造	279	6215	2227	2227	
废弃资源和废旧材料回收加工业		12541	9000	1000	
金属废料和碎屑的加工处理		653	1000	1000	
金属废料和碎屑的加工处理		653	1000	1000	
非金属废料和碎屑的加工处理		11888	8000		
非金属废料和碎屑的加工处理		11888	8000		
电力、燃气及水的生产和供应业	**12274747**	**11123861**	**5366112**	**2852305**	**12998**
电力、热力的生产和供应业	10792099	9095621	4274201	1996432	11609
电力生产	6895058	4636962	3436761	1193485	11609
火力发电	3704343	2585160	2213378	764940	11609
水力发电	755881	763005	706556	426711	
核力发电	2430759	1279055	502793		
其他能源发电	4075	9742	14035	1835	
电力供应	3878173	4424765	790240	783240	
电力供应	3878173	4424765	790240	783240	
热力生产和供应	18868	33894	47201	19708	
热力生产和供应	18868	33894	47201	19708	
燃气生产和供应业	224076	359248	221963	170218	750
燃气生产和供应业	224076	359248	221963	170218	750
燃气生产和供应业	224076	359248	221963	170218	750
水的生产和供应业	1258572	1668992	869948	685655	639
自来水的生产和供应	882072	1394908	723147	621245	639
自来水的生产和供应	882072	1394908	723147	621245	639
污水处理及其再生利用	376500	274084	146801	64410	
污水处理及其再生利用	376500	274084	146801	64410	

1－B－2 续表6－1

单位：个、万元、人

指标名称	法人资本	个人资本	港澳台资本	外商资本	主营业务收入
总计	**5296422**	**140004**	**80820**	**264551**	**53572113**
一、按轻重工业分					
轻工业	470510	63378	5613	31162	5961202
重工业	4825911	76626	75208	233388	47610911
二、按规模分					
大型企业	1798546	22929	135	49731	27730352
中型企业	2028326	63272	37032	130881	17234846
小型企业	1469550	53803	43653	83939	8606915
三、按登记注册类型分					
内资	**5036035**	**134600**	**403**	**52611**	**48660932**
国有	747188	1984			26609128
集体	50				1710
股份合作企业		480		560	2443
联营企业	5052				84865
国有联营	5052				5239
集体联营					54958
国有与集体联营					20651
其他联营					4016
有限责任公司	2942258	49252	135	39268	11244372
国有独资公司	115104				1670467
其他有限责任公司	2827154	49252	135	39268	9573904
股份有限公司	1325683	82488	268	12784	10606176
其他	15804	396			112239
港澳台商投资	**95032**	**4898**	**76434**		**1555422**
与港澳台商合资经营	58770	4793	58681		1482316
与港澳台商合作经营	30262	105	15645		64718
港澳台商独资			109		4369
港澳台商投资股份有限公司	6000		2000		4019
外商投资	**165355**	**506**	**3983**	**211939**	**3355759**
中外合资经营	151387	506	3983	185417	2960649
中外合作经营	13968			13002	76923
外商投资股份有限公司				13520	318186
四、按国民经济行业（门类、大类、中类、小类）分					
采矿业	**16214**				**332346**
煤炭开采和洗选业	2600				89536
烟煤和无烟煤的开采洗选	2600				89536
烟煤和无烟煤的开采洗选	2600				89536
黑色金属矿采选业	9987				108665
铁矿采选	9987				108665
铁矿采选	9987				108665

1－B－2 续表 6－2

单位：个、万元、人

指 标 名 称	法人资本	个人资本	港澳台资本	外商资本	主营业务收 入
有色金属矿采选业	3380				100879
常用有色金属矿采选					95279
铜矿采选					95279
稀有稀土金属矿采选	3380				5600
放射性金属矿采选	3380				5600
非金属矿采选业	247				33266
土砂石开采	247				25712
石灰石、石膏开采	247				8521
建筑装饰用石开采					12825
耐火土石开采					674
粘土及其他土砂石开采					3692
化学矿采选					7554
化学矿采选					7554
制造业	**2881855**	**117899**	**60063**	**204957**	**28455666**
农副食品加工业	55893	1870	869	414	113877
谷物磨制				414	9571
谷物磨制				414	9571
饲料加工					3246
饲料加工					3246
屠宰及肉类加工	4248	1870	869		35831
畜禽屠宰	2000	230			17742
肉制品及副产品加工	2248	1640	869		18088
水产品加工	51646				65229
水产品冷冻加工	51646				65229
食品制造业	2382	3389	175	893	83208
方便食品制造	420	130	175		5982
速冻食品制造	420	105	175		4576
方便面及其他方便食品制造		25			1406
液体乳及乳制品制造	312				15006
液体乳及乳制品制造	312				15006
罐头制造	791	319		750	13797
蔬菜、水果罐头制造	791	319		750	13797
调味品、发酵制品制造		2940		143	35409
味精制造		2940			32103
酱油、食醋及类似制品的制造				143	2712
其他调味品、发酵制品制造					593
其他食品制造	860				13014
冷冻饮品及食用冰制造	60				776
盐加工	800				10625
食品及饲料添加剂制造					1612

1－B－2 续表6－3　　　　单位：个、万元、人

指标名称					主营业务收入
	法人资本	个人资本	港澳台资本	外商资本	
饮料制造业	33971	800		2628	245819
酒的制造	33971	800		977	235874
啤酒制造	33602	800		977	86030
黄酒制造	369				149844
软饮料制造					8024
茶饮料及其他软饮料制造					8024
精制茶加工				1651	1921
精制茶加工				1651	1921
烟草制品业					2143902
卷烟制造					2143902
卷烟制造					2143902
纺织业	35180	3471	3285	2825	344978
棉、化纤纺织及印染精加工	22319	2205	2387	309	125506
棉、化纤纺织加工	17039	2205			113511
棉、化纤印染精加工	5279		2387	309	11995
毛纺织和染整精加工					25774
毛纺织					25774
丝绢纺织及精加工	3754	308			125985
绢纺和丝织加工	1314	248			101705
丝印染精加工	2440	60			24280
纺织制成品制造	8432			2316	45821
棉及化纤制品制造	2959				7642
丝制品制造	3700				5133
纺织带和帘子布制造				612	11614
无纺布制造	1773			1703	21432
针织品、编织品及其制品制造	675	958	898	200	21892
毛针织品及编织品制造		240		200	8557
丝针织品及编织品制造	575	718	898		9432
其他针织品及编织品制造	100				3903
纺织服装、鞋、帽制造业	1440	109	109		52472
纺织服装制造	1440	60	109		51807
纺织服装制造	1440	60	109		51807
纺织面料鞋的制造		49			665
纺织面料鞋的制造		49			665
皮革、毛皮、羽毛(绒)及其制品业	2141		95		28919
皮革制品制造	2141		95		28919
皮鞋制造			95		8787
皮箱、包(袋)制造	2141				20131
木材加工及木、竹、藤、棕、草制品业	600				135152
人造板制造					124962

1－B－2　续表6－4

单位：个、万元、人

指　标　名　称					主营业务收　　入
	法人资本	个人资本	港澳台资本	外商资本	
纤维板制造					124962
木制品制造	600				10190
建筑用木料及木材组件加工					1853
软木制品及其他木制品制造	600				8337
造纸及纸制品业	1208	11986		12784	130345
造　纸	1208	11986		12784	130345
机制纸及纸板制造	1208	11986		12784	130345
印刷业和记录媒介的复制	25238	1862			154564
印　刷	24754	1862			150681
书、报、刊印刷	18769	662			116873
本册印制	395				3309
包装装潢及其他印刷	5590	1200			30499
装订及其他印刷服务活动					2101
装订及其他印刷服务活动					2101
记录媒介的复制	484				1782
记录媒介的复制	484				1782
文教体育用品制造业	180	284		400	10757
体育用品制造	180	284		400	10757
球类制造					4016
体育器材及配件制造	180			400	2136
训练健身器材制造		284			4605
石油加工、炼焦及核燃料加工业	1105911		16298		10557798
精炼石油产品的制造	1101911		16298		10360958
原油加工及石油制品制造	1101911		16298		10360958
炼　焦	4000				196840
炼　焦	4000				196840
化学原料及化学制品制造业	236891	38855	6170	9684	2359224
基础化学原料制造	44250	8740	5853	9124	1419687
无机酸制造	2800			1200	14498
无机碱制造	2400	4000	5353		134531
无机盐制造					1405
有机化学原料制造	38550	3800	500	7924	1257552
其他基础化学原料制造	500	940			11701
肥料制造	39346	3322			98593
氮肥制造	34346	3322			83688
其他肥料制造	5000				14905
农药制造	18502	20127			77903
化学农药制造	18502	20127			77903
涂料、油墨、颜料及类似产品制造	4370	1310		560	44903
涂料制造	4370	830			42460

1－B－2 续表6－5

单位：个、万元、人

指标名称					主营业务收入
	法人资本	个人资本	港澳台资本	外商资本	
油墨及类似产品制造		480		560	2443
合成材料制造	94400	780			413704
初级形态的塑料及合成树脂制造	800	780			16254
合成纤维单(聚合)体的制造	93600				397451
专用化学产品制造	35774	3877	317		283140
化学试剂和助剂制造	1628				81611
专项化学用品制造	4800	1332			128288
炸药及火工产品制造	2807	1774			44797
信息化学品制造	21939	771	317		19422
其他专用化学产品制造	4600				9023
日用化学产品制造	250	700			21294
肥皂及合成洗涤剂制造	250	250			19138
香料、香精制造		450			2156
医药制造业	37777	12820	945	3062	675129
化学药品原药制造	7034	11093		1808	583043
化学药品原药制造	7034	11093		1808	583043
化学药品制剂制造	21320	1727			68671
化学药品制剂制造	21320	1727			68671
中药饮片加工	1900				8456
中药饮片加工	1900				8456
中成药制造					2069
中成药制造					2069
生物、生化制品的制造	7524		945	1255	12890
生物、生化制品的制造	7524		945	1255	12890
化学纤维制造业	129989		135	4297	532530
纤维素纤维原料及纤维制造	23725				22820
化纤浆粕制造					1351
人造纤维(纤维素纤维)制造	23725				21469
合成纤维制造	106264		135	4297	509710
涤纶纤维制造	81264		135	4297	458801
腈纶纤维制造	25000				50910
橡胶制品业	70483			19131	1406565
轮胎制造	70483			19131	1397697
车辆、飞机及工程机械轮胎制造	70283			19131	1397274
轮胎翻新加工	200				423
橡胶靴鞋制造					8868
橡胶靴鞋制造					8868
塑料制品业	9095	183	1694	188	59805
塑料薄膜制造	1635		1694		19307
塑料薄膜制造	1635		1694		19307

1-B-2 续表6-6

单位:个、万元、人

指 标 名 称	法人资本	个人资本	港澳台资本	外商资本	主营业务收入
塑料板、管、型材的制造	7000				32881
塑料板、管、型材的制造	7000				32881
泡沫塑料制造	190	183			1614
泡沫塑料制造	190	183			1614
塑料零件制造	270				2251
塑料零件制造	270				2251
日用塑料制造				188	3752
日用塑料杂品制造				188	3752
非金属矿物制品业	223025	12884	7500	7141	1310209
水泥、石灰和石膏的制造	215311	11532	7200	4817	1210762
水泥制造	214733	11427	7200	4569	1205616
石灰和石膏制造	578	105		248	5146
水泥及石膏制品制造	7661	1352	300		94407
水泥制品制造	2772	1162	300		73804
砼结构构件制造	4889	191			20604
玻璃及玻璃制品制造				2324	3316
其他玻璃制品制造				2324	3316
陶瓷制品制造	53				1725
特种陶瓷制品制造	53				1725
黑色金属冶炼及压延加工业	364604	396	3000	96845	3807495
钢压延加工	363804	396	3000	96845	3784871
钢压延加工	363804	396	3000	96845	3784871
铁合金冶炼	800				22624
铁合金冶炼	800				22624
有色金属冶炼及压延加工业	1450			550	55779
常用有色金属冶炼					31357
铅锌冶炼					31357
贵金属冶炼					9651
金冶炼					9651
有色金属合金制造					1524
有色金属合金制造					1524
有色金属压延加工	1450			550	13248
常用有色金属压延加工	1450			550	13248
金属制品业	21202	1744		4456	286822
结构性金属制品制造	1305	570		315	8557
金属结构制造	360	570			4902
金属门窗制造	945			315	3655
金属工具制造	3705				16724
手工具制造	3705				16724
集装箱及金属包装容器制造	12422	490		4141	141354

1－B－2 续表6－7

单位：个、万元、人

指 标 名 称	法人资本	个人资本	港澳台资本	外商资本	主营业务收入
金属压力容器制造					8160
金属包装容器制造	12422	490		4141	133194
建筑、安全用金属制品制造	1000				85975
建筑装饰及水暖管道零件制造	1000				84920
其他建筑、安全用金属制品制造					1055
其他金属制品制造	2770	684			34213
其他未列明的金属制品制造	2770	684			34213
通用设备制造业	85697	4996	452	18716	1211239
锅炉及原动机制造	8170	2920		16934	408542
锅炉及辅助设备制造				3414	66188
汽轮机及辅机制造	8170	2920		13520	323358
水轮机及辅机制造					18997
金属加工机械制造	2061				24300
金属切削机床制造	2061				18418
其他金属加工机械制造					5882
起重运输设备制造	18313	74			64554
起重运输设备制造	18313	74			64554
泵、阀门、压缩机及类似机械的制造	4929	601		615	87638
泵及真空设备制造	1300				15756
气体压缩机械制造	1200			400	20076
阀门和旋塞的制造	615			215	9175
液压和气压动力机械及元件制造	1814	601			42632
轴承、齿轮、传动和驱动部件的制造	9273	511			147875
轴承制造	293	13			2883
齿轮、传动和驱动部件制造	8980	499			144992
风机、衡器、包装设备等通用设备制造	40290	660	371	1168	458654
风机、风扇制造		271			1376
气体、液体分离及纯净设备制造	36838	315	147		242573
制冷、空调设备制造	547	75	224		190436
风动和电动工具制造	2725			1168	1308
其他通用设备制造	180				22961
通用零部件制造及机械修理	221	160	81		7491
紧固件、弹簧制造					2450
机械零部件加工及设备修理	100	160			2619
其他通用零部件制造	121		81		2422
金属铸、锻加工	2440	70			12185
钢铁铸件制造	1440	70			5112
锻件及粉末冶金制品制造	1000				7073
专用设备制造业	23632	560			304500

1－B－2 续表6－8 单位：个、万元、人

指 标 名 称	法人资本	个人资本	港澳台资本	外商资本	主营业务收 入
矿山、冶金、建筑专用设备制造	6000				17994
石油钻采专用设备制造					12880
建筑工程用机械制造	6000				5114
化工、木材、非金属加工专用设备制造	6000				26597
炼油、化工生产专用设备制造	6000				26597
电子和电工机械专用设备制造					5013
电子工业专用设备制造					1206
武器弹药制造					3807
农、林、牧、渔专用机械制造	2242	370			66810
拖拉机制造	2242				52134
机械化农业及园艺机具制造		370			14676
医疗仪器设备及器械制造	70	30			772
假肢、人工器官及植（介）入器械制造	70	30			772
环保、社会公共安全及其他专用设备制造	9321	160			187314
环境污染防治专用设备制造	9321	160			176681
邮政专用机械及器材制造					976
水资源专用机械制造					9657
交通运输设备制造业	98003			14495	1399466
铁路运输设备制造	1240				4180
铁路机车车辆配件制造	980				875
其他铁路设备制造及设备修理	260				3305
汽车制造	14461			14495	121157
汽车整车制造	13986			14495	54295
汽车零部件及配件制造					58830
汽车修理	475				8031
摩托车制造	23452				543052
摩托车整车制造					437184
摩托车零部件及配件制造	23452				105869
船舶及浮动装置制造	58850				730571
金属船舶制造	58850				730571
交通器材及其他交通运输设备制造					506
潜水及水下救捞装备制造					506
电气机械及器材制造业	43899	5317		601	383981
电机制造	10200	750			123528
发电机及发电机组制造	10200	750			117695
电动机制造					5833
输配电及控制设备制造	2415	1209		414	48032
变压器、整流器和电感器制造					782
电容器及其配套设备制造		100			1081

1－B－2 续表6－9 单位：个、万元、人

指 标 名 称					主营业务
	法人资本	个人资本	港澳台资本	外商资本	收 入
配电开关控制设备制造	2007	1017		414	42069
其他输配电及控制设备制造	408	92			4100
电线、电缆、光缆及电工器材制造	1639	496			63738
电线电缆制造	1639	496			19612
其他电工器材制造					44126
电池制造	2000				4397
电池制造	2000				4397
家用电力器具制造	27645	2675			137262
家用空气调节器制造	11000				92789
家用清洁卫生电器具制造	6325	2675			24059
家用电力器具专用配件制造	10320				20415
照明器具制造					3249
灯用电器附件及其他照明器具制造					3249
其他电气机械及器材制造		187		187	3775
车辆专用照明及电气信号设备装置制造		187		187	3775
通信设备、计算机及其他电子设备制造业	257578	16361	17336	5416	528762
通信设备制造	163794		4670		113486
通信传输设备制造					8688
通信交换设备制造	7321		2085		15693
移动通信及终端设备制造	67266		2585		87288
其他通信设备制造	89207				1817
广播电视设备制造	766	739	268		1570
广播电视节目制作及发射设备制造	766	739	268		1570
电子计算机制造	32953	550	12398		186894
计算机网络设备制造		400			14683
电子计算机外部设备制造	32953	150	12398		172212
电子器件制造	42790	4748		1080	54740
电子真空器件制造					4068
半导体分立器件制造	4883				10175
集成电路制造	28956	780			19057
光电子器件及其他电子器件制造	8951	3968		1080	21440
电子元件制造	17200	1310		4336	85256
电子元件及组件制造	17200	1310		4336	85256
家用视听设备制造		9015			86049
家用影视设备制造		9015			86049
其他电子设备制造	75				767
其他电子设备制造	75				767
仪器仪表及文化、办公用机械制造业	7667				31249
通用仪器仪表制造	2843				16433

1－B－2 续表6－10

单位：个、万元、人

指 标 名 称	法人资本	个人资本	港澳台资本	外商资本	主营业务收入
工业自动控制系统装置制造	2843				15999
供应用仪表及其他通用仪器制造					434
专用仪器仪表制造					2772
导航、气象及海洋专用仪器制造					2772
光学仪器及眼镜制造	4824				11004
光学仪器制造	4357				7974
眼镜制造	468				3030
文化、办公用机械制造					1040
计算器及货币专用设备制造					1040
工艺品及其他制造业	718	12		433	15687
工艺美术品制造	188	12			5833
珠宝首饰及有关物品的制造	188	12			5833
日用杂品制造	530			433	9854
鬃毛加工、制刷及清扫工具的制造	530			433	3902
其他日用杂品制造					5952
废弃资源和废旧材料回收加工业	6000		2000		85436
金属废料和碎屑的加工处理					81417
金属废料和碎屑的加工处理					81417
非金属废料和碎屑的加工处理	6000		2000		4019
非金属废料和碎屑的加工处理	6000		2000		4019
电力、燃气及水的生产和供应业	**2398353**	**22105**	**20758**	**59594**	**24784101**
电力、热力的生产和供应业	2194795	9060	17720	44585	23490232
电力生产	2162349	9060	17720	42539	6249734
火力发电	1377882	7920	12197	38831	5006969
水力发电	269474	1140	5522	3708	421075
核力发电	502793				813880
其他能源发电	12200				7811
电力供应	7000				17135022
电力供应	7000				17135022
热力生产和供应	25446			2046	105476
热力生产和供应	25446			2046	105476
燃气生产和供应业	36108		3038	11848	586826
燃气生产和供应业	36108		3038	11848	586826
燃气生产和供应业	36108		3038	11848	586826
水的生产和供应业	167450	13045		3160	707043
自来水的生产和供应	85539	13045		2680	571881
自来水的生产和供应	85539	13045		2680	571881
污水处理及其再生利用	81911			480	135162
污水处理及其再生利用	81911			480	135162

1－B－2 续表7－1 单位：个、万元、人

指标名称	主营业务成本	主营业务税金及附加	其他业务收入	其他业务利润	营业费用
总计	**48933588**	**1531217**	**1658691**	**150335**	**504210**
一、按轻重工业分					
轻工业	3512217	1122225	619865	4619	239846
重工业	45421372	408993	1038826	145716	264364
二、按规模分					
大型企业	27123636	286028	865019	68826	160493
中型企业	13999336	1192015	633881	33575	251556
小型企业	7810617	53174	159792	47933	92161
三、按登记注册类型分					
内资	**44538121**	**1496292**	**1617993**	**144570**	**383370**
国有	23510410	1196729	694987	64717	142369
集体	1111	10			
股份合作企业	2429		86	1	10
联营企业	86262	650	272	38	471
国有联营	4448	87	17	17	30
集体联营	58823	316	163		
国有与集体联营	19371	237	77	12	426
其他联营	3620	11	16	9	15
有限责任公司	9994752	93914	283403	73181	165999
国有独资公司	1381357	21633	80221	18400	70698
其他有限责任公司	8613395	72282	203182	54781	95301
股份有限公司	10830565	204668	629607	6329	73195
其他	112593	321	9638	305	1327
港澳台商投资	**1375917**	**26565**	**8934**	**1124**	**19225**
与港澳台商合资经营	1313845	26484	8679	1070	18460
与港澳台商合作经营	56110	65	224	21	480
港澳台商独资	3652		30	30	286
港澳台商投资股份有限公司	2310	16	2	2	
外商投资	**3019551**	**8360**	**31765**	**4641**	**101615**
中外合资经营	2724325	8029	16813	3886	93483
中外合作经营	66331	49	12210	515	1092
外商投资股份有限公司	228895	282	2741	240	7041
四、按国民经济行业（门类、大类、中类、小类）分					
采矿业	**268053**	**4130**	**10560**	**3263**	**5219**
煤炭开采和洗选业	84530	528	8067	2238	507
烟煤和无烟煤的开采洗选	84530	528	8067	2238	507
烟煤和无烟煤的开采洗选	84530	528	8067	2238	507
黑色金属矿采选业	75307	1331	925	355	1660
铁矿采选	75307	1331	925	355	1660
铁矿采选	75307	1331	925	355	1660

1－B－2 续表7－2 单位：个、万元、人

指 标 名 称	主营业务成本	主营业务税金及附加	其他业务收入	其他业务利润	营业费用
有色金属矿采选业	87831	312	931	429	529
常用有色金属矿采选	83988	312	906	446	512
铜矿采选	83988	312	906	446	512
稀有稀土金属矿采选	3843		25	－18	17
放射性金属矿采选	3843		25	－18	17
非金属矿采选业	20386	1959	637	241	2523
土砂石开采	14254	1888	611	236	1895
石灰石、石膏开采	4249	737	374	68	1716
建筑装饰用石开采	7000	1078			103
耐火土石开采	559	7	33	27	
粘土及其他土砂石开采	2446	66	203	140	76
化学矿采选	6132	71	26	6	627
化学矿采选	6132	71	26	6	627
制造业	**25513178**	**1397632**	**1463231**	**81413**	**429233**
农副食品加工业	103969	257	29095	－8929	2012
谷物磨制	9304	2	2340	234	239
谷物磨制	9304	2	2340	234	239
饲料加工	3173		126	30	39
饲料加工	3173		126	30	39
屠宰及肉类加工	33368	137	594	187	491
畜禽屠宰	16019	94	565	187	289
肉制品及副产品加工	17349	44	29	…	202
水产品加工	58125	118	26036	－9380	1243
水产品冷冻加工	58125	118	26036	－9380	1243
食品制造业	70566	344	1293	645	2186
方便食品制造	5432	17	149	－10	480
速冻食品制造	4227	5	149	－10	480
方便面及其他方便食品制造	1205	11			
液体乳及乳制品制造	12893	37	516	294	112
液体乳及乳制品制造	12893	37	516	294	112
罐头制造	12952	12			441
蔬菜、水果罐头制造	12952	12			441
调味品、发酵制品制造	29974	218	571	316	766
味精制造	27267	206	529	306	555
酱油、食醋及类似制品的制造	2258	3	40	9	187
其他调味品、发酵制品制造	450	9	2	1	24
其他食品制造	9315	60	56	46	387
冷冻饮品及食用冰制造	563	8	2		40
盐加工	7208	44	54	45	339
食品及饲料添加剂制造	1545	8	1	1	8

1－B－2 续表7－3 单位：个、万元、人

指 标 名 称	主营业务成 本	主 营 业 务税金及附加	其他业务收 入	其他业务利 润	营业费用
饮料制造业	174066	18365	8131	3136	25922
酒的制造	165870	18314	7994	3153	24751
啤酒制造	49383	14307	3349	1187	15073
黄酒制造	116487	4007	4645	1967	9678
软饮料制造	6345	50	66	－20	1048
茶饮料及其他软饮料制造	6345	50	66	－20	1048
精制茶加工	1851	1	71	3	123
精制茶加工	1851	1	71	3	123
烟草制品业	492501	1072041	414857	－26540	57066
卷烟制造	492501	1072041	414857	－26540	57066
卷烟制造	492501	1072041	414857	－26540	57066
纺织业	307512	1453	16663	721	3732
棉、化纤纺织及印染精加工	119103	747	9208	362	1075
棉、化纤纺织加工	108057	744	9208	409	782
棉、化纤印染精加工	11046	3		－46	292
毛纺织和染整精加工	21793	35	4146	223	160
毛纺织	21793	35	4146	223	160
丝绢纺织及精加工	105110	439	2772	35	1288
绢纺和丝织加工	85108	268	2712	－21	1044
丝印染精加工	20002	171	60	56	244
纺织制成品制造	43078	121	397	－27	746
棉及化纤制品制造	7290	21			76
丝制品制造	5018	23	177	－27	34
纺织带和帘子布制造	10959	2			337
无纺布制造	19812	74	220	…	299
针织品、编织品及其制品制造	18427	112	141	127	464
毛针织品及编织品制造	6669	86	122	109	97
丝针织品及编织品制造	8248	4	17	17	265
其他针织品及编织品制造	3510	22	2	2	103
纺织服装、鞋、帽制造业	31090	893	2431	2325	845
纺织服装制造	30518	881	2431	2325	839
纺织服装制造	30518	881	2431	2325	839
纺织面料鞋的制造	572	12			6
纺织面料鞋的制造	572	12			6
皮革、毛皮、羽毛（绒）及其制品业	16624	360	1236	1196	19
皮革制品制造	16624	360	1236	1196	19
皮鞋制造	7673	10	9	9	19
皮箱、包（袋）制造	8952	351	1226	1187	
木材加工及木、竹、藤、棕、草制品业	128896	219	3947	1905	2029
人造板制造	119302	75	3947	1905	2029

1－B－2 续表7－4

单位：个、万元、人

指 标 名 称	主营业务成本	主营业务税金及附加	其他业务收入	其他业务利润	营业费用
纤维板制造	119302	75	3947	1905	2029
木制品制造	9594	144			1
建筑用木料及木材组件加工	1780	10			1
软木制品及其他木制品制造	7814	134			
造纸及纸制品业	109144	797	16988	1153	4770
造 纸	109144	797	16988	1153	4770
机制纸及纸板制造	109144	797	16988	1153	4770
印刷业和记录媒介的复制	122679	2183	18842	5535	6314
印 刷	120254	2160	18810	5558	5974
书、报、刊印刷	93526	1985	16445	5249	5541
本册印制	2234	37	934	137	41
包装装潢及其他印刷	24494	139	1431	173	392
装订及其他印刷服务活动	1177	18			217
装订及其他印刷服务活动	1177	18			217
记录媒介的复制	1248	4	32	－22	123
记录媒介的复制	1248	4	32	－22	123
文教体育用品制造业	8844	49	46	37	214
体育用品制造	8844	49	46	37	214
球类制造	3620	11	16	9	15
体育器材及配件制造	1818	1	24	22	3
训练健身器材制造	3406	37	6	6	196
石油加工、炼焦及核燃料加工业	11126810	233660	582863	28	15595
精炼石油产品的制造	10919439	232378	582863	28	14975
原油加工及石油制品制造	10919439	232378	582863	28	14975
炼 焦	207371	1282			620
炼 焦	207371	1282			620
化学原料及化学制品制造业	2029805	11348	94983	44648	37915
基础化学原料制造	1272971	6404	66290	41335	21524
无机酸制造	13510	242	502	405	427
无机碱制造	109371	435	1768	280	1064
无机盐制造	919	15			130
有机化学原料制造	1137455	5665	63558	40271	19686
其他基础化学原料制造	11717	47	462	378	219
肥料制造	89575	322	8208	648	1085
氮肥制造	74670	322	8208	648	978
其他肥料制造	14905				106
农药制造	71556	119	1972	180	2293
化学农药制造	71556	119	1972	180	2293
涂料、油墨、颜料及类似产品制造	40612	115	86	1	1297
涂料制造	38183	115			1287

1－B－2 续表7－5 单位：个、万元、人

指 标 名 称	主营业务成本	主营业务税金及附加	其他业务收入	其他业务利润	营业费用
油墨及类似产品制造	2429		86	1	10
合成材料制造	297934	2628	521		900
初级形态的塑料及合成树脂制造	15443	5			48
合成纤维单(聚合)体的制造	282491	2623	521		852
专用化学产品制造	237790	1700	17796	2398	10502
化学试剂和助剂制造	73602	329	1869	1460	1491
专项化学用品制造	106483	896	15095	568	7784
炸药及火工产品制造	33527	378	217	182	1055
信息化学品制造	17289	25	63	5	127
其他专用化学产品制造	6890	72	552	184	46
日用化学产品制造	19366	61	110	87	314
肥皂及合成洗涤剂制造	17471	55	88	66	208
香料、香精制造	1895	6	21	21	107
医药制造业	355896	4411	12925	9190	69770
化学药品原药制造	289147	3913	11928	8334	58168
化学药品原药制造	289147	3913	11928	8334	58168
化学药品制剂制造	56633	355	923	789	3749
化学药品制剂制造	56633	355	923	789	3749
中药饮片加工	6720	45			1168
中药饮片加工	6720	45			1168
中成药制造	765	33	2	2	769
中成药制造	765	33	2	2	769
生物、生化制品的制造	2632	66	72	65	5917
生物、生化制品的制造	2632	66	72	65	5917
化学纤维制造业	528351	267	3068	898	3070
纤维素纤维原料及纤维制造	25129	46	3068	898	553
化纤浆粕制造	1041	12	60	60	28
人造纤维(纤维素纤维)制造	24088	34	3008	838	525
合成纤维制造	503222	221			2517
涤纶纤维制造	444203	79			2489
腈纶纤维制造	59019	142			28
橡胶制品业	1278024	5055	5956	1449	37467
轮胎制造	1269606	4974	5037	530	37461
车辆、飞机及工程机械轮胎制造	1269248	4972	4968	478	37436
轮胎翻新加工	358	2	69	53	24
橡胶靴鞋制造	8418	81	919	919	6
橡胶靴鞋制造	8418	81	919	919	6
塑料制品业	55120	144	1577	97	2120
塑料薄膜制造	17443	16	227	5	631
塑料薄膜制造	17443	16	227	5	631

1－B－2 续表7－6 单位：个、万元、人

指标名称	主营业务成本	主营业务税金及附加	其他业务收入	其他业务利润	营业费用
塑料板、管、型材的制造	30744	93	1201	61	1303
塑料板、管、型材的制造	30744	93	1201	61	1303
泡沫塑料制造	1615	13	10		97
泡沫塑料制造	1615	13	10		97
塑料零件制造	1878	16	105	32	8
塑料零件制造	1878	16	105	32	8
日用塑料制造	3440	6	35		81
日用塑料杂品制造	3440	6	35		81
非金属矿物制品业	1175917	5340	10181	3349	24526
水泥、石灰和石膏的制造	1089586	4678	9526	2809	23475
水泥制造	1085805	4655	9515	2809	23222
石灰和石膏制造	3781	22	11	...	253
水泥及石膏制品制造	82437	639	654	538	829
水泥制品制造	64765	461	444	368	829
砼结构构件制造	17672	178	209	171	1
玻璃及玻璃制品制造	2433	7	2	2	111
其他玻璃制品制造	2433	7	2	2	111
陶瓷制品制造	1460	16			112
特种陶瓷制品制造	1460	16			112
黑色金属冶炼及压延加工业	3837388	12765	74077	504	6002
钢压延加工	3817276	12716	72334	364	5954
钢压延加工	3817276	12716	72334	364	5954
铁合金冶炼	20112	48	1743	141	48
铁合金冶炼	20112	48	1743	141	48
有色金属冶炼及压延加工业	48439	186	1669	1216	121
常用有色金属冶炼	29378	131	972	655	58
铅锌冶炼	29378	131	972	655	58
贵金属冶炼	4411	46	697	561	41
金冶炼	4411	46	697	561	41
有色金属合金制造	1634	5			23
有色金属合金制造	1634	5			23
有色金属压延加工	13015	5			
常用有色金属压延加工	13015	5			
金属制品业	265712	819	24165	4151	4315
结构性金属制品制造	7782	12	95	19	67
金属结构制造	4457	10	85	19	46
金属门窗制造	3325	2	10		21
金属工具制造	13628	100	7390	837	430
手工具制造	13628	100	7390	837	430
集装箱及金属包装容器制造	134518	242	139	100	2102

1－B－2 续表7－7 单位：个、万元、人

指 标 名 称	主营业务成 本	主 营 业 务税金及附加	其他业务收 入	其他业务利 润	营业费用
金属压力容器制造	7218	123			
金属包装容器制造	127299	120	139	100	2102
建筑、安全用金属制品制造	76637	369	719	253	1604
建筑装饰及水暖管道零件制造	75993	355	718	251	1479
其他建筑、安全用金属制品制造	644	14	2	2	125
其他金属制品制造	33147	97	15821	2943	113
其他未列明的金属制品制造	33147	97	15821	2943	113
通用设备制造业	944451	4241	24030	5937	30820
锅炉及原动机制造	296759	899	4496	642	10249
锅炉及辅助设备制造	60001	63			119
汽轮机及辅机制造	222064	737	2970	433	9455
水轮机及辅机制造	14694	99	1526	209	676
金属加工机械制造	16743	114	779	510	833
金属切削机床制造	12087	101	256	115	685
其他金属加工机械制造	4656	13	522	395	148
起重运输设备制造	50273	408	2343	1100	2088
起重运输设备制造	50273	408	2343	1100	2088
泵、阀门、压缩机及类似机械的制造	66571	508	2059	814	1668
泵及真空设备制造	11239	116	360	306	184
气体压缩机械制造	18289	8	35	35	68
阀门和旋塞的制造	7668	6	90	90	110
液压和气压动力机械及元件制造	29374	378	1574	383	1306
轴承、齿轮、传动和驱动部件的制造	119215	517	3580	1322	3534
轴承制造	1533	29	538	227	3
齿轮、传动和驱动部件制造	117682	488	3042	1095	3531
风机、衡器、包装设备等通用设备制造	378301	1644	10321	1499	12099
风机、风扇制造	873	7			15
气体、液体分离及纯净设备制造	196721	922	2813	1151	7173
制冷、空调设备制造	162012	636	7380	255	4297
风动和电动工具制造	1073	1			27
其他通用设备制造	17621	78	128	93	587
通用零部件制造及机械修理	5791	98	72	22	138
紧固件、弹簧制造	1450	75	50		81
机械零部件加工及设备修理	2103	19	22	22	24
其他通用零部件制造	2238	4	...	...	33
金属铸、锻加工	10798	52	381	28	212
钢铁铸件制造	4166	41	363	22	47
锻件及粉末冶金制品制造	6632	12	17	6	165
专用设备制造业	267695	1049	5810	1993	5734

1－B－2 续表7－8 单位：个、万元、人

指 标 名 称	主营业务成本	主营业务税金及附加	其他业务收入	其他业务利润	营业费用
矿山、冶金、建筑专用设备制造	14856	245	1145	521	104
石油钻采专用设备制造	10920	207	211	45	50
建筑工程用机械制造	3936	38	935	477	54
化工、木材、非金属加工专用设备制造	24693	77	206	1	63
炼油、化工生产专用设备制造	24693	77	206	1	63
电子和电工机械专用设备制造	3731	39	196	184	116
电子工业专用设备制造	742	6	50	50	107
武器弹药制造	2990	33	145	133	10
农、林、牧、渔专用机械制造	57921	8	2908	397	3534
拖拉机制造	46113	8	1592	85	2622
机械化农业及园艺机具制造	11809		1316	312	913
医疗仪器设备及器械制造	422				153
假肢、人工器官及植（介）入器械制造	422				153
环保、社会公共安全及其他专用设备制造	166072	681	1356	889	1764
环境污染防治专用设备制造	156808	638	1242	800	1610
邮政专用机械及器材制造	746	11	114	89	75
水资源专用机械制造	8518	32			79
交通运输设备制造业	1230792	13321	65657	18180	41371
铁路运输设备制造	3437	62	262		164
铁路机车车辆配件制造	728	24	262		10
其他铁路设备制造及设备修理	2709	38			154
汽车制造	105988	494	7331	1678	3901
汽车整车制造	53115	53	4506	947	2349
汽车零部件及配件制造	47268	327	2089	405	1459
汽车修理	5606	114	736	326	93
摩托车制造	465320	12450	37916	1104	20817
摩托车整车制造	364113	12261	28464	950	20353
摩托车零部件及配件制造	101206	189	9452	154	465
船舶及浮动装置制造	655626	312	20148	15399	16489
金属船舶制造	655626	312	20148	15399	16489
交通器材及其他交通运输设备制造	422	4			
潜水及水下救捞装备制造	422	4			
电气机械及器材制造业	323170	1573	16782	3439	15269
电机制造	97029	711	1202	608	6034
发电机及发电机组制造	91574	526	1145	607	6014
电动机制造	5455	185	57	1	20
输配电及控制设备制造	38046	261	2856	1396	885
变压器、整流器和电感器制造	617	9			212
电容器及其配套设备制造	647	9			136

1－B－2　续表7－9　　单位：个、万元、人

指标名称	主营业务成本	主营业务税金及附加	其他业务收入	其他业务利润	营业费用
配电开关控制设备制造	34108	197	2807	1350	403
其他输配电及控制设备制造	2675	46	49	46	134
电线、电缆、光缆及电工器材制造	49312	409	4029	788	5067
电线电缆制造	18456	68	538	158	249
其他电工器材制造	30855	341	3491	630	4818
电池制造	4334	8	16	5	45
电池制造	4334	8	16	5	45
家用电力器具制造	130081	144	8528	494	3211
家用空气调节器制造	90551	59	7182	255	2469
家用清洁卫生电器具制造	22296	39	1015	230	94
家用电力器具专用配件制造	17234	46	332	9	649
照明器具制造	723	37	150	149	
灯用电器附件及其他照明器具制造	723	37	150	149	
其他电气机械及器材制造	3646	3			27
车辆专用照明及电气信号设备装置制造	3646	3			27
通信设备、计算机及其他电子设备制造业	363189	5710	21752	4174	27566
通信设备制造	79723	1211	6268	3181	6273
通信传输设备制造	6353	125	516	327	288
通信交换设备制造	10538	415	25	25	709
移动通信及终端设备制造	62077	672	3195	844	4593
其他通信设备制造	756		2533	1985	683
广播电视设备制造	1061	9	29	21	150
广播电视节目制作及发射设备制造	1061	9	29	21	150
电子计算机制造	102689	377	495	175	13334
计算机网络设备制造	12656	94	1	...	87
电子计算机外部设备制造	90032	282	494	175	13248
电子器件制造	39790	453	2831	404	1903
电子真空器件制造	2917	35			34
半导体分立器件制造	5123	97	72	53	698
集成电路制造	17137	120	2394	313	225
光电子器件及其他电子器件制造	14614	202	365	38	946
电子元件制造	66172	205	12128	393	2854
电子元件及组件制造	66172	205	12128	393	2854
家用视听设备制造	73083	3447			2996
家用影视设备制造	73083	3447			2996
其他电子设备制造	671	7			56
其他电子设备制造	671	7			56
仪器仪表及文化、办公用机械制造业	22991	166	1086	758	2345
通用仪器仪表制造	12698	18	58	53	1047

1－B－2 续表7－10

单位：个、万元、人

指标名称	主营业务成本	主营业务税金及附加	其他业务收入	其他业务利润	营业费用
工业自动控制系统装置制造	12383	14	58	53	1047
供应用仪表及其他通用仪器制造	315	4			
专用仪器仪表制造	1633	…			
导航、气象及海洋专用仪器制造	1633	…			
光学仪器及眼镜制造	7782	143	1008	694	1047
光学仪器制造	6141	120	617	451	47
眼镜制造	1641	23	391	243	999
文化、办公用机械制造	878	4	20	11	251
计算器及货币专用设备制造	878	4	20	11	251
工艺品及其他制造业	10462	143	3123	218	118
工艺美术品制造	5403	31	2523	212	111
珠宝首饰及有关物品的制造	5403	31	2523	212	111
日用杂品制造	5059	112	600	6	7
鬃毛加工、制刷及清扫工具的制造	3599	8	2	…	1
其他日用杂品制造	1460	104	598	5	6
废弃资源和废旧材料回收加工业	83077	475	2	2	
金属废料和碎屑的加工处理	80767	459			
金属废料和碎屑的加工处理	80767	459			
非金属废料和碎屑的加工处理	2310	16	2	2	
非金属废料和碎屑的加工处理	2310	16	2	2	
电力、燃气及水的生产和供应业	**23152357**	**129456**	**184900**	**65658**	**69759**
电力、热力的生产和供应业	22067783	123275	124366	46878	8970
电力生产	5550005	49963	67645	20847	3726
火力发电	4736472	31799	58422	19257	
水力发电	313581	4008	1533	781	345
核力发电	492289	14082	7216	346	3381
其他能源发电	7664	73	475	463	
电力供应	16407683	73038	45615	24198	4762
电力供应	16407683	73038	45615	24198	4762
热力生产和供应	110095	274	11107	1833	482
热力生产和供应	110095	274	11107	1833	482
燃气生产和供应业	535796	1875	14546	4540	27005
燃气生产和供应业	535796	1875	14546	4540	27005
燃气生产和供应业	535796	1875	14546	4540	27005
水的生产和供应业	548778	4306	45988	14240	33784
自来水的生产和供应	432801	4234	43916	12942	33644
自来水的生产和供应	432801	4234	43916	12942	33644
污水处理及其再生利用	115977	72	2072	1298	141
污水处理及其再生利用	115977	72	2072	1298	141

1-B-2 续表8-1

单位:个、万元、人

指标名称	管理费用	税金	财务费用	利息支出	营业利润
总计	**1631567**	**62385**	**1044089**	**1126335**	**168033**
一、按轻重工业分					
轻工业	411647	16047	101452	94475	548301
重工业	1219920	46338	942637	1031860	-380268
二、按规模分					
大型企业	535906	23063	368779	435286	-668249
中型企业	743329	25090	373290	398040	751850
小型企业	352332	14232	302020	293010	84432
三、按登记注册类型分					
内资	**1463380**	**54091**	**978174**	**1060499**	**4368**
国有	723051	23984	458204	464992	673930
集体	195		-6	-6	394
股份合作企业	125	4	17	17	-137
联营企业	4700	40	3674	3696	-10711
国有联营	253	12	376	376	63
集体联营	3418		3044	2986	-10642
国有与集体联营	740	17	173	269	-141
其他联营	289	10	81	66	9
有限责任公司	515539	20096	487677	509137	48649
国有独资公司	133444	4846	44239	43254	42329
其他有限责任公司	382095	15249	443437	465883	6320
股份有限公司	217297	9552	24617	78615	-705499
其他	2473	415	3993	4048	-2258
港澳台商投资	**36796**	**3052**	**11872**	**12007**	**86450**
与港澳台商合资经营	33351	2767	9681	10021	81906
与港澳台商合作经营	2175	280	1845	1760	4034
港澳台商独资	282		120		30
港澳台商投资股份有限公司	989	4	226	226	480
外商投资	**131392**	**5243**	**54043**	**53829**	**77215**
中外合资经营	80959	4759	51998	52115	34518
中外合作经营	4907	200	1815	1536	6244
外商投资股份有限公司	45526	284	229	179	36453
四、按国民经济行业(门类、大类、中类、小类)分					
采矿业	**39023**	**1337**	**2137**	**2409**	**15225**
煤炭开采和洗选业	14052	330	1121	1116	-9282
烟煤和无烟煤的开采洗选	14052	330	1121	1116	-9282
烟煤和无烟煤的开采洗选	14052	330	1121	1116	-9282
黑色金属矿采选业	8195	237	110	445	22418
铁矿采选	8195	237	110	445	22418
铁矿采选	8195	237	110	445	22418

1－B－2　续表8－2

单位：个、万元、人

指　标　名　称	管理费用	税　金	财务费用	利息支出	营业利润
有色金属矿采选业	8217	126	465	482	3940
常用有色金属矿采选	7076	115	442	442	3396
铜矿采选	7076	115	442	442	3396
稀有稀土金属矿采选	1141	11	23	40	544
放射性金属矿采选	1141	11	23	40	544
非金属矿采选业	8559	645	442	367	－1851
土砂石开采	4892	584	365	290	1160
石灰石、石膏开采	1795	582	365	367	－279
建筑装饰用石开采	1735		77		1188
耐火土石开采	175	2	19	19	－60
粘土及其他土砂石开采	1187		－96	－96	311
化学矿采选	3667	61	77	77	－3011
化学矿采选	3667	61	77	77	－3011
制造业	**1064589**	**42946**	**252516**	**320297**	**－104728**
农副食品加工业	3669	311	310	354	－5317
谷物磨制	656	12	14	65	－383
谷物磨制	656	12	14	65	－383
饲料加工	38		27	27	－5
饲料加工	38		27	27	－5
屠宰及肉类加工	1352	112	169	179	429
畜禽屠宰	756	52	－126	－123	771
肉制品及副产品加工	596	60	295	302	－342
水产品加工	1623	188	100	83	－5359
水产品冷冻加工	1623	188	100	83	－5359
食品制造业	7794	164	501	987	2448
方便食品制造	678	19	89	62	－722
速冻食品制造	522	13	83	57	－752
方便面及其他方便食品制造	155	5	5	5	30
液体乳及乳制品制造	1244	8	－59	29	1082
液体乳及乳制品制造	1244	8	－59	29	1082
罐头制造	483	3	－142	273	51
蔬菜、水果罐头制造	483	3	－142	273	51
调味品、发酵制品制造	3946	120	562	569	258
味精制造	3525	106	532	534	324
酱油、食醋及类似制品的制造	211	14	6	12	56
其他调味品、发酵制品制造	210	...	24	24	－122
其他食品制造	1445	14	51	53	1779
冷冻饮品及食用冰制造	177	5	...		－13
盐加工	1245	9	43	45	1771
食品及饲料添加剂制造	22	...	8	8	22

1－B－2 续表8－3

单位：个、万元、人

指标名称	管理费用	税金	财务费用	利息支出	营业利润
饮料制造业	16946	1318	3968	3914	11221
酒的制造	16399	1315	3858	3812	11274
啤酒制造	8077	416	1571	1562	102
黄酒制造	8322	899	2287	2250	11172
软饮料制造	270				317
茶饮料及其他软饮料制造	270				317
精制茶加工	278	3	110	102	－371
精制茶加工	278	3	110	102	－371
烟草制品业	89984	2635	－23431	－23494	429201
卷烟制造	89984	2635	－23431	－23494	429201
卷烟制造	89984	2635	－23431	－23494	429201
纺织业	27554	1790	9596	9480	－4068
棉、化纤纺织及印染精加工	11884	893	2537	2898	－9472
棉、化纤纺织加工	11510	888	2337	2717	－9505
棉、化纤印染精加工	374	5	200	180	34
毛纺织和染整精加工	1265	8	－155	－170	2594
毛纺织	1265	8	－155	－170	2594
丝绢纺织及精加工	8900	741	5788	5567	4493
绢纺和丝织加工	5920	493	4994	4770	4350
丝印染精加工	2980	248	795	797	143
纺织制成品制造	3211	102	801	762	－1976
棉及化纤制品制造	424	34	260	260	－429
丝制品制造	1631		31	32	－1652
纺织带和帘子布制造	144	9	208	175	－37
无纺布制造	1012	60	302	295	141
针织品、编织品及其制品制造	2295	47	625	423	293
毛针织品及编织品制造	1130	38	36	38	860
丝针织品及编织品制造	635	7	339	187	－58
其他针织品及编织品制造	530	1	250	199	－509
纺织服装、鞋、帽制造业	15644	50	－34	51	6709
纺织服装制造	15626	50	－61	24	6679
纺织服装制造	15626	50	－61	24	6679
纺织面料鞋的制造	18		27	27	30
纺织面料鞋的制造	18		27	27	30
皮革、毛皮、羽毛(绒)及其制品业	8944	67	－1049	－1048	5211
皮革制品制造	8944	67	－1049	－1048	5211
皮鞋制造	638	60	－1		452
皮箱、包(袋)制造	8306	7	－1048	－1048	4758
木材加工及木、竹、藤、棕、草制品业	4343	383	3167	3167	－1639
人造板制造	3958	371	3177	3177	－1674

1－B－2 续表8－4

单位：个、万元、人

指标名称	管理费用	税金	财务费用	利息支出	营业利润
纤维板制造	3958	371	3177	3177	－1674
木制品制造	385	12	－10	－11	35
建筑用木料及木材组件加工	23				40
软木制品及其他木制品制造	362	12	－10	－11	－5
造纸及纸制品业	9745	674	7534	7660	3101
造纸	9745	674	7534	7660	3101
机制纸及纸板制造	9745	674	7534	7660	3101
印刷业和记录媒介的复制	11950	330	1609	1755	15417
印刷	11036	292	1556	1701	15279
书、报、刊印刷	8224	156	1373	1422	11444
本册印制	929	19	－70		276
包装装潢及其他印刷	1884	117	254	279	3559
装订及其他印刷服务活动	617		－2		104
装订及其他印刷服务活动	617		－2		104
记录媒介的复制	297	38	55	55	33
记录媒介的复制	297	38	55	55	33
文教体育用品制造业	594	40	160	70	934
体育用品制造	594	40	160	70	934
球类制造	289	10	81	66	9
体育器材及配件制造	145	29	8	3	183
训练健身器材制造	160	1	71	1	742
石油加工、炼焦及核燃料加工业	108133	7830	－2682	50930	－925351
精炼石油产品的制造	107320	7830	－5872	47740	－909836
原油加工及石油制品制造	107320	7830	－5872	47740	－909836
炼焦	813		3190	3190	－15515
炼焦	813		3190	3190	－15515
化学原料及化学制品制造业	156873	4706	67176	68402	115843
基础化学原料制造	97067	3682	54080	50861	4218
无机酸制造	220		412	406	94
无机碱制造	6506	390	3321	3293	14634
无机盐制造	313	…	－5	－5	33
有机化学原料制造	88679	3223	49825	46685	－8765
其他基础化学原料制造	1350	68	526	482	－1779
肥料制造	7135	245	2325	2591	－1227
氮肥制造	5996	167	2041	2332	－65
其他肥料制造	1140	78	284	259	－1162
农药制造	7081	281	2280	1623	－5232
化学农药制造	7081	281	2280	1623	－5232
涂料、油墨、颜料及类似产品制造	1074	29	944	1126	893
涂料制造	950	25	927	1109	1030

1－B－2 续表 8－5

单位：个、万元、人

指 标 名 称	管理费用	税 金	财务费用	利息支出	营业利润
油墨及类似产品制造	125	4	17	17	－137
合成材料制造	18509	153	822	6386	92864
初级形态的塑料及合成树脂制造	776	57	449	445	－464
合成纤维单(聚合)体的制造	17733	96	373	5941	93328
专用化学产品制造	24918	295	6662	5747	23847
化学试剂和助剂制造	5763	97	1439	1423	356
专项化学用品制造	11847	79	4308	3419	18257
炸药及火工产品制造	5563	69	433	433	3758
信息化学品制造	1230	26	460	458	－187
其他专用化学产品制造	515	24	21	14	1663
日用化学产品制造	1089	22	63	67	481
肥皂及合成洗涤剂制造	849	9	66	70	554
香料、香精制造	240	13	－3	－3	－74
医药制造业	77971	2116	21463	16742	151786
化学药品原药制造	67540	1830	19190	14791	150508
化学药品原药制造	67540	1830	19190	14791	150508
化学药品制剂制造	7357	159	2032	1747	－827
化学药品制剂制造	7357	159	2032	1747	－827
中药饮片加工	319	30	125	114	100
中药饮片加工	319	30	125	114	100
中成药制造	154	19	70	70	281
中成药制造	154	19	70	70	281
生物、生化制品的制造	2602	78	46	21	1724
生物、生化制品的制造	2602	78	46	21	1724
化学纤维制造业	14442	673	11362	9570	－62761
纤维素纤维原料及纤维制造	1904	109	1723	1643	－5637
化纤浆粕制造	90		－15	－15	256
人造纤维(纤维素纤维)制造	1815	109	1737	1657	－5892
合成纤维制造	12538	564	9639	7927	－57124
涤纶纤维制造	5223	564	5288	3514	1519
腈纶纤维制造	7315		4351	4414	－58643
橡胶制品业	30465	1328	26188	26240	31018
轮胎制造	29793	1308	26193	26244	30404
车辆、飞机及工程机械轮胎制造	29694	1308	26193	26245	30411
轮胎翻新加工	99	...	－1	－1	－7
橡胶靴鞋制造	672	20	－4	－4	614
橡胶靴鞋制造	672	20	－4	－4	614
塑料制品业	2769	192	1780	1385	－1662
塑料薄膜制造	818	23	530	175	－127
塑料薄膜制造	818	23	530	175	－127

1－B－2 续表8－6

单位：个、万元、人

指 标 名 称	管理费用	税 金	财务费用	利息支出	营业利润
塑料板、管、型材的制造	1406	102	1065	1068	－1670
塑料板、管、型材的制造	1406	102	1065	1068	－1670
泡沫塑料制造	229	56	18	17	－28
泡沫塑料制造	229	56	18	17	－28
塑料零件制造	147	9	105	105	127
塑料零件制造	147	9	105	105	127
日用塑料制造	169	2	61	20	35
日用塑料杂品制造	169	2	61	20	35
非金属矿物制品业	42491	2776	37452	36499	33130
水泥、石灰和石膏的制造	37521	2406	36032	34942	26995
水泥制造	36996	2404	35981	34892	26480
石灰和石膏制造	525	2	51	50	514
水泥及石膏制品制造	4480	161	1433	1600	5713
水泥制品制造	2977	121	989	922	4151
砼结构构件制造	1503	41	444	678	1562
玻璃及玻璃制品制造	359	183	－13	－42	421
其他玻璃制品制造	359	183	－13	－42	421
陶瓷制品制造	131	26	...	...	2
特种陶瓷制品制造	131	26	...	...	2
黑色金属冶炼及压延加工业	103326	9158	64047	70570	－193506
钢压延加工	102566	9150	64043	70565	－195341
钢压延加工	102566	9150	64043	70565	－195341
铁合金冶炼	760	8	4	5	1835
铁合金冶炼	760	8	4	5	1835
有色金属冶炼及压延加工业	7080	110	265	262	1324
常用有色金属冶炼	2293	77	355	352	－203
铅锌冶炼	2293	77	355	352	－203
贵金属冶炼	4454	5	－122	－122	1414
金冶炼	4454	5	－122	－122	1414
有色金属合金制造	164	27	...		－302
有色金属合金制造	164	27	...		－302
有色金属压延加工	171	2	33	32	414
常用有色金属压延加工	171	2	33	32	414
金属制品业	9455	307	5087	5935	13599
结构性金属制品制造	416	42	180	189	70
金属结构制造	259	41	125	134	－25
金属门窗制造	157	1	56	56	95
金属工具制造	2705	22	262	262	435
手工具制造	2705	22	262	262	435
集装箱及金属包装容器制造	3676	3	2310	2565	7789

1－B－2 续表8－7

单位：个、万元、人

指标名称	管理费用	税金	财务费用	利息支出	营业利润
金属压力容器制造	358	3	22	23	442
金属包装容器制造	3318		2288	2543	7348
建筑、安全用金属制品制造	1140	226	2115	2724	4063
建筑装饰及水暖管道零件制造	1024	215	2121	2729	3900
其他建筑、安全用金属制品制造	116	11	－5	－5	163
其他金属制品制造	1518	15	220	194	1244
其他未列明的金属制品制造	1518	15	220	194	1244
通用设备制造业	121057	2093	7113	6366	108468
锅炉及原动机制造	46742	526	864	913	53604
锅炉及辅助设备制造	2005	74	453	470	3547
汽轮机及辅机制造	42405	355	229	270	48831
水轮机及辅机制造	2332	97	183	173	1226
金属加工机械制造	5760	24	141	141	1216
金属切削机床制造	5012	13	83	82	565
其他金属加工机械制造	748	12	59	59	651
起重运输设备制造	14303	300	871	743	－1943
起重运输设备制造	14303	300	871	743	－1943
泵、阀门、压缩机及类似机械的制造	8993	200	294	333	10416
泵及真空设备制造	3131	47	171	154	1220
气体压缩机械制造	1408	24	－34	27	372
阀门和旋塞的制造	790	2	35	40	657
液压和气压动力机械及元件制造	3664	126	122	113	8168
轴承、齿轮、传动和驱动部件的制造	14944	449	2866	2888	7046
轴承制造	1014	1	－10	－10	487
齿轮、传动和驱动部件制造	13929	448	2877	2898	6559
风机、衡器、包装设备等通用设备制造	28384	569	2014	1313	37461
风机、风扇制造	222	12	43	43	211
气体、液体分离及纯净设备制造	14393	360	－2237	－374	26506
制冷、空调设备制造	9584	166	4204	1644	9958
风动和电动工具制造	99	...	5		104
其他通用设备制造	4087	31	－1	－1	682
通用零部件制造及机械修理	1067	6	69	41	371
紧固件、弹簧制造	706	1	28		111
机械零部件加工及设备修理	273	5	－1	－1	243
其他通用零部件制造	89	...	42	42	17
金属铸、锻加工	864	20	－6	－6	298
钢铁铸件制造	417	20	－1	...	464
锻件及粉末冶金制品制造	447		－5	－5	－166
专用设备制造业	22501	695	5315	5135	3283

1－B－2 续表8－8

单位：个、万元、人

指 标 名 称	管理费用	税 金	财务费用	利息支出	营业利润
矿山、冶金、建筑专用设备制造	2033	26	－72	－5	1341
石油钻采专用设备制造	476	1	－5	－5	1267
建筑工程用机械制造	1557	25	－67		73
化工、木材、非金属加工专用设备制造	1294		－31		503
炼油、化工生产专用设备制造	1294		－31		503
电子和电工机械专用设备制造	1121	8	94	94	35
电子工业专用设备制造	485		...		－82
武器弹药制造	636	8	94	94	117
农、林、牧、渔专用机械制造	3306	223	565	583	1197
拖拉机制造	2323	161	466	466	12
机械化农业及园艺机具制造	983	62	99	118	1185
医疗仪器设备及器械制造	106		－4		95
假肢、人工器官及植(介)入器械制造	106		－4		95
环保、社会公共安全及其他专用设备制造	14641	438	4764	4463	113
环境污染防治专用设备制造	13627	372	4782	4449	－50
邮政专用机械及器材制造	373	58	15	14	－154
水资源专用机械制造	641	9	－32		317
交通运输设备制造业	70470	615	－1919	10507	66101
铁路运输设备制造	683	28	1	2	95
铁路机车车辆配件制造	366	24	2	2	8
其他铁路设备制造及设备修理	317	4	－1		87
汽车制造	12915	223	3755	2755	－3913
汽车整车制造	5903	157	2765	1788	－8969
汽车零部件及配件制造	6031	54	922	897	3492
汽车修理	981	12	69	70	1564
摩托车制造	24215	122	8816	7351	12538
摩托车整车制造	21977	49	7749	6542	11681
摩托车零部件及配件制造	2238	74	1067	808	857
船舶及浮动装置制造	32623	242	－14492	399	57333
金属船舶制造	32623	242	－14492	399	57333
交通器材及其他交通运输设备制造	33				48
潜水及水下救捞装备制造	33				48
电气机械及器材制造业	28815	1399	2909	2841	14058
电机制造	7656	274	590	554	10565
发电机及发电机组制造	7496	273	601	554	10540
电动机制造	160	1	－12		25
输配电及控制设备制造	5265	211	415	416	4511
变压器、整流器和电感器制造	94		－1		－164
电容器及其配套设备制造	175	11	8	8	107

1－B－2 续表8－9 单位：个、万元、人

指 标 名 称	管理费用	税 金	财务费用	利息支出	营业利润
配电开关控制设备制造	4626	200	408	408	3648
其他输配电及控制设备制造	371		...		920
电线、电缆、光缆及电工器材制造	7769	254	777	762	550
电线电缆制造	1553	74	452	452	－1206
其他电工器材制造	6216	180	326	310	1756
电池制造	213	8	309	309	－508
电池制造	213	8	309	309	－508
家用电力器具制造	6800	636	798	782	－2665
家用空气调节器制造	1858	458	12	12	－1292
家用清洁卫生电器具制造	2328	153	945	916	－1412
家用电力器具专用配件制造	2614	25	－159	－145	39
照明器具制造	833		－15	－15	1819
灯用电器附件及其他照明器具制造	833		－15	－15	1819
其他电气机械及器材制造	278	16	35	33	－213
车辆专用照明及电气信号设备装置制造	278	16	35	33	－213
通信设备、计算机及其他电子设备制造业	59562	1028	4097	5450	75900
通信设备制造	21244	202	－1277	14	9280
通信传输设备制造	1962	29	－13	－14	83
通信交换设备制造	1888	39	28	28	2140
移动通信及终端设备制造	14630	54	－1292		7458
其他通信设备制造	2764	79			－401
广播电视设备制造	461	9	－37		125
广播电视节目制作及发射设备制造	461	9	－37		125
电子计算机制造	16679	60	－607	－14	54428
计算机网络设备制造	974	18	－16	－15	888
电子计算机外部设备制造	15705	43	－591	1	53540
电子器件制造	9524	350	2448	2409	919
电子真空器件制造	866	...	2	1	216
半导体分立器件制造	2050	10	－9		2163
集成电路制造	2950	244	526	524	－1588
光电子器件及其他电子器件制造	3658	96	1930	1884	129
电子元件制造	7867	173	2124	2075	9701
电子元件及组件制造	7867	173	2124	2075	9701
家用视听设备制造	3757	232	1446	967	1444
家用影视设备制造	3757	232	1446	967	1444
其他电子设备制造	30	...	...	...	3
其他电子设备制造	30	...	...	...	3
仪器仪表及文化、办公用机械制造业	6117	101	313	390	171
通用仪器仪表制造	2329	60	236	197	158

1－B－2　续表 8－10

单位：个、万元、人

指标名称	管理费用	税金	财务费用	利息支出	营业利润
工业自动控制系统装置制造	2214	60	236	197	157
供应用仪表及其他通用仪器制造	114				...
专用仪器仪表制造	962	3	64	64	114
导航、气象及海洋专用仪器制造	962	3	64	64	114
光学仪器及眼镜制造	2658	38	128	129	35
光学仪器制造	2145	37	18	18	48
眼镜制造	513	1	109	112	－13
文化、办公用机械制造	169	...	－115		－136
计算器及货币专用设备制造	169	...	－115		－136
工艺品及其他制造业	4512	19	1	－48	686
工艺美术品制造	323	5	10	11	183
珠宝首饰及有关物品的制造	323	5	10	11	183
日用杂品制造	4189	14	－9	－58	502
鬃毛加工、制刷及清扫工具的制造	163		50		83
其他日用杂品制造	4026	14	－58	－58	420
废弃资源和废旧材料回收加工业	1382	40	219	226	－30
金属废料和碎屑的加工处理	393	37	－8		－511
金属废料和碎屑的加工处理	393	37	－8		－511
非金属废料和碎屑的加工处理	989	4	226	226	480
非金属废料和碎屑的加工处理	989	4	226	226	480
电力、燃气及水的生产和供应业	**527955**	**18102**	**789436**	**803630**	**257535**
电力、热力的生产和供应业	420680	12473	698430	712844	292795
电力生产	199520	9992	470111	477177	6443
火力发电	122355	9055	283478	275846	－145456
水力发电	27913	641	53325	59365	27021
核力发电	48767	296	133115	141509	125165
其他能源发电	484		193	458	－287
电力供应	214133	2257	223668	230964	295274
电力供应	214133	2257	223668	230964	295274
热力生产和供应	7027	224	4652	4703	－8922
热力生产和供应	7027	224	4652	4703	－8922
燃气生产和供应业	13689	271	11874	12310	－313
燃气生产和供应业	13689	271	11874	12310	－313
燃气生产和供应业	13689	271	11874	12310	－313
水的生产和供应业	93586	5359	79132	78476	－34947
自来水的生产和供应	82597	4798	57058	57774	－20243
自来水的生产和供应	82597	4798	57058	57774	－20243
污水处理及其再生利用	10988	561	22074	20702	－14704
污水处理及其再生利用	10988	561	22074	20702	－14704

1－B－2 续表9－1

单位：个、万元、人

指标名称	投资收益	补贴收入	营业外收入	营业外支出	利润总额
总 计	**134160**	**691979**	**339765**	**313864**	**893317**
一、按轻重工业分					
轻工业	61576	22152	49211	33459	632950
重工业	72584	669827	290554	280405	260368
二、按规模分					
大型企业	46765	492859	66467	182203	－262387
中型企业	46504	169416	198563	66685	995835
小型企业	40891	29704	74734	64976	159870
三、按登记注册类型分					
内 资	**126109**	**669170**	**324370**	**310546**	**689983**
国 有	34613	64895	127029	193665	674466
集 体					394
股份合作企业	…			2	－139
联营企业			88	922	－11545
国有联营			2	37	27
集体联营			26	848	－11464
国有与集体联营			60	30	－110
其他联营			…	7	2
有限责任公司	51815	111339	178819	105498	203228
国有独资公司	5672	27482	7211	9161	68099
其他有限责任公司	46142	83857	171608	96337	135129
股份有限公司	39681	492328	17176	10430	－175392
其 他		608	1258	30	－1030
港澳台商投资	**－287**	**21506**	**8379**	**1018**	**115030**
与港澳台商合资经营	－228	21487	8325	725	110765
与港澳台商合作经营	－59	19	41	290	3745
港澳台商独资					30
港澳台商投资股份有限公司			13	4	489
外商投资	**8339**	**1303**	**7016**	**2300**	**88305**
中外合资经营	－596	1058	6770	2033	39449
中外合作经营	3000	245	152	61	6580
外商投资股份有限公司	5935		95	206	42276
四、按国民经济行业（门类、大类、中类、小类）分					
采矿业	**－480**	**7312**	**2611**	**1582**	**21035**
煤炭开采和洗选业	9	5013	268	317	－4310
烟煤和无烟煤的开采洗选	9	5013	268	317	－4310
烟煤和无烟煤的开采洗选	9	5013	268	317	－4310
黑色金属矿采选业	－575	145	56	423	21620
铁矿采选	－575	145	56	423	21620
铁矿采选	－575	145	56	423	21620

1－B－2 续表9－2

单位：个、万元、人

指 标 名 称	投资收益	补贴收入	营业外收入	营业外支出	利润总额
有色金属矿采选业	84	55	73	626	3526
常用有色金属矿采选	84	55	59	144	3450
铜矿采选	84	55	59	144	3450
稀有稀土金属矿采选			15	483	76
放射性金属矿采选			15	483	76
非金属矿采选业	2	2100	2214	215	198
土砂石开采		50	94	176	1128
石灰石、石膏开采		50		1	－231
建筑装饰用石开采			27	156	1059
耐火土石开采			2	6	－64
粘土及其他土砂石开采			65	12	364
化学矿采选	2	2050	2120	39	－930
化学矿采选	2	2050	2120	39	－930
制造业	**98362**	**578453**	**168057**	**125205**	**558288**
农副食品加工业	－94	1676	5052	245	1065
谷物磨制		291		10	－110
谷物磨制		291		10	－110
饲料加工				3	－8
饲料加工				3	－8
屠宰及肉类加工	－94	121	198	138	517
畜禽屠宰	－94	113	22	42	771
肉制品及副产品加工		8	176	96	－254
水产品加工		1264	4854	93	666
水产品冷冻加工		1264	4854	93	666
食品制造业	37	9	184	244	2434
方便食品制造	－59	9	29	115	－858
速冻食品制造	－59	9	28	115	－888
方便面及其他方便食品制造			1		30
液体乳及乳制品制造			9	59	1032
液体乳及乳制品制造			9	59	1032
罐头制造			87	19	119
蔬菜、水果罐头制造			87	19	119
调味品、发酵制品制造	96		53	31	376
味精制造	96		50	27	443
酱油、食醋及类似制品的制造			2	1	57
其他调味品、发酵制品制造			1	3	－124
其他食品制造			6	20	1766
冷冻饮品及食用冰制造					－13
盐加工			6	19	1759
食品及饲料添加剂制造				1	21

1-B-2 续表9-3

单位：个、万元、人

指 标 名 称	投资收益	补贴收入	营业外收入	营业外支出	利润总额
饮料制造业	-135	340	1977	509	12887
酒的制造	-135	266	1678	492	12585
啤酒制造	88	37	1251	221	1258
黄酒制造	-223	229	427	271	11327
软饮料制造			3	15	304
茶饮料及其他软饮料制造			3	15	304
精制茶加工		73	297	2	-2
精制茶加工		73	297	2	-2
烟草制品业	785	1755	1386	10792	422335
卷烟制造	785	1755	1386	10792	422335
卷烟制造	785	1755	1386	10792	422335
纺织业	2531	337	24503	2735	17954
棉、化纤纺织及印染精加工	70	197	19853	1470	9179
棉、化纤纺织加工	70	18	19826	1456	8952
棉、化纤印染精加工	1	179	27	14	227
毛纺织和染整精加工			95	60	2628
毛纺织			95	60	2628
丝绢纺织及精加工	2450	131	2179	444	6196
绢纺和丝织加工	2450	124	1811	417	5704
丝印染精加工		7	368	27	492
纺织制成品制造	11	8	1469	171	-659
棉及化纤制品制造			…		-429
丝制品制造	11	3	604	64	-1097
纺织带和帘子布制造		2	…	20	-54
无纺布制造		3	864	87	921
针织品、编织品及其制品制造			907	589	611
毛针织品及编织品制造			174	552	482
丝针织品及编织品制造			125	28	38
其他针织品及编织品制造			609	9	91
纺织服装、鞋、帽制造业	23	13	213	1295	5640
纺织服装制造	23	13	213	1295	5610
纺织服装制造	23	13	213	1295	5610
纺织面料鞋的制造					30
纺织面料鞋的制造					30
皮革、毛皮、羽毛(绒)及其制品业		6	76	3	5290
皮革制品制造		6	76	3	5290
皮鞋制造		6		3	455
皮箱、包(袋)制造			76		4835
木材加工及木、竹、藤、棕、草制品业	40	1050	2211	152	1511
人造板制造	40	1030	2209	133	1472

1－B－2 续表9－4

单位：个、万元、人

指 标 名 称	投资收益	补贴收入	营业外收入	营业外支出	利润总额
纤维板制造	40	1030	2209	133	1472
木制品制造		20	2	19	39
建筑用木料及木材组件加工					40
软木制品及其他木制品制造		20	2	19	－1
造纸及纸制品业	－28	10	161	243	3001
造 纸	－28	10	161	243	3001
机制纸及纸板制造	－28	10	161	243	3001
印刷业和记录媒介的复制	965	87	104	216	16357
印 刷	965	87	104	210	16226
书、报、刊印刷	965	12	95	187	12329
本册印制		17	…	3	289
包装装潢及其他印刷		58	8	19	3607
装订及其他印刷服务活动					104
装订及其他印刷服务活动					104
记录媒介的复制			…	6	28
记录媒介的复制			…	6	28
文教体育用品制造业		3	1	10	928
体育用品制造		3	1	10	928
球类制造			…	7	2
体育器材及配件制造			…		184
训练健身器材制造		3		3	742
石油加工、炼焦及核燃料加工业	8138	513683	32648	16073	－386956
精炼石油产品的制造	8138	513683	18247	750	－370519
原油加工及石油制品制造	8138	513683	18247	750	－370519
炼 焦			14401	15323	－16437
炼 焦			14401	15323	－16437
化学原料及化学制品制造业	12270	31996	43273	11209	154004
基础化学原料制造	8482	6978	16387	3489	17545
无机酸制造		238	…	18	314
无机碱制造		386	667	235	15452
无机盐制造			1	3	31
有机化学原料制造	8482	6299	15522	3142	3366
其他基础化学原料制造		56	196	90	－1618
肥料制造	128	103	448	260	－808
氮肥制造	128	103	419	182	404
其他肥料制造			30	79	－1211
农药制造	2224	66	390	5156	－7708
化学农药制造	2224	66	390	5156	－7708
涂料、油墨、颜料及类似产品制造	…		8	67	834
涂料制造			8	66	973

1-B-2 续表9-5

单位：个、万元、人

指标名称	投资收益	补贴收入	营业外收入	营业外支出	利润总额
油墨及类似产品制造	...			2	-139
合成材料制造		23138	23165	194	115836
初级形态的塑料及合成树脂制造			27	57	-493
合成纤维单(聚合)体的制造		23138	23138	138	116329
专用化学产品制造	1433	1711	2872	2010	27853
化学试剂和助剂制造	540	626	37	656	903
专项化学用品制造	-48	1013	1631	304	20549
炸药及火工产品制造	2	73	58	34	3856
信息化学品制造	939		1144	983	913
其他专用化学产品制造			2	33	1632
日用化学产品制造	2		2	33	452
肥皂及合成洗涤剂制造			2	17	539
香料、香精制造	2			16	-87
医药制造业	11515	984	1779	10511	155516
化学药品原药制造	11493	715	1631	10248	154100
化学药品原药制造	11493	715	1631	10248	154100
化学药品制剂制造	-2	16	124	175	-879
化学药品制剂制造	-2	16	124	175	-879
中药饮片加工		30	...	17	113
中药饮片加工		30	...	17	113
中成药制造		158		2	437
中成药制造		158		2	437
生物、生化制品的制造	24	65	23	68	1744
生物、生化制品的制造	24	65	23	68	1744
化学纤维制造业	56	111	2488	820	-61093
纤维素纤维原料及纤维制造			2448	390	-3579
化纤浆粕制造					256
人造纤维(纤维素纤维)制造			2448	390	-3835
合成纤维制造	56	111	40	430	-57514
涤纶纤维制造	56	111	40	430	1129
腈纶纤维制造					-58643
橡胶制品业	1070		5020	1111	35997
轮胎制造	1070		4999	1100	35372
车辆、飞机及工程机械轮胎制造	1070		4999	1028	35451
轮胎翻新加工				72	-80
橡胶靴鞋制造			22	11	625
橡胶靴鞋制造			22	11	625
塑料制品业		21	2194	1792	-1239
塑料薄膜制造			42	2	-86
塑料薄膜制造			42	2	-86

1－B－2 续表9－6

单位：个、万元、人

指 标 名 称	投资收益	补贴收入	营业外收入	营业外支出	利润总额
塑料板、管、型材的制造		21	2144	1724	－1229
塑料板、管、型材的制造		21	2144	1724	－1229
泡沫塑料制造			1	60	－87
泡沫塑料制造			1	60	－87
塑料零件制造					127
塑料零件制造					127
日用塑料制造			8	6	36
日用塑料杂品制造			8	6	36
非金属矿物制品业	2734	21375	10208	5052	52614
水泥、石灰和石膏的制造	2238	21296	9856	4959	45646
水泥制造	2238	21274	9856	4952	45117
石灰和石膏制造		22		7	530
水泥及石膏制品制造	496	67	345	93	6528
水泥制品制造	－87	31	268	58	4304
砼结构构件制造	583	36	78	34	2224
玻璃及玻璃制品制造		12	3		436
其他玻璃制品制造		12	3		436
陶瓷制品制造			3	1	4
特种陶瓷制品制造			3	1	4
黑色金属冶炼及压延加工业	463	10	9923	1100	－186103
钢压延加工	463	10	9922	1089	－187927
钢压延加工	463	10	9922	1089	－187927
铁合金冶炼			...	12	1824
铁合金冶炼			...	12	1824
有色金属冶炼及压延加工业	111	70	171	87	1589
常用有色金属冶炼	111	70	160	23	116
铅锌冶炼	111	70	160	23	116
贵金属冶炼			10	39	1384
金冶炼			10	39	1384
有色金属合金制造				2	－303
有色金属合金制造				2	－303
有色金属压延加工			2	24	392
常用有色金属压延加工			2	24	392
金属制品业		9	566	1060	13114
结构性金属制品制造		9		7	71
金属结构制造		9		5	－21
金属门窗制造				2	92
金属工具制造			19	443	10
手工具制造			19	443	10
集装箱及金属包装容器制造			291	210	7870

1－B－2 续表9－7

单位：个、万元、人

指 标 名 称	投资收益	补贴收入	营业外收入	营业外支出	利润总额
金属压力容器制造			2	29	415
金属包装容器制造			289	181	7455
建筑、安全用金属制品制造			176	168	4071
建筑装饰及水暖管道零件制造			124	168	3856
其他建筑、安全用金属制品制造			52		215
其他金属制品制造			81	232	1092
其他未列明的金属制品制造			81	232	1092
通用设备制造业	8748	1476	3787	3092	119387
锅炉及原动机制造	6055	277	237	341	59831
锅炉及辅助设备制造		50	2	14	3585
汽轮机及辅机制造	6055	226	203	306	55010
水轮机及辅机制造			33	22	1237
金属加工机械制造		290	46	391	1161
金属切削机床制造			43	388	220
其他金属加工机械制造		290	3	2	941
起重运输设备制造	1602	284	942	978	－92
起重运输设备制造	1602	284	942	978	－92
泵、阀门、压缩机及类似机械的制造	137	6	183	175	10567
泵及真空设备制造	4		93	99	1218
气体压缩机械制造		2		20	354
阀门和旋塞的制造			24	9	672
液压和气压动力机械及元件制造	133	4	65	47	8324
轴承、齿轮、传动和驱动部件的制造	－305	291	913	412	7533
轴承制造			24	202	309
齿轮、传动和驱动部件制造	－305	291	889	210	7223
风机、衡器、包装设备等通用设备制造	1259	303	1429	700	39752
风机、风扇制造				1	210
气体、液体分离及纯净设备制造	794	7	421	87	27640
制冷、空调设备制造	－19		1004	273	10670
风动和电动工具制造					104
其他通用设备制造	484	296	5	339	1128
通用零部件制造及机械修理	…	10	36	57	359
紧固件、弹簧制造		10		…	120
机械零部件加工及设备修理			33	53	222
其他通用零部件制造	…		3	4	17
金属铸、锻加工		15	2	40	275
钢铁铸件制造			2	32	433
锻件及粉末冶金制品制造		15	…	7	－158
专用设备制造业	1032	804	3021	1380	6158

1-B-2 续表9-8

单位：个、万元、人

指 标 名 称	投资收益	补贴收入	营业外收入	营业外支出	利润总额
矿山、冶金、建筑专用设备制造	543	9	573	28	2438
石油钻采专用设备制造				1	1266
建筑工程用机械制造	543	9	573	26	1172
化工、木材、非金属加工专用设备制造				28	475
炼油、化工生产专用设备制造				28	475
电子和电工机械专用设备制造	6	...	353	1	393
电子工业专用设备制造		...		1	-82
武器弹药制造	6		353		475
农、林、牧、渔专用机械制造	183	445	88	123	1789
拖拉机制造			52	86	-22
机械化农业及园艺机具制造	183	445	36	36	1812
医疗仪器设备及器械制造		46			142
假肢、人工器官及植(介)入器械制造		46			142
环保、社会公共安全及其他专用设备制造	300	304	2008	1201	921
环境污染防治专用设备制造	300	304	1971	1199	724
邮政专用机械及器材制造			22	2	-135
水资源专用机械制造			15		332
交通运输设备制造业	1992	810	3469	52282	19955
铁路运输设备制造	5		...	2	98
铁路机车车辆配件制造			...	1	8
其他铁路设备制造及设备修理	5		...	1	91
汽车制造	11	294	1044	1379	-3947
汽车整车制造		42	968	109	-8068
汽车零部件及配件制造	10	252	53	1019	2785
汽车修理	1		23	252	1337
摩托车制造	1848		1087	993	14479
摩托车整车制造	2075		893	993	13655
摩托车零部件及配件制造	-227		194		824
船舶及浮动装置制造	128	516	1338	49908	9276
金属船舶制造	128	516	1338	49908	9276
交通器材及其他交通运输设备制造					48
潜水及水下救捞装备制造					48
电气机械及器材制造业	29345	863	2268	1510	45025
电机制造	5		41	73	10537
发电机及发电机组制造	5		41	60	10526
电动机制造				13	12
输配电及控制设备制造	276	419	22	68	5159
变压器、整流器和电感器制造			1	1	-164
电容器及其配套设备制造				1	107

1－B－2 续表9－9 单位：个、万元、人

指标名称	投资收益	补贴收入	营业外收入	营业外支出	利润总额
配电开关控制设备制造	276	257	21	62	4140
其他输配电及控制设备制造		162		5	1077
电线、电缆、光缆及电工器材制造	344	119	1605	162	2457
电线电缆制造	－6	6	1451	130	115
其他电工器材制造	350	114	155	32	2342
电池制造		23	1	2	－486
电池制造		23	1	2	－486
家用电力器具制造	28720	301	587	124	26820
家用空气调节器制造		290	543	20	－479
家用清洁卫生电器具制造	8362	11	11	87	6885
家用电力器具专用配件制造	20359		34	17	20415
照明器具制造				1064	755
灯用电器附件及其他照明器具制造				1064	755
其他电气机械及器材制造			12	17	－218
车辆专用照明及电气信号设备装置制造			12	17	－218
通信设备、计算机及其他电子设备制造业	16637	403	10992	1039	99675
通信设备制造	15241	39	1259	315	25504
通信传输设备制造			12	7	88
通信交换设备制造	399	39	13	4	2588
移动通信及终端设备制造			1209	70	8597
其他通信设备制造	14841		25	234	14231
广播电视设备制造		9	2	2	135
广播电视节目制作及发射设备制造		9	2	2	135
电子计算机制造	－210	4	7466	335	61353
计算机网络设备制造		4	1	62	830
电子计算机外部设备制造	－210		7466	273	60523
电子器件制造	738	178	457	105	2031
电子真空器件制造			4	15	204
半导体分立器件制造		155	161	15	2309
集成电路制造	738	23	286	39	－580
光电子器件及其他电子器件制造			6	36	99
电子元件制造	3000	98	203	122	9817
电子元件及组件制造	3000	98	203	122	9817
家用视听设备制造	－2131	75	1605	160	833
家用影视设备制造	－2131	75	1605	160	833
其他电子设备制造					3
其他电子设备制造					3
仪器仪表及文化、办公用机械制造业	115	553	196	293	741
通用仪器仪表制造			37	…	195

1－B－2 续表9－10 单位：个、万元、人

指标名称	投资收益	补贴收入	营业外收入	营业外支出	利润总额
工业自动控制系统装置制造			36		193
供应用仪表及其他通用仪器制造			2	...	2
专用仪器仪表制造		420		5	529
导航、气象及海洋专用仪器制造		420		5	529
光学仪器及眼镜制造	115	133	157	286	153
光学仪器制造	115	133	151	282	165
眼镜制造			6	4	－12
文化、办公用机械制造			2	1	－135
计算器及货币专用设备制造			2	1	－135
工艺品及其他制造业	13		80	343	436
工艺美术品制造	13		15	9	201
珠宝首饰及有关物品的制造	13		15	9	201
日用杂品制造			66	333	235
鬃毛加工、制刷及清扫工具的制造				...	82
其他日用杂品制造			66	333	152
废弃资源和废旧材料回收加工业			107	8	69
金属废料和碎屑的加工处理			94	4	－420
金属废料和碎屑的加工处理			94	4	－420
非金属废料和碎屑的加工处理			13	4	489
非金属废料和碎屑的加工处理			13	4	489
电力、燃气及水的生产和供应业	**36278**	**106215**	**169098**	**187077**	**313995**
电力、热力的生产和供应业	18843	72891	160119	181709	306957
电力生产	4197	49237	100807	15313	95451
火力发电	2542	3632	10959	9327	－142294
水力发电	402	763	1178	2393	26803
核力发电	600	44506	88656	3570	210251
其他能源发电	653	336	14	23	692
电力供应	14647	20314	58535	165907	217407
电力供应	14647	20314	58535	165907	217407
热力生产和供应		3340	778	490	－5902
热力生产和供应		3340	778	490	－5902
燃气生产和供应业	－21	12278	1026	1421	11454
燃气生产和供应业	－21	12278	1026	1421	11454
燃气生产和供应业	－21	12278	1026	1421	11454
水的生产和供应业	17456	21046	7952	3947	－4416
自来水的生产和供应	17469	16356	7900	3022	6484
自来水的生产和供应	17469	16356	7900	3022	6484
污水处理及其再生利用	－13	4690	52	926	－10900
污水处理及其再生利用	－13	4690	52	926	－10900

1-B-2 续表10-1

单位：个、万元、人

指标名称	亏损企业亏损总额	应交所得税	利税总额	本年应付工资总额	本年应付福利费总额
总计	**1098781**	**391439**	**4484633**	**1515962**	**161397**
一、按轻重工业分					
轻工业	108673	140150	2177876	285531	30026
重工业	990109	251289	2306758	1230431	131371
二、按规模分					
大型企业	569061	101595	617055	577685	56870
中型企业	341615	250312	3277720	652992	73328
小型企业	188105	39532	589858	285285	31199
三、按登记注册类型分					
内资	**1052468**	**356686**	**4013122**	**1371940**	**149398**
国有	194871	264825	3097170	779858	87444
集体			507	33	
股份合作企业	139		-139	63	11
联营企业	11599	165	-6426	5646	88
国有联营		8	715	730	37
集体联营	11464	144	-7991	3672	
国有与集体联营	135	13	423	837	49
其他联营		1	427	406	2
有限责任公司	457390	92491	823756	443078	51193
国有独资公司	20885	14727	158242	108303	10905
其他有限责任公司	436506	77764	665514	334775	40289
股份有限公司	386672	-1237	95692	141569	10461
其他	1796	442	2561	1694	200
港澳台商投资	**2074**	**14577**	**277483**	**29414**	**2591**
与港澳台商合资经营	1185	13669	269955	27252	2492
与港澳台商合作经营	888	834	6962	999	92
港澳台商独资		3	30	735	
港澳台商投资股份有限公司		71	536	429	7
外商投资	**44240**	**20176**	**194029**	**114609**	**9408**
中外合资经营	44240	10992	134225	85427	5265
中外合作经营		92	9058	2915	478
外商投资股份有限公司		9092	50745	26267	3664
四、按国民经济行业(门类、大类、中类、小类)分					
采矿业	**5597**	**6888**	**38429**	**23826**	**2767**
煤炭开采和洗选业	4310	31	98	7884	990
烟煤和无烟煤的开采洗选	4310	31	98	7884	990
烟煤和无烟煤的开采洗选	4310	31	98	7884	990
黑色金属矿采选业		5674	28181	5719	595
铁矿采选		5674	28181	5719	595
铁矿采选		5674	28181	5719	595

1-B-2 续表 10-2 单位:个、万元、人

指 标 名 称	亏损企业亏损总额	应交所得税	利税总额	本年应付工资总额	本年应付福利费总额
有色金属矿采选业		894	5769	4245	120
常用有色金属矿采选		875	5693	3334	
铜矿采选		875	5693	3334	
稀有稀土金属矿采选		19	76	911	120
放射性金属矿采选		19	76	911	120
非金属矿采选业	1287	289	4382	5979	1063
土砂石开采	357	289	4529	3255	36
石灰石、石膏开采	293	16	1227	674	36
建筑装饰用石开采		274	2882	455	
耐火土石开采	64		-10	234	
粘土及其他土砂石开采			430	1891	
化学矿采选	930		-147	2724	1027
化学矿采选	930		-147	2724	1027
制造业	**754935**	**200861**	**2870376**	**788343**	**80682**
农副食品加工业	2938	317	2196	8047	500
谷物磨制	124	1	-86	546	41
谷物磨制	124	1	-86	546	41
饲料加工	8		544	269	1
饲料加工	8		544	269	1
屠宰及肉类加工	711	316	800	1217	70
畜禽屠宰	138	258	917	767	59
肉制品及副产品加工	573	59	-117	450	11
水产品加工	2095	...	939	6015	388
水产品冷冻加工	2095	...	939	6015	388
食品制造业	2001	372	6036	7437	430
方便食品制造	888	8	-640	497	23
速冻食品制造	888		-776	351	2
方便面及其他方便食品制造		8	136	146	22
液体乳及乳制品制造	271	1	1362	839	151
液体乳及乳制品制造	271	1	1362	839	151
罐头制造			462	2071	
蔬菜、水果罐头制造			462	2071	
调味品、发酵制品制造	828	308	2488	3237	119
味精制造	704	290	2393	2850	76
酱油、食醋及类似制品的制造		17	138	291	42
其他调味品、发酵制品制造	124	1	-43	97	...
其他食品制造	13	55	2366	793	137
冷冻饮品及食用冰制造	13	-3	69	144	2
盐加工		54	2215	621	131
食品及饲料添加剂制造		4	82	29	4

1－B－2 续表10－3 单位：个、万元、人

指标名称	亏损企业亏损总额	应交所得税	利税总额	本年应付工资总额	本年应付福利费总额
饮料制造业	2253	3335	46634	16647	1754
酒的制造	2243	3335	45774	16235	1717
啤酒制造	2243	255	22672	6721	481
黄酒制造		3080	23102	9513	1236
软饮料制造			759	260	33
茶饮料及其他软饮料制造			759	260	33
精制茶加工	10		101	152	4
精制茶加工	10		101	152	4
烟草制品业		105584	1761800	30143	5460
卷烟制造		105584	1761800	30143	5460
卷烟制造		105584	1761800	30143	5460
纺织业	4941	1742	34192	32590	3389
棉、化纤纺织及印染精加工	2456	430	17052	10543	808
棉、化纤纺织加工	1722	430	16513	9660	733
棉、化纤印染精加工	735		540	883	74
毛纺织和染整精加工		432	3680	2027	405
毛纺织		432	3680	2027	405
丝绢纺织及精加工	862	785	11336	10519	919
绢纺和丝织加工		461	9259	6184	667
丝印染精加工	862	325	2077	4336	252
纺织制成品制造	1623	40	500	3501	130
棉及化纤制品制造	429		－229	854	38
丝制品制造	1140		－886	1161	10
纺织带和帘子布制造	54	6	－52	261	26
无纺布制造		34	1667	1225	56
针织品、编织品及其制品制造		56	1624	6000	1127
毛针织品及编织品制造		44	1397	4261	1105
丝针织品及编织品制造		12	114	1565	22
其他针织品及编织品制造			113	173	
纺织服装、鞋、帽制造业		296	13044	10274	1792
纺织服装制造		288	12973	10211	1789
纺织服装制造		288	12973	10211	1789
纺织面料鞋的制造		8	72	63	3
纺织面料鞋的制造		8	72	63	3
皮革、毛皮、羽毛(绒)及其制品业		155	9024	2157	285
皮革制品制造		155	9024	2157	285
皮鞋制造		155	878	993	230
皮箱、包(袋)制造			8146	1163	55
木材加工及木、竹、藤、棕、草制品业	1	397	2138	3805	275
人造板制造		373	1749	2421	80

1－B－2　续表10－4　　　　单位：个、万元、人

指　标　名　称	亏损企业亏损总额	应交所得税	利税总额	本年应付工资总额	本年应付福利费总额
纤维板制造		373	1749	2421	80
木制品制造	1	25	389	1385	194
建筑用木料及木材组件加工		10	137	40	6
软木制品及其他木制品制造	1	15	252	1345	188
造纸及纸制品业	57	1388	11507	8351	516
造　纸	57	1388	11507	8351	516
机制纸及纸板制造	57	1388	11507	8351	516
印刷业和记录媒介的复制	1037	992	21636	9929	1352
印　刷	1037	966	21334	9704	1352
书、报、刊印刷	1037	579	15849	7637	1193
本册印制		66	634	260	
包装装潢及其他印刷		321	4850	1806	159
装订及其他印刷服务活动		26	237	60	
装订及其他印刷服务活动		26	237	60	
记录媒介的复制			66	166	
记录媒介的复制			66	166	
文教体育用品制造业		232	1406	999	64
体育用品制造		232	1406	999	64
球类制造		1	427	406	2
体育器材及配件制造		46	201	433	62
训练健身器材制造		186	778	160	
石油加工、炼焦及核燃料加工业	418533	－16101	－3582	66125	4044
精炼石油产品的制造	402097	－16131	5032	65083	3961
原油加工及石油制品制造	402097	－16131	5032	65083	3961
炼　焦	16437	30	－8613	1043	83
炼　焦	16437	30	－8613	1043	83
化学原料及化学制品制造业	19492	28536	253191	95395	11422
基础化学原料制造	6683	10844	77091	59995	5719
无机酸制造			1192	243	15
无机碱制造		3370	24303	3942	863
无机盐制造			160	50	22
有机化学原料制造	5065	7507	52562	55460	4762
其他基础化学原料制造	1618	－33	－1126	300	58
肥料制造	2252	226	1607	5667	1189
氮肥制造	1040	226	2681	4771	1100
其他肥料制造	1211		－1074	896	90
农药制造	9431	－759	－7400	6185	953
化学农药制造	9431	－759	－7400	6185	953
涂料、油墨、颜料及类似产品制造	139	281	1878	808	26
涂料制造		281	2017	745	15

1－B－2 续表 10－5

单位：个、万元、人

指标名称	亏损企业亏损总额	应交所得税	利税总额	本年应付工资总额	本年应付福利费总额
油墨及类似产品制造	139		－139	63	11
合成材料制造	877	15568	140263	5937	669
初级形态的塑料及合成树脂制造	877	101	－488	558	29
合成纤维单（聚合）体的制造		15467	140751	5379	640
专用化学产品制造	24	2338	38752	16023	2846
化学试剂和助剂制造		162	3557	4691	522
专项化学用品制造		581	24395	1350	407
炸药及火工产品制造		964	7353	8639	1796
信息化学品制造		228	1119	832	97
其他专用化学产品制造	24	403	2329	512	25
日用化学产品制造	87	39	1000	779	20
肥皂及合成洗涤剂制造		39	1016	682	8
香料、香精制造	87		－16	97	12
医药制造业	2147	17689	207123	41820	4495
化学药品原药制造	21	17245	200733	32640	3450
化学药品原药制造	21	17245	200733	32640	3450
化学药品制剂制造	1986	140	1602	4894	777
化学药品制剂制造	1986	140	1602	4894	777
中药饮片加工		28	481	2211	47
中药饮片加工		28	481	2211	47
中成药制造		21	740	145	20
中成药制造		21	740	145	20
生物、生化制品的制造	139	255	3566	1930	201
生物、生化制品的制造	139	255	3566	1930	201
化学纤维制造业	62477	276	－58296	10455	185
纤维素纤维原料及纤维制造	3835	64	－3153	2485	185
化纤浆粕制造		64	365	…	…
人造纤维（纤维素纤维）制造	3835		－3518	2484	185
合成纤维制造	58643	212	－55143	7970	
涤纶纤维制造		212	2176	4799	
腈纶纤维制造	58643		－57319	3172	
橡胶制品业	80	5488	73139	49007	1306
轮胎制造	80	5488	71760	46959	1172
车辆、飞机及工程机械轮胎制造		5488	71837	46919	1172
轮胎翻新加工	80		－77	40	…
橡胶靴鞋制造			1379	2048	134
橡胶靴鞋制造			1379	2048	134
塑料制品业	1841	165	528	2257	170
塑料薄膜制造	266	27	252	822	101
塑料薄膜制造	266	27	252	822	101

1－B－2　续表10－6　　　　单位：个、万元、人

指　标　名　称	亏损企业亏损总额	应交所得税	利税总额	本年应付工资总额	本年应付福利费总额
塑料板、管、型材的制造	1487	97	－94	922	69
塑料板、管、型材的制造	1487	97	－94	922	69
泡沫塑料制造	87		82	223	
泡沫塑料制造	87		82	223	
塑料零件制造		32	246	92	
塑料零件制造		32	246	92	
日用塑料制造		9	42	198	
日用塑料杂品制造		9	42	198	
非金属矿物制品业	12412	7763	122410	39682	3718
水泥、石灰和石膏的制造	12412	6536	109945	33644	3398
水泥制造	12412	6486	109172	33465	3398
石灰和石膏制造		50	772	180	
水泥及石膏制品制造		1118	11550	5283	236
水泥制品制造		874	8115	3857	135
砼结构构件制造		244	3435	1425	101
玻璃及玻璃制品制造		109	778	568	71
其他玻璃制品制造		109	778	568	71
陶瓷制品制造			137	187	13
特种陶瓷制品制造			137	187	13
黑色金属冶炼及压延加工业	206930	1881	－70224	74257	12716
钢压延加工	206930	1423	－72499	73890	12709
钢压延加工	206930	1423	－72499	73890	12709
铁合金冶炼		459	2275	367	7
铁合金冶炼		459	2275	367	7
有色金属冶炼及压延加工业	303	395	3332	5702	241
常用有色金属冶炼			1336	2561	223
铅锌冶炼			1336	2561	223
贵金属冶炼		346	1576	2822	
金冶炼		346	1576	2822	
有色金属合金制造	303		－257	145	17
有色金属合金制造	303		－257	145	17
有色金属压延加工		49	679	175	1
常用有色金属压延加工		49	679	175	1
金属制品业	942	838	21760	10513	691
结构性金属制品制造	60	51	197	467	66
金属结构制造	60	39	28	336	54
金属门窗制造		12	170	131	11
金属工具制造			1004	3218	300
手工具制造			1004	3218	300
集装箱及金属包装容器制造		167	13545	4272	

1－B－2 续表10－7

单位：个、万元、人

指标名称	亏损企业亏损总额	应交所得税	利税总额	本年应付工资总额	本年应付福利费总额
金属压力容器制造		13	808	507	
金属包装容器制造		154	12737	3765	
建筑、安全用金属制品制造		114	5007	1234	105
建筑装饰及水暖管道零件制造		6	4660	1107	90
其他建筑、安全用金属制品制造		108	347	127	15
其他金属制品制造	882	506	2008	1322	221
其他未列明的金属制品制造	882	506	2008	1322	221
通用设备制造业	2455	21186	155067	96260	9502
锅炉及原动机制造	86	10601	71740	27009	4008
锅炉及辅助设备制造		340	4426	2506	831
汽轮机及辅机制造		9882	65104	22420	3038
水轮机及辅机制造	86	378	2210	2083	139
金属加工机械制造		156	2158	6981	275
金属切削机床制造			1156	6011	142
其他金属加工机械制造		156	1002	970	133
起重运输设备制造	2098	35	2797	14667	921
起重运输设备制造	2098	35	2797	14667	921
泵、阀门、压缩机及类似机械的制造	65	2325	16013	8401	740
泵及真空设备制造	65	260	2336	2184	239
气体压缩机械制造		46	740	1022	103
阀门和旋塞的制造		84	975	805	159
液压和气压动力机械及元件制造		1935	11963	4390	239
轴承、齿轮、传动和驱动部件的制造		924	10722	14333	794
轴承制造		35	610	854	58
齿轮、传动和驱动部件制造		888	10113	13479	736
风机、衡器、包装设备等通用设备制造	48	6963	49906	23239	2670
风机、风扇制造		32	260	140	27
气体、液体分离及纯净设备制造		4980	33805	11489	397
制冷、空调设备制造		1952	14212	8140	1722
风动和电动工具制造			143	95	13
其他通用设备制造	48		1486	3375	511
通用零部件制造及机械修理		75	973	752	53
紧固件、弹簧制造		15	525	350	2
机械零部件加工及设备修理		57	386	285	50
其他通用零部件制造		2	61	117	...
金属铸、锻加工	158	108	758	879	41
钢铁铸件制造		108	810	503	
锻件及粉末冶金制品制造	158		－51	376	41
专用设备制造业	1298	1589	11686	19355	2364

1－B－2 续表10－8

单位：个、万元、人

指 标 名 称	亏损企业亏损总额	应交所得税	利税总额	本年应付工资总额	本年应付福利费总额
矿山、冶金、建筑专用设备制造		490	3308	1612	264
石油钻采专用设备制造		238	1789	620	155
建筑工程用机械制造		252	1519	992	109
化工、木材、非金属加工专用设备制造		151	1206	2564	222
炼油、化工生产专用设备制造		151	1206	2564	222
电子和电工机械专用设备制造	82	32	594	742	104
电子工业专用设备制造	82	32	－30	65	10
武器弹药制造			624	677	94
农、林、牧、渔专用机械制造	22	171	1811	6464	903
拖拉机制造	22		－1	6035	845
机械化农业及园艺机具制造		171	1812	428	58
医疗仪器设备及器械制造			188	108	15
假肢、人工器官及植（介）入器械制造			188	108	15
环保、社会公共安全及其他专用设备制造	1194	745	4580	7866	856
环境污染防治专用设备制造	1059	695	4025	7353	660
邮政专用机械及器材制造	135		－38	351	196
水资源专用机械制造		50	593	162	
交通运输设备制造业	8143	1588	56564	74101	5902
铁路运输设备制造		23	436	385	38
铁路机车车辆配件制造			98	219	12
其他铁路设备制造及设备修理		23	338	166	26
汽车制造	8143	849	1414	11454	1353
汽车整车制造	8143		－6683	4698	412
汽车零部件及配件制造		799	5963	5801	894
汽车修理		50	2133	955	46
摩托车制造		294	44448	27490	1438
摩托车整车制造		29	42093	25247	1438
摩托车零部件及配件制造		265	2356	2242	
船舶及浮动装置制造		422	10214	34723	3072
金属船舶制造		422	10214	34723	3072
交通器材及其他交通运输设备制造			52	50	
潜水及水下救捞装备制造			52	50	
电气机械及器材制造业	2050	4445	55399	20492	1890
电机制造		1805	13483	4796	299
发电机及发电机组制造		1805	13248	4710	297
电动机制造			235	86	1
输配电及控制设备制造	184	1138	7492	3064	140
变压器、整流器和电感器制造	164	－4	－82	50	5
电容器及其配套设备制造		27	186	111	18

1－B－2 续表10－9 单位：个、万元、人

指标名称	亏损企业亏损总额	应交所得税	利税总额	本年应付工资总额	本年应付福利费总额
配电开关控制设备制造	19	978	5880	2609	76
其他输配电及控制设备制造		137	1508	293	41
电线、电缆、光缆及电工器材制造	651	414	5321	5706	585
电线电缆制造	651	24	652	1410	192
其他电工器材制造		390	4669	4295	393
电池制造	517	8	－408	314	16
电池制造	517	8	－408	314	16
家用电力器具制造	479	1081	28209	6190	819
家用空气调节器制造	479	166	174	2461	256
家用清洁卫生电器具制造		87	7211	1050	224
家用电力器具专用配件制造		828	20825	2679	339
照明器具制造			1392	14	
灯用电器附件及其他照明器具制造			1392	14	
其他电气机械及器材制造	218		－91	407	31
车辆专用照明及电气信号设备装置制造	218		－91	407	31
通信设备、计算机及其他电子设备制造业	2038	10041	125297	43924	4085
通信设备制造	113	313	32692	12591	1532
通信传输设备制造	113	45	614	1113	118
通信交换设备制造		271	3730	3266	920
移动通信及终端设备制造		－4	13991	7141	242
其他通信设备制造			14357	1072	252
广播电视设备制造		20	207	279	13
广播电视节目制作及发射设备制造		20	207	279	13
电子计算机制造	6	7316	70245	12806	1128
计算机网络设备制造	6	87	1206	992	227
电子计算机外部设备制造		7229	69039	11814	901
电子器件制造	1920	601	4408	8125	714
电子真空器件制造		45	528	556	75
半导体分立器件制造		320	3138	907	115
集成电路制造	1491	84	254	3391	
光电子器件及其他电子器件制造	429	152	488	3272	525
电子元件制造		1000	13333	7627	677
电子元件及组件制造		1000	13333	7627	677
家用视听设备制造		791	4382	2446	21
家用影视设备制造		791	4382	2446	21
其他电子设备制造		...	30	50	
其他电子设备制造		...	30	50	
仪器仪表及文化、办公用机械制造业	147	133	1328	4797	1522
通用仪器仪表制造		32	305	1668	872

1－B－2 续表 10－10

单位：个、万元、人

指标名称	亏损企业亏损总额	应交所得税	利税总额	本年应付工资总额	本年应付福利费总额
工业自动控制系统装置制造		30	267	1592	857
供应用仪表及其他通用仪器制造		2	37	76	14
专用仪器仪表制造		70	533	81	7
导航、气象及海洋专用仪器制造		70	533	81	7
光学仪器及眼镜制造	12	31	589	2851	643
光学仪器制造		21	364	2310	565
眼镜制造	12	10	225	541	78
文化、办公用机械制造	135		－98	196	
计算器及货币专用设备制造	135		－98	196	
工艺品及其他制造业		66	1718	3337	603
工艺美术品制造		50	294	209	12
珠宝首饰及有关物品的制造		50	294	209	12
日用杂品制造		15	1424	3129	591
鬃毛加工、制刷及清扫工具的制造		15	211	585	59
其他日用杂品制造			1213	2544	532
废弃资源和废旧材料回收加工业	420	74	4324	486	13
金属废料和碎屑的加工处理	420	3	3788	57	6
金属废料和碎屑的加工处理	420	3	3788	57	6
非金属废料和碎屑的加工处理		71	536	429	7
非金属废料和碎屑的加工处理		71	536	429	7
电力、燃气及水的生产和供应业	**338249**	**183691**	**1575828**	**703793**	**77948**
电力、热力的生产和供应业	296488	176121	1519211	622867	68663
电力生产	289544	43239	629970	252368	27627
火力发电	273072	2127	197640	142051	16113
水力发电	14954	9840	70337	39921	3418
核力发电		30889	360695	69305	7938
其他能源发电	1518	384	1299	1091	157
电力供应		132680	892900	366654	40550
电力供应		132680	892900	366654	40550
热力生产和供应	6944	202	－3659	3845	486
热力生产和供应	6944	202	－3659	3845	486
燃气生产和供应业	133	2188	29013	10618	1233
燃气生产和供应业	133	2188	29013	10618	1233
燃气生产和供应业	133	2188	29013	10618	1233
水的生产和供应业	41629	5382	27604	70308	8052
自来水的生产和供应	29451	5181	38346	62917	6580
自来水的生产和供应	29451	5181	38346	62917	6580
污水处理及其再生利用	12178	201	－10742	7392	1473
污水处理及其再生利用	12178	201	－10742	7392	1473

1－B－2　续表11－1　　　　单位：个、万元、人

指标名称	本年应交增值税	本年进项税额	本年销项税额	全部从业人员年平均人数	银行贷款余额
总　计	**2060099**	**7359290**	**8974832**	**324565**	**16948960**
一、按轻重工业分					
轻工业	422701	584200	943294	93861	2035733
重工业	1637398	6775090	8031538	230704	14913227
二、按规模分					
大型企业	593415	4462808	4943294	129740	5379002
中型企业	1089870	1927587	2733590	129829	7618356
小型企业	376814	968895	1297948	64996	3951602
三、按登记注册类型分					
内　资	**1826847**	**6837361**	**8246007**	**286080**	**16087188**
国　有	1225976	3771492	4882683	137827	7469937
集　体	103		55	25	
股份合作企业		560	430	45	300
联营企业	4469	10096	13030	1301	30066
国有联营	602	164	123	302	
集体联营	3157	6182	9338	424	27246
国有与集体联营	297	3137	3426	299	2080
其他联营	414	613	142	276	740
有限责任公司	526613	1274660	1604029	113903	8065951
国有独资公司	68510	215856	261521	40809	764472
其他有限责任公司	458103	1058804	1342508	73094	7301478
股份有限公司	66416	1763562	1726005	32541	517434
其　他	3270	16991	19776	438	3500
港澳台商投资	**135888**	**120931**	**252832**	**6724**	**105860**
与港澳台商合资经营	132706	112797	242098	5758	81800
与港澳台商合作经营	3151	7800	10369	471	23200
港澳台商独资				420	860
港澳台商投资股份有限公司	31	335	365	75	
外商投资	**97364**	**400999**	**475993**	**31761**	**755912**
中外合资经营	86748	361162	437139	27763	726142
中外合作经营	2430	12101	4531	698	19770
外商投资股份有限公司	8186	27736	34323	3300	10000
四、按国民经济行业(门类、大类、中类、小类)分					
采矿业	**13265**	**54479**	**67675**	**8648**	**19545**
煤炭开采和洗选业	3880	11119	14975	3574	4400
烟煤和无烟煤的开采洗选	3880	11119	14975	3574	4400
烟煤和无烟煤的开采洗选	3880	11119	14975	3574	4400
黑色金属矿采选业	5230	28713	33889	1204	6500
铁矿采选	5230	28713	33889	1204	6500
铁矿采选	5230	28713	33889	1204	6500

1－B－2 续表11－2

单位：个、万元、人

指 标 名 称	本年应交增值税	本年进项税额	本年销项税额	全部从业人员年平均人数	银行贷款余额
有色金属矿采选业	1931	13886	15835	1148	5455
常用有色金属矿采选	1931	13886	15835	757	5455
铜矿采选	1931	13886	15835	757	5455
稀有稀土金属矿采选				391	
放射性金属矿采选				391	
非金属矿采选业	2225	761	2976	2722	3190
土砂石开采	1512	485	1997	760	2567
石灰石、石膏开采	721	444	1165	330	2567
建筑装饰用石开采	745		745	50	
耐火土石开采	47	41	88	122	
粘土及其他土砂石开采				258	
化学矿采选	712	276	978	1962	623
化学矿采选	712	276	978	1962	623
制造业	**914455**	**4350523**	**5051344**	**226010**	**4147439**
农副食品加工业	875	8313	7475	4289	51355
谷物磨制	22	1418	1396	268	794
谷物磨制	22	1418	1396	268	794
饲料加工	552		552	48	300
饲料加工	552		552	48	300
屠宰及肉类加工	146	3581	3963	696	2940
畜禽屠宰	53	1194	1220	318	
肉制品及副产品加工	93	2387	2743	378	2940
水产品加工	154	3314	1565	3277	47321
水产品冷冻加工	154	3314	1565	3277	47321
食品制造业	3258	9667	10489	3017	10817
方便食品制造	201	767	387	493	1300
速冻食品制造	107	622	147	408	1300
方便面及其他方便食品制造	94	145	239	85	
液体乳及乳制品制造	292	1907	2192	362	
液体乳及乳制品制造	292	1907	2192	362	
罐头制造	331	1389	143	814	3747
蔬菜、水果罐头制造	331	1389	143	814	3747
调味品、发酵制品制造	1894	4332	6201	1145	5370
味精制造	1743	3982	5720	1003	5220
酱油、食醋及类似制品的制造	78	322	379	102	150
其他调味品、发酵制品制造	73	28	101	40	
其他食品制造	540	1272	1567	203	400
冷冻饮品及食用冰制造	74	57	131	31	
盐加工	412	995	1161	160	400
食品及饲料添加剂制造	53	221	274	12	

1－B－2 续表 11－3

单位：个、万元、人

指 标 名 称	本年应交增值税	本年进项税额	本年销项税额	全部从业人员年平均人数	银行贷款余额
饮料制造业	15381	25234	39351	7251	70320
酒的制造	14875	23698	37772	6836	70320
啤酒制造	7108	8278	15229	3135	15300
黄酒制造	7767	15420	22543	3701	55020
软饮料制造	404	1370	1390	167	
茶饮料及其他软饮料制造	404	1370	1390	167	
精制茶加工	103	166	190	248	
精制茶加工	103	166	190	248	
烟草制品业	267424	169374	435569	2907	
卷烟制造	267424	169374	435569	2907	
卷烟制造	267424	169374	435569	2907	
纺织业	14785	39470	51625	15116	124470
棉、化纤纺织及印染精加工	7127	16055	22994	6018	37870
棉、化纤纺织加工	6817	14234	20965	5645	36210
棉、化纤印染精加工	310	1821	2029	373	1660
毛纺织和染整精加工	1017	3445	4143	1057	
毛纺织	1017	3445	4143	1057	
丝绢纺织及精加工	4700	11638	15369	4139	77200
绢纺和丝织加工	3287	10700	13986	3329	69042
丝印染精加工	1414	938	1383	810	8158
纺织制成品制造	1038	6239	6836	1625	4630
棉及化纤制品制造	178	1096	1197	478	
丝制品制造	188	619	808	634	
纺织带和帘子布制造		1731	1481	63	2550
无纺布制造	671	2793	3351	450	2080
针织品、编织品及其制品制造	902	2093	2282	2277	4770
毛针织品及编织品制造	829	595	1425	1523	
丝针织品及编织品制造	73	932	546	668	2470
其他针织品及编织品制造		566	312	86	2300
纺织服装、鞋、帽制造业	6512	3553	10058	3441	3276
纺织服装制造	6483	3469	9945	3401	3276
纺织服装制造	6483	3469	9945	3401	3276
纺织面料鞋的制造	29	84	113	40	
纺织面料鞋的制造	29	84	113	40	
皮革、毛皮、羽毛(绒)及其制品业	3374	1624	4998	1181	
皮革制品制造	3374	1624	4998	1181	
皮鞋制造	413	841	1254	297	
皮箱、包(袋)制造	2961	783	3744	884	
木材加工及木、竹、藤、棕、草制品业	409	17146	17050	1444	73312
人造板制造	202	15979	15677	824	73312

1-B-2 续表 11-4

单位：个、万元、人

指 标 名 称	本年应交增值税	本年进项税额	本年销项税额	全部从业人员年平均人数	银行贷款余额
纤维板制造	202	15979	15677	824	73312
木制品制造	207	1166	1373	620	
建筑用木料及木材组件加工	87	228	315	30	
软木制品及其他木制品制造	120	939	1058	590	
造纸及纸制品业	7709	21911	29620	2253	94897
造 纸	7709	21911	29620	2253	94897
机制纸及纸板制造	7709	21911	29620	2253	94897
印刷业和记录媒介的复制	3096	15496	18321	2663	18978
印 刷	2948	15049	17725	2571	18478
书、报、刊印刷	1535	11041	12366	1979	11388
本册印制	308	413	721	71	
包装装潢及其他印刷	1104	3595	4638	521	7090
装订及其他印刷服务活动	114	243	357	30	
装订及其他印刷服务活动	114	243	357	30	
记录媒介的复制	34	205	238	62	500
记录媒介的复制	34	205	238	62	500
文教体育用品制造业	430	1653	466	482	740
体育用品制造	430	1653	466	482	740
球类制造	414	613	142	276	740
体育器材及配件制造	16	367	322	159	
训练健身器材制造		672	2	47	
石油加工、炼焦及核燃料加工业	149714	1679987	1769220	8665	56251
精炼石油产品的制造	143173	1650539	1732749	8491	
原油加工及石油制品制造	143173	1650539	1732749	8491	
炼 焦	6541	29448	36471	174	56251
炼 焦	6541	29448	36471	174	56251
化学原料及化学制品制造业	87839	411647	469180	28298	744686
基础化学原料制造	53142	287203	322677	17362	520780
无机酸制造	636	2176	2548	70	
无机碱制造	8416	15293	23170	1021	35000
无机盐制造	113	126	239	25	
有机化学原料制造	43532	267991	294658	16094	484410
其他基础化学原料制造	444	1618	2062	152	1370
肥料制造	2092	13317	12768	2785	12619
氮肥制造	1955	10815	10359	2481	11990
其他肥料制造	137	2503	2410	304	629
农药制造	189	10680	9653	2205	55334
化学农药制造	189	10680	9653	2205	55334
涂料、油墨、颜料及类似产品制造	930	9048	9765	273	12500
涂料制造	930	8488	9335	228	12200

1－B－2 续表 11－5

单位：个、万元、人

指标名称	本年应交增值税	本年进项税额	本年销项税额	全部从业人员年平均人数	银行贷款余额
油墨及类似产品制造		560	430	45	300
合成材料制造	21800	47175	65920	830	54175
初级形态的塑料及合成树脂制造		3071	2662	155	1991
合成纤维单(聚合)体的制造	21800	44104	63259	675	52184
专用化学产品制造	9199	43487	47555	4506	89277
化学试剂和助剂制造	2325	11574	13424	1481	22039
专项化学用品制造	2949	24148	22338	1087	46007
炸药及火工产品制造	3119	4088	7441	1595	4731
信息化学品制造	181	2643	2723	263	16500
其他专用化学产品制造	626	1034	1630	80	
日用化学产品制造	487	736	841	337	
肥皂及合成洗涤剂制造	422	414	486	306	
香料、香精制造	65	322	355	31	
医药制造业	47196	55394	69676	11544	183254
化学药品原药制造	42720	44931	57160	9112	162363
化学药品原药制造	42720	44931	57160	9112	162363
化学药品制剂制造	2125	9095	8903	1754	19376
化学药品制剂制造	2125	9095	8903	1754	19376
中药饮片加工	324	893	1217	219	715
中药饮片加工	324	893	1217	219	715
中成药制造	271	80	352	70	400
中成药制造	271	80	352	70	400
生物、生化制品的制造	1755	394	2045	389	400
生物、生化制品的制造	1755	394	2045	389	400
化学纤维制造业	2530	96901	98707	5430	121228
纤维素纤维原料及纤维制造	381	3695	3576	2263	13320
化纤浆粕制造	98	132	231	1	
人造纤维(纤维素纤维)制造	282	3563	3346	2262	13320
合成纤维制造	2150	93206	95131	3167	107908
涤纶纤维制造	968	85732	86476	2072	58054
腈纶纤维制造	1181	7474	8655	1095	49854
橡胶制品业	32088	165393	183319	20184	323192
轮胎制造	31414	164318	181576	19246	323192
车辆、飞机及工程机械轮胎制造	31414	164200	181460	19221	323192
轮胎翻新加工		118	116	25	
橡胶靴鞋制造	673	1074	1743	938	
橡胶靴鞋制造	673	1074	1743	938	
塑料制品业	1624	8018	8648	890	7863
塑料薄膜制造	322	2537	2546	314	2850
塑料薄膜制造	322	2537	2546	314	2850

1－B－2 续表11－6

单位：个、万元、人

指标名称	本年应交增值税	本年进项税额	本年销项税额	全部从业人员年平均人数	银行贷款余额
塑料板、管、型材的制造	1043	4810	5605	270	3663
塑料板、管、型材的制造	1043	4810	5605	270	3663
泡沫塑料制造	156	239	83	169	
泡沫塑料制造	156	239	83	169	
塑料零件制造	103	296	398	40	1100
塑料零件制造	103	296	398	40	1100
日用塑料制造		137	17	97	250
日用塑料杂品制造		137	17	97	250
非金属矿物制品业	64456	153294	211494	14365	348368
水泥、石灰和石膏的制造	59621	148381	202289	12405	332574
水泥制造	59400	147717	201404	12331	332374
石灰和石膏制造	221	664	885	74	200
水泥及石膏制品制造	4383	4630	8471	1660	15795
水泥制品制造	3350	2773	5720	1080	7245
砼结构构件制造	1033	1857	2751	580	8550
玻璃及玻璃制品制造	335	106	441	219	
其他玻璃制品制造	335	106	441	219	
陶瓷制品制造	117	176	293	81	
特种陶瓷制品制造	117	176	293	81	
黑色金属冶炼及压延加工业	103114	959789	1067191	17292	1242317
钢压延加工	102712	956323	1063441	17249	1242317
钢压延加工	102712	956323	1063441	17249	1242317
铁合金冶炼	403	3466	3750	43	
铁合金冶炼	403	3466	3750	43	
有色金属冶炼及压延加工业	1557	6798	8152	1500	2660
常用有色金属冶炼	1089	4249	5338	663	2660
铅锌冶炼	1089	4249	5338	663	2660
贵金属冶炼	145	242	183	649	
金冶炼	145	242	183	649	
有色金属合金制造	41	218	259	99	
有色金属合金制造	41	218	259	99	
有色金属压延加工	282	2089	2371	89	
常用有色金属压延加工	282	2089	2371	89	
金属制品业	7828	49710	49281	2728	83140
结构性金属制品制造	114	681	1263	163	
金属结构制造	38	134	640	121	
金属门窗制造	76	547	623	42	
金属工具制造	894	3730	4373	1004	4250
手工具制造	894	3730	4373	1004	4250
集装箱及金属包装容器制造	5433	24831	29552	858	29643

1－B－2 续表 11－7

单位：个、万元、人

指 标 名 称	本年应交增值税	本年进项税额	本年销项税额	全部从业人员年平均人数	银行贷款余额
金属压力容器制造	270	666	936	180	46
金属包装容器制造	5162	24165	28615	678	29597
建筑、安全用金属制品制造	567	12768	5587	387	44076
建筑装饰及水暖管道零件制造	449	12707	5407	338	44076
其他建筑、安全用金属制品制造	118	62	180	49	
其他金属制品制造	820	7701	8507	316	5171
其他未列明的金属制品制造	820	7701	8507	316	5171
通用设备制造业	31440	163327	180550	20535	109853
锅炉及原动机制造	11009	48926	58789	4009	15478
锅炉及辅助设备制造	778	7849	8628	378	3000
汽轮机及辅机制造	9357	38463	46674	2903	11498
水轮机及辅机制造	874	2613	3487	728	980
金属加工机械制造	882	1784	2666	1494	2700
金属切削机床制造	835	1668	2503	1155	2300
其他金属加工机械制造	48	116	163	339	400
起重运输设备制造	2481	10719	9855	3486	16400
起重运输设备制造	2481	10719	9855	3486	16400
泵、阀门、压缩机及类似机械的制造	4938	17059	19228	2079	4160
泵及真空设备制造	1002	1693	2502	824	2647
气体压缩机械制造	379	3103	3419	246	100
阀门和旋塞的制造	297	1278	1575	146	450
液压和气压动力机械及元件制造	3260	10985	11733	863	963
轴承、齿轮、传动和驱动部件的制造	2673	21473	23496	3422	43800
轴承制造	272	247	512	441	
齿轮、传动和驱动部件制造	2402	21226	22984	2981	43800
风机、衡器、包装设备等通用设备制造	8510	60993	63113	5356	26720
风机、风扇制造	44	163	207	71	
气体、液体分离及纯净设备制造	5243	33386	38577	1814	600
制冷、空调设备制造	2905	26111	22932	2468	23390
风动和电动工具制造	38	170		56	
其他通用设备制造	280	1163	1397	947	2730
通用零部件制造及机械修理	516	757	1271	429	595
紧固件、弹簧制造	330	88	417	223	195
机械零部件加工及设备修理	145	299	443	134	
其他通用零部件制造	41	370	411	72	400
金属铸、锻加工	431	1616	2132	260	
钢铁铸件制造	336	603	929	177	
锻件及粉末冶金制品制造	96	1014	1203	83	
专用设备制造业	4480	44542	46873	5546	54777

1－B－2　续表 11－8

单位：个、万元、人

指标名称	本年应交增值税	本年进项税额	本年销项税额	全部从业人员年平均人数	银行贷款余额
矿山、冶金、建筑专用设备制造	625	1705	2162	520	
石油钻采专用设备制造	316	1037	1184	234	
建筑工程用机械制造	310	668	978	286	
化工、木材、非金属加工专用设备制造	654	5488	4894	302	
炼油、化工生产专用设备制造	654	5488	4894	302	
电子和电工机械专用设备制造	163	290	387	315	360
电子工业专用设备制造	47	160	205	52	
武器弹药制造	116	131	182	263	360
农、林、牧、渔专用机械制造	14	9841	9244	2272	6300
拖拉机制造	14	7490	7134	1992	6000
机械化农业及园艺机具制造		2351	2110	280	300
医疗仪器设备及器械制造	46			30	
假肢、人工器官及植(介)入器械制造	46			30	
环保、社会公共安全及其他专用设备制造	2978	27217	30185	2107	48117
环境污染防治专用设备制造	2663	25952	28614	1925	48117
邮政专用机械及器材制造	86	84	169	117	
水资源专用机械制造	229	1182	1402	65	
交通运输设备制造业	23288	120161	123149	23737	193058
铁路运输设备制造	276	342	585	155	50
铁路机车车辆配件制造	67	82	149	58	50
其他铁路设备制造及设备修理	209	260	436	97	
汽车制造	4866	16179	20804	3641	37406
汽车整车制造	1332	8383	9517	1471	28206
汽车零部件及配件制造	2852	7262	10085	1763	8300
汽车修理	683	534	1202	407	900
摩托车制造	17520	90773	95135	12409	129729
摩托车整车制造	16177	73767	77169	11405	129729
摩托车零部件及配件制造	1343	17006	17966	1004	
船舶及浮动装置制造	626	12867	6625	7520	25689
金属船舶制造	626	12867	6625	7520	25689
交通器材及其他交通运输设备制造				12	183
潜水及水下救捞装备制造				12	183
电气机械及器材制造业	8801	52491	60419	5685	61230
电机制造	2235	17843	20151	1118	8910
发电机及发电机组制造	2197	16977	19247	1080	8910
电动机制造	38	866	904	38	
输配电及控制设备制造	2072	7198	8390	795	5880
变压器、整流器和电感器制造	74	62	133	33	
电容器及其配套设备制造	71	113	184	45	80

1－B－2 续表11－9

单位：个、万元、人

指标名称	本年应交增值税	本年进项税额	本年销项税额	全部从业人员年平均人数	银行贷款余额
配电开关控制设备制造	1542	6452	7118	656	5800
其他输配电及控制设备制造	385	571	956	61	
电线、电缆、光缆及电工器材制造	2455	8782	11296	1327	8900
电线电缆制造	469	2933	3405	393	1600
其他电工器材制造	1986	5850	7891	934	7300
电池制造	70	529	752	157	4100
电池制造	70	529	752	157	4100
家用电力器具制造	1245	17621	18588	2111	33240
家用空气调节器制造	594	11081	11596	1057	2200
家用清洁卫生电器具制造	287	3723	4010	304	31040
家用电力器具专用配件制造	364	2817	2982	750	
照明器具制造	600	1	601	15	
灯用电器附件及其他照明器具制造	600	1	601	15	
其他电气机械及器材制造	125	517	642	162	200
车辆专用照明及电气信号设备装置制造	125	517	642	162	200
通信设备、计算机及其他电子设备制造业	19912	54890	61246	12849	163759
通信设备制造	5976	13660	18764	5009	61123
通信传输设备制造	401	1149	1551	280	
通信交换设备制造	728	817	1522	942	10623
移动通信及终端设备制造	4722	11496	15369	3562	
其他通信设备制造	126	197	323	225	50500
广播电视设备制造	64	184	245	73	2450
广播电视节目制作及发射设备制造	64	184	245	73	2450
电子计算机制造	8515	17809	25232	1715	
计算机网络设备制造	282	1798	2080	448	
电子计算机外部设备制造	8233	16011	23152	1267	
电子器件制造	1924	6243	7661	3095	32403
电子真空器件制造	289	409	692	191	
半导体分立器件制造	732	863	1552	222	
集成电路制造	715	2570	3284	1211	10450
光电子器件及其他电子器件制造	188	2401	2134	1471	21953
电子元件制造	3311	12107	4334	2173	18500
电子元件及组件制造	3311	12107	4334	2173	18500
家用视听设备制造	102	4790	4892	767	49283
家用影视设备制造	102	4790	4892	767	49283
其他电子设备制造	20	97	117	17	
其他电子设备制造	20	97	117	17	
仪器仪表及文化、办公用机械制造业	421	2426	2046	1689	3340
通用仪器仪表制造	92	1613	1066	620	1300

1-B-2 续表 11-10

单位：个、万元、人

指 标 名 称	本年应交增值税	本年进项税额	本年销项税额	全部从业人员年平均人数	银行贷款余额
工业自动控制系统装置制造	60	1571	992	583	1300
供应用仪表及其他通用仪器制造	32	42	74	37	
专用仪器仪表制造	3	49	4	80	
导航、气象及海洋专用仪器制造	3	49	4	80	
光学仪器及眼镜制造	292	613	796	929	2040
光学仪器制造	79	275	245	745	740
眼镜制造	213	338	551	184	1300
文化、办公用机械制造	33	151	180	60	
计算器及货币专用设备制造	33	151	180	60	
工艺品及其他制造业	1138	1891	2966	933	300
工艺美术品制造	61	1189	1186	37	
珠宝首饰及有关物品的制造	61	1189	1186	37	
日用杂品制造	1077	702	1780	896	300
鬃毛加工、制刷及清扫工具的制造	121	550	670	255	300
其他日用杂品制造	957	153	1110	641	
废弃资源和废旧材料回收加工业	3780	10426	14206	96	
金属废料和碎屑的加工处理	3750	10091	13841	21	
金属废料和碎屑的加工处理	3750	10091	13841	21	
非金属废料和碎屑的加工处理	31	335	365	75	
非金属废料和碎屑的加工处理	31	335	365	75	
电力、燃气及水的生产和供应业	**1132378**	**2954288**	**3855813**	**89907**	**12781976**
电力、热力的生产和供应业	1088980	2883856	3746650	69116	11078433
电力生产	484556	580829	810932	28642	7931798
火力发电	308135	572126	699507	17257	4918918
水力发电	39526	2949	25234	6715	601841
核力发电	136361	5052	85361	4325	2402838
其他能源发电	533	703	829	345	8200
电力供应	602455	2288997	2919785	39511	3097460
电力供应	602455	2288997	2919785	39511	3097460
热力生产和供应	1969	14030	15934	963	49175
热力生产和供应	1969	14030	15934	963	49175
燃气生产和供应业	15684	59788	75581	2658	238452
燃气生产和供应业	15684	59788	75581	2658	238452
燃气生产和供应业	15684	59788	75581	2658	238452
水的生产和供应业	27715	10645	33581	18133	1465091
自来水的生产和供应	27628	8659	31595	16324	1125697
自来水的生产和供应	27628	8659	31595	16324	1125697
污水处理及其再生利用	86	1986	1986	1809	339394
污水处理及其再生利用	86	1986	1986	1809	339394

单位：个、万元、人

1－B－2 续表12－1

指 标 名 称	固定资产实际投资额	产销率（%）	资产负债率（%）	成本费用利润率（%）	每百元资金实现利税（元）
总 计	**5587252**	**99.25**	**62.65**	**1.71**	**9.89**
一、按轻重工业分					
轻工业	439448	99.41	46.15	14.84	27.89
重工业	5147804	99.23	66.05	0.54	6.15
二、按规模分					
大型企业	2522908	99.09	70.32	－0.93	3.64
中型企业	2191056	99.37	57.51	6.48	18.15
小型企业	873288	99.54	58.65	1.87	5.71
三、按登记注册类型分					
内 资	**5268712**	**99.19**	**62.73**	**1.46**	**9.56**
国 有	2937020	99.86	58.02	2.72	14.71
集 体		100.00	12.81	30.34	11.46
股份合作企业	2130	92.38	55.06	－5.39	－7.25
联营企业	1291	100.65	67.91	－12.14	－6.40
国有联营		108.58	50.82	0.53	3.99
集体联营	1290	100.00	73.38	－17.56	－11.59
国有与集体联营	1	101.08	69.60	－0.53	4.22
其他联营		98.07	47.99	0.06	12.26
有限责任公司	1721985	97.81	68.80	1.82	4.82
国有独资公司	175584	100.23	56.73	4.18	6.31
其他有限责任公司	1546401	97.42	71.07	1.42	4.57
股份有限公司	606285	98.98	60.75	－1.57	2.65
其 他	1	100.39	75.60	－0.86	1.95
港澳台商投资	**98932**	**97.76**	**45.98**	**7.97**	**37.93**
与港澳台商合资经营	98264	97.67	48.45	8.05	44.16
与港澳台商合作经营	645	99.78	29.21	6.18	6.48
港澳台商独资		100.00	57.40	0.69	1.79
港澳台商投资股份有限公司	23	100.00	49.32	13.88	4.82
外商投资	**219608**	**100.82**	**65.98**	**2.67**	**7.43**
中外合资经营	164415	101.28	68.50	1.34	6.58
中外合作经营	1056	99.97	49.73	8.87	9.48
外商投资股份有限公司	54137	97.12	59.66	15.01	10.67
四、按国民经济行业（门类、大类、中类、小类）分					
采矿业	**16233**	**99.36**	**46.61**	**6.69**	**15.88**
煤炭开采和洗选业	3250	99.89	72.75	－4.30	0.12
烟煤和无烟煤的开采洗选	3250	99.89	72.75	－4.30	0.12
烟煤和无烟煤的开采洗选	3250	99.89	72.75	－4.30	0.12
黑色金属矿采选业	1498	99.66	15.01	25.35	37.47
铁矿采选	1498	99.66	15.01	25.35	37.47
铁矿采选	1498	99.66	15.01	25.35	37.47

1－B－2 续表12－2

单位：个、万元、人

指 标 名 称	固定资产实际投资额	产销率（%）	资产负债率（%）	成本费用利润率（%）	每百元资金实现利税（元）
有色金属矿采选业	2685	98.88	44.88	3.63	17.05
常用有色金属矿采选	2316	99.39	36.80	3.75	22.69
铜矿采选	2316	99.39	36.80	3.75	22.69
稀有稀土金属矿采选	369	90.79	63.23	1.52	0.87
放射性金属矿采选	369	90.79	63.23	1.52	0.87
非金属矿采选业	8800	98.48	56.90	0.62	9.07
土砂石开采	8622	99.81	36.04	5.27	11.98
石灰石、石膏开采	53	95.93	70.53	－2.84	17.04
建筑装饰用石开采		99.87	23.50	11.87	11.83
耐火土石开采	30	98.22	156.34	－8.45	－1.24
粘土及其他土砂石开采	8538	111.12	17.73	10.07	7.90
化学矿采选	178	93.39	134.73	－8.86	－1.40
化学矿采选	178	93.39	134.73	－8.86	－1.40
制造业	**1812552**	**98.63**	**60.00**	**2.05**	**14.94**
农副食品加工业	5635	98.45	92.23	0.97	0.73
谷物磨制	81	103.01	46.89	－1.08	－0.55
谷物磨制	81	103.01	46.89	－1.08	－0.55
饲料加工	2	100.10	70.69	－0.25	57.23
饲料加工	2	100.10	70.69	－0.25	57.23
屠宰及肉类加工	5025	100.84	64.11	1.46	3.99
畜禽屠宰	203	99.88	51.18	4.55	16.04
肉制品及副产品加工	4822	101.85	70.97	－1.38	－0.82
水产品加工	527	96.45	96.07	1.09	0.35
水产品冷冻加工	527	96.45	96.07	1.09	0.35
食品制造业	1382	96.21	56.28	3.00	9.92
方便食品制造	17	98.23	71.13	－12.85	－13.72
速冻食品制造	17	97.70	71.40	－16.72	－17.59
方便面及其他方便食品制造		100.00	68.19	2.22	52.93
液体乳及乳制品制造	339	95.56	93.96	7.27	13.70
液体乳及乳制品制造	339	95.56	93.96	7.27	13.70
罐头制造	280	80.84	72.06	0.86	4.50
蔬菜、水果罐头制造	280	80.84	72.06	0.86	4.50
调味品、发酵制品制造	250	103.45	36.89	1.07	8.71
味精制造	249	103.37	35.39	1.39	8.93
酱油、食醋及类似制品的制造		98.74	54.31	2.14	11.55
其他调味品、发酵制品制造	1	139.54	63.17	－17.58	－7.35
其他食品制造	497	97.15	50.69	15.77	31.89
冷冻饮品及食用冰制造	26	100.00	182.91	－1.71	14.44
盐加工	470	97.27	40.30	19.91	34.80
食品及饲料添加剂制造		95.12	79.62	1.29	14.19

1-B-2 续表12-3

单位:个、万元、人

指 标 名 称	固定资产实际投资额	产销率（%）	资产负债率（%）	成本费用利润率（%）	每百元资金实现利税（元）
饮料制造业	7246	108.89	37.08	5.83	13.23
酒的制造	6036	108.72	36.66	5.97	13.56
啤酒制造	3395	99.51	54.69	1.70	24.02
黄酒制造	2641	116.48	30.35	8.28	9.50
软饮料制造	1210	97.51	32.50	3.97	8.91
茶饮料及其他软饮料制造	1210	97.51	32.50	3.97	8.91
精制茶加工		394.21	65.11	-0.09	1.58
精制茶加工		394.21	65.11	-0.09	1.58
烟草制品业	45070	99.91	7.84	68.55	87.06
卷烟制造	45070	99.91	7.84	68.55	87.06
卷烟制造	45070	99.91	7.84	68.55	87.06
纺织业	12904	100.19	58.29	5.15	8.71
棉、化纤纺织及印染精加工	6105	103.85	67.25	6.82	13.46
棉、化纤纺织加工	2740	104.54	70.84	7.30	14.45
棉、化纤印染精加工	3365	97.23	30.78	1.90	4.33
毛纺织和染整精加工	379	100.11	20.82	11.40	11.51
毛纺织	379	100.11	20.82	11.40	11.51
丝绢纺织及精加工	4022	99.13	60.11	5.12	6.68
绢纺和丝织加工	3150	98.92	64.35	5.88	6.97
丝印染精加工	872	100.03	43.23	2.05	5.61
纺织制成品制造	365	96.21	51.56	-1.38	1.39
棉及化纤制品制造	129	101.40	62.88	-5.33	-3.37
丝制品制造		97.32	11.08	-16.34	-16.34
纺织带和帘子布制造	151	85.56	79.41	-0.46	-0.66
无纺布制造	85	100.67	40.09	4.30	10.50
针织品、编织品及其制品制造	2034	95.60	43.53	2.80	5.82
毛针织品及编织品制造	19	95.79	27.19	6.08	8.80
丝针织品及编织品制造	379	94.49	49.71	0.40	1.41
其他针织品及编织品制造	1636	97.95	96.73	2.07	2.88
纺织服装、鞋、帽制造业	3589	98.68	40.54	11.86	25.66
纺织服装制造	3589	98.66	40.37	11.96	25.76
纺织服装制造	3589	98.66	40.37	11.96	25.76
纺织面料鞋的制造		100.00	60.94	4.80	15.22
纺织面料鞋的制造		100.00	60.94	4.80	15.22
皮革、毛皮、羽毛(绒)及其制品业	1699	97.47	46.33	21.56	11.93
皮革制品制造	1699	97.47	46.33	21.56	11.93
皮鞋制造		100.00	47.36	5.46	23.58
皮箱、包(袋)制造	1699	96.46	46.28	29.83	11.33
木材加工及木、竹、藤、棕、草制品业	1679	96.80	85.40	1.09	2.07
人造板制造	1588	92.04	86.02	1.15	1.74

1－B－2　续表12－4　　　　单位：个、万元、人

指　标　名　称	固定资产实际投资额	产销率（%）	资产负债率（%）	成本费用利润率（%）	每百元资金实现利税（元）
纤维板制造	1588	92.04	86.02	1.15	1.74
木制品制造	91	100.00	62.93	0.39	13.95
建筑用木料及木材组件加工		100.00	73.44	2.21	32.09
软木制品及其他木制品制造	91	100.00	61.00	-0.01	10.68
造纸及纸制品业	1340	98.24	53.15	2.29	5.70
造　纸	1340	98.24	53.15	2.29	5.70
机制纸及纸板制造	1340	98.24	53.15	2.29	5.70
印刷业和记录媒介的复制	55696	101.71	48.35	11.47	12.92
印　刷	55683	101.80	48.24	11.69	13.09
书、报、刊印刷	44868	101.51	48.57	11.35	12.11
本册印制	284	143.79	34.63	9.22	12.95
包装装潢及其他印刷	10531	99.48	48.67	13.35	17.81
装订及其他印刷服务活动	10	100.00	70.00	5.18	17.24
装订及其他印刷服务活动	10	100.00	70.00	5.18	17.24
记录媒介的复制	3	97.90	45.71	1.61	2.08
记录媒介的复制	3	97.90	45.71	1.61	2.08
文教体育用品制造业	267	98.04	38.49	9.45	21.83
体育用品制造	267	98.04	38.49	9.45	21.83
球类制造		98.07	47.99	0.06	12.26
体育器材及配件制造	267	94.44	32.62	9.30	12.11
训练健身器材制造		100.00	11.89	19.36	59.87
石油加工、炼焦及核燃料加工业	544875	99.33	72.14	-3.44	-0.17
精炼石油产品的制造	544875	99.25	71.35	-3.36	0.25
原油加工及石油制品制造	544875	99.25	71.35	-3.36	0.25
炼　焦		103.84	109.68	-7.75	-11.59
炼　焦		103.84	109.68	-7.75	-11.59
化学原料及化学制品制造业	221027	98.96	59.62	6.72	12.01
基础化学原料制造	98699	97.25	67.32	1.21	5.89
无机酸制造	1570	99.98	62.93	2.16	11.13
无机碱制造	19139	99.19	52.10	12.85	20.77
无机盐制造	8	100.00	16.31	2.31	16.23
有机化学原料制造	76464	96.89	68.94	0.26	4.49
其他基础化学原料制造	1519	99.35	55.74	-11.71	-10.07
肥料制造	4333	98.41	58.48	-0.81	1.49
氮肥制造	4333	98.17	52.48	0.48	2.78
其他肥料制造		99.79	103.76	-7.37	-9.62
农药制造	8102	102.89	61.81	-9.26	-6.58
化学农药制造	8102	102.89	61.81	-9.26	-6.58
涂料、油墨、颜料及类似产品制造	2331	140.32	68.70	1.90	6.30
涂料制造	201	144.83	70.24	2.35	7.23

1-B-2 续表12-5

单位:个、万元、人

指 标 名 称	固定资产实际投资额	产销率(%)	资产负债率(%)	成本费用利润率(%)	每百元资金实现利税(元)
油墨及类似产品制造	2130	92.38	55.06	-5.39	-7.25
合成材料制造	93220	99.62	39.97	36.41	45.20
初级形态的塑料及合成树脂制造	1799	91.81	57.33	-2.95	-2.85
合成纤维单(聚合)体的制造	91421	99.98	39.11	38.59	48.00
专用化学产品制造	14342	98.81	44.85	9.95	16.83
化学试剂和助剂制造	4493	99.34	41.79	1.10	6.78
专项化学用品制造	4844	99.22	55.29	15.76	23.62
炸药及火工产品制造	2413	95.42	45.03	9.50	24.23
信息化学品制造	2	112.69	37.87	4.78	2.97
其他专用化学产品制造	2590	100.34	33.27	21.84	35.52
日用化学产品制造		102.26	46.62	2.17	13.47
肥皂及合成洗涤剂制造		102.75	50.24	2.90	16.98
香料、香精制造		98.05	32.88	-3.90	-1.13
医药制造业	41932	94.88	39.98	29.62	30.86
化学药品原药制造	33582	94.71	38.30	35.50	34.95
化学药品原药制造	33582	94.71	38.30	35.50	34.95
化学药品制剂制造	6236	97.39	53.20	-1.26	2.25
化学药品制剂制造	6236	97.39	53.20	-1.26	2.25
中药饮片加工	1070	88.80	70.32	1.36	7.86
中药饮片加工	1070	88.80	70.32	1.36	7.86
中成药制造		100.00	103.00	24.84	17.22
中成药制造		100.00	103.00	24.84	17.22
生物、生化制品的制造	1044	94.07	16.72	15.58	23.51
生物、生化制品的制造	1044	94.07	16.72	15.58	23.51
化学纤维制造业	1304	99.08	82.33	-10.96	-17.34
纤维素纤维原料及纤维制造		89.18	75.21	-12.21	-6.81
化纤浆粕制造		98.79	25.79	22.33	14.72
人造纤维(纤维素纤维)制造		88.68	77.88	-13.61	-8.03
合成纤维制造	1304	99.90	83.53	-10.89	-19.02
涤纶纤维制造	1304	99.47	60.46	0.25	0.96
腈纶纤维制造		102.38	368.53	-82.93	-89.52
橡胶制品业	77423	103.54	76.03	2.62	10.11
轮胎制造	77423	103.55	76.54	2.60	10.02
车辆、飞机及工程机械轮胎制造	77414	103.56	76.46	2.60	10.04
轮胎翻新加工	10	72.72	114.96	-16.54	-6.38
橡胶靴鞋制造		102.96	17.73	6.87	19.97
橡胶靴鞋制造		102.96	17.73	6.87	19.97
塑料制品业	1931	100.95	43.05	-2.01	1.32
塑料薄膜制造	1740	101.17	51.26	-0.44	1.40
塑料薄膜制造	1740	101.17	51.26	-0.44	1.40

1-B-2 续表 12-6

单位：个、万元、人

指 标 名 称	固定资产实际投资额	产销率（%）	资产负债率（%）	成本费用利润率（%）	每百元资金实现利税（元）
塑料板、管、型材的制造	59	101.44	29.20	-3.56	-0.56
塑料板、管、型材的制造	59	101.44	29.20	-3.56	-0.56
泡沫塑料制造		98.90	47.90	-4.45	8.84
泡沫塑料制造		98.90	47.90	-4.45	8.84
塑料零件制造	79	99.20	62.49	5.94	8.53
塑料零件制造	79	99.20	62.49	5.94	8.53
日用塑料制造	53	97.93	47.71	0.97	2.81
日用塑料杂品制造	53	97.93	47.71	0.97	2.81
非金属矿物制品业	159087	98.64	68.14	4.11	8.49
水泥、石灰和石膏的制造	150950	98.78	68.48	3.85	8.18
水泥制造	150241	98.79	68.48	3.82	8.13
石灰和石膏制造	709	96.86	65.53	11.49	35.28
水泥及石膏制品制造	7901	96.23	69.77	7.32	13.61
水泥制品制造	5214	100.91	64.81	6.19	13.98
砼结构构件制造	2687	78.92	77.53	11.33	12.82
玻璃及玻璃制品制造	211	94.58	6.39	15.09	7.37
其他玻璃制品制造	211	94.58	6.39	15.09	7.37
陶瓷制品制造	24	202.44	21.97	0.23	10.06
特种陶瓷制品制造	24	202.44	21.97	0.23	10.06
黑色金属冶炼及压延加工业	329777	95.22	71.38	-4.64	-2.00
钢压延加工	329609	95.18	71.43	-4.71	-2.07
钢压延加工	329609	95.18	71.43	-4.71	-2.07
铁合金冶炼	168	104.87	26.21	8.72	60.22
铁合金冶炼	168	104.87	26.21	8.72	60.22
有色金属冶炼及压延加工业	1071	104.02	38.21	2.84	7.54
常用有色金属冶炼	394	110.13	55.75	0.36	5.00
铅锌冶炼	394	110.13	55.75	0.36	5.00
贵金属冶炼	584	91.24	21.37	15.76	13.13
金冶炼	584	91.24	21.37	15.76	13.13
有色金属合金制造	68	100.00	5.22	-16.65	-11.60
有色金属合金制造	68	100.00	5.22	-16.65	-11.60
有色金属压延加工	25	101.61	4.09	2.96	20.61
常用有色金属压延加工	25	101.61	4.09	2.96	20.61
金属制品业	35120	98.34	60.60	4.61	9.25
结构性金属制品制造	5679	83.11	69.85	0.85	2.95
金属结构制造	5670	79.12	72.91	-0.43	0.61
金属门窗制造	9	89.18	54.60	2.59	7.80
金属工具制造	525	103.65	47.00	0.06	5.49
手工具制造	525	103.65	47.00	0.06	5.49
集装箱及金属包装容器制造	23417	97.80	52.55	5.52	11.55

1－B－2 续表 12－7

单位：个、万元、人

指标名称	固定资产实际投资额	产销率（%）	资产负债率（%）	成本费用利润率（%）	每百元资金实现利税（元）
金属压力容器制造	25	91.09	98.25	5.46	24.63
金属包装容器制造	23391	98.20	50.90	5.52	11.17
建筑、安全用金属制品制造	2977	99.88	73.23	5.00	6.92
建筑装饰及水暖管道零件制造	2977	99.85	73.28	4.78	6.55
其他建筑、安全用金属制品制造		101.63	70.38	24.44	28.21
其他金属制品制造	2523	99.78	59.34	3.12	9.74
其他未列明的金属制品制造	2523	99.78	59.34	3.12	9.74
通用设备制造业	79253	97.22	60.70	10.82	13.41
锅炉及原动机制造	1783	98.91	57.85	16.87	18.01
锅炉及辅助设备制造	13	112.47	52.85	5.73	14.25
汽轮机及辅机制造	1664	97.25	58.37	20.07	18.47
水轮机及辅机制造	107	97.50	55.11	6.92	14.87
金属加工机械制造	2012	102.86	62.25	4.95	5.24
金属切削机床制造	1816	103.94	65.83	1.23	3.27
其他金属加工机械制造	196	98.69	41.82	16.77	17.33
起重运输设备制造	4888	96.23	51.92	-0.14	3.71
起重运输设备制造	4888	96.23	51.92	-0.14	3.71
泵、阀门、压缩机及类似机械的制造	1418	94.23	44.02	13.63	21.38
泵及真空设备制造	349	99.74	43.86	8.27	11.17
气体压缩机械制造	417	85.95	85.81	1.79	5.77
阀门和旋塞的制造	3	100.00	44.36	7.81	15.71
液压和气压动力机械及元件制造	649	94.88	25.90	24.15	34.20
轴承、齿轮、传动和驱动部件的制造	12178	90.53	75.38	5.36	7.60
轴承制造	387	89.25	45.88	12.18	19.71
齿轮、传动和驱动部件制造	11791	90.56	75.99	5.23	7.33
风机、衡器、包装设备等通用设备制造	56856	98.18	62.16	9.45	12.16
风机、风扇制造	45	100.00	59.55	18.20	17.21
气体、液体分离及纯净设备制造	17460	96.78	65.67	12.79	14.93
制冷、空调设备制造	3847	99.79	64.53	5.92	10.69
风动和电动工具制造	364	100.00	18.44	8.62	3.48
其他通用设备制造	35140	100.00	50.66	5.06	3.28
通用零部件制造及机械修理	44	97.96	65.51	5.09	15.89
紧固件、弹簧制造		92.77	58.10	5.32	26.65
机械零部件加工及设备修理	31	100.69	69.23	9.27	11.89
其他通用零部件制造	13	99.74	63.51	0.69	6.78
金属铸、锻加工	74	106.60	59.81	2.32	8.34
钢铁铸件制造	65	99.63	37.54	9.36	19.80
锻件及粉末冶金制品制造	9	113.53	82.02	-2.19	-1.02
专用设备制造业	9946	98.03	65.73	2.04	3.19

1-B-2 续表 12-8

单位：个、万元、人

指 标 名 称	固定资产实际投资额	产销率（%）	资产负债率（%）	成本费用利润率（%）	每百元资金实现利税（元）
矿山、冶金、建筑专用设备制造	132	96.42	63.13	14.41	9.60
石油钻采专用设备制造		98.85	48.36	11.06	17.57
建筑工程用机械制造	132	92.61	67.66	21.39	6.25
化工、木材、非金属加工专用设备制造	4008	100.00	81.36	1.83	3.53
炼油、化工生产专用设备制造	4008	100.00	81.36	1.83	3.53
电子和电工机械专用设备制造	151	95.94	56.91	7.76	12.07
电子工业专用设备制造		93.24	73.59	-6.17	-3.86
武器弹药制造	151	98.21	54.22	12.73	15.06
农、林、牧、渔专用机械制造	609	97.51	59.02	2.74	3.83
拖拉机制造	152	98.91	61.14	-0.04	...
机械化农业及园艺机具制造	457	92.86	55.97	13.12	11.01
医疗仪器设备及器械制造	44	100.00	20.71	20.95	45.85
假肢、人工器官及植（介）入器械制造	44	100.00	20.71	20.95	45.85
环保、社会公共安全及其他专用设备制造	5002	98.07	65.89	0.49	1.87
环境污染防治专用设备制造	5002	97.99	65.57	0.41	1.71
邮政专用机械及器材制造	1	92.34	83.85	-11.13	-3.29
水资源专用机械制造		100.00	73.73	3.61	7.26
交通运输设备制造业	121070	99.68	77.38	1.49	3.58
铁路运输设备制造	179	99.87	45.28	2.30	12.85
铁路机车车辆配件制造		99.01	55.68	0.69	9.99
其他铁路设备制造及设备修理	179	100.00	39.96	2.86	14.02
汽车制造	4746	98.76	69.90	-3.12	1.18
汽车整车制造	69	105.04	81.85	-12.58	-9.65
汽车零部件及配件制造	4032	93.18	56.77	5.00	13.57
汽车修理	645	98.47	49.19	19.80	33.92
摩托车制造	1671	99.73	60.77	2.79	9.42
摩托车整车制造	1447	99.67	63.10	3.30	9.73
摩托车零部件及配件制造	224	100.00	32.50	0.78	5.96
船舶及浮动装置制造	114474	99.79	86.24	1.34	1.04
金属船舶制造	114474	99.79	86.24	1.34	1.04
交通器材及其他交通运输设备制造		100.00	6.40	10.66	6.50
潜水及水下救捞装备制造		100.00	6.40	10.66	6.50
电气机械及器材制造业	9454	91.32	53.46	12.16	19.91
电机制造	1224	87.90	65.53	9.47	14.78
发电机及发电机组制造	1224	87.41	65.87	9.96	14.66
电动机制造		99.09	19.94	0.21	27.48
输配电及控制设备制造	415	92.45	42.72	11.57	17.35
变压器、整流器和电感器制造		127.65	62.71	-17.82	-7.11
电容器及其配套设备制造		100.00	57.14	11.04	24.90

1－B－2 续表12－9

单位：个、万元、人

指 标 名 称	固定资产实际投资额	产销率（%）	资产负债率（%）	成本费用利润率（%）	每百元资金实现利税（元）
配电开关控制设备制造	378	91.21	43.40	10.47	16.01
其他输配电及控制设备制造	37	100.00	29.26	33.89	32.98
电线、电缆、光缆及电工器材制造	3403	79.88	67.45	3.90	12.15
电线电缆制造	963	107.19	56.67	0.55	5.13
其他电工器材制造	2441	73.79	71.22	5.55	15.01
电池制造	98	117.29	76.06	－9.91	－6.30
电池制造	98	117.29	76.06	－9.91	－6.30
家用电力器具制造	4149	99.54	44.84	19.04	33.16
家用空气调节器制造	1982	99.91	45.22	－0.51	1.49
家用清洁卫生电器具制造	660	99.03	49.83	26.83	17.24
家用电力器具专用配件制造	1507	98.27	32.93	100.38	65.89
照明器具制造	165	100.00	16.50	48.97	22.85
灯用电器附件及其他照明器具制造	165	100.00	16.50	48.97	22.85
其他电气机械及器材制造		100.48	45.79	－5.48	－3.85
车辆专用照明及电气信号设备装置制造		100.48	45.79	－5.48	－3.85
通信设备、计算机及其他电子设备制造业	35407	95.98	40.16	21.93	15.60
通信设备制造	10595	100.19	24.27	24.07	14.13
通信传输设备制造	172	101.38	33.21	1.02	6.97
通信交换设备制造	1681	100.15	42.56	19.66	13.78
移动通信及终端设备制造	8695	99.97	16.57	10.75	8.47
其他通信设备制造	47	108.89	30.86	338.60	47.38
广播电视设备制造	61	96.73	37.78	8.22	2.50
广播电视节目制作及发射设备制造	61	96.73	37.78	8.22	2.50
电子计算机制造	1623	97.83	26.54	46.45	52.33
计算机网络设备制造	38	99.25	30.42	6.06	13.49
电子计算机外部设备制造	1585	97.71	26.24	51.12	55.10
电子器件制造	6405	92.94	51.84	3.78	4.07
电子真空器件制造	62	120.21	32.56	5.35	12.30
半导体分立器件制造	4774	98.60	47.47	29.37	26.80
集成电路制造	586	81.12	49.73	－2.78	0.52
光电子器件及其他电子器件制造	983	98.79	56.65	0.47	1.12
电子元件制造	5206	99.13	52.59	12.42	11.67
电子元件及组件制造	5206	99.13	52.59	12.42	11.67
家用视听设备制造	11516	68.72	72.43	1.02	2.12
家用影视设备制造	11516	68.72	72.43	1.02	2.12
其他电子设备制造		100.00	75.75	0.34	9.18
其他电子设备制造		100.00	75.75	0.34	9.18
仪器仪表及文化、办公用机械制造业	6917	93.02	51.00	2.33	3.86
通用仪器仪表制造	750	97.38	51.31	1.19	2.84

1-B-2 续表 12-10

单位：个、万元、人

指标名称	固定资产实际投资额	产销率(%)	资产负债率(%)	成本费用利润率(%)	每百元资金实现利税(元)
工业自动控制系统装置制造	750	97.12	53.83	1.21	2.75
供应用仪表及其他通用仪器制造		108.38	13.76	0.40	3.74
专用仪器仪表制造	1482	106.70	51.86	19.90	19.83
导航、气象及海洋专用仪器制造	1482	106.70	51.86	19.90	19.83
光学仪器及眼镜制造	4683	82.42	44.81	1.32	3.19
光学仪器制造	4682	79.89	40.63	1.97	2.43
眼镜制造	2	112.76	65.36	-0.36	6.46
文化、办公用机械制造	1	107.31	99.83	-11.44	-3.94
计算器及货币专用设备制造	1	107.31	99.83	-11.44	-3.94
工艺品及其他制造业	428	96.55	28.28	2.89	15.97
工艺美术品制造		88.76	41.03	3.44	12.11
珠宝首饰及有关物品的制造		88.76	41.03	3.44	12.11
日用杂品制造	428	100.61	24.84	2.54	17.10
鬃毛加工、制刷及清扫工具的制造		98.69	27.54	2.16	12.84
其他日用杂品制造	428	101.91	24.23	2.80	18.14
废弃资源和废旧材料回收加工业	23	100.00	54.87	0.08	27.09
金属废料和碎屑的加工处理		100.00	84.93	-0.52	78.23
金属废料和碎屑的加工处理		100.00	84.93	-0.52	78.23
非金属废料和碎屑的加工处理	23	100.00	49.32	13.88	4.82
非金属废料和碎屑的加工处理	23	100.00	49.32	13.88	4.82
电力、燃气及水的生产和供应业	**3758467**	**99.95**	**64.79**	**1.28**	**6.09**
电力、热力的生产和供应业	3374284	99.99	66.05	1.32	6.81
电力生产	1390358	99.95	70.19	1.53	4.96
火力发电	902451	99.95	70.81	-2.77	2.58
水力发电	29158	99.79	64.63	6.78	4.17
核力发电	458693	100.00	71.63	31.03	10.86
其他能源发电	55	100.00	71.88	8.29	4.32
电力供应	1979760	100.00	59.82	1.29	9.50
电力供应	1979760	100.00	59.82	1.29	9.50
热力生产和供应	4166	99.89	84.37	-4.83	-1.88
热力生产和供应	4166	99.89	84.37	-4.83	-1.88
燃气生产和供应业	79048	99.64	52.82	1.95	4.87
燃气生产和供应业	79048	99.64	52.82	1.95	4.87
燃气生产和供应业	79048	99.64	52.82	1.95	4.87
水的生产和供应业	305136	98.94	58.69	-0.58	0.92
自来水的生产和供应	240835	99.10	57.40	1.07	1.64
自来水的生产和供应	240835	99.10	57.40	1.07	1.64
污水处理及其再生利用	64301	98.28	64.21	-7.31	-1.65
污水处理及其再生利用	64301	98.28	64.21	-7.31	-1.65

1－B－2 续表13－1

单位：个、万元、人

指标名称	每百元固定资产原值实现利税（元）	每百元主营业务收入实现利税（元）	流动资金周转次数（次）	流动比率	速动比率
总计	**9.98**	**8.37**	**3.08**	**0.83**	**0.61**
一、按轻重工业分					
轻工业	42.92	36.53	1.26	1.47	1.04
重工业	5.79	4.85	3.76	0.71	0.53
二、按规模分					
大型企业	3.51	2.23	4.18	0.64	0.44
中型企业	19.74	19.02	2.30	1.10	0.81
小型企业	5.49	6.85	2.64	0.86	0.72
三、按登记注册类型分					
内资	**9.44**	**8.25**	**3.13**	**0.82**	**0.61**
国有	13.64	11.64	3.67	0.89	0.70
集体	19.46	29.65	0.89	3.35	3.35
股份合作企业	-6.53	-5.69	2.76	0.66	0.10
联营企业	-4.61	-7.57	3.02	0.48	0.34
国有联营	3.80	13.65	1.03	0.97	0.16
集体联营	-6.94	-14.54	4.61	0.30	0.29
国有与集体联营	9.67	2.05	2.56	0.63	0.40
其他联营	34.05	10.64	1.32	1.59	1.45
有限责任公司	4.94	7.33	1.84	0.83	0.62
国有独资公司	8.80	9.47	1.13	1.00	0.80
其他有限责任公司	4.47	6.95	2.07	0.79	0.58
股份有限公司	3.36	0.90	4.95	0.65	0.37
其他	1.93	2.28	3.51	0.30	0.26
港澳台商投资	**60.61**	**17.84**	**3.20**	**1.45**	**1.12**
与港澳台商合资经营	100.79	18.21	3.47	1.45	1.13
与港澳台商合作经营	3.76	10.76	1.36	1.71	1.15
港澳台商独资	2.67	0.69	4.44	0.92	0.57
港澳台商投资股份有限公司	14.31	13.34	0.42	0.96	0.95
外商投资	**9.96**	**5.78**	**2.47**	**0.78**	**0.52**
中外合资经营	8.96	4.53	2.85	0.79	0.52
中外合作经营	19.96	11.78	1.25	1.22	0.85
外商投资股份有限公司	12.57	15.95	1.24	0.71	0.46
四、按国民经济行业（门类、大类、中类、小类）分					
采矿业	**20.35**	**11.56**	**2.35**	**1.45**	**1.32**
煤炭开采和洗选业	0.10	0.11	2.39	0.73	0.66
烟煤和无烟煤的开采洗选	0.10	0.11	2.39	0.73	0.66
烟煤和无烟煤的开采洗选	0.10	0.11	2.39	0.73	0.66
黑色金属矿采选业	69.94	25.93	2.20	4.87	4.58
铁矿采选	69.94	25.93	2.20	4.87	4.58
铁矿采选	69.94	25.93	2.20	4.87	4.58

1－B－2 续表13－2

单位：个、万元、人

指 标 名 称	每百元固定资产原值实现利税（元）	每百元主营业务收入实现利税（元）	流动资金周转次数（次）	流动比率	速动比率
有色金属矿采选业	26.93	5.72	4.41	2.06	1.80
常用有色金属矿采选	35.03	5.97	5.50	1.73	1.47
铜矿采选	35.03	5.97	5.50	1.73	1.47
稀有稀土金属矿采选	1.47	1.36	1.01	5.87	5.62
放射性金属矿采选	1.47	1.36	1.01	5.87	5.62
非金属矿采选业	13.41	13.17	1.05	1.07	0.96
土砂石开采	21.82	17.61	0.98	1.83	1.69
石灰石、石膏开采	17.18	14.40	3.26	0.52	0.48
建筑装饰用石开采	24.55	22.47	0.72	2.69	2.45
耐火土石开采	－1.39	－1.44	1.12	0.28	0.17
粘土及其他土砂石开采	36.58	11.64	0.72	5.22	5.22
化学矿采选	－1.24	－1.95	1.37	0.33	0.24
化学矿采选	－1.24	－1.95	1.37	0.33	0.24
制造业	**24.28**	**10.09**	**2.38**	**0.93**	**0.61**
农副食品加工业	2.20	1.93	0.46	0.81	0.68
谷物磨制	－0.96	－0.90	1.04	1.33	1.11
谷物磨制	－0.96	－0.90	1.04	1.33	1.11
饲料加工	182.11	16.75	3.77	1.29	0.70
饲料加工	182.11	16.75	3.77	1.29	0.70
屠宰及肉类加工	6.06	2.23	4.40	0.67	0.57
畜禽屠宰	23.17	5.17	6.41	0.84	0.83
肉制品及副产品加工	－1.27	－0.65	3.36	0.60	0.46
水产品加工	1.21	1.44	0.29	0.80	0.68
水产品冷冻加工	1.21	1.44	0.29	0.80	0.68
食品制造业	13.19	7.25	2.10	1.24	0.77
方便食品制造	－40.34	－10.70	1.71	1.54	1.10
速冻食品制造	－53.81	－16.95	1.39	1.61	1.10
方便面及其他方便食品制造	93.39	9.64	6.72	1.12	1.09
液体乳及乳制品制造	26.41	9.07	2.07	0.81	0.58
液体乳及乳制品制造	26.41	9.07	2.07	0.81	0.58
罐头制造	28.23	3.35	1.55	0.98	0.41
蔬菜、水果罐头制造	28.23	3.35	1.55	0.98	0.41
调味品、发酵制品制造	7.55	7.03	2.35	1.80	1.33
味精制造	7.47	7.45	2.35	1.88	1.40
酱油、食醋及类似制品的制造	30.47	5.08	2.62	1.61	1.03
其他调味品、发酵制品制造	－8.97	－7.18	1.60	0.75	0.63
其他食品制造	53.59	18.18	2.66	1.38	0.63
冷冻饮品及食用冰制造	5.58	8.86	6.12	0.12	0.04
盐加工	74.66	20.85	2.43	1.69	0.74
食品及饲料添加剂制造	38.10	5.07	4.23	1.80	1.31

1-B-2 续表13-3 单位：个、万元、人

指标名称	每百元固定资产原值实现利税（元）	每百元主营业务收入实现利税（元）	流动资金周转次数（次）	流动比率	速动比率
饮料制造业	21.33	18.97	1.11	1.38	0.54
酒的制造	22.24	19.41	1.11	1.40	0.55
啤酒制造	27.75	26.35	2.31	0.65	0.30
黄酒制造	18.61	15.42	0.85	1.89	0.72
软饮料制造	9.35	9.45	3.10	0.93	0.88
茶饮料及其他软饮料制造	9.35	9.45	3.10	0.93	0.88
精制茶加工	2.17	5.27	0.34	1.11	0.10
精制茶加工	2.17	5.27	0.34	1.11	0.10
烟草制品业	292.61	82.18	1.28	11.56	6.85
卷烟制造	292.61	82.18	1.28	11.56	6.85
卷烟制造	292.61	82.18	1.28	11.56	6.85
纺织业	14.54	9.91	1.34	1.03	0.83
棉、化纤纺织及印染精加工	17.68	13.59	1.69	1.10	0.78
棉、化纤纺织加工	19.07	14.55	1.67	1.07	0.77
棉、化纤印染精加工	5.48	4.50	1.90	1.55	1.08
毛纺织和染整精加工	39.32	14.28	0.99	3.35	2.52
毛纺织	39.32	14.28	0.99	3.35	2.52
丝绢纺织及精加工	11.61	9.00	1.12	0.82	0.74
绢纺和丝织加工	21.83	9.10	0.97	0.87	0.79
丝印染精加工	3.76	8.55	2.96	0.43	0.38
纺织制成品制造	3.16	1.09	1.84	1.19	0.95
棉及化纤制品制造	-5.74	-3.00	2.46	0.72	0.45
丝制品制造	-78.24	-17.26	1.03	8.02	7.73
纺织带和帘子布制造	-1.58	-0.44	2.11	0.97	0.73
无纺布制造	22.40	7.78	1.89	1.09	0.89
针织品、编织品及其制品制造	10.17	7.42	1.17	1.54	1.15
毛针织品及编织品制造	15.50	16.32	0.86	2.45	2.28
丝针织品及编织品制造	2.14	1.21	1.57	1.40	0.54
其他针织品及编织品制造	6.92	2.90	1.44	0.68	0.49
纺织服装、鞋、帽制造业	46.06	24.86	1.57	1.68	1.51
纺织服装制造	46.46	25.04	1.57	1.69	1.53
纺织服装制造	46.46	25.04	1.57	1.69	1.53
纺织面料鞋的制造	17.82	10.76	2.96	0.87	0.23
纺织面料鞋的制造	17.82	10.76	2.96	0.87	0.23
皮革、毛皮、羽毛(绒)及其制品业	67.33	31.20	0.42	1.94	1.92
皮革制品制造	67.33	31.20	0.42	1.94	1.92
皮鞋制造	34.14	9.99	5.00	1.08	1.01
皮箱、包(袋)制造	75.21	40.46	0.30	1.98	1.97
木材加工及木、竹、藤、棕、草制品业	12.34	1.58	1.50	1.11	0.33
人造板制造	10.91	1.40	1.42	1.11	0.32

1－B－2　续表13－4

单位：个、万元、人

指 标 名 称	每百元固定资产原值实现利税（元）	每百元主营业务收入实现利税（元）	流动资金周转次数（次）	流动比率	速动比率
纤维板制造	10.91	1.40	1.42	1.11	0.32
木制品制造	30.24	3.82	4.82	1.22	1.03
建筑用木料及木材组件加工	204.17	7.39	4.76	1.26	0.95
软木制品及其他木制品制造	20.68	3.03	4.83	1.21	1.04
造纸及纸制品业	5.52	8.83	2.12	0.60	0.39
造　纸	5.52	8.83	2.12	0.60	0.39
机制纸及纸板制造	5.52	8.83	2.12	0.60	0.39
印刷业和记录媒介的复制	15.13	14.00	1.91	0.86	0.74
印　刷	15.41	14.16	1.91	0.86	0.74
书、报、刊印刷	14.77	13.56	1.89	0.83	0.73
本册印制	21.44	19.17	1.13	6.28	5.27
包装装潢及其他印刷	17.22	15.90	2.14	0.81	0.63
装订及其他印刷服务活动	71.41	11.26	1.61	1.36	1.27
装订及其他印刷服务活动	71.41	11.26	1.61	1.36	1.27
记录媒介的复制	1.57	3.68	2.11	0.66	0.45
记录媒介的复制	1.57	3.68	2.11	0.66	0.45
文教体育用品制造业	82.17	13.07	1.91	2.11	1.71
体育用品制造	82.17	13.07	1.91	2.11	1.71
球类制造	34.05	10.64	1.32	1.59	1.45
体育器材及配件制造	75.12	9.40	1.52	2.56	1.37
训练健身器材制造	410.55	16.91	3.96	7.55	6.39
石油加工、炼焦及核燃料加工业	－0.19	－0.03	8.78	0.38	0.13
精炼石油产品的制造	0.27	0.05	9.02	0.37	0.14
原油加工及石油制品制造	0.27	0.05	9.02	0.37	0.14
炼　焦	－31.08	－4.38	3.63	0.60	0.01
炼　焦	－31.08	－4.38	3.63	0.60	0.01
化学原料及化学制品制造业	15.14	10.73	2.34	0.77	0.62
基础化学原料制造	6.80	5.43	2.47	0.67	0.56
无机酸制造	17.44	8.22	3.11	1.09	0.91
无机碱制造	24.56	18.06	2.71	0.58	0.50
无机盐制造	179.46	11.38	1.51	6.37	6.26
有机化学原料制造	5.17	4.18	2.43	0.67	0.56
其他基础化学原料制造	－10.83	－9.62	3.74	0.19	0.09
肥料制造	1.28	1.63	2.36	0.52	0.32
氮肥制造	2.32	3.20	2.17	0.61	0.39
其他肥料制造	－10.88	－7.20	4.72	0.19	0.07
农药制造	－12.34	－9.50	1.11	0.95	0.65
化学农药制造	－12.34	－9.50	1.11	0.95	0.65
涂料、油墨、颜料及类似产品制造	29.39	4.18	1.69	1.02	0.72
涂料制造	47.35	4.75	1.65	1.06	0.78

1－B－2 续表13－5 单位：个、万元、人

指标名称	每百元固定资产原值实现利税（元）	每百元主营业务收入实现利税（元）	流动资金周转次数（次）	流动比率	速动比率
油墨及类似产品制造	－6.53	－5.69	2.76	0.66	0.10
合成材料制造	71.75	33.90	2.73	1.38	1.14
初级形态的塑料及合成树脂制造	－10.27	－3.00	2.21	1.02	0.53
合成纤维单（聚合）体的制造	73.79	35.41	2.76	1.41	1.18
专用化学产品制造	26.58	13.69	2.06	0.95	0.70
化学试剂和助剂制造	8.59	4.36	2.69	1.07	0.83
专项化学用品制造	41.54	19.02	2.11	0.98	0.61
炸药及火工产品制造	30.46	16.41	3.13	1.14	0.93
信息化学品制造	7.60	5.76	0.66	0.75	0.65
其他专用化学产品制造	34.20	25.82	4.14	0.97	0.88
日用化学产品制造	16.01	4.70	5.32	1.07	0.71
肥皂及合成洗涤剂制造	18.36	5.31	6.34	0.93	0.59
香料、香精制造	－2.28	－0.75	2.19	1.87	1.42
医药制造业	41.91	30.68	1.95	1.25	0.82
化学药品原药制造	46.32	34.43	2.03	1.30	0.85
化学药品原药制造	46.32	34.43	2.03	1.30	0.85
化学药品制剂制造	3.28	2.33	1.68	0.87	0.55
化学药品制剂制造	3.28	2.33	1.68	0.87	0.55
中药饮片加工	21.59	5.69	1.93	1.01	0.70
中药饮片加工	21.59	5.69	1.93	1.01	0.70
中成药制造	47.36	35.79	0.74	0.63	0.60
中成药制造	47.36	35.79	0.74	0.63	0.60
生物、生化制品的制造	43.10	27.66	1.19	4.91	4.02
生物、生化制品的制造	43.10	27.66	1.19	4.91	4.02
化学纤维制造业	－17.78	－10.95	3.25	0.60	0.32
纤维素纤维原料及纤维制造	－6.84	－13.81	1.24	0.75	0.43
化纤浆粕制造	103.40	27.03	0.57	5.43	4.81
人造纤维（纤维素纤维）制造	－7.69	－16.39	1.34	0.67	0.35
合成纤维制造	－19.57	－10.82	3.51	0.59	0.31
涤纶纤维制造	0.97	0.47	3.52	0.88	0.46
腈纶纤维制造	－100.54	－112.59	3.38	0.03	0.03
橡胶制品业	15.56	5.20	3.14	0.81	0.47
轮胎制造	15.40	5.13	3.15	0.80	0.46
车辆、飞机及工程机械轮胎制造	15.45	5.14	3.15	0.80	0.46
轮胎翻新加工	－6.88	－18.29	0.81	0.61	0.49
橡胶靴鞋制造	33.25	15.55	2.25	3.33	3.04
橡胶靴鞋制造	33.25	15.55	2.25	3.33	3.04
塑料制品业	1.38	0.88	2.98	1.08	0.52
塑料薄膜制造	1.31	1.31	1.95	0.99	0.53
塑料薄膜制造	1.31	1.31	1.95	0.99	0.53

1-B-2　续表13-6

单位：个、万元、人

指标名称	每百元固定资产原值实现利税（元）	每百元主营业务收入实现利税（元）	流动资金周转次数（次）	流动比率	速动比率
塑料板、管、型材的制造	-0.62	-0.28	4.57	1.32	0.52
塑料板、管、型材的制造	-0.62	-0.28	4.57	1.32	0.52
泡沫塑料制造	10.36	5.07	2.40	2.09	1.25
泡沫塑料制造	10.36	5.07	2.40	2.09	1.25
塑料零件制造	10.18	10.92	2.33	0.52	0.34
塑料零件制造	10.18	10.92	2.33	0.52	0.34
日用塑料制造	5.35	1.12	2.85	1.75	0.59
日用塑料杂品制造	5.35	1.12	2.85	1.75	0.59
非金属矿物制品业	10.23	9.34	2.18	0.59	0.50
水泥、石灰和石膏的制造	9.60	9.08	2.27	0.56	0.49
水泥制造	9.55	9.06	2.26	0.56	0.49
石灰和石膏制造	62.93	15.01	4.29	1.35	1.00
水泥及石膏制品制造	30.86	12.23	1.55	0.95	0.65
水泥制品制造	27.45	11.00	1.88	0.95	0.58
砼结构构件制造	43.63	16.67	0.94	0.93	0.77
玻璃及玻璃制品制造	5.78	23.46	0.57	8.61	8.30
其他玻璃制品制造	5.78	23.46	0.57	8.61	8.30
陶瓷制品制造	24.31	7.96	1.70	3.31	2.97
特种陶瓷制品制造	24.31	7.96	1.70	3.31	2.97
黑色金属冶炼及压延加工业	-2.76	-1.84	2.06	0.75	0.52
钢压延加工	-2.85	-1.92	2.06	0.75	0.52
钢压延加工	-2.85	-1.92	2.06	0.75	0.52
铁合金冶炼	214.60	10.05	7.30	2.21	0.48
铁合金冶炼	214.60	10.05	7.30	2.21	0.48
有色金属冶炼及压延加工业	9.30	5.97	2.20	2.69	2.07
常用有色金属冶炼	6.04	4.26	2.39	2.18	1.33
铅锌冶炼	6.04	4.26	2.39	2.18	1.33
贵金属冶炼	13.19	16.33	1.10	2.68	2.38
金冶炼	13.19	16.33	1.10	2.68	2.38
有色金属合金制造	-15.50	-16.90	2.17	4.78	3.87
有色金属合金制造	-15.50	-16.90	2.17	4.78	3.87
有色金属压延加工	505.97	5.12	4.79	23.66	23.60
常用有色金属压延加工	505.97	5.12	4.79	23.66	23.60
金属制品业	24.59	7.59	1.70	0.93	0.66
结构性金属制品制造	11.41	2.31	1.46	0.64	0.20
金属结构制造	1.92	0.56	1.30	0.47	0.17
金属门窗制造	56.77	4.65	1.75	1.77	0.37
金属工具制造	9.56	6.00	1.36	1.38	0.71
手工具制造	9.56	6.00	1.36	1.38	0.71
集装箱及金属包装容器制造	37.55	9.58	1.53	1.05	0.91

1－B－2 续表 13－7 单位：个、万元、人

指 标 名 称	每百元固定资产原值实现利税（元）	每百元主营业务收入实现利税（元）	流动资金周转次数（次）	流动比率	速动比率
金属压力容器制造	693.99	9.90	2.52	1.02	0.78
金属包装容器制造	35.42	9.56	1.49	1.05	0.92
建筑、安全用金属制品制造	13.40	5.82	2.14	0.70	0.51
建筑装饰及水暖管道零件制造	12.50	5.49	2.18	0.68	0.50
其他建筑、安全用金属制品制造	422.93	32.88	0.87	2.48	2.08
其他金属制品制造	71.17	5.87	1.89	1.40	0.70
其他未列明的金属制品制造	71.17	5.87	1.89	1.40	0.70
通用设备制造业	37.79	12.80	1.31	1.21	0.79
锅炉及原动机制造	74.67	17.56	1.18	1.44	0.97
锅炉及辅助设备制造	45.02	6.69	2.61	1.54	1.04
汽轮机及辅机制造	81.35	20.13	1.04	1.43	0.97
水轮机及辅机制造	35.58	11.63	1.68	1.40	0.92
金属加工机械制造	10.42	8.88	0.86	1.18	0.64
金属切削机床制造	6.62	6.28	0.77	1.11	0.66
其他金属加工机械制造	30.94	17.03	1.32	1.86	0.43
起重运输设备制造	5.22	4.33	1.34	1.31	0.82
起重运输设备制造	5.22	4.33	1.34	1.31	0.82
泵、阀门、压缩机及类似机械的制造	63.85	18.27	1.58	1.80	1.20
泵及真空设备制造	17.10	14.83	1.65	1.50	0.88
气体压缩机械制造	177.27	3.69	1.61	0.94	0.58
阀门和旋塞的制造	95.00	10.62	1.69	1.93	1.10
液压和气压动力机械及元件制造	119.93	28.06	1.52	3.09	2.28
轴承、齿轮、传动和驱动部件的制造	15.15	7.25	1.61	0.82	0.29
轴承制造	35.33	21.14	1.20	1.72	1.52
齿轮、传动和驱动部件制造	14.64	6.97	1.62	0.81	0.28
风机、衡器、包装设备等通用设备制造	35.93	10.88	1.33	1.11	0.80
风机、风扇制造	23.31	18.92	1.62	0.88	0.51
气体、液体分离及纯净设备制造	147.39	13.94	1.13	1.15	0.89
制冷、空调设备制造	22.13	7.46	1.96	1.27	0.91
风动和电动工具制造	39.15	10.89	0.35	3.91	3.86
其他通用设备制造	2.96	6.47	0.82	0.73	0.28
通用零部件制造及机械修理	29.87	12.99	1.60	0.89	0.62
紧固件、弹簧制造	42.02	21.44	1.54	1.26	1.04
机械零部件加工及设备修理	20.76	14.75	1.14	0.65	0.41
其他通用零部件制造	41.96	2.52	3.06	1.37	0.90
金属铸、锻加工	38.81	6.22	1.61	1.40	0.94
钢铁铸件制造	49.00	15.84	1.81	1.62	0.63
锻件及粉末冶金制品制造	－16.91	－0.72	1.48	1.29	1.10
专用设备制造业	18.70	3.84	0.93	1.20	0.81

1-B-2 续表13-8 单位：个、万元、人

指标名称	每百元固定资产原值实现利税（元）	每百元主营业务收入实现利税（元）	流动资金周转次数（次）	流动比率	速动比率
矿山、冶金、建筑专用设备制造	62.28	18.38	0.63	2.65	2.47
石油钻采专用设备制造	150.53	13.89	1.41	1.87	1.77
建筑工程用机械制造	36.84	29.71	0.26	3.23	2.99
化工、木材、非金属加工专用设备制造	16.70	4.53	0.88	1.09	0.87
炼油、化工生产专用设备制造	16.70	4.53	0.88	1.09	0.87
电子和电工机械专用设备制造	14.47	11.85	1.91	0.87	0.34
电子工业专用设备制造	-184.57	-2.48	1.58	1.33	0.74
武器弹药制造	15.26	16.39	2.04	0.74	0.23
农、林、牧、渔专用机械制造	8.11	2.71	1.82	1.07	0.60
拖拉机制造	...	...	2.04	1.16	0.67
机械化农业及园艺机具制造	25.28	12.34	1.31	0.91	0.48
医疗仪器设备及器械制造	430.21	24.36	2.08	4.66	4.20
假肢、人工器官及植（介）入器械制造	430.21	24.36	2.08	4.66	4.20
环保、社会公共安全及其他专用设备制造	19.52	2.45	0.82	1.15	0.74
环境污染防治专用设备制造	18.28	2.28	0.80	1.15	0.73
邮政专用机械及器材制造	-4.29	-3.87	1.26	0.85	0.41
水资源专用机械制造	105.91	6.14	1.23	1.31	1.18
交通运输设备制造业	10.09	4.04	1.20	0.91	0.61
铁路运输设备制造	25.89	10.44	1.71	1.48	1.33
铁路机车车辆配件制造	31.88	11.21	0.95	1.50	1.24
其他铁路设备制造及设备修理	24.55	10.24	2.17	1.45	1.39
汽车制造	1.54	1.17	1.70	0.76	0.47
汽车整车制造	-10.27	-12.31	1.60	0.48	0.21
汽车零部件及配件制造	26.58	10.14	1.72	1.32	0.94
汽车修理	46.79	26.56	2.46	0.90	0.83
摩托车制造	28.83	8.18	1.44	1.19	0.94
摩托车整车制造	29.49	9.63	1.27	1.14	0.89
摩托车零部件及配件制造	20.58	2.23	3.22	2.41	2.17
船舶及浮动装置制造	3.27	1.40	1.02	0.83	0.50
金属船舶制造	3.27	1.40	1.02	0.83	0.50
交通器材及其他交通运输设备制造	10.08	10.26	1.71	1.58	1.20
潜水及水下救捞装备制造	10.08	10.26	1.71	1.58	1.20
电气机械及器材制造业	53.87	14.43	1.85	1.29	0.95
电机制造	71.30	10.92	1.51	1.32	0.81
发电机及发电机组制造	72.32	11.26	1.45	1.31	0.81
电动机制造	39.75	4.03	11.49	2.97	1.85
输配电及控制设备制造	50.41	15.60	1.38	1.97	1.23
变压器、整流器和电感器制造	-69.56	-10.46	0.74	1.39	0.91
电容器及其配套设备制造	64.17	17.24	1.74	1.40	0.80

1-B-2 续表13-9

单位：个、万元、人

指标名称	每百元固定资产原值实现利税（元）	每百元主营业务收入实现利税（元）	流动资金周转次数（次）	流动比率	速动比率
配电开关控制设备制造	41.06	13.98	1.47	1.90	1.23
其他输配电及控制设备制造	1117.26	36.79	0.91	3.37	1.46
电线、电缆、光缆及电工器材制造	21.54	8.35	2.57	0.78	0.52
电线电缆制造	6.22	3.32	2.51	0.99	0.68
其他电工器材制造	32.81	10.58	2.59	0.72	0.47
电池制造	-49.25	-9.27	0.71	1.25	1.11
电池制造	-49.25	-9.27	0.71	1.25	1.11
家用电力器具制造	70.75	20.55	2.57	1.30	1.20
家用空气调节器制造	2.23	0.19	17.55	0.89	0.83
家用清洁卫生电器具制造	29.12	29.97	1.16	0.87	0.82
家用电力器具专用配件制造	284.24	102.01	0.74	2.62	2.39
照明器具制造	78.78	42.86	0.64	4.61	4.47
灯用电器附件及其他照明器具制造	78.78	42.86	0.64	4.61	4.47
其他电气机械及器材制造	-4.85	-2.42	3.82	0.63	0.45
车辆专用照明及电气信号设备装置制造	-4.85	-2.42	3.82	0.63	0.45
通信设备、计算机及其他电子设备制造业	43.33	23.70	0.77	1.69	1.14
通信设备制造	36.42	28.81	0.58	1.63	1.50
通信传输设备制造	29.91	7.07	1.06	2.40	1.90
通信交换设备制造	64.29	23.77	0.87	2.52	2.43
移动通信及终端设备制造	24.99	16.03	0.58	3.56	3.24
其他通信设备制造	55.38	790.15	0.11	0.25	0.25
广播电视设备制造	10.87	13.20	0.21	2.07	1.59
广播电视节目制作及发射设备制造	10.87	13.20	0.21	2.07	1.59
电子计算机制造	963.61	37.59	1.45	3.48	2.92
计算机网络设备制造	83.53	8.21	1.80	2.61	1.57
电子计算机外部设备制造	1180.88	40.09	1.42	3.56	3.04
电子器件制造	3.32	8.05	0.85	0.97	0.59
电子真空器件制造	59.53	12.98	1.04	2.67	1.54
半导体分立器件制造	37.97	30.84	1.05	1.07	0.87
集成电路制造	0.35	1.33	0.71	1.22	0.50
光电子器件及其他电子器件制造	0.95	2.28	0.89	0.69	0.54
电子元件制造	31.44	15.64	0.92	1.58	1.04
电子元件及组件制造	31.44	15.64	0.92	1.58	1.04
家用视听设备制造	29.27	5.09	0.43	1.65	0.60
家用影视设备制造	29.27	5.09	0.43	1.65	0.60
其他电子设备制造	6020.00	3.93	2.34	1.30	1.28
其他电子设备制造	6020.00	3.93	2.34	1.30	1.28
仪器仪表及文化、办公用机械制造业	5.92	4.25	1.41	1.19	0.80
通用仪器仪表制造	3.86	1.85	2.38	1.11	0.56

1－B－2 续表13－10

单位：个、万元、人

指标名称	每百元固定资产原值实现利税（元）	每百元主营业务收入实现利税（元）	流动资金周转次数（次）	流动比率	速动比率
工业自动控制系统装置制造	3.62	1.67	2.60	1.02	0.52
供应用仪表及其他通用仪器制造	7.36	8.63	0.58	5.44	2.49
专用仪器仪表制造	35.93	19.21	1.51	1.98	1.60
导航、气象及海洋专用仪器制造	35.93	19.21	1.51	1.98	1.60
光学仪器及眼镜制造	4.75	5.35	1.00	1.24	0.90
光学仪器制造	3.15	4.56	1.03	1.17	0.89
眼镜制造	26.05	7.42	0.92	1.44	0.91
文化、办公用机械制造	－15.14	－9.44	0.43	0.98	0.82
计算器及货币专用设备制造	－15.14	－9.44	0.43	0.98	0.82
工艺品及其他制造业	47.91	10.95	1.87	3.21	2.50
工艺美术品制造	91.80	5.03	2.48	2.26	1.00
珠宝首饰及有关物品的制造	91.80	5.03	2.48	2.26	1.00
日用杂品制造	43.62	14.45	1.63	3.70	3.29
鬃毛加工、制刷及清扫工具的制造	20.39	5.41	4.01	1.94	0.26
其他日用杂品制造	54.39	20.38	1.17	4.26	4.26
废弃资源和废旧材料回收加工业	89.25	5.06	6.29	0.93	0.86
金属废料和碎屑的加工处理	344.87	4.65	20.35	0.81	0.57
金属废料和碎屑的加工处理	344.87	4.65	20.35	0.81	0.57
非金属废料和碎屑的加工处理	14.31	13.34	0.42	0.96	0.95
非金属废料和碎屑的加工处理	14.31	13.34	0.42	0.96	0.95
电力、燃气及水的生产和供应业	**4.79**	**6.36**	**4.68**	**0.65**	**0.60**
电力、热力的生产和供应业	5.20	6.47	5.69	0.60	0.54
电力生产	3.80	10.08	2.71	0.60	0.50
火力发电	1.90	3.95	3.37	0.52	0.43
水力发电	3.13	16.70	2.12	0.69	0.66
核力发电	9.30	44.32	1.33	0.82	0.64
其他能源发电	2.57	16.63	0.68	0.51	0.48
电力供应	7.16	5.21	9.82	0.59	0.59
电力供应	7.16	5.21	9.82	0.59	0.59
热力生产和供应	－2.34	－3.47	1.40	0.57	0.55
热力生产和供应	－2.34	－3.47	1.40	0.57	0.55
燃气生产和供应业	5.07	4.94	3.43	1.10	1.07
燃气生产和供应业	5.07	4.94	3.43	1.10	1.07
燃气生产和供应业	5.07	4.94	3.43	1.10	1.07
水的生产和供应业	0.89	3.90	0.71	0.92	0.91
自来水的生产和供应	1.58	6.71	0.67	0.88	0.86
自来水的生产和供应	1.58	6.71	0.67	0.88	0.86
污水处理及其再生利用	－1.55	－7.95	0.92	1.30	1.29
污水处理及其再生利用	－1.55	－7.95	0.92	1.30	1.29

1－B－2 续表 14－1

单位：个、万元、人

指 标 名 称	企业亏损面（%）	亏损率（%）	出口交货值占工业销售比重（%）	利润总额占利税比重（%）	存货周转次数（次）
总 计	**25.82**	**55.16**	**4.39**	**19.92**	**11.09**
一、按轻重工业分					
轻工业	30.89	14.65	11.39	29.06	2.55
重工业	23.27	79.18	3.55	11.29	14.97
二、按规模分					
大型企业	25.00	185.56	5.88	－42.52	13.57
中型企业	24.18	25.54	3.27	30.38	7.47
小型企业	26.42	54.06	1.91	27.10	14.52
三、按登记注册类型分					
内 资	**26.72**	**60.40**	**3.46**	**17.19**	**11.41**
国 有	25.00	22.42	1.04	21.78	16.14
集 体				77.75	555.35
股份合作企业	100.00			100.00	2.41
联营企业	28.57	21321.69	4.92	179.66	12.99
国有联营			4.24	3.77	1.03
集体联营	100.00			143.46	114.24
国有与集体联营	33.33	539.44	2.42	－26.09	12.82
其他联营			80.68	0.54	11.94
有限责任公司	27.42	69.24	9.37	24.67	6.27
国有独资公司	35.38	23.47	9.81	43.03	4.52
其他有限责任公司	25.31	76.36	9.30	20.30	6.69
股份有限公司	33.33	183.01	3.25	－183.29	12.88
其 他	33.33	234.37		－40.20	29.49
港澳台商投资	**11.54**	**1.77**	**3.96**	**41.45**	**14.36**
与港澳台商合资经营	9.52	1.06	3.58	41.03	16.34
与港澳台商合作经营	33.33	19.17	7.69	53.80	3.75
港澳台商独资			100.00	100.00	9.55
港澳台商投资股份有限公司				91.22	20.44
外商投资	**20.00**	**33.38**	**17.68**	**45.51**	**7.31**
中外合资经营	22.86	52.86	16.90	29.39	8.75
中外合作经营			62.73	72.64	4.21
外商投资股份有限公司			14.42	83.31	2.66
四、按国民经济行业（门类、大类、中类、小类）分					
采矿业	**40.00**	**21.02**	**0.19**	**54.74**	**20.31**
煤炭开采和洗选业	100.00			－4384.13	23.56
烟煤和无烟煤的开采洗选	100.00			－4384.13	23.56
烟煤和无烟煤的开采洗选	100.00			－4384.13	23.56
黑色金属矿采选业				76.72	22.51
铁矿采选				76.72	22.51
铁矿采选				76.72	22.51

1－B－2 续表14－2 单位：个、万元、人

指 标 名 称	企业亏损面（%）	亏损率（%）	出口交货值占工业销售比重（%）	利润总额占利税比重（%）	存货周转次数（次）
有色金属矿采选业				61.13	29.63
常用有色金属矿采选				60.61	30.73
铜矿采选				60.61	30.73
稀有稀土金属矿采选				100.00	16.61
放射性金属矿采选				100.00	16.61
非金属矿采选业	50.00	86.68	2.16	4.51	6.18
土砂石开采	40.00	24.03		24.91	7.24
石灰石、石膏开采	50.00	469.12		－18.80	24.85
建筑装饰用石开采				36.73	4.61
耐火土石开采	100.00			655.67	2.07
粘土及其他土砂石开采				84.69	265.91
化学矿采选	100.00		10.97	631.64	4.61
化学矿采选	100.00		10.97	631.64	4.61
制造业	**22.09**	**57.49**	**8.40**	**19.45**	**6.42**
农副食品加工业	46.67	73.40	16.99	48.47	2.58
谷物磨制	33.33	899.28		127.96	5.82
谷物磨制	33.33	899.28		127.96	5.82
饲料加工	100.00			－1.51	8.11
饲料加工	100.00			－1.51	8.11
屠宰及肉类加工	44.44	57.91	21.32	64.60	21.65
畜禽屠宰	50.00	15.18	42.14	84.04	362.42
肉制品及副产品加工	33.33	179.61		216.81	11.59
水产品加工	50.00	75.87	17.40	70.97	1.58
水产品冷冻加工	50.00	75.87	17.40	70.97	1.58
食品制造业	42.86	45.12	21.85	40.33	4.81
方便食品制造	50.00	2931.68	63.76	134.02	7.48
速冻食品制造	100.00		83.36	114.50	5.87
方便面及其他方便食品制造				22.35	185.38
液体乳及乳制品制造	66.67	20.81		75.81	7.19
液体乳及乳制品制造	66.67	20.81		75.81	7.19
罐头制造			100.00	25.71	2.48
蔬菜、水果罐头制造			100.00	25.71	2.48
调味品、发酵制品制造	50.00	68.81	1.56	15.09	7.74
味精制造	50.00	61.39	0.11	18.51	7.97
酱油、食醋及类似制品的制造			19.15	41.47	5.73
其他调味品、发酵制品制造	100.00			292.02	7.84
其他食品制造	25.00	0.75		74.65	3.05
冷冻饮品及食用冰制造	100.00			－19.33	8.00
盐加工				79.40	2.51
食品及饲料添加剂制造				25.06	13.77

1－B－2 续表14－3 单位：个、万元、人

指 标 名 称	企业亏损面（%）	亏损率（%）	出口交货值占工业销售比重（%）	利润总额占利税比重（%）	存货周转次数（次）
饮料制造业	28.57	14.88	3.38	27.63	1.33
酒的制造	27.27	15.13	3.38	27.49	1.32
啤酒制造	42.86	64.08		5.55	2.39
黄酒制造			5.82	49.03	1.11
软饮料制造				40.13	44.97
茶饮料及其他软饮料制造				40.13	44.97
精制茶加工	50.00	129.73	19.66	－2.17	0.37
精制茶加工	50.00	129.73	19.66	－2.17	0.37
烟草制品业			0.38	23.97	0.74
卷烟制造			0.38	23.97	0.74
卷烟制造			0.38	23.97	0.74
纺织业	26.92	21.58	13.64	52.51	6.42
棉、化纤纺织及印染精加工	42.86	21.11	0.97	53.83	5.14
棉、化纤纺织加工	40.00	16.13	0.17	54.21	5.07
棉、化纤印染精加工	50.00	76.43	9.30	41.99	5.89
毛纺织和染整精加工			21.67	71.41	4.67
毛纺织			21.67	71.41	4.67
丝绢纺织及精加工	20.00	12.21	13.22	54.66	9.91
绢纺和丝织加工			14.45	61.61	8.61
丝印染精加工	33.33	63.67	8.07	23.69	27.36
纺织制成品制造	37.50	168.42	21.51	－131.95	8.79
棉及化纤制品制造	100.00		63.57	187.17	6.26
丝制品制造	50.00	2669.09	47.07	123.79	25.54
纺织带和帘子布制造	100.00		22.06	104.65	4.67
无纺布制造				55.25	16.61
针织品、编织品及其制品制造			61.81	37.60	4.03
毛针织品及编织品制造			58.67	34.50	9.01
丝针织品及编织品制造			65.76	33.22	2.67
其他针织品及编织品制造			59.07	80.30	4.79
纺织服装、鞋、帽制造业			14.23	43.23	8.79
纺织服装制造			14.43	43.24	9.05
纺织服装制造			14.43	43.24	9.05
纺织面料鞋的制造				41.82	3.43
纺织面料鞋的制造				41.82	3.43
皮革、毛皮、羽毛（绒）及其制品业				58.62	28.58
皮革制品制造				58.62	28.58
皮鞋制造				51.84	66.66
皮箱、包（袋）制造				59.35	19.18
木材加工及木、竹、藤、棕、草制品业	33.33	0.07		70.67	1.94
人造板制造				84.19	1.80

1－B－2 续表14－4

单位：个、万元、人

指标名称	企业亏损面（%）	亏损率（%）	出口交货值占工业销售比重（%）	利润总额占利税比重（%）	存货周转次数（次）
纤维板制造				84.19	1.80
木制品制造	50.00	2.76		9.94	28.29
建筑用木料及木材组件加工				29.05	17.28
软木制品及其他木制品制造	100.00			－0.44	33.10
造纸及纸制品业	50.00	1.87	2.66	26.08	4.72
造 纸	50.00	1.87	2.66	26.08	4.72
机制纸及纸板制造	50.00	1.87	2.66	26.08	4.72
印刷业和记录媒介的复制	4.76	5.96		75.60	10.45
印 刷	5.26	6.00		76.06	10.51
书、报、刊印刷	7.69	7.75		77.79	11.37
本册印制				45.56	4.25
包装装潢及其他印刷				74.37	9.09
装订及其他印刷服务活动				43.97	13.94
装订及其他印刷服务活动				43.97	13.94
记录媒介的复制				42.38	5.86
记录媒介的复制				42.38	5.86
文教体育用品制造业			92.64	65.96	7.77
体育用品制造			92.64	65.96	7.77
球类制造			80.68	0.54	11.94
体育器材及配件制造			100.00	91.38	2.78
训练健身器材制造			100.00	95.30	18.74
石油加工、炼焦及核燃料加工业	75.00	1325.41	0.06	10803.99	20.56
精炼石油产品的制造	66.67	1273.36	0.06	－7363.70	21.84
原油加工及石油制品制造	66.67	1273.36	0.06	－7363.70	21.84
炼 焦	100.00			190.83	5.04
炼 焦	100.00			190.83	5.04
化学原料及化学制品制造业	27.66	11.24	10.38	60.83	9.94
基础化学原料制造	33.33	27.58	9.28	22.76	12.78
无机酸制造			9.64	26.35	17.78
无机碱制造			0.73	63.58	20.07
无机盐制造				19.64	55.37
有机化学原料制造	40.00	60.08	10.72	6.40	12.27
其他基础化学原料制造	100.00			143.66	18.75
肥料制造	50.00	155.95	1.33	－50.27	6.82
氮肥制造	33.33	72.05		15.05	6.57
其他肥料制造	100.00		8.97	112.79	8.38
农药制造	60.00	547.49	39.11	104.16	3.39
化学农药制造	60.00	547.49	39.11	104.16	3.39
涂料、油墨、颜料及类似产品制造	33.33	14.29	2.51	44.39	6.12
涂料制造			2.66	48.22	6.78

1－B－2 续表14－5

单位：个、万元、人

指 标 名 称	企业亏损面（%）	亏损率（%）	出口交货值占工业销售比重（%）	利润总额占利税比重（%）	存货周转次数（次）
油墨及类似产品制造	100.00			100.00	2.41
合成材料制造	33.33	0.75	6.39	82.58	11.06
初级形态的塑料及合成树脂制造	50.00	228.46	3.41	101.07	4.62
合成纤维单（聚合）体的制造			6.52	82.65	11.98
专用化学产品制造	5.88	0.09	18.49	71.88	6.71
化学试剂和助剂制造			7.42	25.40	11.16
专项化学用品制造			29.89	84.24	4.85
炸药及火工产品制造			1.63	52.44	12.33
信息化学品制造			32.19	81.62	4.46
其他专用化学产品制造	50.00	1.46		70.05	25.93
日用化学产品制造	33.33	16.18		45.21	14.07
肥皂及合成洗涤剂制造				53.08	15.59
香料、香精制造	100.00			538.89	7.40
医药制造业	28.57	1.36	51.92	75.08	2.99
化学药品原药制造	20.00	0.01	55.42	76.77	2.84
化学药品原药制造	20.00	0.01	55.42	76.77	2.84
化学药品制剂制造	66.67	179.32	38.47	－54.83	4.18
化学药品制剂制造	66.67	179.32	38.47	－54.83	4.18
中药饮片加工				23.49	4.62
中药饮片加工				23.49	4.62
中成药制造				58.95	5.16
中成药制造				58.95	5.16
生物、生化制品的制造	33.33	7.39	4.79	48.92	1.50
生物、生化制品的制造	33.33	7.39	4.79	48.92	1.50
化学纤维制造业	50.00	4513.27	12.01	104.80	7.34
纤维素纤维原料及纤维制造	50.00	1500.82	16.92	113.53	3.31
化纤浆粕制造				69.94	3.80
人造纤维（纤维素纤维）制造	100.00		17.89	109.00	3.30
合成纤维制造	50.00	5195.13	11.64	104.30	7.81
涤纶纤维制造			13.69	51.88	6.89
腈纶纤维制造	100.00			102.31	590185.00
橡胶制品业	20.00	0.22	25.94	49.22	6.54
轮胎制造	25.00	0.22	26.03	49.29	6.51
车辆、飞机及工程机械轮胎制造			26.04	49.35	6.52
轮胎翻新加工	100.00			102.85	1.58
橡胶靴鞋制造			11.65	45.32	21.72
橡胶靴鞋制造			11.65	45.32	21.72
塑料制品业	42.86	306.02	14.84	－234.56	5.80
塑料薄膜制造	50.00	147.72	24.35	－34.13	4.05
塑料薄膜制造	50.00	147.72	24.35	－34.13	4.05

1－B－2 续表14－6 单位：个、万元、人

指 标 名 称	企业亏损面（%）	亏损率（%）	出口交货值占工业销售比重（%）	利润总额占利税比重（%）	存货周转次数（次）
塑料板、管、型材的制造	50.00	576.47		1314.76	8.20
塑料板、管、型材的制造	50.00	576.47		1314.76	8.20
泡沫塑料制造	100.00			－106.47	6.75
泡沫塑料制造	100.00			－106.47	6.75
塑料零件制造				51.63	5.07
塑料零件制造				51.63	5.07
日用塑料制造			98.34	86.46	4.11
日用塑料杂品制造			98.34	86.46	4.11
非金属矿物制品业	18.52	19.09	0.15	42.98	12.07
水泥、石灰和石膏的制造	24.39	21.38	0.10	41.52	14.08
水泥制造	25.64	21.57	0.10	41.33	14.08
石灰和石膏制造				68.56	12.48
水泥及石膏制品制造				56.52	4.19
水泥制品制造				53.04	4.22
砼结构构件制造				64.73	4.11
玻璃及玻璃制品制造			21.79	56.09	10.71
其他玻璃制品制造			21.79	56.09	10.71
陶瓷制品制造				2.84	14.84
特种陶瓷制品制造				2.84	14.84
黑色金属冶炼及压延加工业	28.57	993.57	3.82	265.01	6.95
钢压延加工	33.33	1088.92	3.84	259.21	6.94
钢压延加工	33.33	1088.92	3.84	259.21	6.94
铁合金冶炼				80.18	9.57
铁合金冶炼				80.18	9.57
有色金属冶炼及压延加工业	25.00	16.01	0.25	47.68	8.76
常用有色金属冶炼			0.44	8.67	6.78
铅锌冶炼			0.44	8.67	6.78
贵金属冶炼				87.86	4.07
金冶炼				87.86	4.07
有色金属合金制造	100.00			117.72	15.35
有色金属合金制造	100.00			117.72	15.35
有色金属压延加工				57.76	2099.21
常用有色金属压延加工				57.76	2099.21
金属制品业	21.43	6.70	19.25	60.26	7.32
结构性金属制品制造	33.33	45.74	28.09	36.19	1.69
金属结构制造	50.00	152.79	48.90	－75.64	1.66
金属门窗制造				54.30	1.73
金属工具制造				1.00	2.46
手工具制造				1.00	2.46
集装箱及金属包装容器制造			3.78	58.10	19.71

1－B－2 续表 14－7

单位：个、万元、人

指 标 名 称	企业亏损面（%）	亏损率（%）	出口交货值占工业销售比重（%）	利润总额占利税比重（%）	存货周转次数（次）
金属压力容器制造				51.32	9.10
金属包装容器制造			3.99	58.53	21.10
建筑、安全用金属制品制造			66.51	81.31	7.68
建筑装饰及水暖管道零件制造			67.48	82.75	7.77
其他建筑、安全用金属制品制造				62.00	3.31
其他金属制品制造	66.67	44.69	3.28	54.37	3.54
其他未列明的金属制品制造	66.67	44.69	3.28	54.37	3.54
通用设备制造业	12.50	2.01	12.10	76.99	2.86
锅炉及原动机制造	14.29	0.14	11.92	83.40	2.55
锅炉及辅助设备制造				80.99	6.14
汽轮机及辅机制造			14.36	84.49	2.16
水轮机及辅机制造	50.00	6.49		55.98	3.93
金属加工机械制造			6.82	53.82	1.14
金属切削机床制造				19.03	1.11
其他金属加工机械制造			34.52	93.95	1.24
起重运输设备制造	28.57	104.56	12.62	－3.28	2.81
起重运输设备制造	28.57	104.56	12.62	－3.28	2.81
泵、阀门、压缩机及类似机械的制造	12.50	0.61		65.99	3.53
泵及真空设备制造	33.33	5.04		52.14	2.71
气体压缩机械制造				47.80	4.14
阀门和旋塞的制造				68.91	2.93
液压和气压动力机械及元件制造				69.58	3.84
轴承、齿轮、传动和驱动部件的制造			9.58	70.25	1.96
轴承制造				50.73	5.00
齿轮、传动和驱动部件制造			9.78	71.43	1.94
风机、衡器、包装设备等通用设备制造	8.33	0.12	15.99	79.65	3.87
风机、风扇制造				80.60	1.95
气体、液体分离及纯净设备制造			4.04	81.76	4.13
制冷、空调设备制造			32.74	75.08	6.07
风动和电动工具制造			100.00	72.84	23.84
其他通用设备制造	50.00	4.07		75.89	0.77
通用零部件制造及机械修理				36.93	4.03
紧固件、弹簧制造				22.92	5.07
机械零部件加工及设备修理				57.53	2.59
其他通用零部件制造				27.17	6.57
金属铸、锻加工	33.33	36.52		36.26	4.30
钢铁铸件制造				53.51	2.27
锻件及粉末冶金制品制造	100.00			309.59	9.75
专用设备制造业	29.41	17.41	21.27	52.69	2.57

1－B－2 续表14－8

单位：个、万元、人

指 标 名 称	企业亏损面（%）	亏损率（%）	出口交货值占工业销售比重（%）	利润总额占利税比重（%）	存货周转次数（次）
矿山、冶金、建筑专用设备制造				73.70	7.24
石油钻采专用设备制造				70.77	22.83
建筑工程用机械制造				77.15	2.50
化工、木材、非金属加工专用设备制造				39.41	3.97
炼油、化工生产专用设备制造				39.41	3.97
电子和电工机械专用设备制造	50.00	17.31	30.11	66.08	2.13
电子工业专用设备制造	100.00			274.92	1.79
武器弹药制造			54.15	76.09	2.23
农、林、牧、渔专用机械制造	50.00	1.23	63.70	98.80	3.91
拖拉机制造	100.00		78.87	4440.00	4.70
机械化农业及园艺机具制造			10.03	100.00	2.36
医疗仪器设备及器械制造				75.37	10.17
假肢、人工器官及植（介）入器械制造				75.37	10.17
环保、社会公共安全及其他专用设备制造	37.50	56.44	9.63	20.11	2.10
环境污染防治专用设备制造	33.33	59.41	9.43	17.98	2.02
邮政专用机械及器材制造	100.00			355.82	1.60
水资源专用机械制造			13.93	55.98	10.18
交通运输设备制造业	4.00	28.98	46.42	35.28	3.07
铁路运输设备制造				22.55	13.85
铁路机车车辆配件制造				7.75	3.87
其他铁路设备制造及设备修理				26.84	44.93
汽车制造	9.09	194.06	1.32	－279.19	4.34
汽车整车制造	50.00	10871.43	1.02	120.72	3.78
汽车零部件及配件制造			1.80	46.69	4.66
汽车修理				62.65	23.16
摩托车制造			20.86	32.57	5.72
摩托车整车制造			25.97	32.44	4.66
摩托车零部件及配件制造				34.98	30.92
船舶及浮动装置制造			71.27	90.82	2.22
金属船舶制造			71.27	90.82	2.22
交通器材及其他交通运输设备制造				93.26	5.77
潜水及水下救捞装备制造				93.26	5.77
电气机械及器材制造业	25.00	4.35	6.17	81.27	4.96
电机制造			10.19	78.15	2.71
发电机及发电机组制造			10.26	79.45	2.57
电动机制造			8.92	5.02	28.32
输配电及控制设备制造	25.00	3.43		68.86	2.73
变压器、整流器和电感器制造	100.00			200.73	2.06
电容器及其配套设备制造				57.14	2.07

1－B－2 续表 14－9 单位：个、万元、人

指 标 名 称	企业亏损面（%）	亏损率（%）	出口交货值占工业销售比重（%）	利润总额占利税比重（%）	存货周转次数（次）
配电开关控制设备制造	20.00	0.46		70.41	3.18
其他输配电及控制设备制造				71.42	1.04
电线、电缆、光缆及电工器材制造	28.57	20.95	3.21	46.18	5.62
电线电缆制造	40.00	85.04	6.13	17.59	7.89
其他电工器材制造			2.26	50.17	4.79
电池制造	50.00	1631.55		119.11	6.01
电池制造	50.00	1631.55		119.11	6.01
家用电力器具制造	25.00	1.76	3.65	95.08	22.79
家用空气调节器制造	100.00		0.90	－276.20	281.13
家用清洁卫生电器具制造			4.32	95.48	11.14
家用电力器具专用配件制造			17.22	98.03	5.09
照明器具制造				54.22	5.03
灯用电器附件及其他照明器具制造				54.22	5.03
其他电气机械及器材制造	100.00		100.00	239.36	21.36
车辆专用照明及电气信号设备装置制造	100.00		100.00	239.36	21.36
通信设备、计算机及其他电子设备制造业	15.38	2.00	22.26	79.55	1.59
通信设备制造	12.50	0.44	0.98	78.01	4.96
通信传输设备制造	33.33	56.14		14.31	3.63
通信交换设备制造				69.38	16.05
移动通信及终端设备制造			1.27	61.45	4.64
其他通信设备制造				99.12	2.41
广播电视设备制造			8.26	64.91	0.72
广播电视节目制作及发射设备制造			8.26	64.91	0.72
电子计算机制造	25.00	0.01	16.71	87.34	4.70
计算机网络设备制造	50.00	0.74		68.83	3.93
电子计算机外部设备制造			18.14	87.67	4.84
电子器件制造	33.33	48.59	24.59	46.08	1.44
电子真空器件制造			25.68	38.65	1.59
半导体分立器件制造			6.79	73.57	2.71
集成电路制造	50.00	163.73	11.42	－228.52	0.93
光电子器件及其他电子器件制造	50.00	81.33	44.37	20.18	2.74
电子元件制造			60.69	73.63	2.44
电子元件及组件制造			60.69	73.63	2.44
家用视听设备制造			20.63	19.01	0.55
家用影视设备制造			20.63	19.01	0.55
其他电子设备制造				8.64	142.85
其他电子设备制造				8.64	142.85
仪器仪表及文化、办公用机械制造业	28.57	16.55	16.15	55.82	3.01
通用仪器仪表制造			27.56	63.83	3.41

1－B－2 续表 14－10

单位：个、万元、人

指 标 名 称	企业亏损面（%）	亏损率（%）	出口交货值占工业销售比重（%）	利润总额占利税比重（%）	存货周转次数（次）
工业自动控制系统装置制造			28.29	72.13	3.73
供应用仪表及其他通用仪器制造				4.55	0.79
专用仪器仪表制造				99.31	4.93
导航、气象及海洋专用仪器制造				99.31	4.93
光学仪器及眼镜制造	33.33	7.05		26.00	2.44
光学仪器制造				45.24	3.14
眼镜制造	100.00			－5.16	1.33
文化、办公用机械制造	100.00			137.88	2.15
计算器及货币专用设备制造	100.00			137.88	2.15
工艺品及其他制造业			27.13	25.40	4.59
工艺美术品制造				68.62	3.86
珠宝首饰及有关物品的制造				68.62	3.86
日用杂品制造			39.60	16.49	5.76
鬃毛加工、制刷及清扫工具的制造			100.00	39.05	4.15
其他日用杂品制造				12.56	137.73
废弃资源和废旧材料回收加工业	50.00	85.93		1.59	82.11
金属废料和碎屑的加工处理	100.00			－11.10	89.86
金属废料和碎屑的加工处理	100.00			－11.10	89.86
非金属废料和碎屑的加工处理				91.22	20.44
非金属废料和碎屑的加工处理				91.22	20.44
电力、燃气及水的生产和供应业	**30.74**	**51.86**		**19.93**	**54.52**
电力、热力的生产和供应业	23.12	49.13		20.21	55.12
电力生产	37.00	75.21		15.15	14.52
火力发电	48.48	208.81		－72.00	20.65
水力发电	33.33	35.81		38.11	36.07
核力发电				58.29	3.43
其他能源发电	25.00	68.69		53.28	12.98
电力供应				24.35	1022.97
电力供应				24.35	1022.97
热力生产和供应	42.86	666.50		161.30	53.43
热力生产和供应	42.86	666.50		161.30	53.43
燃气生产和供应业	9.09	1.15		39.48	91.02
燃气生产和供应业	9.09	1.15		39.48	91.02
燃气生产和供应业	9.09	1.15		39.48	91.02
水的生产和供应业	44.64	111.87		－16.00	29.83
自来水的生产和供应	39.78	81.96		16.91	24.47
自来水的生产和供应	39.78	81.96		16.91	24.47
污水处理及其再生利用	68.42	953.10		101.47	162.32
污水处理及其再生利用	68.42	953.10		101.47	162.32

浙江经济普查年鉴 2008

Zhejiang Economic Census Yearbook

第二产业卷｜中册

浙江省人民政府第二次经济普查领导小组办公室　编

中国统计出版社
China Statistics Press

目　　录

第一篇　工　业

A. 综　合

B. 国有及国有控股企业

C. 集体企业

D. 外商投资和港澳台投资企业

E. 大中小型企业

F. 能　源

第二篇　工业企业科技活动

A. 规模以上工业企业

B. 大中工业企业

第三篇　建筑业

A. 综　合

B. 总承包和专业承包建筑企业

C. 劳务分包建筑企业

D. 资质以外建筑企业

第一篇 Part One

工业 [续1]

Industry Continuation 1

浙江经济普查**年鉴**

Zhejiang Economic Census Yearbook 2008

C.集体企业

1－C－1 全部集体工业企业主要经济指标

单位：个、万元、人

指标名称	企业数	亏损企业	工业总产值（当年价）	固定资产原价	所有者权益合计
总 计	**2489**	**389**	**1939476**	**869520**	**879101**
一、按轻重工业分					
轻工业	841	181	625993	365542	369346
重工业	1648	208	1313483	503978	509755
二、按登记注册类型分					
内 资	**2489**	**389**	**1939476**	**869520**	**879101**
集 体	2489	389	1939476	869520	879101
三、按国民经济行业(门类、大类、中类、小类)分					
采矿业	**158**	**17**	**294434**	**67931**	**42687**
非金属矿采选业	154	16	292919	66400	41921
土砂石开采	128	3	283761	57946	35732
石灰石、石膏开采	23	1	18323	5114	5385
建筑装饰用石开采	57	1	171388	29889	21736
耐火土石开采	12		8693	1530	996
粘土及其他土砂石开采	36	1	85358	21413	7615
采 盐	21	13	5016	7452	5269
采 盐	21	13	5016	7452	5269
石棉及其他非金属矿采选	5		4141	1003	920
其他非金属矿采选	5		4141	1003	920
煤炭开采和洗选业	1		398	26	47
其他煤炭采选	1		398	26	47
其他煤炭采选	1		398	26	47
黑色金属矿采选业	1		347	50	20
铁矿采选	1		347	50	20
铁矿采选	1		347	50	20
有色金属矿采选业	2	1	771	1455	699
稀有稀土金属矿采选	2	1	771	1455	699
钨钼矿采选	2	1	771	1455	699
制造业	**1503**	**222**	**1361189**	**447648**	**576935**
农副食品加工业	55	11	22087	4431	5447
谷物磨制	5		2282	121	141
谷物磨制	5		2282	121	141
蔬菜、水果和坚果加工	8	2	3770	1254	1125
蔬菜、水果和坚果加工	8	2	3770	1254	1125
其他农副食品加工	6	1	7793	955	2078
豆制品制造	3		6948	670	1734
淀粉及淀粉制品的制造	3	1	846	285	344
饲料加工	3		746	182	106
饲料加工	3		746	182	106
植物油加工	1		95	9	6

1－C－1 续表1－1

单位：个、万元、人

指 标 名 称	企业数	亏损企业	工业总产值（当年价）	固定资产原价	所有者权益合计
食用植物油加工	1		95	9	6
屠宰及肉类加工	15	4	6531	449	483
畜禽屠宰	12	4	5936	413	350
肉制品及副产品加工	3		595	36	133
水产品加工	17	4	869	1462	1509
水产品冷冻加工	10	2	683	1265	1195
鱼糜制品及水产品干腌制加工	4	1	78	122	125
水产饲料制造	2	1	90	73	165
其他水产品加工	1		20	3	24
食品制造业	19	5	8503	3663	5524
焙烤食品制造	3	2	982	196	149
糕点、面包制造	3	2	982	196	149
罐头制造	5	2	1186	819	1000
蔬菜、水果罐头制造	5	2	1186	819	1000
其他食品制造	4		5725	2409	4173
营养、保健食品制造	2		5595	2345	4084
盐加工	1		30	54	56
其他未列明的食品制造	1		100	10	33
方便食品制造	3	1	269	31	23
米、面制品制造	3	1	269	31	23
调味品、发酵制品制造	4		340	208	179
酱油、食醋及类似制品的制造	2		64	30	29
其他调味品、发酵制品制造	2		276	178	149
饮料制造业	61	6	27281	9950	8683
酒的制造	22	3	7963	2912	3231
黄酒制造	16	1	6325	2247	2831
白酒制造	4	2	713	172	214
葡萄酒制造	1		900	250	32
其他酒制造	1		25	243	155
精制茶加工	30	2	18338	6356	4620
精制茶加工	30	2	18338	6356	4620
软饮料制造	9	1	980	682	831
瓶（罐）装饮用水制造	9	1	980	682	831
纺织业	63	10	124961	54632	59896
棉、化纤纺织及印染精加工	20	6	22745	11066	12400
棉、化纤纺织加工	15	5	16795	7909	8311
棉、化纤印染精加工	5	1	5951	3157	4089
毛纺织和染整精加工	3		7139	1967	3132
毛纺织	1		6130	1252	3183
毛染整精加工	2		1009	715	－51

1-C-1 续表1-2

单位：个、万元、人

指标名称	企业数	亏损企业	工业总产值（当年价）	固定资产原价	所有者权益合计
丝绢纺织及精加工	9	1	13951	10005	5671
缫丝加工	1		3415	443	456
绢纺和丝织加工	4	1	5099	2622	150
丝印染精加工	4		5438	6940	5064
纺织制成品制造	10	1	17489	13000	8985
丝制品制造	1		8765	7331	6441
绳、索、缆的制造	2	1	5542	4957	950
其他纺织制成品制造	2		2484	365	1369
棉及化纤制品制造	4		638	231	188
无纺布制造	1		60	116	37
针织品、编织品及其制品制造	21	2	63638	18593	29709
棉、化纤针织品及编织品制造	15	1	56427	16421	26420
毛针织品及编织品制造	5	1	6453	1992	3018
丝针织品及编织品制造	1		758	181	271
纺织服装、鞋、帽制造业	22	3	53241	16624	25072
纺织服装制造	20	3	52129	16443	24729
纺织服装制造	20	3	52129	16443	24729
制　帽	1		1086	46	100
制　帽	1		1086	46	100
纺织面料鞋的制造	1		25	135	244
纺织面料鞋的制造	1		25	135	244
皮革、毛皮、羽毛(绒)及其制品业	8	1	4117	833	643
皮革制品制造	6	1	3452	728	563
皮鞋制造	4		1683	357	385
皮箱、包(袋)制造	1		1704	306	79
皮革服装制造	1	1	66	66	99
皮革鞣制加工	1		652	63	25
皮革鞣制加工	1		652	63	25
毛皮鞣制及制品加工	1		13	42	55
其他毛皮制品加工	1		13	42	55
木材加工及木、竹、藤、棕、草制品业	43	3	25428	10814	8168
锯材、木片加工	13		3740	926	1171
木片加工	4		1414	116	260
锯材加工	9		2326	811	911
人造板制造	4		1573	346	650
胶合板制造	2		1376	304	629
刨花板制造	1		80	2	-9
其他人造板、材制造	1		117	40	30
木制品制造	17	1	15618	8985	5550
建筑用木料及木材组件加工	6	1	7422	7897	4635

1－C－1 续表1－3

单位：个、万元、人

指 标 名 称	企业数	亏损企业	工业总产值（当年价）	固定资产原 价	所有者权益合 计
木容器制造	10		8159	1078	909
软木制品及其他木制品制造	1		37	10	6
竹、藤、棕、草制品制造	9	2	4498	557	797
竹、藤、棕、草制品制造	9	2	4498	557	797
家具制造业	7	1	4832	718	777
木质家具制造	5	1	4468	637	744
木质家具制造	5	1	4468	637	744
竹、藤家具制造	1		335	65	15
竹、藤家具制造	1		335	65	15
金属家具制造	1		29	16	18
金属家具制造	1		29	16	18
造纸及纸制品业	39	11	25671	9122	9994
造 纸	9	5	7784	1822	2063
机制纸及纸板制造	7	3	7271	1707	983
加工纸制造	2	2	513	115	1080
纸制品制造	29	5	17639	7077	7770
纸和纸板容器的制造	27	4	17254	6990	7739
其他纸制品制造	2	1	385	87	32
纸浆制造	1	1	248	224	161
纸浆制造	1	1	248	224	161
印刷业和记录媒介的复制	78	15	18890	9025	10954
印 刷	73	14	18048	8717	10631
书、报、刊印刷	27	7	6740	3497	3598
本册印制	21	4	3121	1502	1958
包装装潢及其他印刷	25	3	8187	3718	5075
装订及其他印刷服务活动	5	1	841	308	323
装订及其他印刷服务活动	5	1	841	308	323
文教体育用品制造业	20	4	7240	2922	2461
玩具制造	5	1	2650	668	717
玩具制造	5	1	2650	668	717
游艺器材及娱乐用品制造	1	1	1400	1554	836
游艺用品及室内游艺器材制造	1	1	1400	1554	836
文化用品制造	8	1	1609	419	481
笔的制造	4	1	997	287	396
教学用模型及教具制造	3		522	108	63
其他文化用品制造	1		91	24	22
体育用品制造	5		1554	278	417
球类制造	1		101	20	15
训练健身器材制造	4		1453	258	402
乐器制造	1	1	28	3	10

1－C－1 续表1－4

单位：个、万元、人

指标名称	企业数	亏损企业	工业总产值（当年价）	固定资产原价	所有者权益合计
中乐器制造	1	1	28	3	10
石油加工、炼焦及核燃料加工业	1		999	111	70
精炼石油产品的制造	1		999	111	70
原油加工及石油制品制造	1		999	111	70
化学原料及化学制品制造业	75	12	106029	41854	74609
基础化学原料制造	15	2	14279	7201	5921
无机碱制造	1		1012	340	842
无机盐制造	4		9058	4265	2661
有机化学原料制造	6	1	2927	1867	1501
其他基础化学原料制造	3	1	882	578	855
无机酸制造	1		400	151	63
肥料制造	4		8365	6429	1962
氮肥制造	1		7088	6136	1076
复混肥料制造	3		1278	293	886
农药制造	3		2344	589	1186
化学农药制造	3		2344	589	1186
涂料、油墨、颜料及类似产品制造	14	4	56231	20789	54107
涂料制造	7	1	4312	316	407
颜料制造	3	1	4766	1543	2272
染料制造	3	1	46133	18590	51020
密封用填料及类似品制造	1	1	1021	340	409
合成材料制造	10	2	6707	2418	2729
初级形态的塑料及合成树脂制造	5	1	1474	1626	1374
其他合成材料制造	4		5157	772	1309
合成纤维单(聚合)体的制造	1	1	76	19	46
专用化学产品制造	22	1	15240	4121	7352
化学试剂和助剂制造	13	1	10915	2472	4282
专项化学用品制造	3		2303	740	948
环境污染处理专用药剂材料制造	2		1361	747	1858
动物胶制造	1		53	10	10
其他专用化学产品制造	3		609	152	254
日用化学产品制造	7	3	2863	307	1353
肥皂及合成洗涤剂制造	4	2	1028	251	132
香料、香精制造	1	1	165	31	244
其他日用化学产品制造	2		1670	26	977
医药制造业	10	3	11542	2694	1847
化学药品原药制造	2		1972	762	479
化学药品原药制造	2		1972	762	479
中药饮片加工	1		8278	1228	505
中药饮片加工	1		8278	1228	505

1－C－1 续表1－5

单位：个、万元、人

指标名称	企业数	亏损企业	工业总产值（当年价）	固定资产原价	所有者权益合计
化学药品制剂制造	2	1	225	532	624
化学药品制剂制造	2	1	225	532	624
中成药制造	2	1	330	83	150
中成药制造	2	1	330	83	150
兽用药品制造	1	1	10	8	8
兽用药品制造	1	1	10	8	8
卫生材料及医药用品制造	2		727	81	81
卫生材料及医药用品制造	2		727	81	81
化学纤维制造业	2		73583	29827	22245
合成纤维制造	2		73583	29827	22245
涤纶纤维制造	1		73093	29577	21711
其他合成纤维制造	1		490	250	534
橡胶制品业	21	2	13709	3378	7618
轮胎制造	2		1121	181	289
车辆、飞机及工程机械轮胎制造	1		535	83	229
力车胎制造	1		586	98	59
橡胶板、管、带的制造	5		4908	505	3497
橡胶板、管、带的制造	5		4908	505	3497
橡胶零件制造	10	2	5543	1628	3032
橡胶零件制造	10	2	5543	1628	3032
再生橡胶制造	1		1013	472	158
再生橡胶制造	1		1013	472	158
橡胶靴鞋制造	1		597	374	226
橡胶靴鞋制造	1		597	374	226
日用及医用橡胶制品制造	1		39	2	12
日用及医用橡胶制品制造	1		39	2	12
其他橡胶制品制造	1		487	217	403
其他橡胶制品制造	1		487	217	403
塑料制品业	57	10	48243	17034	22214
塑料薄膜制造	7	2	4801	2598	－12
塑料薄膜制造	7	2	4801	2598	－12
塑料板、管、型材的制造	3	1	9023	1373	1118
塑料板、管、型材的制造	3	1	9023	1373	1118
塑料丝、绳及编织品的制造	12	4	2629	1243	679
塑料丝、绳及编织品的制造	12	4	2629	1243	679
泡沫塑料制造	4		7976	2789	6766
泡沫塑料制造	4		7976	2789	6766
塑料零件制造	14	1	15714	6529	10166
塑料零件制造	14	1	15714	6529	10166

1－C－1 续表1－6 单位：个、万元、人

指 标 名 称	企业数	亏损企业	工业总产值（当年价）	固定资产原价	所有者权益合计
日用塑料制造	7	2	4031	1077	1776
日用塑料杂品制造	6	2	3881	834	1475
塑料鞋制造	1		150	244	301
其他塑料制品制造	7		3325	635	1086
其他塑料制品制造	7		3325	635	1086
塑料人造革、合成革制造	1		240	96	109
塑料人造革、合成革制造	1		240	96	109
塑料包装箱及容器制造	2		505	694	527
塑料包装箱及容器制造	2		505	694	527
非金属矿物制品业	306	28	133663	50251	50200
水泥、石灰和石膏的制造	30	2	24434	11018	8812
水泥制造	6		15930	9759	7366
石灰和石膏制造	24	2	8504	1260	1446
水泥及石膏制品制造	52	6	18395	5152	6044
砼结构构件制造	31	2	14655	3043	2760
轻质建筑材料制造	3	2	1508	272	430
水泥制品制造	16	2	2003	1739	2836
其他水泥制品制造	2		230	98	18
砖瓦、石材及其他建筑材料制造	184	17	67882	24322	24097
粘土砖瓦及建筑砌块制造	155	14	57481	20260	19198
建筑陶瓷制品制造	1		1085	922	1720
建筑用石加工	18	2	6319	2529	2623
防水建筑材料制造	1		460	45	60
隔热和隔音材料制造	1	1	153	110	91
其他建筑材料制造	8		2385	457	405
玻璃及玻璃制品制造	7	3	6593	5994	7042
技术玻璃制品制造	1	1	1313	2175	2259
日用玻璃制品及玻璃包装容器制造	1		3769	2682	3312
玻璃纤维及制品制造	1	1	1034	825	719
玻璃仪器制造	3		317	223	604
其他玻璃制品制造	1	1	160	90	148
陶瓷制品制造	8		3286	239	187
特种陶瓷制品制造	3		2344	122	72
日用陶瓷制品制造	5		942	117	116
耐火材料制品制造	21		11503	2266	3444
云母制品制造	1		1820	434	1211
耐火陶瓷制品及其他耐火材料制造	17		9148	1578	1847
石棉制品制造	3		535	253	387
石墨及其他非金属矿物制品制造	4		1571	1261	573

1－C－1 续表1－7 单位：个、万元、人

指 标 名 称	企业数	亏损企业	工业总产值（当年价）	固定资产原价	所有者权益合计
其他非金属矿物制品制造	4		1571	1261	573
黑色金属冶炼及压延加工业	13	1	43756	11012	15689
钢压延加工	13	1	43756	11012	15689
钢压延加工	13	1	43756	11012	15689
有色金属冶炼及压延加工业	22	4	79892	10736	17226
有色金属压延加工	19	4	79755	10711	17154
常用有色金属压延加工	18	4	73997	6919	16844
稀有稀土金属压延加工	1		5758	3792	311
常用有色金属冶炼	2		88	17	55
铅锌冶炼	2		88	17	55
有色金属合金制造	1		49	9	17
有色金属合金制造	1		49	9	17
金属制品业	90	12	75062	22602	26282
结构性金属制品制造	20	2	13055	4816	6590
金属结构制造	7	1	8668	1652	3228
金属门窗制造	13	1	4387	3164	3363
金属工具制造	14	3	20590	2814	3437
手工具制造	8	1	13827	1221	2942
农用及园林用金属工具制造	2	1	882	240	118
其他金属工具制造	2	1	5569	1323	332
刀剪及类似日用金属工具制造	2		313	31	46
集装箱及金属包装容器制造	6		6285	1947	2465
金属压力容器制造	1		1880	406	462
金属包装容器制造	5		4405	1541	2004
建筑、安全用金属制品制造	17	2	9521	3188	5581
建筑、家具用金属配件制造	14	2	8433	3054	5007
建筑装饰及水暖管道零件制造	3		1088	134	575
金属表面处理及热处理加工	25	4	21625	5676	4636
金属表面处理及热处理加工	25	4	21625	5676	4636
不锈钢及类似日用金属制品制造	4	1	2634	3614	2750
金属制厨房调理及卫生器具制造	1		2028	1000	2457
金属制厨用器皿及餐具制造	2	1	441	2581	273
其他日用金属制品制造	1		165	33	20
金属丝绳及其制品的制造	3		1160	485	646
金属丝绳及其制品的制造	3		1160	485	646
其他金属制品制造	1		192	61	177
其他未列明的金属制品制造	1		192	61	177
通用设备制造业	167	20	105028	34721	65695
金属加工机械制造	18	2	9522	6024	7428

1－C－1 续表1－8　　单位：个、万元、人

指 标 名 称	企业数	亏损企业	工业总产值（当年价）	固定资产原 价	所有者权益合 计
金属切削机床制造	4		1805	1136	1285
金属成形机床制造	2	1	679	721	688
铸造机械制造	2		3261	1164	447
机床附件制造	2		992	299	1793
其他金属加工机械制造	3		2074	2031	1671
金属切割及焊接设备制造	5	1	711	673	1544
起重运输设备制造	6	1	4739	1072	1035
起重运输设备制造	6	1	4739	1072	1035
泵、阀门、压缩机及类似机械的制造	27	4	21275	5536	8684
泵及真空设备制造	7	1	3854	940	838
阀门和旋塞的制造	12	3	12086	3640	3250
液压和气压动力机械及元件制造	6		5177	936	4577
气体压缩机械制造	2		159	19	19
轴承、齿轮、传动和驱动部件的制造	14	1	13037	6012	9586
轴承制造	6		5684	1657	939
齿轮、传动和驱动部件制造	8	1	7354	4355	8647
风机、衡器、包装设备等通用设备制造	20	1	8312	2080	10682
风动和电动工具制造	10	1	4232	1357	8440
喷枪及类似器具制造	2		1999	292	1275
风机、风扇制造	1		96	4	11
气体、液体分离及纯净设备制造	1		302	49	192
制冷、空调设备制造	2		366	68	41
包装专用设备制造	2		437	124	49
其他通用设备制造	2		880	187	672
通用零部件制造及机械修理	48	7	18334	5868	17029
金属密封件制造	5		2287	544	1364
紧固件、弹簧制造	21	2	10360	3123	12506
机械零部件加工及设备修理	19	5	3857	1702	1681
其他通用零部件制造	3		1829	498	1479
金属铸、锻加工	31	4	28879	8020	11184
钢铁铸件制造	27	3	24548	6972	4777
锻件及粉末冶金制品制造	4	1	4332	1049	6407
锅炉及原动机制造	3		930	110	67
锅炉及辅助设备制造	1		450	70	27
内燃机及配件制造	2		480	40	40
专用设备制造业	59	4	28619	11815	16573
纺织、服装和皮革工业专用设备制造	13	1	5619	4813	7910
纺织专用设备制造	7		3662	3693	7204
皮革、毛皮及其制品加工专用设备制造	1		476	505	120

1－C－1 续表1－9　　单位：个、万元、人

指标名称	企业数	亏损企业	工业总产值（当年价）	固定资产原价	所有者权益合计
缝纫机械制造	3	1	878	344	194
其他服装加工专用设备制造	2		603	272	392
电子和电工机械专用设备制造	2		3382	484	334
电工机械专用设备制造	1		3195	428	182
电子工业专用设备制造	1		187	56	153
医疗仪器设备及器械制造	12		8224	3938	4765
医疗诊断、监护及治疗设备制造	5		1362	350	1731
实验室及医用消毒设备和器具的制造	1		704	275	－591
医疗、外科及兽医用器械制造	2		5555	3115	3470
机械治疗及病房护理设备制造	2		235	91	45
假肢、人工器官及植（介）入器械制造	1		159	45	48
其他医疗设备及器械制造	1		210	62	62
环保、社会公共安全及其他专用设备制造	7		2524	974	1272
环境污染防治专用设备制造	3		1445	612	918
邮政专用机械及器材制造	1		490	215	116
交通安全及管制专用设备制造	1		147	46	98
水资源专用机械制造	1		203	86	127
其他专用设备制造	1		239	16	13
矿山、冶金、建筑专用设备制造	5		1044	443	816
采矿、采石设备制造	3		792	239	323
石油钻采专用设备制造	1		19	161	332
建筑工程用机械制造	1		234	44	161
化工、木材、非金属加工专用设备制造	8	2	1871	747	503
炼油、化工生产专用设备制造	1		245	64	73
橡胶加工专用设备制造	1	1	420	160	6
塑料加工专用设备制造	2		555	280	105
模具制造	4	1	652	243	320
食品、饮料、烟草及饲料生产专用设备制造	4		1311	270	340
食品、饮料、烟草工业专用设备制造	4		1311	270	340
印刷、制药、日化生产专用设备制造	2		4115	76	274
印刷专用设备制造	1		3728	12	39
玻璃、陶瓷和搪瓷制品生产专用设备制造	1		386	64	235
农、林、牧、渔专用机械制造	6	1	528	69	359
农林牧渔机械配件制造	2		345	17	312
其他农林牧渔业机械制造及机械修理	4	1	183	52	46
交通运输设备制造业	79	17	44062	19254	18299
汽车制造	47	10	24371	14252	14821
汽车零部件及配件制造	29	7	20607	12945	14418
汽车修理	17	3	3298	1139	313

1－C－1 续表1－10 单位：个、万元、人

指标名称	企业数	亏损企业	工业总产值（当年价）	固定资产原价	所有者权益合计
汽车车身、挂车的制造	1		466	168	90
自行车制造	7	1	8875	2165	650
脚踏自行车及残疾人座车制造	5	1	8142	1255	552
助动自行车制造	2		733	910	98
船舶及浮动装置制造	19	5	9096	2207	1812
船舶修理及拆船	16	5	6337	1869	1096
金属船舶制造	2		2720	313	577
船用配套设备制造	1		39	25	139
交通器材及其他交通运输设备制造	3		1207	266	310
交通管理用金属标志及设施制造	2		898	260	246
其他交通运输设备制造	1		308	7	65
铁路运输设备制造	2	1	379	337	593
其他铁路设备制造及设备修理	2	1	379	337	593
摩托车制造	1		135	28	113
摩托车零部件及配件制造	1		135	28	113
电气机械及器材制造业	99	15	166449	39702	62786
电机制造	11	1	6815	3524	5607
发电机及发电机组制造	2		692	921	1800
电动机制造	4	1	3696	2016	2818
微电机及其他电机制造	5		2427	586	988
输配电及控制设备制造	44	4	106412	17305	30456
变压器、整流器和电感器制造	8		9973	1057	4828
配电开关控制设备制造	27	4	92077	15308	24472
电容器及其配套设备制造	2		626	253	365
电力电子元器件制造	6		1841	448	761
其他输配电及控制设备制造	1		1895	239	30
电线、电缆、光缆及电工器材制造	13	5	14911	4382	7175
电线电缆制造	11	5	9771	3338	5724
其他电工器材制造	2		5140	1044	1451
电池制造	4		6437	1169	3935
电池制造	4		6437	1169	3935
家用电力器具制造	10	2	20834	9920	10182
家用制冷电器具制造	1		7375	5247	5482
家用通风电器具制造	1		3577	667	698
家用厨房电器具制造	1		1741	332	1122
家用电力器具专用配件制造	7	2	8141	3674	2880
非电力家用器具制造	1		976	745	759
燃气、太阳能及类似能源的器具制造	1		976	745	759
照明器具制造	14	3	6494	2024	3162

1-C-1 续表1-11 单位：个、万元、人

指 标 名 称	企业数	亏损企业	工业总产值（当年价）	固定资产原价	所有者权益合计
电光源制造	1		1285	274	129
灯用电器附件及其他照明器具制造	8	2	3617	1133	1592
照明灯具制造	5	1	1592	617	1441
其他电气机械及器材制造	2		3571	635	1512
其他未列明的电气机械制造	2		3571	635	1512
通信设备、计算机及其他电子设备制造业	24	8	84464	22217	26800
通信设备制造	3		32046	1351	13108
通信交换设备制造	2		846	522	965
其他通信设备制造	1		31200	830	12143
电子器件制造	6	1	1456	1409	2141
半导体分立器件制造	4		1029	193	559
电子真空器件制造	1	1	40	847	1416
集成电路制造	1		388	369	166
电子元件制造	12	5	50546	19221	11156
电子元件及组件制造	10	5	47318	18837	7404
印制电路板制造	2		3228	384	3752
广播电视设备制造	2	1	238	110	232
广播电视节目制作及发射设备制造	1	1	25	56	150
广播电视接收设备及器材制造	1		213	54	82
家用视听设备制造	1	1	178	126	163
家用音响设备制造	1	1	178	126	163
仪器仪表及文化、办公用机械制造业	40	10	16036	5617	7373
通用仪器仪表制造	22	7	6687	1914	2957
电工仪器仪表制造	6	1	1988	831	685
供应用仪表及其他通用仪器制造	4	2	2771	483	1676
工业自动控制系统装置制造	4	3	639	192	137
绘图、计算及测量仪器制造	3		1014	250	256
实验分析仪器制造	4		238	136	163
试验机制造	1	1	37	22	40
专用仪器仪表制造	7	2	1283	233	608
汽车及其他用计数仪表制造	2	1	638	106	297
导航、气象及海洋专用仪器制造	1		489	2	100
教学专用仪器制造	2		126	80	87
电子测量仪器制造	2	1	29	46	124
其他仪器仪表的制造及修理	2		6913	1275	2286
其他仪器仪表的制造及修理	2		6913	1275	2286
钟表与计时仪器制造	2		505	448	308
钟表与计时仪器制造	2		505	448	308
光学仪器及眼镜制造	5	1	418	1668	1092

1－C－1 续表 1－12 单位：个、万元、人

指标名称	企业数	亏损企业	工业总产值（当年价）	固定资产原价	所有者权益合计
光学仪器制造	2	1	161	1601	1006
眼镜制造	3		257	67	86
文化、办公用机械制造	2		230	79	122
复印和胶印设备制造	1		120	47	68
计算器及货币专用设备制造	1		110	32	54
工艺品及其他制造业	22	6	7795	2081	3771
工艺美术品制造	16	6	5745	1860	3470
雕塑工艺品制造	5	2	860	88	648
金属工艺品制造	4	1	1008	733	860
地毯、挂毯制造	2	1	3145	399	244
抽纱刺绣工艺品制造	3	1	602	523	794
珠宝首饰及有关物品的制造	1	1	126	81	858
其他工艺美术品制造	1		5	35	66
日用杂品制造	3		1966	174	255
其他日用杂品制造	3		1966	174	255
煤制品制造	1		17	1	6
煤制品制造	1		17	1	6
其他未列明的制造业	2		67	46	41
其他未列明的制造业	2		67	46	41
废弃资源和废旧材料回收加工业	1		11	10	24
非金属废料和碎屑的加工处理	1		11	10	24
非金属废料和碎屑的加工处理	1		11	10	24
电力、燃气及水的生产和供应业	**828**	**150**	**283852**	**353941**	**259479**
电力、热力的生产和供应业	490	60	172928	166531	141229
电力生产	478	57	56961	131683	78502
火力发电	4	4	23966	56490	23929
水力发电	474	53	32995	75193	54573
电力供应	12	3	115967	34847	62727
电力供应	12	3	115967	34847	62727
燃气生产和供应业	2		1882	4467	1301
燃气生产和供应业	2		1882	4467	1301
燃气生产和供应业	2		1882	4467	1301
水的生产和供应业	336	90	109043	182944	116950
自来水的生产和供应	319	86	103960	167802	121916
自来水的生产和供应	319	86	103960	167802	121916
污水处理及其再生利用	13	4	4787	14887	－5571
污水处理及其再生利用	13	4	4787	14887	－5571
其他水的处理、利用与分配	4		296	255	604
其他水的处理、利用与分配	4		296	255	604

1－C－1 续表2－1

单位：个、万元、人

指 标 名 称	实收资本	国家资本	集体资本	法人资本	个人资本
总 计	**366655**	**58077**	**270632**	**79192**	**10588**
一、按轻重工业分					
轻工业	145952	6184	112516	28676	3988
重工业	220703	51893	158116	50516	6600
二、按登记注册类型分					
内 资	**366655**	**58077**	**270632**	**79192**	**10588**
集 体	366655	58077	270632	79192	10588
三、按国民经济行业（门类、大类、中类、小类）分					
采矿业	**20059**		**12141**	**7478**	**440**
非金属矿采选业	19969		12051	7478	440
土砂石开采	17511		9639	7452	420
石灰石、石膏开采	2529		2099	218	212
建筑装饰用石开采	11653		4355	7108	190
耐火土石开采	472		438	17	18
粘土及其他土砂石开采	2858		2749	109	
采 盐	2204		2204		
采 盐	2204		2204		
石棉及其他非金属矿采选	254		208	26	20
其他非金属矿采选	254		208	26	20
煤炭开采和洗选业	14		14		
其他煤炭采选	14		14		
其他煤炭采选	14		14		
黑色金属矿采选业	20		20		
铁矿采选	20		20		
铁矿采选	20		20		
有色金属矿采选业	56		56		
稀有稀土金属矿采选	56		56		
钨钼矿采选	56		56		
制造业	**221656**	**1983**	**173613**	**39889**	**7520**
农副食品加工业	4206		4166	40	
谷物磨制	104		104		
谷物磨制	104		104		
蔬菜、水果和坚果加工	1092		1092		
蔬菜、水果和坚果加工	1092		1092		
其他农副食品加工	555		515	40	
豆制品制造	217		217		
淀粉及淀粉制品的制造	338		298	40	
饲料加工	67		67		
饲料加工	67		67		
植物油加工	5		5		

1－C－1 续表2－2

单位：个、万元、人

指 标 名 称	实收资本	国家资本	集体资本	法人资本	个人资本
食用植物油加工	5		5		
屠宰及肉类加工	421		421		
畜禽屠宰	309		309		
肉制品及副产品加工	112		112		
水产品加工	1962		1962		
水产品冷冻加工	1684		1684		
鱼糜制品及水产品干腌制加工	105		105		
水产饲料制造	163		163		
其他水产品加工	10		10		
食品制造业	5530		5499		31
焙烤食品制造	183		175		8
糕点、面包制造	183		175		8
罐头制造	315		315		
蔬菜、水果罐头制造	315		315		
其他食品制造	4914		4914		
营养、保健食品制造	4825		4825		
盐加工	56		56		
其他未列明的食品制造	33		33		
方便食品制造	15		15		
米、面制品制造	15		15		
调味品、发酵制品制造	103		80		23
酱油、食醋及类似制品的制造	21		21		
其他调味品、发酵制品制造	82		59		23
饮料制造业	4846	93	4219	504	114
酒的制造	1606		1521	4	81
黄酒制造	1175		1171	4	
白酒制造	249		249		
葡萄酒制造	32		25		7
其他酒制造	150		77		74
精制茶加工	2749	93	2209	500	31
精制茶加工	2749	93	2209	500	31
软饮料制造	491		489		2
瓶（罐）装饮用水制造	491		489		2
纺织业	28322	490	15477	11704	992
棉、化纤纺织及印染精加工	3336		2725	510	101
棉、化纤纺织加工	1398		1297		101
棉、化纤印染精加工	1937		1427	510	
毛纺织和染整精加工	647		97	550	
毛纺织	550			550	
毛染整精加工	97		97		

1－C－1 续表2－3

单位：个、万元、人

指标名称	实收资本	国家资本	集体资本	法人资本	个人资本
丝绢纺织及精加工	5532		861	4404	267
缫丝加工	203			203	
绢纺和丝织加工	963		623	140	200
丝印染精加工	4366		238	4061	67
纺织制成品制造	8081		7945		136
丝制品制造	7188		7188		
绳、索、缆的制造	583		583		
其他纺织制成品制造	149		13		136
棉及化纤制品制造	124		124		
无纺布制造	37		37		
针织品、编织品及其制品制造	10727	490	3850	6240	488
棉、化纤针织品及编织品制造	8602	490	2246	5820	387
毛针织品及编织品制造	2114		1593	419	102
丝针织品及编织品制造	10		10		
纺织服装、鞋、帽制造业	10887	50	3254	7461	114
纺织服装制造	10831	50	3239	7430	104
纺织服装制造	10831	50	3239	7430	104
制　帽	36		5	31	
制　帽	36		5	31	
纺织面料鞋的制造	20		10		10
纺织面料鞋的制造	20		10		10
皮革、毛皮、羽毛(绒)及其制品业	505		505		
皮革制品制造	401		401		
皮鞋制造	252		252		
皮箱、包(袋)制造	50		50		
皮革服装制造	99		99		
皮革鞣制加工	8		8		
皮革鞣制加工	8		8		
毛皮鞣制及制品加工	96		96		
其他毛皮制品加工	96		96		
木材加工及木、竹、藤、棕、草制品业	2225		2130		95
锯材、木片加工	775		747		28
木片加工	59		59		
锯材加工	716		688		28
人造板制造	49		47		2
胶合板制造	22		22		
刨花板制造	7		5		2
其他人造板、材制造	20		20		
木制品制造	1074		1059		15
建筑用木料及木材组件加工	559		549		10

1－C－1 续表2－4

单位：个、万元、人

指标名称	实收资本	国家资本	集体资本	法人资本	个人资本
木容器制造	511		506		5
软木制品及其他木制品制造	4		4		
竹、藤、棕、草制品制造	326		277		50
竹、藤、棕、草制品制造	326		277		50
家具制造业	205		205		
木质家具制造	189		189		
木质家具制造	189		189		
竹、藤家具制造	5		5		
竹、藤家具制造	5		5		
金属家具制造	11		11		
金属家具制造	11		11		
造纸及纸制品业	4665	1080	2938	1218	402
造　纸	773		389	384	
机制纸及纸板制造	535		151	384	
加工纸制造	238		238		
纸制品制造	3809	1080	2465	834	402
纸和纸板容器的制造	3798	1080	2454	834	402
其他纸制品制造	11		11		
纸浆制造	83		83		
纸浆制造	83		83		
印刷业和记录媒介的复制	7383		6978	340	65
印　刷	7102		6697	340	65
书、报、刊印刷	2652		2247	340	65
本册印制	1215		1215		
包装装潢及其他印刷	3235		3235		
装订及其他印刷服务活动	281		281		
装订及其他印刷服务活动	281		281		
文教体育用品制造业	1307		812	495	
玩具制造	182		182		
玩具制造	182		182		
游艺器材及娱乐用品制造	645		150	495	
游艺用品及室内游艺器材制造	645		150	495	
文化用品制造	356		356		
笔的制造	300		300		
教学用模型及教具制造	45		45		
其他文化用品制造	10		10		
体育用品制造	121		121		
球类制造	30		30		
训练健身器材制造	91		91		
乐器制造	4		4		

1－C－1 续表2－5

单位：个、万元、人

指 标 名 称	实收资本	国家资本	集体资本	法人资本	个人资本
中乐器制造	4		4		
石油加工、炼焦及核燃料加工业	50			50	
精炼石油产品的制造	50			50	
原油加工及石油制品制造	50			50	
化学原料及化学制品制造业	11649		8081	2624	944
基础化学原料制造	1533		1179	287	68
无机碱制造	27			27	
无机盐制造	697		386	260	52
有机化学原料制造	466		450		16
其他基础化学原料制造	323		323		
无机酸制造	20		20		
肥料制造	1366		1166	200	
氮肥制造	1038		1038		
复混肥料制造	328		128	200	
农药制造	1200		700	500	
化学农药制造	1200		700	500	
涂料、油墨、颜料及类似产品制造	3956		2274	810	873
涂料制造	95		95		
颜料制造	255		55	200	
染料制造	3490		2124	494	873
密封用填料及类似品制造	116			116	
合成材料制造	583		559	25	
初级形态的塑料及合成树脂制造	286		262	25	
其他合成材料制造	251		251		
合成纤维单(聚合)体的制造	46		46		
专用化学产品制造	2744		1945	799	
化学试剂和助剂制造	1269		470	799	
专项化学用品制造	555		555		
环境污染处理专用药剂材料制造	828		828		
动物胶制造	10		10		
其他专用化学产品制造	82		82		
日用化学产品制造	266		259	5	3
肥皂及合成洗涤剂制造	115		115		
香料、香精制造	74		67	5	3
其他日用化学产品制造	77		77		
医药制造业	870		870		
化学药品原药制造	282		282		
化学药品原药制造	282		282		
中药饮片加工	300		300		
中药饮片加工	300		300		

1－C－1 续表2－6

单位：个、万元、人

指标名称	实收资本	国家资本	集体资本	法人资本	个人资本
化学药品制剂制造	131		131		
化学药品制剂制造	131		131		
中成药制造	91		91		
中成药制造	91		91		
兽用药品制造	3		3		
兽用药品制造	3		3		
卫生材料及医药用品制造	63		63		
卫生材料及医药用品制造	63		63		
化学纤维制造业	16510		16510		
合成纤维制造	16510		16510		
涤纶纤维制造	16000		16000		
其他合成纤维制造	510		510		
橡胶制品业	1455		1423	3	28
轮胎制造	113		113		
车辆、飞机及工程机械轮胎制造	62		62		
力车胎制造	51		51		
橡胶板、管、带的制造	414		411	3	
橡胶板、管、带的制造	414		411	3	
橡胶零件制造	634		606		28
橡胶零件制造	634		606		28
再生橡胶制造	100		100		
再生橡胶制造	100		100		
橡胶靴鞋制造	78		78		
橡胶靴鞋制造	78		78		
日用及医用橡胶制品制造	8		8		
日用及医用橡胶制品制造	8		8		
其他橡胶制品制造	108		108		
其他橡胶制品制造	108		108		
塑料制品业	6046		5415	522	110
塑料薄膜制造	881		879	2	
塑料薄膜制造	881		879	2	
塑料板、管、型材的制造	123		123		
塑料板、管、型材的制造	123		123		
塑料丝、绳及编织品的制造	602		600	2	
塑料丝、绳及编织品的制造	602		600	2	
泡沫塑料制造	603		315	288	
泡沫塑料制造	603		315	288	
塑料零件制造	2008		2008		
塑料零件制造	2008		2008		

1－C－1 续表2－7

单位：个、万元、人

指 标 名 称	实收资本	国家资本	集体资本	法人资本	个人资本
日用塑料制造	1117		887	230	
日用塑料杂品制造	1008		778	230	
塑料鞋制造	109		109		
其他塑料制品制造	224		114		110
其他塑料制品制造	224		114		110
塑料人造革、合成革制造	6		6		
塑料人造革、合成革制造	6		6		
塑料包装箱及容器制造	484		484		
塑料包装箱及容器制造	484		484		
非金属矿物制品业	26651		20721	4032	1887
水泥、石灰和石膏的制造	4253		2950	83	1220
水泥制造	3576		2273	83	1220
石灰和石膏制造	677		677		
水泥及石膏制品制造	3833		3263	501	69
砼结构构件制造	2383		1814	501	68
轻质建筑材料制造	355		355		
水泥制品制造	1078		1077		1
其他水泥制品制造	18		18		
砖瓦、石材及其他建筑材料制造	13368		12635	123	598
粘土砖瓦及建筑砌块制造	10955		10322	123	498
建筑陶瓷制品制造	80		80		
建筑用石加工	1940		1840		100
防水建筑材料制造	50		50		
隔热和隔音材料制造	80		80		
其他建筑材料制造	262		262		
玻璃及玻璃制品制造	3410		150	3260	
技术玻璃制品制造	3000			3000	
日用玻璃制品及玻璃包装容器制造	33		33		
玻璃纤维及制品制造	260			260	
玻璃仪器制造	59		59		
其他玻璃制品制造	58		58		
陶瓷制品制造	142		142		
特种陶瓷制品制造	39		39		
日用陶瓷制品制造	103		103		
耐火材料制品制造	1300		1235	65	
云母制品制造	13		13		
耐火陶瓷制品及其他耐火材料制造	1175		1111	65	
石棉制品制造	112		112		
石墨及其他非金属矿物制品制造	346		346		

1－C－1 续表2－8

单位：个、万元、人

指 标 名 称	实收资本	国家资本	集体资本	法人资本	个人资本
其他非金属矿物制品制造	346		346		
黑色金属冶炼及压延加工业	5517		4915	122	480
钢压延加工	5517		4915	122	480
钢压延加工	5517		4915	122	480
有色金属冶炼及压延加工业	5215		5179	36	
有色金属压延加工	5156		5120	36	
常用有色金属压延加工	5021		5021		
稀有稀土金属压延加工	135		99	36	
常用有色金属冶炼	55		55		
铅锌冶炼	55		55		
有色金属合金制造	3		3		
有色金属合金制造	3		3		
金属制品业	9302		8421	587	294
结构性金属制品制造	3301		3238		64
金属结构制造	613		611		2
金属门窗制造	2688		2626		62
金属工具制造	1167		1017		150
手工具制造	749		599		150
农用及园林用金属工具制造	61		61		
其他金属工具制造	313		313		
刀剪及类似日用金属工具制造	44		44		
集装箱及金属包装容器制造	338		338		
金属压力容器制造	28		28		
金属包装容器制造	310		310		
建筑、安全用金属制品制造	2000		1508	492	
建筑、家具用金属配件制造	1916		1424	492	
建筑装饰及水暖管道零件制造	84		84		
金属表面处理及热处理加工	857		784	72	
金属表面处理及热处理加工	857		784	72	
不锈钢及类似日用金属制品制造	1201		1178	23	
金属制厨房调理及卫生器具制造	1080		1080		
金属制厨用器皿及餐具制造	111		88	23	
其他日用金属制品制造	10		10		
金属丝绳及其制品的制造	435		355		80
金属丝绳及其制品的制造	435		355		80
其他金属制品制造	4		4		
其他未列明的金属制品制造	4		4		
通用设备制造业	22142	270	19837	1559	720
金属加工机械制造	3653	170	3530	20	85

1－C－1 续表2－9

单位：个、万元、人

指 标 名 称	实收资本	国家资本	集体资本	法人资本	个人资本
金属切削机床制造	284		284		
金属成形机床制造	166		166		
铸造机械制造	305	170	203		85
机床附件制造	240		220	20	
其他金属加工机械制造	1169		1169		
金属切割及焊接设备制造	1489		1489		
起重运输设备制造	325		325		
起重运输设备制造	325		325		
泵、阀门、压缩机及类似机械的制造	3319		2104	758	457
泵及真空设备制造	631		515		116
阀门和旋塞的制造	2361		1263	758	341
液压和气压动力机械及元件制造	308		308		
气体压缩机械制造	19		19		
轴承、齿轮、传动和驱动部件的制造	1706		1111	558	37
轴承制造	393		356		37
齿轮、传动和驱动部件制造	1313		755	558	
风机、衡器、包装设备等通用设备制造	1864		1817	12	36
风动和电动工具制造	1041		993	12	36
喷枪及类似器具制造	96		96		
风机、风扇制造	10		10		
气体、液体分离及纯净设备制造	38		38		
制冷、空调设备制造	14		14		
包装专用设备制造	65		65		
其他通用设备制造	600		600		
通用零部件制造及机械修理	9294		9183	81	30
金属密封件制造	360		360		
紧固件、弹簧制造	7947		7871	46	30
机械零部件加工及设备修理	910		910		
其他通用零部件制造	76		41	35	
金属铸、锻加工	1948	100	1734	130	74
钢铁铸件制造	1394	100	1180	130	74
锻件及粉末冶金制品制造	555		555		
锅炉及原动机制造	33		33		
锅炉及辅助设备制造	20		20		
内燃机及配件制造	13		13		
专用设备制造业	5402		5050	96	257
纺织、服装和皮革工业专用设备制造	2022		1877	46	100
纺织专用设备制造	1334		1289	46	
皮革、毛皮及其制品加工专用设备制造	195		195		

1－C－1 续表 2－10 单位：个、万元、人

指 标 名 称	实收资本	国家资本	集体资本	法人资本	个人资本
缝纫机械制造	227		227		
其他服装加工专用设备制造	266		166		100
电子和电工机械专用设备制造	175		150	25	
电工机械专用设备制造	25			25	
电子工业专用设备制造	150		150		
医疗仪器设备及器械制造	1176		1151	25	
医疗诊断、监护及治疗设备制造	639		614	25	
实验室及医用消毒设备和器具的制造	200		200		
医疗、外科及兽医用器械制造	240		240		
机械治疗及病房护理设备制造	25		25		
假肢、人工器官及植（介）入器械制造	9		9		
其他医疗设备及器械制造	62		62		
环保、社会公共安全及其他专用设备制造	587		437		151
环境污染防治专用设备制造	369		321		48
邮政专用机械及器材制造	115		20		95
交通安全及管制专用设备制造	10		10		
水资源专用机械制造	81		73		8
其他专用设备制造	12		12		
矿山、冶金、建筑专用设备制造	633		633		
采矿、采石设备制造	304		304		
石油钻采专用设备制造	219		219		
建筑工程用机械制造	110		110		
化工、木材、非金属加工专用设备制造	306		300		6
炼油、化工生产专用设备制造	72		66		6
橡胶加工专用设备制造	27		27		
塑料加工专用设备制造	100		100		
模具制造	107		107		
食品、饮料、烟草及饲料生产专用设备制造	292		292		
食品、饮料、烟草工业专用设备制造	292		292		
印刷、制药、日化生产专用设备制造	119		119		
印刷专用设备制造	39		39		
玻璃、陶瓷和搪瓷制品生产专用设备制造	80		80		
农、林、牧、渔专用机械制造	91		91		
农林牧渔机械配件制造	55		55		
其他农林牧渔业机械制造及机械修理	36		36		
交通运输设备制造业	8271		6299	1762	210
汽车制造	5760		3964	1687	110
汽车零部件及配件制造	4955		3230	1663	63
汽车修理	747		676	24	47

1－C－1　续表2－11　　　　单位：个、万元、人

指标名称	实收资本	国家资本	集体资本	法人资本	个人资本
汽车车身、挂车的制造	58		58		
自行车制造	424		348	76	
脚踏自行车及残疾人座车制造	332		256	76	
助动自行车制造	92		92		
船舶及浮动装置制造	1452		1352		100
船舶修理及拆船	811		811		
金属船舶制造	516		416		100
船用配套设备制造	125		125		
交通器材及其他交通运输设备制造	232		232		
交通管理用金属标志及设施制造	182		182		
其他交通运输设备制造	50		50		
铁路运输设备制造	384		384		
其他铁路设备制造及设备修理	384		384		
摩托车制造	19		19		
摩托车零部件及配件制造	19		19		
电气机械及器材制造业	19195		16709	1436	781
电机制造	1324		879	275	10
发电机及发电机组制造	651		501	150	
电动机制造	456		171	125	
微电机及其他电机制造	217		207		10
输配电及控制设备制造	11311		11261		50
变压器、整流器和电感器制造	2000		1950		50
配电开关控制设备制造	8679		8679		
电容器及其配套设备制造	257		257		
电力电子元器件制造	345		345		
其他输配电及控制设备制造	30		30		
电线、电缆、光缆及电工器材制造	2672		1958	330	275
电线电缆制造	2583		1869	330	275
其他电工器材制造	89		89		
电池制造	1252		172	756	324
电池制造	1252		172	756	324
家用电力器具制造	1429		1379	50	
家用制冷电器具制造	375		375		
家用通风电器具制造	469		469		
家用厨房电器具制造	200		200		
家用电力器具专用配件制造	386		336	50	
非电力家用器具制造	187		187		
燃气、太阳能及类似能源的器具制造	187		187		
照明器具制造	920		775	25	120

1－C－1 续表 2－12 单位：个、万元、人

指标名称	实收资本	国家资本	集体资本	法人资本	个人资本
电光源制造	90		90		
灯用电器附件及其他照明器具制造	366		220	25	120
照明灯具制造	465		465		
其他电气机械及器材制造	100		98		2
其他未列明的电气机械制造	100		98		2
通信设备、计算机及其他电子设备制造业	6936		1828	5108	
通信设备制造	637		534	102	
通信交换设备制造	137		34	102	
其他通信设备制造	500		500		
电子器件制造	428		428		
半导体分立器件制造	152		152		
电子真空器件制造	110		110		
集成电路制造	166		166		
电子元件制造	5610		604	5006	
电子元件及组件制造	5548		542	5006	
印制电路板制造	62		62		
广播电视设备制造	212		212		
广播电视节目制作及发射设备制造	150		150		
广播电视接收设备及器材制造	62		62		
家用视听设备制造	50		50		
家用音响设备制造	50		50		
仪器仪表及文化、办公用机械制造业	4934		4912	22	
通用仪器仪表制造	1306		1306		
电工仪器仪表制造	628		628		
供应用仪表及其他通用仪器制造	256		256		
工业自动控制系统装置制造	110		110		
绘图、计算及测量仪器制造	122		122		
实验分析仪器制造	150		150		
试验机制造	40		40		
专用仪器仪表制造	312		290	22	
汽车及其他用计数仪表制造	49		27	22	
导航、气象及海洋专用仪器制造	100		100		
教学专用仪器制造	68		68		
电子测量仪器制造	95		95		
其他仪器仪表的制造及修理	1853		1853		
其他仪器仪表的制造及修理	1853		1853		
钟表与计时仪器制造	331		331		
钟表与计时仪器制造	331		331		
光学仪器及眼镜制造	1057		1057		

1－C－1　续表2－13　　　　单位：个、万元、人

指标名称	实收资本	国家资本	集体资本	法人资本	个人资本
光学仪器制造	984		984		
眼镜制造	73		73		
文化、办公用机械制造	76		76		
复印和胶印设备制造	50		50		
计算器及货币专用设备制造	26		26		
工艺品及其他制造业	1425		1257	168	
工艺美术品制造	1296		1128	168	
雕塑工艺品制造	215		215		
金属工艺品制造	168		168		
地毯、挂毯制造	218		50	168	
抽纱刺绣工艺品制造	472		472		
珠宝首饰及有关物品的制造	176		176		
其他工艺美术品制造	46		46		
日用杂品制造	100		100		
其他日用杂品制造	100		100		
煤制品制造	5		5		
煤制品制造	5		5		
其他未列明的制造业	24		24		
其他未列明的制造业	24		24		
废弃资源和废旧材料回收加工业	5		5		
非金属废料和碎屑的加工处理	5		5		
非金属废料和碎屑的加工处理	5		5		
电力、燃气及水的生产和供应业	**124940**	**56094**	**84877**	**31825**	**2628**
电力、热力的生产和供应业	77397	51623	44121	26278	1836
电力生产	65010	51520	31745	26278	1836
火力发电	26290		290	26000	
水力发电	38720	51520	31455	278	1836
电力供应	12387	103	12376		
电力供应	12387	103	12376		
燃气生产和供应业	600		100	500	
燃气生产和供应业	600		100	500	
燃气生产和供应业	600		100	500	
水的生产和供应业	46944	4471	40656	5047	793
自来水的生产和供应	45597	4471	39609	4747	793
自来水的生产和供应	45597	4471	39609	4747	793
污水处理及其再生利用	1141		841	300	
污水处理及其再生利用	1141		841	300	
其他水的处理、利用与分配	206		206		
其他水的处理、利用与分配	206		206		

1－C－1　续表3－1　　　　单位：个、万元、人

指标名称	港澳台资本	外商资本	本年折旧	主营业务收入	主营业务成本
总　计	**369**	**67**	**53387**	**1887539**	**1633864**
一、按轻重工业分					
轻工业	100	54	24815	612048	522295
重工业	269	13	28572	1275491	1111569
二、按登记注册类型分					
内　资	**369**	**67**	**53387**	**1887539**	**1633864**
集　体	369	67	53387	1887539	1633864
三、按国民经济行业(门类、大类、中类、小类)分					
采矿业			**4898**	**293851**	**263069**
非金属矿采选业			4802	292332	261852
土砂石开采			4427	282489	253231
石灰石、石膏开采			476	17947	13847
建筑装饰用石开采			1906	170779	156585
耐火土石开采			86	8699	6652
粘土及其他土砂石开采			1959	85064	76147
采　盐			315	5741	5146
采　盐			315	5741	5146
石棉及其他非金属矿采选			60	4102	3476
其他非金属矿采选			60	4102	3476
煤炭开采和洗选业			3	398	344
其他煤炭采选			3	398	344
其他煤炭采选			3	398	344
黑色金属矿采选业			2	347	243
铁矿采选			2	347	243
铁矿采选			2	347	243
有色金属矿采选业			92	774	630
稀有稀土金属矿采选			92	774	630
钨钼矿采选			92	774	630
制造业	**369**	**66**	**30293**	**1308044**	**1137468**
农副食品加工业			233	21398	17331
谷物磨制			16	2427	2282
谷物磨制			16	2427	2282
蔬菜、水果和坚果加工			40	3722	2893
蔬菜、水果和坚果加工			40	3722	2893
其他农副食品加工			71	7863	5718
豆制品制造			46	7094	5071
淀粉及淀粉制品的制造			26	768	647
饲料加工			19	580	470
饲料加工			19	580	470
植物油加工			1	95	87

1－C－1 续表 3－2 单位：个、万元、人

指 标 名 称	港澳台资本	外商资本	本年折旧	主营业务收入	主营业务成本
食用植物油加工			1	95	87
屠宰及肉类加工			32	5952	5244
畜禽屠宰			29	5357	4750
肉制品及副产品加工			3	595	493
水产品加工			53	760	639
水产品冷冻加工			43	622	534
鱼糜制品及水产品干腌制加工			5	70	47
水产饲料制造			5	48	44
其他水产品加工			1	19	13
食品制造业			114	7802	6517
焙烤食品制造			19	878	677
糕点、面包制造			19	878	677
罐头制造			19	1167	1015
蔬菜、水果罐头制造			19	1167	1015
其他食品制造			57	5188	4378
营养、保健食品制造			54	5075	4286
盐加工			2	30	22
其他未列明的食品制造			1	83	70
方便食品制造			2	269	241
米、面制品制造			2	269	241
调味品、发酵制品制造			18	299	206
酱油、食醋及类似制品的制造			1	39	14
其他调味品、发酵制品制造			17	260	192
饮料制造业			377	26722	22195
酒的制造			180	7585	6568
黄酒制造			116	5995	5075
白酒制造			9	695	726
葡萄酒制造			30	870	750
其他酒制造			25	25	17
精制茶加工			150	18176	14947
精制茶加工			150	18176	14947
软饮料制造			48	961	680
瓶（罐）装饮用水制造			48	961	680
纺织业	100		2540	131908	116952
棉、化纤纺织及印染精加工			761	23092	20718
棉、化纤纺织加工			540	17072	15653
棉、化纤印染精加工			222	6020	5065
毛纺织和染整精加工			81	6910	5957
毛纺织			64	5902	5102
毛染整精加工			18	1008	855

1－C－1 续表3－3 单位：个、万元、人

指标名称			本年折旧	主营业务收入	主营业务成本
	港澳台资本	外商资本			
丝绢纺织及精加工			345	13480	11560
缫丝加工			33	3299	3110
绢纺和丝织加工			187	4000	3608
丝印染精加工			125	6182	4842
纺织制成品制造			384	16683	14144
丝制品制造			195	8366	7091
绳、索、缆的制造			129	5247	4452
其他纺织制成品制造			35	2407	2017
棉及化纤制品制造			13	604	543
无纺布制造			12	60	40
针织品、编织品及其制品制造	100		969	71742	64573
棉、化纤针织品及编织品制造	100		807	64850	58453
毛针织品及编织品制造			145	6183	5509
丝针织品及编织品制造			17	710	611
纺织服装、鞋、帽制造业		54	898	49637	40608
纺织服装制造		54	890	48528	39729
纺织服装制造		54	890	48528	39729
制　帽			4	1084	858
制　帽			4	1084	858
纺织面料鞋的制造			4	25	20
纺织面料鞋的制造			4	25	20
皮革、毛皮、羽毛(绒)及其制品业			37	3814	3459
皮革制品制造			30	3153	2830
皮鞋制造			13	1533	1352
皮箱、包(袋)制造			10	1564	1471
皮革服装制造			7	57	7
皮革鞣制加工			3	649	620
皮革鞣制加工			3	649	620
毛皮鞣制及制品加工			4	13	10
其他毛皮制品加工			4	13	10
木材加工及木、竹、藤、棕、草制品业			565	27192	24955
锯材、木片加工			66	3599	3041
木片加工			12	1346	1168
锯材加工			54	2254	1872
人造板制造			23	1579	1441
胶合板制造			21	1382	1305
刨花板制造			...	80	50
其他人造板、材制造			2	117	86
木制品制造			447	17736	16511
建筑用木料及木材组件加工			411	9360	8726

1－C－1　续表3－4　　　　单位：个、万元、人

指标名称			本年折旧	主营业务收入	主营业务成本
	港澳台资本	外商资本			
木容器制造			35	8341	7753
软木制品及其他木制品制造			1	36	32
竹、藤、棕、草制品制造			29	4278	3963
竹、藤、棕、草制品制造			29	4278	3963
家具制造业			78	4409	3999
木质家具制造			72	4055	3708
木质家具制造			72	4055	3708
竹、藤家具制造			7	325	273
竹、藤家具制造			7	325	273
金属家具制造			...	29	18
金属家具制造			...	29	18
造纸及纸制品业			926	24882	22627
造　纸			222	7568	7113
机制纸及纸板制造			217	7081	6518
加工纸制造			6	487	595
纸制品制造			693	17087	15273
纸和纸板容器的制造			686	16730	14938
其他纸制品制造			8	357	335
纸浆制造			11	227	241
纸浆制造			11	227	241
印刷业和记录媒介的复制			484	17882	14508
印　刷			435	17136	13900
书、报、刊印刷			154	6374	4875
本册印制			86	3037	2495
包装装潢及其他印刷			196	7725	6530
装订及其他印刷服务活动			48	746	608
装订及其他印刷服务活动			48	746	608
文教体育用品制造业			229	7081	6255
玩具制造			37	2634	2323
玩具制造			37	2634	2323
游艺器材及娱乐用品制造			137	1352	1261
游艺用品及室内游艺器材制造			137	1352	1261
文化用品制造			32	1556	1308
笔的制造			21	992	821
教学用模型及教具制造			9	513	452
其他文化用品制造			2	51	36
体育用品制造			22	1511	1353
球类制造			1	101	97
训练健身器材制造			21	1410	1257
乐器制造				28	10

1－C－1 续表3－5

单位：个、万元、人

指标名称	港澳台资本	外商资本	本年折旧	主营业务收入	主营业务成本
中乐器制造				28	10
石油加工、炼焦及核燃料加工业			5	905	884
精炼石油产品的制造			5	905	884
原油加工及石油制品制造			5	905	884
化学原料及化学制品制造业			2996	106367	89269
基础化学原料制造			506	14090	11602
无机碱制造			20	1010	860
无机盐制造			326	8921	7227
有机化学原料制造			116	2960	2456
其他基础化学原料制造			34	866	794
无机酸制造			10	334	265
肥料制造			471	7819	6950
氮肥制造			449	6431	5687
复混肥料制造			22	1388	1264
农药制造			46	2631	2301
化学农药制造			46	2631	2301
涂料、油墨、颜料及类似产品制造			1617	57247	47200
涂料制造			16	4286	3802
颜料制造			71	5190	4741
染料制造			1515	46745	37895
密封用填料及类似品制造			15	1026	762
合成材料制造			98	6631	6153
初级形态的塑料及合成树脂制造			43	1450	1351
其他合成材料制造			54	5096	4719
合成纤维单(聚合)体的制造			2	85	83
专用化学产品制造			232	15358	13271
化学试剂和助剂制造			132	10787	9420
专项化学用品制造			52	2293	1812
环境污染处理专用药剂材料制造			32	1594	1433
动物胶制造			2	53	49
其他专用化学产品制造			14	632	557
日用化学产品制造			26	2592	1791
肥皂及合成洗涤剂制造			21	964	964
香料、香精制造			1	165	94
其他日用化学产品制造			3	1463	733
医药制造业			326	11374	9354
化学药品原药制造			85	1874	1663
化学药品原药制造			85	1874	1663
中药饮片加工			211	8278	6740
中药饮片加工			211	8278	6740

1－C－1 续表3－6

单位：个、万元、人

指 标 名 称	港澳台资本	外商资本	本年折旧	主营业务收入	主营业务成本
化学药品制剂制造			22	210	103
化学药品制剂制造			22	210	103
中成药制造			5	295	255
中成药制造			5	295	255
兽用药品制造			1	11	11
兽用药品制造			1	11	11
卫生材料及医药用品制造			2	705	582
卫生材料及医药用品制造			2	705	582
化学纤维制造业			4921	67673	64928
合成纤维制造			4921	67673	64928
涤纶纤维制造			4896	67303	64696
其他合成纤维制造			25	370	233
橡胶制品业			212	13022	11536
轮胎制造			14	1062	928
车辆、飞机及工程机械轮胎制造			4	501	450
力车胎制造			10	561	477
橡胶板、管、带的制造			39	4517	4003
橡胶板、管、带的制造			39	4517	4003
橡胶零件制造			96	5368	4761
橡胶零件制造			96	5368	4761
再生橡胶制造			25	1003	924
再生橡胶制造			25	1003	924
橡胶靴鞋制造			20	552	455
橡胶靴鞋制造			20	552	455
日用及医用橡胶制品制造			...	36	23
日用及医用橡胶制品制造			...	36	23
其他橡胶制品制造			18	484	441
其他橡胶制品制造			18	484	441
塑料制品业			1185	45349	40488
塑料薄膜制造			208	3353	3045
塑料薄膜制造			208	3353	3045
塑料板、管、型材的制造			121	9880	9468
塑料板、管、型材的制造			121	9880	9468
塑料丝、绳及编织品的制造			99	2618	2435
塑料丝、绳及编织品的制造			99	2618	2435
泡沫塑料制造			204	7715	6687
泡沫塑料制造			204	7715	6687
塑料零件制造			342	15208	13042
塑料零件制造			342	15208	13042

1－C－1 续表3－7 单位：个、万元、人

指标名称			本年折旧	主营业务收入	主营业务成本
	港澳台资本	外商资本			
日用塑料制造			84	2774	2339
日用塑料杂品制造			59	2624	2201
塑料鞋制造			25	150	138
其他塑料制品制造			51	3095	2836
其他塑料制品制造			51	3095	2836
塑料人造革、合成革制造			8	220	202
塑料人造革、合成革制造			8	220	202
塑料包装箱及容器制造			68	486	435
塑料包装箱及容器制造			68	486	435
非金属矿物制品业		12	4041	124581	106171
水泥、石灰和石膏的制造			726	23729	21305
水泥制造			643	15228	14013
石灰和石膏制造			83	8501	7292
水泥及石膏制品制造			358	14461	12574
砼结构构件制造			251	10815	9360
轻质建筑材料制造			5	1508	1387
水泥制品制造			94	1929	1643
其他水泥制品制造			8	209	184
砖瓦、石材及其他建筑材料制造		12	2247	64120	53371
粘土砖瓦及建筑砌块制造		12	1431	53116	44163
建筑陶瓷制品制造			624	2164	1505
建筑用石加工			139	5914	5094
防水建筑材料制造			3	430	370
隔热和隔音材料制造			5	128	110
其他建筑材料制造			45	2369	2130
玻璃及玻璃制品制造			442	6135	5070
技术玻璃制品制造			192	1275	965
日用玻璃制品及玻璃包装容器制造			179	3516	2863
玻璃纤维及制品制造			55	948	927
玻璃仪器制造			12	248	218
其他玻璃制品制造			4	147	97
陶瓷制品制造			19	3275	2949
特种陶瓷制品制造			13	2345	2113
日用陶瓷制品制造			6	930	836
耐火材料制品制造			157	11368	9556
云母制品制造			32	1815	1679
耐火陶瓷制品及其他耐火材料制造			103	9028	7467
石棉制品制造			21	526	409
石墨及其他非金属矿物制品制造			92	1493	1347

1－C－1 续表3－8

单位：个、万元、人

指 标 名 称			本年折旧	主营业务收入	主营业务成本
	港澳台资本	外商资本			
其他非金属矿物制品制造			92	1493	1347
黑色金属冶炼及压延加工业			681	43498	40066
钢压延加工			681	43498	40066
钢压延加工			681	43498	40066
有色金属冶炼及压延加工业			354	75463	72882
有色金属压延加工			351	75330	72778
常用有色金属压延加工			309	69421	67871
稀有稀土金属压延加工			42	5908	4907
常用有色金属冶炼			3	85	59
铅锌冶炼			3	85	59
有色金属合金制造			...	49	46
有色金属合金制造			...	49	46
金属制品业			1058	72177	62560
结构性金属制品制造			206	12950	11422
金属结构制造			72	9400	8515
金属门窗制造			134	3550	2907
金属工具制造			157	19321	16720
手工具制造			92	12604	10770
农用及园林用金属工具制造			18	878	849
其他金属工具制造			46	5526	4835
刀剪及类似日用金属工具制造			1	313	266
集装箱及金属包装容器制造			108	5640	4799
金属压力容器制造			11	1698	1447
金属包装容器制造			97	3942	3352
建筑、安全用金属制品制造			179	9195	8145
建筑、家具用金属配件制造			173	8176	7301
建筑装饰及水暖管道零件制造			6	1019	844
金属表面处理及热处理加工			284	21180	18290
金属表面处理及热处理加工			284	21180	18290
不锈钢及类似日用金属制品制造			106	2601	2210
金属制厨房调理及卫生器具制造			66	1950	1672
金属制厨用器皿及餐具制造			36	491	410
其他日用金属制品制造			4	160	128
金属丝绳及其制品的制造			15	1104	823
金属丝绳及其制品的制造			15	1104	823
其他金属制品制造			3	186	153
其他未列明的金属制品制造			3	186	153
通用设备制造业			2183	100240	85279
金属加工机械制造			352	8502	6967

1-C-1 续表3-9 单位：个、万元、人

指标名称			本年折旧	主营业务收入	主营业务成本
	港澳台资本	外商资本			
金属切削机床制造			72	1127	847
金属成形机床制造			31	681	555
铸造机械制造			41	3107	2546
机床附件制造			22	904	764
其他金属加工机械制造			123	1975	1691
金属切割及焊接设备制造			63	708	565
起重运输设备制造			70	4513	3902
起重运输设备制造			70	4513	3902
泵、阀门、压缩机及类似机械的制造			235	19313	15954
泵及真空设备制造			80	3725	3080
阀门和旋塞的制造			73	10410	9086
液压和气压动力机械及元件制造			81	5026	3666
气体压缩机械制造			2	152	122
轴承、齿轮、传动和驱动部件的制造			450	12699	10879
轴承制造			129	5460	4914
齿轮、传动和驱动部件制造			322	7240	5965
风机、衡器、包装设备等通用设备制造			156	8012	6630
风动和电动工具制造			71	3993	3258
喷枪及类似器具制造			21	1955	1722
风机、风扇制造			...	94	77
气体、液体分离及纯净设备制造			5	297	253
制冷、空调设备制造			11	366	307
包装专用设备制造			33	437	382
其他通用设备制造			15	871	631
通用零部件制造及机械修理			334	18251	15188
金属密封件制造			24	2251	1753
紧固件、弹簧制造			221	10581	8875
机械零部件加工及设备修理			65	3469	2886
其他通用零部件制造			24	1951	1674
金属铸、锻加工			581	28121	24998
钢铁铸件制造			529	23890	21477
锻件及粉末冶金制品制造			52	4231	3521
锅炉及原动机制造			5	830	761
锅炉及辅助设备制造			2	417	402
内燃机及配件制造			3	413	359
专用设备制造业			788	28634	22885
纺织、服装和皮革工业专用设备制造			375	5414	4080
纺织专用设备制造			316	3563	2536
皮革、毛皮及其制品加工专用设备制造			12	476	397

1－C－1 续表 3－10

单位：个、万元、人

指标名称	港澳台资本	外商资本	本年折旧	主营业务收入	主营业务成本
缝纫机械制造			16	867	733
其他服装加工专用设备制造			32	508	415
电子和电工机械专用设备制造			49	3391	2828
电工机械专用设备制造			43	3204	2662
电子工业专用设备制造			6	187	167
医疗仪器设备及器械制造			170	8682	6834
医疗诊断、监护及治疗设备制造			16	1171	793
实验室及医用消毒设备和器具的制造			29	704	637
医疗、外科及兽医用器械制造			107	6222	4921
机械治疗及病房护理设备制造			9	217	185
假肢、人工器官及植（介）入器械制造			8	159	138
其他医疗设备及器械制造			2	210	160
环保、社会公共安全及其他专用设备制造			76	2493	2073
环境污染防治专用设备制造			42	1430	1200
邮政专用机械及器材制造			21	474	389
交通安全及管制专用设备制造			9	147	111
水资源专用机械制造			2	203	166
其他专用设备制造			2	239	208
矿山、冶金、建筑专用设备制造			33	1038	878
采矿、采石设备制造			8	793	706
石油钻采专用设备制造			24	11	8
建筑工程用机械制造			2	234	164
化工、木材、非金属加工专用设备制造			52	1767	1531
炼油、化工生产专用设备制造			3	236	210
橡胶加工专用设备制造			12	326	321
塑料加工专用设备制造			29	555	463
模具制造			9	650	537
食品、饮料、烟草及饲料生产专用设备制造			20	1286	1104
食品、饮料、烟草工业专用设备制造			20	1286	1104
印刷、制药、日化生产专用设备制造			9	4040	3130
印刷专用设备制造			2	3691	2911
玻璃、陶瓷和搪瓷制品生产专用设备制造			7	349	219
农、林、牧、渔专用机械制造			4	525	427
农林牧渔机械配件制造			2	343	273
其他农林牧渔业机械制造及机械修理			2	182	154
交通运输设备制造业			1267	42404	37780
汽车制造			894	24110	21351
汽车零部件及配件制造			773	20285	18265
汽车修理			103	3357	2715

1－C－1 续表3－11

单位：个、万元、人

指标名称	港澳台资本	外商资本	本年折旧	主营业务收入	主营业务成本
汽车车身、挂车的制造			18	469	371
自行车制造			168	8468	7846
脚踏自行车及残疾人座车制造			77	7772	7211
助动自行车制造			91	695	635
船舶及浮动装置制造			144	8147	7123
船舶修理及拆船			130	5444	4692
金属船舶制造			13	2670	2399
船用配套设备制造			2	33	32
交通器材及其他交通运输设备制造			18	1178	1060
交通管理用金属标志及设施制造			17	869	785
其他交通运输设备制造			1	309	275
铁路运输设备制造			38	382	296
其他铁路设备制造及设备修理			38	382	296
摩托车制造			5	119	103
摩托车零部件及配件制造			5	119	103
电气机械及器材制造业	269		1816	157101	130098
电机制造	160		184	6795	5730
发电机及发电机组制造			32	691	579
电动机制造	160		102	3686	3106
微电机及其他电机制造			50	2418	2046
输配电及控制设备制造			580	98497	79597
变压器、整流器和电感器制造			242	11843	9358
配电开关控制设备制造			267	82784	66991
电容器及其配套设备制造			10	626	548
电力电子元器件制造			49	1673	1381
其他输配电及控制设备制造			12	1570	1319
电线、电缆、光缆及电工器材制造	109		240	14225	11796
电线电缆制造	109		193	9293	8043
其他电工器材制造			47	4932	3752
电池制造			66	6146	5288
电池制造			66	6146	5288
家用电力器具制造			595	20507	17978
家用制冷电器具制造			280	6929	6123
家用通风电器具制造			26	3987	3514
家用厨房电器具制造			48	1867	1601
家用电力器具专用配件制造			242	7724	6740
非电力家用器具制造			39	994	662
燃气、太阳能及类似能源的器具制造			39	994	662
照明器具制造			96	6371	5573

1－C－1 续表 3－12

单位：个、万元、人

指 标 名 称	港澳台资本	外商资本	本年折旧	主营业务收入	主营业务成本
电光源制造			2	1426	1340
灯用电器附件及其他照明器具制造			62	3326	2828
照明灯具制造			32	1618	1405
其他电气机械及器材制造			16	3568	3474
其他未列明的电气机械制造			16	3568	3474
通信设备、计算机及其他电子设备制造业			1507	73393	64448
通信设备制造			85	22756	21524
通信交换设备制造			35	845	656
其他通信设备制造			50	21912	20868
电子器件制造			112	1435	1155
半导体分立器件制造			8	1027	800
电子真空器件制造			85	40	47
集成电路制造			20	368	308
电子元件制造			1294	48802	41440
电子元件及组件制造			1253	45571	38512
印制电路板制造			41	3232	2928
广播电视设备制造			8	222	166
广播电视节目制作及发射设备制造			3	22	12
广播电视接收设备及器材制造			5	200	153
家用视听设备制造			7	178	164
家用音响设备制造			7	178	164
仪器仪表及文化、办公用机械制造业			353	15824	13041
通用仪器仪表制造			152	6582	5601
电工仪器仪表制造			57	1940	1537
供应用仪表及其他通用仪器制造			45	2745	2441
工业自动控制系统装置制造			16	637	566
绘图、计算及测量仪器制造			17	995	831
实验分析仪器制造			16	228	194
试验机制造			1	37	31
专用仪器仪表制造			25	1199	964
汽车及其他用计数仪表制造			12	621	511
导航、气象及海洋专用仪器制造			…	408	331
教学专用仪器制造			11	132	89
电子测量仪器制造			2	37	34
其他仪器仪表的制造及修理			99	6849	5475
其他仪器仪表的制造及修理			99	6849	5475
钟表与计时仪器制造			17	505	435
钟表与计时仪器制造			17	505	435
光学仪器及眼镜制造			54	418	336

1－C－1 续表 3－13

单位：个、万元、人

指标名称			本年折旧	主营业务收入	主营业务成本
	港澳台资本	外商资本			
光学仪器制造			52	161	126
眼镜制造			2	257	210
文化、办公用机械制造			8	272	230
复印和胶印设备制造			5	164	135
计算器及货币专用设备制造			3	108	95
工艺品及其他制造业			119	7302	6384
工艺美术品制造			107	5255	4500
雕塑工艺品制造			5	854	756
金属工艺品制造			40	1045	835
地毯、挂毯制造			40	2629	2574
抽纱刺绣工艺品制造			17	584	211
珠宝首饰及有关物品的制造			4	139	123
其他工艺美术品制造			...	5	3
日用杂品制造			12	1961	1810
其他日用杂品制造			12	1961	1810
煤制品制造			...	17	17
煤制品制造			...	17	17
其他未列明的制造业			1	68	58
其他未列明的制造业			1	68	58
废弃资源和废旧材料回收加工业			1	11	10
非金属废料和碎屑的加工处理			1	11	10
非金属废料和碎屑的加工处理			1	11	10
电力、燃气及水的生产和供应业		**1**	**18195**	**285644**	**233327**
电力、热力的生产和供应业		1	6901	178783	150511
电力生产		1	4924	62786	58707
火力发电			1644	23591	29511
水力发电		1	3280	39195	29196
电力供应			1977	115997	91804
电力供应			1977	115997	91804
燃气生产和供应业			276	1949	1724
燃气生产和供应业			276	1949	1724
燃气生产和供应业			276	1949	1724
水的生产和供应业			11019	104912	81093
自来水的生产和供应			10193	99800	77085
自来水的生产和供应			10193	99800	77085
污水处理及其再生利用			800	4832	3782
污水处理及其再生利用			800	4832	3782
其他水的处理、利用与分配			25	280	226
其他水的处理、利用与分配			25	280	226

1－C－1 续表4－1

单位：个、万元、人

指 标 名 称	主营业务税金及附加	主营业务利润	其他业务利润	营业费用、管理费用、财务费用合计	营业利润
总 计	**16243**	**237431**	**10723**	**169578**	**81370**
一、按轻重工业分					
轻工业	4398	85443	4659	62351	28737
重工业	11845	151989	6063	107227	52634
二、按登记注册类型分					
内 资	**16243**	**237431**	**10723**	**169578**	**81370**
集 体	16243	237431	10723	169578	81370
三、按国民经济行业（门类、大类、中类、小类）分					
采矿业	**5489**	**25294**	**149**	**11045**	**15133**
非金属矿采选业	5467	25013	149	10916	14981
土砂石开采	5387	23871	5	9784	14821
石灰石、石膏开采	915	3185		2302	1024
建筑装饰用石开采	2149	12045		3710	8962
耐火土石开采	151	1897		1483	414
粘土及其他土砂石开采	2172	6745	5	2289	4421
采 盐	30	566	145	774	－64
采 盐	30	566	145	774	－64
石棉及其他非金属矿采选	51	576		358	224
其他非金属矿采选	51	576		358	224
煤炭开采和洗选业	1	53		10	43
其他煤炭采选	1	53		10	43
其他煤炭采选	1	53		10	43
黑色金属矿采选业	10	94		21	72
铁矿采选	10	94		21	72
铁矿采选	10	94		21	72
有色金属矿采选业	10	134		97	37
稀有稀土金属矿采选	10	134		97	37
钨钼矿采选	10	134		97	37
制造业	**8142**	**162392**	**7054**	**119779**	**51467**
农副食品加工业	103	3964	110	1995	2014
谷物磨制	6	140		77	63
谷物磨制	6	140		77	63
蔬菜、水果和坚果加工	13	816		566	154
蔬菜、水果和坚果加工	13	816		566	154
其他农副食品加工	59	2086	108	878	1347
豆制品制造	50	1973	105	789	1321
淀粉及淀粉制品的制造	9	112	3	89	26
饲料加工	2	108		65	43
饲料加工	2	108		65	43
植物油加工		8		1	7

1－C－1 续表4－2

单位：个、万元、人

指 标 名 称	主营业务税金及附加	主营业务利润	其他业务利润	营业费用、管理费用、财务费用合计	营业利润
食用植物油加工		8		1	7
屠宰及肉类加工	14	694		340	354
畜禽屠宰	8	598		292	306
肉制品及副产品加工	5	96		48	49
水产品加工	9	112	2	68	46
水产品冷冻加工	7	81		39	42
鱼糜制品及水产品干腌制加工	2	22	2	19	5
水产饲料制造	...	4		5	－1
其他水产品加工	...	6		5	...
食品制造业	19	1266	－4	1117	145
焙烤食品制造	7	194		203	－9
糕点、面包制造	7	194		203	－9
罐头制造	4	148		59	89
蔬菜、水果罐头制造	4	148		59	89
其他食品制造	4	806	－4	742	60
营养、保健食品制造	2	787	－4	736	47
盐加工	1	7		5	2
其他未列明的食品制造	1	12		1	11
方便食品制造	2	27		39	－12
米、面制品制造	2	27		39	－12
调味品、发酵制品制造	2	92		75	17
酱油、食醋及类似制品的制造	...	25		18	6
其他调味品、发酵制品制造	1	67		56	11
饮料制造业	487	4039	85	2368	1957
酒的制造	351	666	74	610	129
黄酒制造	327	593	73	542	124
白酒制造	9	－40	...	20	－60
葡萄酒制造	15	105		45	60
其他酒制造	...	7		3	5
精制茶加工	114	3115	12	1598	1728
精制茶加工	114	3115	12	1598	1728
软饮料制造	22	259		160	99
瓶（罐）装饮用水制造	22	259		160	99
纺织业	429	14526	181	11566	3141
棉、化纤纺织及印染精加工	119	2255	57	1802	561
棉、化纤纺织加工	78	1341	57	1299	－23
棉、化纤印染精加工	42	914		503	584
毛纺织和染整精加工	24	928	7	557	378
毛纺织	17	782	7	477	313
毛染整精加工	7	146		81	66

1－C－1 续表4－3

单位：个、万元、人

指标名称	主营业务税金及附加	主营业务利润	其他业务利润	营业费用、管理费用、财务费用合计	营业利润
丝绢纺织及精加工	59	1862	－7	1633	222
缫丝加工	19	170		106	63
绢纺和丝织加工	27	364		482	－118
丝印染精加工	13	1328	－7	1045	277
纺织制成品制造	52	2487	43	2154	315
丝制品制造	10	1265		994	198
绳、索、缆的制造	27	768	32	774	26
其他纺织制成品制造	11	378		322	67
棉及化纤制品制造	3	58	11	54	14
无纺布制造	…	19	…	11	9
针织品、编织品及其制品制造	176	6994	80	5419	1665
棉、化纤针织品及编织品制造	134	6264	87	4793	1567
毛针织品及编织品制造	33	641	－7	561	74
丝针织品及编织品制造	9	90		65	25
纺织服装、鞋、帽制造业	290	8739	374	5799	3332
纺织服装制造	287	8511	374	5627	3277
纺织服装制造	287	8511	374	5627	3277
制 帽	3	223		168	55
制 帽	3	223		168	55
纺织面料鞋的制造	1	5		4	…
纺织面料鞋的制造	1	5		4	…
皮革、毛皮、羽毛(绒)及其制品业	22	333		259	74
皮革制品制造	21	303		237	66
皮鞋制造	8	173		129	45
皮箱、包(袋)制造	12	81		59	22
皮革服装制造	1	49		49	…
皮革鞣制加工	1	27		21	7
皮革鞣制加工	1	27		21	7
毛皮鞣制及制品加工		3		1	2
其他毛皮制品加工		3		1	2
木材加工及木、竹、藤、棕、草制品业	256	1982	642	2865	－324
锯材、木片加工	78	480	8	231	257
木片加工	12	165	8	77	96
锯材加工	66	315	1	154	161
人造板制造	23	115	17	88	44
胶合板制造	16	60	17	46	31
刨花板制造	1	30		28	2
其他人造板、材制造	6	25		15	10
木制品制造	141	1085	617	2460	－758
建筑用木料及木材组件加工	92	542	615	2180	－1024

1－C－1 续表4－4

单位：个、万元、人

指 标 名 称	主营业务税金及附加	主营业务利润	其他业务利润	营业费用、管理费用、财务费用合计	营业利润
木容器制造	49	540	2	278	264
软木制品及其他木制品制造	...	4		2	2
竹、藤、棕、草制品制造	14	302		87	133
竹、藤、棕、草制品制造	14	302		87	133
家具制造业	25	385		217	191
木质家具制造	22	324		201	146
木质家具制造	22	324		201	146
竹、藤家具制造	2	50		15	35
竹、藤家具制造	2	50		15	35
金属家具制造	...	11		1	10
金属家具制造	...	11		1	10
造纸及纸制品业	161	2095	69	2119	64
造 纸	36	419		243	177
机制纸及纸板制造	26	537		219	318
加工纸制造	10	－117		24	－141
纸制品制造	124	1690	69	1851	－72
纸和纸板容器的制造	123	1670	69	1841	－83
其他纸制品制造	1	21		9	11
纸浆制造	2	－15		25	－41
纸浆制造	2	－15		25	－41
印刷业和记录媒介的复制	236	3138	50	2148	1043
印 刷	231	3005	50	2055	1001
书、报、刊印刷	112	1387	8	1056	340
本册印制	50	492	2	335	160
包装装潢及其他印刷	70	1125	41	665	502
装订及其他印刷服务活动	5	134		92	42
装订及其他印刷服务活动	5	134		92	42
文教体育用品制造业	57	773	5	753	25
玩具制造	19	297		242	55
玩具制造	19	297		242	55
游艺器材及娱乐用品制造	15	77	5	209	－127
游艺用品及室内游艺器材制造	15	77	5	209	－127
文化用品制造	14	234		195	39
笔的制造	11	161		155	6
教学用模型及教具制造	3	58		38	20
其他文化用品制造	...	15		2	13
体育用品制造	9	148		90	58
球类制造	...	4		3	1
训练健身器材制造	9	144		87	57
乐器制造		18		18	...

1－C－1 续表4－5

单位：个、万元、人

指标名称	主营业务税金及附加	主营业务利润	其他业务利润	营业费用、管理费用、财务费用合计	营业利润
中乐器制造		18		18	...
石油加工、炼焦及核燃料加工业	4	17		14	3
精炼石油产品的制造	4	17		14	3
原油加工及石油制品制造	4	17		14	3
化学原料及化学制品制造业	668	16430	1031	9995	7194
基础化学原料制造	139	2349	4	2216	159
无机碱制造	6	144		136	28
无机盐制造	104	1590		1635	－43
有机化学原料制造	21	483	4	323	164
其他基础化学原料制造	5	67	1	61	6
无机酸制造	4	65		61	4
肥料制造	29	839	14	768	85
氮肥制造	27	717	12	701	27
复混肥料制造	2	122	3	67	58
农药制造	11	318		262	56
化学农药制造	11	318		262	56
涂料、油墨、颜料及类似产品制造	345	9702	591	4957	5337
涂料制造	23	461	...	100	361
颜料制造	23	426	3	102	327
染料制造	291	8559	588	4418	4729
密封用填料及类似品制造	8	256		338	－81
合成材料制造	24	454	8	405	57
初级形态的塑料及合成树脂制造	8	92	8	120	－21
其他合成材料制造	16	361		271	91
合成纤维单(聚合)体的制造	1	1		13	－12
专用化学产品制造	94	1993	414	1021	1091
化学试剂和助剂制造	54	1313	353	642	728
专项化学用品制造	20	461	36	157	340
环境污染处理专用药剂材料制造	17	144		179	－35
动物胶制造	...	3		2	1
其他专用化学产品制造	3	73	25	40	57
日用化学产品制造	26	775		366	409
肥皂及合成洗涤剂制造	3	－4		92	－96
香料、香精制造	1	70		77	－7
其他日用化学产品制造	22	708		196	512
医药制造业	43	1976	－7	1811	158
化学药品原药制造	7	204		185	19
化学药品原药制造	7	204		185	19
中药饮片加工	27	1511		1389	122
中药饮片加工	27	1511		1389	122

1－C－1 续表4－6

单位：个、万元、人

指标名称	主营业务税金及附加	主营业务利润	其他业务利润	营业费用、管理费用、财务费用合计	营业利润
化学药品制剂制造	3	104	－7	130	－33
化学药品制剂制造	3	104	－7	130	－33
中成药制造	2	38		39	－1
中成药制造	2	38		39	－1
兽用药品制造		1		1	－1
兽用药品制造		1		1	－1
卫生材料及医药用品制造	5	119		68	51
卫生材料及医药用品制造	5	119		68	51
化学纤维制造业	221	2524	652	1833	1343
合成纤维制造	221	2524	652	1833	1343
涤纶纤维制造	219	2388	652	1774	1267
其他合成纤维制造	2	136		59	77
橡胶制品业	67	1419	105	882	513
轮胎制造	7	128		67	61
车辆、飞机及工程机械轮胎制造	3	48		55	－7
力车胎制造	4	80		12	68
橡胶板、管、带的制造	17	497	3	258	113
橡胶板、管、带的制造	17	497	3	258	113
橡胶零件制造	35	572	102	394	280
橡胶零件制造	35	572	102	394	280
再生橡胶制造	4	75		57	18
再生橡胶制造	4	75		57	18
橡胶靴鞋制造	1	96		68	28
橡胶靴鞋制造	1	96		68	28
日用及医用橡胶制品制造	...	12		9	4
日用及医用橡胶制品制造	...	12		9	4
其他橡胶制品制造	3	39		29	11
其他橡胶制品制造	3	39		29	11
塑料制品业	289	4572	388	4927	158
塑料薄膜制造	25	283	171	610	－155
塑料薄膜制造	25	283	171	610	－155
塑料板、管、型材的制造	29	383	64	803	－355
塑料板、管、型材的制造	29	383	64	803	－355
塑料丝、绳及编织品的制造	23	160	2	171	－9
塑料丝、绳及编织品的制造	23	160	2	171	－9
泡沫塑料制造	38	990	14	827	178
泡沫塑料制造	38	990	14	827	178
塑料零件制造	91	2075	20	1929	165
塑料零件制造	91	2075	20	1929	165

1－C－1　续表4－7　　　　单位：个、万元、人

指标名称	主营业务税金及附加	主营业务利润	其他业务利润	营业费用、管理费用、财务费用合计	营业利润
日用塑料制造	66	370	118	352	275
日用塑料杂品制造	65	359	118	342	274
塑料鞋制造	1	11		10	1
其他塑料制品制造	14	246		193	36
其他塑料制品制造	14	246		193	36
塑料人造革、合成革制造	1	18		15	3
塑料人造革、合成革制造	1	18		15	3
塑料包装箱及容器制造	2	49		29	20
塑料包装箱及容器制造	2	49		29	20
非金属矿物制品业	1480	16939	150	10118	7058
水泥、石灰和石膏的制造	193	2231	3	851	1382
水泥制造	71	1143		620	524
石灰和石膏制造	122	1087	3	231	859
水泥及石膏制品制造	185	1702		805	897
砼结构构件制造	122	1333		497	835
轻质建筑材料制造	10	112		80	32
水泥制品制造	48	238		212	27
其他水泥制品制造	6	19		16	3
砖瓦、石材及其他建筑材料制造	831	9927	144	5583	4488
粘土砖瓦及建筑砌块制造	638	8325	138	4815	3648
建筑陶瓷制品制造	82	577		179	398
建筑用石加工	69	750	6	441	314
防水建筑材料制造	6	54		25	29
隔热和隔音材料制造	1	17		22	－6
其他建筑材料制造	35	204		101	104
玻璃及玻璃制品制造	48	1017	1	1212	－195
技术玻璃制品制造	4	306		544	－239
日用玻璃制品及玻璃包装容器制造	27	626		558	69
玻璃纤维及制品制造	6	16		36	－20
玻璃仪器制造	10	20	1	11	10
其他玻璃制品制造	2	49		63	－15
陶瓷制品制造	50	276		198	78
特种陶瓷制品制造	45	188		153	35
日用陶瓷制品制造	6	88		45	43
耐火材料制品制造	164	1649	2	1244	408
云母制品制造	8	127		117	10
耐火陶瓷制品及其他耐火材料制造	152	1409		1033	377
石棉制品制造	3	113	2	94	21
石墨及其他非金属矿物制品制造	8	138		225	－1

1-C-1 续表4-8 单位:个、万元、人

指标名称	主营业务税金及附加	主营业务利润	其他业务利润	营业费用、管理费用、财务费用合计	营业利润
其他非金属矿物制品制造	8	138		225	-1
黑色金属冶炼及压延加工业	116	3217	295	2447	1102
钢压延加工	116	3217	295	2447	1102
钢压延加工	116	3217	295	2447	1102
有色金属冶炼及压延加工业	214	2368	135	2233	405
有色金属压延加工	207	2345	135	2225	391
常用有色金属压延加工	180	1370	5	1513	-3
稀有稀土金属压延加工	27	975	130	711	394
常用有色金属冶炼	6	20		8	12
铅锌冶炼	6	20		8	12
有色金属合金制造	...	3		1	2
有色金属合金制造	...	3		1	2
金属制品业	459	9159	840	6303	3824
结构性金属制品制造	90	1439	136	1135	482
金属结构制造	19	866	136	591	410
金属门窗制造	70	573		544	72
金属工具制造	82	2520	24	1190	1354
手工具制造	63	1771	4	516	1258
农用及园林用金属工具制造	5	25	11	31	6
其他金属工具制造	14	677	10	633	54
刀剪及类似日用金属工具制造	1	46		10	36
集装箱及金属包装容器制造	38	803	102	748	158
金属压力容器制造	10	241	12	229	25
金属包装容器制造	28	562	90	519	133
建筑、安全用金属制品制造	74	977	576	1281	357
建筑、家具用金属配件制造	68	807	576	1212	257
建筑装饰及水暖管道零件制造	5	169		69	100
金属表面处理及热处理加工	141	2749	2	1425	1325
金属表面处理及热处理加工	141	2749	2	1425	1325
不锈钢及类似日用金属制品制造	16	375		298	78
金属制厨房调理及卫生器具制造	11	267		207	61
金属制厨用器皿及餐具制造	4	77		79	-3
其他日用金属制品制造	1	31		12	19
金属丝绳及其制品的制造	17	264		196	68
金属丝绳及其制品的制造	17	264		196	68
其他金属制品制造	2	32		30	2
其他未列明的金属制品制造	2	32		30	2
通用设备制造业	683	14278	320	10127	4396
金属加工机械制造	88	1447	93	1325	216

1－C－1 续表4－9

单位：个、万元、人

指标名称	主营业务税金及附加	主营业务利润	其他业务利润	营业费用、管理费用、财务费用合计	营业利润
金属切削机床制造	8	273		260	13
金属成形机床制造	3	122		151	－27
铸造机械制造	20	541		500	41
机床附件制造	8	132		55	77
其他金属加工机械制造	32	253		152	100
金属切割及焊接设备制造	17	126	93	208	11
起重运输设备制造	68	543	12	420	81
起重运输设备制造	68	543	12	420	81
泵、阀门、压缩机及类似机械的制造	144	3215	7	1771	1451
泵及真空设备制造	24	621	…	511	111
阀门和旋塞的制造	80	1243		462	782
液压和气压动力机械及元件制造	37	1323	7	785	545
气体压缩机械制造	3	27		14	13
轴承、齿轮、传动和驱动部件的制造	76	1745	157	1369	533
轴承制造	30	515	66	390	191
齿轮、传动和驱动部件制造	45	1230	92	979	342
风机、衡器、包装设备等通用设备制造	51	1331		833	498
风动和电动工具制造	28	707		419	289
喷枪及类似器具制造	9	224		190	33
风机、风扇制造	…	16		15	1
气体、液体分离及纯净设备制造	1	43		36	7
制冷、空调设备制造	2	58		32	26
包装专用设备制造	5	50		20	30
其他通用设备制造	8	233		121	112
通用零部件制造及机械修理	109	2954	46	2202	821
金属密封件制造	14	484		308	182
紧固件、弹簧制造	61	1645	2	1408	258
机械零部件加工及设备修理	21	562	40	307	295
其他通用零部件制造	14	263	3	180	87
金属铸、锻加工	143	2979	6	2156	783
钢铁铸件制造	122	2291	20	1643	622
锻件及粉末冶金制品制造	21	688	－15	513	161
锅炉及原动机制造	4	65		50	15
锅炉及辅助设备制造	2	13		6	7
内燃机及配件制造	2	52		44	8
专用设备制造业	219	5575	85	3649	2307
纺织、服装和皮革工业专用设备制造	45	1289	58	992	284
纺织专用设备制造	28	999	2	694	238
皮革、毛皮及其制品加工专用设备制造	3	76	52	118	10

1－C－1 续表4－10 单位：个、万元、人

指标名称	主营业务税金及附加	主营业务利润	其他业务利润	营业费用、管理费用、财务费用合计	营业利润
缝纫机械制造	10	123	3	117	10
其他服装加工专用设备制造	3	90		63	27
电子和电工机械专用设备制造	14	549		409	140
电工机械专用设备制造	13	530		398	132
电子工业专用设备制造	1	19		11	8
医疗仪器设备及器械制造	72	1821	11	906	1291
医疗诊断、监护及治疗设备制造	10	368		229	138
实验室及医用消毒设备和器具的制造	1	66	8	373	66
医疗、外科及兽医用器械制造	58	1288		247	1042
机械治疗及病房护理设备制造	1	32		17	15
假肢、人工器官及植（介）入器械制造	1	20	3	15	8
其他医疗设备及器械制造	2	48		26	21
环保、社会公共安全及其他专用设备制造	12	408	2	282	127
环境污染防治专用设备制造	5	226	2	143	84
邮政专用机械及器材制造	2	84		67	17
交通安全及管制专用设备制造	2	34		12	22
水资源专用机械制造	2	35		33	3
其他专用设备制造	2	30		28	2
矿山、冶金、建筑专用设备制造	11	149	1	99	51
采矿、采石设备制造	9	78		38	41
石油钻采专用设备制造	1	2		2	...
建筑工程用机械制造	1	68	1	59	10
化工、木材、非金属加工专用设备制造	10	227	7	161	72
炼油、化工生产专用设备制造	1	25	...	13	12
橡胶加工专用设备制造	...	5		7	－2
塑料加工专用设备制造	4	88		56	32
模具制造	5	109	7	86	30
食品、饮料、烟草及饲料生产专用设备制造	8	173	7	133	47
食品、饮料、烟草工业专用设备制造	8	173	7	133	47
印刷、制药、日化生产专用设备制造	42	868		625	243
印刷专用设备制造	5	776		588	188
玻璃、陶瓷和搪瓷制品生产专用设备制造	38	92		37	56
农、林、牧、渔专用机械制造	5	93		42	51
农林牧渔机械配件制造	4	66		24	43
其他农林牧渔业机械制造及机械修理	1	26		18	9
交通运输设备制造业	233	4392	165	3775	783
汽车制造	136	2623	109	2516	216
汽车零部件及配件制造	99	1921	85	1645	361
汽车修理	35	606	24	781	－150

1－C－1 续表4－11

单位：个、万元、人

指 标 名 称	主营业务税金及附加	主营业务利润	其他业务利润	营业费用、管理费用、财务费用合计	营业利润
汽车车身、挂车的制造	2	96		90	6
自行车制造	41	581	7	543	45
脚踏自行车及残疾人座车制造	38	524	2	486	40
助动自行车制造	3	57	5	57	5
船舶及浮动装置制造	46	978	40	535	483
船舶修理及拆船	42	710	16	457	270
金属船舶制造	4	267	12	68	212
船用配套设备制造	...	1	12	10	2
交通器材及其他交通运输设备制造	5	113		58	55
交通管理用金属标志及设施制造	4	81		51	30
其他交通运输设备制造	1	32		7	25
铁路运输设备制造	4	81		102	－21
其他铁路设备制造及设备修理	4	81		102	－21
摩托车制造	...	16	9	20	4
摩托车零部件及配件制造	...	16	9	20	4
电气机械及器材制造业	879	26124	1026	16834	11954
电机制造	38	1026	8	909	125
发电机及发电机组制造	4	109	3	73	39
电动机制造	21	559	4	570	－7
微电机及其他电机制造	14	358	1	267	92
输配电及控制设备制造	519	18381	738	9405	9719
变压器、整流器和电感器制造	83	2401	301	1130	1574
配电开关控制设备制造	404	15390	431	8082	7741
电容器及其配套设备制造	2	76		26	50
电力电子元器件制造	10	282	6	142	147
其他输配电及控制设备制造	20	231		25	206
电线、电缆、光缆及电工器材制造	65	2364	119	1572	1029
电线电缆制造	36	1214	49	1016	365
其他电工器材制造	29	1150	70	556	665
电池制造	34	824		498	328
电池制造	34	824		498	328
家用电力器具制造	69	2460	103	3032	－246
家用制冷电器具制造	17	790	14	1271	－242
家用通风电器具制造	10	463		434	28
家用厨房电器具制造	11	255	87	357	－16
家用电力器具专用配件制造	31	953	2	970	－16
非电力家用器具制造	29	303	43	235	111
燃气、太阳能及类似能源的器具制造	29	303	43	235	111
照明器具制造	69	729	11	557	183

1-C-1 续表4-12 单位:个、万元、人

指标名称	主营业务税金及附加	主营业务利润	其他业务利润	营业费用、管理费用、财务费用合计	营业利润
电光源制造	10	77		73	4
灯用电器附件及其他照明器具制造	43	455	11	343	123
照明灯具制造	17	197		142	55
其他电气机械及器材制造	56	38	4	626	706
其他未列明的电气机械制造	56	38	4	626	706
通信设备、计算机及其他电子设备制造业	359	8586	151	9963	-1568
通信设备制造	49	1183	5	486	359
通信交换设备制造	5	183	5	160	27
其他通信设备制造	44	1000		326	332
电子器件制造	13	267		163	104
半导体分立器件制造	11	216		59	157
电子真空器件制造	...	-7		92	-99
集成电路制造	2	59		13	46
电子元件制造	291	7071	147	9256	-2038
电子元件及组件制造	275	6784	144	9018	-2090
印制电路板制造	16	288	3	239	52
广播电视设备制造	5	51		32	19
广播电视节目制作及发射设备制造	1	9		10	-1
广播电视接收设备及器材制造	4	43		22	21
家用视听设备制造	2	12		25	-13
家用音响设备制造	2	12		25	-13
仪器仪表及文化、办公用机械制造业	94	2690	121	2724	145
通用仪器仪表制造	40	941	24	984	-20
电工仪器仪表制造	11	392		348	44
供应用仪表及其他通用仪器制造	19	285	22	391	-84
工业自动控制系统装置制造	2	68		76	-8
绘图、计算及测量仪器制造	5	159	2	145	17
实验分析仪器制造	1	32		19	13
试验机制造	2	4		6	-2
专用仪器仪表制造	15	220	40	232	85
汽车及其他用计数仪表制造	3	107		145	20
导航、气象及海洋专用仪器制造	10	68		25	43
教学专用仪器制造	2	42	4	23	23
电子测量仪器制造	...	3	36	40	-1
其他仪器仪表的制造及修理	35	1339		1059	280
其他仪器仪表的制造及修理	35	1339		1059	280
钟表与计时仪器制造	1	69	57	70	57
钟表与计时仪器制造	1	69	57	70	57
光学仪器及眼镜制造	2	81		349	-269

1－C－1 续表 4－13 单位：个、万元、人

指 标 名 称	主营业务税金及附加	主营业务利润	其他业务利润	营业费用、管理费用、财务费用合计	营业利润
光学仪器制造	1	35		322	－287
眼镜制造	1	46		27	19
文化、办公用机械制造	1	40		29	11
复印和胶印设备制造	1	27		25	2
计算器及货币专用设备制造	...	13		4	9
工艺品及其他制造业	32	886	84	938	32
工艺美术品制造	22	733	81	851	－37
雕塑工艺品制造	4	94	24	107	11
金属工艺品制造	5	206		235	－29
地毯、挂毯制造	4	51		70	－18
抽纱刺绣工艺品制造	4	370	17	374	12
珠宝首饰及有关物品的制造	6	10	41	65	－14
其他工艺美术品制造		2		2	...
日用杂品制造	8	143	3	86	61
其他日用杂品制造	8	143	3	86	61
煤制品制造	...	...		...	...
煤制品制造	...	...		...	...
其他未列明的制造业	1	10		1	9
其他未列明的制造业	1	10		1	9
废弃资源和废旧材料回收加工业	...	1		1	1
非金属废料和碎屑的加工处理	...	1		1	1
非金属废料和碎屑的加工处理	...	1		1	1
电力、燃气及水的生产和供应业	**2612**	**49745**	**3520**	**38755**	**14770**
电力、热力的生产和供应业	1106	27169	559	18357	9475
电力生产	621	3461	102	7850	－4185
火力发电	5	－5925	4	2380	－8198
水力发电	616	9385	98	5470	4013
电力供应	485	23708	457	10507	13660
电力供应	485	23708	457	10507	13660
燃气生产和供应业	61	165	842	633	374
燃气生产和供应业	61	165	842	633	374
燃气生产和供应业	61	165	842	633	374
水的生产和供应业	1445	22412	2119	19765	4921
自来水的生产和供应	1439	21315	2110	16589	6992
自来水的生产和供应	1439	21315	2110	16589	6992
污水处理及其再生利用	6	1044	9	3146	－2093
污水处理及其再生利用	6	1044	9	3146	－2093
其他水的处理、利用与分配	1	52		30	22
其他水的处理、利用与分配	1	52		30	22

1－C－1 续表5－1 单位：个、万元、人

指 标 名 称	职工工资和福利费	本年应交增值税	年末存货	全部从业人员年平均人数
总 计	**149953**	**65345**	**186781**	**70802**
一、按轻重工业分				
轻工业	52957	21958	76819	24707
重工业	96996	43387	109961	46095
二、按登记注册类型分				
内 资	**149953**	**65345**	**186781**	**70802**
集 体	149953	65345	186781	70802
三、按国民经济行业（门类、大类、中类、小类）分				
采矿业	**15625**	**7952**	**4506**	**7109**
非金属矿采选业	15447	7912	4340	6945
土砂石开采	11974	7630	3055	4841
石灰石、石膏开采	1133	1105	573	585
建筑装饰用石开采	7794	3368	446	2695
耐火土石开采	738	649	175	406
粘土及其他土砂石开采	2310	2509	1860	1155
采 盐	3216	157	1178	1980
采 盐	3216	157	1178	1980
石棉及其他非金属矿采选	257	125	107	124
其他非金属矿采选	257	125	107	124
煤炭开采和洗选业	27	3	20	20
其他煤炭采选	27	3	20	20
其他煤炭采选	27	3	20	20
黑色金属矿采选业	38	5		26
铁矿采选	38	5		26
铁矿采选	38	5		26
有色金属矿采选业	114	33	146	118
稀有稀土金属矿采选	114	33	146	118
钨钼矿采选	114	33	146	118
制造业	**111557**	**48013**	**172824**	**54549**
农副食品加工业	1480	759	1802	798
谷物磨制	45	47	568	27
谷物磨制	45	47	568	27
蔬菜、水果和坚果加工	206	123	764	135
蔬菜、水果和坚果加工	206	123	764	135
其他农副食品加工	768	289	108	351
豆制品制造	662	262	3	301
淀粉及淀粉制品的制造	106	27	105	50
饲料加工	56	21	118	32
饲料加工	56	21	118	32
植物油加工	3		…	2

1－C－1 续表5－2

单位：个、万元、人

指 标 名 称	职工工资和福利费	本年应交增值税	年末存货	全部从业人员年平均人数
食用植物油加工	3		...	2
屠宰及肉类加工	292	256	91	130
畜禽屠宰	255	221	5	107
肉制品及副产品加工	38	35	86	23
水产品加工	110	23	153	121
水产品冷冻加工	82	17	100	73
鱼糜制品及水产品干腌制加工	14	3	9	17
水产饲料制造	11	1	44	23
其他水产品加工	3	1		8
食品制造业	528	125	2108	314
焙烤食品制造	59	56	106	34
糕点、面包制造	59	56	106	34
罐头制造	135	23	378	83
蔬菜、水果罐头制造	135	23	378	83
其他食品制造	246	19	1557	125
营养、保健食品制造	232	17	1557	114
盐加工	6	1		6
其他未列明的食品制造	8	1		5
方便食品制造	41	16	6	41
米、面制品制造	41	16	6	41
调味品、发酵制品制造	47	11	61	31
酱油、食醋及类似制品的制造	6	...	8	8
其他调味品、发酵制品制造	41	11	53	23
饮料制造业	2103	732	7224	1007
酒的制造	646	318	6333	397
黄酒制造	616	299	6072	372
白酒制造	15	5	66	13
葡萄酒制造	12	12	90	10
其他酒制造	3	1	104	2
精制茶加工	1363	366	842	532
精制茶加工	1363	366	842	532
软饮料制造	94	48	50	78
瓶(罐)装饮用水制造	94	48	50	78
纺织业	11924	4192	16706	5335
棉、化纤纺织及印染精加工	2562	933	919	1323
棉、化纤纺织加工	1693	571	648	892
棉、化纤印染精加工	869	363	272	431
毛纺织和染整精加工	537	183	1646	209
毛纺织	377	140	1614	134
毛染整精加工	160	43	32	75

1－C－1 续表5－3 单位：个、万元、人

指 标 名 称	职工工资和福利费	本年应交增 值 税	年末存货	全部从业人员年平均人 数
丝绢纺织及精加工	1981	605	2965	696
缫丝加工	220	145	262	87
绢纺和丝织加工	575	138	1614	232
丝印染精加工	1186	322	1089	377
纺织制成品制造	1529	246	2181	636
丝制品制造	368	57	889	120
绳、索、缆的制造	914	73	1031	354
其他纺织制成品制造	113	92	122	69
棉及化纤制品制造	117	22	91	76
无纺布制造	18	1	48	17
针织品、编织品及其制品制造	5315	2226	8995	2471
棉、化纤针织品及编织品制造	4695	1926	7472	2121
毛针织品及编织品制造	556	283	1507	300
丝针织品及编织品制造	65	17	15	50
纺织服装、鞋、帽制造业	6521	2580	5737	2674
纺织服装制造	6478	2539	5451	2649
纺织服装制造	6478	2539	5451	2649
制 帽	39	38	265	23
制 帽	39	38	265	23
纺织面料鞋的制造	3	4	21	2
纺织面料鞋的制造	3	4	21	2
皮革、毛皮、羽毛(绒)及其制品业	370	110	455	204
皮革制品制造	344	98	255	180
皮鞋制造	250	62	167	122
皮箱、包(袋)制造	72	32	52	50
皮革服装制造	22	4	36	8
皮革鞣制加工	22	12	200	22
皮革鞣制加工	22	12	200	22
毛皮鞣制及制品加工	4			2
其他毛皮制品加工	4			2
木材加工及木、竹、藤、棕、草制品业	1217	825	7419	725
锯材、木片加工	240	99	126	161
木片加工	82	64	55	51
锯材加工	158	35	72	110
人造板制造	98	52	194	59
胶合板制造	72	50	191	44
刨花板制造	18	2	...	10
其他人造板、材制造	8	1	2	5
木制品制造	589	555	6158	285
建筑用木料及木材组件加工	256	292	5936	105

1－C－1 续表5－4 单位：个、万元、人

指标名称	职工工资和福利费	本年应交增值税	年末存货	全部从业人员年平均人数
木容器制造	328	261	221	174
软木制品及其他木制品制造	5	2	1	6
竹、藤、棕、草制品制造	290	119	940	220
竹、藤、棕、草制品制造	290	119	940	220
家具制造业	350	202	379	208
木质家具制造	307	189	348	186
木质家具制造	307	189	348	186
竹、藤家具制造	39	13	29	20
竹、藤家具制造	39	13	29	20
金属家具制造	4	1	2	2
金属家具制造	4	1	2	2
造纸及纸制品业	2154	956	1676	1197
造　纸	433	301	492	261
机制纸及纸板制造	419	296	410	254
加工纸制造	14	4	82	7
纸制品制造	1696	644	1168	913
纸和纸板容器的制造	1657	641	1156	893
其他纸制品制造	39	2	12	20
纸浆制造	25	12	16	23
纸浆制造	25	12	16	23
印刷业和记录媒介的复制	2483	972	2528	1206
印　刷	2416	942	2453	1163
书、报、刊印刷	1107	442	678	463
本册印制	379	153	784	237
包装装潢及其他印刷	930	347	990	463
装订及其他印刷服务活动	67	30	75	43
装订及其他印刷服务活动	67	30	75	43
文教体育用品制造业	820	230	1185	481
玩具制造	244	60	390	155
玩具制造	244	60	390	155
游艺器材及娱乐用品制造	216	49	468	110
游艺用品及室内游艺器材制造	216	49	468	110
文化用品制造	193	66	242	138
笔的制造	124	41	165	86
教学用模型及教具制造	59	24	38	46
其他文化用品制造	10	1	40	6
体育用品制造	154	55	85	74
球类制造	4	6	19	3
训练健身器材制造	150	49	66	71
乐器制造	13			4

1－C－1 续表5－5 单位：个、万元、人

指标名称	职工工资和福利费	本年应交增值税	年末存货	全部从业人员年平均人数
中乐器制造	13			4
石油加工、炼焦及核燃料加工业	21	21	10	11
精炼石油产品的制造	21	21	10	11
原油加工及石油制品制造	21	21	10	11
化学原料及化学制品制造业	5842	5125	15316	2749
基础化学原料制造	900	660	889	446
无机碱制造	55	53	14	26
无机盐制造	499	413	444	254
有机化学原料制造	244	136	296	117
其他基础化学原料制造	90	29	69	39
无机酸制造	14	30	66	10
肥料制造	862	295	1073	364
氮肥制造	776	271	715	304
复混肥料制造	86	25	358	60
农药制造	162	89	73	89
化学农药制造	162	89	73	89
涂料、油墨、颜料及类似产品制造	2229	2833	10422	1106
涂料制造	84	55	146	49
颜料制造	202	249	177	93
染料制造	1675	2472	10081	856
密封用填料及类似品制造	269	57	18	108
合成材料制造	392	295	735	182
初级形态的塑料及合成树脂制造	90	156	564	56
其他合成材料制造	284	137	164	118
合成纤维单(聚合)体的制造	18	2	8	8
专用化学产品制造	1122	755	1586	458
化学试剂和助剂制造	512	432	870	262
专项化学用品制造	346	162	145	73
环境污染处理专用药剂材料制造	190	137	518	86
动物胶制造	2	…		2
其他专用化学产品制造	73	24	54	35
日用化学产品制造	175	197	537	104
肥皂及合成洗涤剂制造	88	26	81	39
香料、香精制造	49	5	219	20
其他日用化学产品制造	38	167	237	45
医药制造业	811	303	721	351
化学药品原药制造	108	68	299	49
化学药品原药制造	108	68	299	49
中药饮片加工	484	151	318	182
中药饮片加工	484	151	318	182

1－C－1　续表5－6　　　　单位：个、万元、人

指标名称	职工工资和福利费	本年应交增值税	年末存货	全部从业人员年平均人数
化学药品制剂制造	54	33	37	33
化学药品制剂制造	54	33	37	33
中成药制造	26	13	62	14
中成药制造	26	13	62	14
兽用药品制造	3			5
兽用药品制造	3			5
卫生材料及医药用品制造	137	40	5	68
卫生材料及医药用品制造	137	40	5	68
化学纤维制造业	2253	434	5250	763
合成纤维制造	2253	434	5250	763
涤纶纤维制造	2226	415	5239	745
其他合成纤维制造	27	19	11	18
橡胶制品业	1245	578	1064	728
轮胎制造	119	57	8	82
车辆、飞机及工程机械轮胎制造	64	30	7	42
力车胎制造	54	27	2	40
橡胶板、管、带的制造	218	159	213	115
橡胶板、管、带的制造	218	159	213	115
橡胶零件制造	715	288	451	398
橡胶零件制造	715	288	451	398
再生橡胶制造	53	26	35	42
再生橡胶制造	53	26	35	42
橡胶靴鞋制造	65	22	246	40
橡胶靴鞋制造	65	22	246	40
日用及医用橡胶制品制造	10	2	4	10
日用及医用橡胶制品制造	10	2	4	10
其他橡胶制品制造	66	25	107	41
其他橡胶制品制造	66	25	107	41
塑料制品业	3349	1865	6664	2046
塑料薄膜制造	302	96	443	182
塑料薄膜制造	302	96	443	182
塑料板、管、型材的制造	295	223	565	183
塑料板、管、型材的制造	295	223	565	183
塑料丝、绳及编织品的制造	335	105	453	205
塑料丝、绳及编织品的制造	335	105	453	205
泡沫塑料制造	571	364	2382	380
泡沫塑料制造	571	364	2382	380
塑料零件制造	1194	709	1912	731
塑料零件制造	1194	709	1912	731

1－C－1 续表5－7 单位：个、万元、人

指标名称	职工工资和福利费	本年应交增值税	年末存货	全部从业人员年平均人数
日用塑料制造	325	215	447	160
日用塑料杂品制造	302	209	446	147
塑料鞋制造	23	6	1	13
其他塑料制品制造	226	130	367	160
其他塑料制品制造	226	130	367	160
塑料人造革、合成革制造	42	8	20	17
塑料人造革、合成革制造	42	8	20	17
塑料包装箱及容器制造	58	16	75	28
塑料包装箱及容器制造	58	16	75	28
非金属矿物制品业	16350	4758	13431	10474
水泥、石灰和石膏的制造	1105	854	1937	537
水泥制造	557	529	1690	291
石灰和石膏制造	548	325	248	246
水泥及石膏制品制造	1249	470	930	656
砼结构构件制造	931	331	649	451
轻质建筑材料制造	90	76		55
水泥制品制造	203	58	188	126
其他水泥制品制造	25	5	93	24
砖瓦、石材及其他建筑材料制造	10187	2052	6898	7362
粘土砖瓦及建筑砌块制造	9123	1748	6037	6730
建筑陶瓷制品制造	220	69	17	131
建筑用石加工	655	151	736	371
防水建筑材料制造	49	20	50	38
隔热和隔音材料制造	18	9	52	30
其他建筑材料制造	121	56	6	62
玻璃及玻璃制品制造	829	336	2391	478
技术玻璃制品制造	174	33	1044	87
日用玻璃制品及玻璃包装容器制造	367	224	1090	202
玻璃纤维及制品制造	193	43	166	130
玻璃仪器制造	27	10	9	22
其他玻璃制品制造	67	25	81	37
陶瓷制品制造	2184	384	57	1024
特种陶瓷制品制造	2092	375	36	965
日用陶瓷制品制造	91	9	22	59
耐火材料制品制造	684	545	1116	360
云母制品制造	159	70	167	47
耐火陶瓷制品及其他耐火材料制造	450	447	845	268
石棉制品制造	75	28	105	45
石墨及其他非金属矿物制品制造	113	118	101	57

1-C-1 续表5-8 单位：个、万元、人

指 标 名 称	职工工资和福利费	本年应交增 值 税	年末存货	全部从业人员年平均人 数
其他非金属矿物制品制造	113	118	101	57
黑色金属冶炼及压延加工业	1775	1185	2784	754
钢压延加工	1775	1185	2784	754
钢压延加工	1775	1185	2784	754
有色金属冶炼及压延加工业	1689	2346	1795	829
有色金属压延加工	1672	2340	1740	814
常用有色金属压延加工	1226	2074	1395	616
稀有稀土金属压延加工	447	266	345	198
常用有色金属冶炼	12	4	50	12
铅锌冶炼	12	4	50	12
有色金属合金制造	6	2	5	3
有色金属合金制造	6	2	5	3
金属制品业	7112	2700	8701	3757
结构性金属制品制造	906	229	5050	409
金属结构制造	512	96	4028	189
金属门窗制造	394	133	1022	220
金属工具制造	1283	762	1078	657
手工具制造	526	178	523	280
农用及园林用金属工具制造	144	33	67	85
其他金属工具制造	532	545	478	249
刀剪及类似日用金属工具制造	82	6	10	43
集装箱及金属包装容器制造	557	205	1231	303
金属压力容器制造	296	57	1038	116
金属包装容器制造	261	148	193	187
建筑、安全用金属制品制造	933	361	444	551
建筑、家具用金属配件制造	851	308	397	512
建筑装饰及水暖管道零件制造	82	53	47	39
金属表面处理及热处理加工	3021	966	375	1639
金属表面处理及热处理加工	3021	966	375	1639
不锈钢及类似日用金属制品制造	293	136	401	131
金属制厨房调理及卫生器具制造	209	94	302	77
金属制厨用器皿及餐具制造	74	35	85	48
其他日用金属制品制造	9	6	14	6
金属丝绳及其制品的制造	96	40	117	60
金属丝绳及其制品的制造	96	40	117	60
其他金属制品制造	24	2	5	7
其他未列明的金属制品制造	24	2	5	7
通用设备制造业	11128	4624	15066	5358
金属加工机械制造	1508	375	4631	631

1－C－1　续表5－9　　单位：个、万元、人

指标名称	职工工资和福利费	本年应交增值税	年末存货	全部从业人员年平均人数
金属切削机床制造	290	67	610	135
金属成形机床制造	256	30	390	108
铸造机械制造	576	115	1772	204
机床附件制造	134	47	9	61
其他金属加工机械制造	159	86	1446	62
金属切割及焊接设备制造	92	30	403	61
起重运输设备制造	658	272	302	289
起重运输设备制造	658	272	302	289
泵、阀门、压缩机及类似机械的制造	1741	839	3131	790
泵及真空设备制造	518	168	1392	202
阀门和旋塞的制造	659	360	1253	321
液压和气压动力机械及元件制造	551	280	463	257
气体压缩机械制造	13	30	23	10
轴承、齿轮、传动和驱动部件的制造	1568	662	1233	713
轴承制造	439	238	614	209
齿轮、传动和驱动部件制造	1129	424	620	504
风机、衡器、包装设备等通用设备制造	928	400	365	548
风动和电动工具制造	555	248	170	296
喷枪及类似器具制造	190	60	63	98
风机、风扇制造	10	2	2	7
气体、液体分离及纯净设备制造	24	12	7	14
制冷、空调设备制造	47	15	66	19
包装专用设备制造	61	18	42	33
其他通用设备制造	41	45	15	81
通用零部件制造及机械修理	2120	812	2741	1137
金属密封件制造	267	112	242	132
紧固件、弹簧制造	1031	439	1820	561
机械零部件加工及设备修理	473	137	428	287
其他通用零部件制造	349	124	250	157
金属铸、锻加工	2528	1248	2597	1221
钢铁铸件制造	2201	1088	1872	1069
锻件及粉末冶金制品制造	327	161	726	152
锅炉及原动机制造	79	17	66	29
锅炉及辅助设备制造	16	2	5	8
内燃机及配件制造	63	15	61	21
专用设备制造业	2664	1212	4247	1350
纺织、服装和皮革工业专用设备制造	1086	364	2076	588
纺织专用设备制造	685	242	1672	342
皮革、毛皮及其制品加工专用设备制造	69	22	21	30

1－C－1　续表5－10　　　　　　　　　　　　　　　　　　　　　　单位：个、万元、人

指　标　名　称	职工工资和福利费	本年应交增 值 税	年末存货	全部从业人员年平均人　　数
缝纫机械制造	285	79	238	188
其他服装加工专用设备制造	48	21	145	28
电子和电工机械专用设备制造	107	109	381	40
电工机械专用设备制造	100	109	381	33
电子工业专用设备制造	7	...	...	7
医疗仪器设备及器械制造	551	259	538	235
医疗诊断、监护及治疗设备制造	129	39	70	66
实验室及医用消毒设备和器具的制造	180	97	385	50
医疗、外科及兽医用器械制造	196	103	57	90
机械治疗及病房护理设备制造	21	5	18	13
假肢、人工器官及植（介）入器械制造	20	7	3	12
其他医疗设备及器械制造	6	8	5	4
环保、社会公共安全及其他专用设备制造	280	107	437	136
环境污染防治专用设备制造	146	45	44	63
邮政专用机械及器材制造	52	18	60	22
交通安全及管制专用设备制造	13	18	...	5
水资源专用机械制造	50	12	176	35
其他专用设备制造	19	14	158	11
矿山、冶金、建筑专用设备制造	96	30	546	59
采矿、采石设备制造	77	18	380	50
石油钻采专用设备制造	3	1	13	2
建筑工程用机械制造	17	11	154	7
化工、木材、非金属加工专用设备制造	199	70	80	114
炼油、化工生产专用设备制造	39	9	31	19
橡胶加工专用设备制造	6	3	5	4
塑料加工专用设备制造	59	37	20	38
模具制造	95	21	24	53
食品、饮料、烟草及饲料生产专用设备制造	127	59	180	66
食品、饮料、烟草工业专用设备制造	127	59	180	66
印刷、制药、日化生产专用设备制造	173	203		84
印刷专用设备制造	150	165		75
玻璃、陶瓷和搪瓷制品生产专用设备制造	23	38		9
农、林、牧、渔专用机械制造	45	13	8	28
农林牧渔机械配件制造	23	11	7	13
其他农林牧渔业机械制造及机械修理	22	2	2	15
交通运输设备制造业	4753	1433	4222	2200
汽车制造	3080	874	2872	1271
汽车零部件及配件制造	2153	690	2026	1012
汽车修理	884	170	485	240

1-C-1 续表5-11

单位：个、万元、人

指标名称	职工工资和福利费	本年应交增值税	年末存货	全部从业人员年平均人数
汽车车身、挂车的制造	43	14	360	19
自行车制造	770	298	846	433
脚踏自行车及残疾人座车制造	695	240	324	371
助动自行车制造	75	58	522	62
船舶及浮动装置制造	529	177	233	328
船舶修理及拆船	404	155	226	276
金属船舶制造	103	19	1	36
船用配套设备制造	22	3	7	16
交通器材及其他交通运输设备制造	141	45	123	64
交通管理用金属标志及设施制造	130	35	123	57
其他交通运输设备制造	11	9	…	7
铁路运输设备制造	215	33	127	96
其他铁路设备制造及设备修理	215	33	127	96
摩托车制造	20	5	21	8
摩托车零部件及配件制造	20	5	21	8
电气机械及器材制造业	14248	5756	24789	4843
电机制造	738	306	1383	463
发电机及发电机组制造	139	34	380	60
电动机制造	342	164	723	248
微电机及其他电机制造	258	108	280	155
输配电及控制设备制造	8540	3359	14582	1816
变压器、整流器和电感器制造	921	757	1334	302
配电开关控制设备制造	7269	2447	13013	1302
电容器及其配套设备制造	47	1	18	42
电力电子元器件制造	222	59	200	140
其他输配电及控制设备制造	80	95	17	30
电线、电缆、光缆及电工器材制造	936	584	2044	373
电线电缆制造	463	304	1641	285
其他电工器材制造	473	280	402	88
电池制造	394	296	322	302
电池制造	394	296	322	302
家用电力器具制造	1778	500	5174	852
家用制冷电器具制造	678	166	2442	354
家用通风电器具制造	359	93	929	142
家用厨房电器具制造	165	92	741	90
家用电力器具专用配件制造	575	148	1062	266
非电力家用器具制造	101	74	301	50
燃气、太阳能及类似能源的器具制造	101	74	301	50
照明器具制造	1156	292	978	548

1－C－1 续表 5－12

单位：个、万元、人

指标名称	职工工资和福利费	本年应交增值税	年末存货	全部从业人员年平均人数
电光源制造	180		393	98
灯用电器附件及其他照明器具制造	750	138	468	284
照明灯具制造	225	154	118	166
其他电气机械及器材制造	606	345	6	439
其他未列明的电气机械制造	606	345	6	439
通信设备、计算机及其他电子设备制造业	5025	3014	16846	2565
通信设备制造	342	466	3339	236
通信交换设备制造	113	45	65	64
其他通信设备制造	229	421	3274	172
电子器件制造	189	80	584	128
半导体分立器件制造	115	65	3	69
电子真空器件制造	50	...	202	40
集成电路制造	24	15	379	19
电子元件制造	4409	2446	12809	2150
电子元件及组件制造	4243	2305	12589	2073
印制电路板制造	166	142	220	77
广播电视设备制造	22	4	45	16
广播电视节目制作及发射设备制造	6	1	33	6
广播电视接收设备及器材制造	16	4	13	10
家用视听设备制造	64	18	69	35
家用音响设备制造	64	18	69	35
仪器仪表及文化、办公用机械制造业	2457	769	3537	1058
通用仪器仪表制造	892	311	1063	479
电工仪器仪表制造	359	98	547	176
供应用仪表及其他通用仪器制造	252	129	237	128
工业自动控制系统装置制造	69	26	48	40
绘图、计算及测量仪器制造	149	47	100	89
实验分析仪器制造	33	10	54	25
试验机制造	30	2	77	21
专用仪器仪表制造	182	59	125	120
汽车及其他用计数仪表制造	99	29	78	58
导航、气象及海洋专用仪器制造	34	24		20
教学专用仪器制造	20	5	11	13
电子测量仪器制造	30	1	35	29
其他仪器仪表的制造及修理	911	342	1872	243
其他仪器仪表的制造及修理	911	342	1872	243
钟表与计时仪器制造	63	35	178	35
钟表与计时仪器制造	63	35	178	35
光学仪器及眼镜制造	360	12	38	152

1－C－1 续表5－13

单位：个、万元、人

指 标 名 称	职工工资和福利费	本年应交增值税	年末存货	全部从业人员年平均人数
光学仪器制造	326	2	11	128
眼镜制造	33	10	27	24
文化、办公用机械制造	50	10	263	29
复印和胶印设备制造	42	7	252	23
计算器及货币专用设备制造	8	4	11	6
工艺品及其他制造业	885	207	1157	561
工艺美术品制造	665	142	1116	439
雕塑工艺品制造	74	24	40	49
金属工艺品制造	376	37	515	138
地毯、挂毯制造	60	41	104	55
抽纱刺绣工艺品制造	117	36	229	159
珠宝首饰及有关物品的制造	37	4	225	37
其他工艺美术品制造	1	...	4	1
日用杂品制造	210	60	10	112
其他日用杂品制造	210	60	10	112
煤制品制造	2	1		2
煤制品制造	2	1		2
其他未列明的制造业	9	4	30	8
其他未列明的制造业	9	4	30	8
废弃资源和废旧材料回收加工业	3	1	7	3
非金属废料和碎屑的加工处理	3	1	7	3
非金属废料和碎屑的加工处理	3	1	7	3
电力、燃气及水的生产和供应业	**22771**	**9380**	**9451**	**9144**
电力、热力的生产和供应业	10975	4812	2531	4059
电力生产	6819	1448	2229	3369
火力发电	2014	...	1709	347
水力发电	4805	1448	521	3022
电力供应	4157	3363	301	690
电力供应	4157	3363	301	690
燃气生产和供应业	319	67	8	83
燃气生产和供应业	319	67	8	83
燃气生产和供应业	319	67	8	83
水的生产和供应业	11476	4501	6913	5002
自来水的生产和供应	11157	4472	6862	4838
自来水的生产和供应	11157	4472	6862	4838
污水处理及其再生利用	281	19	40	135
污水处理及其再生利用	281	19	40	135
其他水的处理、利用与分配	38	10	10	29
其他水的处理、利用与分配	38	10	10	29

1－C－2 规模以上集体工业企业主要经济指标

单位：个、万元、人

指标名称	企业数	亏损企业	工业总产值（当年价格）	工业销售产值（当年价格）	出口交货值
总 计	**426**	**47**	**1411716**	**1377317**	**108100**
一、按轻重工业分					
轻工业	159	25	481244	466040	73940
重工业	267	22	930472	911277	34160
二、按规模分					
中型企业	14	2	441491	427905	49540
小型企业	412	45	970225	949412	58560
三、按登记注册类型分					
内 资	**426**	**47**	**1411716**	**1377317**	**108100**
集 体	426	47	1411716	1377317	108100
四、按国民经济行业（门类、大类、中类、小类）分					
采矿业	**44**	**1**	**157928**	**157753**	
非金属矿采选业	44	1	157928	157753	
土砂石开采	41	1	154150	153816	
石灰石、石膏开采	12		13871	13612	
建筑装饰用石开采	16		69415	69423	
耐火土石开采	5		6192	6137	
粘土及其他土砂石开采	8	1	64673	64643	
采 盐	1		616	802	
采 盐	1		616	802	
石棉及其他非金属矿采选	2		3162	3136	
其他非金属矿采选	2		3162	3136	
制造业	**340**	**38**	**1070778**	**1037393**	**108100**
农副食品加工业	5		11024	10780	
谷物磨制	2		1944	1699	
谷物磨制	2		1944	1699	
蔬菜、水果和坚果加工	2		2797	2799	
蔬菜、水果和坚果加工	2		2797	2799	
其他农副食品加工	1		6283	6283	
豆制品制造	1		6283	6283	
食品制造业	3	1	7109	6495	4720
焙烤食品制造	1	1	883	794	
糕点、面包制造	1	1	883	794	
罐头制造	1		718	716	
蔬菜、水果罐头制造	1		718	716	
其他食品制造	1		5509	4985	4720
营养、保健食品制造	1		5509	4985	4720
饮料制造业	5		17990	17834	
酒的制造	1		3540	3496	
黄酒制造	1		3540	3496	

1－C－2 续表1－1

单位：个、万元、人

指标名称	企业数	亏损企业	工业总产值（当年价格）	工业销售产值（当年价格）	出口交货值
精制茶加工	4		14450	14338	
精制茶加工	4		14450	14338	
纺织业	32	4	117175	115081	44267
棉、化纤纺织及印染精加工	7	3	19128	19392	
棉、化纤纺织加工	5	3	14451	14795	
棉、化纤印染精加工	2		4677	4598	
毛纺织和染整精加工	2		7125	6708	
毛纺织	1		6130	5713	
毛染整精加工	1		995	995	
丝绢纺织及精加工	4		12090	10710	431
缫丝加工	1		3415	3398	
绢纺和丝织加工	1		3893	2964	
丝印染精加工	2		4782	4347	431
纺织制成品制造	3		16742	16231	5309
丝制品制造	1		8765	8616	3293
绳、索、缆的制造	1		5541	5194	2016
其他纺织制成品制造	1		2436	2421	
针织品、编织品及其制品制造	16	1	62090	62040	38527
棉、化纤针织品及编织品制造	12	1	55657	55614	34956
毛针织品及编织品制造	4		6433	6426	3571
纺织服装、鞋、帽制造业	11	1	51081	49040	9511
纺织服装制造	10	1	49995	47956	9511
纺织服装制造	10	1	49995	47956	9511
制　帽	1		1086	1084	
制　帽	1		1086	1084	
皮革、毛皮、羽毛(绒)及其制品业	3		3132	2980	2980
皮革制品制造	3		3132	2980	2980
皮鞋制造	2		1428	1416	1416
皮箱、包(袋)制造	1		1704	1564	1564
木材加工及木、竹、藤、棕、草制品业	9	1	17175	16904	1208
锯材、木片加工	1		525	512	
木片加工	1		525	512	
人造板制造	1		878	884	
胶合板制造	1		878	884	
木制品制造	4	1	12401	12207	
建筑用木料及木材组件加工	1	1	6535	6374	
木容器制造	3		5866	5833	
竹、藤、棕、草制品制造	3		3372	3302	1208
竹、藤、棕、草制品制造	3		3372	3302	1208
家具制造业	2		3877	3492	

1－C－2 续表1－2

单位：个、万元、人

指标名称	企业数	亏损企业	工业总产值（当年价格）	工业销售产值（当年价格）	出口交货值
木质家具制造	2		3877	3492	
木质家具制造	2		3877	3492	
造纸及纸制品业	14	4	18555	18034	
造 纸	4	2	6352	6336	
机制纸及纸板制造	4	2	6352	6336	
纸制品制造	10	2	12204	11698	
纸和纸板容器的制造	10	2	12204	11698	
印刷业和记录媒介的复制	5		5973	5949	
印 刷	5		5973	5949	
书、报、刊印刷	2		1938	1914	
本册印制	1		642	642	
包装装潢及其他印刷	2		3393	3393	
文教体育用品制造业	3	2	3046	2992	
玩具制造	2	1	1646	1642	
玩具制造	2	1	1646	1642	
游艺器材及娱乐用品制造	1	1	1400	1350	
游艺用品及室内游艺器材制造	1	1	1400	1350	
石油加工、炼焦及核燃料加工业	1		999	894	
精炼石油产品的制造	1		999	894	
原油加工及石油制品制造	1		999	894	
化学原料及化学制品制造业	27	2	95072	95144	4515
基础化学原料制造	6		11966	11914	
无机碱制造	1		1012	1010	
无机盐制造	3		8570	8497	
有机化学原料制造	1		1855	1878	
其他基础化学原料制造	1		529	529	
肥料制造	2		7858	8048	
氮肥制造	1		7088	7192	
复混肥料制造	1		770	856	
农药制造	1		1446	1870	758
化学农药制造	1		1446	1870	758
涂料、油墨、颜料及类似产品制造	6	2	55155	54629	3758
涂料制造	1		3673	3673	
颜料制造	1		4328	4615	
染料制造	3	1	46133	45320	3416
密封用填料及类似品制造	1	1	1021	1021	342
合成材料制造	4		5655	5576	
初级形态的塑料及合成树脂制造	1		700	684	
其他合成材料制造	3		4954	4891	
专用化学产品制造	8		12993	13108	

1－C－2 续表1－3

单位：个、万元、人

指标名称	企业数	亏损企业	工业总产值（当年价格）	工业销售产值（当年价格）	出口交货值
化学试剂和助剂制造	5		9521	9611	
专项化学用品制造	2		2138	2163	
环境污染处理专用药剂材料制造	1		1335	1335	
医药制造业	3		10250	10175	
化学药品原药制造	2		1972	1897	
化学药品原药制造	2		1972	1897	
中药饮片加工	1		8278	8278	
中药饮片加工	1		8278	8278	
化学纤维制造业	1		73093	67303	
合成纤维制造	1		73093	67303	
涤纶纤维制造	1		73093	67303	
橡胶制品业	8		10929	10708	
轮胎制造	1		535	504	
车辆、飞机及工程机械轮胎制造	1		535	504	
橡胶板、管、带的制造	2		4141	4141	
橡胶板、管、带的制造	2		4141	4141	
橡胶零件制造	3		4642	4508	
橡胶零件制造	3		4642	4508	
再生橡胶制造	1		1013	1003	
再生橡胶制造	1		1013	1003	
橡胶靴鞋制造	1		597	552	
橡胶靴鞋制造	1		597	552	
塑料制品业	14	3	37825	37071	676
塑料薄膜制造	1	1	1938	1551	
塑料薄膜制造	1	1	1938	1551	
塑料板、管、型材的制造	2	1	8963	9839	
塑料板、管、型材的制造	2	1	8963	9839	
塑料丝、绳及编织品的制造	1		860	823	
塑料丝、绳及编织品的制造	1		860	823	
泡沫塑料制造	3		7676	7315	676
泡沫塑料制造	3		7676	7315	676
塑料零件制造	2	1	12481	11936	
塑料零件制造	2	1	12481	11936	
日用塑料制造	2		3229	3133	
日用塑料杂品制造	2		3229	3133	
其他塑料制品制造	3		2678	2475	
其他塑料制品制造	3		2678	2475	
非金属矿物制品业	27	3	51107	49794	
水泥、石灰和石膏的制造	3		14912	14783	
水泥制造	3		14912	14783	

1－C－2 续表1－4

单位：个、万元、人

指 标 名 称	企业数	亏损企业	工业总产值（当年价格）	工业销售产值（当年价格）	出口交货值
水泥及石膏制品制造	3	1	13265	12975	
砼结构构件制造	2		11783	11492	
轻质建筑材料制造	1	1	1482	1482	
砖瓦、石材及其他建筑材料制造	8		6727	6356	
粘土砖瓦及建筑砌块制造	5		3881	3881	
建筑陶瓷制品制造	1		1085	868	
建筑用石加工	2		1762	1607	
玻璃及玻璃制品制造	3	2	6116	5810	
技术玻璃制品制造	1	1	1313	1267	
日用玻璃制品及玻璃包装容器制造	1		3769	3509	
玻璃纤维及制品制造	1	1	1034	1034	
陶瓷制品制造	1		2142	2142	
特种陶瓷制品制造	1		2142	2142	
耐火材料制品制造	7		6628	6523	
云母制品制造	1		1820	1815	
耐火陶瓷制品及其他耐火材料制造	6		4808	4709	
石墨及其他非金属矿物制品制造	2		1317	1207	
其他非金属矿物制品制造	2		1317	1207	
黑色金属冶炼及压延加工业	8	1	38837	38585	6018
钢压延加工	8	1	38837	38585	6018
钢压延加工	8	1	38837	38585	6018
有色金属冶炼及压延加工业	7	2	72875	71960	
有色金属压延加工	7	2	72875	71960	
常用有色金属压延加工	6	2	67117	66466	
稀有稀土金属压延加工	1		5758	5493	
金属制品业	23	1	56332	55047	8733
结构性金属制品制造	3		8814	9316	
金属结构制造	2		7314	8046	
金属门窗制造	1		1500	1270	
金属工具制造	4		18023	16780	5385
手工具制造	2		11669	10524	
农用及园林用金属工具制造	1		874	871	
其他金属工具制造	1		5480	5385	5385
集装箱及金属包装容器制造	3		5727	5499	
金属压力容器制造	1		1880	1698	
金属包装容器制造	2		3847	3801	
建筑、安全用金属制品制造	3		4895	4733	3348
建筑、家具用金属配件制造	3		4895	4733	3348
金属表面处理及热处理加工	9	1	16846	16771	

1－C－2 续表1－5

单位：个、万元、人

指 标 名 称	企业数	亏损企业	工业总产值（当年价格）	工业销售产值（当年价格）	出口交货值
金属表面处理及热处理加工	9	1	16846	16771	
不锈钢及类似日用金属制品制造	1		2028	1949	
金属制厨房调理及卫生器具制造	1		2028	1949	
通用设备制造业	49	3	78554	75226	3102
金属加工机械制造	5	1	6687	6210	
金属切削机床制造	1		1681	1346	
金属成形机床制造	1	1	634	643	
铸造机械制造	1		2888	2800	
机床附件制造	1		830	768	
其他金属加工机械制造	1		653	653	
起重运输设备制造	3		3773	3732	
起重运输设备制造	3		3773	3732	
泵、阀门、压缩机及类似机械的制造	5		17217	15496	500
泵及真空设备制造	1		2881	2831	
阀门和旋塞的制造	1		10014	8434	500
液压和气压动力机械及元件制造	3		4322	4232	
轴承、齿轮、传动和驱动部件的制造	6		8257	7982	
轴承制造	1		1605	1372	
齿轮、传动和驱动部件制造	5		6652	6610	
风机、衡器、包装设备等通用设备制造	5		4805	4682	
风动和电动工具制造	4		3155	3033	
喷枪及类似器具制造	1		1650	1650	
通用零部件制造及机械修理	11	1	12719	12779	870
金属密封件制造	1		1299	1330	
紧固件、弹簧制造	6		8733	8812	64
机械零部件加工及设备修理	2	1	1019	1014	
其他通用零部件制造	2		1668	1624	806
金属铸、锻加工	14	1	25095	24344	1732
钢铁铸件制造	11	1	20939	20282	1732
锻件及粉末冶金制品制造	3		4156	4062	
专用设备制造业	9		14216	13967	403
纺织、服装和皮革工业专用设备制造	4		3681	3635	403
纺织专用设备制造	2		2603	2557	310
皮革、毛皮及其制品加工专用设备制造	1		476	476	
缝纫机械制造	1		602	602	93
电子和电工机械专用设备制造	1		3195	3115	
电工机械专用设备制造	1		3195	3115	
医疗仪器设备及器械制造	3		6404	6280	
医疗诊断、监护及治疗设备制造	1		905	880	

1－C－2　续表1－6　　　　单位：个、万元、人

指 标 名 称	企业数	亏损企业	工业总产值（当年价格）	工业销售产值（当年价格）	出口交货值
实验室及医用消毒设备和器具的制造	1		704	704	
医疗、外科及兽医用器械制造	1		4795	4696	
环保、社会公共安全及其他专用设备制造	1		936	938	
环境污染防治专用设备制造	1		936	938	
交通运输设备制造业	11	2	24684	24757	5611
汽车制造	6	1	15297	15392	
汽车零部件及配件制造	5		14512	14611	
汽车修理	1	1	784	781	
自行车制造	3	1	7645	7623	4768
脚踏自行车及残疾人座车制造	3	1	7645	7623	4768
船舶及浮动装置制造	1		899	899	
船舶修理及拆船	1		899	899	
交通器材及其他交通运输设备制造	1		843	843	843
交通管理用金属标志及设施制造	1		843	843	843
电气机械及器材制造业	44	4	151838	151351	3371
电机制造	4	1	5247	5147	66
发电机及发电机组制造	1		677	677	
电动机制造	2	1	3272	3171	66
微电机及其他电机制造	1		1299	1299	
输配电及控制设备制造	17	1	98233	99598	
变压器、整流器和电感器制造	4		8783	10618	
配电开关控制设备制造	13	1	89450	88980	
电线、电缆、光缆及电工器材制造	6		13559	13032	952
电线电缆制造	4		8419	7977	952
其他电工器材制造	2		5140	5055	
电池制造	3		6086	5787	
电池制造	3		6086	5787	
家用电力器具制造	8	2	20659	20074	
家用制冷电器具制造	1		7375	7007	
家用通风电器具制造	1		3577	3624	
家用厨房电器具制造	1		1741	1865	
家用电力器具专用配件制造	5	2	7966	7579	
非电力家用器具制造	1		976	994	
燃气、太阳能及类似能源的器具制造	1		976	994	
照明器具制造	3		3506	3148	2353
电光源制造	1		1285	1244	1126
灯用电器附件及其他照明器具制造	2		2220	1904	1227
其他电气机械及器材制造	2		3571	3571	
其他未列明的电气机械制造	2		3571	3571	

1－C－2 续表1－7 单位：个、万元、人

指 标 名 称	企业数	亏损企业	工业总产值（当年价格）	工业销售产值（当年价格）	出口交货值
通信设备、计算机及其他电子设备制造业	7	1	81625	69473	11721
通信设备制造	2		31823	22972	
通信交换设备制造	1		623	622	
其他通信设备制造	1		31200	22350	
电子器件制造	1		512	511	
半导体分立器件制造	1		512	511	
电子元件制造	4	1	49290	45991	11721
电子元件及组件制造	3	1	46511	43212	11721
印制电路板制造	1		2779	2779	
仪器仪表及文化、办公用机械制造业	5	1	10754	10689	888
通用仪器仪表制造	3	1	3314	3267	692
电工仪器仪表制造	2	1	1241	1193	692
供应用仪表及其他通用仪器制造	1		2074	2074	
专用仪器仪表制造	1		591	574	
汽车及其他用计数仪表制造	1		591	574	
其他仪器仪表的制造及修理	1		6848	6848	196
其他仪器仪表的制造及修理	1		6848	6848	196
工艺品及其他制造业	4	2	5652	5671	375
工艺美术品制造	3	2	4252	4271	375
雕塑工艺品制造	1		673	668	375
金属工艺品制造	1	1	507	530	
地毯、挂毯制造	1	1	3072	3072	
日用杂品制造	1		1400	1400	
其他日用杂品制造	1		1400	1400	
电力、燃气及水的生产和供应业	**42**	**8**	**183010**	**182171**	
电力、热力的生产和供应业	8	1	139682	139310	
电力生产	3	1	26082	25710	
火力发电	1	1	23867	23496	
水力发电	2		2215	2215	
电力供应	5		113600	113600	
电力供应	5		113600	113600	
燃气生产和供应业	1		1582	1582	
燃气生产和供应业	1		1582	1582	
燃气生产和供应业	1		1582	1582	
水的生产和供应业	33	7	41746	41279	
自来水的生产和供应	31	6	37782	37314	
自来水的生产和供应	31	6	37782	37314	
污水处理及其再生利用	2	1	3965	3965	
污水处理及其再生利用	2	1	3965	3965	

1－C－2 续表2－1

单位：个、万元、人

指 标 名 称	资产总计	流动资产合计	应收帐款	存 货	产成品
总 计	**1389985**	**919855**	**259003**	**143181**	**78328**
一、按轻重工业分					
轻工业	571935	378371	102871	60674	30647
重工业	818050	541484	156132	82507	47681
二、按规模分					
中型企业	542248	341889	76446	44324	21280
小型企业	847737	577967	182557	98857	57048
三、按登记注册类型分					
内 资	**1389985**	**919855**	**259003**	**143181**	**78328**
集 体	1389985	919855	259003	143181	78328
四、按国民经济行业(门类、大类、中类、小类)分					
采矿业	**57217**	**21024**	**8925**	**2342**	**1881**
非金属矿采选业	57217	21024	8925	2342	1881
土砂石开采	52815	18257	8256	1971	1545
石灰石、石膏开采	10445	5554	2812	552	357
建筑装饰用石开采	18005	5349	1618	304	127
耐火土石开采	3196	1496	903	130	107
粘土及其他土砂石开采	21169	5858	2922	985	955
采 盐	3237	2129	256	300	286
采 盐	3237	2129	256	300	286
石棉及其他非金属矿采选	1165	638	413	72	50
其他非金属矿采选	1165	638	413	72	50
制造业	**1075436**	**787317**	**234961**	**137014**	**76426**
农副食品加工业	6917	5036	1136	1260	522
谷物磨制	1387	1317	577	568	216
谷物磨制	1387	1317	577	568	216
蔬菜、水果和坚果加工	2007	1002	269	691	304
蔬菜、水果和坚果加工	2007	1002	269	691	304
其他农副食品加工	3522	2717	290	2	2
豆制品制造	3522	2717	290	2	2
食品制造业	7620	4199	647	2027	1070
焙烤食品制造	307	244	93	98	37
糕点、面包制造	307	244	93	98	37
罐头制造	1901	1314	92	374	50
蔬菜、水果罐头制造	1901	1314	92	374	50
其他食品制造	5412	2641	463	1555	983
营养、保健食品制造	5412	2641	463	1555	983
饮料制造业	15249	11087	1939	6123	3694
酒的制造	7670	6933	899	5360	3472
黄酒制造	7670	6933	899	5360	3472

1-C-2 续表2-2　　单位：个、万元、人

指标名称	资产总计	流动资产合计	应收帐款	存货	产成品
精制茶加工	7579	4154	1040	763	222
精制茶加工	7579	4154	1040	763	222
纺织业	145635	94764	25294	15491	6327
棉、化纤纺织及印染精加工	23290	16626	2489	738	499
棉、化纤纺织加工	12817	8565	1538	549	490
棉、化纤印染精加工	10473	8061	951	189	9
毛纺织和染整精加工	5163	3941	172	1646	943
毛纺织	4369	3614	78	1614	943
毛染整精加工	794	328	95	32	
丝绢纺织及精加工	10814	6513	1996	2236	1280
缫丝加工	1612	1410	312	262	58
绢纺和丝织加工	3192	2174	904	886	365
丝印染精加工	6010	2929	781	1088	857
纺织制成品制造	24193	10271	2113	2023	1431
丝制品制造	15946	6624	1413	889	675
绳、索、缆的制造	6418	1993	-174	1013	643
其他纺织制成品制造	1828	1654	874	121	114
针织品、编织品及其制品制造	82175	57413	18525	8848	2174
棉、化纤针织品及编织品制造	65599	42204	17733	7382	2154
毛针织品及编织品制造	16576	15209	793	1466	20
纺织服装、鞋、帽制造业	83485	75275	18616	5293	1688
纺织服装制造	83144	74948	18584	5028	1423
纺织服装制造	83144	74948	18584	5028	1423
制　帽	341	327	33	265	265
制　帽	341	327	33	265	265
皮革、毛皮、羽毛(绒)及其制品业	1478	976	500	207	90
皮革制品制造	1478	976	500	207	90
皮鞋制造	1002	737	461	155	41
皮箱、包(袋)制造	477	240	39	52	50
木材加工及木、竹、藤、棕、草制品业	27362	19163	4574	6711	6258
锯材、木片加工	234	222	180	40	16
木片加工	234	222	180	40	16
人造板制造	694	632	527	51	8
胶合板制造	694	632	527	51	8
木制品制造	24980	17001	3176	6057	5685
建筑用木料及木材组件加工	23921	16109	2541	5902	5574
木容器制造	1059	892	636	156	110
竹、藤、棕、草制品制造	1453	1308	690	563	551
竹、藤、棕、草制品制造	1453	1308	690	563	551
家具制造业	2833	2413	1974	296	97

1－C－2 续表2－3

单位：个、万元、人

指 标 名 称	资产总计	流动资产合计	应收帐款	存 货	产成品
木质家具制造	2833	2413	1974	296	97
木质家具制造	2833	2413	1974	296	97
造纸及纸制品业	14564	10942	6046	1256	643
造 纸	3716	2854	1603	404	289
机制纸及纸板制造	3716	2854	1603	404	289
纸制品制造	10848	8088	4443	852	354
纸和纸板容器的制造	10848	8088	4443	852	354
印刷业和记录媒介的复制	4767	3691	779	133	28
印 刷	4767	3691	779	133	28
书、报、刊印刷	1203	848	96	113	25
本册印制	680	470	4	14	
包装装潢及其他印刷	2885	2374	678	6	2
文教体育用品制造业	3393	2259	420	814	480
玩具制造	1625	1277	355	346	224
玩具制造	1625	1277	355	346	224
游艺器材及娱乐用品制造	1768	982	65	468	255
游艺用品及室内游艺器材制造	1768	982	65	468	255
石油加工、炼焦及核燃料加工业	234	166	96	10	8
精炼石油产品的制造	234	166	96	10	8
原油加工及石油制品制造	234	166	96	10	8
化学原料及化学制品制造业	115888	84848	25470	13686	9271
基础化学原料制造	10062	7025	3332	548	133
无机碱制造	1211	1050	156	14	3
无机盐制造	6996	4716	2274	443	127
有机化学原料制造	1476	946	818	30	
其他基础化学原料制造	380	313	84	61	2
肥料制造	4516	1943	145	949	701
氮肥制造	3897	1459	145	715	516
复混肥料制造	619	485		234	185
农药制造	1699	1201	131	47	32
化学农药制造	1699	1201	131	47	32
涂料、油墨、颜料及类似产品制造	85774	64084	16535	10309	7369
涂料制造	612	562	400	67	41
颜料制造	4636	4079	475	143	143
染料制造	79728	58838	15150	10081	7169
密封用填料及类似品制造	797	605	510	18	16
合成材料制造	3253	2257	1032	506	398
初级形态的塑料及合成树脂制造	1106	618	143	346	292
其他合成材料制造	2147	1639	889	160	106
专用化学产品制造	10585	8338	4295	1327	639

1－C－2 续表2－4 单位：个、万元、人

指标名称	资产总计	流动资产合计	应收帐款	存货	产成品
化学试剂和助剂制造	7255	5840	3689	678	245
专项化学用品制造	1498	957	469	136	75
环境污染处理专用药剂材料制造	1833	1541	137	513	320
医药制造业	10260	5289	2764	617	495
化学药品原药制造	2097	1642	502	299	205
化学药品原药制造	2097	1642	502	299	205
中药饮片加工	8163	3647	2262	318	290
中药饮片加工	8163	3647	2262	318	290
化学纤维制造业	38467	9609	1876	5239	3265
合成纤维制造	38467	9609	1876	5239	3265
涤纶纤维制造	38467	9609	1876	5239	3265
橡胶制品业	11308	8923	2374	733	261
轮胎制造	292	234	160	7	7
车辆、飞机及工程机械轮胎制造	292	234	160	7	7
橡胶板、管、带的制造	7355	6468	1247	164	62
橡胶板、管、带的制造	7355	6468	1247	164	62
橡胶零件制造	2718	1823	900	281	34
橡胶零件制造	2718	1823	900	281	34
再生橡胶制造	403	133	48	35	26
再生橡胶制造	403	133	48	35	26
橡胶靴鞋制造	540	266	19	246	132
橡胶靴鞋制造	540	266	19	246	132
塑料制品业	51304	43138	13638	5346	3404
塑料薄膜制造	1440	495	103	263	190
塑料薄膜制造	1440	495	103	263	190
塑料板、管、型材的制造	15787	14708	2593	561	265
塑料板、管、型材的制造	15787	14708	2593	561	265
塑料丝、绳及编织品的制造	222	99	64	13	5
塑料丝、绳及编织品的制造	222	99	64	13	5
泡沫塑料制造	13656	10680	2500	2382	1476
泡沫塑料制造	13656	10680	2500	2382	1476
塑料零件制造	15860	13322	6556	1693	1068
塑料零件制造	15860	13322	6556	1693	1068
日用塑料制造	2236	1995	557	182	161
日用塑料杂品制造	2236	1995	557	182	161
其他塑料制品制造	2103	1839	1264	251	240
其他塑料制品制造	2103	1839	1264	251	240
非金属矿物制品业	42985	28459	7913	5678	3099
水泥、石灰和石膏的制造	9939	5949	2139	1647	337
水泥制造	9939	5949	2139	1647	337

1－C－2 续表2－5 单位：个、万元、人

指 标 名 称	资产总计	流动资产合计	应收帐款	存 货	产成品
水泥及石膏制品制造	4093	1954	1127	436	436
砼结构构件制造	3265	1226	498	436	436
轻质建筑材料制造	827	727	629		
砖瓦、石材及其他建筑材料制造	8295	5506	1571	445	293
粘土砖瓦及建筑砌块制造	2137	980	234	346	250
建筑陶瓷制品制造	4157	2987	13	17	
建筑用石加工	2001	1540	1324	82	43
玻璃及玻璃制品制造	14069	10587	1752	2300	1640
技术玻璃制品制造	8731	7727	589	1044	799
日用玻璃制品及玻璃包装容器制造	4367	2101	982	1090	731
玻璃纤维及制品制造	972	760	181	166	110
陶瓷制品制造	87	86	49	…	
特种陶瓷制品制造	87	86	49	…	
耐火材料制品制造	4967	3834	1027	756	374
云母制品制造	2346	1979	148	167	167
耐火陶瓷制品及其他耐火材料制造	2622	1854	879	590	207
石墨及其他非金属矿物制品制造	1535	543	249	94	19
其他非金属矿物制品制造	1535	543	249	94	19
黑色金属冶炼及压延加工业	32814	25719	4500	2079	1168
钢压延加工	32814	25719	4500	2079	1168
钢压延加工	32814	25719	4500	2079	1168
有色金属冶炼及压延加工业	26979	23229	5685	1593	934
有色金属压延加工	26979	23229	5685	1593	934
常用有色金属压延加工	22530	18997	3757	1248	818
稀有稀土金属压延加工	4449	4232	1928	345	116
金属制品业	36440	27883	12847	6834	4518
结构性金属制品制造	8771	7983	2590	4300	3978
金属结构制造	7842	7163	2128	3978	3978
金属门窗制造	929	820	462	323	
金属工具制造	5121	3410	1645	684	189
手工具制造	2741	2352	1219	159	57
农用及园林用金属工具制造	401	278	212	49	
其他金属工具制造	1979	781	214	477	132
集装箱及金属包装容器制造	4537	3495	1237	1154	47
金属压力容器制造	2474	2269	601	1038	4
金属包装容器制造	2063	1227	636	116	43
建筑、安全用金属制品制造	2580	2383	1149	198	112
建筑、家具用金属配件制造	2580	2383	1149	198	112
金属表面处理及热处理加工	12643	8599	5720	196	40

1－C－2 续表2－6

单位：个、万元、人

指标名称	资产总计	流动资产合计	应收帐款	存货	产成品
金属表面处理及热处理加工	12643	8599	5720	196	40
不锈钢及类似日用金属制品制造	2788	2014	505	302	153
金属制厨房调理及卫生器具制造	2788	2014	505	302	153
通用设备制造业	77496	62512	20384	10095	5505
金属加工机械制造	8758	6522	872	2958	1711
金属切削机床制造	2667	1313	130	581	446
金属成形机床制造	871	573	174	390	72
铸造机械制造	3060	2551	201	1772	1188
机床附件制造	1760	1718	288	9	4
其他金属加工机械制造	401	368	79	206	
起重运输设备制造	1408	936	205	258	46
起重运输设备制造	1408	936	205	258	46
泵、阀门、压缩机及类似机械的制造	14338	12701	5933	2112	1452
泵及真空设备制造	3652	3483	1229	1166	567
阀门和旋塞的制造	4300	3260	1715	843	805
液压和气压动力机械及元件制造	6386	5958	2990	103	80
轴承、齿轮、传动和驱动部件的制造	13094	9175	2841	687	208
轴承制造	1467	1027	288	415	
齿轮、传动和驱动部件制造	11627	8148	2554	271	208
风机、衡器、包装设备等通用设备制造	9729	9184	1953	93	65
风动和电动工具制造	8410	7964	1493	56	42
喷枪及类似器具制造	1318	1220	460	37	24
通用零部件制造及机械修理	10565	9028	3099	1819	663
金属密封件制造	1474	1365	242	204	
紧固件、弹簧制造	6612	5646	1709	1269	487
机械零部件加工及设备修理	667	520	282	97	21
其他通用零部件制造	1812	1497	866	250	155
金属铸、锻加工	19605	14968	5481	2168	1361
钢铁铸件制造	10686	6524	3275	1466	1026
锻件及粉末冶金制品制造	8919	8444	2206	703	335
专用设备制造业	16040	10969	3252	2263	1176
纺织、服装和皮革工业专用设备制造	7406	5873	1188	1404	834
纺织专用设备制造	6446	5172	865	1301	815
皮革、毛皮及其制品加工专用设备制造	220	116		21	14
缝纫机械制造	741	585	323	82	5
电子和电工机械专用设备制造	1405	1227	467	381	312
电工机械专用设备制造	1405	1227	467	381	312
医疗仪器设备及器械制造	6414	3323	1248	453	27
医疗诊断、监护及治疗设备制造	1678	1659	638	38	

1－C－2 续表2－7

单位：个、万元、人

指标名称	资产总计	流动资产合计	应收帐款	存货	产成品
实验室及医用消毒设备和器具的制造	648	448	－1	385	
医疗、外科及兽医用器械制造	4088	1215	611	31	27
环保、社会公共安全及其他专用设备制造	815	547	349	25	3
环境污染防治专用设备制造	815	547	349	25	3
交通运输设备制造业	17761	14376	3527	1474	607
汽车制造	12549	10193	2226	1007	502
汽车零部件及配件制造	12442	10119	2220	1007	502
汽车修理	108	74	6		
自行车制造	3944	3068	1018	306	79
脚踏自行车及残疾人座车制造	3944	3068	1018	306	79
船舶及浮动装置制造	708	657		53	
船舶修理及拆船	708	657		53	
交通器材及其他交通运输设备制造	559	458	284	108	26
交通管理用金属标志及设施制造	559	458	284	108	26
电气机械及器材制造业	144956	108833	48604	22734	14487
电机制造	8856	7232	3144	721	336
发电机及发电机组制造	1945	1648	622	42	3
电动机制造	5236	4134	1957	659	313
微电机及其他电机制造	1676	1449	565	21	20
输配电及控制设备制造	81422	56692	26083	14188	11119
变压器、整流器和电感器制造	8574	7254	3689	1300	870
配电开关控制设备制造	72848	49438	22394	12888	10249
电线、电缆、光缆及电工器材制造	8729	6805	4374	1702	513
电线电缆制造	6636	5418	3598	1300	246
其他电工器材制造	2093	1387	776	402	267
电池制造	5552	4962	2389	292	138
电池制造	5552	4962	2389	292	138
家用电力器具制造	32793	26885	11517	4889	2056
家用制冷电器具制造	22635	19168	7596	2442	963
家用通风电器具制造	1820	1357	98	929	655
家用厨房电器具制造	2679	2476	1624	741	354
家用电力器具专用配件制造	5660	3884	2199	778	84
非电力家用器具制造	1539	970	85	301	2
燃气、太阳能及类似能源的器具制造	1539	970	85	301	2
照明器具制造	2363	2171	528	636	324
电光源制造	770	756	146	393	277
灯用电器附件及其他照明器具制造	1593	1415	383	243	47
其他电气机械及器材制造	3703	3115	484	6	
其他未列明的电气机械制造	3703	3115	484	6	

1－C－2 续表2－8

单位：个、万元、人

指 标 名 称	资产总计	流动资产合计	应收帐款	存 货	产成品
通信设备、计算机及其他电子设备制造业	125696	93230	15181	15861	5599
通信设备制造	20635	8222	2206	3339	1387
通信交换设备制造	1346	960	696	64	14
其他通信设备制造	19288	7262	1510	3274	1373
电子器件制造	905	898	764	...	
半导体分立器件制造	905	898	764	...	
电子元件制造	104157	84109	12211	12522	4212
电子元件及组件制造	99550	79690	11136	12328	4091
印制电路板制造	4607	4419	1075	195	120
仪器仪表及文化、办公用机械制造业	10310	7627	4195	2609	1335
通用仪器仪表制造	4667	2482	1652	725	408
电工仪器仪表制造	1511	1183	559	520	318
供应用仪表及其他通用仪器制造	3156	1299	1094	206	91
专用仪器仪表制造	448	418	352	17	4
汽车及其他用计数仪表制造	448	418	352	17	4
其他仪器仪表的制造及修理	5195	4727	2191	1867	923
其他仪器仪表的制造及修理	5195	4727	2191	1867	923
工艺品及其他制造业	3197	2705	733	554	397
工艺美术品制造	2809	2348	475	548	392
雕塑工艺品制造	210	194	22	15	5
金属工艺品制造	1500	1235	80	512	367
地毯、挂毯制造	1098	919	373	21	20
日用杂品制造	389	357	258	6	5
其他日用杂品制造	389	357	258	6	5
电力、燃气及水的生产和供应业	**257333**	**111515**	**15116**	**3824**	**21**
电力、热力的生产和供应业	149736	67265	11869	2006	
电力生产	49229	15050	11000	1706	
火力发电	44165	11832	7896	1706	
水力发电	5064	3218	3104	...	
电力供应	100507	52214	869	300	
电力供应	100507	52214	869	300	
燃气生产和供应业	2993	177			
燃气生产和供应业	2993	177			
燃气生产和供应业	2993	177			
水的生产和供应业	104604	44073	3248	1818	21
自来水的生产和供应	82745	35410	2830	1791	21
自来水的生产和供应	82745	35410	2830	1791	21
污水处理及其再生利用	21859	8664	418	27	
污水处理及其再生利用	21859	8664	418	27	

1－C－2 续表3－1

单位：个、万元、人

指标名称	流动资产年平均余额	固定资产合计	固定资产原价	累计折旧	本年折旧
总 计	**877509**	**342908**	**537981**	**238307**	**34577**
一、按轻重工业分					
轻工业	360927	148331	222961	98554	16475
重工业	516582	194576	315020	139753	18102
二、按规模分					
中型企业	324827	129456	195409	80604	12451
小型企业	552681	213452	342572	157703	22126
三、按登记注册类型分					
内 资	**877509**	**342908**	**537981**	**238307**	**34577**
集 体	877509	342908	537981	238307	34577
四、按国民经济行业(门类、大类、中类、小类)分					
采矿业	**22543**	**28066**	**42118**	**14967**	**3245**
非金属矿采选业	22543	28066	42118	14967	3245
土砂石开采	18792	26431	37409	11868	3029
石灰石、石膏开采	5960	2606	3887	1281	368
建筑装饰用石开采	5883	12068	17642	6222	1053
耐火土石开采	1571	527	642	114	22
粘土及其他土砂石开采	5379	11230	15240	4251	1587
采 盐	3112	1109	4050	2967	186
采 盐	3112	1109	4050	2967	186
石棉及其他非金属矿采选	639	526	658	132	30
其他非金属矿采选	639	526	658	132	30
制造业	**755128**	**198056**	**325969**	**155786**	**22679**
农副食品加工业	4405	1597	1803	212	91
谷物磨制	1307	65	114	48	16
谷物磨制	1307	65	114	48	16
蔬菜、水果和坚果加工	1124	1000	1079	85	33
蔬菜、水果和坚果加工	1124	1000	1079	85	33
其他农副食品加工	1974	531	611	80	43
豆制品制造	1974	531	611	80	43
食品制造业	4221	1276	3047	1777	69
焙烤食品制造	220	42	58	16	6
糕点、面包制造	220	42	58	16	6
罐头制造	1163	283	666	383	11
蔬菜、水果罐头制造	1163	283	666	383	11
其他食品制造	2838	951	2322	1378	52
营养、保健食品制造	2838	951	2322	1378	52
饮料制造业	10328	3412	4890	1653	125
酒的制造	6353	593	1299	881	77
黄酒制造	6353	593	1299	881	77

1－C－2 续表3－2

单位：个、万元、人

指标名称	流动资产年平均余额	固定资产合计	固定资产原价	累计折旧	本年折旧
精制茶加工	3976	2819	3591	772	47
精制茶加工	3976	2819	3591	772	47
纺织业	85486	39815	50309	23177	2191
棉、化纤纺织及印染精加工	12444	6077	9147	4843	643
棉、化纤纺织加工	4429	3832	6542	3050	482
棉、化纤印染精加工	8015	2245	2605	1793	161
毛纺织和染整精加工	4243	1171	1941	771	79
毛纺织	3917	705	1252	547	64
毛染整精加工	326	466	690	224	16
丝绢纺织及精加工	6317	3639	8566	4958	189
缫丝加工	1555	187	443	256	33
绢纺和丝织加工	2043	946	1675	761	56
丝印染精加工	2720	2506	6447	3942	101
纺织制成品制造	11605	10533	12628	2827	357
丝制品制造	8044	5933	7331	1398	195
绳、索、缆的制造	1974	4426	4954	1260	129
其他纺织制成品制造	1587	174	343	169	33
针织品、编织品及其制品制造	50877	18396	18027	9778	922
棉、化纤针织品及编织品制造	36724	17100	16071	9088	780
毛针织品及编织品制造	14153	1296	1956	690	142
纺织服装、鞋、帽制造业	74503	6038	15332	9713	847
纺织服装制造	74168	6024	15286	9681	843
纺织服装制造	74168	6024	15286	9681	843
制　帽	335	14	46	32	4
制　帽	335	14	46	32	4
皮革、毛皮、羽毛(绒)及其制品业	876	489	652	164	22
皮革制品制造	876	489	652	164	22
皮鞋制造	611	253	347	94	12
皮箱、包(袋)制造	265	236	306	70	10
木材加工及木、竹、藤、棕、草制品业	17827	7665	8394	5129	444
锯材、木片加工	190	12	28	16	4
木片加工	190	12	28	16	4
人造板制造	598	62	152	89	12
胶合板制造	598	62	152	89	12
木制品制造	15745	7482	7991	4907	415
建筑用木料及木材组件加工	14984	7322	7742	4818	403
木容器制造	761	160	249	89	12
竹、藤、棕、草制品制造	1294	109	224	117	13
竹、藤、棕、草制品制造	1294	109	224	117	13
家具制造业	2395	414	551	145	67

1－C－2 续表3－3

单位：个、万元、人

指标名称	流动资产年平均余额	固定资产合计	固定资产原价	累计折旧	本年折旧
木质家具制造	2395	414	551	145	67
木质家具制造	2395	414	551	145	67
造纸及纸制品业	10504	3569	6594	3229	625
造纸	2646	827	1153	327	106
机制纸及纸板制造	2646	827	1153	327	106
纸制品制造	7858	2742	5441	2903	519
纸和纸板容器的制造	7858	2742	5441	2903	519
印刷业和记录媒介的复制	3519	902	2516	1614	76
印刷	3519	902	2516	1614	76
书、报、刊印刷	830	333	1222	889	40
本册印制	504	210	496	286	31
包装装潢及其他印刷	2185	359	799	440	5
文教体育用品制造业	2354	1132	2152	1020	162
玩具制造	1372	346	598	252	25
玩具制造	1372	346	598	252	25
游艺器材及娱乐用品制造	982	787	1554	767	137
游艺用品及室内游艺器材制造	982	787	1554	767	137
石油加工、炼焦及核燃料加工业	201	68	111	43	5
精炼石油产品的制造	201	68	111	43	5
原油加工及石油制品制造	201	68	111	43	5
化学原料及化学制品制造业	79050	19468	37516	18646	2784
基础化学原料制造	6435	2771	5702	3090	420
无机碱制造	1032	158	340	182	20
无机盐制造	4406	2116	4179	2214	321
有机化学原料制造	687	431	1115	693	79
其他基础化学原料制造	309	66	68	2	...
肥料制造	1911	2516	6329	3814	462
氮肥制造	1382	2438	6136	3699	449
复混肥料制造	529	78	192	114	12
农药制造	1480	355	303	165	31
化学农药制造	1480	355	303	165	31
涂料、油墨、颜料及类似产品制造	59255	11272	20590	9463	1604
涂料制造	569	50	161	111	7
颜料制造	4080	435	1499	1064	68
染料制造	53837	10614	18590	8075	1515
密封用填料及类似品制造	769	173	340	212	15
合成材料制造	2336	766	1368	604	79
初级形态的塑料及合成树脂制造	598	293	619	328	28
其他合成材料制造	1738	473	749	276	51
专用化学产品制造	7633	1788	3225	1511	188

1－C－2 续表3－4 单位：个、万元、人

指 标 名 称	流动资产年平均余额	固定资产合计	固定资产原价	累计折旧	本年折旧
化学试剂和助剂制造	4430	1066	1827	835	110
专项化学用品制造	1662	542	705	163	48
环境污染处理专用药剂材料制造	1541	180	693	513	30
医药制造业	4551	4242	1990	723	296
化学药品原药制造	1642	450	762	312	85
化学药品原药制造	1642	450	762	312	85
中药饮片加工	2910	3792	1228	411	211
中药饮片加工	2910	3792	1228	411	211
化学纤维制造业	11270	16677	29577	12900	4896
合成纤维制造	11270	16677	29577	12900	4896
涤纶纤维制造	11270	16677	29577	12900	4896
橡胶制品业	8974	1951	2308	1104	142
轮胎制造	214	59	83	25	4
车辆、飞机及工程机械轮胎制造	214	59	83	25	4
橡胶板、管、带的制造	6445	886	272	132	18
橡胶板、管、带的制造	6445	886	272	132	18
橡胶零件制造	1896	523	1108	585	74
橡胶零件制造	1896	523	1108	585	74
再生橡胶制造	132	209	472	263	25
再生橡胶制造	132	209	472	263	25
橡胶靴鞋制造	286	274	374	100	20
橡胶靴鞋制造	286	274	374	100	20
塑料制品业	45235	5537	11333	6289	745
塑料薄膜制造	495	945	1131	212	113
塑料薄膜制造	495	945	1131	212	113
塑料板、管、型材的制造	15553	935	1353	853	119
塑料板、管、型材的制造	15553	935	1353	853	119
塑料丝、绳及编织品的制造	96	123	199	77	15
塑料丝、绳及编织品的制造	96	123	199	77	15
泡沫塑料制造	11669	930	2597	1667	186
泡沫塑料制造	11669	930	2597	1667	186
塑料零件制造	13944	2175	5274	3131	252
塑料零件制造	13944	2175	5274	3131	252
日用塑料制造	1922	241	361	120	33
日用塑料杂品制造	1922	241	361	120	33
其他塑料制品制造	1555	189	418	229	28
其他塑料制品制造	1555	189	418	229	28
非金属矿物制品业	26230	12106	21774	9808	2144
水泥、石灰和石膏的制造	5625	3553	8220	4667	622
水泥制造	5625	3553	8220	4667	622

1－C－2 续表3－5

单位：个、万元、人

指 标 名 称	流动资产年平均余额	固定资产合计	固定资产原价	累计折旧	本年折旧
水泥及石膏制品制造	1705	2139	2485	346	206
砼结构构件制造	968	2039	2375	336	200
轻质建筑材料制造	737	100	110	10	5
砖瓦、石材及其他建筑材料制造	5586	1871	2927	1141	720
粘土砖瓦及建筑砌块制造	1045	1112	1455	428	96
建筑陶瓷制品制造	2968	299	922	624	624
建筑用石加工	1573	461	550	89	
玻璃及玻璃制品制造	8740	2941	5682	2740	426
技术玻璃制品制造	5745	1004	2175	1171	192
日用玻璃制品及玻璃包装容器制造	2198	1828	2682	854	179
玻璃纤维及制品制造	797	109	825	716	55
陶瓷制品制造	115	1	3	3	…
特种陶瓷制品制造	115	1	3	3	…
耐火材料制品制造	3848	893	1316	438	86
云母制品制造	1979	276	434	173	32
耐火陶瓷制品及其他耐火材料制造	1869	617	882	265	54
石墨及其他非金属矿物制品制造	611	708	1142	473	85
其他非金属矿物制品制造	611	708	1142	473	85
黑色金属冶炼及压延加工业	19491	4168	9852	5695	601
钢压延加工	19491	4168	9852	5695	601
钢压延加工	19491	4168	9852	5695	601
有色金属冶炼及压延加工业	23128	2972	9925	7069	310
有色金属压延加工	23128	2972	9925	7069	310
常用有色金属压延加工	18877	2755	6133	3494	269
稀有稀土金属压延加工	4251	217	3792	3575	42
金属制品业	25742	7335	10250	3268	572
结构性金属制品制造	7447	744	1166	423	60
金属结构制造	6554	674	1004	331	45
金属门窗制造	893	70	162	92	15
金属工具制造	3466	1080	1976	897	98
手工具制造	2393	371	482	111	36
农用及园林用金属工具制造	292	124	220	97	18
其他金属工具制造	781	585	1274	689	44
集装箱及金属包装容器制造	2811	1042	1512	472	95
金属压力容器制造	1727	206	406	201	11
金属包装容器制造	1085	837	1106	272	84
建筑、安全用金属制品制造	2171	188	567	379	50
建筑、家具用金属配件制造	2171	188	567	379	50
金属表面处理及热处理加工	7647	3707	4028	671	203

1-C-2 续表3-6

单位：个、万元、人

指标名称	流动资产年平均余额	固定资产合计	固定资产原价	累计折旧	本年折旧
金属表面处理及热处理加工	7647	3707	4028	671	203
不锈钢及类似日用金属制品制造	2200	574	1000	426	66
金属制厨房调理及卫生器具制造	2200	574	1000	426	66
通用设备制造业	60895	13149	21956	10899	1406
金属加工机械制造	5907	2012	2793	1465	141
金属切削机床制造	1174	1146	987	522	67
金属成形机床制造	573	297	665	368	25
铸造机械制造	2255	507	964	461	38
机床附件制造	1572	39	146	107	9
其他金属加工机械制造	333	23	31	8	2
起重运输设备制造	915	330	787	457	45
起重运输设备制造	915	330	787	457	45
泵、阀门、压缩机及类似机械的制造	12411	1385	2555	1419	102
泵及真空设备制造	3038	129	419	290	17
阀门和旋塞的制造	3560	832	1373	789	10
液压和气压动力机械及元件制造	5813	423	763	340	75
轴承、齿轮、传动和驱动部件的制造	8529	2902	4293	1854	318
轴承制造	818	439	740	301	39
齿轮、传动和驱动部件制造	7711	2462	3553	1554	279
风机、衡器、包装设备等通用设备制造	8803	545	846	303	54
风动和电动工具制造	7572	447	684	239	37
喷枪及类似器具制造	1231	98	162	64	17
通用零部件制造及机械修理	8911	1428	3658	2255	233
金属密封件制造	1365	98	392	306	10
紧固件、弹簧制造	5530	890	2432	1556	176
机械零部件加工及设备修理	514	146	346	200	24
其他通用零部件制造	1503	295	489	194	23
金属铸、锻加工	15418	4548	7024	3146	512
钢铁铸件制造	6695	4130	6015	2554	464
锻件及粉末冶金制品制造	8723	418	1009	591	49
专用设备制造业	11609	4893	7059	2309	444
纺织、服装和皮革工业专用设备制造	5455	1397	2800	1546	237
纺织专用设备制造	4792	1138	2126	1132	212
皮革、毛皮及其制品加工专用设备制造	90	104	505	401	12
缝纫机械制造	574	156	169	14	14
电子和电工机械专用设备制造	1075	178	428	250	43
电工机械专用设备制造	1075	178	428	250	43
医疗仪器设备及器械制造	4613	3049	3359	310	135
医疗诊断、监护及治疗设备制造	1631	19	107	88	2

1－C－2 续表3－7

单位：个、万元、人

指标名称	流动资产年平均余额	固定资产合计	固定资产原价	累计折旧	本年折旧
实验室及医用消毒设备和器具的制造	497	157	275	118	29
医疗、外科及兽医用器械制造	2485	2873	2978	104	104
环保、社会公共安全及其他专用设备制造	466	268	472	204	29
环境污染防治专用设备制造	466	268	472	204	29
交通运输设备制造业	15103	2996	9573	6577	636
汽车制造	9870	2028	8111	6083	543
汽车零部件及配件制造	9800	1994	8047	6053	532
汽车修理	70	33	64	31	11
自行车制造	4241	817	1184	367	74
脚踏自行车及残疾人座车制造	4241	817	1184	367	74
船舶及浮动装置制造	545	51	69	18	5
船舶修理及拆船	545	51	69	18	5
交通器材及其他交通运输设备制造	446	101	210	109	14
交通管理用金属标志及设施制造	446	101	210	109	14
电气机械及器材制造业	113378	19815	33540	15186	1393
电机制造	7439	1279	2634	1368	140
发电机及发电机组制造	1639	297	496	199	32
电动机制造	4385	762	1914	1153	92
微电机及其他电机制造	1415	220	224	16	16
输配电及控制设备制造	62140	10549	14841	5113	357
变压器、整流器和电感器制造	7745	426	912	630	222
配电开关控制设备制造	54395	10123	13930	4483	135
电线、电缆、光缆及电工器材制造	6477	1904	3186	1313	175
电线电缆制造	4946	1207	2142	940	128
其他电工器材制造	1531	698	1044	373	47
电池制造	4699	559	1149	594	65
电池制造	4699	559	1149	594	65
家用电力器具制造	26613	4227	9609	5574	571
家用制冷电器具制造	18738	2229	5247	3206	280
家用通风电器具制造	1457	181	667	486	26
家用厨房电器具制造	2498	163	332	169	48
家用电力器具专用配件制造	3920	1654	3364	1714	217
非电力家用器具制造	947	569	745	576	39
燃气、太阳能及类似能源的器具制造	947	569	745	576	39
照明器具制造	2014	190	741	551	31
电光源制造	603	14	274	261	2
灯用电器附件及其他照明器具制造	1411	176	467	291	29
其他电气机械及器材制造	3048	539	635	96	16
其他未列明的电气机械制造	3048	539	635	96	16

1－C－2 续表3－8

单位：个、万元、人

指 标 名 称	流动资产年平均余额	固定资产合计	固定资产原价	累计折旧	本年折旧
通信设备、计算机及其他电子设备制造业	83522	14901	19601	5525	1338
通信设备制造	8204	790	1304	514	84
通信交换设备制造	941	330	474	144	34
其他通信设备制造	7262	460	830	370	50
电子器件制造	903	1	6	5	
半导体分立器件制造	903	1	6	5	
电子元件制造	74415	14110	18290	5006	1254
电子元件及组件制造	69402	13928	17944	4814	1215
印制电路板制造	5013	182	346	192	40
仪器仪表及文化、办公用机械制造业	7842	978	2381	1407	174
通用仪器仪表制造	3064	488	1033	546	69
电工仪器仪表制造	1181	289	682	393	41
供应用仪表及其他通用仪器制造	1883	199	351	153	28
专用仪器仪表制造	359	29	78	54	7
汽车及其他用计数仪表制造	359	29	78	54	7
其他仪器仪表的制造及修理	4419	462	1269	807	99
其他仪器仪表的制造及修理	4419	462	1269	807	99
工艺品及其他制造业	2490	493	984	506	75
工艺美术品制造	2169	461	899	452	69
雕塑工艺品制造	183	16	34	18	3
金属工艺品制造	1098	265	480	215	27
地毯、挂毯制造	888	180	385	219	38
日用杂品制造	321	32	86	54	6
其他日用杂品制造	321	32	86	54	6
电力、燃气及水的生产和供应业	**99838**	**116786**	**169895**	**67554**	**8653**
电力、热力的生产和供应业	60229	58472	92221	36992	3682
电力生产	16284	34136	59069	25122	1779
火力发电	13067	32332	56201	23869	1637
水力发电	3217	1804	2868	1253	142
电力供应	43945	24336	33153	11870	1903
电力供应	43945	24336	33153	11870	1903
燃气生产和供应业	128	2736	4377	1665	272
燃气生产和供应业	128	2736	4377	1665	272
燃气生产和供应业	128	2736	4377	1665	272
水的生产和供应业	39480	55578	73296	28897	4700
自来水的生产和供应	32474	44653	60503	22541	4097
自来水的生产和供应	32474	44653	60503	22541	4097
污水处理及其再生利用	7006	10926	12793	6356	602
污水处理及其再生利用	7006	10926	12793	6356	602

1－C－2 续表4－1

单位：个、万元、人

指 标 名 称	固定资产净 值	固定资产净值年平均余 额	负债合计	流动负债合 计	应付账款
总 计	**299675**	**304678**	**806617**	**769369**	**158301**
一、按轻重工业分					
轻工业	124407	127467	320533	308162	57180
重工业	175268	177211	486084	461208	101121
二、按规模分					
中型企业	114806	117127	313014	305166	58584
小型企业	184869	187552	493602	464203	99718
三、按登记注册类型分					
内 资	**299675**	**304678**	**806617**	**769369**	**158301**
集 体	299675	304678	806617	769369	158301
四、按国民经济行业(门类、大类、中类、小类)分					
采矿业	**27151**	**25432**	**32077**	**24846**	**6384**
非金属矿采选业	27151	25432	32077	24846	6384
土砂石开采	25542	23739	30059	22828	6083
石灰石、石膏开采	2606	2096	6113	4926	1174
建筑装饰用石开采	11420	10044	5649	5215	1592
耐火土石开采	527	530	2668	2662	133
粘土及其他土砂石开采	10989	11068	15629	10026	3184
采 盐	1083	1179	1584	1584	
采 盐	1083	1179	1584	1584	
石棉及其他非金属矿采选	526	514	434	434	301
其他非金属矿采选	526	514	434	434	301
制造业	**170184**	**175084**	**639319**	**617504**	**132504**
农副食品加工业	1591	1517	4160	3656	936
谷物磨制	65	75	1253	749	27
谷物磨制	65	75	1253	749	27
蔬菜、水果和坚果加工	995	997	1076	1076	909
蔬菜、水果和坚果加工	995	997	1076	1076	909
其他农副食品加工	531	445	1832	1832	
豆制品制造	531	445	1832	1832	
食品制造业	1269	1224	2771	2017	576
焙烤食品制造	42	39	273	273	211
糕点、面包制造	42	39	273	273	211
罐头制造	283	256	1160	406	67
蔬菜、水果罐头制造	283	256	1160	406	67
其他食品制造	944	928	1338	1338	298
营养、保健食品制造	944	928	1338	1338	298
饮料制造业	3237	3593	11013	11013	1086
酒的制造	418	460	5544	5544	206
黄酒制造	418	460	5544	5544	206

1－C－2 续表4－2 单位：个、万元、人

指标名称	固定资产净值	固定资产净值年平均余额	负债合计	流动负债合计	应付账款
精制茶加工	2819	3133	5469	5469	880
精制茶加工	2819	3133	5469	5469	880
纺织业	27132	25930	88543	83094	7868
棉、化纤纺织及印染精加工	4304	4009	12556	12073	1429
棉、化纤纺织加工	3492	3279	5484	5001	900
棉、化纤印染精加工	812	730	7072	7072	529
毛纺织和染整精加工	1171	1173	2057	2057	90
毛纺织	705	731	1186	1186	27
毛染整精加工	466	443	870	870	64
丝绢纺织及精加工	3607	3676	5453	4445	1633
缫丝加工	187	202	1156	1051	13
绢纺和丝织加工	915	909	3062	2440	1064
丝印染精加工	2506	2566	1235	955	557
纺织制成品制造	9801	9839	15413	13692	1028
丝制品制造	5933	5909	9506	9506	589
绳、索、缆的制造	3694	3741	5435	3714	140
其他纺织制成品制造	174	190	472	472	299
针织品、编织品及其制品制造	8249	7233	53065	50827	3687
棉、化纤针织品及编织品制造	6984	5953	39447	37209	3485
毛针织品及编织品制造	1266	1280	13619	13619	202
纺织服装、鞋、帽制造业	5619	6972	60746	60560	11806
纺织服装制造	5605	6954	60505	60320	11665
纺织服装制造	5605	6954	60505	60320	11665
制帽	14	17	241	241	141
制帽	14	17	241	241	141
皮革、毛皮、羽毛(绒)及其制品业	489	532	1048	1048	97
皮革制品制造	489	532	1048	1048	97
皮鞋制造	253	258	651	651	63
皮箱、包(袋)制造	236	274	398	398	34
木材加工及木、竹、藤、棕、草制品业	3265	3539	21442	21442	3417
锯材、木片加工	12	14	45	45	
木片加工	12	14	45	45	
人造板制造	62	68	116	116	110
胶合板制造	62	68	116	116	110
木制品制造	3084	3348	20162	20162	2988
建筑用木料及木材组件加工	2924	3218	19458	19458	2436
木容器制造	160	130	704	704	552
竹、藤、棕、草制品制造	107	110	1120	1120	318
竹、藤、棕、草制品制造	107	110	1120	1120	318
家具制造业	407	411	2180	2180	1936

1－C－2 续表4－3

单位：个、万元、人

指标名称	固定资产净值	固定资产净值年平均余额	负债合计	流动负债合计	应付账款
木质家具制造	407	411	2180	2180	1936
木质家具制造	407	411	2180	2180	1936
造纸及纸制品业	3365	3493	8201	7261	3245
造 纸	827	834	3012	2620	1058
机制纸及纸板制造	827	834	3012	2620	1058
纸制品制造	2538	2659	5189	4641	2187
纸和纸板容器的制造	2538	2659	5189	4641	2187
印刷业和记录媒介的复制	902	976	1746	1746	724
印 刷	902	976	1746	1746	724
书、报、刊印刷	333	354	205	205	25
本册印制	210	190	110	110	47
包装装潢及其他印刷	359	433	1431	1431	652
文教体育用品制造业	1132	1233	2013	1793	453
玩具制造	346	359	1081	1081	341
玩具制造	346	359	1081	1081	341
游艺器材及娱乐用品制造	787	874	932	712	112
游艺用品及室内游艺器材制造	787	874	932	712	112
石油加工、炼焦及核燃料加工业	68	36	164	164	47
精炼石油产品的制造	68	36	164	164	47
原油加工及石油制品制造	68	36	164	164	47
化学原料及化学制品制造业	18870	18598	47284	45632	5286
基础化学原料制造	2612	2421	5642	5594	1047
无机碱制造	158	158	369	369	189
无机盐制造	1966	1813	4373	4326	317
有机化学原料制造	422	384	578	578	504
其他基础化学原料制造	66	66	322	322	37
肥料制造	2515	1979	2902	1698	152
氮肥制造	2437	1904	2821	1617	144
复混肥料制造	78	74	81	81	8
农药制造	138	240	1285	1285	133
化学农药制造	138	240	1285	1285	133
涂料、油墨、颜料及类似产品制造	11127	11559	31822	31797	3003
涂料制造	50	57	300	275	229
颜料制造	435	437	2426	2426	503
染料制造	10515	10835	28709	28709	2237
密封用填料及类似品制造	127	229	388	388	33
合成材料制造	764	783	1524	1198	60
初级形态的塑料及合成树脂制造	291	300	651	624	42
其他合成材料制造	473	484	874	574	18
专用化学产品制造	1714	1617	4109	4060	892

1－C－2 续表4－4

单位：个、万元、人

指标名称	固定资产净值	固定资产净值年平均余额	负债合计	流动负债合计	应付账款
化学试剂和助剂制造	992	928	3468	3419	636
专项化学用品制造	542	561	602	602	249
环境污染处理专用药剂材料制造	180	129	39	39	7
医药制造业	1267	1200	9275	9275	2256
化学药品原药制造	450	450	1617	1617	347
化学药品原药制造	450	450	1617	1617	347
中药饮片加工	817	750	7658	7658	1909
中药饮片加工	817	750	7658	7658	1909
化学纤维制造业	16677	17524	16756	16756	12326
合成纤维制造	16677	17524	16756	16756	12326
涤纶纤维制造	16677	17524	16756	16756	12326
橡胶制品业	1204	1747	5630	5556	275
轮胎制造	58	60	63	63	36
车辆、飞机及工程机械轮胎制造	58	60	63	63	36
橡胶板、管、带的制造	140	655	4290	4290	140
橡胶板、管、带的制造	140	655	4290	4290	140
橡胶零件制造	523	550	718	718	37
橡胶零件制造	523	550	718	718	37
再生橡胶制造	209	208	245	191	48
再生橡胶制造	209	208	245	191	48
橡胶靴鞋制造	274	274	313	293	14
橡胶靴鞋制造	274	274	313	293	14
塑料制品业	5043	5324	33241	30030	7658
塑料薄膜制造	919	919	1206	429	－1
塑料薄膜制造	919	919	1206	429	－1
塑料板、管、型材的制造	500	622	14687	14687	2969
塑料板、管、型材的制造	500	622	14687	14687	2969
塑料丝、绳及编织品的制造	123	136	141	21	18
塑料丝、绳及编织品的制造	123	136	141	21	18
泡沫塑料制造	930	975	6949	6799	2765
泡沫塑料制造	930	975	6949	6799	2765
塑料零件制造	2143	2231	7774	5680	1281
塑料零件制造	2143	2231	7774	5680	1281
日用塑料制造	241	239	1375	1305	315
日用塑料杂品制造	241	239	1375	1305	315
其他塑料制品制造	189	203	1109	1109	311
其他塑料制品制造	189	203	1109	1109	311
非金属矿物制品业	11966	12499	21712	20061	4131
水泥、石灰和石膏的制造	3553	3722	3508	3269	917
水泥制造	3553	3722	3508	3269	917

1－C－2 续表4－5 单位：个、万元、人

指标名称	固定资产净值	固定资产净值年平均余额	负债合计	流动负债合计	应付账款
水泥及石膏制品制造	2139	2824	1751	1551	755
砼结构构件制造	2039	2004	1318	1118	501
轻质建筑材料制造	100	820	433	433	254
砖瓦、石材及其他建筑材料制造	1786	1857	4806	4609	1332
粘土砖瓦及建筑砌块制造	1026	1111	921	921	254
建筑陶瓷制品制造	299	285	2437	2436	1033
建筑用石加工	461	461	1448	1252	45
玻璃及玻璃制品制造	2941	2528	7780	7780	481
技术玻璃制品制造	1004	1063	6472	6472	166
日用玻璃制品及玻璃包装容器制造	1828	1333	1055	1055	300
玻璃纤维及制品制造	109	132	253	253	15
陶瓷制品制造	1	1	83	83	
特种陶瓷制品制造	1	1	83	83	
耐火材料制品制造	878	896	2656	1641	352
云母制品制造	262	262	1135	468	233
耐火陶瓷制品及其他耐火材料制造	617	634	1521	1173	119
石墨及其他非金属矿物制品制造	669	672	1127	1127	295
其他非金属矿物制品制造	669	672	1127	1127	295
黑色金属冶炼及压延加工业	4157	4415	19059	16616	1360
钢压延加工	4157	4415	19059	16616	1360
钢压延加工	4157	4415	19059	16616	1360
有色金属冶炼及压延加工业	2856	2911	12255	11255	649
有色金属压延加工	2856	2911	12255	11255	649
常用有色金属压延加工	2639	2701	8117	7117	558
稀有稀土金属压延加工	217	210	4138	4138	91
金属制品业	6982	6678	23334	21248	8656
结构性金属制品制造	743	695	6620	6616	3375
金属结构制造	673	619	6105	6102	3302
金属门窗制造	70	76	514	514	73
金属工具制造	1080	1032	3140	3110	2384
手工具制造	371	309	1096	1066	677
农用及园林用金属工具制造	124	116	339	339	15
其他金属工具制造	585	606	1704	1704	1692
集装箱及金属包装容器制造	1040	1031	2865	2865	421
金属压力容器制造	206	199	2012	2012	75
金属包装容器制造	835	833	853	853	346
建筑、安全用金属制品制造	188	195	767	617	396
建筑、家具用金属配件制造	188	195	767	617	396
金属表面处理及热处理加工	3358	3123	9612	7709	1948

1－C－2 续表4－6 单位：个、万元、人

指标名称	固定资产净值	固定资产净值年平均余额	负债合计	流动负债合计	应付账款
金属表面处理及热处理加工	3358	3123	9612	7709	1948
不锈钢及类似日用金属制品制造	574	602	331	331	132
金属制厨房调理及卫生器具制造	574	602	331	331	132
通用设备制造业	11058	11562	32879	31834	11582
金属加工机械制造	1328	1344	4594	4476	3087
金属切削机床制造	466	489	1521	1516	237
金属成形机床制造	297	298	219	219	183
铸造机械制造	504	493	2684	2581	2581
机床附件制造	39	44	58	58	－10
其他金属加工机械制造	23	21	113	103	96
起重运输设备制造	330	330	493	491	137
起重运输设备制造	330	330	493	491	137
泵、阀门、压缩机及类似机械的制造	1136	1383	8404	8263	3253
泵及真空设备制造	129	127	3441	3441	14
阀门和旋塞的制造	584	832	2658	2658	1486
液压和气压动力机械及元件制造	423	424	2305	2165	1754
轴承、齿轮、传动和驱动部件的制造	2439	2483	5066	5066	1015
轴承制造	439	439	1009	1009	
齿轮、传动和驱动部件制造	2000	2044	4057	4057	1015
风机、衡器、包装设备等通用设备制造	543	646	1059	1059	464
风动和电动工具制造	445	545	922	922	364
喷枪及类似器具制造	98	101	137	137	100
通用零部件制造及机械修理	1403	1500	3978	3866	1026
金属密封件制造	87	98	384	384	242
紧固件、弹簧制造	876	953	2869	2756	712
机械零部件加工及设备修理	146	153	330	330	74
其他通用零部件制造	295	297	395	395	－2
金属铸、锻加工	3878	3876	9286	8615	2599
钢铁铸件制造	3461	3531	6644	5988	1372
锻件及粉末冶金制品制造	418	346	2643	2627	1228
专用设备制造业	4749	4936	5064	5064	1353
纺织、服装和皮革工业专用设备制造	1254	1433	1613	1613	491
纺织专用设备制造	995	1163	1090	1090	392
皮革、毛皮及其制品加工专用设备制造	104	110	100	100	76
缝纫机械制造	156	160	423	423	23
电子和电工机械专用设备制造	178	203	1223	1223	989
电工机械专用设备制造	178	203	1223	1223	989
医疗仪器设备及器械制造	3049	3022	2145	2145	－75
医疗诊断、监护及治疗设备制造	19	19	104	104	

1－C－2 续表4－7

单位：个、万元、人

指标名称	固定资产净值	固定资产净值年平均余额	负债合计	流动负债合计	应付账款
实验室及医用消毒设备和器具的制造	157	158	1239	1239	135
医疗、外科及兽医用器械制造	2873	2846	803	803	－210
环保、社会公共安全及其他专用设备制造	268	278	82	82	－52
环境污染防治专用设备制造	268	278	82	82	－52
交通运输设备制造业	2996	3114	8386	8384	2714
汽车制造	2028	2149	4078	4076	1390
汽车零部件及配件制造	1994	2119	3469	3467	1390
汽车修理	33	30	609	609	
自行车制造	817	837	3457	3457	1290
脚踏自行车及残疾人座车制造	817	837	3457	3457	1290
船舶及浮动装置制造	51	40	520	520	
船舶修理及拆船	51	40	520	520	
交通器材及其他交通运输设备制造	101	87	330	330	35
交通管理用金属标志及设施制造	101	87	330	330	35
电气机械及器材制造业	18355	19414	90304	90038	36123
电机制造	1266	1148	4090	4040	876
发电机及发电机组制造	297	311	646	646	73
电动机制造	762	710	2452	2452	370
微电机及其他电机制造	208	128	993	943	432
输配电及控制设备制造	9728	10445	54287	54243	28024
变压器、整流器和电感器制造	281	436	4101	4057	2279
配电开关控制设备制造	9447	10010	50186	50186	25745
电线、电缆、光缆及电工器材制造	1873	1917	3002	3002	549
电线电缆制造	1202	1219	2360	2360	463
其他电工器材制造	671	698	642	642	86
电池制造	555	571	1643	1643	299
电池制造	555	571	1643	1643	299
家用电力器具制造	4035	4203	22654	22569	3474
家用制冷电器具制造	2041	2166	17153	17153	2087
家用通风电器具制造	181	194	1122	1037	165
家用厨房电器具制造	163	171	1557	1557	724
家用电力器具专用配件制造	1650	1673	2822	2822	499
非电力家用器具制造	169	398	780	780	124
燃气、太阳能及类似能源的器具制造	169	398	780	780	124
照明器具制造	190	192	1656	1569	818
电光源制造	14	22	640	553	484
灯用电器附件及其他照明器具制造	176	171	1016	1016	334
其他电气机械及器材制造	538	539	2191	2191	1960
其他未列明的电气机械制造	538	539	2191	2191	1960

1-C-2 续表4-8

单位：个、万元、人

指标名称	固定资产净值	固定资产净值年平均余额	负债合计	流动负债合计	应付账款
通信设备、计算机及其他电子设备制造业	14075	14249	102190	102131	3465
通信设备制造	790	804	7561	7561	889
通信交换设备制造	330	344	416	416	104
其他通信设备制造	460	460	7145	7145	785
电子器件制造	1	1	311	311	-24
半导体分立器件制造	1	1	311	311	-24
电子元件制造	13284	13444	94318	94258	2600
电子元件及组件制造	13130	13246	93435	93396	2600
印制电路板制造	154	198	883	862	
仪器仪表及文化、办公用机械制造业	973	980	5901	5631	1876
通用仪器仪表制造	488	465	2805	2659	1050
电工仪器仪表制造	289	307	1132	986	551
供应用仪表及其他通用仪器制造	199	158	1673	1673	500
专用仪器仪表制造	24	34	177	177	113
汽车及其他用计数仪表制造	24	34	177	177	113
其他仪器仪表的制造及修理	462	481	2920	2795	713
其他仪器仪表的制造及修理	462	481	2920	2795	713
工艺品及其他制造业	478	480	2021	2021	607
工艺美术品制造	447	446	1787	1787	522
雕塑工艺品制造	16	16	98	98	12
金属工艺品制造	265	265	795	795	244
地毯、挂毯制造	165	165	894	894	267
日用杂品制造	32	34	234	234	84
其他日用杂品制造	32	34	234	234	84
电力、燃气及水的生产和供应业	**102340**	**104163**	**135221**	**127019**	**19413**
电力、热力的生产和供应业	55229	56055	64229	64059	16420
电力生产	33947	34738	23651	23650	12550
火力发电	32332	33128	20416	20416	11233
水力发电	1614	1610	3235	3234	1317
电力供应	21283	21317	40579	40410	3869
电力供应	21283	21317	40579	40410	3869
燃气生产和供应业	2712	2670	1821	445	
燃气生产和供应业	2712	2670	1821	445	
燃气生产和供应业	2712	2670	1821	445	
水的生产和供应业	44399	45438	69170	62515	2993
自来水的生产和供应	37962	39117	40911	36861	2957
自来水的生产和供应	37962	39117	40911	36861	2957
污水处理及其再生利用	6437	6322	28259	25655	36
污水处理及其再生利用	6437	6322	28259	25655	36

1－C－2 续表5－1

单位：个、万元、人

指 标 名 称	长期负债合计	所有者权益合计	实收资本	国家资本	集体资本
总 计	**34601**	**583368**	**194573**	**112**	**110961**
一、按轻重工业分					
轻工业	10902	251402	85765	60	55273
重工业	23700	331966	108808	53	55689
二、按规模分					
中型企业	7849	229234	79872		35964
小型企业	26753	354135	114701	112	74998
三、按登记注册类型分					
内 资	**34601**	**583368**	**194573**	**112**	**110961**
集 体	34601	583368	194573	112	110961
四、按国民经济行业(门类、大类、中类、小类)分					
采矿业	**6575**	**25139**	**12293**		**4783**
非金属矿采选业	6575	25139	12293		4783
土砂石开采	6575	22755	11804		4340
石灰石、石膏开采	1048	4332	1847		1617
建筑装饰用石开采	327	12356	7965		857
耐火土石开采		528	183		166
粘土及其他土砂石开采	5200	5540	1809		1700
采 盐		1653	305		305
采 盐		1653	305		305
石棉及其他非金属矿采选		731	184		138
其他非金属矿采选		731	184		138
制造业	**19826**	**436117**	**132433**	**66**	**87059**
农副食品加工业		2756	1202		1202
谷物磨制		135	100		100
谷物磨制		135	100		100
蔬菜、水果和坚果加工		931	927		927
蔬菜、水果和坚果加工		931	927		927
其他农副食品加工		1691	176		176
豆制品制造		1691	176		176
食品制造业	755	4848	4971		4971
焙烤食品制造		34	56		56
糕点、面包制造		34	56		56
罐头制造	755	741	100		100
蔬菜、水果罐头制造	755	741	100		100
其他食品制造		4074	4815		4815
营养、保健食品制造		4074	4815		4815
饮料制造业		4236	1441		941
酒的制造		2127	561		561
黄酒制造		2127	561		561

1－C－2 续表 5－2

单位：个、万元、人

指 标 名 称	长期负债合计	所有者权益合计	实收资本	国家资本	集体资本
精制茶加工		2109	880		380
精制茶加工		2109	880		380
纺织业	4647	57092	25960	49	13276
棉、化纤纺织及印染精加工	41	10734	2220		1630
棉、化纤纺织加工	41	7334	898		818
棉、化纤印染精加工		3401	1322		812
毛纺织和染整精加工		3106	621		71
毛纺织		3183	550		
毛染整精加工		－77	71		71
丝绢纺织及精加工	727	5362	4631		100
缫丝加工	105	456	203		
绢纺和丝织加工	622	130	300		100
丝印染精加工		4775	4128		
纺织制成品制造	1721	8780	7904		7768
丝制品制造		6441	7188		7188
绳、索、缆的制造	1721	984	580		580
其他纺织制成品制造		1356	136		
针织品、编织品及其制品制造	2158	29110	10584	49	3707
棉、化纤针织品及编织品制造	2158	26153	8519	49	2163
毛针织品及编织品制造		2957	2064		1543
纺织服装、鞋、帽制造业	86	22739	9396		1778
纺织服装制造	86	22639	9361		1773
纺织服装制造	86	22639	9361		1773
制 帽		100	36		5
制 帽		100	36		5
皮革、毛皮、羽毛(绒)及其制品业		430	286		286
皮革制品制造		430	286		286
皮鞋制造		351	236		236
皮箱、包(袋)制造		79	50		50
木材加工及木、竹、藤、棕、草制品业		5920	761		712
锯材、木片加工		189	30		30
木片加工		189	30		30
人造板制造		579	12		12
胶合板制造		579	12		12
木制品制造		4818	627		627
建筑用木料及木材组件加工		4463	488		488
木容器制造		355	139		139
竹、藤、棕、草制品制造		333	92		43
竹、藤、棕、草制品制造		333	92		43
家具制造业		653	112		112

1－C－2　续表 5－3

单位：个、万元、人

指标名称	长期负债合计	所有者权益合计	实收资本	国家资本	集体资本
木质家具制造		653	112		112
木质家具制造		653	112		112
造纸及纸制品业	877	6362	2806		1313
造　纸	329	703	430		46
机制纸及纸板制造	329	703	430		46
纸制品制造	548	5659	2376		1267
纸和纸板容器的制造	548	5659	2376		1267
印刷业和记录媒介的复制		3021	930		590
印　刷		3021	930		590
书、报、刊印刷		997	540		200
本册印制		570	160		160
包装装潢及其他印刷		1454	230		230
文教体育用品制造业	220	1381	693		198
玩具制造		545	48		48
玩具制造		545	48		48
游艺器材及娱乐用品制造	220	836	645		150
游艺用品及室内游艺器材制造	220	836	645		150
石油加工、炼焦及核燃料加工业		70	50		
精炼石油产品的制造		70	50		
原油加工及石油制品制造		70	50		
化学原料及化学制品制造业	1351	68604	8886		5341
基础化学原料制造	47	4420	855		517
无机碱制造		842	27		
无机盐制造	47	2623	668		357
有机化学原料制造		898	110		110
其他基础化学原料制造		58	50		50
肥料制造	1204	1614	1238		1038
氮肥制造	1204	1076	1038		1038
复混肥料制造		538	200		
农药制造		414	500		
化学农药制造		414	500		
涂料、油墨、颜料及类似产品制造	25	53951	3845		2163
涂料制造	25	313	39		39
颜料制造		2210	200		
染料制造		51020	3490		2124
密封用填料及类似品制造		409	116		
合成材料制造	27	1729	284		259
初级形态的塑料及合成树脂制造	27	455	50		26
其他合成材料制造		1274	234		234
专用化学产品制造	49	6477	2164		1365

1－C－2 续表5－4

单位：个、万元、人

指 标 名 称	长期负债合 计	所有者权益合 计	实收资本	国家资本	集体资本
化学试剂和助剂制造	49	3787	839		40
专项化学用品制造		896	525		525
环境污染处理专用药剂材料制造		1794	800		800
医药制造业		985	582		582
化学药品原药制造		479	282		282
化学药品原药制造		479	282		282
中药饮片加工		505	300		300
中药饮片加工		505	300		300
化学纤维制造业		21711	16000		16000
合成纤维制造		21711	16000		16000
涤纶纤维制造		21711	16000		16000
橡胶制品业	26	5678	686		654
轮胎制造		229	62		62
车辆、飞机及工程机械轮胎制造		229	62		62
橡胶板、管、带的制造		3065	217		214
橡胶板、管、带的制造		3065	217		214
橡胶零件制造		2000	228		200
橡胶零件制造		2000	228		200
再生橡胶制造	6	158	100		100
再生橡胶制造	6	158	100		100
橡胶靴鞋制造	20	226	78		78
橡胶靴鞋制造	20	226	78		78
塑料制品业	3211	18062	3027		2400
塑料薄膜制造	777	234	450		450
塑料薄膜制造	777	234	450		450
塑料板、管、型材的制造		1100	105		105
塑料板、管、型材的制造		1100	105		105
塑料丝、绳及编织品的制造	120	81	58		58
塑料丝、绳及编织品的制造	120	81	58		58
泡沫塑料制造	150	6707	553		265
泡沫塑料制造	150	6707	553		265
塑料零件制造	2094	8086	850		850
塑料零件制造	2094	8086	850		850
日用塑料制造	70	860	859		629
日用塑料杂品制造	70	860	859		629
其他塑料制品制造		994	154		44
其他塑料制品制造		994	154		44
非金属矿物制品业	1650	21273	9831		4610
水泥、石灰和石膏的制造	239	6431	2692		1389
水泥制造	239	6431	2692		1389

1-C-2　续表5-5　　　　单位：个、万元、人

指　标　名　称	长期负债合　　计	所有者权益合　　计	实收资本	国家资本	集体资本
水泥及石膏制品制造	200	2341	1898		1383
砼结构构件制造	200	1947	1664		1149
轻质建筑材料制造		394	234		234
砖瓦、石材及其他建筑材料制造	196	3489	975		875
粘土砖瓦及建筑砌块制造		1216	410		410
建筑陶瓷制品制造	...	1720	80		80
建筑用石加工	196	552	485		385
玻璃及玻璃制品制造		6290	3293		33
技术玻璃制品制造		2259	3000		
日用玻璃制品及玻璃包装容器制造		3312	33		33
玻璃纤维及制品制造		719	260		
陶瓷制品制造		4	6		6
特种陶瓷制品制造		4	6		6
耐火材料制品制造	1015	2311	737		693
云母制品制造	667	1211	13		13
耐火陶瓷制品及其他耐火材料制造	348	1101	724		680
石墨及其他非金属矿物制品制造		408	230		230
其他非金属矿物制品制造		408	230		230
黑色金属冶炼及压延加工业	2442	13755	4563		3961
钢压延加工	2442	13755	4563		3961
钢压延加工	2442	13755	4563		3961
有色金属冶炼及压延加工业	1000	14723	4736		4700
有色金属压延加工	1000	14723	4736		4700
常用有色金属压延加工	1000	14413	4601		4601
稀有稀土金属压延加工		311	135		99
金属制品业	2056	13106	3084		2350
结构性金属制品制造	3	2152	410		348
金属结构制造	3	1737	260		260
金属门窗制造		415	150		88
金属工具制造		1981	674		524
手工具制造		1645	402		252
农用及园林用金属工具制造		62	4		4
其他金属工具制造		274	268		268
集装箱及金属包装容器制造		1672	170		170
金属压力容器制造		462	28		28
金属包装容器制造		1210	142		142
建筑、安全用金属制品制造	150	1813	492		
建筑、家具用金属配件制造	150	1813	492		
金属表面处理及热处理加工	1902	3031	258		228

1－C－2 续表5－6

单位：个、万元、人

指标名称	长期负债合计	所有者权益合计	实收资本	国家资本	集体资本
金属表面处理及热处理加工	1902	3031	258		228
不锈钢及类似日用金属制品制造		2457	1080		1080
金属制厨房调理及卫生器具制造		2457	1080		1080
通用设备制造业	905	44617	6126	17	4026
金属加工机械制造	109	4164	769	17	666
金属切削机床制造	5	1147	164		164
金属成形机床制造		652	130		130
铸造机械制造	104	376	265	17	163
机床附件制造		1701	160		160
其他金属加工机械制造		288	50		50
起重运输设备制造	2	915	196		196
起重运输设备制造	2	915	196		196
泵、阀门、压缩机及类似机械的制造	141	5935	1595		421
泵及真空设备制造		212	320		224
阀门和旋塞的制造		1642	1090		13
液压和气压动力机械及元件制造	141	4081	185		185
轴承、齿轮、传动和驱动部件的制造		8028	925		367
轴承制造		458	207		207
齿轮、传动和驱动部件制造		7571	718		160
风机、衡器、包装设备等通用设备制造		8670	246		198
风动和电动工具制造		7488	236		188
喷枪及类似器具制造		1182	10		10
通用零部件制造及机械修理	113	6587	1008		909
金属密封件制造		1091	243		243
紧固件、弹簧制造	113	3742	514		449
机械零部件加工及设备修理		337	182		182
其他通用零部件制造		1417	71		36
金属铸、锻加工	542	10318	1387		1268
钢铁铸件制造	526	4042	849		729
锻件及粉末冶金制品制造	15	6276	539		539
专用设备制造业		10976	1548		1478
纺织、服装和皮革工业专用设备制造		5793	400		355
纺织专用设备制造		5355	105		59
皮革、毛皮及其制品加工专用设备制造		120	195		195
缝纫机械制造		318	100		100
电子和电工机械专用设备制造		182	25		
电工机械专用设备制造		182	25		
医疗仪器设备及器械制造		4269	887		887
医疗诊断、监护及治疗设备制造		1574	519		519

1－C－2　续表5－7

单位：个、万元、人

指 标 名 称	长期负债合计	所有者权益合计	实收资本	国家资本	集体资本
实验室及医用消毒设备和器具的制造		-591	200		200
医疗、外科及兽医用器械制造		3286	168		168
环保、社会公共安全及其他专用设备制造		733	236		236
环境污染防治专用设备制造		733	236		236
交通运输设备制造业	2	9375	2485		803
汽车制造	2	8471	1813		206
汽车零部件及配件制造	2	8972	1783		176
汽车修理		-502	30		30
自行车制造		487	290		214
脚踏自行车及残疾人座车制造		487	290		214
船舶及浮动装置制造		188	202		202
船舶修理及拆船		188	202		202
交通器材及其他交通运输设备制造		229	180		180
交通管理用金属标志及设施制造		229	180		180
电气机械及器材制造业	266	54652	13537		11340
电机制造	50	4766	744		309
发电机及发电机组制造		1300	151		1
电动机制造		2784	435		150
微电机及其他电机制造	50	683	158		158
输配电及控制设备制造	44	27134	8844		8844
变压器、整流器和电感器制造	44	4472	1763		1763
配电开关控制设备制造		22662	7081		7081
电线、电缆、光缆及电工器材制造		5726	854		249
电线电缆制造		4276	765		160
其他电工器材制造		1451	89		89
电池制造		3909	1232		152
电池制造		3909	1232		152
家用电力器具制造	85	10139	1401		1351
家用制冷电器具制造		5482	375		375
家用通风电器具制造	85	698	469		469
家用厨房电器具制造		1122	200		200
家用电力器具专用配件制造		2838	358		308
非电力家用器具制造		759	187		187
燃气、太阳能及类似能源的器具制造		759	187		187
照明器具制造	87	707	175		150
电光源制造	87	129	90		90
灯用电器附件及其他照明器具制造		577	85		60
其他电气机械及器材制造		1512	100		98
其他未列明的电气机械制造		1512	100		98

1－C－2 续表5－8

单位：个、万元、人

指标名称	长期负债合计	所有者权益合计	实收资本	国家资本	集体资本
通信设备、计算机及其他电子设备制造业	60	23506	5832		723
通信设备制造		13073	602		500
通信交换设备制造		931	102		
其他通信设备制造		12143	500		500
电子器件制造		594	15		15
半导体分立器件制造		594	15		15
电子元件制造	60	9839	5214		208
电子元件及组件制造	39	6115	5174		168
印制电路板制造	21	3724	40		40
仪器仪表及文化、办公用机械制造业	271	4408	2510		2488
通用仪器仪表制造	146	1862	638		638
电工仪器仪表制造	146	379	488		488
供应用仪表及其他通用仪器制造		1483	150		150
专用仪器仪表制造		271	22		
汽车及其他用计数仪表制造		271	22		
其他仪器仪表的制造及修理	125	2275	1850		1850
其他仪器仪表的制造及修理	125	2275	1850		1850
工艺品及其他制造业		1177	393		225
工艺美术品制造		1022	333		165
雕塑工艺品制造		112	112		112
金属工艺品制造		706	53		53
地毯、挂毯制造		204	168		
日用杂品制造		155	60		60
其他日用杂品制造		155	60		60
电力、燃气及水的生产和供应业	**8201**	**122112**	**49847**	**46**	**19119**
电力、热力的生产和供应业	170	85507	37988	36	11953
电力生产	1	25578	26306	25	280
火力发电		23749	26000		
水力发电	1	1829	306	25	280
电力供应	169	59929	11683	10	11672
电力供应	169	59929	11683	10	11672
燃气生产和供应业	1376	1172	500		
燃气生产和供应业	1376	1172	500		
燃气生产和供应业	1376	1172	500		
水的生产和供应业	6655	35434	11359	11	7167
自来水的生产和供应	4050	41834	10759	11	6867
自来水的生产和供应	4050	41834	10759	11	6867
污水处理及其再生利用	2605	－6400	600		300
污水处理及其再生利用	2605	－6400	600		300

1－C－2 续表6－1

单位：个、万元、人

指标名称	法人资本	个人资本	港澳台资本	外商资本	主营业务收入
总计	**77250**	**5936**	**260**	**54**	**1378398**
一、按轻重工业分					
轻工业	27554	2725	100	54	473919
重工业	49696	3211	160		904479
二、按规模分					
中型企业	43655	154	100		429343
小型企业	33595	5782	160	54	949055
三、按登记注册类型分					
内资	**77250**	**5936**	**260**	**54**	**1378398**
集体	77250	5936	260	54	1378398
四、按国民经济行业(门类、大类、中类、小类)分					
采矿业	**7278**	**232**			**157590**
非金属矿采选业	7278	232			157590
土砂石开采	7252	212			153636
石灰石、石膏开采	18	212			13521
建筑装饰用石开采	7108				69285
耐火土石开采	17				6134
粘土及其他土砂石开采	109				64696
采盐					818
采盐					818
石棉及其他非金属矿采选	26	20			3136
其他非金属矿采选	26	20			3136
制造业	**39291**	**5704**	**260**	**54**	**1032302**
农副食品加工业					11322
谷物磨制					2089
谷物磨制					2089
蔬菜、水果和坚果加工					2799
蔬菜、水果和坚果加工					2799
其他农副食品加工					6434
豆制品制造					6434
食品制造业					6485
焙烤食品制造					794
糕点、面包制造					794
罐头制造					702
蔬菜、水果罐头制造					702
其他食品制造					4989
营养、保健食品制造					4989
饮料制造业	500				17938
酒的制造					3496
黄酒制造					3496

1－C－2 续表 6－2

单位：个、万元、人

指标名称	法人资本	个人资本	港澳台资本	外商资本	主营业务收入
精制茶加工	500				14442
精制茶加工	500				14442
纺织业	11564	971	100		124292
棉、化纤纺织及印染精加工	510	80			19533
棉、化纤纺织加工		80			14786
棉、化纤印染精加工	510				4747
毛纺织和染整精加工	550				6897
毛纺织	550				5902
毛染整精加工					995
丝绢纺织及精加工	4264	267			11611
缫丝加工	203				3299
绢纺和丝织加工		200			2893
丝印染精加工	4061	67			5420
纺织制成品制造		136			15971
丝制品制造					8366
绳、索、缆的制造					5247
其他纺织制成品制造		136			2359
针织品、编织品及其制品制造	6240	488	100		70280
棉、化纤针织品及编织品制造	5820	387	100		64115
毛针织品及编织品制造	419	102			6165
纺织服装、鞋、帽制造业	7461	104		54	47436
纺织服装制造	7430	104		54	46352
纺织服装制造	7430	104		54	46352
制　帽	31				1084
制　帽	31				1084
皮革、毛皮、羽毛(绒)及其制品业					2848
皮革制品制造					2848
皮鞋制造					1285
皮箱、包(袋)制造					1564
木材加工及木、竹、藤、棕、草制品业		50			19315
锯材、木片加工					512
木片加工					512
人造板制造					884
胶合板制造					884
木制品制造					14628
建筑用木料及木材组件加工					8560
木容器制造					6069
竹、藤、棕、草制品制造		50			3292
竹、藤、棕、草制品制造		50			3292
家具制造业					3496

1－C－2 续表6－3

单位：个、万元、人

指 标 名 称	法人资本	个人资本	港澳台资本	外商资本	主营业务收入
木质家具制造					3496
木质家具制造					3496
造纸及纸制品业	1199	294			17930
造 纸	384				6162
机制纸及纸板制造	384				6162
纸制品制造	815	294			11768
纸和纸板容器的制造	815	294			11768
印刷业和记录媒介的复制	340				5664
印 刷	340				5664
书、报、刊印刷	340				1848
本册印制					642
包装装潢及其他印刷					3174
文教体育用品制造业	495				2995
玩具制造					1642
玩具制造					1642
游艺器材及娱乐用品制造	495				1352
游艺用品及室内游艺器材制造	495				1352
石油加工、炼焦及核燃料加工业	50				905
精炼石油产品的制造	50				905
原油加工及石油制品制造	50				905
化学原料及化学制品制造业	2620	925			95722
基础化学原料制造	287	52			11850
无机碱制造	27				1010
无机盐制造	260	52			8433
有机化学原料制造					1878
其他基础化学原料制造					529
肥料制造	200				7300
氮肥制造					6431
复混肥料制造	200				869
农药制造	500				1720
化学农药制造	500				1720
涂料、油墨、颜料及类似产品制造	810	873			56191
涂料制造					3673
颜料制造	200				4747
染料制造	494	873			46745
密封用填料及类似品制造	116				1026
合成材料制造	25				5576
初级形态的塑料及合成树脂制造	25				685
其他合成材料制造					4891
专用化学产品制造	799				13085

1－C－2 续表6－4

单位：个、万元、人

指标名称					主营业务收入
	法人资本	个人资本	港澳台资本	外商资本	
化学试剂和助剂制造	799				9377
专项化学用品制造					2138
环境污染处理专用药剂材料制造					1570
医药制造业					10152
化学药品原药制造					1874
化学药品原药制造					1874
中药饮片加工					8278
中药饮片加工					8278
化学纤维制造业					67303
合成纤维制造					67303
涤纶纤维制造					67303
橡胶制品业	3	28			10321
轮胎制造					501
车辆、飞机及工程机械轮胎制造					501
橡胶板、管、带的制造	3				3758
橡胶板、管、带的制造	3				3758
橡胶零件制造		28			4508
橡胶零件制造		28			4508
再生橡胶制造					1003
再生橡胶制造					1003
橡胶靴鞋制造					552
橡胶靴鞋制造					552
塑料制品业	518	110			36177
塑料薄膜制造					1471
塑料薄膜制造					1471
塑料板、管、型材的制造					9824
塑料板、管、型材的制造					9824
塑料丝、绳及编织品的制造					823
塑料丝、绳及编织品的制造					823
泡沫塑料制造	288				7415
泡沫塑料制造	288				7415
塑料零件制造					12138
塑料零件制造					12138
日用塑料制造	230				2031
日用塑料杂品制造	230				2031
其他塑料制品制造		110			2475
其他塑料制品制造		110			2475
非金属矿物制品业	3888	1334			46990
水泥、石灰和石膏的制造	83	1220			14210
水泥制造	83	1220			14210

1－C－2　续表 6－5　　单位：个、万元、人

指标名称	法人资本	个人资本	港澳台资本	外商资本	主营业务收入
水泥及石膏制品制造	501	14			9494
砼结构构件制造	501	14			8012
轻质建筑材料制造					1482
砖瓦、石材及其他建筑材料制造		100			7652
粘土砖瓦及建筑砌块制造					3881
建筑陶瓷制品制造					2164
建筑用石加工		100			1607
玻璃及玻璃制品制造	3260				5739
技术玻璃制品制造	3000				1275
日用玻璃制品及玻璃包装容器制造					3516
玻璃纤维及制品制造	260				948
陶瓷制品制造					2142
特种陶瓷制品制造					2142
耐火材料制品制造	43				6514
云母制品制造					1815
耐火陶瓷制品及其他耐火材料制造	43				4700
石墨及其他非金属矿物制品制造					1239
其他非金属矿物制品制造					1239
黑色金属冶炼及压延加工业	122	480			38657
钢压延加工	122	480			38657
钢压延加工	122	480			38657
有色金属冶炼及压延加工业	36				68481
有色金属压延加工	36				68481
常用有色金属压延加工					62573
稀有稀土金属压延加工	36				5908
金属制品业	522	212			54066
结构性金属制品制造		62			8885
金属结构制造					8040
金属门窗制造		62			845
金属工具制造		150			16824
手工具制造		150			10524
农用及园林用金属工具制造					871
其他金属工具制造					5430
集装箱及金属包装容器制造					5145
金属压力容器制造					1698
金属包装容器制造					3447
建筑、安全用金属制品制造	492				4653
建筑、家具用金属配件制造	492				4653
金属表面处理及热处理加工	30				16609

1－C－2 续表6－6

单位：个、万元、人

指标名称	法人资本	个人资本	港澳台资本	外商资本	主营业务收入
金属表面处理及热处理加工	30				16609
不锈钢及类似日用金属制品制造					1950
金属制厨房调理及卫生器具制造					1950
通用设备制造业	1487	596			75024
金属加工机械制造		85			5768
金属切削机床制造					1004
金属成形机床制造					636
铸造机械制造		85			2733
机床附件制造					742
其他金属加工机械制造					653
起重运输设备制造					3690
起重运输设备制造					3690
泵、阀门、压缩机及类似机械的制造	758	416			15442
泵及真空设备制造		96			2832
阀门和旋塞的制造	758	320			8424
液压和气压动力机械及元件制造					4186
轴承、齿轮、传动和驱动部件的制造	558				8008
轴承制造					1382
齿轮、传动和驱动部件制造	558				6626
风机、衡器、包装设备等通用设备制造	12	36			4598
风动和电动工具制造	12	36			2990
喷枪及类似器具制造					1607
通用零部件制造及机械修理	69	30			13089
金属密封件制造					1330
紧固件、弹簧制造	34	30			8957
机械零部件加工及设备修理					1014
其他通用零部件制造	35				1789
金属铸、锻加工	90	29			24428
钢铁铸件制造	90	29			20373
锻件及粉末冶金制品制造					4055
专用设备制造业	71				14703
纺织、服装和皮革工业专用设备制造	46				3571
纺织专用设备制造	46				2504
皮革、毛皮及其制品加工专用设备制造					476
缝纫机械制造					591
电子和电工机械专用设备制造	25				3204
电工机械专用设备制造	25				3204
医疗仪器设备及器械制造					6991
医疗诊断、监护及治疗设备制造					722

1－C－2 续表6－7 单位：个、万元、人

指 标 名 称	法人资本	个人资本	港澳台资本	外商资本	主营业务收入
实验室及医用消毒设备和器具的制造					704
医疗、外科及兽医用器械制造					5565
环保、社会公共安全及其他专用设备制造					938
环境污染防治专用设备制造					938
交通运输设备制造业	1682				24424
汽车制造	1607				15423
汽车零部件及配件制造	1607				14645
汽车修理					778
自行车制造	76				7285
脚踏自行车及残疾人座车制造	76				7285
船舶及浮动装置制造					899
船舶修理及拆船					899
交通器材及其他交通运输设备制造					816
交通管理用金属标志及设施制造					816
电气机械及器材制造业	1436	601	160		143285
电机制造	275		160		5236
发电机及发电机组制造	150				677
电动机制造	125		160		3261
微电机及其他电机制造					1299
输配电及控制设备制造					91153
变压器、整流器和电感器制造					10750
配电开关控制设备制造					80403
电线、电缆、光缆及电工器材制造	330	275			12907
电线电缆制造	330	275			7975
其他电工器材制造					4932
电池制造	756	324			5796
电池制造	756	324			5796
家用电力器具制造	50				20302
家用制冷电器具制造					6929
家用通风电器具制造					3987
家用厨房电器具制造					1867
家用电力器具专用配件制造	50				7519
非电力家用器具制造					994
燃气、太阳能及类似能源的器具制造					994
照明器具制造	25				3330
电光源制造					1426
灯用电器附件及其他照明器具制造	25				1903
其他电气机械及器材制造		2			3568
其他未列明的电气机械制造		2			3568

1－C－2 续表6－8

单位：个、万元、人

指 标 名 称	法人资本	个人资本	港澳台资本	外商资本	主营业务收入
通信设备、计算机及其他电子设备制造业	5108				70597
通信设备制造	102				22534
通信交换设备制造	102				622
其他通信设备制造					21912
电子器件制造					511
半导体分立器件制造					511
电子元件制造	5006				47552
电子元件及组件制造	5006				44770
印制电路板制造					2783
仪器仪表及文化、办公用机械制造业	22				10646
通用仪器仪表制造					3279
电工仪器仪表制造					1209
供应用仪表及其他通用仪器制造					2070
专用仪器仪表制造	22				574
汽车及其他用计数仪表制造	22				574
其他仪器仪表的制造及修理					6793
其他仪器仪表的制造及修理					6793
工艺品及其他制造业	168				5131
工艺美术品制造	168				3734
雕塑工艺品制造					668
金属工艺品制造					530
地毯、挂毯制造	168				2536
日用杂品制造					1397
其他日用杂品制造					1397
电力、燃气及水的生产和供应业	**30682**				**188506**
电力、热力的生产和供应业	26000				146183
电力生产	26000				32267
火力发电	26000				23496
水力发电					8771
电力供应					113917
电力供应					113917
燃气生产和供应业	500				1582
燃气生产和供应业	500				1582
燃气生产和供应业	500				1582
水的生产和供应业	4182				40741
自来水的生产和供应	3882				36776
自来水的生产和供应	3882				36776
污水处理及其再生利用	300				3965
污水处理及其再生利用	300				3965

1－C－2 续表7－1 单位：个、万元、人

指 标 名 称	主营业务成本	主营业务税金及附加	其他业务收入	其他业务利润	营业费用
总 计	**1203393**	**9303**	**21954**	**6429**	**28861**
一、按轻重工业分					
轻工业	410392	2448	11237	2338	9715
重工业	793000	6855	10717	4091	19146
二、按规模分					
中型企业	373952	1479	8541	1817	12978
小型企业	829441	7825	13413	4613	15883
三、按登记注册类型分					
内 资	**1203393**	**9303**	**21954**	**6429**	**28861**
集 体	1203393	9303	21954	6429	28861
四、按国民经济行业（门类、大类、中类、小类）分					
采矿业	**139054**	**3315**	**136**	**97**	**1370**
非金属矿采选业	139054	3315	136	97	1370
土砂石开采	135566	3267	35		1264
石灰石、石膏开采	10278	619	34		586
建筑装饰用石开采	62301	955			52
耐火土石开采	4776	98			581
粘土及其他土砂石开采	58211	1595	1		46
采 盐	727	10	100	97	
采 盐	727	10	100	97	
石棉及其他非金属矿采选	2761	38			106
其他非金属矿采选	2761	38			106
制造业	**903755**	**5182**	**17761**	**4818**	**20751**
农副食品加工业	8537	51	105	105	549
谷物磨制	1973	3			42
谷物磨制	1973	3			42
蔬菜、水果和坚果加工	2072	10			290
蔬菜、水果和坚果加工	2072	10			290
其他农副食品加工	4492	39	105	105	218
豆制品制造	4492	39	105	105	218
食品制造业	5444	10	106	－4	453
焙烤食品制造	604	7			128
糕点、面包制造	604	7			128
罐头制造	630	1			
蔬菜、水果罐头制造	630	1			
其他食品制造	4210	2	106	－4	325
营养、保健食品制造	4210	2	106	－4	325
饮料制造业	14723	317	104	74	1067
酒的制造	2954	240	103	73	71
黄酒制造	2954	240	103	73	71

1-C-2 续表7-2

单位：个、万元、人

指标名称	主营业务成本	主营业务税金及附加	其他业务收入	其他业务利润	营业费用
精制茶加工	11769	77	1	1	995
精制茶加工	11769	77	1	1	995
纺织业	110458	360	1228	167	2463
棉、化纤纺织及印染精加工	17718	97	56	54	69
棉、化纤纺织加工	13748	61	56	54	30
棉、化纤印染精加工	3970	36			39
毛纺织和染整精加工	5945	24	16	7	83
毛纺织	5102	17	16	7	83
毛染整精加工	843	7			
丝绢纺织及精加工	9956	36	273	-7	302
缫丝加工	3110	19			
绢纺和丝织加工	2677	7			
丝印染精加工	4169	11	273	-7	302
纺织制成品制造	13518	47	41	32	321
丝制品制造	7091	10			173
绳、索、缆的制造	4451	27	41	32	40
其他纺织制成品制造	1976	10			108
针织品、编织品及其制品制造	63321	155	842	80	1687
棉、化纤针织品及编织品制造	57829	122	838	87	1665
毛针织品及编织品制造	5492	33	5	-7	22
纺织服装、鞋、帽制造业	38699	275	3599	148	1017
纺织服装制造	37841	272	3599	148	863
纺织服装制造	37841	272	3599	148	863
制 帽	858	3			153
制 帽	858	3			153
皮革、毛皮、羽毛(绒)及其制品业	2630	20			45
皮革制品制造	2630	20			45
皮鞋制造	1159	8			26
皮箱、包(袋)制造	1471	12			19
木材加工及木、竹、藤、棕、草制品业	18216	139	1316	638	819
锯材、木片加工	450	4	8	8	5
木片加工	450	4	8	8	5
人造板制造	848	4	17	17	3
胶合板制造	848	4	17	17	3
木制品制造	13859	125	1292	614	811
建筑用木料及木材组件加工	8069	87	1291	612	743
木容器制造	5790	39	1	1	68
竹、藤、棕、草制品制造	3059	7			…
竹、藤、棕、草制品制造	3059	7			…
家具制造业	3234	16			22

1－C－2 续表7－3 单位：个、万元、人

指 标 名 称	主营业务成 本	主 营 业 务税金及附加	其他业务收 入	其他业务利 润	营业费用
木质家具制造	3234	16			22
木质家具制造	3234	16			22
造纸及纸制品业	16338	97	79	57	163
造 纸	5692	22			4
机制纸及纸板制造	5692	22			4
纸制品制造	10646	75	79	57	159
纸和纸板容器的制造	10646	75	79	57	159
印刷业和记录媒介的复制	4846	43	2		45
印 刷	4846	43	2		45
书、报、刊印刷	1416	16			23
本册印制	496	5			22
包装装潢及其他印刷	2934	22	2		
文教体育用品制造业	2661	29	14	5	60
玩具制造	1400	14			60
玩具制造	1400	14			60
游艺器材及娱乐用品制造	1261	15	14	5	
游艺用品及室内游艺器材制造	1261	15	14	5	
石油加工、炼焦及核燃料加工业	884	4			
精炼石油产品的制造	884	4			
原油加工及石油制品制造	884	4			
化学原料及化学制品制造业	80511	592	2949	997	2681
基础化学原料制造	9819	120	139	4	851
无机碱制造	860	6			104
无机盐制造	6854	101	3		735
有机化学原料制造	1616	11	136	4	
其他基础化学原料制造	489	2			13
肥料制造	6490	27	142	14	52
氮肥制造	5687	27	12	12	52
复混肥料制造	803		130	3	
农药制造	1520	7			75
化学农药制造	1520	7			75
涂料、油墨、颜料及类似产品制造	46272	338	2280	591	1493
涂料制造	3296	19			20
颜料制造	4320	19	45	3	2
染料制造	37895	291	2234	588	1277
密封用填料及类似品制造	762	8	2		194
合成材料制造	5159	20			84
初级形态的塑料及合成树脂制造	621	4			17
其他合成材料制造	4538	15			67
专用化学产品制造	11252	82	389	388	127

1－C－2 续表7－4 单位：个、万元、人

指 标 名 称	主营业务成 本	主营业务税金及附加	其他业务收 入	其他业务利 润	营业费用
化学试剂和助剂制造	8158	46	353	353	94
专项化学用品制造	1667	20	36	36	33
环境污染处理专用药剂材料制造	1427	16			
医药制造业	8403	34			348
化学药品原药制造	1663	7			38
化学药品原药制造	1663	7			38
中药饮片加工	6740	27			310
中药饮片加工	6740	27			310
化学纤维制造业	64696	219	1023	652	181
合成纤维制造	64696	219	1023	652	181
涤纶纤维制造	64696	219	1023	652	181
橡胶制品业	9182	49	15	15	212
轮胎制造	450	3			16
车辆、飞机及工程机械轮胎制造	450	3			16
橡胶板、管、带的制造	3383	13			98
橡胶板、管、带的制造	3383	13			98
橡胶零件制造	3970	27	15	15	34
橡胶零件制造	3970	27	15	15	34
再生橡胶制造	924	4			35
再生橡胶制造	924	4			35
橡胶靴鞋制造	455	1			28
橡胶靴鞋制造	455	1			28
塑料制品业	32482	198	621	183	634
塑料薄膜制造	1465	4	240	171	8
塑料薄膜制造	1465	4	240	171	8
塑料板、管、型材的制造	9422	29	70	64	41
塑料板、管、型材的制造	9422	29	70	64	41
塑料丝、绳及编织品的制造	793	6			
塑料丝、绳及编织品的制造	793	6			
泡沫塑料制造	6413	37	15	14	223
泡沫塑料制造	6413	37	15	14	223
塑料零件制造	10414	51	296	－66	296
塑料零件制造	10414	51	296	－66	296
日用塑料制造	1701	60			58
日用塑料杂品制造	1701	60			58
其他塑料制品制造	2275	11			8
其他塑料制品制造	2275	11			8
非金属矿物制品业	41062	453	245		1153
水泥、石灰和石膏的制造	13293	70			35
水泥制造	13293	70			35

1－C－2 续表7－5 单位：个、万元、人

指标名称	主营业务成本	主营业务税金及附加	其他业务收入	其他业务利润	营业费用
水泥及石膏制品制造	8251	103			255
砼结构构件制造	6883	94			232
轻质建筑材料制造	1368	9			24
砖瓦、石材及其他建筑材料制造	6238	131	139		58
粘土砖瓦及建筑砌块制造	3254	41			31
建筑陶瓷制品制造	1505	82	139		
建筑用石加工	1478	9			27
玻璃及玻璃制品制造	4755	37			298
技术玻璃制品制造	965	4			54
日用玻璃制品及玻璃包装容器制造	2863	27			241
玻璃纤维及制品制造	927	6			3
陶瓷制品制造	1957	44			
特种陶瓷制品制造	1957	44			
耐火材料制品制造	5445	62	107		395
云母制品制造	1679	8	15		20
耐火陶瓷制品及其他耐火材料制造	3766	54	92		375
石墨及其他非金属矿物制品制造	1123	6			111
其他非金属矿物制品制造	1123	6			111
黑色金属冶炼及压延加工业	35404	91	1226	189	505
钢压延加工	35404	91	1226	189	505
钢压延加工	35404	91	1226	189	505
有色金属冶炼及压延加工业	66484	164	318	131	132
有色金属压延加工	66484	164	318	131	132
常用有色金属压延加工	61578	138	137	1	32
稀有稀土金属压延加工	4907	27	181	130	100
金属制品业	47419	263	182	153	969
结构性金属制品制造	8052	13	152	136	222
金属结构制造	7321	10	150	136	150
金属门窗制造	731	3	1		72
金属工具制造	14606	70	3	3	312
手工具制造	9016	53			82
农用及园林用金属工具制造	840	4	3	3	
其他金属工具制造	4751	13			230
集装箱及金属包装容器制造	4396	31	25	12	233
金属压力容器制造	1447	10	25	12	51
金属包装容器制造	2950	20			182
建筑、安全用金属制品制造	4284	22			37
建筑、家具用金属配件制造	4284	22			37
金属表面处理及热处理加工	14410	115	2	2	119

1－C－2 续表7－6 单位：个、万元、人

指 标 名 称	主营业务成 本	主营业务税金及附加	其他业务收 入	其他业务利 润	营业费用
金属表面处理及热处理加工	14410	115	2	2	119
不锈钢及类似日用金属制品制造	1672	11			47
金属制厨房调理及卫生器具制造	1672	11			47
通用设备制造业	63721	418	338	76	1531
金属加工机械制造	4690	43			172
金属切削机床制造	742	6			78
金属成形机床制造	517	3			24
铸造机械制造	2243	12			60
机床附件制造	631	5			8
其他金属加工机械制造	557	18			2
起重运输设备制造	3163	26			26
起重运输设备制造	3163	26			26
泵、阀门、压缩机及类似机械的制造	12833	87	17	7	664
泵及真空设备制造	2349	16			119
阀门和旋塞的制造	7516	39	10		48
液压和气压动力机械及元件制造	2969	32	7	7	497
轴承、齿轮、传动和驱动部件的制造	6501	55	164	61	116
轴承制造	1055	12	1		20
齿轮、传动和驱动部件制造	5446	43	163	61	96
风机、衡器、包装设备等通用设备制造	3841	25	10		89
风动和电动工具制造	2421	18			48
喷枪及类似器具制造	1420	7	10		42
通用零部件制造及机械修理	10948	71	53	6	180
金属密封件制造	1004	8	5		7
紧固件、弹簧制造	7546	44	7	2	129
机械零部件加工及设备修理	871	5			13
其他通用零部件制造	1528	13	41	3	31
金属铸、锻加工	21744	111	95	2	285
钢铁铸件制造	18390	90	93	17	254
锻件及粉末冶金制品制造	3354	21	2	－15	31
专用设备制造业	11260	67	136	59	535
纺织、服装和皮革工业专用设备制造	2443	35	79	49	78
纺织专用设备制造	1550	25	12	－7	75
皮革、毛皮及其制品加工专用设备制造	397	3	64	52	
缝纫机械制造	496	8	3	3	3
电子和电工机械专用设备制造	2662	13			161
电工机械专用设备制造	2662	13			161
医疗仪器设备及器械制造	5361	15	51	8	290
医疗诊断、监护及治疗设备制造	381	7			159

1－C－2 续表7－7

单位：个、万元、人

指 标 名 称	主营业务成 本	主营业务税金及附加	其他业务收 入	其他业务利 润	营业费用
实验室及医用消毒设备和器具的制造	637	1	51	8	45
医疗、外科及兽医用器械制造	4343	8			87
环保、社会公共安全及其他专用设备制造	795	3	7	2	6
环境污染防治专用设备制造	795	3	7	2	6
交通运输设备制造业	22503	110	372	91	153
汽车制造	14120	65	370	89	46
汽车零部件及配件制造	13373	57	363	83	46
汽车修理	747	9	6	6	
自行车制造	6823	36	2	2	107
脚踏自行车及残疾人座车制造	6823	36	2	2	107
船舶及浮动装置制造	821	5	...		
船舶修理及拆船	821	5	...		
交通器材及其他交通运输设备制造	739	3			
交通管理用金属标志及设施制造	739	3			
电气机械及器材制造业	118323	760	3350	969	2374
电机制造	4346	31	10	8	54
发电机及发电机组制造	568	3	3	3	7
电动机制造	2717	19	6	4	27
微电机及其他电机制造	1062	8	1	1	21
输配电及控制设备制造	73312	460	2842	732	1280
变压器、整流器和电感器制造	8421	75	516	301	127
配电开关控制设备制造	64891	385	2326	431	1153
电线、电缆、光缆及电工器材制造	10788	53	185	79	86
电线电缆制造	7035	24	9	9	83
其他电工器材制造	3752	29	176	70	3
电池制造	4962	33	3		44
电池制造	4962	33	3		44
家用电力器具制造	17806	68	194	103	666
家用制冷电器具制造	6123	17	74	14	264
家用通风电器具制造	3514	10	12		120
家用厨房电器具制造	1601	11	88	87	165
家用电力器具专用配件制造	6568	30	20	2	118
非电力家用器具制造	662	29	111	43	145
燃气、太阳能及类似能源的器具制造	662	29	111	43	145
照明器具制造	2974	30			94
电光源制造	1340	10			47
灯用电器附件及其他照明器具制造	1635	21			47
其他电气机械及器材制造	3474	56	4	4	6
其他未列明的电气机械制造	3474	56	4	4	6

1-C-2 续表7-8 单位：个、万元、人

指标名称	主营业务成本	主营业务税金及附加	其他业务收入	其他业务利润	营业费用
通信设备、计算机及其他电子设备制造业	62060	336	426	111	2004
通信设备制造	21379	47	14	5	14
通信交换设备制造	512	3	5	5	3
其他通信设备制造	20868	44	9		11
电子器件制造	352	10			2
半导体分立器件制造	352	10			2
电子元件制造	40328	279	413	106	1988
电子元件及组件制造	37803	265	103	103	1974
印制电路板制造	2525	15	310	3	14
仪器仪表及文化、办公用机械制造业	8738	54	2		582
通用仪器仪表制造	2849	18	2		57
电工仪器仪表制造	930	6	2		30
供应用仪表及其他通用仪器制造	1919	12			27
专用仪器仪表制造	464	2			91
汽车及其他用计数仪表制造	464	2			91
其他仪器仪表的制造及修理	5426	34			434
其他仪器仪表的制造及修理	5426	34			434
工艺品及其他制造业	4838	15	3	3	57
工艺美术品制造	3529	9			57
雕塑工艺品制造	610	3			21
金属工艺品制造	438	3			25
地毯、挂毯制造	2481	4			11
日用杂品制造	1310	6	3	3	
其他日用杂品制造	1310	6	3	3	
电力、燃气及水的生产和供应业	**160585**	**807**	**4058**	**1514**	**6740**
电力、热力的生产和供应业	127531	475	819	288	6650
电力生产	37519	37	396	24	20
火力发电	29355	4	372		
水力发电	8163	33	24	24	20
电力供应	90012	438	423	264	6630
电力供应	90012	438	423	264	6630
燃气生产和供应业	1526	31	907	842	34
燃气生产和供应业	1526	31	907	842	34
燃气生产和供应业	1526	31	907	842	34
水的生产和供应业	31528	301	2332	383	57
自来水的生产和供应	28456	299	2332	383	55
自来水的生产和供应	28456	299	2332	383	55
污水处理及其再生利用	3072	1			2
污水处理及其再生利用	3072	1			2

1－C－2 续表8－1

单位：个、万元、人

指标名称	管理费用	税金	财务费用	利息支出	营业利润
总计	**69221**	**3311**	**23935**	**22733**	**52909**
一、按轻重工业分					
轻工业	23363	1251	10432	9795	20892
重工业	45858	2060	13503	12938	32017
二、按规模分					
中型企业	16311	571	10321	10502	16464
小型企业	52910	2740	13614	12231	36446
三、按登记注册类型分					
内资	**69221**	**3311**	**23935**	**22733**	**52909**
集体	69221	3311	23935	22733	52909
四、按国民经济行业（门类、大类、中类、小类）分					
采矿业	**4974**	**409**	**515**	**467**	**9195**
非金属矿采选业	4974	409	515	467	9195
土砂石开采	4708	405	568	520	8993
石灰石、石膏开采	1325	337	82	39	773
建筑装饰用石开采	1925	55	31	27	4648
耐火土石开采	477	…	9	9	194
粘土及其他土砂石开采	982	13	445	445	3378
采盐	158	4	－53	－53	72
采盐	158	4	－53	－53	72
石棉及其他非金属矿采选	108				130
其他非金属矿采选	108				130
制造业	**52997**	**2449**	**19292**	**18258**	**36945**
农副食品加工业	773	136	38	27	1413
谷物磨制	33		…	…	38
谷物磨制	33		…	…	38
蔬菜、水果和坚果加工	225	…	22	11	83
蔬菜、水果和坚果加工	225	…	22	11	83
其他农副食品加工	515	136	16	16	1291
豆制品制造	515	136	16	16	1291
食品制造业	393	7	89	81	92
焙烤食品制造	65				－9
糕点、面包制造	65				－9
罐头制造	7	1	1	1	63
蔬菜、水果罐头制造	7	1	1	1	63
其他食品制造	322	6	88	80	38
营养、保健食品制造	322	6	88	80	38
饮料制造业	492	2	123	75	1491
酒的制造	238	2	－2		68
黄酒制造	238	2	－2		68

1－C－2　续表8－2　　　　单位：个、万元、人

指标名称	管理费用	税金	财务费用	利息支出	营业利润
精制茶加工	254		125	75	1423
精制茶加工	254		125	75	1423
纺织业	5973	157	2370	2709	2835
棉、化纤纺织及印染精加工	1151	18	331	328	272
棉、化纤纺织加工	785	14	320	317	－226
棉、化纤印染精加工	366	4	11	11	498
毛纺织和染整精加工	365	22	108	108	378
毛纺织	285	6	108	108	313
毛染整精加工	80	16			65
丝绢纺织及精加工	879	42	124	120	308
缫丝加工	91		15	15	63
绢纺和丝织加工	108	10	105	105	－3
丝印染精加工	679	32	4		248
纺织制成品制造	791	14	974	910	290
丝制品制造	226		594	545	198
绳、索、缆的制造	355	14	379	365	27
其他纺织制成品制造	211		1		65
针织品、编织品及其制品制造	2788	61	833	1242	1586
棉、化纤针织品及编织品制造	2478	47	606	1046	1511
毛针织品及编织品制造	310	14	227	197	75
纺织服装、鞋、帽制造业	2020	135	2445	2374	3146
纺织服装制造	2005	133	2445	2374	3092
纺织服装制造	2005	133	2445	2374	3092
制帽	15	2			55
制帽	15	2			55
皮革、毛皮、羽毛（绒）及其制品业	111	11	4	5	39
皮革制品制造	111	11	4	5	39
皮鞋制造	70	4	4	4	18
皮箱、包（袋）制造	41	7	...	...	22
木材加工及木、竹、藤、棕、草制品业	501	11	1089	1071	－893
锯材、木片加工	40				20
木片加工	40				20
人造板制造	22	...			24
胶合板制造	22	...			24
木制品制造	411	10	1085	1067	－1048
建筑用木料及木材组件加工	328	10	1067	1067	－1122
木容器制造	83		18		73
竹、藤、棕、草制品制造	28	1	4	4	111
竹、藤、棕、草制品制造	28	1	4	4	111
家具制造业	126	7	20		100

1－C－2 续表8－3

单位：个、万元、人

指标名称	管理费用	税金	财务费用	利息支出	营业利润
木质家具制造	126	7	20		100
木质家具制造	126	7	20		100
造纸及纸制品业	1311	59	152	152	－54
造 纸	112	19	23	23	309
机制纸及纸板制造	112	19	23	23	309
纸制品制造	1199	41	129	129	－363
纸和纸板容器的制造	1199	41	129	129	－363
印刷业和记录媒介的复制	513	4	24	20	195
印 刷	513	4	24	20	195
书、报、刊印刷	300	4	11	11	83
本册印制	92		4		24
包装装潢及其他印刷	121		9	9	89
文教体育用品制造业	293	...	73	73	－115
玩具制造	120	...	37	37	12
玩具制造	120	...	37	37	12
游艺器材及娱乐用品制造	173		36	36	－127
游艺用品及室内游艺器材制造	173		36	36	－127
石油加工、炼焦及核燃料加工业	14		...		3
精炼石油产品的制造	14		...		3
原油加工及石油制品制造	14		...		3
化学原料及化学制品制造业	4340	406	1894	1748	6429
基础化学原料制造	851	4	189	154	46
无机碱制造	32	...			28
无机盐制造	653	2	188	152	－93
有机化学原料制造	160	2	2	1	93
其他基础化学原料制造	7				19
肥料制造	544	48	140	141	61
氮肥制造	508	42	141	141	27
复混肥料制造	36	7	...		34
农药制造	91	11	17	17	10
化学农药制造	91	11	17	17	10
涂料、油墨、颜料及类似产品制造	2036	224	1353	1244	5291
涂料制造	21	3			317
颜料制造	121	23	－38		326
染料制造	1764	198	1377	1244	4729
密封用填料及类似品制造	130		14		－81
合成材料制造	210	8	51	50	53
初级形态的塑料及合成树脂制造	41	3	33	32	－32
其他合成材料制造	170	5	17	17	85
专用化学产品制造	607	111	143	143	968

1-C-2 续表8-4 单位：个、万元、人

指 标 名 称	管理费用	税 金	财务费用	利息支出	营业利润
化学试剂和助剂制造	322	109	145	145	669
专项化学用品制造	118	1	...	...	337
环境污染处理专用药剂材料制造	168	...	-2	-2	-39
医药制造业	763	64	464	12	141
化学药品原药制造	125	...	23	12	19
化学药品原药制造	125	...	23	12	19
中药饮片加工	638	64	441		122
中药饮片加工	638	64	441		122
化学纤维制造业	427	98	1167	1133	1267
合成纤维制造	427	98	1167	1133	1267
涤纶纤维制造	427	98	1167	1133	1267
橡胶制品业	303	9	36	31	425
轮胎制造	39		...		-7
车辆、飞机及工程机械轮胎制造	39		...		-7
橡胶板、管、带的制造	51	4	16	16	68
橡胶板、管、带的制造	51	4	16	16	68
橡胶零件制造	161	3	11	11	318
橡胶零件制造	161	3	11	11	318
再生橡胶制造	13		9	4	18
再生橡胶制造	13		9	4	18
橡胶靴鞋制造	40	2			28
橡胶靴鞋制造	40	2			28
塑料制品业	2101	30	1254	1212	-183
塑料薄膜制造	188	10	93	92	-115
塑料薄膜制造	188	10	93	92	-115
塑料板、管、型材的制造	406	2	351	343	-360
塑料板、管、型材的制造	406	2	351	343	-360
塑料丝、绳及编织品的制造	11	...	...		12
塑料丝、绳及编织品的制造	11	...	...		12
泡沫塑料制造	383	1	211	209	163
泡沫塑料制造	383	1	211	209	163
塑料零件制造	873	13	544	514	-105
塑料零件制造	873	13	544	514	-105
日用塑料制造	109	3	54	53	189
日用塑料杂品制造	109	3	54	53	189
其他塑料制品制造	131	1	2	2	32
其他塑料制品制造	131	1	2	2	32
非金属矿物制品业	2188	147	415	388	1807
水泥、石灰和石膏的制造	336	51	15	26	460
水泥制造	336	51	15	26	460

1－C－2 续表8－5 单位：个、万元、人

指 标 名 称	管理费用	税 金	财务费用	利息支出	营业利润
水泥及石膏制品制造	166	13	11	...	707
砼结构构件制造	118	3	12		673
轻质建筑材料制造	48	9	...	...	34
砖瓦、石材及其他建筑材料制造	517	21	19	19	689
粘土砖瓦及建筑砌块制造	315	21	4	4	237
建筑陶瓷制品制造	168		10	10	398
建筑用石加工	34	...	5	5	54
玻璃及玻璃制品制造	535	54	305	297	－190
技术玻璃制品制造	240		251	243	－239
日用玻璃制品及玻璃包装容器制造	263	48	54	54	69
玻璃纤维及制品制造	32	6	...	...	－20
陶瓷制品制造	124	1	...	...	18
特种陶瓷制品制造	124	1	...	...	18
耐火材料制品制造	426	8	54	36	133
云母制品制造	76	1	20	20	10
耐火陶瓷制品及其他耐火材料制造	350	7	33	16	124
石墨及其他非金属矿物制品制造	85	...	11	11	－10
其他非金属矿物制品制造	85	...	11	11	－10
黑色金属冶炼及压延加工业	890	28	992	969	1000
钢压延加工	890	28	992	969	1000
钢压延加工	890	28	992	969	1000
有色金属冶炼及压延加工业	1258	26	502	256	207
有色金属压延加工	1258	26	502	256	207
常用有色金属压延加工	893	24	256	256	－186
稀有稀土金属压延加工	365	2	246		394
金属制品业	2412	179	273	272	3013
结构性金属制品制造	342	113	76	76	358
金属结构制造	303	110	54	54	337
金属门窗制造	39	3	22	22	21
金属工具制造	620	15	14	14	1207
手工具制造	222	1	14	14	1138
农用及园林用金属工具制造	22	1			8
其他金属工具制造	376	14	...		61
集装箱及金属包装容器制造	306	8	50	50	142
金属压力容器制造	163	4	15	15	25
金属包装容器制造	143	4	35	35	117
建筑、安全用金属制品制造	204	1	18	18	172
建筑、家具用金属配件制造	204	1	18	18	172
金属表面处理及热处理加工	781	42	115	115	1072

1－C－2 续表8－6 单位：个、万元、人

指标名称	管理费用	税金	财务费用	利息支出	营业利润
金属表面处理及热处理加工	781	42	115	115	1072
不锈钢及类似日用金属制品制造	159	...	1	1	61
金属制厨房调理及卫生器具制造	159	...	1	1	61
通用设备制造业	5537	241	665	629	3152
金属加工机械制造	724	11	56	54	84
金属切削机床制造	116	6	55	55	7
金属成形机床制造	123	1	...		－30
铸造机械制造	395	1	－1	－1	24
机床附件制造	27	2	...	...	71
其他金属加工机械制造	63	...	1		12
起重运输设备制造	260	12	56	19	106
起重运输设备制造	260	12	56	19	106
泵、阀门、压缩机及类似机械的制造	535	11	99	98	1230
泵及真空设备制造	233		49	49	65
阀门和旋塞的制造	119	9	25	25	678
液压和气压动力机械及元件制造	183	1	25	25	487
轴承、齿轮、传动和驱动部件的制造	902	96	19	18	476
轴承制造	219		9	9	66
齿轮、传动和驱动部件制造	683	96	9	9	410
风机、衡器、包装设备等通用设备制造	377	2	－2	－2	266
风动和电动工具制造	267	1	－1	－1	237
喷枪及类似器具制造	110	...	－1	－1	30
通用零部件制造及机械修理	1433	22	110	133	378
金属密封件制造	228		－8		96
紧固件、弹簧制造	1001	17	104	119	155
机械零部件加工及设备修理	80	3			45
其他通用零部件制造	124	2	14	14	82
金属铸、锻加工	1306	87	327	309	612
钢铁铸件制造	994	70	167	148	451
锻件及粉末冶金制品制造	312	17	161	161	162
专用设备制造业	1539	32	18	5	1638
纺织、服装和皮革工业专用设备制造	735	24	11	11	248
纺织专用设备制造	559	14	－1	－1	220
皮革、毛皮及其制品加工专用设备制造	105	7	13	13	10
缝纫机械制造	71	3	－1	－1	18
电子和电工机械专用设备制造	237		...	...	132
电工机械专用设备制造	237		...	...	132
医疗仪器设备及器械制造	474	3	8	－6	1215
医疗诊断、监护及治疗设备制造	43		1	1	132

1－C－2 续表8－7

单位：个、万元、人

指标名称	管理费用	税金	财务费用	利息支出	营业利润
实验室及医用消毒设备和器具的制造	322	2	7	－7	66
医疗、外科及兽医用器械制造	110	1	...		1018
环保、社会公共安全及其他专用设备制造	93	5	...		43
环境污染防治专用设备制造	93	5	...		43
交通运输设备制造业	1664	26	210	230	－124
汽车制造	1340	6	67	91	－126
汽车零部件及配件制造	1091	5	67	91	94
汽车修理	249	...	...		－220
自行车制造	230	20	126	121	－34
脚踏自行车及残疾人座车制造	230	20	126	121	－34
船舶及浮动装置制造	64		－1		10
船舶修理及拆船	64		－1		10
交通器材及其他交通运输设备制造	30		18	18	26
交通管理用金属标志及设施制造	30		18	18	26
电气机械及器材制造业	11219	408	1966	1808	11250
电机制造	519	24	215	212	80
发电机及发电机组制造	64	3	－1	－1	38
电动机制造	348	20	177	175	－21
微电机及其他电机制造	107	1	39	38	63
输配电及控制设备制造	7254	260	374	274	9210
变压器、整流器和电感器制造	801	94	128	128	1501
配电开关控制设备制造	6453	166	245	146	7709
电线、电缆、光缆及电工器材制造	811	43	341	341	1026
电线电缆制造	276	21	323	323	361
其他电工器材制造	536	22	18	18	665
电池制造	357	5	77	77	326
电池制造	357	5	77	77	326
家用电力器具制造	1439	72	907	851	－258
家用制冷电器具制造	346	37	660	660	－242
家用通风电器具制造	297	11	18	18	28
家用厨房电器具制造	160	1	32	32	－16
家用电力器具专用配件制造	636	24	197	141	－29
非电力家用器具制造	78	...	12	11	111
燃气、太阳能及类似能源的器具制造	78	...	12	11	111
照明器具制造	139	3	42	42	49
电光源制造	25	...	1		4
灯用电器附件及其他照明器具制造	114	2	42	42	45
其他电气机械及器材制造	622	...	－2		706
其他未列明的电气机械制造	622	...	－2		706

1-C-2 续表8-8

单位：个、万元、人

指标名称	管理费用	税金	财务费用	利息支出	营业利润
通信设备、计算机及其他电子设备制造业	4633	201	2880	2863	-1548
通信设备制造	240	144	192	192	324
通信交换设备制造	99	4	17	17	-8
其他通信设备制造	140	140	175	175	332
电子器件制造	9		...	...	137
半导体分立器件制造	9		...	...	137
电子元件制造	4385	57	2688	2671	-2009
电子元件及组件制造	4218	52	2645	2644	-2031
印制电路板制造	167	6	43	27	22
仪器仪表及文化、办公用机械制造业	1001	25	83	74	245
通用仪器仪表制造	350	2	65	60	-60
电工仪器仪表制造	244	2	5		-5
供应用仪表及其他通用仪器制造	106	1	61	60	-55
专用仪器仪表制造	35	5	12	12	27
汽车及其他用计数仪表制造	35	5	12	12	27
其他仪器仪表的制造及修理	616	18	6	1	277
其他仪器仪表的制造及修理	616	18	6	1	277
工艺品及其他制造业	203	1	45	45	-25
工艺美术品制造	162		46	46	-68
雕塑工艺品制造	18		6	6	11
金属工艺品制造	85		40	40	-61
地毯、挂毯制造	58				-18
日用杂品制造	41	1	...	...	43
其他日用杂品制造	41	1	...	...	43
电力、燃气及水的生产和供应业	**11251**	**453**	**4128**	**4008**	**6770**
电力、热力的生产和供应业	5277	243	1266	1282	5378
电力生产	1949	202	848	876	-7979
火力发电	1538	118	834	861	-8133
水力发电	411	84	15	15	154
电力供应	3328	41	418	406	13357
电力供应	3328	41	418	406	13357
燃气生产和供应业	514	9	69	69	249
燃气生产和供应业	514	9	69	69	249
燃气生产和供应业	514	9	69	69	249
水的生产和供应业	5460	202	2792	2656	1143
自来水的生产和供应	4523	189	778	637	3204
自来水的生产和供应	4523	189	778	637	3204
污水处理及其再生利用	937	12	2014	2019	-2062
污水处理及其再生利用	937	12	2014	2019	-2062

1－C－2　续表9－1　　单位：个、万元、人

指　标　名　称	投资收益	补贴收入	营业外收入	营业外支出	利润总额
总　计	**341**	**8543**	**8956**	**4974**	**65523**
一、按轻重工业分					
轻工业	－163	4619	4912	2478	27664
重工业	504	3924	4044	2495	37859
二、按规模分					
中型企业	166	3031	2111	853	20919
小型企业	175	5512	6845	4121	44604
三、按登记注册类型分					
内　资	**341**	**8543**	**8956**	**4974**	**65523**
集　体	341	8543	8956	4974	65523
四、按国民经济行业(门类、大类、中类、小类)分					
采矿业		**8**	**9**	**40**	**9173**
非金属矿采选业		8	9	40	9173
土砂石开采		8	4	40	8965
石灰石、石膏开采			4	29	748
建筑装饰用石开采				6	4642
耐火土石开采					194
粘土及其他土砂石开采		8		5	3381
采　盐			6	…	78
采　盐			6	…	78
石棉及其他非金属矿采选					130
其他非金属矿采选					130
制造业	**323**	**8092**	**8541**	**4462**	**49222**
农副食品加工业		40	318	225	1546
谷物磨制			…		38
谷物磨制			…		38
蔬菜、水果和坚果加工				1	83
蔬菜、水果和坚果加工				1	83
其他农副食品加工		40	318	224	1425
豆制品制造		40	318	224	1425
食品制造业			2	8	86
焙烤食品制造					－9
糕点、面包制造					－9
罐头制造			1	1	63
蔬菜、水果罐头制造			1	1	63
其他食品制造			1	7	32
营养、保健食品制造			1	7	32
饮料制造业	…		1	204	1289
酒的制造			…	4	64
黄酒制造			…	4	64

1－C－2 续表9－2 单位：个、万元、人

指标名称	投资收益	补贴收入	营业外收入	营业外支出	利润总额
精制茶加工	...		1	200	1224
精制茶加工	...		1	200	1224
纺织业	－306	873	324	526	3199
棉、化纤纺织及印染精加工	－405	418	25	149	161
棉、化纤纺织加工			7	125	－344
棉、化纤印染精加工	－405	418	19	24	505
毛纺织和染整精加工	...		171	6	543
毛纺织	...		160	6	467
毛染整精加工			11		76
丝绢纺织及精加工	40	36	5	19	370
缫丝加工					63
绢纺和丝织加工		15	3	6	9
丝印染精加工	40	21	2	13	298
纺织制成品制造			2	31	262
丝制品制造					198
绳、索、缆的制造				17	10
其他纺织制成品制造			2	14	53
针织品、编织品及其制品制造	59	419	121	321	1863
棉、化纤针织品及编织品制造	57	280	119	248	1719
毛针织品及编织品制造	2	139	2	73	145
纺织服装、鞋、帽制造业		1073	3	26	4196
纺织服装制造		1073	3	26	4141
纺织服装制造		1073	3	26	4141
制帽					55
制帽					55
皮革、毛皮、羽毛(绒)及其制品业				1	39
皮革制品制造				1	39
皮鞋制造				1	17
皮箱、包(袋)制造					22
木材加工及木、竹、藤、棕、草制品业	80	58	4	92	－843
锯材、木片加工		30		...	50
木片加工		30		...	50
人造板制造		29			53
胶合板制造		29			53
木制品制造	80		4	30	－994
建筑用木料及木材组件加工	80		4	29	－1066
木容器制造				1	72
竹、藤、棕、草制品制造			...	62	49
竹、藤、棕、草制品制造			...	62	49
家具制造业		24		1	124

1－C－2　续表9－3　　　　单位：个、万元、人

指　标　名　称	投资收益	补贴收入	营业外收入	营业外支出	利润总额
木质家具制造		24		1	124
木质家具制造		24		1	124
造纸及纸制品业	10	256	2971	917	2266
造　纸		75	1	3	382
机制纸及纸板制造		75	1	3	382
纸制品制造	10	181	2970	914	1884
纸和纸板容器的制造	10	181	2970	914	1884
印刷业和记录媒介的复制	3	5	3	31	176
印　刷	3	5	3	31	176
书、报、刊印刷	3		2	4	83
本册印制		5	2	25	5
包装装潢及其他印刷			...	1	88
文教体育用品制造业		58	...	57	－113
玩具制造			...	...	12
玩具制造			...	...	12
游艺器材及娱乐用品制造		58		57	－125
游艺用品及室内游艺器材制造		58		57	－125
石油加工、炼焦及核燃料加工业					3
精炼石油产品的制造					3
原油加工及石油制品制造					3
化学原料及化学制品制造业	58	1796	763	318	8717
基础化学原料制造	1	474	32	12	541
无机碱制造		16			44
无机盐制造	1	384	29	1	320
有机化学原料制造		74	4	11	158
其他基础化学原料制造					19
肥料制造		10	1	17	54
氮肥制造			1	17	11
复混肥料制造		10			43
农药制造			2	3	9
化学农药制造			2	3	9
涂料、油墨、颜料及类似产品制造	1	1014	677	194	6789
涂料制造				79	238
颜料制造		108		7	427
染料制造	1	906	677	108	6205
密封用填料及类似品制造					－81
合成材料制造		134	43	3	217
初级形态的塑料及合成树脂制造			35	2	1
其他合成材料制造		134	8	1	216
专用化学产品制造	56	165	8	89	1108

1-C-2 续表9-4 单位:个、万元、人

指 标 名 称	投资收益	补贴收入	营业外收入	营业外支出	利润总额
化学试剂和助剂制造		119	8	86	711
专项化学用品制造		46		2	381
环境污染处理专用药剂材料制造	56			2	16
医药制造业		96	1	10	228
化学药品原药制造		61		7	73
化学药品原药制造		61		7	73
中药饮片加工		35	1	3	155
中药饮片加工		35	1	3	155
化学纤维制造业	123		13	4	1399
合成纤维制造	123		13	4	1399
涤纶纤维制造	123		13	4	1399
橡胶制品业		57	22	28	476
轮胎制造			22	1	14
车辆、飞机及工程机械轮胎制造			22	1	14
橡胶板、管、带的制造				24	44
橡胶板、管、带的制造				24	44
橡胶零件制造		57		4	372
橡胶零件制造		57		4	372
再生橡胶制造					18
再生橡胶制造					18
橡胶靴鞋制造					28
橡胶靴鞋制造					28
塑料制品业	7	770	163	142	532
塑料薄膜制造			6		-109
塑料薄膜制造			6		-109
塑料板、管、型材的制造	7	157	30	19	-185
塑料板、管、型材的制造	7	157	30	19	-185
塑料丝、绳及编织品的制造					12
塑料丝、绳及编织品的制造					12
泡沫塑料制造		44	23	10	221
泡沫塑料制造		44	23	10	221
塑料零件制造		411	20	89	237
塑料零件制造		411	20	89	237
日用塑料制造		48	32	23	245
日用塑料杂品制造		48	32	23	245
其他塑料制品制造		110	52	1	111
其他塑料制品制造		110	52	1	111
非金属矿物制品业		387	114	101	2208
水泥、石灰和石膏的制造		52	82	1	594
水泥制造		52	82	1	594

1－C－2 续表9－5 单位：个、万元、人

指 标 名 称	投资收益	补贴收入	营业外收入	营业外支出	利润总额
水泥及石膏制品制造				65	642
砼结构构件制造				4	669
轻质建筑材料制造				61	－27
砖瓦、石材及其他建筑材料制造			13	1	701
粘土砖瓦及建筑砌块制造			13	1	248
建筑陶瓷制品制造					398
建筑用石加工					54
玻璃及玻璃制品制造		304	8	5	116
技术玻璃制品制造				...	－239
日用玻璃制品及玻璃包装容器制造		304	6	3	375
玻璃纤维及制品制造			2	2	－20
陶瓷制品制造				18	...
特种陶瓷制品制造				18	...
耐火材料制品制造			11	7	137
云母制品制造				5	5
耐火陶瓷制品及其他耐火材料制造			11	3	132
石墨及其他非金属矿物制品制造		32	...	3	18
其他非金属矿物制品制造		32	...	3	18
黑色金属冶炼及压延加工业	23	48	140	92	1118
钢压延加工	23	48	140	92	1118
钢压延加工	23	48	140	92	1118
有色金属冶炼及压延加工业		20	201	77	351
有色金属压延加工		20	201	77	351
常用有色金属压延加工		20	201	72	－38
稀有稀土金属压延加工			1	4	390
金属制品业	...	285	14	775	2445
结构性金属制品制造	...	...	...	1	358
金属结构制造	...			...	338
金属门窗制造		...	...	1	20
金属工具制造		112	2	718	604
手工具制造		103	1	700	542
农用及园林用金属工具制造					8
其他金属工具制造		9	2	18	54
集装箱及金属包装容器制造		71	9	7	215
金属压力容器制造			9	1	33
金属包装容器制造		71		6	182
建筑、安全用金属制品制造		93		3	170
建筑、家具用金属配件制造		93		3	170
金属表面处理及热处理加工		7	2	44	1036

1－C－2 续表9－6

单位：个、万元、人

指 标 名 称	投资收益	补贴收入	营业外收入	营业外支出	利润总额
金属表面处理及热处理加工		7	2	44	1036
不锈钢及类似日用金属制品制造		2		2	61
金属制厨房调理及卫生器具制造		2		2	61
通用设备制造业	4	577	430	252	3910
金属加工机械制造	1		49	19	114
金属切削机床制造				1	6
金属成形机床制造				1	－31
铸造机械制造			10	18	17
机床附件制造	1		39	...	110
其他金属加工机械制造					12
起重运输设备制造			39	8	137
起重运输设备制造			39	8	137
泵、阀门、压缩机及类似机械的制造	2	110	15	50	1307
泵及真空设备制造	2	...		5	62
阀门和旋塞的制造			10	32	656
液压和气压动力机械及元件制造		110	5	13	589
轴承、齿轮、传动和驱动部件的制造		127	147	6	744
轴承制造					66
齿轮、传动和驱动部件制造		127	147	6	678
风机、衡器、包装设备等通用设备制造		129	65	103	358
风动和电动工具制造		85	65	102	284
喷枪及类似器具制造		45	...	1	74
通用零部件制造及机械修理	...		102	34	447
金属密封件制造				2	94
紧固件、弹簧制造	...		38	28	165
机械零部件加工及设备修理			...	2	43
其他通用零部件制造			64	2	145
金属铸、锻加工	1	211	13	34	804
钢铁铸件制造	1	80	13	23	522
锻件及粉末冶金制品制造		131		11	282
专用设备制造业		95	251	34	1949
纺织、服装和皮革工业专用设备制造		71	151	10	459
纺织专用设备制造		71	151	9	432
皮革、毛皮及其制品加工专用设备制造				...	10
缝纫机械制造				1	17
电子和电工机械专用设备制造					132
电工机械专用设备制造					132
医疗仪器设备及器械制造			100	22	1294
医疗诊断、监护及治疗设备制造					132

1－C－2 续表9－7

单位：个、万元、人

指 标 名 称	投资收益	补贴收入	营业外收入	营业外支出	利润总额
实验室及医用消毒设备和器具的制造			2	19	48
医疗、外科及兽医用器械制造			99	3	1114
环保、社会公共安全及其他专用设备制造		24		2	65
环境污染防治专用设备制造		24		2	65
交通运输设备制造业	4	241	430	45	507
汽车制造		241	393	35	473
汽车零部件及配件制造		241	393	35	693
汽车修理					－220
自行车制造	4		21	8	－16
脚踏自行车及残疾人座车制造	4		21	8	－16
船舶及浮动装置制造			16	1	25
船舶修理及拆船			16	1	25
交通器材及其他交通运输设备制造				1	25
交通管理用金属标志及设施制造				1	25
电气机械及器材制造业	367	922	1789	308	13989
电机制造		224	5	23	285
发电机及发电机组制造		35		1	73
电动机制造		122	5	16	90
微电机及其他电机制造		66		6	123
输配电及控制设备制造	365	76	1606	130	11127
变压器、整流器和电感器制造		76	127	5	1699
配电开关控制设备制造	365		1479	126	9428
电线、电缆、光缆及电工器材制造		43	2	98	942
电线电缆制造		43	2	93	282
其他电工器材制造				5	660
电池制造		270	1	31	567
电池制造		270	1	31	567
家用电力器具制造	2	308	174	21	205
家用制冷电器具制造		217	99	11	63
家用通风电器具制造	2		17	...	47
家用厨房电器具制造		92	4	7	72
家用电力器具专用配件制造			55	3	23
非电力家用器具制造			...	4	107
燃气、太阳能及类似能源的器具制造			...	4	107
照明器具制造	...	1		1	49
电光源制造		1		1	4
灯用电器附件及其他照明器具制造	...			...	45
其他电气机械及器材制造					706
其他未列明的电气机械制造					706

1－C－2　续表 9－8　　　　　　　　　　　　　　　　　单位：个、万元、人

指标名称	投资收益	补贴收入	营业外收入	营业外支出	利润总额
通信设备、计算机及其他电子设备制造业	－50	401	500	161	－858
通信设备制造		391		12	702
通信交换设备制造		23		1	14
其他通信设备制造		367		11	688
电子器件制造					137
半导体分立器件制造					137
电子元件制造	－50	10	500	149	－1697
电子元件及组件制造	－50	8	389	143	－1827
印制电路板制造		2	111	5	130
仪器仪表及文化、办公用机械制造业		10	87	28	314
通用仪器仪表制造		10	87	2	35
电工仪器仪表制造		10	4		9
供应用仪表及其他通用仪器制造			83	2	26
专用仪器仪表制造				1	27
汽车及其他用计数仪表制造				1	27
其他仪器仪表的制造及修理				25	252
其他仪器仪表的制造及修理				25	252
工艺品及其他制造业				3	－27
工艺美术品制造				1	－69
雕塑工艺品制造					11
金属工艺品制造					－61
地毯、挂毯制造				1	－19
日用杂品制造				2	41
其他日用杂品制造				2	41
电力、燃气及水的生产和供应业	**18**	**443**	**406**	**472**	**7128**
电力、热力的生产和供应业	18	305	192	371	5521
电力生产			39	33	－7973
火力发电			36	26	－8123
水力发电			3	7	150
电力供应	18	305	153	338	13494
电力供应	18	305	153	338	13494
燃气生产和供应业				5	245
燃气生产和供应业				5	245
燃气生产和供应业				5	245
水的生产和供应业	…	138	214	96	1362
自来水的生产和供应	…	138	213	96	3423
自来水的生产和供应	…	138	213	96	3423
污水处理及其再生利用			1		－2061
污水处理及其再生利用			1		－2061

1－C－2 续表 10－1

单位：个、万元、人

指 标 名 称	亏损企业 亏损总额	应交所得税	利税总额	本年应付 工资总额	本年应付 福利费总额
总 计	**18051**	**13703**	**123113**	**90459**	**7075**
一、按轻重工业分					
轻工业	2791	4910	46181	34704	2526
重工业	15260	8792	76932	55755	4549
二、按规模分					
中型企业	10028	5801	34864	24098	1411
小型企业	8023	7901	88249	66361	5663
三、按登记注册类型分					
内 资	**18051**	**13703**	**123113**	**90459**	**7075**
集 体	18051	13703	123113	90459	7075
四、按国民经济行业(门类、大类、中类、小类)分					
采矿业	**12**	**862**	**17989**	**6936**	**619**
非金属矿采选业	12	862	17989	6936	619
土砂石开采	12	835	17545	6330	387
石灰石、石膏开采		264	2287	753	86
建筑装饰用石开采		227	7645	3926	226
耐火土石开采		28	866	453	21
粘土及其他土砂石开采	12	316	6747	1198	55
采 盐			179	489	222
采 盐			179	489	222
石棉及其他非金属矿采选		27	265	117	9
其他非金属矿采选		27	265	117	9
制造业	**7121**	**9753**	**91948**	**74717**	**4916**
农副食品加工业		248	1989	701	14
谷物磨制		6	75	33	
谷物磨制		6	75	33	
蔬菜、水果和坚果加工		...	199	101	14
蔬菜、水果和坚果加工		...	199	101	14
其他农副食品加工		241	1714	567	
豆制品制造		241	1714	567	
食品制造业	9	2	170	324	21
焙烤食品制造	9		51	36	
糕点、面包制造	9		51	36	
罐头制造		2	68	83	3
蔬菜、水果罐头制造		2	68	83	3
其他食品制造			51	205	18
营养、保健食品制造			51	205	18
饮料制造业		189	2109	1233	148
酒的制造		22	497	417	15
黄酒制造		22	497	417	15

1－C－2 续表 10－2 单位：个、万元、人

指 标 名 称	亏损企业亏损总额	应交所得税	利税总额	本年应付工资总额	本年应付福利费总额
精制茶加工		167	1612	816	133
精制茶加工		167	1612	816	133
纺织业	966	516	7430	10252	795
棉、化纤纺织及印染精加工	935	74	1022	2093	102
棉、化纤纺织加工	935	56	172	1391	94
棉、化纤印染精加工		18	850	702	8
毛纺织和染整精加工		76	749	438	95
毛纺织		63	624	302	75
毛染整精加工		13	125	137	20
丝绢纺织及精加工		61	926	1540	189
缫丝加工		16	227	220	
绢纺和丝织加工		7	82	278	91
丝印染精加工		38	617	1042	99
纺织制成品制造		67	528	1224	165
丝制品制造		51	265	335	34
绳、索、缆的制造		3	111	794	118
其他纺织制成品制造		14	152	96	13
针织品、编织品及其制品制造	31	238	4205	4956	244
棉、化纤针织品及编织品制造	31	233	3745	4444	205
毛针织品及编织品制造		5	461	512	39
纺织服装、鞋、帽制造业	395	678	6973	6047	162
纺织服装制造	395	678	6878	6007	162
纺织服装制造	395	678	6878	6007	162
制 帽			96	39	
制 帽			96	39	
皮革、毛皮、羽毛(绒)及其制品业		11	145	259	1
皮革制品制造		11	145	259	1
皮鞋制造		5	80	187	1
皮箱、包(袋)制造		5	65	72	…
木材加工及木、竹、藤、棕、草制品业	1066	31	－84	673	28
锯材、木片加工		1	84	55	3
木片加工		1	84	55	3
人造板制造		13	91	51	7
胶合板制造		13	91	51	7
木制品制造	1066	17	－408	375	17
建筑用木料及木材组件加工	1066		－722	188	
木容器制造		17	314	187	17
竹、藤、棕、草制品制造			150	193	1
竹、藤、棕、草制品制造			150	193	1
家具制造业		9	316	268	

1－C－2 续表 10－3

单位：个、万元、人

指 标 名 称	亏损企业亏损总额	应交所得税	利税总额	本年应付工资总额	本年应付福利费总额
木质家具制造		9	316	268	
木质家具制造		9	316	268	
造纸及纸制品业	387	703	3077	1388	80
造 纸	28	16	655	321	28
机制纸及纸板制造	28	16	655	321	28
纸制品制造	359	688	2422	1067	52
纸和纸板容器的制造	359	688	2422	1067	52
印刷业和记录媒介的复制		33	553	714	82
印 刷		33	553	714	82
书、报、刊印刷		12	234	298	41
本册印制		1	48	73	11
包装装潢及其他印刷		20	270	343	30
文教体育用品制造业	144	1	6	343	61
玩具制造	19	1	67	179	9
玩具制造	19	1	67	179	9
游艺器材及娱乐用品制造	125		－61	164	53
游艺用品及室内游艺器材制造	125		－61	164	53
石油加工、炼焦及核燃料加工业		1	28	21	...
精炼石油产品的制造		1	28	21	...
原油加工及石油制品制造		1	28	21	...
化学原料及化学制品制造业	211	2065	13808	4636	369
基础化学原料制造		58	1214	635	72
无机碱制造			103	54	1
无机盐制造		42	818	414	51
有机化学原料制造		16	263	153	17
其他基础化学原料制造		...	30	14	3
肥料制造		18	352	711	98
氮肥制造		8	309	678	98
复混肥料制造		11	43	32	
农药制造		2	60	91	5
化学农药制造		2	60	91	5
涂料、油墨、颜料及类似产品制造	211	1753	9905	2082	69
涂料制造		60	284	30	1
颜料制造		108	669	176	
染料制造	131	1584	8968	1607	68
密封用填料及类似品制造	81	2	－16	269	
合成材料制造		5	395	271	30
初级形态的塑料及合成树脂制造			34	52	1
其他合成材料制造		5	361	219	29
专用化学产品制造		229	1883	846	95

1－C－2　续表 10－4　　　　　　　　　　　　　　　　　　　　单位：个、万元、人

指标名称	亏损企业亏损总额	应交所得税	利税总额	本年应付工资总额	本年应付福利费总额
化学试剂和助剂制造		130	1155	403	26
专项化学用品制造		95	560	286	47
环境污染处理专用药剂材料制造		4	168	157	22
医药制造业		5	480	572	20
化学药品原药制造		5	147	98	10
化学药品原药制造		5	147	98	10
中药饮片加工			333	474	10
中药饮片加工			333	474	10
化学纤维制造业			2032	2012	213
合成纤维制造			2032	2012	213
涤纶纤维制造			2032	2012	213
橡胶制品业		63	944	799	60
轮胎制造			46	63	2
车辆、飞机及工程机械轮胎制造			46	63	2
橡胶板、管、带的制造		2	171	107	12
橡胶板、管、带的制造		2	171	107	12
橡胶零件制造		53	628	523	36
橡胶零件制造		53	628	523	36
再生橡胶制造		5	48	46	7
再生橡胶制造		5	48	46	7
橡胶靴鞋制造		3	50	61	4
橡胶靴鞋制造		3	50	61	4
塑料制品业	580	98	2144	2126	153
塑料薄膜制造	109		－85	110	
塑料薄膜制造	109		－85	110	
塑料板、管、型材的制造	228	11	67	272	17
塑料板、管、型材的制造	228	11	67	272	17
塑料丝、绳及编织品的制造		6	52	87	
塑料丝、绳及编织品的制造		6	52	87	
泡沫塑料制造		44	609	503	40
泡沫塑料制造		44	609	503	40
塑料零件制造	242	23	777	820	24
塑料零件制造	242	23	777	820	24
日用塑料制造		10	491	187	53
日用塑料杂品制造		10	491	187	53
其他塑料制品制造		5	233	146	20
其他塑料制品制造		5	233	146	20
非金属矿物制品业	287	309	4910	5032	460
水泥、石灰和石膏的制造		108	1179	453	21
水泥制造		108	1179	453	21

1－C－2 续表10－5　　　　单位：个、万元、人

指标名称	亏损企业亏损总额	应交所得税	利税总额	本年应付工资总额	本年应付福利费总额
水泥及石膏制品制造	27	107	1067	647	31
砼结构构件制造		101	1011	568	27
轻质建筑材料制造	27	6	57	79	5
砖瓦、石材及其他建筑材料制造		47	1110	996	109
粘土砖瓦及建筑砌块制造		33	436	670	70
建筑陶瓷制品制造			549	193	27
建筑用石加工		14	124	133	13
玻璃及玻璃制品制造	259	...	453	666	69
技术玻璃制品制造	239		－202	151	23
日用玻璃制品及玻璃包装容器制造			626	338	30
玻璃纤维及制品制造	20	...	29	177	16
陶瓷制品制造			408	1838	204
特种陶瓷制品制造			408	1838	204
耐火材料制品制造		41	569	349	21
云母制品制造			84	151	9
耐火陶瓷制品及其他耐火材料制造		41	486	198	13
石墨及其他非金属矿物制品制造		6	124	84	6
其他非金属矿物制品制造		6	124	84	6
黑色金属冶炼及压延加工业	34	255	2352	1490	92
钢压延加工	34	255	2352	1490	92
钢压延加工	34	255	2352	1490	92
有色金属冶炼及压延加工业	565	184	2644	1165	76
有色金属压延加工	565	184	2644	1165	76
常用有色金属压延加工	565	87	1961	745	49
稀有稀土金属压延加工		97	683	420	27
金属制品业	48	405	4725	4602	182
结构性金属制品制造		89	448	426	43
金属结构制造		83	389	340	43
金属门窗制造		5	58	87	
金属工具制造		19	1335	779	51
手工具制造		15	686	161	21
农用及园林用金属工具制造		2	45	139	3
其他金属工具制造		2	604	479	27
集装箱及金属包装容器制造		17	443	477	19
金属压力容器制造		11	101	282	15
金属包装容器制造		6	343	195	5
建筑、安全用金属制品制造		18	366	424	3
建筑、家具用金属配件制造		18	366	424	3
金属表面处理及热处理加工	48	248	1967	2311	43

1－C－2 续表10－6 单位：个、万元、人

指标名称	亏损企业亏损总额	应交所得税	利税总额	本年应付工资总额	本年应付福利费总额
金属表面处理及热处理加工	48	248	1967	2311	43
不锈钢及类似日用金属制品制造		15	167	186	23
金属制厨房调理及卫生器具制造		15	167	186	23
通用设备制造业	43	572	7900	7648	569
金属加工机械制造	31	19	396	1159	128
金属切削机床制造		1	73	233	28
金属成形机床制造	31		1	232	21
铸造机械制造		2	124	491	66
机床附件制造		13	160	96	3
其他金属加工机械制造		2	38	107	10
起重运输设备制造		18	378	442	33
起重运输设备制造		18	378	442	33
泵、阀门、压缩机及类似机械的制造		204	2049	998	161
泵及真空设备制造		15	214	358	50
阀门和旋塞的制造		64	966	323	65
液压和气压动力机械及元件制造		125	870	318	47
轴承、齿轮、传动和驱动部件的制造		88	1289	1178	10
轴承制造		17	162	151	1
齿轮、传动和驱动部件制造		72	1127	1027	9
风机、衡器、包装设备等通用设备制造		26	637	517	24
风动和电动工具制造		23	513	376	23
喷枪及类似器具制造		4	123	141	1
通用零部件制造及机械修理	...	65	1121	1381	117
金属密封件制造		23	171	173	
紧固件、弹簧制造		18	576	733	85
机械零部件加工及设备修理	...	11	95	162	20
其他通用零部件制造		12	279	312	13
金属铸、锻加工	12	152	2030	1973	95
钢铁铸件制造	12	121	1571	1667	89
锻件及粉末冶金制品制造		31	459	306	5
专用设备制造业		119	2655	1290	111
纺织、服装和皮革工业专用设备制造		80	794	747	80
纺织专用设备制造		64	672	494	45
皮革、毛皮及其制品加工专用设备制造		2	35	61	8
缝纫机械制造		14	87	192	27
电子和电工机械专用设备制造		33	254	88	12
电工机械专用设备制造		33	254	88	12
医疗仪器设备及器械制造		1	1505	384	3
医疗诊断、监护及治疗设备制造			161	58	3

1－C－2　续表 10－7　　　　单位：个、万元、人

指　标　名　称	亏损企业亏损总额	应交所得税	利税总额	本年应付工资总额	本年应付福利费总额
实验室及医用消毒设备和器具的制造			145	180	
医疗、外科及兽医用器械制造		1	1198	146	
环保、社会公共安全及其他专用设备制造		4	103	72	16
环境污染防治专用设备制造		4	103	72	16
交通运输设备制造业	263	112	1487	2828	116
汽车制造	220	86	1094	2056	85
汽车零部件及配件制造		86	1233	1542	45
汽车修理	220		－140	513	40
自行车制造	43	6	248	629	16
脚踏自行车及残疾人座车制造	43	6	248	629	16
船舶及浮动装置制造		16	84	38	1
船舶修理及拆船		16	84	38	1
交通器材及其他交通运输设备制造		5	61	106	15
交通管理用金属标志及设施制造		5	61	106	15
电气机械及器材制造业	126	3001	19782	11941	857
电机制造	56	37	566	551	32
发电机及发电机组制造			109	118	17
电动机制造	56	29	258	295	15
微电机及其他电机制造		8	199	138	
输配电及控制设备制造	38	2645	14591	7275	556
变压器、整流器和电感器制造		389	2468	714	92
配电开关控制设备制造	38	2256	12123	6561	464
电线、电缆、光缆及电工器材制造		180	1493	702	104
电线电缆制造		45	524	286	47
其他电工器材制造		135	970	416	56
电池制造		46	888	355	10
电池制造		46	888	355	10
家用电力器具制造	32	44	767	1639	108
家用制冷电器具制造		7	245	678	
家用通风电器具制造		12	150	277	82
家用厨房电器具制造			175	151	15
家用电力器具专用配件制造	32	25	196	534	11
非电力家用器具制造		26	211	90	11
燃气、太阳能及类似能源的器具制造		26	211	90	11
照明器具制造		11	159	749	11
电光源制造		1	14	169	11
灯用电器附件及其他照明器具制造		10	145	580	
其他电气机械及器材制造		13	1108	580	26
其他未列明的电气机械制造		13	1108	580	26

1－C－2　续表 10－8　　　　单位：个、万元、人

指　标　名　称	亏损企业亏损总额	应交所得税	利税总额	本年应付工资总额	本年应付福利费总额
通信设备、计算机及其他电子设备制造业	1905	56	2371	4501	92
通信设备制造		5	1197	309	7
通信交换设备制造		5	44	83	5
其他通信设备制造			1153	226	2
电子器件制造		1	183	48	6
半导体分立器件制造		1	183	48	6
电子元件制造	1905	51	991	4143	79
电子元件及组件制造	1905	16	710	4020	60
印制电路板制造		35	281	123	19
仪器仪表及文化、办公用机械制造业	13	77	891	1303	105
通用仪器仪表制造	13	7	213	387	42
电工仪器仪表制造	13	2	77	203	38
供应用仪表及其他通用仪器制造		5	136	184	4
专用仪器仪表制造		7	53	75	2
汽车及其他用计数仪表制造		7	53	75	2
其他仪器仪表的制造及修理		63	625	842	61
其他仪器仪表的制造及修理		63	625	842	61
工艺品及其他制造业	80	11	112	551	49
工艺美术品制造	80		21	381	49
雕塑工艺品制造			28	31	7
金属工艺品制造	61		－33	302	42
地毯、挂毯制造	19		26	47	
日用杂品制造		11	92	170	
其他日用杂品制造		11	92	170	
电力、燃气及水的生产和供应业	**10919**	**3088**	**13176**	**8807**	**1540**
电力、热力的生产和供应业	8123	2393	9465	5300	970
电力生产	8123	26	－7787	2134	342
火力发电	8123		－8118	1800	197
水力发电		26	331	334	146
电力供应		2367	17252	3166	628
电力供应		2367	17252	3166	628
燃气生产和供应业		54	332	265	18
燃气生产和供应业		54	332	265	18
燃气生产和供应业		54	332	265	18
水的生产和供应业	2796	641	3379	3241	551
自来水的生产和供应	524	588	5439	3064	527
自来水的生产和供应	524	588	5439	3064	527
污水处理及其再生利用	2272	53	－2059	177	24
污水处理及其再生利用	2272	53	－2059	177	24

1－C－2 续表11－1 单位：个、万元、人

指标名称	本年应交增值税	本年进项税额	本年销项税额	全部从业人员年平均人数	银行贷款余额
总计	**48287**	**153315**	**192206**	**39310**	**223308**
一、按轻重工业分					
轻工业	16069	56311	67356	16070	126506
重工业	32218	97004	124849	23240	96802
二、按规模分					
中型企业	12466	57062	64290	8832	113887
小型企业	35821	96253	127915	30478	109421
三、按登记注册类型分					
内 资	**48287**	**153315**	**192206**	**39310**	**223308**
集 体	48287	153315	192206	39310	223308
四、按国民经济行业(门类、大类、中类、小类)分					
采矿业	**5502**	**5835**	**11268**	**2766**	**557**
非金属矿采选业	5502	5835	11268	2766	557
土砂石开采	5313	5598	10822	2480	557
石灰石、石膏开采	920	539	1400	396	325
建筑装饰用石开采	2048	3786	5834	1313	232
耐火土石开采	574	174	718	230	
粘土及其他土砂石开采	1771	1099	2869	541	
采 盐	92	7	98	220	
采 盐	92	7	98	220	
石棉及其他非金属矿采选	97	231	348	66	
其他非金属矿采选	97	231	348	66	
制造业	**37545**	**128238**	**156889**	**34234**	**198474**
农副食品加工业	392	1279	1671	360	
谷物磨制	35	244	279	18	
谷物磨制	35	244	279	18	
蔬菜、水果和坚果加工	107	192	299	86	
蔬菜、水果和坚果加工	107	192	299	86	
其他农副食品加工	251	843	1094	256	
豆制品制造	251	843	1094	256	
食品制造业	75	878	926	167	595
焙烤食品制造	54	82	135	17	
糕点、面包制造	54	82	135	17	
罐头制造	4	115	118	46	145
蔬菜、水果罐头制造	4	115	118	46	145
其他食品制造	17	682	673	104	450
营养、保健食品制造	17	682	673	104	450
饮料制造业	504	1969	2463	472	600
酒的制造	193	429	613	207	
黄酒制造	193	429	613	207	

1－C－2 续表 11－2

单位：个、万元、人

指 标 名 称	本年应交增值税	本年进项税额	本年销项税额	全部从业人员年平均人数	银行贷款余额
精制茶加工	311	1540	1851	265	600
精制茶加工	311	1540	1851	265	600
纺织业	3872	15729	15297	4847	29165
棉、化纤纺织及印染精加工	764	1807	2570	1108	3606
棉、化纤纺织加工	455	1348	1803	768	1599
棉、化纤印染精加工	309	459	768	340	2007
毛纺织和染整精加工	182	908	1089	206	1403
毛纺织	140	865	1004	134	900
毛染整精加工	42	43	85	72	503
丝绢纺织及精加工	520	1323	1800	601	984
缫丝加工	145	300	445	87	18
绢纺和丝织加工	66	440	507	168	966
丝印染精加工	309	582	848	346	
纺织制成品制造	219	2315	2423	539	10788
丝制品制造	57	1408	1465	120	7488
绳、索、缆的制造	73	593	555	353	3300
其他纺织制成品制造	88	314	403	66	
针织品、编织品及其制品制造	2187	9377	7415	2393	12385
棉、化纤针织品及编织品制造	1904	8664	6428	2095	7915
毛针织品及编织品制造	283	713	987	298	4470
纺织服装、鞋、帽制造业	2502	5316	7556	2502	33399
纺织服装制造	2464	5170	7371	2479	33399
纺织服装制造	2464	5170	7371	2479	33399
制 帽	38	146	184	23	
制 帽	38	146	184	23	
皮革、毛皮、羽毛(绒)及其制品业	87	405	492	142	180
皮革制品制造	87	405	492	142	180
皮鞋制造	55	171	226	92	180
皮箱、包(袋)制造	32	234	266	50	
木材加工及木、竹、藤、棕、草制品业	620	2485	2552	369	10785
锯材、木片加工	30	58	88	31	
木片加工	30	58	88	31	
人造板制造	34	119	153	29	
胶合板制造	34	119	153	29	
木制品制造	461	1983	1891	156	10735
建筑用木料及木材组件加工	258	1155	860	61	10735
木容器制造	203	828	1031	95	
竹、藤、棕、草制品制造	94	326	420	153	50
竹、藤、棕、草制品制造	94	326	420	153	50
家具制造业	176	311	407	151	98

1－C－2　续表11－3　　单位：个、万元、人

指　标　名　称	本年应交增值税	本　年进项税额	本　年销项税额	全部从业人员年平均人数	银行贷款余额
木质家具制造	176	311	407	151	98
木质家具制造	176	311	407	151	98
造纸及纸制品业	715	2251	2965	784	1266
造　纸	251	797	1047	191	456
机制纸及纸板制造	251	797	1047	191	456
纸制品制造	464	1454	1918	593	810
纸和纸板容器的制造	464	1454	1918	593	810
印刷业和记录媒介的复制	335	628	963	334	350
印　刷	335	628	963	334	350
书、报、刊印刷	135	179	314	121	100
本册印制	39	70	109	32	50
包装装潢及其他印刷	160	379	540	181	200
文教体育用品制造业	91	429	504	215	524
玩具制造	42	248	274	105	59
玩具制造	42	248	274	105	59
游艺器材及娱乐用品制造	49	181	230	110	465
游艺用品及室内游艺器材制造	49	181	230	110	465
石油加工、炼焦及核燃料加工业	21	133	154	11	
精炼石油产品的制造	21	133	154	11	
原油加工及石油制品制造	21	133	154	11	
化学原料及化学制品制造业	4499	10548	14710	2259	17830
基础化学原料制造	553	1037	1565	337	1690
无机碱制造	53	126	178	26	
无机盐制造	398	567	959	238	1690
有机化学原料制造	93	269	342	64	
其他基础化学原料制造	10	76	85	9	
肥料制造	271	701	691	328	800
氮肥制造	271	572	562	304	800
复混肥料制造		130	130	24	
农药制造	44	196	241	56	500
化学农药制造	44	196	241	56	500
涂料、油墨、颜料及类似产品制造	2779	6602	9354	1062	13000
涂料制造	27	157	184	18	
颜料制造	223	592	815	80	1600
染料制造	2472	5763	8233	856	11100
密封用填料及类似品制造	57	90	122	108	300
合成材料制造	159	489	648	132	505
初级形态的塑料及合成树脂制造	29	88	116	30	330
其他合成材料制造	130	401	531	102	175
专用化学产品制造	693	1523	2213	344	1335

1－C－2 续表 11－4 单位：个、万元、人

指标名称	本年应交增值税	本年进项税额	本年销项税额	全部从业人员年平均人数	银行贷款余额
化学试剂和助剂制造	398	1180	1578	198	1335
专项化学用品制造	159	211	368	66	
环境污染处理专用药剂材料制造	136	132	267	80	
医药制造业	218	861	1078	231	150
化学药品原药制造	68	251	319	49	150
化学药品原药制造	68	251	319	49	150
中药饮片加工	151	610	759	182	
中药饮片加工	151	610	759	182	
化学纤维制造业	415	11027	11442	745	15915
合成纤维制造	415	11027	11442	745	15915
涤纶纤维制造	415	11027	11442	745	15915
橡胶制品业	420	1240	1550	485	743
轮胎制造	30	37	66	42	
车辆、飞机及工程机械轮胎制造	30	37	66	42	
橡胶板、管、带的制造	114	555	610	64	616
橡胶板、管、带的制造	114	555	610	64	616
橡胶零件制造	229	540	769	297	60
橡胶零件制造	229	540	769	297	60
再生橡胶制造	26	37	11	42	67
再生橡胶制造	26	37	11	42	67
橡胶靴鞋制造	22	72	94	40	
橡胶靴鞋制造	22	72	94	40	
塑料制品业	1414	4750	6162	1427	9169
塑料薄膜制造	21	86	107	74	355
塑料薄膜制造	21	86	107	74	355
塑料板、管、型材的制造	222	1460	1682	178	2615
塑料板、管、型材的制造	222	1460	1682	178	2615
塑料丝、绳及编织品的制造	34	106	140	55	
塑料丝、绳及编织品的制造	34	106	140	55	
泡沫塑料制造	352	909	1261	366	2000
泡沫塑料制造	352	909	1261	366	2000
塑料零件制造	489	1626	2113	521	3549
塑料零件制造	489	1626	2113	521	3549
日用塑料制造	186	252	439	107	600
日用塑料杂品制造	186	252	439	107	600
其他塑料制品制造	110	311	421	126	50
其他塑料制品制造	110	311	421	126	50
非金属矿物制品业	2249	4965	7085	2724	6300
水泥、石灰和石膏的制造	515	1880	2395	253	603
水泥制造	515	1880	2395	253	603

1－C－2 续表11－5　　　　单位：个、万元、人

指标名称	本年应交增值税	本年进项税额	本年销项税额	全部从业人员年平均人数	银行贷款余额
水泥及石膏制品制造	322	1094	1416	289	
砼结构构件制造	247	917	1164	239	
轻质建筑材料制造	75	177	252	50	
砖瓦、石材及其他建筑材料制造	278	471	749	655	586
粘土砖瓦及建筑砌块制造	148	85	233	453	30
建筑陶瓷制品制造	69	275	344	131	360
建筑用石加工	61	111	172	71	196
玻璃及玻璃制品制造	300	667	967	419	4932
技术玻璃制品制造	33	176	208	87	4224
日用玻璃制品及玻璃包装容器制造	224	374	598	202	698
玻璃纤维及制品制造	43	118	161	130	10
陶瓷制品制造	364	…	364	920	
特种陶瓷制品制造	364	…	364	920	
耐火材料制品制造	370	719	1089	143	79
云母制品制造	70	238	309	47	
耐火陶瓷制品及其他耐火材料制造	300	481	780	96	79
石墨及其他非金属矿物制品制造	99	134	104	45	100
其他非金属矿物制品制造	99	134	104	45	100
黑色金属冶炼及压延加工业	1143	4922	5166	688	10117
钢压延加工	1143	4922	5166	688	10117
钢压延加工	1143	4922	5166	688	10117
有色金属冶炼及压延加工业	2128	9499	10810	583	1000
有色金属压延加工	2128	9499	10810	583	1000
常用有色金属压延加工	1862	8761	10621	385	1000
稀有稀土金属压延加工	266	739	189	198	
金属制品业	2018	6267	8145	2364	2621
结构性金属制品制造	76	1547	1535	163	649
金属结构制造	42	1437	1392	106	520
金属门窗制造	35	109	143	57	129
金属工具制造	661	1225	1885	395	264
手工具制造	91	348	439	83	264
农用及园林用金属工具制造	32	116	149	83	
其他金属工具制造	537	760	1297	229	
集装箱及金属包装容器制造	198	651	801	236	325
金属压力容器制造	57	267	277	116	50
金属包装容器制造	140	385	524	120	275
建筑、安全用金属制品制造	174	617	791	250	
建筑、家具用金属配件制造	174	617	791	250	
金属表面处理及热处理加工	815	1991	2802	1243	1383

1－C－2 续表11－6 单位：个、万元、人

指标名称	本年应交增值税	本年进项税额	本年销项税额	全部从业人员年平均人数	银行贷款余额
金属表面处理及热处理加工	815	1991	2802	1243	1383
不锈钢及类似日用金属制品制造	94	237	331	77	
金属制厨房调理及卫生器具制造	94	237	331	77	
通用设备制造业	3572	9108	12543	3618	5006
金属加工机械制造	239	700	901	488	750
金属切削机床制造	61	110	171	118	750
金属成形机床制造	29	79	108	105	
铸造机械制造	96	369	465	187	
机床附件制造	45	81	126	45	
其他金属加工机械制造	8	61	31	33	
起重运输设备制造	215	412	627	213	
起重运输设备制造	215	412	627	213	
泵、阀门、压缩机及类似机械的制造	656	1871	2526	443	1040
泵及真空设备制造	136	345	481	141	470
阀门和旋塞的制造	271	1061	1332	138	570
液压和气压动力机械及元件制造	249	464	713	164	
轴承、齿轮、传动和驱动部件的制造	490	880	1370	507	58
轴承制造	84	151	235	80	
齿轮、传动和驱动部件制造	406	729	1135	427	58
风机、衡器、包装设备等通用设备制造	254	578	735	264	
风动和电动工具制造	211	345	460	206	
喷枪及类似器具制造	43	232	275	58	
通用零部件制造及机械修理	603	1627	2237	736	973
金属密封件制造	69	157	226	78	
紧固件、弹簧制造	366	1154	1528	423	823
机械零部件加工及设备修理	47	126	172	88	
其他通用零部件制造	121	190	311	147	150
金属铸、锻加工	1116	3040	4147	967	2185
钢铁铸件制造	959	2507	3457	822	1128
锻件及粉末冶金制品制造	157	533	690	145	1057
专用设备制造业	639	1766	2404	652	
纺织、服装和皮革工业专用设备制造	300	309	608	459	
纺织专用设备制造	215	212	426	272	
皮革、毛皮及其制品加工专用设备制造	22	59	81	30	
缝纫机械制造	63	38	101	157	
电子和电工机械专用设备制造	109	436	545	33	
电工机械专用设备制造	109	436	545	33	
医疗仪器设备及器械制造	196	895	1091	130	
医疗诊断、监护及治疗设备制造	23	3	25	30	

1－C－2 续表 11－7

单位：个、万元、人

指标名称	本年应交增值税	本年进项税额	本年销项税额	全部从业人员年平均人数	银行贷款余额
实验室及医用消毒设备和器具的制造	97	23	120	50	
医疗、外科及兽医用器械制造	77	870	946	50	
环保、社会公共安全及其他专用设备制造	35	126	161	30	
环境污染防治专用设备制造	35	126	161	30	
交通运输设备制造业	870	3316	4183	1099	2570
汽车制造	555	2084	2637	693	1200
汽车零部件及配件制造	484	2023	2505	663	1200
汽车修理	72	61	132	30	
自行车制造	229	1026	1254	332	1150
脚踏自行车及残疾人座车制造	229	1026	1254	332	1150
船舶及浮动装置制造	54	100	153	22	
船舶修理及拆船	54	100	153	22	
交通器材及其他交通运输设备制造	33	106	139	52	220
交通管理用金属标志及设施制造	33	106	139	52	220
电气机械及器材制造业	5033	19458	23386	3962	17228
电机制造	250	627	870	350	2349
发电机及发电机组制造	33	83	116	57	500
电动机制造	150	391	534	219	1498
微电机及其他电机制造	68	153	221	74	351
输配电及控制设备制造	3004	12951	14888	1409	2544
变压器、整流器和电感器制造	693	1150	1128	238	344
配电开关控制设备制造	2310	11801	13759	1171	2200
电线、电缆、光缆及电工器材制造	498	1495	1993	286	650
电线电缆制造	218	907	1125	198	400
其他电工器材制造	280	588	868	88	250
电池制造	289	696	985	286	435
电池制造	289	696	985	286	435
家用电力器具制造	494	2936	3490	835	11220
家用制冷电器具制造	166	1025	1191	354	9540
家用通风电器具制造	93	592	685	142	210
家用厨房电器具制造	92	240	332	90	400
家用电力器具专用配件制造	143	1079	1282	249	1070
非电力家用器具制造	74	114	188	50	
燃气、太阳能及类似能源的器具制造	74	114	188	50	
照明器具制造	79	448	436	307	30
电光源制造		204	112	98	
灯用电器附件及其他照明器具制造	79	245	324	209	30
其他电气机械及器材制造	345	192	537	439	
其他未列明的电气机械制造	345	192	537	439	

1－C－2 续表11－8　　单位：个、万元、人

指标名称	本年应交增值税	本年进项税额	本年销项税额	全部从业人员年平均人数	银行贷款余额
通信设备、计算机及其他电子设备制造业	2893	7126	10017	2295	31386
通信设备制造	448	1685	2133	218	1150
通信交换设备制造	27	79	106	46	150
其他通信设备制造	421	1606	2027	172	1000
电子器件制造	36	51	87	26	
半导体分立器件制造	36	51	87	26	
电子元件制造	2409	5390	7797	2051	30236
电子元件及组件制造	2273	5001	7272	1997	29736
印制电路板制造	136	389	526	54	500
仪器仪表及文化、办公用机械制造业	523	1162	1732	473	1448
通用仪器仪表制造	161	357	504	192	798
电工仪器仪表制造	63	104	152	107	136
供应用仪表及其他通用仪器制造	98	254	352	85	662
专用仪器仪表制造	24	7	98	44	50
汽车及其他用计数仪表制造	24	7	98	44	50
其他仪器仪表的制造及修理	339	797	1130	237	600
其他仪器仪表的制造及修理	339	797	1130	237	600
工艺品及其他制造业	124	409	528	275	29
工艺美术品制造	80	210	290	183	29
雕塑工艺品制造	14	98	112	26	29
金属工艺品制造	25	67	92	112	
地毯、挂毯制造	41	44	86	45	
日用杂品制造	44	199	238	92	
其他日用杂品制造	44	199	238	92	
电力、燃气及水的生产和供应业	**5241**	**19242**	**24049**	**2310**	**24277**
电力、热力的生产和供应业	3469	18472	21771	969	4671
电力生产	149	4875	4862	439	4671
火力发电		3608	3446	333	4500
水力发电	149	1267	1416	106	171
电力供应	3320	13597	16909	530	
电力供应	3320	13597	16909	530	
燃气生产和供应业	56	167	219	71	
燃气生产和供应业	56	167	219	71	
燃气生产和供应业	56	167	219	71	
水的生产和供应业	1716	603	2060	1270	19606
自来水的生产和供应	1716	603	2060	1178	17002
自来水的生产和供应	1716	603	2060	1178	17002
污水处理及其再生利用				92	2604
污水处理及其再生利用				92	2604

1-C-2 续表 12-1

单位：个、万元、人

指 标 名 称	固定资产实际投资额	产销率（%）	资产负债率（%）	成本费用利润率（%）	每百元资金实现利税（元）
总 计	**25857**	**97.56**	**58.03**	**4.94**	**10.41**
一、按轻重工业分					
轻工业	10104	96.84	56.04	6.09	9.46
重工业	15753	97.94	59.42	4.34	11.09
二、按规模分					
中型企业	2689	96.92	57.73	5.06	7.89
小型企业	23168	97.85	58.23	4.89	11.92
三、按登记注册类型分					
内 资	**25857**	**97.56**	**58.03**	**4.94**	**10.41**
集 体	25857	97.56	58.03	4.94	10.41
四、按国民经济行业(门类、大类、中类、小类)分					
采矿业	**1776**	**99.89**	**56.06**	**6.29**	**37.50**
非金属矿采选业	1776	99.89	56.06	6.29	37.50
土砂石开采	1471	99.78	56.91	6.31	41.25
石灰石、石膏开采	111	98.13	58.53	6.10	28.39
建筑装饰用石开采	671	100.01	31.37	7.22	48.00
耐火土石开采	52	99.12	83.48	3.32	41.23
粘土及其他土砂石开采	637	99.95	73.83	5.67	41.02
采 盐		130.21	48.93	9.33	4.18
采 盐		130.21	48.93	9.33	4.18
石棉及其他非金属矿采选	305	99.17	37.27	4.36	22.97
其他非金属矿采选	305	99.17	37.27	4.36	22.97
制造业	**18478**	**96.88**	**59.45**	**4.94**	**9.88**
农副食品加工业	316	97.79	60.15	15.62	33.59
谷物磨制		87.41	90.28	1.88	5.46
谷物磨制		87.41	90.28	1.88	5.46
蔬菜、水果和坚果加工	152	100.05	53.61	3.17	9.40
蔬菜、水果和坚果加工	152	100.05	53.61	3.17	9.40
其他农副食品加工	164	100.00	52.00	27.18	70.86
豆制品制造	164	100.00	52.00	27.18	70.86
食品制造业	657	91.36	36.37	1.35	3.12
焙烤食品制造		89.99	88.98	-1.18	19.67
糕点、面包制造		89.99	88.98	-1.18	19.67
罐头制造	610	99.68	61.04	9.93	4.80
蔬菜、水果罐头制造	610	99.68	61.04	9.93	4.80
其他食品制造	47	90.49	24.72	0.65	1.35
营养、保健食品制造	47	90.49	24.72	0.65	1.35
饮料制造业	471	99.13	72.22	7.86	15.15
酒的制造	432	98.74	72.28	1.97	7.30
黄酒制造	432	98.74	72.28	1.97	7.30

1－C－2 续表12－2 单位：个、万元、人

指 标 名 称	固定资产实际投资额	产销率（%）	资产负债率（%）	成本费用利润率（%）	每百元资金实现利税（元）
精制茶加工	39	99.23	72.17	9.32	22.68
精制茶加工	39	99.23	72.17	9.32	22.68
纺织业	2576	98.21	60.80	2.64	6.67
棉、化纤纺织及印染精加工	597	101.38	53.91	0.84	6.21
棉、化纤纺织加工	597	102.37	42.78	－2.31	2.23
棉、化纤印染精加工		98.30	67.53	11.52	9.72
毛纺织和染整精加工	63	94.15	39.84	8.35	13.83
毛纺织	17	93.20	27.15	8.37	13.42
毛染整精加工	46	100.00	109.66	8.27	16.31
丝绢纺织及精加工	232	88.59	50.42	3.29	9.27
缫丝加工		99.50	71.70	1.97	12.93
绢纺和丝织加工		76.14	95.93	0.30	2.77
丝印染精加工	232	90.92	20.54	5.78	11.68
纺织制成品制造	40	96.94	63.71	1.68	2.46
丝制品制造		98.29	59.61	2.45	1.90
绳、索、缆的制造	40	93.74	84.68	0.19	1.94
其他纺织制成品制造		99.38	25.83	2.33	8.57
针织品、编织品及其制品制造	1645	99.92	64.58	2.72	7.24
棉、化纤针织品及编织品制造	215	99.92	60.13	2.75	8.77
毛针织品及编织品制造	1430	99.89	82.16	2.39	2.99
纺织服装、鞋、帽制造业	643	96.01	72.76	9.50	8.56
纺织服装制造	643	95.92	72.77	9.60	8.48
纺织服装制造	643	95.92	72.77	9.60	8.48
制 帽		99.83	70.60	5.32	27.12
制 帽		99.83	70.60	5.32	27.12
皮革、毛皮、羽毛（绒）及其制品业	150	95.15	70.91	1.38	10.30
皮革制品制造	150	95.15	70.91	1.38	10.30
皮鞋制造	150	99.17	64.95	1.36	9.17
皮箱、包（袋）制造		91.77	83.45	1.41	12.12
木材加工及木、竹、藤、棕、草制品业	55	98.42	78.36	－4.09	－0.39
锯材、木片加工	...	97.48	19.12	10.04	40.89
木片加工	...	97.48	19.12	10.04	40.89
人造板制造		100.70	16.63	6.05	13.62
胶合板制造		100.70	16.63	6.05	13.62
木制品制造	50	98.43	80.71	－6.15	－2.14
建筑用木料及木材组件加工		97.52	81.34	－10.45	－3.96
木容器制造	50	99.44	66.46	1.21	35.18
竹、藤、棕、草制品制造	5	97.94	77.05	1.59	10.70
竹、藤、棕、草制品制造	5	97.94	77.05	1.59	10.70
家具制造业		90.06	76.95	3.64	11.24

1－C－2 续表12－3

单位：个、万元、人

指 标 名 称	固定资产实际投资额	产销率（%）	资产负债率（%）	成本费用利润率（%）	每百元资金实现利税（元）
木质家具制造		90.06	76.95	3.64	11.24
木质家具制造		90.06	76.95	3.64	11.24
造纸及纸制品业	269	97.19	56.31	12.61	21.98
造 纸	4	99.75	81.07	6.56	18.82
机制纸及纸板制造	4	99.75	81.07	6.56	18.82
纸制品制造	265	95.86	47.83	15.52	23.03
纸和纸板容器的制造	265	95.86	47.83	15.52	23.03
印刷业和记录媒介的复制	106	99.59	36.63	3.24	12.30
印 刷	106	99.59	36.63	3.24	12.30
书、报、刊印刷	106	98.75	17.06	4.73	19.80
本册印制		100.00	16.17	0.81	6.98
包装装潢及其他印刷		100.00	49.60	2.87	10.32
文教体育用品制造业	17	98.22	59.31	－3.67	0.18
玩具制造	17	99.76	66.50	0.74	3.89
玩具制造	17	99.76	66.50	0.74	3.89
游艺器材及娱乐用品制造		96.41	52.70	－8.53	－3.29
游艺用品及室内游艺器材制造		96.41	52.70	－8.53	－3.29
石油加工、炼焦及核燃料加工业	67	89.51	70.05	0.33	11.65
精炼石油产品的制造	67	89.51	70.05	0.33	11.65
原油加工及石油制品制造	67	89.51	70.05	0.33	11.65
化学原料及化学制品制造业	529	100.08	40.80	9.75	14.14
基础化学原料制造	294	99.57	56.07	4.62	13.70
无机碱制造	65	99.80	30.46	4.42	8.65
无机盐制造	25	99.15	62.51	3.79	13.16
有机化学原料制造	204	101.24	39.13	8.91	24.51
其他基础化学原料制造		100.00	84.86	3.64	7.98
肥料制造	77	102.42	64.27	0.75	9.05
氮肥制造	77	101.47	72.39	0.17	9.39
复混肥料制造		111.21	13.07	5.17	7.18
农药制造		129.32	75.62	0.52	3.48
化学农药制造		129.32	75.62	0.52	3.48
涂料、油墨、颜料及类似产品制造	61	99.05	37.10	13.27	13.99
涂料制造		100.00	48.93	7.13	45.31
颜料制造	13	106.64	52.33	9.69	14.81
染料制造	48	98.24	36.01	14.66	13.87
密封用填料及类似品制造		100.00	48.71	－7.34	－1.55
合成材料制造	22	98.60	46.86	3.94	12.66
初级形态的塑料及合成树脂制造	11	97.72	58.85	0.13	3.76
其他合成材料制造	11	98.73	40.68	4.50	16.25
专用化学产品制造	75	100.88	38.82	9.14	20.35

1-C-2 续表12-4 单位：个、万元、人

指标名称	固定资产实际投资额	产销率(%)	资产负债率(%)	成本费用利润率(%)	每百元资金实现利税(元)
化学试剂和助剂制造		100.94	47.80	8.16	21.57
专项化学用品制造	13	101.18	40.20	20.98	25.18
环境污染处理专用药剂材料制造	62	100.00	2.12	1.00	10.04
医药制造业	533	99.27	90.40	2.28	8.35
化学药品原药制造	187	96.19	77.14	3.92	7.04
化学药品原药制造	187	96.19	77.14	3.92	7.04
中药饮片加工	346	100.00	93.81	1.91	9.10
中药饮片加工	346	100.00	93.81	1.91	9.10
化学纤维制造业		92.08	43.56	2.10	7.06
合成纤维制造		92.08	43.56	2.10	7.06
涤纶纤维制造		92.08	43.56	2.10	7.06
橡胶制品业	63	97.97	49.79	4.89	8.80
轮胎制造		94.15	21.65	2.71	16.90
车辆、飞机及工程机械轮胎制造		94.15	21.65	2.71	16.90
橡胶板、管、带的制造	18	100.00	58.33	1.25	2.41
橡胶板、管、带的制造	18	100.00	58.33	1.25	2.41
橡胶零件制造	10	97.10	26.43	8.91	25.68
橡胶零件制造	10	97.10	26.43	8.91	25.68
再生橡胶制造	35	99.01	60.79	1.83	14.12
再生橡胶制造	35	99.01	60.79	1.83	14.12
橡胶靴鞋制造		92.37	58.07	5.28	8.96
橡胶靴鞋制造		92.37	58.07	5.28	8.96
塑料制品业	123	98.01	64.79	1.46	4.24
塑料薄膜制造		80.01	83.74	-6.24	-5.99
塑料薄膜制造		80.01	83.74	-6.24	-5.99
塑料板、管、型材的制造		109.77	93.03	-1.81	0.41
塑料板、管、型材的制造		109.77	93.03	-1.81	0.41
塑料丝、绳及编织品的制造		95.65	63.71	1.50	22.47
塑料丝、绳及编织品的制造		95.65	63.71	1.50	22.47
泡沫塑料制造	2	95.30	50.89	3.06	4.82
泡沫塑料制造	2	95.30	50.89	3.06	4.82
塑料零件制造	97	95.63	49.02	1.95	4.80
塑料零件制造	97	95.63	49.02	1.95	4.80
日用塑料制造	24	97.03	61.52	12.76	22.74
日用塑料杂品制造	24	97.03	61.52	12.76	22.74
其他塑料制品制造	1	92.42	52.72	4.60	13.23
其他塑料制品制造	1	92.42	52.72	4.60	13.23
非金属矿物制品业	876	97.43	50.51	4.93	12.68
水泥、石灰和石膏的制造		99.13	35.30	4.34	12.62
水泥制造		99.13	35.30	4.34	12.62

1-C-2 续表 12-5

单位：个、万元、人

指 标 名 称	固定资产实际投资额	产销率（%）	资产负债率（%）	成本费用利润率（%）	每百元资金实现利税（元）
水泥及石膏制品制造	350	97.81	42.79	7.39	23.57
砼结构构件制造	350	97.53	40.37	9.24	34.01
轻质建筑材料制造		100.00	52.34	-1.90	3.64
砖瓦、石材及其他建筑材料制造	11	94.47	57.94	10.25	14.91
粘土砖瓦及建筑砌块制造	11	100.00	43.10	6.88	20.24
建筑陶瓷制品制造		80.00	58.62	23.65	16.88
建筑用石加工		91.22	72.39	3.52	6.10
玻璃及玻璃制品制造	74	95.00	55.30	1.96	4.02
技术玻璃制品制造	74	96.51	74.12	-15.82	-2.97
日用玻璃制品及玻璃包装容器制造		93.10	24.16	10.96	17.73
玻璃纤维及制品制造		100.00	26.05	-2.10	3.09
陶瓷制品制造		100.00	95.96	0.01	352.55
特种陶瓷制品制造		100.00	95.96	0.01	352.55
耐火材料制品制造	441	98.43	53.47	2.17	12.00
云母制品制造	440	99.73	48.39	0.28	3.74
耐火陶瓷制品及其他耐火材料制造	1	97.94	58.02	2.92	19.40
石墨及其他非金属矿物制品制造		91.60	73.43	1.38	9.65
其他非金属矿物制品制造		91.60	73.43	1.38	9.65
黑色金属冶炼及压延加工业	75	99.35	58.08	2.96	9.84
钢压延加工	75	99.35	58.08	2.96	9.84
钢压延加工	75	99.35	58.08	2.96	9.84
有色金属冶炼及压延加工业	3439	98.74	45.43	0.51	10.15
有色金属压延加工	3439	98.74	45.43	0.51	10.15
常用有色金属压延加工	3363	99.03	36.03	-0.06	9.09
稀有稀土金属压延加工	76	95.41	93.02	6.94	15.30
金属制品业	741	97.72	64.03	4.79	14.57
结构性金属制品制造	7	105.70	75.47	4.12	5.50
金属结构制造	7	110.01	77.86	4.31	5.43
金属门窗制造		84.67	55.34	2.36	6.02
金属工具制造	395	93.10	61.32	3.88	29.67
手工具制造	352	90.19	40.00	5.81	25.38
农用及园林用金属工具制造	42	99.62	84.55	0.96	11.02
其他金属工具制造		98.27	86.14	1.00	43.52
集装箱及金属包装容器制造	18	96.02	63.14	4.32	11.54
金属压力容器制造	18	90.31	81.33	1.99	5.23
金属包装容器制造		98.81	41.33	5.50	17.87
建筑、安全用金属制品制造	35	96.68	29.72	3.73	15.47
建筑、家具用金属配件制造	35	96.68	29.72	3.73	15.47
金属表面处理及热处理加工	243	99.55	76.02	6.72	18.26

1－C－2 续表 12－6 单位：个、万元、人

指标名称	固定资产实际投资额	产销率（%）	资产负债率（%）	成本费用利润率（%）	每百元资金实现利税（元）
金属表面处理及热处理加工	243	99.55	76.02	6.72	18.26
不锈钢及类似日用金属制品制造	43	96.10	11.88	3.26	5.95
金属制厨房调理及卫生器具制造	43	96.10	11.88	3.26	5.95
通用设备制造业	1312	95.76	42.43	5.47	10.90
金属加工机械制造	78	92.87	52.46	2.02	5.46
金属切削机床制造	20	80.03	57.01	0.61	4.36
金属成形机床制造		101.42	25.10	－4.66	0.15
铸造机械制造	51	96.96	87.72	0.61	4.50
机床附件制造		92.53	3.30	16.58	9.93
其他金属加工机械制造	7	100.00	28.16	1.94	10.78
起重运输设备制造	44	98.91	35.00	3.91	30.37
起重运输设备制造	44	98.91	35.00	3.91	30.37
泵、阀门、压缩机及类似机械的制造	459	90.00	58.61	9.25	14.86
泵及真空设备制造	12	98.26	94.20	2.24	6.76
阀门和旋塞的制造	335	84.22	61.81	8.51	21.98
液压和气压动力机械及元件制造	112	97.91	36.10	16.04	13.95
轴承、齿轮、传动和驱动部件的制造	169	96.66	38.69	9.87	11.70
轴承制造		85.47	68.79	5.05	12.87
齿轮、传动和驱动部件制造	169	99.36	34.89	10.87	11.55
风机、衡器、包装设备等通用设备制造	3	97.44	10.88	8.31	6.74
风动和电动工具制造	3	96.11	10.96	10.39	6.33
喷枪及类似器具制造		99.98	10.35	4.69	9.25
通用零部件制造及机械修理	16	100.47	37.66	3.52	10.77
金属密封件制造		102.35	26.02	7.61	11.72
紧固件、弹簧制造	16	100.90	43.40	1.88	8.88
机械零部件加工及设备修理		99.46	49.52	4.45	14.23
其他通用零部件制造		97.37	21.82	8.53	15.51
金属铸、锻加工	543	97.01	47.37	3.40	10.52
钢铁铸件制造	543	96.86	62.17	2.64	15.36
锻件及粉末冶金制品制造		97.75	29.63	7.30	5.06
专用设备制造业	115	98.25	31.57	14.60	16.05
纺织、服装和皮革工业专用设备制造	82	98.75	21.78	14.04	11.52
纺织专用设备制造	80	98.23	16.91	19.80	11.29
皮革、毛皮及其制品加工专用设备制造		100.00	45.55	1.90	17.41
缝纫机械制造	2	100.00	57.06	2.90	11.86
电子和电工机械专用设备制造		97.48	87.07	4.31	19.84
电工机械专用设备制造		97.48	87.07	4.31	19.84
医疗仪器设备及器械制造	27	98.06	33.45	21.09	19.71
医疗诊断、监护及治疗设备制造		97.23	6.20	22.54	9.77

1-C-2 续表 12-7

单位：个、万元、人

指 标 名 称	固定资产实际投资额	产销率（%）	资产负债率（%）	成本费用利润率（%）	每百元资金实现利税（元）
实验室及医用消毒设备和器具的制造	23	100.00	191.31	4.76	22.20
医疗、外科及兽医用器械制造	4	97.94	19.63	24.54	22.48
环保、社会公共安全及其他专用设备制造	6	100.13	10.08	7.25	13.80
环境污染防治专用设备制造	6	100.13	10.08	7.25	13.80
交通运输设备制造业	369	100.29	47.22	2.07	8.16
汽车制造	334	100.62	32.50	3.04	9.10
汽车零部件及配件制造	333	100.68	27.89	4.75	10.35
汽车修理	1	99.57	566.51	-22.10	-139.66
自行车制造	14	99.71	87.65	-0.22	4.89
脚踏自行车及残疾人座车制造	14	99.71	87.65	-0.22	4.89
船舶及浮动装置制造		100.00	73.46	2.78	14.30
船舶修理及拆船		100.00	73.46	2.78	14.30
交通器材及其他交通运输设备制造	21	100.00	59.09	3.21	11.48
交通管理用金属标志及设施制造	21	100.00	59.09	3.21	11.48
电气机械及器材制造业	1835	99.68	62.30	10.45	14.90
电机制造	245	98.08	46.19	5.55	6.59
发电机及发电机组制造	5	100.00	33.19	11.44	5.60
电动机制造	192	96.93	46.83	2.74	5.07
微电机及其他电机制造	48	100.00	59.26	9.99	12.88
输配电及控制设备制造	617	101.39	66.67	13.53	20.10
变压器、整流器和电感器制造	104	120.90	47.84	17.93	30.17
配电开关控制设备制造	513	99.47	68.89	12.96	18.82
电线、电缆、光缆及电工器材制造	71	96.12	34.40	7.84	17.79
电线电缆制造	70	94.76	35.57	3.66	8.49
其他电工器材制造	...	98.35	30.67	15.32	43.51
电池制造	71	95.08	29.60	10.42	16.86
电池制造	71	95.08	29.60	10.42	16.86
家用电力器具制造	86	97.17	69.08	0.98	2.49
家用制冷电器具制造	86	95.00	75.78	0.85	1.17
家用通风电器具制造		101.30	61.65	1.19	9.10
家用厨房电器具制造		107.15	58.13	3.69	6.57
家用电力器具专用配件制造		95.13	49.86	0.30	3.51
非电力家用器具制造	745	101.85	50.69	11.98	15.66
燃气、太阳能及类似能源的器具制造	745	101.85	50.69	11.98	15.66
照明器具制造	1	89.79	70.09	1.51	7.18
电光源制造		96.76	83.19	0.31	2.22
灯用电器附件及其他照明器具制造	1	85.75	63.76	2.43	9.14
其他电气机械及器材制造		100.00	59.16	17.23	30.87
其他未列明的电气机械制造		100.00	59.16	17.23	30.87

1－C－2 续表12－8 单位：个、万元、人

指标名称	固定资产实际投资额	产销率（%）	资产负债率（%）	成本费用利润率（%）	每百元资金实现利税（元）
通信设备、计算机及其他电子设备制造业	3134	85.11	81.30	－1.20	2.43
通信设备制造	835	72.19	36.64	3.22	13.29
通信交换设备制造	5	99.78	30.89	2.22	3.39
其他通信设备制造	830	71.63	37.04	3.25	14.94
电子器件制造		99.71	34.38	37.87	20.27
半导体分立器件制造		99.71	34.38	37.87	20.27
电子元件制造	2299	93.31	90.55	－3.44	1.13
电子元件及组件制造	2294	92.91	93.86	－3.92	0.86
印制电路板制造	5	100.01	19.17	4.72	5.39
仪器仪表及文化、办公用机械制造业	9	99.40	57.24	3.02	10.10
通用仪器仪表制造		98.58	60.10	1.04	6.03
电工仪器仪表制造		96.20	74.92	0.70	5.17
供应用仪表及其他通用仪器制造		100.00	53.01	1.23	6.65
专用仪器仪表制造	9	97.02	39.50	4.45	13.37
汽车及其他用计数仪表制造	9	97.02	39.50	4.45	13.37
其他仪器仪表的制造及修理		100.00	56.20	3.89	12.77
其他仪器仪表的制造及修理		100.00	56.20	3.89	12.77
工艺品及其他制造业	…	100.33	63.20	－0.53	3.78
工艺美术品制造		100.44	63.62	－1.81	0.79
雕塑工艺品制造		99.26	46.67	1.68	13.82
金属工艺品制造		104.70	52.98	－10.30	－2.42
地毯、挂毯制造		100.00	81.39	－0.75	2.49
日用杂品制造	…	100.00	60.16	3.07	25.82
其他日用杂品制造	…	100.00	60.16	3.07	25.82
电力、燃气及水的生产和供应业	**5604**	**99.54**	**52.55**	**3.90**	**6.46**
电力、热力的生产和供应业	107	99.73	42.89	3.92	8.14
电力生产	105	98.57	48.04	－19.77	－15.26
火力发电	36	98.44	46.23	－25.60	－17.57
水力发电	68	100.00	63.88	1.74	6.87
电力供应	3	100.00	40.37	13.44	26.43
电力供应	3	100.00	40.37	13.44	26.43
燃气生产和供应业	405	100.00	60.85	11.42	11.85
燃气生产和供应业	405	100.00	60.85	11.42	11.85
燃气生产和供应业	405	100.00	60.85	11.42	11.85
水的生产和供应业	5092	98.88	66.13	3.42	3.98
自来水的生产和供应	3291	98.76	49.44	10.12	7.60
自来水的生产和供应	3291	98.76	49.44	10.12	7.60
污水处理及其再生利用	1801	100.00	129.28	－34.20	－15.45
污水处理及其再生利用	1801	100.00	129.28	－34.20	－15.45

1－C－2 续表 13－1

单位：个、万元、人

指 标 名 称	每百元固定资产原值实现利税（元）	每百元主营业务收入实现利税（元）	流动资金周转次数（次）	流动比率	速动比率
总 计	**22.88**	**8.93**	**1.57**	**1.20**	**1.01**
一、按轻重工业分					
轻工业	20.71	9.74	1.31	1.23	1.03
重工业	24.42	8.51	1.75	1.17	1.00
二、按规模分					
中型企业	17.84	8.12	1.32	1.12	0.98
小型企业	25.76	9.30	1.72	1.25	1.03
三、按登记注册类型分					
内 资	**22.88**	**8.93**	**1.57**	**1.20**	**1.01**
集 体	22.88	8.93	1.57	1.20	1.01
四、按国民经济行业（门类、大类、中类、小类）分					
采矿业	**42.71**	**11.42**	**6.99**	**0.85**	**0.75**
非金属矿采选业	42.71	11.42	6.99	0.85	0.75
土砂石开采	46.90	11.42	8.18	0.80	0.71
石灰石、石膏开采	58.83	16.91	2.27	1.13	1.02
建筑装饰用石开采	43.34	11.03	11.78	1.03	0.97
耐火土石开采	135.01	14.12	3.91	0.56	0.51
粘土及其他土砂石开采	44.27	10.43	12.03	0.58	0.49
采 盐	4.43	21.94	0.26	1.34	1.15
采 盐	4.43	21.94	0.26	1.34	1.15
石棉及其他非金属矿采选	40.26	8.45	4.90	1.47	1.30
其他非金属矿采选	40.26	8.45	4.90	1.47	1.30
制造业	**28.21**	**8.91**	**1.37**	**1.27**	**1.05**
农副食品加工业	110.28	17.57	2.57	1.38	1.03
谷物磨制	66.43	3.61	1.60	1.76	1.00
谷物磨制	66.43	3.61	1.60	1.76	1.00
蔬菜、水果和坚果加工	18.48	7.12	2.49	0.93	0.29
蔬菜、水果和坚果加工	18.48	7.12	2.49	0.93	0.29
其他农副食品加工	280.66	26.64	3.26	1.48	1.48
豆制品制造	280.66	26.64	3.26	1.48	1.48
食品制造业	5.58	2.62	1.54	2.08	1.08
焙烤食品制造	87.33	6.42	3.61	0.89	0.54
糕点、面包制造	87.33	6.42	3.61	0.89	0.54
罐头制造	10.22	9.70	0.60	3.24	2.32
蔬菜、水果罐头制造	10.22	9.70	0.60	3.24	2.32
其他食品制造	2.20	1.02	1.76	1.97	0.81
营养、保健食品制造	2.20	1.02	1.76	1.97	0.81
饮料制造业	43.14	11.76	1.74	1.01	0.45
酒的制造	38.27	14.22	0.55	1.25	0.28
黄酒制造	38.27	14.22	0.55	1.25	0.28

1-C-2 续表13-2

单位：个、万元、人

指标名称	每百元固定资产原值实现利税（元）	每百元主营业务收入实现利税（元）	流动资金周转次数（次）	流动比率	速动比率
精制茶加工	44.90	11.16	3.63	0.76	0.62
精制茶加工	44.90	11.16	3.63	0.76	0.62
纺织业	14.77	5.98	1.45	1.14	0.95
棉、化纤纺织及印染精加工	11.17	5.23	1.57	1.38	1.32
棉、化纤纺织加工	2.62	1.16	3.34	1.71	1.60
棉、化纤印染精加工	32.65	17.91	0.59	1.14	1.11
毛纺织和染整精加工	38.58	10.86	1.63	1.92	1.12
毛纺织	49.82	10.57	1.51	3.05	1.69
毛染整精加工	18.17	12.59	3.05	0.38	0.34
丝绢纺织及精加工	10.81	7.98	1.84	1.47	0.96
缫丝加工	51.25	6.89	2.12	1.34	1.09
绢纺和丝织加工	4.89	2.83	1.42	0.89	0.53
丝印染精加工	9.57	11.39	1.99	3.07	1.93
纺织制成品制造	4.18	3.31	1.38	0.75	0.60
丝制品制造	3.61	3.17	1.04	0.70	0.60
绳、索、缆的制造	2.23	2.11	2.66	0.54	0.26
其他纺织制成品制造	44.40	6.45	1.49	3.50	3.25
针织品、编织品及其制品制造	23.33	5.98	1.38	1.13	0.96
棉、化纤针织品及编织品制造	23.30	5.84	1.75	1.13	0.94
毛针织品及编织品制造	23.56	7.47	0.44	1.12	1.01
纺织服装、鞋、帽制造业	45.48	14.70	0.64	1.24	1.16
纺织服装制造	44.99	14.84	0.62	1.24	1.16
纺织服装制造	44.99	14.84	0.62	1.24	1.16
制　帽	208.52	8.81	3.24	1.36	0.26
制　帽	208.52	8.81	3.24	1.36	0.26
皮革、毛皮、羽毛(绒)及其制品业	22.23	5.09	3.25	0.93	0.73
皮革制品制造	22.23	5.09	3.25	0.93	0.73
皮鞋制造	23.00	6.20	2.10	1.13	0.89
皮箱、包(袋)制造	21.35	4.18	5.90	0.60	0.47
木材加工及木、竹、藤、棕、草制品业	-1.00	-0.43	1.08	0.89	0.58
锯材、木片加工	302.54	16.32	2.69	4.96	4.06
木片加工	302.54	16.32	2.69	4.96	4.06
人造板制造	59.68	10.25	1.48	5.47	5.03
胶合板制造	59.68	10.25	1.48	5.47	5.03
木制品制造	-5.11	-2.79	0.93	0.84	0.54
建筑用木料及木材组件加工	-9.32	-8.43	0.57	0.83	0.52
木容器制造	126.00	5.17	7.97	1.27	1.05
竹、藤、棕、草制品制造	67.11	4.56	2.55	1.17	0.67
竹、藤、棕、草制品制造	67.11	4.56	2.55	1.17	0.67
家具制造业	57.23	9.03	1.46	1.11	0.97

1-C-2 续表 13-3

单位：个、万元、人

指标名称	每百元固定资产原值实现利税（元）	每百元主营业务收入实现利税（元）	流动资金周转次数（次）	流动比率	速动比率
木质家具制造	57.23	9.03	1.46	1.11	0.97
木质家具制造	57.23	9.03	1.46	1.11	0.97
造纸及纸制品业	46.66	17.16	1.71	1.51	1.33
造 纸	56.76	10.63	2.33	1.09	0.94
机制纸及纸板制造	56.76	10.63	2.33	1.09	0.94
纸制品制造	44.52	20.58	1.50	1.74	1.56
纸和纸板容器的制造	44.52	20.58	1.50	1.74	1.56
印刷业和记录媒介的复制	21.98	9.76	1.61	2.11	2.04
印 刷	21.98	9.76	1.61	2.11	2.04
书、报、刊印刷	19.19	12.68	2.23	4.13	3.58
本册印制	9.77	7.54	1.27	4.27	4.15
包装装潢及其他印刷	33.82	8.51	1.45	1.66	1.65
文教体育用品制造业	0.30	0.21	1.27	1.26	0.81
玩具制造	11.27	4.10	1.20	1.18	0.86
玩具制造	11.27	4.10	1.20	1.18	0.86
游艺器材及娱乐用品制造	-3.93	-4.51	1.38	1.38	0.72
游艺用品及室内游艺器材制造	-3.93	-4.51	1.38	1.38	0.72
石油加工、炼焦及核燃料加工业	24.89	3.05	4.49	1.01	0.95
精炼石油产品的制造	24.89	3.05	4.49	1.01	0.95
原油加工及石油制品制造	24.89	3.05	4.49	1.01	0.95
化学原料及化学制品制造业	36.81	14.43	1.21	1.86	1.56
基础化学原料制造	21.29	10.24	1.84	1.26	1.16
无机碱制造	30.29	10.19	0.98	2.85	2.81
无机盐制造	19.58	9.70	1.91	1.09	0.99
有机化学原料制造	23.55	13.98	2.73	1.64	1.59
其他基础化学原料制造	44.04	5.65	1.71	0.97	0.78
肥料制造	5.56	4.82	3.82	1.14	0.59
氮肥制造	5.03	4.80	4.65	0.90	0.46
复混肥料制造	22.54	4.98	1.64	5.99	3.10
农药制造	19.72	3.48	1.16	0.93	0.90
化学农药制造	19.72	3.48	1.16	0.93	0.90
涂料、油墨、颜料及类似产品制造	48.11	17.63	0.95	2.02	1.69
涂料制造	176.31	7.72	6.46	2.05	1.80
颜料制造	44.63	14.09	1.16	1.68	1.62
染料制造	48.24	19.19	0.87	2.05	1.70
密封用填料及类似品制造	-4.57	-1.51	1.33	1.56	1.51
合成材料制造	28.87	7.08	2.39	1.88	1.46
初级形态的塑料及合成树脂制造	5.46	4.94	1.14	0.99	0.43
其他合成材料制造	48.21	7.38	2.81	2.86	2.58
专用化学产品制造	58.38	14.39	1.71	2.05	1.73

1－C－2 续表 13－4 单位：个、万元、人

指 标 名 称	每百元固定资产原值实现利税（元）	每百元主营业务收入实现利税（元）	流动资金周转次数（次）	流动比率	速动比率
化学试剂和助剂制造	63.24	12.32	2.12	1.71	1.51
专项化学用品制造	79.42	26.17	1.29	1.59	1.36
环境污染处理专用药剂材料制造	24.19	10.68	1.02	39.62	26.44
医药制造业	24.12	4.73	2.23	0.57	0.50
化学药品原药制造	19.32	7.85	1.14	1.02	0.83
化学药品原药制造	19.32	7.85	1.14	1.02	0.83
中药饮片加工	27.10	4.02	2.85	0.48	0.43
中药饮片加工	27.10	4.02	2.85	0.48	0.43
化学纤维制造业	6.87	3.02	5.97	0.57	0.26
合成纤维制造	6.87	3.02	5.97	0.57	0.26
涤纶纤维制造	6.87	3.02	5.97	0.57	0.26
橡胶制品业	40.88	9.14	1.15	1.61	1.47
轮胎制造	55.78	9.24	2.34	3.69	3.59
车辆、飞机及工程机械轮胎制造	55.78	9.24	2.34	3.69	3.59
橡胶板、管、带的制造	63.02	4.55	0.58	1.51	1.47
橡胶板、管、带的制造	63.02	4.55	0.58	1.51	1.47
橡胶零件制造	56.70	13.93	2.38	2.54	2.15
橡胶零件制造	56.70	13.93	2.38	2.54	2.15
再生橡胶制造	10.17	4.79	7.60	0.70	0.51
再生橡胶制造	10.17	4.79	7.60	0.70	0.51
橡胶靴鞋制造	13.43	9.10	1.93	0.91	0.07
橡胶靴鞋制造	13.43	9.10	1.93	0.91	0.07
塑料制品业	18.92	5.93	0.80	1.44	1.26
塑料薄膜制造	－7.49	－5.76	2.97	1.16	0.54
塑料薄膜制造	－7.49	－5.76	2.97	1.16	0.54
塑料板、管、型材的制造	4.92	0.68	0.63	1.00	0.96
塑料板、管、型材的制造	4.92	0.68	0.63	1.00	0.96
塑料丝、绳及编织品的制造	26.13	6.32	8.59	4.66	4.05
塑料丝、绳及编织品的制造	26.13	6.32	8.59	4.66	4.05
泡沫塑料制造	23.46	8.22	0.64	1.57	1.22
泡沫塑料制造	23.46	8.22	0.64	1.57	1.22
塑料零件制造	14.73	6.40	0.87	2.35	2.05
塑料零件制造	14.73	6.40	0.87	2.35	2.05
日用塑料制造	136.13	24.19	1.06	1.53	1.39
日用塑料杂品制造	136.13	24.19	1.06	1.53	1.39
其他塑料制品制造	55.64	9.39	1.59	1.66	1.43
其他塑料制品制造	55.64	9.39	1.59	1.66	1.43
非金属矿物制品业	22.55	10.45	1.79	1.42	1.14
水泥、石灰和石膏的制造	14.35	8.30	2.53	1.82	1.32
水泥制造	14.35	8.30	2.53	1.82	1.32

1－C－2 续表 13－5 单位：个、万元、人

指 标 名 称	每百元固定资产原值实现利税（元）	每百元主营业务收入实现利税（元）	流动资金周转次数（次）	流动比率	速动比率
水泥及石膏制品制造	42.95	11.24	5.57	1.26	0.98
砼结构构件制造	42.55	12.61	8.28	1.10	0.71
轻质建筑材料制造	51.50	3.82	2.01	1.68	1.68
砖瓦、石材及其他建筑材料制造	37.92	14.50	1.37	1.19	1.10
粘土砖瓦及建筑砌块制造	30.00	11.25	3.71	1.06	0.69
建筑陶瓷制品制造	59.57	25.38	0.73	1.23	1.22
建筑用石加工	22.56	7.72	1.02	1.23	1.16
玻璃及玻璃制品制造	7.96	7.88	0.66	1.36	1.07
技术玻璃制品制造	－9.29	－15.85	0.22	1.19	1.03
日用玻璃制品及玻璃包装容器制造	23.34	17.80	1.60	1.99	0.96
玻璃纤维及制品制造	3.48	3.03	1.19	3.00	2.35
陶瓷制品制造	11997.06	19.04	18.62	1.03	1.03
特种陶瓷制品制造	11997.06	19.04	18.62	1.03	1.03
耐火材料制品制造	43.26	8.74	1.69	2.34	1.88
云母制品制造	19.28	4.61	0.92	4.23	3.88
耐火陶瓷制品及其他耐火材料制造	55.06	10.33	2.51	1.58	1.08
石墨及其他非金属矿物制品制造	10.84	9.99	2.03	0.48	0.40
其他非金属矿物制品制造	10.84	9.99	2.03	0.48	0.40
黑色金属冶炼及压延加工业	23.87	6.08	1.98	1.55	1.42
钢压延加工	23.87	6.08	1.98	1.55	1.42
钢压延加工	23.87	6.08	1.98	1.55	1.42
有色金属冶炼及压延加工业	26.64	3.86	2.96	2.06	1.92
有色金属压延加工	26.64	3.86	2.96	2.06	1.92
常用有色金属压延加工	31.98	3.13	3.31	2.67	2.49
稀有稀土金属压延加工	18.00	11.55	1.39	1.02	0.94
金属制品业	46.10	8.74	2.10	1.31	0.99
结构性金属制品制造	38.40	5.04	1.19	1.21	0.56
金属结构制造	38.78	4.84	1.23	1.17	0.52
金属门窗制造	36.01	6.90	0.95	1.59	0.97
金属工具制造	67.53	7.93	4.85	1.10	0.88
手工具制造	142.26	6.52	4.40	2.21	2.06
农用及园林用金属工具制造	20.42	5.17	2.98	0.82	0.68
其他金属工具制造	47.39	11.12	6.96	0.46	0.18
集装箱及金属包装容器制造	29.32	8.62	1.83	1.22	0.82
金属压力容器制造	24.83	5.94	0.98	1.13	0.61
金属包装容器制造	30.97	9.94	3.18	1.44	1.30
建筑、安全用金属制品制造	64.52	7.87	2.14	3.86	3.54
建筑、家具用金属配件制造	64.52	7.87	2.14	3.86	3.54
金属表面处理及热处理加工	48.82	11.84	2.17	1.12	1.09

1-C-2 续表13-6 单位：个、万元、人

指标名称	每百元固定资产原值实现利税（元）	每百元主营业务收入实现利税（元）	流动资金周转次数（次）	流动比率	速动比率
金属表面处理及热处理加工	48.82	11.84	2.17	1.12	1.09
不锈钢及类似日用金属制品制造	16.68	8.55	0.89	6.08	5.17
金属制厨房调理及卫生器具制造	16.68	8.55	0.89	6.08	5.17
通用设备制造业	35.98	10.53	1.23	1.96	1.65
金属加工机械制造	14.18	6.87	0.98	1.46	0.80
金属切削机床制造	7.36	7.23	0.85	0.87	0.48
金属成形机床制造	0.20	0.20	1.11	2.62	0.84
铸造机械制造	12.82	4.52	1.21	0.99	0.30
机床附件制造	109.71	21.62	0.47	29.56	29.40
其他金属加工机械制造	122.12	5.83	1.96	3.56	1.57
起重运输设备制造	48.06	10.25	4.03	1.91	1.38
起重运输设备制造	48.06	10.25	4.03	1.91	1.38
泵、阀门、压缩机及类似机械的制造	80.21	13.27	1.24	1.54	1.28
泵及真空设备制造	51.10	7.56	0.93	1.01	0.67
阀门和旋塞的制造	70.32	11.46	2.37	1.23	0.91
液压和气压动力机械及元件制造	114.00	20.78	0.72	2.75	2.70
轴承、齿轮、传动和驱动部件的制造	30.02	16.09	0.94	1.81	1.68
轴承制造	21.86	11.71	1.69	1.02	0.61
齿轮、传动和驱动部件制造	31.72	17.01	0.86	2.01	1.94
风机、衡器、包装设备等通用设备制造	75.27	13.85	0.52	8.68	8.59
风动和电动工具制造	75.07	17.17	0.39	8.64	8.58
喷枪及类似器具制造	76.11	7.67	1.31	8.94	8.67
通用零部件制造及机械修理	30.64	8.56	1.47	2.34	1.86
金属密封件制造	43.68	12.89	0.97	3.56	3.03
紧固件、弹簧制造	23.67	6.43	1.62	2.05	1.59
机械零部件加工及设备修理	27.45	9.36	1.97	1.58	1.28
其他通用零部件制造	57.10	15.59	1.19	3.79	3.15
金属铸、锻加工	28.91	8.31	1.58	1.74	1.49
钢铁铸件制造	26.12	7.71	3.04	1.09	0.84
锻件及粉末冶金制品制造	45.51	11.32	0.46	3.21	2.95
专用设备制造业	37.61	18.06	1.27	2.17	1.72
纺织、服装和皮革工业专用设备制造	28.35	22.23	0.65	3.64	2.77
纺织专用设备制造	31.60	26.83	0.52	4.74	3.55
皮革、毛皮及其制品加工专用设备制造	6.89	7.31	5.29	1.16	0.95
缝纫机械制造	51.45	14.73	1.03	1.38	1.19
电子和电工机械专用设备制造	59.24	7.91	2.98	1.00	0.69
电工机械专用设备制造	59.24	7.91	2.98	1.00	0.69
医疗仪器设备及器械制造	44.81	21.53	1.52	1.55	1.34
医疗诊断、监护及治疗设备制造	151.36	22.34	0.44	15.96	15.59

1-C-2　续表13-7　　　　单位：个、万元、人

指标名称	每百元固定资产原值实现利税（元）	每百元主营业务收入实现利税（元）	流动资金周转次数（次）	流动比率	速动比率
实验室及医用消毒设备和器具的制造	52.97	20.67	1.42	0.36	0.05
医疗、外科及兽医用器械制造	40.24	21.53	2.24	1.51	1.48
环保、社会公共安全及其他专用设备制造	21.74	10.94	2.01	6.66	6.36
环境污染防治专用设备制造	21.74	10.94	2.01	6.66	6.36
交通运输设备制造业	15.53	6.09	1.62	1.71	1.54
汽车制造	13.48	7.09	1.56	2.50	2.25
汽车零部件及配件制造	15.33	8.42	1.49	2.92	2.63
汽车修理	-218.10	-17.97	11.11	0.12	0.12
自行车制造	20.98	3.41	1.72	0.89	0.80
脚踏自行车及残疾人座车制造	20.98	3.41	1.72	0.89	0.80
船舶及浮动装置制造	121.48	9.31	1.65	1.26	1.16
船舶修理及拆船	121.48	9.31	1.65	1.26	1.16
交通器材及其他交通运输设备制造	29.18	7.50	1.83	1.39	1.06
交通管理用金属标志及设施制造	29.18	7.50	1.83	1.39	1.06
电气机械及器材制造业	58.98	13.81	1.26	1.21	0.96
电机制造	21.49	10.81	0.70	1.79	1.61
发电机及发电机组制造	22.02	16.14	0.41	2.55	2.49
电动机制造	13.49	7.92	0.74	1.69	1.42
微电机及其他电机制造	88.63	15.30	0.92	1.54	1.51
输配电及控制设备制造	98.32	16.01	1.47	1.05	0.78
变压器、整流器和电感器制造	270.74	22.96	1.39	1.79	1.47
配电开关控制设备制造	87.03	15.08	1.48	0.99	0.73
电线、电缆、光缆及电工器材制造	46.87	11.57	1.99	2.27	1.70
电线电缆制造	24.44	6.56	1.61	2.30	1.74
其他电工器材制造	92.92	19.66	3.22	2.16	1.53
电池制造	77.30	15.33	1.23	3.02	2.84
电池制造	77.30	15.33	1.23	3.02	2.84
家用电力器具制造	7.98	3.78	0.76	1.19	0.97
家用制冷电器具制造	4.67	3.53	0.37	1.12	0.98
家用通风电器具制造	22.54	3.77	2.74	1.31	0.41
家用厨房电器具制造	52.77	9.39	0.75	1.59	1.11
家用电力器具专用配件制造	5.83	2.61	1.92	1.38	1.10
非电力家用器具制造	28.27	21.19	1.05	1.24	0.86
燃气、太阳能及类似能源的器具制造	28.27	21.19	1.05	1.24	0.86
照明器具制造	21.39	4.76	1.65	1.38	0.98
电光源制造	5.07	0.97	2.36	1.37	0.66
灯用电器附件及其他照明器具制造	30.98	7.60	1.35	1.39	1.15
其他电气机械及器材制造	174.52	31.04	1.17	1.42	1.42
其他未列明的电气机械制造	174.52	31.04	1.17	1.42	1.42

1－C－2 续表13－8

单位：个、万元、人

指标名称	每百元固定资产原值实现利税（元）	每百元主营业务收入实现利税（元）	流动资金周转次数（次）	流动比率	速动比率
通信设备、计算机及其他电子设备制造业	12.10	3.36	0.85	0.91	0.76
通信设备制造	91.80	5.31	2.75	1.09	0.65
通信交换设备制造	9.20	7.01	0.66	2.31	2.15
其他通信设备制造	139.00	5.26	3.02	1.02	0.56
电子器件制造	2865.63	35.93	0.57	2.89	2.89
半导体分立器件制造	2865.63	35.93	0.57	2.89	2.89
电子元件制造	5.42	2.08	0.64	0.89	0.76
电子元件及组件制造	3.96	1.59	0.65	0.85	0.72
印制电路板制造	81.03	10.09	0.56	5.13	4.90
仪器仪表及文化、办公用机械制造业	37.42	8.37	1.36	1.35	0.89
通用仪器仪表制造	20.60	6.49	1.07	0.93	0.66
电工仪器仪表制造	11.29	6.37	1.02	1.20	0.67
供应用仪表及其他通用仪器制造	38.68	6.56	1.10	0.78	0.65
专用仪器仪表制造	67.09	9.17	1.60	2.36	2.27
汽车及其他用计数仪表制造	67.09	9.17	1.60	2.36	2.27
其他仪器仪表的制造及修理	49.29	9.21	1.54	1.69	1.02
其他仪器仪表的制造及修理	49.29	9.21	1.54	1.69	1.02
工艺品及其他制造业	11.41	2.19	2.06	1.34	1.06
工艺美术品制造	2.30	0.55	1.72	1.31	1.01
雕塑工艺品制造	80.88	4.12	3.65	1.98	1.83
金属工艺品制造	-6.88	-6.22	0.48	1.55	0.91
地毯、挂毯制造	6.81	1.03	2.86	1.03	1.00
日用杂品制造	107.01	6.56	4.35	1.53	1.50
其他日用杂品制造	107.01	6.56	4.35	1.53	1.50
电力、燃气及水的生产和供应业	**7.76**	**6.99**	**1.89**	**0.88**	**0.85**
电力、热力的生产和供应业	10.26	6.47	2.43	1.05	1.02
电力生产	-13.18	-24.13	1.98	0.64	0.56
火力发电	-14.45	-34.55	1.80	0.58	0.50
水力发电	11.56	3.78	2.73	1.00	1.00
电力供应	52.04	15.14	2.59	1.29	1.28
电力供应	52.04	15.14	2.59	1.29	1.28
燃气生产和供应业	7.57	20.96	12.35	0.40	0.40
燃气生产和供应业	7.57	20.96	12.35	0.40	0.40
燃气生产和供应业	7.57	20.96	12.35	0.40	0.40
水的生产和供应业	4.61	8.29	1.03	0.71	0.68
自来水的生产和供应	8.99	14.79	1.13	0.96	0.91
自来水的生产和供应	8.99	14.79	1.13	0.96	0.91
污水处理及其再生利用	-16.10	-51.94	0.57	0.34	0.34
污水处理及其再生利用	-16.10	-51.94	0.57	0.34	0.34

1－C－2 续表 14－1 单位：个、万元、人

指 标 名 称	企业亏损面（%）	亏损率（%）	出口交货值占工业销售比重（%）	利润总额占利税比重（%）	存货周转次数（次）
总 计	**11.03**	**21.60**	**7.85**	**53.22**	**8.40**
一、按轻重工业分					
轻工业	15.72	9.16	15.87	59.90	6.76
重工业	8.24	28.73	3.75	49.21	9.61
二、按规模分					
中型企业	14.29	32.40	11.58	60.00	8.44
小型企业	10.92	15.25	6.17	50.54	8.39
三、按登记注册类型分					
内 资	**11.03**	**21.60**	**7.85**	**53.22**	**8.40**
集 体	11.03	21.60	7.85	53.22	8.40
四、按国民经济行业(门类、大类、中类、小类)分					
采矿业	**2.27**	**0.13**		**50.99**	**59.37**
非金属矿采选业	2.27	0.13		50.99	59.37
土砂石开采	2.44	0.13		51.10	68.79
石灰石、石膏开采				32.71	18.61
建筑装饰用石开采				60.72	205.28
耐火土石开采				22.40	36.74
粘土及其他土砂石开采	12.50	0.34		50.11	59.12
采 盐				43.31	2.43
采 盐				43.31	2.43
石棉及其他非金属矿采选				48.98	38.29
其他非金属矿采选				48.98	38.29
制造业	**11.18**	**12.64**	**10.42**	**53.53**	**6.60**
农副食品加工业				77.73	6.77
谷物磨制				50.93	3.48
谷物磨制				50.93	3.48
蔬菜、水果和坚果加工				41.52	3.00
蔬菜、水果和坚果加工				41.52	3.00
其他农副食品加工				83.12	2139.24
豆制品制造				83.12	2139.24
食品制造业	33.33	9.86	72.67	50.50	2.69
焙烤食品制造	100.00			－18.43	6.19
糕点、面包制造	100.00			－18.43	6.19
罐头制造				92.95	1.68
蔬菜、水果罐头制造				92.95	1.68
其他食品制造			94.68	62.75	2.71
营养、保健食品制造			94.68	62.75	2.71
饮料制造业				61.09	2.40
酒的制造				12.94	0.55
黄酒制造				12.94	0.55

1-C-2 续表14-2

单位:个、万元、人

指 标 名 称	企业亏损面 (%)	亏损率 (%)	出口交货值占工业销售比重 (%)	利润总额占利税比重 (%)	存货周转次数 (次)
精制茶加工				75.93	15.42
精制茶加工				75.93	15.42
纺织业	12.50	23.19	38.47	43.05	7.13
棉、化纤纺织及印染精加工	42.86	85.29		15.77	24.01
棉、化纤纺织加工	60.00	158.22		-200.47	25.04
棉、化纤印染精加工				59.41	21.02
毛纺织和染整精加工				72.52	3.61
毛纺织				74.86	3.16
毛染整精加工				60.89	26.41
丝绢纺织及精加工			4.02	39.94	4.45
缫丝加工				27.86	11.88
绢纺和丝织加工				10.74	3.02
丝印染精加工			9.91	48.26	3.83
纺织制成品制造			32.71	49.55	6.68
丝制品制造			38.22	74.75	7.97
绳、索、缆的制造			38.82	9.12	4.39
其他纺织制成品制造				35.09	16.36
针织品、编织品及其制品制造	6.25	1.63	62.10	44.31	7.16
棉、化纤针织品及编织品制造	8.33	1.76	62.85	45.90	7.83
毛针织品及编织品制造			55.58	31.40	3.75
纺织服装、鞋、帽制造业	9.09	8.61	19.39	60.17	7.31
纺织服装制造	10.00	8.72	19.83	60.22	7.53
纺织服装制造	10.00	8.72	19.83	60.22	7.53
制 帽				57.17	3.23
制 帽				57.17	3.23
皮革、毛皮、羽毛(绒)及其制品业			100.00	26.62	12.69
皮革制品制造			100.00	26.62	12.69
皮鞋制造			100.00	21.46	7.47
皮箱、包(袋)制造			100.00	32.92	28.22
木材加工及木、竹、藤、棕、草制品业	11.11	476.71	7.15	1004.41	2.71
锯材、木片加工				59.52	11.17
木片加工				59.52	11.17
人造板制造				58.28	16.59
胶合板制造				58.28	16.59
木制品制造	25.00	1481.11		243.61	2.29
建筑用木料及木材组件加工	100.00			147.76	1.37
木容器制造				22.97	37.18
竹、藤、棕、草制品制造			36.59	32.76	5.44
竹、藤、棕、草制品制造			36.59	32.76	5.44
家具制造业				39.24	10.93

1－C－2　续表 14－3　　　　单位：个、万元、人

指　标　名　称	企业亏损面（%）	亏损率（%）	出口交货值占工业销售比重（%）	利润总额占利税比重（%）	存货周转次数（次）
木质家具制造				39.24	10.93
木质家具制造				39.24	10.93
造纸及纸制品业	28.57	14.58		73.64	13.01
造　纸	50.00	6.75		58.41	14.10
机制纸及纸板制造	50.00	6.75		58.41	14.10
纸制品制造	20.00	16.01		77.76	12.50
纸和纸板容器的制造	20.00	16.01		77.76	12.50
印刷业和记录媒介的复制				31.75	36.49
印　刷				31.75	36.49
书、报、刊印刷				35.32	12.55
本册印制				10.33	36.45
包装装潢及其他印刷				32.49	458.44
文教体育用品制造业	66.67	465.48		－1770.31	3.27
玩具制造	50.00	61.29		17.80	4.04
玩具制造	50.00	61.29		17.80	4.04
游艺器材及娱乐用品制造	100.00			205.41	2.70
游艺用品及室内游艺器材制造	100.00			205.41	2.70
石油加工、炼焦及核燃料加工业				10.87	85.83
精炼石油产品的制造				10.87	85.83
原油加工及石油制品制造				10.87	85.83
化学原料及化学制品制造业	7.41	2.37	4.75	63.13	5.88
基础化学原料制造				44.55	17.93
无机碱制造				42.76	63.24
无机盐制造				39.08	15.48
有机化学原料制造				60.34	53.51
其他基础化学原料制造				61.87	8.01
肥料制造				15.40	6.84
氮肥制造				3.53	7.95
复混肥料制造				100.00	3.43
农药制造			40.54	14.72	32.12
化学农药制造			40.54	14.72	32.12
涂料、油墨、颜料及类似产品制造	33.33	3.02	6.88	68.54	4.49
涂料制造				83.95	49.12
颜料制造				63.83	30.21
染料制造	33.33	2.06	7.54	69.18	3.76
密封用填料及类似品制造	100.00		33.49	520.65	43.52
合成材料制造				54.87	10.19
初级形态的塑料及合成树脂制造				2.66	1.79
其他合成材料制造				59.76	28.36
专用化学产品制造				58.86	8.48

1－C－2 续表 14－4 单位：个、万元、人

指 标 名 称	企业亏损面 (%)	亏损率 (%)	出口交货值占工业销售比重 (%)	利润总额占利税比重 (%)	存货周转次数 (次)
化学试剂和助剂制造				61.55	12.03
专项化学用品制造				68.11	12.28
环境污染处理专用药剂材料制造				9.48	2.78
医药制造业				47.42	13.62
化学药品原药制造				49.25	5.56
化学药品原药制造				49.25	5.56
中药饮片加工				46.60	21.21
中药饮片加工				46.60	21.21
化学纤维制造业				68.81	12.35
合成纤维制造				68.81	12.35
涤纶纤维制造				68.81	12.35
橡胶制品业				50.40	12.53
轮胎制造				29.59	68.24
车辆、飞机及工程机械轮胎制造				29.59	68.24
橡胶板、管、带的制造				25.83	20.68
橡胶板、管、带的制造				25.83	20.68
橡胶零件制造				59.24	14.11
橡胶零件制造				59.24	14.11
再生橡胶制造				37.50	26.40
再生橡胶制造				37.50	26.40
橡胶靴鞋制造				54.98	1.85
橡胶靴鞋制造				54.98	1.85
塑料制品业	21.43	52.14	1.82	24.81	6.08
塑料薄膜制造	100.00			129.16	5.56
塑料薄膜制造	100.00			129.16	5.56
塑料板、管、型材的制造	50.00	526.79		－277.89	16.80
塑料板、管、型材的制造	50.00	526.79		－277.89	16.80
塑料丝、绳及编织品的制造				23.27	60.56
塑料丝、绳及编织品的制造				23.27	60.56
泡沫塑料制造			9.24	36.29	2.69
泡沫塑料制造			9.24	36.29	2.69
塑料零件制造	50.00	50.55		30.46	6.15
塑料零件制造	50.00	50.55		30.46	6.15
日用塑料制造				49.89	9.34
日用塑料杂品制造				49.89	9.34
其他塑料制品制造				47.83	9.06
其他塑料制品制造				47.83	9.06
非金属矿物制品业	11.11	11.49		44.97	7.23
水泥、石灰和石膏的制造				50.36	8.07
水泥制造				50.36	8.07

1-C-2 续表 14-5

单位:个、万元、人

指 标 名 称	企业亏损面(%)	亏损率(%)	出口交货值占工业销售比重(%)	利润总额占利税比重(%)	存货周转次数(次)
水泥及石膏制品制造	33.33	4.10		60.13	18.92
砼结构构件制造				66.21	15.79
轻质建筑材料制造	100.00			-48.32	
砖瓦、石材及其他建筑材料制造				63.12	14.02
粘土砖瓦及建筑砌块制造				56.81	9.41
建筑陶瓷制品制造				72.51	88.54
建筑用石加工				43.76	18.03
玻璃及玻璃制品制造	66.67	69.11		25.59	2.07
技术玻璃制品制造	100.00			118.21	0.92
日用玻璃制品及玻璃包装容器制造				59.90	2.63
玻璃纤维及制品制造	100.00			-70.38	5.58
陶瓷制品制造				0.05	19565.00
特种陶瓷制品制造				0.05	19565.00
耐火材料制品制造				24.12	7.20
云母制品制造				6.09	10.08
耐火陶瓷制品及其他耐火材料制造				27.23	6.39
石墨及其他非金属矿物制品制造				14.86	12.01
其他非金属矿物制品制造				14.86	12.01
黑色金属冶炼及压延加工业	12.50	2.94	15.60	47.52	17.03
钢压延加工	12.50	2.94	15.60	47.52	17.03
钢压延加工	12.50	2.94	15.60	47.52	17.03
有色金属冶炼及压延加工业	28.57	61.63		13.29	41.74
有色金属压延加工	28.57	61.63		13.29	41.74
常用有色金属压延加工	33.33	107.30		-1.96	49.34
稀有稀土金属压延加工				57.11	14.22
金属制品业	4.35	1.91	15.86	51.74	6.94
结构性金属制品制造				79.98	1.87
金属结构制造				86.72	1.84
金属门窗制造				34.99	2.26
金属工具制造			32.09	45.26	21.35
手工具制造				79.01	56.77
农用及园林用金属工具制造				18.44	17.31
其他金属工具制造			100.00	8.90	9.96
集装箱及金属包装容器制造				48.58	3.81
金属压力容器制造				33.13	1.39
金属包装容器制造				53.12	25.49
建筑、安全用金属制品制造			70.74	46.34	21.63
建筑、家具用金属配件制造			70.74	46.34	21.63
金属表面处理及热处理加工	11.11	4.40		52.70	73.71

1－C－2 续表 14－6

单位：个、万元、人

指标名称	企业亏损面（%）	亏损率（%）	出口交货值占工业销售比重（%）	利润总额占利税比重（%）	存货周转次数（次）
金属表面处理及热处理加工	11.11	4.40		52.70	73.71
不锈钢及类似日用金属制品制造				36.75	5.53
金属制厨房调理及卫生器具制造				36.75	5.53
通用设备制造业	6.12	1.09	4.12	49.49	6.31
金属加工机械制造	20.00	21.39		28.76	1.59
金属切削机床制造				8.26	1.28
金属成形机床制造	100.00			－2384.62	1.33
铸造机械制造				13.35	1.27
机床附件制造				68.77	67.82
其他金属加工机械制造				31.76	2.70
起重运输设备制造				36.22	12.28
起重运输设备制造				36.22	12.28
泵、阀门、压缩机及类似机械的制造			3.23	63.77	6.08
泵及真空设备制造				28.83	2.01
阀门和旋塞的制造			5.93	67.94	8.91
液压和气压动力机械及元件制造				67.75	28.93
轴承、齿轮、传动和驱动部件的制造				57.71	9.47
轴承制造				40.67	2.54
齿轮、传动和驱动部件制造				60.16	20.08
风机、衡器、包装设备等通用设备制造				56.23	41.17
风动和电动工具制造				55.38	43.00
喷枪及类似器具制造				59.77	38.38
通用零部件制造及机械修理	9.09	0.02	6.81	39.83	6.02
金属密封件制造				54.67	4.93
紧固件、弹簧制造			0.73	28.70	5.95
机械零部件加工及设备修理	50.00	0.23		45.21	8.98
其他通用零部件制造			49.64	51.86	6.12
金属铸、锻加工	7.14	1.46	7.11	39.59	10.03
钢铁铸件制造	9.09	2.23	8.54	33.24	12.55
锻件及粉末冶金制品制造				61.32	4.77
专用设备制造业			2.88	73.41	4.98
纺织、服装和皮革工业专用设备制造			11.08	57.77	1.74
纺织专用设备制造			12.12	64.33	1.19
皮革、毛皮及其制品加工专用设备制造				28.16	19.36
缝纫机械制造			15.40	18.97	6.02
电子和电工机械专用设备制造				52.07	6.99
电工机械专用设备制造				52.07	6.99
医疗仪器设备及器械制造				85.96	11.83
医疗诊断、监护及治疗设备制造				81.58	10.08

1－C－2　续表 14－7

单位：个、万元、人

指　标　名　称	企业亏损面（%）	亏损率（%）	出口交货值占工业销售比重（%）	利润总额占利税比重（%）	存货周转次数（次）
实验室及医用消毒设备和器具的制造				33.08	1.66
医疗、外科及兽医用器械制造				92.97	141.00
环保、社会公共安全及其他专用设备制造				63.16	32.44
环境污染防治专用设备制造				63.16	32.44
交通运输设备制造业	18.18	34.14	22.67	34.09	15.27
汽车制造	16.67	31.75		43.26	14.03
汽车零部件及配件制造				56.19	13.28
汽车修理	100.00			157.37	
自行车制造	33.33	160.53	62.55	－6.48	22.28
脚踏自行车及残疾人座车制造	33.33	160.53	62.55	－6.48	22.28
船舶及浮动装置制造				29.39	15.42
船舶修理及拆船				29.39	15.42
交通器材及其他交通运输设备制造			100.00	41.34	6.84
交通管理用金属标志及设施制造			100.00	41.34	6.84
电气机械及器材制造业	9.09	0.89	2.23	70.71	5.20
电机制造	25.00	16.49	1.28	50.37	6.02
发电机及发电机组制造				66.85	13.68
电动机制造	50.00	38.61	2.08	34.65	4.13
微电机及其他电机制造				61.75	49.61
输配电及控制设备制造	5.88	0.34		76.26	5.17
变压器、整流器和电感器制造				68.85	6.48
配电开关控制设备制造	7.69	0.40		77.77	5.04
电线、电缆、光缆及电工器材制造			7.30	63.11	6.34
电线电缆制造			11.93	53.93	5.41
其他电工器材制造				68.07	9.32
电池制造				63.78	17.00
电池制造				63.78	17.00
家用电力器具制造	25.00	13.56		26.69	3.64
家用制冷电器具制造				25.56	2.51
家用通风电器具制造				31.14	3.78
家用厨房电器具制造				41.24	2.16
家用电力器具专用配件制造	40.00	58.36		11.68	8.45
非电力家用器具制造				51.00	2.20
燃气、太阳能及类似能源的器具制造				51.00	2.20
照明器具制造			74.77	30.98	4.68
电光源制造			90.55	31.65	3.41
灯用电器附件及其他照明器具制造			64.46	30.91	6.73
其他电气机械及器材制造				63.76	609.40
其他未列明的电气机械制造				63.76	609.40

1－C－2 续表 14－8

单位：个、万元、人

指标名称	企业亏损面（%）	亏损率（%）	出口交货值占工业销售比重（%）	利润总额占利税比重（%）	存货周转次数（次）
通信设备、计算机及其他电子设备制造业	14.29	181.90	16.87	－36.17	3.91
通信设备制造				58.68	6.40
通信交换设备制造				32.11	7.94
其他通信设备制造				59.68	6.37
电子器件制造				74.92	1761.00
半导体分立器件制造				74.92	1761.00
电子元件制造	25.00	917.63	25.49	－171.33	3.22
电子元件及组件制造	33.33	2445.44	27.12	－257.34	3.07
印制电路板制造				46.21	12.95
仪器仪表及文化、办公用机械制造业	20.00	3.83	8.31	35.22	3.35
通用仪器仪表制造	33.33	26.60	21.17	16.21	3.93
电工仪器仪表制造	50.00	59.52	57.97	11.04	1.79
供应用仪表及其他通用仪器制造				19.15	9.33
专用仪器仪表制造				50.95	27.43
汽车及其他用计数仪表制造				50.95	27.43
其他仪器仪表的制造及修理			2.87	40.36	2.91
其他仪器仪表的制造及修理			2.87	40.36	2.91
工艺品及其他制造业	50.00	152.10	6.61	－24.31	8.74
工艺美术品制造	66.67	724.55	8.78	－331.88	6.44
雕塑工艺品制造			56.14	40.00	40.65
金属工艺品制造	100.00			183.64	0.86
地毯、挂毯制造	100.00			－72.90	120.44
日用杂品制造				45.20	221.98
其他日用杂品制造				45.20	221.98
电力、燃气及水的生产和供应业	**19.05**	**60.50**		**54.10**	**41.99**
电力、热力的生产和供应业	12.50	59.53		58.33	63.56
电力生产	33.33	5425.99		102.39	21.99
火力发电	100.00			100.05	17.21
水力发电				45.17	81634.00
电力供应				78.22	299.94
电力供应				78.22	299.94
燃气生产和供应业				73.82	
燃气生产和供应业				73.82	
燃气生产和供应业				73.82	
水的生产和供应业	21.21	67.24		40.31	17.35
自来水的生产和供应	19.35	13.27		62.94	15.89
自来水的生产和供应	19.35	13.27		62.94	15.89
污水处理及其再生利用	50.00	1074.33		100.06	115.49
污水处理及其再生利用	50.00	1074.33		100.06	115.49

D.外商投资和港澳台投资企业

1-D-1 全部外商投资和港澳台投资工业企业主要经济指标

单位：个、万元、人

指标名称	企业数	亏损企业	工业总产值（当年价）	固定资产原价	所有者权益合计
总 计	**12811**	**4007**	**112379225**	**43526448**	**44328237**
一、按轻重工业分					
轻工业	7303	2301	52567494	20233098	21416122
重工业	5508	1706	59811732	23293350	22912115
二、按登记注册类型分					
港澳台商投资	**5726**	**1761**	**48979930**	**18516031**	**19435431**
与港澳台商合资经营	3065	810	30582482	10784383	10531940
与港澳台商合作经营	102	21	755536	459303	325075
港澳台商独资	2430	893	16642609	6755505	8101213
港澳台商投资股份有限公司	129	37	999303	516842	477204
外商投资	**7085**	**2246**	**63399295**	**25010417**	**24892806**
中外合资经营	3869	1029	34703562	12115035	12129422
中外合作经营	146	34	1135493	458361	401277
外资企业	2968	1158	24927244	11256112	11250246
外商投资股份有限公司	102	25	2632996	1180910	1111861
三、按国民经济行业(门类、大类、中类、小类)分					
采矿业	**20**	**7**	**178412**	**58270**	**87469**
黑色金属矿采选业	1		123963	6242	42553
铁矿采选	1		123963	6242	42553
铁矿采选	1		123963	6242	42553
非金属矿采选业	19	7	54449	52028	44916
土砂石开采	19	7	54449	52028	44916
石灰石、石膏开采	1	1	5047	9264	9896
建筑装饰用石开采	6	2	19951	17596	8981
耐火土石开采	1		1986	474	431
粘土及其他土砂石开采	11	4	27466	24694	25608
制造业	**12692**	**3976**	**110938522**	**41299707**	**43167309**
农副食品加工业	169	48	1956652	535254	473588
谷物磨制	2	1	61486	7938	4741
谷物磨制	2	1	61486	7938	4741
饲料加工	11	2	99855	26506	6562
饲料加工	11	2	99855	26506	6562
植物油加工	8	4	588690	105534	84159
食用植物油加工	8	4	588690	105534	84159
屠宰及肉类加工	14	5	142810	15647	25785
畜禽屠宰	1		80979	4072	10184
肉制品及副产品加工	13	5	61832	11575	15602
水产品加工	76	20	797190	221967	210071
水产品冷冻加工	51	13	621046	145534	112197
鱼糜制品及水产品干腌制加工	21	7	158089	74547	93849

1－D－1 续表1－1

单位：个、万元、人

指标名称	企业数	亏损企业	工业总产值（当年价）	固定资产原价	所有者权益合计
水产饲料制造	2		9541	1152	2351
其他水产品加工	2		8514	734	1674
蔬菜、水果和坚果加工	47	12	164099	89022	79896
蔬菜、水果和坚果加工	47	12	164099	89022	79896
其他农副食品加工	11	4	102522	68641	62375
淀粉及淀粉制品的制造	2		14457	9835	7178
豆制品制造	3	1	15687	11864	6412
其他未列明的农副食品加工	6	3	72378	46942	48785
食品制造业	145	53	1574839	535044	570655
焙烤食品制造	25	8	145557	90908	67749
糕点、面包制造	16	7	40944	15392	16640
饼干及其他焙烤食品制造	9	1	104613	75517	51109
糖果、巧克力及蜜饯制造	15	5	105894	62136	75121
糖果、巧克力制造	11	2	102621	60197	62918
蜜饯制作	4	3	3273	1939	12203
方便食品制造	23	10	550627	173593	168498
米、面制品制造	6	2	4468	6506	10254
速冻食品制造	10	7	33047	35424	32489
方便面及其他方便食品制造	7	1	513112	131663	125756
液体乳及乳制品制造	1		21623	7221	5704
液体乳及乳制品制造	1		21623	7221	5704
罐头制造	34	11	302365	72062	95114
肉、禽类罐头制造	2	1	21715	5259	4869
水产品罐头制造	2		25372	8845	10287
蔬菜、水果罐头制造	29	10	133476	42116	29031
其他罐头食品制造	1		121802	15842	50927
调味品、发酵制品制造	13	4	36954	38434	27244
味精制造	1	1	1816	14422	794
酱油、食醋及类似制品的制造	4	2	8553	3927	1612
其他调味品、发酵制品制造	8	1	26586	20084	24839
其他食品制造	34	15	411819	90690	131225
营养、保健食品制造	12	7	62120	29425	44530
冷冻饮品及食用冰制造	4	1	44188	16598	18103
食品及饲料添加剂制造	18	7	305511	44667	68591
饮料制造业	84	29	2363106	1175954	1033247
酒精制造	1	1	6821	4645	724
酒精制造	1	1	6821	4645	724
酒的制造	22	8	443546	483085	241771
白酒制造	1		14505	16661	13229

1－D－1 续表1－2

单位：个、万元、人

指标名称	企业数	亏损企业	工业总产值（当年价）	固定资产原价	所有者权益合计
啤酒制造	14	6	413146	459283	217899
黄酒制造	3		14481	6210	8910
葡萄酒制造	3	1	1209	889	1532
其他酒制造	1	1	204	42	201
软饮料制造	43	13	1873727	651009	758210
碳酸饮料制造	5	1	432437	146701	114858
瓶（罐）装饮用水制造	13	6	96821	75813	54013
果菜汁及果菜汁饮料制造	6	3	70174	44396	26707
含乳饮料和植物蛋白饮料制造	8	2	409351	119082	270381
固体饮料制造	4	1	10900	11370	11532
茶饮料及其他软饮料制造	7		854045	253646	280720
精制茶加工	18	7	39012	37215	32542
精制茶加工	18	7	39012	37215	32542
烟草制品业	1		11732	8212	10982
其他烟草制品加工	1		11732	8212	10982
其他烟草制品加工	1		11732	8212	10982
纺织业	1954	592	11819133	5200031	5304357
棉、化纤纺织及印染精加工	520	181	5159297	2667529	2241042
棉、化纤纺织加工	333	126	2817199	1296740	1186623
棉、化纤印染精加工	187	55	2342098	1370788	1054419
毛纺织和染整精加工	64	21	418345	219237	210072
毛条加工	9	2	166258	66021	74121
毛纺织	40	12	193365	92223	95033
毛染整精加工	15	7	58722	60993	40919
麻纺织	10	3	49766	26906	28125
麻纺织	10	3	49766	26906	28125
丝绢纺织及精加工	98	40	563323	326372	345128
缫丝加工	9	3	32712	23725	29691
绢纺和丝织加工	72	28	489511	270667	297780
丝印染精加工	17	9	41100	31980	17657
纺织制成品制造	419	133	2255630	801306	1001852
棉及化纤制品制造	162	60	983537	334437	409728
毛制品制造	25	10	149401	60281	51208
麻制品制造	1		5139	543	1026
丝制品制造	80	21	510830	146235	187757
绳、索、缆的制造	10	3	13817	5402	9063
纺织带和帘子布制造	38	15	164998	55296	73317
无纺布制造	42	10	193073	112401	108932
其他纺织制成品制造	61	14	234835	86711	160822

1－D－1 续表1－3

单位：个、万元、人

指标名称	企业数	亏损企业	工业总产值（当年价）	固定资产原价	所有者权益合计
针织品、编织品及其制品制造	843	214	3372772	1158682	1478138
棉、化纤针织品及编织品制造	623	150	2787245	928100	1174930
毛针织品及编织品制造	136	40	294677	112506	188969
丝针织品及编织品制造	56	21	215852	85645	85827
其他针织品及编织品制造	28	3	74998	32431	28412
纺织服装、鞋、帽制造业	1328	427	6065919	2131024	2493558
纺织服装制造	1278	412	5985760	2106918	2457227
纺织服装制造	1278	412	5985760	2106918	2457227
纺织面料鞋的制造	28	6	49950	12684	21676
纺织面料鞋的制造	28	6	49950	12684	21676
制帽	22	9	30210	11423	14654
制帽	22	9	30210	11423	14654
皮革、毛皮、羽毛(绒)及其制品业	482	122	3410822	799801	1235611
皮革鞣制加工	44	9	959685	254485	492064
皮革鞣制加工	44	9	959685	254485	492064
皮革制品制造	370	94	1757289	410166	540034
皮鞋制造	137	23	945504	195453	261338
皮革服装制造	64	20	172787	40552	58523
皮箱、包(袋)制造	107	32	423117	111698	137949
皮手套及皮装饰制品制造	34	11	105816	21394	38748
其他皮革制品制造	28	8	110066	41070	43477
毛皮鞣制及制品加工	23	6	100733	31412	43721
毛皮鞣制加工	3	1	6336	4481	5453
毛皮服装加工	10	3	83395	24555	33629
其他毛皮制品加工	10	2	11002	2377	4640
羽毛(绒)加工及制品制造	45	13	593115	103738	159791
羽毛(绒)制品加工	41	11	590262	100978	157826
羽毛(绒)加工	4	2	2853	2760	1966
木材加工及木、竹、藤、棕、草制品业	201	59	1025529	276189	352225
锯材、木片加工	6	1	36600	6378	9568
锯材加工	3		8214	2918	4155
木片加工	3	1	28387	3461	5413
人造板制造	74	25	515235	164412	194173
胶合板制造	55	20	390647	109553	139439
纤维板制造	6	1	56344	39939	33246
其他人造板、材制造	13	4	68244	14920	21489
木制品制造	44	13	297825	57544	89810
建筑用木料及木材组件加工	21	3	267046	41696	65995
木容器制造	5	3	3422	1287	5518

1－D－1 续表1－4

单位：个、万元、人

指 标 名 称	企业数	亏损企业	工业总产值（当年价）	固定资产原价	所有者权益合计
软木制品及其他木制品制造	18	7	27356	14561	18298
竹、藤、棕、草制品制造	77	20	175870	47855	58674
竹、藤、棕、草制品制造	77	20	175870	47855	58674
家具制造业	248	87	1973145	650495	744985
木质家具制造	102	44	506985	275724	245325
木质家具制造	102	44	506985	275724	245325
竹、藤家具制造	7	3	15089	12266	7547
竹、藤家具制造	7	3	15089	12266	7547
金属家具制造	91	22	906720	236067	322865
金属家具制造	91	22	906720	236067	322865
塑料家具制造	7	2	26699	7743	9856
塑料家具制造	7	2	26699	7743	9856
其他家具制造	41	16	517651	118694	159393
其他家具制造	41	16	517651	118694	159393
造纸及纸制品业	181	50	2656428	1965172	1160072
纸浆制造	1	1	4383	6861	5007
纸浆制造	1	1	4383	6861	5007
造 纸	75	17	1713744	1601533	763420
机制纸及纸板制造	64	14	1655703	1560585	737617
加工纸制造	10	3	57824	40930	25703
手工纸制造	1		218	18	99
纸制品制造	105	32	938301	356778	391645
纸和纸板容器的制造	66	17	700769	221789	269016
其他纸制品制造	39	15	237532	134989	122630
印刷业和记录媒介的复制	57	19	486993	231007	290690
印 刷	51	17	437146	207616	267491
书、报、刊印刷	7	3	24436	22929	22592
本册印制	6	1	73094	16957	11249
包装装潢及其他印刷	38	13	339616	167730	233650
装订及其他印刷服务活动	5	2	7704	11216	12380
装订及其他印刷服务活动	5	2	7704	11216	12380
记录媒介的复制	1		42143	12176	10819
记录媒介的复制	1		42143	12176	10819
文教体育用品制造业	365	146	1384521	489390	619144
文化用品制造	136	54	382723	157319	168660
文具制造	66	29	188316	79860	87431
笔的制造	54	20	170966	68502	66469
教学用模型及教具制造	6	3	4727	1864	3768
墨水、墨汁制造	1		1245	214	1363

1－D－1 续表1－5

单位：个、万元、人

指标名称	企业数	亏损企业	工业总产值（当年价）	固定资产原价	所有者权益合计
其他文化用品制造	9	2	17470	6878	9629
体育用品制造	105	42	379751	148552	183965
球类制造	12	4	34843	15046	16318
体育器材及配件制造	32	10	56432	34000	50092
训练健身器材制造	30	14	161830	46082	67040
运动防护用具制造	6	4	26621	26754	17190
其他体育用品制造	25	10	100025	26670	33325
乐器制造	23	8	119466	61807	83654
中乐器制造	3	1	1187	363	3640
西乐器制造	11	4	66009	38915	45383
电子乐器制造	1		3271	995	3985
其他乐器及零件制造	8	3	48999	21534	30646
玩具制造	89	33	430522	97885	131523
玩具制造	89	33	430522	97885	131523
游艺器材及娱乐用品制造	12	9	72060	23827	51342
露天游乐场所游乐设备制造	2	2	6595	5407	8931
游艺用品及室内游艺器材制造	10	7	65465	18419	42411
石油加工、炼焦及核燃料加工业	18	2	1241184	111501	149908
精炼石油产品的制造	18	2	1241184	111501	149908
原油加工及石油制品制造	17	2	1240978	111404	149643
人造原油生产	1		206	97	265
化学原料及化学制品制造业	536	163	9659868	4613565	3607443
基础化学原料制造	84	24	1915724	978628	770321
无机酸制造	5	1	74885	39237	29523
无机碱制造	2		70406	57062	49789
无机盐制造	10	4	43445	21163	34757
有机化学原料制造	54	16	1524776	642178	495467
其他基础化学原料制造	13	3	202214	218989	160786
肥料制造	6	2	29150	4285	9619
复混肥料制造	4	1	27672	3762	8562
其他肥料制造	1		1469	372	594
有机肥料及微生物肥料制造	1	1	10	151	464
农药制造	16	6	471926	114655	178358
化学农药制造	14	5	452508	104032	158423
生物化学农药及微生物农药制造	2	1	19417	10622	19936
涂料、油墨、颜料及类似产品制造	136	32	1116731	299011	464675
涂料制造	51	15	213288	53928	105546
油墨及类似产品制造	11	4	105653	35032	67202
颜料制造	21	5	149359	70804	76596

1-D-1 续表1-6

单位：个、万元、人

指标名称	企业数	亏损企业	工业总产值（当年价）	固定资产原价	所有者权益合计
染料制造	44	6	622912	129113	200373
密封用填料及类似品制造	9	2	25518	10134	14959
合成材料制造	72	25	3845070	2386508	1146276
初级形态的塑料及合成树脂制造	51	19	2574212	1723210	863826
合成橡胶制造	8	4	18026	4054	10029
合成纤维单(聚合)体的制造	7	1	1171917	629427	237935
其他合成材料制造	6	1	80915	29817	34486
专用化学产品制造	164	51	1631723	634999	765528
化学试剂和助剂制造	63	15	451603	119857	150286
专项化学用品制造	36	13	236967	102481	114467
林产化学产品制造	3	1	2183	1457	1270
炸药及火工产品制造	1		5121	936	2891
信息化学品制造	22	8	780335	314192	401451
环境污染处理专用药剂材料制造	8	4	33945	16303	22826
动物胶制造	4	1	41080	31293	35939
其他专用化学产品制造	27	9	80488	48480	36399
日用化学产品制造	58	23	649543	195480	272665
肥皂及合成洗涤剂制造	12	3	78582	54506	55819
化妆品制造	28	11	462679	69779	124098
香料、香精制造	9	5	91620	60558	76593
其他日用化学产品制造	8	4	16623	10629	16120
口腔清洁用品制造	1		40	8	34
医药制造业	151	57	1628124	538549	794827
化学药品原药制造	35	14	409623	167599	192491
化学药品原药制造	35	14	409623	167599	192491
化学药品制剂制造	28	12	579853	166550	264096
化学药品制剂制造	28	12	579853	166550	264096
中药饮片加工	7	4	8045	4469	5004
中药饮片加工	7	4	8045	4469	5004
中成药制造	13	4	180748	76205	142046
中成药制造	13	4	180748	76205	142046
兽用药品制造	6	1	106178	27236	36959
兽用药品制造	6	1	106178	27236	36959
生物、生化制品的制造	40	16	221759	66532	123300
生物、生化制品的制造	40	16	221759	66532	123300
卫生材料及医药用品制造	22	6	121918	29958	30931
卫生材料及医药用品制造	22	6	121918	29958	30931
化学纤维制造业	110	40	5256262	2535329	1892924
纤维素纤维原料及纤维制造	7	3	49688	16497	32146

1－D－1 续表1－7 单位：个、万元、人

指标名称	企业数	亏损企业	工业总产值（当年价）	固定资产原价	所有者权益合计
人造纤维（纤维素纤维）制造	7	3	49688	16497	32146
合成纤维制造	103	37	5206574	2518832	1860779
锦纶纤维制造	12	5	214393	66707	77083
涤纶纤维制造	49	17	3785747	1541653	1157000
腈纶纤维制造	2	1	93316	32544	6342
其他合成纤维制造	40	14	1113119	877929	620354
橡胶制品业	89	23	2110573	1084702	644790
轮胎制造	11	4	1803053	993920	534493
车辆、飞机及工程机械轮胎制造	9	3	1802584	993429	534292
轮胎翻新加工	2	1	469	490	202
橡胶板、管、带的制造	17	4	74039	23075	27488
橡胶板、管、带的制造	17	4	74039	23075	27488
橡胶零件制造	19	3	58323	28020	28481
橡胶零件制造	19	3	58323	28020	28481
日用及医用橡胶制品制造	12	4	22452	6818	11491
日用及医用橡胶制品制造	12	4	22452	6818	11491
橡胶靴鞋制造	18	4	58460	17113	23335
橡胶靴鞋制造	18	4	58460	17113	23335
其他橡胶制品制造	12	4	94246	15758	19502
其他橡胶制品制造	12	4	94246	15758	19502
塑料制品业	610	183	3403598	1433302	1507295
塑料薄膜制造	53	18	765447	462965	389444
塑料薄膜制造	53	18	765447	462965	389444
塑料板、管、型材的制造	82	28	462256	166419	223326
塑料板、管、型材的制造	82	28	462256	166419	223326
塑料丝、绳及编织品的制造	31	16	56489	18764	21846
塑料丝、绳及编织品的制造	31	16	56489	18764	21846
泡沫塑料制造	33	14	137879	39731	61695
泡沫塑料制造	33	14	137879	39731	61695
塑料人造革、合成革制造	29	4	374075	145455	110058
塑料人造革、合成革制造	29	4	374075	145455	110058
塑料包装箱及容器制造	67	19	361596	218890	238209
塑料包装箱及容器制造	67	19	361596	218890	238209
塑料零件制造	106	24	320330	119656	120298
塑料零件制造	106	24	320330	119656	120298
日用塑料制造	126	30	716281	178322	251436
塑料鞋制造	11	3	29305	7546	11295
日用塑料杂品制造	115	27	686977	170776	240141
其他塑料制品制造	83	30	209246	83101	90983

1-D-1 续表1-8

单位：个、万元、人

指 标 名 称	企业数	亏损企业	工业总产值（当年价）	固定资产原价	所有者权益合计
其他塑料制品制造	83	30	209246	83101	90983
非金属矿物制品业	259	77	2211987	1827764	1374452
水泥、石灰和石膏的制造	12	1	272990	239584	136951
水泥制造	9	1	268157	233640	133396
石灰和石膏制造	3		4833	5944	3556
水泥及石膏制品制造	55	12	404205	164243	209167
水泥制品制造	37	10	336888	136938	159625
砼结构构件制造	5		30903	8678	7134
轻质建筑材料制造	13	2	36414	18627	42409
砖瓦、石材及其他建筑材料制造	39	17	505608	226674	177057
粘土砖瓦及建筑砌块制造	6	3	6187	18654	8838
建筑陶瓷制品制造	11	6	457757	164169	114537
建筑用石加工	6	1	13580	7503	9592
防水建筑材料制造	5	3	10811	3137	2954
隔热和隔音材料制造	8	4	13422	32189	39917
其他建筑材料制造	3		3851	1023	1219
玻璃及玻璃制品制造	102	39	850533	1134609	762312
平板玻璃制造	3	1	57307	77724	54643
技术玻璃制品制造	25	15	109922	97785	113175
光学玻璃制造	4	2	4064	4472	3585
日用玻璃制品及玻璃包装容器制造	31	7	153169	87531	105741
玻璃纤维及制品制造	23	10	487838	832769	442376
玻璃纤维增强塑料制品制造	7	2	9197	5349	10453
其他玻璃制品制造	7	2	28217	28446	31713
玻璃仪器制造	2		820	535	626
陶瓷制品制造	19		77347	17869	26648
卫生陶瓷制品制造	11		49527	12553	18897
特种陶瓷制品制造	6		5509	3926	5173
日用陶瓷制品制造	1		21172	52	1652
园林、陈设艺术及其他陶瓷制品制造	1		1139	1338	927
耐火材料制品制造	15	2	52970	23167	30937
石棉制品制造	3	1	6892	4431	5216
耐火陶瓷制品及其他耐火材料制造	12	1	46078	18736	25720
石墨及其他非金属矿物制品制造	17	6	48332	21618	31380
石墨及碳素制品制造	6	1	14809	4122	7914
其他非金属矿物制品制造	11	5	33523	17496	23466
黑色金属冶炼及压延加工业	73	19	3044534	1125817	758594
炼 钢	2	1	139301	38806	29350
炼 钢	2	1	139301	38806	29350

1－D－1 续表1－9

单位：个、万元、人

指标名称	企业数	亏损企业	工业总产值（当年价）	固定资产原价	所有者权益合计
钢压延加工	69	18	2886081	1086336	723971
钢压延加工	69	18	2886081	1086336	723971
铁合金冶炼	2		19151	675	5273
铁合金冶炼	2		19151	675	5273
有色金属冶炼及压延加工业	113	44	2182004	380899	472813
常用有色金属冶炼	15	7	485627	55276	132220
铜冶炼	5	3	98726	7365	6581
镍钴冶炼	7	2	374492	43648	119616
镁冶炼	1		5395	472	745
其他常用有色金属冶炼	1	1	6997	1792	3279
铝冶炼	1	1	18	2000	2000
贵金属冶炼	1		50234	3466	5657
金冶炼	1		50234	3466	5657
稀有稀土金属冶炼	3	2	9901	7074	5507
钨钼冶炼	1	1	2312	534	831
稀土金属冶炼	2	1	7589	6539	4676
有色金属合金制造	16	5	406504	36699	52615
有色金属合金制造	16	5	406504	36699	52615
有色金属压延加工	78	30	1229738	278384	276814
常用有色金属压延加工	73	29	1192045	273538	252360
贵金属压延加工	2		22298	923	17763
稀有稀土金属压延加工	3	1	15395	3923	6690
金属制品业	642	224	3887653	1089735	1503582
结构性金属制品制造	87	31	756210	185590	294855
金属结构制造	57	21	614601	145175	210856
金属门窗制造	30	10	141609	40414	83999
金属工具制造	129	46	403897	153793	217964
切削工具制造	27	8	52142	28607	40159
手工具制造	53	20	169307	57061	77228
农用及园林用金属工具制造	15	7	66605	27576	42195
刀剪及类似日用金属工具制造	11	2	47747	16753	23332
其他金属工具制造	23	9	68095	23795	35050
集装箱及金属包装容器制造	30	11	799919	154940	192851
集装箱制造	3	1	409840	48458	53197
金属压力容器制造	4	2	21168	10169	21966
金属包装容器制造	23	8	368911	96313	117688
金属丝绳及其制品的制造	30	12	211057	113623	107830
金属丝绳及其制品的制造	30	12	211057	113623	107830
建筑、安全用金属制品制造	195	67	940094	211216	349412

1-D-1 续表 1-10

单位：个、万元、人

指 标 名 称	企业数	亏损企业	工业总产值（当年价）	固定资产原价	所有者权益合计
建筑、家具用金属配件制造	95	29	420957	94663	160717
建筑装饰及水暖管道零件制造	77	28	434186	92271	143446
安全、消防用金属制品制造	13	6	65207	15288	29064
其他建筑、安全用金属制品制造	10	4	19744	8993	16185
金属表面处理及热处理加工	47	20	242003	121281	124941
金属表面处理及热处理加工	47	20	242003	121281	124941
搪瓷制品制造	5	2	11182	5001	6297
搪瓷卫生洁具制造	4	2	6527	3855	4771
搪瓷日用品及其他搪瓷制品制造	1		4655	1146	1526
不锈钢及类似日用金属制品制造	95	28	366333	116578	169398
金属制厨房调理及卫生器具制造	29	8	72318	23442	27459
金属制厨用器皿及餐具制造	32	8	170580	54487	83021
其他日用金属制品制造	34	12	123434	38649	58917
其他金属制品制造	24	7	156958	27714	40035
其他未列明的金属制品制造	24	7	156958	27714	40035
通用设备制造业	1217	332	7579627	2682191	3604969
锅炉及原动机制造	26	5	565083	139921	306851
锅炉及辅助设备制造	12	3	130386	35784	60343
内燃机及配件制造	8	1	105511	26882	54840
汽轮机及辅机制造	5	1	328932	76439	189215
水轮机及辅机制造	1		254	816	2454
金属加工机械制造	110	42	396796	186287	311126
金属切削机床制造	40	19	152807	60755	101480
金属成形机床制造	23	3	105625	59637	99532
铸造机械制造	7	4	13552	11514	18049
金属切割及焊接设备制造	12	7	32803	8998	16011
机床附件制造	15	5	27254	28169	35784
其他金属加工机械制造	13	4	64756	17214	40271
起重运输设备制造	68	16	1145322	150927	364241
起重运输设备制造	68	16	1145322	150927	364241
泵、阀门、压缩机及类似机械的制造	269	68	1821202	615468	689046
泵及真空设备制造	47	18	302022	106017	151294
气体压缩机械制造	18	5	288956	181094	94851
阀门和旋塞的制造	145	30	1055963	234555	323466
液压和气压动力机械及元件制造	59	15	174261	93803	119435
轴承、齿轮、传动和驱动部件的制造	209	44	914382	459249	527149
轴承制造	141	30	654732	357900	405891
齿轮、传动和驱动部件制造	68	14	259650	101349	121258
烘炉、熔炉及电炉制造	8	4	38047	9427	17689

1－D－1 续表 1－11 单位：个、万元、人

指标名称	企业数	亏损企业	工业总产值（当年价）	固定资产原价	所有者权益合计
烘炉、熔炉及电炉制造	8	4	38047	9427	17689
风机、衡器、包装设备等通用设备制造	186	54	1019063	376975	436234
风机、风扇制造	13	5	47104	19889	15489
气体、液体分离及纯净设备制造	19	6	57141	32229	42580
制冷、空调设备制造	44	9	376451	142974	155790
风动和电动工具制造	71	25	405675	124158	158782
喷枪及类似器具制造	15	3	76341	22809	24822
包装专用设备制造	8	1	23633	17696	14544
衡器制造	5	1	9283	3168	7657
其他通用设备制造	11	4	23435	14052	16570
通用零部件制造及机械修理	283	82	1289461	572026	746539
金属密封件制造	28	7	61100	38241	52331
紧固件、弹簧制造	153	37	1040241	430315	556605
机械零部件加工及设备修理	64	29	77057	57170	78215
其他通用零部件制造	38	9	111063	46299	59388
金属铸、锻加工	58	17	390270	171911	206094
钢铁铸件制造	41	10	258560	98977	118506
锻件及粉末冶金制品制造	17	7	131711	72934	87588
专用设备制造业	617	210	2902859	1201504	1735717
矿山、冶金、建筑专用设备制造	29	11	355834	84561	118032
石油钻采专用设备制造	1		1422	309	394
建筑工程用机械制造	12	4	296537	60225	90371
建筑材料生产专用机械制造	5	3	21899	4737	7914
冶金专用设备制造	5	1	30166	15552	16709
采矿、采石设备制造	6	3	5810	3738	2644
化工、木材、非金属加工专用设备制造	231	73	1182262	577269	849643
炼油、化工生产专用设备制造	8	2	19706	7615	18633
橡胶加工专用设备制造	6	2	18198	8097	11720
塑料加工专用设备制造	55	19	688165	257403	448130
木材加工机械制造	8	2	24303	15376	10699
模具制造	151	48	424965	281487	353197
其他非金属加工专用设备制造	3		6925	7292	7264
食品、饮料、烟草及饲料生产专用设备制造	22	5	88783	24116	48954
食品、饮料、烟草工业专用设备制造	16	2	81901	16544	40369
农副食品加工专用设备制造	6	3	6882	7572	8584
印刷、制药、日化生产专用设备制造	29	6	84777	34667	45846
制浆和造纸专用设备制造	4	2	5315	3824	5256
印刷专用设备制造	18	3	67403	19531	32037
日用化工专用设备制造	2		2668	2127	782

1－D－1 续表1－12

单位：个、万元、人

指标名称	企业数	亏损企业	工业总产值（当年价）	固定资产原价	所有者权益合计
制药专用设备制造	3		4818	6687	5610
照明器具生产专用设备制造	1	1	2211	1221	1388
玻璃、陶瓷和搪瓷制品生产专用设备制造	1		2362	1278	774
纺织、服装和皮革工业专用设备制造	140	61	389734	194947	264316
纺织专用设备制造	67	33	129664	62403	91030
皮革、毛皮及其制品加工专用设备制造	8	2	29898	16934	17773
缝纫机械制造	60	24	213855	109895	146260
其他服装加工专用设备制造	5	2	16317	5716	9254
电子和电工机械专用设备制造	26	10	75123	43923	61423
电工机械专用设备制造	8	3	12468	9764	12526
电子工业专用设备制造	18	7	62656	34159	48896
农、林、牧、渔专用机械制造	40	14	253980	51925	81278
拖拉机制造	3	1	52502	12592	16677
机械化农业及园艺机具制造	31	12	187037	37204	59507
农林牧渔机械配件制造	4		12913	1417	4248
其他农林牧渔业机械制造及机械修理	1		1484	610	618
渔业机械制造	1	1	46	101	228
医疗仪器设备及器械制造	44	10	189579	140917	152853
医疗诊断、监护及治疗设备制造	8		37513	47764	37818
口腔科用设备及器具制造	2	1	1139	968	964
实验室及医用消毒设备和器具的制造	1		3122	1512	3797
医疗、外科及兽医用器械制造	23	5	128799	83529	87813
机械治疗及病房护理设备制造	3	1	7767	3859	3941
其他医疗设备及器械制造	7	3	11239	3285	18521
环保、社会公共安全及其他专用设备制造	56	20	282788	49179	113373
环境污染防治专用设备制造	22	9	197042	25436	51884
邮政专用机械及器材制造	2	1	1720	308	881
社会公共安全设备及器材制造	15	2	45298	11823	20854
其他专用设备制造	14	6	37590	10928	36046
地质勘查专用设备制造	2	1	953	401	2955
水资源专用机械制造	1	1	185	283	753
交通运输设备制造业	548	170	5357967	2100373	2527760
铁路运输设备制造	3	3	6262	4975	4399
铁路机车车辆配件制造	1	1	1373	880	771
铁路专用设备及器材、配件制造	1	1	4347	659	860
其他铁路设备制造及设备修理	1	1	541	3437	2769
汽车制造	419	119	3391854	1312341	1731036
汽车整车制造	8	4	209015	45501	51039
改装汽车制造	1	1	653	34	14

1－D－1 续表 1－13

单位：个、万元、人

指标名称	企业数	亏损企业	工业总产值（当年价）	固定资产原价	所有者权益合计
汽车车身、挂车的制造	4	3	8533	14867	4612
汽车零部件及配件制造	397	108	3123434	1243829	1661957
汽车修理	9	3	50219	8111	13414
摩托车制造	19	8	41731	16460	29898
摩托车零部件及配件制造	18	8	41257	15971	25315
摩托车整车制造	1		474	489	4583
自行车制造	51	25	306922	89540	110201
脚踏自行车及残疾人座车制造	30	15	183292	51945	45050
助动自行车制造	21	10	123630	37595	65151
船舶及浮动装置制造	46	10	1588758	668411	637510
金属船舶制造	9	3	1101351	361174	357840
非金属船舶制造	4		108214	6392	35888
娱乐船和运动船的建造和修理	12	3	23722	27448	52908
船用配套设备制造	14	2	237748	175146	98930
船舶修理及拆船	7	2	117723	98251	91945
交通器材及其他交通运输设备制造	9	5	22236	8491	13666
交通管理用金属标志及设施制造	1	1	5921	2993	4512
其他交通运输设备制造	8	4	16316	5498	9154
航空航天器制造	1		205	155	1050
飞机制造及修理	1		205	155	1050
电气机械及器材制造业	1119	307	9408460	2320545	3274371
电机制造	129	26	1428598	504515	488544
发电机及发电机组制造	19	3	201303	100636	99177
电动机制造	49	9	571184	181479	192275
微电机及其他电机制造	61	14	656112	222400	197092
输配电及控制设备制造	248	66	1435435	394015	574339
变压器、整流器和电感器制造	36	10	126585	36276	50476
电容器及其配套设备制造	14	1	47189	10647	20769
配电开关控制设备制造	100	22	815237	229409	339215
电力电子元器件制造	86	29	432300	110909	155023
其他输配电及控制设备制造	12	4	14125	6773	8856
电线、电缆、光缆及电工器材制造	139	37	1346278	326328	432754
电线电缆制造	119	32	1091261	237133	306615
光纤、光缆制造	8	2	181655	71021	94247
绝缘制品制造	5	1	35341	8572	16556
其他电工器材制造	7	2	38020	9603	15336
电池制造	59	15	1336923	239384	501104
电池制造	59	15	1336923	239384	501104
家用电力器具制造	223	66	2218099	475610	656224

1－D－1 续表 1－14

单位：个、万元、人

指 标 名 称	企业数	亏损企业	工业总产值（当年价）	固定资产原价	所有者权益合计
家用制冷电器具制造	15	4	133509	32706	41879
家用空气调节器制造	11	2	26543	11930	14176
家用通风电器具制造	11	1	51716	9894	18396
家用厨房电器具制造	66	20	867209	138806	262828
家用清洁卫生电器具制造	38	13	640057	159548	185296
家用美容、保健电器具制造	18	6	139136	17921	23773
家用电力器具专用配件制造	26	7	119257	49443	33471
其他家用电力器具制造	38	13	240671	55362	76406
非电力家用器具制造	30	12	165163	50366	90100
燃气、太阳能及类似能源的器具制造	23	9	106166	32829	64774
其他非电力家用器具制造	7	3	58997	17537	25327
照明器具制造	260	78	1375639	304079	479402
电光源制造	59	16	417530	103452	170726
照明灯具制造	159	54	821421	170431	259429
灯用电器附件及其他照明器具制造	42	8	136688	30196	49247
其他电气机械及器材制造	31	7	102325	26249	51904
车辆专用照明及电气信号设备装置制造	25	6	76798	21108	38287
其他未列明的电气机械制造	6	1	25527	5141	13617
通信设备、计算机及其他电子设备制造业	594	211	12180616	3128058	3490616
通信设备制造	74	23	3394622	673330	683244
通信传输设备制造	24	5	272659	74593	119204
通信交换设备制造	10	4	66554	27230	29326
通信终端设备制造	7	3	34888	15974	7682
移动通信及终端设备制造	21	7	2970149	524103	472309
其他通信设备制造	12	4	50373	31429	54724
雷达及配套设备制造	2	1	3391	1514	2933
雷达及配套设备制造	2	1	3391	1514	2933
广播电视设备制造	31	12	137685	42834	79962
广播电视节目制作及发射设备制造	3		1623	3398	5462
广播电视接收设备及器材制造	27	12	119757	38196	51434
应用电视设备及其他广播电视设备制造	1		16306	1239	23066
电子计算机制造	55	22	5815393	1021547	1244333
电子计算机整机制造	3	2	634164	46840	28912
计算机网络设备制造	11	6	686998	81753	316937
电子计算机外部设备制造	41	14	4494232	892954	898484
电子器件制造	106	44	803519	612146	598513
电子真空器件制造	3	2	2466	2482	2217
半导体分立器件制造	35	13	355377	291951	281845
集成电路制造	17	11	88358	61745	84051

1-D-1 续表1-15

单位：个、万元、人

指 标 名 称	企业数	亏损企业	工业总产值（当年价）	固定资产原价	所有者权益合计
光电子器件及其他电子器件制造	51	18	357318	255968	230399
电子元件制造	234	68	1597591	629380	715391
电子元件及组件制造	212	63	1430795	535747	624244
印制电路板制造	22	5	166796	93633	91147
家用视听设备制造	62	27	299406	83833	111596
家用影视设备制造	12	4	183533	33632	47134
家用音响设备制造	50	23	115873	50200	64461
其他电子设备制造	30	14	129008	63475	54645
其他电子设备制造	30	14	129008	63475	54645
仪器仪表及文化、办公用机械制造业	255	73	1304834	491748	737405
通用仪器仪表制造	92	24	665639	178274	319027
工业自动控制系统装置制造	23	8	192050	35311	111616
电工仪器仪表制造	11	2	29577	5034	16515
绘图、计算及测量仪器制造	24	6	168201	62737	54613
实验分析仪器制造	13	4	35903	16640	17849
试验机制造	2	1	863	480	581
供应用仪表及其他通用仪器制造	19	3	239045	58072	117853
专用仪器仪表制造	29	14	148755	37570	62928
环境监测专用仪器仪表制造	1		3350	95	1411
汽车及其他用计数仪表制造	5	2	41020	9714	10341
导航、气象及海洋专用仪器制造	3	2	1437	804	1286
教学专用仪器制造	7	4	3360	1860	3176
电子测量仪器制造	9	4	90739	22499	18805
其他专用仪器制造	3	1	8739	2592	27604
地质勘探和地震专用仪器制造	1	1	110	7	304
钟表与计时仪器制造	14	7	29275	12889	23730
钟表与计时仪器制造	14	7	29275	12889	23730
光学仪器及眼镜制造	89	17	285376	162331	214990
光学仪器制造	23	2	155349	99741	121940
眼镜制造	66	15	130027	62590	93051
文化、办公用机械制造	26	8	153675	86784	104939
照相机及器材制造	13	2	110700	55040	67892
复印和胶印设备制造	4	1	18810	17037	13864
计算器及货币专用设备制造	2	2	2211	3306	9175
其他文化、办公用机械制造	6	2	21580	11331	13992
幻灯及投影设备制造	1	1	374	69	17
其他仪器仪表的制造及修理	5	3	22114	13901	11792
其他仪器仪表的制造及修理	5	3	22114	13901	11792
工艺品及其他制造业	460	160	1866907	576668	711794

1－D－1 续表1－16

单位：个、万元、人

指 标 名 称	企业数	亏损企业	工业总产值（当年价）	固定资产原价	所有者权益合计
工艺美术品制造	342	134	1174292	370812	499068
雕塑工艺品制造	76	35	97966	39736	38532
金属工艺品制造	32	11	53991	23164	32805
漆器工艺品制造	7	3	12752	5472	6911
花画工艺品制造	14	7	20789	5642	7446
天然植物纤维编织工艺品制造	28	11	41245	12028	14818
抽纱刺绣工艺品制造	61	25	296802	120458	138394
地毯、挂毯制造	17	3	81180	48136	33616
珠宝首饰及有关物品的制造	38	8	379626	53927	136029
其他工艺美术品制造	69	31	189940	62249	90516
日用杂品制造	110	24	668059	193222	197634
制镜及类似品加工	7	1	55815	25214	33461
鬃毛加工、制刷及清扫工具的制造	24	6	89703	31692	26493
其他日用杂品制造	79	17	522542	136317	137680
其他未列明的制造业	7	2	24106	12600	15028
其他未列明的制造业	7	2	24106	12600	15028
煤制品制造	1		451	34	64
煤制品制造	1		451	34	64
废弃资源和废旧材料回收加工业	66	49	982647	59886	88937
金属废料和碎屑的加工处理	55	44	936818	46703	67362
金属废料和碎屑的加工处理	55	44	936818	46703	67362
非金属废料和碎屑的加工处理	11	5	45829	13183	21574
非金属废料和碎屑的加工处理	11	5	45829	13183	21574
电力、燃气及水的生产和供应业	**99**	**24**	**1262292**	**2168471**	**1073459**
电力、热力的生产和供应业	59	15	1077573	1961198	860950
电力生产	53	14	978694	1843349	812254
火力发电	39	12	955162	1661306	710245
水力发电	10		20784	138315	85367
其他能源发电	4	2	2748	43728	16642
热力生产和供应	6	1	98879	117850	48696
热力生产和供应	6	1	98879	117850	48696
燃气生产和供应业	25	5	167535	139349	155501
燃气生产和供应业	25	5	167535	139349	155501
燃气生产和供应业	25	5	167535	139349	155501
水的生产和供应业	15	4	17184	67924	57008
自来水的生产和供应	5		9107	34247	24306
自来水的生产和供应	5		9107	34247	24306
污水处理及其再生利用	10	4	8077	33677	32702
污水处理及其再生利用	10	4	8077	33677	32702

1－D－1 续表2－1

单位：个、万元、人

指 标 名 称	实收资本	国家资本	集体资本	法人资本	个人资本
总 计	**31916520**	**4567148**	**304473**	**5255447**	**2011478**
一、按轻重工业分					
轻工业	15308948	808052	142740	2710735	1146441
重工业	16607572	3759096	161733	2544712	865038
二、按登记注册类型分					
港澳台商投资	**13670172**	**1059302**	**113752**	**2536732**	**912716**
与港澳台商合资经营	6709143	819332	112822	2382519	853097
与港澳台商合作经营	229729	200929	886	69962	25712
港澳台商独资	6402808	4000		37893	20517
港澳台商投资股份有限公司	328492	35041	44	46358	13390
外商投资	**18246347**	**3507846**	**190721**	**2718716**	**1098762**
中外合资经营	8119775	3043772	164893	2456406	962777
中外合作经营	270523	159305	12051	51998	57354
外资企业	9287419	42591	12960	137085	43643
外商投资股份有限公司	568630	262178	818	73227	34988
三、按国民经济行业(门类、大类、中类、小类)分					
采矿业	**66595**		**220**	**4840**	**8149**
黑色金属矿采选业	4966				
铁矿采选	4966				
铁矿采选	4966				
非金属矿采选业	61629		220	4840	8149
土砂石开采	61629		220	4840	8149
石灰石、石膏开采	21547				
建筑装饰用石开采	9331		220	440	307
耐火土石开采	314				223
粘土及其他土砂石开采	30437			4400	7619
制造业	**31021499**	**4144301**	**279165**	**5042841**	**1989375**
农副食品加工业	389790	8910	1874	69200	14641
谷物磨制	2601	4304		1316	
谷物磨制	2601	4304		1316	
饲料加工	19644			1577	785
饲料加工	19644			1577	785
植物油加工	102026	3906		2277	
食用植物油加工	102026	3906		2277	
屠宰及肉类加工	19204		116	9499	258
畜禽屠宰	6315			5373	
肉制品及副产品加工	12889		116	4127	258
水产品加工	144971		1708	49453	11673
水产品冷冻加工	109121		1538	38006	10342
鱼糜制品及水产品干腌制加工	32232		170	10677	1264

1－D－1 续表2－2

单位：个、万元、人

指标名称	实收资本	国家资本	集体资本	法人资本	个人资本
水产饲料制造	2438				
其他水产品加工	1180			769	67
蔬菜、水果和坚果加工	44331	700	50	5028	1905
蔬菜、水果和坚果加工	44331	700	50	5028	1905
其他农副食品加工	57014			50	20
淀粉及淀粉制品的制造	6215			12	
豆制品制造	4986				20
其他未列明的农副食品加工	45813			38	
食品制造业	395926	72246	2166	54847	10007
焙烤食品制造	49534	5000		216	792
糕点、面包制造	9783	5000		216	792
饼干及其他焙烤食品制造	39751				
糖果、巧克力及蜜饯制造	56717			1235	827
糖果、巧克力制造	47173			1235	677
蜜饯制作	9544				150
方便食品制造	93082	15000	38	9295	583
米、面制品制造	10670			4284	84
速冻食品制造	25515			3941	499
方便面及其他方便食品制造	56897	15000	38	1071	
液体乳及乳制品制造	7822				
液体乳及乳制品制造	7822				
罐头制造	58665	11400	1288	18914	2236
肉、禽类罐头制造	2293		945	260	560
水产品罐头制造	6196				463
蔬菜、水果罐头制造	25965	11400	344	6791	1213
其他罐头食品制造	24211			11864	
调味品、发酵制品制造	35581	2871		2106	380
味精制造	8900				
酱油、食醋及类似制品的制造	1369	2871		621	56
其他调味品、发酵制品制造	25312			1485	324
其他食品制造	94525	37975	840	23081	5190
营养、保健食品制造	30458		760	919	1046
冷冻饮品及食用冰制造	12528	37975		1617	1108
食品及饲料添加剂制造	51539		80	20544	3035
饮料制造业	586217	293434	2482	115846	27624
酒精制造	3800			655	1920
酒精制造	3800			655	1920
酒的制造	213067	274432		13479	14443
白酒制造	9935				

1－D－1 续表 2－3 单位：个、万元、人

指 标 名 称	实收资本	国家资本	集体资本	法人资本	个人资本
啤酒制造	190851	263412		13036	14189
黄酒制造	10461	11020			115
葡萄酒制造	1529			444	138
其他酒制造	292				
软饮料制造	345260		2482	100010	6549
碳酸饮料制造	62231		2482	23974	
瓶（罐）装饮用水制造	42398			17769	2631
果菜汁及果菜汁饮料制造	51648			3035	1706
含乳饮料和植物蛋白饮料制造	78975			17461	2212
固体饮料制造	10339			7355	
茶饮料及其他软饮料制造	99669			30417	
精制茶加工	24090	19002		1702	4712
精制茶加工	24090	19002		1702	4712
烟草制品业	5600				4200
其他烟草制品加工	5600				4200
其他烟草制品加工	5600				4200
纺织业	4062390	99326	46968	643513	355177
棉、化纤纺织及印染精加工	1732720	993	25060	307491	168584
棉、化纤纺织加工	921048	993	15962	185830	86462
棉、化纤印染精加工	811672		9098	121662	82122
毛纺织和染整精加工	163014	22957	2805	24495	9081
毛条加工	59568	7532			1122
毛纺织	67718	15425	2805	10537	5874
毛染整精加工	35729			13958	2085
麻纺织	23349			4263	2262
麻纺织	23349			4263	2262
丝绢纺织及精加工	309576		6366	39178	12117
缫丝加工	27701			6649	365
绢纺和丝织加工	262513		3206	23812	10983
丝印染精加工	19362		3161	8718	769
纺织制成品制造	733563	16554	11539	100725	55235
棉及化纤制品制造	301482			44838	13433
毛制品制造	33703		2388	3443	1414
麻制品制造	737				
丝制品制造	96735		910	16580	28002
绳、索、缆的制造	6288			807	346
纺织带和帘子布制造	67679	16554		14538	1883
无纺布制造	92172		8092	6713	2616
其他纺织制成品制造	134768		148	13807	7541

1－D－1 续表2－4

单位：个、万元、人

指 标 名 称	实收资本	国家资本	集体资本	法人资本	个人资本
针织品、编织品及其制品制造	1100169	58822	1198	167361	107898
棉、化纤针织品及编织品制造	844126	1441	1169	136985	84930
毛针织品及编织品制造	165683	42591	29	10647	11593
丝针织品及编织品制造	66317	14790		15069	7403
其他针织品及编织品制造	24042			4660	3972
纺织服装、鞋、帽制造业	1775341	6310	8928	217491	109972
纺织服装制造	1746088	6310	8928	215232	106435
纺织服装制造	1746088	6310	8928	215232	106435
纺织面料鞋的制造	17654			1852	1579
纺织面料鞋的制造	17654			1852	1579
制 帽	11599			407	1959
制 帽	11599			407	1959
皮革、毛皮、羽毛(绒)及其制品业	849374	6077	21076	140947	123882
皮革鞣制加工	309719		17391	68009	29041
皮革鞣制加工	309719		17391	68009	29041
皮革制品制造	412896	6077	1920	57793	68693
皮鞋制造	181639	2848	1383	30697	35284
皮革服装制造	48188	3229	20	8851	4917
皮箱、包(袋)制造	119131		170	11827	9262
皮手套及皮装饰制品制造	31418		347	2122	7853
其他皮革制品制造	32520			4297	11378
毛皮鞣制及制品加工	33217			403	6490
毛皮鞣制加工	3312				175
毛皮服装加工	25536			334	5973
其他毛皮制品加工	4370			68	342
羽毛(绒)加工及制品制造	93542		1765	14742	19657
羽毛(绒)制品加工	91674		1765	14494	19219
羽毛(绒)加工	1868			248	438
木材加工及木、竹、藤、棕、草制品业	251395		735	61575	23856
锯材、木片加工	5336			17	624
锯材加工	4004				124
木片加工	1332			17	500
人造板制造	135296		553	44436	7762
胶合板制造	102613		553	29641	4917
纤维板制造	16239			10517	1567
其他人造板、材制造	16444			4278	1279
木制品制造	68164			8410	7121
建筑用木料及木材组件加工	41831			6940	3632
木容器制造	5814			208	

1－D－1 续表2－5 单位：个、万元、人

指标名称	实收资本	国家资本	集体资本	法人资本	个人资本
软木制品及其他木制品制造	20519			1262	3490
竹、藤、棕、草制品制造	42599		182	8712	8349
竹、藤、棕、草制品制造	42599		182	8712	8349
家具制造业	664455		2909	74735	23117
木质家具制造	264162		1417	37584	6672
木质家具制造	264162		1417	37584	6672
竹、藤家具制造	6963			3091	123
竹、藤家具制造	6963			3091	123
金属家具制造	239050		1492	21589	9017
金属家具制造	239050		1492	21589	9017
塑料家具制造	6885			289	70
塑料家具制造	6885			289	70
其他家具制造	147394			12183	7236
其他家具制造	147394			12183	7236
造纸及纸制品业	979169	94600	4086	495097	50584
纸浆制造	7366			368	
纸浆制造	7366			368	
造　纸	681443	5293	1500	464508	39867
机制纸及纸板制造	657608		1500	459761	39787
加工纸制造	23736	5293		4647	80
手工纸制造	99			99	
纸制品制造	290360	89307	2586	30221	10718
纸和纸板容器的制造	162893	66960	2456	26382	4386
其他纸制品制造	127466	22347	130	3839	6332
印刷业和记录媒介的复制	153170	12269	413	43862	11961
印　刷	131372	12269	181	40033	9801
书、报、刊印刷	17771			6782	478
本册印制	3765			863	1464
包装装潢及其他印刷	109836	12269	181	32388	7858
装订及其他印刷服务活动	12155		232	935	2160
装订及其他印刷服务活动	12155		232	935	2160
记录媒介的复制	9643			2894	
记录媒介的复制	9643			2894	
文教体育用品制造业	548637		1691	37146	17957
文化用品制造	151476			16273	5137
文具制造	88072			7225	3302
笔的制造	52062			8346	1809
教学用模型及教具制造	2551			495	
墨水、墨汁制造	50				26

1－D－1 续表2－6 单位：个、万元、人

指标名称	实收资本	国家资本	集体资本	法人资本	个人资本
其他文化用品制造	8740			207	
体育用品制造	192620		1170	12808	4621
球类制造	24358			1381	319
体育器材及配件制造	50721			3647	1544
训练健身器材制造	60723		1170	6479	799
运动防护用具制造	25380				1173
其他体育用品制造	31438			1301	786
乐器制造	75812			1087	1070
中乐器制造	4004			166	
西乐器制造	50568			510	334
电子乐器制造	3413				229
其他乐器及零件制造	17827			412	507
玩具制造	86695		521	6978	7005
玩具制造	86695		521	6978	7005
游艺器材及娱乐用品制造	42035				124
露天游乐场所游乐设备制造	9423				
游艺用品及室内游艺器材制造	32612				124
石油加工、炼焦及核燃料加工业	101534	207803	3861	8513	281
精炼石油产品的制造	101534	207803	3861	8513	281
原油加工及石油制品制造	101276	207803	3861	8346	281
人造原油生产	258			167	
化学原料及化学制品制造业	2848332	284193	62031	356820	135590
基础化学原料制造	584321	138038	465	91155	44479
无机酸制造	25411			15043	
无机碱制造	24276	125226		2400	4000
无机盐制造	34528	3725	382	1348	1775
有机化学原料制造	372226	9087	83	68765	38504
其他基础化学原料制造	127879			3599	200
肥料制造	3880			1550	58
复混肥料制造	2944			1550	
其他肥料制造	472				58
有机肥料及微生物肥料制造	464				
农药制造	71138		1983	11874	4964
化学农药制造	61261		1983	11874	964
生物化学农药及微生物农药制造	9877				4000
涂料、油墨、颜料及类似产品制造	257582	345	10507	51593	28777
涂料制造	52359	345		8865	3845
油墨及类似产品制造	49367		1417	18219	500
颜料制造	48516		5539	11528	11973

1－D－1 续表2－7 单位：个、万元、人

指标名称	实收资本	国家资本	集体资本	法人资本	个人资本
染料制造	97583		3486	12438	12235
密封用填料及类似品制造	9758		65	544	224
合成材料制造	1184355	100519	44359	122818	7354
初级形态的塑料及合成树脂制造	899341		44359	13395	4169
合成橡胶制造	7338			1715	1124
合成纤维单（聚合）体的制造	253575	100519		105876	720
其他合成材料制造	24102			1832	1341
专用化学产品制造	583527	25744	3786	66964	18230
化学试剂和助剂制造	105154			14987	2552
专项化学用品制造	110690			26573	9589
林产化学产品制造	1420				80
炸药及火工产品制造	2119				
信息化学品制造	279455	6721		18009	4371
环境污染处理专用药剂材料制造	18650		3786	270	
动物胶制造	32202			6003	
其他专用化学产品制造	33838	19023		1122	1638
日用化学产品制造	163529	19547	931	10867	31728
肥皂及合成洗涤剂制造	50296		497	7674	30602
化妆品制造	48160			2910	1075
香料、香精制造	48440	19547	434	282	
其他日用化学产品制造	16316				52
口腔清洁用品制造	318				
医药制造业	471218	94437	4066	68736	34029
化学药品原药制造	120582	54231	1154	15656	15431
化学药品原药制造	120582	54231	1154	15656	15431
化学药品制剂制造	170602	14506		21029	3113
化学药品制剂制造	170602	14506		21029	3113
中药饮片加工	5613			1006	372
中药饮片加工	5613			1006	372
中成药制造	56379	25700	308	10629	2679
中成药制造	56379	25700	308	10629	2679
兽用药品制造	21122			5583	1240
兽用药品制造	21122			5583	1240
生物、生化制品的制造	71803		2388	12941	2005
生物、生化制品的制造	71803		2388	12941	2005
卫生材料及医药用品制造	25118		215	1892	9188
卫生材料及医药用品制造	25118		215	1892	9188
化学纤维制造业	1283569		11301	321826	115879
纤维素纤维原料及纤维制造	30947			10	14983

1－D－1 续表2－8

单位：个、万元、人

指 标 名 称	实收资本	国家资本	集体资本	法人资本	个人资本
人造纤维（纤维素纤维）制造	30947			10	14983
合成纤维制造	1252622		11301	321816	100897
锦纶纤维制造	66075			8500	2835
涤纶纤维制造	693718		11301	214805	66254
腈纶纤维制造	11657				7939
其他合成纤维制造	481172			98511	23869
橡胶制品业	363561	1680	1240	79267	9115
轮胎制造	289558	1680		67052	276
车辆、飞机及工程机械轮胎制造	289180	1680		67052	276
轮胎翻新加工	377				
橡胶板、管、带的制造	20109			2169	2091
橡胶板、管、带的制造	20109			2169	2091
橡胶零件制造	15596		162	3599	1598
橡胶零件制造	15596		162	3599	1598
日用及医用橡胶制品制造	8506			1305	117
日用及医用橡胶制品制造	8506			1305	117
橡胶靴鞋制造	15629		77	4149	4470
橡胶靴鞋制造	15629		77	4149	4470
其他橡胶制品制造	14164		1001	993	563
其他橡胶制品制造	14164		1001	993	563
塑料制品业	1089302	49669	23251	148328	125440
塑料薄膜制造	340642	40665	13511	21519	56811
塑料薄膜制造	340642	40665	13511	21519	56811
塑料板、管、型材的制造	183250		4112	49714	15349
塑料板、管、型材的制造	183250		4112	49714	15349
塑料丝、绳及编织品的制造	17106	2020	1082	3253	359
塑料丝、绳及编织品的制造	17106	2020	1082	3253	359
泡沫塑料制造	48632		411	269	3009
泡沫塑料制造	48632		411	269	3009
塑料人造革、合成革制造	67671	789		9332	18928
塑料人造革、合成革制造	67671	789		9332	18928
塑料包装箱及容器制造	144049		98	24872	6787
塑料包装箱及容器制造	144049		98	24872	6787
塑料零件制造	91942		2326	15541	7310
塑料零件制造	91942		2326	15541	7310
日用塑料制造	127434	6195	362	19386	13622
塑料鞋制造	8843			1688	3152
日用塑料杂品制造	118590	6195	362	17698	10470
其他塑料制品制造	68580		1349	4442	3265

1－D－1 续表2－9

单位：个、万元、人

指标名称	实收资本	国家资本	集体资本	法人资本	个人资本
其他塑料制品制造	68580		1349	4442	3265
非金属矿物制品业	999767	126943	9994	268108	38552
水泥、石灰和石膏的制造	128365	51340	7466	21036	2481
水泥制造	123439	51340	7466	20458	
石灰和石膏制造	4926			578	2481
水泥及石膏制品制造	136799	4583	300	29785	10725
水泥制品制造	94111	4583	300	25700	8743
砼结构构件制造	5102			2431	1303
轻质建筑材料制造	37586			1654	680
砖瓦、石材及其他建筑材料制造	137015		2098	7319	8534
粘土砖瓦及建筑砌块制造	5105			323	825
建筑陶瓷制品制造	74829		1231	5366	5306
建筑用石加工	10273			175	1502
防水建筑材料制造	2342		866	20	37
隔热和隔音材料制造	41830			435	363
其他建筑材料制造	2637			1000	500
玻璃及玻璃制品制造	534374	69720		198504	10649
平板玻璃制造	52993			22031	
技术玻璃制品制造	105029			19664	1740
光学玻璃制造	3479			1570	914
日用玻璃制品及玻璃包装容器制造	60167			4384	5082
玻璃纤维及制品制造	276075			149532	808
玻璃纤维增强塑料制品制造	8304			865	17
其他玻璃制品制造	27777	69720		158	2075
玻璃仪器制造	550			300	13
陶瓷制品制造	16181		130	2928	2257
卫生陶瓷制品制造	13511		130	2586	1439
特种陶瓷制品制造	1787			102	818
日用陶瓷制品制造	469			239	
园林、陈设艺术及其他陶瓷制品制造	414				
耐火材料制品制造	28346			5294	261
石棉制品制造	4670				239
耐火陶瓷制品及其他耐火材料制造	23676			5294	22
石墨及其他非金属矿物制品制造	18687	1300		3242	3645
石墨及碳素制品制造	4044			1082	704
其他非金属矿物制品制造	14643	1300		2161	2941
黑色金属冶炼及压延加工业	733740	1969931		93055	44919
炼　钢	12537			1783	2061
炼　钢	12537			1783	2061

1－D－1 续表 2－10

单位：个、万元、人

指标名称	实收资本	国家资本	集体资本	法人资本	个人资本
钢压延加工	718161	1969931		91271	42445
钢压延加工	718161	1969931		91271	42445
铁合金冶炼	3043				413
铁合金冶炼	3043				413
有色金属冶炼及压延加工业	367853	10790	1295	57267	14359
常用有色金属冶炼	71320	10790		26041	1730
铜冶炼	5839			241	1472
镍钴冶炼	59875			25799	110
镁冶炼	290				148
其他常用有色金属冶炼	3657				
铝冶炼	1660	10790			
贵金属冶炼	4000			2800	
金冶炼	4000			2800	
稀有稀土金属冶炼	7053			794	
钨钼冶炼	1017				
稀土金属冶炼	6036			794	
有色金属合金制造	45373		690	12704	132
有色金属合金制造	45373		690	12704	132
有色金属压延加工	240108		605	14928	12497
常用有色金属压延加工	234317		605	14322	11309
贵金属压延加工	1360			300	
稀有稀土金属压延加工	4431			306	1188
金属制品业	1120061	33040	5135	186708	86762
结构性金属制品制造	195916		1333	45803	18809
金属结构制造	135591		1333	36249	12022
金属门窗制造	60325			9555	6787
金属工具制造	144778		1065	12756	19411
切削工具制造	20481		50	2121	3704
手工具制造	45339		944	7405	5382
农用及园林用金属工具制造	41075			1172	4843
刀剪及类似日用金属工具制造	14485		71	528	2531
其他金属工具制造	23399			1532	2950
集装箱及金属包装容器制造	131961	33040	545	44576	3918
集装箱制造	45548	33040		8954	127
金属压力容器制造	12620			375	527
金属包装容器制造	73793		545	35247	3264
金属丝绳及其制品的制造	85414			3930	1466
金属丝绳及其制品的制造	85414			3930	1466
建筑、安全用金属制品制造	270186		1778	34199	22698

1－D－1 续表2－11 单位：个、万元、人

指标名称	实收资本	国家资本	集体资本	法人资本	个人资本
建筑、家具用金属配件制造	128685			20507	10131
建筑装饰及水暖管道零件制造	99717		1778	10487	11108
安全、消防用金属制品制造	27267			1798	984
其他建筑、安全用金属制品制造	14517			1407	475
金属表面处理及热处理加工	115261			33944	1943
金属表面处理及热处理加工	115261			33944	1943
搪瓷制品制造	4631			308	1335
搪瓷卫生洁具制造	4061			308	994
搪瓷日用品及其他搪瓷制品制造	570				341
不锈钢及类似日用金属制品制造	132758		414	10337	9237
金属制厨房调理及卫生器具制造	27782		414	3712	4214
金属制厨用器皿及餐具制造	51416			4582	3836
其他日用金属制品制造	53560			2043	1187
其他金属制品制造	39156			855	7945
其他未列明的金属制品制造	39156			855	7945
通用设备制造业	2419880	349137	3274	342998	171607
锅炉及原动机制造	123637	309738		16296	609
锅炉及辅助设备制造	38859	34138		97	
内燃机及配件制造	28432	27000		11624	609
汽轮机及辅机制造	53346	236600		4575	
水轮机及辅机制造	3000	12000			
金属加工机械制造	220845			27754	22124
金属切削机床制造	81344			9071	14606
金属成形机床制造	62454			12988	1607
铸造机械制造	14554			586	100
金属切割及焊接设备制造	13834			56	1875
机床附件制造	21706			596	100
其他金属加工机械制造	26955			4457	3836
起重运输设备制造	196301			39729	20243
起重运输设备制造	196301			39729	20243
泵、阀门、压缩机及类似机械的制造	499954	29052	1768	85742	32495
泵及真空设备制造	101435		1705	16934	4883
气体压缩机械制造	126897			3395	1149
阀门和旋塞的制造	207089	29052	62	61492	18696
液压和气压动力机械及元件制造	64533			3921	7768
轴承、齿轮、传动和驱动部件的制造	393244			60409	34971
轴承制造	299977			38405	29055
齿轮、传动和驱动部件制造	93267			22004	5915
烘炉、熔炉及电炉制造	9103			1000	438

1－D－1 续表 2－12 单位：个、万元、人

指 标 名 称	实收资本	国家资本	集体资本	法人资本	个人资本
烘炉、熔炉及电炉制造	9103			1000	438
风机、衡器、包装设备等通用设备制造	324410	10347	721	48047	17611
风机、风扇制造	13301			2338	53
气体、液体分离及纯净设备制造	29751			2825	1088
制冷、空调设备制造	115066		721	18080	2053
风动和电动工具制造	121835	10347		15248	6904
喷枪及类似器具制造	16835			2837	5491
包装专用设备制造	7375			3444	186
衡器制造	4664				
其他通用设备制造	15583			3276	1837
通用零部件制造及机械修理	545360		86	50770	29405
金属密封件制造	35800			1431	6154
紧固件、弹簧制造	385972			43726	13594
机械零部件加工及设备修理	74240		86	3089	5923
其他通用零部件制造	49348			2524	3734
金属铸、锻加工	107027		700	13252	13711
钢铁铸件制造	67883		700	7808	2392
锻件及粉末冶金制品制造	39144			5444	11319
专用设备制造业	1149484		2260	81550	82503
矿山、冶金、建筑专用设备制造	68403			4560	1860
石油钻采专用设备制造	163				
建筑工程用机械制造	46671			2290	134
建筑材料生产专用机械制造	6185			1872	1726
冶金专用设备制造	13838			300	
采矿、采石设备制造	1546			99	
化工、木材、非金属加工专用设备制造	501545		219	38516	33867
炼油、化工生产专用设备制造	17928		219	6500	1912
橡胶加工专用设备制造	5933			269	
塑料加工专用设备制造	174377			11399	8156
木材加工机械制造	14519			174	138
模具制造	282018			20175	23661
其他非金属加工专用设备制造	6770				
食品、饮料、烟草及饲料生产专用设备制造	18359			347	4494
食品、饮料、烟草工业专用设备制造	10989			322	3066
农副食品加工专用设备制造	7371			25	1428
印刷、制药、日化生产专用设备制造	36121		68	3717	4520
制浆和造纸专用设备制造	3987			261	375
印刷专用设备制造	20211		68	2562	1314
日用化工专用设备制造	4262				

1－D－1 续表2－13 单位：个、万元、人

指标名称	实收资本	国家资本	集体资本	法人资本	个人资本
制药专用设备制造	5275			894	2831
照明器具生产专用设备制造	1559				
玻璃、陶瓷和搪瓷制品生产专用设备制造	828				
纺织、服装和皮革工业专用设备制造	218707		410	10234	18912
纺织专用设备制造	78703			4982	2553
皮革、毛皮及其制品加工专用设备制造	15031		194	202	6244
缝纫机械制造	118048		216	4257	10114
其他服装加工专用设备制造	6926			792	
电子和电工机械专用设备制造	52746		49	2479	5013
电工机械专用设备制造	13921			60	2683
电子工业专用设备制造	38825		49	2419	2330
农、林、牧、渔专用机械制造	69928		86	5265	5900
拖拉机制造	20802			50	
机械化农业及园艺机具制造	44690			4809	4091
农林牧渔机械配件制造	3703		86	99	1809
其他农林牧渔业机械制造及机械修理	472			307	
渔业机械制造	261				
医疗仪器设备及器械制造	107871			4727	2775
医疗诊断、监护及治疗设备制造	27514				1028
口腔科用设备及器具制造	787				34
实验室及医用消毒设备和器具的制造	2691				
医疗、外科及兽医用器械制造	55413			3417	994
机械治疗及病房护理设备制造	2801				150
其他医疗设备及器械制造	18665			1310	570
环保、社会公共安全及其他专用设备制造	75803		1427	11706	5163
环境污染防治专用设备制造	29883		522	1055	2266
邮政专用机械及器材制造	831			669	
社会公共安全设备及器材制造	15554			5144	1799
其他专用设备制造	25727		905	4012	642
地质勘查专用设备制造	2907			827	
水资源专用机械制造	901				457
交通运输设备制造业	1833123	168491	22270	293891	82147
铁路运输设备制造	5729			455	
铁路机车车辆配件制造	1176				
铁路专用设备及器材、配件制造	828			455	
其他铁路设备制造及设备修理	3725				
汽车制造	1328637	168491	21408	166702	49283
汽车整车制造	41681	168491			420
改装汽车制造	166				124

1－D－1 续表2－14

单位：个、万元、人

指 标 名 称	实收资本	国家资本	集体资本	法人资本	个人资本
汽车车身、挂车的制造	9011				37
汽车零部件及配件制造	1269811		21339	165439	47805
汽车修理	7968		69	1262	897
摩托车制造	27372			4262	7002
摩托车零部件及配件制造	22789			4262	2419
摩托车整车制造	4583				4583
自行车制造	116012		769	4038	3760
脚踏自行车及残疾人座车制造	55929			2934	2392
助动自行车制造	60083		769	1104	1368
船舶及浮动装置制造	339991		94	116888	21841
金属船舶制造	144632			67452	15897
非金属船舶制造	17704			10857	458
娱乐船和运动船的建造和修理	53228			17190	
船用配套设备制造	79288			4101	189
船舶修理及拆船	45140		94	17289	5297
交通器材及其他交通运输设备制造	13883			420	262
交通管理用金属标志及设施制造	2261				
其他交通运输设备制造	11623			420	262
航空航天器制造	1500			1125	
飞机制造及修理	1500			1125	
电气机械及器材制造业	2171837	54822	23630	374485	124896
电机制造	374283	43470		43516	21738
发电机及发电机组制造	98790	43470		9462	512
电动机制造	120684			15082	9790
微电机及其他电机制造	154809			18972	11435
输配电及控制设备制造	377208	1439	2758	106683	30697
变压器、整流器和电感器制造	39949		210	9265	2399
电容器及其配套设备制造	7837			1697	707
配电开关控制设备制造	216543	1439	2548	84576	15311
电力电子元器件制造	104631			10132	11155
其他输配电及控制设备制造	8248			1013	1125
电线、电缆、光缆及电工器材制造	315442		848	63220	11803
电线电缆制造	228697		649	29797	11191
光纤、光缆制造	71044			30872	
绝缘制品制造	8739			2263	
其他电工器材制造	6963		199	288	612
电池制造	317308		5025	48045	7595
电池制造	317308		5025	48045	7595
家用电力器具制造	390025		175	48588	23893

1－D－1 续表2－15 单位：个、万元、人

指标名称	实收资本	国家资本	集体资本	法人资本	个人资本
家用制冷电器具制造	24193			2810	2295
家用空气调节器制造	15849			2799	290
家用通风电器具制造	14891			3339	217
家用厨房电器具制造	137132		58	26251	8981
家用清洁卫生电器具制造	81526			7306	2557
家用美容、保健电器具制造	20798		75	1164	2358
家用电力器具专用配件制造	36775		42	1843	248
其他家用电力器具制造	58862			3076	6946
非电力家用器具制造	55051	6991		8220	2013
燃气、太阳能及类似能源的器具制造	28787	6991		8220	954
其他非电力家用器具制造	26264				1059
照明器具制造	299214	997	14751	45013	24804
电光源制造	96830		14320	17407	8072
照明灯具制造	171277	997	431	25177	14239
灯用电器附件及其他照明器具制造	31107			2429	2494
其他电气机械及器材制造	43306	1925	75	11200	2352
车辆专用照明及电气信号设备装置制造	31734	1925	75	8875	2092
其他未列明的电气机械制造	11572			2325	261
通信设备、计算机及其他电子设备制造业	2340834	152744	5514	247823	74843
通信设备制造	514568			56642	9045
通信传输设备制造	79655			12126	3488
通信交换设备制造	22978			2656	576
通信终端设备制造	4295			538	1881
移动通信及终端设备制造	361868			39925	3101
其他通信设备制造	45771			1397	
雷达及配套设备制造	1892				1026
雷达及配套设备制造	1892				1026
广播电视设备制造	68762			3875	905
广播电视节目制作及发射设备制造	4253			1260	149
广播电视接收设备及器材制造	42218			2615	756
应用电视设备及其他广播电视设备制造	22291				
电子计算机制造	612995			57467	5492
电子计算机整机制造	23741				
计算机网络设备制造	94390			8972	671
电子计算机外部设备制造	494864			48494	4821
电子器件制造	480708	22399	2250	62058	26008
电子真空器件制造	3226			37	
半导体分立器件制造	205905			38010	13915
集成电路制造	81545			10331	5178

1－D－1 续表 2－16

单位：个、万元、人

指标名称	实收资本	国家资本	集体资本	法人资本	个人资本
光电子器件及其他电子器件制造	190032	22399	2250	13681	6916
电子元件制造	525323	130345	3264	44675	29579
电子元件及组件制造	433262	130345	3264	29497	29417
印制电路板制造	92061			15178	162
家用视听设备制造	88822			16548	1628
家用影视设备制造	36987			10699	161
家用音响设备制造	51835			5850	1467
其他电子设备制造	47767			6558	1161
其他电子设备制造	47767			6558	1161
仪器仪表及文化、办公用机械制造业	444695	37324	6570	47260	25972
通用仪器仪表制造	153262	2336	4829	19346	6168
工业自动控制系统装置制造	44357	2336	4800	2321	160
电工仪器仪表制造	10788		29	555	884
绘图、计算及测量仪器制造	38953			3228	413
实验分析仪器制造	11197			794	1679
试验机制造	175			58	
供应用仪表及其他通用仪器制造	47792			12391	3031
专用仪器仪表制造	46821	11244	156	4772	2494
环境监测专用仪器仪表制造	1405			878	
汽车及其他用计数仪表制造	10895	11244	156	3635	
导航、气象及海洋专用仪器制造	1522				
教学专用仪器制造	2887			107	539
电子测量仪器制造	21972				1955
其他专用仪器制造	7837				
地质勘探和地震专用仪器制造	304			152	
钟表与计时仪器制造	20202			2887	438
钟表与计时仪器制造	20202			2887	438
光学仪器及眼镜制造	136042	21744	1586	6025	10688
光学仪器制造	69078	12425	1586	2797	3901
眼镜制造	66963	9319		3228	6788
文化、办公用机械制造	72455	2000		14188	5800
照相机及器材制造	43964			11814	5160
复印和胶印设备制造	5073	2000		922	393
计算器及货币专用设备制造	10184			527	
其他文化、办公用机械制造	13076			925	246
幻灯及投影设备制造	159				
其他仪器仪表的制造及修理	15913			42	384
其他仪器仪表的制造及修理	15913			42	384
工艺品及其他制造业	522266	2310	150	90815	46363

1－D－1 续表 2－17 单位：个、万元、人

指标名称	实收资本	国家资本	集体资本	法人资本	个人资本
工艺美术品制造	381280	2310	150	63998	39107
雕塑工艺品制造	34513	2310	150	6292	3159
金属工艺品制造	29421			3593	1501
漆器工艺品制造	5720			1146	521
花画工艺品制造	7134			280	819
天然植物纤维编织工艺品制造	10943			3172	2578
抽纱刺绣工艺品制造	96274			13378	17397
地毯、挂毯制造	31846			752	1197
珠宝首饰及有关物品的制造	86530			23339	1682
其他工艺美术品制造	78900			12046	10254
日用杂品制造	130373			25996	5932
制镜及类似品加工	15643			1488	623
鬃毛加工、制刷及清扫工具的制造	19294			3163	2295
其他日用杂品制造	95436			21345	3015
其他未列明的制造业	10564			821	1324
其他未列明的制造业	10564			821	1324
煤制品制造	50				
煤制品制造	50				
废弃资源和废旧材料回收加工业	98977	7815		21135	3145
金属废料和碎屑的加工处理	82920	7815		14150	2993
金属废料和碎屑的加工处理	82920	7815		14150	2993
非金属废料和碎屑的加工处理	16057			6985	153
非金属废料和碎屑的加工处理	16057			6985	153
电力、燃气及水的生产和供应业	**828426**	**422847**	**25088**	**207766**	**13954**
电力、热力的生产和供应业	634602	272498	22804	160787	7774
电力生产	594657	272498	19686	142162	6274
火力发电	502861	104523	19672	128162	5861
水力发电	74126	167975	14	3852	
其他能源发电	17670			10148	413
热力生产和供应	39946		3118	18625	1500
热力生产和供应	39946		3118	18625	1500
燃气生产和供应业	139029	77610	384	42726	5829
燃气生产和供应业	139029	77610	384	42726	5829
燃气生产和供应业	139029	77610	384	42726	5829
水的生产和供应业	54795	72739	1900	4254	351
自来水的生产和供应	23314	72739			351
自来水的生产和供应	23314	72739			351
污水处理及其再生利用	31481		1900	4254	
污水处理及其再生利用	31481		1900	4254	

1－D－1 续表3－1

单位：个、万元、人

指 标 名 称	港澳台资本	外商资本	本年折旧	主营业务收入	主营业务成本
总 计	**10088886**	**13799521**	**2909838**	**109123361**	**94379158**
一、按轻重工业分					
轻工业	5384559	5843667	1313393	51255959	43497627
重工业	4704327	7955853	1596445	57867402	50881531
二、按登记注册类型分					
港澳台商投资	**9946846**	**54197**	**1181086**	**47122956**	**40682439**
与港澳台商合资经营	3246924	31849	675043	29313581	25561895
与港澳台商合作经营	111336	1740	27832	736522	635743
港澳台商独资	6323837	20161	447533	15948304	13556222
港澳台商投资股份有限公司	264749	447	30677	1124549	928579
外商投资	**142040**	**13745324**	**1728752**	**62000405**	**53696720**
中外合资经营	116871	4114452	820953	34332215	29779209
中外合作经营	4385	128805	30140	1041439	926248
外资企业	16315	9073158	807082	24155421	21066478
外商投资股份有限公司	4469	428909	70578	2471329	1924785
三、按国民经济行业(门类、大类、中类、小类)分					
采矿业	**15085**	**38301**	**3643**	**152817**	**118844**
黑色金属矿采选业		4966	422	96181	73609
铁矿采选		4966	422	96181	73609
铁矿采选		4966	422	96181	73609
非金属矿采选业	15085	33335	3222	56636	45235
土砂石开采	15085	33335	3222	56636	45235
石灰石、石膏开采		21547	877	6026	4937
建筑装饰用石开采	1857	6507	1040	19248	15404
耐火土石开采	91		11	3086	2628
粘土及其他土砂石开采	13137	5281	1293	28276	22266
制造业	**9850500**	**13445188**	**2789005**	**107730182**	**93176741**
农副食品加工业	91819	211366	26743	1866566	1754596
谷物磨制	440	414	390	61748	60235
谷物磨制	440	414	390	61748	60235
饲料加工	4469	12813	707	88922	78682
饲料加工	4469	12813	707	88922	78682
植物油加工	6417	92941	4056	591626	580860
食用植物油加工	6417	92941	4056	591626	580860
屠宰及肉类加工	8553	778	1530	151593	140172
畜禽屠宰	942		801	80979	78682
肉制品及副产品加工	7611	778	729	70614	61491
水产品加工	20987	61151	11656	723255	677616
水产品冷冻加工	8558	50677	7951	587821	553385
鱼糜制品及水产品干腌制加工	10111	10009	3569	119111	109026

1－D－1 续表3－2

单位：个、万元、人

指 标 名 称			本年折旧	主营业务收 入	主营业务成 本
	港澳台资本	外商资本			
水产饲料制造	2318	120	87	8820	8263
其他水产品加工		344	50	7503	6941
蔬菜、水果和坚果加工	8853	28426	5140	149484	129787
蔬菜、水果和坚果加工	8853	28426	5140	149484	129787
其他农副食品加工	42100	14844	3264	99939	87245
淀粉及淀粉制品的制造		6203	389	15861	13282
豆制品制造	248	4718	917	15505	12558
其他未列明的农副食品加工	41852	3924	1958	68573	61405
食品制造业	126629	195052	30892	1479134	1128669
焙烤食品制造	24951	23074	5012	152544	107245
糕点、面包制造	5843	2432	1105	38375	25827
饼干及其他焙烤食品制造	19108	20643	3907	114169	81418
糖果、巧克力及蜜饯制造	4652	50004	4686	110808	84902
糖果、巧克力制造	4652	40610	4544	107755	82434
蜜饯制作		9394	142	3053	2468
方便食品制造	42735	38931	6371	481063	365805
米、面制品制造	2196	4105	314	4661	3901
速冻食品制造	5467	15609	1993	38555	34624
方便面及其他方便食品制造	35072	19217	4064	437847	327280
液体乳及乳制品制造	7822		2021	17822	15779
液体乳及乳制品制造	7822		2021	17822	15779
罐头制造	4593	30493	4532	271755	237728
肉、禽类罐头制造	288	240	280	21571	19259
水产品罐头制造		5733	601	26395	23925
蔬菜、水果罐头制造	4305	12173	3135	129152	116542
其他罐头食品制造		12348	516	94637	78002
调味品、发酵制品制造	19459	13349	1251	48415	44268
味精制造	8900		32	12804	12559
酱油、食醋及类似制品的制造	237	167	197	8471	7222
其他调味品、发酵制品制造	10322	13182	1022	27140	24486
其他食品制造	22417	39201	7019	396728	272944
营养、保健食品制造	10503	17230	1951	61781	54719
冷冻饮品及食用冰制造	5636	370	1443	69902	56204
食品及饲料添加剂制造	6279	21601	3626	265045	162021
饮料制造业	150255	260667	72576	3163003	2413527
酒精制造	1225		336	9376	8933
酒精制造	1225		336	9376	8933
酒的制造	45239	112463	27687	403718	250757
白酒制造		9935	1300	14423	10193

1－D－1 续表3－3

单位：个、万元、人

指 标 名 称	港澳台资本	外商资本	本年折旧	主营业务收入	主营业务成本
啤酒制造	42862	94422	25936	375948	231003
黄酒制造	2377	6867	376	12046	8544
葡萄酒制造		947	69	1123	840
其他酒制造		292	6	178	178
软饮料制造	98631	137588	43073	2710751	2121545
碳酸饮料制造	10375	25401	11626	365127	278616
瓶（罐）装饮用水制造	2291	19707	3556	1089424	987734
果菜汁及果菜汁饮料制造	29176	17731	2853	69474	47713
含乳饮料和植物蛋白饮料制造	16549	42753	8064	376440	266726
固体饮料制造	2345	639	746	11278	9912
茶饮料及其他软饮料制造	37896	31357	16228	799008	530845
精制茶加工	5160	10616	1481	39159	32291
精制茶加工	5160	10616	1481	39159	32291
烟草制品业	1400		549	11858	6270
其他烟草制品加工	1400		549	11858	6270
其他烟草制品加工	1400		549	11858	6270
纺织业	1886162	1120639	373338	11293553	10038982
棉、化纤纺织及印染精加工	781878	449607	199330	4949468	4467154
棉、化纤纺织加工	422975	209720	92395	2712414	2451231
棉、化纤印染精加工	358904	239887	106935	2237054	2015922
毛纺织和染整精加工	98366	25972	12694	420170	379593
毛条加工	55175	2518	2670	165019	157445
毛纺织	33224	13736	5697	197247	173306
毛染整精加工	9967	9719	4328	57904	48842
麻纺织	14168	2657	2439	41257	36658
麻纺织	14168	2657	2439	41257	36658
丝绢纺织及精加工	212925	38989	21688	545254	496262
缫丝加工	20313	375	872	29417	27825
绢纺和丝织加工	187928	36584	18924	476269	432462
丝印染精加工	4684	2031	1892	39569	35975
纺织制成品制造	282505	281904	54452	2086547	1813492
棉及化纤制品制造	107336	135876	21845	942502	829102
毛制品制造	11756	14702	3076	140130	128276
麻制品制造	737		63	5215	4397
丝制品制造	36389	14854	12280	471860	386332
绳、索、缆的制造	1313	3821	315	12851	10845
纺织带和帘子布制造	18541	31063	4144	151869	134927
无纺布制造	24250	50501	6613	177058	154296
其他纺织制成品制造	82184	31088	6117	185062	165317

1－D－1 续表3－4

单位：个、万元、人

指标名称	港澳台资本	外商资本	本年折旧	主营业务收入	主营业务成本
针织品、编织品及其制品制造	496321	321509	82735	3250857	2845823
棉、化纤针织品及编织品制造	362084	258815	66609	2683487	2344977
毛针织品及编织品制造	98092	41063	7661	290465	256537
丝针织品及编织品制造	27412	14954	6073	202925	180255
其他针织品及编织品制造	8733	6677	2392	73980	64053
纺织服装、鞋、帽制造业	775559	662761	129256	5802838	4818022
纺织服装制造	770032	644831	127540	5723700	4750366
纺织服装制造	770032	644831	127540	5723700	4750366
纺织面料鞋的制造	2371	11852	768	48986	42326
纺织面料鞋的制造	2371	11852	768	48986	42326
制帽	3156	6078	948	30153	25331
制帽	3156	6078	948	30153	25331
皮革、毛皮、羽毛（绒）及其制品业	167586	395277	54296	3205717	2829811
皮革鞣制加工	48181	147098	17082	850861	761932
皮革鞣制加工	48181	147098	17082	850861	761932
皮革制品制造	73521	210361	28419	1683357	1469077
皮鞋制造	18038	95954	12756	884841	763274
皮革服装制造	9625	24452	2445	171102	150194
皮箱、包（袋）制造	40306	57566	8669	416681	369027
皮手套及皮装饰制品制造	1165	19932	1358	102647	92800
其他皮革制品制造	4388	12458	3192	108086	93783
毛皮鞣制及制品加工	16594	9730	2176	99391	86153
毛皮鞣制加工	1731	1406	205	5713	4190
毛皮服装加工	13823	5406	1775	83251	73024
其他毛皮制品加工	1041	2919	196	10428	8939
羽毛（绒）加工及制品制造	29290	28088	6618	572109	512649
羽毛（绒）制品加工	28942	27255	6375	569364	510287
羽毛（绒）加工	348	834	243	2744	2363
木材加工及木、竹、藤、棕、草制品业	80038	85192	18124	982116	859880
锯材、木片加工	4695		469	35647	29180
锯材加工	3880		200	7399	6449
木片加工	815		270	28248	22731
人造板制造	43654	38893	11281	490253	442138
胶合板制造	38916	28588	6629	372999	339706
纤维板制造	147	4009	3444	51932	43929
其他人造板、材制造	4591	6297	1209	65322	58504
木制品制造	19595	33039	3498	286663	242765
建筑用木料及木材组件加工	5241	26018	2383	258275	217422
木容器制造	5377	230	115	3730	3485

1－D－1 续表3－5 单位：个、万元、人

指标名称	港澳台资本	外商资本	本年折旧	主营业务收入	主营业务成本
软木制品及其他木制品制造	8977	6791	1000	24658	21858
竹、藤、棕、草制品制造	12095	13260	2876	169554	145796
竹、藤、棕、草制品制造	12095	13260	2876	169554	145796
家具制造业	187014	376680	39783	1921240	1672771
木质家具制造	72043	146446	18185	492816	434466
木质家具制造	72043	146446	18185	492816	434466
竹、藤家具制造	2806	944	591	15099	13791
竹、藤家具制造	2806	944	591	15099	13791
金属家具制造	52733	154221	14101	890797	784636
金属家具制造	52733	154221	14101	890797	784636
塑料家具制造	2347	4180	473	24252	20426
塑料家具制造	2347	4180	473	24252	20426
其他家具制造	57085	70890	6434	498275	419453
其他家具制造	57085	70890	6434	498275	419453
造纸及纸制品业	242058	177885	100205	2536248	2184283
纸浆制造		6998	452	4315	3490
纸浆制造		6998	452	4315	3490
造 纸	125434	49606	78187	1635215	1395029
机制纸及纸板制造	118713	37847	75596	1581530	1353011
加工纸制造	6721	11759	2587	53468	41816
手工纸制造			5	218	202
纸制品制造	116625	121281	21567	896718	785764
纸和纸板容器的制造	56860	66113	12706	678280	598892
其他纸制品制造	59765	55168	8861	218438	186872
印刷业和记录媒介的复制	45421	50287	15752	467786	374308
印 刷	38823	41306	14329	418307	329429
书、报、刊印刷	83	10428	1699	22077	20645
本册印制	1175	263	1237	60395	55032
包装装潢及其他印刷	37566	30616	11392	335836	253752
装订及其他印刷服务活动	6598	2231	709	7606	5951
装订及其他印刷服务活动	6598	2231	709	7606	5951
记录媒介的复制		6750	715	41873	38928
记录媒介的复制		6750	715	41873	38928
文教体育用品制造业	205245	286599	34353	1345783	1173191
文化用品制造	50443	79623	10557	374830	319317
文具制造	34925	42621	5236	185613	160491
笔的制造	12819	29087	4809	165120	139231
教学用模型及教具制造	376	1681	118	4753	3410
墨水、墨汁制造		25	31	1231	894

1－D－1 续表3－6

单位：个、万元、人

指标名称	港澳台资本	外商资本	本年折旧	主营业务收入	主营业务成本
其他文化用品制造	2323	6210	363	18114	15291
体育用品制造	86572	87449	9657	367107	328146
球类制造	2521	20137	1059	34369	32702
体育器材及配件制造	36082	9449	1991	54887	46223
训练健身器材制造	24410	27865	2781	155388	139063
运动防护用具制造	21899	2308	1829	26042	25428
其他体育用品制造	1660	27690	1997	96421	84731
乐器制造	7282	66373	5869	117808	103886
中乐器制造	101	3737	32	1146	935
西乐器制造	3665	46059	3986	64403	57629
电子乐器制造	3184		71	2815	2199
其他乐器及零件制造	332	16576	1781	49444	43123
玩具制造	28090	44101	6872	416595	364706
玩具制造	28090	44101	6872	416595	364706
游艺器材及娱乐用品制造	32858	9053	1398	69443	57137
露天游乐场所游乐设备制造	4139	5285	239	6595	5563
游艺用品及室内游艺器材制造	28719	3769	1160	62848	51573
石油加工、炼焦及核燃料加工业	33332	34767	6516	1213754	1133926
精炼石油产品的制造	33332	34767	6516	1213754	1133926
原油加工及石油制品制造	33241	34767	6511	1213547	1133755
人造原油生产	91		5	206	170
化学原料及化学制品制造业	555430	1710044	291706	9141499	7947378
基础化学原料制造	105488	328931	70660	1709308	1507357
无机酸制造	1450	8918	3621	74435	63754
无机碱制造	5353		3794	70081	52361
无机盐制造	10373	20279	1761	41820	35265
有机化学原料制造	78706	185260	51257	1328175	1207600
其他基础化学原料制造	9606	114474	10228	194797	148377
肥料制造	1278	994	370	22746	20202
复混肥料制造	400	994	344	21548	19236
其他肥料制造	414		25	1187	958
有机肥料及微生物肥料制造	464		1	10	9
农药制造	12281	40035	8896	462085	324849
化学农药制造	6405	40035	8120	443926	310290
生物化学农药及微生物农药制造	5877		777	18160	14559
涂料、油墨、颜料及类似产品制造	52973	113698	21590	1026337	839111
涂料制造	11897	27719	3904	200718	143393
油墨及类似产品制造	13066	16164	3522	101315	86905
颜料制造	6096	13380	3771	138817	120567

1－D－1　续表3－7　　单位：个、万元、人

指 标 名 称	港澳台资本	外商资本	本年折旧	主营业务收入	主营业务成本
染料制造	21533	47892	9597	561548	470403
密封用填料及类似品制造	381	8543	798	23940	17844
合成材料制造	222463	777310	129901	3763059	3714390
初级形态的塑料及合成树脂制造	178457	658961	78279	2483200	2463738
合成橡胶制造	1145	3354	456	18181	14376
合成纤维单(聚合)体的制造	41642	95286	48705	1185144	1168897
其他合成材料制造	1218	19710	2461	76533	67380
专用化学产品制造	138772	353201	41991	1532646	1303444
化学试剂和助剂制造	20642	66972	8234	441961	391171
专项化学用品制造	48954	25575	6008	237138	201946
林产化学产品制造		1340	73	2098	1851
炸药及火工产品制造	2119			5913	4847
信息化学品制造	62156	194246	21658	688716	577282
环境污染处理专用药剂材料制造	538	14057	928	36318	27196
动物胶制造		26199	2116	40770	33720
其他专用化学产品制造	4364	24812	2975	79733	65432
日用化学产品制造	22176	95874	18298	625319	238026
肥皂及合成洗涤剂制造	2407	9117	4395	74554	62121
化妆品制造	7852	36323	7234	450501	96606
香料、香精制造	50	45719	6018	85035	65450
其他日用化学产品制造	11549	4715	649	15168	13812
口腔清洁用品制造	318		1	60	37
医药制造业	98602	256343	32800	1509629	936575
化学药品原药制造	23177	59740	10563	379964	254500
化学药品原药制造	23177	59740	10563	379964	254500
化学药品制剂制造	20295	124714	9073	517881	271366
化学药品制剂制造	20295	124714	9073	517881	271366
中药饮片加工	166	4069	240	7756	7086
中药饮片加工	166	4069	240	7756	7086
中成药制造	20378	19815	4150	179297	75827
中成药制造	20378	19815	4150	179297	75827
兽用药品制造	125	14173	1926	98746	79590
兽用药品制造	125	14173	1926	98746	79590
生物、生化制品的制造	27915	26555	4656	208690	144456
生物、生化制品的制造	27915	26555	4656	208690	144456
卫生材料及医药用品制造	6546	7277	2193	117296	103751
卫生材料及医药用品制造	6546	7277	2193	117296	103751
化学纤维制造业	393560	441003	157419	5047494	4697386
纤维素纤维原料及纤维制造	12202	3752	2673	45922	42318

1－D－1 续表3－8 单位：个、万元、人

指标名称	港澳台资本	外商资本	本年折旧	主营业务收入	主营业务成本
人造纤维（纤维素纤维）制造	12202	3752	2673	45922	42318
合成纤维制造	381358	437250	154746	5001572	4655068
锦纶纤维制造	43186	11554	4619	184175	175118
涤纶纤维制造	249986	151373	91483	3689785	3448613
腈纶纤维制造	3318	400	2935	111037	106046
其他合成纤维制造	84868	273924	55709	1016576	925290
橡胶制品业	16951	256820	76699	2122152	1899795
轮胎制造	1501	220560	69765	1818861	1636106
车辆、飞机及工程机械轮胎制造	1124	220560	69719	1818435	1635694
轮胎翻新加工	377		46	426	412
橡胶板、管、带的制造	9285	6564	1794	71182	57888
橡胶板、管、带的制造	9285	6564	1794	71182	57888
橡胶零件制造	563	9674	2301	58292	48751
橡胶零件制造	563	9674	2301	58292	48751
日用及医用橡胶制品制造	1254	5831	664	21635	18680
日用及医用橡胶制品制造	1254	5831	664	21635	18680
橡胶靴鞋制造	2289	4644	1081	58632	51838
橡胶靴鞋制造	2289	4644	1081	58632	51838
其他橡胶制品制造	2060	9547	1095	93550	86531
其他橡胶制品制造	2060	9547	1095	93550	86531
塑料制品业	322847	464470	99018	3333556	2877739
塑料薄膜制造	85176	159559	28838	755156	685887
塑料薄膜制造	85176	159559	28838	755156	685887
塑料板、管、型材的制造	42146	71928	12023	477691	419588
塑料板、管、型材的制造	42146	71928	12023	477691	419588
塑料丝、绳及编织品的制造	6420	5790	1200	55349	50096
塑料丝、绳及编织品的制造	6420	5790	1200	55349	50096
泡沫塑料制造	9694	35249	2320	134541	119297
泡沫塑料制造	9694	35249	2320	134541	119297
塑料人造革、合成革制造	29234	10098	10486	360875	323765
塑料人造革、合成革制造	29234	10098	10486	360875	323765
塑料包装箱及容器制造	33348	78944	16939	360576	287458
塑料包装箱及容器制造	33348	78944	16939	360576	287458
塑料零件制造	35535	31229	10397	302052	253661
塑料零件制造	35535	31229	10397	302052	253661
日用塑料制造	49322	44121	10538	685269	566263
塑料鞋制造	756	3247	509	28055	24100
日用塑料杂品制造	48566	40874	10028	657214	542163
其他塑料制品制造	31971	27552	6278	202048	171725

1－D－1 续表3－9

单位：个、万元、人

指标名称	港澳台资本	外商资本	本年折旧	主营业务收入	主营业务成本
其他塑料制品制造	31971	27552	6278	202048	171725
非金属矿物制品业	284391	386028	112652	2017109	1630376
水泥、石灰和石膏的制造	64027	28221	17801	264060	240722
水泥制造	63200	27181	17413	259564	238008
石灰和石膏制造	827	1040	387	4496	2714
水泥及石膏制品制造	45884	49647	13518	390401	337472
水泥制品制造	20385	38526	11713	323851	281470
砼结构构件制造	935	434	752	31938	29043
轻质建筑材料制造	24564	10688	1053	34612	26960
砖瓦、石材及其他建筑材料制造	48958	70106	17830	422578	326516
粘土砖瓦及建筑砌块制造	1809	2148	1528	7199	6246
建筑陶瓷制品制造	38086	24840	13402	378352	291751
建筑用石加工	8595		463	8811	6156
防水建筑材料制造		1419	183	10135	9423
隔热和隔音材料制造	386	40645	2089	14510	10020
其他建筑材料制造	83	1055	165	3572	2921
玻璃及玻璃制品制造	101375	216874	58159	767289	583881
平板玻璃制造	30398	565	3677	56714	49244
技术玻璃制品制造	13494	70132	4929	99771	83679
光学玻璃制造		995	324	3546	3158
日用玻璃制品及玻璃包装容器制造	34086	16614	5619	141128	116338
玻璃纤维及制品制造	6371	119364	40839	428693	299322
玻璃纤维增强塑料制品制造	3170	4251	240	8180	6029
其他玻璃制品制造	13857	4716	2497	28451	25413
玻璃仪器制造		238	33	806	698
陶瓷制品制造	5429	5436	1357	77075	67535
卫生陶瓷制品制造	4835	4520	956	49323	43632
特种陶瓷制品制造	365	502	317	5441	3626
日用陶瓷制品制造	230		5	21172	19303
园林、陈设艺术及其他陶瓷制品制造		414	80	1139	975
耐火材料制品制造	16944	5848	1871	50094	42292
石棉制品制造	4431		265	6494	5804
耐火陶瓷制品及其他耐火材料制造	12513	5848	1606	43600	36488
石墨及其他非金属矿物制品制造	1774	9896	2116	45613	31958
石墨及碳素制品制造	41	2217	298	14468	11555
其他非金属矿物制品制造	1733	7679	1818	31145	20403
黑色金属冶炼及压延加工业	224778	173996	78308	2988217	2919774
炼 钢	8692		3402	133074	125371
炼 钢	8692		3402	133074	125371

1-D-1 续表3-10 单位：个、万元、人

指标名称	港澳台资本	外商资本	本年折旧	主营业务收入	主营业务成本
钢压延加工	216086	171366	74878	2836565	2776686
钢压延加工	216086	171366	74878	2836565	2776686
铁合金冶炼		2630	29	18579	17717
铁合金冶炼		2630	29	18579	17717
有色金属冶炼及压延加工业	229368	64486	23843	2041331	1922242
常用有色金属冶炼	35520	6951	3348	469030	439740
铜冶炼	2855	1270	573	91420	87475
镍钴冶炼	28866	5099	2568	365415	340461
镁冶炼	142		29	5172	4840
其他常用有色金属冶炼	3657		178	7005	6948
铝冶炼		581	1	18	16
贵金属冶炼	1200		231	38291	36570
金冶炼	1200		231	38291	36570
稀有稀土金属冶炼	5934	324	495	9776	8819
钨钼冶炼	1017		33	2187	2102
稀土金属冶炼	4917	324	462	7589	6717
有色金属合金制造	17887	13960	1902	397876	369516
有色金属合金制造	17887	13960	1902	397876	369516
有色金属压延加工	168827	43250	17867	1126358	1067598
常用有色金属压延加工	165891	42191	17458	1089970	1046951
贵金属压延加工		1060	61	21468	8677
稀有稀土金属压延加工	2936		348	14920	11971
金属制品业	408553	429600	63362	3731587	3322587
结构性金属制品制造	79892	50079	11417	741341	639709
金属结构制造	61962	24026	8894	607024	528861
金属门窗制造	17931	26052	2524	134318	110847
金属工具制造	45371	66176	11269	391659	332485
切削工具制造	8887	5719	2399	51598	39132
手工具制造	18622	12987	3847	163203	143848
农用及园林用金属工具制造	12778	22282	1604	66453	57728
刀剪及类似日用金属工具制造	1862	9494	1237	45302	38936
其他金属工具制造	3222	15695	2183	65103	52841
集装箱及金属包装容器制造	26626	52992	-1426	723901	687936
集装箱制造	12859	20303	3371	394075	377110
金属压力容器制造	8291	3427	911	20310	17139
金属包装容器制造	5476	29261	-5709	309516	293687
金属丝绳及其制品的制造	75731	4287	6869	205203	184701
金属丝绳及其制品的制造	75731	4287	6869	205203	184701
建筑、安全用金属制品制造	88641	122870	16034	917005	800752

1－D－1 续表3－11 单位：个、万元、人

指 标 名 称	港澳台资本	外商资本	本年折旧	主营业务收入	主营业务成本
建筑、家具用金属配件制造	39444	58604	7084	413206	350586
建筑装饰及水暖管道零件制造	25073	51270	7046	422479	377313
安全、消防用金属制品制造	16437	8048	1259	61857	56230
其他建筑、安全用金属制品制造	7687	4949	645	19463	16622
金属表面处理及热处理加工	36117	43257	9610	237041	215870
金属表面处理及热处理加工	36117	43257	9610	237041	215870
搪瓷制品制造	2067	921	275	8991	7506
搪瓷卫生洁具制造	1838	921	223	4639	3908
搪瓷日用品及其他搪瓷制品制造	229		52	4352	3598
不锈钢及类似日用金属制品制造	32902	79868	7422	355442	309423
金属制厨房调理及卫生器具制造	11785	7657	1321	68940	60058
金属制厨用器皿及餐具制造	12924	30074	3607	162615	140615
其他日用金属制品制造	8193	42136	2494	123887	108750
其他金属制品制造	21205	9151	1893	151004	144205
其他未列明的金属制品制造	21205	9151	1893	151004	144205
通用设备制造业	649785	1217302	212771	7373633	6115033
锅炉及原动机制造	30958	44800	8940	520997	382456
锅炉及辅助设备制造	10633	24716	2570	146821	127019
内燃机及配件制造	10666	2833	1623	80027	58892
汽轮机及辅机制造	9659	15452	4709	293901	196302
水轮机及辅机制造		1800	38	249	244
金属加工机械制造	85981	84987	14083	405455	299272
金属切削机床制造	30022	27644	4376	132672	102572
金属成形机床制造	16859	31000	4407	92229	64375
铸造机械制造	12553	1315	795	14547	11503
金属切割及焊接设备制造	2708	9195	609	32910	28047
机床附件制造	12428	8582	2143	25959	15089
其他金属加工机械制造	11411	7251	1754	107138	77687
起重运输设备制造	73259	63071	11239	1174437	964291
起重运输设备制造	73259	63071	11239	1174437	964291
泵、阀门、压缩机及类似机械的制造	65970	311073	62738	1750009	1479207
泵及真空设备制造	4470	73441	8034	296027	235999
气体压缩机械制造	11178	111176	31865	272493	237399
阀门和旋塞的制造	31345	92588	16721	1012181	884580
液压和气压动力机械及元件制造	18977	33867	6118	169308	121230
轴承、齿轮、传动和驱动部件的制造	115005	182860	33820	874784	731698
轴承制造	92001	140515	26417	622314	515162
齿轮、传动和驱动部件制造	23003	42345	7403	252470	216536
烘炉、熔炉及电炉制造	1791	5874	498	31845	22209

1－D－1 续表 3－12 单位：个、万元、人

指标名称	港澳台资本	外商资本	本年折旧	主营业务收入	主营业务成本
烘炉、熔炉及电炉制造	1791	5874	498	31845	22209
风机、衡器、包装设备等通用设备制造	101379	155617	28670	976586	818004
风机、风扇制造	4774	6137	1561	42430	37030
气体、液体分离及纯净设备制造	4490	21349	1143	57625	42777
制冷、空调设备制造	23423	70789	13843	376722	312376
风动和电动工具制造	60531	38118	7756	370359	324175
喷枪及类似器具制造	3006	5501	1860	74366	64088
包装专用设备制造	213	3533	1322	23052	15134
衡器制造	4391	273	250	9092	4938
其他通用设备制造	554	9916	935	22942	17486
通用零部件制造及机械修理	134046	331053	41132	1239528	1076296
金属密封件制造	2330	25885	2472	58645	46028
紧固件、弹簧制造	104718	223934	31200	999993	872595
机械零部件加工及设备修理	15856	49287	4161	77511	66090
其他通用零部件制造	11143	31948	3301	103379	91584
金属铸、锻加工	41397	37967	11651	399992	341599
钢铁铸件制造	38794	18189	7094	266507	223669
锻件及粉末冶金制品制造	2603	19778	4556	133485	117930
专用设备制造业	401049	582122	86034	2775543	2223609
矿山、冶金、建筑专用设备制造	4991	56992	6432	338635	281080
石油钻采专用设备制造	163		32	1620	1392
建筑工程用机械制造	1566	42681	4713	282380	231917
建筑材料生产专用机械制造	2575	13	249	20950	18570
冶金专用设备制造		13538	1223	28473	24671
采矿、采石设备制造	687	760	216	5212	4531
化工、木材、非金属加工专用设备制造	213345	215598	39190	1139001	887992
炼油、化工生产专用设备制造	1307	7989	431	18814	13944
橡胶加工专用设备制造		5664	610	17635	12776
塑料加工专用设备制造	115884	38939	17416	657028	504702
木材加工机械制造	4137	10070	948	24834	22623
模具制造	91207	146975	19635	413882	328283
其他非金属加工专用设备制造	810	5961	150	6808	5664
食品、饮料、烟草及饲料生产专用设备制造	1424	12095	1520	80853	60724
食品、饮料、烟草工业专用设备制造	576	7026	1015	74185	55166
农副食品加工专用设备制造	848	5070	505	6668	5558
印刷、制药、日化生产专用设备制造	10664	17153	2570	77625	63540
制浆和造纸专用设备制造	87	3264	343	4423	3319
印刷专用设备制造	8191	8077	1590	61871	51386
日用化工专用设备制造		4262	223	2739	2440

1－D－1 续表3－13

单位：个、万元、人

指 标 名 称	港澳台资本	外商资本	本年折旧	主营业务收入	主营业务成本
制药专用设备制造		1550	234	4149	2956
照明器具生产专用设备制造	1559		111	1964	1460
玻璃、陶瓷和搪瓷制品生产专用设备制造	828		69	2479	1979
纺织、服装和皮革工业专用设备制造	114332	74819	14633	372599	306376
纺织专用设备制造	53908	17260	4452	118017	93034
皮革、毛皮及其制品加工专用设备制造	6418	1973	1496	28022	23610
缝纫机械制造	48573	54887	8244	211020	177836
其他服装加工专用设备制造	5434	700	441	15539	11896
电子和电工机械专用设备制造	3787	41419	3767	72035	62350
电工机械专用设备制造	897	10281	1075	10791	10400
电子工业专用设备制造	2889	31138	2693	61244	51950
农、林、牧、渔专用机械制造	9802	48875	3842	248462	214486
拖拉机制造		20752	739	50871	42460
机械化农业及园艺机具制造	9773	26017	2848	182339	158572
农林牧渔机械配件制造	29	1680	220	12653	11358
其他农林牧渔业机械制造及机械修理		165	12	2556	2032
渔业机械制造		261	23	43	64
医疗仪器设备及器械制造	26868	73501	10842	182122	128276
医疗诊断、监护及治疗设备制造	7478	19008	4042	36619	23977
口腔科用设备及器具制造		753	71	1029	732
实验室及医用消毒设备和器具的制造		2691	131	3086	970
医疗、外科及兽医用器械制造	1645	49358	5916	123523	87683
机械治疗及病房护理设备制造	2474	177	295	7297	5908
其他医疗设备及器械制造	15271	1514	388	10567	9006
环保、社会公共安全及其他专用设备制造	15837	41670	3238	264213	218786
环境污染防治专用设备制造	11503	14538	1547	182458	153521
邮政专用机械及器材制造		162	29	1539	1200
社会公共安全设备及器材制造	1380	7232	626	45393	37678
其他专用设备制造	2784	17385	989	33694	25386
地质勘查专用设备制造	170	1910	27	946	841
水资源专用机械制造		444	21	184	160
交通运输设备制造业	441377	976590	141448	5225820	4464431
铁路运输设备制造		5273	311	6300	5770
铁路机车车辆配件制造		1176	55	1373	1381
铁路专用设备及器材、配件制造		372	106	4341	3839
其他铁路设备制造及设备修理		3725	150	585	550
汽车制造	364814	709581	96830	3280869	2749576
汽车整车制造	5680	18732	2373	200994	177334
改装汽车制造	41		－22	653	526

1－D－1 续表3－14

单位：个、万元、人

指 标 名 称	港澳台资本	外商资本	本年折旧	主营业务收入	主营业务成本
汽车车身、挂车的制造	8974		1006	6524	6900
汽车零部件及配件制造	345821	689406	92752	3002615	2505092
汽车修理	4298	1443	721	70083	59725
摩托车制造	7608	8500	1164	39839	33938
摩托车零部件及配件制造	7608	8500	1134	39365	33536
摩托车整车制造			31	474	401
自行车制造	32642	74804	6462	292916	267989
脚踏自行车及残疾人座车制造	6396	44207	4163	177767	166585
助动自行车制造	26246	30596	2299	115149	101404
船舶及浮动装置制造	30439	170729	36153	1584978	1388145
金属船舶制造	9675	51608	13533	1095274	975890
非金属船舶制造	6033	357	332	99593	83430
娱乐船和运动船的建造和修理		36037	1379	19130	15243
船用配套设备制造	6482	68516	9990	255839	242442
船舶修理及拆船	8250	14211	10919	115143	71141
交通器材及其他交通运输设备制造	5874	7327	508	20918	19014
交通管理用金属标志及设施制造		2261	169	5946	5687
其他交通运输设备制造	5874	5067	339	14972	13327
航空航天器制造		375	19		
飞机制造及修理		375	19		
电气机械及器材制造业	615510	1027834	171918	9359491	7913700
电机制造	58057	246625	40347	1419029	1229159
发电机及发电机组制造	15004	69465	5754	200684	177439
电动机制造	20011	75801	15404	579975	490382
微电机及其他电机制造	23042	101360	19189	638371	561338
输配电及控制设备制造	85370	151557	32071	1463922	1183068
变压器、整流器和电感器制造	12974	15101	2423	123012	102075
电容器及其配套设备制造	5318	115	857	46110	35530
配电开关控制设备制造	32442	81523	20552	864784	678087
电力电子元器件制造	34129	49214	7848	416868	355803
其他输配电及控制设备制造	507	5604	391	13148	11572
电线、电缆、光缆及电工器材制造	98264	141308	22065	1277321	1134545
电线电缆制造	87563	99497	15639	1012994	908960
光纤、光缆制造	4041	36131	5300	193593	166794
绝缘制品制造	1184	5292	431	34211	28888
其他电工器材制造	5476	388	695	36524	29902
电池制造	76948	179694	16572	1462841	1270772
电池制造	76948	179694	16572	1462841	1270772
家用电力器具制造	162341	155030	32780	2165819	1745701

1-D-1 续表3-15 单位：个、万元、人

指 标 名 称	港澳台资本	外商资本	本年折旧	主营业务收入	主营业务成本
家用制冷电器具制造	4890	14198	1851	120499	106257
家用空气调节器制造	11819	941	818	27140	23218
家用通风电器具制造	11210	125	604	49283	41302
家用厨房电器具制造	61407	40436	8247	845020	627216
家用清洁卫生电器具制造	32567	39095	12478	642509	520336
家用美容、保健电器具制造	13031	4170	1687	133956	123716
家用电力器具专用配件制造	2143	32499	2578	112506	97112
其他家用电力器具制造	25274	23565	4515	234905	206545
非电力家用器具制造	8742	35377	3834	158646	136394
燃气、太阳能及类似能源的器具制造	5319	13595	2542	100155	82787
其他非电力家用器具制造	3422	21782	1292	58491	53607
照明器具制造	121875	92672	22199	1313153	1124263
电光源制造	25449	31583	8082	397129	331735
照明灯具制造	84629	46701	11885	782735	680017
灯用电器附件及其他照明器具制造	11796	14388	2232	133290	112512
其他电气机械及器材制造	3915	25572	2050	98761	89797
车辆专用照明及电气信号设备装置制造	2954	17546	1349	74671	68336
其他未列明的电气机械制造	961	8026	701	24090	21461
通信设备、计算机及其他电子设备制造业	839676	1157705	258247	11853389	10472201
通信设备制造	207069	241812	50466	3327588	3049696
通信传输设备制造	16511	47530	4494	236822	182356
通信交换设备制造	3405	16342	1527	67380	49798
通信终端设备制造	842	1034	832	33499	28535
移动通信及终端设备制造	173695	145148	41164	2941355	2749031
其他通信设备制造	12617	31758	2450	48533	39976
雷达及配套设备制造		866	189	3143	2778
雷达及配套设备制造		866	189	3143	2778
广播电视设备制造	36190	27792	3318	142083	124136
广播电视节目制作及发射设备制造	2004	839	187	1628	1281
广播电视接收设备及器材制造	11895	26953	3012	116784	102251
应用电视设备及其他广播电视设备制造	22291		118	23671	20604
电子计算机制造	257879	292157	106912	5630186	4922000
电子计算机整机制造	3463	20278	2489	628860	600743
计算机网络设备制造	70996	13751	9130	683256	326275
电子计算机外部设备制造	183420	258128	95293	4318070	3994982
电子器件制造	122436	265716	41681	769220	667217
电子真空器件制造		3189	199	2802	2404
半导体分立器件制造	54006	99975	15662	344692	293513
集成电路制造	32913	33124	5270	85510	78326

1－D－1 续表3－16 单位：个、万元、人

指标名称			本年折旧	主营业务收入	主营业务成本
	港澳台资本	外商资本			
光电子器件及其他电子器件制造	35517	129428	20550	336216	292975
电子元件制造	166803	267968	45773	1561581	1347662
电子元件及组件制造	122344	235707	39398	1402449	1202806
印制电路板制造	44460	32261	6375	159132	144856
家用视听设备制造	42670	27976	5588	292483	256385
家用影视设备制造	24926	1201	2208	180335	161382
家用音响设备制造	17744	26775	3380	112148	95003
其他电子设备制造	6629	33419	4320	127105	102327
其他电子设备制造	6629	33419	4320	127105	102327
仪器仪表及文化、办公用机械制造业	141324	219836	34777	1204741	964489
通用仪器仪表制造	58714	63972	11236	621295	479472
工业自动控制系统装置制造	11668	25175	2508	185197	135527
电工仪器仪表制造	3586	5735	323	28157	21532
绘图、计算及测量仪器制造	22284	13028	3321	152944	128396
实验分析仪器制造	2769	5954	1141	33739	29032
试验机制造		117	42	883	665
供应用仪表及其他通用仪器制造	18407	13963	3902	220374	164320
专用仪器仪表制造	5811	32464	3447	120565	107737
环境监测专用仪器仪表制造		527	17	3142	2331
汽车及其他用计数仪表制造	140	5840	568	39808	31314
导航、气象及海洋专用仪器制造	280	1242	41	1365	1308
教学专用仪器制造	360	1881	582	3259	2715
电子测量仪器制造	3324	16694	2061	63443	62136
其他专用仪器制造	1708	6129	175	9446	7831
地质勘探和地震专用仪器制造		152	2	103	102
钟表与计时仪器制造	3332	13545	896	27657	23566
钟表与计时仪器制造	3332	13545	896	27657	23566
光学仪器及眼镜制造	52656	62912	12144	267324	214722
光学仪器制造	37514	22038	7988	153114	122360
眼镜制造	15142	40873	4156	114210	92362
文化、办公用机械制造	15859	36409	5819	147865	120578
照相机及器材制造	8112	18878	3890	108003	89695
复印和胶印设备制造	3475	83	954	18357	12457
计算器及货币专用设备制造	176	9481	251	1121	892
其他文化、办公用机械制造	3937	7968	716	19994	17103
幻灯及投影设备制造	159		9	390	430
其他仪器仪表的制造及修理	4953	10535	1236	20037	18415
其他仪器仪表的制造及修理	4953	10535	1236	20037	18415
工艺品及其他制造业	210608	174098	41228	1731547	1501280

1－D－1 续表3－17

单位：个、万元、人

指 标 名 称	港澳台资本	外商资本	本年折旧	主营业务收入	主营业务成本
工艺美术品制造	154672	123122	26564	1108434	963392
雕塑工艺品制造	12739	11942	2337	95705	81125
金属工艺品制造	7452	16875	1353	53138	45897
漆器工艺品制造	3904	149	315	11994	10345
花画工艺品制造	1240	4795	416	19739	16077
天然植物纤维编织工艺品制造	3016	2177	880	38787	33823
抽纱刺绣工艺品制造	36136	29363	10410	281856	243884
地毯、挂毯制造	9998	19899	3610	77381	64376
珠宝首饰及有关物品的制造	43767	17742	3185	346318	312029
其他工艺美术品制造	36419	20181	4058	183515	155836
日用杂品制造	52640	45805	13763	598568	517615
制镜及类似品加工	8359	5173	2632	56777	47076
鬃毛加工、制刷及清扫工具的制造	10550	3286	1991	87057	74805
其他日用杂品制造	33731	37346	9139	454734	395734
其他未列明的制造业	3296	5122	899	24098	19916
其他未列明的制造业	3296	5122	899	24098	19916
煤制品制造		50	3	447	358
煤制品制造		50	3	447	358
废弃资源和废旧材料回收加工业	24175	49741	4393	983849	979913
金属废料和碎屑的加工处理	22175	42822	3600	945156	944928
金属废料和碎屑的加工处理	22175	42822	3600	945156	944928
非金属废料和碎屑的加工处理	2000	6919	794	38693	34985
非金属废料和碎屑的加工处理	2000	6919	794	38693	34985
电力、燃气及水的生产和供应业	**223301**	**316032**	**117190**	**1240362**	**1083573**
电力、热力的生产和供应业	202706	213281	108830	1057737	932998
电力生产	195479	203806	101786	961148	847493
火力发电	182848	155866	95943	938891	834416
水力发电	5522	47941	5191	20239	12017
其他能源发电	7109		652	2018	1059
热力生产和供应	7227	9475	7044	96589	85505
热力生产和供应	7227	9475	7044	96589	85505
燃气生产和供应业	13916	68413	4880	165568	140535
燃气生产和供应业	13916	68413	4880	165568	140535
燃气生产和供应业	13916	68413	4880	165568	140535
水的生产和供应业	6679	34337	3480	17058	10040
自来水的生产和供应	6609	9080	1736	9082	5017
自来水的生产和供应	6609	9080	1736	9082	5017
污水处理及其再生利用	70	25257	1744	7977	5023
污水处理及其再生利用	70	25257	1744	7977	5023

1－D－1 续表4－1

单位：个、万元、人

指 标 名 称	主营业务税金及附加	主营业务利润	其他业务利润	营业费用、管理费用、财务费用合计	营业利润
总 计	**224730**	**14521426**	**448718**	**10048662**	**5034980**
一、按轻重工业分					
轻工业	115010	7644997	147714	5439528	2378435
重工业	109720	6876429	301003	4609134	2656545
二、按登记注册类型分					
港澳台商投资	**98518**	**6342498**	**161589**	**4325758**	**2238737**
与港澳台商合资经营	67175	3684942	78239	2417324	1380844
与港澳台商合作经营	774	100006	2431	54222	48721
港澳台商独资	29422	2362726	64621	1651801	798027
港澳台商投资股份有限公司	1146	194824	16298	202412	11145
外商投资	**126212**	**8178928**	**287129**	**5722904**	**2796243**
中外合资经营	81257	4472969	139297	2978794	1652977
中外合作经营	1256	113935	6714	74174	50989
外资企业	29430	3059750	122615	2316022	882853
外商投资股份有限公司	14270	532274	18503	353915	209423
三、按国民经济行业(门类、大类、中类、小类)分					
采矿业	**2662**	**31311**	**22**	**9278**	**21993**
黑色金属矿采选业	3	22568		1709	20860
铁矿采选	3	22568		1709	20860
铁矿采选	3	22568		1709	20860
非金属矿采选业	2659	8742	22	7570	1133
土砂石开采	2659	8742	22	7570	1133
石灰石、石膏开采	516	572	22	2289	－1695
建筑装饰用石开采	915	2929		1470	1419
耐火土石开采	2	457		406	50
粘土及其他土砂石开采	1226	4784	...	3404	1359
制造业	**220492**	**14334902**	**434622**	**9936465**	**4947774**
农副食品加工业	885	111087	－1033	119539	－9560
谷物磨制	3	1511	－5	1523	7
谷物磨制	3	1511	－5	1523	7
饲料加工	21	10219	126	9566	1146
饲料加工	21	10219	126	9566	1146
植物油加工	71	10694	－2442	13413	－5487
食用植物油加工	71	10694	－2442	13413	－5487
屠宰及肉类加工	36	11386	246	12157	－1316
畜禽屠宰		2297	117	1075	1338
肉制品及副产品加工	36	9089	130	11083	－2654
水产品加工	499	45140	690	56587	－11399
水产品冷冻加工	401	34034	154	43911	－10022
鱼糜制品及水产品干腌制加工	50	10036	507	11687	－1463

1－D－1 续表4－2

单位：个、万元、人

指 标 名 称	主营业务税金及附加	主营业务利润	其他业务利润	营业费用、管理费用、财务费用合计	营业利润
水产饲料制造	42	515	29	384	136
其他水产品加工	6	555		606	－51
蔬菜、水果和坚果加工	173	19525	292	15450	5661
蔬菜、水果和坚果加工	173	19525	292	15450	5661
其他农副食品加工	82	12612	60	10843	1830
淀粉及淀粉制品的制造	...	2579		1953	626
豆制品制造	20	2928	14	1603	1339
其他未列明的农副食品加工	62	7106	46	7288	－136
食品制造业	1153	350039	5248	237927	118377
焙烤食品制造	109	45190	479	34779	11102
糕点、面包制造	80	12468	177	10453	2364
饼干及其他焙烤食品制造	29	32722	302	24326	8739
糖果、巧克力及蜜饯制造	33	25873	29	9506	16389
糖果、巧克力制造	33	25288	29	7133	18177
蜜饯制作	...	585		2373	－1788
方便食品制造	152	115832	2135	65109	52917
米、面制品制造	13	748	5	1045	－292
速冻食品制造	24	3907	－11	5095	－1198
方便面及其他方便食品制造	116	111177	2141	58969	54408
液体乳及乳制品制造		2043	14	1588	469
液体乳及乳制品制造		2043	14	1588	469
罐头制造	309	33718	601	17819	16613
肉、禽类罐头制造	28	2285	69	1555	799
水产品罐头制造	18	2453	－3	1210	1240
蔬菜、水果罐头制造	173	12437	76	12506	120
其他罐头食品制造	91	16543	458	2547	14454
调味品、发酵制品制造	63	4085	157	4217	329
味精制造	1	243	29	1215	－972
酱油、食醋及类似制品的制造	32	1217	12	1176	53
其他调味品、发酵制品制造	30	2625	116	1826	1247
其他食品制造	487	123297	1835	104908	20558
营养、保健食品制造	20	7042	1	5047	2303
冷冻饮品及食用冰制造	86	13612	1	10155	3459
食品及饲料添加剂制造	382	102642	1833	89707	14796
饮料制造业	52206	697272	7650	500075	215680
酒精制造	467	－24	17	724	－732
酒精制造	467	－24	17	724	－732
酒的制造	49648	103314	3792	129271	－18120
白酒制造	98	4132	50	1393	2785

1－D－1 续表4－3 单位：个、万元、人

指标名称	主营业务税金及附加	主营业务利润	其他业务利润	营业费用、管理费用、财务费用合计	营业利润
啤酒制造	49165	95780	3430	125064	－21806
黄酒制造	347	3155	313	2548	920
葡萄酒制造	38	247		187	60
其他酒制造	...			78	－78
软饮料制造	1928	587278	3830	364160	233139
碳酸饮料制造	298	86213	115	58886	27609
瓶（罐）装饮用水制造	355	101336	2228	112987	－8812
果菜汁及果菜汁饮料制造	209	21552	93	23847	－1124
含乳饮料和植物蛋白饮料制造	325	109390	598	20999	88834
固体饮料制造	2	1365	72	929	577
茶饮料及其他软饮料制造	740	267423	724	146513	126055
精制茶加工	163	6705	11	5921	1392
精制茶加工	163	6705	11	5921	1392
烟草制品业	24	5564	49	2182	3431
其他烟草制品加工	24	5564	49	2182	3431
其他烟草制品加工	24	5564	49	2182	3431
纺织业	16250	1238326	45466	909338	383285
棉、化纤纺织及印染精加工	6982	475334	22928	348009	157703
棉、化纤纺织加工	3572	257612	18638	183338	98371
棉、化纤印染精加工	3410	217722	4290	164671	59332
毛纺织和染整精加工	408	40169	1767	28370	13288
毛条加工	62	7512	1059	3798	4554
毛纺织	234	23707	762	17463	7188
毛染整精加工	112	8950	－53	7109	1546
麻纺织	23	4576	146	4471	1933
麻纺织	23	4576	146	4471	1933
丝绢纺织及精加工	577	48415	1733	38675	11220
缫丝加工	25	1566	50	1191	711
绢纺和丝织加工	451	43356	1327	33355	10660
丝印染精加工	101	3493	356	4130	－151
纺织制成品制造	3332	269724	9294	209441	70681
棉及化纤制品制造	1565	111835	2908	85447	30452
毛制品制造	349	11506	596	13002	－590
麻制品制造	5	813	9	664	66
丝制品制造	460	85068	3014	55666	34120
绳、索、缆的制造	22	1985	24	1541	478
纺织带和帘子布制造	237	16705	2044	13338	3350
无纺布制造	416	22345	286	18739	3903
其他纺织制成品制造	277	19467	413	21044	－1097

1－D－1 续表4－4　　　　单位：个、万元、人

指 标 名 称	主营业务税金及附加	主营业务利润	其他业务利润	营业费用、管理费用、财务费用合计	营业利润
针织品、编织品及其制品制造	4928	400109	9598	280372	128459
棉、化纤针织品及编织品制造	4103	334411	7792	226178	114554
毛针织品及编织品制造	518	33410	957	27518	6618
丝针织品及编织品制造	194	22476	804	18975	5180
其他针织品及编织品制造	115	9812	45	7702	2107
纺织服装、鞋、帽制造业	8424	976416	13828	698383	313200
纺织服装制造	8070	965288	13793	689635	310794
纺织服装制造	8070	965288	13793	689635	310794
纺织面料鞋的制造	291	6370	29	4701	1621
纺织面料鞋的制造	291	6370	29	4701	1621
制 帽	64	4758	6	4047	786
制 帽	64	4758	6	4047	786
皮革、毛皮、羽毛(绒)及其制品业	3286	372955	7529	280889	104345
皮革鞣制加工	664	88264	4034	59277	33802
皮革鞣制加工	664	88264	4034	59277	33802
皮革制品制造	1888	212562	2738	161788	57047
皮鞋制造	800	120767	1116	85644	34858
皮革服装制造	181	20727	803	16202	5841
皮箱、包(袋)制造	484	47341	171	40973	10782
皮手套及皮装饰制品制造	75	9773	270	7482	2540
其他皮革制品制造	349	13954	378	11487	3027
毛皮鞣制及制品加工	105	13133	95	9440	3788
毛皮鞣制加工	11	1512	38	963	588
毛皮服装加工	66	10161	45	7474	2731
其他毛皮制品加工	28	1461	12	1003	470
羽毛(绒)加工及制品制造	628	58996	663	50385	9707
羽毛(绒)制品加工	624	58454	659	49892	9653
羽毛(绒)加工	4	542	4	493	53
木材加工及木、竹、藤、棕、草制品业	7273	114963	4551	85071	32878
锯材、木片加工	1483	4984		2454	2530
锯材加工	37	913		553	361
木片加工	1446	4071		1901	2170
人造板制造	689	47425	1457	39110	11106
胶合板制造	539	32755	1532	28462	7157
纤维板制造	75	7928	－163	5042	2724
其他人造板、材制造	75	6743	88	5606	1225
木制品制造	4622	39276	2943	26474	13214
建筑用木料及木材组件加工	4569	36283	2941	22324	14373
木容器制造	4	241	－3	598	－359

1－D－1 续表4－5 单位：个、万元、人

指 标 名 称	主营业务税金及附加	主营业务利润	其他业务利润	营业费用、管理费用、财务费用合计	营业利润
软木制品及其他木制品制造	49	2752	5	3553	－800
竹、藤、棕、草制品制造	480	23277	150	17034	6028
竹、藤、棕、草制品制造	480	23277	150	17034	6028
家具制造业	2037	246439	3294	207303	41614
木质家具制造	641	57716	578	61144	－2721
木质家具制造	641	57716	578	61144	－2721
竹、藤家具制造	8	1300	20	1422	－102
竹、藤家具制造	8	1300	20	1422	－102
金属家具制造	915	105247	1342	82619	21573
金属家具制造	915	105247	1342	82619	21573
塑料家具制造	10	3816	81	3328	570
塑料家具制造	10	3816	81	3328	570
其他家具制造	463	78360	1273	58791	22294
其他家具制造	463	78360	1273	58791	22294
造纸及纸制品业	3445	348520	13608	250934	110690
纸浆制造	6	819		881	－61
纸浆制造	6	819		881	－61
造 纸	1500	238686	7087	158523	85027
机制纸及纸板制造	1460	227058	6621	149591	82817
加工纸制造	38	11614	467	8922	2207
手工纸制造	2	14		10	3
纸制品制造	1939	109015	6521	91530	25724
纸和纸板容器的制造	1753	77635	5984	62001	23239
其他纸制品制造	186	31380	536	29529	2484
印刷业和记录媒介的复制	679	92799	2017	37045	57918
印 刷	658	88220	1881	33182	57066
书、报、刊印刷	74	1358	277	2922	－1243
本册印制	45	5317	93	2353	3058
包装装潢及其他印刷	539	81545	1511	27907	55251
装订及其他印刷服务活动	21	1633	112	1724	21
装订及其他印刷服务活动	21	1633	112	1724	21
记录媒介的复制		2946	24	2139	832
记录媒介的复制		2946	24	2139	832
文教体育用品制造业	1800	170796	4073	154048	22756
文化用品制造	534	54984	1549	50978	4803
文具制造	237	24884	1262	25570	535
笔的制造	247	25646	156	22433	2657
教学用模型及教具制造	23	1321	17	742	595
墨水、墨汁制造	2	336		84	252

1－D－1 续表4－6 单位：个、万元、人

指标名称	主营业务税金及附加	主营业务利润	其他业务利润	营业费用、管理费用、财务费用合计	营业利润
其他文化用品制造	25	2798	114	2149	764
体育用品制造	443	38518	144	43600	－3476
球类制造	39	1627	－2	4740	－3111
体育器材及配件制造	112	8552	220	7791	1174
训练健身器材制造	121	16204	102	15967	1368
运动防护用具制造	27	588	－236	4677	－4091
其他体育用品制造	144	11546	61	10426	1185
乐器制造	120	13802	561	10836	4314
中乐器制造	3	208		596	－388
西乐器制造	59	6715	127	4640	2987
电子乐器制造	15	602	34	485	152
其他乐器及零件制造	43	6278	401	5115	1563
玩具制造	626	51263	1165	38820	14045
玩具制造	626	51263	1165	38820	14045
游艺器材及娱乐用品制造	77	12229	654	9814	3069
露天游乐场所游乐设备制造	3	1029	6	1476	－441
游艺用品及室内游艺器材制造	74	11200	649	8339	3510
石油加工、炼焦及核燃料加工业	28946	50882	1350	29838	22437
精炼石油产品的制造	28946	50882	1350	29838	22437
原油加工及石油制品制造	28944	50848	1350	29818	22423
人造原油生产	1	35		21	14
化学原料及化学制品制造业	17680	1176571	26022	821486	404207
基础化学原料制造	7763	194189	5236	125895	77910
无机酸制造	4067	6614	577	4849	2341
无机碱制造	106	17614	184	6450	11944
无机盐制造	75	6481	263	3570	3196
有机化学原料制造	3282	117293	3280	90639	33702
其他基础化学原料制造	232	46189	933	20388	26727
肥料制造	31	2513	2	1239	1276
复混肥料制造	30	2282		1005	1278
其他肥料制造	1	229	2	183	49
有机肥料及微生物肥料制造		1		52	－50
农药制造	216	137020	1641	39056	115094
化学农药制造	197	133438	1552	37235	113245
生物化学农药及微生物农药制造	19	3582	89	1822	1849
涂料、油墨、颜料及类似产品制造	1175	186050	2899	108454	77312
涂料制造	204	57121	145	34283	23440
油墨及类似产品制造	95	14315	128	10375	3142
颜料制造	114	18136	111	11737	6510

1－D－1 续表4－7 单位：个、万元、人

指标名称	主营业务税金及附加	主营业务利润	其他业务利润	营业费用、管理费用、财务费用合计	营业利润
染料制造	729	90416	2434	49234	40893
密封用填料及类似品制造	33	6063	82	2826	3328
合成材料制造	1709	46961	6100	154390	－101469
初级形态的塑料及合成树脂制造	1155	18309	5763	120870	－95862
合成橡胶制造	65	3741	27	2028	1739
合成纤维单(聚合)体的制造	324	15924	309	25501	－10489
其他合成材料制造	166	8988	...	5991	3143
专用化学产品制造	5479	223723	9619	124802	114516
化学试剂和助剂制造	488	50302	4284	39073	17075
专项化学用品制造	2667	32526	438	24140	8475
林产化学产品制造	20	228		211	17
炸药及火工产品制造	1	1065		692	406
信息化学品制造	936	110498	3984	37450	80256
环境污染处理专用药剂材料制造	63	9059	856	7503	3320
动物胶制造	57	6992	32	3483	3826
其他专用化学产品制造	1247	13054	24	12251	1141
日用化学产品制造	1308	386115	527	267649	119569
肥皂及合成洗涤剂制造	121	12312	53	10653	2232
化妆品制造	1105	352920	87	247952	105187
香料、香精制造	62	19523	379	7160	12667
其他日用化学产品制造	20	1336	7	1864	－521
口腔清洁用品制造	...	23		20	3
医药制造业	2012	571058	3194	395509	181371
化学药品原药制造	577	124888	1709	94325	32590
化学药品原药制造	577	124888	1709	94325	32590
化学药品制剂制造	512	246003	497	161827	84725
化学药品制剂制造	512	246003	497	161827	84725
中药饮片加工	6	663	21	860	－175
中药饮片加工	6	663	21	860	－175
中成药制造	484	102987	195	67630	35673
中成药制造	484	102987	195	67630	35673
兽用药品制造	78	19077	798	12468	9568
兽用药品制造	78	19077	798	12468	9568
生物、生化制品的制造	248	63986	－99	46512	17351
生物、生化制品的制造	248	63986	－99	46512	17351
卫生材料及医药用品制造	107	13454	72	11887	1640
卫生材料及医药用品制造	107	13454	72	11887	1640
化学纤维制造业	3197	346911	8812	222112	127001
纤维素纤维原料及纤维制造	20	3584	－41	3540	42

1－D－1 续表4－8

单位：个、万元、人

指标名称	主营业务税金及附加	主营业务利润	其他业务利润	营业费用、管理费用、财务费用合计	营业利润
人造纤维（纤维素纤维）制造	20	3584	－41	3540	42
合成纤维制造	3177	343327	8853	218571	126959
锦纶纤维制造	191	8866	894	7534	2296
涤纶纤维制造	2178	238994	5679	140912	96219
腈纶纤维制造	11	4980		8429	－3448
其他合成纤维制造	798	90487	2281	61697	31893
橡胶制品业	5913	216445	1403	187879	31874
轮胎制造	5487	177268	1020	158493	19998
车辆、飞机及工程机械轮胎制造	5487	177254	1020	158416	20061
轮胎翻新加工	...	14		77	－63
橡胶板、管、带的制造	227	13067	143	8426	5703
橡胶板、管、带的制造	227	13067	143	8426	5703
橡胶零件制造	87	9453	53	7454	2364
橡胶零件制造	87	9453	53	7454	2364
日用及医用橡胶制品制造	21	2934	6	2136	801
日用及医用橡胶制品制造	21	2934	6	2136	801
橡胶靴鞋制造	51	6743	98	6413	903
橡胶靴鞋制造	51	6743	98	6413	903
其他橡胶制品制造	39	6980	82	4957	2104
其他橡胶制品制造	39	6980	82	4957	2104
塑料制品业	3733	452169	17606	280139	174990
塑料薄膜制造	542	68728	10739	38569	41498
塑料薄膜制造	542	68728	10739	38569	41498
塑料板、管、型材的制造	489	57646	790	44821	13931
塑料板、管、型材的制造	489	57646	790	44821	13931
塑料丝、绳及编织品的制造	94	5159	193	4953	427
塑料丝、绳及编织品的制造	94	5159	193	4953	427
泡沫塑料制造	133	15111	439	11152	4892
泡沫塑料制造	133	15111	439	11152	4892
塑料人造革、合成革制造	418	36692	1593	23980	14428
塑料人造革、合成革制造	418	36692	1593	23980	14428
塑料包装箱及容器制造	295	72823	887	25404	48666
塑料包装箱及容器制造	295	72823	887	25404	48666
塑料零件制造	405	47986	1105	34771	13149
塑料零件制造	405	47986	1105	34771	13149
日用塑料制造	876	118130	1630	73084	31054
塑料鞋制造	40	3916	77	3406	587
日用塑料杂品制造	837	114214	1553	69678	30467
其他塑料制品制造	480	29895	232	23405	6946

1－D－1 续表4－9 单位：个、万元、人

指标名称	主营业务税金及附加	主营业务利润	其他业务利润	营业费用、管理费用、财务费用合计	营业利润
其他塑料制品制造	480	29895	232	23405	6946
非金属矿物制品业	3324	383429	13409	250963	138594
水泥、石灰和石膏的制造	549	22789	90	21078	1798
水泥制造	547	21009	85	19813	1279
石灰和石膏制造	2	1780	5	1265	519
水泥及石膏制品制造	526	52413	1859	32895	21324
水泥制品制造	412	41970	1699	24719	18898
砼结构构件制造	30	2865		1420	1445
轻质建筑材料制造	84	7578	160	6757	981
砖瓦、石材及其他建筑材料制造	643	95429	5499	81600	13368
粘土砖瓦及建筑砌块制造	57	896	...	2536	－1634
建筑陶瓷制品制造	470	86131	5438	71793	16776
建筑用石加工	29	2637	28	2710	7
防水建筑材料制造	9	702	20	917	－213
隔热和隔音材料制造	22	4468	13	3255	－1775
其他建筑材料制造	56	596	...	389	207
玻璃及玻璃制品制造	1175	182233	4682	98107	87077
平板玻璃制造	41	7428	－936	5139	1354
技术玻璃制品制造	94	15998	2003	15250	2175
光学玻璃制造	9	378	1	326	54
日用玻璃制品及玻璃包装容器制造	302	24488	296	13715	9500
玻璃纤维及制品制造	644	128728	3244	59902	72484
玻璃纤维增强塑料制品制造	30	2122	15	1646	491
其他玻璃制品制造	38	3000	59	2056	1003
玻璃仪器制造	16	92		74	18
陶瓷制品制造	93	9447	741	5276	5116
卫生陶瓷制品制造	81	5611	661	3528	2972
特种陶瓷制品制造	10	1805	8	886	927
日用陶瓷制品制造	1	1867	2	692	1177
园林、陈设艺术及其他陶瓷制品制造		164	70	171	40
耐火材料制品制造	248	7554	92	6056	1828
石棉制品制造	3	687		696	121
耐火陶瓷制品及其他耐火材料制造	245	6867	92	5359	1707
石墨及其他非金属矿物制品制造	91	13564	447	5950	8083
石墨及碳素制品制造	16	2897	57	2380	574
其他非金属矿物制品制造	74	10667	391	3570	7509
黑色金属冶炼及压延加工业	2274	66169	17458	107870	3508
炼 钢	184	7519	5476	6545	6485
炼 钢	184	7519	5476	6545	6485

1－D－1 续表4－10 单位：个、万元、人

指 标 名 称	主营业务税金及附加	主营业务利润	其他业务利润	营业费用、管理费用、财务费用合计	营业利润
钢压延加工	2059	57820	11983	100971	－3455
钢压延加工	2059	57820	11983	100971	－3455
铁合金冶炼	31	831		353	477
铁合金冶炼	31	831		353	477
有色金属冶炼及压延加工业	2153	117000	5557	72794	49807
常用有色金属冶炼	630	28660	708	20220	9059
铜冶炼	392	3553	146	3136	588
镍钴冶炼	226	24728	494	16619	8488
镁冶炼	6	327		144	183
其他常用有色金属冶炼	7	51	68	308	－189
铝冶炼	…	2		13	－11
贵金属冶炼	40	1682		1092	590
金冶炼	40	1682		1092	590
稀有稀土金属冶炼	3	954	392	1441	－94
钨钼冶炼	1	85	36	186	－65
稀土金属冶炼	2	870	356	1255	－30
有色金属合金制造	301	28060	150	14821	11959
有色金属合金制造	301	28060	150	14821	11959
有色金属压延加工	1179	57644	4308	35220	28294
常用有色金属压延加工	1102	41981	3438	38447	8535
贵金属压延加工	63	12729	702	－4990	18421
稀有稀土金属压延加工	14	2934	168	1764	1339
金属制品业	6014	403072	15159	303781	130750
结构性金属制品制造	1991	99642	4255	58354	45752
金属结构制造	1810	76352	3862	44149	36192
金属门窗制造	181	23289	393	14205	9560
金属工具制造	773	58402	1964	41186	19578
切削工具制造	115	12351	254	6514	6029
手工具制造	337	19018	373	14540	5987
农用及园林用金属工具制造	32	8694	138	6689	2114
刀剪及类似日用金属工具制造	18	6348	322	4927	1743
其他金属工具制造	271	11991	878	8516	3706
集装箱及金属包装容器制造	426	35630	4241	41585	15012
集装箱制造	53	16913	3319	19739	570
金属压力容器制造	118	3054	35	1951	1137
金属包装容器制造	256	15664	888	19895	13305
金属丝绳及其制品的制造	819	19684	70	13463	6423
金属丝绳及其制品的制造	819	19684	70	13463	6423
建筑、安全用金属制品制造	1497	114751	1843	86683	28679

1－D－1 续表4－11

单位：个、万元、人

指标名称	主营业务税金及附加	主营业务利润	其他业务利润	营业费用、管理费用、财务费用合计	营业利润
建筑、家具用金属配件制造	857	61763	1021	41160	20506
建筑装饰及水暖管道零件制造	573	44587	619	37232	7826
安全、消防用金属制品制造	50	5578	189	6290	－461
其他建筑、安全用金属制品制造	17	2823	15	2002	809
金属表面处理及热处理加工	98	21073	584	17083	4605
金属表面处理及热处理加工	98	21073	584	17083	4605
搪瓷制品制造	9	1476	33	1280	366
搪瓷卫生洁具制造	6	725	...	991	－266
搪瓷日用品及其他搪瓷制品制造	3	751	33	289	632
不锈钢及类似日用金属制品制造	335	45684	1493	38005	8805
金属制厨房调理及卫生器具制造	64	8819	130	7341	1610
金属制厨用器皿及餐具制造	144	21857	1018	15893	6527
其他日用金属制品制造	128	15009	345	14771	669
其他金属制品制造	68	6731	675	6141	1528
其他未列明的金属制品制造	68	6731	675	6141	1528
通用设备制造业	9158	1249452	53918	772416	519797
锅炉及原动机制造	531	138010	2578	74555	67132
锅炉及辅助设备制造	142	19661	503	12739	7757
内燃机及配件制造	104	21031	1802	12491	11002
汽轮机及辅机制造	284	97315	273	49323	48373
水轮机及辅机制造	2	3		2	1
金属加工机械制造	518	105664	4654	68804	41218
金属切削机床制造	227	29873	2015	24381	6953
金属成形机床制造	102	27752	1826	14259	15341
铸造机械制造	12	3032		3164	－132
金属切割及焊接设备制造	40	4823	141	3656	1308
机床附件制造	42	10828	295	3400	7959
其他金属加工机械制造	94	29356	378	19945	9789
起重运输设备制造	1814	208332	11637	90752	122776
起重运输设备制造	1814	208332	11637	90752	122776
泵、阀门、压缩机及类似机械的制造	1436	269376	6480	186902	89723
泵及真空设备制造	246	59782	2131	35451	26267
气体压缩机械制造	265	34829	863	34937	948
阀门和旋塞的制造	719	126892	2173	91613	37731
液压和气压动力机械及元件制造	205	47873	1313	24903	24777
轴承、齿轮、传动和驱动部件的制造	1345	141741	10878	91984	57747
轴承制造	1083	106068	7686	66562	44558
齿轮、传动和驱动部件制造	262	35673	3192	25422	13189
烘炉、熔炉及电炉制造	32	9604	122	2553	5387

1－D－1 续表 4－12

单位：个、万元、人

指 标 名 称	主营业务税金及附加	主营业务利润	其他业务利润	营业费用、管理费用、财务费用合计	营业利润
烘炉、熔炉及电炉制造	32	9604	122	2553	5387
风机、衡器、包装设备等通用设备制造	1413	157169	3929	109971	50461
风机、风扇制造	140	5259	868	6447	－572
气体、液体分离及纯净设备制造	64	14783	155	7386	7481
制冷、空调设备制造	548	63798	1440	33869	30906
风动和电动工具制造	424	45760	586	37540	8923
喷枪及类似器具制造	152	10126	220	6628	3734
包装专用设备制造	20	7899	51	7059	891
衡器制造	15	4139	11	1955	2195
其他通用设备制造	51	5405	598	9088	－3097
通用零部件制造及机械修理	1641	161591	10206	112339	57949
金属密封件制造	202	12416	755	9557	3856
紧固件、弹簧制造	1251	126147	8444	81479	51481
机械零部件加工及设备修理	108	11313	677	11562	369
其他通用零部件制造	81	11714	330	9740	2243
金属铸、锻加工	428	57965	3434	34557	27404
钢铁铸件制造	274	42563	1185	21385	22388
锻件及粉末冶金制品制造	154	15402	2248	13171	5016
专用设备制造业	9773	542184	18797	363303	208560
矿山、冶金、建筑专用设备制造	248	57307	5000	29099	33162
石油钻采专用设备制造	2	226	11	175	62
建筑工程用机械制造	197	50266	3658	24746	29184
建筑材料生产专用机械制造	16	2364	3	1652	717
冶金专用设备制造	21	3782	1291	2154	2864
采矿、采石设备制造	13	669	38	372	335
化工、木材、非金属加工专用设备制造	1393	249621	7013	169587	86722
炼油、化工生产专用设备制造	14	4856	10	4259	742
橡胶加工专用设备制造	18	4841	100	2967	1977
塑料加工专用设备制造	789	151536	2527	97891	56183
木材加工机械制造	88	2123	76	2243	－216
模具制造	480	85123	4282	61349	27754
其他非金属加工专用设备制造	4	1140	19	877	282
食品、饮料、烟草及饲料生产专用设备制造	650	19479	1530	8462	12545
食品、饮料、烟草工业专用设备制造	647	18372	1453	6879	12944
农副食品加工专用设备制造	3	1107	77	1583	－399
印刷、制药、日化生产专用设备制造	5059	9026	543	8366	6275
制浆和造纸专用设备制造	5	1099	328	1249	178
印刷专用设备制造	5047	5439	113	5117	5507
日用化工专用设备制造	2	298	8	251	55

1－D－1 续表4－13

单位：个、万元、人

指标名称	主营业务税金及附加	主营业务利润	其他业务利润	营业费用、管理费用、财务费用合计	营业利润
制药专用设备制造	4	1189	2	729	461
照明器具生产专用设备制造	1	503	2	536	－32
玻璃、陶瓷和搪瓷制品生产专用设备制造	1	499	91	484	106
纺织、服装和皮革工业专用设备制造	705	65516	2224	54832	17059
纺织专用设备制造	325	24656	1328	22015	6255
皮革、毛皮及其制品加工专用设备制造	20	4393	125	3577	993
缝纫机械制造	327	32857	770	26650	6899
其他服装加工专用设备制造	33	3611	1	2590	2912
电子和电工机械专用设备制造	130	9555	478	7483	2556
电工机械专用设备制造	7	384	200	1259	－668
电子工业专用设备制造	123	9171	278	6224	3224
农、林、牧、渔专用机械制造	393	33583	443	30063	4323
拖拉机制造	3	8409	17	11187	－2781
机械化农业及园艺机具制造	371	23396	407	17248	6792
农林牧渔机械配件制造	19	1276	19	1178	257
其他农林牧渔业机械制造及机械修理		524		444	83
渔业机械制造		－21		7	－28
医疗仪器设备及器械制造	793	53053	715	22724	32243
医疗诊断、监护及治疗设备制造	45	12598	265	6844	5979
口腔科用设备及器具制造	1	297	…	157	140
实验室及医用消毒设备和器具的制造	6	2110	2	869	1243
医疗、外科及兽医用器械制造	731	35108	387	11727	24777
机械治疗及病房护理设备制造	3	1386	11	1269	128
其他医疗设备及器械制造	7	1554	49	1858	－25
环保、社会公共安全及其他专用设备制造	403	45044	852	32686	13675
环境污染防治专用设备制造	321	28636	554	21728	7966
邮政专用机械及器材制造	3	335	1	305	32
社会公共安全设备及器材制造	18	7697	202	5209	2651
其他专用设备制造	50	8258	95	5231	3123
地质勘查专用设备制造	11	94		104	－10
水资源专用机械制造	…	23		110	－87
交通运输设备制造业	4465	757272	49070	450768	354764
铁路运输设备制造	6	524	2	1526	－1000
铁路机车车辆配件制造	2	－10	2	402	－410
铁路专用设备及器材、配件制造	4	499		514	－15
其他铁路设备制造及设备修理	1	35		610	－575
汽车制造	3414	527879	33989	365645	195657
汽车整车制造	549	23112	1178	18271	5921
改装汽车制造	1	126	15	192	－45

1－D－1 续表4－14

单位：个、万元、人

指 标 名 称	主营业务税金及附加	主营业务利润	其他业务利润	营业费用、管理费用、财务费用合计	营业利润
汽车车身、挂车的制造	6	－381	86	1128	－1424
汽车零部件及配件制造	2776	494747	32556	336463	189012
汽车修理	83	10275	154	9591	2193
摩托车制造	113	6083	83	5270	629
摩托车零部件及配件制造	112	5727	83	4987	556
摩托车整车制造	...	356		284	73
自行车制造	240	24740	475	28080	－2043
脚踏自行车及残疾人座车制造	135	11047	325	17397	－5203
助动自行车制造	105	13693	150	10683	3161
船舶及浮动装置制造	683	196150	14494	46283	163521
金属船舶制造	412	118973	4583	12542	110099
非金属船舶制造	8	16155		222	16034
娱乐船和运动船的建造和修理	32	3855	157	5831	－1849
船用配套设备制造	81	13316	6109	10353	9027
船舶修理及拆船	151	43852	3646	17335	30209
交通器材及其他交通运输设备制造	9	1896	27	3964	－2001
交通管理用金属标志及设施制造		259	1	1034	－776
其他交通运输设备制造	9	1636	26	2930	－1225
航空航天器制造					
飞机制造及修理					
电气机械及器材制造业	11760	1434032	37513	941430	528807
电机制造	1693	188177	9289	133600	65487
发电机及发电机组制造	315	22930	1498	17685	7455
电动机制造	731	88862	1699	54652	35756
微电机及其他电机制造	647	76385	6092	61264	22277
输配电及控制设备制造	1567	279287	9199	154388	129413
变压器、整流器和电感器制造	88	20849	251	14682	5309
电容器及其配套设备制造	26	10554	－354	3840	5246
配电开关控制设备制造	827	185870	5326	95419	94446
电力电子元器件制造	555	60510	3956	38322	24591
其他输配电及控制设备制造	71	1505	21	2124	－179
电线、电缆、光缆及电工器材制造	922	141855	2280	94657	56314
电线电缆制造	788	103245	1853	71395	40755
光纤、光缆制造	24	26775	312	14969	11868
绝缘制品制造	35	5287	47	3535	1829
其他电工器材制造	74	6548	69	4759	1862
电池制造	2505	189564	6436	114996	81053
电池制造	2505	189564	6436	114996	81053
家用电力器具制造	2716	417401	2739	279285	138153

1－D－1 续表4－15 单位：个、万元、人

指 标 名 称	主营业务税金及附加	主营业务利润	其他业务利润	营业费用、管理费用、财务费用合计	营业利润
家用制冷电器具制造	231	14011	228	8575	5900
家用空气调节器制造	76	3847	153	3470	549
家用通风电器具制造	16	7964	159	5972	2069
家用厨房电器具制造	1447	216357	1050	134789	79551
家用清洁卫生电器具制造	467	121706	315	81985	40295
家用美容、保健电器具制造	45	10195	27	10151	108
家用电力器具专用配件制造	198	15196	389	10453	5129
其他家用电力器具制造	237	28124	418	23891	4552
非电力家用器具制造	96	22156	467	18056	4675
燃气、太阳能及类似能源的器具制造	51	17317	513	13212	4438
其他非电力家用器具制造	45	4839	－46	4844	237
照明器具制造	2206	186685	6962	137821	53275
电光源制造	667	64728	3964	40501	23406
照明灯具制造	1356	101362	2771	82464	22739
灯用电器附件及其他照明器具制造	184	20595	228	14856	7130
其他电气机械及器材制造	57	8907	141	8626	437
车辆专用照明及电气信号设备装置制造	48	6286	46	6710	－363
其他未列明的电气机械制造	9	2621	95	1916	800
通信设备、计算机及其他电子设备制造业	5883	1375347	47161	878491	566562
通信设备制造	1380	276511	17695	236041	67593
通信传输设备制造	413	54053	1221	33385	21276
通信交换设备制造	100	17482	9	15794	2003
通信终端设备制造	45	4919	89	4223	822
移动通信及终端设备制造	794	191530	15972	175829	41317
其他通信设备制造	29	8528	405	6810	2175
雷达及配套设备制造	21	344	368	343	373
雷达及配套设备制造	21	344	368	343	373
广播电视设备制造	282	17665	2156	16544	3513
广播电视节目制作及发射设备制造	2	345		279	66
广播电视接收设备及器材制造	113	14420	390	12210	2670
应用电视设备及其他广播电视设备制造	168	2899	1765	4055	778
电子计算机制造	1925	706261	7829	330954	382547
电子计算机整机制造		28117		23103	5014
计算机网络设备制造	1337	355644	8	190209	165959
电子计算机外部设备制造	588	322500	7821	117642	211574
电子器件制造	606	101439	3124	94567	11646
电子真空器件制造	6	393	3	577	－181
半导体分立器件制造	173	51048	2352	38420	13159
集成电路制造	65	7120	103	12343	－5118

1－D－1 续表4－16

单位：个、万元、人

指标名称	主营业务税金及附加	主营业务利润	其他业务利润	营业费用、管理费用、财务费用合计	营业利润
光电子器件及其他电子器件制造	363	42879	666	43226	3786
电子元件制造	1226	212693	15106	151932	87031
电子元件及组件制造	1167	198477	14124	136407	83235
印制电路板制造	60	14216	981	15525	3796
家用视听设备制造	305	35793	387	28644	8195
家用影视设备制造	17	18936	47	12456	6532
家用音响设备制造	287	16858	340	16188	1663
其他电子设备制造	138	24641	497	19467	5664
其他电子设备制造	138	24641	497	19467	5664
仪器仪表及文化、办公用机械制造业	1566	238710	5989	165972	80917
通用仪器仪表制造	825	140999	3306	86755	58745
工业自动控制系统装置制造	232	49438	1913	29705	22468
电工仪器仪表制造	93	6533	194	4572	2070
绘图、计算及测量仪器制造	195	24353	395	19441	5191
实验分析仪器制造	48	4659	348	4374	634
试验机制造	...	218	4	211	10
供应用仪表及其他通用仪器制造	257	55798	453	28451	28373
专用仪器仪表制造	136	12692	499	14239	－159
环境监测专用仪器仪表制造	10	802	106	565	342
汽车及其他用计数仪表制造	45	8448	55	7611	2027
导航、气象及海洋专用仪器制造	1	55	3	218	－160
教学专用仪器制造	38	506	34	552	30
电子测量仪器制造	21	1286	209	3823	－2614
其他专用仪器制造	21	1594	89	1368	315
地质勘探和地震专用仪器制造	1	...	4	104	－100
钟表与计时仪器制造	171	3920	40	4750	－716
钟表与计时仪器制造	171	3920	40	4750	－716
光学仪器及眼镜制造	273	52352	300	38681	13892
光学仪器制造	171	30583	142	23589	7025
眼镜制造	102	21769	158	15092	6867
文化、办公用机械制造	140	27147	1662	18737	10133
照相机及器材制造	105	18203	1494	11572	8599
复印和胶印设备制造	25	5875	67	3336	2606
计算器及货币专用设备制造	8	221		593	－785
其他文化、办公用机械制造	2	2888	101	3186	－197
幻灯及投影设备制造	...	－40		50	－90
其他仪器仪表的制造及修理	20	1601	182	2810	－977
其他仪器仪表的制造及修理	20	1601	182	2810	－977
工艺品及其他制造业	4881	225387	5311	171146	63679

1－D－1 续表4－17

单位：个、万元、人

指标名称	主营业务税金及附加	主营业务利润	其他业务利润	营业费用、管理费用、财务费用合计	营业利润
工艺美术品制造	3747	141295	4396	106139	42861
雕塑工艺品制造	227	14354	257	14901	－561
金属工艺品制造	137	7104	21	6976	249
漆器工艺品制造	63	1586	1	1534	54
花画工艺品制造	28	3634	10	3977	－334
天然植物纤维编织工艺品制造	56	4908	104	4223	695
抽纱刺绣工艺品制造	712	37260	84	21007	18690
地毯、挂毯制造	261	12744	69	11836	924
珠宝首饰及有关物品的制造	1905	32384	3688	17920	18266
其他工艺美术品制造	358	27321	163	23767	4880
日用杂品制造	1107	79847	802	62678	18792
制镜及类似品加工	319	9382	61	4535	5220
鬃毛加工、制刷及清扫工具的制造	67	12186	367	10736	1821
其他日用杂品制造	722	58278	375	47407	11752
其他未列明的制造业	22	4161	112	2301	1970
其他未列明的制造业	22	4161	112	2301	1970
煤制品制造	5	85		28	56
煤制品制造	5	85		28	56
废弃资源和废旧材料回收加工业	299	3637	614	37837	－34463
金属废料和碎屑的加工处理	193	35	38	33817	－34605
金属废料和碎屑的加工处理	193	35	38	33817	－34605
非金属废料和碎屑的加工处理	105	3603	576	4021	142
非金属废料和碎屑的加工处理	105	3603	576	4021	142
电力、燃气及水的生产和供应业	**1576**	**155214**	**14074**	**102918**	**65214**
电力、热力的生产和供应业	1129	123610	10135	85172	48552
电力生产	1048	112607	9493	75391	46689
火力发电	916	103558	9403	70733	42132
水力发电	126	8096	31	2951	5253
其他能源发电	6	953	59	1707	－696
热力生产和供应	81	11003	642	9782	1863
热力生产和供应	81	11003	642	9782	1863
燃气生产和供应业	419	24614	3871	13153	14197
燃气生产和供应业	419	24614	3871	13153	14197
燃气生产和供应业	419	24614	3871	13153	14197
水的生产和供应业	28	6990	68	4593	2464
自来水的生产和供应	15	4049		2270	1780
自来水的生产和供应	15	4049		2270	1780
污水处理及其再生利用	12	2941	68	2324	685
污水处理及其再生利用	12	2941	68	2324	685

1－D－1 续表5－1

单位：个、万元、人

指标名称	职工工资和福利费	本年应交增值税	年末存货	全部从业人员年平均人数
总 计	**6325268**	**2648763**	**15478033**	**2340387**
一、按轻重工业分				
轻工业	3655477	1452425	7243993	1471267
重工业	2669791	1196339	8234040	869120
二、按登记注册类型分				
港澳台商投资	**2764860**	**1251222**	**6961169**	**1065852**
与港澳台商合资经营	1519702	762313	4116535	604291
与港澳台商合作经营	41896	20697	112173	16995
港澳台商独资	1123440	449776	2516794	424609
港澳台商投资股份有限公司	79822	18436	215667	19957
外商投资	**3560408**	**1397541**	**8516864**	**1274535**
中外合资经营	1892068	884350	4205930	706021
中外合作经营	60560	32041	116775	23978
外资企业	1473590	400346	3768415	506685
外商投资股份有限公司	134190	80804	425744	37851
三、按国民经济行业(门类、大类、中类、小类)分				
采矿业	**3359**	**2210**	**41334**	**1174**
黑色金属矿采选业	387		37374	112
铁矿采选	387		37374	112
铁矿采选	387		37374	112
非金属矿采选业	2972	2210	3960	1062
土砂石开采	2972	2210	3960	1062
石灰石、石膏开采	907	357	907	204
建筑装饰用石开采	659	724	518	261
耐火土石开采	40	95	476	18
粘土及其他土砂石开采	1366	1034	2060	579
制造业	**6282826**	**2591094**	**15370963**	**2329885**
农副食品加工业	46584	17298	256423	22827
谷物磨制	363	68	1247	163
谷物磨制	363	68	1247	163
饲料加工	4692	325	7391	1207
饲料加工	4692	325	7391	1207
植物油加工	3626	838	39867	874
食用植物油加工	3626	838	39867	874
屠宰及肉类加工	3610	1824	8698	1780
畜禽屠宰	1256		449	451
肉制品及副产品加工	2355	1824	8249	1329
水产品加工	22825	8403	143060	13108
水产品冷冻加工	19075	7073	112513	11485
鱼糜制品及水产品干腌制加工	3372	1303	28517	1418

1－D－1 续表5－2

单位：个、万元、人

指标名称	职工工资和福利费	本年应交增值税	年末存货	全部从业人员年平均人数
水产饲料制造	120	23	1267	68
其他水产品加工	258	5	764	137
蔬菜、水果和坚果加工	8905	3630	27900	5137
蔬菜、水果和坚果加工	8905	3630	27900	5137
其他农副食品加工	2563	2209	28260	558
淀粉及淀粉制品的制造	575	89	3979	157
豆制品制造	718	162	1746	107
其他未列明的农副食品加工	1270	1958	22535	294
食品制造业	82613	72115	144269	28062
焙烤食品制造	20637	12156	12220	6064
糕点、面包制造	5107	3031	3512	2680
饼干及其他焙烤食品制造	15530	9125	8708	3384
糖果、巧克力及蜜饯制造	5442	4472	15029	1483
糖果、巧克力制造	5102	4466	11177	1213
蜜饯制作	341	6	3852	270
方便食品制造	15674	24545	20602	5524
米、面制品制造	545	222	952	218
速冻食品制造	3194	1478	7587	1834
方便面及其他方便食品制造	11935	22845	12063	3472
液体乳及乳制品制造	506		3949	120
液体乳及乳制品制造	506		3949	120
罐头制造	17014	8224	51282	6946
肉、禽类罐头制造	915	610	2825	321
水产品罐头制造	1453		5898	408
蔬菜、水果罐头制造	10840	3099	40384	5403
其他罐头食品制造	3806	4516	2175	814
调味品、发酵制品制造	2076	1132	4123	872
味精制造	187	49	168	84
酱油、食醋及类似制品的制造	761	306	1589	305
其他调味品、发酵制品制造	1129	778	2366	483
其他食品制造	21263	21585	37063	7053
营养、保健食品制造	1947	2093	7730	742
冷冻饮品及食用冰制造	5126	2392	5632	1392
食品及饲料添加剂制造	14190	17100	23701	4919
饮料制造业	114009	131839	267743	29829
酒精制造	189	299	7058	111
酒精制造	189	299	7058	111
酒的制造	41021	31433	128493	13691
白酒制造	644	847	6906	187

1-D-1 续表5-3

单位：个、万元、人

指标名称	职工工资和福利费	本年应交增值税	年末存货	全部从业人员年平均人数
啤酒制造	39051	30106	111493	12916
黄酒制造	1176	429	9336	528
葡萄酒制造	89	44	729	44
其他酒制造	61	7	29	16
软饮料制造	70684	99278	110138	14849
碳酸饮料制造	13818	12573	23253	3046
瓶（罐）装饮用水制造	5736	16947	16460	953
果菜汁及果菜汁饮料制造	4292	964	5585	700
含乳饮料和植物蛋白饮料制造	14824	18779	34165	2463
固体饮料制造	784	550	662	241
茶饮料及其他软饮料制造	31232	49466	30013	7446
精制茶加工	2115	829	22053	1178
精制茶加工	2115	829	22053	1178
烟草制品业	1143	1202	353	172
其他烟草制品加工	1143	1202	353	172
其他烟草制品加工	1143	1202	353	172
纺织业	828570	292350	1724758	358636
棉、化纤纺织及印染精加工	297752	133640	809079	126502
棉、化纤纺织加工	151316	61029	533695	65390
棉、化纤印染精加工	146436	72610	275384	61112
毛纺织和染整精加工	21440	7758	83156	8393
毛条加工	2793	2331	29104	1090
毛纺织	13122	3345	40745	5269
毛染整精加工	5525	2082	13307	2034
麻纺织	3896	1313	23750	1964
麻纺织	3896	1313	23750	1964
丝绢纺织及精加工	41029	20018	110995	17788
缫丝加工	1901	639	9182	911
绢纺和丝织加工	34975	17695	97823	14881
丝印染精加工	4153	1683	3990	1996
纺织制成品制造	143729	48862	271785	61279
棉及化纤制品制造	67991	21692	121977	27958
毛制品制造	8227	6036	23483	4411
麻制品制造	705	128	547	314
丝制品制造	29338	12353	49143	12222
绳、索、缆的制造	1168	273	1748	553
纺织带和帘子布制造	10322	2296	26465	4407
无纺布制造	10636	3631	22235	4688
其他纺织制成品制造	15345	2453	26188	6726

1－D－1 续表5－4 单位：个、万元、人

指标名称	职工工资和福利费	本年应交增值税	年末存货	全部从业人员年平均人数
针织品、编织品及其制品制造	320725	80760	425992	142710
棉、化纤针织品及编织品制造	255338	62308	348370	113798
毛针织品及编织品制造	35304	9830	43547	15933
丝针织品及编织品制造	23356	6524	26363	9710
其他针织品及编织品制造	6727	2099	7713	3269
纺织服装、鞋、帽制造业	853414	233536	893977	357110
纺织服装制造	843639	231816	885577	352365
纺织服装制造	843639	231816	885577	352365
纺织面料鞋的制造	5679	1244	5186	2940
纺织面料鞋的制造	5679	1244	5186	2940
制帽	4097	476	3214	1805
制帽	4097	476	3214	1805
皮革、毛皮、羽毛(绒)及其制品业	304972	89309	653394	133805
皮革鞣制加工	46043	16540	286668	16950
皮革鞣制加工	46043	16540	286668	16950
皮革制品制造	221588	53211	203078	99296
皮鞋制造	130013	34332	86908	58719
皮革服装制造	16624	4433	28023	6426
皮箱、包(袋)制造	53811	7915	53260	24880
皮手套及皮装饰制品制造	10322	3493	12202	5200
其他皮革制品制造	10818	3037	22685	4071
毛皮鞣制及制品加工	9614	3359	24235	4461
毛皮鞣制加工	735	290	2609	490
毛皮服装加工	7595	2690	20273	3306
其他毛皮制品加工	1285	379	1353	665
羽毛(绒)加工及制品制造	27728	16200	139414	13098
羽毛(绒)制品加工	27484	16142	138303	12869
羽毛(绒)加工	244	58	1111	229
木材加工及木、竹、藤、棕、草制品业	47048	24542	209319	23414
锯材、木片加工	1144	925	4757	475
锯材加工	584	82	2307	272
木片加工	560	843	2450	203
人造板制造	26731	14370	139788	12900
胶合板制造	21043	8990	111958	10158
纤维板制造	2340	4042	8630	810
其他人造板、材制造	3348	1339	19201	1932
木制品制造	9035	4770	35390	4935
建筑用木料及木材组件加工	5000	4104	28202	2654
木容器制造	508	109	1935	298

1-D-1 续表5-5 单位:个、万元、人

指 标 名 称	职工工资和福利费	本年应交增 值 税	年末存货	全部从业人员年平均人 数
软木制品及其他木制品制造	3526	557	5253	1983
竹、藤、棕、草制品制造	10138	4477	29384	5104
竹、藤、棕、草制品制造	10138	4477	29384	5104
家具制造业	173434	35471	352814	76021
木质家具制造	58946	11293	129281	29021
木质家具制造	58946	11293	129281	29021
竹、藤家具制造	2297	276	6316	989
竹、藤家具制造	2297	276	6316	989
金属家具制造	78791	19332	131115	31894
金属家具制造	78791	19332	131115	31894
塑料家具制造	1765	42	4409	564
塑料家具制造	1765	42	4409	564
其他家具制造	31635	4527	81693	13553
其他家具制造	31635	4527	81693	13553
造纸及纸制品业	93211	72305	380085	33811
纸浆制造	361	157	636	74
纸浆制造	361	157	636	74
造 纸	49735	48432	307769	16919
机制纸及纸板制造	46724	46985	298262	16031
加工纸制造	2978	1436	9507	874
手工纸制造	33	11		14
纸制品制造	43116	23716	71680	16818
纸和纸板容器的制造	25640	14609	40354	10029
其他纸制品制造	17476	9107	31326	6789
印刷业和记录媒介的复制	27413	22155	45496	9596
印 刷	23722	21350	41872	8530
书、报、刊印刷	1510	378	2018	632
本册印制	5809	1789	6308	3404
包装装潢及其他印刷	16404	19183	33546	4494
装订及其他印刷服务活动	2404	805	615	907
装订及其他印刷服务活动	2404	805	615	907
记录媒介的复制	1287		3008	159
记录媒介的复制	1287		3008	159
文教体育用品制造业	138271	19733	227784	58562
文化用品制造	42131	5333	56419	18364
文具制造	22831	2666	28126	10686
笔的制造	17365	2169	24112	6788
教学用模型及教具制造	453	221	1279	236
墨水、墨汁制造	73	74	438	21

1－D－1 续表5－6 单位：个、万元、人

指标名称	职工工资和福利费	本年应交增值税	年末存货	全部从业人员年平均人数
其他文化用品制造	1410	204	2464	633
体育用品制造	37931	4290	68757	15219
球类制造	3681	791	8506	1400
体育器材及配件制造	7901	975	13297	3028
训练健身器材制造	10013	1472	18733	4472
运动防护用具制造	5070	321	5294	1779
其他体育用品制造	11266	731	22927	4540
乐器制造	10954	2312	29699	4312
中乐器制造	241	10	153	146
西乐器制造	5461	1095	13336	2317
电子乐器制造	506	197	771	160
其他乐器及零件制造	4746	1010	15439	1689
玩具制造	41155	5913	55137	18047
玩具制造	41155	5913	55137	18047
游艺器材及娱乐用品制造	6100	1885	17772	2620
露天游乐场所游乐设备制造	853	234	1509	375
游艺用品及室内游艺器材制造	5246	1651	16263	2245
石油加工、炼焦及核燃料加工业	6419	115101	89733	1106
精炼石油产品的制造	6419	115101	89733	1106
原油加工及石油制品制造	6401	115094	89583	1096
人造原油生产	18	7	150	10
化学原料及化学制品制造业	224039	220688	1288323	52183
基础化学原料制造	45523	40085	272956	9128
无机酸制造	1664	4043	5349	502
无机碱制造	3342	5283	2483	763
无机盐制造	1751	732	6100	555
有机化学原料制造	25083	22269	196065	5974
其他基础化学原料制造	13683	7759	62958	1334
肥料制造	672	110	3314	258
复混肥料制造	604	87	2974	218
其他肥料制造	61	24	260	36
有机肥料及微生物肥料制造	8		80	4
农药制造	14975	3849	58353	2418
化学农药制造	14241	3381	57542	2124
生物化学农药及微生物农药制造	735	468	811	294
涂料、油墨、颜料及类似产品制造	44430	36998	165379	12687
涂料制造	11282	8327	23074	2645
油墨及类似产品制造	4564	2594	18488	810
颜料制造	6412	4411	34501	2430

1－D－1 续表 5－7 单位：个、万元、人

指 标 名 称	职工工资和福利费	本年应交增值税	年末存货	全部从业人员年平均人数
染料制造	20542	19853	86820	6266
密封用填料及类似品制造	1630	1814	2496	536
合成材料制造	32878	47177	336879	6937
初级形态的塑料及合成树脂制造	23703	27323	292252	4873
合成橡胶制造	1367	879	1939	358
合成纤维单（聚合）体的制造	5925	15167	38270	1166
其他合成材料制造	1883	3809	4418	540
专用化学产品制造	55321	29552	373599	15176
化学试剂和助剂制造	13070	10031	53260	3302
专项化学用品制造	8732	4968	41799	3314
林产化学产品制造	153	28	313	87
炸药及火工产品制造	1123	63	675	250
信息化学品制造	21549	6971	252256	5504
环境污染处理专用药剂材料制造	2319	1915	8308	570
动物胶制造	2187	2252	6315	596
其他专用化学产品制造	6189	3324	10674	1553
日用化学产品制造	30239	62918	77843	5579
肥皂及合成洗涤剂制造	5044	2475	9341	1556
化妆品制造	21421	57356	38612	2971
香料、香精制造	2575	2916	25296	448
其他日用化学产品制造	1192	163	4572	601
口腔清洁用品制造	8	8	23	3
医药制造业	125766	98607	284892	25554
化学药品原药制造	28124	19802	79104	6964
化学药品原药制造	28124	19802	79104	6964
化学药品制剂制造	49258	41279	105924	6982
化学药品制剂制造	49258	41279	105924	6982
中药饮片加工	444	77	2647	200
中药饮片加工	444	77	2647	200
中成药制造	19750	20585	26231	3665
中成药制造	19750	20585	26231	3665
兽用药品制造	5151	4875	20953	1318
兽用药品制造	5151	4875	20953	1318
生物、生化制品的制造	16122	7498	37592	3283
生物、生化制品的制造	16122	7498	37592	3283
卫生材料及医药用品制造	6917	4490	12441	3142
卫生材料及医药用品制造	6917	4490	12441	3142
化学纤维制造业	90349	53468	489491	30432
纤维素纤维原料及纤维制造	1085	485	3260	784

1－D－1 续表5－8 单位：个、万元、人

指标名称	职工工资和福利费	本年应交增值税	年末存货	全部从业人员年平均人数
人造纤维（纤维素纤维）制造	1085	485	3260	784
合成纤维制造	89265	52983	486230	29648
锦纶纤维制造	3295	1800	35948	1478
涤纶纤维制造	60639	31834	273466	19516
腈纶纤维制造	1163	606	29315	491
其他合成纤维制造	24168	18743	147501	8163
橡胶制品业	99815	49157	296665	35014
轮胎制造	74729	41280	257904	24575
车辆、飞机及工程机械轮胎制造	74676	41262	257655	24550
轮胎翻新加工	53	18	249	25
橡胶板、管、带的制造	5643	2351	9861	1898
橡胶板、管、带的制造	5643	2351	9861	1898
橡胶零件制造	6094	2178	9571	2634
橡胶零件制造	6094	2178	9571	2634
日用及医用橡胶制品制造	1771	505	3670	666
日用及医用橡胶制品制造	1771	505	3670	666
橡胶靴鞋制造	8071	1495	8737	4004
橡胶靴鞋制造	8071	1495	8737	4004
其他橡胶制品制造	3507	1348	6923	1237
其他橡胶制品制造	3507	1348	6923	1237
塑料制品业	171728	75681	386306	67566
塑料薄膜制造	12152	14209	77758	4661
塑料薄膜制造	12152	14209	77758	4661
塑料板、管、型材的制造	18455	10286	70423	7079
塑料板、管、型材的制造	18455	10286	70423	7079
塑料丝、绳及编织品的制造	4124	825	5145	2026
塑料丝、绳及编织品的制造	4124	825	5145	2026
泡沫塑料制造	8364	2618	11942	2615
泡沫塑料制造	8364	2618	11942	2615
塑料人造革、合成革制造	16860	9040	46301	6377
塑料人造革、合成革制造	16860	9040	46301	6377
塑料包装箱及容器制造	17485	14137	30105	6443
塑料包装箱及容器制造	17485	14137	30105	6443
塑料零件制造	27702	7594	37195	11385
塑料零件制造	27702	7594	37195	11385
日用塑料制造	50591	12436	76117	19622
塑料鞋制造	3612	601	3746	1840
日用塑料杂品制造	46979	11835	72372	17782
其他塑料制品制造	15995	4535	31321	7358

1－D－1　续表5－9　　　　　　　　　　　　　　　　　　　　　　　　　　　　单位：个、万元、人

指　标　名　称	职工工资和福利费	本年应交增值税	年末存货	全部从业人员年平均人数
其他塑料制品制造	15995	4535	31321	7358
非金属矿物制品业	124536	86199	379943	41408
水泥、石灰和石膏的制造	6296	12762	20612	2139
水泥制造	5765	12567	19281	1874
石灰和石膏制造	531	195	1331	265
水泥及石膏制品制造	17258	16563	55102	5607
水泥制品制造	13819	14884	42795	4217
砼结构构件制造	1527	747	3466	602
轻质建筑材料制造	1911	932	8841	788
砖瓦、石材及其他建筑材料制造	31258	18001	115928	9319
粘土砖瓦及建筑砌块制造	904	81	747	344
建筑陶瓷制品制造	27355	16633	106513	7822
建筑用石加工	1302	604	3376	512
防水建筑材料制造	673	49	2049	263
隔热和隔音材料制造	818	506	2829	299
其他建筑材料制造	206	129	414	79
玻璃及玻璃制品制造	60676	33680	166656	20630
平板玻璃制造	3979	3553	9419	1082
技术玻璃制品制造	8222	2782	27125	2833
光学玻璃制造	619	185	971	269
日用玻璃制品及玻璃包装容器制造	14806	5409	29672	5952
玻璃纤维及制品制造	28589	19640	94151	8656
玻璃纤维增强塑料制品制造	1005	369	2083	429
其他玻璃制品制造	3370	1712	3176	1358
玻璃仪器制造	86	31	59	51
陶瓷制品制造	3656	1255	4831	1684
卫生陶瓷制品制造	2227	886	3278	968
特种陶瓷制品制造	1002	369	768	453
日用陶瓷制品制造	342		752	218
园林、陈设艺术及其他陶瓷制品制造	86		33	45
耐火材料制品制造	3126	1805	6365	1250
石棉制品制造	509	4	1860	238
耐火陶瓷制品及其他耐火材料制造	2617	1802	4505	1012
石墨及其他非金属矿物制品制造	2266	2133	10449	779
石墨及碳素制品制造	890	370	2891	315
其他非金属矿物制品制造	1376	1763	7559	464
黑色金属冶炼及压延加工业	48250	47096	356258	13790
炼　钢	1103	505	21036	455
炼　钢	1103	505	21036	455

1－D－1 续表5－10

单位：个、万元、人

指 标 名 称	职工工资和福利费	本年应交增 值 税	年末存货	全部从业人员年平均人 数
钢压延加工	47027	45938	331984	13267
钢压延加工	47027	45938	331984	13267
铁合金冶炼	120	652	3238	68
铁合金冶炼	120	652	3238	68
有色金属冶炼及压延加工业	42109	24222	209452	14692
常用有色金属冶炼	8217	6824	79716	2442
铜冶炼	1371	1903	5468	510
镍钴冶炼	6657	4870	73665	1842
镁冶炼	66	52	313	29
其他常用有色金属冶炼	96		126	25
铝冶炼	27	…	145	36
贵金属冶炼	211		10258	90
金冶炼	211		10258	90
稀有稀土金属冶炼	460	126	3922	191
钨钼冶炼	115	35	354	61
稀土金属冶炼	345	92	3567	130
有色金属合金制造	7418	4131	33593	2799
有色金属合金制造	7418	4131	33593	2799
有色金属压延加工	25804	13140	81964	9170
常用有色金属压延加工	23794	9056	79951	8327
贵金属压延加工	341	3383	838	186
稀有稀土金属压延加工	1668	701	1175	657
金属制品业	222631	66474	572089	87113
结构性金属制品制造	38194	10352	123922	13655
金属结构制造	25557	7024	93008	8823
金属门窗制造	12637	3328	30914	4832
金属工具制造	37637	11167	67244	16294
切削工具制造	5836	2490	8368	2368
手工具制造	15493	4369	22162	6767
农用及园林用金属工具制造	4484	2070	16595	2090
刀剪及类似日用金属工具制造	5890	1167	7266	2409
其他金属工具制造	5933	1071	12853	2660
集装箱及金属包装容器制造	22622	10797	90831	7453
集装箱制造	11616		52569	3580
金属压力容器制造	741	1237	3341	308
金属包装容器制造	10265	9560	34922	3565
金属丝绳及其制品的制造	11161	2573	32589	3657
金属丝绳及其制品的制造	11161	2573	32589	3657
建筑、安全用金属制品制造	66956	18062	130393	26597

1－D－1 续表5－11

单位：个、万元、人

指 标 名 称	职工工资和福利费	本年应交增值税	年末存货	全部从业人员年平均人数
建筑、家具用金属配件制造	33844	10916	55757	13155
建筑装饰及水暖管道零件制造	27833	6064	64064	11054
安全、消防用金属制品制造	3515	559	7700	1543
其他建筑、安全用金属制品制造	1764	523	2871	845
金属表面处理及热处理加工	12400	4888	41511	5006
金属表面处理及热处理加工	12400	4888	41511	5006
搪瓷制品制造	767	102	2933	437
搪瓷卫生洁具制造	573	56	1650	294
搪瓷日用品及其他搪瓷制品制造	194	46	1284	143
不锈钢及类似日用金属制品制造	29734	7012	71798	12702
金属制厨房调理及卫生器具制造	5251	965	10014	2196
金属制厨用器皿及餐具制造	13540	3326	34821	5942
其他日用金属制品制造	10943	2722	26964	4564
其他金属制品制造	3161	1521	10867	1312
其他未列明的金属制品制造	3161	1521	10867	1312
通用设备制造业	512402	180458	1455646	171324
锅炉及原动机制造	41973	13467	176027	5884
锅炉及辅助设备制造	8205	2013	26116	1620
内燃机及配件制造	8243	2153	46874	1158
汽轮机及辅机制造	25475	9296	102309	3070
水轮机及辅机制造	50	5	727	36
金属加工机械制造	32381	12284	137285	8833
金属切削机床制造	12264	5264	51951	3002
金属成形机床制造	9069	4053	43432	2268
铸造机械制造	2760	604	7688	646
金属切割及焊接设备制造	3265	171	6543	913
机床附件制造	2561	1554	9869	787
其他金属加工机械制造	2463	638	17803	1217
起重运输设备制造	47322	26976	116578	13574
起重运输设备制造	47322	26976	116578	13574
泵、阀门、压缩机及类似机械的制造	136655	39172	293705	46155
泵及真空设备制造	24460	7919	51044	7736
气体压缩机械制造	18873	4356	36691	5880
阀门和旋塞的制造	74488	19772	170836	27059
液压和气压动力机械及元件制造	18835	7125	35134	5480
轴承、齿轮、传动和驱动部件的制造	93842	19941	182352	37231
轴承制造	72056	14627	141117	28778
齿轮、传动和驱动部件制造	21786	5314	41234	8453
烘炉、熔炉及电炉制造	1649	660	12500	529

1－D－1 续表5－12

单位：个、万元、人

指 标 名 称	职工工资和福利费	本年应交增 值 税	年末存货	全部从业人员年平均人 数
烘炉、熔炉及电炉制造	1649	660	12500	529
风机、衡器、包装设备等通用设备制造	63476	21480	197655	23269
风机、风扇制造	2479	342	6997	998
气体、液体分离及纯净设备制造	5183	1795	12136	1411
制冷、空调设备制造	13841	8237	82182	5100
风动和电动工具制造	27948	8051	67283	11611
喷枪及类似器具制造	4818	1130	9177	2002
包装专用设备制造	4362	864	6509	1008
衡器制造	1508	636	2689	456
其他通用设备制造	3337	425	10682	683
通用零部件制造及机械修理	70720	35399	268866	27095
金属密封件制造	7301	1194	9988	2391
紧固件、弹簧制造	48747	29380	225369	18426
机械零部件加工及设备修理	7998	2318	16487	3467
其他通用零部件制造	6675	2507	17022	2811
金属铸、锻加工	24384	11079	70678	8754
钢铁铸件制造	16549	6783	37776	6468
锻件及粉末冶金制品制造	7835	4296	32903	2286
专用设备制造业	198055	62278	646737	64525
矿山、冶金、建筑专用设备制造	11255	6523	62031	2968
石油钻采专用设备制造	122	34	527	49
建筑工程用机械制造	8157	5533	48281	2002
建筑材料生产专用机械制造	894	591	3111	300
冶金专用设备制造	1435	221	9649	389
采矿、采石设备制造	648	145	464	228
化工、木材、非金属加工专用设备制造	86093	29024	304578	27044
炼油、化工生产专用设备制造	1446	513	4368	558
橡胶加工专用设备制造	1570	767	3475	432
塑料加工专用设备制造	35227	15081	184825	9535
木材加工机械制造	1268	403	4424	652
模具制造	45984	12226	106736	15530
其他非金属加工专用设备制造	598	34	750	337
食品、饮料、烟草及饲料生产专用设备制造	4434	1262	12236	1308
食品、饮料、烟草工业专用设备制造	3733	1129	9889	1022
农副食品加工专用设备制造	701	133	2347	286
印刷、制药、日化生产专用设备制造	6148	1846	17528	1942
制浆和造纸专用设备制造	454	103	962	127
印刷专用设备制造	4140	1444	10766	1270
日用化工专用设备制造	572	17	2917	210

1－D－1 续表5－13

单位：个、万元、人

指 标 名 称	职工工资和福利费	本年应交增值税	年末存货	全部从业人员年平均人数
制药专用设备制造	592	217	633	218
照明器具生产专用设备制造	119	7	864	40
玻璃、陶瓷和搪瓷制品生产专用设备制造	271	59	1386	77
纺织、服装和皮革工业专用设备制造	33754	8369	107136	12854
纺织专用设备制造	10897	3606	38569	4004
皮革、毛皮及其制品加工专用设备制造	2106	706	5724	663
缝纫机械制造	18329	3210	58631	7386
其他服装加工专用设备制造	2422	847	4212	801
电子和电工机械专用设备制造	6308	2014	13250	2308
电工机械专用设备制造	1390	283	3349	418
电子工业专用设备制造	4918	1731	9901	1890
农、林、牧、渔专用机械制造	16130	2559	47612	5613
拖拉机制造	3631	79	13022	536
机械化农业及园艺机具制造	11835	2329	31754	4782
农林牧渔机械配件制造	577	147	1889	247
其他农林牧渔业机械制造及机械修理	67		947	24
渔业机械制造	21	5		24
医疗仪器设备及器械制造	20137	4422	27522	6167
医疗诊断、监护及治疗设备制造	4601	1479	5978	1305
口腔科用设备及器具制造	236	1	266	87
实验室及医用消毒设备和器具的制造	478		577	86
医疗、外科及兽医用器械制造	13003	2723	16226	3906
机械治疗及病房护理设备制造	688	150	1304	310
其他医疗设备及器械制造	1131	70	3171	473
环保、社会公共安全及其他专用设备制造	13795	6260	54844	4321
环境污染防治专用设备制造	8081	4399	38837	1903
邮政专用机械及器材制造	244	26	417	132
社会公共安全设备及器材制造	2545	617	7395	1061
其他专用设备制造	2881	1199	7982	1184
地质勘查专用设备制造	44	12	186	33
水资源专用机械制造		7	27	8
交通运输设备制造业	309643	82184	992839	93496
铁路运输设备制造	820	60	540	371
铁路机车车辆配件制造	155	6	323	60
铁路专用设备及器材、配件制造	550	25	22	220
其他铁路设备制造及设备修理	115	30	195	91
汽车制造	218419	72066	477109	70137
汽车整车制造	7249	4366	35532	1806
改装汽车制造	43	38	253	16

1-D-1 续表5-14 单位：个、万元、人

指标名称	职工工资和福利费	本年应交增值税	年末存货	全部从业人员年平均人数
汽车车身、挂车的制造	526	40	3371	251
汽车零部件及配件制造	207405	65783	425462	67364
汽车修理	3196	1839	12490	700
摩托车制造	3672	1336	5995	1573
摩托车零部件及配件制造	3639	1299	5861	1553
摩托车整车制造	33	37	133	20
自行车制造	18663	3687	48513	8641
脚踏自行车及残疾人座车制造	12779	1710	29115	6074
助动自行车制造	5884	1977	19399	2567
船舶及浮动装置制造	66007	4410	456571	11916
金属船舶制造	32234	1482	350279	5647
非金属船舶制造	1439	132	67114	673
娱乐船和运动船的建造和修理	3796	309	12720	1080
船用配套设备制造	20788	1894	19376	3605
船舶修理及拆船	7749	595	7082	911
交通器材及其他交通运输设备制造	2011	624	3212	823
交通管理用金属标志及设施制造	535	52	954	122
其他交通运输设备制造	1475	572	2258	701
航空航天器制造	52		900	35
飞机制造及修理	52		900	35
电气机械及器材制造业	584035	201757	1105206	216876
电机制造	104180	18212	225277	34931
发电机及发电机组制造	16428	5044	81549	3716
电动机制造	36194	5761	70360	12318
微电机及其他电机制造	51558	7408	73368	18897
输配电及控制设备制造	109044	51825	200122	40552
变压器、整流器和电感器制造	6901	1931	18913	2962
电容器及其配套设备制造	3870	2159	3749	1856
配电开关控制设备制造	61043	35031	128111	20326
电力电子元器件制造	36176	12400	47540	14856
其他输配电及控制设备制造	1054	305	1809	552
电线、电缆、光缆及电工器材制造	71565	22203	113087	24558
电线电缆制造	57104	17294	84825	19595
光纤、光缆制造	8514	2443	18111	2815
绝缘制品制造	2392	958	5085	672
其他电工器材制造	3555	1508	5066	1476
电池制造	49245	25430	163988	17150
电池制造	49245	25430	163988	17150
家用电力器具制造	124347	53630	189235	46084

1-D-1 续表5-15

单位：个、万元、人

指 标 名 称	职工工资和福利费	本年应交增值税	年末存货	全部从业人员年平均人数
家用制冷电器具制造	3435	2144	10525	1847
家用空气调节器制造	2558	1029	7551	1284
家用通风电器具制造	3665	1386	3619	1387
家用厨房电器具制造	50501	32154	76707	15869
家用清洁卫生电器具制造	27947	11258	39796	10022
家用美容、保健电器具制造	8353	1056	13549	4109
家用电力器具专用配件制造	11313	2211	11349	4688
其他家用电力器具制造	16575	2393	26140	6878
非电力家用器具制造	10434	3107	32328	4124
燃气、太阳能及类似能源的器具制造	5501	2215	21149	2658
其他非电力家用器具制造	4933	892	11179	1466
照明器具制造	106963	25767	169003	46275
电光源制造	39622	9350	55210	18026
照明灯具制造	55202	13372	94168	23173
灯用电器附件及其他照明器具制造	12140	3045	19625	5076
其他电气机械及器材制造	8257	1582	12166	3202
车辆专用照明及电气信号设备装置制造	6656	1100	8438	2656
其他未列明的电气机械制造	1602	483	3729	546
通信设备、计算机及其他电子设备制造业	510822	138159	1071628	158132
通信设备制造	134546	35152	254639	24318
通信传输设备制造	17706	6394	47866	5204
通信交换设备制造	4305	4772	5613	1386
通信终端设备制造	4935	864	4153	1754
移动通信及终端设备制造	100107	20905	189014	14214
其他通信设备制造	7495	2217	7994	1760
雷达及配套设备制造	141	117	505	41
雷达及配套设备制造	141	117	505	41
广播电视设备制造	15606	1594	23989	6200
广播电视节目制作及发射设备制造	133	15	258	65
广播电视接收设备及器材制造	13761	426	21399	5933
应用电视设备及其他广播电视设备制造	1712	1153	2332	202
电子计算机制造	140472	59729	393982	41477
电子计算机整机制造	11712	12	74355	2123
计算机网络设备制造	45474	49819	53212	5802
电子计算机外部设备制造	83286	9898	266415	33552
电子器件制造	61363	14429	144770	21658
电子真空器件制造	570	84	469	217
半导体分立器件制造	23172	5380	76735	7533
集成电路制造	7981	2336	27042	2234

1－D－1 续表 5－16 单位：个、万元、人

指 标 名 称	职工工资和福利费	本年应交增值税	年末存货	全部从业人员年平均人数
光电子器件及其他电子器件制造	29639	6629	40524	11674
电子元件制造	125129	21366	207054	51394
电子元件及组件制造	111937	19874	174686	45842
印制电路板制造	13192	1493	32368	5552
家用视听设备制造	19116	3806	30563	7709
家用影视设备制造	7091	406	13224	2485
家用音响设备制造	12025	3400	17339	5224
其他电子设备制造	14450	1967	16126	5335
其他电子设备制造	14450	1967	16126	5335
仪器仪表及文化、办公用机械制造业	127540	32694	186069	47524
通用仪器仪表制造	47975	20146	87743	15837
工业自动控制系统装置制造	16198	9925	34516	3131
电工仪器仪表制造	2082	824	4338	784
绘图、计算及测量仪器制造	14083	3650	23500	6319
实验分析仪器制造	3575	620	6932	1155
试验机制造	95	32	135	29
供应用仪表及其他通用仪器制造	11942	5096	18323	4419
专用仪器仪表制造	12250	3376	16563	3804
环境监测专用仪器仪表制造	126	314	1051	36
汽车及其他用计数仪表制造	6819	2235	7181	1894
导航、气象及海洋专用仪器制造	106	37	180	60
教学专用仪器制造	422	159	838	221
电子测量仪器制造	3646	398	6405	1399
其他专用仪器制造	1105	229	783	182
地质勘探和地震专用仪器制造	27	4	127	12
钟表与计时仪器制造	4403	1148	7128	2320
钟表与计时仪器制造	4403	1148	7128	2320
光学仪器及眼镜制造	40019	5473	48109	16544
光学仪器制造	22541	3427	20191	8066
眼镜制造	17478	2046	27919	8478
文化、办公用机械制造	19806	2035	21877	7600
照相机及器材制造	15015	840	12371	5383
复印和胶印设备制造	2102	1064	4318	666
计算器及货币专用设备制造	283		478	130
其他文化、办公用机械制造	2394	109	4661	1417
幻灯及投影设备制造	13	23	51	4
其他仪器仪表的制造及修理	3088	517	4648	1419
其他仪器仪表的制造及修理	3088	517	4648	1419
工艺品及其他制造业	156519	36349	270441	69957

1－D－1 续表 5－17

单位：个、万元、人

指 标 名 称	职工工资和福利费	本年应交增值税	年末存货	全部从业人员年平均人数
工艺美术品制造	89883	21841	189971	40808
雕塑工艺品制造	13355	3115	14080	7415
金属工艺品制造	6586	1194	8369	3292
漆器工艺品制造	1506	452	1560	762
花画工艺品制造	3173	260	1581	1178
天然植物纤维编织工艺品制造	4409	1039	4951	2209
抽纱刺绣工艺品制造	19587	5969	36605	8129
地毯、挂毯制造	8493	1924	16896	3813
珠宝首饰及有关物品的制造	11261	5056	85207	4762
其他工艺美术品制造	21513	2832	20721	9248
日用杂品制造	65080	13790	76837	28608
制镜及类似品加工	4036	1799	5739	1751
鬃毛加工、制刷及清扫工具的制造	9693	1243	12139	4295
其他日用杂品制造	51350	10748	58958	22562
其他未列明的制造业	1545	699	3617	534
其他未列明的制造业	1545	699	3617	534
煤制品制造	13	19	17	7
煤制品制造	13	19	17	7
废弃资源和废旧材料回收加工业	17487	8670	132835	7348
金属废料和碎屑的加工处理	15919	7698	124964	6515
金属废料和碎屑的加工处理	15919	7698	124964	6515
非金属废料和碎屑的加工处理	1569	973	7871	833
非金属废料和碎屑的加工处理	1569	973	7871	833
电力、燃气及水的生产和供应业	**39082**	**55460**	**65736**	**9328**
电力、热力的生产和供应业	32583	51082	62594	7509
电力生产	29401	47706	58176	6665
火力发电	28076	46314	57813	6339
水力发电	1115	1187	321	253
其他能源发电	210	206	42	73
热力生产和供应	3183	3376	4418	844
热力生产和供应	3183	3376	4418	844
燃气生产和供应业	4901	3820	2728	1356
燃气生产和供应业	4901	3820	2728	1356
燃气生产和供应业	4901	3820	2728	1356
水的生产和供应业	1598	558	413	463
自来水的生产和供应	919	527	148	233
自来水的生产和供应	919	527	148	233
污水处理及其再生利用	679	30	265	230
污水处理及其再生利用	679	30	265	230

1－D－2　规模以上外商投资和港澳台投资工业企业主要经济指标

单位：个、万元、人

指 标 名 称	企业数	亏损企业	工业总产值（当年价格）	工业销售产值（当年价格）	出口交货值
总　计	**9353**	**2476**	**110752858**	**107204372**	**43430326**
一、按轻重工业分					
轻工业	5368	1460	51731915	49980117	21564450
重工业	3985	1016	59020943	57224255	21865876
二、按规模分					
大型企业	65	9	18261711	17709553	8757983
中型企业	1509	253	50232733	48552652	20240340
小型企业	7779	2214	42258414	40942167	14432003
三、按登记注册类型分					
港澳台商投资	**4296**	**1109**	**48290345**	**46724873**	**15818374**
与港澳台商合资经营	2454	550	30232397	29197209	9119929
与港澳台商合作经营	82	12	747571	723902	198275
港澳台商独资	1690	528	16342194	15717860	6097011
港澳台商投资股份有限公司	70	19	968184	1085902	403160
外商投资	**5057**	**1367**	**62462513**	**60479499**	**27611951**
中外合资经营	2926	664	34256550	33326602	12970371
中外合作经营	101	16	1120594	1097895	353445
外资企业	1964	676	24469489	23598097	13543215
外商投资股份有限公司	66	11	2615881	2456906	744921
四、按国民经济行业(门类、大类、中类、小类)分					
采矿业	**15**	**4**	**175906**	**150956**	**4729**
黑色金属矿采选业	1		123963	96180	
铁矿采选	1		123963	96180	
铁矿采选	1		123963	96180	
非金属矿采选业	14	4	51943	54776	4729
土砂石开采	14	4	51943	54776	4729
石灰石、石膏开采	1	1	5047	6027	
建筑装饰用石开采	5	1	19809	19615	
耐火土石开采	1		1986	3067	
粘土及其他土砂石开采	7	2	25101	26067	4729
制造业	**9272**	**2453**	**109359408**	**105859988**	**43425597**
农副食品加工业	124	31	1939776	1850852	479177
谷物磨制	2	1	61486	61496	
谷物磨制	2	1	61486	61496	
饲料加工	9	1	99641	93139	2168
饲料加工	9	1	99641	93139	2168
植物油加工	5	3	587682	567946	45
食用植物油加工	5	3	587682	567946	45

1-D-2 续表1-1

单位：个、万元、人

指标名称	企业数	亏损企业	工业总产值（当年价格）	工业销售产值（当年价格）	出口交货值
屠宰及肉类加工	12	5	140668	134309	19354
畜禽屠宰	1		80979	80979	
肉制品及副产品加工	11	5	59689	53330	19354
水产品加工	61	13	793380	756074	364716
水产品冷冻加工	42	8	618953	590135	255362
鱼糜制品及水产品干腌制加工	16	5	156852	150062	103284
水产饲料制造	1		9061	8374	
其他水产品加工	2		8514	7503	6070
蔬菜、水果和坚果加工	30	8	156470	146311	84634
蔬菜、水果和坚果加工	30	8	156470	146311	84634
其他农副食品加工	5		100450	91577	8259
淀粉及淀粉制品的制造	2		14457	15864	
豆制品制造	1		15309	15101	8259
其他未列明的农副食品加工	2		70685	60611	
食品制造业	100	27	1545467	1447233	219456
焙烤食品制造	14	2	141385	152591	12038
糕点、面包制造	6	1	37222	36988	11117
饼干及其他焙烤食品制造	8	1	104164	115603	920
糖果、巧克力及蜜饯制造	11	1	104336	99794	11950
糖果、巧克力制造	9		101933	97519	10010
蜜饯制作	2	1	2403	2275	1939
方便食品制造	16	7	541109	541733	9643
米、面制品制造	1		1489	1538	152
速冻食品制造	9	6	32964	33664	6979
方便面及其他方便食品制造	6	1	506657	506531	2511
液体乳及乳制品制造	1		21623	18213	
液体乳及乳制品制造	1		21623	18213	
罐头制造	26	9	295714	287063	130389
肉、禽类罐头制造	1		21715	21519	4420
水产品罐头制造	2		25372	26754	26085
蔬菜、水果罐头制造	22	9	126825	116778	99652
其他罐头食品制造	1		121802	122012	233
调味品、发酵制品制造	7	1	35268	35908	1021
味精制造	1	1	1816	1829	
酱油、食醋及类似制品的制造	2		8383	8224	519
其他调味品、发酵制品制造	4		25069	25856	502
其他食品制造	25	7	406031	311931	54415
营养、保健食品制造	8	3	60691	60016	46384

1-D-2 续表1-2 单位：个、万元、人

指 标 名 称	企业数	亏损企业	工业总产值（当年价格）	工业销售产值（当年价格）	出口交货值
冷冻饮品及食用冰制造	4	1	44188	41863	
食品及饲料添加剂制造	13	3	301153	210053	8032
饮料制造业	61	20	2356761	2355325	45169
酒精制造	1	1	6821	9376	
酒精制造	1	1	6821	9376	
酒的制造	18	6	442132	436823	7209
白酒制造	1		14505	14423	1567
啤酒制造	14	6	413146	410411	122
黄酒制造	3		14481	11989	5519
软饮料制造	30	7	1871467	1873556	18655
碳酸饮料制造	5	1	432437	440982	12
瓶（罐）装饮用水制造	5	2	95606	97729	117
果菜汁及果菜汁饮料制造	5	3	69754	71559	11819
含乳饮料和植物蛋白饮料制造	7	1	409316	402823	3471
固体饮料制造	2		10680	11025	2928
茶饮料及其他软饮料制造	6		853674	849437	309
精制茶加工	12	6	36341	35570	19306
精制茶加工	12	6	36341	35570	19306
烟草制品业	1		11732	11858	506
其他烟草制品加工	1		11732	11858	506
其他烟草制品加工	1		11732	11858	506
纺织业	1517	400	11650637	11309618	5367121
棉、化纤纺织及印染精加工	406	130	5111404	4967019	1617665
棉、化纤纺织加工	252	89	2782174	2691527	942578
棉、化纤印染精加工	154	41	2329230	2275492	675087
毛纺织和染整精加工	48	13	411872	403736	154909
毛条加工	7	2	164746	162354	50320
毛纺织	30	7	189824	185913	85064
毛染整精加工	11	4	57303	55469	19525
麻纺织	9	2	49560	43699	15859
麻纺织	9	2	49560	43699	15859
丝绢纺织及精加工	77	29	551218	529410	187941
缫丝加工	8	3	32406	29425	19491
绢纺和丝织加工	55	18	482493	464646	163467
丝印染精加工	14	8	36320	35339	4983
纺织制成品制造	306	81	2211784	2144099	1237766
棉及化纤制品制造	126	39	966872	937645	607951
毛制品制造	17	6	146606	142518	101350

1－D－2 续表1－3

单位：个、万元、人

指标名称	企业数	亏损企业	工业总产值（当年价格）	工业销售产值（当年价格）	出口交货值
麻制品制造	1		5139	5304	1795
丝制品制造	59	14	503637	488221	251388
绳、索、缆的制造	5	1	12317	11458	7914
纺织带和帘子布制造	30	9	162853	152004	53554
无纺布制造	33	7	188182	184140	62002
其他纺织制成品制造	35	5	226179	222810	151813
针织品、编织品及其制品制造	671	145	3314799	3221655	2152981
棉、化纤针织品及编织品制造	506	101	2750598	2667700	1832066
毛针织品及编织品制造	96	26	280041	276758	170104
丝针织品及编织品制造	51	16	214015	206784	120185
其他针织品及编织品制造	18	2	70146	70413	30627
纺织服装、鞋、帽制造业	999	283	5890733	5653791	3839799
纺织服装制造	966	274	5815464	5579541	3778199
纺织服装制造	966	274	5815464	5579541	3778199
纺织面料鞋的制造	19	3	47840	46893	36582
纺织面料鞋的制造	19	3	47840	46893	36582
制 帽	14	6	27429	27357	25018
制 帽	14	6	27429	27357	25018
皮革、毛皮、羽毛(绒)及其制品业	378	91	3364084	3290639	2110366
皮革鞣制加工	39	9	953493	914217	459707
皮革鞣制加工	39	9	953493	914217	459707
皮革制品制造	282	67	1723951	1684839	1215694
皮鞋制造	113	16	935508	904867	628290
皮革服装制造	39	13	166081	166763	114275
皮箱、包(袋)制造	85	23	413388	407949	360666
皮手套及皮装饰制品制造	25	8	102274	99549	70665
其他皮革制品制造	20	7	106700	105712	41798
毛皮鞣制及制品加工	17	5	97925	97008	47648
毛皮鞣制加工	3	1	6336	6210	1386
毛皮服装加工	8	2	81581	81347	42481
其他毛皮制品加工	6	2	10008	9451	3781
羽毛(绒)加工及制品制造	40	10	588715	594575	387318
羽毛(绒)制品加工	40	10	588715	594575	387318
木材加工及木、竹、藤、棕、草制品业	149	37	1011041	977839	359567
锯材、木片加工	4		36315	35450	3318
锯材加工	3		8214	7461	2421
木片加工	1		28101	27989	897
人造板制造	64	19	511624	493318	146887

1－D－2 续表1－4 单位：个、万元、人

指标名称	企业数	亏损企业	工业总产值（当年价格）	工业销售产值（当年价格）	出口交货值
胶合板制造	48	15	388656	378163	92268
纤维板制造	6	1	56344	51570	2981
其他人造板、材制造	10	3	66624	63585	51638
木制品制造	30	9	294006	284016	76948
建筑用木料及木材组件加工	16	2	265829	255826	52192
木容器制造	2	1	2777	3170	2492
软木制品及其他木制品制造	12	6	25400	25021	22264
竹、藤、棕、草制品制造	51	9	169096	165055	132414
竹、藤、棕、草制品制造	51	9	169096	165055	132414
家具制造业	187	60	1945752	1896300	1487768
木质家具制造	77	32	497825	486713	390218
木质家具制造	77	32	497825	486713	390218
竹、藤家具制造	5	2	14464	14678	4265
竹、藤家具制造	5	2	14464	14678	4265
金属家具制造	70	13	892867	871112	730871
金属家具制造	70	13	892867	871112	730871
塑料家具制造	4	1	25746	23751	20937
塑料家具制造	4	1	25746	23751	20937
其他家具制造	31	12	514851	500048	341477
其他家具制造	31	12	514851	500048	341477
造纸及纸制品业	140	31	2624601	2512839	255319
纸浆制造	1	1	4383	4337	3436
纸浆制造	1	1	4383	4337	3436
造　纸	67	13	1707881	1635144	132523
机制纸及纸板制造	59	11	1650556	1580005	126246
加工纸制造	8	2	57325	55139	6277
纸制品制造	72	17	912338	873358	119360
纸和纸板容器的制造	46	11	694013	671795	80354
其他纸制品制造	26	6	218324	201563	39006
印刷业和记录媒介的复制	39	10	482183	475979	148968
印　刷	35	9	432619	427315	107800
书、报、刊印刷	4	3	22923	20342	739
本册印制	6	1	73094	72565	69899
包装装潢及其他印刷	25	5	336603	334408	37161
装订及其他印刷服务活动	3	1	7421	7119	413
装订及其他印刷服务活动	3	1	7421	7119	413
记录媒介的复制	1		42143	41545	40755
记录媒介的复制	1		42143	41545	40755

1－D－2 续表1－5

单位：个、万元、人

指标名称	企业数	亏损企业	工业总产值（当年价格）	工业销售产值（当年价格）	出口交货值
文教体育用品制造业	253	96	1342125	1312921	996273
文化用品制造	98	38	365609	356629	293157
文具制造	52	23	182677	180152	146574
笔的制造	33	11	161978	155507	134166
教学用模型及教具制造	3	2	2239	2265	2179
墨水、墨汁制造	1		1245	1231	
其他文化用品制造	9	2	17470	17474	10238
体育用品制造	69	25	368974	360822	297009
球类制造	12	4	34843	34493	27851
体育器材及配件制造	18	3	52599	50653	43533
训练健身器材制造	21	10	158375	155090	134897
运动防护用具制造	6	4	26621	25987	25823
其他体育用品制造	12	4	96535	94598	64905
乐器制造	13	3	116489	116764	57870
中乐器制造	1		930	930	820
西乐器制造	5	1	63635	63152	28493
电子乐器制造	1		3271	3271	3271
其他乐器及零件制造	6	2	48652	49410	25286
玩具制造	65	24	419917	410046	326153
玩具制造	65	24	419917	410046	326153
游艺器材及娱乐用品制造	8	6	71137	68660	22084
露天游乐场所游乐设备制造	2	2	6595	6595	6534
游艺用品及室内游艺器材制造	6	4	64542	62065	15550
石油加工、炼焦及核燃料加工业	15	2	1240346	1210712	
精炼石油产品的制造	15	2	1240346	1210712	
原油加工及石油制品制造	15	2	1240346	1210712	
化学原料及化学制品制造业	388	94	9605599	9204940	1689679
基础化学原料制造	69	19	1909433	1719271	352687
无机酸制造	5	1	74885	74459	27197
无机碱制造	2		70406	70117	
无机盐制造	7	2	42578	41458	6349
有机化学原料制造	45	14	1520828	1353956	280220
其他基础化学原料制造	10	2	200736	179281	38921
肥料制造	3		28178	26726	
复混肥料制造	2		26709	25574	
其他肥料制造	1		1469	1152	
农药制造	13	4	471184	460606	326176
化学农药制造	11	3	451767	442230	317069

1－D－2 续表1－6

单位：个、万元、人

指标名称	企业数	亏损企业	工业总产值（当年价格）	工业销售产值（当年价格）	出口交货值
生物化学农药及微生物农药制造	2	1	19417	18375	9107
涂料、油墨、颜料及类似产品制造	97	13	1102449	1060284	263546
涂料制造	30	4	207564	200580	40953
油墨及类似产品制造	5		103270	101545	5751
颜料制造	19	4	148424	141464	39169
染料制造	38	5	619239	594097	171139
密封用填料及类似品制造	5		23952	22599	6534
合成材料制造	57	15	3837641	3802531	329136
初级形态的塑料及合成树脂制造	42	12	2570808	2495300	247506
合成橡胶制造	6	2	16442	16740	3062
合成纤维单(聚合)体的制造	6	1	1171421	1213110	40666
其他合成材料制造	3		78970	77382	37902
专用化学产品制造	118	33	1614805	1509834	324304
化学试剂和助剂制造	42	6	445838	438052	65885
专项化学用品制造	25	9	232621	228332	68852
林产化学产品制造	2	1	1953	1903	1084
炸药及火工产品制造	1		5121	5193	2379
信息化学品制造	20	6	780315	688436	159163
环境污染处理专用药剂材料制造	6	3	33456	33616	11498
动物胶制造	3	1	38941	39031	1
其他专用化学产品制造	19	7	76558	75270	15442
日用化学产品制造	31	10	641910	625688	93830
肥皂及合成洗涤剂制造	9	3	77645	75085	16415
化妆品制造	11	2	457288	450834	6390
香料、香精制造	6	2	90930	85078	66410
其他日用化学产品制造	5	3	16047	14691	4616
医药制造业	102	30	1613442	1507399	402430
化学药品原药制造	31	13	408533	380389	141926
化学药品原药制造	31	13	408533	380389	141926
化学药品制剂制造	19	9	574855	524289	71889
化学药品制剂制造	19	9	574855	524289	71889
中药饮片加工	3	1	7712	7739	5782
中药饮片加工	3	1	7712	7739	5782
中成药制造	11	2	180431	178063	7410
中成药制造	11	2	180431	178063	7410
兽用药品制造	5	1	105825	97209	30064
兽用药品制造	5	1	105825	97209	30064
生物、生化制品的制造	20	3	216062	205032	70499

1－D－2 续表1－7　　　　单位：个、万元、人

指 标 名 称	企业数	亏损企业	工业总产值（当年价格）	工业销售产值（当年价格）	出口交货值
生物、生化制品的制造	20	3	216062	205032	70499
卫生材料及医药用品制造	13	1	120025	114679	74861
卫生材料及医药用品制造	13	1	120025	114679	74861
化学纤维制造业	98	37	5248861	5038358	517570
纤维素纤维原料及纤维制造	4	2	48688	48545	1833
人造纤维（纤维素纤维）制造	4	2	48688	48545	1833
合成纤维制造	94	35	5200174	4989813	515736
锦纶纤维制造	11	5	213926	203875	4014
涤纶纤维制造	47	16	3785404	3657623	439234
腈纶纤维制造	2	1	93316	94526	16962
其他合成纤维制造	34	13	1107528	1033788	55527
橡胶制品业	65	15	2098297	2133827	662908
轮胎制造	8	2	1802522	1844249	550816
车辆、飞机及工程机械轮胎制造	8	2	1802522	1844249	550816
橡胶板、管、带的制造	14	3	73448	70824	32504
橡胶板、管、带的制造	14	3	73448	70824	32504
橡胶零件制造	16	3	53430	52291	17773
橡胶零件制造	16	3	53430	52291	17773
日用及医用橡胶制品制造	6		21370	20402	7901
日用及医用橡胶制品制造	6		21370	20402	7901
橡胶靴鞋制造	13	4	54613	54834	43587
橡胶靴鞋制造	13	4	54613	54834	43587
其他橡胶制品制造	8	3	92914	91227	10327
其他橡胶制品制造	8	3	92914	91227	10327
塑料制品业	389	95	3302935	3234956	1217327
塑料薄膜制造	40	13	760766	746664	76015
塑料薄膜制造	40	13	760766	746664	76015
塑料板、管、型材的制造	58	19	448759	444704	108089
塑料板、管、型材的制造	58	19	448759	444704	108089
塑料丝、绳及编织品的制造	21	9	50068	49778	29943
塑料丝、绳及编织品的制造	21	9	50068	49778	29943
泡沫塑料制造	20	4	133509	130671	42670
泡沫塑料制造	20	4	133509	130671	42670
塑料人造革、合成革制造	26	3	368854	357557	92714
塑料人造革、合成革制造	26	3	368854	357557	92714
塑料包装箱及容器制造	47	13	353910	355634	72647
塑料包装箱及容器制造	47	13	353910	355634	72647
塑料零件制造	57	8	300121	289981	164734

1－D－2　续表1－8　　单位：个、万元、人

指标名称	企业数	亏损企业	工业总产值（当年价格）	工业销售产值（当年价格）	出口交货值
塑料零件制造	57	8	300121	289981	164734
日用塑料制造	78	16	694518	674263	533879
塑料鞋制造	8	2	28367	27330	19995
日用塑料杂品制造	70	14	666151	646933	513884
其他塑料制品制造	42	10	192431	185706	96638
其他塑料制品制造	42	10	192431	185706	96638
非金属矿物制品业	197	51	2181747	2005626	465075
水泥、石灰和石膏的制造	11	1	272590	271356	
水泥制造	9	1	268157	267130	
石灰和石膏制造	2		4433	4226	
水泥及石膏制品制造	48	9	398324	394336	5348
水泥制品制造	36	9	336502	333362	1318
砼结构构件制造	4		30621	31457	
轻质建筑材料制造	8		31201	29517	4031
砖瓦、石材及其他建筑材料制造	21	9	499214	427160	20817
粘土砖瓦及建筑砌块制造	2	1	4067	4745	
建筑陶瓷制品制造	9	4	457062	386048	4223
建筑用石加工	4	1	13139	10600	2578
防水建筑材料制造	2	1	10116	10116	5317
隔热和隔音材料制造	3	2	11823	12923	8699
其他建筑材料制造	1		3006	2727	
玻璃及玻璃制品制造	80	27	839389	746391	355810
平板玻璃制造	3	1	57307	56736	2
技术玻璃制品制造	22	12	109486	104792	34964
光学玻璃制造	1		602	602	587
日用玻璃制品及玻璃包装容器制造	25	3	149952	138833	52916
玻璃纤维及制品制造	17	8	485169	409708	262738
玻璃纤维增强塑料制品制造	5	1	8657	7341	1513
其他玻璃制品制造	7	2	28217	28381	3090
陶瓷制品制造	12		73769	73459	56458
卫生陶瓷制品制造	6		46734	46520	33977
特种陶瓷制品制造	4		4724	4628	969
日用陶瓷制品制造	1		21172	21172	20373
园林、陈设艺术及其他陶瓷制品制造	1		1139	1139	1139
耐火材料制品制造	13	2	52376	49245	17579
石棉制品制造	3	1	6892	6255	5401
耐火陶瓷制品及其他耐火材料制造	10	1	45484	42990	12178
石墨及其他非金属矿物制品制造	12	3	46086	43679	9063

1-D-2 续表1-9

单位：个、万元、人

指标名称	企业数	亏损企业	工业总产值（当年价格）	工业销售产值（当年价格）	出口交货值
石墨及碳素制品制造	5	1	14624	14289	8941
其他非金属矿物制品制造	7	2	31462	29390	123
黑色金属冶炼及压延加工业	68	17	3037616	2924200	236544
炼　钢	2	1	139301	133074	
炼　钢	2	1	139301	133074	
钢压延加工	64	16	2879164	2772556	236544
钢压延加工	64	16	2879164	2772556	236544
铁合金冶炼	2		19151	18570	
铁合金冶炼	2		19151	18570	
有色金属冶炼及压延加工业	93	36	2166676	2052630	295115
常用有色金属冶炼	13	6	485117	456873	88898
铜冶炼	5	3	98726	97019	
镍钴冶炼	6	2	374000	347462	84042
镁冶炼	1		5395	5395	4856
其他常用有色金属冶炼	1	1	6997	6997	
贵金属冶炼	1		50234	42165	
金冶炼	1		50234	42165	
稀有稀土金属冶炼	3	2	9901	9812	
钨钼冶炼	1	1	2312	2223	
稀土金属冶炼	2	1	7589	7589	
有色金属合金制造	14	4	406238	396493	41332
有色金属合金制造	14	4	406238	396493	41332
有色金属压延加工	62	24	1215186	1147287	164885
常用有色金属压延加工	59	24	1181373	1114013	164059
贵金属压延加工	1		18608	18608	
稀有稀土金属压延加工	2		15205	14666	826
金属制品业	450	136	3807697	3715863	1714945
结构性金属制品制造	59	16	748507	731695	133227
金属结构制造	41	12	610099	599743	95638
金属门窗制造	18	4	138408	131952	37589
金属工具制造	83	21	380063	371439	221105
切削工具制造	15	4	45803	45756	25492
手工具制造	31	6	156964	152466	83743
农用及园林用金属工具制造	12	6	64607	63945	50890
刀剪及类似日用金属工具制造	8		46288	45131	25459
其他金属工具制造	17	5	66399	64140	35521
集装箱及金属包装容器制造	21	5	796955	786562	431301
集装箱制造	3	1	409840	406818	406818

1－D－2 续表1－10

单位：个、万元、人

指标名称	企业数	亏损企业	工业总产值（当年价格）	工业销售产值（当年价格）	出口交货值
金属压力容器制造	3	1	20731	19792	587
金属包装容器制造	15	3	366384	359953	23896
金属丝绳及其制品的制造	27	10	209552	199600	30769
金属丝绳及其制品的制造	27	10	209552	199600	30769
建筑、安全用金属制品制造	148	51	917369	892369	587137
建筑、家具用金属配件制造	68	20	409327	401664	250561
建筑装饰及水暖管道零件制造	62	22	429667	414308	287850
安全、消防用金属制品制造	11	6	64370	62382	42367
其他建筑、安全用金属制品制造	7	3	14005	14016	6360
金属表面处理及热处理加工	31	10	237852	231732	17936
金属表面处理及热处理加工	31	10	237852	231732	17936
搪瓷制品制造	4	1	11182	11033	10611
搪瓷卫生洁具制造	3	1	6527	6438	6431
搪瓷日用品及其他搪瓷制品制造	1		4655	4595	4180
不锈钢及类似日用金属制品制造	63	18	353428	346079	276895
金属制厨房调理及卫生器具制造	16	3	68703	66805	46798
金属制厨用器皿及餐具制造	25	5	167938	161766	123535
其他日用金属制品制造	22	10	116788	117508	106563
其他金属制品制造	14	4	152790	145353	5964
其他未列明的金属制品制造	14	4	152790	145353	5964
通用设备制造业	877	175	7378929	7147600	3144779
锅炉及原动机制造	20	3	561488	527368	84424
锅炉及辅助设备制造	10	2	130214	132416	8520
内燃机及配件制造	5		102342	77746	25444
汽轮机及辅机制造	5	1	328932	317206	50460
金属加工机械制造	62	17	340920	313792	64948
金属切削机床制造	22	9	145061	132039	10619
金属成形机床制造	17	1	102906	91320	9943
铸造机械制造	3	1	11900	12050	9521
金属切割及焊接设备制造	7	3	30911	30269	19591
机床附件制造	5		24257	22806	5368
其他金属加工机械制造	8	3	25885	25309	9906
起重运输设备制造	59	9	1143748	1115090	319565
起重运输设备制造	59	9	1143748	1115090	319565
泵、阀门、压缩机及类似机械的制造	205	33	1790819	1737331	1073753
泵及真空设备制造	36	10	295609	290454	166676
气体压缩机械制造	14	3	287450	268995	129494
阀门和旋塞的制造	118	18	1040464	1011336	742497

1－D－2 续表 1－11 单位：个、万元、人

指 标 名 称	企业数	亏损企业	工业总产值（当年价格）	工业销售产值（当年价格）	出口交货值
液压和气压动力机械及元件制造	37	2	167296	166545	35086
轴承、齿轮、传动和驱动部件的制造	165	30	887261	838568	419596
轴承制造	112	23	633445	592727	280992
齿轮、传动和驱动部件制造	53	7	253816	245841	138604
烘炉、熔炉及电炉制造	4	1	36349	35122	755
烘炉、熔炉及电炉制造	4	1	36349	35122	755
风机、衡器、包装设备等通用设备制造	139	36	992104	965685	448404
风机、风扇制造	9	4	46265	45088	38574
气体、液体分离及纯净设备制造	14	3	56188	56439	26643
制冷、空调设备制造	33	6	371589	366059	45422
风动和电动工具制造	56	19	389802	372922	265591
喷枪及类似器具制造	13	2	74153	72245	59406
包装专用设备制造	4		22787	22133	5266
衡器制造	3		8831	8651	1044
其他通用设备制造	7	2	22489	22148	6458
通用零部件制造及机械修理	180	35	1242613	1237912	611495
金属密封件制造	18	2	57017	54984	25418
紧固件、弹簧制造	103	19	1016736	1016771	539098
机械零部件加工及设备修理	31	10	65051	65032	17105
其他通用零部件制造	28	4	103809	101126	29874
金属铸、锻加工	43	11	383627	376733	121839
钢铁铸件制造	31	8	253793	249030	83238
锻件及粉末冶金制品制造	12	3	129834	127702	38602
专用设备制造业	405	100	2812220	2712419	895186
矿山、冶金、建筑专用设备制造	14	3	347670	346398	82645
石油钻采专用设备制造	1		1422	1620	
建筑工程用机械制造	4		294228	292820	60400
建筑材料生产专用机械制造	4	2	21854	21346	2842
冶金专用设备制造	5	1	30166	30612	19403
化工、木材、非金属加工专用设备制造	161	39	1146117	1102951	341904
炼油、化工生产专用设备制造	7	2	19308	18699	5599
橡胶加工专用设备制造	5	1	18155	17838	3363
塑料加工专用设备制造	40	10	681378	651519	232881
木材加工机械制造	5	1	23372	23995	11703
模具制造	103	25	398441	385436	83774
其他非金属加工专用设备制造	1		5464	5464	4584
食品、饮料、烟草及饲料生产专用设备制造	14	3	86599	78233	24436
食品、饮料、烟草工业专用设备制造	10		80208	71962	23522

1－D－2 续表1－12 单位：个、万元、人

指 标 名 称	企业数	亏损企业	工业总产值（当年价格）	工业销售产值（当年价格）	出口交货值
农副食品加工专用设备制造	4	3	6391	6271	914
印刷、制药、日化生产专用设备制造	21	4	82021	79404	18922
制浆和造纸专用设备制造	2	1	4776	4434	680
印刷专用设备制造	13	2	65666	64418	14445
日用化工专用设备制造	1		2188	2078	2078
制药专用设备制造	3		4818	4149	1247
照明器具生产专用设备制造	1	1	2211	1964	
玻璃、陶瓷和搪瓷制品生产专用设备制造	1		2362	2362	472
纺织、服装和皮革工业专用设备制造	89	28	371378	357803	136445
纺织专用设备制造	35	10	115506	107008	17632
皮革、毛皮及其制品加工专用设备制造	6	2	28894	27613	3205
缝纫机械制造	45	15	211030	208060	108544
其他服装加工专用设备制造	3	1	15948	15122	7064
电子和电工机械专用设备制造	14	3	68331	67554	20555
电工机械专用设备制造	2		9706	10439	1908
电子工业专用设备制造	12	3	58626	57115	18647
农、林、牧、渔专用机械制造	30	10	251198	243794	94618
拖拉机制造	2	1	52419	51861	2503
机械化农业及园艺机具制造	25	9	185162	178995	85616
农林牧渔机械配件制造	2		12134	11799	6499
其他农林牧渔业机械制造及机械修理	1		1484	1138	
医疗仪器设备及器械制造	30	3	185207	179943	133307
医疗诊断、监护及治疗设备制造	6		37196	36657	30349
口腔科用设备及器具制造	1		1037	926	868
实验室及医用消毒设备和器具的制造	1		3122	3086	3059
医疗、外科及兽医用器械制造	15	1	125382	121677	87452
机械治疗及病房护理设备制造	2	1	7652	7314	4254
其他医疗设备及器械制造	5	1	10818	10283	7325
环保、社会公共安全及其他专用设备制造	32	7	273701	256341	42355
环境污染防治专用设备制造	10	3	193309	177388	9054
邮政专用机械及器材制造	1		1720	1720	650
社会公共安全设备及器材制造	11	2	42403	43253	28933
其他专用设备制造	10	2	36270	33980	3718
交通运输设备制造业	403	104	5269990	5101946	2702044
铁路运输设备制造	3	3	6262	6300	5119
铁路机车车辆配件制造	1	1	1373	1373	1373
铁路专用设备及器材、配件制造	1	1	4347	4347	3746
其他铁路设备制造及设备修理	1	1	541	580	

1－D－2 续表1－13

单位：个、万元、人

指标名称	企业数	亏损企业	工业总产值（当年价格）	工业销售产值（当年价格）	出口交货值
汽车制造	310	71	3319594	3217543	1111178
汽车整车制造	7	3	208623	211971	43007
改装汽车制造	1	1	653	653	
汽车车身、挂车的制造	4	3	8533	6692	719
汽车零部件及配件制造	293	63	3053083	2949526	1067453
汽车修理	5	1	48702	48702	
摩托车制造	13	5	39420	36395	9497
摩托车零部件及配件制造	13	5	39420	36395	9497
自行车制造	40	17	300805	289104	160132
脚踏自行车及残疾人座车制造	24	11	179778	173936	140046
助动自行车制造	16	6	121027	115168	20085
船舶及浮动装置制造	32	5	1583618	1533589	1397732
金属船舶制造	7	2	1100728	1064788	1025202
非金属船舶制造	4		108214	98720	44735
娱乐船和运动船的建造和修理	8	2	21572	17114	14691
船用配套设备制造	11	1	237476	237338	203356
船舶修理及拆船	2		115628	115628	109748
交通器材及其他交通运输设备制造	5	3	20292	19014	18386
交通管理用金属标志及设施制造	1	1	5921	5921	5822
其他交通运输设备制造	4	2	14372	13094	12564
电气机械及器材制造业	812	173	9272328	9014218	3998154
电机制造	91	13	1412832	1380046	821025
发电机及发电机组制造	12	2	196498	196690	93244
电动机制造	34	5	565422	553469	317740
微电机及其他电机制造	45	6	650912	629888	410042
输配电及控制设备制造	167	33	1397727	1384339	432333
变压器、整流器和电感器制造	22	4	117701	117473	36731
电容器及其配套设备制造	11		45649	44970	5265
配电开关控制设备制造	75	13	806167	802796	183110
电力电子元器件制造	54	16	417075	408235	201222
其他输配电及控制设备制造	5		11137	10865	6005
电线、电缆、光缆及电工器材制造	117	26	1338837	1272463	353044
电线电缆制造	99	22	1084875	1025466	303191
光纤、光缆制造	7	1	181155	176937	37275
绝缘制品制造	4	1	34787	33604	9255
其他电工器材制造	7	2	38020	36456	3322
电池制造	51	9	1334591	1288304	540792
电池制造	51	9	1334591	1288304	540792

1－D－2 续表 1－14

单位：个、万元、人

指标名称	企业数	亏损企业	工业总产值（当年价格）	工业销售产值（当年价格）	出口交货值
家用电力器具制造	159	40	2187407	2138345	901065
家用制冷电器具制造	11	2	131105	130924	49566
家用空气调节器制造	7	1	24536	25436	11324
家用通风电器具制造	9		51055	49099	29761
家用厨房电器具制造	42	10	855396	827071	187346
家用清洁卫生电器具制造	31	8	638981	634903	310213
家用美容、保健电器具制造	12	4	135038	129839	101460
家用电力器具专用配件制造	16	5	112024	105436	50358
其他家用电力器具制造	31	10	239273	235637	161038
非电力家用器具制造	20	6	163143	158135	70974
燃气、太阳能及类似能源的器具制造	13	3	104146	100466	13850
其他非电力家用器具制造	7	3	58997	57669	57124
照明器具制造	183	42	1337761	1295427	803579
电光源制造	43	8	405787	390235	165219
照明灯具制造	115	32	802222	777336	540314
灯用电器附件及其他照明器具制造	25	2	129753	127856	98046
其他电气机械及器材制造	24	4	100030	97161	75344
车辆专用照明及电气信号设备装置制造	18	3	74502	72952	61022
其他未列明的电气机械制造	6	1	25527	24209	14322
通信设备、计算机及其他电子设备制造业	423	124	12098256	11895321	8580553
通信设备制造	56	15	3386690	3439078	2082581
通信传输设备制造	17	1	268790	258778	83432
通信交换设备制造	7	3	64619	64225	422
通信终端设备制造	6	3	34360	33110	9458
移动通信及终端设备制造	19	6	2969748	3034648	1958809
其他通信设备制造	7	2	49173	48316	30461
雷达及配套设备制造	2	1	3391	3391	500
雷达及配套设备制造	2	1	3391	3391	500
广播电视设备制造	20	7	133326	130893	94655
广播电视节目制作及发射设备制造	1		1363	1361	1339
广播电视接收设备及器材制造	18	7	115658	112741	93316
应用电视设备及其他广播电视设备制造	1		16306	16791	
电子计算机制造	42	12	5810631	5633133	4835512
电子计算机整机制造	1		633995	631071	631071
计算机网络设备制造	6	2	685907	684619	147866
电子计算机外部设备制造	35	10	4490729	4317443	4056575
电子器件制造	78	28	774401	750878	304048
电子真空器件制造	2	2	2301	2666	139

1－D－2 续表1－15

单位：个、万元、人

指标名称	企业数	亏损企业	工业总产值（当年价格）	工业销售产值（当年价格）	出口交货值
半导体分立器件制造	26	9	350601	340911	116427
集成电路制造	14	8	87507	84918	17216
光电子器件及其他电子器件制造	36	9	333993	322382	170266
电子元件制造	170	41	1573284	1529781	917782
电子元件及组件制造	153	37	1407269	1364908	840978
印制电路板制造	17	4	166015	164872	76804
家用视听设备制造	36	14	291061	283781	249551
家用影视设备制造	8	2	182665	179833	160125
家用音响设备制造	28	12	108396	103948	89425
其他电子设备制造	19	6	125471	124387	95925
其他电子设备制造	19	6	125471	124387	95925
仪器仪表及文化、办公用机械制造业	178	40	1276392	1193587	552264
通用仪器仪表制造	69	15	659010	625617	213886
工业自动控制系统装置制造	18	6	191077	184752	25375
电工仪器仪表制造	6		27724	26565	11404
绘图、计算及测量仪器制造	20	5	166734	159324	118801
实验分析仪器制造	10	3	34981	33231	25763
试验机制造	1		543	543	
供应用仪表及其他通用仪器制造	14	1	237952	221204	32543
专用仪器仪表制造	14	5	143097	113222	52733
环境监测专用仪器仪表制造	1		3350	3350	22
汽车及其他用计数仪表制造	3	1	40312	39662	15
导航、气象及海洋专用仪器制造	1	1	739	678	208
教学专用仪器制造	1		1348	1348	784
电子测量仪器制造	6	3	88916	59715	47864
其他专用仪器制造	2		8431	8470	3840
钟表与计时仪器制造	8	1	25502	24659	10176
钟表与计时仪器制造	8	1	25502	24659	10176
光学仪器及眼镜制造	63	10	276354	262466	158198
光学仪器制造	21	2	155149	152569	88474
眼镜制造	42	8	121205	109897	69724
文化、办公用机械制造	20	7	150342	147797	108780
照相机及器材制造	10	2	109063	108799	90983
复印和胶印设备制造	4	1	18810	18117	2168
计算器及货币专用设备制造	2	2	2211	2199	
其他文化、办公用机械制造	4	2	20258	18682	15629
其他仪器仪表的制造及修理	4	2	22088	19826	8492
其他仪器仪表的制造及修理	4	2	22088	19826	8492

1－D－2 续表 1－16 单位：个、万元、人

指 标 名 称	企业数	亏损企业	工业总产值（当年价格）	工业销售产值（当年价格）	出口交货值
工艺品及其他制造业	305	93	1809611	1703356	1034344
工艺美术品制造	215	74	1127291	1081410	689149
雕塑工艺品制造	45	21	87821	86821	70374
金属工艺品制造	20	6	50106	49566	37863
漆器工艺品制造	5	2	11774	11185	10038
花画工艺品制造	10	5	20095	19219	14587
天然植物纤维编织工艺品制造	15	4	36641	34654	27094
抽纱刺绣工艺品制造	43	11	290807	286717	234958
地毯、挂毯制造	13	2	77830	73976	51747
珠宝首饰及有关物品的制造	21	3	371515	345388	97433
其他工艺美术品制造	43	20	180703	173884	145057
日用杂品制造	85	18	658725	598403	335213
制镜及类似品加工	6	1	55395	57710	7255
鬃毛加工、制刷及清扫工具的制造	21	5	88785	86712	58634
其他日用杂品制造	58	12	514544	453981	269324
其他未列明的制造业	5	1	23596	23544	9982
其他未列明的制造业	5	1	23596	23544	9982
废弃资源和废旧材料回收加工业	56	45	973573	967839	7192
金属废料和碎屑的加工处理	49	43	928999	925729	56
金属废料和碎屑的加工处理	49	43	928999	925729	56
非金属废料和碎屑的加工处理	7	2	44575	42110	7136
非金属废料和碎屑的加工处理	7	2	44575	42110	7136
电力、燃气及水的生产和供应业	**66**	**19**	**1217544**	**1193428**	
电力、热力的生产和供应业	49	13	1068799	1045159	
电力生产	44	12	976674	953034	
火力发电	38	11	955104	931801	
水力发电	4		19117	18781	
其他能源发电	2	1	2452	2452	
热力生产和供应	5	1	92125	92125	
热力生产和供应	5	1	92125	92125	
燃气生产和供应业	13	4	140577	140100	
燃气生产和供应业	13	4	140577	140100	
燃气生产和供应业	13	4	140577	140100	
水的生产和供应业	4	2	8168	8168	
自来水的生产和供应	2		6831	6831	
自来水的生产和供应	2		6831	6831	
污水处理及其再生利用	2	2	1337	1337	
污水处理及其再生利用	2	2	1337	1337	

1－D－2 续表2－1

单位：个、万元、人

指 标 名 称	资产总计	流动资产合 计	应收帐款	存 货	产成品
总 计	**98807471**	**57668408**	**13300662**	**15059863**	**6129485**
一、按轻重工业分					
轻工业	47325860	28055563	5926439	7024271	3079982
重工业	51481611	29612845	7374222	8035593	3049503
二、按规模分					
大型企业	15281911	8718550	1967750	2405557	1034873
中型企业	41856810	24819135	5820301	6649775	2548079
小型企业	41668750	24130724	5512610	6004531	2546533
三、按登记注册类型分					
港澳台商投资	**44718822**	**26989932**	**5693053**	**6778447**	**2915695**
与港澳台商合资经营	26897857	16364615	3257690	4028747	1800967
与港澳台商合作经营	673731	418852	103262	110952	40166
港澳台商独资	15877993	9375701	2075240	2427373	943182
港澳台商投资股份有限公司	1269241	830764	256861	211375	131380
外商投资	**54088650**	**30678476**	**7607608**	**8281417**	**3213790**
中外合资经营	28321409	16772913	4220861	4101577	1740622
中外合作经营	901787	550473	132348	110207	42523
外资企业	22401591	12093672	2970661	3647063	1247448
外商投资股份有限公司	2463863	1261418	283739	422569	183197
四、按国民经济行业(门类、大类、中类、小类)分					
采矿业	**206362**	**143469**	**25712**	**40363**	**26763**
黑色金属矿采选业	136025	125323	18442	37374	25645
铁矿采选	136025	125323	18442	37374	25645
铁矿采选	136025	125323	18442	37374	25645
非金属矿采选业	70337	18146	7270	2989	1118
土砂石开采	70337	18146	7270	2989	1118
石灰石、石膏开采	17705	3424	1198	907	212
建筑装饰用石开采	16802	5467	2094	407	348
耐火土石开采	2913	1034	233	476	189
粘土及其他土砂石开采	32917	8221	3745	1199	369
制造业	**96311054**	**56854286**	**13124420**	**14956416**	**6101495**
农副食品加工业	1317937	781796	155718	252384	177769
谷物磨制	26722	15933	1107	1247	410
谷物磨制	26722	15933	1107	1247	410
饲料加工	35667	23736	3694	7358	2202
饲料加工	35667	23736	3694	7358	2202
植物油加工	186938	118280	7372	39742	30710
食用植物油加工	186938	118280	7372	39742	30710

1－D－2 续表2－2

单位：个、万元、人

指标名称	资产总计	流动资产合计	应收帐款	存货	产成品
屠宰及肉类加工	60077	36251	9347	7908	2901
畜禽屠宰	18899	11625	205	449	344
肉制品及副产品加工	41178	24626	9143	7459	2557
水产品加工	701890	407713	64927	141467	101480
水产品冷冻加工	434551	301995	45549	111732	76461
鱼糜制品及水产品干腌制加工	258334	99595	18464	27759	24290
水产饲料制造	5354	4008	181	1213	137
其他水产品加工	3652	2115	734	764	592
蔬菜、水果和坚果加工	140040	73735	14088	26891	15669
蔬菜、水果和坚果加工	140040	73735	14088	26891	15669
其他农副食品加工	166604	106149	55183	27770	24398
淀粉及淀粉制品的制造	23955	13880	6849	3979	3959
豆制品制造	14574	5755	3319	1729	779
其他未列明的农副食品加工	128075	86514	45015	22063	19660
食品制造业	1101245	637546	231510	131757	79347
焙烤食品制造	111226	54981	18738	11634	6257
糕点、面包制造	27875	12102	972	3066	629
饼干及其他焙烤食品制造	83351	42878	17766	8568	5629
糖果、巧克力及蜜饯制造	129824	78226	32730	11819	3502
糖果、巧克力制造	101410	54187	31760	10793	3322
蜜饯制作	28415	24038	970	1027	180
方便食品制造	291501	160676	86869	19710	15744
米、面制品制造	1576	953	598	152	80
速冻食品制造	59442	29981	8036	7574	4957
方便面及其他方便食品制造	230484	129742	78235	11983	10706
液体乳及乳制品制造	12906	7687	1157	3949	1187
液体乳及乳制品制造	12906	7687	1157	3949	1187
罐头制造	211724	130834	39710	46475	31033
肉、禽类罐头制造	11726	7371	2454	2645	2645
水产品罐头制造	22798	13211	4201	5898	1686
蔬菜、水果罐头制造	115360	79371	10876	35757	26531
其他罐头食品制造	61840	30880	22180	2175	171
调味品、发酵制品制造	67187	41532	7621	3600	1585
味精制造	28843	18070	188	168	99
酱油、食醋及类似制品的制造	6310	4059	879	1561	373
其他调味品、发酵制品制造	32033	19403	6554	1871	1113
其他食品制造	276876	163610	44686	34570	20039
营养、保健食品制造	50261	26735	4675	7027	2190

1－D－2 续表2－3 单位：个、万元、人

指标名称	资产总计	流动资产合计	应收帐款	存货	产成品
冷冻饮品及食用冰制造	36695	24899	7179	5632	4664
食品及饲料添加剂制造	189920	111976	32833	21911	13185
饮料制造业	2233408	1185925	234174	265511	52071
酒精制造	27734	21535	356	7058	326
酒精制造	27734	21535	356	7058	326
酒的制造	604849	214818	14215	127735	5384
白酒制造	18200	10365	641	6906	38
啤酒制造	564924	189119	12341	111493	3600
黄酒制造	21725	15334	1233	9336	1746
软饮料制造	1537769	912006	212395	109067	31504
碳酸饮料制造	213418	122355	11040	23253	5099
瓶（罐）装饮用水制造	426829	398069	124001	16250	1445
果菜汁及果菜汁饮料制造	78919	45624	24839	5053	3662
含乳饮料和植物蛋白饮料制造	356212	117189	17166	34153	4040
固体饮料制造	18135	9011	1249	512	65
茶饮料及其他软饮料制造	444257	219758	34100	29845	17194
精制茶加工	63056	37566	7208	21651	14857
精制茶加工	63056	37566	7208	21651	14857
烟草制品业	12987	5072	2110	353	58
其他烟草制品加工	12987	5072	2110	353	58
其他烟草制品加工	12987	5072	2110	353	58
纺织业	11660652	6877635	1410567	1683134	737395
棉、化纤纺织及印染精加工	5357775	3094877	575012	793847	351509
棉、化纤纺织加工	2893376	1771030	303295	523533	245161
棉、化纤印染精加工	2464400	1323847	271717	270314	106349
毛纺织和染整精加工	395267	222924	42078	80134	38439
毛条加工	122494	80981	10318	27609	17308
毛纺织	188095	106931	21502	39510	16079
毛染整精加工	84678	35013	10258	13015	5052
麻纺织	80444	54962	16016	23529	7075
麻纺织	80444	54962	16016	23529	7075
丝绢纺织及精加工	720683	401584	73250	109100	59766
缫丝加工	48632	28607	5584	9169	2966
绢纺和丝织加工	630879	347020	63002	96283	54357
丝印染精加工	41172	25958	4664	3647	2444
纺织制成品制造	2118112	1290374	279160	260556	114332
棉及化纤制品制造	888771	554971	101576	117396	48315
毛制品制造	138942	87157	19833	23290	11539

1－D－2 续表2－4 单位：个、万元、人

指标名称	资产总计	流动资产合计	应收帐款	存货	产成品
麻制品制造	4265	3738	659	547	227
丝制品制造	414904	287416	73903	47371	23064
绳、索、缆的制造	16756	4590	877	1497	1202
纺织带和帘子布制造	180075	117924	21962	25532	11207
无纺布制造	177478	93333	34652	20836	9871
其他纺织制成品制造	296921	141244	25697	24088	8908
针织品、编织品及其制品制造	2988371	1812913	425052	415968	166273
棉、化纤针织品及编织品制造	2507918	1523714	360341	341154	136709
毛针织品及编织品制造	250966	152369	30526	41763	15433
丝针织品及编织品制造	169434	100395	24642	25837	10528
其他针织品及编织品制造	60053	36435	9543	7215	3602
纺织服装、鞋、帽制造业	5204810	3150277	758156	857357	414643
纺织服装制造	5149464	3117126	748703	850157	412500
纺织服装制造	5149464	3117126	748703	850157	412500
纺织面料鞋的制造	35936	22293	7222	4856	1555
纺织面料鞋的制造	35936	22293	7222	4856	1555
制　帽	19410	10858	2231	2344	588
制　帽	19410	10858	2231	2344	588
皮革、毛皮、羽毛(绒)及其制品业	3079721	2082524	443792	639326	166574
皮革鞣制加工	1148556	744524	139058	285254	66401
皮革鞣制加工	1148556	744524	139058	285254	66401
皮革制品制造	1249306	794578	184190	191768	73116
皮鞋制造	639118	424578	97985	85869	29852
皮革服装制造	134572	90505	21305	21083	6304
皮箱、包(袋)制造	297973	180239	41420	51123	24342
皮手套及皮装饰制品制造	67043	42617	13525	11411	6602
其他皮革制品制造	110600	56639	9956	22282	6016
毛皮鞣制及制品加工	83538	56887	11457	24034	5388
毛皮鞣制加工	8699	5390	2112	2609	2031
毛皮服装加工	68457	46856	8228	20219	3225
其他毛皮制品加工	6383	4641	1116	1206	132
羽毛(绒)加工及制品制造	598320	486535	109087	138269	21668
羽毛(绒)制品加工	598320	486535	109087	138269	21668
木材加工及木、竹、藤、棕、草制品业	713852	431941	68393	202843	75654
锯材、木片加工	15159	6496	880	4602	2610
锯材加工	8353	3807	626	2307	605
木片加工	6805	2690	254	2294	2005
人造板制造	421576	255349	37054	136405	49023

1-D-2 续表2-5

单位：个、万元、人

指 标 名 称	资产总计	流动资产合 计	应收帐款	存 货	产成品
胶合板制造	321946	196612	30485	111392	37295
纤维板制造	59703	33794	1234	8630	4937
其他人造板、材制造	39927	24943	5335	16383	6790
木制品制造	145506	83281	15223	34360	14777
建筑用木料及木材组件加工	110483	67692	13959	28036	13136
木容器制造	6015	4534	270	1553	302
软木制品及其他木制品制造	29008	11055	994	4771	1339
竹、藤、棕、草制品制造	131612	86814	15235	27477	9244
竹、藤、棕、草制品制造	131612	86814	15235	27477	9244
家具制造业	1789813	1111960	219093	346973	114066
木质家具制造	555735	300670	59379	127101	47628
木质家具制造	555735	300670	59379	127101	47628
竹、藤家具制造	24683	10629	368	6213	2927
竹、藤家具制造	24683	10629	368	6213	2927
金属家具制造	754719	506695	106265	129182	43756
金属家具制造	754719	506695	106265	129182	43756
塑料家具制造	19212	11574	2870	4316	1930
塑料家具制造	19212	11574	2870	4316	1930
其他家具制造	435464	282392	50212	80161	17825
其他家具制造	435464	282392	50212	80161	17825
造纸及纸制品业	3213556	1494706	336417	372256	188625
纸浆制造	7320	1708	794	636	170
纸浆制造	7320	1708	794	636	170
造 纸	2483115	1095167	212065	303405	166328
机制纸及纸板制造	2430287	1065840	201856	293959	161161
加工纸制造	52828	29327	10209	9446	5167
纸制品制造	723121	397831	123559	68214	22126
纸和纸板容器的制造	492477	286430	82778	39679	10461
其他纸制品制造	230645	111401	40781	28535	11665
印刷业和记录媒介的复制	509177	281257	69422	44394	18680
印 刷	463921	260150	64041	40799	17636
书、报、刊印刷	43534	22011	5239	1903	503
本册印制	51407	36266	7379	6308	3331
包装装潢及其他印刷	368979	201873	51423	32588	13802
装订及其他印刷服务活动	22742	8907	1203	586	32
装订及其他印刷服务活动	22742	8907	1203	586	32
记录媒介的复制	22514	12200	4179	3008	1011
记录媒介的复制	22514	12200	4179	3008	1011

1－D－2 续表2－6 单位：个、万元、人

指标名称	资产总计	流动资产合计	应收帐款	存货	产成品
文教体育用品制造业	1136311	705031	170141	218704	63727
文化用品制造	305385	178035	49858	53555	17017
文具制造	168401	92447	24305	27452	6439
笔的制造	114622	69736	21489	22360	9576
教学用模型及教具制造	3405	1880	262	842	37
墨水、墨汁制造	1585	1490	741	438	167
其他文化用品制造	17371	12482	3061	2464	798
体育用品制造	387202	241128	52653	65911	21454
球类制造	42304	21197	3009	8506	4608
体育器材及配件制造	70499	36536	7631	11611	2106
训练健身器材制造	142215	96920	23742	18435	4804
运动防护用具制造	43744	21970	7092	5294	1568
其他体育用品制造	88440	64505	11178	22065	8368
乐器制造	116080	67516	16874	28409	4591
中乐器制造	613	358	108	101	42
西乐器制造	57635	25593	6051	12172	1569
电子乐器制造	5264	4329	1330	771	262
其他乐器及零件制造	52568	37237	9386	15364	2719
玩具制造	259759	173276	47115	53652	19304
玩具制造	259759	173276	47115	53652	19304
游艺器材及娱乐用品制造	67887	45076	3641	17177	1362
露天游乐场所游乐设备制造	17871	10805	2301	1509	14
游艺用品及室内游艺器材制造	50016	34271	1340	15668	1348
石油加工、炼焦及核燃料加工业	359856	198468	43458	89573	16847
精炼石油产品的制造	359856	198468	43458	89573	16847
原油加工及石油制品制造	359856	198468	43458	89573	16847
化学原料及化学制品制造业	8855948	4420622	831460	1271852	510825
基础化学原料制造	2123888	1113880	133633	271139	150910
无机酸制造	52296	18410	5025	5349	2683
无机碱制造	65210	19002	3333	2483	576
无机盐制造	49806	27326	3148	5590	2280
有机化学原料制造	1491924	793851	97813	195587	141639
其他基础化学原料制造	464651	255292	24314	62129	3732
肥料制造	15529	12021	955	3206	2486
复混肥料制造	14896	11706	915	2946	2257
其他肥料制造	633	314	40	260	229
农药制造	315644	186008	36480	58071	26888
化学农药制造	289592	173761	34647	57261	26759

1－D－2 续表2－7

单位：个、万元、人

指标名称	资产总计	流动资产合计	应收帐款	存货	产成品
生物化学农药及微生物农药制造	26052	12248	1833	811	130
涂料、油墨、颜料及类似产品制造	934204	627094	192330	160245	88653
涂料制造	170564	123879	38247	20867	9030
油墨及类似产品制造	90512	55227	24367	16683	7594
颜料制造	168858	83670	15484	34364	12921
染料制造	484971	353212	109600	85941	58371
密封用填料及类似品制造	19299	11107	4632	2390	736
合成材料制造	3445628	1296404	314543	335182	106505
初级形态的塑料及合成树脂制造	2506198	935735	145325	291083	95757
合成橡胶制造	8731	7167	1665	1738	460
合成纤维单(聚合)体的制造	876862	325128	149729	38241	7337
其他合成材料制造	53838	28375	17824	4120	2952
专用化学产品制造	1582082	913925	124382	368534	92914
化学试剂和助剂制造	311258	187579	46183	51525	33197
专项化学用品制造	233982	114095	22575	41034	13858
林产化学产品制造	4610	3702	563	278	63
炸药及火工产品制造	3831	3432	320	675	172
信息化学品制造	858001	515805	32297	251568	37533
环境污染处理专用药剂材料制造	52016	34198	6549	8278	3773
动物胶制造	39403	13737	4264	5196	2827
其他专用化学产品制造	78982	41378	11630	9981	1491
日用化学产品制造	438973	271291	29138	75475	42469
肥皂及合成洗涤剂制造	107892	44816	－1230	9128	3239
化妆品制造	214291	164620	13120	36844	22604
香料、香精制造	91086	51284	13698	25125	14624
其他日用化学产品制造	25704	10570	3550	4378	2001
医药制造业	1423480	911477	198167	279010	136037
化学药品原药制造	422506	238475	60327	78945	31750
化学药品原药制造	422506	238475	60327	78945	31750
化学药品制剂制造	394052	266708	54517	104958	56617
化学药品制剂制造	394052	266708	54517	104958	56617
中药饮片加工	8883	6308	463	2517	731
中药饮片加工	8883	6308	463	2517	731
中成药制造	209847	134718	30271	25783	17300
中成药制造	209847	134718	30271	25783	17300
兽用药品制造	106558	78971	7727	20873	12291
兽用药品制造	106558	78971	7727	20873	12291
生物、生化制品的制造	201893	137314	30698	33813	12616

1-D-2 续表2-8

单位：个、万元、人

指标名称	资产总计	流动资产合计	应收帐款	存货	产成品
生物、生化制品的制造	201893	137314	30698	33813	12616
卫生材料及医药用品制造	79741	48983	14165	12122	4732
卫生材料及医药用品制造	79741	48983	14165	12122	4732
化学纤维制造业	4820486	2581012	245059	486933	285541
纤维素纤维原料及纤维制造	72737	45125	987	3018	1709
人造纤维（纤维素纤维）制造	72737	45125	987	3018	1709
合成纤维制造	4747749	2535888	244072	483915	283832
锦纶纤维制造	190301	108300	12819	35915	25749
涤纶纤维制造	3040293	1721633	166844	273454	149712
腈纶纤维制造	109497	85552	593	29315	26313
其他合成纤维制造	1407658	620403	63816	145231	82058
橡胶制品业	1868983	856933	270720	294659	185847
轮胎制造	1647095	701365	230781	257647	171332
车辆、飞机及工程机械轮胎制造	1647095	701365	230781	257647	171332
橡胶板、管、带的制造	61687	42456	14144	9476	3898
橡胶板、管、带的制造	61687	42456	14144	9476	3898
橡胶零件制造	48206	29921	10429	9206	3712
橡胶零件制造	48206	29921	10429	9206	3712
日用及医用橡胶制品制造	13783	10586	1677	3394	612
日用及医用橡胶制品制造	13783	10586	1677	3394	612
橡胶靴鞋制造	58283	43900	8329	8084	2732
橡胶靴鞋制造	58283	43900	8329	8084	2732
其他橡胶制品制造	39927	28705	5360	6852	3561
其他橡胶制品制造	39927	28705	5360	6852	3561
塑料制品业	3293082	1936085	408151	366310	178419
塑料薄膜制造	966095	469096	32260	77213	49448
塑料薄膜制造	966095	469096	32260	77213	49448
塑料板、管、型材的制造	545935	363709	77681	66813	35153
塑料板、管、型材的制造	545935	363709	77681	66813	35153
塑料丝、绳及编织品的制造	34974	19885	6829	4785	2389
塑料丝、绳及编织品的制造	34974	19885	6829	4785	2389
泡沫塑料制造	91670	57141	22077	11215	5089
泡沫塑料制造	91670	57141	22077	11215	5089
塑料人造革、合成革制造	325525	209599	45804	45412	14187
塑料人造革、合成革制造	325525	209599	45804	45412	14187
塑料包装箱及容器制造	378861	215825	60720	28476	13775
塑料包装箱及容器制造	378861	215825	60720	28476	13775
塑料零件制造	229009	146881	58595	34060	11991

1-D-2 续表2-9

单位：个、万元、人

指标名称	资产总计	流动资产合计	应收帐款	存货	产成品
塑料零件制造	229009	146881	58595	34060	11991
日用塑料制造	554099	344273	76653	71612	33390
塑料鞋制造	25337	15661	4675	3600	1138
日用塑料杂品制造	528763	328612	71978	68012	32253
其他塑料制品制造	166913	109677	27532	26724	12996
其他塑料制品制造	166913	109677	27532	26724	12996
非金属矿物制品业	3171632	1389981	316896	358383	220668
水泥、石灰和石膏的制造	398062	179755	23850	20606	7151
水泥制造	391232	176088	23188	19281	5945
石灰和石膏制造	6830	3667	662	1325	1206
水泥及石膏制品制造	425777	251904	115664	51740	37179
水泥制品制造	353658	212262	101408	42658	31676
砼结构构件制造	21444	13396	7867	3431	1532
轻质建筑材料制造	50675	26246	6389	5651	3971
砖瓦、石材及其他建筑材料制造	530183	337410	38241	106932	80081
粘土砖瓦及建筑砌块制造	17149	1830	1066	448	303
建筑陶瓷制品制造	426330	303978	29603	98559	74494
建筑用石加工	22605	12787	1523	3257	2162
防水建筑材料制造	11609	9666	4212	1955	1723
隔热和隔音材料制造	51095	8658	1552	2514	1249
其他建筑材料制造	1395	491	286	199	150
玻璃及玻璃制品制造	1669332	541037	118987	159315	88504
平板玻璃制造	82037	24721	7350	9419	2161
技术玻璃制品制造	250998	135210	16233	26968	13715
光学玻璃制造	1426	1087		53	33
日用玻璃制品及玻璃包装容器制造	168133	82204	16633	25453	10884
玻璃纤维及制品制造	1118708	271639	70342	92590	59331
玻璃纤维增强塑料制品制造	10686	7755	3190	1654	833
其他玻璃制品制造	37344	18421	5239	3176	1547
陶瓷制品制造	38054	22488	5847	4403	1859
卫生陶瓷制品制造	25603	14867	4935	2980	1616
特种陶瓷制品制造	6361	2837	744	638	243
日用陶瓷制品制造	4715	4670	168	752	
园林、陈设艺术及其他陶瓷制品制造	1375	114		33	
耐火材料制品制造	50448	23382	10076	6359	2783
石棉制品制造	7857	4074	423	1860	829
耐火陶瓷制品及其他耐火材料制造	42591	19307	9653	4499	1954
石墨及其他非金属矿物制品制造	59776	34005	4230	9028	3111

1－D－2 续表 2－10

单位：个、万元、人

指 标 名 称	资产总计	流动资产合计	应收帐款	存货	产成品
石墨及碳素制品制造	15015	8507	2899	2871	1052
其他非金属矿物制品制造	44761	25499	1331	6158	2059
黑色金属冶炼及压延加工业	2260532	1302502	169021	355444	146530
炼 钢	112653	74162	3926	21036	14068
炼 钢	112653	74162	3926	21036	14068
钢压延加工	2132679	1214106	162319	331170	132333
钢压延加工	2132679	1214106	162319	331170	132333
铁合金冶炼	15199	14234	2776	3238	130
铁合金冶炼	15199	14234	2776	3238	130
有色金属冶炼及压延加工业	1229331	782886	139975	207048	75166
常用有色金属冶炼	398439	275960	38264	79466	24323
铜冶炼	47308	36493	5078	5468	4363
镍钴冶炼	345877	237675	32425	73559	19846
镁冶炼	1940	969	411	313	17
其他常用有色金属冶炼	3314	823	350	126	97
贵金属冶炼	17165	14999	345	10258	4964
金冶炼	17165	14999	345	10258	4964
稀有稀土金属冶炼	18171	11765	1374	3922	1912
钨钼冶炼	2877	1930	340	354	276
稀土金属冶炼	15295	9835	1033	3567	1637
有色金属合金制造	132626	94378	32317	33154	10513
有色金属合金制造	132626	94378	32317	33154	10513
有色金属压延加工	662930	385785	67676	80249	33454
常用有色金属压延加工	621212	350259	61210	79090	33300
贵金属压延加工	23643	22705	787	8	
稀有稀土金属压延加工	18075	12821	5679	1151	154
金属制品业	2984736	1911948	460248	552239	173878
结构性金属制品制造	658163	467163	113216	120589	45173
金属结构制造	533358	386469	102925	91191	31570
金属门窗制造	124805	80694	10291	29399	13604
金属工具制造	320188	192580	48519	62455	27141
切削工具制造	48702	30782	6679	7177	1938
手工具制造	104641	59216	16587	19163	6814
农用及园林用金属工具制造	63033	38759	6227	16542	8257
刀剪及类似日用金属工具制造	37870	24269	8072	7104	3194
其他金属工具制造	65941	39555	10954	12471	6939
集装箱及金属包装容器制造	480516	311317	79138	89246	21311
集装箱制造	180004	130454	38744	52569	9782

1－D－2 续表2－11

单位：个、万元、人

指 标 名 称	资产总计	流动资产合 计	应收帐款	存 货	产成品
金属压力容器制造	28132	14483	3566	3175	2551
金属包装容器制造	272380	166380	36828	33502	8978
金属丝绳及其制品的制造	217916	120731	35672	31175	12722
金属丝绳及其制品的制造	217916	120731	35672	31175	12722
建筑、安全用金属制品制造	628614	401190	108423	126461	36760
建筑、家具用金属配件制造	262040	162226	37262	53385	14616
建筑装饰及水暖管道零件制造	291431	191420	59683	62796	17577
安全、消防用金属制品制造	58041	37612	9795	7652	3074
其他建筑、安全用金属制品制造	17102	9932	1684	2628	1494
金属表面处理及热处理加工	285285	177200	29427	40605	7303
金属表面处理及热处理加工	285285	177200	29427	40605	7303
搪瓷制品制造	12283	7052	1742	2918	1220
搪瓷卫生洁具制造	9378	4970	1063	1635	776
搪瓷日用品及其他搪瓷制品制造	2905	2082	679	1284	444
不锈钢及类似日用金属制品制造	327338	206484	39329	69253	18005
金属制厨房调理及卫生器具制造	54882	32706	6003	9378	2370
金属制厨用器皿及餐具制造	175461	119492	21502	33822	8273
其他日用金属制品制造	96995	54286	11824	26053	7361
其他金属制品制造	54435	28232	4783	9537	4243
其他未列明的金属制品制造	54435	28232	4783	9537	4243
通用设备制造业	6956093	4450278	1175487	1405478	472247
锅炉及原动机制造	701176	527191	147321	174152	36824
锅炉及辅助设备制造	147525	112769	26413	25889	2879
内燃机及配件制造	143976	116768	8594	45954	5886
汽轮机及辅机制造	409675	297655	112314	102309	28059
金属加工机械制造	443391	275784	61578	117424	40181
金属切削机床制造	165693	114328	30417	48485	18470
金属成形机床制造	142235	79740	11244	41002	12628
铸造机械制造	29849	12579	2356	7180	3239
金属切割及焊接设备制造	33611	27076	8404	5150	1612
机床附件制造	42306	22685	3346	9196	2398
其他金属加工机械制造	29697	19375	5812	6412	1834
起重运输设备制造	736980	552234	177051	116204	33516
起重运输设备制造	736980	552234	177051	116204	33516
泵、阀门、压缩机及类似机械的制造	1398782	835881	234624	287214	85445
泵及真空设备制造	270090	173191	53337	49960	16170
气体压缩机械制造	256922	97375	24977	36555	24264
阀门和旋塞的制造	685807	462370	121276	168215	35381

1－D－2 续表2－12

单位：个、万元、人

指标名称	资产总计	流动资产合计	应收帐款	存货	产成品
液压和气压动力机械及元件制造	185963	102944	35035	32483	9631
轴承、齿轮、传动和驱动部件的制造	1063041	678354	172115	176970	70277
轴承制造	818989	520848	129591	136572	53792
齿轮、传动和驱动部件制造	244052	157505	42524	40398	16485
烘炉、熔炉及电炉制造	36217	17468	2984	11268	6020
烘炉、熔炉及电炉制造	36217	17468	2984	11268	6020
风机、衡器、包装设备等通用设备制造	967091	654698	145816	191955	50749
风机、风扇制造	45861	25058	7087	6636	4449
气体、液体分离及纯净设备制造	53575	39664	8456	11868	3328
制冷、空调设备制造	331380	225201	35310	80459	17990
风动和电动工具制造	395556	285533	72793	65531	17963
喷枪及类似器具制造	49269	28561	7916	8541	2202
包装专用设备制造	43597	17510	7021	6263	1241
衡器制造	10132	8075	2811	2578	1681
其他通用设备制造	37722	25097	4423	10078	1896
通用零部件制造及机械修理	1197967	671832	168812	260463	118032
金属密封件制造	69901	28776	10661	9100	3085
紧固件、弹簧制造	930921	532849	134242	220667	106770
机械零部件加工及设备修理	97612	54347	9145	13883	4040
其他通用零部件制造	99534	55860	14764	16814	4137
金属铸、锻加工	411446	236837	65188	69830	31202
钢铁铸件制造	227898	137958	42661	37264	19190
锻件及粉末冶金制品制造	183548	98880	22527	32566	12012
专用设备制造业	3083014	1970722	567137	610323	254605
矿山、冶金、建筑专用设备制造	270998	201556	99237	60491	40470
石油钻采专用设备制造	797	563		527	183
建筑工程用机械制造	217980	166098	88306	47205	35014
建筑材料生产专用机械制造	16037	12259	3168	3111	1765
冶金专用设备制造	36184	22636	7763	9649	3509
化工、木材、非金属加工专用设备制造	1434007	893837	221076	290561	106394
炼油、化工生产专用设备制造	27256	15742	3831	4366	913
橡胶加工专用设备制造	17733	11680	4155	3475	1059
塑料加工专用设备制造	774966	531158	121990	183336	73981
木材加工机械制造	19002	9141	2221	3967	1056
模具制造	590870	324644	88480	94769	29385
其他非金属加工专用设备制造	4181	1472	400	649	
食品、饮料、烟草及饲料生产专用设备制造	86815	66851	33803	11290	4251
食品、饮料、烟草工业专用设备制造	73321	57838	31477	9038	3610

1-D-2 续表 2-13

单位：个、万元、人

指 标 名 称	资产总计	流动资产合计	应收帐款	存货	产成品
农副食品加工专用设备制造	13494	9013	2326	2252	641
印刷、制药、日化生产专用设备制造	84436	57555	14312	17144	6428
制浆和造纸专用设备制造	3113	2491	986	776	248
印刷专用设备制造	61599	45436	11471	10606	2769
日用化工专用设备制造	4163	3449	242	2880	1677
制药专用设备制造	9524	2673	1336	633	77
照明器具生产专用设备制造	2976	1706	13	864	457
玻璃、陶瓷和搪瓷制品生产专用设备制造	3062	1800	263	1386	1200
纺织、服装和皮革工业专用设备制造	483647	315929	63806	97922	37709
纺织专用设备制造	162278	112267	29220	31167	12160
皮革、毛皮及其制品加工专用设备制造	36500	20108	2438	5474	1817
缝纫机械制造	269847	174175	30493	57147	22377
其他服装加工专用设备制造	15021	9379	1656	4135	1355
电子和电工机械专用设备制造	64649	39336	17004	10040	2758
电工机械专用设备制造	3187	2525	742	1199	456
电子工业专用设备制造	61462	36811	16262	8842	2302
农、林、牧、渔专用机械制造	213248	144996	47963	46071	17906
拖拉机制造	57617	30126	4079	12994	6848
机械化农业及园艺机具制造	144933	106865	41549	30346	9794
农林牧渔机械配件制造	8166	5913	1911	1785	789
其他农林牧渔业机械制造及机械修理	2533	2092	425	947	475
医疗仪器设备及器械制造	213659	104901	25984	25851	10703
医疗诊断、监护及治疗设备制造	65027	21912	3846	5922	4425
口腔科用设备及器具制造	1096	329	55	219	198
实验室及医用消毒设备和器具的制造	4047	2828	89	577	151
医疗、外科及兽医用器械制造	113230	67050	19864	14878	4883
机械治疗及病房护理设备制造	6784	3649	777	1282	313
其他医疗设备及器械制造	23475	9134	1353	2972	734
环保、社会公共安全及其他专用设备制造	231555	145762	43953	50952	27987
环境污染防治专用设备制造	137425	87152	26977	36687	23859
邮政专用机械及器材制造	1239	988	192	379	38
社会公共安全设备及器材制造	36173	24770	8104	6749	2058
其他专用设备制造	56720	32851	8680	7137	2033
交通运输设备制造业	6074730	3647308	715152	974220	208613
铁路运输设备制造	14818	7183	494	540	88
铁路机车车辆配件制造	1524	535		323	14
铁路专用设备及器材、配件制造	4188	3695	361	22	18
其他铁路设备制造及设备修理	9106	2953	133	195	56

1－D－2 续表2－14

单位：个、万元、人

指标名称	资产总计	流动资产合计	应收帐款	存货	产成品
汽车制造	3344537	1986299	600816	465221	184158
汽车整车制造	140024	100682	35807	35293	9123
改装汽车制造	787	728	67	253	
汽车车身、挂车的制造	20017	10181	1330	3371	615
汽车零部件及配件制造	3150526	1846854	561732	414129	163561
汽车修理	33182	27853	1880	12175	10859
摩托车制造	58403	37174	7104	5098	3005
摩托车零部件及配件制造	58403	37174	7104	5098	3005
自行车制造	265410	183989	41087	45095	17308
脚踏自行车及残疾人座车制造	157693	121070	30370	26712	10688
助动自行车制造	107716	62919	10717	18383	6620
船舶及浮动装置制造	2364913	1410921	61658	455203	3107
金属船舶制造	1727271	1114549	32680	350141	80
非金属船舶制造	147625	121755	425	67114	454
娱乐船和运动船的建造和修理	85869	49962	3986	11905	964
船用配套设备制造	255268	74934	7823	19248	1609
船舶修理及拆船	148881	49721	16744	6795	
交通器材及其他交通运输设备制造	26649	21741	3994	3063	946
交通管理用金属标志及设施制造	5721	3425	2063	954	246
其他交通运输设备制造	20929	18316	1931	2109	700
电气机械及器材制造业	7228919	4803954	1497861	1066960	426101
电机制造	1120650	703524	244484	222212	74616
发电机及发电机组制造	282115	195702	53880	80867	13936
电动机制造	346062	201960	75804	69063	27023
微电机及其他电机制造	492474	305863	114800	72283	33657
输配电及控制设备制造	1080210	748554	316902	192539	78728
变压器、整流器和电感器制造	102194	70026	20868	16874	9504
电容器及其配套设备制造	35391	25586	11689	3645	1421
配电开关控制设备制造	657340	456973	205040	125518	52734
电力电子元器件制造	276006	191344	77294	45616	14638
其他输配电及控制设备制造	9280	4624	2012	886	431
电线、电缆、光缆及电工器材制造	1058749	737710	269927	111633	48186
电线电缆制造	782406	542177	195276	83419	36634
光纤、光缆制造	207571	148656	56878	18066	7707
绝缘制品制造	29938	22365	9739	5082	2406
其他电工器材制造	38833	24512	8034	5066	1440
电池制造	1103318	698821	141474	162115	59218
电池制造	1103318	698821	141474	162115	59218

1－D－2 续表 2－15

单位：个、万元、人

指 标 名 称	资产总计	流动资产合计	应收帐款	存 货	产成品
家用电力器具制造	1488325	940918	258278	183168	83911
家用制冷电器具制造	101113	57387	14537	9721	5751
家用空气调节器制造	30995	19564	2692	7402	3037
家用通风电器具制造	37044	22845	5393	3524	989
家用厨房电器具制造	584067	380216	97614	75162	38882
家用清洁卫生电器具制造	404940	256647	90771	39377	18543
家用美容、保健电器具制造	72503	52853	6360	11975	5908
家用电力器具专用配件制造	74846	43636	18014	10256	3470
其他家用电力器具制造	182818	107770	22897	25751	7332
非电力家用器具制造	156992	104224	23640	31068	12845
燃气、太阳能及类似能源的器具制造	110976	80702	18859	19889	8917
其他非电力家用器具制造	46016	23522	4780	11179	3928
照明器具制造	1147108	831351	229736	153004	65715
电光源制造	380297	262034	77974	47275	25863
照明灯具制造	662114	490237	132591	86879	31852
灯用电器附件及其他照明器具制造	104697	79080	19170	18850	8000
其他电气机械及器材制造	73567	38853	13421	11221	2881
车辆专用照明及电气信号设备装置制造	49945	24608	7648	7492	2611
其他未列明的电气机械制造	23622	14246	5773	3729	270
通信设备、计算机及其他电子设备制造业	7428403	4819063	1567407	1052129	441225
通信设备制造	1778110	1296597	563280	253289	112311
通信传输设备制造	249274	176806	69936	47314	26243
通信交换设备制造	88363	49058	34227	5381	2614
通信终端设备制造	25435	12604	6221	3927	1896
移动通信及终端设备制造	1340058	1014701	440644	188802	78605
其他通信设备制造	74980	43428	12251	7866	2954
雷达及配套设备制造	7985	6059	728	505	114
雷达及配套设备制造	7985	6059	728	505	114
广播电视设备制造	144415	89214	36578	22206	5250
广播电视节目制作及发射设备制造	1515	227	31	50	15
广播电视接收设备及器材制造	102063	63449	15166	19824	5007
应用电视设备及其他广播电视设备制造	40837	25538	21381	2332	228
电子计算机制造	2700827	1884925	458367	391881	162593
电子计算机整机制造	161489	135634	46723	74228	6982
计算机网络设备制造	503373	463342	77649	52581	43274
电子计算机外部设备制造	2035966	1285949	333995	265072	112337
电子器件制造	1078926	489611	138735	137868	70405
电子真空器件制造	2770	1725	392	469	63

1－D－2 续表2－16

单位：个、万元、人

指标名称	资产总计	流动资产合计	应收帐款	存货	产成品
半导体分立器件制造	499128	209395	65774	74719	34960
集成电路制造	137570	72922	19282	25450	17833
光电子器件及其他电子器件制造	439458	205570	53287	37230	17549
电子元件制造	1365879	833093	305002	202347	76009
电子元件及组件制造	1184262	727996	273253	170152	64415
印制电路板制造	181617	105097	31749	32195	11594
家用视听设备制造	234360	151746	39807	28403	9336
家用影视设备制造	127943	92305	19935	12719	3957
家用音响设备制造	106417	59441	19872	15684	5379
其他电子设备制造	117900	67818	24911	15631	5207
其他电子设备制造	117900	67818	24911	15631	5207
仪器仪表及文化、办公用机械制造业	1395664	896770	235282	178761	80491
通用仪器仪表制造	594750	415033	139955	86192	33635
工业自动控制系统装置制造	189635	156620	60626	34142	7187
电工仪器仪表制造	18406	10967	4686	4061	1720
绘图、计算及测量仪器制造	150972	97414	17540	23168	14753
实验分析仪器制造	34901	18302	5245	6759	673
试验机制造	771	476	397	79	62
供应用仪表及其他通用仪器制造	200065	131255	51461	17984	9240
专用仪器仪表制造	117471	79763	18401	15288	12075
环境监测专用仪器仪表制造	3310	3161	189	1051	1051
汽车及其他用计数仪表制造	27123	21571	8636	7056	5999
导航、气象及海洋专用仪器制造	2116	835	50	128	56
教学专用仪器制造	743	311	88	25	5
电子测量仪器制造	52853	25461	8038	6362	4685
其他专用仪器制造	31326	28423	1399	666	279
钟表与计时仪器制造	30209	18854	4858	5866	3431
钟表与计时仪器制造	30209	18854	4858	5866	3431
光学仪器及眼镜制造	389900	207492	41558	46172	22369
光学仪器制造	251056	129914	22392	20160	8877
眼镜制造	138845	77578	19167	26013	13492
文化、办公用机械制造	233400	157588	27056	20612	6751
照相机及器材制造	164732	122090	19456	12213	3537
复印和胶印设备制造	23576	11390	3379	4318	2356
计算器及货币专用设备制造	11616	2081	258	478	189
其他文化、办公用机械制造	33476	22027	3963	3604	668
其他仪器仪表的制造及修理	29934	18041	3455	4631	2231
其他仪器仪表的制造及修理	29934	18041	3455	4631	2231

1－D－2 续表 2－17 单位：个、万元、人

指 标 名 称	资产总计	流动资产合计	应收帐款	存 货	产成品
工艺品及其他制造业	1536336	948882	164517	259516	124566
工艺美术品制造	928878	562464	91907	180346	92114
雕塑工艺品制造	64244	32617	5803	10115	2138
金属工艺品制造	54079	33503	4011	7826	579
漆器工艺品制造	12596	8208	2995	1464	278
花画工艺品制造	16596	11973	2886	1537	627
天然植物纤维编织工艺品制造	25344	15019	3947	3998	872
抽纱刺绣工艺品制造	257094	156509	38834	35155	12041
地毯、挂毯制造	85797	37620	5989	16607	3019
珠宝首饰及有关物品的制造	244882	164109	10385	84125	65603
其他工艺美术品制造	168245	102907	17058	19519	6958
日用杂品制造	577522	367328	68979	75693	30086
制镜及类似品加工	44956	21092	3769	5567	2354
鬃毛加工、制刷及清扫工具的制造	76869	42820	8644	12092	3550
其他日用杂品制造	455697	303416	56566	58034	24182
其他未列明的制造业	29936	19090	3630	3478	2366
其他未列明的制造业	29936	19090	3630	3478	2366
废弃资源和废旧材料回收加工业	366362	279728	18931	132590	75282
金属废料和碎屑的加工处理	315946	249808	16652	124926	74248
金属废料和碎屑的加工处理	315946	249808	16652	124926	74248
非金属废料和碎屑的加工处理	50417	29920	2280	7663	1034
非金属废料和碎屑的加工处理	50417	29920	2280	7663	1034
电力、燃气及水的生产和供应业	**2290055**	**670653**	**150529**	**63085**	**1227**
电力、热力的生产和供应业	2072445	623990	143884	61029	105
电力生产	1922474	570943	129764	57293	105
火力发电	1754839	537779	123596	56972	105
水力发电	116506	22302	6082	321	
其他能源发电	51130	10862	87		
热力生产和供应	149971	53047	14120	3736	
热力生产和供应	149971	53047	14120	3736	
燃气生产和供应业	164121	39698	5436	1894	1123
燃气生产和供应业	164121	39698	5436	1894	1123
燃气生产和供应业	164121	39698	5436	1894	1123
水的生产和供应业	53489	6965	1209	161	
自来水的生产和供应	30529	2500	864	79	
自来水的生产和供应	30529	2500	864	79	
污水处理及其再生利用	22960	4465	346	83	
污水处理及其再生利用	22960	4465	346	83	

1-D-2 续表3-1 单位：个、万元、人

指标名称	流动资产年平均余额	固定资产合计	固定资产原价	累计折旧	本年折旧
总计	**56211603**	**32690247**	**41836294**	**11658460**	**2791538**
一、按轻重工业分					
轻工业	26856170	14880242	19390126	5765118	1256039
重工业	29355433	17810005	22446168	5893342	1535500
二、按规模分					
大型企业	8490662	5122332	6659093	1911760	460605
中型企业	24368039	13640555	17870859	5195482	1183496
小型企业	23352902	13927360	17306342	4551219	1147437
三、按登记注册类型分					
港澳台商投资	**26176227**	**13821435**	**17796282**	**5049536**	**1130938**
与港澳台商合资经营	15682456	8086286	10453333	2931716	651506
与港澳台商合作经营	417247	224932	448030	235406	27141
港澳台商独资	9214706	5136261	6392310	1714210	422395
港澳台商投资股份有限公司	861817	373956	502609	168204	29896
外商投资	**30035376**	**18868812**	**24040012**	**6608924**	**1660600**
中外合资经营	16418179	9123507	11722960	3364239	793285
中外合作经营	532570	280150	436652	176038	28580
外资企业	11729346	8630352	10711334	2683120	769066
外商投资股份有限公司	1355281	834802	1169066	385529	69669
四、按国民经济行业(门类、大类、中类、小类)分					
采矿业	**151617**	**38831**	**53984**	**15807**	**3561**
黑色金属矿采选业	133537	4462	6242	1839	422
铁矿采选	133537	4462	6242	1839	422
铁矿采选	133537	4462	6242	1839	422
非金属矿采选业	18080	34369	47743	13968	3139
土砂石开采	18080	34369	47743	13968	3139
石灰石、石膏开采	3388	6198	9264	3066	877
建筑装饰用石开采	5296	10371	16966	6746	1013
耐火土石开采	1077	102	474	372	11
粘土及其他土砂石开采	8319	17698	21039	3785	1238
制造业	**55431642**	**31157949**	**39725851**	**11026390**	**2677174**
农副食品加工业	856540	368381	511149	168204	25071
谷物磨制	14471	6035	7938	1932	390
谷物磨制	14471	6035	7938	1932	390
饲料加工	22167	10283	26478	16418	704
饲料加工	22167	10283	26478	16418	704
植物油加工	173495	61396	100021	40422	3755
食用植物油加工	173495	61396	100021	40422	3755

1-D-2 续表3-2 单位:个、万元、人

指标名称	流动资产年平均余额	固定资产合计	固定资产原价	累计折旧	本年折旧
屠宰及肉类加工	36839	14215	15356	3444	1511
畜禽屠宰	12831	5496	4072	801	801
肉制品及副产品加工	24009	8719	11284	2642	710
水产品加工	431113	177506	212736	50279	10935
水产品冷冻加工	326855	111675	138989	38330	7351
鱼糜制品及水产品干腌制加工	98467	63242	72049	11584	3466
水产饲料制造	3632	1052	964	172	69
其他水产品加工	2159	1537	734	193	50
蔬菜、水果和坚果加工	73575	54657	80918	32166	4570
蔬菜、水果和坚果加工	73575	54657	80918	32166	4570
其他农副食品加工	104881	44289	67701	23543	3206
淀粉及淀粉制品的制造	10011	9530	9835	391	389
豆制品制造	4974	8670	11747	3082	904
其他未列明的农副食品加工	89895	26089	46120	20071	1914
食品制造业	584755	307818	504775	208531	28134
焙烤食品制造	39968	45637	88835	45144	4874
糕点、面包制造	11019	10205	14097	3914	1026
饼干及其他焙烤食品制造	28949	35432	74738	41230	3848
糖果、巧克力及蜜饯制造	71961	42298	57693	16026	4372
糖果、巧克力制造	47522	41046	56172	15283	4289
蜜饯制作	24439	1251	1521	743	84
方便食品制造	142846	85828	167047	83673	5980
米、面制品制造	964	623	877	254	60
速冻食品制造	30789	23161	35080	12401	1980
方便面及其他方便食品制造	111093	62044	131091	71018	3940
液体乳及乳制品制造	8440	4687	7221	2534	2021
液体乳及乳制品制造	8440	4687	7221	2534	2021
罐头制造	109759	44362	68324	27462	4347
肉、禽类罐头制造	6632	3986	3771	1005	234
水产品罐头制造	12603	7862	8845	2621	601
蔬菜、水果罐头制造	68187	29475	39866	11032	2996
其他罐头食品制造	22336	3039	15842	12804	516
调味品、发酵制品制造	38120	21389	34856	13833	1003
味精制造	16404	6596	14422	7826	32
酱油、食醋及类似制品的制造	3590	2226	3695	1469	174
其他调味品、发酵制品制造	18126	12567	16739	4538	797
其他食品制造	173662	63618	80799	19860	5537
营养、保健食品制造	24681	18885	24669	6226	1579

1－D－2 续表3－3 单位：个、万元、人

指标名称	流动资产年平均余额	固定资产合计	固定资产原价	累计折旧	本年折旧
冷冻饮品及食用冰制造	25760	11169	16598	5752	1443
食品及饲料添加剂制造	123221	33564	39533	7883	2515
饮料制造业	1177663	771263	1167295	453124	72163
酒精制造	26489	5288	4645	952	336
酒精制造	26489	5288	4645	952	336
酒的制造	243140	316952	482154	187821	27612
白酒制造	11012	6733	16661	9928	1300
啤酒制造	217012	305903	459283	173632	25936
黄酒制造	15116	4316	6210	4261	376
软饮料制造	873601	426786	644725	250504	42901
碳酸饮料制造	109152	89250	146701	68887	11626
瓶（罐）装饮用水制造	371325	20548	74050	53662	3438
果菜汁及果菜汁饮料制造	44391	29840	40650	15543	2846
含乳饮料和植物蛋白饮料制造	101769	90186	118967	37833	8062
固体饮料制造	9220	9001	11177	2202	734
茶饮料及其他软饮料制造	237744	187961	253179	72378	16194
精制茶加工	34433	22237	35772	13848	1315
精制茶加工	34433	22237	35772	13848	1315
烟草制品业	4840	6790	8212	2328	549
其他烟草制品加工	4840	6790	8212	2328	549
其他烟草制品加工	4840	6790	8212	2328	549
纺织业	6629441	3827263	5006621	1496409	360709
棉、化纤纺织及印染精加工	3010329	1925283	2589970	811483	195105
棉、化纤纺织加工	1741079	919794	1260611	392428	89830
棉、化纤印染精加工	1269250	1005489	1329358	419055	105275
毛纺织和染整精加工	231378	142173	210798	76642	12136
毛条加工	81657	38818	64679	26229	2637
毛纺织	113654	58949	86653	34974	5266
毛染整精加工	36067	44406	59466	15439	4233
麻纺织	56871	23728	26591	6793	2409
麻纺织	56871	23728	26591	6793	2409
丝绢纺织及精加工	371988	248319	317281	83284	20862
缫丝加工	26317	13455	23389	10017	850
绢纺和丝织加工	324195	220894	267599	59790	18686
丝印染精加工	21476	13970	26294	13477	1326
纺织制成品制造	1229480	598974	762582	210883	51681
棉及化纤制品制造	525705	262420	322078	78550	21020
毛制品制造	90156	34415	57699	25094	2850

1－D－2 续表3－4 单位：个、万元、人

指标名称	流动资产年平均余额	固定资产合计	固定资产原价	累计折旧	本年折旧
麻制品制造	3913	423	543	120	63
丝制品制造	264866	108462	142045	41430	12019
绳、索、缆的制造	4604	10092	4919	877	266
纺织带和帘子布制造	81002	46280	52259	12091	3895
无纺布制造	91018	70541	103848	37274	6073
其他纺织制成品制造	168216	66341	79190	15446	5494
针织品、编织品及其制品制造	1729394	888785	1099400	307324	78517
棉、化纤针织品及编织品制造	1439554	726192	893054	250492	64273
毛针织品及编织品制造	150590	82303	96249	20676	6430
丝针织品及编织品制造	100063	59373	79381	25935	5605
其他针织品及编织品制造	39186	20917	30716	10221	2209
纺织服装、鞋、帽制造业	2956083	1572092	1998962	554663	120025
纺织服装制造	2922971	1555739	1978815	549723	118675
纺织服装制造	2922971	1555739	1978815	549723	118675
纺织面料鞋的制造	22354	9590	10917	2240	675
纺织面料鞋的制造	22354	9590	10917	2240	675
制 帽	10758	6763	9230	2700	675
制 帽	10758	6763	9230	2700	675
皮革、毛皮、羽毛(绒)及其制品业	1830032	617862	769674	226155	52619
皮革鞣制加工	556079	172873	251581	86714	16850
皮革鞣制加工	556079	172873	251581	86714	16850
皮革制品制造	749686	329649	386670	103123	27277
皮鞋制造	416223	162649	190097	53196	12449
皮革服装制造	68804	27451	34260	9060	2110
皮箱、包(袋)制造	169974	84731	101662	27025	8320
皮手套及皮装饰制品制造	41648	19225	20624	4250	1296
其他皮革制品制造	53036	35593	40027	9593	3101
毛皮鞣制及制品加工	52181	24104	30652	9117	2134
毛皮鞣制加工	4350	3063	4481	1418	205
毛皮服装加工	43625	19651	24325	7192	1758
其他毛皮制品加工	4206	1390	1845	507	172
羽毛(绒)加工及制品制造	472086	91236	100772	27200	6359
羽毛(绒)制品加工	472086	91236	100772	27200	6359
木材加工及木、竹、藤、棕、草制品业	418962	234869	262174	72435	17076
锯材、木片加工	6933	6737	6043	1968	466
锯材加工	3939	3481	2918	300	200
木片加工	2994	3257	3126	1668	266
人造板制造	250889	141918	158783	49933	10752

1－D－2 续表3－5

单位：个、万元、人

指 标 名 称	流动资产年平均余额	固定资产合计	固定资产原价	累计折旧	本年折旧
胶合板制造	194835	108064	107602	32055	6529
纤维板制造	31107	24350	39939	15902	3444
其他人造板、材制造	24947	9503	11242	1976	780
木制品制造	81241	52366	55068	8171	3321
建筑用木料及木材组件加工	65028	37052	40684	5293	2319
木容器制造	4603	1022	861	311	79
软木制品及其他木制品制造	11610	14293	13523	2567	923
竹、藤、棕、草制品制造	79899	33847	42280	12363	2537
竹、藤、棕、草制品制造	79899	33847	42280	12363	2537
家具制造业	1052952	543022	626205	147669	38738
木质家具制造	311511	211415	264186	67359	17821
木质家具制造	311511	211415	264186	67359	17821
竹、藤家具制造	8643	11205	11860	834	549
竹、藤家具制造	8643	11205	11860	834	549
金属家具制造	464906	193414	228651	59113	13701
金属家具制造	464906	193414	228651	59113	13701
塑料家具制造	10339	6249	7500	2007	437
塑料家具制造	10339	6249	7500	2007	437
其他家具制造	257554	120741	114009	18356	6231
其他家具制造	257554	120741	114009	18356	6231
造纸及纸制品业	1460051	1360684	1907140	597851	96679
纸浆制造	1607	5051	6861	1810	452
纸浆制造	1607	5051	6861	1810	452
造 纸	1051806	1099948	1587898	514887	77865
机制纸及纸板制造	1023691	1077868	1547387	496360	75305
加工纸制造	28115	22080	40512	18527	2560
纸制品制造	406637	255685	312381	81154	18362
纸和纸板容器的制造	301568	165560	215518	63431	12184
其他纸制品制造	105069	90125	96863	17724	6178
印刷业和记录媒介的复制	276423	156583	222752	74429	15130
印 刷	257385	136615	200028	69084	13751
书、报、刊印刷	22706	15013	22680	8355	1682
本册印制	28981	14933	16957	2242	1237
包装装潢及其他印刷	205698	106669	160391	58487	10831
装订及其他印刷服务活动	7549	10819	10548	2278	665
装订及其他印刷服务活动	7549	10819	10548	2278	665
记录媒介的复制	11489	9148	12176	3067	715
记录媒介的复制	11489	9148	12176	3067	715

1－D－2 续表3－6

单位：个、万元、人

指 标 名 称	流动资产年平均余额	固定资产合计	固定资产原价	累计折旧	本年折旧
文教体育用品制造业	686190	360663	451758	122459	32016
文化用品制造	176016	109996	139973	39318	9590
文具制造	88360	64490	76058	18244	4954
笔的制造	71634	39414	55050	18159	4141
教学用模型及教具制造	1997	1376	1773	404	102
墨水、墨汁制造	1765	95	214	119	31
其他文化用品制造	12261	4620	6878	2392	363
体育用品制造	233143	119909	139734	32819	9141
球类制造	20260	19757	15046	2767	1059
体育器材及配件制造	35861	28574	31615	4571	1853
训练健身器材制造	93560	32195	41567	10135	2540
运动防护用具制造	19697	19136	26754	8934	1829
其他体育用品制造	63766	20247	24753	6411	1861
乐器制造	62968	42791	57990	17926	5576
中乐器制造	358	183	287	104	28
西乐器制造	24142	29958	35618	8129	3719
电子乐器制造	3326	657	995	338	71
其他乐器及零件制造	35142	11993	21091	9356	1757
玩具制造	168753	69526	92742	28165	6462
玩具制造	168753	69526	92742	28165	6462
游艺器材及娱乐用品制造	45310	18442	21318	4230	1247
露天游乐场所游乐设备制造	8709	5934	5407	827	239
游艺用品及室内游艺器材制造	36601	12508	15911	3403	1008
石油加工、炼焦及核燃料加工业	248682	65375	111282	46866	6501
精炼石油产品的制造	248682	65375	111282	46866	6501
原油加工及石油制品制造	248682	65375	111282	46866	6501
化学原料及化学制品制造业	4251445	3859179	4544108	915911	286611
基础化学原料制造	1066794	799494	963901	211877	69512
无机酸制造	20589	30376	39237	9017	3621
无机碱制造	33162	40060	57062	26794	3794
无机盐制造	27411	15841	20275	5695	1701
有机化学原料制造	743978	528910	632703	136188	50539
其他基础化学原料制造	241654	184306	214625	34183	9857
肥料制造	11842	2523	3934	1413	354
复混肥料制造	11469	2290	3562	1272	329
其他肥料制造	374	233	372	141	25
农药制造	173350	84389	114250	35222	8875
化学农药制造	162823	77455	103628	31533	8098

1－D－2 续表3－7 单位：个、万元、人

指标名称	流动资产年平均余额	固定资产合计	固定资产原价	累计折旧	本年折旧
生物化学农药及微生物农药制造	10527	6933	10622	3689	777
涂料、油墨、颜料及类似产品制造	623175	252029	282779	71541	19939
涂料制造	122726	39819	49810	15265	3573
油墨及类似产品制造	50719	30895	27302	3371	2913
颜料制造	82960	77517	70301	13191	3713
染料制造	355455	95872	125900	37606	8989
密封用填料及类似品制造	11315	7927	9465	2108	751
合成材料制造	1348277	2019858	2375977	400302	129367
初级形态的塑料及合成树脂制造	972855	1482053	1715012	267102	77971
合成橡胶制造	6479	1485	2994	1509	375
合成纤维单(聚合)体的制造	339930	512398	629097	122937	48647
其他合成材料制造	29013	23922	28874	8753	2374
专用化学产品制造	814745	565898	614263	132712	40872
化学试剂和助剂制造	178812	96597	115718	26683	7823
专项化学用品制造	116883	92383	97815	17401	5651
林产化学产品制造	3891	888	1307	719	58
炸药及火工产品制造	3480	400	936	536	
信息化学品制造	425335	308493	313384	64760	21571
环境污染处理专用药剂材料制造	31879	13839	16256	4224	920
动物胶制造	14320	21241	23073	4387	2053
其他专用化学产品制造	40145	32057	45775	14001	2797
日用化学产品制造	213261	134989	189004	62845	17692
肥皂及合成洗涤剂制造	45410	43988	54385	13763	4385
化妆品制造	108152	42730	63880	21154	6673
香料、香精制造	48711	39316	60439	26583	6001
其他日用化学产品制造	10989	8955	10299	1344	633
医药制造业	876919	394203	501606	158663	30488
化学药品原药制造	235645	147365	163169	41474	10456
化学药品原药制造	235645	147365	163169	41474	10456
化学药品制剂制造	238368	96159	148515	55106	8100
化学药品制剂制造	238368	96159	148515	55106	8100
中药饮片加工	6099	2118	4182	2064	215
中药饮片加工	6099	2118	4182	2064	215
中成药制造	131659	58279	74391	28398	4126
中成药制造	131659	58279	74391	28398	4126
兽用药品制造	73939	21830	27141	6633	1922
兽用药品制造	73939	21830	27141	6633	1922
生物、生化制品的制造	147395	46239	57508	16307	3805

1－D－2 续表3－8

单位：个、万元、人

指 标 名 称	流动资产年平均余额	固定资产合计	固定资产原价	累计折旧	本年折旧
生物、生化制品的制造	147395	46239	57508	16307	3805
卫生材料及医药用品制造	43816	22215	26701	8682	1865
卫生材料及医药用品制造	43816	22215	26701	8682	1865
化学纤维制造业	2602526	1946610	2524281	683863	156933
纤维素纤维原料及纤维制造	42381	18474	15396	3139	2610
人造纤维（纤维素纤维）制造	42381	18474	15396	3139	2610
合成纤维制造	2560145	1928136	2508885	680724	154323
锦纶纤维制造	128363	62395	66459	12445	4597
涤纶纤维制造	1732522	1163678	1540811	451313	91437
腈纶纤维制造	95299	23694	32544	9533	2935
其他合成纤维制造	603960	678368	869072	207433	55354
橡胶制品业	826771	820851	1077230	331568	76120
轮胎制造	674249	766499	993226	299130	69716
车辆、飞机及工程机械轮胎制造	674249	766499	993226	299130	69716
橡胶板、管、带的制造	37372	17023	22930	7316	1778
橡胶板、管、带的制造	37372	17023	22930	7316	1778
橡胶零件制造	30100	15191	27339	12372	2217
橡胶零件制造	30100	15191	27339	12372	2217
日用及医用橡胶制品制造	11127	2998	4511	1668	443
日用及医用橡胶制品制造	11127	2998	4511	1668	443
橡胶靴鞋制造	43361	9031	14648	6173	967
橡胶靴鞋制造	43361	9031	14648	6173	967
其他橡胶制品制造	30563	10108	14577	4909	999
其他橡胶制品制造	30563	10108	14577	4909	999
塑料制品业	1841783	1063751	1335516	374074	92277
塑料薄膜制造	445923	401313	450308	84215	28234
塑料薄膜制造	445923	401313	450308	84215	28234
塑料板、管、型材的制造	337232	137946	157468	47936	10964
塑料板、管、型材的制造	337232	137946	157468	47936	10964
塑料丝、绳及编织品的制造	20171	12649	14859	4065	883
塑料丝、绳及编织品的制造	20171	12649	14859	4065	883
泡沫塑料制造	55033	29330	31873	6936	1972
泡沫塑料制造	55033	29330	31873	6936	1972
塑料人造革、合成革制造	204155	97995	137468	46471	9898
塑料人造革、合成革制造	204155	97995	137468	46471	9898
塑料包装箱及容器制造	198845	136734	213029	82192	16532
塑料包装箱及容器制造	198845	136734	213029	82192	16532
塑料零件制造	141868	74656	105860	34323	9222

1－D－2 续表3－9

单位：个、万元、人

指标名称	流动资产年平均余额	固定资产合计	固定资产原价	累计折旧	本年折旧
塑料零件制造	141868	74656	105860	34323	9222
日用塑料制造	331643	127130	162302	48851	9520
塑料鞋制造	17161	8039	6948	2610	461
日用塑料杂品制造	314482	119090	155353	46242	9059
其他塑料制品制造	106914	46000	62351	19085	5052
其他塑料制品制造	106914	46000	62351	19085	5052
非金属矿物制品业	1249711	1474975	1772932	371105	109119
水泥、石灰和石膏的制造	163115	197716	238699	59457	17765
水泥制造	159428	195076	233640	56965	17413
石灰和石膏制造	3687	2639	5059	2492	352
水泥及石膏制品制造	250202	101115	157733	63314	13256
水泥制品制造	211488	81914	136507	58961	11621
砼结构构件制造	12642	7125	8659	1695	747
轻质建筑材料制造	26073	12077	12567	2658	888
砖瓦、石材及其他建筑材料制造	286434	138400	203825	70051	16800
粘土砖瓦及建筑砌块制造	2564	14819	16055	1236	1236
建筑陶瓷制品制造	252597	87273	145451	61634	12749
建筑用石加工	13277	6204	7191	1364	446
防水建筑材料制造	8851	1845	3005	1160	172
隔热和隔音材料制造	8406	27588	31219	4424	2041
其他建筑材料制造	739	672	904	232	156
玻璃及玻璃制品制造	478993	987115	1115904	164639	57164
平板玻璃制造	22288	54350	77724	25482	3677
技术玻璃制品制造	129021	79322	96053	35161	4786
光学玻璃制造	1147	338	516	178	42
日用玻璃制品及玻璃包装容器制造	83648	73964	81443	17605	5415
玻璃纤维及制品制造	217838	759701	829250	73126	40588
玻璃纤维增强塑料制品制造	7401	2041	2472	551	158
其他玻璃制品制造	17649	17399	28446	12535	2497
陶瓷制品制造	19852	12919	16160	4289	1186
卫生陶瓷制品制造	14234	8837	11234	3073	823
特种陶瓷制品制造	2763	2981	3536	927	279
日用陶瓷制品制造	2742	45	52	6	5
园林、陈设艺术及其他陶瓷制品制造	114	1056	1338	282	80
耐火材料制品制造	19015	17263	22858	5767	1840
石棉制品制造	3393	3783	4431	648	265
耐火陶瓷制品及其他耐火材料制造	15622	13480	18427	5119	1575
石墨及其他非金属矿物制品制造	32099	20448	17753	3589	1107

1－D－2　续表3－10　　　　单位：个、万元、人

指 标 名 称	流动资产年平均余额	固定资产合计	固定资产原价	累计折旧	本年折旧
石墨及碳素制品制造	8609	3180	4082	949	296
其他非金属矿物制品制造	23489	17268	13671	2640	811
黑色金属冶炼及压延加工业	1369680	859470	1120952	326135	77986
炼　钢	84690	36212	38806	4535	3402
炼　钢	84690	36212	38806	4535	3402
钢压延加工	1270806	822641	1081471	321504	74556
钢压延加工	1270806	822641	1081471	321504	74556
铁合金冶炼	14184	617	675	97	29
铁合金冶炼	14184	617	675	97	29
有色金属冶炼及压延加工业	805806	287432	369199	105120	23420
常用有色金属冶炼	246417	49272	53087	8469	3332
铜冶炼	37101	7889	7365	2008	573
镍钴冶炼	207598	38698	43459	6198	2553
镁冶炼	670	386	472	86	29
其他常用有色金属冶炼	1049	2301	1792	178	178
贵金属冶炼	16211	1852	3466	1614	231
金冶炼	16211	1852	3466	1614	231
稀有稀土金属冶炼	12067	5039	7074	2117	495
钨钼冶炼	1983	547	534	69	33
稀土金属冶炼	10083	4491	6539	2048	462
有色金属合金制造	116241	30444	36299	6850	1866
有色金属合金制造	116241	30444	36299	6850	1866
有色金属压延加工	414869	200825	269273	86069	17496
常用有色金属压延加工	383244	197658	264930	84428	17127
贵金属压延加工	21647	595	698	104	37
稀有稀土金属压延加工	9978	2573	3645	1537	333
金属制品业	1899908	817828	990485	258436	56940
结构性金属制品制造	439739	129997	160611	46947	10340
金属结构制造	358895	100867	123488	34568	7937
金属门窗制造	80844	29130	37123	12380	2402
金属工具制造	176695	98462	134479	42410	9661
切削工具制造	27342	14740	20734	6516	1762
手工具制造	58694	34427	47111	13491	3004
农用及园林用金属工具制造	39377	17255	27068	10285	1566
刀剪及类似日用金属工具制造	18309	11118	16361	6014	1186
其他金属工具制造	32973	20922	23206	6105	2142
集装箱及金属包装容器制造	370546	109214	144395	35511	－1956
集装箱制造	187813	36925	48458	11601	3371

1－D－2 续表3－11 单位：个、万元、人

指 标 名 称	流动资产年平均余额	固定资产合计	固定资产原价	累计折旧	本年折旧
金属压力容器制造	12607	6508	8137	1665	751
金属包装容器制造	170126	65781	87800	22245	－6079
金属丝绳及其制品的制造	126262	86882	109395	37859	6635
金属丝绳及其制品的制造	126262	86882	109395	37859	6635
建筑、安全用金属制品制造	395448	179266	194828	46473	14654
建筑、家具用金属配件制造	152666	84483	84220	19793	6185
建筑装饰及水暖管道零件制造	196656	74361	89958	21852	6825
安全、消防用金属制品制造	36409	15866	15091	3068	1241
其他建筑、安全用金属制品制造	9717	4556	5559	1761	402
金属表面处理及热处理加工	157502	88992	109527	21709	8793
金属表面处理及热处理加工	157502	88992	109527	21709	8793
搪瓷制品制造	7297	4272	5001	1095	275
搪瓷卫生洁具制造	5741	3448	3855	772	223
搪瓷日用品及其他搪瓷制品制造	1556	824	1146	323	52
不锈钢及类似日用金属制品制造	196108	99207	105889	20905	6763
金属制厨房调理及卫生器具制造	32078	18694	21285	2892	1145
金属制厨用器皿及餐具制造	109513	43816	50348	11650	3383
其他日用金属制品制造	54517	36697	34256	6364	2236
其他金属制品制造	30312	21536	26363	5527	1776
其他未列明的金属制品制造	30312	21536	26363	5527	1776
通用设备制造业	4347478	1939352	2517348	755429	201391
锅炉及原动机制造	491546	98556	134103	58227	8566
锅炉及辅助设备制造	96460	27981	35397	11279	2539
内燃机及配件制造	92420	16822	22267	8993	1318
汽轮机及辅机制造	302667	53754	76439	37955	4709
金属加工机械制造	258747	144817	158906	46048	10414
金属切削机床制造	110271	45966	53143	14769	3551
金属成形机床制造	77937	50177	52909	19382	3257
铸造机械制造	13006	16281	10686	1915	738
金属切割及焊接设备制造	20944	5149	6735	1611	484
机床附件制造	20347	18703	24010	5489	1729
其他金属加工机械制造	16241	8541	11423	2882	656
起重运输设备制造	538170	123027	149689	41179	11145
起重运输设备制造	538170	123027	149689	41179	11145
泵、阀门、压缩机及类似机械的制造	831016	471682	597427	149142	61560
泵及真空设备制造	168889	72730	100659	30502	7771
气体压缩机械制造	94943	146782	180490	41809	31828
阀门和旋塞的制造	466833	182663	227610	57123	16241

1－D－2 续表3－12 单位：个、万元、人

指标名称	流动资产年平均余额	固定资产合计	固定资产原价	累计折旧	本年折旧
液压和气压动力机械及元件制造	100351	69507	88668	19708	5720
轴承、齿轮、传动和驱动部件的制造	656520	320004	434172	141557	32180
轴承制造	505597	240124	339565	115296	25126
齿轮、传动和驱动部件制造	150922	79881	94607	26261	7054
烘炉、熔炉及电炉制造	18978	6229	8651	2440	392
烘炉、熔炉及电炉制造	18978	6229	8651	2440	392
风机、衡器、包装设备等通用设备制造	654020	260250	335271	92240	27381
风机、风扇制造	25066	18137	19754	6275	1550
气体、液体分离及纯净设备制造	38380	11996	13649	4687	1081
制冷、空调设备制造	241567	98399	134394	38268	13519
风动和电动工具制造	269527	87351	115217	28729	7421
喷枪及类似器具制造	28997	17618	20926	4589	1591
包装专用设备制造	18922	14985	16878	5935	1230
衡器制造	8070	1940	2986	1116	207
其他通用设备制造	23491	9825	11467	2641	782
通用零部件制造及机械修理	686065	386529	530854	174519	38338
金属密封件制造	24486	27060	30907	7067	2036
紧固件、弹簧制造	553302	288879	414119	149557	30115
机械零部件加工及设备修理	52161	33942	41748	8199	3118
其他通用零部件制造	56117	36648	44080	9696	3069
金属铸、锻加工	212417	128258	168275	50076	11414
钢铁铸件制造	117147	79792	96342	26098	6930
锻件及粉末冶金制品制造	95270	48466	71933	23978	4484
专用设备制造业	1975159	867769	1099265	305698	79048
矿山、冶金、建筑专用设备制造	194561	65147	79760	16828	6134
石油钻采专用设备制造	424	234	309	76	32
建筑工程用机械制造	162657	49237	59407	11587	4643
建筑材料生产专用机械制造	10533	3619	4492	889	237
冶金专用设备制造	20947	12058	15552	4277	1223
化工、木材、非金属加工专用设备制造	922780	425118	527864	146763	36231
炼油、化工生产专用设备制造	13879	6258	7341	1537	409
橡胶加工专用设备制造	12457	4816	7921	3191	595
塑料加工专用设备制造	582170	198253	255364	81358	17244
木材加工机械制造	10130	7510	13889	6741	852
模具制造	302632	206080	240947	53722	17044
其他非金属加工专用设备制造	1512	2201	2403	214	86
食品、饮料、烟草及饲料生产专用设备制造	65816	17711	23602	7487	1493
食品、饮料、烟草工业专用设备制造	56318	14067	16114	3643	995

1-D-2 续表3-13 单位:个、万元、人

指标名称	流动资产年平均余额	固定资产合计	固定资产原价	累计折旧	本年折旧
农副食品加工专用设备制造	9498	3644	7488	3844	498
印刷、制药、日化生产专用设备制造	55575	22984	31162	9226	2262
制浆和造纸专用设备制造	1866	594	786	192	74
印刷专用设备制造	44413	13544	19186	6642	1557
日用化工专用设备制造	3353	641	2006	1365	218
制药专用设备制造	2461	6108	6687	579	234
照明器具生产专用设备制造	1706	1085	1221	137	111
玻璃、陶瓷和搪瓷制品生产专用设备制造	1776	1012	1278	311	69
纺织、服装和皮革工业专用设备制造	314260	136153	176964	44327	13499
纺织专用设备制造	109796	35717	48468	14362	3584
皮革、毛皮及其制品加工专用设备制造	18536	13769	16613	2914	1474
缝纫机械制造	176706	82310	106190	25692	8003
其他服装加工专用设备制造	9222	4357	5692	1359	438
电子和电工机械专用设备制造	35566	22032	32018	11307	2561
电工机械专用设备制造	721	661	269	163	134
电子工业专用设备制造	34845	21371	31750	11144	2428
农、林、牧、渔专用机械制造	145889	40175	48323	9535	3641
拖拉机制造	35125	11602	12529	931	737
机械化农业及园艺机具制造	102790	27306	33991	8037	2690
农林牧渔机械配件制造	5570	984	1194	209	202
其他农林牧渔业机械制造及机械修理	2404	283	610	358	12
医疗仪器设备及器械制造	103705	94404	135935	50576	10405
医疗诊断、监护及治疗设备制造	19681	41141	47724	11014	4030
口腔科用设备及器具制造	318	717	852	135	58
实验室及医用消毒设备和器具的制造	1181	1217	1512	296	131
医疗、外科及兽医用器械制造	69421	42183	78839	37596	5517
机械治疗及病房护理设备制造	3963	3102	3810	820	293
其他医疗设备及器械制造	9143	6045	3198	716	377
环保、社会公共安全及其他专用设备制造	137008	44045	43638	9650	2821
环境污染防治专用设备制造	81303	26541	22202	4772	1311
邮政专用机械及器材制造	967	230	293	63	27
社会公共安全设备及器材制造	24068	8310	11045	3013	564
其他专用设备制造	30671	8963	10098	1802	919
交通运输设备制造业	3435694	1754467	2040230	445334	137435
铁路运输设备制造	6457	4537	4975	440	311
铁路机车车辆配件制造	547	825	880	55	55
铁路专用设备及器材、配件制造	3695	482	659	179	106
其他铁路设备制造及设备修理	2215	3231	3437	206	150

1－D－2　续表 3－14　　　　单位：个、万元、人

指标名称	流动资产年平均余额	固定资产合计	固定资产原价	累计折旧	本年折旧
汽车制造	1954979	1052854	1278980	320777	94489
汽车整车制造	91642	31896	45469	14269	2373
改装汽车制造	717	23	34	17	－22
汽车车身、挂车的制造	9534	9762	14867	5171	1006
汽车零部件及配件制造	1827700	1006995	1211539	298395	90454
汽车修理	25386	4179	7070	2924	678
摩托车制造	37076	8260	13133	5142	945
摩托车零部件及配件制造	37076	8260	13133	5142	945
自行车制造	192140	66443	73219	17096	5442
脚踏自行车及残疾人座车制造	133189	28881	38766	11736	3190
助动自行车制造	58951	37562	34452	5359	2252
船舶及浮动装置制造	1224579	619327	665302	100249	35949
金属船舶制造	963947	321671	360290	50710	13464
非金属船舶制造	102949	6224	6392	1922	332
娱乐船和运动船的建造和修理	39117	28215	26104	4210	1303
船用配套设备制造	80606	171371	174913	32526	9970
船舶修理及拆船	37960	91845	97603	10881	10881
交通器材及其他交通运输设备制造	20463	3046	4621	1631	299
交通管理用金属标志及设施制造	3459	2171	2993	821	169
其他交通运输设备制造	17004	875	1628	810	130
电气机械及器材制造业	4623869	1771588	2211332	659435	162506
电机制造	701469	353090	496388	169893	39785
发电机及发电机组制造	195486	70977	97783	29750	5604
电动机制造	210633	128949	179744	63013	15255
微电机及其他电机制造	295350	153163	218860	77130	18926
输配电及控制设备制造	751590	265206	361520	116185	29528
变压器、整流器和电感器制造	69636	25348	28651	7461	1758
电容器及其配套设备制造	27936	7993	10035	2587	826
配电开关控制设备制造	459136	156904	223698	76548	20085
电力电子元器件制造	190914	72051	95948	29245	6722
其他输配电及控制设备制造	3968	2910	3188	346	138
电线、电缆、光缆及电工器材制造	728033	241215	322268	109103	21719
电线电缆制造	541755	186069	233677	74874	15343
光纤、光缆制造	141586	42324	70563	28239	5254
绝缘制品制造	20486	5450	8426	3667	427
其他电工器材制造	24206	7372	9603	2323	695
电池制造	617260	237111	229107	58423	15901
电池制造	617260	237111	229107	58423	15901

1－D－2 续表3－15 单位：个、万元、人

指标名称	流动资产年平均余额	固定资产合计	固定资产原价	累计折旧	本年折旧
家用电力器具制造	895585	388341	456838	117176	31358
家用制冷电器具制造	63263	29694	30788	4767	1751
家用空气调节器制造	19015	9458	10985	3072	752
家用通风电器具制造	21658	10787	9427	1238	565
家用厨房电器具制造	343301	124947	131928	24817	7726
家用清洁卫生电器具制造	235155	123769	155904	48305	12230
家用美容、保健电器具制造	55628	13828	16411	4625	1510
家用电力器具专用配件制造	44377	26566	46956	20391	2390
其他家用电力器具制造	113188	49292	54440	9962	4435
非电力家用器具制造	94537	30062	41862	12688	2717
燃气、太阳能及类似能源的器具制造	72412	16921	24325	7969	1425
其他非电力家用器具制造	22125	13141	17537	4719	1292
照明器具制造	788276	231240	278333	69878	19538
电光源制造	244423	78807	93674	21422	6447
照明灯具制造	471886	130630	157843	42951	11039
灯用电器附件及其他照明器具制造	71968	21804	26816	5505	2052
其他电气机械及器材制造	47118	25324	25017	6089	1961
车辆专用照明及电气信号设备装置制造	30934	17077	19876	4463	1260
其他未列明的电气机械制造	16184	8246	5141	1626	701
通信设备、计算机及其他电子设备制造业	5058270	2250533	3010417	883546	246694
通信设备制造	1205377	441742	660765	246524	49676
通信传输设备制造	157278	59500	66736	12810	4020
通信交换设备制造	47286	29922	26614	4615	1455
通信终端设备制造	12582	9531	15705	6265	818
移动通信及终端设备制造	945768	317040	521623	215264	41049
其他通信设备制造	42463	25748	30087	7571	2335
雷达及配套设备制造	7886	1277	1514	237	189
雷达及配套设备制造	7886	1277	1514	237	189
广播电视设备制造	90021	27900	37061	9740	2980
广播电视节目制作及发射设备制造	273	636	641	164	46
广播电视接收设备及器材制造	63452	26143	35181	9457	2816
应用电视设备及其他广播电视设备制造	26296	1121	1239	118	118
电子计算机制造	2214975	756644	1011059	282699	106158
电子计算机整机制造	126245	25026	44711	20580	2320
计算机网络设备制造	463810	20882	79253	58371	8914
电子计算机外部设备制造	1624920	710737	887095	203748	94924
电子器件制造	505797	477869	565415	126521	35467
电子真空器件制造	1820	1020	2282	1263	183

1－D－2 续表 3－16

单位：个、万元、人

指 标 名 称	流动资产年平均余额	固定资产合计	固定资产原价	累计折旧	本年折旧
半导体分立器件制造	234963	216436	279078	73215	14919
集成电路制造	74583	47502	60369	17174	5174
光电子器件及其他电子器件制造	194432	212911	223686	34869	15190
电子元件制造	845639	435840	601909	188399	43307
电子元件及组件制造	736069	373354	509475	156202	37056
印制电路板制造	109570	62485	92435	32197	6252
家用视听设备制造	123568	62502	71574	13895	4800
家用影视设备制造	64558	30225	32252	4214	2112
家用音响设备制造	59010	32276	39321	9681	2688
其他电子设备制造	65006	46761	61120	15531	4117
其他电子设备制造	65006	46761	61120	15531	4117
仪器仪表及文化、办公用机械制造业	845007	362641	469274	133552	32225
通用仪器仪表制造	409524	133285	173681	45697	10940
工业自动控制系统装置制造	144743	27215	35007	9212	2478
电工仪器仪表制造	10438	4195	4354	1222	273
绘图、计算及测量仪器制造	97281	49926	60967	13247	3255
实验分析仪器制造	18543	12037	15993	4157	1100
试验机制造	478	261	452	191	38
供应用仪表及其他通用仪器制造	138041	39650	56907	17668	3797
专用仪器仪表制造	71668	28277	31019	6718	1949
环境监测专用仪器仪表制造	3161	39	95	56	17
汽车及其他用计数仪表制造	22261	4279	8553	4279	460
导航、气象及海洋专用仪器制造	759	704	767	63	36
教学专用仪器制造	311	228	334	107	22
电子测量仪器制造	20557	20831	18795	1935	1256
其他专用仪器制造	24619	2196	2474	279	159
钟表与计时仪器制造	18718	8059	10113	4105	697
钟表与计时仪器制造	18718	8059	10113	4105	697
光学仪器及眼镜制造	181331	123440	156025	45662	11734
光学仪器制造	106817	70740	98774	29260	7927
眼镜制造	74513	52700	57252	16402	3807
文化、办公用机械制造	149836	59415	84578	26341	5672
照相机及器材制造	118683	38887	54738	15875	3866
复印和胶印设备制造	9256	10424	17037	6731	954
计算器及货币专用设备制造	1862	2737	3306	570	251
其他文化、办公用机械制造	20035	7367	9497	3164	601
其他仪器仪表的制造及修理	13931	10166	13858	5028	1233
其他仪器仪表的制造及修理	13931	10166	13858	5028	1233

1－D－2 续表 3－17

单位：个、万元、人

指 标 名 称	流动资产年平均余额	固定资产合计	固定资产原价	累计折旧	本年折旧
工艺品及其他制造业	890309	450797	535924	130080	38300
工艺美术品制造	535703	287935	334897	76010	23955
雕塑工艺品制造	34043	26642	30742	8533	1814
金属工艺品制造	34226	15540	19769	5123	1026
漆器工艺品制造	8733	4242	3992	503	181
花画工艺品制造	12715	3567	5543	1998	404
天然植物纤维编织工艺品制造	14757	6864	9559	2877	661
抽纱刺绣工艺品制造	150555	93675	108460	23770	9517
地毯、挂毯制造	38172	40914	47561	10761	3571
珠宝首饰及有关物品的制造	149489	46659	50920	9148	2983
其他工艺美术品制造	93014	49834	58351	13298	3798
日用杂品制造	332621	153000	188599	51336	13458
制镜及类似品加工	20615	19536	25160	7204	2627
鬃毛加工、制刷及清扫工具的制造	43623	31086	31564	5835	1983
其他日用杂品制造	268383	102378	131876	38297	8849
其他未列明的制造业	21985	9862	12428	2734	887
其他未列明的制造业	21985	9862	12428	2734	887
废弃资源和废旧材料回收加工业	348696	43840	57753	17320	4273
金属废料和碎屑的加工处理	319450	36032	45178	12273	3519
金属废料和碎屑的加工处理	319450	36032	45178	12273	3519
非金属废料和碎屑的加工处理	29246	7808	12575	5047	754
非金属废料和碎屑的加工处理	29246	7808	12575	5047	754
电力、燃气及水的生产和供应业	**628344**	**1493467**	**2056459**	**616264**	**110804**
电力、热力的生产和供应业	583526	1358700	1919833	600087	105753
电力生产	536995	1271686	1808955	568474	99138
火力发电	504618	1141570	1637630	527205	93576
水力发电	21905	91048	129837	38789	5014
其他能源发电	10472	39068	41489	2481	548
热力生产和供应	46530	87014	110878	31612	6616
热力生产和供应	46530	87014	110878	31612	6616
燃气生产和供应业	37657	107339	105466	12247	3479
燃气生产和供应业	37657	107339	105466	12247	3479
燃气生产和供应业	37657	107339	105466	12247	3479
水的生产和供应业	7161	27428	31160	3931	1571
自来水的生产和供应	2668	22993	26479	3620	1286
自来水的生产和供应	2668	22993	26479	3620	1286
污水处理及其再生利用	4493	4435	4681	311	285
污水处理及其再生利用	4493	4435	4681	311	285

1－D－2 续表4－1

单位：个、万元、人

指标名称	固定资产净值	固定资产净值年平均余额	负债合计	流动负债合计	应付账款
总计	**30177834**	**29284554**	**57542527**	**51538282**	**12200486**
一、按轻重工业分					
轻工业	13625008	13463170	27483878	25293426	5323552
重工业	16552826	15821384	30058648	26244857	6876934
二、按规模分					
大型企业	4747333	4449488	9203669	7913377	2295504
中型企业	12675377	12200546	25338464	22819101	5441729
小型企业	12755124	12634520	23000394	20805804	4463253
三、按登记注册类型分					
港澳台商投资	**12746746**	**12444266**	**26573878**	**24302834**	**4992269**
与港澳台商合资经营	7521617	7320319	16915879	15349784	2986017
与港澳台商合作经营	212625	220314	362621	345794	68021
港澳台商独资	4678100	4553482	8474079	7825029	1727667
港澳台商投资股份有限公司	334405	350152	821299	782227	210565
外商投资	**17431088**	**16840288**	**30968649**	**27235449**	**7208217**
中外合资经营	8358722	8185893	16880299	15066815	3381538
中外合作经营	260615	269438	520303	418411	88118
外资企业	8028214	7698244	12185601	10467975	3368113
外商投资股份有限公司	783538	686713	1382445	1282249	370448
四、按国民经济行业(门类、大类、中类、小类)分					
采矿业	**38177**	**37405**	**125651**	**114604**	**17790**
黑色金属矿采选业	4403	4631	93472	89371	15224
铁矿采选	4403	4631	93472	89371	15224
铁矿采选	4403	4631	93472	89371	15224
非金属矿采选业	33775	32774	32179	25233	2566
土砂石开采	33775	32774	32179	25233	2566
石灰石、石膏开采	6198	6531	7809	2213	274
建筑装饰用石开采	10220	9285	8432	8432	122
耐火土石开采	102	107	2483	2483	486
粘土及其他土砂石开采	17254	16850	13455	12105	1684
制造业	**28699461**	**27856808**	**56106034**	**50467361**	**12119191**
农副食品加工业	342946	335235	877868	773943	167778
谷物磨制	6005	6172	21981	18951	523
谷物磨制	6005	6172	21981	18951	523
饲料加工	10060	10666	29215	29134	4255
饲料加工	10060	10666	29215	29134	4255
植物油加工	59599	55736	110522	110022	56201
食用植物油加工	59599	55736	110522	110022	56201

1－D－2 续表4－2

单位：个、万元、人

指 标 名 称	固定资产净 值	固定资产净值年平均余额	负债合计	流动负债合 计	应付账款
屠宰及肉类加工	11913	12036	34552	34491	10267
畜禽屠宰	3271	3333	8715	8715	1032
肉制品及副产品加工	8642	8703	25837	25776	9234
水产品加工	162457	160842	502190	441597	53879
水产品冷冻加工	100659	98046	329851	291002	40775
鱼糜制品及水产品干腌制加工	60465	60490	167239	145495	12343
水产饲料制造	792	810	3123	3123	703
其他水产品加工	541	1497	1978	1978	59
蔬菜、水果和坚果加工	48753	50848	70397	58733	5158
蔬菜、水果和坚果加工	48753	50848	70397	58733	5158
其他农副食品加工	44158	38935	109010	81016	37494
淀粉及淀粉制品的制造	9445	4254	16777	16777	2076
豆制品制造	8665	8943	8453	8453	6202
其他未列明的农副食品加工	26049	25738	83781	55786	29217
食品制造业	296244	274620	573924	536490	160871
焙烤食品制造	43691	25011	46369	40228	21748
糕点、面包制造	10183	9005	13120	6979	1966
饼干及其他焙烤食品制造	33508	16006	33248	33248	19782
糖果、巧克力及蜜饯制造	41668	41133	67152	67124	30477
糖果、巧克力制造	40889	39736	42289	42288	29911
蜜饯制作	778	1397	24864	24836	567
方便食品制造	83374	80062	136545	132600	47615
米、面制品制造	623	648	258	258	165
速冻食品制造	22679	23688	27283	25399	4169
方便面及其他方便食品制造	60073	55726	109005	106944	43280
液体乳及乳制品制造	4687	4687	7201	7201	
液体乳及乳制品制造	4687	4687	7201	7201	
罐头制造	40862	40480	118755	115427	25736
肉、禽类罐头制造	2766	3719	6947	6874	1671
水产品罐头制造	6224	6165	12511	10423	2152
蔬菜、水果罐头制造	28834	27661	88384	87217	17238
其他罐头食品制造	3039	2935	10914	10914	4675
调味品、发酵制品制造	21024	20790	44157	40871	2281
味精制造	6596	5952	28050	28050	802
酱油、食醋及类似制品的制造	2226	2292	4878	4375	588
其他调味品、发酵制品制造	12201	12547	11229	8447	891
其他食品制造	60939	62457	153744	133039	33013
营养、保健食品制造	18443	18532	9684	9684	1898

1－D－2 续表4－3 单位：个、万元、人

指 标 名 称	固定资产净值	固定资产净值年平均余额	负债合计	流动负债合计	应付账款
冷冻饮品及食用冰制造	10846	11096	18592	3833	1903
食品及饲料添加剂制造	31650	32828	125468	119522	29213
饮料制造业	714171	705361	1210771	1183081	290608
酒精制造	3693	4012	27010	27010	216
酒精制造	3693	4012	27010	27010	216
酒的制造	294333	289496	364811	348370	39514
白酒制造	6733	7260	4971	4971	836
啤酒制造	285651	277432	347024	333362	37221
黄酒制造	1949	4804	12816	10037	1457
软饮料制造	394221	393721	785147	775072	243679
碳酸饮料制造	77814	79581	98560	93024	23147
瓶（罐）装饮用水制造	20388	20425	374097	373946	114293
果菜汁及果菜汁饮料制造	25107	29105	55221	51301	37917
含乳饮料和植物蛋白饮料制造	81134	89507	85930	85833	23162
固体饮料制造	8976	9267	7067	7067	434
茶饮料及其他软饮料制造	180802	165837	164272	163900	44726
精制茶加工	21924	18131	33803	32629	7198
精制茶加工	21924	18131	33803	32629	7198
烟草制品业	5884	5988	2006	2006	441
其他烟草制品加工	5884	5988	2006	2006	441
其他烟草制品加工	5884	5988	2006	2006	441
纺织业	3510213	3456464	6711834	6303337	1116818
棉、化纤纺织及印染精加工	1778487	1758008	3239956	3000812	457265
棉、化纤纺织加工	868183	848741	1761816	1611113	249891
棉、化纤印染精加工	910304	909267	1478139	1389699	207373
毛纺织和染整精加工	134156	139116	202259	189964	41270
毛条加工	38450	39579	53554	45120	16466
毛纺织	51679	54362	102853	100216	20289
毛染整精加工	44027	45175	45852	44627	4515
麻纺织	19799	21605	52419	51619	5712
麻纺织	19799	21605	52419	51619	5712
丝绢纺织及精加工	233997	214358	392793	374061	71781
缫丝加工	13372	13533	19441	19159	3777
绢纺和丝织加工	207809	187838	343983	326513	61634
丝印染精加工	12816	12987	29369	28390	6371
纺织制成品制造	551699	543105	1188998	1107131	232365
棉及化纤制品制造	243528	235985	497219	480713	78515
毛制品制造	32605	34385	90032	88330	12113

1-D-2 续表4-4 单位：个、万元、人

指标名称	固定资产净值	固定资产净值年平均余额	负债合计	流动负债合计	应付账款
麻制品制造	423	334	3239	3239	857
丝制品制造	100615	103187	231907	220034	34691
绳、索、缆的制造	4042	4020	8346	4396	318
纺织带和帘子布制造	40169	41512	115251	104997	54598
无纺布制造	66574	65550	85400	81143	20936
其他纺织制成品制造	63744	58132	157605	124279	30338
针织品、编织品及其制品制造	792075	780272	1635408	1579750	308425
棉、化纤针织品及编织品制造	642562	631435	1405623	1355790	255008
毛针织品及编织品制造	75573	75694	103540	102267	21413
丝针织品及编织品制造	53445	53554	92612	91921	19394
其他针织品及编织品制造	20495	19589	33633	29772	12610
纺织服装、鞋、帽制造业	1444299	1384313	3017893	2849428	742283
纺织服装制造	1429092	1368791	2993522	2825235	735255
纺织服装制造	1429092	1368791	2993522	2825235	735255
纺织面料鞋的制造	8678	8744	16649	16472	4172
纺织面料鞋的制造	8678	8744	16649	16472	4172
制帽	6530	6778	7722	7722	2857
制帽	6530	6778	7722	7722	2857
皮革、毛皮、羽毛(绒)及其制品业	543519	566946	1914887	1889378	300247
皮革鞣制加工	164866	168102	662300	657846	97610
皮革鞣制加工	164866	168102	662300	657846	97610
皮革制品制造	283546	290818	766569	753778	143288
皮鞋制造	136901	142080	392621	383293	52863
皮革服装制造	25200	25022	91238	91147	18591
皮箱、包(袋)制造	74638	76383	183211	181095	50897
皮手套及皮装饰制品制造	16374	15987	29876	29802	6115
其他皮革制品制造	30434	31346	69624	68442	14822
毛皮鞣制及制品加工	21534	22205	41381	41350	6074
毛皮鞣制加工	3063	3245	3246	3246	585
毛皮服装加工	17133	17671	35371	35371	4871
其他毛皮制品加工	1338	1289	2764	2733	618
羽毛(绒)加工及制品制造	73572	85822	444637	436405	53276
羽毛(绒)制品加工	73572	85822	444637	436405	53276
木材加工及木、竹、藤、棕、草制品业	189739	200844	377399	359136	72042
锯材、木片加工	4075	4757	6186	6186	991
锯材加工	2618	2677	4198	4198	402
木片加工	1458	2080	1987	1987	589
人造板制造	108850	131907	233067	227754	44612

1-D-2 续表4-5 单位：个、万元、人

指标名称	固定资产净值	固定资产净值年平均余额	负债合计	流动负债合计	应付账款
胶合板制造	75547	99703	184838	180606	37773
纤维板制造	24037	23851	26457	26457	2326
其他人造板、材制造	9266	8354	21772	20691	4513
木制品制造	46896	34371	59545	53232	7309
建筑用木料及木材组件加工	35391	23412	46134	39846	5302
木容器制造	550	554	1030	1030	269
软木制品及其他木制品制造	10955	10405	12381	12356	1738
竹、藤、棕、草制品制造	29917	29808	78601	71965	19129
竹、藤、棕、草制品制造	29917	29808	78601	71965	19129
家具制造业	478536	477315	1109579	1066369	281458
木质家具制造	196827	204679	333031	319132	94832
木质家具制造	196827	204679	333031	319132	94832
竹、藤家具制造	11025	7980	17495	17495	8469
竹、藤家具制造	11025	7980	17495	17495	8469
金属家具制造	169538	165562	454594	443169	110026
金属家具制造	169538	165562	454594	443169	110026
塑料家具制造	5493	5434	9720	9720	3070
塑料家具制造	5493	5434	9720	9720	3070
其他家具制造	95653	93660	294738	276853	65062
其他家具制造	95653	93660	294738	276853	65062
造纸及纸制品业	1309288	1293088	2106427	1635891	315191
纸浆制造	5051	5376	2313	2313	365
纸浆制造	5051	5376	2313	2313	365
造　纸	1073012	1063127	1738774	1292015	223703
机制纸及纸板制造	1051027	1041025	1711020	1267563	216368
加工纸制造	21985	22102	27754	24452	7335
纸制品制造	231226	224586	365340	341563	91123
纸和纸板容器的制造	152087	146274	234790	232710	50488
其他纸制品制造	79139	78312	130550	108853	40636
印刷业和记录媒介的复制	148323	138630	227248	223094	91723
印　刷	130944	123981	204582	200428	80959
书、报、刊印刷	14325	13753	21675	21673	3598
本册印制	14715	11798	40158	40158	19938
包装装潢及其他印刷	101904	98430	142749	138597	57423
装订及其他印刷服务活动	8270	5729	10971	10971	228
装订及其他印刷服务活动	8270	5729	10971	10971	228
记录媒介的复制	9109	8920	11696	11696	10536
记录媒介的复制	9109	8920	11696	11696	10536

1－D－2 续表4－6 单位：个、万元、人

指标名称	固定资产净值	固定资产净值年平均余额	负债合计	流动负债合计	应付账款
文教体育用品制造业	329299	332274	597036	568362	161131
文化用品制造	100654	100313	172459	169010	42406
文具制造	57814	58950	94652	92558	19621
笔的制造	36891	36128	68510	68450	20358
教学用模型及教具制造	1368	1014	1332	1332	224
墨水、墨汁制造	95	95	222	192	4
其他文化用品制造	4486	4126	7742	6478	2199
体育用品制造	106915	108925	217820	215568	55528
球类制造	12279	13958	25986	24676	5262
体育器材及配件制造	27043	26139	27569	27527	7781
训练健身器材制造	31432	30539	80142	79482	25825
运动防护用具制造	17820	19682	26554	26313	6009
其他体育用品制造	18341	18609	57569	57569	10651
乐器制造	40064	40959	39812	30205	14352
中乐器制造	183	141	250	250	47
西乐器制造	27489	27984	16143	10977	8174
电子乐器制造	657	646	1278	1278	690
其他乐器及零件制造	11736	12188	22142	17701	5441
玩具制造	64577	64954	141128	130838	39752
玩具制造	64577	64954	141128	130838	39752
游艺器材及娱乐用品制造	17089	17122	25817	22741	9094
露天游乐场所游乐设备制造	4580	4536	8940	8940	804
游艺用品及室内游艺器材制造	12508	12586	16876	13801	8290
石油加工、炼焦及核燃料加工业	64417	64045	210371	164156	54167
精炼石油产品的制造	64417	64045	210371	164156	54167
原油加工及石油制品制造	64417	64045	210371	164156	54167
化学原料及化学制品制造业	3628197	3462461	5376602	4240570	954296
基础化学原料制造	752025	657343	1387329	1065043	162637
无机酸制造	30220	31125	22773	15238	3052
无机碱制造	30268	31962	15421	14121	2343
无机盐制造	14580	14634	25488	21827	2457
有机化学原料制造	496514	460384	1011224	757758	126304
其他基础化学原料制造	180442	119238	312423	256099	28482
肥料制造	2521	2521	6872	6872	3047
复混肥料制造	2290	2288	6833	6833	3008
其他肥料制造	231	233	39	39	39
农药制造	79029	77991	138176	125899	47605
化学农药制造	72095	71255	132059	120763	46460

1-D-2 续表4-7

单位:个、万元、人

指标名称	固定资产净值	固定资产净值年平均余额	负债合计	流动负债合计	应付账款
生物化学农药及微生物农药制造	6933	6736	6116	5136	1144
涂料、油墨、颜料及类似产品制造	211238	196294	499875	460687	100044
涂料制造	34546	35183	75356	74164	17994
油墨及类似产品制造	23931	24550	36162	30682	11864
颜料制造	57110	42460	95274	66761	15290
染料制造	88295	86629	287675	283673	50579
密封用填料及类似品制造	7357	7472	5408	5408	4318
合成材料制造	1975675	1993027	2317483	1712024	437772
初级形态的塑料及合成树脂制造	1447909	1454821	1652598	1196303	264178
合成橡胶制造	1485	1717	1947	1947	1590
合成纤维单(聚合)体的制造	506160	512319	639078	489914	165900
其他合成材料制造	20121	24170	23860	23860	6104
专用化学产品制造	481551	420697	851799	705825	171286
化学试剂和助剂制造	89035	88395	171468	144292	40645
专项化学用品制造	80414	59133	128128	90827	12018
林产化学产品制造	588	616	3390	3390	143
炸药及火工产品制造	400	426	940	940	826
信息化学品制造	248624	212749	458543	383011	101326
环境污染处理专用药剂材料制造	12031	12185	29503	26644	5117
动物胶制造	18685	18557	12464	12464	2932
其他专用化学产品制造	31775	28637	47363	44257	8280
日用化学产品制造	126159	114590	175069	164219	31904
肥皂及合成洗涤剂制造	40622	37574	52394	45163	3288
化妆品制造	42726	34177	97536	97121	21344
香料、香精制造	33856	33826	14530	14393	5878
其他日用化学产品制造	8955	9013	10609	7543	1395
医药制造业	342943	347059	697240	623698	162596
化学药品原药制造	121695	122035	234767	221627	40844
化学药品原药制造	121695	122035	234767	221627	40844
化学药品制剂制造	93409	94856	166973	150259	65565
化学药品制剂制造	93409	94856	166973	150259	65565
中药饮片加工	2118	2116	4502	4442	264
中药饮片加工	2118	2116	4502	4442	264
中成药制造	45993	47389	69223	66770	13774
中成药制造	45993	47389	69223	66770	13774
兽用药品制造	20509	21645	70151	38229	10652
兽用药品制造	20509	21645	70151	38229	10652
生物、生化制品的制造	41201	40185	93550	91037	26212

1－D－2 续表4－8 单位：个、万元、人

指 标 名 称	固定资产净值	固定资产净值年平均余额	负债合计	流动负债合计	应付账款
生物、生化制品的制造	41201	40185	93550	91037	26212
卫生材料及医药用品制造	18019	18832	58073	51333	5285
卫生材料及医药用品制造	18019	18832	58073	51333	5285
化学纤维制造业	1840418	1881925	2946669	2508319	356619
纤维素纤维原料及纤维制造	12257	18053	43287	33712	－26
人造纤维（纤维素纤维）制造	12257	18053	43287	33712	－26
合成纤维制造	1828161	1863872	2903382	2474607	356645
锦纶纤维制造	54014	52734	114072	101884	15897
涤纶纤维制造	1089498	1118482	1887936	1596730	254186
腈纶纤维制造	23010	24358	103155	98155	18845
其他合成纤维制造	661639	668298	798218	677838	67717
橡胶制品业	745662	716979	1238119	1063970	161412
轮胎制造	694095	670258	1113464	953511	155327
车辆、飞机及工程机械轮胎制造	694095	670258	1113464	953511	155327
橡胶板、管、带的制造	15614	15271	35168	34830	8287
橡胶板、管、带的制造	15614	15271	35168	34830	8287
橡胶零件制造	14967	9813	20658	17817	4331
橡胶零件制造	14967	9813	20658	17817	4331
日用及医用橡胶制品制造	2843	2903	8176	8176	2305
日用及医用橡胶制品制造	2843	2903	8176	8176	2305
橡胶靴鞋制造	8474	8753	38905	27886	－5219
橡胶靴鞋制造	8474	8753	38905	27886	－5219
其他橡胶制品制造	9667	9981	21750	21750	－3619
其他橡胶制品制造	9667	9981	21750	21750	－3619
塑料制品业	961442	941339	1946247	1799184	482830
塑料薄膜制造	366092	337817	607900	520601	219667
塑料薄膜制造	366092	337817	607900	520601	219667
塑料板、管、型材的制造	109531	123145	343673	329417	71204
塑料板、管、型材的制造	109531	123145	343673	329417	71204
塑料丝、绳及编织品的制造	10794	12042	18254	18254	5354
塑料丝、绳及编织品的制造	10794	12042	18254	18254	5354
泡沫塑料制造	24937	23734	41080	39218	14740
泡沫塑料制造	24937	23734	41080	39218	14740
塑料人造革、合成革制造	90997	91347	220466	212025	14686
塑料人造革、合成革制造	90997	91347	220466	212025	14686
塑料包装箱及容器制造	130838	122103	147864	129853	37692
塑料包装箱及容器制造	130838	122103	147864	129853	37692
塑料零件制造	71537	72508	134105	120466	39072

1－D－2 续表4－9

单位：个、万元、人

指标名称	固定资产净值	固定资产净值年平均余额	负债合计	流动负债合计	应付账款
塑料零件制造	71537	72508	134105	120466	39072
日用塑料制造	113450	116439	329110	327320	57928
塑料鞋制造	4339	7127	15236	15236	1727
日用塑料杂品制造	109112	109312	313874	312085	56201
其他塑料制品制造	43266	42204	103795	102030	22486
其他塑料制品制造	43266	42204	103795	102030	22486
非金属矿物制品业	1401827	1259038	1854453	1457143	364614
水泥、石灰和石膏的制造	179242	192033	261997	224785	58441
水泥制造	176675	189424	257836	221244	57904
石灰和石膏制造	2567	2609	4161	3541	537
水泥及石膏制品制造	94419	98751	226474	218441	72499
水泥制品制造	77546	83391	196197	188568	63264
砼结构构件制造	6964	6840	14560	14247	6128
轻质建筑材料制造	9910	8521	15717	15627	3107
砖瓦、石材及其他建筑材料制造	133774	129174	369957	365241	74542
粘土砖瓦及建筑砌块制造	14819	14199	10987	10987	8338
建筑陶瓷制品制造	83817	78637	322781	322356	61681
建筑用石加工	5827	5510	13338	13338	1558
防水建筑材料制造	1845	2663	8738	7670	1537
隔热和隔音材料制造	26795	27493	13510	10288	826
其他建筑材料制造	672	672	602	602	602
玻璃及玻璃制品制造	951265	793150	927209	586846	143957
平板玻璃制造	52242	51306	27394	27394	3671
技术玻璃制品制造	60892	65291	139203	114833	13296
光学玻璃制造	338	335	588	588	27
日用玻璃制品及玻璃包装容器制造	63838	66870	71182	67267	11108
玻璃纤维及制品制造	756124	591801	679419	367985	113208
玻璃纤维增强塑料制品制造	1921	1996	3793	3793	647
其他玻璃制品制造	15911	15551	5631	4986	1999
陶瓷制品制造	11871	11345	14873	14873	5342
卫生陶瓷制品制造	8161	7801	9543	9543	3067
特种陶瓷制品制造	2609	2450	1819	1819	383
日用陶瓷制品制造	45	38	3063	3063	1686
园林、陈设艺术及其他陶瓷制品制造	1056	1056	448	448	205
耐火材料制品制造	17090	16928	20211	19732	5293
石棉制品制造	3783	3929	2641	2641	481
耐火陶瓷制品及其他耐火材料制造	13308	12999	17570	17091	4812
石墨及其他非金属矿物制品制造	14164	17658	33733	27226	4542

1－D－2 续表4－10 单位：个、万元、人

指标名称	固定资产净值	固定资产净值年平均余额	负债合计	流动负债合计	应付账款
石墨及碳素制品制造	3133	2826	7151	7151	1829
其他非金属矿物制品制造	11031	14832	26582	20074	2712
黑色金属冶炼及压延加工业	794817	791358	1518359	1352144	168359
炼钢	34272	30637	83303	76453	5468
炼钢	34272	30637	83303	76453	5468
钢压延加工	759967	760171	1425130	1266702	161294
钢压延加工	759967	760171	1425130	1266702	161294
铁合金冶炼	578	550	9926	8989	1597
铁合金冶炼	578	550	9926	8989	1597
有色金属冶炼及压延加工业	264079	244120	785090	736825	117811
常用有色金属冶炼	44618	42878	268419	243906	75929
铜冶炼	5357	5249	40727	40727	12101
镍钴冶炼	37261	35635	226461	202109	63222
镁冶炼	386	380	1195	1035	575
其他常用有色金属冶炼	1614	1614	35	35	31
贵金属冶炼	1852	1960	11508	11508	7
金冶炼	1852	1960	11508	11508	7
稀有稀土金属冶炼	4956	4969	12664	12664	2037
钨钼冶炼	465	476	2045	2045	423
稀土金属冶炼	4491	4493	10619	10619	1613
有色金属合金制造	29449	18387	80674	79727	19962
有色金属合金制造	29449	18387	80674	79727	19962
有色金属压延加工	183204	175926	411825	389020	19876
常用有色金属压延加工	180502	173161	392016	369679	17840
贵金属压延加工	595	550	6740	6740	105
稀有稀土金属压延加工	2108	2216	13070	12601	1931
金属制品业	732049	716164	1629112	1495011	334475
结构性金属制品制造	113663	109166	395342	393740	100058
金属结构制造	88920	84545	349466	347907	88006
金属门窗制造	24743	24621	45876	45833	12052
金属工具制造	92069	90966	131197	129345	37684
切削工具制造	14218	14041	18543	17951	7939
手工具制造	33620	34008	43502	43090	8636
农用及园林用金属工具制造	16783	16481	21912	21229	6031
刀剪及类似日用金属工具制造	10347	10374	15131	15117	6163
其他金属工具制造	17101	16062	32109	31959	8916
集装箱及金属包装容器制造	108884	108019	298616	271290	63859
集装箱制造	36857	35867	126808	112231	31235

1－D－2 续表4－11 单位：个、万元、人

指 标 名 称	固定资产净值	固定资产净值年平均余额	负债合计	流动负债合计	应付账款
金属压力容器制造	6473	6512	9315	9315	573
金属包装容器制造	65554	65641	162493	149745	32052
金属丝绳及其制品的制造	71535	64686	114830	87543	7756
金属丝绳及其制品的制造	71535	64686	114830	87543	7756
建筑、安全用金属制品制造	148355	151062	318328	299550	87956
建筑、家具用金属配件制造	64427	69831	123872	123559	35071
建筑装饰及水暖管道零件制造	68106	64940	156459	138574	39896
安全、消防用金属制品制造	12023	12395	29339	29339	10278
其他建筑、安全用金属制品制造	3798	3896	8658	8078	2710
金属表面处理及热处理加工	87818	88954	172115	124488	8703
金属表面处理及热处理加工	87818	88954	172115	124488	8703
搪瓷制品制造	3906	3478	6160	6160	1022
搪瓷卫生洁具制造	3083	2810	4780	4780	853
搪瓷日用品及其他搪瓷制品制造	824	667	1380	1380	169
不锈钢及类似日用金属制品制造	84983	80001	174805	166391	25297
金属制厨房调理及卫生器具制造	18393	16976	34102	33894	6364
金属制厨用器皿及餐具制造	38699	35683	97831	94338	11492
其他日用金属制品制造	27892	27341	42872	38158	7441
其他金属制品制造	20836	19834	17719	16503	2139
其他未列明的金属制品制造	20836	19834	17719	16503	2139
通用设备制造业	1761919	1750000	3682796	3486605	826016
锅炉及原动机制造	75877	86700	414946	407437	64157
锅炉及辅助设备制造	24118	26171	87668	84436	18955
内燃机及配件制造	13274	13868	106818	106818	16680
汽轮机及辅机制造	38485	46662	220461	216183	28522
金属加工机械制造	112858	112722	200625	175243	49285
金属切削机床制造	38374	41602	87675	86242	25339
金属成形机床制造	33528	31463	50851	42821	12868
铸造机械制造	8771	9063	13398	3145	1376
金属切割及焊接设备制造	5124	4944	24030	21652	3815
机床附件制造	18521	16684	10409	7122	1529
其他金属加工机械制造	8541	8966	14261	14261	4358
起重运输设备制造	108509	112085	383701	377122	80068
起重运输设备制造	108509	112085	383701	377122	80068
泵、阀门、压缩机及类似机械的制造	448285	440734	767275	716955	181258
泵及真空设备制造	70157	67385	131403	126998	48148
气体压缩机械制造	138681	137289	162961	149159	36225
阀门和旋塞的制造	170488	168139	394817	380327	73910

1－D－2 续表4－12 单位：个、万元、人

指 标 名 称	固定资产净值	固定资产净值年平均余额	负债合计	流动负债合计	应付账款
液压和气压动力机械及元件制造	68959	67921	78094	60472	22975
轴承、齿轮、传动和驱动部件的制造	292615	297528	578742	555288	133399
轴承制造	224269	227212	443043	423222	103808
齿轮、传动和驱动部件制造	68346	70316	135699	132066	29591
烘炉、熔炉及电炉制造	6212	5606	22104	20190	8454
烘炉、熔炉及电炉制造	6212	5606	22104	20190	8454
风机、衡器、包装设备等通用设备制造	243032	237028	585891	569484	140207
风机、风扇制造	13479	12182	31152	28359	11720
气体、液体分离及纯净设备制造	8963	10502	24858	23847	7299
制冷、空调设备制造	96126	94126	191662	191227	52287
风动和电动工具制造	86488	83413	253698	242760	57063
喷枪及类似器具制造	16337	13958	24576	23933	5686
包装专用设备制造	10942	11111	30278	29838	3273
衡器制造	1871	1946	3062	3062	261
其他通用设备制造	8827	9790	26606	26459	2618
通用零部件制造及机械修理	356334	348312	519534	469207	113062
金属密封件制造	23840	24378	28972	25277	8468
紧固件、弹簧制造	264562	264146	402848	358197	77403
机械零部件加工及设备修理	33548	28969	40117	38803	13938
其他通用零部件制造	34384	30819	47597	46931	13253
金属铸、锻加工	118199	109285	209978	195679	56126
钢铁铸件制造	70244	70166	112760	109193	30286
锻件及粉末冶金制品制造	47955	39119	97218	86486	25840
专用设备制造业	793567	758296	1515140	1387196	466956
矿山、冶金、建筑专用设备制造	62932	63318	159413	154835	82184
石油钻采专用设备制造	234	245	403	403	139
建筑工程用机械制造	47820	47799	130552	130367	70965
建筑材料生产专用机械制造	3603	3563	8983	6983	2994
冶金专用设备制造	11275	11711	19475	17083	8087
化工、木材、非金属加工专用设备制造	381101	350174	657863	611965	204389
炼油、化工生产专用设备制造	5804	4424	8960	8960	1154
橡胶加工专用设备制造	4730	4926	6121	6121	992
塑料加工专用设备制造	174006	164535	332018	318402	125428
木材加工机械制造	7148	7404	10498	7344	3600
模具制造	187225	167913	296902	267773	72342
其他非金属加工专用设备制造	2189	972	3365	3365	873
食品、饮料、烟草及饲料生产专用设备制造	16115	16309	40822	40767	12379
食品、饮料、烟草工业专用设备制造	12471	12450	35529	35505	10456

1－D－2 续表4－13

单位：个、万元、人

指 标 名 称	固定资产净值	固定资产净值年平均余额	负债合计	流动负债合计	应付账款
农副食品加工专用设备制造	3644	3859	5293	5263	1923
印刷、制药、日化生产专用设备制造	21936	21787	45238	45113	10642
制浆和造纸专用设备制造	594	658	864	864	576
印刷专用设备制造	12543	12344	32943	32818	8776
日用化工专用设备制造	641	706	3641	3641	201
制药专用设备制造	6108	5995	3914	3914	371
照明器具生产专用设备制造	1084	1084	1588	1588	311
玻璃、陶瓷和搪瓷制品生产专用设备制造	967	1001	2289	2289	408
纺织、服装和皮革工业专用设备制造	132636	129448	245040	232698	58031
纺织专用设备制造	34106	33521	90303	90020	16637
皮革、毛皮及其制品加工专用设备制造	13699	13147	19507	19507	3256
缝纫机械制造	80498	78435	128931	116872	35735
其他服装加工专用设备制造	4333	4344	6300	6300	2403
电子和电工机械专用设备制造	20711	19998	23122	22436	13058
电工机械专用设备制造	106	107	2025	2025	1381
电子工业专用设备制造	20606	19891	21097	20411	11676
农、林、牧、渔专用机械制造	38788	37646	139368	104199	42410
拖拉机制造	11598	10339	41144	6547	5716
机械化农业及园艺机具制造	25954	26394	92133	91562	34599
农林牧渔机械配件制造	984	629	4176	4176	870
其他农林牧渔业机械制造及机械修理	252	283	1915	1915	1226
医疗仪器设备及器械制造	85359	87941	70466	54472	18121
医疗诊断、监护及治疗设备制造	36710	38641	27628	16177	1192
口腔科用设备及器具制造	717	852	194	194	80
实验室及医用消毒设备和器具的制造	1217	1311	250	72	42
医疗、外科及兽医用器械制造	41243	41342	34054	29690	14570
机械治疗及病房护理设备制造	2990	2937	2901	2901	860
其他医疗设备及器械制造	2482	2857	5439	5439	1377
环保、社会公共安全及其他专用设备制造	33988	31677	133808	120710	25743
环境污染防治专用设备制造	17430	16188	92232	79258	15674
邮政专用机械及器材制造	230	231	858	816	307
社会公共安全设备及器材制造	8032	7400	17407	17335	4194
其他专用设备制造	8296	7858	23311	23301	5568
交通运输设备制造业	1594896	1478613	3724402	3340515	681600
铁路运输设备制造	4536	3619	10418	10129	690
铁路机车车辆配件制造	825	819	753	464	63
铁路专用设备及器材、配件制造	480	480	3328	3328	597
其他铁路设备制造及设备修理	3231	2319	6337	6337	30

1－D－2 续表4－14 单位：个、万元、人

指标名称	固定资产净值	固定资产净值年平均余额	负债合计	流动负债合计	应付账款
汽车制造	958202	908337	1741283	1645175	447085
汽车整车制造	31200	32213	89020	88746	34156
改装汽车制造	17	29	774	774	413
汽车车身、挂车的制造	9696	10010	15405	15405	2824
汽车零部件及配件制造	913144	862798	1615403	1519570	403526
汽车修理	4146	3288	20681	20681	6166
摩托车制造	7992	8540	36657	36338	9250
摩托车零部件及配件制造	7992	8540	36657	36338	9250
自行车制造	56123	54827	175654	173462	41921
脚踏自行车及残疾人座车制造	27030	27880	123630	123548	23888
助动自行车制造	29093	26948	52024	49914	18033
船舶及浮动装置制造	565053	500297	1743554	1458575	179989
金属船舶制造	309580	256132	1379363	1198779	143363
非金属船舶制造	4470	4508	111738	111738	2378
娱乐船和运动船的建造和修理	21895	21173	36840	36840	4429
船用配套设备制造	142387	138648	157172	76995	18425
船舶修理及拆船	86722	79836	58441	34225	11394
交通器材及其他交通运输设备制造	2990	2992	16836	16836	2665
交通管理用金属标志及设施制造	2171	2190	1209	1209	628
其他交通运输设备制造	819	802	15627	15627	2037
电气机械及器材制造业	1551897	1531050	4193278	3925280	1109372
电机制造	326495	325181	652873	627897	209767
发电机及发电机组制造	68034	71304	185286	170020	29379
电动机制造	116731	116843	160716	151418	77801
微电机及其他电机制造	141730	137034	306871	306459	102587
输配电及控制设备制造	245335	246798	550878	538207	184241
变压器、整流器和电感器制造	21191	20696	57935	51549	15564
电容器及其配套设备制造	7449	7360	15266	15242	3959
配电开关控制设备制造	147150	155004	326768	322968	107401
电力电子元器件制造	66704	60796	146836	144376	55959
其他输配电及控制设备制造	2842	2943	4073	4073	1357
电线、电缆、光缆及电工器材制造	213165	209066	640394	559765	91451
电线电缆制造	158804	154696	488385	415757	65991
光纤、光缆制造	42323	42250	114140	106140	17449
绝缘制品制造	4759	4702	14371	14371	5663
其他电工器材制造	7279	7418	23497	23497	2348
电池制造	170684	159852	632752	567451	90264
电池制造	170684	159852	632752	567451	90264

1－D－2 续表4－15 单位：个、万元、人

指标名称	固定资产净值	固定资产净值年平均余额	负债合计	流动负债合计	应付账款
家用电力器具制造	339662	344161	868759	820501	315400
家用制冷电器具制造	26021	25715	59841	49297	8518
家用空气调节器制造	7913	6716	20244	19244	4898
家用通风电器具制造	8189	7733	19736	19669	4808
家用厨房电器具制造	107111	127706	340783	317304	134845
家用清洁卫生电器具制造	107600	97243	220784	216984	101993
家用美容、保健电器具制造	11787	10329	51278	51116	16911
家用电力器具专用配件制造	26564	25601	46547	42187	14231
其他家用电力器具制造	44478	43118	109546	104700	29196
非电力家用器具制造	29174	25625	79894	63063	17782
燃气、太阳能及类似能源的器具制造	16356	13825	59204	45168	8508
其他非电力家用器具制造	12817	11800	20690	17895	9273
照明器具制造	208454	201954	735024	716536	183955
电光源制造	72252	69621	232907	223407	60424
照明灯具制造	114891	112012	433593	424605	103343
灯用电器附件及其他照明器具制造	21311	20321	68525	68525	20188
其他电气机械及器材制造	18928	18412	32705	31861	16513
车辆专用照明及电气信号设备装置制造	15413	13908	22699	22532	9954
其他未列明的电气机械制造	3515	4505	10006	9330	6559
通信设备、计算机及其他电子设备制造业	2126871	1978602	4161603	3755128	1822684
通信设备制造	414241	408769	1149478	1131784	522484
通信传输设备制造	53927	49480	141805	134011	50282
通信交换设备制造	21999	26222	59859	54859	29444
通信终端设备制造	9440	9680	18225	18225	3734
移动通信及终端设备制造	306360	300747	905384	900721	431072
其他通信设备制造	22517	22641	24204	23967	7952
雷达及配套设备制造	1277	1373	5052	5052	137
雷达及配套设备制造	1277	1373	5052	5052	137
广播电视设备制造	27322	27573	73381	63902	23846
广播电视节目制作及发射设备制造	477	477	1197	1197	18
广播电视接收设备及器材制造	25724	26311	54412	54412	19563
应用电视设备及其他广播电视设备制造	1121	785	17772	8293	4265
电子计算机制造	728360	670436	1474025	1201564	779887
电子计算机整机制造	24131	25074	133626	133626	127870
计算机网络设备制造	20882	20383	196201	196087	42810
电子计算机外部设备制造	683348	624979	1144198	871851	609206
电子器件制造	438894	368468	547632	475953	106239
电子真空器件制造	1020	1116	894	894	591

1－D－2 续表4－16 单位：个、万元、人

指 标 名 称	固定资产净 值	固定资产净值年平均余 额	负债合计	流动负债合 计	应付账款
半导体分立器件制造	205863	206373	244186	185063	43341
集成电路制造	43195	42512	54298	53517	12171
光电子器件及其他电子器件制造	188817	118468	248254	236479	50137
电子元件制造	413510	398654	707377	682889	341370
电子元件及组件制造	353273	336526	597290	579486	297464
印制电路板制造	60238	62128	110088	103403	43906
家用视听设备制造	57679	57605	136998	129232	31348
家用影视设备制造	28039	27676	84822	78878	16580
家用音响设备制造	29641	29929	52176	50353	14769
其他电子设备制造	45589	45725	67660	64752	17374
其他电子设备制造	45589	45725	67660	64752	17374
仪器仪表及文化、办公用机械制造业	335722	322809	714443	654282	165581
通用仪器仪表制造	127983	124632	286756	269675	74421
工业自动控制系统装置制造	25795	23788	79923	76202	29806
电工仪器仪表制造	3132	4052	6613	5363	1296
绘图、计算及测量仪器制造	47720	47062	97828	94231	16889
实验分析仪器制造	11836	11468	17980	15493	8221
试验机制造	261	258	245	245	98
供应用仪表及其他通用仪器制造	39239	38005	84167	78142	18110
专用仪器仪表制造	24301	20392	63168	58837	32373
环境监测专用仪器仪表制造	39	48	1898	1898	35
汽车及其他用计数仪表制造	4274	4445	18425	18214	10618
导航、气象及海洋专用仪器制造	704	722	1121	1121	66
教学专用仪器制造	228	228	380	380	139
电子测量仪器制造	16860	12772	36193	32074	20538
其他专用仪器制造	2196	2178	5150	5150	978
钟表与计时仪器制造	6008	5902	20464	20417	3943
钟表与计时仪器制造	6008	5902	20464	20417	3943
光学仪器及眼镜制造	110363	106995	193584	156370	29622
光学仪器制造	69513	64060	130307	93524	18500
眼镜制造	40850	42935	63277	62846	11122
文化、办公用机械制造	58237	56793	131940	130452	22215
照相机及器材制造	38863	38796	98229	98149	19052
复印和胶印设备制造	10306	8890	9713	8605	1347
计算器及货币专用设备制造	2736	2253	2441	2141	242
其他文化、办公用机械制造	6332	6854	21558	21558	1574
其他仪器仪表的制造及修理	8829	8095	18532	18532	3009
其他仪器仪表的制造及修理	8829	8095	18532	18532	3009

1－D－2 续表4－17 单位：个、万元、人

指 标 名 称	固定资产净值	固定资产净值年平均余额	负债合计	流动负债合计	应付账款
工艺品及其他制造业	405844	401062	906211	827728	113903
工艺美术品制造	258886	253793	504286	462743	63879
雕塑工艺品制造	22209	22009	35350	34575	4124
金属工艺品制造	14647	12584	26394	26393	3825
漆器工艺品制造	3490	2116	7617	7617	1515
花画工艺品制造	3545	3663	9787	9704	574
天然植物纤维编织工艺品制造	6682	6620	15038	13982	3266
抽纱刺绣工艺品制造	84690	84894	142131	128479	13851
地毯、挂毯制造	36800	35570	52866	46764	8801
珠宝首饰及有关物品的制造	41772	41855	127361	110764	12847
其他工艺美术品制造	45053	44482	87744	84465	15078
日用杂品制造	137263	137515	386339	350765	49286
制镜及类似品加工	17956	19522	11738	8400	4628
鬃毛加工、制刷及清扫工具的制造	25729	26585	50715	46903	8386
其他日用杂品制造	93579	91409	323886	295462	36273
其他未列明的制造业	9694	9753	15586	14219	738
其他未列明的制造业	9694	9753	15586	14219	738
废弃资源和废旧材料回收加工业	40434	40813	279030	259094	75312
金属废料和碎屑的加工处理	32906	34115	249483	229586	69655
金属废料和碎屑的加工处理	32906	34115	249483	229586	69655
非金属废料和碎屑的加工处理	7528	6699	29547	29507	5657
非金属废料和碎屑的加工处理	7528	6699	29547	29507	5657
电力、燃气及水的生产和供应业	**1440195**	**1390341**	**1310842**	**956318**	**63505**
电力、热力的生产和供应业	1319747	1270206	1222947	912389	59447
电力生产	1240481	1191275	1116781	842450	50451
火力发电	1110425	1059439	1042550	822560	47584
水力发电	91048	92595	36737	11921	227
其他能源发电	39009	39241	37494	7969	2640
热力生产和供应	79266	78931	106166	69940	8996
热力生产和供应	79266	78931	106166	69940	8996
燃气生产和供应业	93219	92544	57585	40581	3593
燃气生产和供应业	93219	92544	57585	40581	3593
燃气生产和供应业	93219	92544	57585	40581	3593
水的生产和供应业	27230	27592	30310	3347	465
自来水的生产和供应	22860	23098	14920	658	163
自来水的生产和供应	22860	23098	14920	658	163
污水处理及其再生利用	4370	4494	15390	2690	302
污水处理及其再生利用	4370	4494	15390	2690	302

1－D－2 续表5－1

单位：个、万元、人

指标名称	长期负债合计	所有者权益合计	实收资本	国家资本	集体资本
总计	**5587250**	**41264944**	**28960345**	**439231**	**273602**
一、按轻重工业分					
轻工业	1910723	19841981	13805338	71165	120026
重工业	3676527	21422963	15155006	368065	153576
二、按规模分					
大型企业	1284209	6078242	3020337	23660	12870
中型企业	2311550	16518346	10990063	315524	101596
小型企业	1991490	18668356	14949945	100046	159136
三、按登记注册类型分					
港澳台商投资	**2126774**	**18144943**	**12397288**	**99548**	**106854**
与港澳台商合资经营	1501780	9981978	6183701	77709	106291
与港澳台商合作经营	11072	311110	214840	18999	519
港澳台商独资	576211	7403914	5694485	370	
港澳台商投资股份有限公司	37710	447942	304262	2469	44
外商投资	**3460476**	**23120001**	**16563057**	**339683**	**166748**
中外合资经营	1676179	11441109	7483846	297535	141256
中外合作经营	81103	381484	250381	15931	12023
外资企业	1603602	10215990	8291113		12770
外商投资股份有限公司	99592	1081418	537718	26218	700
四、按国民经济行业(门类、大类、中类、小类)分					
采矿业	**11047**	**80711**	**58789**		**220**
黑色金属矿采选业	4101	42553	4966		
铁矿采选	4101	42553	4966		
铁矿采选	4101	42553	4966		
非金属矿采选业	6946	38158	53823		220
土砂石开采	6946	38158	53823		220
石灰石、石膏开采	5597	9896	21547		
建筑装饰用石开采		8370	8735		220
耐火土石开采		431	314		
粘土及其他土砂石开采	1350	19462	23227		
制造业	**5221998**	**40205020**	**28173782**	**398005**	**250592**
农副食品加工业	101672	440070	354858	891	1758
谷物磨制	3030	4741	2601	430	
谷物磨制	3030	4741	2601	430	
饲料加工	81	6452	19544		
饲料加工	81	6452	19544		
植物油加工	500	76416	94313	391	
食用植物油加工	500	76416	94313	391	

1－D－2 续表5－2 单位：个、万元、人

指标名称	长期负债合计	所有者权益合计	实收资本	国家资本	集体资本
屠宰及肉类加工	20	25525	19078		
畜禽屠宰		10184	6315		
肉制品及副产品加工	20	15341	12763		
水产品加工	60205	199700	133249		1708
水产品冷冻加工	38461	104700	100692		1538
鱼糜制品及水产品干腌制加工	21744	91095	29060		170
水产饲料制造		2231	2318		
其他水产品加工		1674	1180		
蔬菜、水果和坚果加工	9840	69643	33704	70	50
蔬菜、水果和坚果加工	9840	69643	33704	70	50
其他农副食品加工	27995	57594	52370		
淀粉及淀粉制品的制造		7178	6215		
豆制品制造		6121	4718		
其他未列明的农副食品加工	27995	44295	41438		
食品制造业	19390	527321	346282	5225	2166
焙烤食品制造	866	64858	46781		
糕点、面包制造	866	14754	7900		
饼干及其他焙烤食品制造		50103	38881		
糖果、巧克力及蜜饯制造	28	62672	40418		
糖果、巧克力制造	...	59121	39527		
蜜饯制作	28	3551	891		
方便食品制造	3945	154956	81324		38
米、面制品制造		1319	1241		
速冻食品制造	1884	32158	25186		
方便面及其他方便食品制造	2060	121479	54897		38
液体乳及乳制品制造		5704	7822		
液体乳及乳制品制造		5704	7822		
罐头制造	3328	92969	56237	1140	1288
肉、禽类罐头制造	73	4779	1745		945
水产品罐头制造	2088	10287	6196		
蔬菜、水果罐头制造	1167	26976	24085	1140	344
其他罐头食品制造		50927	24211		
调味品、发酵制品制造	3286	23030	31612	287	
味精制造		794	8900		
酱油、食醋及类似制品的制造	504	1432	1259	287	
其他调味品、发酵制品制造	2782	20804	21453		
其他食品制造	7937	123132	82088	3798	840
营养、保健食品制造		40577	25847		760

1－D－2 续表5－3　　　　单位：个、万元、人

指标名称	长期负债合计	所有者权益合计	实收资本	国家资本	集体资本
冷冻饮品及食用冰制造	1991	18103	12528	3798	
食品及饲料添加剂制造	5946	64452	43713		80
饮料制造业	27690	1022637	575292	29343	2482
酒精制造		724	3800		
酒精制造		724	3800		
酒的制造	16441	240038	211247	27443	
白酒制造		13229	9935		
啤酒制造	13663	217899	190851	26341	
黄酒制造	2779	8910	10461	1102	
软饮料制造	10075	752622	339149		2482
碳酸饮料制造	5535	114858	62231		2482
瓶（罐）装饮用水制造	151	52732	40562		
果菜汁及果菜汁饮料制造	3920	23698	48648		
含乳饮料和植物蛋白饮料制造	97	270281	78875		
固体饮料制造		11069	9884		
茶饮料及其他软饮料制造	372	279985	98949		
精制茶加工	1174	29253	21096	1900	
精制茶加工	1174	29253	21096	1900	
烟草制品业		10982	5600		
其他烟草制品加工		10982	5600		
其他烟草制品加工		10982	5600		
纺织业	323355	4948818	3710836	5574	46377
棉、化纤纺织及印染精加工	193715	2117820	1609754		24952
棉、化纤纺织加工	129347	1131559	862007		15855
棉、化纤印染精加工	64368	986261	747747		9098
毛纺织和染整精加工	12296	193008	147651	2296	2620
毛条加工	8434	68940	54774	753	
毛纺织	2637	85242	59522	1543	2620
毛染整精加工	1225	38826	33355		
麻纺织	800	28025	23249		
麻纺织	800	28025	23249		
丝绢纺织及精加工	17522	327890	292025		6366
缫丝加工	282	29191	27201		
绢纺和丝织加工	16260	286896	251612		3206
丝印染精加工	980	11803	13212		3161
纺织制成品制造	46701	929114	662776	1655	11370
棉及化纤制品制造	13838	391552	284791		
毛制品制造	1702	48909	31571		2388

1－D－2 续表5－4

单位：个、万元、人

指标名称	长期负债合计	所有者权益合计	实收资本	国家资本	集体资本
麻制品制造		1026	737		
丝制品制造	9815	182998	92379		910
绳、索、缆的制造	3950	8410	5615		
纺织带和帘子布制造	10114	64824	58443	1655	
无纺布制造	4257	92078	75957		8071
其他纺织制成品制造	3025	139315	113285		
针织品、编织品及其制品制造	52322	1352963	975381	1623	1069
棉、化纤针织品及编织品制造	47030	1102295	771935	144	1069
毛针织品及编织品制造	1201	147426	123686		
丝针织品及编织品制造	233	76822	57135	1479	
其他针织品及编织品制造	3858	26420	22626		
纺织服装、鞋、帽制造业	110416	2186917	1513392	601	8215
纺织服装制造	110239	2155942	1488883	601	8215
纺织服装制造	110239	2155942	1488883	601	8215
纺织面料鞋的制造	177	19287	15533		
纺织面料鞋的制造	177	19287	15533		
制 帽		11688	8976		
制 帽		11688	8976		
皮革、毛皮、羽毛(绒)及其制品业	11057	1164834	781297	285	20561
皮革鞣制加工	4454	486256	304845		17391
皮革鞣制加工	4454	486256	304845		17391
皮革制品制造	5972	482738	357189	285	1405
皮鞋制造	3713	246498	167343	285	1083
皮革服装制造	58	43334	32780		
皮箱、包(袋)制造	945	114762	97027		
皮手套及皮装饰制品制造	73	37167	29882		322
其他皮革制品制造	1183	40976	30157		
毛皮鞣制及制品加工	31	42157	31830		
毛皮鞣制加工		5453	3312		
毛皮服装加工		33086	25235		
其他毛皮制品加工	31	3618	3284		
羽毛(绒)加工及制品制造	600	153683	87434		1765
羽毛(绒)制品加工	600	153683	87434		1765
木材加工及木、竹、藤、棕、草制品业	18225	336454	236615		700
锯材、木片加工		8973	4864		
锯材加工		4155	4004		
木片加工		4818	860		
人造板制造	5313	188509	129820		553

1-D-2 续表5-5

单位：个、万元、人

指标名称	长期负债合计	所有者权益合计	实收资本	国家资本	集体资本
胶合板制造	4232	137108	99025		553
纤维板制造		33246	16239		
其他人造板、材制造	1081	18155	14555		
木制品制造	6288	85961	65010		
建筑用木料及木材组件加工	6288	64349	40336		
木容器制造		4985	5256		
软木制品及其他木制品制造		16627	19418		
竹、藤、棕、草制品制造	6624	53011	36920		147
竹、藤、棕、草制品制造	6624	53011	36920		147
家具制造业	25567	680234	603827		1112
木质家具制造	12036	222704	241241		
木质家具制造	12036	222704	241241		
竹、藤家具制造		7188	6630		
竹、藤家具制造		7188	6630		
金属家具制造	9776	300125	220183		1112
金属家具制造	9776	300125	220183		1112
塑料家具制造		9492	6552		
塑料家具制造		9492	6552		
其他家具制造	3755	140726	129221		
其他家具制造	3755	140726	129221		
造纸及纸制品业	460920	1107129	934078	9350	3956
纸浆制造		5007	7366		
纸浆制造		5007	7366		
造　纸	444574	744341	668287	419	1500
机制纸及纸板制造	441892	719268	645119		1500
加工纸制造	2682	25074	23169	419	
纸制品制造	16346	357781	258425	8931	2456
纸和纸板容器的制造	1858	257687	154269	6696	2456
其他纸制品制造	14488	100095	104156	2235	
印刷业和记录媒介的复制	4154	281928	143913	1227	181
印　刷	4154	259338	122722	1227	181
书、报、刊印刷	2	21859	17219		
本册印制		11249	3765		
包装装潢及其他印刷	4152	226231	101739	1227	181
装订及其他印刷服务活动		11771	11547		
装订及其他印刷服务活动		11771	11547		
记录媒介的复制		10819	9643		
记录媒介的复制		10819	9643		

1－D－2 续表5－6 单位：个、万元、人

指标名称	长期负债合计	所有者权益合计	实收资本	国家资本	集体资本
文教体育用品制造业	28269	539275	477738		1691
文化用品制造	3446	132925	119496		
文具制造	2095	73749	74019		
笔的制造	60	46112	34799		
教学用模型及教具制造		2073	1888		
墨水、墨汁制造	30	1363	50		
其他文化用品制造	1261	9629	8740		
体育用品制造	2210	169382	178309		1170
球类制造	1310	16318	24358		
体育器材及配件制造		42930	43358		
训练健身器材制造	660	62073	56185		1170
运动防护用具制造	241	17190	25380		
其他体育用品制造		30871	29028		
乐器制造	9607	76267	67160		
中乐器制造		364	216		
西乐器制造	5166	41492	45994		
电子乐器制造		3985	3413		
其他乐器及零件制造	4441	30426	17537		
玩具制造	9930	118631	76833		521
玩具制造	9930	118631	76833		521
游艺器材及娱乐用品制造	3076	42070	35941		
露天游乐场所游乐设备制造		8931	9423		
游艺用品及室内游艺器材制造	3076	33139	26518		
石油加工、炼焦及核燃料加工业	46216	149484	101149	20780	3861
精炼石油产品的制造	46216	149484	101149	20780	3861
原油加工及石油制品制造	46216	149484	101149	20780	3861
化学原料及化学制品制造业	1103633	3479346	2715509	27511	61599
基础化学原料制造	297883	736559	550343	12895	83
无机酸制造	7536	29523	25411		
无机碱制造	1300	49789	24276	12523	
无机盐制造	3661	24318	23785	373	
有机化学原料制造	253465	480701	357808		83
其他基础化学原料制造	31921	152228	119063		
肥料制造		8657	2804		
复混肥料制造		8063	2331		
其他肥料制造		594	472		
农药制造	12276	177468	69804		1983
化学农药制造	11296	157533	59928		1983

1-D-2 续表5-7 单位:个、万元、人

指标名称	长期负债合计	所有者权益合计	实收资本	国家资本	集体资本
生物化学农药及微生物农药制造	980	19936	9877		
涂料、油墨、颜料及类似产品制造	35989	434329	228082	35	10507
涂料制造	1192	95208	40858	35	
油墨及类似产品制造	5169	54350	36389		1417
颜料制造	28487	73584	47046		5539
染料制造	1140	197296	94842		3486
密封用填料及类似品制造		13891	8948		65
合成材料制造	605459	1128145	1166616	10052	44359
初级形态的塑料及合成树脂制造	456295	853599	888529		44359
合成橡胶制造		6784	4157		
合成纤维单(聚合)体的制造	149164	237784	253030	10052	
其他合成材料制造		29978	20900		
专用化学产品制造	141305	730284	548061	2574	3786
化学试剂和助剂制造	27175	139790	94295		
专项化学用品制造	34299	105854	101924		
林产化学产品制造		1220	1370		
炸药及火工产品制造		2891	2119		
信息化学品制造	75532	399458	275919	672	
环境污染处理专用药剂材料制造	1194	22513	18322		3786
动物胶制造		26939	23202		
其他专用化学产品制造	3106	31619	30911	1902	
日用化学产品制造	10721	263904	149800	1955	881
肥皂及合成洗涤剂制造	7220	55497	50036		497
化妆品制造	298	116755	36419		
香料、香精制造	137	76556	48073	1955	384
其他日用化学产品制造	3066	15095	15272		
医药制造业	38714	726240	402403	7993	1369
化学药品原药制造	12805	187739	115973	5423	1154
化学药品原药制造	12805	187739	115973	5423	1154
化学药品制剂制造	11903	227079	136420		
化学药品制剂制造	11903	227079	136420		
中药饮片加工	60	4381	4986		
中药饮片加工	60	4381	4986		
中成药制造	2211	140624	54292	2570	
中成药制造	2211	140624	54292	2570	
兽用药品制造	2520	36407	20622		
兽用药品制造	2520	36407	20622		
生物、生化制品的制造	2475	108342	53350		

1－D－2 续表5－8

单位：个、万元、人

指标名称	长期负债合计	所有者权益合计	实收资本	国家资本	集体资本
生物、生化制品的制造	2475	108342	53350		
卫生材料及医药用品制造	6740	21668	16761		215
卫生材料及医药用品制造	6740	21668	16761		215
化学纤维制造业	435509	1873817	1265011		11301
纤维素纤维原料及纤维制造	9575	29450	28448		
人造纤维（纤维素纤维）制造	9575	29450	28448		
合成纤维制造	425934	1844367	1236563		11301
锦纶纤维制造	12189	76229	65275		
涤纶纤维制造	288493	1152357	689199		11301
腈纶纤维制造	5000	6342	11657		
其他合成纤维制造	120252	609440	470433		
橡胶制品业	168053	630863	349848		1240
轮胎制造	159952	533632	288522		
车辆、飞机及工程机械轮胎制造	159952	533632	288522		
橡胶板、管、带的制造	258	26519	19148		
橡胶板、管、带的制造	258	26519	19148		
橡胶零件制造	2841	27548	14611		162
橡胶零件制造	2841	27548	14611		162
日用及医用橡胶制品制造		5607	2565		
日用及医用橡胶制品制造		5607	2565		
橡胶靴鞋制造	5002	19379	11914		77
橡胶靴鞋制造	5002	19379	11914		77
其他橡胶制品制造		18177	13088		1001
其他橡胶制品制造		18177	13088		1001
塑料制品业	121769	1346835	944071	4838	21952
塑料薄膜制造	65969	358195	312755	4067	13511
塑料薄膜制造	65969	358195	312755	4067	13511
塑料板、管、型材的制造	14046	202262	163616		4112
塑料板、管、型材的制造	14046	202262	163616		4112
塑料丝、绳及编织品的制造		16721	13030	202	332
塑料丝、绳及编织品的制造		16721	13030	202	332
泡沫塑料制造	1862	50590	37349		411
泡沫塑料制造	1862	50590	37349		411
塑料人造革、合成革制造	8371	105059	65127		
塑料人造革、合成革制造	8371	105059	65127		
塑料包装箱及容器制造	15012	230997	137935		98
塑料包装箱及容器制造	15012	230997	137935		98
塑料零件制造	13167	94904	70573		2276

1－D－2 续表5－9 单位：个、万元、人

指标名称	长期负债合计	所有者权益合计	实收资本	国家资本	集体资本
塑料零件制造	13167	94904	70573		2276
日用塑料制造	1789	224989	103269	570	362
塑料鞋制造		10101	8003		
日用塑料杂品制造	1789	214888	95266	570	362
其他塑料制品制造	1554	63118	40417		850
其他塑料制品制造	1554	63118	40417		850
非金属矿物制品业	395929	1317178	932147	12564	9994
水泥、石灰和石膏的制造	36324	136065	127573	5134	7466
水泥制造	36324	133396	123439	5134	7466
石灰和石膏制造		2669	4134		
水泥及石膏制品制造	8032	199304	126243	458	300
水泥制品制造	7629	157461	91649	458	300
砼结构构件制造	313	6884	5044		
轻质建筑材料制造	90	34958	29550		
砖瓦、石材及其他建筑材料制造	4715	160226	110014		2098
粘土砖瓦及建筑砌块制造		6162	1796		
建筑陶瓷制品制造	425	103549	53018		1231
建筑用石加工		9267	10039		
防水建筑材料制造	1068	2871	2284		866
隔热和隔音材料制造	3223	37585	40632		
其他建筑材料制造		793	2245		
玻璃及玻璃制品制造	340228	742123	514176	6972	
平板玻璃制造		54643	52993		
技术玻璃制品制造	24370	111796	104064		
光学玻璃制造		838	339		
日用玻璃制品及玻璃包装容器制造	3869	96951	51579		
玻璃纤维及制品制造	311434	439289	273061		
玻璃纤维增强塑料制品制造		6893	4363		
其他玻璃制品制造	555	31713	27777	6972	
陶瓷制品制造		23182	13079		130
卫生陶瓷制品制造		16060	10873		130
特种陶瓷制品制造		4543	1324		
日用陶瓷制品制造		1652	469		
园林、陈设艺术及其他陶瓷制品制造		927	414		
耐火材料制品制造	121	30237	27711		
石棉制品制造		5216	4670		
耐火陶瓷制品及其他耐火材料制造	121	25021	23041		
石墨及其他非金属矿物制品制造	6508	26043	13352		

1－D－2 续表5－10

单位：个、万元、人

指标名称	长期负债合计	所有者权益合计	实收资本	国家资本	集体资本
石墨及碳素制品制造		7864	3994		
其他非金属矿物制品制造	6508	18179	9357		
黑色金属冶炼及压延加工业	165373	742172	719311	196993	
炼　钢	6850	29350	12537		
炼　钢	6850	29350	12537		
钢压延加工	157586	707549	703731	196993	
钢压延加工	157586	707549	703731	196993	
铁合金冶炼	937	5273	3043		
铁合金冶炼	937	5273	3043		
有色金属冶炼及压延加工业	41355	444241	340455		491
常用有色金属冶炼	24513	130020	69460		
铜冶炼		6581	5839		
镍钴冶炼	24353	119416	59675		
镁冶炼	160	745	290		
其他常用有色金属冶炼		3279	3657		
贵金属冶炼		5657	4000		
金冶炼		5657	4000		
稀有稀土金属冶炼		5507	7053		
钨钼冶炼		831	1017		
稀土金属冶炼		4676	6036		
有色金属合金制造	947	51952	44748		491
有色金属合金制造	947	51952	44748		491
有色金属压延加工	15895	251105	215195		
常用有色金属压延加工	15426	229196	211938		
贵金属压延加工		16904	500		
稀有稀土金属压延加工	469	5005	2756		
金属制品业	112484	1355624	975670	3304	4935
结构性金属制品制造	116	262821	163693		1333
金属结构制造	73	183892	107767		1333
金属门窗制造	43	78929	55926		
金属工具制造	1748	188991	118347		1065
切削工具制造	489	30159	10846		50
手工具制造	413	61139	31045		944
农用及园林用金属工具制造	683	41121	40189		
刀剪及类似日用金属工具制造	13	22739	13908		71
其他金属工具制造	150	33833	22361		
集装箱及金属包装容器制造	14601	181900	119226	3304	345
集装箱制造	14577	53197	45548	3304	

1－D－2 续表5－11

单位：个、万元、人

指标名称	长期负债合计	所有者权益合计	实收资本	国家资本	集体资本
金属压力容器制造		18817	9193		
金属包装容器制造	24	109887	64485		345
金属丝绳及其制品的制造	26325	103086	80099		
金属丝绳及其制品的制造	26325	103086	80099		
建筑、安全用金属制品制造	13641	310286	232486		1778
建筑、家具用金属配件制造	302	138168	106289		
建筑装饰及水暖管道零件制造	12758	134972	91944		1778
安全、消防用金属制品制造		28702	26936		
其他建筑、安全用金属制品制造	581	8444	7318		
金属表面处理及热处理加工	47627	113169	105124		
金属表面处理及热处理加工	47627	113169	105124		
搪瓷制品制造		6123	4458		
搪瓷卫生洁具制造		4598	3888		
搪瓷日用品及其他搪瓷制品制造		1526	570		
不锈钢及类似日用金属制品制造	8411	152533	116313		414
金属制厨房调理及卫生器具制造	208	20780	20483		414
金属制厨用器皿及餐具制造	3489	77630	46706		
其他日用金属制品制造	4714	54123	49125		
其他金属制品制造	16	36716	35923		
其他未列明的金属制品制造	16	36716	35923		
通用设备制造业	176543	3273297	2110753	29774	3274
锅炉及原动机制造	7305	286230	102891	29774	
锅炉及辅助设备制造	3232	59858	38389	3414	
内燃机及配件制造		37158	11156	2700	
汽轮机及辅机制造	4073	189215	53346	23660	
金属加工机械制造	22973	242767	164999		
金属切削机床制造	1433	78018	57910		
金属成形机床制造	8000	91384	55769		
铸造机械制造	10253	16451	13053		
金属切割及焊接设备制造		9581	8607		
机床附件制造	3287	31897	17776		
其他金属加工机械制造		15436	11884		
起重运输设备制造	6579	353279	184278		
起重运输设备制造	6579	353279	184278		
泵、阀门、压缩机及类似机械的制造	50320	631507	444653		1768
泵及真空设备制造	4405	138687	88881		1705
气体压缩机械制造	13803	93961	126349		
阀门和旋塞的制造	14491	290990	176105		62

1－D－2　续表5－12

单位：个、万元、人

指标名称	长期负债合计	所有者权益合计	实收资本	国家资本	集体资本
液压和气压动力机械及元件制造	17622	107869	53318		
轴承、齿轮、传动和驱动部件的制造	15149	484299	352901		
轴承制造	14311	375946	271988		
齿轮、传动和驱动部件制造	838	108353	80913		
烘炉、熔炉及电炉制造	1914	14113	5449		
烘炉、熔炉及电炉制造	1914	14113	5449		
风机、衡器、包装设备等通用设备制造	15946	381200	270098		721
风机、风扇制造	2793	14709	12707		
气体、液体分离及纯净设备制造	1011	28718	16115		
制冷、空调设备制造	435	139718	95492		721
风动和电动工具制造	10625	141858	106947		
喷枪及类似器具制造	642	24693	16544		
包装专用设备制造	440	13319	6272		
衡器制造		7070	4122		
其他通用设备制造		11115	11899		
通用零部件制造及机械修理	42058	678433	482553		86
金属密封件制造	3596	40928	27931		
紧固件、弹簧制造	36501	528074	359798		
机械零部件加工及设备修理	1314	57495	53006		86
其他通用零部件制造	648	51937	41818		
金属铸、锻加工	14299	201469	102932		700
钢铁铸件制造	3567	115139	65033		700
锻件及粉末冶金制品制造	10731	86330	37899		
专用设备制造业	116111	1567874	986515		2106
矿山、冶金、建筑专用设备制造	4578	111585	62938		
石油钻采专用设备制造		394	163		
建筑工程用机械制造	186	87428	43612		
建筑材料生产专用机械制造	2000	7055	5326		
冶金专用设备制造	2392	16709	13838		
化工、木材、非金属加工专用设备制造	45598	776144	431656		219
炼油、化工生产专用设备制造		18296	17628		219
橡胶加工专用设备制造		11613	5851		
塑料加工专用设备制造	13616	442948	169040		
木材加工机械制造	3154	8504	12026		
模具制造	28828	293968	226302		
其他非金属加工专用设备制造		816	810		
食品、饮料、烟草及饲料生产专用设备制造	39	45993	16990		
食品、饮料、烟草工业专用设备制造	24	37792	10032		

1－D－2　续表5－13

单位：个、万元、人

指　标　名　称	长期负债合　　计	所有者权益合　　计	实收资本	国家资本	集体资本
农副食品加工专用设备制造	15	8201	6958		
印刷、制药、日化生产专用设备制造	125	39198	29705		
制浆和造纸专用设备制造		2249	1282		
印刷专用设备制造	125	28656	16760		
日用化工专用设备制造		522	4002		
制药专用设备制造		5610	5275		
照明器具生产专用设备制造		1388	1559		
玻璃、陶瓷和搪瓷制品生产专用设备制造		774	828		
纺织、服装和皮革工业专用设备制造	12342	238606	195807		410
纺织专用设备制造	284	71975	62981		
皮革、毛皮及其制品加工专用设备制造		16994	14387		194
缝纫机械制造	12059	140916	112007		216
其他服装加工专用设备制造		8722	6432		
电子和电工机械专用设备制造	686	41527	30627		49
电工机械专用设备制造		1162	864		
电子工业专用设备制造	686	40365	29763		49
农、林、牧、渔专用机械制造	34753	73880	61140		
拖拉机制造	34597	16473	20600		
机械化农业及园艺机具制造	156	52800	36529		
农林牧渔机械配件制造		3990	3538		
其他农林牧渔业机械制造及机械修理		618	472		
医疗仪器设备及器械制造	14756	143193	97869		
医疗诊断、监护及治疗设备制造	11448	37399	27033		
口腔科用设备及器具制造		902	737		
实验室及医用消毒设备和器具的制造	178	3797	2691		
医疗、外科及兽医用器械制造	3130	79176	46488		
机械治疗及病房护理设备制造		3883	2743		
其他医疗设备及器械制造		18037	18178		
环保、社会公共安全及其他专用设备制造	3235	97747	59784		1427
环境污染防治专用设备制造	3110	45193	22836		522
邮政专用机械及器材制造	42	381	331		
社会公共安全设备及器材制造	72	18765	13755		
其他专用设备制造	10	33409	22862		905
交通运输设备制造业	366730	2350329	1672881	16849	21339
铁路运输设备制造	290	4399	5729		
铁路机车车辆配件制造	290	771	1176		
铁路专用设备及器材、配件制造		860	828		
其他铁路设备制造及设备修理		2769	3725		

1－D－2 续表5－14

单位：个、万元、人

指 标 名 称	长期负债合计	所有者权益合计			
			实收资本		
				国家资本	集体资本
汽车制造	81444	1603254	1226345	16849	21339
汽车整车制造		51004	41639	16849	
改装汽车制造		14	166		
汽车车身、挂车的制造		4612	9011		
汽车零部件及配件制造	81444	1535123	1168799		21339
汽车修理		12502	6730		
摩托车制造	11	21746	18793		
摩托车零部件及配件制造	11	21746	18793		
自行车制造	6	89756	89036		
脚踏自行车及残疾人座车制造	6	34063	38705		
助动自行车制造		55693	50330		
船舶及浮动装置制造	284978	621360	324267		
金属船舶制造	180585	347908	134830		
非金属船舶制造		35888	17704		
娱乐船和运动船的建造和修理		49029	49156		
船用配套设备制造	80178	98096	78577		
船舶修理及拆船	24216	90440	44000		
交通器材及其他交通运输设备制造		9813	8712		
交通管理用金属标志及设施制造		4512	2261		
其他交通运输设备制造		5302	6452		
电气机械及器材制造业	256559	3035641	1944725	5239	8944
电机制造	24977	467776	354752	4347	
发电机及发电机组制造	15266	96829	96268	4347	
电动机制造	9298	185346	114051		
微电机及其他电机制造	412	185602	144434		
输配电及控制设备制造	12454	529333	329454		2758
变压器、整流器和电感器制造	6386	44259	32798		210
电容器及其配套设备制造	24	20124	7345		
配电开关控制设备制造	3583	330573	209200		2548
电力电子元器件制造	2460	129170	75361		
其他输配电及控制设备制造		5207	4750		
电线、电缆、光缆及电工器材制造	79933	418355	301569		658
电线电缆制造	71933	294021	216610		459
光纤、光缆制造	8000	93432	70230		
绝缘制品制造		15567	7766		
其他电工器材制造		15336	6963		199
电池制造	65301	470566	288534		5025
电池制造	65301	470566	288534		5025

1－D－2 续表5－15 单位：个、万元、人

指标名称	长期负债合计	所有者权益合计	实收资本	国家资本	集体资本
家用电力器具制造	38177	619566	357563		133
家用制冷电器具制造	541	41271	21262		
家用空气调节器制造	1000	10750	12651		
家用通风电器具制造	67	17308	13858		
家用厨房电器具制造	23400	243285	120611		58
家用清洁卫生电器具制造	3800	184156	80004		
家用美容、保健电器具制造	163	21225	18488		75
家用电力器具专用配件制造	4360	28299	34880		
其他家用电力器具制造	4846	73272	55810		
非电力家用器具制造	16830	77098	45693	699	
燃气、太阳能及类似能源的器具制造	14036	51772	19429	699	
其他非电力家用器具制造	2794	25327	26264		
照明器具制造	18182	412084	233689		370
电光源制造	9200	147391	73907		
照明灯具制造	8982	228522	141357		370
灯用电器附件及其他照明器具制造		36172	18424		
其他电气机械及器材制造	705	40862	33472	193	
车辆专用照明及电气信号设备装置制造	29	27245	21900	193	
其他未列明的电气机械制造	676	13617	11572		
通信设备、计算机及其他电子设备制造业	405093	3266800	2099795	15274	2449
通信设备制造	17693	628632	459940		
通信传输设备制造	7794	107470	66696		
通信交换设备制造	5000	28504	22317		
通信终端设备制造		7209	4129		
移动通信及终端设备制造	4663	434673	325233		
其他通信设备制造	237	50776	41565		
雷达及配套设备制造		2933	1892		
雷达及配套设备制造		2933	1892		
广播电视设备制造	9479	71034	61016		
广播电视节目制作及发射设备制造		318	248		
广播电视接收设备及器材制造		47651	38476		
应用电视设备及其他广播电视设备制造	9479	23066	22291		
电子计算机制造	272217	1226802	591328		
电子计算机整机制造		27863	19864		
计算机网络设备制造	114	307172	85013		
电子计算机外部设备制造	272103	891768	486451		
电子器件制造	71679	531295	402412	2240	2250
电子真空器件制造		1876	2885		

1－D－2　续表5－16

单位：个、万元、人

指标名称	长期负债合计	所有者权益合计	实收资本	国家资本	集体资本
半导体分立器件制造	59123	254942	179736		
集成电路制造	781	83272	76229		
光电子器件及其他电子器件制造	11775	191204	143562	2240	2250
电子元件制造	23351	658502	468336	13035	199
电子元件及组件制造	17508	586973	395542	13035	199
印制电路板制造	5843	71530	72794		
家用视听设备制造	7766	97362	72675		
家用影视设备制造	5944	43121	32425		
家用音响设备制造	1823	54241	40250		
其他电子设备制造	2908	50240	42197		
其他电子设备制造	2908	50240	42197		
仪器仪表及文化、办公用机械制造业	58217	681221	391108	3608	6542
通用仪器仪表制造	17024	307994	142869	234	4800
工业自动控制系统装置制造	3664	109712	42478	234	4800
电工仪器仪表制造	1250	11793	6331		
绘图、计算及测量仪器制造	3597	53144	37925		
实验分析仪器制造	2488	16920	10498		
试验机制造		526	120		
供应用仪表及其他通用仪器制造	6025	115899	45518		
专用仪器仪表制造	2753	54304	38498	1124	156
环境监测专用仪器仪表制造		1411	1405		
汽车及其他用计数仪表制造	－1367	8697	9264	1124	156
导航、气象及海洋专用仪器制造		995	1242		
教学专用仪器制造		363	86		
电子测量仪器制造	4119	16660	20373		
其他专用仪器制造		26177	6129		
钟表与计时仪器制造	47	9745	6553		
钟表与计时仪器制造	47	9745	6553		
光学仪器及眼镜制造	37205	196316	118573	2050	1586
光学仪器制造	36783	120749	68045	1243	1586
眼镜制造	422	75568	50528	808	
文化、办公用机械制造	1188	101459	69138	200	
照相机及器材制造	80	66503	42595		
复印和胶印设备制造	1108	13864	5073	200	
计算器及货币专用设备制造	－1	9175	10184		
其他文化、办公用机械制造		11918	11286		
其他仪器仪表的制造及修理		11403	15478		
其他仪器仪表的制造及修理		11403	15478		

1－D－2 续表5－17 单位：个、万元、人

指标名称	长期负债合计	所有者权益合计	实收资本	国家资本	集体资本
工艺品及其他制造业	63082	630125	443125		
工艺美术品制造	29553	424592	308150		
雕塑工艺品制造	774	28894	23968		
金属工艺品制造	1	27685	24441		
漆器工艺品制造		4980	4024		
花画工艺品制造	82	6810	6639		
天然植物纤维编织工艺品制造	1056	10306	6664		
抽纱刺绣工艺品制造	1830	114963	71871		
地毯、挂毯制造	6102	32932	31189		
珠宝首饰及有关物品的制造	16431	117521	69869		
其他工艺美术品制造	3279	80502	69486		
日用杂品制造	32162	191183	125116		
制镜及类似品加工	111	33218	15395		
鬃毛加工、制刷及清扫工具的制造	3811	26155	19094		
其他日用杂品制造	28241	131811	90628		
其他未列明的制造业	1367	14350	9858		
其他未列明的制造业	1367	14350	9858		
废弃资源和废旧材料回收加工业	19917	87333	95580	782	
金属废料和碎屑的加工处理	19897	66463	80396	782	
金属废料和碎屑的加工处理	19897	66463	80396	782	
非金属废料和碎屑的加工处理	20	20870	15184		
非金属废料和碎屑的加工处理	20	20870	15184		
电力、燃气及水的生产和供应业	**354204**	**979213**	**727774**	**41226**	**22790**
电力、热力的生产和供应业	310238	849499	610399	27070	22790
电力生产	274012	805693	575453	27070	19672
火力发电	219990	712289	492111	10452	19672
水力发电	24496	79769	68570	16618	
其他能源发电	29525	13636	14772		
热力生产和供应	36226	43805	34946		3118
热力生产和供应	36226	43805	34946		3118
燃气生产和供应业	17004	106536	94463	7745	
燃气生产和供应业	17004	106536	94463	7745	
燃气生产和供应业	17004	106536	94463	7745	
水的生产和供应业	26963	23179	22912	6411	
自来水的生产和供应	14263	15609	14635	6411	
自来水的生产和供应	14263	15609	14635	6411	
污水处理及其再生利用	12700	7571	8277		
污水处理及其再生利用	12700	7571	8277		

1－D－2 续表6－1

单位：个、万元、人

指 标 名 称	法人资本	个人资本	港澳台资本	外商资本	主营业务收入
总 计	**4932288**	**1752512**	**9068959**	**12493754**	**107519277**
一、按轻重工业分					
轻工业	2555276	1027749	4849344	5181779	50450977
重工业	2377012	724763	4219615	7311975	57068300
二、按规模分					
大型企业	563266	46694	849110	1524737	17759818
中型企业	2187989	656455	3270768	4457730	49163450
小型企业	2181033	1049363	4949081	6511287	40596009
三、按登记注册类型分					
港澳台商投资	**2397097**	**799087**	**8950269**	**44434**	**46411388**
与港澳台商合资经营	2254424	756736	2962737	25804	28925852
与港澳台商合作经营	69614	22986	101022	1700	729124
港澳台商独资	27092	7971	5642568	16483	15662125
港澳台商投资股份有限公司	45967	11394	243942	447	1094286
外商投资	**2535191**	**953425**	**118690**	**12449320**	**61107889**
中外合资经营	2283584	826500	94770	3840201	33905469
中外合作经营	44474	53434	3222	121298	1026939
外资企业	134927	41740	16247	8085430	23720486
外商投资股份有限公司	72206	31751	4452	402390	2454995
四、按国民经济行业(门类、大类、中类、小类)分					
采矿业	**3940**	**6592**	**13487**	**34551**	**150458**
黑色金属矿采选业				4966	96181
铁矿采选				4966	96181
铁矿采选				4966	96181
非金属矿采选业	3940	6592	13487	29585	54278
土砂石开采	3940	6592	13487	29585	54278
石灰石、石膏开采				21547	6026
建筑装饰用石开采	440	100	1468	6507	19121
耐火土石开采		223	91		3086
粘土及其他土砂石开采	3500	6269	11927	1531	26045
制造业	**4749170**	**1733993**	**8857495**	**12184528**	**106172840**
农副食品加工业	63009	13058	88633	187509	1850506
谷物磨制	1316		440	414	61748
谷物磨制	1316		440	414	61748
饲料加工	1577	760	4394	12813	88709
饲料加工	1577	760	4394	12813	88709
植物油加工	1527		6417	85978	590798
食用植物油加工	1527		6417	85978	590798

1－D－2 续表6－2 单位：个、万元、人

指 标 名 称	法人资本	个人资本	港澳台资本	外商资本	主营业务收入
屠宰及肉类加工	9499	258	8543	778	149458
畜禽屠宰	5373		942		80979
肉制品及副产品加工	4127	258	7601	778	68479
水产品加工	44049	10990	20719	55783	719817
水产品冷冻加工	32603	10094	8414	48044	586035
鱼糜制品及水产品干腌制加工	10677	830	9987	7395	117906
水产饲料制造			2318		8374
其他水产品加工	769	67		344	7503
蔬菜、水果和坚果加工	5028	1050	6683	20824	142117
蔬菜、水果和坚果加工	5028	1050	6683	20824	142117
其他农副食品加工	12		41438	10920	97858
淀粉及淀粉制品的制造	12			6203	15861
豆制品制造				4718	15084
其他未列明的农副食品加工			41438		66913
食品制造业	46113	8170	116171	168438	1450861
焙烤食品制造		700	23858	22224	148446
糕点、面包制造		700	5619	1581	34727
饼干及其他焙烤食品制造			18239	20643	113720
糖果、巧克力及蜜饯制造	1235	465	4531	34188	109567
糖果、巧克力制造	1235	315	4531	33447	107153
蜜饯制作		150		741	2414
方便食品制造	5011	353	41780	34142	471409
米、面制品制造			1241		1546
速冻食品制造	3941	353	5467	15425	38471
方便面及其他方便食品制造	1071		35072	18717	431392
液体乳及乳制品制造			7822		17822
液体乳及乳制品制造			7822		17822
罐头制造	17802	2149	4255	29602	265416
肉、禽类罐头制造		560		240	21571
水产品罐头制造		463		5733	26395
蔬菜、水果罐头制造	5939	1126	4255	11282	122813
其他罐头食品制造	11864			12348	94637
调味品、发酵制品制造	2021	314	15975	13016	46768
味精制造			8900		12804
酱油、食醋及类似制品的制造	621		207	143	8287
其他调味品、发酵制品制造	1400	314	6867	12872	25677
其他食品制造	20044	4190	17951	35267	391433
营养、保健食品制造	632	1046	9450	13959	60407

1－D－2 续表6－3

单位：个、万元、人

指标名称	法人资本	个人资本	港澳台资本	外商资本	主营业务收入
冷冻饮品及食用冰制造	1617	1108	5636	370	69902
食品及饲料添加剂制造	17794	2035	2866	20938	261124
饮料制造业	115193	26454	147773	254047	3157206
酒精制造	655	1920	1225		9376
酒精制造	655	1920	1225		9376
酒的制造	13036	14305	45239	111224	402417
白酒制造				9935	14423
啤酒制造	13036	14189	42862	94422	375948
黄酒制造		115	2377	6867	12046
软饮料制造	99801	6408	96630	133829	2708737
碳酸饮料制造	23974		10375	25401	365127
瓶（罐）装饮用水制造	17635	2490	1010	19427	1088293
果菜汁及果菜汁饮料制造	3035	1706	29176	14731	69108
含乳饮料和植物蛋白饮料制造	17386	2212	16549	42728	376410
固体饮料制造	7355		2345	184	11072
茶饮料及其他软饮料制造	30417		37176	31357	798728
精制茶加工	1702	3821	4679	8994	36677
精制茶加工	1702	3821	4679	8994	36677
烟草制品业		4200	1400		11858
其他烟草制品加工		4200	1400		11858
其他烟草制品加工		4200	1400		11858
纺织业	606620	332242	1725793	994229	11130086
棉、化纤纺织及印染精加工	297758	157050	722407	407588	4902794
棉、化纤纺织加工	178224	78901	405154	183873	2678316
棉、化纤印染精加工	119534	78148	317253	223715	2224478
毛纺织和染整精加工	19876	8629	93648	20581	414057
毛条加工		1122	52118	781	163602
毛纺织	6109	5522	32084	11644	193820
毛染整精加工	13768	1985	9446	8156	56635
麻纺织	4263	2252	14078	2657	41047
麻纺织	4263	2252	14078	2657	41047
丝绢纺织及精加工	34262	11232	203404	36760	534063
缫丝加工	6649	265	19913	375	29111
绢纺和丝织加工	23354	10278	180299	34475	469331
丝印染精加工	4260	689	3192	1911	35621
纺织制成品制造	92771	51543	253326	252111	2043930
棉及化纤制品制造	40519	11760	102806	129706	925960
毛制品制造	3281	582	10813	14506	137302

1－D－2 续表6－4 单位：个、万元、人

指 标 名 称	法人资本	个人资本	港澳台资本	外商资本	主营业务收 入
麻制品制造			737		5215
丝制品制造	15973	27667	35563	12266	464622
绳、索、缆的制造	807	310	1313	3184	11489
纺织带和帘子布制造	12990	1883	14792	27123	149966
无纺布制造	6257	2568	22097	36964	172998
其他纺织制成品制造	12943	6774	65206	28361	176378
针织品、编织品及其制品制造	157690	101537	438931	274532	3194195
棉、化纤针织品及编织品制造	130006	80677	332199	227840	2648350
毛针织品及编织品制造	8575	9898	71423	33790	275585
丝针织品及编织品制造	15006	7090	26869	6691	201091
其他针织品及编织品制造	4103	3872	8440	6211	69169
纺织服装、鞋、帽制造业	188661	90760	679794	545361	5632752
纺织服装制造	186812	87403	676287	529564	5558302
纺织服装制造	186812	87403	676287	529564	5558302
纺织面料鞋的制造	1442	1579	1815	10698	46829
纺织面料鞋的制造	1442	1579	1815	10698	46829
制 帽	407	1778	1692	5100	27621
制 帽	407	1778	1692	5100	27621
皮革、毛皮、羽毛(绒)及其制品业	136718	112858	153374	357502	3159366
皮革鞣制加工	67890	26534	48147	144883	844756
皮革鞣制加工	67890	26534	48147	144883	844756
皮革制品制造	54501	60650	64288	176060	1649882
皮鞋制造	30410	32551	17435	85579	875072
皮革服装制造	8117	2876	8292	13495	164486
皮箱、包(袋)制造	9857	7442	33978	45750	406296
皮手套及皮装饰制品制造	2060	7390	833	19276	99296
其他皮革制品制造	4057	10391	3749	11960	104732
毛皮鞣制及制品加工	260	6455	15811	9304	96731
毛皮鞣制加工		175	1731	1406	5713
毛皮服装加工	218	5938	13673	5406	81592
其他毛皮制品加工	41	342	408	2492	9427
羽毛(绒)加工及制品制造	14067	19219	25129	27255	567997
羽毛(绒)制品加工	14067	19219	25129	27255	567997
木材加工及木、竹、藤、棕、草制品业	59290	22376	74180	80069	968301
锯材、木片加工		624	4240		35388
锯材加工		124	3880		7399
木片加工		500	360		27989
人造板制造	42515	7292	41857	37604	486798

1－D－2　续表6－5　　　　单位：个、万元、人

指　标　名　称	法人资本	个人资本	港澳台资本	外商资本	主营业务收　入
胶合板制造	28541	4718	37218	27996	371096
纤维板制造	10517	1567	147	4009	51932
其他人造板、材制造	3457	1008	4491	5599	63770
木制品制造	8306	7091	18000	31613	283106
建筑用木料及木材组件加工	6837	3602	4628	25270	257152
木容器制造	208		5049		3100
软木制品及其他木制品制造	1262	3490	8323	6343	22855
竹、藤、棕、草制品制造	8469	7369	10083	10852	163010
竹、藤、棕、草制品制造	8469	7369	10083	10852	163010
家具制造业	69291	19282	164343	349799	1895009
木质家具制造	37544	6054	59145	138498	484175
木质家具制造	37544	6054	59145	138498	484175
竹、藤家具制造	3091	123	2806	610	14526
竹、藤家具制造	3091	123	2806	610	14526
金属家具制造	18722	8962	47129	144258	877403
金属家具制造	18722	8962	47129	144258	877403
塑料家具制造	289	20	2247	3996	23344
塑料家具制造	289	20	2247	3996	23344
其他家具制造	9645	4123	53016	62437	495560
其他家具制造	9645	4123	53016	62437	495560
造纸及纸制品业	490180	39683	239376	151534	2504562
纸浆制造	368			6998	4315
纸浆制造	368			6998	4315
造　纸	464243	29637	124833	47656	1629361
机制纸及纸板制造	459761	29637	118112	36109	1576387
加工纸制造	4482		6721	11547	52974
纸制品制造	25569	10047	114543	96880	870886
纸和纸板容器的制造	21730	3953	55526	63908	671686
其他纸制品制造	3839	6093	59017	32972	199201
印刷业和记录媒介的复制	43655	11253	42227	45369	463200
印　刷	39826	9093	35630	36765	414004
书、报、刊印刷	6782	273		10163	20570
本册印制	863	1464	1175	263	60395
包装装潢及其他印刷	32181	7356	34455	26339	333040
装订及其他印刷服务活动	935	2160	6598	1854	7322
装订及其他印刷服务活动	935	2160	6598	1854	7322
记录媒介的复制	2894			6750	41873
记录媒介的复制	2894			6750	41873

1－D－2 续表6－6　　　　单位：个、万元、人

指标名称					主营业务收入
	法人资本	个人资本	港澳台资本	外商资本	
文教体育用品制造业	34383	14633	175279	251753	1306241
文化用品制造	14915	4173	41018	59391	357893
文具制造	6522	3195	29534	34769	180082
笔的制造	8049	952	8950	16848	156201
教学用模型及教具制造	137		211	1539	2265
墨水、墨汁制造		26		25	1231
其他文化用品制造	207		2323	6210	18114
体育用品制造	12146	3604	79235	82153	358083
球类制造	1381	319	2521	20137	34369
体育器材及配件制造	3488	1394	29697	8778	51156
训练健身器材制造	6269	250	23914	24582	153145
运动防护用具制造		1173	21899	2308	26042
其他体育用品制造	1009	468	1204	26348	93371
乐器制造	653	769	3633	62106	115068
中乐器制造	166		50		888
西乐器制造	75	124	66	45728	62265
电子乐器制造		229	3184		2815
其他乐器及零件制造	412	416	332	16378	49100
玩具制造	6669	6087	24423	39133	406593
玩具制造	6669	6087	24423	39133	406593
游艺器材及娱乐用品制造			26970	8971	68604
露天游乐场所游乐设备制造			4139	5285	6595
游艺用品及室内游艺器材制造			22832	3686	62009
石油加工、炼焦及核燃料加工业	8346	281	33164	34717	1212915
精炼石油产品的制造	8346	281	33164	34717	1212915
原油加工及石油制品制造	8346	281	33164	34717	1212915
化学原料及化学制品制造业	335975	128862	497394	1664169	9089337
基础化学原料制造	86557	43568	82346	324893	1703463
无机酸制造	15043		1450	8918	74435
无机碱制造	2400	4000	5353		70081
无机盐制造		1705	1599	20109	41250
有机化学原料制造	66459	37784	72049	181434	1324227
其他基础化学原料制造	2655	80	1895	114433	193470
肥料制造	1550	58	414	781	21781
复混肥料制造	1550			781	20594
其他肥料制造		58	414		1187
农药制造	11874	4598	11314	40035	461389
化学农药制造	11874	598	5437	40035	443229

1-D-2 续表6-7 单位：个、万元、人

指 标 名 称	法人资本	个人资本	港澳台资本	外商资本	主营业务收入
生物化学农药及微生物农药制造		4000	5877		18160
涂料、油墨、颜料及类似产品制造	41503	27153	42655	106229	1013183
涂料制造	6791	2936	6301	24795	195510
油墨及类似产品制造	11198		10761	13012	98968
颜料制造	11103	11973	6096	12335	138018
染料制造	12141	12070	19379	47766	558246
密封用填料及类似品制造	270	174	118	8321	22442
合成材料制造	118837	5604	212806	774957	3755876
初级形态的塑料及合成树脂制造	12406	3991	170011	657762	2479854
合成橡胶制造	556	53	195	3354	16724
合成纤维单(聚合)体的制造	105876	720	41642	94740	1184688
其他合成材料制造		841	959	19100	74610
专用化学产品制造	65144	17033	129800	329724	1516012
化学试剂和助剂制造	13841	2469	18737	59247	436539
专项化学用品制造	26254	8549	44229	22893	233450
林产化学产品制造		80		1290	1903
炸药及火工产品制造			2119		5913
信息化学品制造	18009	4371	61660	191206	688705
环境污染处理专用药剂材料制造	215		501	13820	35842
动物胶制造	6003			17199	39031
其他专用化学产品制造	822	1563	2554	24069	74630
日用化学产品制造	10510	30848	18058	87549	617632
肥皂及合成洗涤剂制造	7669	30602	2317	8952	73617
化妆品制造	2691	247	5163	28318	444949
香料、香精制造	150			45585	84465
其他日用化学产品制造			10578	4695	14601
医药制造业	51626	30113	75214	236088	1496226
化学药品原药制造	15252	15352	19613	59178	379069
化学药品原药制造	15252	15352	19613	59178	379069
化学药品制剂制造	10286	700	16263	109171	513446
化学药品制剂制造	10286	700	16263	109171	513446
中药饮片加工	878	311		3797	7424
中药饮片加工	878	311		3797	7424
中成药制造	9602	2625	19680	19815	179014
中成药制造	9602	2625	19680	19815	179014
兽用药品制造	5208	1240		14173	98393
兽用药品制造	5208	1240		14173	98393
生物、生化制品的制造	8508	1060	19572	24210	203426

1－D－2 续表6－8 单位：个、万元、人

指标名称	法人资本	个人资本	港澳台资本	外商资本	主营业务收入
生物、生化制品的制造	8508	1060	19572	24210	203426
卫生材料及医药用品制造	1892	8825	85	5744	115454
卫生材料及医药用品制造	1892	8825	85	5744	115454
化学纤维制造业	321200	114725	387039	430747	5041235
纤维素纤维原料及纤维制造	10	14983	9843	3612	44972
人造纤维（纤维素纤维）制造	10	14983	9843	3612	44972
合成纤维制造	321190	99742	377196	427134	4996263
锦纶纤维制造	8500	2035	43186	11554	183731
涤纶纤维制造	214805	65939	249986	147168	3689458
腈纶纤维制造		7939	3318	400	111037
其他合成纤维制造	97885	23829	80705	268013	1012037
橡胶制品业	78773	6575	15190	248070	2110127
轮胎制造	67052	276	1124	220071	1818349
车辆、飞机及工程机械轮胎制造	67052	276	1124	220071	1818349
橡胶板、管、带的制造	2169	2081	9285	5613	70643
橡胶板、管、带的制造	2169	2081	9285	5613	70643
橡胶零件制造	3416	1005	563	9465	53474
橡胶零件制造	3416	1005	563	9465	53474
日用及医用橡胶制品制造	993	105	184	1283	20404
日用及医用橡胶制品制造	993	105	184	1283	20404
橡胶靴鞋制造	4149	2749	2007	2932	55016
橡胶靴鞋制造	4149	2749	2007	2932	55016
其他橡胶制品制造	993	360	2028	8706	92242
其他橡胶制品制造	993	360	2028	8706	92242
塑料制品业	137062	103081	259658	417480	3236753
塑料薄膜制造	20634	44753	73461	156330	750915
塑料薄膜制造	20634	44753	73461	156330	750915
塑料板、管、型材的制造	45769	14541	32288	66905	464317
塑料板、管、型材的制造	45769	14541	32288	66905	464317
塑料丝、绳及编织品的制造	3145	317	3525	5509	49289
塑料丝、绳及编织品的制造	3145	317	3525	5509	49289
泡沫塑料制造	269	647	8681	27342	130330
泡沫塑料制造	269	647	8681	27342	130330
塑料人造革、合成革制造	9332	18770	27100	9925	355775
塑料人造革、合成革制造	9332	18770	27100	9925	355775
塑料包装箱及容器制造	23906	5437	31133	77361	353138
塑料包装箱及容器制造	23906	5437	31133	77361	353138
塑料零件制造	13556	5630	26844	22268	282958

1－D－2 续表6－9 单位：个、万元、人

指 标 名 称	法人资本	个人资本	港澳台资本	外商资本	主营业务收入
塑料零件制造	13556	5630	26844	22268	282958
日用塑料制造	16910	10437	39629	35363	664406
塑料鞋制造	1630	3152	756	2465	27112
日用塑料杂品制造	15280	7285	38872	32897	637294
其他塑料制品制造	3543	2549	16997	16478	185625
其他塑料制品制造	3543	2549	16997	16478	185625
非金属矿物制品业	262486	31280	245306	370517	1988764
水泥、石灰和石膏的制造	21036	2481	64027	27429	263660
水泥制造	20458		63200	27181	259564
石灰和石膏制造	578	2481	827	248	4096
水泥及石膏制品制造	29000	10045	39500	46940	385246
水泥制品制造	25700	8743	20385	36063	323455
砼结构构件制造	2431	1303	877	434	31667
轻质建筑材料制造	869		18238	10443	30124
砖瓦、石材及其他建筑材料制造	6738	7309	25336	68534	416349
粘土砖瓦及建筑砌块制造	323		174	1300	5064
建筑陶瓷制品制造	5366	5306	16675	24439	377658
建筑用石加工	49	1502	8487		8401
防水建筑材料制造				1418	9471
隔热和隔音材料制造				40632	13027
其他建筑材料制造	1000	500		745	2727
玻璃及玻璃制品制造	194393	5593	96650	210567	757090
平板玻璃制造	22031		30398	565	56714
技术玻璃制品制造	19640	1740	13469	69215	99349
光学玻璃制造				339	602
日用玻璃制品及玻璃包装容器制造	4384	1109	29841	16245	138239
玻璃纤维及制品制造	147369	653	5915	119124	426112
玻璃纤维增强塑料制品制造	812	17	3170	364	7624
其他玻璃制品制造	158	2075	13857	4716	28451
陶瓷制品制造	2783	1968	3013	5185	73612
卫生陶瓷制品制造	2442	1249	2700	4352	46625
特种陶瓷制品制造	102	719	83	420	4676
日用陶瓷制品制造	239		230		21172
园林、陈设艺术及其他陶瓷制品制造				414	1139
耐火材料制品制造	5294	239	16330	5848	49499
石棉制品制造		239	4431		6494
耐火陶瓷制品及其他耐火材料制造	5294		11900	5848	43005
石墨及其他非金属矿物制品制造	3242	3645	450	6015	43309

1-D-2 续表6-10

单位：个、万元、人

指标名称	法人资本	个人资本	港澳台资本	外商资本	主营业务收入
石墨及碳素制品制造	1082	704	41	2167	14283
其他非金属矿物制品制造	2161	2941	408	3848	29025
黑色金属冶炼及压延加工业	90317	41728	216360	173913	2979419
炼钢	1783	2061	8692		133074
炼钢	1783	2061	8692		133074
钢压延加工	88534	39254	207667	171284	2827766
钢压延加工	88534	39254	207667	171284	2827766
铁合金冶炼		413		2630	18579
铁合金冶炼		413		2630	18579
有色金属冶炼及压延加工业	56884	11563	212747	58770	2026551
常用有色金属冶炼	26041	1620	35430	6370	468539
铜冶炼	241	1472	2855	1270	91420
镍钴冶炼	25799		28776	5099	364942
镁冶炼		148	142		5172
其他常用有色金属冶炼			3657		7005
贵金属冶炼	2800		1200		38291
金冶炼	2800		1200		38291
稀有稀土金属冶炼	794		5934	324	9776
钨钼冶炼			1017		2187
稀土金属冶炼	794		4917	324	7589
有色金属合金制造	12651	132	17834	13640	397626
有色金属合金制造	12651	132	17834	13640	397626
有色金属压延加工	14598	9811	152350	38436	1112318
常用有色金属压延加工	13992	9811	149900	38236	1078978
贵金属压延加工	300			200	18608
稀有稀土金属压延加工	306		2450		14732
金属制品业	167990	75879	357671	365891	3653762
结构性金属制品制造	41168	18233	64847	38113	733815
金属结构制造	31887	11868	48395	14285	602606
金属门窗制造	9282	6364	16452	23828	131209
金属工具制造	8338	16112	34300	58533	368127
切削工具制造	2058	1487	5316	1934	45470
手工具制造	3254	4463	12149	10235	150978
农用及园林用金属工具制造	1172	4829	11906	22282	64502
刀剪及类似日用金属工具制造	323	2531	1862	9122	43959
其他金属工具制造	1532	2801	3068	14961	63218
集装箱及金属包装容器制造	44092	3726	25874	41886	721057
集装箱制造	8954	127	12859	20303	394075

1－D－2 续表6－11

单位：个、万元、人

指 标 名 称	法人资本	个人资本	港澳台资本	外商资本	主营业务收入
金属压力容器制造	375	527	8291		19894
金属包装容器制造	34762	3072	4724	21582	307088
金属丝绳及其制品的制造	2943	1458	71783	3916	204025
金属丝绳及其制品的制造	2943	1458	71783	3916	204025
建筑、安全用金属制品制造	29961	16691	79062	104994	895092
建筑、家具用金属配件制造	16294	6316	36525	47154	402179
建筑装饰及水暖管道零件制造	10487	8966	22847	47866	418083
安全、消防用金属制品制造	1774	934	16238	7990	61091
其他建筑、安全用金属制品制造	1407	475	3452	1984	13739
金属表面处理及热处理加工	33161	1539	34082	36342	233129
金属表面处理及热处理加工	33161	1539	34082	36342	233129
搪瓷制品制造	308	1252	2067	831	8990
搪瓷卫生洁具制造	308	911	1838	831	4639
搪瓷日用品及其他搪瓷制品制造		341	229		4352
不锈钢及类似日用金属制品制造	7584	8925	24742	74649	342719
金属制厨房调理及卫生器具制造	3002	3901	8049	5117	65226
金属制厨用器皿及餐具制造	2744	3836	11763	28362	160033
其他日用金属制品制造	1838	1187	4930	41170	117459
其他金属制品制造	435	7945	20915	6629	146809
其他未列明的金属制品制造	435	7945	20915	6629	146809
通用设备制造业	307178	141720	559460	1069347	7143915
锅炉及原动机制造	7462	609	24034	41012	517701
锅炉及辅助设备制造	97		10212	24666	146650
内燃机及配件制造	2790	609	4163	894	77151
汽轮机及辅机制造	4575		9659	15452	293901
金属加工机械制造	18846	10421	61741	73990	307644
金属切削机床制造	4834	3554	25041	24482	125582
金属成形机床制造	12988	1207	11592	29982	89602
铸造机械制造	586		12077	391	13035
金属切割及焊接设备制造		1875	1024	5708	31228
机床附件制造	315		10931	6530	22994
其他金属加工机械制造	124	3786	1077	6898	25202
起重运输设备制造	38027	19918	64155	62178	1172881
起重运输设备制造	38027	19918	64155	62178	1172881
泵、阀门、压缩机及类似机械的制造	82787	23568	58355	278176	1721362
泵及真空设备制造	16678	4594	4192	61712	289893
气体压缩机械制造	3356	1146	10858	110989	271090
阀门和旋塞的制造	58982	12046	26065	78950	997457

1－D－2 续表 6－12

单位：个、万元、人

指标名称	法人资本	个人资本	港澳台资本	外商资本	主营业务收入
液压和气压动力机械及元件制造	3771	5782	17240	26524	162922
轴承、齿轮、传动和驱动部件的制造	55164	33769	101810	162158	849078
轴承制造	35889	28055	79489	128555	602395
齿轮、传动和驱动部件制造	19275	5714	22321	33603	246683
烘炉、熔炉及电炉制造	1000	438	1261	2750	30027
烘炉、熔炉及电炉制造	1000	438	1261	2750	30027
风机、衡器、包装设备等通用设备制造	44474	15271	87089	122544	950605
风机、风扇制造	2241		4754	5712	41609
气体、液体分离及纯净设备制造	2725	988	4050	8353	56773
制冷、空调设备制造	17611	2003	14425	60733	372445
风动和电动工具制造	15136	4766	56401	30644	354964
喷枪及类似器具制造	2837	5491	3006	5210	72187
包装专用设备制造	3444	186	213	2431	21907
衡器制造			4122		8639
其他通用设备制造	481	1837	119	9461	22079
通用零部件制造及机械修理	46786	24293	121783	289605	1200411
金属密封件制造	610	5954	2230	19138	54735
紧固件、弹簧制造	42210	12657	97381	207550	978547
机械零部件加工及设备修理	1648	2041	11706	37527	66000
其他通用零部件制造	2318	3643	10467	25390	101129
金属铸、锻加工	12632	13433	39231	36935	394207
钢铁铸件制造	7188	2114	37402	17629	262567
锻件及粉末冶金制品制造	5444	11319	1829	19306	131640
专用设备制造业	69042	58523	354694	502150	2688161
矿山、冶金、建筑专用设备制造	4461	1726	1878	54872	331085
石油钻采专用设备制造			163		1620
建筑工程用机械制造	2290			41322	280088
建筑材料生产专用机械制造	1872	1726	1716	13	20904
冶金专用设备制造	300			13538	28473
化工、木材、非金属加工专用设备制造	35380	21808	183324	190924	1103821
炼油、化工生产专用设备制造	6500	1912	1007	7989	18416
橡胶加工专用设备制造	269			5582	17592
塑料加工专用设备制造	10899	7824	112084	38233	650481
木材加工机械制造	174	138	1644	10070	23810
模具制造	17539	11934	67779	129051	388058
其他非金属加工专用设备制造			810		5464
食品、饮料、烟草及饲料生产专用设备制造	238	4494	1148	11111	78727
食品、饮料、烟草工业专用设备制造	213	3066	300	6454	72526

1－D－2 续表6－13 单位：个、万元、人

指 标 名 称	法人资本	个人资本	港澳台资本	外商资本	主营业务收入
农副食品加工专用设备制造	25	1428	848	4657	6202
印刷、制药、日化生产专用设备制造	3352	4520	10427	11407	74889
制浆和造纸专用设备制造		375		907	3886
印刷专用设备制造	2458	1314	8041	4948	60145
日用化工专用设备制造				4002	2267
制药专用设备制造	894	2831		1550	4149
照明器具生产专用设备制造			1559		1964
玻璃、陶瓷和搪瓷制品生产专用设备制造			828		2479
纺织、服装和皮革工业专用设备制造	8078	15952	106122	65245	354706
纺织专用设备制造	3216	1876	48593	9296	103905
皮革、毛皮及其制品加工专用设备制造		6120	6220	1852	27290
缝纫机械制造	4236	7955	45875	53725	208310
其他服装加工专用设备制造	626		5434	372	15201
电子和电工机械专用设备制造	577	1054	2659	26288	65940
电工机械专用设备制造			774	89	7881
电子工业专用设备制造	577	1054	1885	26199	58059
农、林、牧、渔专用机械制造	5155	3734	9773	42478	245783
拖拉机制造	50			20550	50795
机械化农业及园艺机具制造	4699	1924	9773	20133	180490
农林牧渔机械配件制造	99	1809		1630	11942
其他农林牧渔业机械制造及机械修理	307			165	2556
医疗仪器设备及器械制造	3619	2359	26585	65307	177934
医疗诊断、监护及治疗设备制造		1028	7478	18526	36339
口腔科用设备及器具制造				737	926
实验室及医用消毒设备和器具的制造				2691	3086
医疗、外科及兽医用器械制造	2549	771	1362	41807	120253
机械治疗及病房护理设备制造		150	2474	119	7183
其他医疗设备及器械制造	1070	410	15271	1427	10146
环保、社会公共安全及其他专用设备制造	8182	2878	12778	34518	255276
环境污染防治专用设备制造	750	750	8738	12075	178908
邮政专用机械及器材制造	169			162	1539
社会公共安全设备及器材制造	3652	1650	1256	7198	42528
其他专用设备制造	3612	478	2784	15083	32302
交通运输设备制造业	271825	65694	392738	904436	5141490
铁路运输设备制造	455			5273	6300
铁路机车车辆配件制造				1176	1373
铁路专用设备及器材、配件制造	455			372	4341
其他铁路设备制造及设备修理				3725	585

1－D－2 续表 6－14

单位：个、万元、人

指 标 名 称	法人资本	个人资本	港澳台资本	外商资本	主营业务收入
汽车制造	149091	47251	329262	662553	3210256
汽车整车制造		420	5680	18690	200820
改装汽车制造		124	41		653
汽车车身、挂车的制造		37	8974		6524
汽车零部件及配件制造	148220	45772	310369	643099	2933571
汽车修理	871	897	4198	765	68688
摩托车制造	3104	2419	5793	7478	37756
摩托车零部件及配件制造	3104	2419	5793	7478	37756
自行车制造	3482	3618	21470	60466	287791
脚踏自行车及残疾人座车制造	2438	2250	3084	30934	175195
助动自行车制造	1045	1368	18386	29532	112597
船舶及浮动装置制造	115389	12146	30339	166393	1580306
金属船舶制造	67452	6597	9675	51106	1094656
非金属船舶制造	10857	458	6033	357	99593
娱乐船和运动船的建造和修理	15820			33336	17536
船用配套设备制造	4101	141	6382	67953	255575
船舶修理及拆船	17160	4950	8250	13640	112946
交通器材及其他交通运输设备制造	303	262	5874	2273	19081
交通管理用金属标志及设施制造				2261	5946
其他交通运输设备制造	303	262	5874	13	13135
电气机械及器材制造业	350845	100665	556005	923029	9229116
电机制造	41539	17011	49921	241935	1404778
发电机及发电机组制造	8227	475	14741	68478	197057
电动机制造	14402	9360	16201	74087	574510
微电机及其他电机制造	18910	7176	18979	99370	633211
输配电及控制设备制造	103958	24044	68046	130649	1427773
变压器、整流器和电感器制造	8023	1123	11894	11548	114078
电容器及其配套设备制造	1635	698	4918	95	44586
配电开关控制设备制造	84091	14318	31352	76892	856077
电力电子元器件制造	9196	6831	19789	39545	402599
其他输配电及控制设备制造	1013	1075	93	2570	10433
电线、电缆、光缆及电工器材制造	60640	10631	96065	133576	1270277
电线电缆制造	27217	10019	85364	93551	1006888
光纤、光缆制造	30872		4041	35317	193149
绝缘制品制造	2263		1184	4319	33716
其他电工器材制造	288	612	5476	388	36524
电池制造	44502	7561	68801	162644	1460875
电池制造	44502	7561	68801	162644	1460875

1－D－2 续表 6－15

单位：个、万元、人

指 标 名 称	法人资本	个人资本	港澳台资本	外商资本	主营业务收入
家用电力器具制造	45285	17356	150293	144497	2136232
家用制冷电器具制造	2810	1885	4433	12135	118159
家用空气调节器制造	2499	50	9301	800	25245
家用通风电器具制造	3339		10394	125	48672
家用厨房电器具制造	23415	4127	57645	35366	833983
家用清洁卫生电器具制造	7306	1953	32457	38288	641326
家用美容、保健电器具制造	1063	2328	12048	2974	129719
家用电力器具专用配件制造	1777	66	1385	31652	105552
其他家用电力器具制造	3076	6946	22630	23158	233576
非电力家用器具制造	7341	1860	8201	27592	156718
燃气、太阳能及类似能源的器具制造	7341	801	4778	5810	98227
其他非电力家用器具制造		1059	3422	21782	58491
照明器具制造	39065	20897	111649	61708	1275811
电光源制造	16916	7826	25042	24124	385241
照明灯具制造	19721	10843	75905	34519	763796
灯用电器附件及其他照明器具制造	2429	2229	10702	3065	126774
其他电气机械及器材制造	8516	1305	3030	20429	96652
车辆专用照明及电气信号设备装置制造	6191	1045	2069	12403	72562
其他未列明的电气机械制造	2325	261	961	8026	24090
通信设备、计算机及其他电子设备制造业	232621	63855	768091	1017504	11774840
通信设备制造	55893	7129	203087	193831	3320128
通信传输设备制造	11952	1648	16438	36659	233352
通信交换设备制造	2421	500	3405	15992	65471
通信终端设备制造	436	1881	778	1034	33005
移动通信及终端设备制造	39925	3101	173695	108512	2940954
其他通信设备制造	1160		8772	31634	47347
雷达及配套设备制造		1026		866	3143
雷达及配套设备制造		1026		866	3143
广播电视设备制造	1229	641	33965	25181	137699
广播电视节目制作及发射设备制造		149		99	1361
广播电视接收设备及器材制造	1229	492	11674	25082	112667
应用电视设备及其他广播电视设备制造			22291		23671
电子计算机制造	53444	4184	246221	287480	5625322
电子计算机整机制造				19864	628722
计算机网络设备制造	5652	331	66529	12501	682177
电子计算机外部设备制造	47792	3853	179692	255115	4314423
电子器件制造	57526	22093	102398	215905	741232
电子真空器件制造	37			2848	2657

1－D－2 续表6－16

单位：个、万元、人

指标名称					主营业务收入
	法人资本	个人资本	港澳台资本	外商资本	
半导体分立器件制造	36241	13883	36430	93182	340026
集成电路制造	10331	4977	32676	28245	84727
光电子器件及其他电子器件制造	10917	3232	33292	91630	313822
电子元件制造	42811	26589	138224	247479	1538823
电子元件及组件制造	27671	26427	112527	215684	1380402
印制电路板制造	15140	162	25697	31795	158421
家用视听设备制造	15210	1445	38321	17699	284311
家用影视设备制造	9868	161	21679	718	179565
家用音响设备制造	5343	1284	16642	16981	104746
其他电子设备制造	6508	749	5876	29065	124183
其他电子设备制造	6508	749	5876	29065	124183
仪器仪表及文化、办公用机械制造业	44373	21944	129323	185319	1178402
通用仪器仪表制造	17997	5341	53640	60858	614780
工业自动控制系统装置制造	1458	148	10783	25055	184157
电工仪器仪表制造	555	239	80	5457	26305
绘图、计算及测量仪器制造	2806	413	21763	12943	151557
实验分析仪器制造	794	1559	2769	5375	32910
试验机制造	58			62	563
供应用仪表及其他通用仪器制造	12326	2981	18244	11967	219289
专用仪器仪表制造	4319	846	2883	29170	115061
环境监测专用仪器仪表制造	878			527	3142
汽车及其他用计数仪表制造	3375			4608	39125
导航、气象及海洋专用仪器制造				1242	678
教学专用仪器制造	65			21	1348
电子测量仪器制造		846	2883	16644	61629
其他专用仪器制造				6129	9138
钟表与计时仪器制造	2155	154	3045	1199	24632
钟表与计时仪器制造	2155	154	3045	1199	24632
光学仪器及眼镜制造	5673	9835	51361	48068	258986
光学仪器制造	2632	3901	36646	22038	152945
眼镜制造	3041	5934	14715	26029	106041
文化、办公用机械制造	14188	5759	13502	35489	144930
照相机及器材制造	11814	5119	6969	18694	106426
复印和胶印设备制造	922	393	3475	83	18357
计算器及货币专用设备制造	527		176	9481	1121
其他文化、办公用机械制造	925	246	2882	7233	19027
其他仪器仪表的制造及修理	42	9	4892	10535	20011
其他仪器仪表的制造及修理	42	9	4892	10535	20011

1－D－2 续表6－17

单位：个、万元、人

指 标 名 称					主营业务收 入
	法人资本	个人资本	港澳台资本	外商资本	
工艺品及其他制造业	88696	39857	164934	149638	1675966
工艺美术品制造	62431	33346	112233	100140	1063597
雕塑工艺品制造	5481	2647	6185	9657	85754
金属工艺品制造	3593	1348	5823	13678	49309
漆器工艺品制造	1146	521	2207	149	11118
花画工艺品制造	280	809	1190	4360	19045
天然植物纤维编织工艺品制造	2844	2005	1134	680	34515
抽纱刺绣工艺品制造	13146	13987	25398	19340	276687
地毯、挂毯制造	752	832	9828	19778	74194
珠宝首饰及有关物品的制造	23339	1125	29929	15476	338442
其他工艺美术品制造	11850	10073	30539	17023	174533
日用杂品制造	25444	5187	50110	44376	588781
制镜及类似品加工	1488	623	8111	5173	56358
鬃毛加工、制刷及清扫工具的制造	3123	2255	10480	3236	86140
其他日用杂品制造	20832	2309	31519	35968	446283
其他未列明的制造业	821	1324	2591	5122	23589
其他未列明的制造业	821	1324	2591	5122	23589
废弃资源和废旧材料回收加工业	20821	2678	24165	47135	975915
金属废料和碎屑的加工处理	13836	2678	22165	40936	938472
金属废料和碎屑的加工处理	13836	2678	22165	40936	938472
非金属废料和碎屑的加工处理	6985		2000	6199	37443
非金属废料和碎屑的加工处理	6985		2000	6199	37443
电力、燃气及水的生产和供应业	**179178**	**11927**	**197978**	**274675**	**1195978**
电力、热力的生产和供应业	150452	7361	194807	207919	1049101
电力生产	134277	5861	190130	198444	959182
火力发电	120900	5861	179360	155866	938888
水力发电	3852		5522	42579	18572
其他能源发电	9525		5247		1722
热力生产和供应	16175	1500	4677	9475	89918
热力生产和供应	16175	1500	4677	9475	89918
燃气生产和供应业	28726	4567	3170	50255	138734
燃气生产和供应业	28726	4567	3170	50255	138734
燃气生产和供应业	28726	4567	3170	50255	138734
水的生产和供应业				16501	8144
自来水的生产和供应				8224	6807
自来水的生产和供应				8224	6807
污水处理及其再生利用				8277	1337
污水处理及其再生利用				8277	1337

1－D－2 续表7－1 单位：个、万元、人

指标名称	主营业务成本	主营业务税金及附加	其他业务收入	其他业务利润	营业费用
总计	**93021817**	**214800**	**2550651**	**433790**	**3347212**
一、按轻重工业分					
轻工业	42809706	110097	1474194	140812	2090524
重工业	50212111	104703	1076457	292978	1256688
二、按规模分					
大型企业	14798239	29281	528404	71257	882464
中型企业	42580232	107042	1259276	169908	1557756
小型企业	35643346	78477	762971	192625	906993
三、按登记注册类型分					
港澳台商投资	**40086629**	**94228**	**1200378**	**156002**	**1353527**
与港澳台商合资经营	25244658	64908	656334	75557	737637
与港澳台商合作经营	630141	746	9196	2363	10889
港澳台商独资	13308333	27649	509353	61879	563475
港澳台商投资股份有限公司	903498	924	25495	16203	41526
外商投资	**52935188**	**120573**	**1350273**	**277788**	**1993685**
中外合资经营	29421173	78427	815723	136590	1026538
中外合作经营	914258	1114	39641	6290	14782
外资企业	20688974	26912	428437	116490	758270
外商投资股份有限公司	1910782	14120	66472	18418	194095
四、按国民经济行业(门类、大类、中类、小类)分					
采矿业	**116705**	**2540**	**31**	**22**	**4686**
黑色金属矿采选业	73609	3			2926
铁矿采选	73609	3			2926
铁矿采选	73609	3			2926
非金属矿采选业	43096	2536	31	22	1759
土砂石开采	43096	2536	31	22	1759
石灰石、石膏开采	4937	516	31	22	408
建筑装饰用石开采	15281	915			345
耐火土石开采	2628	2			313
粘土及其他土砂石开采	20249	1104			694
制造业	**91854888**	**211074**	**2517505**	**419800**	**3339867**
农副食品加工业	1739668	802	42033	－1169	37976
谷物磨制	60235	3	52	－5	256
谷物磨制	60235	3	52	－5	256
饲料加工	78486	13	173	126	4416
饲料加工	78486	13	173	126	4416
植物油加工	579719	66	29674	－2535	5692
食用植物油加工	579719	66	29674	－2535	5692

1-D-2 续表7-2

单位：个、万元、人

指标名称	主营业务成本	主营业务税金及附加	其他业务收入	其他业务利润	营业费用
屠宰及肉类加工	138284	35	6815	241	7325
畜禽屠宰	78682		119	117	320
肉制品及副产品加工	59602	35	6696	124	7005
水产品加工	674592	472	4577	690	10991
水产品冷冻加工	551762	378	3459	154	8881
鱼糜制品及水产品干腌制加工	107955	48	1089	507	1825
水产饲料制造	7934	40	29	29	74
其他水产品加工	6941	6			210
蔬菜、水果和坚果加工	123136	135	552	254	5414
蔬菜、水果和坚果加工	123136	135	552	254	5414
其他农副食品加工	85217	79	191	60	3883
淀粉及淀粉制品的制造	13282	...			614
豆制品制造	12182	17	92	14	1111
其他未列明的农副食品加工	59753	61	99	46	2157
食品制造业	1106054	1023	85553	4855	170672
焙烤食品制造	104027	82	2121	458	24702
糕点、面包制造	22957	53	459	177	6482
饼干及其他焙烤食品制造	81070	28	1662	282	18220
糖果、巧克力及蜜饯制造	83342	32	370	29	2167
糖果、巧克力制造	81564	32	370	29	2089
蜜饯制作	1778	...			78
方便食品制造	358483	123	76140	1910	58533
米、面制品制造	1255	3	3	3	27
速冻食品制造	34543	23	323	-11	2035
方便面及其他方便食品制造	322685	98	75814	1918	56471
液体乳及乳制品制造	15779		983	14	848
液体乳及乳制品制造	15779		983	14	848
罐头制造	233129	287	2896	601	5398
肉、禽类罐头制造	19196	28	112	69	685
水产品罐头制造	23925	18		-3	332
蔬菜、水果罐头制造	112006	151	1268	76	4372
其他罐头食品制造	78002	91	1517	458	8
调味品、发酵制品制造	42957	59	288	106	600
味精制造	12559	1	29	29	112
酱油、食醋及类似制品的制造	7090	31	78	12	305
其他调味品、发酵制品制造	23307	27	181	65	183
其他食品制造	268338	441	2755	1737	78424
营养、保健食品制造	53446	19	257	1	1118

1-D-2 续表7-3 单位：个、万元、人

指标名称	主营业务成本	主营业务税金及附加	其他业务收入	其他业务利润	营业费用
冷冻饮品及食用冰制造	56204	86	141	1	7363
食品及饲料添加剂制造	158688	336	2357	1735	69943
饮料制造业	2409134	52039	318210	7647	401425
酒精制造	8933	467	17	17	25
酒精制造	8933	467	17	17	25
酒的制造	249740	49610	17933	3792	84063
白酒制造	10193	98	1112	50	114
啤酒制造	231003	49165	16410	3430	82618
黄酒制造	8544	347	412	313	1331
软饮料制造	2120192	1897	300251	3829	315176
碳酸饮料制造	278616	298	1993	115	48248
瓶（罐）装饮用水制造	987053	338	268935	2228	107042
果菜汁及果菜汁饮料制造	47446	208	2244	93	21150
含乳饮料和植物蛋白饮料制造	266698	325	16329	598	796
固体饮料制造	9740		148	72	28
茶饮料及其他软饮料制造	530638	729	10602	724	137911
精制茶加工	30269	65	10	9	2161
精制茶加工	30269	65	10	9	2161
烟草制品业	6270	24	148	49	453
其他烟草制品加工	6270	24	148	49	453
其他烟草制品加工	6270	24	148	49	453
纺织业	9894543	15360	314953	43176	198264
棉、化纤纺织及印染精加工	4426030	6751	169661	22614	68910
棉、化纤纺织加工	2420854	3425	146724	18378	40927
棉、化纤印染精加工	2005176	3326	22937	4236	27983
毛纺织和染整精加工	374123	351	9980	1599	5173
毛条加工	156258	58	4763	907	894
毛纺织	170315	196	4295	762	3193
毛染整精加工	47551	97	922	-71	1086
麻纺织	36465	19	471	146	560
麻纺织	36465	19	471	146	560
丝绢纺织及精加工	485743	532	10932	1659	9276
缫丝加工	27625	25	390	50	98
绢纺和丝织加工	425557	431	9915	1256	8697
丝印染精加工	32561	76	628	353	481
纺织制成品制造	1776004	3109	84800	8768	55203
棉及化纤制品制造	814578	1449	7878	2437	22950
毛制品制造	125495	345	873	591	2911

1－D－2　续表7－4　　　　单位：个、万元、人

指　标　名　称	主营业务成　本	主营业务税金及附加	其他业务收　入	其他业务利　润	营业费用
麻制品制造	4397	5	89	9	122
丝制品制造	380195	437	26882	3014	16958
绳、索、缆的制造	9730	11	231	24	362
纺织带和帘子布制造	133080	213	2477	2041	2684
无纺布制造	150829	402	737	286	4006
其他纺织制成品制造	157700	246	45633	365	5209
针织品、编织品及其制品制造	2796179	4599	39110	8391	59142
棉、化纤针织品及编织品制造	2314420	3876	33335	6629	48063
毛针织品及编织品制造	242929	439	3297	935	5652
丝针织品及编织品制造	178540	184	2442	800	3695
其他针织品及编织品制造	60289	99	36	28	1731
纺织服装、鞋、帽制造业	4672461	7694	193716	12460	226200
纺织服装制造	4608787	7372	193563	12430	224126
纺织服装制造	4608787	7372	193563	12430	224126
纺织面料鞋的制造	40529	265	93	28	969
纺织面料鞋的制造	40529	265	93	28	969
制　帽	23145	57	60	2	1105
制　帽	23145	57	60	2	1105
皮革、毛皮、羽毛(绒)及其制品业	2790629	3096	32931	7369	68945
皮革鞣制加工	756462	653	17108	4028	9902
皮革鞣制加工	756462	653	17108	4028	9902
皮革制品制造	1441394	1718	9618	2657	44885
皮鞋制造	754344	757	2772	1062	27628
皮革服装制造	144724	162	2089	780	2822
皮箱、包(袋)制造	361122	387	2245	170	10894
皮手套及皮装饰制品制造	90031	71	679	270	1474
其他皮革制品制造	91173	341	1834	375	2066
毛皮鞣制及制品加工	83798	104	257	92	1589
毛皮鞣制加工	4190	11	168	38	359
毛皮服装加工	71514	66	64	45	1108
其他毛皮制品加工	8094	27	25	10	122
羽毛(绒)加工及制品制造	508975	622	5948	592	12569
羽毛(绒)制品加工	508975	622	5948	592	12569
木材加工及木、竹、藤、棕、草制品业	848217	7178	20047	4516	29029
锯材、木片加工	28943	1481			1013
锯材加工	6449	37			124
木片加工	22494	1444			889
人造板制造	439589	674	14641	1423	9930

1－D－2 续表7－5 单位：个、万元、人

指标名称	主营业务成本	主营业务税金及附加	其他业务收入	其他业务利润	营业费用
胶合板制造	337977	536	14432	1500	7299
纤维板制造	43929	75	123	－163	851
其他人造板、材制造	57683	63	86	86	1780
木制品制造	239413	4587	3593	2943	12688
建筑用木料及木材组件加工	216412	4543	3407	2941	11711
木容器制造	2741	4	180	－3	159
软木制品及其他木制品制造	20259	41	5	5	818
竹、藤、棕、草制品制造	140272	436	1814	150	5399
竹、藤、棕、草制品制造	140272	436	1814	150	5399
家具制造业	1650900	1912	8776	3190	80877
木质家具制造	427076	572	3210	538	22281
木质家具制造	427076	572	3210	538	22281
竹、藤家具制造	13304	6	53	20	237
竹、藤家具制造	13304	6	53	20	237
金属家具制造	773568	871	3431	1280	31142
金属家具制造	773568	871	3431	1280	31142
塑料家具制造	19745	7	560	81	1246
塑料家具制造	19745	7	560	81	1246
其他家具制造	417206	457	1521	1271	25973
其他家具制造	417206	457	1521	1271	25973
造纸及纸制品业	2157602	3357	111666	13481	74163
纸浆制造	3490	6			298
纸浆制造	3490	6			298
造　纸	1389990	1437	90710	7074	39629
机制纸及纸板制造	1348549	1399	89503	6621	37162
加工纸制造	41441	38	1207	454	2467
纸制品制造	764122	1915	20955	6407	34235
纸和纸板容器的制造	593604	1731	19042	5892	27409
其他纸制品制造	170518	184	1913	515	6826
印刷业和记录媒介的复制	370308	669	15014	2014	9913
印　刷	325657	648	14845	1878	8891
书、报、刊印刷	19344	71	993	277	251
本册印制	55032	45	95	93	713
包装装潢及其他印刷	251280	532	13757	1508	7928
装订及其他印刷服务活动	5723	21	145	112	219
装订及其他印刷服务活动	5723	21	145	112	219
记录媒介的复制	38928		24	24	803
记录媒介的复制	38928		24	24	803

1－D－2　续表7－6　　　　单位：个、万元、人

指　标　名　称	主营业务成　本	主营业务税金及附加	其他业务收　入	其他业务利　润	营业费用
文教体育用品制造业	1140657	1489	15765	3718	39904
文化用品制造	305802	420	2800	1459	11576
文具制造	155674	167	1906	1261	5529
笔的制造	131938	225	534	68	5378
教学用模型及教具制造	2004	2	22	17	132
墨水、墨汁制造	894	2			1
其他文化用品制造	15291	25	337	114	536
体育用品制造	320839	360	2700	125	10818
球类制造	32702	39	626	－2	692
体育器材及配件制造	43228	70	1034	200	1748
训练健身器材制造	137093	108	809	102	4729
运动防护用具制造	25428	27	97	－236	746
其他体育用品制造	82388	117	135	61	2903
乐器制造	101126	113	1460	550	1710
中乐器制造	710	1			25
西乐器制造	55413	55	121	117	528
电子乐器制造	2199	15	34	34	30
其他乐器及零件制造	42804	42	1305	399	1127
玩具制造	356481	529	7550	1115	11286
玩具制造	356481	529	7550	1115	11286
游艺器材及娱乐用品制造	56410	66	1256	471	4514
露天游乐场所游乐设备制造	5563	3	6	6	368
游艺用品及室内游艺器材制造	50847	63	1250	465	4146
石油加工、炼焦及核燃料加工业	1133235	28936	16852	1350	13943
精炼石油产品的制造	1133235	28936	16852	1350	13943
原油加工及石油制品制造	1133235	28936	16852	1350	13943
化学原料及化学制品制造业	7904589	17249	115758	25719	323681
基础化学原料制造	1502334	7708	23788	5235	32221
无机酸制造	63754	4067	2187	577	1734
无机碱制造	52361	106	934	184	742
无机盐制造	34813	75	1269	263	453
有机化学原料制造	1204212	3232	13988	3280	22802
其他基础化学原料制造	147194	227	5411	932	6490
肥料制造	19594	22	17	2	586
复混肥料制造	18636	21			483
其他肥料制造	958	1	17	2	102
农药制造	324253	205	2279	1634	15772
化学农药制造	309694	187	2191	1546	15268

1－D－2　续表7－7　　单位：个、万元、人

指标名称	主营业务成本	主营业务税金及附加	其他业务收入	其他业务利润	营业费用
生物化学农药及微生物农药制造	14559	19	89	89	504
涂料、油墨、颜料及类似产品制造	828453	1086	18232	2806	31994
涂料制造	139123	187	517	96	12448
油墨及类似产品制造	85122	57	1714	128	2982
颜料制造	119966	111	1567	69	2894
染料制造	467602	708	14120	2434	12794
密封用填料及类似品制造	16640	23	314	79	876
合成材料制造	3707938	1635	22410	6067	49125
初级形态的塑料及合成树脂制造	2460476	1143	21382	5731	35003
合成橡胶制造	13074	16	628	27	277
合成纤维单(聚合)体的制造	1168576	316	381	309	11937
其他合成材料制造	65813	161	18	...	1909
专用化学产品制造	1290305	5338	43748	9493	31197
化学试剂和助剂制造	386862	429	21581	4236	12812
专项化学用品制造	199344	2658	8926	424	6590
林产化学产品制造	1729	3			60
炸药及火工产品制造	4847	1	34		260
信息化学品制造	577272	936	10466	3984	3580
环境污染处理专用药剂材料制造	26791	61	868	856	2885
动物胶制造	32520	44	1534	32	753
其他专用化学产品制造	60940	1207	339	－39	4256
日用化学产品制造	231713	1255	5284	482	162786
肥皂及合成洗涤剂制造	61300	120	4737	53	4613
化妆品制造	92086	1058	139	55	156866
香料、香精制造	65033	61	374	367	905
其他日用化学产品制造	13294	17	35	7	402
医药制造业	926425	1868	16702	2845	234057
化学药品原药制造	253776	542	11151	1571	44199
化学药品原药制造	253776	542	11151	1571	44199
化学药品制剂制造	268165	496	563	358	112743
化学药品制剂制造	268165	496	563	358	112743
中药饮片加工	6804	3	18	17	139
中药饮片加工	6804	3	18	17	139
中成药制造	75608	483	656	213	47597
中成药制造	75608	483	656	213	47597
兽用药品制造	79394	78	2164	798	3516
兽用药品制造	79394	78	2164	798	3516
生物、生化制品的制造	140594	169	1458	－184	23188

1－D－2　续表7－8　　　　单位：个、万元、人

指标名称	主营业务成本	主营业务税金及附加	其他业务收入	其他业务利润	营业费用
生物、生化制品的制造	140594	169	1458	－184	23188
卫生材料及医药用品制造	102084	98	693	72	2674
卫生材料及医药用品制造	102084	98	693	72	2674
化学纤维制造业	4692141	3143	121797	8746	26604
纤维素纤维原料及纤维制造	41486	17	478	－41	151
人造纤维（纤维素纤维）制造	41486	17	478	－41	151
合成纤维制造	4650655	3126	121319	8787	26453
锦纶纤维制造	174757	189	2515	894	1191
涤纶纤维制造	3448315	2177	99217	5679	18702
腈纶纤维制造	106046	11			736
其他合成纤维制造	921537	749	19587	2215	5823
橡胶制品业	1889069	5857	20442	1339	66119
轮胎制造	1635612	5487	18470	1020	59233
车辆、飞机及工程机械轮胎制造	1635612	5487	18470	1020	59233
橡胶板、管、带的制造	57347	227	1000	139	2347
橡胶板、管、带的制造	57347	227	1000	139	2347
橡胶零件制造	44544	71	186	53	1554
橡胶零件制造	44544	71	186	53	1554
日用及医用橡胶制品制造	17646	9	12	6	555
日用及医用橡胶制品制造	17646	9	12	6	555
橡胶靴鞋制造	48537	37	155	42	1498
橡胶靴鞋制造	48537	37	155	42	1498
其他橡胶制品制造	85384	26	619	78	931
其他橡胶制品制造	85384	26	619	78	931
塑料制品业	2794490	2873	78276	17110	69867
塑料薄膜制造	682456	500	27072	10707	5878
塑料薄膜制造	682456	500	27072	10707	5878
塑料板、管、型材的制造	407374	425	4695	726	11753
塑料板、管、型材的制造	407374	425	4695	726	11753
塑料丝、绳及编织品的制造	44868	31	6047	169	1046
塑料丝、绳及编织品的制造	44868	31	6047	169	1046
泡沫塑料制造	115199	123	2020	430	3424
泡沫塑料制造	115199	123	2020	430	3424
塑料人造革、合成革制造	319678	274	3511	1593	4496
塑料人造革、合成革制造	319678	274	3511	1593	4496
塑料包装箱及容器制造	281211	175	9290	871	7484
塑料包装箱及容器制造	281211	175	9290	871	7484
塑料零件制造	237573	307	8758	886	5986

1-D-2 续表7-9 单位：个、万元、人

指标名称	主营业务成本	主营业务税金及附加	其他业务收入	其他业务利润	营业费用
塑料零件制造	237573	307	8758	886	5986
日用塑料制造	548535	771	12725	1523	24991
塑料鞋制造	23376	23	850	77	963
日用塑料杂品制造	525159	748	11875	1446	24028
其他塑料制品制造	157596	268	4159	205	4809
其他塑料制品制造	157596	268	4159	205	4809
非金属矿物制品业	1605100	3114	44604	13600	85718
水泥、石灰和石膏的制造	240407	548	5260	90	3638
水泥制造	238008	547	5255	85	3327
石灰和石膏制造	2399	1	5	5	311
水泥及石膏制品制造	333333	472	2764	1851	9779
水泥制品制造	281191	411	2268	1699	6572
砼结构构件制造	28933	26			116
轻质建筑材料制造	23209	35	496	152	3091
砖瓦、石材及其他建筑材料制造	319683	589	11336	5716	49517
粘土砖瓦及建筑砌块制造	4048	26			1067
建筑陶瓷制品制造	290013	466	10678	5669	46825
建筑用石加工	5819	26	49	28	972
防水建筑材料制造	8676	4	609	20	27
隔热和隔音材料制造	8872	14			492
其他建筑材料制造	2255	55			133
玻璃及玻璃制品制造	574968	1098	23865	4663	18600
平板玻璃制造	49244	41	4529	-936	657
技术玻璃制品制造	83226	93	3717	2003	3018
光学玻璃制造	387	...			31
日用玻璃制品及玻璃包装容器制造	113887	281	803	296	4160
玻璃纤维及制品制造	297251	631	14732	3244	10034
玻璃纤维增强塑料制品制造	5560	15	25	-3	231
其他玻璃制品制造	25413	38	60	59	469
陶瓷制品制造	64775	83	786	741	753
卫生陶瓷制品制造	41494	72	696	661	286
特种陶瓷制品制造	3003	9	8	8	86
日用陶瓷制品制造	19303	1	13	2	364
园林、陈设艺术及其他陶瓷制品制造	975		70	70	17
耐火材料制品制造	41744	248	117	92	2125
石棉制品制造	5804	3			241
耐火陶瓷制品及其他耐火材料制造	35940	245	117	92	1884
石墨及其他非金属矿物制品制造	30191	77	476	447	1307

1－D－2 续表7－10 单位：个、万元、人

指 标 名 称	主营业务成本	主营业务税金及附加	其他业务收入	其他业务利润	营业费用
石墨及碳素制品制造	11420	16	63	57	821
其他非金属矿物制品制造	18771	61	413	391	485
黑色金属冶炼及压延加工业	2911411	2260	59422	17339	20636
炼 钢	125371	184	11654	5476	1124
炼 钢	125371	184	11654	5476	1124
钢压延加工	2768323	2045	47768	11863	19456
钢压延加工	2768323	2045	47768	11863	19456
铁合金冶炼	17717	31			57
铁合金冶炼	17717	31			57
有色金属冶炼及压延加工业	1909003	2123	126010	5510	14713
常用有色金属冶炼	439299	629	83194	708	1928
铜冶炼	87475	392	26012	146	365
镍钴冶炼	340036	225	57114	494	1484
镁冶炼	4840	6			25
其他常用有色金属冶炼	6948	7	68	68	53
贵金属冶炼	36570	40			
金冶炼	36570	40			
稀有稀土金属冶炼	8819	3	446	392	121
钨钼冶炼	2102	1	73	36	17
稀土金属冶炼	6717	2	373	356	104
有色金属合金制造	369282	300	3716	148	4537
有色金属合金制造	369282	300	3716	148	4537
有色金属压延加工	1055034	1151	38654	4262	8127
常用有色金属压延加工	1036931	1075	36851	3395	7727
贵金属压延加工	6290	62	732	698	3
稀有稀土金属压延加工	11813	14	1071	168	397
金属制品业	3255193	5549	50622	14679	73181
结构性金属制品制造	633397	1959	7686	4206	13715
金属结构制造	525141	1786	7111	3833	9742
金属门窗制造	108256	173	576	373	3973
金属工具制造	311962	595	5000	1737	10194
切削工具制造	33997	61	619	102	1609
手工具制造	132979	227	2636	299	3496
农用及园林用金属工具制造	56168	28	442	137	1866
刀剪及类似日用金属工具制造	37704	13	353	322	914
其他金属工具制造	51114	267	950	878	2308
集装箱及金属包装容器制造	684904	385	8616	4312	12162
集装箱制造	377110	53	3604	3319	5477

1－D－2 续表7－11 单位：个、万元、人

指标名称	主营业务成本	主营业务税金及附加	其他业务收入	其他业务利润	营业费用
金属压力容器制造	16805	117	4	4	651
金属包装容器制造	290990	216	5008	990	6034
金属丝绳及其制品的制造	183460	816	10969	64	3841
金属丝绳及其制品的制造	183460	816	10969	64	3841
建筑、安全用金属制品制造	782200	1390	8954	1778	21026
建筑、家具用金属配件制造	341032	802	4467	974	12219
建筑装饰及水暖管道零件制造	373570	528	4006	613	7518
安全、消防用金属制品制造	55562	48	478	189	993
其他建筑、安全用金属制品制造	12036	11	3	2	297
金属表面处理及热处理加工	212597	85	1006	550	1570
金属表面处理及热处理加工	212597	85	1006	550	1570
搪瓷制品制造	7477	9	35	33	219
搪瓷卫生洁具制造	3880	6	...	...	101
搪瓷日用品及其他搪瓷制品制造	3598	3	35	33	119
不锈钢及类似日用金属制品制造	298715	248	7366	1364	8792
金属制厨房调理及卫生器具制造	56929	56	318	63	1866
金属制厨用器皿及餐具制造	138490	132	3485	958	3118
其他日用金属制品制造	103295	60	3564	344	3808
其他金属制品制造	140481	61	988	634	1661
其他未列明的金属制品制造	140481	61	988	634	1661
通用设备制造业	5932919	7857	153341	52218	202591
锅炉及原动机制造	379967	489	6625	2521	14757
锅炉及辅助设备制造	126885	136	1685	499	3063
内燃机及配件制造	56780	69	2029	1749	3856
汽轮机及辅机制造	196302	284	2911	273	7839
金属加工机械制造	229522	353	12893	4488	21482
金属切削机床制造	96789	151	6542	2002	12211
金属成形机床制造	62208	99	5017	1777	6009
铸造机械制造	9846	10	10		1663
金属切割及焊接设备制造	26628	31	188	68	592
机床附件制造	12745	31	271	264	576
其他金属加工机械制造	21306	32	865	378	431
起重运输设备制造	962827	1799	15022	11635	42120
起重运输设备制造	962827	1799	15022	11635	42120
泵、阀门、压缩机及类似机械的制造	1455134	1383	26016	6210	40587
泵及真空设备制造	230596	241	5771	2131	8504
气体压缩机械制造	236250	259	4340	833	6916
阀门和旋塞的制造	872210	687	10846	2108	20900

1－D－2 续表 7－12 单位：个、万元、人

指 标 名 称	主营业务成 本	主 营 业 务税金及附加	其他业务收 入	其他业务利 润	营业费用
液压和气压动力机械及元件制造	116078	196	5059	1137	4268
轴承、齿轮、传动和驱动部件的制造	709442	930	19387	10639	16197
轴承制造	497999	709	12952	7498	10167
齿轮、传动和驱动部件制造	211442	221	6435	3141	6029
烘炉、熔炉及电炉制造	20460	24	1165	122	344
烘炉、熔炉及电炉制造	20460	24	1165	122	344
风机、衡器、包装设备等通用设备制造	795868	1194	8933	3826	28125
风机、风扇制造	36349	137	933	868	2141
气体、液体分离及纯净设备制造	42099	52	382	155	1693
制冷、空调设备制造	308115	526	3135	1375	10984
风动和电动工具制造	311635	265	1975	568	6950
喷枪及类似器具制造	62000	142	1130	220	1056
包装专用设备制造	14315	18	283	51	1581
衡器制造	4632	15	180	－9	324
其他通用设备制造	16723	40	915	598	3395
通用零部件制造及机械修理	1042696	1268	48301	9448	32018
金属密封件制造	42954	150	1348	511	2638
紧固件、弹簧制造	854490	971	44242	8343	26551
机械零部件加工及设备修理	55825	75	597	263	1589
其他通用零部件制造	89427	71	2114	330	1241
金属铸、锻加工	337004	418	14999	3330	6960
钢铁铸件制造	220466	268	4688	1082	4420
锻件及粉末冶金制品制造	116537	150	10311	2248	2541
专用设备制造业	2150078	9219	42842	17548	105129
矿山、冶金、建筑专用设备制造	274651	226	6103	4954	8693
石油钻采专用设备制造	1392	2	11	11	25
建筑工程用机械制造	230059	188	4490	3650	7244
建筑材料生产专用机械制造	18529	15	3	3	866
冶金专用设备制造	24671	21	1599	1291	558
化工、木材、非金属加工专用设备制造	858876	1205	18071	6424	63928
炼油、化工生产专用设备制造	13578	10	360	10	1033
橡胶加工专用设备制造	12721	18	250	100	599
塑料加工专用设备制造	499569	688	8628	2259	48497
木材加工机械制造	21871	66	120	76	531
模具制造	306187	422	8695	3960	13156
其他非金属加工专用设备制造	4950	2	19	19	112
食品、饮料、烟草及饲料生产专用设备制造	58991	647	2050	1527	1571
食品、饮料、烟草工业专用设备制造	53817	645	1603	1450	1226

1－D－2 续表 7－13 单位：个、万元、人

指 标 名 称	主营业务成本	主营业务税金及附加	其他业务收入	其他业务利润	营业费用
农副食品加工专用设备制造	5174	2	448	77	345
印刷、制药、日化生产专用设备制造	61143	5042	1048	538	1712
制浆和造纸专用设备制造	2818	4	590	327	136
印刷专用设备制造	49913	5032	339	110	1115
日用化工专用设备制造	2017		12	8	90
制药专用设备制造	2956	4	2	2	190
照明器具生产专用设备制造	1460	1	14	2	101
玻璃、陶瓷和搪瓷制品生产专用设备制造	1979	1	91	91	80
纺织、服装和皮革工业专用设备制造	290734	512	7025	2011	9588
纺织专用设备制造	80669	158	3838	1119	3473
皮革、毛皮及其制品加工专用设备制造	23005	20	218	125	786
缝纫机械制造	175461	303	2884	767	4861
其他服装加工专用设备制造	11599	31	84	...	468
电子和电工机械专用设备制造	56590	111	2215	201	1525
电工机械专用设备制造	7311	3			78
电子工业专用设备制造	49278	108	2215	201	1447
农、林、牧、渔专用机械制造	212156	375	2728	443	5016
拖拉机制造	42422	3	1420	17	1322
机械化农业及园艺机具制造	156940	357	1289	407	3197
农林牧渔机械配件制造	10762	16	19	19	363
其他农林牧渔业机械制造及机械修理	2032				134
医疗仪器设备及器械制造	125127	781	1646	710	4755
医疗诊断、监护及治疗设备制造	23877	44	382	265	1286
口腔科用设备及器具制造	645	...	20	...	4
实验室及医用消毒设备和器具的制造	970	6	2	2	18
医疗、外科及兽医用器械制造	85191	722	947	387	2901
机械治疗及病房护理设备制造	5846	2	81	11	440
其他医疗设备及器械制造	8598	6	214	44	108
环保、社会公共安全及其他专用设备制造	211811	319	1957	739	8340
环境污染防治专用设备制造	150821	257	1564	469	6192
邮政专用机械及器材制造	1200	3			52
社会公共安全设备及器材制造	35518	15	264	176	888
其他专用设备制造	24272	45	129	95	1209
交通运输设备制造业	4392074	4034	195801	48381	106777
铁路运输设备制造	5770	6	2	2	211
铁路机车车辆配件制造	1381	2	2	2	28
铁路专用设备及器材、配件制造	3839	4			162
其他铁路设备制造及设备修理	550	1			21

1-D-2 续表 7-14 单位：个、万元、人

指标名称	主营业务成本	主营业务税金及附加	其他业务收入	其他业务利润	营业费用
汽车制造	2690684	3038	156680	33449	95724
汽车整车制造	177169	549	5601	1178	7207
改装汽车制造	526	1	21	15	24
汽车车身、挂车的制造	6900	6	117	86	235
汽车零部件及配件制造	2447582	2402	150781	32016	82797
汽车修理	58509	80	160	153	5462
摩托车制造	32149	111	1435	32	911
摩托车零部件及配件制造	32149	111	1435	32	911
自行车制造	261663	218	2132	434	5744
脚踏自行车及残疾人座车制造	162491	123	797	284	3497
助动自行车制造	99172	94	1336	150	2247
船舶及浮动装置制造	1384636	656	35543	14494	3399
金属船舶制造	975369	410	23326	4583	1588
非金属船舶制造	83430	8			267
娱乐船和运动船的建造和修理	13944	11	2239	157	948
船用配套设备制造	242176	80	6148	6108	596
船舶修理及拆船	69717	147	3829	3646	
交通器材及其他交通运输设备制造	17173	6	9	-30	787
交通管理用金属标志及设施制造	5687		1	1	276
其他交通运输设备制造	11486	6	9	-31	511
电气机械及器材制造业	7802212	10918	191739	36413	316754
电机制造	1217110	1614	23459	9208	39147
发电机及发电机组制造	174219	310	2517	1498	5305
电动机制造	485810	687	12477	1694	23216
微电机及其他电机制造	557080	617	8464	6016	10625
输配电及控制设备制造	1152251	1329	33222	8989	50787
变压器、整流器和电感器制造	94122	69	8446	238	3108
电容器及其配套设备制造	34167	22	2949	-354	684
配电开关控制设备制造	670638	778	10753	5175	38745
电力电子元器件制造	344018	454	11064	3920	7842
其他输配电及控制设备制造	9306	5	10	10	408
电线、电缆、光缆及电工器材制造	1128452	870	19540	2274	24572
电线电缆制造	903619	738	8350	1847	18941
光纤、光缆制造	166463	24	10471	312	3663
绝缘制品制造	28468	34	564	47	848
其他电工器材制造	29902	74	156	69	1120
电池制造	1269012	2464	51621	6429	35839
电池制造	1269012	2464	51621	6429	35839

1－D－2 续表7－15 单位：个、万元、人

指标名称	主营业务成本	主营业务税金及附加	其他业务收入	其他业务利润	营业费用
家用电力器具制造	1720928	2518	47450	2495	124388
家用制冷电器具制造	104095	226	642	214	3902
家用空气调节器制造	21622	68	483	136	739
家用通风电器具制造	40786	16	2345	159	2571
家用厨房电器具制造	617943	1330	11087	1049	72000
家用清洁卫生电器具制造	519257	460	26029	103	35401
家用美容、保健电器具制造	120352	32	549	27	2334
家用电力器具专用配件制造	91438	152	1945	388	1731
其他家用电力器具制造	205436	234	4371	418	5710
非电力家用器具制造	134616	88	1101	227	6420
燃气、太阳能及类似能源的器具制造	81009	43	965	273	5685
其他非电力家用器具制造	53607	45	136	－46	735
照明器具制造	1091785	1984	14986	6660	34297
电光源制造	321280	641	7931	3875	8434
照明灯具制造	663606	1215	6902	2707	22009
灯用电器附件及其他照明器具制造	106900	129	153	77	3854
其他电气机械及器材制造	88058	51	361	132	1305
车辆专用照明及电气信号设备装置制造	66598	42	170	36	1011
其他未列明的电气机械制造	21461	9	191	95	295
通信设备、计算机及其他电子设备制造业	10401264	5431	90377	44088	242742
通信设备制造	3042635	1353	26987	16145	52269
通信传输设备制造	179330	409	5134	1215	5644
通信交换设备制造	48171	97	114	7	10148
通信终端设备制造	28126	37	168	89	1231
移动通信及终端设备制造	2747888	788	20916	14484	34358
其他通信设备制造	39121	22	654	351	889
雷达及配套设备制造	2778	21	395	368	46
雷达及配套设备制造	2778	21	395	368	46
广播电视设备制造	120380	266	2606	2126	3870
广播电视节目制作及发射设备制造	1063	1			54
广播电视接收设备及器材制造	98713	96	841	361	2748
应用电视设备及其他广播电视设备制造	20604	168	1765	1765	1068
电子计算机制造	4918169	1906	10599	7757	137969
电子计算机整机制造	600606				6805
计算机网络设备制造	325274	1329	81	－3	83494
电子计算机外部设备制造	3992289	577	10518	7760	47671
电子器件制造	639890	494	10152	2917	11369
电子真空器件制造	2265	5	3	3	43

1-D-2 续表7-16 单位：个、万元、人

指 标 名 称	主营业务成 本	主营业务税金及附加	其他业务收 入	其他业务利 润	营业费用
半导体分立器件制造	289402	117	5790	2366	4112
集成电路制造	77536	65	354	86	1469
光电子器件及其他电子器件制造	270688	308	4005	462	5744
电子元件制造	1328415	1095	37385	14033	27042
电子元件及组件制造	1184168	1036	36519	13713	25236
印制电路板制造	144248	59	866	320	1806
家用视听设备制造	249288	224	1632	294	5131
家用影视设备制造	160674	15	71	47	2264
家用音响设备制造	88614	209	1561	247	2868
其他电子设备制造	99707	73	622	447	5046
其他电子设备制造	99707	73	622	447	5046
仪器仪表及文化、办公用机械制造业	942061	1255	16591	5757	46373
通用仪器仪表制造	474116	794	8095	3279	30076
工业自动控制系统装置制造	134695	229	3570	1911	11514
电工仪器仪表制造	19947	78	557	183	1510
绘图、计算及测量仪器制造	127142	184	725	395	5336
实验分析仪器制造	28314	47	770	348	515
试验机制造	406		10	4	3
供应用仪表及其他通用仪器制造	163612	255	2462	439	11198
专用仪器仪表制造	102906	94	1184	376	3402
环境监测专用仪器仪表制造	2331	10	166	106	266
汽车及其他用计数仪表制造	30734	44	356	54	2200
导航、气象及海洋专用仪器制造	576		3	3	12
教学专用仪器制造	1245	1	23	23	50
电子测量仪器制造	60475	18	442	102	441
其他专用仪器制造	7545	21	194	89	434
钟表与计时仪器制造	20504	20	73	39	812
钟表与计时仪器制造	20504	20	73	39	812
光学仪器及眼镜制造	207903	213	2195	220	7739
光学仪器制造	122238	171	1818	141	4643
眼镜制造	85665	42	377	78	3096
文化、办公用机械制造	118238	115	4672	1661	3829
照相机及器材制造	88484	80	4379	1494	2472
复印和胶印设备制造	12457	25	71	67	890
计算器及货币专用设备制造	892	8			31
其他文化、办公用机械制造	16405	2	222	100	437
其他仪器仪表的制造及修理	18394	20	372	182	515
其他仪器仪表的制造及修理	18394	20	372	182	515

1－D－2 续表7－17 单位：个、万元、人

指标名称	主营业务成本	主营业务税金及附加	其他业务收入	其他业务利润	营业费用
工艺品及其他制造业	1454152	4465	9657	5240	43102
工艺美术品制造	925092	3369	6431	4353	26415
雕塑工艺品制造	73138	188	287	247	4876
金属工艺品制造	42739	106	408	21	1867
漆器工艺品制造	9604	60	1	1	547
花画工艺品制造	15648	26	205	10	1100
天然植物纤维编织工艺品制造	30212	45	108	99	867
抽纱刺绣工艺品制造	239400	622	243	67	3252
地毯、挂毯制造	61402	233	839	69	4056
珠宝首饰及有关物品的制造	304732	1767	3844	3688	3253
其他工艺美术品制造	148218	322	495	153	6599
日用杂品制造	509545	1076	2924	774	16165
制镜及类似品加工	46817	318	156	61	1246
鬃毛加工、制刷及清扫工具的制造	74127	64	1525	367	2550
其他日用杂品制造	388601	694	1243	347	12369
其他未列明的制造业	19515	21	302	112	521
其他未列明的制造业	19515	21	302	112	521
废弃资源和废旧材料回收加工业	973032	283	7860	612	10063
金属废料和碎屑的加工处理	939147	184	3362	37	8983
金属废料和碎屑的加工处理	939147	184	3362	37	8983
非金属废料和碎屑的加工处理	33885	99	4498	575	1080
非金属废料和碎屑的加工处理	33885	99	4498	575	1080
电力、燃气及水的生产和供应业	**1050224**	**1187**	**33115**	**13968**	**2659**
电力、热力的生产和供应业	925954	1020	27411	10033	217
电力生产	846327	943	26753	9391	38
火力发电	834415	910	26677	9350	38
水力发电	11151	29	49	31	
其他能源发电	762	4	27	9	
热力生产和供应	79628	77	659	642	179
热力生产和供应	79628	77	659	642	179
燃气生产和供应业	119549	159	5625	3868	2428
燃气生产和供应业	119549	159	5625	3868	2428
燃气生产和供应业	119549	159	5625	3868	2428
水的生产和供应业	4721	8	79	68	15
自来水的生产和供应	3689	8			
自来水的生产和供应	3689	8			
污水处理及其再生利用	1032		79	68	15
污水处理及其再生利用	1032		79	68	15

1-D-2 续表8-1

单位：个、万元、人

指 标 名 称	管理费用	税 金	财务费用	利息支出	营业利润
总 计	**4838066**	**228450**	**1573919**	**1565860**	**5070750**
一、按轻重工业分					
轻工业	2309629	118783	899150	826351	2397935
重工业	2528437	109667	674769	739509	2672815
二、按规模分					
大型企业	792993	27797	178297	200512	1163162
中型企业	2014861	101863	694741	706341	2429850
小型企业	2030212	98790	700881	659007	1477739
三、按登记注册类型分					
港澳台商投资	**2038283**	**102425**	**808561**	**786514**	**2246570**
与港澳台商合资经营	1041162	57100	577582	553405	1370447
与港澳台商合作经营	28482	2701	13737	12707	47999
港澳台商独资	823987	39530	203343	203069	819699
港澳台商投资股份有限公司	144653	3094	13900	17333	8424
外商投资	**2799783**	**126025**	**765358**	**779346**	**2824181**
中外合资经营	1383646	67215	504387	484031	1647392
中外合作经营	41684	1545	13955	10669	51950
外资企业	1249662	53220	214374	255064	915294
外商投资股份有限公司	124790	4046	32642	29582	209545
四、按国民经济行业(门类、大类、中类、小类)分					
采矿业	**5998**	**137**	**-1704**	**2438**	**22195**
黑色金属矿采选业	647	100	-1865	2294	20860
铁矿采选	647	100	-1865	2294	20860
铁矿采选	647	100	-1865	2294	20860
非金属矿采选业	5351	37	161	144	1335
土砂石开采	5351	37	161	144	1335
石灰石、石膏开采	1991	1	-109	-109	-1695
建筑装饰用石开采	933	6	86	77	1521
耐火土石开采	52	4	41	42	50
粘土及其他土砂石开采	2374	27	143	134	1459
制造业	**4779718**	**225740**	**1534045**	**1521367**	**4987764**
农副食品加工业	48999	3427	30276	31050	-8459
谷物磨制	559	138	708	704	7
谷物磨制	559	138	708	704	7
饲料加工	4251	130	890	530	1146
饲料加工	4251	130	890	530	1146
植物油加工	6654	703	706	2491	-4901
食用植物油加工	6654	703	706	2491	-4901

1－D－2 续表8－2 单位：个、万元、人

指标名称	管理费用	税金	财务费用	利息支出	营业利润
屠宰及肉类加工	3286	683	1302	925	－1323
畜禽屠宰	547	46	208	206	1338
肉制品及副产品加工	2739	637	1094	719	－2661
水产品加工	19579	1057	25525	21480	－11293
水产品冷冻加工	15909	827	18773	15015	－9814
鱼糜制品及水产品干腌制加工	3336	199	6437	6211	－1506
水产饲料制造	84	26	170	168	77
其他水产品加工	251	4	145	86	－51
蔬菜、水果和坚果加工	6929	438	2438	1930	5614
蔬菜、水果和坚果加工	6929	438	2438	1930	5614
其他农副食品加工	7741	279	－1292	2991	2292
淀粉及淀粉制品的制造	990	34	349	352	626
豆制品制造	614	48	－198	82	1372
其他未列明的农副食品加工	6137	198	－1442	2558	293
食品制造业	51962	2139	6654	6072	120369
焙烤食品制造	8465	117	564	566	11277
糕点、面包制造	2744	56	276	280	2562
饼干及其他焙烤食品制造	5721	62	288	287	8715
糖果、巧克力及蜜饯制造	4465	252	717	284	18866
糖果、巧克力制造	4221	243	371	283	18898
蜜饯制作	244	8	346	1	－31
方便食品制造	6829	709	－2442	－2574	51853
米、面制品制造	152	5	2		111
速冻食品制造	2230	132	801	832	－1172
方便面及其他方便食品制造	4447	572	－3245	－3406	52914
液体乳及乳制品制造	708	77	32		469
液体乳及乳制品制造	708	77	32		469
罐头制造	8301	365	2822	2877	16192
肉、禽类罐头制造	685	55	166	32	881
水产品罐头制造	542	63	336	229	1240
蔬菜、水果罐头制造	4511	225	2344	2655	－382
其他罐头食品制造	2564	23	－25	－39	14454
调味品、发酵制品制造	2144	125	996	1040	422
味精制造	702	...	400	400	－972
酱油、食醋及类似制品的制造	458	27	330	331	85
其他调味品、发酵制品制造	984	98	266	309	1309
其他食品制造	21049	494	3964	3879	21290
营养、保健食品制造	2810	91	451	350	2872

1－D－2　续表8－3　　　　单位：个、万元、人

指　标　名　称	管理费用	税　金	财务费用	利息支出	营业利润
冷冻饮品及食用冰制造	2692	83	99		3459
食品及饲料添加剂制造	15548	320	3413	3529	14960
饮料制造业	92115	4558	5283	6440	215690
酒精制造	393	8	306	284	－732
酒精制造	393	8	306	284	－732
酒的制造	36951	2605	7991	7829	－18101
白酒制造	1262	86	16		2785
啤酒制造	34549	2202	7897	7872	－21806
黄酒制造	1140	317	77	－43	920
软饮料制造	52704	1806	－4351	－2676	233139
碳酸饮料制造	8810	352	1827	1702	27609
瓶（罐）装饮用水制造	9103	313	－3587	－3851	－8818
果菜汁及果菜汁饮料制造	4163	267	－1556	387	－1133
含乳饮料和植物蛋白饮料制造	20725	334	－526	－770	88835
固体饮料制造	486	80	327	280	632
茶饮料及其他软饮料制造	9416	460	－836	－424	126014
精制茶加工	2068	140	1337	1003	1384
精制茶加工	2068	140	1337	1003	1384
烟草制品业	1652	45	78	77	3431
其他烟草制品加工	1652	45	78	77	3431
其他烟草制品加工	1652	45	78	77	3431
纺织业	470448	31305	214023	206435	389457
棉、化纤纺织及印染精加工	176137	11847	95331	99658	159700
棉、化纤纺织加工	86753	5960	51951	53347	98244
棉、化纤印染精加工	89385	5888	43380	46311	61456
毛纺织和染整精加工	16243	1344	6212	6927	13276
毛条加工	2683	348	181	2103	4217
毛纺织	9693	416	4009	3234	7359
毛染整精加工	3867	581	2022	1591	1701
麻纺织	1935	78	1956	430	1940
麻纺织	1935	78	1956	430	1940
丝绢纺织及精加工	29002	3995	－1006	6958	11923
缫丝加工	844	126	144	248	710
绢纺和丝织加工	26076	3712	－2082	5896	11240
丝印染精加工	2082	158	932	814	－28
纺织制成品制造	99825	6933	46019	39668	73641
棉及化纤制品制造	41045	2030	18720	17297	30810
毛制品制造	4430	541	5121	4741	－100

1－D－2 续表8－4 单位：个、万元、人

指 标 名 称	管理费用	税 金	财务费用	利息支出	营业利润
麻制品制造	363	5	179	179	66
丝制品制造	25501	2557	12208	10561	34042
绳、索、缆的制造	883	96	96	49	442
纺织带和帘子布制造	6818	382	2580	1716	4570
无纺布制造	10429	466	2978	2519	4651
其他纺织制成品制造	10357	858	4138	2607	－839
针织品、编织品及其制品制造	147304	7107	65510	52794	128977
棉、化纤针织品及编织品制造	115293	5584	57511	45898	114345
毛针织品及编织品制造	15929	996	3843	3396	7496
丝针织品及编织品制造	11879	365	3102	2485	5366
其他针织品及编织品制造	4204	162	1054	1014	1770
纺织服装、鞋、帽制造业	350896	17516	95418	74638	313883
纺织服装制造	345981	17140	94461	74059	311353
纺织服装制造	345981	17140	94461	74059	311353
纺织面料鞋的制造	2595	175	710	428	1711
纺织面料鞋的制造	2595	175	710	428	1711
制 帽	2320	202	246	151	819
制 帽	2320	202	246	151	819
皮革、毛皮、羽毛(绒)及其制品业	132640	8462	72869	62893	103305
皮革鞣制加工	24025	1863	25075	25503	33449
皮革鞣制加工	24025	1863	25075	25503	33449
皮革制品制造	85787	5269	25828	19647	56463
皮鞋制造	44269	2523	12206	9535	35549
皮革服装制造	8282	341	4043	3128	5746
皮箱、包(袋)制造	22552	1762	5747	3855	10007
皮手套及皮装饰制品制造	4173	172	1394	1041	2403
其他皮革制品制造	6510	472	2439	2089	2759
毛皮鞣制及制品加工	5094	239	2527	2251	3712
毛皮鞣制加工	524	8	79	82	588
毛皮服装加工	3928	215	2311	2008	2709
其他毛皮制品加工	641	16	136	161	415
羽毛(绒)加工及制品制造	17735	1091	19439	15493	9682
羽毛(绒)制品加工	17735	1091	19439	15493	9682
木材加工及木、竹、藤、棕、草制品业	34323	1960	18625	16201	33882
锯材、木片加工	1301	32	118	85	2533
锯材加工	342	17	87	55	361
木片加工	959	15	31	30	2172
人造板制造	16002	1030	11495	9978	11864

1-D-2 续表8-5 单位：个、万元、人

指标名称	管理费用	税金	财务费用	利息支出	营业利润
胶合板制造	12595	830	8190	7026	7332
纤维板制造	1867	93	2323	2021	2724
其他人造板、材制造	1540	107	982	931	1808
木制品制造	9805	314	3490	2580	13534
建筑用木料及木材组件加工	7796	214	2752	2126	14350
木容器制造	194	17	76	20	-77
软木制品及其他木制品制造	1815	82	661	435	-739
竹、藤、棕、草制品制造	7215	585	3522	3557	5951
竹、藤、棕、草制品制造	7215	585	3522	3557	5951
家具制造业	86742	4440	35305	30610	41647
木质家具制造	26668	1360	10034	8949	-1788
木质家具制造	26668	1360	10034	8949	-1788
竹、藤家具制造	912	134	163	163	-76
竹、藤家具制造	912	134	163	163	-76
金属家具制造	35603	1972	14758	13899	20344
金属家具制造	35603	1972	14758	13899	20344
塑料家具制造	1437	43	478	291	513
塑料家具制造	1437	43	478	291	513
其他家具制造	22122	931	9871	7308	22654
其他家具制造	22122	931	9871	7308	22654
造纸及纸制品业	100082	6968	70397	84056	111939
纸浆制造	587	23	-4	-4	-61
纸浆制造	587	23	-4	-4	-61
造纸	60882	5639	57482	77546	84794
机制纸及纸板制造	55848	5363	56190	76405	82589
加工纸制造	5033	277	1292	1141	2205
纸制品制造	38613	1306	12920	6514	27206
纸和纸板容器的制造	24137	999	8895	4102	23423
其他纸制品制造	14477	308	4025	2413	3784
印刷业和记录媒介的复制	21639	776	4720	4539	58113
印刷	19057	693	4547	4131	57229
书、报、刊印刷	1434	170	1148	1132	-1357
本册印制	1326	12	314	313	3058
包装装潢及其他印刷	16298	512	3085	2685	55529
装订及其他印刷服务活动	1004	83	415	401	51
装订及其他印刷服务活动	1004	83	415	401	51
记录媒介的复制	1577		-242	6	832
记录媒介的复制	1577		-242	6	832

1－D－2 续表8－6

单位：个、万元、人

指 标 名 称	管理费用	税 金	财务费用	利息支出	营业利润
文教体育用品制造业	81014	4457	25663	17636	23168
文化用品制造	27283	1151	9739	6654	3780
文具制造	14191	842	5217	3788	525
笔的制造	11351	249	4232	2690	2431
教学用模型及教具制造	327	10	8	－19	－191
墨水、墨汁制造	102		－20	－20	252
其他文化用品制造	1312	51	302	214	764
体育用品制造	23274	1488	7745	4946	－3365
球类制造	2218	186	1829	1119	－3111
体育器材及配件制造	4237	270	1118	605	1148
训练健身器材制造	8979	404	1871	1035	1497
运动防护用具制造	2595	269	1337	1007	－4091
其他体育用品制造	5245	358	1590	1181	1192
乐器制造	6982	709	1066	791	5407
中乐器制造	92	...	12	12	49
西乐器制造	3300	343	263	182	3609
电子乐器制造	455	243			152
其他乐器及零件制造	3136	123	791	597	1597
玩具制造	19563	878	6461	4608	13826
玩具制造	19563	878	6461	4608	13826
游艺器材及娱乐用品制造	3912	232	653	637	3521
露天游乐场所游乐设备制造	526	39	582	547	－441
游艺用品及室内游艺器材制造	3386	193	71	90	3962
石油加工、炼焦及核燃料加工业	14022	2074	1777	2730	22395
精炼石油产品的制造	14022	2074	1777	2730	22395
原油加工及石油制品制造	14022	2074	1777	2730	22395
化学原料及化学制品制造业	383987	12820	102397	170564	406252
基础化学原料制造	58682	2613	33694	33900	78439
无机酸制造	1307	166	1808	1446	2341
无机碱制造	4117	267	1591	1570	11944
无机盐制造	2026	109	857	592	3311
有机化学原料制造	37515	1511	29923	29766	33592
其他基础化学原料制造	13718	561	－485	526	27252
肥料制造	478	6	18	2	1087
复混肥料制造	405		10		1038
其他肥料制造	73	6	8	2	49
农药制造	20431	810	2714	2675	115137
化学农药制造	19252	661	2575	2621	113288

1-D-2 续表8-7

单位：个、万元、人

指标名称	管理费用	税金	财务费用	利息支出	营业利润
生物化学农药及微生物农药制造	1179	149	139	54	1849
涂料、油墨、颜料及类似产品制造	53021	1998	20205	16565	78048
涂料制造	17704	493	2254	1902	24348
油墨及类似产品制造	5094	17	1643	483	3272
颜料制造	5647	305	3022	2540	6447
染料制造	22847	1099	13273	11578	40734
密封用填料及类似品制造	1730	85	13	62	3248
合成材料制造	83848	3977	20461	93015	-101203
初级形态的塑料及合成树脂制造	72507	2478	12934	65909	-95540
合成橡胶制造	1568	11	31	16	1785
合成纤维单(聚合)体的制造	7868	1367	5624	26126	-10544
其他合成材料制造	1905	121	1872	964	3097
专用化学产品制造	66665	2650	23348	22312	114629
化学试剂和助剂制造	18527	816	6292	6379	17414
专项化学用品制造	11310	441	5439	5182	8183
林产化学产品制造	104	3	32	-1	-24
炸药及火工产品制造	347	4	85		406
信息化学品制造	24341	1138	9162	8800	80623
环境污染处理专用药剂材料制造	3727	52	812	621	3330
动物胶制造	2078	50	356	359	3596
其他专用化学产品制造	6232	147	1169	971	1100
日用化学产品制造	100862	766	1958	2095	120115
肥皂及合成洗涤剂制造	4501	379	1444	1266	2213
化妆品制造	90323	157	-949	385	105751
香料、香精制造	4845	206	1205	278	12708
其他日用化学产品制造	1193	24	258	167	-556
医药制造业	131623	3591	24311	18546	183415
化学药品原药制造	40588	1109	9169	7452	32684
化学药品原药制造	40588	1109	9169	7452	32684
化学药品制剂制造	41120	1202	6073	2513	85258
化学药品制剂制造	41120	1202	6073	2513	85258
中药饮片加工	578	8	80	73	-160
中药饮片加工	578	8	80	73	-160
中成药制造	19559	592	168	1213	35932
中成药制造	19559	592	168	1213	35932
兽用药品制造	6586	221	2264	2103	9513
兽用药品制造	6586	221	2264	2103	9513
生物、生化制品的制造	18280	319	2620	2422	18367

1-D-2 续表8-8

单位：个、万元、人

指标名称	管理费用	税金	财务费用	利息支出	营业利润
生物、生化制品的制造	18280	319	2620	2422	18367
卫生材料及医药用品制造	4913	141	3938	2769	1820
卫生材料及医药用品制造	4913	141	3938	2769	1820
化学纤维制造业	76962	5181	117272	132080	127250
纤维素纤维原料及纤维制造	1232	364	1995	1957	90
人造纤维（纤维素纤维）制造	1232	364	1995	1957	90
合成纤维制造	75730	4817	115277	130123	127160
锦纶纤维制造	2728	298	3571	3701	2258
涤纶纤维制造	44533	2829	77651	90463	96216
腈纶纤维制造	1379	132	6314	6134	-3448
其他合成纤维制造	27090	1558	27742	29826	32134
橡胶制品业	80241	3012	40192	47562	31893
轮胎制造	64179	2451	34982	43366	20080
车辆、飞机及工程机械轮胎制造	64179	2451	34982	43366	20080
橡胶板、管、带的制造	4363	148	1520	1058	5898
橡胶板、管、带的制造	4363	148	1520	1058	5898
橡胶零件制造	4381	84	1114	465	2175
橡胶零件制造	4381	84	1114	465	2175
日用及医用橡胶制品制造	936	65	409	430	851
日用及医用橡胶制品制造	936	65	409	430	851
橡胶靴鞋制造	3414	85	1236	1430	810
橡胶靴鞋制造	3414	85	1236	1430	810
其他橡胶制品制造	2968	179	931	813	2080
其他橡胶制品制造	2968	179	931	813	2080
塑料制品业	133366	7895	62882	57546	175741
塑料薄膜制造	14114	2190	17598	19345	41678
塑料薄膜制造	14114	2190	17598	19345	41678
塑料板、管、型材的制造	19337	1586	12518	11641	13953
塑料板、管、型材的制造	19337	1586	12518	11641	13953
塑料丝、绳及编织品的制造	2519	135	712	572	311
塑料丝、绳及编织品的制造	2519	135	712	572	311
泡沫塑料制造	5464	310	1493	1267	5551
泡沫塑料制造	5464	310	1493	1267	5551
塑料人造革、合成革制造	11455	814	7117	6152	14471
塑料人造革、合成革制造	11455	814	7117	6152	14471
塑料包装箱及容器制造	12926	706	4026	3761	48547
塑料包装箱及容器制造	12926	706	4026	3761	48547
塑料零件制造	20644	601	5293	3396	12872

1-D-2 续表8-9

单位:个、万元、人

指标名称	管理费用	税金	财务费用	利息支出	营业利润
塑料零件制造	20644	601	5293	3396	12872
日用塑料制造	34396	1051	10627	8630	30986
塑料鞋制造	1420	56	885	518	522
日用塑料杂品制造	32977	995	9741	8112	30464
其他塑料制品制造	12512	503	3499	2782	7372
其他塑料制品制造	12512	503	3499	2782	7372
非金属矿物制品业	95695	5060	60546	58179	144909
水泥、石灰和石膏的制造	8050	489	9356	9158	1749
水泥制造	7535	427	8951	8759	1279
石灰和石膏制造	515	63	405	399	471
水泥及石膏制品制造	15758	554	5897	4935	21806
水泥制品制造	12937	380	5074	4159	18916
砼结构构件制造	1008	71	221	219	1364
轻质建筑材料制造	1813	104	603	558	1525
砖瓦、石材及其他建筑材料制造	15670	503	12136	11342	18511
粘土砖瓦及建筑砌块制造	743		415	415	-1228
建筑陶瓷制品制造	11348	406	10256	10167	21420
建筑用石加工	1124	50	550	554	-11
防水建筑材料制造	585	2	242	160	-60
隔热和隔音材料制造	1690		673	45	-1714
其他建筑材料制造	181	45			103
玻璃及玻璃制品制造	47100	3123	30847	30445	87410
平板玻璃制造	3081	320	1401	1384	1354
技术玻璃制品制造	8326	407	3773	2462	2339
光学玻璃制造	87		-8		104
日用玻璃制品及玻璃包装容器制造	6746	241	2502	1467	9390
玻璃纤维及制品制造	26438	1853	22978	24998	72440
玻璃纤维增强塑料制品制造	837	17	200	187	779
其他玻璃制品制造	1586	286	1	-53	1003
陶瓷制品制造	3522	129	530	565	4894
卫生陶瓷制品制造	2519	100	328	438	2815
特种陶瓷制品制造	627	23	96	96	863
日用陶瓷制品制造	211	5	117	31	1177
园林、陈设艺术及其他陶瓷制品制造	166		-11		40
耐火材料制品制造	3274	136	641	699	1798
石棉制品制造	449	36	6	...	121
耐火陶瓷制品及其他耐火材料制造	2825	100	635	700	1676
石墨及其他非金属矿物制品制造	2321	126	1140	1035	8742

1－D－2 续表 8－10 单位：个、万元、人

指 标 名 称	管理费用	税 金	财务费用	利息支出	营业利润
石墨及碳素制品制造	1161	33	353	268	569
其他非金属矿物制品制造	1160	93	787	767	8173
黑色金属冶炼及压延加工业	47293	4881	38924	43738	3984
炼 钢	2301	73	3121	2988	6485
炼 钢	2301	73	3121	2988	6485
钢压延加工	44772	4794	35727	40698	－2979
钢压延加工	44772	4794	35727	40698	－2979
铁合金冶炼	220	14	77	53	477
铁合金冶炼	220	14	77	53	477
有色金属冶炼及压延加工业	29776	2583	26995	25592	49495
常用有色金属冶炼	7655	425	10596	8048	9051
铜冶炼	1306	43	1465	1341	588
镍钴冶炼	6011	372	9095	6688	8470
镁冶炼	104	9	15	15	183
其他常用有色金属冶炼	234	2	21	4	－189
贵金属冶炼	187	28	904	1017	590
金冶炼	187	28	904	1017	590
稀有稀土金属冶炼	700	31	620	619	－94
钨钼冶炼	105	19	64	63	－65
稀土金属冶炼	595	12	556	556	－30
有色金属合金制造	6531	636	3645	3696	12050
有色金属合金制造	6531	636	3645	3696	12050
有色金属压延加工	14703	1464	11229	12213	27899
常用有色金属压延加工	18713	1434	11090	12088	8402
贵金属压延加工	－5205	4	29	29	18126
稀有稀土金属压延加工	1195	26	110	96	1370
金属制品业	152704	6565	62960	52617	135155
结构性金属制品制造	30000	988	12291	11531	46869
金属结构制造	21382	745	11218	10340	37295
金属门窗制造	8618	243	1072	1191	9574
金属工具制造	23028	879	5021	3482	19462
切削工具制造	3624	107	328	262	5891
手工具制造	7779	278	1905	1399	6027
农用及园林用金属工具制造	3324	150	1278	936	1947
刀剪及类似日用金属工具制造	3464	154	400	75	1786
其他金属工具制造	4838	190	1110	810	3811
集装箱及金属包装容器制造	13971	621	13615	11434	17058
集装箱制造	4583	495	9679	7044	570

1－D－2　续表8－11　　　　　　　　　　　　　　单位：个、万元、人

指　标　名　称	管理费用	税　金	财务费用	利息支出	营业利润
金属压力容器制造	923	6	234	234	1168
金属包装容器制造	8465	121	3703	4156	15320
金属丝绳及其制品的制造	6465	284	2324	2360	7317
金属丝绳及其制品的制造	6465	284	2324	2360	7317
建筑、安全用金属制品制造	48233	1914	14315	10005	28474
建筑、家具用金属配件制造	22522	950	4892	3639	20569
建筑装饰及水暖管道零件制造	21381	701	7372	4494	8177
安全、消防用金属制品制造	3366	210	1850	1605	－477
其他建筑、安全用金属制品制造	964	53	201	267	204
金属表面处理及热处理加工	7685	253	6037	5943	5737
金属表面处理及热处理加工	7685	253	6037	5943	5737
搪瓷制品制造	692	51	362	362	401
搪瓷卫生洁具制造	545	44	338	338	－231
搪瓷日用品及其他搪瓷制品制造	147	7	24	23	632
不锈钢及类似日用金属制品制造	19259	1342	8266	6790	8437
金属制厨房调理及卫生器具制造	3282	231	1577	1358	1581
金属制厨用器皿及餐具制造	7673	535	4552	3796	6571
其他日用金属制品制造	8305	577	2137	1635	285
其他金属制品制造	3374	234	729	712	1401
其他未列明的金属制品制造	3374	234	729	712	1401
通用设备制造业	423753	18008	103372	78455	514484
锅炉及原动机制造	55073	755	3781	3483	67253
锅炉及辅助设备制造	7181	227	2134	2233	8082
内燃机及配件制造	7206	176	850	560	10798
汽轮机及辅机制造	40686	353	798	691	48373
金属加工机械制造	22902	1594	4239	3747	33338
金属切削机床制造	8460	525	2127	1671	7294
金属成形机床制造	6963	429	737	966	15384
铸造机械制造	1092	76	121	118	303
金属切割及焊接设备制造	2378	143	307	294	1360
机床附件制造	1939	141	216	12	7987
其他金属加工机械制造	2070	281	731	687	1010
起重运输设备制造	44546	1064	3653	1548	123130
起重运输设备制造	44546	1064	3653	1548	123130
泵、阀门、压缩机及类似机械的制造	107352	3617	34088	24992	89797
泵及真空设备制造	22140	767	3653	3553	26695
气体压缩机械制造	20418	345	7375	3626	897
阀门和旋塞的制造	48164	1812	20499	15713	37385

1－D－2 续表8－12

单位：个、万元、人

指 标 名 称	管理费用	税 金	财务费用	利息支出	营业利润
液压和气压动力机械及元件制造	16629	693	2561	2100	24821
轴承、齿轮、传动和驱动部件的制造	54839	3164	18064	14051	57358
轴承制造	39866	2596	14345	10750	44174
齿轮、传动和驱动部件制造	14973	568	3719	3301	13185
烘炉、熔炉及电炉制造	1854	42	169	376	5512
烘炉、熔炉及电炉制造	1854	42	169	376	5512
风机、衡器、包装设备等通用设备制造	61860	3551	14757	12150	51961
风机、风扇制造	3449	369	713	489	－563
气体、液体分离及纯净设备制造	5154	134	347	181	7512
制冷、空调设备制造	16501	673	3123	2402	34107
风动和电动工具制造	20432	1904	9160	7381	7208
喷枪及类似器具制造	4252	186	1238	929	3734
包装专用设备制造	5026	147	236	267	782
衡器制造	1333	26	117	104	2211
其他通用设备制造	5713	113	－176	396	－3030
通用零部件制造及机械修理	55724	3359	17482	12491	59161
金属密封件制造	5411	408	313	308	4022
紧固件、弹簧制造	37939	2410	13596	8983	51712
机械零部件加工及设备修理	6586	247	1102	1180	1026
其他通用零部件制造	5788	294	2470	2021	2401
金属铸、锻加工	19603	862	7140	5616	26974
钢铁铸件制造	11308	572	5141	3189	22070
锻件及粉末冶金制品制造	8295	290	1999	2427	4904
专用设备制造业	206441	7585	34239	33109	211484
矿山、冶金、建筑专用设备制造	13689	141	5961	4940	32772
石油钻采专用设备制造	150	…	…	…	62
建筑工程用机械制造	11332	92	5795	4306	29125
建筑材料生产专用机械制造	555	2	223	200	722
冶金专用设备制造	1652	47	－56	434	2864
化工、木材、非金属加工专用设备制造	89950	3444	8779	10261	87182
炼油、化工生产专用设备制造	2759	55	455	161	725
橡胶加工专用设备制造	2214	34	73	48	2071
塑料加工专用设备制造	45942	1036	2043	2930	56015
木材加工机械制造	1245	110	208	391	－208
模具制造	37488	2063	5914	6648	28549
其他非金属加工专用设备制造	303	146	86	83	30
食品、饮料、烟草及饲料生产专用设备制造	4632	175	2005	1282	12406
食品、饮料、烟草工业专用设备制造	3616	117	1846	1192	12823

1－D－2 续表 8－13

单位：个、万元、人

指标名称	管理费用	税金	财务费用	利息支出	营业利润
农副食品加工专用设备制造	1016	59	158	90	－417
印刷、制药、日化生产专用设备制造	6351	291	－236	726	6488
制浆和造纸专用设备制造	695	12	50	37	510
印刷专用设备制造	4090	244	－246	809	5424
日用化工专用设备制造	310	1	－161	－182	19
制药专用设备制造	530	30	10		461
照明器具生产专用设备制造	383	1	52	27	－32
玻璃、陶瓷和搪瓷制品生产专用设备制造	344	3	59	34	106
纺织、服装和皮革工业专用设备制造	32242	1464	9973	9523	17819
纺织专用设备制造	10624	636	5784	5787	6603
皮革、毛皮及其制品加工专用设备制造	2274	95	457	425	925
缝纫机械制造	17475	711	3561	3115	7338
其他服装加工专用设备制造	1869	23	172	196	2953
电子和电工机械专用设备制造	4259	109	208	231	3454
电工机械专用设备制造	327		28		142
电子工业专用设备制造	3933	109	180	231	3313
农、林、牧、渔专用机械制造	22155	297	2215	1600	4669
拖拉机制造	10087	112	－248		－2794
机械化农业及园艺机具制造	11147	158	2341	1533	7151
农林牧渔机械配件制造	654	27	79	68	228
其他农林牧渔业机械制造及机械修理	267		43		83
医疗仪器设备及器械制造	16083	1207	517	487	32579
医疗诊断、监护及治疗设备制造	5225	583	219	931	5914
口腔科用设备及器具制造	106	1	17	12	155
实验室及医用消毒设备和器具的制造	821	2	30		1243
医疗、外科及兽医用器械制造	8234	527	－312	－916	24912
机械治疗及病房护理设备制造	637	21	143	120	126
其他医疗设备及器械制造	1060	73	421	341	228
环保、社会公共安全及其他专用设备制造	17080	458	4816	4059	14115
环境污染防治专用设备制造	10728	223	3413	3134	8470
邮政专用机械及器材制造	149	4	59	57	76
社会公共安全设备及器材制造	2949	128	925	534	2371
其他专用设备制造	3254	102	419	335	3197
交通运输设备制造业	296995	15410	32893	63642	356288
铁路运输设备制造	751	35	564	513	－1000
铁路机车车辆配件制造	345	...	29	...	－410
铁路专用设备及器材、配件制造	255	4	97	75	－15
其他铁路设备制造及设备修理	150	31	438	438	－575

1－D－2 续表 8－14 单位：个、万元、人

指标名称	管理费用	税金	财务费用	利息支出	营业利润
汽车制造	215144	10921	45173	35832	193376
汽车整车制造	7654	568	3395	1514	5927
改装汽车制造	165	...	3	3	－45
汽车车身、挂车的制造	748	9	145	24	－1424
汽车零部件及配件制造	203156	10296	41231	34219	186591
汽车修理	3421	49	399	72	2326
摩托车制造	2782	73	824	769	745
摩托车零部件及配件制造	2782	73	824	769	745
自行车制造	14688	1526	5900	4506	834
脚踏自行车及残疾人座车制造	7927	517	4762	3614	－2501
助动自行车制造	6760	1009	1138	892	3335
船舶及浮动装置制造	62017	2735	－19969	21824	163222
金属船舶制造	33549	1252	－22737	10468	110145
非金属船舶制造	1514	107	－1559	2220	16034
娱乐船和运动船的建造和修理	3602	4	1102	1305	－1945
船用配套设备制造	10241	948	－582	4848	9130
船舶修理及拆船	13111	425	3806	2983	29857
交通器材及其他交通运输设备制造	1614	120	401	198	－889
交通管理用金属标志及设施制造	657	31	101		－776
其他交通运输设备制造	957	89	300	198	－113
电气机械及器材制造业	475649	18136	127566	96039	531122
电机制造	79646	3197	12843	9335	65250
发电机及发电机组制造	10923	857	1005	1069	7506
电动机制造	27598	869	2984	1403	35756
微电机及其他电机制造	41126	1471	8854	6863	21989
输配电及控制设备制造	81679	4007	14983	12376	131048
变压器、整流器和电感器制造	6971	193	3047	2297	5890
电容器及其配套设备制造	2640	42	414	298	5192
配电开关控制设备制造	48374	2896	6881	5002	94505
电力电子元器件制造	23146	855	4438	4636	25067
其他输配电及控制设备制造	548	22	202	144	394
电线、电缆、光缆及电工器材制造	48830	2138	20291	19733	56372
电线电缆制造	36571	1694	15132	14700	40785
光纤、光缆制造	7908	271	3247	3377	11905
绝缘制品制造	1944	89	679	492	1820
其他电工器材制造	2407	84	1233	1165	1862
电池制造	51435	1942	27359	16610	81244
电池制造	51435	1942	27359	16610	81244

1-D-2 续表 8-15

单位：个、万元、人

指标名称	管理费用	税金	财务费用	利息支出	营业利润
家用电力器具制造	129575	3674	20631	15481	137985
家用制冷电器具制造	2815	154	1582	958	5987
家用空气调节器制造	1997	116	515	443	459
家用通风电器具制造	2827	222	479	514	2071
家用厨房电器具制造	54735	1090	6311	5290	79648
家用清洁卫生电器具制造	41693	1246	4442	2631	40434
家用美容、保健电器具制造	5068	258	1920	1296	76
家用电力器具专用配件制造	6837	181	1069	934	4709
其他家用电力器具制造	13603	407	4313	3415	4601
非电力家用器具制造	7671	497	3287	3054	4972
燃气、太阳能及类似能源的器具制造	3876	164	2973	2698	4736
其他非电力家用器具制造	3795	333	314	356	237
照明器具制造	69946	2529	28216	19042	53691
电光源制造	21605	611	8867	7034	23504
照明灯具制造	41719	1604	16027	9533	22998
灯用电器附件及其他照明器具制造	6622	313	3322	2476	7188
其他电气机械及器材制造	6867	153	-43	406	561
车辆专用照明及电气信号设备装置制造	5105	112	98	362	-240
其他未列明的电气机械制造	1762	42	-141	45	800
通信设备、计算机及其他电子设备制造业	563126	17736	52956	45327	575955
通信设备制造	180489	3770	-161	4724	69115
通信传输设备制造	23553	424	2450	2083	22569
通信交换设备制造	5029	150	397	436	1943
通信终端设备制造	2144	175	801	758	792
移动通信及终端设备制造	145447	2974	-4341	750	40942
其他通信设备制造	4317	47	532	698	2870
雷达及配套设备制造	394	28	-97	-106	373
雷达及配套设备制造	394	28	-97	-106	373
广播电视设备制造	9947	202	2117	1296	3484
广播电视节目制作及发射设备制造	126	15	74	74	42
广播电视接收设备及器材制造	7008	187	1868	1048	2664
应用电视设备及其他广播电视设备制造	2813		174	174	778
电子计算机制造	184993	6383	5279	7616	384173
电子计算机整机制造	9102	1428	6993		5216
计算机网络设备制造	107872	90	-1635	481	166356
电子计算机外部设备制造	68019	4865	-80	7135	212601
电子器件制造	58579	2077	19516	13865	15951
电子真空器件制造	458	2	73	37	-184

1－D－2 续表8－16 单位：个、万元、人

指标名称	管理费用	税金	财务费用	利息支出	营业利润
半导体分立器件制造	23053	747	10504	8585	13384
集成电路制造	8193	243	1709	1368	－4154
光电子器件及其他电子器件制造	26876	1085	7231	3875	6904
电子元件制造	102238	3552	17997	11735	87233
电子元件及组件制造	91734	3308	15140	9455	83842
印制电路板制造	10505	244	2857	2280	3390
家用视听设备制造	15640	1303	5561	4784	9420
家用影视设备制造	6320	181	3540	3272	6804
家用音响设备制造	9320	1122	2021	1511	2616
其他电子设备制造	10847	421	2745	1414	6207
其他电子设备制造	10847	421	2745	1414	6207
仪器仪表及文化、办公用机械制造业	95762	3706	18114	14561	82786
通用仪器仪表制造	46370	1844	8888	4943	59012
工业自动控制系统装置制造	16915	374	1030	1289	22506
电工仪器仪表制造	2413	28	300	217	2155
绘图、计算及测量仪器制造	10473	849	3550	2240	5152
实验分析仪器制造	2415	125	1296	243	671
试验机制造	103	10	6	6	48
供应用仪表及其他通用仪器制造	14051	457	2706	947	28480
专用仪器仪表制造	9947	236	－436	755	414
环境监测专用仪器仪表制造	247	1	52	40	342
汽车及其他用计数仪表制造	4949	83	289	315	2097
导航、气象及海洋专用仪器制造	103	12	77	77	－88
教学专用仪器制造	81	12	7	7	30
电子测量仪器制造	3637	75	－770	318	－2356
其他专用仪器制造	930	53	－91	－2	389
钟表与计时仪器制造	1747	126	1076	995	588
钟表与计时仪器制造	1747	126	1076	995	588
光学仪器及眼镜制造	25270	1007	4394	4154	13608
光学仪器制造	17873	575	1050	2366	7000
眼镜制造	7397	433	3344	1788	6608
文化、办公用机械制造	10813	359	3545	3121	10112
照相机及器材制造	6731	172	2128	1917	8500
复印和胶印设备制造	2080	128	366	333	2606
计算器及货币专用设备制造	502	5	60	46	－785
其他文化、办公用机械制造	1500	54	991	825	－209
其他仪器仪表的制造及修理	1614	135	647	594	－948
其他仪器仪表的制造及修理	1614	135	647	594	－948

1－D－2 续表 8－17

单位：个、万元、人

指 标 名 称	管理费用	税 金	财务费用	利息支出	营业利润
工艺品及其他制造业	80801	4718	39512	33167	63301
工艺美术品制造	49781	3034	23508	18605	43094
雕塑工艺品制造	5898	315	2190	1542	－559
金属工艺品制造	3435	125	1023	792	260
漆器工艺品制造	649	65	221	179	38
花画工艺品制造	2101	81	565	453	－386
天然植物纤维编织工艺品制造	2104	94	568	530	724
抽纱刺绣工艺品制造	10460	550	6189	4339	19183
地毯、挂毯制造	4705	260	2935	2554	878
珠宝首饰及有关物品的制造	7531	396	6612	6045	18348
其他工艺美术品制造	12898	1146	3205	2172	4607
日用杂品制造	29683	1681	15688	14294	18218
制镜及类似品加工	2592	87	599	631	5158
鬃毛加工、制刷及清扫工具的制造	5481	217	2624	2214	1665
其他日用杂品制造	21611	1377	12466	11449	11395
其他未列明的制造业	1337	3	315	268	1989
其他未列明的制造业	1337	3	315	268	1989
废弃资源和废旧材料回收加工业	19013	724	7829	7269	－34569
金属废料和碎屑的加工处理	16829	696	7269	6708	－34764
金属废料和碎屑的加工处理	16829	696	7269	6708	－34764
非金属废料和碎屑的加工处理	2184	29	560	561	195
非金属废料和碎屑的加工处理	2184	29	560	561	195
电力、燃气及水的生产和供应业	**52350**	**2573**	**41578**	**42055**	**60792**
电力、热力的生产和供应业	44951	2304	38802	39500	48169
电力生产	40751	2279	33828	34826	46665
火力发电	37712	2225	32594	33602	42472
水力发电	1769	50	859	850	4873
其他能源发电	1271	5	375	374	－680
热力生产和供应	4200	24	4974	4674	1503
热力生产和供应	4200	24	4974	4674	1503
燃气生产和供应业	5894	217	1228	1403	12210
燃气生产和供应业	5894	217	1228	1403	12210
燃气生产和供应业	5894	217	1228	1403	12210
水的生产和供应业	1505	52	1549	1153	413
自来水的生产和供应	994	49	979	930	1137
自来水的生产和供应	994	49	979	930	1137
污水处理及其再生利用	511	4	570	223	－723
污水处理及其再生利用	511	4	570	223	－723

1－D－2 续表9－1 单位：个、万元、人

指 标 名 称	投资收益	补贴收入	营业外收入	营业外支出	利润总额
总 计	**192114**	**235235**	**299709**	**372048**	**5355277**
一、按轻重工业分					
轻工业	97221	75230	153835	194825	2501279
重工业	94892	160005	145874	177223	2853998
二、按规模分					
大型企业	42734	63001	70033	43294	1255188
中型企业	74322	102756	135010	170295	2549218
小型企业	75058	69477	94666	158459	1550871
三、按登记注册类型分					
港澳台商投资	**70303**	**131309**	**144976**	**150259**	**2401694**
与港澳台商合资经营	65202	64804	82726	78175	1464715
与港澳台商合作经营	61	1280	1109	3877	46549
港澳台商独资	5414	63371	57402	65271	879755
港澳台商投资股份有限公司	－375	1853	3739	2936	10676
外商投资	**121811**	**103926**	**154733**	**221790**	**2953583**
中外合资经营	62604	68287	75989	85368	1744333
中外合作经营	2992	1707	1175	2452	52328
外资企业	37087	31543	69661	105791	947240
外商投资股份有限公司	19128	2389	7908	28178	209682
四、按国民经济行业（门类、大类、中类、小类）分					
采矿业		**200**	**466**	**621**	**22240**
黑色金属矿采选业			346	84	21121
铁矿采选			346	84	21121
铁矿采选			346	84	21121
非金属矿采选业		200	120	537	1119
土砂石开采		200	120	537	1119
石灰石、石膏开采		199	25	6	－1477
建筑装饰用石开采			36	428	1130
耐火土石开采				5	45
粘土及其他土砂石开采		1	59	97	1422
制造业	**191001**	**225271**	**297407**	**365587**	**5265554**
农副食品加工业	2733	4058	5210	2434	680
谷物磨制		383	70	35	416
谷物磨制		383	70	35	416
饲料加工	4	400	251	124	1289
饲料加工	4	400	251	124	1289
植物油加工	76	455	3418	202	－1155
食用植物油加工	76	455	3418	202	－1155

1－D－2 续表9－2

单位：个、万元、人

指 标 名 称	投资收益	补贴收入	营业外收入	营业外支出	利润总额
屠宰及肉类加工	1685	223	96	181	501
畜禽屠宰	17	132	1	12	1477
肉制品及副产品加工	1668	91	95	169	－976
水产品加工	826	2020	760	1250	－8970
水产品冷冻加工	452	1570	740	1136	－8218
鱼糜制品及水产品干腌制加工	374	348	19	106	－871
水产饲料制造				5	72
其他水产品加工		101		3	47
蔬菜、水果和坚果加工	142	532	362	509	6140
蔬菜、水果和坚果加工	142	532	362	509	6140
其他农副食品加工		46	254	133	2458
淀粉及淀粉制品的制造			186	40	771
豆制品制造		27	17	26	1391
其他未列明的农副食品加工		19	51	67	296
食品制造业	－885	1600	3653	6984	117652
焙烤食品制造		182	432	430	11461
糕点、面包制造		57	20	92	2547
饼干及其他焙烤食品制造		125	413	338	8914
糖果、巧克力及蜜饯制造	49	66	204	141	19045
糖果、巧克力制造	49	65	158	138	19033
蜜饯制作		1	46	4	12
方便食品制造	－59	123	1782	1449	52150
米、面制品制造				2	109
速冻食品制造	－59	21	39	25	－1197
方便面及其他方便食品制造		102	1743	1422	53237
液体乳及乳制品制造			177	124	522
液体乳及乳制品制造			177	124	522
罐头制造	－133	477	347	856	16026
肉、禽类罐头制造		81	75	27	1010
水产品罐头制造		48	4	35	1258
蔬菜、水果罐头制造	－133	345	254	542	－458
其他罐头食品制造		2	14	253	14216
调味品、发酵制品制造	－3	419	272	88	1022
味精制造	－3	380	...	21	－615
酱油、食醋及类似制品的制造			2	6	81
其他调味品、发酵制品制造		39	269	61	1556
其他食品制造	－739	333	439	3896	17427
营养、保健食品制造		263	7	99	3044

1－D－2 续表9－3 单位：个、万元、人

指 标 名 称	投资收益	补贴收入	营业外收入	营业外支出	利润总额
冷冻饮品及食用冰制造			8	359	3108
食品及饲料添加剂制造	－739	69	424	3439	11275
饮料制造业	44367	5575	21869	16825	270641
酒精制造		1	1	25	－755
酒精制造		1	1	25	－755
酒的制造	513	853	10465	2460	－8731
白酒制造		184	11	26	2953
啤酒制造	513	666	10429	2399	－12598
黄酒制造		3	26	35	915
软饮料制造	43855	4551	10932	14188	278288
碳酸饮料制造	3809		1872	325	32965
瓶（罐）装饮用水制造			619	2239	－10439
果菜汁及果菜汁饮料制造		177	1993	1872	－835
含乳饮料和植物蛋白饮料制造	36687	1802	786	634	127475
固体饮料制造			23	5	650
茶饮料及其他软饮料制造	3358	2572	5639	9112	128471
精制茶加工		171	471	153	1839
精制茶加工		171	471	153	1839
烟草制品业		62	3	28	3469
其他烟草制品加工		62	3	28	3469
其他烟草制品加工		62	3	28	3469
纺织业	5846	15061	35505	45131	396573
棉、化纤纺织及印染精加工	4106	4602	13955	15833	163557
棉、化纤纺织加工	2536	1840	5543	7835	97378
棉、化纤印染精加工	1571	2762	8413	7999	66179
毛纺织和染整精加工	－197	909	3346	946	16388
毛条加工		703	2767	327	7359
毛纺织	－198	185	403	554	7195
毛染整精加工	1	21	176	65	1833
麻纺织	－1628	1	143	905	－448
麻纺织	－1628	1	143	905	－448
丝绢纺织及精加工	1167	320	877	2773	11485
缫丝加工	15	5	7	133	604
绢纺和丝织加工	1124	312	846	2066	11428
丝印染精加工	29	2	24	574	－548
纺织制成品制造	452	3679	5980	7503	75991
棉及化纤制品制造	－178	1523	2010	3428	30685
毛制品制造	10	128	375	396	17

1－D－2 续表9－4 单位：个、万元、人

指 标 名 称	投资收益	补贴收入	营业外收入	营业外支出	利润总额
麻制品制造		1	11	14	64
丝制品制造	6	369	532	1712	33030
绳、索、缆的制造		3	6	68	383
纺织带和帘子布制造	708	93	562	250	5683
无纺布制造	－55	1481	240	642	5672
其他纺织制成品制造	－39	81	2244	994	456
针织品、编织品及其制品制造	1945	5551	11204	17170	129600
棉、化纤针织品及编织品制造	1505	4899	9263	14491	114618
毛针织品及编织品制造	29	475	1426	1402	8023
丝针织品及编织品制造	411	127	399	918	5386
其他针织品及编织品制造		50	116	358	1574
纺织服装、鞋、帽制造业	26963	3953	9566	22667	310212
纺织服装制造	26948	3937	9536	22485	307811
纺织服装制造	26948	3937	9536	22485	307811
纺织面料鞋的制造	16	12	16	126	1619
纺织面料鞋的制造	16	12	16	126	1619
制 帽		5	15	56	782
制 帽		5	15	56	782
皮革、毛皮、羽毛(绒)及其制品业	1247	6881	4628	30539	85207
皮革鞣制加工	796	2979	843	17250	20816
皮革鞣制加工	796	2979	843	17250	20816
皮革制品制造	380	3308	2956	11121	51763
皮鞋制造	300	1195	496	1847	35480
皮革服装制造	27	97	90	3307	2650
皮箱、包(袋)制造	34	1900	2024	5360	8598
皮手套及皮装饰制品制造	1	34	76	442	2072
其他皮革制品制造	18	83	270	166	2963
毛皮鞣制及制品加工	12	549	63	97	4239
毛皮鞣制加工		28	26	20	621
毛皮服装加工	12	512	25	52	3205
其他毛皮制品加工		9	12	24	412
羽毛(绒)加工及制品制造	60	45	767	2071	8389
羽毛(绒)制品加工	60	45	767	2071	8389
木材加工及木、竹、藤、棕、草制品业	141	4043	2134	4502	35651
锯材、木片加工	98	33	52	70	2646
锯材加工			1	11	351
木片加工	98	33	51	59	2295
人造板制造	－4	3576	1295	1083	15648

1-D-2 续表9-5 单位：个、万元、人

指标名称	投资收益	补贴收入	营业外收入	营业外支出	利润总额
胶合板制造	-7	224	1092	867	7773
纤维板制造		3352		89	5987
其他人造板、材制造	3		203	126	1888
木制品制造	5	288	21	2645	11203
建筑用木料及木材组件加工	5	175	12	2589	11951
木容器制造		...		19	-96
软木制品及其他木制品制造		113	9	36	-653
竹、藤、棕、草制品制造	42	147	766	705	6154
竹、藤、棕、草制品制造	42	147	766	705	6154
家具制造业	-996	1432	6605	15698	32778
木质家具制造	3	582	1256	1541	-1484
木质家具制造	3	582	1256	1541	-1484
竹、藤家具制造			6	18	-87
竹、藤家具制造			6	18	-87
金属家具制造	-999	464	2702	2458	19834
金属家具制造	-999	464	2702	2458	19834
塑料家具制造		9	92	32	582
塑料家具制造		9	92	32	582
其他家具制造	1	377	2550	11649	13932
其他家具制造	1	377	2550	11649	13932
造纸及纸制品业	1359	2287	8843	6040	118372
纸浆制造		4	6	28	-80
纸浆制造		4	6	28	-80
造　纸	925	1099	5518	4429	87894
机制纸及纸板制造	925	944	5445	3990	85914
加工纸制造		155	74	440	1980
纸制品制造	434	1185	3319	1583	30558
纸和纸板容器的制造	259	459	1810	1170	24781
其他纸制品制造	175	726	1509	413	5777
印刷业和记录媒介的复制	3467	1849	2069	1833	63636
印　刷	3393	1849	2050	1625	62867
书、报、刊印刷	1979			29	592
本册印制		...	66	65	3059
包装装潢及其他印刷	1414	1849	1984	1531	59216
装订及其他印刷服务活动			5	6	51
装订及其他印刷服务活动			5	6	51
记录媒介的复制	74		14	202	718
记录媒介的复制	74		14	202	718

1-D-2 续表9-6

单位:个、万元、人

指标名称	投资收益	补贴收入	营业外收入	营业外支出	利润总额
文教体育用品制造业	290	1519	3361	4377	23936
文化用品制造	-62	787	923	1807	3608
文具制造	9	310	358	952	237
笔的制造	-127	440	548	789	2503
教学用模型及教具制造			7	4	-189
墨水、墨汁制造					252
其他文化用品制造	56	36	10	62	804
体育用品制造		307	1048	1140	-3156
球类制造		24	564	159	-2682
体育器材及配件制造		20	31	73	1120
训练健身器材制造		152	206	341	1514
运动防护用具制造		10	187	206	-4099
其他体育用品制造		101	60	361	992
乐器制造	35	99	55	364	5231
中乐器制造				...	48
西乐器制造		4	16	215	3415
电子乐器制造		15		9	158
其他乐器及零件制造	35	80	39	140	1611
玩具制造	317	311	1245	884	14808
玩具制造	317	311	1245	884	14808
游艺器材及娱乐用品制造		16	90	183	3444
露天游乐场所游乐设备制造		10	1	16	-446
游艺用品及室内游艺器材制造		6	89	167	3890
石油加工、炼焦及核燃料加工业		20166	2900	455	45005
精炼石油产品的制造		20166	2900	455	45005
原油加工及石油制品制造		20166	2900	455	45005
化学原料及化学制品制造业	12709	8675	20849	38877	408905
基础化学原料制造	8990	3750	1188	9476	82539
无机酸制造		329	133	123	2680
无机碱制造		386	82	159	12252
无机盐制造	61	69	3	39	3405
有机化学原料制造	8247	2930	695	8781	36331
其他基础化学原料制造	682	36	276	374	27872
肥料制造		20		3	1104
复混肥料制造		20			1058
其他肥料制造				3	46
农药制造	-410	258	499	15446	100039
化学农药制造	-410	222	499	15347	98252

1－D－2 续表9－7 单位：个、万元、人

指 标 名 称	投资收益	补贴收入	营业外收入	营业外支出	利润总额
生物化学农药及微生物农药制造		36		99	1786
涂料、油墨、颜料及类似产品制造	－413	1320	3990	2370	80575
涂料制造	－432	237	297	384	24066
油墨及类似产品制造	－121	1	1176	68	4260
颜料制造	20	522	366	425	6931
染料制造	119	524	2141	1442	42076
密封用填料及类似品制造		36	9	52	3242
合成材料制造	4526	1150	6074	4424	－93941
初级形态的塑料及合成树脂制造	3999	1045	3852	3924	－90632
合成橡胶制造		1	5	22	1769
合成纤维单(聚合)体的制造	527	72	2065	211	－8092
其他合成材料制造	...	33	152	268	3014
专用化学产品制造	－135	1996	3180	5779	113642
化学试剂和助剂制造	9	616	387	999	17427
专项化学用品制造	143	307	1241	596	9059
林产化学产品制造			1	1	－25
炸药及火工产品制造		2	1	5	404
信息化学品制造	－287	887	1363	3618	78968
环境污染处理专用药剂材料制造		79	37	39	3408
动物胶制造		55	22	166	3507
其他专用化学产品制造		50	129	356	894
日用化学产品制造	151	181	5918	1379	124946
肥皂及合成洗涤剂制造	12	107	157	1010	1438
化妆品制造	139	10	5071	229	110743
香料、香精制造		56	675	122	13316
其他日用化学产品制造		8	15	18	－550
医药制造业	－368	2464	2424	4259	183392
化学药品原药制造	－931	761	1035	991	32374
化学药品原药制造	－931	761	1035	991	32374
化学药品制剂制造	894	188	838	1084	86094
化学药品制剂制造	894	188	838	1084	86094
中药饮片加工	5	39	3	9	－123
中药饮片加工	5	39	3	9	－123
中成药制造	－22	372	239	479	35991
中成药制造	－22	372	239	479	35991
兽用药品制造	－324	52	39	69	9211
兽用药品制造	－324	52	39	69	9211
生物、生化制品的制造		839	150	1475	17857

1-D-2 续表9-8

单位：个、万元、人

指 标 名 称	投资收益	补贴收入	营业外收入	营业外支出	利润总额
生物、生化制品的制造		839	150	1475	17857
卫生材料及医药用品制造	10	215	120	151	1987
卫生材料及医药用品制造	10	215	120	151	1987
化学纤维制造业	3345	6347	4803	6148	135592
纤维素纤维原料及纤维制造		35	13	45	92
人造纤维（纤维素纤维）制造		35	13	45	92
合成纤维制造	3345	6312	4790	6103	135500
锦纶纤维制造	-133	50	112	406	1876
涤纶纤维制造	3736	2774	1954	3093	101587
腈纶纤维制造		108	20	128	-3448
其他合成纤维制造	-258	3380	2704	2475	35485
橡胶制品业	1077	2295	5313	4116	35774
轮胎制造	1070	1199	5159	3231	24277
车辆、飞机及工程机械轮胎制造	1070	1199	5159	3231	24277
橡胶板、管、带的制造	8	54	33	376	5615
橡胶板、管、带的制造	8	54	33	376	5615
橡胶零件制造		151	84	279	2130
橡胶零件制造		151	84	279	2130
日用及医用橡胶制品制造		...	20	11	860
日用及医用橡胶制品制造		...	20	11	860
橡胶靴鞋制造		719	16	68	788
橡胶靴鞋制造		719	16	68	788
其他橡胶制品制造		174	2	152	2103
其他橡胶制品制造		174	2	152	2103
塑料制品业	8442	5374	7048	8231	185061
塑料薄膜制造	117	552	970	756	39364
塑料薄膜制造	117	552	970	756	39364
塑料板、管、型材的制造	-49	519	506	898	14031
塑料板、管、型材的制造	-49	519	506	898	14031
塑料丝、绳及编织品的制造	...	18	49	112	266
塑料丝、绳及编织品的制造	...	18	49	112	266
泡沫塑料制造		189	83	923	4900
泡沫塑料制造		189	83	923	4900
塑料人造革、合成革制造	860	309	315	969	14986
塑料人造革、合成革制造	860	309	315	969	14986
塑料包装箱及容器制造	-1875	214	2570	1726	47721
塑料包装箱及容器制造	-1875	214	2570	1726	47721
塑料零件制造	...	360	430	506	13155

1－D－2 续表9－9　　单位：个、万元、人

指标名称	投资收益	补贴收入	营业外收入	营业外支出	利润总额
塑料零件制造	...	360	430	506	13155
日用塑料制造	9301	3112	2017	2065	43259
塑料鞋制造	－133	10	2	47	354
日用塑料杂品制造	9435	3102	2015	2018	42905
其他塑料制品制造	88	101	110	276	7379
其他塑料制品制造	88	101	110	276	7379
非金属矿物制品业	6011	14188	7736	9011	153868
水泥、石灰和石膏的制造	62	4139	604	413	6142
水泥制造		4139	599	404	5613
石灰和石膏制造	62		5	9	529
水泥及石膏制品制造	－3	702	715	1318	21886
水泥制品制造	－3	382	708	1095	18893
砼结构构件制造				204	1160
轻质建筑材料制造		320	7	19	1833
砖瓦、石材及其他建筑材料制造	32	4424	121	2581	20506
粘土砖瓦及建筑砌块制造					－1228
建筑陶瓷制品制造	32	2888	54	2509	21885
建筑用石加工			32	32	－11
防水建筑材料制造		5	－1	22	－78
隔热和隔音材料制造		1530	35	17	－166
其他建筑材料制造					103
玻璃及玻璃制品制造	6072	4741	5623	3982	89914
平板玻璃制造	－27	20	607	63	1891
技术玻璃制品制造	147	62	86	997	1600
光学玻璃制造				1	103
日用玻璃制品及玻璃包装容器制造	8	54	448	188	9713
玻璃纤维及制品制造	5942	4554	4455	2666	74814
玻璃纤维增强塑料制品制造	1	16	9	7	798
其他玻璃制品制造		35	19	60	996
陶瓷制品制造	－152	40	26	67	4741
卫生陶瓷制品制造	－152	20	24	49	2659
特种陶瓷制品制造		3	2	11	856
日用陶瓷制品制造		16		2	1191
园林、陈设艺术及其他陶瓷制品制造		1		5	35
耐火材料制品制造		24	565	56	2330
石棉制品制造		5	1	4	123
耐火陶瓷制品及其他耐火材料制造		19	564	53	2207
石墨及其他非金属矿物制品制造		119	82	594	8350

1－D－2 续表9－10

单位：个、万元、人

指标名称	投资收益	补贴收入	营业外收入	营业外支出	利润总额
石墨及碳素制品制造		15	13	24	572
其他非金属矿物制品制造		105	70	570	7777
黑色金属冶炼及压延加工业	－1615	1160	2658	2483	3667
炼 钢	9	77	33	91	6477
炼 钢	9	77	33	91	6477
钢压延加工	－1624	1078	2625	2386	－3286
钢压延加工	－1624	1078	2625	2386	－3286
铁合金冶炼		5		5	477
铁合金冶炼		5		5	477
有色金属冶炼及压延加工业	98	3265	1715	3199	51250
常用有色金属冶炼	285	1895	1138	1169	11201
铜冶炼	1153	12	17	218	1552
镍钴冶炼	－867	1870	1106	943	9636
镁冶炼		9	15	4	203
其他常用有色金属冶炼		4		5	－190
贵金属冶炼					590
金冶炼					590
稀有稀土金属冶炼		13	2	5	－85
钨钼冶炼				2	－67
稀土金属冶炼		13	2	3	－18
有色金属合金制造	7	83	164	329	11976
有色金属合金制造	7	83	164	329	11976
有色金属压延加工	－194	1274	411	1696	27569
常用有色金属压延加工	－194	865	386	1606	7729
贵金属压延加工		329	2		18457
稀有稀土金属压延加工		80	23	90	1383
金属制品业	12000	2618	6994	10159	146437
结构性金属制品制造	－187	558	1148	1451	46935
金属结构制造	－712	435	369	1147	36240
金属门窗制造	525	124	779	304	10695
金属工具制造	10	521	431	2770	17635
切削工具制造		371	144	288	6111
手工具制造		84	179	2089	4196
农用及园林用金属工具制造		14	53	105	1909
刀剪及类似日用金属工具制造		29	35	107	1742
其他金属工具制造	10	23	20	181	3677
集装箱及金属包装容器制造		39	1905	919	18083
集装箱制造			1137	461	1245

1－D－2 续表 9－11

单位：个、万元、人

指 标 名 称	投资收益	补贴收入	营业外收入	营业外支出	利润总额
金属压力容器制造		...	168	2	1334
金属包装容器制造		39	600	456	15504
金属丝绳及其制品的制造	6	138	58	152	7366
金属丝绳及其制品的制造	6	138	58	152	7366
建筑、安全用金属制品制造	11681	906	2701	3273	40346
建筑、家具用金属配件制造	－192	481	1960	1795	20991
建筑装饰及水暖管道零件制造	11873	168	637	1156	19699
安全、消防用金属制品制造		239	74	268	－543
其他建筑、安全用金属制品制造		18	30	53	200
金属表面处理及热处理加工		172	106	501	5514
金属表面处理及热处理加工		172	106	501	5514
搪瓷制品制造		13	133	159	388
搪瓷卫生洁具制造		13	128	10	－100
搪瓷日用品及其他搪瓷制品制造			5	148	489
不锈钢及类似日用金属制品制造	489	268	331	672	8847
金属制厨房调理及卫生器具制造		60	60	102	1599
金属制厨用器皿及餐具制造	482	156	109	323	6988
其他日用金属制品制造	7	53	162	248	260
其他金属制品制造	2	3	181	262	1324
其他未列明的金属制品制造	2	3	181	262	1324
通用设备制造业	10630	11173	17321	19760	532430
锅炉及原动机制造	7738	1131	586	1110	75598
锅炉及辅助设备制造	549	589	302	129	9391
内燃机及配件制造	1255	452	117	733	11889
汽轮机及辅机制造	5935	90	167	248	54317
金属加工机械制造	103	1289	1553	1286	34997
金属切削机床制造		555	136	702	7283
金属成形机床制造	103	482	1068	376	16661
铸造机械制造			148	12	440
金属切割及焊接设备制造			31	46	1344
机床附件制造		225	15	111	8115
其他金属加工机械制造		27	156	39	1154
起重运输设备制造	884	553	762	3155	122176
起重运输设备制造	884	553	762	3155	122176
泵、阀门、压缩机及类似机械的制造	－209	2076	8008	4289	95382
泵及真空设备制造	－26	626	539	763	27069
气体压缩机械制造	19	103	5588	645	5961
阀门和旋塞的制造	－294	828	1605	2061	37464

1－D－2 续表9－12

单位：个、万元、人

指 标 名 称	投资收益	补贴收入	营业外收入	营业外支出	利润总额
液压和气压动力机械及元件制造	93	519	276	820	24889
轴承、齿轮、传动和驱动部件的制造	1487	1673	1929	2794	59440
轴承制造	1482	1263	1631	2386	45951
齿轮、传动和驱动部件制造	6	410	298	408	13489
烘炉、熔炉及电炉制造		5	54	25	5545
烘炉、熔炉及电炉制造		5	54	25	5545
风机、衡器、包装设备等通用设备制造	－46	1922	2046	2860	53017
风机、风扇制造		6	110	37	－486
气体、液体分离及纯净设备制造	－3	141	150	456	7344
制冷、空调设备制造	－19	457	953	1005	34493
风动和电动工具制造	186	457	449	920	7378
喷枪及类似器具制造	－402	234	257	76	3743
包装专用设备制造	200	578	2	39	1523
衡器制造		42	...	5	2248
其他通用设备制造	－9	9	126	322	－3225
通用零部件制造及机械修理	－88	867	1374	3131	58062
金属密封件制造	－2	178	99	76	4099
紧固件、弹簧制造	302	464	583	2717	50343
机械零部件加工及设备修理	－440	94	61	198	543
其他通用零部件制造	52	130	632	139	3075
金属铸、锻加工	759	1657	1009	1110	28214
钢铁铸件制造		589	463	752	22367
锻件及粉末冶金制品制造	759	1068	546	358	5847
专用设备制造业	－274	6409	9453	11891	214971
矿山、冶金、建筑专用设备制造	－2752	36	179	577	29659
石油钻采专用设备制造				3	60
建筑工程用机械制造		35	46	369	28837
建筑材料生产专用机械制造		1	20	131	612
冶金专用设备制造	－2752		114	74	151
化工、木材、非金属加工专用设备制造	351	4447	6041	4844	93177
炼油、化工生产专用设备制造		1	1	22	706
橡胶加工专用设备制造	－3	44	70	30	2153
塑料加工专用设备制造	197	2567	3757	3579	58957
木材加工机械制造		5	15	3	－191
模具制造	156	1778	2199	1209	31474
其他非金属加工专用设备制造		51		2	79
食品、饮料、烟草及饲料生产专用设备制造		178	224	378	12416
食品、饮料、烟草工业专用设备制造		134	188	121	13010

1-D-2 续表9-13 单位：个、万元、人

指标名称	投资收益	补贴收入	营业外收入	营业外支出	利润总额
农副食品加工专用设备制造		44	36	257	-594
印刷、制药、日化生产专用设备制造	...	29	164	204	6476
制浆和造纸专用设备制造			135	10	635
印刷专用设备制造	...	21	21	177	5288
日用化工专用设备制造		4	...	4	19
制药专用设备制造		4	2	6	461
照明器具生产专用设备制造		...		2	-33
玻璃、陶瓷和搪瓷制品生产专用设备制造			6	5	107
纺织、服装和皮革工业专用设备制造	98	731	1393	3346	16512
纺织专用设备制造	70	235	304	443	6623
皮革、毛皮及其制品加工专用设备制造		56	14	204	754
缝纫机械制造	28	440	983	760	8029
其他服装加工专用设备制造			92	1939	1106
电子和电工机械专用设备制造		62	65	198	3384
电工机械专用设备制造			...	2	140
电子工业专用设备制造		62	65	196	3244
农、林、牧、渔专用机械制造	1753	142	617	640	6528
拖拉机制造	70	10	103	441	-3051
机械化农业及园艺机具制造	1700	122	460	188	9234
农林牧渔机械配件制造		9	54	9	282
其他农林牧渔业机械制造及机械修理	-18			2	63
医疗仪器设备及器械制造	-569	389	570	348	32620
医疗诊断、监护及治疗设备制造		79	120	32	6080
口腔科用设备及器具制造			...	5	151
实验室及医用消毒设备和器具的制造		...		8	1235
医疗、外科及兽医用器械制造	-569	304	412	270	24789
机械治疗及病房护理设备制造		5	1	15	117
其他医疗设备及器械制造		1	38	18	248
环保、社会公共安全及其他专用设备制造	846	396	199	1356	14200
环境污染防治专用设备制造	820	242	71	1174	8428
邮政专用机械及器材制造		6	...	1	81
社会公共安全设备及器材制造	6	19	35	86	2345
其他专用设备制造	20	129	94	94	3345
交通运输设备制造业	1061	16636	22066	15366	372769
铁路运输设备制造		26	14	10	-970
铁路机车车辆配件制造		3		...	-406
铁路专用设备及器材、配件制造		22		9	-2
其他铁路设备制造及设备修理			14	1	-562

1-D-2 续表9-14 单位：个、万元、人

指标名称	投资收益	补贴收入	营业外收入	营业外支出	利润总额
汽车制造	431	15350	17651	9006	209886
汽车整车制造		227	188	120	6126
改装汽车制造			32	1	-14
汽车车身、挂车的制造			1	5	-1428
汽车零部件及配件制造	431	15123	17281	8726	202881
汽车修理			149	154	2321
摩托车制造		49	91	143	741
摩托车零部件及配件制造		49	91	143	741
自行车制造	51	404	373	403	1260
脚踏自行车及残疾人座车制造		276	229	314	-2310
助动自行车制造	51	129	144	89	3570
船舶及浮动装置制造	579	803	3909	5776	162738
金属船舶制造	464	148	2077	4423	108412
非金属船舶制造	...	4	478	679	15838
娱乐船和运动船的建造和修理		397	409	102	-1241
船用配套设备制造		209	850	215	9973
船舶修理及拆船	115	45	95	356	29756
交通器材及其他交通运输设备制造		4	27	27	-886
交通管理用金属标志及设施制造			...	23	-798
其他交通运输设备制造		4	27	5	-87
电气机械及器材制造业	4159	16799	31106	33711	548260
电机制造	132	1770	4022	5921	64743
发电机及发电机组制造	115	468	2624	3092	7620
电动机制造	6	789	675	1243	35612
微电机及其他电机制造	10	513	723	1586	21511
输配电及控制设备制造	1784	1780	1353	11447	124500
变压器、整流器和电感器制造	-13	575	84	340	6196
电容器及其配套设备制造	958	34	38	99	6123
配电开关控制设备制造	813	390	606	8619	87690
电力电子元器件制造	26	781	620	2383	24098
其他输配电及控制设备制造		1	4	7	392
电线、电缆、光缆及电工器材制造	434	510	1480	5282	53510
电线电缆制造	434	508	937	5006	37654
光纤、光缆制造		...	398	89	12214
绝缘制品制造		1	103	53	1871
其他电工器材制造		...	42	134	1771
电池制造	327	7391	1520	1353	89129
电池制造	327	7391	1520	1353	89129

1－D－2 续表 9－15 单位：个、万元、人

指 标 名 称	投资收益	补贴收入	营业外收入	营业外支出	利润总额
家用电力器具制造	337	2126	18397	5271	153508
家用制冷电器具制造		67	58	1981	4131
家用空气调节器制造		31	75	67	498
家用通风电器具制造		100	12	133	1982
家用厨房电器具制造	231	859	17063	1065	96736
家用清洁卫生电器具制造	176	575	482	1071	40596
家用美容、保健电器具制造	－5	115	220	138	268
家用电力器具专用配件制造	－65	21	190	305	4550
其他家用电力器具制造		359	297	510	4749
非电力家用器具制造	－196	128	159	502	4561
燃气、太阳能及类似能源的器具制造	－196	115	89	285	4458
其他非电力家用器具制造		13	70	216	103
照明器具制造	1342	3044	3998	3765	57691
电光源制造	－117	2141	611	680	24957
照明灯具制造	1486	848	3272	1917	26570
灯用电器附件及其他照明器具制造	－27	55	115	1168	6164
其他电气机械及器材制造		51	178	170	620
车辆专用照明及电气信号设备装置制造		49	91	135	－235
其他未列明的电气机械制造		3	87	35	855
通信设备、计算机及其他电子设备制造业	22974	49535	40114	23171	648133
通信设备制造	12531	3632	5513	2193	78922
通信传输设备制造	466	646	632	217	24095
通信交换设备制造		35	5	16	1967
通信终端设备制造		1	10	79	725
移动通信及终端设备制造	12148	2944	4710	1638	49428
其他通信设备制造	－82	7	157	243	2708
雷达及配套设备制造	73		85	47	411
雷达及配套设备制造	73		85	47	411
广播电视设备制造	...	191	106	388	3393
广播电视节目制作及发射设备制造			1	3	40
广播电视接收设备及器材制造	...	191	105	385	2575
应用电视设备及其他广播电视设备制造			...		778
电子计算机制造	－179	40624	13800	9473	428945
电子计算机整机制造			1230	542	5905
计算机网络设备制造		39617	108	58	206023
电子计算机外部设备制造	－179	1007	12461	8873	217017
电子器件制造	838	2647	9791	2129	27099
电子真空器件制造		2	3	6	－185

1－D－2　续表 9－16　　　　单位：个、万元、人

指 标 名 称	投资收益	补贴收入	营业外收入	营业外支出	利润总额
半导体分立器件制造	768	1399	5454	1617	19387
集成电路制造		775	122	151	－3407
光电子器件及其他电子器件制造	70	472	4212	355	11304
电子元件制造	9535	1938	10089	7628	93644
电子元件及组件制造	9535	1903	9064	6781	90041
印制电路板制造		34	1025	847	3603
家用视听设备制造	310	304	551	1148	9438
家用影视设备制造		170	14	172	6815
家用音响设备制造	310	135	537	975	2622
其他电子设备制造	－134	199	179	167	6283
其他电子设备制造	－134	199	179	167	6283
仪器仪表及文化、办公用机械制造业	26134	7705	8473	8130	116942
通用仪器仪表制造	－31	6405	5894	899	70380
工业自动控制系统装置制造	－43	5200	99	465	27296
电工仪器仪表制造		9	14	17	2161
绘图、计算及测量仪器制造	－31	484	359	94	5869
实验分析仪器制造		63	26	41	720
试验机制造			...	4	44
供应用仪表及其他通用仪器制造	43	649	5396	278	34291
专用仪器仪表制造	24991	33	1066	5216	21287
环境监测专用仪器仪表制造			...		342
汽车及其他用计数仪表制造	...	32	92	1241	980
导航、气象及海洋专用仪器制造			1	12	－99
教学专用仪器制造			5	2	33
电子测量仪器制造		1	966	3798	－5187
其他专用仪器制造	24991		2	163	25219
钟表与计时仪器制造		3	44	60	575
钟表与计时仪器制造		3	44	60	575
光学仪器及眼镜制造	899	717	676	941	14934
光学仪器制造	895	611	362	368	8499
眼镜制造	4	106	314	572	6434
文化、办公用机械制造	254	515	738	883	10736
照相机及器材制造	240	280	616	730	8905
复印和胶印设备制造		197	104	23	2883
计算器及货币专用设备制造				...	－786
其他文化、办公用机械制造	14	39	18	129	－267
其他仪器仪表的制造及修理	20	33	56	131	－970
其他仪器仪表的制造及修理	20	33	56	131	－970

1-D-2 续表9-17 单位：个、万元、人

指 标 名 称	投资收益	补贴收入	营业外收入	营业外支出	利润总额
工艺品及其他制造业	202	2112	2211	7717	60016
工艺美术品制造	48	1222	1471	4839	40987
雕塑工艺品制造		59	129	272	-645
金属工艺品制造	...	67	71	104	294
漆器工艺品制造		10	26	17	57
花画工艺品制造		29	164	101	-295
天然植物纤维编织工艺品制造	25	104	16	56	812
抽纱刺绣工艺品制造		95	96	3220	16154
地毯、挂毯制造		346	133	289	1068
珠宝首饰及有关物品的制造	21	362	460	454	18737
其他工艺美术品制造	3	151	377	325	4804
日用杂品制造	154	879	721	2842	17048
制镜及类似品加工		265	1	489	4936
鬃毛加工、制刷及清扫工具的制造	-21	132	237	1675	284
其他日用杂品制造	175	482	483	679	11828
其他未列明的制造业		11	19	37	1982
其他未列明的制造业		11	19	37	1982
废弃资源和废旧材料回收加工业	-116	30	778	1847	-35724
金属废料和碎屑的加工处理	-116	29	718	1805	-35938
金属废料和碎屑的加工处理	-116	29	718	1805	-35938
非金属废料和碎屑的加工处理		1	60	42	214
非金属废料和碎屑的加工处理		1	60	42	214
电力、燃气及水的生产和供应业	**1113**	**9764**	**1836**	**5840**	**67483**
电力、热力的生产和供应业	588	9762	1592	5701	54386
电力生产	588	9457	1427	5578	52536
火力发电	588	9262	1405	5491	48212
水力发电			22	58	4837
其他能源发电		195		29	-514
热力生产和供应		305	166	124	1850
热力生产和供应		305	166	124	1850
燃气生产和供应业	525		220	129	12668
燃气生产和供应业	525		220	129	12668
燃气生产和供应业	525		220	129	12668
水的生产和供应业		2	24	10	430
自来水的生产和供应		2	5	7	1136
自来水的生产和供应		2	5	7	1136
污水处理及其再生利用			19	3	-707
污水处理及其再生利用			19	3	-707

1－D－2 续表 10－1 单位：个、万元、人

指 标 名 称	亏损企业亏损总额	应交所得税	利税总额	本年应付工资总额	本年应付福利费总额
总 计	**1116573**	**667691**	**8161054**	**5720676**	**408921**
一、按轻重工业分					
轻工业	417753	316617	4031469	3322214	217991
重工业	698820	351074	4129585	2398462	190930
二、按规模分					
大型企业	61260	136022	1687086	828353	59180
中型企业	375060	317718	3879904	2646839	193660
小型企业	680253	213951	2594064	2245484	156081
三、按登记注册类型分					
港澳台商投资	**379222**	**272057**	**3724820**	**2520810**	**161664**
与港澳台商合资经营	143713	148634	2281442	1404181	80458
与港澳台商合作经营	2601	4525	67675	38735	2318
港澳台商独资	193631	109233	1346500	1011921	67945
港澳台商投资股份有限公司	39277	9666	29203	65973	10943
外商投资	**737351**	**395634**	**4436234**	**3199866**	**247257**
中外合资经营	315119	237643	2690352	1715245	124060
中外合作经营	2207	7216	84829	55381	2961
外资企业	398663	120273	1356936	1306187	110565
外商投资股份有限公司	21362	30502	304117	123053	9671
四、按国民经济行业(门类、大类、中类、小类)分					
采矿业	**1660**	**398**	**26866**	**3001**	**112**
黑色金属矿采选业			21125	387	
铁矿采选			21125	387	
铁矿采选			21125	387	
非金属矿采选业	1660	398	5742	2613	112
土砂石开采	1660	398	5742	2613	112
石灰石、石膏开采	1477		－604	907	
建筑装饰用石开采	54	79	2753	609	32
耐火土石开采		11	142	38	2
粘土及其他土砂石开采	129	308	3451	1059	78
制造业	**1097385**	**659784**	**8011272**	**5685286**	**405088**
农副食品加工业	32627	4917	18199	41875	3131
谷物磨制	124		487	358	5
谷物磨制	124		487	358	5
饲料加工	57	127	1628	4097	575
饲料加工	57	127	1628	4097	575
植物油加工	3635	1	－273	3194	340
食用植物油加工	3635	1	－273	3194	340

1－D－2　续表 10－2　　　　单位：个、万元、人

指标名称	亏损企业亏损总额	应交所得税	利税总额	本年应付工资总额	本年应付福利费总额
屠宰及肉类加工	1491	181	2278	3291	124
畜禽屠宰		115	1477	1255	1
肉制品及副产品加工	1491	67	801	2036	124
水产品加工	26396	2693	－302	20853	1546
水产品冷冻加工	23020	2508	－909	17547	1284
鱼糜制品及水产品干腌制加工	3377	178	437	3004	247
水产饲料制造			112	60	
其他水产品加工		8	58	243	15
蔬菜、水果和坚果加工	923	1178	9668	7747	475
蔬菜、水果和坚果加工	923	1178	9668	7747	475
其他农副食品加工		736	4714	2335	66
淀粉及淀粉制品的制造		1	860	573	2
豆制品制造			1551	578	61
其他未列明的农副食品加工		735	2303	1184	2
食品制造业	7216	15790	189382	76151	3420
焙烤食品制造	1122	993	23490	19630	278
糕点、面包制造	29	383	5422	4318	136
饼干及其他焙烤食品制造	1092	610	18068	15312	142
糖果、巧克力及蜜饯制造	16	112	23387	4710	440
糖果、巧克力制造		105	23370	4438	419
蜜饯制作	16	7	17	272	21
方便食品制造	2546	8659	76239	14077	809
米、面制品制造			207	208	20
速冻食品制造	2491	64	300	3064	118
方便面及其他方便食品制造	55	8595	75732	10805	672
液体乳及乳制品制造			522	506	
液体乳及乳制品制造			522	506	
罐头制造	1793	3980	24298	15720	1022
肉、禽类罐头制造		213	1648	770	134
水产品罐头制造		120	1276	1428	25
蔬菜、水果罐头制造	1793	93	2552	10224	354
其他罐头食品制造		3554	18823	3298	508
调味品、发酵制品制造	615	32	2091	1660	91
味精制造	615		－566	187	
酱油、食醋及类似制品的制造		17	393	617	86
其他调味品、发酵制品制造		15	2264	857	5
其他食品制造	1123	2014	39355	19848	780
营养、保健食品制造	90	91	5121	1594	66

1－D－2 续表 10－3

单位：个、万元、人

指 标 名 称	亏损企业亏损总额	应交所得税	利税总额	本年应付工资总额	本年应付福利费总额
冷冻饮品及食用冰制造	3	367	5586	4846	281
食品及饲料添加剂制造	1031	1557	28648	13409	434
饮料制造业	49447	22938	454273	105223	7965
酒精制造	755		11	170	18
酒精制造	755		11	170	18
酒的制造	27670	696	72261	36881	3989
白酒制造		449	3898	625	19
啤酒制造	27670	114	66673	35147	3904
黄酒制造		132	1690	1109	66
软饮料制造	20659	22062	379336	66463	3828
碳酸饮料制造	184	4511	45835	13443	375
瓶（罐）装饮用水制造	17363	1479	6769	5315	165
果菜汁及果菜汁饮料制造	2742	527	325	4156	100
含乳饮料和植物蛋白饮料制造	369	4421	146578	12632	2180
固体饮料制造		79	1168	648	86
茶饮料及其他软饮料制造		11044	178661	30270	922
精制茶加工	364	181	2666	1709	129
精制茶加工	364	181	2666	1709	129
烟草制品业		327	4695	1026	116
其他烟草制品加工		327	4695	1026	116
其他烟草制品加工		327	4695	1026	116
纺织业	92920	46497	698569	758052	47357
棉、化纤纺织及印染精加工	49992	17269	302185	274880	16128
棉、化纤纺织加工	29990	8453	160750	139806	7807
棉、化纤印染精加工	20002	8816	141435	135074	8320
毛纺织和染整精加工	3081	3472	24174	18961	1838
毛条加工	1697	2091	9746	2621	130
毛纺织	1018	1346	10478	11403	1435
毛染整精加工	366	35	3950	4938	273
麻纺织	1631	53	873	3618	216
麻纺织	1631	53	873	3618	216
丝绢纺织及精加工	4897	1714	31796	37660	2368
缫丝加工	87	192	1217	1592	289
绢纺和丝织加工	3671	1469	29409	32539	1781
丝印染精加工	1139	53	1170	3529	299
纺织制成品制造	16783	10841	126647	128235	9596
棉及化纤制品制造	7256	3409	53367	62129	3957
毛制品制造	3056	693	6317	7535	426

1-D-2 续表10-4 单位：个、万元、人

指标名称	亏损企业亏损总额	应交所得税	利税总额	本年应付工资总额	本年应付福利费总额
麻制品制造			198	684	20
丝制品制造	788	4896	45624	25976	2475
绳、索、缆的制造	94	9	526	907	43
纺织带和帘子布制造	682	502	8169	8930	923
无纺布制造	1037	781	9553	8863	1144
其他纺织制成品制造	3870	552	2894	13210	608
针织品、编织品及其制品制造	16537	13148	212894	294698	17211
棉、化纤针织品及编织品制造	11405	11005	179589	237930	11606
毛针织品及编织品制造	2675	891	17762	29467	3748
丝针织品及编织品制造	1776	996	11913	21329	1608
其他针织品及编织品制造	681	256	3630	5973	249
纺织服装、鞋、帽制造业	36523	33836	545389	775025	47563
纺织服装制造	35974	33302	541166	766613	46973
纺织服装制造	35974	33302	541166	766613	46973
纺织面料鞋的制造	301	321	3028	4995	352
纺织面料鞋的制造	301	321	3028	4995	352
制　帽	248	212	1195	3417	238
制　帽	248	212	1195	3417	238
皮革、毛皮、羽毛(绒)及其制品业	14754	14120	175934	276897	21224
皮革鞣制加工	3559	2632	37782	39871	5776
皮革鞣制加工	3559	2632	37782	39871	5776
皮革制品制造	9315	9122	105374	202741	13068
皮鞋制造	2318	6614	70200	123289	5530
皮革服装制造	1347	421	7065	13417	1958
皮箱、包(袋)制造	4317	1195	16376	47805	3604
皮手套及皮装饰制品制造	404	247	5495	9230	453
其他皮革制品制造	930	646	6237	9000	1523
毛皮鞣制及制品加工	270	654	7639	8078	1292
毛皮鞣制加工	38	102	922	715	20
毛皮服装加工	66	544	5940	6432	1056
其他毛皮制品加工	167	8	777	931	217
羽毛(绒)加工及制品制造	1609	1711	25139	26207	1088
羽毛(绒)制品加工	1609	1711	25139	26207	1088
木材加工及木、竹、藤、棕、草制品业	6033	4518	66944	42158	3038
锯材、木片加工		205	5048	978	95
锯材加工			469	549	36
木片加工		205	4579	429	59
人造板制造	4424	2345	30575	24349	1771

1-D-2 续表10-5

单位：个、万元、人

指 标 名 称	亏损企业亏损总额	应交所得税	利税总额	本年应付工资总额	本年应付福利费总额
胶合板制造	4322	1452	17227	19389	1454
纤维板制造	62	745	10104	2164	177
其他人造板、材制造	40	147	3245	2796	140
木制品制造	1184	1165	20412	8024	495
建筑用木料及木材组件加工	277	1156	20528	4546	343
木容器制造	105	2	-6	304	12
软木制品及其他木制品制造	802	7	-109	3174	139
竹、藤、棕、草制品制造	425	803	10908	8808	677
竹、藤、棕、草制品制造	425	803	10908	8808	677
家具制造业	23462	5167	69387	161840	8434
木质家具制造	14112	1647	10053	54932	2785
木质家具制造	14112	1647	10053	54932	2785
竹、藤家具制造	226	42	112	2197	43
竹、藤家具制造	226	42	112	2197	43
金属家具制造	5453	2479	39831	74704	3087
金属家具制造	5453	2479	39831	74704	3087
塑料家具制造	132	177	604	1610	70
塑料家具制造	132	177	604	1610	70
其他家具制造	3538	823	18786	28398	2448
其他家具制造	3538	823	18786	28398	2448
造纸及纸制品业	12849	8270	190547	84931	5172
纸浆制造	80		83	313	48
纸浆制造	80		83	313	48
造 纸	7362	2770	137559	46709	2146
机制纸及纸板制造	6590	2535	134134	44216	1735
加工纸制造	772	236	3425	2492	411
纸制品制造	5407	5499	52905	37909	2979
纸和纸板容器的制造	1735	4721	40705	23441	1152
其他纸制品制造	3672	779	12201	14468	1827
印刷业和记录媒介的复制	1830	10609	86229	24516	2311
印 刷	1500	10529	84652	21230	1946
书、报、刊印刷	107	76	921	1229	92
本册印制	154	127	4893	5682	127
包装装潢及其他印刷	1240	10326	78839	14319	1727
装订及其他印刷服务活动	330	15	859	2134	231
装订及其他印刷服务活动	330	15	859	2134	231
记录媒介的复制		65	718	1153	134
记录媒介的复制		65	718	1153	134

1-D-2 续表10-6　　单位：个、万元、人

指标名称	亏损企业亏损总额	应交所得税	利税总额	本年应付工资总额	本年应付福利费总额
文教体育用品制造业	22007	5781	43605	125372	7293
文化用品制造	6418	1874	8524	38657	1397
文具制造	4508	714	2862	21357	768
笔的制造	1132	983	4465	15545	511
教学用模型及教具制造	227	13	-163	369	20
墨水、墨汁制造		57	327	64	9
其他文化用品制造	550	107	1033	1322	89
体育用品制造	11280	690	1208	33263	3076
球类制造	3575	62	-1852	3214	467
体育器材及配件制造	65	61	2077	6006	1314
训练健身器材制造	2442	429	3032	9093	629
运动防护用具制造	4141	3	-3752	4829	241
其他体育用品制造	1058	136	1703	10122	425
乐器制造	898	729	7583	10099	506
中乐器制造		6	49	213	2
西乐器制造	197	377	4501	5192	21
电子乐器制造		40	370	479	27
其他乐器及零件制造	700	306	2663	4216	456
玩具制造	2216	2063	20961	37859	1861
玩具制造	2216	2063	20961	37859	1861
游艺器材及娱乐用品制造	1195	425	5329	5494	452
露天游乐场所游乐设备制造	446		-210	763	91
游艺用品及室内游艺器材制造	749	425	5539	4731	361
石油加工、炼焦及核燃料加工业	1979	5734	189009	5878	441
精炼石油产品的制造	1979	5734	189009	5878	441
原油加工及石油制品制造	1979	5734	189009	5878	441
化学原料及化学制品制造业	218188	73040	644968	192442	25362
基础化学原料制造	16231	13805	130161	39701	4808
无机酸制造	1239	513	10790	1513	151
无机碱制造		2624	17641	2668	674
无机盐制造	805	135	4201	1507	113
有机化学原料制造	13088	4430	61721	22247	2393
其他基础化学原料制造	1098	6104	35809	11766	1477
肥料制造		208	1173	616	
复混肥料制造		204	1103	555	
其他肥料制造		4	70	61	
农药制造	745	9273	104074	11157	3767
化学农药制造	719	9273	101801	10475	3715

1-D-2 续表10-7

单位：个、万元、人

指标名称	亏损企业亏损总额	应交所得税	利税总额	本年应付工资总额	本年应付福利费总额
生物化学农药及微生物农药制造	26		2273	682	52
涂料、油墨、颜料及类似产品制造	1449	13497	118157	39407	3548
涂料制造	1026	3353	32398	9522	1056
油墨及类似产品制造		259	6868	3957	389
颜料制造	189	739	11366	5922	465
染料制造	235	9087	62531	18763	1442
密封用填料及类似品制造		59	4995	1243	197
合成材料制造	185445	4867	-45400	29044	3249
初级形态的塑料及合成树脂制造	158251	3984	-62291	20904	2538
合成橡胶制造	304	70	2591	1111	129
合成纤维单(聚合)体的制造	26890	290	7382	5504	387
其他合成材料制造		522	6918	1525	195
专用化学产品制造	12684	10535	147902	48952	4624
化学试剂和助剂制造	2272	1845	27640	11514	868
专项化学用品制造	3363	2055	16530	7700	652
林产化学产品制造	71	9	3	105	11
炸药及火工产品制造		51	468	1010	112
信息化学品制造	2164	5778	86874	18835	2476
环境污染处理专用药剂材料制造	799	19	5371	2230	61
动物胶制造	462	8	5754	1959	105
其他专用化学产品制造	3552	771	5261	5599	339
日用化学产品制造	1634	20855	188903	23566	5366
肥皂及合成洗涤剂制造	334	253	4009	4726	220
化妆品制造	228	19411	169023	15797	4541
香料、香精制造	321	1181	16260	2057	450
其他日用化学产品制造	751	10	-389	986	154
医药制造业	25679	30320	283011	112243	11163
化学药品原药制造	9569	5157	52647	24973	2896
化学药品原药制造	9569	5157	52647	24973	2896
化学药品制剂制造	5310	15727	127451	44858	3588
化学药品制剂制造	5310	15727	127451	44858	3588
中药饮片加工	240	29	-53	386	8
中药饮片加工	240	29	-53	386	8
中成药制造	52	5846	57050	17147	2513
中成药制造	52	5846	57050	17147	2513
兽用药品制造	479	587	14165	4928	213
兽用药品制造	479	587	14165	4928	213
生物、生化制品的制造	9882	2638	25252	13685	1508

1－D－2 续表 10－8 单位：个、万元、人

指 标 名 称	亏损企业亏损总额	应交所得税	利税总额	本年应付工资总额	本年应付福利费总额
生物、生化制品的制造	9882	2638	25252	13685	1508
卫生材料及医药用品制造	148	335	6499	6267	437
卫生材料及医药用品制造	148	335	6499	6267	437
化学纤维制造业	35802	9494	192097	85358	4268
纤维素纤维原料及纤维制造	227		552	929	6
人造纤维（纤维素纤维）制造	227		552	929	6
合成纤维制造	35575	9494	191544	84428	4262
锦纶纤维制造	3452	431	3851	2990	279
涤纶纤维制造	7757	7584	135587	57877	2733
腈纶纤维制造	3525		－2831	1163	
其他合成纤维制造	20841	1479	54938	22399	1249
橡胶制品业	13972	7527	89958	91042	7638
轮胎制造	12526	5695	71019	68480	6172
车辆、飞机及工程机械轮胎制造	12526	5695	71019	68480	6172
橡胶板、管、带的制造	283	608	8170	5058	552
橡胶板、管、带的制造	283	608	8170	5058	552
橡胶零件制造	166	442	3818	5492	261
橡胶零件制造	166	442	3818	5492	261
日用及医用橡胶制品制造		110	1335	1564	91
日用及医用橡胶制品制造		110	1335	1564	91
橡胶靴鞋制造	595	191	2202	7478	190
橡胶靴鞋制造	595	191	2202	7478	190
其他橡胶制品制造	401	481	3414	2970	372
其他橡胶制品制造	401	481	3414	2970	372
塑料制品业	14456	24397	259979	152593	9039
塑料薄膜制造	1383	2017	53899	11066	559
塑料薄膜制造	1383	2017	53899	11066	559
塑料板、管、型材的制造	5145	2090	24353	16569	1166
塑料板、管、型材的制造	5145	2090	24353	16569	1166
塑料丝、绳及编织品的制造	575	115	967	3367	210
塑料丝、绳及编织品的制造	575	115	967	3367	210
泡沫塑料制造	2020	894	7462	7207	618
泡沫塑料制造	2020	894	7462	7207	618
塑料人造革、合成革制造	401	1214	24215	15670	1053
塑料人造革、合成革制造	401	1214	24215	15670	1053
塑料包装箱及容器制造	2111	8396	61689	15627	1115
塑料包装箱及容器制造	2111	8396	61689	15627	1115
塑料零件制造	852	1828	20074	24216	1216

1-D-2 续表 10-9

单位：个、万元、人

指标名称	亏损企业亏损总额	应交所得税	利税总额	本年应付工资总额	本年应付福利费总额
塑料零件制造	852	1828	20074	24216	1216
日用塑料制造	923	6787	55642	45722	2292
塑料鞋制造	51	61	945	3192	245
日用塑料杂品制造	872	6726	54697	42530	2047
其他塑料制品制造	1046	1058	11679	13150	811
其他塑料制品制造	1046	1058	11679	13150	811
非金属矿物制品业	22212	19382	242160	111713	9039
水泥、石灰和石膏的制造	2773	542	19432	5920	354
水泥制造	2773	542	18727	5411	354
石灰和石膏制造			706	509	
水泥及石膏制品制造	2392	1960	38861	15313	1278
水泥制品制造	2392	1861	34176	12661	1108
砼结构构件制造		24	1920	1334	139
轻质建筑材料制造		75	2765	1318	32
砖瓦、石材及其他建筑材料制造	4622	2392	38863	30083	468
粘土砖瓦及建筑砌块制造	1269	14	-1195	618	49
建筑陶瓷制品制造	2292	2126	38908	27006	280
建筑用石加工	73	1	599	1185	71
防水建筑材料制造	215	37	-33	624	
隔热和隔音材料制造	773	201	314	605	63
其他建筑材料制造		13	270	45	6
玻璃及玻璃制品制造	10433	12755	124185	52670	6387
平板玻璃制造	38	118	5485	3522	457
技术玻璃制品制造	2935	319	4452	7616	489
光学玻璃制造		40	114	119	16
日用玻璃制品及玻璃包装容器制造	483	1243	15351	13455	806
玻璃纤维及制品制造	6269	10513	94876	23898	4397
玻璃纤维增强塑料制品制造	41	120	1162	859	54
其他玻璃制品制造	667	403	2746	3201	169
陶瓷制品制造		265	5954	3047	171
卫生陶瓷制品制造		185	3527	1774	89
特种陶瓷制品制造		75	1199	846	82
日用陶瓷制品制造			1193	342	
园林、陈设艺术及其他陶瓷制品制造		5	35	86	
耐火材料制品制造	1171	322	4373	2864	213
石棉制品制造	32	34	130	509	
耐火陶瓷制品及其他耐火材料制造	1139	288	4243	2355	213
石墨及其他非金属矿物制品制造	822	1148	10491	1816	168

1－D－2 续表 10－10 单位：个、万元、人

指标名称	亏损企业亏损总额	应交所得税	利税总额	本年应付工资总额	本年应付福利费总额
石墨及碳素制品制造	82	83	957	823	36
其他非金属矿物制品制造	739	1065	9534	993	131
黑色金属冶炼及压延加工业	51551	5766	52948	44750	3274
炼　钢	979		7166	1050	54
炼　钢	979		7166	1050	54
钢压延加工	50572	5735	44622	43589	3212
钢压延加工	50572	5735	44622	43589	3212
铁合金冶炼		31	1161	112	8
铁合金冶炼		31	1161	112	8
有色金属冶炼及压延加工业	14580	5896	77076	37743	3399
常用有色金属冶炼	3431	1719	18649	7092	1093
铜冶炼	677	153	3846	1302	69
镍钴冶炼	2564	1540	14726	5636	1016
镁冶炼		25	260	58	8
其他常用有色金属冶炼	190		－184	96	
贵金属冶炼			630	211	
金冶炼			630	211	
稀有稀土金属冶炼	185		45	410	50
钨钼冶炼	67		－32	105	10
稀土金属冶炼	118		76	305	40
有色金属合金制造	3928	387	16392	7045	341
有色金属合金制造	3928	387	16392	7045	341
有色金属压延加工	7037	3790	41361	22985	1915
常用有色金属压延加工	7037	1139	17662	21249	1814
贵金属压延加工		2307	21622	142	49
稀有稀土金属压延加工		344	2077	1593	52
金属制品业	32457	17075	215619	199428	13804
结构性金属制品制造	2490	4661	58974	34440	2696
金属结构制造	1982	3475	44911	23431	1466
金属门窗制造	508	1185	14063	11010	1229
金属工具制造	2852	1933	28471	31675	3247
切削工具制造	411	904	8350	4677	452
手工具制造	896	680	8306	12603	1218
农用及园林用金属工具制造	880	50	3936	4087	302
刀剪及类似日用金属工具制造		186	2911	5028	733
其他金属工具制造	666	114	4968	5281	542
集装箱及金属包装容器制造	1467	1410	29155	21424	742
集装箱制造	74	436	1298	11136	479

1－D－2 续表 10－11

单位：个、万元、人

指 标 名 称	亏损企业亏损总额	应交所得税	利税总额	本年应付工资总额	本年应付福利费总额
金属压力容器制造	2	43	2642	644	10
金属包装容器制造	1391	930	25215	9644	252
金属丝绳及其制品的制造	3814	1806	10705	9575	1220
金属丝绳及其制品的制造	3814	1806	10705	9575	1220
建筑、安全用金属制品制造	14279	4308	59108	61863	3042
建筑、家具用金属配件制造	4673	1785	32308	30439	2073
建筑装饰及水暖管道零件制造	7759	2239	26134	26560	785
安全、消防用金属制品制造	1705	220	56	3281	124
其他建筑、安全用金属制品制造	141	65	611	1583	60
金属表面处理及热处理加工	3542	589	10269	11017	593
金属表面处理及热处理加工	3542	589	10269	11017	593
搪瓷制品制造	113	123	499	745	19
搪瓷卫生洁具制造	113	1	－39	551	19
搪瓷日用品及其他搪瓷制品制造		122	538	194	
不锈钢及类似日用金属制品制造	2635	1868	15636	26052	2104
金属制厨房调理及卫生器具制造	389	126	2478	4276	405
金属制厨用器皿及餐具制造	531	1558	10382	12352	887
其他日用金属制品制造	1715	184	2776	9423	813
其他金属制品制造	1265	379	2803	2638	142
其他未列明的金属制品制造	1265	379	2803	2638	142
通用设备制造业	41137	56855	714935	465250	28566
锅炉及原动机制造	690	11221	89476	37325	4190
锅炉及辅助设备制造	214	927	11539	6978	1011
内燃机及配件制造		1558	14040	7920	130
汽轮机及辅机制造	477	8736	63898	22427	3048
金属加工机械制造	2224	5294	46810	27820	1599
金属切削机床制造	1516	1265	12395	10506	727
金属成形机床制造	8	3320	20698	8185	469
铸造机械制造	16	4	939	2600	...
金属切割及焊接设备制造	339	6	1491	2737	256
机床附件制造		575	9552	1906	101
其他金属加工机械制造	345	123	1736	1885	46
起重运输设备制造	1265	3040	150860	44548	2411
起重运输设备制造	1265	3040	150860	44548	2411
泵、阀门、压缩机及类似机械的制造	9459	12441	134978	126997	6702
泵及真空设备制造	1623	3500	35096	22403	1710
气体压缩机械制造	4461	409	10523	17887	822
阀门和旋塞的制造	2879	5514	57401	70786	2288

1－D－2　续表 10－12　　　　　　　　　　　　　　　　　　单位：个、万元、人

指 标 名 称	亏损企业亏损总额	应交所得税	利税总额	本年应付工资总额	本年应付福利费总额
液压和气压动力机械及元件制造	496	3018	31957	15920	1881
轴承、齿轮、传动和驱动部件的制造	3827	8980	79599	86184	4421
轴承制造	3270	6870	60742	65985	3390
齿轮、传动和驱动部件制造	557	2110	18857	20199	1031
烘炉、熔炉及电炉制造	158	131	6195	1404	109
烘炉、熔炉及电炉制造	158	131	6195	1404	109
风机、衡器、包装设备等通用设备制造	14892	5691	75092	56845	4084
风机、风扇制造	1132	107	－64	2397	31
气体、液体分离及纯净设备制造	288	430	9161	4499	492
制冷、空调设备制造	3038	2542	43073	12057	932
风动和电动工具制造	6647	1648	15581	25339	1636
喷枪及类似器具制造	142	461	4902	4422	287
包装专用设备制造		141	2332	3890	312
衡器制造		309	2886	1096	334
其他通用设备制造	3645	54	－2778	3147	61
通用零部件制造及机械修理	6570	7740	92558	61719	4028
金属密封件制造	613	760	5207	6449	321
紧固件、弹簧制造	2650	6368	79721	43033	3144
机械零部件加工及设备修理	2122	281	2052	6085	378
其他通用零部件制造	1185	331	5579	6152	185
金属铸、锻加工	2054	2317	39368	22410	1021
钢铁铸件制造	1026	1687	29223	15633	393
锻件及粉末冶金制品制造	1028	630	10145	6777	629
专用设备制造业	31908	25491	282935	176873	11363
矿山、冶金、建筑专用设备制造	1433	3281	36189	10005	371
石油钻采专用设备制造		7	95	122	
建筑工程用机械制造		3118	34483	7632	298
建筑材料生产专用机械制造	178		1218	837	52
冶金专用设备制造	1255	155	393	1414	21
化工、木材、非金属加工专用设备制造	11502	11518	121699	78003	4157
炼油、化工生产专用设备制造	774	105	1216	1301	121
橡胶加工专用设备制造	85	348	2934	1413	120
塑料加工专用设备制造	3215	8170	74441	32474	2098
木材加工机械制造	967	14	233	1075	
模具制造	6462	2881	42794	41299	1774
其他非金属加工专用设备制造			81	442	44
食品、饮料、烟草及饲料生产专用设备制造	877	1627	14239	3819	475
食品、饮料、烟草工业专用设备制造		1541	14717	3215	395

1－D－2 续表 10－13 单位：个、万元、人

指 标 名 称	亏损企业亏损总额	应交所得税	利税总额	本年应付工资总额	本年应付福利费总额
农副食品加工专用设备制造	877	86	－479	605	80
印刷、制药、日化生产专用设备制造	281	518	13306	4875	581
制浆和造纸专用设备制造	178		739	186	4
印刷专用设备制造	70	515	11726	3234	527
日用化工专用设备制造		3	19	482	42
制药专用设备制造			681	583	9
照明器具生产专用设备制造	33		－25	119	
玻璃、陶瓷和搪瓷制品生产专用设备制造			167	271	
纺织、服装和皮革工业专用设备制造	7160	1984	24846	29935	1919
纺织专用设备制造	3352	829	9973	8746	808
皮革、毛皮及其制品加工专用设备制造	513	18	1467	1946	135
缝纫机械制造	2872	927	11440	17119	739
其他服装加工专用设备制造	423	210	1966	2124	237
电子和电工机械专用设备制造	1065	276	5341	5450	311
电工机械专用设备制造			312	1121	
电子工业专用设备制造	1065	276	5029	4330	311
农、林、牧、渔专用机械制造	4630	507	9347	15479	401
拖拉机制造	3282	1	－2972	3623	
机械化农业及园艺机具制造	1348	464	11839	11375	343
农林牧渔机械配件制造		41	416	414	58
其他农林牧渔业机械制造及机械修理		2	63	67	
医疗仪器设备及器械制造	475	4565	37454	17228	2199
医疗诊断、监护及治疗设备制造		589	7603	4185	277
口腔科用设备及器具制造			151	188	20
实验室及医用消毒设备和器具的制造			1241	478	
医疗、外科及兽医用器械制造	424	3952	27869	10668	1863
机械治疗及病房护理设备制造	31	20	268	665	
其他医疗设备及器械制造	19	4	321	1043	38
环保、社会公共安全及其他专用设备制造	4486	1215	20514	12078	949
环境污染防治专用设备制造	4344	839	12955	6987	717
邮政专用机械及器材制造			111	221	
社会公共安全设备及器材制造	80	164	2881	2262	91
其他专用设备制造	62	212	4567	2607	141
交通运输设备制造业	44386	40493	456463	278611	21671
铁路运输设备制造	970		－904	740	80
铁路机车车辆配件制造	406		－399	142	12
铁路专用设备及器材、配件制造	2		27	483	68
其他铁路设备制造及设备修理	562		－531	115	

1－D－2 续表 10－14 单位：个、万元、人

指标名称	亏损企业亏损总额	应交所得税	利税总额	本年应付工资总额	本年应付福利费总额
汽车制造	32120	20392	283078	196372	15170
汽车整车制造	1582	412	11040	6743	490
改装汽车制造	14		24	38	5
汽车车身、挂车的制造	1553	4	－1382	506	20
汽车零部件及配件制造	28037	19169	269225	186265	14478
汽车修理	933	807	4172	2820	176
摩托车制造	1077	217	2080	3187	174
摩托车零部件及配件制造	1077	217	2080	3187	174
自行车制造	5811	1386	5034	16779	788
脚踏自行车及残疾人座车制造	4687	298	－577	11518	444
助动自行车制造	1124	1089	5611	5261	344
船舶及浮动装置制造	3436	18495	167435	59924	5385
金属船舶制造	349	15020	110265	30286	1890
非金属船舶制造		1921	15977	1382	57
娱乐船和运动船的建造和修理	3079	35	－1013	3202	185
船用配套设备制造	7	568	11937	18197	2545
船舶修理及拆船		951	30270	6856	709
交通器材及其他交通运输设备制造	973	3	－261	1609	73
交通管理用金属标志及设施制造	798		－746	535	
其他交通运输设备制造	174	3	485	1074	73
电气机械及器材制造业	60361	67483	756311	533112	34479
电机制造	4185	6215	84054	94208	8161
发电机及发电机组制造	1720	683	12889	15489	510
电动机制造	1565	3054	41866	32312	3304
微电机及其他电机制造	901	2477	29299	46408	4346
输配电及控制设备制造	10955	22212	176518	100214	4927
变压器、整流器和电感器制造	189	652	7888	5410	597
电容器及其配套设备制造		300	8272	3645	166
配电开关控制设备制造	8505	17297	123201	56805	2997
电力电子元器件制造	2261	3943	36583	33598	1158
其他输配电及控制设备制造		20	575	756	9
电线、电缆、光缆及电工器材制造	16606	4033	76262	65398	5025
电线电缆制造	15352	2676	55440	51737	4307
光纤、光缆制造	1105	1032	14607	7896	548
绝缘制品制造	19	101	2863	2273	106
其他电工器材制造	129	225	3353	3492	64
电池制造	7108	9153	116915	44952	3948
电池制造	7108	9153	116915	44952	3948

1－D－2 续表 10－15

单位：个、万元、人

指标名称	亏损企业亏损总额	应交所得税	利税总额	本年应付工资总额	本年应付福利费总额
家用电力器具制造	12010	18432	208250	114837	5649
家用制冷电器具制造	970	198	6437	3007	153
家用空气调节器制造	81	82	1524	2136	124
家用通风电器具制造		293	3358	3220	390
家用厨房电器具制造	4205	8442	129542	47895	1102
家用清洁卫生电器具制造	2089	6935	52259	26185	1583
家用美容、保健电器具制造	1850	409	1256	7486	295
家用电力器具专用配件制造	414	534	6610	9688	784
其他家用电力器具制造	2401	1539	7264	15219	1218
非电力家用器具制造	1375	983	7664	9540	579
燃气、太阳能及类似能源的器具制造	333	920	6624	4667	519
其他非电力家用器具制造	1042	64	1040	4873	60
照明器具制造	6080	6160	84444	96382	5874
电光源制造	1261	1649	34758	35423	2323
照明灯具制造	4696	3941	40600	50206	2976
灯用电器附件及其他照明器具制造	123	571	9087	10754	576
其他电气机械及器材制造	2041	296	2203	7580	317
车辆专用照明及电气信号设备装置制造	2006	219	857	6056	240
其他未列明的电气机械制造	36	76	1346	1525	77
通信设备、计算机及其他电子设备制造业	119295	71880	789313	454424	45462
通信设备制造	42463	10436	115246	114835	18459
通信传输设备制造	1412	2003	30851	14958	2034
通信交换设备制造	1808	552	6743	3847	204
通信终端设备制造	235	229	1606	4805	96
移动通信及终端设备制造	37483	7190	71114	84384	15644
其他通信设备制造	1527	462	4931	6841	480
雷达及配套设备制造	33	55	548	133	8
雷达及配套设备制造	33	55	548	133	8
广播电视设备制造	1195	840	5183	13506	1501
广播电视节目制作及发射设备制造		10	41	106	4
广播电视接收设备及器材制造	1195	529	3043	11832	1353
应用电视设备及其他广播电视设备制造		301	2099	1568	144
电子计算机制造	30563	42738	490327	126258	13454
电子计算机整机制造		1244	5905	9524	2158
计算机网络设备制造	23	30914	257156	36475	8740
电子计算机外部设备制造	30540	10580	227267	80259	2556
电子器件制造	27247	5436	41523	54563	3586
电子真空器件制造	185		－105	544	

1－D－2 续表 10－16 单位：个、万元、人

指 标 名 称	亏损企业亏损总额	应交所得税	利税总额	本年应付工资总额	本年应付福利费总额
半导体分立器件制造	1848	1598	24734	21014	1716
集成电路制造	8092	938	－1025	6959	419
光电子器件及其他电子器件制造	17123	2900	17919	26046	1451
电子元件制造	15459	10845	115256	115727	6016
电子元件及组件制造	13369	10470	110117	103541	5122
印制电路板制造	2090	376	5139	12187	895
家用视听设备制造	1285	798	13204	16947	902
家用影视设备制造	194	469	7202	6616	305
家用音响设备制造	1091	330	6003	10331	597
其他电子设备制造	1051	732	8026	12456	1536
其他电子设备制造	1051	732	8026	12456	1536
仪器仪表及文化、办公用机械制造业	14349	15888	149689	113177	10085
通用仪器仪表制造	2287	6726	91059	42412	4578
工业自动控制系统装置制造	675	2578	37421	13788	2231
电工仪器仪表制造		241	3014	1702	244
绘图、计算及测量仪器制造	86	446	9628	12894	1029
实验分析仪器制造	1437	50	1324	3086	338
试验机制造		11	55	60	10
供应用仪表及其他通用仪器制造	89	3402	39617	10882	725
专用仪器仪表制造	5844	4770	24542	10243	1230
环境监测专用仪器仪表制造			666	126	
汽车及其他用计数仪表制造	121	125	3234	5552	1145
导航、气象及海洋专用仪器制造	99		－70	71	
教学专用仪器制造			86	70	5
电子测量仪器制造	5624	133	－4820	3374	51
其他专用仪器制造		4512	25447	1050	29
钟表与计时仪器制造	262	153	1453	3533	66
钟表与计时仪器制造	262	153	1453	3533	66
光学仪器及眼镜制造	2169	1870	20268	35791	2957
光学仪器制造	1605	1095	12089	20717	1798
眼镜制造	564	776	8179	15075	1159
文化、办公用机械制造	2710	2345	12802	18320	1057
照相机及器材制造	336	1684	9776	13872	991
复印和胶印设备制造	130	363	3973	2065	36
计算器及货币专用设备制造	786		－778	280	3
其他文化、办公用机械制造	1459	298	－169	2103	26
其他仪器仪表的制造及修理	1077	24	－435	2877	198
其他仪器仪表的制造及修理	1077	24	－435	2877	198

1－D－2 续表 10－17

单位：个、万元、人

指标名称	亏损企业亏损总额	应交所得税	利税总额	本年应付工资总额	本年应付福利费总额
工艺品及其他制造业	12260	8703	98630	141051	8492
工艺美术品制造	7002	5764	64709	78288	5705
雕塑工艺品制造	1878	232	2273	11408	386
金属工艺品制造	730	122	1483	5935	167
漆器工艺品制造	61	39	533	1285	28
花画工艺品制造	490	15	－41	2861	253
天然植物纤维编织工艺品制造	126	122	1781	3774	117
抽纱刺绣工艺品制造	454	2100	22409	17146	1200
地毯、挂毯制造	954	262	3167	7989	221
珠宝首饰及有关物品的制造	100	1385	25365	9751	997
其他工艺美术品制造	2209	1488	7738	18139	2337
日用杂品制造	5209	2818	31232	61473	2649
制镜及类似品加工	50	768	7032	3668	284
鬃毛加工、制刷及清扫工具的制造	2589	303	1562	9114	503
其他日用杂品制造	2570	1746	22638	48691	1861
其他未列明的制造业	48	121	2689	1290	139
其他未列明的制造业	48	121	2689	1290	139
废弃资源和废旧材料回收加工业	43148	1590	－26981	16536	520
金属废料和碎屑的加工处理	42641	1458	－28225	15170	465
金属废料和碎屑的加工处理	42641	1458	－28225	15170	465
非金属废料和碎屑的加工处理	506	131	1244	1365	56
非金属废料和碎屑的加工处理	506	131	1244	1365	56
电力、燃气及水的生产和供应业	**17528**	**7509**	**122916**	**32389**	**3722**
电力、热力的生产和供应业	15102	6769	106210	28562	3147
电力生产	14730	6523	101075	26018	2894
火力发电	13940	5686	95436	25023	2767
水力发电		786	5958	864	111
其他能源发电	790	51	－320	131	16
热力生产和供应	372	246	5135	2544	253
热力生产和供应	372	246	5135	2544	253
燃气生产和供应业	1720	685	15860	2950	494
燃气生产和供应业	1720	685	15860	2950	494
燃气生产和供应业	1720	685	15860	2950	494
水的生产和供应业	707	55	846	877	81
自来水的生产和供应		55	1553	716	78
自来水的生产和供应		55	1553	716	78
污水处理及其再生利用	707		－707	161	2
污水处理及其再生利用	707		－707	161	2

1－D－2 续表 11－1 单位：个、万元、人

指标名称	本年应交增值税	本年进项税额	本年销项税额	全部从业人员年平均人数	银行贷款余额
总计	**2590977**	**12350211**	**12101323**	**2232080**	**22687239**
一、按轻重工业分					
轻工业	1420093	6014263	5793066	1403354	11081870
重工业	1170883	6335949	6308257	828726	11605370
二、按规模分					
大型企业	402617	1570672	1558645	273402	3275621
中型企业	1223644	5722890	5576399	999330	10029649
小型企业	964716	5056649	4966279	959348	9381969
三、按登记注册类型分					
港澳台商投资	**1228898**	**5742524**	**5781491**	**1019517**	**10152109**
与港澳台商合资经营	751818	3557019	3679124	584097	6778281
与港澳台商合作经营	20380	83589	93347	16458	163248
港澳台商独资	439096	1961105	1882226	400517	3093984
港澳台商投资股份有限公司	17604	140811	126795	18445	116597
外商投资	**1362079**	**6607687**	**6319832**	**1212563**	**12535130**
中外合资经营	867592	4107253	4098932	676057	6923935
中外合作经营	31388	120024	119250	22646	198782
外资企业	382784	2119521	1783482	476896	5019441
外商投资股份有限公司	80314	260889	318168	36964	392971
四、按国民经济行业(门类、大类、中类、小类)分					
采矿业	**2086**	**25061**	**26998**	**1042**	**63321**
黑色金属矿采选业		23229	23028	112	61333
铁矿采选		23229	23028	112	61333
铁矿采选		23229	23028	112	61333
非金属矿采选业	2086	1832	3970	930	1988
土砂石开采	2086	1832	3970	930	1988
石灰石、石膏开采	357		357	204	
建筑装饰用石开采	709	819	1546	244	348
耐火土石开采	95	273	401	18	
粘土及其他土砂石开采	926	740	1666	464	1640
制造业	**2534644**	**12202540**	**11923213**	**2222780**	**22004701**
农副食品加工业	16717	208514	183361	21894	369381
谷物磨制	68	6576	6249	163	8344
谷物磨制	68	6576	6249	163	8344
饲料加工	325	426	550	1195	11851
饲料加工	325	426	550	1195	11851
植物油加工	817	69762	66628	803	22765
食用植物油加工	817	69762	66628	803	22765

1－D－2 续表 11－2　　　　单位：个、万元、人

指标名称	本年应交增值税	本年进项税额	本年销项税额	全部从业人员年平均人数	银行贷款余额
屠宰及肉类加工	1742	20715	20061	1698	8641
畜禽屠宰		11464	10559	451	
肉制品及副产品加工	1742	9251	9502	1247	8641
水产品加工	8196	87164	65448	12851	263123
水产品冷冻加工	6931	72201	54196	11342	187318
鱼糜制品及水产品干腌制加工	1260	14054	10063	1334	72108
水产饲料制造				38	1900
其他水产品加工	5	909	1188	137	1797
蔬菜、水果和坚果加工	3392	12974	12059	4743	36726
蔬菜、水果和坚果加工	3392	12974	12059	4743	36726
其他农副食品加工	2177	10897	12367	441	17932
淀粉及淀粉制品的制造	89	2649	2699	157	6500
豆制品制造	143	1703	1181	67	342
其他未列明的农副食品加工	1945	6545	8487	217	11090
食品制造业	70707	206126	259732	26591	136871
焙烤食品制造	11947	25447	35432	5779	7315
糕点、面包制造	2822	3465	6056	2424	5215
饼干及其他焙烤食品制造	9125	21982	29376	3355	2100
糖果、巧克力及蜜饯制造	4311	11440	13983	1297	8996
糖果、巧克力制造	4306	11212	13930	1122	1545
蜜饯制作	5	228	54	175	7451
方便食品制造	23966	65342	88193	5127	13970
米、面制品制造	95	149	237	69	
速冻食品制造	1473	4910	5555	1826	9300
方便面及其他方便食品制造	22397	60283	82400	3232	4670
液体乳及乳制品制造		3128	3094	120	2734
液体乳及乳制品制造		3128	3094	120	2734
罐头制造	7985	29937	31246	6775	41114
肉、禽类罐头制造	610	2572	3181	312	2840
水产品罐头制造		3004	669	408	6190
蔬菜、水果罐头制造	2859	12558	11076	5241	32084
其他罐头食品制造	4516	11803	16319	814	
调味品、发酵制品制造	1010	4991	5971	729	12272
味精制造	49	1683	1732	84	4600
酱油、食醋及类似制品的制造	281	769	1028	270	3080
其他调味品、发酵制品制造	681	2539	3210	375	4592
其他食品制造	21488	65842	81814	6764	50470
营养、保健食品制造	2058	6845	5400	675	6170

1－D－2 续表 11－3 单位：个、万元、人

指标名称	本年应交增值税	本年进项税额	本年销项税额	全部从业人员年平均人数	银行贷款余额
冷冻饮品及食用冰制造	2392	8590	10878	1392	
食品及饲料添加剂制造	17038	50407	65536	4697	44300
饮料制造业	131593	478070	601612	29410	176020
酒精制造	299	1505	1593	111	7758
酒精制造	299	1505	1593	111	7758
酒的制造	31382	38206	65654	13631	98608
白酒制造	847	1515	2365	187	
啤酒制造	30106	35524	62111	12916	98608
黄酒制造	429	1168	1179	528	
软饮料制造	99150	434626	531842	14645	55517
碳酸饮料制造	12573	60293	72135	3046	16397
瓶（罐）装饮用水制造	16869	217544	234366	837	
果菜汁及果菜汁饮料制造	952	5504	6433	683	7970
含乳饮料和植物蛋白饮料制造	18778	62597	81066	2452	1650
固体饮料制造	519	815	1339	208	3500
茶饮料及其他软饮料制造	49460	87874	136504	7419	26000
精制茶加工	762	3733	2523	1023	14136
精制茶加工	762	3733	2523	1023	14136
烟草制品业	1202	933	2028	172	500
其他烟草制品加工	1202	933	2028	172	500
其他烟草制品加工	1202	933	2028	172	500
纺织业	286637	1364365	1226700	345313	2713658
棉、化纤纺织及印染精加工	131877	607658	589906	122888	1339997
棉、化纤纺织加工	59947	340353	322901	63534	749251
棉、化纤印染精加工	71930	267305	267006	59354	590746
毛纺织和染整精加工	7435	40719	37597	8012	73948
毛条加工	2328	11994	14118	1054	12895
毛纺织	3087	24135	17612	5059	40540
毛染整精加工	2020	4591	5868	1899	20513
麻纺织	1302	5863	5172	1882	18448
麻纺织	1302	5863	5172	1882	18448
丝绢纺织及精加工	19779	79971	75233	17226	115107
缫丝加工	588	4237	3212	896	4510
绢纺和丝织加工	17550	71160	66499	14486	100785
丝印染精加工	1642	4574	5522	1844	9812
纺织制成品制造	47548	279808	216596	57624	467535
棉及化纤制品制造	21233	116790	78863	26787	208680
毛制品制造	5955	26542	16961	4260	45486

1－D－2 续表 11－4

单位：个、万元、人

指标名称	本年应交增值税	本年进项税额	本年销项税额	全部从业人员年平均人数	银行贷款余额
麻制品制造	128	606	734	314	1967
丝制品制造	12158	65226	54708	11751	104518
绳、索、缆的制造	131	1813	1009	423	600
纺织带和帘子布制造	2272	24239	23664	3824	31444
无纺布制造	3479	22900	24342	4351	28039
其他纺织制成品制造	2192	21693	16316	5914	46802
针织品、编织品及其制品制造	78695	350347	302196	137681	698624
棉、化纤针织品及编织品制造	61095	286463	241438	110471	613508
毛针织品及编织品制造	9300	33408	31938	14717	38956
丝针织品及编织品制造	6343	21952	20172	9499	32370
其他针织品及编织品制造	1957	8524	8650	2994	13790
纺织服装、鞋、帽制造业	227483	610797	550013	338953	1022896
纺织服装制造	225984	602070	542163	334664	1014139
纺织服装制造	225984	602070	542163	334664	1014139
纺织面料鞋的制造	1143	6226	6361	2721	6807
纺织面料鞋的制造	1143	6226	6361	2721	6807
制 帽	356	2502	1489	1568	1950
制 帽	356	2502	1489	1568	1950
皮革、毛皮、羽毛(绒)及其制品业	87631	354747	315872	129585	968549
皮革鞣制加工	16313	86109	87797	16776	392491
皮革鞣制加工	16313	86109	87797	16776	392491
皮革制品制造	51894	183579	156956	95683	339637
皮鞋制造	33964	94306	82995	57877	183609
皮革服装制造	4254	20593	18483	5902	44191
皮箱、包(袋)制造	7391	44970	27748	23144	67097
皮手套及皮装饰制品制造	3353	9758	12521	4829	13749
其他皮革制品制造	2933	13952	15209	3931	30991
毛皮鞣制及制品加工	3296	9867	11756	4347	20138
毛皮鞣制加工	290	400	697	490	335
毛皮服装加工	2669	8294	10122	3269	18053
其他毛皮制品加工	337	1172	937	588	1750
羽毛(绒)加工及制品制造	16128	75193	59364	12779	216282
羽毛(绒)制品加工	16128	75193	59364	12779	216282
木材加工及木、竹、藤、棕、草制品业	24116	123939	123993	22058	192382
锯材、木片加工	921	4930	5530	428	665
锯材加工	82	761	778	272	165
木片加工	840	4168	4752	156	500
人造板制造	14253	64763	63345	12428	105933

1－D－2 续表11－5

单位：个、万元、人

指标名称	本年应交增值税	本年进项税额	本年销项税额	全部从业人员年平均人数	银行贷款余额
胶合板制造	8918	50740	46794	10033	75733
纤维板制造	4042	5678	8335	810	17530
其他人造板、材制造	1293	8345	8216	1585	12670
木制品制造	4622	34387	35623	4585	35066
建筑用木料及木材组件加工	4033	31726	33804	2602	28537
木容器制造	87	93	135	187	467
软木制品及其他木制品制造	502	2568	1684	1796	6062
竹、藤、棕、草制品制造	4319	19859	19496	4617	50718
竹、藤、棕、草制品制造	4319	19859	19496	4617	50718
家具制造业	34697	194406	88200	74019	502960
木质家具制造	10965	48001	19538	28130	149990
木质家具制造	10965	48001	19538	28130	149990
竹、藤家具制造	193	2579	2314	949	939
竹、藤家具制造	193	2579	2314	949	939
金属家具制造	19126	88982	32753	31253	231394
金属家具制造	19126	88982	32753	31253	231394
塑料家具制造	15	5361	937	503	4217
塑料家具制造	15	5361	937	503	4217
其他家具制造	4398	49484	32658	13184	116420
其他家具制造	4398	49484	32658	13184	116420
造纸及纸制品业	68818	302183	348002	32261	1042162
纸浆制造	157	467	514	74	502
纸浆制造	157	467	514	74	502
造　纸	48229	234505	266989	16248	900286
机制纸及纸板制造	46822	228517	260048	15402	887296
加工纸制造	1407	5988	6940	846	12991
纸制品制造	20433	67211	80499	15939	141374
纸和纸板容器的制造	14193	45914	55082	9451	93891
其他纸制品制造	6240	21297	25417	6488	47482
印刷业和记录媒介的复制	21925	44862	63641	9299	72377
印　刷	21138	43517	62165	8262	64927
书、报、刊印刷	258	2921	3060	524	10260
本册印制	1789	1573	2190	3404	3800
包装装潢及其他印刷	19091	39024	56914	4334	50867
装订及其他印刷服务活动	787	490	1278	878	7450
装订及其他印刷服务活动	787	490	1278	878	7450
记录媒介的复制		855	198	159	
记录媒介的复制		855	198	159	

1－D－2　续表 11－6

单位：个、万元、人

指标名称	本年应交增值税	本年进项税额	本年销项税额	全部从业人员年平均人数	银行贷款余额
文教体育用品制造业	18180	205818	101538	55301	224137
文化用品制造	4496	94000	28661	17299	85214
文具制造	2458	20056	13481	10267	46538
笔的制造	1736	71742	13657	6187	35497
教学用模型及教具制造	24	149	52	191	
墨水、墨汁制造	74	136	209	21	
其他文化用品制造	204	1919	1262	633	3180
体育用品制造	4003	44996	23070	14238	66113
球类制造	791	4167	2496	1400	11370
体育器材及配件制造	888	5542	2518	2657	6020
训练健身器材制造	1410	19255	9285	4256	19535
运动防护用具制造	321	2727	2043	1779	13415
其他体育用品制造	594	13304	6728	4146	15773
乐器制造	2238	9619	10846	4082	14854
中乐器制造		77	13	121	112
西乐器制造	1031	5573	5842	2149	1000
电子乐器制造	197	304	491	160	
其他乐器及零件制造	1010	3665	4499	1652	13742
玩具制造	5624	47824	30112	17131	51107
玩具制造	5624	47824	30112	17131	51107
游艺器材及娱乐用品制造	1819	9379	8850	2551	6849
露天游乐场所游乐设备制造	234	900	980	375	6849
游艺用品及室内游艺器材制造	1586	8480	7870	2176	
石油加工、炼焦及核燃料加工业	115068	94339	208448	1061	14060
精炼石油产品的制造	115068	94339	208448	1061	14060
原油加工及石油制品制造	115068	94339	208448	1061	14060
化学原料及化学制品制造业	218815	1217544	1315865	49098	2915287
基础化学原料制造	39914	241096	257023	8616	609990
无机酸制造	4043	9403	13036	502	10580
无机碱制造	5283	6933	12072	763	4400
无机盐制造	721	5669	5818	505	16370
有机化学原料制造	22158	188895	190986	5689	562955
其他基础化学原料制造	7710	30196	35112	1157	15685
肥料制造	48	3628	3658	229	
复混肥料制造	24	3477	3501	193	
其他肥料制造	24	151	157	36	
农药制造	3830	74051	62482	2383	32127
化学农药制造	3362	72138	60838	2089	32127

1-D-2 续表11-7 单位：个、万元、人

指 标 名 称	本年应交增值税	本年进项税额	本年销项税额	全部从业人员年平均人数	银行贷款余额
生物化学农药及微生物农药制造	468	1913	1644	294	
涂料、油墨、颜料及类似产品制造	36496	132190	159993	12000	234882
涂料制造	8145	18530	23697	2352	23313
油墨及类似产品制造	2551	13554	16086	676	16501
颜料制造	4324	19288	22640	2417	55198
染料制造	19747	78150	94617	6086	139570
密封用填料及类似品制造	1730	2669	2954	469	300
合成材料制造	46905	506161	517131	6634	1616878
初级形态的塑料及合成树脂制造	27199	322798	317165	4752	1171753
合成橡胶制造	806	1813	2429	283	
合成纤维单(聚合)体的制造	15157	173171	191223	1123	435060
其他合成材料制造	3743	8379	6315	476	10065
专用化学产品制造	28921	212787	214541	14452	380999
化学试剂和助剂制造	9784	61799	67196	2990	59366
专项化学用品制造	4813	31076	33066	3175	60833
林产化学产品制造	25	124	138	59	900
炸药及火工产品制造	63	543	382	250	
信息化学品制造	6970	102350	90758	5445	230430
环境污染处理专用药剂材料制造	1903	3835	5385	555	11180
动物胶制造	2203	4635	6902	535	2300
其他专用化学产品制造	3160	8424	10714	1443	15990
日用化学产品制造	62701	47631	101037	4784	40412
肥皂及合成洗涤剂制造	2450	10287	11250	1505	27200
化妆品制造	57223	28230	84694	2319	6192
香料、香精制造	2883	6734	3066	415	3520
其他日用化学产品制造	144	2380	2027	545	3500
医药制造业	97751	137077	195306	24283	233710
化学药品原药制造	19732	39634	45062	6882	78634
化学药品原药制造	19732	39634	45062	6882	78634
化学药品制剂制造	40861	41123	77233	6565	36712
化学药品制剂制造	40861	41123	77233	6565	36712
中药饮片加工	67	831	785	173	790
中药饮片加工	67	831	785	173	790
中成药制造	20576	9439	29286	3624	14589
中成药制造	20576	9439	29286	3624	14589
兽用药品制造	4875	11460	10793	1313	33863
兽用药品制造	4875	11460	10793	1313	33863
生物、生化制品的制造	7226	21620	21747	2776	33783

1-D-2　续表 11-8　　　　单位：个、万元、人

指标名称	本年应交增值税	本年进项税额	本年销项税额	全部从业人员年平均人数	银行贷款余额
生物、生化制品的制造	7226	21620	21747	2776	33783
卫生材料及医药用品制造	4414	12970	10401	2950	35339
卫生材料及医药用品制造	4414	12970	10401	2950	35339
化学纤维制造业	53362	593900	622899	29975	1414372
纤维素纤维原料及纤维制造	443	7215	7238	570	13750
人造纤维（纤维素纤维）制造	443	7215	7238	570	13750
合成纤维制造	52919	586685	615661	29405	1400622
锦纶纤维制造	1785	29018	30225	1461	81722
涤纶纤维制造	31823	394952	404992	19492	874360
腈纶纤维制造	606	14772	15964	491	31690
其他合成纤维制造	18705	147943	164480	7961	412849
橡胶制品业	48327	243681	257972	34370	726769
轮胎制造	41255	209912	224036	24542	672745
车辆、飞机及工程机械轮胎制造	41255	209912	224036	24542	672745
橡胶板、管、带的制造	2328	7113	7658	1880	15817
橡胶板、管、带的制造	2328	7113	7658	1880	15817
橡胶零件制造	1617	6411	7289	2444	7871
橡胶零件制造	1617	6411	7289	2444	7871
日用及医用橡胶制品制造	465	1389	1270	599	2350
日用及医用橡胶制品制造	465	1389	1270	599	2350
橡胶靴鞋制造	1377	5591	3772	3762	15527
橡胶靴鞋制造	1377	5591	3772	3762	15527
其他橡胶制品制造	1285	13266	13946	1143	12460
其他橡胶制品制造	1285	13266	13946	1143	12460
塑料制品业	72046	385462	384705	61963	835070
塑料薄膜制造	14036	91776	101601	4338	314526
塑料薄膜制造	14036	91776	101601	4338	314526
塑料板、管、型材的制造	9898	65513	64602	6672	144275
塑料板、管、型材的制造	9898	65513	64602	6672	144275
塑料丝、绳及编织品的制造	671	5692	4559	1773	7105
塑料丝、绳及编织品的制造	671	5692	4559	1773	7105
泡沫塑料制造	2439	15575	15948	2388	14696
泡沫塑料制造	2439	15575	15948	2388	14696
塑料人造革、合成革制造	8955	48403	50139	6257	73047
塑料人造革、合成革制造	8955	48403	50139	6257	73047
塑料包装箱及容器制造	13793	37890	44288	5984	65946
塑料包装箱及容器制造	13793	37890	44288	5984	65946
塑料零件制造	6612	26491	24828	10199	49105

1-D-2 续表11-9 单位：个、万元、人

指标名称	本年应交增值税	本年进项税额	本年销项税额	全部从业人员年平均人数	银行贷款余额
塑料零件制造	6612	26491	24828	10199	49105
日用塑料制造	11612	73389	63552	18055	125904
塑料鞋制造	568	3496	2569	1748	9699
日用塑料杂品制造	11044	69893	60984	16307	116206
其他塑料制品制造	4032	20734	15188	6297	40464
其他塑料制品制造	4032	20734	15188	6297	40464
非金属矿物制品业	85177	195006	233661	39471	933289
水泥、石灰和石膏的制造	12743	31352	43870	2121	94180
水泥制造	12567	30817	43160	1874	91980
石灰和石膏制造	176	535	710	247	2200
水泥及石膏制品制造	16503	19632	32631	5371	61683
水泥制品制造	14871	13219	25006	4193	51991
砼结构构件制造	735	3344	4103	584	1863
轻质建筑材料制造	897	3068	3522	594	7829
砖瓦、石材及其他建筑材料制造	17768	49880	66523	8974	177693
粘土砖瓦及建筑砌块制造	7	774	781	200	7733
建筑陶瓷制品制造	16558	46494	62560	7795	158985
建筑用石加工	584	247	832	487	7900
防水建筑材料制造	41	743	181	237	2100
隔热和隔音材料制造	466	1548	1984	230	975
其他建筑材料制造	112	74	186	25	
玻璃及玻璃制品制造	33174	76850	74061	19728	578815
平板玻璃制造	3553	6743	10279	1082	14300
技术玻璃制品制造	2759	11835	10791	2783	44131
光学玻璃制造	11	26	3	51	
日用玻璃制品及玻璃包装容器制造	5358	15985	15330	5592	33325
玻璃纤维及制品制造	19431	38575	32138	8522	484489
玻璃纤维增强塑料制品制造	349	861	1154	340	2300
其他玻璃制品制造	1712	2825	4367	1358	270
陶瓷制品制造	1129	8634	5997	1399	6463
卫生陶瓷制品制造	796	4929	5091	727	4633
特种陶瓷制品制造	334	445	767	409	830
日用陶瓷制品制造		3260	138	218	1000
园林、陈设艺术及其他陶瓷制品制造				45	
耐火材料制品制造	1796	4892	5560	1220	7525
石棉制品制造	4	869	353	238	
耐火陶瓷制品及其他耐火材料制造	1792	4024	5207	982	7525
石墨及其他非金属矿物制品制造	2065	3768	5020	658	6930

1－D－2 续表 11－10

单位：个、万元、人

指 标 名 称	本年应交增值税	本年进项税额	本年销项税额	全部从业人员年平均人数	银行贷款余额
石墨及碳素制品制造	368	1588	1249	301	1990
其他非金属矿物制品制造	1696	2180	3771	357	4940
黑色金属冶炼及压延加工业	47020	414734	472981	13673	573407
炼 钢	505	17869	22827	455	35478
炼 钢	505	17869	22827	455	35478
钢压延加工	45863	394458	447095	13150	537929
钢压延加工	45863	394458	447095	13150	537929
铁合金冶炼	652	2407	3059	68	
铁合金冶炼	652	2407	3059	68	
有色金属冶炼及压延加工业	23703	315888	281346	13984	297095
常用有色金属冶炼	6819	77872	76502	2401	90961
铜冶炼	1903	9771	11966	510	12020
镍钴冶炼	4865	66131	62529	1837	78651
镁冶炼	52	766	818	29	290
其他常用有色金属冶炼		1204	1189	25	
贵金属冶炼		6907	5814	90	8485
金冶炼		6907	5814	90	8485
稀有稀土金属冶炼	126	1563	1566	191	8740
钨钼冶炼	35	350	384	61	1340
稀土金属冶炼	92	1213	1182	130	7400
有色金属合金制造	4116	50892	53946	2775	41508
有色金属合金制造	4116	50892	53946	2775	41508
有色金属压延加工	12642	178654	143518	8527	147401
常用有色金属压延加工	8859	176594	137743	7829	145301
贵金属压延加工	3103	79	3174	56	1500
稀有稀土金属压延加工	680	1981	2600	642	600
金属制品业	63633	476683	407966	81993	652135
结构性金属制品制造	10081	101062	97504	13012	137680
金属结构制造	6885	82072	81682	8379	120400
金属门窗制造	3195	18990	15822	4633	17280
金属工具制造	10241	40632	35188	14870	52337
切削工具制造	2179	4263	5748	2039	3275
手工具制造	3884	18765	18651	5864	22220
农用及园林用金属工具制造	1999	5558	1950	2042	13475
刀剪及类似日用金属工具制造	1156	4779	3062	2345	3265
其他金属工具制造	1024	7266	5777	2580	10102
集装箱及金属包装容器制造	10686	91900	74314	7229	125938
集装箱制造		26078	246	3580	52581

1-D-2 续表11-11

单位：个、万元、人

指标名称	本年应交增值税	本年进项税额	本年销项税额	全部从业人员年平均人数	银行贷款余额
金属压力容器制造	1191	1921	3076	263	2650
金属包装容器制造	9496	63901	70992	3386	70707
金属丝绳及其制品的制造	2524	30034	31199	3498	28759
金属丝绳及其制品的制造	2524	30034	31199	3498	28759
建筑、安全用金属制品制造	17372	111092	76474	25327	95278
建筑、家具用金属配件制造	10516	49626	31695	12325	35911
建筑装饰及水暖管道零件制造	5906	51929	39445	10801	46241
安全、消防用金属制品制造	551	8255	4248	1463	10680
其他建筑、安全用金属制品制造	400	1282	1088	738	2446
金属表面处理及热处理加工	4670	35773	39507	4628	112147
金属表面处理及热处理加工	4670	35773	39507	4628	112147
搪瓷制品制造	102	1195	659	435	3643
搪瓷卫生洁具制造	56	578	279	292	3493
搪瓷日用品及其他搪瓷制品制造	46	617	380	143	150
不锈钢及类似日用金属制品制造	6540	35863	23179	11877	90498
金属制厨房调理及卫生器具制造	823	8188	5214	1838	19269
金属制厨用器皿及餐具制造	3262	15336	9003	5782	43569
其他日用金属制品制造	2456	12340	8963	4257	27661
其他金属制品制造	1417	29134	29942	1117	5855
其他未列明的金属制品制造	1417	29134	29942	1117	5855
通用设备制造业	174647	886283	832050	162018	1166954
锅炉及原动机制造	13389	63316	73584	5639	63190
锅炉及辅助设备制造	2011	13865	15325	1562	35728
内燃机及配件制造	2082	12644	13917	1007	6200
汽轮机及辅机制造	9296	36806	44341	3070	21262
金属加工机械制造	11460	40680	44770	7152	72262
金属切削机床制造	4961	17770	19725	2498	33379
金属成形机床制造	3937	11405	14525	2032	24818
铸造机械制造	489	1764	2180	545	1000
金属切割及焊接设备制造	115	4119	1651	746	6100
机床附件制造	1406	2249	3043	602	525
其他金属加工机械制造	551	3375	3647	729	6440
起重运输设备制造	26885	146513	151684	13434	79587
起重运输设备制造	26885	146513	151684	13434	79587
泵、阀门、压缩机及类似机械的制造	38213	207553	173804	44638	301476
泵及真空设备制造	7786	30800	27907	7506	40065
气体压缩机械制造	4303	34432	28077	5800	69858
阀门和旋塞的制造	19251	123660	95277	26276	162225

1-D-2 续表 11-12

单位：个、万元、人

指标名称	本年应交增值税	本年进项税额	本年销项税额	全部从业人员年平均人数	银行贷款余额
液压和气压动力机械及元件制造	6873	18661	22544	5056	29328
轴承、齿轮、传动和驱动部件的制造	19230	110993	102671	35515	195131
轴承制造	14082	78397	73344	27305	141566
齿轮、传动和驱动部件制造	5147	32597	29327	8210	53565
烘炉、熔炉及电炉制造	626	4245	4166	469	8197
烘炉、熔炉及电炉制造	626	4245	4166	469	8197
风机、衡器、包装设备等通用设备制造	20881	114549	109676	22218	168141
风机、风扇制造	284	2026	1993	968	10104
气体、液体分离及纯净设备制造	1765	5946	4761	1327	1931
制冷、空调设备制造	8054	46780	50297	4847	26206
风动和电动工具制造	7938	45197	37002	11187	105596
喷枪及类似器具制造	1017	8372	8641	1948	9586
包装专用设备制造	791	2579	2886	946	3218
衡器制造	624	745	1322	388	1500
其他通用设备制造	407	2905	2776	607	10000
通用零部件制造及机械修理	33228	152114	120689	24640	175023
金属密封件制造	957	4516	3922	2174	7400
紧固件、弹簧制造	28406	122002	92881	17206	134565
机械零部件加工及设备修理	1433	11976	11789	2639	15555
其他通用零部件制造	2432	13621	12098	2621	17503
金属铸、锻加工	10736	46321	51006	8313	103947
钢铁铸件制造	6587	32321	33723	6209	47342
锻件及粉末冶金制品制造	4148	14001	17283	2104	56605
专用设备制造业	58745	361215	349839	59552	449218
矿山、冶金、建筑专用设备制造	6304	18499	15334	2621	37912
石油钻采专用设备制造	34	249	277	49	
建筑工程用机械制造	5459	11351	9582	1887	30185
建筑材料生产专用机械制造	591	3259	3064	296	2500
冶金专用设备制造	221	3640	2411	389	5227
化工、木材、非金属加工专用设备制造	27317	201928	201651	25057	168620
炼油、化工生产专用设备制造	501	2353	2296	540	2438
橡胶加工专用设备制造	764	2021	2467	424	1300
塑料加工专用设备制造	14797	146550	143469	9238	58183
木材加工机械制造	357	2772	1552	564	1623
模具制造	10898	47538	51713	14011	103476
其他非金属加工专用设备制造		693	153	280	1600
食品、饮料、烟草及饲料生产专用设备制造	1176	8041	7820	1232	13231
食品、饮料、烟草工业专用设备制造	1063	7344	7094	960	10961

1－D－2 续表 11－13 单位：个、万元、人

指标名称	本年应交增值税	本年进项税额	本年销项税额	全部从业人员年平均人数	银行贷款余额
农副食品加工专用设备制造	113	697	726	272	2270
印刷、制药、日化生产专用设备制造	1788	9365	9751	1637	17811
制浆和造纸专用设备制造	100	546	581	61	
印刷专用设备制造	1406	7391	7833	1051	16195
日用化工专用设备制造		309	21	190	531
制药专用设备制造	217	480	694	218	50
照明器具生产专用设备制造	7	281	288	40	585
玻璃、陶瓷和搪瓷制品生产专用设备制造	59	359	335	77	450
纺织、服装和皮革工业专用设备制造	7823	38978	35779	11879	95495
纺织专用设备制造	3193	9176	11803	3351	30189
皮革、毛皮及其制品加工专用设备制造	693	3857	4351	651	5000
缝纫机械制造	3108	24191	17729	7112	58206
其他服装加工专用设备制造	829	1755	1895	765	2100
电子和电工机械专用设备制造	1847	7370	7641	2051	4706
电工机械专用设备制造	169	967	1029	321	
电子工业专用设备制造	1678	6403	6612	1730	4706
农、林、牧、渔专用机械制造	2444	30647	26527	5445	23905
拖拉机制造	76	6693	6798	531	
机械化农业及园艺机具制造	2249	22175	17753	4695	22325
农林牧渔机械配件制造	119	1499	1629	195	880
其他农林牧渔业机械制造及机械修理		279	348	24	700
医疗仪器设备及器械制造	4052	10233	8505	5714	30839
医疗诊断、监护及治疗设备制造	1479	1329	1033	1246	19421
口腔科用设备及器具制造		88	12	72	
实验室及医用消毒设备和器具的制造		185	185	86	
医疗、外科及兽医用器械制造	2358	6402	5923	3559	8218
机械治疗及病房护理设备制造	149	896	875	299	1840
其他医疗设备及器械制造	67	1333	478	452	1360
环保、社会公共安全及其他专用设备制造	5995	36153	36831	3916	56700
环境污染防治专用设备制造	4270	27402	29352	1672	42160
邮政专用机械及器材制造	26	156	151	123	830
社会公共安全设备及器材制造	521	4589	2295	989	8059
其他专用设备制造	1178	4007	5033	1132	5651
交通运输设备制造业	79660	553977	472255	88550	1093239
铁路运输设备制造	60	900	202	371	8055
铁路机车车辆配件制造	6	251	...	60	
铁路专用设备及器材、配件制造	25	565	102	220	2500
其他铁路设备制造及设备修理	30	84	100	91	5555

1－D－2 续表 11－14

单位：个、万元、人

指 标 名 称	本年应交增值税	本年进项税额	本年销项税额	全部从业人员年平均人数	银行贷款余额
汽车制造	70155	404861	413501	66571	516491
汽车整车制造	4366	28606	32095	1791	21831
改装汽车制造	38	75	112	16	
汽车车身、挂车的制造	40	957	823	251	2469
汽车零部件及配件制造	63941	364727	368210	63895	487030
汽车修理	1770	10495	12261	618	5161
摩托车制造	1229	5453	6311	1444	18448
摩托车零部件及配件制造	1229	5453	6311	1444	18448
自行车制造	3556	43030	31906	7959	72112
脚踏自行车及残疾人座车制造	1610	25244	15021	5512	54762
助动自行车制造	1947	17786	16885	2447	17350
船舶及浮动装置制造	4042	97103	20189	11546	471776
金属船舶制造	1444	65663	9292	5618	283548
非金属船舶制造	132	7518	612	673	32195
娱乐船和运动船的建造和修理	217	1636	1170	915	13144
船用配套设备制造	1884	13851	6704	3563	109990
船舶修理及拆船	366	8435	2410	777	32900
交通器材及其他交通运输设备制造	618	2631	147	659	6356
交通管理用金属标志及设施制造	52	825	19	122	
其他交通运输设备制造	566	1806	128	537	6356
电气机械及器材制造业	197133	1119299	1027105	206949	1328947
电机制造	17697	150998	117277	33993	138119
发电机及发电机组制造	4959	25029	24057	3517	12940
电动机制造	5567	69285	51546	12022	19605
微电机及其他电机制造	7171	56684	41674	18454	105574
输配电及控制设备制造	50690	175614	176548	38518	158316
变压器、整流器和电感器制造	1622	15222	12310	2576	25155
电容器及其配套设备制造	2128	5563	6910	1819	7202
配电开关控制设备制造	34732	105588	114652	19678	71114
电力电子元器件制造	12031	47877	41910	14020	52321
其他输配电及控制设备制造	177	1364	767	425	2525
电线、电缆、光缆及电工器材制造	21882	162381	169304	23915	245124
电线电缆制造	17048	130970	134254	19021	164853
光纤、光缆制造	2368	22987	24687	2784	61026
绝缘制品制造	958	3831	4400	634	6140
其他电工器材制造	1508	4593	5964	1476	13105
电池制造	25322	205782	188027	16890	321248
电池制造	25322	205782	188027	16890	321248

1－D－2 续表 11－15 单位：个、万元、人

指标名称	本年应交增值税	本年进项税额	本年销项税额	全部从业人员年平均人数	银行贷款余额
家用电力器具制造	52224	246124	234550	44038	186501
家用制冷电器具制造	2080	14514	16455	1646	11615
家用空气调节器制造	958	3308	2606	1141	9050
家用通风电器具制造	1361	6486	3409	1349	6072
家用厨房电器具制造	31476	101944	115767	15053	53167
家用清洁卫生电器具制造	11203	70157	65053	9912	40818
家用美容、保健电器具制造	956	12098	5046	3821	14811
家用电力器具专用配件制造	1908	10019	8915	4303	9650
其他家用电力器具制造	2282	27597	17301	6813	41318
非电力家用器具制造	3016	15727	17053	3945	46287
燃气、太阳能及类似能源的器具制造	2124	12149	13595	2479	40815
其他非电力家用器具制造	892	3578	3458	1466	5472
照明器具制造	24769	154425	117261	42663	224647
电光源制造	9160	49148	45513	16014	61030
照明灯具制造	12815	90017	62807	21993	141626
灯用电器附件及其他照明器具制造	2794	15261	8941	4656	21991
其他电气机械及器材制造	1533	8248	7086	2987	8705
车辆专用照明及电气信号设备装置制造	1051	6452	5015	2441	7421
其他未列明的电气机械制造	483	1796	2071	546	1284
通信设备、计算机及其他电子设备制造业	135750	661009	597982	153043	1133651
通信设备制造	34971	237044	207410	23783	73565
通信传输设备制造	6348	25038	23331	4944	36181
通信交换设备制造	4680	6724	11223	1250	13248
通信终端设备制造	845	2972	3677	1732	11636
移动通信及终端设备制造	20899	198912	165580	14188	4400
其他通信设备制造	2201	3398	3600	1669	8100
雷达及配套设备制造	117	435	498	41	2550
雷达及配套设备制造	117	435	498	41	2550
广播电视设备制造	1525	17120	9439	5872	16683
广播电视节目制作及发射设备制造		163	44	53	500
广播电视接收设备及器材制造	372	14656	5941	5617	16183
应用电视设备及其他广播电视设备制造	1153	2301	3454	202	
电子计算机制造	59476	99770	139450	41196	480206
电子计算机整机制造				2109	
计算机网络设备制造	49803	51601	94643	5717	7134
电子计算机外部设备制造	9673	48169	44807	33370	473072
电子器件制造	13930	80441	80745	20563	295356
电子真空器件制造	76	269	109	204	

1－D－2 续表11－16 单位:个、万元、人

指 标 名 称	本年应交增值税	本年进项税额	本年销项税额	全部从业人员年平均人数	银行贷款余额
半导体分立器件制造	5230	43437	44367	7277	121132
集成电路制造	2318	10840	11525	2080	16368
光电子器件及其他电子器件制造	6307	25895	24743	11002	157855
电子元件制造	20517	190635	138916	49596	169823
电子元件及组件制造	19040	176240	126958	44108	149928
印制电路板制造	1478	14395	11958	5488	19895
家用视听设备制造	3543	22881	14732	6877	70203
家用影视设备制造	372	11042	5758	2386	48734
家用音响设备制造	3172	11838	8974	4491	21468
其他电子设备制造	1670	12684	6793	5115	25266
其他电子设备制造	1670	12684	6793	5115	25266
仪器仪表及文化、办公用机械制造业	31492	114736	114827	45163	261612
通用仪器仪表制造	19886	68765	71871	15368	105914
工业自动控制系统装置制造	9897	18554	22002	3056	17664
电工仪器仪表制造	776	3300	4001	692	2430
绘图、计算及测量仪器制造	3575	15857	12873	6238	48439
实验分析仪器制造	557	2741	1730	1071	2358
试验机制造	11	35	46	23	50
供应用仪表及其他通用仪器制造	5070	28277	31218	4288	34973
专用仪器仪表制造	3161	7355	9468	3461	15373
环境监测专用仪器仪表制造	314	323	636	36	500
汽车及其他用计数仪表制造	2210	4724	6774	1840	4000
导航、气象及海洋专用仪器制造	29	42	37	46	860
教学专用仪器制造	52	188	101	85	
电子测量仪器制造	349	1335	1000	1293	10013
其他专用仪器制造	207	743	919	161	
钟表与计时仪器制造	857	2872	3148	1839	10400
钟表与计时仪器制造	857	2872	3148	1839	10400
光学仪器及眼镜制造	5122	21689	18743	15664	67812
光学仪器制造	3419	11994	11471	8046	29875
眼镜制造	1703	9694	7272	7618	37937
文化、办公用机械制造	1951	12373	9598	7422	48415
照相机及器材制造	791	8251	4662	5314	27685
复印和胶印设备制造	1064	2060	3125	666	4985
计算器及货币专用设备制造		43	7	130	1900
其他文化、办公用机械制造	96	2018	1804	1312	13845
其他仪器仪表的制造及修理	515	1683	2000	1409	13698
其他仪器仪表的制造及修理	515	1683	2000	1409	13698

1－D－2 续表 11－17 单位：个、万元、人

指标名称	本年应交增值税	本年进项税额	本年销项税额	全部从业人员年平均人数	银行贷款余额
工艺品及其他制造业	34148	188266	147522	65688	429623
工艺美术品制造	20353	110924	96310	37168	266095
雕塑工艺品制造	2730	8720	6922	6267	20398
金属工艺品制造	1083	4600	2573	2947	15305
漆器工艺品制造	416	1298	1449	619	3850
花画工艺品制造	227	2101	1185	1144	7175
天然植物纤维编织工艺品制造	924	3119	2691	1874	7684
抽纱刺绣工艺品制造	5633	31314	26808	7551	64822
地毯、挂毯制造	1866	8732	4164	3691	27518
珠宝首饰及有关物品的制造	4862	40363	42389	4431	74948
其他工艺美术品制造	2612	10678	8129	8644	44396
日用杂品制造	13109	74535	47813	28035	155771
制镜及类似品加工	1778	7460	8272	1723	4733
鬃毛加工、制刷及清扫工具的制造	1214	10362	6608	4249	30140
其他日用杂品制造	10116	56713	32933	22063	120898
其他未列明的制造业	687	2807	3400	485	7758
其他未列明的制造业	687	2807	3400	485	7758
废弃资源和废旧材料回收加工业	8461	148682	135792	7090	124374
金属废料和碎屑的加工处理	7529	142782	129612	6333	117589
金属废料和碎屑的加工处理	7529	142782	129612	6333	117589
非金属废料和碎屑的加工处理	931	5900	6180	757	6785
非金属废料和碎屑的加工处理	931	5900	6180	757	6785
电力、燃气及水的生产和供应业	**54246**	**122610**	**151112**	**8258**	**619217**
电力、热力的生产和供应业	50804	107166	132249	7162	573570
电力生产	47597	97225	119303	6437	525090
火力发电	46314	95729	116873	6238	469210
水力发电	1092	819	2137	165	26400
其他能源发电	191	677	293	34	29480
热力生产和供应	3207	9941	12947	725	48480
热力生产和供应	3207	9941	12947	725	48480
燃气生产和供应业	3033	15181	18191	840	20847
燃气生产和供应业	3033	15181	18191	840	20847
燃气生产和供应业	3033	15181	18191	840	20847
水的生产和供应业	408	263	672	256	24800
自来水的生产和供应	408	263	672	156	11500
自来水的生产和供应	408	263	672	156	11500
污水处理及其再生利用				100	13300
污水处理及其再生利用				100	13300

1-D-2 续表12-1

单位:个、万元、人

指 标 名 称	固定资产实际投资额	产销率(%)	资产负债率(%)	成本费用利润率(%)	每百元资金实现利税(元)
总 计	**6631084**	**96.80**	**58.24**	**5.21**	**9.55**
一、按轻重工业分					
轻工业	2743350	96.61	58.07	5.20	10.00
重工业	3887734	96.96	58.39	5.22	9.14
二、按规模分					
大型企业	1025437	96.98	60.23	7.54	13.04
中型企业	2604543	96.66	60.54	5.44	10.61
小型企业	3001104	96.89	55.20	3.95	7.21
三、按登记注册类型分					
港澳台商投资	**2923153**	**96.76**	**59.42**	**5.42**	**9.64**
与港澳台商合资经营	1616359	96.58	62.89	5.31	9.92
与港澳台商合作经营	17430	96.83	53.82	6.81	10.61
港澳台商独资	1242890	96.18	53.37	5.90	9.78
港澳台商投资股份有限公司	46475	112.16	64.71	0.97	2.41
外商投资	**3707931**	**96.83**	**57.26**	**5.05**	**9.46**
中外合资经营	1792790	97.29	59.60	5.39	10.93
中外合作经营	25969	97.97	57.70	5.31	10.58
外资企业	1723981	96.44	54.40	4.13	6.98
外商投资股份有限公司	165191	93.92	56.11	9.27	14.89
四、按国民经济行业(门类、大类、中类、小类)分					
采矿业	**3863**	**85.82**	**60.89**	**17.70**	**14.21**
黑色金属矿采选业	158	77.59	68.72	28.04	15.29
铁矿采选	158	77.59	68.72	28.04	15.29
铁矿采选	158	77.59	68.72	28.04	15.29
非金属矿采选业	3706	105.45	45.75	2.22	11.29
土砂石开采	3706	105.45	45.75	2.22	11.29
石灰石、石膏开采	220	119.43	44.11	-20.44	-6.09
建筑装饰用石开采	702	99.02	50.19	6.79	18.88
耐火土石开采		154.41	85.22	1.48	11.95
粘土及其他土砂石开采	2784	103.85	40.88	6.06	13.71
制造业	**6382165**	**96.80**	**58.26**	**5.19**	**9.62**
农副食品加工业	61191	95.42	66.61	0.04	1.53
谷物磨制	76	100.02	82.26	0.67	2.36
谷物磨制	76	100.02	82.26	0.67	2.36
饲料加工	566	93.48	81.91	1.46	4.96
饲料加工	566	93.48	81.91	1.46	4.96
植物油加工	7615	96.64	59.12	-0.19	-0.12
食用植物油加工	7615	96.64	59.12	-0.19	-0.12

1－D－2 续表 12－2 单位：个、万元、人

指 标 名 称	固定资产实际投资额	产销率（%）	资产负债率（%）	成本费用利润率（%）	每百元资金实现利税（元）
屠宰及肉类加工	2282	95.48	57.51	0.33	4.66
畜禽屠宰	2131	100.00	46.11	1.85	9.14
肉制品及副产品加工	151	89.35	62.75	－1.39	2.45
水产品加工	26660	95.30	71.55	－1.23	－0.05
水产品冷冻加工	25174	95.34	75.91	－1.38	－0.21
鱼糜制品及水产品干腌制加工	219	95.67	64.74	－0.73	0.27
水产饲料制造		92.42	58.33	0.88	2.52
其他水产品加工	1266	88.12	54.16	0.62	1.59
蔬菜、水果和坚果加工	3150	93.51	50.27	4.45	7.77
蔬菜、水果和坚果加工	3150	93.51	50.27	4.45	7.77
其他农副食品加工	20843	91.17	65.43	2.57	3.28
淀粉及淀粉制品的制造	9798	109.74	70.04	5.06	6.03
豆制品制造	241	98.65	58.00	10.14	11.14
其他未列明的农副食品加工	10805	85.75	65.42	0.44	1.99
食品制造业	42349	93.64	52.12	8.81	22.04
焙烤食品制造	7549	107.93	41.69	8.32	36.15
糕点、面包制造	3386	99.37	47.07	7.85	27.08
饼干及其他焙烤食品制造	4163	110.98	39.89	8.47	40.19
糖果、巧克力及蜜饯制造	3836	95.65	51.73	21.00	20.68
糖果、巧克力制造	3836	95.67	41.70	21.57	26.78
蜜饯制作		94.68	87.50	0.49	0.07
方便食品制造	8843	100.12	46.84	12.38	34.20
米、面制品制造		103.33	16.34	7.62	12.86
速冻食品制造	7918	102.13	45.90	－3.02	0.55
方便面及其他方便食品制造	925	99.98	47.29	14.00	45.40
液体乳及乳制品制造	2509	84.23	55.80	3.01	3.98
液体乳及乳制品制造	2509	84.23	55.80	3.01	3.98
罐头制造	4533	97.07	56.09	6.42	16.17
肉、禽类罐头制造	851	99.10	59.24	4.87	15.92
水产品罐头制造	1174	105.44	54.88	5.01	6.80
蔬菜、水果罐头制造	2456	92.08	76.62	－0.37	2.66
其他罐头食品制造	52	100.17	17.65	17.65	74.48
调味品、发酵制品制造	1779	101.82	65.72	2.19	3.55
味精制造		100.69	97.25	－4.47	－2.53
酱油、食醋及类似制品的制造	8	98.10	77.30	0.99	6.68
其他调味品、发酵制品制造	1771	103.14	35.06	6.29	7.38
其他食品制造	13299	76.82	55.53	4.69	16.67
营养、保健食品制造	2799	98.89	19.27	5.26	11.85

1－D－2 续表12－3

单位：个、万元、人

指 标 名 称	固定资产实际投资额	产销率（%）	资产负债率（%）	成本费用利润率（%）	每百元资金实现利税（元）
冷冻饮品及食用冰制造	1438	94.74	50.67	4.68	15.16
食品及饲料添加剂制造	9062	69.75	66.06	4.55	18.36
饮料制造业	187206	99.94	54.21	9.31	24.12
酒精制造	4471	137.45	97.39	－7.82	0.04
酒精制造	4471	137.45	97.39	－7.82	0.04
酒的制造	90466	98.80	60.31	－2.31	13.57
白酒制造	448	99.44	27.31	25.49	21.33
啤酒制造	89979	99.34	61.43	－3.54	13.48
黄酒制造	39	82.79	58.99	8.25	8.49
软饮料制造	89710	100.11	51.06	11.20	29.93
碳酸饮料制造	15348	101.98	46.18	9.77	24.29
瓶（罐）装饮用水制造	995	102.22	87.65	－0.95	1.73
果菜汁及果菜汁饮料制造	12350	102.59	69.97	－1.17	0.44
含乳饮料和植物蛋白饮料制造	19911	98.41	24.12	44.31	76.63
固体饮料制造	122	103.23	38.97	6.14	6.32
茶饮料及其他软饮料制造	40984	99.50	36.98	18.97	44.27
精制茶加工	2559	97.88	53.61	5.13	5.07
精制茶加工	2559	97.88	53.61	5.13	5.07
烟草制品业	575	101.07	15.44	41.04	43.35
其他烟草制品加工	575	101.07	15.44	41.04	43.35
其他烟草制品加工	575	101.07	15.44	41.04	43.35
纺织业	671711	97.07	57.56	3.68	6.93
棉、化纤纺织及印染精加工	290172	97.18	60.47	3.43	6.34
棉、化纤纺织加工	141403	96.74	60.89	3.74	6.21
棉、化纤印染精加工	148769	97.69	59.98	3.06	6.49
毛纺织和染整精加工	21595	98.02	51.17	4.08	6.52
毛条加工	1506	98.55	43.72	4.60	8.04
毛纺织	14292	97.94	54.68	3.84	6.24
毛染整精加工	5797	96.80	54.15	3.36	4.86
麻纺织	8771	88.17	65.16	－1.10	1.11
麻纺织	8771	88.17	65.16	－1.10	1.11
丝绢纺织及精加工	104569	96.04	54.50	2.20	5.42
缫丝加工	707	90.80	39.98	2.10	3.05
绢纺和丝织加工	101617	96.30	54.52	2.49	5.74
丝印染精加工	2244	97.30	71.33	－1.52	3.40
纺织制成品制造	98441	96.94	56.13	3.84	7.14
棉及化纤制品制造	51197	96.98	55.94	3.42	7.01
毛制品制造	3388	97.21	64.80	0.01	5.07

1-D-2 续表12-4 单位：个、万元、人

指标名称	固定资产实际投资额	产销率（%）	资产负债率（%）	成本费用利润率（%）	每百元资金实现利税（元）
麻制品制造	183	103.22	75.94	1.27	4.66
丝制品制造	11012	96.94	55.89	7.60	12.40
绳、索、缆的制造	3041	93.03	49.81	3.46	6.09
纺织带和帘子布制造	6500	93.34	64.00	3.92	6.67
无纺布制造	2817	97.85	48.12	3.37	6.10
其他纺织制成品制造	20303	98.51	53.08	0.26	1.28
针织品、编织品及其制品制造	148163	97.19	54.73	4.22	8.48
棉、化纤针织品及编织品制造	127940	96.99	56.05	4.52	8.67
毛针织品及编织品制造	14252	98.83	41.26	2.99	7.85
丝针织品及编织品制造	4410	96.62	54.66	2.73	7.75
其他针织品及编织品制造	1561	100.38	56.01	2.34	6.18
纺织服装、鞋、帽制造业	319672	95.98	57.98	5.80	12.57
纺织服装制造	318666	95.94	58.13	5.84	12.61
纺织服装制造	318666	95.94	58.13	5.84	12.61
纺织面料鞋的制造	563	98.02	46.33	3.61	9.74
纺织面料鞋的制造	563	98.02	46.33	3.61	9.74
制帽	443	99.74	39.78	2.92	6.81
制帽	443	99.74	39.78	2.92	6.81
皮革、毛皮、羽毛(绒)及其制品业	78296	97.82	62.18	2.78	7.34
皮革鞣制加工	16254	95.88	57.66	2.55	5.22
皮革鞣制加工	16254	95.88	57.66	2.55	5.22
皮革制品制造	52710	97.73	61.36	3.24	10.13
皮鞋制造	22099	96.72	61.43	4.23	12.57
皮革服装制造	4834	100.41	67.80	1.66	7.53
皮箱、包(袋)制造	13838	98.68	61.49	2.15	6.65
皮手套及皮装饰制品制造	4493	97.34	44.56	2.13	9.53
其他皮革制品制造	7445	99.07	62.95	2.90	7.39
毛皮鞣制及制品加工	2619	99.06	49.54	4.56	10.27
毛皮鞣制加工	716	98.01	37.32	12.06	12.14
毛皮服装加工	1117	99.71	51.67	4.06	9.69
其他毛皮制品加工	787	94.43	43.31	4.59	14.14
羽毛(绒)加工及制品制造	6714	101.00	74.31	1.50	4.51
羽毛(绒)制品加工	6714	101.00	74.31	1.50	4.51
木材加工及木、竹、藤、棕、草制品业	39133	96.72	52.87	3.83	10.80
锯材、木片加工	424	97.62	40.81	8.43	43.18
锯材加工	193	90.84	50.26	5.01	7.09
木片加工	231	99.60	29.20	9.42	90.23
人造板制造	19609	96.42	55.28	3.28	7.99

1-D-2 续表12-5

单位:个、万元、人

指 标 名 称	固定资产实际投资额	产销率(%)	资产负债率(%)	成本费用利润率(%)	每百元资金实现利税(元)
胶合板制造	15848	97.30	57.41	2.12	5.85
纤维板制造	1306	91.53	44.32	12.22	18.38
其他人造板、材制造	2456	95.44	54.53	3.05	9.74
木制品制造	12980	96.60	40.92	4.22	17.66
建筑用木料及木材组件加工	5819	96.24	41.76	5.01	23.21
木容器制造	10	114.14	17.12	-3.03	-0.11
软木制品及其他木制品制造	7150	98.51	42.68	-2.77	-0.50
竹、藤、棕、草制品制造	6120	97.61	59.72	3.93	9.94
竹、藤、棕、草制品制造	6120	97.61	59.72	3.93	9.94
家具制造业	101288	97.46	61.99	1.77	4.53
木质家具制造	22398	97.77	59.93	-0.31	1.95
木质家具制造	22398	97.77	59.93	-0.31	1.95
竹、藤家具制造	10453	101.48	70.88	-0.59	0.68
竹、藤家具制造	10453	101.48	70.88	-0.59	0.68
金属家具制造	39551	97.56	60.23	2.32	6.32
金属家具制造	39551	97.56	60.23	2.32	6.32
塑料家具制造	884	92.25	50.59	2.54	3.83
塑料家具制造	884	92.25	50.59	2.54	3.83
其他家具制造	28002	97.12	67.68	2.93	5.35
其他家具制造	28002	97.12	67.68	2.93	5.35
造纸及纸制品业	164911	95.74	65.55	4.93	6.92
纸浆制造		98.95	31.59	-1.82	1.19
纸浆制造		98.95	31.59	-1.82	1.19
造 纸	100039	95.74	70.02	5.68	6.50
机制纸及纸板制造	97333	95.73	70.40	5.74	6.50
加工纸制造	2706	96.19	52.54	3.94	6.82
纸制品制造	64872	95.73	50.52	3.60	8.38
纸和纸板容器的制造	19576	96.80	47.68	3.79	9.09
其他纸制品制造	45296	92.32	56.60	2.95	6.65
印刷业和记录媒介的复制	38688	98.71	44.63	15.65	20.78
印 刷	32439	98.77	44.10	17.55	22.20
书、报、刊印刷	111	88.74	49.79	2.67	2.53
本册印制	10745	99.28	78.12	5.33	12.00
包装装潢及其他印刷	21583	99.35	38.69	21.26	25.92
装订及其他印刷服务活动	4903	95.93	48.24	0.69	6.47
装订及其他印刷服务活动	4903	95.93	48.24	0.69	6.47
记录媒介的复制	1347	98.58	51.95	1.75	3.52
记录媒介的复制	1347	98.58	51.95	1.75	3.52

1-D-2 续表12-6 单位:个、万元、人

指标名称	固定资产实际投资额	产销率(%)	资产负债率(%)	成本费用利润率(%)	每百元资金实现利税(元)
文教体育用品制造业	53766	97.82	52.54	1.86	4.28
文化用品制造	15742	97.54	56.47	1.02	3.08
文具制造	7382	98.62	56.21	0.13	1.94
笔的制造	7055	96.00	59.77	1.64	4.14
教学用模型及教具制造	702	101.16	39.12	-7.63	-5.41
墨水、墨汁制造		98.92	14.03	25.80	17.60
其他文化用品制造	604	100.02	44.57	4.61	6.30
体育用品制造	18343	97.79	56.25	-0.87	0.35
球类制造	9205	99.00	61.43	-7.16	-5.41
体育器材及配件制造	4271	96.30	39.11	2.23	3.35
训练健身器材制造	2108	97.93	56.35	0.99	2.44
运动防护用具制造	911	97.62	60.70	-13.62	-9.53
其他体育用品制造	1848	97.99	65.09	1.08	2.07
乐器制造	6785	100.24	34.30	4.72	7.30
中乐器制造	60	100.00	40.68	5.76	9.91
西乐器制造	4514	99.24	28.01	5.74	8.63
电子乐器制造	76	100.00	24.28	5.88	9.31
其他乐器及零件制造	2135	101.56	42.12	3.37	5.63
玩具制造	12532	97.65	54.33	3.76	8.97
玩具制造	12532	97.65	54.33	3.76	8.97
游艺器材及娱乐用品制造	364	96.52	38.03	5.26	8.54
露天游乐场所游乐设备制造	152	100.00	50.03	-6.34	-1.58
游艺用品及室内游艺器材制造	212	96.16	33.74	6.66	11.26
石油加工、炼焦及核燃料加工业	69580	97.61	58.46	3.87	60.44
精炼石油产品的制造	69580	97.61	58.46	3.87	60.44
原油加工及石油制品制造	69580	97.61	58.46	3.87	60.44
化学原料及化学制品制造业	832694	95.83	60.71	4.69	8.36
基础化学原料制造	198525	90.04	65.32	5.07	7.55
无机酸制造	3133	99.43	43.55	3.91	20.86
无机碱制造	7671	99.59	23.65	20.83	27.09
无机盐制造	2566	97.37	51.17	8.92	9.99
有机化学原料制造	115866	89.03	67.78	2.81	5.12
其他基础化学原料制造	69289	89.31	67.24	16.70	9.92
肥料制造	19	94.85	44.25	5.34	8.17
复混肥料制造		95.75	45.87	5.42	8.02
其他肥料制造	19	78.43	6.21	4.00	11.48
农药制造	27797	97.75	43.78	27.55	41.41
化学农药制造	26023	97.89	45.60	28.33	43.49

1－D－2　续表 12－7

单位：个、万元、人

指　标　名　称	固定资产实际投资额	产销率（%）	资产负债率（%）	成本费用利润率（%）	每百元资金实现利税（元）
生物化学农药及微生物农药制造	1773	94.63	23.48	10.90	13.17
涂料、油墨、颜料及类似产品制造	47857	96.18	53.51	8.63	14.42
涂料制造	8611	96.64	44.18	14.03	20.52
油墨及类似产品制造	5760	98.33	39.95	4.49	9.12
颜料制造	14066	95.31	56.42	5.27	9.06
染料制造	16169	95.94	59.32	8.15	14.14
密封用填料及类似品制造	3252	94.35	28.02	16.83	26.59
合成材料制造	333575	99.09	67.26	－2.43	－1.36
初级形态的塑料及合成树脂制造	317977	97.06	65.94	－3.51	－2.57
合成橡胶制造	263	101.81	22.30	11.83	31.61
合成纤维单(聚合)体的制造	12068	103.56	72.88	－0.68	0.87
其他合成材料制造	3267	97.99	44.32	4.22	13.01
专用化学产品制造	191634	93.50	53.84	8.05	11.97
化学试剂和助剂制造	14710	98.25	55.09	4.11	10.34
专项化学用品制造	50564	98.16	54.76	4.07	9.39
林产化学产品制造		97.44	73.54	－1.29	0.07
炸药及火工产品制造		101.41	24.55	7.30	11.99
信息化学品制造	105017	88.23	53.44	12.85	13.61
环境污染处理专用药剂材料制造	11522	100.48	56.72	9.96	12.19
动物胶制造	2241	100.23	31.63	9.82	17.50
其他专用化学产品制造	7580	98.32	59.97	1.23	7.65
日用化学产品制造	33287	97.47	39.88	25.12	57.62
肥皂及合成洗涤剂制造	2107	96.70	48.56	2.00	4.83
化妆品制造	1601	98.59	45.52	32.73	118.76
香料、香精制造	26514	93.56	15.95	18.50	19.70
其他日用化学产品制造	3065	91.55	41.27	－3.63	－1.95
医药制造业	66956	93.43	48.98	13.93	23.12
化学药品原药制造	39431	93.11	55.57	9.31	14.72
化学药品原药制造	39431	93.11	55.57	9.31	14.72
化学药品制剂制造	8598	91.20	42.37	20.11	38.25
化学药品制剂制造	8598	91.20	42.37	20.11	38.25
中药饮片加工	2148	100.35	50.68	－1.62	－0.65
中药饮片加工	2148	100.35	50.68	－1.62	－0.65
中成药制造	4379	98.69	32.99	25.18	31.86
中成药制造	4379	98.69	32.99	25.18	31.86
兽用药品制造	2603	91.86	65.83	10.04	14.82
兽用药品制造	2603	91.86	65.83	10.04	14.82
生物、生化制品的制造	8139	94.90	46.34	9.67	13.46

1－D－2 续表 12－8

单位：个、万元、人

指标名称	固定资产实际投资额	产销率（%）	资产负债率（%）	成本费用利润率（%）	每百元资金实现利税（元）
生物、生化制品的制造	8139	94.90	46.34	9.67	13.46
卫生材料及医药用品制造	1657	95.55	72.83	1.75	10.37
卫生材料及医药用品制造	1657	95.55	72.83	1.75	10.37
化学纤维制造业	347630	95.99	61.13	2.76	4.28
纤维素纤维原料及纤维制造	2381	99.71	59.51	0.21	0.91
人造纤维（纤维素纤维）制造	2381	99.71	59.51	0.21	0.91
合成纤维制造	345250	95.95	61.15	2.78	4.33
锦纶纤维制造	6569	95.30	59.94	1.03	2.13
涤纶纤维制造	133258	96.62	62.10	2.83	4.76
腈纶纤维制造	834	101.30	94.21	－3.01	－2.37
其他合成纤维制造	204589	93.34	56.71	3.61	4.32
橡胶制品业	139716	101.69	66.25	1.72	5.83
轮胎制造	128853	102.31	67.60	1.35	5.28
车辆、飞机及工程机械轮胎制造	128853	102.31	67.60	1.35	5.28
橡胶板、管、带的制造	5764	96.43	57.01	8.56	15.52
橡胶板、管、带的制造	5764	96.43	57.01	8.56	15.52
橡胶零件制造	1488	97.87	42.85	4.13	9.56
橡胶零件制造	1488	97.87	42.85	4.13	9.56
日用及医用橡胶制品制造	284	95.47	59.32	4.40	9.52
日用及医用橡胶制品制造	284	95.47	59.32	4.40	9.52
橡胶靴鞋制造	1824	100.40	66.75	1.44	4.23
橡胶靴鞋制造	1824	100.40	66.75	1.44	4.23
其他橡胶制品制造	1503	98.18	54.47	2.33	8.42
其他橡胶制品制造	1503	98.18	54.47	2.33	8.42
塑料制品业	211747	97.94	59.10	6.05	9.34
塑料薄膜制造	69476	98.15	62.92	5.47	6.88
塑料薄膜制造	69476	98.15	62.92	5.47	6.88
塑料板、管、型材的制造	24012	99.10	62.95	3.11	5.29
塑料板、管、型材的制造	24012	99.10	62.95	3.11	5.29
塑料丝、绳及编织品的制造	4234	99.42	52.19	0.54	3.00
塑料丝、绳及编织品的制造	4234	99.42	52.19	0.54	3.00
泡沫塑料制造	4809	97.87	44.81	3.90	9.47
泡沫塑料制造	4809	97.87	44.81	3.90	9.47
塑料人造革、合成革制造	6348	96.94	67.73	4.37	8.19
塑料人造革、合成革制造	6348	96.94	67.73	4.37	8.19
塑料包装箱及容器制造	50265	100.49	39.03	15.61	19.22
塑料包装箱及容器制造	50265	100.49	39.03	15.61	19.22
塑料零件制造	21603	96.62	58.56	4.88	9.36

1－D－2 续表12－9

单位：个、万元、人

指 标 名 称	固定资产实际投资额	产销率（%）	资产负债率（%）	成本费用利润率（%）	每百元资金实现利税（元）
塑料零件制造	21603	96.62	58.56	4.88	9.36
日用塑料制造	20934	97.08	59.40	6.99	12.42
塑料鞋制造	968	96.35	60.13	1.33	3.89
日用塑料杂品制造	19966	97.12	59.36	7.25	12.91
其他塑料制品制造	10065	96.50	62.19	4.14	7.83
其他塑料制品制造	10065	96.50	62.19	4.14	7.83
非金属矿物制品业	404713	91.93	58.47	8.33	9.65
水泥、石灰和石膏的制造	91127	99.55	65.82	2.35	5.47
水泥制造	90527	99.62	65.90	2.18	5.37
石灰和石膏制造	600	95.33	60.92	14.57	11.21
水泥及石膏制品制造	14630	99.00	53.19	6.00	11.14
水泥制品制造	11953	99.07	55.48	6.18	11.59
砼结构构件制造	736	102.73	67.90	3.83	9.86
轻质建筑材料制造	1942	94.60	31.02	6.38	7.99
砖瓦、石材及其他建筑材料制造	2615	85.57	69.78	5.17	9.35
粘土砖瓦及建筑砌块制造	134	116.69	64.07	－19.57	－7.13
建筑陶瓷制品制造	681	84.46	75.71	6.11	11.75
建筑用石加工	1266	80.67	59.01	－0.13	3.19
防水建筑材料制造		100.00	75.27	－0.82	－0.29
隔热和隔音材料制造	535	109.31	26.44	－1.41	0.88
其他建筑材料制造		90.70	43.15	4.02	19.11
玻璃及玻璃制品制造	278797	88.92	55.54	13.39	9.76
平板玻璃制造	1996	99.00	33.39	3.48	7.45
技术玻璃制品制造	26157	95.71	55.46	1.63	2.29
光学玻璃制造	43	100.00	41.25	20.71	7.72
日用玻璃制品及玻璃包装容器制造	22038	92.58	42.34	7.63	10.20
玻璃纤维及制品制造	226773	84.45	60.73	20.97	11.72
玻璃纤维增强塑料制品制造	606	84.80	35.49	11.69	12.36
其他玻璃制品制造	1185	100.58	15.08	3.63	8.27
陶瓷制品制造	1728	99.58	39.08	6.81	19.08
卫生陶瓷制品制造	903	99.54	37.27	5.96	16.01
特种陶瓷制品制造	787	97.97	28.59	22.46	23.00
日用陶瓷制品制造	22	100.00	64.96	5.96	42.90
园林、陈设艺术及其他陶瓷制品制造	16	100.00	32.60	3.02	2.96
耐火材料制品制造	8180	94.02	40.06	4.88	12.17
石棉制品制造	57	90.75	33.61	1.89	1.77
耐火陶瓷制品及其他耐火材料制造	8123	94.52	41.25	5.35	14.83
石墨及其他非金属矿物制品制造	7636	94.78	56.43	23.88	21.09

1－D－2 续表 12－10

单位：个、万元、人

指标名称	固定资产实际投资额	产销率（%）	资产负债率（%）	成本费用利润率（%）	每百元资金实现利税（元）
石墨及碳素制品制造	841	97.71	47.63	4.16	8.37
其他非金属矿物制品制造	6795	93.42	59.39	36.68	24.88
黑色金属冶炼及压延加工业	107474	96.27	67.17	0.12	2.45
炼钢	8521	95.53	73.95	4.91	6.21
炼钢	8521	95.53	73.95	4.91	6.21
钢压延加工	98572	96.30	66.82	－0.11	2.20
钢压延加工	98572	96.30	66.82	－0.11	2.20
铁合金冶炼	381	96.96	65.31	2.64	7.88
铁合金冶炼	381	96.96	65.31	2.64	7.88
有色金属冶炼及压延加工业	84961	94.74	63.86	2.59	7.34
常用有色金属冶炼	26670	94.18	67.37	2.44	6.45
铜冶炼	1313	98.27	86.09	1.71	9.08
镍钴冶炼	25052	92.90	65.47	2.70	6.05
镁冶炼	139	100.00	61.62	4.06	24.79
其他常用有色金属冶炼	166	100.00	1.07	－2.62	－6.89
贵金属冶炼	26	83.94	67.04	1.57	3.47
金冶炼	26	83.94	67.04	1.57	3.47
稀有稀土金属冶炼	548	99.10	69.69	－0.83	0.26
钨钼冶炼	80	96.16	71.10	－2.93	－1.29
稀土金属冶炼	468	100.00	69.43	－0.22	0.52
有色金属合金制造	15604	97.60	60.83	3.12	12.18
有色金属合金制造	15604	97.60	60.83	3.12	12.18
有色金属压延加工	42114	94.41	62.12	2.53	7.00
常用有色金属压延加工	41234	94.30	63.11	0.72	3.17
贵金属压延加工	305	100.00	28.51	1650.57	97.41
稀有稀土金属压延加工	575	96.46	72.31	10.23	17.04
金属制品业	203991	97.59	54.58	4.13	8.24
结构性金属制品制造	29752	97.75	60.07	6.81	10.74
金属结构制造	26757	98.30	65.52	6.39	10.13
金属门窗制造	2995	95.34	36.76	8.77	13.33
金属工具制造	25966	97.73	40.97	5.04	10.64
切削工具制造	4862	99.90	38.07	15.45	20.18
手工具制造	3765	97.13	41.57	2.87	8.96
农用及园林用金属工具制造	7816	98.98	34.76	3.05	7.05
刀剪及类似日用金属工具制造	1647	97.50	39.95	4.10	10.15
其他金属工具制造	7876	96.60	48.69	6.19	10.13
集装箱及金属包装容器制造	61534	98.70	62.14	2.50	6.09
集装箱制造	15508	99.26	70.45	0.31	0.58

1－D－2 续表 12－11 单位：个、万元、人

指 标 名 称	固定资产实际投资额	产销率（%）	资产负债率（%）	成本费用利润率（%）	每百元资金实现利税（元）
金属压力容器制造	174	95.47	33.11	7.17	13.82
金属包装容器制造	45852	98.24	59.66	5.01	10.69
金属丝绳及其制品的制造	29629	95.25	52.69	3.76	5.61
金属丝绳及其制品的制造	29629	95.25	52.69	3.76	5.61
建筑、安全用金属制品制造	30385	97.27	50.64	4.66	10.82
建筑、家具用金属配件制造	15510	98.13	47.27	5.51	14.52
建筑装饰及水暖管道零件制造	12458	96.43	53.69	4.81	9.99
安全、消防用金属制品制造	1986	96.91	50.55	-0.88	0.11
其他建筑、安全用金属制品制造	431	100.08	50.63	1.48	4.49
金属表面处理及热处理加工	6218	97.43	60.33	2.42	4.17
金属表面处理及热处理加工	6218	97.43	60.33	2.42	4.17
搪瓷制品制造	1282	98.67	50.15	4.44	4.63
搪瓷卫生洁具制造	1027	98.64	50.97	-2.06	-0.45
搪瓷日用品及其他搪瓷制品制造	254	98.71	47.49	12.57	24.18
不锈钢及类似日用金属制品制造	13436	97.92	53.40	2.64	5.66
金属制厨房调理及卫生器具制造	3986	97.24	62.14	2.51	5.05
金属制厨用器皿及餐具制造	6313	96.33	55.76	4.54	7.15
其他日用金属制品制造	3138	100.62	44.20	0.22	3.39
其他金属制品制造	5790	95.13	32.55	0.91	5.59
其他未列明的金属制品制造	5790	95.13	32.55	0.91	5.59
通用设备制造业	367875	96.87	52.94	7.99	11.73
锅炉及原动机制造	8604	93.92	59.18	16.67	15.47
锅炉及辅助设备制造	836	101.69	59.43	6.74	9.41
内燃机及配件制造	3480	75.97	74.19	17.31	13.21
汽轮机及辅机制造	4288	96.44	53.81	22.11	18.29
金属加工机械制造	35235	92.04	45.25	12.58	12.60
金属切削机床制造	11352	91.02	52.91	6.09	8.16
金属成形机床制造	14225	88.74	35.75	21.95	18.92
铸造机械制造	3200	101.26	44.89	3.46	4.25
金属切割及焊接设备制造	863	97.92	71.49	4.50	5.76
机床附件制造	4783	94.02	24.60	52.44	25.79
其他金属加工机械制造	811	97.78	48.02	4.70	6.89
起重运输设备制造	29059	97.49	52.06	11.60	23.20
起重运输设备制造	29059	97.49	52.06	11.60	23.20
泵、阀门、压缩机及类似机械的制造	81119	97.01	54.85	5.83	10.61
泵及真空设备制造	12036	98.26	48.65	10.22	14.85
气体压缩机械制造	9101	93.58	63.43	2.20	4.53
阀门和旋塞的制造	49579	97.20	57.57	3.90	9.04

1－D－2 续表12－12 单位：个、万元、人

指 标 名 称	固定资产实际投资额	产销率（%）	资产负债率（%）	成本费用利润率（%）	每百元资金实现利税（元）
液压和气压动力机械及元件制造	10403	99.55	41.99	17.84	18.99
轴承、齿轮、传动和驱动部件的制造	53316	94.51	54.44	7.44	8.34
轴承制造	35962	93.57	54.10	8.17	8.29
齿轮、传动和驱动部件制造	17354	96.86	55.60	5.71	8.52
烘炉、熔炉及电炉制造	4758	96.62	61.03	24.29	25.20
烘炉、熔炉及电炉制造	4758	96.62	61.03	24.29	25.20
风机、衡器、包装设备等通用设备制造	49603	97.34	60.58	5.89	8.43
风机、风扇制造	4296	97.46	67.93	－1.14	－0.17
气体、液体分离及纯净设备制造	2734	100.45	46.40	14.90	18.74
制冷、空调设备制造	21378	98.51	57.84	10.18	12.83
风动和电动工具制造	13936	95.67	64.14	2.12	4.41
喷枪及类似器具制造	3904	97.43	49.88	5.46	11.41
包装专用设备制造	2485	97.13	69.45	7.20	7.76
衡器制造	102	97.97	30.22	35.09	28.82
其他通用设备制造	768	98.48	70.53	－12.57	－8.35
通用零部件制造及机械修理	75886	99.62	43.37	5.06	8.95
金属密封件制造	7075	96.43	41.45	7.99	10.66
紧固件、弹簧制造	51221	100.00	43.27	5.40	9.75
机械零部件加工及设备修理	8502	99.97	41.10	0.83	2.53
其他通用零部件制造	9087	97.42	47.82	3.11	6.42
金属铸、锻加工	30296	98.20	51.03	7.61	12.24
钢铁铸件制造	19254	98.12	49.48	9.27	15.60
锻件及粉末冶金制品制造	11042	98.36	52.97	4.52	7.55
专用设备制造业	216438	96.45	49.14	8.61	10.35
矿山、冶金、建筑专用设备制造	43194	99.63	58.82	9.79	14.03
石油钻采专用设备制造	9	113.92	50.58	3.80	14.23
建筑工程用机械制造	35903	99.52	59.89	11.33	16.39
建筑材料生产专用机械制造	2905	97.68	56.01	3.03	8.64
冶金专用设备制造	4376	101.48	53.82	0.56	1.20
化工、木材、非金属加工专用设备制造	93147	96.23	45.88	9.12	9.56
炼油、化工生产专用设备制造	2703	96.84	32.87	3.96	6.64
橡胶加工专用设备制造	141	98.25	34.51	13.79	16.88
塑料加工专用设备制造	31499	95.62	42.84	9.89	9.97
木材加工机械制造	15	102.67	55.25	－0.80	1.33
模具制造	58690	96.74	50.25	8.68	9.09
其他非金属加工专用设备制造	100	100.00	80.49	1.45	3.27
食品、饮料、烟草及饲料生产专用设备制造	1063	90.34	47.02	18.48	17.34
食品、饮料、烟草工业专用设备制造	852	89.72	48.46	21.50	21.40

1-D-2 续表12-13 单位:个、万元、人

指 标 名 称	固定资产实际投资额	产销率(%)	资产负债率(%)	成本费用利润率(%)	每百元资金实现利税(元)
农副食品加工专用设备制造	211	98.13	39.22	-8.88	-3.58
印刷、制药、日化生产专用设备制造	8695	96.81	53.58	9.39	17.20
制浆和造纸专用设备制造	265	92.83	27.75	17.15	29.26
印刷专用设备制造	3278	98.10	53.48	9.64	20.66
日用化工专用设备制造	2066	94.98	87.47	0.85	0.47
制药专用设备制造	3040	86.11	41.10	12.51	8.06
照明器具生产专用设备制造		88.81	53.36	-1.67	-0.91
玻璃、陶瓷和搪瓷制品生产专用设备制造	45	100.00	74.73	4.33	6.00
纺织、服装和皮革工业专用设备制造	18690	96.34	50.67	4.82	5.60
纺织专用设备制造	7790	92.64	55.65	6.59	6.96
皮革、毛皮及其制品加工专用设备制造	841	95.57	53.44	2.84	4.63
缝纫机械制造	9756	98.59	47.78	3.99	4.48
其他服装加工专用设备制造	303	94.82	41.94	7.84	14.49
电子和电工机械专用设备制造	5641	98.86	35.77	5.41	9.61
电工机械专用设备制造	88	107.56	63.53	1.81	37.75
电子工业专用设备制造	5553	97.42	34.33	5.91	9.19
农、林、牧、渔专用机械制造	21681	97.05	65.35	2.70	5.09
拖拉机制造	270	98.94	71.41	-5.69	-6.54
机械化农业及园艺机具制造	21406	96.67	63.57	5.32	9.16
农林牧渔机械配件制造	5	97.24	51.14	2.38	6.72
其他农林牧渔业机械制造及机械修理		76.72	75.61	2.55	2.35
医疗仪器设备及器械制造	13011	97.16	32.98	22.27	19.54
医疗诊断、监护及治疗设备制造	2916	98.55	42.49	19.86	13.04
口腔科用设备及器具制造	61	89.38	17.70	19.58	12.95
实验室及医用消毒设备和器具的制造	148	98.86	6.18	67.16	49.81
医疗、外科及兽医用器械制造	5261	97.04	30.07	25.82	25.16
机械治疗及病房护理设备制造	745	95.58	42.77	1.66	3.89
其他医疗设备及器械制造	3881	95.05	23.17	2.43	2.68
环保、社会公共安全及其他专用设备制造	11316	93.66	57.79	5.87	12.16
环境污染防治专用设备制造	5898	91.76	67.11	4.92	13.29
邮政专用机械及器材制造	110	100.00	69.26	5.58	9.24
社会公共安全设备及器材制造	3091	102.01	48.12	5.82	9.15
其他专用设备制造	2216	93.69	41.10	11.47	11.85
交通运输设备制造业	476986	96.81	61.31	7.72	9.29
铁路运输设备制造	2837	100.62	70.31	-13.29	-8.97
铁路机车车辆配件制造	863	100.00	49.44	-22.79	-29.21
铁路专用设备及器材、配件制造		100.00	79.46	-0.04	0.64
其他铁路设备制造及设备修理	1974	107.19	69.59	-48.43	-11.71

1－D－2 续表 12－14

单位：个、万元、人

指标名称	固定资产实际投资额	产销率（%）	资产负债率（%）	成本费用利润率（%）	每百元资金实现利税（元）
汽车制造	288008	96.93	52.06	6.89	9.89
汽车整车制造	732	101.60	63.58	3.13	8.91
改装汽车制造		100.00	98.25	－2.01	3.24
汽车车身、挂车的制造	36	78.42	76.96	－17.79	－7.07
汽车零部件及配件制造	285448	96.61	51.27	7.31	10.01
汽车修理	1792	100.00	62.32	3.42	14.55
摩托车制造	1790	92.33	62.77	2.02	4.56
摩托车零部件及配件制造	1790	92.33	62.77	2.02	4.56
自行车制造	20894	96.11	66.18	0.44	2.04
脚踏自行车及残疾人座车制造	2806	96.75	78.40	－1.29	－0.36
助动自行车制造	18088	95.16	48.30	3.27	6.53
船舶及浮动装置制造	158315	96.84	73.73	11.38	9.71
金属船舶制造	119856	96.73	79.86	10.98	9.04
非金属船舶制造	463	91.23	75.69	18.93	14.87
娱乐船和运动船的建造和修理	3149	79.33	42.90	－6.33	－1.68
船用配套设备制造	25559	99.94	61.57	3.95	5.44
船舶修理及拆船	9288	100.00	39.25	34.35	25.70
交通器材及其他交通运输设备制造	5141	93.70	63.18	－4.43	－1.11
交通管理用金属标志及设施制造	61	100.00	21.13	－11.88	－13.21
其他交通运输设备制造	5080	91.11	74.67	－0.66	2.73
电气机械及器材制造业	410987	97.22	58.01	6.29	12.29
电机制造	63033	97.68	58.26	4.80	8.19
发电机及发电机组制造	6982	100.10	65.68	3.98	4.83
电动机制造	22078	97.89	46.44	6.60	12.78
微电机及其他电机制造	33973	96.77	62.31	3.48	6.78
输配电及控制设备制造	51134	99.04	51.00	9.58	17.68
变压器、整流器和电感器制造	10185	99.81	56.69	5.78	8.73
电容器及其配套设备制造	1381	98.51	43.14	16.15	23.44
配电开关控制设备制造	16094	99.58	49.71	11.47	20.06
电力电子元器件制造	21405	97.88	53.20	6.35	14.53
其他输配电及控制设备制造	2069	97.56	43.89	3.75	8.32
电线、电缆、光缆及电工器材制造	49443	95.04	60.49	4.38	8.14
电线电缆制造	41485	94.52	62.42	3.86	7.96
光纤、光缆制造	6446	97.67	54.99	6.74	7.95
绝缘制品制造	570	96.60	48.00	5.86	11.37
其他电工器材制造	942	95.88	60.51	5.11	10.60
电池制造	80253	96.53	57.35	6.44	15.04
电池制造	80253	96.53	57.35	6.44	15.04

1-D-2 续表12-15

单位：个、万元、人

指标名称	固定资产实际投资额	产销率(%)	资产负债率(%)	成本费用利润率(%)	每百元资金实现利税(元)
家用电力器具制造	93909	97.76	58.37	7.69	16.80
家用制冷电器具制造	5934	99.86	59.18	3.68	7.23
家用空气调节器制造	3720	103.67	65.32	2.00	5.92
家用通风电器具制造	3339	96.17	53.28	4.25	11.43
家用厨房电器具制造	27459	96.69	58.35	12.88	27.50
家用清洁卫生电器具制造	34737	99.36	54.52	6.76	15.72
家用美容、保健电器具制造	2589	96.15	70.73	0.21	1.90
家用电力器具专用配件制造	5239	94.12	62.19	4.50	9.45
其他家用电力器具制造	10892	98.48	59.92	2.07	4.65
非电力家用器具制造	12168	96.93	50.89	3.00	6.38
燃气、太阳能及类似能源的器具制造	8743	96.47	53.35	4.77	7.68
其他非电力家用器具制造	3425	97.75	44.96	0.18	3.06
照明器具制造	56292	96.84	64.08	4.71	8.53
电光源制造	17820	96.17	61.24	6.93	11.07
照明灯具制造	31738	96.90	65.49	3.57	6.95
灯用电器附件及其他照明器具制造	6734	98.54	65.45	5.11	9.85
其他电气机械及器材制造	4756	97.13	44.46	0.64	3.36
车辆专用照明及电气信号设备装置制造	3279	97.92	45.45	-0.32	1.91
其他未列明的电气机械制造	1477	94.83	42.36	3.66	6.51
通信设备、计算机及其他电子设备制造业	514311	98.32	56.02	5.76	11.22
通信设备制造	82551	101.55	64.65	2.41	7.14
通信传输设备制造	34337	96.27	56.89	11.42	14.92
通信交换设备制造	11463	99.39	67.74	3.09	9.17
通信终端设备制造	1239	96.36	71.66	2.24	7.21
移动通信及终端设备制造	29336	102.19	67.56	1.69	5.71
其他通信设备制造	6178	98.26	32.28	6.04	7.57
雷达及配套设备制造	89	100.00	63.27	13.16	5.92
雷达及配套设备制造	89	100.00	63.27	13.16	5.92
广播电视设备制造	4567	98.17	50.81	2.49	4.41
广播电视节目制作及发射设备制造	44	99.85	79.01	3.01	5.45
广播电视接收设备及器材制造	3284	97.48	53.31	2.33	3.39
应用电视设备及其他广播电视设备制造	1239	102.97	43.52	3.15	7.75
电子计算机制造	191805	96.95	54.58	8.18	16.99
电子计算机整机制造	4849	99.54	82.75	0.95	3.90
计算机网络设备制造	2656	99.81	38.98	40.00	53.11
电子计算机外部设备制造	184300	96.14	56.20	5.28	10.10
电子器件制造	79145	96.96	50.76	3.72	4.75
电子真空器件制造	83	115.88	32.27	-6.51	-3.56

1-D-2 续表 12-16

单位：个、万元、人

指标名称	固定资产实际投资额	产销率（%）	资产负债率（%）	成本费用利润率（%）	每百元资金实现利税（元）
半导体分立器件制造	28379	97.24	48.92	5.93	5.60
集成电路制造	12650	97.04	39.47	-3.83	-0.88
光电子器件及其他电子器件制造	38033	96.52	56.49	3.64	5.73
电子元件制造	142432	97.23	51.79	6.35	9.26
电子元件及组件制造	130237	96.99	50.44	6.84	10.27
印制电路板制造	12195	99.31	60.62	2.26	2.99
家用视听设备制造	7477	97.50	58.46	3.42	7.29
家用影视设备制造	2419	98.45	66.30	3.94	7.81
家用音响设备制造	5058	95.90	49.03	2.55	6.75
其他电子设备制造	6246	99.14	57.39	5.31	7.25
其他电子设备制造	6246	99.14	57.39	5.31	7.25
仪器仪表及文化、办公用机械制造业	69032	93.51	51.19	10.61	12.82
通用仪器仪表制造	20177	94.93	48.21	12.58	17.05
工业自动控制系统装置制造	4883	96.69	42.15	16.63	22.20
电工仪器仪表制造	136	95.82	35.93	8.94	20.80
绘图、计算及测量仪器制造	2457	95.56	64.80	4.01	6.67
实验分析仪器制造	1994	95.00	51.52	2.21	4.41
试验机制造		100.00	31.75	8.46	7.46
供应用仪表及其他通用仪器制造	10706	92.96	42.07	17.90	22.50
专用仪器仪表制造	7968	79.12	53.77	18.38	26.66
环境监测专用仪器仪表制造		100.00	57.36	11.82	20.75
汽车及其他用计数仪表制造	295	98.39	67.93	2.57	12.11
导航、气象及海洋专用仪器制造	10	91.76	52.99	-12.92	-4.73
教学专用仪器制造	22	100.00	51.12	2.41	15.94
电子测量仪器制造	7488	67.16	68.48	-8.13	-14.46
其他专用仪器制造	152	100.46	16.44	286.01	94.96
钟表与计时仪器制造	835	96.69	67.74	2.38	5.90
钟表与计时仪器制造	835	96.69	67.74	2.38	5.90
光学仪器及眼镜制造	28538	94.97	49.65	6.09	7.03
光学仪器制造	20334	98.34	51.90	5.83	7.07
眼镜制造	8204	90.67	45.57	6.47	6.96
文化、办公用机械制造	8541	98.31	56.53	7.87	6.20
照相机及器材制造	6747	99.76	59.63	8.92	6.21
复印和胶印设备制造	624	96.32	41.20	18.26	21.89
计算器及货币专用设备制造		99.44	21.02	-52.92	-18.90
其他文化、办公用机械制造	1170	92.22	64.40	-1.38	-0.63
其他仪器仪表的制造及修理	2975	89.76	61.91	-4.58	-1.97
其他仪器仪表的制造及修理	2975	89.76	61.91	-4.58	-1.97

1-D-2 续表12-17

单位：个、万元、人

指 标 名 称	固定资产实际投资额	产销率（%）	资产负债率（%）	成本费用利润率（%）	每百元资金实现利税（元）
工艺品及其他制造业	91621	94.13	58.99	3.71	7.64
工艺美术品制造	62673	95.93	54.29	4.00	8.20
雕塑工艺品制造	2284	98.86	55.02	-0.75	4.05
金属工艺品制造	2779	98.92	48.81	0.60	3.17
漆器工艺品制造	98	95.00	60.47	0.52	4.91
花画工艺品制造	1027	95.64	58.97	-1.52	-0.25
天然植物纤维编织工艺品制造	487	94.58	59.33	2.41	8.33
抽纱刺绣工艺品制造	29327	98.59	55.28	6.23	9.52
地毯、挂毯制造	6123	95.05	61.62	1.46	4.29
珠宝首饰及有关物品的制造	9699	92.97	52.01	5.82	13.26
其他工艺美术品制造	10848	96.23	52.15	2.81	5.63
日用杂品制造	28148	90.84	66.90	2.99	6.64
制镜及类似品加工	4637	104.18	26.11	9.63	17.52
鬃毛加工、制刷及清扫工具的制造	1923	97.67	65.98	0.33	2.22
其他日用杂品制造	21587	88.23	71.07	2.72	6.29
其他未列明的制造业	801	99.78	52.06	9.14	8.47
其他未列明的制造业	801	99.78	52.06	9.14	8.47
废弃资源和废旧材料回收加工业	6669	99.41	76.16	-3.54	-6.93
金属废料和碎屑的加工处理	6372	99.65	78.96	-3.70	-7.98
金属废料和碎屑的加工处理	6372	99.65	78.96	-3.70	-7.98
非金属废料和碎屑的加工处理	297	94.47	58.60	0.57	3.46
非金属废料和碎屑的加工处理	297	94.47	58.60	0.57	3.46
电力、燃气及水的生产和供应业	**245056**	**98.02**	**57.24**	**5.88**	**6.09**
电力、热力的生产和供应业	211737	97.79	59.01	5.39	5.73
电力生产	184079	97.58	58.09	5.70	5.85
火力发电	96750	97.56	59.41	5.33	6.10
水力发电	45237	98.24	31.53	35.11	5.20
其他能源发电	42092	100.00	73.33	-21.35	-0.64
热力生产和供应	27658	100.00	70.79	2.08	4.09
热力生产和供应	27658	100.00	70.79	2.08	4.09
燃气生产和供应业	16621	99.66	35.09	9.81	12.18
燃气生产和供应业	16621	99.66	35.09	9.81	12.18
燃气生产和供应业	16621	99.66	35.09	9.81	12.18
水的生产和供应业	16698	100.00	56.67	5.52	2.43
自来水的生产和供应		100.00	48.87	20.07	6.03
自来水的生产和供应		100.00	48.87	20.07	6.03
污水处理及其再生利用	16698	100.00	67.03	-33.21	-7.86
污水处理及其再生利用	16698	100.00	67.03	-33.21	-7.86

1－D－2 续表13－1 单位：个、万元、人

指 标 名 称	每百元固定资产原值实现利税（元）	每百元主营业务收入实现利税（元）	流动资金周转次数（次）	流动比率	速动比率
总 计	**19.51**	**7.59**	**1.91**	**1.12**	**0.83**
一、按轻重工业分					
轻工业	20.79	7.99	1.88	1.11	0.83
重工业	18.40	7.24	1.94	1.13	0.82
二、按规模分					
大型企业	25.34	9.50	2.09	1.10	0.80
中型企业	21.71	7.89	2.02	1.09	0.80
小型企业	14.99	6.39	1.74	1.16	0.87
三、按登记注册类型分					
港澳台商投资	**20.93**	**8.03**	**1.77**	**1.11**	**0.83**
与港澳台商合资经营	21.83	7.89	1.84	1.07	0.80
与港澳台商合作经营	15.10	9.28	1.75	1.21	0.89
港澳台商独资	21.06	8.60	1.70	1.20	0.89
港澳台商投资股份有限公司	5.81	2.67	1.27	1.06	0.79
外商投资	**18.45**	**7.26**	**2.03**	**1.13**	**0.82**
中外合资经营	22.95	7.93	2.07	1.11	0.84
中外合作经营	19.43	8.26	1.93	1.32	1.05
外资企业	12.67	5.72	2.02	1.16	0.81
外商投资股份有限公司	26.01	12.39	1.81	0.98	0.65
四、按国民经济行业（门类、大类、中类、小类）分					
采矿业	**49.77**	**17.86**	**0.99**	**1.25**	**0.90**
黑色金属矿采选业	338.46	21.96	0.72	1.40	0.98
铁矿采选	338.46	21.96	0.72	1.40	0.98
铁矿采选	338.46	21.96	0.72	1.40	0.98
非金属矿采选业	12.03	10.58	3.00	0.72	0.60
土砂石开采	12.03	10.58	3.00	0.72	0.60
石灰石、石膏开采	－6.52	－10.03	1.78	1.55	1.14
建筑装饰用石开采	16.23	14.40	3.61	0.65	0.60
耐火土石开采	29.88	4.58	2.87	0.42	0.22
粘土及其他土砂石开采	16.40	13.25	3.13	0.68	0.58
制造业	**20.17**	**7.55**	**1.92**	**1.13**	**0.83**
农副食品加工业	3.56	0.98	2.16	1.01	0.68
谷物磨制	6.13	0.79	4.27	0.84	0.77
谷物磨制	6.13	0.79	4.27	0.84	0.77
饲料加工	6.15	1.83	4.00	0.81	0.56
饲料加工	6.15	1.83	4.00	0.81	0.56
植物油加工	－0.27	－0.05	3.41	1.08	0.71
食用植物油加工	－0.27	－0.05	3.41	1.08	0.71

1－D－2 续表 13－2 单位：个、万元、人

指 标 名 称	每百元固定资产原值实现利税（元）	每百元主营业务收入实现利税（元）	流动资金周转次数（次）	流动比率	速动比率
屠宰及肉类加工	14.83	1.52	4.06	1.05	0.82
畜禽屠宰	36.26	1.82	6.31	1.33	1.28
肉制品及副产品加工	7.10	1.17	2.85	0.96	0.67
水产品加工	－0.14	－0.04	1.67	0.92	0.60
水产品冷冻加工	－0.65	－0.16	1.79	1.04	0.65
鱼糜制品及水产品干腌制加工	0.61	0.37	1.20	0.68	0.49
水产饲料制造	11.59	1.34	2.31	1.28	0.90
其他水产品加工	7.92	0.78	3.47	1.07	0.68
蔬菜、水果和坚果加工	11.95	6.80	1.93	1.26	0.80
蔬菜、水果和坚果加工	11.95	6.80	1.93	1.26	0.80
其他农副食品加工	6.96	4.82	0.93	1.31	0.97
淀粉及淀粉制品的制造	8.75	5.42	1.58	0.83	0.59
豆制品制造	13.20	10.28	3.03	0.68	0.48
其他未列明的农副食品加工	4.99	3.44	0.74	1.55	1.16
食品制造业	37.52	13.05	2.48	1.19	0.94
焙烤食品制造	26.44	15.82	3.71	1.37	1.08
糕点、面包制造	38.46	15.61	3.15	1.73	1.29
饼干及其他焙烤食品制造	24.17	15.89	3.93	1.29	1.03
糖果、巧克力及蜜饯制造	40.54	21.35	1.52	1.17	0.99
糖果、巧克力制造	41.60	21.81	2.25	1.28	1.03
蜜饯制作	1.14	0.72	0.10	0.97	0.93
方便食品制造	45.64	16.17	3.30	1.21	1.06
米、面制品制造	23.65	13.41	1.60	3.70	3.11
速冻食品制造	0.85	0.78	1.25	1.18	0.88
方便面及其他方便食品制造	57.77	17.56	3.88	1.21	1.10
液体乳及乳制品制造	7.23	2.93	2.11	1.07	0.52
液体乳及乳制品制造	7.23	2.93	2.11	1.07	0.52
罐头制造	35.56	9.15	2.42	1.13	0.73
肉、禽类罐头制造	43.69	7.64	3.25	1.07	0.69
水产品罐头制造	14.43	4.83	2.09	1.27	0.70
蔬菜、水果罐头制造	6.40	2.08	1.80	0.91	0.50
其他罐头食品制造	118.81	19.89	4.24	2.83	2.63
调味品、发酵制品制造	6.00	4.47	1.23	1.02	0.93
味精制造	－3.92	－4.42	0.78	0.64	0.64
酱油、食醋及类似制品的制造	10.64	4.74	2.31	0.93	0.57
其他调味品、发酵制品制造	13.52	8.82	1.42	2.30	2.08
其他食品制造	48.71	10.05	2.25	1.23	0.97
营养、保健食品制造	20.76	8.48	2.45	2.76	2.04

1-D-2 续表13-3 单位：个、万元、人

指标名称	每百元固定资产原值实现利税（元）	每百元主营业务收入实现利税（元）	流动资金周转次数（次）	流动比率	速动比率
冷冻饮品及食用冰制造	33.65	7.99	2.71	6.50	5.03
食品及饲料添加剂制造	72.47	10.97	2.12	0.94	0.75
饮料制造业	38.92	14.39	2.68	1.00	0.78
酒精制造	0.23	0.12	0.35	0.80	0.54
酒精制造	0.23	0.12	0.35	0.80	0.54
酒的制造	14.99	17.96	1.66	0.62	0.25
白酒制造	23.40	27.03	1.31	2.09	0.70
啤酒制造	14.52	17.73	1.73	0.57	0.23
黄酒制造	27.22	14.03	0.80	1.53	0.60
软饮料制造	58.84	14.00	3.10	1.18	1.04
碳酸饮料制造	31.24	12.55	3.35	1.32	1.07
瓶（罐）装饮用水制造	9.14	0.62	2.93	1.06	1.02
果菜汁及果菜汁饮料制造	0.80	0.47	1.56	0.89	0.79
含乳饮料和植物蛋白饮料制造	123.21	38.94	3.70	1.37	0.97
固体饮料制造	10.45	10.55	1.20	1.28	1.20
茶饮料及其他软饮料制造	70.57	22.37	3.36	1.34	1.16
精制茶加工	7.45	7.27	1.07	1.15	0.49
精制茶加工	7.45	7.27	1.07	1.15	0.49
烟草制品业	57.17	39.59	2.45	2.53	2.35
其他烟草制品加工	57.17	39.59	2.45	2.53	2.35
其他烟草制品加工	57.17	39.59	2.45	2.53	2.35
纺织业	13.95	6.28	1.68	1.09	0.82
棉、化纤纺织及印染精加工	11.67	6.16	1.63	1.03	0.77
棉、化纤纺织加工	12.75	6.00	1.54	1.10	0.77
棉、化纤印染精加工	10.64	6.36	1.75	0.95	0.76
毛纺织和染整精加工	11.47	5.84	1.79	1.17	0.75
毛条加工	15.07	5.96	2.00	1.79	1.18
毛纺织	12.09	5.41	1.71	1.07	0.67
毛染整精加工	6.64	6.97	1.57	0.78	0.49
麻纺织	3.28	2.13	0.72	1.06	0.61
麻纺织	3.28	2.13	0.72	1.06	0.61
丝绢纺织及精加工	10.02	5.95	1.44	1.07	0.78
缫丝加工	5.20	4.18	1.11	1.49	1.01
绢纺和丝织加工	10.99	6.27	1.45	1.06	0.77
丝印染精加工	4.45	3.29	1.66	0.91	0.79
纺织制成品制造	16.61	6.20	1.66	1.17	0.93
棉及化纤制品制造	16.57	5.76	1.76	1.15	0.91
毛制品制造	10.95	4.60	1.52	0.99	0.72

1-D-2 续表13-4　　　　单位：个、万元、人

指标名称	每百元固定资产原值实现利税（元）	每百元主营业务收入实现利税（元）	流动资金周转次数（次）	流动比率	速动比率
麻制品制造	36.44	3.79	1.33	1.15	0.99
丝制品制造	32.12	9.82	1.75	1.31	1.09
绳、索、缆的制造	10.68	4.57	2.50	1.04	0.70
纺织带和帘子布制造	15.63	5.45	1.85	1.12	0.88
无纺布制造	9.20	5.52	1.90	1.15	0.89
其他纺织制成品制造	3.65	1.64	1.05	1.14	0.94
针织品、编织品及其制品制造	19.36	6.67	1.85	1.15	0.88
棉、化纤针织品及编织品制造	20.11	6.78	1.84	1.12	0.87
毛针织品及编织品制造	18.45	6.45	1.83	1.49	1.08
丝针织品及编织品制造	15.01	5.92	2.01	1.09	0.81
其他针织品及编织品制造	11.82	5.25	1.77	1.22	0.98
纺织服装、鞋、帽制造业	27.28	9.68	1.91	1.11	0.80
纺织服装制造	27.35	9.74	1.90	1.10	0.80
纺织服装制造	27.35	9.74	1.90	1.10	0.80
纺织面料鞋的制造	27.73	6.47	2.09	1.35	1.06
纺织面料鞋的制造	27.73	6.47	2.09	1.35	1.06
制　帽	12.95	4.33	2.57	1.41	1.10
制　帽	12.95	4.33	2.57	1.41	1.10
皮革、毛皮、羽毛(绒)及其制品业	22.86	5.57	1.73	1.10	0.76
皮革鞣制加工	15.02	4.47	1.52	1.13	0.70
皮革鞣制加工	15.02	4.47	1.52	1.13	0.70
皮革制品制造	27.25	6.39	2.20	1.05	0.80
皮鞋制造	36.93	8.02	2.10	1.11	0.88
皮革服装制造	20.62	4.30	2.39	0.99	0.76
皮箱、包(袋)制造	16.11	4.03	2.39	1.00	0.71
皮手套及皮装饰制品制造	26.64	5.53	2.38	1.43	1.05
其他皮革制品制造	15.58	5.96	1.97	0.83	0.50
毛皮鞣制及制品加工	24.92	7.90	1.85	1.38	0.79
毛皮鞣制加工	20.58	16.14	1.31	1.66	0.86
毛皮服装加工	24.42	7.28	1.87	1.32	0.75
其他毛皮制品加工	42.10	8.24	2.24	1.70	1.26
羽毛(绒)加工及制品制造	24.95	4.43	1.20	1.11	0.80
羽毛(绒)制品加工	24.95	4.43	1.20	1.11	0.80
木材加工及木、竹、藤、棕、草制品业	25.53	6.91	2.31	1.20	0.64
锯材、木片加工	83.53	14.26	5.10	1.05	0.31
锯材加工	16.08	6.34	1.88	0.91	0.36
木片加工	146.48	16.36	9.35	1.35	0.20
人造板制造	19.26	6.28	1.94	1.12	0.52

1-D-2 续表13-5 单位：个、万元、人

指 标 名 称	每百元固定资产原值实现利税（元）	每百元主营业务收入实现利税（元）	流动资金周转次数（次）	流动比率	速动比率
胶合板制造	16.01	4.64	1.90	1.09	0.47
纤维板制造	25.30	19.46	1.67	1.28	0.95
其他人造板、材制造	28.86	5.09	2.56	1.21	0.41
木制品制造	37.07	7.21	3.48	1.56	0.92
建筑用木料及木材组件加工	50.46	7.98	3.95	1.70	1.00
木容器制造	-0.67	-0.19	0.67	4.40	2.89
软木制品及其他木制品制造	-0.81	-0.48	1.97	0.89	0.51
竹、藤、棕、草制品制造	25.80	6.69	2.04	1.21	0.82
竹、藤、棕、草制品制造	25.80	6.69	2.04	1.21	0.82
家具制造业	11.08	3.66	1.80	1.04	0.72
木质家具制造	3.81	2.08	1.55	0.94	0.54
木质家具制造	3.81	2.08	1.55	0.94	0.54
竹、藤家具制造	0.95	0.77	1.68	0.61	0.25
竹、藤家具制造	0.95	0.77	1.68	0.61	0.25
金属家具制造	17.42	4.54	1.89	1.14	0.85
金属家具制造	17.42	4.54	1.89	1.14	0.85
塑料家具制造	8.06	2.59	2.26	1.19	0.75
塑料家具制造	8.06	2.59	2.26	1.19	0.75
其他家具制造	16.48	3.79	1.92	1.02	0.73
其他家具制造	16.48	3.79	1.92	1.02	0.73
造纸及纸制品业	9.99	7.61	1.72	0.91	0.69
纸浆制造	1.21	1.92	2.69	0.74	0.46
纸浆制造	1.21	1.92	2.69	0.74	0.46
造 纸	8.66	8.44	1.55	0.85	0.61
机制纸及纸板制造	8.67	8.51	1.54	0.84	0.61
加工纸制造	8.45	6.46	1.88	1.20	0.81
纸制品制造	16.94	6.07	2.14	1.16	0.97
纸和纸板容器的制造	18.89	6.06	2.23	1.23	1.06
其他纸制品制造	12.60	6.12	1.90	1.02	0.76
印刷业和记录媒介的复制	38.71	18.62	1.68	1.26	1.06
印 刷	42.32	20.45	1.61	1.30	1.09
书、报、刊印刷	4.06	4.48	0.91	1.02	0.93
本册印制	28.86	8.10	2.08	0.90	0.75
包装装潢及其他印刷	49.15	23.67	1.62	1.46	1.22
装订及其他印刷服务活动	8.14	11.73	0.97	0.81	0.76
装订及其他印刷服务活动	8.14	11.73	0.97	0.81	0.76
记录媒介的复制	5.90	1.71	3.64	1.04	0.79
记录媒介的复制	5.90	1.71	3.64	1.04	0.79

1-D-2 续表 13-6

单位：个、万元、人

指标名称	每百元固定资产原值实现利税（元）	每百元主营业务收入实现利税（元）	流动资金周转次数（次）	流动比率	速动比率
文教体育用品制造业	9.65	3.34	1.90	1.24	0.86
文化用品制造	6.09	2.38	2.03	1.05	0.74
文具制造	3.76	1.59	2.04	1.00	0.70
笔的制造	8.11	2.86	2.18	1.02	0.69
教学用模型及教具制造	-9.20	-7.20	1.13	1.41	0.78
墨水、墨汁制造	152.66	26.58	0.70	7.76	5.48
其他文化用品制造	15.02	5.70	1.48	1.93	1.55
体育用品制造	0.86	0.34	1.54	1.12	0.81
球类制造	-12.31	-5.39	1.70	0.86	0.51
体育器材及配件制造	6.57	4.06	1.43	1.33	0.91
训练健身器材制造	7.29	1.98	1.64	1.22	0.99
运动防护用具制造	-14.02	-14.41	1.32	0.83	0.63
其他体育用品制造	6.88	1.82	1.46	1.12	0.74
乐器制造	13.08	6.59	1.83	2.24	1.29
中乐器制造	17.22	5.56	2.48	1.43	1.03
西乐器制造	12.64	7.23	2.58	2.33	1.22
电子乐器制造	37.18	13.14	0.85	3.39	2.78
其他乐器及零件制造	12.63	5.42	1.40	2.10	1.24
玩具制造	22.60	5.16	2.41	1.32	0.91
玩具制造	22.60	5.16	2.41	1.32	0.91
游艺器材及娱乐用品制造	25.00	7.77	1.51	1.98	1.23
露天游乐场所游乐设备制造	-3.88	-3.18	0.76	1.21	1.04
游艺用品及室内游艺器材制造	34.81	8.93	1.69	2.48	1.35
石油加工、炼焦及核燃料加工业	169.85	15.58	4.88	1.21	0.66
精炼石油产品的制造	169.85	15.58	4.88	1.21	0.66
原油加工及石油制品制造	169.85	15.58	4.88	1.21	0.66
化学原料及化学制品制造业	14.19	7.10	2.14	1.04	0.74
基础化学原料制造	13.50	7.64	1.60	1.05	0.79
无机酸制造	27.50	14.50	3.62	1.21	0.86
无机碱制造	30.92	25.17	2.11	1.35	1.17
无机盐制造	20.72	10.18	1.50	1.25	1.00
有机化学原料制造	9.76	4.66	1.78	1.05	0.79
其他基础化学原料制造	16.68	18.51	0.80	1.00	0.75
肥料制造	29.81	5.39	1.84	1.75	1.28
复混肥料制造	30.98	5.36	1.80	1.71	1.28
其他肥料制造	18.69	5.86	3.18	8.00	1.38
农药制造	91.09	22.56	2.66	1.48	1.02
化学农药制造	98.24	22.97	2.72	1.44	0.96

1-D-2 续表13-7 单位：个、万元、人

指标名称	每百元固定资产原值实现利税（元）	每百元主营业务收入实现利税（元）	流动资金周转次数（次）	流动比率	速动比率
生物化学农药及微生物农药制造	21.40	12.52	1.72	2.38	2.23
涂料、油墨、颜料及类似产品制造	41.78	11.66	1.63	1.36	1.01
涂料制造	65.04	16.57	1.59	1.67	1.39
油墨及类似产品制造	25.15	6.94	1.95	1.80	1.26
颜料制造	16.17	8.23	1.66	1.25	0.74
染料制造	49.67	11.20	1.57	1.25	0.94
密封用填料及类似品制造	52.77	22.26	1.98	2.05	1.61
合成材料制造	-1.91	-1.21	2.79	0.76	0.56
初级形态的塑料及合成树脂制造	-3.63	-2.51	2.55	0.78	0.54
合成橡胶制造	86.52	15.49	2.58	3.68	2.79
合成纤维单(聚合)体的制造	1.17	0.62	3.49	0.66	0.59
其他合成材料制造	23.96	9.27	2.57	1.19	1.02
专用化学产品制造	24.08	9.76	1.86	1.29	0.77
化学试剂和助剂制造	23.89	6.33	2.44	1.30	0.94
专项化学用品制造	16.90	7.08	2.00	1.26	0.80
林产化学产品制造	0.24	0.16	0.49	1.09	1.01
炸药及火工产品制造	50.06	7.92	1.70	3.65	2.93
信息化学品制造	27.72	12.61	1.62	1.35	0.69
环境污染处理专用药剂材料制造	33.04	14.98	1.12	1.28	0.97
动物胶制造	24.94	14.74	2.73	1.10	0.69
其他专用化学产品制造	11.49	7.05	1.86	0.93	0.71
日用化学产品制造	99.95	30.58	2.90	1.65	1.19
肥皂及合成洗涤剂制造	7.37	5.45	1.62	0.99	0.79
化妆品制造	264.59	37.99	4.11	1.70	1.32
香料、香精制造	26.90	19.25	1.73	3.56	1.82
其他日用化学产品制造	-3.78	-2.66	1.33	1.40	0.82
医药制造业	56.42	18.92	1.71	1.46	1.01
化学药品原药制造	32.27	13.89	1.61	1.08	0.72
化学药品原药制造	32.27	13.89	1.61	1.08	0.72
化学药品制剂制造	85.82	24.82	2.15	1.77	1.08
化学药品制剂制造	85.82	24.82	2.15	1.77	1.08
中药饮片加工	-1.27	-0.72	1.22	1.42	0.85
中药饮片加工	-1.27	-0.72	1.22	1.42	0.85
中成药制造	76.69	31.87	1.36	2.02	1.63
中成药制造	76.69	31.87	1.36	2.02	1.63
兽用药品制造	52.19	14.40	1.33	2.07	1.52
兽用药品制造	52.19	14.40	1.33	2.07	1.52
生物、生化制品的制造	43.91	12.41	1.38	1.51	1.14

1－D－2　续表13－8　　　　单位：个、万元、人

指　标　名　称	每百元固定资产原值实现利税（元）	每百元主营业务收入实现利税（元）	流动资金周转次数（次）	流动比率	速动比率
生物、生化制品的制造	43.91	12.41	1.38	1.51	1.14
卫生材料及医药用品制造	24.34	5.63	2.63	0.95	0.72
卫生材料及医药用品制造	24.34	5.63	2.63	0.95	0.72
化学纤维制造业	7.61	3.81	1.94	1.03	0.83
纤维素纤维原料及纤维制造	3.59	1.23	1.06	1.34	1.25
人造纤维（纤维素纤维）制造	3.59	1.23	1.06	1.34	1.25
合成纤维制造	7.63	3.83	1.95	1.02	0.83
锦纶纤维制造	5.79	2.10	1.43	1.06	0.71
涤纶纤维制造	8.80	3.67	2.13	1.08	0.91
腈纶纤维制造	－8.70	－2.55	1.17	0.87	0.57
其他合成纤维制造	6.32	5.43	1.68	0.92	0.70
橡胶制品业	8.35	4.26	2.55	0.81	0.53
轮胎制造	7.15	3.91	2.70	0.74	0.47
车辆、飞机及工程机械轮胎制造	7.15	3.91	2.70	0.74	0.47
橡胶板、管、带的制造	35.63	11.56	1.89	1.22	0.95
橡胶板、管、带的制造	35.63	11.56	1.89	1.22	0.95
橡胶零件制造	13.96	7.14	1.78	1.68	1.16
橡胶零件制造	13.96	7.14	1.78	1.68	1.16
日用及医用橡胶制品制造	29.60	6.54	1.83	1.29	0.88
日用及医用橡胶制品制造	29.60	6.54	1.83	1.29	0.88
橡胶靴鞋制造	15.03	4.00	1.27	1.57	1.28
橡胶靴鞋制造	15.03	4.00	1.27	1.57	1.28
其他橡胶制品制造	23.42	3.70	3.02	1.32	1.00
其他橡胶制品制造	23.42	3.70	3.02	1.32	1.00
塑料制品业	19.47	8.03	1.76	1.08	0.87
塑料薄膜制造	11.97	7.18	1.68	0.90	0.75
塑料薄膜制造	11.97	7.18	1.68	0.90	0.75
塑料板、管、型材的制造	15.47	5.24	1.38	1.10	0.90
塑料板、管、型材的制造	15.47	5.24	1.38	1.10	0.90
塑料丝、绳及编织品的制造	6.51	1.96	2.44	1.09	0.83
塑料丝、绳及编织品的制造	6.51	1.96	2.44	1.09	0.83
泡沫塑料制造	23.41	5.73	2.37	1.46	1.17
泡沫塑料制造	23.41	5.73	2.37	1.46	1.17
塑料人造革、合成革制造	17.61	6.81	1.74	0.99	0.77
塑料人造革、合成革制造	17.61	6.81	1.74	0.99	0.77
塑料包装箱及容器制造	28.96	17.47	1.78	1.66	1.44
塑料包装箱及容器制造	28.96	17.47	1.78	1.66	1.44
塑料零件制造	18.96	7.09	1.99	1.22	0.94

1－D－2 续表13－9 单位：个、万元、人

指 标 名 称	每百元固定资产原值实现利税（元）	每百元主营业务收入实现利税（元）	流动资金周转次数（次）	流动比率	速动比率
塑料零件制造	18.96	7.09	1.99	1.22	0.94
日用塑料制造	34.28	8.37	2.00	1.05	0.83
塑料鞋制造	13.60	3.49	1.58	1.03	0.79
日用塑料杂品制造	35.21	8.58	2.03	1.05	0.84
其他塑料制品制造	18.73	6.29	1.74	1.07	0.81
其他塑料制品制造	18.73	6.29	1.74	1.07	0.81
非金属矿物制品业	13.66	12.18	1.59	0.95	0.71
水泥、石灰和石膏的制造	8.14	7.37	1.62	0.80	0.71
水泥制造	8.02	7.21	1.63	0.80	0.71
石灰和石膏制造	13.94	17.22	1.11	1.04	0.66
水泥及石膏制品制造	24.64	10.09	1.54	1.15	0.92
水泥制品制造	25.04	10.57	1.53	1.13	0.90
砼结构构件制造	22.18	6.06	2.50	0.94	0.70
轻质建筑材料制造	22.00	9.18	1.16	1.68	1.32
砖瓦、石材及其他建筑材料制造	19.07	9.33	1.45	0.92	0.63
粘土砖瓦及建筑砌块制造	-7.45	-23.60	1.98	0.17	0.13
建筑陶瓷制品制造	26.75	10.30	1.50	0.94	0.64
建筑用石加工	8.34	7.13	0.63	0.96	0.71
防水建筑材料制造	-1.09	-0.35	1.07	1.26	1.01
隔热和隔音材料制造	1.01	2.41	1.55	0.84	0.60
其他建筑材料制造	29.81	9.89	3.69	0.82	0.49
玻璃及玻璃制品制造	11.13	16.40	1.58	0.92	0.65
平板玻璃制造	7.06	9.67	2.54	0.90	0.56
技术玻璃制品制造	4.63	4.48	0.77	1.18	0.94
光学玻璃制造	22.17	19.02	0.52	1.85	1.76
日用玻璃制品及玻璃包装容器制造	18.85	11.10	1.65	1.22	0.84
玻璃纤维及制品制造	11.44	22.27	1.96	0.74	0.49
玻璃纤维增强塑料制品制造	46.98	15.24	1.03	2.04	1.61
其他玻璃制品制造	9.65	9.65	1.61	3.69	3.06
陶瓷制品制造	36.84	8.09	3.71	1.51	1.22
卫生陶瓷制品制造	31.40	7.57	3.28	1.56	1.25
特种陶瓷制品制造	33.91	25.64	1.69	1.56	1.21
日用陶瓷制品制造	2315.73	5.63	7.72	1.52	1.28
园林、陈设艺术及其他陶瓷制品制造	2.59	3.04	10.03	0.25	0.18
耐火材料制品制造	19.13	8.83	2.60	1.18	0.86
石棉制品制造	2.93	2.00	1.91	1.54	0.84
耐火陶瓷制品及其他耐火材料制造	23.03	9.87	2.75	1.13	0.87
石墨及其他非金属矿物制品制造	59.10	24.22	1.35	1.25	0.92

1-D-2 续表 13-10 单位：个、万元、人

指 标 名 称	每百元固定资产原值实现利税（元）	每百元主营业务收入实现利税（元）	流动资金周转次数（次）	流动比率	速动比率
石墨及碳素制品制造	23.44	6.70	1.66	1.19	0.79
其他非金属矿物制品制造	69.74	32.85	1.24	1.27	0.96
黑色金属冶炼及压延加工业	4.72	1.78	2.18	0.96	0.70
炼 钢	18.46	5.38	1.57	0.97	0.69
炼 钢	18.46	5.38	1.57	0.97	0.69
钢压延加工	4.13	1.58	2.23	0.96	0.70
钢压延加工	4.13	1.58	2.23	0.96	0.70
铁合金冶炼	172.02	6.25	1.31	1.58	1.22
铁合金冶炼	172.02	6.25	1.31	1.58	1.22
有色金属冶炼及压延加工业	20.88	3.80	2.51	1.06	0.78
常用有色金属冶炼	35.13	3.98	1.90	1.13	0.81
铜冶炼	52.22	4.21	2.46	0.90	0.76
镍钴冶炼	33.88	4.04	1.76	1.18	0.81
镁冶炼	55.12	5.03	7.72	0.94	0.63
其他常用有色金属冶炼	-10.24	-2.62	6.68	23.31	19.75
贵金属冶炼	18.17	1.64	2.36	1.30	0.41
金冶炼	18.17	1.64	2.36	1.30	0.41
稀有稀土金属冶炼	0.63	0.46	0.81	0.93	0.62
钨钼冶炼	-5.95	-1.45	1.10	0.94	0.77
稀土金属冶炼	1.17	1.01	0.75	0.93	0.59
有色金属合金制造	45.16	4.12	3.42	1.18	0.77
有色金属合金制造	45.16	4.12	3.42	1.18	0.77
有色金属压延加工	15.36	3.72	2.68	0.99	0.79
常用有色金属压延加工	6.67	1.64	2.82	0.95	0.73
贵金属压延加工	3096.78	116.19	0.86	3.37	3.37
稀有稀土金属压延加工	56.99	14.10	1.48	1.02	0.93
金属制品业	21.77	5.90	1.92	1.28	0.91
结构性金属制品制造	36.72	8.04	1.67	1.19	0.88
金属结构制造	36.37	7.45	1.68	1.11	0.85
金属门窗制造	37.88	10.72	1.62	1.76	1.12
金属工具制造	21.17	7.73	2.08	1.49	1.01
切削工具制造	40.27	18.36	1.66	1.71	1.31
手工具制造	17.63	5.50	2.57	1.37	0.93
农用及园林用金属工具制造	14.54	6.10	1.64	1.83	1.05
刀剪及类似日用金属工具制造	17.80	6.62	2.40	1.61	1.14
其他金属工具制造	21.41	7.86	1.92	1.24	0.85
集装箱及金属包装容器制造	20.19	4.04	1.95	1.15	0.82
集装箱制造	2.68	0.33	2.10	1.16	0.69

1－D－2 续表13－11 单位：个、万元、人

指标名称	每百元固定资产原值实现利税（元）	每百元主营业务收入实现利税（元）	流动资金周转次数（次）	流动比率	速动比率
金属压力容器制造	32.47	13.28	1.58	1.55	1.21
金属包装容器制造	28.72	8.21	1.81	1.11	0.89
金属丝绳及其制品的制造	9.79	5.25	1.62	1.38	1.02
金属丝绳及其制品的制造	9.79	5.25	1.62	1.38	1.02
建筑、安全用金属制品制造	30.34	6.60	2.26	1.34	0.92
建筑、家具用金属配件制造	38.36	8.03	2.63	1.31	0.88
建筑装饰及水暖管道零件制造	29.05	6.25	2.13	1.38	0.93
安全、消防用金属制品制造	0.37	0.09	1.68	1.28	1.02
其他建筑、安全用金属制品制造	10.99	4.45	1.41	1.23	0.90
金属表面处理及热处理加工	9.38	4.40	1.48	1.42	1.10
金属表面处理及热处理加工	9.38	4.40	1.48	1.42	1.10
搪瓷制品制造	9.98	5.55	1.23	1.14	0.67
搪瓷卫生洁具制造	－1.00	－0.83	0.81	1.04	0.70
搪瓷日用品及其他搪瓷制品制造	46.92	12.36	2.80	1.51	0.58
不锈钢及类似日用金属制品制造	14.77	4.56	1.75	1.24	0.82
金属制厨房调理及卫生器具制造	11.64	3.80	2.03	0.96	0.69
金属制厨用器皿及餐具制造	20.62	6.49	1.46	1.27	0.91
其他日用金属制品制造	8.10	2.36	2.15	1.42	0.74
其他金属制品制造	10.63	1.91	4.84	1.71	1.13
其他未列明的金属制品制造	10.63	1.91	4.84	1.71	1.13
通用设备制造业	28.40	10.01	1.64	1.28	0.87
锅炉及原动机制造	66.72	17.28	1.05	1.29	0.87
锅炉及辅助设备制造	32.60	7.87	1.52	1.34	1.03
内燃机及配件制造	63.05	18.20	0.83	1.09	0.66
汽轮机及辅机制造	83.59	21.74	0.97	1.38	0.90
金属加工机械制造	29.46	15.22	1.19	1.57	0.90
金属切削机床制造	23.32	9.87	1.14	1.33	0.76
金属成形机床制造	39.12	23.10	1.15	1.86	0.90
铸造机械制造	8.78	7.20	1.00	4.00	1.72
金属切割及焊接设备制造	22.13	4.77	1.49	1.25	1.01
机床附件制造	39.78	41.54	1.13	3.19	1.89
其他金属加工机械制造	15.20	6.89	1.55	1.36	0.91
起重运输设备制造	100.78	12.86	2.18	1.46	1.16
起重运输设备制造	100.78	12.86	2.18	1.46	1.16
泵、阀门、压缩机及类似机械的制造	22.59	7.84	2.07	1.17	0.77
泵及真空设备制造	34.87	12.11	1.72	1.36	0.97
气体压缩机械制造	5.83	3.88	2.86	0.65	0.41
阀门和旋塞的制造	25.22	5.75	2.14	1.22	0.77

1－D－2 续表 13－12

单位：个、万元、人

指 标 名 称	每百元固定资产原值实现利税（元）	每百元主营业务收入实现利税（元）	流动资金周转次数（次）	流动比率	速动比率
液压和气压动力机械及元件制造	36.04	19.62	1.62	1.70	1.17
轴承、齿轮、传动和驱动部件的制造	18.33	9.37	1.29	1.22	0.90
轴承制造	17.89	10.08	1.19	1.23	0.91
齿轮、传动和驱动部件制造	19.93	7.64	1.63	1.19	0.89
烘炉、熔炉及电炉制造	71.61	20.63	1.58	0.87	0.31
烘炉、熔炉及电炉制造	71.61	20.63	1.58	0.87	0.31
风机、衡器、包装设备等通用设备制造	22.40	7.90	1.45	1.15	0.81
风机、风扇制造	－0.33	－0.15	1.66	0.88	0.65
气体、液体分离及纯净设备制造	67.12	16.14	1.48	1.66	1.17
制冷、空调设备制造	32.05	11.56	1.54	1.18	0.76
风动和电动工具制造	13.52	4.39	1.32	1.18	0.91
喷枪及类似器具制造	23.42	6.79	2.49	1.19	0.84
包装专用设备制造	13.82	10.64	1.16	0.59	0.38
衡器制造	96.65	33.41	1.07	2.64	1.80
其他通用设备制造	－24.22	－12.58	0.94	0.95	0.57
通用零部件制造及机械修理	17.44	7.71	1.75	1.43	0.88
金属密封件制造	16.85	9.51	2.24	1.14	0.78
紧固件、弹簧制造	19.25	8.15	1.77	1.49	0.87
机械零部件加工及设备修理	4.91	3.11	1.27	1.40	1.04
其他通用零部件制造	12.66	5.52	1.80	1.19	0.83
金属铸、锻加工	23.40	9.99	1.86	1.21	0.85
钢铁铸件制造	30.33	11.13	2.24	1.26	0.92
锻件及粉末冶金制品制造	14.10	7.71	1.38	1.14	0.77
专用设备制造业	25.74	10.53	1.36	1.42	0.98
矿山、冶金、建筑专用设备制造	45.37	10.93	1.70	1.30	0.91
石油钻采专用设备制造	30.78	5.88	3.82	1.40	0.09
建筑工程用机械制造	58.05	12.31	1.72	1.27	0.91
建筑材料生产专用机械制造	27.10	5.82	1.98	1.76	1.31
冶金专用设备制造	2.53	1.38	1.36	1.33	0.76
化工、木材、非金属加工专用设备制造	23.06	11.03	1.20	1.46	0.99
炼油、化工生产专用设备制造	16.57	6.60	1.33	1.76	1.27
橡胶加工专用设备制造	37.04	16.68	1.41	1.91	1.34
塑料加工专用设备制造	29.15	11.44	1.12	1.67	1.09
木材加工机械制造	1.67	0.98	2.35	1.24	0.70
模具制造	17.76	11.03	1.28	1.21	0.86
其他非金属加工专用设备制造	3.38	1.49	3.61	0.44	0.24
食品、饮料、烟草及饲料生产专用设备制造	60.33	18.09	1.20	1.64	1.36
食品、饮料、烟草工业专用设备制造	91.33	20.29	1.29	1.63	1.37

1－D－2 续表13－13 单位：个、万元、人

指标名称	每百元固定资产原值实现利税（元）	每百元主营业务收入实现利税（元）	流动资金周转次数（次）	流动比率	速动比率
农副食品加工专用设备制造	－6.39	－7.72	0.65	1.71	1.28
印刷、制药、日化生产专用设备制造	42.70	17.77	1.35	1.28	0.90
制浆和造纸专用设备制造	93.97	19.00	2.08	2.88	1.99
印刷专用设备制造	61.12	19.50	1.35	1.38	1.06
日用化工专用设备制造	0.96	0.85	0.68	0.95	0.16
制药专用设备制造	10.19	16.42	1.69	0.68	0.52
照明器具生产专用设备制造	－2.07	－1.29	1.15	1.07	0.53
玻璃、陶瓷和搪瓷制品生产专用设备制造	13.04	6.72	1.40	0.79	0.18
纺织、服装和皮革工业专用设备制造	14.04	7.00	1.13	1.36	0.94
纺织专用设备制造	20.58	9.60	0.95	1.25	0.90
皮革、毛皮及其制品加工专用设备制造	8.83	5.37	1.47	1.03	0.75
缝纫机械制造	10.77	5.49	1.18	1.49	1.00
其他服装加工专用设备制造	34.54	12.93	1.65	1.49	0.83
电子和电工机械专用设备制造	16.68	8.10	1.85	1.75	1.31
电工机械专用设备制造	116.23	3.96	10.94	1.25	0.66
电子工业专用设备制造	15.84	8.66	1.67	1.80	1.37
农、林、牧、渔专用机械制造	19.34	3.80	1.68	1.39	0.95
拖拉机制造	－23.72	－5.85	1.45	4.60	2.62
机械化农业及园艺机具制造	34.83	6.56	1.76	1.17	0.84
农林牧渔机械配件制造	34.89	3.49	2.14	1.42	0.99
其他农林牧渔业机械制造及机械修理	10.35	2.47	1.06	1.09	0.60
医疗仪器设备及器械制造	27.55	21.05	1.72	1.93	1.45
医疗诊断、监护及治疗设备制造	15.93	20.92	1.85	1.35	0.99
口腔科用设备及器具制造	17.78	16.34	2.92	1.70	0.56
实验室及医用消毒设备和器具的制造	82.07	40.22	2.61	39.17	31.17
医疗、外科及兽医用器械制造	35.35	23.17	1.73	2.26	1.76
机械治疗及病房护理设备制造	7.04	3.73	1.81	1.26	0.82
其他医疗设备及器械制造	10.04	3.17	1.11	1.68	1.13
环保、社会公共安全及其他专用设备制造	47.01	8.04	1.86	1.21	0.79
环境污染防治专用设备制造	58.35	7.24	2.20	1.10	0.64
邮政专用机械及器材制造	37.83	7.19	1.59	1.21	0.75
社会公共安全设备及器材制造	26.08	6.77	1.77	1.43	1.04
其他专用设备制造	45.23	14.14	1.05	1.41	1.10
交通运输设备制造业	22.37	8.88	1.50	1.09	0.80
铁路运输设备制造	－18.16	－14.34	0.98	0.71	0.66
铁路机车车辆配件制造	－45.39	－29.07	2.51	1.15	0.46
铁路专用设备及器材、配件制造	4.05	0.62	1.18	1.11	1.10
其他铁路设备制造及设备修理	－15.45	－90.76	0.26	0.47	0.44

1－D－2　续表 13－14　　　　单位：个、万元、人

指 标 名 称	每百元固定资产原值实现利税（元）	每百元主营业务收入实现利税（元）	流动资金周转次数（次）	流动比率	速动比率
汽车制造	22.13	8.82	1.64	1.21	0.92
汽车整车制造	24.28	5.50	2.19	1.13	0.74
改装汽车制造	71.18	3.71	0.91	0.94	0.61
汽车车身、挂车的制造	-9.30	-21.19	0.68	0.66	0.44
汽车零部件及配件制造	22.22	9.18	1.61	1.22	0.94
汽车修理	59.00	6.07	2.71	1.35	0.76
摩托车制造	15.84	5.51	1.02	1.02	0.88
摩托车零部件及配件制造	15.84	5.51	1.02	1.02	0.88
自行车制造	6.88	1.75	1.50	1.06	0.80
脚踏自行车及残疾人座车制造	-1.49	-0.33	1.32	0.98	0.76
助动自行车制造	16.29	4.98	1.91	1.26	0.89
船舶及浮动装置制造	25.17	10.60	1.29	0.97	0.66
金属船舶制造	30.60	10.07	1.14	0.93	0.64
非金属船舶制造	249.96	16.04	0.97	1.09	0.49
娱乐船和运动船的建造和修理	-3.88	-5.78	0.45	1.36	1.03
船用配套设备制造	6.82	4.67	3.17	0.97	0.72
船舶修理及拆船	31.01	26.80	2.98	1.45	1.25
交通器材及其他交通运输设备制造	-5.65	-1.37	0.93	1.29	1.11
交通管理用金属标志及设施制造	-24.94	-12.55	1.72	2.83	2.04
其他交通运输设备制造	29.80	3.69	0.77	1.17	1.04
电气机械及器材制造业	34.20	8.19	2.00	1.22	0.95
电机制造	16.93	5.98	2.00	1.12	0.77
发电机及发电机组制造	13.18	6.54	1.01	1.15	0.68
电动机制造	23.29	7.29	2.73	1.33	0.88
微电机及其他电机制造	13.39	4.63	2.14	1.00	0.76
输配电及控制设备制造	48.83	12.36	1.90	1.39	1.03
变压器、整流器和电感器制造	27.53	6.91	1.64	1.36	1.03
电容器及其配套设备制造	82.43	18.55	1.60	1.68	1.44
配电开关控制设备制造	55.07	14.39	1.86	1.41	1.03
电力电子元器件制造	38.13	9.09	2.11	1.33	1.01
其他输配电及控制设备制造	18.04	5.51	2.63	1.14	0.92
电线、电缆、光缆及电工器材制造	23.66	6.00	1.74	1.32	1.12
电线电缆制造	23.73	5.51	1.86	1.30	1.10
光纤、光缆制造	20.70	7.56	1.36	1.40	1.23
绝缘制品制造	33.98	8.49	1.65	1.56	1.20
其他电工器材制造	34.91	9.18	1.51	1.04	0.83
电池制造	51.03	8.00	2.37	1.23	0.95
电池制造	51.03	8.00	2.37	1.23	0.95

1-D-2 续表13-15　　单位：个、万元、人

指标名称	每百元固定资产原值实现利税（元）	每百元主营业务收入实现利税（元）	流动资金周转次数（次）	流动比率	速动比率
家用电力器具制造	45.59	9.75	2.39	1.15	0.92
家用制冷电器具制造	20.91	5.45	1.87	1.16	0.97
家用空气调节器制造	13.88	6.04	1.33	1.02	0.63
家用通风电器具制造	35.63	6.90	2.25	1.16	0.98
家用厨房电器具制造	98.19	15.53	2.43	1.20	0.96
家用清洁卫生电器具制造	33.52	8.15	2.73	1.18	1.00
家用美容、保健电器具制造	7.65	0.97	2.33	1.03	0.80
家用电力器具专用配件制造	14.08	6.26	2.38	1.03	0.79
其他家用电力器具制造	13.34	3.11	2.06	1.03	0.78
非电力家用器具制造	18.31	4.89	1.66	1.65	1.16
燃气、太阳能及类似能源的器具制造	27.23	6.74	1.36	1.79	1.35
其他非电力家用器具制造	5.93	1.78	2.64	1.31	0.69
照明器具制造	30.34	6.62	1.62	1.16	0.95
电光源制造	37.10	9.02	1.58	1.17	0.96
照明灯具制造	25.72	5.32	1.62	1.15	0.95
灯用电器附件及其他照明器具制造	33.89	7.17	1.76	1.15	0.88
其他电气机械及器材制造	8.81	2.28	2.05	1.22	0.87
车辆专用照明及电气信号设备装置制造	4.31	1.18	2.35	1.09	0.76
其他未列明的电气机械制造	26.18	5.59	1.49	1.53	1.13
通信设备、计算机及其他电子设备制造业	26.22	6.70	2.33	1.28	1.00
通信设备制造	17.44	3.47	2.75	1.15	0.92
通信传输设备制造	46.23	13.22	1.48	1.32	0.97
通信交换设备制造	25.34	10.30	1.38	0.89	0.80
通信终端设备制造	10.23	4.87	2.62	0.69	0.48
移动通信及终端设备制造	13.63	2.42	3.11	1.13	0.92
其他通信设备制造	16.39	10.41	1.12	1.81	1.48
雷达及配套设备制造	36.19	17.44	0.40	1.20	1.10
雷达及配套设备制造	36.19	17.44	0.40	1.20	1.10
广播电视设备制造	13.99	3.76	1.53	1.40	1.05
广播电视节目制作及发射设备制造	6.38	3.01	4.99	0.19	0.15
广播电视接收设备及器材制造	8.65	2.70	1.78	1.17	0.80
应用电视设备及其他广播电视设备制造	169.41	8.87	0.90	3.08	2.80
电子计算机制造	48.50	8.72	2.54	1.57	1.24
电子计算机整机制造	13.21	0.94	4.98	1.02	0.46
计算机网络设备制造	324.47	37.70	1.47	2.36	2.09
电子计算机外部设备制造	25.62	5.27	2.66	1.47	1.17
电子器件制造	7.34	5.60	1.47	1.03	0.74
电子真空器件制造	-4.58	-3.93	1.46	1.93	1.40

1－D－2 续表 13－16

单位：个、万元、人

指 标 名 称	每百元固定资产原值实现利税（元）	每百元主营业务收入实现利税（元）	流动资金周转次数（次）	流动比率	速动比率
半导体分立器件制造	8.86	7.27	1.45	1.13	0.73
集成电路制造	－1.70	－1.21	1.14	1.36	0.89
光电子器件及其他电子器件制造	8.01	5.71	1.61	0.87	0.71
电子元件制造	19.15	7.49	1.82	1.22	0.92
电子元件及组件制造	21.61	7.98	1.88	1.26	0.96
印制电路板制造	5.56	3.24	1.45	1.02	0.71
家用视听设备制造	18.45	4.64	2.30	1.17	0.95
家用影视设备制造	22.33	4.01	2.78	1.17	1.01
家用音响设备制造	15.27	5.73	1.78	1.18	0.87
其他电子设备制造	13.13	6.46	1.91	1.05	0.81
其他电子设备制造	13.13	6.46	1.91	1.05	0.81
仪器仪表及文化、办公用机械制造业	31.90	12.70	1.39	1.37	1.10
通用仪器仪表制造	52.43	14.81	1.50	1.54	1.22
工业自动控制系统装置制造	106.90	20.32	1.27	2.06	1.61
电工仪器仪表制造	69.23	11.46	2.52	2.04	1.29
绘图、计算及测量仪器制造	15.79	6.35	1.56	1.03	0.79
实验分析仪器制造	8.28	4.02	1.77	1.18	0.75
试验机制造	12.15	9.76	1.18	1.94	1.62
供应用仪表及其他通用仪器制造	69.62	18.07	1.59	1.68	1.45
专用仪器仪表制造	79.12	21.33	1.61	1.36	1.10
环境监测专用仪器仪表制造	702.96	21.19	0.99	1.67	1.11
汽车及其他用计数仪表制造	37.81	8.26	1.76	1.18	0.80
导航、气象及海洋专用仪器制造	－9.12	－10.32	0.89	0.74	0.63
教学专用仪器制造	25.69	6.37	4.34	0.82	0.75
电子测量仪器制造	－25.65	－7.82	3.00	0.79	0.60
其他专用仪器制造	1028.44	278.46	0.37	5.52	5.39
钟表与计时仪器制造	14.36	5.90	1.32	0.92	0.64
钟表与计时仪器制造	14.36	5.90	1.32	0.92	0.64
光学仪器及眼镜制造	12.99	7.83	1.43	1.33	1.03
光学仪器制造	12.24	7.90	1.43	1.39	1.17
眼镜制造	14.29	7.71	1.42	1.23	0.82
文化、办公用机械制造	15.14	8.83	0.97	1.21	1.05
照相机及器材制造	17.86	9.19	0.90	1.24	1.12
复印和胶印设备制造	23.32	21.64	1.98	1.32	0.82
计算器及货币专用设备制造	－23.52	－69.39	0.60	0.97	0.75
其他文化、办公用机械制造	－1.78	－0.89	0.95	1.02	0.85
其他仪器仪表的制造及修理	－3.14	－2.17	1.44	0.97	0.72
其他仪器仪表的制造及修理	－3.14	－2.17	1.44	0.97	0.72

1－D－2 续表 13－17 单位：个、万元、人

指标名称	每百元固定资产原值实现利税（元）	每百元主营业务收入实现利税（元）	流动资金周转次数（次）	流动比率	速动比率
工艺品及其他制造业	18.40	5.88	1.88	1.15	0.83
工艺美术品制造	19.32	6.08	1.99	1.22	0.83
雕塑工艺品制造	7.39	2.65	2.52	0.94	0.65
金属工艺品制造	7.50	3.01	1.44	1.27	0.97
漆器工艺品制造	13.34	4.79	1.27	1.08	0.89
花画工艺品制造	－0.74	－0.22	1.50	1.23	1.08
天然植物纤维编织工艺品制造	18.63	5.16	2.34	1.07	0.79
抽纱刺绣工艺品制造	20.66	8.10	1.84	1.22	0.94
地毯、挂毯制造	6.66	4.27	1.94	0.80	0.45
珠宝首饰及有关物品的制造	49.81	7.49	2.26	1.48	0.72
其他工艺美术品制造	13.26	4.43	1.88	1.22	0.99
日用杂品制造	16.56	5.30	1.77	1.05	0.83
制镜及类似品加工	27.95	12.48	2.73	2.51	1.85
鬃毛加工、制刷及清扫工具的制造	4.95	1.81	1.97	0.91	0.66
其他日用杂品制造	17.17	5.07	1.66	1.03	0.83
其他未列明的制造业	21.63	11.40	1.07	1.34	1.10
其他未列明的制造业	21.63	11.40	1.07	1.34	1.10
废弃资源和废旧材料回收加工业	－46.72	－2.76	2.80	1.08	0.57
金属废料和碎屑的加工处理	－62.47	－3.01	2.94	1.09	0.54
金属废料和碎屑的加工处理	－62.47	－3.01	2.94	1.09	0.54
非金属废料和碎屑的加工处理	9.89	3.32	1.28	1.01	0.75
非金属废料和碎屑的加工处理	9.89	3.32	1.28	1.01	0.75
电力、燃气及水的生产和供应业	**5.98**	**10.28**	**1.90**	**0.70**	**0.64**
电力、热力的生产和供应业	5.53	10.12	1.80	0.68	0.62
电力生产	5.59	10.54	1.79	0.68	0.61
火力发电	5.83	10.16	1.86	0.65	0.58
水力发电	4.59	32.08	0.85	1.87	1.84
其他能源发电	－0.77	－18.56	0.16	1.36	1.36
热力生产和供应	4.63	5.71	1.93	0.76	0.71
热力生产和供应	4.63	5.71	1.93	0.76	0.71
燃气生产和供应业	15.04	11.43	3.68	0.98	0.93
燃气生产和供应业	15.04	11.43	3.68	0.98	0.93
燃气生产和供应业	15.04	11.43	3.68	0.98	0.93
水的生产和供应业	2.72	10.39	1.14	2.08	2.03
自来水的生产和供应	5.86	22.81	2.55	3.80	3.68
自来水的生产和供应	5.86	22.81	2.55	3.80	3.68
污水处理及其再生利用	－15.10	－52.84	0.30	1.66	1.63
污水处理及其再生利用	－15.10	－52.84	0.30	1.66	1.63

1－D－2 续表 14－1

单位：个、万元、人

指 标 名 称	企业亏损面（%）	亏损率（%）	出口交货值占工业销售比重（%）	利润总额占利税比重（%）	存货周转次数（次）
总 计	**26.47**	**17.25**	**40.51**	**65.62**	**6.18**
一、按轻重工业分					
轻工业	27.20	14.31	43.15	62.04	6.09
重工业	25.50	19.67	38.21	69.11	6.25
二、按规模分					
大型企业	13.85	4.65	49.45	74.40	6.15
中型企业	16.77	12.83	41.69	65.70	6.40
小型企业	28.46	30.49	35.25	59.79	5.94
三、按登记注册类型分					
港澳台商投资	**25.81**	**13.64**	**33.85**	**64.48**	**5.91**
与港澳台商合资经营	22.41	8.94	31.24	64.20	6.27
与港澳台商合作经营	14.63	5.29	27.39	68.78	5.68
港澳台商独资	31.24	18.04	38.79	65.34	5.48
港澳台商投资股份有限公司	27.14	78.63	37.13	36.56	4.27
外商投资	**27.03**	**19.98**	**45.66**	**66.58**	**6.39**
中外合资经营	22.69	15.30	38.92	64.84	7.17
中外合作经营	15.84	4.05	32.19	61.69	8.30
外资企业	34.42	29.62	57.39	69.81	5.67
外商投资股份有限公司	16.67	9.25	30.32	68.95	4.52
四、按国民经济行业（门类、大类、中类、小类）分					
采矿业	**26.67**	**6.95**	**3.13**	**82.78**	**2.89**
黑色金属矿采选业				99.98	1.97
铁矿采选				99.98	1.97
铁矿采选				99.98	1.97
非金属矿采选业	28.57	59.74	8.63	19.49	14.42
土砂石开采	28.57	59.74	8.63	19.49	14.42
石灰石、石膏开采	100.00			244.46	5.45
建筑装饰用石开采	20.00	4.55		41.03	37.54
耐火土石开采				31.80	5.52
粘土及其他土砂石开采	28.57	8.33	18.14	41.19	16.89
制造业	**26.46**	**17.25**	**41.02**	**65.73**	**6.14**
农副食品加工业	25.00	97.96	25.89	3.74	6.89
谷物磨制	50.00	22.98		85.42	48.29
谷物磨制	50.00	22.98		85.42	48.29
饲料加工	11.11	4.25	2.33	79.23	10.67
饲料加工	11.11	4.25	2.33	79.23	10.67
植物油加工	60.00	146.57	0.01	423.51	14.59
食用植物油加工	60.00	146.57	0.01	423.51	14.59

1－D－2 续表 14－2

单位：个、万元、人

指标名称	企业亏损面（%）	亏损率（%）	出口交货值占工业销售比重（%）	利润总额占利税比重（%）	存货周转次数（次）
屠宰及肉类加工	41.67	74.86	14.41	21.98	17.49
畜禽屠宰				100.00	175.35
肉制品及副产品加工	45.45	289.26	36.29	－121.76	7.99
水产品加工	21.31	151.47	48.24	2972.00	4.77
水产品冷冻加工	19.05	155.52	43.27	904.45	4.94
鱼糜制品及水产品干腌制加工	31.25	134.76	68.83	－199.40	3.89
水产饲料制造				64.67	6.54
其他水产品加工			80.90	80.76	9.09
蔬菜、水果和坚果加工	26.67	13.07	57.85	63.51	4.58
蔬菜、水果和坚果加工	26.67	13.07	57.85	63.51	4.58
其他农副食品加工			9.02	52.15	3.07
淀粉及淀粉制品的制造				89.64	3.34
豆制品制造			54.69	89.67	7.05
其他未列明的农副食品加工				12.87	2.71
食品制造业	27.00	5.78	15.16	62.12	8.39
焙烤食品制造	14.29	8.91	7.89	48.79	8.94
糕点、面包制造	16.67	1.13	30.06	46.97	7.49
饼干及其他焙烤食品制造	12.50	10.92	0.80	49.34	9.46
糖果、巧克力及蜜饯制造	9.09	0.08	11.97	81.43	7.05
糖果、巧克力制造			10.27	81.44	7.56
蜜饯制作	50.00	57.30	85.24	69.36	1.73
方便食品制造	43.75	4.65	1.78	68.40	18.19
米、面制品制造			9.89	52.77	8.23
速冻食品制造	66.67	192.46	20.73	－399.10	4.56
方便面及其他方便食品制造	16.67	0.10	0.50	70.30	26.93
液体乳及乳制品制造				100.00	4.00
液体乳及乳制品制造				100.00	4.00
罐头制造	34.62	10.06	45.42	65.96	5.02
肉、禽类罐头制造			20.54	61.31	7.26
水产品罐头制造			97.50	98.62	4.06
蔬菜、水果罐头制造	40.91	134.33	85.33	－17.96	3.13
其他罐头食品制造			0.19	75.53	35.87
调味品、发酵制品制造	14.29	37.58	2.84	48.88	11.93
味精制造	100.00			108.79	74.71
酱油、食醋及类似制品的制造			6.32	20.63	4.54
其他调味品、发酵制品制造			1.94	68.76	12.46
其他食品制造	28.00	6.06	17.44	44.28	7.76
营养、保健食品制造	37.50	2.86	77.29	59.45	7.61

1-D-2 续表14-3

单位：个、万元、人

指标名称	企业亏损面（%）	亏损率（%）	出口交货值占工业销售比重（%）	利润总额占利税比重（%）	存货周转次数（次）
冷冻饮品及食用冰制造	25.00	0.09		55.63	9.98
食品及饲料添加剂制造	23.08	8.38	3.82	39.36	7.24
饮料制造业	32.79	15.45	1.92	59.58	9.07
酒精制造	100.00			-6928.44	1.27
酒精制造	100.00			-6928.44	1.27
酒的制造	33.33	146.10	1.65	-12.08	1.96
白酒制造			10.87	75.76	1.48
啤酒制造	42.86	183.59	0.03	-18.90	2.07
黄酒制造			46.04	54.10	0.92
软饮料制造	23.33	6.91	1.00	73.36	19.44
碳酸饮料制造	20.00	0.56	...	71.92	11.98
瓶(罐)装饮用水制造	40.00	250.74	0.12	-154.21	60.74
果菜汁及果菜汁饮料制造	60.00	143.76	16.52	-256.88	9.39
含乳饮料和植物蛋白饮料制造	14.29	0.29	0.86	86.97	7.81
固体饮料制造			26.55	55.62	19.01
茶饮料及其他软饮料制造			0.04	71.91	17.78
精制茶加工	50.00	16.53	54.27	68.99	1.40
精制茶加工	50.00	16.53	54.27	68.99	1.40
烟草制品业			4.27	73.89	17.79
其他烟草制品加工			4.27	73.89	17.79
其他烟草制品加工			4.27	73.89	17.79
纺织业	26.37	18.98	47.46	56.77	5.88
棉、化纤纺织及印染精加工	32.02	23.41	32.57	54.12	5.58
棉、化纤纺织加工	35.32	23.55	35.02	60.58	4.62
棉、化纤印染精加工	26.62	23.21	29.67	46.79	7.42
毛纺织和染整精加工	27.08	15.82	38.37	67.79	4.67
毛条加工	28.57	18.74	30.99	75.52	5.66
毛纺织	23.33	12.39	45.75	68.67	4.31
毛染整精加工	36.36	16.63	35.20	46.41	3.65
麻纺织	22.22	137.91	36.29	-51.35	1.55
麻纺织	22.22	137.91	36.29	-51.35	1.55
丝绢纺织及精加工	37.66	29.89	35.50	36.12	4.45
缫丝加工	37.50	12.61	66.24	49.65	3.01
绢纺和丝织加工	32.73	24.31	35.18	38.86	4.42
丝印染精加工	57.14	192.67	14.10	-46.79	8.93
纺织制成品制造	26.47	18.09	57.73	60.00	6.82
棉及化纤制品制造	30.95	19.13	64.84	57.50	6.94
毛制品制造	35.29	99.45	71.11	0.27	5.39

1－D－2　续表14－4　　　　单位：个、万元、人

指　标　名　称	企业亏损面（%）	亏损率（%）	出口交货值占工业销售比重（%）	利润总额占利税比重（%）	存货周转次数（次）
麻制品制造			33.83	32.54	8.04
丝制品制造	23.73	2.33	51.49	72.40	8.03
绳、索、缆的制造	20.00	19.72	69.07	72.92	6.50
纺织带和帘子布制造	30.00	10.71	35.23	69.57	5.21
无纺布制造	21.21	15.46	33.67	59.37	7.24
其他纺织制成品制造	14.29	89.46	68.14	15.76	6.55
针织品、编织品及其制品制造	21.61	11.32	66.83	60.88	6.72
棉、化纤针织品及编织品制造	19.96	9.05	68.68	63.82	6.78
毛针织品及编织品制造	27.08	25.01	61.46	45.17	5.82
丝针织品及编织品制造	31.37	24.80	58.12	45.21	6.91
其他针织品及编织品制造	11.11	30.20	43.50	43.36	8.36
纺织服装、鞋、帽制造业	28.33	10.53	67.92	56.88	5.45
纺织服装制造	28.36	10.46	67.72	56.88	5.42
纺织服装制造	28.36	10.46	67.72	56.88	5.42
纺织面料鞋的制造	15.79	15.69	78.01	53.48	8.35
纺织面料鞋的制造	15.79	15.69	78.01	53.48	8.35
制　帽	42.86	24.05	91.45	65.47	9.87
制　帽	42.86	24.05	91.45	65.47	9.87
皮革、毛皮、羽毛(绒)及其制品业	24.07	14.76	64.13	48.43	4.36
皮革鞣制加工	23.08	14.60	50.28	55.10	2.65
皮革鞣制加工	23.08	14.60	50.28	55.10	2.65
皮革制品制造	23.76	15.25	72.15	49.12	7.52
皮鞋制造	14.16	6.13	69.43	50.54	8.78
皮革服装制造	33.33	33.70	68.53	37.50	6.86
皮箱、包(袋)制造	27.06	33.42	88.41	52.50	7.06
皮手套及皮装饰制品制造	32.00	16.30	70.98	37.70	7.89
其他皮革制品制造	35.00	23.88	39.54	47.51	4.09
毛皮鞣制及制品加工	29.41	5.99	49.12	55.49	3.49
毛皮鞣制加工	33.33	5.76	22.33	67.39	1.61
毛皮服装加工	25.00	2.01	52.22	53.96	3.54
其他毛皮制品加工	33.33	28.76	40.00	53.08	6.71
羽毛(绒)加工及制品制造	25.00	16.09	65.14	33.37	3.68
羽毛(绒)制品加工	25.00	16.09	65.14	33.37	3.68
木材加工及木、竹、藤、棕、草制品业	24.83	14.47	36.77	53.25	4.18
锯材、木片加工			9.36	52.42	6.29
锯材加工			32.45	74.79	2.79
木片加工			3.20	50.12	9.81
人造板制造	29.69	22.04	29.78	51.18	3.22

1－D－2 续表14－5

单位：个、万元、人

指 标 名 称	企业亏损面（%）	亏损率（%）	出口交货值占工业销售比重（%）	利润总额占利税比重（%）	存货周转次数（次）
胶合板制造	31.25	35.73	24.40	45.12	3.03
纤维板制造	16.67	1.02	5.78	59.25	5.09
其他人造板、材制造	30.00	2.09	81.21	58.20	3.52
木制品制造	30.00	9.56	27.09	54.88	6.97
建筑用木料及木材组件加工	12.50	2.27	20.40	58.22	7.72
木容器制造	50.00	1179.78	78.62	1656.90	1.77
软木制品及其他木制品制造	50.00	537.99	88.98	596.53	4.25
竹、藤、棕、草制品制造	17.65	6.46	80.22	56.42	5.11
竹、藤、棕、草制品制造	17.65	6.46	80.22	56.42	5.11
家具制造业	32.09	41.72	78.46	47.24	4.76
木质家具制造	41.56	111.75	80.17	－14.76	3.36
木质家具制造	41.56	111.75	80.17	－14.76	3.36
竹、藤家具制造	40.00	162.18	29.06	－77.29	2.14
竹、藤家具制造	40.00	162.18	29.06	－77.29	2.14
金属家具制造	18.57	21.56	83.90	49.80	5.99
金属家具制造	18.57	21.56	83.90	49.80	5.99
塑料家具制造	25.00	18.51	88.15	96.39	4.57
塑料家具制造	25.00	18.51	88.15	96.39	4.57
其他家具制造	38.71	20.25	68.29	74.16	5.20
其他家具制造	38.71	20.25	68.29	74.16	5.20
造纸及纸制品业	22.14	9.79	10.16	62.12	5.80
纸浆制造	100.00		79.22	－95.90	5.48
纸浆制造	100.00		79.22	－95.90	5.48
造 纸	19.40	7.73	8.10	63.90	4.58
机制纸及纸板制造	18.64	7.12	7.99	64.05	4.59
加工纸制造	25.00	28.04	11.38	57.82	4.39
纸制品制造	23.61	15.04	13.67	57.76	11.20
纸和纸板容器的制造	23.91	6.54	11.96	60.88	14.96
其他纸制品制造	23.08	38.86	19.35	47.35	5.98
印刷业和记录媒介的复制	25.64	2.80	31.30	73.80	8.34
印 刷	25.71	2.33	25.23	74.26	7.98
书、报、刊印刷	75.00	15.24	3.63	64.31	10.16
本册印制	16.67	4.79	96.33	62.51	8.72
包装装潢及其他印刷	20.00	2.05	11.11	75.11	7.71
装订及其他印刷服务活动	33.33	86.68	5.80	5.90	9.76
装订及其他印刷服务活动	33.33	86.68	5.80	5.90	9.76
记录媒介的复制			98.10	100.00	12.94
记录媒介的复制			98.10	100.00	12.94

1－D－2 续表 14－6 单位：个、万元、人

指标名称	企业亏损面（%）	亏损率（%）	出口交货值占工业销售比重（%）	利润总额占利税比重（%）	存货周转次数（次）
文教体育用品制造业	37.94	47.90	75.88	54.89	5.22
文化用品制造	38.78	64.01	82.20	42.32	5.71
文具制造	44.23	95.01	81.36	8.28	5.67
笔的制造	33.33	31.14	86.28	56.07	5.90
教学用模型及教具制造	66.67	588.60	96.19	115.71	2.38
墨水、墨汁制造				77.05	2.04
其他文化用品制造	22.22	40.62	58.59	77.83	6.20
体育用品制造	36.23	138.84	82.31	－261.31	4.87
球类制造	33.33	400.59	80.74	144.82	3.84
体育器材及配件制造	16.67	5.48	85.94	53.92	3.72
训练健身器材制造	47.62	61.72	86.98	49.95	7.44
运动防护用具制造	66.67	9977.83	99.37	109.26	4.80
其他体育用品制造	33.33	51.61	68.61	58.24	3.73
乐器制造	23.08	14.65	49.56	68.99	3.56
中乐器制造			88.10	97.77	7.01
西乐器制造	20.00	5.46	45.12	75.86	4.55
电子乐器制造			100.00	42.70	2.85
其他乐器及零件制造	33.33	30.31	51.18	60.48	2.79
玩具制造	36.92	13.02	79.54	70.65	6.64
玩具制造	36.92	13.02	79.54	70.65	6.64
游艺器材及娱乐用品制造	75.00	25.77	32.16	64.62	3.28
露天游乐场所游乐设备制造	100.00		99.08	212.88	3.69
游艺用品及室内游艺器材制造	66.67	16.15	25.05	70.24	3.25
石油加工、炼焦及核燃料加工业	13.33	4.21		23.81	12.65
精炼石油产品的制造	13.33	4.21		23.81	12.65
原油加工及石油制品制造	13.33	4.21		23.81	12.65
化学原料及化学制品制造业	24.23	34.79	18.36	63.40	6.22
基础化学原料制造	27.54	16.43	20.51	63.41	5.54
无机酸制造	20.00	31.62	36.53	24.84	11.92
无机碱制造				69.45	21.09
无机盐制造	28.57	19.13	15.32	81.05	6.23
有机化学原料制造	31.11	26.48	20.70	58.86	6.16
其他基础化学原料制造	20.00	3.79	21.71	77.84	2.37
肥料制造				94.11	6.11
复混肥料制造				95.91	6.33
其他肥料制造				65.52	3.68
农药制造	30.77	0.74	70.81	96.12	5.58
化学农药制造	27.27	0.73	71.70	96.51	5.41

1－D－2 续表 14－7

单位：个、万元、人

指 标 名 称	企业亏损面（%）	亏损率（%）	出口交货值占工业销售比重（%）	利润总额占利税比重（%）	存货周转次数（次）
生物化学农药及微生物农药制造	50.00	1.43	49.56	78.58	17.96
涂料、油墨、颜料及类似产品制造	13.40	1.77	24.86	68.19	5.17
涂料制造	13.33	4.09	20.42	74.28	6.67
油墨及类似产品制造			5.66	62.03	5.10
颜料制造	21.05	2.66	27.69	60.98	3.49
染料制造	13.16	0.55	28.81	67.29	5.44
密封用填料及类似品制造			28.92	64.91	6.96
合成材料制造	26.32	202.66	8.66	206.92	11.06
初级形态的塑料及合成树脂制造	28.57	234.03	9.92	145.50	8.45
合成橡胶制造	33.33	14.68	18.29	68.27	7.52
合成纤维单(聚合)体的制造	16.67	143.05	3.35	－109.61	30.56
其他合成材料制造			48.98	43.57	15.97
专用化学产品制造	27.97	10.04	21.48	76.84	3.50
化学试剂和助剂制造	14.29	11.54	15.04	63.05	7.51
专项化学用品制造	36.00	27.07	30.15	54.80	4.86
林产化学产品制造	50.00	153.68	56.96	－800.00	6.22
炸药及火工产品制造			45.80	86.32	7.19
信息化学品制造	30.00	2.67	23.12	90.90	2.29
环境污染处理专用药剂材料制造	50.00	18.99	34.20	63.45	3.24
动物胶制造	33.33	11.65	...	60.94	6.26
其他专用化学产品制造	36.84	79.90	20.52	16.99	6.11
日用化学产品制造	32.26	1.29	15.00	66.14	3.07
肥皂及合成洗涤剂制造	33.33	18.85	21.86	35.88	6.72
化妆品制造	18.18	0.21	1.42	65.52	2.50
香料、香精制造	33.33	2.36	78.06	81.89	2.59
其他日用化学产品制造	60.00	374.33	31.42	141.43	3.04
医药制造业	29.41	12.28	26.70	64.80	3.32
化学药品原药制造	41.94	22.81	37.31	61.49	3.21
化学药品原药制造	41.94	22.81	37.31	61.49	3.21
化学药品制剂制造	47.37	5.81	13.71	67.55	2.55
化学药品制剂制造	47.37	5.81	13.71	67.55	2.55
中药饮片加工	33.33	204.86	74.71	231.20	2.70
中药饮片加工	33.33	204.86	74.71	231.20	2.70
中成药制造	18.18	0.14	4.16	63.09	2.93
中成药制造	18.18	0.14	4.16	63.09	2.93
兽用药品制造	20.00	4.94	30.93	65.03	3.80
兽用药品制造	20.00	4.94	30.93	65.03	3.80
生物、生化制品的制造	15.00	35.63	34.38	70.71	4.16

1－D－2 续表14－8

单位：个、万元、人

指标名称	企业亏损面(%)	亏损率(%)	出口交货值占工业销售比重(%)	利润总额占利税比重(%)	存货周转次数(次)
生物、生化制品的制造	15.00	35.63	34.38	70.71	4.16
卫生材料及医药用品制造	7.69	6.91	65.28	30.58	8.42
卫生材料及医药用品制造	7.69	6.91	65.28	30.58	8.42
化学纤维制造业	37.76	20.89	10.27	70.59	9.64
纤维素纤维原料及纤维制造	50.00	71.03	3.78	16.73	13.75
人造纤维（纤维素纤维）制造	50.00	71.03	3.78	16.73	13.75
合成纤维制造	37.23	20.80	10.34	70.74	9.61
锦纶纤维制造	45.45	64.79	1.97	48.72	4.87
涤纶纤维制造	34.04	7.09	12.01	74.92	12.61
腈纶纤维制造	50.00	4613.61	17.94	121.79	3.62
其他合成纤维制造	38.24	37.00	5.37	64.59	6.35
橡胶制品业	23.08	28.09	31.07	39.77	6.41
轮胎制造	25.00	34.04	29.87	34.18	6.35
车辆、飞机及工程机械轮胎制造	25.00	34.04	29.87	34.18	6.35
橡胶板、管、带的制造	21.43	4.80	45.89	68.73	6.05
橡胶板、管、带的制造	21.43	4.80	45.89	68.73	6.05
橡胶零件制造	18.75	7.25	33.99	55.79	4.84
橡胶零件制造	18.75	7.25	33.99	55.79	4.84
日用及医用橡胶制品制造			38.73	64.44	5.20
日用及医用橡胶制品制造			38.73	64.44	5.20
橡胶靴鞋制造	30.77	43.02	79.49	35.80	6.00
橡胶靴鞋制造	30.77	43.02	79.49	35.80	6.00
其他橡胶制品制造	37.50	16.02	11.32	61.61	12.46
其他橡胶制品制造	37.50	16.02	11.32	61.61	12.46
塑料制品业	24.42	7.25	37.63	71.18	7.63
塑料薄膜制造	32.50	3.39	10.18	73.03	8.84
塑料薄膜制造	32.50	3.39	10.18	73.03	8.84
塑料板、管、型材的制造	32.76	26.83	24.31	57.61	6.10
塑料板、管、型材的制造	32.76	26.83	24.31	57.61	6.10
塑料丝、绳及编织品的制造	42.86	68.37	60.15	27.50	9.38
塑料丝、绳及编织品的制造	42.86	68.37	60.15	27.50	9.38
泡沫塑料制造	20.00	29.19	32.65	65.67	10.27
泡沫塑料制造	20.00	29.19	32.65	65.67	10.27
塑料人造革、合成革制造	11.54	2.61	25.93	61.89	7.04
塑料人造革、合成革制造	11.54	2.61	25.93	61.89	7.04
塑料包装箱及容器制造	27.66	4.24	20.43	77.36	9.88
塑料包装箱及容器制造	27.66	4.24	20.43	77.36	9.88
塑料零件制造	14.04	6.08	56.81	65.53	6.98

1－D－2 续表 14－9

单位：个、万元、人

指 标 名 称	企业亏损面（%）	亏损率（%）	出口交货值占工业销售比重（%）	利润总额占利税比重（%）	存货周转次数（次）
塑料零件制造	14.04	6.08	56.81	65.53	6.98
日用塑料制造	20.51	2.09	79.18	77.74	7.66
塑料鞋制造	25.00	12.62	73.16	37.44	6.49
日用塑料杂品制造	20.00	1.99	79.43	78.44	7.72
其他塑料制品制造	23.81	12.42	52.04	63.18	5.90
其他塑料制品制造	23.81	12.42	52.04	63.18	5.90
非金属矿物制品业	25.89	12.61	23.19	63.54	4.48
水泥、石灰和石膏的制造	9.09	31.10		31.61	11.67
水泥制造	11.11	33.06		29.97	12.34
石灰和石膏制造				74.97	1.81
水泥及石膏制品制造	18.75	9.85	1.36	56.32	6.44
水泥制品制造	25.00	11.24	0.40	55.28	6.59
砼结构构件制造				60.39	8.43
轻质建筑材料制造			13.66	66.31	4.11
砖瓦、石材及其他建筑材料制造	42.86	18.39	4.87	52.76	2.99
粘土砖瓦及建筑砌块制造	50.00	3058.55		102.71	9.03
建筑陶瓷制品制造	44.44	9.48	1.09	56.25	2.94
建筑用石加工	25.00	117.15	24.32	－1.79	1.79
防水建筑材料制造	50.00	156.99	52.56	236.78	4.44
隔热和隔音材料制造	66.67	127.25	67.31	－52.69	3.53
其他建筑材料制造				38.28	11.36
玻璃及玻璃制品制造	33.75	10.40	47.67	72.40	3.61
平板玻璃制造	33.33	1.96	…	34.47	5.23
技术玻璃制品制造	54.55	64.72	33.37	35.94	3.09
光学玻璃制造			97.52	89.95	7.28
日用玻璃制品及玻璃包装容器制造	12.00	4.74	38.11	63.27	4.47
玻璃纤维及制品制造	47.06	7.73	64.13	78.85	3.21
玻璃纤维增强塑料制品制造	20.00	4.86	20.60	68.72	3.36
其他玻璃制品制造	28.57	40.12	10.89	36.27	8.00
陶瓷制品制造			76.86	79.64	14.71
卫生陶瓷制品制造			73.04	75.39	13.92
特种陶瓷制品制造			20.93	71.41	4.71
日用陶瓷制品制造			96.23	99.88	25.66
园林、陈设艺术及其他陶瓷制品制造			100.00	100.00	29.44
耐火材料制品制造	15.38	33.44	35.70	53.28	6.56
石棉制品制造	33.33	20.48	86.34	94.91	3.12
耐火陶瓷制品及其他耐火材料制造	10.00	34.04	28.33	52.01	7.99
石墨及其他非金属矿物制品制造	25.00	8.96	20.75	79.59	3.34

1－D－2 续表 14－10

单位：个、万元、人

指 标 名 称	企业亏损面（%）	亏损率（%）	出口交货值占工业销售比重（%）	利润总额占利税比重（%）	存货周转次数（次）
石墨及碳素制品制造	20.00	12.56	62.57	59.81	3.98
其他非金属矿物制品制造	28.57	8.68	0.42	81.57	3.05
黑色金属冶炼及压延加工业	25.00	93.36	8.09	6.93	8.19
炼 钢	50.00	13.13		90.38	5.96
炼 钢	50.00	13.13		90.38	5.96
钢压延加工	25.00	106.95	8.53	－7.36	8.36
钢压延加工	25.00	106.95	8.53	－7.36	8.36
铁合金冶炼				41.09	5.47
铁合金冶炼				41.09	5.47
有色金属冶炼及压延加工业	38.71	22.15	14.38	66.49	9.22
常用有色金属冶炼	46.15	23.45	19.46	60.06	5.53
铜冶炼	60.00	30.36		40.35	16.00
镍钴冶炼	33.33	21.02	24.19	65.44	4.62
镁冶炼			90.00	77.85	15.47
其他常用有色金属冶炼	100.00			103.60	55.32
贵金属冶炼				93.65	3.57
金冶炼				93.65	3.57
稀有稀土金属冶炼	66.67	184.97		－190.13	2.25
钨钼冶炼	100.00			210.69	5.93
稀土金属冶炼	50.00	117.84		－23.30	1.88
有色金属合金制造	28.57	24.70	10.42	73.06	11.14
有色金属合金制造	28.57	24.70	10.42	73.06	11.14
有色金属压延加工	38.71	20.33	14.37	66.65	13.15
常用有色金属压延加工	40.68	47.66	14.73	43.76	13.11
贵金属压延加工				85.36	748.86
稀有稀土金属压延加工			5.63	66.60	10.26
金属制品业	30.22	18.14	46.15	67.91	5.89
结构性金属制品制造	27.12	5.04	18.21	79.59	5.25
金属结构制造	29.27	5.18	15.95	80.69	5.76
金属门窗制造	22.22	4.54	28.49	76.05	3.68
金属工具制造	25.30	13.92	59.53	61.94	4.99
切削工具制造	26.67	6.30	55.71	73.18	4.74
手工具制造	19.35	17.59	54.93	50.52	6.94
农用及园林用金属工具制造	50.00	31.56	79.58	48.51	3.40
刀剪及类似日用金属工具制造			56.41	59.84	5.31
其他金属工具制造	29.41	15.33	55.38	74.01	4.10
集装箱及金属包装容器制造	23.81	7.50	54.83	62.02	7.67
集装箱制造	33.33	5.60	100.00	95.95	7.17

1-D-2　续表 14-11

单位：个、万元、人

指　标　名　称	企业亏损面（%）	亏损率（%）	出口交货值占工业销售比重（%）	利润总额占利税比重（%）	存货周转次数（次）
金属压力容器制造	33.33	0.15	2.97	50.49	5.29
金属包装容器制造	20.00	8.23	6.64	61.49	8.69
金属丝绳及其制品的制造	37.04	34.12	15.42	68.81	5.88
金属丝绳及其制品的制造	37.04	34.12	15.42	68.81	5.88
建筑、安全用金属制品制造	34.46	26.14	65.80	68.26	6.19
建筑、家具用金属配件制造	29.41	18.21	62.38	64.97	6.39
建筑装饰及水暖管道零件制造	35.48	28.26	69.48	75.38	5.95
安全、消防用金属制品制造	54.55	146.78	67.92	-977.34	7.26
其他建筑、安全用金属制品制造	42.86	41.41	45.37	32.66	4.58
金属表面处理及热处理加工	32.26	39.12	7.74	53.69	5.24
金属表面处理及热处理加工	32.26	39.12	7.74	53.69	5.24
搪瓷制品制造	25.00	22.59	96.17	77.78	2.56
搪瓷卫生洁具制造	33.33	871.54	99.89	259.17	2.37
搪瓷日用品及其他搪瓷制品制造			90.97	90.83	2.80
不锈钢及类似日用金属制品制造	28.57	22.95	80.01	56.58	4.31
金属制厨房调理及卫生器具制造	18.75	19.57	70.05	64.55	6.07
金属制厨用器皿及餐具制造	20.00	7.07	76.37	67.31	4.09
其他日用金属制品制造	45.45	86.84	90.69	9.36	3.96
其他金属制品制造	28.57	48.85	4.10	47.24	14.73
其他未列明的金属制品制造	28.57	48.85	4.10	47.24	14.73
通用设备制造业	19.95	7.17	44.00	74.47	4.22
锅炉及原动机制造	15.00	0.90	16.01	84.49	2.18
锅炉及辅助设备制造	20.00	2.22	6.43	81.39	4.90
内燃机及配件制造			32.73	84.68	1.24
汽轮机及辅机制造	20.00	0.87	15.91	85.01	1.92
金属加工机械制造	27.42	5.97	20.70	74.76	1.95
金属切削机床制造	40.91	17.23	8.04	58.76	2.00
金属成形机床制造	5.88	0.04	10.89	80.50	1.52
铸造机械制造	33.33	3.42	79.01	46.87	1.37
金属切割及焊接设备制造	42.86	20.15	64.72	90.19	5.17
机床附件制造			23.54	84.96	1.39
其他金属加工机械制造	37.50	23.03	39.14	66.43	3.32
起重运输设备制造	15.25	1.02	28.66	80.99	8.29
起重运输设备制造	15.25	1.02	28.66	80.99	8.29
泵、阀门、压缩机及类似机械的制造	16.10	9.02	61.80	70.67	5.07
泵及真空设备制造	27.78	5.66	57.38	77.13	4.62
气体压缩机械制造	21.43	42.80	48.14	56.65	6.46
阀门和旋塞的制造	15.25	7.14	73.42	65.27	5.19

1－D－2 续表 14－12

单位：个、万元、人

指 标 名 称	企业亏损面（%）	亏损率（%）	出口交货值占工业销售比重（%）	利润总额占利税比重（%）	存货周转次数（次）
液压和气压动力机械及元件制造	5.41	1.95	21.07	77.88	3.57
轴承、齿轮、传动和驱动部件的制造	18.18	6.05	50.04	74.67	4.01
轴承制造	20.54	6.64	47.41	75.65	3.65
齿轮、传动和驱动部件制造	13.21	3.96	56.38	71.53	5.23
烘炉、熔炉及电炉制造	25.00	2.77	2.15	89.51	1.82
烘炉、熔炉及电炉制造	25.00	2.77	2.15	89.51	1.82
风机、衡器、包装设备等通用设备制造	25.90	21.93	46.43	70.60	4.15
风机、风扇制造	44.44	175.15	85.55	755.21	5.48
气体、液体分离及纯净设备制造	21.43	3.78	47.21	80.16	3.55
制冷、空调设备制造	18.18	8.09	12.41	80.08	3.83
风动和电动工具制造	33.93	47.39	71.22	47.35	4.76
喷枪及类似器具制造	15.38	3.66	82.23	76.36	7.26
包装专用设备制造			23.79	65.30	2.29
衡器制造			12.07	77.88	1.80
其他通用设备制造	28.57	868.45	29.16	116.10	1.66
通用零部件制造及机械修理	19.44	10.17	49.40	62.73	4.00
金属密封件制造	11.11	13.00	46.23	78.74	4.72
紧固件、弹簧制造	18.45	5.00	53.02	63.15	3.87
机械零部件加工及设备修理	32.26	79.62	26.30	26.48	4.02
其他通用零部件制造	14.29	27.82	29.54	55.12	5.32
金属铸、锻加工	25.58	6.79	32.34	71.67	4.83
钢铁铸件制造	25.81	4.39	33.42	76.54	5.92
锻件及粉末冶金制品制造	25.00	14.95	30.23	57.63	3.58
专用设备制造业	24.69	12.92	33.00	75.98	3.52
矿山、冶金、建筑专用设备制造	21.43	4.61	23.86	81.96	4.54
石油钻采专用设备制造				62.50	2.64
建筑工程用机械制造			20.63	83.62	4.87
建筑材料生产专用机械制造	50.00	22.52	13.31	50.23	5.96
冶金专用设备制造	20.00	89.26	63.38	38.45	2.56
化工、木材、非金属加工专用设备制造	24.22	10.99	31.00	76.56	2.96
炼油、化工生产专用设备制造	28.57	52.30	29.94	58.03	3.11
橡胶加工专用设备制造	20.00	3.78	18.85	73.37	3.66
塑料加工专用设备制造	25.00	5.17	35.74	79.20	2.72
木材加工机械制造	20.00	124.56	48.77	-81.98	5.51
模具制造	24.27	17.03	21.73	73.55	3.23
其他非金属加工专用设备制造			83.89	97.17	7.62
食品、饮料、烟草及饲料生产专用设备制造	21.43	6.60	31.23	87.20	5.23
食品、饮料、烟草工业专用设备制造			32.69	88.40	5.95

1-D-2 续表14-13 单位：个、万元、人

指标名称	企业亏损面（%）	亏损率（%）	出口交货值占工业销售比重（%）	利润总额占利税比重（%）	存货周转次数（次）
农副食品加工专用设备制造	75.00	310.23	14.58	124.16	2.30
印刷、制药、日化生产专用设备制造	19.05	4.16	23.83	48.67	3.57
制浆和造纸专用设备制造	50.00	21.91	15.34	85.92	3.63
印刷专用设备制造	15.38	1.31	22.42	45.10	4.71
日用化工专用设备制造			100.00	100.00	0.70
制药专用设备制造			30.07	67.64	4.67
照明器具生产专用设备制造	100.00			131.62	1.69
玻璃、陶瓷和搪瓷制品生产专用设备制造			19.98	64.05	1.43
纺织、服装和皮革工业专用设备制造	31.46	30.25	38.13	66.46	2.97
纺织专用设备制造	28.57	33.61	16.48	66.41	2.59
皮革、毛皮及其制品加工专用设备制造	33.33	40.49	11.61	51.39	4.20
缝纫机械制造	33.33	26.34	52.17	70.18	3.07
其他服装加工专用设备制造	33.33	27.68	46.72	56.25	2.81
电子和电工机械专用设备制造	21.43	23.94	30.43	63.34	5.64
电工机械专用设备制造			18.28	44.80	6.10
电子工业专用设备制造	25.00	24.71	32.65	64.50	5.57
农、林、牧、渔专用机械制造	33.33	41.49	38.81	69.84	4.60
拖拉机制造	50.00	1417.75	4.83	102.65	3.26
机械化农业及园艺机具制造	36.00	12.74	47.83	77.99	5.17
农林牧渔机械配件制造			55.08	67.68	6.03
其他农林牧渔业机械制造及机械修理				100.00	2.15
医疗仪器设备及器械制造	10.00	1.43	74.08	87.09	4.84
医疗诊断、监护及治疗设备制造			82.79	79.96	4.03
口腔科用设备及器具制造			93.65	99.74	2.94
实验室及医用消毒设备和器具的制造			99.13	99.52	1.68
医疗、外科及兽医用器械制造	6.67	1.68	71.87	88.95	5.73
机械治疗及病房护理设备制造	50.00	21.12	58.16	43.74	4.56
其他医疗设备及器械制造	20.00	7.22	71.24	77.21	2.89
环保、社会公共安全及其他专用设备制造	21.88	24.01	16.52	69.22	4.16
环境污染防治专用设备制造	30.00	34.01	5.10	65.06	4.11
邮政专用机械及器材制造			37.79	73.53	3.17
社会公共安全设备及器材制造	18.18	3.30	66.89	81.41	5.26
其他专用设备制造	20.00	1.82	10.94	73.24	3.40
交通运输设备制造业	25.81	10.64	52.96	81.66	4.51
铁路运输设备制造	100.00		81.25	107.34	10.68
铁路机车车辆配件制造	100.00		100.00	101.80	4.28
铁路专用设备及器材、配件制造	100.00		86.17	-7.12	171.37
其他铁路设备制造及设备修理	100.00			105.74	2.82

1－D－2 续表 14－14 单位：个、万元、人

指标名称	企业亏损面（%）	亏损率（%）	出口交货值占工业销售比重（%）	利润总额占利税比重（%）	存货周转次数（次）
汽车制造	22.90	13.27	34.53	74.14	5.78
汽车整车制造	42.86	20.52	20.29	55.48	5.02
改装汽车制造	100.00			－59.50	2.08
汽车车身、挂车的制造	75.00	1239.58	10.74	103.29	2.05
汽车零部件及配件制造	21.50	12.14	36.19	75.36	5.91
汽车修理	20.00	28.68		55.65	4.81
摩托车制造	38.46	59.25	26.09	35.62	6.31
摩托车零部件及配件制造	38.46	59.25	26.09	35.62	6.31
自行车制造	42.50	82.18	55.39	25.02	5.80
脚踏自行车及残疾人座车制造	45.83	197.19	80.52	400.40	6.08
助动自行车制造	37.50	23.95	17.44	63.62	5.39
船舶及浮动装置制造	15.63	2.07	91.14	97.19	3.04
金属船舶制造	28.57	0.32	96.28	98.32	2.79
非金属船舶制造			45.32	99.13	1.24
娱乐船和运动船的建造和修理	25.00	167.54	85.84	122.49	1.17
船用配套设备制造	9.09	0.07	85.68	83.55	12.58
船舶修理及拆船			94.91	98.30	10.26
交通器材及其他交通运输设备制造	60.00	1117.82	96.70	339.40	5.61
交通管理用金属标志及设施制造	100.00		98.33	106.98	5.96
其他交通运输设备制造	50.00	200.23	95.96	－17.97	5.45
电气机械及器材制造业	21.31	9.92	44.35	72.49	7.31
电机制造	14.29	6.07	59.49	77.03	5.48
发电机及发电机组制造	16.67	18.41	47.41	59.12	2.15
电动机制造	14.71	4.21	57.41	85.06	7.03
微电机及其他电机制造	13.33	4.02	65.10	73.42	7.71
输配电及控制设备制造	19.76	8.09	31.23	70.53	5.98
变压器、整流器和电感器制造	18.18	2.96	31.27	78.56	5.58
电容器及其配套设备制造			11.71	74.01	9.37
配电开关控制设备制造	17.33	8.84	22.81	71.18	5.34
电力电子元器件制造	29.63	8.58	49.29	65.87	7.54
其他输配电及控制设备制造			55.27	68.26	10.50
电线、电缆、光缆及电工器材制造	22.22	23.68	27.74	70.17	10.11
电线电缆制造	22.22	28.96	29.57	67.92	10.83
光纤、光缆制造	14.29	8.30	21.07	83.62	9.21
绝缘制品制造	25.00	1.03	27.54	65.35	5.60
其他电工器材制造	28.57	6.78	9.11	52.82	5.90
电池制造	17.65	7.39	41.98	76.23	7.83
电池制造	17.65	7.39	41.98	76.23	7.83

1－D－2 续表 14－15

单位：个、万元、人

指 标 名 称	企业亏损面（%）	亏损率（%）	出口交货值占工业销售比重（%）	利润总额占利税比重（%）	存货周转次数（次）
家用电力器具制造	25.16	7.26	42.14	73.71	9.40
家用制冷电器具制造	18.18	19.02	37.86	64.17	10.71
家用空气调节器制造	14.29	13.99	44.52	32.64	2.92
家用通风电器具制造			60.61	59.00	11.58
家用厨房电器具制造	23.81	4.17	22.65	74.68	8.22
家用清洁卫生电器具制造	25.81	4.89	48.86	77.68	13.19
家用美容、保健电器具制造	33.33	87.37	78.14	21.30	10.05
家用电力器具专用配件制造	31.25	8.33	47.76	68.83	8.92
其他家用电力器具制造	32.26	33.58	68.34	65.37	7.98
非电力家用器具制造	30.00	23.17	44.88	59.51	4.33
燃气、太阳能及类似能源的器具制造	23.08	6.96	13.79	67.29	4.07
其他非电力家用器具制造	42.86	91.00	99.05	9.91	4.80
照明器具制造	22.95	9.53	62.03	68.32	7.14
电光源制造	18.60	4.81	42.34	71.80	6.80
照明灯具制造	27.83	15.02	69.51	65.44	7.64
灯用电器附件及其他照明器具制造	8.00	1.95	76.68	67.83	5.67
其他电气机械及器材制造	16.67	76.72	77.55	28.12	7.85
车辆专用照明及电气信号设备装置制造	16.67	113.29	83.65	－27.45	8.89
其他未列明的电气机械制造	16.67	4.02	59.16	63.50	5.76
通信设备、计算机及其他电子设备制造业	29.31	15.54	72.13	82.11	9.89
通信设备制造	26.79	34.98	60.56	68.48	12.01
通信传输设备制造	5.88	5.53	32.24	78.10	3.79
通信交换设备制造	42.86	47.89	0.66	29.17	8.95
通信终端设备制造	50.00	24.45	28.57	45.12	7.16
移动通信及终端设备制造	31.58	43.13	64.55	69.50	14.55
其他通信设备制造	28.57	36.05	63.05	54.92	4.97
雷达及配套设备制造	50.00	7.44	14.74	74.94	5.51
雷达及配套设备制造	50.00	7.44	14.74	74.94	5.51
广播电视设备制造	35.00	26.04	72.31	65.46	5.42
广播电视节目制作及发射设备制造			98.40	97.07	21.10
广播电视接收设备及器材制造	38.89	31.69	82.77	84.63	4.98
应用电视设备及其他广播电视设备制造				37.06	8.84
电子计算机制造	28.57	6.65	85.84	87.48	12.55
电子计算机整机制造			100.00	100.00	8.09
计算机网络设备制造	33.33	0.01	21.60	80.12	6.19
电子计算机外部设备制造	28.57	12.34	93.96	95.49	15.06
电子器件制造	35.90	50.14	40.49	65.26	4.64
电子真空器件制造	100.00		5.21	176.84	4.83

1－D－2 续表 14－16 单位：个、万元、人

指 标 名 称	企业亏损面（%）	亏损率（%）	出口交货值占工业销售比重（%）	利润总额占利税比重（%）	存货周转次数（次）
半导体分立器件制造	34.62	8.70	34.15	78.38	3.87
集成电路制造	57.14	172.74	20.27	332.36	3.05
光电子器件及其他电子器件制造	25.00	60.24	52.82	63.08	7.27
电子元件制造	24.12	14.17	59.99	81.25	6.57
电子元件及组件制造	24.18	12.93	61.61	81.77	6.96
印制电路板制造	23.53	36.71	46.58	70.10	4.48
家用视听设备制造	38.89	11.98	87.94	71.47	8.78
家用影视设备制造	25.00	2.76	89.04	94.64	12.63
家用音响设备制造	42.86	29.39	86.03	43.68	5.65
其他电子设备制造	31.58	14.33	77.12	78.29	6.38
其他电子设备制造	31.58	14.33	77.12	78.29	6.38
仪器仪表及文化、办公用机械制造业	22.47	10.93	46.27	78.12	5.27
通用仪器仪表制造	21.74	3.15	34.19	77.29	5.50
工业自动控制系统装置制造	33.33	2.41	13.73	72.94	3.95
电工仪器仪表制造			42.93	71.69	4.91
绘图、计算及测量仪器制造	25.00	1.45	74.57	60.96	5.49
实验分析仪器制造	30.00	66.63	77.53	54.35	4.19
试验机制造				79.96	5.13
供应用仪表及其他通用仪器制造	7.14	0.26	14.71	86.56	9.10
专用仪器仪表制造	35.71	21.54	46.57	86.74	6.73
环境监测专用仪器仪表制造			0.66	51.39	2.22
汽车及其他用计数仪表制造	33.33	10.95	0.04	30.29	4.36
导航、气象及海洋专用仪器制造	100.00		30.69	141.86	4.49
教学专用仪器制造			58.15	38.77	49.39
电子测量仪器制造	50.00	1287.57	80.15	107.61	9.51
其他专用仪器制造			45.33	99.10	11.33
钟表与计时仪器制造	12.50	31.29	41.27	39.60	3.50
钟表与计时仪器制造	12.50	31.29	41.27	39.60	3.50
光学仪器及眼镜制造	15.87	12.68	60.27	73.68	4.50
光学仪器制造	9.52	15.89	57.99	70.31	6.06
眼镜制造	19.05	8.06	63.44	78.67	3.29
文化、办公用机械制造	35.00	20.16	73.60	83.86	5.74
照相机及器材制造	20.00	3.64	83.63	91.10	7.24
复印和胶印设备制造	25.00	4.31	11.97	72.58	2.89
计算器及货币专用设备制造	100.00			101.03	1.87
其他文化、办公用机械制造	50.00	122.44	83.66	158.26	4.55
其他仪器仪表的制造及修理	50.00	1007.96	42.83	223.07	3.97
其他仪器仪表的制造及修理	50.00	1007.96	42.83	223.07	3.97

1－D－2 续表 14－17 单位：个、万元、人

指 标 名 称	企业亏损面（%）	亏损率（%）	出口交货值占工业销售比重（%）	利润总额占利税比重（%）	存货周转次数（次）
工艺品及其他制造业	30.49	16.96	60.72	60.85	5.60
工艺美术品制造	34.42	14.59	63.73	63.34	5.13
雕塑工艺品制造	46.67	152.32	81.06	－28.38	7.23
金属工艺品制造	30.00	71.32	76.39	19.80	5.46
漆器工艺品制造	40.00	51.69	89.74	10.74	6.56
花画工艺品制造	50.00	250.64	75.90	718.29	10.18
天然植物纤维编织工艺品制造	26.67	13.40	78.18	45.61	7.56
抽纱刺绣工艺品制造	25.58	2.74	81.95	72.09	6.81
地毯、挂毯制造	15.38	47.18	69.95	33.72	3.70
珠宝首饰及有关物品的制造	14.29	0.53	28.21	73.87	3.62
其他工艺美术品制造	46.51	31.50	83.42	62.09	7.59
日用杂品制造	21.18	23.40	56.02	54.58	6.73
制镜及类似品加工	16.67	1.00	12.57	70.19	8.41
鬃毛加工、制刷及清扫工具的制造	23.81	90.12	67.62	18.17	6.13
其他日用杂品制造	20.69	17.85	59.32	52.25	6.70
其他未列明的制造业	20.00	2.38	42.40	73.70	5.61
其他未列明的制造业	20.00	2.38	42.40	73.70	5.61
废弃资源和废旧材料回收加工业	80.36	581.24	0.74	132.40	7.34
金属废料和碎屑的加工处理	87.76	636.10	0.01	127.33	7.52
金属废料和碎屑的加工处理	87.76	636.10	0.01	127.33	7.52
非金属废料和碎屑的加工处理	28.57	70.33	16.94	17.17	4.42
非金属废料和碎屑的加工处理	28.57	70.33	16.94	17.17	4.42
电力、燃气及水的生产和供应业	**28.79**	**20.62**		**54.90**	**16.65**
电力、热力的生产和供应业	26.53	21.73		51.21	15.17
电力生产	27.27	21.90		51.98	14.77
火力发电	28.95	22.43		50.52	14.65
水力发电				81.18	34.69
其他能源发电	50.00	286.06		160.79	
热力生产和供应	20.00	16.74		36.03	21.31
热力生产和供应	20.00	16.74		36.03	21.31
燃气生产和供应业	30.77	11.95		79.87	63.11
燃气生产和供应业	30.77	11.95		79.87	63.11
燃气生产和供应业	30.77	11.95		79.87	63.11
水的生产和供应业	50.00	62.18		50.79	29.27
自来水的生产和供应				73.18	46.87
自来水的生产和供应				73.18	46.87
污水处理及其再生利用	100.00			100.00	12.49
污水处理及其再生利用	100.00			100.00	12.49

E. 大中小型企业

1－E－1 规模以上大型工业企业主要经济指标

单位：个、万元、人

指标名称	企业数	亏损企业	工业总产值（当年价格）	工业销售产值（当年价格）	出口交货值
总　计	**194**	**18**	**73990966**	**72707361**	**18228222**
一、按轻重工业分					
轻工业	110	6	21228822	20556493	6932176
重工业	84	12	52762144	52150868	11296046
二、按登记注册类型分					
内　资	**129**	**9**	**55729255**	**54997808**	**9470239**
国　有	6	2	12739009	12719588	117821
有限责任公司	43	5	11258384	10964173	3099149
国有独资公司	4	1	711097	727076	133647
其他有限责任公司	39	4	10547287	10237097	2965502
股份有限公司	33	2	17113997	16876531	1777657
私营企业	47		14617865	14437517	4475612
私营独资	1		232413	226580	56865
私营有限责任公司	40		9142231	8971649	3115340
私营股份有限公司	6		5243220	5239287	1303408
港澳台商投资	**24**	**2**	**5735278**	**5639822**	**1797860**
与港澳台商合资经营	11	1	2474880	2346020	703944
港澳台商独资	11		2896470	2787966	886364
港澳台商投资股份有限公司	2	1	363928	505836	207553
外商投资	**41**	**7**	**12526433**	**12069731**	**6960123**
中外合资经营	17	1	4134935	4055046	1093768
外资企业	19	6	7318567	7041202	5749673
外商投资股份有限公司	5		1072931	973483	116682
三、按控股情况分					
国有控股	24	6	27357412	27108203	1594211
集体控股	3		424895	412055	171529
私人控股	113	4	31171341	30502802	8240871
港澳台商控股	19	1	4311248	4286975	1330676
外商控股	30	7	9666854	9377353	6181380
其　他	5		1059215	1019974	709555
四、按国民经济行业（门类、大类、中类、小类）分					
采矿业	**1**	**1**	**77125**	**77038**	
煤炭开采和洗选业	1	1	77125	77038	
烟煤和无烟煤的开采洗选	1	1	77125	77038	
烟煤和无烟煤的开采洗选	1	1	77125	77038	
制造业	**190**	**15**	**63459983**	**62176465**	**18228222**
农副食品加工业	2	1	166783	165825	57836
水产品加工	2	1	166783	165825	57836
水产品冷冻加工	2	1	166783	165825	57836
食品制造业	3		693732	600627	

1－E－1　续表1－1

单位：个、万元、人

指 标 名 称	企业数	亏损企业	工业总产值（当年价格）	工业销售产值（当年价格）	出口交货值
方便食品制造	2		464210	462240	
米、面制品制造	1		36621	34651	
方便面及其他方便食品制造	1		427589	427589	
其他食品制造	1		229522	138387	
食品及饲料添加剂制造	1		229522	138387	
饮料制造业	5		912697	934899	7077
酒的制造	2		185188	202647	7077
啤酒制造	1		85137	83997	122
黄酒制造	1		100050	118650	6955
软饮料制造	3		727510	732252	
碳酸饮料制造	1		243649	251870	
茶饮料及其他软饮料制造	2		483861	480382	
纺织业	26	2	4451790	4324382	1255354
棉、化纤纺织及印染精加工	13	2	2500318	2439098	610443
棉、化纤纺织加工	6	1	1163996	1132768	251424
棉、化纤印染精加工	7	1	1336322	1306330	359019
丝绢纺织及精加工	5		1132181	1115392	354055
绢纺和丝织加工	5		1132181	1115392	354055
纺织制成品制造	4		384185	351800	107917
棉及化纤制品制造	2		148111	144312	104323
纺织带和帘子布制造	2		236074	207488	3593
针织品、编织品及其制品制造	4		435106	418092	182940
棉、化纤针织品及编织品制造	3		235286	220712	117978
丝针织品及编织品制造	1		199820	197380	64963
纺织服装、鞋、帽制造业	11	1	1710686	1556706	1031784
纺织服装制造	11	1	1710686	1556706	1031784
纺织服装制造	11	1	1710686	1556706	1031784
皮革、毛皮、羽毛(绒)及其制品业	12		1793031	1773611	987379
皮革鞣制加工	1		436954	437300	369482
皮革鞣制加工	1		436954	437300	369482
皮革制品制造	10		1308359	1288317	604428
皮鞋制造	8		910577	906535	267745
皮革服装制造	1		333382	321564	278920
其他皮革制品制造	1		64400	60219	57763
毛皮鞣制及制品加工	1		47719	47994	13469
毛皮服装加工	1		47719	47994	13469
木材加工及木、竹、藤、棕、草制品业	1		39417	39635	
人造板制造	1		39417	39635	
胶合板制造	1		39417	39635	
家具制造业	5	1	353465	345633	271013

1-E-1 续表1-2 单位：个、万元、人

指 标 名 称	企业数	亏损企业	工业总产值（当年价格）	工业销售产值（当年价格）	出口交货值
木质家具制造	1	1	68062	71035	71035
木质家具制造	1	1	68062	71035	71035
金属家具制造	2		118538	110311	101245
金属家具制造	2		118538	110311	101245
其他家具制造	2		166865	164287	98733
其他家具制造	2		166865	164287	98733
造纸及纸制品业	3	1	586600	564703	72069
造 纸	2	1	228603	222190	9048
机制纸及纸板制造	2	1	228603	222190	9048
纸制品制造	1		357997	342513	63021
纸和纸板容器的制造	1		357997	342513	63021
文教体育用品制造业	1		89528	84235	79158
文化用品制造	1		89528	84235	79158
笔的制造	1		89528	84235	79158
石油加工、炼焦及核燃料加工业	1	1	9019108	8968300	4858
精炼石油产品的制造	1	1	9019108	8968300	4858
原油加工及石油制品制造	1	1	9019108	8968300	4858
化学原料及化学制品制造业	8		4022296	3851857	530314
基础化学原料制造	1		680562	659116	61311
有机化学原料制造	1		680562	659116	61311
农药制造	2		410928	393761	231826
化学农药制造	1		305699	295143	171858
生物化学农药及微生物农药制造	1		105229	98618	59968
涂料、油墨、颜料及类似产品制造	2		1041647	998758	129865
染料制造	2		1041647	998758	129865
合成材料制造	1		904526	902256	
合成纤维单（聚合）体的制造	1		904526	902256	
专用化学产品制造	1		518494	448837	103745
信息化学品制造	1		518494	448837	103745
日用化学产品制造	1		466139	449130	3568
肥皂及合成洗涤剂制造	1		466139	449130	3568
医药制造业	5		1066479	1011133	585543
化学药品原药制造	3		847146	803515	574716
化学药品原药制造	3		847146	803515	574716
化学药品制剂制造	2		219332	207618	10827
化学药品制剂制造	2		219332	207618	10827
化学纤维制造业	6		3106835	3040988	184695
合成纤维制造	6		3106835	3040988	184695
涤纶纤维制造	6		3106835	3040988	184695

1－E－1 续表1－3

单位：个、万元、人

指 标 名 称	企业数	亏损企业	工业总产值（当年价格）	工业销售产 值（当年价格）	出口交货值
橡胶制品业	4	1	1753782	1790082	569043
轮胎制造	3	1	1686922	1724621	526260
车辆、飞机及工程机械轮胎制造	3	1	1686922	1724621	526260
橡胶靴鞋制造	1		66860	65461	42783
橡胶靴鞋制造	1		66860	65461	42783
塑料制品业	2		1000458	993299	177144
塑料薄膜制造	1		861071	859248	125375
塑料薄膜制造	1		861071	859248	125375
塑料板、管、型材的制造	1		139387	134051	51769
塑料板、管、型材的制造	1		139387	134051	51769
非金属矿物制品业	3		1253080	1125789	206525
砖瓦、石材及其他建筑材料制造	1		288404	240593	
建筑陶瓷制品制造	1		288404	240593	
玻璃及玻璃制品制造	2		964676	885196	206525
技术玻璃制品制造	1		598681	585908	2426
玻璃纤维及制品制造	1		365995	299288	204099
黑色金属冶炼及压延加工业	3	1	3670494	3492141	48502
钢压延加工	3	1	3670494	3492141	48502
钢压延加工	3	1	3670494	3492141	48502
有色金属冶炼及压延加工业	2	1	1317212	1333078	601464
有色金属压延加工	2	1	1317212	1333078	601464
常用有色金属压延加工	2	1	1317212	1333078	601464
金属制品业	11		2079018	2028074	508600
结构性金属制品制造	6		1357258	1349628	219662
金属结构制造	4		1048655	1044483	102811
金属门窗制造	2		308603	305145	116851
金属丝绳及其制品的制造	1		245402	215164	
金属丝绳及其制品的制造	1		245402	215164	
建筑、安全用金属制品制造	1		95771	94680	40465
建筑、家具用金属配件制造	1		95771	94680	40465
不锈钢及类似日用金属制品制造	3		380588	368602	248473
金属制厨用器皿及餐具制造	3		380588	368602	248473
通用设备制造业	13	1	3201270	3153049	719131
锅炉及原动机制造	1		265348	255230	49255
汽轮机及辅机制造	1		265348	255230	49255
起重运输设备制造	1		408499	405538	73149
起重运输设备制造	1		408499	405538	73149
泵、阀门、压缩机及类似机械的制造	3	1	430812	422603	167158
泵及真空设备制造	1		105120	105003	103194

1－E－1 续表1－4

单位：个、万元、人

指标名称	企业数	亏损企业	工业总产值（当年价格）	工业销售产值（当年价格）	出口交货值
气体压缩机械制造	2	1	325692	317600	63963
轴承、齿轮、传动和驱动部件的制造	3		306409	285812	102851
轴承制造	2		156306	150123	89191
齿轮、传动和驱动部件制造	1		150104	135689	13661
风机、衡器、包装设备等通用设备制造	3		1127951	1119974	134590
制冷、空调设备制造	3		1127951	1119974	134590
通用零部件制造及机械修理	2		662251	663892	192128
紧固件、弹簧制造	1		185159	191582	67305
其他通用零部件制造	1		477093	472310	124823
专用设备制造业	4	1	1189668	1151705	264274
化工、木材、非金属加工专用设备制造	1		376964	359050	134375
塑料加工专用设备制造	1		376964	359050	134375
纺织、服装和皮革工业专用设备制造	2	1	313339	305091	129899
缝纫机械制造	2	1	313339	305091	129899
环保、社会公共安全及其他专用设备制造	1		499365	487564	
环境污染防治专用设备制造	1		499365	487564	
交通运输设备制造业	12		7898177	7860744	3048217
汽车制造	5		5613036	5601598	1380820
汽车整车制造	1		163730	163730	24304
汽车零部件及配件制造	4		5449306	5437869	1356516
摩托车制造	2		786638	784052	313002
摩托车整车制造	1		433401	431963	112187
摩托车零部件及配件制造	1		353237	352089	200815
船舶及浮动装置制造	5		1498504	1475094	1354395
金属船舶制造	4		1296011	1272600	1151902
船用配套设备制造	1		202494	202494	202494
电气机械及器材制造业	22	1	4503693	4433785	1632595
电机制造	6	1	1157053	1128543	538783
电动机制造	4		861825	844970	288059
微电机及其他电机制造	2	1	295227	283573	250724
输配电及控制设备制造	3		762981	761286	66273
配电开关控制设备制造	2		404533	402665	20110
电力电子元器件制造	1		358447	358621	46162
电池制造	1		154865	154865	
电池制造	1		154865	154865	
家用电力器具制造	9		1989520	1961970	674897
家用制冷电器具制造	1		411331	412993	148677
家用空气调节器制造	2		491468	489676	231879
家用通风电器具制造	1		125800	118941	8605

1-E-1 续表1-5

单位：个、万元、人

指 标 名 称	企业数	亏损企业	工业总产值（当年价格）	工业销售产值（当年价格）	出口交货值
家用厨房电器具制造	3		577349	557188	137365
家用清洁卫生电器具制造	1		295222	296007	69923
其他家用电力器具制造	1		88350	87165	78448
照明器具制造	3		439275	427122	352642
照明灯具制造	2		345114	335013	283088
灯用电器附件及其他照明器具制造	1		94161	92109	69554
通信设备、计算机及其他电子设备制造业	12	2	5902076	5941437	4778092
通信设备制造	3	2	507259	648955	300885
移动通信及终端设备制造	3	2	507259	648955	300885
电子计算机制造	4		4590807	4500170	4018793
电子计算机整机制造	1		633995	631071	631071
计算机网络设备制造	1		601007	598883	117506
电子计算机外部设备制造	2		3355804	3270216	3270216
电子元件制造	4		555078	543643	258183
电子元件及组件制造	4		555078	543643	258183
家用视听设备制造	1		248933	248669	200231
家用影视设备制造	1		248933	248669	200231
仪器仪表及文化、办公用机械制造业	7		1085274	1043034	247867
通用仪器仪表制造	2		673259	653877	84340
供应用仪表及其他通用仪器制造	2		673259	653877	84340
专用仪器仪表制造	1		177364	159010	26507
汽车及其他用计数仪表制造	1		177364	159010	26507
光学仪器及眼镜制造	2		72272	70949	51106
光学仪器制造	1		38392	37278	19118
眼镜制造	1		33880	33672	31988
文化、办公用机械制造	2		162380	159199	85913
照相机及器材制造	1		62344	61975	58867
其他文化、办公用机械制造	1		100036	97224	27047
工艺品及其他制造业	6		593333	567716	359689
工艺美术品制造	2		129599	123050	61215
其他工艺美术品制造	2		129599	123050	61215
日用杂品制造	4		463734	444666	298475
其他日用杂品制造	4		463734	444666	298475
电力、燃气及水的生产和供应业	**3**	**2**	**10453858**	**10453858**	
电力、热力的生产和供应业	3	2	10453858	10453858	
电力生产	2	2	546501	546501	
火力发电	2	2	546501	546501	
电力供应	1		9907357	9907357	
电力供应	1		9907357	9907357	

1－E－1 续表2－1

单位：个、万元、人

指标名称	资产总计	流动资产合计	应收帐款	存货	产成品
总计	**59492559**	**28767268**	**5134246**	**7816297**	**2732346**
一、按轻重工业分					
轻工业	18656790	10987397	2004981	2645887	1293453
重工业	40835769	17779871	3129265	5170410	1438892
二、按登记注册类型分					
内资	**44210649**	**20048719**	**3166496**	**5410739**	**1697473**
国有	11832610	2444210	48210	386003	54842
有限责任公司	11368190	6191196	1016393	1931214	731441
国有独资公司	1072924	651347	117240	188596	108572
其他有限责任公司	10295266	5539849	899153	1742618	622869
股份有限公司	8981520	4304281	988536	1333213	400912
私营企业	12028329	7109031	1113357	1760309	510277
私营独资	229508	121343	5375	39707	26534
私营有限责任公司	8719421	5010478	819693	1006201	313961
私营股份有限公司	3079401	1977210	288289	714401	169782
港澳台商投资	**5819297**	**3511928**	**600215**	**852881**	**392356**
与港澳台商合资经营	2666854	1547844	154082	432594	187576
港澳台商独资	2560718	1558197	307867	324446	150700
港澳台商投资股份有限公司	591725	405888	138266	95841	54080
外商投资	**9462614**	**5206622**	**1367536**	**1552676**	**642517**
中外合资经营	3597846	1885022	557854	486659	293576
外资企业	4914474	2719821	656529	832941	253702
外商投资股份有限公司	950294	601779	153153	233075	95239
三、按控股情况分					
国有控股	21213115	6497800	774905	1999227	530978
集体控股	574286	339889	87975	45936	18867
私人控股	25580249	14625464	2682788	3746803	1364167
港澳台商控股	4367339	2658882	520028	629075	346214
外商控股	6594161	3844217	996396	1096599	366127
其他	1163410	801017	72155	298658	105993
四、按国民经济行业(门类、大类、中类、小类)分					
采矿业	**92531**	**37049**	**7907**	**3588**	**887**
煤炭开采和洗选业	92531	37049	7907	3588	887
烟煤和无烟煤的开采洗选	92531	37049	7907	3588	887
烟煤和无烟煤的开采洗选	92531	37049	7907	3588	887
制造业	**50801678**	**27880437**	**5112169**	**7789088**	**2731458**
农副食品加工业	434112	286549	10912	63325	31141
水产品加工	434112	286549	10912	63325	31141
水产品冷冻加工	434112	286549	10912	63325	31141
食品制造业	330795	213586	91757	28160	24149

1－E－1 续表2－2

单位：个、万元、人

指标名称	资产总计	流动资产合计	应收帐款	存货	产成品
方便食品制造	218529	145048	77492	14791	14791
米、面制品制造	50330	27715	5674	4808	4808
方便面及其他方便食品制造	168200	117332	71819	9983	9983
其他食品制造	112266	68538	14265	13369	9358
食品及饲料添加剂制造	112266	68538	14265	13369	9358
饮料制造业	744650	396656	28835	174430	86992
酒的制造	398274	199724	16410	131427	68585
啤酒制造	102009	40171	923	34405	844
黄酒制造	296265	159553	15488	97022	67742
软饮料制造	346375	196931	12424	43003	18407
碳酸饮料制造	93843	47610	4923	20795	3884
茶饮料及其他软饮料制造	252533	149321	7502	22208	14523
纺织业	4684224	2770279	407348	535116	217903
棉、化纤纺织及印染精加工	2204349	1279524	203717	262706	122741
棉、化纤纺织加工	1405279	871527	122315	195317	89661
棉、化纤印染精加工	799070	407997	81402	67389	33079
丝绢纺织及精加工	1406523	861847	67210	156661	34377
绢纺和丝织加工	1406523	861847	67210	156661	34377
纺织制成品制造	626027	394325	91977	74443	44299
棉及化纤制品制造	206296	112186	17423	32676	15037
纺织带和帘子布制造	419731	282139	74554	41766	29262
针织品、编织品及其制品制造	447325	234583	44444	41306	16486
棉、化纤针织品及编织品制造	272091	156949	35509	32889	11209
丝针织品及编织品制造	175235	77634	8934	8417	5277
纺织服装、鞋、帽制造业	1756050	921458	193285	303070	178165
纺织服装制造	1756050	921458	193285	303070	178165
纺织服装制造	1756050	921458	193285	303070	178165
皮革、毛皮、羽毛(绒)及其制品业	1547424	916889	261801	209935	54707
皮革鞣制加工	743895	433812	97753	117108	23154
皮革鞣制加工	743895	433812	97753	117108	23154
皮革制品制造	758066	451521	157584	78959	28773
皮鞋制造	489447	263957	73189	46003	20350
皮革服装制造	221006	170356	79593	26155	6234
其他皮革制品制造	47613	17207	4802	6801	2189
毛皮鞣制及制品加工	45464	31557	6465	13868	2781
毛皮服装加工	45464	31557	6465	13868	2781
木材加工及木、竹、藤、棕、草制品业	64378	20045	1444	14668	2497
人造板制造	64378	20045	1444	14668	2497
胶合板制造	64378	20045	1444	14668	2497
家具制造业	373965	218960	53158	74708	37046

1－E－1 续表2－3

单位：个、万元、人

指标名称	资产总计	流动资产合计	应收帐款	存货	产成品
木质家具制造	119328	55709	17392	25776	12834
木质家具制造	119328	55709	17392	25776	12834
金属家具制造	108085	79918	9117	24301	13465
金属家具制造	108085	79918	9117	24301	13465
其他家具制造	146552	83333	26649	24631	10747
其他家具制造	146552	83333	26649	24631	10747
造纸及纸制品业	379620	165275	47954	41865	21258
造　纸	288540	104114	30241	34409	20046
机制纸及纸板制造	288540	104114	30241	34409	20046
纸制品制造	91080	61161	17713	7456	1212
纸和纸板容器的制造	91080	61161	17713	7456	1212
文教体育用品制造业	54215	36731	15921	15013	7560
文化用品制造	54215	36731	15921	15013	7560
笔的制造	54215	36731	15921	15013	7560
石油加工、炼焦及核燃料加工业	2730387	683938	109077	445423	26391
精炼石油产品的制造	2730387	683938	109077	445423	26391
原油加工及石油制品制造	2730387	683938	109077	445423	26391
化学原料及化学制品制造业	3780624	2086016	260240	501273	177546
基础化学原料制造	1224767	484328	28958	69456	29382
有机化学原料制造	1224767	484328	28958	69456	29382
农药制造	453237	206959	29453	34664	22857
化学农药制造	299267	162941	21720	17004	17004
生物化学农药及微生物农药制造	153970	44018	7733	17660	5852
涂料、油墨、颜料及类似产品制造	757792	465373	83920	87677	44651
染料制造	757792	465373	83920	87677	44651
合成材料制造	306113	217636	89714	17090	5496
合成纤维单(聚合)体的制造	306113	217636	89714	17090	5496
专用化学产品制造	569468	378708	16175	204956	20496
信息化学品制造	569468	378708	16175	204956	20496
日用化学产品制造	469247	333011	12021	87430	54666
肥皂及合成洗涤剂制造	469247	333011	12021	87430	54666
医药制造业	1165780	585119	189896	180690	96409
化学药品原药制造	924183	451988	149498	144146	85462
化学药品原药制造	924183	451988	149498	144146	85462
化学药品制剂制造	241598	133131	40398	36544	10947
化学药品制剂制造	241598	133131	40398	36544	10947
化学纤维制造业	1700364	908868	54561	187655	83409
合成纤维制造	1700364	908868	54561	187655	83409
涤纶纤维制造	1700364	908868	54561	187655	83409

1－E－1　续表2－4

单位：个、万元、人

指标名称	资产总计	流动资产合计	应收帐款	存货	产成品
橡胶制品业	1605729	720492	211520	250917	162464
轮胎制造	1512753	641089	204980	236098	157442
车辆、飞机及工程机械轮胎制造	1512753	641089	204980	236098	157442
橡胶靴鞋制造	92976	79403	6540	14818	5022
橡胶靴鞋制造	92976	79403	6540	14818	5022
塑料制品业	403079	212672	8277	41344	12178
塑料薄膜制造	326537	176685	2855	24053	6003
塑料薄膜制造	326537	176685	2855	24053	6003
塑料板、管、型材的制造	76542	35987	5422	17291	6176
塑料板、管、型材的制造	76542	35987	5422	17291	6176
非金属矿物制品业	1922626	613827	81610	169883	106256
砖瓦、石材及其他建筑材料制造	239195	181957	6653	56901	50018
建筑陶瓷制品制造	239195	181957	6653	56901	50018
玻璃及玻璃制品制造	1683431	431870	74957	112982	56238
技术玻璃制品制造	783148	242878	24132	53531	10115
玻璃纤维及制品制造	900283	188992	50825	59451	46123
黑色金属冶炼及压延加工业	4083822	1701019	12058	582220	57582
钢压延加工	4083822	1701019	12058	582220	57582
钢压延加工	4083822	1701019	12058	582220	57582
有色金属冶炼及压延加工业	1030989	525065	29492	193545	145175
有色金属压延加工	1030989	525065	29492	193545	145175
常用有色金属压延加工	1030989	525065	29492	193545	145175
金属制品业	2129327	1398532	387007	339388	126742
结构性金属制品制造	1581740	1053201	302946	269441	68288
金属结构制造	1280411	849400	266838	237848	57952
金属门窗制造	301329	203801	36109	31593	10336
金属丝绳及其制品的制造	96465	71668	20741	9082	8800
金属丝绳及其制品的制造	96465	71668	20741	9082	8800
建筑、安全用金属制品制造	97973	53492	2814	4181	1375
建筑、家具用金属配件制造	97973	53492	2814	4181	1375
不锈钢及类似日用金属制品制造	353149	220171	60506	56684	48278
金属制厨用器皿及餐具制造	353149	220171	60506	56684	48278
通用设备制造业	2713525	1685534	435098	572401	200713
锅炉及原动机制造	343936	248150	107486	84734	27938
汽轮机及辅机制造	343936	248150	107486	84734	27938
起重运输设备制造	173153	148250	61116	17967	
起重运输设备制造	173153	148250	61116	17967	
泵、阀门、压缩机及类似机械的制造	375451	162058	40837	47376	27033
泵及真空设备制造	69352	34032	7420	9675	3090

1－E－1 续表2－5

单位：个、万元、人

指标名称	资产总计	流动资产合计	应收帐款	存货	产成品
气体压缩机械制造	306099	128026	33417	37701	23944
轴承、齿轮、传动和驱动部件的制造	320960	209780	36342	95312	44174
轴承制造	153645	119694	26095	35741	12953
齿轮、传动和驱动部件制造	167315	90086	10248	59572	31221
风机、衡器、包装设备等通用设备制造	699226	415591	104990	100899	30493
制冷、空调设备制造	699226	415591	104990	100899	30493
通用零部件制造及机械修理	800800	501705	84327	226114	71075
紧固件、弹簧制造	258355	128167	28359	83079	44999
其他通用零部件制造	542446	373538	55968	143034	26076
专用设备制造业	1096262	674255	144978	247537	72725
化工、木材、非金属加工专用设备制造	429556	291087	37969	95648	36872
塑料加工专用设备制造	429556	291087	37969	95648	36872
纺织、服装和皮革工业专用设备制造	479315	249424	86601	130247	24370
缝纫机械制造	479315	249424	86601	130247	24370
环保、社会公共安全及其他专用设备制造	187391	133743	20408	21643	11482
环境污染防治专用设备制造	187391	133743	20408	21643	11482
交通运输设备制造业	7171216	4216381	729604	1280968	230414
汽车制造	3382257	2184653	418299	728020	157420
汽车整车制造	94854	82259	7047	44987	440
汽车零部件及配件制造	3287403	2102395	411252	683033	156980
摩托车制造	791096	504355	108630	113364	56522
摩托车整车制造	507854	355845	81852	78118	34525
摩托车零部件及配件制造	283242	148510	26778	35246	21997
船舶及浮动装置制造	2997864	1527373	202676	439584	16472
金属船舶制造	2790911	1475993	197521	424342	16472
船用配套设备制造	206952	51380	5154	15242	
电气机械及器材制造业	3320697	2086462	496352	639281	296416
电机制造	920972	557552	137756	197059	39223
电动机制造	745155	460754	83939	176756	26075
微电机及其他电机制造	175818	96798	53818	20303	13149
输配电及控制设备制造	389765	273923	105897	80271	53819
配电开关控制设备制造	202360	146658	59072	43854	29857
电力电子元器件制造	187405	127264	46825	36416	23962
电池制造	114190	29548	1471	14958	1251
电池制造	114190	29548	1471	14958	1251
家用电力器具制造	1537877	983340	197200	295759	179787
家用制冷电器具制造	383773	210573	19858	49915	32845
家用空气调节器制造	479648	392584	44148	150705	93641
家用通风电器具制造	99682	58173	13733	21547	19094

1-E-1 续表2-6

单位：个、万元、人

指标名称	资产总计	流动资产合计	应收帐款	存货	产成品
家用厨房电器具制造	373152	194869	67896	36796	18075
家用清洁卫生电器具制造	140007	86308	39322	14561	8562
其他家用电力器具制造	61616	40834	12244	22237	7569
照明器具制造	357892	242101	54028	51235	22337
照明灯具制造	314621	217248	45106	45676	21458
灯用电器附件及其他照明器具制造	43272	24853	8922	5559	879
通信设备、计算机及其他电子设备制造业	3762113	2530166	612817	487767	208834
通信设备制造	876418	610468	199506	120719	59668
移动通信及终端设备制造	876418	610468	199506	120719	59668
电子计算机制造	1957023	1394468	276306	285643	110970
电子计算机整机制造	161489	135634	46723	74228	6982
计算机网络设备制造	455864	428460	68349	40000	33367
电子计算机外部设备制造	1339670	830374	161234	171415	70621
电子元件制造	832563	464190	116861	67439	33639
电子元件及组件制造	832563	464190	116861	67439	33639
家用视听设备制造	96110	61041	20144	13966	4557
家用影视设备制造	96110	61041	20144	13966	4557
仪器仪表及文化、办公用机械制造业	1089246	766829	151530	125326	41181
通用仪器仪表制造	615284	478494	99891	67439	13503
供应用仪表及其他通用仪器制造	615284	478494	99891	67439	13503
专用仪器仪表制造	108570	65060	20390	27014	8944
汽车及其他用计数仪表制造	108570	65060	20390	27014	8944
光学仪器及眼镜制造	146318	72184	13765	11065	5156
光学仪器制造	83612	34019	5253	3206	1673
眼镜制造	62706	38165	8512	7860	3483
文化、办公用机械制造	219075	151091	17484	19808	13579
照相机及器材制造	45559	21303	8960	2518	369
其他文化、办公用机械制造	173516	129788	8525	17290	13210
工艺品及其他制造业	726458	538834	85638	83181	25605
工艺美术品制造	191729	148086	26621	40721	13574
其他工艺美术品制造	191729	148086	26621	40721	13574
日用杂品制造	534729	390748	59017	42460	12030
其他日用杂品制造	534729	390748	59017	42460	12030
电力、燃气及水的生产和供应业	**8598351**	**849783**	**14170**	**23621**	
电力、热力的生产和供应业	8598351	849783	14170	23621	
电力生产	561907	64905	12329	18700	
火力发电	561907	64905	12329	18700	
电力供应	8036445	784878	1842	4920	
电力供应	8036445	784878	1842	4920	

1－E－1 续表3－1

单位：个、万元、人

指标名称	流动资产年平均余额	固定资产合计	固定资产原价	累计折旧	本年折旧
总计	**28216863**	**23038645**	**31404209**	**11142421**	**2237187**
一、按轻重工业分					
轻工业	10445952	5131101	7294756	2643174	474175
重工业	17770911	17907544	24109452	8499247	1763012
二、按登记注册类型分					
内资	**19726200**	**17916313**	**24745116**	**9230661**	**1776582**
国有	2488860	7715303	12455485	4850859	973399
有限责任公司	5980955	3652726	4528346	1390626	277148
国有独资公司	650469	265982	398457	173846	21974
其他有限责任公司	5330486	3386744	4129889	1216779	255174
股份有限公司	4437170	3704635	4142078	1925125	281899
私营企业	6819217	2843650	3619207	1064051	244136
私营独资	121343	72602	99876	35151	8033
私营有限责任公司	4823272	2338018	2801853	740762	195739
私营股份有限公司	1874601	433030	717478	288139	40364
港澳台商投资	**3428631**	**1711402**	**2332241**	**760999**	**115026**
与港澳台商合资经营	1450558	838552	1106987	330633	45991
港澳台商独资	1561275	687164	976920	338130	55334
港澳台商投资股份有限公司	416798	185686	248333	92236	13701
外商投资	**5062031**	**3410931**	**4326852**	**1150761**	**345580**
中外合资经营	1740503	1475455	1803700	424113	123326
外资企业	2668024	1748173	2206221	576186	201816
外商投资股份有限公司	653504	187303	316932	150462	20438
三、按控股情况分					
国有控股	6641292	12312880	17583185	6893427	1268673
集体控股	337495	210923	298807	105791	26858
私人控股	14077669	6898594	8660806	2662846	581450
港澳台商控股	2658960	1242134	1771923	613491	98799
外商控股	3769639	2153177	2822229	819098	251515
其他	731808	220938	267260	47767	9892
四、按国民经济行业(门类、大类、中类、小类)分					
采矿业	**37450**	**55482**	**94434**	**49719**	**4900**
煤炭开采和洗选业	37450	55482	94434	49719	4900
烟煤和无烟煤的开采洗选	37450	55482	94434	49719	4900
烟煤和无烟煤的开采洗选	37450	55482	94434	49719	4900
制造业	**27334932**	**16324545**	**20426566**	**6868112**	**1346740**
农副食品加工业	271706	37935	86454	49411	3920
水产品加工	271706	37935	86454	49411	3920
水产品冷冻加工	271706	37935	86454	49411	3920
食品制造业	201545	66661	121953	60842	－440

1－E－1 续表3－2

单位：个、万元、人

指标名称	流动资产年平均余额	固定资产合计	固定资产原价	累计折旧	本年折旧
方便食品制造	121741	55104	108797	59242	－1059
米、面制品制造	23049	16298	17532	4923	888
方便面及其他方便食品制造	98691	38806	91265	54319	－1947
其他食品制造	79805	11557	13156	1600	619
食品及饲料添加剂制造	79805	11557	13156	1600	619
饮料制造业	431127	269641	408731	174307	23185
酒的制造	216350	142673	222556	103280	10730
啤酒制造	48462	57920	102447	46799	5313
黄酒制造	167888	84753	120110	56481	5418
软饮料制造	214777	126968	186175	71026	12455
碳酸饮料制造	47610	46233	68250	32428	3883
茶饮料及其他软饮料制造	167166	80735	117925	38599	8572
纺织业	2582501	1472259	2011871	695761	154122
棉、化纤纺织及印染精加工	1253784	753327	1043806	370058	86696
棉、化纤纺织加工	851784	394183	526767	185058	46021
棉、化纤印染精加工	402000	359144	517040	185000	40675
丝绢纺织及精加工	747064	432908	543948	164856	42236
绢纺和丝织加工	747064	432908	543948	164856	42236
纺织制成品制造	355466	181068	262218	97706	15072
棉及化纤制品制造	120823	57984	79460	23077	6458
纺织带和帘子布制造	234644	123084	182758	74629	8614
针织品、编织品及其制品制造	226187	104957	161899	63141	10118
棉、化纤针织品及编织品制造	148552	72806	104371	37764	6956
丝针织品及编织品制造	77634	32151	57528	25377	3162
纺织服装、鞋、帽制造业	890244	588191	761088	207761	38358
纺织服装制造	890244	588191	761088	207761	38358
纺织服装制造	890244	588191	761088	207761	38358
皮革、毛皮、羽毛(绒)及其制品业	728712	316637	389182	91577	21987
皮革鞣制加工	255090	96337	137814	45012	9128
皮革鞣制加工	255090	96337	137814	45012	9128
皮革制品制造	444383	207216	233757	41171	11548
皮鞋制造	260065	151845	170810	32194	8418
皮革服装制造	165761	34305	37118	4213	1169
其他皮革制品制造	18557	21065	25830	4764	1961
毛皮鞣制及制品加工	29239	13085	17611	5394	1311
毛皮服装加工	29239	13085	17611	5394	1311
木材加工及木、竹、藤、棕、草制品业	24176	44333	18863	3969	919
人造板制造	24176	44333	18863	3969	919
胶合板制造	24176	44333	18863	3969	919
家具制造业	227619	127862	194937	69236	12660

1－E－1 续表3－3

单位：个、万元、人

指标名称	流动资产年平均余额	固定资产合计	固定资产原价	累计折旧	本年折旧
木质家具制造	70254	57588	79229	23706	6156
木质家具制造	70254	57588	79229	23706	6156
金属家具制造	79673	21546	27481	5935	2013
金属家具制造	79673	21546	27481	5935	2013
其他家具制造	77692	48727	88227	39595	4491
其他家具制造	77692	48727	88227	39595	4491
造纸及纸制品业	168137	197026	302464	120854	17924
造　纸	100078	175262	270037	109275	16158
机制纸及纸板制造	100078	175262	270037	109275	16158
纸制品制造	68059	21764	32427	11579	1766
纸和纸板容器的制造	68059	21764	32427	11579	1766
文教体育用品制造业	38173	14758	25222	10464	1952
文化用品制造	38173	14758	25222	10464	1952
笔的制造	38173	14758	25222	10464	1952
石油加工、炼焦及核燃料加工业	959478	2046449	1719212	939347	101143
精炼石油产品的制造	959478	2046449	1719212	939347	101143
原油加工及石油制品制造	959478	2046449	1719212	939347	101143
化学原料及化学制品制造业	1953678	1187561	1620539	615178	106922
基础化学原料制造	443808	580839	837683	330684	44565
有机化学原料制造	443808	580839	837683	330684	44565
农药制造	187965	121907	174363	68247	11731
化学农药制造	136599	64909	83996	34878	5280
生物化学农药及微生物农药制造	51366	56998	90367	33369	6451
涂料、油墨、颜料及类似产品制造	465628	169992	223646	92045	23938
染料制造	465628	169992	223646	92045	23938
合成材料制造	237378	84210	145361	61151	10663
合成纤维单(聚合)体的制造	237378	84210	145361	61151	10663
专用化学产品制造	296551	182658	151460	13749	9981
信息化学品制造	296551	182658	151460	13749	9981
日用化学产品制造	322347	47955	88025	49302	6043
肥皂及合成洗涤剂制造	322347	47955	88025	49302	6043
医药制造业	533180	405599	569632	216071	37843
化学药品原药制造	402105	333287	490707	196449	31528
化学药品原药制造	402105	333287	490707	196449	31528
化学药品制剂制造	131075	72313	78925	19623	6315
化学药品制剂制造	131075	72313	78925	19623	6315
化学纤维制造业	895179	654662	1097478	478562	60215
合成纤维制造	895179	654662	1097478	478562	60215
涤纶纤维制造	895179	654662	1097478	478562	60215

1-E-1 续表3-4 单位：个、万元、人

指标名称	流动资产年平均余额	固定资产合计	固定资产原价	累计折旧	本年折旧
橡胶制品业	691374	707680	915135	278840	61878
轮胎制造	612765	698557	899231	272058	61307
车辆、飞机及工程机械轮胎制造	612765	698557	899231	272058	61307
橡胶靴鞋制造	78609	9123	15905	6782	571
橡胶靴鞋制造	78609	9123	15905	6782	571
塑料制品业	211280	151969	211752	87643	19816
塑料薄膜制造	169259	126340	175323	76842	17090
塑料薄膜制造	169259	126340	175323	76842	17090
塑料板、管、型材的制造	42021	25628	36429	10801	2725
塑料板、管、型材的制造	42021	25628	36429	10801	2725
非金属矿物制品业	540769	1040096	1111481	112864	60337
砖瓦、石材及其他建筑材料制造	158123	24294	61002	36739	5928
建筑陶瓷制品制造	158123	24294	61002	36739	5928
玻璃及玻璃制品制造	382646	1015802	1050479	76125	54409
技术玻璃制品制造	242878	376579	366372	31241	22996
玻璃纤维及制品制造	139768	639223	684107	44884	31413
黑色金属冶炼及压延加工业	1653409	1938333	2171972	534672	121662
钢压延加工	1653409	1938333	2171972	534672	121662
钢压延加工	1653409	1938333	2171972	534672	121662
有色金属冶炼及压延加工业	568378	186153	199356	52618	10107
有色金属压延加工	568378	186153	199356	52618	10107
常用有色金属压延加工	568378	186153	199356	52618	10107
金属制品业	1322544	337225	450103	151796	39305
结构性金属制品制造	1012154	253702	347303	108807	32599
金属结构制造	809280	212448	290179	92936	30259
金属门窗制造	202874	41254	57124	15870	2340
金属丝绳及其制品的制造	69027	15623	36632	21101	1985
金属丝绳及其制品的制造	69027	15623	36632	21101	1985
建筑、安全用金属制品制造	45006	28483	7618	2086	357
建筑、家具用金属配件制造	45006	28483	7618	2086	357
不锈钢及类似日用金属制品制造	196357	39417	58550	19803	4364
金属制厨用器皿及餐具制造	196357	39417	58550	19803	4364
通用设备制造业	1687220	607516	894355	341182	77436
锅炉及原动机制造	253809	41211	71298	37432	4331
汽轮机及辅机制造	253809	41211	71298	37432	4331
起重运输设备制造	148393	16420	26750	10585	2313
起重运输设备制造	148393	16420	26750	10585	2313
泵、阀门、压缩机及类似机械的制造	154537	158991	198393	39542	33799
泵及真空设备制造	34032	17805	23025	5220	2173

1－E－1 续表3－5

单位：个、万元、人

指标名称	流动资产年平均余额	固定资产合计	固定资产原价	累计折旧	本年折旧
气体压缩机械制造	120506	141186	175368	34321	31626
轴承、齿轮、传动和驱动部件的制造	198758	68333	95857	44198	5880
轴承制造	111413	25529	29227	4323	2134
齿轮、传动和驱动部件制造	87344	42804	66630	39874	3746
风机、衡器、包装设备等通用设备制造	406542	173064	249859	95510	14565
制冷、空调设备制造	406542	173064	249859	95510	14565
通用零部件制造及机械修理	525181	149498	252198	113917	16548
紧固件、弹簧制造	146864	60221	109144	60139	8620
其他通用零部件制造	378317	89277	143054	53778	7929
专用设备制造业	721150	263765	321426	101591	22895
化工、木材、非金属加工专用设备制造	331857	111250	140200	49836	8545
塑料加工专用设备制造	331857	111250	140200	49836	8545
纺织、服装和皮革工业专用设备制造	255549	111045	133624	36479	9449
缝纫机械制造	255549	111045	133624	36479	9449
环保、社会公共安全及其他专用设备制造	133743	41470	47603	15275	4901
环境污染防治专用设备制造	133743	41470	47603	15275	4901
交通运输设备制造业	4090722	1669226	2068806	506824	112648
汽车制造	2076511	500667	799542	305374	48698
汽车整车制造	68766	3823	6532	2710	864
汽车零部件及配件制造	2007745	496845	793010	302665	47834
摩托车制造	517250	201779	288656	100756	22072
摩托车整车制造	343245	87542	142738	55299	9142
摩托车零部件及配件制造	174005	114237	145918	45457	12930
船舶及浮动装置制造	1496961	966779	980609	100694	41878
金属船舶制造	1434400	816951	822434	70238	33147
船用配套设备制造	62561	149829	158174	30456	8731
电气机械及器材制造业	2029426	664840	909952	304743	71395
电机制造	551602	265355	390979	147895	32619
电动机制造	452130	187135	264328	93839	20423
微电机及其他电机制造	99472	78220	126651	54056	12195
输配电及控制设备制造	285170	74661	111239	36832	10002
配电开关控制设备制造	149181	39380	49767	10640	4490
电力电子元器件制造	135989	35281	61473	26192	5512
电池制造	42934	9011	11708	3240	837
电池制造	42934	9011	11708	3240	837
家用电力器具制造	889380	251108	312389	88186	22264
家用制冷电器具制造	188336	40870	55182	18363	4397
家用空气调节器制造	372409	35628	42728	8546	1987
家用通风电器具制造	54344	23212	32596	9474	2932

1－E－1 续表3－6 单位：个、万元、人

指标名称	流动资产年平均余额	固定资产合计	固定资产原价	累计折旧	本年折旧
家用厨房电器具制造	169676	90767	91880	17915	5241
家用清洁卫生电器具制造	67190	50005	78209	28203	6572
其他家用电力器具制造	37426	10626	11795	5686	1135
照明器具制造	260339	64705	83637	28591	5674
照明灯具制造	234544	54807	68357	23145	4510
灯用电器附件及其他照明器具制造	25795	9898	15280	5446	1164
通信设备、计算机及其他电子设备制造业	2723786	989506	1427697	490119	134310
通信设备制造	574375	164902	307847	143976	17486
移动通信及终端设备制造	574375	164902	307847	143976	17486
电子计算机制造	1643620	533950	702079	194026	82324
电子计算机整机制造	126245	25026	44711	20580	2320
计算机网络设备制造	428460	9864	65236	55372	7605
电子计算机外部设备制造	1088915	499061	592132	118074	72398
电子元件制造	444536	264927	380814	139681	32413
电子元件及组件制造	444536	264927	380814	139681	32413
家用视听设备制造	61255	25726	36958	12436	2088
家用影视设备制造	61255	25726	36958	12436	2088
仪器仪表及文化、办公用机械制造业	649789	225677	275503	124917	24482
通用仪器仪表制造	358314	129756	131494	72627	12807
供应用仪表及其他通用仪器制造	358314	129756	131494	72627	12807
专用仪器仪表制造	73530	15156	24084	9305	2737
汽车及其他用计数仪表制造	73530	15156	24084	9305	2737
光学仪器及眼镜制造	67652	39614	58187	21946	4540
光学仪器制造	35239	23576	39152	15976	3529
眼镜制造	32414	16039	19035	5970	1011
文化、办公用机械制造	150293	41152	61737	21039	4398
照相机及器材制造	22296	23667	35634	11967	2827
其他文化、办公用机械制造	127998	17485	26104	9072	1571
工艺品及其他制造业	539631	112988	141404	46963	9761
工艺美术品制造	149130	26460	35295	8835	1637
其他工艺美术品制造	149130	26460	35295	8835	1637
日用杂品制造	390501	86527	106109	38128	8124
其他日用杂品制造	390501	86527	106109	38128	8124
电力、燃气及水的生产和供应业	**844481**	**6658618**	**10883208**	**4224590**	**885548**
电力、热力的生产和供应业	844481	6658618	10883208	4224590	885548
电力生产	62784	461157	1087364	626207	44896
火力发电	62784	461157	1087364	626207	44896
电力供应	781697	6197461	9795844	3598383	840651
电力供应	781697	6197461	9795844	3598383	840651

1－E－1 续表4－1 单位：个、万元、人

指标名称	固定资产净值	固定资产净值年平均余额	负债合计	流动负债合计	应付账款
总计	**20261788**	**19469828**	**37968094**	**30321554**	**6703328**
一、按轻重工业分					
轻工业	4651582	4647781	10792765	9747648	1888600
重工业	15610206	14822047	27175330	20573906	4814728
二、按登记注册类型分					
内资	**15514455**	**15020340**	**28764425**	**22408177**	**4407825**
国有	7604626	7323073	8312379	4294467	1052523
有限责任公司	3137721	2970666	7362274	6271586	1425724
国有独资公司	224611	229764	587659	562657	115763
其他有限责任公司	2913110	2740902	6774615	5708929	1309961
股份有限公司	2216953	2345608	4906677	4651434	845212
私营企业	2555156	2380994	8183096	7190691	1084366
私营独资	64725	64725	179274	179274	11634
私营有限责任公司	2061091	1906182	5753799	4926577	716929
私营股份有限公司	429339	410087	2250023	2084839	355803
港澳台商投资	**1571242**	**1531832**	**3441450**	**3093690**	**672805**
与港澳台商合资经营	776355	749686	1755801	1517996	334613
港澳台商独资	638791	601360	1218502	1109051	211930
港澳台商投资股份有限公司	156097	180786	467146	466643	126263
外商投资	**3176091**	**2917655**	**5762220**	**4819687**	**1622698**
中外合资经营	1379586	1203709	2313352	1857371	511824
外资企业	1630035	1544647	2944983	2482061	1035120
外商投资股份有限公司	166470	169300	503884	480255	75754
三、按控股情况分					
国有控股	10689757	10299913	14916231	10143816	2196183
集体控股	193016	187401	218448	206151	43091
私人控股	5997959	5785546	15622497	13526823	2535400
港澳台商控股	1158431	1103040	2440657	2228326	557010
外商控股	2003131	1923340	3839435	3327234	1288491
其他	219493	170587	930826	889206	83154
四、按国民经济行业(门类、大类、中类、小类)分					
采矿业	**44716**	**47173**	**67320**	**50631**	**9529**
煤炭开采和洗选业	44716	47173	67320	50631	9529
烟煤和无烟煤的开采洗选	44716	47173	67320	50631	9529
烟煤和无烟煤的开采洗选	44716	47173	67320	50631	9529
制造业	**13558454**	**13057306**	**31643154**	**27841620**	**5852090**
农副食品加工业	37043	38424	395385	320468	5391
水产品加工	37043	38424	395385	320468	5391
水产品冷冻加工	37043	38424	395385	320468	5391
食品制造业	61112	60225	206063	204010	62534

1－E－1 续表4－2

单位：个、万元、人

指 标 名 称	固定资产净值	固定资产净值年平均余额	负债合计	流动负债合计	应付账款
方便食品制造	49555	49376	125078	123078	43722
米、面制品制造	12610	12971	40028	38028	1597
方便面及其他方便食品制造	36946	36405	85050	85050	42126
其他食品制造	11557	10848	80985	80933	18811
食品及饲料添加剂制造	11557	10848	80985	80933	18811
饮料制造业	234424	220850	344050	339961	70539
酒的制造	119276	120545	158536	154447	21440
啤酒制造	55647	55088	73335	70268	4759
黄酒制造	63629	65457	85201	84179	16680
软饮料制造	115148	100305	185514	185514	49099
碳酸饮料制造	35822	35822	63858	63858	12085
茶饮料及其他软饮料制造	79326	64483	121656	121656	37015
纺织业	1316110	1288662	3011844	2681181	442613
棉、化纤纺织及印染精加工	673748	688823	1393648	1253795	132551
棉、化纤纺织加工	341709	348229	948620	824737	69120
棉、化纤印染精加工	332039	340594	445029	429059	63431
丝绢纺织及精加工	379092	327718	922141	796345	243019
绢纺和丝织加工	379092	327718	922141	796345	243019
纺织制成品制造	164512	167527	443862	405111	35904
棉及化纤制品制造	56383	56022	145021	133370	20781
纺织带和帘子布制造	108129	111505	298841	271741	15123
针织品、编织品及其制品制造	98758	104594	252193	225930	31138
棉、化纤针织品及编织品制造	66607	72443	167637	153237	27994
丝针织品及编织品制造	32151	32151	84556	72693	3145
纺织服装、鞋、帽制造业	553327	509656	1087367	1004912	232979
纺织服装制造	553327	509656	1087367	1004912	232979
纺织服装制造	553327	509656	1087367	1004912	232979
皮革、毛皮、羽毛(绒)及其制品业	297605	290717	901811	876932	155035
皮革鞣制加工	92802	95700	404157	400213	63682
皮革鞣制加工	92802	95700	404157	400213	63682
皮革制品制造	192586	182630	469683	448748	88627
皮鞋制造	138615	130960	277416	256481	39986
皮革服装制造	32906	34563	169366	169366	44843
其他皮革制品制造	21065	17107	22901	22901	3798
毛皮鞣制及制品加工	12217	12387	27971	27971	2725
毛皮服装加工	12217	12387	27971	27971	2725
木材加工及木、竹、藤、棕、草制品业	14894	40475	26872	26872	3248
人造板制造	14894	40475	26872	26872	3248
胶合板制造	14894	40475	26872	26872	3248
家具制造业	125701	128190	226863	204642	81290

1－E－1 续表4－3

单位：个、万元、人

指标名称	固定资产净值	固定资产净值年平均余额	负债合计	流动负债合计	应付账款
木质家具制造	55523	61557	67364	58604	53297
木质家具制造	55523	61557	67364	58604	53297
金属家具制造	21546	19520	81007	80047	13665
金属家具制造	21546	19520	81007	80047	13665
其他家具制造	48632	47114	78491	65991	14328
其他家具制造	48632	47114	78491	65991	14328
造纸及纸制品业	181611	196453	181337	179506	19460
造　纸	160763	176036	146422	145107	10378
机制纸及纸板制造	160763	176036	146422	145107	10378
纸制品制造	20848	20417	34915	34399	9082
纸和纸板容器的制造	20848	20417	34915	34399	9082
文教体育用品制造业	14758	14793	33301	33241	12625
文化用品制造	14758	14793	33301	33241	12625
笔的制造	14758	14793	33301	33241	12625
石油加工、炼焦及核燃料加工业	779865	824656	1951530	1951360	203459
精炼石油产品的制造	779865	824656	1951530	1951360	203459
原油加工及石油制品制造	779865	824656	1951530	1951360	203459
化学原料及化学制品制造业	1005361	994862	1909969	1678690	288734
基础化学原料制造	506998	521075	856104	742253	61049
有机化学原料制造	506998	521075	856104	742253	61049
农药制造	106116	104725	188056	153872	90079
化学农药制造	49118	46066	133649	114421	82939
生物化学农药及微生物农药制造	56998	58659	54407	39451	7140
涂料、油墨、颜料及类似产品制造	131602	135964	272526	243604	32183
染料制造	131602	135964	272526	243604	32183
合成材料制造	84210	86901	220825	220825	18094
合成纤维单(聚合)体的制造	84210	86901	220825	220825	18094
专用化学产品制造	137711	105399	328025	273703	81566
信息化学品制造	137711	105399	328025	273703	81566
日用化学产品制造	38724	40798	44433	44433	5763
肥皂及合成洗涤剂制造	38724	40798	44433	44433	5763
医药制造业	353561	369686	543328	468326	52881
化学药品原药制造	294258	312812	379669	348847	41933
化学药品原药制造	294258	312812	379669	348847	41933
化学药品制剂制造	59302	56874	163659	119479	10948
化学药品制剂制造	59302	56874	163659	119479	10948
化学纤维制造业	618916	650570	911843	728671	176017
合成纤维制造	618916	650570	911843	728671	176017
涤纶纤维制造	618916	650570	911843	728671	176017

1－E－1 续表4－4 单位：个、万元、人

指 标 名 称	固定资产净 值	固定资产净值年平均余额	负债合计	流动负债合 计	应付账款
橡胶制品业	636295	619638	1117732	964555	144254
轮胎制造	627173	610333	1037160	883983	141988
车辆、飞机及工程机械轮胎制造	627173	610333	1037160	883983	141988
橡胶靴鞋制造	9123	9305	80572	80572	2267
橡胶靴鞋制造	9123	9305	80572	80572	2267
塑料制品业	124109	122879	149389	83093	5372
塑料薄膜制造	98481	102026	100745	34461	505
塑料薄膜制造	98481	102026	100745	34461	505
塑料板、管、型材的制造	25628	20853	48644	48632	4867
塑料板、管、型材的制造	25628	20853	48644	48632	4867
非金属矿物制品业	998616	730232	1205236	706472	172791
砖瓦、石材及其他建筑材料制造	24262	17068	187234	186809	44043
建筑陶瓷制品制造	24262	17068	187234	186809	44043
玻璃及玻璃制品制造	974354	713164	1018003	519664	128748
技术玻璃制品制造	335131	235130	445452	237051	25249
玻璃纤维及制品制造	639223	478034	572551	282613	103499
黑色金属冶炼及压延加工业	1637300	1461841	2910532	2326218	568598
钢压延加工	1637300	1461841	2910532	2326218	568598
钢压延加工	1637300	1461841	2910532	2326218	568598
有色金属冶炼及压延加工业	146737	138736	548627	483942	125030
有色金属压延加工	146737	138736	548627	483942	125030
常用有色金属压延加工	146737	138736	548627	483942	125030
金属制品业	298307	322985	1358212	1266684	163048
结构性金属制品制造	238496	243304	1050137	1028650	109512
金属结构制造	197242	206967	867817	846331	96538
金属门窗制造	41254	36338	182320	182320	12974
金属丝绳及其制品的制造	15531	16216	66213	47553	11126
金属丝绳及其制品的制造	15531	16216	66213	47553	11126
建筑、安全用金属制品制造	5532	22473	67474	33393	1603
建筑、家具用金属配件制造	5532	22473	67474	33393	1603
不锈钢及类似日用金属制品制造	38747	40992	174388	157088	40807
金属制厨用器皿及餐具制造	38747	40992	174388	157088	40807
通用设备制造业	553173	552127	1511145	1386760	261420
锅炉及原动机制造	33866	34621	193317	193039	23859
汽轮机及辅机制造	33866	34621	193317	193039	23859
起重运输设备制造	16165	16478	94839	94839	10941
起重运输设备制造	16165	16478	94839	94839	10941
泵、阀门、压缩机及类似机械的制造	158851	161187	237945	225562	60936
泵及真空设备制造	17805	17628	23236	23236	851

1－E－1 续表4－5

单位：个、万元、人

指标名称	固定资产净值	固定资产净值年平均余额	负债合计	流动负债合计	应付账款
气体压缩机械制造	141047	143559	214709	202327	60084
轴承、齿轮、传动和驱动部件的制造	51659	70469	228493	212544	38216
轴承制造	24903	23385	101008	100930	12717
齿轮、传动和驱动部件制造	26756	47084	127486	111614	25499
风机、衡器、包装设备等通用设备制造	154350	144288	370139	320669	72355
制冷、空调设备制造	154350	144288	370139	320669	72355
通用零部件制造及机械修理	138282	125085	386412	340107	55113
紧固件、弹簧制造	49005	51985	92316	72084	9664
其他通用零部件制造	89277	73100	294097	268022	45450
专用设备制造业	219836	209732	568925	531743	133357
化工、木材、非金属加工专用设备制造	90364	81969	143282	131201	39577
塑料加工专用设备制造	90364	81969	143282	131201	39577
纺织、服装和皮革工业专用设备制造	97145	97145	297229	286629	46578
缝纫机械制造	97145	97145	297229	286629	46578
环保、社会公共安全及其他专用设备制造	32328	30619	128414	113914	47202
环境污染防治专用设备制造	32328	30619	128414	113914	47202
交通运输设备制造业	1561982	1498629	5426525	4861505	930516
汽车制造	494167	475439	2389907	2216611	398594
汽车整车制造	3823	4065	73088	73088	24459
汽车零部件及配件制造	490345	471374	2316820	2143524	374135
摩托车制造	187900	185623	478802	461385	108071
摩托车整车制造	87439	89143	320458	313510	85459
摩托车零部件及配件制造	100461	96480	158344	147875	22612
船舶及浮动装置制造	879915	837567	2557816	2183509	423851
金属船舶制造	752196	712302	2425889	2125268	413871
船用配套设备制造	127719	125265	131927	58242	9980
电气机械及器材制造业	605209	595613	1882960	1718560	552626
电机制造	243084	227619	484312	456740	137938
电动机制造	170489	158123	385847	358275	84924
微电机及其他电机制造	72595	69496	98466	98466	53014
输配电及控制设备制造	74407	73098	178788	178587	110957
配电开关控制设备制造	39126	37483	92595	92394	46668
电力电子元器件制造	35281	35615	86194	86194	64289
电池制造	8469	8318	21377	21377	3910
电池制造	8469	8318	21377	21377	3910
家用电力器具制造	224204	230397	1022757	912750	260203
家用制冷电器具制造	36819	36795	251623	183628	38639
家用空气调节器制造	34183	22293	372161	356161	33567
家用通风电器具制造	23122	21450	35094	35094	17317

1-E-1 续表4-6 单位：个、万元、人

指 标 名 称	固定资产净 值	固定资产净值年平均余 额	负债合计	流动负债合 计	应付账款
家用厨房电器具制造	73965	95379	236001	213842	95344
家用清洁卫生电器具制造	50005	46512	80130	80130	59957
其他家用电力器具制造	6109	7970	47749	43896	15379
照明器具制造	55045	56181	175726	149106	39620
照明灯具制造	45211	45979	151645	125026	26703
灯用电器附件及其他照明器具制造	9834	10201	24080	24080	12917
通信设备、计算机及其他电子设备制造业	937579	870453	2051012	1770053	844928
通信设备制造	163871	158519	550012	547676	182611
移动通信及终端设备制造	163871	158519	550012	547676	182611
电子计算机制造	508052	466128	1139241	895820	602469
电子计算机整机制造	24131	25074	133626	133626	127870
计算机网络设备制造	9864	9864	169430	169430	26000
电子计算机外部设备制造	474058	431190	836185	592765	448598
电子元件制造	241134	223136	296570	262203	53955
电子元件及组件制造	241134	223136	296570	262203	53955
家用视听设备制造	24523	22671	65190	64354	5893
家用影视设备制造	24523	22671	65190	64354	5893
仪器仪表及文化、办公用机械制造业	150585	196920	670365	558865	86248
通用仪器仪表制造	58867	110416	390507	323683	45038
供应用仪表及其他通用仪器制造	58867	110416	390507	323683	45038
专用仪器仪表制造	14779	15303	61627	61627	13265
汽车及其他用计数仪表制造	14779	15303	61627	61627	13265
光学仪器及眼镜制造	36241	34545	80233	49233	6227
光学仪器制造	23176	21890	34789	6251	4255
眼镜制造	13065	12655	45444	42983	1973
文化、办公用机械制造	40698	36656	137998	124321	21718
照相机及器材制造	23667	22733	9837	9837	7892
其他文化、办公用机械制造	17031	13923	128162	114484	13826
工艺品及其他制造业	94441	109301	510933	484399	57098
工艺美术品制造	26460	26457	148604	128570	10211
其他工艺美术品制造	26460	26457	148604	128570	10211
日用杂品制造	67980	82844	362329	355829	46887
其他日用杂品制造	67980	82844	362329	355829	46887
电力、燃气及水的生产和供应业	**6658618**	**6365349**	**6257620**	**2429303**	**841710**
电力、热力的生产和供应业	6658618	6365349	6257620	2429303	841710
电力生产	461157	413934	339472	329782	14461
火力发电	461157	413934	339472	329782	14461
电力供应	6197461	5951415	5918149	2099521	827249
电力供应	6197461	5951415	5918149	2099521	827249

1－E－1 续表5－1 单位：个、万元、人

指 标 名 称	长期负债合计	所有者权益合计	实收资本	国家资本	集体资本
总 计	**7593594**	**21404651**	**8806419**	**1263693**	**105807**
一、按轻重工业分					
轻工业	1012590	7864025	2712304	61340	76017
重工业	6581004	13540625	6094114	1202353	29790
二、按登记注册类型分					
内 资	**6309385**	**15326409**	**5786082**	**1240033**	**92938**
国 有	4014105	3400417	1089966	1043326	
有限责任公司	1089615	4005916	1339578	91225	42467
国有独资公司	25001	485266	59325	56725	
其他有限责任公司	1064613	3520651	1280253	34500	42467
股份有限公司	255119	4074843	2173650	105483	47171
私营企业	950546	3845233	1182887		3300
私营独资		50233	33000		3300
私营有限责任公司	785362	2965622	1004754		
私营股份有限公司	165183	829378	145133		
港澳台商投资	**345979**	**2377847**	**1026460**		**200**
与港澳台商合资经营	236025	911052	382110		200
港澳台商独资	109451	1342216	554863		
港澳台商投资股份有限公司	503	124579	89487		
外商投资	**938230**	**3700395**	**1993877**	**23660**	**12670**
中外合资经营	455981	1284494	713542		
外资企业	458825	1969490	1135644		12670
外商投资股份有限公司	23424	446410	144691	23660	
三、按控股情况分					
国有控股	4768404	6177070	3134534	1263193	
集体控股	12298	355838	104235		46280
私人控股	2051238	9957752	3092619	500	46858
港澳台商控股	212331	1926683	844998		
外商控股	508104	2754725	1521798		12670
其 他	41221	232583	108235		
四、按国民经济行业（门类、大类、中类、小类）分					
采矿业	**16689**	**25210**	**33374**	**30774**	
煤炭开采和洗选业	16689	25210	33374	30774	
烟煤和无烟煤的开采洗选	16689	25210	33374	30774	
烟煤和无烟煤的开采洗选	16689	25210	33374	30774	
制造业	**3748587**	**19038710**	**7969260**	**450134**	**105807**
农副食品加工业	74917	38727	58657		
水产品加工	74917	38727	58657		
水产品冷冻加工	74917	38727	58657		
食品制造业	2053	124732	48919		

1－E－1 续表5－2 单位：个、万元、人

指 标 名 称	长期负债合计	所有者权益合计	实收资本	国家资本	集体资本
方便食品制造	2000	93452	35419		
米、面制品制造	2000	10302	3032		
方便面及其他方便食品制造		83149	32387		
其他食品制造	53	31280	13500		
食品及饲料添加剂制造	53	31280	13500		
饮料制造业	4089	400599	80596	16664	
酒的制造	4089	239738	28664	16664	
啤酒制造	3067	28674	12000		
黄酒制造	1022	211065	16664	16664	
软饮料制造		160861	51932		
碳酸饮料制造		29985	12969		
茶饮料及其他软饮料制造		130877	38963		
纺织业	318800	1672381	718691	5308	63133
棉、化纤纺织及印染精加工	139853	810701	336581		49580
棉、化纤纺织加工	123883	456659	208974		3300
棉、化纤印染精加工	15970	354042	127607		46280
丝绢纺织及精加工	125796	484382	203312	5308	13552
绢纺和丝织加工	125796	484382	203312	5308	13552
纺织制成品制造	38751	182165	114298		
棉及化纤制品制造	11651	61275	30374		
纺织带和帘子布制造	27100	120891	83924		
针织品、编织品及其制品制造	14400	195133	64501		
棉、化纤针织品及编织品制造	14400	104454	38501		
丝针织品及编织品制造		90679	26000		
纺织服装、鞋、帽制造业	82455	668683	394497		15
纺织服装制造	82455	668683	394497		15
纺织服装制造	82455	668683	394497		15
皮革、毛皮、羽毛(绒)及其制品业	24879	645613	310772		12670
皮革鞣制加工	3945	339738	193150		12670
皮革鞣制加工	3945	339738	193150		12670
皮革制品制造	20934	288383	107121		
皮鞋制造	20934	212031	86790		
皮革服装制造		51639	6467		
其他皮革制品制造		24712	13864		
毛皮鞣制及制品加工		17493	10501		
毛皮服装加工		17493	10501		
木材加工及木、竹、藤、棕、草制品业		37506	9340		
人造板制造		37506	9340		
胶合板制造		37506	9340		
家具制造业	22220	147102	109049		

1-E-1 续表5-3　　单位：个、万元、人

指标名称	长期负债合计	所有者权益合计	实收资本	国家资本	集体资本
木质家具制造	8760	51964	65599		
木质家具制造	8760	51964	65599		
金属家具制造	960	27078	17755		
金属家具制造	960	27078	17755		
其他家具制造	12500	68060	25695		
其他家具制造	12500	68060	25695		
造纸及纸制品业	1831	198283	72861	14379	
造　纸	1315	142118	60587	14379	
机制纸及纸板制造	1315	142118	60587	14379	
纸制品制造	516	56165	12274		
纸和纸板容器的制造	516	56165	12274		
文教体育用品制造业	60	20914	12000		
文化用品制造	60	20914	12000		
笔的制造	60	20914	12000		
石油加工、炼焦及核燃料加工业	170	778857	1089661		
精炼石油产品的制造	170	778857	1089661		
原油加工及石油制品制造	170	778857	1089661		
化学原料及化学制品制造业	231279	1750841	424030	96600	
基础化学原料制造	113851	248849	96600	96600	
有机化学原料制造	113851	248849	96600	96600	
农药制造	34185	265180	55715		
化学农药制造	19228	165618	28679		
生物化学农药及微生物农药制造	14957	99563	27037		
涂料、油墨、颜料及类似产品制造	28922	485266	112918		
染料制造	28922	485266	112918		
合成材料制造		85288	3000		
合成纤维单(聚合)体的制造		85288	3000		
专用化学产品制造	54321	241444	143582		
信息化学品制造	54321	241444	143582		
日用化学产品制造		424814	12215		
肥皂及合成洗涤剂制造		424814	12215		
医药制造业	74806	622452	99340	21009	
化学药品原药制造	30822	544514	70692	20509	
化学药品原药制造	30822	544514	70692	20509	
化学药品制剂制造	43983	77939	28648	500	
化学药品制剂制造	43983	77939	28648	500	
化学纤维制造业	181392	788520	292347		200
合成纤维制造	181392	788520	292347		200
涤纶纤维制造	181392	788520	292347		200

1－E－1 续表5－4

单位：个、万元、人

指标名称	长期负债合计	所有者权益合计	实收资本	国家资本	集体资本
橡胶制品业	153176	487998	249034		
轮胎制造	153176	475594	237780		
车辆、飞机及工程机械轮胎制造	153176	475594	237780		
橡胶靴鞋制造		12404	11253		
橡胶靴鞋制造		12404	11253		
塑料制品业	66296	253690	26000		
塑料薄膜制造	66284	225792	10000		
塑料薄膜制造	66284	225792	10000		
塑料板、管、型材的制造	12	27898	16000		
塑料板、管、型材的制造	12	27898	16000		
非金属矿物制品业	495676	717390	374580		
砖瓦、石材及其他建筑材料制造	425	51962	15803		
建筑陶瓷制品制造	425	51962	15803		
玻璃及玻璃制品制造	495251	665428	358777		
技术玻璃制品制造	205313	337696	182092		
玻璃纤维及制品制造	289938	327732	176685		
黑色金属冶炼及压延加工业	580508	1173290	551239	120820	
钢压延加工	580508	1173290	551239	120820	
钢压延加工	580508	1173290	551239	120820	
有色金属冶炼及压延加工业	64495	482362	170917		
有色金属压延加工	64495	482362	170917		
常用有色金属压延加工	64495	482362	170917		
金属制品业	82819	771115	270803		3998
结构性金属制品制造	12778	531603	161632		
金属结构制造	12778	412594	136832		
金属门窗制造		119009	24800		
金属丝绳及其制品的制造	18659	30252	23387		3998
金属丝绳及其制品的制造	18659	30252	23387		3998
建筑、安全用金属制品制造	34081	30499	15200		
建筑、家具用金属配件制造	34081	30499	15200		
不锈钢及类似日用金属制品制造	17300	178761	70584		
金属制厨用器皿及餐具制造	17300	178761	70584		
通用设备制造业	124180	1202380	477927	66381	130
锅炉及原动机制造	73	150619	37180	23660	
汽轮机及辅机制造	73	150619	37180	23660	
起重运输设备制造		78314	12445		
起重运输设备制造		78314	12445		
泵、阀门、压缩机及类似机械的制造	12383	137506	142623		130
泵及真空设备制造		46116	15056		

1－E－1 续表5－5

单位：个、万元、人

指标名称	长期负债合计	所有者权益合计	实收资本	国家资本	集体资本
气体压缩机械制造	12383	91390	127567		130
轴承、齿轮、传动和驱动部件的制造	15949	92467	60032	18721	
轴承制造	78	52637	32832		
齿轮、传动和驱动部件制造	15871	39830	27200	18721	
风机、衡器、包装设备等通用设备制造	49470	329087	115800	24000	
制冷、空调设备制造	49470	329087	115800	24000	
通用零部件制造及机械修理	46305	414388	109847		
紧固件、弹簧制造	20231	166039	73847		
其他通用零部件制造	26074	248349	36000		
专用设备制造业	37182	527337	179230		24902
化工、木材、非金属加工专用设备制造	12082	286274	75568		
塑料加工专用设备制造	12082	286274	75568		
纺织、服装和皮革工业专用设备制造	10600	182086	81862		24902
缝纫机械制造	10600	182086	81862		24902
环保、社会公共安全及其他专用设备制造	14500	58977	21800		
环境污染防治专用设备制造	14500	58977	21800		
交通运输设备制造业	560316	1744691	660196	47100	
汽车制造	169199	992350	282944		
汽车整车制造		21766	5800		
汽车零部件及配件制造	169199	970584	277144		
摩托车制造	17135	312294	15980	3980	
摩托车整车制造	6948	187396	3980	3980	
摩托车零部件及配件制造	10187	124898	12000		
船舶及浮动装置制造	373982	440048	361272	43120	
金属船舶制造	300297	365022	298120	43120	
船用配套设备制造	73685	75025	63152		
电气机械及器材制造业	163995	1437737	517312		760
电机制造	27572	436660	156474		760
电动机制造	27572	359308	91854		760
微电机及其他电机制造		77352	64620		
输配电及控制设备制造	201	210977	159888		
配电开关控制设备制造	201	109765	69888		
电力电子元器件制造		101211	90000		
电池制造		92813	38000		
电池制造		92813	38000		
家用电力器具制造	110007	515120	138398		
家用制冷电器具制造	67995	132150	27800		
家用空气调节器制造	16000	107487	55180		
家用通风电器具制造		64588	21200		

1-E-1 续表5-6

单位：个、万元、人

指标名称	长期负债合计	所有者权益合计	实收资本	国家资本	集体资本
家用厨房电器具制造	22159	137151	26143		
家用清洁卫生电器具制造		59877	2275		
其他家用电力器具制造	3854	13867	5800		
照明器具制造	26215	182166	24552		
照明灯具制造	26215	162975	16044		
灯用电器附件及其他照明器具制造		19191	8508		
通信设备、计算机及其他电子设备制造业	280959	1711101	610502	61873	
通信设备制造	2336	326406	226771	61873	
移动通信及终端设备制造	2336	326406	226771	61873	
电子计算机制造	243421	817782	248941		
电子计算机整机制造		27863	19864		
计算机网络设备制造		286435	66198		
电子计算机外部设备制造	243421	503485	162878		
电子元件制造	34366	535994	129610		
电子元件及组件制造	34366	535994	129610		
家用视听设备制造	836	30920	5180		
家用影视设备制造	836	30920	5180		
仪器仪表及文化、办公用机械制造业	111500	418882	108112		
通用仪器仪表制造	66823	224777	20000		
供应用仪表及其他通用仪器制造	66823	224777	20000		
专用仪器仪表制造		46943	20513		
汽车及其他用计数仪表制造		46943	20513		
光学仪器及眼镜制造	31000	66085	37500		
光学仪器制造	28538	48823	23500		
眼镜制造	2461	17262	14000		
文化、办公用机械制造	13677	81077	30099		
照相机及器材制造		35722	14899		
其他文化、办公用机械制造	13677	45355	15200		
工艺品及其他制造业	8534	215525	52651		
工艺美术品制造	2034	43125	14668		
其他工艺美术品制造	2034	43125	14668		
日用杂品制造	6500	172400	37983		
其他日用杂品制造	6500	172400	37983		
电力、燃气及水的生产和供应业	**3828317**	**2340731**	**803785**	**782785**	
电力、热力的生产和供应业	3828317	2340731	803785	782785	
电力生产	9690	222435	215334	194334	
火力发电	9690	222435	215334	194334	
电力供应	3818628	2118296	588451	588451	
电力供应	3818628	2118296	588451	588451	

1-E-1 续表6-1

单位：个、万元、人

指标名称	法人资本	个人资本	港澳台资本	外商资本	主营业务收入
总计	**3413878**	**1547208**	**903340**	**1572493**	**73133045**
一、按轻重工业分					
轻工业	922191	644764	643676	364316	20601993
重工业	2491688	902444	259663	1208176	52531052
二、按登记注册类型分					
内资	**2850612**	**1500513**	**54230**	**47755**	**55373227**
国有	46641				13133447
有限责任公司	881113	295945	12061	16768	11409764
国有独资公司	2600				772613
其他有限责任公司	878513	295945	12061	16768	10637152
股份有限公司	1462615	536033	6413	15936	16719211
私营企业	460244	668535	35756	15052	14110805
私营独资	29700				226580
私营有限责任公司	331787	633020	33577	6371	8878735
私营股份有限公司	98757	35516	2180	8681	5005490
港澳台商投资	**173758**	**3392**	**849110**		**5577473**
与港澳台商合资经营	163560	2048	216302		2301040
港澳台商独资	3699	500	550664		2768877
港澳台商投资股份有限公司	6500	844	82144		507556
外商投资	**389508**	**43302**		**1524737**	**12182345**
中外合资经营	319505	17440		376597	4177807
外资企业	58742	21718		1042515	7035793
外商投资股份有限公司	11261	4145		105626	968745
三、按控股情况分					
国有控股	1798546	22929	135	49731	27730352
集体控股	48620	554		8781	395016
私人控股	1341249	1495857	77633	130523	30362096
港澳台商控股	28814	2000	814184		4218706
外商控股	103248	25318		1380563	9409606
其他	93402	550	11388	2894	1017269
四、按国民经济行业(门类、大类、中类、小类)分					
采矿业	**2600**				**89536**
煤炭开采和洗选业	2600				89536
烟煤和无烟煤的开采洗选	2600				89536
烟煤和无烟煤的开采洗选	2600				89536
制造业	**3390278**	**1547208**	**903340**	**1572493**	**62595871**
农副食品加工业	52357			6300	171368
水产品加工	52357			6300	171368
水产品冷冻加工	52357			6300	171368
食品制造业	13254	1583	32387	1695	581027

1-E-1 续表6-2

单位：个、万元、人

指标名称	法人资本	个人资本	港澳台资本	外商资本	主营业务收入
方便食品制造	1994	1039	32387		392274
米、面制品制造	1994	1039			39790
方便面及其他方便食品制造			32387		352484
其他食品制造	11261	545		1695	188753
食品及饲料添加剂制造	11261	545		1695	188753
饮料制造业	6293	3600	37476	16564	948044
酒的制造		3600		8400	228214
啤酒制造		3600		8400	83044
黄酒制造					145170
软饮料制造	6293		37476	8164	719830
碳酸饮料制造	2594		10375		227618
茶饮料及其他软饮料制造	3699		27101	8164	492212
纺织业	261776	154386	178167	55923	4269448
棉、化纤纺织及印染精加工	85268	92211	63110	46411	2391794
棉、化纤纺织加工	71695	61875	58610	13494	1129116
棉、化纤印染精加工	13574	30336	4500	32917	1262678
丝绢纺织及精加工	57380	30445	96627		1134894
绢纺和丝织加工	57380	30445	96627		1134894
纺织制成品制造	93129	5730	11801	3638	333713
棉及化纤制品制造	26684	3127		563	145437
纺织带和帘子布制造	66445	2603	11801	3075	188277
针织品、编织品及其制品制造	25999	26000	6628	5874	409048
棉、化纤针织品及编织品制造	25999		6628	5874	211668
丝针织品及编织品制造		26000			197380
纺织服装、鞋、帽制造业	22305	39087	294301	38788	1558741
纺织服装制造	22305	39087	294301	38788	1558741
纺织服装制造	22305	39087	294301	38788	1558741
皮革、毛皮、羽毛(绒)及其制品业	106544	68305	1323	121931	1730399
皮革鞣制加工	51434	21718		107329	392107
皮革鞣制加工	51434	21718		107329	392107
皮革制品制造	55109	41022	1323	9667	1290299
皮鞋制造	46322	40468			906535
皮革服装制造	4258		1323	886	321564
其他皮革制品制造	4530	554		8781	62200
毛皮鞣制及制品加工		5565		4936	47994
毛皮服装加工		5565		4936	47994
木材加工及木、竹、藤、棕、草制品业	6500	844	1997		41354
人造板制造	6500	844	1997		41354
胶合板制造	6500	844	1997		41354
家具制造业	15584	20352	1453	71660	347876

1－E－1 续表6－3 单位：个、万元、人

指 标 名 称	法人资本	个人资本	港澳台资本	外商资本	主营业务收 入
木质家具制造				65599	73112
木质家具制造				65599	73112
金属家具制造	7753	7973	1453	576	109982
金属家具制造	7753	7973	1453	576	109982
其他家具制造	7831	12379		5485	164782
其他家具制造	7831	12379		5485	164782
造纸及纸制品业	8396	32336		17750	563020
造 纸	1088	32336		12784	220863
机制纸及纸板制造	1088	32336		12784	220863
纸制品制造	7308			4966	342157
纸和纸板容器的制造	7308			4966	342157
文教体育用品制造业	3960			8040	85502
文化用品制造	3960			8040	85502
笔的制造	3960			8040	85502
石油加工、炼焦及核燃料加工业	1089661				9024486
精炼石油产品的制造	1089661				9024486
原油加工及石油制品制造	1089661				9024486
化学原料及化学制品制造业	71217	106996	5636	143582	4600877
基础化学原料制造					1036059
有机化学原料制造					1036059
农药制造	39520	16196			386847
化学农药制造	12483	16196			286482
生物化学农药及微生物农药制造	27037				100365
涂料、油墨、颜料及类似产品制造	16482	90800	5636		967508
染料制造	16482	90800	5636		967508
合成材料制造	3000				902827
合成纤维单(聚合)体的制造	3000				902827
专用化学产品制造				143582	448846
信息化学品制造				143582	448846
日用化学产品制造	12215				858791
肥皂及合成洗涤剂制造	12215				858791
医药制造业	45675	32656			1009425
化学药品原药制造	38716	11467			796122
化学药品原药制造	38716	11467			796122
化学药品制剂制造	6959	21189			213303
化学药品制剂制造	6959	21189			213303
化学纤维制造业	180079	56462	51310	4297	3056200
合成纤维制造	180079	56462	51310	4297	3056200
涤纶纤维制造	180079	56462	51310	4297	3056200

1－E－1 续表6－4

单位：个、万元、人

指标名称	法人资本	个人资本	港澳台资本	外商资本	主营业务收入
橡胶制品业	67052	11253		170728	1764456
轮胎制造	67052			170728	1698995
车辆、飞机及工程机械轮胎制造	67052			170728	1698995
橡胶靴鞋制造		11253			65461
橡胶靴鞋制造		11253			65461
塑料制品业		26000			995270
塑料薄膜制造		10000			859248
塑料薄膜制造		10000			859248
塑料板、管、型材的制造		16000			136022
塑料板、管、型材的制造		16000			136022
非金属矿物制品业	130248	182092		62240	1135567
砖瓦、石材及其他建筑材料制造				15803	241614
建筑陶瓷制品制造				15803	241614
玻璃及玻璃制品制造	130248	182092		46437	893953
技术玻璃制品制造		182092			584315
玻璃纤维及制品制造	130248			46437	309638
黑色金属冶炼及压延加工业	363117	67302			3512996
钢压延加工	363117	67302			3512996
钢压延加工	363117	67302			3512996
有色金属冶炼及压延加工业	98640	72277			1384686
有色金属压延加工	98640	72277			1384686
常用有色金属压延加工	98640	72277			1384686
金属制品业	119684	147121			2008512
结构性金属制品制造	86272	75360			1315880
金属结构制造	86272	50560			1010735
金属门窗制造		24800			305145
金属丝绳及其制品的制造		19389			245978
金属丝绳及其制品的制造		19389			245978
建筑、安全用金属制品制造		15200			94680
建筑、家具用金属配件制造		15200			94680
不锈钢及类似日用金属制品制造	33412	37172			351974
金属制厨用器皿及餐具制造	33412	37172			351974
通用设备制造业	55972	148786	4253	202405	3204660
锅炉及原动机制造				13520	231935
汽轮机及辅机制造				13520	231935
起重运输设备制造	2489			9956	471646
起重运输设备制造	2489			9956	471646
泵、阀门、压缩机及类似机械的制造	24531	20986		96977	434751
泵及真空设备制造		15056			101038

1－E－1 续表6－5

单位：个、万元、人

指 标 名 称	法人资本	个人资本	港澳台资本	外商资本	主营业务收 入
气体压缩机械制造	24531	5930		96977	333714
轴承、齿轮、传动和驱动部件的制造	28953		4253	8105	284409
轴承制造	20474		4253	8105	143430
齿轮、传动和驱动部件制造	8479				140979
风机、衡器、包装设备等通用设备制造		91800			1120754
制冷、空调设备制造		91800			1120754
通用零部件制造及机械修理		36000		73847	661164
紧固件、弹簧制造				73847	158135
其他通用零部件制造		36000			503029
专用设备制造业	31800	46960	75568		1128568
化工、木材、非金属加工专用设备制造			75568		359050
塑料加工专用设备制造			75568		359050
纺织、服装和皮革工业专用设备制造	10000	46960			289433
缝纫机械制造	10000	46960			289433
环保、社会公共安全及其他专用设备制造	21800				480085
环境污染防治专用设备制造	21800				480085
交通运输设备制造业	316059	20448	8000	268589	7627343
汽车制造	69607	7900		205437	5379104
汽车整车制造	5800				170544
汽车零部件及配件制造	63807	7900		205437	5208560
摩托车制造		12000			789273
摩托车整车制造					437184
摩托车零部件及配件制造		12000			352089
船舶及浮动装置制造	246452	548	8000	63152	1458966
金属船舶制造	246452	548	8000		1237907
船用配套设备制造				63152	221059
电气机械及器材制造业	149200	179547	40000	147804	4343385
电机制造	7681	35000		113033	1153851
电动机制造	7681	35000		48414	869267
微电机及其他电机制造				64620	284584
输配电及控制设备制造	31194	97500		31194	818184
配电开关控制设备制造	31194	7500		31194	459563
电力电子元器件制造		90000			358621
电池制造			38000		154865
电池制造			38000		154865
家用电力器具制造	102704	30118	2000	3576	1817539
家用制冷电器具制造	27800				291590
家用空气调节器制造	49998	5182			470845
家用通风电器具制造	15452	5748			128139

1－E－1　续表6－6　　　　单位：个、万元、人

指 标 名 称	法人资本	个人资本	港澳台资本	外商资本	主营业务收入
家用厨房电器具制造	8341	13388	2000	2414	545461
家用清洁卫生电器具制造	1113			1162	303716
其他家用电力器具制造		5800			77789
照明器具制造	7622	16930			398947
照明灯具制造	7622	8422			309048
灯用电器附件及其他照明器具制造		8508			89899
通信设备、计算机及其他电子设备制造业	120153	64102	147970	216405	5929939
通信设备制造	63727		80147	21024	656413
移动通信及终端设备制造	63727		80147	21024	656413
电子计算机制造			66198	182742	4490992
电子计算机整机制造				19864	628722
计算机网络设备制造			66198		598789
电子计算机外部设备制造				162878	3263481
电子元件制造	56426	60546		12638	534912
电子元件及组件制造	56426	60546		12638	534912
家用视听设备制造		3556	1624		247621
家用影视设备制造		3556	1624		247621
仪器仪表及文化、办公用机械制造业	35970	33743	23500	14899	1064971
通用仪器仪表制造	7000	13000			677752
供应用仪表及其他通用仪器制造	7000	13000			677752
专用仪器仪表制造	14220	6293			162840
汽车及其他用计数仪表制造	14220	6293			162840
光学仪器及眼镜制造	3300	10700	23500		71074
光学仪器制造			23500		37705
眼镜制造	3300	10700			33369
文化、办公用机械制造	11450	3750		14899	153305
照相机及器材制造				14899	61975
其他文化、办公用机械制造	11450	3750			91330
工艺品及其他制造业	18785	30972		2894	507753
工艺美术品制造	5000	9668			123050
其他工艺美术品制造	5000	9668			123050
日用杂品制造	13785	21304		2894	384703
其他日用杂品制造	13785	21304		2894	384703
电力、燃气及水的生产和供应业	**21000**				**10447638**
电力、热力的生产和供应业	21000				10447638
电力生产	21000				540281
火力发电	21000				540281
电力供应					9907357
电力供应					9907357

1－E－1 续表7－1

单位：个、万元、人

指标名称	主营业务成本	主营业务税金及附加	其他业务收入	其他业务利润	营业费用
总 计	**66281255**	**436865**	**2075711**	**214068**	**1763538**
一、按轻重工业分					
轻工业	17328155	83108	693057	39386	1006953
重工业	48953100	353757	1382654	174682	756585
二、按登记注册类型分					
内 资	**51483016**	**407584**	**1547307**	**142812**	**881074**
国 有	12547411	59828	132778	39776	17780
有限责任公司	10408333	56760	316884	39274	325352
国有独资公司	646549	16617	43487	5105	31392
其他有限责任公司	9761784	40143	273397	34168	293960
股份有限公司	16015806	229256	1001213	52259	238017
私营企业	12511466	61739	96432	11503	299925
私营独资	206886	614	594	594	2218
私营有限责任公司	7726309	38832	94687	10366	212851
私营股份有限公司	4578270	22292	1152	544	84857
港澳台商投资	**4336496**	**4938**	**296063**	**21757**	**416665**
与港澳台商合资经营	1941345	1754	82672	4654	147203
港澳台商独资	1985856	3174	197203	5091	241291
港澳台商投资股份有限公司	409296	10	16188	12012	28171
外商投资	**10461743**	**24344**	**232341**	**49500**	**465799**
中外合资经营	3483852	8378	111563	14964	142434
外资企业	6383978	3208	81622	29511	156278
外商投资股份有限公司	593913	12758	39156	5025	167088
三、按控股情况分					
国有控股	27123636	286028	865019	68826	160493
集体控股	309399	2818	8465	2080	14256
私人控股	26610577	125607	734811	81628	840218
港澳台商控股	3092080	4371	258185	19516	412811
外商控股	8226527	17424	201059	41522	307870
其 他	919036	617	8171	495	27889
四、按国民经济行业(门类、大类、中类、小类)分					
采矿业	**84530**	**528**	**8067**	**2238**	**507**
煤炭开采和洗选业	84530	528	8067	2238	507
烟煤和无烟煤的开采洗选	84530	528	8067	2238	507
烟煤和无烟煤的开采洗选	84530	528	8067	2238	507
制造业	**56090975**	**389334**	**2050446**	**205147**	**1763030**
农副食品加工业	153805	181	27040	－8735	3905
水产品加工	153805	181	27040	－8735	3905
水产品冷冻加工	153805	181	27040	－8735	3905
食品制造业	381176	825	76215	2325	128473

1－E－1 续表7－2

单位：个、万元、人

指标名称	主营业务成本	主营业务税金及附加	其他业务收入	其他业务利润	营业费用
方便食品制造	282474	552	75721	2208	60945
米、面制品制造	25760	552	328	328	5241
方便面及其他方便食品制造	256714		75393	1879	55704
其他食品制造	98703	273	494	117	67528
食品及饲料添加剂制造	98703	273	494	117	67528
饮料制造业	623689	15937	16907	2305	184659
酒的制造	161155	15218	10602	2066	21331
啤酒制造	47856	11646	5996	128	11834
黄酒制造	113299	3572	4606	1938	9497
软饮料制造	462535	719	6305	239	163329
碳酸饮料制造	161689	221			46485
茶饮料及其他软饮料制造	300846	498	6305	239	116843
纺织业	3850352	14672	102215	11500	62927
棉、化纤纺织及印染精加工	2175207	8330	74781	10407	27688
棉、化纤纺织加工	1015236	3648	66371	9695	15311
棉、化纤印染精加工	1159971	4682	8409	712	12377
丝绢纺织及精加工	1028087	4249	5326	819	19165
绢纺和丝织加工	1028087	4249	5326	819	19165
纺织制成品制造	281566	919	21830	62	8854
棉及化纤制品制造	113734	506	177	82	7253
纺织带和帘子布制造	167832	414	21652	－20	1601
针织品、编织品及其制品制造	365493	1174	280	212	7221
棉、化纤针织品及编织品制造	177702	451	210	210	6649
丝针织品及编织品制造	187791	723	69	1	571
纺织服装、鞋、帽制造业	1234867	3219	137755	4696	108710
纺织服装制造	1234867	3219	137755	4696	108710
纺织服装制造	1234867	3219	137755	4696	108710
皮革、毛皮、羽毛(绒)及其制品业	1456696	4168	22489	1380	44392
皮革鞣制加工	347685	327	10777	709	6393
皮革鞣制加工	347685	327	10777	709	6393
皮革制品制造	1066240	3781	11712	671	37414
皮鞋制造	748316	3438	603	172	28648
皮革服装制造	266096	257	10775	231	6496
其他皮革制品制造	51828	86	334	269	2269
毛皮鞣制及制品加工	42771	60			585
毛皮服装加工	42771	60			585
木材加工及木、竹、藤、棕、草制品业	36198	10	1992	229	842
人造板制造	36198	10	1992	229	842
胶合板制造	36198	10	1992	229	842
家具制造业	311690	905	4658	971	17230

1－E－1 续表7－3 单位：个、万元、人

指 标 名 称	主营业务成　本	主营业务税金及附加	其他业务收　入	其他业务利　润	营业费用
木质家具制造	73167				5634
木质家具制造	73167				5634
金属家具制造	97401	481	1318	386	4131
金属家具制造	97401	481	1318	386	4131
其他家具制造	141122	423	3340	585	7465
其他家具制造	141122	423	3340	585	7465
造纸及纸制品业	502789	2360	26697	2276	18862
造　纸	199064	1032	16991	1157	5260
机制纸及纸板制造	199064	1032	16991	1157	5260
纸制品制造	303725	1328	9706	1119	13602
纸和纸板容器的制造	303725	1328	9706	1119	13602
文教体育用品制造业	70104	138			3242
文化用品制造	70104	138			3242
笔的制造	70104	138			3242
石油加工、炼焦及核燃料加工业	9591506	193490	582827		12921
精炼石油产品的制造	9591506	193490	582827		12921
原油加工及石油制品制造	9591506	193490	582827		12921
化学原料及化学制品制造业	4003646	15634	285775	74767	134848
基础化学原料制造	934796	5081	62346	40127	15465
有机化学原料制造	934796	5081	62346	40127	15465
农药制造	265954	3026	139180	33087	10936
化学农药制造	180030	2541	137971	32492	7398
生物化学农药及微生物农药制造	85924	485	1209	595	3538
涂料、油墨、颜料及类似产品制造	824482	4490	25576		22474
染料制造	824482	4490	25576		22474
合成材料制造	889433	891			110
合成纤维单(聚合)体的制造	889433	891			110
专用化学产品制造	370796	35	85	26	355
信息化学品制造	370796	35	85	26	355
日用化学产品制造	718186	2111	58589	1528	85507
肥皂及合成洗涤剂制造	718186	2111	58589	1528	85507
医药制造业	604376	7943	53568	8378	58618
化学药品原药制造	464333	6152	9556	8355	22628
化学药品原药制造	464333	6152	9556	8355	22628
化学药品制剂制造	140043	1791	44013	23	35990
化学药品制剂制造	140043	1791	44013	23	35990
化学纤维制造业	2888887	2346	25	5	7459
合成纤维制造	2888887	2346	25	5	7459
涤纶纤维制造	2888887	2346	25	5	7459

1-E-1 续表7-4

单位：个、万元、人

指标名称	主营业务成本	主营业务税金及附加	其他业务收入	其他业务利润	营业费用
橡胶制品业	1590664	5464	16347	783	56711
轮胎制造	1531818	5196	16195	726	55395
车辆、飞机及工程机械轮胎制造	1531818	5196	16195	726	55395
橡胶靴鞋制造	58845	267	152	58	1316
橡胶靴鞋制造	58845	267	152	58	1316
塑料制品业	890321	2754	6579	161	13363
塑料薄膜制造	772425	2409			9503
塑料薄膜制造	772425	2409			9503
塑料板、管、型材的制造	117896	345	6579	161	3860
塑料板、管、型材的制造	117896	345	6579	161	3860
非金属矿物制品业	927078	2410	21840	7823	54806
砖瓦、石材及其他建筑材料制造	179452	301	7694	5054	45593
建筑陶瓷制品制造	179452	301	7694	5054	45593
玻璃及玻璃制品制造	747626	2109	14146	2769	9213
技术玻璃制品制造	546790	1625	524	229	3435
玻璃纤维及制品制造	200836	484	13622	2540	5778
黑色金属冶炼及压延加工业	3481630	15909	85684	-602	3850
钢压延加工	3481630	15909	85684	-602	3850
钢压延加工	3481630	15909	85684	-602	3850
有色金属冶炼及压延加工业	1288186	7199	68051	4	18115
有色金属压延加工	1288186	7199	68051	4	18115
常用有色金属压延加工	1288186	7199	68051	4	18115
金属制品业	1743377	18859	24915	5072	58726
结构性金属制品制造	1154696	16455	12484	5527	27663
金属结构制造	890696	15732	6690	5024	19081
金属门窗制造	264001	724	5794	503	8582
金属丝绳及其制品的制造	227958	523	8476	-255	82
金属丝绳及其制品的制造	227958	523	8476	-255	82
建筑、安全用金属制品制造	83930	95			1716
建筑、家具用金属配件制造	83930	95			1716
不锈钢及类似日用金属制品制造	276794	1785	3956	-200	29266
金属制厨用器皿及餐具制造	276794	1785	3956	-200	29266
通用设备制造业	2621947	12764	54105	7119	94786
锅炉及原动机制造	150493	245	2741	240	7041
汽轮机及辅机制造	150493	245	2741	240	7041
起重运输设备制造	375860	823		-431	18454
起重运输设备制造	375860	823		-431	18454
泵、阀门、压缩机及类似机械的制造	380305	820	7371	497	12719
泵及真空设备制造	81501	361	3524	120	5132

1－E－1 续表7－5 单位：个、万元、人

指标名称	主营业务成本	主营业务税金及附加	其他业务收入	其他业务利润	营业费用
气体压缩机械制造	298805	459	3847	377	7587
轴承、齿轮、传动和驱动部件的制造	239226	691	3459	1275	7063
轴承制造	125176	215	453	189	3531
齿轮、传动和驱动部件制造	114051	476	3006	1086	3531
风机、衡器、包装设备等通用设备制造	936562	7165	10167	1093	33900
制冷、空调设备制造	936562	7165	10167	1093	33900
通用零部件制造及机械修理	539501	3020	30367	4446	15610
紧固件、弹簧制造	131615	96	28827	4446	5700
其他通用零部件制造	407886	2923	1540		9910
专用设备制造业	957363	1497	4146	163	45481
化工、木材、非金属加工专用设备制造	258170	472			37297
塑料加工专用设备制造	258170	472			37297
纺织、服装和皮革工业专用设备制造	248306	622			6248
缝纫机械制造	248306	622			6248
环保、社会公共安全及其他专用设备制造	450887	403	4146	163	1937
环境污染防治专用设备制造	450887	403	4146	163	1937
交通运输设备制造业	6894032	35982	144720	36402	132047
汽车制造	4909365	22194	79920	10595	86396
汽车整车制造	155468	206	14656	542	3134
汽车零部件及配件制造	4753897	21988	65264	10053	83262
摩托车制造	676667	13254	33399	4910	28885
摩托车整车制造	364113	12261	28464	950	20353
摩托车零部件及配件制造	312554	993	4935	3960	8532
船舶及浮动装置制造	1308000	534	31402	20898	16767
金属船舶制造	1093040	534	25288	14821	16635
船用配套设备制造	214960		6114	6076	132
电气机械及器材制造业	3591157	12401	147056	12480	244848
电机制造	969605	4158	27002	6386	35637
电动机制造	715402	3833	22353	3233	32334
微电机及其他电机制造	254203	325	4649	3153	3303
输配电及控制设备制造	658030	2652	74746	3429	40560
配电开关控制设备制造	385281	438	449	215	19670
电力电子元器件制造	272749	2214	74296	3214	20890
电池制造	126046	101	546	－29	7359
电池制造	126046	101	546	－29	7359
家用电力器具制造	1467196	4342	25633	458	153479
家用制冷电器具制造	250352	1840	550	207	19973
家用空气调节器制造	437623	226	8	8	23709
家用通风电器具制造	79542	963			32239

1－E－1 续表7－6

单位：个、万元、人

指 标 名 称	主营业务成 本	主 营 业 务税金及附加	其他业务收 入	其他业务利 润	营业费用
家用厨房电器具制造	395898	872	1115	593	48349
家用清洁卫生电器具制造	232988	228	23961	－350	26777
其他家用电力器具制造	70793	213			2433
照明器具制造	370281	1148	19129	2237	7812
照明灯具制造	287975	1069	18595	2237	5970
灯用电器附件及其他照明器具制造	82306	78	534		1842
通信设备、计算机及其他电子设备制造业	5074805	6208	51733	23141	171428
通信设备制造	534032	688	17342	12588	32089
移动通信及终端设备制造	534032	688	17342	12588	32089
电子计算机制造	3905568	1308	7260	5572	115580
电子计算机整机制造	600606				6805
计算机网络设备制造	246151	1308			83003
电子计算机外部设备制造	3058811		7260	5572	25772
电子元件制造	414264	3667	11371	4531	22035
电子元件及组件制造	414264	3667	11371	4531	22035
家用视听设备制造	220941	545	15760	450	1724
家用影视设备制造	220941	545	15760	450	1724
仪器仪表及文化、办公用机械制造业	902934	3920	71244	8657	59454
通用仪器仪表制造	571207	2983	13411	3628	46775
供应用仪表及其他通用仪器制造	571207	2983	13411	3628	46775
专用仪器仪表制造	148830	374	30073	3816	2522
汽车及其他用计数仪表制造	148830	374	30073	3816	2522
光学仪器及眼镜制造	58607	224	781	187	1298
光学仪器制造	31467	66	723	129	514
眼镜制造	27140	158	58	58	784
文化、办公用机械制造	124290	338	26978	1026	8858
照相机及器材制造	52429	13	1134	1006	1143
其他文化、办公用机械制造	71860	325	25844	20	7716
工艺品及其他制造业	417701	2143	15863	3848	22330
工艺美术品制造	94878	594	318	302	7036
其他工艺美术品制造	94878	594	318	302	7036
日用杂品制造	322823	1549	15546	3546	15294
其他日用杂品制造	322823	1549	15546	3546	15294
电力、燃气及水的生产和供应业	**10105749**	**47002**	**17198**	**6683**	
电力、热力的生产和供应业	10105749	47002	17198	6683	
电力生产	550840	1964	3765	939	
火力发电	550840	1964	3765	939	
电力供应	9554910	45038	13433	5744	
电力供应	9554910	45038	13433	5744	

1－E－1 续表8－1 单位：个、万元、人

指 标 名 称	管理费用	税 金	财务费用	利息支出	营业利润
总 计	**2109827**	**85837**	**1047562**	**1018692**	**1816060**
一、按轻重工业分					
轻工业	728483	31266	396685	375562	1180125
重工业	1381344	54571	650878	643131	635936
二、按登记注册类型分					
内 资	**1316834**	**58040**	**869265**	**818181**	**652899**
国 有	180112	8831	267720	276828	96418
有限责任公司	344850	18076	185415	176664	174808
国有独资公司	49270	1729	16149	14677	17564
其他有限责任公司	295581	16347	169266	161987	157244
股份有限公司	419250	16886	124736	167232	－226668
私营企业	372622	14247	291395	197457	608341
私营独资	2760	513	10442	10442	4653
私营有限责任公司	270478	13610	169630	174079	483112
私营股份有限公司	99384	125	111323	12936	120577
港澳台商投资	**383585**	**12026**	**67284**	**81418**	**408277**
与港澳台商合资经营	70984	4947	57447	56800	104265
港澳台商独资	201020	5631	7618	22184	334991
港澳台商投资股份有限公司	111581	1449	2219	2435	－30979
外商投资	**409408**	**15771**	**111013**	**119094**	**754885**
中外合资经营	149669	5147	61583	63388	346656
外资企业	194551	9357	43983	50525	280356
外商投资股份有限公司	65188	1267	5447	5180	127873
三、按控股情况分					
国有控股	535906	23063	368779	435286	－668249
集体控股	26851	804	8887	8516	35769
私人控股	868285	38615	572582	460772	1513575
港澳台商控股	358843	11033	27158	40891	361352
外商控股	293721	11628	54147	57324	546582
其 他	26220	693	16010	15903	27031
四、按国民经济行业（门类、大类、中类、小类）分					
采矿业	**14052**	**330**	**1121**	**1116**	**－9282**
煤炭开采和洗选业	14052	330	1121	1116	－9282
烟煤和无烟煤的开采洗选	14052	330	1121	1116	－9282
烟煤和无烟煤的开采洗选	14052	330	1121	1116	－9282
制造业	**2071140**	**84369**	**826443**	**788803**	**1766451**
农副食品加工业	6396	373	3218	3064	－4870
水产品加工	6396	373	3218	3064	－4870
水产品冷冻加工	6396	373	3218	3064	－4870
食品制造业	16976	853	1012	1303	54891

1－E－1 续表8－2

单位：个、万元、人

指标名称	管理费用	税金	财务费用	利息支出	营业利润
方便食品制造	7678	644	－1179	－1250	44012
米、面制品制造	4297	208	2565	2494	1704
方便面及其他方便食品制造	3381	436	－3744	－3744	42308
其他食品制造	9297	209	2191	2553	10879
食品及饲料添加剂制造	9297	209	2191	2553	10879
饮料制造业	27298	1303	5148	5417	93760
酒的制造	14872	1101	4774	4737	13072
啤酒制造	7147	232	2527	2527	2163
黄酒制造	7725	869	2247	2210	10909
软饮料制造	12426	202	374	680	80688
碳酸饮料制造	6351		1044	1048	11827
茶饮料及其他软饮料制造	6075	202	－670	－367	68860
纺织业	118327	7612	125903	130242	117683
棉、化纤纺织及印染精加工	59871	2526	74854	74477	57027
棉、化纤纺织加工	24562	1916	44398	45065	36077
棉、化纤印染精加工	35309	610	30456	29412	20950
丝绢纺织及精加工	33386	3720	19815	24661	29764
绢纺和丝织加工	33386	3720	19815	24661	29764
纺织制成品制造	13756	715	16540	17744	10933
棉及化纤制品制造	5896	445	7463	7616	9869
纺织带和帘子布制造	7861	270	9077	10128	1064
针织品、编织品及其制品制造	11313	651	14694	13360	19959
棉、化纤针织品及编织品制造	7392	432	8020	6880	11664
丝针织品及编织品制造	3921	220	6674	6480	8295
纺织服装、鞋、帽制造业	90572	5043	26025	24280	120978
纺织服装制造	90572	5043	26025	24280	120978
纺织服装制造	90572	5043	26025	24280	120978
皮革、毛皮、羽毛(绒)及其制品业	53558	2456	36929	30698	135382
皮革鞣制加工	11938	921	16639	15952	9435
皮革鞣制加工	11938	921	16639	15952	9435
皮革制品制造	39398	1358	18500	12955	125381
皮鞋制造	32328	1102	12551	10862	81234
皮革服装制造	3524	73	5050	1371	40304
其他皮革制品制造	3546	184	899	723	3842
毛皮鞣制及制品加工	2222	177	1790	1790	566
毛皮服装加工	2222	177	1790	1790	566
木材加工及木、竹、藤、棕、草制品业	1948	90	1344	1252	1992
人造板制造	1948	90	1344	1252	1992
胶合板制造	1948	90	1344	1252	1992
家具制造业	14342	415	695	4033	5559

1－E－1 续表8－3 单位：个、万元、人

指 标 名 称	管理费用	税 金	财务费用	利息支出	营业利润
木质家具制造	2408		－1835	－691	－6262
木质家具制造	2408		－1835	－691	－6262
金属家具制造	5452	200	－440	1699	4915
金属家具制造	5452	200	－440	1699	4915
其他家具制造	6482	216	2970	3025	6905
其他家具制造	6482	216	2970	3025	6905
造纸及纸制品业	21107	814	12385	9112	9387
造 纸	11196	670	8985	9112	－1923
机制纸及纸板制造	11196	670	8985	9112	－1923
纸制品制造	9911	144	3400		11310
纸和纸板容器的制造	9911	144	3400		11310
文教体育用品制造业	6679		2772	1809	1788
文化用品制造	6679		2772	1809	1788
笔的制造	6679		2772	1809	1788
石油加工、炼焦及核燃料加工业	98119	5656	－10471	43157	－851227
精炼石油产品的制造	98119	5656	－10471	43157	－851227
原油加工及石油制品制造	98119	5656	－10471	43157	－851227
化学原料及化学制品制造业	178094	5228	78376	77627	288486
基础化学原料制造	81082	2623	39151	39497	－4082
有机化学原料制造	81082	2623	39151	39497	－4082
农药制造	27918	1348	2496	1906	113323
化学农药制造	21162	689	764	654	107080
生物化学农药及微生物农药制造	6757	659	1732	1252	6243
涂料、油墨、颜料及类似产品制造	36370	85	26941	25020	68973
染料制造	36370	85	26941	25020	68973
合成材料制造	5008	121	6441	6441	944
合成纤维单(聚合)体的制造	5008	121	6441	6441	944
专用化学产品制造	13424	660	4765	4764	59497
信息化学品制造	13424	660	4765	4764	59497
日用化学产品制造	14293	393	－1418		49831
肥皂及合成洗涤剂制造	14293	393	－1418		49831
医药制造业	73791	2956	42616	36637	239446
化学药品原药制造	60304	2698	32312	28027	215761
化学药品原药制造	60304	2698	32312	28027	215761
化学药品制剂制造	13487	258	10304	8611	23686
化学药品制剂制造	13487	258	10304	8611	23686
化学纤维制造业	35684	2154	52514	50127	69099
合成纤维制造	35684	2154	52514	50127	69099
涤纶纤维制造	35684	2154	52514	50127	69099

1－E－1 续表 8－4 单位：个、万元、人

指标名称	管理费用	税金	财务费用	利息支出	营业利润
橡胶制品业	58993	2231	35195	43400	18359
轮胎制造	56993	2108	32529	41378	17991
车辆、飞机及工程机械轮胎制造	56993	2108	32529	41378	17991
橡胶靴鞋制造	1999	123	2666	2022	368
橡胶靴鞋制造	1999	123	2666	2022	368
塑料制品业	14999	349	12342	11452	61651
塑料薄膜制造	9823	65	9731	9506	55358
塑料薄膜制造	9823	65	9731	9506	55358
塑料板、管、型材的制造	5176	284	2612	1946	6294
塑料板、管、型材的制造	5176	284	2612	1946	6294
非金属矿物制品业	28218	2874	33723	35664	94150
砖瓦、石材及其他建筑材料制造	7585		5536	5186	5200
建筑陶瓷制品制造	7585		5536	5186	5200
玻璃及玻璃制品制造	20633	2874	28187	30478	88950
技术玻璃制品制造	4369	1520	10500	10200	17821
玻璃纤维及制品制造	16264	1354	17687	20278	71129
黑色金属冶炼及压延加工业	95489	7638	62456	57539	－146252
钢压延加工	95489	7638	62456	57539	－146252
钢压延加工	95489	7638	62456	57539	－146252
有色金属冶炼及压延加工业	32539	1816	7944	7017	27172
有色金属压延加工	32539	1816	7944	7017	27172
常用有色金属压延加工	32539	1816	7944	7017	27172
金属制品业	73564	4649	37384	38171	81675
结构性金属制品制造	50320	3866	30104	30400	42168
金属结构制造	41190	3775	24566	24995	24494
金属门窗制造	9130	92	5537	5406	17674
金属丝绳及其制品的制造	3215	226	2297	2139	11649
金属丝绳及其制品的制造	3215	226	2297	2139	11649
建筑、安全用金属制品制造	3366	148	278	220	5297
建筑、家具用金属配件制造	3366	148	278	220	5297
不锈钢及类似日用金属制品制造	16663	409	4706	5412	22561
金属制厨用器皿及餐具制造	16663	409	4706	5412	22561
通用设备制造业	163173	3874	48193	39755	271249
锅炉及原动机制造	38326	284	240	179	35831
汽轮机及辅机制造	38326	284	240	179	35831
起重运输设备制造	7261		－3035	－3556	71852
起重运输设备制造	7261		－3035	－3556	71852
泵、阀门、压缩机及类似机械的制造	24642	57	8372	4553	11436
泵及真空设备制造	5529	57	408	224	8226

1-E-1 续表8-5

单位：个、万元、人

指标名称	管理费用	税金	财务费用	利息支出	营业利润
气体压缩机械制造	19112		7963	4329	3209
轴承、齿轮、传动和驱动部件的制造	18789	495	6550	6391	12159
轴承制造	5065	63	3745	3558	5701
齿轮、传动和驱动部件制造	13724	432	2805	2832	6458
风机、衡器、包装设备等通用设备制造	47159	2248	25420	22158	71641
制冷、空调设备制造	47159	2248	25420	22158	71641
通用零部件制造及机械修理	26997	790	10647	10030	68331
紧固件、弹簧制造	6867	340	1275	752	15523
其他通用零部件制造	20131	450	9372	9278	52808
专用设备制造业	40914	1543	19493	17887	74208
化工、木材、非金属加工专用设备制造	24265	22	32	32	38814
塑料加工专用设备制造	24265	22	32	32	38814
纺织、服装和皮革工业专用设备制造	11600	312	15410	13954	7248
缝纫机械制造	11600	312	15410	13954	7248
环保、社会公共安全及其他专用设备制造	5050	1208	4051	3901	28145
环境污染防治专用设备制造	5050	1208	4051	3901	28145
交通运输设备制造业	219066	6086	103420	40999	288223
汽车制造	123635	3960	107338	8287	150506
汽车整车制造	5247	2744	4366	4003	2664
汽车零部件及配件制造	118389	1216	102972	4284	147842
摩托车制造	35615	621	13411	12124	26351
摩托车整车制造	21977	49	7749	6542	11681
摩托车零部件及配件制造	13638	572	5662	5582	14670
船舶及浮动装置制造	59816	1505	-17328	20588	111366
金属船舶制造	51827	618	-16079	16406	106061
船用配套设备制造	7989	888	-1250	4182	5305
电气机械及器材制造业	192354	6211	40455	34033	287740
电机制造	54629	1477	10979	10180	85840
电动机制造	33284	1116	10347	9041	77911
微电机及其他电机制造	21345	361	632	1138	7928
输配电及控制设备制造	29582	1063	5754	4268	85036
配电开关控制设备制造	9981	736	3686	3269	40723
电力电子元器件制造	19601	328	2068	1000	44313
电池制造	7593	582	827	923	12909
电池制造	7593	582	827	923	12909
家用电力器具制造	88558	2106	15340	12652	85164
家用制冷电器具制造	9167	841	8477	6278	1989
家用空气调节器制造	12572	43	3415	3314	-6699
家用通风电器具制造	6857	218	506	503	8031

1－E－1　续表8－6　　　　　　　　　　　　　　　　　　　单位：个、万元、人

指 标 名 称	管理费用	税 金	财务费用	利息支出	营业利润
家用厨房电器具制造	35816	596	1171	1337	60067
家用清洁卫生电器具制造	22251	336	1196	643	19925
其他家用电力器具制造	1896	71	576	576	1852
照明器具制造	11992	983	7556	6010	18791
照明灯具制造	9559	808	6986	5596	16036
灯用电器附件及其他照明器具制造	2433	175	570	413	2755
通信设备、计算机及其他电子设备制造业	329315	9616	17682	15519	353752
通信设备制造	128969	1434	199	1183	－27014
移动通信及终端设备制造	128969	1434	199	1183	－27014
电子计算机制造	142477	4889	－1835	84	332928
电子计算机整机制造	9102	1428	6993		5216
计算机网络设备制造	105830		－2173		164670
电子计算机外部设备制造	27544	3462	－6655	84	163042
电子元件制造	42931	2971	14110	10826	43125
电子元件及组件制造	42931	2971	14110	10826	43125
家用视听设备制造	14939	323	5208	3426	4713
家用影视设备制造	14939	323	5208	3426	4713
仪器仪表及文化、办公用机械制造业	53401	1441	18614	18663	40049
通用仪器仪表制造	28737	388	12545	11538	19133
供应用仪表及其他通用仪器制造	28737	388	12545	11538	19133
专用仪器仪表制造	6802	265	3209	2938	4919
汽车及其他用计数仪表制造	6802	265	3209	2938	4919
光学仪器及眼镜制造	8814	230	808	2134	1177
光学仪器制造	6355	90	－960	858	392
眼镜制造	2459	140	1768	1276	785
文化、办公用机械制造	9048	558	2053	2052	14821
照相机及器材制造	3400	68			6198
其他文化、办公用机械制造	5648	490	2053	2052	8623
工艺品及其他制造业	26227	1087	11076	9945	32124
工艺美术品制造	7709	2	6998	6991	6138
其他工艺美术品制造	7709	2	6998	6991	6138
日用杂品制造	18518	1086	4079	2954	25986
其他日用杂品制造	18518	1086	4079	2954	25986
电力、燃气及水的生产和供应业	**24635**	**1138**	**219999**	**228774**	**58891**
电力、热力的生产和供应业	24635	1138	219999	228774	58891
电力生产	24635	1138	2649	2638	－38856
火力发电	24635	1138	2649	2638	－38856
电力供应			217351	226136	97747
电力供应			217351	226136	97747

1－E－1 续表9－1 单位：个、万元、人

指 标 名 称	投资收益	补贴收入	营业外收入	营业外支出	利润总额
总 计	**291120**	**606385**	**239249**	**343365**	**2512808**
一、按轻重工业分					
轻工业	108875	23052	106839	110435	1246347
重工业	182245	583332	132410	232930	1266462
二、按登记注册类型分					
内 资	**248386**	**543383**	**169216**	**300071**	**1257620**
国 有	14432	5237	41428	118140	26029
有限责任公司	71806	30552	69188	82975	235068
国有独资公司	4351	5366	3391	1971	26080
其他有限责任公司	67455	25186	65798	81004	208988
股份有限公司	59115	488980	42669	50514	302188
私营企业	103033	18614	15931	48443	694336
私营独资		221	147	405	4616
私营有限责任公司	12922	8163	15063	46495	469624
私营股份有限公司	90111	10230	721	1543	220095
港澳台商投资	**26750**	**44022**	**39500**	**11548**	**486411**
与港澳台商合资经营	25774	1776	26330	3345	134229
港澳台商独资	976	41459	12636	6328	383715
港澳台商投资股份有限公司		788	534	1876	－31533
外商投资	**15984**	**18979**	**30533**	**31747**	**768777**
中外合资经营	9764	12983	19122	4575	364094
外资企业	1024	5897	10259	17837	279700
外商投资股份有限公司	5196	98	1151	9335	124984
三、按控股情况分					
国有控股	46765	492859	66467	182203	－262387
集体控股	－1990	3	2011	1314	34478
私人控股	194664	55523	83480	118741	1701231
港澳台商控股	26750	43718	37871	9105	439995
外商控股	1140	13716	19670	28770	545205
其 他	23791	566	29749	3232	54287
四、按国民经济行业（门类、大类、中类、小类）分					
采矿业	**9**	**5013**	**268**	**317**	**－4310**
煤炭开采和洗选业	9	5013	268	317	－4310
烟煤和无烟煤的开采洗选	9	5013	268	317	－4310
烟煤和无烟煤的开采洗选	9	5013	268	317	－4310
制造业	**284941**	**601372**	**217629**	**228931**	**2544822**
农副食品加工业	449	194	5004	563	214
水产品加工	449	194	5004	563	214
水产品冷冻加工	449	194	5004	563	214
食品制造业	－447	99	3710	1879	56374

1－E－1 续表9－2

单位：个、万元、人

指标名称	投资收益	补贴收入	营业外收入	营业外支出	利润总额
方便食品制造	292	99	3311	1373	46341
米、面制品制造	292	99	1929	186	3838
方便面及其他方便食品制造			1382	1187	42503
其他食品制造	－739		399	506	10033
食品及饲料添加剂制造	－739		399	506	10033
饮料制造业	3586	252	4807	8965	93433
酒的制造	－223	229	779	367	13484
啤酒制造			358	123	2399
黄酒制造	－223	229	421	245	11085
软饮料制造	3809	23	4028	8598	79949
碳酸饮料制造	3809		1847	159	17325
茶饮料及其他软饮料制造		23	2180	8439	62624
纺织业	10047	4043	19468	12467	133260
棉、化纤纺织及印染精加工	5584	2414	5737	3324	64538
棉、化纤纺织加工	4145	1267	1751	1584	38756
棉、化纤印染精加工	1440	1147	3986	1740	25782
丝绢纺织及精加工	3264	449	7045	1467	36439
绢纺和丝织加工	3264	449	7045	1467	36439
纺织制成品制造	1	268	741	944	10999
棉及化纤制品制造	1	268	394	529	10003
纺织带和帘子布制造			347	415	996
针织品、编织品及其制品制造	1199	913	5945	6733	21283
棉、化纤针织品及编织品制造	1199	913	5945	382	19339
丝针织品及编织品制造				6351	1944
纺织服装、鞋、帽制造业	26437	1330	5226	4055	129344
纺织服装制造	26437	1330	5226	4055	129344
纺织服装制造	26437	1330	5226	4055	129344
皮革、毛皮、羽毛(绒)及其制品业	－1057	3281	798	30615	107789
皮革鞣制加工	786	2324	281	3698	9129
皮革鞣制加工	786	2324	281	3698	9129
皮革制品制造	－1856	458	503	26877	97610
皮鞋制造	145	446	494	1498	80821
皮革服装制造		10	2	25232	15084
其他皮革制品制造	－2000	3	7	148	1704
毛皮鞣制及制品加工	12	499	14	40	1050
毛皮服装加工	12	499	14	40	1050
木材加工及木、竹、藤、棕、草制品业			140	71	2061
人造板制造			140	71	2061
胶合板制造			140	71	2061
家具制造业	1874	343	503	1756	6523

1-E-1 续表9-3 单位:个、万元、人

指 标 名 称	投资收益	补贴收入	营业外收入	营业外支出	利润总额
木质家具制造			46	576	-6792
木质家具制造			46	576	-6792
金属家具制造	38	86	190	290	4939
金属家具制造	38	86	190	290	4939
其他家具制造	1836	257	267	890	8375
其他家具制造	1836	257	267	890	8375
造纸及纸制品业	-28	229	3953	474	13054
造 纸	-28	22	3870	299	1629
机制纸及纸板制造	-28	22	3870	299	1629
纸制品制造		207	83	175	11425
纸和纸板容器的制造		207	83	175	11425
文教体育用品制造业	-266	393	463	570	1808
文化用品制造	-266	393	463	570	1808
笔的制造	-266	393	463	570	1808
石油加工、炼焦及核燃料加工业	8138	481129	3181	677	-359457
精炼石油产品的制造	8138	481129	3181	677	-359457
原油加工及石油制品制造	8138	481129	3181	677	-359457
化学原料及化学制品制造业	22252	12032	23847	12148	309981
基础化学原料制造	8280	5067	13835	2747	7006
有机化学原料制造	8280	5067	13835	2747	7006
农药制造	1194	832	3265	5448	111140
化学农药制造	1669	357	2790	5027	104842
生物化学农药及微生物农药制造	-475	475	475	421	6297
涂料、油墨、颜料及类似产品制造	8888	351	1937	2478	68556
染料制造	8888	351	1937	2478	68556
合成材料制造	-186		3835	395	4198
合成纤维单(聚合)体的制造	-186		3835	395	4198
专用化学产品制造			841	240	60097
信息化学品制造			841	240	60097
日用化学产品制造	4077	5782	136	841	58985
肥皂及合成洗涤剂制造	4077	5782	136	841	58985
医药制造业	7552	2864	2744	19307	233298
化学药品原药制造	12412	2211	2226	13050	219560
化学药品原药制造	12412	2211	2226	13050	219560
化学药品制剂制造	-4860	652	517	6257	13738
化学药品制剂制造	-4860	652	517	6257	13738
化学纤维制造业	308	488	5962	12496	63194
合成纤维制造	308	488	5962	12496	63194
涤纶纤维制造	308	488	5962	12496	63194

1-E-1　续表9-4　　单位：个、万元、人

指　标　名　称	投资收益	补贴收入	营业外收入	营业外支出	利润总额
橡胶制品业	1070	1212	5063	3163	22541
轮胎制造	1070	1171	5049	3106	22175
车辆、飞机及工程机械轮胎制造	1070	1171	5049	3106	22175
橡胶靴鞋制造		41	14	57	366
橡胶靴鞋制造		41	14	57	366
塑料制品业	36	257	229	87	62087
塑料薄膜制造	36			...	55393
塑料薄膜制造	36			...	55393
塑料板、管、型材的制造		257	229	87	6694
塑料板、管、型材的制造		257	229	87	6694
非金属矿物制品业	5737	5805	4304	2634	97520
砖瓦、石材及其他建筑材料制造	3	1548	11	2163	4599
建筑陶瓷制品制造	3	1548	11	2163	4599
玻璃及玻璃制品制造	5734	4257	4293	471	92920
技术玻璃制品制造	48	100	67		18036
玻璃纤维及制品制造	5686	4157	4226	471	74884
黑色金属冶炼及压延加工业	1893	14737	9482	1065	-123098
钢压延加工	1893	14737	9482	1065	-123098
钢压延加工	1893	14737	9482	1065	-123098
有色金属冶炼及压延加工业	2699		17871	1734	46008
有色金属压延加工	2699		17871	1734	46008
常用有色金属压延加工	2699		17871	1734	46008
金属制品业	11822	1553	4191	2860	96381
结构性金属制品制造	2598	891	3919	1942	47635
金属结构制造	2598	603	3757	1556	29896
金属门窗制造		288	162	386	17739
金属丝绳及其制品的制造	598		2	407	11842
金属丝绳及其制品的制造	598		2	407	11842
建筑、安全用金属制品制造		94	2	58	5335
建筑、家具用金属配件制造		94	2	58	5335
不锈钢及类似日用金属制品制造	8626	568	268	453	31569
金属制厨用器皿及餐具制造	8626	568	268	453	31569
通用设备制造业	9311	3338	13576	6054	291168
锅炉及原动机制造	5935		79	148	41697
汽轮机及辅机制造	5935		79	148	41697
起重运输设备制造	-67		183	109	71858
起重运输设备制造	-67		183	109	71858
泵、阀门、压缩机及类似机械的制造	274	509	5510	966	16510
泵及真空设备制造	15	509	417	198	8970

1－E－1 续表 9－5

单位：个、万元、人

指 标 名 称	投资收益	补贴收入	营业外收入	营业外支出	利润总额
气体压缩机械制造	259		5092	768	7540
轴承、齿轮、传动和驱动部件的制造	－276	524	1098	505	13001
轴承制造	30	234	262	299	5927
齿轮、传动和驱动部件制造	－305	291	836	205	7074
风机、衡器、包装设备等通用设备制造	3320	2050	2155	4102	75064
制冷、空调设备制造	3320	2050	2155	4102	75064
通用零部件制造及机械修理	125	254	4551	223	73037
紧固件、弹簧制造		76	40	223	15415
其他通用零部件制造	125	178	4511		57622
专用设备制造业	8899	3317	5139	5788	85775
化工、木材、非金属加工专用设备制造	207	2085	2941	519	43529
塑料加工专用设备制造	207	2085	2941	519	43529
纺织、服装和皮革工业专用设备制造	2692	396	521	3444	7413
缝纫机械制造	2692	396	521	3444	7413
环保、社会公共安全及其他专用设备制造	6000	836	1677	1825	34834
环境污染防治专用设备制造	6000	836	1677	1825	34834
交通运输设备制造业	91407	16835	14597	56376	347553
汽车制造	88608	16400	8467	1030	255818
汽车整车制造		302	1	23	2944
汽车零部件及配件制造	88608	16098	8466	1007	252874
摩托车制造	2803	265	2870	3080	29208
摩托车整车制造	2075		893	993	13655
摩托车零部件及配件制造	728	265	1977	2087	15553
船舶及浮动装置制造	－5	170	3261	52265	62528
金属船舶制造	－5	170	2433	52125	56535
船用配套设备制造			828	140	5993
电气机械及器材制造业	40262	2485	49113	10033	345910
电机制造	890	650	1861	2608	86596
电动机制造	890	519	1800	2531	78552
微电机及其他电机制造		132	61	77	8043
输配电及控制设备制造	6019	24	474	2297	89256
配电开关控制设备制造		24	35	152	40630
电力电子元器件制造	6019		439	2144	48627
电池制造			87	446	12550
电池制造			87	446	12550
家用电力器具制造	26245	1078	45966	2822	132012
家用制冷电器具制造		188	11	479	1709
家用空气调节器制造	23620		28142	843	20600
家用通风电器具制造	－74		933	199	8692

1－E－1 续表9－6

单位：个、万元、人

指标名称	投资收益	补贴收入	营业外收入	营业外支出	利润总额
家用厨房电器具制造	2699	486	16812	801	79263
家用清洁卫生电器具制造			62	405	19582
其他家用电力器具制造		405	6	96	2166
照明器具制造	7108	732	725	1860	25496
照明灯具制造	7108	566	582	1450	22841
灯用电器附件及其他照明器具制造		166	144	410	2655
通信设备、计算机及其他电子设备制造业	4619	41081	9824	10399	398501
通信设备制造		788	1802	2205	－26630
移动通信及终端设备制造		788	1802	2205	－26630
电子计算机制造		39377	1801	6438	367668
电子计算机整机制造			1230	542	5905
计算机网络设备制造		38881			203551
电子计算机外部设备制造		496	571	5896	158213
电子元件制造	4614	546	6197	1746	52736
电子元件及组件制造	4614	546	6197	1746	52736
家用视听设备制造	4	371	25	10	4728
家用影视设备制造	4	371	25	10	4728
仪器仪表及文化、办公用机械制造业	28285	3786	3198	19979	52728
通用仪器仪表制造	19895	2095	2183	12065	31242
供应用仪表及其他通用仪器制造	19895	2095	2183	12065	31242
专用仪器仪表制造	5224	1173	32	5176	6172
汽车及其他用计数仪表制造	5224	1173	32	5176	6172
光学仪器及眼镜制造	553	518	182	171	2260
光学仪器制造	553	418	30	158	1234
眼镜制造		100	153	12	1025
文化、办公用机械制造	2613		801	2568	13054
照相机及器材制造			296	89	6405
其他文化、办公用机械制造	2613		505	2479	6649
工艺品及其他制造业	58	290	1236	2716	30875
工艺美术品制造	55	81	257	207	6325
其他工艺美术品制造	55	81	257	207	6325
日用杂品制造	3	209	979	2510	24551
其他日用杂品制造	3	209	979	2510	24551
电力、燃气及水的生产和供应业	**6169**		**21352**	**114117**	**－27704**
电力、热力的生产和供应业	6169		21352	114117	－27704
电力生产	17		749	831	－38921
火力发电	17		749	831	－38921
电力供应	6152		20603	113285	11217
电力供应	6152		20603	113285	11217

1－E－1 续表10－1 单位：个、万元、人

指 标 名 称	亏损企业亏损总额	应交所得税	利税总额	本年应付工资总额	本年应付福利费总额
总 计	**643721**	**488364**	**4564446**	**2347227**	**205898**
一、按轻重工业分					
轻工业	12962	168368	2009357	1052239	69895
重工业	630759	319997	2555089	1294988	136003
二、按登记注册类型分					
内 资	**582461**	**352342**	**2877360**	**1518874**	**146718**
国 有	9297	85193	542723	292051	30402
有限责任公司	203952	56093	546208	417099	44808
国有独资公司	4310	3575	73591	47568	4285
其他有限责任公司	199643	52518	472616	369531	40523
股份有限公司	369212	83150	772482	346303	35074
私营企业		127906	1015947	463421	36435
私营独资		1054	8866	6801	33
私营有限责任公司		81856	727178	351518	33875
私营股份有限公司		44997	279903	105102	2527
港澳台商投资	**34767**	**61635**	**699332**	**348633**	**22494**
与港澳台商合资经营	1173	9878	169479	115808	1874
港澳台商独资		51554	559488	198480	12156
港澳台商投资股份有限公司	33594	203	－29635	34345	8464
外商投资	**26493**	**74387**	**987755**	**479721**	**36686**
中外合资经营	682	41695	477564	188952	10809
外资企业	25811	12866	317331	232793	21077
外商投资股份有限公司		19826	192859	57976	4801
三、按控股情况分					
国有控股	569061	101595	617055	577685	56870
集体控股		6353	50330	47729	4031
私人控股	14573	279644	2522806	1044813	97113
港澳台商控股	33594	61131	645982	315490	21752
外商控股	26493	36972	669421	322800	25074
其 他		2669	58852	38710	1058
四、按国民经济行业(门类、大类、中类、小类)分					
采矿业	**4310**	**31**	**98**	**7884**	**990**
煤炭开采和洗选业	4310	31	98	7884	990
烟煤和无烟煤的开采洗选	4310	31	98	7884	990
烟煤和无烟煤的开采洗选	4310	31	98	7884	990
制造业	**600490**	**411680**	**4184193**	**2144215**	**184730**
农副食品加工业	2095	128	2359	10565	859
水产品加工	2095	128	2359	10565	859
水产品冷冻加工	2095	128	2359	10565	859
食品制造业		9170	94406	25520	2002

1－E－1 续表 10－2 单位：个、万元、人

指 标 名 称	亏损企业亏损总额	应交所得税	利税总额	本年应付工资总额	本年应付福利费总额
方便食品制造		7946	69189	14569	1864
米、面制品制造		295	7628	5036	1274
方便面及其他方便食品制造		7651	61560	9533	591
其他食品制造		1224	25217	10951	138
食品及饲料添加剂制造		1224	25217	10951	138
饮料制造业		12824	165003	49443	2063
酒的制造		2733	42794	14806	2063
啤酒制造		－326	20563	6239	864
黄酒制造		3059	22232	8567	1199
软饮料制造		10092	122209	34637	
碳酸饮料制造		2640	26278	9970	
茶饮料及其他软饮料制造		7452	95931	24667	
纺织业	1855	16970	257836	195982	9586
棉、化纤纺织及印染精加工	1855	7938	129266	86346	3336
棉、化纤纺织加工	1173	3231	64325	49198	1612
棉、化纤印染精加工	682	4707	64942	37148	1723
丝绢纺织及精加工		3915	80852	46919	4381
绢纺和丝织加工		3915	80852	46919	4381
纺织制成品制造		3217	17630	32649	1426
棉及化纤制品制造		2984	10782	19573	1071
纺织带和帘子布制造		234	6848	13076	355
针织品、编织品及其制品制造		1900	30088	30067	443
棉、化纤针织品及编织品制造		1258	23874	23450	96
丝针织品及编织品制造		642	6214	6617	347
纺织服装、鞋、帽制造业	791	17671	221230	199082	5219
纺织服装制造	791	17671	221230	199082	5219
纺织服装制造	791	17671	221230	199082	5219
皮革、毛皮、羽毛(绒)及其制品业		17772	161912	121672	16654
皮革鞣制加工		564	13871	23278	4241
皮革鞣制加工		564	13871	23278	4241
皮革制品制造		17118	145089	94384	11624
皮鞋制造		14830	112525	67535	4775
皮革服装制造		2061	25326	18534	5507
其他皮革制品制造		227	7238	8315	1341
毛皮鞣制及制品加工		91	2952	4010	789
毛皮服装加工		91	2952	4010	789
木材加工及木、竹、藤、棕、草制品业		203	3959	2761	
人造板制造		203	3959	2761	
胶合板制造		203	3959	2761	
家具制造业	6792	2855	21632	37305	4109

1-E-1 续表10-3 单位:个、万元、人

指标名称	亏损企业亏损总额	应交所得税	利税总额	本年应付工资总额	本年应付福利费总额
木质家具制造	6792		-3020	10532	588
木质家具制造	6792		-3020	10532	588
金属家具制造		1159	8802	16470	1731
金属家具制造		1159	8802	16470	1731
其他家具制造		1696	15850	10303	1791
其他家具制造		1696	15850	10303	1791
造纸及纸制品业	1430	3406	28540	19101	691
造　纸	1430	1388	12450	12296	598
机制纸及纸板制造	1430	1388	12450	12296	598
纸制品制造		2018	16090	6805	93
纸和纸板容器的制造		2018	16090	6805	93
文教体育用品制造业		700	2730	8850	317
文化用品制造		700	2730	8850	317
笔的制造		700	2730	8850	317
石油加工、炼焦及核燃料加工业	359457	-18973	-164076	56561	3439
精炼石油产品的制造	359457	-18973	-164076	56561	3439
原油加工及石油制品制造	359457	-18973	-164076	56561	3439
化学原料及化学制品制造业		36156	432517	120853	9917
基础化学原料制造		7507	46450	50300	4318
有机化学原料制造		7507	46450	50300	4318
农药制造		15226	121562	16350	2072
化学农药制造		14985	110179	9794	1690
生物化学农药及微生物农药制造		241	11383	6555	382
涂料、油墨、颜料及类似产品制造		7355	104424	18896	2183
染料制造		7355	104424	18896	2183
合成材料制造		886	12332	5453	
合成纤维单(聚合)体的制造		886	12332	5453	
专用化学产品制造		4377	61866	12326	1230
信息化学品制造		4377	61866	12326	1230
日用化学产品制造		805	85883	17529	114
肥皂及合成洗涤剂制造		805	85883	17529	114
医药制造业		40288	300717	43076	3762
化学药品原药制造		37806	271152	30681	2882
化学药品原药制造		37806	271152	30681	2882
化学药品制剂制造		2482	29565	12395	880
化学药品制剂制造		2482	29565	12395	880
化学纤维制造业		3342	93778	42932	7449
合成纤维制造		3342	93778	42932	7449
涤纶纤维制造		3342	93778	42932	7449

1－E－1　续表 10－4　　　　单位：个、万元、人

指　标　名　称	亏损企业亏损总额	应交所得税	利税总额	本年应付工资总额	本年应付福利费总额
橡胶制品业	12155	5452	67308	67661	5322
轮胎制造	12155	5361	64449	62539	5322
车辆、飞机及工程机械轮胎制造	12155	5361	64449	62539	5322
橡胶靴鞋制造		91	2858	5122	
橡胶靴鞋制造		91	2858	5122	
塑料制品业		12793	69128	11315	897
塑料薄膜制造		11079	60214	4905	301
塑料薄膜制造		11079	60214	4905	301
塑料板、管、型材的制造		1714	8914	6411	597
塑料板、管、型材的制造		1714	8914	6411	597
非金属矿物制品业		14525	137498	43087	4108
砖瓦、石材及其他建筑材料制造			14872	17698	
建筑陶瓷制品制造			14872	17698	
玻璃及玻璃制品制造		14525	122626	25389	4108
技术玻璃制品制造		4500	31446	8241	128
玻璃纤维及制品制造		10025	91180	17148	3980
黑色金属冶炼及压延加工业	164279	7051	4352	80727	14458
钢压延加工	164279	7051	4352	80727	14458
钢压延加工	164279	7051	4352	80727	14458
有色金属冶炼及压延加工业	9755	3736	74928	16393	5635
有色金属压延加工	9755	3736	74928	16393	5635
常用有色金属压延加工	9755	3736	74928	16393	5635
金属制品业		13613	159661	105821	10123
结构性金属制品制造		7621	83149	67025	8364
金属结构制造		4100	56016	46053	5427
金属门窗制造		3522	27133	20972	2936
金属丝绳及其制品的制造		382	23173	6693	292
金属丝绳及其制品的制造		382	23173	6693	292
建筑、安全用金属制品制造		1334	6245	4172	399
建筑、家具用金属配件制造		1334	6245	4172	399
不锈钢及类似日用金属制品制造		4277	47094	27932	1068
金属制厨用器皿及餐具制造		4277	47094	27932	1068
通用设备制造业	4119	40941	379735	135177	13512
锅炉及原动机制造		8658	49245	20626	2888
汽轮机及辅机制造		8658	49245	20626	2888
起重运输设备制造			82333	13925	
起重运输设备制造			82333	13925	
泵、阀门、压缩机及类似机械的制造	4119	2086	24846	24466	1012
泵及真空设备制造		1910	12927	6016	374

1-E-1 续表 10-5

单位：个、万元、人

指标名称	亏损企业亏损总额	应交所得税	利税总额	本年应付工资总额	本年应付福利费总额
气体压缩机械制造	4119	176	11919	18450	638
轴承、齿轮、传动和驱动部件的制造		1593	18593	23016	1475
轴承制造		750	8742	9816	739
齿轮、传动和驱动部件制造		843	9851	13200	736
风机、衡器、包装设备等通用设备制造		17329	103349	32796	6142
制冷、空调设备制造		17329	103349	32796	6142
通用零部件制造及机械修理		11275	101370	20349	1996
紧固件、弹簧制造		2818	17023	6415	911
其他通用零部件制造		8456	84348	13934	1084
专用设备制造业	2216	11860	103248	26005	1992
化工、木材、非金属加工专用设备制造		5652	50864	14430	820
塑料加工专用设备制造		5652	50864	14430	820
纺织、服装和皮革工业专用设备制造	2216		14916	7117	999
缝纫机械制造	2216		14916	7117	999
环保、社会公共安全及其他专用设备制造		6208	37468	4458	174
环境污染防治专用设备制造		6208	37468	4458	174
交通运输设备制造业		47442	453633	215791	16527
汽车制造		45686	313961	110517	3978
汽车整车制造		153	5928	7420	742
汽车零部件及配件制造		45533	308033	103097	3236
摩托车制造		1711	76367	44113	4079
摩托车整车制造		29	42093	25247	1438
摩托车零部件及配件制造		1682	34274	18866	2641
船舶及浮动装置制造		45	63306	61161	8469
金属船舶制造		13	57224	45656	6106
船用配套设备制造		32	6082	15505	2364
电气机械及器材制造业	332	56411	501539	218327	14709
电机制造	332	16524	108069	54424	5072
电动机制造		14945	98370	36705	2691
微电机及其他电机制造	332	1579	9699	17719	2381
输配电及控制设备制造		20341	118739	46583	3707
配电开关控制设备制造		10161	51756	20262	1266
电力电子元器件制造		10180	66983	26320	2441
电池制造		2002	17354	4896	238
电池制造		2002	17354	4896	238
家用电力器具制造		13774	213623	87329	3568
家用制冷电器具制造		371	15625	15248	2085
家用空气调节器制造		1579	24337	8482	455
家用通风电器具制造		1108	17241	7862	500

1－E－1　续表 10－6　　　　单位：个、万元、人

指　标　名　称	亏损企业亏损总额	应交所得税	利税总额	本年应付工资总额	本年应付福利费总额
家用厨房电器具制造		5984	126094	39593	
家用清洁卫生电器具制造		4192	25664	9305	529
其他家用电力器具制造		542	4664	6840	
照明器具制造		3770	43754	25096	2124
照明灯具制造		3211	38452	19928	1989
灯用电器附件及其他照明器具制造		559	5302	5168	135
通信设备、计算机及其他电子设备制造业	35217	40833	472259	187596	25415
通信设备制造	35217	－519	－21419	43868	8749
移动通信及终端设备制造	35217	－519	－21419	43868	8749
电子计算机制造		32153	418329	73267	10858
电子计算机整机制造		1244	5905	9524	2158
计算机网络设备制造		30909	254212	33000	8700
电子计算机外部设备制造			158213	30744	
电子元件制造		9064	67695	61871	4991
电子元件及组件制造		9064	67695	61871	4991
家用视听设备制造		135	7654	8590	818
家用影视设备制造		135	7654	8590	818
仪器仪表及文化、办公用机械制造业		8531	93791	60573	4610
通用仪器仪表制造		3585	61865	23331	2369
供应用仪表及其他通用仪器制造		3585	61865	23331	2369
专用仪器仪表制造		1481	11117	6032	63
汽车及其他用计数仪表制造		1481	11117	6032	63
光学仪器及眼镜制造		293	4034	12822	840
光学仪器制造		34	2317	8919	542
眼镜制造		260	1716	3903	298
文化、办公用机械制造		3172	16775	18389	1337
照相机及器材制造		1519	6551	10032	697
其他文化、办公用机械制造		1653	10223	8357	640
工艺品及其他制造业		5980	44571	42041	1357
工艺美术品制造		1018	8442	12445	－242
其他工艺美术品制造		1018	8442	12445	－242
日用杂品制造		4962	36129	29596	1599
其他日用杂品制造		4962	36129	29596	1599
电力、燃气及水的生产和供应业	**38921**	**76654**	**380155**	**195128**	**20178**
电力、热力的生产和供应业	38921	76654	380155	195128	20178
电力生产	38921		－20282	31857	4383
火力发电	38921		－20282	31857	4383
电力供应		76654	400437	163271	15795
电力供应		76654	400437	163271	15795

1－E－1 续表11－1 单位：个、万元、人

指 标 名 称	本年应交增值税	本 年 进项税额	本 年 销项税额	全部从业人员年平均人数	银行贷款余额
总 计	**1614773**	**9449387**	**10114849**	**788439**	**14921619**
一、按轻重工业分					
轻工业	679903	2621112	2781690	426556	4509186
重工业	934870	6828275	7333159	361883	10412433
二、按登记注册类型分					
内 资	**1212156**	**7878714**	**8556204**	**515037**	**11645998**
国 有	456866	2196191	2667989	51207	3723426
有限责任公司	254379	1456236	1574374	164348	2705072
国有独资公司	30893	110358	127850	21548	258191
其他有限责任公司	223486	1345878	1446524	142800	2446882
股份有限公司	241038	2711440	2765443	114830	1270176
私营企业	259873	1514847	1548398	184652	3947323
私营独资	3637	25252	28889	2212	135043
私营有限责任公司	218721	1053826	1071122	149335	2603636
私营股份有限公司	37515	435769	448387	33105	1208645
港澳台商投资	**207983**	**625770**	**640236**	**106238**	**787076**
与港澳台商合资经营	33495	173871	169738	38242	450917
港澳台商独资	172600	383389	424201	63329	325809
港澳台商投资股份有限公司	1888	68511	46297	4667	10350
外商投资	**194634**	**944902**	**918410**	**167164**	**2488545**
中外合资经营	105092	556133	540012	68862	1022395
外资企业	34424	261222	198422	83295	1399619
外商投资股份有限公司	55118	127547	179976	15007	66531
三、按控股情况分					
国有控股	593415	4462808	4943294	129740	5379002
集体控股	13033	57926	57561	21588	99527
私人控股	695968	3630955	3863174	415235	7204089
港澳台商控股	201616	568994	622830	94257	460591
外商控股	106793	608138	547050	113944	1529443
其 他	3949	120566	80941	13675	248968
四、按国民经济行业（门类、大类、中类、小类）分					
采矿业	**3880**	**11119**	**14975**	**3574**	**4400**
煤炭开采和洗选业	3880	11119	14975	3574	4400
烟煤和无烟煤的开采洗选	3880	11119	14975	3574	4400
烟煤和无烟煤的开采洗选	3880	11119	14975	3574	4400
制造业	**1250037**	**8105925**	**8378356**	**764404**	**11921425**
农副食品加工业	1965	15773	9408	6016	91790
水产品加工	1965	15773	9408	6016	91790
水产品冷冻加工	1965	15773	9408	6016	91790
食品制造业	37207	97128	132613	9397	50690

1－E－1 续表11－2 单位：个、万元、人

指标名称	本年应交增值税	本年进项税额	本年销项税额	全部从业人员年平均人数	银行贷款余额
方便食品制造	22296	53749	75987	5693	25190
米、面制品制造	3239	3136	6375	2927	25190
方便面及其他方便食品制造	19057	50613	69611	2766	
其他食品制造	14911	43379	56626	3704	25500
食品及饲料添加剂制造	14911	43379	56626	3704	25500
饮料制造业	55633	111888	165630	14245	106000
酒的制造	14092	23835	37265	6197	71000
啤酒制造	6518	9007	15465	2889	15980
黄酒制造	7574	14828	21799	3308	55020
软饮料制造	41541	88053	128365	8048	35000
碳酸饮料制造	8731	35951	44183	2339	11000
茶饮料及其他软饮料制造	32810	52102	84182	5709	24000
纺织业	109904	533698	570179	90458	1610727
棉、化纤纺织及印染精加工	56398	300590	331451	43523	822672
棉、化纤纺织加工	21921	147276	154448	21013	598178
棉、化纤印染精加工	34477	153314	177003	22510	224494
丝绢纺织及精加工	40164	144326	164053	20117	362409
绢纺和丝织加工	40164	144326	164053	20117	362409
纺织制成品制造	5711	47920	39889	13722	245126
棉及化纤制品制造	273	14361	7996	6475	79353
纺织带和帘子布制造	5438	33559	31893	7247	165773
针织品、编织品及其制品制造	7631	40862	34785	13096	180520
棉、化纤针织品及编织品制造	4084	16101	6478	10729	105420
丝针织品及编织品制造	3547	24760	28307	2367	75100
纺织服装、鞋、帽制造业	88667	153200	130503	72838	342990
纺织服装制造	88667	153200	130503	72838	342990
纺织服装制造	88667	153200	130503	72838	342990
皮革、毛皮、羽毛(绒)及其制品业	49955	169042	175315	48475	468033
皮革鞣制加工	4416	29387	23182	10056	250719
皮革鞣制加工	4416	29387	23182	10056	250719
皮革制品制造	43698	135626	146264	36151	201527
皮鞋制造	28265	91229	94443	26587	176441
皮革服装制造	9985	39612	49597	7102	13400
其他皮革制品制造	5448	4785	2223	2462	11686
毛皮鞣制及制品加工	1841	4028	5869	2268	15786
毛皮服装加工	1841	4028	5869	2268	15786
木材加工及木、竹、藤、棕、草制品业	1888	5684	7304	2112	10350
人造板制造	1888	5684	7304	2112	10350
胶合板制造	1888	5684	7304	2112	10350
家具制造业	14205	37927	29670	18891	62666

1－E－1 续表11－3

单位：个、万元、人

指标名称	本年应交增值税	本年进项税额	本年销项税额	全部从业人员年平均人数	银行贷款余额
木质家具制造	3771	5714	7	7748	
木质家具制造	3771	5714	7	7748	
金属家具制造	3382	12439	9333	5957	25036
金属家具制造	3382	12439	9333	5957	25036
其他家具制造	7052	19775	20330	5186	37630
其他家具制造	7052	19775	20330	5186	37630
造纸及纸制品业	13127	41580	47454	7526	129462
造　纸	9790	36230	41807	4234	112062
机制纸及纸板制造	9790	36230	41807	4234	112062
纸制品制造	3337	5350	5648	3292	17400
纸和纸板容器的制造	3337	5350	5648	3292	17400
文教体育用品制造业	783	63015	7885	3165	18900
文化用品制造	783	63015	7885	3165	18900
笔的制造	783	63015	7885	3165	18900
石油加工、炼焦及核燃料加工业	1892	1563493	1504421	7143	
精炼石油产品的制造	1892	1563493	1504421	7143	
原油加工及石油制品制造	1892	1563493	1504421	7143	
化学原料及化学制品制造业	106902	862688	910552	37940	742540
基础化学原料制造	34363	238392	262380	14805	372118
有机化学原料制造	34363	238392	262380	14805	372118
农药制造	7396	93208	65430	4229	32656
化学农药制造	2796	85170	53580	2004	12103
生物化学农药及微生物农药制造	4601	8038	11850	2225	20553
涂料、油墨、颜料及类似产品制造	31379	133758	165137	7271	136054
染料制造	31379	133758	165137	7271	136054
合成材料制造	7244	146237	153481	2218	49851
合成纤维单(聚合)体的制造	7244	146237	153481	2218	49851
专用化学产品制造	1733	68294	57998	3249	151861
信息化学品制造	1733	68294	57998	3249	151861
日用化学产品制造	24788	182799	206127	6168	
肥皂及合成洗涤剂制造	24788	182799	206127	6168	
医药制造业	59476	95240	124363	14888	328115
化学药品原药制造	45440	72024	87115	10065	229503
化学药品原药制造	45440	72024	87115	10065	229503
化学药品制剂制造	14036	23216	37247	4823	98612
化学药品制剂制造	14036	23216	37247	4823	98612
化学纤维制造业	28238	450906	477806	20931	324100
合成纤维制造	28238	450906	477806	20931	324100
涤纶纤维制造	28238	450906	477806	20931	324100

1－E－1 续表 11－4

单位：个、万元、人

指 标 名 称	本年应交增值税	本年进项税额	本年销项税额	全部从业人员年平均人数	银行贷款余额
橡胶制品业	39304	205463	211394	26177	671250
轮胎制造	37078	197117	207538	22457	634787
车辆、飞机及工程机械轮胎制造	37078	197117	207538	22457	634787
橡胶靴鞋制造	2226	8346	3855	3720	36463
橡胶靴鞋制造	2226	8346	3855	3720	36463
塑料制品业	4287	164925	161496	5167	119806
塑料薄膜制造	2412	143661	146072	2552	97196
塑料薄膜制造	2412	143661	146072	2552	97196
塑料板、管、型材的制造	1875	21265	15424	2615	22610
塑料板、管、型材的制造	1875	21265	15424	2615	22610
非金属矿物制品业	37569	104624	119149	15591	786219
砖瓦、石材及其他建筑材料制造	9972	29742	39714	4423	77800
建筑陶瓷制品制造	9972	29742	39714	4423	77800
玻璃及玻璃制品制造	27597	74882	79436	11168	708419
技术玻璃制品制造	11785	45532	56358	5130	293463
玻璃纤维及制品制造	15812	29350	23078	6038	414956
黑色金属冶炼及压延加工业	111541	919290	1027479	20502	1019093
钢压延加工	111541	919290	1027479	20502	1019093
钢压延加工	111541	919290	1027479	20502	1019093
有色金属冶炼及压延加工业	21720	64448	105554	7732	264486
有色金属压延加工	21720	64448	105554	7732	264486
常用有色金属压延加工	21720	64448	105554	7732	264486
金属制品业	44422	262093	267883	37497	548861
结构性金属制品制造	19060	182174	191259	23141	419080
金属结构制造	10389	137980	139384	16765	293550
金属门窗制造	8671	44195	51875	6376	125530
金属丝绳及其制品的制造	10807	37727	42352	2340	6091
金属丝绳及其制品的制造	10807	37727	42352	2340	6091
建筑、安全用金属制品制造	816	321	4299	2327	45270
建筑、家具用金属配件制造	816	321	4299	2327	45270
不锈钢及类似日用金属制品制造	13739	41870	29974	9689	78421
金属制厨用器皿及餐具制造	13739	41870	29974	9689	78421
通用设备制造业	75803	395247	415516	45183	552673
锅炉及原动机制造	7302	27848	34185	2534	10000
汽轮机及辅机制造	7302	27848	34185	2534	10000
起重运输设备制造	9651	54181	61922	2402	
起重运输设备制造	9651	54181	61922	2402	
泵、阀门、压缩机及类似机械的制造	7516	57807	51449	9051	85462
泵及真空设备制造	3596	10371	4956	2202	2200

1－E－1 续表 11－5 单位：个、万元、人

指标名称	本年应交增值税	本年进项税额	本年销项税额	全部从业人员年平均人数	银行贷款余额
气体压缩机械制造	3920	47436	46493	6849	83262
轴承、齿轮、传动和驱动部件的制造	4901	40906	42798	7761	68912
轴承制造	2600	20265	20500	4894	26412
齿轮、传动和驱动部件制造	2301	20641	22298	2867	42500
风机、衡器、包装设备等通用设备制造	21119	164729	179784	14713	183602
制冷、空调设备制造	21119	164729	179784	14713	183602
通用零部件制造及机械修理	25313	49777	45379	8722	204697
紧固件、弹簧制造	1511	18324	19835	2197	15051
其他通用零部件制造	23802	31453	25544	6525	189646
专用设备制造业	15976	167711	162862	9541	211650
化工、木材、非金属加工专用设备制造	6864	111980	110188	3269	2905
塑料加工专用设备制造	6864	111980	110188	3269	2905
纺织、服装和皮革工业专用设备制造	6881	42560	37272	4149	150195
缝纫机械制造	6881	42560	37272	4149	150195
环保、社会公共安全及其他专用设备制造	2232	13171	15403	2123	58550
环境污染防治专用设备制造	2232	13171	15403	2123	58550
交通运输设备制造业	70099	699582	634971	59661	2003885
汽车制造	35949	475591	491936	30251	1187249
汽车整车制造	2777	28800	27392	2000	16440
汽车零部件及配件制造	33172	446791	464545	28251	1170809
摩托车制造	33905	125844	137010	17735	228244
摩托车整车制造	16177	73767	77169	11405	129729
摩托车零部件及配件制造	17728	52077	59841	6330	98515
船舶及浮动装置制造	245	98148	6024	11675	588391
金属船舶制造	155	88260	4988	9022	490706
船用配套设备制造	90	9887	1036	2653	97685
电气机械及器材制造业	143229	537901	586643	83558	451292
电机制造	17316	127274	115122	20744	152445
电动机制造	15985	111960	108572	13742	140925
微电机及其他电机制造	1330	15314	6550	7002	11520
输配电及控制设备制造	26830	118913	146464	14060	21100
配电开关控制设备制造	10688	65676	77085	7600	21100
电力电子元器件制造	16142	53237	69379	6460	
电池制造	4702	21821	26441	2295	4800
电池制造	4702	21821	26441	2295	4800
家用电力器具制造	77270	239597	272453	34056	210281
家用制冷电器具制造	12076	36350	32920	5511	115369
家用空气调节器制造	3511	76523	80551	4932	50524
家用通风电器具制造	7586	13846	20382	2387	5400

1－E－1　续表 11－6　　　　单位：个、万元、人

指 标 名 称	本年应交增值税	本年进项税额	本年销项税额	全部从业人员年平均人数	银行贷款余额
家用厨房电器具制造	45959	61312	92364	14577	38988
家用清洁卫生电器具制造	5854	41492	43746	3410	
其他家用电力器具制造	2285	10075	2489	3239	
照明器具制造	17111	30296	26164	12403	62667
照明灯具制造	14542	18283	21521	10093	55577
灯用电器附件及其他照明器具制造	2569	12013	4643	2310	7090
通信设备、计算机及其他电子设备制造业	67550	213836	216955	61345	573055
通信设备制造	4522	87045	56346	8509	
移动通信及终端设备制造	4522	87045	56346	8509	
电子计算机制造	49354	41465	85574	22753	373242
电子计算机整机制造				2109	
计算机网络设备制造	49354	41465	85574	4346	
电子计算机外部设备制造				16298	373242
电子元件制造	11293	78574	67587	26144	153759
电子元件及组件制造	11293	78574	67587	26144	153759
家用视听设备制造	2381	6752	7448	3939	46054
家用影视设备制造	2381	6752	7448	3939	46054
仪器仪表及文化、办公用机械制造业	37143	122282	158688	20946	316947
通用仪器仪表制造	27640	71517	103672	6866	200601
供应用仪表及其他通用仪器制造	27640	71517	103672	6866	200601
专用仪器仪表制造	4571	26901	28402	2120	23000
汽车及其他用计数仪表制造	4571	26901	28402	2120	23000
光学仪器及眼镜制造	1550	5851	4680	5812	24970
光学仪器制造	1017	2148	3165	3269	
眼镜制造	533	3703	1515	2543	24970
文化、办公用机械制造	3382	18013	21933	6148	68377
照相机及器材制造	133	2716	2012	3484	
其他文化、办公用机械制造	3249	15297	19922	2664	68377
工艺品及其他制造业	11552	47262	16665	17479	115847
工艺美术品制造	1523	5741	4551	5345	9850
其他工艺美术品制造	1523	5741	4551	5345	9850
日用杂品制造	10029	41521	12114	12134	105997
其他日用杂品制造	10029	41521	12114	12134	105997
电力、燃气及水的生产和供应业	**360857**	**1332343**	**1721518**	**20461**	**2995793**
电力、热力的生产和供应业	360857	1332343	1721518	20461	2995793
电力生产	16674	23395	29565	4064	46000
火力发电	16674	23395	29565	4064	46000
电力供应	344182	1308948	1691953	16397	2949793
电力供应	344182	1308948	1691953	16397	2949793

1－E－1 续表12－1 单位：个、万元、人

指标名称	固定资产实际投资额	产销率(%)	资产负债率(%)	成本费用利润率(%)	每百元资金实现利税(元)
总计	**4456874**	**98.27**	**63.82**	**3.53**	**9.57**
一、按轻重工业分					
轻工业	698430	96.83	57.85	6.40	13.31
重工业	3758444	98.84	66.55	2.45	7.84
二、按登记注册类型分					
内资	**3431437**	**98.69**	**65.06**	**2.31**	**8.28**
国有	1494858	99.85	70.25	0.20	5.53
有限责任公司	659980	97.39	64.76	2.09	6.10
国有独资公司	10125	102.25	54.77	3.51	8.36
其他有限责任公司	649855	97.06	65.80	1.99	5.86
股份有限公司	821546	98.61	54.63	1.80	11.39
私营企业	455052	98.77	68.03	5.15	11.04
私营独资	5717	97.49	78.11	2.08	4.77
私营有限责任公司	362570	98.13	65.99	5.60	10.81
私营股份有限公司	86765	99.92	73.07	4.52	12.25
港澳台商投资	**302014**	**98.34**	**59.14**	**9.35**	**14.10**
与港澳台商合资经营	154173	94.79	65.84	6.05	7.70
港澳台商独资	141452	96.25	47.58	15.75	25.87
港澳台商投资股份有限公司	6389	138.99	78.95	－5.72	－4.96
外商投资	**723423**	**96.35**	**60.89**	**6.72**	**12.38**
中外合资经营	367637	98.07	64.30	9.49	16.22
外资企业	342089	96.21	59.92	4.13	7.53
外商投资股份有限公司	13697	90.73	53.02	15.03	23.44
三、按控股情况分					
国有控股	2522908	99.09	70.32	－0.93	3.64
集体控股	32426	96.98	38.04	9.59	9.59
私人控股	1184076	97.86	61.07	5.89	12.70
港澳台商控股	220136	99.44	55.88	11.31	17.17
外商控股	414732	97.01	58.22	6.14	11.76
其他	82596	96.30	80.01	5.49	6.52
四、按国民经济行业(门类、大类、中类、小类)分					
采矿业	**3250**	**99.89**	**72.75**	**－4.30**	**0.12**
煤炭开采和洗选业	3250	99.89	72.75	－4.30	0.12
烟煤和无烟煤的开采洗选	3250	99.89	72.75	－4.30	0.12
烟煤和无烟煤的开采洗选	3250	99.89	72.75	－4.30	0.12
制造业	**3045675**	**97.98**	**62.29**	**4.19**	**10.36**
农副食品加工业	5020	99.43	91.08	0.13	0.76
水产品加工	5020	99.43	91.08	0.13	0.76
水产品冷冻加工	5020	99.43	91.08	0.13	0.76
食品制造业	2493	86.58	62.29	10.68	36.06

1－E－1 续表 12－2

单位：个、万元、人

指 标 名 称	固定资产实际投资额	产销率（%）	资产负债率（%）	成本费用利润率（%）	每百元资金实现利税（元）
方便食品制造	484	99.58	57.24	13.24	40.43
米、面制品制造	484	94.62	79.53	10.14	21.18
方便面及其他方便食品制造		100.00	50.57	13.62	45.57
其他食品制造	2010	60.29	72.14	5.65	27.82
食品及饲料添加剂制造	2010	60.29	72.14	5.65	27.82
饮料制造业	10805	102.43	46.20	11.11	25.31
酒的制造	7188	109.43	39.81	6.67	12.70
啤酒制造	4910	98.66	71.89	3.46	19.86
黄酒制造	2278	118.59	28.76	8.35	9.53
软饮料制造	3618	100.65	53.56	12.52	38.79
碳酸饮料制造		103.37	68.05	8.04	31.50
茶饮料及其他软饮料制造	3618	99.28	48.17	14.80	41.41
纺织业	188910	97.14	64.30	3.21	6.66
棉、化纤纺织及印染精加工	60084	97.55	63.22	2.76	6.65
棉、化纤纺织加工	30994	97.32	67.50	3.52	5.36
棉、化纤印染精加工	29090	97.76	55.69	2.08	8.75
丝绢纺织及精加工	78245	98.52	65.56	3.31	7.52
绢纺和丝织加工	78245	98.52	65.56	3.31	7.52
纺织制成品制造	44815	91.57	70.90	3.43	3.37
棉及化纤制品制造	13192	97.43	70.30	7.45	6.10
纺织带和帘子布制造	31623	87.89	71.20	0.53	1.98
针织品、编织品及其制品制造	5766	96.09	56.38	5.34	9.10
棉、化纤针织品及编织品制造	5766	93.81	61.61	9.68	10.80
丝针织品及编织品制造		98.78	48.25	0.98	5.66
纺织服装、鞋、帽制造业	115475	91.00	61.92	8.86	15.80
纺织服装制造	115475	91.00	61.92	8.86	15.80
纺织服装制造	115475	91.00	61.92	8.86	15.80
皮革、毛皮、羽毛(绒)及其制品业	33964	98.92	58.28	6.77	15.88
皮革鞣制加工	2849	100.08	54.33	2.39	3.95
皮革鞣制加工	2849	100.08	54.33	2.39	3.95
皮革制品制造	30075	98.47	61.96	8.40	23.14
皮鞋制造	19160	99.56	56.68	9.83	28.78
皮革服装制造	4412	96.46	76.63	5.36	12.64
其他皮革制品制造	6503	93.51	48.10	2.91	20.29
毛皮鞣制及制品加工	1039	100.58	61.52	2.22	7.09
毛皮服装加工	1039	100.58	61.52	2.22	7.09
木材加工及木、竹、藤、棕、草制品业	6389	100.55	41.74	5.11	6.12
人造板制造	6389	100.55	41.74	5.11	6.12
胶合板制造	6389	100.55	41.74	5.11	6.12
家具制造业	19165	97.78	60.66	1.90	6.08

1-E-1 续表12-3

单位：个、万元、人

指标名称	固定资产实际投资额	产销率（%）	资产负债率（%）	成本费用利润率（%）	每百元资金实现利税（元）
木质家具制造		104.37	56.45	-8.56	-2.29
木质家具制造		104.37	56.45	-8.56	-2.29
金属家具制造	6077	93.06	74.95	4.64	8.87
金属家具制造	6077	93.06	74.95	4.64	8.87
其他家具制造	13088	98.46	53.56	5.30	12.70
其他家具制造	13088	98.46	53.56	5.30	12.70
造纸及纸制品业	4375	96.27	47.77	2.35	7.83
造　纸	2267	97.19	50.75	0.73	4.51
机制纸及纸板制造	2267	97.19	50.75	0.73	4.51
纸制品制造	2108	95.67	38.33	3.46	18.19
纸和纸板容器的制造	2108	95.67	38.33	3.46	18.19
文教体育用品制造业	1606	94.09	61.42	2.18	5.15
文化用品制造	1606	94.09	61.42	2.18	5.15
笔的制造	1606	94.09	61.42	2.18	5.15
石油加工、炼焦及核燃料加工业	475418	99.44	71.47	-3.71	-9.20
精炼石油产品的制造	475418	99.44	71.47	-3.71	-9.20
原油加工及石油制品制造	475418	99.44	71.47	-3.71	-9.20
化学原料及化学制品制造业	240338	95.76	50.52	7.05	14.67
基础化学原料制造	70185	96.85	69.90	0.65	4.81
有机化学原料制造	70185	96.85	69.90	0.65	4.81
农药制造	51975	95.82	41.49	36.17	41.53
化学农药制造	45920	96.55	44.66	50.08	60.32
生物化学农药及微生物农药制造	6055	93.72	35.34	6.43	10.35
涂料、油墨、颜料及类似产品制造	26545	95.88	35.96	7.53	17.36
染料制造	26545	95.88	35.96	7.53	17.36
合成材料制造	5282	99.75	72.14	0.47	3.80
合成纤维单(聚合)体的制造	5282	99.75	72.14	0.47	3.80
专用化学产品制造	84235	86.57	57.60	15.44	15.39
信息化学品制造	84235	86.57	57.60	15.44	15.39
日用化学产品制造	2116	96.35	9.47	7.22	23.65
肥皂及合成洗涤剂制造	2116	96.35	9.47	7.22	23.65
医药制造业	70859	94.81	46.61	29.93	33.31
化学药品原药制造	52578	94.85	41.08	37.88	37.93
化学药品原药制造	52578	94.85	41.08	37.88	37.93
化学药品制剂制造	18280	94.66	67.74	6.87	15.73
化学药品制剂制造	18280	94.66	67.74	6.87	15.73
化学纤维制造业	77732	97.88	53.63	2.12	6.07
合成纤维制造	77732	97.88	53.63	2.12	6.07
涤纶纤维制造	77732	97.88	53.63	2.12	6.07

1－E－1 续表12－4

单位：个、万元、人

指 标 名 称	固定资产实际投资额	产销率（%）	资产负债率（%）	成本费用利润率（%）	每百元资金实现利税（元）
橡胶制品业	106067	102.07	69.61	1.29	5.13
轮胎制造	103933	102.23	68.56	1.32	5.27
车辆、飞机及工程机械轮胎制造	103933	102.23	68.56	1.32	5.27
橡胶靴鞋制造	2134	97.91	86.66	0.56	3.25
橡胶靴鞋制造	2134	97.91	86.66	0.56	3.25
塑料制品业	11600	99.28	37.06	6.67	20.69
塑料薄膜制造	965	99.79	30.85	6.91	22.20
塑料薄膜制造	965	99.79	30.85	6.91	22.20
塑料板、管、型材的制造	10635	96.17	63.55	5.17	14.18
塑料板、管、型材的制造	10635	96.17	63.55	5.17	14.18
非金属矿物制品业	215179	89.84	62.69	9.34	10.82
砖瓦、石材及其他建筑材料制造		83.42	78.28	1.93	8.49
建筑陶瓷制品制造		83.42	78.28	1.93	8.49
玻璃及玻璃制品制造	215179	91.76	60.47	11.53	11.19
技术玻璃制品制造	17252	97.87	56.88	3.19	6.58
玻璃纤维及制品制造	197927	81.77	63.60	31.13	14.76
黑色金属冶炼及压延加工业	321650	95.14	71.27	-3.38	0.14
钢压延加工	321650	95.14	71.27	-3.38	0.14
钢压延加工	321650	95.14	71.27	-3.38	0.14
有色金属冶炼及压延加工业	33867	101.20	53.21	3.42	10.60
有色金属压延加工	33867	101.20	53.21	3.42	10.60
常用有色金属压延加工	33867	101.20	53.21	3.42	10.60
金属制品业	39715	97.55	63.79	5.04	9.70
结构性金属制品制造	26215	99.44	66.39	3.77	6.62
金属结构制造	19390	99.60	67.78	3.06	5.51
金属门窗制造	6825	98.88	60.51	6.18	11.34
金属丝绳及其制品的制造		87.68	68.64	5.07	27.18
金属丝绳及其制品的制造		87.68	68.64	5.07	27.18
建筑、安全用金属制品制造	7618	98.86	68.87	5.97	9.26
建筑、家具用金属配件制造	7618	98.86	68.87	5.97	9.26
不锈钢及类似日用金属制品制造	5882	96.85	49.38	9.64	19.84
金属制厨用器皿及餐具制造	5882	96.85	49.38	9.64	19.84
通用设备制造业	81228	98.49	55.69	9.94	16.96
锅炉及原动机制造	640	96.19	56.21	21.26	17.07
汽轮机及辅机制造	640	96.19	56.21	21.26	17.07
起重运输设备制造	2048	99.28	54.77	18.03	49.94
起重运输设备制造	2048	99.28	54.77	18.03	49.94
泵、阀门、压缩机及类似机械的制造	9983	98.09	63.38	3.88	7.87
泵及真空设备制造	2254	99.89	33.50	9.69	25.02

1－E－1 续表12－5

单位：个、万元、人

指标名称	固定资产实际投资额	产销率（%）	资产负债率（%）	成本费用利润率（%）	每百元资金实现利税（元）
气体压缩机械制造	7729	97.52	70.14	2.26	4.51
轴承、齿轮、传动和驱动部件的制造	19179	93.28	71.19	4.79	6.91
轴承制造	7901	96.04	65.74	4.31	6.49
齿轮、传动和驱动部件制造	11278	90.40	76.19	5.27	7.33
风机、衡器、包装设备等通用设备制造	38529	99.29	52.94	7.20	18.76
制冷、空调设备制造	38529	99.29	52.94	7.20	18.76
通用零部件制造及机械修理	10850	100.25	48.25	12.32	15.59
紧固件、弹簧制造	5150	103.47	35.73	10.60	8.56
其他通用零部件制造	5700	99.00	54.22	12.88	18.69
专用设备制造业	34989	96.81	51.90	8.07	11.09
化工、木材、非金属加工专用设备制造	21410	95.25	33.36	13.61	12.29
塑料加工专用设备制造	21410	95.25	33.36	13.61	12.29
纺织、服装和皮革工业专用设备制造	7779	97.37	62.01	2.63	4.23
缝纫机械制造	7779	97.37	62.01	2.63	4.23
环保、社会公共安全及其他专用设备制造	5800	97.64	68.53	7.54	22.80
环境污染防治专用设备制造	5800	97.64	68.53	7.54	22.80
交通运输设备制造业	527807	99.53	75.67	4.73	8.12
汽车制造	121895	99.80	70.66	4.89	12.30
汽车整车制造	355	100.00	77.05	1.75	8.14
汽车零部件及配件制造	121540	99.79	70.48	5.00	12.43
摩托车制造	24987	99.67	60.52	3.87	10.86
摩托车整车制造	1447	99.67	63.10	3.30	9.73
摩托车零部件及配件制造	23540	99.68	55.90	4.57	12.67
船舶及浮动装置制造	380925	98.44	85.32	4.57	2.71
金属船舶制造	372057	98.19	86.92	4.94	2.67
船用配套设备制造	8869	100.00	63.75	2.70	3.24
电气机械及器材制造业	142019	98.45	56.70	8.50	19.11
电机制造	59836	97.54	52.59	8.09	13.87
电动机制造	42969	98.04	51.78	9.93	16.12
微电机及其他电机制造	16867	96.05	56.00	2.88	5.74
输配电及控制设备制造	10992	99.78	45.87	12.16	33.14
配电开关控制设备制造	5634	99.54	45.76	9.71	27.73
电力电子元器件制造	5358	100.05	45.99	15.42	39.03
电池制造	3392	100.00	18.72	8.85	33.86
电池制造	3392	100.00	18.72	8.85	33.86
家用电力器具制造	45178	98.62	66.50	7.65	19.08
家用制冷电器具制造	2289	100.40	65.57	0.59	6.94
家用空气调节器制造	6425	99.64	77.59	4.32	6.17
家用通风电器具制造	6303	94.55	35.21	7.30	22.75

1－E－1 续表 12－6

单位：个、万元、人

指标名称	固定资产实际投资额	产销率（%）	资产负债率（%）	成本费用利润率（%）	每百元资金实现利税（元）
家用厨房电器具制造	17317	96.51	63.25	16.47	47.57
家用清洁卫生电器具制造	10679	100.27	57.23	6.91	22.57
其他家用电力器具制造	2165	98.66	77.49	2.86	10.27
照明器具制造	22622	97.23	49.10	6.41	13.82
照明灯具制造	21851	97.07	48.20	7.36	13.71
灯用电器附件及其他照明器具制造	771	97.82	55.65	3.05	14.73
通信设备、计算机及其他电子设备制造业	224802	100.67	54.52	7.12	13.14
通信设备制造	17008	127.93	62.76	－3.83	－2.92
移动通信及终端设备制造	17008	127.93	62.76	－3.83	－2.92
电子计算机制造	163379	98.03	58.21	8.83	19.83
电子计算机整机制造	4849	99.54	82.75	0.95	3.90
计算机网络设备制造	955	99.65	37.17	47.03	58.00
电子计算机外部设备制造	157575	97.45	62.42	5.09	10.41
电子元件制造	41709	97.94	35.62	10.69	10.14
电子元件及组件制造	41709	97.94	35.62	10.69	10.14
家用视听设备制造	2706	99.89	67.83	1.95	9.12
家用影视设备制造	2706	99.89	67.83	1.95	9.12
仪器仪表及文化、办公用机械制造业	38064	96.11	61.54	5.10	11.08
通用仪器仪表制造	10643	97.12	63.47	4.74	13.20
供应用仪表及其他通用仪器制造	10643	97.12	63.47	4.74	13.20
专用仪器仪表制造	2210	89.65	56.76	3.82	12.52
汽车及其他用计数仪表制造	2210	89.65	56.76	3.82	12.52
光学仪器及眼镜制造	13814	98.17	54.83	3.25	3.95
光学仪器制造	6753	97.10	41.61	3.30	4.06
眼镜制造	7060	99.39	72.47	3.19	3.81
文化、办公用机械制造	11398	98.04	62.99	9.05	8.97
照相机及器材制造	4033	99.41	21.59	11.24	14.55
其他文化、办公用机械制造	7365	97.19	73.86	7.62	7.20
工艺品及其他制造业	16139	95.68	70.33	6.47	6.87
工艺美术品制造	267	94.95	77.51	5.42	4.81
其他工艺美术品制造	267	94.95	77.51	5.42	4.81
日用杂品制造	15873	95.89	67.76	6.81	7.63
其他日用杂品制造	15873	95.89	67.76	6.81	7.63
电力、燃气及水的生产和供应业	**1407949**	**100.00**	**72.78**	**－0.27**	**5.27**
电力、热力的生产和供应业	1407949	100.00	72.78	－0.27	5.27
电力生产	54922	100.00	60.41	－6.73	－4.25
火力发电	54922	100.00	60.41	－6.73	－4.25
电力供应	1353026	100.00	73.64	0.11	5.95
电力供应	1353026	100.00	73.64	0.11	5.95

1－E－1 续表 13－1　　单位：个、万元、人

指 标 名 称	每百元固定资产原值实现利税（元）	每百元主营业务收入实现利税（元）	流动资金周转次数（次）	流动比率	速动比率
总 计	**14.53**	**6.24**	**2.59**	**0.95**	**0.69**
一、按轻重工业分					
轻工业	27.55	9.75	1.97	1.13	0.86
重工业	10.60	4.86	2.96	0.86	0.61
二、按登记注册类型分					
内 资	**11.63**	**5.20**	**2.81**	**0.89**	**0.65**
国 有	4.36	4.13	5.28	0.57	0.48
有限责任公司	12.06	4.79	1.91	0.99	0.68
国有独资公司	18.47	9.52	1.19	1.16	0.82
其他有限责任公司	11.44	4.44	2.00	0.97	0.67
股份有限公司	18.65	4.62	3.77	0.93	0.64
私营企业	28.07	7.20	2.07	0.99	0.74
私营独资	8.88	3.91	1.87	0.68	0.46
私营有限责任公司	25.95	8.19	1.84	1.02	0.81
私营股份有限公司	39.01	5.59	2.67	0.95	0.61
港澳台商投资	**29.99**	**12.54**	**1.63**	**1.14**	**0.86**
与港澳台商合资经营	15.31	7.37	1.59	1.02	0.73
港澳台商独资	57.27	20.21	1.77	1.40	1.11
港澳台商投资股份有限公司	－11.93	－5.84	1.22	0.87	0.66
外商投资	**22.83**	**8.11**	**2.41**	**1.08**	**0.76**
中外合资经营	26.48	11.43	2.40	1.01	0.75
外资企业	14.38	4.51	2.64	1.10	0.76
外商投资股份有限公司	60.85	19.91	1.48	1.25	0.77
三、按控股情况分					
国有控股	3.51	2.23	4.18	0.64	0.44
集体控股	16.84	12.74	1.17	1.65	1.43
私人控股	29.13	8.31	2.16	1.08	0.80
港澳台商控股	36.46	15.31	1.59	1.19	0.91
外商控股	23.72	7.11	2.50	1.16	0.83
其 他	22.02	5.79	1.39	0.90	0.56
四、按国民经济行业(门类、大类、中类、小类)分					
采矿业	**0.10**	**0.11**	**2.39**	**0.73**	**0.66**
煤炭开采和洗选业	0.10	0.11	2.39	0.73	0.66
烟煤和无烟煤的开采洗选	0.10	0.11	2.39	0.73	0.66
烟煤和无烟煤的开采洗选	0.10	0.11	2.39	0.73	0.66
制造业	**20.48**	**6.68**	**2.29**	**1.00**	**0.72**
农副食品加工业	2.73	1.38	0.63	0.89	0.70
水产品加工	2.73	1.38	0.63	0.89	0.70
水产品冷冻加工	2.73	1.38	0.63	0.89	0.70
食品制造业	77.41	16.25	2.88	1.05	0.91

1-E-1 续表13-2 单位:个、万元、人

指 标 名 称	每百元固定资产原值实现利税（元）	每百元主营业务收入实现利税（元）	流动资金周转次数（次）	流动比率	速动比率
方便食品制造	63.59	17.64	3.22	1.18	1.06
米、面制品制造	43.51	19.17	1.73	0.73	0.60
方便面及其他方便食品制造	67.45	17.46	3.57	1.38	1.26
其他食品制造	191.67	13.36	2.37	0.85	0.68
食品及饲料添加剂制造	191.67	13.36	2.37	0.85	0.68
饮料制造业	40.37	17.40	2.20	1.17	0.65
酒的制造	19.23	18.75	1.05	1.29	0.44
啤酒制造	20.07	24.76	1.71	0.57	0.08
黄酒制造	18.51	15.31	0.86	1.90	0.74
软饮料制造	65.64	16.98	3.35	1.06	0.83
碳酸饮料制造	38.50	11.54	4.78	0.75	0.42
茶饮料及其他软饮料制造	81.35	19.49	2.94	1.23	1.04
纺织业	12.82	6.04	1.65	1.03	0.83
棉、化纤纺织及印染精加工	12.38	5.40	1.91	1.02	0.81
棉、化纤纺织加工	12.21	5.70	1.33	1.06	0.82
棉、化纤印染精加工	12.56	5.14	3.14	0.95	0.79
丝绢纺织及精加工	14.86	7.12	1.52	1.08	0.89
绢纺和丝织加工	14.86	7.12	1.52	1.08	0.89
纺织制成品制造	6.72	5.28	0.94	0.97	0.79
棉及化纤制品制造	13.57	7.41	1.20	0.84	0.60
纺织带和帘子布制造	3.75	3.64	0.80	1.04	0.88
针织品、编织品及其制品制造	18.58	7.36	1.81	1.04	0.86
棉、化纤针织品及编织品制造	22.87	11.28	1.42	1.02	0.81
丝针织品及编织品制造	10.80	3.15	2.54	1.07	0.95
纺织服装、鞋、帽制造业	29.07	14.19	1.75	0.92	0.62
纺织服装制造	29.07	14.19	1.75	0.92	0.62
纺织服装制造	29.07	14.19	1.75	0.92	0.62
皮革、毛皮、羽毛(绒)及其制品业	41.60	9.36	2.37	1.05	0.81
皮革鞣制加工	10.07	3.54	1.54	1.08	0.79
皮革鞣制加工	10.07	3.54	1.54	1.08	0.79
皮革制品制造	62.07	11.24	2.90	1.01	0.83
皮鞋制造	65.88	12.41	3.49	1.03	0.85
皮革服装制造	68.23	7.88	1.94	1.01	0.85
其他皮革制品制造	28.02	11.64	3.35	0.75	0.45
毛皮鞣制及制品加工	16.76	6.15	1.64	1.13	0.63
毛皮服装加工	16.76	6.15	1.64	1.13	0.63
木材加工及木、竹、藤、棕、草制品业	20.99	9.57	1.71	0.75	0.20
人造板制造	20.99	9.57	1.71	0.75	0.20
胶合板制造	20.99	9.57	1.71	0.75	0.20
家具制造业	11.10	6.22	1.53	1.07	0.70

1－E－1 续表13－3 单位：个、万元、人

指标名称	每百元固定资产原值实现利税（元）	每百元主营业务收入实现利税（元）	流动资金周转次数（次）	流动比率	速动比率
木质家具制造	－3.81	－4.13	1.04	0.95	0.51
木质家具制造	－3.81	－4.13	1.04	0.95	0.51
金属家具制造	32.03	8.00	1.38	1.00	0.69
金属家具制造	32.03	8.00	1.38	1.00	0.69
其他家具制造	17.97	9.62	2.12	1.26	0.89
其他家具制造	17.97	9.62	2.12	1.26	0.89
造纸及纸制品业	9.44	5.07	3.35	0.92	0.69
造　纸	4.61	5.64	2.21	0.72	0.48
机制纸及纸板制造	4.61	5.64	2.21	0.72	0.48
纸制品制造	49.62	4.70	5.03	1.78	1.56
纸和纸板容器的制造	49.62	4.70	5.03	1.78	1.56
文教体育用品制造业	10.82	3.19	2.24	1.10	0.65
文化用品制造	10.82	3.19	2.24	1.10	0.65
笔的制造	10.82	3.19	2.24	1.10	0.65
石油加工、炼焦及核燃料加工业	－9.54	－1.82	9.41	0.35	0.12
精炼石油产品的制造	－9.54	－1.82	9.41	0.35	0.12
原油加工及石油制品制造	－9.54	－1.82	9.41	0.35	0.12
化学原料及化学制品制造业	26.69	9.40	2.35	1.24	0.94
基础化学原料制造	5.55	4.48	2.33	0.65	0.56
有机化学原料制造	5.55	4.48	2.33	0.65	0.56
农药制造	69.72	31.42	2.06	1.35	1.12
化学农药制造	131.17	38.46	2.10	1.42	1.28
生物化学农药及微生物农药制造	12.60	11.34	1.95	1.12	0.67
涂料、油墨、颜料及类似产品制造	46.69	10.79	2.08	1.91	1.55
染料制造	46.69	10.79	2.08	1.91	1.55
合成材料制造	8.48	1.37	3.80	0.99	0.91
合成纤维单(聚合)体的制造	8.48	1.37	3.80	0.99	0.91
专用化学产品制造	40.85	13.78	1.51	1.38	0.63
信息化学品制造	40.85	13.78	1.51	1.38	0.63
日用化学产品制造	97.57	10.00	2.66	7.49	5.53
肥皂及合成洗涤剂制造	97.57	10.00	2.66	7.49	5.53
医药制造业	52.79	29.79	1.89	1.25	0.86
化学药品原药制造	55.26	34.06	1.98	1.30	0.88
化学药品原药制造	55.26	34.06	1.98	1.30	0.88
化学药品制剂制造	37.46	13.86	1.63	1.11	0.81
化学药品制剂制造	37.46	13.86	1.63	1.11	0.81
化学纤维制造业	8.54	3.07	3.41	1.25	0.99
合成纤维制造	8.54	3.07	3.41	1.25	0.99
涤纶纤维制造	8.54	3.07	3.41	1.25	0.99

1－E－1 续表 13－4

单位：个、万元、人

指 标 名 称	每百元固定资产原值实现利税（元）	每百元主营业务收入实现利税（元）	流动资金周转次数（次）	流动比率	速动比率
橡胶制品业	7.35	3.81	2.55	0.75	0.49
轮胎制造	7.17	3.79	2.77	0.73	0.46
车辆、飞机及工程机械轮胎制造	7.17	3.79	2.77	0.73	0.46
橡胶靴鞋制造	17.97	4.37	0.83	0.99	0.80
橡胶靴鞋制造	17.97	4.37	0.83	0.99	0.80
塑料制品业	32.65	6.95	4.71	2.56	2.06
塑料薄膜制造	34.34	7.01	5.08	5.13	4.43
塑料薄膜制造	34.34	7.01	5.08	5.13	4.43
塑料板、管、型材的制造	24.47	6.55	3.24	0.74	0.38
塑料板、管、型材的制造	24.47	6.55	3.24	0.74	0.38
非金属矿物制品业	12.37	12.11	2.10	0.87	0.63
砖瓦、石材及其他建筑材料制造	24.38	6.16	1.53	0.97	0.67
建筑陶瓷制品制造	24.38	6.16	1.53	0.97	0.67
玻璃及玻璃制品制造	11.67	13.72	2.34	0.83	0.61
技术玻璃制品制造	8.58	5.38	2.41	1.02	0.80
玻璃纤维及制品制造	13.33	29.45	2.22	0.67	0.46
黑色金属冶炼及压延加工业	0.20	0.12	2.12	0.73	0.48
钢压延加工	0.20	0.12	2.12	0.73	0.48
钢压延加工	0.20	0.12	2.12	0.73	0.48
有色金属冶炼及压延加工业	37.59	5.41	2.44	1.08	0.69
有色金属压延加工	37.59	5.41	2.44	1.08	0.69
常用有色金属压延加工	37.59	5.41	2.44	1.08	0.69
金属制品业	35.47	7.95	1.52	1.10	0.84
结构性金属制品制造	23.94	6.32	1.30	1.02	0.76
金属结构制造	19.30	5.54	1.25	1.00	0.72
金属门窗制造	47.50	8.89	1.50	1.12	0.94
金属丝绳及其制品的制造	63.26	9.42	3.56	1.51	1.32
金属丝绳及其制品的制造	63.26	9.42	3.56	1.51	1.32
建筑、安全用金属制品制造	81.98	6.60	2.10	1.60	1.48
建筑、家具用金属配件制造	81.98	6.60	2.10	1.60	1.48
不锈钢及类似日用金属制品制造	80.43	13.38	1.79	1.40	1.04
金属制厨用器皿及餐具制造	80.43	13.38	1.79	1.40	1.04
通用设备制造业	42.46	11.85	1.90	1.22	0.80
锅炉及原动机制造	69.07	21.23	0.91	1.29	0.85
汽轮机及辅机制造	69.07	21.23	0.91	1.29	0.85
起重运输设备制造	307.78	17.46	3.18	1.56	1.37
起重运输设备制造	307.78	17.46	3.18	1.56	1.37
泵、阀门、压缩机及类似机械的制造	12.52	5.71	2.81	0.72	0.51
泵及真空设备制造	56.15	12.79	2.97	1.46	1.05

1－E－1　续表13－5　　　　单位：个、万元、人

指标名称	每百元固定资产原值实现利税（元）	每百元主营业务收入实现利税（元）	流动资金周转次数（次）	流动比率	速动比率
气体压缩机械制造	6.80	3.57	2.77	0.63	0.45
轴承、齿轮、传动和驱动部件的制造	19.40	6.54	1.43	0.99	0.54
轴承制造	29.91	6.09	1.29	1.19	0.83
齿轮、传动和驱动部件制造	14.78	6.99	1.61	0.81	0.27
风机、衡器、包装设备等通用设备制造	41.36	9.22	2.76	1.30	0.98
制冷、空调设备制造	41.36	9.22	2.76	1.30	0.98
通用零部件制造及机械修理	40.19	15.33	1.26	1.48	0.81
紧固件、弹簧制造	15.60	10.76	1.08	1.78	0.63
其他通用零部件制造	58.96	16.77	1.33	1.39	0.86
专用设备制造业	32.12	9.15	1.56	1.27	0.80
化工、木材、非金属加工专用设备制造	36.28	14.17	1.08	2.22	1.49
塑料加工专用设备制造	36.28	14.17	1.08	2.22	1.49
纺织、服装和皮革工业专用设备制造	11.16	5.15	1.13	0.87	0.42
缝纫机械制造	11.16	5.15	1.13	0.87	0.42
环保、社会公共安全及其他专用设备制造	78.71	7.80	3.59	1.17	0.98
环境污染防治专用设备制造	78.71	7.80	3.59	1.17	0.98
交通运输设备制造业	21.93	5.95	1.86	0.87	0.60
汽车制造	39.27	5.84	2.59	0.99	0.66
汽车整车制造	90.74	3.48	2.48	1.13	0.51
汽车零部件及配件制造	38.84	5.91	2.59	0.98	0.66
摩托车制造	26.46	9.68	1.53	1.09	0.85
摩托车整车制造	29.49	9.63	1.27	1.14	0.89
摩托车零部件及配件制造	23.49	9.73	2.02	1.00	0.77
船舶及浮动装置制造	6.46	4.34	0.97	0.70	0.50
金属船舶制造	6.96	4.62	0.86	0.69	0.49
船用配套设备制造	3.85	2.75	3.53	0.88	0.62
电气机械及器材制造业	55.12	11.55	2.14	1.21	0.84
电机制造	27.64	9.37	2.09	1.22	0.79
电动机制造	37.22	11.32	1.92	1.29	0.79
微电机及其他电机制造	7.66	3.41	2.86	0.98	0.78
输配电及控制设备制造	106.74	14.51	2.87	1.53	1.08
配电开关控制设备制造	104.00	11.26	3.08	1.59	1.11
电力电子元器件制造	108.96	18.68	2.64	1.48	1.05
电池制造	148.22	11.21	3.61	1.38	0.68
电池制造	148.22	11.21	3.61	1.38	0.68
家用电力器具制造	68.38	11.75	2.04	1.08	0.75
家用制冷电器具制造	28.32	5.36	1.55	1.15	0.87
家用空气调节器制造	56.96	5.17	1.26	1.10	0.68
家用通风电器具制造	52.89	13.45	2.36	1.66	1.04

1－E－1 续表13－6

单位：个、万元、人

指标名称	每百元固定资产原值实现利税（元）	每百元主营业务收入实现利税（元）	流动资金周转次数（次）	流动比率	速动比率
家用厨房电器具制造	137.24	23.12	3.21	0.91	0.74
家用清洁卫生电器具制造	32.81	8.45	4.52	1.08	0.90
其他家用电力器具制造	39.54	6.00	2.08	0.93	0.42
照明器具制造	52.31	10.97	1.53	1.62	1.28
照明灯具制造	56.25	12.44	1.32	1.74	1.37
灯用电器附件及其他照明器具制造	34.70	5.90	3.49	1.03	0.80
通信设备、计算机及其他电子设备制造业	33.08	7.96	2.18	1.43	1.15
通信设备制造	-6.96	-3.26	1.14	1.11	0.89
移动通信及终端设备制造	-6.96	-3.26	1.14	1.11	0.89
电子计算机制造	59.58	9.31	2.73	1.56	1.24
电子计算机整机制造	13.21	0.94	4.98	1.02	0.46
计算机网络设备制造	389.68	42.45	1.40	2.53	2.29
电子计算机外部设备制造	26.72	4.85	3.00	1.40	1.11
电子元件制造	17.78	12.66	1.20	1.77	1.51
电子元件及组件制造	17.78	12.66	1.20	1.77	1.51
家用视听设备制造	20.71	3.09	4.04	0.95	0.73
家用影视设备制造	20.71	3.09	4.04	0.95	0.73
仪器仪表及文化、办公用机械制造业	34.04	8.81	1.64	1.37	1.15
通用仪器仪表制造	47.05	9.13	1.89	1.48	1.27
供应用仪表及其他通用仪器制造	47.05	9.13	1.89	1.48	1.27
专用仪器仪表制造	46.16	6.83	2.21	1.06	0.62
汽车及其他用计数仪表制造	46.16	6.83	2.21	1.06	0.62
光学仪器及眼镜制造	6.93	5.68	1.05	1.47	1.24
光学仪器制造	5.92	6.15	1.07	5.44	4.93
眼镜制造	9.02	5.14	1.03	0.89	0.71
文化、办公用机械制造	27.17	10.94	1.02	1.22	1.06
照相机及器材制造	18.38	10.57	2.78	2.17	1.91
其他文化、办公用机械制造	39.16	11.19	0.71	1.13	0.98
工艺品及其他制造业	31.52	8.78	0.94	1.11	0.94
工艺美术品制造	23.92	6.86	0.83	1.15	0.84
其他工艺美术品制造	23.92	6.86	0.83	1.15	0.84
日用杂品制造	34.05	9.39	0.99	1.10	0.98
其他日用杂品制造	34.05	9.39	0.99	1.10	0.98
电力、燃气及水的生产和供应业	**3.49**	**3.64**	**12.37**	**0.35**	**0.34**
电力、热力的生产和供应业	3.49	3.64	12.37	0.35	0.34
电力生产	-1.87	-3.75	8.61	0.20	0.14
火力发电	-1.87	-3.75	8.61	0.20	0.14
电力供应	4.09	4.04	12.67	0.37	0.37
电力供应	4.09	4.04	12.67	0.37	0.37

1-E-1 续表14-1 单位：个、万元、人

指标名称	企业亏损面(%)	亏损率(%)	出口交货值占工业销售比重(%)	利润总额占利税比重(%)	存货周转次数(次)
总 计	**9.28**	**20.39**	**25.07**	**55.05**	**8.48**
一、按轻重工业分					
轻工业	5.45	1.03	33.72	62.03	6.55
重工业	14.29	33.25	21.66	49.57	9.47
二、按登记注册类型分					
内 资	**6.98**	**31.65**	**17.22**	**43.71**	**9.51**
国 有	33.33	26.32	0.93	4.80	32.51
有限责任公司	11.63	46.46	28.27	43.04	5.39
国有独资公司	25.00	14.18	18.38	35.44	3.43
其他有限责任公司	10.26	48.86	28.97	44.22	5.60
股份有限公司	6.06	54.99	10.53	39.12	12.01
私营企业			31.00	68.34	7.11
私营独资			25.10	52.06	5.21
私营有限责任公司			34.72	64.58	7.68
私营股份有限公司			24.88	78.63	6.41
港澳台商投资	**8.33**	**6.67**	**31.88**	**69.55**	**5.08**
与港澳台商合资经营	9.09	0.87	30.01	79.20	4.49
港澳台商独资			31.79	68.58	6.12
港澳台商投资股份有限公司	50.00	1629.84	41.03	106.40	4.27
外商投资	**17.07**	**3.33**	**57.67**	**77.83**	**6.74**
中外合资经营	5.88	0.19	26.97	76.24	7.16
外资企业	31.58	8.45	81.66	88.14	7.66
外商投资股份有限公司			11.99	64.81	2.55
三、按控股情况分					
国有控股	25.00	185.56	5.88	-42.52	13.57
集体控股			41.63	68.50	6.74
私人控股	3.54	0.85	27.02	67.43	7.10
港澳台商控股	5.26	7.09	31.04	68.11	4.92
外商控股	23.33	4.63	65.92	81.44	7.50
其 他			69.57	92.24	3.08
四、按国民经济行业(门类、大类、中类、小类)分					
采矿业	**100.00**			**-4384.13**	**23.56**
煤炭开采和洗选业	100.00			-4384.13	23.56
烟煤和无烟煤的开采洗选	100.00			-4384.13	23.56
烟煤和无烟煤的开采洗选	100.00			-4384.13	23.56
制造业	**7.89**	**19.09**	**29.32**	**60.82**	**7.20**
农副食品加工业	50.00	90.75	34.88	9.05	2.43
水产品加工	50.00	90.75	34.88	9.05	2.43
水产品冷冻加工	50.00	90.75	34.88	9.05	2.43
食品制造业				59.71	13.54

1-E-1 续表 14-2

单位：个、万元、人

指 标 名 称	企业亏损面（%）	亏损率（%）	出口交货值占工业销售比重（%）	利润总额占利税比重（%）	存货周转次数（次）
方便食品制造				66.98	19.10
米、面制品制造				50.31	5.36
方便面及其他方便食品制造				69.04	25.72
其他食品制造				39.78	7.38
食品及饲料添加剂制造				39.78	7.38
饮料制造业			0.76	56.63	3.58
酒的制造			3.49	31.51	1.23
啤酒制造			0.15	11.66	1.39
黄酒制造			5.86	49.86	1.17
软饮料制造				65.42	10.76
碳酸饮料制造				65.93	7.78
茶饮料及其他软饮料制造				65.28	13.55
纺织业	7.69	1.37	29.03	51.68	7.20
棉、化纤纺织及印染精加工	15.38	2.79	25.03	49.93	8.28
棉、化纤纺织加工	16.67	2.94	22.20	60.25	5.20
棉、化纤印染精加工	14.29	2.58	27.48	39.70	17.21
丝绢纺织及精加工			31.74	45.07	6.56
绢纺和丝织加工			31.74	45.07	6.56
纺织制成品制造			30.68	62.39	3.78
棉及化纤制品制造			72.29	92.78	3.48
纺织带和帘子布制造			1.73	14.55	4.02
针织品、编织品及其制品制造			43.76	70.74	8.85
棉、化纤针织品及编织品制造			53.45	81.00	5.40
丝针织品及编织品制造			32.91	31.28	22.31
纺织服装、鞋、帽制造业	9.09	0.61	66.28	58.47	4.07
纺织服装制造	9.09	0.61	66.28	58.47	4.07
纺织服装制造	9.09	0.61	66.28	58.47	4.07
皮革、毛皮、羽毛(绒)及其制品业			55.67	66.57	6.94
皮革鞣制加工			84.49	65.81	2.97
皮革鞣制加工			84.49	65.81	2.97
皮革制品制造			46.92	67.28	13.50
皮鞋制造			29.54	71.83	16.27
皮革服装制造			86.74	59.56	10.17
其他皮革制品制造			95.92	23.55	7.62
毛皮鞣制及制品加工			28.06	35.59	3.08
毛皮服装加工			28.06	35.59	3.08
木材加工及木、竹、藤、棕、草制品业				52.06	2.47
人造板制造				52.06	2.47
胶合板制造				52.06	2.47
家具制造业	20.00	51.01	78.41	30.15	4.17

1-E-1 续表14-3 单位：个、万元、人

指标名称	企业亏损面（%）	亏损率（%）	出口交货值占工业销售比重（%）	利润总额占利税比重（%）	存货周转次数（次）
木质家具制造	100.00		100.00	224.86	2.84
木质家具制造	100.00		100.00	224.86	2.84
金属家具制造			91.78	56.12	4.01
金属家具制造			91.78	56.12	4.01
其他家具制造			60.10	52.84	5.73
其他家具制造			60.10	52.84	5.73
造纸及纸制品业	33.33	9.87	12.76	45.74	12.01
造　纸	50.00	46.75	4.07	13.08	5.79
机制纸及纸板制造	50.00	46.75	4.07	13.08	5.79
纸制品制造			18.40	71.01	40.74
纸和纸板容器的制造			18.40	71.01	40.74
文教体育用品制造业			93.97	66.24	4.67
文化用品制造			93.97	66.24	4.67
笔的制造			93.97	66.24	4.67
石油加工、炼焦及核燃料加工业	100.00		0.05	219.08	21.53
精炼石油产品的制造	100.00		0.05	219.08	21.53
原油加工及石油制品制造	100.00		0.05	219.08	21.53
化学原料及化学制品制造业			13.77	71.67	7.99
基础化学原料制造			9.30	15.08	13.46
有机化学原料制造			9.30	15.08	13.46
农药制造			58.87	91.43	7.67
化学农药制造			58.23	95.16	10.59
生物化学农药及微生物农药制造			60.81	55.32	4.87
涂料、油墨、颜料及类似产品制造			13.00	65.65	9.40
染料制造			13.00	65.65	9.40
合成材料制造				34.04	52.04
合成纤维单(聚合)体的制造				34.04	52.04
专用化学产品制造			23.11	97.14	1.81
信息化学品制造			23.11	97.14	1.81
日用化学产品制造			0.79	68.68	8.21
肥皂及合成洗涤剂制造			0.79	68.68	8.21
医药制造业			57.91	77.58	3.34
化学药品原药制造			71.53	80.97	3.22
化学药品原药制造			71.53	80.97	3.22
化学药品制剂制造			5.21	46.47	3.83
化学药品制剂制造			5.21	46.47	3.83
化学纤维制造业			6.07	67.39	15.39
合成纤维制造			6.07	67.39	15.39
涤纶纤维制造			6.07	67.39	15.39

1-E-1 续表14-4

单位：个、万元、人

指 标 名 称	企业亏损面（%）	亏损率（%）	出口交货值占工业销售比重（%）	利润总额占利税比重（%）	存货周转次数（次）
橡胶制品业	25.00	35.03	31.79	33.49	6.34
轮胎制造	33.33	35.41	30.51	34.41	6.49
车辆、飞机及工程机械轮胎制造	33.33	35.41	30.51	34.41	6.49
橡胶靴鞋制造			65.36	12.79	3.97
橡胶靴鞋制造			65.36	12.79	3.97
塑料制品业			17.83	89.82	21.53
塑料薄膜制造			14.59	91.99	32.11
塑料薄膜制造			14.59	91.99	32.11
塑料板、管、型材的制造			38.62	75.10	6.82
塑料板、管、型材的制造			38.62	75.10	6.82
非金属矿物制品业			18.34	70.92	5.46
砖瓦、石材及其他建筑材料制造				30.93	3.15
建筑陶瓷制品制造				30.93	3.15
玻璃及玻璃制品制造			23.33	75.78	6.62
技术玻璃制品制造			0.41	57.36	10.21
玻璃纤维及制品制造			68.19	82.13	3.38
黑色金属冶炼及压延加工业	33.33	398.92	1.39	-2828.80	5.98
钢压延加工	33.33	398.92	1.39	-2828.80	5.98
钢压延加工	33.33	398.92	1.39	-2828.80	5.98
有色金属冶炼及压延加工业	50.00	17.49	45.12	61.40	6.66
有色金属压延加工	50.00	17.49	45.12	61.40	6.66
常用有色金属压延加工	50.00	17.49	45.12	61.40	6.66
金属制品业			25.08	60.37	5.14
结构性金属制品制造			16.28	57.29	4.29
金属结构制造			9.84	53.37	3.74
金属门窗制造			38.29	65.38	8.36
金属丝绳及其制品的制造				51.10	25.10
金属丝绳及其制品的制造				51.10	25.10
建筑、安全用金属制品制造			42.74	85.42	20.08
建筑、家具用金属配件制造			42.74	85.42	20.08
不锈钢及类似日用金属制品制造			67.41	67.03	4.88
金属制厨用器皿及餐具制造			67.41	67.03	4.88
通用设备制造业	7.69	1.39	22.81	76.68	4.58
锅炉及原动机制造			19.30	84.67	1.78
汽轮机及辅机制造			19.30	84.67	1.78
起重运输设备制造			18.04	87.28	20.92
起重运输设备制造			18.04	87.28	20.92
泵、阀门、压缩机及类似机械的制造	33.33	19.97	39.55	66.45	8.03
泵及真空设备制造			98.28	69.39	8.42

1－E－1 续表14－5 单位：个、万元、人

指标名称	企业亏损面(%)	亏损率(%)	出口交货值占工业销售比重(%)	利润总额占利税比重(%)	存货周转次数(次)
气体压缩机械制造	50.00	35.33	20.14	63.26	7.93
轴承、齿轮、传动和驱动部件的制造			35.99	69.92	2.51
轴承制造			59.41	67.80	3.50
齿轮、传动和驱动部件制造			10.07	71.81	1.91
风机、衡器、包装设备等通用设备制造			12.02	72.63	9.28
制冷、空调设备制造			12.02	72.63	9.28
通用零部件制造及机械修理			28.94	72.05	2.39
紧固件、弹簧制造			35.13	90.56	1.58
其他通用零部件制造			26.43	68.32	2.85
专用设备制造业	25.00	2.52	22.95	83.08	3.87
化工、木材、非金属加工专用设备制造			37.43	85.58	2.70
塑料加工专用设备制造			37.43	85.58	2.70
纺织、服装和皮革工业专用设备制造	50.00	23.01	42.58	49.70	1.91
缝纫机械制造	50.00	23.01	42.58	49.70	1.91
环保、社会公共安全及其他专用设备制造				92.97	20.83
环境污染防治专用设备制造				92.97	20.83
交通运输设备制造业			38.78	76.62	5.38
汽车制造			24.65	81.48	6.74
汽车整车制造			14.84	49.66	3.46
汽车零部件及配件制造			24.95	82.09	6.96
摩托车制造			39.92	38.25	5.97
摩托车整车制造			25.97	32.44	4.66
摩托车零部件及配件制造			57.04	45.38	8.87
船舶及浮动装置制造			91.82	98.77	2.98
金属船舶制造			90.52	98.80	2.58
船用配套设备制造			100.00	98.53	14.10
电气机械及器材制造业	4.55	0.10	36.82	68.97	5.62
电机制造	16.67	0.38	47.74	80.13	4.92
电动机制造			34.09	79.85	4.05
微电机及其他电机制造	50.00	3.96	88.42	82.93	12.52
输配电及控制设备制造			8.71	75.17	8.20
配电开关控制设备制造			4.99	78.50	8.79
电力电子元器件制造			12.87	72.60	7.49
电池制造				72.32	8.43
电池制造				72.32	8.43
家用电力器具制造			34.40	61.80	4.96
家用制冷电器具制造			36.00	10.94	5.02
家用空气调节器制造			47.35	84.65	2.90
家用通风电器具制造			7.23	50.41	3.69

1－E－1 续表14－6

单位：个、万元、人

指标名称	企业亏损面（%）	亏损率（%）	出口交货值占工业销售比重（%）	利润总额占利税比重（%）	存货周转次数（次）
家用厨房电器具制造			24.65	62.86	10.76
家用清洁卫生电器具制造			23.62	76.30	16.00
其他家用电力器具制造			90.00	46.45	3.18
照明器具制造			82.56	58.27	7.23
照明灯具制造			84.50	59.40	6.30
灯用电器附件及其他照明器具制造			75.51	50.07	14.81
通信设备、计算机及其他电子设备制造业	16.67	8.12	80.42	84.38	10.40
通信设备制造	66.67	410.09	46.36	124.33	4.42
移动通信及终端设备制造	66.67	410.09	46.36	124.33	4.42
电子计算机制造			89.30	87.89	13.67
电子计算机整机制造			100.00	100.00	8.09
计算机网络设备制造			19.62	80.07	6.15
电子计算机外部设备制造			100.00	100.00	17.84
电子元件制造			47.49	77.90	6.14
电子元件及组件制造			47.49	77.90	6.14
家用视听设备制造			80.52	61.77	15.82
家用影视设备制造			80.52	61.77	15.82
仪器仪表及文化、办公用机械制造业			23.76	56.22	7.20
通用仪器仪表制造			12.90	50.50	8.47
供应用仪表及其他通用仪器制造			12.90	50.50	8.47
专用仪器仪表制造			16.67	55.52	5.51
汽车及其他用计数仪表制造			16.67	55.52	5.51
光学仪器及眼镜制造			72.03	56.02	5.30
光学仪器制造			51.28	53.27	9.82
眼镜制造			95.00	59.74	3.45
文化、办公用机械制造			53.97	77.82	6.27
照相机及器材制造			94.99	97.77	20.82
其他文化、办公用机械制造			27.82	65.04	4.16
工艺品及其他制造业			63.36	69.27	5.02
工艺美术品制造			49.75	74.92	2.33
其他工艺美术品制造			49.75	74.92	2.33
日用杂品制造			67.12	67.95	7.60
其他日用杂品制造			67.12	67.95	7.60
电力、燃气及水的生产和供应业	**66.67**	**346.99**		**－7.29**	**427.84**
电力、热力的生产和供应业	66.67	346.99		－7.29	427.84
电力生产	100.00			191.89	29.46
火力发电	100.00			191.89	29.46
电力供应				2.80	1941.98
电力供应				2.80	1941.98

1－E－2 规模以上大型工业产品生产、销售、库存情况

产品名称	计量单位	年初库存量	本年生产量	本企业自用量及其他	年末库存量
原煤	吨		131000		
其中：烟煤	吨		131000		
其中：一般烟煤	吨		131000		
硫铁矿石（折含硫35%）	吨	5625	23525	29150	
冷冻水产品	吨	11011	132194		18414
鱼糜（熟肉）制品	吨	1662	26005		2812
饲料用水产品渣粉	吨	270	1105		769
米制半成品	吨	750	27546	142	1228
方便面	吨	4200	168540		4240
乳制品	吨	137	20487	820	110
其中：固体乳制品	吨	137	20487	820	110
其中：乳粉	吨	137	20487	820	110
味精（谷氨酸钠）	吨	507	6599		601
酱油	吨	71	337		81
饮料酒	千升	247304	601550	11020	236266
其中：白酒（折65度，商品量）	千升	1306	4891	－982	1479
啤酒	千升	3662	504113	892	6057
黄酒	千升	241278	91970	11412	227712
软饮料	吨	153650	2220650	12086	130633
其中：碳酸饮料类（汽水）	吨	73368	758874		46818
包装饮用水类	吨	15799	86656		5383
茶饮料类	吨	41973	503061	11406	36253
纱	吨	7390	169718	7250	5182
1. 棉纱	吨	4990	71806		3164
2. 棉混纺纱	吨	2400	97912	7250	2018
布	万米	10096	87987	988	13042
其中：棉混纺布	万米	1206	25930	162	2454
化学纤维布	万米	8891	62057	826	10588
印染布	万米	2945	379838	13652	2355
其中：染色布	万米	2519	326416	13652	2329
印花布	万米	426	53422		26
毛机织物（呢绒）	万米	27	1106		63
亚麻纱（含亚麻≥55%）	吨	1210	6703	10	1277
亚麻布（含亚麻≥55%）	万米	70	646	54	134
生丝	吨	24	393	46	25
绢纺丝	吨	405	2112		484
蚕丝及交织机织物（含蚕丝≥50%）	万米	53	1083		100
合成纤维长丝机织物	万米	874	20145		808

1－E－2 续表1

产 品 名 称	计量单位	年 初 库存量	本 年 生产量	本企业 自用量 及其他	年 末 库存量
人造纤维长丝机织物	万米		8		
丝针织围巾	万条		4		
帘子布	吨	4800	39998		7429
无纺布（无纺织物）	吨	922	16882		921
棉、化纤针织坯布	吨	490	20910		510
针织袜	万双	12540	22244		13264
服装	万件	812	43272	2	1193
1. 针织服装	万件	458	35071		629
其中：针织内衣	万件	4	120		10
针织T恤衫	万件	53	2651		71
其中：棉针织T恤衫	万件	53	2549		71
丝针织T恤衫	万件		6		
针织休闲衫类服装	万件	1	407		4
针织衬衫	万件		24		
2. 梭织服装	万件	354	8201	2	564
其中：羽绒服	万件		5		
防寒服	万件	57	320		17
西服套装	万件	20	490		38
其中：男式西服套装	万件		1		
女式西服套装（套裙）	万件		172		
衬衫	万件	89	1535	1	226
其中：男衬衫	万件		64		
女衬衫	万件	2	321		4
裤	万件	39	942	1	98
其中：男裤	万件		10		
女裤	万件	1	37		1
裙	万件	5	201		10
睡衣裤	万件		3		
轻革	平方米	1273300	17937909		1114671
其中：牛轻革	平方米	1171185	16660714		1057796
猪轻革	平方米	94543	734279		49304
皮革鞋靴	万双	209	6435		191
皮革服装	件	16878	1163014		20163
手提包（袋）、背包	万个	45	376		50
其中：天然皮革制手提包（袋）、背包	万个	…	2		
天然皮革制座套	位（单座位）	38495	2423673		50045
天然毛皮服装	件	11500	360453		5500
人造板	立方米	11	39	8	6

1－E－2 续表2

产品名称	计量单位	年初库存量	本年生产量	本企业自用量及其他	年末库存量
其中：胶合板	立方米	11	39	8	6
人造板表面装饰板	平方米	38	253		35
家具	件	560983	9771167		868676
其中：木质家具	件	295361	1637160		272900
金属家具	件	156780	2700790		359475
软体家具	件	108842	3542110		126301
机制纸及纸板（外购原纸加工除外）	吨	12241	267390	37074	20993
加工纸	吨	2383	41494	11	3697
纸制品	吨	3163	527085	13718	2146
其中：瓦楞纸箱	吨	2915	287371		1865
卫生用纸制品	吨	95	225059		210
文件夹类文具	万个	569	4759		395
修改类文具	千元	9189	32992		2339
圆珠笔	万支	6581	102988		6460
木杆铅笔	万支	423	2409		411
记号笔	万支	3018	25523		2995
玩具	千元		706687		21845
填充类玩具	千元		706687		21845
原油加工量	吨	522148	19379086	19342989	558245
汽油	吨	19150	2671784	－599	8120
煤油	吨	24254	1294050	281721	25420
柴油	吨	13644	8041056	34358	8512
燃料油	吨	13304	567144	369644	3838
石脑油	吨	11617	1319612	79443	15827
溶剂油	吨	3074	50381	－122	1667
液化石油气	吨	2701	1058239	2025	3303
石油焦	吨	17382	1207947	711273	50724
石油沥青	吨	673	451202	1110	2014
焦炭	吨	89939	1662085	1694978	56796
其中：机焦	吨	89939	1662085	1694978	56796
硫酸（折100%）	吨	4343	220348	124328	5040
盐酸（氯化氢，含量31%）	吨	14	70705	63519	79
烧碱（折100%）	吨	6717	446213	56068	2746
其中：离子膜法烧碱（折100%）	吨	5297	338235	41936	2183
碳化钙（电石，折300升/千克）	吨	79	87940	7430	191
丙烯	吨	99	320566	255594	321
纯苯	吨	1738	220327	6133	3449
甲苯	吨	1359	125723	－389	2125

1－E－2 续表3

产 品 名 称	计量单位	年 初 库存量	本 年 生产量	本企业自用量及其他	年 末 库存量
邻二甲苯	吨	2357	152136	－88	1969
对二甲苯	吨	902	500479	－172	6555
混合二甲苯	吨	2956	87659	－148	
二氯乙烷	吨	1235	131273	79	2829
冰乙酸（冰醋酸）	吨		921		
合成氨（无水氨）	吨	2057	195715	193089	4617
农用氮、磷、钾化学肥料总计（折纯）	吨	439	197196	213	1169
氮肥（折含N100%）	吨	439	197196	213	1169
其中：尿素（折含N100%）	吨	439	156679		187
合成复合肥料（实物量）	吨	354	63051	1	9869
化学农药原药（折有效成分100%）	吨	1125	34103	13218	1559
其中：杀虫剂原药	吨	847	4271	215	1140
杀菌剂原药	吨	10	29	11	14
除草剂原药	吨	247	28958	12991	365
染料	吨	5708	272227		11986
初级形态的塑料	吨	3316	393957	139	3193
其中：聚丙烯树脂	吨	1708	254108		2279
聚氯乙烯树脂	吨	832	135355	133	27
合成纤维单体	吨		11656		104
其中：己内酰胺	吨		11656		104
合成纤维聚合物	吨	45290	1221810	4785	25801
其中：聚脂	吨	45290	1139557	4785	25725
化学试剂	吨	103	604	3	71
塑料助剂	吨	3	897		36
纺织工业用整理剂、助剂	吨	217	118295		367
肥（香）皂	吨	17462	165243		22315
合成洗涤剂	吨	1000	99595		3680
其中：合成洗衣粉	吨	600	66163		1810
液体洗涤剂	吨	400	33432		1870
牙膏（折65克标准支）	万支		20226		1360
化学药品原药	吨	1445	78977	20507	2167
其中：抗菌素（抗感染药）	吨	93	1789	38	109
消化系统用药	吨		29	20	1
中枢神经系统用药	吨		2	1	
心血管系统用药	吨	47	390	173	78
冻干粉针剂	万瓶（支）	55	1204		51
粉针剂	万瓶（支）		221		2
注射液	万支	11200	35350		12364

1－E－2 续表4

产品名称	计量单位	年初库存量	本年生产量	本企业自用量及其他	年末库存量
输液	万瓶	332	3606		405
片剂	万片	18056	422863		55987
胶囊剂	万粒	1203	12070		1402
化学纤维	吨	110645	2682640	430	116698
其中：人造纤维(纤维素纤维)	吨	1180	9198		530
其中：粘胶纤维	吨	1180	9198		530
合成纤维	吨	109115	2621881	430	115930
其中：锦纶纤维	吨	155	5611		30
涤纶纤维	吨	108960	2444416	430	114181
其中：涤纶长丝	吨	106532	2345155	430	107834
橡胶轮胎外胎	条	2379587	38008584	57434	3226265
其中：子午线轮胎外胎	条	1845975	34597883	57434	3030444
其中：载货汽车橡胶轮胎外胎	条	289916	7564013		363080
乘用车橡胶轮胎外胎	条	1522059	14086617		1786888
力车橡胶轮胎外胎	条	4963425	71075104		7335686
力车橡胶胎内胎	条	3958001	79852830		7582669
橡胶输送带	平方米	116752	570524	7581	71807
橡胶管	万标米	93	624	110	50
胶鞋类	万双	8	2663		13
塑料制品	吨	11071	672247	19760	12861
其中：塑料薄膜	吨	5375	470712	9	7576
其中：农用薄膜	吨	916	39900		146
塑料板、片	吨	383	1843		407
塑料管及其附件	吨	2396	79385		2939
塑料条、棒、型材	吨	997	42557	18	1296
塑料丝、绳及编织品	吨	513	3094	88	346
其中：塑料编织袋	吨	292	2302	88	158
塑料人造革、合成革	吨	50	2085		50
塑料包装箱及容器	吨	218	20630	19644	208
其他塑料制品	吨	1139	51940		39
水泥熟料	吨	12792	948787	33487	19403
其中：窑外分解窑水泥熟料	吨	12792	915300		19403
水泥	吨	35083	770960	89	31257
其中：通用水泥	吨	35083	770960	89	31257
其中：普通硅酸盐水泥(P·O)	吨	35083	770960	89	31257
石灰	吨	200	78897	78897	200
商品混凝土	立方米		2498891		
水泥混凝土排水管	千米	9	154		7

1－E－2 续表5

产品名称	计量单位	年初库存量	本年生产量	本企业自用量及其他	年末库存量
预应力混凝土桩	米	85670	1495960		98640
瓷质砖	平方米	11070000	32044900		15184900
平板玻璃	重量箱	480680	20600333	182286	307380
钢化玻璃	平方米	20860	2794561		110861
日用玻璃制品	吨	5643	25431	1504	3673
玻璃纤维纱	吨	8661	531378	41521	108438
玻璃纤维毡	吨	521	18303		646
生铁	吨		4446231	4446231	
1. 炼钢生铁	吨		4410531	4410531	
2. 铸造生铁	吨		35700	35700	
粗钢	吨	47145	8312119	5311585	103905
其中：1. 非合金钢	吨	7046	4462419	3405361	5141
2. 低合金钢	吨	40099	2940321	996845	98764
3. 合金钢(不含不锈钢)	吨		909379	909379	
其中：1. 转炉钢	吨	47145	7585275	4584741	103905
2. 电弧炉钢	吨		726844	726844	
钢材	吨	55958	5780767	192808	46434
其中：铁道用钢材	吨	1172	125150	－189	1991
其中：轻轨	吨	1172	105339	－101	1991
重轨	吨		19811	－88	
大型型钢	吨	309	98680	107	795
棒材	吨	32859	2560383	－276	21507
钢筋	吨		2406		
线材(盘条)	吨	6017	1233038	246000	4325
热轧薄板	吨	220	47200	－7301	78
冷轧薄板	吨	8535	391980		9478
热轧窄钢带	吨	5137	981617	－45532	5599
冷轧窄钢带	吨	1709	66032	－1	2660
电工钢板(带)	吨		274281		
单晶硅	千克	11703	1013129		111737
铝合金	吨	2	7487		384
铜材	吨	8137	241069		3757
铜带材	吨	1548	30934		492
铜棒材	吨	2972	63086		249
铝材	吨	61	2894		23
其中：铝棒材	吨		30		
铝型材	吨	55	2644		22
铝管材	吨	3	195		…

1－E－2 续表6

产品名称	计量单位	年初库存量	本年生产量	本企业自用量及其他	年末库存量
钢结构及其产品	吨	3321	292003		13013
金属制门及其框架、门槛	吨	3763	222550	26	4791
锁具	万把	25	3713	32	35
不锈钢日用制品	吨	3381	39924		2858
发动机	台	312	2752		303
发动机	千瓦	9865	10253		7556
汽轮机	千瓦	608542	3957079		1033199
其中：电站用汽轮机	千瓦	253200	1019430		235500
铸造机械	台	3	52		11
电梯、自动扶梯及升降机	台		23262		
其中：电梯	台		19104		
自动扶梯	台		3684		
自动人行道	台		474		
泵	台	110705	2752904		72840
气体压缩机	台	653559	7927092		653781
其中：制冷设备用压缩机	台	652722	7808000		652722
其中：冰箱压缩机	台	652722	7808000		652722
阀门	吨	1207	126955		1207
普通阀门	吨	1207	126955		1207
滚动轴承	万套	2745	25768	1857	1232
非家用制冷、空调设备	台(套)	71	5748		63
电动手提式工具	台		4904919		
金属紧固件	吨	19730	170802		23582
铸钢件	吨	6	486	476	16
粉末冶金零件	吨	155	2025	997	442
采矿专用设备	台	307	136266		1431
采矿专用设备	吨	7	7645		38
炼油、化工生产专用设备	吨	217	1821	41	580
炼油、化工生产专用设备	台	24	319	7	59
塑料加工专用设备	台	933	15492		3409
塑料加工专用设备	吨	21065	189467		43178
细纱机	台	65	94		95
缝纫机	台	62030	1161430		51147
1. 家用型缝纫机	台	10174	457130		6956
2. 工业用缝纫机	台	51856	704300		44191
环境污染防治专用设备	台(套)		262		
其中：大气污染防治设备	台		262		
汽车	辆		87691		

1-E-2 续表7

产 品 名 称	计量单位	年 初 库存量	本 年 生产量	本企业 自用量 及其他	年 末 库存量
乘用车	辆		85625		
基本型乘用车(轿车)	辆		85625		
其中:1升<排量≤1.6升	辆		64787		
1.6升<排量≤2.0升	辆		20838		
客车	辆		2066		
其中:大型客车(车长>10米)	辆		2066		
机动车(汽车)零配件	千元	940701	51851989	296629	1329920
摩托车整车	辆	18332	1269506	33	16639
摩托车零部件及配件	千元	41298	2241190		94819
电动自行车	辆	73304	721077	38	82713
民用钢质船舶	载重吨		462316		
钢质机动货船	载重吨		54705		
钢质机动非货船	载重吨		407611		
船舶修理	载重吨		3000624		
发电机组(发电设备)	台	4234	70149		1533
发电机组(发电设备)	千瓦	6523	12014		5511
直流电动机	千瓦	321290	9736581	2946	386079
交流电动机	千瓦	76683	4763528	87735	
微电机	万台	235	15368	29	562
驱动微电机	万台	151	5220		324
变压器	台	31028	698900		146028
配电或电器控制设备(11万伏以下)	台(套、面)	6897126	217471212	2301472	10874457
继电器	万个	190	2072	80	353
铅酸蓄电池	千伏安时		1620918		
其中:电动自行车用铅酸蓄电池	千伏安时		1620918		
太阳能电池	千瓦	1100	14412		800
家用电冰箱	台	118013	3058390		149628
家用冷柜(家用冷冻箱)	台	57532	1698153		54199
房间空气调节器	台	579415	2385821		561524
分体式房间空气调节器	台	520460	2338233		520587
家用吸排油烟机	台	44450	811642		55612
家用电热烹调器具	个	10233	145994		40498
其中:电饭锅	个	10233	145994		40498
家用电热烘烤器具	个	449414	12822351		894908
电咖啡壶	个	4100	42300		1600
电水壶	个	7600	37500		9700
电冷热饮水机	台	60092	182200		60903
家用洗衣机	台	80944	2402951		95181

1－E－2 续表8

产品名称	计量单位	年初库存量	本年生产量	本企业自用量及其他	年末库存量
家用吸尘器	台	65579	1063448	5714	52503
电暖气	台	1569	511448		19486
电熨斗	万个	93	2551		117
家用燃气用具	台	81112	769587		95924
其中：家用燃气灶具	台	77982	724697		89593
家用燃气热水器	台	3130	44890		6331
太阳能热水器	台	7670	220766		2088
电光源	万只	879	109591		1430
其中：荧光灯	万只	251	10635		148
灯具及照明装置	套(台、个)	14689586	295966949		25511367
移动通信手持机(手机)	台	570667	3911350		602766
电子计算机整机	台	3537	1053407	46	8400
其中：微型计算机设备	台	3537	1053407	46	8400
其中：笔记本计算机	台	3537	1053407	46	8400
显示器	台	43776	112081	9799	11562
平板显示器	台	43776	112081	9799	11562
半导体分立器件	万只	5747	36070		4549
其中：半导体二极管	万只	5747	36070		4549
光电子器件	万只(片、套)	8142	18292		9928
其中：半导体光电器件	万只	8142	17690		9897
其中：发光二极管(LED)	万只	8142	17690		9897
电子元件	万只	36473	682685		50777
印制电路板	平方米	190700	2238900		148500
彩色电视机	台		1350000		
其中：液晶(LCD)电视机	台		1350000		
电工仪器仪表	台	1152000	18981840		1553094
其中：电能表	台		8969240		256694
眼镜成镜	副	3082037	42922029		3298363
自动柜员机(ATM机)	台	416	3052		430
贵金属首饰	千元	21090	578635		84411
伞类制品	把		309623		
拉链	万米	14824	365848		45290
发电量	万千瓦小时		2154107	507863	
其中：火力发电量	万千瓦小时		2142489	498654	
售电量	万千瓦小时		19499079		
供电量	万千瓦小时		20011327	513892	
供热总量	万吉焦		2871	2061	
自来水生产量	万立方米		2383	1553	

1-E-3 规模以上中型工业企业主要经济指标

单位:个、万元、人

指标名称	企业数	亏损企业	工业总产值(当年价格)	工业销售产值(当年价格)	出口交货值
总 计	**4319**	**522**	**151172619**	**146920490**	**40585918**
一、按轻重工业分					
轻工业	2391	318	69954358	67897203	22057241
重工业	1928	204	81218261	79023288	18528677
二、按登记注册类型分					
内 资	**2810**	**269**	**100939886**	**98367839**	**20345578**
国 有	78	12	9104537	9099938	84960
集 体	14	2	441491	427905	49540
股份合作企业	35	2	636489	617863	186528
联营企业	4	2	130780	125521	10140
集体联营	1	1	54958	54958	
国有与集体联营	1		51325	46460	3593
其他联营	2	1	24497	24102	6547
有限责任公司	648	62	26797763	26174290	4814664
国有独资公司	22	5	703459	692662	21820
其他有限责任公司	626	57	26094304	25481628	4792844
股份有限公司	196	21	12873731	12476283	2271243
私营企业	1820	166	50422629	48928950	12797530
私营独资	61	3	1036411	1005954	389699
私营合伙	12	1	169246	165532	98096
私营有限责任公司	1678	157	46139594	44782380	11562155
私营股份有限公司	69	5	3077379	2975084	747581
其 他	15	2	532468	517089	130973
港澳台商投资	**710**	**110**	**22486533**	**21629546**	**7874967**
与港澳台商合资经营	452	59	15621270	15018119	4880429
与港澳台商合作经营	11		334717	319070	78022
港澳台商独资	239	51	6335454	6104611	2841576
港澳台商投资股份有限公司	8		195091	187745	74941
外商投资	**799**	**143**	**27746200**	**26923106**	**12365373**
中外合资经营	464	64	17411147	16954278	7209644
中外合作经营	21	2	536795	528669	182735
外资企业	290	73	8431898	8124249	4406259
外商投资股份有限公司	24	4	1366360	1315910	566735
三、按控股情况分					
国有控股	182	44	17155617	17047081	558125
集体控股	130	16	5750905	5617879	943619
私人控股	2947	266	91318640	88636078	24385686
港澳台商控股	444	79	13632151	13086041	4764948
外商控股	499	105	18569861	17961394	8739224
其 他	117	12	4745445	4572017	1194316

1－E－3 续表1－1　　单位：个、万元、人

指标名称	企业数	亏损企业	工业总产值（当年价格）	工业销售产值（当年价格）	出口交货值
四、按国民经济行业（门类、大类、中类、小类）分					
采矿业	**9**	**2**	**361605**	**339611**	**591**
黑色金属矿采选业	1		110631	110253	
铁矿采选	1		110631	110253	
铁矿采选	1		110631	110253	
有色金属矿采选业	7	1	245204	223970	
常用有色金属矿采选	3		188360	188018	
铜矿采选	2		126964	126623	
铅锌矿采选	1		61396	61396	
稀有稀土金属矿采选	4	1	56844	35951	
钨钼矿采选	3	1	50676	30351	
放射性金属矿采选	1		6168	5600	
非金属矿采选业	1	1	5771	5389	591
化学矿采选	1	1	5771	5389	591
化学矿采选	1	1	5771	5389	591
制造业	**4230**	**502**	**141603828**	**137393253**	**40569783**
农副食品加工业	44	5	1597217	1558323	297164
饲料加工	6		263329	246700	45437
饲料加工	6		263329	246700	45437
植物油加工	1		353677	369866	45
食用植物油加工	1		353677	369866	45
屠宰及肉类加工	9		324703	322507	26590
畜禽屠宰	3		163354	162929	
肉制品及副产品加工	6		161350	159578	26590
水产品加工	15	4	440806	415256	165390
水产品冷冻加工	14	4	431030	407255	158537
鱼糜制品及水产品干腌制加工	1		9776	8001	6853
蔬菜、水果和坚果加工	10	1	174985	164422	58818
蔬菜、水果和坚果加工	10	1	174985	164422	58818
其他农副食品加工	3		39717	39571	884
豆制品制造	3		39717	39571	884
食品制造业	38	6	832906	836026	206556
焙烤食品制造	7		133465	146443	12194
糕点、面包制造	2		23869	23680	11117
饼干及其他焙烤食品制造	5		109597	122764	1076
糖果、巧克力及蜜饯制造	1		19224	17889	1109
糖果、巧克力制造	1		19224	17889	1109
方便食品制造	3	1	102067	100388	376
速冻食品制造	2	1	72613	69018	376
方便面及其他方便食品制造	1		29454	31370	

1－E－3 续表1－2

单位：个、万元、人

指 标 名 称	企业数	亏损企业	工业总产值（当年价格）	工业销售产值（当年价格）	出口交货值
液体乳及乳制品制造	3	1	52763	52592	148
液体乳及乳制品制造	3	1	52763	52592	148
罐头制造	15	2	331790	325997	167165
肉、禽类罐头制造	1		21715	21519	4420
水产品罐头制造	1		12102	13483	12814
蔬菜、水果罐头制造	12	2	176171	168982	149698
其他罐头食品制造	1		121802	122012	233
调味品、发酵制品制造	4	2	55664	59039	34
味精制造	3	2	43638	46887	34
酱油、食醋及类似制品的制造	1		12026	12152	
其他食品制造	5		137934	133678	25530
营养、保健食品制造	1		28012	28012	
冷冻饮品及食用冰制造	2		32485	30906	
食品及饲料添加剂制造	2		77437	74761	25530
饮料制造业	32	8	1613817	1589300	42062
酒的制造	20	6	583527	562321	4640
啤酒制造	15	6	405334	403756	
黄酒制造	5		178193	158565	4640
软饮料制造	11	2	990013	988116	3565
瓶（罐）装饮用水制造	4	1	237730	241899	94
果菜汁及果菜汁饮料制造	1	1	43300	43300	
含乳饮料和植物蛋白饮料制造	3		369220	363984	3471
茶饮料及其他软饮料制造	3		339763	338933	
精制茶加工	1		40277	38863	33857
精制茶加工	1		40277	38863	33857
烟草制品业	2		2148366	2146480	8218
卷烟制造	2		2148366	2146480	8218
卷烟制造	2		2148366	2146480	8218
纺织业	704	113	17317938	16839792	5832523
棉、化纤纺织及印染精加工	380	66	10547799	10282712	2525486
棉、化纤纺织加工	201	35	5851850	5656014	1148936
棉、化纤印染精加工	179	31	4695949	4626699	1376549
毛纺织和染整精加工	19	3	413804	401537	198167
毛条加工	2	2	64703	65235	42823
毛纺织	14		309841	297879	137955
毛染整精加工	3	1	39260	38423	17389
麻纺织	5	1	101712	94246	19654
麻纺织	5	1	101712	94246	19654
丝绢纺织及精加工	44	13	780367	755023	199861
缫丝加工	8	2	92227	94911	23559

1-E-3 续表1-3 单位：个、万元、人

指标名称	企业数	亏损企业	工业总产值（当年价格）	工业销售产值（当年价格）	出口交货值
绢纺和丝织加工	31	10	581436	559256	141693
丝印染精加工	5	1	106704	100856	34609
纺织制成品制造	99	14	2460234	2372791	1263472
棉及化纤制品制造	49	8	1243851	1200103	644347
毛制品制造	8	3	218629	213638	166508
麻制品制造	1		5139	5304	1795
丝制品制造	13	1	490935	475154	231974
绳、索、缆的制造	1		5541	5194	2016
纺织带和帘子布制造	8		162998	152402	73133
无纺布制造	7	1	147991	137392	36842
其他纺织制成品制造	12	1	185149	183603	106858
针织品、编织品及其制品制造	157	16	3014023	2933483	1625883
棉、化纤针织品及编织品制造	120	9	2335558	2268032	1402981
毛针织品及编织品制造	22	6	324102	317204	109042
丝针织品及编织品制造	14	1	342257	336142	113860
其他针织品及编织品制造	1		12105	12105	
纺织服装、鞋、帽制造业	318	37	6361288	6212140	2652894
纺织服装制造	315	36	6339714	6191974	2635861
纺织服装制造	315	36	6339714	6191974	2635861
纺织面料鞋的制造	2	1	16563	15153	12622
纺织面料鞋的制造	2	1	16563	15153	12622
制　帽	1		5012	5012	4412
制　帽	1		5012	5012	4412
皮革、毛皮、羽毛(绒)及其制品业	215	13	4418816	4309835	2130632
皮革鞣制加工	13		616254	576821	129242
皮革鞣制加工	13		616254	576821	129242
皮革制品制造	177	13	3074164	3002300	1486388
皮鞋制造	127	3	2325692	2272267	1025292
皮革服装制造	6	1	102324	101455	64951
皮箱、包(袋)制造	32	7	397274	389264	325497
皮手套及皮装饰制品制造	5		71220	70456	48987
其他皮革制品制造	7	2	177654	168857	21661
毛皮鞣制及制品加工	2		37563	36293	27252
毛皮服装加工	2		37563	36293	27252
羽毛(绒)加工及制品制造	23		690835	694421	487750
羽毛(绒)加工	2		32760	31077	14361
羽毛(绒)制品加工	21		658075	663345	473388
木材加工及木、竹、藤、棕、草制品业	32	3	785234	747891	285833
锯材、木片加工	1		6608	6170	4868
锯材加工	1		6608	6170	4868

1－E－3 续表1－4

单位：个、万元、人

指 标 名 称	企业数	亏损企业	工业总产值（当年价格）	工业销售产值（当年价格）	出口交货值
人造板制造	15	2	356785	332939	123143
胶合板制造	10	2	244946	229418	73737
纤维板制造	1		7006	6448	
其他人造板、材制造	4		104834	97073	49406
木制品制造	10	1	346492	336177	108962
建筑用木料及木材组件加工	10	1	346492	336177	108962
竹、藤、棕、草制品制造	6		75349	72606	48861
竹、藤、棕、草制品制造	6		75349	72606	48861
家具制造业	106	18	2248725	2171777	1623667
木质家具制造	34	6	412407	390212	312933
木质家具制造	34	6	412407	390212	312933
竹、藤家具制造	1	1	7871	8377	
竹、藤家具制造	1	1	7871	8377	
金属家具制造	54	6	1230457	1192642	912918
金属家具制造	54	6	1230457	1192642	912918
塑料家具制造	1		11954	10651	10381
塑料家具制造	1		11954	10651	10381
其他家具制造	16	5	586036	569894	387435
其他家具制造	16	5	586036	569894	387435
造纸及纸制品业	86	17	3359459	3227155	204979
造 纸	52	11	2475782	2361260	138395
机制纸及纸板制造	52	11	2475782	2361260	138395
纸制品制造	34	6	883678	865896	66584
纸和纸板容器的制造	22	4	655660	649943	11186
其他纸制品制造	12	2	228017	215953	55398
印刷业和记录媒介的复制	24	2	712085	704985	108368
印 刷	24	2	712085	704985	108368
书、报、刊印刷	6	1	90859	88190	625
本册印制	2		161537	156030	75908
包装装潢及其他印刷	16	1	459688	460766	31836
文教体育用品制造业	80	15	1578558	1532102	857839
文化用品制造	24	3	488836	468202	198811
文具制造	13	3	172301	168324	120592
笔的制造	8		118689	102399	78218
教学用模型及教具制造	3		197846	197479	
体育用品制造	21	5	282537	273628	186988
球类制造	1		10032	9005	
体育器材及配件制造	5	1	56719	52647	28196
训练健身器材制造	8	1	124868	121360	87634
运动防护用具制造	2	2	21542	21149	21149

1－E－3 续表1－5

单位：个、万元、人

指标名称	企业数	亏损企业	工业总产值（当年价格）	工业销售产值（当年价格）	出口交货值
其他体育用品制造	5	1	69377	69466	50008
乐器制造	5	1	115175	115352	49601
西乐器制造	3		72688	71752	28116
其他乐器及零件制造	2	1	42487	43600	21484
玩具制造	25	6	587719	574674	396425
玩具制造	25	6	587719	574674	396425
游艺器材及娱乐用品制造	5		104291	100246	26015
露天游乐场所游乐设备制造	2		22947	21140	11448
游艺用品及室内游艺器材制造	3		81344	79106	14568
石油加工、炼焦及核燃料加工业	2	1	1364362	1337187	1125
精炼石油产品的制造	2	1	1364362	1337187	1125
原油加工及石油制品制造	2	1	1364362	1337187	1125
化学原料及化学制品制造业	128	13	10146335	9912929	1325346
基础化学原料制造	24	3	1516311	1402246	129337
无机酸制造	1		70539	62985	
无机碱制造	6		245733	243154	10240
有机化学原料制造	15	3	1127219	1023324	108184
其他基础化学原料制造	2		72821	72784	10913
肥料制造	8	3	243240	238695	27407
氮肥制造	7	2	228391	223877	26078
其他肥料制造	1	1	14849	14817	1329
农药制造	14	2	778138	757798	472846
化学农药制造	13	2	765731	745339	471581
生物化学农药及微生物农药制造	1		12407	12459	1265
涂料、油墨、颜料及类似产品制造	23		1001192	962608	183960
涂料制造	7		277388	263263	44236
油墨及类似产品制造	2		91704	90061	5802
颜料制造	3		78280	75750	9815
染料制造	10		538776	520011	124107
密封用填料及类似品制造	1		15044	13523	
合成材料制造	24	3	4588275	4565148	189802
初级形态的塑料及合成树脂制造	14	3	1566248	1529251	109008
合成橡胶制造	1		3344	3344	
合成纤维单(聚合)体的制造	7		2921377	2937581	40519
其他合成材料制造	2		97306	94972	40274
专用化学产品制造	24	2	949147	943705	211473
化学试剂和助剂制造	9		420520	429273	60849
专项化学用品制造	8	2	395151	390190	119787
炸药及火工产品制造	4		62561	61880	826
信息化学品制造	3		70915	62363	30010

1-E-3 续表1-6 单位:个、万元、人

指标名称	企业数	亏损企业	工业总产值(当年价格)	工业销售产值(当年价格)	出口交货值
日用化学产品制造	11		1070033	1042729	110523
肥皂及合成洗涤剂制造	5		131539	127927	35745
化妆品制造	3		438008	431326	23
香料、香精制造	1		199588	186131	73933
其他日用化学产品制造	2		300898	297344	822
医药制造业	71	12	2998950	2803763	921017
化学药品原药制造	34	2	1436058	1332828	553716
化学药品原药制造	34	2	1436058	1332828	553716
化学药品制剂制造	21	8	893533	829826	130066
化学药品制剂制造	21	8	893533	829826	130066
中成药制造	7	1	268985	261742	10791
中成药制造	7	1	268985	261742	10791
兽用药品制造	1		81447	73408	29984
兽用药品制造	1		81447	73408	29984
生物、生化制品的制造	5		243370	232037	135614
生物、生化制品的制造	5		243370	232037	135614
卫生材料及医药用品制造	3	1	75557	73922	60846
卫生材料及医药用品制造	3	1	75557	73922	60846
化学纤维制造业	70	10	9051670	8816712	638221
纤维素纤维原料及纤维制造	2	1	41666	35798	13614
人造纤维(纤维素纤维)制造	2	1	41666	35798	13614
合成纤维制造	68	9	9010004	8780915	624607
锦纶纤维制造	4	1	149829	147676	2233
涤纶纤维制造	48	6	7579773	7434474	539077
腈纶纤维制造	2	2	140854	143393	16962
其他合成纤维制造	14		1139549	1055372	66335
橡胶制品业	35	1	730620	716381	192234
轮胎制造	4		229926	230507	27042
车辆、飞机及工程机械轮胎制造	4		229926	230507	27042
橡胶板、管、带的制造	10	1	287300	275857	75863
橡胶板、管、带的制造	10	1	287300	275857	75863
橡胶零件制造	9		89096	87935	20029
橡胶零件制造	9		89096	87935	20029
日用及医用橡胶制品制造	1		15629	15162	11531
日用及医用橡胶制品制造	1		15629	15162	11531
橡胶靴鞋制造	11		108670	106920	57769
橡胶靴鞋制造	11		108670	106920	57769
塑料制品业	149	12	4496249	4407376	1171137
塑料薄膜制造	8	1	679109	675010	34732
塑料薄膜制造	8	1	679109	675010	34732

1－E－3 续表1－7 单位：个、万元、人

指 标 名 称	企业数	亏损企业	工业总产值（当年价格）	工业销售产值（当年价格）	出口交货值
塑料板、管、型材的制造	20	3	755167	755651	94597
塑料板、管、型材的制造	20	3	755167	755651	94597
塑料丝、绳及编织品的制造	9	1	220365	214132	18873
塑料丝、绳及编织品的制造	9	1	220365	214132	18873
泡沫塑料制造	4		83363	81272	40373
泡沫塑料制造	4		83363	81272	40373
塑料人造革、合成革制造	38	1	1052463	1020431	174572
塑料人造革、合成革制造	38	1	1052463	1020431	174572
塑料包装箱及容器制造	12		333727	331740	89676
塑料包装箱及容器制造	12		333727	331740	89676
塑料零件制造	19	2	366220	351261	146730
塑料零件制造	19	2	366220	351261	146730
日用塑料制造	30	4	895625	876592	505635
塑料鞋制造	2		16865	16243	16243
日用塑料杂品制造	28	4	878760	860350	489393
其他塑料制品制造	9		110211	101287	65950
其他塑料制品制造	9		110211	101287	65950
非金属矿物制品业	114	25	3317788	3227156	266051
水泥、石灰和石膏的制造	48	14	1706820	1693895	13740
水泥制造	48	14	1706820	1693895	13740
水泥及石膏制品制造	18	1	558281	542576	8262
水泥制品制造	16	1	459946	448312	565
砼结构构件制造	1		13895	10155	
轻质建筑材料制造	1		84440	84109	7697
砖瓦、石材及其他建筑材料制造	4	1	145691	123106	1231
建筑陶瓷制品制造	3	1	128435	105850	1231
防水建筑材料制造	1		17256	17256	
玻璃及玻璃制品制造	30	8	602551	565970	172466
平板玻璃制造	6	2	172384	161151	2
技术玻璃制品制造	8	3	170675	160400	64168
日用玻璃制品及玻璃包装容器制造	10		171197	158930	72027
玻璃保温容器制造	1		10956	10956	10956
玻璃纤维及制品制造	2	1	43147	42965	25313
其他玻璃制品制造	3	2	34192	31570	
陶瓷制品制造	5		56760	56026	20773
卫生陶瓷制品制造	2		28845	28186	15639
特种陶瓷制品制造	2		21677	21748	2962
日用陶瓷制品制造	1		6238	6092	2172
耐火材料制品制造	6	1	157807	155831	13564

1－E－3　续表1－8　　　　单位：个、万元、人

指　标　名　称	企业数	亏损企业	工业总产值（当年价格）	工业销售产值（当年价格）	出口交货值
石棉制品制造	2	1	16487	15685	2849
耐火陶瓷制品及其他耐火材料制造	4		141320	140146	10715
石墨及其他非金属矿物制品制造	3		89879	89753	36016
石墨及碳素制品制造	2		76480	76353	34778
其他非金属矿物制品制造	1		13399	13399	1239
黑色金属冶炼及压延加工业	48	8	5421952	5247073	485986
炼　钢	2	1	463808	454955	
炼　钢	2	1	463808	454955	
钢压延加工	45	7	4817781	4664280	484295
钢压延加工	45	7	4817781	4664280	484295
铁合金冶炼	1		140362	127838	1691
铁合金冶炼	1		140362	127838	1691
有色金属冶炼及压延加工业	51	13	5764300	5682334	430121
常用有色金属冶炼	9	2	2306589	2283760	89904
铜冶炼	4	2	1698951	1705318	396
铅锌冶炼	1		28340	31210	138
镍钴冶炼	2		243878	220550	74909
铝冶炼	2		335419	326682	14461
贵金属冶炼	2		30710	26648	95
金冶炼	1		10554	9630	
银冶炼	1		20156	17018	95
稀有稀土金属冶炼	1		18622	15835	
稀土金属冶炼	1		18622	15835	
有色金属合金制造	5	1	360153	353433	34285
有色金属合金制造	5	1	360153	353433	34285
有色金属压延加工	34	10	3048226	3002657	305837
常用有色金属压延加工	33	10	3035405	2990137	305517
稀有稀土金属压延加工	1		12821	12520	320
金属制品业	191	9	5578350	5398156	2200789
结构性金属制品制造	48		1893445	1800614	341545
金属结构制造	26		1231011	1147099	105441
金属门窗制造	22		662433	653515	236104
金属工具制造	31	1	461235	451832	284011
切削工具制造	8		89722	82194	46229
手工具制造	13	1	201033	194680	125511
农用及园林用金属工具制造	5		111957	110712	80405
刀剪及类似日用金属工具制造	4		52784	59579	31865
其他金属工具制造	1		5740	4666	
集装箱及金属包装容器制造	14	2	912719	896539	455543

1－E－3 续表1－9 单位：个、万元、人

指标名称	企业数	亏损企业	工业总产值（当年价格）	工业销售产值（当年价格）	出口交货值
集装箱制造	3	1	409840	406818	406818
金属压力容器制造	4	1	63805	59827	16070
金属包装容器制造	7		439074	429894	32655
金属丝绳及其制品的制造	5		283880	284129	69620
金属丝绳及其制品的制造	5		283880	284129	69620
建筑、安全用金属制品制造	45	5	882153	850484	531684
建筑、家具用金属配件制造	25		469233	457597	274125
建筑装饰及水暖管道零件制造	15	4	333699	317323	200297
安全、消防用金属制品制造	5	1	79222	75564	57262
金属表面处理及热处理加工	11		280404	268146	18324
金属表面处理及热处理加工	11		280404	268146	18324
搪瓷制品制造	2		37618	36201	28144
搪瓷日用品及其他搪瓷制品制造	2		37618	36201	28144
不锈钢及类似日用金属制品制造	33	1	794148	778068	455325
金属制厨房调理及卫生器具制造	7		185579	194391	62391
金属制厨用器皿及餐具制造	23	1	539981	516895	340955
其他日用金属制品制造	3		68588	66782	51979
其他金属制品制造	2		32749	32146	16593
其他未列明的金属制品制造	2		32749	32146	16593
通用设备制造业	405	25	9751204	9423566	3739032
锅炉及原动机制造	9		549025	526101	153299
锅炉及辅助设备制造	2		222594	225322	41951
内燃机及配件制造	5		288782	262418	104141
汽轮机及辅机制造	1		20194	21589	7206
水轮机及辅机制造	1		17456	16774	
金属加工机械制造	28	2	599841	559743	127312
金属切削机床制造	15	1	373604	343009	28430
金属成形机床制造	2		50433	42307	1810
铸造机械制造	1		9521	9521	9521
金属切割及焊接设备制造	5		107851	107303	71059
机床附件制造	2	1	30391	29845	8277
其他金属加工机械制造	3		28041	27758	8215
起重运输设备制造	24	2	1094739	1065026	383888
起重运输设备制造	24	2	1094739	1065026	383888
泵、阀门、压缩机及类似机械的制造	111	5	2515711	2447176	1106086
泵及真空设备制造	31	3	720469	696321	353032
气体压缩机械制造	7		347159	345991	59372
阀门和旋塞的制造	61	2	1222560	1185347	658213
液压和气压动力机械及元件制造	12		225523	219518	35469

1-E-3 续表1-10

单位：个、万元、人

指标名称	企业数	亏损企业	工业总产值（当年价格）	工业销售产值（当年价格）	出口交货值
轴承、齿轮、传动和驱动部件的制造	107	8	1845362	1769493	683826
轴承制造	67	6	929112	879165	353321
齿轮、传动和驱动部件制造	40	2	916250	890328	330506
风机、衡器、包装设备等通用设备制造	66	4	1742031	1680464	736948
风机、风扇制造	5	1	216671	205007	58456
气体、液体分离及纯净设备制造	9		458387	446014	73572
制冷、空调设备制造	12	1	260483	241964	70659
风动和电动工具制造	26	2	521535	510238	396817
喷枪及类似器具制造	7		116734	112254	95195
包装专用设备制造	4		81618	81618	42160
其他通用设备制造	3		86603	83370	89
通用零部件制造及机械修理	31	3	831122	814154	449622
金属密封件制造	1		4310	3905	1744
紧固件、弹簧制造	25	2	772186	757411	419036
机械零部件加工及设备修理	2		19321	18810	15922
其他通用零部件制造	3	1	35305	34028	12920
金属铸、锻加工	29	1	573372	561409	98051
钢铁铸件制造	24	1	471599	463167	89474
锻件及粉末冶金制品制造	5		101773	98242	8578
专用设备制造业	120	14	2932687	2823473	890896
矿山、冶金、建筑专用设备制造	11		407565	403429	102790
采矿、采石设备制造	4		57760	55755	768
石油钻采专用设备制造	2		25544	24941	19571
建筑工程用机械制造	5		324261	322733	82451
化工、木材、非金属加工专用设备制造	38	5	706294	684299	193050
炼油、化工生产专用设备制造	4		199805	199178	27432
塑料加工专用设备制造	10	1	207394	197248	80563
木材加工机械制造	1	1	10188	10667	10667
模具制造	23	3	288907	277206	74387
食品、饮料、烟草及饲料生产专用设备制造	1		62067	54789	14266
食品、饮料、烟草工业专用设备制造	1		62067	54789	14266
印刷、制药、日化生产专用设备制造	1		14352	14352	8220
制药专用设备制造	1		14352	14352	8220
纺织、服装和皮革工业专用设备制造	30	3	669548	644920	230721
纺织专用设备制造	12	1	246668	238407	28679
缝纫机械制造	16	2	408944	393403	195688
其他服装加工专用设备制造	2		13936	13110	6354
电子和电工机械专用设备制造	8	2	129726	124832	27780
电子工业专用设备制造	8	2	129726	124832	27780

1－E－3 续表1－11　　单位：个、万元、人

指标名称	企业数	亏损企业	工业总产值（当年价格）	工业销售产值（当年价格）	出口交货值
农、林、牧、渔专用机械制造	9	2	244353	237135	95255
拖拉机制造	2	2	103207	102078	41742
机械化农业及园艺机具制造	6		135723	129659	48967
渔业机械制造	1		5423	5398	4546
医疗仪器设备及器械制造	9		179625	171157	104436
医疗诊断、监护及治疗设备制造	1		11329	11329	11329
医疗、外科及兽医用器械制造	7		149791	141407	87010
机械治疗及病房护理设备制造	1		18506	18422	6097
环保、社会公共安全及其他专用设备制造	13	2	519158	488561	114379
环境污染防治专用设备制造	6	2	280035	258564	32683
地质勘查专用设备制造	1		13902	12965	
社会公共安全设备及器材制造	5		218755	210566	80856
其他专用设备制造	1		6466	6466	840
交通运输设备制造业	278	27	9638501	9300324	3379185
汽车制造	169	14	5246933	5096765	1283137
汽车整车制造	13	4	1526378	1508086	268495
汽车零部件及配件制造	156	10	3720554	3588679	1014642
摩托车制造	42	1	941765	903060	228026
摩托车整车制造	5		236658	225878	173294
摩托车零部件及配件制造	37	1	705107	677182	54732
自行车制造	19	6	465253	455340	259543
脚踏自行车及残疾人座车制造	14	6	294722	288532	213402
助动自行车制造	5		170531	166808	46141
船舶及浮动装置制造	45	5	2935356	2800910	1576409
金属船舶制造	38	5	2445203	2321203	1232644
非金属船舶制造	1		100032	90716	38774
船用配套设备制造	1		30180	29050	4500
船舶修理及拆船	5		359941	359941	300491
航空航天器制造	1		13172	12336	12336
其他飞行器制造	1		13172	12336	12336
交通器材及其他交通运输设备制造	2	1	36023	31913	19734
其他交通运输设备制造	2	1	36023	31913	19734
电气机械及器材制造业	505	50	15587788	15111001	4785660
电机制造	84	10	2144347	2093064	904597
发电机及发电机组制造	8	1	285181	282480	111882
电动机制造	33	2	820385	811604	400968
微电机及其他电机制造	43	7	1038781	998980	391747
输配电及控制设备制造	127	4	3806365	3681053	612169
变压器、整流器和电感器制造	17		725496	692149	110302

1-E-3 续表1-12

单位：个、万元、人

指 标 名 称	企业数	亏损企业	工业总产值（当年价格）	工业销售产值（当年价格）	出口交货值
电容器及其配套设备制造	4		80239	78822	4312
配电开关控制设备制造	68	3	2352707	2290036	300271
电力电子元器件制造	33	1	567881	549198	167362
其他输配电及控制设备制造	5		80042	70849	29923
电线、电缆、光缆及电工器材制造	52	5	3132509	3053469	358941
电线电缆制造	43	5	2748781	2690637	319888
光纤、光缆制造	5		288156	284197	26371
其他电工器材制造	4		95572	78634	12682
电池制造	34	5	1608841	1562481	535885
电池制造	34	5	1608841	1562481	535885
家用电力器具制造	109	18	2902752	2798171	1270892
家用制冷电器具制造	11	3	264672	259089	46993
家用空气调节器制造	6	3	257524	253979	71083
家用通风电器具制造	7		218057	209265	51087
家用厨房电器具制造	17	1	594654	563147	252401
家用清洁卫生电器具制造	21	3	540789	516382	310397
家用美容、保健电器具制造	14	6	244258	236502	163914
家用电力器具专用配件制造	13	1	360955	350498	74188
其他家用电力器具制造	20	1	421842	409309	300831
非电力家用器具制造	12		315328	304948	174988
燃气、太阳能及类似能源的器具制造	8		220879	212534	83561
其他非电力家用器具制造	4		94450	92414	91428
照明器具制造	79	8	1542062	1491744	892238
电光源制造	36	1	667889	643282	329598
照明灯具制造	34	6	748254	722534	452873
灯用电器附件及其他照明器具制造	9	1	125919	125928	109767
其他电气机械及器材制造	8		135584	126071	35950
车辆专用照明及电气信号设备装置制造	7		125979	116455	33054
其他未列明的电气机械制造	1		9606	9617	2896
通信设备、计算机及其他电子设备制造业	176	24	7263531	6988697	4191965
通信设备制造	25	3	3052684	2952638	1906845
通信传输设备制造	8	1	186479	175733	72163
通信交换设备制造	2		15723	15844	83
通信终端设备制造	1		24218	23214	6934
移动通信及终端设备制造	12	2	2787918	2700238	1801340
其他通信设备制造	2		38345	37610	26325
广播电视设备制造	8		273830	268832	97214
广播电视节目制作及发射设备制造	1		12900	12881	5405
广播电视接收设备及器材制造	5		170138	168074	81261

1-E-3 续表 1-13

单位：个、万元、人

指标名称	企业数	亏损企业	工业总产值（当年价格）	工业销售产值（当年价格）	出口交货值
应用电视设备及其他广播电视设备制造	2		90793	87878	10549
电子计算机制造	18	4	1182046	1092844	825523
计算机网络设备制造	2		73646	74597	22196
电子计算机外部设备制造	16	4	1108401	1018247	803328
电子器件制造	27	5	650550	626303	212797
半导体分立器件制造	6	1	203536	198301	67946
集成电路制造	8	3	226309	215649	42920
光电子器件及其他电子器件制造	13	1	220706	212353	101931
电子元件制造	78	8	1667141	1620274	843195
电子元件及组件制造	66	7	1520258	1476122	789826
印制电路板制造	12	1	146883	144152	53370
家用视听设备制造	10	4	210922	202621	156606
家用影视设备制造	7	3	176636	170257	126529
家用音响设备制造	3	1	34286	32363	30077
其他电子设备制造	10		226357	225186	149785
其他电子设备制造	10		226357	225186	149785
仪器仪表及文化、办公用机械制造业	90	6	1733625	1629691	549869
通用仪器仪表制造	41	1	1035277	993464	266956
工业自动控制系统装置制造	12		336624	332511	55259
电工仪器仪表制造	9		217127	197291	23024
绘图、计算及测量仪器制造	9		151923	146123	105651
实验分析仪器制造	1	1	20089	18816	17713
供应用仪表及其他通用仪器制造	10		309514	298723	65310
专用仪器仪表制造	12	2	286697	252473	56855
环境监测专用仪器仪表制造	1		9058	9020	874
汽车及其他用计数仪表制造	8	1	150322	146006	11262
教学专用仪器制造	2		53044	52796	67
电子测量仪器制造	1	1	74273	44651	44651
钟表与计时仪器制造	5		30965	30516	6853
钟表与计时仪器制造	5		30965	30516	6853
光学仪器及眼镜制造	21		255658	235236	160425
光学仪器制造	7		99695	95712	63243
眼镜制造	14		155963	139524	97182
文化、办公用机械制造	9	1	104603	99778	50942
照相机及器材制造	2		27291	26530	16318
复印和胶印设备制造	1		5474	5474	
计算器及货币专用设备制造	2		24029	21253	9743
其他文化、办公用机械制造	4	1	47808	46521	24881
其他仪器仪表的制造及修理	2	2	20425	18225	7837

1－E－3 续表1－14

单位：个、万元、人

指 标 名 称	企业数	亏损企业	工业总产值（当年价格）	工业销售产值（当年价格）	出口交货值
其他仪器仪表的制造及修理	2	2	20425	18225	7837
工艺品及其他制造业	108	9	2436142	2293121	1150417
工艺美术品制造	59	4	1443937	1383623	658648
雕塑工艺品制造	1		8952	8952	3610
金属工艺品制造	7	2	94823	88823	35448
漆器工艺品制造	2		11128	10240	10240
花画工艺品制造	1		15798	13819	11483
天然植物纤维编织工艺品制造	2		14111	14376	9138
抽纱刺绣工艺品制造	17		357045	349599	271720
地毯、挂毯制造	6		82069	78978	52936
珠宝首饰及有关物品的制造	8		664818	631592	125333
其他工艺美术品制造	15	2	195194	187245	138741
日用杂品制造	48	5	981386	898679	486017
制镜及类似品加工	2	1	49588	51637	5804
鬃毛加工、制刷及清扫工具的制造	4		70138	64463	47463
其他日用杂品制造	42	4	861660	782579	432750
其他未列明的制造业	1		10818	10818	5752
其他未列明的制造业	1		10818	10818	5752
废弃资源和废旧材料回收加工业	8	6	415365	398508	
金属废料和碎屑的加工处理	8	6	415365	398508	
金属废料和碎屑的加工处理	8	6	415365	398508	
电力、燃气及水的生产和供应业	**80**	**18**	**9207186**	**9187626**	**15544**
电力、热力的生产和供应业	66	11	8725276	8712098	15544
电力生产	30	11	3910661	3897598	15544
火力发电	23	9	3031654	3018591	15544
水力发电	4	2	66009	66009	
核力发电	3		812999	812999	
电力供应	34		4691137	4691137	
电力供应	34		4691137	4691137	
热力生产和供应	2		123478	123363	
热力生产和供应	2		123478	123363	
燃气生产和供应业	3	1	156974	155385	
燃气生产和供应业	3	1	156974	155385	
燃气生产和供应业	3	1	156974	155385	
水的生产和供应业	11	6	324936	320143	
自来水的生产和供应	9	5	261264	258966	
自来水的生产和供应	9	5	261264	258966	
污水处理及其再生利用	2	1	63672	61177	
污水处理及其再生利用	2	1	63672	61177	

1－E－3 续表2－1 单位：个、万元、人

指标名称	资产总计	流动资产合计	应收帐款	存货	产成品
总计	**137874265**	**75676270**	**15993674**	**18759964**	**7655670**
一、按轻重工业分					
轻工业	63215481	36756143	6844965	9226607	4029258
重工业	74658784	38920127	9148709	9533356	3626412
二、按登记注册类型分					
内资	**96017455**	**50857135**	**10173373**	**12110188**	**5107591**
国有	8763717	3286617	194922	925929	115659
集体	542248	341889	76446	44324	21280
股份合作企业	444215	306284	80417	77083	51007
联营企业	140680	53361	16204	13608	6969
集体联营	69970	10519	5927	515	
国有与集体联营	49996	32362	6051	10684	5020
其他联营	20714	10480	4226	2409	1949
有限责任公司	29979880	13788628	2765485	3122473	1130386
国有独资公司	1511777	615637	47427	109134	20811
其他有限责任公司	28468103	13172990	2718059	3013340	1109575
股份有限公司	12355563	6465224	1467259	1703686	837971
私营企业	43252317	26261833	5501956	6135899	2907389
私营独资	846533	530854	134470	140771	71301
私营合伙	120652	73017	21658	15844	9397
私营有限责任公司	39697887	24150449	5010099	5569949	2599085
私营股份有限公司	2587245	1507513	335729	409334	227606
其他	538835	353299	70684	87187	36930
港澳台商投资	**19319144**	**11598866**	**2513291**	**3147321**	**1332700**
与港澳台商合资经营	13162270	7835946	1623838	2033226	911168
与港澳台商合作经营	237992	146753	29940	46882	23425
港澳台商独资	5737908	3496252	835702	1012399	355682
港澳台商投资股份有限公司	180974	119916	23811	54814	42424
外商投资	**22537667**	**13220269**	**3307010**	**3502455**	**1215379**
中外合资经营	13014544	7979766	2030026	1914250	661838
中外合作经营	327854	249616	65834	52459	18032
外资企业	7894035	4425857	1103856	1377659	454822
外商投资股份有限公司	1301233	565030	107294	158087	80686
三、按控股情况分					
国有控股	22086540	7158145	822044	1874598	303985
集体控股	5670889	3024278	615642	635959	284005
私人控股	78679258	46795002	10069909	10923321	5035376
港澳台商控股	12217390	7275016	1673605	2068983	859364
外商控股	14776690	8772027	2348470	2523897	857980
其他	4443498	2651802	464005	733206	314960

1－E－3 续表2－2

单位：个、万元、人

指 标 名 称	资产总计	流动资产合 计	应收帐款	存 货	产成品
四、按国民经济行业(门类、大类、中类、小类)分					
采矿业	**278185**	**155498**	**18580**	**17701**	**10071**
黑色金属矿采选业	91884	57130	1710	3346	1497
铁矿采选	91884	57130	1710	3346	1497
铁矿采选	91884	57130	1710	3346	1497
有色金属矿采选业	174646	93535	16148	13025	8115
常用有色金属矿采选	105269	54387	15135	5463	2809
铜矿采选	64140	29447	1572	3785	1940
铅锌矿采选	41129	24939	13563	1678	869
稀有稀土金属矿采选	69377	39148	1013	7562	5306
钨钼矿采选	54952	33741	1013	7330	5239
放射性金属矿采选	14425	5407		231	68
非金属矿采选业	11655	4833	723	1330	459
化学矿采选	11655	4833	723	1330	459
化学矿采选	11655	4833	723	1330	459
制造业	**122895422**	**72690291**	**15532800**	**18455406**	**7638476**
农副食品加工业	1040953	610477	100421	160968	96956
饲料加工	144967	76336	20988	23328	8924
饲料加工	144967	76336	20988	23328	8924
植物油加工	130741	85707	1989	18531	11678
食用植物油加工	130741	85707	1989	18531	11678
屠宰及肉类加工	127891	76298	15867	26672	15021
畜禽屠宰	35679	17370	1598	2051	1483
肉制品及副产品加工	92212	58929	14268	24621	13537
水产品加工	374883	265029	43883	57860	41648
水产品冷冻加工	366089	259636	42727	54993	39312
鱼糜制品及水产品干腌制加工	8794	5393	1155	2867	2336
蔬菜、水果和坚果加工	230950	93129	14737	31742	18732
蔬菜、水果和坚果加工	230950	93129	14737	31742	18732
其他农副食品加工	31521	13978	2959	2834	954
豆制品制造	31521	13978	2959	2834	954
食品制造业	815951	480666	112786	120239	76024
焙烤食品制造	102293	52716	18234	12144	5461
糕点、面包制造	18367	8617	690	2653	445
饼干及其他焙烤食品制造	83926	44099	17544	9491	5016
糖果、巧克力及蜜饯制造	16451	12174	4680	2324	395
糖果、巧克力制造	16451	12174	4680	2324	395
方便食品制造	85519	50036	13944	7399	3651
速冻食品制造	66011	39729	6297	5592	3316
方便面及其他方便食品制造	19509	10307	7647	1807	335

1－E－3 续表2－3

单位：个、万元、人

指标名称	资产总计	流动资产合计	应收帐款	存货	产成品
液体乳及乳制品制造	79973	28956	6783	9308	1194
液体乳及乳制品制造	79973	28956	6783	9308	1194
罐头制造	300089	203119	51488	69716	52957
肉、禽类罐头制造	11726	7371	2454	2645	2645
水产品罐头制造	14581	9596	3804	4119	1010
蔬菜、水果罐头制造	211942	155272	23051	60777	49131
其他罐头食品制造	61840	30880	22180	2175	171
调味品、发酵制品制造	56094	22930	3224	6172	3711
味精制造	42607	16930	1628	5023	3070
酱油、食醋及类似制品的制造	13486	6000	1597	1149	642
其他食品制造	175532	110736	14434	13176	8655
营养、保健食品制造	20082	10354	2874	711	
冷冻饮品及食用冰制造	26798	16773	4629	4592	3752
食品及饲料添加剂制造	128652	83609	6931	7873	4903
饮料制造业	1820989	980526	194885	295087	85357
酒的制造	839625	367425	27982	201197	67437
啤酒制造	530906	186784	7524	94629	3152
黄酒制造	308719	180641	20458	106568	64285
软饮料制造	940371	590508	160535	81342	16490
瓶（罐）装饮用水制造	495565	430306	134203	36779	8469
果菜汁及果菜汁饮料制造	32089	19653	10576	757	274
含乳饮料和植物蛋白饮料制造	258979	94940	12512	31181	1618
茶饮料及其他软饮料制造	153738	45610	3244	12625	6129
精制茶加工	40993	22593	6368	12548	1430
精制茶加工	40993	22593	6368	12548	1430
烟草制品业	2142933	1624196	－1011	661511	78735
卷烟制造	2142933	1624196	－1011	661511	78735
卷烟制造	2142933	1624196	－1011	661511	78735
纺织业	17223825	9913048	1760958	2243489	1075649
棉、化纤纺织及印染精加工	10214934	5760282	937776	1289431	621136
棉、化纤纺织加工	5784682	3293262	442815	887105	461501
棉、化纤印染精加工	4430251	2467020	494961	402325	159636
毛纺织和染整精加工	384346	200567	23704	94528	50506
毛条加工	83480	43059	4191	22971	14875
毛纺织	243193	139311	14618	61984	31090
毛染整精加工	57673	18197	4895	9572	4541
麻纺织	165682	90293	23565	29851	13654
麻纺织	165682	90293	23565	29851	13654
丝绢纺织及精加工	911080	500009	88887	158199	92641
缫丝加工	73754	51839	9342	22440	10002

1－E－3　续表2－4

单位：个、万元、人

指　标　名　称	资产总计	流动资产合　计	应收帐款	存　货	产成品
绢纺和丝织加工	692485	371940	66367	128877	76878
丝印染精加工	144842	76230	13178	6883	5761
纺织制成品制造	2721489	1649868	310185	323072	139507
棉及化纤制品制造	1533142	944369	156618	170051	78133
毛制品制造	229396	161525	28622	29366	11881
麻制品制造	4265	3738	659	547	227
丝制品制造	404481	260804	68015	46264	20169
绳、索、缆的制造	6418	1993	－174	1013	643
纺织带和帘子布制造	157156	84999	14302	27597	8862
无纺布制造	170356	82819	21515	19477	7540
其他纺织制成品制造	216275	109623	20627	28757	12053
针织品、编织品及其制品制造	2826293	1712029	376842	348408	158205
棉、化纤针织品及编织品制造	2279612	1378153	305683	268520	125470
毛针织品及编织品制造	280115	174494	41632	47000	21628
丝针织品及编织品制造	256321	151191	28792	29838	9085
其他针织品及编织品制造	10246	8191	735	3049	2023
纺织服装、鞋、帽制造业	4939100	3236938	720540	860732	486674
纺织服装制造	4917458	3224092	719687	854185	486009
纺织服装制造	4917458	3224092	719687	854185	486009
纺织面料鞋的制造	17335	10526	563	5570	381
纺织面料鞋的制造	17335	10526	563	5570	381
制　帽	4306	2319	291	976	284
制　帽	4306	2319	291	976	284
皮革、毛皮、羽毛(绒)及其制品业	2971727	2050634	480814	566849	152507
皮革鞣制加工	459893	338063	53722	173328	29917
皮革鞣制加工	459893	338063	53722	173328	29917
皮革制品制造	1902286	1227141	333076	262738	100224
皮鞋制造	1288680	811545	237407	154205	62087
皮革服装制造	82035	56391	13871	16031	6146
皮箱、包(袋)制造	329492	225836	43895	45384	21360
皮手套及皮装饰制品制造	38894	26439	11276	5707	4069
其他皮革制品制造	163185	106931	26627	41411	6562
毛皮鞣制及制品加工	46419	36657	1611	13020	584
毛皮服装加工	46419	36657	1611	13020	584
羽毛(绒)加工及制品制造	563130	448774	92405	117764	21782
羽毛(绒)加工	32306	25975	7686	3751	1953
羽毛(绒)制品加工	530824	422799	84719	114013	19829
木材加工及木、竹、藤、棕、草制品业	705248	478248	62590	234558	75840
锯材、木片加工	11701	6631	1801	3284	185
锯材加工	11701	6631	1801	3284	185

1－E－3 续表2－5　　　　单位：个、万元、人

指标名称	资产总计	流动资产合计	应收帐款	存货	产成品
人造板制造	413241	299310	31610	163263	44771
胶合板制造	233514	158615	23360	77520	36315
纤维板制造	107314	92668	1577	66222	591
其他人造板、材制造	72414	48028	6673	19521	7865
木制品制造	203461	116466	17139	53734	25571
建筑用木料及木材组件加工	203461	116466	17139	53734	25571
竹、藤、棕、草制品制造	76845	55840	12041	14277	5313
竹、藤、棕、草制品制造	76845	55840	12041	14277	5313
家具制造业	1952374	1267766	255036	366976	107374
木质家具制造	384081	208668	33196	82633	26930
木质家具制造	384081	208668	33196	82633	26930
竹、藤家具制造	17160	7205	1	4305	1745
竹、藤家具制造	17160	7205	1	4305	1745
金属家具制造	1077089	748178	159561	189843	57092
金属家具制造	1077089	748178	159561	189843	57092
塑料家具制造	5866	3057	435	1155	435
塑料家具制造	5866	3057	435	1155	435
其他家具制造	468179	300658	61842	89040	21171
其他家具制造	468179	300658	61842	89040	21171
造纸及纸制品业	4509599	2108351	445445	460880	244389
造　纸	3707022	1672876	299960	382201	214345
机制纸及纸板制造	3707022	1672876	299960	382201	214345
纸制品制造	802577	435475	145485	78679	30044
纸和纸板容器的制造	560130	290161	104947	50854	18156
其他纸制品制造	242447	145314	40538	27825	11888
印刷业和记录媒介的复制	850055	453883	114535	62202	23875
印　刷	850055	453883	114535	62202	23875
书、报、刊印刷	161971	81223	18569	15895	4023
本册印制	115435	61567	17295	5038	1855
包装装潢及其他印刷	572649	311094	78671	41270	17997
文教体育用品制造业	1487440	847624	190489	202535	71588
文化用品制造	399294	220518	67449	47686	19254
文具制造	146553	81140	16576	24715	8120
笔的制造	117054	63440	15538	13295	4937
教学用模型及教具制造	135687	75938	35335	9676	6196
体育用品制造	286452	171145	38252	41386	18415
球类制造	6567	4135		860	421
体育器材及配件制造	57502	26252	5804	6623	2371
训练健身器材制造	105987	68462	14271	11235	5581
运动防护用具制造	38293	18918	6936	3705	605

1-E-3 续表2-6

单位：个、万元、人

指 标 名 称	资产总计	流动资产合 计	应收帐款	存 货	产成品
其他体育用品制造	78103	53379	11240	18962	9438
乐器制造	125496	73954	20417	32218	6994
西乐器制造	78511	40002	12644	17923	4531
其他乐器及零件制造	46985	33953	7773	14296	2463
玩具制造	563985	311189	57360	55559	22751
玩具制造	563985	311189	57360	55559	22751
游艺器材及娱乐用品制造	112213	70817	7012	25686	4175
露天游乐场所游乐设备制造	20732	8519	2821	2118	556
游艺用品及室内游艺器材制造	91481	62298	4191	23568	3620
石油加工、炼焦及核燃料加工业	285259	105951	10027	54549	2709
精炼石油产品的制造	285259	105951	10027	54549	2709
原油加工及石油制品制造	285259	105951	10027	54549	2709
化学原料及化学制品制造业	8366657	4180017	793812	915315	437812
基础化学原料制造	1593699	801782	80629	224380	124700
无机酸制造	102713	28197	5737	1668	685
无机碱制造	298860	118709	8762	14477	4349
有机化学原料制造	948269	447814	52431	154426	119592
其他基础化学原料制造	243858	207062	13699	53809	73
肥料制造	215579	71225	9602	21424	8251
氮肥制造	201407	68373	9540	19646	6781
其他肥料制造	14172	2853	62	1778	1470
农药制造	630417	333540	63964	98258	56829
化学农药制造	608634	320969	62813	95221	54851
生物化学农药及微生物农药制造	21783	12571	1151	3037	1978
涂料、油墨、颜料及类似产品制造	816417	539370	164671	113639	57644
涂料制造	251244	179895	48784	25981	14311
油墨及类似产品制造	96510	60167	23486	17171	7728
颜料制造	89043	37647	6893	14977	3718
染料制造	371972	256684	83572	53344	30169
密封用填料及类似品制造	7648	4977	1937	2165	1719
合成材料制造	3533418	1599956	330755	251455	84704
初级形态的塑料及合成树脂制造	1122839	496190	118144	130402	65341
合成橡胶制造	9516	8549	659	31	31
合成纤维单(聚合)体的制造	2317002	1060448	186892	114383	15912
其他合成材料制造	84061	34769	25061	6638	3420
专用化学产品制造	864025	434182	101828	105963	40289
化学试剂和助剂制造	370875	205120	61272	27512	9442
专项化学用品制造	360522	169275	33711	52319	20096
炸药及火工产品制造	53267	21058	2954	4051	1649
信息化学品制造	79361	38730	3891	22080	9102

1－E－3 续表2－7 单位：个、万元、人

指 标 名 称	资产总计	流动资产合 计	应收帐款	存 货	产成品
日用化学产品制造	713101	399963	42362	100197	65395
肥皂及合成洗涤剂制造	199844	84327	9689	17281	11832
化妆品制造	209088	165479	15048	31855	21500
香料、香精制造	178868	89731	6870	28571	18724
其他日用化学产品制造	125301	60427	10754	22490	13338
医药制造业	3050235	1834800	396149	558281	272351
化学药品原药制造	1530875	889740	189910	280933	134767
化学药品原药制造	1530875	889740	189910	280933	134767
化学药品制剂制造	791750	497072	112578	168890	94153
化学药品制剂制造	791750	497072	112578	168890	94153
中成药制造	338522	205341	43041	37115	14238
中成药制造	338522	205341	43041	37115	14238
兽用药品制造	56824	38241	5707	15625	8936
兽用药品制造	56824	38241	5707	15625	8936
生物、生化制品的制造	279078	169781	36464	47997	16980
生物、生化制品的制造	279078	169781	36464	47997	16980
卫生材料及医药用品制造	53187	34624	8449	7721	3278
卫生材料及医药用品制造	53187	34624	8449	7721	3278
化学纤维制造业	6528311	3137703	250779	680141	339768
纤维素纤维原料及纤维制造	57426	24677	3374	9440	5260
人造纤维（纤维素纤维）制造	57426	24677	3374	9440	5260
合成纤维制造	6470884	3113026	247405	670701	334509
锦纶纤维制造	131121	75357	16006	25388	18396
涤纶纤维制造	4943607	2389708	170345	474595	205421
腈纶纤维制造	129264	87024	326	29048	26133
其他合成纤维制造	1266892	560937	60729	141671	84559
橡胶制品业	691803	390665	111518	102247	65544
轮胎制造	212042	86007	30345	28365	21620
车辆、飞机及工程机械轮胎制造	212042	86007	30345	28365	21620
橡胶板、管、带的制造	245894	158544	49307	37471	24455
橡胶板、管、带的制造	245894	158544	49307	37471	24455
橡胶零件制造	125310	74301	16976	21978	15334
橡胶零件制造	125310	74301	16976	21978	15334
日用及医用橡胶制品制造	10608	6622	1878	1797	249
日用及医用橡胶制品制造	10608	6622	1878	1797	249
橡胶靴鞋制造	97949	65191	13013	12637	3886
橡胶靴鞋制造	97949	65191	13013	12637	3886
塑料制品业	3908726	2419076	427554	453590	189355
塑料薄膜制造	893887	543329	23571	74546	39195
塑料薄膜制造	893887	543329	23571	74546	39195

1－E－3 续表2－8

单位：个、万元、人

指标名称	资产总计	流动资产合计	应收帐款	存货	产成品
塑料板、管、型材的制造	691711	417157	69220	113100	45487
塑料板、管、型材的制造	691711	417157	69220	113100	45487
塑料丝、绳及编织品的制造	183472	118550	40520	16505	10932
塑料丝、绳及编织品的制造	183472	118550	40520	16505	10932
泡沫塑料制造	100762	63615	11793	6993	2851
泡沫塑料制造	100762	63615	11793	6993	2851
塑料人造革、合成革制造	680545	422989	72722	83995	20263
塑料人造革、合成革制造	680545	422989	72722	83995	20263
塑料包装箱及容器制造	292876	157047	45149	22486	11707
塑料包装箱及容器制造	292876	157047	45149	22486	11707
塑料零件制造	389699	266757	70864	45913	19649
塑料零件制造	389699	266757	70864	45913	19649
日用塑料制造	593316	382656	81872	78800	33136
塑料鞋制造	16958	10884	2973	1602	506
日用塑料杂品制造	576359	371772	78898	77199	32630
其他塑料制品制造	82456	46976	11844	11252	6134
其他塑料制品制造	82456	46976	11844	11252	6134
非金属矿物制品业	4899153	2152476	375601	446203	185234
水泥、石灰和石膏的制造	2923985	1111552	141727	172382	59012
水泥制造	2923985	1111552	141727	172382	59012
水泥及石膏制品制造	575917	377600	76137	68921	44702
水泥制品制造	500782	348988	69557	61272	38489
砼结构构件制造	34409	21491	5781	2710	2202
轻质建筑材料制造	40727	7121	798	4940	4011
砖瓦、石材及其他建筑材料制造	175315	114723	19690	32936	16350
建筑陶瓷制品制造	153088	101463	16225	32171	15946
防水建筑材料制造	22227	13260	3465	765	404
玻璃及玻璃制品制造	880708	340096	71299	128571	48229
平板玻璃制造	348130	106422	16253	40504	8970
技术玻璃制品制造	171214	81138	22444	28315	17793
日用玻璃制品及玻璃包装容器制造	194906	93979	16750	34185	11972
玻璃保温容器制造	7486	1871	216	406	
玻璃纤维及制品制造	121374	41384	10994	18431	3343
其他玻璃制品制造	37598	15301	4643	6729	6151
陶瓷制品制造	73604	46507	9602	11089	5019
卫生陶瓷制品制造	36153	24735	3591	5428	2629
特种陶瓷制品制造	27621	18285	4807	4427	1463
日用陶瓷制品制造	9831	3487	1204	1235	927
耐火材料制品制造	154016	102569	39092	22581	8036

1－E－3 续表2－9 单位：个、万元、人

指 标 名 称	资产总计	流动资产合计	应收帐款	存货	产成品
石棉制品制造	25083	11978	4108	4479	2577
耐火陶瓷制品及其他耐火材料制造	128933	90592	34984	18102	5459
石墨及其他非金属矿物制品制造	115607	59429	18054	9724	3887
石墨及碳素制品制造	96537	45160	13683	9369	3887
其他非金属矿物制品制造	19070	14269	4370	354	
黑色金属冶炼及压延加工业	3062571	1857224	236416	555055	234544
炼　钢	238606	217739	32070	31292	4373
炼　钢	238606	217739	32070	31292	4373
钢压延加工	2760720	1588165	201637	489954	212209
钢压延加工	2760720	1588165	201637	489954	212209
铁合金冶炼	63246	51320	2709	33809	17962
铁合金冶炼	63246	51320	2709	33809	17962
有色金属冶炼及压延加工业	2449928	1564588	248697	459167	130702
常用有色金属冶炼	833896	566836	54300	204576	35442
铜冶炼	358461	279319	24269	104483	8547
铅锌冶炼	25763	11079	285	4334	1646
镍钴冶炼	257798	170543	26722	63507	14493
铝冶炼	191873	105896	3024	32252	10756
贵金属冶炼	36093	22911	2677	4266	1384
金冶炼	16801	9548	1	1084	479
银冶炼	19291	13363	2676	3182	904
稀有稀土金属冶炼	30075	15145	8353	2826	463
稀土金属冶炼	30075	15145	8353	2826	463
有色金属合金制造	139542	101140	30042	32243	9143
有色金属合金制造	139542	101140	30042	32243	9143
有色金属压延加工	1410323	858556	153324	215256	84270
常用有色金属压延加工	1395254	847262	148192	214430	84223
稀有稀土金属压延加工	15068	11293	5132	827	47
金属制品业	4282662	2837647	645407	773416	265180
结构性金属制品制造	1561819	1123762	273989	281622	111925
金属结构制造	1139150	870294	223584	213329	78254
金属门窗制造	422670	253467	50405	68293	33671
金属工具制造	370675	235035	59586	71329	27804
切削工具制造	91210	51866	11458	14438	3891
手工具制造	159135	97117	23878	29282	9296
农用及园林用金属工具制造	64306	50003	12664	16414	8066
刀剪及类似日用金属工具制造	48447	31518	11025	7653	3872
其他金属工具制造	7578	4532	561	3542	2680
集装箱及金属包装容器制造	560719	354633	86143	109500	29278

1-E-3 续表2-10

单位：个、万元、人

指 标 名 称	资产总计	流动资产合计	应收帐款	存货	产成品
集装箱制造	180004	130454	38744	52569	9782
金属压力容器制造	66402	45383	9207	14820	8188
金属包装容器制造	314313	178796	38192	42112	11308
金属丝绳及其制品的制造	185455	99094	24426	23557	11727
金属丝绳及其制品的制造	185455	99094	24426	23557	11727
建筑、安全用金属制品制造	562177	354745	100751	109472	38067
建筑、家具用金属配件制造	286567	171165	46427	50124	15777
建筑装饰及水暖管道零件制造	209290	141271	43844	44285	11661
安全、消防用金属制品制造	66320	42309	10480	15063	10630
金属表面处理及热处理加工	310393	202836	27735	58299	7111
金属表面处理及热处理加工	310393	202836	27735	58299	7111
搪瓷制品制造	18248	13980	6328	4350	2599
搪瓷日用品及其他搪瓷制品制造	18248	13980	6328	4350	2599
不锈钢及类似日用金属制品制造	698856	442799	60692	113948	36478
金属制厨房调理及卫生器具制造	242150	163501	14473	30442	13948
金属制厨用器皿及餐具制造	363630	234054	38334	58794	15402
其他日用金属制品制造	93076	45244	7885	24712	7127
其他金属制品制造	14319	10764	5758	1339	191
其他未列明的金属制品制造	14319	10764	5758	1339	191
通用设备制造业	9214467	5698409	1413411	1616677	677863
锅炉及原动机制造	613322	434319	85959	128803	16541
锅炉及辅助设备制造	305787	218520	65087	61371	467
内燃机及配件制造	249206	172984	9227	56977	12291
汽轮机及辅机制造	47786	34136	8293	8878	2772
水轮机及辅机制造	10542	8678	3352	1577	1011
金属加工机械制造	748054	452089	71981	182093	79223
金属切削机床制造	474137	276518	46057	107891	51304
金属成形机床制造	53356	34320	6335	19380	8031
铸造机械制造	26852	10588	1657	6218	2487
金属切割及焊接设备制造	124030	90035	12917	27534	9343
机床附件制造	38181	20145	3488	11030	3659
其他金属加工机械制造	31497	20484	1527	10040	4400
起重运输设备制造	625700	424317	110430	129929	41008
起重运输设备制造	625700	424317	110430	129929	41008
泵、阀门、压缩机及类似机械的制造	2051410	1263321	370592	375591	152500
泵及真空设备制造	675138	400605	121827	121529	67280
气体压缩机械制造	268153	160994	33756	46699	22942
阀门和旋塞的制造	854759	572288	169500	174146	45038
液压和气压动力机械及元件制造	253360	129434	45510	33217	17241

1－E－3 续表2－11

单位：个、万元、人

指 标 名 称	资产总计	流动资产合计	应收帐款	存 货	产成品
轴承、齿轮、传动和驱动部件的制造	2188761	1296161	317350	348090	159984
轴承制造	1350282	794219	178481	205925	98806
齿轮、传动和驱动部件制造	838479	501942	138869	142165	61177
风机、衡器、包装设备等通用设备制造	1810236	1113806	282096	236611	114425
风机、风扇制造	198530	89370	20831	14981	10835
气体、液体分离及纯净设备制造	453453	292813	82194	48967	35088
制冷、空调设备制造	229193	167742	51425	38323	22508
风动和电动工具制造	598183	408366	78917	79285	26528
喷枪及类似器具制造	68559	37184	16228	6259	1091
包装专用设备制造	90823	42328	15245	16822	12160
其他通用设备制造	171495	76005	17256	31975	6216
通用零部件制造及机械修理	653630	409674	81339	137563	69845
金属密封件制造	4514	1973	288	1047	581
紧固件、弹簧制造	597761	377334	71825	128400	66875
机械零部件加工及设备修理	13211	7149	2124	2771	397
其他通用零部件制造	38145	23218	7102	5345	1992
金属铸、锻加工	523354	304722	93664	77998	44337
钢铁铸件制造	354532	220350	78867	57992	30669
锻件及粉末冶金制品制造	168823	84373	14797	20005	13668
专用设备制造业	3160742	2024458	603534	568542	224738
矿山、冶金、建筑专用设备制造	310571	222343	103578	63769	43251
采矿、采石设备制造	55206	33085	4648	10543	6362
石油钻采专用设备制造	24948	17485	9340	2034	1439
建筑工程用机械制造	230417	171772	89590	51192	35450
化工、木材、非金属加工专用设备制造	800250	473177	129718	132786	43720
炼油、化工生产专用设备制造	163520	102142	42791	26302	12630
塑料加工专用设备制造	266193	163094	37865	43522	15164
木材加工机械制造	10126	5147	1674	2556	361
模具制造	360412	202794	47388	60407	15566
食品、饮料、烟草及饲料生产专用设备制造	53305	42241	27586	4193	175
食品、饮料、烟草工业专用设备制造	53305	42241	27586	4193	175
印刷、制药、日化生产专用设备制造	13353	4833	1465	1355	617
制药专用设备制造	13353	4833	1465	1355	617
纺织、服装和皮革工业专用设备制造	761024	481105	150034	140917	63400
纺织专用设备制造	382407	240381	63557	59244	26517
缝纫机械制造	365400	233026	84442	79419	35527
其他服装加工专用设备制造	13218	7698	2035	2254	1355
电子和电工机械专用设备制造	142631	67294	19790	15178	4160
电子工业专用设备制造	142631	67294	19790	15178	4160

1－E－3 续表 2－12 单位：个、万元、人

指 标 名 称	资产总计	流动资产合 计	应收帐款	存 货	产成品
农、林、牧、渔专用机械制造	202196	134350	38553	50412	21533
拖拉机制造	90893	53077	7865	22761	11560
机械化农业及园艺机具制造	105914	77520	29542	25993	9202
渔业机械制造	5389	3753	1146	1659	771
医疗仪器设备及器械制造	218476	119436	32890	28495	12001
医疗诊断、监护及治疗设备制造	17074	7436	1141	2905	2905
医疗、外科及兽医用器械制造	175931	95227	30906	21730	8122
机械治疗及病房护理设备制造	25471	16773	843	3861	973
环保、社会公共安全及其他专用设备制造	658937	479681	99920	131437	35882
环境污染防治专用设备制造	352363	254998	46242	98416	23008
地质勘查专用设备制造	18277	16074	4583	7017	1368
社会公共安全设备及器材制造	283218	205065	48329	25225	11500
其他专用设备制造	5078	3544	767	779	6
交通运输设备制造业	10503982	6352029	1156831	1738400	540429
汽车制造	5452426	3054154	769391	719151	319112
汽车整车制造	1566006	868074	132782	190760	69415
汽车零部件及配件制造	3886420	2186080	636609	528392	249697
摩托车制造	717762	458288	162232	84491	32738
摩托车整车制造	180063	99770	21902	34911	11088
摩托车零部件及配件制造	537700	358518	140330	49580	21650
自行车制造	305810	195985	52418	36866	16767
脚踏自行车及残疾人座车制造	242769	155645	41301	29295	12270
助动自行车制造	63041	40340	11117	7572	4497
船舶及浮动装置制造	3955633	2600524	165647	892708	169403
金属船舶制造	3461922	2345300	129319	787666	163629
非金属船舶制造	141641	117280	303	64032	
船用配套设备制造	26572	14584	－235	7499	515
船舶修理及拆船	325498	123360	36260	33512	5259
航空航天器制造	28000	10583	2100	195	195
其他飞行器制造	28000	10583	2100	195	195
交通器材及其他交通运输设备制造	44351	32496	5044	4988	2214
其他交通运输设备制造	44351	32496	5044	4988	2214
电气机械及器材制造业	12822886	8296776	2701248	1756714	802950
电机制造	1961230	1311625	360873	320062	126675
发电机及发电机组制造	430801	313496	84783	98240	26200
电动机制造	602517	394391	112404	75602	27268
微电机及其他电机制造	927913	603738	163685	146220	73206
输配电及控制设备制造	3663177	2261523	961826	458487	232641
变压器、整流器和电感器制造	728751	490931	186999	104452	65123

1－E－3 续表2－13 单位：个、万元、人

指 标 名 称	资产总计	流动资产合 计	应收帐款	存 货	产成品
电容器及其配套设备制造	47758	36315	14020	5618	3844
配电开关控制设备制造	2350224	1379023	607710	280862	134891
电力电子元器件制造	479680	318961	139308	56203	23042
其他输配电及控制设备制造	56765	36292	13789	11352	5743
电线、电缆、光缆及电工器材制造	2268500	1462392	560970	242546	121445
电线电缆制造	1885686	1192336	464317	213588	106426
光纤、光缆制造	311752	231242	84054	19332	11019
其他电工器材制造	71062	38814	12599	9626	3999
电池制造	1025025	707021	158117	145274	51923
电池制造	1025025	707021	158117	145274	51923
家用电力器具制造	2207910	1424916	311440	364512	163386
家用制冷电器具制造	186922	128580	25245	34177	21922
家用空气调节器制造	283077	182565	40530	33971	10722
家用通风电器具制造	111788	78007	18277	22909	13673
家用厨房电器具制造	359200	251653	54236	70350	38324
家用清洁卫生电器具制造	432187	249528	49199	59392	27784
家用美容、保健电器具制造	165092	99510	20546	22948	9613
家用电力器具专用配件制造	292067	202491	57556	43384	22445
其他家用电力器具制造	377576	232584	45852	77381	18905
非电力家用器具制造	210592	149543	44794	38601	20400
燃气、太阳能及类似能源的器具制造	156530	120978	34936	26318	17425
其他非电力家用器具制造	54063	28565	9859	12283	2975
照明器具制造	1376469	921676	276365	175506	82854
电光源制造	515764	342004	112320	60011	31329
照明灯具制造	776351	517141	150812	101434	46264
灯用电器附件及其他照明器具制造	84355	62531	13234	14061	5261
其他电气机械及器材制造	109983	58081	26863	11726	3626
车辆专用照明及电气信号设备装置制造	99412	54308	24246	11485	3575
其他未列明的电气机械制造	10571	3773	2617	241	51
通信设备、计算机及其他电子设备制造业	5220546	3239478	1091007	814866	325991
通信设备制造	1181267	860593	363774	173899	76624
通信传输设备制造	163642	116677	45510	37200	27388
通信交换设备制造	22778	7256	3248	1571	856
通信终端设备制造	14928	7467	4526	1905	1025
移动通信及终端设备制造	922054	695421	301225	126993	45246
其他通信设备制造	57867	33772	9265	6229	2109
广播电视设备制造	267529	203155	47068	49099	21916
广播电视节目制作及发射设备制造	5986	4424	1600	86	29
广播电视接收设备及器材制造	118640	77355	19704	19225	5266

1－E－3 续表2－14 单位：个、万元、人

指 标 名 称	资产总计	流动资产合 计	应收帐款	存 货	产成品
应用电视设备及其他广播电视设备制造	142904	121376	25764	29788	16621
电子计算机制造	678124	442224	177275	93994	43222
计算机网络设备制造	34950	25295	6748	8585	7090
电子计算机外部设备制造	643174	416929	170527	85409	36132
电子器件制造	979391	414685	111781	113861	53179
半导体分立器件制造	249315	112498	39703	35314	21008
集成电路制造	343443	156139	33678	51626	18384
光电子器件及其他电子器件制造	386633	146049	38401	26921	13786
电子元件制造	1605390	958364	330258	221484	94943
电子元件及组件制造	1421230	864951	298327	195533	82989
印制电路板制造	184160	93412	31931	25951	11955
家用视听设备制造	380351	300215	33374	146861	32892
家用影视设备制造	348089	281278	24650	144403	31903
家用音响设备制造	32262	18937	8724	2459	989
其他电子设备制造	128494	60242	27477	15669	3217
其他电子设备制造	128494	60242	27477	15669	3217
仪器仪表及文化、办公用机械制造业	1907855	1207544	375432	255290	117457
通用仪器仪表制造	949646	657583	230711	144258	58354
工业自动控制系统装置制造	327505	230937	71550	68219	14582
电工仪器仪表制造	177905	137318	74362	21206	10837
绘图、计算及测量仪器制造	143649	87789	16358	20631	12943
实验分析仪器制造	15081	7081	2162	4085	81
供应用仪表及其他通用仪器制造	285507	194459	66280	30117	19911
专用仪器仪表制造	368076	220721	75409	30809	15686
环境监测专用仪器仪表制造	11247	5374	3399	1098	
汽车及其他用计数仪表制造	267821	168762	44221	22973	11166
教学专用仪器制造	52412	31116	22416	3610	1392
电子测量仪器制造	36597	15469	5374	3129	3129
钟表与计时仪器制造	46218	29655	6424	9059	4456
钟表与计时仪器制造	46218	29655	6424	9059	4456
光学仪器及眼镜制造	386937	203202	40543	51813	31518
光学仪器制造	135006	85754	18223	13482	6210
眼镜制造	251932	117448	22320	38331	25309
文化、办公用机械制造	128210	79249	19119	14955	5341
照相机及器材制造	62354	46440	8195	4675	1694
复印和胶印设备制造	6362	3619	1439	266	
计算器及货币专用设备制造	14699	5414	3319	1332	148
其他文化、办公用机械制造	44795	23777	6166	8683	3500
其他仪器仪表的制造及修理	28768	17133	3227	4396	2102

1－E－3 续表2－15 单位：个、万元、人

指 标 名 称	资产总计	流动资产合 计	应收帐款	存 货	产成品
其他仪器仪表的制造及修理	28768	17133	3227	4396	2102
工艺品及其他制造业	1913807	1204412	237382	398296	234633
工艺美术品制造	1157768	734532	124788	286007	185106
雕塑工艺品制造	6552	5412	227	5185	4102
金属工艺品制造	84597	52298	7567	11556	7394
漆器工艺品制造	13805	7957	500	2583	399
花画工艺品制造	10746	8646	3764	171	104
天然植物纤维编织工艺品制造	23089	3708	1185	1319	355
抽纱刺绣工艺品制造	270420	159900	38843	30011	15020
地毯、挂毯制造	101483	61093	8615	15595	2264
珠宝首饰及有关物品的制造	469066	332813	28321	193073	149051
其他工艺美术品制造	178011	102706	35767	26514	6416
日用杂品制造	747984	465562	110804	110277	49027
制镜及类似品加工	44527	25473	5569	8212	2555
鬃毛加工、制刷及清扫工具的制造	84977	61315	22356	8717	1963
其他日用杂品制造	618480	378774	82879	93349	44510
其他未列明的制造业	8054	4318	1789	2012	500
其他未列明的制造业	8054	4318	1789	2012	500
废弃资源和废旧材料回收加工业	165640	134685	20508	72635	16249
金属废料和碎屑的加工处理	165640	134685	20508	72635	16249
金属废料和碎屑的加工处理	165640	134685	20508	72635	16249
电力、燃气及水的生产和供应业	**14700658**	**2830481**	**442294**	**286856**	**7123**
电力、热力的生产和供应业	12512196	2325554	414405	280155	6989
电力生产	10432935	1622654	360846	273520	4820
火力发电	5753999	950728	282839	129532	4761
水力发电	171251	16242	2322	363	59
核力发电	4507685	655684	75686	143625	
电力供应	1887096	574102	40276	5376	1858
电力供应	1887096	574102	40276	5376	1858
热力生产和供应	192164	128798	13282	1258	311
热力生产和供应	192164	128798	13282	1258	311
燃气生产和供应业	366962	122714	4183	3230	
燃气生产和供应业	366962	122714	4183	3230	
燃气生产和供应业	366962	122714	4183	3230	
水的生产和供应业	1821500	382214	23707	3472	134
自来水的生产和供应	1546643	332204	12111	3043	134
自来水的生产和供应	1546643	332204	12111	3043	134
污水处理及其再生利用	274857	50010	11596	429	
污水处理及其再生利用	274857	50010	11596	429	

1－E－3 续表3－1

单位：个、万元、人

指 标 名 称	流动资产年平均余额	固定资产合计	固定资产原价	累计折旧	本年折旧
总 计	**74297092**	**45404111**	**59065733**	**18821948**	**3887031**
一、按轻重工业分					
轻工业	35775128	19057392	25675107	8422905	1713206
重工业	38521964	26346718	33390626	10399043	2173825
二、按登记注册类型分					
内 资	**49929053**	**31763556**	**41194874**	**13626466**	**2703535**
国 有	3576132	4198784	5913843	2438311	330503
集 体	324827	129456	195409	80604	12451
股份合作企业	291707	99313	147559	58604	8929
联营企业	55321	75196	153609	78413	9513
集体联营	11909	53418	115074	61656	6941
国有与集体联营	32362	13611	25732	12121	1628
其他联营	11050	8167	12803	4636	945
有限责任公司	13674767	12761414	15703664	4895827	985263
国有独资公司	570565	638186	872127	438105	64112
其他有限责任公司	13104202	12123228	14831536	4457722	921151
股份有限公司	6385019	3415354	4650417	1566865	331825
私营企业	25304787	10928421	14213485	4443020	1014134
私营独资	485902	230214	275756	81519	18961
私营合伙	72450	26798	39330	15656	3176
私营有限责任公司	23289440	10115486	13142638	4099058	936843
私营股份有限公司	1456996	555923	755762	246788	55154
其 他	316494	155619	216888	64822	10916
港澳台商投资	**11237415**	**6134195**	**8012139**	**2273684**	**533175**
与港澳台商合资经营	7524794	4107123	5419586	1527364	343991
与港澳台商合作经营	135663	85631	122559	39293	9135
港澳台商独资	3434933	1898019	2419945	698546	176558
港澳台商投资股份有限公司	142026	43423	50050	8481	3492
外商投资	**13130624**	**7506360**	**9858720**	**2921799**	**650321**
中外合资经营	8018411	3935889	5220665	1629563	345149
中外合作经营	248131	62539	111343	53087	7563
外资企业	4253715	2959353	3789658	1033505	254060
外商投资股份有限公司	610368	548579	737053	205643	43549
三、按控股情况分					
国有控股	7504246	12733772	16601886	5835680	969659
集体控股	2964961	1896373	2368760	712375	147728
私人控股	45608019	20559650	26667825	8301107	1860614
港澳台商控股	7021218	4086827	5183974	1349319	358103
外商控股	8597246	4917286	6493253	1945823	440607
其 他	2601402	1210203	1750036	677644	110321

1－E－3 续表3－2

单位：个、万元、人

指标名称	流动资产年平均余额	固定资产合计	固定资产原价	累计折旧	本年折旧
四、按国民经济行业(门类、大类、中类、小类)分					
采矿业	**143545**	**65009**	**93826**	**41519**	**4102**
黑色金属矿采选业	49404	27485	40293	14954	1609
铁矿采选	49404	27485	40293	14954	1609
铁矿采选	49404	27485	40293	14954	1609
有色金属矿采选业	88616	31670	41610	20497	2143
常用有色金属矿采选	51752	19584	33298	17995	1213
铜矿采选	30256	17739	28211	14753	775
铅锌矿采选	21497	1845	5087	3242	437
稀有稀土金属矿采选	36863	12086	8313	2502	930
钨钼矿采选	31315	3509	3139	547	547
放射性金属矿采选	5548	8577	5173	1955	383
非金属矿采选业	5525	5854	11923	6068	351
化学矿采选	5525	5854	11923	6068	351
化学矿采选	5525	5854	11923	6068	351
制造业	**71200584**	**34775305**	**45588867**	**14235028**	**3097538**
农副食品加工业	716128	288420	379768	120078	21995
饲料加工	84064	38968	62707	24321	4260
饲料加工	84064	38968	62707	24321	4260
植物油加工	128510	41267	57247	17777	2075
食用植物油加工	128510	41267	57247	17777	2075
屠宰及肉类加工	75257	35546	38132	11035	3547
畜禽屠宰	17736	13316	12044	2424	1168
肉制品及副产品加工	57521	22230	26088	8612	2379
水产品加工	297783	89393	103477	21130	4724
水产品冷冻加工	292611	86144	99285	20187	4479
鱼糜制品及水产品干腌制加工	5172	3249	4192	943	245
蔬菜、水果和坚果加工	117198	69652	103108	40371	6345
蔬菜、水果和坚果加工	117198	69652	103108	40371	6345
其他农副食品加工	13316	13595	15097	5443	1046
豆制品制造	13316	13595	15097	5443	1046
食品制造业	443835	234374	371286	153690	20132
焙烤食品制造	39836	38024	82123	44364	4396
糕点、面包制造	7964	5562	7569	2007	588
饼干及其他焙烤食品制造	31871	32462	74554	42357	3808
糖果、巧克力及蜜饯制造	10369	3639	10445	6806	744
糖果、巧克力制造	10369	3639	10445	6806	744
方便食品制造	47807	30687	46740	18738	2337
速冻食品制造	38637	21997	36992	17680	1780
方便面及其他方便食品制造	9170	8690	9748	1058	557

1－E－3 续表3－3

单位：个、万元、人

指 标 名 称	流动资产年平均余额	固定资产合计	固定资产原价	累计折旧	本年折旧
液体乳及乳制品制造	29865	29818	34021	9221	2003
液体乳及乳制品制造	29865	29818	34021	9221	2003
罐头制造	184934	50651	74472	30212	4659
肉、禽类罐头制造	6632	3986	3771	1005	234
水产品罐头制造	8285	4449	3783	942	245
蔬菜、水果罐头制造	147680	39177	51077	15460	3665
其他罐头食品制造	22336	3039	15842	12804	516
调味品、发酵制品制造	24682	24965	54988	30265	2193
味精制造	19089	20945	46668	25966	1850
酱油、食醋及类似制品的制造	5593	4021	8320	4300	343
其他食品制造	106343	56589	68497	14084	3800
营养、保健食品制造	8933	9035	9035	1626	636
冷冻饮品及食用冰制造	17931	9411	12361	3201	1078
食品及饲料添加剂制造	79479	38143	47101	9258	2086
饮料制造业	935578	601581	874713	329636	51409
酒的制造	349518	351717	497561	184359	28227
啤酒制造	203465	271250	402419	150561	23636
黄酒制造	146053	80467	95142	33798	4591
软饮料制造	562933	243407	369702	143877	22695
瓶（罐）装饮用水制造	413595	55793	141643	87890	9437
果菜汁及果菜汁饮料制造	19653	12431	18947	6708	1057
含乳饮料和植物蛋白饮料制造	81604	82848	107316	33520	7150
茶饮料及其他软饮料制造	48082	92334	101796	15760	5051
精制茶加工	23127	6457	7450	1400	487
精制茶加工	23127	6457	7450	1400	487
烟草制品业	1670342	347657	602101	300429	36225
卷烟制造	1670342	347657	602101	300429	36225
卷烟制造	1670342	347657	602101	300429	36225
纺织业	9728363	5486273	7641877	2617849	552118
棉、化纤纺织及印染精加工	5679247	3464193	4954054	1769000	361224
棉、化纤纺织加工	3361312	1870532	2645667	937737	186754
棉、化纤印染精加工	2317934	1593661	2308386	831263	174471
毛纺织和染整精加工	238057	141990	225475	88234	12584
毛条加工	52626	36812	64791	27990	2409
毛纺织	164374	69203	113007	46893	6807
毛染整精加工	21057	35974	47676	13351	3367
麻纺织	88444	58381	68028	14197	6110
麻纺织	88444	58381	68028	14197	6110
丝绢纺织及精加工	487077	298446	420983	134212	29382
缫丝加工	44245	16484	29361	13129	1174

1－E－3 续表3－4

单位：个、万元、人

指标名称	流动资产年平均余额	固定资产合计	固定资产原价	累计折旧	本年折旧
绢纺和丝织加工	357913	227805	318196	100477	22055
丝印染精加工	84919	54157	73426	20605	6153
纺织制成品制造	1583594	723955	942890	272531	68380
棉及化纤制品制造	888780	377082	478494	131297	34027
毛制品制造	156353	44323	76423	34689	4523
麻制品制造	3913	423	543	120	63
丝制品制造	247565	108335	145631	41352	12237
绳、索、缆的制造	1974	4426	4954	1260	129
纺织带和帘子布制造	81521	62034	67308	18686	4818
无纺布制造	77873	66199	82098	15933	6690
其他纺织制成品制造	125616	61134	87438	29194	5893
针织品、编织品及其制品制造	1651944	799308	1030448	339675	74439
棉、化纤针织品及编织品制造	1323133	652950	801431	244948	57269
毛针织品及编织品制造	172785	79704	105205	35497	6039
丝针织品及编织品制造	145796	65006	121155	58222	10954
其他针织品及编织品制造	10230	1649	2658	1009	177
纺织服装、鞋、帽制造业	2980791	1194052	1520148	419636	100938
纺织服装制造	2968790	1186685	1509874	416728	100317
纺织服装制造	2968790	1186685	1509874	416728	100317
纺织面料鞋的制造	9502	5453	6985	1533	456
纺织面料鞋的制造	9502	5453	6985	1533	456
制帽	2498	1914	3289	1375	165
制帽	2498	1914	3289	1375	165
皮革、毛皮、羽毛(绒)及其制品业	1969947	659039	812604	237240	52794
皮革鞣制加工	330051	84287	138470	57430	8608
皮革鞣制加工	330051	84287	138470	57430	8608
皮革制品制造	1155553	488370	578442	152909	38398
皮鞋制造	770191	343035	395854	101884	24067
皮革服装制造	44354	16008	23953	8000	1697
皮箱、包(袋)制造	219602	75391	96820	30228	8202
皮手套及皮装饰制品制造	23929	9937	9355	1705	705
其他皮革制品制造	97478	43998	52460	11092	3726
毛皮鞣制及制品加工	36340	5665	7905	3218	513
毛皮服装加工	36340	5665	7905	3218	513
羽毛(绒)加工及制品制造	448004	80717	87788	23683	5275
羽毛(绒)加工	28419	3720	4014	840	434
羽毛(绒)制品加工	419585	76997	83774	22843	4841
木材加工及木、竹、藤、棕、草制品业	480924	153041	187354	49899	10993
锯材、木片加工	5747	3491	2680	256	256
锯材加工	5747	3491	2680	256	256

1－E－3 续表3－5 单位：个、万元、人

指标名称	流动资产年平均余额	固定资产合计	固定资产原价	累计折旧	本年折旧
人造板制造	311331	77226	98902	31805	5617
胶合板制造	172022	55684	71854	22780	3986
纤维板制造	88043	13008	16035	3364	564
其他人造板、材制造	51266	8534	11013	5662	1067
木制品制造	112083	57823	65901	11771	4003
建筑用木料及木材组件加工	112083	57823	65901	11771	4003
竹、藤、棕、草制品制造	51763	14500	19871	6067	1117
竹、藤、棕、草制品制造	51763	14500	19871	6067	1117
家具制造业	1168684	538451	618037	144541	37555
木质家具制造	200526	139632	166542	37976	10879
木质家具制造	200526	139632	166542	37976	10879
竹、藤家具制造	5512	7571	7939	368	360
竹、藤家具制造	5512	7571	7939	368	360
金属家具制造	676493	253096	304255	78568	18187
金属家具制造	676493	253096	304255	78568	18187
塑料家具制造	3057	2525	2525	245	245
塑料家具制造	3057	2525	2525	245	245
其他家具制造	283096	135627	136777	27386	7884
其他家具制造	283096	135627	136777	27386	7884
造纸及纸制品业	2047590	1862813	2542043	746009	136403
造 纸	1633887	1569424	2150566	632431	112002
机制纸及纸板制造	1633887	1569424	2150566	632431	112002
纸制品制造	413703	293388	391477	113578	24401
纸和纸板容器的制造	289527	219103	308198	94188	18636
其他纸制品制造	124176	74285	83278	19389	5765
印刷业和记录媒介的复制	436768	228455	323716	109767	23902
印 刷	436768	228455	323716	109767	23902
书、报、刊印刷	79712	45859	85126	40277	6188
本册印制	44428	31911	40891	9054	2768
包装装潢及其他印刷	312629	150685	197699	60435	14947
文教体育用品制造业	781239	352579	466613	139010	31741
文化用品制造	203571	107686	143017	41987	9225
文具制造	78559	48981	60468	15920	3638
笔的制造	62928	34282	46286	14227	3315
教学用模型及教具制造	62084	24423	36263	11840	2271
体育用品制造	164066	91041	110044	28112	6962
球类制造	4125	2433	4413	1980	170
体育器材及配件制造	26674	28533	25877	3324	969
训练健身器材制造	65627	23760	28212	5809	2050
运动防护用具制造	16791	17184	24136	8027	1703

1－E－3 续表3－6 单位：个、万元、人

指 标 名 称	流动资产年平均余额	固定资产合计	固定资产原价	累计折旧	本年折旧
其他体育用品制造	50849	19132	27406	8972	2070
乐器制造	68203	41441	54365	16543	4354
西乐器制造	35913	31672	36776	8482	2820
其他乐器及零件制造	32290	9769	17589	8061	1534
玩具制造	278595	88778	126642	42132	8758
玩具制造	278595	88778	126642	42132	8758
游艺器材及娱乐用品制造	66804	23633	32546	10236	2442
露天游乐场所游乐设备制造	8519	3073	3142	815	292
游艺用品及室内游艺器材制造	58285	20561	29404	9421	2150
石油加工、炼焦及核燃料加工业	188787	67185	130789	63608	8498
精炼石油产品的制造	188787	67185	130789	63608	8498
原油加工及石油制品制造	188787	67185	130789	63608	8498
化学原料及化学制品制造业	4135161	3054868	3812654	1096680	253852
基础化学原料制造	747705	487935	609590	228311	46216
无机酸制造	29386	37865	54961	17096	4310
无机碱制造	132425	145100	149770	88305	9199
有机化学原料制造	405130	287310	379940	112337	31085
其他基础化学原料制造	180765	17661	24919	10573	1624
肥料制造	85055	113163	184515	81805	10685
氮肥制造	81896	102891	174640	80286	9500
其他肥料制造	3159	10272	9875	1519	1185
农药制造	327124	179308	211528	73602	16284
化学农药制造	308142	176498	203893	68778	15895
生物化学农药及微生物农药制造	18982	2810	7635	4825	389
涂料、油墨、颜料及类似产品制造	521994	207807	252737	83587	20347
涂料制造	177545	51484	64095	24273	5263
油墨及类似产品制造	51021	26615	24302	4571	2913
颜料制造	36366	50909	39583	7000	1831
染料制造	251868	76255	120965	46387	10068
密封用填料及类似品制造	5194	2545	3792	1355	272
合成材料制造	1673444	1595158	1929565	431309	115721
初级形态的塑料及合成树脂制造	616347	394250	551872	172186	29997
合成橡胶制造	8549	967	780	12	12
合成纤维单(聚合)体的制造	1012917	1150650	1324347	243414	81767
其他合成材料制造	35631	49292	52566	15697	3947
专用化学产品制造	431204	271588	356775	117797	24535
化学试剂和助剂制造	209066	67262	107440	46251	8557
专项化学用品制造	169029	148623	169394	41483	10790
炸药及火工产品制造	19203	20182	28189	11577	1911
信息化学品制造	33908	35520	51751	18486	3276

1－E－3 续表 3－7

单位：个、万元、人

指 标 名 称	流动资产年平均余额	固定资产合计	固定资产原价	累计折旧	本年折旧
日用化学产品制造	348635	199909	267945	80269	20064
肥皂及合成洗涤剂制造	89937	75055	82085	18925	5324
化妆品制造	115136	36783	54211	17439	6552
香料、香精制造	87807	47468	69627	22159	4614
其他日用化学产品制造	55755	40604	62022	21747	3574
医药制造业	1821936	834714	1168680	427423	84382
化学药品原药制造	895497	406390	569983	212907	42517
化学药品原药制造	895497	406390	569983	212907	42517
化学药品制剂制造	485285	229029	317238	114017	18849
化学药品制剂制造	485285	229029	317238	114017	18849
中成药制造	205724	91426	129853	50867	11966
中成药制造	205724	91426	129853	50867	11966
兽用药品制造	35029	17676	22156	5592	1566
兽用药品制造	35029	17676	22156	5592	1566
生物、生化制品的制造	168022	77594	114087	38038	8444
生物、生化制品的制造	168022	77594	114087	38038	8444
卫生材料及医药用品制造	32379	12600	15365	6002	1040
卫生材料及医药用品制造	32379	12600	15365	6002	1040
化学纤维制造业	3242736	2500306	3445861	1103121	229573
纤维素纤维原料及纤维制造	26652	31173	48982	18564	299
人造纤维（纤维素纤维）制造	26652	31173	48982	18564	299
合成纤维制造	3216084	2469133	3396879	1084557	229274
锦纶纤维制造	71588	43673	67947	27318	3870
涤纶纤维制造	2477263	1770482	2461310	815622	168176
腈纶纤维制造	109157	37165	88545	52065	10037
其他合成纤维制造	558076	617814	779078	189552	47191
橡胶制品业	375763	234336	312962	94238	25007
轮胎制造	84237	104961	129469	29598	12239
车辆、飞机及工程机械轮胎制造	84237	104961	129469	29598	12239
橡胶板、管、带的制造	149084	65912	87184	27724	6822
橡胶板、管、带的制造	149084	65912	87184	27724	6822
橡胶零件制造	72655	32517	58606	27327	3685
橡胶零件制造	72655	32517	58606	27327	3685
日用及医用橡胶制品制造	5678	3283	3752	839	216
日用及医用橡胶制品制造	5678	3283	3752	839	216
橡胶靴鞋制造	64109	27663	33949	8750	2045
橡胶靴鞋制造	64109	27663	33949	8750	2045
塑料制品业	2347439	1030461	1373129	422642	98201
塑料薄膜制造	530443	245431	295460	72417	22203
塑料薄膜制造	530443	245431	295460	72417	22203

1－E－3 续表3－8 单位：个、万元、人

指 标 名 称	流动资产年平均余额	固定资产合计	固定资产原价	累计折旧	本年折旧
塑料板、管、型材的制造	415420	174708	221502	68601	14597
塑料板、管、型材的制造	415420	174708	221502	68601	14597
塑料丝、绳及编织品的制造	112869	41205	46475	9573	2416
塑料丝、绳及编织品的制造	112869	41205	46475	9573	2416
泡沫塑料制造	56435	16933	21690	6022	1515
泡沫塑料制造	56435	16933	21690	6022	1515
塑料人造革、合成革制造	407614	210155	320937	119910	25310
塑料人造革、合成革制造	407614	210155	320937	119910	25310
塑料包装箱及容器制造	150333	97419	132044	39540	8866
塑料包装箱及容器制造	150333	97419	132044	39540	8866
塑料零件制造	270870	84745	124952	44647	11219
塑料零件制造	270870	84745	124952	44647	11219
日用塑料制造	360552	129473	164930	45462	8117
塑料鞋制造	12106	4529	2268	1332	128
日用塑料杂品制造	348446	124944	162662	44130	7989
其他塑料制品制造	42904	30391	45140	16471	3957
其他塑料制品制造	42904	30391	45140	16471	3957
非金属矿物制品业	1952075	1858295	2452183	731427	161639
水泥、石灰和石膏的制造	1009870	1163387	1558252	504126	110127
水泥制造	1009870	1163387	1558252	504126	110127
水泥及石膏制品制造	342951	129709	190597	63372	11611
水泥制品制造	316532	93945	148688	56183	8709
砼结构构件制造	19741	3137	4018	1923	213
轻质建筑材料制造	6678	32626	37892	5266	2690
砖瓦、石材及其他建筑材料制造	85641	51164	65472	18045	5374
建筑陶瓷制品制造	73577	49819	62018	15303	5070
防水建筑材料制造	12064	1346	3455	2742	304
玻璃及玻璃制品制造	316558	430871	516222	106034	26041
平板玻璃制造	89857	201587	235772	39330	7610
技术玻璃制品制造	82096	50151	83035	35385	5523
日用玻璃制品及玻璃包装容器制造	91756	79563	89146	16998	5957
玻璃保温容器制造	2154	4828	4985	1611	311
玻璃纤维及制品制造	34385	75602	80622	8011	4287
其他玻璃制品制造	16310	19140	22662	4699	2354
陶瓷制品制造	42480	16909	25612	9018	1577
卫生陶瓷制品制造	24993	4328	6033	1966	396
特种陶瓷制品制造	14349	6795	9733	2988	667
日用陶瓷制品制造	3138	5786	9846	4064	514
耐火材料制品制造	102423	33239	50567	18245	3320

1－E－3　续表3－9

单位：个、万元、人

指　标　名　称	流动资产年平均余额	固定资产合　计	固定资产原　价	累计折旧	本年折旧
石棉制品制造	12933	10180	15397	5330	1064
耐火陶瓷制品及其他耐火材料制造	89490	23059	35170	12915	2256
石墨及其他非金属矿物制品制造	52152	33017	45460	12588	3589
石墨及碳素制品制造	40352	30025	41244	11365	3290
其他非金属矿物制品制造	11801	2993	4216	1223	298
黑色金属冶炼及压延加工业	1938979	971091	1292743	408027	88676
炼　钢	203898	19998	20623	3772	1454
炼　钢	203898	19998	20623	3772	1454
钢压延加工	1683761	941164	1264261	403162	86501
钢压延加工	1683761	941164	1264261	403162	86501
铁合金冶炼	51320	9929	7859	1094	722
铁合金冶炼	51320	9929	7859	1094	722
有色金属冶炼及压延加工业	1790907	488709	651873	228105	50538
常用有色金属冶炼	664534	99805	154216	67804	14286
铜冶炼	396046	35938	41956	18175	4055
铅锌冶炼	13097	14061	22101	8040	952
镍钴冶炼	137260	17906	20823	2969	1436
铝冶炼	118130	31900	69335	38621	7842
贵金属冶炼	27234	11840	16782	9673	570
金冶炼	8749	7254	11948	8839	205
银冶炼	18485	4586	4834	834	365
稀有稀土金属冶炼	14746	10345	13847	3502	789
稀土金属冶炼	14746	10345	13847	3502	789
有色金属合金制造	117530	22418	28556	6141	1534
有色金属合金制造	117530	22418	28556	6141	1534
有色金属压延加工	966863	344302	438472	140984	33359
常用有色金属压延加工	958798	342841	435952	139880	33114
稀有稀土金属压延加工	8065	1461	2521	1105	245
金属制品业	2716385	1028348	1239495	324203	69443
结构性金属制品制造	1031153	290014	346064	83681	20219
金属结构制造	791630	178495	224960	64297	13766
金属门窗制造	239523	111519	121104	19384	6453
金属工具制造	229336	104492	149380	55670	9898
切削工具制造	50471	29262	38002	13405	2629
手工具制造	99665	48082	69854	24577	4708
农用及园林用金属工具制造	51390	10257	17597	7851	1031
刀剪及类似日用金属工具制造	23724	14330	20337	8805	1222
其他金属工具制造	4087	2560	3591	1031	307
集装箱及金属包装容器制造	405428	145411	185472	43881	1075

1－E－3 续表3－10

单位：个、万元、人

指标名称	流动资产年平均余额	固定资产合计	固定资产原价	累计折旧	本年折旧
集装箱制造	187813	36925	48458	11601	3371
金属压力容器制造	40129	17395	22725	8529	1036
金属包装容器制造	177486	91091	114289	23751	－3332
金属丝绳及其制品的制造	104822	79157	100146	36929	5084
金属丝绳及其制品的制造	104822	79157	100146	36929	5084
建筑、安全用金属制品制造	344625	144841	145606	34579	10736
建筑、家具用金属配件制造	160248	78944	76152	18359	6037
建筑装饰及水暖管道零件制造	141080	51706	57031	12089	3793
安全、消防用金属制品制造	43297	14192	12424	4131	907
金属表面处理及热处理加工	173815	81374	98700	17327	7747
金属表面处理及热处理加工	173815	81374	98700	17327	7747
搪瓷制品制造	12975	3511	5987	2478	469
搪瓷日用品及其他搪瓷制品制造	12975	3511	5987	2478	469
不锈钢及类似日用金属制品制造	404911	176381	204177	47562	13890
金属制厨房调理及卫生器具制造	140381	42911	55042	13428	3240
金属制厨用器皿及餐具制造	219085	91751	109112	26495	8228
其他日用金属制品制造	45445	41718	40022	7639	2422
其他金属制品制造	9321	3167	3963	2097	326
其他未列明的金属制品制造	9321	3167	3963	2097	326
通用设备制造业	5500706	2217473	2894121	934863	204767
锅炉及原动机制造	392128	74040	103333	39185	7116
锅炉及辅助设备制造	197802	20983	37419	16436	2336
内燃机及配件制造	155239	40733	48022	16635	3779
汽轮机及辅机制造	29871	10486	13748	3806	834
水轮机及辅机制造	9216	1837	4145	2308	167
金属加工机械制造	452660	187281	233552	77868	14726
金属切削机床制造	279606	112572	134273	42713	8859
金属成形机床制造	35745	16740	32818	16112	1521
铸造机械制造	11318	15469	9499	1540	657
金属切割及焊接设备制造	89189	23629	27065	6326	1505
机床附件制造	20747	13130	19180	6199	1552
其他金属加工机械制造	16055	5741	10718	4978	633
起重运输设备制造	429552	120481	166538	59416	13776
起重运输设备制造	429552	120481	166538	59416	13776
泵、阀门、压缩机及类似机械的制造	1260705	514802	645602	178899	45862
泵及真空设备制造	381759	179474	224423	63680	15107
气体压缩机械制造	180595	73325	85646	23638	7128
阀门和旋塞的制造	563370	181254	232997	64540	16831
液压和气压动力机械及元件制造	134981	80749	102536	27041	6795

1－E－3 续表 3－11

单位：个、万元、人

指 标 名 称	流动资产年平均余额	固定资产合计	固定资产原价	累计折旧	本年折旧
轴承、齿轮、传动和驱动部件的制造	1214411	565264	796961	280735	59960
轴承制造	725096	316063	458176	178823	33278
齿轮、传动和驱动部件制造	489315	249201	338784	101912	26682
风机、衡器、包装设备等通用设备制造	1060623	397690	470723	138051	29809
风机、风扇制造	73086	52085	66672	23618	3966
气体、液体分离及纯净设备制造	290653	64133	80605	27459	5290
制冷、空调设备制造	159161	43204	55519	22669	3763
风动和电动工具制造	393709	116755	149619	41555	10085
喷枪及类似器具制造	36899	26852	32071	7248	2205
包装专用设备制造	47398	25585	26762	7376	2493
其他通用设备制造	59718	69077	59477	8126	2007
通用零部件制造及机械修理	418609	199185	259749	88041	18925
金属密封件制造	1291	2297	3492	1195	304
紧固件、弹簧制造	387075	182967	233173	77382	16883
机械零部件加工及设备修理	6872	3052	3937	961	353
其他通用零部件制造	23371	10869	19148	8502	1385
金属铸、锻加工	272017	158730	217664	72670	14594
钢铁铸件制造	192979	112061	143080	42978	10498
锻件及粉末冶金制品制造	79038	46669	74584	29691	4096
专用设备制造业	1989601	773223	1017042	306105	72581
矿山、冶金、建筑专用设备制造	218494	77364	94812	19594	6926
采矿、采石设备制造	32456	19146	22885	4320	1247
石油钻采专用设备制造	16575	4557	5970	1490	471
建筑工程用机械制造	169463	53661	65957	13784	5208
化工、木材、非金属加工专用设备制造	457578	223257	299758	93985	21901
炼油、化工生产专用设备制造	97660	38222	52709	17230	3332
塑料加工专用设备制造	162826	59045	87519	29819	7431
木材加工机械制造	6096	4288	9248	4960	708
模具制造	190996	121701	150282	41977	10430
食品、饮料、烟草及饲料生产专用设备制造	41268	10864	11883	2600	650
食品、饮料、烟草工业专用设备制造	41268	10864	11883	2600	650
印刷、制药、日化生产专用设备制造	5104	6546	7895	1349	316
制药专用设备制造	5104	6546	7895	1349	316
纺织、服装和皮革工业专用设备制造	489586	175825	245295	80482	16859
纺织专用设备制造	242637	68845	108758	41625	7017
缝纫机械制造	239008	102669	130978	37585	9422
其他服装加工专用设备制造	7941	4311	5560	1272	420
电子和电工机械专用设备制造	67242	55340	71555	18897	4721
电子工业专用设备制造	67242	55340	71555	18897	4721

1－E－3 续表3－12 单位：个、万元、人

指 标 名 称	流动资产年平均余额	固定资产合计	固定资产原价	累计折旧	本年折旧
农、林、牧、渔专用机械制造	140205	41495	52165	19913	3566
拖拉机制造	60235	20913	27624	15053	1329
机械化农业及园艺机具制造	76088	19529	22906	4016	2108
渔业机械制造	3882	1053	1636	845	130
医疗仪器设备及器械制造	120059	78056	114288	47132	8226
医疗诊断、监护及治疗设备制造	7062	8450	6690	1139	533
医疗、外科及兽医用器械制造	96861	63139	101906	43599	7301
机械治疗及病房护理设备制造	16137	6467	5692	2395	392
环保、社会公共安全及其他专用设备制造	450065	104477	119390	22152	9417
环境污染防治专用设备制造	254109	34937	39249	11090	3182
地质勘查专用设备制造	12346	545	816	434	73
社会公共安全设备及器材制造	180232	67462	77209	10047	5947
其他专用设备制造	3378	1534	2117	583	216
交通运输设备制造业	6091933	2612884	2864119	697778	203680
汽车制造	2990807	1454751	1756877	492320	125545
汽车整车制造	843157	354423	374529	100350	22499
汽车零部件及配件制造	2147651	1100328	1382348	391970	103046
摩托车制造	446196	152386	192315	56845	14348
摩托车整车制造	112070	41520	44200	8033	2777
摩托车零部件及配件制造	334127	110866	148116	48813	11571
自行车制造	204945	61110	78125	22688	5641
脚踏自行车及残疾人座车制造	167815	42790	57366	18573	4277
助动自行车制造	37130	18320	20759	4115	1364
船舶及浮动装置制造	2413069	926922	820969	124437	57012
金属船舶制造	2183817	742801	624030	88924	40874
非金属船舶制造	98413	5332	5332	1690	253
船用配套设备制造	15046	9500	15588	6249	1165
船舶修理及拆船	115793	169289	176019	27573	14720
航空航天器制造	7261	8057	8057	586	564
其他飞行器制造	7261	8057	8057	586	564
交通器材及其他交通运输设备制造	29654	9658	7777	902	571
其他交通运输设备制造	29654	9658	7777	902	571
电气机械及器材制造业	8045574	2681825	3301030	986844	228968
电机制造	1264008	466539	562945	162149	40819
发电机及发电机组制造	284456	98074	131170	38264	7392
电动机制造	391466	134154	169610	51288	12286
微电机及其他电机制造	588087	234312	262165	72596	21141
输配电及控制设备制造	2206128	605768	764398	259902	56484
变压器、整流器和电感器制造	472668	123006	140229	51977	9880

1－E－3 续表 3－13

单位：个、万元、人

指 标 名 称	流动资产年平均余额	固定资产合计	固定资产原价	累计折旧	本年折旧
电容器及其配套设备制造	39701	8775	14897	6174	989
配电开关控制设备制造	1352752	368611	468681	150800	34264
电力电子元器件制造	306249	89440	124098	46641	10349
其他输配电及控制设备制造	34758	15937	16493	4311	1002
电线、电缆、光缆及电工器材制造	1452692	510183	639299	180560	37926
电线电缆制造	1204340	436983	528276	138282	31147
光纤、光缆制造	212724	53988	89281	36377	5531
其他电工器材制造	35628	19212	21742	5902	1248
电池制造	623911	217031	214694	65848	15983
电池制造	623911	217031	214694	65848	15983
家用电力器具制造	1401276	506297	638884	184476	43578
家用制冷电器具制造	133971	45367	56275	16702	4221
家用空气调节器制造	200545	48220	64365	22045	3415
家用通风电器具制造	75063	25607	36065	12132	2552
家用厨房电器具制造	237123	68517	83657	19160	5101
家用清洁卫生电器具制造	246942	121234	159977	54666	10141
家用美容、保健电器具制造	96869	45576	53491	10790	3865
家用电力器具专用配件制造	181372	72286	86746	23738	6582
其他家用电力器具制造	229391	79490	98309	25244	7700
非电力家用器具制造	130285	51303	65684	16870	4502
燃气、太阳能及类似能源的器具制造	100375	27821	35941	8878	2502
其他非电力家用器具制造	29910	23482	29743	7992	2000
照明器具制造	904585	285755	363261	100517	25682
电光源制造	322951	120514	148413	36369	11936
照明灯具制造	523609	147788	194392	59566	12257
灯用电器附件及其他照明器具制造	58025	17453	20456	4581	1490
其他电气机械及器材制造	62689	38949	51866	16524	3994
车辆专用照明及电气信号设备装置制造	58786	37422	49478	15663	3784
其他未列明的电气机械制造	3903	1527	2388	861	210
通信设备、计算机及其他电子设备制造业	3272217	1516477	2098288	689807	156773
通信设备制造	852698	264029	373979	139206	35609
通信传输设备制造	100589	38522	45792	12707	3376
通信交换设备制造	7100	12065	7179	2698	599
通信终端设备制造	7467	7455	12738	5283	655
移动通信及终端设备制造	703236	186365	285183	111823	29377
其他通信设备制造	34307	19622	23088	6696	1601
广播电视设备制造	166350	42276	51243	13028	3711
广播电视节目制作及发射设备制造	3274	1416	1958	542	76
广播电视接收设备及器材制造	76215	26042	32506	9028	2416

1－E－3 续表3－14 单位：个、万元、人

指 标 名 称	流动资产年平均余额	固定资产合计	固定资产原价	累计折旧	本年折旧
应用电视设备及其他广播电视设备制造	86861	14818	16779	3459	1218
电子计算机制造	528839	202502	283476	82493	22198
计算机网络设备制造	25262	8949	10801	1852	1043
电子计算机外部设备制造	503577	193554	272676	80641	21155
电子器件制造	420460	396903	541402	189327	36039
半导体分立器件制造	135788	90082	136372	47430	7722
集成电路制造	145615	89986	179908	92786	14173
光电子器件及其他电子器件制造	139058	216836	225123	49111	14144
电子元件制造	977232	490697	696822	229605	49366
电子元件及组件制造	876620	429498	608972	201400	43289
印制电路板制造	100612	61199	87850	28205	6077
家用视听设备制造	270668	63237	79427	18227	4706
家用影视设备制造	251484	52873	65214	14139	3597
家用音响设备制造	19184	10363	14213	4087	1110
其他电子设备制造	55971	56832	71939	17922	5144
其他电子设备制造	55971	56832	71939	17922	5144
仪器仪表及文化、办公用机械制造业	1136014	468419	582125	169211	37724
通用仪器仪表制造	622601	204255	276027	83024	17440
工业自动控制系统装置制造	211735	65822	84053	28145	5688
电工仪器仪表制造	124136	24617	41431	16836	3245
绘图、计算及测量仪器制造	87168	46585	57432	11620	3020
实验分析仪器制造	7908	6274	8283	2009	605
供应用仪表及其他通用仪器制造	191654	60957	84828	24414	4882
专用仪器仪表制造	202406	85724	104816	29232	6972
环境监测专用仪器仪表制造	2965	5662	7074	1622	572
汽车及其他用计数仪表制造	159658	51885	70578	22660	4645
教学专用仪器制造	29634	13039	12028	3869	760
电子测量仪器制造	10149	15137	15137	1081	995
钟表与计时仪器制造	27571	10559	18235	7880	829
钟表与计时仪器制造	27571	10559	18235	7880	829
光学仪器及眼镜制造	194653	121794	120802	30699	8474
光学仪器制造	79923	43430	55575	12809	4254
眼镜制造	114730	78364	65227	17891	4219
文化、办公用机械制造	75643	36127	48708	13475	2803
照相机及器材制造	43438	12977	15222	2244	748
复印和胶印设备制造	2523	2370	6646	4277	268
计算器及货币专用设备制造	6465	6403	7886	2061	502
其他文化、办公用机械制造	23217	14377	18954	4893	1286
其他仪器仪表的制造及修理	13141	9962	13538	4900	1207

1－E－3 续表3－15

单位：个、万元、人

指 标 名 称	流动资产年平均余额	固定资产合计	固定资产原价	累计折旧	本年折旧
其他仪器仪表的制造及修理	13141	9962	13538	4900	1207
工艺品及其他制造业	1139213	472858	590848	179090	45569
工艺美术品制造	690867	293851	370748	115577	26553
雕塑工艺品制造	4426	1140	1160	80	40
金属工艺品制造	51167	25713	26130	7241	1330
漆器工艺品制造	7353	4049	4377	1469	278
花画工艺品制造	8744	2100	1802	365	86
天然植物纤维编织工艺品制造	3816	4349	5269	2263	450
抽纱刺绣工艺品制造	152094	97679	130351	39492	13328
地毯、挂毯制造	55255	31942	41368	15400	3202
珠宝首饰及有关物品的制造	315041	65130	97367	35646	4152
其他工艺美术品制造	92971	61750	62926	13620	3688
日用杂品制造	443723	177721	218096	62797	18876
制镜及类似品加工	26257	14035	17757	5030	2081
鬃毛加工、制刷及清扫工具的制造	51729	19927	17080	3803	1703
其他日用杂品制造	365737	143759	183259	53963	15092
其他未列明的制造业	4623	1287	2003	717	140
其他未列明的制造业	4623	1287	2003	717	140
废弃资源和废旧材料回收加工业	154970	17101	20667	4074	1466
金属废料和碎屑的加工处理	154970	17101	20667	4074	1466
金属废料和碎屑的加工处理	154970	17101	20667	4074	1466
电力、燃气及水的生产和供应业	**2952963**	**10563796**	**13383040**	**4545401**	**785391**
电力、热力的生产和供应业	2460422	9189817	11622526	3868832	672910
电力生产	1637396	7933788	9992231	3334269	552655
火力发电	1011308	3967812	5757512	1690335	327619
水力发电	16295	133018	354921	240629	15607
核力发电	609793	3832959	3879798	1403306	209429
电力供应	698380	1198801	1541768	488839	112415
电力供应	698380	1198801	1541768	488839	112415
热力生产和供应	124646	57228	88527	45723	7840
热力生产和供应	124646	57228	88527	45723	7840
燃气生产和供应业	87348	206071	253629	107422	21175
燃气生产和供应业	87348	206071	253629	107422	21175
燃气生产和供应业	87348	206071	253629	107422	21175
水的生产和供应业	405193	1167908	1506884	569147	91306
自来水的生产和供应	357274	951699	1220825	490627	73124
自来水的生产和供应	357274	951699	1220825	490627	73124
污水处理及其再生利用	47919	216209	286060	78521	18182
污水处理及其再生利用	47919	216209	286060	78521	18182

1－E－3　续表4－1　　单位：个、万元、人

指标名称	固定资产净值	固定资产净值年平均余额	负债合计	流动负债合计	应付账款
总　计	**40243785**	**39537274**	**84036151**	**71387163**	**12854269**
一、按轻重工业分					
轻工业	17252202	17160310	37946105	34322666	5560214
重工业	22991582	22376965	46090046	37064497	7294055
二、按登记注册类型分					
内　资	**27568408**	**27336728**	**58697687**	**48568061**	**7412540**
国　有	3475531	3403287	3680245	2128671	316516
集　体	114806	117127	313014	305166	58584
股份合作企业	88955	91651	283556	269515	22474
联营企业	75196	78759	101433	84293	15830
集体联营	53418	57041	51342	34723	10587
国有与集体联营	13611	13611	43794	43274	2341
其他联营	8167	8107	6297	6297	2902
有限责任公司	10807837	10731950	19866462	13899547	2394832
国有独资公司	434022	433756	792527	632399	75857
其他有限责任公司	10373815	10298194	19073935	13267148	2318975
股份有限公司	3083552	3014344	6755709	6120018	1003955
私营企业	9770465	9749211	27399886	25504471	3552152
私营独资	194236	207423	535626	476444	73473
私营合伙	23674	26503	69254	65760	12361
私营有限责任公司	9043580	9019151	25288152	23582609	3257687
私营股份有限公司	508975	496134	1506854	1379658	208631
其　他	152067	150399	297381	256381	48198
港澳台商投资	**5738455**	**5549222**	**11998633**	**10781232**	**2382518**
与港澳台商合资经营	3892222	3773442	8561031	7538150	1630846
与港澳台商合作经营	83266	83970	162362	161233	27591
港澳台商独资	1721399	1654013	3187378	3000329	705936
港澳台商投资股份有限公司	41569	37798	87862	81519	18146
外商投资	**6936921**	**6651324**	**13339831**	**12037869**	**3059211**
中外合资经营	3591102	3572336	8018465	7342354	1574064
中外合作经营	58256	59090	212887	172507	41704
外资企业	2756153	2577879	4355520	3808034	1166976
外商投资股份有限公司	531410	442019	752959	714975	276467
三、按控股情况分					
国有控股	10766206	10550223	12702790	6498011	976924
集体控股	1656385	1654318	3741845	3000323	484088
私人控股	18366717	18155861	48997145	45193274	7037980
港澳台商控股	3834655	3669385	7402396	6600876	1508174
外商控股	4547429	4351348	8469121	7696119	2389209
其　他	1072392	1156140	2722854	2398561	457894

1－E－3 续表4－2 单位：个、万元、人

指标名称	固定资产净值	固定资产净值年平均余额	负债合计	流动负债合计	应付账款
四、按国民经济行业(门类、大类、中类、小类)分					
采矿业	**52307**	**51137**	**124352**	**103238**	**7307**
黑色金属矿采选业	25339	25803	13789	11739	1404
铁矿采选	25339	25803	13789	11739	1404
铁矿采选	25339	25803	13789	11739	1404
有色金属矿采选业	21114	20369	94860	76810	5569
常用有色金属矿采选	15303	14443	54557	44707	2491
铜矿采选	13458	12438	23156	18750	797
铅锌矿采选	1845	2006	31401	25958	1694
稀有稀土金属矿采选	5811	5926	40303	32103	3079
钨钼矿采选	2592	2739	31182	31181	2839
放射性金属矿采选	3219	3187	9121	921	239
非金属矿采选业	5854	4965	15703	14689	334
化学矿采选	5854	4965	15703	14689	334
化学矿采选	5854	4965	15703	14689	334
制造业	**31353839**	**30943059**	**74552730**	**67716693**	**12377909**
农副食品加工业	259690	257796	648189	597477	110905
饲料加工	38386	35868	79359	74738	13739
饲料加工	38386	35868	79359	74738	13739
植物油加工	39470	36723	70371	70371	40700
食用植物油加工	39470	36723	70371	70371	40700
屠宰及肉类加工	27096	29381	61698	57688	4976
畜禽屠宰	9620	8289	20435	16426	1675
肉制品及副产品加工	17476	21092	41263	41263	3301
水产品加工	82347	79440	320784	286065	36089
水产品冷冻加工	79098	76189	312346	277627	34723
鱼糜制品及水产品干腌制加工	3249	3251	8438	8438	1367
蔬菜、水果和坚果加工	62736	66781	94737	92196	12002
蔬菜、水果和坚果加工	62736	66781	94737	92196	12002
其他农副食品加工	9654	9603	21242	16420	3398
豆制品制造	9654	9603	21242	16420	3398
食品制造业	217596	203163	476273	438232	78222
焙烤食品制造	37759	19359	45680	39903	20009
糕点、面包制造	5562	4483	10049	4532	1096
饼干及其他焙烤食品制造	32196	14877	35631	35371	18914
糖果、巧克力及蜜饯制造	3639	3914	4963	4963	
糖果、巧克力制造	3639	3914	4963	4963	
方便食品制造	28003	29019	48958	48958	12085
速冻食品制造	19313	20074	32338	32338	5493
方便面及其他方便食品制造	8690	8945	16620	16620	6592

1－E－3 续表4－3 单位：个、万元、人

指标名称	固定资产净值	固定资产净值年平均余额	负债合计	流动负债合计	应付账款
液体乳及乳制品制造	24800	21822	44388	38928	8121
液体乳及乳制品制造	24800	21822	44388	38928	8121
罐头制造	44261	47937	191221	182514	30737
肉、禽类罐头制造	2766	3719	6947	6874	1671
水产品罐头制造	2840	2756	7505	6479	1675
蔬菜、水果罐头制造	35616	38527	165855	158247	22715
其他罐头食品制造	3039	2935	10914	10914	4675
调味品、发酵制品制造	24723	26944	30528	26895	2216
味精制造	20702	22923	22703	19604	1056
酱油、食醋及类似制品的制造	4021	4021	7824	7292	1160
其他食品制造	54413	54168	110537	96072	5055
营养、保健食品制造	7409	7181	12246	12246	2324
冷冻饮品及食用冰制造	9160	9270	14962	2195	1073
食品及饲料添加剂制造	37844	37718	83330	81632	1658
饮料制造业	545077	562926	1133081	1085178	247020
酒的制造	313202	321975	530570	484999	59397
啤酒制造	251858	244657	315041	304445	36542
黄酒制造	61344	77318	215529	180554	22855
软饮料制造	225825	234733	575986	575156	183929
瓶（罐）装饮用水制造	53754	54841	429813	429530	131097
果菜汁及果菜汁饮料制造	12239	12239	25810	25810	20205
含乳饮料和植物蛋白饮料制造	73796	81773	64166	64069	22536
茶饮料及其他软饮料制造	86036	85880	56197	55747	10091
精制茶加工	6050	6219	26525	25023	3694
精制茶加工	6050	6219	26525	25023	3694
烟草制品业	301671	353341	168021	140500	44368
卷烟制造	301671	353341	168021	140500	44368
卷烟制造	301671	353341	168021	140500	44368
纺织业	5024028	5054223	10835134	9962196	1182284
棉、化纤纺织及印染精加工	3185054	3228000	6685865	6071911	674011
棉、化纤纺织加工	1707930	1762259	3811728	3419873	315745
棉、化纤印染精加工	1477123	1465742	2874137	2652038	358266
毛纺织和染整精加工	137241	142475	187593	155710	36039
毛条加工	36802	36595	35475	27615	10678
毛纺织	66115	69096	116201	93738	22148
毛染整精加工	34325	36784	35917	34357	3213
麻纺织	53830	56544	96110	91310	4697
麻纺织	53830	56544	96110	91310	4697
丝绢纺织及精加工	286772	267422	570112	526973	69451
缫丝加工	16232	16451	50961	43598	5807

1－E－3 续表4－4

单位：个、万元、人

指 标 名 称	固定资产净值	固定资产净值年平均余额	负债合计	流动负债合计	应付账款
绢纺和丝织加工	217719	205916	425368	398573	57478
丝印染精加工	52821	45055	93784	84802	6166
纺织制成品制造	670359	664511	1712399	1604077	173003
棉及化纤制品制造	347198	346483	1018919	972770	87916
毛制品制造	41734	43288	176096	165596	11211
麻制品制造	423	334	3239	3239	857
丝制品制造	104279	104414	217021	206848	23482
绳、索、缆的制造	3694	3741	5435	3714	140
纺织带和帘子布制造	48622	56306	99059	89234	9791
无纺布制造	66165	52559	68588	58436	19625
其他纺织制成品制造	58244	57388	124042	104242	19980
针织品、编织品及其制品制造	690773	695271	1583056	1512216	225083
棉、化纤针织品及编织品制造	556483	560885	1316665	1272389	178887
毛针织品及编织品制造	69708	68465	157344	146260	29165
丝针织品及编织品制造	62933	64220	103414	87934	12484
其他针织品及编织品制造	1649	1701	5633	5633	4547
纺织服装、鞋、帽制造业	1100512	1053293	2802646	2668396	564474
纺织服装制造	1093146	1045990	2787504	2653954	560134
纺织服装制造	1093146	1045990	2787504	2653954	560134
纺织面料鞋的制造	5453	5316	12605	12605	3975
纺织面料鞋的制造	5453	5316	12605	12605	3975
制 帽	1914	1987	2537	1837	365
制 帽	1914	1987	2537	1837	365
皮革、毛皮、羽毛(绒)及其制品业	575364	598609	1880753	1827200	290914
皮革鞣制加工	81040	83548	297897	281327	35124
皮革鞣制加工	81040	83548	297897	281327	35124
皮革制品制造	425532	435679	1128156	1103427	199185
皮鞋制造	293970	298464	732654	712321	110618
皮革服装制造	15953	16322	54395	52845	9542
皮箱、包(袋)制造	66592	68080	205713	203601	52653
皮手套及皮装饰制品制造	7650	7457	17426	17426	4429
其他皮革制品制造	41368	45356	117968	117235	21943
毛皮鞣制及制品加工	4687	4730	26943	21143	2664
毛皮服装加工	4687	4730	26943	21143	2664
羽毛(绒)加工及制品制造	64105	74652	427757	421303	53940
羽毛(绒)加工	3174	3504	24926	20726	2590
羽毛(绒)制品加工	60931	71148	402831	400577	51350
木材加工及木、竹、藤、棕、草制品业	137455	128330	444457	416559	47340
锯材、木片加工	2423	2082	3535	3535	138
锯材加工	2423	2082	3535	3535	138

1－E－3 续表4－5

单位：个、万元、人

指标名称	固定资产净值	固定资产净值年平均余额	负债合计	流动负债合计	应付账款
人造板制造	67097	69898	287441	272992	29860
胶合板制造	49075	49302	149332	145070	21149
纤维板制造	12671	12671	92306	83818	1868
其他人造板、材制造	5351	7926	45803	44103	6842
木制品制造	54131	43023	110909	102701	14331
建筑用木料及木材组件加工	54131	43023	110909	102701	14331
竹、藤、棕、草制品制造	13804	13327	42572	37332	3011
竹、藤、棕、草制品制造	13804	13327	42572	37332	3011
家具制造业	473496	459611	1259575	1210194	262137
木质家具制造	128566	126154	242097	228706	37540
木质家具制造	128566	126154	242097	228706	37540
竹、藤家具制造	7571	4467	14701	14701	7373
竹、藤家具制造	7571	4467	14701	14701	7373
金属家具制造	225687	220950	686772	673935	146859
金属家具制造	225687	220950	686772	673935	146859
塑料家具制造	2280	2280	2569	2569	204
塑料家具制造	2280	2280	2569	2569	204
其他家具制造	109392	105760	313436	290282	70161
其他家具制造	109392	105760	313436	290282	70161
造纸及纸制品业	1796034	1741295	3028032	2329555	397003
造　纸	1518135	1470866	2548387	1887083	289250
机制纸及纸板制造	1518135	1470866	2548387	1887083	289250
纸制品制造	277899	270428	479645	442472	107753
纸和纸板容器的制造	214010	214036	330739	302207	67200
其他纸制品制造	63889	56392	148906	140265	40554
印刷业和记录媒介的复制	213950	213610	450255	437942	83381
印　刷	213950	213610	450255	437942	83381
书、报、刊印刷	44849	43103	73232	71874	17445
本册印制	31836	28558	51562	48137	16876
包装装潢及其他印刷	137264	141950	325461	317931	49061
文教体育用品制造业	327602	318701	743125	689468	127749
文化用品制造	101029	91687	185344	184641	20103
文具制造	44548	46316	83963	83318	13951
笔的制造	32059	27241	82672	82672	4477
教学用模型及教具制造	24423	18130	18709	18651	1675
体育用品制造	81932	84015	171209	163781	36962
球类制造	2433	3425	3636	2402	625
体育器材及配件制造	22553	22478	36212	30271	5475
训练健身器材制造	22403	21039	62335	62321	14436
运动防护用具制造	16109	17902	23482	23243	4712

1－E－3 续表4－6

单位：个、万元、人

指标名称	固定资产净值	固定资产净值年平均余额	负债合计	流动负债合计	应付账款
其他体育用品制造	18434	19170	45545	45545	11713
乐器制造	37822	37944	45610	41169	17292
西乐器制造	28294	28014	26277	26277	12385
其他乐器及零件制造	9528	9930	19333	14892	4908
玩具制造	84510	82978	284312	254693	45118
玩具制造	84510	82978	284312	254693	45118
游艺器材及娱乐用品制造	22310	22078	56649	45184	8274
露天游乐场所游乐设备制造	2327	2327	4464	4464	825
游艺用品及室内游艺器材制造	19983	19751	52185	40720	7449
石油加工、炼焦及核燃料加工业	67181	68929	200223	160868	48042
精炼石油产品的制造	67181	68929	200223	160868	48042
原油加工及石油制品制造	67181	68929	200223	160868	48042
化学原料及化学制品制造业	2715974	2716966	5050272	3961337	798304
基础化学原料制造	381279	386920	1068080	798618	130477
无机酸制造	37865	39280	45821	9560	4848
无机碱制造	61465	107572	193501	179356	11966
有机化学原料制造	267603	225581	622497	428377	95984
其他基础化学原料制造	14346	14487	206261	181325	17679
肥料制造	102710	110920	130622	111089	39762
氮肥制造	94355	102921	115916	96384	38798
其他肥料制造	8356	7999	14706	14706	964
农药制造	137926	140699	314763	279564	69154
化学农药制造	135116	138184	305130	270347	67858
生物化学农药及微生物农药制造	2810	2515	9633	9217	1296
涂料、油墨、颜料及类似产品制造	169150	158233	425922	382719	76815
涂料制造	39822	44238	113533	110527	16910
油墨及类似产品制造	19730	19510	45070	38390	7997
颜料制造	32583	16820	59734	34734	6478
染料制造	74578	75698	202268	193752	44791
密封用填料及类似品制造	2437	1968	5317	5316	639
合成材料制造	1498256	1535163	2255261	1655968	386216
初级形态的塑料及合成树脂制造	379686	393574	579047	484609	108417
合成橡胶制造	769	967	1134		
合成纤维单（聚合）体的制造	1080932	1099046	1652000	1148885	267950
其他合成材料制造	36869	41577	23081	22474	9848
专用化学产品制造	238978	221547	466396	368634	58187
化学试剂和助剂制造	61190	64188	189599	169162	34583
专项化学用品制造	127911	109297	214096	153759	16387
炸药及火工产品制造	16612	16980	26354	20299	1752
信息化学品制造	33266	31082	36347	25414	5465

1－E－3 续表4－7 单位：个、万元、人

指 标 名 称	固定资产净值	固定资产净值年平均余额	负债合计	流动负债合计	应付账款
日用化学产品制造	187676	163483	389228	364746	37693
肥皂及合成洗涤剂制造	63161	59472	107238	86338	6711
化妆品制造	36772	28640	100913	99331	18988
香料、香精制造	47468	36398	130879	128879	7317
其他日用化学产品制造	40275	38973	50199	50199	4677
医药制造业	741257	726022	1576523	1429274	255183
化学药品原药制造	357076	329826	844538	789959	98587
化学药品原药制造	357076	329826	844538	789959	98587
化学药品制剂制造	203221	213060	402353	358189	99479
化学药品制剂制造	203221	213060	402353	358189	99479
中成药制造	78986	82960	118453	114566	25095
中成药制造	78986	82960	118453	114566	25095
兽用药品制造	16564	17553	35633	6231	6231
兽用药品制造	16564	17553	35633	6231	6231
生物、生化制品的制造	76048	73110	130784	121507	23861
生物、生化制品的制造	76048	73110	130784	121507	23861
卫生材料及医药用品制造	9362	9514	44762	38822	1930
卫生材料及医药用品制造	9362	9514	44762	38822	1930
化学纤维制造业	2342740	2405429	4327975	3877960	501167
纤维素纤维原料及纤维制造	30418	29853	44459	31903	3082
人造纤维（纤维素纤维）制造	30418	29853	44459	31903	3082
合成纤维制造	2312322	2375576	4283517	3846057	498084
锦纶纤维制造	40629	41199	79936	68010	6325
涤纶纤维制造	1645687	1687190	3352097	3022440	400666
腈纶纤维制造	36480	72652	182950	177950	18843
其他合成纤维制造	589526	574535	668534	577657	72251
橡胶制品业	218724	198779	405992	361302	42896
轮胎制造	99872	87418	125407	95178	14299
车辆、飞机及工程机械轮胎制造	99872	87418	125407	95178	14299
橡胶板、管、带的制造	59461	58143	133363	125151	21181
橡胶板、管、带的制造	59461	58143	133363	125151	21181
橡胶零件制造	31279	26330	73820	70679	8521
橡胶零件制造	31279	26330	73820	70679	8521
日用及医用橡胶制品制造	2913	2865	7109	7109	1571
日用及医用橡胶制品制造	2913	2865	7109	7109	1571
橡胶靴鞋制造	25199	24023	66293	63185	－2675
橡胶靴鞋制造	25199	24023	66293	63185	－2675
塑料制品业	950487	898306	2512401	2430856	455481
塑料薄膜制造	223043	204215	648838	622026	206329
塑料薄膜制造	223043	204215	648838	622026	206329

1－E－3 续表4－8 单位：个、万元、人

指标名称	固定资产净值	固定资产净值年平均余额	负债合计	流动负债合计	应付账款
塑料板、管、型材的制造	152902	142718	426340	415961	35417
塑料板、管、型材的制造	152902	142718	426340	415961	35417
塑料丝、绳及编织品的制造	36902	36794	108183	106683	5199
塑料丝、绳及编织品的制造	36902	36794	108183	106683	5199
泡沫塑料制造	15668	17457	67934	67784	10913
泡沫塑料制造	15668	17457	67934	67784	10913
塑料人造革、合成革制造	201028	183234	461911	450707	67990
塑料人造革、合成革制造	201028	183234	461911	450707	67990
塑料包装箱及容器制造	92504	81840	168812	155131	27230
塑料包装箱及容器制造	92504	81840	168812	155131	27230
塑料零件制造	80305	79887	217281	200530	45545
塑料零件制造	80305	79887	217281	200530	45545
日用塑料制造	119468	124918	364846	363837	44467
塑料鞋制造	936	3681	11174	11174	663
日用塑料杂品制造	118532	121237	353672	352662	43804
其他塑料制品制造	28668	27244	48256	48197	12391
其他塑料制品制造	28668	27244	48256	48197	12391
非金属矿物制品业	1720756	1671355	2982071	2602409	411802
水泥、石灰和石膏的制造	1054126	1011053	1750314	1506683	245738
水泥制造	1054126	1011053	1750314	1506683	245738
水泥及石膏制品制造	127226	119935	420017	386167	66294
水泥制品制造	92505	88308	364092	352279	63319
砼结构构件制造	2095	1692	27129	21491	1096
轻质建筑材料制造	32626	29936	28796	12396	1879
砖瓦、石材及其他建筑材料制造	47427	51007	124504	123004	18620
建筑陶瓷制品制造	46715	50101	109604	109604	14513
防水建筑材料制造	712	906	14900	13400	4107
玻璃及玻璃制品制造	410188	407198	486358	401020	48797
平板玻璃制造	196442	198109	223453	170288	19044
技术玻璃制品制造	47651	46491	78483	68365	13088
日用玻璃制品及玻璃包装容器制造	72148	71394	90983	90983	9962
玻璃保温容器制造	3374	3388	5746	5746	797
玻璃纤维及制品制造	72611	70750	75883	54473	2010
其他玻璃制品制造	17962	17065	11811	11166	3896
陶瓷制品制造	16595	16520	47146	47009	5208
卫生陶瓷制品制造	4067	4383	26009	26009	2552
特种陶瓷制品制造	6746	6511	17950	17950	2050
日用陶瓷制品制造	5782	5627	3187	3050	606
耐火材料制品制造	32321	34493	84050	80844	22388

1－E－3 续表4－9 单位：个、万元、人

指标名称	固定资产净值	固定资产净值年平均余额	负债合计	流动负债合计	应付账款
石棉制品制造	10067	10060	9947	9567	2006
耐火陶瓷制品及其他耐火材料制造	22255	24433	74103	71278	20382
石墨及其他非金属矿物制品制造	32872	31149	69681	57681	4757
石墨及碳素制品制造	29880	27913	56435	44435	3737
其他非金属矿物制品制造	2993	3236	13246	13246	1020
黑色金属冶炼及压延加工业	884716	911621	2082212	1872125	212637
炼　钢	16851	16409	215812	211162	28374
炼　钢	16851	16409	215812	211162	28374
钢压延加工	861099	885283	1823403	1618307	158148
钢压延加工	861099	885283	1823403	1618307	158148
铁合金冶炼	6765	9929	42997	42657	26115
铁合金冶炼	6765	9929	42997	42657	26115
有色金属冶炼及压延加工业	423768	406383	1548083	1464938	179322
常用有色金属冶炼	86411	87804	548343	519743	70698
铜冶炼	23782	26459	256162	251199	21641
铅锌冶炼	14061	13589	14362	5078	976
镍钴冶炼	17854	16004	165419	151067	44258
铝冶炼	30715	31751	112399	112399	3823
贵金属冶炼	7109	6672	18260	18225	262
金冶炼	3108	3250	3591	3556	205
银冶炼	4001	3423	14669	14669	57
稀有稀土金属冶炼	10345	10479	3622	3622	2990
稀土金属冶炼	10345	10479	3622	3622	2990
有色金属合金制造	22415	11862	94505	93561	13114
有色金属合金制造	22415	11862	94505	93561	13114
有色金属压延加工	297488	289566	883354	829786	92258
常用有色金属压延加工	296072	288059	870323	817224	90290
稀有稀土金属压延加工	1416	1507	13031	12563	1968
金属制品业	915292	884572	2687418	2492703	423646
结构性金属制品制造	262383	248742	1028184	1001144	158549
金属结构制造	160663	159571	820762	806931	137725
金属门窗制造	101720	89171	207422	194213	20825
金属工具制造	93711	95632	202042	194575	45912
切削工具制造	24597	27349	44722	43972	14443
手工具制造	45276	44749	91522	91516	13375
农用及园林用金属工具制造	9746	9383	35716	35716	13138
刀剪及类似日用金属工具制造	11532	11591	23987	18688	4412
其他金属工具制造	2560	2560	6094	4683	544
集装箱及金属包装容器制造	141591	128585	357197	323561	81537

1－E－3 续表4－10

单位：个、万元、人

指标名称	固定资产净值	固定资产净值年平均余额	负债合计	流动负债合计	应付账款
集装箱制造	36857	35867	126808	112231	31235
金属压力容器制造	14197	12358	48492	42158	6006
金属包装容器制造	90537	80360	181897	169173	44297
金属丝绳及其制品的制造	63217	54825	91703	61718	3393
金属丝绳及其制品的制造	63217	54825	91703	61718	3393
建筑、安全用金属制品制造	111028	124045	350602	323063	69118
建筑、家具用金属配件制造	57793	71161	168390	163051	36278
建筑装饰及水暖管道零件制造	44942	44726	132831	112630	22542
安全、消防用金属制品制造	8293	8158	49382	47382	10299
金属表面处理及热处理加工	81374	80557	207608	158836	12558
金属表面处理及热处理加工	81374	80557	207608	158836	12558
搪瓷制品制造	3509	3519	13999	13999	3117
搪瓷日用品及其他搪瓷制品制造	3509	3519	13999	13999	3117
不锈钢及类似日用金属制品制造	156615	146730	425645	405367	48193
金属制厨房调理及卫生器具制造	41614	34563	162944	149438	16076
金属制厨用器皿及餐具制造	82618	79603	221793	215564	30774
其他日用金属制品制造	32383	32565	40908	40366	1343
其他金属制品制造	1866	1937	10440	10440	1268
其他未列明的金属制品制造	1866	1937	10440	10440	1268
通用设备制造业	1959258	1914558	5400020	5014037	1055414
锅炉及原动机制造	64148	66031	433198	424116	120095
锅炉及辅助设备制造	20983	21118	224881	219584	61604
内燃机及配件制造	31387	33351	172486	171373	52515
汽轮机及辅机制造	9942	9705	30593	27921	3280
水轮机及辅机制造	1837	1857	5238	5238	2695
金属加工机械制造	155684	143060	386587	339720	78325
金属切削机床制造	91559	85692	224821	199814	53340
金属成形机床制造	16706	14802	27306	24273	3732
铸造机械制造	7960	8212	12874	2621	1225
金属切割及焊接设备制造	20739	13993	81638	78638	16188
机床附件制造	12981	14512	22803	17803	－866
其他金属加工机械制造	5739	5851	17145	16571	4706
起重运输设备制造	107122	109019	372121	362621	105258
起重运输设备制造	107122	109019	372121	362621	105258
泵、阀门、压缩机及类似机械的制造	466703	464406	1175710	1051717	236008
泵及真空设备制造	160743	152183	389094	353990	81894
气体压缩机械制造	62008	64235	192884	142158	46831
阀门和旋塞的制造	168457	169267	464938	452759	81232
液压和气压动力机械及元件制造	75495	78721	128794	102810	26051

1－E－3 续表4－11 单位：个、万元、人

指标名称	固定资产净值	固定资产净值年平均余额	负债合计	流动负债合计	应付账款
轴承、齿轮、传动和驱动部件的制造	516226	517224	1260035	1143762	211613
轴承制造	279353	288833	749731	705482	130541
齿轮、传动和驱动部件制造	236873	228391	510304	438280	81072
风机、衡器、包装设备等通用设备制造	332673	310053	1089406	1040065	209713
风机、风扇制造	43054	39524	57116	55920	16755
气体、液体分离及纯净设备制造	53146	61722	297266	276726	38180
制冷、空调设备制造	32850	34598	145585	139967	29622
风动和电动工具制造	108064	106504	413735	395274	91115
喷枪及类似器具制造	24823	22014	37752	37701	13072
包装专用设备制造	19386	22677	61131	58754	13956
其他通用设备制造	51350	23015	76822	75724	7011
通用零部件制造及机械修理	171708	167701	405585	388542	46163
金属密封件制造	2297	2288	1953	1953	259
紧固件、弹簧制造	155791	151460	369005	352086	40356
机械零部件加工及设备修理	2975	3053	8772	8772	2651
其他通用零部件制造	10646	10899	25854	25731	2897
金属铸、锻加工	144994	137065	277378	263493	48240
钢铁铸件制造	100102	99830	190226	183718	44813
锻件及粉末冶金制品制造	44892	37235	87152	79775	3427
专用设备制造业	710937	675680	1860974	1743288	446862
矿山、冶金、建筑专用设备制造	75218	74463	198690	194060	80689
采矿、采石设备制造	18565	17774	37803	33172	3808
石油钻采专用设备制造	4480	4567	18362	18362	1301
建筑工程用机械制造	52173	52121	142526	142526	75579
化工、木材、非金属加工专用设备制造	205773	190137	465064	441179	97834
炼油、化工生产专用设备制造	35479	35825	100137	100123	22291
塑料加工专用设备制造	57700	52795	132411	128282	35293
木材加工机械制造	4288	4578	6290	4650	3265
模具制造	108305	96939	226226	208125	36985
食品、饮料、烟草及饲料生产专用设备制造	9284	9428	25847	25823	9480
食品、饮料、烟草工业专用设备制造	9284	9428	25847	25823	9480
印刷、制药、日化生产专用设备制造	6546	6547	1989	1989	987
制药专用设备制造	6546	6547	1989	1989	987
纺织、服装和皮革工业专用设备制造	164813	166691	475198	447851	118669
纺织专用设备制造	67133	68238	248576	236167	43969
缝纫机械制造	93393	94159	221897	206960	73798
其他服装加工专用设备制造	4288	4294	4724	4724	902
电子和电工机械专用设备制造	52658	43442	62903	55056	24558
电子工业专用设备制造	52658	43442	62903	55056	24558

1－E－3 续表 4－12

单位：个、万元、人

指 标 名 称	固定资产净 值	固定资产净值年平均余 额	负债合计	流动负债合 计	应付账款
农、林、牧、渔专用机械制造	32252	34911	142850	107781	41753
拖拉机制造	12571	15585	61708	26647	17296
机械化农业及园艺机具制造	18890	18536	76177	76169	22761
渔业机械制造	792	790	4965	4965	1697
医疗仪器设备及器械制造	67156	66967	100408	97300	22579
医疗诊断、监护及治疗设备制造	5551	4601	4899	4899	
医疗、外科及兽医用器械制造	58307	59248	82176	79185	20818
机械治疗及病房护理设备制造	3298	3118	13333	13216	1762
环保、社会公共安全及其他专用设备制造	97238	83094	388025	372250	50313
环境污染防治专用设备制造	28159	28492	235647	235031	29868
地质勘查专用设备制造	382	397	11695	11536	4952
社会公共安全设备及器材制造	67163	52577	139876	124876	14853
其他专用设备制造	1534	1629	807	807	640
交通运输设备制造业	2166341	2102104	6950949	6271180	1100267
汽车制造	1264557	1246370	3181044	2891841	644585
汽车整车制造	274179	307459	878145	761137	217570
汽车零部件及配件制造	990378	938911	2302899	2130705	427015
摩托车制造	135470	129342	469014	435711	82890
摩托车整车制造	36167	31312	122807	102807	21522
摩托车零部件及配件制造	99303	98031	346208	332904	61367
自行车制造	55437	56059	220434	214847	46338
脚踏自行车及残疾人座车制造	38793	41930	178165	172597	35746
助动自行车制造	16644	14130	42269	42250	10592
船舶及浮动装置制造	696532	652423	3027117	2675440	324375
金属船舶制造	535106	492466	2723605	2393778	304186
非金属船舶制造	3642	3680	108974	108974	1914
船用配套设备制造	9339	8940	12185	12185	2523
船舶修理及拆船	148445	147337	182353	160503	15752
航空航天器制造	7471	8228	17123	17123	267
其他飞行器制造	7471	8228	17123	17123	267
交通器材及其他交通运输设备制造	6874	9681	36218	36218	1812
其他交通运输设备制造	6874	9681	36218	36218	1812
电气机械及器材制造业	2314186	2257272	7893012	7439302	1531864
电机制造	400796	394262	1207093	1155206	234744
发电机及发电机组制造	92906	95292	256313	241761	51392
电动机制造	118322	116739	373894	355470	91913
微电机及其他电机制造	189568	182232	576887	557975	91439
输配电及控制设备制造	504496	527785	2002566	1913236	381151
变压器、整流器和电感器制造	88253	86654	468317	460405	59516

1-E-3 续表4-13 单位：个、万元、人

指标名称	固定资产净值	固定资产净值年平均余额	负债合计	流动负债合计	应付账款
电容器及其配套设备制造	8724	8501	28086	28086	5384
配电开关控制设备制造	317881	336004	1202436	1123845	249549
电力电子元器件制造	77457	84679	273108	270624	64748
其他输配电及控制设备制造	12182	11948	30619	30277	1954
电线、电缆、光缆及电工器材制造	458738	435941	1369323	1232005	141504
电线电缆制造	389994	362131	1154769	1022490	119086
光纤、光缆制造	52905	53553	169363	165263	12430
其他电工器材制造	15840	20258	45192	44252	9988
电池制造	148846	152415	644243	602322	123269
电池制造	148846	152415	644243	602322	123269
家用电力器具制造	454409	430927	1513876	1440345	343213
家用制冷电器具制造	39574	34307	135195	134309	38107
家用空气调节器制造	42320	42828	185855	173014	25861
家用通风电器具制造	23933	23236	73288	73288	16259
家用厨房电器具制造	64497	64826	229621	223995	53774
家用清洁卫生电器具制造	105311	98186	305532	280773	75752
家用美容、保健电器具制造	42701	38412	126833	122066	38679
家用电力器具专用配件制造	63008	59662	185469	171756	46067
其他家用电力器具制造	73065	69472	272083	261145	48715
非电力家用器具制造	48814	34966	114175	100175	30294
燃气、太阳能及类似能源的器具制造	27063	21319	89518	75518	20928
其他非电力家用器具制造	21751	13647	24657	24657	9366
照明器具制造	262744	244905	980634	936062	262565
电光源制造	112044	104033	335309	310132	113255
照明灯具制造	134826	126680	582891	564358	130753
灯用电器附件及其他照明器具制造	15874	14191	62434	61572	18557
其他电气机械及器材制造	35342	36072	61102	59951	15124
车辆专用照明及电气信号设备装置制造	33815	34612	51897	50746	14479
其他未列明的电气机械制造	1527	1460	9205	9205	645
通信设备、计算机及其他电子设备制造业	1408482	1298624	2839978	2618762	1007317
通信设备制造	234773	237592	630938	604519	328763
通信传输设备制造	33085	31446	94177	89966	35101
通信交换设备制造	4481	11121	12175	6033	1062
通信终端设备制造	7455	7601	10005	10005	1632
移动通信及终端设备制造	173360	171003	502663	486835	286028
其他通信设备制造	16392	16420	11916	11680	4941
广播电视设备制造	38214	36771	104102	102826	30404
广播电视节目制作及发射设备制造	1416	1416	4077	4077	1934
广播电视接收设备及器材制造	23478	23699	63941	63618	13801

1－E－3 续表 4－14 单位：个、万元、人

指 标 名 称	固定资产净值	固定资产净值年平均余额	负债合计	流动负债合计	应付账款
应用电视设备及其他广播电视设备制造	13320	11656	36084	35130	14669
电子计算机制造	200983	184991	304426	276929	163079
计算机网络设备制造	8949	8403	18356	18356	13911
电子计算机外部设备制造	192035	176589	286070	258573	149168
电子器件制造	352076	285903	560886	510903	106083
半导体分立器件制造	88943	86203	117178	93864	27715
集成电路制造	87122	92888	182181	170009	28845
光电子器件及其他电子器件制造	176011	106812	261526	247030	49523
电子元件制造	467217	437988	889255	834637	319169
电子元件及组件制造	407572	379978	784515	735529	283394
印制电路板制造	59645	58010	104740	99108	35774
家用视听设备制造	61201	62118	283257	222361	37006
家用影视设备制造	51075	51593	266084	205768	32846
家用音响设备制造	10126	10525	17173	16593	4160
其他电子设备制造	54017	53261	67115	66588	22814
其他电子设备制造	54017	53261	67115	66588	22814
仪器仪表及文化、办公用机械制造业	412914	424736	1060402	982573	288691
通用仪器仪表制造	193003	195080	500266	473668	131632
工业自动控制系统装置制造	55908	58875	141169	129617	28550
电工仪器仪表制造	24595	25345	107283	107283	51635
绘图、计算及测量仪器制造	45812	44792	90461	86893	22311
实验分析仪器制造	6274	5990	9780	7495	6282
供应用仪表及其他通用仪器制造	60414	60077	151573	142380	22855
专用仪器仪表制造	75584	74023	245211	219927	104757
环境监测专用仪器仪表制造	5452	5061	5653	5653	5653
汽车及其他用计数仪表制造	47918	48856	192121	170953	77486
教学专用仪器制造	8159	10949	18949	18935	3543
电子测量仪器制造	14056	9157	28487	24387	18075
钟表与计时仪器制造	10354	10307	35349	28543	4845
钟表与计时仪器制造	10354	10307	35349	28543	4845
光学仪器及眼镜制造	90102	101050	188053	169437	31755
光学仪器制造	42766	43170	44601	35881	12686
眼镜制造	47336	57880	143452	133555	19069
文化、办公用机械制造	35233	36360	73598	73072	12912
照相机及器材制造	12977	13737	42646	42646	5942
复印和胶印设备制造	2370	2352	2452	2452	90
计算器及货币专用设备制造	5825	6004	9032	9032	2430
其他文化、办公用机械制造	14061	14267	19468	18942	4450
其他仪器仪表的制造及修理	8638	7916	17925	17925	2790

1－E－3 续表4－15 单位：个、万元、人

指 标 名 称	固定资产净值	固定资产净值年平均余额	负债合计	流动负债合计	应付账款
其他仪器仪表的制造及修理	8638	7916	17925	17925	2790
工艺品及其他制造业	411758	420076	1148607	1053378	139971
工艺美术品制造	255172	263502	674092	618512	76238
雕塑工艺品制造	1080	1997	1668	1221	899
金属工艺品制造	18888	18811	59393	58228	9623
漆器工艺品制造	2907	2344	7013	6950	1025
花画工艺品制造	1437	1764	9125	9125	140
天然植物纤维编织工艺品制造	3006	4032	9790	6181	500
抽纱刺绣工艺品制造	90859	93537	158660	139080	10681
地毯、挂毯制造	25968	25571	72142	60981	5085
珠宝首饰及有关物品的制造	61721	67953	246342	228945	27493
其他工艺美术品制造	49307	47494	109958	107801	20790
日用杂品制造	155300	155447	469187	430655	61807
制镜及类似品加工	12727	13642	29149	29038	－103
鬃毛加工、制刷及清扫工具的制造	13277	13856	64457	62452	7755
其他日用杂品制造	129296	127950	375581	339165	54155
其他未列明的制造业	1287	1126	5329	4211	1926
其他未列明的制造业	1287	1126	5329	4211	1926
废弃资源和废旧材料回收加工业	16593	16750	156080	137506	43249
金属废料和碎屑的加工处理	16593	16750	156080	137506	43249
金属废料和碎屑的加工处理	16593	16750	156080	137506	43249
电力、燃气及水的生产和供应业	**8837639**	**8543079**	**9359069**	**3567232**	**469052**
电力、热力的生产和供应业	7753695	7533735	8079214	2987548	424822
电力生产	6657962	6467078	7491746	2504793	351377
火力发电	4067177	3629190	4193544	1699471	269069
水力发电	114293	127882	69573	7451	431
核力发电	2476492	2710007	3228630	797871	81877
电力供应	1052929	1019293	449079	402484	71104
电力供应	1052929	1019293	449079	402484	71104
热力生产和供应	42804	47364	138388	80270	2341
热力生产和供应	42804	47364	138388	80270	2341
燃气生产和供应业	146207	127687	192259	130816	2887
燃气生产和供应业	146207	127687	192259	130816	2887
燃气生产和供应业	146207	127687	192259	130816	2887
水的生产和供应业	937737	881657	1087596	448868	41343
自来水的生产和供应	730198	698676	886295	401629	21763
自来水的生产和供应	730198	698676	886295	401629	21763
污水处理及其再生利用	207539	182981	201301	47239	19581
污水处理及其再生利用	207539	182981	201301	47239	19581

1－E－3 续表5－1 单位：个、万元、人

指 标 名 称	长期负债合 计	所有者权益合 计			
			实收资本		
				国家资本	集体资本
总 计	**11948500**	**53838114**	**27167478**	**1680558**	**298389**
一、按轻重工业分					
轻工业	3173292	25269376	12222003	528455	117823
重工业	8775209	28568738	14945475	1152103	180566
二、按登记注册类型分					
内 资	**9636951**	**37319768**	**16177415**	**1365033**	**196792**
国 有	1513785	5083473	1119529	651925	2685
集 体	7849	229234	79872		35964
股份合作企业	14021	160659	59654	4	1400
联营企业	17140	39247	39842	15901	14279
集体联营	16620	18628	21049	15901	5148
国有与集体联营	520	6202	6031		6031
其他联营		14417	12762		3100
有限责任公司	5745205	10113418	5407298	585096	92527
国有独资公司	158162	719250	330813	254384	
其他有限责任公司	5587043	9394168	5076485	330712	92527
股份有限公司	616752	5599853	2173773	108727	29547
私营企业	1681199	15852431	7218246	3381	20391
私营独资	14392	310907	101801		15
私营合伙	3495	51398	20456		
私营有限责任公司	1560204	14409735	6584563	2868	19876
私营股份有限公司	103109	1080391	511427	513	500
其 他	41001	241453	79203		
港澳台商投资	**1153896**	**7320511**	**4846954**	**49667**	**20084**
与港澳台商合资经营	989294	4601239	2779173	46882	19884
与港澳台商合作经营		75629	61420	1543	200
港澳台商独资	158260	2550530	1965172		
港澳台商投资股份有限公司	6343	93112	41189	1243	
外商投资	**1157654**	**9197835**	**6143109**	**265858**	**81512**
中外合资经营	595428	4996079	3019387	252168	78131
中外合作经营	40380	114968	54684	13035	3282
外资企业	484262	3538515	2745998		100
外商投资股份有限公司	37585	548273	323040	656	
三、按控股情况分					
国有控股	6126656	9383751	3865590	1593806	12274
集体控股	708988	1929044	1237250	2275	208205
私人控股	3380670	29682113	13073178	32414	37552
港澳台商控股	756015	4814994	3550597	14685	4656
外商控股	664182	6307569	4470065	36772	35316
其 他	311990	1720644	970799	605	387

1－E－3 续表5－2

单位：个、万元、人

指标名称	长期负债合计	所有者权益合计	实收资本	国家资本	集体资本
四、按国民经济行业(门类、大类、中类、小类)分					
采矿业	**19437**	**153833**	**49607**	**16930**	
黑色金属矿采选业	2050	78095	15287	5300	
铁矿采选	2050	78095	15287	5300	
铁矿采选	2050	78095	15287	5300	
有色金属矿采选业	16373	79787	30470	7780	
常用有色金属矿采选	9849	50712	16780	7780	
铜矿采选	4407	40984	11780	7780	
铅锌矿采选	5442	9728	5000		
稀有稀土金属矿采选	6524	29075	13690		
钨钼矿采选		23771	10310		
放射性金属矿采选	6524	5304	3380		
非金属矿采选业	1014	－4048	3850	3850	
化学矿采选	1014	－4048	3850	3850	
化学矿采选	1014	－4048	3850	3850	
制造业	**6203855**	**48342692**	**24813643**	**831547**	**276281**
农副食品加工业	45631	392763	236562	405	20
饲料加工	4621	65608	29958		
饲料加工	4621	65608	29958		
植物油加工		60370	52005		
食用植物油加工		60370	52005		
屠宰及肉类加工	4009	66194	37874		20
畜禽屠宰	4009	15245	7897		20
肉制品及副产品加工		50949	29977		
水产品加工	29637	54099	63979		
水产品冷冻加工	29637	53743	62530		
鱼糜制品及水产品干腌制加工		356	1448		
蔬菜、水果和坚果加工	2541	136213	48354		
蔬菜、水果和坚果加工	2541	136213	48354		
其他农副食品加工	4822	10279	4392	405	
豆制品制造	4822	10279	4392	405	
食品制造业	19425	339678	161933	9840	3211
焙烤食品制造	1126	56613	31312		
糕点、面包制造	866	8319	2281		
饼干及其他焙烤食品制造	261	48294	29031		
糖果、巧克力及蜜饯制造		11488	5848		
糖果、巧克力制造		11488	5848		
方便食品制造		36562	17699		
速冻食品制造		33673	14699		
方便面及其他方便食品制造		2889	3000		

1－E－3 续表5－3

单位：个、万元、人

指 标 名 称	长期负债合计	所有者权益合计	实收资本	国家资本	集体资本
液体乳及乳制品制造	4263	35586	7163		
液体乳及乳制品制造	4263	35586	7163		
罐头制造	8707	108868	56265	1140	1025
肉、禽类罐头制造	73	4779	1745		945
水产品罐头制造	1025	7076	5703		
蔬菜、水果罐头制造	7608	46086	24606	1140	80
其他罐头食品制造		50927	24211		
调味品、发酵制品制造	3632	25566	17896	6128	2186
味精制造	3100	19904	15096	5268	2186
酱油、食醋及类似制品的制造	533	5662	2800	860	
其他食品制造	1698	64995	25750	2573	
营养、保健食品制造		7836	6000		
冷冻饮品及食用冰制造		11836	8550	2573	
食品及饲料添加剂制造	1698	45323	11200		
饮料制造业	41129	687909	439008	34065	
酒的制造	38798	309056	249278	33065	
啤酒制造	10596	215866	198149	32187	
黄酒制造	28202	93190	51129	878	
软饮料制造	830	364385	180408	1000	
瓶（罐）装饮用水制造	283	65752	61810		
果菜汁及果菜汁饮料制造		6279	10429		
含乳饮料和植物蛋白饮料制造	97	194814	67716		
茶饮料及其他软饮料制造	450	97540	40453	1000	
精制茶加工	1501	14468	9322		
精制茶加工	1501	14468	9322		
烟草制品业	27521	1974913	97600	97600	
卷烟制造	27521	1974913	97600	97600	
卷烟制造	27521	1974913	97600	97600	
纺织业	734050	6388691	3377060	37724	44619
棉、化纤纺织及印染精加工	506653	3529069	1872380	11645	30648
棉、化纤纺织加工	334277	1972955	1043522	11534	19408
棉、化纤印染精加工	172377	1556114	828858	112	11240
毛纺织和染整精加工	31883	196753	136635	21296	
毛条加工	7860	48005	42238	753	
毛纺织	22464	126992	74738	20543	
毛染整精加工	1560	21756	19659		
麻纺织	4800	69573	31043		
麻纺织	4800	69573	31043		
丝绢纺织及精加工	35830	340968	201960		3187
缫丝加工	7362	22793	7160		500

1－E－3 续表5－4

单位：个、万元、人

指标名称	长期负债合计	所有者权益合计			
			实收资本	国家资本	集体资本
绢纺和丝织加工	19486	267117	173786		2687
丝印染精加工	8982	51058	21014		
纺织制成品制造	84576	1009091	542343		2968
棉及化纤制品制造	38578	514223	312739		
毛制品制造	10500	53300	32970		2388
麻制品制造		1026	737		
丝制品制造	10085	187460	73598		
绳、索、缆的制造	1721	984	580		580
纺织带和帘子布制造	9825	58097	40418		
无纺布制造	8514	101768	36355		
其他纺织制成品制造	5352	92233	44947		
针织品、编织品及其制品制造	70308	1243238	592699	4783	7815
棉、化纤针织品及编织品制造	44177	962947	467918		3115
毛针织品及编织品制造	10742	122771	63424	3304	100
丝针织品及编织品制造	15389	152907	58027	1479	4600
其他针织品及编织品制造		4612	3330		
纺织服装、鞋、帽制造业	80451	2136454	1039413	2293	3746
纺织服装制造	79751	2129954	1036211	2293	3746
纺织服装制造	79751	2129954	1036211	2293	3746
纺织面料鞋的制造		4730	1880		
纺织面料鞋的制造		4730	1880		
制　帽	700	1770	1322		
制　帽	700	1770	1322		
皮革、毛皮、羽毛(绒)及其制品业	51596	1090974	649390		3900
皮革鞣制加工	16570	161996	100164		3282
皮革鞣制加工	16570	161996	100164		3282
皮革制品制造	22772	774130	462042		618
皮鞋制造	18377	556026	324762		618
皮革服装制造	1550	27640	17902		
皮箱、包(袋)制造	2113	123779	65304		
皮手套及皮装饰制品制造		21468	15889		
其他皮革制品制造	733	45217	38185		
毛皮鞣制及制品加工	5800	19476	17778		
毛皮服装加工	5800	19476	17778		
羽毛(绒)加工及制品制造	6454	135373	69407		
羽毛(绒)加工	4200	7380	4680		
羽毛(绒)制品加工	2254	127993	64727		
木材加工及木、竹、藤、棕、草制品业	27672	260791	132919	1796	
锯材、木片加工		8166	4615		
锯材加工		8166	4615		

1－E－3 续表5－5

单位：个、万元、人

指标名称	长期负债合计	所有者权益合计	实收资本	国家资本	集体资本
人造板制造	14223	125800	75736	1796	
胶合板制造	4236	84182	56884		
纤维板制造	8488	15008	1796	1796	
其他人造板、材制造	1500	26611	17056		
木制品制造	8208	92552	40139		
建筑用木料及木材组件加工	8208	92552	40139		
竹、藤、棕、草制品制造	5240	34273	12429		
竹、藤、棕、草制品制造	5240	34273	12429		
家具制造业	31243	692799	499537		905
木质家具制造	11878	141983	127498		
木质家具制造	11878	141983	127498		
竹、藤家具制造		2459	2840		
竹、藤家具制造		2459	2840		
金属家具制造	10342	390317	240969		905
金属家具制造	10342	390317	240969		905
塑料家具制造		3297	2000		
塑料家具制造		3297	2000		
其他家具制造	9024	154744	126230		
其他家具制造	9024	154744	126230		
造纸及纸制品业	695366	1481567	971957	4837	3740
造 纸	661302	1158635	814556		2314
机制纸及纸板制造	661302	1158635	814556		2314
纸制品制造	34064	322932	157401	4837	1426
纸和纸板容器的制造	28531	229391	106810	4837	1426
其他纸制品制造	5533	93541	50591		
印刷业和记录媒介的复制	12313	399800	184576	18118	
印 刷	12313	399800	184576	18118	
书、报、刊印刷	1358	88739	46734	17523	
本册印制	3425	63873	22243		
包装装潢及其他印刷	7530	247188	115599	595	
文教体育用品制造业	53404	744316	396954		500
文化用品制造	703	213950	74596		500
文具制造	645	62590	42505		
笔的制造		34382	21091		
教学用模型及教具制造	58	116978	11000		500
体育用品制造	7176	115243	99281		
球类制造	1234	2932	657		
体育器材及配件制造	5689	21290	16529		
训练健身器材制造	14	43653	38351		
运动防护用具制造	239	14811	21784		

1-E-3 续表5-6

单位：个、万元、人

指标名称	长期负债合计	所有者权益合计	实收资本	国家资本	集体资本
其他体育用品制造		32558	21959		
乐器制造	4441	79886	64007		
西乐器制造		52234	48409		
其他乐器及零件制造	4441	27651	15598		
玩具制造	29619	279673	119315		
玩具制造	29619	279673	119315		
游艺器材及娱乐用品制造	11466	55564	39755		
露天游乐场所游乐设备制造		16268	10997		
游艺用品及室内游艺器材制造	11466	39296	28758		
石油加工、炼焦及核燃料加工业	39355	85036	52995	20780	3666
精炼石油产品的制造	39355	85036	52995	20780	3666
原油加工及石油制品制造	39355	85036	52995	20780	3666
化学原料及化学制品制造业	1037191	3316385	1906480	59001	55375
基础化学原料制造	245015	525619	258209	19628	
无机酸制造	36243	56892	40600		
无机碱制造	14145	105359	41832	14230	
有机化学原料制造	194094	325771	162133	5398	
其他基础化学原料制造	533	37597	13644		
肥料制造	19532	84958	60664	4392	775
氮肥制造	19532	85491	55664	4392	775
其他肥料制造		-533	5000		
农药制造	35199	315654	131383	7632	832
化学农药制造	34783	303504	121383	7632	832
生物化学农药及微生物农药制造	416	12150	10000		
涂料、油墨、颜料及类似产品制造	41392	390495	118114	821	7570
涂料制造	3006	137711	40339	821	6220
油墨及类似产品制造	6369	51440	27488		
颜料制造	25000	29309	15488		
染料制造	7016	169704	33999		1350
密封用填料及类似品制造	1	2331	800		
合成材料制造	573878	1278157	1053965		43428
初级形态的塑料及合成树脂制造	94437	543793	381695		38508
合成橡胶制造		8381	200		
合成纤维单(聚合)体的制造	478834	665003	650770		4920
其他合成材料制造	607	60980	21299		
专用化学产品制造	97694	397629	164457	26529	1520
化学试剂和助剂制造	20370	181276	60204	17042	
专项化学用品制造	60337	146426	76199	5889	1520
炸药及火工产品制造	6054	26913	8850	2942	
信息化学品制造	10933	43014	19204	656	

1－E－3 续表5－7 单位：个、万元、人

指 标 名 称	长期负债合 计	所有者权益合 计	实收资本	国家资本	集体资本
日用化学产品制造	24482	323874	119690		1250
肥皂及合成洗涤剂制造	20900	92607	54044		
化妆品制造	1582	108176	19951		
香料、香精制造	2000	47989	5000		1250
其他日用化学产品制造		75102	40695		
医药制造业	117269	1473713	550520	32802	7156
化学药品原药制造	54243	686337	227296	13615	7156
化学药品原药制造	54243	686337	227296	13615	7156
化学药品制剂制造	44164	389397	188419	16617	
化学药品制剂制造	44164	389397	188419	16617	
中成药制造	3645	220069	65154	2570	
中成药制造	3645	220069	65154	2570	
兽用药品制造		21191	8080		
兽用药品制造		21191	8080		
生物、生化制品的制造	9277	148294	54263		
生物、生化制品的制造	9277	148294	54263		
卫生材料及医药用品制造	5940	8425	7308		
卫生材料及医药用品制造	5940	8425	7308		
化学纤维制造业	328979	2200336	1190878		16641
纤维素纤维原料及纤维制造	12556	12968	26283		
人造纤维（纤维素纤维）制造	12556	12968	26283		
合成纤维制造	316423	2187368	1164595		16641
锦纶纤维制造	11926	51185	31650		
涤纶纤维制造	208620	1591511	795782		16490
腈纶纤维制造	5000	－53686	34960		
其他合成纤维制造	90877	598358	302203		151
橡胶制品业	42807	285811	147686		
轮胎制造	28489	86635	73342		
车辆、飞机及工程机械轮胎制造	28489	86635	73342		
橡胶板、管、带的制造	8213	112531	33261		
橡胶板、管、带的制造	8213	112531	33261		
橡胶零件制造	3141	51490	24133		
橡胶零件制造	3141	51490	24133		
日用及医用橡胶制品制造		3500	1550		
日用及医用橡胶制品制造		3500	1550		
橡胶靴鞋制造	2965	31656	15399		
橡胶靴鞋制造	2965	31656	15399		
塑料制品业	80525	1396325	655308		13616
塑料薄膜制造	26812	245050	144731		2478
塑料薄膜制造	26812	245050	144731		2478

1－E－3 续表5－8 单位：个、万元、人

指标名称	长期负债合计	所有者权益合计	实收资本	国家资本	集体资本
塑料板、管、型材的制造	10274	265371	96727		3113
塑料板、管、型材的制造	10274	265371	96727		3113
塑料丝、绳及编织品的制造	1500	75289	49885		
塑料丝、绳及编织品的制造	1500	75289	49885		
泡沫塑料制造	150	32828	17832		
泡沫塑料制造	150	32828	17832		
塑料人造革、合成革制造	10690	218634	103503		
塑料人造革、合成革制造	10690	218634	103503		
塑料包装箱及容器制造	13680	124065	68177		4074
塑料包装箱及容器制造	13680	124065	68177		4074
塑料零件制造	16351	172418	80327		2926
塑料零件制造	16351	172418	80327		2926
日用塑料制造	1010	228470	77271		1025
塑料鞋制造		5783	4679		
日用塑料杂品制造	1010	222687	72592		1025
其他塑料制品制造	58	34200	16855		
其他塑料制品制造	58	34200	16855		
非金属矿物制品业	375727	1917082	1129460	130619	6850
水泥、石灰和石膏的制造	239787	1173671	733115	126619	6000
水泥制造	239787	1173671	733115	126619	6000
水泥及石膏制品制造	33850	155900	85468	4000	850
水泥制品制造	11813	136690	69468	4000	850
砼结构构件制造	5638	7280	5000		
轻质建筑材料制造	16400	11931	11000		
砖瓦、石材及其他建筑材料制造	1500	50811	27311		
建筑陶瓷制品制造		43485	23209		
防水建筑材料制造	1500	7327	4102		
玻璃及玻璃制品制造	85248	394350	229785		
平板玻璃制造	53165	124678	94281		
技术玻璃制品制造	10118	92731	58807		
日用玻璃制品及玻璃包装容器制造		103924	26194		
玻璃保温容器制造		1740	988		
玻璃纤维及制品制造	21410	45491	30849		
其他玻璃制品制造	555	25787	18666		
陶瓷制品制造	137	26458	14662		
卫生陶瓷制品制造		10143	8178		
特种陶瓷制品制造		9671	5984		
日用陶瓷制品制造	137	6644	500		
耐火材料制品制造	3206	69966	28016		

1－E－3　续表5－9

单位：个、万元、人

指　标　名　称	长期负债合　计	所有者权益合　计	实收资本	国家资本	集体资本
石棉制品制造	380	15136	2650		
耐火陶瓷制品及其他耐火材料制造	2826	54830	25366		
石墨及其他非金属矿物制品制造	12000	45926	11104		
石墨及碳素制品制造	12000	40102	9804		
其他非金属矿物制品制造		5824	1300		
黑色金属冶炼及压延加工业	179202	980359	700841	187993	3725
炼　钢	4650	22794	11018		
炼　钢	4650	22794	11018		
钢压延加工	174212	937317	669823	187993	3725
钢压延加工	174212	937317	669823	187993	3725
铁合金冶炼	340	20249	20000		
铁合金冶炼	340	20249	20000		
有色金属冶炼及压延加工业	80195	901845	455242	6162	
常用有色金属冶炼	28599	285553	107809	959	
铜冶炼	4963	102299	9970		
铅锌冶炼	9284	11401	959	959	
镍钴冶炼	14353	92379	51880		
铝冶炼		79474	45000		
贵金属冶炼	35	17833	8203	5203	
金冶炼	35	13210	5203	5203	
银冶炼		4623	3000		
稀有稀土金属冶炼		26453	22234		
稀土金属冶炼		26453	22234		
有色金属合金制造	944	45037	35636		
有色金属合金制造	944	45037	35636		
有色金属压延加工	50617	526968	281361		
常用有色金属压延加工	50149	524931	280864		
稀有稀土金属压延加工	469	2037	497		
金属制品业	174673	1595244	857863	3304	2028
结构性金属制品制造	27039	533636	237806		1069
金属结构制造	13831	318388	156974		1069
金属门窗制造	13208	215248	80832		
金属工具制造	7467	168634	86904		944
切削工具制造	751	46488	21987		
手工具制造	6	67613	30453		944
农用及园林用金属工具制造		28590	21581		
刀剪及类似日用金属工具制造	5299	24460	11400		
其他金属工具制造	1411	1483	1483		
集装箱及金属包装容器制造	20911	203522	120953	3304	

1－E－3 续表5－10

单位：个、万元、人

指标名称	长期负债合计	所有者权益合计	实收资本	国家资本	集体资本
集装箱制造	14577	53197	45548	3304	
金属压力容器制造	6334	17910	4598		
金属包装容器制造		132416	70807		
金属丝绳及其制品的制造	29984	93752	68106		
金属丝绳及其制品的制造	29984	93752	68106		
建筑、安全用金属制品制造	20503	211575	129926		
建筑、家具用金属配件制造	3615	118178	78209		
建筑装饰及水暖管道零件制造	14888	76460	41413		
安全、消防用金属制品制造	2000	16938	10304		
金属表面处理及热处理加工	48772	102785	75246		
金属表面处理及热处理加工	48772	102785	75246		
搪瓷制品制造		4249	1788		
搪瓷日用品及其他搪瓷制品制造		4249	1788		
不锈钢及类似日用金属制品制造	19996	273211	134935		15
金属制厨房调理及卫生器具制造	13230	79206	24126		
金属制厨用器皿及餐具制造	6225	141837	73487		
其他日用金属制品制造	542	52168	37321		15
其他金属制品制造		3880	2200		
其他未列明的金属制品制造		3880	2200		
通用设备制造业	369958	3814447	1723825	58731	8996
锅炉及原动机制造	9082	180124	64534	7214	
锅炉及辅助设备制造	5297	80906	40428	3414	
内燃机及配件制造	1112	76721	21906	2700	
汽轮机及辅机制造	2672	17193	1100		
水轮机及辅机制造		5304	1100	1100	
金属加工机械制造	46777	361467	131156	2557	500
金属切削机床制造	24918	249316	64991	1677	
金属成形机床制造	3033	26050	11756		
铸造机械制造	10253	13978	10821		
金属切割及焊接设备制造	3000	42392	30239		500
机床附件制造	5000	15378	8432		
其他金属加工机械制造	574	14353	4918	880	
起重运输设备制造	7771	253578	91097		
起重运输设备制造	7771	253578	91097		
泵、阀门、压缩机及类似机械的制造	116097	875701	436815	4060	260
泵及真空设备制造	27208	286044	151171	3670	160
气体压缩机械制造	50726	75269	31191		
阀门和旋塞的制造	12178	389821	195609		
液压和气压动力机械及元件制造	25984	124566	58845	390	100

1－E－3 续表5－11 单位：个、万元、人

指 标 名 称	长期负债合计	所有者权益合计	实收资本	国家资本	集体资本
轴承、齿轮、传动和驱动部件的制造	113024	928726	393254		
轴承制造	41923	600551	261221		
齿轮、传动和驱动部件制造	71101	328175	132032		
风机、衡器、包装设备等通用设备制造	47216	720830	337446	44900	5136
风机、风扇制造	1107	141415	34368		
气体、液体分离及纯净设备制造	19912	156187	76528		
制冷、空调设备制造	5525	83608	27233		636
风动和电动工具制造	17146	184448	102799		
喷枪及类似器具制造	51	30806	16608		
包装专用设备制造	2377	29692	16131		
其他通用设备制造	1098	94674	63780	44900	4500
通用零部件制造及机械修理	16689	248045	156662		
金属密封件制造		2561	300		
紧固件、弹簧制造	16581	228755	147521		
机械零部件加工及设备修理		4438	2200		
其他通用零部件制造	108	12291	6640		
金属铸、锻加工	13303	245977	112862		3100
钢铁铸件制造	6508	164306	81455		3100
锻件及粉末冶金制品制造	6795	81671	31407		
专用设备制造业	115953	1299768	624616	20705	14385
矿山、冶金、建筑专用设备制造	3152	111880	53603		
采矿、采石设备制造	3152	17403	6670		
石油钻采专用设备制造		6586	4000		
建筑工程用机械制造		87891	42933		
化工、木材、非金属加工专用设备制造	23684	335186	151196		4000
炼油、化工生产专用设备制造	14	63383	32438		
塑料加工专用设备制造	3929	133782	41034		4000
木材加工机械制造	1640	3836	9936		
模具制造	18101	134186	67788		
食品、饮料、烟草及饲料生产专用设备制造	24	27458	5000		
食品、饮料、烟草工业专用设备制造	24	27458	5000		
印刷、制药、日化生产专用设备制造		11364	5000		
制药专用设备制造		11364	5000		
纺织、服装和皮革工业专用设备制造	27292	285826	158473		746
纺织专用设备制造	12355	133831	49753		746
缝纫机械制造	14938	143503	102661		
其他服装加工专用设备制造		8493	6060		
电子和电工机械专用设备制造	7847	79728	51208		
电子工业专用设备制造	7847	79728	51208		

1－E－3 续表5－12　　单位：个、万元、人

指标名称	长期负债合计	所有者权益合计	实收资本	国家资本	集体资本
农、林、牧、渔专用机械制造	35069	59346	52361	8758	9639
拖拉机制造	35061	29185	31739	8758	339
机械化农业及园艺机具制造	8	29738	20404		9300
渔业机械制造		424	218		
医疗仪器设备及器械制造	3108	118068	65448	800	
医疗诊断、监护及治疗设备制造		12176	7478		
医疗、外科及兽医用器械制造	2991	93755	51670	800	
机械治疗及病房护理设备制造	117	12138	6300		
环保、社会公共安全及其他专用设备制造	15776	270912	82327	11147	
环境污染防治专用设备制造	616	116716	39173	11147	
地质勘查专用设备制造	159	6582	3000		
社会公共安全设备及器材制造	15000	143342	39834		
其他专用设备制造		4271	320		
交通运输设备制造业	657211	3553033	2025215	61177	40702
汽车制造	287791	2271382	1357744	38921	32702
汽车整车制造	116734	687861	444223	29921	
汽车零部件及配件制造	171057	1583521	913521	9000	32702
摩托车制造	32145	248748	126087		8000
摩托车整车制造	20000	57256	26087		8000
摩托车零部件及配件制造	12145	191492	100000		
自行车制造	2012	85376	46658		
脚踏自行车及残疾人座车制造	1993	64604	32453		
助动自行车制造	19	20772	14205		
船舶及浮动装置制造	335263	928517	482563	22256	
金属船舶制造	313414	738318	413353	22256	
非金属船舶制造		32666	16080		
船用配套设备制造		14387	8000		
船舶修理及拆船	21849	143146	45130		
航空航天器制造		10877	3500		
其他飞行器制造		10877	3500		
交通器材及其他交通运输设备制造		8133	8663		
其他交通运输设备制造		8133	8663		
电气机械及器材制造业	432893	4929875	2287189	14996	30012
电机制造	51770	754137	356453	8907	20812
发电机及发电机组制造	14552	174488	96315	8707	
电动机制造	18324	228623	91044	200	1400
微电机及其他电机制造	18895	351026	169094		19412
输配电及控制设备制造	80837	1660611	781188	2047	5360
变压器、整流器和电感器制造	7910	260434	102519	2047	

1－E－3 续表5－13 单位：个、万元、人

指 标 名 称	长期负债合计	所有者权益合计	实收资本	国家资本	集体资本
电容器及其配套设备制造		19671	6304		360
配电开关控制设备制造	70485	1147788	543831		5000
电力电子元器件制造	2100	206571	119716		
其他输配电及控制设备制造	342	26146	8818		
电线、电缆、光缆及电工器材制造	135814	899176	332750	3143	163
电线电缆制造	131875	730917	264659	1250	116
光纤、光缆制造	3000	142388	58835		
其他电工器材制造	940	25871	9255	1893	47
电池制造	41495	380782	238227		2925
电池制造	41495	380782	238227		2925
家用电力器具制造	73531	694035	346823	200	375
家用制冷电器具制造	886	51728	30426	200	375
家用空气调节器制造	12842	97222	54067		
家用通风电器具制造		38501	18047		
家用厨房电器具制造	5626	129579	47033		
家用清洁卫生电器具制造	24759	126655	66207		
家用美容、保健电器具制造	4767	38259	29878		
家用电力器具专用配件制造	13713	106598	43396		
其他家用电力器具制造	10938	105493	57769		
非电力家用器具制造	14000	96417	26106	699	
燃气、太阳能及类似能源的器具制造	14000	67012	13505	699	
其他非电力家用器具制造		29406	12601		
照明器具制造	34295	395836	177608		378
电光源制造	23427	180455	62102		
照明灯具制造	10006	193460	104976		135
灯用电器附件及其他照明器具制造	862	21920	10529		243
其他电气机械及器材制造	1151	48881	28034		
车辆专用照明及电气信号设备装置制造	1151	47515	27866		
其他未列明的电气机械制造		1367	168		
通信设备、计算机及其他电子设备制造业	177995	2380569	1517444	25240	6875
通信设备制造	26418	550330	394525		
通信传输设备制造	4211	69465	38137		
通信交换设备制造	6142	10602	7414		
通信终端设备制造		4922	416		
移动通信及终端设备制造	15829	419390	313619		
其他通信设备制造	237	45950	34939		
广播电视设备制造	1011	163427	45933		
广播电视节目制作及发射设备制造		1909	1200		
广播电视接收设备及器材制造	58	54699	28053		

1－E－3 续表5－14

单位：个、万元、人

指标名称	长期负债合计	所有者权益合计	实收资本	国家资本	集体资本
应用电视设备及其他广播电视设备制造	954	106820	16680		
电子计算机制造	27497	373699	311050		
计算机网络设备制造		16594	14543		
电子计算机外部设备制造	27497	357104	296507		
电子器件制造	45583	418505	278988	1620	
半导体分立器件制造	23314	132137	81914		
集成电路制造	12172	161262	112184	1620	
光电子器件及其他电子器件制造	10097	125107	84890		
电子元件制造	38662	716136	405538	13035	6875
电子元件及组件制造	33872	636715	339103	13035	6875
印制电路板制造	4790	79421	66436		
家用视听设备制造	38772	97094	46735	10585	
家用影视设备制造	38192	82005	42474	10585	
家用音响设备制造	580	15089	4261		
其他电子设备制造	52	61379	34676		
其他电子设备制造	52	61379	34676		
仪器仪表及文化、办公用机械制造业	73178	847453	402652	2667	4800
通用仪器仪表制造	23347	449380	180126	100	4800
工业自动控制系统装置制造	8302	186336	52097	100	4800
电工仪器仪表制造		70622	40363		
绘图、计算及测量仪器制造	3568	53188	37317		
实验分析仪器制造	2285	5301	4138		
供应用仪表及其他通用仪器制造	9193	133934	46211		
专用仪器仪表制造	23883	122866	91890	1124	
环境监测专用仪器仪表制造		5594	4800		
汽车及其他用计数仪表制造	19768	75700	46647	1124	
教学专用仪器制造	15	33463	26260		
电子测量仪器制造	4101	8110	14183		
钟表与计时仪器制造	6806	10869	4610		
钟表与计时仪器制造	6806	10869	4610		
光学仪器及眼镜制造	18616	198885	76526	1243	
光学仪器制造	8720	90405	30744	1243	
眼镜制造	9897	108480	45782		
文化、办公用机械制造	526	54612	34130	200	
照相机及器材制造		19709	16779		
复印和胶印设备制造		3910	1000	200	
计算器及货币专用设备制造		5667	3600		
其他文化、办公用机械制造	526	25327	12751		
其他仪器仪表的制造及修理		10843	15370		

1－E－3　续表5－15　　　　单位：个、万元、人

指 标 名 称	长期负债合计	所有者权益合计	实收资本	国家资本	集体资本
其他仪器仪表的制造及修理		10843	15370		
工艺品及其他制造业	82369	765199	373527	693	816
工艺美术品制造	44415	483677	214744		816
雕塑工艺品制造	447	4885	4885		
金属工艺品制造		25204	12142		
漆器工艺品制造	63	6792	3400		
花画工艺品制造		1620	1018		
天然植物纤维编织工艺品制造	3609	13299	7567		816
抽纱刺绣工艺品制造	9579	111760	62703		
地毯、挂毯制造	11162	29341	16872		
珠宝首饰及有关物品的制造	17397	222724	61660		
其他工艺美术品制造	2157	68052	44497		
日用杂品制造	36837	278797	156983	693	
制镜及类似品加工	111	15378	5066		
鬃毛加工、制刷及清扫工具的制造	2005	20520	11609		
其他日用杂品制造	34721	242899	140309	693	
其他未列明的制造业	1118	2726	1800		
其他未列明的制造业	1118	2726	1800		
废弃资源和废旧材料回收加工业	18574	9560	24996		
金属废料和碎屑的加工处理	18574	9560	24996		
金属废料和碎屑的加工处理	18574	9560	24996		
电力、燃气及水的生产和供应业	**5725208**	**5341589**	**2304228**	**832080**	**22108**
电力、热力的生产和供应业	5025037	4432982	1921939	479873	15148
电力生产	4965280	2941189	1762048	351362	5148
火力发电	2494072	1560456	1154253	246360	5148
水力发电	40449	101678	105003	105003	
核力发电	2430759	1279055	502793		
电力供应	30757	1438017	138511	128511	10000
电力供应	30757	1438017	138511	128511	10000
热力生产和供应	29000	53776	21381		
热力生产和供应	29000	53776	21381		
燃气生产和供应业	61443	174703	58026	57708	
燃气生产和供应业	61443	174703	58026	57708	
燃气生产和供应业	61443	174703	58026	57708	
水的生产和供应业	638728	733904	324262	294499	6960
自来水的生产和供应	484666	660348	306535	276772	6960
自来水的生产和供应	484666	660348	306535	276772	6960
污水处理及其再生利用	154062	73556	17727	17727	
污水处理及其再生利用	154062	73556	17727	17727	

1－E－3 续表6－1 单位：个、万元、人

指 标 名 称					主营业务收入
	法人资本	个人资本	港澳台资本	外商资本	
总 计	**9106484**	**8115422**	**3412761**	**4553864**	**147108528**
一、按轻重工业分					
轻工业	3488248	3905465	1888492	2293520	68550446
重工业	5618237	4209957	1524270	2260343	78558082
二、按登记注册类型分					
内 资	**6918496**	**7458968**	**141993**	**96134**	**97945078**
国 有	464005	914			9218231
集 体	43655	154	100		429343
股份合作企业	13030	45221			615161
联营企业	9662				121263
集体联营					54958
国有与集体联营					34623
其他联营	9662				31681
有限责任公司	3407569	1259213	44702	18191	25950419
国有独资公司	76429				727339
其他有限责任公司	3331140	1259213	44702	18191	25223080
股份有限公司	901814	1095494	31756	6434	12753429
私营企业	2058100	5018918	55553	61904	48340521
私营独资	30820	69953	513	500	996441
私营合伙	808	18088	1560		165147
私营有限责任公司	1883320	4575197	44655	58646	44209026
私营股份有限公司	143151	355679	8825	2758	2969907
其 他	20661	39056	9882	9604	516711
港澳台商投资	**1291287**	**274791**	**3197695**	**13431**	**21483010**
与港澳台商合资经营	1265213	254047	1180116	13031	14926625
与港澳台商合作经营	9060	13908	36709		310266
港澳台商独资	9619	574	1954579	400	6062033
港澳台商投资股份有限公司	7395	6261	26291		184087
外商投资	**896702**	**381664**	**73074**	**4444299**	**27680441**
中外合资经营	776127	350104	67839	1495019	17623811
中外合作经营	5529	4718	3203	24918	469787
外资企业	56726	724	380	2688069	8266225
外商投资股份有限公司	58321	26118	1652	236293	1320618
三、按控股情况分					
国有控股	2028326	63272	37032	130881	17234846
集体控股	932146	36133	27751	30739	5586094
私人控股	4381569	7897432	374650	349560	87991517
港澳台商控股	607616	50087	2853596	19958	12967665
外商控股	369511	38557	17334	3972575	18801639
其 他	787317	29941	102398	50151	4526768

1－E－3 续表6－2 单位：个、万元、人

指 标 名 称					主营业务收 入
	法人资本	个人资本	港澳台资本	外商资本	
四、按国民经济行业（门类、大类、中类、小类）分					
采矿业	**13367**	**19310**			**331732**
黑色金属矿采选业	9987				108665
铁矿采选	9987				108665
铁矿采选	9987				108665
有色金属矿采选业	3380	19310			215514
常用有色金属矿采选		9000			179523
铜矿采选		4000			118127
铅锌矿采选		5000			61396
稀有稀土金属矿采选	3380	10310			35991
钨钼矿采选		10310			30391
放射性金属矿采选	3380				5600
非金属矿采选业					7554
化学矿采选					7554
化学矿采选					7554
制造业	**7694118**	**8057511**	**3410204**	**4543983**	**137595804**
农副食品加工业	56679	91198	3917	84343	1575088
饲料加工	525	26458	2975		249446
饲料加工	525	26458	2975		249446
植物油加工				52005	369866
食用植物油加工				52005	369866
屠宰及肉类加工	17504	19369	942	38	319009
畜禽屠宰	6817	80	942	38	163645
肉制品及副产品加工	10688	19289			155364
水产品加工	23521	21834		18623	442457
水产品冷冻加工	23521	21834		17175	434274
鱼糜制品及水产品干腌制加工				1448	8183
蔬菜、水果和坚果加工	14178	20500		13676	154865
蔬菜、水果和坚果加工	14178	20500		13676	154865
其他农副食品加工	951	3036			39446
豆制品制造	951	3036			39446
食品制造业	33058	48065	24856	42902	828986
焙烤食品制造	1282	3486	15440	11105	142550
糕点、面包制造		700		1581	21418
饼干及其他焙烤食品制造	1282	2786	15440	9524	121132
糖果、巧克力及蜜饯制造				5848	21306
糖果、巧克力制造				5848	21306
方便食品制造	6137		4945	6618	97645
速冻食品制造	3137		4945	6618	67176
方便面及其他方便食品制造	3000				30469

1-E-3 续表6-3

单位：个、万元、人

指标名称	法人资本	个人资本	港澳台资本	外商资本	主营业务收入
液体乳及乳制品制造	3000	4163			55257
液体乳及乳制品制造	3000	4163			55257
罐头制造	14795	19863	111	19332	297335
肉、禽类罐头制造		560		240	21571
水产品罐头制造		290		5414	13733
蔬菜、水果罐头制造	2932	19013	111	1331	167394
其他罐头食品制造	11864			12348	94637
调味品、发酵制品制造	228	9354			58787
味精制造		7642			45257
酱油、食醋及类似制品的制造	228	1712			13530
其他食品制造	7617	11200	4361		156106
营养、保健食品制造	6000				23768
冷冻饮品及食用冰制造	1617		4361		57287
食品及饲料添加剂制造		11200			75050
饮料制造业	159890	27628	64915	152510	2436056
酒的制造	81785	20755	27862	85810	529329
啤酒制造	41700	10589	27862	85810	369578
黄酒制造	40085	10166			159750
软饮料制造	74105	1550	37053	66700	1866721
瓶（罐）装饮用水制造	44710			17100	1199103
果菜汁及果菜汁饮料制造			10429		43300
含乳饮料和植物蛋白饮料制造	14010		16549	37158	337968
茶饮料及其他软饮料制造	15386	1550	10075	12442	286351
精制茶加工	4000	5322			40006
精制茶加工	4000	5322			40006
烟草制品业					2143902
卷烟制造					2143902
卷烟制造					2143902
纺织业	876968	1190989	814599	412161	16855249
棉、化纤纺织及印染精加工	480246	728750	424946	196144	10264001
棉、化纤纺织加工	306786	428288	192345	85161	5693694
棉、化纤印染精加工	173460	300462	232601	110983	4570307
毛纺织和染整精加工	23398	29761	54267	7913	399322
毛条加工		1300	40184		65072
毛纺织	10982	25773	14083	3359	295403
毛染整精加工	12416	2688		4555	38848
麻纺织	9026	8921	10936	2161	99290
麻纺织	9026	8921	10936	2161	99290
丝绢纺织及精加工	28113	61969	97275	11416	756894
缫丝加工	2562	4098			93328

1－E－3 续表6－4

单位：个、万元、人

指 标 名 称					主营业务收入
	法人资本	个人资本	港澳台资本	外商资本	
绢纺和丝织加工	25172	37363	97275	11289	558771
丝印染精加工	379	20508		126	104796
纺织制成品制造	209978	172190	68637	88570	2418832
棉及化纤制品制造	151990	73829	29474	57445	1261431
毛制品制造	4672	16318	9492	100	212092
麻制品制造			737		5215
丝制品制造	13723	34069	19316	6490	453095
绳、索、缆的制造					5247
纺织带和帘子布制造	12055	14852	3324	10187	153809
无纺布制造	6268	25194	750	4143	140680
其他纺织制成品制造	21271	7928	5543	10205	187263
针织品、编织品及其制品制造	126207	189398	158539	105957	2916909
棉、化纤针织品及编织品制造	97672	136084	135146	95901	2268452
毛针织品及编织品制造	8143	28175	16539	7163	308906
丝针织品及编织品制造	17887	25138	6854	2070	327446
其他针织品及编织品制造	2505			824	12105
纺织服装、鞋、帽制造业	255150	399047	185179	193998	6189246
纺织服装制造	255150	395845	185179	193998	6169108
纺织服装制造	255150	395845	185179	193998	6169108
纺织面料鞋的制造		1880			15126
纺织面料鞋的制造		1880			15126
制 帽		1322			5012
制 帽		1322			5012
皮革、毛皮、羽毛(绒)及其制品业	148531	272320	87897	136743	4224976
皮革鞣制加工	19929	27667	25094	24193	548417
皮革鞣制加工	19929	27667	25094	24193	548417
皮革制品制造	108867	217814	37279	97464	2977690
皮鞋制造	82903	169823	13088	58331	2250267
皮革服装制造	4996	8382	1985	2539	101455
皮箱、包(袋)制造	6126	16396	22006	20777	385715
皮手套及皮装饰制品制造	793	4803		10293	70456
其他皮革制品制造	14050	18411	200	5524	169796
毛皮鞣制及制品加工	1586	7468	8724		35619
毛皮服装加工	1586	7468	8724		35619
羽毛(绒)加工及制品制造	18149	19371	16800	15086	663250
羽毛(绒)加工	2188	2493			31213
羽毛(绒)制品加工	15962	16879	16800	15086	632037
木材加工及木、竹、藤、棕、草制品业	60889	22150	14341	33743	860523
锯材、木片加工	3461			1154	6170
锯材加工	3461			1154	6170

1－E－3 续表 6－5

单位：个、万元、人

指 标 名 称					主营业务收 入
	法人资本	个人资本	港澳台资本	外商资本	
人造板制造	43433	9887	8668	11951	445719
胶合板制造	32698	7260	4975	11951	226023
纤维板制造					124962
其他人造板、材制造	10736	2627	3693		94735
木制品制造	9153	10348		20638	336597
建筑用木料及木材组件加工	9153	10348		20638	336597
竹、藤、棕、草制品制造	4842	1915	5673		72037
竹、藤、棕、草制品制造	4842	1915	5673		72037
家具制造业	76186	101583	100690	220172	2187225
木质家具制造	20595	24456	27307	55140	389653
木质家具制造	20595	24456	27307	55140	389653
竹、藤家具制造	2084		756		8345
竹、藤家具制造	2084		756		8345
金属家具制造	40943	54793	34973	109355	1209621
金属家具制造	40943	54793	34973	109355	1209621
塑料家具制造	1620	380			10852
塑料家具制造	1620	380			10852
其他家具制造	10944	21954	37655	55677	568754
其他家具制造	10944	21954	37655	55677	568754
造纸及纸制品业	646216	169598	98488	49078	3195524
造 纸	612697	113522	77903	8120	2335675
机制纸及纸板制造	612697	113522	77903	8120	2335675
纸制品制造	33519	56077	20584	40958	859849
纸和纸板容器的制造	25829	38148	6111	30459	646591
其他纸制品制造	7690	17929	14473	10499	213258
印刷业和记录媒介的复制	44964	97247	6747	17500	689595
印 刷	44964	97247	6747	17500	689595
书、报、刊印刷	15785	7626		5800	109576
本册印制	300	21843	100		124399
包装装潢及其他印刷	28879	67778	6647	11700	455620
文教体育用品制造业	42208	129612	90363	134270	1519660
文化用品制造	18222	25072	19694	11108	464132
文具制造	7896	6062	18300	10247	165587
笔的制造	2016	16820	1394	861	101720
教学用模型及教具制造	8310	2190			196825
体育用品制造	8345	16430	37234	37271	273180
球类制造		460		197	9014
体育器材及配件制造		6672	9858		52254
训练健身器材制造	7345	7930	5592	17484	121282
运动防护用具制造			21784		21061

1-E-3 续表6-6

单位：个、万元、人

指标名称	法人资本	个人资本	港澳台资本	外商资本	主营业务收入
其他体育用品制造	1000	1368		19591	69570
乐器制造	3375	5956	1125	53551	114633
西乐器制造	3375	5800	1125	38109	71400
其他乐器及零件制造		156		15442	43233
玩具制造	12266	62357	12352	32340	567387
玩具制造	12266	62357	12352	32340	567387
游艺器材及娱乐用品制造		19797	19958		100329
露天游乐场所游乐设备制造		10997			21325
游艺用品及室内游艺器材制造		8800	19958		79004
石油加工、炼焦及核燃料加工业	12251		16298		1336473
精炼石油产品的制造	12251		16298		1336473
原油加工及石油制品制造	12251		16298		1336473
化学原料及化学制品制造业	881202	481317	102858	326728	9889698
基础化学原料制造	89429	76778	38312	34062	1380326
无机酸制造	37367	3233			62137
无机碱制造	10398	11851	5353		243945
有机化学原料制造	41664	60694	32959	21418	983858
其他基础化学原料制造		1000		12644	90387
肥料制造	40227	15270			242062
氮肥制造	35227	15270			227157
其他肥料制造	5000				14905
农药制造	35801	56050	2250	28819	756717
化学农药制造	35801	46050	2250	28819	744696
生物化学农药及微生物农药制造		10000			12021
涂料、油墨、颜料及类似产品制造	33869	41289	5445	29119	930734
涂料制造	6591	17827		8881	265700
油墨及类似产品制造	11198	5091		11198	91222
颜料制造	2754	8792	3024	918	72824
染料制造	13326	8780	2421	8122	487433
密封用填料及类似品制造		800			13555
合成材料制造	637586	131732	40288	200931	4554183
初级形态的塑料及合成树脂制造	39775	120357	1224	181831	1548794
合成橡胶制造		200			3344
合成纤维单(聚合)体的制造	595806	10980	39064		2909654
其他合成材料制造	2005	195		19100	92391
专用化学产品制造	33492	72431	16562	13923	997071
化学试剂和助剂制造	11271	30024		1868	464217
专项化学用品制造	13051	35510	16562	3666	404240
炸药及火工产品制造	1667	4241			62625
信息化学品制造	7503	2656		8389	65989

1－E－3 续表6－7 单位：个、万元、人

指 标 名 称	法人资本	个人资本	港澳台资本	外商资本	主营业务收入
日用化学产品制造	10797	87767		19876	1028605
肥皂及合成洗涤剂制造	6642	40522		6881	126588
化妆品制造	1656	5300		12995	424616
香料、香精制造	2500	1250			180080
其他日用化学产品制造		40695			297321
医药制造业	167335	223792	18936	100500	2802368
化学药品原药制造	73751	127800	116	4858	1282585
化学药品原药制造	73751	127800	116	4858	1282585
化学药品制剂制造	60021	31141	7969	72672	842191
化学药品制剂制造	60021	31141	7969	72672	842191
中成药制造	15206	36054	9939	1387	278327
中成药制造	15206	36054	9939	1387	278327
兽用药品制造				8080	74462
兽用药品制造				8080	74462
生物、生化制品的制造	18357	22730	891	12285	250102
生物、生化制品的制造	18357	22730	891	12285	250102
卫生材料及医药用品制造		6067	21	1219	74701
卫生材料及医药用品制造		6067	21	1219	74701
化学纤维制造业	452852	317580	131756	272050	8778634
纤维素纤维原料及纤维制造	23725	2558			31834
人造纤维（纤维素纤维）制造	23725	2558			31834
合成纤维制造	429127	315022	131756	272050	8746800
锦纶纤维制造	9040	12990	9620		147676
涤纶纤维制造	340975	250013	72911	115393	7421548
腈纶纤维制造	25000	7470	2490		159889
其他合成纤维制造	54112	44549	46735	156657	1017687
橡胶制品业	42814	47908	1573	55389	712237
轮胎制造	24000			49342	230435
车辆、飞机及工程机械轮胎制造	24000			49342	230435
橡胶板、管、带的制造	3300	29837	124		272137
橡胶板、管、带的制造	3300	29837	124		272137
橡胶零件制造	13993	4500		5640	87292
橡胶零件制造	13993	4500		5640	87292
日用及医用橡胶制品制造		1550			15162
日用及医用橡胶制品制造		1550			15162
橡胶靴鞋制造	1521	12021	1449	407	107212
橡胶靴鞋制造	1521	12021	1449	407	107212
塑料制品业	152607	264425	70560	154100	4343650
塑料薄膜制造	28252	28775		85226	677208
塑料薄膜制造	28252	28775		85226	677208

1－E－3 续表6－8

单位：个、万元、人

指 标 名 称	法人资本	个人资本	港澳台资本	外商资本	主营业务收入
塑料板、管、型材的制造	42401	43163	4552	3499	747787
塑料板、管、型材的制造	42401	43163	4552	3499	747787
塑料丝、绳及编织品的制造	1923	47780	182		211608
塑料丝、绳及编织品的制造	1923	47780	182		211608
泡沫塑料制造	288	13954	3342	248	80187
泡沫塑料制造	288	13954	3342	248	80187
塑料人造革、合成革制造	6793	77639	17713	1358	1002127
塑料人造革、合成革制造	6793	77639	17713	1358	1002127
塑料包装箱及容器制造	14934	12025	6402	30742	330584
塑料包装箱及容器制造	14934	12025	6402	30742	330584
塑料零件制造	39166	12323	16552	9359	341037
塑料零件制造	39166	12323	16552	9359	341037
日用塑料制造	18850	21888	21713	13795	853036
塑料鞋制造	1425	1848	201	1206	16015
日用塑料杂品制造	17425	20040	21512	12590	837021
其他塑料制品制造		6878	104	9873	100076
其他塑料制品制造		6878	104	9873	100076
非金属矿物制品业	584717	258123	96399	52753	3339925
水泥、石灰和石膏的制造	404748	137079	56600	2069	1819756
水泥制造	404748	137079	56600	2069	1819756
水泥及石膏制品制造	48840	31778			535792
水泥制品制造	33031	31588			437853
砼结构构件制造	4809	191			13830
轻质建筑材料制造	11000				84109
砖瓦、石材及其他建筑材料制造	6841	6565	13905		113525
建筑陶瓷制品制造	4304	5000	13905		97028
防水建筑材料制造	2537	1565			16497
玻璃及玻璃制品制造	113531	40868	25894	49492	571564
平板玻璃制造	80431	9350	4500		169732
技术玻璃制品制造	11480	13308		34019	159998
日用玻璃制品及玻璃包装容器制造	1106	15284	9144	660	156878
玻璃保温容器制造	137	851			10894
玻璃纤维及制品制造	16376			14472	42499
其他玻璃制品制造	4000	2075	12250	341	31563
陶瓷制品制造	6990	6480		1192	56710
卫生陶瓷制品制造	6990	1188			28186
特种陶瓷制品制造		4792		1192	22420
日用陶瓷制品制造		500			6104
耐火材料制品制造	2980	25036			156456

1－E－3 续表6－9 单位：个、万元、人

指 标 名 称	法人资本	个人资本	港澳台资本	外商资本	主营业务收入
石棉制品制造	1900	750			15860
耐火陶瓷制品及其他耐火材料制造	1080	24286			140596
石墨及其他非金属矿物制品制造	787	10317			86122
石墨及碳素制品制造	787	9017			72723
其他非金属矿物制品制造		1300			13399
黑色金属冶炼及压延加工业	81593	255078	57642	114811	5154058
炼 钢	8005	3013			370926
炼 钢	8005	3013			370926
钢压延加工	73588	232065	57642	114811	4653122
钢压延加工	73588	232065	57642	114811	4653122
铁合金冶炼		20000			130010
铁合金冶炼		20000			130010
有色金属冶炼及压延加工业	132020	203469	98624	14967	5718794
常用有色金属冶炼	29257	49470	28123		2322224
铜冶炼	500	9470			1706595
铅锌冶炼					31357
镍钴冶炼	23757		28123		238415
铝冶炼	5000	40000			345857
贵金属冶炼		3000			26592
金冶炼					9651
银冶炼		3000			16941
稀有稀土金属冶炼	22234				15843
稀土金属冶炼	22234				15843
有色金属合金制造	12000	5260	14888	3488	354505
有色金属合金制造	12000	5260	14888	3488	354505
有色金属压延加工	68529	145739	55613	11479	2999632
常用有色金属压延加工	68223	145739	55423	11479	2987112
稀有稀土金属压延加工	306		190		12520
金属制品业	262163	302653	121658	166057	5312086
结构性金属制品制造	96999	101732	24246	13759	1784229
金属结构制造	82599	52736	19411	1159	1133539
金属门窗制造	14400	48997	4836	12600	650690
金属工具制造	21007	43602	885	20466	453026
切削工具制造	2028	19783		176	83909
手工具制造	15822	12146	105	1435	195055
农用及园林用金属工具制造	1056	8348		12177	111456
刀剪及类似日用金属工具制造	2101	1842	780	6677	58322
其他金属工具制造		1483			4285
集装箱及金属包装容器制造	49005	20699	12859	35086	832535

1－E－3 续表 6－10

单位：个、万元、人

指 标 名 称	法人资本	个人资本	港澳台资本	外商资本	主营业务收入
集装箱制造	8954	127	12859	20303	394075
金属压力容器制造		4598			61764
金属包装容器制造	40050	15974		14783	376696
金属丝绳及其制品的制造	6405	4088	57448	165	279868
金属丝绳及其制品的制造	6405	4088	57448	165	279868
建筑、安全用金属制品制造	36471	50496	8049	34910	850105
建筑、家具用金属配件制造	21167	35364	3502	18177	457167
建筑装饰及水暖管道零件制造	13051	10894	854	16615	319031
安全、消防用金属制品制造	2254	4239	3693	118	73907
金属表面处理及热处理加工	34317	15327	11100	14502	269144
金属表面处理及热处理加工	34317	15327	11100	14502	269144
搪瓷制品制造		1788			36359
搪瓷日用品及其他搪瓷制品制造		1788			36359
不锈钢及类似日用金属制品制造	17179	63501	7071	47169	775772
金属制厨房调理及卫生器具制造	7465	15055	323	1283	204171
金属制厨用器皿及餐具制造	9713	46774	2694	14306	504879
其他日用金属制品制造		1672	4054	31580	66722
其他金属制品制造	780	1420			31048
其他未列明的金属制品制造	780	1420			31048
通用设备制造业	498598	700652	237992	218857	9484329
锅炉及原动机制造	22441	19765	11700	3414	614374
锅炉及辅助设备制造	22441	2759	8400	3414	297137
内燃机及配件制造		15906	3300		277799
汽轮机及辅机制造		1100			22531
水轮机及辅机制造					16907
金属加工机械制造	37903	59503	19734	10959	545523
金属切削机床制造	21509	32892	8913		330833
金属成形机床制造		797		10959	41466
铸造机械制造			10821		10503
金属切割及焊接设备制造	15593	14146			105738
机床附件制造	802	7630			27987
其他金属加工机械制造		4038			28996
起重运输设备制造	48183	27056	3530	12328	1059310
起重运输设备制造	48183	27056	3530	12328	1059310
泵、阀门、压缩机及类似机械的制造	123245	225129	10298	73824	2437566
泵及真空设备制造	40768	71549	1868	33156	686939
气体压缩机械制造	7920	21084	383	1804	351683
阀门和旋塞的制造	68161	102076	7057	18315	1176933
液压和气压动力机械及元件制造	6396	30420	991	20549	222011

1－E－3 续表6－11 单位：个、万元、人

指 标 名 称					主营业务收 入
	法人资本	个人资本	港澳台资本	外商资本	
轴承、齿轮、传动和驱动部件的制造	95886	173305	54969	69094	1778668
轴承制造	72914	83936	43832	60540	904178
齿轮、传动和驱动部件制造	22972	89369	11137	8555	874490
风机、衡器、包装设备等通用设备制造	135390	95325	41744	14951	1668696
风机、风扇制造	21518	11493	482	875	201918
气体、液体分离及纯净设备制造	53189	20995	2344		460953
制冷、空调设备制造	12982	12591	424	600	235071
风动和电动工具制造	19658	36039	36691	10411	495939
喷枪及类似器具制造	3837	8827	1803	2141	111683
包装专用设备制造	13406	1800		925	77155
其他通用设备制造	10800	3580			85978
通用零部件制造及机械修理	9504	67746	63197	16215	804151
金属密封件制造	300				3908
紧固件、弹簧制造	7699	63095	63197	13530	748850
机械零部件加工及设备修理	800	1400			17799
其他通用零部件制造	705	3251		2684	33594
金属铸、锻加工	26046	32822	32820	18074	576043
钢铁铸件制造	16999	18574	32820	9962	478673
锻件及粉末冶金制品制造	9047	14248		8112	97370
专用设备制造业	120459	206217	43987	218863	2794021
矿山、冶金、建筑专用设备制造	11730	4310		37563	394810
采矿、采石设备制造	5000	1670			59128
石油钻采专用设备制造	1660	2340			24941
建筑工程用机械制造	5070	300		37563	310740
化工、木材、非金属加工专用设备制造	15606	80417	10570	40604	676461
炼油、化工生产专用设备制造	6749	25689			196775
塑料加工专用设备制造	50	24746		12238	193779
木材加工机械制造				9936	10669
模具制造	8807	29983	10570	18430	275238
食品、饮料、烟草及饲料生产专用设备制造		2000		3000	54789
食品、饮料、烟草工业专用设备制造		2000		3000	54789
印刷、制药、日化生产专用设备制造	5000				14352
制药专用设备制造	5000				14352
纺织、服装和皮革工业专用设备制造	18560	84148	14392	40627	623504
纺织专用设备制造	15754	29774	3354	125	240644
缝纫机械制造	2180	54374	5605	40502	369672
其他服装加工专用设备制造	626		5434		13189
电子和电工机械专用设备制造	27754	1632		21822	118793
电子工业专用设备制造	27754	1632		21822	118793

1－E－3 续表6－12

单位：个、万元、人

指 标 名 称	法人资本	个人资本	港澳台资本	外商资本	主营业务收 入
农、林、牧、渔专用机械制造	3760	1640	3474	25090	238454
拖拉机制造	2242			20400	102003
机械化农业及园艺机具制造	1300	1640	3474	4690	131046
渔业机械制造	218				5405
医疗仪器设备及器械制造	5760	11403	7478	40007	168591
医疗诊断、监护及治疗设备制造			7478		11329
医疗、外科及兽医用器械制造	5760	6153		38957	138872
机械治疗及病房护理设备制造		5250		1050	18390
环保、社会公共安全及其他专用设备制造	32290	20667	8073	10151	504268
环境污染防治专用设备制造	7840	2447	8073	9667	276514
地质勘查专用设备制造	450	2550			13198
社会公共安全设备及器材制造	24000	15526		308	209981
其他专用设备制造		144		176	4575
交通运输设备制造业	728623	658570	208878	327265	8884964
汽车制造	474272	378283	188830	244736	4935092
汽车整车制造	276086	114690	5500	18026	1374063
汽车零部件及配件制造	198186	263593	183330	226710	3561030
摩托车制造	51873	65577		637	899307
摩托车整车制造	1000	17087			230092
摩托车零部件及配件制造	50873	48490		637	669215
自行车制造	14000	6844	410	25404	442415
脚踏自行车及残疾人座车制造	5920	5644	410	20479	276614
助动自行车制造	8080	1200		4925	165802
船舶及浮动装置制造	188175	201765	13878	56488	2562171
金属船舶制造	161223	181635		48238	2121997
非金属船舶制造	10452		5628		92123
船用配套设备制造		8000			28952
船舶修理及拆船	16500	12130	8250	8250	319099
航空航天器制造		3500			11855
其他飞行器制造		3500			11855
交通器材及其他交通运输设备制造	303	2600	5760		34124
其他交通运输设备制造	303	2600	5760		34124
电气机械及器材制造业	665836	999279	187723	389344	15150202
电机制造	70375	153836	14466	88057	2068507
发电机及发电机组制造	7045	15069	9084	56410	284843
电动机制造	21760	53788	820	13076	811537
微电机及其他电机制造	41570	84979	4562	18571	972127
输配电及控制设备制造	291008	429943	9804	43026	3669154
变压器、整流器和电感器制造	31110	69023	339		710220

1－E－3 续表 6－13 单位：个、万元、人

指 标 名 称					主营业务收 入
	法人资本	个人资本	港澳台资本	外商资本	
电容器及其配套设备制造	2883	2648	413		77008
配电开关控制设备制造	245079	260020	6952	26780	2258524
电力电子元器件制造	11781	89589	2101	16246	550251
其他输配电及控制设备制造	155	8663			73151
电线、电缆、光缆及电工器材制造	75796	110169	64971	78509	3068206
电线电缆制造	55432	91029	59894	56939	2689606
光纤、光缆制造	20365	16900		21571	299638
其他电工器材制造		2239	5077		78962
电池制造	51516	55593	8949	119245	1751172
电池制造	51516	55593	8949	119245	1751172
家用电力器具制造	123811	149911	44330	28197	2711336
家用制冷电器具制造	16730	13038	83		246291
家用空气调节器制造	40150	13721		197	235230
家用通风电器具制造	6146	8584	3317		202096
家用厨房电器具制造	19395	19803	7824	11	546858
家用清洁卫生电器具制造	12384	20419	20758	12646	506467
家用美容、保健电器具制造	2033	15232	10300	2313	232667
家用电力器具专用配件制造	25159	12919	411	4908	347672
其他家用电力器具制造	1813	46196	1638	8122	394055
非电力家用器具制造	8734	1789	4784	10099	301585
燃气、太阳能及类似能源的器具制造	7134	1400	1473	2798	209383
其他非电力家用器具制造	1600	389	3311	7301	92202
照明器具制造	35862	83089	40419	17861	1454612
电光源制造	14162	27342	4635	15963	620426
照明灯具制造	20795	52697	29451	1898	710316
灯用电器附件及其他照明器具制造	904	3050	6332		123870
其他电气机械及器材制造	8735	14949		4350	125630
车辆专用照明及电气信号设备装置制造	8735	14781		4350	116013
其他未列明的电气机械制造		168			9617
通信设备、计算机及其他电子设备制造业	363197	244723	384471	492939	6927757
通信设备制造	104075	56298	100488	133665	2844476
通信传输设备制造	5837	2420	7304	22576	171094
通信交换设备制造	2321	3008	2085		15844
通信终端设备制造	291			125	23214
移动通信及终端设备制造	95627	50870	86160	80963	2598131
其他通信设备制造			4938	30001	36194
广播电视设备制造	11790	21828		12315	266261
广播电视节目制作及发射设备制造		1200			12951
广播电视接收设备及器材制造	10559	5179		12315	168607

1－E－3　续表 6－14　　　　　　单位：个、万元、人

指标名称	法人资本	个人资本	港澳台资本	外商资本	主营业务收入
应用电视设备及其他广播电视设备制造	1231	15449			84703
电子计算机制造	54255	510	161870	94415	1089481
计算机网络设备制造	5652			8891	72083
电子计算机外部设备制造	48603	510	161870	85525	1017398
电子器件制造	104744	63060	31927	77637	621634
半导体分立器件制造	27849	6641	19689	27735	197908
集成电路制造	60705	45954	3905		215581
光电子器件及其他电子器件制造	16190	10465	8334	49901	208145
电子元件制造	70508	82299	76390	156433	1618743
电子元件及组件制造	59845	74667	53937	130745	1481823
印制电路板制造	10663	7632	22453	25688	136920
家用视听设备制造	10294	11856	11183	2816	264752
家用影视设备制造	9641	11262	10985		232038
家用音响设备制造	653	594	198	2816	32714
其他电子设备制造	7532	8873	2613	15658	222410
其他电子设备制造	7532	8873	2613	15658	222410
仪器仪表及文化、办公用机械制造业	71563	175289	58123	90210	1605517
通用仪器仪表制造	35093	69135	35307	35691	973269
工业自动控制系统装置制造	8299	25226		13671	322458
电工仪器仪表制造	16352	24011			195502
绘图、计算及测量仪器制造	1777	6230	20618	8692	139834
实验分析仪器制造				4138	18492
供应用仪表及其他通用仪器制造	8666	13668	14689	9189	296983
专用仪器仪表制造	4195	70460		16112	256771
环境监测专用仪器仪表制造		4800			10125
汽车及其他用计数仪表制造	4195	39400		1928	144769
教学专用仪器制造		26260			52796
电子测量仪器制造				14183	49080
钟表与计时仪器制造	1676	2415		519	29993
钟表与计时仪器制造	1676	2415		519	29993
光学仪器及眼镜制造	13753	30879	12396	18255	230503
光学仪器制造	8001	3334	12396	5770	94677
眼镜制造	5752	27545		12485	135826
文化、办公用机械制造	16846	2400	5528	9155	96612
照相机及器材制造	9578		5278	1923	24357
复印和胶印设备制造	550		250		5447
计算器及货币专用设备制造	1350	2250			20894
其他文化、办公用机械制造	5368	150		7233	45913
其他仪器仪表的制造及修理			4892	10478	18370

1－E－3 续表6－15 单位：个、万元、人

指标名称					主营业务收入
	法人资本	个人资本	港澳台资本	外商资本	
其他仪器仪表的制造及修理			4892	10478	18370
工艺品及其他制造业	75468	162857	80735	52959	2256221
工艺美术品制造	51922	85666	54121	22219	1349695
雕塑工艺品制造	4885				8952
金属工艺品制造	4784	1964	1091	4303	82297
漆器工艺品制造		3400			10203
花画工艺品制造		1018			13819
天然植物纤维编织工艺品制造		6752			14368
抽纱刺绣工艺品制造	16675	30368	10946	4715	340943
地毯、挂毯制造	502	9054	7079	237	77969
珠宝首饰及有关物品的制造	18821	9951	23267	9622	609717
其他工艺美术品制造	6256	23160	11738	3342	191427
日用杂品制造	22880	76056	26614	30740	895708
制镜及类似品加工	100			4966	50909
鬃毛加工、制刷及清扫工具的制造	955	1544	8808	303	67165
其他日用杂品制造	21825	74513	17807	25471	777634
其他未列明的制造业	666	1134			10818
其他未列明的制造业	666	1134			10818
废弃资源和废旧材料回收加工业	83	6142		18770	398840
金属废料和碎屑的加工处理	83	6142		18770	398840
金属废料和碎屑的加工处理	83	6142		18770	398840
电力、燃气及水的生产和供应业	**1399000**	**38602**	**2558**	**9881**	**9180992**
电力、热力的生产和供应业	1375878	38602	2558	9881	8684051
电力生产	1367432	27714	2558	7835	3884173
火力发电	864639	27714	2558	7835	3009587
水力发电					60706
核力发电	502793				813880
电力供应					4678101
电力供应					4678101
热力生产和供应	8446	10888		2046	121777
热力生产和供应	8446	10888		2046	121777
燃气生产和供应业	318				183149
燃气生产和供应业	318				183149
燃气生产和供应业	318				183149
水的生产和供应业	22803				313792
自来水的生产和供应	22803				252115
自来水的生产和供应	22803				252115
污水处理及其再生利用					61677
污水处理及其再生利用					61677

1－E－3 续表7－1 单位：个、万元、人

指 标 名 称	主营业务成 本	主 营 业 务税金及附加	其他业务收 入	其他业务利 润	营业费用
总 计	**126992078**	**1645631**	**3396601**	**465040**	**3760076**
一、按轻重工业分					
轻工业	57644111	1327986	2009247	154811	2309540
重工业	69347966	317645	1387355	310229	1450537
二、按登记注册类型分					
内 资	**84411846**	**1538590**	**2137325**	**295132**	**2202320**
国 有	7015702	1113057	509146	4545	86767
集 体	373952	1479	8541	1817	12978
股份合作企业	542855	1935	3050	1879	13296
联营企业	115819	609	2057	－35	1868
集体联营	58823	316	163		
国有与集体联营	26583	221	1629	－19	1723
其他联营	30414	73	266	－16	145
有限责任公司	22677210	137488	610362	102668	587499
国有独资公司	595113	3972	22147	7839	34658
其他有限责任公司	22082097	133516	588215	94829	552841
股份有限公司	11095853	57561	343164	30550	383399
私营企业	42141705	225444	656294	152058	1103639
私营独资	855671	4167	9396	2465	24861
私营合伙	136881	1238	194	27	4108
私营有限责任公司	38602324	205198	609510	143040	1004109
私营股份有限公司	2546829	14841	37194	6526	70562
其 他	448751	1017	4713	1651	12875
港澳台商投资	**18684607**	**51078**	**510647**	**58256**	**553578**
与港澳台商合资经营	12989801	39392	345306	28987	366939
与港澳台商合作经营	274484	206	6801	1587	2888
港澳台商独资	5263654	11087	154850	24017	179674
港澳台商投资股份有限公司	156668	394	3691	3665	4078
外商投资	**23895625**	**55963**	**748629**	**111653**	**1004178**
中外合资经营	15416485	43304	522465	61162	605543
中外合作经营	422443	419	32787	2691	6826
外资企业	6883642	11049	167671	35116	368730
外商投资股份有限公司	1173055	1191	25707	12684	23080
三、按控股情况分					
国有控股	13999336	1192015	633881	33575	251556
集体控股	4925770	34791	180221	17284	123587
私人控股	76750246	356980	1465780	277715	2090558
港澳台商控股	11317907	17380	345116	44476	364491
外商控股	16069848	36681	598005	83769	795986
其 他	3928971	7784	173599	8222	133897

1－E－3 续表7－2

单位：个、万元、人

指标名称	主营业务成本	主营业务税金及附加	其他业务收入	其他业务利润	营业费用
四、按国民经济行业(门类、大类、中类、小类)分					
采矿业	**254639**	**3799**	**1989**	**814**	**5338**
黑色金属矿采选业	75307	1331	925	355	1660
铁矿采选	75307	1331	925	355	1660
铁矿采选	75307	1331	925	355	1660
有色金属矿采选业	173200	2398	1037	453	3051
常用有色金属矿采选	148460	922	1012	471	2259
铜矿采选	91544	650	957	458	1199
铅锌矿采选	56917	272	55	13	1060
稀有稀土金属矿采选	24740	1476	25	－18	792
钨钼矿采选	20897	1476			774
放射性金属矿采选	3843		25	－18	17
非金属矿采选业	6132	71	26	6	627
化学矿采选	6132	71	26	6	627
化学矿采选	6132	71	26	6	627
制造业	**118495849**	**1591901**	**3304015**	**429015**	**3706710**
农副食品加工业	1455971	1838	35684	－848	38284
饲料加工	218667	203	1266	1028	11030
饲料加工	218667	203	1266	1028	11030
植物油加工	359005		27717	－3174	3841
食用植物油加工	359005		27717	－3174	3841
屠宰及肉类加工	291215	583	472	469	5750
畜禽屠宰	154516	149	470	468	1969
肉制品及副产品加工	136699	434	1	1	3781
水产品加工	424033	439	5152	173	7954
水产品冷冻加工	417741	437	5152	173	7648
鱼糜制品及水产品干腌制加工	6292	2			306
蔬菜、水果和坚果加工	130352	448	721	422	6820
蔬菜、水果和坚果加工	130352	448	721	422	6820
其他农副食品加工	32699	166	357	233	2890
豆制品制造	32699	166	357	233	2890
食品制造业	671752	2586	25765	2941	58148
焙烤食品制造	103216	153	2727	390	23499
糕点、面包制造	13056	32	366	88	5195
饼干及其他焙烤食品制造	90160	121	2361	302	18305
糖果、巧克力及蜜饯制造	13851				729
糖果、巧克力制造	13851				729
方便食品制造	78573	332	2022	427	9257
速冻食品制造	51834	96	1745	269	6816
方便面及其他方便食品制造	26739	236	278	159	2440

1-E-3 续表7-3

单位：个、万元、人

指 标 名 称	主营业务成本	主营业务税金及附加	其他业务收入	其他业务利润	营业费用
液体乳及乳制品制造	48404	170	493	97	3920
液体乳及乳制品制造	48404	170	493	97	3920
罐头制造	253531	925	6471	1067	8893
肉、禽类罐头制造	19196	28	112	69	685
水产品罐头制造	11790	11		-3	206
蔬菜、水果罐头制造	144542	795	4842	542	7994
其他罐头食品制造	78002	91	1517	458	8
调味品、发酵制品制造	49129	586	1913	868	3087
味精制造	40146	266	1502	586	1285
酱油、食醋及类似制品的制造	8983	320	411	281	1802
其他食品制造	125049	420	12139	92	8763
营养、保健食品制造	21367	78	308	91	50
冷冻饮品及食用冰制造	45175	70	139	1	6760
食品及饲料添加剂制造	58507	272	11691		1954
饮料制造业	1917023	59262	334221	9826	278438
酒的制造	329460	57604	13995	4572	100388
啤酒制造	220564	49568	13186	4060	86329
黄酒制造	108896	8035	809	512	14059
软饮料制造	1553812	1536	320075	5103	174280
瓶(罐)装饮用水制造	1075778	783	299485	4124	125532
果菜汁及果菜汁饮料制造	25523		542	72	17811
含乳饮料和植物蛋白饮料制造	238568	292	16145	610	104
茶饮料及其他软饮料制造	213943	460	3904	298	30833
精制茶加工	33752	123	151	151	3770
精制茶加工	33752	123	151	151	3770
烟草制品业	492501	1072041	414857	-26540	57066
卷烟制造	492501	1072041	414857	-26540	57066
卷烟制造	492501	1072041	414857	-26540	57066
纺织业	15006623	52755	295669	44447	229702
棉、化纤纺织及印染精加工	9244356	34690	168220	27294	98519
棉、化纤纺织加工	5156571	18588	121765	20012	51603
棉、化纤印染精加工	4087785	16103	46456	7282	46916
毛纺织和染整精加工	355666	1100	13225	2131	4938
毛条加工	63809	31	3462	703	580
毛纺织	259472	961	8960	1486	3778
毛染整精加工	32385	108	803	-58	580
麻纺织	82431	149	1262	969	845
麻纺织	82431	149	1262	969	845
丝绢纺织及精加工	690017	1795	19564	3657	8092
缫丝加工	85794	396	2971	481	805

1-E-3 续表7-4

单位：个、万元、人

指标名称	主营业务成本	主营业务税金及附加	其他业务收入	其他业务利润	营业费用
绢纺和丝织加工	508279	1186	13462	3101	6025
丝印染精加工	95944	214	3131	76	1262
纺织制成品制造	2112276	5607	63595	4102	61093
棉及化纤制品制造	1112962	3406	6516	2037	30719
毛制品制造	191009	630	1165	911	7096
麻制品制造	4397	5	89	9	122
丝制品制造	377592	646	23052	1937	12247
绳、索、缆的制造	4451	27	41	32	40
纺织带和帘子布制造	134842	238	1781	57	4468
无纺布制造	123345	262	883	638	2643
其他纺织制成品制造	163678	393	30069	-1518	3758
针织品、编织品及其制品制造	2521877	9414	29803	6295	56215
棉、化纤针织品及编织品制造	1952975	6868	23734	5132	44121
毛针织品及编织品制造	267969	1322	3192	828	7058
丝针织品及编织品制造	291180	1213	2870	327	4376
其他针织品及编织品制造	9753	11	7	7	661
纺织服装、鞋、帽制造业	5030432	23935	89199	20203	301447
纺织服装制造	5012298	23869	88681	19689	301038
纺织服装制造	5012298	23869	88681	19689	301038
纺织面料鞋的制造	13977	63	512	512	108
纺织面料鞋的制造	13977	63	512	512	108
制帽	4157	4	6	2	302
制帽	4157	4	6	2	302
皮革、毛皮、羽毛(绒)及其制品业	3671910	13108	24967	6657	109973
皮革鞣制加工	502122	637	10157	2574	4268
皮革鞣制加工	502122	637	10157	2574	4268
皮革制品制造	2545787	11503	8513	3218	88004
皮鞋制造	1904508	9096	3192	425	73013
皮革服装制造	90023	420	945	675	2022
皮箱、包(袋)制造	332927	1350	3304	1334	10472
皮手套及皮装饰制品制造	64748	35	363	225	895
其他皮革制品制造	153582	602	709	560	1602
毛皮鞣制及制品加工	30968	40	616	251	353
毛皮服装加工	30968	40	616	251	353
羽毛(绒)加工及制品制造	593033	927	5682	615	17348
羽毛(绒)加工	27595	145	211	136	365
羽毛(绒)制品加工	565438	782	5471	479	16983
木材加工及木、竹、藤、棕、草制品业	750466	4910	9304	3052	28548
锯材、木片加工	4744	8	169	169	106
锯材加工	4744	8	169	169	106

1-E-3 续表7-5

单位：个、万元、人

指标名称	主营业务成本	主营业务税金及附加	其他业务收入	其他业务利润	营业费用
人造板制造	403983	1098	8430	2694	9840
胶合板制造	199367	731	3776	727	5909
纤维板制造	119302	75	3947	1905	2029
其他人造板、材制造	85314	291	707	62	1903
木制品制造	283972	3579	541	140	14964
建筑用木料及木材组件加工	283972	3579	541	140	14964
竹、藤、棕、草制品制造	57767	225	164	49	3639
竹、藤、棕、草制品制造	57767	225	164	49	3639
家具制造业	1865013	6458	10536	5611	91863
木质家具制造	333755	1474	1987	486	16411
木质家具制造	333755	1474	1987	486	16411
竹、藤家具制造	8037	...	53	20	
竹、藤家具制造	8037	...	53	20	
金属家具制造	1041387	3931	4346	2077	44766
金属家具制造	1041387	3931	4346	2077	44766
塑料家具制造	9507	67			346
塑料家具制造	9507	67			346
其他家具制造	472328	986	4150	3028	30341
其他家具制造	472328	986	4150	3028	30341
造纸及纸制品业	2817829	8188	125124	15984	79646
造　纸	2052283	5891	116579	11193	56138
机制纸及纸板制造	2052283	5891	116579	11193	56138
纸制品制造	765546	2297	8545	4791	23509
纸和纸板容器的制造	580804	1664	7363	4647	17296
其他纸制品制造	184742	634	1182	144	6213
印刷业和记录媒介的复制	591309	3868	41833	6694	17262
印　刷	591309	3868	41833	6694	17262
书、报、刊印刷	85526	2234	16357	4534	6190
本册印制	115962	167	1463	174	599
包装装潢及其他印刷	389820	1467	24013	1986	10473
文教体育用品制造业	1285482	3800	19304	4520	46687
文化用品制造	385373	1211	1978	1626	14028
文具制造	140272	328	1028	742	4893
笔的制造	81704	544	91	85	4737
教学用模型及教具制造	163398	340	859	799	4398
体育用品制造	235067	1171	708	129	8494
球类制造	7625	64			257
体育器材及配件制造	42997	490	154	-32	2024
训练健身器材制造	104687	489	146	66	3489
运动防护用具制造	20980	20	68	...	636

1－E－3 续表7－6

单位：个、万元、人

指标名称	主营业务成本	主营业务税金及附加	其他业务收入	其他业务利润	营业费用
其他体育用品制造	58778	109	340	94	2089
乐器制造	96267	106	2245	536	2173
西乐器制造	58565	67	942	138	1189
其他乐器及零件制造	37702	38	1304	398	984
玩具制造	487099	1072	12652	1759	16366
玩具制造	487099	1072	12652	1759	16366
游艺器材及娱乐用品制造	81677	240	1720	472	5626
露天游乐场所游乐设备制造	17400	104			1030
游艺用品及室内游艺器材制造	64276	136	1720	472	4596
石油加工、炼焦及核燃料加工业	1327933	38889	36	28	2054
精炼石油产品的制造	1327933	38889	36	28	2054
原油加工及石油制品制造	1327933	38889	36	28	2054
化学原料及化学制品制造业	8401105	27614	118256	18202	328319
基础化学原料制造	1212938	4371	23712	4157	22669
无机酸制造	53961	358	187		733
无机碱制造	195116	1107	6106	706	5032
有机化学原料制造	894078	2724	12141	2561	14279
其他基础化学原料制造	69783	183	5278	890	2625
肥料制造	210584	1135	12006	1272	5104
氮肥制造	195679	1135	12006	1272	4998
其他肥料制造	14905				106
农药制造	570309	1156	8164	2097	26694
化学农药制造	561163	1143	7522	2050	26103
生物化学农药及微生物农药制造	9145	14	643	47	591
涂料、油墨、颜料及类似产品制造	766266	2224	12978	2500	28473
涂料制造	200422	623	4320	1210	11480
油墨及类似产品制造	77598	113	1337	138	4167
颜料制造	61737	119	532	－181	2357
染料制造	414651	1335	6754	1324	9984
密封用填料及类似品制造	11859	35	36	9	485
合成材料制造	4224509	9660	42045	2590	39550
初级形态的塑料及合成树脂制造	1462942	2699	28113	2351	27107
合成橡胶制造	3035	12			6
合成纤维单(聚合)体的制造	2686749	6166	13484	159	9973
其他合成材料制造	71782	783	448	80	2465
专用化学产品制造	825242	5483	14367	2098	36469
化学试剂和助剂制造	393509	1597	13607	1867	16377
专项化学用品制造	334667	2791	352	43	15853
炸药及火工产品制造	46036	475	110	57	2675
信息化学品制造	51030	620	297	131	1564

1－E－3 续表7－7

单位：个、万元、人

指标名称	主营业务成本	主营业务税金及附加	其他业务收入	其他业务利润	营业费用
日用化学产品制造	591257	3585	4984	3489	169361
肥皂及合成洗涤剂制造	100631	403	510	70	7176
化妆品制造	76265	642	1474	933	155954
香料、香精制造	162015	567	3000	2485	2429
其他日用化学产品制造	252347	1973			3803
医药制造业	1851560	14232	47890	8098	342395
化学药品原药制造	902366	7864	35753	4362	95276
化学药品原药制造	902366	7864	35753	4362	95276
化学药品制剂制造	517979	3186	5688	1968	141255
化学药品制剂制造	517979	3186	5688	1968	141255
中成药制造	110863	2204	510	216	90218
中成药制造	110863	2204	510	216	90218
兽用药品制造	62487	57	2049	798	1998
兽用药品制造	62487	57	2049	798	1998
生物、生化制品的制造	190788	864	3198	683	12097
生物、生化制品的制造	190788	864	3198	683	12097
卫生材料及医药用品制造	67078	57	691	71	1551
卫生材料及医药用品制造	67078	57	691	71	1551
化学纤维制造业	8296668	12839	324028	13967	43106
纤维素纤维原料及纤维制造	32879	62	3029	853	1260
人造纤维（纤维素纤维）制造	32879	62	3029	853	1260
合成纤维制造	8263790	12777	321000	13114	41846
锦纶纤维制造	133753	273	344	78	1647
涤纶纤维制造	7065725	10119	292461	11673	31520
腈纶纤维制造	163200	153			764
其他合成纤维制造	901112	2232	28195	1363	7914
橡胶制品业	593523	2793	13582	1982	16700
轮胎制造	189223	337	10315	294	4126
车辆、飞机及工程机械轮胎制造	189223	337	10315	294	4126
橡胶板、管、带的制造	226166	1628	859	202	8031
橡胶板、管、带的制造	226166	1628	859	202	8031
橡胶零件制造	69673	382	1284	500	2399
橡胶零件制造	69673	382	1284	500	2399
日用及医用橡胶制品制造	13570	53			320
日用及医用橡胶制品制造	13570	53			320
橡胶靴鞋制造	94891	392	1123	986	1824
橡胶靴鞋制造	94891	392	1123	986	1824
塑料制品业	3772546	12627	103201	18022	92260
塑料薄膜制造	619545	988	33429	10921	4400
塑料薄膜制造	619545	988	33429	10921	4400

1－E－3 续表7－8

单位：个、万元、人

指标名称	主营业务成本	主营业务税金及附加	其他业务收入	其他业务利润	营业费用
塑料板、管、型材的制造	646151	2086	32104	2209	27227
塑料板、管、型材的制造	646151	2086	32104	2209	27227
塑料丝、绳及编织品的制造	193470	923	9	9	1163
塑料丝、绳及编织品的制造	193470	923	9	9	1163
泡沫塑料制造	69513	181	636	447	1706
泡沫塑料制造	69513	181	636	447	1706
塑料人造革、合成革制造	900303	3931	10186	2436	9874
塑料人造革、合成革制造	900303	3931	10186	2436	9874
塑料包装箱及容器制造	274421	921	6802	75	7161
塑料包装箱及容器制造	274421	921	6802	75	7161
塑料零件制造	277236	1127	7379	458	10452
塑料零件制造	277236	1127	7379	458	10452
日用塑料制造	713101	2105	12499	1464	26549
塑料鞋制造	13927	12	789	72	519
日用塑料杂品制造	699174	2093	11710	1392	26030
其他塑料制品制造	78805	365	158	5	3728
其他塑料制品制造	78805	365	158	5	3728
非金属矿物制品业	2918447	18868	66577	19426	78545
水泥、石灰和石膏的制造	1640678	9491	18435	13590	34192
水泥制造	1640678	9491	18435	13590	34192
水泥及石膏制品制造	459388	5382	2616	627	11721
水泥制品制造	373540	5132	2411	458	10413
砼结构构件制造	12144	137	205	169	
轻质建筑材料制造	73704	112			1308
砖瓦、石材及其他建筑材料制造	87900	286	5031	567	
建筑陶瓷制品制造	72761	164	2948	620	
防水建筑材料制造	15139	122	2083	－53	
玻璃及玻璃制品制造	489866	1754	12916	3200	15029
平板玻璃制造	157470	446	10049	1794	1257
技术玻璃制品制造	129967	530	1490	618	6400
日用玻璃制品及玻璃包装容器制造	130630	592	432	52	4319
玻璃保温容器制造	9187	35	40	...	317
玻璃纤维及制品制造	34977	53	823	679	1465
其他玻璃制品制造	27635	97	84	57	1271
陶瓷制品制造	45606	224	530	394	2208
卫生陶瓷制品制造	24085	109	37	37	1396
特种陶瓷制品制造	16607	61	308	285	799
日用陶瓷制品制造	4914	54	185	73	13
耐火材料制品制造	122482	935	26926	925	12983

1-E-3 续表7-9

单位：个、万元、人

指 标 名 称	主营业务成 本	主营业务税金及附加	其他业务收 入	其他业务利 润	营业费用
石棉制品制造	12659	85	275	-123	496
耐火陶瓷制品及其他耐火材料制造	109823	850	26650	1048	12487
石墨及其他非金属矿物制品制造	72529	797	124	124	2412
石墨及碳素制品制造	60687	742	124	124	2019
其他非金属矿物制品制造	11842	55			393
黑色金属冶炼及压延加工业	4859673	24322	60990	18098	41621
炼 钢	337714	980	1848	128	2355
炼 钢	337714	980	1848	128	2355
钢压延加工	4398494	23192	59082	17910	39019
钢压延加工	4398494	23192	59082	17910	39019
铁合金冶炼	123465	151	59	59	247
铁合金冶炼	123465	151	59	59	247
有色金属冶炼及压延加工业	5517689	11270	141697	6201	24700
常用有色金属冶炼	2302807	6506	73033	2076	4124
铜冶炼	1717073	5956	23197	975	1519
铅锌冶炼	29378	131	972	655	58
镍钴冶炼	220939	172	46859	319	1223
铝冶炼	335417	247	2005	128	1324
贵金属冶炼	19096	86	774	587	221
金冶炼	4411	46	697	561	41
银冶炼	14685	40	78	26	180
稀有稀土金属冶炼	14395	64	11183	241	
稀土金属冶炼	14395	64	11183	241	
有色金属合金制造	324651	170	3602	195	3612
有色金属合金制造	324651	170	3602	195	3612
有色金属压延加工	2856740	4444	53105	3101	16743
常用有色金属压延加工	2846209	4434	52122	3013	16346
稀有稀土金属压延加工	10531	10	983	89	397
金属制品业	4619381	19473	74229	19172	124646
结构性金属制品制造	1519486	7441	17448	4984	33511
金属结构制造	959921	5523	15503	4025	16850
金属门窗制造	559566	1918	1945	959	16661
金属工具制造	382829	1859	14406	2386	11432
切削工具制造	64204	633	980	212	2332
手工具制造	170426	729	11388	1669	4885
农用及园林用金属工具制造	94771	292	1063	224	2487
刀剪及类似日用金属工具制造	49946	190	976	281	1607
其他金属工具制造	3482	16			122
集装箱及金属包装容器制造	776053	2005	15293	4582	17164

1－E－3 续表7－10

单位：个、万元、人

指标名称	主营业务成本	主营业务税金及附加	其他业务收入	其他业务利润	营业费用
集装箱制造	377110	53	3604	3319	5477
金属压力容器制造	52185	390	307	60	2362
金属包装容器制造	346757	1562	11381	1203	9326
金属丝绳及其制品的制造	255334	1822	9026	91	3794
金属丝绳及其制品的制造	255334	1822	9026	91	3794
建筑、安全用金属制品制造	738387	2955	4837	1446	23441
建筑、家具用金属配件制造	391195	2107	2839	988	13050
建筑装饰及水暖管道零件制造	284016	581	1201	143	7576
安全、消防用金属制品制造	63176	267	797	315	2815
金属表面处理及热处理加工	240810	396	1821	130	2398
金属表面处理及热处理加工	240810	396	1821	130	2398
搪瓷制品制造	32503	317	158		295
搪瓷日用品及其他搪瓷制品制造	32503	317	158		295
不锈钢及类似日用金属制品制造	646869	2543	11216	5554	31595
金属制厨房调理及卫生器具制造	153221	741	3457	2209	18281
金属制厨用器皿及餐具制造	436603	1681	6329	2451	11598
其他日用金属制品制造	57045	121	1430	894	1716
其他金属制品制造	27110	136	25		1016
其他未列明的金属制品制造	27110	136	25		1016
通用设备制造业	8055162	31472	167523	53694	254709
锅炉及原动机制造	552164	1478	9457	5001	12339
锅炉及辅助设备制造	279035	255	2471	1601	4687
内燃机及配件制造	242925	990	4787	2871	5817
汽轮机及辅机制造	16836	154	673	320	1196
水轮机及辅机制造	13369	79	1526	209	639
金属加工机械制造	428592	1667	8365	3976	28362
金属切削机床制造	253668	1086	5698	2684	20391
金属成形机床制造	29938	45	714	308	2759
铸造机械制造	7750	7			1357
金属切割及焊接设备制造	88690	253	866	370	2289
机床附件制造	24632	204	158	145	718
其他金属加工机械制造	23914	72	929	469	849
起重运输设备制造	898641	2485	38667	609	30534
起重运输设备制造	898641	2485	38667	609	30534
泵、阀门、压缩机及类似机械的制造	2050181	7664	30408	10174	71792
泵及真空设备制造	561013	2818	7867	2315	20759
气体压缩机械制造	315262	861	7584	5118	9557
阀门和旋塞的制造	1000792	3042	11526	1444	33761
液压和气压动力机械及元件制造	173113	943	3431	1297	7716

1-E-3　续表7-11

单位：个、万元、人

指标名称	主营业务成本	主营业务税金及附加	其他业务收入	其他业务利润	营业费用
轴承、齿轮、传动和驱动部件的制造	1483831	6955	35382	18952	36576
轴承制造	739222	3291	18643	10249	16416
齿轮、传动和驱动部件制造	744609	3665	16738	8703	20160
风机、衡器、包装设备等通用设备制造	1426075	6936	17851	5331	50099
风机、风扇制造	170544	2400	643	643	7882
气体、液体分离及纯净设备制造	403588	1219	6743	1047	11500
制冷、空调设备制造	196392	921	536	280	10193
风动和电动工具制造	429723	1719	5427	2921	9441
喷枪及类似器具制造	95243	260	1127	215	2027
包装专用设备制造	58272	209	1090	126	5241
其他通用设备制造	72312	210	2285	99	3815
通用零部件制造及机械修理	718952	2366	16080	7340	17170
金属密封件制造	2613	24	20	4	78
紧固件、弹簧制造	672758	2125	15336	7212	16051
机械零部件加工及设备修理	15542	78	45	34	324
其他通用零部件制造	28039	139	679	89	717
金属铸、锻加工	496727	1921	11314	2312	7838
钢铁铸件制造	411040	1622	2807	1095	5695
锻件及粉末冶金制品制造	85687	299	8507	1218	2144
专用设备制造业	2284711	8192	39959	14579	83676
矿山、冶金、建筑专用设备制造	324421	993	5748	4479	11603
采矿、采石设备制造	48967	465	1005	691	1713
石油钻采专用设备制造	19954	119			1640
建筑工程用机械制造	255500	409	4743	3788	8250
化工、木材、非金属加工专用设备制造	561933	2286	11979	4146	23020
炼油、化工生产专用设备制造	171042	614	521	136	5375
塑料加工专用设备制造	158263	741	6297	2026	8855
木材加工机械制造	10751	8	52	46	143
模具制造	221876	923	5109	1939	8647
食品、饮料、烟草及饲料生产专用设备制造	41774	332	1366	1351	807
食品、饮料、烟草工业专用设备制造	41774	332	1366	1351	807
印刷、制药、日化生产专用设备制造	10683	98			887
制药专用设备制造	10683	98			887
纺织、服装和皮革工业专用设备制造	516061	2051	8014	2854	18854
纺织专用设备制造	191680	1405	5100	2142	7845
缝纫机械制造	314790	614	2830	712	10818
其他服装加工专用设备制造	9592	31	84		191
电子和电工机械专用设备制造	99576	417	1324	413	2008
电子工业专用设备制造	99576	417	1324	413	2008

1－E－3 续表7－12 单位：个、万元、人

指 标 名 称	主营业务成 本	主 营 业 务税金及附加	其他业务收 入	其他业务利 润	营业费用
农、林、牧、渔专用机械制造	205088	117	3490	183	7207
拖拉机制造	87866	8	2892	68	3934
机械化农业及园艺机具制造	112290	80	573	115	3224
渔业机械制造	4932	29	25		49
医疗仪器设备及器械制造	121295	677	994	408	4757
医疗诊断、监护及治疗设备制造	8682	21	18	18	2
医疗、外科及兽医用器械制造	101476	545	763	273	3572
机械治疗及病房护理设备制造	11137	111	213	117	1183
环保、社会公共安全及其他专用设备制造	403882	1222	7044	746	14533
环境污染防治专用设备制造	239048	647	941	462	8910
地质勘查专用设备制造	9619	44	374	183	529
社会公共安全设备及器材制造	152270	523	5702	93	5055
其他专用设备制造	2946	8	27	8	38
交通运输设备制造业	7605052	44236	277087	64921	210530
汽车制造	4114635	30667	218501	40688	156039
汽车整车制造	1171788	19832	76058	17176	41194
汽车零部件及配件制造	2942847	10835	142443	23513	114845
摩托车制造	800021	6401	13492	1296	22627
摩托车整车制造	204005	1562	415	174	7755
摩托车零部件及配件制造	596016	4839	13078	1122	14872
自行车制造	395106	806	2579	362	11835
脚踏自行车及残疾人座车制造	246672	611	905	261	10050
助动自行车制造	148434	195	1674	102	1785
船舶及浮动装置制造	2255475	6248	42514	22575	18679
金属船舶制造	1927099	3917	30963	11476	12811
非金属船舶制造	77350				
船用配套设备制造	24879	197			289
船舶修理及拆船	226147	2134	11552	11099	5579
航空航天器制造	9384	95			447
其他飞行器制造	9384	95			447
交通器材及其他交通运输设备制造	30431	20			902
其他交通运输设备制造	30431	20			902
电气机械及器材制造业	13008461	43262	277923	44093	477891
电机制造	1745547	7952	28831	8544	46525
发电机及发电机组制造	237278	881	4483	1086	5923
电动机制造	701649	2834	17222	2941	16505
微电机及其他电机制造	806620	4237	7126	4517	24097
输配电及控制设备制造	3037125	12424	85327	13280	136673
变压器、整流器和电感器制造	594866	2273	59005	4744	28294

1－E－3　续表7－13　　　　单位：个、万元、人

指　标　名　称	主营业务成　本	主营业务税金及附加	其他业务收　入	其他业务利　润	营业费用
电容器及其配套设备制造	62812	608	3353	－368	1576
配电开关控制设备制造	1855749	7489	16376	7183	90671
电力电子元器件制造	465239	1680	6593	1722	13460
其他输配电及控制设备制造	58460	374			2673
电线、电缆、光缆及电工器材制造	2706488	5799	34842	4359	68312
电线电缆制造	2409556	5286	21168	3208	49198
光纤、光缆制造	236594	63	10105	507	13302
其他电工器材制造	60338	450	3569	645	5812
电池制造	1578958	2889	58332	5836	47165
电池制造	1578958	2889	58332	5836	47165
家用电力器具制造	2326934	8541	53546	4917	125338
家用制冷电器具制造	216759	664	5865	－761	12268
家用空气调节器制造	216235	430	9105	429	5086
家用通风电器具制造	162097	519	2300	243	21681
家用厨房电器具制造	444415	1517	7195	514	33733
家用清洁卫生电器具制造	440541	1188	8532	5038	22764
家用美容、保健电器具制造	210322	550	1236	234	7263
家用电力器具专用配件制造	295381	2849	10876	1221	8817
其他家用电力器具制造	341184	824	8438	－2000	13726
非电力家用器具制造	253559	802	1570	323	10926
燃气、太阳能及类似能源的器具制造	175657	565	1075	357	7742
其他非电力家用器具制造	77902	238	495	－33	3184
照明器具制造	1252103	4310	14424	6640	38999
电光源制造	531783	1806	6013	3405	13248
照明灯具制造	612791	2206	8360	3217	22275
灯用电器附件及其他照明器具制造	107529	298	50	18	3476
其他电气机械及器材制造	107748	545	1052	194	3954
车辆专用照明及电气信号设备装置制造	99659	498	1046	194	3910
其他未列明的电气机械制造	8089	47	6		44
通信设备、计算机及其他电子设备制造业	6209114	13960	136736	25718	123363
通信设备制造	2676638	2461	78028	5403	30278
通信传输设备制造	133223	284	2123	216	5894
通信交换设备制造	10692	98	25	25	704
通信终端设备制造	20622	21			524
移动通信及终端设备制造	2482458	2057	75577	4876	22609
其他通信设备制造	29643		303	286	546
广播电视设备制造	214066	862	3684	650	14255
广播电视节目制作及发射设备制造	11134	61			443
广播电视接收设备及器材制造	150398	351	3443	445	3706

1－E－3 续表7－14 单位：个、万元、人

指标名称	主营业务成本	主营业务税金及附加	其他业务收入	其他业务利润	营业费用
应用电视设备及其他广播电视设备制造	52534	450	241	206	10106
电子计算机制造	979102	691	3258	2030	20874
计算机网络设备制造	69813	9			106
电子计算机外部设备制造	909289	682	3258	2030	20768
电子器件制造	536943	1723	11351	2559	12388
半导体分立器件制造	170258	65	3972	1480	2654
集成电路制造	190338	950	4828	677	2972
光电子器件及其他电子器件制造	176346	708	2551	402	6761
电子元件制造	1377248	4110	33537	10630	32752
电子元件及组件制造	1255115	3763	33292	10386	29784
印制电路板制造	122133	347	245	244	2968
家用视听设备制造	234934	3553	1291	139	6037
家用影视设备制造	207877	3538	90	72	5249
家用音响设备制造	27057	15	1201	67	788
其他电子设备制造	190183	560	5588	4306	6780
其他电子设备制造	190183	560	5588	4306	6780
仪器仪表及文化、办公用机械制造业	1264219	5737	17712	3892	70285
通用仪器仪表制造	752518	3364	9469	1628	48948
工业自动控制系统装置制造	228181	1683	1222	592	22547
电工仪器仪表制造	159759	733	602	234	8944
绘图、计算及测量仪器制造	117412	152	315	161	5131
实验分析仪器制造	17841	31	40	37	224
供应用仪表及其他通用仪器制造	229326	765	7290	603	12102
专用仪器仪表制造	215093	1013	2793	1070	11906
环境监测专用仪器仪表制造	8118	45	12		206
汽车及其他用计数仪表制造	118250	696	2673	1017	6883
教学专用仪器制造	38371	272	52	49	4646
电子测量仪器制造	50353		55	4	170
钟表与计时仪器制造	22753	203	807	247	423
钟表与计时仪器制造	22753	203	807	247	423
光学仪器及眼镜制造	178451	804	1084	482	5780
光学仪器制造	68538	277	657	244	2087
眼镜制造	109913	527	427	237	3693
文化、办公用机械制造	78411	334	3200	289	2724
照相机及器材制造	20028	30	2853	109	666
复印和胶印设备制造	3027	12	27	27	401
计算器及货币专用设备制造	17821	172			602
其他文化、办公用机械制造	37535	120	320	153	1055
其他仪器仪表的制造及修理	16993	19	359	176	503

1－E－3 续表7－15

单位：个、万元、人

指 标 名 称	主营业务成本	主营业务税金及附加	其他业务收入	其他业务利润	营业费用
其他仪器仪表的制造及修理	16993	19	359	176	503
工艺品及其他制造业	1953648	9149	9517	6109	50737
工艺美术品制造	1178097	4912	5569	4933	26811
雕塑工艺品制造	7340	26			88
金属工艺品制造	70549	513	177	134	4555
漆器工艺品制造	7662	85	22	22	422
花画工艺品制造	11718	70	17	17	562
天然植物纤维编织工艺品制造	12336	50	143	77	556
抽纱刺绣工艺品制造	298095	1652	158	100	3339
地毯、挂毯制造	62293	406	506	498	4798
珠宝首饰及有关物品的制造	545544	1541	3924	3796	6937
其他工艺美术品制造	162560	569	623	289	5553
日用杂品制造	765856	4199	3948	1175	23722
制镜及类似品加工	42423	172	60	59	1098
鬃毛加工、制刷及清扫工具的制造	55334	132	1340	181	3713
其他日用杂品制造	668099	3895	2549	935	18911
其他未列明的制造业	9695	38			204
其他未列明的制造业	9695	38			204
废弃资源和废旧材料回收加工业	400645	218	609	267	4109
金属废料和碎屑的加工处理	400645	218	609	267	4109
金属废料和碎屑的加工处理	400645	218	609	267	4109
电力、燃气及水的生产和供应业	**8241590**	**49931**	**90597**	**35211**	**48029**
电力、热力的生产和供应业	7816512	47951	77626	30400	10297
电力生产	3305260	34754	55612	17591	4060
火力发电	2745001	20424	48044	17244	679
水力发电	67971	248	352	1	
核力发电	492289	14082	7216	346	3381
电力供应	4407790	12619	20554	11349	5832
电力供应	4407790	12619	20554	11349	5832
热力生产和供应	103462	578	1461	1461	404
热力生产和供应	103462	578	1461	1461	404
燃气生产和供应业	164569	251	3164	1717	24526
燃气生产和供应业	164569	251	3164	1717	24526
燃气生产和供应业	164569	251	3164	1717	24526
水的生产和供应业	260510	1729	9807	3094	13206
自来水的生产和供应	206735	1728	9400	2909	13206
自来水的生产和供应	206735	1728	9400	2909	13206
污水处理及其再生利用	53775	1	408	186	
污水处理及其再生利用	53775	1	408	186	

1－E－3 续表8－1

单位：个、万元、人

指标名称	管理费用	税金	财务费用	利息支出	营业利润
总计	**5769866**	**301478**	**2782558**	**2683371**	**6934827**
一、按轻重工业分					
轻工业	2722614	146639	1376751	1262780	3396768
重工业	3047252	154839	1405807	1420591	3538059
二、按登记注册类型分					
内资	**3755005**	**199615**	**2087817**	**1977030**	**4504977**
国有	386798	9763	67799	66800	569518
集体	16311	571	10321	10502	16464
股份合作企业	22431	1006	11873	10250	25476
联营企业	8401	220	5519	5234	－11049
集体联营	3418		3044	2986	－10642
国有与集体联营	3810	212	2326	2189	－59
其他联营	1173	8	149	60	－348
有限责任公司	1057919	50656	689708	705414	900462
国有独资公司	63428	2340	13393	13511	29569
其他有限责任公司	994492	48316	676315	691903	870893
股份有限公司	536731	26042	229691	212947	615986
私营企业	1710717	110863	1058015	952566	2357278
私营独资	39057	2929	23345	20273	57911
私营合伙	11966	326	2872	2064	8510
私营有限责任公司	1549928	101925	972495	873847	2111596
私营股份有限公司	109766	5683	59303	56382	179261
其他	15697	494	14891	13316	30842
港澳台商投资	**797208**	**46072**	**376915**	**375616**	**1090588**
与港澳台商合资经营	504584	27815	287149	290585	771441
与港澳台商合作经营	9189	1584	6548	6149	17098
港澳台商独资	274852	16299	78307	74430	288736
港澳台商投资股份有限公司	8584	374	4911	4452	13313
外商投资	**1217653**	**55791**	**317826**	**330725**	**1339262**
中外合资经营	635505	32394	213218	218738	779124
中外合作经营	19403	503	3495	1882	23522
外资企业	513378	20520	77851	88805	459498
外商投资股份有限公司	49367	2374	23262	21301	77118
三、按控股情况分					
国有控股	743329	25090	373290	398040	751850
集体控股	214621	9680	108179	105490	227534
私人控股	3260337	185919	1822944	1684655	4221289
港澳台商控股	506123	32237	229581	230082	590644
外商控股	859997	38364	180873	188979	950181
其他	185459	10189	67691	76126	193329

1－E－3 续表8－2 单位：个、万元、人

指标名称	管理费用	税 金	财务费用	利息支出	营业利润
四、按国民经济行业（门类、大类、中类、小类）分					
采矿业	**29471**	**1113**	**2367**	**2609**	**44465**
黑色金属矿采选业	8195	237	110	445	22418
铁矿采选	8195	237	110	445	22418
铁矿采选	8195	237	110	445	22418
有色金属矿采选业	17610	815	2181	2088	25058
常用有色金属矿采选	12429	749	2018	1920	22306
铜矿采选	11249	711	798	798	13144
铅锌矿采选	1179	38	1220	1123	9161
稀有稀土金属矿采选	5181	66	163	168	2752
钨钼矿采选	4040	55	140	128	2208
放射性金属矿采选	1141	11	23	40	544
非金属矿采选业	3667	61	77	77	－3011
化学矿采选	3667	61	77	77	－3011
化学矿采选	3667	61	77	77	－3011
制造业	**5406335**	**290872**	**2432507**	**2322318**	**6664272**
农副食品加工业	42055	3357	27759	24945	7472
饲料加工	11954	665	3644	3397	4581
饲料加工	11954	665	3644	3397	4581
植物油加工	4787	436	－347	1231	－594
食用植物油加工	4787	436	－347	1231	－594
屠宰及肉类加工	7487	715	2863	2827	11576
畜禽屠宰	2588	104	496	486	4394
肉制品及副产品加工	4898	611	2367	2340	7182
水产品加工	7457	626	17864	14407	－15414
水产品冷冻加工	6999	624	17290	13916	－15496
鱼糜制品及水产品干腌制加工	458	1	574	491	83
蔬菜、水果和坚果加工	7788	781	3236	2586	6482
蔬菜、水果和坚果加工	7788	781	3236	2586	6482
其他农副食品加工	2584	133	500	498	841
豆制品制造	2584	133	500	498	841
食品制造业	39701	1541	16399	15496	45578
焙烤食品制造	6745	101	693	707	8738
糕点、面包制造	1274	21	238	238	1776
饼干及其他焙烤食品制造	5471	81	456	470	6962
糖果、巧克力及蜜饯制造	1277		32	32	5411
糖果、巧克力制造	1277		32	32	5411
方便食品制造	3721	67	1464	1448	4725
速冻食品制造	3148	12	1102	1088	4449
方便面及其他方便食品制造	574	55	362	361	276

1-E-3 续表8-3

单位：个、万元、人

指标名称	管理费用	税金	财务费用	利息支出	营业利润
液体乳及乳制品制造	2390	136	1636	1623	-1171
液体乳及乳制品制造	2390	136	1636	1623	-1171
罐头制造	11076	839	6307	5670	17670
肉、禽类罐头制造	685	55	166	32	881
水产品罐头制造	251	35	217	123	1255
蔬菜、水果罐头制造	7576	727	5947	5554	1082
其他罐头食品制造	2564	23	-25	-39	14454
调味品、发酵制品制造	10286	256	1257	1252	-4691
味精制造	8536	223	1265	1261	-5655
酱油、食醋及类似制品的制造	1750	33	-9	-9	965
其他食品制造	4206	141	5010	4764	14896
营养、保健食品制造	219	-4	966	830	1181
冷冻饮品及食用冰制造	2153	83	100		3030
食品及饲料添加剂制造	1834	62	3944	3934	10685
饮料制造业	79796	4184	10564	12458	109593
酒的制造	42363	2886	13956	13587	-3763
啤酒制造	33809	2118	5580	5545	-17179
黄酒制造	8554	768	8376	8042	13416
软饮料制造	36520	1159	-4972	-2557	112939
瓶（罐）装饮用水制造	9739	563	-2320	-2097	-8286
果菜汁及果菜汁饮料制造	2792	87	-2121	11	-634
含乳饮料和植物蛋白饮料制造	19448	295	-381	-474	80418
茶饮料及其他软饮料制造	4541	214	-150	3	41441
精制茶加工	914	139	1581	1429	417
精制茶加工	914	139	1581	1429	417
烟草制品业	89984	2635	-23431	-23494	429201
卷烟制造	89984	2635	-23431	-23494	429201
卷烟制造	89984	2635	-23431	-23494	429201
纺织业	534031	35918	427605	389244	683130
棉、化纤纺织及印染精加工	281098	20891	249361	235437	395728
棉、化纤纺织加工	134110	10016	148662	138645	214564
棉、化纤印染精加工	146988	10875	100700	96792	181164
毛纺织和染整精加工	19197	1051	7217	7280	12168
毛条加工	2334	297	831	1614	-1810
毛纺织	13969	465	4759	4058	13065
毛染整精加工	2894	290	1627	1608	913
麻纺织	4606	155	4681	3182	9228
麻纺织	4606	155	4681	3182	9228
丝绢纺织及精加工	27607	2350	18931	16713	13448
缫丝加工	4314	874	2086	1977	280

1－E－3 续表 8－4

单位：个、万元、人

指 标 名 称	管理费用	税 金	财务费用	利息支出	营业利润
绢纺和丝织加工	19163	1278	13357	11272	13333
丝印染精加工	4129	199	3487	3464	－164
纺织制成品制造	92849	6318	78161	69550	91758
棉及化纤制品制造	41902	1964	43716	39937	43977
毛制品制造	6029	676	7358	6921	887
麻制品制造	363	5	179	179	66
丝制品制造	21157	2290	13407	11379	31125
绳、索、缆的制造	355	14	379	365	27
纺织带和帘子布制造	5619	434	5343	5138	4039
无纺布制造	10271	445	2908	2406	5697
其他纺织制成品制造	7152	491	4871	3225	5939
针织品、编织品及其制品制造	108676	5153	69255	57082	160801
棉、化纤针织品及编织品制造	85183	4003	58075	47375	126843
毛针织品及编织品制造	12483	775	6266	5219	17213
丝针织品及编织品制造	10083	340	4891	4458	16053
其他针织品及编织品制造	926	35	23	31	694
纺织服装、鞋、帽制造业	332844	12821	112085	91981	404345
纺织服装制造	331537	12742	111663	91541	404340
纺织服装制造	331537	12742	111663	91541	404340
纺织面料鞋的制造	984	78	290	331	－92
纺织面料鞋的制造	984	78	290	331	－92
制 帽	322	1	132	109	97
制 帽	322	1	132	109	97
皮革、毛皮、羽毛(绒)及其制品业	165551	14223	71080	59232	203862
皮革鞣制加工	13531	1060	10506	11687	19937
皮革鞣制加工	13531	1060	10506	11687	19937
皮革制品制造	134836	11959	39890	32628	164282
皮鞋制造	96708	9688	28189	22855	139197
皮革服装制造	4012	122	2317	2188	3408
皮箱、包(袋)制造	25736	1439	3841	2315	16027
皮手套及皮装饰制品制造	2045	25	625	507	2332
其他皮革制品制造	6336	685	4918	4764	3319
毛皮鞣制及制品加工	1247	71	1252	1001	2010
毛皮服装加工	1247	71	1252	1001	2010
羽毛(绒)加工及制品制造	15937	1134	19432	13915	17633
羽毛(绒)加工	795		1481		972
羽毛(绒)制品加工	15142	1134	17951	13915	16661
木材加工及木、竹、藤、棕、草制品业	31617	1533	19691	18832	27877
锯材、木片加工	456	223	98	55	926
锯材加工	456	223	98	55	926

1－E－3 续表8－5

单位：个、万元、人

指标名称	管理费用	税金	财务费用	利息支出	营业利润
人造板制造	14759	931	12595	11430	7377
胶合板制造	7911	467	7816	6821	5146
纤维板制造	3958	371	3177	3177	－1674
其他人造板、材制造	2890	93	1601	1432	3906
木制品制造	12772	265	5959	5286	13625
建筑用木料及木材组件加工	12772	265	5959	5286	13625
竹、藤、棕、草制品制造	3631	113	1039	2061	5948
竹、藤、棕、草制品制造	3631	113	1039	2061	5948
家具制造业	98319	5579	48122	39267	82527
木质家具制造	20096	1188	9931	7838	8971
木质家具制造	20096	1188	9931	7838	8971
竹、藤家具制造	493	76	30	30	－195
竹、藤家具制造	493	76	30	30	－195
金属家具制造	52544	3328	25130	21148	44547
金属家具制造	52544	3328	25130	21148	44547
塑料家具制造	263	94	78	19	891
塑料家具制造	263	94	78	19	891
其他家具制造	24923	894	12953	10233	28313
其他家具制造	24923	894	12953	10233	28313
造纸及纸制品业	108810	8625	114042	132296	118984
造纸	79429	7138	95377	115366	91743
机制纸及纸板制造	79429	7138	95377	115366	91743
纸制品制造	29381	1487	18665	16931	27241
纸和纸板容器的制造	16848	1301	13014	12202	23415
其他纸制品制造	12533	187	5652	4728	3826
印刷业和记录媒介的复制	33449	1295	13117	12914	37446
印刷	33449	1295	13117	12914	37446
书、报、刊印刷	8910	349	2279	2273	8966
本册印制	3701	118	46	554	4097
包装装潢及其他印刷	20838	828	10792	10088	24383
文教体育用品制造业	76884	4218	29347	23360	90186
文化用品制造	21309	843	10579	8786	33389
文具制造	11292	403	5007	3941	4619
笔的制造	5709	327	4185	3458	4926
教学用模型及教具制造	4308	113	1387	1387	23844
体育用品制造	18278	1194	6486	4729	5728
球类制造	224		116	105	728
体育器材及配件制造	3838	338	1988	1531	976
训练健身器材制造	6334	275	1961	1390	6174
运动防护用具制造	1963	239	1268	923	－3807

1－E－3 续表8－6

单位：个、万元、人

指 标 名 称	管理费用	税 金	财务费用	利息支出	营业利润
其他体育用品制造	5919	343	1152	779	1657
乐器制造	6926	536	1651	1106	7840
西乐器制造	4223	432	948	590	6340
其他乐器及零件制造	2703	104	703	516	1500
玩具制造	25162	1311	9152	7474	36660
玩具制造	25162	1311	9152	7474	36660
游艺器材及娱乐用品制造	5209	333	1481	1264	6569
露天游乐场所游乐设备制造	1225	23	307	110	1259
游艺用品及室内游艺器材制造	3985	310	1173	1154	5310
石油加工、炼焦及核燃料加工业	9201	2174	4599	4583	－58609
精炼石油产品的制造	9201	2174	4599	4583	－58609
原油加工及石油制品制造	9201	2174	4599	4583	－58609
化学原料及化学制品制造业	429645	12957	139258	183072	623064
基础化学原料制造	62707	2048	25727	24415	56715
无机酸制造	2536	446	2034	1742	2228
无机碱制造	20429	540	4951	4875	17987
有机化学原料制造	32423	842	20365	17459	23511
其他基础化学原料制造	7320	220	－1623	339	12989
肥料制造	16620	567	3832	3840	5894
氮肥制造	15480	488	3548	3581	7056
其他肥料制造	1140	78	284	259	－1162
农药制造	42701	1342	8676	7075	125733
化学农药制造	41439	1280	8206	6634	125146
生物化学农药及微生物农药制造	1262	62	470	441	588
涂料、油墨、颜料及类似产品制造	47094	1418	19999	18086	67592
涂料制造	18834	681	4869	4821	30709
油墨及类似产品制造	6014	124	2129	1322	413
颜料制造	2783	21	1857	1571	3874
染料制造	18757	571	11042	10269	32219
密封用填料及类似品制造	706	21	102	102	378
合成材料制造	98962	4539	42962	92521	143275
初级形态的塑料及合成树脂制造	48076	2679	5955	32360	4544
合成橡胶制造	49		20		223
合成纤维单（聚合）体的制造	46452	1630	35468	59463	126593
其他合成材料制造	4385	229	1519	697	11916
专用化学产品制造	54741	1971	25280	23221	73052
化学试剂和助剂制造	19242	559	9003	8171	26830
专项化学用品制造	21817	950	14497	13366	35486
炸药及火工产品制造	8415	185	636	615	4431
信息化学品制造	5267	276	1144	1069	6305

1－E－3 续表8－7

单位：个、万元、人

指标名称	管理费用	税金	财务费用	利息支出	营业利润
日用化学产品制造	106821	1073	12782	13915	150802
肥皂及合成洗涤剂制造	6209	295	4935	4812	7901
化妆品制造	87964	106	－122	1149	105075
香料、香精制造	1665	218	5499	5499	11082
其他日用化学产品制造	10984	454	2471	2455	26745
医药制造业	257180	9582	70044	58465	280297
化学药品原药制造	128842	5585	39631	33393	115028
化学药品原药制造	128842	5585	39631	33393	115028
化学药品制剂制造	71517	2489	17797	13392	92047
化学药品制剂制造	71517	2489	17797	13392	92047
中成药制造	30837	910	2388	3492	43640
中成药制造	30837	910	2388	3492	43640
兽用药品制造	4696	177	1228	1097	6944
兽用药品制造	4696	177	1228	1097	6944
生物、生化制品的制造	18254	370	6026	4758	22560
生物、生化制品的制造	18254	370	6026	4758	22560
卫生材料及医药用品制造	3034	51	2974	2333	79
卫生材料及医药用品制造	3034	51	2974	2333	79
化学纤维制造业	120240	8043	155596	168083	128827
纤维素纤维原料及纤维制造	2075	144	2132	2052	－5720
人造纤维（纤维素纤维）制造	2075	144	2132	2052	－5720
合成纤维制造	118165	7898	153464	166032	134547
锦纶纤维制造	3761	95	3097	2447	5224
涤纶纤维制造	75734	6396	121700	131696	132134
腈纶纤维制造	8585	119	10658	10541	－62169
其他合成纤维制造	30086	1289	18010	21348	59358
橡胶制品业	36721	1535	18745	15718	48224
轮胎制造	9010	702	4889	4477	25027
车辆、飞机及工程机械轮胎制造	9010	702	4889	4477	25027
橡胶板、管、带的制造	15083	446	6072	4646	15359
橡胶板、管、带的制造	15083	446	6072	4646	15359
橡胶零件制造	7646	183	4932	3916	2759
橡胶零件制造	7646	183	4932	3916	2759
日用及医用橡胶制品制造	390	3	298	235	531
日用及医用橡胶制品制造	390	3	298	235	531
橡胶靴鞋制造	4592	201	2554	2443	4548
橡胶靴鞋制造	4592	201	2554	2443	4548
塑料制品业	160822	9890	82313	75055	221894
塑料薄膜制造	10288	1244	20513	20952	27844
塑料薄膜制造	10288	1244	20513	20952	27844

1－E－3 续表8－8

单位：个、万元、人

指 标 名 称	管理费用	税 金	财务费用	利息支出	营业利润
塑料板、管、型材的制造	23677	2061	19936	19381	28428
塑料板、管、型材的制造	23677	2061	19936	19381	28428
塑料丝、绳及编织品的制造	3040	440	4295	4183	9228
塑料丝、绳及编织品的制造	3040	440	4295	4183	9228
泡沫塑料制造	4146	242	2678	2110	2411
泡沫塑料制造	4146	242	2678	2110	2411
塑料人造革、合成革制造	35252	2586	8206	7074	48961
塑料人造革、合成革制造	35252	2586	8206	7074	48961
塑料包装箱及容器制造	12453	744	6424	6076	30947
塑料包装箱及容器制造	12453	744	6424	6076	30947
塑料零件制造	25188	675	6406	3834	20387
塑料零件制造	25188	675	6406	3834	20387
日用塑料制造	38187	1539	11944	10019	46874
塑料鞋制造	615	45	741	401	274
日用塑料杂品制造	37572	1494	11203	9618	46600
其他塑料制品制造	8592	359	1913	1428	6814
其他塑料制品制造	8592	359	1913	1428	6814
非金属矿物制品业	132986	8934	101593	96834	135544
水泥、石灰和石膏的制造	68960	5161	59025	57135	47927
水泥制造	68960	5161	59025	57135	47927
水泥及石膏制品制造	14672	828	10737	10376	34106
水泥制品制造	12447	524	8697	8327	28081
砼结构构件制造	1244	15	237	470	824
轻质建筑材料制造	981	289	1804	1579	5202
砖瓦、石材及其他建筑材料制造	3159	280	4595	4761	18151
建筑陶瓷制品制造	2536	278	4279	4444	17908
防水建筑材料制造	623	3	316	316	243
玻璃及玻璃制品制造	27143	2158	20411	18249	20611
平板玻璃制造	6082	649	7556	7540	－1264
技术玻璃制品制造	9125	416	4906	3927	9672
日用玻璃制品及玻璃包装容器制造	7196	641	3478	2544	10762
玻璃保温容器制造	979		238	176	135
玻璃纤维及制品制造	2184	353	3869	3716	629
其他玻璃制品制造	1576	101	364	346	676
陶瓷制品制造	4640	168	2138	1838	2289
卫生陶瓷制品制造	1242	10	997	934	394
特种陶瓷制品制造	2289	82	1072	879	1877
日用陶瓷制品制造	1109	76	68	24	18
耐火材料制品制造	9141	212	2050	1957	9864

1－E－3 续表8－9 单位：个、万元、人

指标名称	管理费用	税金	财务费用	利息支出	营业利润
石棉制品制造	2938	105	289	286	－731
耐火陶瓷制品及其他耐火材料制造	6202	107	1760	1671	10595
石墨及其他非金属矿物制品制造	5273	126	2638	2519	2598
石墨及碳素制品制造	4797	108	2490	2327	2111
其他非金属矿物制品制造	476	18	147	192	487
黑色金属冶炼及压延加工业	70003	10201	72349	74666	126872
炼钢	2982	18	6692	6661	20332
炼钢	2982	18	6692	6661	20332
钢压延加工	65727	9737	63377	65804	103925
钢压延加工	65727	9737	63377	65804	103925
铁合金冶炼	1293	445	2280	2200	2615
铁合金冶炼	1293	445	2280	2200	2615
有色金属冶炼及压延加工业	67813	4614	59146	55433	56141
常用有色金属冶炼	18786	1270	16058	14625	－15608
铜冶炼	8040	490	8329	8614	－30312
铅锌冶炼	2293	77	355	352	－203
镍钴冶炼	4299	286	6716	5120	5320
铝冶炼	4155	418	659	539	9588
贵金属冶炼	5089	22	333	327	2385
金冶炼	4454	5	－122	－122	1414
银冶炼	635	18	455	449	971
稀有稀土金属冶炼	1276	114	22	21	549
稀土金属冶炼	1276	114	22	21	549
有色金属合金制造	5848	654	4745	4783	14191
有色金属合金制造	5848	654	4745	4783	14191
有色金属压延加工	36814	2554	37988	35677	54624
常用有色金属压延加工	35844	2528	37904	35594	54006
稀有稀土金属压延加工	970	26	83	83	618
金属制品业	199124	15303	103946	92885	290555
结构性金属制品制造	57627	3993	38421	36673	128399
金属结构制造	39912	2724	31809	29953	72541
金属门窗制造	17715	1269	6612	6720	55858
金属工具制造	26819	1817	7695	6107	25930
切削工具制造	6491	841	1460	1157	8556
手工具制造	11316	410	3690	3249	7270
农用及园林用金属工具制造	3987	324	2026	1473	8119
刀剪及类似日用金属工具制造	4465	192	484	227	1909
其他金属工具制造	561	50	35		76
集装箱及金属包装容器制造	21014	5297	16242	13695	26084

1－E－3 续表8－10

单位：个、万元、人

指 标 名 称	管理费用	税 金	财务费用	利息支出	营业利润
集装箱制造	4583	495	9679	7044	570
金属压力容器制造	3885	215	1719	1600	1282
金属包装容器制造	12545	4587	4844	5051	24232
金属丝绳及其制品的制造	4681	229	1243	1580	13083
金属丝绳及其制品的制造	4681	229	1243	1580	13083
建筑、安全用金属制品制造	37554	1674	14162	11686	33446
建筑、家具用金属配件制造	19197	907	6274	5641	25133
建筑装饰及水暖管道零件制造	14375	645	6325	4659	6247
安全、消防用金属制品制造	3982	122	1563	1386	2066
金属表面处理及热处理加工	8598	531	7664	7294	9709
金属表面处理及热处理加工	8598	531	7664	7294	9709
搪瓷制品制造	1449	23	778	482	1176
搪瓷日用品及其他搪瓷制品制造	1449	23	778	482	1176
不锈钢及类似日用金属制品制造	40470	1654	17014	14816	51555
金属制厨房调理及卫生器具制造	16658	417	4904	4507	11655
金属制厨用器皿及餐具制造	19784	765	9696	8204	37609
其他日用金属制品制造	4029	472	2414	2105	2291
其他金属制品制造	912	86	727	553	1173
其他未列明的金属制品制造	912	86	727	553	1173
通用设备制造业	487712	21644	185911	159764	544970
锅炉及原动机制造	30101	982	2879	3549	22127
锅炉及辅助设备制造	8061	437	823	1572	7591
内燃机及配件制造	16912	392	1533	1463	12493
汽轮机及辅机制造	3575	86	388	390	702
水轮机及辅机制造	1554	68	134	124	1341
金属加工机械制造	39481	1575	12109	10346	41658
金属切削机床制造	25760	904	7123	6531	26342
金属成形机床制造	3264	293	1433	1418	4666
铸造机械制造	1019	63	50	51	321
金属切割及焊接设备制造	5370	203	2371	1401	8323
机床附件制造	1647	32	979	802	－49
其他金属加工机械制造	2420	81	152	143	2055
起重运输设备制造	57149	1244	10571	7722	60648
起重运输设备制造	57149	1244	10571	7722	60648
泵、阀门、压缩机及类似机械的制造	126403	6359	51668	44273	143115
泵及真空设备制造	38960	1971	13000	10960	55839
气体压缩机械制造	10558	773	10019	10343	10561
阀门和旋塞的制造	57630	2430	23176	18068	60084
液压和气压动力机械及元件制造	19256	1185	5474	4903	16631

1－E－3 续表8－11 单位：个、万元、人

指 标 名 称	管理费用	税 金	财务费用	利息支出	营业利润
轴承、齿轮、传动和驱动部件的制造	97382	5289	50910	43307	126340
轴承制造	54343	3265	28211	22390	74690
齿轮、传动和驱动部件制造	43038	2024	22698	20917	51650
风机、衡器、包装设备等通用设备制造	86761	3588	28454	25482	85082
风机、风扇制造	6394	226	4555	3775	11666
气体、液体分离及纯净设备制造	22111	568	1903	3385	25656
制冷、空调设备制造	13570	653	3900	3628	11700
风动和电动工具制造	23156	1519	13605	11764	22065
喷枪及类似器具制造	6585	291	2182	988	5617
包装专用设备制造	7842	290	1456	1106	4262
其他通用设备制造	7102	42	852	836	4117
通用零部件制造及机械修理	25000	1190	17682	15280	30572
金属密封件制造	755	35	145	83	298
紧固件、弹簧制造	20856	989	15375	13566	27976
机械零部件加工及设备修理	966	31	429	338	495
其他通用零部件制造	2423	136	1732	1293	1804
金属铸、锻加工	25437	1418	11640	9805	35428
钢铁铸件制造	20710	1185	7536	5827	33112
锻件及粉末冶金制品制造	4726	233	4104	3978	2316
专用设备制造业	177849	8633	58651	51046	206765
矿山、冶金、建筑专用设备制造	19452	858	8296	6241	34522
采矿、采石设备制造	4992	232	1146	1143	2536
石油钻采专用设备制造	1468	416	907	712	854
建筑工程用机械制造	12993	210	6243	4386	31133
化工、木材、非金属加工专用设备制造	40892	2636	12936	10998	39470
炼油、化工生产专用设备制造	6728	172	3016	2738	10135
塑料加工专用设备制造	13236	552	1631	2294	13020
木材加工机械制造	762	63	22	202	－971
模具制造	20167	1848	8266	5764	17286
食品、饮料、烟草及饲料生产专用设备制造	2140	77	1497	1018	9591
食品、饮料、烟草工业专用设备制造	2140	77	1497	1018	9591
印刷、制药、日化生产专用设备制造	1032	124	132	103	1520
制药专用设备制造	1032	124	132	103	1520
纺织、服装和皮革工业专用设备制造	46388	2372	16423	15546	36132
纺织专用设备制造	24415	1531	9499	9202	10027
缝纫机械制造	20289	818	6718	6148	22731
其他服装加工专用设备制造	1685	23	206	196	3375
电子和电工机械专用设备制造	6418	413	1618	1542	9135
电子工业专用设备制造	6418	413	1618	1542	9135

1－E－3 续表 8－12

单位：个、万元、人

指标名称	管理费用	税金	财务费用	利息支出	营业利润
农、林、牧、渔专用机械制造	19519	368	2164	1756	3879
拖拉机制造	12376	274	219	466	－3009
机械化农业及园艺机具制造	6901	94	1824	1170	6842
渔业机械制造	242		121	121	46
医疗仪器设备及器械制造	12497	1072	2173	1980	27599
医疗诊断、监护及治疗设备制造	1201	420	215		1226
医疗、外科及兽医用器械制造	9036	593	1821	1315	22695
机械治疗及病房护理设备制造	2260	59	138	665	3678
环保、社会公共安全及其他专用设备制造	29511	713	13412	11862	44917
环境污染防治专用设备制造	19145	505	6667	6234	3064
地质勘查专用设备制造	1674	7	255	255	1491
社会公共安全设备及器材制造	8307	200	6498	5381	39150
其他专用设备制造	386	1	－8	－8	1212
交通运输设备制造业	452482	25770	94512	134409	590333
汽车制造	302891	19887	105303	89388	302167
汽车整车制造	67447	4287	18195	14541	76310
汽车零部件及配件制造	235444	15601	87108	74846	225857
摩托车制造	33908	2332	18375	15579	24671
摩托车整车制造	10819	786	3132	2204	2354
摩托车零部件及配件制造	23089	1546	15242	13375	22317
自行车制造	17107	809	6746	3288	13786
脚踏自行车及残疾人座车制造	10541	277	5666	3343	4423
助动自行车制造	6566	532	1080	－55	9363
船舶及浮动装置制造	96584	2654	－37799	24586	248450
金属船舶制造	69566	1574	－43562	16691	166424
非金属船舶制造	997	84	－1485	2197	15262
船用配套设备制造	1225	61	499	448	1864
船舶修理及拆船	24797	935	6749	5251	64901
航空航天器制造	568		649	572	820
其他飞行器制造	568		649	572	820
交通器材及其他交通运输设备制造	1424	89	1239	997	440
其他交通运输设备制造	1424	89	1239	997	440
电气机械及器材制造业	649017	31485	269545	227935	757407
电机制造	101839	5000	39498	33232	130138
发电机及发电机组制造	20136	1082	1005	1446	20122
电动机制造	32724	1614	12544	11517	45451
微电机及其他电机制造	48979	2305	25949	20269	64565
输配电及控制设备制造	191123	9383	60465	51305	265178
变压器、整流器和电感器制造	32123	1718	11990	11163	46998

1-E-3 续表8-13 单位：个、万元、人

指标名称	管理费用	税金	财务费用	利息支出	营业利润
电容器及其配套设备制造	3342	144	1135	826	6131
配电开关控制设备制造	121309	5747	36983	28317	174057
电力电子元器件制造	31063	1307	9005	9761	30867
其他输配电及控制设备制造	3286	467	1353	1238	7126
电线、电缆、光缆及电工器材制造	83535	3942	57889	56204	143599
电线电缆制造	65499	3433	49196	48167	117537
光纤、光缆制造	10739	248	7198	6624	21989
其他电工器材制造	7296	261	1494	1412	4073
电池制造	46794	3183	23234	17230	56893
电池制造	46794	3183	23234	17230	56893
家用电力器具制造	129820	6410	46429	37818	82903
家用制冷电器具制造	10972	314	2768	2368	2609
家用空气调节器制造	7885	1003	4782	4325	1811
家用通风电器具制造	8855	581	3449	3210	7605
家用厨房电器具制造	26648	982	7318	6146	33924
家用清洁卫生电器具制造	24724	2047	10886	7530	9498
家用美容、保健电器具制造	11071	621	3456	2680	1384
家用电力器具专用配件制造	19218	426	6164	5092	16587
其他家用电力器具制造	20447	436	7607	6467	9485
非电力家用器具制造	11836	523	4644	3458	20400
燃气、太阳能及类似能源的器具制造	7715	207	3253	2826	14779
其他非电力家用器具制造	4121	316	1391	631	5621
照明器具制造	76018	2742	34913	26050	54396
电光源制造	31714	972	10213	8207	31953
照明灯具制造	38393	1601	22048	15939	17162
灯用电器附件及其他照明器具制造	5911	168	2652	1904	5282
其他电气机械及器材制造	8053	303	2474	2639	3900
车辆专用照明及电气信号设备装置制造	7475	269	2067	2300	3449
其他未列明的电气机械制造	578	34	407	339	451
通信设备、计算机及其他电子设备制造业	305614	13573	61527	52834	264659
通信设备制造	66419	2449	-1117	3504	84612
通信传输设备制造	16806	285	1626	1437	13136
通信交换设备制造	1270	76	301	301	2803
通信终端设备制造	527	104	572	553	984
移动通信及终端设备制造	44981	1985	-3429	1212	63961
其他通信设备制造	2835		-187		3729
广播电视设备制造	20757	301	2178	2151	15954
广播电视节目制作及发射设备制造	1036	26	68	64	208
广播电视接收设备及器材制造	7871	208	2662	2402	5225

1－E－3 续表 8－14

单位：个、万元、人

指 标 名 称	管理费用	税 金	财务费用	利息支出	营业利润
应用电视设备及其他广播电视设备制造	11850	67	－551	－315	10520
电子计算机制造	35703	1336	5318	5666	49767
计算机网络设备制造	1057	68	－80	220	1693
电子计算机外部设备制造	34646	1268	5397	5446	48073
电子器件制造	55491	3083	21113	16884	－2441
半导体分立器件制造	14812	469	5801	4176	3863
集成电路制造	18567	754	6911	6720	－3742
光电子器件及其他电子器件制造	22113	1860	8401	5987	－2563
电子元件制造	102142	5006	24610	17947	99096
电子元件及组件制造	92610	4690	22453	15728	96132
印制电路板制造	9532	316	2157	2219	2963
家用视听设备制造	13121	533	5453	4524	4070
家用影视设备制造	10084	363	4634	4031	3006
家用音响设备制造	3038	170	819	493	1064
其他电子设备制造	11979	866	3972	2160	13603
其他电子设备制造	11979	866	3972	2160	13603
仪器仪表及文化、办公用机械制造业	125936	4806	32584	25303	113591
通用仪器仪表制造	75849	2306	18271	13444	77781
工业自动控制系统装置制造	32246	614	3971	3844	33949
电工仪器仪表制造	12839	289	3020	2907	11614
绘图、计算及测量仪器制造	9985	779	3286	1976	4224
实验分析仪器制造	705	25	1032	47	－1303
供应用仪表及其他通用仪器制造	20074	599	6962	4670	29296
专用仪器仪表制造	20007	944	3632	3847	7030
环境监测专用仪器仪表制造	1281	45	251	226	224
汽车及其他用计数仪表制造	11612	812	3754	2842	5679
教学专用仪器制造	5234	15	493	462	3830
电子测量仪器制造	1881	72	－866	317	－2703
钟表与计时仪器制造	3507	147	1723	1645	1534
钟表与计时仪器制造	3507	147	1723	1645	1534
光学仪器及眼镜制造	18924	826	6004	3865	21065
光学仪器制造	10375	217	1060	424	12611
眼镜制造	8550	609	4944	3442	8454
文化、办公用机械制造	6177	450	2306	1908	7220
照相机及器材制造	1541	62	1226	1154	1247
复印和胶印设备制造	470	50	...		1564
计算器及货币专用设备制造	1499	154	280	207	520
其他文化、办公用机械制造	2667	184	800	548	3891
其他仪器仪表的制造及修理	1471	133	647	594	－1038

1－E－3 续表8－15

单位：个、万元、人

指标名称	管理费用	税金	财务费用	利息支出	营业利润
其他仪器仪表的制造及修理	1471	133	647	594	－1038
工艺品及其他制造业	85649	5523	50140	44199	113441
工艺美术品制造	42694	2475	31892	28692	68050
雕塑工艺品制造	263	2	93	93	1140
金属工艺品制造	3774	212	2198	2119	951
漆器工艺品制造	1382	53	276	227	398
花画工艺品制造	454	24	649	620	383
天然植物纤维编织工艺品制造	1104	116	53	36	497
抽纱刺绣工艺品制造	8970	372	6786	5293	19023
地毯、挂毯制造	6397	136	3220	2650	1354
珠宝首饰及有关物品的制造	7908	565	14941	14735	36743
其他工艺美术品制造	12443	994	3676	2919	7561
日用杂品制造	41940	3014	18134	15396	44437
制镜及类似品加工	2518	55	1257	1221	3500
鬃毛加工、制刷及清扫工具的制造	3813	119	1846	1297	2508
其他日用杂品制造	35608	2840	15031	12878	38429
其他未列明的制造业	1016	35	115	111	954
其他未列明的制造业	1016	35	115	111	954
废弃资源和废旧材料回收加工业	5301	275	5670	5502	－19906
金属废料和碎屑的加工处理	5301	275	5670	5502	－19906
金属废料和碎屑的加工处理	5301	275	5670	5502	－19906
电力、燃气及水的生产和供应业	**334060**	**9493**	**347684**	**358444**	**226090**
电力、热力的生产和供应业	297775	6627	314025	323846	253483
电力生产	142158	5362	304359	315553	116628
火力发电	93391	5066	171386	174174	－775
水力发电			－142	－130	－7762
核力发电	48767	296	133115	141509	125165
电力供应	152539	1246	4257	2957	126077
电力供应	152539	1246	4257	2957	126077
热力生产和供应	3078	19	5409	5336	10778
热力生产和供应	3078	19	5409	5336	10778
燃气生产和供应业	6293	158	146	507	－10919
燃气生产和供应业	6293	158	146	507	－10919
燃气生产和供应业	6293	158	146	507	－10919
水的生产和供应业	29992	2708	33514	34091	－16474
自来水的生产和供应	26341	2455	27182	27560	－14579
自来水的生产和供应	26341	2455	27182	27560	－14579
污水处理及其再生利用	3651	253	6331	6532	－1895
污水处理及其再生利用	3651	253	6331	6532	－1895

1－E－3 续表9－1

单位：个、万元、人

指 标 名 称	投资收益	补贴收入	营业外收入	营业外支出	利润总额
总 计	**381940**	**475377**	**518168**	**537056**	**7558094**
一、按轻重工业分					
轻工业	157330	151783	171289	249617	3574714
重工业	224610	323594	346879	287439	3983380
二、按登记注册类型分					
内 资	**307618**	**372621**	**383157**	**366761**	**5008876**
国 有	17085	48326	61953	42301	638064
集 体	166	3031	2111	853	20919
股份合作企业	769	1467	663	1071	27288
联营企业		482	40	1002	－11529
集体联营			26	848	－11464
国有与集体联营		154	13	99	9
其他联营		328	...	54	－75
有限责任公司	90763	159551	171644	81170	1154141
国有独资公司	520	19404	2803	6310	43326
其他有限责任公司	90243	140147	168842	74860	1110815
股份有限公司	114481	43457	63010	41054	720418
私营企业	83456	113799	82857	188602	2435235
私营独资	472	2525	1200	3620	57727
私营合伙	913	353	583	288	10070
私营有限责任公司	71251	102619	69630	174292	2169392
私营股份有限公司	10820	8301	11444	10402	198046
其 他	899	2509	880	10708	24340
港澳台商投资	**39101**	**56795**	**64979**	**54160**	**1182106**
与港澳台商合资经营	37563	43372	37548	30503	844434
与港澳台商合作经营	－8	752	270	889	17224
港澳台商独资	1539	12569	26367	22514	306485
港澳台商投资股份有限公司	7	103	794	253	13964
外商投资	**35221**	**45961**	**70031**	**116135**	**1367112**
中外合资经营	14719	31270	29506	43957	807544
中外合作经营	2986	785	619	821	24090
外资企业	3586	12062	33744	53044	455814
外商投资股份有限公司	13931	1844	6163	18313	79664
三、按控股情况分					
国有控股	46504	169416	198563	66685	995835
集体控股	29769	9956	16344	14546	263579
私人控股	258886	222763	198075	321219	4478295
港澳台商控股	13253	24810	38857	39064	626133
外商控股	15201	34435	54663	86788	966964
其 他	18327	13997	11666	8754	227287

1－E－3 续表9－2

单位：个、万元、人

指 标 名 称	投资收益	补贴收入	营业外收入	营业外支出	利润总额
四、按国民经济行业（门类、大类、中类、小类）分					
采矿业	**－164**	**2282**	**2645**	**1408**	**45767**
黑色金属矿采选业	－575	145	56	423	21620
铁矿采选	－575	145	56	423	21620
铁矿采选	－575	145	56	423	21620
有色金属矿采选业	408	88	469	945	25078
常用有色金属矿采选	408	88	454	274	22982
铜矿采选	325	88	59	169	13447
铅锌矿采选	83		396	105	9535
稀有稀土金属矿采选			15	671	2095
钨钼矿采选				189	2019
放射性金属矿采选			15	483	76
非金属矿采选业	2	2050	2120	39	－930
化学矿采选	2	2050	2120	39	－930
化学矿采选	2	2050	2120	39	－930
制造业	**363830**	**381529**	**386950**	**494954**	**7152393**
农副食品加工业	653	3525	16008	3781	23512
饲料加工	135	635	11845	446	16751
饲料加工	135	635	11845	446	16751
植物油加工		455	2754	147	2469
食用植物油加工		455	2754	147	2469
屠宰及肉类加工	28	805	698	2132	10640
畜禽屠宰	28	351	479	2041	3210
肉制品及副产品加工		454	220	91	7430
水产品加工	9	1301	131	761	－14765
水产品冷冻加工	9	1300	118	726	－14826
鱼糜制品及水产品干腌制加工		...	13	35	61
蔬菜、水果和坚果加工	439	185	472	261	7317
蔬菜、水果和坚果加工	439	185	472	261	7317
其他农副食品加工	42	144	108	34	1101
豆制品制造	42	144	108	34	1101
食品制造业	373	3423	1943	3620	47697
焙烤食品制造		225	440	499	8904
糕点、面包制造		57	16	66	1784
饼干及其他焙烤食品制造		168	424	433	7120
糖果、巧克力及蜜饯制造		62	73	40	5505
糖果、巧克力制造		62	73	40	5505
方便食品制造		431	174	－30	5359
速冻食品制造		311	109	－97	4967
方便面及其他方便食品制造		119	65	68	392

1－E－3 续表9－3 单位：个、万元、人

指 标 名 称	投资收益	补贴收入	营业外收入	营业外支出	利润总额
液体乳及乳制品制造	153	798	792	39	533
液体乳及乳制品制造	153	798	792	39	533
罐头制造	87	1225	256	1027	18211
肉、禽类罐头制造		81	75	27	1010
水产品罐头制造		19		31	1242
蔬菜、水果罐头制造	87	1124	167	716	1743
其他罐头食品制造		2	14	253	14216
调味品、发酵制品制造	128	65	145	1658	－6011
味精制造	96	65	60	1637	－7072
酱油、食醋及类似制品的制造	32		85	21	1061
其他食品制造	6	618	64	386	15197
营养、保健食品制造	6	183		5	1364
冷冻饮品及食用冰制造			5	343	2692
食品及饲料添加剂制造		435	59	38	11141
饮料制造业	4456	6674	16973	8577	128584
酒的制造	645	766	11597	5003	4213
啤酒制造	574	736	10908	2826	－7787
黄酒制造	72	30	690	2177	12000
软饮料制造	3794	5421	5344	3575	123923
瓶（罐）装饮用水制造	218	956	612	2327	－8828
果菜汁及果菜汁饮料制造		153	446	198	－232
含乳饮料和植物蛋白饮料制造	218	1802	729	602	82564
茶饮料及其他软饮料制造	3358	2511	3557	448	50419
精制茶加工	17	487	32		449
精制茶加工	17	487	32		449
烟草制品业	785	1755	1386	10792	422335
卷烟制造	785	1755	1386	10792	422335
卷烟制造	785	1755	1386	10792	422335
纺织业	32724	31006	37284	70029	711342
棉、化纤纺织及印染精加工	21241	20296	16701	33177	419544
棉、化纤纺织加工	15232	13310	7620	16745	232736
棉、化纤印染精加工	6009	6986	9082	16432	186808
毛纺织和染整精加工	1599	1476	3784	3323	15705
毛条加工		703	17	73	－1163
毛纺织	1599	773	3657	3243	15850
毛染整精加工			111	7	1017
麻纺织	38	1	124	1464	7926
麻纺织	38	1	124	1464	7926
丝绢纺织及精加工	1623	867	2687	4955	13642
缫丝加工	117	103	211	94	618

1－E－3　续表9－4　　单位：个、万元、人

指 标 名 称	投资收益	补贴收入	营业外收入	营业外支出	利润总额
绢纺和丝织加工	706	313	2333	2824	13832
丝印染精加工	800	450	143	2037	－808
纺织制成品制造	4450	2515	9137	7737	99801
棉及化纤制品制造	2699	1614	4641	5956	46828
毛制品制造	11	383	85	222	1144
麻制品制造		1	11	14	64
丝制品制造	3	342	1110	624	31783
绳、索、缆的制造				17	10
纺织带和帘子布制造	449	77	494	242	4816
无纺布制造	1272	44	1473	371	8115
其他纺织制成品制造	16	55	1324	292	7042
针织品、编织品及其制品制造	3774	5851	4851	19373	154725
棉、化纤针织品及编织品制造	2908	5176	3925	16850	121054
毛针织品及编织品制造	302	393	524	1918	16515
丝针织品及编织品制造	564	239	402	594	16432
其他针织品及编织品制造		43		12	725
纺织服装、鞋、帽制造业	10014	5563	6781	21186	404876
纺织服装制造	10014	5563	6701	21178	404799
纺织服装制造	10014	5563	6701	21178	404799
纺织面料鞋的制造			77	5	－19
纺织面料鞋的制造			77	5	－19
制　帽			3	3	97
制　帽			3	3	97
皮革、毛皮、羽毛(绒)及其制品业	701	6129	3406	16372	197049
皮革鞣制加工	81	1923	320	4098	18162
皮革鞣制加工	81	1923	320	4098	18162
皮革制品制造	499	3983	2260	10305	160043
皮鞋制造	452	1944	1448	4020	138345
皮革服装制造	...	120	59	1661	1926
皮箱、包(袋)制造	42	1820	574	3987	14476
皮手套及皮装饰制品制造		6	73	381	2029
其他皮革制品制造	6	93	106	256	3267
毛皮鞣制及制品加工	12	3	119	50	2094
毛皮服装加工	12	3	119	50	2094
羽毛(绒)加工及制品制造	109	221	706	1919	16750
羽毛(绒)加工	3	20	3	58	940
羽毛(绒)制品加工	106	201	703	1861	15810
木材加工及木、竹、藤、棕、草制品业	－94	2392	4152	1820	32452
锯材、木片加工		84		3	1008
锯材加工		84		3	1008

1-E-3 续表9-5 单位:个、万元、人

指标名称	投资收益	补贴收入	营业外收入	营业外支出	利润总额
人造板制造	-124	1799	3394	859	11587
胶合板制造	11	529	563	620	5630
纤维板制造	40	1030	2209	133	1472
其他人造板、材制造	-175	240	621	106	4485
木制品制造	60	455	229	163	14207
建筑用木料及木材组件加工	60	455	229	163	14207
竹、藤、棕、草制品制造	-31	54	529	796	5651
竹、藤、棕、草制品制造	-31	54	529	796	5651
家具制造业	-861	2396	7543	17471	73666
木质家具制造	79	681	1052	1078	9711
木质家具制造	79	681	1052	1078	9711
竹、藤家具制造			4	15	-206
竹、藤家具制造			4	15	-206
金属家具制造	-963	1169	3519	4498	43300
金属家具制造	-963	1169	3519	4498	43300
塑料家具制造					891
塑料家具制造					891
其他家具制造	23	546	2968	11880	19969
其他家具制造	23	546	2968	11880	19969
造纸及纸制品业	3927	15139	8873	23817	122559
造　纸	3279	12705	7007	21498	92795
机制纸及纸板制造	3279	12705	7007	21498	92795
纸制品制造	648	2434	1866	2318	29764
纸和纸板容器的制造	133	1137	381	1113	23846
其他纸制品制造	515	1297	1485	1205	5918
印刷业和记录媒介的复制	9914	2684	1776	2645	49118
印　刷	9914	2684	1776	2645	49118
书、报、刊印刷	2836	114	23	747	11191
本册印制	2923	33	119	260	6913
包装装潢及其他印刷	4156	2537	1634	1639	31013
文教体育用品制造业	17273	2493	2999	7201	90482
文化用品制造	1086	809	982	924	35341
文具制造	-9	615	604	369	5459
笔的制造	1091	194	358	421	6148
教学用模型及教具制造	4		20	134	23734
体育用品制造	25	494	357	1894	4599
球类制造	11			21	718
体育器材及配件制造	10	248	77	44	1267
训练健身器材制造		162	76	1375	4963
运动防护用具制造		6	153	120	-3767

1－E－3 续表9－6

单位：个、万元、人

指标名称	投资收益	补贴收入	营业外收入	营业外支出	利润总额
其他体育用品制造	3	78	51	334	1418
乐器制造	24	286	279	433	7996
西乐器制造	－10	206	241	298	6479
其他乐器及零件制造	35	80	38	135	1517
玩具制造	16124	678	1294	3717	35881
玩具制造	16124	678	1294	3717	35881
游艺器材及娱乐用品制造	15	226	89	234	6665
露天游乐场所游乐设备制造				21	1238
游艺用品及室内游艺器材制造	15	226	89	213	5427
石油加工、炼焦及核燃料加工业		32554	15066	73	－11062
精炼石油产品的制造		32554	15066	73	－11062
原油加工及石油制品制造		32554	15066	73	－11062
化学原料及化学制品制造业	26764	42043	53536	39254	679820
基础化学原料制造	3977	4173	3392	5012	62024
无机酸制造	253		513	120	2874
无机碱制造	2635	1057	231	401	21509
有机化学原料制造	350	3116	2562	4194	24122
其他基础化学原料制造	740		87	297	13519
肥料制造	138	445	721	1194	5823
氮肥制造	138	445	692	1116	7035
其他肥料制造			30	79	－1211
农药制造	2355	1312	3164	20950	111347
化学农药制造	2142	579	3155	20836	109920
生物化学农药及微生物农药制造	213	733	9	114	1427
涂料、油墨、颜料及类似产品制造	489	3747	4104	1864	74068
涂料制造	18	1342	440	272	32236
油墨及类似产品制造	340	44	1509	73	2233
颜料制造		490	241	141	4463
染料制造	130	1838	1913	1366	34735
密封用填料及类似品制造	1	33	1	11	401
合成材料制造	14818	25492	34160	4358	190250
初级形态的塑料及合成树脂制造	14737	2262	7129	1828	26843
合成橡胶制造					223
合成纤维单(聚合)体的制造	82	23197	25639	1143	151230
其他合成材料制造	...	33	1392	1387	11954
专用化学产品制造	2316	5153	2741	1899	79931
化学试剂和助剂制造	1751	989	328	1199	28699
专项化学用品制造	481	3321	2130	457	39599
炸药及火工产品制造		5	58	109	4385
信息化学品制造	84	839	225	135	7249

1-E-3 续表9-7 单位:个、万元、人

指标名称	投资收益	补贴收入	营业外收入	营业外支出	利润总额
日用化学产品制造	2670	1722	5253	3976	156376
肥皂及合成洗涤剂制造	500	204	101	706	7904
化妆品制造	45		2789	771	107137
香料、香精制造	693	1191	2364	2499	12831
其他日用化学产品制造	1432	327			28503
医药制造业	8353	12909	10392	9232	299883
化学药品原药制造	4752	5056	5492	4866	124186
化学药品原药制造	4752	5056	5492	4866	124186
化学药品制剂制造	3933	4269	2064	2048	100250
化学药品制剂制造	3933	4269	2064	2048	100250
中成药制造	-519	2265	1666	924	44606
中成药制造	-519	2265	1666	924	44606
兽用药品制造		52	38	38	6996
兽用药品制造		52	38	38	6996
生物、生化制品的制造	177	1081	1112	1253	23678
生物、生化制品的制造	177	1081	1112	1253	23678
卫生材料及医药用品制造	10	185	21	103	167
卫生材料及医药用品制造	10	185	21	103	167
化学纤维制造业	17361	8744	12118	7026	146786
纤维素纤维原料及纤维制造		3	2456	406	-3667
人造纤维(纤维素纤维)制造		3	2456	406	-3667
合成纤维制造	17361	8741	9662	6620	150454
锦纶纤维制造	5	51	380	204	5455
涤纶纤维制造	17730	7213	7174	4761	146650
腈纶纤维制造		108	19	126	-62167
其他合成纤维制造	-373	1370	2089	1530	60516
橡胶制品业	331	2795	1528	4694	47495
轮胎制造		56	122	127	25078
车辆、飞机及工程机械轮胎制造		56	122	127	25078
橡胶板、管、带的制造	87	1484	1191	4068	14053
橡胶板、管、带的制造	87	1484	1191	4068	14053
橡胶零件制造	244	432	150	342	3242
橡胶零件制造	244	432	150	342	3242
日用及医用橡胶制品制造		76		27	580
日用及医用橡胶制品制造		76		27	580
橡胶靴鞋制造		747	65	130	4541
橡胶靴鞋制造		747	65	130	4541
塑料制品业	12760	9847	8988	8206	245267
塑料薄膜制造	102	320	-256	932	27079
塑料薄膜制造	102	320	-256	932	27079

1－E－3 续表9－8 单位：个、万元、人

指标名称	投资收益	补贴收入	营业外收入	营业外支出	利润总额
塑料板、管、型材的制造	658	2090	2500	697	32979
塑料板、管、型材的制造	658	2090	2500	697	32979
塑料丝、绳及编织品的制造	6	225	90	96	9453
塑料丝、绳及编织品的制造	6	225	90	96	9453
泡沫塑料制造	588	161	58	162	3055
泡沫塑料制造	588	161	58	162	3055
塑料人造革、合成革制造	1510	1649	735	1071	51784
塑料人造革、合成革制造	1510	1649	735	1071	51784
塑料包装箱及容器制造	29	35	2623	1744	31890
塑料包装箱及容器制造	29	35	2623	1744	31890
塑料零件制造	439	1917	790	1492	22042
塑料零件制造	439	1917	790	1492	22042
日用塑料制造	9423	3352	2242	1773	60119
塑料鞋制造	－134	6		36	110
日用塑料杂品制造	9557	3346	2242	1737	60008
其他塑料制品制造	5	98	205	240	6867
其他塑料制品制造	5	98	205	240	6867
非金属矿物制品业	8868	43891	21392	20999	172613
水泥、石灰和石膏的制造	5219	39122	17441	15981	77643
水泥制造	5219	39122	17441	15981	77643
水泥及石膏制品制造	1425	964	686	2851	34330
水泥制品制造	843	964	609	827	29669
砼结构构件制造	583		77	24	1459
轻质建筑材料制造				2000	3202
砖瓦、石材及其他建筑材料制造	710	1349	3	232	19980
建筑陶瓷制品制造	1	1325	…	188	19046
防水建筑材料制造	709	24	3	44	934
玻璃及玻璃制品制造	358	704	1454	1000	22126
平板玻璃制造	197	34	814	393	－612
技术玻璃制品制造	146	203	362	314	10069
日用玻璃制品及玻璃包装容器制造	16	178	188	213	10930
玻璃保温容器制造		59		3	192
玻璃纤维及制品制造		229	74	26	906
其他玻璃制品制造		1	16	52	641
陶瓷制品制造		230	173	178	2513
卫生陶瓷制品制造		75	3	33	439
特种陶瓷制品制造		154	26	89	1968
日用陶瓷制品制造			144	56	106
耐火材料制品制造	1140	749	854	572	12035

1－E－3 续表9－9

单位：个、万元、人

指 标 名 称	投资收益	补贴收入	营业外收入	营业外支出	利润总额
石棉制品制造	466		562	81	216
耐火陶瓷制品及其他耐火材料制造	674	749	292	491	11818
石墨及其他非金属矿物制品制造	17	775	782	184	3987
石墨及碳素制品制造	16	775	782	165	3518
其他非金属矿物制品制造	1			19	469
黑色金属冶炼及压延加工业	3461	3215	7724	13467	121928
炼　钢	54	667	220	239	20313
炼　钢	54	667	220	239	20313
钢压延加工	3407	2548	7457	10992	101190
钢压延加工	3407	2548	7457	10992	101190
铁合金冶炼			48	2237	425
铁合金冶炼			48	2237	425
有色金属冶炼及压延加工业	－1929	8436	3078	13719	49032
常用有色金属冶炼	－3494	4469	1992	3257	－18268
铜冶炼	－2736	804	1702	834	－31388
铅锌冶炼	111	70	160	23	116
镍钴冶炼	－870	1237	107	721	5073
铝冶炼	...	2357	23	1680	7930
贵金属冶炼			112	67	2430
金冶炼			10	39	1384
银冶炼			102	27	1046
稀有稀土金属冶炼	222		34	29	554
稀土金属冶炼	222		34	29	554
有色金属合金制造	13	137	200	309	14232
有色金属合金制造	13	137	200	309	14232
有色金属压延加工	1330	3830	740	10057	50084
常用有色金属压延加工	1330	3818	717	10030	49458
稀有稀土金属压延加工		12	23	27	626
金属制品业	15229	8998	9088	17019	302427
结构性金属制品制造	1521	1303	1494	6902	124179
金属结构制造	246	403	1305	3415	71057
金属门窗制造	1275	900	188	3487	53122
金属工具制造	－3	918	810	1924	25732
切削工具制造	－13	613	264	190	9231
手工具制造	8	167	186	1396	6234
农用及园林用金属工具制造		100	24	240	8003
刀剪及类似日用金属工具制造	2	38	337	98	2188
其他金属工具制造					76
集装箱及金属包装容器制造	435	565	2768	1974	27429

1－E－3 续表 9－10 单位：个、万元、人

指标名称	投资收益	补贴收入	营业外收入	营业外支出	利润总额
集装箱制造			1137	461	1245
金属压力容器制造	110	82	54	141	1387
金属包装容器制造	325	483	1578	1372	24797
金属丝绳及其制品的制造	528	1126	30	241	14527
金属丝绳及其制品的制造	528	1126	30	241	14527
建筑、安全用金属制品制造	11753	1107	3286	1475	47930
建筑、家具用金属配件制造	84	449	2900	686	27806
建筑装饰及水暖管道零件制造	11669	137	215	609	17658
安全、消防用金属制品制造	...	521	171	180	2466
金属表面处理及热处理加工		330	110	638	9510
金属表面处理及热处理加工		330	110	638	9510
搪瓷制品制造		10	52		1238
搪瓷日用品及其他搪瓷制品制造		10	52		1238
不锈钢及类似日用金属制品制造	996	3640	441	3754	50726
金属制厨房调理及卫生器具制造	525	2706	260	255	12978
金属制厨用器皿及餐具制造	472	934	126	3435	35467
其他日用金属制品制造	－2		55	64	2280
其他金属制品制造			98	112	1158
其他未列明的金属制品制造			98	112	1158
通用设备制造业	24078	24707	20508	33836	574244
锅炉及原动机制造	4921	1244	2401	1203	29490
锅炉及辅助设备制造	3129	50	1266	104	11932
内燃机及配件制造	1792	986	977	1058	15190
汽轮机及辅机制造		208	158	23	1046
水轮机及辅机制造				18	1323
金属加工机械制造	－935	3367	2896	3744	41315
金属切削机床制造	－935	1798	2540	1762	26795
金属成形机床制造		262	127	108	4947
铸造机械制造			126	11	436
金属切割及焊接设备制造		759	48	1752	6638
机床附件制造		238	54	65	178
其他金属加工机械制造		310	3	45	2322
起重运输设备制造	3593	2026	1184	2288	65082
起重运输设备制造	3593	2026	1184	2288	65082
泵、阀门、压缩机及类似机械的制造	5341	4567	5256	5939	152404
泵及真空设备制造	1112	2676	481	1087	59020
气体压缩机械制造	2137	450	2296	2879	12566
阀门和旋塞的制造	1828	1160	2050	1635	63550
液压和气压动力机械及元件制造	265	281	430	339	17268

1－E－3 续表9－11 单位：个、万元、人

指 标 名 称	投资收益	补贴收入	营业外收入	营业外支出	利润总额
轴承、齿轮、传动和驱动部件的制造	2494	4091	3225	8139	127633
轴承制造	2378	2790	1831	6735	74884
齿轮、传动和驱动部件制造	117	1301	1395	1403	52749
风机、衡器、包装设备等通用设备制造	7125	2991	2990	8102	87574
风机、风扇制造	5	85	669	74	12351
气体、液体分离及纯净设备制造	3810	673	458	4149	26447
制冷、空调设备制造	1	253	101	2765	9289
风动和电动工具制造	218	724	914	706	23103
喷枪及类似器具制造	11	273	270	112	6060
包装专用设备制造	195	687	134	125	5153
其他通用设备制造	2885	296	445	171	5171
通用零部件制造及机械修理	294	933	887	3137	29505
金属密封件制造			16	...	313
紧固件、弹簧制造	269	867	644	1821	27891
机械零部件加工及设备修理		5		24	476
其他通用零部件制造	25	61	227	1291	825
金属铸、锻加工	1246	5488	1669	1285	41241
钢铁铸件制造	484	4441	871	1005	37771
锻件及粉末冶金制品制造	762	1047	798	280	3470
专用设备制造业	5246	9272	9655	13746	215031
矿山、冶金、建筑专用设备制造	－521	317	846	1007	34158
采矿、采石设备制造	－526	28	667	42	2662
石油钻采专用设备制造		90	129	138	935
建筑工程用机械制造	5	199	50	827	30560
化工、木材、非金属加工专用设备制造	149	3538	1827	1858	43125
炼油、化工生产专用设备制造	17	930	205	370	10916
塑料加工专用设备制造	－7	893	659	941	13624
木材加工机械制造		5	...	1	－967
模具制造	139	1710	963	547	19551
食品、饮料、烟草及饲料生产专用设备制造		106	168	99	9765
食品、饮料、烟草工业专用设备制造		106	168	99	9765
印刷、制药、日化生产专用设备制造					1520
制药专用设备制造					1520
纺织、服装和皮革工业专用设备制造	1824	1874	3132	7265	35694
纺织专用设备制造	1824	1691	2099	842	14798
缝纫机械制造		183	942	4487	19367
其他服装加工专用设备制造			92	1937	1529
电子和电工机械专用设备制造		1702	1521	339	10563
电子工业专用设备制造		1702	1521	339	10563

1－E－3　续表 9－12　　　　单位：个、万元、人

指标名称	投资收益	补贴收入	营业外收入	营业外支出	利润总额
农、林、牧、渔专用机械制造	1770	112	545	741	5564
拖拉机制造	70	10	150	527	－3304
机械化农业及园艺机具制造	1700	102	394	215	8823
渔业机械制造					46
医疗仪器设备及器械制造	220	562	234	247	28357
医疗诊断、监护及治疗设备制造			78	4	1299
医疗、外科及兽医用器械制造	220	400	143	147	23301
机械治疗及病房护理设备制造		162	13	95	3758
环保、社会公共安全及其他专用设备制造	1805	1062	1383	2191	46283
环境污染防治专用设备制造	1123	940	1374	1618	4281
地质勘查专用设备制造	568	20	6	13	2072
社会公共安全设备及器材制造	114	102	3	551	38726
其他专用设备制造				9	1203
交通运输设备制造业	64348	23597	20902	41356	630771
汽车制造	58129	20034	16057	27660	343040
汽车整车制造	23537	5516	3880	7549	98415
汽车零部件及配件制造	34592	14519	12178	20111	244625
摩托车制造	－133	1094	1318	2007	24904
摩托车整车制造	23	420	1011	747	3061
摩托车零部件及配件制造	－156	674	307	1260	21844
自行车制造	10	499	338	3852	10781
脚踏自行车及残疾人座车制造	10	499	262	3440	1754
助动自行车制造			76	411	9028
船舶及浮动装置制造	6342	761	3186	7814	250806
金属船舶制造	6223	519	2478	6593	168933
非金属船舶制造	...		443	670	15035
船用配套设备制造		147	150	74	2086
船舶修理及拆船	119	95	115	477	64752
航空航天器制造		922			820
其他飞行器制造		922			820
交通器材及其他交通运输设备制造		287	3	24	419
其他交通运输设备制造		287	3	24	419
电气机械及器材制造业	59430	36026	33950	49332	836013
电机制造	4674	7190	7504	10586	138505
发电机及发电机组制造	120	2410	2635	2334	22953
电动机制造	92	1967	265	5807	41759
微电机及其他电机制造	4462	2814	4603	2444	73794
输配电及控制设备制造	28389	4457	4547	14895	287719
变压器、整流器和电感器制造	152	409	962	1516	46990

1－E－3 续表9－13 单位：个、万元、人

指标名称	投资收益	补贴收入	营业外收入	营业外支出	利润总额
电容器及其配套设备制造	959		8	223	6875
配电开关控制设备制造	26749	3257	3099	11434	195807
电力电子元器件制造	510	775	470	1666	30953
其他输配电及控制设备制造	19	17	7	55	7094
电线、电缆、光缆及电工器材制造	994	6751	5034	7424	148954
电线电缆制造	547	6614	4649	7127	122220
光纤、光缆制造	2	24	201	119	22098
其他电工器材制造	445	114	184	179	4636
电池制造	2327	7542	2877	1857	67781
电池制造	2327	7542	2877	1857	67781
家用电力器具制造	21326	5120	5204	5781	108261
家用制冷电器具制造	20	542	211	588	2793
家用空气调节器制造	114	476	2106	465	4042
家用通风电器具制造		327	33	767	7198
家用厨房电器具制造	－21	583	269	1056	33700
家用清洁卫生电器具制造	713	1074	384	814	10343
家用美容、保健电器具制造	24	546	415	305	2064
家用电力器具专用配件制造	20297	847	433	802	37362
其他家用电力器具制造	181	725	1354	985	10759
非电力家用器具制造		137	384	603	20318
燃气、太阳能及类似能源的器具制造		127	315	312	14909
其他非电力家用器具制造		10	69	291	5409
照明器具制造	1726	4378	8188	7804	60302
电光源制造	285	3915	522	1129	35043
照明灯具制造	1423	405	7634	5474	21070
灯用电器附件及其他照明器具制造	18	57	32	1200	4188
其他电气机械及器材制造	－6	450	212	383	4174
车辆专用照明及电气信号设备装置制造	－6	449	210	367	3735
其他未列明的电气机械制造		1	2	16	439
通信设备、计算机及其他电子设备制造业	30533	14244	39648	19580	311389
通信设备制造	17756	3830	7811	306	103498
通信传输设备制造	481	978	555	93	15057
通信交换设备制造		20		25	2798
通信终端设备制造			…	75	909
移动通信及终端设备制造	17276	2832	7115	－39	81016
其他通信设备制造			141	152	3719
广播电视设备制造	－4	4260	1987	1330	20865
广播电视节目制作及发射设备制造			12	10	211
广播电视接收设备及器材制造		356	102	1062	4620

1－E－3 续表 9－14 单位：个、万元、人

指 标 名 称	投资收益	补贴收入	营业外收入	营业外支出	利润总额
应用电视设备及其他广播电视设备制造	－4	3904	1873	258	16035
电子计算机制造	－210	1061	10880	3004	58493
计算机网络设备制造		698	102	47	2446
电子计算机外部设备制造	－210	363	10778	2958	56047
电子器件制造	7133	2430	6642	1836	11927
半导体分立器件制造	568	1012	4502	692	9252
集成电路制造	6012	1153	1342	530	4235
光电子器件及其他电子器件制造	553	264	799	614	－1561
电子元件制造	9308	1998	10336	7973	104856
电子元件及组件制造	9308	1969	9568	7295	101772
印制电路板制造		30	769	678	3084
家用视听设备制造	－2116	282	1797	2187	1846
家用影视设备制造	－2116	211	1605	2160	547
家用音响设备制造		71	192	27	1299
其他电子设备制造	－1334	383	195	2945	9903
其他电子设备制造	－1334	383	195	2945	9903
仪器仪表及文化、办公用机械制造业	3130	14993	7363	9203	129672
通用仪器仪表制造	2059	12752	5598	1659	96353
工业自动控制系统装置制造	1793	11097	430	789	46436
电工仪器仪表制造	－219	200	327	368	11421
绘图、计算及测量仪器制造	－31	550	336	89	4991
实验分析仪器制造		6	4	4	－1297
供应用仪表及其他通用仪器制造	516	898	4502	410	34801
专用仪器仪表制造	...	1534	1105	5596	4073
环境监测专用仪器仪表制造		127	12	36	326
汽车及其他用计数仪表制造	...	1003	128	1394	5416
教学专用仪器制造		404		390	3844
电子测量仪器制造			965	3776	－5514
钟表与计时仪器制造	...	8	30	70	1502
钟表与计时仪器制造	...	8	30	70	1502
光学仪器及眼镜制造	384	480	455	973	21385
光学仪器制造	347	197	239	154	13240
眼镜制造	38	283	216	819	8145
文化、办公用机械制造	686	187	119	777	7436
照相机及器材制造	243	44	98	612	1020
复印和胶印设备制造			9	12	1561
计算器及货币专用设备制造	429	114		20	1043
其他文化、办公用机械制造	14	28	13	133	3813
其他仪器仪表的制造及修理		33	56	128	－1077

1-E-3 续表9-15

单位：个、万元、人

指标名称	投资收益	补贴收入	营业外收入	营业外支出	利润总额
其他仪器仪表的制造及修理		33	56	128	-1077
工艺品及其他制造业	6001	2032	2881	6729	117436
工艺美术品制造	3816	1402	1458	4409	70307
雕塑工艺品制造					1140
金属工艺品制造	70	169	160	157	1192
漆器工艺品制造	157	14	4	31	542
花画工艺品制造		10		19	375
天然植物纤维编织工艺品制造	49	3	31	47	533
抽纱刺绣工艺品制造	...	75	55	3156	15987
地毯、挂毯制造	87	397	544	187	2195
珠宝首饰及有关物品的制造	3454	571	342	468	40641
其他工艺美术品制造	-2	163	324	345	7702
日用杂品制造	2185	629	1423	2209	46287
制镜及类似品加工	2	2	12	494	3022
鬃毛加工、制刷及清扫工具的制造	-58	28	217	405	2290
其他日用杂品制造	2241	599	1194	1310	40974
其他未列明的制造业				111	843
其他未列明的制造业				111	843
废弃资源和废旧材料回收加工业		48	9	173	-20022
金属废料和碎屑的加工处理		48	9	173	-20022
金属废料和碎屑的加工处理		48	9	173	-20022
电力、燃气及水的生产和供应业	**18274**	**91566**	**128573**	**40694**	**359933**
电力、热力的生产和供应业	10254	65794	123591	39037	361966
电力生产	2109	51494	100893	12384	210000
火力发电	1509	6988	12188	8813	7462
水力发电			49	...	-7713
核力发电	600	44506	88656	3570	210251
电力供应	8144	14172	22517	26077	141455
电力供应	8144	14172	22517	26077	141455
热力生产和供应	...	128	180	576	10510
热力生产和供应	...	128	180	576	10510
燃气生产和供应业	46	11465	866	950	508
燃气生产和供应业	46	11465	866	950	508
燃气生产和供应业	46	11465	866	950	508
水的生产和供应业	7974	14307	4117	708	-2540
自来水的生产和供应	7974	14287	4104	622	-593
自来水的生产和供应	7974	14287	4104	622	-593
污水处理及其再生利用		20	14	86	-1947
污水处理及其再生利用		20	14	86	-1947

1－E－3　续表 10－1

单位：个、万元、人

指　标　名　称	亏损企业亏损总额	应交所得税	利税总额	本年应付工资总额	本年应付福利费总额
总　计	**891245**	**1265430**	**13512249**	**6991253**	**558677**
一、按轻重工业分					
轻工业	328663	605659	6991561	3743217	273507
重工业	562582	659770	6520689	3248036	285170
二、按登记注册类型分					
内　资	**516185**	**947711**	**9632346**	**4344414**	**365017**
国　有	67323	171942	2331374	330484	40529
集　体	10028	5801	34864	24098	1411
股份合作企业	640	5212	42232	33853	2529
联营企业	11849	169	－5231	8622	154
集体联营	11464	144	－7991	3672	
国有与集体联营		2	2070	2825	
其他联营	385	22	690	2125	154
有限责任公司	268143	239805	2146790	1050179	94250
国有独资公司	5286	9021	76667	44860	4969
其他有限责任公司	262857	230785	2070123	1005319	89281
股份有限公司	42628	105211	1105809	405885	35438
私营企业	114142	414373	3939076	2475104	188832
私营独资	581	9804	88861	67697	5393
私营合伙	921	1811	18513	16092	1275
私营有限责任公司	107367	368300	3531058	2267466	173711
私营股份有限公司	5274	34458	300644	123849	8454
其　他	1433	5198	37431	16189	1875
港澳台商投资	**94359**	**120166**	**1797973**	**1168071**	**71297**
与港澳台商合资经营	40084	90080	1321073	731935	41373
与港澳台商合作经营		1552	22606	16119	849
港澳台商独资	54275	26086	435839	408370	27943
港澳台商投资股份有限公司		2449	18454	11647	1133
外商投资	**280701**	**197552**	**2081931**	**1478767**	**122363**
中外合资经营	161541	120196	1287269	824370	64131
中外合作经营	406	2629	38325	28172	935
外资企业	101142	65441	654802	570608	52803
外商投资股份有限公司	17612	9287	101535	55618	4495
三、按控股情况分					
国有控股	341615	250312	3277720	652992	73328
集体控股	21200	61609	435508	217324	17511
私人控股	230621	721510	7101255	4188058	317539
港澳台商控股	86388	60883	935025	740077	47755
外商控股	201348	143546	1441188	999035	88678
其　他	10073	27570	321553	193767	13865

1－E－3 续表 10－2

单位：个、万元、人

指标名称	亏损企业亏损总额	应交所得税	利税总额	本年应付工资总额	本年应付福利费总额
四、按国民经济行业（门类、大类、中类、小类）分					
采矿业	**964**	**9663**	**66327**	**21297**	**3502**
黑色金属矿采选业		5674	28181	5719	595
铁矿采选		5674	28181	5719	595
铁矿采选		5674	28181	5719	595
有色金属矿采选业	34	3989	38294	12854	1881
常用有色金属矿采选		3524	31635	6059	189
铜矿采选		3240	18231	5066	147
铅锌矿采选		284	13404	993	42
稀有稀土金属矿采选	34	465	6659	6795	1692
钨钼矿采选	34	446	6583	5885	1572
放射性金属矿采选		19	76	911	120
非金属矿采选业	930		－147	2724	1027
化学矿采选	930		－147	2724	1027
化学矿采选	930		－147	2724	1027
制造业	**726344**	**1158035**	**12521685**	**6607175**	**514347**
农副食品加工业	22085	6416	41083	50372	3926
饲料加工		1420	18604	11921	795
饲料加工		1420	18604	11921	795
植物油加工			2469	1877	286
食用植物油加工			2469	1877	286
屠宰及肉类加工		1508	13489	10771	920
畜禽屠宰		524	3449	3419	213
肉制品及副产品加工		984	10041	7352	707
水产品加工	21877	1981	－9908	10978	866
水产品冷冻加工	21877	1981	－10060	10407	866
鱼糜制品及水产品干腌制加工			153	571	
蔬菜、水果和坚果加工	208	1283	13842	11239	870
蔬菜、水果和坚果加工	208	1283	13842	11239	870
其他农副食品加工		223	2587	3587	189
豆制品制造		223	2587	3587	189
食品制造业	9773	10079	82445	63764	3803
焙烤食品制造		1066	19724	17743	512
糕点、面包制造		328	3469	2563	41
饼干及其他焙烤食品制造		738	16255	15180	471
糖果、巧克力及蜜饯制造			5505	1469	
糖果、巧克力制造			5505	1469	
方便食品制造	154	745	9809	4773	311
速冻食品制造	154	698	7773	3619	288
方便面及其他方便食品制造		47	2036	1154	23

1－E－3 续表10－3

单位：个、万元、人

指 标 名 称	亏损企业亏损总额	应交所得税	利税总额	本年应付工资总额	本年应付福利费总额
液体乳及乳制品制造	401	95	1926	3869	497
液体乳及乳制品制造	401	95	1926	3869	497
罐头制造	1000	4459	28061	23293	1806
肉、禽类罐头制造		213	1648	770	134
水产品罐头制造		116	1254	754	25
蔬菜、水果罐头制造	1000	576	6337	18470	1139
其他罐头食品制造		3554	18823	3298	508
调味品、发酵制品制造	8219	555	－2219	6127	257
味精制造	8219	290	－4467	4656	257
酱油、食醋及类似制品的制造		265	2249	1472	
其他食品制造		3160	19639	6490	419
营养、保健食品制造		140	2057	983	98
冷冻饮品及食用冰制造		251	4585	3893	158
食品及饲料添加剂制造		2769	12997	1614	164
饮料制造业	44711	11098	286117	75301	8083
酒的制造	27142	3727	106037	46809	4403
啤酒制造	27142	1050	72453	36081	3277
黄酒制造		2677	33585	10728	1126
软饮料制造	17569	7259	178307	27552	3595
瓶（罐）装饮用水制造	17337	1839	12772	6809	714
果菜汁及果菜汁饮料制造	232	51	135	3188	36
含乳饮料和植物蛋白饮料制造		4151	99771	11329	1887
茶饮料及其他软饮料制造		1219	65628	6226	959
精制茶加工		112	1773	940	85
精制茶加工		112	1773	940	85
烟草制品业		105584	1761800	30143	5460
卷烟制造		105584	1761800	30143	5460
卷烟制造		105584	1761800	30143	5460
纺织业	59127	107174	1218863	910161	61927
棉、化纤纺织及印染精加工	36119	62360	720635	472703	26610
棉、化纤纺织加工	19586	34416	363977	231363	13859
棉、化纤印染精加工	16532	27944	356658	241340	12751
毛纺织和染整精加工	1367	2754	28445	22238	2887
毛条加工	1163		－588	2463	276
毛纺织		2741	26498	15811	2456
毛染整精加工	205	13	2535	3964	155
麻纺织	1627	128	10445	4961	239
麻纺织	1627	128	10445	4961	239
丝绢纺织及精加工	7442	1613	41331	49127	6020
缫丝加工	1105	123	3787	6426	877

1－E－3 续表 10－4 单位：个、万元、人

指 标 名 称	亏损企业亏损总额	应交所得税	利税总额	本年应付工资总额	本年应付福利费总额
绢纺和丝织加工	3539	1242	28007	33391	3881
丝印染精加工	2798	248	9538	9311	1262
纺织制成品制造	9376	16788	171327	146362	10599
棉及化纤制品制造	6080	7730	83948	73577	6187
毛制品制造	2993	947	11456	23486	396
麻制品制造			198	684	20
丝制品制造	208	4588	45911	20685	1908
绳、索、缆的制造		3	111	794	118
纺织带和帘子布制造		1044	7265	8392	415
无纺布制造	63	1113	11715	7284	802
其他纺织制成品制造	32	1365	10725	11460	752
针织品、编织品及其制品制造	3196	23531	246680	214771	15571
棉、化纤针织品及编织品制造	1396	16198	186921	166725	9755
毛针织品及编织品制造	1681	3633	28078	28669	4337
丝针织品及编织品制造	119	3591	30395	18693	1398
其他针织品及编织品制造		109	1286	683	81
纺织服装、鞋、帽制造业	12635	68977	628430	567449	39339
纺织服装制造	12003	68914	627721	564499	39202
纺织服装制造	12003	68914	627721	564499	39202
纺织面料鞋的制造	632	63	374	2235	131
纺织面料鞋的制造	632	63	374	2235	131
制 帽		...	334	715	6
制 帽		...	334	715	6
皮革、毛皮、羽毛(绒)及其制品业	4832	29818	337722	361951	22973
皮革鞣制加工		2720	33171	20000	2326
皮革鞣制加工		2720	33171	20000	2326
皮革制品制造	4832	22920	267237	312603	18548
皮鞋制造	1161	20625	220355	248595	12538
皮革服装制造	365	11	5446	7970	1005
皮箱、包(袋)制造	2522	1505	27849	45121	3971
皮手套及皮装饰制品制造		165	4631	4584	203
其他皮革制品制造	784	614	8957	6333	831
毛皮鞣制及制品加工		453	3217	1640	517
毛皮服装加工		453	3217	1640	517
羽毛(绒)加工及制品制造		3726	34097	27709	1581
羽毛(绒)加工		236	1596	1564	120
羽毛(绒)制品加工		3490	32501	26145	1461
木材加工及木、竹、藤、棕、草制品业	2552	5312	52660	36238	2589
锯材、木片加工			1322	942	94
锯材加工			1322	942	94

1－E－3 续表 10－5

单位：个、万元、人

指 标 名 称	亏损企业亏损总额	应交所得税	利税总额	本年应付工资总额	本年应付福利费总额
人造板制造	2061	2764	19129	17903	1444
胶合板制造	2061	1462	11013	11164	1143
纤维板制造		373	1749	2421	80
其他人造板、材制造		929	6368	4319	220
木制品制造	491	1437	23420	9945	640
建筑用木料及木材组件加工	491	1437	23420	9945	640
竹、藤、棕、草制品制造		1110	8789	7448	411
竹、藤、棕、草制品制造		1110	8789	7448	411
家具制造业	11737	11370	127402	187138	11200
木质家具制造	4635	2176	20441	48487	2209
木质家具制造	4635	2176	20441	48487	2209
竹、藤家具制造	206		－188	1567	18
竹、藤家具制造	206		－188	1567	18
金属家具制造	3925	7131	78647	106423	6005
金属家具制造	3925	7131	78647	106423	6005
塑料家具制造		73	1073	592	41
塑料家具制造		73	1073	592	41
其他家具制造	2971	1990	27429	30069	2927
其他家具制造	2971	1990	27429	30069	2927
造纸及纸制品业	20557	10934	233593	115023	9897
造 纸	18607	5219	175673	73027	5813
机制纸及纸板制造	18607	5219	175673	73027	5813
纸制品制造	1950	5714	57920	41996	4084
纸和纸板容器的制造	1178	5087	45627	27025	2920
其他纸制品制造	773	627	12293	14972	1165
印刷业和记录媒介的复制	2538	7324	75084	36524	3706
印 刷	2538	7324	75084	36524	3706
书、报、刊印刷	1055	1091	16686	7919	927
本册印制		440	9585	6141	355
包装装潢及其他印刷	1483	5793	48813	22465	2424
文教体育用品制造业	8504	16559	120068	127960	7538
文化用品制造	1633	8537	48540	42703	999
文具制造	1633	1028	8222	16056	299
笔的制造		725	10627	22433	159
教学用模型及教具制造		6784	29692	4214	540
体育用品制造	4885	1054	8506	27825	3167
球类制造		66	782	949	87
体育器材及配件制造	25	91	2114	4697	1310
训练健身器材制造	874	695	6694	8130	1070
运动防护用具制造	3767	3	－3437	3937	164

1－E－3 续表10－6 单位：个、万元、人

指标名称	亏损企业亏损总额	应交所得税	利税总额	本年应付工资总额	本年应付福利费总额
其他体育用品制造	220	198	2354	10111	536
乐器制造	655	1375	10723	10525	468
西乐器制造		1104	8283	6863	60
其他乐器及零件制造	655	272	2440	3662	408
玩具制造	1331	4710	42728	39476	2247
玩具制造	1331	4710	42728	39476	2247
游艺器材及娱乐用品制造		883	9571	7431	657
露天游乐场所游乐设备制造		310	1875	1545	87
游艺用品及室内游艺器材制造		573	7696	5886	570
石油加工、炼焦及核燃料加工业	42640	2842	169107	8521	522
精炼石油产品的制造	42640	2842	169107	8521	522
原油加工及石油制品制造	42640	2842	169107	8521	522
化学原料及化学制品制造业	43130	117289	984810	231449	34819
基础化学原料制造	11267	16716	103228	43600	5318
无机酸制造		2532	6809	1774	79
无机碱制造		3962	35127	11507	1705
有机化学原料制造	11267	6854	45637	21909	2325
其他基础化学原料制造		3368	15656	8410	1210
肥料制造	2527	1615	15504	10326	2317
氮肥制造	1316	1615	16578	9430	2228
其他肥料制造	1211		－1074	896	90
农药制造	9408	13901	121775	27283	5553
化学农药制造	9408	13887	120072	26625	5553
生物化学农药及微生物农药制造		15	1704	659	
涂料、油墨、颜料及类似产品制造		15989	107178	33682	3375
涂料制造		4438	41943	10189	1467
油墨及类似产品制造		75	4822	4515	441
颜料制造		907	6821	3015	276
染料制造		10469	52649	15204	906
密封用填料及类似品制造		100	943	759	286
合成材料制造	18848	28392	283381	47930	6780
初级形态的塑料及合成树脂制造	18848	6882	58697	24947	3740
合成橡胶制造			355	540	55
合成纤维单(聚合)体的制造		19479	205563	19831	2134
其他合成材料制造		2031	18767	2612	851
专用化学产品制造	1080	11061	118132	36616	5142
化学试剂和助剂制造		3704	43704	13264	1205
专项化学用品制造	1080	5376	54818	9692	1161
炸药及火工产品制造		1118	8950	9820	1849
信息化学品制造		862	10659	3841	927

1－E－3 续表10－7　　单位：个、万元、人

指标名称	亏损企业亏损总额	应交所得税	利税总额	本年应付工资总额	本年应付福利费总额
日用化学产品制造		29615	235613	32012	6334
肥皂及合成洗涤剂制造		1859	12583	7752	241
化妆品制造		19368	163552	13274	4461
香料、香精制造		1594	17516	5070	804
其他日用化学产品制造		6794	41961	5917	828
医药制造业	10435	48419	495598	181745	17651
化学药品原药制造	2248	18927	199477	73564	5657
化学药品原药制造	2248	18927	199477	73564	5657
化学药品制剂制造	7220	19261	159936	64601	6239
化学药品制剂制造	7220	19261	159936	64601	6239
中成药制造	820	6617	84242	20541	3040
中成药制造	820	6617	84242	20541	3040
兽用药品制造		587	10979	3912	193
兽用药品制造		587	10979	3912	193
生物、生化制品的制造		2946	37469	14850	2203
生物、生化制品的制造		2946	37469	14850	2203
卫生材料及医药用品制造	148	81	3495	4277	319
卫生材料及医药用品制造	148	81	3495	4277	319
化学纤维制造业	77652	24883	258708	133794	7617
纤维素纤维原料及纤维制造	3835	42	－3323	3162	185
人造纤维（纤维素纤维）制造	3835	42	－3323	3162	185
合成纤维制造	73817	24841	262031	130632	7432
锦纶纤维制造	119	617	7842	2938	577
涤纶纤维制造	11531	19573	229953	98746	5188
腈纶纤维制造	62167		－60296	4173	
其他合成纤维制造		4651	84532	24775	1667
橡胶制品业	104	3818	75139	46666	3439
轮胎制造		441	30879	7696	964
车辆、飞机及工程机械轮胎制造		441	30879	7696	964
橡胶板、管、带的制造	104	2265	28694	16380	1247
橡胶板、管、带的制造	104	2265	28694	16380	1247
橡胶零件制造		596	6323	8497	459
橡胶零件制造		596	6323	8497	459
日用及医用橡胶制品制造		34	1213	638	78
日用及医用橡胶制品制造		34	1213	638	78
橡胶靴鞋制造		483	8029	13456	691
橡胶靴鞋制造		483	8029	13456	691
塑料制品业	6702	37007	370858	215251	12589
塑料薄膜制造	3950	3988	39835	8214	798
塑料薄膜制造	3950	3988	39835	8214	798

1－E－3　续表 10－8　　　单位：个、万元、人

指　标　名　称	亏损企业亏损总额	应交所得税	利税总额	本年应付工资总额	本年应付福利费总额
塑料板、管、型材的制造	1618	5142	52595	26805	1791
塑料板、管、型材的制造	1618	5142	52595	26805	1791
塑料丝、绳及编织品的制造	84	1244	15455	21021	1570
塑料丝、绳及编织品的制造	84	1244	15455	21021	1570
泡沫塑料制造		497	5341	5560	113
泡沫塑料制造		497	5341	5560	113
塑料人造革、合成革制造	17	6406	86281	52232	2296
塑料人造革、合成革制造	17	6406	86281	52232	2296
塑料包装箱及容器制造		5282	41227	18111	1468
塑料包装箱及容器制造		5282	41227	18111	1468
塑料零件制造	644	2238	35941	24861	1036
塑料零件制造	644	2238	35941	24861	1036
日用塑料制造	390	11039	83933	50021	2850
塑料鞋制造		31	173	2161	140
日用塑料杂品制造	390	11008	83760	47860	2710
其他塑料制品制造		1171	10249	8426	669
其他塑料制品制造		1171	10249	8426	669
非金属矿物制品业	22255	28856	343601	150353	13233
水泥、石灰和石膏的制造	16293	12513	174213	64199	8263
水泥制造	16293	12513	174213	64199	8263
水泥及石膏制品制造	19	5847	60631	18209	825
水泥制品制造	19	4994	51361	16308	745
砼结构构件制造		53	2288	1096	
轻质建筑材料制造		800	6982	805	80
砖瓦、石材及其他建筑材料制造	95	2109	27090	8797	229
建筑陶瓷制品制造	95	2053	25013	7621	229
防水建筑材料制造		56	2077	1175	
玻璃及玻璃制品制造	5440	4904	47628	41981	3168
平板玻璃制造	1754	237	5214	9007	1003
技术玻璃制品制造	416	2044	15291	8856	301
日用玻璃制品及玻璃包装容器制造		1827	21303	16534	1286
玻璃保温容器制造		50	892	2504	109
玻璃纤维及制品制造	2754	457	2470	2191	307
其他玻璃制品制造	517	289	2458	2888	162
陶瓷制品制造		234	4359	4335	221
卫生陶瓷制品制造		95	1175	1815	98
特种陶瓷制品制造		133	2650	1622	124
日用陶瓷制品制造		6	534	899	
耐火材料制品制造	408	2632	19802	7964	322

1-E-3 续表 10-9 单位：个、万元、人

指标名称	亏损企业亏损总额	应交所得税	利税总额	本年应付工资总额	本年应付福利费总额
石棉制品制造	408	117	1064	1726	
耐火陶瓷制品及其他耐火材料制造		2515	18738	6238	322
石墨及其他非金属矿物制品制造		618	9879	4869	206
石墨及碳素制品制造		484	9025	3399	
其他非金属矿物制品制造		134	854	1470	206
黑色金属冶炼及压延加工业	54107	20147	263035	85343	6306
炼　钢	446	1395	27346	3108	41
炼　钢	446	1395	27346	3108	41
钢压延加工	53661	18545	233599	80655	6044
钢压延加工	53661	18545	233599	80655	6044
铁合金冶炼		208	2090	1580	221
铁合金冶炼		208	2090	1580	221
有色金属冶炼及压延加工业	50132	14583	170466	71124	6217
常用有色金属冶炼	37223	2026	50757	21142	2241
铜冶炼	37223	613	30421	8207	578
铅锌冶炼			1336	2561	223
镍钴冶炼		1413	7918	3808	745
铝冶炼			11082	6566	695
贵金属冶炼		608	3059	3579	127
金冶炼		346	1576	2822	
银冶炼		262	1483	757	127
稀有稀土金属冶炼		271	1128	860	18
稀土金属冶炼		271	1128	860	18
有色金属合金制造	574	339	18489	8175	464
有色金属合金制造	574	339	18489	8175	464
有色金属压延加工	12336	11340	97034	37368	3368
常用有色金属压延加工	12336	11180	95897	36097	3368
稀有稀土金属压延加工		160	1137	1271	
金属制品业	6546	34288	435284	301036	30819
结构性金属制品制造		11642	157605	92076	9380
金属结构制造		7859	89645	44283	3916
金属门窗制造		3783	67960	47793	5464
金属工具制造	722	3364	42688	40512	3037
切削工具制造		1235	13292	9139	454
手工具制造	722	1331	13652	19803	1595
农用及园林用金属工具制造		450	11928	5463	599
刀剪及类似日用金属工具制造		348	3496	5302	317
其他金属工具制造			321	805	72
集装箱及金属包装容器制造	360	2348	41171	26898	1394

1－E－3 续表10－10

单位：个、万元、人

指 标 名 称	亏损企业亏损总额	应交所得税	利税总额	本年应付工资总额	本年应付福利费总额
集装箱制造	74	436	1298	11136	479
金属压力容器制造	286	419	2999	3750	272
金属包装容器制造		1493	36874	12011	642
金属丝绳及其制品的制造		1919	26336	11976	6213
金属丝绳及其制品的制造		1919	26336	11976	6213
建筑、安全用金属制品制造	5398	4997	71103	57388	3425
建筑、家具用金属配件制造		2643	42383	31085	2353
建筑装饰及水暖管道零件制造	4966	1917	24758	21004	777
安全、消防用金属制品制造	432	438	3962	5300	295
金属表面处理及热处理加工		977	15128	11765	633
金属表面处理及热处理加工		977	15128	11765	633
搪瓷制品制造		309	2163	1639	90
搪瓷日用品及其他搪瓷制品制造		309	2163	1639	90
不锈钢及类似日用金属制品制造	66	8624	76582	56932	6565
金属制厨房调理及卫生器具制造		2386	22254	16082	1331
金属制厨用器皿及餐具制造	66	6065	51180	35055	4120
其他日用金属制品制造		173	3148	5795	1114
其他金属制品制造		108	2509	1851	83
其他未列明的金属制品制造		108	2509	1851	83
通用设备制造业	11774	91693	860680	575567	36028
锅炉及原动机制造		3834	45595	26465	1618
锅炉及辅助设备制造		1281	17976	8968	831
内燃机及配件制造		2104	23007	14550	539
汽轮机及辅机制造		71	2502	1402	176
水轮机及辅机制造		378	2111	1545	73
金属加工机械制造	431	6971	58757	49088	2028
金属切削机床制造	138	4031	38043	28612	1401
金属成形机床制造		1196	6561	4397	146
铸造机械制造			779	2263	
金属切割及焊接设备制造		1219	9303	5351	213
机床附件制造	292	97	1014	4862	135
其他金属加工机械制造		429	3058	3603	133
起重运输设备制造	2498	8001	92774	46676	3651
起重运输设备制造	2498	8001	92774	46676	3651
泵、阀门、压缩机及类似机械的制造	1102	27328	231457	149187	9224
泵及真空设备制造	1055	10688	82497	41735	2722
气体压缩机械制造		1568	21581	10137	863
阀门和旋塞的制造	47	11493	99766	78139	3660
液压和气压动力机械及元件制造		3579	27614	19177	1980

1－E－3 续表10－11 单位：个、万元、人

指标名称	亏损企业亏损总额	应交所得税	利税总额	本年应付工资总额	本年应付福利费总额
轴承、齿轮、传动和驱动部件的制造	1624	21653	183069	136933	7743
轴承制造	1337	11004	102285	83344	4536
齿轮、传动和驱动部件制造	287	10650	80784	53589	3207
风机、衡器、包装设备等通用设备制造	5110	13635	138539	92991	6359
风机、风扇制造	285	791	17665	5996	307
气体、液体分离及纯净设备制造		4301	42486	19289	821
制冷、空调设备制造	1353	1959	19270	13296	629
风动和电动工具制造	3472	3561	38268	34304	2584
喷枪及类似器具制造		1013	6782	6861	751
包装专用设备制造		1070	7377	7136	567
其他通用设备制造		940	6692	6109	701
通用零部件制造及机械修理	447	4878	48712	39682	3354
金属密封件制造		66	441	761	65
紧固件、弹簧制造	381	4531	46010	34395	2997
机械零部件加工及设备修理		160	704	1495	
其他通用零部件制造	66	121	1558	3030	293
金属铸、锻加工	564	5393	61777	34546	2051
钢铁铸件制造	564	4564	55038	26844	1311
锻件及粉末冶金制品制造		829	6739	7702	740
专用设备制造业	14235	29294	297286	177333	19437
矿山、冶金、建筑专用设备制造		3813	43978	16117	1047
采矿、采石设备制造		562	5330	3657	299
石油钻采专用设备制造		193	2276	1802	89
建筑工程用机械制造		3058	36373	10658	659
化工、木材、非金属加工专用设备制造	3370	6901	66138	50428	2758
炼油、化工生产专用设备制造		1782	14827	9102	769
塑料加工专用设备制造	1100	2614	20158	15117	819
木材加工机械制造	967		－959	629	
模具制造	1303	2505	32112	25580	1170
食品、饮料、烟草及饲料生产专用设备制造		1221	10853	2054	265
食品、饮料、烟草工业专用设备制造		1221	10853	2054	265
印刷、制药、日化生产专用设备制造		377	2479	714	
制药专用设备制造		377	2479	714	
纺织、服装和皮革工业专用设备制造	4301	7628	55793	38656	3096
纺织专用设备制造	3477	4665	24622	13760	1465
缝纫机械制造	824	2754	28782	23009	1423
其他服装加工专用设备制造		210	2390	1887	208
电子和电工机械专用设备制造	1011	1377	15235	7126	248
电子工业专用设备制造	1011	1377	15235	7126	248

1-E-3 续表10-12 单位：个、万元、人

指 标 名 称	亏损企业亏损总额	应交所得税	利税总额	本年应付工资总额	本年应付福利费总额
农、林、牧、渔专用机械制造	3304	412	7183	18821	976
拖拉机制造	3304	1	-3283	9654	845
机械化农业及园艺机具制造		400	10389	8331	131
渔业机械制造		11	77	835	
医疗仪器设备及器械制造		4546	34847	21297	2683
医疗诊断、监护及治疗设备制造		115	2417	1300	130
医疗、外科及兽医用器械制造		3938	27344	18818	2469
机械治疗及病房护理设备制造		493	5086	1179	83
环保、社会公共安全及其他专用设备制造	2249	3020	60780	22120	8365
环境污染防治专用设备制造	2249	1313	10303	11020	1291
地质勘查专用设备制造		186	2481	1263	56
社会公共安全设备及器材制造		1370	46383	9018	6938
其他专用设备制造		150	1613	820	80
交通运输设备制造业	35890	108249	837673	459451	35170
汽车制造	27111	61265	488836	271827	21026
汽车整车制造	11590	29211	135842	38688	3648
汽车零部件及配件制造	15521	32055	352995	233139	17378
摩托车制造	20	3581	57045	58308	4643
摩托车整车制造		461	10313	9844	879
摩托车零部件及配件制造	20	3120	46732	48464	3764
自行车制造	4869	1642	17234	23947	1266
脚踏自行车及残疾人座车制造	4869	482	6085	16491	925
助动自行车制造		1160	11150	7457	341
船舶及浮动装置制造	3886	41512	271821	100683	7894
金属船舶制造	3886	28574	185855	83039	6077
非金属船舶制造		1879	15035	665	50
船用配套设备制造		291	3093	1126	
船舶修理及拆船		10768	67839	15854	1768
航空航天器制造		178	1060	1435	124
其他飞行器制造		178	1060	1435	124
交通器材及其他交通运输设备制造	4	71	1676	3250	216
其他交通运输设备制造	4	71	1676	3250	216
电气机械及器材制造业	49190	128809	1223927	740393	55227
电机制造	4894	17955	199778	134640	13584
发电机及发电机组制造	1680	3226	32187	21318	790
电动机制造	1362	7187	61712	46026	6624
微电机及其他电机制造	1852	7542	105878	67296	6170
输配电及控制设备制造	8558	56547	415381	183224	10988
变压器、整流器和电感器制造		8904	68043	22490	1937

1－E－3 续表 10－13

单位：个、万元、人

指标名称	亏损企业亏损总额	应交所得税	利税总额	本年应付工资总额	本年应付福利费总额
电容器及其配套设备制造		498	10305	4678	168
配电开关控制设备制造	8133	40458	279130	109084	6925
电力电子元器件制造	425	5314	49314	42210	1422
其他输配电及控制设备制造		1373	8590	4762	536
电线、电缆、光缆及电工器材制造	12869	14655	198558	78349	6455
电线电缆制造	12869	12711	166285	63505	5715
光纤、光缆制造		1237	24014	7949	564
其他电工器材制造		707	8259	6895	176
电池制造	7446	10702	103790	48099	4897
电池制造	7446	10702	103790	48099	4897
家用电力器具制造	9040	17754	172019	157477	10800
家用制冷电器具制造	2518	－128	6607	10420	1026
家用空气调节器制造	1300	1008	10111	10462	1348
家用通风电器具制造		1480	12492	6734	451
家用厨房电器具制造	7	5313	48311	28281	1900
家用清洁卫生电器具制造	1740	2304	17951	29146	1585
家用美容、保健电器具制造	2668	1204	11754	18698	858
家用电力器具专用配件制造	213	4293	48336	27861	1442
其他家用电力器具制造	596	2280	16457	25875	2190
非电力家用器具制造		3014	29665	13539	1144
燃气、太阳能及类似能源的器具制造		2673	20610	7192	795
其他非电力家用器具制造		340	9055	6347	348
照明器具制造	6383	7556	96957	116509	6817
电光源制造	121	2963	51564	64137	2991
照明灯具制造	6203	4096	36741	42137	3298
灯用电器附件及其他照明器具制造	60	497	8653	10235	527
其他电气机械及器材制造		626	7778	8557	544
车辆专用照明及电气信号设备装置制造		517	7063	7619	544
其他未列明的电气机械制造		110	715	938	
通信设备、计算机及其他电子设备制造业	69233	40092	420791	360932	30449
通信设备制造	10574	10258	134412	76286	10050
通信传输设备制造	1412	1319	18395	13242	1747
通信交换设备制造		479	4252	2609	82
通信终端设备制造		229	1542	3385	76
移动通信及终端设备制造	9162	7834	104990	51329	7687
其他通信设备制造		396	5235	5721	457
广播电视设备制造		2168	27772	23192	3171
广播电视节目制作及发射设备制造		53	516	572	14
广播电视接收设备及器材制造		839	6865	14088	2521

1－E－3 续表 10－14

单位：个、万元、人

指标名称	亏损企业亏损总额	应交所得税	利税总额	本年应付工资总额	本年应付福利费总额
应用电视设备及其他广播电视设备制造		1276	20391	8533	636
电子计算机制造	27591	9802	68852	47985	2487
计算机网络设备制造			2885	2221	12
电子计算机外部设备制造	27591	9802	65967	45764	2475
电子器件制造	18244	3923	24015	53174	3140
半导体分立器件制造	220	1049	12206	14350	1091
集成电路制造	3643	1548	10241	16154	1097
光电子器件及其他电子器件制造	14380	1326	1568	22670	952
电子元件制造	8738	11593	139419	128760	9114
电子元件及组件制造	7410	11174	133815	115070	8094
印制电路板制造	1327	419	5604	13690	1020
家用视听设备制造	4087	1080	7484	12307	521
家用影视设备制造	3906	897	4932	9000	266
家用音响设备制造	181	182	2552	3307	255
其他电子设备制造		1269	18836	19229	1967
其他电子设备制造		1269	18836	19229	1967
仪器仪表及文化、办公用机械制造业	8064	18178	189290	142513	14662
通用仪器仪表制造	1297	10946	132670	69490	7625
工业自动控制系统装置制造		3750	65595	27890	4762
电工仪器仪表制造		2182	18280	12148	1151
绘图、计算及测量仪器制造		515	8535	11894	850
实验分析仪器制造	1297		－1267	1500	229
供应用仪表及其他通用仪器制造		4499	41528	16058	634
专用仪器仪表制造	5634	2007	15026	19816	2044
环境监测专用仪器仪表制造		27	708	895	343
汽车及其他用计数仪表制造	121	1207	13261	13211	1507
教学专用仪器制造		694	6570	3106	194
电子测量仪器制造	5514	79	－5514	2604	
钟表与计时仪器制造		308	3048	3979	278
钟表与计时仪器制造		308	3048	3979	278
光学仪器及眼镜制造		3571	28158	36066	4013
光学仪器制造		2406	15792	12011	1699
眼镜制造		1165	12366	24055	2314
文化、办公用机械制造	57	1346	10987	10486	522
照相机及器材制造		140	1601	2354	282
复印和胶印设备制造			2186	1115	
计算器及货币专用设备制造		236	2279	1942	145
其他文化、办公用机械制造	57	970	4921	5075	95
其他仪器仪表的制造及修理	1077		－600	2677	180

1－E－3 续表10－15

单位：个、万元、人

指标名称	亏损企业亏损总额	应交所得税	利税总额	本年应付工资总额	本年应付福利费总额
其他仪器仪表的制造及修理	1077		－600	2677	180
工艺品及其他制造业	2653	18292	174667	155372	9481
工艺美术品制造	497	9928	101467	77449	5418
雕塑工艺品制造			1248	1268	178
金属工艺品制造	203	216	3474	9795	406
漆器工艺品制造		135	1204	1541	20
花画工艺品制造		94	1208	1144	36
天然植物纤维编织工艺品制造		104	1380	1939	92
抽纱刺绣工艺品制造		2314	25030	18426	902
地毯、挂毯制造		358	4214	8322	218
珠宝首饰及有关物品的制造		5083	50253	13661	792
其他工艺美术品制造	294	1625	13457	21353	2775
日用杂品制造	2156	8348	71949	75894	3899
制镜及类似品加工	284	432	4627	2539	158
鬃毛加工、制刷及清扫工具的制造		351	3052	5916	302
其他日用杂品制造	1871	7566	64270	67439	3440
其他未列明的制造业		16	1251	2030	163
其他未列明的制造业		16	1251	2030	163
废弃资源和废旧材料回收加工业	22550	653	－14502	8306	243
金属废料和碎屑的加工处理	22550	653	－14502	8306	243
金属废料和碎屑的加工处理	22550	653	－14502	8306	243
电力、燃气及水的生产和供应业	**163937**	**97732**	**924237**	**362781**	**40828**
电力、热力的生产和供应业	152627	97062	910802	330567	37370
电力生产	152627	58116	581813	198085	19878
火力发电	143504	27227	224958	108869	11145
水力发电	9123		－3839	19911	794
核力发电		30889	360695	69305	7938
电力供应		36370	313760	129662	17133
电力供应		36370	313760	129662	17133
热力生产和供应		2576	15228	2820	360
热力生产和供应		2576	15228	2820	360
燃气生产和供应业	133		2801	6062	1009
燃气生产和供应业	133		2801	6062	1009
燃气生产和供应业	133		2801	6062	1009
水的生产和供应业	11177	670	10633	26151	2449
自来水的生产和供应	9065	670	12580	23007	1553
自来水的生产和供应	9065	670	12580	23007	1553
污水处理及其再生利用	2111		－1946	3144	896
污水处理及其再生利用	2111		－1946	3144	896

1－E－3　续表 11－1

单位：个、万元、人

指 标 名 称	本年应交增值税	本年进项税额	本年销项税额	全部从业人员年平均人数	银行贷款余额
总　计	**4308524**	**18271916**	**19469621**	**2737899**	**37580184**
一、按轻重工业分					
轻工业	2088860	8412194	8903406	1595898	16982776
重工业	2219664	9859722	10566215	1142001	20597408
二、按登记注册类型分					
内　资	**3084880**	**12549026**	**13893222**	**1738569**	**27550535**
国　有	580254	1086076	1554824	57110	2005800
集　体	12466	57062	64290	8832	113887
股份合作企业	13010	74387	76255	15324	119586
联营企业	5689	15222	18396	2399	42052
集体联营	3157	6182	9338	424	27246
国有与集体联营	1840	4380	5734	1026	13806
其他联营	692	4659	3325	949	1000
有限责任公司	855161	3399402	3699612	408330	10187736
国有独资公司	29369	95298	117041	14797	249267
其他有限责任公司	825792	3304104	3582571	393533	9938469
股份有限公司	327829	1786413	1917189	157583	3124046
私营企业	1278397	6058674	6488912	1081234	11811018
私营独资	26968	110323	122362	30692	238907
私营合伙	7205	16708	20267	6678	26582
私营有限责任公司	1156468	5569482	5951550	991729	10864587
私营股份有限公司	87757	362161	394733	52135	680942
其　他	12074	71790	73744	7757	146410
港澳台商投资	**564789**	**2657257**	**2672632**	**464954**	**4894441**
与港澳台商合资经营	437247	1875222	1963057	294329	3657433
与港澳台商合作经营	5177	38374	39796	7960	81539
港澳台商独资	118267	717302	642763	157522	1118420
港澳台商投资股份有限公司	4097	26359	27017	5143	37049
外商投资	**658855**	**3065633**	**2903767**	**534376**	**5135209**
中外合资经营	436421	2021939	2020079	301297	3105689
中外合作经营	13815	50271	42400	11782	72199
外资企业	187939	879118	722473	203347	1675294
外商投资股份有限公司	20680	114305	118814	17950	282026
三、按控股情况分					
国有控股	1089870	1927587	2733590	129829	7618356
集体控股	137137	786408	853489	87424	1740082
私人控股	2265980	11216047	11721983	1812954	20986966
港澳台商控股	291512	1656706	1589650	287567	3127446
外商控股	437543	2045410	1923675	341836	3019212
其　他	86483	639759	647235	78289	1088121

1－E－3 续表 11－2 单位：个、万元、人

指标名称	本年应交增值税	本年进项税额	本年销项税额	全部从业人员年平均人数	银行贷款余额
四、按国民经济行业（门类、大类、中类、小类）分					
采矿业	**16761**	**50356**	**65323**	**7095**	**23528**
黑色金属矿采选业	5230	28713	33889	1204	6500
铁矿采选	5230	28713	33889	1204	6500
铁矿采选	5230	28713	33889	1204	6500
有色金属矿采选业	10818	21367	30455	3929	16405
常用有色金属矿采选	7731	20118	26533	1789	16405
铜矿采选	4133	14602	18675	1193	10335
铅锌矿采选	3598	5516	7859	596	6070
稀有稀土金属矿采选	3088	1249	3922	2140	
钨钼矿采选	3088	1249	3922	1749	
放射性金属矿采选				391	
非金属矿采选业	712	276	978	1962	623
化学矿采选	712	276	978	1962	623
化学矿采选	712	276	978	1962	623
制造业	**3777391**	**17114423**	**18022802**	**2681295**	**30900629**
农副食品加工业	15733	172544	170934	25484	328227
饲料加工	1650	5316	6966	4328	52243
饲料加工	1650	5316	6966	4328	52243
植物油加工		55945	52109	430	8100
食用植物油加工		55945	52109	430	8100
屠宰及肉类加工	2266	40412	41119	4450	27529
畜禽屠宰	89	22764	21297	1516	5742
肉制品及副产品加工	2177	17648	19822	2934	21787
水产品加工	4419	49291	43851	8279	177628
水产品冷冻加工	4329	48904	43743	7910	172092
鱼糜制品及水产品干腌制加工	90	387	108	369	5536
蔬菜、水果和坚果加工	6077	17414	21405	6056	55548
蔬菜、水果和坚果加工	6077	17414	21405	6056	55548
其他农副食品加工	1320	4165	5484	1941	7180
豆制品制造	1320	4165	5484	1941	7180
食品制造业	32162	100447	120117	23854	181360
焙烤食品制造	10667	25627	34457	5125	8405
糕点、面包制造	1653	2190	3788	1357	4715
饼干及其他焙烤食品制造	9014	23437	30669	3768	3690
糖果、巧克力及蜜饯制造		337	306	374	
糖果、巧克力制造		337	306	374	
方便食品制造	4118	11290	15398	2337	21500
速冻食品制造	2710	7470	10171	1666	16500
方便面及其他方便食品制造	1408	3819	5227	671	5000

1－E－3 续表11－3

单位：个、万元、人

指标名称	本年应交增值税	本年进项税额	本年销项税额	全部从业人员年平均人数	银行贷款余额
液体乳及乳制品制造	1224	7062	8162	1509	24461
液体乳及乳制品制造	1224	7062	8162	1509	24461
罐头制造	8925	34197	32911	9795	74873
肉、禽类罐头制造	610	2572	3181	312	2840
水产品罐头制造		1501	110	306	2765
蔬菜、水果罐头制造	3799	18322	13301	8363	69268
其他罐头食品制造	4516	11803	16319	814	
调味品、发酵制品制造	3206	6859	10159	2160	11120
味精制造	2339	5611	8044	1573	11120
酱油、食醋及类似制品的制造	867	1248	2115	587	
其他食品制造	4022	15077	18724	2554	41000
营养、保健食品制造	615	2768	3383	495	4500
冷冻饮品及食用冰制造	1823	6983	8750	1111	
食品及饲料添加剂制造	1584	5326	6591	948	36500
饮料制造业	98271	386833	470467	23324	252358
酒的制造	44221	45198	82287	16870	212908
啤酒制造	30672	33049	60183	12630	83408
黄酒制造	13549	12149	22104	4240	129500
软饮料制造	52848	338183	387292	6038	24400
瓶（罐）装饮用水制造	20817	241276	258647	1358	21400
果菜汁及果菜汁饮料制造	367	4137	4504	411	
含乳饮料和植物蛋白饮料制造	16915	58590	75311	1960	
茶饮料及其他软饮料制造	14750	34180	48830	2309	3000
精制茶加工	1202	3452	889	416	15050
精制茶加工	1202	3452	889	416	15050
烟草制品业	267424	169374	435569	2907	
卷烟制造	267424	169374	435569	2907	
卷烟制造	267424	169374	435569	2907	
纺织业	454766	2113739	2124328	429536	4953405
棉、化纤纺织及印染精加工	266401	1333302	1404575	228715	3003873
棉、化纤纺织加工	112654	759631	804999	117174	1837127
棉、化纤印染精加工	153747	573671	599576	111541	1166746
毛纺织和染整精加工	11641	37098	35114	10895	77327
毛条加工	544	3451	4280	1266	12610
毛纺织	9687	30328	26686	8051	49017
毛染整精加工	1410	3320	4149	1578	15700
麻纺织	2370	14721	15107	3108	56328
麻纺织	2370	14721	15107	3108	56328
丝绢纺织及精加工	25895	110954	107601	25237	243780
缫丝加工	2773	13173	15288	3967	19350

1－E－3 续表 11－4

单位：个、万元、人

指标名称	本年应交增值税	本年进项税额	本年销项税额	全部从业人员年平均人数	银行贷款余额
绢纺和丝织加工	12990	79717	79149	17537	156209
丝印染精加工	10132	18064	13164	3733	68221
纺织制成品制造	65919	290780	245906	63867	823684
棉及化纤制品制造	33714	154217	125538	32810	469499
毛制品制造	9683	24309	17293	6819	98381
麻制品制造	128	606	734	314	1967
丝制品制造	13482	62218	56628	9487	108332
绳、索、缆的制造	73	593	555	353	3300
纺织带和帘子布制造	2210	9120	10845	4508	67662
无纺布制造	3337	15972	15011	3797	22440
其他纺织制成品制造	3290	23746	19303	5779	52103
针织品、编织品及其制品制造	82541	326884	316026	97714	748413
棉、化纤针织品及编织品制造	58999	253463	230116	74945	630141
毛针织品及编织品制造	10242	34139	40136	14169	56015
丝针织品及编织品制造	12750	37779	43716	8300	62257
其他针织品及编织品制造	550	1503	2058	300	
纺织服装、鞋、帽制造业	199618	711954	721522	246316	1189202
纺织服装制造	199053	709255	718270	244659	1185695
纺织服装制造	199053	709255	718270	244659	1185695
纺织面料鞋的制造	331	2080	2400	1243	2372
纺织面料鞋的制造	331	2080	2400	1243	2372
制　帽	234	618	852	414	1135
制　帽	234	618	852	414	1135
皮革、毛皮、羽毛(绒)及其制品业	127565	456994	450415	164757	956258
皮革鞣制加工	14372	64746	71792	8122	177683
皮革鞣制加工	14372	64746	71792	8122	177683
皮革制品制造	95691	321975	324245	142619	555497
皮鞋制造	72914	244595	250818	113141	388727
皮革服装制造	3100	11050	12702	3871	24630
皮箱、包(袋)制造	12023	38002	25695	20636	64721
皮手套及皮装饰制品制造	2567	6730	9297	2342	8674
其他皮革制品制造	5087	21598	25734	2629	68746
毛皮鞣制及制品加工	1083	4408	4664	976	11650
毛皮服装加工	1083	4408	4664	976	11650
羽毛(绒)加工及制品制造	16420	65865	49714	13040	211428
羽毛(绒)加工	511	3379	1583	966	19133
羽毛(绒)制品加工	15908	62486	48131	12074	192295
木材加工及木、竹、藤、棕、草制品业	15298	110116	111486	17318	279099
锯材、木片加工	306	355	237	498	2886
锯材加工	306	355	237	498	2886

1-E-3 续表11-5 单位：个、万元、人

指标名称	本年应交增值税	本年进项税额	本年销项税额	全部从业人员年平均人数	银行贷款余额
人造板制造	6445	59283	56393	8638	185364
胶合板制造	4652	30315	27659	5569	87493
纤维板制造	202	15979	15677	824	73312
其他人造板、材制造	1592	12989	13057	2245	24560
木制品制造	5634	41986	44729	5115	60965
建筑用木料及木材组件加工	5634	41986	44729	5115	60965
竹、藤、棕、草制品制造	2913	8492	10127	3067	29884
竹、藤、棕、草制品制造	2913	8492	10127	3067	29884
家具制造业	47279	235438	138517	79999	634167
木质家具制造	9256	43633	20555	20920	141964
木质家具制造	9256	43633	20555	20920	141964
竹、藤家具制造	18	1752	1428	656	
竹、藤家具制造	18	1752	1428	656	
金属家具制造	31417	129231	70127	43987	341087
金属家具制造	31417	129231	70127	43987	341087
塑料家具制造	115	1779	1845	355	1710
塑料家具制造	115	1779	1845	355	1710
其他家具制造	6474	59044	44562	14081	149406
其他家具制造	6474	59044	44562	14081	149406
造纸及纸制品业	102846	428479	504581	45585	1581499
造 纸	76987	321093	384727	28394	1413505
机制纸及纸板制造	76987	321093	384727	28394	1413505
纸制品制造	25859	107386	119855	17191	167994
纸和纸板容器的制造	20117	82652	92436	11008	113425
其他纸制品制造	5742	24734	27418	6183	54569
印刷业和记录媒介的复制	22098	68658	84473	14180	184609
印 刷	22098	68658	84473	14180	184609
书、报、刊印刷	3261	9484	11206	2365	29600
本册印制	2504	2768	4139	3310	14200
包装装潢及其他印刷	16332	56406	69128	8505	140809
文教体育用品制造业	25786	175313	145455	55288	318937
文化用品制造	11988	49894	47980	18003	101422
文具制造	2435	16247	12777	7836	36405
笔的制造	3935	10427	6365	7963	52918
教学用模型及教具制造	5618	23221	28838	2204	12100
体育用品制造	2737	30636	18037	11769	70914
球类制造				380	2400
体育器材及配件制造	357	4929	4403	2581	19251
训练健身器材制造	1242	13099	5706	3779	22517
运动防护用具制造	311	2155	1711	1310	12500

1－E－3 续表 11－6 单位：个、万元、人

指标名称	本年应交增值税	本年进项税额	本年销项税额	全部从业人员年平均人数	银行贷款余额
其他体育用品制造	827	10454	6216	3719	14246
乐器制造	2621	11009	11208	4314	21412
西乐器制造	1736	8124	7537	2969	8870
其他乐器及零件制造	885	2885	3671	1345	12542
玩具制造	5775	70754	55254	17606	100521
玩具制造	5775	70754	55254	17606	100521
游艺器材及娱乐用品制造	2666	13021	12977	3596	24667
露天游乐场所游乐设备制造	532	2625	2382	676	2983
游艺用品及室内游艺器材制造	2133	10396	10594	2920	21684
石油加工、炼焦及核燃料加工业	141281	87046	228327	1348	
精炼石油产品的制造	141281	87046	228327	1348	
原油加工及石油制品制造	141281	87046	228327	1348	
化学原料及化学制品制造业	277376	1453066	1603743	70111	2732376
基础化学原料制造	36832	200930	219351	13623	423571
无机酸制造	3577	6153	9930	498	38598
无机碱制造	12512	28377	39036	3708	32172
有机化学原料制造	18791	154572	156614	8424	347751
其他基础化学原料制造	1953	11828	13770	993	5050
肥料制造	8545	29972	31944	4670	30533
氮肥制造	8408	27469	29534	4366	29904
其他肥料制造	137	2503	2410	304	629
农药制造	9271	113393	93626	8461	120127
化学农药制造	9009	111612	91582	7979	114257
生物化学农药及微生物农药制造	263	1781	2044	482	5870
涂料、油墨、颜料及类似产品制造	30886	119581	146083	10725	212377
涂料制造	9084	28806	35910	2882	45860
油墨及类似产品制造	2477	12387	14465	920	15786
颜料制造	2240	10793	12478	1299	43262
染料制造	16579	65791	80920	5277	106190
密封用填料及类似品制造	506	1804	2310	347	1280
合成材料制造	83471	752058	797900	11769	1474086
初级形态的塑料及合成树脂制造	29155	265732	282729	5905	391982
合成橡胶制造	120	13	134	360	350
合成纤维单(聚合)体的制造	48167	477014	505854	4750	1072156
其他合成材料制造	6029	9299	9184	754	9597
专用化学产品制造	32718	128346	141523	12530	280426
化学试剂和助剂制造	13409	60224	73004	4820	98225
专项化学用品制造	12429	54097	51410	4542	144042
炸药及火工产品制造	4090	6154	10445	1968	10910
信息化学品制造	2790	7871	6663	1200	27249

1－E－3 续表11－7

单位：个、万元、人

指标名称	本年应交增值税	本年进项税额	本年销项税额	全部从业人员年平均人数	银行贷款余额
日用化学产品制造	75652	108786	173316	8333	191257
肥皂及合成洗涤剂制造	4276	15907	19061	2957	82426
化妆品制造	55773	26728	82501	1693	13085
香料、香精制造	4118	27091	21209	1540	62306
其他日用化学产品制造	11485	39059	50545	2143	33440
医药制造业	181483	298026	390603	48887	695911
化学药品原药制造	67427	160526	180393	23084	374532
化学药品原药制造	67427	160526	180393	23084	374532
化学药品制剂制造	56500	74238	120436	13981	158223
化学药品制剂制造	56500	74238	120436	13981	158223
中成药制造	37432	20570	51680	4798	50481
中成药制造	37432	20570	51680	4798	50481
兽用药品制造	3926	9620	7886	952	13833
兽用药品制造	3926	9620	7886	952	13833
生物、生化制品的制造	12927	24982	23891	4231	69283
生物、生化制品的制造	12927	24982	23891	4231	69283
卫生材料及医药用品制造	3271	8090	6316	1841	29559
卫生材料及医药用品制造	3271	8090	6316	1841	29559
化学纤维制造业	99083	1301346	1373452	52378	2006865
纤维素纤维原料及纤维制造	282	5094	3679	2633	16520
人造纤维（纤维素纤维）制造	282	5094	3679	2633	16520
合成纤维制造	98801	1296252	1369773	49745	1990345
锦纶纤维制造	2113	17788	19924	1411	38228
涤纶纤维制造	73184	1122207	1171412	38107	1544433
腈纶纤维制造	1719	21965	24269	1492	81545
其他合成纤维制造	21785	134293	154167	8735	326140
橡胶制品业	24851	72350	86645	22214	199984
轮胎制造	5464	19135	23750	3250	65512
车辆、飞机及工程机械轮胎制造	5464	19135	23750	3250	65512
橡胶板、管、带的制造	13013	31569	37826	7397	55178
橡胶板、管、带的制造	13013	31569	37826	7397	55178
橡胶零件制造	2699	10385	12913	4040	36086
橡胶零件制造	2699	10385	12913	4040	36086
日用及医用橡胶制品制造	580	31	611	360	2649
日用及医用橡胶制品制造	580	31	611	360	2649
橡胶靴鞋制造	3095	11231	11545	7167	40558
橡胶靴鞋制造	3095	11231	11545	7167	40558
塑料制品业	112965	544408	589359	85828	1067392
塑料薄膜制造	11769	86806	96572	3536	313687
塑料薄膜制造	11769	86806	96572	3536	313687

1－E－3 续表11－8 单位：个、万元、人

指 标 名 称	本年应交增值税	本年进项税额	本年销项税额	全部从业人员年平均人数	银行贷款余额
塑料板、管、型材的制造	17531	104440	114056	11462	224300
塑料板、管、型材的制造	17531	104440	114056	11462	224300
塑料丝、绳及编织品的制造	5079	27926	32566	8011	46448
塑料丝、绳及编织品的制造	5079	27926	32566	8011	46448
泡沫塑料制造	2105	8746	8456	2484	23348
泡沫塑料制造	2105	8746	8456	2484	23348
塑料人造革、合成革制造	30566	128677	141536	17890	147463
塑料人造革、合成革制造	30566	128677	141536	17890	147463
塑料包装箱及容器制造	8416	41436	41960	7665	96698
塑料包装箱及容器制造	8416	41436	41960	7665	96698
塑料零件制造	12773	30834	36624	10002	67853
塑料零件制造	12773	30834	36624	10002	67853
日用塑料制造	21710	107798	112055	21129	127199
塑料鞋制造	51	2174	1181	1146	7790
日用塑料杂品制造	21658	105624	110873	19983	119409
其他塑料制品制造	3017	7745	5536	3649	20397
其他塑料制品制造	3017	7745	5536	3649	20397
非金属矿物制品业	152120	378135	493091	61201	1161518
水泥、石灰和石膏的制造	87079	212907	288983	24560	569772
水泥制造	87079	212907	288983	24560	569772
水泥及石膏制品制造	20919	42350	61560	8452	161391
水泥制品制造	16560	30679	45662	7539	135015
砼结构构件制造	691	1040	1599	481	7050
轻质建筑材料制造	3668	10630	14299	432	19326
砖瓦、石材及其他建筑材料制造	6823	12694	19517	2890	83350
建筑陶瓷制品制造	5803	11121	16925	2523	79950
防水建筑材料制造	1020	1572	2592	367	3400
玻璃及玻璃制品制造	23749	73097	83893	17648	257427
平板玻璃制造	5379	25392	30480	3812	114250
技术玻璃制品制造	4692	19521	19051	3949	40515
日用玻璃制品及玻璃包装容器制造	9781	16841	22610	7214	39519
玻璃保温容器制造	666	1218	342	600	1500
玻璃纤维及制品制造	1511	6411	6098	825	56643
其他玻璃制品制造	1721	3714	5312	1248	5000
陶瓷制品制造	1622	6800	6886	2300	22417
卫生陶瓷制品制造	628	3229	2616	961	8940
特种陶瓷制品制造	620	2944	3463	713	11777
日用陶瓷制品制造	374	627	807	626	1700
耐火材料制品制造	6832	21608	28256	3236	14970

1－E－3　续表11－9　　　单位：个、万元、人

指标名称	本年应交增值税	本年进项税额	本年销项税额	全部从业人员年平均人数	银行贷款余额
石棉制品制造	762	2009	2743	934	1000
耐火陶瓷制品及其他耐火材料制造	6070	19599	25513	2302	13970
石墨及其他非金属矿物制品制造	5095	8680	3997	2115	52191
石墨及碳素制品制造	4765	6877	1929	1537	48491
其他非金属矿物制品制造	330	1803	2067	578	3700
黑色金属冶炼及压延加工业	116784	694797	760835	29992	739516
炼　钢	6054	57916	63366	1270	37000
炼　钢	6054	57916	63366	1270	37000
钢压延加工	109217	615764	675616	27684	698516
钢压延加工	109217	615764	675616	27684	698516
铁合金冶炼	1513	21117	21853	1038	4000
铁合金冶炼	1513	21117	21853	1038	4000
有色金属冶炼及压延加工业	110164	821604	895265	26842	620791
常用有色金属冶炼	62519	339242	377548	6855	247667
铜冶炼	55853	233983	274677	2892	103166
铅锌冶炼	1089	4249	5338	663	2660
镍钴冶炼	2673	45237	41243	1101	66036
铝冶炼	2905	55774	56290	2199	75806
贵金属冶炼	543	2836	3060	1030	5795
金冶炼	145	242	183	649	
银冶炼	397	2594	2877	381	5795
稀有稀土金属冶炼	510	4004	4514	355	
稀土金属冶炼	510	4004	4514	355	
有色金属合金制造	4086	42877	46478	2600	22598
有色金属合金制造	4086	42877	46478	2600	22598
有色金属压延加工	42506	432645	463665	16002	344731
常用有色金属压延加工	42005	430851	461370	15480	344131
稀有稀土金属压延加工	501	1795	2296	522	600
金属制品业	113384	636583	581305	118942	1108270
结构性金属制品制造	25984	229263	228860	35424	369753
金属结构制造	13065	145254	148585	17843	283413
金属门窗制造	12919	84009	80275	17581	86340
金属工具制造	15097	49494	46442	17296	88051
切削工具制造	3428	7353	7911	3804	16745
手工具制造	6689	24264	29541	8537	46514
农用及园林用金属工具制造	3633	10054	3249	2148	18500
刀剪及类似日用金属工具制造	1118	7253	5013	2267	5692
其他金属工具制造	229	570	729	540	600
集装箱及金属包装容器制造	11737	84274	64410	9780	129317

1－E－3 续表 11－10

单位：个、万元、人

指 标 名 称	本年应交增值税	本年进项税额	本年销项税额	全部从业人员年平均人数	银行贷款余额
集装箱制造		26078	246	3580	52581
金属压力容器制造	1222	9455	9917	1880	23351
金属包装容器制造	10515	48741	54247	4320	53385
金属丝绳及其制品的制造	9987	41776	51752	4084	8383
金属丝绳及其制品的制造	9987	41776	51752	4084	8383
建筑、安全用金属制品制造	20219	102670	82900	23973	143426
建筑、家具用金属配件制造	12471	54105	43768	13699	70972
建筑装饰及水暖管道零件制造	6520	39097	35093	7897	55923
安全、消防用金属制品制造	1229	9469	4040	2377	16530
金属表面处理及热处理加工	5223	37226	40926	5024	131787
金属表面处理及热处理加工	5223	37226	40926	5024	131787
搪瓷制品制造	609	5181	2208	893	9450
搪瓷日用品及其他搪瓷制品制造	609	5181	2208	893	9450
不锈钢及类似日用金属制品制造	23314	82485	61229	21689	223646
金属制厨房调理及卫生器具制造	8535	24756	27836	5405	68035
金属制厨用器皿及餐具制造	14031	49997	30631	13912	119674
其他日用金属制品制造	747	7733	2762	2372	35938
其他金属制品制造	1215	4215	2578	779	4458
其他未列明的金属制品制造	1215	4215	2578	779	4458
通用设备制造业	254964	1210429	1199747	222040	2041274
锅炉及原动机制造	14627	86692	91145	6480	43588
锅炉及辅助设备制造	5789	43765	41583	1886	16000
内燃机及配件制造	6827	37900	43534	3686	19534
汽轮机及辅机制造	1302	2601	2894	492	7674
水轮机及辅机制造	709	2425	3134	416	380
金属加工机械制造	15775	72605	74585	17083	154843
金属切削机床制造	10162	45553	52541	8623	90776
金属成形机床制造	1568	5374	6800	1225	15097
铸造机械制造	337	1449	1786	440	1000
金属切割及焊接设备制造	2412	13938	6024	2838	31290
机床附件制造	632	2800	3278	2615	12350
其他金属加工机械制造	663	3492	4155	1342	4330
起重运输设备制造	25207	162273	153987	14729	119318
起重运输设备制造	25207	162273	153987	14729	119318
泵、阀门、压缩机及类似机械的制造	71390	311017	319281	57865	517432
泵及真空设备制造	20659	82111	88516	17234	150617
气体压缩机械制造	8154	50876	56491	4164	121354
阀门和旋塞的制造	33174	143953	138130	30189	191016
液压和气压动力机械及元件制造	9403	34078	36144	6278	54446

1－E－3 续表11－11

单位：个、万元、人

指 标 名 称	本年应交增值税	本年进项税额	本年销项税额	全部从业人员年平均人数	银行贷款余额
轴承、齿轮、传动和驱动部件的制造	48480	206859	216201	58740	502113
轴承制造	24110	111073	118671	35917	258626
齿轮、传动和驱动部件制造	24371	95786	97530	22823	243487
风机、衡器、包装设备等通用设备制造	44029	203127	197836	36755	373405
风机、风扇制造	2914	23936	21282	2453	30356
气体、液体分离及纯净设备制造	14821	56570	68406	5443	76230
制冷、空调设备制造	9060	28730	25756	6364	41561
风动和电动工具制造	13446	62817	55354	15481	183419
喷枪及类似器具制造	462	12736	7470	3243	11315
包装专用设备制造	2015	7607	7571	2046	13580
其他通用设备制造	1311	10732	11997	1725	16944
通用零部件制造及机械修理	16841	94193	61667	16819	190260
金属密封件制造	104	342	368	321	1000
紧固件、弹簧制造	15994	87147	56035	14411	174765
机械零部件加工及设备修理	150	2477	1547	687	4885
其他通用零部件制造	594	4229	3717	1400	9610
金属铸、锻加工	18614	73662	85045	13569	140315
钢铁铸件制造	15644	60607	69179	10728	83035
锻件及粉末冶金制品制造	2970	13055	15866	2841	57280
专用设备制造业	74064	315875	317263	65380	699892
矿山、冶金、建筑专用设备制造	8828	27389	23925	5766	49989
采矿、采石设备制造	2203	9134	11336	1716	14012
石油钻采专用设备制造	1221	2947	913	827	5027
建筑工程用机械制造	5404	15308	11676	3223	30950
化工、木材、非金属加工专用设备制造	20726	83453	79294	18686	175941
炼油、化工生产专用设备制造	3296	22848	24498	2887	40415
塑料加工专用设备制造	5793	20827	20121	5290	39844
木材加工机械制造		1346	9	341	1200
模具制造	11638	38432	34666	10168	94482
食品、饮料、烟草及饲料生产专用设备制造	756	5547	5463	511	7940
食品、饮料、烟草工业专用设备制造	756	5547	5463	511	7940
印刷、制药、日化生产专用设备制造	861	1579	2440	334	
制药专用设备制造	861	1579	2440	334	
纺织、服装和皮革工业专用设备制造	18049	67859	65984	15523	202194
纺织专用设备制造	8419	31938	38754	5490	109342
缝纫机械制造	8801	34588	25556	9318	90753
其他服装加工专用设备制造	829	1334	1674	715	2100
电子和电工机械专用设备制造	4255	16042	17895	3246	26056
电子工业专用设备制造	4255	16042	17895	3246	26056

1-E-3 续表11-12 单位：个、万元、人

指标名称	本年应交增值税	本年进项税额	本年销项税额	全部从业人员年平均人数	银行贷款余额
农、林、牧、渔专用机械制造	1503	31534	29471	6655	25308
拖拉机制造	14	14084	13751	2518	6000
机械化农业及园艺机具制造	1487	16771	15414	3707	17908
渔业机械制造	2	679	306	430	1400
医疗仪器设备及器械制造	5813	11041	11844	7506	44516
医疗诊断、监护及治疗设备制造	1097			480	
医疗、外科及兽医用器械制造	3498	9176	9597	6681	34836
机械治疗及病房护理设备制造	1218	1865	2247	345	9680
环保、社会公共安全及其他专用设备制造	13275	71433	80947	7153	167948
环境污染防治专用设备制造	5375	41373	44175	3009	82121
地质勘查专用设备制造	365	1873	2238	450	2757
社会公共安全设备及器材制造	7135	27808	33754	3222	83070
其他专用设备制造	402	379	781	472	
交通运输设备制造业	162667	1090326	999161	169920	1924072
汽车制造	115130	689998	706789	100003	1100015
汽车整车制造	17595	215416	216329	11485	177364
汽车零部件及配件制造	97535	474583	490460	88518	922651
摩托车制造	25740	118812	116155	26406	202728
摩托车整车制造	5690	30229	10997	4603	57379
摩托车零部件及配件制造	20050	88584	105158	21803	145349
自行车制造	5647	59664	51431	10936	60374
脚踏自行车及残疾人座车制造	3720	39905	31333	7633	52976
助动自行车制造	1927	19759	20098	3303	7398
船舶及浮动装置制造	14768	216144	122588	31052	539354
金属船舶制造	13004	181583	108088	27395	444154
非金属船舶制造		6916	186	417	31810
船用配套设备制造	811	3635	4445	512	5740
船舶修理及拆船	953	24010	9868	2728	57650
航空航天器制造	145	800	60	460	1060
其他飞行器制造	145	800	60	460	1060
交通器材及其他交通运输设备制造	1237	4909	2139	1063	20540
其他交通运输设备制造	1237	4909	2139	1063	20540
电气机械及器材制造业	344652	2031941	2023457	310034	3112537
电机制造	53321	287521	257904	53662	432967
发电机及发电机组制造	8354	35114	36426	4366	15310
电动机制造	17119	134904	101346	19741	166394
微电机及其他电机制造	27848	117503	120131	29555	251263
输配电及控制设备制造	115238	480069	548256	74749	808155
变压器、整流器和电感器制造	18780	119708	133915	9878	216310

1－E－3 续表 11－13

单位：个、万元、人

指 标 名 称	本年应交增值税	本年进项税额	本年销项税额	全部从业人员年平均人数	银行贷款余额
电容器及其配套设备制造	2822	10559	12842	2206	13428
配电开关控制设备制造	75833	277655	326254	41952	454149
电力电子元器件制造	16682	65886	68530	18737	107853
其他输配电及控制设备制造	1122	6262	6717	1976	16415
电线、电缆、光缆及电工器材制造	43805	462013	486328	29341	732810
电线电缆制造	38780	409095	429554	23851	622712
光纤、光缆制造	1853	42952	44528	3091	90848
其他电工器材制造	3173	9967	12247	2399	19251
电池制造	33120	248972	246158	18696	301512
电池制造	33120	248972	246158	18696	301512
家用电力器具制造	55217	335584	293241	69013	468741
家用制冷电器具制造	3150	36294	34064	5201	34006
家用空气调节器制造	5639	29569	27865	5114	61765
家用通风电器具制造	4775	20071	18644	3285	31770
家用厨房电器具制造	13095	68957	66354	9337	73229
家用清洁卫生电器具制造	6420	58394	41150	12136	101340
家用美容、保健电器具制造	9140	25682	20814	9870	40499
家用电力器具专用配件制造	8125	44422	48666	11403	33864
其他家用电力器具制造	4874	52195	35684	12667	92267
非电力家用器具制造	8544	35527	34458	6020	49706
燃气、太阳能及类似能源的器具制造	5136	28616	31993	3751	48094
其他非电力家用器具制造	3408	6911	2466	2269	1612
照明器具制造	32346	168681	141881	54564	289595
电光源制造	14714	77313	69348	29670	78398
照明灯具制造	13465	75800	63980	20406	191181
灯用电器附件及其他照明器具制造	4166	15568	8553	4488	20017
其他电气机械及器材制造	3060	13574	15231	3989	29050
车辆专用照明及电气信号设备装置制造	2831	12431	14086	3571	27300
其他未列明的电气机械制造	229	1143	1145	418	1750
通信设备、计算机及其他电子设备制造业	95443	560352	516507	135086	916469
通信设备制造	28453	176322	168903	18124	78469
通信传输设备制造	3053	18422	13615	3995	28086
通信交换设备制造	1356	1351	2694	1029	9950
通信终端设备制造	611	2156	2767	1173	8200
移动通信及终端设备制造	21916	152753	148188	10717	32233
其他通信设备制造	1516	1640	1638	1210	
广播电视设备制造	6045	33493	32232	7837	36064
广播电视节目制作及发射设备制造	244	1800	2043	300	420
广播电视接收设备及器材制造	1895	21135	16988	6274	21805

1－E－3 续表 11－14　　单位：个、万元、人

指标名称	本年应交增值税	本年进项税额	本年销项税额	全部从业人员年平均人数	银行贷款余额
应用电视设备及其他广播电视设备制造	3906	10558	13201	1263	13839
电子计算机制造	9668	52522	47828	16914	95433
计算机网络设备制造	430	8816	8534	900	3983
电子计算机外部设备制造	9238	43706	39293	16014	91450
电子器件制造	10366	73809	74153	19705	312863
半导体分立器件制造	2889	25784	25745	4556	58733
集成电路制造	5056	28168	30091	4738	72453
光电子器件及其他电子器件制造	2421	19858	18316	10411	181678
电子元件制造	30453	190770	157806	59045	266246
电子元件及组件制造	28281	177498	145476	53179	247167
印制电路板制造	2173	13272	12330	5866	19080
家用视听设备制造	2085	14094	13137	5158	100002
家用影视设备制造	847	10790	10873	3690	90531
家用音响设备制造	1237	3304	2265	1468	9471
其他电子设备制造	8374	19343	22449	8303	27391
其他电子设备制造	8374	19343	22449	8303	27391
仪器仪表及文化、办公用机械制造业	53881	172663	188742	56751	396831
通用仪器仪表制造	32954	113248	125182	24239	158411
工业自动控制系统装置制造	17475	32624	42126	6643	42372
电工仪器仪表制造	6126	25711	29854	5055	10885
绘图、计算及测量仪器制造	3391	13563	10993	6032	40390
实验分析仪器制造		1170	146	395	
供应用仪表及其他通用仪器制造	5962	40181	42062	6114	64765
专用仪器仪表制造	9940	24597	33044	8449	97678
环境监测专用仪器仪表制造	337	1116	1453	572	4000
汽车及其他用计数仪表制造	7149	16468	22593	5557	75270
教学专用仪器制造	2454	6522	8975	1409	8890
电子测量仪器制造		491	23	911	9518
钟表与计时仪器制造	1344	3079	4175	2126	14250
钟表与计时仪器制造	1344	3079	4175	2126	14250
光学仪器及眼镜制造	5969	19173	15074	15642	95864
光学仪器制造	2275	7125	6086	4616	11500
眼镜制造	3694	12047	8988	11026	84364
文化、办公用机械制造	3217	11100	9542	4963	16930
照相机及器材制造	550	3346	2130	906	5435
复印和胶印设备制造	613	317	931	306	
计算器及货币专用设备制造	1065	2518	2153	927	6180
其他文化、办公用机械制造	989	4919	4329	2824	5315
其他仪器仪表的制造及修理	457	1467	1726	1332	13698

1－E－3 续表 11－15

单位：个、万元、人

指 标 名 称	本年应交增值税	本年进项税额	本年销项税额	全部从业人员年平均人数	银行贷款余额
其他仪器仪表的制造及修理	457	1467	1726	1332	13698
工艺品及其他制造业	48082	263980	247393	72361	572704
工艺美术品制造	26249	154707	158835	35939	376241
雕塑工艺品制造	81	1441	1521	490	1430
金属工艺品制造	1770	8442	10605	4798	33635
漆器工艺品制造	577	881	1280	826	2766
花画工艺品制造	764	1578	400	435	7027
天然植物纤维编织工艺品制造	797	1654	2450	973	4825
抽纱刺绣工艺品制造	7391	41355	42495	8582	80696
地毯、挂毯制造	1613	9105	4176	3728	32478
珠宝首饰及有关物品的制造	8071	76757	82282	5682	172051
其他工艺美术品制造	5186	13496	13625	10425	41333
日用杂品制造	21463	108456	87697	35785	194824
制镜及类似品加工	1433	6559	6931	1088	18750
鬃毛加工、制刷及清扫工具的制造	629	7813	3895	2440	22335
其他日用杂品制造	19401	94084	76871	32257	153740
其他未列明的制造业	370	817	861	637	1639
其他未列明的制造业	370	817	861	637	1639
废弃资源和废旧材料回收加工业	5302	51609	50046	3432	45108
金属废料和碎屑的加工处理	5302	51609	50046	3432	45108
金属废料和碎屑的加工处理	5302	51609	50046	3432	45108
电力、燃气及水的生产和供应业	**514373**	**1107137**	**1381497**	**49509**	**6656027**
电力、热力的生产和供应业	500886	1082810	1344954	40257	5889075
电力生产	337059	399013	507095	22973	5729630
火力发电	197073	391963	416944	16465	3326791
水力发电	3625	1998	4790	2183	
核力发电	136361	5052	85361	4325	2402838
电力供应	159686	650470	808022	16263	86170
电力供应	159686	650470	808022	16263	86170
热力生产和供应	4140	33326	29837	1021	73275
热力生产和供应	4140	33326	29837	1021	73275
燃气生产和供应业	2042	21299	23255	1770	67652
燃气生产和供应业	2042	21299	23255	1770	67652
燃气生产和供应业	2042	21299	23255	1770	67652
水的生产和供应业	11444	3028	13287	7482	699301
自来水的生产和供应	11444	3028	13287	6771	535239
自来水的生产和供应	11444	3028	13287	6771	535239
污水处理及其再生利用				711	164062
污水处理及其再生利用				711	164062

1-E-3 续表12-1

单位：个、万元、人

指标名称	固定资产实际投资额	产销率（%）	资产负债率（%）	成本费用利润率（%）	每百元资金实现利税（元）
总 计	**7945112**	**97.19**	**60.95**	**5.43**	**11.87**
一、按轻重工业分					
轻工业	2961266	97.06	60.03	5.58	13.21
重工业	4983846	97.30	61.73	5.29	10.71
二、按登记注册类型分					
内 资	**5340569**	**97.45**	**61.13**	**5.42**	**12.47**
国 有	1028000	99.95	41.99	8.44	33.40
集 体	2689	96.92	57.73	5.06	7.89
股份合作企业	9930	97.07	63.83	4.62	11.02
联营企业	2423	95.98	72.10	-8.76	-3.90
集体联营	1290	100.00	73.38	-17.56	-11.59
国有与集体联营	590	90.52	87.59	0.03	4.50
其他联营	543	98.39	30.40	-0.23	3.60
有限责任公司	1857392	97.67	66.27	4.61	8.80
国有独资公司	126132	98.47	52.42	6.13	7.63
其他有限责任公司	1731259	97.65	67.00	4.57	8.85
股份有限公司	520615	96.91	54.68	5.88	11.76
私营企业	1898769	97.04	63.35	5.29	11.24
私营独资	32871	97.06	63.27	6.12	12.82
私营合伙	5304	97.81	57.40	6.46	18.71
私营有限责任公司	1782957	97.06	63.70	5.15	10.93
私营股份有限公司	77636	96.68	58.24	7.11	15.39
其 他	20752	97.11	55.19	4.95	8.02
港澳台商投资	**1198238**	**96.19**	**62.11**	**5.79**	**10.71**
与港澳台商合资经营	780761	96.14	65.04	5.97	11.69
与港澳台商合作经营	7697	95.33	68.22	5.88	10.29
港澳台商独资	398156	96.36	55.55	5.29	8.56
港澳台商投资股份有限公司	11624	96.23	48.55	8.01	10.26
外商投资	**1406306**	**97.03**	**59.19**	**5.17**	**10.52**
中外合资经营	705481	97.38	61.61	4.79	11.11
中外合作经营	11790	98.49	64.93	5.33	12.47
外资企业	555390	96.35	55.17	5.81	9.58
外商投资股份有限公司	133646	96.31	57.87	6.28	9.65
三、按控股情况分					
国有控股	2191056	99.37	57.51	6.48	18.15
集体控股	151651	97.69	65.98	4.91	9.43
私人控股	3721507	97.06	62.27	5.34	11.14
港澳台商控股	727218	95.99	60.59	5.04	8.75
外商控股	935884	96.72	57.31	5.40	11.13
其 他	217796	96.35	61.28	5.27	8.56

1－E－3 续表12－2

单位：个、万元、人

指 标 名 称	固定资产实际投资额	产销率（%）	资产负债率（%）	成本费用利润率（%）	每百元资金实现利税（元）
四、按国民经济行业（门类、大类、中类、小类）分					
采矿业	**6404**	**93.92**	**44.70**	**15.68**	**34.07**
黑色金属矿采选业	1498	99.66	15.01	25.35	37.47
铁矿采选	1498	99.66	15.01	25.35	37.47
铁矿采选	1498	99.66	15.01	25.35	37.47
有色金属矿采选业	4728	91.34	54.32	12.79	35.14
常用有色金属矿采选	2713	99.82	51.83	13.91	47.79
铜矿采选	2713	99.73	36.10	12.83	42.70
铅锌矿采选		100.00	76.35	15.79	57.03
稀有稀土金属矿采选	2014	63.25	58.09	6.79	15.56
钨钼矿采选	1646	59.89	56.74	7.81	19.33
放射性金属矿采选	369	90.79	63.23	1.52	0.87
非金属矿采选业	178	93.39	134.73	－8.86	－1.40
化学矿采选	178	93.39	134.73	－8.86	－1.40
化学矿采选	178	93.39	134.73	－8.86	－1.40
制造业	**6210806**	**97.03**	**60.66**	**5.50**	**12.26**
农副食品加工业	39124	97.56	62.27	1.50	4.22
饲料加工	3229	93.69	54.74	6.83	15.51
饲料加工	3229	93.69	54.74	6.83	15.51
植物油加工	5142	104.58	53.82	0.67	1.49
食用植物油加工	5142	104.58	53.82	0.67	1.49
屠宰及肉类加工	10380	99.32	48.24	3.46	12.89
畜禽屠宰	7982	99.74	57.27	2.01	13.25
肉制品及副产品加工	2398	98.90	44.75	5.03	12.77
水产品加工	3847	94.20	85.57	－3.23	－2.63
水产品冷冻加工	3847	94.48	85.32	－3.30	－2.73
鱼糜制品及水产品干腌制加工		81.85	95.95	0.80	1.81
蔬菜、水果和坚果加工	15212	93.96	41.02	4.94	7.52
蔬菜、水果和坚果加工	15212	93.96	41.02	4.94	7.52
其他农副食品加工	1314	99.63	67.39	2.85	11.29
豆制品制造	1314	99.63	67.39	2.85	11.29
食品制造业	32677	100.37	58.37	6.07	12.74
焙烤食品制造	1793	109.72	44.66	6.64	33.32
糕点、面包制造	1268	99.21	54.71	9.03	27.87
饼干及其他焙烤食品制造	525	112.01	42.46	6.22	34.77
糖果、巧克力及蜜饯制造		93.06	30.17	34.65	38.54
糖果、巧克力制造		93.06	30.17	34.65	38.54
方便食品制造	15120	98.35	57.25	5.76	12.77
速冻食品制造	15120	95.05	48.99	7.90	13.24
方便面及其他方便食品制造		106.51	85.19	1.30	11.24

1－E－3　续表 12－3　　　　单位：个、万元、人

指　标　名　称	固定资产实际投资额	产销率（%）	资产负债率（%）	成本费用利润率（%）	每百元资金实现利税（元）
液体乳及乳制品制造	472	99.68	55.50	0.95	3.73
液体乳及乳制品制造	472	99.68	55.50	0.95	3.73
罐头制造	9502	98.25	63.72	6.51	12.05
肉、禽类罐头制造	851	99.10	59.24	4.87	15.92
水产品罐头制造	1174	111.41	51.47	9.97	11.35
蔬菜、水果罐头制造	7425	95.92	78.26	1.05	3.40
其他罐头食品制造	52	100.17	17.65	17.65	74.48
调味品、发酵制品制造	659	106.06	54.42	-9.43	-4.30
味精制造	528	107.44	53.28	-13.80	-10.63
酱油、食醋及类似制品的制造	131	101.05	58.02	8.47	23.39
其他食品制造	5130	96.91	62.97	10.62	12.24
营养、保健食品制造	1894	100.00	60.98	6.03	12.77
冷冻饮品及食用冰制造	1436	95.14	55.83	4.97	16.86
食品及饲料添加剂制造	1800	96.54	64.77	16.82	11.09
饮料制造业	131792	98.48	62.22	5.63	19.09
酒的制造	72470	96.37	63.19	0.87	15.79
啤酒制造	62468	99.61	59.34	-2.25	16.17
黄酒制造	10002	88.99	69.81	8.58	15.04
软饮料制造	58788	99.81	61.25	7.04	22.35
瓶（罐）装饮用水制造	4615	101.75	86.73	-0.73	2.73
果菜汁及果菜汁饮料制造	1589	100.00	80.43	-0.53	0.42
含乳饮料和植物蛋白饮料制造	14622	98.58	24.78	32.03	61.07
茶饮料及其他软饮料制造	37962	99.76	36.55	20.24	48.99
精制茶加工	533	96.49	64.71	1.12	6.04
精制茶加工	533	96.49	64.71	1.12	6.04
烟草制品业	45070	99.91	7.84	68.55	87.06
卷烟制造	45070	99.91	7.84	68.55	87.06
卷烟制造	45070	99.91	7.84	68.55	87.06
纺织业	708502	97.24	62.91	4.39	8.25
棉、化纤纺织及印染精加工	445939	97.49	65.45	4.25	8.09
棉、化纤纺织加工	227618	96.65	65.89	4.24	7.10
棉、化纤印染精加工	218320	98.53	64.88	4.26	9.43
毛纺织和染整精加工	6917	97.04	48.81	4.06	7.48
毛条加工	2083	100.82	42.50	-1.72	-0.66
毛纺织	3713	96.14	47.78	5.62	11.35
毛染整精加工	1122	97.87	62.28	2.71	4.38
麻纺织	12707	92.66	58.01	8.56	7.20
麻纺织	12707	92.66	58.01	8.56	7.20
丝绢纺织及精加工	62383	96.75	62.58	1.83	5.48
缫丝加工	3092	102.91	69.10	0.66	6.24

1-E-3 续表12-4

单位：个、万元、人

指 标 名 称	固定资产实际投资额	产销率（%）	资产负债率（%）	成本费用利润率（%）	每百元资金实现利税（元）
绢纺和丝织加工	56648	96.19	61.43	2.53	4.97
丝印染精加工	2642	94.52	64.75	-0.77	7.34
纺织制成品制造	72278	96.45	62.92	4.26	7.62
棉及化纤制品制造	39421	96.48	66.46	3.81	6.80
毛制品制造	4288	97.72	76.76	0.54	5.74
麻制品制造	183	103.22	75.94	1.27	4.66
丝制品制造	9311	96.79	53.65	7.49	13.04
绳、索、缆的制造	40	93.74	84.68	0.19	1.94
纺织带和帘子布制造	4702	93.50	63.03	3.20	5.27
无纺布制造	3752	92.84	40.26	5.83	8.98
其他纺织制成品制造	10581	99.16	57.35	3.92	5.86
针织品、编织品及其制品制造	108279	97.33	56.01	5.61	10.51
棉、化纤针织品及编织品制造	95312	97.11	57.76	5.66	9.92
毛针织品及编织品制造	11000	97.87	56.17	5.62	11.64
丝针织品及编织品制造	1967	98.21	40.35	5.29	14.47
其他针织品及编织品制造		100.00	54.98	6.38	10.78
纺织服装、鞋、帽制造业	252564	97.66	56.74	7.01	15.58
纺织服装制造	252302	97.67	56.69	7.03	15.64
纺织服装制造	252302	97.67	56.69	7.03	15.64
纺织面料鞋的制造	208	91.49	72.71	-0.13	2.53
纺织面料鞋的制造	208	91.49	72.71	-0.13	2.53
制 帽	54	100.00	58.91	1.97	7.45
制 帽	54	100.00	58.91	1.97	7.45
皮革、毛皮、羽毛(绒)及其制品业	93037	97.53	63.29	4.90	13.15
皮革鞣制加工	5934	93.60	64.78	3.42	8.02
皮革鞣制加工	5934	93.60	64.78	3.42	8.02
皮革制品制造	79919	97.66	59.31	5.70	16.79
皮鞋制造	53077	97.70	56.85	6.58	20.62
皮革服装制造	600	99.15	66.31	1.96	8.98
皮箱、包(袋)制造	12406	97.98	62.43	3.88	9.68
皮手套及皮装饰制品制造	2175	98.93	44.80	2.97	14.75
其他皮革制品制造	11661	95.05	72.29	1.96	6.27
毛皮鞣制及制品加工	161	96.62	58.04	6.19	7.83
毛皮服装加工	161	96.62	58.04	6.19	7.83
羽毛(绒)加工及制品制造	7024	100.52	75.96	2.59	6.52
羽毛(绒)加工	130	94.86	77.16	3.11	5.00
羽毛(绒)制品加工	6894	100.80	75.89	2.57	6.62
木材加工及木、竹、藤、棕、草制品业	21779	95.24	63.02	3.91	8.64
锯材、木片加工	194	93.37	30.21	18.65	16.88
锯材加工	194	93.37	30.21	18.65	16.88

1-E-3 续表12-5 单位:个、万元、人

指标名称	固定资产实际投资额	产销率(%)	资产负债率(%)	成本费用利润率(%)	每百元资金实现利税(元)
人造板制造	10780	93.32	69.56	2.63	5.02
胶合板制造	6463	93.66	63.95	2.55	4.98
纤维板制造	1588	92.04	86.02	1.15	1.74
其他人造板、材制造	2729	92.60	63.25	4.89	10.76
木制品制造	9228	97.02	54.51	4.47	15.10
建筑用木料及木材组件加工	9228	97.02	54.51	4.47	15.10
竹、藤、棕、草制品制造	1577	96.36	55.40	8.55	13.50
竹、藤、棕、草制品制造	1577	96.36	55.40	8.55	13.50
家具制造业	95483	96.58	64.52	3.50	7.82
木质家具制造	12940	94.62	63.03	2.55	6.26
木质家具制造	12940	94.62	63.03	2.55	6.26
竹、藤家具制造	7577	106.43	85.67	-2.41	-1.88
竹、藤家具制造	7577	106.43	85.67	-2.41	-1.88
金属家具制造	58467	96.93	63.76	3.72	8.76
金属家具制造	58467	96.93	63.76	3.72	8.76
塑料家具制造	2525	89.10	43.80	8.74	20.11
塑料家具制造	2525	89.10	43.80	8.74	20.11
其他家具制造	13974	97.25	66.95	3.69	7.05
其他家具制造	13974	97.25	66.95	3.69	7.05
造纸及纸制品业	178480	96.06	67.15	3.93	6.17
造　纸	120609	95.37	68.74	4.06	5.66
机制纸及纸板制造	120609	95.37	68.74	4.06	5.66
纸制品制造	57871	97.99	59.76	3.56	8.47
纸和纸板容器的制造	20308	99.13	59.05	3.80	9.06
其他纸制品制造	37563	94.71	61.42	2.83	6.81
印刷业和记录媒介的复制	46953	99.00	52.97	7.50	11.54
印　刷	46953	99.00	52.97	7.50	11.54
书、报、刊印刷	4826	97.06	45.21	10.88	13.59
本册印制	12841	96.59	44.67	5.75	13.13
包装装潢及其他印刷	29286	100.23	56.83	7.18	10.74
文教体育用品制造业	47929	97.06	49.96	6.29	10.92
文化用品制造	21254	95.78	46.42	8.19	16.44
文具制造	12196	97.69	57.29	3.38	6.58
笔的制造	9058	86.27	70.63	6.38	11.79
教学用模型及教具制造		99.81	13.79	13.68	37.02
体育用品制造	7109	96.85	59.77	1.71	3.43
球类制造	443	89.76	55.36	8.73	10.36
体育器材及配件制造	1030	92.82	62.98	2.49	4.30
训练健身器材制造	2475	97.19	58.81	4.26	7.72
运动防护用具制造	900	98.18	61.32	-15.16	-9.91

1－E－3 续表12－6 单位：个、万元、人

指标名称	固定资产实际投资额	产销率（%）	资产负债率（%）	成本费用利润率（%）	每百元资金实现利税（元）
其他体育用品制造	2262	100.13	58.31	2.09	3.36
乐器制造	7332	100.15	36.34	7.47	10.10
西乐器制造	5259	98.71	33.47	9.98	12.96
其他乐器及零件制造	2073	102.62	41.15	3.60	5.78
玩具制造	11804	97.78	50.41	6.67	11.82
玩具制造	11804	97.78	50.41	6.67	11.82
游艺器材及娱乐用品制造	430	96.12	50.48	7.09	10.77
露天游乐场所游乐设备制造	155	92.12	21.53	6.20	17.28
游艺用品及室内游艺器材制造	275	97.25	57.04	7.33	9.86
石油加工、炼焦及核燃料加工业	69457	98.01	70.19	-0.82	65.62
精炼石油产品的制造	69457	98.01	70.19	-0.82	65.62
原油加工及石油制品制造	69457	98.01	70.19	-0.82	65.62
化学原料及化学制品制造业	466993	97.70	60.36	7.31	14.37
基础化学原料制造	133643	92.48	67.02	4.68	9.10
无机酸制造	17750	89.29	44.61	4.85	9.92
无机碱制造	33477	98.95	64.75	9.54	14.64
有机化学原料制造	81710	90.78	65.65	2.51	7.24
其他基础化学原料制造	706	99.95	84.58	17.31	8.02
肥料制造	15579	98.13	60.59	2.47	7.91
氮肥制造	15579	98.02	57.55	3.20	8.97
其他肥料制造		99.79	103.76	-7.37	-9.62
农药制造	33906	97.39	49.93	17.17	26.03
化学农药制造	33150	97.34	50.13	17.26	26.90
生物化学农药及微生物农药制造	756	100.42	44.22	12.45	7.92
涂料、油墨、颜料及类似产品制造	40412	96.15	52.17	8.59	15.76
涂料制造	17293	94.91	45.19	13.68	18.91
油墨及类似产品制造	4054	98.21	46.70	2.48	6.84
颜料制造	11670	96.77	67.08	6.49	12.82
染料制造	7395	96.52	54.38	7.64	16.07
密封用填料及类似品制造		89.89	69.52	3.05	13.17
合成材料制造	136873	99.50	63.83	4.32	8.83
初级形态的塑料及合成树脂制造	26365	97.64	51.57	1.74	5.81
合成橡胶制造	350	100.00	11.92	7.16	3.73
合成纤维单（聚合）体的制造	96823	100.55	71.30	5.44	9.73
其他合成材料制造	13335	97.60	27.46	14.91	24.31
专用化学产品制造	83391	99.43	53.98	8.49	18.10
化学试剂和助剂制造	17317	102.08	51.12	6.55	15.99
专项化学用品制造	54648	98.74	59.39	10.24	19.70
炸药及火工产品制造	4179	98.91	49.48	7.59	24.74
信息化学品制造	7248	87.94	45.80	12.28	16.40

1－E－3 续表 12－7 单位：个、万元、人

指 标 名 称	固定资产实际投资额	产销率（%）	资产负债率（%）	成本费用利润率（%）	每百元资金实现利税（元）
日用化学产品制造	23188	97.45	54.58	17.77	46.01
肥皂及合成洗涤剂制造	7488	97.25	53.66	6.65	8.42
化妆品制造		98.47	48.26	33.47	113.75
香料、香精制造	11700	93.26	73.17	7.48	14.10
其他日用化学产品制造	4000	98.82	40.06	10.57	44.30
医药制造业	136387	93.49	51.69	11.89	19.45
化学药品原药制造	88804	92.81	55.17	10.65	16.28
化学药品原药制造	88804	92.81	55.17	10.65	16.28
化学药品制剂制造	23271	92.87	50.82	13.39	22.90
化学药品制剂制造	23271	92.87	50.82	13.39	22.90
中成药制造	7306	97.31	34.99	19.04	29.18
中成药制造	7306	97.31	34.99	19.04	29.18
兽用药品制造	1395	90.13	62.71	9.94	20.88
兽用药品制造	1395	90.13	62.71	9.94	20.88
生物、生化制品的制造	13969	95.34	46.86	10.42	15.54
生物、生化制品的制造	13969	95.34	46.86	10.42	15.54
卫生材料及医药用品制造	1642	97.84	84.16	0.22	8.34
卫生材料及医药用品制造	1642	97.84	84.16	0.22	8.34
化学纤维制造业	416761	97.40	66.30	1.70	4.58
纤维素纤维原料及纤维制造	488	85.92	77.42	－9.56	－5.88
人造纤维（纤维素纤维）制造	488	85.92	77.42	－9.56	－5.88
合成纤维制造	416272	97.46	66.20	1.75	4.69
锦纶纤维制造	7376	98.56	60.96	3.83	6.95
涤纶纤维制造	151942	98.08	67.81	2.01	5.52
腈纶纤维制造	832	101.80	141.53	－33.93	－33.16
其他合成纤维制造	256123	92.61	52.77	6.32	7.46
橡胶制品业	54016	98.05	58.69	7.13	13.08
轮胎制造	29005	100.25	59.14	12.10	17.99
车辆、飞机及工程机械轮胎制造	29005	100.25	59.14	12.10	17.99
橡胶板、管、带的制造	13471	96.02	54.24	5.50	13.85
橡胶板、管、带的制造	13471	96.02	54.24	5.50	13.85
橡胶零件制造	3703	98.70	58.91	3.83	6.39
橡胶零件制造	3703	98.70	58.91	3.83	6.39
日用及医用橡胶制品制造	837	97.02	67.01	3.98	14.20
日用及医用橡胶制品制造	837	97.02	67.01	3.98	14.20
橡胶靴鞋制造	7000	98.39	67.68	4.37	9.11
橡胶靴鞋制造	7000	98.39	67.68	4.37	9.11
塑料制品业	203901	98.02	64.28	5.97	11.43
塑料薄膜制造	32383	99.40	72.59	4.14	5.42
塑料薄膜制造	32383	99.40	72.59	4.14	5.42

1-E-3 续表12-8

单位：个、万元、人

指 标 名 称	固定资产实际投资额	产销率（%）	资产负债率（%）	成本费用利润率（%）	每百元资金实现利税（元）
塑料板、管、型材的制造	31402	100.06	61.64	4.60	9.42
塑料板、管、型材的制造	31402	100.06	61.64	4.60	9.42
塑料丝、绳及编织品的制造	3888	97.17	58.96	4.68	10.33
塑料丝、绳及编织品的制造	3888	97.17	58.96	4.68	10.33
泡沫塑料制造	2095	97.49	67.42	3.91	7.23
泡沫塑料制造	2095	97.49	67.42	3.91	7.23
塑料人造革、合成革制造	39103	96.96	67.87	5.43	14.60
塑料人造革、合成革制造	39103	96.96	67.87	5.43	14.60
塑料包装箱及容器制造	41978	99.40	57.64	10.61	17.76
塑料包装箱及容器制造	41978	99.40	57.64	10.61	17.76
塑料零件制造	21147	95.92	55.76	6.90	10.25
塑料零件制造	21147	95.92	55.76	6.90	10.25
日用塑料制造	26058	97.87	61.49	7.61	17.29
塑料鞋制造	850	96.31	65.90	0.70	1.10
日用塑料杂品制造	25208	97.90	61.36	7.75	17.83
其他塑料制品制造	5848	91.90	58.52	7.38	14.61
其他塑料制品制造	5848	91.90	58.52	7.38	14.61
非金属矿物制品业	364939	97.27	60.87	5.34	9.48
水泥、石灰和石膏的制造	208632	99.24	59.86	4.31	8.62
水泥制造	208632	99.24	59.86	4.31	8.62
水泥及石膏制品制造	17081	97.19	72.93	6.91	13.10
水泥制品制造	14484	97.47	72.70	7.32	12.69
砼结构构件制造	2532	73.08	78.84	10.71	10.68
轻质建筑材料制造	65	99.61	70.71	4.12	19.07
砖瓦、石材及其他建筑材料制造	765	84.50	71.02	20.89	19.82
建筑陶瓷制品制造	765	82.42	71.60	23.93	20.22
防水建筑材料制造		100.00	67.04	5.81	16.01
玻璃及玻璃制品制造	131006	93.93	55.22	4.01	6.58
平板玻璃制造	78206	93.48	64.19	-0.36	1.81
技术玻璃制品制造	7079	93.98	45.84	6.69	11.89
日用玻璃制品及玻璃包装容器制造	18460	92.83	46.68	7.51	13.06
玻璃保温容器制造	2978	100.00	76.76	1.79	16.10
玻璃纤维及制品制造	13406	99.58	62.52	2.13	2.35
其他玻璃制品制造	10877	92.33	31.41	2.08	7.37
陶瓷制品制造	1220	98.71	64.05	4.60	7.39
卫生陶瓷制品制造	184	97.71	71.94	1.58	4.00
特种陶瓷制品制造	621	100.33	64.99	9.48	12.70
日用陶瓷制品制造	415	97.67	32.42	1.73	6.09
耐火材料制品制造	3729	98.75	54.57	8.21	14.46

1-E-3 续表12-9

单位：个、万元、人

指 标 名 称	固定资产实际投资额	产销率（%）	资产负债率（%）	成本费用利润率（%）	每百元资金实现利税（元）
石棉制品制造	139	95.13	39.66	1.32	4.63
耐火陶瓷制品及其他耐火材料制造	3590	99.17	57.47	9.07	16.45
石墨及其他非金属矿物制品制造	2507	99.86	60.27	4.81	11.86
石墨及碳素制品制造	960	99.83	58.46	5.03	13.22
其他非金属矿物制品制造	1547	100.00	69.46	3.64	5.68
黑色金属冶炼及压延加工业	103555	96.77	67.99	2.42	9.23
炼 钢	1055	98.09	90.45	5.81	12.41
炼 钢	1055	98.09	90.45	5.81	12.41
钢压延加工	101668	96.81	66.05	2.22	9.09
钢压延加工	101668	96.81	66.05	2.22	9.09
铁合金冶炼	832	91.08	67.98	0.33	3.41
铁合金冶炼	832	91.08	67.98	0.33	3.41
有色金属冶炼及压延加工业	88593	98.58	63.19	0.86	7.76
常用有色金属冶炼	17253	99.01	65.76	-0.78	6.75
铜冶炼	5521	100.37	71.46	-1.81	7.20
铅锌冶炼	394	110.13	55.75	0.36	5.00
镍钴冶炼	10955	90.43	64.17	2.18	5.17
铝冶炼	384	97.39	58.58	2.32	7.39
贵金属冶炼	5418	86.77	50.59	9.82	9.02
金冶炼	584	91.24	21.37	15.76	13.13
银冶炼	4834	84.43	76.04	6.56	6.77
稀有稀土金属冶炼	4649	85.03	12.04	3.53	4.47
稀土金属冶炼	4649	85.03	12.04	3.53	4.47
有色金属合金制造	13455	98.13	67.73	4.20	14.29
有色金属合金制造	13455	98.13	67.73	4.20	14.29
有色金属压延加工	47818	98.51	62.63	1.70	7.72
常用有色金属压延加工	47713	98.51	62.38	1.68	7.69
稀有稀土金属压延加工	105	97.65	86.48	5.23	11.88
金属制品业	245225	96.77	62.75	5.99	12.09
结构性金属制品制造	63775	95.10	65.83	7.53	12.31
金属结构制造	46206	93.18	72.05	6.78	9.42
金属门窗制造	17569	98.65	49.07	8.85	20.68
金属工具制造	16425	97.96	54.51	6.00	13.14
切削工具制造	4666	91.61	49.03	12.39	17.08
手工具制造	7979	96.84	57.51	3.28	9.45
农用及园林用金属工具制造	1992	98.89	55.54	7.75	19.63
刀剪及类似日用金属工具制造	1788	112.87	49.51	3.87	9.90
其他金属工具制造		81.28	80.43	1.80	4.83
集装箱及金属包装容器制造	67690	98.23	63.70	3.30	7.71

1－E－3 续表12－10

单位：个、万元、人

指 标 名 称	固定资产实际投资额	产销率（%）	资产负债率（%）	成本费用利润率（%）	每百元资金实现利税（元）
集装箱制造	15508	99.26	70.45	0.31	0.58
金属压力容器制造	5382	93.77	73.03	2.31	5.71
金属包装容器制造	46801	97.91	57.87	6.64	14.30
金属丝绳及其制品的制造	28603	100.09	49.45	5.48	16.50
金属丝绳及其制品的制造	28603	100.09	49.45	5.48	16.50
建筑、安全用金属制品制造	27886	96.41	62.37	5.89	15.17
建筑、家具用金属配件制造	10540	97.52	58.76	6.47	18.32
建筑装饰及水暖管道零件制造	15251	95.09	63.47	5.65	13.32
安全、消防用金属制品制造	2094	95.38	74.46	3.45	7.70
金属表面处理及热处理加工	9557	95.63	66.89	3.67	5.95
金属表面处理及热处理加工	9557	95.63	66.89	3.67	5.95
搪瓷制品制造	293	96.23	76.71	3.53	13.12
搪瓷日用品及其他搪瓷制品制造	293	96.23	76.71	3.53	13.12
不锈钢及类似日用金属制品制造	29974	97.98	60.91	6.89	13.88
金属制厨房调理及卫生器具制造	14320	104.75	67.29	6.72	12.72
金属制厨用器皿及餐具制造	12293	95.72	60.99	7.42	17.13
其他日用金属制品制造	3361	97.37	43.95	3.50	4.04
其他金属制品制造	1023	98.16	72.91	3.89	22.28
其他未列明的金属制品制造	1023	98.16	72.91	3.89	22.28
通用设备制造业	458124	96.64	58.60	6.39	11.61
锅炉及原动机制造	13389	95.82	70.63	4.94	9.95
锅炉及辅助设备制造	1247	101.23	73.54	4.08	8.21
内燃机及配件制造	11433	90.87	69.21	5.68	12.20
汽轮机及辅机制造	602	106.91	64.02	4.75	6.32
水轮机及辅机制造	107	96.09	49.69	8.43	19.06
金属加工机械制造	44177	93.32	51.68	8.12	9.86
金属切削机床制造	31862	91.81	47.42	8.73	10.41
金属成形机床制造	198	83.89	51.18	13.23	12.98
铸造机械制造	3140	100.00	47.94	4.28	3.99
金属切割及焊接设备制造	7135	99.49	65.82	6.72	9.02
机床附件制造	1307	98.20	59.72	0.64	2.88
其他金属加工机械制造	535	98.99	54.43	8.50	13.96
起重运输设备制造	29446	97.29	59.47	6.53	17.23
起重运输设备制造	29446	97.29	59.47	6.53	17.23
泵、阀门、压缩机及类似机械的制造	73864	97.28	57.31	6.63	13.42
泵及真空设备制造	25369	96.65	57.63	9.31	15.45
气体压缩机械制造	8543	99.66	71.93	3.64	8.81
阀门和旋塞的制造	32996	96.96	54.39	5.70	13.62
液压和气压动力机械及元件制造	6956	97.34	50.83	8.40	12.92

1－E－3　续表 12－11　　　　单位：个、万元、人

指　标　名　称	固定资产实际投资额	产销率（%）	资产负债率（%）	成本费用利润率（%）	每百元资金实现利税（元）
轴承、齿轮、传动和驱动部件的制造	88328	95.89	57.57	7.65	10.57
轴承制造	44136	94.62	55.52	8.93	10.09
齿轮、传动和驱动部件制造	44193	97.17	60.86	6.35	11.26
风机、衡器、包装设备等通用设备制造	134835	96.47	60.18	5.50	10.11
风机、风扇制造	10629	94.62	28.77	6.52	15.69
气体、液体分离及纯净设备制造	47148	97.30	65.56	6.02	12.06
制冷、空调设备制造	6518	92.89	63.52	4.15	9.95
风动和电动工具制造	24471	97.83	69.17	4.85	7.65
喷枪及类似器具制造	5910	96.16	55.07	5.71	11.51
包装专用设备制造	4109	100.00	67.31	7.08	10.53
其他通用设备制造	36050	96.27	44.80	6.15	8.09
通用零部件制造及机械修理	31021	97.96	62.05	3.79	8.31
金属密封件制造	921	90.60	43.26	8.71	12.31
紧固件、弹簧制造	27537	98.09	61.73	3.85	8.54
机械零部件加工及设备修理	1686	97.36	66.40	2.76	7.09
其他通用零部件制造	878	96.38	67.78	2.51	4.55
金属铸、锻加工	43064	97.91	53.00	7.61	15.10
钢铁铸件制造	32139	98.21	53.66	8.49	18.80
锻件及粉末冶金制品制造	10925	96.53	51.62	3.59	5.80
专用设备制造业	215773	96.28	58.88	8.25	11.15
矿山、冶金、建筑专用设备制造	42351	98.99	63.98	9.39	15.01
采矿、采石设备制造	2502	96.53	68.48	4.69	10.61
石油钻采专用设备制造	3109	97.64	73.60	3.90	10.76
建筑工程用机械制造	36740	99.53	61.86	10.80	16.42
化工、木材、非金属加工专用设备制造	61921	96.89	58.11	6.75	10.21
炼油、化工生产专用设备制造	15741	99.69	61.24	5.86	11.11
塑料加工专用设备制造	11289	95.11	49.74	7.49	9.35
木材加工机械制造		104.71	62.12	-8.28	-8.99
模具制造	34890	95.95	62.77	7.55	11.15
食品、饮料、烟草及饲料生产专用设备制造	796	88.27	48.49	21.13	21.41
食品、饮料、烟草工业专用设备制造	796	88.27	48.49	21.13	21.41
印刷、制药、日化生产专用设备制造		100.00	14.90	11.94	21.28
制药专用设备制造		100.00	14.90	11.94	21.28
纺织、服装和皮革工业专用设备制造	31252	96.32	62.44	5.97	8.50
纺织专用设备制造	23904	96.65	65.00	6.34	7.92
缝纫机械制造	7046	96.20	60.73	5.49	8.64
其他服装加工专用设备制造	303	94.07	35.74	13.10	19.53
电子和电工机械专用设备制造	14966	96.23	44.10	9.64	13.76
电子工业专用设备制造	14966	96.23	44.10	9.64	13.76

1－E－3　续表12－12　　　单位：个、万元、人

指标名称	固定资产实际投资额	产销率（%）	资产负债率（%）	成本费用利润率（%）	每百元资金实现利税（元）
农、林、牧、渔专用机械制造	14916	97.05	70.65	2.38	4.10
拖拉机制造	422	98.91	67.89	－3.17	－4.33
机械化农业及园艺机具制造	14456	95.53	71.92	7.10	10.98
渔业机械制造	39	99.53	92.13	0.85	1.64
医疗仪器设备及器械制造	11478	95.29	45.96	20.15	18.63
医疗诊断、监护及治疗设备制造	2433	100.00	28.69	12.86	20.72
医疗、外科及兽医用器械制造	7081	94.40	46.71	20.10	17.52
机械治疗及病房护理设备制造	1964	99.54	52.35	25.53	26.41
环保、社会公共安全及其他专用设备制造	38094	94.11	58.89	10.03	11.40
环境污染防治专用设备制造	6132	92.33	66.88	1.56	3.65
地质勘查专用设备制造	55	93.26	63.99	17.16	19.47
社会公共安全设备及器材制造	31879	96.26	49.39	22.50	19.92
其他专用设备制造	28	100.00	15.89	35.79	32.21
交通运输设备制造业	662933	96.49	66.17	7.54	10.22
汽车制造	327636	97.14	58.34	7.33	11.54
汽车整车制造	94885	98.80	56.08	7.58	11.81
汽车零部件及配件制造	232750	96.46	59.26	7.24	11.44
摩托车制造	24853	95.89	65.34	2.85	9.91
摩托车整车制造	6982	95.44	68.20	1.36	7.19
摩托车零部件及配件制造	17871	96.04	64.39	3.36	10.81
自行车制造	11353	97.87	72.08	2.50	6.60
脚踏自行车及残疾人座车制造	7620	97.90	73.39	0.64	2.90
助动自行车制造	3733	97.82	67.05	5.72	21.75
船舶及浮动装置制造	284735	95.42	76.53	10.75	8.87
金属船舶制造	254555	94.93	78.67	8.59	6.94
非金属船舶制造	121	90.69	76.94	19.56	14.73
船用配套设备制造	465	96.26	45.86	7.76	12.90
船舶修理及拆船	29594	100.00	56.02	24.60	25.78
航空航天器制造	1994	93.65	61.15	7.42	6.84
其他飞行器制造	1994	93.65	61.15	7.42	6.84
交通器材及其他交通运输设备制造	12363	88.59	81.66	1.23	4.26
其他交通运输设备制造	12363	88.59	81.66	1.23	4.26
电气机械及器材制造业	552818	96.94	61.55	5.80	11.88
电机制造	85625	97.61	61.55	7.16	12.05
发电机及发电机组制造	21971	99.05	59.50	8.68	8.48
电动机制造	24233	98.93	62.06	5.47	12.14
微电机及其他电机制造	39421	96.17	62.17	8.15	13.74
输配电及控制设备制造	81316	96.71	54.67	8.40	15.19
变压器、整流器和电感器制造	20459	95.40	64.26	7.04	12.17

1-E-3 续表12-13 单位：个、万元、人

指 标 名 称	固定资产实际投资额	产销率（%）	资产负债率（%）	成本费用利润率（%）	每百元资金实现利税（元）
电容器及其配套设备制造	3857	98.24	58.81	9.98	21.38
配电开关控制设备制造	43340	97.34	51.16	9.30	16.53
电力电子元器件制造	11712	96.71	56.94	5.97	12.61
其他输配电及控制设备制造	1949	88.51	53.94	10.79	18.39
电线、电缆、光缆及电工器材制造	120219	97.48	60.36	5.11	10.51
电线电缆制造	108577	97.88	61.24	4.75	10.62
光纤、光缆制造	8347	98.63	54.33	8.25	9.02
其他电工器材制造	3295	82.28	63.59	6.19	14.78
电池制造	55783	97.12	62.85	4.00	13.37
电池制造	55783	97.12	62.85	4.00	13.37
家用电力器具制造	107717	96.40	68.57	4.12	9.39
家用制冷电器具制造	10829	97.89	72.33	1.15	3.93
家用空气调节器制造	4799	98.62	65.66	1.73	4.15
家用通风电器具制造	3204	95.97	65.56	3.67	12.71
家用厨房电器具制造	20761	94.70	63.93	6.58	16.00
家用清洁卫生电器具制造	24329	95.49	70.69	2.07	5.20
家用美容、保健电器具制造	8635	96.82	76.83	0.89	8.69
家用电力器具专用配件制造	18282	97.10	63.50	11.34	20.05
其他家用电力器具制造	16878	97.03	72.06	2.81	5.51
非电力家用器具制造	17364	96.71	54.22	7.23	17.95
燃气、太阳能及类似能源的器具制造	15168	96.22	57.19	7.67	16.94
其他非电力家用器具制造	2196	97.84	45.61	6.25	20.79
照明器具制造	75838	96.74	71.24	4.30	8.43
电光源制造	35158	96.32	65.01	5.97	12.08
照明灯具制造	36650	96.56	75.08	3.03	5.65
灯用电器附件及其他照明器具制造	4030	100.01	74.01	3.50	11.98
其他电气机械及器材制造	8956	92.98	55.56	3.41	7.88
车辆专用照明及电气信号设备装置制造	8801	92.44	52.20	3.30	7.56
其他未列明的电气机械制造	155	100.11	87.07	4.81	13.32
通信设备、计算机及其他电子设备制造业	297593	96.22	54.40	4.65	9.21
通信设备制造	44779	96.72	53.41	3.73	12.33
通信传输设备制造	14488	94.24	57.55	9.56	13.93
通信交换设备制造	1547	100.77	53.45	21.57	23.33
通信终端设备制造	501	95.85	67.03	4.09	10.23
移动通信及终端设备制造	23522	96.86	54.52	3.18	12.01
其他通信设备制造	4721	98.08	20.59	11.32	10.32
广播电视设备制造	6759	98.17	38.91	8.30	13.67
广播电视节目制作及发射设备制造	311	99.85	68.12	1.66	11.00
广播电视接收设备及器材制造	3575	98.79	53.90	2.81	6.87

1-E-3 续表 12-14

单位：个、万元、人

指 标 名 称	固定资产实际投资额	产销率（%）	资产负债率（%）	成本费用利润率（%）	每百元资金实现利税（元）
应用电视设备及其他广播电视设备制造	2873	96.79	25.25	21.69	20.70
电子计算机制造	26907	92.45	44.89	5.62	9.65
计算机网络设备制造	1547	101.29	52.52	3.45	8.57
电子计算机外部设备制造	25360	91.87	44.48	5.78	9.70
电子器件制造	52148	96.27	57.27	1.91	3.40
半导体分立器件制造	12508	97.43	47.00	4.78	5.50
集成电路制造	6643	95.29	53.05	1.94	4.29
光电子器件及其他电子器件制造	32997	96.22	67.64	-0.73	0.64
电子元件制造	144085	97.19	55.39	6.82	9.85
电子元件及组件制造	128557	97.10	55.20	7.27	10.65
印制电路板制造	15528	98.14	56.87	2.25	3.53
家用视听设备制造	13496	96.06	74.47	0.71	2.25
家用影视设备制造	13170	96.39	76.44	0.24	1.63
家用音响设备制造	326	94.39	53.23	4.10	8.59
其他电子设备制造	9419	99.48	52.23	4.65	17.24
其他电子设备制造	9419	99.48	52.23	4.65	17.24
仪器仪表及文化、办公用机械制造业	85552	94.00	55.58	8.69	12.13
通用仪器仪表制造	35723	95.96	52.68	10.76	16.23
工业自动控制系统装置制造	16759	98.78	43.10	16.18	24.24
电工仪器仪表制造	1652	90.86	60.30	6.19	12.23
绘图、计算及测量仪器制造	2260	96.18	62.97	3.68	6.47
实验分析仪器制造	1536	93.66	64.85	-6.55	-9.11
供应用仪表及其他通用仪器制造	13517	96.51	53.09	12.96	16.50
专用仪器仪表制造	22088	88.06	66.62	1.63	5.44
环境监测专用仪器仪表制造	886	99.58	50.26	3.31	8.82
汽车及其他用计数仪表制造	14845	97.13	71.73	3.85	6.36
教学专用仪器制造	635	99.53	36.15	7.89	16.19
电子测量仪器制造	5722	60.12	77.84	-10.70	-28.56
钟表与计时仪器制造	924	98.55	76.48	5.29	8.05
钟表与计时仪器制造	924	98.55	76.48	5.29	8.05
光学仪器及眼镜制造	20614	92.01	48.60	10.22	9.52
光学仪器制造	6852	96.00	33.04	16.13	12.83
眼镜制造	13761	89.46	56.94	6.41	7.16
文化、办公用机械制造	3296	95.39	57.40	8.30	9.81
照相机及器材制造	1696	97.21	68.39	4.35	2.80
复印和胶印设备制造	427	100.00	38.54	40.04	44.85
计算器及货币专用设备制造	248	88.44	61.45	5.16	18.28
其他文化、办公用机械制造	925	97.31	43.46	9.07	13.13
其他仪器仪表的制造及修理	2907	89.23	62.31	-5.49	-2.85

1-E-3 续表 12-15 单位：个、万元、人

指 标 名 称	固定资产实际投资额	产销率（%）	资产负债率（%）	成本费用利润率（%）	每百元资金实现利税（元）
其他仪器仪表的制造及修理	2907	89.23	62.31	-5.49	-2.85
工艺品及其他制造业	92875	94.13	60.02	5.49	11.20
工艺美术品制造	47462	95.82	58.22	5.49	10.63
雕塑工艺品制造		100.00	25.45	14.65	19.42
金属工艺品制造	4260	93.67	70.21	1.47	4.96
漆器工艺品制造	1412	92.02	50.80	5.57	12.42
花画工艺品制造		87.47	84.92	2.80	11.50
天然植物纤维编织工艺品制造	2	101.88	42.40	3.80	17.58
抽纱刺绣工艺品制造	19474	97.91	58.67	5.04	10.19
地毯、挂毯制造	6071	96.23	71.09	2.86	5.21
珠宝首饰及有关物品的制造	8397	95.00	52.52	7.06	13.12
其他工艺美术品制造	7847	95.93	61.77	4.18	9.58
日用杂品制造	44759	91.57	62.73	5.45	12.01
制镜及类似品加工	2272	104.13	65.46	6.39	11.60
鬃毛加工、制刷及清扫工具的制造	3839	91.91	75.85	3.54	4.65
其他日用杂品制造	38648	90.82	60.73	5.55	13.02
其他未列明的制造业	654	100.00	66.16	7.64	21.76
其他未列明的制造业	654	100.00	66.16	7.64	21.76
废弃资源和废旧材料回收加工业	1923	95.94	94.23	-4.82	-8.44
金属废料和碎屑的加工处理	1923	95.94	94.23	-4.82	-8.44
金属废料和碎屑的加工处理	1923	95.94	94.23	-4.82	-8.44
电力、燃气及水的生产和供应业	**1727901**	**99.79**	**63.66**	**4.01**	**8.04**
电力、热力的生产和供应业	1519732	99.85	64.57	4.29	9.11
电力生产	1144842	99.67	71.81	5.59	7.18
火力发电	674592	99.57	72.88	0.25	4.85
水力发电	11558	100.00	40.63	-11.37	-2.66
核力发电	458693	100.00	71.63	31.03	10.86
电力供应	371690	100.00	23.80	3.10	18.27
电力供应	371690	100.00	23.80	3.10	18.27
热力生产和供应	3200	99.91	72.02	9.35	8.85
热力生产和供应	3200	99.91	72.02	9.35	8.85
燃气生产和供应业	45753	98.99	52.39	0.26	1.30
燃气生产和供应业	45753	98.99	52.39	0.26	1.30
燃气生产和供应业	45753	98.99	52.39	0.26	1.30
水的生产和供应业	162417	98.52	59.71	-0.75	0.83
自来水的生产和供应	114804	99.12	57.30	-0.22	1.19
自来水的生产和供应	114804	99.12	57.30	-0.22	1.19
污水处理及其再生利用	47612	96.08	73.24	-3.05	-0.84
污水处理及其再生利用	47612	96.08	73.24	-3.05	-0.84

1-E-3 续表 13-1

单位：个、万元、人

指 标 名 称	每百元固定资产原值实现利税（元）	每百元主营业务收入实现利税（元）	流动资金周转次数（次）	流动比率	速动比率
总 计	**22.88**	**9.19**	**1.98**	**1.06**	**0.80**
一、按轻重工业分					
轻工业	27.23	10.20	1.92	1.07	0.80
重工业	19.53	8.30	2.04	1.05	0.79
二、按登记注册类型分					
内 资	**23.38**	**9.83**	**1.96**	**1.05**	**0.80**
国 有	39.42	25.29	2.58	1.54	1.11
集 体	17.84	8.12	1.32	1.12	0.98
股份合作企业	28.62	6.87	2.11	1.14	0.85
联营企业	-3.41	-4.31	2.19	0.63	0.47
集体联营	-6.94	-14.54	4.61	0.30	0.29
国有与集体联营	8.05	5.98	1.07	0.75	0.50
其他联营	5.39	2.18	2.87	1.66	1.28
有限责任公司	13.67	8.27	1.90	0.99	0.77
国有独资公司	8.79	10.54	1.27	0.97	0.80
其他有限责任公司	13.96	8.21	1.92	0.99	0.77
股份有限公司	23.78	8.67	2.00	1.06	0.78
私营企业	27.71	8.15	1.91	1.03	0.79
私营独资	32.22	8.92	2.05	1.11	0.82
私营合伙	47.07	11.21	2.28	1.11	0.87
私营有限责任公司	26.87	7.99	1.90	1.02	0.79
私营股份有限公司	39.78	10.12	2.04	1.09	0.80
其 他	17.26	7.24	1.63	1.38	1.04
港澳台商投资	**22.44**	**8.37**	**1.91**	**1.08**	**0.78**
与港澳台商合资经营	24.38	8.85	1.98	1.04	0.77
与港澳台商合作经营	18.45	7.29	2.29	0.91	0.62
港澳台商独资	18.01	7.19	1.76	1.17	0.83
港澳台商投资股份有限公司	36.87	10.02	1.30	1.47	0.80
外商投资	**21.12**	**7.52**	**2.11**	**1.10**	**0.81**
中外合资经营	24.66	7.30	2.20	1.09	0.83
中外合作经营	34.42	8.16	1.89	1.45	1.14
外资企业	17.28	7.92	1.94	1.16	0.80
外商投资股份有限公司	13.78	7.69	2.16	0.79	0.57
三、按控股情况分					
国有控股	19.74	19.02	2.30	1.10	0.81
集体控股	18.39	7.80	1.88	1.01	0.80
私人控股	26.63	8.07	1.93	1.04	0.79
港澳台商控股	18.04	7.21	1.85	1.10	0.79
外商控股	22.20	7.67	2.19	1.14	0.81
其 他	18.37	7.10	1.74	1.11	0.80

1－E－3 续表13－2

单位：个、万元、人

指标名称	每百元固定资产原值实现利税（元）	每百元主营业务收入实现利税（元）	流动资金周转次数（次）	流动比率	速动比率
四、按国民经济行业（门类、大类、中类、小类）分					
采矿业	**70.69**	**19.99**	**2.31**	**1.51**	**1.33**
黑色金属矿采选业	69.94	25.93	2.20	4.87	4.58
铁矿采选	69.94	25.93	2.20	4.87	4.58
铁矿采选	69.94	25.93	2.20	4.87	4.58
有色金属矿采选业	92.03	17.77	2.43	1.22	1.05
常用有色金属矿采选	95.01	17.62	3.47	1.22	1.09
铜矿采选	64.62	15.43	3.90	1.57	1.37
铅锌矿采选	263.50	21.83	2.86	0.96	0.90
稀有稀土金属矿采选	80.11	18.50	0.98	1.22	0.98
钨钼矿采选	209.71	21.66	0.97	1.08	0.85
放射性金属矿采选	1.47	1.36	1.01	5.87	5.62
非金属矿采选业	－1.24	－1.95	1.37	0.33	0.24
化学矿采选	－1.24	－1.95	1.37	0.33	0.24
化学矿采选	－1.24	－1.95	1.37	0.33	0.24
制造业	**27.47**	**9.10**	**1.93**	**1.07**	**0.80**
农副食品加工业	10.82	2.61	2.20	1.02	0.75
饲料加工	29.67	7.46	2.97	1.02	0.71
饲料加工	29.67	7.46	2.97	1.02	0.71
植物油加工	4.31	0.67	2.88	1.22	0.95
食用植物油加工	4.31	0.67	2.88	1.22	0.95
屠宰及肉类加工	35.38	4.23	4.24	1.32	0.86
畜禽屠宰	28.63	2.11	9.23	1.06	0.93
肉制品及副产品加工	38.49	6.46	2.70	1.43	0.83
水产品加工	－9.57	－2.24	1.49	0.93	0.72
水产品冷冻加工	－10.13	－2.32	1.48	0.94	0.74
鱼糜制品及水产品干腌制加工	3.64	1.87	1.58	0.64	0.30
蔬菜、水果和坚果加工	13.42	8.94	1.32	1.01	0.67
蔬菜、水果和坚果加工	13.42	8.94	1.32	1.01	0.67
其他农副食品加工	17.13	6.56	2.96	0.85	0.68
豆制品制造	17.13	6.56	2.96	0.85	0.68
食品制造业	22.21	9.95	1.87	1.10	0.82
焙烤食品制造	24.02	13.84	3.58	1.32	1.02
糕点、面包制造	45.83	16.20	2.69	1.90	1.32
饼干及其他焙烤食品制造	21.80	13.42	3.80	1.25	0.98
糖果、巧克力及蜜饯制造	52.70	25.84	2.05	2.45	1.98
糖果、巧克力制造	52.70	25.84	2.05	2.45	1.98
方便食品制造	20.99	10.05	2.04	1.02	0.87
速冻食品制造	21.01	11.57	1.74	1.23	1.06
方便面及其他方便食品制造	20.88	6.68	3.32	0.62	0.51

1－E－3 续表 13－3 单位：个、万元、人

指 标 名 称	每百元固定资产原值实现利税（元）	每百元主营业务收入实现利税（元）	流动资金周转次数（次）	流动比率	速动比率
液体乳及乳制品制造	5.66	3.49	1.85	0.74	0.50
液体乳及乳制品制造	5.66	3.49	1.85	0.74	0.50
罐头制造	37.68	9.44	1.61	1.11	0.73
肉、禽类罐头制造	43.69	7.64	3.25	1.07	0.69
水产品罐头制造	33.14	9.13	1.66	1.48	0.85
蔬菜、水果罐头制造	12.41	3.79	1.13	0.98	0.60
其他罐头食品制造	118.81	19.89	4.24	2.83	2.63
调味品、发酵制品制造	－4.03	－3.77	2.38	0.85	0.62
味精制造	－9.57	－9.87	2.37	0.86	0.61
酱油、食醋及类似制品的制造	27.02	16.62	2.42	0.82	0.67
其他食品制造	28.67	12.58	1.47	1.15	1.02
营养、保健食品制造	22.77	8.66	2.66	0.85	0.79
冷冻饮品及食用冰制造	37.09	8.00	3.19	7.64	5.55
食品及饲料添加剂制造	27.59	17.32	0.94	1.02	0.93
饮料制造业	32.71	11.75	2.60	0.90	0.63
酒的制造	21.31	20.03	1.51	0.76	0.34
啤酒制造	18.00	19.60	1.82	0.61	0.30
黄酒制造	35.30	21.02	1.09	1.00	0.41
软饮料制造	48.23	9.55	3.32	1.03	0.89
瓶（罐）装饮用水制造	9.02	1.07	2.90	1.00	0.92
果菜汁及果菜汁饮料制造	0.71	0.31	2.20	0.76	0.73
含乳饮料和植物蛋白饮料制造	92.97	29.52	4.14	1.48	1.00
茶饮料及其他软饮料制造	64.47	22.92	5.96	0.82	0.59
精制茶加工	23.80	4.43	1.73	0.90	0.40
精制茶加工	23.80	4.43	1.73	0.90	0.40
烟草制品业	292.61	82.18	1.28	11.56	6.85
卷烟制造	292.61	82.18	1.28	11.56	6.85
卷烟制造	292.61	82.18	1.28	11.56	6.85
纺织业	15.95	7.23	1.73	1.00	0.77
棉、化纤纺织及印染精加工	14.55	7.02	1.81	0.95	0.74
棉、化纤纺织加工	13.76	6.39	1.69	0.96	0.70
棉、化纤印染精加工	15.45	7.80	1.97	0.93	0.78
毛纺织和染整精加工	12.62	7.12	1.68	1.29	0.68
毛条加工	－0.91	－0.90	1.24	1.56	0.73
毛纺织	23.45	8.97	1.80	1.49	0.82
毛染整精加工	5.32	6.53	1.84	0.53	0.25
麻纺织	15.35	10.52	1.12	0.99	0.66
麻纺织	15.35	10.52	1.12	0.99	0.66
丝绢纺织及精加工	9.82	5.46	1.55	0.95	0.65
缫丝加工	12.90	4.06	2.11	1.19	0.67

1－E－3 续表13－4

单位：个、万元、人

指 标 名 称	每百元固定资产原值实现利税（元）	每百元主营业务收入实现利税（元）	流动资金周转次数（次）	流动比率	速动比率
绢纺和丝织加工	8.80	5.01	1.56	0.93	0.61
丝印染精加工	12.99	9.10	1.23	0.90	0.82
纺织制成品制造	18.17	7.08	1.53	1.03	0.83
棉及化纤制品制造	17.54	6.65	1.42	0.97	0.80
毛制品制造	14.99	5.40	1.36	0.98	0.80
麻制品制造	36.44	3.79	1.33	1.15	0.99
丝制品制造	31.53	10.13	1.83	1.26	1.04
绳、索、缆的制造	2.23	2.11	2.66	0.54	0.26
纺织带和帘子布制造	10.79	4.72	1.89	0.95	0.64
无纺布制造	14.27	8.33	1.81	1.42	1.08
其他纺织制成品制造	12.27	5.73	1.49	1.05	0.78
针织品、编织品及其制品制造	23.94	8.46	1.77	1.13	0.90
棉、化纤针织品及编织品制造	23.32	8.24	1.71	1.08	0.87
毛针织品及编织品制造	26.69	9.09	1.79	1.19	0.87
丝针织品及编织品制造	25.09	9.28	2.25	1.72	1.38
其他针织品及编织品制造	48.39	10.62	1.18	1.45	0.91
纺织服装、鞋、帽制造业	41.34	10.15	2.08	1.21	0.89
纺织服装制造	41.57	10.18	2.08	1.21	0.89
纺织服装制造	41.57	10.18	2.08	1.21	0.89
纺织面料鞋的制造	5.36	2.47	1.59	0.84	0.39
纺织面料鞋的制造	5.36	2.47	1.59	0.84	0.39
制 帽	10.16	6.67	2.01	1.26	0.73
制 帽	10.16	6.67	2.01	1.26	0.73
皮革、毛皮、羽毛（绒）及其制品业	41.56	7.99	2.14	1.12	0.81
皮革鞣制加工	23.96	6.05	1.66	1.20	0.59
皮革鞣制加工	23.96	6.05	1.66	1.20	0.59
皮革制品制造	46.20	8.97	2.58	1.11	0.87
皮鞋制造	55.67	9.79	2.92	1.14	0.92
皮革服装制造	22.74	5.37	2.29	1.07	0.76
皮箱、包（袋）制造	28.76	7.22	1.76	1.11	0.89
皮手套及皮装饰制品制造	49.50	6.57	2.94	1.52	1.19
其他皮革制品制造	17.07	5.27	1.74	0.91	0.56
毛皮鞣制及制品加工	40.70	9.03	0.98	1.73	1.12
毛皮服装加工	40.70	9.03	0.98	1.73	1.12
羽毛（绒）加工及制品制造	38.84	5.14	1.48	1.07	0.79
羽毛（绒）加工	39.77	5.11	1.10	1.25	1.07
羽毛（绒）制品加工	38.80	5.14	1.51	1.06	0.77
木材加工及木、竹、藤、棕、草制品业	28.11	6.12	1.79	1.15	0.59
锯材、木片加工	49.33	21.42	1.07	1.88	0.95
锯材加工	49.33	21.42	1.07	1.88	0.95

1-E-3 续表13-5

单位：个、万元、人

指标名称	每百元固定资产原值实现利税（元）	每百元主营业务收入实现利税（元）	流动资金周转次数（次）	流动比率	速动比率
人造板制造	19.34	4.29	1.43	1.10	0.50
胶合板制造	15.33	4.87	1.31	1.09	0.56
纤维板制造	10.91	1.40	1.42	1.11	0.32
其他人造板、材制造	57.82	6.72	1.85	1.09	0.65
木制品制造	35.54	6.96	3.00	1.13	0.61
建筑用木料及木材组件加工	35.54	6.96	3.00	1.13	0.61
竹、藤、棕、草制品制造	44.23	12.20	1.39	1.50	1.11
竹、藤、棕、草制品制造	44.23	12.20	1.39	1.50	1.11
家具制造业	20.61	5.82	1.87	1.05	0.74
木质家具制造	12.27	5.25	1.94	0.91	0.55
木质家具制造	12.27	5.25	1.94	0.91	0.55
竹、藤家具制造	-2.37	-2.25	1.51	0.49	0.20
竹、藤家具制造	-2.37	-2.25	1.51	0.49	0.20
金属家具制造	25.85	6.50	1.79	1.11	0.83
金属家具制造	25.85	6.50	1.79	1.11	0.83
塑料家具制造	42.50	9.89	3.55	1.19	0.74
塑料家具制造	42.50	9.89	3.55	1.19	0.74
其他家具制造	20.05	4.82	2.01	1.04	0.73
其他家具制造	20.05	4.82	2.01	1.04	0.73
造纸及纸制品业	9.19	7.31	1.56	0.91	0.71
造 纸	8.17	7.52	1.43	0.89	0.68
机制纸及纸板制造	8.17	7.52	1.43	0.89	0.68
纸制品制造	14.80	6.74	2.08	0.98	0.81
纸和纸板容器的制造	14.80	7.06	2.23	0.96	0.79
其他纸制品制造	14.76	5.76	1.72	1.04	0.84
印刷业和记录媒介的复制	23.19	10.89	1.58	1.04	0.89
印 刷	23.19	10.89	1.58	1.04	0.89
书、报、刊印刷	19.60	15.23	1.37	1.13	0.91
本册印制	23.44	7.70	2.80	1.28	1.17
包装装潢及其他印刷	24.69	10.71	1.46	0.98	0.85
文教体育用品制造业	25.73	7.90	1.95	1.23	0.94
文化用品制造	33.94	10.46	2.28	1.19	0.94
文具制造	13.60	4.97	2.11	0.97	0.68
笔的制造	22.96	10.45	1.62	0.77	0.61
教学用模型及教具制造	81.88	15.09	3.17	4.07	3.55
体育用品制造	7.73	3.11	1.67	1.04	0.79
球类制造	17.72	8.67	2.18	1.72	1.36
体育器材及配件制造	8.17	4.05	1.96	0.87	0.65
训练健身器材制造	23.73	5.52	1.85	1.10	0.92
运动防护用具制造	-14.24	-16.32	1.25	0.81	0.65

1－E－3 续表13－6 单位：个、万元、人

指标名称	每百元固定资产原值实现利税（元）	每百元主营业务收入实现利税（元）	流动资金周转次数（次）	流动比率	速动比率
其他体育用品制造	8.59	3.38	1.37	1.17	0.76
乐器制造	19.72	9.35	1.68	1.80	1.01
西乐器制造	22.52	11.60	1.99	1.52	0.84
其他乐器及零件制造	13.87	5.64	1.34	2.28	1.32
玩具制造	33.74	7.53	2.04	1.22	1.00
玩具制造	33.74	7.53	2.04	1.22	1.00
游艺器材及娱乐用品制造	29.41	9.54	1.50	1.57	1.00
露天游乐场所游乐设备制造	59.66	8.79	2.50	1.91	1.43
游艺用品及室内游艺器材制造	26.17	9.74	1.36	1.53	0.95
石油加工、炼焦及核燃料加工业	129.30	12.65	7.08	0.66	0.32
精炼石油产品的制造	129.30	12.65	7.08	0.66	0.32
原油加工及石油制品制造	129.30	12.65	7.08	0.66	0.32
化学原料及化学制品制造业	25.83	9.96	2.39	1.06	0.82
基础化学原料制造	16.93	7.48	1.85	1.00	0.72
无机酸制造	12.39	10.96	2.11	2.95	2.78
无机碱制造	23.45	14.40	1.84	0.66	0.58
有机化学原料制造	12.01	4.64	2.43	1.05	0.68
其他基础化学原料制造	62.83	17.32	0.50	1.14	0.85
肥料制造	8.40	6.41	2.85	0.64	0.45
氮肥制造	9.49	7.30	2.77	0.71	0.51
其他肥料制造	-10.88	-7.20	4.72	0.19	0.07
农药制造	57.57	16.09	2.31	1.19	0.84
化学农药制造	58.89	16.12	2.42	1.19	0.84
生物化学农药及微生物农药制造	22.31	14.17	0.63	1.36	1.03
涂料、油墨、颜料及类似产品制造	42.41	11.52	1.78	1.41	1.11
涂料制造	65.44	15.79	1.50	1.63	1.39
油墨及类似产品制造	19.84	5.29	1.79	1.57	1.12
颜料制造	17.23	9.37	2.00	1.08	0.65
染料制造	43.52	10.80	1.94	1.32	1.05
密封用填料及类似品制造	24.86	6.96	2.61	0.94	0.53
合成材料制造	14.69	6.22	2.72	0.97	0.81
初级形态的塑料及合成树脂制造	10.64	3.79	2.51	1.02	0.75
合成橡胶制造	45.47	10.61	0.39		
合成纤维单(聚合)体的制造	15.52	7.06	2.87	0.92	0.82
其他合成材料制造	35.70	20.31	2.59	1.55	1.25
专用化学产品制造	33.11	11.85	2.31	1.18	0.89
化学试剂和助剂制造	40.68	9.41	2.22	1.21	1.05
专项化学用品制造	32.36	13.56	2.39	1.10	0.76
炸药及火工产品制造	31.75	14.29	3.26	1.04	0.84
信息化学品制造	20.60	16.15	1.95	1.52	0.66

1-E-3 续表13-7

单位:个、万元、人

指标名称	每百元固定资产原值实现利税（元）	每百元主营业务收入实现利税（元）	流动资金周转次数（次）	流动比率	速动比率
日用化学产品制造	87.93	22.91	2.95	1.10	0.82
肥皂及合成洗涤剂制造	15.33	9.94	1.41	0.98	0.78
化妆品制造	301.70	38.52	3.69	1.67	1.35
香料、香精制造	25.16	9.73	2.05	0.70	0.47
其他日用化学产品制造	67.66	14.11	5.33	1.20	0.76
医药制造业	42.41	17.68	1.54	1.28	0.89
化学药品原药制造	35.00	15.55	1.43	1.13	0.77
化学药品原药制造	35.00	15.55	1.43	1.13	0.77
化学药品制剂制造	50.42	18.99	1.74	1.39	0.92
化学药品制剂制造	50.42	18.99	1.74	1.39	0.92
中成药制造	64.87	30.27	1.35	1.79	1.47
中成药制造	64.87	30.27	1.35	1.79	1.47
兽用药品制造	49.55	14.74	2.13	6.14	3.63
兽用药品制造	49.55	14.74	2.13	6.14	3.63
生物、生化制品的制造	32.84	14.98	1.49	1.40	1.00
生物、生化制品的制造	32.84	14.98	1.49	1.40	1.00
卫生材料及医药用品制造	22.75	4.68	2.31	0.89	0.69
卫生材料及医药用品制造	22.75	4.68	2.31	0.89	0.69
化学纤维制造业	7.51	2.95	2.71	0.81	0.63
纤维素纤维原料及纤维制造	-6.78	-10.44	1.19	0.77	0.48
人造纤维（纤维素纤维）制造	-6.78	-10.44	1.19	0.77	0.48
合成纤维制造	7.71	3.00	2.72	0.81	0.64
锦纶纤维制造	11.54	5.31	2.06	1.11	0.73
涤纶纤维制造	9.34	3.10	3.00	0.79	0.63
腈纶纤维制造	-68.10	-37.71	1.46	0.49	0.33
其他合成纤维制造	10.85	8.31	1.82	0.97	0.73
橡胶制品业	24.01	10.55	1.90	1.08	0.80
轮胎制造	23.85	13.40	2.74	0.90	0.61
车辆、飞机及工程机械轮胎制造	23.85	13.40	2.74	0.90	0.61
橡胶板、管、带的制造	32.91	10.54	1.83	1.27	0.97
橡胶板、管、带的制造	32.91	10.54	1.83	1.27	0.97
橡胶零件制造	10.79	7.24	1.20	1.05	0.74
橡胶零件制造	10.79	7.24	1.20	1.05	0.74
日用及医用橡胶制品制造	32.32	8.00	2.67	0.93	0.68
日用及医用橡胶制品制造	32.32	8.00	2.67	0.93	0.68
橡胶靴鞋制造	23.65	7.49	1.67	1.03	0.83
橡胶靴鞋制造	23.65	7.49	1.67	1.03	0.83
塑料制品业	27.01	8.54	1.85	1.00	0.81
塑料薄膜制造	13.48	5.88	1.28	0.87	0.75
塑料薄膜制造	13.48	5.88	1.28	0.87	0.75

1－E－3 续表 13－8

单位：个、万元、人

指标名称	每百元固定资产原值实现利税（元）	每百元主营业务收入实现利税（元）	流动资金周转次数（次）	流动比率	速动比率
塑料板、管、型材的制造	23.74	7.03	1.80	1.00	0.73
塑料板、管、型材的制造	23.74	7.03	1.80	1.00	0.73
塑料丝、绳及编织品的制造	33.26	7.30	1.87	1.11	0.96
塑料丝、绳及编织品的制造	33.26	7.30	1.87	1.11	0.96
泡沫塑料制造	24.63	6.66	1.42	0.94	0.84
泡沫塑料制造	24.63	6.66	1.42	0.94	0.84
塑料人造革、合成革制造	26.88	8.61	2.46	0.94	0.75
塑料人造革、合成革制造	26.88	8.61	2.46	0.94	0.75
塑料包装箱及容器制造	31.22	12.47	2.20	1.01	0.87
塑料包装箱及容器制造	31.22	12.47	2.20	1.01	0.87
塑料零件制造	28.76	10.54	1.26	1.33	1.10
塑料零件制造	28.76	10.54	1.26	1.33	1.10
日用塑料制造	50.89	9.84	2.37	1.05	0.84
塑料鞋制造	7.63	1.08	1.32	0.97	0.83
日用塑料杂品制造	51.49	10.01	2.40	1.05	0.84
其他塑料制品制造	22.70	10.24	2.33	0.97	0.74
其他塑料制品制造	22.70	10.24	2.33	0.97	0.74
非金属矿物制品业	14.01	10.29	1.71	0.83	0.66
水泥、石灰和石膏的制造	11.18	9.57	1.80	0.74	0.62
水泥制造	11.18	9.57	1.80	0.74	0.62
水泥及石膏制品制造	31.81	11.32	1.56	0.98	0.80
水泥制品制造	34.54	11.73	1.38	0.99	0.82
砼结构构件制造	56.95	16.54	0.70	1.00	0.87
轻质建筑材料制造	18.43	8.30	12.59	0.57	0.18
砖瓦、石材及其他建筑材料制造	41.38	23.86	1.33	0.93	0.66
建筑陶瓷制品制造	40.33	25.78	1.32	0.93	0.63
防水建筑材料制造	60.11	12.59	1.37	0.99	0.93
玻璃及玻璃制品制造	9.23	8.33	1.81	0.85	0.53
平板玻璃制造	2.21	3.07	1.89	0.62	0.39
技术玻璃制品制造	18.42	9.56	1.95	1.19	0.77
日用玻璃制品及玻璃包装容器制造	23.90	13.58	1.71	1.03	0.66
玻璃保温容器制造	17.90	8.19	5.06	0.33	0.25
玻璃纤维及制品制造	3.06	5.81	1.24	0.76	0.42
其他玻璃制品制造	10.85	7.79	1.94	1.37	0.77
陶瓷制品制造	17.02	7.69	1.33	0.99	0.75
卫生陶瓷制品制造	19.48	4.17	1.13	0.95	0.74
特种陶瓷制品制造	27.22	11.82	1.56	1.02	0.77
日用陶瓷制品制造	5.42	8.74	1.95	1.14	0.74
耐火材料制品制造	39.16	12.66	1.53	1.27	0.99

1－E－3 续表 13－9 单位：个、万元、人

指 标 名 称	每百元固定资产原值实现利税（元）	每百元主营业务收入实现利税（元）	流动资金周转次数（次）	流动比率	速动比率
石棉制品制造	6.91	6.71	1.23	1.25	0.78
耐火陶瓷制品及其他耐火材料制造	53.28	13.33	1.57	1.27	1.02
石墨及其他非金属矿物制品制造	21.73	11.47	1.65	1.03	0.86
石墨及碳素制品制造	21.88	12.41	1.80	1.02	0.81
其他非金属矿物制品制造	20.25	6.37	1.14	1.08	1.05
黑色金属冶炼及压延加工业	20.35	5.10	2.66	0.99	0.70
炼 钢	132.60	7.37	1.82	1.03	0.88
炼 钢	132.60	7.37	1.82	1.03	0.88
钢压延加工	18.48	5.02	2.76	0.98	0.68
钢压延加工	18.48	5.02	2.76	0.98	0.68
铁合金冶炼	26.59	1.61	2.53	1.20	0.41
铁合金冶炼	26.59	1.61	2.53	1.20	0.41
有色金属冶炼及压延加工业	26.15	2.98	3.19	1.07	0.75
常用有色金属冶炼	32.91	2.19	3.49	1.09	0.70
铜冶炼	72.51	1.78	4.31	1.11	0.70
铅锌冶炼	6.04	4.26	2.39	2.18	1.33
镍钴冶炼	38.03	3.32	1.74	1.13	0.71
铝冶炼	15.98	3.20	2.93	0.94	0.66
贵金属冶炼	18.22	11.50	0.98	1.26	1.02
金冶炼	13.19	16.33	1.10	2.68	2.38
银冶炼	30.67	8.75	0.92	0.91	0.69
稀有稀土金属冶炼	8.15	7.12	1.07	4.18	3.40
稀土金属冶炼	8.15	7.12	1.07	4.18	3.40
有色金属合金制造	64.75	5.22	3.02	1.08	0.74
有色金属合金制造	64.75	5.22	3.02	1.08	0.74
有色金属压延加工	22.13	3.23	3.10	1.03	0.78
常用有色金属压延加工	22.00	3.21	3.12	1.04	0.77
稀有稀土金属压延加工	45.11	9.08	1.55	0.90	0.83
金属制品业	35.12	8.19	1.96	1.14	0.83
结构性金属制品制造	45.54	8.83	1.73	1.12	0.84
金属结构制造	39.85	7.91	1.43	1.08	0.81
金属门窗制造	56.12	10.44	2.72	1.31	0.95
金属工具制造	28.58	9.42	1.98	1.21	0.84
切削工具制造	34.98	15.84	1.66	1.18	0.85
手工具制造	19.54	7.00	1.96	1.06	0.74
农用及园林用金属工具制造	67.78	10.70	2.17	1.40	0.94
刀剪及类似日用金属工具制造	17.19	5.99	2.46	1.69	1.28
其他金属工具制造	8.93	7.48	1.05	0.97	0.21
集装箱及金属包装容器制造	22.20	4.95	2.05	1.10	0.76

1－E－3 续表13－10

单位：个、万元、人

指标名称	每百元固定资产原值实现利税（元）	每百元主营业务收入实现利税（元）	流动资金周转次数（次）	流动比率	速动比率
集装箱制造	2.68	0.33	2.10	1.16	0.69
金属压力容器制造	13.20	4.86	1.54	1.08	0.72
金属包装容器制造	32.26	9.79	2.12	1.06	0.81
金属丝绳及其制品的制造	26.30	9.41	2.67	1.61	1.22
金属丝绳及其制品的制造	26.30	9.41	2.67	1.61	1.22
建筑、安全用金属制品制造	48.83	8.36	2.47	1.10	0.76
建筑、家具用金属配件制造	55.66	9.27	2.85	1.05	0.74
建筑装饰及水暖管道零件制造	43.41	7.76	2.26	1.25	0.86
安全、消防用金属制品制造	31.89	5.36	1.71	0.89	0.58
金属表面处理及热处理加工	15.33	5.62	1.55	1.28	0.91
金属表面处理及热处理加工	15.33	5.62	1.55	1.28	0.91
搪瓷制品制造	36.13	5.95	2.80	1.00	0.69
搪瓷日用品及其他搪瓷制品制造	36.13	5.95	2.80	1.00	0.69
不锈钢及类似日用金属制品制造	37.51	9.87	1.92	1.09	0.81
金属制厨房调理及卫生器具制造	40.43	10.90	1.45	1.09	0.89
金属制厨用器皿及餐具制造	46.91	10.14	2.30	1.09	0.81
其他日用金属制品制造	7.87	4.72	1.47	1.12	0.51
其他金属制品制造	63.30	8.08	3.33	1.03	0.90
其他未列明的金属制品制造	63.30	8.08	3.33	1.03	0.90
通用设备制造业	29.74	9.07	1.72	1.14	0.81
锅炉及原动机制造	44.12	7.42	1.57	1.02	0.72
锅炉及辅助设备制造	48.04	6.05	1.50	1.00	0.72
内燃机及配件制造	47.91	8.28	1.79	1.01	0.68
汽轮机及辅机制造	18.20	11.10	0.75	1.22	0.90
水轮机及辅机制造	50.92	12.48	1.83	1.66	1.36
金属加工机械制造	25.16	10.77	1.21	1.33	0.79
金属切削机床制造	28.33	11.50	1.18	1.38	0.84
金属成形机床制造	19.99	15.82	1.16	1.41	0.62
铸造机械制造	8.20	7.42	0.93	4.04	1.67
金属切割及焊接设备制造	34.37	8.80	1.19	1.14	0.79
机床附件制造	5.29	3.62	1.35	1.13	0.51
其他金属加工机械制造	28.53	10.54	1.81	1.24	0.63
起重运输设备制造	55.71	8.76	2.47	1.17	0.81
起重运输设备制造	55.71	8.76	2.47	1.17	0.81
泵、阀门、压缩机及类似机械的制造	35.85	9.50	1.93	1.20	0.84
泵及真空设备制造	36.76	12.01	1.80	1.13	0.79
气体压缩机械制造	25.20	6.14	1.95	1.13	0.80
阀门和旋塞的制造	42.82	8.48	2.09	1.26	0.88
液压和气压动力机械及元件制造	26.93	12.44	1.64	1.26	0.94

1－E－3 续表 13－11

单位：个、万元、人

指 标 名 称	每百元固定资产原值实现利税（元）	每百元主营业务收入实现利税（元）	流动资金周转次数（次）	流动比率	速动比率
轴承、齿轮、传动和驱动部件的制造	22.97	10.29	1.46	1.13	0.83
轴承制造	22.32	11.31	1.25	1.13	0.83
齿轮、传动和驱动部件制造	23.85	9.24	1.79	1.15	0.82
风机、衡器、包装设备等通用设备制造	29.43	8.30	1.57	1.07	0.84
风机、风扇制造	26.50	8.75	2.76	1.60	1.33
气体、液体分离及纯净设备制造	52.71	9.22	1.59	1.06	0.88
制冷、空调设备制造	34.71	8.20	1.48	1.20	0.92
风动和电动工具制造	25.58	7.72	1.26	1.03	0.83
喷枪及类似器具制造	21.15	6.07	3.03	0.99	0.82
包装专用设备制造	27.56	9.56	1.63	0.72	0.43
其他通用设备制造	11.25	7.78	1.44	1.00	0.58
通用零部件制造及机械修理	18.75	6.06	1.92	1.05	0.70
金属密封件制造	12.62	11.27	3.03	1.01	0.47
紧固件、弹簧制造	19.73	6.14	1.93	1.07	0.71
机械零部件加工及设备修理	17.87	3.95	2.59	0.81	0.50
其他通用零部件制造	8.13	4.64	1.44	0.90	0.69
金属铸、锻加工	28.38	10.72	2.12	1.16	0.86
钢铁铸件制造	38.47	11.50	2.48	1.20	0.88
锻件及粉末冶金制品制造	9.04	6.92	1.23	1.06	0.81
专用设备制造业	29.23	10.64	1.40	1.16	0.84
矿山、冶金、建筑专用设备制造	46.38	11.14	1.81	1.15	0.82
采矿、采石设备制造	23.29	9.01	1.82	1.00	0.68
石油钻采专用设备制造	38.11	9.12	1.50	0.95	0.84
建筑工程用机械制造	55.15	11.71	1.83	1.21	0.85
化工、木材、非金属加工专用设备制造	22.06	9.78	1.48	1.07	0.77
炼油、化工生产专用设备制造	28.13	7.53	2.01	1.02	0.76
塑料加工专用设备制造	23.03	10.40	1.19	1.27	0.93
木材加工机械制造	-10.37	-8.99	1.75	1.11	0.56
模具制造	21.37	11.67	1.44	0.97	0.68
食品、饮料、烟草及饲料生产专用设备制造	91.33	19.81	1.33	1.64	1.47
食品、饮料、烟草工业专用设备制造	91.33	19.81	1.33	1.64	1.47
印刷、制药、日化生产专用设备制造	31.40	17.28	2.81	2.43	1.75
制药专用设备制造	31.40	17.28	2.81	2.43	1.75
纺织、服装和皮革工业专用设备制造	22.75	8.95	1.27	1.07	0.76
纺织专用设备制造	22.64	10.23	0.99	1.02	0.77
缝纫机械制造	21.97	7.79	1.55	1.13	0.74
其他服装加工专用设备制造	42.98	18.12	1.66	1.63	1.15
电子和电工机械专用设备制造	21.29	12.82	1.77	1.22	0.95
电子工业专用设备制造	21.29	12.82	1.77	1.22	0.95

1－E－3 续表 13－12　　　　单位：个、万元、人

指 标 名 称	每百元固定资产原值实现利税（元）	每百元主营业务收入实现利税（元）	流动资金周转次数（次）	流动比率	速动比率
农、林、牧、渔专用机械制造	13.77	3.01	1.70	1.25	0.78
拖拉机制造	－11.88	－3.22	1.69	1.99	1.14
机械化农业及园艺机具制造	45.36	7.93	1.72	1.02	0.68
渔业机械制造	4.69	1.42	1.39	0.76	0.42
医疗仪器设备及器械制造	30.49	20.67	1.40	1.23	0.93
医疗诊断、监护及治疗设备制造	36.13	21.33	1.60	1.52	0.92
医疗、外科及兽医用器械制造	26.83	19.69	1.43	1.20	0.93
机械治疗及病房护理设备制造	89.35	27.66	1.14	1.27	0.98
环保、社会公共安全及其他专用设备制造	50.91	12.05	1.12	1.29	0.94
环境污染防治专用设备制造	26.25	3.73	1.09	1.08	0.67
地质勘查专用设备制造	304.18	18.79	1.07	1.39	0.79
社会公共安全设备及器材制造	60.07	22.09	1.17	1.64	1.44
其他专用设备制造	76.20	35.26	1.35	4.39	3.43
交通运输设备制造业	29.25	9.43	1.46	1.01	0.74
汽车制造	27.82	9.91	1.65	1.06	0.81
汽车整车制造	36.27	9.89	1.63	1.14	0.89
汽车零部件及配件制造	25.54	9.91	1.66	1.03	0.78
摩托车制造	29.66	6.34	2.02	1.05	0.86
摩托车整车制造	23.33	4.48	2.05	0.97	0.63
摩托车零部件及配件制造	31.55	6.98	2.00	1.08	0.93
自行车制造	22.06	3.90	2.16	0.91	0.74
脚踏自行车及残疾人座车制造	10.61	2.20	1.65	0.90	0.73
助动自行车制造	53.71	6.72	4.47	0.95	0.78
船舶及浮动装置制造	33.11	10.61	1.06	0.97	0.64
金属船舶制造	29.78	8.76	0.97	0.98	0.65
非金属船舶制造	281.99	16.32	0.94	1.08	0.49
船用配套设备制造	19.84	10.68	1.92	1.20	0.58
船舶修理及拆船	38.54	21.26	2.76	0.77	0.56
航空航天器制造	13.15	8.94	1.63	0.62	0.61
其他飞行器制造	13.15	8.94	1.63	0.62	0.61
交通器材及其他交通运输设备制造	21.56	4.91	1.15	0.90	0.76
其他交通运输设备制造	21.56	4.91	1.15	0.90	0.76
电气机械及器材制造业	37.08	8.08	1.88	1.12	0.88
电机制造	35.49	9.66	1.64	1.14	0.86
发电机及发电机组制造	24.54	11.30	1.00	1.30	0.89
电动机制造	36.38	7.60	2.07	1.11	0.90
微电机及其他电机制造	40.39	10.89	1.65	1.08	0.82
输配电及控制设备制造	54.34	11.32	1.66	1.18	0.94
变压器、整流器和电感器制造	48.52	9.58	1.50	1.07	0.84

1－E－3　续表 13－13

单位：个、万元、人

指　标　名　称	每百元固定资产原值实现利税（元）	每百元主营业务收入实现利税（元）	流动资金周转次数（次）	流动比率	速动比率
电容器及其配套设备制造	69.18	13.38	1.94	1.29	1.09
配电开关控制设备制造	59.56	12.36	1.67	1.23	0.98
电力电子元器件制造	39.74	8.96	1.80	1.18	0.97
其他输配电及控制设备制造	52.08	11.74	2.10	1.20	0.82
电线、电缆、光缆及电工器材制造	31.06	6.47	2.11	1.19	0.99
电线电缆制造	31.48	6.18	2.23	1.17	0.96
光纤、光缆制造	26.90	8.01	1.41	1.40	1.28
其他电工器材制造	37.99	10.46	2.22	0.88	0.66
电池制造	48.34	5.93	2.81	1.17	0.93
电池制造	48.34	5.93	2.81	1.17	0.93
家用电力器具制造	26.92	6.34	1.93	0.99	0.74
家用制冷电器具制造	11.74	2.68	1.84	0.96	0.70
家用空气调节器制造	15.71	4.30	1.17	1.06	0.86
家用通风电器具制造	34.64	6.18	2.69	1.06	0.75
家用厨房电器具制造	57.75	8.83	2.31	1.12	0.81
家用清洁卫生电器具制造	11.22	3.54	2.05	0.89	0.68
家用美容、保健电器具制造	21.97	5.05	2.40	0.82	0.63
家用电力器具专用配件制造	55.72	13.90	1.92	1.18	0.93
其他家用电力器具制造	16.74	4.18	1.72	0.89	0.59
非电力家用器具制造	45.16	9.84	2.31	1.49	1.11
燃气、太阳能及类似能源的器具制造	57.34	9.84	2.09	1.60	1.25
其他非电力家用器具制造	30.44	9.82	3.08	1.16	0.66
照明器具制造	26.69	6.67	1.61	0.98	0.80
电光源制造	34.74	8.31	1.92	1.10	0.91
照明灯具制造	18.90	5.17	1.36	0.92	0.74
灯用电器附件及其他照明器具制造	42.30	6.99	2.13	1.02	0.79
其他电气机械及器材制造	15.00	6.19	2.00	0.97	0.77
车辆专用照明及电气信号设备装置制造	14.28	6.09	1.97	1.07	0.84
其他未列明的电气机械制造	29.92	7.43	2.46	0.41	0.38
通信设备、计算机及其他电子设备制造业	20.05	6.07	2.12	1.24	0.93
通信设备制造	35.94	4.73	3.34	1.42	1.14
通信传输设备制造	40.17	10.75	1.70	1.30	0.88
通信交换设备制造	59.22	26.83	2.23	1.20	0.94
通信终端设备制造	12.10	6.64	3.11	0.75	0.56
移动通信及终端设备制造	36.81	4.04	3.69	1.43	1.17
其他通信设备制造	22.67	14.46	1.06	2.89	2.36
广播电视设备制造	54.20	10.43	1.60	1.98	1.50
广播电视节目制作及发射设备制造	26.34	3.98	3.96	1.08	1.06
广播电视接收设备及器材制造	21.12	4.07	2.21	1.22	0.91

1－E－3 续表13－14

单位：个、万元、人

指标名称	每百元固定资产原值实现利税（元）	每百元主营业务收入实现利税（元）	流动资金周转次数（次）	流动比率	速动比率
应用电视设备及其他广播电视设备制造	121.53	24.07	0.98	3.46	2.61
电子计算机制造	24.29	6.32	2.06	1.60	1.26
计算机网络设备制造	26.71	4.00	2.85	1.38	0.91
电子计算机外部设备制造	24.19	6.48	2.02	1.61	1.28
电子器件制造	4.44	3.86	1.48	0.81	0.59
半导体分立器件制造	8.95	6.17	1.46	1.20	0.82
集成电路制造	5.69	4.75	1.48	0.92	0.61
光电子器件及其他电子器件制造	0.70	0.75	1.50	0.59	0.48
电子元件制造	20.01	8.61	1.66	1.15	0.88
电子元件及组件制造	21.97	9.03	1.69	1.18	0.91
印制电路板制造	6.38	4.09	1.36	0.94	0.68
家用视听设备制造	9.42	2.83	0.98	1.35	0.69
家用影视设备制造	7.56	2.13	0.92	1.37	0.67
家用音响设备制造	17.95	7.80	1.71	1.14	0.99
其他电子设备制造	26.18	8.47	3.97	0.90	0.67
其他电子设备制造	26.18	8.47	3.97	0.90	0.67
仪器仪表及文化、办公用机械制造业	32.52	11.79	1.41	1.23	0.97
通用仪器仪表制造	48.06	13.63	1.56	1.39	1.08
工业自动控制系统装置制造	78.04	20.34	1.52	1.78	1.26
电工仪器仪表制造	44.12	9.35	1.57	1.28	1.08
绘图、计算及测量仪器制造	14.86	6.10	1.60	1.01	0.77
实验分析仪器制造	－15.29	－6.85	2.34	0.94	0.40
供应用仪表及其他通用仪器制造	48.96	13.98	1.55	1.37	1.15
专用仪器仪表制造	14.34	5.85	1.27	1.00	0.86
环境监测专用仪器仪表制造	10.01	6.99	3.42	0.95	0.76
汽车及其他用计数仪表制造	18.79	9.16	0.91	0.99	0.85
教学专用仪器制造	54.63	12.44	1.78	1.64	1.45
电子测量仪器制造	－36.42	－11.23	4.84	0.63	0.51
钟表与计时仪器制造	16.72	10.16	1.09	1.04	0.72
钟表与计时仪器制造	16.72	10.16	1.09	1.04	0.72
光学仪器及眼镜制造	23.31	12.22	1.18	1.20	0.89
光学仪器制造	28.42	16.68	1.18	2.39	2.01
眼镜制造	18.96	9.10	1.18	0.88	0.59
文化、办公用机械制造	22.56	11.37	1.28	1.08	0.88
照相机及器材制造	10.52	6.57	0.56	1.09	0.98
复印和胶印设备制造	32.89	40.13	2.16	1.48	1.37
计算器及货币专用设备制造	28.91	10.91	3.23	0.60	0.45
其他文化、办公用机械制造	25.96	10.72	1.98	1.26	0.80
其他仪器仪表的制造及修理	－4.43	－3.27	1.40	0.96	0.71

1-E-3　续表13-15

单位：个、万元、人

指　标　名　称	每百元固定资产原值实现利税（元）	每百元主营业务收入实现利税（元）	流动资金周转次数（次）	流动比率	速动比率
其他仪器仪表的制造及修理	-4.43	-3.27	1.40	0.96	0.71
工艺品及其他制造业	29.56	7.74	1.98	1.14	0.77
工艺美术品制造	27.37	7.52	1.95	1.19	0.73
雕塑工艺品制造	107.59	13.94	2.02	4.43	0.19
金属工艺品制造	13.30	4.22	1.61	0.90	0.70
漆器工艺品制造	27.51	11.80	1.39	1.14	0.77
花画工艺品制造	67.05	8.74	1.58	0.95	0.93
天然植物纤维编织工艺品制造	26.18	9.60	3.76	0.60	0.39
抽纱刺绣工艺品制造	19.20	7.34	2.24	1.15	0.93
地毯、挂毯制造	10.19	5.40	1.41	1.00	0.75
珠宝首饰及有关物品的制造	51.61	8.24	1.94	1.45	0.61
其他工艺美术品制造	21.38	7.03	2.06	0.95	0.71
日用杂品制造	32.99	8.03	2.02	1.08	0.82
制镜及类似品加工	26.06	9.09	1.94	0.88	0.59
鬃毛加工、制刷及清扫工具的制造	17.87	4.54	1.30	0.98	0.84
其他日用杂品制造	35.07	8.26	2.13	1.12	0.84
其他未列明的制造业	62.45	11.56	2.34	1.03	0.55
其他未列明的制造业	62.45	11.56	2.34	1.03	0.55
废弃资源和废旧材料回收加工业	-70.17	-3.64	2.57	0.98	0.45
金属废料和碎屑的加工处理	-70.17	-3.64	2.57	0.98	0.45
金属废料和碎屑的加工处理	-70.17	-3.64	2.57	0.98	0.45
电力、燃气及水的生产和供应业	**6.91**	**10.07**	**3.11**	**0.79**	**0.71**
电力、热力的生产和供应业	7.84	10.49	3.53	0.78	0.68
电力生产	5.82	14.98	2.37	0.65	0.54
火力发电	3.91	7.47	2.98	0.56	0.48
水力发电	-1.08	-6.32	3.73	2.18	2.13
核力发电	9.30	44.32	1.33	0.82	0.64
电力供应	20.35	6.71	6.70	1.43	1.41
电力供应	20.35	6.71	6.70	1.43	1.41
热力生产和供应	17.20	12.50	0.98	1.60	1.59
热力生产和供应	17.20	12.50	0.98	1.60	1.59
燃气生产和供应业	1.10	1.53	2.10	0.94	0.91
燃气生产和供应业	1.10	1.53	2.10	0.94	0.91
燃气生产和供应业	1.10	1.53	2.10	0.94	0.91
水的生产和供应业	0.71	3.39	0.77	0.85	0.84
自来水的生产和供应	1.03	4.99	0.71	0.83	0.82
自来水的生产和供应	1.03	4.99	0.71	0.83	0.82
污水处理及其再生利用	-0.68	-3.16	1.29	1.06	1.05
污水处理及其再生利用	-0.68	-3.16	1.29	1.06	1.05

1－E－3 续表 14－1

单位：个、万元、人

指标名称	企业亏损面（%）	亏损率（%）	出口交货值占工业销售比重（%）	利润总额占利税比重（%）	存货周转次数（次）
总 计	**12.09**	**10.55**	**27.62**	**55.94**	**6.77**
一、按轻重工业分					
轻工业	13.30	8.42	32.49	51.13	6.25
重工业	10.58	12.38	23.45	61.09	7.27
二、按登记注册类型分					
内 资	**9.57**	**9.34**	**20.68**	**52.00**	**6.97**
国 有	15.38	9.54	0.93	27.37	7.58
集 体	14.29	32.40	11.58	60.00	8.44
股份合作企业	5.71	2.29	30.19	64.61	7.04
联营企业	50.00	3710.77	8.08	220.41	8.51
集体联营	100.00			143.46	114.24
国有与集体联营			7.73	0.45	2.49
其他联营	50.00	124.16	27.16	－10.86	12.63
有限责任公司	9.57	18.85	18.39	53.76	7.26
国有独资公司	22.73	10.87	3.15	56.51	5.45
其他有限责任公司	9.11	19.14	18.81	53.66	7.33
股份有限公司	10.71	5.59	18.20	65.15	6.51
私营企业	9.12	4.48	26.16	61.82	6.87
私营独资	4.92	1.00	38.74	64.96	6.08
私营合伙	8.33	8.38	59.26	54.40	8.64
私营有限责任公司	9.36	4.72	25.82	61.44	6.93
私营股份有限公司	7.25	2.59	25.13	65.87	6.22
其 他	13.33	5.56	25.33	65.03	5.15
港澳台商投资	**15.49**	**7.39**	**36.41**	**65.75**	**5.94**
与港澳台商合资经营	13.05	4.53	32.50	63.92	6.39
与港澳台商合作经营			24.45	76.19	5.85
港澳台商独资	21.34	15.04	46.55	70.32	5.20
港澳台商投资股份有限公司			39.92	75.67	2.86
外商投资	**17.90**	**17.03**	**45.93**	**65.67**	**6.82**
中外合资经营	13.79	16.67	42.52	62.73	8.05
中外合作经营	9.52	1.66	34.57	62.86	8.05
外资企业	25.17	18.16	54.24	69.61	5.00
外商投资股份有限公司	16.67	18.11	43.07	78.46	7.42
三、按控股情况分					
国有控股	24.18	25.54	3.27	30.38	7.47
集体控股	12.31	7.44	16.80	60.52	7.75
私人控股	9.03	4.90	27.51	63.06	7.03
港澳台商控股	17.79	12.12	36.41	66.96	5.47
外商控股	21.04	17.23	48.66	67.09	6.37
其 他	10.26	4.24	26.12	70.68	5.36

1－E－3 续表14－2

单位：个、万元、人

指标名称	企业亏损面（%）	亏损率（%）	出口交货值占工业销售比重（%）	利润总额占利税比重（%）	存货周转次数（次）
四、按国民经济行业（门类、大类、中类、小类）分					
采矿业	**22.22**	**2.06**	**0.17**	**69.00**	**14.39**
黑色金属矿采选业				76.72	22.51
铁矿采选				76.72	22.51
铁矿采选				76.72	22.51
有色金属矿采选业	14.29	0.13		65.49	13.30
常用有色金属矿采选				72.65	27.17
铜矿采选				73.76	24.18
铅锌矿采选				71.13	33.92
稀有稀土金属矿采选	25.00	1.59		31.47	3.27
钨钼矿采选	33.33	1.65		30.67	2.85
放射性金属矿采选				100.00	16.61
非金属矿采选业	100.00		10.97	631.64	4.61
化学矿采选	100.00		10.97	631.64	4.61
化学矿采选	100.00		10.97	631.64	4.61
制造业	**11.87**	**9.22**	**29.53**	**57.12**	**6.42**
农副食品加工业	11.36	48.44	19.07	57.23	9.05
饲料加工			18.42	90.04	9.37
饲料加工			18.42	90.04	9.37
植物油加工			0.01	100.00	19.37
食用植物油加工			0.01	100.00	19.37
屠宰及肉类加工			8.24	78.88	10.92
畜禽屠宰				93.09	75.34
肉制品及副产品加工			16.66	74.00	5.55
水产品加工	26.67	307.62	39.83	149.03	7.33
水产品冷冻加工	28.57	310.27	38.93	147.37	7.60
鱼糜制品及水产品干腌制加工			85.65	39.82	2.19
蔬菜、水果和坚果加工	10.00	2.77	35.77	52.86	4.11
蔬菜、水果和坚果加工	10.00	2.77	35.77	52.86	4.11
其他农副食品加工			2.23	42.56	11.54
豆制品制造			2.23	42.56	11.54
食品制造业	15.79	17.01	24.71	57.85	5.59
焙烤食品制造			8.33	45.14	8.50
糕点、面包制造			46.95	51.42	4.92
饼干及其他焙烤食品制造			0.88	43.80	9.50
糖果、巧克力及蜜饯制造			6.20	100.00	5.96
糖果、巧克力制造			6.20	100.00	5.96
方便食品制造	33.33	2.80	0.37	54.63	10.62
速冻食品制造	50.00	3.01	0.54	63.90	9.27
方便面及其他方便食品制造				19.26	14.80

1－E－3 续表14－3

单位：个、万元、人

指标名称	企业亏损面（%）	亏损率（%）	出口交货值占工业销售比重（%）	利润总额占利税比重（%）	存货周转次数（次）
液体乳及乳制品制造	33.33	42.95	0.28	27.65	5.20
液体乳及乳制品制造	33.33	42.95	0.28	27.65	5.20
罐头制造	13.33	5.20	51.28	64.90	3.64
肉、禽类罐头制造			20.54	61.31	7.26
水产品罐头制造			95.04	99.09	2.86
蔬菜、水果罐头制造	16.67	36.46	88.59	27.50	2.38
其他罐头食品制造			0.19	75.53	35.87
调味品、发酵制品制造	50.00	372.25	0.06	270.94	7.96
味精制造	66.67	716.65	0.07	158.31	7.99
酱油、食醋及类似制品的制造				47.19	7.82
其他食品制造			19.10	77.38	9.49
营养、保健食品制造				66.29	30.05
冷冻饮品及食用冰制造				58.72	9.84
食品及饲料添加剂制造			34.15	85.72	7.43
饮料制造业	25.00	25.80	2.65	44.94	6.50
酒的制造	30.00	86.56	0.83	3.97	1.64
啤酒制造	40.00	140.23		－10.75	2.33
黄酒制造			2.93	35.73	1.02
软饮料制造	18.18	12.42	0.36	69.50	19.10
瓶（罐）装饮用水制造	25.00	203.74	0.04	－69.12	29.25
果菜汁及果菜汁饮料制造	100.00			－172.66	33.70
含乳饮料和植物蛋白饮料制造			0.95	82.75	7.65
茶饮料及其他软饮料制造				76.82	16.95
精制茶加工			87.12	25.29	2.69
精制茶加工			87.12	25.29	2.69
烟草制品业			0.38	23.97	0.74
卷烟制造			0.38	23.97	0.74
卷烟制造			0.38	23.97	0.74
纺织业	16.05	7.67	34.64	58.36	6.69
棉、化纤纺织及印染精加工	17.37	7.93	24.56	58.22	7.17
棉、化纤纺织加工	17.41	7.76	20.31	63.94	5.81
棉、化纤印染精加工	17.32	8.13	29.75	52.38	10.16
毛纺织和染整精加工	15.79	8.01	49.35	55.21	3.76
毛条加工	100.00		65.64	197.69	2.78
毛纺织			46.31	59.82	4.19
毛染整精加工	33.33	16.76	45.26	40.12	3.38
麻纺织	20.00	17.04	20.85	75.88	2.76
麻纺织	20.00	17.04	20.85	75.88	2.76
丝绢纺织及精加工	29.55	35.30	26.47	33.01	4.36
缫丝加工	25.00	64.14	24.82	16.31	3.82

1-E-3 续表14-4

单位:个、万元、人

指标名称	企业亏损面(%)	亏损率(%)	出口交货值占工业销售比重(%)	利润总额占利税比重(%)	存货周转次数(次)
绢纺和丝织加工	32.26	20.37	25.34	49.39	3.94
丝印染精加工	20.00	140.59	34.31	-8.47	13.94
纺织制成品制造	14.14	8.59	53.25	58.25	6.54
棉及化纤制品制造	16.33	11.49	53.69	55.78	6.54
毛制品制造	37.50	72.36	77.94	9.98	6.50
麻制品制造			33.83	32.54	8.04
丝制品制造	7.69	0.65	48.82	69.23	8.16
绳、索、缆的制造			38.82	9.12	4.39
纺织带和帘子布制造			47.99	66.30	4.89
无纺布制造	14.29	0.78	26.82	69.27	6.33
其他纺织制成品制造	8.33	0.45	58.20	65.66	5.69
针织品、编织品及其制品制造	10.19	2.02	55.42	62.72	7.24
棉、化纤针织品及编织品制造	7.50	1.14	61.86	64.76	7.27
毛针织品及编织品制造	27.27	9.24	34.38	58.82	5.70
丝针织品及编织品制造	7.14	0.72	33.87	54.06	9.76
其他针织品及编织品制造				56.38	3.20
纺织服装、鞋、帽制造业	11.64	3.03	42.70	64.43	5.84
纺织服装制造	11.43	2.88	42.57	64.49	5.87
纺织服装制造	11.43	2.88	42.57	64.49	5.87
纺织面料鞋的制造	50.00	103.13	83.29	-5.13	2.51
纺织面料鞋的制造	50.00	103.13	83.29	-5.13	2.51
制 帽			88.03	28.94	4.26
制 帽			88.03	28.94	4.26
皮革、毛皮、羽毛(绒)及其制品业	6.05	2.39	49.44	58.35	6.48
皮革鞣制加工			22.41	54.75	2.90
皮革鞣制加工			22.41	54.75	2.90
皮革制品制造	7.34	2.93	49.51	59.89	9.69
皮鞋制造	2.36	0.83	45.12	62.78	12.35
皮革服装制造	16.67	15.94	64.02	35.37	5.62
皮箱、包(袋)制造	21.88	14.84	83.62	51.98	7.34
皮手套及皮装饰制品制造			69.53	43.81	11.34
其他皮革制品制造	28.57	19.35	12.83	36.48	3.71
毛皮鞣制及制品加工			75.09	65.09	2.38
毛皮服装加工			75.09	65.09	2.38
羽毛(绒)加工及制品制造			70.24	49.12	5.04
羽毛(绒)加工			46.21	58.89	7.36
羽毛(绒)制品加工			71.36	48.65	4.96
木材加工及木、竹、藤、棕、草制品业	9.38	7.29	38.22	61.63	3.20
锯材、木片加工			78.90	76.26	1.44
锯材加工			78.90	76.26	1.44

1－E－3 续表14－5 单位：个、万元、人

指标名称	企业亏损面（%）	亏损率（%）	出口交货值占工业销售比重（%）	利润总额占利税比重（%）	存货周转次数（次）
人造板制造	13.33	15.10	36.99	60.57	2.47
胶合板制造	20.00	26.80	32.14	51.12	2.57
纤维板制造				84.19	1.80
其他人造板、材制造			50.90	70.43	4.37
木制品制造	10.00	3.34	32.41	60.66	5.28
建筑用木料及木材组件加工	10.00	3.34	32.41	60.66	5.28
竹、藤、棕、草制品制造			67.30	64.29	4.05
竹、藤、棕、草制品制造			67.30	64.29	4.05
家具制造业	16.98	13.74	74.76	57.82	5.08
木质家具制造	17.65	32.31	80.20	47.51	4.04
木质家具制造	17.65	32.31	80.20	47.51	4.04
竹、藤家具制造	100.00			109.69	1.87
竹、藤家具制造	100.00			109.69	1.87
金属家具制造	11.11	8.31	76.55	55.06	5.49
金属家具制造	11.11	8.31	76.55	55.06	5.49
塑料家具制造			97.47	83.06	8.23
塑料家具制造			97.47	83.06	8.23
其他家具制造	31.25	12.95	67.98	72.80	5.30
其他家具制造	31.25	12.95	67.98	72.80	5.30
造纸及纸制品业	19.77	14.36	6.35	52.47	6.11
造　纸	21.15	16.70	5.86	52.82	5.37
机制纸及纸板制造	21.15	16.70	5.86	52.82	5.37
纸制品制造	17.65	6.15	7.69	51.39	9.73
纸和纸板容器的制造	18.18	4.71	1.72	52.26	11.42
其他纸制品制造	16.67	11.55	25.65	48.14	6.64
印刷业和记录媒介的复制	8.33	4.91	15.37	65.42	9.51
印　刷	8.33	4.91	15.37	65.42	9.51
书、报、刊印刷	16.67	8.62	0.71	67.07	5.38
本册印制			48.65	72.13	23.02
包装装潢及其他印刷	6.25	4.56	6.91	63.54	9.45
文教体育用品制造业	18.75	8.59	55.99	75.36	6.35
文化用品制造	12.50	4.42	42.46	72.81	8.08
文具制造	23.08	23.02	71.64	66.40	5.68
笔的制造			76.39	57.85	6.15
教学用模型及教具制造				79.93	16.89
体育用品制造	23.81	51.51	68.34	54.06	5.68
球类制造				91.84	8.87
体育器材及配件制造	20.00	1.90	53.56	59.93	6.49
训练健身器材制造	12.50	14.97	72.21	74.15	9.32
运动防护用具制造	100.00		100.00	109.62	5.66

1－E－3　续表 14－6

单位：个、万元、人

指 标 名 称	企业亏损面（%）	亏损率（%）	出口交货值占工业销售比重（%）	利润总额占利税比重（%）	存货周转次数（次）
其他体育用品制造	20.00	13.41	71.99	60.25	3.10
乐器制造	20.00	7.57	43.00	74.58	2.99
西乐器制造			39.19	78.23	3.27
其他乐器及零件制造	50.00	30.16	49.28	62.17	2.64
玩具制造	24.00	3.58	68.98	83.97	8.77
玩具制造	24.00	3.58	68.98	83.97	8.77
游艺器材及娱乐用品制造			25.95	69.64	3.18
露天游乐场所游乐设备制造			54.15	66.05	8.22
游艺用品及室内游艺器材制造			18.42	70.52	2.73
石油加工、炼焦及核燃料加工业	50.00	135.03	0.08	-6.54	24.34
精炼石油产品的制造	50.00	135.03	0.08	-6.54	24.34
原油加工及石油制品制造	50.00	135.03	0.08	-6.54	24.34
化学原料及化学制品制造业	10.16	5.97	13.37	69.03	9.18
基础化学原料制造	12.50	15.37	9.22	60.09	5.41
无机酸制造				42.22	32.36
无机碱制造			4.21	61.23	13.48
有机化学原料制造	20.00	31.84	10.57	52.86	5.79
其他基础化学原料制造			14.99	86.35	1.30
肥料制造	37.50	30.26	11.48	37.56	9.83
氮肥制造	28.57	15.76	11.65	42.43	9.96
其他肥料制造	100.00		8.97	112.79	8.38
农药制造	14.29	7.79	62.40	91.44	5.80
化学农药制造	15.38	7.88	63.27	91.55	5.89
生物化学农药及微生物农药制造			10.15	83.79	3.01
涂料、油墨、颜料及类似产品制造			19.11	69.11	6.74
涂料制造			16.80	76.86	7.71
油墨及类似产品制造			6.44	46.30	4.52
颜料制造			12.96	65.43	4.12
染料制造			23.87	65.97	7.77
密封用填料及类似品制造				42.58	5.48
合成材料制造	12.50	9.01	4.16	67.14	16.80
初级形态的塑料及合成树脂制造	21.43	41.25	7.13	45.73	11.22
合成橡胶制造				62.81	98.54
合成纤维单（聚合）体的制造			1.38	73.57	23.49
其他合成材料制造			42.41	63.70	10.81
专用化学产品制造	8.33	1.33	22.41	67.66	7.79
化学试剂和助剂制造			14.17	65.67	14.30
专项化学用品制造	25.00	2.65	30.70	72.24	6.40
炸药及火工产品制造			1.34	48.99	11.36
信息化学品制造			48.12	68.00	2.31

1－E－3 续表14－7 单位：个、万元、人

指 标 名 称	企业亏损面（%）	亏损率（%）	出口交货值占工业销售比重（%）	利润总额占利税比重（%）	存货周转次数（次）
日用化学产品制造			10.60	66.37	5.90
肥皂及合成洗涤剂制造			27.94	62.82	5.82
化妆品制造			0.01	65.51	2.39
香料、香精制造			39.72	73.25	5.67
其他日用化学产品制造			0.28	67.93	11.22
医药制造业	16.90	3.36	32.85	60.51	3.32
化学药品原药制造	5.88	1.78	41.54	62.26	3.21
化学药品原药制造	5.88	1.78	41.54	62.26	3.21
化学药品制剂制造	38.10	6.72	15.67	62.68	3.07
化学药品制剂制造	38.10	6.72	15.67	62.68	3.07
中成药制造	14.29	1.80	4.12	52.95	2.99
中成药制造	14.29	1.80	4.12	52.95	2.99
兽用药品制造			40.85	63.72	4.00
兽用药品制造			40.85	63.72	4.00
生物、生化制品的制造			58.45	63.19	3.98
生物、生化制品的制造			58.45	63.19	3.98
卫生材料及医药用品制造	33.33	46.90	82.31	4.78	8.69
卫生材料及医药用品制造	33.33	46.90	82.31	4.78	8.69
化学纤维制造业	14.29	34.60	7.24	56.74	12.20
纤维素纤维原料及纤维制造	50.00	2292.05	38.03	110.35	3.48
人造纤维（纤维素纤维）制造	50.00	2292.05	38.03	110.35	3.48
合成纤维制造	13.24	32.91	7.11	57.42	12.32
锦纶纤维制造	25.00	2.13	1.51	69.57	5.27
涤纶纤维制造	12.50	7.29	7.25	63.77	14.89
腈纶纤维制造	100.00		11.83	103.10	5.62
其他合成纤维制造			6.29	71.59	6.36
橡胶制品业	2.86	0.22	26.83	63.21	5.80
轮胎制造			11.73	81.21	6.67
车辆、飞机及工程机械轮胎制造			11.73	81.21	6.67
橡胶板、管、带的制造	10.00	0.73	27.50	48.98	6.04
橡胶板、管、带的制造	10.00	0.73	27.50	48.98	6.04
橡胶零件制造			22.78	51.27	3.17
橡胶零件制造			22.78	51.27	3.17
日用及医用橡胶制品制造			76.05	47.84	7.55
日用及医用橡胶制品制造			76.05	47.84	7.55
橡胶靴鞋制造			54.03	56.56	7.51
橡胶靴鞋制造			54.03	56.56	7.51
塑料制品业	8.05	2.66	26.57	66.13	8.32
塑料薄膜制造	12.50	12.73	5.15	67.98	8.31
塑料薄膜制造	12.50	12.73	5.15	67.98	8.31

1－E－3 续表 14－8 单位：个、万元、人

指 标 名 称	企业亏损面（%）	亏损率（%）	出口交货值占工业销售比重（%）	利润总额占利税比重（%）	存货周转次数（次）
塑料板、管、型材的制造	15.00	4.68	12.52	62.70	5.71
塑料板、管、型材的制造	15.00	4.68	12.52	62.70	5.71
塑料丝、绳及编织品的制造	11.11	0.88	8.81	61.16	11.72
塑料丝、绳及编织品的制造	11.11	0.88	8.81	61.16	11.72
泡沫塑料制造			49.68	57.20	9.94
泡沫塑料制造			49.68	57.20	9.94
塑料人造革、合成革制造	2.63	0.03	17.11	60.02	10.72
塑料人造革、合成革制造	2.63	0.03	17.11	60.02	10.72
塑料包装箱及容器制造			27.03	77.35	12.20
塑料包装箱及容器制造			27.03	77.35	12.20
塑料零件制造	10.53	2.84	41.77	61.33	6.04
塑料零件制造	10.53	2.84	41.77	61.33	6.04
日用塑料制造	13.33	0.64	57.68	71.63	9.05
塑料鞋制造			100.00	63.70	8.69
日用塑料杂品制造	14.29	0.64	56.88	71.64	9.06
其他塑料制品制造			65.11	67.00	7.00
其他塑料制品制造			65.11	67.00	7.00
非金属矿物制品业	21.93	11.42	8.24	50.24	6.54
水泥、石灰和石膏的制造	29.17	17.34	0.81	44.57	9.52
水泥制造	29.17	17.34	0.81	44.57	9.52
水泥及石膏制品制造	5.56	0.06	1.52	56.62	6.67
水泥制品制造	6.25	0.06	0.13	57.77	6.10
砼结构构件制造				63.79	4.48
轻质建筑材料制造			9.15	45.86	14.92
砖瓦、石材及其他建筑材料制造	25.00	0.47	1.00	73.76	2.67
建筑陶瓷制品制造	33.33	0.49	1.16	76.14	2.26
防水建筑材料制造				44.99	19.80
玻璃及玻璃制品制造	26.67	19.73	30.47	46.45	3.81
平板玻璃制造	33.33	153.60	...	-11.74	3.89
技术玻璃制品制造	37.50	3.96	40.01	65.85	4.59
日用玻璃制品及玻璃包装容器制造			45.32	51.31	3.82
玻璃保温容器制造			100.00	21.48	22.62
玻璃纤维及制品制造	50.00	75.24	58.91	36.69	1.90
其他玻璃制品制造	66.67	44.66		26.06	4.11
陶瓷制品制造			37.08	57.65	4.11
卫生陶瓷制品制造			55.48	37.37	4.44
特种陶瓷制品制造			13.62	74.28	3.75
日用陶瓷制品制造			35.66	19.78	3.98
耐火材料制品制造	16.67	3.28	8.70	60.78	5.42

1－E－3 续表 14－9 单位：个、万元、人

指 标 名 称	企业亏损面（%）	亏损率（%）	出口交货值占工业销售比重（%）	利润总额占利税比重（%）	存货周转次数（次）
石棉制品制造	50.00	65.38	18.16	20.33	2.83
耐火陶瓷制品及其他耐火材料制造			7.65	63.07	6.07
石墨及其他非金属矿物制品制造			40.13	40.35	7.46
石墨及碳素制品制造			45.55	38.98	6.48
其他非金属矿物制品制造			9.24	54.89	33.43
黑色金属冶炼及压延加工业	16.67	30.74	9.26	46.35	8.76
炼 钢	50.00	2.15		74.28	10.79
炼 钢	50.00	2.15		74.28	10.79
钢压延加工	15.56	34.65	10.38	43.32	8.98
钢压延加工	15.56	34.65	10.38	43.32	8.98
铁合金冶炼			1.32	20.35	3.65
铁合金冶炼			1.32	20.35	3.65
有色金属冶炼及压延加工业	25.49	50.55	7.57	28.76	12.02
常用有色金属冶炼	22.22	196.38	3.94	－35.99	11.26
铜冶炼	50.00	637.92	0.02	－103.18	16.43
铅锌冶炼			0.44	8.67	6.78
镍钴冶炼			33.96	64.07	3.48
铝冶炼			4.43	71.56	10.40
贵金属冶炼			0.36	79.46	4.48
金冶炼				87.86	4.07
银冶炼			0.56	70.53	4.62
稀有稀土金属冶炼				49.13	5.09
稀土金属冶炼				49.13	5.09
有色金属合金制造	20.00	3.88	9.70	76.98	10.07
有色金属合金制造	20.00	3.88	9.70	76.98	10.07
有色金属压延加工	29.41	19.76	10.19	51.61	13.27
常用有色金属压延加工	30.30	19.96	10.22	51.57	13.27
稀有稀土金属压延加工			2.56	55.07	12.74
金属制品业	4.71	2.12	40.77	69.48	5.97
结构性金属制品制造			18.97	78.79	5.40
金属结构制造			9.19	79.26	4.50
金属门窗制造			36.13	78.17	8.19
金属工具制造	3.23	2.73	62.86	60.28	5.37
切削工具制造			56.24	69.45	4.45
手工具制造	7.69	10.38	64.47	45.67	5.82
农用及园林用金属工具制造			72.63	67.10	5.77
刀剪及类似日用金属工具制造			53.48	62.59	6.53
其他金属工具制造				23.64	0.98
集装箱及金属包装容器制造	14.29	1.29	50.81	66.62	7.09

1－E－3 续表 14－10 单位：个、万元、人

指 标 名 称	企业亏损面 (%)	亏损率 (%)	出口交货值占工业销售比重 (%)	利润总额占利税比重 (%)	存货周转次数 (次)
集装箱制造	33.33	5.60	100.00	95.95	7.17
金属压力容器制造	25.00	17.08	26.86	46.24	3.52
金属包装容器制造			7.60	67.25	8.23
金属丝绳及其制品的制造			24.50	55.16	10.84
金属丝绳及其制品的制造			24.50	55.16	10.84
建筑、安全用金属制品制造	11.11	10.12	62.52	67.41	6.74
建筑、家具用金属配件制造			59.91	65.61	7.80
建筑装饰及水暖管道零件制造	26.67	21.95	63.12	71.32	6.41
安全、消防用金属制品制造	20.00	14.92	75.78	62.24	4.19
金属表面处理及热处理加工			6.83	62.86	4.13
金属表面处理及热处理加工			6.83	62.86	4.13
搪瓷制品制造			77.74	57.20	7.47
搪瓷日用品及其他搪瓷制品制造			77.74	57.20	7.47
不锈钢及类似日用金属制品制造	3.03	0.13	58.52	66.24	5.68
金属制厨房调理及卫生器具制造			32.10	58.32	5.03
金属制厨用器皿及餐具制造	4.35	0.19	65.96	69.30	7.43
其他日用金属制品制造			77.83	72.43	2.31
其他金属制品制造			51.62	46.16	20.25
其他未列明的金属制品制造			51.62	46.16	20.25
通用设备制造业	6.17	2.01	39.68	66.72	4.98
锅炉及原动机制造			29.14	64.68	4.29
锅炉及辅助设备制造			18.62	66.38	4.55
内燃机及配件制造			39.69	66.02	4.26
汽轮机及辅机制造			33.38	41.81	1.90
水轮机及辅机制造				62.68	8.48
金属加工机械制造	7.14	1.03	22.74	70.32	2.35
金属切削机床制造	6.67	0.51	8.29	70.43	2.35
金属成形机床制造			4.28	75.40	1.54
铸造机械制造			100.00	55.89	1.25
金属切割及焊接设备制造			66.22	71.35	3.22
机床附件制造	50.00	62.14	27.73	17.56	2.23
其他金属加工机械制造			29.59	75.96	2.38
起重运输设备制造	8.33	3.70	36.04	70.15	6.92
起重运输设备制造	8.33	3.70	36.04	70.15	6.92
泵、阀门、压缩机及类似机械的制造	4.50	0.72	45.20	65.85	5.46
泵及真空设备制造	9.68	1.76	50.70	71.54	4.62
气体压缩机械制造			17.16	58.23	6.75
阀门和旋塞的制造	3.28	0.07	55.53	63.70	5.75
液压和气压动力机械及元件制造			16.16	62.53	5.21

1－E－3 续表 14－11

单位：个、万元、人

指 标 名 称	企业亏损面（%）	亏损率（%）	出口交货值占工业销售比重（%）	利润总额占利税比重（%）	存货周转次数（次）
轴承、齿轮、传动和驱动部件的制造	7.48	1.26	38.65	69.72	4.26
轴承制造	8.96	1.75	40.19	73.21	3.59
齿轮、传动和驱动部件制造	5.00	0.54	37.12	65.30	5.24
风机、衡器、包装设备等通用设备制造	6.06	5.51	43.85	63.21	6.03
风机、风扇制造	20.00	2.26	28.51	69.92	11.38
气体、液体分离及纯净设备制造			16.50	62.25	8.24
制冷、空调设备制造	8.33	12.72	29.20	48.21	5.12
风动和电动工具制造	7.69	13.06	77.77	60.37	5.42
喷枪及类似器具制造			84.80	89.35	15.22
包装专用设备制造			51.65	69.85	3.46
其他通用设备制造			0.11	77.28	2.26
通用零部件制造及机械修理	9.68	1.49	55.23	60.57	5.23
金属密封件制造			44.65	71.03	2.50
紧固件、弹簧制造	8.00	1.35	55.32	60.62	5.24
机械零部件加工及设备修理			84.65	67.64	5.61
其他通用零部件制造	33.33	7.43	37.97	52.99	5.25
金属铸、锻加工	3.45	1.35	17.47	66.76	6.37
钢铁铸件制造	4.17	1.47	19.32	68.63	7.09
锻件及粉末冶金制品制造			8.73	51.49	4.28
专用设备制造业	11.67	6.21	31.55	72.33	4.02
矿山、冶金、建筑专用设备制造			25.48	77.67	5.09
采矿、采石设备制造			1.38	49.95	4.64
石油钻采专用设备制造			78.47	41.10	9.81
建筑工程用机械制造			25.55	84.02	4.99
化工、木材、非金属加工专用设备制造	13.16	7.25	28.21	65.21	4.23
炼油、化工生产专用设备制造			13.77	73.63	6.50
塑料加工专用设备制造	10.00	7.47	40.84	67.59	3.64
木材加工机械制造	100.00		100.00	100.78	4.21
模具制造	13.04	6.25	26.83	60.88	3.67
食品、饮料、烟草及饲料生产专用设备制造			26.04	89.98	9.96
食品、饮料、烟草工业专用设备制造			26.04	89.98	9.96
印刷、制药、日化生产专用设备制造			57.28	61.32	7.89
制药专用设备制造			57.28	61.32	7.89
纺织、服装和皮革工业专用设备制造	10.00	10.75	35.78	63.98	3.66
纺织专用设备制造	8.33	19.02	12.03	60.10	3.24
缝纫机械制造	12.50	4.08	49.74	67.29	3.96
其他服装加工专用设备制造			48.47	64.01	4.25
电子和电工机械专用设备制造	25.00	8.73	22.25	69.34	6.56
电子工业专用设备制造	25.00	8.73	22.25	69.34	6.56

1-E-3 续表 14-12

单位：个、万元、人

指 标 名 称	企业亏损面（%）	亏损率（%）	出口交货值占工业销售比重（%）	利润总额占利税比重（%）	存货周转次数（次）
农、林、牧、渔专用机械制造	22.22	37.26	40.17	77.46	4.07
拖拉机制造	100.00		40.89	100.66	3.86
机械化农业及园艺机具制造			37.77	84.92	4.32
渔业机械制造			84.21	59.38	2.97
医疗仪器设备及器械制造			61.02	81.38	4.26
医疗诊断、监护及治疗设备制造			100.00	53.75	2.99
医疗、外科及兽医用器械制造			61.53	85.21	4.67
机械治疗及病房护理设备制造			33.10	73.88	2.88
环保、社会公共安全及其他专用设备制造	15.38	4.63	23.41	76.15	3.07
环境污染防治专用设备制造	33.33	34.44	12.64	41.55	2.43
地质勘查专用设备制造				83.54	1.37
社会公共安全设备及器材制造			38.40	83.49	6.04
其他专用设备制造			12.99	74.60	3.78
交通运输设备制造业	9.71	5.38	36.33	75.30	4.37
汽车制造	8.28	7.32	25.18	70.17	5.72
汽车整车制造	30.77	10.54	17.80	72.45	6.14
汽车零部件及配件制造	6.41	5.97	28.27	69.30	5.57
摩托车制造	2.38	0.08	25.25	43.66	9.47
摩托车整车制造			76.72	29.68	5.84
摩托车零部件及配件制造	2.70	0.09	8.08	46.74	12.02
自行车制造	31.58	31.11	57.00	62.56	10.72
脚踏自行车及残疾人座车制造	42.86	73.52	73.96	28.82	8.42
助动自行车制造			27.66	80.97	19.60
船舶及浮动装置制造	11.11	1.53	56.28	92.27	2.53
金属船舶制造	13.16	2.25	53.10	90.90	2.45
非金属船舶制造			42.74	100.00	1.21
船用配套设备制造			15.49	67.44	3.32
船舶修理及拆船			83.48	95.45	6.75
航空航天器制造			100.00	77.37	48.12
其他飞行器制造			100.00	77.37	48.12
交通器材及其他交通运输设备制造	50.00	0.94	61.84	25.01	6.10
其他交通运输设备制造	50.00	0.94	61.84	25.01	6.10
电气机械及器材制造业	9.90	5.56	31.67	68.31	7.40
电机制造	11.90	3.41	43.22	69.33	5.45
发电机及发电机组制造	12.50	6.82	39.61	71.31	2.42
电动机制造	6.06	3.16	49.40	67.67	9.28
微电机及其他电机制造	16.28	2.45	39.21	69.70	5.52
输配电及控制设备制造	3.15	2.89	16.63	69.27	6.62
变压器、整流器和电感器制造			15.94	69.06	5.70

1-E-3 续表14-13

单位：个、万元、人

指标名称	企业亏损面（%）	亏损率（%）	出口交货值占工业销售比重（%）	利润总额占利税比重（%）	存货周转次数（次）
电容器及其配套设备制造			5.47	66.72	11.18
配电开关控制设备制造	4.41	3.99	13.11	70.15	6.61
电力电子元器件制造	3.03	1.35	30.47	62.77	8.28
其他输配电及控制设备制造			42.23	82.59	5.15
电线、电缆、光缆及电工器材制造	9.62	7.95	11.76	75.02	11.16
电线电缆制造	11.63	9.53	11.89	73.50	11.28
光纤、光缆制造			9.28	92.02	12.24
其他电工器材制造			16.13	56.13	6.27
电池制造	14.71	9.90	34.30	65.31	10.87
电池制造	14.71	9.90	34.30	65.31	10.87
家用电力器具制造	16.51	7.71	45.42	62.94	6.38
家用制冷电器具制造	27.27	47.41	18.14	42.28	6.34
家用空气调节器制造	50.00	24.33	27.99	39.98	6.37
家用通风电器具制造			24.41	57.62	7.08
家用厨房电器具制造	5.88	0.02	44.82	69.76	6.32
家用清洁卫生电器具制造	14.29	14.40	60.11	57.62	7.42
家用美容、保健电器具制造	42.86	56.38	69.31	17.56	9.17
家用电力器具专用配件制造	7.69	0.57	21.17	77.30	6.81
其他家用电力器具制造	5.00	5.25	73.50	65.38	4.41
非电力家用器具制造			57.38	68.49	6.57
燃气、太阳能及类似能源的器具制造			39.32	72.34	6.67
其他非电力家用器具制造			98.93	59.74	6.34
照明器具制造	10.13	9.57	59.81	62.19	7.13
电光源制造	2.78	0.34	51.24	67.96	8.86
照明灯具制造	17.65	22.74	62.68	57.35	6.04
灯用电器附件及其他照明器具制造	11.11	1.40	87.17	48.40	7.65
其他电气机械及器材制造			28.52	53.66	9.19
车辆专用照明及电气信号设备装置制造			28.38	52.88	8.68
其他未列明的电气机械制造			30.11	61.39	33.51
通信设备、计算机及其他电子设备制造业	13.64	18.19	59.98	74.00	7.62
通信设备制造	12.00	9.27	64.58	77.00	15.39
通信传输设备制造	12.50	8.57	41.06	81.85	3.58
通信交换设备制造			0.52	65.80	6.80
通信终端设备制造			29.87	58.97	10.82
移动通信及终端设备制造	16.67	10.16	66.71	77.17	19.55
其他通信设备制造			70.00	71.04	4.76
广播电视设备制造			36.16	75.13	4.36
广播电视节目制作及发射设备制造			41.96	40.83	130.22
广播电视接收设备及器材制造			48.35	67.29	7.82

1－E－3 续表 14－14

单位：个、万元、人

指 标 名 称	企业亏损面（%）	亏损率（%）	出口交货值占工业销售比重（%）	利润总额占利税比重（%）	存货周转次数（次）
应用电视设备及其他广播电视设备制造			12.00	78.64	1.76
电子计算机制造	22.22	32.05	75.54	84.95	10.42
计算机网络设备制造			29.75	84.78	8.13
电子计算机外部设备制造	25.00	32.99	78.89	84.96	10.65
电子器件制造	18.52	60.47	33.98	49.66	4.72
半导体分立器件制造	16.67	2.32	34.26	75.80	4.82
集成电路制造	37.50	46.24	19.90	41.35	3.69
光电子器件及其他电子器件制造	7.69	112.17	48.00	-99.50	6.55
电子元件制造	10.26	7.69	52.04	75.21	6.22
电子元件及组件制造	10.61	6.79	53.51	76.05	6.42
印制电路板制造	8.33	30.09	37.02	55.04	4.71
家用视听设备制造	40.00	68.88	77.29	24.67	1.60
家用影视设备制造	42.86	87.71	74.32	11.10	1.44
家用音响设备制造	33.33	12.24	92.93	50.90	11.00
其他电子设备制造			66.52	52.57	12.14
其他电子设备制造			66.52	52.57	12.14
仪器仪表及文化、办公用机械制造业	6.67	5.85	33.74	68.50	4.95
通用仪器仪表制造	2.44	1.33	26.87	72.63	5.22
工业自动控制系统装置制造			16.62	70.79	3.34
电工仪器仪表制造			11.67	62.48	7.53
绘图、计算及测量仪器制造			72.30	58.48	5.69
实验分析仪器制造	100.00		94.14	102.42	4.37
供应用仪表及其他通用仪器制造			21.86	83.80	7.61
专用仪器仪表制造	16.67	58.04	22.52	27.11	6.98
环境监测专用仪器仪表制造			9.69	46.07	7.40
汽车及其他用计数仪表制造	12.50	2.18	7.71	40.84	5.15
教学专用仪器制造			0.13	58.51	10.63
电子测量仪器制造	100.00		100.00	100.00	16.09
钟表与计时仪器制造			22.46	49.26	2.51
钟表与计时仪器制造			22.46	49.26	2.51
光学仪器及眼镜制造			68.20	75.95	3.44
光学仪器制造			66.08	83.84	5.08
眼镜制造			69.65	65.87	2.87
文化、办公用机械制造	11.11	0.75	51.06	67.68	5.24
照相机及器材制造			61.51	63.72	4.28
复印和胶印设备制造				71.38	11.40
计算器及货币专用设备制造			45.84	45.74	13.38
其他文化、办公用机械制造	25.00	1.46	53.48	77.47	4.32
其他仪器仪表的制造及修理	100.00		43.00	179.36	3.87

1－E－3 续表 14－15 单位：个、万元、人

指 标 名 称	企业亏损面（%）	亏损率（%）	出口交货值占工业销售比重（%）	利润总额占利税比重（%）	存货周转次数（次）
其他仪器仪表的制造及修理	100.00		43.00	179.36	3.87
工艺品及其他制造业	8.33	2.21	50.17	67.23	4.91
工艺美术品制造	6.78	0.70	47.60	69.29	4.12
雕塑工艺品制造			40.33	91.41	1.42
金属工艺品制造	28.57	14.56	39.91	34.30	6.10
漆器工艺品制造			100.00	45.04	2.97
花画工艺品制造			83.10	30.99	68.56
天然植物纤维编织工艺品制造			63.56	38.65	9.35
抽纱刺绣工艺品制造			77.72	63.87	9.93
地毯、挂毯制造			67.03	52.09	3.99
珠宝首饰及有关物品的制造			19.84	80.87	2.83
其他工艺美术品制造	13.33	3.68	74.10	57.23	6.13
日用杂品制造	10.42	4.45	54.08	64.33	6.94
制镜及类似品加工	50.00	8.60	11.24	65.32	5.17
鬃毛加工、制刷及清扫工具的制造			73.63	75.05	6.35
其他日用杂品制造	9.52	4.37	55.30	63.75	7.16
其他未列明的制造业			53.17	67.35	4.82
其他未列明的制造业			53.17	67.35	4.82
废弃资源和废旧材料回收加工业	75.00	891.78		138.06	5.52
金属废料和碎屑的加工处理	75.00	891.78		138.06	5.52
金属废料和碎屑的加工处理	75.00	891.78		138.06	5.52
电力、燃气及水的生产和供应业	**22.50**	**31.29**	**0.17**	**38.94**	**28.73**
电力、热力的生产和供应业	16.67	29.66	0.18	39.74	27.90
电力生产	36.67	42.09	0.40	36.09	12.08
火力发电	39.13	95.06	0.51	3.32	21.19
水力发电	50.00	647.01		200.90	187.09
核力发电				58.29	3.43
电力供应				45.08	819.90
电力供应				45.08	819.90
热力生产和供应				69.02	82.22
热力生产和供应				69.02	82.22
燃气生产和供应业	33.33	20.75		18.12	50.95
燃气生产和供应业	33.33	20.75		18.12	50.95
燃气生产和供应业	33.33	20.75		18.12	50.95
水的生产和供应业	54.55	129.40		－23.88	75.03
自来水的生产和供应	55.56	106.99		－4.71	67.95
自来水的生产和供应	55.56	106.99		－4.71	67.95
污水处理及其再生利用	50.00	1285.81		100.05	125.23
污水处理及其再生利用	50.00	1285.81		100.05	125.23

1－E－4 规模以上中型工业产品生产、销售、库存情况

产品名称	计量单位	年初库存量	本年生产量	本企业自用量及其他	本年销售量	年末库存量
铁矿石原矿	吨		1095855	1095855		
铜金属含量	吨	161	5347		5370	139
铅金属含量	吨	910	17422		18099	232
锌金属含量	吨	870	11915		12059	725
钼精矿折合量(折纯钼45%)	吨	50	1465		1313	202
硫铁矿石(折含硫35%)	吨	871	107540		107798	612
饲料	吨	24357	1087095	25740	1064648	21064
其中：配合饲料	吨	3053	409006	2426	405656	3977
混合饲料	吨	1381	87535	23314	64282	1320
宠物饲料	吨	88	5159		5176	71
精制食用植物油	吨	2187	172792		173142	1837
其中：大豆精制油	吨		42840		42840	
非食用植物油	吨	576	42464		42094	946
鲜、冷藏肉	吨	1287	75887	13	75885	1276
其中：鲜、冷藏猪肉	吨	89	60562		60562	89
熟肉制品	吨	162	8768		8660	270
冷冻水产品	吨	15580	192049	28448	161895	17286
熏制水产品	吨	637	2628		2603	662
鱼糜(熟肉)制品	吨	3572	55683	771	54030	4454
冷冻蔬菜	吨	12380	41230	1481	40287	11842
腌渍菜	吨	103	1017		1002	118
焙、炒加工的坚果及果仁	吨	3210	38105	3	39417	1895
豆腐及豆制品	吨		64331		64331	
糕点	吨		6734	32	6702	
面包	吨		3600		2500	1100
饼干	吨	7140	38119	1813	41635	1811
膨化食品	吨	419	33797		33822	394
糖果	吨	279	9742		9670	351
米制半成品	吨		16156		16156	
速冻米面食品	吨	3811	42000		40804	5007
方便面	吨	488	36874	－897	37876	383
乳制品	吨	934	144974	1200	143981	727
其中：液体乳	吨	934	144974	1200	143981	727
其中：酸牛乳	吨		26902		26902	
罐头	吨	84367	452929	725	436972	99598
其中：水产动物类罐头	吨	977	8162	6	8438	695
蔬菜类罐头	吨	85	9619		9192	512
水果类罐头	吨	68152	179043	335	169915	76943
味精(谷氨酸钠)	吨	8449	45375	44	50813	2967

1－E－4 续表1

产品名称	计量单位	年初库存量	本年生产量	本企业自用量及其他	本年销售量	年末库存量
酱油	吨	1284	20475		19525	2234
食醋	吨	1313	12073		11402	1984
复合调味品	吨	43	145		183	5
其中：鸡精	吨	43	125		163	5
冷冻饮品	吨	932	67213		67516	629
食品添加剂	吨	12	656		626	42
饲料添加剂	吨	386	5305		4861	830
饮料酒	千升	218487	2147700	21223	2091666	253298
其中：白酒(折65度,商品量)	千升	7443	13990		15396	6037
啤酒	千升	22527	1901114	19223	1878057	26361
黄酒	千升	186661	199320	2000	167280	216701
软饮料	吨	79362	2777326	10858	2785177	60553
其中：碳酸饮料类(汽水)	吨	10871	126069		130901	6039
包装饮用水类	吨	21770	838715	1861	853047	5577
果汁和蔬菜汁饮料类	吨	1710	137907	665	136286	2666
蛋白饮料类	吨	3744	472879	7818	461773	6932
其中：含乳饮料	吨	3574	454473	7818	443307	6822
固体饮料类	吨	21001	38412	2	32523	26888
茶饮料类	吨	2606	185369		187228	747
精制茶	吨	5200	29510		28474	6236
卷烟	万支	396	7609942		7588205	22133
1. 一类卷烟	万支	272	4473795		4455111	18956
2. 二类卷烟	万支	20	1332173		1332189	4
3. 三类卷烟	万支	94	161558		161648	4
4. 四类卷烟	万支		748939		748938	1
5. 五类卷烟	万支	10	893477		890319	3168
纱	吨	50704	719357	13244	701104	55712
1. 棉纱	吨	40033	514332	1449	509619	43297
2. 棉混纺纱	吨	7822	141509	10838	131363	7130
3. 化学纤维纱	吨	2849	63515	957	60122	5285
缝纫线	吨	4258	72719		72642	4335
布	万米	39819	407346	3796	398699	44670
其中：色织布(含牛仔布)	万米	606	11262	331	11230	308
其中：1. 棉布	万米	3642	59959	1787	58099	3715
2. 棉混纺布	万米	8334	51366	93	51182	8425
3. 化学纤维布	万米	27843	296021	1916	289417	32530
印染布	万米	23344	1396274	1761	1392505	25353
1. 漂白布	万米	1455	58268		57956	1766
2. 染色布	万米	18418	1090171	860	1087678	20051

1-E-4 续表2

产品名称	计量单位	年初库存量	本年生产量	本企业自用量及其他	本年销售量	年末库存量
3. 印花布	万米	3471	247836	901	246870	3536
毛条	吨	2668	19293		19472	2489
毛纱	吨	2769	12758	3043	10182	2302
绒线(俗称毛线)	吨	253	2380		2388	245
毛机织物(呢绒)	万米	258	1552		1524	286
亚麻纱(含亚麻≥55%)	吨	3504	28483	1274	26876	3836
亚麻布(含亚麻≥55%)	万米	224	654		603	275
生丝	吨	64	2987	609	2339	104
绢纺丝	吨	1475	7446	80	7303	1538
蚕丝及交织机织物(含蚕丝≥50%)	万米	1341	6642	215	6472	1296
合成纤维长丝机织物	万米	3856	56851		55341	5366
人造纤维长丝机织物	万米	61	10823		10811	73
印染蚕丝及交织机织物(含蚕丝≥50%)	万米	...	308	21	288	
床褥单类	万条	27	1806439	1	1625846	180620
床罩	万个	6	134		135	6
棉被	万条	84	1959	1	1963	78
毛巾	万条	74337	4704689		4614139	164886
毛毯	条	1485036	32721665		32940469	1266232
丝针织围巾	万条	7	61		55	13
丝针织领带	万条	422	11914	171	11550	615
蚕丝被	万条	1	1		1	1
纤维纺制的线、绳、索、缆	吨	92	1953		1872	173
帘子布	吨	1249	26756		25584	2421
无纺布(无纺织物)	吨	398	17217	52	17191	372
棉、化纤针织坯布	吨	5082	152349	15889	135202	6340
针织袜	万双	12574	212290	46	210392	14426
服装	万件	7673	153488	58	151346	9757
1. 针织服装	万件	2864	72267	19	70573	4539
其中：针织内衣	万件	210	4358		4060	508
针织T恤衫	万件	246	9695	2	9643	296
其中：棉针织T恤衫	万件	124	4430		4484	70
化学纤维针织T恤衫	万件		74		74	
丝针织T恤衫	万件	3	110		113	
针织休闲衫类服装	万件	344	3910		3842	412
针织衬衫	万件	6	420		415	11
针织运动类服装	万件	43	3338		3324	57
2. 梭织服装	万件	4809	81221	39	80773	5218
其中：毛制大衣	万件	26	513		490	49
羽绒服	万件	274	1903	2	1884	291

1－E－4 续表3

产品名称	计量单位	年初库存量	本年生产量	本企业自用量及其他	本年销售量	年末库存量
防寒服	万件	64	1832		1840	56
西服套装	万件	178	2837	2	2775	239
其中：男式西服套装	万件	30	762	2	760	30
女式西服套装（套裙）	万件	4	109	…	103	10
衬衫	万件	691	11969	3	11956	701
其中：男衬衫	万件	104	4085		4056	133
女衬衫	万件	35	910		901	44
裤	万件	561	8299		8386	475
其中：男裤	万件	421	2715		2896	239
女裤	万件	34	1848		1840	42
裙	万件	25	466		477	14
女式保健内衣	万件	8	182		185	5
睡衣裤	万件	8	84		76	16
婴儿服装及衣着附件	万件	28	785		772	41
运动服类服装	万件	87	1775		1772	90
轻革	平方米	4800022	70997890		70584566	5213347
其中：牛轻革	平方米	300903	10208813		10040674	469043
皮革鞋靴	万双	2452	43451	15	43327	2562
其中：皮革面旅游（运动）鞋靴	万双	164	5825	8	5798	183
皮革服装	件	142793	2940722		2919944	163571
衣箱、提箱及类似容器	万个	124	4361		4421	64
手提包（袋）、背包	万个	192	3263	18	3131	306
其中：天然皮革制手提包（袋）、背包	万个	2	84		81	5
天然皮革制座套	位（单座位）		1233877		1230652	3225
鞣制毛皮（折羊毛皮）	张	20834	7273211		5434955	1859090
天然毛皮服装	件	11000	187822		161773	37049
羽绒被	条	244021	11102631	2000	11129932	214720
锯材	立方米		2283		1820	463
人造板	立方米	32869	556272	409	531996	56735
其中：胶合板	立方米	31959	399782	409	379160	52171
纤维板	立方米	310	42795		39281	3824
人造板表面装饰板	平方米	445487	4493563		4493251	445799
实木制门	扇	19510	1656553		1613622	62441
非实木制门	扇	22223	597173		599560	19836
木制地板	平方米	1079725	19502732	4673	18776849	1800935
其中：实木木地板	平方米	595360	9367594		9386793	576161
复合木地板	平方米	292607	2633064		2702778	222893
竹地板	平方米	605	635400	3	632819	3183
家具	件	3924778	65989186	6897	65777594	4129473

1－E－4 续表4

产品名称	计量单位	年初库存量	本年生产量	本企业自用量及其他	本年销售量	年末库存量
其中：木质家具	件	400167	5588589	73	5524361	464322
竹、藤家具	件		65556		65519	37
金属家具	件	3139772	50346688	321	50344148	3141991
塑料家具	件	7360	678820	6497	625973	53710
软体家具	件	196414	6359929		6245834	310509
纸浆(原生浆及废纸浆)	吨	84	5124		4612	596
机制纸及纸板(外购原纸加工除外)	吨	312068	6130008	86366	5864742	490968
其中：未涂布印刷书写用纸	吨	1336	122314		117981	5669
其中：新闻纸	吨	842	48210		45392	3660
涂布类印刷用纸	吨	3611	85035		78419	10227
包装用纸及纸板	吨	204476	3151333	4352	3060409	291048
其中：箱纸板	吨	56307	612891	－412	614059	55551
白纸板	吨	128968	2075067	4764	1985813	213458
瓦楞原纸	吨	5612	205605		202979	8238
加工纸	吨	679	13704	164	11682	2537
其中：静电复印纸	吨	75	719		467	327
纸制品	吨	42218	1958257	9426	1947911	43139
其中：瓦楞纸箱	吨	28238	1086902	4810	1077395	32936
纸制文具及办公用品	吨	700	9690		9430	960
卫生用纸制品	吨	269	3415	2	3409	273
单色印刷品	令	49515	320171	41	320877	48768
多色印刷品	对开色令	1341302	12888995	2386	12458367	1769544
本册	万本	1332	40381	3	39333	2377
塑料印刷品	万印	15420	867180	12210	867070	3320
文具盒(铅笔盒)	万个	36	1370		1372	34
文件夹类文具	万个	392	8968		8920	440
修改类文具	千元	16896	83995		94591	6300
圆珠笔	万支	6232	84164		83588	6808
木杆铅笔	万支	2	200		202	
活动铅笔	万支	11704	50112		47249	14567
记号笔	万支	664	7633		8173	124
体育器材及配件	千元	3910	124801		107103	21608
球拍、球棒	支(根)	14356	237610		248547	3419
室内训练健身器材	台	149980	6495334		6429443	215871
钓鱼用品和器材	千元	175174	399844		378418	196600
西弦乐器	把	5935	153404		154291	5048
西管乐器	支	4611	77356		79575	2392
西乐键盘乐器	架	3233	41376		41832	2777
玩具	千元	63837	2628381	4145	2556475	131598

1－E－4 续表5

产品名称	计量单位	年初库存量	本年生产量	本企业自用量及其他	本年销售量	年末库存量
其中：供儿童乘骑的带轮玩具	千元	16515	1483346	1243	1464323	34295
填充类玩具	千元	18516	310837		310435	18917
木制玩具	千元	24140	637102	2882	592918	65442
塑胶玩具	千元	4666	153211	20	145680	12177
原油加工量	吨		955628		946678	8950
汽油	吨	846	214213	2	214796	261
柴油	吨	2541	582284	17	577770	7038
润滑油	吨		1003		986	17
燃料油	吨	31021	942265	161308	810783	1195
石脑油	吨		101092		98957	2135
溶剂油	吨		58291		53774	4517
液化石油气	吨		104401		100221	4180
石油焦	吨		214491		208704	5787
石油沥青	吨	18498	105803	22979	100135	1187
硫酸(折100%)	吨	2906	348484	18096	323588	9706
盐酸(氯化氢,含量31%)	吨	1010	237454	54281	182610	1573
过氧化氢(双氧水)	吨	173	57590	31	57461	271
烧碱(折100%)	吨	4209	466558	28240	437099	5428
其中：离子膜法烧碱(折100%)	吨	2541	269499	12944	255524	3572
纯碱(碳酸钠)	吨	931	151455	30991	117358	4037
亚硝酸钠	吨	11	18744		18568	187
丙烯	吨		23254		23134	120
纯苯	吨		16638		12931	3707
甲苯	吨	391	47467		41593	6265
混合二甲苯	吨		52074		45015	7059
二氯甲烷	吨	155	2493		2648	
对硝基氯苯	吨	391	14623	4399	10022	593
精甲醇	吨		90389	15095	73893	1401
甲醛	吨	310	28430		28320	420
浓硝酸	吨		21881		21881	
合成氨(无水氨)	吨	2251	356614	253440	92727	12698
农用氮、磷、钾化学肥料总计(折纯)	吨	2427	179385		169933	11880
1.氮肥(折含N100%)	吨	2427	179385		169933	11880
其中：尿素(折含N100%)	吨		39169		38475	694
碳酸氢铵(折含N100%)	吨	1731	65500		58406	8825
化学农药原药(折有效成分100%)	吨	5689	97088	650	96224	5903
其中：杀虫剂原药	吨	2193	27031	650	27618	956
杀菌剂原药	吨	1089	3972		4134	928
除草剂原药	吨	1788	52889		51139	3539

1－E－4 续表6

产 品 名 称	计量单位	年初库存量	本年生产量	本企业自用量及其他	本年销售量	年末库存量
涂料	吨	5058	93167	2890	90384	4951
其中：建筑涂料	吨		430		430	
油墨	吨	2604	33646		33311	2939
颜料	吨	2257	24955		25242	1970
其中：无机颜料	吨	150	510		530	130
有机颜料	吨	1922	19034		19576	1380
染料	吨	13026	177254	55	174559	15665
合成粘合剂（胶粘剂）	吨	6999	57406		57325	7080
初级形态的塑料	吨	75207	1167512	7963	1179869	54887
其中：聚丙烯树脂	吨	1555	34054	4372	31237	
聚氯乙烯树脂	吨	1211	47097	12	47953	343
合成橡胶	吨	231	1357		1418	170
合成纤维单体	吨	32575	1379927		1411384	1118
其中：精对苯二甲酸（PTA）	吨	31437	1365314		1396751	
合成纤维聚合物	吨	22252	2814555	384140	2433707	18960
其中：聚脂	吨	22252	2814555	384140	2433707	18960
化学试剂	吨	163	11731		11414	480
塑料助剂	吨	24	34603		34253	374
纺织工业用整理剂、助剂	吨	1301	32767	471	32072	1525
炭黑（或称炉黑）	吨	1980	57606		59360	226
硬脂酸	吨	97186	1197730	3969	1271474	19473
炸药	吨	1891	105901		105460	2332
肥（香）皂	吨	1309	66281		64149	3441
合成洗涤剂	吨	5480	126760	1186	119574	11480
其中：合成洗衣粉	吨	1397	40130	932	38172	2423
液体洗涤剂	吨	1207	31032	254	27911	4074
表面活性剂	吨	1201	25110		24590	1721
护肤用化妆品	千元	119660	4082015	7172	4003996	190507
美容、修饰类化妆品	千元	121	18488		18554	55
合成香料	吨	408	7671		6425	1654
香精	吨	408	7671		6425	1654
化学药品原药	吨	3073	51588	3594	47723	3344
其中：抗菌素（抗感染药）	吨	189	4016	79	3934	193
消化系统用药	吨	...	14	9	5	...
解热镇痛药	吨	596	12599	3061	9729	405
维生素类	吨	3	41		41	3
心血管系统用药	吨	85	1856		1820	121
冻干粉针剂	万瓶（支）	2475	15487	78	14810	3075
粉针剂	万瓶（支）	217	1988	...	1744	461

1－E－4 续表7

产品名称	计量单位	年初库存量	本年生产量	本企业自用量及其他	本年销售量	年末库存量
注射液	万支	3134	38038	9	37970	3193
输液	万瓶	670	5724	16	5437	940
片剂	万片	95341	876613	400	881984	89570
胶囊剂	万粒	44572	358014	181	339337	63069
颗粒剂	万袋(包)	831	10475	31	10505	769
膏霜剂	万支	24	164		164	24
口服液体制剂	万瓶	86	2566	...	2234	419
中成药	吨	856	8180	43	8044	949
其中：中成药丸剂	吨	52	333	2	314	69
中成药冲剂	吨	29	840	3	826	40
中成药胶囊	吨	6	140	1	142	3
兽用化学药品	吨	180	1237		951	466
生物化学药品	千克	306	47129		47116	319
医用缝合材料及外科用无菌材料	团(盒、瓶)	1597190	22476469		21332619	2741040
化学纤维用浆粕	吨	301	10150	8598	1367	486
化学纤维	吨	209444	6221006	249959	5902610	277881
其中：人造纤维(纤维素纤维)	吨	2600	154848		144848	12600
其中：粘胶纤维	吨	2600	154848		144848	12600
合成纤维	吨	204715	6026829	244726	5723818	263000
其中：锦纶纤维	吨	14640	123570	14	123662	14534
涤纶纤维	吨	172863	5726548	244707	5429352	225352
其中：涤纶长丝	吨	108512	3871612	237015	3595410	147698
腈纶纤维	吨	10421	54332		54774	9979
丙纶纤维	吨	548	25794		24087	2256
氨纶纤维	吨	3560	76979	6	70936	9598
橡胶轮胎外胎	条	247523	4835770	572	4767820	314901
其中：子午线轮胎外胎	条	93014	2843001	572	2815568	119875
其中：载货汽车橡胶轮胎外胎	条	72806	1544085		1578349	38542
力车橡胶轮胎外胎	条	958677	13408256	13600	13344603	1008730
力车橡胶胎内胎	条	1021680	15248533	13561	15304055	952597
橡胶输送带	平方米	2389201	37481627		36177762	3693066
橡胶管	万标米	45	550		536	60
橡胶板(片、带)	吨	6442	45736		44128	8050
橡胶零件、附件	吨	1667	26668	15	26658	1662
初级形状的再生橡胶	吨	1762	33621		34308	1075
日用橡胶制品	吨	24	433		425	32
胶鞋类	万双	174	4436		4487	123
塑料制品	吨	95820	2465479	72468	2344488	144342
其中：塑料薄膜	吨	12322	483114	40599	442097	12740

1－E－4　续表 8

产　品　名　称	计量单位	年　初 库存量	本　年 生产量	本企业 自用量 及其他	本　年 销售量	年　末 库存量
其中：农用薄膜	吨	1500	8813		9594	719
塑料板、片	吨	2925	31498	30	30043	4350
塑料管及其附件	吨	18476	315470	2025	313750	18171
塑料条、棒、型材	吨	10994	177747	22	157866	30853
塑料丝、绳及编织品	吨	9307	184584	665	182057	11169
其中：塑料编织布	吨	71	100		171	
塑料编织袋	吨	8929	167257	665	165545	9976
泡沫塑料	吨	208	4403		4414	197
塑料人造革、合成革	吨	7673	369339	823	365620	10569
塑料包装箱及容器	吨	725	46970		46781	914
塑料零件	吨	2239	94639	6553	87285	3039
日用塑料制品	吨	26656	556753	13426	526282	43700
建筑用塑料制品	吨	155	2730		2685	200
其他塑料制品	吨	4140	198233	8325	185608	8440
水泥熟料	吨	839303	38670453	25882076	12459571	1168108
其中：窑外分解窑水泥熟料	吨	839303	38434148	25662465	12442877	1168108
水泥	吨	811472	51154211	76506	51129023	760154
其中：1. 通用水泥	吨	766866	49590526	76506	49572434	708452
其中：硅酸盐水泥（P·Ⅰ或P·Ⅱ）	吨	15346	3421146		3427567	8925
普通硅酸盐水泥（P·O）	吨	395965	21591512	76506	21569736	341235
复合硅酸盐水泥（P·C）	吨	334736	23734469		23733760	335444
石灰石硅酸盐水泥（P·L）	吨	20819	843400		841371	22848
2. 专用水泥	吨	5214	613966		603142	16038
3. 特性水泥	吨	39392	949719		953447	35664
其中：强度等级42.5水泥（含R型）	吨	11435	480001		480960	10476
商品混凝土	立方米	450752	6784994	30040	6917904	287802
水泥混凝土排水管	千米	10	209	1	207	11
水泥混凝土压力管	千米	27	265	1	264	27
水泥混凝土电杆	根	17702	364558		361887	20373
预应力混凝土桩	米	1875509	15833275	10000	15212982	2485802
水泥混凝土预制构件	立方米		37508		37508	
砖	万块	264	4656		3933	987
其中：烧结粘土砖	万块	264	4656		3933	987
瓷质砖	平方米	134649	5730296		4852503	1012442
陶质砖	平方米	651678	3887249		3880030	658897
人造石材	平方米	6392	35035		22945	18482
平板玻璃	重量箱	490192	22417262	526395	21588533	792526
钢化玻璃	平方米	945316	11827667	511	11928943	843529
夹层玻璃	平方米	32900	420995		418387	35508

1－E－4 续表9

产品名称	计量单位	年初库存量	本年生产量	本企业自用量及其他	本年销售量	年末库存量
中空玻璃	平方米	34873	623875		594624	64124
日用玻璃制品	吨	4036	126946	575	122476	7931
玻璃包装容器	吨	22260	87550		78085	31725
其中：玻璃啤酒瓶	吨	22260	87550		78085	31725
玻璃保温容器	万个		529		529	
玻璃纤维纱	吨	407	3644	1264	2085	702
玻璃纤维毡	吨	1444	21903		21263	2084
玻璃纤维布	米	5710000	40410000	380000	40880000	4860000
卫生陶瓷制品	件	20964	273892		278092	16764
其中：陶瓷质洗涤器	件	8133	66030		62879	11284
日用陶瓷制品	万件	162	496	1	514	143
石棉制品	吨	300	2235	165	2061	309
耐火材料制品	吨	8064	423454		422410	9108
石墨及炭素制品	吨		36769		36769	
粗钢	吨	4727	383116	192201	187983	7659
其中：不锈钢	吨	4727	383116	192201	187983	7659
电弧炉钢	吨	2565	192349	192201		2713
其中：感应电炉钢	吨	1149	180032		177299	3882
其他炉种冶炼钢	吨	1013	10735		10684	1064
钢材	吨	190013	5272852	297344	4906074	259446
其中：中小型型钢	吨		182720		182720	
棒材	吨	11980	687574	1078	669584	28892
钢筋	吨		225502		225502	
线材（盘条）	吨	11586	355534		357145	9974
热轧薄板	吨		78628		78628	
冷轧薄板	吨	4178	73218		73957	3439
热轧薄宽钢带	吨	10475	297701		298128	10048
冷轧薄宽钢带	吨	12359	602039	4210	608052	2136
热轧窄钢带	吨	129	61313		59955	1487
冷轧窄钢带	吨	2509	236630		233009	6130
镀层板（带）	吨	23453	502845		477915	48383
其中：镀锌板（带）	吨	23453	502845		477915	48383
电工钢板（带）	吨	3357	92018	39217	53511	2647
无缝钢管	吨	56505	723686	161	718722	61307
焊接钢管	吨	50797	1079858	242574	806731	81350
其它钢材	吨	2686	73585	10104	62515	3652
用外购国产钢材再加工生产的钢材	吨	14896	279163	8689	278297	7073
铁合金	吨	6710	57823		59069	5464

1-E-4 续表10

产品名称	计量单位	年初库存量	本年生产量	本企业自用量及其他	本年销售量	年末库存量
其中：特种铁合金	吨	6710	57823		59069	5464
十种有色金属	吨	2483	304038	60722	244532	1267
其中：精炼铜(电解铜)	吨	1070	227760		228653	177
锌	吨	1410	15570	11	15879	1090
原铝(电解铝)	吨	3	60708	60711		
再生铝	吨	295	18987		18719	563
黄金	千克	205	4805		4820	190
白银(银锭)	千克	4720	111042		108819	6943
混合稀土金属	千克	32000	1052000		1014000	70000
单晶硅	千克	14712	89055	-380	77903	26244
铜合金	吨	330	16379	800	15095	814
锌合金	吨		305		290	15
铝合金	吨	667	24260		23522	1405
硬质合金	吨		107		107	
稀有稀土金属合金	吨	15	1300		1303	12
铜材	吨	15009	566994	662	570841	10500
其中：铜板材	吨	450	24766		24420	796
铜带材	吨	297	116762	621	115541	897
铜棒材	吨	5493	63819		65775	3537
铜管材	吨	678	41474		41869	283
铜线材	吨	2022	84358	37	85128	1216
铜盘条(电工用铜线坯)	吨	903	37030	32	37867	34
铝材	吨	20730	604673	3937	595757	25708
其中：铝棒材	吨	43	983		1003	23
铝型材	吨	4529	146937		145825	5641
铝板材	吨	4973	208787		208424	5336
铝带材	吨	303	9159		9052	410
铝箔材	吨	14	369		381	2
铝管材	吨	367	2511		2692	186
铝线材	吨		8727		8727	
铝盘条(电工用圆铝杆)	吨	435	19532		19547	420
钢结构及其产品	吨	44998	631945		638122	38821
金属制门及其框架、门槛	吨	14379	348572	1	349510	13440
金属切削工具	万件	860	17840	2	17136	1561
通用手工具	万把	709	41483		41307	885
专用手工具	万把	946	4713		5485	174
日常用剪刀	万把	355	2743		2585	513
日常用刀	万把	63	7527		7525	65

1－E－4 续表11

产品名称	计量单位	年初库存量	本年生产量	本企业自用量及其他	本年销售量	年末库存量
金属集装箱	立方米	542831	9339986		9646183	236634
金属压力容器	吨	614	37289		37165	738
金属包装容器	吨	15608	109093		109629	15072
金属丝	吨		180098		180098	
其中：钢丝	吨		180098		180098	
钢丝绳	吨	818	19865		19398	1285
钢绞线	吨	1349	69332		64886	5795
锁具	万把	444	17290	140	16777	816
保险柜	个	123896	297726	585	305178	115859
搪瓷制品	吨	2131	32625	51	31268	3437
不锈钢日用制品	吨	19204	360207	3	362429	16979
其中：不锈钢制洗涤、卫生器具	吨	18439	271491		274379	15551
厨房用手动机械器具	吨	308	10053		9793	568
水龙头(水嘴)	只(套)	1350802	25770665	150	25199790	1921527
金属铸造制品	吨	931	11428		12101	258
电站锅炉	蒸发量吨	1167	9246		9437	976
工业锅炉	蒸发量吨	19	26		35	10
发动机	台	21750	2706031	1558	2705680	20543
发动机	千瓦	358736	30727821	337086	30035739	713732
其中：汽车用发动机	台	3424	91163	1089	88797	4701
汽车用发动机	千瓦	62661	14619400	296200	13972137	413724
摩托车用发动机	台	3239	1469060		1470404	1895
摩托车用发动机	千瓦	15490	8706294		8712441	9343
水轮机	千瓦	346155	363910		400370	309695
其中：电站水轮机	千瓦	346155	363910		400370	309695
金属切削机床	台	7667	40786	3	40696	7754
磨床	台	1055	3379		2667	1767
其中：数控金属切削机床	台	2485	17747	3	18125	2104
其中：加工中心	台	207	1753		1597	363
金属成形机床	台	2770	19292	33	17505	4524
金属成形机床	吨	5571	70463	119	66208	9706
其中：锻造机及冲压机械	台	1933	14365		13302	2996
金属加工压力机	台	561	3194	33	2483	1239
弯曲、折叠、矫直或矫平机床	台	7				7
其中：数控金属成形机床(数控锻压设备)	台	83	294		289	88
数控金属成形机床(数控锻压设备)	吨		1			1
铸造机械	台	75	408		383	100
电焊机	台	19471	1505263		1504403	20331

1－E－4 续表 12

产 品 名 称	计量单位	年 初 库存量	本 年 生产量	本企业自用量及其他	本 年 销售量	年 末 库存量
工具夹具	件	1004279	5257349		5264925	996703
轻小型起重设备	台	163550	5080320	59	5060060	183751
轻小型起重设备	吨	8705	408961	2	408596	9068
其中：手动葫芦	台	35011	292754	57	275013	52695
手动葫芦	吨	663	4799	2	3999	1461
电动葫芦	台	7397	406774	2	407258	6911
电动葫芦	吨	3549	174344		174218	3675
千斤顶	台	62347	2903479		2907364	58462
千斤顶	吨	799	52033		52075	757
起重机	台	41	716	3	718	36
起重机	吨	694	12664	70	12643	645
其中：塔式起重机	台	1	58		54	5
塔式起重机	吨	30	1740		1620	150
门式起重机（龙门起重机）	台	4	102	1	101	4
门式起重机（龙门起重机）	吨	192	4896	48	4848	192
桥式起重机	台	36	556	2	563	27
桥式起重机	吨	472	6028	22	6175	303
电梯、自动扶梯及升降机	台	122	19958	2	19882	196
其中：电梯	台	58	4314		4249	123
自动扶梯	台	12	535	1	523	23
自动人行道	台	2	109	1	110	
电动车辆（电动叉车）	台	1183	109622		109568	1237
内燃叉车	台	2442	33338	5	33771	2004
输送机械（输送机和提升机）	台	203	7099		5811	1491
输送机械（输送机和提升机）	米		11638		11638	
其中：带式输送机	台	203	7099		5811	1491
带式输送机	米		11638		11638	
装卸机械	台	757	23983		23957	783
泵	台	686796	16408555	21358	16137948	936045
其中：真空泵	台	345339	3925468	21353	3784540	464914
气体压缩机	台	761013	7648920		7605168	804765
其中：制冷设备用压缩机	台	707154	6567226		6525874	748506
阀门	吨	13410	365845	6	357102	22148
1. 普通阀门	吨	13275	337598	6	329260	21608
2. 真空阀门	吨	135	28247		27842	540
液压元件	件	508137	40398348		40359713	546772
液压系统及装置	套		48		48	
液力机械及装置	台（套）	22646	604123		607674	19095

1－E－4 续表13

产品名称	计量单位	年初库存量	本年生产量	本企业自用量及其他	本年销售量	年末库存量
气动元件	件	561714	13852577		13085197	1329094
滚动轴承	万套	18167	203926	590	197249	24254
轴承零配件	吨	335	11848		11804	379
齿轮传动轴	吨	1418	7173		7460	1131
齿轮	吨	8162	146294		143414	11042
钢铁铰接链（工业链条）	吨	42141	514427		512350	44218
风机	台	19148	232363		228675	22836
热交换装置	台	20	1320		1310	30
气体分离及液化设备	台	13	217		221	9
冷却设备	台	10	2642		2622	30
非家用制冷、空调设备	台（套）	100	7887		7887	100
其中：制冷设备	台（套）	4	68		68	4
风动或液压工具	台	73942	4169459		4186304	57097
电动手提式工具	台	2281784	47823851	350	47601388	2503897
灭火器	台	20000	4943994	500	4948994	14500
包装专用设备	台		151		151	
衡器（秤）	台	15104	2371153		2371716	14541
其中：工业用衡器	台	6085	1080944		1082461	4568
商业用衡器	台	7451	1038075		1037359	8167
减速机	台	16955	677030		671797	22188
机械密封件	套	425000	7456500		7226050	655450
金属紧固件	吨	61857	708569		686181	84245
弹簧	吨	560	15805	1	15818	546
铸铁件	吨	21125	270617	555	273503	17684
铸钢件	吨	9809	163164	4731	155703	12539
锻件	吨	2989	83784		82516	4257
粉末冶金零件	吨	2906	21082		20543	3445
采矿专用设备	台	25260	488950		471915	42295
采矿专用设备	吨	1758	41814		40139	3433
挖掘、铲土运输机械	台	52	2909		2915	46
其中：挖掘机	台		2741		2741	
装载机	台	52	168		174	46
水泥专用设备	吨	44	8649		8693	
混凝土机械	台		4360		4180	180
其中：混凝土搅拌车	台		4360		4180	180
炼油、化工生产专用设备	吨	962	14827	29	13901	1858
炼油、化工生产专用设备	台	139	770	5	631	273
塑料加工专用设备	台	4321	31232	85	30741	4727

1－E－4　续表 14

产　品　名　称	计量单位	年　初 库存量	本　年 生产量	本企业 自用量 及其他	本　年 销售量	年　末 库存量
塑料加工专用设备	吨	17614	126267	170	121363	22348
模具	套	24874	132460	220	123930	33184
其中：金属冲压模具	套	23867	104355		96131	32091
金属铸造模具	套	29	505		483	51
酒及饮料加工机械	台	2	68		69	1
细纱机	台	20	1134	3	1110	41
织机	台	543	7569	2	7389	721
缝纫机	台	250244	2523459	34749	2517718	221236
1. 家用型缝纫机	台	58359	1478114	147	1469597	66729
2. 工业用缝纫机	台	191885	1045345	34602	1048121	154507
其中：刺绣机（绣花机）	台	145	4459		4405	199
拖拉机	台	7256	78503	18	78060	7681
其中：中型拖拉机	台	2228	19366	14	18773	2807
小型拖拉机	台	5028	59137	4	59287	4874
植保机械	台	208109	1913439		1913133	208415
农作物收获机械	台	155	4489		4489	155
其中：联合收割机	台	155	4489		4489	155
环境污染防治专用设备	台（套）	43	866		859	50
其中：大气污染防治设备	台	43	708		709	42
其中：除尘设备	台	43	700		701	42
铁路机车车辆配件及零件	吨	1019	17584		17534	1069
汽车	辆	3143	143888	15	145414	1602
乘用车	辆	2461	111439	15	112619	1266
基本型乘用车（轿车）	辆	2461	111439	15	112619	1266
其中：1升<排量≤1.6升	辆	93	63901	15	63071	908
1.6升<排量≤2.0升	辆	2368	47538		49548	358
客车	辆	338	11580		11807	111
其中：大型客车（车长>10米）	辆	97	2024		2063	58
中型客车（7米<车长≤10米）	辆	46	87		130	3
轻型客车（车长≤7米）	辆	195	9469		9614	50
载货汽车	辆	320	20109		20303	126
汽车底盘	辆	24	760		685	99
改装汽车	辆	218	7463		7438	243
其中：改装载货汽车	辆		2982		2982	
改装客车	辆	174	2943		2917	200
挂车、半挂车	辆	2196	37668		37044	2820
机动车（汽车）零配件	千元	1951571	35538281	86292	34242176	3161385
摩托车整车	辆	12300	628003	53	623776	16474

1－E－4 续表15

产品名称	计量单位	年初库存量	本年生产量	本企业自用量及其他	本年销售量	年末库存量
摩托车零部件及配件	千元	200644	4548424	656	4390474	357937
两轮脚踏自行车	辆	126030	6680846	5462	6607502	193912
电动自行车	辆	8127	672856		671927	9056
民用钢质船舶	载重吨	489158	3527857		3511761	505255
钢质机动货船	载重吨	255659	3180253		3155316	280597
钢质机动非货船	载重吨	233499	292804		301645	224658
船舶修理	载重吨	330036	28147082		28153070	324048
发电机	台	26033	427513		430816	22730
其中：交流发电机	台	2101	285839		284926	3014
发电机组(发电设备)	台	78	195		196	77
发电机组(发电设备)	千瓦	546925	3235646		3146096	636475
其中：水轮发电机组	台	35	72		71	36
水轮发电机组	千瓦	282425	2264006		2212956	333475
汽轮发电机	台	43	123		125	41
汽轮发电机	千瓦	264500	971640		933140	303000
内燃发电机组	千瓦	4080	198810		199810	3080
直流电动机	千瓦	31609	568923		593002	7530
交流电动机	千瓦	364520	7857993	166	7808445	413902
微电机	万台	691	16033	78	15812	835
其中：控制微电机	万台	9	1044		1043	10
驱动微电机	万台	13	476		473	16
变压器	台	168209	6138031	842	6118063	187335
变压器	千伏安	3638474	39246052	2420	38248544	4633562
其中：电力变压器	台	20553	481970	6	483674	18843
电力变压器	千伏安	3536613	34603700	2400	33601904	4536009
其中：电力变压器(额定容量≥8000kVA)	台	71	591		585	77
电力变压器(额定容量≥8000kVA)	千伏安	718000	14502000		14185000	1035000
其中：电力变压器(额定容量≥8000kVA,220kV≤电压<500kV)	台	3	16		15	4
电力变压器(额定容量≥8000kVA,220kV≤电压<500kV)	千伏安	176000	908000		845000	239000
电力变压器(额定容量≥8000kVA,110kV≤电压<220kV)	台	23	122		120	25
电力变压器(额定容量≥8000kVA,110kV≤电压<220kV)	千伏安	235000	1245000		1210000	270000
电力变压器(5000kVA<额定容量<8000kVA)	台	50	195		192	53
电力变压器(5000kVA<额定容量<8000kVA)	千伏安	315000	1178000		1159000	334000
电力变压器(额定容量≤5000kVA)	台	1619	5607		5596	1630
电力变压器(额定容量≤5000kVA)	千伏安	151000	4999000		4935000	215000
互感器	台	182758	3198510	66	3242136	139066
电力电容器	千乏	164460	1763175		1679850	247785
电力电容器成套装置	套	732	21829		21192	1369

1－E－4 续表16

产 品 名 称	计量单位	年初库存量	本年生产量	本企业自用量及其他	本年销售量	年末库存量
配电或电器控制设备(11万伏以下)	台(套、面)	1172448	80887840	132	76215642	5844514
其中：高压电路开关、保护电器装置	台(套)	12034	16962		26240	2756
高压开关板	面	754	25621		25337	1038
漏电断路器	台	130703	11806894		11666517	271080
低压开关板	面	30439	487466		483202	34703
高压开关设备(11万伏以上)	台	284	8047	146	8021	164
其中:550kV(含330kV)及以上全封闭组合电器(GIS)	间隔		23		23	
安全、自动化监控设备	台(套)	24	123		125	22
继电器	万个	35319	251198	1	277292	9224
电线	千米	26991	1794417	15168	1753532	52708
通信及电子网络用电缆	对千米	625449	13137300	190	13171486	591073
电力电缆	千米	31308	663125	10	672024	22399
裸铜线	吨	921	33134		33840	215
漆包绕组线	吨	7532	96178		99957	3753
电子元器件引线	吨	2115	85634		84617	3133
裸铝线	吨	2168	117212		116376	3004
光纤	千米	601	6041	782	5695	165
光缆	芯千米	54550	6434563	35620	6251742	201751
铅酸蓄电池	千伏安时	216472	8798191	165	8745738	268760
其中：电动自行车用铅酸蓄电池	千伏安时	153104	4724670		4660712	217062
用于起动活塞发动机铅酸蓄电池	千伏安时	28784	404473		432986	271
碱性蓄电池	只(自然只)	14859265	49198611		42513105	21544771
其中：氢镍蓄电池	只(自然只)	14859265	49190305		42504799	21544771
锂离子电池	只(自然只)	548415	18005470	152340	17030697	1370848
原电池及原电池组(折R20标准只)	万只	15059	418065	57	420106	12961
其中：碱性锌锰原电池(组)	万只	2714	166592		166503	2802
太阳能电池	千瓦	5905	90606		82448	14063
家用电冰箱	台	263379	2797362	7867	2756491	296383
其中：双门电冰箱	台	79197	918808		929292	68713
单门电冰箱	台	2795	249026		251061	760
家用冷柜(家用冷冻箱)	台	63213	735598		729785	69026
房间空气调节器	台	136602	786909		810354	113157
分体式房间空气调节器	台	12737	134620		130028	17329
家用电风扇	台	168846	3006116		2806152	368810
家用吸排油烟机	台	83846	1698361		1680633	101574
家用电热烹调器具	个	413111	9799050		9658229	553932
家用电热烘烤器具	个	588207	14013198		14075008	526397
电咖啡壶	个	5408	211840		205001	12247

1－E－4 续表17

产品名称	计量单位	年初库存量	本年生产量	本企业自用量及其他	本年销售量	年末库存量
电水壶	个	1056005	26824762		26626202	1254565
电冷热饮水机	台	507367	5500444		5417396	590415
家用电炉灶	个	185408	6716879		6285209	617078
其中：电磁炉	台	169245	6241295		5816619	593921
家用食品加工电动器具	个	27174	444655		434994	36835
家用洗衣机	台	710501	9669880	160	9616060	764161
其中：全自动洗衣机	台		38600		38600	
其中：波轮式全自动洗衣机	台		38600		38600	
半自动双缸洗衣机	台	3286	1543001		1528530	17757
家用电热水器	台	99533	513530		499459	113604
家用吸尘器	台	262816	7742584	1320	7773201	230879
电吹风机	万个	151	1881		1870	162
电动剃须刀	万个	74	2686		2673	87
电暖气	台	391208	12650066		12520988	520286
电熨斗	万个	51	2128		2054	125
家用燃气用具	台	53098	1557935		1546106	64927
其中：家用燃气灶具	台	52498	1529279		1517050	64727
太阳能热水器	台		20940		20940	
电光源	万只	5550	292086	171	288062	9403
其中：白炽灯泡	万只	86	1052		862	276
荧光灯	万只	1135	65660	171	64273	2351
其中：紧凑型荧光灯	万只	642	20390		19674	1357
金属卤化物灯	万只	3	576		578	1
灯具及照明装置	套(台、个)	4597659	141438614	60000	139315830	6660443
其中：室内照明灯具	套	334842	5885466		5181477	1038831
户外照明用灯具及装置	套	600967	25192424		25064811	728580
其中：街灯及照明装置	台	10112	3578935		3587261	1786
灯用镇流器	万个	19	2004		2007	17
光纤放大器	部	15508	109591	5161	108171	11767
GPS接收机	部	3018	86350		88805	563
微波收发通信机	部		429268		420592	8676
数字程控交换机	线	43029	706202		712441	36790
移动通信基站设备	信道	5000	30000		29000	6000
移动通信手持机(手机)	台	288193	23939144		23998300	229037
电视发射设备	台	4211	66488	5179	63586	1934
卫星电视接收转发设备	台	15	5743	686	5036	36
电视接收机顶盒	台		790572		790572	
网络控制设备	台	15	6947		6934	28

1－E－4 续表18

产品名称	计量单位	年初库存量	本年生产量	本企业自用量及其他	本年销售量	年末库存量
网络连接设备	台	1	3		4	1
其中：路由器	台	1	2		2	1
显示器	台	879208	3394052	3	3476412	796845
其中：平板显示器	台	879208	3394052	3	3476412	796845
外存储设备及部件	台(个)	3745	72000		70999	4746
其中：光盘存储器	台	3745	72000		70999	4746
半导体分立器件	万只	230189	1837953	153	1881776	186213
敏感元件及传感器	万只	242	17010		16980	272
集成电路	万块	34399	157963		151464	40898
集成电路圆片	万片	2	72		73	1
光电子器件	万只(片、套)	4596	147385	5059	138422	8500
其中：半导体光电器件	万只	3775	40489		37620	6644
其中：发光二极管(LED)	万只	3775	40489		37620	6644
液晶显示模组	万套		2002063	37	1984602	17424
激光器件	万只	47	5765	322	5406	84
电子元件	万只	89062	1315702	5412	1284324	115029
其中：片式元件	万只	920	22993	55	21722	2136
射频元器件	万只	45	734	4	725	50
电声器件	万只	1310	24894		24820	1384
磁性材料元件	万只	19166	245673	37994	204368	22477
其中：金属软磁元件	万只	2532	67673		67248	2957
印制电路板	平方米	68532	3098157		3084272	82417
其中：刚性印制电路板	平方米	35153	538379		538166	35366
彩色电视机	台	184358	2175872	5	2012213	348012
其中：显像管彩色(CRT)电视机	台	132746	620061		599449	153358
液晶(LCD)电视机	台	22035	201799	5	199049	24780
黑白电视机	台	19808	116159		135967	
家用摄录像机	台	3477	83820		86449	848
收音机	台		151764		151764	
组合音响	台	38082	386045	9387	388498	26242
工业自动调节仪表与控制系统	台(套)	163721	430843		460708	133856
1. 工业自动调节仪表	台		39910		38192	1718
2. 工业自动控制系统	台(套)	163721	390933		422516	132138
电工仪器仪表	台	1195561	32503997	10	32179239	1520309
其中：电能表	台	265324	20499088		20226075	538337
量具	万件	624	8847		8500	971
工业仪表	台(个)	525845	8556232		8650493	431584
其中：压力测量仪表	台	6242	104		6285	61

1－E－4　续表 19

产品名称	计量单位	年初库存量	本年生产量	本企业自用量及其他	本年销售量	年末库存量
流量测量仪表	台	519602	8556118		8644197	431523
其中：煤气表	个	19442	220316		197942	41816
水表	个	500160	8335800		8446255	389705
环境监测专用仪器仪表	台		2310		2310	
汽车仪器仪表	台	98123	3557434		3550299	105258
表	只	80401	817719	17268	843217	37635
光学仪器	台(个)	18845	1945289		1932313	31821
其中：显微镜	台	151	61026		61000	177
眼镜成镜	副	8970047	82490634	17090	81645411	9798180
眼镜片	片	9283594	49454489		46829413	11908670
眼镜框架	副	221344	6176546		6155158	242732
照相机	台	77234	1319223		1340577	55880
其中：数码照相机	台	77234	1319223		1340577	55880
电子计算器	台		1575710		1567866	7844
金属工艺品	千元	16558	532342		533165	15735
漆器工艺品	千元	375	141994		141729	640
花画工艺品	千元	199399	300374	188770	279370	31633
天然植物纤维编织工艺品	千元		28773		28044	729
抽纱刺绣工艺品	千元	47234	2305222	3205	2236077	113175
机制地毯、挂毯	平方米	96017	8951324		8939733	107608
贵金属首饰	千元	147654	2140200		2134621	153233
漆刷及类似刷	万把	29	240		258	11
伞类制品	把	20499646	203986726	254864	206014241	18217267
打火机	万个	7969	117246		118647	6568
拉链	万米	19216	306250		302149	23317
熔炼用废钢	吨	512	28435		24048	4899
熔炼用废铁	吨	78	21303		20812	569
发电量	万千瓦小时		9791612	615910	8921299	
其中：火力发电量	万千瓦小时		7246509	592787	6399318	
水力发电量	万千瓦小时		213941	951	212990	
核能发电量	万千瓦小时		2299399	19308	2280091	
售电量	万千瓦小时		3414937	78944	4748198	
供电量	万千瓦小时		1704543	17854	3034647	1
供热总量	万吉焦		18286369	607752	17678617	
人工煤气供应总量	万立方米		1086		1086	
天然气供应量	万立方米		20409		20409	
液化石油气供应总量	万吨				3	…
自来水生产量	万立方米		124921	11593	113328	

浙江经济普查年鉴

Zhejiang Economic Census Yearbook

2008

第二产业卷｜下册

浙江省人民政府第二次经济普查领导小组办公室　编

中国统计出版社
China Statistics Press

目　　录

第一篇　工　业

A. 综　合

B. 国有及国有控股企业

C. 集体企业

D. 外商投资和港澳台投资企业

E. 大中小型企业

F. 能　源

第二篇　工业企业科技活动

A. 规模以上工业企业

B. 大中工业企业

第三篇 建筑业

A. 综 合

B. 总承包和专业承包建筑企业

C. 劳务分包建筑企业

D. 资质以外建筑企业

第一篇 Part One

工业 [续2]

Industry Continuation 2

浙江经济普查**年鉴**

Zhejiang Economic Census Yearbook 2008

1－E－5　全部小型工业企业主要经济指标

单位：个、万元、人

指标名称	企业数	亏损企业	工业总产值（当年价）	固定资产原价	所有者权益合计
总　计	**220072**	**28587**	**228225156**	**82405052**	**81179875**
一、按轻重工业分					
轻工业	103834	14122	99560483	34118615	34236071
重工业	116238	14465	128664674	48286437	46943804
二、按登记注册类型分					
内　资	**208835**	**24842**	**184340375**	**63408555**	**59448226**
国　有	526	179	4374314	4645573	2275363
集　体	2475	387	1497985	674111	649867
股份合作企业	6902	519	4234173	1306048	1396262
联营企业	98	27	72038	49326	36289
国有联营	9	1	6507	19923	9832
集体联营	73	21	27030	18765	17591
国有与集体联营	8	2	22020	5171	3360
其他联营	8	3	16481	5467	5506
有限责任公司	10535	1798	28430646	13855001	11010567
国有独资公司	67	29	195549	637369	326525
其他有限责任公司	10468	1769	28235096	13217632	10684042
股份有限公司	899	151	2580229	1122284	1765209
私营企业	186605	21711	142532962	41444967	42128995
私营独资	74860	6527	25295734	6673834	6645414
私营合伙	14675	1218	5584960	1560776	1670943
私营有限责任公司	95390	13698	109541256	32468386	32920807
私营股份有限公司	1680	268	2111012	741970	891831
其　他	795	70	618029	311246	185674
港澳台商投资	**4992**	**1649**	**20758120**	**8171652**	**9737073**
与港澳台商合资经营	2602	750	12486332	4257810	5019648
与港澳台商合作经营	91	21	420819	336744	249445
港澳台商独资	2180	842	7410686	3358639	4208467
港澳台商投资股份有限公司	119	36	440284	218459	259513
外商投资	**6245**	**2096**	**23126662**	**10824845**	**11994576**
中外合资经营	3388	964	13157479	5090670	5848848
中外合作经营	125	32	598698	347018	286310
外资企业	2659	1079	9176779	5260232	5742241
外商投资股份有限公司	73	21	193705	126925	117177
三、按控股情况分					
国有控股	941	303	8814364	11571275	5599197
集体控股	4128	715	5634276	2393257	2195035
私人控股	206540	24628	182387158	53700513	56435611
港澳台商控股	3510	1243	13238956	5538392	7093224

1-E-5 续表1-1

单位:个、万元、人

指标名称	企业数	亏损企业	工业总产值（当年价）	固定资产原价	所有者权益合计
外商控股	4113	1522	14957013	7971775	8617934
其他	840	176	3193389	1229840	1238875
四、按国民经济行业(门类、大类、中类、小类)分					
采矿业	**1389**	**157**	**1499722**	**556827**	**539129**
黑色金属矿采选业	12	1	142477	9173	48536
铁矿采选	11	1	142345	9145	48521
铁矿采选	11	1	142345	9145	48521
其他黑色金属矿采选	1		132	28	15
其他黑色金属矿采选	1		132	28	15
有色金属矿采选业	57	12	64972	25791	44967
常用有色金属矿采选	35	7	37402	13747	23515
铜矿采选	8	2	11522	2114	11019
铅锌矿采选	25	5	25198	11505	12347
锑矿采选	1		427	98	99
铝矿采选	1		255	30	50
贵金属矿采选	4		3757	2363	2949
金矿采选	2		1725	1829	1977
银矿采选	1		1660	499	909
其他贵金属矿采选	1		372	34	64
稀有稀土金属矿采选	18	5	23813	9681	18504
钨钼矿采选	18	5	23813	9681	18504
非金属矿采选业	1305	143	1288475	520792	444759
土砂石开采	1185	118	1219944	484133	424422
石灰石、石膏开采	157	20	142754	59027	48968
建筑装饰用石开采	372	35	502695	179277	143090
耐火土石开采	116	9	130064	26982	45331
粘土及其他土砂石开采	540	54	444432	218848	187033
化学矿采选	6	1	4454	1544	617
化学矿采选	6	1	4454	1544	617
采盐	25	14	6445	8051	6109
采盐	25	14	6445	8051	6109
石棉及其他非金属矿采选	89	10	57632	27064	13611
其他非金属矿采选	86	9	56678	26326	12518
石棉、云母矿采选	1		236	700	700
石墨、滑石采选	1		492	28	25
宝石、玉石开采	1	1	226	11	368
煤炭开采和洗选业	12	1	2993	852	789
其他煤炭采选	12	1	2993	852	789
其他煤炭采选	12	1	2993	852	789

1－E－5 续表1－2

单位：个、万元、人

指 标 名 称	企业数	亏损企业	工业总产值（当年价）	固定资产原价	所有者权益合计
其他采矿业	3		805	219	78
其他采矿业	3		805	219	78
其他采矿业	3		805	219	78
制造业	**215224**	**27849**	**218489985**	**67774741**	**74282490**
农副食品加工业	3684	542	5424984	1431620	1399079
谷物磨制	202	36	321240	68253	48495
谷物磨制	202	36	321240	68253	48495
饲料加工	366	50	885097	162749	156371
饲料加工	366	50	885097	162749	156371
植物油加工	150	30	807833	130413	84721
食用植物油加工	132	26	797115	126858	82121
非食用植物油加工	18	4	10718	3555	2601
屠宰及肉类加工	499	97	485655	146448	155844
畜禽屠宰	142	41	96285	46645	33176
肉制品及副产品加工	357	56	389370	99803	122668
水产品加工	1161	199	1817618	557849	557767
水产品冷冻加工	835	139	1380741	388293	366845
鱼糜制品及水产品干腌制加工	183	39	289353	117149	140545
水产饲料制造	123	17	124953	42593	41576
鱼油提取及制品的制造	3	1	4115	2719	2002
其他水产品加工	17	3	18457	7095	6800
蔬菜、水果和坚果加工	996	85	791372	237586	261923
蔬菜、水果和坚果加工	996	85	791372	237586	261923
其他农副食品加工	304	43	314791	127962	133425
淀粉及淀粉制品的制造	73	9	45927	20430	21945
豆制品制造	105	22	81067	37278	29809
蛋品加工	56	3	72276	14451	17487
其他未列明的农副食品加工	70	9	115522	55803	64184
制 糖	6	2	1378	359	533
制 糖	6	2	1378	359	533
食品制造业	1600	320	1753935	771937	780204
焙烤食品制造	359	65	183892	84392	82956
糕点、面包制造	268	55	104882	35756	36264
饼干及其他焙烤食品制造	91	10	79011	48637	46692
糖果、巧克力及蜜饯制造	149	22	186797	75217	106114
糖果、巧克力制造	60	10	102786	57588	60252
蜜饯制作	89	12	84012	17628	45862
方便食品制造	211	42	240673	112953	115640
米、面制品制造	125	21	63655	31017	32983

1－E－5 续表1－3 单位：个、万元、人

指标名称	企业数	亏损企业	工业总产值（当年价）	固定资产原价	所有者权益合计
速冻食品制造	51	14	44301	29057	26076
方便面及其他方便食品制造	35	7	132718	52880	56580
液体乳及乳制品制造	45	11	142662	64403	42965
液体乳及乳制品制造	45	11	142662	64403	42965
罐头制造	221	54	295250	129258	98526
肉、禽类罐头制造	9	2	11035	4764	2907
水产品罐头制造	11	5	26991	22054	6880
蔬菜、水果罐头制造	196	46	254826	100628	86330
其他罐头食品制造	5	1	2397	1813	2408
调味品、发酵制品制造	206	38	199972	118967	98173
味精制造	38	8	37091	30604	14444
酱油、食醋及类似制品的制造	91	21	72734	44320	27242
其他调味品、发酵制品制造	77	9	90147	44043	56487
其他食品制造	409	88	504688	186749	235830
营养、保健食品制造	155	44	215487	72844	112641
冷冻饮品及食用冰制造	66	12	52880	33403	22671
盐加工	5	1	11324	3480	4893
食品及饲料添加剂制造	144	29	208524	72525	90483
其他未列明的食品制造	39	2	16473	4497	5143
饮料制造业	2101	251	1639442	741971	800851
酒精制造	3	1	7264	4732	1047
酒精制造	3	1	7264	4732	1047
酒的制造	534	81	328070	224755	194078
白酒制造	121	14	58778	36989	37094
啤酒制造	33	16	70682	85164	49061
黄酒制造	322	46	160822	83557	90133
其他酒制造	48	3	34796	17148	15704
葡萄酒制造	10	2	2993	1897	2087
软饮料制造	691	97	604016	316103	379995
碳酸饮料制造	21	4	192709	79134	86688
瓶（罐）装饮用水制造	537	70	145757	94234	82592
果菜汁及果菜汁饮料制造	48	12	57054	47771	35344
含乳饮料和植物蛋白饮料制造	22	4	49031	17950	79098
固体饮料制造	41	5	44014	23944	28778
茶饮料及其他软饮料制造	22	2	115452	53070	67494
精制茶加工	873	72	700092	196381	225732
精制茶加工	873	72	700092	196381	225732
烟草制品业	3		12831	8788	13005
其他烟草制品加工	2		12479	8488	12610

1－E－5 续表1－4

单位：个、万元、人

指标名称	企业数	亏损企业	工业总产值（当年价）	固定资产原价	所有者权益合计
其他烟草制品加工	2		12479	8488	12610
烟叶复烤	1		353	300	394
烟叶复烤	1		353	300	394
纺织业	23289	3280	27913195	9846608	8446637
棉、化纤纺织及印染精加工	7754	1086	11624274	4562499	3500243
棉、化纤纺织加工	6488	867	9162683	3260725	2666834
棉、化纤印染精加工	1266	219	2461591	1301774	833409
毛纺织和染整精加工	671	96	928457	369102	315008
毛条加工	61	11	191687	38176	53041
毛纺织	466	65	602070	242855	208580
毛染整精加工	144	20	134700	88072	53387
麻纺织	47	13	56026	19766	18812
麻纺织	47	13	56026	19766	18812
丝绢纺织及精加工	1860	315	2397133	753543	596654
缫丝加工	179	83	353309	126666	73044
绢纺和丝织加工	1543	199	1823129	467449	425392
丝印染精加工	138	33	220696	159429	98218
纺织制成品制造	5057	679	4756449	1510355	1490180
棉及化纤制品制造	1879	289	1817315	507804	496327
毛制品制造	158	21	191647	61337	58455
麻制品制造	27	2	12589	2607	3266
丝制品制造	498	77	486644	150466	156893
绳、索、缆的制造	232	28	132828	33224	40728
纺织带和帘子布制造	756	71	537772	162334	189129
无纺布制造	718	84	987362	387499	286772
其他纺织制成品制造	789	107	590292	205085	258610
针织品、编织品及其制品制造	7900	1091	8150856	2631343	2525740
棉、化纤针织品及编织品制造	5443	797	6027914	1786568	1825015
毛针织品及编织品制造	1512	176	1283088	561596	450839
丝针织品及编织品制造	334	61	416771	144575	124335
其他针织品及编织品制造	611	57	423083	138604	125551
纺织服装、鞋、帽制造业	9621	1795	8497311	2380520	2773311
纺织服装制造	8906	1700	8073737	2269428	2650598
纺织服装制造	8906	1700	8073737	2269428	2650598
纺织面料鞋的制造	477	61	296927	74945	90538
纺织面料鞋的制造	477	61	296927	74945	90538
制帽	238	34	126647	36147	32175
制帽	238	34	126647	36147	32175
皮革、毛皮、羽毛(绒)及其制品业	6382	612	6071628	1265856	1529528

1－E－5 续表1－5

单位：个、万元、人

指 标 名 称	企业数	亏损企业	工业总产值（当年价）	固定资产原 价	所有者权益合 计
皮革鞣制加工	359	41	660342	163263	219065
皮革鞣制加工	359	41	660342	163263	219065
皮革制品制造	5074	428	4713462	951316	1089709
皮鞋制造	2644	104	2598116	501997	600858
皮革服装制造	597	117	579177	108148	138470
皮箱、包（袋）制造	1383	156	1171331	241975	233098
皮手套及皮装饰制品制造	293	31	199798	47054	61270
其他皮革制品制造	157	20	165040	52144	56014
毛皮鞣制及制品加工	726	90	326162	64799	90451
毛皮鞣制加工	33	3	51784	18546	15897
毛皮服装加工	152	20	99205	19746	23174
其他毛皮制品加工	541	67	175173	26507	51380
羽毛（绒）加工及制品制造	223	53	371662	86478	130304
羽毛（绒）加工	80	17	61370	16906	21539
羽毛（绒）制品加工	143	36	310292	69572	108765
木材加工及木、竹、藤、棕、草制品业	3709	442	3669052	849601	987430
锯材、木片加工	449	40	226375	40112	50936
锯材加工	279	19	113183	22107	28464
木片加工	170	21	113191	18005	22472
人造板制造	823	125	1272455	341973	382125
胶合板制造	510	71	807004	161363	196139
纤维板制造	39	9	161012	92919	74556
刨花板制造	34	6	41526	6344	13951
其他人造板、材制造	240	39	262914	81347	97479
木制品制造	1452	164	1508629	291493	376613
建筑用木料及木材组件加工	582	68	1155928	200576	273791
木容器制造	429	38	141177	28420	35742
软木制品及其他木制品制造	441	58	211524	62497	67081
竹、藤、棕、草制品制造	985	113	661593	176023	177756
竹、藤、棕、草制品制造	985	113	661593	176023	177756
家具制造业	2492	447	2376305	721967	893835
木质家具制造	1413	254	1176449	396050	487683
木质家具制造	1413	254	1176449	396050	487683
竹、藤家具制造	67	13	47354	11652	16050
竹、藤家具制造	67	13	47354	11652	16050
金属家具制造	663	115	820793	210882	268469
金属家具制造	663	115	820793	210882	268469
塑料家具制造	83	15	111228	26712	31961
塑料家具制造	83	15	111228	26712	31961

1－E－5 续表1－6

单位：个、万元、人

指 标 名 称	企业数	亏损企业	工业总产值（当年价）	固定资产原 价	所有者权益合 计
其他家具制造	266	50	220482	76671	89673
其他家具制造	266	50	220482	76671	89673
造纸及纸制品业	6725	785	6015650	2142706	2114647
纸浆制造	26	5	26162	16261	11649
纸浆制造	26	5	26162	16261	11649
造 纸	1240	237	2896375	1037534	915899
机制纸及纸板制造	935	190	2629094	934947	827025
手工纸制造	23	3	8895	3147	2372
加工纸制造	282	44	258385	99440	86503
纸制品制造	5459	543	3093114	1088911	1187099
纸和纸板容器的制造	4565	426	2327512	793704	906563
其他纸制品制造	894	117	765602	295206	280536
印刷业和记录媒介的复制	7018	703	3246227	1879091	1716198
印 刷	6506	650	3027127	1756026	1602321
书、报、刊印刷	988	124	459706	367185	253255
本册印制	555	57	169229	85300	81577
包装装潢及其他印刷	4963	469	2398191	1303541	1267489
装订及其他印刷服务活动	497	51	145813	75396	81180
装订及其他印刷服务活动	497	51	145813	75396	81180
记录媒介的复制	15	2	73288	47670	32696
记录媒介的复制	15	2	73288	47670	32696
文教体育用品制造业	4326	552	3069119	905856	1018053
文化用品制造	1955	212	1161517	387255	416847
文具制造	762	108	503142	164695	180877
笔的制造	920	70	545075	187848	186195
教学用模型及教具制造	141	19	57966	14491	24742
墨水、墨汁制造	13	3	5206	1687	4282
其他文化用品制造	119	12	50128	18534	20751
体育用品制造	857	141	745612	213010	253843
球类制造	82	6	92527	29333	29109
体育器材及配件制造	274	50	205226	67701	85982
训练健身器材制造	298	49	290135	77415	102919
运动防护用具制造	47	11	39260	9928	9795
其他体育用品制造	156	25	118464	28633	26038
乐器制造	129	21	106422	28034	47551
中乐器制造	14	5	3125	1176	4942
西乐器制造	58	8	60981	14209	21077
电子乐器制造	5	1	13294	2612	9847
其他乐器及零件制造	52	7	29022	10036	11685

1-E-5 续表1-7

单位：个、万元、人

指 标 名 称	企业数	亏损企业	工业总产值（当年价）	固定资产原 价	所有者权益合 计
玩具制造	1144	141	751683	205567	198909
玩具制造	1144	141	751683	205567	198909
游艺器材及娱乐用品制造	241	37	303886	71990	100903
露天游乐场所游乐设备制造	128	11	231279	49711	67547
游艺用品及室内游艺器材制造	113	26	72607	22279	33357
石油加工、炼焦及核燃料加工业	195	34	706516	128756	88765
精炼石油产品的制造	192	33	516747	101030	94817
原油加工及石油制品制造	184	33	514672	99833	93938
人造原油生产	8		2075	1196	879
炼 焦	3	1	189769	27727	-6052
炼 焦	3	1	189769	27727	-6052
化学原料及化学制品制造业	6603	986	13544524	5271958	4823964
基础化学原料制造	965	156	2874579	1366180	1070247
无机酸制造	85	15	229031	98490	92358
无机碱制造	34	4	115255	50997	25168
无机盐制造	299	30	336122	102939	109585
有机化学原料制造	356	65	1777996	761900	614104
其他基础化学原料制造	191	42	416176	351855	229033
肥料制造	145	33	174505	85488	63498
氮肥制造	17	1	57722	35168	15629
磷肥制造	22	4	18506	8026	5946
复混肥料制造	46	7	84546	33338	34279
有机肥料及微生物肥料制造	48	18	9492	7019	5614
其他肥料制造	12	3	4239	1938	2030
农药制造	103	17	463934	123588	177898
化学农药制造	84	13	424407	107533	153753
生物化学农药及微生物农药制造	19	4	39526	16056	24145
涂料、油墨、颜料及类似产品制造	1757	253	2135974	594778	802525
涂料制造	1153	162	905134	236773	339288
油墨及类似产品制造	169	26	142433	50167	74413
颜料制造	110	20	235847	82768	94353
染料制造	192	20	747156	197851	261511
密封用填料及类似品制造	133	25	105404	27218	32961
合成材料制造	550	92	3376313	1770404	984285
初级形态的塑料及合成树脂制造	391	69	2562266	1404085	840401
合成橡胶制造	61	12	46369	11978	20196
合成纤维单(聚合)体的制造	40	4	710017	343691	105287
其他合成材料制造	58	7	57661	10649	18402
专用化学产品制造	2357	298	3859548	1073883	1392978

1－E－5 续表1－8　　单位：个、万元、人

指标名称	企业数	亏损企业	工业总产值（当年价）	固定资产原价	所有者权益合计
化学试剂和助剂制造	1131	129	1947954	426156	525542
专项化学用品制造	382	46	612769	153580	201171
林产化学产品制造	155	17	110930	34776	35344
炸药及火工产品制造	19	2	26715	13600	11694
信息化学品制造	91	25	546578	269855	415246
环境污染处理专用药剂材料制造	66	15	68813	23381	38462
动物胶制造	32	4	65105	37254	42444
其他专用化学产品制造	481	60	480684	115283	123075
日用化学产品制造	726	137	659673	257637	332533
肥皂及合成洗涤剂制造	207	34	144140	41296	46431
化妆品制造	263	42	221093	87213	134439
口腔清洁用品制造	15	1	9250	2470	2451
香料、香精制造	84	29	195380	97279	113143
其他日用化学产品制造	157	31	89810	29379	36070
医药制造业	896	212	2215829	1036921	1235057
化学药品原药制造	200	47	876382	351358	336552
化学药品原药制造	200	47	876382	351358	336552
化学药品制剂制造	91	34	292924	245647	284591
化学药品制剂制造	91	34	292924	245647	284591
中药饮片加工	92	20	92032	35139	47807
中药饮片加工	92	20	92032	35139	47807
中成药制造	73	25	198972	110768	129977
中成药制造	73	25	198972	110768	129977
兽用药品制造	54	13	146380	54375	77521
兽用药品制造	54	13	146380	54375	77521
生物、生化制品的制造	135	43	389860	152559	251221
生物、生化制品的制造	135	43	389860	152559	251221
卫生材料及医药用品制造	251	30	219280	87075	107387
卫生材料及医药用品制造	251	30	219280	87075	107387
化学纤维制造业	777	168	3457358	1389781	1115303
纤维素纤维原料及纤维制造	76	13	111338	42234	48541
化纤浆粕制造	14	1	9999	2573	4098
人造纤维（纤维素纤维）制造	62	12	101339	39660	44442
合成纤维制造	701	155	3346020	1347547	1066762
锦纶纤维制造	60	12	445606	115722	116516
涤纶纤维制造	256	62	2061865	699482	560174
腈纶纤维制造	14	4	14479	6288	6404
维纶纤维制造	6	2	2187	1219	1335
其他合成纤维制造	365	75	821884	524836	382333

1－E－5 续表1－9

单位：个、万元、人

指 标 名 称	企业数	亏损企业	工业总产值（当年价）	固定资产原价	所有者权益合计
橡胶制品业	2657	262	2014482	573619	660640
轮胎制造	115	26	143297	52485	73385
车辆、飞机及工程机械轮胎制造	55	11	96683	34451	54946
力车胎制造	22	5	26599	11967	12555
轮胎翻新加工	38	10	20015	6067	5884
橡胶板、管、带的制造	579	61	468338	149707	175206
橡胶板、管、带的制造	579	61	468338	149707	175206
橡胶零件制造	1056	75	434522	139278	158439
橡胶零件制造	1056	75	434522	139278	158439
再生橡胶制造	50	7	37959	15308	15318
再生橡胶制造	50	7	37959	15308	15318
日用及医用橡胶制品制造	149	20	101140	29984	34632
日用及医用橡胶制品制造	149	20	101140	29984	34632
橡胶靴鞋制造	401	39	530953	113942	121881
橡胶靴鞋制造	401	39	530953	113942	121881
其他橡胶制品制造	307	34	298274	72916	81779
其他橡胶制品制造	307	34	298274	72916	81779
塑料制品业	16464	1716	12849116	4204975	4209296
塑料薄膜制造	992	118	1660559	775650	648493
塑料薄膜制造	992	118	1660559	775650	648493
塑料板、管、型材的制造	1917	226	2019984	632642	782083
塑料板、管、型材的制造	1917	226	2019984	632642	782083
塑料丝、绳及编织品的制造	1613	229	952525	238253	268741
塑料丝、绳及编织品的制造	1613	229	952525	238253	268741
泡沫塑料制造	741	80	669544	168939	192395
泡沫塑料制造	741	80	669544	168939	192395
塑料人造革、合成革制造	263	24	1413346	412591	337067
塑料人造革、合成革制造	263	24	1413346	412591	337067
塑料包装箱及容器制造	1540	164	1079136	414075	441450
塑料包装箱及容器制造	1540	164	1079136	414075	441450
塑料零件制造	4368	351	1921005	624693	616474
塑料零件制造	4368	351	1921005	624693	616474
日用塑料制造	2905	279	1887668	593688	565386
塑料鞋制造	409	7	292041	70390	71109
日用塑料杂品制造	2496	272	1595627	523298	494277
其他塑料制品制造	2125	245	1245349	344444	357207
其他塑料制品制造	2125	245	1245349	344444	357207
非金属矿物制品业	8088	981	8564657	4103157	3605081
水泥、石灰和石膏的制造	497	80	1830129	1299839	860198

1－E－5 续表1－10 单位：个、万元、人

指标名称	企业数	亏损企业	工业总产值（当年价）	固定资产原价	所有者权益合计
水泥制造	227	61	1681944	1249880	810357
石灰和石膏制造	270	19	148186	49959	49840
水泥及石膏制品制造	1916	245	2910920	1197816	1115924
水泥制品制造	1284	173	2390319	986319	904746
砼结构构件制造	495	37	401861	137755	131232
石棉水泥制品制造	8	1	9405	4679	2712
轻质建筑材料制造	99	27	84139	58617	67693
其他水泥制品制造	30	7	25197	10446	9541
砖瓦、石材及其他建筑材料制造	2861	311	1329182	639357	595232
粘土砖瓦及建筑砌块制造	1538	169	611917	327872	272105
建筑陶瓷制品制造	104	16	88063	66155	48390
建筑用石加工	686	56	248105	105231	116717
防水建筑材料制造	106	16	140687	41784	51426
隔热和隔音材料制造	185	35	99714	56938	72170
其他建筑材料制造	242	19	140697	41377	34425
玻璃及玻璃制品制造	1337	223	1396292	619072	650664
平板玻璃制造	32	10	72912	47509	39533
技术玻璃制品制造	219	57	307958	167979	190768
光学玻璃制造	32	7	14343	8947	10479
玻璃仪器制造	43	11	22276	7113	6100
日用玻璃制品及玻璃包装容器制造	463	59	455044	184870	189380
玻璃保温容器制造	33	5	35748	9879	7659
玻璃纤维及制品制造	199	26	262878	123807	124379
玻璃纤维增强塑料制品制造	193	27	159827	33942	48244
其他玻璃制品制造	123	21	65305	35027	34121
陶瓷制品制造	341	34	300678	83082	93627
卫生陶瓷制品制造	164	15	182673	45047	54991
特种陶瓷制品制造	65	8	54103	21384	23538
日用陶瓷制品制造	87	8	58303	13444	12075
园林、陈设艺术及其他陶瓷制品制造	25	3	5600	3207	3024
耐火材料制品制造	617	34	453178	125023	139644
石棉制品制造	130	12	53854	18032	22797
云母制品制造	19	2	11129	5081	3332
耐火陶瓷制品及其他耐火材料制造	468	20	388195	101910	113516
石墨及其他非金属矿物制品制造	519	54	344278	138969	149792
石墨及碳素制品制造	89	9	96977	41217	45863
其他非金属矿物制品制造	430	45	247300	97751	103929
黑色金属冶炼及压延加工业	1738	285	7708898	1378515	1413067
炼铁	27	4	17669	5582	4250

1-E-5 续表1-11 单位:个、万元、人

指 标 名 称	企业数	亏损企业	工业总产值（当年价）	固定资产原 价	所有者权益合 计
炼 铁	27	4	17669	5582	4250
炼 钢	22	7	360411	63613	54741
炼 钢	22	7	360411	63613	54741
钢压延加工	1654	265	6877524	1289273	1318607
钢压延加工	1654	265	6877524	1289273	1318607
铁合金冶炼	35	9	453294	20047	35469
铁合金冶炼	35	9	453294	20047	35469
有色金属冶炼及压延加工业	2106	416	7377638	952679	1224127
常用有色金属冶炼	238	56	1161308	91999	128475
铜冶炼	77	18	621966	32820	46131
铅锌冶炼	31	17	87743	8972	14392
镍钴冶炼	22	6	173071	27001	31778
锡冶炼	7	2	3474	201	201
铝冶炼	83	11	191517	15743	25146
镁冶炼	4		6995	895	1438
其他常用有色金属冶炼	14	2	76542	6366	9390
贵金属冶炼	29	15	365659	16373	35381
金冶炼	9	4	283438	12642	30715
银冶炼	14	10	48033	2692	2675
其他贵金属冶炼	6	1	34188	1038	1991
稀有稀土金属冶炼	18	6	48343	22143	16376
钨钼冶炼	6	2	8561	2338	1736
稀土金属冶炼	9	4	39267	19509	14012
其他稀有金属冶炼	3		515	296	628
有色金属合金制造	185	33	403681	62238	88316
有色金属合金制造	185	33	403681	62238	88316
有色金属压延加工	1636	306	5398648	759927	955579
常用有色金属压延加工	1580	297	5282217	737692	915854
贵金属压延加工	17	4	57255	3030	20491
稀有稀土金属压延加工	39	5	59175	19205	19234
金属制品业	15078	1839	13112385	3533279	4134773
结构性金属制品制造	2829	406	2678993	703634	996407
金属结构制造	1497	229	1862070	454097	650823
金属门窗制造	1332	177	816923	249537	345583
金属工具制造	2816	345	1842481	555087	591245
切削工具制造	588	62	302870	119243	127537
手工具制造	1226	140	898662	230358	239517
农用及园林用金属工具制造	248	27	187403	62763	79205
刀剪及类似日用金属工具制造	288	48	136696	52526	50376

1－E－5 续表1－12 单位：个、万元、人

指 标 名 称	企业数	亏损企业	工业总产值（当年价）	固定资产原价	所有者权益合计
其他金属工具制造	466	68	316851	90198	94610
集装箱及金属包装容器制造	498	84	569804	189787	200526
集装箱制造	10	4	2455	466	1119
金属压力容器制造	113	18	222256	58644	71282
金属包装容器制造	375	62	345093	130677	128125
金属丝绳及其制品的制造	778	105	1243993	235019	255589
金属丝绳及其制品的制造	778	105	1243993	235019	255589
建筑、安全用金属制品制造	3310	335	2718088	703498	874381
建筑、家具用金属配件制造	1642	178	1246375	326363	383520
建筑装饰及水暖管道零件制造	1319	95	1241159	299078	376748
安全、消防用金属制品制造	217	43	159280	52999	81986
其他建筑、安全用金属制品制造	132	19	71274	25058	32127
金属表面处理及热处理加工	2013	221	1521824	507398	483891
金属表面处理及热处理加工	2013	221	1521824	507398	483891
搪瓷制品制造	167	26	117457	31364	36536
工业生产配套用搪瓷制品制造	23	5	9877	2834	2445
搪瓷卫生洁具制造	84	10	42637	9349	19289
搪瓷日用品及其他搪瓷制品制造	60	11	64943	19181	14802
不锈钢及类似日用金属制品制造	1777	199	1627690	458176	505287
金属制厨房调理及卫生器具制造	401	58	348851	113221	110260
金属制厨用器皿及餐具制造	689	55	802153	226230	254443
其他日用金属制品制造	687	86	476687	118725	140585
其他金属制品制造	890	118	792055	149316	190913
其他未列明的金属制品制造	889	118	791555	149173	190516
铸币及贵金属制实验室用品制造	1		500	143	397
通用设备制造业	29893	3407	22726744	6697402	8263082
锅炉及原动机制造	450	60	741731	169485	314252
锅炉及辅助设备制造	187	32	336375	75582	136084
内燃机及配件制造	185	19	145927	50283	68801
汽轮机及辅机制造	27	2	196373	25396	84218
水轮机及辅机制造	41	4	35370	16832	21422
其他原动机制造	10	3	27686	1392	3728
金属加工机械制造	1888	294	1301453	502903	627707
金属切削机床制造	402	78	370340	162809	202156
金属成形机床制造	291	51	238742	109230	139572
铸造机械制造	180	27	99476	38002	35054
金属切割及焊接设备制造	338	45	234459	48079	73826
机床附件制造	309	40	137353	75417	80943
其他金属加工机械制造	368	53	221082	69367	96156

1－E－5 续表1－13 单位：个、万元、人

指 标 名 称	企业数	亏损企业	工业总产值（当年价）	固定资产原 价	所有者权益合 计
起重运输设备制造	846	136	1441637	334441	545100
起重运输设备制造	846	136	1441637	334441	545100
泵、阀门、压缩机及类似机械的制造	6210	485	5810248	1508908	2115329
泵及真空设备制造	1469	116	1201367	343800	452700
气体压缩机械制造	324	39	467864	123795	142510
阀门和旋塞的制造	3393	207	3429412	822015	1218784
液压和气压动力机械及元件制造	1024	123	711604	219298	301335
轴承、齿轮、传动和驱动部件的制造	3795	406	2642468	1055309	1082052
轴承制造	2593	279	1734130	666788	678312
齿轮、传动和驱动部件制造	1202	127	908338	388521	403741
烘炉、熔炉及电炉制造	223	30	146269	33992	45839
烘炉、熔炉及电炉制造	223	30	146269	33992	45839
风机、衡器、包装设备等通用设备制造	3190	443	2731683	897666	1115703
风机、风扇制造	432	58	231284	100341	122261
气体、液体分离及纯净设备制造	312	49	381781	113817	158900
制冷、空调设备制造	577	73	751099	272173	310593
风动和电动工具制造	917	102	780085	217261	280917
喷枪及类似器具制造	207	40	167070	36465	53631
包装专用设备制造	315	39	162264	63347	85581
衡器制造	108	19	68258	21129	26577
其他通用设备制造	322	63	189843	73134	77242
通用零部件制造及机械修理	10147	1233	5136545	1515248	1738670
金属密封件制造	597	52	295244	110972	151279
紧固件、弹簧制造	5140	536	3293151	879755	958280
机械零部件加工及设备修理	3137	507	990522	343405	430001
其他通用零部件制造	1273	138	557629	181116	199110
金属铸、锻加工	3144	320	2774710	679452	678430
钢铁铸件制造	2082	200	2004235	449342	456479
锻件及粉末冶金制品制造	1062	120	770475	230110	221951
专用设备制造业	10566	1600	7301504	2772848	3328281
矿山、冶金、建筑专用设备制造	645	97	576612	171555	237476
采矿、采石设备制造	211	23	152283	50234	64754
石油钻采专用设备制造	25	1	58752	9970	16308
建筑工程用机械制造	174	39	153174	45519	73120
建筑材料生产专用机械制造	160	23	127016	34323	46518
冶金专用设备制造	75	11	85388	31509	36776
化工、木材、非金属加工专用设备制造	3910	549	2460932	1141196	1168281
炼油、化工生产专用设备制造	135	13	139570	45091	58388
橡胶加工专用设备制造	52	17	48240	20816	26176

1－E－5 续表1－14

单位：个、万元、人

指标名称	企业数	亏损企业	工业总产值（当年价）	固定资产原价	所有者权益合计
塑料加工专用设备制造	822	173	785222	277332	313267
木材加工机械制造	64	10	42817	15660	18923
模具制造	2799	329	1412493	769111	737598
其他非金属加工专用设备制造	38	7	32589	13187	13928
食品、饮料、烟草及饲料生产专用设备制造	375	53	254010	94540	108922
食品、饮料、烟草工业专用设备制造	281	35	187850	69929	78822
农副食品加工专用设备制造	84	16	57164	22627	27580
饲料生产专用设备制造	10	2	8996	1984	2520
印刷、制药、日化生产专用设备制造	685	100	500279	175817	198773
制浆和造纸专用设备制造	102	17	65500	29412	24202
印刷专用设备制造	320	43	231137	83586	104755
日用化工专用设备制造	35	3	18440	6505	6936
制药专用设备制造	107	12	111273	36495	43280
照明器具生产专用设备制造	41	8	24279	5067	6376
玻璃、陶瓷和搪瓷制品生产专用设备制造	18	5	17321	7374	5993
其他日用品生产专用设备制造	62	12	32328	7379	7231
纺织、服装和皮革工业专用设备制造	2505	407	1442492	589225	681097
纺织专用设备制造	1305	223	702882	279249	332261
皮革、毛皮及其制品加工专用设备制造	73	9	67476	41200	41355
缝纫机械制造	1035	161	643944	259716	291619
其他服装加工专用设备制造	92	14	28191	9060	15863
电子和电工机械专用设备制造	419	87	239699	84249	115395
电工机械专用设备制造	152	30	110402	38848	39798
电子工业专用设备制造	259	56	126059	41190	72170
武器弹药制造	4		2806	4140	3261
航空、航天及其他专用设备制造	4	1	432	71	166
农、林、牧、渔专用机械制造	522	72	463752	109553	144034
拖拉机制造	20	3	100107	9934	14021
机械化农业及园艺机具制造	187	33	244680	65882	93744
畜牧机械制造	15	2	3816	759	1276
渔业机械制造	21	3	7005	2403	1964
农林牧渔机械配件制造	176	21	85627	22173	26402
其他农林牧渔业机械制造及机械修理	101	10	21978	8320	6461
营林及木竹采伐机械制造	2		540	83	166
医疗仪器设备及器械制造	532	92	365035	161631	205736
医疗诊断、监护及治疗设备制造	88	10	89537	60995	59957
口腔科用设备及器具制造	41	9	10192	4502	3000
实验室及医用消毒设备和器具的制造	33	7	18429	8061	9725
医疗、外科及兽医用器械制造	175	26	150791	49564	68839

1-E-5 续表1-15

单位：个、万元、人

指 标 名 称	企业数	亏损企业	工业总产值（当年价）	固定资产原价	所有者权益合计
机械治疗及病房护理设备制造	51	11	32991	11778	16060
假肢、人工器官及植（介）入器械制造	34	7	9176	5458	7983
其他医疗设备及器械制造	110	22	53919	21274	40172
环保、社会公共安全及其他专用设备制造	973	143	998694	245082	468568
环境污染防治专用设备制造	480	73	584394	131464	279985
地质勘查专用设备制造	6	1	3351	1770	4415
邮政专用机械及器材制造	15	4	8819	2887	3448
商业、饮食、服务业专用设备制造	14	2	11437	3382	3713
社会公共安全设备及器材制造	253	25	255147	69541	100529
交通安全及管制专用设备制造	28	2	14168	2924	6938
水资源专用机械制造	44	12	36874	6747	13062
其他专用设备制造	133	24	84504	26368	56478
交通运输设备制造业	12427	1483	11300164	3501123	4434367
铁路运输设备制造	75	13	63312	27281	35089
铁路机车车辆配件制造	24	2	18920	8560	10785
铁路专用设备及器材、配件制造	36	6	36981	13026	18511
其他铁路设备制造及设备修理	12	4	6981	5663	5439
铁路机车车辆及动车组制造	2	1	103	17	205
工矿有轨专用车辆制造	1		328	15	150
汽车制造	8499	985	6487333	2168660	2739436
汽车整车制造	56	19	164582	31069	70402
改装汽车制造	16	5	77062	13416	26920
汽车车身、挂车的制造	27	8	30761	19034	13122
汽车零部件及配件制造	7527	811	5924993	2004364	2519474
汽车修理	868	141	288656	100617	109231
电车制造	5	1	1280	161	287
摩托车制造	1340	92	1337207	362099	391493
摩托车整车制造	34	9	247784	32337	44561
摩托车零部件及配件制造	1306	83	1089423	329762	346932
自行车制造	1145	169	897799	236547	282437
脚踏自行车及残疾人座车制造	562	84	445378	115686	113292
助动自行车制造	583	85	452421	120862	169145
船舶及浮动装置制造	1172	193	2350501	656627	909622
金属船舶制造	230	43	1587091	381976	552634
非金属船舶制造	26	2	15931	3395	6290
娱乐船和运动船的建造和修理	31	3	33527	29351	56578
船用配套设备制造	311	43	357919	121485	176375
船舶修理及拆船	570	101	355056	120221	117311
航标器材及其他浮动装置的制造	4	1	977	200	434

1－E－5 续表1－16 单位：个、万元、人

指标名称	企业数	亏损企业	工业总产值（当年价）	固定资产原价	所有者权益合计
航空航天器制造	12	2	8568	3386	4371
飞机制造及修理	8	2	5112	2951	3398
其他飞行器制造	3		3296	426	951
航天器制造	1		160	9	22
交通器材及其他交通运输设备制造	184	29	155444	46523	71919
潜水及水下救捞装备制造	2		741	580	3000
交通管理用金属标志及设施制造	132	16	125374	34194	57158
其他交通运输设备制造	50	13	29329	11749	11761
电气机械及器材制造业	17893	1989	20307335	4693518	7213114
电机制造	2252	207	2413357	601506	757172
发电机及发电机组制造	259	31	439558	97925	144070
电动机制造	1085	84	929983	223733	293704
微电机及其他电机制造	908	92	1043816	279848	319398
输配电及控制设备制造	5994	492	5129416	1347243	2529731
变压器、整流器和电感器制造	754	99	831059	202545	325166
电容器及其配套设备制造	203	15	193337	63394	104532
配电开关控制设备制造	2893	185	2463763	638342	1368586
电力电子元器件制造	1751	154	1290517	358112	558593
其他输配电及控制设备制造	393	39	350740	84850	172854
电线、电缆、光缆及电工器材制造	2136	257	4943220	813409	1337281
电线电缆制造	1656	195	4345341	685282	1151028
光纤、光缆制造	35	7	300790	41301	76218
绝缘制品制造	204	20	142937	38495	52529
其他电工器材制造	241	35	154153	48330	57507
电池制造	431	88	1390871	274295	427987
电池制造	431	88	1390871	274295	427987
家用电力器具制造	2810	341	2986223	791526	981031
家用制冷电器具制造	128	24	253338	63517	89274
家用空气调节器制造	101	16	127409	31395	43617
家用通风电器具制造	243	27	212778	63958	62029
家用厨房电器具制造	595	81	623652	166808	233934
家用清洁卫生电器具制造	234	45	516395	128142	197364
家用美容、保健电器具制造	215	18	224656	51834	53825
家用电力器具专用配件制造	768	71	527052	155136	149156
其他家用电力器具制造	526	59	500942	130736	151833
非电力家用器具制造	447	69	321135	89273	133880
燃气、太阳能及类似能源的器具制造	386	59	277896	75749	113433
其他非电力家用器具制造	61	10	43238	13524	20447
照明器具制造	3412	485	2822272	683795	894122

1－E－5 续表1－17

单位：个、万元、人

指标名称	企业数	亏损企业	工业总产值（当年价）	固定资产原价	所有者权益合计
电光源制造	1012	177	892844	218736	235019
照明灯具制造	1600	234	1447671	348196	507635
灯用电器附件及其他照明器具制造	800	74	481757	116863	151468
其他电气机械及器材制造	411	50	300841	92473	151911
车辆专用照明及电气信号设备装置制造	237	32	199951	61824	104868
其他未列明的电气机械制造	174	18	100890	30649	47043
通信设备、计算机及其他电子设备制造业	5111	897	4850622	1825052	2536624
通信设备制造	550	116	814376	284156	580595
通信传输设备制造	144	30	249953	71337	138468
通信交换设备制造	111	21	130569	49582	68876
通信终端设备制造	71	13	95145	23238	26826
移动通信及终端设备制造	75	21	203721	77547	133094
其他通信设备制造	149	31	134988	62452	213331
雷达及配套设备制造	2	1	3391	1514	2933
雷达及配套设备制造	2	1	3391	1514	2933
广播电视设备制造	302	54	242596	76725	109590
广播电视节目制作及发射设备制造	20	6	13756	10581	15318
广播电视接收设备及器材制造	253	42	183347	57766	65072
应用电视设备及其他广播电视设备制造	29	6	45492	8378	29201
电子计算机制造	202	56	243446	98222	170951
电子计算机整机制造	13	5	6225	4125	4549
计算机网络设备制造	62	19	65698	13926	56480
电子计算机外部设备制造	127	32	171523	80171	109922
电子器件制造	612	143	899420	463076	611429
电子真空器件制造	61	11	41087	19873	25822
半导体分立器件制造	201	39	256969	189789	194158
集成电路制造	81	27	190941	105095	149475
光电子器件及其他电子器件制造	269	66	410422	148319	241974
电子元件制造	2786	389	2092480	727327	839284
电子元件及组件制造	2565	354	1890721	667666	765188
印制电路板制造	221	35	201759	59662	74096
家用视听设备制造	442	81	374163	114668	144371
家用影视设备制造	81	15	115129	35529	51247
家用音响设备制造	361	66	259034	79140	93124
其他电子设备制造	215	57	180750	59363	77472
其他电子设备制造	215	57	180750	59363	77472
仪器仪表及文化、办公用机械制造业	4057	552	3110384	957403	1368377
通用仪器仪表制造	1882	300	1598628	445610	705264

1-E-5 续表1-18 单位:个、万元、人

指标名称	企业数	亏损企业	工业总产值（当年价）	固定资产原价	所有者权益合计
工业自动控制系统装置制造	461	103	478368	126065	218057
电工仪器仪表制造	549	70	361842	87711	163398
绘图、计算及测量仪器制造	176	35	121319	39567	44308
实验分析仪器制造	244	35	127890	46280	58839
试验机制造	40	8	25427	17536	17248
供应用仪表及其他通用仪器制造	412	49	483782	128451	203414
专用仪器仪表制造	508	96	455309	135062	218866
环境监测专用仪器仪表制造	27	8	65372	8296	19774
汽车及其他用计数仪表制造	161	20	170018	54484	61888
导航、气象及海洋专用仪器制造	25	5	31199	12098	15215
农林牧渔专用仪器仪表制造	8		7302	1610	1235
地质勘探和地震专用仪器制造	15	5	3852	1797	2600
教学专用仪器制造	115	18	87055	25076	40321
电子测量仪器制造	79	23	48400	20400	36577
其他专用仪器制造	77	17	41085	11025	40256
核子及核辐射测量仪器制造	1		1025	276	1000
钟表与计时仪器制造	182	37	163956	60726	59407
钟表与计时仪器制造	182	37	163956	60726	59407
光学仪器及眼镜制造	1066	63	632770	222991	246685
光学仪器制造	150	19	107304	61653	54889
眼镜制造	916	44	525466	161338	191796
文化、办公用机械制造	309	46	217795	80079	122036
电影机械制造	9	1	10513	851	2831
幻灯及投影设备制造	15	9	5170	1914	10349
照相机及器材制造	49	5	51882	11228	20336
复印和胶印设备制造	29	7	35361	23081	23879
计算器及货币专用设备制造	92	11	54060	23303	46977
其他文化、办公用机械制造	115	13	60810	19701	17663
其他仪器仪表的制造及修理	110	10	41926	12935	16120
其他仪器仪表的制造及修理	110	10	41926	12935	16120
工艺品及其他制造业	8989	1131	5615523	1669152	1955874
工艺美术品制造	6372	948	3802193	1204676	1370206
雕塑工艺品制造	1469	251	570067	166220	208858
金属工艺品制造	1270	141	625170	174083	228904
漆器工艺品制造	207	20	150306	53516	47583
花画工艺品制造	182	25	105647	30202	33385
天然植物纤维编织工艺品制造	228	38	153648	35652	39086
抽纱刺绣工艺品制造	1611	269	1085307	435703	371902

1－E－5　续表1－19　　　　单位：个、万元、人

指　标　名　称	企业数	亏损企业	工业总产值（当年价）	固定资产原　价	所有者权益合　计
地毯、挂毯制造	160	33	152219	61907	65242
珠宝首饰及有关物品的制造	157	35	278425	56970	153372
其他工艺美术品制造	1088	136	681406	190424	221874
日用杂品制造	2483	170	1707503	433624	552337
制镜及类似品加工	116	13	142468	46333	52914
鬃毛加工、制刷及清扫工具的制造	195	20	148119	47576	39533
其他日用杂品制造	2172	137	1416916	339715	459890
煤制品制造	51	5	17077	5323	8212
煤制品制造	51	5	17077	5323	8212
核辐射加工	2	1	1004	2829	972
核辐射加工	2	1	1004	2829	972
其他未列明的制造业	81	7	87746	22700	24147
其他未列明的制造业	81	7	87746	22700	24147
废弃资源和废旧材料回收加工业	736	162	2036627	138082	199923
金属废料和碎屑的加工处理	288	120	1769636	68222	111359
金属废料和碎屑的加工处理	288	120	1769636	68222	111359
非金属废料和碎屑的加工处理	448	42	266990	69861	88564
非金属废料和碎屑的加工处理	448	42	266990	69861	88564
电力、燃气及水的生产和供应业	**3459**	**581**	**8235450**	**14073484**	**6358257**
电力、热力的生产和供应业	2337	289	6719887	10948805	4391759
电力生产	2233	272	3763784	9444897	3350348
火力发电	101	42	3065887	5950930	1875807
水力发电	2113	222	661315	3288480	1389054
其他能源发电	19	8	36583	205487	85487
电力供应	66	5	2716806	1175120	939612
电力供应	66	5	2716806	1175120	939612
热力生产和供应	38	12	239297	328788	101799
热力生产和供应	38	12	239297	328788	101799
燃气生产和供应业	105	19	771065	508206	371661
燃气生产和供应业	105	19	771065	508206	371661
燃气生产和供应业	105	19	771065	508206	371661
水的生产和供应业	1017	273	744498	2616473	1594836
自来水的生产和供应	669	188	541643	1716092	1064367
自来水的生产和供应	669	188	541643	1716092	1064367
污水处理及其再生利用	152	59	169496	815875	468190
污水处理及其再生利用	152	59	169496	815875	468190
其他水的处理、利用与分配	196	26	33359	84506	62279
其他水的处理、利用与分配	196	26	33359	84506	62279

1－E－5 续表2－1 单位：个、万元、人

指 标 名 称	实收资本	国家资本	集体资本	法人资本	个人资本
总 计	**55654284**	**20288371**	**785105**	**11550283**	**27343555**
一、按轻重工业分					
轻工业	23759200	5623685	317058	4376488	12190003
重工业	31895085	14664686	468047	7173795	15153552
二、按登记注册类型分					
内 资	**37748164**	**19113066**	**595098**	**9046091**	**26035225**
国 有	1189955	9286966	14118	244964	2143
集 体	286783	58077	234668	35537	10434
股份合作企业	753916	18715	89646	102682	558961
联营企业	24992	56792	11759	6148	821
国有联营	8245	29147	3	5052	69
集体联营	10938	490	9980	178	352
国有与集体联营	4339	25776	1756	5	
其他联营	1470	1379	20	912	400
有限责任公司	6988270	9169242	206036	3061528	2740001
国有独资公司	189047	1528588		36128	50
其他有限责任公司	6799223	7640654	206036	3025400	2739951
股份有限公司	1021610	195217	9217	391804	571114
私营企业	27344539	157056	26846	5155110	22089850
私营独资	3865578	31552	2920	408623	3445327
私营合伙	988951	6611	2253	113501	869204
私营有限责任公司	21872439	116934	21395	4427796	17374727
私营股份有限公司	617571	1959	278	205190	400592
其 他	138099	171001	2809	48318	61902
港澳台商投资	**7796759**	**562636**	**93468**	**1071687**	**634534**
与港澳台商合资经营	3547861	350516	92737	953747	597001
与港澳台商合作经营	168309	185504	686	60902	11804
港澳台商独资	3882773	4000		24575	19443
港澳台商投资股份有限公司	197816	22616	44	32463	6286
外商投资	**10109361**	**612669**	**96539**	**1432505**	**673796**
中外合资经营	4386847	522095	86762	1360774	595232
中外合作经营	215839	28960	8770	46469	52636
外资企业	5405777	42591	190	21617	21202
外商投资股份有限公司	100899	19023	818	3646	4726
三、按控股情况分					
国有控股	3615065	19210334	23082	1481564	56476
集体控股	1171306	125533	655516	337025	74853
私人控股	36067453	414692	52122	8089495	26869283
港澳台商控股	6152802	88835	23613	497715	151875

1－E－5 续表2－2

单位：个、万元、人

指 标 名 称	实收资本	国家资本	集体资本	法人资本	个人资本
外商控股	7858742	380646	28964	513529	143229
其 他	788918	68331	1808	630956	47838
四、按国民经济行业(门类、大类、中类、小类)分					
采矿业	**355247**	**231291**	**14722**	**60162**	**202732**
黑色金属矿采选业	7864		20	1160	1718
铁矿采选	7849		20	1160	1703
铁矿采选	7849		20	1160	1703
其他黑色金属矿采选	15				15
其他黑色金属矿采选	15				15
有色金属矿采选业	34127	1345	1294	3982	28716
常用有色金属矿采选	21084			2450	18634
铜矿采选	12028			510	11518
铅锌矿采选	8907			1940	6967
锑矿采选	99				99
铝矿采选	50				50
贵金属矿采选	1427	1345			1293
金矿采选	613				613
银矿采选	800	1200			680
其他贵金属矿采选	15	145			
稀有稀土金属矿采选	11616		1294	1532	8789
钨钼矿采选	11616		1294	1532	8789
非金属矿采选业	312602	229946	13395	54875	171802
土砂石开采	299301	225946	10983	53195	162994
石灰石、石膏开采	49968	39000	2123	6979	15419
建筑装饰用石开采	90000	173100	4655	25509	34163
耐火土石开采	26748	3100	638	5493	20217
粘土及其他土砂石开采	132586	10746	3568	15214	93195
化学矿采选	626			120	506
化学矿采选	626			120	506
采 盐	2659	1000	2204		356
采 盐	2659	1000	2204		356
石棉及其他非金属矿采选	10015	3000	208	1560	7947
其他非金属矿采选	9273	3000	208	1560	7205
石棉、云母矿采选	700				700
石墨、滑石采选	10				10
宝石、玉石开采	32				32
煤炭开采和洗选业	595		14	145	436
其他煤炭采选	595		14	145	436
其他煤炭采选	595		14	145	436

1-E-5 续表2-3 单位:个、万元、人

指标名称	实收资本	国家资本	集体资本	法人资本	个人资本
其他采矿业	60				60
其他采矿业	60				60
其他采矿业	60				60
制造业	**50970508**	**4902518**	**603789**	**9958790**	**26594012**
农副食品加工业	912725	230349	13960	181466	485268
谷物磨制	32402	103334	231	3896	17087
谷物磨制	32402	103334	231	3896	17087
饲料加工	94441	6488	2022	25938	51451
饲料加工	94441	6488	2022	25938	51451
植物油加工	87083	4606	116	18308	20846
食用植物油加工	84936	4606	116	18016	18990
非食用植物油加工	2148			292	1856
屠宰及肉类加工	92846	65470	1111	24378	52363
畜禽屠宰	19199	42483	522	6373	8055
肉制品及副产品加工	73647	22987	589	18005	44308
水产品加工	349597	47731	7379	62547	217649
水产品冷冻加工	256521	47691	4104	36864	174988
鱼糜制品及水产品干腌制加工	60016	40	379	19816	21145
水产饲料制造	25676		867	4367	18005
鱼油提取及制品的制造	1750				1750
其他水产品加工	5634		2030	1499	1761
蔬菜、水果和坚果加工	151940	2520	2550	39663	85711
蔬菜、水果和坚果加工	151940	2520	2550	39663	85711
其他农副食品加工	104115	200	551	6707	39893
淀粉及淀粉制品的制造	20794		298	920	13373
豆制品制造	18855		217	3900	9771
蛋品加工	6110		36	703	5371
其他未列明的农副食品加工	58357	200		1184	11378
制 糖	300			30	270
制 糖	300			30	270
食品制造业	599774	172740	8307	107550	230752
焙烤食品制造	63678	10035	282	5260	26481
糕点、面包制造	29692	10035	282	3634	17800
饼干及其他焙烤食品制造	33986			1626	8681
糖果、巧克力及蜜饯制造	74236	50	398	2276	22749
糖果、巧克力制造	46632		...	1675	5543
蜜饯制作	27603	50	398	601	17206
方便食品制造	86781	17125	200	17096	23438
米、面制品制造	27080	1875	162	9615	10814

1－E－5 续表2－4

单位：个、万元、人

指标名称	实收资本	国家资本	集体资本	法人资本	个人资本
速冻食品制造	25460			5051	4278
方便面及其他方便食品制造	34242	15250	38	2431	8347
液体乳及乳制品制造	35751	13569		6970	19602
液体乳及乳制品制造	35751	13569		6970	19602
罐头制造	75967		1119	15950	43254
肉、禽类罐头制造	1987			1260	439
水产品罐头制造	12268				11948
蔬菜、水果罐头制造	59622		1119	14690	28775
其他罐头食品制造	2091				2091
调味品、发酵制品制造	81391	61391	199	9124	33120
味精制造	21939	48830		542	7614
酱油、食醋及类似制品的制造	16353	6961	91	5279	9883
其他调味品、发酵制品制造	43098	5600	108	3303	15623
其他食品制造	181971	70570	6110	50875	62107
营养、保健食品制造	81492	17000	5685	17746	28368
冷冻饮品及食用冰制造	23557	12250	15	12915	7758
盐加工	2027	8210	56	830	320
食品及饲料添加剂制造	71316	33110	321	18592	22908
其他未列明的食品制造	3579		33	792	2754
饮料制造业	533180	229651	12861	142021	213554
酒精制造	3855			655	1975
酒精制造	3855			655	1975
酒的制造	153234	107879	4624	30884	69434
白酒制造	26741		377	4715	11714
啤酒制造	54073	70000	1375	12828	15802
黄酒制造	57007	37879	2771	7530	33659
其他酒制造	13302		77	5319	7615
葡萄酒制造	2111		25	494	645
软饮料制造	238132	83735	4267	83402	54840
碳酸饮料制造	50578		2482	21620	1076
瓶(罐)装饮用水制造	61387	7352	1190	20528	34036
果菜汁及果菜汁饮料制造	55097		90	9025	9505
含乳饮料和植物蛋白饮料制造	13023		5	3502	3921
固体饮料制造	22427			14907	4113
茶饮料及其他软饮料制造	35619	76383	500	13821	2188
精制茶加工	137959	38037	3970	27080	87304
精制茶加工	137959	38037	3970	27080	87304
烟草制品业	6085			85	4600
其他烟草制品加工	5785			85	4300

1－E－5 续表2－5

单位：个、万元、人

指标名称	实收资本	国家资本	集体资本	法人资本	个人资本
其他烟草制品加工	5785			85	4300
烟叶复烤	300				300
烟叶复烤	300				300
纺织业	5902634	362346	59758	1071201	3088299
棉、化纤纺织及印染精加工	2370964	19648	12656	474034	1355017
棉、化纤纺织加工	1750200	19068	5271	338302	1101290
棉、化纤印染精加工	620764	580	7385	135733	253727
毛纺织和染整精加工	204466	100	3336	37230	99230
毛条加工	28665			300	10857
毛纺织	132220	100	3167	32410	64613
毛染整精加工	43581		169	4521	23760
麻纺织	12940	10		5137	4074
麻纺织	12940	10		5137	4074
丝绢纺织及精加工	406577	200000	8438	80358	213765
缫丝加工	68599		518	17654	29076
绢纺和丝织加工	269275		4477	41683	167040
丝印染精加工	68703	200000	3444	21021	17650
纺织制成品制造	1159890	91319	27111	160882	549812
棉及化纤制品制造	383432	26046	1140	48370	171256
毛制品制造	40626		50	4271	19439
麻制品制造	2221			458	1763
丝制品制造	118548	50	8111	25156	59151
绳、索、缆的制造	25577	200	83	5376	14963
纺织带和帘子布制造	138735	16554	330	16095	84544
无纺布制造	244376	48469	15460	43093	110147
其他纺织制成品制造	206375		1938	18065	88548
针织品、编织品及其制品制造	1747797	51269	8217	313560	866400
棉、化纤针织品及编织品制造	1230535	2814	5135	233631	605803
毛针织品及编织品制造	331314	48455	3012	40017	164197
丝针织品及编织品制造	93164		60	22460	36100
其他针织品及编织品制造	92783		10	17452	60300
纺织服装、鞋、帽制造业	2074585	84484	18876	333729	952500
纺织服装制造	1997072	83974	18589	326073	906438
纺织服装制造	1997072	83974	18589	326073	906438
纺织面料鞋的制造	53689	510	282	5107	34025
纺织面料鞋的制造	53689	510	282	5107	34025
制　帽	23824		5	2548	12037
制　帽	23824		5	2548	12037
皮革、毛皮、羽毛(绒)及其制品业	1109424	15577	6860	172495	699381

1－E－5 续表2－6

单位：个、万元、人

指 标 名 称	实收资本	国家资本	集体资本	法人资本	个人资本
皮革鞣制加工	153729		1506	24157	89219
皮革鞣制加工	153729		1506	24157	89219
皮革制品制造	803297	15277	3492	122874	523275
皮鞋制造	429759	12048	2713	71460	311646
皮革服装制造	110319	3229	152	16430	63804
皮箱、包(袋)制造	176996		220	25118	96406
皮手套及皮装饰制品制造	46892		407	2836	32839
其他皮革制品制造	39331			7030	18581
毛皮鞣制及制品加工	57181	300	96	7006	37385
毛皮鞣制加工	10585			2918	4530
毛皮服装加工	16719			2761	8391
其他毛皮制品加工	29877	300	96	1327	24464
羽毛(绒)加工及制品制造	95217		1765	18458	49502
羽毛(绒)加工	20147			1046	17919
羽毛(绒)制品加工	75070		1765	17412	31583
木材加工及木、竹、藤、棕、草制品业	597359	12257	3409	124375	350047
锯材、木片加工	34113	9557	827	6070	21564
锯材加工	21559	3620	768	3222	13327
木片加工	12554	5937	59	2848	8237
人造板制造	249901		655	60832	126994
胶合板制造	143391		630	26090	68091
纤维板制造	36965			20762	10557
刨花板制造	11990		5		11985
其他人造板、材制造	57555		20	13980	36360
木制品制造	196206	2045	1350	37513	125128
建筑用木料及木材组件加工	119532	45	549	27135	81222
木容器制造	26290	2000	797	2871	16813
软木制品及其他木制品制造	50385		4	7507	27092
竹、藤、棕、草制品制造	117140	655	577	19961	76361
竹、藤、棕、草制品制造	117140	655	577	19961	76361
家具制造业	701858	1862	2984	140615	376560
木质家具制造	383009	1812	2299	86510	221849
木质家具制造	383009	1812	2299	86510	221849
竹、藤家具制造	12132		5	3034	6100
竹、藤家具制造	12132		5	3034	6100
金属家具制造	203828		651	33610	106314
金属家具制造	203828		651	33610	106314
塑料家具制造	21300			2348	12418
塑料家具制造	21300			2348	12418

1－E－5 续表2－7

单位：个、万元、人

指标名称	实收资本	国家资本	集体资本	法人资本	个人资本
其他家具制造	81588	50	30	15114	29879
其他家具制造	81588	50	30	15114	29879
造纸及纸制品业	1482575	51605	12369	272301	921023
纸浆制造	10326		83	918	2327
纸浆制造	10326		83	918	2327
造　纸	641379	7763	4569	171577	375036
机制纸及纸板制造	574240	2270	3231	157404	342438
手工纸制造	2009			372	1637
加工纸制造	65130	5493	1338	13801	30961
纸制品制造	830870	43842	7718	99805	543660
纸和纸板容器的制造	610081	21285	6420	81041	435152
其他纸制品制造	220789	22557	1298	18765	108508
印刷业和记录媒介的复制	1176312	183750	33264	246906	804255
印　刷	1082148	119490	31382	221312	759603
书、报、刊印刷	166115	49241	5393	50583	100455
本册印制	60521	2017	1474	11355	46117
包装装潢及其他印刷	855513	68232	24515	159375	613031
装订及其他印刷服务活动	65669	3000	1883	11694	42933
装订及其他印刷服务活动	65669	3000	1883	11694	42933
记录媒介的复制	28495	61260		13900	1720
记录媒介的复制	28495	61260		13900	1720
文教体育用品制造业	763452	14215	4393	118082	374883
文化用品制造	315674	5359	903	49285	170969
文具制造	148083	4500	525	22433	74364
笔的制造	129014	359	309	22794	72831
教学用模型及教具制造	18234	500	45	2796	13277
墨水、墨汁制造	2608		14	99	2470
其他文化用品制造	17735		10	1163	8026
体育用品制造	210334	8537	1313	35190	72731
球类制造	30299	1379	30	1837	5637
体育器材及配件制造	68850	4200		9733	22624
训练健身器材制造	81502	2958	1261	19319	31428
运动防护用具制造	9489			497	6569
其他体育用品制造	20195		22	3805	6473
乐器制造	36373		454	5827	9989
中乐器制造	5173		4	513	818
西乐器制造	18485		450	2762	3658
电子乐器制造	4113				929
其他乐器及零件制造	8602			2552	4584

1－E－5 续表2－8

单位：个、万元、人

指 标 名 称	实收资本	国家资本	集体资本	法人资本	个人资本
玩具制造	124305	319	1468	16805	77612
玩具制造	124305	319	1468	16805	77612
游艺器材及娱乐用品制造	76766		255	10975	43583
露天游乐场所游乐设备制造	51968		105	9662	32778
游艺用品及室内游艺器材制造	24799		150	1313	10806
石油加工、炼焦及核燃料加工业	95456		493	22409	20747
精炼石油产品的制造	91421		493	18409	20718
原油加工及石油制品制造	90628		450	18242	20226
人造原油生产	793		43	167	492
炼 焦	4035			4000	29
炼 焦	4035			4000	29
化学原料及化学制品制造业	3445804	877801	64392	619970	973696
基础化学原料制造	737215	222031	11689	175555	163737
无机酸制造	49276	6089	20	25953	11758
无机碱制造	18439	150000		107	3332
无机盐制造	70705	6039	856	6189	32405
有机化学原料制造	422022	14087	10365	106738	92502
其他基础化学原料制造	176774	45816	448	36568	23740
肥料制造	35618	24610	1218	12080	17512
氮肥制造	9561	24430	1038	2530	3550
磷肥制造	2555			406	2149
复混肥料制造	16859	180	128	8604	6640
有机肥料及微生物肥料制造	4963		52	500	3948
其他肥料制造	1679			40	1225
农药制造	110792	38478	4383	19817	61495
化学农药制造	97332	38078	4203	18091	55858
生物化学农药及微生物农药制造	13460	400	180	1726	5637
涂料、油墨、颜料及类似产品制造	468275	49355	14797	86722	228251
涂料制造	200784	42775	779	37622	127154
油墨及类似产品制造	51442	6500	1654	13379	17098
颜料制造	59108		5598	11738	26233
染料制造	134696		6701	19207	49297
密封用填料及类似品制造	22245	80	65	4775	8470
合成材料制造	960098	119819	16779	63395	108885
初级形态的塑料及合成树脂制造	801140	19300	16432	47416	80997
合成橡胶制造	15599			2463	8137
合成纤维单(聚合)体的制造	131035	100519	96	10720	12303
其他合成材料制造	12325		251	2796	7449
专用化学产品制造	902920	396393	12830	223271	305889

1-E-5 续表2-9 单位：个、万元、人

指标名称	实收资本	国家资本	集体资本	法人资本	个人资本
化学试剂和助剂制造	319433	13831	6547	94318	129247
专项化学用品制造	135784	7842	585	32773	47342
林产化学产品制造	22642			4164	17110
炸药及火工产品制造	8783	500		3355	3259
信息化学品制造	268063	349572	928	65460	61161
环境污染处理专用药剂材料制造	26021	5625	4664	1324	4839
动物胶制造	36728		10	6213	4306
其他专用化学产品制造	85466	19023	97	15666	38625
日用化学产品制造	230888	27115	2696	39130	87928
肥皂及合成洗涤剂制造	28778	68	1858	6457	15813
化妆品制造	97049		56	17402	48170
口腔清洁用品制造	2302			1080	904
香料、香精制造	72556	27047	701	10577	12804
其他日用化学产品制造	30204		82	3614	10237
医药制造业	840941	88118	13221	255069	327575
化学药品原药制造	231889	31800	1741	59855	88855
化学药品原药制造	231889	31800	1741	59855	88855
化学药品制剂制造	215008	22506	2355	74363	71673
化学药品制剂制造	215008	22506	2355	74363	71673
中药饮片加工	35460	3000	1080	12534	17311
中药饮片加工	35460	3000	1080	12534	17311
中成药制造	107324	5416	4599	29714	43603
中成药制造	107324	5416	4599	29714	43603
兽用药品制造	44696	900	83	15883	22422
兽用药品制造	44696	900	83	15883	22422
生物、生化制品的制造	139058	24496	2793	45503	46720
生物、生化制品的制造	139058	24496	2793	45503	46720
卫生材料及医药用品制造	67505		571	17219	36992
卫生材料及医药用品制造	67505		571	17219	36992
化学纤维制造业	895492	6078	11856	179538	303778
纤维素纤维原料及纤维制造	42525	5978		1826	24146
化纤浆粕制造	2075	5978		20	1458
人造纤维(纤维素纤维)制造	40449			1806	22688
合成纤维制造	852967	100	11856	177712	279632
锦纶纤维制造	82381			8930	28331
涤纶纤维制造	424914		11346	90819	150577
腈纶纤维制造	4956			1700	2028
维纶纤维制造	958	100			948
其他合成纤维制造	339758		510	76262	97748

1－E－5 续表2－10

单位：个、万元、人

指标名称	实收资本	国家资本	集体资本	法人资本	个人资本
橡胶制品业	396084	6960	4527	49761	294642
轮胎制造	52571	6780	503	7756	41624
车辆、飞机及工程机械轮胎制造	39787	3680	62	6114	31629
力车胎制造	8685		251	362	8072
轮胎翻新加工	4100	3100	190	1280	1922
橡胶板、管、带的制造	102967		526	10597	75848
橡胶板、管、带的制造	102967		526	10597	75848
橡胶零件制造	80728		1662	11682	62784
橡胶零件制造	80728		1662	11682	62784
再生橡胶制造	9319		100	695	8522
再生橡胶制造	9319		100	695	8522
日用及医用橡胶制品制造	24588		340	3395	13709
日用及医用橡胶制品制造	24588		340	3395	13709
橡胶靴鞋制造	75827		289	10883	59578
橡胶靴鞋制造	75827		289	10883	59578
其他橡胶制品制造	50084	180	1109	4753	32578
其他橡胶制品制造	50084	180	1109	4753	32578
塑料制品业	2724675	122376	31814	454005	1646439
塑料薄膜制造	449400	58718	14776	48194	221044
塑料薄膜制造	449400	58718	14776	48194	221044
塑料板、管、型材的制造	521003	48600	2821	138746	263661
塑料板、管、型材的制造	521003	48600	2821	138746	263661
塑料丝、绳及编织品的制造	206581	3020	4426	27444	162288
塑料丝、绳及编织品的制造	206581	3020	4426	27444	162288
泡沫塑料制造	118230	500	1282	11352	60814
泡沫塑料制造	118230	500	1282	11352	60814
塑料人造革、合成革制造	218927	789	6	41385	156779
塑料人造革、合成革制造	218927	789	6	41385	156779
塑料包装箱及容器制造	269157		1395	50967	136150
塑料包装箱及容器制造	269157		1395	50967	136150
塑料零件制造	353882	3480	1968	51713	256009
塑料零件制造	353882	3480	1968	51713	256009
日用塑料制造	361960	6373	3295	56738	243117
塑料鞋制造	40924		227	7238	30863
日用塑料杂品制造	321036	6373	3068	49500	212254
其他塑料制品制造	225534	896	1846	27468	146577
其他塑料制品制造	225534	896	1846	27468	146577
非金属矿物制品业	2427983	1195965	53287	578195	1186302
水泥、石灰和石膏的制造	516920	1052334	15170	166850	167287

1－E－5 续表2－11 单位：个、万元、人

指标名称	实收资本	国家资本	集体资本	法人资本	个人资本
水泥制造	488892	1050384	14408	161821	147112
石灰和石膏制造	28028	1950	762	5029	20175
水泥及石膏制品制造	771206	66005	13442	215296	440310
水泥制品制造	606965	64917	7357	181722	352477
砼结构构件制造	94616		5152	23064	65032
石棉水泥制品制造	1265		60	10	1195
轻质建筑材料制造	60495	1088	355	7992	16782
其他水泥制品制造	7865		518	2509	4824
砖瓦、石材及其他建筑材料制造	443050	4546	20618	60414	271364
粘土砖瓦及建筑砌块制造	178652	2085	12362	31747	129791
建筑陶瓷制品制造	53604		1344	4834	14208
建筑用石加工	90826		4140	9441	68545
防水建筑材料制造	29691		1966	6562	19744
隔热和隔音材料制造	64699		543	4409	18565
其他建筑材料制造	25578	2461	262	3421	20511
玻璃及玻璃制品制造	467826	71720	720	78068	184778
平板玻璃制造	35551		210	5320	3558
技术玻璃制品制造	139686			34303	55275
光学玻璃制造	8987			1880	6112
玻璃仪器制造	4756		59	465	3995
日用玻璃制品及玻璃包装容器制造	105689	1500	33	14456	50046
玻璃保温容器制造	4654			1409	3245
玻璃纤维及制品制造	102736		50	7904	29907
玻璃纤维增强塑料制品制造	38938			8282	23230
其他玻璃制品制造	26831	70220	368	4049	9410
陶瓷制品制造	53722		273	9181	33399
卫生陶瓷制品制造	33661		130	4361	19810
特种陶瓷制品制造	10626		39	1787	7933
日用陶瓷制品制造	7624		103	2923	4369
园林、陈设艺术及其他陶瓷制品制造	1811			110	1287
耐火材料制品制造	91576	60	2039	19620	47072
石棉制品制造	16388	60	132	4056	7717
云母制品制造	2487		13	416	2058
耐火陶瓷制品及其他耐火材料制造	72701		1894	15148	37298
石墨及其他非金属矿物制品制造	83683	1300	1026	28766	42092
石墨及碳素制品制造	31969			20935	8775
其他非金属矿物制品制造	51715	1300	1026	7831	33317
黑色金属冶炼及压延加工业	1055298	91004	6401	226055	582821
炼 铁	2189		3	272	1914

1－E－5 续表 2－12

单位：个、万元、人

指 标 名 称	实收资本	国家资本	集体资本	法人资本	个人资本
炼 铁	2189		3	272	1914
炼 钢	33411	500		3600	21070
炼 钢	33411	500		3600	21070
钢压延加工	998948	90504	6398	218234	545667
钢压延加工	998948	90504	6398	218234	545667
铁合金冶炼	20749			3949	14170
铁合金冶炼	20749			3949	14170
有色金属冶炼及压延加工业	763141	49585	13125	152571	403603
常用有色金属冶炼	81797	10790	1808	17134	47428
铜冶炼	37190		1737	5477	25850
铅锌冶炼	10918		55	3276	7588
镍钴冶炼	12262			3361	3058
锡冶炼	439			110	329
铝冶炼	14778	10790	16	4856	8246
镁冶炼	920				778
其他常用有色金属冶炼	5290			54	1580
贵金属冶炼	24085		272	8325	14288
金冶炼	18091		26	8325	8541
银冶炼	4122		246		3876
其他贵金属冶炼	1872				1872
稀有稀土金属冶炼	17742			4414	7069
钨钼冶炼	1681				664
稀土金属冶炼	15499			3864	6393
其他稀有金属冶炼	563			550	13
有色金属合金制造	64027	30600	719	12966	33811
有色金属合金制造	64027	30600	719	12966	33811
有色金属压延加工	575491	8195	10325	109733	301007
常用有色金属压延加工	557312	8195	10034	106905	289753
贵金属压延加工	3108			591	1457
稀有稀土金属压延加工	15071		291	2237	9797
金属制品业	2779702	117826	26021	545515	1638005
结构性金属制品制造	709830	29010	4839	168182	441014
金属结构制造	455255	27700	1995	120723	263420
金属门窗制造	254575	1310	2844	47459	177594
金属工具制造	397182	1949	1491	59005	240913
切削工具制造	88150	1250	210	15570	57604
手工具制造	150527		643	24793	89939
农用及园林用金属工具制造	60236	60	170	9706	27399
刀剪及类似日用金属工具制造	35836		154	3576	28193

1－E－5 续表 2－13 单位：个、万元、人

指 标 名 称	实收资本	国家资本	集体资本	法人资本	个人资本
其他金属工具制造	62434	639	314	5361	37778
集装箱及金属包装容器制造	139937	6578	1607	32360	73217
集装箱制造	816			10	806
金属压力容器制造	49878	988	28	11186	26848
金属包装容器制造	89242	5590	1579	21164	45563
金属丝绳及其制品的制造	176562	400	540	54505	99067
金属丝绳及其制品的制造	176562	400	540	54505	99067
建筑、安全用金属制品制造	595773	72164	11227	96925	311565
建筑、家具用金属配件制造	277942		2136	46436	152997
建筑装饰及水暖管道零件制造	239612	71641	8920	37992	126378
安全、消防用金属制品制造	52168		71	9495	21929
其他建筑、安全用金属制品制造	26051	523	101	3001	10262
金属表面处理及热处理加工	267014	3111	2097	44076	166739
金属表面处理及热处理加工	267014	3111	2097	44076	166739
搪瓷制品制造	27246		151	7305	16802
工业生产配套用搪瓷制品制造	1386			22	1365
搪瓷卫生洁具制造	17204			6390	8054
搪瓷日用品及其他搪瓷制品制造	8657		151	893	7383
不锈钢及类似日用金属制品制造	332469	1318	2486	53066	217390
金属制厨房调理及卫生器具制造	85993		1782	11051	55325
金属制厨用器皿及餐具制造	155108	1300	462	29159	98494
其他日用金属制品制造	91368	18	243	12856	63571
其他金属制品制造	133689	3296	1583	30091	71297
其他未列明的金属制品制造	133389	3296	1583	30091	70997
铸币及贵金属制实验室用品制造	300				300
通用设备制造业	5382377	183170	45850	1069483	3001306
锅炉及原动机制造	206862	44324	2995	82409	61402
锅炉及辅助设备制造	98919	1844	120	39840	26741
内燃机及配件制造	46229		325	16509	19196
汽轮机及辅机制造	39391	20400	2550	13065	10145
水轮机及辅机制造	18984	22080		9995	4981
其他原动机制造	3339			3000	339
金属加工机械制造	450171	20139	4117	102701	200995
金属切削机床制造	177403	17918	419	52567	73857
金属成形机床制造	89488		231	20873	31439
铸造机械制造	20314	170	553	5106	11590
金属切割及焊接设备制造	51884	600	1489	9626	28808
机床附件制造	47555	629	220	4548	21706
其他金属加工机械制造	63527	822	1205	9981	33596

1－E－5 续表2－14

单位：个、万元、人

指 标 名 称	实收资本	国家资本	集体资本	法人资本	个人资本
起重运输设备制造	391392	15763	5033	95490	175447
起重运输设备制造	391392	15763	5033	95490	175447
泵、阀门、压缩机及类似机械的制造	1364063	39175	9612	254863	895876
泵及真空设备制造	298247	5303	6717	43420	204692
气体压缩机械制造	87342	3668	76	25219	37491
阀门和旋塞的制造	828705	29052	2470	152597	569325
液压和气压动力机械及元件制造	149769	1152	349	33627	84368
轴承、齿轮、传动和驱动部件的制造	678376	9775	2169	108734	392942
轴承制造	427908	9775	550	69553	229374
齿轮、传动和驱动部件制造	250467		1619	39181	163568
烘炉、熔炉及电炉制造	26546		10	2963	15908
烘炉、熔炉及电炉制造	26546		10	2963	15908
风机、衡器、包装设备等通用设备制造	743450	32379	3668	145977	376484
风机、风扇制造	75274	2823	295	23724	40773
气体、液体分离及纯净设备制造	97322	2932	246	21846	51391
制冷、空调设备制造	213436	7193	159	46555	62806
风动和电动工具制造	186120	17951	1176	26847	102456
喷枪及类似器具制造	35995		210	5971	24506
包装专用设备制造	62203		305	8379	50668
衡器制造	15530		50	2418	8398
其他通用设备制造	57570	1480	1227	10238	35485
通用零部件制造及机械修理	1133192	19463	12227	198619	608089
金属密封件制造	94209	250	361	10031	55577
紧固件、弹簧制造	625682	9044	8650	125339	312600
机械零部件加工及设备修理	279464	10000	3002	39808	170159
其他通用零部件制造	133837	169	214	23443	69752
金属铸、锻加工	388326	2152	6019	77727	274163
钢铁铸件制造	251631	2152	4459	50253	182387
锻件及粉末冶金制品制造	136694		1560	27474	91776
专用设备制造业	2223236	213060	13861	359165	1179325
矿山、冶金、建筑专用设备制造	156429	17870	853	28993	100231
采矿、采石设备制造	41575	2870	520	5187	34135
石油钻采专用设备制造	7488	15000	219	524	5082
建筑工程用机械制造	53007		110	15204	31009
建筑材料生产专用机械制造	24918			4391	17939
冶金专用设备制造	29443		4	3688	12067
化工、木材、非金属加工专用设备制造	748970	2025	2346	100402	342941
炼油、化工生产专用设备制造	39527	580	517	8930	20719
橡胶加工专用设备制造	14752	252	57	4839	4157

1－E－5 续表 2－15 单位：个、万元、人

指 标 名 称	实收资本	国家资本	集体资本	法人资本	个人资本
塑料加工专用设备制造	176045		560	24191	84278
木材加工机械制造	12637			1295	7071
模具制造	494883	1193	1212	60842	222667
其他非金属加工专用设备制造	11127			306	4050
食品、饮料、烟草及饲料生产专用设备制造	68941		532	19360	38530
食品、饮料、烟草工业专用设备制造	44868		482	10000	29784
农副食品加工专用设备制造	22824		50	9360	7496
饲料生产专用设备制造	1250				1250
印刷、制药、日化生产专用设备制造	139595		910	17384	93466
制浆和造纸专用设备制造	17726			1593	12769
印刷专用设备制造	68466		212	6805	45181
日用化工专用设备制造	8143		50	1007	2825
制药专用设备制造	28941		568	4688	22134
照明器具生产专用设备制造	5307			588	3160
玻璃、陶瓷和搪瓷制品生产专用设备制造	4245		80	1662	1675
其他日用品生产专用设备制造	6768			1042	5724
纺织、服装和皮革工业专用设备制造	455073	17800	3787	61281	252949
纺织专用设备制造	230735	15750	2439	27590	130307
皮革、毛皮及其制品加工专用设备制造	32486	300	487	3855	19724
缝纫机械制造	177841	1750	686	27794	91825
其他服装加工专用设备制造	14012		176	2042	11094
电子和电工机械专用设备制造	91373	12420	351	20354	44775
电工机械专用设备制造	34944		133	5030	18603
电子工业专用设备制造	54766	2420	216	15316	25518
武器弹药制造	1515	10000	2	8	505
航空、航天及其他专用设备制造	148				148
农、林、牧、渔专用机械制造	109422	58894	198	25366	47856
拖拉机制造	12019			7513	4155
机械化农业及园艺机具制造	73071	58014		15771	23871
畜牧机械制造	577				577
渔业机械制造	1456				1196
农林牧渔机械配件制造	17902		141	1535	14518
其他农林牧渔业机械制造及机械修理	4287	880	36	548	3450
营林及木竹采伐机械制造	111		21		90
医疗仪器设备及器械制造	142759	4240	1316	17589	69370
医疗诊断、监护及治疗设备制造	39469		654	3123	16559
口腔科用设备及器具制造	3519			321	2444
实验室及医用消毒设备和器具的制造	8038		200	150	4996
医疗、外科及兽医用器械制造	42741		240	8025	22430

1－E－5 续表2－16

单位：个、万元、人

指标名称	实收资本	国家资本	集体资本	法人资本	个人资本
机械治疗及病房护理设备制造	11595		25	2356	6563
假肢、人工器官及植(介)入器械制造	3222	4240	9	73	2716
其他医疗设备及器械制造	34176		187	3542	13662
环保、社会公共安全及其他专用设备制造	310674	99811	3567	68436	189207
环境污染防治专用设备制造	163938	80106	903	41765	104757
地质勘查专用设备制造	4262			827	1355
邮政专用机械及器材制造	2260	4205	20	761	897
商业、饮食、服务业专用设备制造	2247			1201	1046
社会公共安全设备及器材制造	79687		226	15351	55806
交通安全及管制专用设备制造	5876		10	747	5119
水资源专用机械制造	10145	15500	1490	1162	5499
其他专用设备制造	42260		917	6622	14728
交通运输设备制造业	3095654	142871	51127	603967	1778307
铁路运输设备制造	24115	5000	996	7566	9781
铁路机车车辆配件制造	7498			1900	4422
铁路专用设备及器材、配件制造	11041		612	5355	4702
其他铁路设备制造及设备修理	5316	5000	384	260	447
铁路机车车辆及动车组制造	200			50	150
工矿有轨专用车辆制造	60				60
汽车制造	1794944	36226	45048	369688	899436
汽车整车制造	56166			29751	25529
改装汽车制造	21314	100		14636	6626
汽车车身、挂车的制造	13132		58	425	3675
汽车零部件及配件制造	1620763	6821	44026	308842	805759
汽车修理	83266	29305	964	16033	57544
电车制造	304				304
摩托车制造	252926		710	52777	183885
摩托车整车制造	29803			10986	18817
摩托车零部件及配件制造	223123		710	41791	165068
自行车制造	229440		1269	27408	118764
脚踏自行车及残疾人座车制造	83405		408	6813	46102
助动自行车制造	146035		861	20596	72661
船舶及浮动装置制造	730970	72853	2873	128106	533005
金属船舶制造	467170	33889	416	70376	387944
非金属船舶制造	3985		574	537	2113
娱乐船和运动船的建造和修理	56942			18360	2544
船用配套设备制造	113966	15164	125	36493	63985
船舶修理及拆船	88700	23800	1758	2341	76211
航标器材及其他浮动装置的制造	208				208

1－E－5 续表2－17 单位：个、万元、人

指 标 名 称	实收资本	国家资本	集体资本	法人资本	个人资本
航空航天器制造	4577			1160	3042
飞机制造及修理	4442			1125	2942
其他飞行器制造	115			15	100
航天器制造	20			20	
交通器材及其他交通运输设备制造	58683	28792	232	17262	30395
潜水及水下救捞装备制造	2980	28000			180
交通管理用金属标志及设施制造	43307	792	182	16335	23977
其他交通运输设备制造	12396		50	927	6238
电气机械及器材制造业	4738853	105614	60265	998714	2781163
电机制造	496611	8439	2305	105511	297311
发电机及发电机组制造	92376		501	29681	43220
电动机制造	192360	7550	876	34645	122159
微电机及其他电机制造	211875	889	929	41186	131932
输配电及控制设备制造	1723288	28843	20926	333958	1209789
变压器、整流器和电感器制造	232184	5000	3804	55655	144485
电容器及其配套设备制造	49841	1500	337	9103	35231
配电开关控制设备制造	909385	15318	14671	176608	666891
电力电子元器件制造	422123	5530	819	68012	285661
其他输配电及控制设备制造	109755	1495	1295	24580	77521
电线、电缆、光缆及电工器材制造	787074	29066	10475	215872	459982
电线电缆制造	660127	7703	9721	177026	400791
光纤、光缆制造	64243	1363	96	25417	19844
绝缘制品制造	27962		370	6052	15063
其他电工器材制造	34743	20000	288	7377	24283
电池制造	273265	5439	2301	84479	94294
电池制造	273265	5439	2301	84479	94294
家用电力器具制造	671196	24400	1705	118569	308691
家用制冷电器具制造	64450		29	13420	31996
家用空气调节器制造	30961		50	6487	11544
家用通风电器具制造	47488	23546	516	11809	24791
家用厨房电器具制造	185697		258	31242	64519
家用清洁卫生电器具制造	93209			17431	38681
家用美容、保健电器具制造	35462		175	3713	26987
家用电力器具专用配件制造	105728		678	23650	52076
其他家用电力器具制造	108201	854	…	10818	58096
非电力家用器具制造	98998		445	13137	55988
燃气、太阳能及类似能源的器具制造	78662		445	12707	50802
其他非电力家用器具制造	20337			430	5185
照明器具制造	580740	7502	19086	105296	297812

1－E－5 续表 2－18

单位：个、万元、人

指标名称	实收资本	国家资本	集体资本	法人资本	个人资本
电光源制造	154890		14474	26758	76425
照明灯具制造	335821	2247	4384	63207	167293
灯用电器附件及其他照明器具制造	90030	5255	228	15331	54094
其他电气机械及器材制造	107680	1925	3023	21893	57298
车辆专用照明及电气信号设备装置制造	76091	1925	75	17266	42270
其他未列明的电气机械制造	31589		2948	4627	15028
通信设备、计算机及其他电子设备制造业	1920485	211810	15367	464801	649720
通信设备制造	400884	42882	817	165990	107367
通信传输设备制造	77124	37534	283	13008	25680
通信交换设备制造	50202		34	8936	23516
通信终端设备制造	24215	5348		13426	8502
移动通信及终端设备制造	122311			36390	26804
其他通信设备制造	127032		500	94230	22866
雷达及配套设备制造	1892				1026
雷达及配套设备制造	1892				1026
广播电视设备制造	93137	17552	212	13442	25791
广播电视节目制作及发射设备制造	11919	17552	150	3058	3844
广播电视接收设备及器材制造	53553		62	8954	18003
应用电视设备及其他广播电视设备制造	27665			1430	3944
电子计算机制造	135769	58386	2532	37673	44100
电子计算机整机制造	6792			462	2454
计算机网络设备制造	46060	31000	200	24850	8252
电子计算机外部设备制造	82917	27386	2332	12362	33394
电子器件制造	479677	50079	4216	99022	92206
电子真空器件制造	18489	27650	110	3417	9008
半导体分立器件制造	151408	30	172	20445	23594
集成电路制造	118867		214	38187	18335
光电子器件及其他电子器件制造	190912	22399	3720	36973	41269
电子元件制造	636902	40436	4361	126339	311346
电子元件及组件制造	577857	40436	4299	113315	294478
印制电路板制造	59045		62	13023	16868
家用视听设备制造	108131	100	2441	11286	37642
家用影视设备制造	34423		2283	4624	12312
家用音响设备制造	73708	100	158	6662	25330
其他电子设备制造	64094	2375	788	11050	30242
其他电子设备制造	64094	2375	788	11050	30242
仪器仪表及文化、办公用机械制造业	911746	77713	11517	208686	506752
通用仪器仪表制造	438419	25585	3780	126867	251142

1－E－5 续表 2－19

单位：个、万元、人

指 标 名 称	实收资本	国家资本	集体资本	法人资本	个人资本
工业自动控制系统装置制造	149825	2861	727	47135	78506
电工仪器仪表制造	103298	740	935	16334	76009
绘图、计算及测量仪器制造	26870		372	7741	12749
实验分析仪器制造	38024	251	495	9154	23759
试验机制造	10255	17350	40	4014	2605
供应用仪表及其他通用仪器制造	110147	4383	1211	42489	57514
专用仪器仪表制造	120835	18058	1002	20469	75378
环境监测专用仪器仪表制造	11231	2820	250	1832	8340
汽车及其他用计数仪表制造	32564		183	5006	23309
导航、气象及海洋专用仪器制造	7414	5089	103	335	4945
农林牧渔专用仪器仪表制造	949			500	449
地质勘探和地震专用仪器制造	1952			152	1649
教学专用仪器制造	29325	3229	357	5389	21015
电子测量仪器制造	20756	6920	95	5640	8495
其他专用仪器制造	15645		14	1615	6177
核子及核辐射测量仪器制造	1000				1000
钟表与计时仪器制造	44534		727	7497	19952
钟表与计时仪器制造	44534		727	7497	19952
光学仪器及眼镜制造	188977	9644	2904	25687	97828
光学仪器制造	38934	300	2821	5034	13056
眼镜制造	150043	9344	83	20653	84772
文化、办公用机械制造	110180	24426	1229	27143	56668
电影机械制造	2601			2100	501
幻灯及投影设备制造	9446	7110		6680	1896
照相机及器材制造	15577			3101	7586
复印和胶印设备制造	13725		50	1533	8835
计算器及货币专用设备制造	53638	16916	1154	11137	29991
其他文化、办公用机械制造	15193	400	25	2592	7859
其他仪器仪表的制造及修理	8801		1875	1024	5785
其他仪器仪表的制造及修理	8801		1875	1024	5785
工艺品及其他制造业	1243738	26556	3304	205254	762096
工艺美术品制造	914432	10723	2857	143844	553072
雕塑工艺品制造	145975	2310	502	23432	95385
金属工艺品制造	157741	102	1060	28424	109278
漆器工艺品制造	30523		100	2034	24336
花画工艺品制造	21276			5097	10145
天然植物纤维编织工艺品制造	26782		5	5839	15725
抽纱刺绣工艺品制造	225842	200	526	29866	144755

1－E－5 续表 2－20

单位：个、万元、人

指 标 名 称	实收资本	国家资本	集体资本	法人资本	个人资本
地毯、挂毯制造	53278	2000	338	8145	22014
珠宝首饰及有关物品的制造	77402	6111	176	19900	18968
其他工艺美术品制造	175613		150	21107	112467
日用杂品制造	303168	15833	388	60040	192783
制镜及类似品加工	23928			3730	11632
鬃毛加工、制刷及清扫工具的制造	32034			7797	11504
其他日用杂品制造	247206	15833	388	48513	169647
煤制品制造	6676		35	59	6532
煤制品制造	6676		35	59	6532
核辐射加工	1630			30	1600
核辐射加工	1630			30	1600
其他未列明的制造业	17832		24	1281	8109
其他未列明的制造业	17832		24	1281	8109
废弃资源和废旧材料回收加工业	169884	27175	319	54805	56617
金属废料和碎屑的加工处理	113520	18575	70	31773	33511
金属废料和碎屑的加工处理	113520	18575	70	31773	33511
非金属废料和碎屑的加工处理	56365	8600	249	23033	23106
非金属废料和碎屑的加工处理	56365	8600	249	23033	23106
电力、燃气及水的生产和供应业	**4328529**	**15154562**	**166594**	**1531330**	**546811**
电力、热力的生产和供应业	3061058	8423264	103508	1238004	433162
电力生产	2881685	7529284	98001	1178354	425046
火力发电	1626762	3853277	48593	737872	90181
水力发电	1171167	3657660	49408	410254	290280
其他能源发电	83756	18347		30228	44585
电力供应	82221	678400	2388	7912	4080
电力供应	82221	678400	2388	7912	4080
热力生产和供应	97152	215580	3118	51737	4036
热力生产和供应	97152	215580	3118	51737	4036
燃气生产和供应业	315522	1265723	2134	80827	23660
燃气生产和供应业	315522	1265723	2134	80827	23660
燃气生产和供应业	315522	1265723	2134	80827	23660
水的生产和供应业	951949	5465575	60952	212500	89989
自来水的生产和供应	616935	3993691	56195	93026	52201
自来水的生产和供应	616935	3993691	56195	93026	52201
污水处理及其再生利用	310757	1411384	4141	119129	20541
污水处理及其再生利用	310757	1411384	4141	119129	20541
其他水的处理、利用与分配	24258	60500	616	345	17247
其他水的处理、利用与分配	24258	60500	616	345	17247

1－E－5 续表3－1

单位：个、万元、人

指标名称	港澳台资本	外商资本	本年折旧	主营业务收入	主营业务成本
总计	**6016571**	**7929934**	**5666167**	**219666732**	**192767307**
一、按轻重工业分					
轻工业	2995059	3318224	2350873	95996136	84099069
重工业	3021512	4611711	3315294	123670596	108668238
二、按登记注册类型分					
内资	**47563**	**112881**	**4400431**	**177466639**	**155766619**
国有		34	285030	4380308	4044612
集体	269	67	40936	1458196	1259912
股份合作企业	124	631	83381	4071559	3539450
联营企业	251	335	2990	69850	62384
国有联营	208		1028	6931	5859
集体联营	43	335	1412	26461	22376
国有与集体联营			420	21539	20130
其他联营			130	14919	14020
有限责任公司	6923	56858	896608	27443588	24210399
国有独资公司		10	42347	192913	158147
其他有限责任公司	6923	56848	854261	27250675	24052252
股份有限公司	1568	28386	81740	2482009	2103970
私营企业	31127	25901	2988111	136954609	120005987
私营独资	1027	4526	500865	24496546	21197803
私营合伙	2751	581	110354	5398457	4634146
私营有限责任公司	16477	20351	2328985	105025402	92420346
私营股份有限公司	10873	443	47908	2034204	1753692
其他	7301	669	21635	606520	539905
港澳台商投资	**5900041**	**40766**	**532885**	**20062474**	**17661336**
与港澳台商合资经营	1850506	18818	285062	12085916	10630749
与港澳台商合作经营	74626	1740	18697	426257	361258
港澳台商独资	3818594	19761	215641	7117395	6306713
港澳台商投资股份有限公司	156315	447	13485	432907	362615
外商投资	**68967**	**7776288**	**732852**	**22137618**	**19339352**
中外合资经营	49033	2242837	352478	12530598	10878871
中外合作经营	1182	103887	22577	571653	503805
外资企业	15935	5342574	351206	8853402	7798858
外商投资股份有限公司	2817	86990	6591	181966	157818
三、按控股情况分					
国有控股	46752	86157	687548	8841353	7996193
集体控股	45490	45869	155786	5554709	4882726
私人控股	440484	574601	3849485	175117297	153427589
港澳台商控股	5420207	50508	354687	12769154	11249436

1－E－5 续表3－2

单位：个、万元、人

指 标 名 称	港澳台资本	外商资本	本年折旧	主营业务收入	主营业务成本
外商控股	29160	7105795	535785	14329703	12582571
其 他	34478	67005	82875	3054516	2628792
四、按国民经济行业(门类、大类、中类、小类)分					
采矿业	**15477**	**39025**	**40988**	**1446609**	**1189749**
黑色金属矿采选业		4966	686	113616	86323
铁矿采选		4966	685	113484	86226
铁矿采选		4966	685	113484	86226
其他黑色金属矿采选			2	132	98
其他黑色金属矿采选			2	132	98
有色金属矿采选业			2040	59604	49770
常用有色金属矿采选			915	36093	30587
铜矿采选			143	11312	9906
铅锌矿采选			759	24180	20168
锑矿采选			8	421	361
铝矿采选			6	180	153
贵金属矿采选			131	3554	1938
金矿采选			100	1587	844
银矿采选			28	1635	920
其他贵金属矿采选			4	332	174
稀有稀土金属矿采选			994	19958	17245
钨钼矿采选			994	19958	17245
非金属矿采选业	15477	34059	38174	1269665	1050572
土砂石开采	15477	34059	35718	1201415	995479
石灰石、石膏开采		21547	4708	136697	105360
建筑装饰用石开采	1857	6507	12300	500268	425544
耐火土石开采	91		2069	126938	103029
粘土及其他土砂石开采	13529	6005	16641	437512	361546
化学矿采选			131	4432	3906
化学矿采选			131	4432	3906
采 盐			323	7269	6253
采 盐			323	7269	6253
石棉及其他非金属矿采选			2003	56548	44935
其他非金属矿采选			1938	55660	44202
石棉、云母矿采选			55	215	176
石墨、滑石采选			3	470	409
宝石、玉石开采			7	203	148
煤炭开采和洗选业			62	2935	2430
其他煤炭采选			62	2935	2430
其他煤炭采选			62	2935	2430

1－E－5 续表3－3

单位：个、万元、人

指 标 名 称	港澳台资本	外商资本	本年折旧	主营业务收入	主营业务成本
其他采矿业			26	789	653
其他采矿业			26	789	653
其他采矿业			26	789	653
制造业	**5776658**	**7547007**	**4795517**	**210048562**	**184245353**
农副食品加工业	88038	120958	82139	5162137	4654462
谷物磨制	440	415	3385	332988	315431
谷物磨制	440	415	3385	332988	315431
饲料加工	1494	12888	9073	867928	800440
饲料加工	1494	12888	9073	867928	800440
植物油加工	6417	40936	7800	777578	748020
食用植物油加工	6417	40936	7564	767859	738940
非食用植物油加工			236	9720	9080
屠宰及肉类加工	7669	778	8547	486558	413168
畜禽屠宰			2751	93772	82348
肉制品及副产品加工	7669	778	5797	392786	330820
水产品加工	20995	36255	31047	1626744	1452442
水产品冷冻加工	8566	27230	21945	1236796	1106566
鱼糜制品及水产品干腌制加工	10111	8561	6189	242443	215068
水产饲料制造	2318	120	2447	126760	112748
鱼油提取及制品的制造			104	3707	3083
其他水产品加工		344	364	17039	14978
蔬菜、水果和坚果加工	8922	14841	15191	763015	656943
蔬菜、水果和坚果加工	8922	14841	15191	763015	656943
其他农副食品加工	42100	14845	7048	305945	266735
淀粉及淀粉制品的制造		6203	1024	46993	41200
豆制品制造	248	4719	2496	77679	63813
蛋品加工			917	65676	59156
其他未列明的农副食品加工	41852	3924	2611	115598	102565
制 糖			48	1379	1283
制 糖			48	1379	1283
食品制造业	70066	165825	52253	1718446	1444592
焙烤食品制造	9931	20721	4583	178271	146946
糕点、面包制造	6098	875	2320	101754	83697
饼干及其他焙烤食品制造	3833	19846	2264	76517	63248
糖果、巧克力及蜜饯制造	4652	44156	5415	186676	152841
糖果、巧克力制造	4652	34763	4356	105381	84914
蜜饯制作		9394	1059	81295	67928
方便食品制造	5403	38931	10299	239127	200424
米、面制品制造	2196	4105	1559	63076	52718

1-E-5 续表3-4

单位:个、万元、人

指标名称	港澳台资本	外商资本	本年折旧	主营业务收入	主营业务成本
速冻食品制造	522	15609	1915	47194	40916
方便面及其他方便食品制造	2685	19217	6825	128857	106790
液体乳及乳制品制造	7822		4959	138286	120314
液体乳及乳制品制造	7822		4959	138286	120314
罐头制造	4483	11162	8126	272893	240481
肉、禽类罐头制造	288		285	10708	8069
水产品罐头制造		319	1262	25274	23220
蔬菜、水果罐头制造	4195	10842	6500	234477	207234
其他罐头食品制造			79	2433	1959
调味品、发酵制品制造	19459	13349	5357	207424	175458
味精制造	8900		1330	48395	45581
酱油、食醋及类似制品的制造	237	167	2001	71268	56875
其他调味品、发酵制品制造	10322	13182	2026	87761	73002
其他食品制造	18317	37506	13515	495771	408128
营养、保健食品制造	10763	17230	5051	213438	173030
冷冻饮品及食用冰制造	1275	370	1802	53269	43182
盐加工			278	10922	7462
食品及饲料添加剂制造	6279	19906	6030	203291	171657
其他未列明的食品制造			354	14852	12796
饮料制造业	48322	93457	47156	1504592	1234544
酒精制造	1225		344	9959	9387
酒精制造	1225		344	9959	9387
酒的制造	17387	20116	12573	308349	232622
白酒制造		9935	2499	56921	42212
啤酒制造	15000	2069	4478	69968	54262
黄酒制造	2387	6873	4585	144708	110526
其他酒制造		292	884	34185	23606
葡萄酒制造		947	127	2567	2017
软饮料制造	24526	62725	22359	502242	398956
碳酸饮料制造		25401	7794	141361	120288
瓶(罐)装饮用水制造	2291	2607	5051	130247	99266
果菜汁及果菜汁饮料制造	18747	17731	3006	54920	44173
含乳饮料和植物蛋白饮料制造		5595	1473	47220	35346
固体饮料制造	2768	639	1387	44447	36281
茶饮料及其他软饮料制造	720	10751	3648	84046	63601
精制茶加工	5185	10616	11880	684042	593578
精制茶加工	5185	10616	11880	684042	593578
烟草制品业	1400		591	12904	6707
其他烟草制品加工	1400		566	12604	6527

1-E-5 续表3-5

单位：个、万元、人

指标名称	港澳台资本	外商资本	本年折旧	主营业务收入	主营业务成本
其他烟草制品加工	1400		566	12604	6527
烟叶复烤			25	300	180
烟叶复烤			25	300	180
纺织业	961785	685356	707722	27022210	24291493
棉、化纤纺织及印染精加工	310075	217216	334470	11325555	10306254
棉、化纤纺织加工	186314	117117	245202	8921174	8152470
棉、化纤印染精加工	123761	100100	89269	2404381	2153784
毛纺织和染整精加工	44149	20511	23410	892336	797712
毛条加工	14990	2518	2678	176553	162757
毛纺织	19191	12830	15250	583609	520348
毛染整精加工	9967	5164	5481	132174	114607
麻纺织	3232	497	1680	51700	45961
麻纺织	3232	497	1680	51700	45961
丝绢纺织及精加工	49652	34364	47355	2324123	2125600
缫丝加工	20313	1039	6630	338110	320256
绢纺和丝织加工	24655	31421	31268	1762374	1606016
丝印染精加工	4684	1905	9457	223639	199328
纺织制成品制造	218383	194569	108600	4504786	3987472
棉及化纤制品制造	81116	78945	36562	1755717	1556403
毛制品制造	2264	14602	4569	182901	161520
麻制品制造			206	12215	10673
丝制品制造	17598	8529	10376	473043	405582
绳、索、缆的制造	1313	3822	2628	128651	113125
纺织带和帘子布制造	15235	20876	12174	513415	460399
无纺布制造	23918	46912	27350	912452	812503
其他纺织制成品制造	76940	20884	14734	526393	467267
针织品、编织品及其制品制造	336294	218199	192208	7923710	7028494
棉、化纤针织品及编织品制造	223630	162055	132734	5851195	5192557
毛针织品及编织品制造	82727	36515	38438	1251057	1104218
丝针织品及编织品制造	20794	13750	9710	404741	359985
其他针织品及编织品制造	9143	5878	11326	416718	371734
纺织服装、鞋、帽制造业	305468	455563	158422	8281492	7219297
纺织服装制造	299942	437633	150371	7870332	6862270
纺织服装制造	299942	437633	150371	7870332	6862270
纺织面料鞋的制造	2371	11852	4834	288788	251390
纺织面料鞋的制造	2371	11852	4834	288788	251390
制　帽	3156	6078	3217	122373	105637
制　帽	3156	6078	3217	122373	105637
皮革、毛皮、羽毛(绒)及其制品业	79847	149284	82001	5876003	5184432

1－E－5 续表3－6

单位：个、万元、人

指 标 名 称	港澳台资本	外商资本	本年折旧	主营业务收入	主营业务成本
皮革鞣制加工	23090	15756	9736	629784	569516
皮革鞣制加工	23090	15756	9736	629784	569516
皮革制品制造	36398	115730	61021	4571606	4024382
皮鞋制造	5104	37631	31120	2508119	2185454
皮革服装制造	7640	21970	6969	567426	507120
皮箱、包（袋）制造	18300	36952	16151	1141180	1023976
皮手套及皮装饰制品制造	1165	9645	2642	195129	168232
其他皮革制品制造	4188	9533	4139	159753	139599
毛皮鞣制及制品加工	7870	4795	5062	315802	268977
毛皮鞣制加工	1731	1406	1477	50854	44984
毛皮服装加工	5099	470	1442	95495	82368
其他毛皮制品加工	1041	2920	2143	169453	141625
羽毛（绒）加工及制品制造	12489	13002	6183	358812	321557
羽毛（绒）加工	348	834	1410	60958	55577
羽毛（绒）制品加工	12142	12169	4773	297854	265980
木材加工及木、竹、藤、棕、草制品业	64132	54171	55778	3536249	3120899
锯材、木片加工	4695	2	2769	215732	188535
锯材加工	3880		1513	108858	93382
木片加工	815	2	1255	106874	95153
人造板制造	32989	28432	23161	1218368	1088976
胶合板制造	31944	16637	9983	775969	703244
纤维板制造	147	5498	7474	141168	122529
刨花板制造			489	41154	38224
其他人造板、材制造	898	6297	5215	260078	224979
木制品制造	19595	12415	19338	1467355	1294779
建筑用木料及木材组件加工	5241	5380	12901	1126477	997048
木容器制造	5377	231	2052	137494	120580
软木制品及其他木制品制造	8977	6805	4385	203385	177152
竹、藤、棕、草制品制造	6854	13322	10511	634794	548609
竹、藤、棕、草制品制造	6854	13322	10511	634794	548609
家具制造业	88446	93066	44961	2289353	1964430
木质家具制造	46380	25790	23876	1125581	951823
木质家具制造	46380	25790	23876	1125581	951823
竹、藤家具制造	2050	944	734	45625	38091
竹、藤家具制造	2050	944	734	45625	38091
金属家具制造	18136	45118	14209	798280	697725
金属家具制造	18136	45118	14209	798280	697725
塑料家具制造	2347	4187	1747	105649	89561
塑料家具制造	2347	4187	1747	105649	89561

1－E－5 续表3－7 单位：个、万元、人

指 标 名 称	港澳台资本	外商资本	本年折旧	主营业务收入	主营业务成本
其他家具制造	19533	17028	4395	214217	187231
其他家具制造	19533	17028	4395	214217	187231
造纸及纸制品业	147748	123974	149736	5768864	5116505
纸浆制造		6998	1161	24811	22177
纸浆制造		6998	1161	24811	22177
造 纸	47932	41489	69675	2758514	2476100
机制纸及纸板制造	41211	29729	62233	2505782	2256645
手工纸制造			170	8594	7315
加工纸制造	6721	11760	7272	244138	212140
纸制品制造	99816	75487	78900	2985538	2618228
纸和纸板容器的制造	54525	30815	58207	2252459	1978695
其他纸制品制造	45291	44672	20694	733080	639533
印刷业和记录媒介的复制	40557	32954	131707	3186127	2708252
印 刷	33935	23967	123348	2969654	2522750
书、报、刊印刷	83	4677	23808	455560	393112
本册印制	1094	279	5974	166092	141619
包装装潢及其他印刷	32758	19011	93566	2348002	1988019
装订及其他印刷服务活动	6623	2238	5272	143222	121371
装订及其他印刷服务活动	6623	2238	5272	143222	121371
记录媒介的复制		6750	3087	73252	64131
记录媒介的复制		6750	3087	73252	64131
文教体育用品制造业	118321	146352	63790	2954788	2563391
文化用品制造	32174	61807	26640	1118945	966760
文具制造	16626	33685	12328	486886	422745
笔的制造	12849	20195	11837	520170	449745
教学用模型及教具制造	376	1691	1025	56605	46998
墨水、墨汁制造		25	102	5022	4161
其他文化用品制造	2323	6213	1348	50261	43111
体育用品制造	49338	50910	15384	719572	623428
球类制造	2521	20137	2101	89194	79140
体育器材及配件制造	26224	9849	4904	200578	170257
训练健身器材制造	18817	10381	5526	278251	242572
运动防护用具制造	115	2308	694	37835	32850
其他体育用品制造	1660	8235	2159	113713	98610
乐器制造	7282	12822	3222	101933	88418
中乐器制造	101	3737	85	3061	2461
西乐器制造	3665	7951	1945	57872	51380
电子乐器制造	3184		502	13366	10989
其他乐器及零件制造	332	1134	691	27633	23589

1－E－5 续表3－8

单位：个、万元、人

指 标 名 称	港澳台资本	外商资本	本年折旧	主营业务收入	主营业务成本
玩具制造	16628	11760	13867	717877	623499
玩具制造	16628	11760	13867	717877	623499
游艺器材及娱乐用品制造	12899	9053	4677	296462	261286
露天游乐场所游乐设备制造	4139	5285	3091	226379	198537
游艺用品及室内游艺器材制造	8761	3769	1586	70083	62749
石油加工、炼焦及核燃料加工业	17034	34773	7595	696029	654457
精炼石油产品的制造	17034	34767	5735	498976	446902
原油加工及石油制品制造	16943	34767	5667	496895	445072
人造原油生产	91		69	2080	1830
炼 焦		6	1860	197053	207556
炼 焦		6	1860	197053	207556
化学原料及化学制品制造业	455073	1244893	350986	13029541	11571324
基础化学原料制造	67743	296289	97891	2715785	2365815
无机酸制造	2018	8918	7403	222135	187290
无机碱制造			4227	112979	102102
无机盐制造	10373	20279	7404	325685	274660
有机化学原料制造	45747	165261	60833	1664698	1480160
其他基础化学原料制造	9606	101831	18024	390290	321603
肥料制造	1278	1069	5878	160269	135560
氮肥制造			1876	54060	46089
磷肥制造			425	17253	14996
复混肥料制造	400	1069	3046	75652	62882
有机肥料及微生物肥料制造	464		433	9347	8209
其他肥料制造	414		97	3957	3384
农药制造	10031	11217	10157	469020	392312
化学农药制造	4155	11217	8967	432137	361789
生物化学农药及微生物农药制造	5877		1190	36884	30523
涂料、油墨、颜料及类似产品制造	47663	85907	41549	2066336	1746777
涂料制造	11897	19055	15775	888029	749634
油墨及类似产品制造	13136	5526	3230	134278	113658
颜料制造	3072	12467	5693	217912	190664
染料制造	19177	40314	14885	729704	611999
密封用填料及类似品制造	381	8546	1966	96412	80822
合成材料制造	182675	576383	98343	3253773	3159687
初级形态的塑料及合成树脂制造	177233	477132	67807	2445125	2362747
合成橡胶制造	1645	3354	1062	45433	37970
合成纤维单(聚合)体的制造	2578	95286	28469	706732	708974
其他合成材料制造	1218	610	1006	56484	49996
专用化学产品制造	123507	197783	78887	3733261	3251338

1-E-5 续表3-9 单位:个、万元、人

指标名称	港澳台资本	外商资本	本年折旧	主营业务收入	主营业务成本
化学试剂和助剂制造	20792	67146	31426	1895484	1667498
专项化学用品制造	32392	21909	11291	580155	505059
林产化学产品制造	20	1348	2421	105062	89880
炸药及火工产品制造	2119		1014	25900	20363
信息化学品制造	63283	42275	20693	518403	450153
环境污染处理专用药剂材料制造	538	14095	1462	71069	55461
动物胶制造		26199	2497	64198	53947
其他专用化学产品制造	4365	24812	8084	472991	408978
日用化学产品制造	22176	76246	18283	631096	519836
肥皂及合成洗涤剂制造	2407	2236	2835	140033	122043
化妆品制造	7852	23569	4868	213141	174021
口腔清洁用品制造	318		172	9094	6892
香料、香精制造	50	45719	8491	182835	141430
其他日用化学产品制造	11549	4721	1917	85993	75450
医药制造业	80422	155842	73858	2068939	1583969
化学药品原药制造	23377	54882	25404	811451	674646
化学药品原药制造	23377	54882	25404	811451	674646
化学药品制剂制造	12326	52042	17757	279282	188308
化学药品制剂制造	12326	52042	17757	279282	188308
中药饮片加工	166	4069	2084	86183	71974
中药饮片加工	166	4069	2084	86183	71974
中成药制造	10439	18428	6244	186320	127040
中成药制造	10439	18428	6244	186320	127040
兽用药品制造	125	6093	3998	134240	97293
兽用药品制造	125	6093	3998	134240	97293
生物、生化制品的制造	27324	14270	12190	365503	258108
生物、生化制品的制造	27324	14270	12190	365503	258108
卫生材料及医药用品制造	6665	6058	6181	205960	166601
卫生材料及医药用品制造	6665	6058	6181	205960	166601
化学纤维制造业	229064	170648	101832	3267218	3061211
纤维素纤维原料及纤维制造	12202	3752	4580	107777	99467
化纤浆粕制造			205	9800	8912
人造纤维(纤维素纤维)制造	12202	3752	4375	97978	90555
合成纤维制造	216862	166896	97253	3159440	2961744
锦纶纤维制造	33566	11554	8421	412234	391798
涤纶纤维制造	134535	37638	49672	1952271	1831804
腈纶纤维制造	828	400	439	14228	12919
维纶纤维制造			159	2103	1720
其他合成纤维制造	47933	117305	38563	778605	723504

1－E－5 续表 3－10

单位：个、万元、人

指标名称			本年折旧	主营业务收入	主营业务成本
	港澳台资本	外商资本			
橡胶制品业	15596	30861	38882	2012152	1733955
轮胎制造	1501	510	3311	140849	121266
车辆、飞机及工程机械轮胎制造	1124	490	2243	97042	83415
力车胎制造			664	25017	21771
轮胎翻新加工	377	20	405	18790	16079
橡胶板、管、带的制造	9299	6697	10165	449016	382560
橡胶板、管、带的制造	9299	6697	10165	449016	382560
橡胶零件制造	563	4038	10538	422635	351772
橡胶零件制造	563	4038	10538	422635	351772
再生橡胶制造		2	1085	36375	31820
再生橡胶制造		2	1085	36375	31820
日用及医用橡胶制品制造	1314	5831	2273	98498	85462
日用及医用橡胶制品制造	1314	5831	2273	98498	85462
橡胶靴鞋制造	840	4237	6047	517552	453347
橡胶靴鞋制造	840	4237	6047	517552	453347
其他橡胶制品制造	2080	9547	5463	347227	307729
其他橡胶制品制造	2080	9547	5463	347227	307729
塑料制品业	260908	319271	305189	12454649	10924508
塑料薄膜制造	85176	74338	50353	1610249	1441199
塑料薄膜制造	85176	74338	50353	1610249	1441199
塑料板、管、型材的制造	42146	68768	44990	1984269	1722730
塑料板、管、型材的制造	42146	68768	44990	1984269	1722730
塑料丝、绳及编织品的制造	6245	5876	16928	922832	832899
塑料丝、绳及编织品的制造	6245	5876	16928	922832	832899
泡沫塑料制造	9694	35038	11652	653675	581783
泡沫塑料制造	9694	35038	11652	653675	581783
塑料人造革、合成革制造	11522	9158	30265	1321208	1204217
塑料人造革、合成革制造	11522	9158	30265	1321208	1204217
塑料包装箱及容器制造	26946	53700	31286	1052453	899523
塑料包装箱及容器制造	26946	53700	31286	1052453	899523
塑料零件制造	19577	24268	48960	1850974	1577807
塑料零件制造	19577	24268	48960	1850974	1577807
日用塑料制造	27734	30441	45144	1841525	1597200
塑料鞋制造	556	2042	4750	284118	248220
日用塑料杂品制造	27178	28399	40394	1557407	1348980
其他塑料制品制造	31868	17685	25610	1217464	1067150
其他塑料制品制造	31868	17685	25610	1217464	1067150
非金属矿物制品业	190133	300470	304792	8208262	7082737
水泥、石灰和石膏的制造	9027	53352	77597	1777078	1609703

1－E－5 续表3－11 单位：个、万元、人

指标名称	港澳台资本	外商资本	本年折旧	主营业务收入	主营业务成本
水泥制造	8200	52312	74025	1633340	1489521
石灰和石膏制造	827	1040	3573	143738	120182
水泥及石膏制品制造	45884	49674	109561	2766302	2390466
水泥制品制造	20385	38533	93735	2265705	1955362
砼结构构件制造	935	434	10726	379901	331125
石棉水泥制品制造			370	8938	8203
轻质建筑材料制造	24564	10693	3615	86529	73054
其他水泥制品制造		14	1115	25229	22722
砖瓦、石材及其他建筑材料制造	35053	55146	45767	1279412	1076606
粘土砖瓦及建筑砌块制造	1809	2736	23752	588030	493114
建筑陶瓷制品制造	24181	9037	4580	86606	78297
建筑用石加工	8595	105	7107	234258	188882
防水建筑材料制造		1419	3141	136630	119865
隔热和隔音材料制造	386	40795	3871	96352	78790
其他建筑材料制造	83	1055	3316	137536	117658
玻璃及玻璃制品制造	75982	121108	43799	1317358	1124143
平板玻璃制造	25898	565	2765	58857	49331
技术玻璃制品制造	13994	36114	11503	287615	241721
光学玻璃制造		995	681	13626	11841
玻璃仪器制造		238	503	19660	17732
日用玻璃制品及玻璃包装容器制造	24942	16061	12698	432230	369602
玻璃保温容器制造			740	35144	30820
玻璃纤维及制品制造	6371	58505	9489	252739	216105
玻璃纤维增强塑料制品制造	3170	4256	2382	154179	133945
其他玻璃制品制造	1607	4375	3038	63308	53046
陶瓷制品制造	5429	5441	6527	289041	247170
卫生陶瓷制品制造	4835	4525	3619	177945	155160
特种陶瓷制品制造	365	502	1846	50026	38868
日用陶瓷制品制造	230		846	55521	48356
园林、陈设艺术及其他陶瓷制品制造		414	216	5549	4786
耐火材料制品制造	16985	5854	10084	436607	354343
石棉制品制造	4472	6	1398	51030	43543
云母制品制造			388	10806	9495
耐火陶瓷制品及其他耐火材料制造	12513	5848	8299	374771	301305
石墨及其他非金属矿物制品制造	1774	9896	11457	342465	280306
石墨及碳素制品制造	41	2217	3882	96706	80116
其他非金属矿物制品制造	1733	7679	7575	245759	200191
黑色金属冶炼及压延加工业	171703	59217	95237	7398386	6955675
炼铁			475	20851	18688

1－E－5 续表3－12

单位：个、万元、人

指 标 名 称			本年折旧	主营业务收入	主营业务成本
	港澳台资本	外商资本			
炼 铁			475	20851	18688
炼 钢	8692		5534	344438	326947
炼 钢	8692		5534	344438	326947
钢压延加工	163011	56587	88164	6588131	6187369
钢压延加工	163011	56587	88164	6588131	6187369
铁合金冶炼		2630	1065	444967	422670
铁合金冶炼		2630	1065	444967	422670
有色金属冶炼及压延加工业	139348	49536	68677	7119433	6780548
常用有色金属冶炼	7397	6951	6325	1104853	1040685
铜冶炼	2855	1270	2489	585188	543159
铅锌冶炼			666	83005	81369
镍钴冶炼	743	5099	1462	168866	160287
锡冶炼			22	3363	3324
铝冶炼		581	1089	186490	178898
镁冶炼	142		67	6776	6156
其他常用有色金属冶炼	3657		529	71165	67493
贵金属冶炼	1200		1163	346755	337726
金冶炼	1200		887	265508	258493
银冶炼			189	47311	46588
其他贵金属冶炼			88	33935	32645
稀有稀土金属冶炼	5934	324	1323	47617	43797
钨钼冶炼	1017		134	8095	7460
稀土金属冶炼	4917	324	1111	39018	35937
其他稀有金属冶炼			78	504	400
有色金属合金制造	2999	10472	4674	385876	363620
有色金属合金制造	2999	10472	4674	385876	363620
有色金属压延加工	121818	31788	55192	5234332	4994719
常用有色金属压延加工	119072	30729	53755	5119038	4900761
贵金属压延加工		1060	203	56503	42010
稀有稀土金属压延加工	2746		1234	58792	51948
金属制品业	288225	270154	249826	12666424	11114638
结构性金属制品制造	56474	36420	47410	2567717	2238554
金属结构制造	43378	22968	30991	1777473	1567969
金属门窗制造	13095	13452	16419	790244	670584
金属工具制造	44583	50995	42443	1760842	1521783
切削工具制造	8887	5754	10534	284359	239806
手工具制造	18615	16538	16816	862716	756976
农用及园林用金属工具制造	12778	10177	4356	182512	154445
刀剪及类似日用金属工具制造	1082	2831	3241	130100	112932

1－E－5 续表3－13 单位：个、万元、人

指标名称			本年折旧	主营业务收入	主营业务成本
	港澳台资本	外商资本			
其他金属工具制造	3222	15695	7496	301156	257624
集装箱及金属包装容器制造	13767	18328	11852	546531	478541
集装箱制造			45	2451	2103
金属压力容器制造	8291	3427	4207	207361	181385
金属包装容器制造	5476	14901	7600	336718	295053
金属丝绳及其制品的制造	18283	4127	17548	1188748	1106235
金属丝绳及其制品的制造	18283	4127	17548	1188748	1106235
建筑、安全用金属制品制造	80832	88008	48518	2647850	2306721
建筑、家具用金属配件制造	35942	40431	21689	1207693	1059350
建筑装饰及水暖管道零件制造	24459	34699	21099	1214876	1054629
安全、消防用金属制品制造	12744	7930	3936	156274	133846
其他建筑、安全用金属制品制造	7687	4949	1794	69007	58897
金属表面处理及热处理加工	25018	28773	38684	1440517	1240771
金属表面处理及热处理加工	25018	28773	38684	1440517	1240771
搪瓷制品制造	2067	921	1965	112035	97978
工业生产配套用搪瓷制品制造			304	9652	8801
搪瓷卫生洁具制造	1838	921	640	38864	32166
搪瓷日用品及其他搪瓷制品制造	229		1022	63519	57012
不锈钢及类似日用金属制品制造	25996	33398	30624	1559254	1352752
金属制厨房调理及卫生器具制造	11461	6374	7946	334603	290257
金属制厨用器皿及餐具制造	10396	16467	14455	763606	653798
其他日用金属制品制造	4140	10557	8223	461045	408697
其他金属制品制造	21205	9184	10781	842931	771303
其他未列明的金属制品制造	21205	9184	10772	842310	770839
铸币及贵金属制实验室用品制造			9	621	465
通用设备制造业	433141	814280	491833	21936138	18808313
锅炉及原动机制造	27758	27867	11437	688940	568648
锅炉及辅助设备制造	10733	21302	5137	312845	263236
内燃机及配件制造	7366	2833	3432	142024	120421
汽轮机及辅机制造	9659	1932	1787	192332	149940
水轮机及辅机制造		1800	881	33363	28355
其他原动机制造			200	8376	6697
金属加工机械制造	66248	74096	35339	1318948	1094562
金属切削机床制造	21109	27659	10006	385568	330888
金属成形机床制造	16859	20086	8037	221485	177938
铸造机械制造	1733	1315	2778	92469	79325
金属切割及焊接设备制造	2708	9195	3585	229323	196436
机床附件制造	12428	8590	5411	132763	105614
其他金属加工机械制造	11412	7251	5522	257341	204362

1－E－5 续表3－14

单位：个、万元、人

指标名称	港澳台资本	外商资本	本年折旧	主营业务收入	主营业务成本
起重运输设备制造	71553	42292	23264	1368879	1192012
起重运输设备制造	71553	42292	23264	1368879	1192012
泵、阀门、压缩机及类似机械的制造	56295	143499	105642	5580046	4718678
泵及真空设备制造	2602	40285	23909	1159302	972066
气体压缩机械制造	10795	13394	8862	451726	383995
阀门和旋塞的制造	24906	76501	55977	3281790	2813954
液压和气压动力机械及元件制造	17991	13319	16894	687228	548664
轴承、齿轮、传动和驱动部件的制造	58643	114910	82415	2534288	2181604
轴承制造	46674	80780	53006	1657879	1427666
齿轮、传动和驱动部件制造	11970	34130	29409	876409	753937
烘炉、熔炉及电炉制造	1791	5874	2085	136541	113496
烘炉、熔炉及电炉制造	1791	5874	2085	136541	113496
风机、衡器、包装设备等通用设备制造	71041	143042	66729	2635799	2215886
风机、风扇制造	4877	5322	7233	222019	181697
气体、液体分离及纯净设备制造	2191	21355	7240	362023	288002
制冷、空调设备制造	32999	70199	22903	745569	634693
风动和电动工具制造	23839	30006	15824	748802	647486
喷枪及类似器具制造	1948	3360	3224	161919	140035
包装专用设备制造	243	2609	3809	154331	126849
衡器制造	4391	273	1726	64273	50725
其他通用设备制造	554	9918	4772	176863	146399
通用零部件制造及机械修理	71206	241105	113536	4989661	4339058
金属密封件制造	2330	25885	8362	284172	230652
紧固件、弹簧制造	41526	136663	65578	3203412	2816995
机械零部件加工及设备修理	16207	49289	26017	963791	824686
其他通用零部件制造	11143	29268	13581	538286	466726
金属铸、锻加工	8607	21595	51386	2683036	2384369
钢铁铸件制造	6004	8313	33444	1929004	1719003
锻件及粉末冶金制品制造	2603	13282	17943	754032	665366
专用设备制造业	282667	366913	203650	6923136	5757111
矿山、冶金、建筑专用设备制造	5136	19430	12619	554130	472967
采矿、采石设备制造	687	760	3403	145594	121804
石油钻采专用设备制造	163		980	59955	50030
建筑工程用机械制造	1566	5118	3094	143681	124342
建筑材料生产专用机械制造	2575	13	2635	122504	105009
冶金专用设备制造	145	13538	2508	82397	71782
化工、木材、非金属加工专用设备制造	127309	175768	84882	2294281	1882643
炼油、化工生产专用设备制造	1307	7996	3356	132363	110598
橡胶加工专用设备制造		5674	1530	46052	35443

1－E－5 续表3－15 单位：个、万元、人

指 标 名 称			本年折旧	主营业务收入	主营业务成本
	港澳台资本	外商资本			
塑料加工专用设备制造	40316	26700	20375	683266	568022
木材加工机械制造	4137	134	980	41659	34898
模具制造	80740	129303	58037	1359010	1106640
其他非金属加工专用设备制造	810	5961	605	31930	27040
食品、饮料、烟草及饲料生产专用设备制造	1424	9095	6391	237613	189647
食品、饮料、烟草工业专用设备制造	576	4026	4777	175333	139562
农副食品加工专用设备制造	848	5070	1506	54837	44234
饲料生产专用设备制造			108	7443	5852
印刷、制药、日化生产专用设备制造	10664	17170	12914	465752	386202
制浆和造纸专用设备制造	87	3277	2093	60241	49488
印刷专用设备制造	8191	8077	6399	213302	179031
日用化工专用设备制造		4262	598	18385	15562
制药专用设备制造		1551	1998	102734	81687
照明器具生产专用设备制造	1559		433	22760	19402
玻璃、陶瓷和搪瓷制品生产专用设备制造	828		688	16676	14161
其他日用品生产专用设备制造		2	705	31654	26871
纺织、服装和皮革工业专用设备制造	100862	34413	43305	1382170	1172928
纺织专用设备制造	51476	17348	20787	670742	574245
皮革、毛皮及其制品加工专用设备制造	6418	1973	2780	63613	52067
缝纫机械制造	42969	14393	18902	620807	523786
其他服装加工专用设备制造		700	835	27009	22830
电子和电工机械专用设备制造	3790	20862	6512	235570	196171
电工机械专用设备制造	897	10281	2987	109901	94255
电子工业专用设备制造	2892	10581	3387	120167	97440
武器弹药制造			131	5074	4130
航空、航天及其他专用设备制造			7	429	346
农、林、牧、渔专用机械制造	6328	23785	7753	439414	386795
拖拉机制造		352	622	89555	83147
机械化农业及园艺机具制造	6300	21328	4534	232999	203077
畜牧机械制造			58	3744	3350
渔业机械制造		261	246	6685	5820
农林牧渔机械配件制造	29	1680	1731	82960	72191
其他农林牧渔业机械制造及机械修理		165	551	22931	18772
营林及木竹采伐机械制造			11	540	437
医疗仪器设备及器械制造	19390	34670	12241	351736	267838
医疗诊断、监护及治疗设备制造		19133	4839	86523	60756
口腔科用设备及器具制造		754	360	9374	7136
实验室及医用消毒设备和器具的制造		2691	609	18249	12906
医疗、外科及兽医用器械制造	1645	10401	3468	145300	112523

1－E－5 续表3－16

单位：个、万元、人

指 标 名 称	港澳台资本	外商资本	本年折旧	主营业务收入	主营业务成本
机械治疗及病房护理设备制造	2474	177	790	30959	24901
假肢、人工器官及植（介）入器械制造			516	9161	6335
其他医疗设备及器械制造	15271	1514	1659	52172	43281
环保、社会公共安全及其他专用设备制造	7764	31720	17035	962469	801919
环境污染防治专用设备制造	3430	5072	8348	564159	465537
地质勘查专用设备制造	170	1910	100	3323	2881
邮政专用机械及器材制造		162	188	8202	6212
商业、饮食、服务业专用设备制造			204	11150	9635
社会公共安全设备及器材制造	1380	6924	5336	245323	210941
交通安全及管制专用设备制造			302	14444	11909
水资源专用机械制造		444	555	35307	30359
其他专用设备制造	2784	17209	2001	80563	64445
交通运输设备制造业	258124	389842	245854	10432679	8912106
铁路运输设备制造		5273	1843	61287	50754
铁路机车车辆配件制造		1176	682	18767	15152
铁路专用设备及器材、配件制造		372	846	35063	29501
其他铁路设备制造及设备修理		3725	313	7026	5738
铁路机车车辆及动车组制造			1	103	84
工矿有轨专用车辆制造			2	328	279
汽车制造	208726	268424	162441	6284777	5299333
汽车整车制造	180	706	2410	161605	143084
改装汽车制造	41		546	73722	66003
汽车车身、挂车的制造	8974		1663	28768	28373
汽车零部件及配件制造	195233	266221	150450	5710347	4805662
汽车修理	4298	1497	7356	309092	255081
电车制造			16	1243	1131
摩托车制造	7608	7946	25674	1283601	1114200
摩托车整车制造			2757	240116	214392
摩托车零部件及配件制造	7608	7946	22918	1043485	899808
自行车制造	32599	49401	17337	865324	768411
脚踏自行车及残疾人座车制造	6353	23730	8816	432039	388916
助动自行车制造	26246	25671	8521	433285	379494
船舶及浮动装置制造	8610	51091	35705	1779022	1546937
金属船舶制造	1675	3370	19199	1148918	1026440
非金属船舶制造	405	357	258	14982	12354
娱乐船和运动船的建造和修理		36037	1527	28613	23012
船用配套设备制造	6482	5366	7142	285524	234347
船舶修理及拆船	49	5961	7562	300115	250035
航标器材及其他浮动装置的制造			17	870	750

1－E－5 续表 3－17

单位：个、万元、人

指 标 名 称	港澳台资本	外商资本	本年折旧	主营业务收入	主营业务成本
航空航天器制造		375	360	8308	6743
飞机制造及修理		375	302	4904	4054
其他飞行器制造			57	3245	2548
航天器制造			1	159	142
交通器材及其他交通运输设备制造	581	7333	2495	150361	125728
潜水及水下救捞装备制造			7	721	594
交通管理用金属标志及设施制造	467	2266	1814	120986	99310
其他交通运输设备制造	115	5067	675	28654	25825
电气机械及器材制造业	394653	493497	351580	19432628	16784219
电机制造	44710	45930	42930	2306751	2002345
发电机及发电机组制造	5920	13055	6801	414378	352769
电动机制造	19514	14412	16286	881294	767344
微电机及其他电机制造	19277	18463	19844	1011079	882232
输配电及控制设备制造	78044	77688	105572	4948331	4113714
变压器、整流器和电感器制造	12635	15105	15969	799765	666378
电容器及其配套设备制造	4905	115	4826	188132	156739
配电开关控制设备制造	25899	23784	50411	2358742	1944962
电力电子元器件制造	34097	32981	27983	1239528	1045997
其他输配电及控制设备制造	507	5703	6384	362164	299638
电线、电缆、光缆及电工器材制造	34793	63047	60781	4674148	4198106
电线电缆制造	29019	42800	50917	4098415	3705731
光纤、光缆制造	4191	14560	3261	290479	255678
绝缘制品制造	1184	5292	2737	139560	114008
其他电工器材制造	399	395	3866	145694	122690
电池制造	30922	60725	17196	1337312	1153880
电池制造	30922	60725	17196	1337312	1153880
家用电力器具制造	116190	123601	60364	2865059	2466562
家用制冷电器具制造	4807	14198	4129	228172	199060
家用空气调节器制造	11819	1062	2803	126311	110269
家用通风电器具制造	7893	125	5103	207742	176809
家用厨房电器具制造	51642	38037	12979	595493	510028
家用清洁卫生电器具制造	11809	25287	10149	499211	426755
家用美容、保健电器具制造	2731	1857	3793	212584	184576
家用电力器具专用配件制造	1732	27591	11054	508955	442913
其他家用电力器具制造	23757	15444	10354	486592	416153
非电力家用器具制造	4016	25413	6535	309795	266493
燃气、太阳能及类似能源的器具制造	3904	10803	5494	267528	230391
其他非电力家用器具制造	112	14610	1041	42267	36102
照明器具制造	82064	75733	51040	2701003	2337941

1－E－5 续表 3－18

单位：个、万元、人

指标名称	港澳台资本	外商资本	本年折旧	主营业务收入	主营业务成本
电光源制造	20863	16369	17014	853480	751085
照明灯具制造	55737	44976	25140	1391008	1198474
灯用电器附件及其他照明器具制造	5464	14388	8886	456515	388383
其他电气机械及器材制造	3915	21360	7163	290228	245179
车辆专用照明及电气信号设备装置制造	2954	13335	4191	194712	164314
其他未列明的电气机械制造	961	8026	2972	95517	80864
通信设备、计算机及其他电子设备制造业	312639	456778	136205	4651311	3906264
通信设备制造	27784	94638	18088	772873	629742
通信传输设备制造	9206	25194	4369	217728	164279
通信交换设备制造	1369	16346	3037	131892	101700
通信终端设备制造	842	910	1722	90951	77331
移动通信及终端设备制造	8687	50430	5256	206997	181090
其他通信设备制造	7679	1758	3703	125306	105343
雷达及配套设备制造		866	189	3143	2778
雷达及配套设备制造		866	189	3143	2778
广播电视设备制造	36458	15479	5273	241414	207429
广播电视节目制作及发射设备制造	2272	839	637	13827	11429
广播电视接收设备及器材制造	11895	14640	4075	176123	152011
应用电视设备及其他广播电视设备制造	22291		561	51465	43988
电子计算机制造	30612	15014	6951	233280	189314
电子计算机整机制造	3463	414	313	6205	4552
计算机网络设备制造	4798	4860	1104	61934	49301
电子计算机外部设备制造	22350	9740	5534	165141	135461
电子器件制造	90508	188717	36778	849654	705191
电子真空器件制造		3189	1225	40674	33595
半导体分立器件制造	34317	72877	10364	249923	206860
集成电路制造	29008	33124	9825	170438	138633
光电子器件及其他电子器件制造	27183	79527	15364	388620	326103
电子元件制造	91775	99039	56994	2017028	1721903
电子元件及组件制造	69256	92465	51724	1820924	1551574
印制电路板制造	22518	6574	5271	196104	170329
家用视听设备制造	31487	25265	7758	363127	307218
家用影视设备制造	13941	1263	2246	102921	81429
家用音响设备制造	17546	24002	5513	260206	225789
其他电子设备制造	4016	17761	4174	170794	142689
其他电子设备制造	4016	17761	4174	170794	142689
仪器仪表及文化、办公用机械制造业	60382	116637	68972	2984060	2461482
通用仪器仪表制造	24032	30040	33051	1540445	1252497

1－E－5 续表 3－19

单位：个、万元、人

指 标 名 称	港澳台资本	外商资本	本年折旧	主营业务收入	主营业务成本
工业自动控制系统装置制造	11668	11504	8470	471506	378283
电工仪器仪表制造	4211	5735	6940	355833	290226
绘图、计算及测量仪器制造	1665	4343	2781	113210	96631
实验分析仪器制造	2769	1822	3700	123081	97292
试验机制造		1861	1194	24089	18172
供应用仪表及其他通用仪器制造	3718	4777	9967	452726	371893
专用仪器仪表制造	5811	16369	11637	427025	349629
环境监测专用仪器仪表制造		527	548	49097	35762
汽车及其他用计数仪表制造	140	3926	4178	165963	141402
导航、气象及海洋专用仪器制造	280	1242	934	30161	25040
农林牧渔专用仪器仪表制造			87	7037	6032
地质勘探和地震专用仪器制造		152	65	3847	3231
教学专用仪器制造	360	1881	2122	83398	71608
电子测量仪器制造	3324	2510	2710	45636	33001
其他专用仪器制造	1708	6131	965	40862	32702
核子及核辐射测量仪器制造			28	1025	852
钟表与计时仪器制造	3332	13026	3530	155971	135407
钟表与计时仪器制造	3332	13026	3530	155971	135407
光学仪器及眼镜制造	16816	44778	14381	609392	513918
光学仪器制造	1618	16376	3848	105134	85223
眼镜制造	15198	28402	10532	504257	428695
文化、办公用机械制造	10331	12367	5441	211802	177306
电影机械制造			81	10401	9276
幻灯及投影设备制造	159		158	5099	4179
照相机及器材制造	2834	2057	817	51803	43168
复印和胶印设备制造	3225	83	1586	33983	27203
计算器及货币专用设备制造	176	9488	1267	52591	44154
其他文化、办公用机械制造	3937	740	1532	57926	49327
其他仪器仪表的制造及修理	60	57	931	39427	32725
其他仪器仪表的制造及修理	60	57	931	39427	32725
工艺品及其他制造业	149243	121184	114600	5435357	4689850
工艺美术品制造	111887	101700	82236	3678383	3167769
雕塑工艺品制造	14475	11951	10547	555910	463760
金属工艺品制造	6362	12607	10692	611575	522296
漆器工艺品制造	3904	149	3035	145556	121966
花画工艺品制造	1240	4795	2250	101128	84658
天然植物纤维编织工艺品制造	3016	2197	2530	146076	127283
抽纱刺绣工艺品制造	25489	25186	31210	1045246	920818

1－E－5 续表 3－20

单位：个、万元、人

指 标 名 称	港澳台资本	外商资本	本年折旧	主营业务收入	主营业务成本
地毯、挂毯制造	2919	19662	4099	146635	130674
珠宝首饰及有关物品的制造	29626	8121	4497	270393	233882
其他工艺美术品制造	24856	17033	13376	655864	562432
日用杂品制造	34061	14312	29809	1652815	1429936
制镜及类似品加工	8359	207	3858	137604	120652
鬃毛加工、制刷及清扫工具的制造	9750	2983	2995	142953	122389
其他日用杂品制造	15952	11122	22956	1372258	1186895
煤制品制造		50	488	16612	13861
煤制品制造		50	488	16612	13861
核辐射加工			251	1004	741
核辐射加工			251	1004	741
其他未列明的制造业	3296	5122	1816	86543	77544
其他未列明的制造业	3296	5122	1816	86543	77544
废弃资源和废旧材料回收加工业	24175	31251	9695	2019055	1953986
金属废料和碎屑的加工处理	22175	24134	5036	1766309	1735629
金属废料和碎屑的加工处理	22175	24134	5036	1766309	1735629
非金属废料和碎屑的加工处理	2000	7117	4659	252746	218357
非金属废料和碎屑的加工处理	2000	7117	4659	252746	218357
电力、燃气及水的生产和供应业	**224436**	**343902**	**829662**	**8171561**	**7332205**
电力、热力的生产和供应业	203786	240272	649072	6668197	6093324
电力生产	196559	230797	540936	3752370	3319906
火力发电	183878	180911	371209	3054411	2866395
水力发电	5572	49886	157869	660847	424131
其他能源发电	7109		11857	37111	29381
电力供应			85326	2674889	2543695
电力供应			85326	2674889	2543695
热力生产和供应	7227	9475	22811	240938	229723
热力生产和供应	7227	9475	22811	240938	229723
燃气生产和供应业	13916	68413	25745	767235	683381
燃气生产和供应业	13916	68413	25745	767235	683381
燃气生产和供应业	13916	68413	25745	767235	683381
水的生产和供应业	6734	35217	154844	736128	555500
自来水的生产和供应	6664	9480	95668	531484	387313
自来水的生产和供应	6664	9480	95668	531484	387313
污水处理及其再生利用	70	25737	55323	171996	140521
污水处理及其再生利用	70	25737	55323	171996	140521
其他水的处理、利用与分配			3854	32648	27666
其他水的处理、利用与分配			3854	32648	27666

1－E－5 续表4－1

单位：个、万元、人

指标名称	主营业务税金及附加	主营业务利润	其他业务利润	营业费用、管理费用、财务费用合计	营业利润
总计	**1210761**	**25700361**	**697891**	**18282960**	**8332390**
一、按轻重工业分					
轻工业	521837	11381011	257943	8095797	3607777
重工业	688924	14319350	439948	10187163	4724613
二、按登记注册类型分					
内资	**1122354**	**20587409**	**490338**	**14355409**	**6890422**
国有	25360	310508	24161	343894	8708
集体	14764	183519	8906	129968	64907
股份合作企业	26125	506116	7020	337463	174356
联营企业	607	6859	127	6009	1161
国有联营	95	977	95	910	162
集体联营	241	3844	64	2605	1269
国有与集体联营	243	1167	21	1467	－136
其他联营	28	872	－52	1028	－134
有限责任公司	147058	3086410	107924	2490085	758764
国有独资公司	1191	33575	5548	46484	－7308
其他有限责任公司	145867	3052835	102377	2443601	766072
股份有限公司	12138	365987	12226	261288	128908
私营企业	892084	16065539	327749	10736562	5733628
私营独资	208706	3093055	30581	1709837	1405912
私营合伙	44438	720601	9908	394243	335796
私营有限责任公司	626118	11983739	278251	8422547	3913701
私营股份有限公司	12822	268143	9010	209935	78220
其他	4216	62470	2226	50140	19990
港澳台商投资	**42502**	**2359135**	**81576**	**1730523**	**739872**
与港澳台商合资经营	26029	1429569	44599	983018	505138
与港澳台商合作经营	569	64430	844	35598	31623
港澳台商独资	15162	795587	35513	669040	174300
港澳台商投资股份有限公司	743	69549	621	42868	28811
外商投资	**45905**	**2753817**	**125976**	**2197028**	**702097**
中外合资经营	29574	1623371	63172	1170843	527198
中外合作经营	837	67010	4023	44450	27467
外资企业	15173	1039608	57988	961251	142999
外商投资股份有限公司	320	23828	794	20484	4433
三、按控股情况分					
国有控股	55928	790128	53921	813455	70481
集体控股	28730	643287	33905	455502	229500
私人控股	1057002	20642691	448565	14081460	7156846
港澳台商控股	26823	1493025	62245	1160718	411516

1－E－5 续表4－2

单位：个、万元、人

指标名称	主营业务税金及附加	主营业务利润	其他业务利润	营业费用、管理费用、财务费用合计	营业利润
外商控股	31017	1716498	85051	1472469	333516
其 他	11261	414731	14205	299356	130533
四、按国民经济行业（门类、大类、中类、小类）分					
采矿业	**37069**	**219803**	**3806**	**132210**	**93660**
黑色金属矿采选业	177	27116	16	4593	24868
铁矿采选	176	27082	16	4591	24836
铁矿采选	176	27082	16	4591	24836
其他黑色金属矿采选	...	34		2	32
其他黑色金属矿采选	...	34		2	32
有色金属矿采选业	852	8983	369	7509	625
常用有色金属矿采选	381	5125	47	4249	－357
铜矿采选	86	1320	7	649	－1052
铅锌矿采选	280	3732	40	3550	672
锑矿采选	4	56		44	12
铝矿采选	11	16		6	10
贵金属矿采选	71	1545	2	954	432
金矿采选	3	740		369	211
银矿采选	64	652	2	558	95
其他贵金属矿采选	4	154		28	126
稀有稀土金属矿采选	400	2313	321	2306	550
钨钼矿采选	400	2313	321	2306	550
非金属矿采选业	35974	183129	3421	119850	67849
土砂石开采	34759	171188	3050	108935	65964
石灰石、石膏开采	8137	23200	191	21650	1630
建筑装饰用石开采	12017	62717	217	29883	31638
耐火土石开采	1190	22719	1478	16825	8065
粘土及其他土砂石开采	13416	62552	1165	40576	24631
化学矿采选	87	440		298	142
化学矿采选	87	440		298	142
采 盐	61	955	190	1199	－53
采 盐	61	955	190	1199	－53
石棉及其他非金属矿采选	1067	10546	180	9419	1797
其他非金属矿采选	1048	10410	180	9287	1792
石棉、云母矿采选	12	26		13	13
石墨、滑石采选	5	56		24	33
宝石、玉石开采	2	53		95	－42
煤炭开采和洗选业	48	458		173	285
其他煤炭采选	48	458		173	285
其他煤炭采选	48	458		173	285

1－E－5 续表4－3 单位：个、万元、人

指标名称	主营业务税金及附加	主营业务利润	其他业务利润	营业费用、管理费用、财务费用合计	营业利润
其他采矿业	19	117		84	33
其他采矿业	19	117		84	33
其他采矿业	19	117		84	33
制造业	**1123075**	**24691282**	**641422**	**17354958**	**8146771**
农副食品加工业	17830	489922	13812	352747	162397
谷物磨制	904	16655	1280	13951	3663
谷物磨制	904	16655	1280	13951	3663
饲料加工	1280	66211	1427	46388	28793
饲料加工	1280	66211	1427	46388	28793
植物油加工	1055	28504	1211	26091	4430
食用植物油加工	995	27924	1206	25378	4527
非食用植物油加工	60	580	5	714	－98
屠宰及肉类加工	3027	70442	1222	51614	19045
畜禽屠宰	623	10801	694	8055	3636
肉制品及副产品加工	2404	59640	528	43559	15409
水产品加工	5294	169052	6754	129573	48408
水产品冷冻加工	3951	126314	5468	93963	37625
鱼糜制品及水产品干腌制加工	814	26560	1046	23978	4207
水产饲料制造	294	13727	161	9219	6455
鱼油提取及制品的制造	15	609		527	82
其他水产品加工	221	1841	79	1886	39
蔬菜、水果和坚果加工	4857	101180	1408	59785	45228
蔬菜、水果和坚果加工	4857	101180	1408	59785	45228
其他农副食品加工	1400	37798	511	25274	12819
淀粉及淀粉制品的制造	226	5554	161	3907	1700
豆制品制造	548	13319	286	8678	4984
蛋品加工	329	6191	6	2485	3713
其他未列明的农副食品加工	298	12734	57	10204	2422
制　糖	14	82		72	10
制　糖	14	82		72	10
食品制造业	8308	266361	10494	189794	87245
焙烤食品制造	1223	30169	641	23727	8275
糕点、面包制造	775	17348	517	14417	3855
饼干及其他焙烤食品制造	448	12821	125	9310	4421
糖果、巧克力及蜜饯制造	536	33299	259	19666	13843
糖果、巧克力制造	177	20290	62	7021	13331
蜜饯制作	358	13009	197	12645	512
方便食品制造	2122	37314	434	21251	17657
米、面制品制造	406	9959	169	6781	3432

1-E-5 续表4-4

单位：个、万元、人

指 标 名 称	主营业务税金及附加	主营业务利润	其他业务利润	营业费用、管理费用、财务费用合计	营业利润
速冻食品制造	215	6063	-3	5953	124
方便面及其他方便食品制造	1502	21292	267	8518	14100
液体乳及乳制品制造	355	17616	3598	14990	5009
液体乳及乳制品制造	355	17616	3598	14990	5009
罐头制造	992	31429	304	28561	2433
肉、禽类罐头制造	79	2560	8	1150	1418
水产品罐头制造	44	2010	25	2328	-292
蔬菜、水果罐头制造	853	26399	272	24639	1292
其他罐头食品制造	16	459		444	15
调味品、发酵制品制造	1032	30939	710	23439	8952
味精制造	114	2705	103	3557	-398
酱油、食醋及类似制品的制造	542	13852	455	10635	3675
其他调味品、发酵制品制造	377	14382	151	9246	5674
其他食品制造	2049	85595	4548	58161	31077
营养、保健食品制造	987	39421	1942	22412	18322
冷冻饮品及食用冰制造	265	9821	122	7470	2442
盐加工	45	3414	45	1670	1768
食品及饲料添加剂制造	647	30987	2438	25452	7737
其他未列明的食品制造	104	1952	1	1156	809
饮料制造业	21566	248550	3632	148294	108508
酒精制造	470	102	17	755	-636
酒精制造	470	102	17	755	-636
酒的制造	15488	60260	1984	48864	13530
白酒制造	1814	12911	61	5990	6982
啤酒制造	5284	10422	989	13572	-2000
黄酒制造	6931	27254	910	21671	6481
其他酒制造	1397	9182	25	7270	1938
葡萄酒制造	62	491		361	130
软饮料制造	2086	101206	789	42949	62056
碳酸饮料制造	122	20951	115	5218	16014
瓶（罐）装饮用水制造	1141	29846	296	15520	15238
果菜汁及果菜汁饮料制造	412	10335	117	11740	882
含乳饮料和植物蛋白饮料制造	110	11764	17	2775	8979
固体饮料制造	126	8041	73	4924	3249
茶饮料及其他软饮料制造	175	20269	170	2773	17694
精制茶加工	3522	86981	843	55726	33559
精制茶加工	3522	86981	843	55726	33559
烟草制品业	39	6158	59	2648	3569
其他烟草制品加工	37	6040	59	2608	3491

1－E－5 续表4－5 单位：个、万元、人

指标名称	主营业务税金及附加	主营业务利润	其他业务利润	营业费用、管理费用、财务费用合计	营业利润
其他烟草制品加工	37	6040	59	2608	3491
烟叶复烤	2	118		40	78
烟叶复烤	2	118		40	78
纺织业	135665	2595703	74323	1812641	850284
棉、化纤纺织及印染精加工	62167	957498	21579	660111	329041
棉、化纤纺织加工	49120	719931	14706	475801	264939
棉、化纤印染精加工	13047	237567	6873	184311	64102
毛纺织和染整精加工	3524	91089	2072	60742	32882
毛条加工	331	13453	758	6448	7532
毛纺织	2517	60744	930	42332	19944
毛染整精加工	676	16891	384	11962	5407
麻纺织	213	5526	110	4699	762
麻纺织	213	5526	110	4699	762
丝绢纺织及精加工	11099	187560	9828	132947	63924
缫丝加工	1746	16108	1090	18405	－916
绢纺和丝织加工	8254	148239	7776	93467	62098
丝印染精加工	1099	23213	962	21074	2741
纺织制成品制造	20717	496733	13474	376222	129933
棉及化纤制品制造	8038	191288	4498	144594	48012
毛制品制造	819	20561	207	15465	3799
麻制品制造	65	1477		868	615
丝制品制造	1568	65891	2061	51697	17148
绳、索、缆的制造	976	14626	337	9149	5646
纺织带和帘子布制造	2632	50408	2398	35516	15851
无纺布制造	4090	95852	1367	73711	24627
其他纺织制成品制造	2529	56629	2606	45222	14236
针织品、编织品及其制品制造	37946	857298	27261	577920	293742
棉、化纤针织品及编织品制造	27036	631621	21469	412948	227451
毛针织品及编织品制造	6918	139928	2809	102230	39867
丝针织品及编织品制造	1712	43044	1977	34166	11916
其他针织品及编织品制造	2280	42706	1006	28576	14507
纺织服装、鞋、帽制造业	45444	1016956	18162	777622	264410
纺织服装制造	42350	965875	17756	743194	247356
纺织服装制造	42350	965875	17756	743194	247356
纺织面料鞋的制造	2349	35091	316	22420	12952
纺织面料鞋的制造	2349	35091	316	22420	12952
制帽	746	15991	90	12009	4102
制帽	746	15991	90	12009	4102
皮革、毛皮、羽毛(绒)及其制品业	31248	660990	7596	465944	208060

1－E－5　续表4－6　　单位：个、万元、人

指标名称	主营业务税金及附加	主营业务利润	其他业务利润	营业费用、管理费用、财务费用合计	营业利润
皮革鞣制加工	2882	57385	1576	37846	21646
皮革鞣制加工	2882	57385	1576	37846	21646
皮革制品制造	25559	522133	4602	368060	162344
皮鞋制造	14575	308217	2530	203757	107435
皮革服装制造	2237	58070	636	43147	16965
皮箱、包(袋)制造	6392	111072	533	88899	24183
皮手套及皮装饰制品制造	1496	25403	261	17842	7730
其他皮革制品制造	861	19372	643	14415	6031
毛皮鞣制及制品加工	1435	45393	535	29022	16910
毛皮鞣制加工	208	5662	243	3797	2107
毛皮服装加工	417	12710	58	8668	4048
其他毛皮制品加工	810	27020	234	16557	10755
羽毛(绒)加工及制品制造	1372	36078	883	31016	7161
羽毛(绒)加工	345	5202	154	3604	1746
羽毛(绒)制品加工	1027	30876	729	27412	5415
木材加工及木、竹、藤、棕、草制品业	34610	381250	16957	217894	187411
锯材、木片加工	3746	23481	324	11928	12238
锯材加工	1571	13915	114	6204	7845
木片加工	2176	9566	210	5724	4393
人造板制造	6233	123180	1194	73601	54003
胶合板制造	3470	69256	1267	45224	27002
纤维板制造	496	18144	－97	10706	9266
刨花板制造	192	2738	－274	2055	1122
其他人造板、材制造	2076	33043	298	15617	16613
木制品制造	20302	152745	14645	80878	87453
建筑用木料及木材组件加工	17617	111901	14620	52458	74254
木容器制造	1020	15895	50	9878	6190
软木制品及其他木制品制造	1665	24949	－25	18543	7008
竹、藤、棕、草制品制造	4329	81845	794	51486	33717
竹、藤、棕、草制品制造	4329	81845	794	51486	33717
家具制造业	11823	313159	2954	242380	78052
木质家具制造	6823	166964	978	126963	43941
木质家具制造	6823	166964	978	126963	43941
竹、藤家具制造	301	7254	－10	4484	2760
竹、藤家具制造	301	7254	－10	4484	2760
金属家具制造	3037	97521	801	75337	23511
金属家具制造	3037	97521	801	75337	23511
塑料家具制造	509	15591	163	11844	4044
塑料家具制造	509	15591	163	11844	4044

1-E-5 续表4-7

单位：个、万元、人

指标名称	主营业务税金及附加	主营业务利润	其他业务利润	营业费用、管理费用、财务费用合计	营业利润
其他家具制造	1153	25830	1022	23753	3796
其他家具制造	1153	25830	1022	23753	3796
造纸及纸制品业	30447	622077	14509	416970	223304
纸浆制造	107	2527	15	2431	294
纸浆制造	107	2527	15	2431	294
造　纸	13135	269315	4367	174580	103897
机制纸及纸板制造	11969	237169	3454	150132	95036
手工纸制造	93	1185		579	611
加工纸制造	1073	30960	913	23869	8250
纸制品制造	17204	350235	10127	239959	119113
纸和纸板容器的制造	12870	261015	8293	173255	95966
其他纸制品制造	4335	89220	1834	66705	23147
印刷业和记录媒介的复制	21165	456788	9331	281523	188961
印　刷	19771	427187	8899	260472	179695
书、报、刊印刷	3042	59378	2910	44139	19539
本册印制	1345	23127	551	15399	8731
包装装潢及其他印刷	15384	344682	5438	200934	151426
装订及其他印刷服务活动	1317	20557	323	13686	7249
装订及其他印刷服务活动	1317	20557	323	13686	7249
记录媒介的复制	76	9044	110	7366	2017
记录媒介的复制	76	9044	110	7366	2017
文教体育用品制造业	17327	374653	4616	284650	103135
文化用品制造	7047	145260	2873	106904	41212
文具制造	3202	61013	1896	47626	15022
笔的制造	3106	67362	775	48185	20355
教学用模型及教具制造	420	9188	28	5730	3404
墨水、墨汁制造	16	845	...	360	481
其他文化用品制造	304	6852	173	5004	1951
体育用品制造	3421	92952	-170	74638	22717
球类制造	623	9431	-203	9043	406
体育器材及配件制造	1020	29384	-53	21748	8086
训练健身器材制造	1137	34648	159	28519	8860
运动防护用具制造	221	4765	-235	3790	1553
其他体育用品制造	420	14724	163	11538	3813
乐器制造	519	12996	126	10009	3807
中乐器制造	13	588		904	-443
西乐器制造	220	6272	29	5191	1994
电子乐器制造	102	2275	34	1220	1077
其他乐器及零件制造	184	3861	64	2694	1179

1－E－5　续表4－8　　　　单位：个、万元、人

指　标　名　称	主营业务税金及附加	主营业务利　润	其他业务利　润	营业费用、管理费用、财务费用合　计	营业利润
玩具制造	4921	89605	1468	67356	25444
玩具制造	4921	89605	1468	67356	25444
游艺器材及娱乐用品制造	1421	33840	319	25742	9955
露天游乐场所游乐设备制造	1054	26813	70	19296	9062
游艺用品及室内游艺器材制造	366	7027	249	6446	892
石油加工、炼焦及核燃料加工业	5634	36001	2673	39489	904
精炼石油产品的制造	4351	47787	2673	34839	16418
原油加工及石油制品制造	4339	47549	2673	34680	16339
人造原油生产	12	239	...	159	79
炼　焦	1283	－11786		4650	－15514
炼　焦	1283	－11786		4650	－15514
化学原料及化学制品制造业	63489	1395074	56612	1056119	417125
基础化学原料制造	20213	329821	12770	230227	117375
无机酸制造	4816	30054	2031	22048	9881
无机碱制造	858	10046	117	6896	3245
无机盐制造	2049	48975	1107	30049	19580
有机化学原料制造	5508	179031	7685	126538	59317
其他基础化学原料制造	6982	61715	1829	44696	25352
肥料制造	824	23887	882	17634	7123
氮肥制造	306	7665	113	7085	699
磷肥制造	50	2207	35	1756	358
复混肥料制造	332	12439	631	7002	6165
有机肥料及微生物肥料制造	108	1030	98	1285	－142
其他肥料制造	29	546	5	507	44
农药制造	1238	75471	220	48849	28794
化学农药制造	1093	69255	146	44675	26677
生物化学农药及微生物农药制造	145	6216	74	4174	2116
涂料、油墨、颜料及类似产品制造	8824	310755	7090	201880	116381
涂料制造	4690	133731	3704	91658	48603
油墨及类似产品制造	662	19951	222	12290	8776
颜料制造	693	26555	316	17982	9058
染料制造	2337	115368	2646	70283	44452
密封用填料及类似品制造	442	15148	203	9666	5492
合成材料制造	5603	88496	6008	167766	－74468
初级形态的塑料及合成树脂制造	4536	77902	4376	140199	－58678
合成橡胶制造	171	7292	173	4620	2865
合成纤维单(聚合)体的制造	507	－2798	1373	18777	－20816
其他合成材料制造	389	6099	85	4169	2161
专用化学产品制造	22101	459940	28385	321137	184266

1－E－5　续表4－9　　　　单位：个、万元、人

指　标　名　称	主营业务税金及附加	主营业务利润	其他业务利润	营业费用、管理费用、财务费用合计	营业利润
化学试剂和助剂制造	8344	219755	8865	155788	74604
专项化学用品制造	4846	70252	8423	55176	22326
林产化学产品制造	1051	14130	161	9650	5237
炸药及火工产品制造	526	5011	124	3397	1523
信息化学品制造	3432	64818	9197	40795	48316
环境污染处理专用药剂材料制造	253	15359	909	11822	5355
动物胶制造	152	10100	96	6487	4019
其他专用化学产品制造	3497	60516	611	38022	22887
日用化学产品制造	4687	106704	1257	68627	37655
肥皂及合成洗涤剂制造	674	17317	408	14061	3758
化妆品制造	2712	36540	212	27239	7769
口腔清洁用品制造	51	2151		1789	363
香料、香精制造	701	40702	589	18132	22992
其他日用化学产品制造	550	9993	48	7405	2773
医药制造业	9971	475172	8847	365534	128470
化学药品原药制造	3585	133220	4422	99895	37875
化学药品原药制造	3585	133220	4422	99895	37875
化学药品制剂制造	1520	89454	1465	76802	14214
化学药品制剂制造	1520	89454	1465	76802	14214
中药饮片加工	371	13970	160	11020	3319
中药饮片加工	371	13970	160	11020	3319
中成药制造	1253	58051	857	39895	19947
中成药制造	1253	58051	857	39895	19947
兽用药品制造	415	36533	77	22001	16265
兽用药品制造	415	36533	77	22001	16265
生物、生化制品的制造	1432	105966	232	88459	25796
生物、生化制品的制造	1432	105966	232	88459	25796
卫生材料及医药用品制造	1395	37978	1633	27462	11054
卫生材料及医药用品制造	1395	37978	1633	27462	11054
化学纤维制造业	9274	196747	11649	168398	38491
纤维素纤维原料及纤维制造	333	7986	446	7358	1094
化纤浆粕制造	89	798	65	522	341
人造纤维（纤维素纤维）制造	243	7187	381	6836	753
合成纤维制造	8941	188761	11203	161040	37397
锦纶纤维制造	834	19602	1569	19042	1155
涤纶纤维制造	5432	115041	7537	87493	32120
腈纶纤维制造	233	1076	38	782	351
维纶纤维制造	35	349	1	193	157
其他合成纤维制造	2408	52693	2057	53529	3614

1－E－5 续表4－10

单位：个、万元、人

指 标 名 称	主营业务税金及附加	主营业务利润	其他业务利润	营业费用、管理费用、财务费用合计	营业利润
橡胶制品业	11234	266960	2708	176982	92764
轮胎制造	1277	18306	357	13309	5394
车辆、飞机及工程机械轮胎制造	871	12756	182	9820	3159
力车胎制造	218	3028	115	1881	1263
轮胎翻新加工	188	2522	60	1609	973
橡胶板、管、带的制造	2076	64363	343	42663	22499
橡胶板、管、带的制造	2076	64363	343	42663	22499
橡胶零件制造	2929	67929	882	43814	25118
橡胶零件制造	2929	67929	882	43814	25118
再生橡胶制造	230	4326	13	3804	540
再生橡胶制造	230	4326	13	3804	540
日用及医用橡胶制品制造	541	12483	173	8097	4542
日用及医用橡胶制品制造	541	12483	173	8097	4542
橡胶靴鞋制造	2740	61465	754	39360	22121
橡胶靴鞋制造	2740	61465	754	39360	22121
其他橡胶制品制造	1442	38087	186	25935	12549
其他橡胶制品制造	1442	38087	186	25935	12549
塑料制品业	63355	1467629	20648	954762	537208
塑料薄膜制造	4967	164086	3333	95885	72956
塑料薄膜制造	4967	164086	3333	95885	72956
塑料板、管、型材的制造	9658	251838	3138	168887	87921
塑料板、管、型材的制造	9658	251838	3138	168887	87921
塑料丝、绳及编织品的制造	4895	85416	1007	60358	25792
塑料丝、绳及编织品的制造	4895	85416	1007	60358	25792
泡沫塑料制造	2740	69153	1464	48376	23475
泡沫塑料制造	2740	69153	1464	48376	23475
塑料人造革、合成革制造	4873	112118	3540	72187	42445
塑料人造革、合成革制造	4873	112118	3540	72187	42445
塑料包装箱及容器制造	5982	147013	2594	84527	64479
塑料包装箱及容器制造	5982	147013	2594	84527	64479
塑料零件制造	12787	260437	2189	162788	99750
塑料零件制造	12787	260437	2189	162788	99750
日用塑料制造	10555	234013	2198	161513	75964
塑料鞋制造	1722	34177	187	20913	13577
日用塑料杂品制造	8833	199837	2011	140600	62387
其他塑料制品制造	6899	143556	1186	100242	44428
其他塑料制品制造	6899	143556	1186	100242	44428
非金属矿物制品业	59241	1066871	13749	751680	337484
水泥、石灰和石膏的制造	9149	158325	1870	131069	35691

1－E－5 续表4－11 单位：个、万元、人

指标名称	主营业务税金及附加	主营业务利润	其他业务利润	营业费用、管理费用、财务费用合计	营业利润
水泥制造	7429	136390	1843	119515	25153
石灰和石膏制造	1720	21935	27	11554	10539
水泥及石膏制品制造	18027	358156	4913	250067	115753
水泥制品制造	14930	295423	4293	206292	95064
砼结构构件制造	2603	46500	334	27543	19535
石棉水泥制品制造	39	697		425	272
轻质建筑材料制造	266	13219	262	13745	604
其他水泥制品制造	189	2318	23	2063	278
砖瓦、石材及其他建筑材料制造	15185	187665	2319	124389	63433
粘土砖瓦及建筑砌块制造	6779	88167	1455	57722	32069
建筑陶瓷制品制造	534	7775	－222	10676	－3137
建筑用石加工	4463	40927	214	23139	18311
防水建筑材料制造	748	16017	275	10299	6175
隔热和隔音材料制造	653	16910	212	12619	1871
其他建筑材料制造	2008	17870	383	9934	8144
玻璃及玻璃制品制造	7438	185811	2959	131055	55531
平板玻璃制造	216	9310	16	6273	2507
技术玻璃制品制造	1103	44792	1851	36128	9551
光学玻璃制造	73	1712	31	1181	562
玻璃仪器制造	130	1798	36	1334	734
日用玻璃制品及玻璃包装容器制造	3470	59163	800	34152	23935
玻璃保温容器制造	209	4115	40	2833	1508
玻璃纤维及制品制造	998	35646	93	26230	10239
玻璃纤维增强塑料制品制造	720	19534	76	16661	2948
其他玻璃制品制造	519	9743	15	6263	3548
陶瓷制品制造	2464	39428	775	23255	20083
卫生陶瓷制品制造	1643	21149	680	11671	11664
特种陶瓷制品制造	437	10721	19	6749	4448
日用陶瓷制品制造	341	6817	6	4381	3637
园林、陈设艺术及其他陶瓷制品制造	44	741	70	453	334
耐火材料制品制造	4702	77618	325	54004	25019
石棉制品制造	354	7183	60	5558	1836
云母制品制造	53	1259	4	1372	－75
耐火陶瓷制品及其他耐火材料制造	4295	69176	261	47074	23258
石墨及其他非金属矿物制品制造	2275	59867	590	37841	21976
石墨及碳素制品制造	568	16021	110	13145	2564
其他非金属矿物制品制造	1707	43846	480	24696	19411
黑色金属冶炼及压延加工业	19779	423087	22983	301276	182086
炼铁	123	2040	101	1627	514

1-E-5 续表4-12

单位：个、万元、人

指标名称	主营业务税金及附加	主营业务利润	其他业务利润	营业费用、管理费用、财务费用合计	营业利润
炼铁	123	2040	101	1627	514
炼钢	957	16533	5485	11823	11430
炼钢	957	16533	5485	11823	11430
钢压延加工	18137	382781	17237	276340	159171
钢压延加工	18137	382781	17237	276340	159171
铁合金冶炼	563	21734	160	11486	10972
铁合金冶炼	563	21734	160	11486	10972
有色金属冶炼及压延加工业	23052	316002	11042	247364	61772
常用有色金属冶炼	3295	60885	149	31545	4614
铜冶炼	1810	40219	-431	14820	-258
铅锌冶炼	207	1429	150	3286	-1527
镍钴冶炼	232	8347	225	5869	2655
锡冶炼	13	27		179	-152
铝冶炼	601	6992	88	5389	1912
镁冶炼	30	601		295	305
其他常用有色金属冶炼	401	3271	117	1707	1681
贵金属冶炼	469	8560	120	7011	2122
金冶炼	386	6629	115	5442	1753
银冶炼	28	696	3	1082	-380
其他贵金属冶炼	55	1234	3	488	749
稀有稀土金属冶炼	145	3701	404	3334	742
钨钼冶炼	36	626	41	661	6
稀土金属冶炼	74	3007	362	2642	699
其他稀有金属冶炼	35	69		31	38
有色金属合金制造	1682	20598	370	20096	2989
有色金属合金制造	1682	20598	370	20096	2989
有色金属压延加工	17461	222259	9998	185378	51305
常用有色金属压延加工	17088	201292	8881	184884	29715
贵金属压延加工	128	14365	808	-3966	19138
稀有稀土金属压延加工	245	6602	309	4459	2452
金属制品业	73015	1479681	34475	1021389	512699
结构性金属制品制造	17493	311742	8523	211403	115303
金属结构制造	11404	197980	6142	133001	72478
金属门窗制造	6089	113762	2381	78402	42825
金属工具制造	10019	229183	5030	158837	79204
切削工具制造	1973	42540	884	28700	14626
手工具制造	4443	101343	1830	70208	34674
农用及园林用金属工具制造	1108	26995	323	19062	8242
刀剪及类似日用金属工具制造	782	16423	579	12197	6160

1－E－5 续表4－13

单位：个、万元、人

指标名称	主营业务税金及附加	主营业务利润	其他业务利润	营业费用、管理费用、财务费用合计	营业利润
其他金属工具制造	1714	41882	1414	28671	15502
集装箱及金属包装容器制造	2867	65233	2317	52370	15521
集装箱制造	17	331		301	31
金属压力容器制造	1196	24780	870	17554	8260
金属包装容器制造	1654	40122	1446	34516	7230
金属丝绳及其制品的制造	5660	76853	102	68988	12001
金属丝绳及其制品的制造	5660	76853	102	68988	12001
建筑、安全用金属制品制造	16962	324292	4923	219288	109472
建筑、家具用金属配件制造	8080	140327	3025	102385	41352
建筑装饰及水暖管道零件制造	7541	152743	1384	93139	59797
安全、消防用金属制品制造	926	21526	381	16571	5630
其他建筑、安全用金属制品制造	414	9696	132	7193	2693
金属表面处理及热处理加工	8764	191233	5540	100992	94800
金属表面处理及热处理加工	8764	191233	5540	100992	94800
搪瓷制品制造	576	13481	145	10666	3175
工业生产配套用搪瓷制品制造	30	821	2	592	231
搪瓷卫生洁具制造	224	6474	35	5236	1270
搪瓷日用品及其他搪瓷制品制造	322	6186	109	4838	1675
不锈钢及类似日用金属制品制造	7328	199297	3022	149795	59525
金属制厨房调理及卫生器具制造	1557	42790	458	32608	12611
金属制厨用器皿及餐具制造	3436	106430	1788	77725	35191
其他日用金属制品制造	2335	50077	776	39462	11723
其他金属制品制造	3347	68369	4874	49051	23697
其他未列明的金属制品制造	3341	68218	4874	49028	23569
铸币及贵金属制实验室用品制造	6	151		23	129
通用设备制造业	120257	3008724	89534	1988655	1096922
锅炉及原动机制造	2973	117369	4442	64607	58075
锅炉及辅助设备制造	1391	48216	3725	31496	20619
内燃机及配件制造	665	20991	338	14538	7516
汽轮机及辅机制造	720	41673	285	13604	28391
水轮机及辅机制造	165	4843	32	3529	1282
其他原动机制造	32	1646	62	1441	267
金属加工机械制造	6384	218027	10796	155923	69841
金属切削机床制造	1648	53033	6570	45722	10758
金属成形机床制造	1003	42546	1955	26705	18006
铸造机械制造	605	12540	510	9782	3067
金属切割及焊接设备制造	1154	31733	515	23619	8581
机床附件制造	790	26383	519	14608	12538
其他金属加工机械制造	1185	51793	728	35487	16891

1－E－5　续表4－14

单位：个、万元、人

指　标　名　称	主营业务税金及附加	主营业务利　润	其他业务利　润	营业费用、管理费用、财务费用合　计	营业利润
起重运输设备制造	5348	171536	18074	129973	53634
起重运输设备制造	5348	171536	18074	129973	53634
泵、阀门、压缩机及类似机械的制造	30885	830778	11093	524741	318222
泵及真空设备制造	5263	182167	3296	121336	64171
气体压缩机械制造	2203	65531	2125	43854	26838
阀门和旋塞的制造	19556	448364	3595	283144	166682
液压和气压动力机械及元件制造	3863	134717	2077	76407	60530
轴承、齿轮、传动和驱动部件的制造	14682	338017	10546	231042	116930
轴承制造	10098	220143	5486	148665	76689
齿轮、传动和驱动部件制造	4584	117875	5060	82377	40241
烘炉、熔炉及电炉制造	680	22366	213	11181	9662
烘炉、熔炉及电炉制造	680	22366	213	11181	9662
风机、衡器、包装设备等通用设备制造	13633	406728	11551	279305	137336
风机、风扇制造	1861	38462	1398	30551	9083
气体、液体分离及纯净设备制造	2210	71812	2621	46882	28176
制冷、空调设备制造	3055	107842	2956	67415	43620
风动和电动工具制造	3131	98507	2543	63974	34717
喷枪及类似器具制造	860	21024	334	15259	5929
包装专用设备制造	1052	26429	337	19724	7189
衡器制造	369	13180	147	8380	4978
其他通用设备制造	1096	29473	1216	27120	3646
通用零部件制造及机械修理	29236	621437	16082	408463	229216
金属密封件制造	1982	51538	1138	32448	20501
紧固件、弹簧制造	16948	369458	11087	245892	134228
机械零部件加工及设备修理	7205	131982	2362	83179	50716
其他通用零部件制造	3100	68458	1495	46944	23771
金属铸、锻加工	16436	282467	6737	183420	104008
钢铁铸件制造	12019	198197	3110	123626	77039
锻件及粉末冶金制品制造	4418	84270	3627	59794	26969
专用设备制造业	50479	1116381	34392	814677	353720
矿山、冶金、建筑专用设备制造	3412	77743	3661	52097	29825
采矿、采石设备制造	1161	22629	412	14101	9172
石油钻采专用设备制造	430	9494	138	6453	3623
建筑工程用机械制造	773	18566	808	14075	5212
建筑材料生产专用机械制造	636	16850	283	11114	6000
冶金专用设备制造	412	10204	2020	6354	5818
化工、木材、非金属加工专用设备制造	13842	398123	9970	288945	123264
炼油、化工生产专用设备制造	529	21240	157	16863	4693
橡胶加工专用设备制造	173	10436	358	8349	2837

1－E－5 续表4－15

单位：个、万元、人

指标名称	主营业务税金及附加	主营业务利润	其他业务利润	营业费用、管理费用、财务费用合计	营业利润
塑料加工专用设备制造	2612	112623	4457	88923	28109
木材加工机械制造	349	6428	77	3036	3326
模具制造	9924	242764	4813	168416	82644
其他非金属加工专用设备制造	256	4632	107	3359	1656
食品、饮料、烟草及饲料生产专用设备制造	2649	45319	780	30440	16672
食品、饮料、烟草工业专用设备制造	2200	33572	583	20635	13575
农副食品加工专用设备制造	427	10177	185	8885	2435
饲料生产专用设备制造	22	1570	12	921	663
印刷、制药、日化生产专用设备制造	8298	71309	1732	55272	22996
制浆和造纸专用设备制造	390	10365	406	8642	2126
印刷专用设备制造	6480	27790	885	22629	11229
日用化工专用设备制造	192	2632	15	1633	1014
制药专用设备制造	776	20279	167	13499	6981
照明器具生产专用设备制造	111	3248	16	2505	753
玻璃、陶瓷和搪瓷制品生产专用设备制造	168	2347	113	2347	114
其他日用品生产专用设备制造	183	4648	130	4018	779
纺织、服装和皮革工业专用设备制造	9998	199315	5676	149695	57953
纺织专用设备制造	5481	91035	4048	70134	27199
皮革、毛皮及其制品加工专用设备制造	471	11075	484	8538	1897
缝纫机械制造	3908	93164	1122	67511	28348
其他服装加工专用设备制造	138	4041	21	3512	508
电子和电工机械专用设备制造	1151	38537	1086	31404	8923
电工机械专用设备制造	417	15513	603	14323	2289
电子工业专用设备制造	690	22042	349	16224	6437
武器弹药制造	40	904	133	812	165
航空、航天及其他专用设备制造	4	79		46	33
农、林、牧、渔专用机械制造	1869	50771	3158	41333	13762
拖拉机制造	267	6141	1960	6413	2168
机械化农业及园艺机具制造	884	29052	769	24536	5647
畜牧机械制造	24	370	4	208	166
渔业机械制造	60	805	39	629	215
农林牧渔机械配件制造	391	10376	169	6907	3959
其他农林牧渔业机械制造及机械修理	238	3930	217	2571	1579
营林及木竹采伐机械制造	6	98		69	29
医疗仪器设备及器械制造	2853	81100	1814	56229	28337
医疗诊断、监护及治疗设备制造	765	24989	704	16709	8943
口腔科用设备及器具制造	73	2165	7	1899	237
实验室及医用消毒设备和器具的制造	91	5252	36	3837	1861
医疗、外科及兽医用器械制造	1394	31440	388	18683	14235

1-E-5 续表4-16 单位：个、万元、人

指标名称	主营业务税金及附加	主营业务利润	其他业务利润	营业费用、管理费用、财务费用合计	营业利润
机械治疗及病房护理设备制造	171	5887	31	4836	1081
假肢、人工器官及植(介)入器械制造	41	2785	508	2896	396
其他医疗设备及器械制造	319	8583	141	7370	1585
环保、社会公共安全及其他专用设备制造	6406	154164	6516	109261	51988
环境污染防治专用设备制造	3903	94738	5536	66860	33199
地质勘查专用设备制造	26	415		238	178
邮政专用机械及器材制造	65	1924	126	2014	47
商业、饮食、服务业专用设备制造	76	1439		1082	366
社会公共安全设备及器材制造	1387	32994	583	22667	11732
交通安全及管制专用设备制造	308	2227	26	1487	767
水资源专用机械制造	182	4766	97	3866	894
其他专用设备制造	458	15661	149	11047	4805
交通运输设备制造业	60180	1461431	37138	1038354	468366
铁路运输设备制造	479	10065	38	8930	1500
铁路机车车辆配件制造	245	3371	17	3038	615
铁路专用设备及器材、配件制造	160	5413	21	4321	1177
其他铁路设备制造及设备修理	73	1215		1534	-320
铁路机车车辆及动车组制造	1	18		19	-1
工矿有轨专用车辆制造	1	48		19	29
汽车制造	34775	951235	24889	671380	312665
汽车整车制造	900	17621	410	17049	4157
改装汽车制造	251	7468	308	6102	1655
汽车车身、挂车的制造	59	336	164	2042	-1522
汽车零部件及配件制造	31221	873858	22501	602572	296963
汽车修理	2338	51845	1504	43511	11409
电车制造	5	107	1	104	4
摩托车制造	8185	161541	3882	124363	41143
摩托车整车制造	2625	23382	234	22406	-509
摩托车零部件及配件制造	5559	138159	3648	101958	41652
自行车制造	4414	92603	2226	74228	20944
脚踏自行车及残疾人座车制造	1865	41289	1078	32477	9774
助动自行车制造	2550	51314	1149	41751	11170
船舶及浮动装置制造	10435	221673	5762	140226	86520
金属船舶制造	5500	117000	3396	70689	49176
非金属船舶制造	80	2549	10	1600	1060
娱乐船和运动船的建造和修理	89	5512	175	6931	-1275
船用配套设备制造	1513	49665	457	29532	20721
船舶修理及拆船	3249	46832	1725	31382	16814
航标器材及其他浮动装置的制造	5	115	...	92	24

1－E－5 续表4－17 单位：个、万元、人

指标名称	主营业务税金及附加	主营业务利润	其他业务利润	营业费用、管理费用、财务费用合计	营业利润
航空航天器制造	87	1478		1150	449
飞机制造及修理	33	817		920	－108
其他飞行器制造	50	647		219	555
航天器制造	3	14		12	2
交通器材及其他交通运输设备制造	1806	22837	341	18076	5146
潜水及水下救捞装备制造	4	123		52	71
交通管理用金属标志及设施制造	1689	19995	152	14147	5868
其他交通运输设备制造	113	2719	189	3877	－793
电气机械及器材制造业	89290	2559432	61101	1731148	907562
电机制造	10536	293957	10699	208602	102386
发电机及发电机组制造	1829	59789	1325	38383	23778
电动机制造	4366	109660	3806	76871	36568
微电机及其他电机制造	4341	124508	5568	93349	42040
输配电及控制设备制造	27213	807580	25182	530114	301232
变压器、整流器和电感器制造	3994	129394	5711	89007	44914
电容器及其配套设备制造	1032	30363	537	19064	11641
配电开关控制设备制造	13453	400466	13207	253400	160653
电力电子元器件制造	6296	187268	4648	130671	60142
其他输配电及控制设备制造	2438	60089	1079	37973	23883
电线、电缆、光缆及电工器材制造	14160	461890	9632	292459	187062
电线电缆制造	12075	380617	8832	249840	147815
光纤、光缆制造	321	34481	189	11865	22812
绝缘制品制造	772	24780	222	16494	8639
其他电工器材制造	992	22013	389	14260	7795
电池制造	5215	178231	3090	106225	77127
电池制造	5215	178231	3090	106225	77127
家用电力器具制造	14558	383960	6033	278122	110322
家用制冷电器具制造	695	28417	376	19835	9022
家用空气调节器制造	497	15545	242	12460	3609
家用通风电器具制造	1435	29498	614	20750	8857
家用厨房电器具制造	3379	82106	1046	66659	15484
家用清洁卫生电器具制造	2033	70423	1101	45687	26066
家用美容、保健电器具制造	991	27018	1107	20264	7208
家用电力器具专用配件制造	2793	63251	1467	42236	22279
其他家用电力器具制造	2735	67704	80	50231	17797
非电力家用器具制造	1669	41637	1009	28599	13495
燃气、太阳能及类似能源的器具制造	1407	35734	875	23037	13031
其他非电力家用器具制造	262	5904	135	5562	464
照明器具制造	14297	348766	4805	253356	103782

1－E－5 续表4－18

单位：个、万元、人

指标名称	主营业务税金及附加	主营业务利润	其他业务利润	营业费用、管理费用、财务费用合计	营业利润
电光源制造	4453	97946	1577	70581	30461
照明灯具制造	6655	185876	2229	139545	49638
灯用电器附件及其他照明器具制造	3189	64944	999	43230	23683
其他电气机械及器材制造	1643	43410	651	33671	12157
车辆专用照明及电气信号设备装置制造	911	29490	500	24387	6069
其他未列明的电气机械制造	732	13921	151	9284	6088
通信设备、计算机及其他电子设备制造业	24748	720470	28168	567673	185346
通信设备制造	4007	139124	6950	116280	30673
通信传输设备制造	1281	52168	1599	32627	20574
通信交换设备制造	921	29271	379	27322	2773
通信终端设备制造	283	13337	414	11837	1913
移动通信及终端设备制造	767	25140	2340	24648	4165
其他通信设备制造	756	19208	2218	19846	1248
雷达及配套设备制造	21	344	368	343	373
雷达及配套设备制造	21	344	368	343	373
广播电视设备制造	1401	32592	2113	27405	7518
广播电视节目制作及发射设备制造	74	2323	35	2204	334
广播电视接收设备及器材制造	1019	23094	312	17803	5470
应用电视设备及其他广播电视设备制造	308	7174	1766	7399	1715
电子计算机制造	1355	42627	730	37440	5964
电子计算机整机制造	46	1607	36	1585	－201
计算机网络设备制造	407	12242	179	10713	1661
电子计算机外部设备制造	902	28778	516	25142	4503
电子器件制造	3080	141481	6464	106689	41190
电子真空器件制造	230	6878	516	8246	－910
半导体分立器件制造	812	42293	1221	28398	15465
集成电路制造	754	31052	3897	28029	6431
光电子器件及其他电子器件制造	1284	61258	830	42017	20204
电子元件制造	12205	282963	8509	211370	81956
电子元件及组件制造	11377	258017	7680	192786	74005
印制电路板制造	828	24946	829	18585	7951
家用视听设备制造	1771	54138	2094	43001	13690
家用影视设备制造	486	21006	979	14149	7804
家用音响设备制造	1285	33131	1115	28853	5886
其他电子设备制造	908	27201	939	25145	3983
其他电子设备制造	908	27201	939	25145	3983
仪器仪表及文化、办公用机械制造业	18415	504348	12647	382409	135967
通用仪器仪表制造	8959	279148	7097	204170	83019

1－E－5 续表4－19 单位：个、万元、人

指标名称	主营业务税金及附加	主营业务利润	其他业务利润	营业费用、管理费用、财务费用合计	营业利润
工业自动控制系统装置制造	2155	91068	3636	71473	24067
电工仪器仪表制造	2644	62976	874	43700	20907
绘图、计算及测量仪器制造	808	15771	556	11734	4461
实验分析仪器制造	899	25046	757	18104	7348
试验机制造	143	5775	176	5876	－24
供应用仪表及其他通用仪器制造	2310	78513	1097	53283	26260
专用仪器仪表制造	2824	74572	2143	58496	19717
环境监测专用仪器仪表制造	516	12819	306	8493	4626
汽车及其他用计数仪表制造	830	23730	287	17433	6745
导航、气象及海洋专用仪器制造	151	4970	15	4204	785
农林牧渔专用仪器仪表制造	22	982	26	506	503
地质勘探和地震专用仪器制造	48	568	9	509	67
教学专用仪器制造	527	11263	497	9643	3033
电子测量仪器制造	440	12195	672	11184	2058
其他专用仪器制造	284	7877	331	6440	1818
核子及核辐射测量仪器制造	5	168		86	83
钟表与计时仪器制造	943	19621	643	17354	2990
钟表与计时仪器制造	943	19621	643	17354	2990
光学仪器及眼镜制造	3688	91810	1935	68464	24590
光学仪器制造	610	19301	559	17803	2287
眼镜制造	3077	72510	1376	50661	22303
文化、办公用机械制造	1684	32812	811	29489	3743
电影机械制造	47	1078	5	836	247
幻灯及投影设备制造	34	886	75	906	55
照相机及器材制造	396	8238	427	6315	2350
复印和胶印设备制造	171	6609	151	6264	498
计算器及货币专用设备制造	414	8023	86	7657	24
其他文化、办公用机械制造	620	7979	66	7512	570
其他仪器仪表的制造及修理	318	6384	18	4436	1908
其他仪器仪表的制造及修理	318	6384	18	4436	1908
工艺品及其他制造业	42238	703594	14454	473767	242857
工艺美术品制造	30005	480629	10939	337218	153749
雕塑工艺品制造	4768	87495	435	67298	20815
金属工艺品制造	4519	84809	512	54532	30747
漆器工艺品制造	1140	22459	71	18495	4071
花画工艺品制造	797	15670	43	11907	3592
天然植物纤维编织工艺品制造	832	17958	122	12415	5595
抽纱刺绣工艺品制造	10356	114053	708	72385	41990

1－E－5 续表4－20

单位：个、万元、人

指标名称	主营业务税金及附加	主营业务利润	其他业务利润	营业费用、管理费用、财务费用合计	营业利润
地毯、挂毯制造	627	15334	232	12673	2908
珠宝首饰及有关物品的制造	2807	33704	8404	21761	19780
其他工艺美术品制造	4159	89147	414	65752	24251
日用杂品制造	11841	211339	3371	129048	84663
制镜及类似品加工	1517	15435	31	8302	7493
鬃毛加工、制刷及清扫工具的制造	706	19950	264	16035	4242
其他日用杂品制造	9617	175955	3076	104711	72928
煤制品制造	107	2644	...	1821	824
煤制品制造	107	2644	...	1821	824
核辐射加工	12	251		247	4
核辐射加工	12	251		247	4
其他未列明的制造业	273	8731	144	5433	3617
其他未列明的制造业	273	8731	144	5433	3617
废弃资源和废旧材料回收加工业	3955	61111	2158	82176	－18309
金属废料和碎屑的加工处理	2478	28202	492	61771	－32485
金属废料和碎屑的加工处理	2478	28202	492	61771	－32485
非金属废料和碎屑的加工处理	1477	32909	1666	20405	14176
非金属废料和碎屑的加工处理	1477	32909	1666	20405	14176
电力、燃气及水的生产和供应业	**50618**	**789276**	**52663**	**795792**	**91960**
电力、热力的生产和供应业	41504	533752	24594	534192	79106
电力生产	24834	408012	15025	433575	790
火力发电	14577	173440	12677	267225	－78817
水力发电	9930	227170	1290	156396	79718
其他能源发电	328	7403	1058	9954	－111
电力供应	16109	115085	7583	74402	85995
电力供应	16109	115085	7583	74402	85995
热力生产和供应	561	10655	1986	26215	－7680
热力生产和供应	561	10655	1986	26215	－7680
燃气生产和供应业	3118	80679	10678	55741	29318
燃气生产和供应业	3118	80679	10678	55741	29318
燃气生产和供应业	3118	80679	10678	55741	29318
水的生产和供应业	5996	174845	17391	205860	－16464
自来水的生产和供应	5170	139213	15966	150555	4484
自来水的生产和供应	5170	139213	15966	150555	4484
污水处理及其再生利用	542	30934	1422	51646	－21991
污水处理及其再生利用	542	30934	1422	51646	－21991
其他水的处理、利用与分配	284	4699	3	3659	1043
其他水的处理、利用与分配	284	4699	3	3659	1043

1－E－5 续表5－1 单位：个、万元、人

指 标 名 称	职工工资和福利费	本年应交增值税	年末存货	全部从业人员年平均人数
总 计	**14779550**	**6451980**	**25498464**	**7194934**
一、按轻重工业分				
轻工业	7432274	2723141	11238065	3773697
重工业	7347276	3728839	14260398	3421237
二、按登记注册类型分				
内 资	**12182314**	**5429478**	**19075763**	**6127279**
国 有	191635	193076	163507	37718
集 体	124444	52879	142457	61970
股份合作企业	340015	144692	422367	177657
联营企业	5667	2568	12201	2641
国有联营	1027	690	4531	420
集体联营	2785	989	4072	1385
国有与集体联营	999	347	1744	357
其他联营	856	542	1853	479
有限责任公司	1397735	836374	3324631	625105
国有独资公司	19958	8504	9985	5392
其他有限责任公司	1377778	827870	3314646	619713
股份有限公司	118042	82944	400209	47501
私营企业	9967597	4099650	14561589	5154262
私营独资	2196115	830153	1937956	1235529
私营合伙	470974	195453	448379	265659
私营有限责任公司	7165157	3015458	11886084	3586415
私营股份有限公司	135352	58585	289169	66659
其 他	37179	17295	48803	20425
港澳台商投资	**1154365**	**478451**	**2960967**	**494660**
与港澳台商合资经营	628712	291570	1650715	271720
与港澳台商合作经营	24928	15520	65291	9035
港澳台商独资	476491	158909	1179949	203758
港澳台商投资股份有限公司	24233	12451	65012	10147
外商投资	**1442871**	**544052**	**3461733**	**572995**
中外合资经营	803807	342837	1805021	335862
中外合作经营	31453	18226	64316	12196
外资企业	596310	177983	1557815	220043
外商投资股份有限公司	11301	5006	34582	4894
三、按控股情况分				
国有控股	343743	388192	573339	77310
集体控股	321482	163572	628427	144102
私人控股	12228585	5200900	19464103	6215481
港澳台商控股	778065	288658	1989743	330439

1－E－5　续表5－2

单位：个、万元、人

指　标　名　称	职工工资和福利费	本年应交增值税	年末存货	全部从业人员年平均人数
外商控股	940550	329041	2355929	358130
其　他	167125	81619	486922	69472
四、按国民经济行业(门类、大类、中类、小类)分				
采矿业	**85624**	**53482**	**116034**	**40486**
黑色金属矿采选业	1413	995	38604	532
铁矿采选	1405	985	38604	529
铁矿采选	1405	985	38604	529
其他黑色金属矿采选	8	10		3
其他黑色金属矿采选	8	10		3
有色金属矿采选业	6022	3344	10756	2793
常用有色金属矿采选	2775	1685	7019	1346
铜矿采选	827	483	2536	386
铅锌矿采选	1909	1177	4461	941
锑矿采选	28	13	1	15
铝矿采选	10	12	20	4
贵金属矿采选	540	140	724	267
金矿采选	319	...	474	157
银矿采选	194	117	243	103
其他贵金属矿采选	27	23	8	7
稀有稀土金属矿采选	2707	1520	3012	1180
钨钼矿采选	2707	1520	3012	1180
非金属矿采选业	77919	49020	66517	36997
土砂石开采	68460	45158	60147	31679
石灰石、石膏开采	8812	8327	6443	4360
建筑装饰用石开采	25006	15728	12036	10624
耐火土石开采	7336	6050	16948	3675
粘土及其他土砂石开采	27307	15052	24720	13020
化学矿采选	230	189	356	148
化学矿采选	230	189	356	148
采　盐	4000	273	1271	2414
采　盐	4000	273	1271	2414
石棉及其他非金属矿采选	5229	3400	4743	2756
其他非金属矿采选	5124	3357	4684	2711
石棉、云母矿采选	3	1	21	3
石墨、滑石采选	8	20		9
宝石、玉石开采	94	22	38	33
煤炭开采和洗选业	217	91	139	132
其他煤炭采选	217	91	139	132
其他煤炭采选	217	91	139	132

1－E－5 续表5－3 单位：个、万元、人

指标名称	职工工资和福利费	本年应交增值税	年末存货	全部从业人员年平均人数
其他采矿业	55	32	18	32
其他采矿业	55	32	18	32
其他采矿业	55	32	18	32
制造业	**14391779**	**6018448**	**25137689**	**7079476**
农副食品加工业	181490	81116	758869	93212
谷物磨制	7112	2299	26934	3734
谷物磨制	7112	2299	26934	3734
饲料加工	24335	17581	74078	11018
饲料加工	24335	17581	74078	11018
植物油加工	7566	4124	105790	3570
食用植物油加工	7151	3909	103695	3318
非食用植物油加工	415	214	2095	252
屠宰及肉类加工	27581	12056	60077	13087
畜禽屠宰	6438	1138	2140	3611
肉制品及副产品加工	21143	10918	57937	9476
水产品加工	63646	21849	348872	31877
水产品冷冻加工	46435	15536	267607	23049
鱼糜制品及水产品干腌制加工	11463	4872	59784	5921
水产饲料制造	4209	1105	17361	2214
鱼油提取及制品的制造	197	34	1026	102
其他水产品加工	1341	303	3095	591
蔬菜、水果和坚果加工	37285	16853	94234	22850
蔬菜、水果和坚果加工	37285	16853	94234	22850
其他农副食品加工	13886	6323	48855	7020
淀粉及淀粉制品的制造	2308	840	7190	1158
豆制品制造	6109	1865	7844	3150
蛋品加工	1889	942	5214	1058
其他未列明的农副食品加工	3580	2675	28607	1654
制　糖	78	32	29	56
制　糖	78	32	29	56
食品制造业	107272	49977	259427	53071
焙烤食品制造	17783	7808	19475	9806
糕点、面包制造	10080	4491	11435	6090
饼干及其他焙烤食品制造	7703	3317	8040	3716
糖果、巧克力及蜜饯制造	8680	7228	24536	4036
糖果、巧克力制造	5614	5033	12066	2023
蜜饯制作	3066	2196	12470	2013
方便食品制造	13733	7588	26615	7557
米、面制品制造	4612	1292	7786	2747

1－E－5 续表5－4

单位：个、万元、人

指 标 名 称	职工工资和福利费	本年应交增值税	年末存货	全部从业人员年平均人数
速冻食品制造	4141	1401	11572	2497
方便面及其他方便食品制造	4980	4894	7257	2313
液体乳及乳制品制造	9218	2173	15351	4013
液体乳及乳制品制造	9218	2173	15351	4013
罐头制造	21171	6524	78252	10927
肉、禽类罐头制造	738	670	1756	363
水产品罐头制造	1299	131	4273	415
蔬菜、水果罐头制造	18903	5640	71559	10029
其他罐头食品制造	231	83	665	120
调味品、发酵制品制造	10933	5435	28526	5530
味精制造	1770	634	4705	946
酱油、食醋及类似制品的制造	4279	2533	12790	2269
其他调味品、发酵制品制造	4884	2268	11031	2315
其他食品制造	25755	13221	66671	11202
营养、保健食品制造	9145	5372	29450	4366
冷冻饮品及食用冰制造	4301	1693	5028	1837
盐加工	778	418	2924	178
食品及饲料添加剂制造	10679	5332	27910	4256
其他未列明的食品制造	852	406	1360	565
饮料制造业	79337	46651	312419	41269
酒精制造	217	320	7082	131
酒精制造	217	320	7082	131
酒的制造	25183	13053	125543	13530
白酒制造	4120	2210	15696	2191
啤酒制造	5136	3221	28738	2670
黄酒制造	13737	6092	70579	7719
其他酒制造	2004	1446	9360	846
葡萄酒制造	186	84	1170	104
软饮料制造	25650	18765	45319	11406
碳酸饮料制造	4213	3941	2922	923
瓶（罐）装饮用水制造	10565	5048	16514	6337
果菜汁及果菜汁饮料制造	3168	1544	14993	1399
含乳饮料和植物蛋白饮料制造	2368	2144	4015	939
固体饮料制造	3294	1518	4585	1090
茶饮料及其他软饮料制造	2041	4570	2289	718
精制茶加工	28287	14514	134476	16202
精制茶加工	28287	14514	134476	16202
烟草制品业	1470	1308	369	242
其他烟草制品加工	1440	1308	353	226

1－E－5 续表5－5 单位：个、万元、人

指 标 名 称	职工工资和福利费	本年应交增值税	年末存货	全部从业人员年平均人数
其他烟草制品加工	1440	1308	353	226
烟叶复烤	30	1	16	16
烟叶复烤	30	1	16	16
纺织业	1840744	689556	3007058	918819
棉、化纤纺织及印染精加工	618513	287350	1162168	311754
棉、化纤纺织加工	459131	205179	938212	234844
棉、化纤印染精加工	159383	82171	223956	76910
毛纺织和染整精加工	56478	25739	150508	29288
毛条加工	3817	3691	37938	1989
毛纺织	38289	15901	96100	20085
毛染整精加工	14372	6147	16470	7214
麻纺织	7086	1406	13457	2546
麻纺织	7086	1406	13457	2546
丝绢纺织及精加工	139801	57497	267979	72800
缫丝加工	25535	10902	75971	15407
绢纺和丝织加工	92344	38393	175300	48431
丝印染精加工	21922	8203	16708	8962
纺织制成品制造	317337	112542	502013	157315
棉及化纤制品制造	128210	40528	195143	65463
毛制品制造	14518	4838	23460	6406
麻制品制造	834	650	1031	494
丝制品制造	41715	12929	52948	19847
绳、索、缆的制造	9618	4600	13083	4928
纺织带和帘子布制造	35055	11203	60074	17119
无纺布制造	47184	23550	101636	22158
其他纺织制成品制造	40203	14244	54638	20900
针织品、编织品及其制品制造	701528	205022	910934	345116
棉、化纤针织品及编织品制造	500494	140498	676543	245448
毛针织品及编织品制造	130113	42400	156606	64589
丝针织品及编织品制造	40156	11267	43125	18263
其他针织品及编织品制造	30765	10858	34660	16816
纺织服装、鞋、帽制造业	1136037	272943	949264	588402
纺织服装制造	1088346	260804	910510	561803
纺织服装制造	1088346	260804	910510	561803
纺织面料鞋的制造	33674	8394	26698	18923
纺织面料鞋的制造	33674	8394	26698	18923
制 帽	14017	3746	12056	7676
制 帽	14017	3746	12056	7676
皮革、毛皮、羽毛(绒)及其制品业	634633	185775	661977	333130

1－E－5　续表5－6　　　　单位：个、万元、人

指　标　名　称	职工工资和福利费	本年应交增值税	年末存货	全部从业人员年平均人数
皮革鞣制加工	27791	20395	134545	13286
皮革鞣制加工	27791	20395	134545	13286
皮革制品制造	560975	144659	380319	296363
皮鞋制造	329605	83469	164171	176770
皮革服装制造	56672	15444	71384	24933
皮箱、包(袋)制造	135251	34797	93745	74078
皮手套及皮装饰制品制造	22731	5863	31601	12545
其他皮革制品制造	16716	5086	19418	8037
毛皮鞣制及制品加工	25801	12706	38868	12388
毛皮鞣制加工	3021	1231	7004	1680
毛皮服装加工	8560	5116	15837	3560
其他毛皮制品加工	14220	6359	16027	7148
羽毛(绒)加工及制品制造	20066	8015	108245	11093
羽毛(绒)加工	1805	1240	16010	1171
羽毛(绒)制品加工	18261	6775	92234	9922
木材加工及木、竹、藤、棕、草制品业	194970	97284	488499	107510
锯材、木片加工	12033	6162	26068	7166
锯材加工	6520	3249	13383	3941
木片加工	5513	2913	12685	3225
人造板制造	65467	34263	201674	35018
胶合板制造	40677	18581	125237	22585
纤维板制造	5995	8318	29165	2408
刨花板制造	1573	1189	9197	923
其他人造板、材制造	17222	6175	38075	9102
木制品制造	71102	36165	164818	37568
建筑用木料及木材组件加工	36830	25108	129586	17941
木容器制造	10887	4563	12856	6211
软木制品及其他木制品制造	23385	6493	22376	13416
竹、藤、棕、草制品制造	46367	20695	95940	27758
竹、藤、棕、草制品制造	46367	20695	95940	27758
家具制造业	191769	62928	292730	98714
木质家具制造	102057	30870	167633	52774
木质家具制造	102057	30870	167633	52774
竹、藤家具制造	5027	1195	5990	2457
竹、藤家具制造	5027	1195	5990	2457
金属家具制造	60045	22414	86817	31161
金属家具制造	60045	22414	86817	31161
塑料家具制造	7391	2978	10520	3579
塑料家具制造	7391	2978	10520	3579

1－E－5 续表5－7

单位：个、万元、人

指标名称	职工工资和福利费	本年应交增值税	年末存货	全部从业人员年平均人数
其他家具制造	17248	5470	21771	8743
其他家具制造	17248	5470	21771	8743
造纸及纸制品业	327871	193612	633438	168825
纸浆制造	1505	1019	4412	704
纸浆制造	1505	1019	4412	704
造纸	118738	98234	361327	59170
机制纸及纸板制造	102724	90936	331464	51990
手工纸制造	837	302	893	490
加工纸制造	15177	6996	28970	6690
纸制品制造	207628	94359	267699	108951
纸和纸板容器的制造	164574	69970	189561	87895
其他纸制品制造	43055	24389	78139	21056
印刷业和记录媒介的复制	267485	116829	258474	134768
印刷	249229	111851	241322	125864
书、报、刊印刷	40781	15556	47148	20496
本册印制	16419	5973	17817	8882
包装装潢及其他印刷	192029	90323	176357	96486
装订及其他印刷服务活动	15483	4707	10703	8220
装订及其他印刷服务活动	15483	4707	10703	8220
记录媒介的复制	2773	271	6449	684
记录媒介的复制	2773	271	6449	684
文教体育用品制造业	281757	79574	337863	149897
文化用品制造	110333	29132	128343	59745
文具制造	47732	11834	60403	25624
笔的制造	53040	13839	55526	28818
教学用模型及教具制造	4687	2091	5759	2517
墨水、墨汁制造	397	154	689	231
其他文化用品制造	4477	1214	5966	2555
体育用品制造	64640	18230	95463	32834
球类制造	11322	2541	15884	5447
体育器材及配件制造	18596	5933	30006	9078
训练健身器材制造	20052	6644	27322	10074
运动防护用具制造	5216	1009	5135	2954
其他体育用品制造	9453	2104	17115	5281
乐器制造	8538	2895	16024	4107
中乐器制造	554	41	601	333
西乐器制造	3699	1570	8977	1719
电子乐器制造	1056	289	3578	465
其他乐器及零件制造	3229	996	2869	1590

1－E－5　续表5－8

单位：个、万元、人

指　标　名　称	职工工资和福利费	本年应交增值税	年末存货	全部从业人员年平均人数
玩具制造	80109	21654	72604	44304
玩具制造	80109	21654	72604	44304
游艺器材及娱乐用品制造	18138	7664	25428	8907
露天游乐场所游乐设备制造	12132	5773	16425	5511
游艺用品及室内游艺器材制造	6006	1891	9003	3396
石油加工、炼焦及核燃料加工业	8940	14094	110768	3209
精炼石油产品的制造	7804	7537	69631	3025
原油加工及石油制品制造	7648	7466	69007	2942
人造原油生产	156	71	624	83
炼　焦	1137	6557	41137	184
炼　焦	1137	6557	41137	184
化学原料及化学制品制造业	443300	339155	1491523	181485
基础化学原料制造	91549	89216	281102	35039
无机酸制造	8047	9242	19410	3142
无机碱制造	3023	6852	4696	1001
无机盐制造	16438	11054	32069	7953
有机化学原料制造	48196	42827	175288	17137
其他基础化学原料制造	15846	19243	49639	5806
肥料制造	8905	4687	30996	4174
氮肥制造	3052	2351	9113	1375
磷肥制造	1009	263	4167	588
复混肥料制造	3860	1671	15691	1557
有机肥料及微生物肥料制造	732	284	1470	489
其他肥料制造	252	118	555	165
农药制造	17043	14420	57770	6601
化学农药制造	15263	13295	54702	5896
生物化学农药及微生物农药制造	1780	1125	3069	705
涂料、油墨、颜料及类似产品制造	96965	68512	283664	42224
涂料制造	44188	28685	92624	20817
油墨及类似产品制造	6963	4291	17889	3389
颜料制造	10471	7196	42718	4574
染料制造	29447	24011	120225	10768
密封用填料及类似品制造	5896	4330	10209	2676
合成材料制造	48660	39530	365198	18577
初级形态的塑料及合成树脂制造	36723	32953	300457	14247
合成橡胶制造	2995	1610	6056	1145
合成纤维单（聚合）体的制造	6749	3422	54487	2118
其他合成材料制造	2193	1546	4198	1067
专用化学产品制造	137904	103484	367639	55004

1－E－5 续表5－9

单位：个、万元、人

指标名称	职工工资和福利费	本年应交增值税	年末存货	全部从业人员年平均人数
化学试剂和助剂制造	63701	47940	143088	25497
专项化学用品制造	21134	17238	59521	9026
林产化学产品制造	6996	3197	12246	3771
炸药及火工产品制造	3091	1375	2536	1107
信息化学品制造	14667	14850	96090	4845
环境污染处理专用药剂材料制造	4120	3217	11214	1306
动物胶制造	3674	2758	9610	1349
其他专用化学产品制造	20521	12910	33335	8103
日用化学产品制造	42275	19306	105154	19866
肥皂及合成洗涤剂制造	7730	3975	12013	3886
化妆品制造	19135	6279	38206	8865
口腔清洁用品制造	1984	356	1993	1098
香料、香精制造	7050	6290	40123	2418
其他日用化学产品制造	6376	2406	12819	3599
医药制造业	129270	80753	361389	51358
化学药品原药制造	43819	27119	144383	15956
化学药品原药制造	43819	27119	144383	15956
化学药品制剂制造	17774	14131	45979	7106
化学药品制剂制造	17774	14131	45979	7106
中药饮片加工	6582	2183	19065	2541
中药饮片加工	6582	2183	19065	2541
中成药制造	10793	10493	47038	4850
中成药制造	10793	10493	47038	4850
兽用药品制造	6123	3740	30259	2547
兽用药品制造	6123	3740	30259	2547
生物、生化制品的制造	24383	14314	51846	7353
生物、生化制品的制造	24383	14314	51846	7353
卫生材料及医药用品制造	19796	8773	22819	11005
卫生材料及医药用品制造	19796	8773	22819	11005
化学纤维制造业	78788	50508	374296	36480
纤维素纤维原料及纤维制造	4641	2261	9086	2653
化纤浆粕制造	512	325	1221	295
人造纤维（纤维素纤维）制造	4129	1936	7865	2358
合成纤维制造	74147	48247	365210	33827
锦纶纤维制造	6735	4308	73065	3322
涤纶纤维制造	41029	26863	198850	18504
腈纶纤维制造	1192	405	1165	673
维纶纤维制造	172	93	585	110
其他合成纤维制造	25021	16578	91545	11218

1－E－5 续表 5－10

单位：个、万元、人

指 标 名 称	职工工资和福利费	本年应交增值税	年末存货	全部从业人员年平均人数
橡胶制品业	183233	65211	227137	92691
轮胎制造	9623	3335	25399	4676
车辆、飞机及工程机械轮胎制造	6650	2161	19540	3042
力车胎制造	1867	686	2806	1041
轮胎翻新加工	1106	488	3053	593
橡胶板、管、带的制造	31569	14508	58088	15916
橡胶板、管、带的制造	31569	14508	58088	15916
橡胶零件制造	44111	17542	47182	23732
橡胶零件制造	44111	17542	47182	23732
再生橡胶制造	2981	1557	7561	1574
再生橡胶制造	2981	1557	7561	1574
日用及医用橡胶制品制造	8896	2914	14284	4608
日用及医用橡胶制品制造	8896	2914	14284	4608
橡胶靴鞋制造	68346	17730	44765	33611
橡胶靴鞋制造	68346	17730	44765	33611
其他橡胶制品制造	17708	7626	29858	8574
其他橡胶制品制造	17708	7626	29858	8574
塑料制品业	817412	363794	1156185	398588
塑料薄膜制造	64942	37175	138657	24249
塑料薄膜制造	64942	37175	138657	24249
塑料板、管、型材的制造	100545	51938	235844	46533
塑料板、管、型材的制造	100545	51938	235844	46533
塑料丝、绳及编织品的制造	88898	28686	79549	42998
塑料丝、绳及编织品的制造	88898	28686	79549	42998
泡沫塑料制造	37588	17934	47419	17805
泡沫塑料制造	37588	17934	47419	17805
塑料人造革、合成革制造	64422	34036	126284	25487
塑料人造革、合成革制造	64422	34036	126284	25487
塑料包装箱及容器制造	66065	34180	85482	33891
塑料包装箱及容器制造	66065	34180	85482	33891
塑料零件制造	159101	66745	151408	83650
塑料零件制造	159101	66745	151408	83650
日用塑料制造	155354	56810	181837	81644
塑料鞋制造	32145	9957	20539	17695
日用塑料杂品制造	123209	46853	161298	63949
其他塑料制品制造	80497	36290	109706	42331
其他塑料制品制造	80497	36290	109706	42331
非金属矿物制品业	494546	324954	1065372	251499
水泥、石灰和石膏的制造	55158	74595	148394	23484

1－E－5 续表5－11 单位：个、万元、人

指 标 名 称	职工工资和福利费	本年应交增值税	年末存货	全部从业人员年平均人数
水泥制造	47000	69076	139005	18731
石灰和石膏制造	8158	5519	9389	4753
水泥及石膏制品制造	129345	124201	451909	57415
水泥制品制造	102313	107559	374841	44191
砼结构构件制造	19708	13272	48907	9438
石棉水泥制品制造	659	328	905	345
轻质建筑材料制造	5491	1744	22644	2805
其他水泥制品制造	1174	1298	4613	636
砖瓦、石材及其他建筑材料制造	142876	43804	155463	86893
粘土砖瓦及建筑砌块制造	94779	20123	67813	62366
建筑陶瓷制品制造	7793	2498	23891	3797
建筑用石加工	21588	8796	23278	10990
防水建筑材料制造	5959	3430	17150	2610
隔热和隔音材料制造	5871	3909	12061	3213
其他建筑材料制造	6886	5049	11270	3917
玻璃及玻璃制品制造	95497	38786	191497	46880
平板玻璃制造	2447	2628	20170	1267
技术玻璃制品制造	20169	7909	54796	9393
光学玻璃制造	1515	546	2539	806
玻璃仪器制造	1602	552	1490	930
日用玻璃制品及玻璃包装容器制造	33453	12248	51867	17593
玻璃保温容器制造	2456	1116	2387	1358
玻璃纤维及制品制造	17523	6839	34036	7590
玻璃纤维增强塑料制品制造	10065	4395	16868	4656
其他玻璃制品制造	6268	2554	7345	3287
陶瓷制品制造	22464	9851	30176	11770
卫生陶瓷制品制造	9587	5269	14119	5093
特种陶瓷制品制造	7437	3006	8907	3640
日用陶瓷制品制造	4867	1426	6612	2634
园林、陈设艺术及其他陶瓷制品制造	573	152	538	403
耐火材料制品制造	25020	21348	38707	13536
石棉制品制造	4554	1897	6790	2651
云母制品制造	1048	492	1871	504
耐火陶瓷制品及其他耐火材料制造	19418	18960	30046	10381
石墨及其他非金属矿物制品制造	24187	12370	49228	11521
石墨及碳素制品制造	6777	2783	17438	2807
其他非金属矿物制品制造	17410	9586	31790	8714
黑色金属冶炼及压延加工业	165696	144065	805145	70170
炼 铁	1500	714	2830	745

1－E－5 续表 5－12

单位：个、万元、人

指 标 名 称	职工工资和福利费	本年应交增值税	年末存货	全部从业人员年平均人数
炼 铁	1500	714	2830	745
炼 钢	5197	11726	53913	1728
炼 钢	5197	11726	53913	1728
钢压延加工	155727	125474	704917	66294
钢压延加工	155727	125474	704917	66294
铁合金冶炼	3272	6152	43486	1403
铁合金冶炼	3272	6152	43486	1403
有色金属冶炼及压延加工业	161278	126004	640489	74529
常用有色金属冶炼	15700	25180	144272	7722
铜冶炼	6362	13287	81439	3007
铅锌冶炼	1565	1640	13781	802
镍钴冶炼	2792	3990	25220	1120
锡冶炼	112	87	195	64
铝冶炼	4013	3628	14723	2298
镁冶炼	154	117	332	87
其他常用有色金属冶炼	703	2430	8583	344
贵金属冶炼	1856	1962	30597	932
金冶炼	1111	1313	23449	556
银冶炼	493	226	4309	221
其他贵金属冶炼	251	424	2839	155
稀有稀土金属冶炼	1954	536	8064	906
钨钼冶炼	527	109	2531	248
稀土金属冶炼	1357	407	5458	617
其他稀有金属冶炼	71	20	75	41
有色金属合金制造	13028	6937	37489	6134
有色金属合金制造	13028	6937	37489	6134
有色金属压延加工	128739	91389	420068	58835
常用有色金属压延加工	123963	85957	411372	56507
贵金属压延加工	1199	3958	1756	690
稀有稀土金属压延加工	3578	1474	6940	1638
金属制品业	924569	349885	1416143	466171
结构性金属制品制造	159756	65632	372757	78126
金属结构制造	92791	42496	252256	43071
金属门窗制造	66965	23136	120501	35055
金属工具制造	157284	52202	203173	82590
切削工具制造	30256	8961	47589	15587
手工具制造	71126	24557	80468	37390
农用及园林用金属工具制造	14512	5502	19116	7956
刀剪及类似日用金属工具制造	16164	4956	20963	8569

1－E－5 续表5－13

单位：个、万元、人

指标名称	职工工资和福利费	本年应交增值税	年末存货	全部从业人员年平均人数
其他金属工具制造	25226	8228	35037	13088
集装箱及金属包装容器制造	39135	15944	77151	18765
集装箱制造	323	78	130	138
金属压力容器制造	13037	5934	30516	5741
金属包装容器制造	25775	9933	46506	12886
金属丝绳及其制品的制造	42442	26622	99634	19804
金属丝绳及其制品的制造	42442	26622	99634	19804
建筑、安全用金属制品制造	221330	73721	289137	110104
建筑、家具用金属配件制造	117266	34995	132907	59403
建筑装饰及水暖管道零件制造	84358	31786	129782	40905
安全、消防用金属制品制造	13118	4493	19638	6604
其他建筑、安全用金属制品制造	6588	2447	6810	3192
金属表面处理及热处理加工	123610	48954	98704	65450
金属表面处理及热处理加工	123610	48954	98704	65450
搪瓷制品制造	11244	3363	23557	6005
工业生产配套用搪瓷制品制造	1100	458	2155	527
搪瓷卫生洁具制造	4417	1506	8835	2240
搪瓷日用品及其他搪瓷制品制造	5727	1398	12567	3238
不锈钢及类似日用金属制品制造	127463	45547	184289	64035
金属制厨房调理及卫生器具制造	26654	9176	42841	13567
金属制厨用器皿及餐具制造	63538	22366	101159	30549
其他日用金属制品制造	37271	14005	40289	19919
其他金属制品制造	42304	17901	67741	21292
其他未列明的金属制品制造	42297	17855	67740	21286
铸币及贵金属制实验室用品制造	7	46	2	6
通用设备制造业	1727306	712980	2826964	826958
锅炉及原动机制造	42456	19998	142490	17008
锅炉及辅助设备制造	19657	9304	59354	7038
内燃机及配件制造	12550	3823	21936	6363
汽轮机及辅机制造	6782	5460	41277	1997
水轮机及辅机制造	2728	1290	6028	1358
其他原动机制造	739	121	13896	252
金属加工机械制造	109921	39017	250262	50177
金属切削机床制造	31013	9558	79785	13332
金属成形机床制造	21470	8011	61998	8723
铸造机械制造	8329	3582	17673	4264
金属切割及焊接设备制造	18656	6481	28051	8719
机床附件制造	14595	5425	21608	7012
其他金属加工机械制造	15857	5960	41149	8127

1－E－5 续表 5－14

单位：个、万元、人

指 标 名 称	职工工资和福利费	本年应交增值税	年末存货	全部从业人员年平均人数
起重运输设备制造	77300	35581	181945	33433
起重运输设备制造	77300	35581	181945	33433
泵、阀门、压缩机及类似机械的制造	442019	187437	657214	205346
泵及真空设备制造	94639	41660	143329	43407
气体压缩机械制造	30521	14300	65710	13883
阀门和旋塞的制造	252772	105126	359709	118353
液压和气压动力机械及元件制造	64087	26351	88466	29703
轴承、齿轮、传动和驱动部件的制造	259132	88644	360540	129873
轴承制造	180506	59158	250096	92356
齿轮、传动和驱动部件制造	78626	29486	110444	37517
烘炉、熔炉及电炉制造	8829	3481	28575	3918
烘炉、熔炉及电炉制造	8829	3481	28575	3918
风机、衡器、包装设备等通用设备制造	199033	77056	419354	94528
风机、风扇制造	18920	7434	33357	9374
气体、液体分离及纯净设备制造	27921	12942	70946	11451
制冷、空调设备制造	40376	19079	133432	18752
风动和电动工具制造	58039	19238	91109	29880
喷枪及类似器具制造	12897	4530	15111	6169
包装专用设备制造	17034	5631	31151	8155
衡器制造	7158	2618	8262	3234
其他通用设备制造	16690	5585	35986	7513
通用零部件制造及机械修理	392105	163049	491896	197196
金属密封件制造	27006	9589	33210	12495
紧固件、弹簧制造	218944	98629	300296	110663
机械零部件加工及设备修理	97329	36123	99421	49258
其他通用零部件制造	48827	18708	58969	24780
金属铸、锻加工	196511	98717	294689	95479
钢铁铸件制造	146925	73045	214118	71373
锻件及粉末冶金制品制造	49587	25672	80571	24106
专用设备制造业	605252	237491	1185908	277382
矿山、冶金、建筑专用设备制造	43186	18682	85285	17264
采矿、采石设备制造	16898	5849	20202	5935
石油钻采专用设备制造	3971	2020	6041	1415
建筑工程用机械制造	9568	5115	25502	4323
建筑材料生产专用机械制造	8130	3987	15961	3627
冶金专用设备制造	4621	1711	17579	1964
化工、木材、非金属加工专用设备制造	220388	91810	441291	96740
炼油、化工生产专用设备制造	9870	3533	23330	4480
橡胶加工专用设备制造	4906	1917	11676	1743

1-E-5 续表5-15 单位：个、万元、人

指 标 名 称	职工工资和福利费	本年应交增值税	年末存货	全部从业人员年平均人数
塑料加工专用设备制造	54756	22512	185028	23672
木材加工机械制造	2503	1093	5517	1492
模具制造	146093	62028	211647	64250
其他非金属加工专用设备制造	2260	727	4094	1103
食品、饮料、烟草及饲料生产专用设备制造	18599	7438	41701	8649
食品、饮料、烟草工业专用设备制造	13825	6133	30925	6395
农副食品加工专用设备制造	4278	1105	9908	2031
饲料生产专用设备制造	495	200	868	223
印刷、制药、日化生产专用设备制造	43550	16518	81484	20105
制浆和造纸专用设备制造	6256	2059	9196	2836
印刷专用设备制造	18739	7316	40362	8934
日用化工专用设备制造	1921	628	4795	863
制药专用设备制造	9719	4210	15167	4150
照明器具生产专用设备制造	1871	754	1821	1079
玻璃、陶瓷和搪瓷制品生产专用设备制造	1722	563	4319	744
其他日用品生产专用设备制造	3321	988	5824	1499
纺织、服装和皮革工业专用设备制造	131892	47699	225761	66653
纺织专用设备制造	57921	21595	113974	28509
皮革、毛皮及其制品加工专用设备制造	5797	2104	13587	2761
缝纫机械制造	65025	22976	92334	33777
其他服装加工专用设备制造	3149	1024	5866	1606
电子和电工机械专用设备制造	21069	7939	40795	10088
电工机械专用设备制造	8002	2886	19551	3675
电子工业专用设备制造	12173	4866	19852	6091
武器弹药制造	838	169	1377	294
航空、航天及其他专用设备制造	55	18	15	28
农、林、牧、渔专用机械制造	31387	7954	62009	13989
拖拉机制造	2525	741	9246	1070
机械化农业及园艺机具制造	17674	3591	37636	7085
畜牧机械制造	298	77	306	178
渔业机械制造	899	183	962	496
农林牧渔机械配件制造	7813	2661	10561	4062
其他农林牧渔业机械制造及机械修理	2103	655	3261	1070
营林及木竹采伐机械制造	75	47	39	28
医疗仪器设备及器械制造	36392	12481	54046	17104
医疗诊断、监护及治疗设备制造	7938	2070	13041	2964
口腔科用设备及器具制造	1505	323	2084	834
实验室及医用消毒设备和器具的制造	1877	451	3420	777
医疗、外科及兽医用器械制造	14600	6235	15213	7487

1－E－5 续表5－16 单位：个、万元、人

指 标 名 称	职工工资和福利费	本年应交增值税	年末存货	全部从业人员年平均人数
机械治疗及病房护理设备制造	2873	1214	7855	1427
假肢、人工器官及植（介）入器械制造	1645	352	2514	705
其他医疗设备及器械制造	5954	1835	9919	2910
环保、社会公共安全及其他专用设备制造	58790	26972	153537	26790
环境污染防治专用设备制造	31172	15771	93433	12791
地质勘查专用设备制造	175	92	370	99
邮政专用机械及器材制造	1341	329	2323	489
商业、饮食、服务业专用设备制造	839	345	2545	471
社会公共安全设备及器材制造	15282	6392	31558	7963
交通安全及管制专用设备制造	1280	521	1590	640
水资源专用机械制造	2139	965	7764	1114
其他专用设备制造	6562	2556	13954	3223
交通运输设备制造业	894371	353836	1579292	424962
铁路运输设备制造	5581	2301	10446	2585
铁路机车车辆配件制造	1829	739	1943	850
铁路专用设备及器材、配件制造	2954	1123	7814	1333
其他铁路设备制造及设备修理	759	419	668	378
铁路机车车辆及动车组制造	20	4	2	15
工矿有轨专用车辆制造	20	16	19	9
汽车制造	563221	214594	759522	272192
汽车整车制造	9454	6846	23106	4302
改装汽车制造	2684	1303	17721	983
汽车车身、挂车的制造	1570	440	6470	759
汽车零部件及配件制造	518152	194958	675656	251208
汽车修理	31234	10982	36481	14877
电车制造	127	66	88	63
摩托车制造	105314	44445	122569	51511
摩托车整车制造	8975	6737	18408	3611
摩托车零部件及配件制造	96339	37707	104161	47900
自行车制造	62248	23823	103724	32624
脚踏自行车及残疾人座车制造	33893	10429	42844	17934
助动自行车制造	28355	13394	60879	14690
船舶及浮动装置制造	147808	64835	557014	60938
金属船舶制造	52441	36136	427192	19274
非金属船舶制造	1304	410	5042	571
娱乐船和运动船的建造和修理	5069	721	13656	1659
船用配套设备制造	28154	11003	55824	11100
船舶修理及拆船	60738	16520	55066	28269
航标器材及其他浮动装置的制造	102	45	234	65

1－E－5 续表5－17 单位：个、万元、人

指 标 名 称	职工工资和福利费	本年应交增值税	年末存货	全部从业人员年平均人数
航空航天器制造	930	267	2464	452
飞机制造及修理	542	196	2284	298
其他飞行器制造	376	68	178	144
航天器制造	13	3	1	10
交通器材及其他交通运输设备制造	9269	3572	23555	4660
潜水及水下救捞装备制造	106	9	103	47
交通管理用金属标志及设施制造	6617	2976	21057	3247
其他交通运输设备制造	2547	588	2395	1366
电气机械及器材制造业	1251573	512312	2107578	603546
电机制造	174855	68542	271007	84143
发电机及发电机组制造	22270	9851	76246	9302
电动机制造	68209	25421	86963	32536
微电机及其他电机制造	84376	33270	107798	42305
输配电及控制设备制造	371985	167518	603341	173559
变压器、整流器和电感器制造	50188	24288	126333	22477
电容器及其配套设备制造	15280	7371	15809	6850
配电开关控制设备制造	177748	78416	288701	82571
电力电子元器件制造	103030	43554	128521	50815
其他输配电及控制设备制造	25739	13889	43977	10846
电线、电缆、光缆及电工器材制造	148662	89501	356720	68399
电线电缆制造	120043	76849	298337	55350
光纤、光缆制造	4301	2069	25494	1833
绝缘制品制造	11719	5381	15010	5129
其他电工器材制造	12598	5203	17878	6087
电池制造	48492	25373	148295	21942
电池制造	48492	25373	148295	21942
家用电力器具制造	212383	68461	319846	104011
家用制冷电器具制造	10050	4603	24268	5519
家用空气调节器制造	8677	3676	20838	4380
家用通风电器具制造	14978	5730	25713	7159
家用厨房电器具制造	47259	11886	78893	22586
家用清洁卫生电器具制造	25427	10912	46626	11290
家用美容、保健电器具制造	21751	5482	19088	11396
家用电力器具专用配件制造	43381	15661	42353	22140
其他家用电力器具制造	40861	10511	62066	19541
非电力家用器具制造	23677	7543	45315	11380
燃气、太阳能及类似能源的器具制造	19797	6711	37032	9599
其他非电力家用器具制造	3880	832	8283	1781
照明器具制造	245525	76416	327138	127932

1－E－5　续表5－18　　单位：个、万元、人

指　标　名　称	职工工资和福利费	本年应交增值税	年末存货	全部从业人员年平均人数
电光源制造	92014	24853	101598	48949
照明灯具制造	109680	38032	168979	56150
灯用电器附件及其他照明器具制造	43831	13532	56561	22833
其他电气机械及器材制造	25995	8959	35917	12180
车辆专用照明及电气信号设备装置制造	18697	5822	25289	8401
其他未列明的电气机械制造	7298	3136	10628	3779
通信设备、计算机及其他电子设备制造业	407364	148819	651444	186697
通信设备制造	57306	27855	111961	22175
通信传输设备制造	14754	9675	36517	6463
通信交换设备制造	10441	6567	11212	3364
通信终端设备制造	6181	2097	15921	3192
移动通信及终端设备制造	15835	5121	28950	4465
其他通信设备制造	10094	4396	19361	4691
雷达及配套设备制造	141	117	505	41
雷达及配套设备制造	141	117	505	41
广播电视设备制造	21221	7111	34018	10394
广播电视节目制作及发射设备制造	1206	629	2756	542
广播电视接收设备及器材制造	16532	4592	25773	8742
应用电视设备及其他广播电视设备制造	3483	1890	5489	1110
电子计算机制造	19517	6429	36705	8224
电子计算机整机制造	685	197	631	270
计算机网络设备制造	5243	1559	13860	2191
电子计算机外部设备制造	13589	4673	22214	5763
电子器件制造	68356	25475	155896	27011
电子真空器件制造	5121	1515	7929	2035
半导体分立器件制造	16621	6914	54555	7468
集成电路制造	15929	6144	47510	4721
光电子器件及其他电子器件制造	30685	10902	45902	12787
电子元件制造	191080	66123	239451	95929
电子元件及组件制造	175228	60819	218868	87735
印制电路板制造	15852	5304	20583	8194
家用视听设备制造	31092	10775	47086	14855
家用影视设备制造	7169	3566	15925	3074
家用音响设备制造	23923	7209	31162	11781
其他电子设备制造	18652	4935	25822	8068
其他电子设备制造	18652	4935	25822	8068
仪器仪表及文化、办公用机械制造业	288408	107840	421301	144173
通用仪器仪表制造	126330	57631	228035	57497

1-E-5 续表5-19 单位：个、万元、人

指 标 名 称	职工工资和福利费	本年应交增值税	年末存货	全部从业人员年平均人数
工业自动控制系统装置制造	36262	17835	83485	14909
电工仪器仪表制造	26692	13087	46930	13184
绘图、计算及测量仪器制造	10791	4008	18885	5398
实验分析仪器制造	14431	5213	16339	6477
试验机制造	3118	926	8075	1393
供应用仪表及其他通用仪器制造	35035	16563	54322	16136
专用仪器仪表制造	37814	15290	58097	17481
环境监测专用仪器仪表制造	2643	919	13425	913
汽车及其他用计数仪表制造	16093	5823	16914	7222
导航、气象及海洋专用仪器制造	1835	997	3211	1081
农林牧渔专用仪器仪表制造	418	116	597	170
地质勘探和地震专用仪器制造	409	136	868	196
教学专用仪器制造	7797	3164	10171	3943
电子测量仪器制造	4476	2703	8261	2045
其他专用仪器制造	4091	1431	4650	1876
核子及核辐射测量仪器制造	53	1		35
钟表与计时仪器制造	14426	4283	20085	7993
钟表与计时仪器制造	14426	4283	20085	7993
光学仪器及眼镜制造	84330	23332	70674	47610
光学仪器制造	13266	3001	17685	5933
眼镜制造	71064	20332	52989	41677
文化、办公用机械制造	21021	5715	38947	11355
电影机械制造	960	323	1233	580
幻灯及投影设备制造	424	118	1496	224
照相机及器材制造	4619	1143	8730	2653
复印和胶印设备制造	3671	1075	8325	1647
计算器及货币专用设备制造	5461	1901	6722	2764
其他文化、办公用机械制造	5887	1156	12440	3487
其他仪器仪表的制造及修理	4487	1589	5463	2237
其他仪器仪表的制造及修理	4487	1589	5463	2237
工艺品及其他制造业	526117	175917	549786	282422
工艺美术品制造	373145	117177	396585	199698
雕塑工艺品制造	77478	24589	62649	45200
金属工艺品制造	66848	17363	59711	35876
漆器工艺品制造	18953	7874	12593	9628
花画工艺品制造	13268	2196	9275	6252
天然植物纤维编织工艺品制造	12612	4706	12336	7022
抽纱刺绣工艺品制造	97398	32946	104697	47402

1－E－5　续表5－20　　　　单位：个、万元、人

指 标 名 称	职工工资和福利费	本年应交增值税	年末存货	全部从业人员年平均人数
地毯、挂毯制造	12279	4504	22725	6999
珠宝首饰及有关物品的制造	13915	4190	50973	6701
其他工艺美术品制造	60395	18811	61626	34618
日用杂品制造	147422	56287	145021	80139
制镜及类似品加工	9839	4033	13396	4928
鬃毛加工、制刷及清扫工具的制造	16076	4113	18585	8592
其他日用杂品制造	121507	48141	113041	66619
煤制品制造	785	371	1359	405
煤制品制造	785	371	1359	405
核辐射加工	181	90	77	58
核辐射加工	181	90	77	58
其他未列明的制造业	4583	1992	6744	2122
其他未列明的制造业	4583	1992	6744	2122
废弃资源和废旧材料回收加工业	39525	33278	206583	19297
金属废料和碎屑的加工处理	26193	24596	183253	12462
金属废料和碎屑的加工处理	26193	24596	183253	12462
非金属废料和碎屑的加工处理	13333	8682	23330	6835
非金属废料和碎屑的加工处理	13333	8682	23330	6835
电力、燃气及水的生产和供应业	**302147**	**380050**	**244741**	**74972**
电力、热力的生产和供应业	199762	332548	197059	44947
电力生产	105276	223454	181679	34748
火力发电	50359	170900	169796	12647
水力发电	50127	50247	10615	20709
其他能源发电	4790	2307	1267	1392
电力供应	86225	102104	6654	7961
电力供应	86225	102104	6654	7961
热力生产和供应	8260	6990	8727	2238
热力生产和供应	8260	6990	8727	2238
燃气生产和供应业	15847	19365	13944	4197
燃气生产和供应业	15847	19365	13944	4197
燃气生产和供应业	15847	19365	13944	4197
水的生产和供应业	86538	28137	33737	25828
自来水的生产和供应	70578	25413	28455	19504
自来水的生产和供应	70578	25413	28455	19504
污水处理及其再生利用	12439	1856	3444	4208
污水处理及其再生利用	12439	1856	3444	4208
其他水的处理、利用与分配	3520	868	1838	2116
其他水的处理、利用与分配	3520	868	1838	2116

1－E－6 规模以上小型工业企业主要经济指标

单位：个、万元、人

指 标 名 称	企业数	亏损企业	工业总产值（当年价格）	工业销售产值（当年价格）	出口交货值
总 计	**54303**	**8378**	**183157418**	**177547239**	**39452108**
一、按轻重工业分					
轻工业	27175	4510	78251514	76097558	24557622
重工业	27128	3868	104905903	101449681	14894485
二、按登记注册类型分					
内 资	**46524**	**6164**	**140899004**	**136605072**	**25020105**
国 有	228	64	4248413	4235447	68407
集 体	412	45	970225	949412	58560
股份合作企业	1388	122	2962561	2870995	384468
联营企业	18	4	57382	57311	8466
国有联营	2		4825	5239	222
集体联营	6	1	14517	14204	4245
国有与集体联营	4	1	21763	21993	516
其他联营	6	2	16278	15876	3483
有限责任公司	5533	949	26683701	25917220	3476068
国有独资公司	39	17	172945	171484	691
其他有限责任公司	5494	932	26510756	25745736	3475377
股份有限公司	345	60	2378103	2301828	346891
私营企业	38453	4892	103132056	99810124	20631484
私营独资	6164	513	9888327	9637110	2027301
私营合伙	1535	124	2562627	2498470	401405
私营有限责任公司	30207	4174	88949848	86000817	17863929
私营股份有限公司	547	81	1731253	1673728	338850
其 他	147	28	466564	462734	45761
港澳台商投资	**3562**	**997**	**20068535**	**19455505**	**6145547**
与港澳台商合资经营	1991	490	12136247	11833070	3535556
与港澳台商合作经营	71	12	412854	404832	120253
港澳台商独资	1440	477	7110270	6825283	2369072
港澳台商投资股份有限公司	60	18	409164	392321	120666
外商投资	**4217**	**1217**	**22189879**	**21486662**	**8286455**
中外合资经营	2445	599	12710467	12317278	4666959
中外合作经营	80	14	583799	569226	170709
外资企业	1655	597	8719024	8432645	3387283
外商投资股份有限公司	37	7	176590	167513	61504
三、按控股情况分					
国有控股	530	140	8575685	8536164	163452
集体控股	1039	181	4805429	4727034	570716
私人控股	47189	6378	139737825	135220910	28605388
港澳台商控股	2340	703	12675909	12234821	4073696
外商控股	2653	853	14285655	13840928	5516430

1-E-6 续表1-1

单位：个、万元、人

指 标 名 称	企业数	亏损企业	工业总产值（当年价格）	工业销售产值（当年价格）	出口交货值
其 他	552	123	3076915	2987383	522426
四、按国民经济行业(门类、大类、中类、小类)分					
采矿业	**294**	**39**	**1005645**	**968432**	**24231**
黑色金属矿采选业	6		141045	113249	
铁矿采选	6		141045	113249	
铁矿采选	6		141045	113249	
有色金属矿采选业	21	7	50944	47110	
常用有色金属矿采选	10	5	28005	27512	
铜矿采选	3	2	9639	9453	
铅锌矿采选	7	3	18366	18059	
贵金属矿采选	2		3160	2881	
金矿采选	1		1500	1250	
银矿采选	1		1660	1631	
稀有稀土金属矿采选	9	2	19779	16718	
钨钼矿采选	9	2	19779	16718	
非金属矿采选业	267	32	813656	808074	24231
土砂石开采	246	26	773179	767954	24061
石灰石、石膏开采	47	9	100920	97873	
建筑装饰用石开采	77	5	304666	303673	
耐火土石开采	40	4	105807	105196	15199
粘土及其他土砂石开采	82	8	261786	261212	8862
化学矿采选	2	1	2245	2184	
化学矿采选	2	1	2245	2184	
采 盐	2		1295	1589	
采 盐	2		1295	1589	
石棉及其他非金属矿采选	17	5	36937	36347	171
其他非金属矿采选	17	5	36937	36347	171
制造业	**53516**	**8188**	**174485311**	**168952877**	**39427875**
农副食品加工业	976	143	4609502	4400254	932857
谷物磨制	66	9	267900	264906	
谷物磨制	66	9	267900	264906	
饲料加工	136	17	797391	787243	36646
饲料加工	136	17	797391	787243	36646
植物油加工	45	11	785093	735019	1047
食用植物油加工	41	8	776974	727837	1047
非食用植物油加工	4	3	8118	7182	
屠宰及肉类加工	115	19	360298	349639	53712
畜禽屠宰	21	7	50041	49763	7542
肉制品及副产品加工	94	12	310256	299876	46171
水产品加工	362	55	1580828	1479563	685998

1－E－6　续表1－2　　　　单位：个、万元、人

指　标　名　称	企业数	亏损企业	工业总产值（当年价格）	工业销售产　值（当年价格）	出口交货值
水产品冷冻加工	256	38	1202681	1117053	564767
鱼糜制品及水产品干腌制加工	64	12	261730	247657	113855
水产饲料制造	37	4	99304	99417	503
鱼油提取及制品的制造	1		2572	2224	
其他水产品加工	4	1	14541	13211	6874
蔬菜、水果和坚果加工	200	25	569670	551544	130769
蔬菜、水果和坚果加工	200	25	569670	551544	130769
其他农副食品加工	52	7	248322	232341	24683
淀粉及淀粉制品的制造	11		33399	34462	24
豆制品制造	18	4	55776	53252	9097
蛋品加工	14	2	62532	60983	222
其他未列明的农副食品加工	9	1	96615	83645	15341
食品制造业	402	77	1460606	1416799	305695
焙烤食品制造	56	10	121597	118905	2232
糕点、面包制造	30	6	59204	57667	991
饼干及其他焙烤食品制造	26	4	62393	61238	1242
糖果、巧克力及蜜饯制造	30	2	156435	151847	15425
糖果、巧克力制造	14		91790	88379	10628
蜜饯制作	16	2	64645	63469	4798
方便食品制造	49	10	195520	193279	28507
米、面制品制造	16	1	37292	36531	1472
速冻食品制造	19	7	38182	39746	13403
方便面及其他方便食品制造	14	2	120046	117002	13632
液体乳及乳制品制造	27	9	136842	132360	4110
液体乳及乳制品制造	27	9	136842	132360	4110
罐头制造	82	19	254644	235286	145182
肉、禽类罐头制造	1		9267	8938	
水产品罐头制造	4	1	25978	25972	24249
蔬菜、水果罐头制造	75	18	217444	198388	120933
其他罐头食品制造	2		1955	1989	
调味品、发酵制品制造	42	12	163610	161141	9570
味精制造	9	5	32184	32608	
酱油、食醋及类似制品的制造	11	5	55756	54647	1954
其他调味品、发酵制品制造	22	2	75670	73887	7616
其他食品制造	116	15	431959	423981	100668
营养、保健食品制造	43	6	192089	190025	81462
冷冻饮品及食用冰制造	14	5	41764	40512	
盐加工	2		10979	10679	
食品及饲料添加剂制造	54	4	180219	176389	19206
其他未列明的食品制造	3		6908	6376	

1－E－6 续表1－3

单位：个、万元、人

指 标 名 称	企业数	亏损企业	工业总产值（当年价格）	工业销售产值（当年价格）	出口交货值
饮料制造业	306	54	1250747	1222124	265880
酒精制造	1	1	6821	9376	
酒精制造	1	1	6821	9376	
酒的制造	86	19	231617	219462	16727
白酒制造	12	1	33488	32868	2235
啤酒制造	27	14	69086	70655	
黄酒制造	41	4	105935	92958	14193
其他酒制造	6		23109	22983	300
软饮料制造	59	9	507159	500181	23670
碳酸饮料制造	5	1	190014	190295	12
瓶（罐）装饮用水制造	18	3	74643	66967	23
果菜汁及果菜汁饮料制造	16	4	49598	50735	16291
含乳饮料和植物蛋白饮料制造	7	1	44588	43288	
固体饮料制造	8		35965	36790	7035
茶饮料及其他软饮料制造	5		112351	112106	309
精制茶加工	160	25	505149	493105	225483
精制茶加工	160	25	505149	493105	225483
烟草制品业	2		12479	12604	506
其他烟草制品加工	2		12479	12604	506
其他烟草制品加工	2		12479	12604	506
纺织业	7883	1312	23050882	22500023	6642301
棉、化纤纺织及印染精加工	2796	474	9833654	9639375	1677374
棉、化纤纺织加工	2270	367	7565159	7407190	1265144
棉、化纤印染精加工	526	107	2268494	2232185	412230
毛纺织和染整精加工	273	35	799017	773548	75527
毛条加工	18	5	178802	168282	10436
毛纺织	181	21	506813	493891	62955
毛染整精加工	74	9	113402	111375	2136
麻纺织	17	5	50046	47941	14072
麻纺织	17	5	50046	47941	14072
丝绢纺织及精加工	769	172	2024071	1969627	292373
缫丝加工	125	63	321370	313068	40890
绢纺和丝织加工	572	90	1501619	1459135	230157
丝印染精加工	72	19	201082	197424	21326
纺织制成品制造	1348	211	3748949	3619133	1428872
棉及化纤制品制造	530	90	1453920	1413279	797147
毛制品制造	65	10	160416	153666	91074
麻制品制造	6	2	7026	6966	
丝制品制造	161	32	384150	378028	169527
绳、索、缆的制造	33	4	81707	76888	23167

1-E-6 续表1-4

单位：个、万元、人

指标名称	企业数	亏损企业	工业总产值（当年价格）	工业销售产值（当年价格）	出口交货值
纺织带和帘子布制造	141	19	386892	371881	90663
无纺布制造	241	30	846206	800372	116153
其他纺织制成品制造	171	24	428633	418053	141141
针织品、编织品及其制品制造	2680	415	6595146	6450400	3154083
棉、化纤针织品及编织品制造	1945	305	4938975	4824967	2439635
毛针织品及编织品制造	484	62	1012087	996797	429266
丝针织品及编织品制造	153	35	364033	355191	165623
其他针织品及编织品制造	98	13	280052	273446	119559
纺织服装、鞋、帽制造业	2899	614	6385107	6244951	3375775
纺织服装制造	2740	589	6102596	5967648	3190497
纺织服装制造	2740	589	6102596	5967648	3190497
纺织面料鞋的制造	115	12	208314	204335	119097
纺织面料鞋的制造	115	12	208314	204335	119097
制帽	44	13	74197	72968	66182
制帽	44	13	74197	72968	66182
皮革、毛皮、羽毛(绒)及其制品业	1946	217	4690935	4571996	2265184
皮革鞣制加工	147	23	570311	539944	60478
皮革鞣制加工	147	23	570311	539944	60478
皮革制品制造	1617	163	3617965	3549829	2009882
皮鞋制造	891	36	2012233	1971212	1011744
皮革服装制造	175	46	470093	466007	309152
皮箱、包(袋)制造	429	54	879974	863067	569674
皮手套及皮装饰制品制造	77	18	124546	121131	63928
其他皮革制品制造	45	9	131120	128411	55385
毛皮鞣制及制品加工	100	8	181459	172150	40577
毛皮鞣制加工	17	1	47007	46281	3432
毛皮服装加工	29	5	64542	59447	23797
其他毛皮制品加工	54	2	69911	66423	13348
羽毛(绒)加工及制品制造	82	23	321200	310074	154247
羽毛(绒)加工	15	3	38884	38747	5250
羽毛(绒)制品加工	67	20	282316	271327	148997
木材加工及木、竹、藤、棕、草制品业	886	108	2896818	2813235	631932
锯材、木片加工	39	3	124328	119930	9641
锯材加工	17	1	53440	50943	8721
木片加工	22	2	70888	68986	920
人造板制造	307	43	1083376	1046483	197493
胶合板制造	193	29	682534	662815	175309
纤维板制造	18	3	157398	145025	2981
刨花板制造	10	1	36101	35491	5091
其他人造板、材制造	86	10	207343	203153	14112

1－E－6 续表1－5

单位：个、万元、人

指 标 名 称	企业数	亏损企业	工业总产值（当年价格）	工业销售产值（当年价格）	出口交货值
木制品制造	291	39	1205663	1179858	193094
建筑用木料及木材组件加工	150	12	1017171	996738	123940
木容器制造	50	6	60244	59588	10482
软木制品及其他木制品制造	91	21	128248	123532	58672
竹、藤、棕、草制品制造	249	23	483452	466965	231704
竹、藤、棕、草制品制造	249	23	483452	466965	231704
家具制造业	701	155	1896906	1833081	985039
木质家具制造	352	86	905924	873382	430386
木质家具制造	352	86	905924	873382	430386
竹、藤家具制造	11	4	28393	27102	17755
竹、藤家具制造	11	4	28393	27102	17755
金属家具制造	233	43	686139	665076	408407
金属家具制造	233	43	686139	665076	408407
塑料家具制造	28	5	96238	91529	53317
塑料家具制造	28	5	96238	91529	53317
其他家具制造	77	17	180214	175993	75173
其他家具制造	77	17	180214	175993	75173
造纸及纸制品业	1433	278	4706598	4565451	166372
纸浆制造	5	2	20927	20063	3436
纸浆制造	5	2	20927	20063	3436
造 纸	652	159	2716973	2635955	59853
机制纸及纸板制造	582	148	2513598	2438940	42358
手工纸制造	3	1	2997	2874	2297
加工纸制造	67	10	200377	194141	15198
纸制品制造	776	117	1968699	1909433	103083
纸和纸板容器的制造	614	82	1406083	1373871	47211
其他纸制品制造	162	35	562615	535563	55871
印刷业和记录媒介的复制	902	104	1849827	1822564	171365
印 刷	865	97	1728026	1702874	113387
书、报、刊印刷	134	23	273505	270229	6821
本册印制	44	3	80516	79742	34891
包装装潢及其他印刷	687	71	1374005	1352903	71674
装订及其他印刷服务活动	32	7	50449	49402	6010
装订及其他印刷服务活动	32	7	50449	49402	6010
记录媒介的复制	5		71352	70288	51968
记录媒介的复制	5		71352	70288	51968
文教体育用品制造业	1042	192	2201173	2136127	1183081
文化用品制造	438	75	752600	727730	397621
文具制造	185	44	352449	344519	190932
笔的制造	216	22	343120	327295	180488

1－E－6 续表1－6

单位：个、万元、人

指标名称	企业数	亏损企业	工业总产值（当年价格）	工业销售产值（当年价格）	出口交货值
教学用模型及教具制造	14	5	23743	23037	10892
墨水、墨汁制造	2		2769	2744	
其他文化用品制造	21	4	30520	30135	15309
体育用品制造	223	52	560585	549337	352504
球类制造	27	6	74077	72417	47160
体育器材及配件制造	73	15	149217	145774	85049
训练健身器材制造	81	23	225584	221382	147216
运动防护用具制造	16	3	28075	26741	16492
其他体育用品制造	26	5	83632	83023	56588
乐器制造	29	6	86480	83491	26867
中乐器制造	2	1	1434	1434	850
西乐器制造	10	1	50731	49023	16120
电子乐器制造	4	1	13017	12949	5594
其他乐器及零件制造	13	3	21298	20085	4303
玩具制造	283	45	540019	517141	290706
玩具制造	283	45	540019	517141	290706
游艺器材及娱乐用品制造	69	14	261489	258430	115382
露天游乐场所游乐设备制造	44	6	209616	208215	102938
游艺用品及室内游艺器材制造	25	8	51873	50215	12445
石油加工、炼焦及核燃料加工业	59	11	660628	653396	35
精炼石油产品的制造	58	10	471073	456557	35
原油加工及石油制品制造	58	10	471073	456557	35
炼　焦	1	1	189555	196840	
炼　焦	1	1	189555	196840	
化学原料及化学制品制造业	2049	312	12279524	11831266	1753876
基础化学原料制造	409	77	2670968	2505601	521193
无机酸制造	32	5	213112	210247	48873
无机碱制造	11	1	107137	105466	5475
无机盐制造	89	16	264657	255922	17774
有机化学原料制造	205	38	1708017	1583826	390143
其他基础化学原料制造	72	17	378046	350140	58928
肥料制造	35	4	144488	138277	9040
氮肥制造	7	1	54663	52249	
磷肥制造	8	1	13665	12998	
复混肥料制造	17	2	72657	69853	9040
有机肥料及微生物肥料制造	2		2035	2025	
其他肥料制造	1		1469	1152	
农药制造	59	10	449837	427439	192792
化学农药制造	53	8	414076	393774	183685

1－E－6 续表1－7

单位：个、万元、人

指标名称	企业数	亏损企业	工业总产值（当年价格）	工业销售产值（当年价格）	出口交货值
生物化学农药及微生物农药制造	6	2	35761	33664	9107
涂料、油墨、颜料及类似产品制造	459	55	1821484	1780990	240204
涂料制造	244	25	700553	692021	18004
油墨及类似产品制造	32	5	102169	99232	7976
颜料制造	52	13	217041	206362	64062
染料制造	106	9	720373	705144	138060
密封用填料及类似品制造	25	3	81349	78230	12101
合成材料制造	239	39	3285539	3201170	246296
初级形态的塑料及合成树脂制造	187	31	2503615	2408277	188823
合成橡胶制造	18	4	34409	34131	3062
合成纤维单(聚合)体的制造	19	2	703200	715111	54072
其他合成材料制造	15	2	44314	43651	339
专用化学产品制造	690	92	3378058	3271452	346996
化学试剂和助剂制造	349	35	1729224	1687219	143559
专项化学用品制造	109	14	529508	513662	62378
林产化学产品制造	38	6	75065	72027	7806
炸药及火工产品制造	7	1	22904	20745	2764
信息化学品制造	60	18	524448	488231	71322
环境污染处理专用药剂材料制造	9	3	54354	54407	11498
动物胶制造	11	3	56199	56091	6849
其他专用化学产品制造	107	12	386358	379072	40821
日用化学产品制造	158	35	529150	506339	197355
肥皂及合成洗涤剂制造	27	6	105222	100524	18339
化妆品制造	69	16	174961	171346	57827
口腔清洁用品制造	2		3540	3404	
香料、香精制造	24	4	182927	171192	101578
其他日用化学产品制造	36	9	62500	59873	19611
医药制造业	427	87	2089475	1977882	488690
化学药品原药制造	128	30	852328	798869	248904
化学药品原药制造	128	30	852328	798869	248904
化学药品制剂制造	52	19	278232	267614	62200
化学药品制剂制造	52	19	278232	267614	62200
中药饮片加工	26	4	76458	74657	13526
中药饮片加工	26	4	76458	74657	13526
中成药制造	37	11	189599	179065	14627
中成药制造	37	11	189599	179065	14627
兽用药品制造	28	5	140838	134214	13482
兽用药品制造	28	5	140838	134214	13482
生物、生化制品的制造	67	10	371873	355163	104370

1－E－6 续表1－8 单位：个、万元、人

指标名称	企业数	亏损企业	工业总产值（当年价格）	工业销售产值（当年价格）	出口交货值
生物、生化制品的制造	67	10	371873	355163	104370
卫生材料及医药用品制造	89	8	180148	168300	31582
卫生材料及医药用品制造	89	8	180148	168300	31582
化学纤维制造业	390	113	3304914	3211905	184857
纤维素纤维原料及纤维制造	27	8	96178	95601	1833
化纤浆粕制造	5	1	7222	7097	
人造纤维（纤维素纤维）制造	22	7	88956	88505	1833
合成纤维制造	363	105	3208736	3116304	183024
锦纶纤维制造	35	10	438089	422554	2426
涤纶纤维制造	165	49	2018554	1972636	159418
腈纶纤维制造	5	2	12897	12713	
维纶纤维制造	1		614	577	
其他合成纤维制造	157	44	738582	707824	21179
橡胶制品业	625	83	1497440	1455927	425356
轮胎制造	35	10	126176	121668	26381
车辆、飞机及工程机械轮胎制造	24	5	90100	87452	23552
力车胎制造	8	4	23178	22320	2829
轮胎翻新加工	3	1	12899	11896	
橡胶板、管、带的制造	133	19	353467	341992	103818
橡胶板、管、带的制造	133	19	353467	341992	103818
橡胶零件制造	144	16	231284	224617	48838
橡胶零件制造	144	16	231284	224617	48838
再生橡胶制造	18	2	27616	26723	630
再生橡胶制造	18	2	27616	26723	630
日用及医用橡胶制品制造	34	3	67025	64986	23260
日用及医用橡胶制品制造	34	3	67025	64986	23260
橡胶靴鞋制造	200	23	460156	450761	180822
橡胶靴鞋制造	200	23	460156	450761	180822
其他橡胶制品制造	61	10	231717	225179	41606
其他橡胶制品制造	61	10	231717	225179	41606
塑料制品业	3319	430	9489751	9226685	1693406
塑料薄膜制造	282	48	1474506	1436352	159948
塑料薄膜制造	282	48	1474506	1436352	159948
塑料板、管、型材的制造	473	75	1595557	1559988	257586
塑料板、管、型材的制造	473	75	1595557	1559988	257586
塑料丝、绳及编织品的制造	352	74	624293	607507	100802
塑料丝、绳及编织品的制造	352	74	624293	607507	100802
泡沫塑料制造	207	20	522551	511726	54761
泡沫塑料制造	207	20	522551	511726	54761

1-E-6 续表1-9

单位：个、万元、人

指 标 名 称	企业数	亏损企业	工业总产值（当年价格）	工业销售产值（当年价格）	出口交货值
塑料人造革、合成革制造	181	16	1384552	1314513	151689
塑料人造革、合成革制造	181	16	1384552	1314513	151689
塑料包装箱及容器制造	293	40	756805	747079	111699
塑料包装箱及容器制造	293	40	756805	747079	111699
塑料零件制造	583	48	1035317	1004801	164491
塑料零件制造	583	48	1035317	1004801	164491
日用塑料制造	623	67	1295883	1260358	540681
塑料鞋制造	100	2	193581	189900	75801
日用塑料杂品制造	523	65	1102303	1070458	464880
其他塑料制品制造	325	42	800286	784361	151750
其他塑料制品制造	325	42	800286	784361	151750
非金属矿物制品业	1577	268	6665901	6498060	470522
水泥、石灰和石膏的制造	225	53	1734072	1714822	6548
水泥制造	189	51	1664701	1647039	6548
石灰和石膏制造	36	2	69371	67784	
水泥及石膏制品制造	435	76	2540910	2483335	21897
水泥制品制造	349	64	2126151	2078460	9252
砼结构构件制造	59	4	325733	319450	
石棉水泥制品制造	1		8603	8172	5535
轻质建筑材料制造	20	6	58771	55651	7111
其他水泥制品制造	6	2	21653	21602	
砖瓦、石材及其他建筑材料制造	262	48	532351	516137	29104
粘土砖瓦及建筑砌块制造	142	27	159396	157365	2628
建筑陶瓷制品制造	14	6	57877	56416	4223
建筑用石加工	35	6	75346	71309	4773
防水建筑材料制造	25	4	121884	116965	5947
隔热和隔音材料制造	25	5	59748	59597	8829
其他建筑材料制造	21		58100	54486	2704
玻璃及玻璃制品制造	376	70	1113269	1060924	255820
平板玻璃制造	9	2	66779	57215	2
技术玻璃制品制造	86	23	262132	254429	16280
光学玻璃制造	4	1	3939	3821	587
玻璃仪器制造	6	2	15695	15314	758
日用玻璃制品及玻璃包装容器制造	119	15	351720	335894	86399
玻璃保温容器制造	12		29814	29528	15024
玻璃纤维及制品制造	68	18	226211	212072	75231
玻璃纤维增强塑料制品制造	48	6	118694	114641	53699
其他玻璃制品制造	24	3	38286	38011	7842
陶瓷制品制造	62	4	192248	186284	81999

1－E－6 续表1－10 单位：个、万元、人

指 标 名 称	企业数	亏损企业	工业总产值（当年价格）	工业销售产值（当年价格）	出口交货值
卫生陶瓷制品制造	28	2	109478	107683	57052
特种陶瓷制品制造	18		42831	39740	2242
日用陶瓷制品制造	15	2	38800	37723	21566
园林、陈设艺术及其他陶瓷制品制造	1		1139	1139	1139
耐火材料制品制造	124	4	302253	290147	19579
石棉制品制造	13	3	20946	19497	6597
云母制品制造	6		6856	6667	
耐火陶瓷制品及其他耐火材料制造	105	1	274451	263983	12982
石墨及其他非金属矿物制品制造	93	13	250798	246410	55575
石墨及碳素制品制造	24	3	84254	84513	28275
其他非金属矿物制品制造	69	10	166544	161897	27301
黑色金属冶炼及压延加工业	773	154	7346834	7071459	299794
炼 铁	4		9590	10001	2283
炼 铁	4		9590	10001	2283
炼 钢	15	6	358056	339653	
炼 钢	15	6	358056	339653	
钢压延加工	731	143	6529076	6281152	292231
钢压延加工	731	143	6529076	6281152	292231
铁合金冶炼	23	5	450111	440653	5279
铁合金冶炼	23	5	450111	440653	5279
有色金属冶炼及压延加工业	841	259	6909242	6735991	263659
常用有色金属冶炼	97	43	1112406	1080121	16409
铜冶炼	32	16	605124	588269	
铅锌冶炼	19	15	83915	78849	
镍钴冶炼	11	5	169213	166010	11454
锡冶炼	1		1177	1177	99
铝冶炼	27	6	172188	170244	
镁冶炼	2		6405	6411	4856
其他常用有色金属冶炼	5	1	74384	69161	
贵金属冶炼	15	10	360371	344580	2000
金冶炼	8	4	283148	268267	2000
银冶炼	5	5	44972	44286	
其他贵金属冶炼	2	1	32251	32026	
稀有稀土金属冶炼	8	3	43887	42783	2236
钨钼冶炼	2	1	7412	6938	2236
稀土金属冶炼	6	2	36474	35845	
有色金属合金制造	82	21	373949	362916	24478
有色金属合金制造	82	21	373949	362916	24478
有色金属压延加工	639	182	5018629	4905591	218537

1－E－6 续表1－11

单位：个、万元、人

指 标 名 称	企业数	亏损企业	工业总产值（当年价格）	工业销售产值（当年价格）	出口交货值
常用有色金属压延加工	620	178	4920337	4807642	212240
贵金属压延加工	4	2	47247	47383	
稀有稀土金属压延加工	15	2	51045	50566	6297
金属制品业	3507	490	10024951	9692522	2844897
结构性金属制品制造	595	91	2088000	2002265	270312
金属结构制造	375	71	1561698	1492988	127262
金属门窗制造	220	20	526302	509277	143050
金属工具制造	610	83	1288512	1243109	656043
切削工具制造	114	17	200828	188572	80540
手工具制造	290	31	647237	627628	349090
农用及园林用金属工具制造	64	13	132044	129828	73017
刀剪及类似日用金属工具制造	48	5	81245	76950	33670
其他金属工具制造	94	17	227158	220132	119726
集装箱及金属包装容器制造	164	30	476210	458408	71332
集装箱制造	1		854	854	
金属压力容器制造	56	7	205207	194404	15277
金属包装容器制造	107	23	270148	263150	56055
金属丝绳及其制品的制造	232	46	1073147	1033925	57699
金属丝绳及其制品的制造	232	46	1073147	1033925	57699
建筑、安全用金属制品制造	838	102	2034957	1983225	986187
建筑、家具用金属配件制造	448	52	932635	906970	506543
建筑装饰及水暖管道零件制造	315	37	948561	924361	432693
安全、消防用金属制品制造	51	9	118252	117182	32170
其他建筑、安全用金属制品制造	24	4	35509	34712	14781
金属表面处理及热处理加工	400	42	1099198	1065230	30642
金属表面处理及热处理加工	400	42	1099198	1065230	30642
搪瓷制品制造	44	10	84766	82104	55680
工业生产配套用搪瓷制品制造	3		6488	6666	4434
搪瓷卫生洁具制造	16	2	24037	22923	10765
搪瓷日用品及其他搪瓷制品制造	25	8	54241	52516	40481
不锈钢及类似日用金属制品制造	455	67	1263119	1228088	638105
金属制厨房调理及卫生器具制造	102	17	270818	262433	96809
金属制厨用器皿及餐具制造	217	26	656372	634305	385658
其他日用金属制品制造	136	24	335928	331350	155639
其他金属制品制造	169	19	617044	596168	78898
其他未列明的金属制品制造	169	19	617044	596168	78898
通用设备制造业	6336	676	16789106	16203871	4130360
锅炉及原动机制造	141	19	644914	604783	50538
锅炉及辅助设备制造	62	8	300413	283663	18654

1－E－6　续表1－12　　单位：个、万元、人

指　标　名　称	企业数	亏损企业	工业总产值（当年价格）	工业销售产值（当年价格）	出口交货值
内燃机及配件制造	50	7	100607	98703	28270
汽轮机及辅机制造	14	2	193561	192004	2536
水轮机及辅机制造	13	2	24858	24090	
其他原动机制造	2		25476	6323	1078
金属加工机械制造	369	69	888204	837025	136859
金属切削机床制造	101	30	288812	264100	20593
金属成形机床制造	75	13	186568	174024	14066
铸造机械制造	36	5	58192	53285	3196
金属切割及焊接设备制造	63	8	167442	165228	58537
机床附件制造	43	4	76133	72950	18465
其他金属加工机械制造	51	9	111058	107438	22002
起重运输设备制造	312	48	1300230	1262588	245207
起重运输设备制造	312	48	1300230	1262588	245207
泵、阀门、压缩机及类似机械的制造	1589	117	4534975	4360935	1494174
泵及真空设备制造	380	26	927335	901867	244256
气体压缩机械制造	115	15	407746	393523	87334
阀门和旋塞的制造	885	58	2672833	2563111	1077667
液压和气压动力机械及元件制造	209	18	527061	502433	84917
轴承、齿轮、传动和驱动部件的制造	867	95	1869374	1808357	380434
轴承制造	573	69	1190002	1149800	224847
齿轮、传动和驱动部件制造	294	26	679372	658557	155587
烘炉、熔炉及电炉制造	35	5	106215	102350	2202
烘炉、熔炉及电炉制造	35	5	106215	102350	2202
风机、衡器、包装设备等通用设备制造	699	99	2093955	2020298	580328
风机、风扇制造	63	8	133212	128865	18499
气体、液体分离及纯净设备制造	105	15	330140	315796	64805
制冷、空调设备制造	152	22	635610	623573	77609
风动和电动工具制造	202	33	586834	564278	285200
喷枪及类似器具制造	43	7	126217	122608	68885
包装专用设备制造	52	3	105852	101218	35578
衡器制造	22	3	44640	43006	14977
其他通用设备制造	60	8	131450	120954	14775
通用零部件制造及机械修理	1415	135	3237834	3153083	1050813
金属密封件制造	74	4	193180	186013	50355
紧固件、弹簧制造	902	84	2286685	2226800	883473
机械零部件加工及设备修理	250	32	417013	409067	65509
其他通用零部件制造	189	15	340955	331204	51477
金属铸、锻加工	909	89	2113407	2054453	189805
钢铁铸件制造	695	68	1550123	1502959	140326

1－E－6 续表 1－13

单位：个、万元、人

指 标 名 称	企业数	亏损企业	工业总产值（当年价格）	工业销售产值（当年价格）	出口交货值
锻件及粉末冶金制品制造	214	21	563284	551493	49479
专用设备制造业	2144	325	5297454	5085107	1000181
矿山、冶金、建筑专用设备制造	146	17	445567	432331	49391
采矿、采石设备制造	41	2	105295	100321	1299
石油钻采专用设备制造	14		56003	52612	10273
建筑工程用机械制造	39	6	123936	121919	10149
建筑材料生产专用机械制造	32	5	97603	95423	7941
冶金专用设备制造	20	4	62731	62056	19729
化工、木材、非金属加工专用设备制造	741	113	1704682	1619461	310856
炼油、化工生产专用设备制造	44	4	113505	106538	17964
橡胶加工专用设备制造	13	5	39889	37771	4776
塑料加工专用设备制造	197	50	552543	512109	92533
木材加工机械制造	14	1	32827	32372	2389
模具制造	465	50	942128	907016	187731
其他非金属加工专用设备制造	8	3	23790	23655	5464
食品、饮料、烟草及饲料生产专用设备制造	75	7	177367	166977	37315
食品、饮料、烟草工业专用设备制造	57	2	130607	123031	15707
农副食品加工专用设备制造	15	4	39152	37524	20409
饲料生产专用设备制造	3	1	7608	6422	1200
印刷、制药、日化生产专用设备制造	168	19	369687	347398	71810
制浆和造纸专用设备制造	24	3	45534	42340	7661
印刷专用设备制造	72	7	170473	160255	30791
日用化工专用设备制造	8	2	8897	8651	2078
制药专用设备制造	39	1	93401	86603	15908
照明器具生产专用设备制造	9	1	18077	16955	6471
玻璃、陶瓷和搪瓷制品生产专用设备制造	6	3	14068	13740	2886
其他日用品生产专用设备制造	10	2	19237	18854	6016
纺织、服装和皮革工业专用设备制造	474	91	1006879	971566	206570
纺织专用设备制造	207	37	455253	440550	30406
皮革、毛皮及其制品加工专用设备制造	21	5	54967	52436	5367
缝纫机械制造	238	46	488651	470988	168727
其他服装加工专用设备制造	8	3	8007	7593	2070
电子和电工机械专用设备制造	79	17	161180	157725	23982
电工机械专用设备制造	33	6	83281	83013	16622
电子工业专用设备制造	45	11	76361	73200	6542
武器弹药制造	1		1538	1511	818
农、林、牧、渔专用机械制造	111	21	366944	359893	127029
拖拉机制造	9	3	94067	94491	19333
机械化农业及园艺机具制造	62	15	208237	202278	95445

1-E-6 续表1-14 单位：个、万元、人

指标名称	企业数	亏损企业	工业总产值（当年价格）	工业销售产值（当年价格）	出口交货值
畜牧机械制造	1		613	595	
渔业机械制造	3		3421	3303	1050
农林牧渔机械配件制造	31	3	53538	52327	9366
其他农林牧渔业机械制造及机械修理	5		7070	6899	1834
医疗仪器设备及器械制造	117	13	272605	263784	82417
医疗诊断、监护及治疗设备制造	18	1	72728	71538	25750
口腔科用设备及器具制造	4	1	5274	4766	1763
实验室及医用消毒设备和器具的制造	9	1	13216	13151	5839
医疗、外科及兽医用器械制造	50	4	118811	114610	24692
机械治疗及病房护理设备制造	13	1	24812	23431	9956
假肢、人工器官及植（介）入器械制造	2		5116	4876	291
其他医疗设备及器械制造	21	5	32647	31412	14127
环保、社会公共安全及其他专用设备制造	233	27	792544	765972	90810
环境污染防治专用设备制造	112	10	484133	466946	23317
地质勘查专用设备制造	1		1421	1421	
邮政专用机械及器材制造	4	1	5878	5686	723
商业、饮食、服务业专用设备制造	3	2	5635	5693	3047
社会公共安全设备及器材制造	72	7	199719	194718	46091
交通安全及管制专用设备制造	3		5722	5886	
水资源专用机械制造	7		28888	27492	2868
其他专用设备制造	31	7	61147	58132	14764
交通运输设备制造业	2906	364	8708224	8204774	1556457
铁路运输设备制造	22	7	46220	46249	5119
铁路机车车辆配件制造	10	1	13754	13738	1373
铁路专用设备及器材、配件制造	9	5	28620	28626	3746
其他铁路设备制造及设备修理	3	1	3846	3885	
汽车制造	1920	230	4721557	4575773	940011
汽车整车制造	43	15	161262	159422	83052
改装汽车制造	10	4	75588	73746	456
汽车车身、挂车的制造	10	5	26268	24574	2131
汽车零部件及配件制造	1804	198	4327009	4186444	849120
汽车修理	53	8	131430	131587	5252
摩托车制造	407	40	1106810	1080874	231513
摩托车整车制造	19	4	240235	242080	154445
摩托车零部件及配件制造	388	36	866575	838794	77068
自行车制造	267	51	668723	651104	200645
脚踏自行车及残疾人座车制造	147	23	327135	318715	143190
助动自行车制造	120	28	341588	332389	57454
船舶及浮动装置制造	248	31	2040801	1733536	152342

1－E－6 续表1－15

单位：个、万元、人

指 标 名 称	企业数	亏损企业	工业总产值（当年价格）	工业销售产 值（当年价格）	出口交货值
金属船舶制造	109	20	1491025	1266591	92599
非金属船舶制造	5		12270	11943	6326
娱乐船和运动船的建造和修理	12	2	26553	21876	15978
船用配套设备制造	71	7	289242	235293	7927
船舶修理及拆船	51	2	221712	197833	29513
航空航天器制造	4		6731	6711	1720
飞机制造及修理	3		4080	4060	66
其他飞行器制造	1		2651	2651	1654
交通器材及其他交通运输设备制造	38	5	117383	110528	25107
潜水及水下救捞装备制造	1		506	506	
交通管理用金属标志及设施制造	25	2	99084	92524	11026
其他交通运输设备制造	12	3	17794	17498	14081
电气机械及器材制造业	4775	607	16590441	16075365	4063237
电机制造	691	64	1994827	1938818	431412
发电机及发电机组制造	74	11	379169	359552	69474
电动机制造	258	24	717815	701864	136621
微电机及其他电机制造	359	29	897842	877403	225317
输配电及控制设备制造	1415	122	3847858	3730291	526266
变压器、整流器和电感器制造	203	20	673323	652117	64089
电容器及其配套设备制造	58	1	148923	146013	14221
配电开关控制设备制造	704	56	1871205	1802196	260804
电力电子元器件制造	352	38	882726	853783	162396
其他输配电及控制设备制造	98	7	271681	276182	24756
电线、电缆、光缆及电工器材制造	781	122	4527700	4359881	506078
电线电缆制造	676	105	4040049	3887384	462921
光纤、光缆制造	17	4	295668	288949	12135
绝缘制品制造	39	7	90863	87472	13991
其他电工器材制造	49	6	101120	96076	17032
电池制造	170	27	1305916	1266245	475032
电池制造	170	27	1305916	1266245	475032
家用电力器具制造	667	103	2357210	2298728	963170
家用制冷电器具制造	40	8	219754	214494	59815
家用空气调节器制造	38	7	107341	106535	42501
家用通风电器具制造	52	8	157081	153358	35310
家用厨房电器具制造	138	20	480432	464388	251369
家用清洁卫生电器具制造	77	13	464674	457963	242736
家用美容、保健电器具制造	70	4	175429	166057	101990
家用电力器具专用配件制造	141	17	374409	365371	49243
其他家用电力器具制造	111	26	378089	370563	180206

1-E-6 续表1-16

单位：个、万元、人

指 标 名 称	企业数	亏损企业	工业总产值（当年价格）	工业销售产值（当年价格）	出口交货值
非电力家用器具制造	99	14	215499	207794	56623
燃气、太阳能及类似能源的器具制造	85	10	183632	177152	34129
其他非电力家用器具制造	14	4	31867	30642	22494
照明器具制造	861	147	2118998	2059495	1018365
电光源制造	269	49	668770	653022	215859
照明灯具制造	426	81	1132801	1100938	644539
灯用电器附件及其他照明器具制造	166	17	317427	305536	157967
其他电气机械及器材制造	91	8	222435	214113	86291
车辆专用照明及电气信号设备装置制造	67	6	156082	151465	65249
其他未列明的电气机械制造	24	2	66353	62648	21043
通信设备、计算机及其他电子设备制造业	1396	257	3890211	3772658	1032732
通信设备制造	179	33	711993	695586	94583
通信传输设备制造	48	7	218057	213319	30171
通信交换设备制造	34	6	106819	105750	2935
通信终端设备制造	27	6	85484	83149	7859
移动通信及终端设备制造	32	6	193545	195696	37678
其他通信设备制造	38	8	108089	97673	15941
雷达及配套设备制造	2	1	3391	3391	500
雷达及配套设备制造	2	1	3391	3391	500
广播电视设备制造	71	11	176617	171219	85765
广播电视节目制作及发射设备制造	7		11362	11298	4420
广播电视接收设备及器材制造	55	11	125546	120637	70026
应用电视设备及其他广播电视设备制造	9		39709	39284	11319
电子计算机制造	69	17	206176	205178	54798
电子计算机整机制造	4	1	4864	4854	615
计算机网络设备制造	19	4	55716	51231	11528
电子计算机外部设备制造	46	12	145596	149093	42655
电子器件制造	202	49	785182	754561	233181
电子真空器件制造	18	4	33741	34081	3727
半导体分立器件制造	65	13	225450	219886	49840
集成电路制造	37	12	180628	166376	37934
光电子器件及其他电子器件制造	82	20	345363	334217	141681
电子元件制造	702	109	1566358	1520631	350552
电子元件及组件制造	638	96	1407395	1362612	325239
印制电路板制造	64	13	158963	158019	25314
家用视听设备制造	109	24	291221	279008	158687
家用影视设备制造	25	3	101963	93317	57289
家用音响设备制造	84	21	189258	185692	101399
其他电子设备制造	62	13	149272	143085	54665

1－E－6 续表 1－17

单位：个、万元、人

指 标 名 称	企业数	亏损企业	工业总产值（当年价格）	工业销售产值（当年价格）	出口交货值
其他电子设备制造	62	13	149272	143085	54665
仪器仪表及文化、办公用机械制造业	1006	114	2313177	2220705	511050
通用仪器仪表制造	473	54	1251835	1205559	184772
工业自动控制系统装置制造	137	22	412700	399569	31222
电工仪器仪表制造	97	9	240510	237177	33782
绘图、计算及测量仪器制造	43	8	87287	81533	42814
实验分析仪器制造	52	5	82423	78630	18055
试验机制造	11	1	19709	19180	916
供应用仪表及其他通用仪器制造	133	9	409207	389469	57984
专用仪器仪表制造	140	12	361490	337774	43242
环境监测专用仪器仪表制造	8		60988	44764	1069
汽车及其他用计数仪表制造	57	6	144673	139805	13997
导航、气象及海洋专用仪器制造	8	2	26339	25336	5840
农林牧渔专用仪器仪表制造	2		5829	5675	
地质勘探和地震专用仪器制造	1		1417	1378	
教学专用仪器制造	32	1	60073	58518	12047
电子测量仪器制造	16	2	33788	34059	3993
其他专用仪器制造	16	1	28384	28239	6296
钟表与计时仪器制造	53	9	128163	125324	32748
钟表与计时仪器制造	53	9	128163	125324	32748
光学仪器及眼镜制造	250	23	394304	378101	180804
光学仪器制造	45	6	83591	81479	29546
眼镜制造	205	17	310713	296623	151259
文化、办公用机械制造	75	16	154194	151482	67012
电影机械制造	3		8325	8323	1150
幻灯及投影设备制造	1		1967	1967	1629
照相机及器材制造	15	2	41263	42283	23890
复印和胶印设备制造	16	3	32971	31281	10346
计算器及货币专用设备制造	26	5	34404	33812	4247
其他文化、办公用机械制造	14	6	35264	33817	25750
其他仪器仪表的制造及修理	15		23192	22465	2473
其他仪器仪表的制造及修理	15		23192	22465	2473
工艺品及其他制造业	1818	279	3750758	3649524	1773337
工艺美术品制造	1218	225	2492482	2420590	1394845
雕塑工艺品制造	193	56	262503	256947	170884
金属工艺品制造	203	32	343738	333741	116040
漆器工艺品制造	74	9	116402	112312	93726
花画工艺品制造	37	6	70793	68850	44017
天然植物纤维编织工艺品制造	62	10	113412	109341	71544

1－E－6 续表1－18　　　　单位：个、万元、人

指标名称	企业数	亏损企业	工业总产值（当年价格）	工业销售产值（当年价格）	出口交货值
抽纱刺绣工艺品制造	276	47	753158	735917	447938
地毯、挂毯制造	59	12	122580	118652	61945
珠宝首饰及有关物品的制造	41	6	229143	217858	76303
其他工艺美术品制造	273	47	480753	466971	312450
日用杂品制造	582	52	1174533	1145998	361308
制镜及类似品加工	33	6	108416	107707	18027
鬃毛加工、制刷及清扫工具的制造	55	10	110755	107628	67137
其他日用杂品制造	494	36	955362	930663	276143
煤制品制造	2		9593	9111	
煤制品制造	2		9593	9111	
核辐射加工	1		907	907	
核辐射加工	1		907	907	
其他未列明的制造业	15	2	73244	72918	17184
其他未列明的制造业	15	2	73244	72918	17184
废弃资源和废旧材料回收加工业	190	105	1865701	1846572	9444
金属废料和碎屑的加工处理	133	91	1694888	1681424	505
金属废料和碎屑的加工处理	133	91	1694888	1681424	505
非金属废料和碎屑的加工处理	57	14	170814	165148	8939
非金属废料和碎屑的加工处理	57	14	170814	165148	8939
电力、燃气及水的生产和供应业	**493**	**151**	**7666462**	**7625929**	**1**
电力、热力的生产和供应业	281	81	6434592	6398981	
电力生产	223	73	3509878	3474611	
火力发电	90	34	3024519	2992060	
水力发电	120	34	454756	452661	
其他能源发电	13	5	30603	29891	
电力供应	36		2705019	2704955	
电力供应	36		2705019	2704955	
热力生产和供应	22	8	219696	219415	
热力生产和供应	22	8	219696	219415	
燃气生产和供应业	41	9	716699	717863	
燃气生产和供应业	41	9	716699	717863	
燃气生产和供应业	41	9	716699	717863	
水的生产和供应业	171	61	515171	509086	1
自来水的生产和供应	129	42	402134	397429	1
自来水的生产和供应	129	42	402134	397429	1
污水处理及其再生利用	41	19	112320	110945	
污水处理及其再生利用	41	19	112320	110945	
其他水的处理、利用与分配	1		718	712	
其他水的处理、利用与分配	1		718	712	

1－E－6 续表2－1

单位：个、万元、人

指 标 名 称	资产总计	流动资产合计			
			应收帐款	存 货	
					产成品
总 计	**158140799**	**92237620**	**25648169**	**20914890**	**9512281**
一、按轻重工业分					
轻工业	66725384	39714394	10174411	9121360	4462847
重工业	91415414	52523227	15473759	11793529	5049435
二、按登记注册类型分					
内 资	**116472049**	**68106897**	**20135559**	**14910359**	**6965748**
国 有	4848724	1194316	221763	144385	35977
集 体	847737	577967	182557	98857	57048
股份合作企业	2170085	1401079	575489	280170	132360
联营企业	48137	22838	5881	8767	6674
国有联营	17788	5140	511	4313	3480
集体联营	7777	5469	3143	943	729
国有与集体联营	9912	4475	587	1701	1027
其他联营	12659	7754	1640	1811	1438
有限责任公司	26169933	14077191	3816361	3072690	1443755
国有独资公司	751359	283232	22565	8124	2349
其他有限责任公司	25418574	13793959	3793796	3064566	1441407
股份有限公司	3237955	1615398	400429	371387	168507
私营企业	78700376	48998599	14872280	10897684	5103370
私营独资	6045041	3902228	1576739	796495	381485
私营合伙	1598578	1046153	446624	212437	97106
私营有限责任公司	69360815	43041613	12567396	9649980	4504127
私营股份有限公司	1695942	1008606	281522	238772	120652
其 他	449103	219509	60799	36419	18058
港澳台商投资	**19580381**	**11879138**	**2579548**	**2778245**	**1190639**
与港澳台商合资经营	11068733	6980826	1479770	1562927	702223
与港澳台商合作经营	435739	272099	73322	64070	16741
港澳台商独资	7579366	4321252	931672	1090528	436800
港澳台商投资股份有限公司	496543	304961	94784	60720	34875
外商投资	**22088369**	**12251585**	**2933063**	**3226286**	**1355893**
中外合资经营	11709018	6908125	1632981	1700668	785207
中外合作经营	573933	300857	66514	57748	24491
外资企业	9593082	4947994	1210276	1436463	538924
外商投资股份有限公司	212336	94609	23291	31407	7271
三、按控股情况分					
国有控股	12280010	3260673	593945	538000	196895
集体控股	4277592	2588558	712730	531129	251496
私人控股	110348614	68862737	20270256	15352465	7188721
港澳台商控股	13286825	7828549	1706910	1841137	804296
外商控股	14983446	7872427	1897454	2183270	853419

1－E－6 续表2－2 单位：个、万元、人

指标名称	资产总计	流动资产合计	应收帐款	存货	产成品
其他	2964311	1824676	466874	468889	217454
四、按国民经济行业(门类、大类、中类、小类)分					
采矿业	**805059**	**435259**	**114736**	**88921**	**56212**
黑色金属矿采选业	147446	134637	23385	38364	25993
铁矿采选	147446	134637	23385	38364	25993
铁矿采选	147446	134637	23385	38364	25993
有色金属矿采选业	51217	30097	4895	9171	5482
常用有色金属矿采选	26710	15499	2048	5780	4044
铜矿采选	6687	4469	1146	2532	1006
铅锌矿采选	20023	11030	902	3248	3039
贵金属矿采选	6345	2724	376	717	681
金矿采选	2692	1965		474	474
银矿采选	3653	759	376	243	207
稀有稀土金属矿采选	18162	11875	2471	2675	757
钨钼矿采选	18162	11875	2471	2675	757
非金属矿采选业	606397	270525	86456	41386	24737
土砂石开采	563406	251972	79714	37075	22232
石灰石、石膏开采	99405	45118	19679	5044	3438
建筑装饰用石开采	165797	68079	27883	4810	2230
耐火土石开采	85781	53444	8138	15711	11045
粘土及其他土砂石开采	212423	85332	24013	11510	5518
化学矿采选	2955	1385	519	285	142
化学矿采选	2955	1385	519	285	142
采盐	4179	2480	436	332	313
采盐	4179	2480	436	332	313
石棉及其他非金属矿采选	35857	14688	5788	3694	2050
其他非金属矿采选	35857	14688	5788	3694	2050
制造业	**144248839**	**88791395**	**25002796**	**20612489**	**9442280**
农副食品加工业	3096580	1873939	378790	658491	454747
谷物磨制	141307	94956	15506	22582	8906
谷物磨制	141307	94956	15506	22582	8906
饲料加工	338186	202968	57241	64467	19469
饲料加工	338186	202968	57241	64467	19469
植物油加工	386713	291086	14743	100285	88100
食用植物油加工	381208	287905	13742	99404	87334
非食用植物油加工	5505	3181	1001	881	766
屠宰及肉类加工	266002	159320	34212	48938	27224
畜禽屠宰	35842	11869	1154	902	527
肉制品及副产品加工	230160	147451	33058	48036	26696
水产品加工	1245067	709173	128899	306397	239129

1-E-6 续表 2-3

单位：个、万元、人

指标名称	资产总计	流动资产合计	应收帐款	存货	产成品
水产品冷冻加工	817085	509124	82479	239919	194038
鱼糜制品及水产品干腌制加工	332652	144298	28055	49377	33524
水产饲料制造	81073	48681	17020	13490	8248
鱼油提取及制品的制造	2266	1309	202	690	660
其他水产品加工	11992	5761	1142	2921	2660
蔬菜、水果和坚果加工	413576	218787	53759	73876	39591
蔬菜、水果和坚果加工	413576	218787	53759	73876	39591
其他农副食品加工	305730	197649	74430	41947	32327
淀粉及淀粉制品的制造	74386	55115	9291	5745	4454
豆制品制造	47143	22720	6355	6264	3505
蛋品加工	28751	16529	2134	3711	2512
其他未列明的农副食品加工	155450	103285	56650	26226	21857
食品制造业	1366108	718111	182172	205534	114560
焙烤食品制造	97536	48762	9842	11733	5205
糕点、面包制造	43030	20960	4516	5529	2173
饼干及其他焙烤食品制造	54506	27802	5326	6204	3033
糖果、巧克力及蜜饯制造	177348	106814	49735	16967	5837
糖果、巧克力制造	94802	48525	28747	9900	3546
蜜饯制作	82546	58289	20988	7067	2291
方便食品制造	163317	58862	19663	21324	12456
米、面制品制造	31436	13057	5168	4952	2523
速冻食品制造	48809	21963	5315	10473	7874
方便面及其他方便食品制造	83072	23842	9180	5899	2059
液体乳及乳制品制造	108252	53058	9284	14496	5830
液体乳及乳制品制造	108252	53058	9284	14496	5830
罐头制造	258519	136892	17807	68093	45327
肉、禽类罐头制造	5458	3155	758	1363	1363
水产品罐头制造	29872	8397	1504	4076	2804
蔬菜、水果罐头制造	220002	124090	15208	62074	40944
其他罐头食品制造	3187	1250	337	580	216
调味品、发酵制品制造	185683	98671	17140	22112	10926
味精制造	53603	30019	2072	3897	2409
酱油、食醋及类似制品的制造	55120	24656	3919	9813	4745
其他调味品、发酵制品制造	76959	43995	11150	8402	3772
其他食品制造	375454	215053	58701	50809	28979
营养、保健食品制造	158056	92358	20744	24006	13821
冷冻饮品及食用冰制造	48047	25712	4885	3351	1907
盐加工	7551	5133	1403	2876	1835
食品及饲料添加剂制造	159004	91011	31389	20368	11241
其他未列明的食品制造	2795	839	280	209	175

1－E－6 续表2－4 单位：个、万元、人

指标名称	资产总计	流动资产合计	应收帐款	存货	产成品
饮料制造业	1343972	755513	170809	249702	109446
酒精制造	27734	21535	356	7058	326
酒精制造	27734	21535	356	7058	326
酒的制造	401008	205121	21615	98411	41327
白酒制造	50988	28768	2785	12363	2698
啤酒制造	171278	75389	8125	28471	10090
黄酒制造	149766	85183	9461	51527	26923
其他酒制造	28976	15781	1244	6050	1616
软饮料制造	506019	248892	69147	30646	13888
碳酸饮料制造	120005	75058	6176	2556	1277
瓶（罐）装饮用水制造	79236	44009	10055	6319	1799
果菜汁及果菜汁饮料制造	84081	44536	18558	12687	6254
含乳饮料和植物蛋白饮料制造	102902	24526	4803	3810	2468
固体饮料制造	48163	19711	3598	3440	1578
茶饮料及其他软饮料制造	71631	41051	25957	1836	512
精制茶加工	409212	279965	79691	113587	53905
精制茶加工	409212	279965	79691	113587	53905
烟草制品业	15510	5888	2159	353	58
其他烟草制品加工	15510	5888	2159	353	58
其他烟草制品加工	15510	5888	2159	353	58
纺织业	18833972	11128943	2881368	2553966	1332364
棉、化纤纺织及印染精加工	8434129	4827865	1174310	1002994	578743
棉、化纤纺织加工	6204597	3666436	840751	801603	495976
棉、化纤印染精加工	2229533	1161429	333559	201391	82768
毛纺织和染整精加工	729828	461726	119123	133304	69486
毛条加工	131405	98920	10973	35361	22391
毛纺织	467001	293148	82328	83826	42283
毛染整精加工	131422	69658	25822	14117	4812
麻纺织	45944	34655	12715	11913	9618
麻纺织	45944	34655	12715	11913	9618
丝绢纺织及精加工	1384045	846687	250976	231357	121475
缫丝加工	244191	162828	38228	70426	29816
绢纺和丝织加工	917918	590104	182126	146495	85340
丝印染精加工	221937	93756	30623	14435	6320
纺织制成品制造	3121393	1888631	501772	407950	191203
棉及化纤制品制造	1058737	648223	164657	159832	78259
毛制品制造	140902	87697	28781	19699	10123
麻制品制造	4386	3008	1193	520	277
丝制品制造	349012	233838	57359	40785	16545
绳、索、缆的制造	70727	44276	8073	8971	5224

1－E－6 续表2－5 单位：个、万元、人

指标名称	资产总计	流动资产合计	应收帐款	存货	产成品
纺织带和帘子布制造	370587	231334	54372	49284	17954
无纺布制造	688014	397178	121986	88409	45827
其他纺织制成品制造	439030	243079	65351	40450	16996
针织品、编织品及其制品制造	5118633	3069378	822473	766447	361839
棉、化纤针织品及编织品制造	3754061	2305605	634249	566310	266802
毛针织品及编织品制造	840495	470692	105853	135412	64716
丝针织品及编织品制造	276770	154627	43640	38486	16469
其他针织品及编织品制造	247307	138455	38731	26239	13853
纺织服装、鞋、帽制造业	4768158	2955645	714575	730250	334997
纺织服装制造	4593891	2856098	686752	704911	325242
纺织服装制造	4593891	2856098	686752	704911	325242
纺织面料鞋的制造	129892	74577	22615	18279	6816
纺织面料鞋的制造	129892	74577	22615	18279	6816
制帽	44375	24970	5208	7060	2939
制帽	44375	24970	5208	7060	2939
皮革、毛皮、羽毛(绒)及其制品业	3154077	2100099	541946	548474	194764
皮革鞣制加工	491354	334815	57752	128244	41792
皮革鞣制加工	491354	334815	57752	128244	41792
皮革制品制造	2148974	1372867	383649	291215	107245
皮鞋制造	1156821	743235	222784	127219	42656
皮革服装制造	290333	190583	45927	54779	16773
皮箱、包(袋)制造	491425	311123	92245	71828	33151
皮手套及皮装饰制品制造	91654	59182	9196	20692	8948
其他皮革制品制造	118741	68744	13497	16698	5718
毛皮鞣制及制品加工	160621	113057	33073	32939	11995
毛皮鞣制加工	37951	23641	8476	6229	3207
毛皮服装加工	55875	42122	12856	13465	3110
其他毛皮制品加工	66795	47294	11740	13245	5679
羽毛(绒)加工及制品制造	353128	279361	67473	96076	33732
羽毛(绒)加工	32155	27534	12705	7146	2845
羽毛(绒)制品加工	320972	251827	54768	88930	30886
木材加工及木、竹、藤、棕、草制品业	1656406	1003492	203380	392469	181645
锯材、木片加工	56893	35398	9173	14584	8485
锯材加工	28306	17792	4905	7761	3159
木片加工	28587	17606	4268	6823	5325
人造板制造	720590	445512	77884	176324	70804
胶合板制造	404506	275801	57748	111798	40199
纤维板制造	133905	68744	5002	27862	14714
刨花板制造	41099	35999	3852	8716	3907
其他人造板、材制造	141080	64968	11282	27948	11985

1－E－6 续表2－6

单位：个、万元、人

指标名称	资产总计	流动资产合计	应收帐款	存货	产成品
木制品制造	563162	331292	69009	135148	67206
建筑用木料及木材组件加工	425361	255724	42680	114026	58728
木容器制造	44780	31483	13740	5937	1460
软木制品及其他木制品制造	93021	44084	12589	15185	7018
竹、藤、棕、草制品制造	315761	191290	47315	66413	35150
竹、藤、棕、草制品制造	315761	191290	47315	66413	35150
家具制造业	1654173	1022337	222203	233090	101413
木质家具制造	876802	523140	97913	131013	61997
木质家具制造	876802	523140	97913	131013	61997
竹、藤家具制造	18009	10240	2547	4378	2757
竹、藤家具制造	18009	10240	2547	4378	2757
金属家具制造	528710	347872	84955	71654	26792
金属家具制造	528710	347872	84955	71654	26792
塑料家具制造	66450	41321	12415	9603	4483
塑料家具制造	66450	41321	12415	9603	4483
其他家具制造	164201	99765	24374	16442	5383
其他家具制造	164201	99765	24374	16442	5383
造纸及纸制品业	4262383	2644440	868554	529319	269779
纸浆制造	24596	12288	5456	4071	2684
纸浆制造	24596	12288	5456	4071	2684
造纸	2347841	1461432	425889	339620	188413
机制纸及纸板制造	2165804	1346194	390148	315507	173406
手工纸制造	2006	987	263	534	478
加工纸制造	180031	114252	35477	23580	14530
纸制品制造	1889946	1170720	437209	185627	78682
纸和纸板容器的制造	1377397	879790	348369	125062	47546
其他纸制品制造	512549	290930	88840	60566	31136
印刷业和记录媒介的复制	2307878	1241035	427816	160910	59953
印刷	2152576	1155646	403422	148900	56128
书、报、刊印刷	408714	185370	60386	28933	11282
本册印制	96087	54780	14985	11506	5848
包装装潢及其他印刷	1647775	915496	328052	108461	38999
装订及其他印刷服务活动	63822	29034	9563	5690	1825
装订及其他印刷服务活动	63822	29034	9563	5690	1825
记录媒介的复制	91480	56355	14831	6321	1999
记录媒介的复制	91480	56355	14831	6321	1999
文教体育用品制造业	1719443	1042944	231971	260222	90599
文化用品制造	646748	382949	89278	95706	33666
文具制造	305692	176142	42305	46418	15203
笔的制造	288572	172619	38201	40854	15200

1－E－6　续表 2－7　　　　单位：个、万元、人

指 标 名 称	资产总计	流动资产合计	应收帐款	存　货	产成品
教学用模型及教具制造	19586	13422	3784	3395	1362
墨水、墨汁制造	4631	3183	841	506	206
其他文化用品制造	28268	17583	4148	4534	1696
体育用品制造	442296	270891	60266	76677	25125
球类制造	63330	34235	4176	14321	6620
体育器材及配件制造	143432	83837	15621	23869	7297
训练健身器材制造	159362	104865	29755	21618	6782
运动防护用具制造	19285	11322	3369	3949	1793
其他体育用品制造	56887	36632	7346	12921	2634
乐器制造	67563	43818	13635	13168	6213
中乐器制造	1377	781	125	398	44
西乐器制造	31855	19886	3221	7018	2653
电子乐器制造	16569	12197	3488	3490	2641
其他乐器及零件制造	17762	10954	6801	2262	876
玩具制造	347116	193684	52079	53851	21137
玩具制造	347116	193684	52079	53851	21137
游艺器材及娱乐用品制造	215720	151603	16713	20819	4458
露天游乐场所游乐设备制造	185183	133335	14607	14722	2521
游艺用品及室内游艺器材制造	30536	18269	2106	6097	1938
石油加工、炼焦及核燃料加工业	323717	228141	64128	106102	63164
精炼石油产品的制造	260649	186325	64085	64972	22034
原油加工及石油制品制造	260649	186325	64085	64972	22034
炼　焦	63068	41816	43	41131	41131
炼　焦	63068	41816	43	41131	41131
化学原料及化学制品制造业	10711092	5808945	1430859	1350383	641966
基础化学原料制造	2513980	1264452	249758	260981	143159
无机酸制造	187232	99665	18341	17685	7178
无机碱制造	92810	29678	4780	4517	2060
无机盐制造	217497	142047	35951	27685	11856
有机化学原料制造	1530916	829505	156760	166315	97819
其他基础化学原料制造	485525	163557	33926	44779	24246
肥料制造	126473	63924	7634	26280	17181
氮肥制造	52942	23379	2575	8992	4361
磷肥制造	9128	4735	1078	2810	1784
复混肥料制造	61806	35083	3881	14107	10790
有机肥料及微生物肥料制造	1964	413	60	110	17
其他肥料制造	633	314	40	260	229
农药制造	406628	267567	59445	56551	34085
化学农药制造	372488	249039	54765	53843	32458

1－E－6 续表2－8　　单位：个、万元、人

指标名称	资产总计	流动资产合计	应收帐款	存货	产成品
生物化学农药及微生物农药制造	34140	18528	4681	2708	1627
涂料、油墨、颜料及类似产品制造	1569629	1072225	343382	247331	144157
涂料制造	572130	395729	156663	70620	33253
油墨及类似产品制造	86433	52240	21138	11914	5664
颜料制造	199949	123069	28437	39950	21593
染料制造	658503	466613	121942	117174	78714
密封用填料及类似品制造	52614	34574	15203	7673	4934
合成材料制造	2997732	1301524	276059	354214	99252
初级形态的塑料及合成树脂制造	2485641	1120350	233004	292855	70481
合成橡胶制造	27806	19817	6360	4757	1336
合成纤维单(聚合)体的制造	460423	143918	29917	54149	25989
其他合成材料制造	23861	17439	6778	2453	1446
专用化学产品制造	2577095	1531288	421403	318749	161889
化学试剂和助剂制造	1057007	666849	232484	124468	75850
专项化学用品制造	364826	237612	65409	51239	27896
林产化学产品制造	44776	24308	7145	6310	3661
炸药及火工产品制造	21690	8196	1599	2057	793
信息化学品制造	705816	380101	55462	92075	35571
环境污染处理专用药剂材料制造	70612	45242	9350	9912	4743
动物胶制造	49800	20983	7314	7846	4060
其他专用化学产品制造	262568	147998	42640	24843	9317
日用化学产品制造	519556	307966	73178	86277	42243
肥皂及合成洗涤剂制造	81238	48113	7669	8533	4695
化妆品制造	186473	109356	30477	30397	13582
口腔清洁用品制造	3959	2399	1119	386	185
香料、香精制造	192843	116324	24567	37743	19228
其他日用化学产品制造	55043	31773	9346	9217	4552
医药制造业	2444440	1328418	304013	331652	161908
化学药品原药制造	806766	456611	102874	138893	67595
化学药品原药制造	806766	456611	102874	138893	67595
化学药品制剂制造	485214	231563	43215	41090	15521
化学药品制剂制造	485214	231563	43215	41090	15521
中药饮片加工	95266	54316	12842	15013	7458
中药饮片加工	95266	54316	12842	15013	7458
中成药制造	314794	153063	35050	45107	26681
中成药制造	314794	153063	35050	45107	26681
兽用药品制造	175249	120813	14201	29318	13269
兽用药品制造	175249	120813	14201	29318	13269
生物、生化制品的制造	403537	218350	51212	44093	22166

1-E-6 续表2-9

单位：个、万元、人

指 标 名 称	资产总计	流动资产合 计	应收帐款	存 货	产成品
生物、生化制品的制造	403537	218350	51212	44093	22166
卫生材料及医药用品制造	163614	93702	44621	18138	9219
卫生材料及医药用品制造	163614	93702	44621	18138	9219
化学纤维制造业	3177610	1895501	236941	356021	201376
纤维素纤维原料及纤维制造	130585	83587	9248	7028	3565
化纤浆粕制造	5939	4515	970	923	450
人造纤维（纤维素纤维）制造	124647	79072	8279	6106	3116
合成纤维制造	3047025	1811913	227693	348993	197810
锦纶纤维制造	376642	246639	25786	71947	56628
涤纶纤维制造	1719048	1068558	130681	195326	92423
腈纶纤维制造	11052	6475	2607	1034	401
维纶纤维制造	986	565	195	124	92
其他合成纤维制造	939298	489677	68424	80561	48267
橡胶制品业	1196300	788525	246343	178047	89114
轮胎制造	159148	105067	26338	23065	10698
车辆、飞机及工程机械轮胎制造	124504	80462	20507	18701	8670
力车胎制造	26297	18200	3517	2395	1267
轮胎翻新加工	8348	6405	2314	1969	762
橡胶板、管、带的制造	309885	207153	71558	44206	25492
橡胶板、管、带的制造	309885	207153	71558	44206	25492
橡胶零件制造	239954	156390	56485	30898	15283
橡胶零件制造	239954	156390	56485	30898	15283
再生橡胶制造	29348	17400	6256	5779	1773
再生橡胶制造	29348	17400	6256	5779	1773
日用及医用橡胶制品制造	50269	33324	7947	10853	4563
日用及医用橡胶制品制造	50269	33324	7947	10853	4563
橡胶靴鞋制造	256998	168346	47968	40026	20760
橡胶靴鞋制造	256998	168346	47968	40026	20760
其他橡胶制品制造	150698	100845	29792	23220	10545
其他橡胶制品制造	150698	100845	29792	23220	10545
塑料制品业	7794171	4719545	1478072	888965	401673
塑料薄膜制造	1400790	715426	149040	127096	58773
塑料薄膜制造	1400790	715426	149040	127096	58773
塑料板、管、型材的制造	1506473	976663	269607	196390	102711
塑料板、管、型材的制造	1506473	976663	269607	196390	102711
塑料丝、绳及编织品的制造	388151	253680	113624	53779	30047
塑料丝、绳及编织品的制造	388151	253680	113624	53779	30047
泡沫塑料制造	378529	253360	101795	36069	18398
泡沫塑料制造	378529	253360	101795	36069	18398

1－E－6 续表2－10

单位：个、万元、人

指 标 名 称	资产总计	流动资产合 计	应收帐款	存 货	产成品
塑料人造革、合成革制造	1075895	699337	155961	123155	33696
塑料人造革、合成革制造	1075895	699337	155961	123155	33696
塑料包装箱及容器制造	715285	395903	126590	60693	27980
塑料包装箱及容器制造	715285	395903	126590	60693	27980
塑料零件制造	852135	531438	244719	89225	39657
塑料零件制造	852135	531438	244719	89225	39657
日用塑料制造	933202	548608	170009	130492	57867
塑料鞋制造	120466	69691	24984	15669	5977
日用塑料杂品制造	812737	478917	145025	114822	51890
其他塑料制品制造	543711	345130	146727	72066	32544
其他塑料制品制造	543711	345130	146727	72066	32544
非金属矿物制品业	7177047	4016322	1148539	835891	443098
水泥、石灰和石膏的制造	2083340	880048	179364	142854	54933
水泥制造	2041316	857608	170715	136810	51572
石灰和石膏制造	42024	22440	8649	6045	3361
水泥及石膏制品制造	2667089	1766896	591095	379664	224800
水泥制品制造	2268288	1534781	524228	325185	194043
砼结构构件制造	254462	150053	50356	39807	22414
石棉水泥制品制造	5132	1909	154	856	648
轻质建筑材料制造	111419	62398	9046	9820	6723
其他水泥制品制造	27788	17755	7311	3997	972
砖瓦、石材及其他建筑材料制造	561923	296041	84742	67334	42464
粘土砖瓦及建筑砌块制造	163377	73127	15459	20051	11737
建筑陶瓷制品制造	84760	58316	7802	13572	10688
建筑用石加工	76899	42632	14154	7338	4509
防水建筑材料制造	109386	65311	27048	13892	8755
隔热和隔音材料制造	84143	31290	12449	6752	3215
其他建筑材料制造	43359	25366	7830	5730	3560
玻璃及玻璃制品制造	1250559	689322	148433	158630	80351
平板玻璃制造	87016	42203	10478	19591	7308
技术玻璃制品制造	494301	286721	43844	49248	26064
光学玻璃制造	4143	3133	688	1045	316
玻璃仪器制造	8094	3027	1334	926	339
日用玻璃制品及玻璃包装容器制造	307866	159603	40995	38128	19664
玻璃保温容器制造	14144	7105	2140	1899	844
玻璃纤维及制品制造	194725	94408	24832	29900	17483
玻璃纤维增强塑料制品制造	97382	67792	18392	13758	7120
其他玻璃制品制造	42888	25329	5731	4135	1213
陶瓷制品制造	137459	85996	27445	21021	9524

1－E－6 续表2－11

单位：个、万元、人

指 标 名 称	资产总计	流动资产合计	应收帐款	存 货	产成品
卫生陶瓷制品制造	69158	40706	9192	8388	4923
特种陶瓷制品制造	43955	29526	14079	7548	1577
日用陶瓷制品制造	22972	15651	4174	5052	3024
园林、陈设艺术及其他陶瓷制品制造	1375	114		33	
耐火材料制品制造	217836	137861	67408	27481	15219
石棉制品制造	24681	14252	3744	3811	1899
云母制品制造	6843	4699	1615	865	469
耐火陶瓷制品及其他耐火材料制造	186312	118911	62050	22805	12851
石墨及其他非金属矿物制品制造	258841	160158	50052	38907	15806
石墨及碳素制品制造	94190	62703	21355	16354	5689
其他非金属矿物制品制造	164651	97456	28698	22553	10117
黑色金属冶炼及压延加工业	4505595	3048278	568410	767698	343530
炼 铁	7681	4497	1602	1668	1003
炼 铁	7681	4497	1602	1668	1003
炼 钢	208379	145114	16035	53621	23111
炼 钢	208379	145114	16035	53621	23111
钢压延加工	4164867	2802737	535957	669734	296543
钢压延加工	4164867	2802737	535957	669734	296543
铁合金冶炼	124668	95929	14816	42675	22873
铁合金冶炼	124668	95929	14816	42675	22873
有色金属冶炼及压延加工业	3330931	2384069	557965	590174	210805
常用有色金属冶炼	488076	394991	73905	138579	40947
铜冶炼	237440	201829	30390	80173	16258
铅锌冶炼	40792	32480	8149	12985	3505
镍钴冶炼	115154	91199	9068	24196	11685
锡冶炼	822	757	230	17	
铝冶炼	67882	49784	20001	12452	4586
镁冶炼	2754	1530	608	327	31
其他常用有色金属冶炼	23232	17412	5460	8429	4882
贵金属冶炼	118505	100011	3359	30239	16496
金冶炼	99126	84467	2272	23421	14218
银冶炼	15351	12412	1052	4034	1967
其他贵金属冶炼	4028	3133	35	2784	311
稀有稀土金属冶炼	53697	31988	5965	7762	2700
钨钼冶炼	7096	5449	708	2472	1047
稀土金属冶炼	46601	26539	5257	5290	1653
有色金属合金制造	237020	177771	54386	33391	11523
有色金属合金制造	237020	177771	54386	33391	11523
有色金属压延加工	2433634	1679308	420348	380202	139139

1－E－6 续表2－12

单位：个、万元、人

指 标 名 称	资产总计	流动资产合 计	应收帐款	存 货	产成品
常用有色金属压延加工	2366168	1626239	409152	373470	135007
贵金属压延加工	29100	26875	1609	672	180
稀有稀土金属压延加工	38367	26195	9586	6061	3952
金属制品业	7680339	4966916	1425695	1112012	501560
结构性金属制品制造	1988461	1409781	376555	303561	153899
金属结构制造	1382002	985576	264824	218020	118378
金属门窗制造	606459	424205	111731	85541	35521
金属工具制造	963680	594736	184136	144463	72025
切削工具制造	197707	123379	43395	33350	19097
手工具制造	392305	238249	78564	58341	26768
农用及园林用金属工具制造	132334	81608	21836	14408	6181
刀剪及类似日用金属工具制造	74640	48771	11664	12072	6234
其他金属工具制造	166695	102730	28678	26293	13745
集装箱及金属包装容器制造	442082	295390	79001	64208	27465
集装箱制造	465	418	350	17	
金属压力容器制造	160225	105961	37617	27977	14329
金属包装容器制造	281391	189011	41035	36215	13136
金属丝绳及其制品的制造	626594	410710	117118	82925	33247
金属丝绳及其制品的制造	626594	410710	117118	82925	33247
建筑、安全用金属制品制造	1397111	852800	238839	222327	88429
建筑、家具用金属配件制造	625833	381351	108121	103448	37842
建筑装饰及水暖管道零件制造	619483	374443	103538	101890	43757
安全、消防用金属制品制造	120142	78577	22225	13152	5035
其他建筑、安全用金属制品制造	31652	18429	4955	3838	1796
金属表面处理及热处理加工	824767	470069	204478	72963	35079
金属表面处理及热处理加工	824767	470069	204478	72963	35079
搪瓷制品制造	73879	46086	10865	20488	10098
工业生产配套用搪瓷制品制造	3648	2427	477	1611	248
搪瓷卫生洁具制造	27304	17408	3878	7501	3543
搪瓷日用品及其他搪瓷制品制造	42927	26252	6510	11376	6307
不锈钢及类似日用金属制品制造	997059	643097	151136	149127	59089
金属制厨房调理及卫生器具制造	214756	134370	33100	34917	13655
金属制厨用器皿及餐具制造	572139	377061	80920	86965	32547
其他日用金属制品制造	210164	131666	37116	27245	12887
其他金属制品制造	366705	244248	63568	51951	22230
其他未列明的金属制品制造	366705	244248	63568	51951	22230
通用设备制造业	13968624	8928404	2971611	2183592	873720
锅炉及原动机制造	614592	452010	101283	128280	27567
锅炉及辅助设备制造	275372	201238	43744	53986	11190

1－E－6 续表2－13

单位：个、万元、人

指 标 名 称	资产总计	流动资产合计	应收帐款	存 货	产成品
内燃机及配件制造	96255	59824	21977	15227	8185
汽轮机及辅机制造	188844	148567	28755	40966	4899
水轮机及辅机制造	28625	17384	5825	4338	2645
其他原动机制造	25496	24997	982	13763	647
金属加工机械制造	998683	583585	139709	181853	70566
金属切削机床制造	392038	222306	42245	63358	23716
金属成形机床制造	226708	125223	24107	52878	19311
铸造机械制造	57767	33431	8135	12740	6330
金属切割及焊接设备制造	124606	90737	34045	17718	8295
机床附件制造	93500	51243	14407	14644	5335
其他金属加工机械制造	104064	60647	16770	20515	7577
起重运输设备制造	1091248	724939	212242	163767	69075
起重运输设备制造	1091248	724939	212242	163767	69075
泵、阀门、压缩机及类似机械的制造	3360813	2175240	797129	518992	199700
泵及真空设备制造	730685	470938	159995	112671	44476
气体压缩机械制造	332246	214855	68544	59521	28965
阀门和旋塞的制造	1842024	1203131	445218	282176	99211
液压和气压动力机械及元件制造	455859	286316	123371	64624	27048
轴承、齿轮、传动和驱动部件的制造	1868460	1131866	385630	267382	131491
轴承制造	1240206	776189	270908	189807	92439
齿轮、传动和驱动部件制造	628254	355678	114722	77574	39052
烘炉、熔炉及电炉制造	89412	57489	7925	24241	12335
烘炉、熔炉及电炉制造	89412	57489	7925	24241	12335
风机、衡器、包装设备等通用设备制造	1979009	1284908	327035	340154	104545
风机、风扇制造	184555	114764	39727	21958	10034
气体、液体分离及纯净设备制造	305537	213582	51739	61659	15581
制冷、空调设备制造	626030	401996	80607	120370	34760
风动和电动工具制造	482391	317380	90239	71812	17708
喷枪及类似器具制造	78242	48847	12690	10115	3932
包装专用设备制造	128039	80334	14753	21356	10866
衡器制造	39273	24761	10292	5454	3337
其他通用设备制造	134941	83245	26988	27431	8328
通用零部件制造及机械修理	2518997	1544546	559672	330107	140949
金属密封件制造	204616	116935	43702	24123	7836
紧固件、弹簧制造	1608221	1018786	380227	221240	100342
机械零部件加工及设备修理	391686	232247	72893	44713	19117
其他通用零部件制造	314474	176579	62849	40031	13655
金属铸、锻加工	1447410	973820	440987	228817	117494
钢铁铸件制造	996485	684187	321770	168029	96790

1－E－6 续表2－14 单位：个、万元、人

指标名称	资产总计	流动资产合计	应收帐款	存货	产成品
锻件及粉末冶金制品制造	450925	289633	119217	60789	20704
专用设备制造业	5590923	3502072	1103394	907118	372590
矿山、冶金、建筑专用设备制造	421412	278696	94447	67297	28710
采矿、采石设备制造	90678	58321	29540	14398	6200
石油钻采专用设备制造	48110	38100	14799	5852	2985
建筑工程用机械制造	142786	87207	21780	19300	7445
建筑材料生产专用机械制造	73154	52003	13155	12240	5065
冶金专用设备制造	66685	43064	15172	15507	7016
化工、木材、非金属加工专用设备制造	1981954	1197466	405233	346811	132401
炼油、化工生产专用设备制造	117747	72599	23107	20845	5073
橡胶加工专用设备制造	44106	29582	6336	10173	4831
塑料加工专用设备制造	613312	419757	148394	155109	69333
木材加工机械制造	21391	10181	2318	3010	1688
模具制造	1169685	655998	221989	155236	50413
其他非金属加工专用设备制造	15713	9349	3088	2438	1063
食品、饮料、烟草及饲料生产专用设备制造	182070	107370	29582	29691	15117
食品、饮料、烟草工业专用设备制造	135782	82630	24655	21880	12099
农副食品加工专用设备制造	41620	22082	4275	7090	2528
饲料生产专用设备制造	4667	2658	653	721	490
印刷、制药、日化生产专用设备制造	347124	215726	62414	61369	22410
制浆和造纸专用设备制造	41581	23687	7055	5650	3410
印刷专用设备制造	175487	109838	29916	30864	9297
日用化工专用设备制造	9401	6745	1319	3979	2231
制药专用设备制造	84595	51486	18165	10780	4399
照明器具生产专用设备制造	9776	4885	1553	1313	672
玻璃、陶瓷和搪瓷制品生产专用设备制造	12732	8571	1689	3743	1798
其他日用品生产专用设备制造	13552	10516	2716	5040	604
纺织、服装和皮革工业专用设备制造	1141381	714915	205680	161222	70622
纺织专用设备制造	511430	323670	86288	76202	33748
皮革、毛皮及其制品加工专用设备制造	81818	46499	14476	11294	2630
缝纫机械制造	537621	336522	103636	70826	33906
其他服装加工专用设备制造	10513	8225	1279	2900	338
电子和电工机械专用设备制造	142407	94549	36708	27743	9487
电工机械专用设备制造	58306	40002	16202	12823	4039
电子工业专用设备制造	78227	52599	20154	13581	5223
武器弹药制造	5874	1948	353	1339	226
农、林、牧、渔专用机械制造	296497	198380	56918	49533	25754
拖拉机制造	70320	50007	10605	7733	5695
机械化农业及园艺机具制造	179238	117638	36539	32703	15503

1-E-6 续表2-15

单位:个、万元、人

指 标 名 称	资产总计	流动资产合 计	应收帐款	存 货	产成品
畜牧机械制造	241	87	27	10	10
渔业机械制造	1578	656	162	255	100
农林牧渔机械配件制造	39620	26103	8780	7281	3598
其他农林牧渔业机械制造及机械修理	5500	3890	805	1552	847
医疗仪器设备及器械制造	291863	162894	48261	38135	15459
医疗诊断、监护及治疗设备制造	100317	51064	17226	10855	5646
口腔科用设备及器具制造	4345	2075	922	961	476
实验室及医用消毒设备和器具的制造	15607	7295	1100	2428	628
医疗、外科及兽医用器械制造	94310	61334	17189	10392	4645
机械治疗及病房护理设备制造	27065	17390	5476	5574	2196
假肢、人工器官及植(介)入器械制造	8701	4924	1027	2168	93
其他医疗设备及器械制造	41517	18812	5321	5757	1776
环保、社会公共安全及其他专用设备制造	786217	532076	164152	125317	52631
环境污染防治专用设备制造	487240	337022	99895	79699	37625
地质勘查专用设备制造	1437	1155	841	82	82
邮政专用机械及器材制造	4704	3426	1142	1556	632
商业、饮食、服务业专用设备制造	4130	2554	1034	1351	601
社会公共安全设备及器材制造	174711	109880	41191	24182	9401
交通安全及管制专用设备制造	3082	2343	573	1109	103
水资源专用机械制造	27336	24020	5174	6166	490
其他专用设备制造	83578	51677	14302	11173	3697
交通运输设备制造业	8440040	5358226	1514924	1315596	443763
铁路运输设备制造	70617	42788	19179	8901	4247
铁路机车车辆配件制造	18853	11763	7101	1605	932
铁路专用设备及器材、配件制造	40175	26627	10913	7041	3258
其他铁路设备制造及设备修理	11589	4397	1165	255	56
汽车制造	4675570	2899706	993941	587311	268005
汽车整车制造	203543	153427	29087	21978	3238
改装汽车制造	66856	46053	4856	17493	6306
汽车车身、挂车的制造	29188	15681	2402	5435	1083
汽车零部件及配件制造	4256776	2609622	947431	520924	243055
汽车修理	119207	74922	10164	21480	14323
摩托车制造	1002600	661169	230618	101741	44413
摩托车整车制造	186895	143543	44068	17758	4879
摩托车零部件及配件制造	815705	517626	186549	83983	39534
自行车制造	562791	368569	94375	77296	28972
脚踏自行车及残疾人座车制造	246171	169143	57661	29707	12037
助动自行车制造	316621	199426	36714	47589	16936
船舶及浮动装置制造	1989126	1291381	150962	519930	92557

1－E－6 续表 2－16

单位：个、万元、人

指 标 名 称	资产总计	流动资产合 计	应收帐款	存 货	产成品
金属船舶制造	1327051	920896	77316	412238	50270
非金属船舶制造	9996	7285	724	3993	738
娱乐船和运动船的建造和修理	88471	51392	4129	12526	1191
船用配套设备制造	333920	178759	54104	47133	26290
船舶修理及拆船	229687	133049	14689	44039	14068
航空航天器制造	11422	7116	1645	425	36
飞机制造及修理	9006	6608	1323	284	36
其他飞行器制造	2416	508	322	141	
交通器材及其他交通运输设备制造	127914	87497	24204	19994	5533
潜水及水下救捞装备制造	2992	303	12	73	73
交通管理用金属标志及设施制造	109946	77252	20211	18664	5039
其他交通运输设备制造	14977	9943	3981	1257	422
电气机械及器材制造业	13531087	8981372	3199320	1714052	790984
电机制造	1632937	1095728	380456	227231	88806
发电机及发电机组制造	394397	286270	71737	66451	22237
电动机制造	522946	346428	131014	70154	28180
微电机及其他电机制造	715594	463030	177705	90626	38390
输配电及控制设备制造	3890205	2451850	1039139	480265	223044
变压器、整流器和电感器制造	599093	401360	167555	108878	51871
电容器及其配套设备制造	140730	87117	35007	12561	4986
配电开关控制设备制造	2087751	1254015	508129	229233	107852
电力电子元器件制造	785469	512351	247358	92443	38125
其他输配电及控制设备制造	277164	197006	81090	37150	20209
电线、电缆、光缆及电工器材制造	3137060	2276455	873867	320125	185035
电线电缆制造	2790713	2025952	778424	270662	159747
光纤、光缆制造	176777	130284	47187	24970	11740
绝缘制品制造	79429	54942	23899	11808	6430
其他电工器材制造	90141	65277	24357	12685	7118
电池制造	880182	582012	177916	135230	62274
电池制造	880182	582012	177916	135230	62274
家用电力器具制造	1992481	1286813	337651	248234	102832
家用制冷电器具制造	175898	105578	26153	17880	10716
家用空气调节器制造	93616	66828	13427	18357	5805
家用通风电器具制造	130853	88299	23898	20072	10471
家用厨房电器具制造	430262	301035	67651	60606	21859
家用清洁卫生电器具制造	441855	262326	64574	39129	16808
家用美容、保健电器具制造	109238	63079	17793	14528	5695
家用电力器具专用配件制造	281341	186771	74349	28971	14027
其他家用电力器具制造	329418	212898	49808	48691	17451

1－E－6 续表 2－17

单位：个、万元、人

指 标 名 称	资产总计	流动资产合 计	应收帐款	存 货	产成品
非电力家用器具制造	188002	100951	20165	30476	12262
燃气、太阳能及类似能源的器具制造	150543	80947	16124	24009	10011
其他非电力家用器具制造	37459	20004	4041	6467	2251
照明器具制造	1586648	1062075	328285	244604	103745
电光源制造	462226	291968	112606	72901	36962
照明灯具制造	894405	613508	162073	131806	48144
灯用电器附件及其他照明器具制造	230016	156599	53606	39896	18639
其他电气机械及器材制造	223571	125489	41842	27888	12986
车辆专用照明及电气信号设备装置制造	162923	85008	27936	19799	10526
其他未列明的电气机械制造	60649	40481	13905	8089	2460
通信设备、计算机及其他电子设备制造业	4241883	2528075	887719	540489	229692
通信设备制造	970596	533955	208703	99309	37248
通信传输设备制造	203873	145635	53201	32575	14321
通信交换设备制造	142402	97700	52018	9177	4728
通信终端设备制造	84333	62111	20381	14826	3501
移动通信及终端设备制造	218493	148156	59004	26469	8570
其他通信设备制造	321495	80352	24099	16263	6128
雷达及配套设备制造	7985	6059	728	505	114
雷达及配套设备制造	7985	6059	728	505	114
广播电视设备制造	179555	114654	52144	25877	10347
广播电视节目制作及发射设备制造	15259	9376	2444	1756	1567
广播电视接收设备及器材制造	106407	69343	23980	18961	7254
应用电视设备及其他广播电视设备制造	57889	35935	25719	5160	1526
电子计算机制造	250241	156909	44554	31347	16062
电子计算机整机制造	5574	3823	1275	458	83
计算机网络设备制造	48046	32758	8365	11840	6075
电子计算机外部设备制造	196621	120328	34915	19049	9904
电子器件制造	941021	541803	157394	139344	67548
电子真空器件制造	34405	22950	8544	6797	4352
半导体分立器件制造	334892	152547	53737	50330	18942
集成电路制造	247080	148152	38148	44680	26065
光电子器件及其他电子器件制造	324645	218154	56965	37538	18189
电子元件制造	1503278	937062	357711	186201	77634
电子元件及组件制造	1368238	845833	319352	168985	70235
印制电路板制造	135039	91229	38359	17217	7398
家用视听设备制造	253856	148605	39741	35315	10313
家用影视设备制造	100209	55855	13644	13430	3284
家用音响设备制造	153647	92750	26096	21885	7029
其他电子设备制造	135353	89028	26744	22592	10427

1－E－6 续表2－18

单位：个、万元、人

指标名称	资产总计	流动资产合计	应收帐款	存货	产成品
其他电子设备制造	135353	89028	26744	22592	10427
仪器仪表及文化、办公用机械制造业	2323891	1505635	492715	329839	147921
通用仪器仪表制造	1189239	807613	320046	183805	76112
工业自动控制系统装置制造	416389	286970	104785	73917	31536
电工仪器仪表制造	235740	167507	78149	34685	11822
绘图、计算及测量仪器制造	71100	44681	9428	15224	7765
实验分析仪器制造	79718	50423	20220	9510	3268
试验机制造	33167	15884	4295	6559	3036
供应用仪表及其他通用仪器制造	353125	242147	103170	43910	18685
专用仪器仪表制造	340365	227821	68172	45445	26298
环境监测专用仪器仪表制造	48567	39229	10305	12465	9557
汽车及其他用计数仪表制造	123661	71207	27054	14121	8684
导航、气象及海洋专用仪器制造	24798	14682	5050	2911	1481
农林牧渔专用仪器仪表制造	4924	3590	603	497	134
地质勘探和地震专用仪器制造	492	372	74	87	38
教学专用仪器制造	50706	33148	12235	6012	2421
电子测量仪器制造	39799	26224	6969	6386	2361
其他专用仪器制造	47420	39368	5881	2967	1622
钟表与计时仪器制造	103943	60272	19738	15895	9804
钟表与计时仪器制造	103943	60272	19738	15895	9804
光学仪器及眼镜制造	448936	248609	59836	50806	23002
光学仪器制造	136479	73319	12570	15122	5871
眼镜制造	312457	175290	47265	35684	17131
文化、办公用机械制造	220380	148120	20344	30393	10932
电影机械制造	3291	3085	1474	912	262
幻灯及投影设备制造	1230	824	197	99	99
照相机及器材制造	69674	63855	4251	7546	2142
复印和胶印设备制造	47705	24385	5077	7485	4320
计算器及货币专用设备制造	58528	30392	5726	4843	1299
其他文化、办公用机械制造	39953	25580	3620	9509	2810
其他仪器仪表的制造及修理	21028	13199	4579	3495	1774
其他仪器仪表的制造及修理	21028	13199	4579	3495	1774
工艺品及其他制造业	3007048	1816249	470265	388552	170804
工艺美术品制造	2088992	1225017	265299	276815	122772
雕塑工艺品制造	202581	104755	21934	30980	11955
金属工艺品制造	261409	153903	31604	40733	12429
漆器工艺品制造	95151	49196	13044	9199	2274
花画工艺品制造	48833	29991	9409	4163	1713
天然植物纤维编织工艺品制造	59981	34688	8927	8871	3304

1－E－6 续表2－19

单位：个、万元、人

指 标 名 称	资产总计	流动资产合 计	应收帐款	存 货	产成品
抽纱刺绣工艺品制造	663496	397426	97934	77381	32065
地毯、挂毯制造	116357	51788	13362	16730	6406
珠宝首饰及有关物品的制造	253808	181979	28087	44075	34084
其他工艺美术品制造	387377	221291	40998	44684	18544
日用杂品制造	859210	555116	195730	106102	44896
制镜及类似品加工	75545	44174	8864	9263	4185
鬃毛加工、制刷及清扫工具的制造	89792	50983	10112	14539	4981
其他日用杂品制造	693874	459959	176754	82300	35730
煤制品制造	11084	7152	1847	356	275
煤制品制造	11084	7152	1847	356	275
核辐射加工	3111	776	205	69	69
核辐射加工	3111	776	205	69	69
其他未列明的制造业	44652	28188	7185	5210	2793
其他未列明的制造业	44652	28188	7185	5210	2793
废弃资源和废旧材料回收加工业	625445	494317	76140	193529	110287
金属废料和碎屑的加工处理	480514	406098	48482	176807	103265
金属废料和碎屑的加工处理	480514	406098	48482	176807	103265
非金属废料和碎屑的加工处理	144930	88219	27658	16722	7022
非金属废料和碎屑的加工处理	144930	88219	27658	16722	7022
电力、燃气及水的生产和供应业	**13086900**	**3010966**	**530637**	**213479**	**13789**
电力、热力的生产和供应业	9717980	2095883	463927	184579	4609
电力生产	8171701	1717885	424312	170579	1376
火力发电	5350909	1410840	360811	160460	152
水力发电	2613133	264028	57456	8913	920
其他能源发电	207659	43017	6046	1205	304
电力供应	1190272	285984	14086	6043	2963
电力供应	1190272	285984	14086	6043	2963
热力生产和供应	356008	92014	25529	7957	270
热力生产和供应	356008	92014	25529	7957	270
燃气生产和供应业	674316	171409	17063	9772	6825
燃气生产和供应业	674316	171409	17063	9772	6825
燃气生产和供应业	674316	171409	17063	9772	6825
水的生产和供应业	2694604	743674	49647	19128	2356
自来水的生产和供应	2000380	605357	36182	18182	2278
自来水的生产和供应	2000380	605357	36182	18182	2278
污水处理及其再生利用	692024	137946	13385	927	60
污水处理及其再生利用	692024	137946	13385	927	60
其他水的处理、利用与分配	2200	371	80	19	18
其他水的处理、利用与分配	2200	371	80	19	18

1－E－6 续表3－1

单位：个、万元、人

指 标 名 称	流动资产年平均余额	固定资产合计	固定资产原价	累计折旧	本年折旧
总 计	**88412008**	**50437134**	**64312783**	**18734847**	**4336987**
一、按轻重工业分					
轻工业	37791237	20462718	26047231	7565644	1751993
重工业	50620770	29974416	38265552	11169203	2584995
二、按登记注册类型分					
内 资	**65059105**	**36509774**	**47006441**	**14183629**	**3189550**
国 有	1190152	3387275	4344291	1239112	271635
集 体	552681	213452	342572	157703	22126
股份合作企业	1385688	561097	788877	285834	46641
联营企业	27128	20092	32676	19113	1705
国有联营	5073	12521	18826	12609	980
集体联营	5611	2235	3747	1548	189
国有与集体联营	8501	2092	4859	2767	408
其他联营	7943	3244	5245	2189	129
有限责任公司	13618903	9281314	12435121	4271313	805717
国有独资公司	263402	432144	526978	164970	32661
其他有限责任公司	13355501	8849171	11908143	4106343	773056
股份有限公司	1511103	750493	1021719	368347	75593
私营企业	46559545	22097319	27783162	7770029	1948428
私营独资	3749407	1716983	2255225	679038	155844
私营合伙	984080	429388	570201	173940	39934
私营有限责任公司	40854646	19506957	24419597	6767572	1717783
私营股份有限公司	971412	443991	538140	149480	34866
其 他	213905	198732	258022	72177	17705
港澳台商投资	**11510181**	**5975838**	**7451902**	**2014854**	**482737**
与港澳台商合资经营	6707105	3140611	3926760	1073720	261524
与港澳台商合作经营	281585	139301	325471	196113	18006
港澳台商独资	4218498	2551078	2995445	677534	190503
港澳台商投资股份有限公司	302993	144848	204226	67487	12704
外商投资	**11842721**	**7951522**	**9854440**	**2536365**	**664700**
中外合资经营	6659265	3712164	4698595	1310562	324811
中外合作经营	284439	217611	325309	122950	21017
外资企业	4807608	3922827	4715454	1073428	313190
外商投资股份有限公司	91409	98920	115082	29424	5682
三、按控股情况分					
国有控股	3258624	7932882	10735193	3663950	643126
集体控股	2509972	1327365	1863250	656533	123542
私人控股	65561455	30245407	38409303	11082055	2694990
港澳台商控股	7648717	4186455	4943581	1163258	314692
外商控股	7636070	5855564	7226439	1808370	484035

1－E－6 续表3－2

单位：个、万元、人

指 标 名 称	流动资产年平均余额	固定资产合计	固定资产原价	累计折旧	本年折旧
其 他	1797170	889461	1135017	360680	76603
四、按国民经济行业（门类、大类、中类、小类）分					
采矿业	**442887**	**241359**	**337651**	**116001**	**25447**
黑色金属矿采选业	142510	5954	8114	2237	571
铁矿采选	142510	5954	8114	2237	571
铁矿采选	142510	5954	8114	2237	571
有色金属矿采选业	29606	9156	14857	6395	1354
常用有色金属矿采选	14870	3546	6214	2881	421
铜矿采选	4354	700	1202	550	76
铅锌矿采选	10517	2846	5012	2330	346
贵金属矿采选	2692	951	2242	1291	127
金矿采选	1944	500	1742	1243	99
银矿采选	748	451	499	48	28
稀有稀土金属矿采选	12043	4659	6402	2223	806
钨钼矿采选	12043	4659	6402	2223	806
非金属矿采选业	270772	226250	314679	107368	23523
土砂石开采	250219	208920	289355	97825	21896
石灰石、石膏开采	46002	28524	42506	15791	3325
建筑装饰用石开采	67895	84276	121132	43048	8336
耐火土石开采	52247	11338	19140	7934	1455
粘土及其他土砂石开采	84074	84782	106578	31052	8780
化学矿采选	1811	795	971	176	65
化学矿采选	1811	795	971	176	65
采 盐	3446	1572	4524	2977	186
采 盐	3446	1572	4524	2977	186
石棉及其他非金属矿采选	15296	14963	19829	6391	1376
其他非金属矿采选	15296	14963	19829	6391	1376
制造业	**84949807**	**41009632**	**51774825**	**14586602**	**3576305**
农副食品加工业	1782789	882075	1079096	293496	57602
谷物磨制	84595	35523	50868	16941	2088
谷物磨制	84595	35523	50868	16941	2088
饲料加工	194895	102877	137920	47623	7255
饲料加工	194895	102877	137920	47623	7255
植物油加工	275884	76666	117166	47640	6876
食用植物油加工	272538	74517	114859	47090	6743
非食用植物油加工	3346	2150	2307	550	134
屠宰及肉类加工	155242	76441	90832	20791	4578
畜禽屠宰	10910	19081	22248	4163	1359
肉制品及副产品加工	144332	57359	68584	16629	3219
水产品加工	685706	363358	413648	91004	21636

1－E－6 续表3－3 单位：个、万元、人

指标名称	流动资产年平均余额	固定资产合计	固定资产原价	累计折旧	本年折旧
水产品冷冻加工	490001	245787	278755	66069	14629
鱼糜制品及水产品干腌制加工	139778	88404	97885	15703	4934
水产饲料制造	49433	22667	30770	8498	1738
鱼油提取及制品的制造	1197	755	989	234	74
其他水产品加工	5297	5745	5249	500	261
蔬菜、水果和坚果加工	210668	144287	164420	39162	9835
蔬菜、水果和坚果加工	210668	144287	164420	39162	9835
其他农副食品加工	175799	82923	104244	30335	5333
淀粉及淀粉制品的制造	36758	14935	16445	1715	740
豆制品制造	21000	22162	25935	6202	1641
蛋品加工	15147	10553	10926	1420	709
其他未列明的农副食品加工	102895	35272	50938	20999	2244
食品制造业	674722	468614	609063	169659	41038
焙烤食品制造	43231	40775	47011	10929	2710
糕点、面包制造	18201	17403	20362	4406	1209
饼干及其他焙烤食品制造	25029	23372	26649	6523	1501
糖果、巧克力及蜜饯制造	101809	51649	61846	14030	4370
糖果、巧克力制造	43076	39925	49158	9394	3730
蜜饯制作	58733	11724	12687	4636	640
方便食品制造	58132	64278	91383	28274	8700
米、面制品制造	12749	14049	16928	3150	635
速冻食品制造	21596	18640	24385	6423	1529
方便面及其他方便食品制造	23788	31589	50071	18701	6536
液体乳及乳制品制造	52860	43746	60146	18444	4717
液体乳及乳制品制造	52860	43746	60146	18444	4717
罐头制造	124045	85337	110487	30583	7055
肉、禽类罐头制造	2638	1928	2694	766	224
水产品罐头制造	9601	19929	21567	5002	1218
蔬菜、水果罐头制造	110582	62585	85111	24549	5545
其他罐头食品制造	1225	895	1116	266	68
调味品、发酵制品制造	91062	69844	93232	27412	3727
味精制造	27900	15355	28578	14064	1207
酱油、食醋及类似制品的制造	20803	27866	30664	5479	1108
其他调味品、发酵制品制造	42359	26623	33991	7868	1412
其他食品制造	203584	112987	144959	39989	9760
营养、保健食品制造	83440	44570	55835	13842	3857
冷冻饮品及食用冰制造	25247	17743	26605	9063	1318
盐加工	4380	2016	2967	950	230
食品及饲料添加剂制造	89651	46942	57712	15830	4214
其他未列明的食品制造	866	1717	1840	304	140

1－E－6 续表3－4

单位：个、万元、人

指 标 名 称	流动资产年平均余额	固定资产合计	固定资产原价	累计折旧	本年折旧
饮料制造业	709676	409007	543412	177560	33358
酒精制造	26489	5288	4645	952	336
酒精制造	26489	5288	4645	952	336
酒的制造	197710	140547	167930	52628	8923
白酒制造	25963	16193	25970	11363	1714
啤酒制造	74904	77781	83696	19335	4441
黄酒制造	80524	36858	47583	18295	2320
其他酒制造	16320	9715	10681	3635	448
软饮料制造	226330	166699	248948	91833	17923
碳酸饮料制造	61780	43134	78595	36488	7758
瓶（罐）装饮用水制造	34087	31904	45093	13562	1739
果菜汁及果菜汁饮料制造	42704	32256	38093	11536	2579
含乳饮料和植物蛋白饮料制造	22430	10144	16083	6053	1267
固体饮料制造	29563	18729	20069	3348	1037
茶饮料及其他软饮料制造	35766	30533	51014	20847	3544
精制茶加工	259147	96472	121889	32148	6177
精制茶加工	259147	96472	121889	32148	6177
烟草制品业	5626	6999	8488	2396	566
其他烟草制品加工	5626	6999	8488	2396	566
其他烟草制品加工	5626	6999	8488	2396	566
纺织业	10566011	6060536	8029368	2448086	567679
棉、化纤纺织及印染精加工	4575727	2909523	3908240	1231900	283225
棉、化纤纺织加工	3448474	2060291	2753218	853212	204084
棉、化纤印染精加工	1127253	849232	1155022	378687	79142
毛纺织和染整精加工	442203	210755	288714	92145	17715
毛条加工	87775	27896	32732	5702	2314
毛纺织	288902	128052	183950	66530	11256
毛染整精加工	65527	54807	72032	19914	4145
麻纺织	32136	9995	15698	6084	1357
麻纺织	32136	9995	15698	6084	1357
丝绢纺织及精加工	814846	427066	631809	238054	37682
缫丝加工	155830	61661	109873	50844	5324
绢纺和丝织加工	568907	267991	380316	128670	24310
丝印染精加工	90109	97415	141621	58539	8048
纺织制成品制造	1803919	916586	1164175	331421	81243
棉及化纤制品制造	628280	305158	378420	101809	25739
毛制品制造	85963	36876	47869	15081	3436
麻制品制造	2744	1022	1164	203	76
丝制品制造	220065	93467	120469	36675	8286
绳、索、缆的制造	44557	20453	18839	6191	1404

1－E－6 续表3－5 单位：个、万元、人

指 标 名 称	流动资产年平均余额	固定资产合计	固定资产原价	累计折旧	本年折旧
纺织带和帘子布制造	186950	98279	118516	27862	8604
无纺布制造	390252	243206	331638	106046	23340
其他纺织制成品制造	245109	118124	147260	37555	10358
针织品、编织品及其制品制造	2897181	1586611	2020732	548482	146457
棉、化纤针织品及编织品制造	2167016	1093131	1416466	394068	104068
毛针织品及编织品制造	451288	302643	378377	95929	26165
丝针织品及编织品制造	147736	97480	123344	35638	7957
其他针织品及编织品制造	131141	93358	102545	22847	8267
纺织服装、鞋、帽制造业	2815020	1394468	1701273	465282	107947
纺织服装制造	2717558	1335283	1629496	447540	103196
纺织服装制造	2717558	1335283	1629496	447540	103196
纺织面料鞋的制造	73408	42555	50171	11397	2826
纺织面料鞋的制造	73408	42555	50171	11397	2826
制 帽	24053	16630	21606	6344	1925
制 帽	24053	16630	21606	6344	1925
皮革、毛皮、羽毛（绒）及其制品业	2007762	771036	909608	244453	57943
皮革鞣制加工	326371	107621	133206	39635	8255
皮革鞣制加工	326371	107621	133206	39635	8255
皮革制品制造	1320640	573218	667562	175547	41873
皮鞋制造	732521	301250	348466	90088	20924
皮革服装制造	168174	69550	78903	22010	5227
皮箱、包（袋）制造	297314	145581	176923	45892	11021
皮手套及皮装饰制品制造	59919	25142	27758	6890	1546
其他皮革制品制造	62712	31694	35512	10667	3156
毛皮鞣制及制品加工	97496	33665	42267	11228	3233
毛皮鞣制加工	21082	12511	16661	4685	1224
毛皮服装加工	32150	10802	12461	3027	973
其他毛皮制品加工	44264	10351	13145	3517	1036
羽毛（绒）加工及制品制造	263255	56533	66573	18043	4582
羽毛（绒）加工	25831	3773	5019	1313	359
羽毛（绒）制品加工	237424	52760	61554	16730	4223
木材加工及木、竹、藤、棕、草制品业	960123	510381	621052	156580	39696
锯材、木片加工	31898	17198	18127	4367	1291
锯材加工	16726	8263	8495	1422	560
木片加工	15172	8935	9632	2945	731
人造板制造	417641	214769	283661	83019	19239
胶合板制造	253729	95702	130164	40128	8044
纤维板制造	65926	56341	88132	33332	7252
刨花板制造	33884	3659	4008	531	357
其他人造板、材制造	64102	59067	61357	9028	3586

1-E-6 续表3-6

单位：个、万元、人

指 标 名 称	流动资产年平均余额	固定资产合计	固定资产原价	累计折旧	本年折旧
木制品制造	334725	181160	204794	41758	12767
建筑用木料及木材组件加工	262585	133781	151834	30641	9167
木容器制造	29084	8788	10748	2896	753
软木制品及其他木制品制造	43056	38591	42212	8221	2847
竹、藤、棕、草制品制造	175859	97255	114471	27437	6399
竹、藤、棕、草制品制造	175859	97255	114471	27437	6399
家具制造业	963525	484992	527493	111951	31992
木质家具制造	500865	266528	281089	59006	16252
木质家具制造	500865	266528	281089	59006	16252
竹、藤家具制造	10306	7253	6306	637	305
竹、藤家具制造	10306	7253	6306	637	305
金属家具制造	325248	136896	161275	37308	10881
金属家具制造	325248	136896	161275	37308	10881
塑料家具制造	35918	20292	21850	5249	1410
塑料家具制造	35918	20292	21850	5249	1410
其他家具制造	91188	54023	56973	9750	3143
其他家具制造	91188	54023	56973	9750	3143
造纸及纸制品业	2535844	1230648	1677105	531474	113279
纸浆制造	11920	10600	13227	5279	990
纸浆制造	11920	10600	13227	5279	990
造 纸	1383228	673266	958810	315074	64590
机制纸及纸板制造	1275092	624839	875867	279128	58823
手工纸制造	1069	918	1275	357	43
加工纸制造	107068	47510	81669	35588	5724
纸制品制造	1140696	546782	705068	211121	47699
纸和纸板容器的制造	860597	397172	511443	153795	34756
其他纸制品制造	280099	149610	193625	57326	12943
印刷业和记录媒介的复制	1171211	844578	1190967	401175	82740
印 刷	1092655	790379	1109450	370423	77104
书、报、刊印刷	167682	187845	270150	95111	16787
本册印制	55183	33007	45383	14573	3240
包装装潢及其他印刷	869790	569528	793917	260740	57076
装订及其他印刷服务活动	26811	28153	34590	9376	2607
装订及其他印刷服务活动	26811	28153	34590	9376	2607
记录媒介的复制	51745	26046	46928	21376	3030
记录媒介的复制	51745	26046	46928	21376	3030
文教体育用品制造业	994914	533950	632151	150691	43112
文化用品制造	367164	213569	258781	62820	16988
文具制造	169890	100590	116394	25838	8213
笔的制造	165078	98205	123302	31509	7551

1-E-6 续表3-7

单位：个、万元、人

指 标 名 称	流动资产年平均余额	固定资产合计	固定资产原价	累计折旧	本年折旧
教学用模型及教具制造	11765	5249	6427	1972	410
墨水、墨汁制造	2747	915	1053	138	49
其他文化用品制造	17685	8610	11606	3364	765
体育用品制造	265248	134114	151741	35662	10617
球类制造	32677	26097	24725	6777	1745
体育器材及配件制造	82725	45256	52163	8746	3604
训练健身器材制造	100924	41982	50908	13875	3628
运动防护用具制造	10572	5286	6815	2032	489
其他体育用品制造	38350	15494	17130	4233	1150
乐器制造	41131	17579	19590	5525	2595
中乐器制造	764	242	351	109	32
西乐器制造	18782	9820	9294	2192	1567
电子乐器制造	11165	2070	2610	883	502
其他乐器及零件制造	10421	5446	7335	2341	494
玩具制造	182864	120895	148372	35443	9397
玩具制造	182864	120895	148372	35443	9397
游艺器材及娱乐用品制造	138506	47793	53667	11242	3515
露天游乐场所游乐设备制造	120134	38135	40921	7827	2640
游艺用品及室内游艺器材制造	18372	9658	12746	3414	875
石油加工、炼焦及核燃料加工业	232807	71863	113318	44247	6241
精炼石油产品的制造	178511	52336	85606	36061	4382
原油加工及石油制品制造	178511	52336	85606	36061	4382
炼 焦	54296	19527	27712	8186	1859
炼 焦	54296	19527	27712	8186	1859
化学原料及化学制品制造业	5654371	3925055	4774751	1086969	313415
基础化学原料制造	1290165	1028979	1269335	302340	90415
无机酸制造	101248	63516	93231	33120	6958
无机碱制造	26727	40973	48851	8450	4015
无机盐制造	149641	56687	76883	25749	5226
有机化学原料制造	832725	578976	722593	187984	58138
其他基础化学原料制造	179824	288828	327777	47038	16078
肥料制造	62607	47377	69324	24728	4905
氮肥制造	21967	24817	34208	9557	1794
磷肥制造	4724	3466	4596	1973	261
复混肥料制造	35000	17332	28525	12963	2778
有机肥料及微生物肥料制造	542	1529	1623	94	48
其他肥料制造	374	233	372	141	25
农药制造	244264	82094	111548	41043	9480
化学农药制造	227450	73912	98280	35957	8545

1－E－6 续表3－8

单位：个、万元、人

指 标 名 称	流动资产年平均余额	固定资产合计	固定资产原价	累计折旧	本年折旧
生物化学农药及微生物农药制造	16814	8182	13269	5087	935
涂料、油墨、颜料及类似产品制造	1058301	368579	476254	144814	31671
涂料制造	392136	127014	164763	50262	9981
油墨及类似产品制造	49909	26503	30884	6792	1792
颜料制造	122868	59020	75750	20618	5038
染料制造	459059	141434	185157	60982	13453
密封用填料及类似品制造	34329	14608	19701	6161	1407
合成材料制造	1253828	1550588	1733886	236167	95768
初级形态的塑料及合成树脂制造	1030471	1255044	1378054	166185	66183
合成橡胶制造	19562	6876	8325	2577	763
合成纤维单(聚合)体的制造	186005	284129	341865	66135	28285
其他合成材料制造	17791	4539	5643	1271	538
专用化学产品制造	1452866	689025	907298	272831	66833
化学试剂和助剂制造	642456	284258	365827	100146	26574
专项化学用品制造	228714	89234	125459	43458	9328
林产化学产品制造	24461	16012	20395	4963	1307
炸药及火工产品制造	8054	10510	12438	3022	924
信息化学品制造	345338	184692	247738	83162	19332
环境污染处理专用药剂材料制造	41733	15834	19794	5787	1117
动物胶制造	20768	23494	26983	6553	2275
其他专用化学产品制造	141342	64991	88664	25742	5976
日用化学产品制造	292341	158412	207106	65045	14343
肥皂及合成洗涤剂制造	44760	23241	31425	8522	2054
化妆品制造	101420	47512	62548	17921	2862
口腔清洁用品制造	2399	1230	1733	502	86
香料、香精制造	112950	71027	92658	33911	8111
其他日用化学产品制造	30811	15401	18741	4189	1230
医药制造业	1315682	752911	920490	267775	66541
化学药品原药制造	444774	265272	321759	95380	23989
化学药品原药制造	444774	265272	321759	95380	23989
化学药品制剂制造	231808	161505	212461	63179	15686
化学药品制剂制造	231808	161505	212461	63179	15686
中药饮片加工	51054	27246	30091	6437	1695
中药饮片加工	51054	27246	30091	6437	1695
中成药制造	158868	93273	104525	31688	5977
中成药制造	158868	93273	104525	31688	5977
兽用药品制造	118482	37737	50539	14338	3712
兽用药品制造	118482	37737	50539	14338	3712
生物、生化制品的制造	221310	113217	129802	35541	10564

1－E－6 续表3－9 单位：个、万元、人

指 标 名 称	流动资产年平均余额	固定资产合计	固定资产原价	累计折旧	本年折旧
生物、生化制品的制造	221310	113217	129802	35541	10564
卫生材料及医药用品制造	89386	54662	71313	21211	4919
卫生材料及医药用品制造	89386	54662	71313	21211	4919
化学纤维制造业	1797764	1011772	1311895	379816	96324
纤维素纤维原料及纤维制造	76859	34437	35738	7891	4110
化纤浆粕制造	4289	1103	1601	540	133
人造纤维（纤维素纤维）制造	72570	33334	34136	7352	3977
合成纤维制造	1720906	977335	1276157	371925	92214
锦纶纤维制造	248818	100822	111690	24621	8163
涤纶纤维制造	997901	513669	674588	204839	48004
腈纶纤维制造	6208	4078	4815	1287	291
维纶纤维制造	505	420	451	31	31
其他合成纤维制造	467473	358347	484612	141146	35725
橡胶制品业	742135	304973	405013	124010	26499
轮胎制造	91264	31790	42156	12591	2581
车辆、飞机及工程机械轮胎制造	70382	23516	28664	7343	1878
力车胎制造	15404	6626	10794	4197	573
轮胎翻新加工	5478	1647	2698	1051	130
橡胶板、管、带的制造	196447	80610	108097	34636	7414
橡胶板、管、带的制造	196447	80610	108097	34636	7414
橡胶零件制造	148336	59651	81967	27288	6214
橡胶零件制造	148336	59651	81967	27288	6214
再生橡胶制造	15430	7888	10491	3744	726
再生橡胶制造	15430	7888	10491	3744	726
日用及医用橡胶制品制造	32047	14581	17691	4852	1455
日用及医用橡胶制品制造	32047	14581	17691	4852	1455
橡胶靴鞋制造	161839	72452	94881	26310	4643
橡胶靴鞋制造	161839	72452	94881	26310	4643
其他橡胶制品制造	96772	38002	49729	14589	3466
其他橡胶制品制造	96772	38002	49729	14589	3466
塑料制品业	4538325	2370102	3071859	919030	216123
塑料薄膜制造	700976	570293	715846	189154	45658
塑料薄膜制造	700976	570293	715846	189154	45658
塑料板、管、型材的制造	921485	380174	476076	143179	32316
塑料板、管、型材的制造	921485	380174	476076	143179	32316
塑料丝、绳及编织品的制造	243799	102829	145398	48928	9438
塑料丝、绳及编织品的制造	243799	102829	145398	48928	9438
泡沫塑料制造	244664	95984	124702	37130	8337
泡沫塑料制造	244664	95984	124702	37130	8337

1－E－6 续表3－10 单位：个、万元、人

指 标 名 称	流动资产年平均余额	固定资产合计	固定资产原价	累计折旧	本年折旧
塑料人造革、合成革制造	678021	299941	389052	122518	29023
塑料人造革、合成革制造	678021	299941	389052	122518	29023
塑料包装箱及容器制造	377945	215808	308610	109958	22875
塑料包装箱及容器制造	377945	215808	308610	109958	22875
塑料零件制造	512224	244117	335578	111292	25747
塑料零件制造	512224	244117	335578	111292	25747
日用塑料制造	524611	312251	390202	106067	29487
塑料鞋制造	69804	40208	50795	13553	2947
日用塑料杂品制造	454807	272043	339407	92514	26539
其他塑料制品制造	334602	148704	186395	50804	13243
其他塑料制品制造	334602	148704	186395	50804	13243
非金属矿物制品业	3726086	2379561	3259690	1058554	243660
水泥、石灰和石膏的制造	813453	902414	1254251	409885	74424
水泥制造	791195	886765	1232830	403365	72881
石灰和石膏制造	22257	15650	21420	6520	1543
水泥及石膏制品制造	1611621	664548	995848	364548	95313
水泥制品制造	1394187	546978	845924	324007	83121
砼结构构件制造	139813	77766	103254	28737	8663
石棉水泥制品制造	1708	2604	4285	1682	357
轻质建筑材料制造	61345	31308	33756	7336	2141
其他水泥制品制造	14568	5893	8628	2786	1031
砖瓦、石材及其他建筑材料制造	296147	201405	258767	74306	19822
粘土砖瓦及建筑砌块制造	77002	75468	102900	33590	8371
建筑陶瓷制品制造	52675	22939	33256	12607	3081
建筑用石加工	41292	23268	30009	7636	2084
防水建筑材料制造	66399	30699	31481	6381	2307
隔热和隔音材料制造	33684	34590	41637	8324	2648
其他建筑材料制造	25096	14441	19484	5768	1330
玻璃及玻璃制品制造	648322	426049	512563	135837	35775
平板玻璃制造	35230	39981	45986	8320	2643
技术玻璃制品制造	269803	135967	149410	38789	9742
光学玻璃制造	2908	940	1197	264	113
玻璃仪器制造	2874	4075	4851	1392	361
日用玻璃制品及玻璃包装容器制造	150571	128000	145066	32031	9979
玻璃保温容器制造	6273	6115	7909	2306	575
玻璃纤维及制品制造	95798	77817	109348	33597	8464
玻璃纤维增强塑料制品制造	60406	21128	22806	4758	1718
其他玻璃制品制造	24459	12026	25991	14380	2181
陶瓷制品制造	83485	42464	52580	13436	3541

1－E－6 续表3－11 单位：个、万元、人

指标名称	流动资产年平均余额	固定资产合计	固定资产原价	累计折旧	本年折旧
卫生陶瓷制品制造	40750	23437	27605	6117	1996
特种陶瓷制品制造	29944	12401	16088	4379	1139
日用陶瓷制品制造	12678	5570	7548	2659	326
园林、陈设艺术及其他陶瓷制品制造	114	1056	1338	282	80
耐火材料制品制造	128196	60506	84721	30066	6835
石棉制品制造	13059	9349	9547	1538	646
云母制品制造	4685	2050	2840	805	176
耐火陶瓷制品及其他耐火材料制造	110452	49107	72335	27723	6013
石墨及其他非金属矿物制品制造	144863	82175	100961	30477	7951
石墨及碳素制品制造	54980	23138	36821	14106	3502
其他非金属矿物制品制造	89884	59037	64140	16371	4449
黑色金属冶炼及压延加工业	2952670	1067477	1236313	289856	85789
炼　铁	3938	2589	3366	801	295
炼　铁	3938	2589	3366	801	295
炼　钢	159319	56906	62966	10613	5483
炼　钢	159319	56906	62966	10613	5483
钢压延加工	2696910	989865	1151076	275348	79060
钢压延加工	2696910	989865	1151076	275348	79060
铁合金冶炼	92503	18117	18904	3094	952
铁合金冶炼	92503	18117	18904	3094	952
有色金属冶炼及压延加工业	2423020	650548	813651	214953	58129
常用有色金属冶炼	395311	68244	76577	15828	5160
铜冶炼	200614	26073	27770	6228	2001
铅锌冶炼	33512	6533	7739	1760	568
镍钴冶炼	93039	23445	26068	4080	1392
锡冶炼	472	65	74	9	8
铝冶炼	53550	6385	8606	2340	661
镁冶炼	1211	453	539	92	34
其他常用有色金属冶炼	12914	5291	5781	1318	497
贵金属冶炼	101327	11636	15059	4252	1074
金冶炼	87111	9206	12585	3397	881
银冶炼	11084	1828	1640	623	123
其他贵金属冶炼	3133	602	833	231	70
稀有稀土金属冶炼	33936	14505	17944	3588	908
钨钼冶炼	5506	955	1971	1099	102
稀土金属冶炼	28430	13551	15973	2489	806
有色金属合金制造	170119	43191	53361	12980	3945
有色金属合金制造	170119	43191	53361	12980	3945
有色金属压延加工	1722328	512971	650710	178306	47042

1－E－6 续表3－12

单位：个、万元、人

指 标 名 称	流动资产年平均余额	固定资产合计	固定资产原价	累计折旧	本年折旧
常用有色金属压延加工	1667780	502896	633099	170083	45982
贵金属压延加工	26253	1788	2256	494	127
稀有稀土金属压延加工	28295	8288	15356	7729	933
金属制品业	4712423	2000344	2421910	626480	167299
结构性金属制品制造	1279752	388736	463771	122292	30538
金属结构制造	920545	262371	318155	85845	21872
金属门窗制造	359207	126364	145616	36448	8667
金属工具制造	564698	284637	357212	95965	26999
切削工具制造	116729	58147	74213	19704	6708
手工具制造	233059	120963	155444	41429	10696
农用及园林用金属工具制造	81660	33715	41353	10245	2765
刀剪及类似日用金属工具制造	39522	21603	24823	7026	1562
其他金属工具制造	93729	50209	61379	17561	5268
集装箱及金属包装容器制造	273427	101782	147186	52581	8988
集装箱制造	367	48	73	25	10
金属压力容器制造	95880	35529	46501	13469	3309
金属包装容器制造	177180	66205	100613	39087	5668
金属丝绳及其制品的制造	395390	149796	183308	51893	13235
金属丝绳及其制品的制造	395390	149796	183308	51893	13235
建筑、安全用金属制品制造	827777	417176	488348	116876	32705
建筑、家具用金属配件制造	362834	193549	222718	56242	14580
建筑装饰及水暖管道零件制造	374708	181649	217163	48781	14667
安全、消防用金属制品制造	72514	32086	36742	9019	2684
其他建筑、安全用金属制品制造	17721	9892	11725	2834	774
金属表面处理及热处理加工	462231	277275	334540	80525	25453
金属表面处理及热处理加工	462231	277275	334540	80525	25453
搪瓷制品制造	45553	20991	23947	4972	1341
工业生产配套用搪瓷制品制造	2422	1126	1774	741	221
搪瓷卫生洁具制造	17573	5718	6243	1394	375
搪瓷日用品及其他搪瓷制品制造	25558	14147	15931	2837	746
不锈钢及类似日用金属制品制造	613624	276084	325748	77243	21370
金属制厨房调理及卫生器具制造	127883	68326	79828	16335	5985
金属制厨用器皿及餐具制造	362715	145979	175320	43605	10939
其他日用金属制品制造	123026	61780	70600	17303	4446
其他金属制品制造	249972	83868	97851	24133	6670
其他未列明的金属制品制造	249972	83868	97851	24133	6670
通用设备制造业	8550913	3742636	4674025	1300867	334636
锅炉及原动机制造	398159	104877	125382	35700	8247
锅炉及辅助设备制造	170645	47890	61663	18556	4016

1-E-6 续表3-13 单位：个、万元、人

指标名称	流动资产年平均余额	固定资产合计	固定资产原价	累计折旧	本年折旧
内燃机及配件制造	56196	19282	29168	10751	1991
汽轮机及辅机制造	128946	26875	23193	4450	1713
水轮机及辅机制造	17375	10459	10899	1854	482
其他原动机制造	24997	371	459	88	45
金属加工机械制造	547081	306483	344665	85194	21337
金属切削机床制造	209631	115464	121699	27247	6491
金属成形机床制造	117385	81936	83658	20532	5370
铸造机械制造	33864	20384	25610	6853	1763
金属切割及焊接设备制造	81801	22617	29130	8100	2011
机床附件制造	47011	36190	46741	13287	3399
其他金属加工机械制造	57390	29892	37828	9174	2304
起重运输设备制造	700917	246463	288209	76584	19608
起重运输设备制造	700917	246463	288209	76584	19608
泵、阀门、压缩机及类似机械的制造	2092854	881324	1099071	294449	74541
泵及真空设备制造	455440	195118	255638	74626	16185
气体压缩机械制造	205782	89738	108818	32307	7639
阀门和旋塞的制造	1161320	475474	580281	147148	39081
液压和气压动力机械及元件制造	270312	120995	154334	40368	11636
轴承、齿轮、传动和驱动部件的制造	1086872	575131	752379	229069	57736
轴承制造	746906	347327	471397	149787	36571
齿轮、传动和驱动部件制造	339966	227805	280982	79282	21165
烘炉、熔炉及电炉制造	50877	15015	21062	6419	1248
烘炉、熔炉及电炉制造	50877	15015	21062	6419	1248
风机、衡器、包装设备等通用设备制造	1276017	488630	614812	174723	47075
风机、风扇制造	109540	44391	61019	22803	3484
气体、液体分离及纯净设备制造	210033	69028	78322	24200	5689
制冷、空调设备制造	426896	164732	219967	62249	19376
风动和电动工具制造	308203	121979	143614	33751	10186
喷枪及类似器具制造	47568	17887	23752	6569	2052
包装专用设备制造	68824	28133	32833	9111	2321
衡器制造	25290	8085	11310	3952	1028
其他通用设备制造	79664	34396	43996	12088	2939
通用零部件制造及机械修理	1467843	741056	937336	252212	68563
金属密封件制造	104723	63234	70121	18320	5217
紧固件、弹簧制造	966774	458103	604550	173457	44221
机械零部件加工及设备修理	214192	120997	145096	32688	10606
其他通用零部件制造	182153	98723	117569	27747	8519
金属铸、锻加工	930293	383657	491110	146517	36281
钢铁铸件制造	650703	254736	330902	100101	23922

1－E－6 续表3－14

单位：个、万元、人

指标名称	流动资产年平均余额	固定资产合计	固定资产原价	累计折旧	本年折旧
锻件及粉末冶金制品制造	279590	128921	160209	46416	12360
专用设备制造业	3342612	1495984	1913963	564668	138078
矿山、冶金、建筑专用设备制造	253673	93056	119056	38654	8581
采矿、采石设备制造	53613	19626	28345	10957	1937
石油钻采专用设备制造	31156	6168	9175	3338	880
建筑工程用机械制造	81035	30941	33746	10738	1992
建筑材料生产专用机械制造	48095	16566	21376	6001	1722
冶金专用设备制造	39774	19754	26415	7621	2050
化工、木材、非金属加工专用设备制造	1138821	618543	800245	230586	59676
炼油、化工生产专用设备制造	60298	26204	34329	10543	2599
橡胶加工专用设备制造	29923	11309	17601	7215	1354
塑料加工专用设备制造	419006	147971	198982	60514	14539
木材加工机械制造	10528	7923	10036	2506	547
模具制造	609576	419897	533239	148975	40269
其他非金属加工专用设备制造	9491	5239	6059	833	368
食品、饮料、烟草及饲料生产专用设备制造	107401	47138	65210	20868	4529
食品、饮料、烟草工业专用设备制造	81496	35570	46235	12882	3306
农副食品加工专用设备制造	23250	10049	17429	7674	1159
饲料生产专用设备制造	2654	1520	1547	313	65
印刷、制药、日化生产专用设备制造	203142	92189	121157	37685	8511
制浆和造纸专用设备制造	20717	12188	15567	4852	979
印刷专用设备制造	103904	44584	58494	19212	4488
日用化工专用设备制造	7119	2068	3820	2168	404
制药专用设备制造	48993	24990	30867	7019	1506
照明器具生产专用设备制造	5328	2591	2885	515	251
玻璃、陶瓷和搪瓷制品生产专用设备制造	8307	3546	6412	2921	558
其他日用品生产专用设备制造	8775	2223	3112	997	324
纺织、服装和皮革工业专用设备制造	692377	302252	394801	118195	28249
纺织专用设备制造	312969	125240	165153	54631	11908
皮革、毛皮及其制品加工专用设备制造	44388	29115	35703	8628	2406
缝纫机械制造	327494	146152	191614	54350	13775
其他服装加工专用设备制造	7526	1745	2332	587	160
电子和电工机械专用设备制造	89720	32851	44014	14179	3022
电工机械专用设备制造	36097	13369	18873	6496	1313
电子工业专用设备制造	51759	17144	21051	5932	1584
武器弹药制造	1864	2338	4090	1752	126
农、林、牧、渔专用机械制造	197300	59779	72702	23699	4961
拖拉机制造	50981	7081	8432	2863	530
机械化农业及园艺机具制造	117253	42212	50621	16397	3466

1－E－6 续表3－15 单位：个、万元、人

指标名称	流动资产年平均余额	固定资产合计	固定资产原价	累计折旧	本年折旧
畜牧机械制造	86	145	49	19	2
渔业机械制造	660	529	732	232	59
农林牧渔机械配件制造	24007	8673	10714	2955	816
其他农林牧渔业机械制造及机械修理	4313	1139	2154	1233	88
医疗仪器设备及器械制造	159242	100279	122668	32448	8943
医疗诊断、监护及治疗设备制造	49435	43510	54928	13340	4239
口腔科用设备及器具制造	2040	2052	2638	585	198
实验室及医用消毒设备和器具的制造	5308	6705	6145	1197	408
医疗、外科及兽医用器械制造	61857	25376	34425	11069	2323
机械治疗及病房护理设备制造	17886	6684	8838	2379	614
假肢、人工器官及植（介）入器械制造	4572	3518	4113	595	276
其他医疗设备及器械制造	18145	12432	11581	3283	885
环保、社会公共安全及其他专用设备制造	500936	149897	174110	48356	11606
环境污染防治专用设备制造	320164	87495	96267	28258	5689
地质勘查专用设备制造	1093	153	198	61	20
邮政专用机械及器材制造	3192	1192	2073	882	127
商业、饮食、服务业专用设备制造	2329	1058	1328	270	82
社会公共安全设备及器材制造	102270	42543	51589	12375	3854
交通安全及管制专用设备制造	2366	376	707	373	69
水资源专用机械制造	23417	2119	4101	2114	365
其他专用设备制造	46105	14961	17847	4024	1401
交通运输设备制造业	5018327	2211280	2546497	639678	175359
铁路运输设备制造	41243	19873	22467	7988	1479
铁路机车车辆配件制造	10339	5738	7551	2012	592
铁路专用设备及器材、配件制造	27164	9972	10102	5326	651
其他铁路设备制造及设备修理	3741	4164	4815	651	236
汽车制造	2773108	1291362	1575749	427805	114630
汽车整车制造	149307	28516	29481	6965	2290
改装汽车制造	46020	13854	13133	2699	516
汽车车身、挂车的制造	15600	10799	16349	5789	1123
汽车零部件及配件制造	2490554	1210619	1477223	396682	107686
汽车修理	71628	27574	39562	15669	3016
摩托车制造	615249	222409	291208	93034	19835
摩托车整车制造	124085	28838	27398	7478	2456
摩托车零部件及配件制造	491163	193570	263810	85557	17379
自行车制造	352352	144027	155676	41161	10998
脚踏自行车及残疾人座车制造	166709	55397	73420	23191	5297
助动自行车制造	185643	88631	82256	17970	5701
船舶及浮动装置制造	1146975	506952	468278	61655	26783

1－E－6 续表3－16

单位：个、万元、人

指标名称	流动资产年平均余额	固定资产合计	固定资产原价	累计折旧	本年折旧
金属船舶制造	837085	299354	268299	28813	14243
非金属船舶制造	6904	1677	1928	315	146
娱乐船和运动船的建造和修理	40479	28983	26933	4313	1367
船用配套设备制造	161349	101354	93896	11183	5705
船舶修理及拆船	101158	75583	77222	17032	5323
航空航天器制造	6800	1991	2074	607	176
飞机制造及修理	6749	1845	1896	575	144
其他飞行器制造	52	146	179	33	33
交通器材及其他交通运输设备制造	82599	24667	31044	7428	1458
潜水及水下救捞装备制造	296	515	515	13	
交通管理用金属标志及设施制造	72894	21765	26875	5895	1241
其他交通运输设备制造	9409	2387	3655	1520	217
电气机械及器材制造业	8588226	2797600	3493272	1012963	248345
电机制造	1046229	378475	467523	130244	32416
发电机及发电机组制造	260211	69880	70060	14851	5236
电动机制造	341498	127417	164934	46932	11375
微电机及其他电机制造	444520	181178	232529	68462	15805
输配电及控制设备制造	2392948	738608	958032	294430	70021
变压器、整流器和电感器制造	384096	124540	153893	42315	11795
电容器及其配套设备制造	86801	38506	48030	13564	3564
配电开关控制设备制造	1224174	348225	474427	153058	34843
电力电子元器件制造	509527	172189	217624	61692	15301
其他输配电及控制设备制造	188351	55147	64059	23800	4517
电线、电缆、光缆及电工器材制造	2179690	522574	694844	240921	50537
电线电缆制造	1937410	461586	605145	208933	43989
光纤、光缆制造	129376	24226	39645	15647	3127
绝缘制品制造	52767	16904	23854	9505	1456
其他电工器材制造	60137	19859	26200	6836	1965
电池制造	534474	192287	228035	48380	14166
电池制造	534474	192287	228035	48380	14166
家用电力器具制造	1211845	467777	556746	152459	39764
家用制冷电器具制造	105451	43367	49303	7032	3011
家用空气调节器制造	65431	17620	23237	7330	1880
家用通风电器具制造	78906	33370	41558	10563	3263
家用厨房电器具制造	291475	91389	106909	30245	7819
家用清洁卫生电器具制造	236345	95527	102427	25934	7722
家用美容、保健电器具制造	56938	34519	34996	9055	2327
家用电力器具专用配件制造	179702	75143	112377	40180	7606
其他家用电力器具制造	197598	76843	85940	22121	6137

1-E-6 续表 3-17 单位:个、万元、人

指标名称	流动资产年平均余额	固定资产合计	固定资产原价	累计折旧	本年折旧
非电力家用器具制造	89018	52583	56070	10014	3469
燃气、太阳能及类似能源的器具制造	71739	43966	46076	8559	2766
其他非电力家用器具制造	17279	8617	9994	1455	702
照明器具制造	1010825	383635	465714	121448	33077
电光源制造	276858	128313	160893	40677	11028
照明灯具制造	583276	201632	234579	61805	16921
灯用电器附件及其他照明器具制造	150692	53689	70242	18966	5128
其他电气机械及器材制造	123196	61662	66308	15067	4897
车辆专用照明及电气信号设备装置制造	82875	43328	48402	9971	2833
其他未列明的电气机械制造	40321	18334	17906	5097	2064
通信设备、计算机及其他电子设备制造业	2474742	1096608	1425534	409840	100904
通信设备制造	512839	177609	233490	73434	13953
通信传输设备制造	136156	43092	51483	11593	2822
通信交换设备制造	93814	31640	41303	11171	2263
通信终端设备制造	58486	10894	18375	8093	1285
移动通信及终端设备制造	147106	58975	70126	22830	4782
其他通信设备制造	77277	33008	52202	19748	2802
雷达及配套设备制造	7886	1277	1514	237	189
雷达及配套设备制造	7886	1277	1514	237	189
广播电视设备制造	113993	40147	53126	14328	3532
广播电视节目制作及发射设备制造	10519	4005	5804	1958	369
广播电视接收设备及器材制造	66550	30966	41404	11627	2772
应用电视设备及其他广播电视设备制造	36925	5176	5918	742	391
电子计算机制造	150158	54718	70211	18511	4926
电子计算机整机制造	3631	1310	1700	389	101
计算机网络设备制造	31885	6983	8950	2553	679
电子计算机外部设备制造	114642	46425	59561	15569	4146
电子器件制造	530817	303234	388392	103084	28250
电子真空器件制造	21244	9949	14209	5340	797
半导体分立器件制造	151920	145754	168132	32457	8897
集成电路制造	143418	74716	100518	30218	9475
光电子器件及其他电子器件制造	214235	72815	105533	35069	9081
电子元件制造	929253	411808	551163	171116	41752
电子元件及组件制造	841474	376233	504353	155370	37646
印制电路板制造	87779	35575	46810	15746	4106
家用视听设备制造	143722	68108	81180	17514	5186
家用影视设备制造	54262	25067	29044	4736	1629
家用音响设备制造	89459	43042	52136	12778	3557
其他电子设备制造	86074	39708	46458	11615	3117

1－E－6 续表3－18

单位：个、万元、人

指 标 名 称	流动资产年平均余额	固定资产合计	固定资产原价	累计折旧	本年折旧
其他电子设备制造	86074	39708	46458	11615	3117
仪器仪表及文化、办公用机械制造业	1416407	551237	695433	210380	47848
通用仪器仪表制造	762832	246423	328351	103378	23328
工业自动控制系统装置制造	275105	81950	107656	30990	6790
电工仪器仪表制造	156395	38999	51763	16807	3794
绘图、计算及测量仪器制造	44018	20797	25931	7653	1745
实验分析仪器制造	48205	22106	27566	8202	2350
试验机制造	14553	8297	14832	9014	1022
供应用仪表及其他通用仪器制造	224556	74275	100603	30711	7627
专用仪器仪表制造	211203	78294	100639	30154	7828
环境监测专用仪器仪表制造	36172	5598	6540	1079	394
汽车及其他用计数仪表制造	69364	32989	45781	14322	3369
导航、气象及海洋专用仪器制造	11149	7032	11314	4468	870
农林牧渔专用仪器仪表制造	3716	1191	1322	132	52
地质勘探和地震专用仪器制造	366	119	178	59	5
教学专用仪器制造	30764	12935	15088	4204	996
电子测量仪器制造	25066	12401	12941	4122	1582
其他专用仪器制造	34605	6031	7475	1768	560
钟表与计时仪器制造	61855	37824	46146	14232	2485
钟表与计时仪器制造	61855	37824	46146	14232	2485
光学仪器及眼镜制造	220716	139870	159796	45559	10007
光学仪器制造	53129	38062	50117	13251	3065
眼镜制造	167587	101808	109679	32308	6942
文化、办公用机械制造	146616	45224	55025	15139	3822
电影机械制造	2917	205	234	29	23
幻灯及投影设备制造	774	188	326	138	27
照相机及器材制造	60864	4987	7983	3112	610
复印和胶印设备制造	26771	18469	21478	5478	1468
计算器及货币专用设备制造	30367	12511	13545	2756	794
其他文化、办公用机械制造	24922	8865	11459	3626	900
其他仪器仪表的制造及修理	13186	3601	5475	1918	378
其他仪器仪表的制造及修理	13186	3601	5475	1918	378
工艺品及其他制造业	1727651	902093	1069794	257771	67452
工艺美术品制造	1173660	644520	747664	173903	46437
雕塑工艺品制造	103581	69807	74713	20232	4568
金属工艺品制造	142442	86914	92295	16810	4150
漆器工艺品制造	50383	34893	39358	9337	2010
花画工艺品制造	29774	14751	19914	5231	1363
天然植物纤维编织工艺品制造	35377	18738	23714	6219	1525

1－E－6 续表3－19 单位：个、万元、人

指标名称	流动资产年平均余额	固定资产合计	固定资产原价	累计折旧	本年折旧
抽纱刺绣工艺品制造	384971	223056	283960	74037	18331
地毯、挂毯制造	53237	44936	51532	10391	3387
珠宝首饰及有关物品的制造	165959	34189	34171	4869	2329
其他工艺美术品制造	207936	117236	128008	26778	8775
日用杂品制造	515383	238092	297196	77441	19024
制镜及类似品加工	43002	25519	35953	11270	2962
鬃毛加工、制刷及清扫工具的制造	49811	34529	38904	7866	2298
其他日用杂品制造	422571	178043	222339	58305	13764
煤制品制造	7151	2918	3817	1061	358
煤制品制造	7151	2918	3817	1061	358
核辐射加工	676	1906	2678	1048	227
核辐射加工	676	1906	2678	1048	227
其他未列明的制造业	30781	14659	18439	4318	1406
其他未列明的制造业	30781	14659	18439	4318	1406
废弃资源和废旧材料回收加工业	548425	80306	98342	25945	6712
金属废料和碎屑的加工处理	462947	45173	53929	13629	3980
金属废料和碎屑的加工处理	462947	45173	53929	13629	3980
非金属废料和碎屑的加工处理	85478	35134	44413	12316	2732
非金属废料和碎屑的加工处理	85478	35134	44413	12316	2732
电力、燃气及水的生产和供应业	**3019313**	**9186143**	**12200308**	**4032244**	**735235**
电力、热力的生产和供应业	2138754	7203236	9804274	3382716	597163
电力生产	1741070	6088380	8325133	2902609	490715
火力发电	1441406	3681608	5657458	2079290	356181
水力发电	250275	2261477	2483390	761291	124669
其他能源发电	49389	145295	184285	62028	9865
电力供应	309583	873881	1166950	390954	84914
电力供应	309583	873881	1166950	390954	84914
热力生产和供应	88102	240975	312191	89153	21534
热力生产和供应	88102	240975	312191	89153	21534
燃气生产和供应业	181986	412060	448184	82577	22885
燃气生产和供应业	181986	412060	448184	82577	22885
燃气生产和供应业	181986	412060	448184	82577	22885
水的生产和供应业	698573	1570847	1947850	566951	115187
自来水的生产和供应	557631	1095186	1409024	447800	79859
自来水的生产和供应	557631	1095186	1409024	447800	79859
污水处理及其再生利用	140717	473833	536463	118616	35327
污水处理及其再生利用	140717	473833	536463	118616	35327
其他水的处理、利用与分配	225	1829	2364	535	
其他水的处理、利用与分配	225	1829	2364	535	

1－E－6　续表4－1　　　　单位：个、万元、人

指　标　名　称	固定资产净　值	固定资产净值年平均余　额	负债合计	流动负债合　计	应付账款
总　计	**45577936**	**45378759**	**98140701**	**88257001**	**16476855**
一、按轻重工业分					
轻工业	18481587	18441550	42013765	39348454	7158150
重工业	27096350	26937209	56126936	48908547	9318706
二、按登记注册类型分					
内　资	**32822813**	**32744239**	**75140307**	**67451197**	**12013602**
国　有	3105178	3069235	2771867	1384871	174183
集　体	184869	187552	493602	464203	99718
股份合作企业	503043	496602	1288718	1216894	220190
联营企业	13563	20271	27247	23128	4987
国有联营	6217	12856	9040	5326	850
集体联营	2199	2205	4189	4028	760
国有与集体联营	2092	2157	6804	6804	2132
其他联营	3056	3054	7213	6970	1244
有限责任公司	8163809	8155794	16561903	13521010	2349218
国有独资公司	362008	359236	512224	357635	27047
其他有限责任公司	7801801	7796557	16049679	13163375	2322170
股份有限公司	653372	634039	1667232	1509355	215610
私营企业	20013134	19992444	52009893	49042963	8910180
私营独资	1576187	1574380	4041842	3831857	895946
私营合伙	396261	396672	1020504	978727	227037
私营有限责任公司	17652026	17626460	45911582	43308918	7607531
私营股份有限公司	388660	394933	1035964	923461	179666
其　他	185845	188302	319847	288774	39517
港澳台商投资	**5437048**	**5363211**	**11133796**	**10427912**	**1936946**
与港澳台商合资经营	2853040	2797191	6599047	6293637	1020558
与港澳台商合作经营	129358	136344	200259	184561	40430
港澳台商独资	2317911	2298109	4068199	3715648	809801
港澳台商投资股份有限公司	136739	131567	266291	234065	66156
外商投资	**7318076**	**7271309**	**11866598**	**10377892**	**2526308**
中外合资经营	3388033	3409848	6548482	5867090	1295650
中外合作经营	202359	210348	307416	245904	46414
外资企业	3642026	3575719	4885098	4177880	1166017
外商投资股份有限公司	85658	75394	125602	87019	18227
三、按控股情况分					
国有控股	7071243	7073783	7202472	3801267	566585
集体控股	1206717	1183181	2598979	2323313	421366
私人控股	27327248	27276794	71387598	67127337	12008172
港澳台商控股	3780323	3721329	7305271	6746720	1376420
外商控股	5418069	5345399	7777270	6669345	1768043

1－E－6 续表4－2 单位：个、万元、人

指 标 名 称	固定资产净值	固定资产净值年平均余额	负债合计	流动负债合计	应付账款
其 他	774337	778273	1869111	1589020	336270
四、按国民经济行业（门类、大类、中类、小类）分					
采矿业	**221650**	**218021**	**473449**	**409503**	**69155**
黑色金属矿采选业	5877	6117	99750	95160	16357
铁矿采选	5877	6117	99750	95160	16357
铁矿采选	5877	6117	99750	95160	16357
有色金属矿采选业	8462	8530	30266	28829	3180
常用有色金属矿采选	3333	3310	18555	17951	1042
铜矿采选	651	583	5986	5986	521
铅锌矿采选	2682	2727	12569	11965	521
贵金属矿采选	951	920	3547	2914	7
金矿采选	500	521	803	490	
银矿采选	451	399	2744	2424	7
稀有稀土金属矿采选	4179	4300	8164	7964	2130
钨钼矿采选	4179	4300	8164	7964	2130
非金属矿采选业	207311	203374	343433	285513	49619
土砂石开采	191531	188432	309485	257811	45724
石灰石、石膏开采	26716	26376	66548	56062	8998
建筑装饰用石开采	78084	76528	69591	65707	13477
耐火土石开采	11206	11278	52347	45340	8878
粘土及其他土砂石开采	75526	74250	121000	90701	14371
化学矿采选	795	1018	2476	2355	108
化学矿采选	795	1018	2476	2355	108
采 盐	1547	1652	1907	1907	26
采 盐	1547	1652	1907	1907	26
石棉及其他非金属矿采选	13438	12271	29565	23441	3761
其他非金属矿采选	13438	12271	29565	23441	3761
制造业	**37188222**	**36971781**	**89758852**	**84060558**	**15977502**
农副食品加工业	785601	783536	2044730	1851460	339995
谷物磨制	33927	33864	106634	97491	8300
谷物磨制	33927	33864	106634	97491	8300
饲料加工	90296	92189	210162	199787	41577
饲料加工	90296	92189	210162	199787	41577
植物油加工	69526	69531	319331	293035	66679
食用植物油加工	67769	67896	314853	288743	65926
非食用植物油加工	1758	1635	4479	4293	754
屠宰及肉类加工	70040	70084	159690	148787	24162
畜禽屠宰	18085	17113	19403	18936	557
肉制品及副产品加工	51955	52971	140287	129852	23605
水产品加工	322644	319878	821694	743351	115013

1-E-6 续表4-3

单位：个、万元、人

指标名称	固定资产净值	固定资产净值年平均余额	负债合计	流动负债合计	应付账款
水产品冷冻加工	212687	210227	552875	508350	89253
鱼糜制品及水产品干腌制加工	82182	81142	211694	186757	17167
水产饲料制造	22272	22424	48886	40035	8048
鱼油提取及制品的制造	755	746	914	914	78
其他水产品加工	4749	5340	7326	7294	468
蔬菜、水果和坚果加工	125257	130884	226539	202306	31681
蔬菜、水果和坚果加工	125257	130884	226539	202306	31681
其他农副食品加工	73909	67107	200681	166702	52582
淀粉及淀粉制品的制造	14731	9720	56606	56606	3796
豆制品制造	19734	19529	28645	27041	9126
蛋品加工	9506	8445	15063	13558	1899
其他未列明的农副食品加工	29939	29414	100367	69498	37761
食品制造业	439404	434800	772157	698444	130420
焙烤食品制造	36082	36848	48388	41071	8144
糕点、面包制造	15956	15659	25847	22773	4782
饼干及其他焙烤食品制造	20126	21189	22542	18298	3362
糖果、巧克力及蜜饯制造	47816	45835	96940	94122	34085
糖果、巧克力制造	39764	38003	42789	42755	30540
蜜饯制作	8051	7832	54151	51367	3545
方便食品制造	63110	57767	78578	70976	12501
米、面制品制造	13778	12514	18086	15210	5401
速冻食品制造	17961	18427	25216	22651	3702
方便面及其他方便食品制造	31370	26825	35276	33115	3399
液体乳及乳制品制造	41702	41180	68486	57844	11791
液体乳及乳制品制造	41702	41180	68486	57844	11791
罐头制造	79905	81076	174341	165381	22341
肉、禽类罐头制造	1928	2214	3113	2933	715
水产品罐头制造	16565	18462	23883	22820	730
蔬菜、水果罐头制造	60562	59490	145850	138133	20885
其他罐头食品制造	850	911	1495	1495	12
调味品、发酵制品制造	65820	65148	110718	97677	7539
味精制造	14514	13901	41200	40083	1814
酱油、食醋及类似制品的制造	25185	24570	35541	27202	2246
其他调味品、发酵制品制造	26122	26677	33977	30391	3479
其他食品制造	104969	106947	194704	171373	34019
营养、保健食品制造	41993	42063	69962	64555	9573
冷冻饮品及食用冰制造	17542	17552	30160	22676	3608
盐加工	2016	1984	3043	3043	2218
食品及饲料添加剂制造	41882	43860	89970	79529	18446
其他未列明的食品制造	1536	1489	1570	1570	175

1-E-6 续表4-4　　单位：个、万元、人

指标名称	固定资产净值	固定资产净值年平均余额	负债合计	流动负债合计	应付账款
饮料制造业	365852	370803	744617	675225	139312
酒精制造	3693	4012	27010	27010	216
酒精制造	3693	4012	27010	27010	216
酒的制造	115302	119863	262803	241560	28862
白酒制造	14607	14898	26203	25574	3036
啤酒制造	64361	68122	123457	115427	12579
黄酒制造	29287	27622	93942	83255	9257
其他酒制造	7047	9221	19200	17304	3991
软饮料制造	157115	159256	188815	155705	41778
碳酸饮料制造	42108	43884	34781	29245	11087
瓶（罐）装饮用水制造	31532	25579	41247	20307	7731
果菜汁及果菜汁饮料制造	26558	30302	56258	50170	18578
含乳饮料和植物蛋白饮料制造	10030	10457	25080	24930	1169
固体饮料制造	16721	19021	23458	23438	1676
茶饮料及其他软饮料制造	30167	30014	7992	7615	1536
精制茶加工	89741	87671	265990	250950	68456
精制茶加工	89741	87671	265990	250950	68456
烟草制品业	6092	6187	2899	2155	461
其他烟草制品加工	6092	6187	2899	2155	461
其他烟草制品加工	6092	6187	2899	2155	461
纺织业	5581283	5587990	12264223	11676300	2021833
棉、化纤纺织及印染精加工	2676340	2705166	5615619	5328963	770200
棉、化纤纺织加工	1900005	1932894	4074134	3873622	459965
棉、化纤印染精加工	776335	772271	1541484	1455341	310235
毛纺织和染整精加工	196569	193545	480085	464656	104061
毛条加工	27030	23818	87628	86332	20333
毛纺织	117420	117520	302729	294600	61408
毛染整精加工	52119	52207	89728	83724	22320
麻纺织	9614	9850	30712	30081	8235
麻纺织	9614	9850	30712	30081	8235
丝绢纺织及精加工	393755	395736	895583	841286	134605
缫丝加工	59028	61018	178009	169919	23056
绢纺和丝织加工	251646	250777	582684	553182	85663
丝印染精加工	83081	83940	134891	118185	25886
纺织制成品制造	832754	830748	2035509	1936110	391555
棉及化纤制品制造	276612	281967	688093	667868	153462
毛制品制造	32788	33038	97078	90451	18425
麻制品制造	961	821	3079	3069	1465
丝制品制造	83794	83315	225331	218456	43963
绳、索、缆的制造	12649	13414	45354	38940	4678

1－E－6 续表4－5

单位：个、万元、人

指 标 名 称	固定资产净值	固定资产净值年平均余额	负债合计	流动负债合计	应付账款
纺织带和帘子布制造	90654	87575	238316	233143	66869
无纺布制造	225592	224692	468766	440503	61605
其他纺织制成品制造	109705	105928	269493	243681	41089
针织品、编织品及其制品制造	1472250	1452946	3206715	3075204	613177
棉、化纤针织品及编织品制造	1022399	994622	2344469	2263850	434927
毛针织品及编织品制造	282447	283511	527915	510033	109035
丝针织品及编织品制造	87706	88768	176471	169243	42700
其他针织品及编织品制造	79698	86045	157860	132078	26516
纺织服装、鞋、帽制造业	1235991	1229258	2978069	2845011	676175
纺织服装制造	1181956	1171903	2880361	2751181	646840
纺织服装制造	1181956	1171903	2880361	2751181	646840
纺织面料鞋的制造	38774	40368	70692	66947	23127
纺织面料鞋的制造	38774	40368	70692	66947	23127
制 帽	15261	16987	27016	26883	6208
制 帽	15261	16987	27016	26883	6208
皮革、毛皮、羽毛(绒)及其制品业	665156	687286	2100670	2043364	399657
皮革鞣制加工	93571	100186	318077	314719	41750
皮革鞣制加工	93571	100186	318077	314719	41750
皮革制品制造	492015	502269	1406963	1365577	292898
皮鞋制造	258379	266046	734727	705816	111873
皮革服装制造	56893	56915	196956	195396	44831
皮箱、包(袋)制造	131031	130479	345542	336102	113402
皮手套及皮装饰制品制造	20868	22482	50930	50117	6987
其他皮革制品制造	24845	26347	78808	78147	15806
毛皮鞣制及制品加工	31038	32261	122467	119942	26319
毛皮鞣制加工	11976	12237	24094	23986	4167
毛皮服装加工	9434	9866	43435	41360	15518
其他毛皮制品加工	9628	10159	54938	54596	6634
羽毛(绒)加工及制品制造	48531	52570	253163	243126	38690
羽毛(绒)加工	3706	3886	27268	27168	4183
羽毛(绒)制品加工	44825	48684	225895	215959	34507
木材加工及木、竹、藤、棕、草制品业	464472	459805	913076	859180	169293
锯材、木片加工	13761	14379	31627	29481	4241
锯材加工	7074	7084	15785	15346	1850
木片加工	6687	7295	15842	14135	2391
人造板制造	200642	196787	389610	363825	70578
胶合板制造	90036	89353	236864	225128	49604
纤维板制造	54800	49607	62685	58651	5947
刨花板制造	3477	2732	28856	28796	4127
其他人造板、材制造	52329	55095	61205	51251	10900

1－E－6 续表4－6 单位：个、万元、人

指 标 名 称	固定资产净 值	固定资产净值年平均余 额	负债合计	流动负债合 计	应付账款
木制品制造	163036	161691	294363	283396	51884
建筑用木料及木材组件加工	121193	120412	215533	208615	34172
木容器制造	7852	7688	28853	26452	6704
软木制品及其他木制品制造	33991	33591	49977	48329	11007
竹、藤、棕、草制品制造	87034	86947	197476	182478	42590
竹、藤、棕、草制品制造	87034	86947	197476	182478	42590
家具制造业	415543	419832	1058844	1018181	196072
木质家具制造	222083	227617	555845	541426	78786
木质家具制造	222083	227617	555845	541426	78786
竹、藤家具制造	5669	7232	9377	9377	4344
竹、藤家具制造	5669	7232	9377	9377	4344
金属家具制造	123967	119422	341578	319456	79791
金属家具制造	123967	119422	341578	319456	79791
塑料家具制造	16601	16657	39557	39228	9815
塑料家具制造	16601	16657	39557	39228	9815
其他家具制造	47223	48904	112488	108694	23336
其他家具制造	47223	48904	112488	108694	23336
造纸及纸制品业	1145632	1140486	2741666	2542077	451536
纸浆制造	7948	8485	17217	17195	2102
纸浆制造	7948	8485	17217	17195	2102
造 纸	643737	638338	1539055	1407157	235973
机制纸及纸板制造	596739	591206	1417046	1291833	215514
手工纸制造	918	947	1018	1018	235
加工纸制造	46081	46185	120991	114306	20224
纸制品制造	493946	493662	1185394	1117725	213461
纸和纸板容器的制造	357648	354773	865025	840226	160031
其他纸制品制造	136298	138889	320369	277499	53430
印刷业和记录媒介的复制	789792	771404	1363371	1268684	230842
印 刷	739026	722665	1272641	1189058	215292
书、报、刊印刷	175039	169525	253929	238777	38179
本册印制	30810	29580	60129	57338	10384
包装装潢及其他印刷	533177	523561	958582	892944	166729
装订及其他印刷服务活动	25213	23239	30950	27060	3307
装订及其他印刷服务活动	25213	23239	30950	27060	3307
记录媒介的复制	25552	25500	59780	52566	12243
记录媒介的复制	25552	25500	59780	52566	12243
文教体育用品制造业	481459	474295	1071039	1025955	217607
文化用品制造	195961	188656	394935	381822	64319
文具制造	90556	89540	191267	184764	30605
笔的制造	91793	85995	176716	171950	28873

1－E－6 续表4－7

单位：个、万元、人

指标名称	固定资产净值	固定资产净值年平均余额	负债合计	流动负债合计	应付账款
教学用模型及教具制造	4455	4512	10424	10308	1086
墨水、墨汁制造	915	558	1102	1072	138
其他文化用品制造	8242	8051	15426	13728	3617
体育用品制造	116079	117341	265935	255298	66833
球类制造	17948	19960	39277	36430	9165
体育器材及配件制造	43417	42184	84053	81277	17693
训练健身器材制造	37033	37250	89574	85949	28772
运动防护用具制造	4784	4939	11761	10394	3052
其他体育用品制造	12897	13007	41270	41248	8153
乐器制造	14066	18303	36664	30282	6633
中乐器制造	242	186	548	548	120
西乐器制造	7102	9409	17483	11417	3221
电子乐器制造	1727	3857	6811	6628	894
其他乐器及零件制造	4994	4851	11821	11688	2398
玩具制造	112928	110305	226525	213489	60186
玩具制造	112928	110305	226525	213489	60186
游艺器材及娱乐用品制造	42426	39690	146980	145064	19636
露天游乐场所游乐设备制造	33094	30345	131784	130436	16050
游艺用品及室内游艺器材制造	9332	9345	15195	14628	3586
石油加工、炼焦及核燃料加工业	69071	67369	250454	241825	32164
精炼石油产品的制造	49545	47344	181282	172653	25931
原油加工及石油制品制造	49545	47344	181282	172653	25931
炼焦	19527	20025	69172	69172	6233
炼焦	19527	20025	69172	69172	6233
化学原料及化学制品制造业	3687782	3606807	6525620	5555457	977308
基础化学原料制造	966995	881569	1567972	1330376	178017
无机酸制造	60111	62843	99388	89897	7984
无机碱制造	40401	40351	69639	64489	8955
无机盐制造	51135	48091	145239	135878	15599
有机化学原料制造	534610	535999	969459	839002	111692
其他基础化学原料制造	280739	194285	284247	201110	33787
肥料制造	44596	43585	79562	70838	8616
氮肥制造	24651	23038	38947	33167	1209
磷肥制造	2623	3287	5799	5374	2258
复混肥料制造	15562	16573	33666	31147	5053
有机肥料及微生物肥料制造	1529	454	1111	1111	56
其他肥料制造	231	233	39	39	39
农药制造	70505	73535	244785	228357	33604
化学农药制造	62323	65647	232445	217051	29847

1－E－6 续表4－8

单位：个、万元、人

指标名称	固定资产净值	固定资产净值年平均余额	负债合计	流动负债合计	应付账款
生物化学农药及微生物农药制造	8182	7888	12340	11306	3756
涂料、油墨、颜料及类似产品制造	331440	333136	927290	898798	168725
涂料制造	114502	117577	333152	323187	68964
油墨及类似产品制造	24092	23252	41240	41033	11150
颜料制造	55131	55979	115716	108736	19159
染料制造	124175	122820	408002	397750	58607
密封用填料及类似品制造	13540	13509	29180	28091	10845
合成材料制造	1497719	1502513	2060860	1511131	302116
初级形态的塑料及合成树脂制造	1211868	1203996	1674520	1287177	247839
合成橡胶制造	5748	6145	13752	12568	484
合成纤维单（聚合）体的制造	275730	287855	357119	196353	52349
其他合成材料制造	4372	4517	15469	15034	1444
专用化学产品制造	634467	626397	1386535	1275610	234521
化学试剂和助剂制造	265681	263394	612765	565786	116851
专项化学用品制造	82001	84882	194430	167782	30983
林产化学产品制造	15432	15173	25606	23892	4357
炸药及火工产品制造	9416	10084	11484	10108	2326
信息化学品制造	164576	159820	314056	287340	48099
环境污染处理专用药剂材料制造	14007	14285	36596	33736	6184
动物胶制造	20430	20456	19369	19267	4406
其他专用化学产品制造	62922	58303	172230	167700	21315
日用化学产品制造	142061	146072	258616	240347	51709
肥皂及合成洗涤剂制造	22903	23066	50203	48627	3242
化妆品制造	44628	45137	88712	81701	19454
口腔清洁用品制造	1230	1435	2529	2229	543
香料、香精制造	58747	61216	85068	79270	23429
其他日用化学产品制造	14553	15218	32104	28521	5041
医药制造业	652715	666231	1381366	1289260	207800
化学药品原药制造	226379	217822	498986	470395	82916
化学药品原药制造	226379	217822	498986	470395	82916
化学药品制剂制造	149282	165917	248526	226530	14511
化学药品制剂制造	149282	165917	248526	226530	14511
中药饮片加工	23653	23423	55159	54455	12141
中药饮片加工	23653	23423	55159	54455	12141
中成药制造	72837	75164	198183	184765	39232
中成药制造	72837	75164	198183	184765	39232
兽用药品制造	36201	36831	102295	91472	12498
兽用药品制造	36201	36831	102295	91472	12498
生物、生化制品的制造	94262	95673	190029	178584	28580

1－E－6 续表4－9

单位：个、万元、人

指标名称	固定资产净值	固定资产净值年平均余额	负债合计	流动负债合计	应付账款
生物、生化制品的制造	94262	95673	190029	178584	28580
卫生材料及医药用品制造	50102	51402	88189	83060	17921
卫生材料及医药用品制造	50102	51402	88189	83060	17921
化学纤维制造业	932079	964966	2159400	2015168	163288
纤维素纤维原料及纤维制造	27846	33804	91551	79688	4549
化纤浆粕制造	1062	1111	3153	2504	817
人造纤维（纤维素纤维）制造	26785	32693	88397	77184	3733
合成纤维制造	904232	931162	2067849	1935480	158738
锦纶纤维制造	87069	85939	265539	247007	38075
涤纶纤维制造	469749	484310	1191731	1127776	90719
腈纶纤维制造	3528	3708	6291	6291	2412
维纶纤维制造	419	435	703	703	103
其他合成纤维制造	343467	356770	603585	553702	27431
橡胶制品业	281003	284350	723826	690060	116558
轮胎制造	29565	31100	94971	93009	16122
车辆、飞机及工程机械轮胎制造	21321	23214	74128	72385	13791
力车胎制造	6597	6168	14746	14746	1389
轮胎翻新加工	1647	1719	6098	5878	942
橡胶板、管、带的制造	73461	73028	182832	179053	35600
橡胶板、管、带的制造	73461	73028	182832	179053	35600
橡胶零件制造	54679	54107	148101	140677	20861
橡胶零件制造	54679	54107	148101	140677	20861
再生橡胶制造	6748	6459	18869	18069	2952
再生橡胶制造	6748	6459	18869	18069	2952
日用及医用橡胶制品制造	12839	12973	34026	33297	5940
日用及医用橡胶制品制造	12839	12973	34026	33297	5940
橡胶靴鞋制造	68571	71430	156027	138478	32846
橡胶靴鞋制造	68571	71430	156027	138478	32846
其他橡胶制品制造	35140	35252	88999	87478	2238
其他橡胶制品制造	35140	35252	88999	87478	2238
塑料制品业	2152829	2157919	4844809	4523153	709083
塑料薄膜制造	526693	524162	838268	685120	57296
塑料薄膜制造	526693	524162	838268	685120	57296
塑料板、管、型材的制造	332897	341056	908361	877218	138069
塑料板、管、型材的制造	332897	341056	908361	877218	138069
塑料丝、绳及编织品的制造	96470	97938	242139	225174	40139
塑料丝、绳及编织品的制造	96470	97938	242139	225174	40139
泡沫塑料制造	87572	85569	239091	233294	43318
泡沫塑料制造	87572	85569	239091	233294	43318

1－E－6 续表4－10 单位：个、万元、人

指标名称	固定资产净值	固定资产净值年平均余额	负债合计	流动负债合计	应付账款
塑料人造革、合成革制造	266534	271038	759736	746021	92370
塑料人造革、合成革制造	266534	271038	759736	746021	92370
塑料包装箱及容器制造	198653	199414	374892	350534	58699
塑料包装箱及容器制造	198653	199414	374892	350534	58699
塑料零件制造	224286	225373	551060	521752	112197
塑料零件制造	224286	225373	551060	521752	112197
日用塑料制造	284135	279171	577818	545264	101514
塑料鞋制造	37242	37808	70427	67729	13143
日用塑料杂品制造	246893	241362	507391	477535	88371
其他塑料制品制造	135591	134200	353445	338777	65482
其他塑料制品制造	135591	134200	353445	338777	65482
非金属矿物制品业	2201136	2231520	4424964	4051909	890933
水泥、石灰和石膏的制造	844366	857099	1272934	1086158	208898
水泥制造	829465	841922	1249708	1064209	203772
石灰和石膏制造	14901	15177	23225	21949	5127
水泥及石膏制品制造	631300	645162	1757760	1684403	447589
水泥制品制造	521917	537154	1505870	1449609	384233
砼结构构件制造	74517	73860	164511	153399	48905
石棉水泥制品制造	2604	2604	2836	2836	673
轻质建筑材料制造	26420	25172	63961	60730	9275
其他水泥制品制造	5842	6373	20582	17829	4502
砖瓦、石材及其他建筑材料制造	184461	184929	327212	296276	50047
粘土砖瓦及建筑砌块制造	69310	70558	91432	85979	19394
建筑陶瓷制品制造	20650	20896	60148	59062	4960
建筑用石加工	22373	21595	44862	43029	8796
防水建筑材料制造	25100	25031	70227	53360	6942
隔热和隔音材料制造	33313	34247	32520	27882	5306
其他建筑材料制造	13716	12603	28023	26964	4649
玻璃及玻璃制品制造	376727	381200	713990	648293	107138
平板玻璃制造	37666	35340	49123	43275	13725
技术玻璃制品制造	110621	116910	320314	273906	24421
光学玻璃制造	933	926	2087	2087	386
玻璃仪器制造	3459	3140	5062	4679	931
日用玻璃制品及玻璃包装容器制造	113034	115295	162334	155084	28121
玻璃保温容器制造	5604	5277	9177	9127	1109
玻璃纤维及制品制造	75751	74804	84801	80578	19360
玻璃纤维增强塑料制品制造	18048	17464	63292	62517	15298
其他玻璃制品制造	11611	12044	17800	17041	3788
陶瓷制品制造	39144	34840	79464	78018	19054

1－E－6 续表4－11

单位：个、万元、人

指标名称	固定资产净值	固定资产净值年平均余额	负债合计	流动负债合计	应付账款
卫生陶瓷制品制造	21489	18848	38654	38597	8424
特种陶瓷制品制造	11709	10035	24500	23125	5819
日用陶瓷制品制造	4889	4901	15862	15848	4606
园林、陈设艺术及其他陶瓷制品制造	1056	1056	448	448	205
耐火材料制品制造	54655	53184	120923	115320	29082
石棉制品制造	8008	7559	13482	13467	2879
云母制品制造	2035	1972	4284	3473	941
耐火陶瓷制品及其他耐火材料制造	44612	43653	103158	98380	25261
石墨及其他非金属矿物制品制造	70484	75106	152682	143440	29124
石墨及碳素制品制造	22715	24504	53653	52713	6652
其他非金属矿物制品制造	47769	50602	99030	90727	22473
黑色金属冶炼及压延加工业	946457	901117	3230976	3027522	412646
炼 铁	2565	2175	5971	4656	903
炼 铁	2565	2175	5971	4656	903
炼 钢	52354	48189	154192	146937	14703
炼 钢	52354	48189	154192	146937	14703
钢压延加工	875728	835261	2978745	2785374	354493
钢压延加工	875728	835261	2978745	2785374	354493
铁合金冶炼	15810	15492	92068	90554	42548
铁合金冶炼	15810	15492	92068	90554	42548
有色金属冶炼及压延加工业	598698	597469	2284429	2166421	242220
常用有色金属冶炼	60749	60272	375475	361276	50489
铜冶炼	21542	21273	196317	196162	27128
铅锌冶炼	5979	5969	28213	28073	－470
镍钴冶炼	21988	22108	84735	74043	18799
锡冶炼	65	42	655	655	...
铝冶炼	6265	5966	49649	48828	3348
镁冶炼	447	441	1454	1294	701
其他常用有色金属冶炼	4463	4473	14450	12220	983
贵金属冶炼	10807	10439	84941	84671	1153
金冶炼	9188	8804	68461	68461	583
银冶炼	1017	1033	13997	13727	187
其他贵金属冶炼	602	601	2483	2483	384
稀有稀土金属冶炼	14356	15294	44376	17916	3121
钨钼冶炼	872	859	5693	5693	1326
稀土金属冶炼	13484	14436	38683	12223	1795
有色金属合金制造	40381	38402	159360	157482	16635
有色金属合金制造	40381	38402	159360	157482	16635
有色金属压延加工	472404	473062	1620278	1545076	170823

1－E－6 续表4－12

单位：个、万元、人

指标名称	固定资产净值	固定资产净值年平均余额	负债合计	流动负债合计	应付账款
常用有色金属压延加工	463015	463997	1583251	1508853	166778
贵金属压延加工	1763	1590	10161	10161	630
稀有稀土金属压延加工	7626	7475	26867	26062	3415
金属制品业	1795430	1794118	4895678	4727261	773105
结构性金属制品制造	341479	343940	1322368	1280966	222642
金属结构制造	232310	231332	924516	896144	138283
金属门窗制造	109169	112608	397852	384823	84360
金属工具制造	261247	263377	595650	585569	116300
切削工具制造	54508	54955	123020	120888	16816
手工具制造	114015	114526	245082	240712	50058
农用及园林用金属工具制造	31108	31387	76522	74822	16479
刀剪及类似日用金属工具制造	17798	18442	47479	46178	10244
其他金属工具制造	43818	44066	103547	102969	22705
集装箱及金属包装容器制造	94605	95537	283631	275994	35812
集装箱制造	48	52	404	404	119
金属压力容器制造	33032	32636	99163	95792	18546
金属包装容器制造	61526	62850	184064	179798	17147
金属丝绳及其制品的制造	131414	133312	427453	404261	43868
金属丝绳及其制品的制造	131414	133312	427453	404261	43868
建筑、安全用金属制品制造	371473	366659	831967	801134	151196
建筑、家具用金属配件制造	166476	163824	376834	363901	62470
建筑装饰及水暖管道零件制造	168382	166284	376434	361147	64814
安全、消防用金属制品制造	27724	28048	60089	58428	18809
其他建筑、安全用金属制品制造	8892	8502	18610	17659	5103
金属表面处理及热处理加工	254015	255365	500460	472994	68790
金属表面处理及热处理加工	254015	255365	500460	472994	68790
搪瓷制品制造	18975	20309	46680	46601	10465
工业生产配套用搪瓷制品制造	1033	1194	2297	2297	1057
搪瓷卫生洁具制造	4848	6274	13620	13542	2657
搪瓷日用品及其他搪瓷制品制造	13093	12841	30763	30762	6751
不锈钢及类似日用金属制品制造	248505	237177	648602	627642	91335
金属制厨房调理及卫生器具制造	63493	60085	141008	135886	25366
金属制厨用器皿及餐具制造	131715	124300	374193	371025	40727
其他日用金属制品制造	53297	52791	133401	120731	25242
其他金属制品制造	73718	78442	238867	232100	32696
其他未列明的金属制品制造	73718	78442	238867	232100	32696
通用设备制造业	3373158	3328871	8364932	7892271	1737318
锅炉及原动机制造	89682	97912	393256	349390	72417
锅炉及辅助设备制造	43107	44726	182263	174615	37093

1－E－6 续表 4－13

单位：个、万元、人

指 标 名 称	固定资产净值	固定资产净值年平均余额	负债合计	流动负债合计	应付账款
内燃机及配件制造	18417	16854	60895	59027	16799
汽轮机及辅机制造	18743	25736	108266	76033	12299
水轮机及辅机制造	9044	10460	19348	17232	3533
其他原动机制造	371	136	22484	22484	2693
金属加工机械制造	259471	254992	587325	530032	116491
金属切削机床制造	94452	97305	249654	226033	45691
金属成形机床制造	63126	59185	114705	104476	24558
铸造机械制造	18757	18148	37008	31541	7968
金属切割及焊接设备制造	21029	20787	80749	70963	17243
机床附件制造	33454	31287	40499	33885	8769
其他金属加工机械制造	28654	28280	64710	63134	12262
起重运输设备制造	211625	205904	636788	606159	138896
起重运输设备制造	211625	205904	636788	606159	138896
泵、阀门、压缩机及类似机械的制造	804622	770551	1891157	1797172	404466
泵及真空设备制造	181013	175833	425730	407713	89475
气体压缩机械制造	76511	72797	212828	203755	55127
阀门和旋塞的制造	433133	418185	1013110	965973	190514
液压和气压动力机械及元件制造	113965	103737	239489	219732	69349
轴承、齿轮、传动和驱动部件的制造	523310	534525	1118845	1055329	242623
轴承制造	321610	326008	767507	728322	182221
齿轮、传动和驱动部件制造	201700	208517	351338	327006	60402
烘炉、熔炉及电炉制造	14643	13580	59271	55261	13754
烘炉、熔炉及电炉制造	14643	13580	59271	55261	13754
风机、衡器、包装设备等通用设备制造	440089	441108	1211213	1156751	249384
风机、风扇制造	38216	37042	106561	101380	18875
气体、液体分离及纯净设备制造	54122	55743	188214	175308	39351
制冷、空调设备制造	157718	158731	380068	368492	72878
风动和电动工具制造	109863	109796	300768	287832	74719
喷枪及类似器具制造	17183	16653	45760	44539	9936
包装专用设备制造	23722	23855	75784	71140	12614
衡器制造	7358	7379	22786	21634	4633
其他通用设备制造	31908	31910	91273	86428	16379
通用零部件制造及机械修理	685124	663505	1505784	1440374	294488
金属密封件制造	51801	51442	109802	103227	22169
紧固件、弹簧制造	431094	427914	981051	935110	187272
机械零部件加工及设备修理	112408	103777	224091	217971	43990
其他通用零部件制造	89822	80372	190840	184067	41057
金属铸、锻加工	344593	346795	961295	901804	204800
钢铁铸件制造	230800	228451	659563	627696	133966

1－E－6 续表4－14 单位：个、万元、人

指标名称	固定资产净值	固定资产净值年平均余额	负债合计	流动负债合计	应付账款
锻件及粉末冶金制品制造	113793	118344	301732	274108	70834
专用设备制造业	1349295	1354132	3281214	3082142	695392
矿山、冶金、建筑专用设备制造	80402	82789	254085	229569	47963
采矿、采石设备制造	17388	17617	50069	49001	10175
石油钻采专用设备制造	5837	5957	33070	31965	4528
建筑工程用机械制造	23008	25838	90946	73516	13565
建筑材料生产专用机械制造	15375	14499	40823	38651	9393
冶金专用设备制造	18794	18878	39178	36436	10302
化工、木材、非金属加工专用设备制造	569660	560970	1169967	1120758	287311
炼油、化工生产专用设备制造	23786	22084	76747	71169	10970
橡胶加工专用设备制造	10386	10780	21703	19326	5289
塑料加工专用设备制造	138468	141159	373850	366317	132339
木材加工机械制造	7530	7010	7945	6399	1647
模具制造	384264	376042	677966	645831	134311
其他非金属加工专用设备制造	5226	3895	11757	11717	2756
食品、饮料、烟草及饲料生产专用设备制造	44343	43117	104384	101869	14825
食品、饮料、烟草工业专用设备制造	33353	31626	81209	79043	10675
农副食品加工专用设备制造	9755	10116	20355	20005	3820
饲料生产专用设备制造	1234	1375	2821	2821	329
印刷、制药、日化生产专用设备制造	83472	82989	209506	206185	38128
制浆和造纸专用设备制造	10714	10687	26966	26610	5002
印刷专用设备制造	39282	39120	101276	99603	18743
日用化工专用设备制造	1652	1753	6144	6095	780
制药专用设备制造	23848	23632	50302	49332	7251
照明器具生产专用设备制造	2370	2063	6264	6220	1958
玻璃、陶瓷和搪瓷制品生产专用设备制造	3492	3619	7827	7824	1823
其他日用品生产专用设备制造	2115	2115	10728	10501	2571
纺织、服装和皮革工业专用设备制造	276606	278986	676676	652575	137250
纺织专用设备制造	110522	115150	303261	288873	55241
皮革、毛皮及其制品加工专用设备制造	27075	27622	47829	46629	6453
缝纫机械制造	137264	134413	317906	309393	73511
其他服装加工专用设备制造	1745	1802	7680	7680	2046
电子和电工机械专用设备制造	29834	29680	85193	82562	30412
电工机械专用设备制造	12377	11624	44006	42991	18819
电子工业专用设备制造	15119	15776	38003	36948	11410
武器弹药制造	2338	2281	3185	2623	184
农、林、牧、渔专用机械制造	49003	53820	194856	147847	44100
拖拉机制造	5570	5789	58079	17599	4245
机械化农业及园艺机具制造	34225	39848	107442	101382	33558

1－E－6 续表4－15

单位：个、万元、人

指 标 名 称	固定资产净值	固定资产净值年平均余额	负债合计	流动负债合计	应付账款
畜牧机械制造	30	155	53	53	5
渔业机械制造	500	437	981	766	156
农林牧渔机械配件制造	7759	6632	24816	24658	4708
其他农林牧渔业机械制造及机械修理	921	960	3485	3388	1428
医疗仪器设备及器械制造	90221	90285	146977	126346	21354
医疗诊断、监护及治疗设备制造	41588	43645	48779	36617	3752
口腔科用设备及器具制造	2052	2079	3608	3608	526
实验室及医用消毒设备和器具的制造	4948	4923	7846	7614	956
医疗、外科及兽医用器械制造	23356	22450	49661	42574	8495
机械治疗及病房护理设备制造	6459	5841	15661	15219	3709
假肢、人工器官及植（介）入器械制造	3518	3020	3997	3954	392
其他医疗设备及器械制造	8299	8325	17425	16759	3526
环保、社会公共安全及其他专用设备制造	125754	131496	439570	414431	74049
环境污染防治专用设备制造	68009	77076	265851	242854	39473
地质勘查专用设备制造	137	142	385	385	354
邮政专用机械及器材制造	1192	1154	3103	3061	672
商业、饮食、服务业专用设备制造	1058	1064	3646	3646	590
社会公共安全设备及器材制造	39214	36994	104343	102460	19248
交通安全及管制专用设备制造	334	320	2029	2029	983
水资源专用机械制造	1987	1966	19264	19169	4566
其他专用设备制造	13823	12780	40949	40827	8163
交通运输设备制造业	1906819	1840174	5271892	4922848	926450
铁路运输设备制造	14479	13043	42689	42328	6808
铁路机车车辆配件制造	5539	5121	10902	10612	1789
铁路专用设备及器材、配件制造	4776	4715	24458	24386	4434
其他铁路设备制造及设备修理	4164	3206	7329	7329	585
汽车制造	1147944	1123864	2720763	2540814	564374
汽车整车制造	22516	26659	136207	109388	32454
改装汽车制造	10434	10979	42242	41229	20022
汽车车身、挂车的制造	10560	10886	21690	21085	4852
汽车零部件及配件制造	1080541	1050881	2444279	2294959	492139
汽车修理	23893	24460	76345	74154	14907
摩托车制造	198173	195147	701828	684533	120138
摩托车整车制造	19920	17925	149715	147783	28216
摩托车零部件及配件制造	178254	177223	552113	536750	91921
自行车制造	114516	124241	379686	366726	65405
脚踏自行车及残疾人座车制造	50229	52570	177247	175529	28081
助动自行车制造	64286	71672	202439	191197	37324
船舶及浮动装置制造	406623	358152	1340560	1204314	155820

1-E-6 续表4-16 单位：个、万元、人

指 标 名 称	固定资产净值	固定资产净值年平均余额	负债合计	流动负债合计	应付账款
金属船舶制造	239487	206645	940427	847970	94406
非金属船舶制造	1613	1480	5526	5526	821
娱乐船和运动船的建造和修理	22620	21828	38128	37802	4577
船用配套设备制造	82713	71520	197114	165144	41686
船舶修理及拆船	60191	56678	159365	147872	14329
航空航天器制造	1467	1477	8908	7498	301
飞机制造及修理	1321	1331	7284	7284	102
其他飞行器制造	146	146	1624	215	199
交通器材及其他交通运输设备制造	23617	24251	77460	76635	13605
潜水及水下救捞装备制造	502	502	192	192	192
交通管理用金属标志及设施制造	20979	21785	65585	64761	10094
其他交通运输设备制造	2135	1964	11683	11683	3319
电气机械及器材制造业	2480309	2438463	8084489	7716714	1824570
电机制造	337278	335436	1065814	1035366	227975
发电机及发电机组制造	55209	53110	283123	274006	49105
电动机制造	118002	113604	324675	319681	69501
微电机及其他电机制造	164067	168721	458017	441678	109370
输配电及控制设备制造	663602	661783	2011018	1915921	535401
变压器、整流器和电感器制造	111578	111039	356616	335339	110721
电容器及其配套设备制造	34466	34480	57891	55867	18623
配电开关控制设备制造	321368	324100	1027024	973665	268187
电力电子元器件制造	155932	149424	430378	418539	99865
其他输配电及控制设备制造	40258	42739	139109	132511	38005
电线、电缆、光缆及电工器材制造	453923	456212	1964731	1886466	340860
电线电缆制造	396212	398794	1761713	1700514	297770
光纤、光缆制造	23998	24014	105384	91479	17364
绝缘制品制造	14349	14471	43699	42017	14585
其他电工器材制造	19364	18933	53934	52457	11141
电池制造	179656	160695	519672	473360	74299
电池制造	179656	160695	519672	473360	74299
家用电力器具制造	404287	395147	1301075	1258856	296523
家用制冷电器具制造	42271	40109	102974	88360	19321
家用空气调节器制造	15906	13757	64561	63561	14675
家用通风电器具制造	30995	29368	90526	89375	15651
家用厨房电器具制造	76664	77078	279055	276218	67395
家用清洁卫生电器具制造	76493	77254	272688	260161	59509
家用美容、保健电器具制造	25941	22770	74889	71351	15958
家用电力器具专用配件制造	72197	72325	187454	183425	46195
其他家用电力器具制造	63819	62486	228929	226406	57820

1－E－6 续表4－17 单位：个、万元、人

指 标 名 称	固定资产净值	固定资产净值年平均余额	负债合计	流动负债合计	应付账款
非电力家用器具制造	46056	38630	109994	104883	22291
燃气、太阳能及类似能源的器具制造	37517	30924	89082	86974	18789
其他非电力家用器具制造	8539	7706	20911	17909	3502
照明器具制造	344266	338925	995146	942257	296758
电光源制造	120216	118422	300529	288463	112597
照明灯具制造	172774	171427	549110	517347	139572
灯用电器附件及其他照明器具制造	51276	49076	145507	136448	44589
其他电气机械及器材制造	51241	51635	117039	99605	30464
车辆专用照明及电气信号设备装置制造	38432	37235	87523	71460	18894
其他未列明的电气机械制造	12809	14400	29516	28145	11570
通信设备、计算机及其他电子设备制造业	1015694	1009200	2343963	2199568	578206
通信设备制造	160056	152724	508650	499901	159466
通信传输设备制造	39890	37486	96661	92656	30925
通信交换设备制造	30133	28073	90001	89004	41080
通信终端设备制造	10283	10586	59276	58645	9538
移动通信及终端设备制造	47296	43664	136883	135353	51214
其他通信设备制造	32455	32915	125830	124243	26711
雷达及配套设备制造	1277	1373	5052	5052	137
雷达及配套设备制造	1277	1373	5052	5052	137
广播电视设备制造	38798	36156	104264	85185	32110
广播电视节目制作及发射设备制造	3845	3918	7581	7547	1458
广播电视接收设备及器材制造	29777	29186	64685	59004	22028
应用电视设备及其他广播电视设备制造	5176	3051	31998	18634	8625
电子计算机制造	51700	53978	137024	132327	34571
电子计算机整机制造	1310	1227	3084	3084	429
计算机网络设备制造	6397	7002	23391	23195	8616
电子计算机外部设备制造	43992	45749	110550	106048	25526
电子器件制造	285308	285140	443854	397702	88620
电子真空器件制造	8869	9001	18531	18523	4690
半导体分立器件制造	135675	134264	177746	140759	26947
集成电路制造	70300	70748	105638	103862	24589
光电子器件及其他电子器件制造	70464	71128	141940	134558	32393
电子元件制造	380048	383006	913904	860228	205609
电子元件及组件制造	348983	350439	821991	771594	172770
印制电路板制造	31064	32566	91913	88634	32839
家用视听设备制造	63666	61003	147315	141515	36864
家用影视设备制造	24307	22489	58858	54672	8497
家用音响设备制造	39358	38513	88456	86843	28367
其他电子设备制造	34843	35821	83899	77658	20828

1－E－6　续表4－18　　单位：个、万元、人

指　标　名　称	固定资产净值	固定资产净值年平均余额	负债合计	流动负债合计	应付账款
其他电子设备制造	34843	35821	83899	77658	20828
仪器仪表及文化、办公用机械制造业	485053	481813	1350932	1287892	291184
通用仪器仪表制造	224974	224967	668028	625974	177512
工业自动控制系统装置制造	76666	74749	236859	226379	54116
电工仪器仪表制造	34956	35012	130130	110810	37667
绘图、计算及测量仪器制造	18278	19029	50981	50206	10741
实验分析仪器制造	19364	19562	40518	36076	11813
试验机制造	5818	6024	19596	16395	3843
供应用仪表及其他通用仪器制造	69892	70591	189943	186107	59332
专用仪器仪表制造	70485	68656	177056	170145	37970
环境监测专用仪器仪表制造	5462	4770	32238	31655	8807
汽车及其他用计数仪表制造	31459	29756	75311	71854	12684
导航、气象及海洋专用仪器制造	6846	6685	11031	10031	2605
农林牧渔专用仪器仪表制造	1191	1199	4176	4176	192
地质勘探和地震专用仪器制造	119	119	223	223	35
教学专用仪器制造	10883	10776	29615	28007	6845
电子测量仪器制造	8819	9517	11893	11630	4396
其他专用仪器制造	5707	5834	12570	12570	2405
钟表与计时仪器制造	31914	31450	70506	63046	15273
钟表与计时仪器制造	31914	31450	70506	63046	15273
光学仪器及眼镜制造	114237	113929	284137	279407	41268
光学仪器制造	36866	31281	93219	92960	11319
眼镜制造	77371	82648	190918	186448	29948
文化、办公用机械制造	39886	39452	139216	137530	17458
电影机械制造	205	525	1078	1075	283
幻灯及投影设备制造	188	188	664	664	486
照相机及器材制造	4871	5274	53465	53336	6516
复印和胶印设备制造	16000	14629	26029	24921	2956
计算器及货币专用设备制造	10789	10359	25434	24988	3842
其他文化、办公用机械制造	7833	8478	32546	32546	3375
其他仪器仪表的制造及修理	3557	3359	11990	11791	1703
其他仪器仪表的制造及修理	3557	3359	11990	11791	1703
工艺品及其他制造业	812023	809999	1803360	1693079	298446
工艺美术品制造	573760	574474	1256457	1176787	188403
雕塑工艺品制造	54481	58201	112158	102541	18447
金属工艺品制造	75485	69704	147826	138370	24850
漆器工艺品制造	30021	28022	58234	56473	13120
花画工艺品制造	14683	13890	28429	28346	3981
天然植物纤维编织工艺品制造	17495	17171	36155	34760	6992

1-E-6 续表4-19

单位：个、万元、人

指标名称	固定资产净值	固定资产净值年平均余额	负债合计	流动负债合计	应付账款
抽纱刺绣工艺品制造	209922	218737	427669	402058	58392
地毯、挂毯制造	41141	39756	63943	57173	12351
珠宝首饰及有关物品的制造	29303	30576	137715	124105	15071
其他工艺美术品制造	101230	98416	244328	232963	35199
日用杂品制造	219755	216445	511860	485038	106157
制镜及类似品加工	24684	25705	36807	33572	5003
鬃毛加工、制刷及清扫工具的制造	31038	31816	60161	56770	13597
其他日用杂品制造	164034	158925	414892	394696	87557
煤制品制造	2757	2689	5930	5764	208
煤制品制造	2757	2689	5930	5764	208
核辐射加工	1630	1863	2291	1041	11
核辐射加工	1630	1863	2291	1041	11
其他未列明的制造业	14121	14528	26822	24449	3668
其他未列明的制造业	14121	14528	26822	24449	3668
废弃资源和废旧材料回收加工业	72397	71586	481185	471974	127632
金属废料和碎屑的加工处理	40300	41127	390494	382030	112050
金属废料和碎屑的加工处理	40300	41127	390494	382030	112050
非金属废料和碎屑的加工处理	32097	30459	90692	89943	15583
非金属废料和碎屑的加工处理	32097	30459	90692	89943	15583
电力、燃气及水的生产和供应业	**8168064**	**8188957**	**7908399**	**3786940**	**430198**
电力、热力的生产和供应业	6421559	6436066	5943291	2796256	344275
电力生产	5422524	5506814	5420815	2386760	279429
火力发电	3578168	3550253	3557053	1862407	192897
水力发电	1722099	1831563	1729398	455788	78078
其他能源发电	122257	124998	134364	68565	8454
电力供应	775997	703284	261892	230154	37692
电力供应	775997	703284	261892	230154	37692
热力生产和供应	223038	225968	260584	179342	27154
热力生产和供应	223038	225968	260584	179342	27154
燃气生产和供应业	365606	400296	368409	139886	21512
燃气生产和供应业	365606	400296	368409	139886	21512
燃气生产和供应业	365606	400296	368409	139886	21512
水的生产和供应业	1380899	1352596	1596699	850798	64411
自来水的生产和供应	961223	923062	1157224	715435	43643
自来水的生产和供应	961223	923062	1157224	715435	43643
污水处理及其再生利用	417847	427705	439472	135360	20768
污水处理及其再生利用	417847	427705	439472	135360	20768
其他水的处理、利用与分配	1829	1829	3	3	
其他水的处理、利用与分配	1829	1829	3	3	

1－E－6 续表5－1 单位：个、万元、人

指标名称	长期负债合计	所有者权益合计	实收资本	国家资本	集体资本
总计	**8241288**	**59998153**	**39231468**	**1683459**	**451507**
一、按轻重工业分					
轻工业	2041510	24709674	16305553	463934	155924
重工业	6199778	35288478	22925916	1219526	295583
二、按登记注册类型分					
内资	**6249797**	**41329796**	**24281523**	**1583413**	**292371**
国有	1366028	2076857	1054274	802679	13983
集体	26753	354135	114701	112	74998
股份合作企业	49656	881366	394001	1160	29516
联营企业	4118	20890	12898	4216	2284
国有联营	3714	8748	6582	1530	
集体联营	161	3588	786		691
国有与集体联营		3108	4120	2548	1573
其他联营	243	5446	1410	138	20
有限责任公司	2536260	9608030	5885566	730102	144097
国有独资公司	154589	239135	151940	115865	
其他有限责任公司	2381671	9368895	5733626	614237	144097
股份有限公司	150048	1570723	885256	17638	6411
私营企业	2092286	26688539	15842368	10406	18749
私营独资	131190	2003199	906342	902	1697
私营合伙	32898	578074	270893	194	1163
私营有限责任公司	1860577	23447288	14235286	9246	15779
私营股份有限公司	67621	659978	429848	65	110
其他	24649	129256	92460	17100	2334
港澳台商投资	**626898**	**8446585**	**6523874**	**49881**	**86570**
与港澳台商合资经营	276461	4469686	3022418	30828	86206
与港澳台商合作经营	11072	235480	153420	17456	319
港澳台商独资	308500	3511167	3174450	370	
港澳台商投资股份有限公司	30864	230252	173586	1227	44
外商投资	**1364592**	**10221771**	**8426071**	**50165**	**72566**
中外合资经营	624771	5160536	3750917	45367	63125
中外合作经营	40723	266517	195696	2896	8741
外资企业	660516	4707984	4409470		
外商投资股份有限公司	38583	86734	69988	1902	700
三、按控股情况分					
国有控股	3035212	5077538	3267554	1593840	22769
集体控股	261935	1678613	830318	11225	336648
私人控股	3146976	38959071	22915552	33196	42586
港澳台商控股	485665	5981554	5054707	6725	20442
外商控股	1042405	7206176	6501531	31907	27356

1－E－6 续表5－2

单位：个、万元、人

指 标 名 称	长期负债合计	所有者权益合计	实收资本	国家资本	集体资本
其 他	269095	1095200	661805	6567	1706
四、按国民经济行业（门类、大类、中类、小类）分					
采矿业	**59124**	**331610**	**191407**	**22195**	**5003**
黑色金属矿采选业	4590	47696	7249		
铁矿采选	4590	47696	7249		
铁矿采选	4590	47696	7249		
有色金属矿采选业	584	20951	11767	120	
常用有色金属矿采选	64	8155	6648		
铜矿采选		701	2100		
铅锌矿采选	64	7454	4548		
贵金属矿采选	320	2798	1330	120	
金矿采选		1890	530		
银矿采选	320	909	800	120	
稀有稀土金属矿采选	200	9997	3790		
钨钼矿采选	200	9997	3790		
非金属矿采选业	53951	262963	172391	22075	5003
土砂石开采	47707	253921	166568	21775	4560
石灰石、石膏开采	10332	32858	37406	3900	1617
建筑装饰用石开采	3737	96206	57759	17000	1077
耐火土石开采	4467	33434	17877	310	166
粘土及其他土砂石开采	29171	91423	53525	565	1700
化学矿采选	120	479	545		
化学矿采选	120	479	545		
采 盐		2272	545		305
采 盐		2272	545		305
石棉及其他非金属矿采选	6124	6292	4733	300	138
其他非金属矿采选	6124	6292	4733	300	138
制造业	**4392003**	**54488042**	**35594603**	**391172**	**376329**
农副食品加工业	173400	1051850	636986	7014	7365
谷物磨制	6899	34673	17758	3436	167
谷物磨制	6899	34673	17758	3436	167
饲料加工	9036	128024	74040	380	407
饲料加工	9036	128024	74040	380	407
植物油加工	26036	67381	71614	391	
食用植物油加工	25899	66355	70660	391	
非食用植物油加工	137	1026	954		
屠宰及肉类加工	10313	106312	55309	2384	
畜禽屠宰	467	16439	7873	854	
肉制品及副产品加工	9846	89873	47436	1530	
水产品加工	66435	423373	241082	353	4348

1-E-6 续表5-3

单位：个、万元、人

指标名称	长期负债合计	所有者权益合计	实收资本	国家资本	集体资本
水产品冷冻加工	41128	264210	172444	353	1592
鱼糜制品及水产品干腌制加工	24178	120957	44996		241
水产饲料制造	1129	32187	18362		496
鱼油提取及制品的制造		1352	1100		
其他水产品加工		4666	4180		2020
蔬菜、水果和坚果加工	21297	187037	94047	70	2232
蔬菜、水果和坚果加工	21297	187037	94047	70	2232
其他农副食品加工	33385	105049	83137		212
淀粉及淀粉制品的制造		17780	17531		
豆制品制造	1396	18498	10543		176
蛋品加工	1270	13688	4504		36
其他未列明的农副食品加工	30720	55083	50560		
食品制造业	64131	593951	428212	9558	6693
焙烤食品制造	4205	49148	33088		56
糕点、面包制造	1243	17184	13927		56
饼干及其他焙烤食品制造	2962	31964	19160		
糖果、巧克力及蜜饯制造	2095	80407	46541		10
糖果、巧克力制造	34	52013	35232		
蜜饯制作	2061	28394	11308		10
方便食品制造	7476	84739	62266	25	38
米、面制品制造	2750	13350	10784		
速冻食品制造	2565	23593	23176		
方便面及其他方便食品制造	2160	47796	28306	25	38
液体乳及乳制品制造	10642	39766	32975	1357	
液体乳及乳制品制造	10642	39766	32975	1357	
罐头制造	7460	84178	63964		530
肉、禽类罐头制造	180	2345	1000		
水产品罐头制造	1063	5990	11375		
蔬菜、水果罐头制造	6217	74152	50271		530
其他罐头食品制造		1692	1318		
调味品、发酵制品制造	12283	74964	61036	5730	119
味精制造	731	12403	20749	4883	
酱油、食醋及类似制品的制造	8070	19580	8698	287	70
其他调味品、发酵制品制造	3482	42982	31590	560	49
其他食品制造	19972	180750	128343	2446	5941
营养、保健食品制造	2098	88094	59022	200	5675
冷冻饮品及食用冰制造	7454	17887	18952	1225	
盐加工		4508	1621	821	
食品及饲料添加剂制造	10420	69035	47882	200	266
其他未列明的食品制造		1226	866		

1－E－6 续表5－4

单位：个、万元、人

指标名称	长期负债合计	所有者权益合计	实收资本	国家资本	集体资本
饮料制造业	63744	599355	382254	20053	5954
酒精制造		724	3800		
酒精制造		724	3800		
酒的制造	17874	138205	111081	10177	2059
白酒制造	630	24785	17000		
啤酒制造	7720	47821	53015	7000	1375
黄酒制造	7638	55824	32367	3177	684
其他酒制造	1887	9776	8699		
软饮料制造	33110	317205	185196	7638	2913
碳酸饮料制造	5535	85225	49312		2482
瓶（罐）装饮用水制造	20940	37990	25337		341
果菜汁及果菜汁饮料制造	6088	27823	47433		90
含乳饮料和植物蛋白饮料制造	150	77823	11879		
固体饮料制造	20	24705	18996		
茶饮料及其他软饮料制造	377	63639	32239	7638	
精制茶加工	12760	143221	82178	2237	982
精制茶加工	12760	143221	82178	2237	982
烟草制品业	744	12610	5785		
其他烟草制品加工	744	12610	5785		
其他烟草制品加工	744	12610	5785		
纺织业	365649	6569749	4441313	26876	43914
棉、化纤纺织及印染精加工	187441	2818511	1839460	1658	8584
棉、化纤纺织加工	123424	2130463	1341954	1658	3884
棉、化纤印染精加工	64017	688048	497506		4700
毛纺织和染整精加工	14910	249742	151857	10	3073
毛条加工	1194	43777	21930		
毛纺织	7712	164272	98100	10	2940
毛染整精加工	6004	41693	31827		133
麻纺织	631	15232	10045		
麻纺织	631	15232	10045		
丝绢纺织及精加工	44092	488462	316925	20000	7421
缫丝加工	7519	66182	61522		518
绢纺和丝织加工	25756	335234	198749		3742
丝印染精加工	10817	87046	56655	20000	3161
纺织制成品制造	51239	1085884	841960	4455	17345
棉及化纤制品制造	12830	370644	283561		142
毛制品制造	6322	43824	32053		
麻制品制造	11	1307	923		
丝制品制造	1133	123681	93395		8098
绳、索、缆的制造	4362	25373	15043		80

1-E-6 续表5-5 单位：个、万元、人

指 标 名 称	长期负债合计	所有者权益合计	实收资本	国家资本	集体资本
纺织带和帘子布制造	800	132271	95339	1655	
无纺布制造	18715	219248	186107	2800	8657
其他纺织制成品制造	7066	169537	135538		368
针织品、编织品及其制品制造	67337	1911918	1281067	753	7491
棉、化纤针织品及编织品制造	47102	1409592	928222	193	4510
毛针织品及编织品制造	14742	312580	216143	560	2931
丝针织品及编织品制造	1260	100298	73757		50
其他针织品及编织品制造	4233	89447	62944		
纺织服装、鞋、帽制造业	67597	1788144	1300830	7259	10639
纺织服装制造	64059	1711585	1257783	7208	10404
纺织服装制造	64059	1711585	1257783	7208	10404
纺织面料鞋的制造	3405	59200	29976	51	230
纺织面料鞋的制造	3405	59200	29976	51	230
制 帽	133	17359	13072		5
制 帽	133	17359	13072		5
皮革、毛皮、羽毛(绒)及其制品业	28677	1053407	735874	285	5294
皮革鞣制加工	2925	173277	120303		1498
皮革鞣制加工	2925	173277	120303		1498
皮革制品制造	20822	742011	519957	285	2030
皮鞋制造	15465	422094	287204	285	1658
皮革服装制造	1177	93377	67788		
皮箱、包(袋)制造	3019	145883	108961		50
皮手套及皮装饰制品制造	706	40724	29748		322
其他皮革制品制造	455	39933	26256		
毛皮鞣制及制品加工	2526	38154	27550		
毛皮鞣制加工	108	13857	9008		
毛皮服装加工	2075	12440	9513		
其他毛皮制品加工	343	11857	9029		
羽毛(绒)加工及制品制造	2404	99965	68064		1765
羽毛(绒)加工	100	4887	4300		
羽毛(绒)制品加工	2304	95077	63764		1765
木材加工及木、竹、藤、棕、草制品业	34245	743330	407771	5	1422
锯材、木片加工	987	25266	13981		30
锯材加工	395	12521	9078		
木片加工	592	12745	4904		30
人造板制造	21970	330981	206038		565
胶合板制造	10485	167642	119260		565
纤维板制造	1800	71221	33396		
刨花板制造	60	12243	11130		
其他人造板、材制造	9625	79875	42252		

1-E-6 续表5-6

单位：个、万元、人

指标名称	长期负债合计	所有者权益合计	实收资本	国家资本	集体资本
木制品制造	5584	268798	118540	5	627
建筑用木料及木材组件加工	4289	209828	74005	5	488
木容器制造	863	15927	11516		139
软木制品及其他木制品制造	432	43044	33019		
竹、藤、棕、草制品制造	5705	118285	69212		201
竹、藤、棕、草制品制造	5705	118285	69212		201
家具制造业	23398	595329	455184	5	818
木质家具制造	3551	320957	245174	5	612
木质家具制造	3551	320957	245174	5	612
竹、藤家具制造		8632	5638		
竹、藤家具制造		8632	5638		
金属家具制造	16845	187132	140075		207
金属家具制造	16845	187132	140075		207
塑料家具制造	63	26894	16918		
塑料家具制造	63	26894	16918		
其他家具制造	2939	51713	47379		
其他家具制造	2939	51713	47379		
造纸及纸制品业	157123	1520717	1002613	4640	7853
纸浆制造	22	7379	8586		
纸浆制造	22	7379	8586		
造 纸	97334	808786	556571	546	3236
机制纸及纸板制造	92967	748758	511520	127	2236
手工纸制造		988	765		
加工纸制造	4367	59040	44286	419	1000
纸制品制造	59767	704552	437456	4094	4617
纸和纸板容器的制造	22375	512372	292194	1859	3693
其他纸制品制造	37392	192180	145262	2235	924
印刷业和记录媒介的复制	79386	944506	545307	14946	3975
印 刷	69012	879935	491136	8520	3975
书、报、刊印刷	13478	154785	86122	2902	1480
本册印制	2224	35957	24420		160
包装装潢及其他印刷	53309	689193	380594	5618	2335
装订及其他印刷服务活动	3160	32872	26318	300	
装订及其他印刷服务活动	3160	32872	26318	300	
记录媒介的复制	7214	31700	27853	6126	
记录媒介的复制	7214	31700	27853	6126	
文教体育用品制造业	25143	648404	479578	854	2444
文化用品制造	6614	251813	188712		
文具制造	3706	114425	92062		
笔的制造	1562	111856	76668		

1－E－6 续表5－7 单位：个、万元、人

指标名称	长期负债合计	所有者权益合计	实收资本	国家资本	集体资本
教学用模型及教具制造	55	9162	6462		
墨水、墨汁制造	30	3529	2130		
其他文化用品制造	1261	12842	11390		
体育用品制造	8131	176361	152664	854	1170
球类制造	2847	24053	26613	138	
体育器材及配件制造	866	59378	47783	420	
训练健身器材制造	3282	69788	58297	296	1170
运动防护用具制造	1137	7524	7375		
其他体育用品制造		15618	12596		
乐器制造	5482	30899	20403		450
中乐器制造		828	766		
西乐器制造	5166	14372	11576		450
电子乐器制造	183	9758	4063		
其他乐器及零件制造	133	5941	3998		
玩具制造	4331	120591	66053		569
玩具制造	4331	120591	66053		569
游艺器材及娱乐用品制造	585	68740	51747		255
露天游乐场所游乐设备制造	25	53399	40139		105
游艺用品及室内游艺器材制造	560	15341	11608		150
石油加工、炼焦及核燃料加工业	8610	73263	82421		230
精炼石油产品的制造	8610	79367	78421		230
原油加工及石油制品制造	8610	79367	78421		230
炼　焦		－6104	4000		
炼　焦		－6104	4000		
化学原料及化学制品制造业	934055	4185472	2928439	81309	57464
基础化学原料制造	230927	946008	636479	21234	10287
无机酸制造	8372	87844	45559	609	
无机碱制造	5150	23171	17115	15000	
无机盐制造	9085	72259	43062	584	357
有机化学原料制造	127375	561457	376528	500	9826
其他基础化学原料制造	80943	201278	154214	4542	105
肥料制造	8676	46911	21522	1656	1038
氮肥制造	5780	13995	8330	1656	1038
磷肥制造	425	3329	1006		
复混肥料制造	2471	28140	11146		
有机肥料及微生物肥料制造		853	568		
其他肥料制造		594	472		
农药制造	15980	161843	95241	3808	3683
化学农药制造	14946	140042	83885	3808	3503

1－E－6 续表 5－8

单位：个、万元、人

指 标 名 称	长期负债合 计	所有者权益合 计	实收资本	国家资本	集体资本
生物化学农药及微生物农药制造	1034	21800	11357		180
涂料、油墨、颜料及类似产品制造	21213	642339	339848	595	14078
涂料制造	8410	238978	120629	35	356
油墨及类似产品制造	207	45192	27394	560	1417
颜料制造	6638	84234	51635		5539
染料制造	4869	250501	125619		6701
密封用填料及类似品制造	1089	23434	14570		65
合成材料制造	548292	936872	920166	11972	16455
初级形态的塑料及合成树脂制造	386510	811121	776870	1920	16196
合成橡胶制造	1185	14054	10247		
合成纤维单(聚合)体的制造	160463	103305	129180	10052	26
其他合成材料制造	134	8392	3870		234
专用化学产品制造	96846	1190560	742556	39339	9829
化学试剂和助剂制造	44149	444242	255844	1138	3781
专项化学用品制造	18189	170396	112384	779	535
林产化学产品制造	1711	19170	10672		
炸药及火工产品制造	1377	10206	7450		
信息化学品制造	26398	391760	245273	34957	928
环境污染处理专用药剂材料制造	1194	34017	22422	563	4586
动物胶制造	102	30431	25386		
其他专用化学产品制造	3727	90338	63125	1902	
日用化学产品制造	12122	260940	172627	2705	2093
肥皂及合成洗涤剂制造	1449	31035	18488		1709
化妆品制造	1421	97761	64421		
口腔清洁用品制造	300	1430	1160		
香料、香精制造	5587	107775	67693	2705	384
其他日用化学产品制造	3364	22939	20865		
医药制造业	83883	1063074	677493	2218	7611
化学药品原药制造	28565	307781	205037	180	1577
化学药品原药制造	28565	307781	205037	180	1577
化学药品制剂制造	17069	236688	165468		2223
化学药品制剂制造	17069	236688	165468		2223
中药饮片加工	704	40107	28546	300	800
中药饮片加工	704	40107	28546	300	800
中成药制造	13405	116611	96359	492	2200
中成药制造	13405	116611	96359	492	2200
兽用药品制造	10673	72954	39097		
兽用药品制造	10673	72954	39097		
生物、生化制品的制造	11407	213508	99912	1246	374

1－E－6 续表5－9

单位：个、万元、人

指标名称	长期负债合计	所有者权益合计	实收资本	国家资本	集体资本
生物、生化制品的制造	11407	213508	99912	1246	374
卫生材料及医药用品制造	2060	75425	43075		436
卫生材料及医药用品制造	2060	75425	43075		436
化学纤维制造业	138914	1018210	825080	598	11346
纤维素纤维原料及纤维制造	11862	39035	36040	598	
化纤浆粕制造	649	2785	1128	598	
人造纤维(纤维素纤维)制造	11213	36250	34913		
合成纤维制造	127052	979175	789039		11346
锦纶纤维制造	18246	111103	78622		
涤纶纤维制造	60415	527317	399477		11346
腈纶纤维制造		4761	3447		
维纶纤维制造		283	280		
其他合成纤维制造	48391	335713	307213		
橡胶制品业	18807	472474	262181	310	2755
轮胎制造	1831	64177	45769	310	452
车辆、飞机及工程机械轮胎制造	1611	50376	35709		62
力车胎制造		11551	8202		200
轮胎翻新加工	219	2250	1858	310	190
橡胶板、管、带的制造	3539	127053	67387		219
橡胶板、管、带的制造	3539	127053	67387		219
橡胶零件制造	5061	91853	39657		501
橡胶零件制造	5061	91853	39657		501
再生橡胶制造	752	10478	4990		100
再生橡胶制造	752	10478	4990		100
日用及医用橡胶制品制造	5	16243	9881		218
日用及医用橡胶制品制造	5	16243	9881		218
橡胶靴鞋制造	6230	100971	59150		265
橡胶靴鞋制造	6230	100971	59150		265
其他橡胶制品制造	1389	61699	35347		1001
其他橡胶制品制造	1389	61699	35347		1001
塑料制品业	220247	2949362	1818813	9736	24148
塑料薄膜制造	102820	562522	382059	5822	14131
塑料薄膜制造	102820	562522	382059	5822	14131
塑料板、管、型材的制造	28163	598113	379312	2710	2443
塑料板、管、型材的制造	28163	598113	379312	2710	2443
塑料丝、绳及编织品的制造	3094	146012	114716	302	2310
塑料丝、绳及编织品的制造	3094	146012	114716	302	2310
泡沫塑料制造	5611	139438	77795		1083
泡沫塑料制造	5611	139438	77795		1083

1－E－6 续表5－10

单位：个、万元、人

指标名称	长期负债合计	所有者权益合计	实收资本	国家资本	集体资本
塑料人造革、合成革制造	6513	316159	203289		
塑料人造革、合成革制造	6513	316159	203289		
塑料包装箱及容器制造	20530	340393	195964		678
塑料包装箱及容器制造	20530	340393	195964		678
塑料零件制造	16402	301076	155281	330	367
塑料零件制造	16402	301076	155281	330	367
日用塑料制造	24374	355384	210248	573	2216
塑料鞋制造	2478	50038	26998		
日用塑料杂品制造	21896	305346	183250	573	2216
其他塑料制品制造	12741	190266	100150		920
其他塑料制品制造	12741	190266	100150		920
非金属矿物制品业	319732	2752083	1759670	113480	31891
水泥、石灰和石膏的制造	161606	810406	483156	101375	13433
水泥制造	161464	791608	473865	101180	13425
石灰和石膏制造	141	18798	9291	195	8
水泥及石膏制品制造	64587	909329	597273	5081	9927
水泥制品制造	54890	762418	489100	4972	4823
砼结构构件制造	5553	89951	60419		4309
石棉水泥制品制造		2296	1019		60
轻质建筑材料制造	3231	47458	41089	109	234
其他水泥制品制造	913	7206	5647		500
砖瓦、石材及其他建筑材料制造	17307	234711	158335	53	5663
粘土砖瓦及建筑砌块制造	3491	71944	34756	53	1146
建筑陶瓷制品制造	180	24612	21295		1311
建筑用石加工	1434	32037	24123		2314
防水建筑材料制造	6768	39159	20773		866
隔热和隔音材料制造	4376	51622	46460		25
其他建筑材料制造	1059	15336	10928		
玻璃及玻璃制品制造	60987	536569	378141	6972	553
平板玻璃制造	5600	37893	34278		210
技术玻璃制品制造	46408	173987	125986		
光学玻璃制造		2056	1489		
玻璃仪器制造	383	3033	2718		
日用玻璃制品及玻璃包装容器制造	6862	145532	72885		33
玻璃保温容器制造	50	4967	2974		
玻璃纤维及制品制造	836	109924	91229		
玻璃纤维增强塑料制品制造	775	34090	26795		
其他玻璃制品制造	73	25088	19787	6972	310
陶瓷制品制造	1388	57996	30246		136

1－E－6 续表5－11 单位：个、万元、人

指标名称	长期负债合计	所有者权益合计	实收资本	国家资本	集体资本
卫生陶瓷制品制造		30504	18254		130
特种陶瓷制品制造	1375	19454	8054		6
日用陶瓷制品制造	13	7111	3523		
园林、陈设艺术及其他陶瓷制品制造		927	414		
耐火材料制品制造	5096	96914	60104		1468
石棉制品制造	15	11200	8457		
云母制品制造	810	2559	1073		13
耐火陶瓷制品及其他耐火材料制造	4271	83155	50574		1455
石墨及其他非金属矿物制品制造	8763	106159	52415		712
石墨及碳素制品制造	939	40538	28155		
其他非金属矿物制品制造	7823	65621	24260		712
黑色金属冶炼及压延加工业	148639	1274619	939463	9050	5059
炼　铁	1315	1710	375		
炼　铁	1315	1710	375		
炼　钢	6955	54187	32953	50	
炼　钢	6955	54187	32953	50	
钢压延加工	138856	1186122	887931	9000	5059
钢压延加工	138856	1186122	887931	9000	5059
铁合金冶炼	1514	32600	18205		
铁合金冶炼	1514	32600	18205		
有色金属冶炼及压延加工业	78499	1046502	629849	3860	11117
常用有色金属冶炼	13620	112601	69889		1736
铜冶炼	155	41123	33739		1720
铅锌冶炼	140	12579	9447		
镍钴冶炼	10692	30419	11082		
锡冶炼		167	150		
铝冶炼	244	18233	9844		16
镁冶炼	160	1300	790		
其他常用有色金属冶炼	2230	8782	4839		
贵金属冶炼	270	33564	22435		72
金冶炼		30665	18041		26
银冶炼	270	1354	2664		46
其他贵金属冶炼		1546	1730		
稀有稀土金属冶炼	22	9321	10700		
钨钼冶炼		1403	1431		
稀土金属冶炼	22	7918	9269		
有色金属合金制造	1663	77660	55657	3060	516
有色金属合金制造	1663	77660	55657	3060	516
有色金属压延加工	62923	813356	471168	800	8793

1－E－6 续表 5－12

单位：个、万元、人

指标名称	长期负债合计	所有者权益合计			
			实收资本	国家资本	集体资本
常用有色金属压延加工	62129	782917	461485	800	8502
贵金属压延加工		18939	1600		
稀有稀土金属压延加工	794	11500	8083		291
金属制品业	108243	2784661	1777101	10364	14954
结构性金属制品制造	19330	666094	455175	2430	1422
金属结构制造	16163	457487	312842	2430	1207
金属门窗制造	3167	208607	142333		216
金属工具制造	4986	368031	229036		675
切削工具制造	461	74687	45368		50
手工具制造	2646	147223	82204		282
农用及园林用金属工具制造	1083	55812	44977		4
刀剪及类似日用金属工具制造	344	27161	18164		71
其他金属工具制造	452	63147	38322		268
集装箱及金属包装容器制造	7118	158451	104111	658	779
集装箱制造		61	15		
金属压力容器制造	3371	61062	41027	99	28
金属包装容器制造	3747	97328	63070	559	751
金属丝绳及其制品的制造	10029	199141	131598		16
金属丝绳及其制品的制造	10029	199141	131598		16
建筑、安全用金属制品制造	27424	565144	376896	7216	8936
建筑、家具用金属配件制造	10424	248999	172364		
建筑装饰及水暖管道零件制造	14405	243050	157179	7164	8836
安全、消防用金属制品制造	1645	60053	36610		50
其他建筑、安全用金属制品制造	951	13042	10743	52	50
金属表面处理及热处理加工	20666	324307	161577		540
金属表面处理及热处理加工	20666	324307	161577		540
搪瓷制品制造	48	27199	19508		116
工业生产配套用搪瓷制品制造		1351	783		
搪瓷卫生洁具制造	48	13684	12299		
搪瓷日用品及其他搪瓷制品制造		12164	6426		116
不锈钢及类似日用金属制品制造	15470	348458	213030		1494
金属制厨房调理及卫生器具制造	4600	73749	55762		1494
金属制厨用器皿及餐具制造	1706	197946	112569		
其他日用金属制品制造	9165	76763	44699		
其他金属制品制造	3172	127838	86172	60	977
其他未列明的金属制品制造	3172	127838	86172	60	977
通用设备制造业	345372	5603691	3416805	8495	16115
锅炉及原动机制造	17243	221336	124519	3048	2650
锅炉及辅助设备制造	7434	93110	60631		100

1-E-6 续表5-13

单位：个、万元、人

指标名称	长期负债合计	所有者权益合计	实收资本	国家资本	集体资本
内燃机及配件制造	1566	35360	17662		
汽轮机及辅机制造	8182	80578	35876	2040	2550
水轮机及辅机制造	60	9277	7301	1008	
其他原动机制造		3012	3050		
金属加工机械制造	51819	411359	281139	208	1028
金属切削机床制造	22835	142384	124236	90	164
金属成形机床制造	9909	112003	67164		155
铸造机械制造	5344	20758	10102	17	463
金属切割及焊接设备制造	6897	43857	27590	40	
机床附件制造	5272	53001	27852	61	160
其他金属加工机械制造	1561	39355	24195		86
起重运输设备制造	27895	454460	311798	1516	2660
起重运输设备制造	27895	454460	311798	1516	2660
泵、阀门、压缩机及类似机械的制造	68651	1469656	856732	988	2911
泵及真空设备制造	11279	304954	185110	506	2429
气体压缩机械制造	9072	119418	70763	367	
阀门和旋塞的制造	39629	828914	511843		277
液压和气压动力机械及元件制造	8672	216369	89017	115	205
轴承、齿轮、传动和驱动部件的制造	44168	749615	438298	38	594
轴承制造	24110	472699	286332	38	237
齿轮、传动和驱动部件制造	20058	276916	151966		357
烘炉、熔炉及电炉制造	2467	30142	14726		
烘炉、熔炉及电炉制造	2467	30142	14726		
风机、衡器、包装设备等通用设备制造	43013	767796	465606	1599	533
风机、风扇制造	4810	77995	40446	282	
气体、液体分离及纯净设备制造	12851	117323	60562	293	
制冷、空调设备制造	7162	245963	162630	699	85
风动和电动工具制造	10051	181622	112790	306	238
喷枪及类似器具制造	631	32482	18627		10
包装专用设备制造	4645	52255	32365		
衡器制造	967	16488	7949		
其他通用设备制造	1897	43668	30238	18	200
通用零部件制造及机械修理	45551	1013213	660477	1088	1343
金属密封件制造	6476	94814	56646		244
紧固件、弹簧制造	29601	627171	408408	274	634
机械零部件加工及设备修理	2998	167595	111922	800	307
其他通用零部件制造	6478	123634	83501	14	159
金属铸、锻加工	44565	486115	263510	11	4397
钢铁铸件制造	24288	336922	173157	11	3368

1－E－6 续表5－14 单位：个、万元、人

指 标 名 称	长期负债合计	所有者权益合计	实收资本	国家资本	集体资本
锻件及粉末冶金制品制造	20277	149193	90353		1029
专用设备制造业	137272	2309708	1423870	19064	7628
矿山、冶金、建筑专用设备制造	23244	167327	100509	1500	4
采矿、采石设备制造	1067	40609	24390		
石油钻采专用设备制造	806	15041	6625	1500	
建筑工程用机械制造	16545	51839	34977		
建筑材料生产专用机械制造	2084	32331	13643		
冶金专用设备制造	2742	27507	20875		4
化工、木材、非金属加工专用设备制造	46577	811987	478100	17	1668
炼油、化工生产专用设备制造	5398	41000	30736	3	308
橡胶加工专用设备制造	2376	22404	12323		
塑料加工专用设备制造	7221	239462	123616		450
木材加工机械制造	1546	13445	7510		
模具制造	29996	491719	302069	14	910
其他非金属加工专用设备制造	40	3957	1846		
食品、饮料、烟草及饲料生产专用设备制造	2231	77685	46453		60
食品、饮料、烟草工业专用设备制造	1897	54573	27986		60
农副食品加工专用设备制造	334	21266	17657		
饲料生产专用设备制造		1846	810		
印刷、制药、日化生产专用设备制造	2565	137618	89859		674
制浆和造纸专用设备制造	305	14614	9675		
印刷专用设备制造	1277	74211	42921		106
日用化工专用设备制造	49	3257	5521		
制药专用设备制造	661	34294	22569		568
照明器具生产专用设备制造	44	3512	3029		
玻璃、陶瓷和搪瓷制品生产专用设备制造	3	4905	3279		
其他日用品生产专用设备制造	227	2824	2866		
纺织、服装和皮革工业专用设备制造	23633	464704	294940	1675	890
纺织专用设备制造	14281	208168	139906	1500	65
皮革、毛皮及其制品加工专用设备制造	1170	33989	25935		487
缝纫机械制造	8181	219715	126491	175	338
其他服装加工专用设备制造		2832	2608		
电子和电工机械专用设备制造	2132	57213	39544	1050	149
电工机械专用设备制造	797	14300	11192		100
电子工业专用设备制造	772	40224	27352	50	49
武器弹药制造	562	2689	1000	1000	
农、林、牧、渔专用机械制造	8705	101641	75178	5801	
拖拉机制造	2688	12241	10494		
机械化农业及园艺机具制造	5644	71796	52965	5801	

1-E-6 续表5-15

单位：个、万元、人

指 标 名 称	长期负债合计	所有者权益合计	实收资本	国家资本	集体资本
畜牧机械制造		188	15		
渔业机械制造	215	596	350		
农林牧渔机械配件制造	158	14804	10232		
其他农林牧渔业机械制造及机械修理		2015	1122		
医疗仪器设备及器械制造	18778	144886	91115		887
医疗诊断、监护及治疗设备制造	12158	51538	32148		519
口腔科用设备及器具制造		737	1437		
实验室及医用消毒设备和器具的制造	232	7761	6091		200
医疗、外科及兽医用器械制造	5237	44649	20571		168
机械治疗及病房护理设备制造	442	11405	7854		
假肢、人工器官及植（介）入器械制造	43	4704	1600		
其他医疗设备及器械制造	666	24092	21415		
环保、社会公共安全及其他专用设备制造	9408	346647	208171	9021	3297
环境污染防治专用设备制造	7600	221389	112073	7100	758
地质勘查专用设备制造		1052	1008		
邮政专用机械及器材制造	42	1601	981	421	
商业、饮食、服务业专用设备制造		484	308		
社会公共安全设备及器材制造	1580	70368	55480		216
交通安全及管制专用设备制造		1053	910		
水资源专用机械制造	64	8072	6632	1500	1417
其他专用设备制造	122	42629	30780		905
交通运输设备制造业	283411	3168147	2114983	8042	41497
铁路运输设备制造	361	27928	18445	500	612
铁路机车车辆配件制造	290	7952	4982		
铁路专用设备及器材、配件制造	71	15717	8978		612
其他铁路设备制造及设备修理		4260	4485	500	
汽车制造	126377	1954808	1230732	1354	39817
汽车整车制造	109	67336	51893		
改装汽车制造	1013	24614	19041		
汽车车身、挂车的制造	605	7498	9929		
汽车零部件及配件制造	122460	1812497	1122445	286	39787
汽车修理	2190	42863	27424	1067	30
摩托车制造	12477	300772	185456		342
摩托车整车制造	1809	37180	22859		
摩托车零部件及配件制造	10668	263592	162596		342
自行车制造	9053	183105	143270		214
脚踏自行车及残疾人座车制造	1343	68923	40979		214
助动自行车制造	7710	114182	102291		
船舶及浮动装置制造	134319	648566	496441	3389	333

1－E－6 续表5－16

单位：个、万元、人

指 标 名 称	长期负债合计	所有者权益合计	实收资本	国家资本	集体资本
金属船舶制造	91503	386625	314277	3389	
非金属船舶制造		4470	2282		
娱乐船和运动船的建造和修理	326	50344	50466		
船用配套设备制造	31723	136806	82509		
船舶修理及拆船	10767	70322	46907		333
航空航天器制造		2514	1170		
飞机制造及修理		1722	1160		
其他飞行器制造		792	10		
交通器材及其他交通运输设备制造	825	50454	39470	2800	180
潜水及水下救捞装备制造		2800	2800	2800	
交通管理用金属标志及设施制造	825	44360	33786		180
其他交通运输设备制造		3294	2884		
电气机械及器材制造业	261840	5446598	3330892	8990	31081
电机制造	17420	567123	348007	755	1266
发电机及发电机组制造	9014	111274	65449		1
电动机制造	4368	198271	118263	755	446
微电机及其他电机制造	4038	257578	164295		819
输配电及控制设备制造	69756	1879188	1173171	2109	17423
变压器、整流器和电感器制造	14493	242477	161505	500	3476
电容器及其配套设备制造	1961	82838	32485	150	30
配电开关控制设备制造	40807	1060728	653458	1310	12426
电力电子元器件制造	6527	355090	243920		286
其他输配电及控制设备制造	5967	138055	81804	150	1205
电线、电缆、光缆及电工器材制造	68186	1172330	666091	2768	7977
电线电缆制造	51632	1029000	567539	768	7293
光纤、光缆制造	13906	71393	60588		96
绝缘制品制造	1450	35730	18193		300
其他电工器材制造	1199	36207	19771	2000	288
电池制造	37246	360510	211237	325	2271
电池制造	37246	360510	211237	325	2271
家用电力器具制造	30701	691406	467212	2355	1285
家用制冷电器具制造	4586	72924	48770		29
家用空气调节器制造	1000	29055	22909		
家用通风电器具制造	1117	40327	32230	2355	516
家用厨房电器具制造	1596	151207	124914		258
家用清洁卫生电器具制造	12528	169167	71894		
家用美容、保健电器具制造	3516	34350	20876		175
家用电力器具专用配件制造	3835	93887	70983		308
其他家用电力器具制造	2523	100489	74637		...

1-E-6 续表5-17 单位：个、万元、人

指标名称	长期负债合计	所有者权益合计	实收资本	国家资本	集体资本
非电力家用器具制造	4437	78008	53923		187
燃气、太阳能及类似能源的器具制造	1643	61460	36343		187
其他非电力家用器具制造	2794	16548	17580		
照明器具制造	31813	591502	341835	486	574
电光源制造	5509	161698	89145		144
照明灯具制造	18563	345295	211195		370
灯用电器附件及其他照明器具制造	7740	84509	41495	486	60
其他电气机械及器材制造	2281	106533	69416	193	98
车辆专用照明及电气信号设备装置制造	912	75400	49948	193	
其他未列明的电气机械制造	1369	31133	19468		98
通信设备、计算机及其他电子设备制造业	121297	1897920	1350977	14349	9109
通信设备制造	8603	461945	294159	3753	753
通信传输设备制造	3915	107212	51147	3753	253
通信交换设备制造	997	52400	37492		
通信终端设备制造	619	25057	20549		
移动通信及终端设备制造	1526	81611	73170		
其他通信设备制造	1546	195665	111802		500
雷达及配套设备制造		2933	1892		
雷达及配套设备制造		2933	1892		
广播电视设备制造	14900	75291	67129	1755	
广播电视节目制作及发射设备制造	34	7678	5476	1755	
广播电视接收设备及器材制造	5248	41722	37224		
应用电视设备及其他广播电视设备制造	9619	25891	24429		
电子计算机制造	4053	113216	80233	3100	2332
电子计算机整机制造		2490	1930		
计算机网络设备制造	196	24655	14736	3100	
电子计算机外部设备制造	3857	86072	63567		2332
电子器件制造	44256	497167	365603	4240	2885
电子真空器件制造	8	15873	11366	2000	
半导体分立器件制造	36544	157146	117967		35
集成电路制造	1178	141442	108838		
光电子器件及其他电子器件制造	6527	182705	127433	2240	2850
电子元件制造	38659	589374	426727	1500	831
电子元件及组件制造	36353	546247	395753	1500	791
印制电路板制造	2306	43127	30974		40
家用视听设备制造	5799	106541	75843		2308
家用影视设备制造	4186	41350	25112		2283
家用音响设备制造	1613	65191	50731		25
其他电子设备制造	5026	51453	39391		

1－E－6 续表5－18

单位：个、万元、人

指标名称	长期负债合计	所有者权益合计	实收资本	国家资本	集体资本
其他电子设备制造	5026	51453	39391		
仪器仪表及文化、办公用机械制造业	38076	972958	598756	5589	7269
通用仪器仪表制造	22154	521211	298416	2275	1880
工业自动控制系统装置制造	10116	179531	114991	286	50
电工仪器仪表制造	4791	105610	58593		597
绘图、计算及测量仪器制造	489	20119	13337		250
实验分析仪器制造	2807	39199	23197	25	140
试验机制造	415	13571	7808	1675	
供应用仪表及其他通用仪器制造	3536	163182	80490	288	843
专用仪器仪表制造	3055	163309	74589	815	156
环境监测专用仪器仪表制造	583	16328	8573		
汽车及其他用计数仪表制造	1137	48349	22542		156
导航、气象及海洋专用仪器制造	1000	13768	6211	509	
农林牧渔专用仪器仪表制造		749	540		
地质勘探和地震专用仪器制造		269	151		
教学专用仪器制造	243	21091	12437	306	
电子测量仪器制造	92	27906	13102		
其他专用仪器制造		34850	11034		
钟表与计时仪器制造	6723	33437	21544		396
钟表与计时仪器制造	6723	33437	21544		396
光学仪器及眼镜制造	4584	164798	124547	808	1837
光学仪器制造	259	43260	31078		1837
眼镜制造	4325	121539	93469	808	
文化、办公用机械制造	1361	81164	76218	1692	1128
电影机械制造	3	2213	2100		
幻灯及投影设备制造		565	161		
照相机及器材制造	129	16210	12663		
复印和胶印设备制造	1108	21676	12496		
计算器及货币专用设备制造	122	33094	40167	1692	1128
其他文化、办公用机械制造		7407	8631		
其他仪器仪表的制造及修理	199	9038	3442		1872
其他仪器仪表的制造及修理	199	9038	3442		1872
工艺品及其他制造业	53278	1203688	708052	2145	613
工艺美术品制造	40430	832536	499783	611	265
雕塑工艺品制造	8876	90423	54998		112
金属工艺品制造	2988	113583	69310	…	53
漆器工艺品制造	837	36917	22954		100
花画工艺品制造	82	20404	12913		
天然植物纤维编织工艺品制造	1195	23826	14563		

1－E－6 续表5－19

单位：个、万元、人

指 标 名 称	长期负债合计	所有者权益合计	实收资本	国家资本	集体资本
抽纱刺绣工艺品制造	17283	235827	121223		
地毯、挂毯制造	1222	52414	42481		
珠宝首饰及有关物品的制造	873	116093	46039	611	
其他工艺美术品制造	7076	143049	115300		
日用杂品制造	9059	347350	190126	1533	348
制镜及类似品加工	8	38738	18218		
鬃毛加工、制刷及清扫工具的制造	3388	29631	26029		
其他日用杂品制造	5664	278981	145879	1533	348
煤制品制造	166	5153	4000		
煤制品制造	166	5153	4000		
核辐射加工	1250	820	1580		
核辐射加工	1250	820	1580		
其他未列明的制造业	2373	17830	12564		
其他未列明的制造业	2373	17830	12564		
废弃资源和废旧材料回收加工业	8593	144259	128052	2082	70
金属废料和碎屑的加工处理	7864	90021	96464	1782	70
金属废料和碎屑的加工处理	7864	90021	96464	1782	70
非金属废料和碎屑的加工处理	729	54239	31587	300	
非金属废料和碎屑的加工处理	729	54239	31587	300	
电力、燃气及水的生产和供应业	**3790161**	**5178501**	**3445459**	**1270092**	**70175**
电力、热力的生产和供应业	2828126	3774689	2552311	739411	58011
电力生产	2717927	2750885	2389535	652885	53221
火力发电	1694532	1793856	1552112	325018	48303
水力发电	957597	883735	764670	326032	4918
其他能源发电	65799	73295	72753	1835	
电力供应	28957	928380	74961	66288	1672
电力供应	28957	928380	74961	66288	1672
热力生产和供应	81242	95424	87815	20238	3118
热力生产和供应	81242	95424	87815	20238	3118
燃气生产和供应业	228513	305907	257599	121172	850
燃气生产和供应业	228513	305907	257599	121172	850
燃气生产和供应业	228513	305907	257599	121172	850
水的生产和供应业	733522	1097905	635549	409509	11314
自来水的生产和供应	433829	843156	469087	357949	9914
自来水的生产和供应	433829	843156	469087	357949	9914
污水处理及其再生利用	299693	252552	164462	51560	1400
污水处理及其再生利用	299693	252552	164462	51560	1400
其他水的处理、利用与分配		2197	2000		
其他水的处理、利用与分配		2197	2000		

1－E－6 续表6－1

单位：个、万元、人

指标名称	法人资本	个人资本	港澳台资本	外商资本	主营业务收入
总 计	**9548645**	**15957555**	**4987742**	**6602561**	**176064470**
一、按轻重工业分					
轻工业	3545576	7041701	2455828	2642591	75308985
重工业	6003069	8915854	2531914	3959970	100755484
二、按登记注册类型分					
内 资	**7367613**	**14908191**	**38661**	**91275**	**135468461**
国 有	236542	1070			4257451
集 体	33595	5782	160	54	949055
股份合作企业	77493	285248	24	560	2841600
联营企业	5904	492	3		55669
国有联营	5052				5239
集体联营		92	3		14427
国有与集体联营					21285
其他联营	852	400			14717
有限责任公司	2754393	2204527	5479	46969	25748967
国有独资公司	36075				170516
其他有限责任公司	2718319	2204527	5479	46969	25578451
股份有限公司	333137	498350	1568	28152	2284967
私营企业	3886001	11888211	24126	14876	98871092
私营独资	183551	719861	104	227	9574057
私营合伙	44803	223615	1119		2488530
私营有限责任公司	3493758	10689769	12166	14568	85139892
私营股份有限公司	163889	254967	10737	81	1668613
其 他	40549	24512	7301	664	459660
港澳台商投资	**932052**	**520904**	**4903465**	**31003**	**19350906**
与港澳台商合资经营	825651	500641	1566320	12773	11698188
与港澳台商合作经营	60554	9077	64313	1700	418859
港澳台商独资	13774	6897	3137325	16083	6831216
港澳台商投资股份有限公司	32072	4289	135507	447	402643
外商投资	**1248981**	**528459**	**45617**	**6480284**	**21245103**
中外合资经营	1187952	458956	26931	1968586	12103852
中外合作经营	38945	48716	18	96380	557152
外资企业	19459	19298	15867	4354846	8418467
外商投资股份有限公司	2625	1489	2800	60472	165632
三、按控股情况分					
国有控股	1469550	53803	43653	83939	8606915
集体控股	333486	64494	43169	41297	4752044
私人控股	6362723	15583891	390474	502682	133879240
港澳台商控股	412724	117029	4451015	46773	12182896
外商控股	448144	104135	27695	5862295	13693050

1－E－6 续表6－2 单位：个、万元、人

指 标 名 称	法人资本	个人资本	港澳台资本	外商资本	主营业务收入
其 他	522018	34204	31736	65575	2950326
四、按国民经济行业（门类、大类、中类、小类）分					
采矿业	**43920**	**72252**	**13487**	**34551**	**967885**
黑色金属矿采选业	1000	1283		4966	112218
铁矿采选	1000	1283		4966	112218
铁矿采选	1000	1283		4966	112218
有色金属矿采选业	1410	10237			46125
常用有色金属矿采选	1410	5238			27148
铜矿采选	510	1590			9453
铅锌矿采选	900	3648			17695
贵金属矿采选		1210			2997
金矿采选		530			1362
银矿采选		680			1635
稀有稀土金属矿采选		3790			15979
钨钼矿采选		3790			15979
非金属矿采选业	41510	60732	13487	29585	809542
土砂石开采	40455	56707	13487	29585	769425
石灰石、石膏开采	5650	4692		21547	96191
建筑装饰用石开采	22619	9088	1468	6507	304758
耐火土石开采	3185	14125	91		103217
粘土及其他土砂石开采	9001	28801	11927	1531	265259
化学矿采选	120	425			2184
化学矿采选	120	425			2184
采 盐		240			1605
采 盐		240			1605
石棉及其他非金属矿采选	935	3360			36329
其他非金属矿采选	935	3360			36329
制造业	**8096206**	**15689604**	**4775248**	**6266043**	**167480829**
农副食品加工业	147816	293112	84774	96905	4379448
谷物磨制	2620	10681	440	414	276801
谷物磨制	2620	10681	440	414	276801
饲料加工	23885	35136	1419	12813	782204
饲料加工	23885	35136	1419	12813	782204
植物油加工	16694	14139	6417	33973	755306
食用植物油加工	16402	13477	6417	33973	748149
非食用植物油加工	292	662			7157
屠宰及肉类加工	16917	27571	7659	778	366146
畜禽屠宰	3977	3042			49444
肉制品及副产品加工	12940	24529	7659	778	316702
水产品加工	48392	136410	20719	30860	1412824

1－E－6 续表6－3 单位：个、万元、人

指 标 名 称					主营业务收入
	法人资本	个人资本	港澳台资本	外商资本	
水产品冷冻加工	26830	110686	8414	24569	1077563
鱼糜制品及水产品干腌制加工	16246	12576	9987	5947	216674
水产饲料制造	4067	11482	2318		103152
鱼油提取及制品的制造		1100			2224
其他水产品加工	1249	567		344	13211
蔬菜、水果和坚果加工	35301	42614	6683	7147	545316
蔬菜、水果和坚果加工	35301	42614	6683	7147	545316
其他农副食品加工	4006	26562	41438	10920	240853
淀粉及淀粉制品的制造	620	10708		6203	34780
豆制品制造	2224	3426		4718	52823
蛋品加工	668	3800			56130
其他未列明的农副食品加工	494	8628	41438		97120
食品制造业	80922	140973	59608	130458	1436428
焙烤食品制造	3124	9952	8838	11118	117655
糕点、面包制造	2374	5624	5874		57470
饼干及其他焙烤食品制造	750	4328	2964	11118	60185
糖果、巧克力及蜜饯制造	1863	11797	4531	28340	157270
糖果、巧克力制造	1385	1718	4531	27599	94588
蜜饯制作	478	10079		741	62681
方便食品制造	11681	11933	4448	34142	194748
米、面制品制造	4480	5063	1241		37445
速冻食品制造	4930	2299	522	15425	41020
方便面及其他方便食品制造	2271	4571	2685	18717	116283
液体乳及乳制品制造	6860	16936	7822		132847
液体乳及乳制品制造	6860	16936	7822		132847
罐头制造	13204	35816	4145	10271	234220
肉、禽类罐头制造	1000				8952
水产品罐头制造		11055		319	24301
蔬菜、水果罐头制造	12204	23442	4145	9951	198972
其他罐头食品制造		1318			1994
调味品、发酵制品制造	6422	19775	15975	13016	172044
味精制造	492	6473	8900		43613
酱油、食醋及类似制品的制造	3680	4310	207	143	54730
其他调味品、发酵制品制造	2250	8991	6867	12872	73701
其他食品制造	37769	34765	13850	33572	427644
营养、保健食品制造	15215	14263	9710	13959	190862
冷冻饮品及食用冰制造	11510	4573	1275	370	42903
盐加工	800				10625
食品及饲料添加剂制造	10194	15114	2866	19243	177484
其他未列明的食品制造	50	816			5770

1－E－6 续表6－4　　单位：个、万元、人

指 标 名 称	法人资本	个人资本	港澳台资本	外商资本	主营业务收入
饮料制造业	121836	101776	45806	86830	1128973
酒精制造	655	1920	1225		9376
酒精制造	655	1920	1225		9376
酒的制造	25333	37264	17377	18871	216971
白酒制造	4300	2765		9935	32382
啤酒制造	12690	14882	15000	2069	68487
黄酒制造	3775	15487	2377	6867	93109
其他酒制造	4569	4130			22994
软饮料制造	75977	17178	22525	58965	408530
碳酸饮料制造	21380	50		25401	138692
瓶(罐)装饮用水制造	16692	4967	1010	2327	61053
果菜汁及果菜汁饮料制造	7961	5904	18747	14731	47967
含乳饮料和植物蛋白饮料制造	3377	2932		5570	42890
固体饮料制造	14307	1737	2768	184	36816
茶饮料及其他软饮料制造	12261	1588		10751	81112
精制茶加工	19872	45414	4679	8994	494096
精制茶加工	19872	45414	4679	8994	494096
烟草制品业	85	4300	1400		12604
其他烟草制品加工	85	4300	1400		12604
其他烟草制品加工	85	4300	1400		12604
纺织业	916979	2095560	800707	557277	22267295
棉、化纤纺织及印染精加工	419041	985181	250581	174415	9570488
棉、化纤纺织加工	293765	783489	168471	90689	7353994
棉、化纤印染精加工	125276	201692	82110	83727	2216494
毛纺织和染整精加工	30200	64450	39381	14743	767138
毛条加工	155	9060	11934	781	164023
毛纺织	26220	40568	18001	10361	492018
毛染整精加工	3825	14821	9446	3601	111097
麻纺织	4525	1881	3142	497	46006
麻纺织	4525	1881	3142	497	46006
丝绢纺织及精加工	68214	149026	40131	32133	1959832
缫丝加工	16697	23355	19913	1039	307251
绢纺和丝织加工	36347	112323	17026	29310	1448004
丝印染精加工	15170	13348	3192	1785	204577
纺织制成品制造	130089	336429	189131	164512	3520310
棉及化纤制品制造	37360	96938	76546	72576	1400588
毛制品制造	3191	13135	1321	14406	152609
麻制品制造	288	635			6807
丝制品制造	23450	39212	16756	5879	372668
绳、索、缆的制造	4725	5740	1313	3184	78404

1-E-6 续表6-5

单位：个、万元、人

指标名称	法人资本	个人资本	港澳台资本	外商资本	主营业务收入
纺织带和帘子布制造	8986	56294	11468	16936	365512
无纺布制造	38332	81179	21764	33374	776317
其他纺织制成品制造	13756	43295	59963	18157	367405
针织品、编织品及其制品制造	264911	558593	278342	170977	6403522
棉、化纤针织品及编织品制造	199115	399842	193626	130937	4791140
毛针织品及编织品制造	29448	97932	56058	29215	984889
丝针织品及编织品制造	21850	26201	20218	5437	352271
其他针织品及编织品制造	14499	34619	8440	5387	275222
纺织服装、鞋、帽制造业	237020	499266	208890	337756	6225381
纺织服装制造	231496	481332	205384	321959	5950053
纺织服装制造	231496	481332	205384	321959	5950053
纺织面料鞋的制造	3747	13434	1815	10698	203638
纺织面料鞋的制造	3747	13434	1815	10698	203638
制　帽	1776	4499	1692	5100	71690
制　帽	1776	4499	1692	5100	71690
皮革、毛皮、羽毛(绒)及其制品业	142761	410502	65630	111403	4534064
皮革鞣制加工	22709	59503	23056	13537	541330
皮革鞣制加工	22709	59503	23056	13537	541330
皮革制品制造	97770	311383	27159	81330	3510155
皮鞋制造	59939	193577	4497	27248	1940861
皮革服装制造	12580	37945	6307	10956	463429
皮箱、包(袋)制造	18066	53761	11972	25112	856458
皮手套及皮装饰制品制造	2168	17441	833	8983	122396
其他皮革制品制造	5018	8659	3549	9030	127011
毛皮鞣制及制品加工	5273	10822	7087	4368	171608
毛皮鞣制加工	2918	2953	1731	1406	46124
毛皮服装加工	1726	2369	4949	470	61250
其他毛皮制品加工	629	5500	408	2492	64235
羽毛(绒)加工及制品制造	17008	28794	8328	12169	310970
羽毛(绒)加工	458	3842			38756
羽毛(绒)制品加工	16550	24952	8328	12169	272214
木材加工及木、竹、藤、棕、草制品业	95499	203582	58244	49019	2790219
锯材、木片加工	3236	6475	4240		118049
锯材加工	1387	3811	3880		50712
木片加工	1849	2665	360		67337
人造板制造	52520	94619	31192	27143	1035121
胶合板制造	20974	51431	30246	16045	656508
纤维板制造	20412	7339	147	5498	137670
刨花板制造		11130			35916
其他人造板、材制造	11134	24720	798	5599	205028

1－E－6 续表6－6

单位：个、万元、人

指标名称	法人资本	个人资本	港澳台资本	外商资本	主营业务收入
木制品制造	26518	62415	18000	10975	1174564
建筑用木料及木材组件加工	19387	44866	4628	4632	993033
木容器制造	1953	4375	5049		58632
软木制品及其他木制品制造	5179	13174	8323	6343	122900
竹、藤、棕、草制品制造	13226	40072	4812	10902	462484
竹、藤、棕、草制品制造	13226	40072	4812	10902	462484
家具制造业	113332	210646	64506	65876	1826583
木质家具制造	74704	119852	32243	17760	864906
木质家具制造	74704	119852	32243	17760	864906
竹、藤家具制造	1947	1031	2050	610	27086
竹、藤家具制造	1947	1031	2050	610	27086
金属家具制造	24925	67289	12503	35151	667929
金属家具制造	24925	67289	12503	35151	667929
塑料家具制造	973	9701	2247	3996	91711
塑料家具制造	973	9701	2247	3996	91711
其他家具制造	10783	12773	15464	8359	174952
其他家具制造	10783	12773	15464	8359	174952
造纸及纸制品业	226620	520879	145049	97572	4497535
纸浆制造	868	720		6998	19943
纸浆制造	868	720		6998	19943
造　纸	162901	303022	47331	39536	2584283
机制纸及纸板制造	150977	289581	40611	27989	2393942
手工纸制造	150	615			2611
加工纸制造	11774	12825	6721	11547	187731
纸制品制造	62851	217137	97718	51039	1893309
纸和纸板容器的制造	50036	154865	53175	28566	1359433
其他纸制品制造	12815	62272	44544	22473	533877
印刷业和记录媒介的复制	184805	276820	36892	27869	1824032
印　刷	161580	267502	30294	19265	1703084
书、报、刊印刷	37248	40128		4363	275356
本册印制	7379	15545	1074	263	79500
包装装潢及其他印刷	116953	211829	29220	14639	1348228
装订及其他印刷服务活动	9498	8069	6598	1854	49536
装订及其他印刷服务活动	9498	8069	6598	1854	49536
记录媒介的复制	13728	1250		6750	71412
记录媒介的复制	13728	1250		6750	71412
文教体育用品制造业	89636	187499	88205	110940	2118042
文化用品制造	36914	87937	22718	41143	723714
文具制造	15365	40041	11234	25422	342482
笔的制造	19599	40172	8950	7947	324077

1-E-6 续表6-7

单位：个、万元、人

指 标 名 称	法人资本	个人资本	港澳台资本	外商资本	主营业务收入
教学用模型及教具制造	1417	3294	211	1539	23188
墨水、墨汁制造		2106		25	2744
其他文化用品制造	533	2324	2323	6210	31224
体育用品制造	28409	34751	42001	45479	541785
球类制造	1502	2316	2521	20137	71316
体育器材及配件制造	6867	11479	19840	9178	146016
训练健身器材制造	17143	14269	18322	7098	217073
运动防护用具制造	315	4637	115	2308	26748
其他体育用品制造	2584	2051	1204	6758	80632
乐器制造	3044	4721	3633	8555	82655
中乐器制造	363	353	50		1394
西乐器制造	1969	1471	66	7619	48106
电子乐器制造		879	3184		13089
其他乐器及零件制造	712	2018	332	936	20067
玩具制造	11240	34609	12841	6793	514689
玩具制造	11240	34609	12841	6793	514689
游艺器材及娱乐用品制造	10028	25481	7012	8971	255198
露天游乐场所游乐设备制造	8988	21623	4139	5285	205582
游艺用品及室内游艺器材制造	1040	3859	2873	3686	49616
石油加工、炼焦及核燃料加工业	19980	10628	16866	34717	653014
精炼石油产品的制造	15980	10628	16866	34717	456174
原油加工及石油制品制造	15980	10628	16866	34717	456174
炼 焦	4000				196840
炼 焦	4000				196840
化学原料及化学制品制造业	538620	655290	396920	1198837	11800225
基础化学原料制造	155620	112552	44556	292230	2519809
无机酸制造	25459	8601	1972	8918	206675
无机碱制造	27	2088			105161
无机盐制造	3727	16687	1599	20109	255435
有机化学原料制造	95161	70538	39090	161414	1599550
其他基础化学原料制造	31245	14638	1895	101789	352988
肥料制造	10740	6839	414	835	131456
氮肥制造	2530	3106			51355
磷肥制造	124	882			12912
复混肥料制造	8086	2225		835	63978
有机肥料及微生物肥料制造		568			2024
其他肥料制造		58	414		1187
农药制造	18591	48878	9064	11217	455170
化学农药制造	18091	44078	3187	11217	422013

1－E－6　续表 6－8　　　　　　　　　　　　　　　　　　单位：个、万元、人

指　标　名　称	法人资本	个人资本	港澳台资本	外商资本	主营业务收　入
生物化学农药及微生物农药制造	500	4800	5877		33158
涂料、油墨、颜料及类似产品制造	59520	149996	37275	78384	1760226
涂料制造	23077	74772	6301	16089	688678
油墨及类似产品制造	3493	8790	10761	2373	95753
颜料制造	10780	20829	3072	11416	199197
染料制造	18740	42970	17023	40185	703566
密封用填料及类似品制造	3430	2636	118	8321	73031
合成材料制造	54484	90210	173019	574027	3166939
初级形态的塑料及合成树脂制造	43151	70884	168787	475932	2388780
合成橡胶制造	656	5543	695	3354	33892
合成纤维单(聚合)体的制造	10430	11354	2578	94740	700668
其他合成材料制造	248	2429	959		43600
专用化学产品制造	207868	196749	114534	174237	3262955
化学试剂和助剂制造	86494	86146	18887	59397	1681255
专项化学用品制造	30149	34028	27666	19227	499198
林产化学产品制造	2608	6755	20	1290	70701
炸药及火工产品制造	3220	2111	2119		22290
信息化学品制造	64626	42741	62787	39235	497501
环境污染处理专用药剂材料制造	1002	1950	501	13820	56868
动物胶制造	6213	1974		17199	55836
其他专用化学产品制造	13556	21043	2554	24069	379308
日用化学产品制造	31798	50066	18058	67908	503670
肥皂及合成洗涤剂制造	4952	7439	2317	2071	101489
化妆品制造	13629	30071	5163	15558	168124
口腔清洁用品制造	1080	80			3404
香料、香精制造	10088	8932		45585	171005
其他日用化学产品制造	2049	3544	10578	4695	59647
医药制造业	216918	258265	56894	135588	1949091
化学药品原药制造	55999	73148	19813	54320	789138
化学药品原药制造	55999	73148	19813	54320	789138
化学药品制剂制造	57302	61149	8294	36499	266131
化学药品制剂制造	57302	61149	8294	36499	266131
中药饮片加工	12218	11431		3797	71003
中药饮片加工	12218	11431		3797	71003
中成药制造	28012	37485	9742	18428	177751
中成药制造	28012	37485	9742	18428	177751
兽用药品制造	15118	17886		6093	128973
兽用药品制造	15118	17886		6093	128973
生物、生化制品的制造	34029	33356	18982	11925	348124

1-E-6 续表6-9

单位：个、万元、人

指 标 名 称	法人资本	个人资本	港澳台资本	外商资本	主营业务收 入
生物、生化制品的制造	34029	33356	18982	11925	348124
卫生材料及医药用品制造	14240	23810	64	4525	167970
卫生材料及医药用品制造	14240	23810	64	4525	167970
化学纤维制造业	174378	255861	222542	160355	3120683
纤维素纤维原料及纤维制造	740	21247	9843	3612	93100
化纤浆粕制造		530			7049
人造纤维（纤维素纤维）制造	740	20717	9843	3612	86051
合成纤维制造	173638	234613	212699	156743	3027582
锦纶纤维制造	8900	24602	33566	11554	404812
涤纶纤维制造	89270	130894	134535	33433	1910174
腈纶纤维制造	1700	519	828	400	12767
维纶纤维制造		280			577
其他合成纤维制造	73768	78319	43771	111356	699253
橡胶制品业	41090	182243	13741	22042	1513571
轮胎制造	7226	36657	1124		124243
车辆、飞机及工程机械轮胎制造	5614	28909	1124		90604
力车胎制造	362	7640			21720
轮胎翻新加工	1250	108			11919
橡胶板、管、带的制造	8278	43903	9285	5702	338203
橡胶板、管、带的制造	8278	43903	9285	5702	338203
橡胶零件制造	8885	25883	563	3825	224988
橡胶零件制造	8885	25883	563	3825	224988
再生橡胶制造	575	4315			26675
再生橡胶制造	575	4315			26675
日用及医用橡胶制品制造	1844	6352	184	1283	65539
日用及医用橡胶制品制造	1844	6352	184	1283	65539
橡胶靴鞋制造	10400	45403	558	2525	450003
橡胶靴鞋制造	10400	45403	558	2525	450003
其他橡胶制品制造	3882	19730	2028	8706	283921
其他橡胶制品制造	3882	19730	2028	8706	283921
塑料制品业	366388	950371	197696	270473	9189577
塑料薄膜制造	44840	172702	73461	71104	1429472
塑料薄膜制造	44840	172702	73461	71104	1429472
塑料板、管、型材的制造	119700	158440	32288	63731	1567902
塑料板、管、型材的制造	119700	158440	32288	63731	1567902
塑料丝、绳及编织品的制造	20541	82711	3343	5509	604068
塑料丝、绳及编织品的制造	20541	82711	3343	5509	604068
泡沫塑料制造	7442	33496	8681	27094	510250
泡沫塑料制造	7442	33496	8681	27094	510250

1－E－6 续表6－10

单位：个、万元、人

指 标 名 称	法人资本	个人资本	港澳台资本	外商资本	主营业务收入
塑料人造革、合成革制造	39017	145900	9388	8985	1293375
塑料人造革、合成革制造	39017	145900	9388	8985	1293375
塑料包装箱及容器制造	42048	76390	24731	52117	739992
塑料包装箱及容器制造	42048	76390	24731	52117	739992
塑料零件制造	30136	99816	10870	13762	996782
塑料零件制造	30136	99816	10870	13762	996782
日用塑料制造	45603	122249	18040	21568	1263131
塑料鞋制造	6087	19096	556	1260	188938
日用塑料杂品制造	39516	103154	17484	20308	1074193
其他塑料制品制造	17064	58668	16894	6605	784605
其他塑料制品制造	17064	58668	16894	6605	784605
非金属矿物制品业	488169	690662	151007	284460	6382997
水泥、石灰和石膏的制造	159976	146785	9027	52560	1682917
水泥制造	158718	140030	8200	52312	1616935
石灰和石膏制造	1258	6756	827	248	65982
水泥及石膏制品制造	190841	304986	39500	46940	2414127
水泥制品制造	167939	254918	20385	36063	2014361
砼结构构件制造	15689	39110	877	434	306519
石棉水泥制品制造		959			8197
轻质建筑材料制造	6127	5938	18238	10443	63304
其他水泥制品制造	1086	4061			21747
砖瓦、石材及其他建筑材料制造	23013	64907	11431	53269	515004
粘土砖瓦及建筑砌块制造	8215	23330	174	1838	157556
建筑陶瓷制品制造	3062	5516	2770	8636	57005
建筑用石加工	3508	9813	8487		68783
防水建筑材料制造	4339	14149		1418	118442
隔热和隔音材料制造	1260	4543		40632	58076
其他建筑材料制造	2628	7555		745	55142
玻璃及玻璃制品制造	66539	118183	71256	114638	1044215
平板玻璃制造	5000	2606	25898	565	52694
技术玻璃制品制造	32578	44243	13969	35196	242966
光学玻璃制造	50	1100		339	3821
玻璃仪器制造	25	2693			13379
日用玻璃制品及玻璃包装容器制造	11582	24987	20697	15585	333188
玻璃保温容器制造	1359	1615			29290
玻璃纤维及制品制造	5331	21768	5915	58215	218044
玻璃纤维增强塑料制品制造	7429	15832	3170	364	113686
其他玻璃制品制造	3186	3338	1607	4374	37147
陶瓷制品制造	6561	15350	3013	5185	184070

1-E-6 续表6-11

单位：个、万元、人

指标名称	法人资本	个人资本	港澳台资本	外商资本	主营业务收入
卫生陶瓷制品制造	3290	7783	2700	4352	106680
特种陶瓷制品制造	1629	5916	83	420	39491
日用陶瓷制品制造	1642	1651	230		36760
园林、陈设艺术及其他陶瓷制品制造				414	1139
耐火材料制品制造	16523	19929	16330	5854	290235
石棉制品制造	3305	715	4431	6	19191
云母制品制造	209	851			6601
耐火陶瓷制品及其他耐火材料制造	13009	18363	11900	5848	264443
石墨及其他非金属矿物制品制造	24716	20523	450	6015	252429
石墨及碳素制品制造	19337	6610	41	2167	84443
其他非金属矿物制品制造	5379	13913	408	3848	167987
黑色金属冶炼及压延加工业	205506	497461	163285	59103	7045620
炼 铁		375			12998
炼 铁		375			12998
炼 钢	3600	20611	8692		342282
炼 钢	3600	20611	8692		342282
钢压延加工	197988	464818	154593	56473	6248476
钢压延加工	197988	464818	154593	56473	6248476
铁合金冶炼	3918	11657		2630	441865
铁合金冶炼	3918	11657		2630	441865
有色金属冶炼及压延加工业	135756	312585	122727	43803	6662961
常用有色金属冶炼	13917	40560	7307	6370	1058095
铜冶炼	4639	23254	2855	1270	568994
铅锌冶炼	2750	6697			79198
镍钴冶炼	2711	2618	653	5099	165226
锡冶炼		150			1177
铝冶炼	3767	6061			168187
镁冶炼		648	142		6187
其他常用有色金属冶炼	50	1132	3657		69125
贵金属冶炼	8325	12839	1200		341572
金冶炼	8325	8491	1200		265252
银冶炼		2618			44294
其他贵金属冶炼		1730			32026
稀有稀土金属冶炼	824	3617	5934	324	43186
钨钼冶炼		414	1017		6950
稀土金属冶炼	824	3203	4917	324	36236
有色金属合金制造	11500	27484	2946	10152	357036
有色金属合金制造	11500	27484	2946	10152	357036
有色金属压延加工	101191	228087	105340	26957	4863072

1－E－6 续表6－12 单位：个、万元、人

指标名称	法人资本	个人资本	港澳台资本	外商资本	主营业务收入
常用有色金属压延加工	98594	223752	103081	26757	4764964
贵金属压延加工	500	900		200	47384
稀有稀土金属压延加工	2097	3435	2260		50724
金属制品业	423323	885381	237104	205975	9681251
结构性金属制品制造	131359	254141	41428	24395	1995395
金属结构制造	102456	163771	29812	13167	1486099
金属门窗制造	28903	90370	11617	11228	509296
金属工具制造	43713	108083	33513	43052	1226566
切削工具制造	11195	27049	5316	1758	185855
手工具制造	18218	37779	12142	13784	619701
农用及园林用金属工具制造	8975	13987	11906	10105	129120
刀剪及类似日用金属工具制造	2644	11924	1082	2444	76852
其他金属工具制造	2682	17344	3068	14961	215037
集装箱及金属包装容器制造	29722	52717	13015	7222	456660
集装箱制造		15			854
金属压力容器制造	10402	22208	8291		190942
金属包装容器制造	19320	30494	4724	7222	264864
金属丝绳及其制品的制造	49789	63708	14335	3751	1022338
金属丝绳及其制品的制造	49789	63708	14335	3751	1022338
建筑、安全用金属制品制造	65152	154493	71014	70085	1986563
建筑、家具用金属配件制造	32618	77744	33024	28978	902563
建筑装饰及水暖管道零件制造	24894	63041	21993	31251	933002
安全、消防用金属制品制造	5754	10389	12545	7872	116670
其他建筑、安全用金属制品制造	1886	3319	3452	1984	34329
金属表面处理及热处理加工	35365	80851	22982	21839	1033590
金属表面处理及热处理加工	35365	80851	22982	21839	1033590
搪瓷制品制造	6926	9567	2067	831	79395
工业生产配套用搪瓷制品制造		783			6305
搪瓷卫生洁具制造	6108	3522	1838	831	20937
搪瓷日用品及其他搪瓷制品制造	818	5263	229		52153
不锈钢及类似日用金属制品制造	39888	125639	17836	28173	1208156
金属制厨房调理及卫生器具制造	7510	35198	7725	3834	259357
金属制厨用器皿及餐具制造	24225	64361	9235	14749	623495
其他日用金属制品制造	8153	26080	876	9590	325304
其他金属制品制造	21409	36183	20915	6629	672589
其他未列明的金属制品制造	21409	36183	20915	6629	672589
通用设备制造业	799600	1585364	341873	665358	16160611
锅炉及原动机制造	35367	38642	20734	24078	595814
锅炉及辅助设备制造	11576	17491	10212	21252	278292

1－E－6 续表6－13

单位：个、万元、人

指 标 名 称	法人资本	个人资本	港澳台资本	外商资本	主营业务收入
内燃机及配件制造	4723	11181	863	894	98613
汽轮机及辅机制造	13015	6680	9659	1932	189595
水轮机及辅机制造	3053	3240			23122
其他原动机制造	3000	50			6193
金属加工机械制造	81194	93671	42008	63032	875233
金属切削机床制造	44388	38985	16128	24482	307032
金属成形机床制造	18611	17782	11592	19024	171859
铸造机械制造	3534	4442	1256	391	52146
金属切割及焊接设备制造	8597	12222	1024	5708	164442
机床附件制造	2642	7528	10931	6530	73408
其他金属加工机械制造	3422	12712	1077	6898	106346
起重运输设备制造	85122	118681	62425	41395	1233388
起重运输设备制造	85122	118681	62425	41395	1233388
泵、阀门、压缩机及类似机械的制造	205793	487979	48675	110387	4347193
泵及真空设备制造	37446	113848	2325	28556	893664
气体压缩机械制造	22393	24320	10475	13208	393655
阀门和旋塞的制造	118519	310774	19626	62648	2551969
液压和气压动力机械及元件制造	27435	39037	16249	5976	507904
轴承、齿轮、传动和驱动部件的制造	83705	215117	45099	93747	1795170
轴承制造	52631	130918	33811	68699	1138652
齿轮、传动和驱动部件制造	31074	84199	11288	25048	656518
烘炉、熔炉及电炉制造	2252	8464	1261	2750	97213
烘炉、熔炉及电炉制造	2252	8464	1261	2750	97213
风机、衡器、包装设备等通用设备制造	105326	191586	56676	109887	2019114
风机、风扇制造	14489	15980	4857	4838	126202
气体、液体分离及纯净设备制造	18605	31605	1706	8353	312244
制冷、空调设备制造	39180	38532	24001	60133	633839
风动和电动工具制造	22144	47864	19710	22527	561875
喷枪及类似器具制造	460	13140	1948	3069	122215
包装专用设备制造	5269	25378	213	1506	100726
衡器制造	1026	2802	4122		42013
其他通用设备制造	4154	16285	119	9461	119999
通用零部件制造及机械修理	134560	265356	58587	199543	3155801
金属密封件制造	6106	28930	2230	19138	186147
紧固件、弹簧制造	94128	159014	34184	120173	2227921
机械零部件加工及设备修理	16251	45332	11706	37527	408131
其他通用零部件制造	18075	32080	10467	22706	333603
金属铸、锻加工	66282	165869	6411	20541	2041685
钢铁铸件制造	41905	115540	4582	7752	1489863

1－E－6 续表6－14 单位：个、万元、人

指 标 名 称	法人资本	个人资本	港澳台资本	外商资本	主营业务收入
锻件及粉末冶金制品制造	24377	50329	1829	12788	551823
专用设备制造业	276851	599137	236156	285034	5032749
矿山、冶金、建筑专用设备制造	24315	55357	2023	17310	427348
采矿、采石设备制造	3277	21112			101107
石油钻采专用设备制造	524	4438	163		57316
建筑工程用机械制造	14133	17084		3759	115015
建筑材料生产专用机械制造	3181	8734	1716	13	93917
冶金专用设备制造	3200	3988	145	13538	59995
化工、木材、非金属加工专用设备制造	78702	149905	97187	150621	1604438
炼油、化工生产专用设备制造	7979	13449	1007	7989	107257
橡胶加工专用设备制造	4759	1983		5582	38280
塑料加工专用设备制造	17403	43253	36517	25994	498617
木材加工机械制造	754	4978	1644	134	31902
模具制造	47742	85273	57210	110921	905002
其他非金属加工专用设备制造	66	970	810		23380
食品、饮料、烟草及饲料生产专用设备制造	16076	21058	1148	8111	163173
食品、饮料、烟草工业专用设备制造	7867	16306	300	3454	119889
农副食品加工专用设备制造	8210	3942	848	4657	37207
饲料生产专用设备制造		810			6077
印刷、制药、日化生产专用设备制造	10092	57260	10427	11407	341124
制浆和造纸专用设备制造	543	8224		907	40894
印刷专用设备制造	4369	25458	8041	4948	155358
日用化工专用设备制造	227	1292		4002	9128
制药专用设备制造	3150	17301		1550	86551
照明器具生产专用设备制造	90	1381	1559		16800
玻璃、陶瓷和搪瓷制品生产专用设备制造	1293	1158	828		13621
其他日用品生产专用设备制造	420	2446			18772
纺织、服装和皮革工业专用设备制造	45844	129105	92600	24826	965942
纺织专用设备制造	18338	64515	46110	9379	434604
皮革、毛皮及其制品加工专用设备制造	3438	13938	6220	1852	51992
缝纫机械制造	22673	49812	40271	13223	471889
其他服装加工专用设备制造	1396	840		372	7457
电子和电工机械专用设备制造	13865	17355	2659	4466	161228
电工机械专用设备制造	2035	8193	774	89	84013
电子工业专用设备制造	11830	9162	1885	4377	73409
武器弹药制造					3807
农、林、牧、渔专用机械制造	22984	22705	6300	17388	343886
拖拉机制造	7489	2855		150	83109
机械化农业及园艺机具制造	14209	11211	6300	15444	196720

1－E－6　续表6－15

单位：个、万元、人

指　标　名　称	法人资本	个人资本	港澳台资本	外商资本	主营业务收　入
畜牧机械制造		15			595
渔业机械制造		350			3303
农林牧渔机械配件制造	979	7623		1630	51828
其他农林牧渔业机械制造及机械修理	307	650		165	8333
医疗仪器设备及器械制造	9742	35030	19107	26350	261766
医疗诊断、监护及治疗设备制造	1268	11835		18526	70183
口腔科用设备及器具制造		700		737	4579
实验室及医用消毒设备和器具的制造	150	3050		2691	13185
医疗、外科及兽医用器械制造	4929	11263	1362	2850	114159
机械治疗及病房护理设备制造	2206	3055	2474	119	23463
假肢、人工器官及植（介）入器械制造	70	1530			4876
其他医疗设备及器械制造	1120	3597	15271	1427	31321
环保、社会公共安全及其他专用设备制造	55230	111362	4705	24557	763842
环境污染防治专用设备制造	37595	63356	665	2598	467089
地质勘查专用设备制造		1008			1411
邮政专用机械及器材制造	169	230		162	5516
商业、饮食、服务业专用设备制造	150	158			5706
社会公共安全设备及器材制造	10831	36288	1256	6890	192261
交通安全及管制专用设备制造	510	400			6186
水资源专用机械制造	850	2865			27588
其他专用设备制造	5126	7058	2784	14907	58086
交通运输设备制造业	462480	1077018	208598	317347	7959208
铁路运输设备制造	7516	4544		5273	44620
铁路机车车辆配件制造	1900	1906		1176	13794
铁路专用设备及器材、配件制造	5355	2638		372	26936
其他铁路设备制造及设备修理	260			3725	3890
汽车制造	286886	509275	172337	221063	4572598
汽车整车制造	29501	21548	180	664	158618
改装汽车制造	14636	4363	41		72269
汽车车身、挂车的制造	25	930	8974		24235
汽车零部件及配件制造	233921	469873	158944	219634	4162647
汽车修理	8803	12562	4198	765	154829
摩托车制造	47346	125053	5793	6923	1059962
摩托车整车制造	10686	12173			232301
摩托车零部件及配件制造	36659	112880	5793	6923	827661
自行车制造	18786	67782	21426	35062	642340
脚踏自行车及残疾人座车制造	4687	22584	3040	10455	318561
助动自行车制造	14099	45198	18386	24607	323779
船舶及浮动装置制造	86506	351000	8461	46752	1519864

1-E-6 续表6-16　　　　单位：个、万元、人

指标名称					主营业务收入
	法人资本	个人资本	港澳台资本	外商资本	
金属船舶制造	32134	274211	1675	2868	1088735
非金属船舶制造	405	1116	405	357	11389
娱乐船和运动船的建造和修理	16870	260		33336	22338
船用配套设备制造	35369	35957	6382	4801	221613
船舶修理及拆船	1728	39456		5390	175789
航空航天器制造		1170			6710
飞机制造及修理		1160			4059
其他飞行器制造		10			2651
交通器材及其他交通运输设备制造	15441	18194	581	2273	113114
潜水及水下救捞装备制造					506
交通管理用金属标志及设施制造	15441	15438	467	2261	95224
其他交通运输设备制造		2757	115	13	17384
电气机械及器材制造业	830130	1738870	334199	387623	15868721
电机制造	90574	177958	36505	40948	1904240
发电机及发电机组制造	25358	22365	5657	12068	356604
电动机制造	29499	59261	15704	12598	675565
微电机及其他电机制造	35717	96332	15144	16282	872071
输配电及控制设备制造	273471	763178	60475	56515	3716165
变压器、整流器和电感器制造	42858	91568	11555	11548	647723
电容器及其配套设备制造	6716	20989	4505	95	144895
配电开关控制设备制造	149786	446367	24565	19004	1790585
电力电子元器件制造	51833	148746	19757	23299	847854
其他输配电及控制设备制造	22278	55509	93	2570	285108
电线、电缆、光缆及电工器材制造	199375	368641	32047	55283	4272210
电线电缆制造	163253	332973	26423	36829	3802700
光纤、光缆制造	25267	17438	4041	13747	284526
绝缘制品制造	4878	7512	1184	4319	88970
其他电工器材制造	5978	10718	399	388	96015
电池制造	75740	66477	22775	43650	1255763
电池制造	75740	66477	22775	43650	1255763
家用电力器具制造	93162	153357	104122	112932	2271640
家用制冷电器具制造	10182	22075	4350	12135	197699
家用空气调节器制造	5667	7140	9301	800	106653
家用通风电器具制造	9940	12219	7076	125	154214
家用厨房电器具制造	20759	23086	47859	32952	461518
家用清洁卫生电器具制造	16194	19520	11699	24480	451590
家用美容、保健电器具制造	2381	15911	1748	661	166115
家用电力器具专用配件制造	20520	22437	975	26744	363159
其他家用电力器具制造	7520	30968	21113	15036	370693

1－E－6 续表 6－17

单位：个、万元、人

指标名称	法人资本	个人资本	港澳台资本	外商资本	主营业务收入
非电力家用器具制造	7417	25281	3417	17621	206988
燃气、太阳能及类似能源的器具制造	7261	22579	3305	3011	175343
其他非电力家用器具制造	156	2703	112	14610	31645
照明器具制造	75443	148908	71829	44596	2026838
电光源制造	19863	39781	20447	8910	639206
照明灯具制造	44438	86754	47012	32621	1086434
灯用电器附件及其他照明器具制造	11142	22373	4370	3065	301199
其他电气机械及器材制造	14948	35070	3030	16078	214877
车辆专用照明及电气信号设备装置制造	12013	27621	2069	8053	152465
其他未列明的电气机械制造	2935	7449	961	8026	62412
通信设备、计算机及其他电子设备制造业	394406	376697	239941	316476	3731288
通信设备制造	158331	60920	23752	46651	674441
通信传输设备制造	10425	13260	9133	14322	187750
通信交换设备制造	7502	12678	1319	15992	108302
通信终端设备制造	12385	6477	778	910	81595
移动通信及终端设备制造	35719	14969	8687	13795	197328
其他通信设备制造	92300	13535	3834	1633	99465
雷达及配套设备制造		1026		866	3143
雷达及配套设备制造		1026		866	3143
广播电视设备制造	7551	10724	34233	12866	176807
广播电视节目制作及发射设备制造	1316	2038	268	99	11489
广播电视接收设备及器材制造	6055	6729	11674	12767	119548
应用电视设备及其他广播电视设备制造	180	1958	22291		45771
电子计算机制造	14670	31657	18153	10322	196854
电子计算机整机制造	108	1822			4914
计算机网络设备制造	3842	3853	331	3610	51956
电子计算机外部设备制造	10719	25982	17822	6712	139983
电子器件制造	88972	60130	70471	138905	739781
电子真空器件制造	973	5545		2848	33507
半导体分立器件制造	18159	16948	16741	66084	219236
集成电路制造	37680	14141	28771	28245	160974
光电子器件及其他电子器件制造	32159	23497	24959	41728	326063
电子元件制造	108010	174918	62932	78536	1515269
电子元件及组件制造	96078	165779	59176	72428	1360341
印制电路板制造	11932	9139	3756	6107	154928
家用视听设备制造	8313	23161	27138	14924	283863
家用影视设备制造	3018	8400	10693	718	90325
家用音响设备制造	5295	14761	16444	14206	193538
其他电子设备制造	8560	14162	3263	13407	141132

1－E－6 续表6－18 单位：个、万元、人

指 标 名 称	法人资本	个人资本	港澳台资本	外商资本	主营业务收 入
其他电子设备制造	8560	14162	3263	13407	141132
仪器仪表及文化、办公用机械制造业	157657	298005	48284	81953	2215747
通用仪器仪表制造	97341	151093	18917	26910	1206485
工业自动控制系统装置制造	36777	55711	10783	11384	408473
电工仪器仪表制造	12491	39384	664	5457	237529
绘图、计算及测量仪器制造	2134	5558	1145	4250	81188
实验分析仪器制造	6026	13000	2769	1237	78740
试验机制造	3728	600		1805	18853
供应用仪表及其他通用仪器制造	36185	36841	3556	2778	381703
专用仪器仪表制造	14298	43380	2883	13059	336707
环境监测专用仪器仪表制造	1142	6904		527	45204
汽车及其他用计数仪表制造	3410	16296		2680	141290
导航、气象及海洋专用仪器制造	180	4280		1242	25445
农林牧渔专用仪器仪表制造	500	40			5675
地质勘探和地震专用仪器制造		151			1378
教学专用仪器制造	2847	9264		21	57332
电子测量仪器制造	5214	2545	2883	2461	31602
其他专用仪器制造	1004	3901		6129	28781
钟表与计时仪器制造	6443	10980	3045	679	122314
钟表与计时仪器制造	6443	10980	3045	679	122314
光学仪器及眼镜制造	20058	56566	15465	29813	377222
光学仪器制造	3422	8801	750	16268	82287
眼镜制造	16636	47765	14715	13545	294934
文化、办公用机械制造	19475	34515	7974	11435	150940
电影机械制造	2100				8323
幻灯及投影设备制造		161			1974
照相机及器材制造	2828	6273	1691	1872	41962
复印和胶印设备制造	1033	8155	3225	83	31608
计算器及货币专用设备制造	11137	16554	176	9481	33649
其他文化、办公用机械制造	2377	3372	2882		33424
其他仪器仪表的制造及修理	42	1471		57	22079
其他仪器仪表的制造及修理	42	1471		57	22079
工艺品及其他制造业	156969	348238	103540	96548	3618631
工艺美术品制造	107059	243795	69446	78607	2402928
雕塑工艺品制造	13021	24289	7920	9657	255355
金属工艺品制造	19356	35793	4732	9375	335275
漆器工艺品制造	1964	18534	2207	149	112061
花画工艺品制造	4079	3284	1190	4360	67275
天然植物纤维编织工艺品制造	4847	7902	1134	680	107567

1－E－6　续表6－19　　　　单位：个、万元、人

指 标 名 称	法人资本	个人资本	港澳台资本	外商资本	主营业务收入
抽纱刺绣工艺品制造	24842	66496	14751	15134	721651
地毯、挂毯制造	4592	15599	2750	19541	118868
珠宝首饰及有关物品的制造	17420	6368	15786	5854	224400
其他工艺美术品制造	16938	65530	18976	13856	460476
日用杂品制造	49039	94883	31503	12819	1132853
制镜及类似品加工	3232	6668	8111	207	104557
鬃毛加工、制刷及清扫工具的制造	7506	5910	9680	2933	107073
其他日用杂品制造	38301	82305	13712	9679	921223
煤制品制造		4000			9185
煤制品制造		4000			9185
核辐射加工		1580			907
核辐射加工		1580			907
其他未列明的制造业	871	3980	2591	5122	72758
其他未列明的制造业	871	3980	2591	5122	72758
废弃资源和废旧材料回收加工业	50674	22614	24165	28448	1854282
金属废料和碎屑的加工处理	31162	19038	22165	22248	1693195
金属废料和碎屑的加工处理	31162	19038	22165	22248	1693195
非金属废料和碎屑的加工处理	19512	3576	2000	6199	161087
非金属废料和碎屑的加工处理	19512	3576	2000	6199	161087
电力、燃气及水的生产和供应业	**1408519**	**195699**	**199008**	**301967**	**7615756**
电力、热力的生产和供应业	1169201	155119	195837	234731	6387920
电力生产	1114661	152353	191160	225256	3502936
火力发电	728570	88921	180390	180911	3013368
水力发电	356487	27365	5522	44346	457762
其他能源发电	29605	36066	5247		31807
电力供应	7000				2663480
电力供应	7000				2663480
热力生产和供应	47540	2767	4677	9475	221503
热力生产和供应	47540	2767	4677	9475	221503
燃气生产和供应业	64817	17334	3170	50255	713491
燃气生产和供应业	64817	17334	3170	50255	713491
燃气生产和供应业	64817	17334	3170	50255	713491
水的生产和供应业	174501	23245		16981	514345
自来水的生产和供应	78519	14481		8224	397366
自来水的生产和供应	78519	14481		8224	397366
污水处理及其再生利用	95981	6765		8757	116267
污水处理及其再生利用	95981	6765		8757	116267
其他水的处理、利用与分配		2000			712
其他水的处理、利用与分配		2000			712

1－E－6 续表7－1

单位：个、万元、人

指标名称	主营业务成本	主营业务税金及附加	其他业务收入	其他业务利润	营业费用
总计	**155662508**	**787424**	**2215591**	**593190**	**3458831**
一、按轻重工业分					
轻工业	66353125	325130	825037	211854	1558924
重工业	89309383	462294	1390554	381336	1899908
二、按登记注册类型分					
内资	**120019162**	**708947**	**1452620**	**400565**	**2551839**
国有	3947297	23844	53064	20396	37822
集体	829441	7825	13413	4613	15883
股份合作企业	2504514	15165	20065	5232	48457
联营企业	50925	403	381	－8	745
国有联营	4448	87	17	17	30
集体联营	12757	49	42	15	138
国有与集体联营	19889	241	307	14	448
其他联营	13830	27	16	－53	130
有限责任公司	22786296	133389	377604	99284	514812
国有独资公司	139694	1043	14586	5456	4648
其他有限责任公司	22646601	132346	363018	93828	510164
股份有限公司	1937404	9999	47305	11248	56666
私营企业	87546054	515891	928052	257752	1867705
私营独资	8488493	53848	43263	14894	157756
私营合伙	2187294	13870	11792	6673	43272
私营有限责任公司	75422203	439494	810172	228137	1615411
私营股份有限公司	1448064	8679	62826	8048	51267
其他	417233	2430	12736	2049	9749
港澳台商投资	**17065526**	**38212**	**393669**	**75989**	**383285**
与港澳台商合资经营	10313513	23762	228356	41916	223495
与港澳台商合作经营	355657	540	2396	776	8002
港澳台商独资	6058823	13388	157300	32771	142511
港澳台商投资股份有限公司	337534	521	5617	526	9277
外商投资	**18577820**	**40266**	**369303**	**116636**	**523708**
中外合资经营	10520836	26744	181695	60464	278562
中外合作经营	491815	695	6855	3599	7956
外资企业	7421354	12655	179143	51863	233263
外商投资股份有限公司	143815	171	1609	709	3928
三、按控股情况分					
国有控股	7810617	53174	159792	47933	92161
集体控股	4206353	18734	119127	28290	78837
私人控股	118303336	654991	1396517	367816	2603737
港澳台商控股	10760058	23270	233715	57793	254884
外商控股	12037887	26926	251918	77663	360410

1－E－6 续表7－2

单位：个、万元、人

指 标 名 称	主营业务成本	主营业务税金及附加	其他业务收入	其他业务利润	营业费用
其 他	2544257	10328	54522	13695	68804
四、按国民经济行业(门类、大类、中类、小类)分					
采矿业	**787602**	**26030**	**16669**	**3341**	**29632**
黑色金属矿采选业	85267	114	525	16	4538
铁矿采选	85267	114	525	16	4538
铁矿采选	85267	114	525	16	4538
有色金属矿采选业	38511	598	548	362	566
常用有色金属矿采选	23429	170	41	39	477
铜矿采选	8504	40			14
铅锌矿采选	14925	130	41	39	463
贵金属矿采选	1561	66	2	2	46
金矿采选	641	3			
银矿采选	920	64	2	2	46
稀有稀土金属矿采选	13520	361	505	321	43
钨钼矿采选	13520	361	505	321	43
非金属矿采选业	663825	25319	15597	2963	24527
土砂石开采	632255	24565	15290	2685	21019
石灰石、石膏开采	72883	6701	695	191	5549
建筑装饰用石开采	253691	9038	92	47	2700
耐火土石开采	83521	763	12064	1443	8038
粘土及其他土砂石开采	222161	8063	2439	1004	4732
化学矿采选	1930	26			6
化学矿采选	1930	26			6
采 盐	1347	20	100	97	
采 盐	1347	20	100	97	
石棉及其他非金属矿采选	28292	708	207	180	3503
其他非金属矿采选	28292	708	207	180	3503
制造业	**147948716**	**719833**	**2068246**	**542592**	**3384776**
农副食品加工业	3981042	10742	67497	11804	98686
谷物磨制	264253	458	7133	1251	2494
谷物磨制	264253	458	7133	1251	2494
饲料加工	724162	701	3972	1247	14607
饲料加工	724162	701	3972	1247	14607
植物油加工	728703	887	8699	1105	7789
食用植物油加工	721748	872	8686	1100	7616
非食用植物油加工	6955	15	12	5	173
屠宰及肉类加工	309882	1928	8345	774	19471
畜禽屠宰	44625	261	1043	434	1191
肉制品及副产品加工	265257	1667	7302	340	18280
水产品加工	1272667	3468	33823	5921	30250

1－E－6 续表 7－3

单位：个、万元、人

指 标 名 称	主营业务成 本	主营业务税金及附加	其他业务收 入	其他业务利 润	营业费用
水产品冷冻加工	972278	2651	30274	4706	22411
鱼糜制品及水产品干腌制加工	193822	535	2453	1001	5554
水产饲料制造	92577	129	1003	134	1930
鱼油提取及制品的制造	1958	11	10		36
其他水产品加工	12032	142	84	79	320
蔬菜、水果和坚果加工	470999	2687	4857	1090	16944
蔬菜、水果和坚果加工	470999	2687	4857	1090	16944
其他农副食品加工	210376	614	668	416	7132
淀粉及淀粉制品的制造	30827	33	142	136	992
豆制品制造	42602	222	362	230	2994
蛋品加工	50803	233	65	4	463
其他未列明的农副食品加工	86143	126	99	46	2683
食品制造业	1207629	5681	27959	7067	55175
焙烤食品制造	95523	557	570	328	5801
糕点、面包制造	46672	260	280	242	3743
饼干及其他焙烤食品制造	48852	296	290	87	2058
糖果、巧克力及蜜饯制造	126696	337	640	201	8143
糖果、巧克力制造	75336	77	370	29	1560
蜜饯制作	51360	261	271	173	6583
方便食品制造	163852	1673	815	49	5741
米、面制品制造	31438	113	16	16	1624
速冻食品制造	35507	162	323	－11	2127
方便面及其他方便食品制造	96907	1399	476	44	1989
液体乳及乳制品制造	115501	261	18420	3586	6057
液体乳及乳制品制造	115501	261	18420	3586	6057
罐头制造	207935	729	2933	216	6892
肉、禽类罐头制造	6557	71			695
水产品罐头制造	22341	42	186	18	517
蔬菜、水果罐头制造	177461	603	2747	198	5574
其他罐头食品制造	1575	14			106
调味品、发酵制品制造	145788	732	476	216	5764
味精制造	41494	78	108	98	698
酱油、食醋及类似制品的制造	43094	394	125	36	2341
其他调味品、发酵制品制造	61200	260	244	82	2725
其他食品制造	352334	1392	4105	2469	16778
营养、保健食品制造	155130	764	650	40	7856
冷冻饮品及食用冰制造	34714	168	413	76	2380
盐加工	7208	44	54	45	339
食品及饲料添加剂制造	150171	389	2988	2308	6075
其他未列明的食品制造	5111	28			129

1-E-6 续表7-4

单位：个、万元、人

指 标 名 称	主营业务成本	主营业务税金及附加	其他业务收入	其他业务利润	营业费用
饮料制造业	924796	15552	14855	2891	45236
酒精制造	8933	467	17	17	25
酒精制造	8933	467	17	17	25
酒的制造	159470	12593	5999	1807	12889
白酒制造	22706	1090	1112	50	1157
啤酒制造	53083	5255	2931	989	3936
黄酒制造	69132	5032	1955	768	4406
其他酒制造	14549	1216	1	1	3390
软饮料制造	323240	964	7585	534	14375
碳酸饮料制造	117935	84	1993	115	1785
瓶(罐)装饮用水制造	44137	260	3049	143	2977
果菜汁及果菜汁饮料制造	38425	360	1751	49	5297
含乳饮料和植物蛋白饮料制造	31881	53	185	-12	937
固体饮料制造	29745	70	148	72	2124
茶饮料及其他软饮料制造	61118	138	459	167	1257
精制茶加工	433152	1528	1254	532	17946
精制茶加工	433152	1528	1254	532	17946
烟草制品业	6527	37	238	59	483
其他烟草制品加工	6527	37	238	59	483
其他烟草制品加工	6527	37	238	59	483
纺织业	20116036	93480	207958	63229	271178
棉、化纤纺织及印染精加工	8749149	46196	64398	19341	80354
棉、化纤纺织加工	6753566	34899	51827	12797	57776
棉、化纤印染精加工	1995583	11297	12571	6545	22579
毛纺织和染整精加工	688172	2594	8474	1451	7387
毛条加工	152326	213	2188	572	830
毛纺织	439362	1857	5940	776	5453
毛染整精加工	96484	523	346	103	1105
麻纺织	41002	165	252	110	663
麻纺织	41002	165	252	110	663
丝绢纺织及精加工	1797942	8449	23923	8453	15282
缫丝加工	291467	1512	6460	972	737
绢纺和丝织加工	1324741	6005	15668	6758	11719
丝印染精加工	181734	932	1795	723	2826
纺织制成品制造	3131556	12465	50622	11661	78998
棉及化纤制品制造	1245714	5107	8222	3679	33510
毛制品制造	135229	579	1621	192	3844
麻制品制造	6151	20			127
丝制品制造	320541	947	5498	1815	12681
绳、索、缆的制造	69006	351	572	306	1207

1－E－6 续表7－5

单位：个、万元、人

指标名称	主营业务成本	主营业务税金及附加	其他业务收入	其他业务利润	营业费用
纺织带和帘子布制造	331489	1167	2571	2177	5427
无纺布制造	694190	3035	3620	1170	14764
其他纺织制成品制造	329237	1259	28517	2322	7439
针织品、编织品及其制品制造	5708216	23611	60290	22213	88494
棉、化纤针织品及编织品制造	4270501	16832	47652	17250	64520
毛针织品及编织品制造	874518	4444	6917	2279	14276
丝针织品及编织品制造	314636	1230	4409	1909	5943
其他针织品及编织品制造	248561	1105	1312	776	3756
纺织服装、鞋、帽制造业	5448947	25719	41006	11826	129533
纺织服装制造	5208290	24193	40694	11721	123311
纺织服装制造	5208290	24193	40694	11721	123311
纺织面料鞋的制造	178165	1303	176	75	4226
纺织面料鞋的制造	178165	1303	176	75	4226
制帽	62493	223	137	29	1996
制帽	62493	223	137	29	1996
皮革、毛皮、羽毛(绒)及其制品业	4045113	19107	15491	5978	82252
皮革鞣制加工	492825	1856	2951	1558	3253
皮革鞣制加工	492825	1856	2951	1558	3253
皮革制品制造	3120221	15749	10304	3431	70008
皮鞋制造	1707224	9286	3364	1988	41475
皮革服装制造	418972	1599	3247	486	6280
皮箱、包(袋)制造	774563	3748	970	279	18013
皮手套及皮装饰制品制造	107542	644	524	126	2391
其他皮革制品制造	111920	473	2199	552	1849
毛皮鞣制及制品加工	151914	585	1137	472	2217
毛皮鞣制加工	41019	134	479	242	712
毛皮服装加工	53719	219	461	49	894
其他毛皮制品加工	57177	232	198	181	610
羽毛(绒)加工及制品制造	280153	917	1099	518	6774
羽毛(绒)加工	36669	149	30	26	202
羽毛(绒)制品加工	243484	768	1068	492	6572
木材加工及木、竹、藤、棕、草制品业	2481170	25747	33953	16198	49911
锯材、木片加工	104401	2264	454	125	2276
锯材加工	44183	648	14	13	684
木片加工	60218	1616	440	112	1592
人造板制造	930872	4433	13339	1047	15321
胶合板制造	600666	2419	11283	1180	9712
纤维板制造	119531	442	200	－101	1816
刨花板制造	33721	156	836	－280	275
其他人造板、材制造	176954	1417	1019	247	3519

1－E－6 续表7－6

单位：个、万元、人

指标名称	主营业务成本	主营业务税金及附加	其他业务收入	其他业务利润	营业费用
木制品制造	1044304	16488	16790	14365	20268
建筑用木料及木材组件加工	883219	15513	16431	14423	15948
木容器制造	52486	253	255	17	1077
软木制品及其他木制品制造	108599	722	104	－75	3244
竹、藤、棕、草制品制造	401593	2562	3371	662	12046
竹、藤、棕、草制品制造	401593	2562	3371	662	12046
家具制造业	1573166	7248	9013	2206	61753
木质家具制造	732482	4059	4889	575	30876
木质家具制造	732482	4059	4889	575	30876
竹、藤家具制造	22805	107	6	－11	910
竹、藤家具制造	22805	107	6	－11	910
金属家具制造	586318	1936	2280	548	19645
金属家具制造	586318	1936	2280	548	19645
塑料家具制造	77690	384	619	127	4394
塑料家具制造	77690	384	619	127	4394
其他家具制造	153872	762	1218	966	5927
其他家具制造	153872	762	1218	966	5927
造纸及纸制品业	4019440	19194	46909	12192	66931
纸浆制造	17807	84	3	3	725
纸浆制造	17807	84	3	3	725
造　纸	2324611	11109	29455	3914	28213
机制纸及纸板制造	2159522	10612	27619	3213	22906
手工纸制造	2241	13			75
加工纸制造	162848	483	1836	701	5232
纸制品制造	1677023	8002	17451	8275	37994
纸和纸板容器的制造	1209168	5208	13444	6871	22927
其他纸制品制造	467855	2794	4007	1404	15067
印刷业和记录媒介的复制	1542669	8326	17895	6963	33269
印　刷	1438494	7911	17409	6677	30051
书、报、刊印刷	238197	1337	4219	2363	3740
本册印制	68658	370	2340	291	1805
包装装潢及其他印刷	1131639	6204	10850	4024	24506
装订及其他印刷服务活动	41426	359	321	179	1597
装订及其他印刷服务活动	41426	359	321	179	1597
记录媒介的复制	62749	56	165	107	1622
记录媒介的复制	62749	56	165	107	1622
文教体育用品制造业	1854640	9020	11846	3333	58875
文化用品制造	630456	3201	4611	2190	19746
文具制造	300014	1629	2681	1551	9425
笔的制造	281640	1376	1526	486	8404

1-E-6 续表7-7 单位:个、万元、人

指标名称	主营业务成本	主营业务税金及附加	其他业务收入	其他业务利润	营业费用
教学用模型及教具制造	19609	96	31	23	1030
墨水、墨汁制造	2219	4			23
其他文化用品制造	26974	97	374	129	865
体育用品制造	476060	1863	3461	-275	15743
球类制造	64272	383	1090	-229	1519
体育器材及配件制造	125465	490	1190	-77	3768
训练健身器材制造	191776	675	779	121	7487
运动防护用具制造	23442	131	30	-235	658
其他体育用品制造	71104	185	372	146	2312
乐器制造	71419	346	152	79	2414
中乐器制造	1075	2			44
西乐器制造	42450	150	9	9	1469
电子乐器制造	10721	101	34	34	259
其他乐器及零件制造	17173	93	109	37	643
玩具制造	450311	2557	3167	1211	14296
玩具制造	450311	2557	3167	1211	14296
游艺器材及娱乐用品制造	226395	1054	455	128	6676
露天游乐场所游乐设备制造	181227	858	359	68	5944
游艺用品及室内游艺器材制造	45168	196	96	60	732
石油加工、炼焦及核燃料加工业	617273	5139	21453	2596	16961
精炼石油产品的制造	409902	3856	21453	2596	16341
原油加工及石油制品制造	409902	3856	21453	2596	16341
炼焦	207371	1282			620
炼焦	207371	1282			620
化学原料及化学制品制造业	10529334	51004	277097	54206	273414
基础化学原料制造	2200395	18320	45166	12421	60372
无机酸制造	173863	4694	6013	2011	6985
无机碱制造	95156	755	835	97	949
无机盐制造	215276	1316	2330	1014	6377
有机化学原料制造	1425261	4900	33575	7665	30519
其他基础化学原料制造	290839	6654	2413	1634	15543
肥料制造	111615	516	3644	737	3505
氮肥制造	43807	280	352	113	1253
磷肥制造	11465	12	279	35	437
复混肥料制造	53513	222	2996	587	1685
有机肥料及微生物肥料制造	1872	2			29
其他肥料制造	958	1	17	2	102
农药制造	380789	1083	10340	234	12055
化学农药制造	353214	974	10243	140	10467

1－E－6 续表7－8

单位：个、万元、人

指标名称	主营业务成本	主营业务税金及附加	其他业务收入	其他业务利润	营业费用
生物化学农药及微生物农药制造	27574	109	98	94	1588
涂料、油墨、颜料及类似产品制造	1486827	5822	23214	6242	46970
涂料制造	580224	2742	6418	3115	22116
油墨及类似产品制造	81543	273	943	126	1825
颜料制造	174507	582	1370	269	3572
染料制造	589908	2000	13750	2615	16971
密封用填料及类似品制造	60645	227	733	118	2486
合成材料制造	3085171	4738	44259	5811	47196
初级形态的塑料及合成树脂制造	2313852	4034	34002	4326	34222
合成橡胶制造	27996	62	1054	137	870
合成纤维单(聚合)体的制造	703904	411	9160	1315	11132
其他合成材料制造	39419	232	43	32	971
专用化学产品制造	2850479	17279	136956	27680	88161
化学试剂和助剂制造	1484467	6165	39008	8557	47468
专项化学用品制造	436308	4111	62536	8268	15709
林产化学产品制造	62029	581	132	120	2063
炸药及火工产品制造	17437	426	158	124	509
信息化学品制造	431547	3305	30430	9197	5863
环境污染处理专用药剂材料制造	43242	163	928	907	3870
动物胶制造	46875	97	1629	96	1962
其他专用化学产品制造	328574	2431	2135	412	10716
日用化学产品制造	414060	3246	13518	1081	15155
肥皂及合成洗涤剂制造	89396	347	4874	326	3680
化妆品制造	136600	2186	633	177	7699
口腔清洁用品制造	2870	16			105
香料、香精制造	131549	458	7958	562	2413
其他日用化学产品制造	53646	239	53	17	1258
医药制造业	1487510	8684	19754	8228	128211
化学药品原药制造	655130	3311	10774	4174	19322
化学药品原药制造	655130	3311	10774	4174	19322
化学药品制剂制造	178033	1417	2091	1304	30516
化学药品制剂制造	178033	1417	2091	1304	30516
中药饮片加工	59573	234	196	147	3318
中药饮片加工	59573	234	196	147	3318
中成药制造	120422	1169	1671	848	16271
中成药制造	120422	1169	1671	848	16271
兽用药品制造	93350	352	1026	76	7437
兽用药品制造	93350	352	1026	76	7437
生物、生化制品的制造	245080	1259	2291	105	44187

1－E－6 续表 7－9 单位：个、万元、人

指标名称	主营业务成本	主营业务税金及附加	其他业务收入	其他业务利润	营业费用
生物、生化制品的制造	245080	1259	2291	105	44187
卫生材料及医药用品制造	135922	942	1706	1573	7160
卫生材料及医药用品制造	135922	942	1706	1573	7160
化学纤维制造业	2934613	7870	115585	11286	19199
纤维素纤维原料及纤维制造	86598	184	995	427	517
化纤浆粕制造	6435	36	60	60	69
人造纤维（纤维素纤维）制造	80162	148	935	367	448
合成纤维制造	2848016	7686	114590	10859	18682
锦纶纤维制造	385460	779	7832	1522	2020
涤纶纤维制造	1795728	5030	92563	7373	12415
腈纶纤维制造	11668	214	75	38	65
维纶纤维制造	445	2			14
其他合成纤维制造	654715	1662	14121	1925	4168
橡胶制品业	1312401	7132	6260	2297	32437
轮胎制造	107160	1089	1413	350	2518
车辆、飞机及工程机械轮胎制造	78039	808	790	182	1817
力车胎制造	18925	179	554	115	373
轮胎翻新加工	10196	102	69	53	329
橡胶板、管、带的制造	288816	1252	1402	273	9560
橡胶板、管、带的制造	288816	1252	1402	273	9560
橡胶零件制造	185297	1287	1143	687	5974
橡胶零件制造	185297	1287	1143	687	5974
再生橡胶制造	23577	146	62	13	454
再生橡胶制造	23577	146	62	13	454
日用及医用橡胶制品制造	57091	246	597	103	1424
日用及医用橡胶制品制造	57091	246	597	103	1424
橡胶靴鞋制造	395719	2313	743	696	7552
橡胶靴鞋制造	395719	2313	743	696	7552
其他橡胶制品制造	254741	800	902	175	4956
其他橡胶制品制造	254741	800	902	175	4956
塑料制品业	8124478	34633	93547	16547	173667
塑料薄膜制造	1284383	3394	26354	2876	16935
塑料薄膜制造	1284383	3394	26354	2876	16935
塑料板、管、型材的制造	1365197	6481	10145	2617	37710
塑料板、管、型材的制造	1365197	6481	10145	2617	37710
塑料丝、绳及编织品的制造	553011	2471	8008	726	7597
塑料丝、绳及编织品的制造	553011	2471	8008	726	7597
泡沫塑料制造	457595	1583	8637	1215	9671
泡沫塑料制造	457595	1583	8637	1215	9671

1－E－6 续表7－10

单位：个、万元、人

指 标 名 称	主营业务成 本	主 营 业 务税金及附加	其他业务收 入	其他业务利 润	营业费用
塑料人造革、合成革制造	1180749	4550	9972	3535	12184
塑料人造革、合成革制造	1180749	4550	9972	3535	12184
塑料包装箱及容器制造	628762	2785	9938	2184	17123
塑料包装箱及容器制造	628762	2785	9938	2184	17123
塑料零件制造	855663	4360	8852	1294	23745
塑料零件制造	855663	4360	8852	1294	23745
日用塑料制造	1104590	5806	6178	1390	31980
塑料鞋制造	167505	1061	371	163	2921
日用塑料杂品制造	937085	4745	5807	1227	29059
其他塑料制品制造	694528	3203	5464	710	16723
其他塑料制品制造	694528	3203	5464	710	16723
非金属矿物制品业	5536417	36340	33252	11365	189517
水泥、石灰和石膏的制造	1529477	7752	10852	1761	28498
水泥制造	1474857	7259	10771	1741	25107
石灰和石膏制造	54620	493	82	21	3391
水泥及石膏制品制造	2090650	14187	8408	4281	80988
水泥制品制造	1740504	12244	7259	3786	68688
砼结构构件制造	268925	1685	573	299	7195
石棉水泥制品制造	7575	31			49
轻质建筑材料制造	53874	90	554	173	4720
其他水泥制品制造	19772	138	23	23	337
砖瓦、石材及其他建筑材料制造	433830	4444	4442	1274	17549
粘土砖瓦及建筑砌块制造	131821	1118	1256	393	6143
建筑陶瓷制品制造	52603	173	226	－2	1338
建筑用石加工	51027	1815	192	164	4246
防水建筑材料制造	104765	588	1520	248	1337
隔热和隔音材料制造	46477	272	358	91	2288
其他建筑材料制造	47137	478	889	379	2197
玻璃及玻璃制品制造	889620	4558	7303	2560	28212
平板玻璃制造	44095	124	40	1	1190
技术玻璃制品制造	202750	787	4135	1824	5675
光学玻璃制造	3319	18			94
玻璃仪器制造	12561	37	237	35	171
日用玻璃制品及玻璃包装容器制造	285569	2121	1195	554	8349
玻璃保温容器制造	25910	122	59	39	798
玻璃纤维及制品制造	186591	728	1209	63	5628
玻璃纤维增强塑料制品制造	98021	451	414	30	5098
其他玻璃制品制造	30804	170	15	14	1209
陶瓷制品制造	156931	946	813	750	4058

1－E－6 续表7－11 单位：个、万元、人

指标名称	主营业务成本	主营业务税金及附加	其他业务收入	其他业务利润	营业费用
卫生陶瓷制品制造	93804	518	703	669	1407
特种陶瓷制品制造	29995	302	27	10	1614
日用陶瓷制品制造	32158	126	13	2	1020
园林、陈设艺术及其他陶瓷制品制造	975		70	70	17
耐火材料制品制造	230776	3043	528	166	22224
石棉制品制造	16728	57	8	4	664
云母制品制造	5786	36	18	3	226
耐火陶瓷制品及其他耐火材料制造	208262	2949	501	160	21334
石墨及其他非金属矿物制品制造	205133	1410	905	573	7989
石墨及碳素制品制造	69774	448	124	109	3729
其他非金属矿物制品制造	135359	962	781	465	4260
黑色金属冶炼及压延加工业	6642047	16578	112089	22354	54486
炼　铁	11746	56	35	35	132
炼　铁	11746	56	35	35	132
炼　钢	324912	939	12506	5480	1847
炼　钢	324912	939	12506	5480	1847
钢压延加工	5885265	15054	97453	16684	49709
钢压延加工	5885265	15054	97453	16684	49709
铁合金冶炼	420124	530	2096	155	2797
铁合金冶炼	420124	530	2096	155	2797
有色金属冶炼及压延加工业	6380597	19233	117493	10010	29977
常用有色金属冶炼	1000890	2792	45223	117	2610
铜冶炼	529654	1598	34007	－437	1106
铅锌冶炼	78104	169	570	150	263
镍钴冶炼	157082	218	10308	201	416
锡冶炼	1030	2			14
铝冶炼	163548	417	223	88	440
镁冶炼	5692	10			43
其他常用有色金属冶炼	65780	377	115	115	329
贵金属冶炼	333115	429	555	120	93
金冶炼	258266	375	548	115	65
银冶炼	43782	20	4	3	27
其他贵金属冶炼	31068	35	3	3	1
稀有稀土金属冶炼	39962	56	462	404	238
钨钼冶炼	6460	12	83	41	99
稀土金属冶炼	33502	45	379	362	139
有色金属合金制造	338641	1416	1807	310	3064
有色金属合金制造	338641	1416	1807	310	3064
有色金属压延加工	4667990	14540	69446	9059	23971

1-E-6 续表7-12

单位：个、万元、人

指标名称	主营业务成本	主营业务税金及附加	其他业务收入	其他业务利润	营业费用
常用有色金属压延加工	4588859	14236	68187	7997	23390
贵金属压延加工	34242	115	845	805	20
稀有稀土金属压延加工	44889	189	413	258	561
金属制品业	8571618	45621	105860	27638	167432
结构性金属制品制造	1751085	11797	21730	6729	29983
金属结构制造	1316419	8582	13373	5090	18029
金属门窗制造	434666	3216	8357	1640	11954
金属工具制造	1068518	5530	14156	4058	26120
切削工具制造	156370	983	1276	695	4727
手工具制造	550601	2552	4023	1491	11215
农用及园林用金属工具制造	110991	717	6243	295	2933
刀剪及类似日用金属工具制造	67052	279	383	314	1351
其他金属工具制造	183503	999	2231	1263	5894
集装箱及金属包装容器制造	400185	1984	7719	2158	9752
集装箱制造	759	3			14
金属压力容器制造	167372	1029	1492	813	2762
金属包装容器制造	232055	953	6226	1345	6976
金属丝绳及其制品的制造	958817	4351	9998	-530	9806
金属丝绳及其制品的制造	958817	4351	9998	-530	9806
建筑、安全用金属制品制造	1746897	10473	11922	3338	39058
建筑、家具用金属配件制造	799319	5010	6423	1827	17207
建筑装饰及水暖管道零件制造	817532	4784	4295	1133	17980
安全、消防用金属制品制造	99899	543	909	277	3112
其他建筑、安全用金属制品制造	30147	136	296	101	759
金属表面处理及热处理加工	897538	4695	8385	4780	10021
金属表面处理及热处理加工	897538	4695	8385	4780	10021
搪瓷制品制造	69530	319	189	133	2455
工业生产配套用搪瓷制品制造	5731	17			63
搪瓷卫生洁具制造	16768	93	83	32	1632
搪瓷日用品及其他搪瓷制品制造	47031	209	105	101	760
不锈钢及类似日用金属制品制造	1054486	4584	9564	2512	31093
金属制厨房调理及卫生器具制造	227392	959	1414	281	6253
金属制厨用器皿及餐具制造	536448	2350	3573	1584	17604
其他日用金属制品制造	290645	1274	4577	647	7235
其他金属制品制造	624563	1889	22199	4460	9145
其他未列明的金属制品制造	624563	1889	22199	4460	9145
通用设备制造业	13900590	67628	190192	75509	363638
锅炉及原动机制造	490978	2056	9712	4168	14969
锅炉及辅助设备制造	234361	984	7830	3593	7456

1－E－6　续表 7－13　　单位：个、万元、人

指　标　名　称	主营业务成　　本	主营业务税金及附加	其他业务收　　入	其他业务利　　润	营业费用
内燃机及配件制造	84792	260	1266	239	2681
汽轮机及辅机制造	147655	697	461	285	3832
水轮机及辅机制造	19396	110	21	9	706
其他原动机制造	4773	4	133	43	294
金属加工机械制造	730316	3220	22025	9767	27940
金属切削机床制造	264150	1008	13241	6390	11464
金属成形机床制造	135422	626	5282	1720	6184
铸造机械制造	44403	279	517	371	1089
金属切割及焊接设备制造	142043	559	1011	261	3898
机床附件制造	55238	311	472	395	1919
其他金属加工机械制造	89060	437	1502	630	3386
起重运输设备制造	1075184	4080	38948	16457	34696
起重运输设备制造	1075184	4080	38948	16457	34696
泵、阀门、压缩机及类似机械的制造	3681185	19243	29889	9316	102003
泵及真空设备制造	747625	3478	10034	2795	23765
气体压缩机械制造	335522	1602	6774	1986	9123
阀门和旋塞的制造	2197132	11818	7387	2758	55731
液压和气压动力机械及元件制造	400907	2345	5694	1776	13384
轴承、齿轮、传动和驱动部件的制造	1545264	7924	17758	8910	33480
轴承制造	980354	5100	10112	4442	19024
齿轮、传动和驱动部件制造	564911	2824	7646	4467	14456
烘炉、熔炉及电炉制造	79692	286	2096	204	1099
烘炉、熔炉及电炉制造	79692	286	2096	204	1099
风机、衡器、包装设备等通用设备制造	1701621	7668	22143	9556	59102
风机、风扇制造	101143	807	2425	1237	6589
气体、液体分离及纯净设备制造	246697	1750	5170	2204	13194
制冷、空调设备制造	539712	1709	5942	2136	14501
风动和电动工具制造	493175	1620	4975	2338	10366
喷枪及类似器具制造	106680	530	336	285	2965
包装专用设备制造	83197	596	360	184	3922
衡器制造	32342	158	719	98	1194
其他通用设备制造	98674	498	2219	1075	6371
通用零部件制造及机械修理	2765439	12204	30028	12120	67346
金属密封件制造	148211	880	1792	758	5584
紧固件、弹簧制造	1976753	7945	22821	9189	50460
机械零部件加工及设备修理	349795	2187	2170	949	6038
其他通用零部件制造	290680	1192	3245	1224	5264
金属铸、锻加工	1830911	10946	17594	5013	23003
钢铁铸件制造	1340002	8196	9351	1819	14442

1－E－6 续表7－14

单位：个、万元、人

指 标 名 称	主营业务成 本	主营业务税金及附加	其他业务收 入	其他业务利 润	营业费用
锻件及粉末冶金制品制造	490909	2750	8243	3194	8562
专用设备制造业	4168499	31671	68730	26664	150084
矿山、冶金、建筑专用设备制造	364541	2219	7909	3348	10277
采矿、采石设备制造	84126	826	630	370	2688
石油钻采专用设备制造	47793	392	754	137	1970
建筑工程用机械制造	99828	515	1636	768	1863
建筑材料生产专用机械制造	80275	350	238	152	2688
冶金专用设备制造	52520	137	4651	1921	1069
化工、木材、非金属加工专用设备制造	1301113	7795	20403	7568	49235
炼油、化工生产专用设备制造	89666	323	738	53	3411
橡胶加工专用设备制造	28695	113	657	345	1267
塑料加工专用设备制造	408276	1453	11371	3250	18822
木材加工机械制造	26852	147	270	35	579
模具制造	727150	5585	7306	3861	24775
其他非金属加工专用设备制造	20475	176	60	25	381
食品、饮料、烟草及饲料生产专用设备制造	127446	1836	1619	612	5886
食品、饮料、烟草工业专用设备制造	93413	1554	890	442	4093
农副食品加工专用设备制造	29346	266	716	158	1531
饲料生产专用设备制造	4688	17	14	12	262
印刷、制药、日化生产专用设备制造	282146	7028	3345	1444	11538
制浆和造纸专用设备制造	33645	201	722	367	1540
印刷专用设备制造	130118	5955	1932	752	3888
日用化工专用设备制造	7811	41	14	10	163
制药专用设备制造	68574	591	97	82	3866
照明器具生产专用设备制造	14446	68	46	12	563
玻璃、陶瓷和搪瓷制品生产专用设备制造	11608	102	138	112	453
其他日用品生产专用设备制造	15943	71	396	110	1066
纺织、服装和皮革工业专用设备制造	820730	5029	14756	3568	22009
纺织专用设备制造	373452	2385	10606	2430	8618
皮革、毛皮及其制品加工专用设备制造	42417	255	560	375	1364
缝纫机械制造	398315	2354	3472	744	11683
其他服装加工专用设备制造	6547	35	117	19	344
电子和电工机械专用设备制造	133808	564	2710	518	5940
电工机械专用设备制造	71703	227	302	257	3528
电子工业专用设备制造	59115	303	2263	128	2402
武器弹药制造	2990	33	145	133	10
农、林、牧、渔专用机械制造	305944	996	5857	2813	8245
拖拉机制造	77547	147	2091	1960	1402
机械化农业及园艺机具制造	172376	610	2793	757	5473

1－E－6 续表7－15

单位：个、万元、人

指标名称	主营业务成本	主营业务税金及附加	其他业务收入	其他业务利润	营业费用
畜牧机械制造	544	1			9
渔业机械制造	2882	10	3	2	32
农林牧渔机械配件制造	45927	175	931	74	1059
其他农林牧渔业机械制造及机械修理	6668	54	40	20	272
医疗仪器设备及器械制造	194862	1893	1934	1116	12106
医疗诊断、监护及治疗设备制造	47624	628	797	673	4434
口腔科用设备及器具制造	3281	32	68	7	268
实验室及医用消毒设备和器具的制造	8719	47	85	31	720
医疗、外科及兽医用器械制造	87282	945	631	313	4295
机械治疗及病房护理设备制造	18920	95	86	11	1106
假肢、人工器官及植（介）入器械制造	3070	20	4	4	491
其他医疗设备及器械制造	25966	127	263	77	792
环保、社会公共安全及其他专用设备制造	637910	4310	10198	5676	24848
环境污染防治专用设备制造	384678	2956	7951	4965	18122
地质勘查专用设备制造	1226	8			
邮政专用机械及器材制造	4084	36	114	89	188
商业、饮食、服务业专用设备制造	5126	24	9		105
社会公共安全设备及器材制造	168037	779	1825	420	3667
交通安全及管制专用设备制造	5183	175			140
水资源专用机械制造	23904	108	120	76	342
其他专用设备制造	45673	226	179	127	2283
交通运输设备制造业	6827772	37973	125244	32061	195103
铁路运输设备制造	37132	248	312	34	1429
铁路机车车辆配件制造	11138	107	294	17	324
铁路专用设备及器材、配件制造	22735	103	18	17	930
其他铁路设备制造及设备修理	3259	39			175
汽车制造	3861116	19845	90576	21441	125765
汽车整车制造	140314	884	9759	408	5630
改装汽车制造	64812	240	748	307	1684
汽车车身、挂车的制造	24286	42	383	163	462
汽车零部件及配件制造	3501614	18112	60382	19564	109789
汽车修理	130091	567	19305	999	8200
摩托车制造	926182	6479	9221	3399	24399
摩托车整车制造	207464	2567	1286	234	7767
摩托车零部件及配件制造	718719	3912	7935	3165	16632
自行车制造	573394	2779	11071	1917	16611
脚踏自行车及残疾人座车制造	287151	1025	2342	849	5632
助动自行车制造	286243	1754	8729	1069	10980
船舶及浮动装置制造	1330177	7171	12475	5166	22138

1－E－6　续表7－16　　　　　　　　　　　　　　　　　　　　　　单位：个、万元、人

指　标　名　称	主营业务成　　本	主营业务税金及附加	其他业务收　　入	其他业务利　　润	营业费用
金属船舶制造	974888	5080	7499	3026	15800
非金属船舶制造	9284	46			509
娱乐船和运动船的建造和修理	17882	37	2275	163	1216
船用配套设备制造	181154	920	969	427	3736
船舶修理及拆船	146970	1089	1732	1550	876
航空航天器制造	5386	78	2		126
飞机制造及修理	3370	30	2		76
其他飞行器制造	2016	48			50
交通器材及其他交通运输设备制造	94386	1373	1589	103	4637
潜水及水下救捞装备制造	422	4			
交通管理用金属标志及设施制造	78276	1330	1568	125	4201
其他交通运输设备制造	15689	39	21	－22	436
电气机械及器材制造业	13791713	57668	167337	55301	347145
电机制造	1661793	7534	16843	9750	40216
发电机及发电机组制造	304717	1322	2416	1032	10529
电动机制造	592311	3017	6103	3422	13678
微电机及其他电机制造	764764	3195	8324	5296	16008
输配电及控制设备制造	3100733	17710	59540	23422	101957
变压器、整流器和电感器制造	539692	2837	19107	5385	21799
电容器及其配套设备制造	121078	604	1103	458	2581
配电开关控制设备制造	1484413	9174	26953	12529	47696
电力电子元器件制造	719537	3397	10607	4010	21360
其他输配电及控制设备制造	236013	1698	1771	1039	8521
电线、电缆、光缆及电工器材制造	3855462	10610	39555	9082	66352
电线电缆制造	3451516	9398	32765	8451	57176
光纤、光缆制造	250852	300	5128	189	3015
绝缘制品制造	72915	335	1104	159	4296
其他电工器材制造	80179	576	558	283	1865
电池制造	1083458	4418	13407	2950	21006
电池制造	1083458	4418	13407	2950	21006
家用电力器具制造	1971248	7799	20599	5059	56326
家用制冷电器具制造	172660	412	1487	349	5798
家用空气调节器制造	93591	365	1289	197	2813
家用通风电器具制造	131621	861	2974	434	4382
家用厨房电器具制造	399996	1678	6488	890	12584
家用清洁卫生电器具制造	386591	1303	2524	847	11317
家用美容、保健电器具制造	145213	647	1265	1083	4237
家用电力器具专用配件制造	319903	1428	2540	1337	4877
其他家用电力器具制造	321672	1105	2032	－78	10318

1－E－6 续表7－17 单位：个、万元、人

指标名称	主营业务成本	主营业务税金及附加	其他业务收入	其他业务利润	营业费用
非电力家用器具制造	177923	681	1161	545	5651
燃气、太阳能及类似能源的器具制造	150658	561	1017	455	4558
其他非电力家用器具制造	27265	120	144	90	1092
照明器具制造	1757482	7976	15007	3903	50465
电光源制造	562078	2718	6842	1293	12235
照明灯具制造	938888	3819	6560	1946	30832
灯用电器附件及其他照明器具制造	256517	1440	1605	664	7398
其他电气机械及器材制造	183615	940	1226	591	5173
车辆专用照明及电气信号设备装置制造	129168	639	972	465	4270
其他未列明的电气机械制造	54447	301	254	126	903
通信设备、计算机及其他电子设备制造业	3139333	15041	59378	18742	101110
通信设备制造	549251	3013	14884	4947	28005
通信传输设备制造	140654	1012	3708	1386	5059
通信交换设备制造	82436	676	1013	270	12915
通信终端设备制造	69631	189	572	309	2317
移动通信及终端设备制造	172315	682	6289	826	4418
其他通信设备制造	84215	455	3302	2157	3296
雷达及配套设备制造	2778	21	395	368	46
雷达及配套设备制造	2778	21	395	368	46
广播电视设备制造	152596	803	2897	2002	4892
广播电视节目制作及发射设备制造	9598	58	66	29	396
广播电视接收设备及器材制造	104000	487	944	206	2322
应用电视设备及其他广播电视设备制造	38997	258	1888	1766	2174
电子计算机制造	159985	898	1294	535	7112
电子计算机整机制造	3802	34	36	36	200
计算机网络设备制造	41552	225	305	168	2083
电子计算机外部设备制造	114631	638	953	331	4829
电子器件制造	610177	2117	6364	2013	14421
电子真空器件制造	27615	154	120	85	1122
半导体分立器件制造	181224	465	2426	1226	3735
集成电路制造	130254	693	841	128	3169
光电子器件及其他电子器件制造	271083	805	2978	574	6395
电子元件制造	1306022	6574	19473	6350	32802
电子元件及组件制造	1170841	6177	17944	6210	30649
印制电路板制造	135181	397	1529	140	2153
家用视听设备制造	240345	1061	12450	1809	7860
家用影视设备制造	71019	386	11127	971	3140
家用音响设备制造	169327	675	1322	838	4721
其他电子设备制造	118179	556	1620	719	5972

1－E－6　续表7－18

单位：个、万元、人

指　标　名　称	主营业务成　本	主营业务税金及附加	其他业务收　入	其他业务利　润	营业费用
其他电子设备制造	118179	556	1620	719	5972
仪器仪表及文化、办公用机械制造业	1821019	11252	25828	10193	78095
通用仪器仪表制造	976336	5970	15839	5604	46348
工业自动控制系统装置制造	326186	1700	6883	3190	17838
电工仪器仪表制造	193262	1653	2488	703	9118
绘图、计算及测量仪器制造	69509	462	599	342	1723
实验分析仪器制造	60873	388	1310	524	3226
试验机制造	14097	68	38	31	748
供应用仪表及其他通用仪器制造	312408	1701	4521	814	13695
专用仪器仪表制造	275747	1865	3207	1795	13120
环境监测专用仪器仪表制造	32928	478	310	241	2678
汽车及其他用计数仪表制造	120922	615	324	195	3897
导航、气象及海洋专用仪器制造	21016	102	26	15	667
农林牧渔专用仪器仪表制造	4910	16	273	26	28
地质勘探和地震专用仪器制造	1197	13			2
教学专用仪器制造	49889	234	854	479	1799
电子测量仪器制造	22115	275	914	527	2728
其他专用仪器制造	22770	132	507	312	1320
钟表与计时仪器制造	105823	515	982	510	2943
钟表与计时仪器制造	105823	515	982	510	2943
光学仪器及眼镜制造	318904	1791	3854	1571	9560
光学仪器制造	66416	345	2180	500	3229
眼镜制造	252488	1446	1674	1071	6331
文化、办公用机械制造	125793	1006	1900	700	5343
电影机械制造	7607	40	249	5	230
幻灯及投影设备制造	1377	7	10	10	27
照相机及器材制造	35099	127	509	412	1246
复印和胶印设备制造	25166	150	326	144	1117
计算器及货币专用设备制造	28417	218	624	71	1266
其他文化、办公用机械制造	28126	463	182	58	1457
其他仪器仪表的制造及修理	18417	104	45	14	783
其他仪器仪表的制造及修理	18417	104	45	14	783
工艺品及其他制造业	3149160	23714	23734	12856	88580
工艺美术品制造	2087063	16720	17116	9570	63615
雕塑工艺品制造	214099	1926	538	322	12178
金属工艺品制造	291736	1830	1435	325	9264
漆器工艺品制造	93974	785	36	15	4071
花画工艺品制造	56669	397	220	13	2866
天然植物纤维编织工艺品制造	94256	564	108	61	2501

1－E－6 续表 7－19

单位：个、万元、人

指标名称	主营业务成本	主营业务税金及附加	其他业务收入	其他业务利润	营业费用
抽纱刺绣工艺品制造	637427	6345	1892	252	10073
地毯、挂毯制造	106437	347	812	49	2511
珠宝首饰及有关物品的制造	195406	2213	11152	8289	4860
其他工艺美术品制造	397058	2313	923	244	15292
日用杂品制造	987343	6833	6262	3147	23222
制镜及类似品加工	92307	1074	1220	12	1319
鬃毛加工、制刷及清扫工具的制造	92502	339	294	254	3763
其他日用杂品制造	802534	5420	4748	2881	18141
煤制品制造	7772	34	…	…	565
煤制品制造	7772	34	…	…	565
核辐射加工	655	11			24
核辐射加工	655	11			24
其他未列明的制造业	66327	117	356	139	1154
其他未列明的制造业	66327	117	356	139	1154
废弃资源和废旧材料回收加工业	1813167	2801	10794	997	22439
金属废料和碎屑的加工处理	1671416	2154	4246	159	18613
金属废料和碎屑的加工处理	1671416	2154	4246	159	18613
非金属废料和碎屑的加工处理	141750	647	6548	837	3826
非金属废料和碎屑的加工处理	141750	647	6548	837	3826
电力、燃气及水的生产和供应业	**6926190**	**41561**	**130675**	**47257**	**44424**
电力、热力的生产和供应业	5907483	35799	66020	23665	8011
电力生产	3159947	19466	42727	14457	935
火力发电	2840884	13917	40270	12460	97
水力发电	295320	5268	1427	1026	661
其他能源发电	23744	282	1030	972	178
电力供应	2534995	15818	12051	7369	5560
电力供应	2534995	15818	12051	7369	5560
热力生产和供应	212540	515	11242	1839	1516
热力生产和供应	212540	515	11242	1839	1516
燃气生产和供应业	640921	2483	20144	9328	13213
燃气生产和供应业	640921	2483	20144	9328	13213
燃气生产和供应业	640921	2483	20144	9328	13213
水的生产和供应业	377787	3278	44512	14264	23201
自来水的生产和供应	283932	3026	42634	13144	22264
自来水的生产和供应	283932	3026	42634	13144	22264
污水处理及其再生利用	93468	248	1878	1120	937
污水处理及其再生利用	93468	248	1878	1120	937
其他水的处理、利用与分配	386	5			
其他水的处理、利用与分配	386	5			

1－E－6 续表8－1

单位：个、万元、人

指标名称	管理费用	税金	财务费用	利息支出	营业利润
总计	**7787626**	**414128**	**3246405**	**2908710**	**5931964**
一、按轻重工业分					
轻工业	3395757	188688	1414898	1222934	2537625
重工业	4391869	225440	1831507	1685776	3394339
二、按登记注册类型分					
内资	**5757414**	**315338**	**2545524**	**2249703**	**4454225**
国有	156141	5390	122685	121363	7993
集体	52910	2740	13614	12231	36446
股份合作企业	140146	8539	43260	39346	93973
联营企业	2820	88	834	808	116
国有联营	253	12	376	376	63
集体联营	1037	47	109	60	318
国有与集体联营	825	19	173	269	－134
其他联营	705	10	177	103	－130
有限责任公司	1163030	55185	594038	530691	711201
国有独资公司	20746	778	14697	15066	－4804
其他有限责任公司	1142284	54406	579341	515625	716005
股份有限公司	122545	5433	60679	57177	120906
私营企业	4101941	235830	1699535	1477840	3474620
私营独资	386202	22246	118165	99904	376599
私营合伙	103928	5773	27428	24323	118942
私营有限责任公司	3525429	203330	1520141	1325032	2919607
私营股份有限公司	86381	4482	33801	28581	59472
其他	17881	2132	10880	10247	8970
港澳台商投资	**857490**	**44326**	**364362**	**329480**	**747705**
与港澳台商合资经营	465595	24338	232986	206021	494741
与港澳台商合作经营	19293	1117	7189	6558	30901
港澳台商独资	348115	17600	117418	106455	195972
港澳台商投资股份有限公司	24488	1271	6769	10446	26090
外商投资	**1172722**	**54463**	**336519**	**329527**	**730035**
中外合资经营	598473	29674	229586	201905	521613
中外合作经营	22281	1042	10461	8788	28428
外资企业	541733	23343	92540	115734	175439
外商投资股份有限公司	10236	405	3933	3101	4554
三、按控股情况分					
国有控股	352332	14232	302020	293010	84432
集体控股	210315	10829	87189	86219	186717
私人控股	5681955	314815	2396409	2074088	4753677
港澳台商控股	580019	29673	219475	198586	419946
外商控股	810265	37672	176423	197920	363236

1－E－6 续表8－2 单位：个、万元、人

指 标 名 称	管理费用	税 金	财务费用	利息支出	营业利润
其 他	152740	6908	64887	58889	123956
四、按国民经济行业(门类、大类、中类、小类)分					
采矿业	**58501**	**2348**	**7583**	**10816**	**64138**
黑色金属矿采选业	1773	103	－1798	2354	24669
铁矿采选	1773	103	－1798	2354	24669
铁矿采选	1773	103	－1798	2354	24669
有色金属矿采选业	4083	155	1026	932	485
常用有色金属矿采选	2173	39	709	700	－1051
铜矿采选	280	17	179	178	－1293
铅锌矿采选	1893	22	530	522	242
贵金属矿采选	672	110	190	189	303
金矿采选	350	109			208
银矿采选	322	1	190	189	95
稀有稀土金属矿采选	1238	6	128	42	1233
钨钼矿采选	1238	6	128	42	1233
非金属矿采选业	52645	2090	8355	7530	38984
土砂石开采	48600	1983	7805	6985	38527
石灰石、石膏开采	10687	1127	1628	1325	－1177
建筑装饰用石开采	15493	233	1394	1276	21078
耐火土石开采	4916	349	1883	1722	6234
粘土及其他土砂石开采	17504	274	2900	2661	12392
化学矿采选	179	2			43
化学矿采选	179	2			43
采 盐	303	4	－43	－43	75
采 盐	303	4	－43	－43	75
石棉及其他非金属矿采选	3563	101	594	589	339
其他非金属矿采选	3563	101	594	589	339
制造业	**7448333**	**398763**	**2886286**	**2556364**	**5804502**
农副食品加工业	116636	8528	74789	72680	120768
谷物磨制	5358	482	3352	3356	1817
谷物磨制	5358	482	3352	3356	1817
饲料加工	18332	1251	8051	6751	25142
饲料加工	18332	1251	8051	6751	25142
植物油加工	7585	1090	8719	10148	3534
食用植物油加工	7321	1087	8709	10137	3758
非食用植物油加工	264	3	11	11	－224
屠宰及肉类加工	16336	1462	5895	4925	12404
畜禽屠宰	2345	112	532	262	1121
肉制品及副产品加工	13991	1350	5363	4663	11283
水产品加工	36953	2388	38678	34260	38904

1-E-6 续表8-3

单位：个、万元、人

指标名称	管理费用	税金	财务费用	利息支出	营业利润
水产品冷冻加工	25969	1780	27658	23524	31109
鱼糜制品及水产品干腌制加工	7298	402	7859	7651	3185
水产饲料制造	2837	184	2842	2826	4756
鱼油提取及制品的制造	171	16	2	2	47
其他水产品加工	678	7	317	258	-193
蔬菜、水果和坚果加工	19953	1175	9249	8404	29000
蔬菜、水果和坚果加工	19953	1175	9249	8404	29000
其他农副食品加工	12119	681	845	4837	9967
淀粉及淀粉制品的制造	1460	104	504	462	992
豆制品制造	2950	235	642	895	3700
蛋品加工	722	99	723	718	3189
其他未列明的农副食品加工	6987	243	-1024	2762	2086
食品制造业	75191	4204	22827	19766	77176
焙烤食品制造	8610	325	1523	1430	7162
糕点、面包制造	4693	209	680	619	2071
饼干及其他焙烤食品制造	3918	116	843	812	5090
糖果、巧克力及蜜饯制造	5106	283	1827	1294	15312
糖果、巧克力制造	3317	265	583	452	13744
蜜饯制作	1789	18	1244	842	1568
方便食品制造	8049	565	2069	1623	14574
米、面制品制造	1606	119	526	517	2239
速冻食品制造	2824	183	531	393	-124
方便面及其他方便食品制造	3618	263	1013	713	12460
液体乳及乳制品制造	6875	428	1479	1516	5045
液体乳及乳制品制造	6875	428	1479	1516	5045
罐头制造	11555	668	6260	5892	327
肉、禽类罐头制造	318	28	-7	-7	1318
水产品罐头制造	1131	36	575	554	-285
蔬菜、水果罐头制造	9934	597	5604	5258	-746
其他罐头食品制造	173	7	88	87	39
调味品、发酵制品制造	9964	464	3166	3149	7589
味精制造	1726	60	696	703	-629
酱油、食醋及类似制品的制造	4198	247	1450	1446	3293
其他调味品、发酵制品制造	4041	156	1021	1000	4925
其他食品制造	25032	1472	6503	4863	27169
营养、保健食品制造	8328	304	2363	2034	15832
冷冻饮品及食用冰制造	2389	217	1374	377	1923
盐加工	1245	9	43	45	1771
食品及饲料添加剂制造	12855	942	2636	2319	7431
其他未列明的食品制造	216	1	88	88	212

1-E-6 续表8-4 单位:个、万元、人

指标名称	管理费用	税金	财务费用	利息支出	营业利润
饮料制造业	45295	3950	22678	19770	82927
酒精制造	393	8	306	284	-732
酒精制造	393	8	306	284	-732
酒的制造	18256	1761	8117	7790	7602
白酒制造	2342	148	637	613	4499
啤酒制造	5903	575	3515	3371	-2055
黄酒制造	8057	969	3030	2875	4208
其他酒制造	1955	70	935	932	951
软饮料制造	13269	1162	4277	3265	55949
碳酸饮料制造	2513	352	787	657	15870
瓶(罐)装饮用水制造	3087	54	876	623	10474
果菜汁及果菜汁饮料制造	3625	345	1827	1599	653
含乳饮料和植物蛋白饮料制造	1477	43	8	-158	8496
固体饮料制造	1285	232	798	611	2925
茶饮料及其他软饮料制造	1282	136	-19	-66	17531
精制茶加工	13378	1020	9978	8432	20107
精制茶加工	13378	1020	9978	8432	20107
烟草制品业	2052	46	74	73	3491
其他烟草制品加工	2052	46	74	73	3491
其他烟草制品加工	2052	46	74	73	3491
纺织业	817918	45920	402503	356765	622307
棉、化纤纺织及印染精加工	286208	15910	191929	171513	246069
棉、化纤纺织加工	197838	12268	140085	126439	188729
棉、化纤印染精加工	88369	3642	51844	45074	57340
毛纺织和染整精加工	29436	2091	13685	13384	27778
毛条加工	3194	165	1312	2424	6488
毛纺织	19674	968	10243	9312	16807
毛染整精加工	6568	957	2129	1648	4483
麻纺织	2139	102	1399	1148	572
麻纺织	2139	102	1399	1148	572
丝绢纺织及精加工	67096	3627	29250	26064	49750
缫丝加工	9733	692	5913	5883	-847
绢纺和丝织加工	44807	2226	19675	16772	47366
丝印染精加工	12555	709	3662	3409	3231
纺织制成品制造	156226	9327	63789	55107	84885
棉及化纤制品制造	61932	3655	21526	18287	33297
毛制品制造	5641	465	3348	3033	2657
麻制品制造	298	21	65	64	152
丝制品制造	22463	1026	6917	5458	11826
绳、索、缆的制造	3252	248	1644	1397	3081

1－E－6 续表 8－5

单位：个、万元、人

指标名称	管理费用	税金	财务费用	利息支出	营业利润
纺织带和帘子布制造	13053	655	6638	5584	8476
无纺布制造	31704	2141	16432	14621	18481
其他纺织制成品制造	17882	1118	7220	6664	6913
针织品、编织品及其制品制造	276814	14864	102451	89548	213253
棉、化纤针织品及编织品制造	199541	10978	75380	66189	168927
毛针织品及编织品制造	49499	2650	15919	14016	27873
丝针织品及编织品制造	18102	758	6028	5070	9302
其他针织品及编织品制造	9672	478	5125	4272	7153
纺织服装、鞋、帽制造业	366084	16117	90297	74478	183539
纺织服装制造	351692	15223	87530	72307	173677
纺织服装制造	351692	15223	87530	72307	173677
纺织面料鞋的制造	9821	551	1983	1504	8180
纺织面料鞋的制造	9821	551	1983	1504	8180
制帽	4570	343	784	667	1683
制帽	4570	343	784	667	1683
皮革、毛皮、羽毛(绒)及其制品业	199914	12183	67445	56187	131629
皮革鞣制加工	16917	1546	11303	10533	17264
皮革鞣制加工	16917	1546	11303	10533	17264
皮革制品制造	164620	9968	42691	34233	103966
皮鞋制造	90395	6715	20263	16756	74651
皮革服装制造	20225	690	7479	5723	10764
皮箱、包(袋)制造	39320	1775	10063	7643	12509
皮手套及皮装饰制品制造	7365	408	2353	2081	2136
其他皮革制品制造	7314	379	2532	2030	3906
毛皮鞣制及制品加工	7882	243	3944	2841	5543
毛皮鞣制加工	1888	47	734	567	1877
毛皮服装加工	3372	99	1534	804	1508
其他毛皮制品加工	2622	98	1676	1470	2158
羽毛(绒)加工及制品制造	10496	426	9508	8581	4856
羽毛(绒)加工	500	29	727	689	529
羽毛(绒)制品加工	9996	397	8781	7892	4327
木材加工及木、竹、藤、棕、草制品业	77475	4935	37236	32698	141975
锯材、木片加工	2999	192	1034	823	5562
锯材加工	1095	150	584	549	3551
木片加工	1904	42	451	274	2011
人造板制造	28761	2332	15497	14242	44513
胶合板制造	17627	1461	9355	8444	19613
纤维板制造	5163	437	3372	3035	9171
刨花板制造	746	155	556	965	895
其他人造板、材制造	5225	279	2214	1798	14834

1－E－6 续表8－6

单位：个、万元、人

指标名称	管理费用	税金	财务费用	利息支出	营业利润
木制品制造	27192	1200	12128	10609	69491
建筑用木料及木材组件加工	17569	689	9362	8459	66035
木容器制造	2496	96	858	709	1604
软木制品及其他木制品制造	7127	415	1908	1441	1851
竹、藤、棕、草制品制造	18523	1211	8578	7024	22408
竹、藤、棕、草制品制造	18523	1211	8578	7024	22408
家具制造业	95701	6238	40447	32643	54794
木质家具制造	47049	3301	22551	17269	31426
木质家具制造	47049	3301	22551	17269	31426
竹、藤家具制造	1429	137	561	534	1262
竹、藤家具制造	1429	137	561	534	1262
金属家具制造	32498	2062	11970	10256	16637
金属家具制造	32498	2062	11970	10256	16637
塑料家具制造	4978	214	1285	849	3240
塑料家具制造	4978	214	1285	849	3240
其他家具制造	9747	524	4079	3735	2229
其他家具制造	9747	524	4079	3735	2229
造纸及纸制品业	168136	10737	87447	80213	152267
纸浆制造	1270	63	125	104	118
纸浆制造	1270	63	125	104	118
造　纸	82012	6147	52264	48881	94784
机制纸及纸板制造	71311	5449	48195	45190	89153
手工纸制造	120	4	59	59	108
加工纸制造	10581	694	4010	3632	5523
纸制品制造	84854	4528	35057	31229	57365
纸和纸板容器的制造	59742	3375	25929	23332	43243
其他纸制品制造	25112	1153	9128	7897	14122
印刷业和记录媒介的复制	102994	5004	37628	34479	110474
印　刷	94833	4688	35769	32453	106785
书、报、刊印刷	18990	778	5995	5621	10849
本册印制	5284	194	1457	1262	2668
包装装潢及其他印刷	70559	3716	28316	25569	93268
装订及其他印刷服务活动	3603	212	999	919	1788
装订及其他印刷服务活动	3603	212	999	919	1788
记录媒介的复制	4558	104	861	1107	1901
记录媒介的复制	4558	104	861	1107	1901
文教体育用品制造业	112319	7223	40988	32299	54048
文化用品制造	40613	2851	16086	13176	15787
文具制造	19196	1529	7889	6645	5619
笔的制造	17563	1149	7175	5704	8809

1-E-6 续表8-7

单位:个、万元、人

指 标 名 称	管理费用	税 金	财务费用	利息支出	营业利润
教学用模型及教具制造	1737	81	412	380	245
墨水、墨汁制造	170	10	-15	-15	338
其他文化用品制造	1946	83	624	462	776
体育用品制造	30822	1718	10148	7252	11447
球类制造	3821	224	2366	1592	-1053
体育器材及配件制造	9195	726	2919	2154	4605
训练健身器材制造	11861	485	2966	1931	5002
运动防护用具制造	1871	92	233	201	991
其他体育用品制造	4075	190	1664	1373	1902
乐器制造	4398	545	972	948	3881
中乐器制造	140	3	19	19	-13
西乐器制造	2183	58	503	531	2244
电子乐器制造	751	243	204	177	1076
其他乐器及零件制造	1323	241	246	221	575
玩具制造	26751	1533	8790	7201	14923
玩具制造	26751	1533	8790	7201	14923
游艺器材及娱乐用品制造	9735	577	4993	3722	8010
露天游乐场所游乐设备制造	7158	457	4470	3340	7466
游艺用品及室内游艺器材制造	2577	120	522	382	544
石油加工、炼焦及核燃料加工业	12541	345	6763	7202	-1347
精炼石油产品的制造	11728	345	3573	4012	14168
原油加工及石油制品制造	11728	345	3573	4012	14168
炼 焦	813		3190	3190	-15515
炼 焦	813		3190	3190	-15515
化学原料及化学制品制造业	478311	22873	190121	215417	353805
基础化学原料制造	96193	5918	54722	50006	107240
无机酸制造	7760	571	6104	5957	9122
无机碱制造	3288	160	2236	1937	2852
无机盐制造	12456	513	5333	4434	15239
有机化学原料制造	55564	3691	34379	32321	55733
其他基础化学原料制造	17125	983	6670	5357	24294
肥料制造	7502	432	3586	3245	5458
氮肥制造	3619	232	2008	1715	507
磷肥制造	535	35	234	233	137
复混肥料制造	3161	159	1289	1247	4793
有机肥料及微生物肥料制造	115	...	47	47	-27
其他肥料制造	73	6	8	2	49
农药制造	26909	1176	8088	5638	28432
化学农药制造	25161	968	7813	5447	26475

1-E-6 续表8-8　　单位：个、万元、人

指标名称	管理费用	税金	财务费用	利息支出	营业利润
生物化学农药及微生物农药制造	1748	208	275	191	1957
涂料、油墨、颜料及类似产品制造	91764	4442	35023	29836	100478
涂料制造	39182	1882	12048	10416	38308
油墨及类似产品制造	4652	173	1917	1482	6561
颜料制造	8376	579	4318	3909	8281
染料制造	35164	1669	15957	13505	42904
密封用填料及类似品制造	4390	139	783	526	4425
合成材料制造	82335	3553	30932	77712	-78829
初级形态的塑料及合成树脂制造	74637	2137	26495	58700	-60891
合成橡胶制造	2655	159	331	398	2135
合成纤维单(聚合)体的制造	3813	1210	3466	18096	-21356
其他合成材料制造	1232	48	641	518	1284
专用化学产品制造	143159	6098	48909	42144	159726
化学试剂和助剂制造	67069	3130	23665	21347	62750
专项化学用品制造	25060	1133	6381	5409	18725
林产化学产品制造	3095	224	1045	946	2605
炸药及火工产品制造	1954	50	524	397	1349
信息化学品制造	22247	786	10941	8592	47889
环境污染处理专用药剂材料制造	5521	87	1183	996	4705
动物胶制造	3035	79	644	566	3629
其他专用化学产品制造	15180	608	4527	3890	18075
日用化学产品制造	30450	1253	8860	6838	31300
肥皂及合成洗涤剂制造	4675	194	2008	1784	1804
化妆品制造	11408	496	3091	2610	5574
口腔清洁用品制造	160	6	72	72	181
香料、香精制造	11126	469	2935	1732	22919
其他日用化学产品制造	3082	89	754	640	822
医药制造业	160062	7531	51223	46503	131614
化学药品原药制造	57221	2779	19015	16919	39440
化学药品原药制造	57221	2779	19015	16919	39440
化学药品制剂制造	29771	1541	10572	10281	17224
化学药品制剂制造	29771	1541	10572	10281	17224
中药饮片加工	4392	320	1561	853	2282
中药饮片加工	4392	320	1561	853	2282
中成药制造	16274	815	5531	5375	19866
中成药制造	16274	815	5531	5375	19866
兽用药品制造	9599	705	3996	3953	15971
兽用药品制造	9599	705	3996	3953	15971
生物、生化制品的制造	30777	846	6631	5947	28352

1－E－6 续表 8－9

单位：个、万元、人

指 标 名 称	管理费用	税 金	财务费用	利息支出	营业利润
生物、生化制品的制造	30777	846	6631	5947	28352
卫生材料及医药用品制造	12028	524	3918	3175	8479
卫生材料及医药用品制造	12028	524	3918	3175	8479
化学纤维制造业	65129	4963	74384	68599	29265
纤维素纤维原料及纤维制造	3020	534	2868	2760	360
化纤浆粕制造	317	8	45	45	207
人造纤维（纤维素纤维）制造	2704	526	2823	2715	154
合成纤维制造	62109	4428	71516	65838	28905
锦纶纤维制造	6673	539	9728	9354	700
涤纶纤维制造	33651	2423	39016	34290	28743
腈纶纤维制造	324	19	259	254	295
维纶纤维制造	86	12	18	14	11
其他合成纤维制造	21376	1436	22495	21926	－845
橡胶制品业	77290	4712	26169	23401	60516
轮胎制造	5798	360	3413	3232	4656
车辆、飞机及工程机械轮胎制造	4649	232	2620	2475	2894
力车胎制造	794	66	547	515	1018
轮胎翻新加工	356	61	247	243	744
橡胶板、管、带的制造	17649	779	6414	5330	15240
橡胶板、管、带的制造	17649	779	6414	5330	15240
橡胶零件制造	17623	811	4405	4070	11211
橡胶零件制造	17623	811	4405	4070	11211
再生橡胶制造	1458	67	809	743	250
再生橡胶制造	1458	67	809	743	250
日用及医用橡胶制品制造	3009	169	1168	1164	2686
日用及医用橡胶制品制造	3009	169	1168	1164	2686
橡胶靴鞋制造	20620	1552	5463	5256	18295
橡胶靴鞋制造	20620	1552	5463	5256	18295
其他橡胶制品制造	11133	976	4497	3606	8179
其他橡胶制品制造	11133	976	4497	3606	8179
塑料制品业	371414	24635	158981	142686	346644
塑料薄膜制造	37550	3718	27570	27266	63939
塑料薄膜制造	37550	3718	27570	27266	63939
塑料板、管、型材的制造	63013	4208	35685	31869	64265
塑料板、管、型材的制造	63013	4208	35685	31869	64265
塑料丝、绳及编织品的制造	22409	1720	8843	7852	10191
塑料丝、绳及编织品的制造	22409	1720	8843	7852	10191
泡沫塑料制造	20023	1258	8009	7456	15817
泡沫塑料制造	20023	1258	8009	7456	15817

1－E－6 续表8－10　　单位：个、万元、人

指 标 名 称	管理费用	税 金	财务费用	利息支出	营业利润
塑料人造革、合成革制造	38932	2773	18253	15941	41217
塑料人造革、合成革制造	38932	2773	18253	15941	41217
塑料包装箱及容器制造	33373	1785	11300	9601	48231
塑料包装箱及容器制造	33373	1785	11300	9601	48231
塑料零件制造	57357	2801	16852	14854	40010
塑料零件制造	57357	2801	16852	14854	40010
日用塑料制造	62209	4343	19812	16540	41390
塑料鞋制造	8608	754	1719	1454	7415
日用塑料杂品制造	53601	3590	18093	15086	33975
其他塑料制品制造	36548	2029	12657	11307	21585
其他塑料制品制造	36548	2029	12657	11307	21585
非金属矿物制品业	272582	13551	136446	117018	231604
水泥、石灰和石膏的制造	52406	3096	43116	41560	29994
水泥制造	49789	3003	42170	40779	25928
石灰和石膏制造	2616	93	946	781	4067
水泥及石膏制品制造	90381	4189	44875	39342	100079
水泥制品制造	75720	3553	38335	33155	84296
砼结构构件制造	9683	436	4924	4736	14650
石棉水泥制品制造	202	14	115	115	226
轻质建筑材料制造	3893	181	1119	968	649
其他水泥制品制造	883	5	383	367	258
砖瓦、石材及其他建筑材料制造	33319	1554	9987	8420	14987
粘土砖瓦及建筑砌块制造	13316	773	2519	2331	3200
建筑陶瓷制品制造	2446	241	1084	1246	－655
建筑用石加工	5921	290	1643	1031	4603
防水建筑材料制造	4827	107	2031	1880	5325
隔热和隔音材料制造	4520	64	1501	746	476
其他建筑材料制造	2288	78	1209	1185	2038
玻璃及玻璃制品制造	53902	2578	26523	18245	41775
平板玻璃制造	1957	269	2514	1260	2269
技术玻璃制品制造	15164	688	11420	8019	8032
光学玻璃制造	279	...	－2		113
玻璃仪器制造	474	20	146	145	260
日用玻璃制品及玻璃包装容器制造	11985	643	5770	4006	18071
玻璃保温容器制造	1169	37	370	270	1146
玻璃纤维及制品制造	14246	509	3735	2631	7908
玻璃纤维增强塑料制品制造	6064	152	2107	1584	1973
其他玻璃制品制造	2564	261	462	330	2004
陶瓷制品制造	9496	432	2826	1898	13699

1－E－6 续表8－11

单位：个、万元、人

指标名称	管理费用	税金	财务费用	利息支出	营业利润
卫生陶瓷制品制造	4751	233	1225	1136	7150
特种陶瓷制品制造	3077	89	1051	298	3919
日用陶瓷制品制造	1502	111	561	464	2590
园林、陈设艺术及其他陶瓷制品制造	166		－11		40
耐火材料制品制造	16890	674	3815	3196	14733
石棉制品制造	1734	74	409	189	－248
云母制品制造	409	4	109	105	72
耐火陶瓷制品及其他耐火材料制造	14747	596	3297	2902	14908
石墨及其他非金属矿物制品制造	16189	1029	5304	4357	16337
石墨及碳素制品制造	6502	155	1820	1528	1857
其他非金属矿物制品制造	9687	874	3484	2829	14481
黑色金属冶炼及压延加工业	122110	9695	101835	95474	168211
炼铁	728	51	73	66	298
炼铁	728	51	73	66	298
炼钢	5075	307	4812	4568	11412
炼钢	5075	307	4812	4568	11412
钢压延加工	110595	8930	94434	88453	145596
钢压延加工	110595	8930	94434	88453	145596
铁合金冶炼	5711	407	2517	2389	10906
铁合金冶炼	5711	407	2517	2389	10906
有色金属冶炼及压延加工业	102005	6726	85742	77383	37510
常用有色金属冶炼	10998	669	14626	13402	1421
铜冶炼	4316	234	8193	7931	－1538
铅锌冶炼	1183	116	1640	1597	－1832
镍钴冶炼	2190	134	3021	2181	2452
锡冶炼	91	…	20	20	20
铝冶炼	2095	124	1425	1389	572
镁冶炼	181	9	22	22	238
其他常用有色金属冶炼	941	53	304	262	1509
贵金属冶炼	2698	218	3884	3843	1926
金冶炼	1917	173	3454	3451	1742
银冶炼	562	24	309	306	－400
其他贵金属冶炼	219	22	122	87	584
稀有稀土金属冶炼	1404	53	1129	1140	772
钨钼冶炼	268	36	208	207	－55
稀土金属冶炼	1136	17	921	933	827
有色金属合金制造	9137	394	5930	5740	1273
有色金属合金制造	9137	394	5930	5740	1273
有色金属压延加工	77767	5392	60173	53258	32117

1-E-6 续表8-12 单位：个、万元、人

指标名称	管理费用	税金	财务费用	利息支出	营业利润
常用有色金属压延加工	80267	5306	58772	52163	11865
贵金属压延加工	-4613	23	203	202	18222
稀有稀土金属压延加工	2113	64	1198	893	2030
金属制品业	425393	24518	170517	145499	348239
结构性金属制品制造	84219	4949	44199	38298	87282
金属结构制造	55873	3572	32562	28162	61081
金属门窗制造	28345	1377	11637	10136	26202
金属工具制造	65319	4543	21100	17139	47867
切削工具制造	11736	799	3542	3022	9094
手工具制造	29612	1748	8948	7265	19972
农用及园林用金属工具制造	7071	651	3623	2917	4069
刀剪及类似日用金属工具制造	4876	340	1109	853	3853
其他金属工具制造	12024	1005	3878	3083	10880
集装箱及金属包装容器制造	25105	1069	8586	8022	13548
集装箱制造	77	1			2
金属压力容器制造	10511	442	2524	2382	7722
金属包装容器制造	14517	626	6063	5639	5824
金属丝绳及其制品的制造	33350	1726	15421	13910	4096
金属丝绳及其制品的制造	33350	1726	15421	13910	4096
建筑、安全用金属制品制造	92725	5077	33229	26059	67064
建筑、家具用金属配件制造	44844	2459	14145	10575	24249
建筑装饰及水暖管道零件制造	38588	2120	16118	12853	37942
安全、消防用金属制品制造	7062	370	2523	2184	4101
其他建筑、安全用金属制品制造	2231	128	443	447	772
金属表面处理及热处理加工	41680	2147	12471	10560	70983
金属表面处理及热处理加工	41680	2147	12471	10560	70983
搪瓷制品制造	3952	257	1758	1554	1731
工业生产配套用搪瓷制品制造	280	5	38	38	175
搪瓷卫生洁具制造	1657	91	459	424	357
搪瓷日用品及其他搪瓷制品制造	2014	161	1261	1091	1199
不锈钢及类似日用金属制品制造	58532	3446	28117	24090	40859
金属制厨房调理及卫生器具制造	13385	883	5025	4397	8595
金属制厨用器皿及餐具制造	28997	1699	17779	15464	26599
其他日用金属制品制造	16151	864	5314	4230	5665
其他金属制品制造	20513	1305	5635	5867	14809
其他未列明的金属制品制造	20513	1305	5635	5867	14809
通用设备制造业	881584	46157	257199	215909	752800
锅炉及原动机制造	33026	1246	7506	7216	52320
锅炉及辅助设备制造	16257	560	3560	3596	19442

1－E－6 续表8－13

单位：个、万元、人

指 标 名 称	管理费用	税 金	财务费用	利息支出	营业利润
内燃机及配件制造	5432	461	2365	1987	4047
汽轮机及辅机制造	8493	184	1018	1065	28221
水轮机及辅机制造	1966	38	420	395	469
其他原动机制造	879	3	144	173	142
金属加工机械制造	61593	3920	15492	13679	43379
金属切削机床制造	20560	1182	5728	4470	7387
金属成形机床制造	13566	779	2291	2509	15700
铸造机械制造	4244	243	1010	1013	1292
金属切割及焊接设备制造	10014	746	2584	2238	5558
机床附件制造	5959	369	1157	800	9463
其他金属加工机械制造	7251	603	2722	2650	3979
起重运输设备制造	66797	2773	15518	13606	47567
起重运输设备制造	66797	2773	15518	13606	47567
泵、阀门、压缩机及类似机械的制造	247442	13398	67652	53422	240075
泵及真空设备制造	60449	3090	14108	12079	47078
气体压缩机械制造	23642	1296	6075	5552	22715
阀门和旋塞的制造	124729	7643	40626	29948	122560
液压和气压动力机械及元件制造	38622	1369	6844	5843	47721
轴承、齿轮、传动和驱动部件的制造	103320	4968	35315	31003	78184
轴承制造	66749	2834	23070	20152	48521
齿轮、传动和驱动部件制造	36571	2135	12245	10851	29663
烘炉、熔炉及电炉制造	6426	311	689	890	7488
烘炉、熔炉及电炉制造	6426	311	689	890	7488
风机、衡器、包装设备等通用设备制造	124268	6549	32769	28107	101604
风机、风扇制造	12313	670	3724	3048	2637
气体、液体分离及纯净设备制造	23071	672	3848	3390	26513
制冷、空调设备制造	30225	1173	11129	9752	38936
风动和电动工具制造	27813	2580	9132	7434	19748
喷枪及类似器具制造	6179	321	1593	1100	4382
包装专用设备制造	7718	375	1337	1040	4286
衡器制造	3738	208	735	707	3975
其他通用设备制造	13212	550	1271	1635	1126
通用零部件制造及机械修理	150790	8505	54849	43199	117453
金属密封件制造	15163	743	2789	2224	14550
紧固件、弹簧制造	90034	5461	37984	28548	73509
机械零部件加工及设备修理	25970	1248	6795	6331	17845
其他通用零部件制造	19623	1052	7281	6097	11549
金属铸、锻加工	87922	4488	27409	24788	64731
钢铁铸件制造	60236	3008	19021	16061	49144

1－E－6 续表 8－14 单位：个、万元、人

指标名称	管理费用	税金	财务费用	利息支出	营业利润
锻件及粉末冶金制品制造	27687	1480	8388	8727	15587
专用设备制造业	383003	17827	87915	81363	255864
矿山、冶金、建筑专用设备制造	25053	1457	5867	5973	23258
采矿、采石设备制造	6458	331	1479	1275	6132
石油钻采专用设备制造	3284	154	993	957	3465
建筑工程用机械制造	7136	744	1935	1828	4418
建筑材料生产专用机械制造	5196	105	962	934	4580
冶金专用设备制造	2979	122	499	980	4663
化工、木材、非金属加工专用设备制造	141662	6141	27308	26855	89009
炼油、化工生产专用设备制造	8957	309	2072	1696	3041
橡胶加工专用设备制造	5660	140	523	445	2759
塑料加工专用设备制造	42457	1725	8106	7765	22705
木材加工机械制造	893	58	371	304	2952
模具制造	82086	3749	15994	16415	56755
其他非金属加工专用设备制造	1609	160	242	230	798
食品、饮料、烟草及饲料生产专用设备制造	12534	540	4250	3122	12847
食品、饮料、烟草工业专用设备制造	8474	323	2938	2552	9915
农副食品加工专用设备制造	3532	204	1253	512	2396
饲料生产专用设备制造	529	13	59	58	537
印刷、制药、日化生产专用设备制造	26410	1310	3913	4572	16761
制浆和造纸专用设备制造	3514	131	730	692	1629
印刷专用设备制造	11489	526	1406	2290	8436
日用化工专用设备制造	1001	14	－113	－135	234
制药专用设备制造	6316	478	1268	1141	6053
照明器具生产专用设备制造	1110	4	216	190	402
玻璃、陶瓷和搪瓷制品生产专用设备制造	1368	21	258	187	－55
其他日用品生产专用设备制造	1611	137	148	208	63
纺织、服装和皮革工业专用设备制造	69522	3528	21480	19126	33397
纺织专用设备制造	29735	1511	11276	10843	13819
皮革、毛皮及其制品加工专用设备制造	4676	213	1458	1369	1073
缝纫机械制造	34339	1758	8632	6825	18882
其他服装加工专用设备制造	772	47	114	88	－376
电子和电工机械专用设备制造	13732	523	2212	1850	6195
电工机械专用设备制造	5981	231	1108	958	2217
电子工业专用设备制造	7115	284	1010	798	3861
武器弹药制造	636	8	94	94	117
农、林、牧、渔专用机械制造	18732	789	5718	4903	8231
拖拉机制造	3000	115	1511	1352	1942
机械化农业及园艺机具制造	12073	482	3474	2891	3832

1－E－6 续表8－15

单位：个、万元、人

指标名称	管理费用	税金	财务费用	利息支出	营业利润
畜牧机械制造	13	5	4	4	25
渔业机械制造	270	3			111
农林牧渔机械配件制造	2630	172	640	618	1792
其他农林牧渔业机械制造及机械修理	746	13	89	39	528
医疗仪器设备及器械制造	26634	1090	4012	4036	25027
医疗诊断、监护及治疗设备制造	9515	236	678	1566	7935
口腔科用设备及器具制造	711	33	136	127	123
实验室及医用消毒设备和器具的制造	2249	70	273	215	1618
医疗、外科及兽医用器械制造	8560	314	1287	781	13196
机械治疗及病房护理设备制造	1855	58	641	560	854
假肢、人工器官及植（介）入器械制造	800	226	154	158	345
其他医疗设备及器械制造	2945	152	843	629	955
环保、社会公共安全及其他专用设备制造	48726	2449	13155	10927	41139
环境污染防治专用设备制造	29826	1701	8211	6832	28047
地质勘查专用设备制造	102			...	76
邮政专用机械及器材制造	813	64	147	128	348
商业、饮食、服务业专用设备制造	348	17	44	37	69
社会公共安全设备及器材制造	9315	349	3595	2968	8111
交通安全及管制专用设备制造	475	7	20	16	194
水资源专用机械制造	2189	53	248	196	770
其他专用设备制造	5659	260	890	748	3524
交通运输设备制造业	453740	22019	153712	129725	331120
铁路运输设备制造	4037	201	1749	1858	387
铁路机车车辆配件制造	1677	72	581	548	249
铁路专用设备及器材、配件制造	1893	95	731	872	626
其他铁路设备制造及设备修理	467	34	437	438	－488
汽车制造	294707	13622	91716	76662	208812
汽车整车制造	8259	318	2833	1778	4280
改装汽车制造	3306	81	975	804	1542
汽车车身、挂车的制造	1058	36	161	54	－1591
汽车零部件及配件制造	270272	12900	85300	72047	200299
汽车修理	11813	286	2448	1979	4281
摩托车制造	57274	2493	22608	18354	26503
摩托车整车制造	9571	311	4058	2233	－612
摩托车零部件及配件制造	47703	2182	18550	16121	27114
自行车制造	28613	2503	11003	8853	12200
脚踏自行车及残疾人座车制造	12768	1006	5474	4443	7244
助动自行车制造	15845	1497	5529	4410	4956
船舶及浮动装置制造	62692	3053	23919	21574	78245

1－E－6 续表8－16

单位：个、万元、人

指 标 名 称	管理费用	税 金	财务费用	利息支出	营业利润
金属船舶制造	33562	2315	12527	11565	49374
非金属船舶制造	706	33	66	135	881
娱乐船和运动船的建造和修理	4030	7	1117	1308	－1811
船用配套设备制造	12462	448	6193	5286	17707
船舶修理及拆船	11933	250	4015	3280	12095
航空航天器制造	396	19	94	85	753
飞机制造及修理	274	14	88	85	215
其他飞行器制造	121	5	6		537
交通器材及其他交通运输设备制造	6021	130	2624	2340	4221
潜水及水下救捞装备制造	33				48
交通管理用金属标志及设施制造	5202	111	2158	1979	4051
其他交通运输设备制造	786	18	466	361	122
电气机械及器材制造业	784416	36378	276388	224213	684870
电机制造	102680	5670	30146	24783	77953
发电机及发电机组制造	16464	647	5497	4842	20152
电动机制造	35480	2216	10380	8404	24094
微电机及其他电机制造	50735	2807	14270	11537	33707
输配电及控制设备制造	249088	10844	60882	50718	207801
变压器、整流器和电感器制造	39439	1341	12403	11369	35752
电容器及其配套设备制造	10711	456	1360	1213	8825
配电开关控制设备制造	125600	5830	29433	25015	107177
电力电子元器件制造	54650	2402	14030	10294	37788
其他输配电及控制设备制造	18687	815	3657	2827	18259
电线、电缆、光缆及电工器材制造	122830	6798	71017	64861	163020
电线电缆制造	105038	5953	64886	58664	131342
光纤、光缆制造	5356	188	2901	3556	22298
绝缘制品制造	5856	218	1578	1188	4280
其他电工器材制造	6580	439	1652	1453	5100
电池制造	46833	1447	31394	17659	73634
电池制造	46833	1447	31394	17659	73634
家用电力器具制造	122197	5339	40840	33805	76742
家用制冷电器具制造	6668	303	3907	3027	8666
家用空气调节器制造	5785	385	1889	1731	2690
家用通风电器具制造	9169	503	2485	2294	5624
家用厨房电器具制造	28572	1020	10398	8028	8170
家用清洁卫生电器具制造	22357	893	6258	5573	24842
家用美容、保健电器具制造	9314	415	2311	1478	4822
家用电力器具专用配件制造	18970	809	7147	6363	11969
其他家用电力器具制造	21361	1010	6444	5311	9960

1－E－6 续表8－17

单位：个、万元、人

指 标 名 称	管理费用	税 金	财务费用	利息支出	营业利润
非电力家用器具制造	10929	566	3916	3288	7880
燃气、太阳能及类似能源的器具制造	8389	446	2988	2668	8104
其他非电力家用器具制造	2540	120	928	620	－224
照明器具制造	113012	5107	34650	25649	70725
电光源制造	34647	1399	7873	6202	22468
照明灯具制造	59504	2906	21839	15376	34578
灯用电器附件及其他照明器具制造	18861	802	4939	4072	13679
其他电气机械及器材制造	16847	607	3542	3451	7116
车辆专用照明及电气信号设备装置制造	12332	421	3040	2809	3946
其他未列明的电气机械制造	4515	186	502	642	3170
通信设备、计算机及其他电子设备制造业	292828	11725	67470	55786	138631
通信设备制造	61398	1668	11873	9487	26726
通信传输设备制造	19786	450	2284	1618	19775
通信交换设备制造	10475	255	921	856	1593
通信终端设备制造	6457	201	2139	1724	1170
移动通信及终端设备制造	13553	347	4681	3584	3838
其他通信设备制造	11126	415	1849	1704	351
雷达及配套设备制造	394	28	－97	－106	373
雷达及配套设备制造	394	28	－97	－106	373
广播电视设备制造	12791	529	3187	2351	4760
广播电视节目制作及发射设备制造	1144	42	88	91	413
广播电视接收设备及器材制造	7661	312	2478	1747	2673
应用电视设备及其他广播电视设备制造	3986	175	621	513	1673
电子计算机制造	17939	633	4992	4170	6512
电子计算机整机制造	560	11	151	151	－55
计算机网络设备制造	5290	170	788	386	2140
电子计算机外部设备制造	12089	452	4053	3633	4426
电子器件制造	62630	1593	13440	11050	38943
电子真空器件制造	4272	77	562	523	－191
半导体分立器件制造	15786	462	5493	5165	14108
集成电路制造	19405	477	2993	2718	4099
光电子器件及其他电子器件制造	23167	578	4392	2643	20927
电子元件制造	103559	5248	27835	22608	46681
电子元件及组件制造	93555	4674	25185	20822	41238
印制电路板制造	10005	575	2650	1786	5443
家用视听设备制造	21342	1611	4483	4322	11040
家用影视设备制造	7234	398	2155	1969	7331
家用音响设备制造	14109	1213	2328	2352	3709
其他电子设备制造	12776	415	1759	1906	3598

1－E－6 续表8－18

单位：个、万元、人

指标名称	管理费用	税金	财务费用	利息支出	营业利润
其他电子设备制造	12776	415	1759	1906	3598
仪器仪表及文化、办公用机械制造业	183019	8406	38382	33398	95554
通用仪器仪表制造	101029	4306	18189	16523	65160
工业自动控制系统装置制造	39191	1029	5692	5666	21891
电工仪器仪表制造	19096	526	3112	2759	12747
绘图、计算及测量仪器制造	4766	629	1891	1712	3048
实验分析仪器制造	7799	365	1281	1125	5346
试验机制造	3643	673	633	526	－403
供应用仪表及其他通用仪器制造	26535	1085	5580	4734	22530
专用仪器仪表制造	28664	907	4620	4142	15984
环境监测专用仪器仪表制造	4429	18	291	158	4634
汽车及其他用计数仪表制造	9411	359	1627	1511	5173
导航、气象及海洋专用仪器制造	2701	90	336	330	642
农林牧渔专用仪器仪表制造	249	21	140	139	358
地质勘探和地震专用仪器制造	82	…			84
教学专用仪器制造	3779	232	1112	1074	1914
电子测量仪器制造	4467	45	976	716	1943
其他专用仪器制造	3545	142	139	212	1236
钟表与计时仪器制造	8046	430	2752	2473	2824
钟表与计时仪器制造	8046	430	2752	2473	2824
光学仪器及眼镜制造	29230	2094	8627	6530	9989
光学仪器制造	9931	525	2099	1952	998
眼镜制造	19300	1570	6529	4579	8991
文化、办公用机械制造	14328	588	4114	3667	667
电影机械制造	291	3	－1		162
幻灯及投影设备制造	413	7	－1		161
照相机及器材制造	3122	146	1166	986	1612
复印和胶印设备制造	3840	231	1058	931	423
计算器及货币专用设备制造	4040	48	320	386	－970
其他文化、办公用机械制造	2622	153	1572	1364	－722
其他仪器仪表的制造及修理	1722	81	79	64	931
其他仪器仪表的制造及修理	1722	81	79	64	931
工艺品及其他制造业	170394	10255	64830	53122	133384
工艺美术品制造	116048	6836	45975	36759	82477
雕塑工艺品制造	18379	806	5582	3797	3696
金属工艺品制造	15484	691	5628	4815	11616
漆器工艺品制造	8886	742	2201	1837	2196
花画工艺品制造	4463	235	1310	912	1369
天然植物纤维编织工艺品制造	5166	233	1513	1276	3559

1－E－6 续表8－19

单位：个、万元、人

指 标 名 称	管理费用	税 金	财务费用	利息支出	营业利润
抽纱刺绣工艺品制造	25715	1635	13830	11177	28126
地毯、挂毯制造	5142	424	2492	1866	2004
珠宝首饰及有关物品的制造	8053	269	3947	3288	17644
其他工艺美术品制造	24760	1801	9473	7790	12267
日用杂品制造	51653	3265	17982	15538	47968
制镜及类似品加工	3058	115	1708	1569	5433
鬃毛加工、制刷及清扫工具的制造	6520	236	2729	2434	1538
其他日用杂品制造	42076	2914	13545	11535	40998
煤制品制造	311	73	184	182	319
煤制品制造	311	73	184	182	319
核辐射加工	138		69	69	9
核辐射加工	138		69	69	9
其他未列明的制造业	2244	82	620	574	2610
其他未列明的制造业	2244	82	620	574	2610
废弃资源和废旧材料回收加工业	32799	1362	13850	11617	－29177
金属废料和碎屑的加工处理	25452	1105	11402	9319	－35092
金属废料和碎屑的加工处理	25452	1105	11402	9319	－35092
非金属废料和碎屑的加工处理	7347	257	2447	2298	5914
非金属废料和碎屑的加工处理	7347	257	2447	2298	5914
电力、燃气及水的生产和供应业	**280791**	**13017**	**352536**	**341531**	**63324**
电力、热力的生产和供应业	180096	9176	280316	271564	54832
电力生产	102617	7663	268260	259973	－22504
火力发电	62064	6764	186044	175173	－74887
水力发电	35841	841	78552	81947	50800
其他能源发电	4712	58	3664	2853	1583
电力供应	64922	1052	2478	2277	84806
电力供应	64922	1052	2478	2277	84806
热力生产和供应	12557	461	9578	9315	－7470
热力生产和供应	12557	461	9578	9315	－7470
燃气生产和供应业	20676	553	14134	14783	25094
燃气生产和供应业	20676	553	14134	14783	25094
燃气生产和供应业	20676	553	14134	14783	25094
水的生产和供应业	80019	3287	58086	55184	－16602
自来水的生产和供应	67531	2738	35263	34890	－1646
自来水的生产和供应	67531	2738	35263	34890	－1646
污水处理及其再生利用	12404	542	22793	20264	－15163
污水处理及其再生利用	12404	542	22793	20264	－15163
其他水的处理、利用与分配	84	7	30	30	207
其他水的处理、利用与分配	84	7	30	30	207

1－E－6 续表9－1

单位：个、万元、人

指标名称	投资收益	补贴收入	营业外收入	营业外支出	利润总额
总 计	**231836**	**380531**	**429012**	**651842**	**6271127**
一、按轻重工业分					
轻工业	95877	135204	188058	281973	2659506
重工业	135960	245327	240954	369870	3611622
二、按登记注册类型分					
内 资	**156778**	**311054**	**334346**	**493383**	**4720256**
国 有	3096	11332	23648	33224	10373
集 体	175	5512	6845	4121	44604
股份合作企业	2373	7149	5362	4975	103443
联营企业		79	122	100	217
国有联营			2	37	27
集体联营		79	3	25	374
国有与集体联营			60	31	－105
其他联营			57	7	－80
有限责任公司	75922	96327	116039	97159	892523
国有独资公司	802	2712	1017	880	－1307
其他有限责任公司	75121	93614	115022	96280	893831
股份有限公司	35370	10713	13863	24380	151121
私营企业	38788	177345	166280	328803	3504478
私营独资	1887	11469	9945	25470	372542
私营合伙	308	2306	3095	5570	118627
私营有限责任公司	35182	159930	149634	289640	2953434
私营股份有限公司	1412	3640	3605	8122	59875
其 他	1053	2598	2187	622	13498
港澳台商投资	**4452**	**30491**	**40497**	**84551**	**733178**
与港澳台商合资经营	1866	19657	18847	44327	486052
与港澳台商合作经营	69	528	838	2988	29325
港澳台商独资	2899	9344	18400	36429	189556
港澳台商投资股份有限公司	－382	962	2412	807	28245
外商投资	**70606**	**38987**	**54169**	**73908**	**817693**
中外合资经营	38121	24034	27361	36836	572695
中外合作经营	6	922	556	1631	28237
外资企业	32478	13584	25658	34909	211727
外商投资股份有限公司	1	447	594	531	5035
三、按控股情况分					
国有控股	40891	29704	74734	64976	159870
集体控股	9016	18409	20012	17162	212907
私人控股	142480	282975	257590	454141	4947573
港澳台商控股	3169	16275	27840	57917	405441
外商控股	32824	20618	37393	49257	403446

1－E－6 续表9－2

单位：个、万元、人

指标名称	投资收益	补贴收入	营业外收入	营业外支出	利润总额
其 他	3455	12551	11443	8389	141890
四、按国民经济行业（门类、大类、中类、小类）分					
采矿业	**1852**	**1371**	**3383**	**3695**	**66657**
黑色金属矿采选业	1		376	109	24938
铁矿采选	1		376	109	24938
铁矿采选	1		376	109	24938
有色金属矿采选业	243	237	264	117	895
常用有色金属矿采选	30	237	43	7	－748
铜矿采选		237		…	－1056
铅锌矿采选	30		43	7	308
贵金属矿采选	217		221	11	513
金矿采选	217		221	7	421
银矿采选				4	91
稀有稀土金属矿采选	－4			99	1130
钨钼矿采选	－4			99	1130
非金属矿采选业	1608	1134	2743	3469	40824
土砂石开采	1604	1059	1979	3265	39807
石灰石、石膏开采		465	432	288	－568
建筑装饰用石开采	15		1126	784	21435
耐火土石开采	1169	296	54	675	6980
粘土及其他土砂石开采	421	298	368	1519	11960
化学矿采选				86	－43
化学矿采选				86	－43
采 盐			7	1	81
采 盐			7	1	81
石棉及其他非金属矿采选	4	75	757	117	979
其他非金属矿采选	4	75	757	117	979
制造业	**210412**	**337981**	**394105**	**603299**	**6100784**
农副食品加工业	755	19668	10016	21454	128635
谷物磨制	28	993	431	485	2776
谷物磨制	28	993	431	485	2776
饲料加工	－89	7778	3895	11034	25291
饲料加工	－89	7778	3895	11034	25291
植物油加工	95	427	850	683	4223
食用植物油加工	95	309	839	678	4321
非食用植物油加工		118	11	5	－98
屠宰及肉类加工	1637	1018	1139	2700	13434
畜禽屠宰	－92	255	542	373	1453
肉制品及副产品加工	1729	763	597	2327	11981
水产品加工	－390	5353	2358	4289	41831

1－E－6 续表9－3

单位：个、万元、人

指标名称	投资收益	补贴收入	营业外收入	营业外支出	利润总额
水产品冷冻加工	－770	3779	1946	1522	34457
鱼糜制品及水产品干腌制加工	379	583	375	671	3830
水产饲料制造	1	835	19	2086	3524
鱼油提取及制品的制造		54	10	2	110
其他水产品加工		102	9	8	－91
蔬菜、水果和坚果加工	－528	3488	698	1350	31003
蔬菜、水果和坚果加工	－528	3488	698	1350	31003
其他农副食品加工	2	611	645	914	10078
淀粉及淀粉制品的制造		20	196	97	1111
豆制品制造		379	348	365	3984
蛋品加工	2	9	30	328	2902
其他未列明的农副食品加工		203	71	124	2081
食品制造业	－417	5014	11594	10547	82511
焙烤食品制造	15	804	497	321	8156
糕点、面包制造	1	21	168	77	2184
饼干及其他焙烤食品制造	13	784	329	244	5972
糖果、巧克力及蜜饯制造	155	135	189	299	15492
糖果、巧克力制造	49	49	101	127	13816
蜜饯制作	106	86	88	172	1676
方便食品制造	－59	288	470	715	14458
米、面制品制造		42	26	246	2060
速冻食品制造	－59	85	41	178	－235
方便面及其他方便食品制造		161	402	290	12633
液体乳及乳制品制造	13	756	387	440	5673
液体乳及乳制品制造	13	756	387	440	5673
罐头制造	－569	830	8685	1409	7760
肉、禽类罐头制造			2	68	1252
水产品罐头制造		46	45	166	－361
蔬菜、水果罐头制造	－569	774	8638	1164	6830
其他罐头食品制造		10	...	11	39
调味品、发酵制品制造	1	642	607	902	7935
味精制造	－3	399	184	765	－815
酱油、食醋及类似制品的制造	3	141	103	50	3490
其他调味品、发酵制品制造	...	102	321	87	5260
其他食品制造	28	1559	759	6461	23037
营养、保健食品制造	－72	432	337	2891	13621
冷冻饮品及食用冰制造	44	95	14	431	1644
盐加工			6	19	1759
食品及饲料添加剂制造	56	1010	401	3109	5788
其他未列明的食品制造		22	2	11	224

1-E-6 续表9-4

单位：个、万元、人

指标名称	投资收益	补贴收入	营业外收入	营业外支出	利润总额
饮料制造业	36920	3241	5431	4646	122576
酒精制造		1	1	25	-755
酒精制造		1	1	25	-755
酒的制造	616	899	1285	896	9506
白酒制造	31	256	119	76	4828
啤酒制造	563	148	837	453	-960
黄酒制造	29	65	317	342	4276
其他酒制造	-7	431	13	25	1363
软饮料制造	36470	1170	2352	2493	92359
碳酸饮料制造			25	167	15728
瓶（罐）装饮用水制造	1	930	640	86	11959
果菜汁及果菜汁饮料制造		152	1553	1816	-548
含乳饮料和植物蛋白饮料制造	36469	24	98	72	45015
固体饮料制造		21	24	16	2954
茶饮料及其他软饮料制造		44	12	336	17252
精制茶加工	-166	1171	1793	1233	21465
精制茶加工	-166	1171	1793	1233	21465
烟草制品业		62	6	49	3510
其他烟草制品加工		62	6	49	3510
其他烟草制品加工		62	6	49	3510
纺织业	14371	27049	68207	82995	646061
棉、化纤纺织及印染精加工	8038	10445	35520	35833	263783
棉、化纤纺织加工	8371	6501	27763	23010	208096
棉、化纤印染精加工	-333	3944	7758	12823	55687
毛纺织和染整精加工	5	1213	4204	1617	31582
毛条加工	...	179	2797	373	9091
毛纺织	-19	781	1188	822	17935
毛染整精加工	23	253	219	422	4556
麻纺织	4	25	31	108	524
麻纺织	4	25	31	108	524
丝绢纺织及精加工	608	2739	3942	4589	52287
缫丝加工	128	1400	1280	865	1065
绢纺和丝织加工	387	1037	2006	2621	48044
丝印染精加工	94	302	655	1103	3178
纺织制成品制造	2410	5737	8376	11185	88395
棉及化纤制品制造	1363	1542	2383	4003	33000
毛制品制造	16	207	455	722	2525
麻制品制造				1	151
丝制品制造	10	368	797	2459	10394
绳、索、缆的制造	4	6	49	169	2971

1-E-6 续表9-5

单位：个、万元、人

指标名称	投资收益	补贴收入	营业外收入	营业外支出	利润总额
纺织带和帘子布制造	717	779	219	682	9502
无纺布制造	303	2675	2976	1337	23093
其他纺织制成品制造	-3	161	1497	1812	6759
针织品、编织品及其制品制造	3306	6891	16135	29664	209490
棉、化纤针织品及编织品制造	2963	4744	9990	20248	166018
毛针织品及编织品制造	227	1888	4662	5621	28999
丝针织品及编织品制造	144	53	492	1806	8180
其他针织品及编织品制造	-27	206	992	1988	6293
纺织服装、鞋、帽制造业	2479	4914	7429	17965	179488
纺织服装制造	2631	4827	7332	17137	170429
纺织服装制造	2631	4827	7332	17137	170429
纺织面料鞋的制造	-195	26	74	689	7387
纺织面料鞋的制造	-195	26	74	689	7387
制　帽	44	61	23	139	1672
制　帽	44	61	23	139	1672
皮革、毛皮、羽毛(绒)及其制品业	981	5228	6228	25391	118269
皮革鞣制加工	328	1240	626	10487	8913
皮革鞣制加工	328	1240	626	10487	8913
皮革制品制造	400	3471	5004	13870	98720
皮鞋制造	70	666	1268	2784	73677
皮革服装制造	97	2034	408	7115	6140
皮箱、包(袋)制造	158	610	2627	2584	13312
皮手套及皮装饰制品制造	56	62	111	135	2229
其他皮革制品制造	18	99	590	1252	3361
毛皮鞣制及制品加工	128	342	246	139	6120
毛皮鞣制加工		81	50	58	1950
毛皮服装加工		200	71	38	1741
其他毛皮制品加工	128	61	125	43	2429
羽毛(绒)加工及制品制造	125	176	351	896	4516
羽毛(绒)加工	50	2	129	18	693
羽毛(绒)制品加工	75	174	222	878	3823
木材加工及木、竹、藤、棕、草制品业	280	9827	3714	20648	134861
锯材、木片加工	98	65	84	94	5715
锯材加工		2	14	22	3546
木片加工	98	62	70	73	2169
人造板制造	-121	8271	1522	2010	52091
胶合板制造	-103	1594	993	1227	20793
纤维板制造	5	6411	4	358	15233
刨花板制造		23	104	13	1006
其他人造板、材制造	-23	243	420	413	15059

1-E-6 续表9-6

单位:个、万元、人

指标名称	投资收益	补贴收入	营业外收入	营业外支出	利润总额
木制品制造	213	672	408	16046	54701
建筑用木料及木材组件加工	215	312	280	15448	51359
木容器制造	9	67	14	210	1485
软木制品及其他木制品制造	-10	292	114	388	1858
竹、藤、棕、草制品制造	89	820	1701	2498	22354
竹、藤、棕、草制品制造	89	820	1701	2498	22354
家具制造业	209	1952	3235	8256	51593
木质家具制造	141	521	1502	5239	28360
木质家具制造	141	521	1502	5239	28360
竹、藤家具制造			7	342	927
竹、藤家具制造			7	342	927
金属家具制造	67	949	963	2008	16355
金属家具制造	67	949	963	2008	16355
塑料家具制造		256	216	284	3343
塑料家具制造		256	216	284	3343
其他家具制造	1	227	548	383	2608
其他家具制造	1	227	548	383	2608
造纸及纸制品业	1380	12470	15694	19186	161355
纸浆制造		283	107	63	167
纸浆制造		283	107	63	167
造 纸	467	6214	6370	12358	94821
机制纸及纸板制造	426	5765	6154	11576	89282
手工纸制造					108
加工纸制造	42	449	216	781	5431
纸制品制造	913	5973	9216	6766	66367
纸和纸板容器的制造	665	4417	7425	5470	50001
其他纸制品制造	248	1556	1791	1296	16366
印刷业和记录媒介的复制	2384	2997	3434	6288	112638
印 刷	2305	2956	3388	5765	109307
书、报、刊印刷	749	668	602	1618	11249
本册印制	56	239	36	334	2665
包装装潢及其他印刷	1500	2050	2750	3813	95393
装订及其他印刷服务活动	5		19	77	1735
装订及其他印刷服务活动	5		19	77	1735
记录媒介的复制	74	41	27	446	1597
记录媒介的复制	74	41	27	446	1597
文教体育用品制造业	790	2444	4041	8543	52412
文化用品制造	277	572	1409	1862	16136
文具制造	178	305	466	1162	5367
笔的制造	30	138	909	567	9318

1-E-6 续表9-7

单位:个、万元、人

指标名称	投资收益	补贴收入	营业外收入	营业外支出	利润总额
教学用模型及教具制造	13	72	14	17	320
墨水、墨汁制造					338
其他文化用品制造	56	57	20	116	793
体育用品制造	7	943	1086	4136	9150
球类制造		90	586	195	-574
体育器材及配件制造	7	106	115	621	4165
训练健身器材制造		531	298	2017	3666
运动防护用具制造		144	40	728	447
其他体育用品制造		71	48	575	1446
乐器制造	...	39	34	58	3895
中乐器制造				...	-13
西乐器制造		23	24	33	2258
电子乐器制造		15	...	9	1081
其他乐器及零件制造	...	...	9	16	569
玩具制造	506	674	1475	971	16570
玩具制造	506	674	1475	971	16570
游艺器材及娱乐用品制造		217	38	1515	6661
露天游乐场所游乐设备制造		88	36	1406	6161
游艺用品及室内游艺器材制造		129	1	110	500
石油加工、炼焦及核燃料加工业	1481	147	17260	15981	1559
精炼石油产品的制造	1481	147	2859	659	17995
原油加工及石油制品制造	1481	147	2859	659	17995
炼　焦			14401	15323	-16437
炼　焦			14401	15323	-16437
化学原料及化学制品制造业	20195	20773	29103	47127	374516
基础化学原料制造	9543	6973	5442	14725	113766
无机酸制造	13	488	408	496	9527
无机碱制造	1	16	1108	103	3874
无机盐制造	-126	1012	259	696	15687
有机化学原料制造	9654	4001	2313	12467	58533
其他基础化学原料制造	2	1457	1355	963	26144
肥料制造	7	316	850	215	6349
氮肥制造		57	662	134	1092
磷肥制造	...	13	75	21	203
复混肥料制造	7	166	112	55	4955
有机肥料及微生物肥料制造		80	1	1	53
其他肥料制造				3	46
农药制造	-271	668	685	1580	27934
化学农药制造	-271	632	680	1461	26055

1－E－6 续表9－8

单位：个、万元、人

指标名称	投资收益	补贴收入	营业外收入	营业外支出	利润总额
生物化学农药及微生物农药制造		36	5	119	1879
涂料、油墨、颜料及类似产品制造	652	3858	3569	7446	100887
涂料制造	－494	1562	1317	4605	36057
油墨及类似产品制造	582	403	28	683	6877
颜料制造	－22	495	561	540	8773
染料制造	587	1355	1602	1526	44743
密封用填料及类似品制造		42	61	91	4437
合成材料制造	4098	2385	2910	4929	－74926
初级形态的塑料及合成树脂制造	3565	1984	2444	4420	－57726
合成橡胶制造	6	59	21	49	2158
合成纤维单(聚合)体的制造	527	205	415	423	－20762
其他合成材料制造		138	30	37	1404
专用化学产品制造	5850	5591	11262	16197	165580
化学试剂和助剂制造	3866	2289	2437	6370	64862
专项化学用品制造	771	771	3885	1814	21954
林产化学产品制造	－11	402	169	95	3009
炸药及火工产品制造	22	70	32	33	1440
信息化学品制造	601	1211	4035	6220	47461
环境污染处理专用药剂材料制造	56	198	37	44	4951
动物胶制造	15	81	248	200	3773
其他专用化学产品制造	530	570	419	1422	18130
日用化学产品制造	315	983	4386	2035	34928
肥皂及合成洗涤剂制造	16	73	627	498	2022
化妆品制造	188	359	2979	255	8844
口腔清洁用品制造			3	8	176
香料、香精制造	110	438	733	1150	23034
其他日用化学产品制造	2	113	44	124	852
医药制造业	－568	8002	6454	12027	132408
化学药品原药制造	－136	2848	1463	3547	39634
化学药品原药制造	－136	2848	1463	3547	39634
化学药品制剂制造	－1052	1407	1584	1429	17706
化学药品制剂制造	－1052	1407	1584	1429	17706
中药饮片加工	9	429	265	74	2845
中药饮片加工	9	429	265	74	2845
中成药制造	－70	774	375	737	20106
中成药制造	－70	774	375	737	20106
兽用药品制造	－489	543	285	1202	15109
兽用药品制造	－489	543	285	1202	15109
生物、生化制品的制造	1131	1758	1861	4400	28295

1－E－6 续表9－9 单位：个、万元、人

指　标　名　称	投资收益	补贴收入	营业外收入	营业外支出	利润总额
生物、生化制品的制造	1131	1758	1861	4400	28295
卫生材料及医药用品制造	38	243	622	638	8715
卫生材料及医药用品制造	38	243	622	638	8715
化学纤维制造业	3026	7179	6354	6126	39045
纤维素纤维原料及纤维制造	2	139	59	118	442
化纤浆粕制造	...	97		24	280
人造纤维(纤维素纤维)制造	1	42	59	95	161
合成纤维制造	3025	7040	6295	6008	38603
锦纶纤维制造	1303	95	258	471	1881
涤纶纤维制造	1599	3282	3625	2988	33912
腈纶纤维制造			2	2	295
维纶纤维制造					11
其他合成纤维制造	122	3663	2411	2547	2504
橡胶制品业	599	2373	1569	2899	62092
轮胎制造	4	64	272	327	4668
车辆、飞机及工程机械轮胎制造	4	17	260	217	2958
力车胎制造		47	12	38	1039
轮胎翻新加工				72	672
橡胶板、管、带的制造	68	573	290	912	15260
橡胶板、管、带的制造	68	573	290	912	15260
橡胶零件制造	61	683	569	606	11917
橡胶零件制造	61	683	569	606	11917
再生橡胶制造	439	504	7	96	1103
再生橡胶制造	439	504	7	96	1103
日用及医用橡胶制品制造	6	77	108	107	2771
日用及医用橡胶制品制造	6	77	108	107	2771
橡胶靴鞋制造	12	162	249	518	18200
橡胶靴鞋制造	12	162	249	518	18200
其他橡胶制品制造	9	310	74	333	8173
其他橡胶制品制造	9	310	74	333	8173
塑料制品业	15675	14432	16507	28709	359936
塑料薄膜制造	164	1814	2909	2127	63485
塑料薄膜制造	164	1814	2909	2127	63485
塑料板、管、型材的制造	－1029	3206	4653	5991	64956
塑料板、管、型材的制造	－1029	3206	4653	5991	64956
塑料丝、绳及编织品的制造	214	574	495	680	10729
塑料丝、绳及编织品的制造	214	574	495	680	10729
泡沫塑料制造	15	1180	406	1965	15396
泡沫塑料制造	15	1180	406	1965	15396

1－E－6 续表 9－10

单位：个、万元、人

指标名称	投资收益	补贴收入	营业外收入	营业外支出	利润总额
塑料人造革、合成革制造	6466	1482	1147	7890	42416
塑料人造革、合成革制造	6466	1482	1147	7890	42416
塑料包装箱及容器制造	8780	1556	1062	1927	57614
塑料包装箱及容器制造	8780	1556	1062	1927	57614
塑料零件制造	596	1426	3599	3627	41475
塑料零件制造	596	1426	3599	3627	41475
日用塑料制造	233	1550	940	3596	40190
塑料鞋制造	5	5	57	195	7287
日用塑料杂品制造	227	1545	883	3400	32903
其他塑料制品制造	236	1645	1297	907	23676
其他塑料制品制造	236	1645	1297	907	23676
非金属矿物制品业	11210	38130	22466	29240	270516
水泥、石灰和石膏的制造	1939	24077	9325	9398	52698
水泥制造	1877	23764	9317	9317	48330
石灰和石膏制造	62	313	8	81	4369
水泥及石膏制品制造	9837	7300	7040	9585	114538
水泥制品制造	9811	6192	5254	6080	99394
砼结构构件制造	19	686	1703	3328	13675
石棉水泥制品制造				7	219
轻质建筑材料制造	7	422	68	117	1028
其他水泥制品制造	...		16	52	222
砖瓦、石材及其他建筑材料制造	－123	3195	1104	3023	16128
粘土砖瓦及建筑砌块制造	147	1056	626	1393	3624
建筑陶瓷制品制造	35	161	67	263	－654
建筑用石加工	76	3	109	615	4176
防水建筑材料制造	－185	159	243	512	5030
隔热和隔音材料制造	－203	1727	52	152	1900
其他建筑材料制造	7	90	7	89	2053
玻璃及玻璃制品制造	600	2024	1869	4622	41401
平板玻璃制造	－51	30	6	37	2216
技术玻璃制品制造	28	712	467	1299	7903
光学玻璃制造				3	110
玻璃仪器制造		98	1	257	101
日用玻璃制品及玻璃包装容器制造	266	481	795	383	19214
玻璃保温容器制造	28	124	6	92	1090
玻璃纤维及制品制造	260	393	279	2286	6485
玻璃纤维增强塑料制品制造	69	120	215	154	2223
其他玻璃制品制造		66	100	111	2059
陶瓷制品制造	－152	88	372	1349	12653

1-E-6 续表9-11 单位：个、万元、人

指 标 名 称	投资收益	补贴收入	营业外收入	营业外支出	利润总额
卫生陶瓷制品制造	-152	42	35	1270	5802
特种陶瓷制品制造		3	282	39	4165
日用陶瓷制品制造		42	55	35	2651
园林、陈设艺术及其他陶瓷制品制造		1		5	35
耐火材料制品制造	-892	583	1033	281	15176
石棉制品制造		181	11	54	-111
云母制品制造		2	4	14	64
耐火陶瓷制品及其他耐火材料制造	-892	400	1018	212	15223
石墨及其他非金属矿物制品制造		864	1724	983	17921
石墨及碳素制品制造		344	1425	63	3563
其他非金属矿物制品制造		520	300	920	14358
黑色金属冶炼及压延加工业	3091	5568	6483	8418	171182
炼 铁		15	...	10	303
炼 铁		15	...	10	303
炼 钢	11	491	348	276	11949
炼 钢	11	491	348	276	11949
钢压延加工	3080	5045	6065	7902	148166
钢压延加工	3080	5045	6065	7902	148166
铁合金冶炼		18	70	230	10763
铁合金冶炼		18	70	230	10763
有色金属冶炼及压延加工业	5631	19121	14475	20841	53341
常用有色金属冶炼	1484	2182	2542	1126	6213
铜冶炼	1479	804	723	585	593
铅锌冶炼	28	5	209	83	-1672
镍钴冶炼	-23	663	1003	263	3833
锡冶炼				2	18
铝冶炼		667	593	164	1667
镁冶炼		9	15	4	258
其他常用有色金属冶炼		34		26	1518
贵金属冶炼	-82	461	50	461	1895
金冶炼	67	448	32	327	1962
银冶炼			18	117	-498
其他贵金属冶炼	-149	13		17	431
稀有稀土金属冶炼		52	6	11	820
钨钼冶炼			1	6	-60
稀土金属冶炼		52	5	5	880
有色金属合金制造	-23	1652	700	3512	22
有色金属合金制造	-23	1652	700	3512	22
有色金属压延加工	4251	14775	11176	15731	44392

1－E－6 续表9－12

单位：个、万元、人

指标名称	投资收益	补贴收入	营业外收入	营业外支出	利润总额
常用有色金属压延加工	4235	14254	11130	15483	23830
贵金属压延加工		384	5	6	18606
稀有稀土金属压延加工	17	137	41	243	1956
金属制品业	－154	16190	14413	28311	346370
结构性金属制品制造	－154	2592	3641	6444	86432
金属结构制造	－86	1337	1939	4252	59942
金属门窗制造	－68	1255	1701	2191	26490
金属工具制造	41	1413	1298	6216	44135
切削工具制造	94	154	384	514	9110
手工具制造	－66	643	495	3505	17534
农用及园林用金属工具制造	1	250	99	196	4148
刀剪及类似日用金属工具制造	1	90	249	155	4027
其他金属工具制造	10	276	72	1845	9316
集装箱及金属包装容器制造	－193	799	765	942	13830
集装箱制造				1	2
金属压力容器制造	－277	169	355	304	7601
金属包装容器制造	83	630	410	637	6228
金属丝绳及其制品的制造	134	2547	1742	1230	6759
金属丝绳及其制品的制造	134	2547	1742	1230	6759
建筑、安全用金属制品制造	232	2058	3249	5482	66874
建筑、家具用金属配件制造	－153	939	1506	3085	23274
建筑装饰及水暖管道零件制造	385	756	1609	1930	38761
安全、消防用金属制品制造		340	44	378	4042
其他建筑、安全用金属制品制造		23	91	88	797
金属表面处理及热处理加工	110	3090	1349	2165	73165
金属表面处理及热处理加工	110	3090	1349	2165	73165
搪瓷制品制造		130	159	279	1741
工业生产配套用搪瓷制品制造				2	173
搪瓷卫生洁具制造		113	151	25	595
搪瓷日用品及其他搪瓷制品制造		17	8	252	973
不锈钢及类似日用金属制品制造	224	2949	1142	4456	38876
金属制厨房调理及卫生器具制造	131	846	245	648	8577
金属制厨用器皿及餐具制造	42	1609	657	2863	24913
其他日用金属制品制造	51	494	239	945	5386
其他金属制品制造	－548	614	1068	1099	14558
其他未列明的金属制品制造	－548	614	1068	1099	14558
通用设备制造业	8933	29148	31211	49112	771288
锅炉及原动机制造	3413	1125	1037	1612	56271
锅炉及辅助设备制造	535	619	495	329	20755

1－E－6 续表9－13

单位：个、万元、人

指标名称	投资收益	补贴收入	营业外收入	营业外支出	利润总额
内燃机及配件制造	471	15	141	865	3805
汽轮机及辅机制造	2407	415	264	356	30951
水轮机及辅机制造		75	57	56	545
其他原动机制造			79	7	215
金属加工机械制造	147	2068	3103	2709	45908
金属切削机床制造	－203	586	380	1182	6956
金属成形机床制造	113	432	1233	482	16996
铸造机械制造	－20	187	468	503	1425
金属切割及焊接设备制造	47	124	186	215	5688
机床附件制造	4	378	247	176	9917
其他金属加工机械制造	205	360	589	151	4925
起重运输设备制造	3265	1652	3408	6197	49654
起重运输设备制造	3265	1652	3408	6197	49654
泵、阀门、压缩机及类似机械的制造	151	6541	6895	9779	243407
泵及真空设备制造	－237	2043	1198	1673	48327
气体压缩机械制造	153	788	1772	1317	24111
阀门和旋塞的制造	128	2383	2571	4494	123130
液压和气压动力机械及元件制造	107	1327	1354	2294	47839
轴承、齿轮、传动和驱动部件的制造	1386	3937	4706	8115	79717
轴承制造	1280	1791	3358	6477	48330
齿轮、传动和驱动部件制造	107	2146	1348	1638	31387
烘炉、熔炉及电炉制造	4	378	136	145	7862
烘炉、熔炉及电炉制造	4	378	136	145	7862
风机、衡器、包装设备等通用设备制造	76	3469	4215	7772	101285
风机、风扇制造	285	215	91	349	2848
气体、液体分离及纯净设备制造	19	806	1459	2402	26394
制冷、空调设备制造	156	793	1225	1772	39256
风动和电动工具制造	－8	890	506	2111	18840
喷枪及类似器具制造	－396	301	71	165	4190
包装专用设备制造	3	341	450	144	4936
衡器制造	25	91	135	86	4140
其他通用设备制造	－8	33	278	743	680
通用零部件制造及机械修理	241	3969	4430	8080	117851
金属密封件制造	7	674	277	414	14972
紧固件、弹簧制造	267	1910	2487	5967	72176
机械零部件加工及设备修理	－404	887	470	907	17891
其他通用零部件制造	370	498	1197	792	12812
金属铸、锻加工	252	6009	3281	4703	69334
钢铁铸件制造	206	3888	2896	3827	52094

1－E－6 续表 9－14

单位：个、万元；人

指标名称	投资收益	补贴收入	营业外收入	营业外支出	利润总额
锻件及粉末冶金制品制造	46	2121	385	876	17240
专用设备制造业	－580	15299	15740	20907	264319
矿山、冶金、建筑专用设备制造	－2131	1138	1704	2448	21436
采矿、采石设备制造	4	211	541	297	6591
石油钻采专用设备制造		108	49	218	3320
建筑工程用机械制造	544	319	660	573	5368
建筑材料生产专用机械制造	40	497	327	324	5120
冶金专用设备制造	－2719	3	127	1037	1037
化工、木材、非金属加工专用设备制造	1099	5938	4745	8802	91924
炼油、化工生产专用设备制造	199	155	125	169	3333
橡胶加工专用设备制造	－3	44	219	149	2870
塑料加工专用设备制造	136	955	1183	3276	21657
木材加工机械制造	1	2	15	1135	1835
模具制造	765	4716	3176	4054	61356
其他非金属加工专用设备制造		66	27	18	873
食品、饮料、烟草及饲料生产专用设备制造	1	645	336	578	13187
食品、饮料、烟草工业专用设备制造	1	497	289	250	10437
农副食品加工专用设备制造		128	45	269	2250
饲料生产专用设备制造		20	2	59	500
印刷、制药、日化生产专用设备制造	267	898	707	887	17744
制浆和造纸专用设备制造		141	174	53	1891
印刷专用设备制造	267	375	291	607	8762
日用化工专用设备制造		25	...	7	253
制药专用设备制造		111	103	152	6114
照明器具生产专用设备制造		...		23	379
玻璃、陶瓷和搪瓷制品生产专用设备制造		213	73	24	207
其他日用品生产专用设备制造		32	66	22	139
纺织、服装和皮革工业专用设备制造	270	2498	3258	2920	36028
纺织专用设备制造	8	1147	1215	1101	14941
皮革、毛皮及其制品加工专用设备制造		115	69	246	955
缝纫机械制造	261	1210	1972	1567	20487
其他服装加工专用设备制造		26	2	6	－354
电子和电工机械专用设备制造	9	335	575	906	6199
电工机械专用设备制造		166	74	749	1708
电子工业专用设备制造	4	169	148	156	4016
武器弹药制造	6		353		475
农、林、牧、渔专用机械制造	165	805	706	868	8850
拖拉机制造		10	109	101	1960
机械化农业及园艺机具制造	183	724	538	661	4488

1－E－6 续表9－15 单位：个、万元、人

指标名称	投资收益	补贴收入	营业外收入	营业外支出	利润总额
畜牧机械制造					25
渔业机械制造			3	6	109
农林牧渔机械配件制造		70	57	67	1792
其他农林牧渔业机械制造及机械修理	－18			34	477
医疗仪器设备及器械制造	－558	1348	1653	1253	26216
医疗诊断、监护及治疗设备制造	16	350	1045	671	8676
口腔科用设备及器具制造	...		1	5	119
实验室及医用消毒设备和器具的制造		226	19	82	1780
医疗、外科及兽医用器械制造	－640	442	518	376	13139
机械治疗及病房护理设备制造	30	193	2	31	1048
假肢、人工器官及植（介）入器械制造		57		20	382
其他医疗设备及器械制造	36	81	68	68	1072
环保、社会公共安全及其他专用设备制造	299	1695	2058	2247	42735
环境污染防治专用设备制造	243	1161	1384	1672	29113
地质勘查专用设备制造					76
邮政专用机械及器材制造		6	24	5	373
商业、饮食、服务业专用设备制造			1	1	69
社会公共安全设备及器材制造	36	173	449	337	8361
交通安全及管制专用设备制造				21	173
水资源专用机械制造		39	35	35	809
其他专用设备制造	20	316	166	177	3761
交通运输设备制造业	3830	13405	15279	28605	332596
铁路运输设备制造	16	37	134	147	427
铁路机车车辆配件制造	8	6	1	90	174
铁路专用设备及器材、配件制造	4	31	119	56	724
其他铁路设备制造及设备修理	5		14	2	－471
汽车制造	1593	10197	10819	16573	212450
汽车整车制造	30	1500	265	642	3985
改装汽车制造			72	1069	544
汽车车身、挂车的制造	11	67	78	18	－1454
汽车零部件及配件制造	1689	8615	10176	14340	205491
汽车修理	－137	15	228	504	3884
摩托车制造	2000	1172	1128	3032	27765
摩托车整车制造	1970	185	129	183	1489
摩托车零部件及配件制造	31	987	1000	2850	26275
自行车制造	－269	370	567	1700	11162
脚踏自行车及残疾人座车制造	19	87	229	1020	6559
助动自行车制造	－288	283	337	681	4603
船舶及浮动装置制造	491	1621	2477	6669	76138

1-E-6 续表9-16

单位:个、万元、人

指 标 名 称	投资收益	补贴收入	营业外收入	营业外支出	利润总额
金属船舶制造	12	899	940	4619	46581
非金属船舶制造		4	35	12	909
娱乐船和运动船的建造和修理		397	409	108	-1113
船用配套设备制造	3	268	488	692	17772
船舶修理及拆船	475	53	605	1239	11989
航空航天器制造				131	622
飞机制造及修理				4	212
其他飞行器制造				127	410
交通器材及其他交通运输设备制造		9	154	352	4032
潜水及水下救捞装备制造					48
交通管理用金属标志及设施制造		5	127	197	3986
其他交通运输设备制造		4	28	155	-2
电气机械及器材制造业	33128	29768	24745	51528	717881
电机制造	217	4879	4567	9646	76376
发电机及发电机组制造	77	460	544	3136	17955
电动机制造	34	1977	1309	1983	24808
微电机及其他电机制造	107	2441	2715	4526	33612
输配电及控制设备制造	19981	7372	6285	9158	231559
变压器、整流器和电感器制造	-6	1869	1119	899	37591
电容器及其配套设备制造	167	651	195	362	9476
配电开关控制设备制造	20053	2537	3147	4641	127995
电力电子元器件制造	-183	1439	934	2508	37270
其他输配电及控制设备制造	-50	875	891	748	19227
电线、电缆、光缆及电工器材制造	3588	6814	5192	15947	162623
电线电缆制造	3583	6341	4640	15369	130494
光纤、光缆制造		12	350	65	22594
绝缘制品制造	2	112	154	346	4202
其他电工器材制造	3	349	48	167	5333
电池制造	-1366	4750	1010	1253	76715
电池制造	-1366	4750	1010	1253	76715
家用电力器具制造	8805	3366	4577	6491	86603
家用制冷电器具制造	1	128	708	2420	7083
家用空气调节器制造	-7	282	116	279	2741
家用通风电器具制造	2	123	111	381	5403
家用厨房电器具制造	256	1367	658	986	9232
家用清洁卫生电器具制造	8544	289	687	923	33417
家用美容、保健电器具制造	-33	153	526	294	5166
家用电力器具专用配件制造	14	464	1258	444	13261
其他家用电力器具制造	28	560	513	764	10299

1-E-6 续表9-17 单位：个、万元、人

指标名称	投资收益	补贴收入	营业外收入	营业外支出	利润总额
非电力家用器具制造	-143	229	160	981	7145
燃气、太阳能及类似能源的器具制造	-143	215	144	947	7373
其他非电力家用器具制造		13	16	34	-228
照明器具制造	2039	1860	2381	7698	69131
电光源制造	1562	670	860	3223	22286
照明灯具制造	489	1019	1250	2213	35027
灯用电器附件及其他照明器具制造	-12	172	271	2262	11818
其他电气机械及器材制造	9	499	573	354	7731
车辆专用照明及电气信号设备装置制造	17	291	476	249	4369
其他未列明的电气机械制造	-8	208	97	105	3362
通信设备、计算机及其他电子设备制造业	18435	11212	19902	11669	174976
通信设备制造	15645	2951	6566	2335	48883
通信传输设备制造	23	1265	209	588	20684
通信交换设备制造	401	114	60	116	2053
通信终端设备制造	45	35	82	78	1254
移动通信及终端设备制造	211	915	6098	1069	9323
其他通信设备制造	14965	621	117	484	15571
雷达及配套设备制造	73		85	47	411
雷达及配套设备制造	73		85	47	411
广播电视设备制造	...	86	193	446	4593
广播电视节目制作及发射设备制造		9	8	16	414
广播电视接收设备及器材制造	...	76	174	370	2554
应用电视设备及其他广播电视设备制造			12	60	1625
电子计算机制造	127	1065	1226	854	8076
电子计算机整机制造	-8	52	15	10	-7
计算机网络设备制造	15	562	18	95	2640
电子计算机外部设备制造	121	451	1193	749	5443
电子器件制造	-171	3226	7007	1822	46930
电子真空器件制造		468	36	42	270
半导体分立器件制造	206	725	1177	1070	14939
集成电路制造		915	1822	276	6560
光电子器件及其他电子器件制造	-377	1118	3972	434	25160
电子元件制造	216	3317	3505	4631	48550
电子元件及组件制造	156	3234	2621	3788	42922
印制电路板制造	60	83	885	843	5628
家用视听设备制造	1451	421	787	1341	12358
家用影视设备制造	1140	52	301	160	8664
家用音响设备制造	311	369	486	1181	3693
其他电子设备制造	1094	147	532	195	5176

1-E-6 续表9-18

单位：个、万元、人

指 标 名 称	投资收益	补贴收入	营业外收入	营业外支出	利润总额
其他电子设备制造	1094	147	532	195	5176
仪器仪表及文化、办公用机械制造业	25920	8292	6380	6437	129197
通用仪器仪表制造	-265	5328	4119	3493	70819
工业自动控制系统装置制造	2	1165	1452	1743	22767
电工仪器仪表制造	18	764	453	381	13573
绘图、计算及测量仪器制造		29	116	480	2713
实验分析仪器制造	1	322	73	163	5579
试验机制造	5	66	87	39	-285
供应用仪表及其他通用仪器制造	-291	2982	1938	687	26471
专用仪器仪表制造	25294	1596	327	868	41865
环境监测专用仪器仪表制造	8	20	81	70	4673
汽车及其他用计数仪表制造	1	359	110	439	5205
导航、气象及海洋专用仪器制造	30	455	1	39	1089
农林牧渔专用仪器仪表制造				20	339
地质勘探和地震专用仪器制造					84
教学专用仪器制造	51	470	68	67	2008
电子测量仪器制造	213	94	26	32	2243
其他专用仪器制造	24991	199	41	202	26225
钟表与计时仪器制造	14	59	88	139	2837
钟表与计时仪器制造	14	59	88	139	2837
光学仪器及眼镜制造	34	397	1243	1384	10274
光学仪器制造	37	257	786	818	1260
眼镜制造	-3	140	457	566	9014
文化、办公用机械制造	819	865	603	517	2437
电影机械制造		16	1	...	179
幻灯及投影设备制造					161
照相机及器材制造	-3	254	223	42	2044
复印和胶印设备制造	-69	374	118	73	773
计算器及货币专用设备制造	891	183	235	269	69
其他文化、办公用机械制造		39	27	134	-790
其他仪器仪表的制造及修理	25	47	...	37	966
其他仪器仪表的制造及修理	25	47	...	37	966
工艺品及其他制造业	438	3310	5435	6730	135439
工艺美术品制造	147	1822	3757	4167	83870
雕塑工艺品制造	1	283	310	518	3771
金属工艺品制造	3	174	355	469	11649
漆器工艺品制造	3	51	122	121	2252
花画工艺品制造		31	197	149	1448
天然植物纤维编织工艺品制造	25	104	31	111	3607

1－E－6 续表9－19 单位：个、万元、人

指标名称	投资收益	补贴收入	营业外收入	营业外支出	利润总额
抽纱刺绣工艺品制造	24	393	481	1138	27885
地毯、挂毯制造		47	221	226	2046
珠宝首饰及有关物品的制造	27	282	204	405	17706
其他工艺美术品制造	64	458	1837	1030	13506
日用杂品制造	291	1302	1638	2496	48480
制镜及类似品加工		377	28	39	5745
鬃毛加工、制刷及清扫工具的制造	38	138	154	1441	370
其他日用杂品制造	253	787	1456	1016	42365
煤制品制造		167	11	11	485
煤制品制造		167	11	11	485
核辐射加工			9		19
核辐射加工			9		19
其他未列明的制造业	1	21	21	57	2585
其他未列明的制造业	1	21	21	57	2585
废弃资源和废旧材料回收加工业	－8	766	1300	2664	－29784
金属废料和碎屑的加工处理	－15	537	1065	2530	－36034
金属废料和碎屑的加工处理	－15	537	1065	2530	－36034
非金属废料和碎屑的加工处理	6	228	235	134	6250
非金属废料和碎屑的加工处理	6	228	235	134	6250
电力、燃气及水的生产和供应业	**19573**	**41179**	**31524**	**44848**	**103687**
电力、热力的生产和供应业	9163	32781	25155	40099	75275
电力生产	8794	22374	8407	12937	263
火力发电	5031	18907	6023	9936	－55913
水力发电	459	948	1546	2883	50700
其他能源发电	3303	2519	839	117	5475
电力供应	368	6447	15567	26883	78229
电力供应	368	6447	15567	26883	78229
热力生产和供应	1	3960	1180	280	－3217
热力生产和供应	1	3960	1180	280	－3217
燃气生产和供应业	842	815	513	1168	25842
燃气生产和供应业	842	815	513	1168	25842
燃气生产和供应业	842	815	513	1168	25842
水的生产和供应业	9568	7584	5856	3581	2570
自来水的生产和供应	9527	2576	5616	2599	13221
自来水的生产和供应	9527	2576	5616	2599	13221
污水处理及其再生利用	41	5008	240	982	－10857
污水处理及其再生利用	41	5008	240	982	－10857
其他水的处理、利用与分配					207
其他水的处理、利用与分配					207

1－E－6 续表 10－1

单位：个、万元、人

指标名称	亏损企业亏损总额	应交所得税	利税总额	本年应付工资总额	本年应付福利费总额
总 计	**1522158**	**1108970**	**11939363**	**9731539**	**745811**
一、按轻重工业分					
轻工业	537921	450002	4984080	4932326	381472
重工业	984237	658968	6955284	4799213	364339
二、按登记注册类型分					
内 资	**841905**	**895020**	**9345300**	**7486055**	**589730**
国 有	118252	7690	223073	157323	16514
集 体	8023	7901	88249	66361	5663
股份合作企业	8982	20977	211815	197515	12680
联营企业	317	89	2513	3460	317
国有联营		8	715	730	37
集体联营	3	67	869	1040	171
国有与集体联营	135	14	471	910	59
其他联营	179	1	457	779	50
有限责任公司	249184	187189	1788252	1139107	83460
国有独资公司	11289	2131	7984	15875	1651
其他有限责任公司	237895	185058	1780268	1123232	81808
股份有限公司	20797	21274	236867	90852	8467
私营企业	432479	646908	6765888	5810456	461307
私营独资	23462	76069	719897	672966	61794
私营合伙	6061	26500	218486	174975	12401
私营有限责任公司	394247	531852	5713365	4871581	380032
私营股份有限公司	8709	12486	114140	90934	7080
其 他	3871	2991	28643	20982	1323
港澳台商投资	**250096**	**90256**	**1227516**	**1004106**	**67873**
与港澳台商合资经营	102456	48676	790890	556438	37210
与港澳台商合作经营	2601	2973	45068	22615	1470
港澳台商独资	139356	31593	351173	405071	27847
港澳台商投资股份有限公司	5683	7014	40384	19982	1346
外商投资	**430157**	**123695**	**1366548**	**1241378**	**88208**
中外合资经营	152895	75752	925518	701924	49120
中外合作经营	1801	4587	46505	27209	2027
外资企业	271711	41966	384803	502786	36685
外商投资股份有限公司	3750	1390	9723	9460	376
三、按控股情况分					
国有控股	188105	39532	589858	285285	31199
集体控股	42855	32800	367462	222034	17170
私人控股	690866	884920	9318632	7608984	585902
港澳台商控股	198601	57638	699233	667312	43740
外商控股	374265	73045	734106	801588	58191

1－E－6 续表 10－2 单位：个、万元、人

指 标 名 称	亏损企业亏损总额	应交所得税	利税总额	本年应付工资总额	本年应付福利费总额
其 他	27467	21036	230072	146336	9608
四、按国民经济行业（门类、大类、中类、小类）分					
采矿业	**8749**	**7614**	**131719**	**45689**	**2785**
黑色金属矿采选业		439	26006	1281	
铁矿采选		439	26006	1281	
铁矿采选		439	26006	1281	
有色金属矿采选业	1472	293	4196	4239	200
常用有色金属矿采选	1435	65	755	1816	80
铜矿采选	1265		－607	491	33
铅锌矿采选	170	65	1362	1326	47
贵金属矿采选		125	696	438	37
金矿采选		109	424	251	30
银矿采选		16	272	187	7
稀有稀土金属矿采选	37	104	2745	1985	83
钨钼矿采选	37	104	2745	1985	83
非金属矿采选业	7278	6882	101517	40170	2585
土砂石开采	6870	6637	96904	36106	2080
石灰石、石膏开采	3208	688	13023	5447	461
建筑装饰用石开采	318	2507	41789	12972	669
耐火土石开采	145	709	13107	5081	190
粘土及其他土砂石开采	3199	2733	28986	12605	760
化学矿采选	53	2	111	88	12
化学矿采选	53	2	111	88	12
采 盐		1	286	994	249
采 盐		1	286	994	249
石棉及其他非金属矿采选	355	242	4216	2982	244
其他非金属矿采选	355	242	4216	2982	244
制造业	**1314852**	**1069042**	**11306429**	**9463424**	**717578**
农副食品加工业	20699	22067	199101	116028	8518
谷物磨制	843	506	4454	4201	381
谷物磨制	843	506	4454	4201	381
饲料加工	1152	3015	41604	17775	1615
饲料加工	1152	3015	41604	17775	1615
植物油加工	4431	1320	8582	5346	546
食用植物油加工	4324	1317	8541	5124	530
非食用植物油加工	107	3	40	222	16
屠宰及肉类加工	2756	3291	23364	16584	1397
畜禽屠宰	444	413	1872	2552	260
肉制品及副产品加工	2312	2878	21491	14032	1137
水产品加工	9124	7493	62193	44363	2496

1－E－6 续表 10－3

单位：个、万元、人

指 标 名 称	亏损企业亏损总额	应交所得税	利税总额	本年应付工资总额	本年应付福利费总额
水产品冷冻加工	4790	5649	49211	32525	1632
鱼糜制品及水产品干腌制加工	3712	1162	8376	8406	595
水产饲料制造	339	614	4298	2315	234
鱼油提取及制品的制造		27	130	123	3
其他水产品加工	283	41	179	994	32
蔬菜、水果和坚果加工	1984	4837	43660	19760	1607
蔬菜、水果和坚果加工	1984	4837	43660	19760	1607
其他农副食品加工	409	1605	15243	7999	475
淀粉及淀粉制品的制造		6	1562	1033	44
豆制品制造	323	512	5456	3579	329
蛋品加工	84	285	3745	1081	76
其他未列明的农副食品加工	3	802	4481	2306	26
食品制造业	13402	8258	127865	73632	5707
焙烤食品制造	1596	1004	14175	10735	687
糕点、面包制造	461	423	5167	5176	407
饼干及其他焙烤食品制造	1135	582	9008	5560	280
糖果、巧克力及蜜饯制造	381	288	22067	5323	514
糖果、巧克力制造		161	18448	3790	446
蜜饯制作	381	127	3619	1533	68
方便食品制造	2614	1678	21941	8591	664
米、面制品制造	57	150	2605	1840	170
速冻食品制造	2421	208	1023	3122	198
方便面及其他方便食品制造	137	1320	18313	3629	295
液体乳及乳制品制造	1486	1066	7808	8080	511
液体乳及乳制品制造	1486	1066	7808	8080	511
罐头制造	3202	1229	13647	16950	1242
肉、禽类罐头制造		313	1910	563	18
水产品罐头制造	957	150	－207	1128	42
蔬菜、水果罐头制造	2246	758	11827	15106	1163
其他罐头食品制造		8	117	154	19
调味品、发酵制品制造	1500	1032	12933	6976	561
味精制造	1109	1	－267	1285	68
酱油、食醋及类似制品的制造	192	840	5879	2310	301
其他调味品、发酵制品制造	199	190	7320	3381	192
其他食品制造	2622	1963	35294	16977	1529
营养、保健食品制造	744	669	18925	5736	355
冷冻饮品及食用冰制造	789	140	3189	3058	235
盐加工		54	2215	621	131
食品及饲料添加剂制造	1089	1065	10561	7467	800
其他未列明的食品制造		35	404	97	9

1－E－6 续表10－4

单位：个、万元、人

指 标 名 称	亏损企业亏损总额	应交所得税	利税总额	本年应付工资总额	本年应付福利费总额
饮料制造业	10403	11985	173520	42368	4279
酒精制造	755		11	170	18
酒精制造	755		11	170	18
酒的制造	4565	2467	31742	14861	1454
白酒制造	37	816	7382	1969	109
啤酒制造	4189	496	7479	4573	367
黄酒制造	339	927	13246	7549	613
其他酒制造		227	3636	769	365
软饮料制造	3870	6483	108813	13810	1619
碳酸饮料制造	184	1874	19685	3570	375
瓶（罐）装饮用水制造	91	872	14768	2460	301
果菜汁及果菜汁饮料制造	3226	664	1115	2319	116
含乳饮料和植物蛋白饮料制造	369	294	47112	1734	307
固体饮料制造		195	4246	2269	265
茶饮料及其他软饮料制造		2585	21888	1458	254
精制茶加工	1214	3035	32953	13527	1188
精制茶加工	1214	3035	32953	13527	1188
烟草制品业		333	4855	1287	153
其他烟草制品加工		333	4855	1287	153
其他烟草制品加工		333	4855	1287	153
纺织业	130459	110090	1278910	1288653	112261
棉、化纤纺织及印染精加工	62407	46526	540474	444071	34515
棉、化纤纺织加工	38287	35759	400327	319348	24669
棉、化纤印染精加工	24120	10767	140147	124724	9845
毛纺织和染整精加工	3689	6063	55191	39483	4105
毛条加工	1075	2292	12621	2547	221
毛纺织	2055	3327	32390	27263	2271
毛染整精加工	559	444	10180	9673	1613
麻纺织	358	173	1962	3573	2814
麻纺织	358	173	1962	3573	2814
丝绢纺织及精加工	12798	9473	108580	99985	11768
缫丝加工	5340	568	12378	19671	3058
绢纺和丝织加工	4959	8020	84494	61865	7347
丝印染精加工	2499	885	11707	18449	1363
纺织制成品制造	22510	16069	182308	205765	17195
棉及化纤制品制造	8800	5580	67797	85101	6447
毛制品制造	400	615	6882	10918	864
麻制品制造	6	39	652	255	51
丝制品制造	2936	1740	21192	28842	2805
绳、索、缆的制造	152	605	6452	4501	430

1－E－6 续表 10－5

单位：个、万元、人

指 标 名 称	亏损企业亏损总额	应交所得税	利税总额	本年应付工资总额	本年应付福利费总额
纺织带和帘子布制造	1279	1459	17173	19050	2498
无纺布制造	3708	4644	45162	33993	2390
其他纺织制成品制造	5227	1387	16999	23105	1709
针织品、编织品及其制品制造	28698	31786	390396	495776	41865
棉、化纤针织品及编织品制造	20612	24896	291479	362286	28128
毛针织品及编织品制造	3476	4558	65885	84335	9955
丝针织品及编织品制造	2622	1281	18988	31775	2928
其他针织品及编织品制造	1988	1052	14044	17379	854
纺织服装、鞋、帽制造业	49006	27728	398608	771237	58065
纺织服装制造	47560	25864	381004	742740	55636
纺织服装制造	47560	25864	381004	742740	55636
纺织面料鞋的制造	989	1496	13836	21118	1907
纺织面料鞋的制造	989	1496	13836	21118	1907
制 帽	458	368	3767	7379	522
制 帽	458	368	3767	7379	522
皮革、毛皮、羽毛(绒)及其制品业	20841	21610	274204	438189	34169
皮革鞣制加工	4715	2473	28303	20410	2105
皮革鞣制加工	4715	2473	28303	20410	2105
皮革制品制造	13224	17508	219777	392122	29640
皮鞋制造	3705	13074	144719	243174	13318
皮革服装制造	3277	1009	19435	34699	5713
皮箱、包(袋)制造	4031	2404	41028	88815	7958
皮手套及皮装饰制品制造	1371	472	6725	14109	718
其他皮革制品制造	840	550	7870	11326	1932
毛皮鞣制及制品加工	351	983	13916	9826	1837
毛皮鞣制加工	38	375	3190	2286	334
毛皮服装加工	147	178	5818	4187	701
其他毛皮制品加工	167	430	4908	3352	802
羽毛(绒)加工及制品制造	2551	646	12209	15831	588
羽毛(绒)加工	73	65	1561	645	1
羽毛(绒)制品加工	2478	581	10648	15186	586
木材加工及木、竹、藤、棕、草制品业	11520	23316	235656	120241	10146
锯材、木片加工	1011	1156	11237	4358	435
锯材加工	15	771	5693	1939	217
木片加工	996	386	5544	2419	217
人造板制造	4166	6740	85964	46894	4205
胶合板制造	3218	3068	38955	29345	2372
纤维板制造	488	1492	23895	5037	579
刨花板制造	118	86	2185	995	56
其他人造板、材制造	341	2095	20929	11518	1198

1－E－6 续表10－6 单位：个、万元、人

指 标 名 称	亏损企业亏损总额	应交所得税	利税总额	本年应付工资总额	本年应付福利费总额
木制品制造	4484	11835	98140	41616	3475
建筑用木料及木材组件加工	2549	10961	87971	23447	2059
木容器制造	321	280	3707	3972	258
软木制品及其他木制品制造	1614	594	6462	14197	1157
竹、藤、棕、草制品制造	1859	3585	40316	27372	2031
竹、藤、棕、草制品制造	1859	3585	40316	27372	2031
家具制造业	14893	10446	106223	136641	8784
木质家具制造	7675	5300	54049	69873	4799
木质家具制造	7675	5300	54049	69873	4799
竹、藤家具制造	315	197	1738	3264	248
竹、藤家具制造	315	197	1738	3264	248
金属家具制造	4493	3248	36570	45756	2641
金属家具制造	4493	3248	36570	45756	2641
塑料家具制造	279	781	6181	5611	351
塑料家具制造	279	781	6181	5611	351
其他家具制造	2130	920	7686	12136	745
其他家具制造	2130	920	7686	12136	745
造纸及纸制品业	32123	25855	328108	200893	15493
纸浆制造	170	3	1113	1014	123
纸浆制造	170	3	1113	1014	123
造 纸	21267	12730	197787	96965	6944
机制纸及纸板制造	19620	11806	186538	87091	6050
手工纸制造	47	40	206	158	21
加工纸制造	1599	885	11043	9717	873
纸制品制造	10687	13122	129208	102914	8426
纸和纸板容器的制造	5020	10319	94504	78336	5851
其他纸制品制造	5667	2803	34703	24578	2575
印刷业和记录媒介的复制	8082	20808	188380	131209	10633
印 刷	7620	20329	182435	122410	10114
书、报、刊印刷	1955	2191	21395	20509	1626
本册印制	228	503	5729	7574	331
包装装潢及其他印刷	5437	17635	155311	94328	8158
装订及其他印刷服务活动	462	337	4084	6436	379
装订及其他印刷服务活动	462	337	4084	6436	379
记录媒介的复制		143	1860	2363	139
记录媒介的复制		143	1860	2363	139
文教体育用品制造业	20803	11253	110472	181109	11247
文化用品制造	6669	3420	35354	67580	3625
文具制造	3953	1516	14185	31772	1880
笔的制造	1255	1562	18231	31418	1214

1-E-6 续表10-7

单位：个、万元、人

指标名称	亏损企业亏损总额	应交所得税	利税总额	本年应付工资总额	本年应付福利费总额
教学用模型及教具制造	546	110	1085	1779	381
墨水、墨汁制造		57	434	125	9
其他文化用品制造	916	176	1418	2486	141
体育用品制造	8478	2474	22308	42183	2874
球类制造	3849	105	1579	8516	854
体育器材及配件制造	951	926	8292	11198	791
训练健身器材制造	2356	1035	8785	13579	783
运动防护用具制造	388	152	1156	3591	230
其他体育用品制造	934	256	2497	5298	215
乐器制造	430	692	6452	6156	173
中乐器制造	62	13	-11	348	2
西乐器制造	197	445	3621	2598	34
电子乐器制造	63	68	1466	1006	45
其他乐器及零件制造	107	166	1377	2205	92
玩具制造	3141	2919	32458	52582	3249
玩具制造	3141	2919	32458	52582	3249
游艺器材及娱乐用品制造	2086	1748	13900	12609	1327
露天游乐场所游乐设备制造	1120	1470	12039	9280	1086
游艺用品及室内游艺器材制造	966	278	1861	3329	241
石油加工、炼焦及核燃料加工业	19038	3960	19753	6196	461
精炼石油产品的制造	2601	3930	28366	5153	378
原油加工及石油制品制造	2601	3930	28366	5153	378
炼　焦	16437	30	-8613	1043	83
炼　焦	16437	30	-8613	1043	83
化学原料及化学制品制造业	223315	76955	720834	316767	29847
基础化学原料制造	20932	18570	214286	69031	7991
无机酸制造	2625	2310	22963	6517	703
无机碱制造	113	901	11249	2214	292
无机盐制造	1367	2311	25322	10243	1359
有机化学原料制造	10523	8665	104144	38737	4395
其他基础化学原料制造	6303	4383	50608	11320	1243
肥料制造	127	881	10300	6228	513
氮肥制造	17	95	3645	2604	291
磷肥制造	5	18	323	576	46
复混肥料制造	105	764	6202	2928	173
有机肥料及微生物肥料制造		...	60	59	3
其他肥料制造		4	70	61	
农药制造	3994	5477	42800	14149	1784
化学农药制造	3663	5414	39861	12941	1585

1-E-6 续表10-8 单位：个、万元、人

指 标 名 称	亏损企业亏损总额	应交所得税	利税总额	本年应付工资总额	本年应付福利费总额
生物化学农药及微生物农药制造	331	63	2938	1207	199
涂料、油墨、颜料及类似产品制造	3960	16280	164114	66149	6056
涂料制造	1587	6725	60154	25621	2254
油墨及类似产品制造	304	959	10008	3508	379
颜料制造	1026	1295	15892	8365	594
染料制造	903	6988	69909	25153	2378
密封用填料及类似品制造	141	312	8151	3502	451
合成材料制造	173852	7786	-33766	39077	2988
初级形态的塑料及合成树脂制造	146550	6443	-22848	30204	2308
合成橡胶制造	339	183	3415	1912	195
合成纤维单(聚合)体的制造	26899	1082	-17098	5873	310
其他合成材料制造	64	78	2765	1087	175
专用化学产品制造	17485	23596	270196	95181	8477
化学试剂和助剂制造	5823	11247	111417	44192	3909
专项化学用品制造	3296	3711	40335	13845	1284
林产化学产品制造	294	360	5824	3488	546
炸药及火工产品制造	56	209	3060	2444	230
信息化学品制造	3011	4854	65145	11873	1419
环境污染处理专用药剂材料制造	799	223	7852	2824	150
动物胶制造	479	53	6382	2873	172
其他专用化学产品制造	3728	2940	30181	13642	767
日用化学产品制造	2966	4366	52905	26953	2038
肥皂及合成洗涤剂制造	705	429	4833	4266	297
化妆品制造	1009	1265	15893	13370	828
口腔清洁用品制造		46	325	171	12
香料、香精制造	425	2362	29352	5380	608
其他日用化学产品制造	827	263	2502	3766	293
医药制造业	30823	22985	216983	106667	8080
化学药品原药制造	11730	8276	69176	38854	2773
化学药品原药制造	11730	8276	69176	38854	2773
化学药品制剂制造	5022	3933	32408	14426	1246
化学药品制剂制造	5022	3933	32408	14426	1246
中药饮片加工	762	782	4831	5084	199
中药饮片加工	762	782	4831	5084	199
中成药制造	1139	1999	31378	8934	964
中成药制造	1139	1999	31378	8934	964
兽用药品制造	727	1895	19025	5159	339
兽用药品制造	727	1895	19025	5159	339
生物、生化制品的制造	11170	4515	43094	19896	1568

1-E-6 续表10-9

单位：个、万元、人

指 标 名 称	亏损企业亏损总额	应交所得税	利税总额	本年应付工资总额	本年应付福利费总额
生物、生化制品的制造	11170	4515	43094	19896	1568
卫生材料及医药用品制造	273	1586	17070	14314	991
卫生材料及医药用品制造	273	1586	17070	14314	991
化学纤维制造业	51067	9531	93282	64357	5105
纤维素纤维原料及纤维制造	664	194	2312	3225	205
化纤浆粕制造	84	89	605	239	37
人造纤维（纤维素纤维）制造	580	104	1707	2986	168
合成纤维制造	50403	9337	90970	61132	4901
锦纶纤维制造	8691	559	6723	5649	396
涤纶纤维制造	18608	6509	64907	36025	2939
腈纶纤维制造	30	36	865	968	38
维纶纤维制造		7	18	90	2
其他合成纤维制造	23075	2226	18457	18399	1525
橡胶制品业	6773	11545	115248	126416	8683
轮胎制造	1230	1210	8531	7485	555
车辆、飞机及工程机械轮胎制造	1045	732	5714	5616	407
力车胎制造	105	279	1740	1418	94
轮胎翻新加工	80	199	1077	451	55
橡胶板、管、带的制造	1413	2721	27222	20899	1545
橡胶板、管、带的制造	1413	2721	27222	20899	1545
橡胶零件制造	1435	2315	22452	22651	1346
橡胶零件制造	1435	2315	22452	22651	1346
再生橡胶制造	332	172	2443	1819	299
再生橡胶制造	332	172	2443	1819	299
日用及医用橡胶制品制造	149	488	4776	5234	330
日用及医用橡胶制品制造	149	488	4776	5234	330
橡胶靴鞋制造	1233	2953	35615	57326	3446
橡胶靴鞋制造	1233	2953	35615	57326	3446
其他橡胶制品制造	981	1686	14208	11003	1162
其他橡胶制品制造	981	1686	14208	11003	1162
塑料制品业	33446	60354	641168	485986	43563
塑料薄膜制造	4099	7030	98141	36787	14049
塑料薄膜制造	4099	7030	98141	36787	14049
塑料板、管、型材的制造	9101	11085	109293	61910	5395
塑料板、管、型材的制造	9101	11085	109293	61910	5395
塑料丝、绳及编织品的制造	2667	2879	30930	58540	3326
塑料丝、绳及编织品的制造	2667	2879	30930	58540	3326
泡沫塑料制造	2764	2717	29917	23278	1867
泡沫塑料制造	2764	2717	29917	23278	1867

1－E－6 续表 10－10

单位：个、万元、人

指 标 名 称	亏损企业亏损总额	应交所得税	利税总额	本年应付工资总额	本年应付福利费总额
塑料人造革、合成革制造	1680	6225	80079	58773	3674
塑料人造革、合成革制造	1680	6225	80079	58773	3674
塑料包装箱及容器制造	3177	9041	83857	37433	2604
塑料包装箱及容器制造	3177	9041	83857	37433	2604
塑料零件制造	2825	8813	79783	75300	4638
塑料零件制造	2825	8813	79783	75300	4638
日用塑料制造	3978	7832	80456	93662	5092
塑料鞋制造	51	1408	14805	20121	1375
日用塑料杂品制造	3927	6425	65650	73541	3717
其他塑料制品制造	3155	4734	48712	40305	2918
其他塑料制品制造	3155	4734	48712	40305	2918
非金属矿物制品业	47063	44320	569281	284363	26369
水泥、石灰和石膏的制造	13602	8545	131571	43576	4866
水泥制造	13293	8003	124070	41052	4783
石灰和石膏制造	309	543	7501	2524	83
水泥及石膏制品制造	12535	16366	240811	91413	8368
水泥制品制造	10183	13815	210251	75050	7020
砼结构构件制造	1006	2265	26062	11987	1171
石棉水泥制品制造		55	555	538	59
轻质建筑材料制造	1209	164	2415	3128	78
其他水泥制品制造	137	68	1528	710	41
砖瓦、石材及其他建筑材料制造	7599	3208	38129	44655	3888
粘土砖瓦及建筑砌块制造	3049	1029	10189	24789	2813
建筑陶瓷制品制造	2352	107	1023	4460	147
建筑用石加工	579	669	9226	6643	428
防水建筑材料制造	710	462	8590	4095	124
隔热和隔音材料制造	909	580	4706	2543	159
其他建筑材料制造		361	4394	2126	218
玻璃及玻璃制品制造	9859	8625	75661	63356	5763
平板玻璃制造	94	118	4768	1874	69
技术玻璃制品制造	4348	1827	15079	14806	1376
光学玻璃制造	27	66	240	310	16
玻璃仪器制造	23	7	405	612	189
日用玻璃制品及玻璃包装容器制造	1084	3768	30464	21388	1959
玻璃保温容器制造		143	2110	1869	139
玻璃纤维及制品制造	3736	1686	12777	13101	1155
玻璃纤维增强塑料制品制造	223	482	5933	6277	590
其他玻璃制品制造	325	528	3886	3120	270
陶瓷制品制造	486	1537	19816	13380	801

1-E-6 续表 10-11

单位:个、万元、人

指 标 名 称	亏损企业亏损总额	应交所得税	利税总额	本年应付工资总额	本年应付福利费总额
卫生陶瓷制品制造	180	943	9193	4661	224
特种陶瓷制品制造		506	6983	5710	423
日用陶瓷制品制造	306	83	3606	2924	154
园林、陈设艺术及其他陶瓷制品制造		5	35	86	
耐火材料制品制造	1747	3223	34576	13305	1258
石棉制品制造	608	86	532	1719	63
云母制品制造		25	428	526	41
耐火陶瓷制品及其他耐火材料制造	1139	3113	33616	11060	1154
石墨及其他非金属矿物制品制造	1236	2816	28718	14678	1425
石墨及碳素制品制造	253	561	6300	5261	410
其他非金属矿物制品制造	983	2255	22419	9417	1015
黑色金属冶炼及压延加工业	37664	23459	320856	133501	8602
炼 铁		9	821	667	103
炼 铁		9	821	667	103
炼 钢	1299	413	24530	4817	215
炼 钢	1299	413	24530	4817	215
钢压延加工	36261	22331	278168	125264	8031
钢压延加工	36261	22331	278168	125264	8031
铁合金冶炼	104	707	17337	2753	253
铁合金冶炼	104	707	17337	2753	253
有色金属冶炼及压延加工业	82405	17038	183676	120464	8621
常用有色金属冶炼	16926	1545	32480	11238	988
铜冶炼	9189	471	14864	4732	311
铅锌冶炼	3003	342	29	1241	86
镍钴冶炼	3318	166	7860	2285	316
锡冶炼		4	39	37	
铝冶炼	1226	153	5062	2372	236
镁冶炼		25	370	83	8
其他常用有色金属冶炼	190	384	4256	487	30
贵金属冶炼	1745	640	4084	1643	-73
金冶炼	1157	605	3637	1204	-110
银冶炼	498		-335	348	22
其他贵金属冶炼	90	35	782	91	14
稀有稀土金属冶炼	256	19	1205	1455	68
钨钼冶炼	67	2	34	424	28
稀土金属冶炼	189	18	1171	1030	40
有色金属合金制造	6337	1097	7363	9641	1111
有色金属合金制造	6337	1097	7363	9641	1111
有色金属压延加工	57140	13737	138544	96488	6527

1－E－6 续表 10－12 单位：个、万元、人

指 标 名 称	亏损企业亏损总额	应交所得税	利税总额	本年应付工资总额	本年应付福利费总额
常用有色金属压延加工	56877	11010	112901	93328	6267
贵金属压延加工	119	2315	22316	427	53
稀有稀土金属压延加工	144	413	3327	2733	208
金属制品业	65692	62374	635327	590884	44915
结构性金属制品制造	8561	13927	144374	100412	7507
金属结构制造	6799	10243	101048	62409	4274
金属门窗制造	1763	3684	43327	38003	3233
金属工具制造	4344	6017	83198	95383	8371
切削工具制造	798	1480	15725	17775	1167
手工具制造	1274	2543	36309	44341	3576
农用及园林用金属工具制造	1170	676	8341	8880	897
刀剪及类似日用金属工具制造	51	574	7305	8449	1459
其他金属工具制造	1051	743	15519	15937	1273
集装箱及金属包装容器制造	4068	3411	28899	28470	2027
集装箱制造		1	26	69	2
金属压力容器制造	927	1632	14005	10201	1008
金属包装容器制造	3141	1779	14868	18200	1017
金属丝绳及其制品的制造	18865	4291	32791	29218	1986
金属丝绳及其制品的制造	18865	4291	32791	29218	1986
建筑、安全用金属制品制造	12069	14042	126570	146988	10313
建筑、家具用金属配件制造	6067	5527	52481	78343	6926
建筑装饰及水暖管道零件制造	4203	7353	64428	57245	2643
安全、消防用金属制品制造	1567	861	7654	7855	527
其他建筑、安全用金属制品制造	232	301	2007	3545	217
金属表面处理及热处理加工	6215	9259	109947	72049	4040
金属表面处理及热处理加工	6215	9259	109947	72049	4040
搪瓷制品制造	709	589	4185	7542	596
工业生产配套用搪瓷制品制造		13	519	657	133
搪瓷卫生洁具制造	127	116	1441	2606	98
搪瓷日用品及其他搪瓷制品制造	582	460	2226	4280	365
不锈钢及类似日用金属制品制造	8289	8344	77114	86592	8266
金属制厨房调理及卫生器具制造	824	1242	15966	18094	1191
金属制厨用器皿及餐具制造	4584	5567	45217	45660	5265
其他日用金属制品制造	2882	1535	15931	22838	1810
其他金属制品制造	2572	2495	28248	24230	1809
其他未列明的金属制品制造	2572	2495	28248	24230	1809
通用设备制造业	60840	130620	1331793	1090207	70591
锅炉及原动机制造	1302	5810	74917	30467	2574
锅炉及辅助设备制造	413	3015	29894	14830	1139

1－E－6 续表10－13

单位：个、万元、人

指标名称	亏损企业亏损总额	应交所得税	利税总额	本年应付工资总额	本年应付福利费总额
内燃机及配件制造	264	647	6224	7534	646
汽轮机及辅机制造	539	1986	37008	5904	639
水轮机及辅机制造	87	118	1535	1706	114
其他原动机制造		45	256	494	35
金属加工机械制造	4798	7352	75213	67796	5497
金属切削机床制造	2580	1366	15131	20921	1880
金属成形机床制造	626	3213	23720	15368	1176
铸造机械制造	190	258	3720	4894	243
金属切割及焊接设备制造	453	835	10345	11046	900
机床附件制造	100	810	13447	7090	801
其他金属加工机械制造	848	870	8850	8477	497
起重运输设备制造	4391	7606	83887	60194	4023
起重运输设备制造	4391	7606	83887	60194	4023
泵、阀门、压缩机及类似机械的制造	9016	41990	399479	306345	17385
泵及真空设备制造	2521	10209	82751	63999	5069
气体压缩机械制造	980	3120	37782	23799	1607
阀门和旋塞的制造	4283	20873	210285	177041	7895
液压和气压动力机械及元件制造	1232	7789	68661	41506	2814
轴承、齿轮、传动和驱动部件的制造	7310	15989	145729	163022	9566
轴承制造	5840	9903	90675	110415	6300
齿轮、传动和驱动部件制造	1470	6085	55054	52607	3267
烘炉、熔炉及电炉制造	238	548	10460	5274	261
烘炉、熔炉及电炉制造	238	548	10460	5274	261
风机、衡器、包装设备等通用设备制造	17955	15719	164090	129798	9454
风机、风扇制造	1619	958	7828	9571	651
气体、液体分离及纯净设备制造	907	4380	39343	21198	1721
制冷、空调设备制造	6485	4677	56350	28106	1688
风动和电动工具制造	4639	2844	32987	37717	3203
喷枪及类似器具制造	239	762	7667	8382	458
包装专用设备制造	169	856	8964	10284	512
衡器制造	108	590	6251	4213	720
其他通用设备制造	3789	653	4701	10326	502
通用零部件制造及机械修理	10675	21762	223175	197630	12812
金属密封件制造	715	3151	21084	15270	954
紧固件、弹簧制造	5079	12299	143670	121195	7952
机械零部件加工及设备修理	3235	4217	33694	36197	2179
其他通用零部件制造	1647	2094	24727	24968	1726
金属铸、锻加工	5157	13846	154844	129682	9019
钢铁铸件制造	2791	10435	116912	100217	7182

1－E－6 续表 10－14 单位：个、万元、人

指 标 名 称	亏损企业亏损总额	应交所得税	利税总额	本年应付工资总额	本年应付福利费总额
锻件及粉末冶金制品制造	2366	3411	37932	29465	1837
专用设备制造业	39763	44580	456984	382925	26345
矿山、冶金、建筑专用设备制造	2692	4367	38190	29166	2276
采矿、采石设备制造	23	1482	11735	11619	803
石油钻采专用设备制造		644	5640	3378	379
建筑工程用机械制造	844	1037	9936	6374	547
建筑材料生产专用机械制造	266	728	8486	5056	400
冶金专用设备制造	1560	477	2393	2739	146
化工、木材、非金属加工专用设备制造	13159	16455	161498	140798	8290
炼油、化工生产专用设备制造	783	654	6332	6755	512
橡胶加工专用设备制造	679	693	4510	3606	363
塑料加工专用设备制造	4626	4269	38521	37609	2344
木材加工机械制造	25	196	2764	1199	35
模具制造	6998	10519	107898	90284	4911
其他非金属加工专用设备制造	49	124	1473	1346	124
食品、饮料、烟草及饲料生产专用设备制造	1095	2724	19679	10754	803
食品、饮料、烟草工业专用设备制造	32	1543	16063	8251	540
农副食品加工专用设备制造	1018	1047	2956	2168	223
饲料生产专用设备制造	44	134	661	334	41
印刷、制药、日化生产专用设备制造	1116	2921	36075	28046	2190
制浆和造纸专用设备制造	268	249	3305	3720	152
印刷专用设备制造	266	1263	19672	11366	1160
日用化工专用设备制造	80	76	553	1046	127
制药专用设备制造	17	1041	10142	7405	501
照明器具生产专用设备制造	33	103	935	1168	73
玻璃、陶瓷和搪瓷制品生产专用设备制造	276	121	720	1388	24
其他日用品生产专用设备制造	176	69	748	1953	154
纺织、服装和皮革工业专用设备制造	11259	7033	72491	79068	5903
纺织专用设备制造	4684	3286	30389	31271	2668
皮革、毛皮及其制品加工专用设备制造	991	166	2893	4507	281
缝纫机械制造	5113	3558	39357	42407	2902
其他服装加工专用设备制造	471	24	－147	884	53
电子和电工机械专用设备制造	1055	1072	11601	12123	824
电工机械专用设备制造	551	326	3754	4830	254
电子工业专用设备制造	504	746	7224	6616	477
武器弹药制造			624	677	94
农、林、牧、渔专用机械制造	3654	1921	14255	20752	1369
拖拉机制造	234	410	2652	1884	143
机械化农业及园艺机具制造	3261	1041	7359	13678	880

1－E－6　续表 10－15

单位：个、万元、人

指标名称	亏损企业亏损总额	应交所得税	利税总额	本年应付工资总额	本年应付福利费总额
畜牧机械制造		5	31	27	
渔业机械制造		27	166	386	...
农林牧渔机械配件制造	160	420	3391	4177	339
其他农林牧渔业机械制造及机械修理		18	656	600	6
医疗仪器设备及器械制造	1005	2782	36542	24232	1386
医疗诊断、监护及治疗设备制造	4	867	10859	5797	352
口腔科用设备及器具制造	269	42	279	742	20
实验室及医用消毒设备和器具的制造	77	130	2086	1323	28
医疗、外科及兽医用器械制造	521	1468	18700	10145	632
机械治疗及病房护理设备制造	31	159	2002	1870	86
假肢、人工器官及植(介)入器械制造			613	775	102
其他医疗设备及器械制造	104	117	2005	3580	168
环保、社会公共安全及其他专用设备制造	4727	5305	66653	37987	3303
环境污染防治专用设备制造	3423	3577	44379	20559	2126
地质勘查专用设备制造		19	137	48	2
邮政专用机械及器材制造	135	104	602	849	196
商业、饮食、服务业专用设备制造	13	22	238	447	38
社会公共安全设备及器材制造	705	950	13477	10071	593
交通安全及管制专用设备制造		37	436	562	77
水资源专用机械制造		90	1635	1251	34
其他专用设备制造	452	506	5749	4200	237
交通运输设备制造业	59126	70231	623817	577664	38880
铁路运输设备制造	1111	328	2328	3557	395
铁路机车车辆配件制造	406	168	865	1448	74
铁路专用设备及器材、配件制造	143	137	1655	1828	295
其他铁路设备制造及设备修理	562	23	－193	281	26
汽车制造	30502	38800	380135	358528	24812
汽车整车制造	2113	358	11588	8245	867
改装汽车制造	627	29	2031	2317	243
汽车车身、挂车的制造	1601	6	－1107	1168	81
汽车零部件及配件制造	24341	37399	358181	335912	22762
汽车修理	1819	1009	9442	10886	860
摩托车制造	10610	7566	69419	76373	4978
摩托车整车制造	4800	947	10545	7893	638
摩托车零部件及配件制造	5810	6619	58875	68480	4339
自行车制造	5688	3252	27909	39018	2306
脚踏自行车及残疾人座车制造	1529	1529	14263	22078	1049
助动自行车制造	4159	1722	13647	16940	1256
船舶及浮动装置制造	10072	19176	135376	94244	5992

1－E－6 续表 10－16 单位：个、万元、人

指标名称	亏损企业亏损总额	应交所得税	利税总额	本年应付工资总额	本年应付福利费总额
金属船舶制造	6032	12612	86004	41505	2635
非金属船舶制造		69	1205	931	7
娱乐船和运动船的建造和修理	3079	73	－638	3841	212
船用配套设备制造	854	3833	26698	15817	1063
船舶修理及拆船	107	2589	22108	32150	2074
航空航天器制造		113	918	579	64
飞机制造及修理		47	412	280	22
其他飞行器制造		66	507	299	42
交通器材及其他交通运输设备制造	1143	996	7730	5365	335
潜水及水下救捞装备制造			52	50	
交通管理用金属标志及设施制造	835	927	7319	4154	231
其他交通运输设备制造	309	69	359	1160	103
电气机械及器材制造业	74753	115348	1162835	859886	62175
电机制造	5525	14553	137039	126524	8751
发电机及发电机组制造	1153	3474	26762	15680	839
电动机制造	1873	4916	45703	45709	3747
微电机及其他电机制造	2499	6163	64574	65135	4165
输配电及控制设备制造	12312	40228	373721	248576	19301
变压器、整流器和电感器制造	2863	5970	58969	34072	2495
电容器及其配套设备制造	68	1787	15754	10530	926
配电开关控制设备制造	4056	21147	195591	122236	8793
电力电子元器件制造	4906	7390	71363	65093	4345
其他输配电及控制设备制造	419	3934	32043	16645	2742
电线、电缆、光缆及电工器材制造	20015	20999	247965	108578	9299
电线电缆制造	17224	18329	206133	91314	7789
光纤、光缆制造	1977	918	24720	3435	403
绝缘制品制造	504	609	7895	6644	480
其他电工器材制造	311	1143	9218	7184	627
电池制造	8841	8328	103930	37945	2577
电池制造	8841	8328	103930	37945	2577
家用电力器具制造	14022	16094	143803	146888	9088
家用制冷电器具制造	661	655	11252	6634	409
家用空气调节器制造	394	684	6000	6776	328
家用通风电器具制造	213	1066	10613	9347	774
家用厨房电器具制造	6018	2618	18817	33422	1528
家用清洁卫生电器具制造	1370	4015	44115	19686	1304
家用美容、保健电器具制造	556	1137	9794	16161	695
家用电力器具专用配件制造	871	2883	24835	27534	1206
其他家用电力器具制造	3940	3036	18376	27329	2845

1－E－6 续表 10－17　　单位：个、万元、人

指 标 名 称	亏损企业亏损总额	应交所得税	利税总额	本年应付工资总额	本年应付福利费总额
非电力家用器具制造	1728	1148	11945	13822	1109
燃气、太阳能及类似能源的器具制造	635	1006	11642	11005	1001
其他非电力家用器具制造	1093	142	304	2816	108
照明器具制造	9966	12681	129539	159948	11050
电光源制造	3190	3972	42757	58771	5073
照明灯具制造	5579	6423	65406	74885	4325
灯用电器附件及其他照明器具制造	1197	2286	21376	26292	1652
其他电气机械及器材制造	2343	1318	14893	17606	1002
车辆专用照明及电气信号设备装置制造	2187	1092	9243	13426	793
其他未列明的电气机械制造	156	226	5651	4180	208
通信设备、计算机及其他电子设备制造业	54558	30838	303397	286485	20926
通信设备制造	11683	5460	75504	43058	3741
通信传输设备制造	970	1902	30149	10121	1224
通信交换设备制造	1865	556	8128	7064	1201
通信终端设备制造	970	461	3167	5088	243
移动通信及终端设备制造	6041	2214	14828	14128	542
其他通信设备制造	1836	327	19233	6656	530
雷达及配套设备制造	33	55	548	133	8
雷达及配套设备制造	33	55	548	133	8
广播电视设备制造	1243	941	10166	13577	811
广播电视节目制作及发射设备制造		69	987	910	26
广播电视接收设备及器材制造	1243	433	5615	10010	566
应用电视设备及其他广播电视设备制造		439	3565	2657	218
电子计算机制造	3852	1511	14063	14919	780
电子计算机整机制造	166	22	180	348	6
计算机网络设备制造	72	267	4007	3778	302
电子计算机外部设备制造	3614	1223	9876	10793	472
电子器件制造	14995	7410	70783	51979	4056
电子真空器件制造	830	168	1690	3625	128
半导体分立器件制造	2050	1422	20959	12581	967
集成电路制造	8374	1833	13051	13066	1218
光电子器件及其他电子器件制造	3741	3987	35083	22706	1743
电子元件制造	18764	12345	101701	127885	8953
电子元件及组件制造	17487	11475	92078	116811	8208
印制电路板制造	1277	870	9623	11074	746
家用视听设备制造	2500	2259	21276	20790	1606
家用影视设备制造	1061	1591	12169	5232	485
家用音响设备制造	1439	668	9107	15557	1121
其他电子设备制造	1489	857	9357	14145	971

1－E－6 续表 10－18

单位：个、万元、人

指 标 名 称	亏损企业亏损总额	应交所得税	利税总额	本年应付工资总额	本年应付福利费总额
其他电子设备制造	1489	857	9357	14145	971
仪器仪表及文化、办公用机械制造业	20353	23812	217450	189974	12110
通用仪器仪表制造	10390	12168	121577	85841	5954
工业自动控制系统装置制造	6782	4586	39882	27050	1786
电工仪器仪表制造	819	2722	24265	15586	1447
绘图、计算及测量仪器制造	970	588	5872	6767	531
实验分析仪器制造	263	707	9115	8436	556
试验机制造	714	62	456	2152	161
供应用仪表及其他通用仪器制造	842	3503	41987	25850	1473
专用仪器仪表制造	1351	6847	55325	25390	2708
环境监测专用仪器仪表制造		474	5990	2158	29
汽车及其他用计数仪表制造	1006	751	10730	11821	1435
导航、气象及海洋专用仪器制造	121	210	2002	1368	169
农林牧渔专用仪器仪表制造		81	431	231	19
地质勘探和地震专用仪器制造		24	132	117	3
教学专用仪器制造	6	260	4183	4335	755
电子测量仪器制造	111	356	4527	2614	222
其他专用仪器制造	108	4690	27332	2747	75
钟表与计时仪器制造	543	619	6174	9613	671
钟表与计时仪器制造	543	619	6174	9613	671
光学仪器及眼镜制造	2839	2414	25304	52419	2122
光学仪器制造	2071	438	3619	9901	441
眼镜制造	768	1976	21685	42518	1681
文化、办公用机械制造	5232	1545	7065	14382	487
电影机械制造		50	418	748	
幻灯及投影设备制造			168	129	18
照相机及器材制造	336	131	2964	3625	78
复印和胶印设备制造	1491	558	1907	3075	190
计算器及货币专用设备制造	1582	728	1498	3620	151
其他文化、办公用机械制造	1823	78	110	3185	50
其他仪器仪表的制造及修理		219	2006	2329	168
其他仪器仪表的制造及修理		219	2006	2329	168
工艺品及其他制造业	21217	22954	267061	311637	21697
工艺美术品制造	15659	13689	169529	215255	14673
雕塑工艺品制造	3635	1382	16619	38238	1891
金属工艺品制造	2478	2324	22044	35517	2462
漆器工艺品制造	430	590	9296	13437	1165
花画工艺品制造	500	318	2941	9194	548
天然植物纤维编织工艺品制造	536	503	7646	8259	359

1－E－6 续表 10－19

单位：个、万元、人

指 标 名 称	亏损企业亏损总额	应交所得税	利税总额	本年应付工资总额	本年应付福利费总额
抽纱刺绣工艺品制造	3606	5177	54887	57538	4371
地毯、挂毯制造	1267	470	5833	8844	427
珠宝首饰及有关物品的制造	132	754	22007	7474	926
其他工艺美术品制造	3074	2172	28257	36754	2523
日用杂品制造	5481	8871	92596	92971	6680
制镜及类似品加工	352	1101	9770	6709	400
鬃毛加工、制刷及清扫工具的制造	2769	540	3487	11855	572
其他日用杂品制造	2360	7230	79340	74406	5709
煤制品制造		120	693	362	11
煤制品制造		120	693	362	11
核辐射加工		11	107	153	10
核辐射加工		11	107	153	10
其他未列明的制造业	77	264	4135	2897	323
其他未列明的制造业	77	264	4135	2897	323
废弃资源和废旧材料回收加工业	54727	4391	787	27561	1156
金属废料和碎屑的加工处理	53351	2597	－11306	21247	777
金属废料和碎屑的加工处理	53351	2597	－11306	21247	777
非金属废料和碎屑的加工处理	1376	1794	12093	6314	380
非金属废料和碎屑的加工处理	1376	1794	12093	6314	380
电力、燃气及水的生产和供应业	**198557**	**32314**	**501216**	**222427**	**25448**
电力、热力的生产和供应业	159825	21171	428698	155894	17587
电力生产	151559	－1809	228907	72208	8602
火力发电	136833	－15538	123899	44004	5012
水力发电	9125	13195	97304	24263	3154
其他能源发电	5602	535	7704	3941	436
电力供应		22022	195955	76887	8250
电力供应		22022	195955	76887	8250
热力生产和供应	8265	958	3836	6799	735
热力生产和供应	8265	958	3836	6799	735
燃气生产和供应业	2191	4615	46100	11488	1040
燃气生产和供应业	2191	4615	46100	11488	1040
燃气生产和供应业	2191	4615	46100	11488	1040
水的生产和供应业	36541	6528	26418	55045	6821
自来水的生产和供应	22052	5926	36101	48628	6008
自来水的生产和供应	22052	5926	36101	48628	6008
污水处理及其再生利用	14489	596	－9911	6341	807
污水处理及其再生利用	14489	596	－9911	6341	807
其他水的处理、利用与分配		6	227	76	7
其他水的处理、利用与分配		6	227	76	7

1－E－6 续表11－1 单位：个、万元、人

指标名称	本年应交增值税	本年进项税额	本年销项税额	全部从业人员年平均人数	银行贷款余额
总 计	**4880812**	**22026731**	**24146434**	**4619207**	**37878774**
一、按轻重工业分					
轻工业	1999444	9266641	9842289	2474424	16314524
重工业	2881368	12760091	14304144	2144783	21564250
二、按登记注册类型分					
内 资	**3916097**	**16970083**	**19180155**	**3659859**	**28496806**
国 有	188856	489225	659869	29510	1740711
集 体	35821	96253	127915	30478	109421
股份合作企业	93207	366977	425780	100613	425471
联营企业	1893	6690	7284	1572	3850
国有联营	602	164	123	302	
集体联营	446	1544	1970	478	650
国有与集体联营	335	3246	3574	330	2080
其他联营	510	1737	1616	462	1120
有限责任公司	762339	3207085	3659681	522962	6584928
国有独资公司	8248	10201	16630	4464	257015
其他有限责任公司	754091	3196885	3643050	518498	6327913
股份有限公司	75748	302491	311288	35919	759632
私营企业	2745518	12436326	13918316	2928396	18775005
私营独资	293507	1196596	1398725	351670	1161538
私营合伙	85988	286588	354136	91128	268044
私营有限责任公司	2320437	10735717	11920569	2441643	16972141
私营股份有限公司	45586	217424	244886	43955	373282
其 他	12715	65036	70022	10409	97788
港澳台商投资	**456126**	**2459497**	**2468623**	**448325**	**4470592**
与港澳台商合资经营	281076	1507926	1546328	251526	2669931
与港澳台商合作经营	15203	45215	53551	8498	81709
港澳台商独资	148229	860415	815263	179666	1649754
港澳台商投资股份有限公司	11619	45941	53481	8635	69198
外商投资	**508589**	**2597152**	**2497656**	**511023**	**4911377**
中外合资经营	326079	1529181	1538842	305898	2795851
中外合作经营	17572	69754	76850	10864	126583
外资企业	160421	979181	862587	190254	1944529
外商投资股份有限公司	4517	19036	19377	4007	44414
三、按控股情况分					
国有控股	376814	968895	1297948	64996	3951602
集体控股	135822	543783	657261	94743	947865
私人控股	3716067	16922398	18738984	3788810	26187168
港澳台商控股	270521	1561926	1504465	292661	2861811
外商控股	303734	1651921	1525932	315265	3210520

1－E－6 续表11－2

单位：个、万元、人

指 标 名 称	本年应交增值税	本年进项税额	本年销项税额	全部从业人员年平均人数	银行贷款余额
其 他	77854	377810	421843	62732	719809
四、按国民经济行业(门类、大类、中类、小类)分					
采矿业	**39032**	**65541**	**101271**	**19248**	**126572**
黑色金属矿采选业	955	24335	24640	462	61833
铁矿采选	955	24335	24640	462	61833
铁矿采选	955	24335	24640	462	61833
有色金属矿采选业	2704	2451	4980	1843	12645
常用有色金属矿采选	1333	1839	3001	834	9580
铜矿采选	409	1112	1518	246	1640
铅锌矿采选	924	728	1483	588	7940
贵金属矿采选	117	93	264	226	2200
金矿采选			55	123	
银矿采选	117	93	210	103	2200
稀有稀土金属矿采选	1254	519	1714	783	865
钨钼矿采选	1254	519	1714	783	865
非金属矿采选业	35374	38755	71652	16943	52094
土砂石开采	32532	36088	66213	14896	49553
石灰石、石膏开采	6890	5895	12666	2400	4914
建筑装饰用石开采	11317	11214	21978	4793	6137
耐火土石开采	5363	9356	14541	2346	15762
粘土及其他土砂石开采	8963	9623	17028	5357	22740
化学矿采选	128	188	316	59	
化学矿采选	128	188	316	59	
采 盐	185	15	201	518	
采 盐	185	15	201	518	
石棉及其他非金属矿采选	2529	2464	4922	1470	2541
其他非金属矿采选	2529	2464	4922	1470	2541
制造业	**4485811**	**21177863**	**22963346**	**4554007**	**33004187**
农副食品加工业	59723	415614	390747	56260	850077
谷物磨制	1220	29262	29824	2149	38974
谷物磨制	1220	29262	29824	2149	38974
饲料加工	15612	20970	27780	8076	84167
饲料加工	15612	20970	27780	8076	84167
植物油加工	3472	86417	88693	2315	132209
食用植物油加工	3348	85440	87593	2197	130439
非食用植物油加工	124	977	1101	118	1770
屠宰及肉类加工	8002	38708	43753	7100	67957
畜禽屠宰	159	3390	3540	1287	9347
肉制品及副产品加工	7843	35318	40213	5813	58611
水产品加工	16895	151448	107375	21952	385532

1－E－6 续表11－3

单位：个、万元、人

指标名称	本年应交增值税	本、年进项税额	本年销项税额	全部从业人员年平均人数	银行贷款余额
水产品冷冻加工	12102	120246	77030	16000	270301
鱼糜制品及水产品干腌制加工	4011	24843	23294	4301	90029
水产饲料制造	645	4113	4602	1163	21555
鱼油提取及制品的制造	10	371	380	65	50
其他水产品加工	128	1875	2069	423	3597
蔬菜、水果和坚果加工	9971	59688	64039	11295	94039
蔬菜、水果和坚果加工	9971	59688	64039	11295	94039
其他农副食品加工	4551	29121	29283	3373	47199
淀粉及淀粉制品的制造	417	4798	5075	447	14000
豆制品制造	1250	6545	6794	1527	8744
蛋品加工	610	5495	5890	590	8670
其他未列明的农副食品加工	2274	12283	11525	809	15785
食品制造业	39673	163183	186032	35502	268124
焙烤食品制造	5462	14757	18404	5556	21552
糕点、面包制造	2723	8168	9082	2990	8912
饼干及其他焙烤食品制造	2739	6590	9322	2566	12640
糖果、巧克力及蜜饯制造	6239	20394	24743	2188	24452
糖果、巧克力制造	4556	12019	14898	1222	2994
蜜饯制作	1683	8375	9845	966	21458
方便食品制造	5810	21117	25734	4547	19055
米、面制品制造	431	3206	3568	871	6823
速冻食品制造	1097	5443	5669	2005	4692
方便面及其他方便食品制造	4282	12468	16497	1671	7540
液体乳及乳制品制造	1874	15734	17332	3670	22152
液体乳及乳制品制造	1874	15734	17332	3670	22152
罐头制造	5159	25568	24903	8972	69130
肉、禽类罐头制造	588	878	1466	270	180
水产品罐头制造	113	2797	1966	341	7205
蔬菜、水果罐头制造	4394	21631	21145	8274	60485
其他罐头食品制造	64	261	325	87	1260
调味品、发酵制品制造	4266	21718	25907	3435	42308
味精制造	470	6082	6551	665	6917
酱油、食醋及类似制品的制造	1996	6447	8420	1183	18100
其他调味品、发酵制品制造	1801	9189	10936	1587	17291
其他食品制造	10864	43895	49010	7134	69475
营养、保健食品制造	4540	20324	21079	2679	28969
冷冻饮品及食用冰制造	1377	4467	5759	1187	3949
盐加工	412	995	1161	160	400
食品及饲料添加剂制造	4384	17280	20030	3040	35062
其他未列明的食品制造	152	829	981	68	1095

1－E－6 续表11－4

单位：个、万元、人

指 标 名 称	本年应交增值税	本年进项税额	本年销项税额	全部从业人员年平均人数	银行贷款余额
饮料制造业	35392	166919	164650	19678	287503
酒精制造	299	1505	1593	111	7758
酒精制造	299	1505	1593	111	7758
酒的制造	9643	25516	33699	7715	106613
白酒制造	1465	4032	5060	814	12835
啤酒制造	3185	7596	10510	2471	47900
黄酒制造	3938	11064	14251	4061	35704
其他酒制造	1056	2824	3878	369	10174
软饮料制造	15490	79872	67876	4665	69695
碳酸饮料制造	3874	24342	27952	749	5397
瓶(罐)装饮用水制造	2549	33186	9394	1188	24723
果菜汁及果菜汁饮料制造	1303	3745	4776	965	23265
含乳饮料和植物蛋白饮料制造	2044	4583	6510	697	3100
固体饮料制造	1222	4259	5372	582	12970
茶饮料及其他软饮料制造	4499	9757	13872	484	240
精制茶加工	9960	60025	61481	7187	103437
精制茶加工	9960	60025	61481	7187	103437
烟草制品业	1308	954	2154	226	500
其他烟草制品加工	1308	954	2154	226	500
其他烟草制品加工	1308	954	2154	226	500
纺织业	539370	2895037	3086483	658031	4591635
棉、化纤纺织及印染精加工	230495	1262098	1371602	230737	2201890
棉、化纤纺织加工	157332	993434	1056109	168402	1610478
棉、化纤印染精加工	73163	268664	315493	62335	591411
毛纺织和染整精加工	21015	93191	106212	21340	177940
毛条加工	3317	18118	20774	1388	35824
毛纺织	12598	62598	68333	14534	114267
毛染整精加工	5100	12475	17106	5418	27849
麻纺织	1273	6180	6011	2103	12504
麻纺织	1273	6180	6011	2103	12504
丝绢纺织及精加工	47844	256569	295283	55691	303235
缫丝加工	9801	39628	47372	13468	51742
绢纺和丝织加工	30445	197781	223239	34558	212032
丝印染精加工	7597	19160	24673	7665	39461
纺织制成品制造	81448	477297	470009	100452	740945
棉及化纤制品制造	29690	178703	164154	42851	240254
毛制品制造	3778	27375	18766	4790	43532
麻制品制造	480	1196	997	152	780
丝制品制造	9850	46313	42389	13879	92934
绳、索、缆的制造	3130	10031	11677	2255	19235

1－E－6 续表 11－5

单位：个、万元、人

指 标 名 称	本年应交增值税	本年进项税额	本年销项税额	全部从业人员年平均人数	银行贷款余额
纺织带和帘子布制造	6505	61870	62072	8955	85625
无纺布制造	19033	104367	118190	15585	165182
其他纺织制成品制造	8982	47441	51764	11985	93404
针织品、编织品及其制品制造	157295	799703	837366	247708	1155122
棉、化纤针织品及编织品制造	108629	607143	625529	180171	848233
毛针织品及编织品制造	32442	122737	139927	43697	169258
丝针织品及编织品制造	9578	37454	39973	14921	62816
其他针织品及编织品制造	6647	32369	31936	8919	74816
纺织服装、鞋、帽制造业	193400	746935	798210	397028	1036509
纺织服装制造	186382	714122	763176	381160	1006776
纺织服装制造	186382	714122	763176	381160	1006776
纺织面料鞋的制造	5146	24658	27059	12064	20839
纺织面料鞋的制造	5146	24658	27059	12064	20839
制 帽	1872	8154	7975	3804	8894
制 帽	1872	8154	7975	3804	8894
皮革、毛皮、羽毛(绒)及其制品业	136829	563096	605384	233165	835641
皮革鞣制加工	17533	69651	83829	10125	154765
皮革鞣制加工	17533	69651	83829	10125	154765
皮革制品制造	105308	433791	462865	209097	538982
皮鞋制造	61756	231771	260577	130018	301868
皮革服装制造	11696	60338	60576	16745	74643
皮箱、包(袋)制造	23968	109990	105175	49101	103219
皮手套及皮装饰制品制造	3852	14472	16918	7368	21279
其他皮革制品制造	4036	17220	19619	5865	37973
毛皮鞣制及制品加工	7211	19979	20943	5332	33701
毛皮鞣制加工	1105	3641	4468	1458	4565
毛皮服装加工	3858	7996	7572	1892	12044
其他毛皮制品加工	2248	8341	8902	1982	17093
羽毛(绒)加工及制品制造	6777	39675	37747	8611	108192
羽毛(绒)加工	719	6047	6329	357	10516
羽毛(绒)制品加工	6057	33629	31418	8254	97676
木材加工及木、竹、藤、棕、草制品业	75048	352493	389372	63220	376272
锯材、木片加工	3258	16864	18299	2333	8950
锯材加工	1499	7224	7193	1028	5957
木片加工	1759	9640	11106	1305	2993
人造板制造	29439	130866	137130	24911	157135
胶合板制造	15742	85380	80093	16183	93507
纤维板制造	8220	15550	22819	2144	31652
刨花板制造	1024	5667	6411	603	6423
其他人造板、材制造	4453	24269	27807	5981	25554

1-E-6 续表11-6

单位：个、万元、人

指标名称	本年应交增值税	本年进项税额	本年销项税额	全部从业人员年平均人数	银行贷款余额
木制品制造	26951	153602	175464	20844	125780
建筑用木料及木材组件加工	21099	131672	151425	10594	97055
木容器制造	1970	7449	9150	2153	10112
软木制品及其他木制品制造	3882	14481	14889	8097	18613
竹、藤、棕、草制品制造	15400	51162	58480	15132	84407
竹、藤、棕、草制品制造	15400	51162	58480	15132	84407
家具制造业	47383	219085	207434	68741	451554
木质家具制造	21630	98885	98800	35001	252390
木质家具制造	21630	98885	98800	35001	252390
竹、藤家具制造	704	3822	4167	1449	3449
竹、藤家具制造	704	3822	4167	1449	3449
金属家具制造	18279	77112	71796	23721	144899
金属家具制造	18279	77112	71796	23721	144899
塑料家具制造	2453	14309	8297	2586	10638
塑料家具制造	2453	14309	8297	2586	10638
其他家具制造	4317	24958	24374	5984	40178
其他家具制造	4317	24958	24374	5984	40178
造纸及纸制品业	147558	591270	719166	103150	975221
纸浆制造	862	2579	3019	467	2702
纸浆制造	862	2579	3019	467	2702
造 纸	91858	332244	413241	49759	560152
机制纸及纸板制造	86643	308739	385636	45749	506683
手工纸制造	86	355	444	108	440
加工纸制造	5129	23151	27160	3902	53030
纸制品制造	54838	256446	302907	52924	412367
纸和纸板容器的制造	39295	188033	222427	41032	314253
其他纸制品制造	15543	68414	80480	11892	98114
印刷业和记录媒介的复制	67416	214890	270486	60171	484495
印 刷	65218	205692	260843	57043	440490
书、报、刊印刷	8809	33912	41860	9994	78744
本册印制	2694	8257	9006	3727	23725
包装装潢及其他印刷	53715	163523	209977	43322	338022
装订及其他印刷服务活动	1991	5210	6526	2570	13615
装订及其他印刷服务活动	1991	5210	6526	2570	13615
记录媒介的复制	207	3988	3117	558	30390
记录媒介的复制	207	3988	3117	558	30390
文教体育用品制造业	49040	251474	220039	92582	443464
文化用品制造	16017	85503	76212	34663	182169
文具制造	7189	41170	34402	16427	81770
笔的制造	7537	38795	36536	15916	88683

1－E－6 续表11－7

单位：个、万元、人

指标名称	本年应交增值税	本年进项税额	本年销项税额	全部从业人员年平均人数	银行贷款余额
教学用模型及教具制造	669	1964	2103	923	5118
墨水、墨汁制造	93	306	398	71	400
其他文化用品制造	529	3269	2772	1326	6199
体育用品制造	11296	69204	52590	20688	99055
球类制造	1770	10466	7209	4122	15225
体育器材及配件制造	3637	17768	15900	5019	32985
训练健身器材制造	4445	27730	20816	6564	33707
运动防护用具制造	578	3062	2718	2141	2315
其他体育用品制造	867	10180	5948	2842	14824
乐器制造	2211	8948	10474	2731	14447
中乐器制造		185	113	184	112
西乐器制造	1213	5478	6601	1027	7845
电子乐器制造	283	984	1185	460	3440
其他乐器及零件制造	716	2301	2576	1060	3050
玩具制造	13331	55323	51608	28239	85450
玩具制造	13331	55323	51608	28239	85450
游艺器材及娱乐用品制造	6185	32496	29154	6261	62343
露天游乐场所游乐设备制造	5020	25379	21824	4374	57528
游艺用品及室内游艺器材制造	1165	7117	7331	1887	4815
石油加工、炼焦及核燃料加工业	13055	103056	115587	1968	91975
精炼石油产品的制造	6514	73608	79115	1794	35723
原油加工及石油制品制造	6514	73608	79115	1794	35723
炼焦	6541	29448	36471	174	56251
炼焦	6541	29448	36471	174	56251
化学原料及化学制品制造业	295313	1515383	1676055	126099	3076814
基础化学原料制造	82201	322320	358419	26250	719611
无机酸制造	8741	29580	37299	2672	57922
无机碱制造	6619	11856	17121	728	33250
无机盐制造	8320	30248	37603	4562	68072
有机化学原料制造	40711	208915	211334	14383	459410
其他基础化学原料制造	17809	41720	55062	3905	100957
肥料制造	3436	12347	13981	2765	27503
氮肥制造	2273	4331	5981	1278	15460
磷肥制造	108	603	711	323	1380
复混肥料制造	1025	7237	7101	1082	9973
有机肥料及微生物肥料制造	5	25	30	46	690
其他肥料制造	24	151	157	36	
农药制造	13783	53153	43154	5945	76339
化学农药制造	12832	49517	39304	5412	75178

1－E－6 续表 11－8

单位：个、万元、人

指标名称	本年应交增值税	本年进项税额	本年销项税额	全部从业人员年平均人数	银行贷款余额
生物化学农药及微生物农药制造	951	3636	3850	533	1161
涂料、油墨、颜料及类似产品制造	57405	237279	293706	28230	347176
涂料制造	21356	91250	109073	11545	126397
油墨及类似产品制造	2859	13490	15729	1752	20002
颜料制造	6537	27058	32754	3723	41467
染料制造	23167	96215	125174	9702	151821
密封用填料及类似品制造	3487	9267	10977	1508	7489
合成材料制造	36421	385485	395106	14811	1312293
初级形态的塑料及合成树脂制造	30845	272397	275224	11832	1032147
合成橡胶制造	1195	4214	5230	628	4089
合成纤维单(聚合)体的制造	3253	102932	107804	1776	272654
其他合成材料制造	1129	5943	6848	575	3403
专用化学产品制造	87336	453221	520511	36458	493102
化学试剂和助剂制造	40390	233940	267993	17413	223351
专项化学用品制造	14270	76577	87188	5711	53879
林产化学产品制造	2234	7902	9608	1960	11193
炸药及火工产品制造	1194	2126	3079	816	3061
信息化学品制造	14379	69302	77571	4161	142351
环境污染处理专用药剂材料制造	2738	6569	8952	757	15580
动物胶制造	2513	6971	8587	982	4029
其他专用化学产品制造	9619	49836	57533	4658	39658
日用化学产品制造	14731	51577	51178	11640	100790
肥皂及合成洗涤剂制造	2465	11586	12964	2020	21368
化妆品制造	4864	12980	14522	5716	36922
口腔清洁用品制造	133	443	576	94	437
香料、香精制造	5860	18591	15366	1774	33443
其他日用化学产品制造	1411	7978	7750	2036	8620
医药制造业	75891	212576	247478	43085	544797
化学药品原药制造	26231	97162	100229	14798	170242
化学药品原药制造	26231	97162	100229	14798	170242
化学药品制剂制造	13284	26264	37815	5965	139447
化学药品制剂制造	13284	26264	37815	5965	139447
中药饮片加工	1753	6887	8070	1760	17230
中药饮片加工	1753	6887	8070	1760	17230
中成药制造	10103	15671	24568	4346	66926
中成药制造	10103	15671	24568	4346	66926
兽用药品制造	3565	12735	15079	2120	48919
兽用药品制造	3565	12735	15079	2120	48919
生物、生化制品的制造	13541	34933	38728	5910	67582

1-E-6 续表 11-9

单位：个、万元、人

指标名称	本年应交增值税	本年进项税额	本年销项税额	全部从业人员年平均人数	银行贷款余额
生物、生化制品的制造	13541	34933	38728	5910	67582
卫生材料及医药用品制造	7414	18923	22988	8186	34452
卫生材料及医药用品制造	7414	18923	22988	8186	34452
化学纤维制造业	46367	445154	484172	31077	919130
纤维素纤维原料及纤维制造	1686	14447	15661	1837	26199
化纤浆粕制造	289	910	1199	138	449
人造纤维（纤维素纤维）制造	1397	13536	14462	1699	25750
合成纤维制造	44681	430707	468511	29240	892931
锦纶纤维制造	4063	56347	63262	2913	130166
涤纶纤维制造	25965	271200	289726	17244	498314
腈纶纤维制造	356	1917	2268	518	2580
维纶纤维制造	5	59	65	58	
其他合成纤维制造	14292	101185	113191	8507	261871
橡胶制品业	46024	171515	198851	63173	279019
轮胎制造	2774	16159	16936	3669	47310
车辆、飞机及工程机械轮胎制造	1948	11143	11141	2631	37242
力车胎制造	522	3247	3725	821	7598
轮胎翻新加工	304	1769	2070	217	2470
橡胶板、管、带的制造	10711	36841	43503	10391	61573
橡胶板、管、带的制造	10711	36841	43503	10391	61573
橡胶零件制造	9249	26103	32153	11635	46634
橡胶零件制造	9249	26103	32153	11635	46634
再生橡胶制造	1194	2934	4067	1066	10961
再生橡胶制造	1194	2934	4067	1066	10961
日用及医用橡胶制品制造	1759	6576	7061	2607	12681
日用及医用橡胶制品制造	1759	6576	7061	2607	12681
橡胶靴鞋制造	15103	53872	63228	28582	54460
橡胶靴鞋制造	15103	53872	63228	28582	54460
其他橡胶制品制造	5235	29029	31903	5223	45401
其他橡胶制品制造	5235	29029	31903	5223	45401
塑料制品业	246599	1170375	1295337	232394	1909234
塑料薄膜制造	31262	181522	201928	16231	440979
塑料薄膜制造	31262	181522	201928	16231	440979
塑料板、管、型材的制造	37856	199344	218743	28234	382895
塑料板、管、型材的制造	37856	199344	218743	28234	382895
塑料丝、绳及编织品的制造	17730	77290	88698	27203	91913
塑料丝、绳及编织品的制造	17730	77290	88698	27203	91913
泡沫塑料制造	12939	67380	76724	10843	87899
泡沫塑料制造	12939	67380	76724	10843	87899

1－E－6 续表11－10

单位：个、万元、人

指 标 名 称	本年应交增值税	本年进项税额	本年销项税额	全部从业人员年平均人数	银行贷款余额
塑料人造革、合成革制造	33113	179405	193527	24228	256146
塑料人造革、合成革制造	33113	179405	193527	24228	256146
塑料包装箱及容器制造	23458	87853	102804	18442	125188
塑料包装箱及容器制造	23458	87853	102804	18442	125188
塑料零件制造	33948	127475	149764	38245	182332
塑料零件制造	33948	127475	149764	38245	182332
日用塑料制造	34460	148293	150454	48380	224077
塑料鞋制造	6458	23545	27673	11486	18331
日用塑料杂品制造	28002	124748	122782	36894	205746
其他塑料制品制造	21834	101813	112695	20588	117804
其他塑料制品制造	21834	101813	112695	20588	117804
非金属矿物制品业	262425	594398	800797	132218	1415855
水泥、石灰和石膏的制造	71121	207858	274857	19337	355424
水泥制造	68482	199970	264418	18013	347900
石灰和石膏制造	2639	7888	10439	1324	7524
水泥及石膏制品制造	112085	135173	224999	39206	535449
水泥制品制造	98613	97934	175056	31797	462564
砼结构构件制造	10702	29593	40076	5285	46382
石棉水泥制品制造	306	748	1054	296	1360
轻质建筑材料制造	1296	5993	6739	1463	18903
其他水泥制品制造	1168	906	2075	365	6240
砖瓦、石材及其他建筑材料制造	17556	47048	60457	22986	105768
粘土砖瓦及建筑砌块制造	5447	7348	11864	14768	28866
建筑陶瓷制品制造	1504	7842	8878	1820	22685
建筑用石加工	3235	2444	4472	2531	16259
防水建筑材料制造	2972	15530	17473	1475	20345
隔热和隔音材料制造	2534	6940	9251	1307	6804
其他建筑材料制造	1864	6945	8519	1085	10808
玻璃及玻璃制品制造	29702	124822	135186	30760	294512
平板玻璃制造	2427	6402	8809	993	11312
技术玻璃制品制造	6389	33394	37781	7004	148374
光学玻璃制造	112	445	550	148	
玻璃仪器制造	266	1956	2153	384	1730
日用玻璃制品及玻璃包装容器制造	9130	37815	43352	11223	61487
玻璃保温容器制造	898	4020	3695	1065	3835
玻璃纤维及制品制造	5564	20376	20491	5693	35229
玻璃纤维增强塑料制品制造	3259	15390	12504	2728	26883
其他玻璃制品制造	1656	5025	5851	1522	5662
陶瓷制品制造	6217	22215	23573	6584	32460

1－E－6 续表 11－11

单位：个、万元、人

指 标 名 称	本年应交增值税	本年进项税额	本年销项税额	全部从业人员年平均人数	银行贷款余额
卫生陶瓷制品制造	2872	13583	14610	2262	15359
特种陶瓷制品制造	2516	3964	6587	2803	11382
日用陶瓷制品制造	829	4668	2375	1474	5719
园林、陈设艺术及其他陶瓷制品制造				45	
耐火材料制品制造	16357	30566	45282	6855	39655
石棉制品制造	585	2467	2492	963	3870
云母制品制造	328	694	1022	229	752
耐火陶瓷制品及其他耐火材料制造	15444	27405	41767	5663	35033
石墨及其他非金属矿物制品制造	9387	26715	36443	6490	52588
石墨及碳素制品制造	2289	10601	11203	2164	18239
其他非金属矿物制品制造	7098	16114	25241	4326	34349
黑色金属冶炼及压延加工业	133097	963370	1078020	56467	1002032
炼 铁	462	1760	2222	332	1060
炼 铁	462	1760	2222	332	1060
炼 钢	11642	38948	53280	1626	52683
炼 钢	11642	38948	53280	1626	52683
钢压延加工	114949	880326	974410	53274	923835
钢压延加工	114949	880326	974410	53274	923835
铁合金冶炼	6044	42337	48109	1235	24454
铁合金冶炼	6044	42337	48109	1235	24454
有色金属冶炼及压延加工业	111102	979928	1017809	55803	898190
常用有色金属冶炼	23476	149783	165770	5604	122181
铜冶炼	12673	78104	87898	2260	67181
铅锌冶炼	1532	10596	11758	656	11645
镍钴冶炼	3810	25918	25656	1009	15715
锡冶炼	19	182	200	16	600
铝冶炼	2979	24987	27812	1417	20360
镁冶炼	102	864	966	43	290
其他常用有色金属冶炼	2361	9134	11480	203	6390
贵金属冶炼	1759	43749	42972	729	36236
金冶炼	1300	34203	33437	546	32885
银冶炼	144	4428	4091	131	2638
其他贵金属冶炼	316	5118	5445	52	713
稀有稀土金属冶炼	330	7042	7167	723	13735
钨钼冶炼	83	1113	1195	211	2495
稀土金属冶炼	247	5929	5972	512	11240
有色金属合金制造	5925	54814	58186	4731	71600
有色金属合金制造	5925	54814	58186	4731	71600
有色金属压延加工	79612	724540	743714	44016	654438

1－E－6 续表 11－12

单位：个、万元、人

指 标 名 称	本年应交增值税	本年进项税额	本年销项税额	全部从业人员年平均人数	银行贷款余额
常用有色金属压延加工	74835	713266	728960	42571	643153
贵金属压延加工	3596	4501	8087	173	2530
稀有稀土金属压延加工	1182	6773	6668	1272	8755
金属制品业	243335	1266943	1326384	291938	1945161
结构性金属制品制造	46145	257989	279232	46844	512940
金属结构制造	32524	193536	218709	28180	347894
金属门窗制造	13621	64453	60523	18664	165046
金属工具制造	33534	155873	153925	49422	242386
切削工具制造	5632	28110	23785	9086	41783
手工具制造	16223	74952	79976	22814	97808
农用及园林用金属工具制造	3476	16806	14076	4942	46478
刀剪及类似日用金属工具制造	2999	8665	9225	4613	13564
其他金属工具制造	5203	27340	26864	7967	42753
集装箱及金属包装容器制造	13086	67819	78793	13729	120053
集装箱制造	22	123	145	30	
金属压力容器制造	5376	21842	26682	4697	26290
金属包装容器制造	7687	45854	51965	9002	93763
金属丝绳及其制品的制造	21681	147291	167974	13282	176345
金属丝绳及其制品的制造	21681	147291	167974	13282	176345
建筑、安全用金属制品制造	49223	256738	241128	72455	328563
建筑、家具用金属配件制造	24197	113329	114253	40191	132338
建筑装饰及水暖管道零件制造	20883	123680	106632	26831	173011
安全、消防用金属制品制造	3069	15860	16113	3812	17372
其他建筑、安全用金属制品制造	1074	3869	4130	1621	5843
金属表面处理及热处理加工	32087	136961	164272	36467	170215
金属表面处理及热处理加工	32087	136961	164272	36467	170215
搪瓷制品制造	2125	10382	10854	4102	19915
工业生产配套用搪瓷制品制造	328	686	1014	326	350
搪瓷卫生洁具制造	753	2692	2924	1224	5705
搪瓷日用品及其他搪瓷制品制造	1045	7004	6917	2552	13860
不锈钢及类似日用金属制品制造	33654	146310	135043	43703	311267
金属制厨房调理及卫生器具制造	6430	33643	32887	9009	51534
金属制厨用器皿及餐具制造	17954	75209	61002	22400	203280
其他日用金属制品制造	9271	37459	41155	12294	56454
其他金属制品制造	11801	87581	95163	11934	63477
其他未列明的金属制品制造	11801	87581	95163	11934	63477
通用设备制造业	492877	2091653	2274802	501421	2707823
锅炉及原动机制造	16590	75217	85548	11619	96157
锅炉及辅助设备制造	8156	33032	38467	5159	52146

1－E－6　续表 11－13　　　　单位：个、万元、人

指标名称	本年应交增值税	本年进项税额	本年销项税额	全部从业人员年平均人数	银行贷款余额
内燃机及配件制造	2158	12612	13641	3664	16723
汽轮机及辅机制造	5360	23974	28356	1776	19690
水轮机及辅机制造	880	3128	4008	862	7028
其他原动机制造	37	2471	1076	158	570
金属加工机械制造	26085	115434	126549	28624	221398
金属切削机床制造	7166	43739	46595	8544	99463
金属成形机床制造	6098	22975	27449	5818	49623
铸造机械制造	2015	6314	7796	2356	10721
金属切割及焊接设备制造	4098	20420	19583	4694	20001
机床附件制造	3220	8596	10257	3363	11385
其他金属加工机械制造	3488	13390	14869	3849	30206
起重运输设备制造	30153	172228	185590	26136	196350
起重运输设备制造	30153	172228	185590	26136	196350
泵、阀门、压缩机及类似机械的制造	136828	552113	583410	138124	628874
泵及真空设备制造	30946	114943	128257	29768	126975
气体压缩机械制造	12068	51722	56289	11101	59237
阀门和旋塞的制造	75338	325672	327385	78954	371439
液压和气压动力机械及元件制造	18477	59776	71479	18301	71223
轴承、齿轮、传动和驱动部件的制造	58088	235944	273339	79061	387037
轴承制造	37244	150935	174311	54559	248794
齿轮、传动和驱动部件制造	20843	85009	99029	24502	138243
烘炉、熔炉及电炉制造	2312	14179	15473	2039	12287
烘炉、熔炉及电炉制造	2312	14179	15473	2039	12287
风机、衡器、包装设备等通用设备制造	55137	252069	264502	59243	387899
风机、风扇制造	4172	15923	18719	4618	39487
气体、液体分离及纯净设备制造	11199	39465	43839	8644	50887
制冷、空调设备制造	15384	80469	91715	12897	109006
风动和电动工具制造	12527	69182	60841	19015	112139
喷枪及类似器具制造	2947	15295	13801	3719	17629
包装专用设备制造	3433	11684	12503	4574	25362
衡器制造	1952	4946	6045	1825	7342
其他通用设备制造	3523	15105	17039	3951	26048
通用零部件制造及机械修理	93121	414774	418102	94032	505698
金属密封件制造	5233	20904	22843	6463	32684
紧固件、弹簧制造	63549	295614	284008	59473	334422
机械零部件加工及设备修理	13616	54702	63161	16135	68345
其他通用零部件制造	10723	43554	48091	11961	70248
金属铸、锻加工	74565	259695	322289	62543	272122
钢铁铸件制造	56622	189404	235479	49054	180335

1－E－6 续表 11－14

单位：个、万元、人

指标名称	本年应交增值税	本年进项税额	本年销项税额	全部从业人员年平均人数	银行贷款余额
锻件及粉末冶金制品制造	17943	70290	86810	13489	91788
专用设备制造业	160994	601587	684186	166769	1009063
矿山、冶金、建筑专用设备制造	14535	55219	65097	10714	76469
采矿、采石设备制造	4319	12913	16308	3473	16564
石油钻采专用设备制造	1928	5785	7472	1275	7392
建筑工程用机械制造	4054	15014	18240	2827	32669
建筑材料生产专用机械制造	3016	13039	15033	2093	9618
冶金专用设备制造	1219	8467	8043	1046	10226
化工、木材、非金属加工专用设备制造	61779	191265	220736	57908	333266
炼油、化工生产专用设备制造	2676	14568	15517	3108	20385
橡胶加工专用设备制造	1527	4448	5777	1210	8401
塑料加工专用设备制造	15412	65773	70199	15570	103053
木材加工机械制造	783	3152	3629	723	1986
模具制造	40957	100352	122968	36608	195573
其他非金属加工专用设备制造	424	2971	2647	689	3869
食品、饮料、烟草及饲料生产专用设备制造	4656	16750	19186	4779	46274
食品、饮料、烟草工业专用设备制造	4071	10486	13002	3522	36264
农副食品加工专用设备制造	441	5492	5414	1093	9460
饲料生产专用设备制造	145	772	770	164	550
印刷、制药、日化生产专用设备制造	11302	43679	48870	12576	67108
制浆和造纸专用设备制造	1214	5106	5916	1685	10009
印刷专用设备制造	4956	19198	21228	5146	35586
日用化工专用设备制造	259	1166	1123	462	1081
制药专用设备制造	3437	11113	12940	3182	14409
照明器具生产专用设备制造	488	2419	2131	698	1960
玻璃、陶瓷和搪瓷制品生产专用设备制造	412	1906	2234	609	2250
其他日用品生产专用设备制造	537	2771	3298	794	1815
纺织、服装和皮革工业专用设备制造	31434	116578	131814	39605	222791
纺织专用设备制造	13063	52968	63696	14981	107609
皮革、毛皮及其制品加工专用设备制造	1684	6281	7610	2084	17985
缝纫机械制造	16516	56423	59629	22183	93042
其他服装加工专用设备制造	172	906	879	357	4156
电子和电工机械专用设备制造	4839	20003	21927	5262	18216
电工机械专用设备制造	1818	10409	10200	2040	7003
电子工业专用设备制造	2905	9463	11545	2959	10853
武器弹药制造	116	131	182	263	360
农、林、牧、渔专用机械制造	4409	37579	32722	8570	64813
拖拉机制造	545	5177	4291	815	22896
机械化农业及园艺机具制造	2262	24016	18570	5174	32264

1-E-6 续表11-15

单位：个、万元、人

指标名称	本年应交增值税	本年进项税额	本年销项税额	全部从业人员年平均人数	银行贷款余额
畜牧机械制造	5		24	15	50
渔业机械制造	47	426	383	208	
农林牧渔机械配件制造	1424	7243	8525	2112	8061
其他农林牧渔业机械制造及机械修理	126	717	930	246	1543
医疗仪器设备及器械制造	8433	26736	30821	10706	63893
医疗诊断、监护及治疗设备制造	1555	5068	5946	2040	29210
口腔科用设备及器具制造	128	482	534	366	1290
实验室及医用消毒设备和器具的制造	259	1236	1437	491	3050
医疗、外科及兽医用器械制造	4616	12553	15475	4947	18305
机械治疗及病房护理设备制造	858	3017	3211	911	5113
假肢、人工器官及植(介)入器械制造	211	477	641	318	1740
其他医疗设备及器械制造	805	3904	3577	1633	5185
环保、社会公共安全及其他专用设备制造	19607	93778	113014	16649	116232
环境污染防治专用设备制造	12310	56159	73330	7899	67638
地质勘查专用设备制造	54	186	240	24	
邮政专用机械及器材制造	193	647	809	355	1330
商业、饮食、服务业专用设备制造	145	833	977	258	400
社会公共安全设备及器材制造	4337	24436	24440	5275	29709
交通安全及管制专用设备制造	88	964	1052	276	200
水资源专用机械制造	718	3374	3954	609	4240
其他专用设备制造	1761	7181	8211	1953	12715
交通运输设备制造业	253249	991529	1084269	265045	1674920
铁路运输设备制造	1653	5627	6415	1633	20997
铁路机车车辆配件制造	585	1807	2115	645	2970
铁路专用设备及器材、配件制造	829	3476	3764	800	12472
其他铁路设备制造及设备修理	239	344	535	188	5555
汽车制造	147841	591435	657841	168257	903088
汽车整车制造	6719	23317	17433	4043	56085
改装汽车制造	1248	10015	11159	905	10521
汽车车身、挂车的制造	305	3743	3873	583	3507
汽车零部件及配件制造	134578	530371	596981	158935	806562
汽车修理	4992	23990	28396	3791	26413
摩托车制造	35176	135904	146105	37913	239121
摩托车整车制造	6489	31272	19176	3252	51705
摩托车零部件及配件制造	28687	104633	126929	34661	187416
自行车制造	13968	79583	81157	20046	141717
脚踏自行车及残疾人座车制造	6679	41357	40337	11429	72600
助动自行车制造	7290	38225	40821	8617	69117
船舶及浮动装置制造	52067	163245	176816	34242	335128

1－E－6　续表 11－16

单位：个、万元、人

指标名称	本年应交增值税	本年进项税额	本年销项税额	全部从业人员年平均人数	银行贷款余额
金属船舶制造	34344	112459	112788	15022	180539
非金属船舶制造	251	1087	1030	353	1535
娱乐船和运动船的建造和修理	438	2135	1889	1250	13260
船用配套设备制造	8006	30985	37785	5936	97938
船舶修理及拆船	9029	16579	23323	11681	41855
航空航天器制造	218	919	1121	291	2759
飞机制造及修理	170	517	670	171	2759
其他飞行器制造	49	402	451	120	
交通器材及其他交通运输设备制造	2325	14816	14815	2663	32110
潜水及水下救捞装备制造				12	183
交通管理用金属标志及设施制造	2004	12229	12831	1996	28300
其他交通运输设备制造	322	2587	1984	655	3627
电气机械及器材制造业	387286	2087148	2150104	405529	2772077
电机制造	53129	265092	278883	61515	309563
发电机及发电机组制造	7484	57691	54592	6266	67462
电动机制造	17878	86933	95217	21781	98901
微电机及其他电机制造	27767	120469	129075	33468	143201
输配电及控制设备制造	124452	463697	527971	111359	663141
变压器、整流器和电感器制造	18541	79842	89668	14874	112631
电容器及其配套设备制造	5675	17400	21925	4645	15419
配电开关控制设备制造	58422	223268	253826	54202	353455
电力电子元器件制造	30697	105453	121516	30580	144088
其他输配电及控制设备制造	11118	37734	41036	7058	37550
电线、电缆、光缆及电工器材制造	74733	603129	638701	50780	663116
电线电缆制造	66242	534374	564074	43355	579613
光纤、光缆制造	1825	45484	46704	1568	49543
绝缘制品制造	3357	10687	13421	2573	11924
其他电工器材制造	3309	12584	14502	3284	22037
电池制造	22797	170324	149998	17042	256145
电池制造	22797	170324	149998	17042	256145
家用电力器具制造	49402	281895	253665	69125	451532
家用制冷电器具制造	3758	25738	28764	3542	32148
家用空气调节器制造	2895	14563	11317	3516	26213
家用通风电器具制造	4350	19202	20713	3999	28569
家用厨房电器具制造	7907	60094	44631	14714	106349
家用清洁卫生电器具制造	9395	48554	40584	8654	101994
家用美容、保健电器具制造	3981	19361	14695	8535	27486
家用电力器具专用配件制造	10145	48766	54982	13525	54197
其他家用电力器具制造	6972	45618	37980	12640	74576

1－E－6 续表 11－17

单位：个、万元、人

指标名称	本年应交增值税	本年进项税额	本年销项税额	全部从业人员年平均人数	银行贷款余额
非电力家用器具制造	4119	27047	28120	6344	49734
燃气、太阳能及类似能源的器具制造	3707	23334	25556	5172	39829
其他非电力家用器具制造	412	3713	2564	1172	9905
照明器具制造	52433	253405	247281	81260	334182
电光源制造	17754	81081	90551	31049	81129
照明灯具制造	26560	136132	119640	36793	202023
灯用电器附件及其他照明器具制造	8119	36192	37091	13418	51030
其他电气机械及器材制造	6222	22558	25484	8104	44665
车辆专用照明及电气信号设备装置制造	4234	17232	18672	6037	36601
其他未列明的电气机械制造	1988	5326	6812	2067	8064
通信设备、计算机及其他电子设备制造业	113380	456720	482475	129309	799100
通信设备制造	23608	83551	96577	16430	169145
通信传输设备制造	8453	27900	28370	4718	18447
通信交换设备制造	5399	12038	16904	2270	20695
通信终端设备制造	1725	8003	9005	2593	28600
移动通信及终端设备制造	4824	24758	29056	3801	31278
其他通信设备制造	3207	10853	13243	3048	70125
雷达及配套设备制造	117	435	498	41	2550
雷达及配套设备制造	117	435	498	41	2550
广播电视设备制造	4770	22411	20366	6439	34951
广播电视节目制作及发射设备制造	514	1351	1276	400	3550
广播电视接收设备及器材制造	2574	15441	13705	5222	23693
应用电视设备及其他广播电视设备制造	1682	5619	5385	817	7708
电子计算机制造	5089	22096	22452	6220	44228
电子计算机整机制造	153	578	731	146	1180
计算机网络设备制造	1141	6817	6794	1638	4671
电子计算机外部设备制造	3795	14701	14927	4436	38377
电子器件制造	21737	83777	88708	20640	171316
电子真空器件制造	1266	3127	4717	1433	3904
半导体分立器件制造	5555	27305	30580	5568	70228
集成电路制造	5798	19726	21799	3909	43318
光电子器件及其他电子器件制造	9118	33619	31611	9730	53866
电子元件制造	46577	191533	204025	63831	299918
电子元件及组件制造	42979	173029	185745	58057	275973
印制电路板制造	3598	18504	18279	5774	23945
家用视听设备制造	7857	35305	32053	9609	54829
家用影视设备制造	3119	10722	8304	2246	27447
家用音响设备制造	4739	24583	23749	7363	27382
其他电子设备制造	3625	17612	17796	6099	22164

1－E－6 续表 11－18

单位：个、万元、人

指 标 名 称	本年应交增值税	本年进项税额	本年销项税额	全部从业人员年平均人数	银行贷款余额
其他电子设备制造	3625	17612	17796	6099	22164
仪器仪表及文化、办公用机械制造业	77001	260553	304238	91080	453101
通用仪器仪表制造	44788	151795	180988	38348	185175
工业自动控制系统装置制造	15415	51328	64721	11192	55997
电工仪器仪表制造	9039	31825	37400	7459	33138
绘图、计算及测量仪器制造	2697	9324	10652	3318	22812
实验分析仪器制造	3148	8658	10088	3625	9764
试验机制造	673	2060	2325	975	5083
供应用仪表及其他通用仪器制造	13815	48602	55803	11779	58382
专用仪器仪表制造	11595	35953	43546	11978	46995
环境监测专用仪器仪表制造	839	3832	4219	623	6383
汽车及其他用计数仪表制造	4910	15576	18013	5610	18990
导航、气象及海洋专用仪器制造	811	3055	3783	884	4840
农林牧渔专用仪器仪表制造	76	842	918	95	1350
地质勘探和地震专用仪器制造	35	164	198	78	
教学专用仪器制造	1941	7734	8861	2523	11526
电子测量仪器制造	2009	2089	4028	1046	625
其他专用仪器制造	975	2661	3525	1119	3281
钟表与计时仪器制造	2822	12469	13794	5410	28341
钟表与计时仪器制造	2822	12469	13794	5410	28341
光学仪器及眼镜制造	13238	40671	47325	26739	126241
光学仪器制造	2013	7801	8317	4343	27762
眼镜制造	11225	32870	39008	22396	98479
文化、办公用机械制造	3623	16941	15034	7550	65548
电影机械制造	199	1160	1262	453	
幻灯及投影设备制造		260	108	69	
照相机及器材制造	793	4386	2661	2128	25060
复印和胶印设备制造	983	4183	4638	1434	15609
计算器及货币专用设备制造	1211	3226	3621	1616	3755
其他文化、办公用机械制造	437	3726	2744	1850	21124
其他仪器仪表的制造及修理	936	2725	3550	1055	800
其他仪器仪表的制造及修理	936	2725	3550	1055	800
工艺品及其他制造业	107908	397579	412489	159881	750970
工艺美术品制造	68940	253452	256928	108720	539535
雕塑工艺品制造	10922	24740	26116	20886	51863
金属工艺品制造	8564	42703	38829	16854	64331
漆器工艺品制造	6259	11481	13501	7020	22980
花画工艺品制造	1096	7085	5072	3886	14547
天然植物纤维编织工艺品制造	3476	11168	12564	4377	17149

1－E－6 续表 11－19 单位：个、万元、人

指 标 名 称	本年应交增值税	本年进项税额	本年销项税额	全部从业人员年平均人数	银行贷款余额
抽纱刺绣工艺品制造	20657	79929	86481	26064	169724
地毯、挂毯制造	3440	15301	14229	5065	26315
珠宝首饰及有关物品的制造	2088	20858	19386	3640	51778
其他工艺美术品制造	12438	40186	40751	20928	120847
日用杂品制造	37284	132385	143482	49698	198940
制镜及类似品加工	2951	14388	16082	3446	18537
鬃毛加工、制刷及清扫工具的制造	2777	13171	11692	6041	29051
其他日用杂品制造	31555	104826	115708	40211	151353
煤制品制造	174	1097	1263	137	1200
煤制品制造	174	1097	1263	137	1200
核辐射加工	78	77	154	52	1000
核辐射加工	78	77	154	52	1000
其他未列明的制造业	1433	10568	10663	1274	10295
其他未列明的制造业	1433	10568	10663	1274	10295
废弃资源和废旧材料回收加工业	27770	287451	290137	12997	153932
金属废料和碎屑的加工处理	22574	266345	264794	9952	121026
金属废料和碎屑的加工处理	22574	266345	264794	9952	121026
非金属废料和碎屑的加工处理	5197	21106	25343	3045	32906
非金属废料和碎屑的加工处理	5197	21106	25343	3045	32906
电力、燃气及水的生产和供应业	**355969**	**783327**	**1081817**	**45952**	**4748016**
电力、热力的生产和供应业	317624	700508	964861	28867	3606495
电力生产	209178	331878	496498	19504	3454495
火力发电	165895	327136	466383	11996	2532831
水力发电	41336	2503	26768	6282	832041
其他能源发电	1948	2239	3347	1226	89623
电力供应	101907	343176	436719	7381	61497
电力供应	101907	343176	436719	7381	61497
热力生产和供应	6538	25455	31643	1982	90503
热力生产和供应	6538	25455	31643	1982	90503
燃气生产和供应业	17776	73342	91201	2921	231394
燃气生产和供应业	17776	73342	91201	2921	231394
燃气生产和供应业	17776	73342	91201	2921	231394
水的生产和供应业	20569	9478	25755	14164	910127
自来水的生产和供应	19855	6767	22592	12038	657893
自来水的生产和供应	19855	6767	22592	12038	657893
污水处理及其再生利用	698	2710	3163	2053	252235
污水处理及其再生利用	698	2710	3163	2053	252235
其他水的处理、利用与分配	16			73	
其他水的处理、利用与分配	16			73	

1-E-6 续表12-1

单位：个、万元、人

指标名称	固定资产实际投资额	产销率（%）	资产负债率（%）	成本费用利润率（%）	每百元资金实现利税（元）
总 计	**10131358**	**96.94**	**62.06**	**3.69**	**8.92**
一、按轻重工业分					
轻工业	4135597	97.25	62.97	3.66	8.86
重工业	5995761	96.71	61.40	3.71	8.97
二、按登记注册类型分					
内 资	**7130254**	**96.95**	**64.51**	**3.61**	**9.56**
国 有	414162	99.69	57.17	0.24	5.24
集 体	23168	97.85	58.23	4.89	11.92
股份合作企业	78866	96.91	59.39	3.78	11.25
联营企业	759	99.88	56.60	0.39	5.30
国有联营		108.58	50.82	0.53	3.99
集体联营	17	97.85	53.86	2.67	11.12
国有与集体联营	67	101.05	68.64	-0.49	4.42
其他联营	675	97.53	56.98	-0.54	4.16
有限责任公司	1493811	97.13	63.29	3.56	8.21
国有独资公司	39326	99.16	68.17	-0.73	1.28
其他有限责任公司	1454484	97.11	63.14	3.59	8.42
股份有限公司	193851	96.79	51.49	6.94	11.04
私营企业	4907202	96.78	66.09	3.68	10.17
私营独资	322295	97.46	66.86	4.07	13.52
私营合伙	88585	97.50	63.84	5.02	15.82
私营有限责任公司	4407573	96.68	66.19	3.60	9.77
私营股份有限公司	88749	96.68	61.08	3.70	8.35
其 他	18435	99.18	71.22	2.96	7.12
港澳台商投资	**1422902**	**96.95**	**56.86**	**3.93**	**7.27**
与港澳台商合资经营	681425	97.50	59.62	4.33	8.32
与港澳台商合作经营	9733	98.06	45.96	7.52	10.78
港澳台商独资	703282	95.99	53.67	2.84	5.39
港澳台商投资股份有限公司	28462	95.88	53.63	7.47	9.29
外商投资	**1578202**	**96.83**	**53.72**	**3.97**	**7.15**
中外合资经营	719672	96.91	55.93	4.93	9.19
中外合作经营	14180	97.50	53.56	5.30	9.40
外资企业	826502	96.72	50.92	2.55	4.59
外商投资股份有限公司	17849	94.86	59.15	3.11	5.83
三、按控股情况分					
国有控股	873288	99.54	58.65	1.87	5.71
集体控股	158860	98.37	60.76	4.65	9.95
私人控股	6600991	96.77	64.69	3.84	10.04
港澳台商控股	1133751	96.52	54.98	3.43	6.15
外商控股	1142488	96.89	51.91	3.01	5.66

1-E-6 续表12-2 单位：个、万元、人

指标名称	固定资产实际投资额	产销率（%）	资产负债率（%）	成本费用利润率（%）	每百元资金实现利税（元）
其　他	221980	97.09	63.05	5.01	8.93
四、按国民经济行业（门类、大类、中类、小类）分					
采矿业	**45307**	**96.30**	**58.81**	**7.55**	**19.93**
黑色金属矿采选业	833	80.29	67.65	27.78	17.50
铁矿采选	833	80.29	67.65	27.78	17.50
铁矿采选	833	80.29	67.65	27.78	17.50
有色金属矿采选业	4966	92.47	59.09	2.02	11.00
常用有色金属矿采选	685	98.24	69.47	-2.79	4.15
铜矿采选	301	98.07	89.51	-11.77	-12.30
铅锌矿采选	384	98.33	62.77	1.73	10.29
贵金属矿采选	320	91.15	55.90	20.77	19.27
金矿采选		83.33	29.82	42.50	17.21
银矿采选	320	98.21	75.12	6.18	23.69
稀有稀土金属矿采选	3962	84.52	44.95	7.57	16.79
钨钼矿采选	3962	84.52	44.95	7.57	16.79
非金属矿采选业	39508	99.31	56.64	5.45	21.41
土砂石开采	37940	99.32	54.93	5.61	22.09
石灰石、石膏开采	2037	96.98	66.95	-0.63	17.99
建筑装饰用石开采	8063	99.67	41.97	7.84	28.93
耐火土石开采	3556	99.42	61.02	7.10	20.63
粘土及其他土砂石开采	24284	99.78	56.96	4.84	18.31
化学矿采选	294	97.29	83.81	-2.05	3.91
化学矿采选	294	97.29	83.81	-2.05	3.91
采　盐		122.71	45.63	5.04	5.61
采　盐		122.71	45.63	5.04	5.61
石棉及其他非金属矿采选	1274	98.40	82.45	2.72	15.29
其他非金属矿采选	1274	98.40	82.45	2.72	15.29
制造业	**9050089**	**96.83**	**62.23**	**3.77**	**9.27**
农副食品加工业	188998	95.46	66.03	3.01	7.76
谷物磨制	3658	98.88	75.46	1.01	3.76
谷物磨制	3658	98.88	75.46	1.01	3.76
饲料加工	26288	98.73	62.14	3.31	14.49
饲料加工	26288	98.73	62.14	3.31	14.49
植物油加工	20136	93.62	82.58	0.56	2.48
食用植物油加工	19143	93.68	82.59	0.58	2.51
非食用植物油加工	993	88.47	81.36	-1.33	0.81
屠宰及肉类加工	28055	97.04	60.03	3.82	10.37
畜禽屠宰	9912	99.44	54.13	2.98	6.68
肉制品及副产品加工	18144	96.65	60.95	3.96	10.89
水产品加工	71289	93.59	66.00	3.03	6.18

1-E-6 续表12-3

单位：个、万元、人

指 标 名 称	固定资产实际投资额	产销率（%）	资产负债率（%）	成本费用利润率（%）	每百元资金实现利税（元）
水产品冷冻加工	49139	92.88	67.66	3.29	7.03
鱼糜制品及水产品干腌制加工	6232	94.62	63.64	1.79	3.79
水产饲料制造	11690	100.11	60.30	3.52	5.98
鱼油提取及制品的制造	91	86.49	40.32	5.07	6.71
其他水产品加工	4137	90.85	61.09	-0.68	1.68
蔬菜、水果和坚果加工	14720	96.82	54.78	5.99	12.78
蔬菜、水果和坚果加工	14720	96.82	54.78	5.99	12.78
其他农副食品加工	24853	93.56	65.64	4.37	6.28
淀粉及淀粉制品的制造	10321	103.18	76.10	3.29	3.36
豆制品制造	1806	95.47	60.76	8.10	13.46
蛋品加工	1320	97.52	52.39	5.50	15.87
其他未列明的农副食品加工	11406	86.58	64.57	2.20	3.39
食品制造业	87023	97.00	56.52	6.06	11.52
焙烤食品制造	18337	97.79	49.61	7.32	17.70
糕点、面包制造	9451	97.40	60.07	3.92	15.26
饼干及其他焙烤食品制造	8886	98.15	41.36	10.73	19.49
糖果、巧克力及蜜饯制造	4445	97.07	54.66	10.93	14.95
糖果、巧克力制造	3944	96.28	45.14	17.10	22.75
蜜饯制作	500	98.18	65.60	2.75	5.44
方便食品制造	13934	98.85	48.11	8.05	18.93
米、面制品制造	1876	97.96	57.53	5.85	10.31
速冻食品制造	8310	104.10	51.66	-0.57	2.56
方便面及其他方便食品制造	3748	97.46	42.46	12.20	36.18
液体乳及乳制品制造	4534	96.73	63.27	4.37	8.30
液体乳及乳制品制造	4534	96.73	63.27	4.37	8.30
罐头制造	9512	92.40	67.44	3.34	6.65
肉、禽类罐头制造	54	96.45	57.04	16.55	39.38
水产品罐头制造	1462	99.97	79.95	-1.47	-0.74
蔬菜、水果罐头制造	6937	91.24	66.30	3.44	6.95
其他罐头食品制造	1059	101.75	46.91	1.99	5.46
调味品、发酵制品制造	12895	98.49	59.63	4.82	8.28
味精制造	506	101.32	76.86	-1.83	-0.64
酱油、食醋及类似制品的制造	7013	98.01	64.48	6.83	12.96
其他调味品、发酵制品制造	5376	97.64	44.15	7.62	10.60
其他食品制造	23368	98.15	51.86	5.75	11.37
营养、保健食品制造	11423	98.93	44.26	7.84	15.08
冷冻饮品及食用冰制造	1059	97.00	62.77	4.02	7.45
盐加工	470	97.27	40.30	19.91	34.80
食品及饲料添加剂制造	9505	97.87	56.58	3.37	7.91
其他未列明的食品制造	910	92.30	56.15	4.05	17.14

1－E－6 续表12－4

单位：个、万元、人

指标名称	固定资产实际投资额	产销率（%）	资产负债率（%）	成本费用利润率（%）	每百元资金实现利税（元）
饮料制造业	114086	97.71	55.40	11.81	16.06
酒精制造	4471	137.45	97.39	－7.82	0.04
酒精制造	4471	137.45	97.39	－7.82	0.04
酒的制造	34878	94.75	65.54	4.78	10.00
白酒制造	3722	98.15	51.39	17.99	18.07
啤酒制造	27869	102.27	72.08	－1.45	5.23
黄酒制造	3232	87.75	62.73	5.05	12.25
其他酒制造	54	99.45	66.26	6.55	14.23
软饮料制造	60539	98.62	37.31	26.00	28.22
碳酸饮料制造	15493	100.15	28.98	12.78	18.63
瓶（罐）装饮用水制造	17921	89.72	52.06	23.41	24.75
果菜汁及果菜汁饮料制造	14902	102.29	66.91	－1.11	1.53
含乳饮料和植物蛋白饮料制造	5326	97.08	24.37	131.23	143.26
固体饮料制造	4675	102.30	48.70	8.70	8.74
茶饮料及其他软饮料制造	2223	99.78	11.16	27.11	33.27
精制茶加工	14199	97.62	65.00	4.52	9.50
精制茶加工	14199	97.62	65.00	4.52	9.50
烟草制品业	594	101.00	18.69	38.42	41.10
其他烟草制品加工	594	101.00	18.69	38.42	41.10
其他烟草制品加工	594	101.00	18.69	38.42	41.10
纺织业	1230310	97.61	65.12	2.99	7.92
棉、化纤纺织及印染精加工	605166	98.02	66.58	2.83	7.42
棉、化纤纺织加工	421094	97.91	65.66	2.91	7.44
棉、化纤印染精加工	184072	98.40	69.14	2.58	7.38
毛纺织和染整精加工	46291	96.81	65.78	4.28	8.68
毛条加工	5451	94.12	66.69	5.77	11.31
毛纺织	31547	97.45	64.82	3.78	7.97
毛染整精加工	9293	98.21	68.28	4.29	8.65
麻纺织	403	95.79	66.85	1.16	4.67
麻纺织	403	95.79	66.85	1.16	4.67
丝绢纺织及精加工	67561	97.31	64.71	2.74	8.97
缫丝加工	7754	97.42	72.90	0.35	5.71
绢纺和丝织加工	44152	97.17	63.48	3.43	10.31
丝印染精加工	15655	98.18	60.78	1.58	6.73
纺织制成品制造	186021	96.54	65.21	2.58	6.92
棉及化纤制品制造	75750	97.20	64.99	2.42	7.45
毛制品制造	8478	95.79	68.90	1.71	5.78
麻制品制造	832	99.15	70.21	2.28	18.29
丝制品制造	15498	98.41	64.56	2.87	6.99
绳、索、缆的制造	5004	94.10	64.12	3.96	11.13

1－E－6 续表12－5

单位：个、万元、人

指 标 名 称	固定资产实际投资额	产销率（%）	资产负债率（%）	成本费用利润率（%）	每百元资金实现利税（元）
纺织带和帘子布制造	15297	96.12	64.31	2.66	6.26
无纺布制造	41938	94.58	68.13	3.05	7.34
其他纺织制成品制造	23224	97.53	61.38	1.87	4.84
针织品、编织品及其制品制造	324868	97.81	62.65	3.39	8.97
棉、化纤针织品及编织品制造	234531	97.69	62.45	3.60	9.22
毛针织品及编织品制造	52718	98.49	62.81	3.04	8.97
丝针织品及编织品制造	9991	97.57	63.76	2.37	8.03
其他针织品及编织品制造	27628	97.64	63.83	2.36	6.47
纺织服装、鞋、帽制造业	244094	97.80	62.46	2.97	9.86
纺织服装制造	232742	97.79	62.70	2.95	9.80
纺织服装制造	232742	97.79	62.70	2.95	9.80
纺织面料鞋的制造	7604	98.09	54.42	3.80	12.16
纺织面料鞋的制造	7604	98.09	54.42	3.80	12.16
制 帽	3748	98.34	60.88	2.39	9.18
制 帽	3748	98.34	60.88	2.39	9.18
皮革、毛皮、羽毛(绒)及其制品业	129623	97.46	66.60	2.69	10.17
皮革鞣制加工	16914	94.68	64.73	1.70	6.64
皮革鞣制加工	16914	94.68	64.73	1.70	6.64
皮革制品制造	100235	98.12	65.47	2.91	12.06
皮鞋制造	47785	97.96	63.51	3.96	14.49
皮革服装制造	16754	99.13	67.84	1.36	8.63
皮箱、包(袋)制造	28327	98.08	70.31	1.58	9.59
皮手套及皮装饰制品制造	3726	97.26	55.57	1.86	8.16
其他皮革制品制造	3643	97.93	66.37	2.72	8.84
毛皮鞣制及制品加工	5651	94.87	76.25	3.69	10.72
毛皮鞣制加工	1783	98.45	63.49	4.40	9.57
毛皮服装加工	1587	92.11	77.74	2.93	13.85
其他毛皮制品加工	2281	95.01	82.25	3.91	9.02
羽毛(绒)加工及制品制造	6823	96.54	71.69	1.47	3.87
羽毛(绒)加工	921	99.65	84.80	1.82	5.25
羽毛(绒)制品加工	5902	96.11	70.38	1.42	3.72
木材加工及木、竹、藤、棕、草制品业	134372	97.11	55.12	5.10	16.60
锯材、木片加工	5884	96.46	55.59	5.16	24.28
锯材加工	1102	95.33	55.77	7.62	23.91
木片加工	4782	97.32	55.42	3.38	24.68
人造板制造	55015	96.59	54.07	5.26	13.99
胶合板制造	21320	97.11	58.56	3.26	11.35
纤维板制造	7419	92.14	46.81	11.73	20.68
刨花板制造	1753	98.31	70.21	2.85	5.97
其他人造板、材制造	24523	97.98	43.38	8.01	17.56

1-E-6 续表 12-6

单位：个、万元、人

指标名称	固定资产实际投资额	产销率（%）	资产负债率（%）	成本费用利润率（%）	每百元资金实现利税（元）
木制品制造	54510	97.86	52.27	4.96	19.77
建筑用木料及木材组件加工	36138	97.99	50.67	5.55	22.97
木容器制造	4191	98.91	64.43	2.61	10.08
软木制品及其他木制品制造	14180	96.32	53.73	1.54	8.43
竹、藤、棕、草制品制造	18964	96.59	62.54	5.07	15.34
竹、藤、棕、草制品制造	18964	96.59	62.54	5.07	15.34
家具制造业	120543	96.64	64.01	2.91	7.68
木质家具制造	51921	96.41	63.39	3.40	7.42
木质家具制造	51921	96.41	63.39	3.40	7.42
竹、藤家具制造	3135	95.45	52.07	3.61	9.91
竹、藤家具制造	3135	95.45	52.07	3.61	9.91
金属家具制造	32192	96.93	64.61	2.51	8.22
金属家具制造	32192	96.93	64.61	2.51	8.22
塑料家具制造	7568	95.11	59.53	3.78	11.76
塑料家具制造	7568	95.11	59.53	3.78	11.76
其他家具制造	25727	97.66	68.51	1.50	5.49
其他家具制造	25727	97.66	68.51	1.50	5.49
造纸及纸制品业	220272	97.00	64.32	3.72	8.92
纸浆制造	801	95.87	70.00	0.84	5.45
纸浆制造	801	95.87	70.00	0.84	5.45
造　纸	109390	97.02	65.55	3.81	9.78
机制纸及纸板制造	101631	97.03	65.43	3.88	10.00
手工纸制造	150	95.90	50.74	4.31	10.24
加工纸制造	7608	96.89	67.21	2.97	7.21
纸制品制造	110081	96.99	62.72	3.62	7.91
纸和纸板容器的制造	66817	97.71	62.80	3.79	7.78
其他纸制品制造	43264	95.19	62.51	3.16	8.28
印刷业和记录媒介的复制	208033	98.53	59.07	6.56	9.70
印　刷	196801	98.54	59.12	6.84	10.05
书、报、刊印刷	76085	98.80	62.13	4.21	6.34
本册印制	3170	99.04	62.58	3.45	6.76
包装装潢及其他印刷	117547	98.46	58.17	7.60	11.15
装订及其他印刷服务活动	8226	97.92	48.49	3.64	8.16
装订及其他印刷服务活动	8226	97.92	48.49	3.64	8.16
记录媒介的复制	3006	98.51	65.35	2.29	2.41
记录媒介的复制	3006	98.51	65.35	2.29	2.41
文教体育用品制造业	96447	97.04	62.29	2.54	7.52
文化用品制造	32336	96.70	61.06	2.28	6.36
文具制造	12197	97.75	62.57	1.59	5.47
笔的制造	16691	95.39	61.24	2.96	7.26

1-E-6 续表 12-7

单位：个、万元、人

指 标 名 称	固定资产实际投资额	产销率（%）	资产负债率（%）	成本费用利润率（%）	每百元资金实现利税（元）
教学用模型及教具制造	1489	97.03	53.22	1.41	6.67
墨水、墨汁制造		99.09	23.81	14.08	13.14
其他文化用品制造	1959	98.74	54.57	2.61	5.51
体育用品制造	30002	97.99	60.13	1.72	5.83
球类制造	10516	97.76	62.02	-0.80	3.00
体育器材及配件制造	10755	97.69	58.60	2.95	6.64
训练健身器材制造	7421	98.14	56.21	1.71	6.36
运动防护用具制造	145	95.25	60.99	1.71	7.45
其他体育用品制造	1166	99.27	72.55	1.83	4.86
乐器制造	1338	96.54	54.27	4.92	10.86
中乐器制造	83	100.00	39.83	-1.04	-1.15
西乐器制造	576	96.63	54.88	4.85	12.84
电子乐器制造	76	99.48	41.11	9.06	9.76
其他乐器及零件制造	603	94.30	66.55	2.93	9.01
玩具制造	22103	95.76	65.26	3.31	11.07
玩具制造	22103	95.76	65.26	3.31	11.07
游艺器材及娱乐用品制造	10669	98.83	68.13	2.69	7.80
露天游乐场所游乐设备制造	9676	99.33	71.16	3.10	8.00
游艺用品及室内游艺器材制造	993	96.80	49.76	1.02	6.71
石油加工、炼焦及核燃料加工业	12148	98.91	77.37	0.24	6.58
精炼石油产品的制造	12148	96.92	69.55	4.08	12.56
原油加工及石油制品制造	12148	96.92	69.55	4.08	12.56
炼 焦		103.84	109.68	-7.75	-11.59
炼 焦		103.84	109.68	-7.75	-11.59
化学原料及化学制品制造业	896407	96.35	60.92	3.26	7.78
基础化学原料制造	239859	93.81	62.37	4.72	9.87
无机酸制造	10914	98.66	53.08	4.89	13.99
无机碱制造	15338	98.44	75.03	3.81	16.77
无机盐制造	16077	96.70	66.78	6.55	12.81
有机化学原料制造	90288	92.73	63.33	3.79	7.61
其他基础化学原料制造	107241	92.62	58.54	7.92	13.53
肥料制造	5305	95.70	62.91	5.03	9.70
氮肥制造	2821	95.58	73.57	2.16	8.10
磷肥制造	247	95.12	63.53	1.60	4.03
复混肥料制造	2218	96.14	54.47	8.31	12.03
有机肥料及微生物肥料制造		99.50	56.55	2.55	6.01
其他肥料制造	19	78.43	6.21	4.00	11.48
农药制造	20486	95.02	60.20	6.53	13.47
化学农药制造	18507	95.10	62.40	6.57	13.60

1-E-6 续表12-8

单位：个、万元、人

指标名称	固定资产实际投资额	产销率(%)	资产负债率(%)	成本费用利润率(%)	每百元资金实现利税(元)
生物化学农药及微生物农药制造	1979	94.14	36.14	6.02	11.90
涂料、油墨、颜料及类似产品制造	70813	97.78	59.08	6.08	11.79
涂料制造	19834	98.78	58.23	5.52	11.80
油墨及类似产品制造	6731	97.13	47.71	7.65	13.68
颜料制造	14890	95.08	57.87	4.60	8.89
染料制造	25016	97.89	61.96	6.80	12.01
密封用填料及类似品制造	4343	96.17	55.46	6.50	17.04
合成材料制造	345472	97.43	68.75	-2.31	-1.23
初级形态的塑料及合成树脂制造	331090	96.19	67.37	-2.36	-1.02
合成橡胶制造	1322	99.19	49.46	6.78	13.29
合成纤维单(聚合)体的制造	11503	101.69	77.56	-2.87	-3.61
其他合成材料制造	1557	98.50	64.83	3.32	12.39
专用化学产品制造	165734	96.84	53.80	5.29	12.99
化学试剂和助剂制造	53996	97.57	57.97	4.00	12.30
专项化学用品制造	24363	97.01	53.29	4.54	12.86
林产化学产品制造	3934	95.95	57.19	4.41	14.69
炸药及火工产品制造	640	90.57	52.95	7.05	16.87
信息化学品制造	52187	93.09	44.50	10.09	12.90
环境污染处理专用药剂材料制造	11786	100.10	51.83	9.20	14.02
动物胶制造	2524	99.81	38.89	7.18	15.48
其他专用化学产品制造	16304	98.11	65.59	5.05	15.12
日用化学产品制造	48739	95.69	49.78	7.45	12.07
肥皂及合成洗涤剂制造	4762	95.53	61.80	2.03	7.13
化妆品制造	5571	97.93	47.57	5.57	10.84
口腔清洁用品制造	300	96.16	63.88	5.50	8.47
香料、香精制造	32631	93.58	44.11	15.56	16.85
其他日用化学产品制造	5474	95.80	58.33	1.45	5.44
医药制造业	134770	94.66	56.51	7.25	10.95
化学药品原药制造	59899	93.73	61.85	5.28	10.44
化学药品原药制造	59899	93.73	61.85	5.28	10.44
化学药品制剂制造	13421	96.18	51.22	7.11	8.15
化学药品制剂制造	13421	96.18	51.22	7.11	8.15
中药饮片加工	6571	97.65	57.90	4.13	6.49
中药饮片加工	6571	97.65	57.90	4.13	6.49
中成药制造	16071	94.44	62.96	12.69	13.41
中成药制造	16071	94.44	62.96	12.69	13.41
兽用药品制造	10352	95.30	58.37	13.21	12.25
兽用药品制造	10352	95.30	58.37	13.21	12.25
生物、生化制品的制造	19726	95.51	47.09	8.66	13.60

1-E-6 续表12-9

单位:个、万元、人

指 标 名 称	固定资产实际投资额	产销率 (%)	资产负债率 (%)	成本费用利润率 (%)	每百元资金实现利税 (元)
生物、生化制品的制造	19726	95.51	47.09	8.66	13.60
卫生材料及医药用品制造	8730	93.42	53.90	5.48	12.12
卫生材料及医药用品制造	8730	93.42	53.90	5.48	12.12
化学纤维制造业	182024	97.19	67.96	1.26	3.38
纤维素纤维原料及纤维制造	2746	99.40	70.11	0.47	2.09
化纤浆粕制造	40	98.26	53.10	4.08	11.20
人造纤维(纤维素纤维)制造	2706	99.49	70.92	0.19	1.62
合成纤维制造	179278	97.12	67.86	1.29	3.43
锦纶纤维制造	9077	96.45	70.50	0.47	2.01
涤纶纤维制造	112004	97.73	69.33	1.80	4.38
腈纶纤维制造	2403	98.57	56.92	2.39	8.73
维纶纤维制造	451	93.93	71.29	1.99	1.93
其他合成纤维制造	55342	95.84	64.26	0.36	2.24
橡胶制品业	75367	97.23	60.51	4.29	11.23
轮胎制造	8095	96.43	59.67	3.93	6.97
车辆、飞机及工程机械轮胎制造	5975	97.06	59.54	3.40	6.11
力车胎制造	1810	96.30	56.07	5.03	8.07
轮胎翻新加工	310	92.22	73.04	6.04	14.97
橡胶板、管、带的制造	29630	96.75	59.00	4.73	10.10
橡胶板、管、带的制造	29630	96.75	59.00	4.73	10.10
橡胶零件制造	11622	97.12	61.72	5.59	11.09
橡胶零件制造	11622	97.12	61.72	5.59	11.09
再生橡胶制造	3384	96.76	64.30	4.19	11.16
再生橡胶制造	3384	96.76	64.30	4.19	11.16
日用及医用橡胶制品制造	2143	96.96	67.69	4.42	10.61
日用及医用橡胶制品制造	2143	96.96	67.69	4.42	10.61
橡胶靴鞋制造	9669	97.96	60.71	4.24	15.27
橡胶靴鞋制造	9669	97.96	60.71	4.24	15.27
其他橡胶制品制造	10824	97.18	59.06	2.97	10.76
其他橡胶制品制造	10824	97.18	59.06	2.97	10.76
塑料制品业	477426	97.23	62.16	4.08	9.58
塑料薄膜制造	109705	97.41	59.84	4.65	8.01
塑料薄膜制造	109705	97.41	59.84	4.65	8.01
塑料板、管、型材的制造	82712	97.77	60.30	4.33	8.66
塑料板、管、型材的制造	82712	97.77	60.30	4.33	8.66
塑料丝、绳及编织品的制造	20399	97.31	62.38	1.81	9.05
塑料丝、绳及编织品的制造	20399	97.31	62.38	1.81	9.05
泡沫塑料制造	18064	97.93	63.16	3.11	9.06
泡沫塑料制造	18064	97.93	63.16	3.11	9.06

1－E－6 续表12－10

单位：个、万元、人

指标名称	固定资产实际投资额	产销率（%）	资产负债率（%）	成本费用利润率（%）	每百元资金实现利税（元）
塑料人造革、合成革制造	50876	94.94	70.61	3.39	8.44
塑料人造革、合成革制造	50876	94.94	70.61	3.39	8.44
塑料包装箱及容器制造	52406	98.71	52.41	8.34	14.52
塑料包装箱及容器制造	52406	98.71	52.41	8.34	14.52
塑料零件制造	54871	97.05	64.67	4.35	10.82
塑料零件制造	54871	97.05	64.67	4.35	10.82
日用塑料制造	57053	97.26	61.92	3.30	10.01
塑料鞋制造	2791	98.10	58.46	4.03	13.76
日用塑料杂品制造	54262	97.11	62.43	3.17	9.43
其他塑料制品制造	31341	98.01	65.01	3.11	10.39
其他塑料制品制造	31341	98.01	65.01	3.11	10.39
非金属矿物制品业	510504	97.48	61.65	4.41	9.56
水泥、石灰和石膏的制造	131100	98.89	61.10	3.19	7.88
水泥制造	126505	98.94	61.22	3.04	7.60
石灰和石膏制造	4595	97.71	55.27	7.09	20.04
水泥及石膏制品制造	190414	97.73	65.91	4.97	10.67
水泥制品制造	162692	97.76	66.39	5.17	10.89
砼结构构件制造	22637	98.07	64.65	4.70	12.20
石棉水泥制品制造	207	95.00	55.26	2.76	12.88
轻质建筑材料制造	4084	94.69	57.41	1.62	2.79
其他水泥制品制造	794	99.77	74.07	1.04	7.30
砖瓦、石材及其他建筑材料制造	39830	96.95	58.23	3.26	7.93
粘土砖瓦及建筑砌块制造	14164	98.73	55.96	2.36	6.91
建筑陶瓷制品制造	46	97.47	70.96	－1.14	1.39
建筑用石加工	9335	94.64	58.34	6.65	14.67
防水建筑材料制造	7808	95.96	64.20	4.45	9.40
隔热和隔音材料制造	4254	99.75	38.65	3.47	6.93
其他建筑材料制造	4223	93.78	64.63	3.89	11.66
玻璃及玻璃制品制造	101663	95.30	57.09	4.15	7.35
平板玻璃制造	1916	85.68	56.45	4.45	6.76
技术玻璃制品制造	39433	97.06	64.80	3.36	3.90
光学玻璃制造	725	97.00	50.38	2.99	6.26
玻璃仪器制造	1902	97.57	62.53	0.76	6.73
日用玻璃制品及玻璃包装容器制造	25587	95.50	52.73	6.16	11.46
玻璃保温容器制造	1638	99.04	64.88	3.86	18.27
玻璃纤维及制品制造	23280	93.75	43.55	3.09	7.49
玻璃纤维增强塑料制品制造	5210	96.59	64.99	2.00	7.62
其他玻璃制品制造	1973	99.28	41.50	5.88	10.65
陶瓷制品制造	6769	96.90	57.81	7.30	16.75

1－E－6 续表 12－11

单位：个、万元、人

指 标 名 称	固定资产实际投资额	产销率（%）	资产负债率（%）	成本费用利润率（%）	每百元资金实现利税（元）
卫生陶瓷制品制造	2168	98.36	55.89	5.73	15.42
特种陶瓷制品制造	3308	92.78	55.74	11.65	17.47
日用陶瓷制品制造	1276	97.22	69.05	7.52	20.51
园林、陈设艺术及其他陶瓷制品制造	16	100.00	32.60	3.02	2.96
耐火材料制品制造	22217	95.99	55.51	5.54	19.06
石棉制品制造	2478	93.08	54.62	－0.57	2.58
云母制品制造	1972	97.25	62.60	0.97	6.43
耐火陶瓷制品及其他耐火材料制造	17767	96.19	55.37	6.15	21.81
石墨及其他非金属矿物制品制造	18513	98.25	58.99	7.64	13.06
石墨及碳素制品制造	3896	100.31	56.96	4.35	7.93
其他非金属矿物制品制造	14616	97.21	60.15	9.40	15.96
黑色金属冶炼及压延加工业	259335	96.25	71.71	2.47	8.33
炼 铁	407	104.28	77.74	2.39	13.43
炼 铁	407	104.28	77.74	2.39	13.43
炼 钢	12744	94.86	74.00	3.55	11.82
炼 钢	12744	94.86	74.00	3.55	11.82
钢压延加工	242762	96.20	71.52	2.41	7.88
钢压延加工	242762	96.20	71.52	2.41	7.88
铁合金冶炼	3422	97.90	73.85	2.50	16.05
铁合金冶炼	3422	97.90	73.85	2.50	16.05
有色金属冶炼及压延加工业	153408	97.49	68.58	0.81	6.08
常用有色金属冶炼	28132	97.10	76.93	0.60	7.13
铜冶炼	7664	97.21	82.68	0.11	6.70
铅锌冶炼	1805	93.96	69.16	－2.06	0.07
镍钴冶炼	15385	98.11	73.58	2.36	6.83
锡冶炼	52	100.00	79.72	1.58	7.59
铝冶炼	2178	98.87	73.14	1.00	8.50
镁冶炼	206	100.09	52.81	4.34	22.41
其他常用有色金属冶炼	842	92.98	62.20	2.25	24.48
贵金属冶炼	3780	95.62	71.68	0.56	3.65
金冶炼	3054	94.74	69.07	0.74	3.79
银冶炼	364	98.48	91.18	－1.12	－2.77
其他贵金属冶炼	362	99.30	61.63	1.37	20.94
稀有稀土金属冶炼	981	97.49	82.64	1.92	2.45
钨钼冶炼	147	93.61	80.23	－0.85	0.53
稀土金属冶炼	834	98.27	83.01	2.46	2.73
有色金属合金制造	12380	97.05	67.23	0.01	3.53
有色金属合金制造	12380	97.05	67.23	0.01	3.53
有色金属压延加工	108136	97.75	66.58	0.92	6.31

1－E－6 续表 12－12 单位：个、万元、人

指 标 名 称	固定资产实际投资额	产销率（%）	资产负债率（%）	成本费用利润率（%）	每百元资金实现利税（元）
常用有色金属压延加工	105823	97.71	66.91	0.50	5.30
贵金属压延加工	532	100.29	34.92	62.33	80.15
稀有稀土金属压延加工	1781	99.06	70.03	4.01	9.30
金属制品业	447950	96.68	63.74	3.71	9.76
结构性金属制品制造	107144	95.89	66.50	4.53	8.89
金属结构制造	78661	95.60	66.90	4.21	8.77
金属门窗制造	28483	96.77	65.60	5.44	9.18
金属工具制造	65379	96.48	61.81	3.74	10.05
切削工具制造	12098	93.90	62.22	5.17	9.16
手工具制造	25081	96.97	62.47	2.92	10.45
农用及园林用金属工具制造	10503	98.32	57.82	3.33	7.38
刀剪及类似日用金属工具制造	2087	94.71	63.61	5.41	12.60
其他金属工具制造	15611	96.91	62.12	4.54	11.26
集装箱及金属包装容器制造	14130	96.26	64.16	3.12	7.83
集装箱制造		100.00	86.84	0.19	6.31
金属压力容器制造	5238	94.74	61.89	4.15	10.90
金属包装容器制造	8892	97.41	65.41	2.40	6.19
金属丝绳及其制品的制造	33134	96.35	68.22	0.66	6.20
金属丝绳及其制品的制造	33134	96.35	68.22	0.66	6.20
建筑、安全用金属制品制造	108452	97.46	59.55	3.50	10.60
建筑、家具用金属配件制造	42075	97.25	60.21	2.66	9.96
建筑装饰及水暖管道零件制造	56319	97.45	60.77	4.35	11.91
安全、消防用金属制品制造	7093	99.10	50.01	3.59	7.61
其他建筑、安全用金属制品制造	2964	97.76	58.80	2.37	7.65
金属表面处理及热处理加工	31106	96.91	60.68	7.61	15.32
金属表面处理及热处理加工	31106	96.91	60.68	7.61	15.32
搪瓷制品制造	4631	96.86	63.18	2.24	6.35
工业生产配套用搪瓷制品制造	1015	102.73	62.97	2.83	14.34
搪瓷卫生洁具制造	1942	95.37	49.88	2.90	6.04
搪瓷日用品及其他搪瓷制品制造	1674	96.82	71.66	1.90	5.80
不锈钢及类似日用金属制品制造	60016	97.23	65.05	3.32	9.06
金属制厨房调理及卫生器具制造	19290	96.90	65.66	3.40	8.49
金属制厨用器皿及餐具制造	27110	96.64	65.40	4.15	9.28
其他日用金属制品制造	13616	98.64	63.47	1.69	9.06
其他金属制品制造	23959	96.62	65.14	2.21	8.60
其他未列明的金属制品制造	23959	96.62	65.14	2.21	8.60
通用设备制造业	909815	96.51	59.88	5.01	11.21
锅炉及原动机制造	28823	93.78	63.99	10.30	15.10
锅炉及辅助设备制造	8594	94.42	66.19	7.93	13.88

1－E－6 续表12－13　　单位：个、万元、人

指标名称	固定资产实际投资额	产销率（%）	资产负债率（%）	成本费用利润率（%）	每百元资金实现利税（元）
内燃机及配件制造	8758	98.11	63.26	3.99	8.52
汽轮机及辅机制造	9568	99.20	57.33	19.22	23.93
水轮机及辅机制造	1444	96.91	67.59	2.42	5.51
其他原动机制造	459	24.82	88.19	3.53	1.02
金属加工机械制造	65675	94.24	58.81	5.50	9.38
金属切削机床制造	20482	91.44	63.68	2.30	4.93
金属成形机床制造	19598	93.28	50.60	10.79	13.43
铸造机械制造	3383	91.57	64.07	2.81	7.15
金属切割及焊接设备制造	5025	98.68	64.80	3.59	10.08
机床附件制造	7976	95.82	43.31	15.43	17.17
其他金属加工机械制造	9212	96.74	62.18	4.81	10.33
起重运输设备制造	63304	97.11	58.35	4.16	9.25
起重运输设备制造	63304	97.11	58.35	4.16	9.25
泵、阀门、压缩机及类似机械的制造	248890	96.16	56.27	5.94	13.95
泵及真空设备制造	42559	97.25	58.26	5.71	13.11
气体压缩机械制造	27265	96.51	64.06	6.44	13.56
阀门和旋塞的制造	150784	95.89	55.00	5.09	13.31
液压和气压动力机械及元件制造	28282	95.33	52.54	10.41	18.36
轴承、齿轮、传动和驱动部件的制造	137412	96.74	59.88	4.64	8.99
轴承制造	83319	96.62	61.89	4.44	8.45
齿轮、传动和驱动部件制造	54093	96.94	55.92	5.00	10.04
烘炉、熔炉及电炉制造	6234	96.36	66.29	8.94	16.23
烘炉、熔炉及电炉制造	6234	96.36	66.29	8.94	16.23
风机、衡器、包装设备等通用设备制造	92982	96.48	61.20	5.28	9.56
风机、风扇制造	9051	96.74	57.74	2.30	5.34
气体、液体分离及纯净设备制造	16393	95.66	61.60	9.20	14.80
制冷、空调设备制造	32733	98.11	60.71	6.59	9.62
风动和电动工具制造	18264	96.16	62.35	3.49	7.89
喷枪及类似器具制造	3819	97.14	58.48	3.57	11.94
包装专用设备制造	4846	95.62	59.19	5.13	9.67
衡器制造	1815	96.34	58.02	10.89	19.13
其他通用设备制造	6062	92.01	67.64	0.57	4.21
通用零部件制造及机械修理	183649	97.38	59.78	3.88	10.47
金属密封件制造	20108	96.29	53.66	8.72	13.50
紧固件、弹簧制造	113562	97.38	61.00	3.35	10.30
机械零部件加工及设备修理	28740	98.09	57.21	4.60	10.60
其他通用零部件制造	21239	97.14	60.69	3.97	9.42
金属铸、锻加工	82847	97.21	66.41	3.52	12.12
钢铁铸件制造	52100	96.96	66.19	3.63	13.30

1－E－6 续表 12－14 单位：个、万元、人

指标名称	固定资产实际投资额	产销率（%）	资产负债率（%）	成本费用利润率（%）	每百元资金实现利税（元）
锻件及粉末冶金制品制造	30746	97.91	66.91	3.22	9.53
专用设备制造业	316608	95.99	58.69	5.52	9.73
矿山、冶金、建筑专用设备制造	25009	97.03	60.29	5.28	11.35
采矿、采石设备制造	5640	95.28	55.22	6.96	16.48
石油钻采专用设备制造	891	93.94	68.74	6.14	15.20
建筑工程用机械制造	6118	98.37	63.69	4.85	9.30
建筑材料生产专用机械制造	4752	97.77	55.80	5.75	13.56
冶金专用设备制造	7609	98.93	58.75	1.82	4.08
化工、木材、非金属加工专用设备制造	136684	95.00	59.03	6.05	9.50
炼油、化工生产专用设备制造	7760	93.86	65.18	3.20	7.69
橡胶加工专用设备制造	1306	94.69	49.21	7.94	11.08
塑料加工专用设备制造	20464	92.68	60.96	4.53	6.88
木材加工机械制造	3314	98.61	37.14	6.39	15.76
模具制造	103004	96.27	57.96	7.22	10.95
其他非金属加工专用设备制造	837	99.43	74.82	3.85	11.01
食品、饮料、烟草及饲料生产专用设备制造	5669	94.14	57.33	8.78	13.07
食品、饮料、烟草工业专用设备制造	4864	94.20	59.81	9.58	14.20
农副食品加工专用设备制造	523	95.84	48.91	6.31	8.86
饲料生产专用设备制造	283	84.41	60.44	9.02	16.40
印刷、制药、日化生产专用设备制造	18726	93.97	60.35	5.48	12.61
制浆和造纸专用设备制造	2863	92.99	64.85	4.80	10.53
印刷专用设备制造	7724	94.01	57.71	5.96	13.75
日用化工专用设备制造	2386	97.24	65.36	2.85	6.23
制药专用设备制造	5395	92.72	59.46	7.64	13.96
照明器具生产专用设备制造	187	93.79	64.07	2.32	12.65
玻璃、陶瓷和搪瓷制品生产专用设备制造	51	97.67	61.47	1.51	6.04
其他日用品生产专用设备制造	120	98.01	79.16	0.74	6.87
纺织、服装和皮革工业专用设备制造	49123	96.49	59.29	3.86	7.46
纺织专用设备制造	20678	96.77	59.30	3.53	7.10
皮革、毛皮及其制品加工专用设备制造	1058	95.39	58.46	1.91	4.02
缝纫机械制造	27332	96.39	59.13	4.52	8.52
其他服装加工专用设备制造	55	94.83	73.06	－4.55	－1.58
电子和电工机械专用设备制造	7316	97.86	59.82	3.98	9.72
电工机械专用设备制造	3672	99.68	75.47	2.07	7.87
电子工业专用设备制造	3493	95.86	48.58	5.77	10.70
武器弹药制造	151	98.21	54.22	12.73	15.06
农、林、牧、渔专用机械制造	21914	98.08	65.72	2.61	5.68
拖拉机制造	1574	100.45	82.59	2.35	4.67
机械化农业及园艺机具制造	17721	97.14	59.94	2.32	4.68

1－E－6 续表12－15

单位：个、万元、人

指标名称	固定资产实际投资额	产销率(%)	资产负债率(%)	成本费用利润率(%)	每百元资金实现利税(元)
畜牧机械制造		97.01	21.91	4.39	12.74
渔业机械制造		96.57	62.21	3.41	15.12
农林牧渔机械配件制造	2205	97.74	62.63	3.57	11.07
其他农林牧渔业机械制造及机械修理	414	97.59	63.36	6.13	12.44
医疗仪器设备及器械制造	20563	96.76	50.36	11.03	14.64
医疗诊断、监护及治疗设备制造	2870	98.36	48.62	13.94	11.67
口腔科用设备及器具制造	136	90.36	83.04	2.71	6.77
实验室及医用消毒设备和器具的制造	780	99.51	50.27	14.88	20.39
医疗、外科及兽医用器械制造	5360	96.46	52.66	12.95	22.18
机械治疗及病房护理设备制造	3056	94.43	57.86	4.65	8.44
假肢、人工器官及植(介)入器械制造	1169	95.32	45.94	8.47	8.07
其他医疗设备及器械制造	7192	96.22	41.97	3.51	7.57
环保、社会公共安全及其他专用设备制造	31603	96.65	55.91	5.90	10.54
环境污染防治专用设备制造	13020	96.45	54.56	6.60	11.17
地质勘查专用设备制造		100.00	26.78	5.70	11.11
邮政专用机械及器材制造	193	96.72	65.96	7.13	13.86
商业、饮食、服务业专用设备制造	249	101.03	88.28	1.23	7.00
社会公共安全设备及器材制造	12599	97.50	59.72	4.53	9.68
交通安全及管制专用设备制造	304	102.86	65.84	2.98	16.23
水资源专用机械制造	1131	95.17	70.47	3.03	6.44
其他专用设备制造	4107	95.07	49.00	6.90	9.76
交通运输设备制造业	616304	94.22	62.46	4.36	9.10
铁路运输设备制造	4168	100.06	60.45	0.96	4.29
铁路机车车辆配件制造	1301	99.88	57.82	1.27	5.60
铁路专用设备及器材、配件制造	714	100.02	60.88	2.75	5.19
其他铁路设备制造及设备修理	2153	101.01	63.24	－10.85	－2.78
汽车制造	321751	96.91	58.19	4.86	9.75
汽车整车制造	8514	98.86	66.92	2.54	6.59
改装汽车制造	6451	97.56	63.18	0.77	3.56
汽车车身、挂车的制造	535	93.55	74.31	－5.60	－4.18
汽车零部件及配件制造	300654	96.75	57.42	5.18	10.11
汽车修理	5596	100.12	64.04	2.55	9.83
摩托车制造	34733	97.66	70.00	2.69	8.57
摩托车整车制造	1782	100.77	80.11	0.65	7.43
摩托车零部件及配件制造	32951	96.79	67.69	3.28	8.81
自行车制造	36450	97.37	67.46	1.77	5.86
脚踏自行车及残疾人座车制造	9694	97.43	72.00	2.11	6.50
助动自行车制造	26756	97.31	63.94	1.44	5.30
船舶及浮动装置制造	213180	84.94	67.39	5.29	8.99

1-E-6 续表12-16　　单位：个、万元、人

指标名称	固定资产实际投资额	产销率（%）	资产负债率（%）	成本费用利润率（%）	每百元资金实现利税（元）
金属船舶制造	138672	84.95	70.87	4.49	8.24
非金属船舶制造	392	97.34	55.28	8.60	14.37
娱乐船和运动船的建造和修理	3528	82.39	43.10	-4.59	-1.02
船用配套设备制造	54814	81.35	59.03	8.73	11.46
船舶修理及拆船	15774	89.23	69.38	7.32	14.01
航空航天器制造	608	99.71	77.99	10.36	11.10
飞机制造及修理	432	99.52	80.88	5.56	5.09
其他飞行器制造	175	100.00	67.23	18.70	256.40
交通器材及其他交通运输设备制造	5416	94.16	60.56	3.75	7.23
潜水及水下救捞装备制造		100.00	6.40	10.66	6.50
交通管理用金属标志及设施制造	5233	93.38	59.65	4.44	7.73
其他交通运输设备制造	183	98.34	78.01	-0.01	3.15
电气机械及器材制造业	719688	96.90	59.75	4.72	10.55
电机制造	99880	97.19	65.27	4.16	9.92
发电机及发电机组制造	18990	94.83	71.79	5.32	8.54
电动机制造	44116	97.78	62.09	3.81	10.04
微电机及其他电机制造	36774	97.72	64.01	3.97	10.53
输配电及控制设备制造	146183	96.94	51.69	6.59	12.23
变压器、整流器和电感器制造	26607	96.85	59.53	6.13	11.91
电容器及其配套设备制造	6733	98.05	41.14	6.98	12.99
配电开关控制设备制造	55814	96.31	49.19	7.59	12.63
电力电子元器件制造	46258	96.72	54.79	4.60	10.83
其他输配电及控制设备制造	10771	101.66	50.19	7.20	13.87
电线、电缆、光缆及电工器材制造	126394	96.29	62.63	3.95	9.41
电线电缆制造	106101	96.22	63.13	3.55	8.82
光纤、光缆制造	4530	97.73	59.61	8.62	16.12
绝缘制品制造	4011	96.27	55.02	4.96	11.74
其他电工器材制造	11752	95.01	59.83	5.91	11.66
电池制造	91623	96.96	59.04	6.49	14.95
电池制造	91623	96.96	59.04	6.49	14.95
家用电力器具制造	114833	97.52	65.30	3.95	8.95
家用制冷电器具制造	9727	97.61	58.54	3.75	7.73
家用空气调节器制造	7927	99.25	68.96	2.63	7.58
家用通风电器具制造	6845	97.63	69.18	3.66	9.80
家用厨房电器具制造	22079	96.66	64.86	2.04	5.11
家用清洁卫生电器具制造	27214	98.56	61.71	7.83	14.07
家用美容、保健电器具制造	5446	94.66	68.56	3.21	12.29
家用电力器具专用配件制造	14696	97.59	66.63	3.78	9.85
其他家用电力器具制造	20899	98.01	69.49	2.86	7.07

1－E－6　续表 12－17　　单位：个、万元、人

指　标　名　称	固定资产实际投资额	产销率（%）	资产负债率（%）	成本费用利润率（%）	每百元资金实现利税（元）
非电力家用器具制造	26062	96.42	58.51	3.60	9.36
燃气、太阳能及类似能源的器具制造	22558	96.47	59.17	4.43	11.34
其他非电力家用器具制造	3504	96.16	55.82	-0.72	1.22
照明器具制造	97910	97.19	62.72	3.54	9.60
电光源制造	39723	97.65	65.02	3.61	10.82
照明灯具制造	45065	97.19	61.39	3.33	8.67
灯用电器附件及其他照明器具制造	13122	96.25	63.26	4.11	10.70
其他电气机械及器材制造	16803	96.26	52.35	3.70	8.52
车辆专用照明及电气信号设备装置制造	12078	97.04	53.72	2.94	7.70
其他未列明的电气机械制造	4725	94.42	48.67	5.57	10.33
通信设备、计算机及其他电子设备制造业	257350	96.98	55.26	4.86	8.71
通信设备制造	53648	97.70	52.41	7.51	11.34
通信传输设备制造	24391	97.83	47.41	12.33	17.36
通信交换设备制造	13917	99.00	63.20	1.92	6.67
通信终端设备制造	1438	97.27	70.29	1.56	4.58
移动通信及终端设备制造	10274	101.11	62.65	4.78	7.77
其他通信设备制造	3629	90.36	39.14	15.50	17.45
雷达及配套设备制造	89	100.00	63.27	13.16	5.92
雷达及配套设备制造	89	100.00	63.27	13.16	5.92
广播电视设备制造	14694	96.94	58.07	2.65	6.77
广播电视节目制作及发射设备制造	219	99.43	49.68	3.69	6.83
广播电视接收设备及器材制造	10684	96.09	60.79	2.19	5.87
应用电视设备及其他广播电视设备制造	3791	98.93	55.27	3.55	8.92
电子计算机制造	6308	99.52	54.76	4.25	6.89
电子计算机整机制造	878	99.79	55.33	-0.14	3.71
计算机网络设备制造	1641	91.95	48.68	5.31	10.30
电子计算机外部设备制造	3789	102.40	56.22	4.01	6.16
电子器件制造	62548	96.10	47.17	6.70	8.67
电子真空器件制造	5034	101.01	53.86	0.81	5.59
半导体分立器件制造	22034	97.53	53.08	7.24	7.32
集成电路制造	16609	92.11	42.75	4.21	6.09
光电子器件及其他电子器件制造	18871	96.77	43.72	8.25	12.29
电子元件制造	97186	97.08	60.79	3.30	7.75
电子元件及组件制造	87974	96.82	60.08	3.25	7.73
印制电路板制造	9212	99.41	68.06	3.75	8.00
家用视听设备制造	15450	95.81	58.03	4.51	10.39
家用影视设备制造	6154	91.52	58.74	10.37	15.86
家用音响设备制造	9295	98.12	57.57	1.94	7.12
其他电子设备制造	7427	95.86	61.99	3.73	7.68

1-E-6 续表12-18

单位：个、万元、人

指标名称	固定资产实际投资额	产销率（%）	资产负债率（%）	成本费用利润率（%）	每百元资金实现利税（元）
其他电子设备制造	7427	95.86	61.99	3.73	7.68
仪器仪表及文化、办公用机械制造业	101426	96.00	58.13	6.09	11.46
通用仪器仪表制造	37096	96.30	56.17	6.20	12.31
工业自动控制系统装置制造	16147	96.82	56.88	5.85	11.40
电工仪器仪表制造	5807	98.61	55.20	6.04	12.68
绘图、计算及测量仪器制造	1530	93.41	71.70	3.48	9.31
实验分析仪器制造	3686	95.40	50.83	7.62	13.45
试验机制造	603	97.32	59.08	-1.49	2.21
供应用仪表及其他通用仪器制造	9323	95.18	53.79	7.39	14.23
专用仪器仪表制造	17641	93.44	52.02	13.00	19.77
环境监测专用仪器仪表制造	532	73.40	66.38	11.59	14.63
汽车及其他用计数仪表制造	9429	96.63	60.90	3.83	10.82
导航、气象及海洋专用仪器制造	1628	96.19	44.48	4.40	11.22
农林牧渔专用仪器仪表制造	15	97.36	84.80	6.36	8.76
地质勘探和地震专用仪器制造	13	97.31	45.35	6.59	27.20
教学专用仪器制造	1477	97.41	58.41	3.55	10.07
电子测量仪器制造	4101	100.80	29.88	7.41	13.09
其他专用仪器制造	446	99.49	26.51	94.42	67.59
钟表与计时仪器制造	3300	97.79	67.83	2.37	6.62
钟表与计时仪器制造	3300	97.79	67.83	2.37	6.62
光学仪器及眼镜制造	37415	95.89	63.29	2.80	7.56
光学仪器制造	14777	97.47	68.30	1.54	4.29
眼镜制造	22639	95.47	61.10	3.17	8.67
文化、办公用机械制造	5703	98.24	63.17	1.63	3.80
电影机械制造	184	99.98	32.75	2.20	12.15
幻灯及投影设备制造		100.00	54.03	8.86	17.47
照相机及器材制造	1324	102.47	76.74	5.03	4.48
复印和胶印设备制造	1624	94.87	54.56	2.48	4.61
计算器及货币专用设备制造	514	98.28	43.46	0.20	3.68
其他文化、办公用机械制造	2057	95.89	81.46	-2.34	0.33
其他仪器仪表的制造及修理	270	96.87	57.02	4.60	12.12
其他仪器仪表的制造及修理	270	96.87	57.02	4.60	12.12
工艺品及其他制造业	184907	97.30	59.97	3.90	10.52
工艺美术品制造	127531	97.12	60.15	3.63	9.70
雕塑工艺品制造	9089	97.88	55.36	1.51	10.27
金属工艺品制造	22235	97.09	56.55	3.62	10.39
漆器工艺品制造	3971	96.49	61.20	2.06	11.86
花画工艺品制造	3538	97.26	58.22	2.22	6.73
天然植物纤维编织工艺品制造	4382	96.41	60.28	3.49	14.55

1－E－6　续表12－19

单位：个、万元、人

指标名称	固定资产实际投资额	产销率（%）	资产负债率（%）	成本费用利润率（%）	每百元资金实现利税（元）
抽纱刺绣工艺品制造	45966	97.71	64.46	4.06	9.09
地毯、挂毯制造	7452	96.80	54.95	1.75	6.27
珠宝首饰及有关物品的制造	7587	95.08	54.26	8.34	11.20
其他工艺美术品制造	23310	97.13	63.07	3.02	9.22
日用杂品制造	53850	97.57	59.57	4.49	12.65
制镜及类似品加工	4173	99.35	48.72	5.84	14.22
鬃毛加工、制刷及清扫工具的制造	5738	97.18	67.00	0.35	4.27
其他日用杂品制造	43939	97.41	59.79	4.83	13.64
煤制品制造	1241	94.97	53.51	5.49	7.04
煤制品制造	1241	94.97	53.51	5.49	7.04
核辐射加工		100.00	73.63	2.12	4.22
核辐射加工		100.00	73.63	2.12	4.22
其他未列明的制造业	2285	99.55	60.07	3.67	9.13
其他未列明的制造业	2285	99.55	60.07	3.67	9.13
废弃资源和废旧材料回收加工业	20260	98.97	76.93	－1.58	0.13
金属废料和碎屑的加工处理	12164	99.21	81.27	－2.09	－2.24
金属废料和碎屑的加工处理	12164	99.21	81.27	－2.09	－2.24
非金属废料和碎屑的加工处理	8096	96.68	62.58	4.02	10.43
非金属废料和碎屑的加工处理	8096	96.68	62.58	4.02	10.43
电力、燃气及水的生产和供应业	**1035962**	**99.47**	**60.43**	**1.36**	**4.47**
电力、热力的生产和供应业	808859	99.45	61.16	1.18	5.00
电力生产	505359	99.00	66.34	0.01	3.16
火力发电	266968	98.93	66.48	－1.81	2.48
水力发电	168007	99.54	66.18	12.35	4.67
其他能源发电	70384	97.67	64.70	16.95	4.42
电力供应	255046	100.00	22.00	3.00	19.35
电力供应	255046	100.00	22.00	3.00	19.35
热力生产和供应	48455	99.87	73.20	－1.36	1.22
热力生产和供应	48455	99.87	73.20	－1.36	1.22
燃气生产和供应业	50467	100.16	54.63	3.75	7.92
燃气生产和供应业	50467	100.16	54.63	3.75	7.92
燃气生产和供应业	50467	100.16	54.63	3.75	7.92
水的生产和供应业	176636	98.82	59.26	0.48	1.29
自来水的生产和供应	136879	98.83	57.85	3.23	2.44
自来水的生产和供应	136879	98.83	57.85	3.23	2.44
污水处理及其再生利用	39757	98.78	63.51	－8.38	－1.74
污水处理及其再生利用	39757	98.78	63.51	－8.38	－1.74
其他水的处理、利用与分配		99.19	0.11	41.28	11.06
其他水的处理、利用与分配		99.19	0.11	41.28	11.06

1－E－6 续表13－1 单位：个、万元、人

指 标 名 称	每百元固定资产原值实现利税（元）	每百元主营业务收入实现利税（元）	流动资金周转次数（次）	流动比率	速动比率
总 计	**18.56**	**6.78**	**1.99**	**1.05**	**0.81**
一、按轻重工业分					
轻工业	19.13	6.62	1.99	1.01	0.78
重工业	18.18	6.90	1.99	1.07	0.83
二、按登记注册类型分					
内 资	**19.88**	**6.90**	**2.08**	**1.01**	**0.79**
国 有	5.13	5.24	3.58	0.86	0.76
集 体	25.76	9.30	1.72	1.25	1.03
股份合作企业	26.85	7.45	2.05	1.15	0.92
联营企业	7.69	4.51	2.05	0.99	0.61
国有联营	3.80	13.65	1.03	0.97	0.16
集体联营	23.20	6.02	2.57	1.36	1.12
国有与集体联营	9.70	2.21	2.50	0.66	0.41
其他联营	8.71	3.10	1.85	1.11	0.85
有限责任公司	14.38	6.94	1.89	1.04	0.81
国有独资公司	1.51	4.68	0.65	0.79	0.77
其他有限责任公司	14.95	6.96	1.92	1.05	0.82
股份有限公司	23.18	10.37	1.51	1.07	0.82
私营企业	24.35	6.84	2.12	1.00	0.78
私营独资	31.92	7.52	2.55	1.02	0.81
私营合伙	38.32	8.78	2.53	1.07	0.85
私营有限责任公司	23.40	6.71	2.08	0.99	0.77
私营股份有限公司	21.21	6.84	1.72	1.09	0.83
其 他	11.10	6.23	2.15	0.76	0.63
港澳台商投资	**16.47**	**6.34**	**1.68**	**1.14**	**0.87**
与港澳台商合资经营	20.14	6.76	1.74	1.11	0.86
与港澳台商合作经营	13.85	10.76	1.49	1.47	1.13
港澳台商独资	11.72	5.14	1.62	1.16	0.87
港澳台商投资股份有限公司	19.77	10.03	1.33	1.30	1.04
外商投资	**13.87**	**6.43**	**1.79**	**1.18**	**0.87**
中外合资经营	19.70	7.65	1.82	1.18	0.89
中外合作经营	14.30	8.35	1.96	1.22	0.99
外资企业	8.16	4.57	1.75	1.18	0.84
外商投资股份有限公司	8.45	5.87	1.81	1.09	0.73
三、按控股情况分					
国有控股	5.49	6.85	2.64	0.86	0.72
集体控股	19.72	7.73	1.89	1.11	0.89
私人控股	24.26	6.96	2.04	1.03	0.80
港澳台商控股	14.14	5.74	1.59	1.16	0.89
外商控股	10.16	5.36	1.79	1.18	0.85

1－E－6 续表 13－2

单位：个、万元、人

指 标 名 称	每百元固定资产原值实现利税(元)	每百元主营业务收入实现利税(元)	流动资金周转次数(次)	流动比率	速动比率
其 他	20.27	7.80	1.64	1.15	0.85
四、按国民经济行业(门类、大类、中类、小类)分					
采矿业	**39.01**	**13.61**	**2.19**	**1.06**	**0.85**
黑色金属矿采选业	320.50	23.17	0.79	1.41	1.01
铁矿采选	320.50	23.17	0.79	1.41	1.01
铁矿采选	320.50	23.17	0.79	1.41	1.01
有色金属矿采选业	28.24	9.10	1.56	1.04	0.73
常用有色金属矿采选	12.15	2.78	1.83	0.86	0.54
铜矿采选	-50.53	-6.42	2.17	0.75	0.32
铅锌矿采选	27.18	7.70	1.68	0.92	0.65
贵金属矿采选	31.05	23.22	1.11	0.93	0.69
金矿采选	24.36	31.15	0.70	4.01	3.04
银矿采选	54.41	16.62	2.19	0.31	0.21
稀有稀土金属矿采选	42.87	17.18	1.33	1.49	1.16
钨钼矿采选	42.87	17.18	1.33	1.49	1.16
非金属矿采选业	32.26	12.54	2.99	0.95	0.80
土砂石开采	33.49	12.59	3.08	0.98	0.83
石灰石、石膏开采	30.64	13.54	2.09	0.80	0.71
建筑装饰用石开采	34.50	13.71	4.49	1.04	0.96
耐火土石开采	68.48	12.70	1.98	1.18	0.83
粘土及其他土砂石开采	27.20	10.93	3.16	0.94	0.81
化学矿采选	11.40	5.07	1.21	0.59	0.47
化学矿采选	11.40	5.07	1.21	0.59	0.47
采 盐	6.32	17.82	0.47	1.30	1.13
采 盐	6.32	17.82	0.47	1.30	1.13
石棉及其他非金属矿采选	21.26	11.61	2.38	0.63	0.47
其他非金属矿采选	21.26	11.61	2.38	0.63	0.47
制造业	**21.84**	**6.75**	**1.97**	**1.06**	**0.81**
农副食品加工业	18.45	4.55	2.46	1.01	0.66
谷物磨制	8.76	1.61	3.27	0.97	0.74
谷物磨制	8.76	1.61	3.27	0.97	0.74
饲料加工	30.17	5.32	4.01	1.02	0.69
饲料加工	30.17	5.32	4.01	1.02	0.69
植物油加工	7.32	1.14	2.74	0.99	0.65
食用植物油加工	7.44	1.14	2.75	1.00	0.65
非食用植物油加工	1.75	0.56	2.14	0.74	0.54
屠宰及肉类加工	25.72	6.38	2.36	1.07	0.74
畜禽屠宰	8.42	3.79	4.53	0.63	0.58
肉制品及副产品加工	31.34	6.79	2.19	1.14	0.77
水产品加工	15.04	4.40	2.06	0.95	0.54

1－E－6 续表13－3

单位：个、万元、人

指标名称	每百元固定资产原值实现利税（元）	每百元主营业务收入实现利税（元）	流动资金周转次数（次）	流动比率	速动比率
水产品冷冻加工	17.65	4.57	2.20	1.00	0.53
鱼糜制品及水产品干腌制加工	8.56	3.87	1.55	0.77	0.51
水产饲料制造	13.97	4.17	2.09	1.22	0.88
鱼油提取及制品的制造	13.17	5.86	1.86	1.43	0.68
其他水产品加工	3.40	1.35	2.49	0.79	0.39
蔬菜、水果和坚果加工	26.55	8.01	2.59	1.08	0.72
蔬菜、水果和坚果加工	26.55	8.01	2.59	1.08	0.72
其他农副食品加工	14.62	6.33	1.37	1.19	0.93
淀粉及淀粉制品的制造	9.50	4.49	0.95	0.97	0.87
豆制品制造	21.04	10.33	2.52	0.84	0.61
蛋品加工	34.27	6.67	3.71	1.22	0.95
其他未列明的农副食品加工	8.80	4.61	0.94	1.49	1.11
食品制造业	20.99	8.90	2.13	1.03	0.73
焙烤食品制造	30.15	12.05	2.72	1.19	0.90
糕点、面包制造	25.38	8.99	3.16	0.92	0.68
饼干及其他焙烤食品制造	33.80	14.97	2.40	1.52	1.18
糖果、巧克力及蜜饯制造	35.68	14.03	1.54	1.13	0.95
糖果、巧克力制造	37.53	19.50	2.20	1.13	0.90
蜜饯制作	28.52	5.77	1.07	1.13	1.00
方便食品制造	24.01	11.27	3.35	0.83	0.53
米、面制品制造	15.39	6.96	2.94	0.86	0.53
速冻食品制造	4.20	2.49	1.90	0.97	0.51
方便面及其他方便食品制造	36.57	15.75	4.89	0.72	0.54
液体乳及乳制品制造	12.98	5.88	2.51	0.92	0.67
液体乳及乳制品制造	12.98	5.88	2.51	0.92	0.67
罐头制造	12.35	5.83	1.89	0.83	0.42
肉、禽类罐头制造	70.92	21.34	3.39	1.08	0.61
水产品罐头制造	-0.96	-0.85	2.53	0.37	0.19
蔬菜、水果罐头制造	13.90	5.94	1.80	0.90	0.45
其他罐头食品制造	10.44	5.84	1.63	0.84	0.45
调味品、发酵制品制造	13.87	7.52	1.89	1.01	0.78
味精制造	-0.93	-0.61	1.56	0.75	0.65
酱油、食醋及类似制品的制造	19.17	10.74	2.63	0.91	0.55
其他调味品、发酵制品制造	21.54	9.93	1.74	1.45	1.17
其他食品制造	24.35	8.25	2.10	1.25	0.96
营养、保健食品制造	33.89	9.92	2.29	1.43	1.06
冷冻饮品及食用冰制造	11.99	7.43	1.70	1.13	0.99
盐加工	74.66	20.85	2.43	1.69	0.74
食品及饲料添加剂制造	18.30	5.95	1.98	1.14	0.89
其他未列明的食品制造	21.94	7.00	6.67	0.53	0.40

1-E-6 续表13-4

单位：个、万元、人

指 标 名 称	每百元固定资产原值实现利税（元）	每百元主营业务收入实现利税（元）	流动资金周转次数（次）	流动比率	速动比率
饮料制造业	31.93	15.37	1.59	1.12	0.75
酒精制造	0.23	0.12	0.35	0.80	0.54
酒精制造	0.23	0.12	0.35	0.80	0.54
酒的制造	18.90	14.63	1.10	0.85	0.44
白酒制造	28.43	22.80	1.25	1.12	0.64
啤酒制造	8.94	10.92	0.91	0.65	0.41
黄酒制造	27.84	14.23	1.16	1.02	0.40
其他酒制造	34.04	15.81	1.41	0.91	0.56
软饮料制造	43.71	26.64	1.81	1.60	1.40
碳酸饮料制造	25.05	14.19	2.24	2.57	2.48
瓶（罐）装饮用水制造	32.75	24.19	1.79	2.17	1.86
果菜汁及果菜汁饮料制造	2.93	2.32	1.12	0.89	0.63
含乳饮料和植物蛋白饮料制造	292.93	109.84	1.91	0.98	0.83
固体饮料制造	21.15	11.53	1.25	0.84	0.69
茶饮料及其他软饮料制造	42.91	26.99	2.27	5.39	5.15
精制茶加工	27.04	6.67	1.91	1.12	0.66
精制茶加工	27.04	6.67	1.91	1.12	0.66
烟草制品业	57.19	38.51	2.24	2.73	2.57
其他烟草制品加工	57.19	38.51	2.24	2.73	2.57
其他烟草制品加工	57.19	38.51	2.24	2.73	2.57
纺织业	15.93	5.74	2.11	0.95	0.73
棉、化纤纺织及印染精加工	13.83	5.65	2.09	0.91	0.72
棉、化纤纺织加工	14.54	5.44	2.13	0.95	0.74
棉、化纤印染精加工	12.13	6.32	1.97	0.80	0.66
毛纺织和染整精加工	19.12	7.19	1.73	0.99	0.71
毛条加工	38.56	7.69	1.87	1.15	0.74
毛纺织	17.61	6.58	1.70	1.00	0.71
毛染整精加工	14.13	9.16	1.70	0.83	0.66
麻纺织	12.50	4.26	1.43	1.15	0.76
麻纺织	12.50	4.26	1.43	1.15	0.76
丝绢纺织及精加工	17.19	5.54	2.41	1.01	0.73
缫丝加工	11.27	4.03	1.97	0.96	0.54
绢纺和丝织加工	22.22	5.84	2.55	1.07	0.80
丝印染精加工	8.27	5.72	2.27	0.79	0.67
纺织制成品制造	15.66	5.18	1.95	0.98	0.76
棉及化纤制品制造	17.92	4.84	2.23	0.97	0.73
毛制品制造	14.38	4.51	1.78	0.97	0.75
麻制品制造	55.99	9.58	2.48	0.98	0.81
丝制品制造	17.59	5.69	1.69	1.07	0.88
绳、索、缆的制造	34.25	8.23	1.76	1.14	0.91

1-E-6 续表13-5

单位：个、万元、人

指标名称	每百元固定资产原值实现利税（元）	每百元主营业务收入实现利税（元）	流动资金周转次数（次）	流动比率	速动比率
纺织带和帘子布制造	14.49	4.70	1.96	0.99	0.78
无纺布制造	13.62	5.82	1.99	0.90	0.70
其他纺织制成品制造	11.54	4.63	1.50	1.00	0.83
针织品、编织品及其制品制造	19.32	6.10	2.21	1.00	0.75
棉、化纤针织品及编织品制造	20.58	6.08	2.21	1.02	0.77
毛针织品及编织品制造	17.41	6.69	2.18	0.92	0.66
丝针织品及编织品制造	15.39	5.39	2.38	0.91	0.69
其他针织品及编织品制造	13.70	5.10	2.10	1.05	0.85
纺织服装、鞋、帽制造业	23.43	6.40	2.21	1.04	0.78
纺织服装制造	23.38	6.40	2.19	1.04	0.78
纺织服装制造	23.38	6.40	2.19	1.04	0.78
纺织面料鞋的制造	27.58	6.79	2.77	1.11	0.84
纺织面料鞋的制造	27.58	6.79	2.77	1.11	0.84
制　帽	17.44	5.25	2.98	0.93	0.67
制　帽	17.44	5.25	2.98	0.93	0.67
皮革、毛皮、羽毛(绒)及其制品业	30.15	6.05	2.26	1.03	0.76
皮革鞣制加工	21.25	5.23	1.66	1.06	0.66
皮革鞣制加工	21.25	5.23	1.66	1.06	0.66
皮革制品制造	32.92	6.26	2.66	1.01	0.79
皮鞋制造	41.53	7.46	2.65	1.05	0.87
皮革服装制造	24.63	4.19	2.76	0.98	0.70
皮箱、包(袋)制造	23.19	4.79	2.88	0.93	0.71
皮手套及皮装饰制品制造	24.23	5.49	2.04	1.18	0.77
其他皮革制品制造	22.16	6.20	2.03	0.88	0.67
毛皮鞣制及制品加工	32.92	8.11	1.76	0.94	0.67
毛皮鞣制加工	19.14	6.92	2.19	0.99	0.73
毛皮服装加工	46.69	9.50	1.91	1.02	0.69
其他毛皮制品加工	37.34	7.64	1.45	0.87	0.62
羽毛(绒)加工及制品制造	18.34	3.93	1.18	1.15	0.75
羽毛(绒)加工	31.10	4.03	1.50	1.01	0.75
羽毛(绒)制品加工	17.30	3.91	1.15	1.17	0.75
木材加工及木、竹、藤、棕、草制品业	37.94	8.45	2.91	1.17	0.71
锯材、木片加工	61.99	9.52	3.70	1.20	0.71
锯材加工	67.01	11.23	3.03	1.16	0.65
木片加工	57.56	8.23	4.44	1.25	0.76
人造板制造	30.31	8.30	2.48	1.22	0.74
胶合板制造	29.93	5.93	2.59	1.23	0.73
纤维板制造	27.11	17.36	2.09	1.17	0.70
刨花板制造	54.51	6.08	1.06	1.25	0.95
其他人造板、材制造	34.11	10.21	3.20	1.27	0.72

1－E－6　续表 13－6　　　　单位：个、万元、人

指　标　名　称	每百元固定资产原值实现利税（元）	每百元主营业务收入实现利税（元）	流动资金周转次数（次）	流动比率	速动比率
木制品制造	47.92	8.36	3.51	1.17	0.69
建筑用木料及木材组件加工	57.94	8.86	3.78	1.23	0.68
木容器制造	34.49	6.32	2.02	1.19	0.97
软木制品及其他木制品制造	15.31	5.26	2.85	0.91	0.60
竹、藤、棕、草制品制造	35.22	8.72	2.63	1.05	0.68
竹、藤、棕、草制品制造	35.22	8.72	2.63	1.05	0.68
家具制造业	20.14	5.82	1.90	1.00	0.78
木质家具制造	19.23	6.25	1.73	0.97	0.72
木质家具制造	19.23	6.25	1.73	0.97	0.72
竹、藤家具制造	27.56	6.42	2.63	1.09	0.63
竹、藤家具制造	27.56	6.42	2.63	1.09	0.63
金属家具制造	22.68	5.48	2.05	1.09	0.86
金属家具制造	22.68	5.48	2.05	1.09	0.86
塑料家具制造	28.29	6.74	2.55	1.05	0.81
塑料家具制造	28.29	6.74	2.55	1.05	0.81
其他家具制造	13.49	4.39	1.92	0.92	0.77
其他家具制造	13.49	4.39	1.92	0.92	0.77
造纸及纸制品业	19.56	7.30	1.77	1.04	0.83
纸浆制造	8.41	5.58	1.67	0.71	0.48
纸浆制造	8.41	5.58	1.67	0.71	0.48
造　纸	20.63	7.65	1.87	1.04	0.80
机制纸及纸板制造	21.30	7.79	1.88	1.04	0.80
手工纸制造	16.18	7.90	2.44	0.97	0.45
加工纸制造	13.52	5.88	1.75	1.00	0.79
纸制品制造	18.33	6.82	1.66	1.05	0.88
纸和纸板容器的制造	18.48	6.95	1.58	1.05	0.90
其他纸制品制造	17.92	6.50	1.91	1.05	0.83
印刷业和记录媒介的复制	15.82	10.33	1.56	0.98	0.85
印　刷	16.44	10.71	1.56	0.97	0.85
书、报、刊印刷	7.92	7.77	1.64	0.78	0.66
本册印制	12.62	7.21	1.44	0.96	0.75
包装装潢及其他印刷	19.56	11.52	1.55	1.03	0.90
装订及其他印刷服务活动	11.81	8.24	1.85	1.07	0.86
装订及其他印刷服务活动	11.81	8.24	1.85	1.07	0.86
记录媒介的复制	3.96	2.61	1.38	1.07	0.95
记录媒介的复制	3.96	2.61	1.38	1.07	0.95
文教体育用品制造业	17.48	5.22	2.13	1.02	0.76
文化用品制造	13.66	4.89	1.97	1.00	0.75
文具制造	12.19	4.14	2.02	0.95	0.70
笔的制造	14.79	5.63	1.96	1.00	0.77

1-E-6 续表13-7 单位：个、万元、人

指标名称	每百元固定资产原值实现利税（元）	每百元主营业务收入实现利税（元）	流动资金周转次数（次）	流动比率	速动比率
教学用模型及教具制造	16.88	4.68	1.97	1.30	0.97
墨水、墨汁制造	41.26	15.83	1.00	2.97	2.50
其他文化用品制造	12.22	4.54	1.77	1.28	0.95
体育用品制造	14.70	4.12	2.04	1.06	0.76
球类制造	6.39	2.21	2.18	0.94	0.55
体育器材及配件制造	15.90	5.68	1.77	1.03	0.74
训练健身器材制造	17.26	4.05	2.15	1.22	0.97
运动防护用具制造	16.96	4.32	2.53	1.09	0.71
其他体育用品制造	14.58	3.10	2.10	0.89	0.57
乐器制造	32.93	7.81	2.01	1.45	1.01
中乐器制造	-3.11	-0.78	1.82	1.42	0.70
西乐器制造	38.96	7.53	2.56	1.74	1.13
电子乐器制造	56.15	11.20	1.17	1.84	1.31
其他乐器及零件制造	18.77	6.86	1.93	0.94	0.74
玩具制造	21.88	6.31	2.81	0.91	0.65
玩具制造	21.88	6.31	2.81	0.91	0.65
游艺器材及娱乐用品制造	25.90	5.45	1.84	1.05	0.90
露天游乐场所游乐设备制造	29.42	5.86	1.71	1.02	0.91
游艺用品及室内游艺器材制造	14.60	3.75	2.70	1.25	0.83
石油加工、炼焦及核燃料加工业	17.43	3.02	2.80	0.94	0.50
精炼石油产品的制造	33.14	6.22	2.56	1.08	0.70
原油加工及石油制品制造	33.14	6.22	2.56	1.08	0.70
炼焦	-31.08	-4.38	3.63	0.60	0.01
炼焦	-31.08	-4.38	3.63	0.60	0.01
化学原料及化学制品制造业	15.10	6.11	2.09	1.05	0.80
基础化学原料制造	16.88	8.50	1.95	0.95	0.75
无机酸制造	24.63	11.11	2.04	1.11	0.91
无机碱制造	23.03	10.70	3.93	0.46	0.39
无机盐制造	32.94	9.91	1.71	1.05	0.84
有机化学原料制造	14.41	6.51	1.92	0.99	0.79
其他基础化学原料制造	15.44	14.34	1.96	0.81	0.59
肥料制造	14.86	7.84	2.10	0.90	0.53
氮肥制造	10.66	7.10	2.34	0.70	0.43
磷肥制造	7.03	2.50	2.73	0.88	0.36
复混肥料制造	21.74	9.69	1.83	1.13	0.67
有机肥料及微生物肥料制造	3.69	2.96	3.73	0.37	0.27
其他肥料制造	18.69	5.86	3.18	8.00	1.38
农药制造	38.37	9.40	1.86	1.17	0.92
化学农药制造	40.56	9.45	1.86	1.15	0.90

1－E－6 续表 13－8

单位：个、万元、人

指 标 名 称	每百元固定资产原值实现利税（元）	每百元主营业务收入实现利税（元）	流动资金周转次数（次）	流动比率	速动比率
生物化学农药及微生物农药制造	22.15	8.86	1.97	1.64	1.40
涂料、油墨、颜料及类似产品制造	34.46	9.32	1.66	1.19	0.92
涂料制造	36.51	8.73	1.76	1.22	1.01
油墨及类似产品制造	32.41	10.45	1.92	1.27	0.98
颜料制造	20.98	7.98	1.62	1.13	0.76
染料制造	37.76	9.94	1.53	1.17	0.88
密封用填料及类似品制造	41.37	11.16	2.13	1.23	0.96
合成材料制造	-1.95	-1.07	2.53	0.86	0.63
初级形态的塑料及合成树脂制造	-1.66	-0.96	2.32	0.87	0.64
合成橡胶制造	41.02	10.08	1.73	1.58	1.20
合成纤维单(聚合)体的制造	-5.00	-2.44	3.77	0.73	0.46
其他合成材料制造	48.99	6.34	2.45	1.16	1.00
专用化学产品制造	29.78	8.28	2.25	1.20	0.95
化学试剂和助剂制造	30.46	6.63	2.62	1.18	0.96
专项化学用品制造	32.15	8.08	2.18	1.42	1.11
林产化学产品制造	28.56	8.24	2.89	1.02	0.75
炸药及火工产品制造	24.60	13.73	2.77	0.81	0.61
信息化学品制造	26.30	13.09	1.44	1.32	1.00
环境污染处理专用药剂材料制造	39.67	13.81	1.36	1.34	1.05
动物胶制造	23.65	11.43	2.69	1.09	0.68
其他专用化学产品制造	34.04	7.96	2.68	0.88	0.73
日用化学产品制造	25.54	10.50	1.72	1.28	0.92
肥皂及合成洗涤剂制造	15.38	4.76	2.27	0.99	0.81
化妆品制造	25.41	9.45	1.66	1.34	0.97
口腔清洁用品制造	18.74	9.54	1.42	1.08	0.90
香料、香精制造	31.68	17.16	1.51	1.47	0.99
其他日用化学产品制造	13.35	4.19	1.94	1.11	0.79
医药制造业	23.57	11.13	1.48	1.03	0.77
化学药品原药制造	21.50	8.77	1.77	0.97	0.68
化学药品原药制造	21.50	8.77	1.77	0.97	0.68
化学药品制剂制造	15.25	12.18	1.15	1.02	0.84
化学药品制剂制造	15.25	12.18	1.15	1.02	0.84
中药饮片加工	16.06	6.80	1.39	1.00	0.72
中药饮片加工	16.06	6.80	1.39	1.00	0.72
中成药制造	30.02	17.65	1.12	0.83	0.58
中成药制造	30.02	17.65	1.12	0.83	0.58
兽用药品制造	37.64	14.75	1.09	1.32	1.00
兽用药品制造	37.64	14.75	1.09	1.32	1.00
生物、生化制品的制造	33.20	12.38	1.57	1.22	0.98

1－E－6 续表13－9 单位：个、万元、人

指标名称	每百元固定资产原值实现利税（元）	每百元主营业务收入实现利税（元）	流动资金周转次数（次）	流动比率	速动比率
生物、生化制品的制造	33.20	12.38	1.57	1.22	0.98
卫生材料及医药用品制造	23.94	10.16	1.88	1.13	0.91
卫生材料及医药用品制造	23.94	10.16	1.88	1.13	0.91
化学纤维制造业	7.11	2.99	1.74	0.94	0.76
纤维素纤维原料及纤维制造	6.47	2.48	1.21	1.05	0.96
化纤浆粕制造	37.78	8.58	1.64	1.80	1.43
人造纤维（纤维素纤维）制造	5.00	1.98	1.19	1.02	0.95
合成纤维制造	7.13	3.00	1.76	0.94	0.76
锦纶纤维制造	6.02	1.66	1.63	1.00	0.71
涤纶纤维制造	9.62	3.40	1.91	0.95	0.77
腈纶纤维制造	17.97	6.78	2.06	1.03	0.86
维纶纤维制造	4.02	3.14	1.14	0.80	0.63
其他合成纤维制造	3.81	2.64	1.50	0.88	0.74
橡胶制品业	28.46	7.61	2.04	1.14	0.88
轮胎制造	20.24	6.87	1.36	1.13	0.88
车辆、飞机及工程机械轮胎制造	19.93	6.31	1.29	1.11	0.85
力车胎制造	16.12	8.01	1.41	1.23	1.07
轮胎翻新加工	39.92	9.04	2.18	1.09	0.75
橡胶板、管、带的制造	25.18	8.05	1.72	1.16	0.91
橡胶板、管、带的制造	25.18	8.05	1.72	1.16	0.91
橡胶零件制造	27.39	9.98	1.52	1.11	0.89
橡胶零件制造	27.39	9.98	1.52	1.11	0.89
再生橡胶制造	23.28	9.16	1.73	0.96	0.64
再生橡胶制造	23.28	9.16	1.73	0.96	0.64
日用及医用橡胶制品制造	27.00	7.29	2.05	1.00	0.67
日用及医用橡胶制品制造	27.00	7.29	2.05	1.00	0.67
橡胶靴鞋制造	37.54	7.91	2.78	1.22	0.93
橡胶靴鞋制造	37.54	7.91	2.78	1.22	0.93
其他橡胶制品制造	28.57	5.00	2.93	1.15	0.89
其他橡胶制品制造	28.57	5.00	2.93	1.15	0.89
塑料制品业	20.87	6.98	2.02	1.04	0.85
塑料薄膜制造	13.71	6.87	2.04	1.04	0.86
塑料薄膜制造	13.71	6.87	2.04	1.04	0.86
塑料板、管、型材的制造	22.96	6.97	1.70	1.11	0.89
塑料板、管、型材的制造	22.96	6.97	1.70	1.11	0.89
塑料丝、绳及编织品的制造	21.27	5.12	2.48	1.13	0.89
塑料丝、绳及编织品的制造	21.27	5.12	2.48	1.13	0.89
泡沫塑料制造	23.99	5.86	2.09	1.09	0.93
泡沫塑料制造	23.99	5.86	2.09	1.09	0.93

1-E-6 续表13-10

单位：个、万元、人

指标名称	每百元固定资产原值实现利税（元）	每百元主营业务收入实现利税（元）	流动资金周转次数（次）	流动比率	速动比率
塑料人造革、合成革制造	20.58	6.19	1.91	0.94	0.77
塑料人造革、合成革制造	20.58	6.19	1.91	0.94	0.77
塑料包装箱及容器制造	27.17	11.33	1.96	1.13	0.96
塑料包装箱及容器制造	27.17	11.33	1.96	1.13	0.96
塑料零件制造	23.77	8.00	1.95	1.02	0.85
塑料零件制造	23.77	8.00	1.95	1.02	0.85
日用塑料制造	20.62	6.37	2.41	1.01	0.77
塑料鞋制造	29.15	7.84	2.71	1.03	0.80
日用塑料杂品制造	19.34	6.11	2.36	1.00	0.76
其他塑料制品制造	26.13	6.21	2.34	1.02	0.81
其他塑料制品制造	26.13	6.21	2.34	1.02	0.81
非金属矿物制品业	17.46	8.92	1.71	0.99	0.78
水泥、石灰和石膏的制造	10.49	7.82	2.07	0.81	0.68
水泥制造	10.06	7.67	2.04	0.81	0.68
石灰和石膏制造	35.02	11.37	2.96	1.02	0.75
水泥及石膏制品制造	24.18	9.98	1.50	1.05	0.82
水泥制品制造	24.85	10.44	1.44	1.06	0.83
砼结构构件制造	25.24	8.50	2.19	0.98	0.72
石棉水泥制品制造	12.96	6.77	4.80	0.67	0.37
轻质建筑材料制造	7.15	3.81	1.03	1.03	0.87
其他水泥制品制造	17.71	7.03	1.49	1.00	0.77
砖瓦、石材及其他建筑材料制造	14.73	7.40	1.74	1.00	0.77
粘土砖瓦及建筑砌块制造	9.90	6.47	2.05	0.85	0.62
建筑陶瓷制品制造	3.08	1.79	1.08	0.99	0.76
建筑用石加工	30.74	13.41	1.67	0.99	0.82
防水建筑材料制造	27.29	7.25	1.78	1.22	0.96
隔热和隔音材料制造	11.30	8.10	1.72	1.12	0.88
其他建筑材料制造	22.55	7.97	2.20	0.94	0.73
玻璃及玻璃制品制造	14.76	7.25	1.61	1.06	0.82
平板玻璃制造	10.37	9.05	1.50	0.98	0.52
技术玻璃制品制造	10.09	6.21	0.90	1.05	0.87
光学玻璃制造	20.05	6.28	1.31	1.50	1.00
玻璃仪器制造	8.34	3.02	4.65	0.65	0.45
日用玻璃制品及玻璃包装容器制造	21.00	9.14	2.21	1.03	0.78
玻璃保温容器制造	26.68	7.20	4.67	0.78	0.57
玻璃纤维及制品制造	11.68	5.86	2.28	1.17	0.80
玻璃纤维增强塑料制品制造	26.01	5.22	1.88	1.08	0.86
其他玻璃制品制造	14.95	10.46	1.52	1.49	1.24
陶瓷制品制造	37.69	10.77	2.20	1.10	0.83

1-E-6 续表13-11

单位：个、万元、人

指标名称	每百元固定资产原值实现利税（元）	每百元主营业务收入实现利税（元）	流动资金周转次数（次）	流动比率	速动比率
卫生陶瓷制品制造	33.30	8.62	2.62	1.05	0.84
特种陶瓷制品制造	43.40	17.68	1.32	1.28	0.95
日用陶瓷制品制造	47.77	9.81	2.90	0.99	0.67
园林、陈设艺术及其他陶瓷制品制造	2.59	3.04	10.03	0.25	0.18
耐火材料制品制造	40.81	11.91	2.26	1.20	0.96
石棉制品制造	5.57	2.77	1.47	1.06	0.78
云母制品制造	15.06	6.48	1.41	1.35	1.10
耐火陶瓷制品及其他耐火材料制造	46.47	12.71	2.39	1.21	0.98
石墨及其他非金属矿物制品制造	28.44	11.38	1.74	1.12	0.85
石墨及碳素制品制造	17.11	7.46	1.54	1.19	0.88
其他非金属矿物制品制造	34.95	13.35	1.87	1.07	0.83
黑色金属冶炼及压延加工业	25.95	4.55	2.39	1.01	0.75
炼　铁	24.38	6.31	3.30	0.97	0.61
炼　铁	24.38	6.31	3.30	0.97	0.61
炼　钢	38.96	7.17	2.15	0.99	0.62
炼　钢	38.96	7.17	2.15	0.99	0.62
钢压延加工	24.17	4.45	2.32	1.01	0.77
钢压延加工	24.17	4.45	2.32	1.01	0.77
铁合金冶炼	91.71	3.92	4.78	1.06	0.59
铁合金冶炼	91.71	3.92	4.78	1.06	0.59
有色金属冶炼及压延加工业	22.57	2.76	2.75	1.10	0.83
常用有色金属冶炼	42.42	3.07	2.68	1.09	0.71
铜冶炼	53.53	2.61	2.84	1.03	0.62
铅锌冶炼	0.38	0.04	2.36	1.16	0.69
镍钴冶炼	30.15	4.76	1.78	1.23	0.90
锡冶炼	52.92	3.31	2.50	1.16	1.13
铝冶炼	58.82	3.01	3.14	1.02	0.76
镁冶炼	68.71	5.98	5.11	1.18	0.93
其他常用有色金属冶炼	73.61	6.16	5.35	1.42	0.74
贵金属冶炼	27.12	1.20	3.37	1.18	0.82
金冶炼	28.90	1.37	3.05	1.23	0.89
银冶炼	-20.43	-0.76	4.00	0.90	0.61
其他贵金属冶炼	93.84	2.44	10.22	1.26	0.14
稀有稀土金属冶炼	6.72	2.79	1.27	1.79	1.35
钨钼冶炼	1.72	0.49	1.26	0.96	0.52
稀土金属冶炼	7.33	3.23	1.27	2.17	1.74
有色金属合金制造	13.80	2.06	2.10	1.13	0.92
有色金属合金制造	13.80	2.06	2.10	1.13	0.92
有色金属压延加工	21.29	2.85	2.82	1.09	0.84

1－E－6　续表13－12　　　　单位：个、万元、人

指　标　名　称	每百元固定资产原值实现利税（元）	每百元主营业务收入实现利税（元）	流动资金周转次数（次）	流动比率	速动比率
常用有色金属压延加工	17.83	2.37	2.86	1.08	0.83
贵金属压延加工	989.18	47.10	1.80	2.64	2.58
稀有稀土金属压延加工	21.67	6.56	1.79	1.01	0.77
金属制品业	26.23	6.56	2.05	1.05	0.82
结构性金属制品制造	31.13	7.24	1.56	1.10	0.86
金属结构制造	31.76	6.80	1.61	1.10	0.86
金属门窗制造	29.75	8.51	1.42	1.10	0.88
金属工具制造	23.29	6.78	2.17	1.02	0.77
切削工具制造	21.19	8.46	1.59	1.02	0.74
手工具制造	23.36	5.86	2.66	0.99	0.75
农用及园林用金属工具制造	20.17	6.46	1.58	1.09	0.90
刀剪及类似日用金属工具制造	29.43	9.50	1.94	1.06	0.79
其他金属工具制造	25.28	7.22	2.29	1.00	0.74
集装箱及金属包装容器制造	19.63	6.33	1.67	1.07	0.84
集装箱制造	36.31	3.09	2.33	1.03	0.99
金属压力容器制造	30.12	7.33	1.99	1.11	0.81
金属包装容器制造	14.78	5.61	1.49	1.05	0.85
金属丝绳及其制品的制造	17.89	3.21	2.59	1.02	0.81
金属丝绳及其制品的制造	17.89	3.21	2.59	1.02	0.81
建筑、安全用金属制品制造	25.92	6.37	2.40	1.06	0.79
建筑、家具用金属配件制造	23.56	5.81	2.49	1.05	0.76
建筑装饰及水暖管道零件制造	29.67	6.91	2.49	1.04	0.75
安全、消防用金属制品制造	20.83	6.56	1.61	1.34	1.12
其他建筑、安全用金属制品制造	17.12	5.85	1.94	1.04	0.83
金属表面处理及热处理加工	32.87	10.64	2.24	0.99	0.84
金属表面处理及热处理加工	32.87	10.64	2.24	0.99	0.84
搪瓷制品制造	17.48	5.27	1.74	0.99	0.55
工业生产配套用搪瓷制品制造	29.23	8.23	2.60	1.06	0.36
搪瓷卫生洁具制造	23.08	6.88	1.19	1.29	0.73
搪瓷日用品及其他搪瓷制品制造	13.97	4.27	2.04	0.85	0.48
不锈钢及类似日用金属制品制造	23.67	6.38	1.97	1.02	0.79
金属制厨房调理及卫生器具制造	20.00	6.16	2.03	0.99	0.73
金属制厨用器皿及餐具制造	25.79	7.25	1.72	1.02	0.78
其他日用金属制品制造	22.57	4.90	2.64	1.09	0.86
其他金属制品制造	28.87	4.20	2.69	1.05	0.83
其他未列明的金属制品制造	28.87	4.20	2.69	1.05	0.83
通用设备制造业	28.49	8.24	1.89	1.13	0.85
锅炉及原动机制造	59.75	12.57	1.50	1.29	0.93
锅炉及辅助设备制造	48.48	10.74	1.63	1.15	0.84

1－E－6 续表 13－13 单位：个、万元、人

指 标 名 称	每百元固定资产原值实现利税（元）	每百元主营业务收入实现利税（元）	流动资金周转次数（次）	流动比率	速动比率
内燃机及配件制造	21.34	6.31	1.75	1.01	0.76
汽轮机及辅机制造	159.56	19.52	1.47	1.95	1.42
水轮机及辅机制造	14.09	6.64	1.33	1.01	0.76
其他原动机制造	55.74	4.13	0.25	1.11	0.50
金属加工机械制造	21.82	8.59	1.60	1.10	0.76
金属切削机床制造	12.43	4.93	1.46	0.98	0.70
金属成形机床制造	28.35	13.80	1.46	1.20	0.69
铸造机械制造	14.52	7.13	1.54	1.06	0.66
金属切割及焊接设备制造	35.51	6.29	2.01	1.28	1.03
机床附件制造	28.77	18.32	1.56	1.51	1.08
其他金属加工机械制造	23.40	8.32	1.85	0.96	0.64
起重运输设备制造	29.11	6.80	1.76	1.20	0.93
起重运输设备制造	29.11	6.80	1.76	1.20	0.93
泵、阀门、压缩机及类似机械的制造	36.35	9.19	2.08	1.21	0.92
泵及真空设备制造	32.37	9.26	1.96	1.16	0.88
气体压缩机械制造	34.72	9.60	1.91	1.05	0.76
阀门和旋塞的制造	36.24	8.24	2.20	1.25	0.95
液压和气压动力机械及元件制造	44.49	13.52	1.88	1.30	1.01
轴承、齿轮、传动和驱动部件的制造	19.37	8.12	1.65	1.07	0.82
轴承制造	19.24	7.96	1.52	1.07	0.81
齿轮、传动和驱动部件制造	19.59	8.39	1.93	1.09	0.85
烘炉、熔炉及电炉制造	49.66	10.76	1.91	1.04	0.60
烘炉、熔炉及电炉制造	49.66	10.76	1.91	1.04	0.60
风机、衡器、包装设备等通用设备制造	26.69	8.13	1.58	1.11	0.82
风机、风扇制造	12.83	6.20	1.15	1.13	0.92
气体、液体分离及纯净设备制造	50.23	12.60	1.49	1.22	0.87
制冷、空调设备制造	25.62	8.89	1.48	1.09	0.76
风动和电动工具制造	22.97	5.87	1.82	1.10	0.85
喷枪及类似器具制造	32.28	6.27	2.57	1.10	0.87
包装专用设备制造	27.30	8.90	1.46	1.13	0.83
衡器制造	55.27	14.88	1.66	1.14	0.89
其他通用设备制造	10.68	3.92	1.51	0.96	0.65
通用零部件制造及机械修理	23.81	7.07	2.15	1.07	0.84
金属密封件制造	30.07	11.33	1.78	1.13	0.90
紧固件、弹簧制造	23.76	6.45	2.30	1.09	0.85
机械零部件加工及设备修理	23.22	8.26	1.91	1.07	0.86
其他通用零部件制造	21.03	7.41	1.83	0.96	0.74
金属铸、锻加工	31.53	7.58	2.19	1.08	0.83
钢铁铸件制造	35.33	7.85	2.29	1.09	0.82

1-E-6 续表 13-14

单位：个、万元、人

指标名称	每百元固定资产原值实现利税（元）	每百元主营业务收入实现利税（元）	流动资金周转次数（次）	流动比率	速动比率
锻件及粉末冶金制品制造	23.68	6.87	1.97	1.06	0.83
专用设备制造业	23.88	9.08	1.51	1.14	0.84
矿山、冶金、建筑专用设备制造	32.08	8.94	1.68	1.21	0.92
采矿、采石设备制造	41.40	11.61	1.89	1.19	0.90
石油钻采专用设备制造	61.47	9.84	1.84	1.19	1.01
建筑工程用机械制造	29.44	8.64	1.42	1.19	0.92
建筑材料生产专用机械制造	39.70	9.04	1.95	1.35	1.03
冶金专用设备制造	9.06	3.99	1.51	1.18	0.76
化工、木材、非金属加工专用设备制造	20.18	10.07	1.41	1.07	0.76
炼油、化工生产专用设备制造	18.45	5.90	1.78	1.02	0.73
橡胶加工专用设备制造	25.62	11.78	1.28	1.53	1.00
塑料加工专用设备制造	19.36	7.73	1.19	1.15	0.72
木材加工机械制造	27.54	8.66	3.03	1.59	1.12
模具制造	20.23	11.92	1.48	1.02	0.78
其他非金属加工专用设备制造	24.31	6.30	2.46	0.80	0.59
食品、饮料、烟草及饲料生产专用设备制造	30.18	12.06	1.52	1.05	0.76
食品、饮料、烟草工业专用设备制造	34.74	13.40	1.47	1.05	0.77
农副食品加工专用设备制造	16.96	7.94	1.60	1.10	0.75
饲料生产专用设备制造	42.71	10.87	2.29	0.94	0.69
印刷、制药、日化生产专用设备制造	29.78	10.58	1.68	1.05	0.75
制浆和造纸专用设备制造	21.23	8.08	1.97	0.89	0.68
印刷专用设备制造	33.63	12.66	1.50	1.10	0.79
日用化工专用设备制造	14.47	6.05	1.28	1.11	0.45
制药专用设备制造	32.86	11.72	1.77	1.04	0.83
照明器具生产专用设备制造	32.40	5.56	3.15	0.79	0.57
玻璃、陶瓷和搪瓷制品生产专用设备制造	11.23	5.29	1.64	1.10	0.62
其他日用品生产专用设备制造	24.03	3.98	2.14	1.00	0.52
纺织、服装和皮革工业专用设备制造	18.36	7.50	1.40	1.10	0.85
纺织专用设备制造	18.40	6.99	1.39	1.12	0.86
皮革、毛皮及其制品加工专用设备制造	8.10	5.56	1.17	1.00	0.76
缝纫机械制造	20.54	8.34	1.44	1.09	0.86
其他服装加工专用设备制造	-6.32	-1.98	0.99	1.07	0.69
电子和电工机械专用设备制造	26.36	7.20	1.80	1.15	0.81
电工机械专用设备制造	19.89	4.47	2.33	0.93	0.63
电子工业专用设备制造	34.31	9.84	1.42	1.42	1.06
武器弹药制造	15.26	16.39	2.04	0.74	0.23
农、林、牧、渔专用机械制造	19.61	4.15	1.74	1.34	1.01
拖拉机制造	31.45	3.19	1.63	2.84	2.40
机械化农业及园艺机具制造	14.54	3.74	1.68	1.16	0.84

1－E－6 续表13－15 单位：个、万元、人

指 标 名 称	每百元固定资产原值实现利税（元）	每百元主营业务收入实现利税（元）	流动资金周转次数（次）	流动比率	速动比率
畜牧机械制造	63.17	5.16	6.91	1.66	1.47
渔业机械制造	22.65	5.02	5.00	0.86	0.52
农林牧渔机械配件制造	31.65	6.54	2.16	1.06	0.76
其他农林牧渔业机械制造及机械修理	30.46	7.87	1.93	1.15	0.69
医疗仪器设备及器械制造	29.79	13.96	1.64	1.29	0.99
医疗诊断、监护及治疗设备制造	19.77	15.47	1.42	1.39	1.10
口腔科用设备及器具制造	10.57	6.09	2.24	0.58	0.31
实验室及医用消毒设备和器具的制造	33.94	15.82	2.48	0.96	0.64
医疗、外科及兽医用器械制造	54.32	16.38	1.85	1.44	1.20
机械治疗及病房护理设备制造	22.65	8.53	1.31	1.14	0.78
假肢、人工器官及植（介）入器械制造	14.90	12.57	1.07	1.25	0.70
其他医疗设备及器械制造	17.31	6.40	1.73	1.12	0.78
环保、社会公共安全及其他专用设备制造	38.28	8.73	1.52	1.28	0.98
环境污染防治专用设备制造	46.10	9.50	1.46	1.39	1.06
地质勘查专用设备制造	69.36	9.73	1.29	3.00	2.79
邮政专用机械及器材制造	29.05	10.92	1.73	1.12	0.61
商业、饮食、服务业专用设备制造	17.89	4.16	2.45	0.70	0.33
社会公共安全设备及器材制造	26.12	7.01	1.88	1.07	0.84
交通安全及管制专用设备制造	61.67	7.05	2.61	1.15	0.61
水资源专用机械制造	39.86	5.92	1.18	1.25	0.93
其他专用设备制造	32.21	9.90	1.26	1.27	0.99
交通运输设备制造业	24.50	7.84	1.59	1.09	0.82
铁路运输设备制造	10.36	5.22	1.08	1.01	0.80
铁路机车车辆配件制造	11.46	6.27	1.33	1.11	0.96
铁路专用设备及器材、配件制造	16.39	6.15	0.99	1.09	0.80
其他铁路设备制造及设备修理	－4.00	－4.96	1.04	0.60	0.57
汽车制造	24.12	8.31	1.65	1.14	0.91
汽车整车制造	39.31	7.31	1.06	1.40	1.20
改装汽车制造	15.47	2.81	1.57	1.12	0.69
汽车车身、挂车的制造	－6.77	－4.57	1.55	0.74	0.49
汽车零部件及配件制造	24.25	8.60	1.67	1.14	0.91
汽车修理	23.87	6.10	2.16	1.01	0.72
摩托车制造	23.84	6.55	1.72	0.97	0.82
摩托车整车制造	38.49	4.54	1.87	0.97	0.85
摩托车零部件及配件制造	22.32	7.11	1.69	0.96	0.81
自行车制造	17.93	4.34	1.82	1.01	0.79
脚踏自行车及残疾人座车制造	19.43	4.48	1.91	0.96	0.79
助动自行车制造	16.59	4.21	1.74	1.04	0.79
船舶及浮动装置制造	28.91	8.91	1.33	1.07	0.64

1-E-6 续表 13-16

单位：个、万元、人

指 标 名 称	每百元固定资产原值实现利税（元）	每百元主营业务收入实现利税（元）	流动资金周转次数（次）	流动比率	速动比率
金属船舶制造	32.06	7.90	1.30	1.09	0.60
非金属船舶制造	62.51	10.58	1.65	1.32	0.60
娱乐船和运动船的建造和修理	-2.37	-2.86	0.55	1.36	1.03
船用配套设备制造	28.43	12.05	1.37	1.08	0.80
船舶修理及拆船	28.63	12.58	1.74	0.90	0.60
航空航天器制造	44.28	13.69	0.99	0.95	0.89
飞机制造及修理	21.71	10.14	0.60	0.91	0.87
其他飞行器制造	283.98	19.12	51.08	2.37	1.71
交通器材及其他交通运输设备制造	24.90	6.83	1.37	1.14	0.88
潜水及水下救捞装备制造	10.08	10.26	1.71	1.58	1.20
交通管理用金属标志及设施制造	27.24	7.69	1.31	1.19	0.90
其他交通运输设备制造	9.82	2.06	1.85	0.85	0.74
电气机械及器材制造业	33.29	7.33	1.85	1.16	0.94
电机制造	29.31	7.20	1.82	1.06	0.84
发电机及发电机组制造	38.20	7.50	1.37	1.04	0.80
电动机制造	27.71	6.77	1.98	1.08	0.86
微电机及其他电机制造	27.77	7.40	1.96	1.05	0.84
输配电及控制设备制造	39.01	10.06	1.55	1.28	1.03
变压器、整流器和电感器制造	38.32	9.10	1.69	1.20	0.87
电容器及其配套设备制造	32.80	10.87	1.67	1.56	1.33
配电开关控制设备制造	41.23	10.92	1.46	1.29	1.05
电力电子元器件制造	32.79	8.42	1.66	1.22	1.00
其他输配电及控制设备制造	50.02	11.24	1.51	1.49	1.21
电线、电缆、光缆及电工器材制造	35.69	5.80	1.96	1.21	1.04
电线电缆制造	34.06	5.42	1.96	1.19	1.03
光纤、光缆制造	62.35	8.69	2.20	1.42	1.15
绝缘制品制造	33.09	8.87	1.69	1.31	1.03
其他电工器材制造	35.18	9.60	1.60	1.24	1.00
电池制造	45.58	8.28	2.35	1.23	0.94
电池制造	45.58	8.28	2.35	1.23	0.94
家用电力器具制造	25.83	6.33	1.87	1.02	0.83
家用制冷电器具制造	22.82	5.69	1.87	1.19	0.99
家用空气调节器制造	25.82	5.63	1.63	1.05	0.76
家用通风电器具制造	25.54	6.88	1.95	0.99	0.76
家用厨房电器具制造	17.60	4.08	1.58	1.09	0.87
家用清洁卫生电器具制造	43.07	9.77	1.91	1.01	0.86
家用美容、保健电器具制造	27.99	5.90	2.92	0.88	0.68
家用电力器具专用配件制造	22.10	6.84	2.02	1.02	0.86
其他家用电力器具制造	21.38	4.96	1.88	0.94	0.73

1－E－6 续表 13－17

单位：个、万元、人

指 标 名 称	每百元固定资产原值实现利税（元）	每百元主营业务收入实现利税（元）	流动资金周转次数（次）	流动比率	速动比率
非电力家用器具制造	21.30	5.77	2.33	0.96	0.67
燃气、太阳能及类似能源的器具制造	25.27	6.64	2.44	0.93	0.65
其他非电力家用器具制造	3.04	0.96	1.83	1.12	0.76
照明器具制造	27.82	6.39	2.01	1.13	0.87
电光源制造	26.57	6.69	2.31	1.01	0.76
照明灯具制造	27.88	6.02	1.86	1.19	0.93
灯用电器附件及其他照明器具制造	30.43	7.10	2.00	1.15	0.86
其他电气机械及器材制造	22.46	6.93	1.74	1.26	0.98
车辆专用照明及电气信号设备装置制造	19.10	6.06	1.84	1.19	0.91
其他未列明的电气机械制造	31.56	9.05	1.55	1.44	1.15
通信设备、计算机及其他电子设备制造业	21.28	8.13	1.51	1.15	0.90
通信设备制造	32.34	11.20	1.32	1.07	0.87
通信传输设备制造	58.56	16.06	1.38	1.57	1.22
通信交换设备制造	19.68	7.50	1.15	1.10	0.99
通信终端设备制造	17.23	3.88	1.40	1.06	0.81
移动通信及终端设备制造	21.15	7.51	1.34	1.09	0.90
其他通信设备制造	36.84	19.34	1.29	0.65	0.52
雷达及配套设备制造	36.19	17.44	0.40	1.20	1.10
雷达及配套设备制造	36.19	17.44	0.40	1.20	1.10
广播电视设备制造	19.14	5.75	1.55	1.35	1.04
广播电视节目制作及发射设备制造	17.00	8.59	1.09	1.24	1.01
广播电视接收设备及器材制造	13.56	4.70	1.80	1.18	0.85
应用电视设备及其他广播电视设备制造	60.23	7.79	1.24	1.93	1.65
电子计算机制造	20.03	7.14	1.31	1.19	0.95
电子计算机整机制造	10.61	3.67	1.35	1.24	1.09
计算机网络设备制造	44.77	7.71	1.63	1.41	0.90
电子计算机外部设备制造	16.58	7.05	1.22	1.13	0.96
电子器件制造	18.22	9.57	1.39	1.36	1.01
电子真空器件制造	11.89	5.04	1.58	1.24	0.87
半导体分立器件制造	12.47	9.56	1.44	1.08	0.73
集成电路制造	12.98	8.11	1.12	1.43	1.00
光电子器件及其他电子器件制造	33.24	10.76	1.52	1.62	1.34
电子元件制造	18.45	6.71	1.63	1.09	0.87
电子元件及组件制造	18.26	6.77	1.62	1.10	0.88
印制电路板制造	20.56	6.21	1.76	1.03	0.84
家用视听设备制造	26.21	7.50	1.98	1.05	0.80
家用影视设备制造	41.90	13.47	1.66	1.02	0.78
家用音响设备制造	17.47	4.71	2.16	1.07	0.82
其他电子设备制造	20.14	6.63	1.64	1.15	0.86

1-E-6 续表 13-18

单位:个、万元、人

指 标 名 称	每百元固定资产原值实现利税(元)	每百元主营业务收入实现利税(元)	流动资金周转次数(次)	流动比率	速动比率
其他电子设备制造	20.14	6.63	1.64	1.15	0.86
仪器仪表及文化、办公用机械制造业	31.27	9.81	1.56	1.17	0.91
通用仪器仪表制造	37.03	10.08	1.58	1.29	1.00
工业自动控制系统装置制造	37.05	9.76	1.48	1.27	0.94
电工仪器仪表制造	46.88	10.22	1.52	1.51	1.20
绘图、计算及测量仪器制造	22.65	7.23	1.84	0.89	0.59
实验分析仪器制造	33.07	11.58	1.63	1.40	1.13
试验机制造	3.07	2.42	1.30	0.97	0.57
供应用仪表及其他通用仪器制造	41.74	11.00	1.70	1.30	1.07
专用仪器仪表制造	54.97	16.43	1.59	1.34	1.07
环境监测专用仪器仪表制造	91.58	13.25	1.25	1.24	0.85
汽车及其他用计数仪表制造	23.44	7.59	2.04	0.99	0.79
导航、气象及海洋专用仪器制造	17.69	7.87	2.28	1.46	1.17
农林牧渔专用仪器仪表制造	32.57	7.59	1.53	0.86	0.74
地质勘探和地震专用仪器制造	74.09	9.58	3.76	1.67	1.28
教学专用仪器制造	27.72	7.30	1.86	1.18	0.97
电子测量仪器制造	34.98	14.32	1.26	2.25	1.71
其他专用仪器制造	365.65	94.96	0.83	3.13	2.90
钟表与计时仪器制造	13.38	5.05	1.98	0.96	0.70
钟表与计时仪器制造	13.38	5.05	1.98	0.96	0.70
光学仪器及眼镜制造	15.83	6.71	1.71	0.89	0.71
光学仪器制造	7.22	4.40	1.55	0.79	0.63
眼镜制造	19.77	7.35	1.76	0.94	0.75
文化、办公用机械制造	12.84	4.68	1.03	1.08	0.86
电影机械制造	178.60	5.02	2.85	2.87	2.02
幻灯及投影设备制造	51.52	8.51	2.55	1.24	1.09
照相机及器材制造	37.13	7.06	0.69	1.20	1.06
复印和胶印设备制造	8.88	6.03	1.18	0.98	0.68
计算器及货币专用设备制造	11.06	4.45	1.11	1.22	1.02
其他文化、办公用机械制造	0.96	0.33	1.34	0.79	0.49
其他仪器仪表的制造及修理	36.64	9.08	1.67	1.12	0.82
其他仪器仪表的制造及修理	36.64	9.08	1.67	1.12	0.82
工艺品及其他制造业	24.96	7.38	2.09	1.07	0.84
工艺美术品制造	22.67	7.06	2.05	1.04	0.81
雕塑工艺品制造	22.24	6.51	2.47	1.02	0.72
金属工艺品制造	23.88	6.57	2.35	1.11	0.82
漆器工艺品制造	23.62	8.30	2.22	0.87	0.71
花画工艺品制造	14.77	4.37	2.26	1.06	0.91
天然植物纤维编织工艺品制造	32.24	7.11	3.04	1.00	0.74

1-E-6 续表13-19 单位：个、万元、人

指标名称	每百元固定资产原值实现利税（元）	每百元主营业务收入实现利税（元）	流动资金周转次数（次）	流动比率	速动比率
抽纱刺绣工艺品制造	19.33	7.61	1.87	0.99	0.80
地毯、挂毯制造	11.32	4.91	2.23	0.91	0.61
珠宝首饰及有关物品的制造	64.40	9.81	1.35	1.47	1.11
其他工艺美术品制造	22.07	6.14	2.21	0.95	0.76
日用杂品制造	31.16	8.17	2.20	1.14	0.93
制镜及类似品加工	27.17	9.34	2.43	1.32	1.04
鬃毛加工、制刷及清扫工具的制造	8.96	3.26	2.15	0.90	0.64
其他日用杂品制造	35.68	8.61	2.18	1.17	0.96
煤制品制造	18.16	7.55	1.28	1.24	1.18
煤制品制造	18.16	7.55	1.28	1.24	1.18
核辐射加工	4.00	11.80	1.34	0.75	0.68
核辐射加工	4.00	11.80	1.34	0.75	0.68
其他未列明的制造业	22.42	5.68	2.36	1.15	0.94
其他未列明的制造业	22.42	5.68	2.36	1.15	0.94
废弃资源和废旧材料回收加工业	0.80	0.04	3.38	1.05	0.64
金属废料和碎屑的加工处理	-20.97	-0.67	3.66	1.06	0.60
金属废料和碎屑的加工处理	-20.97	-0.67	3.66	1.06	0.60
非金属废料和碎屑的加工处理	27.23	7.51	1.88	0.98	0.79
非金属废料和碎屑的加工处理	27.23	7.51	1.88	0.98	0.79
电力、燃气及水的生产和供应业	**4.11**	**6.58**	**2.52**	**0.80**	**0.74**
电力、热力的生产和供应业	4.37	6.71	2.99	0.75	0.68
电力生产	2.75	6.53	2.01	0.72	0.65
火力发电	2.19	4.11	2.09	0.76	0.67
水力发电	3.92	21.26	1.83	0.58	0.56
其他能源发电	4.18	24.22	0.64	0.63	0.61
电力供应	16.79	7.36	8.60	1.24	1.22
电力供应	16.79	7.36	8.60	1.24	1.22
热力生产和供应	1.23	1.73	2.51	0.51	0.47
热力生产和供应	1.23	1.73	2.51	0.51	0.47
燃气生产和供应业	10.29	6.46	3.92	1.23	1.16
燃气生产和供应业	10.29	6.46	3.92	1.23	1.16
燃气生产和供应业	10.29	6.46	3.92	1.23	1.16
水的生产和供应业	1.36	5.14	0.74	0.87	0.85
自来水的生产和供应	2.56	9.09	0.71	0.85	0.82
自来水的生产和供应	2.56	9.09	0.71	0.85	0.82
污水处理及其再生利用	-1.85	-8.52	0.83	1.02	1.01
污水处理及其再生利用	-1.85	-8.52	0.83	1.02	1.01
其他水的处理、利用与分配	9.61	31.92	3.16	148.44	140.88
其他水的处理、利用与分配	9.61	31.92	3.16	148.44	140.88

1－E－6 续表14－1

单位：个、万元、人

指 标 名 称	企业亏损面（%）	亏损率（%）	出口交货值占工业销售比重（%）	利润总额占利税比重（%）	存货周转次数（次）
总 计	**15.43**	**19.53**	**22.22**	**52.52**	**7.44**
一、按轻重工业分					
轻工业	16.60	16.82	32.27	53.36	7.27
重工业	14.26	21.42	14.68	51.93	7.57
二、按登记注册类型分					
内 资	**13.25**	**15.14**	**18.32**	**50.51**	**8.05**
国 有	28.07	91.94	1.62	4.65	27.34
集 体	10.92	15.25	6.17	50.54	8.39
股份合作企业	8.79	7.99	13.39	48.84	8.94
联营企业	22.22	59.45	14.77	8.62	5.81
国有联营			4.24	3.77	1.03
集体联营	16.67	0.87	29.89	43.08	13.53
国有与集体联营	25.00	439.61	2.35	－22.19	11.69
其他联营	33.33	181.61	21.94	－17.57	7.64
有限责任公司	17.15	21.83	13.41	49.91	7.42
国有独资公司	43.59	113.09	0.40	－16.37	17.20
其他有限责任公司	16.96	21.02	13.50	50.21	7.39
股份有限公司	17.39	12.10	15.07	63.80	5.22
私营企业	12.72	10.99	20.67	51.80	8.03
私营独资	8.32	5.92	21.04	51.75	10.66
私营合伙	8.08	4.86	16.07	54.30	10.30
私营有限责任公司	13.82	11.78	20.77	51.69	7.82
私营股份有限公司	14.81	12.70	20.25	52.46	6.06
其 他	19.05	22.29	9.89	47.13	11.46
港澳台商投资	**27.99**	**25.44**	**31.59**	**59.73**	**6.14**
与港澳台商合资经营	24.61	17.41	29.88	61.46	6.60
与港澳台商合作经营	16.90	8.15	29.70	65.07	5.55
港澳台商独资	33.13	42.37	34.71	53.98	5.56
港澳台商投资股份有限公司	30.00	16.75	30.76	69.94	5.56
外商投资	**28.86**	**34.47**	**38.57**	**59.84**	**5.76**
中外合资经营	24.50	21.07	37.89	61.88	6.19
中外合作经营	17.50	6.00	29.99	60.72	8.52
外资企业	36.07	56.20	40.17	55.02	5.17
外商投资股份有限公司	18.92	42.69	36.72	51.78	4.58
三、按控股情况分					
国有控股	26.42	54.06	1.91	27.10	14.52
集体控股	17.42	16.76	12.07	57.94	7.92
私人控股	13.52	12.25	21.15	53.09	7.71
港澳台商控股	30.04	32.88	33.30	57.98	5.84
外商控股	32.15	48.12	39.86	54.96	5.51

1－E－6 续表 14－2

单位：个、万元、人

指 标 名 称	企业亏损面（%）	亏损率（%）	出口交货值占工业销售比重（%）	利润总额占利税比重（%）	存货周转次数（次）
其 他	22.28	16.22	17.49	61.67	5.43
四、按国民经济行业（门类、大类、中类、小类）分					
采矿业	**13.27**	**11.60**	**2.50**	**50.61**	**8.86**
黑色金属矿采选业				95.89	2.22
铁矿采选				95.89	2.22
铁矿采选				95.89	2.22
有色金属矿采选业	33.33	62.19		21.32	4.20
常用有色金属矿采选	50.00	208.96		－99.07	4.05
铜矿采选	66.67	606.62		173.99	3.36
铅锌矿采选	42.86	35.57		22.62	4.59
贵金属矿采选				73.68	2.18
金矿采选				99.32	1.35
银矿采选				33.64	3.79
稀有稀土金属矿采选	22.22	3.16		41.17	5.06
钨钼矿采选	22.22	3.16		41.17	5.06
非金属矿采选业	11.99	15.13	3.00	40.21	16.04
土砂石开采	10.57	14.72	3.13	41.08	17.05
石灰石、石膏开采	19.15	121.50		－4.36	14.45
建筑装饰用石开采	6.49	1.46		51.29	52.74
耐火土石开采	10.00	2.03	14.45	53.26	5.32
粘土及其他土砂石开采	9.76	21.10	3.39	41.26	19.30
化学矿采选	50.00	555.79		－39.11	6.77
化学矿采选	50.00	555.79		－39.11	6.77
采 盐				28.33	4.06
采 盐				28.33	4.06
石棉及其他非金属矿采选	29.41	26.59	0.47	23.22	7.66
其他非金属矿采选	29.41	26.59	0.47	23.22	7.66
制造业	**15.30**	**17.73**	**23.34**	**53.96**	**7.18**
农副食品加工业	14.65	13.86	21.20	64.61	6.05
谷物磨制	13.64	23.30		62.33	11.70
谷物磨制	13.64	23.30		62.33	11.70
饲料加工	12.50	4.36	4.66	60.79	11.23
饲料加工	12.50	4.36	4.66	60.79	11.23
植物油加工	24.44	51.20	0.14	49.21	7.27
食用植物油加工	19.51	50.01	0.14	50.59	7.26
非食用植物油加工	75.00	1204.49		－243.32	7.89
屠宰及肉类加工	16.52	17.02	15.36	57.50	6.33
畜禽屠宰	33.33	23.41	15.16	77.61	49.47
肉制品及副产品加工	12.77	16.18	15.40	55.75	5.52
水产品加工	15.19	17.91	46.36	67.26	4.15

1－E－6 续表14－3 单位：个、万元、人

指 标 名 称	企业亏损面（%）	亏损率（%）	出口交货值占工业销售比重（%）	利润总额占利税比重（%）	存货周转次数（次）
水产品冷冻加工	14.84	12.20	50.56	70.02	4.05
鱼糜制品及水产品干腌制加工	18.75	49.22	45.97	45.73	3.93
水产饲料制造	10.81	8.78	0.51	82.00	6.86
鱼油提取及制品的制造				84.27	2.84
其他水产品加工	25.00	147.45	52.03	－50.92	4.12
蔬菜、水果和坚果加工	12.50	6.01	23.71	71.01	6.38
蔬菜、水果和坚果加工	12.50	6.01	23.71	71.01	6.38
其他农副食品加工	13.46	3.90	10.62	66.11	5.02
淀粉及淀粉制品的制造			0.07	71.14	5.37
豆制品制造	22.22	7.50	17.08	73.03	6.80
蛋品加工	14.29	2.80	0.36	77.49	13.69
其他未列明的农副食品加工	11.11	0.12	18.34	46.44	3.28
食品制造业	19.15	13.97	21.58	64.53	5.88
焙烤食品制造	17.86	16.36	1.88	57.54	8.14
糕点、面包制造	20.00	17.42	1.72	42.27	8.44
饼干及其他焙烤食品制造	15.38	15.97	2.03	66.30	7.87
糖果、巧克力及蜜饯制造	6.67	2.40	10.16	70.20	7.47
糖果、巧克力制造			12.03	74.89	7.61
蜜饯制作	12.50	18.54	7.56	46.30	7.27
方便食品制造	20.41	15.31	14.75	65.89	7.68
米、面制品制造	6.25	2.67	4.03	79.11	6.35
速冻食品制造	36.84	110.76	33.72	－22.98	3.39
方便面及其他方便食品制造	14.29	1.08	11.65	68.98	16.43
液体乳及乳制品制造	33.33	20.76	3.11	72.66	7.97
液体乳及乳制品制造	33.33	20.76	3.11	72.66	7.97
罐头制造	23.17	29.21	61.70	56.86	3.05
肉、禽类罐头制造				65.52	4.81
水产品罐头制造	25.00	160.52	93.37	174.59	5.48
蔬菜、水果罐头制造	24.00	24.74	60.96	57.75	2.86
其他罐头食品制造				33.22	2.72
调味品、发酵制品制造	28.57	15.90	5.94	61.35	6.59
味精制造	55.56	376.54		305.59	10.65
酱油、食醋及类似制品的制造	45.45	5.20	3.58	59.36	4.39
其他调味品、发酵制品制造	9.09	3.65	10.31	71.85	7.28
其他食品制造	12.93	10.22	23.74	65.27	6.93
营养、保健食品制造	13.95	5.18	42.87	71.98	6.46
冷冻饮品及食用冰制造	35.71	32.43		51.56	10.36
盐加工				79.40	2.51
食品及饲料添加剂制造	7.41	15.83	10.89	54.81	7.37
其他未列明的食品制造				55.60	24.50

1－E－6 续表 14－4

单位：个、万元、人

指 标 名 称	企业亏损面（%）	亏损率（%）	出口交货值占工业销售比重（%）	利润总额占利税比重（%）	存货周转次数（次）
饮料制造业	17.65	7.82	21.76	70.64	3.70
酒精制造	100.00			－6928.44	1.27
酒精制造	100.00			－6928.44	1.27
酒的制造	22.09	32.44	7.62	29.95	1.62
白酒制造	8.33	0.75	6.80	65.39	1.84
啤酒制造	51.85	129.74		－12.84	1.86
黄酒制造	9.76	7.34	15.27	32.28	1.34
其他酒制造			1.31	37.50	2.40
软饮料制造	15.25	4.02	4.73	84.88	10.55
碳酸饮料制造	20.00	1.16	0.01	79.90	46.15
瓶(罐)装饮用水制造	16.67	0.75	0.03	80.98	6.98
果菜汁及果菜汁饮料制造	25.00	120.45	32.11	－49.12	3.03
含乳饮料和植物蛋白饮料制造	14.29	0.81		95.55	8.37
固体饮料制造			19.12	69.57	8.65
茶饮料及其他软饮料制造			0.28	78.82	33.30
精制茶加工	15.63	5.35	45.73	65.14	3.81
精制茶加工	15.63	5.35	45.73	65.14	3.81
烟草制品业			4.02	72.30	18.52
其他烟草制品加工			4.02	72.30	18.52
其他烟草制品加工			4.02	72.30	18.52
纺织业	16.64	16.80	29.52	50.52	7.88
棉、化纤纺织及印染精加工	16.95	19.13	17.40	48.81	8.72
棉、化纤纺织加工	16.17	15.54	17.08	51.98	8.43
棉、化纤印染精加工	20.34	30.22	18.47	39.73	9.91
毛纺织和染整精加工	12.82	10.46	9.76	57.22	5.16
毛条加工	27.78	10.58	6.20	72.03	4.31
毛纺织	11.60	10.28	12.75	55.37	5.24
毛染整精加工	12.16	10.93	1.92	44.76	6.83
麻纺织	29.41	40.57	29.35	26.72	3.44
麻纺织	29.41	40.57	29.35	26.72	3.44
丝绢纺织及精加工	22.37	19.66	14.84	48.16	7.77
缫丝加工	50.40	83.37	13.06	8.60	4.14
绢纺和丝织加工	15.73	9.36	15.77	56.86	9.04
丝印染精加工	26.39	44.01	10.80	27.15	12.59
纺织制成品制造	15.65	20.30	39.48	48.49	7.68
棉及化纤制品制造	16.98	21.05	56.40	48.67	7.79
毛制品制造	15.38	13.68	59.27	36.69	6.86
麻制品制造	33.33	3.81		23.23	11.83
丝制品制造	19.88	22.03	44.85	49.05	7.86
绳、索、缆的制造	12.12	4.88	30.13	46.04	7.69

1-E-6 续表14-5

单位:个、万元、人

指 标 名 称	企业亏损面(%)	亏损率(%)	出口交货值占工业销售比重(%)	利润总额占利税比重(%)	存货周转次数(次)
纺织带和帘子布制造	13.48	11.86	24.38	55.33	6.73
无纺布制造	12.45	13.84	14.51	51.13	7.85
其他纺织制成品制造	14.04	43.61	33.76	39.76	8.14
针织品、编织品及其制品制造	15.49	12.05	48.90	53.66	7.45
棉、化纤针织品及编织品制造	15.68	11.04	50.56	56.96	7.54
毛针织品及编织品制造	12.81	10.70	43.06	44.01	6.46
丝针织品及编织品制造	22.88	24.27	46.63	43.08	8.18
其他针织品及编织品制造	13.27	24.01	43.72	44.81	9.47
纺织服装、鞋、帽制造业	21.18	21.45	54.06	45.03	7.46
纺织服装制造	21.50	21.82	53.46	44.73	7.39
纺织服装制造	21.50	21.82	53.46	44.73	7.39
纺织面料鞋的制造	10.43	11.80	58.28	53.39	9.75
纺织面料鞋的制造	10.43	11.80	58.28	53.39	9.75
制 帽	29.55	21.48	90.70	44.38	8.85
制 帽	29.55	21.48	90.70	44.38	8.85
皮革、毛皮、羽毛(绒)及其制品业	11.15	14.98	49.54	43.13	7.38
皮革鞣制加工	15.65	34.60	11.20	31.49	3.84
皮革鞣制加工	15.65	34.60	11.20	31.49	3.84
皮革制品制造	10.08	11.81	56.62	44.92	10.71
皮鞋制造	4.04	4.79	51.33	50.91	13.42
皮革服装制造	26.29	34.80	66.34	31.59	7.65
皮箱、包(袋)制造	12.59	23.24	66.01	32.45	10.78
皮手套及皮装饰制品制造	23.38	38.08	52.78	33.15	5.20
其他皮革制品制造	20.00	20.00	43.13	42.71	6.70
毛皮鞣制及制品加工	8.00	5.43	23.57	43.98	4.61
毛皮鞣制加工	5.88	1.91	7.42	61.15	6.59
毛皮服装加工	17.24	7.77	40.03	29.92	3.99
其他毛皮制品加工	3.70	6.42	20.10	49.48	4.32
羽毛(绒)加工及制品制造	28.05	36.10	49.75	36.99	2.92
羽毛(绒)加工	20.00	9.50	13.55	44.37	5.13
羽毛(绒)制品加工	29.85	39.33	54.91	35.90	2.74
木材加工及木、竹、藤、棕、草制品业	12.19	7.87	22.46	57.23	6.32
锯材、木片加工	7.69	15.04	8.04	50.86	7.16
锯材加工	5.88	0.42	17.12	62.30	5.69
木片加工	9.09	31.48	1.33	39.12	8.83
人造板制造	14.01	7.40	18.87	60.60	5.28
胶合板制造	15.03	13.40	26.45	53.38	5.37
纤维板制造	16.67	3.11	2.06	63.75	4.29
刨花板制造	10.00	10.53	14.34	46.02	3.87
其他人造板、材制造	11.63	2.21	6.95	71.95	6.33

1－E－6 续表 14－6

单位：个、万元、人

指 标 名 称	企业亏损面 (%)	亏损率 (%)	出口交货值占工业销售比重 (%)	利润总额占利税比重 (%)	存货周转次数 (次)
木制品制造	13.40	7.58	16.37	55.74	7.73
建筑用木料及木材组件加工	8.00	4.73	12.43	58.38	7.75
木容器制造	12.00	17.77	17.59	40.05	8.84
软木制品及其他木制品制造	23.08	46.49	47.50	28.76	7.15
竹、藤、棕、草制品制造	9.24	7.68	49.62	55.45	6.05
竹、藤、棕、草制品制造	9.24	7.68	49.62	55.45	6.05
家具制造业	22.11	22.40	53.74	48.57	6.75
木质家具制造	24.43	21.30	49.28	52.47	5.59
木质家具制造	24.43	21.30	49.28	52.47	5.59
竹、藤家具制造	36.36	25.38	65.51	53.35	5.21
竹、藤家具制造	36.36	25.38	65.51	53.35	5.21
金属家具制造	18.45	21.55	61.41	44.72	8.18
金属家具制造	18.45	21.55	61.41	44.72	8.18
塑料家具制造	17.86	7.71	58.25	54.09	8.09
塑料家具制造	17.86	7.71	58.25	54.09	8.09
其他家具制造	22.08	44.96	42.71	33.93	9.36
其他家具制造	22.08	44.96	42.71	33.93	9.36
造纸及纸制品业	19.40	16.60	3.64	49.18	7.59
纸浆制造	40.00	50.42	17.13	14.99	4.37
纸浆制造	40.00	50.42	17.13	14.99	4.37
造　纸	24.39	18.32	2.27	47.94	6.84
机制纸及纸板制造	25.43	18.02	1.74	47.86	6.84
手工纸制造	33.33	30.45	79.93	52.16	4.20
加工纸制造	14.93	22.75	7.83	49.18	6.91
纸制品制造	15.08	13.87	5.40	51.36	9.03
纸和纸板容器的制造	13.36	9.12	3.44	52.91	9.67
其他纸制品制造	21.60	25.72	10.43	47.16	7.72
印刷业和记录媒介的复制	11.53	6.69	9.40	59.79	9.59
印　刷	11.21	6.52	6.66	59.92	9.66
书、报、刊印刷	17.16	14.81	2.52	52.58	8.23
本册印制	6.82	7.87	43.76	46.51	5.97
包装装潢及其他印刷	10.33	5.39	5.30	61.42	10.43
装订及其他印刷服务活动	21.88	21.05	12.17	42.47	7.28
装订及其他印刷服务活动	21.88	21.05	12.17	42.47	7.28
记录媒介的复制			73.94	85.84	9.93
记录媒介的复制			73.94	85.84	9.93
文教体育用品制造业	18.43	28.41	55.38	47.44	7.13
文化用品制造	17.12	29.24	54.64	45.64	6.59
文具制造	23.78	42.41	55.42	37.84	6.46
笔的制造	10.19	11.87	55.15	51.11	6.89

1－E－6 续表 14－7

单位：个、万元、人

指标名称	企业亏损面（%）	亏损率（%）	出口交货值占工业销售比重（%）	利润总额占利税比重（%）	存货周转次数（次）
教学用模型及教具制造	35.71	63.02	47.28	29.53	5.78
墨水、墨汁制造				77.76	4.39
其他文化用品制造	19.05	53.59	50.80	55.91	5.95
体育用品制造	23.32	48.10	64.17	41.02	6.21
球类制造	22.22	117.51	65.12	－36.32	4.49
体育器材及配件制造	20.55	18.59	58.34	50.23	5.26
训练健身器材制造	28.40	39.12	66.50	41.73	8.87
运动防护用具制造	18.75	46.48	61.67	38.68	5.94
其他体育用品制造	19.23	39.26	68.16	57.89	5.50
乐器制造	20.69	9.93	32.18	60.37	5.42
中乐器制造	50.00	127.54	59.28	122.02	2.70
西乐器制造	10.00	8.03	32.88	62.38	6.05
电子乐器制造	25.00	5.53	43.20	73.78	3.07
其他乐器及零件制造	23.08	15.89	21.42	41.29	7.59
玩具制造	15.90	15.93	56.21	51.05	8.36
玩具制造	15.90	15.93	56.21	51.05	8.36
游艺器材及娱乐用品制造	20.29	23.84	44.65	47.92	10.87
露天游乐场所游乐设备制造	13.64	15.38	49.44	51.18	12.31
游艺用品及室内游艺器材制造	32.00	65.89	24.78	26.87	7.41
石油加工、炼焦及核燃料加工业	18.64	92.43	0.01	7.89	5.82
精炼石油产品的制造	17.24	12.63	0.01	63.44	6.31
原油加工及石油制品制造	17.24	12.63	0.01	63.44	6.31
炼　焦	100.00			190.83	5.04
炼　焦	100.00			190.83	5.04
化学原料及化学制品制造业	15.23	37.35	14.82	51.96	7.80
基础化学原料制造	18.83	15.54	20.80	53.09	8.43
无机酸制造	15.63	21.60	23.25	41.49	9.83
无机碱制造	9.09	2.84	5.19	34.44	21.06
无机盐制造	17.98	8.02	6.95	61.95	7.78
有机化学原料制造	18.54	15.24	24.63	56.20	8.57
其他基础化学原料制造	23.61	19.43	16.83	51.66	6.49
肥料制造	11.43	1.96	6.54	61.64	4.25
氮肥制造	14.29	1.52		29.97	4.87
磷肥制造	12.50	2.40		62.93	4.08
复混肥料制造	11.76	2.08	12.94	79.89	3.79
有机肥料及微生物肥料制造				87.81	16.96
其他肥料制造				65.52	3.68
农药制造	16.95	12.51	45.10	65.27	6.73
化学农药制造	15.09	12.33	46.65	65.36	6.56

1－E－6 续表 14－8 单位：个、万元、人

指 标 名 称	企业亏损面（%）	亏损率（%）	出口交货值占工业销售比重（%）	利润总额占利税比重（%）	存货周转次数（次）
生物化学农药及微生物农药制造	33.33	14.98	27.05	63.94	10.18
涂料、油墨、颜料及类似产品制造	11.98	3.78	13.49	61.47	6.01
涂料制造	10.25	4.22	2.60	59.94	8.22
油墨及类似产品制造	15.63	4.23	8.04	68.71	6.84
颜料制造	25.00	10.47	31.04	55.21	4.37
染料制造	8.49	1.98	19.58	64.00	5.03
密封用填料及类似品制造	12.00	3.08	15.47	54.44	7.90
合成材料制造	16.32	175.74	7.69	221.90	8.71
初级形态的塑料及合成树脂制造	16.58	164.99	7.84	252.65	7.90
合成橡胶制造	22.22	13.56	8.97	63.20	5.89
合成纤维单(聚合)体的制造	10.53	438.27	7.56	121.43	13.00
其他合成材料制造	13.33	4.39	0.78	50.78	16.07
专用化学产品制造	13.33	9.55	10.61	61.28	8.94
化学试剂和助剂制造	10.03	8.24	8.51	58.22	11.93
专项化学用品制造	12.84	13.05	12.14	54.43	8.52
林产化学产品制造	15.79	8.89	10.84	51.66	9.83
炸药及火工产品制造	14.29	3.73	13.32	47.06	8.48
信息化学品制造	30.00	5.97	14.61	72.85	4.69
环境污染处理专用药剂材料制造	33.33	13.89	21.13	63.06	4.36
动物胶制造	27.27	11.26	12.21	59.11	5.97
其他专用化学产品制造	11.21	17.06	10.77	60.07	13.23
日用化学产品制造	22.15	7.83	38.98	66.02	4.80
肥皂及合成洗涤剂制造	22.22	25.85	18.24	41.83	10.48
化妆品制造	23.19	10.24	33.75	55.65	4.49
口腔清洁用品制造				54.31	7.43
香料、香精制造	16.67	1.81	59.34	78.47	3.49
其他日用化学产品制造	25.00	49.26	32.75	34.06	5.82
医药制造业	20.37	18.88	24.71	61.02	4.49
化学药品原药制造	23.44	22.84	31.16	57.29	4.72
化学药品原药制造	23.44	22.84	31.16	57.29	4.72
化学药品制剂制造	36.54	22.10	23.24	54.64	4.33
化学药品制剂制造	36.54	22.10	23.24	54.64	4.33
中药饮片加工	15.38	21.13	18.12	58.88	3.97
中药饮片加工	15.38	21.13	18.12	58.88	3.97
中成药制造	29.73	5.36	8.17	64.08	2.67
中成药制造	29.73	5.36	8.17	64.08	2.67
兽用药品制造	17.86	4.59	10.05	79.41	3.18
兽用药品制造	17.86	4.59	10.05	79.41	3.18
生物、生化制品的制造	14.93	28.30	29.39	65.66	5.56

1－E－6　续表14－9　　　　单位：个、万元、人

指标名称	企业亏损面（%）	亏损率（%）	出口交货值占工业销售比重（%）	利润总额占利税比重（%）	存货周转次数（次）
生物、生化制品的制造	14.93	28.30	29.39	65.66	5.56
卫生材料及医药用品制造	8.99	3.04	18.77	51.05	7.49
卫生材料及医药用品制造	8.99	3.04	18.77	51.05	7.49
化学纤维制造业	28.97	56.67	5.76	41.86	8.24
纤维素纤维原料及纤维制造	29.63	60.06	1.92	19.10	12.32
化纤浆粕制造	20.00	23.04		46.34	6.98
人造纤维（纤维素纤维）制造	31.82	78.25	2.07	9.45	13.13
合成纤维制造	28.93	56.63	5.87	42.44	8.16
锦纶纤维制造	28.57	82.21	0.57	27.98	5.36
涤纶纤维制造	29.70	35.43	8.08	52.25	9.19
腈纶纤维制造	40.00	9.15		34.07	11.28
维纶纤维制造				61.88	3.59
其他合成纤维制造	28.03	90.21	2.99	13.57	8.13
橡胶制品业	13.28	9.83	29.22	53.88	7.37
轮胎制造	28.57	20.85	21.68	54.72	4.65
车辆、飞机及工程机械轮胎制造	20.83	26.11	26.93	51.77	4.17
力车胎制造	50.00	9.18	12.68	59.68	7.90
轮胎翻新加工	33.33	10.59		62.35	5.18
橡胶板、管、带的制造	14.29	8.48	30.36	56.05	6.53
橡胶板、管、带的制造	14.29	8.48	30.36	56.05	6.53
橡胶零件制造	11.11	10.75	21.74	53.08	6.00
橡胶零件制造	11.11	10.75	21.74	53.08	6.00
再生橡胶制造	11.11	23.12	2.36	45.15	4.08
再生橡胶制造	11.11	23.12	2.36	45.15	4.08
日用及医用橡胶制品制造	8.82	5.11	35.79	58.02	5.26
日用及医用橡胶制品制造	8.82	5.11	35.79	58.02	5.26
橡胶靴鞋制造	11.50	6.34	40.11	51.10	9.89
橡胶靴鞋制造	11.50	6.34	40.11	51.10	9.89
其他橡胶制品制造	16.39	10.71	18.48	57.53	10.97
其他橡胶制品制造	16.39	10.71	18.48	57.53	10.97
塑料制品业	12.96	8.50	18.35	56.14	9.14
塑料薄膜制造	17.02	6.06	11.14	64.69	10.11
塑料薄膜制造	17.02	6.06	11.14	64.69	10.11
塑料板、管、型材的制造	15.86	12.29	16.51	59.43	6.95
塑料板、管、型材的制造	15.86	12.29	16.51	59.43	6.95
塑料丝、绳及编织品的制造	21.02	19.91	16.59	34.69	10.28
塑料丝、绳及编织品的制造	21.02	19.91	16.59	34.69	10.28
泡沫塑料制造	9.66	15.22	10.70	51.46	12.69
泡沫塑料制造	9.66	15.22	10.70	51.46	12.69

1－E－6　续表14－10　　单位：个、万元、人

指　标　名　称	企业亏损面（%）	亏损率（%）	出口交货值占工业销售比重（%）	利润总额占利税比重（%）	存货周转次数（次）
塑料人造革、合成革制造	8.84	3.81	11.54	52.97	9.59
塑料人造革、合成革制造	8.84	3.81	11.54	52.97	9.59
塑料包装箱及容器制造	13.65	5.23	14.95	68.70	10.36
塑料包装箱及容器制造	13.65	5.23	14.95	68.70	10.36
塑料零件制造	8.23	6.38	16.37	51.98	9.59
塑料零件制造	8.23	6.38	16.37	51.98	9.59
日用塑料制造	10.75	9.01	42.90	49.95	8.46
塑料鞋制造	2.00	0.70	39.92	49.22	10.69
日用塑料杂品制造	12.43	10.66	43.43	50.12	8.16
其他塑料制品制造	12.92	11.76	19.35	48.60	9.64
其他塑料制品制造	12.92	11.76	19.35	48.60	9.64
非金属矿物制品业	16.99	14.82	7.24	47.52	6.62
水泥、石灰和石膏的制造	23.56	20.52	0.38	40.05	10.71
水泥制造	26.98	21.57	0.40	38.95	10.78
石灰和石膏制造	5.56	6.60		58.24	9.04
水泥及石膏制品制造	17.47	9.86	0.88	47.56	5.51
水泥制品制造	18.34	9.29	0.45	47.27	5.35
砼结构构件制造	6.78	6.85		52.47	6.76
石棉水泥制品制造			67.72	39.41	8.85
轻质建筑材料制造	30.00	54.03	12.78	42.58	5.49
其他水泥制品制造	33.33	38.18		14.55	4.95
砖瓦、石材及其他建筑材料制造	18.32	32.03	5.64	42.30	6.44
粘土砖瓦及建筑砌块制造	19.01	45.69	1.67	35.57	6.57
建筑陶瓷制品制造	42.86	138.54	7.49	－63.97	3.88
建筑用石加工	17.14	12.18	6.69	45.26	6.95
防水建筑材料制造	16.00	12.36	5.08	58.56	7.54
隔热和隔音材料制造	20.00	32.35	14.81	40.37	6.88
其他建筑材料制造			4.96	46.71	8.23
玻璃及玻璃制品制造	18.62	19.23	24.11	54.72	5.61
平板玻璃制造	22.22	4.05	…	46.48	2.25
技术玻璃制品制造	26.74	35.49	6.40	52.41	4.12
光学玻璃制造	25.00	19.49	15.36	45.96	3.18
玻璃仪器制造	33.33	18.57	4.95	25.04	13.56
日用玻璃制品及玻璃包装容器制造	12.61	5.34	25.72	63.07	7.49
玻璃保温容器制造			50.88	51.65	13.65
玻璃纤维及制品制造	26.47	36.55	35.47	50.75	6.24
玻璃纤维增强塑料制品制造	12.50	9.11	46.84	37.46	7.12
其他玻璃制品制造	12.50	13.61	20.63	53.00	7.45
陶瓷制品制造	6.45	3.70	44.02	63.85	7.47

1－E－6 续表 14－11

单位：个、万元、人

指 标 名 称	企业亏损面（%）	亏损率（%）	出口交货值占工业销售比重（%）	利润总额占利税比重（%）	存货周转次数（次）
卫生陶瓷制品制造	7.14	3.01	52.98	63.12	11.18
特种陶瓷制品制造			5.64	59.64	3.97
日用陶瓷制品制造	13.33	10.35	57.17	73.53	6.37
园林、陈设艺术及其他陶瓷制品制造			100.00	100.00	29.44
耐火材料制品制造	3.23	10.32	6.75	43.89	8.40
石棉制品制造	23.08	122.25	33.84	－20.82	4.39
云母制品制造				14.85	6.69
耐火陶瓷制品及其他耐火材料制造	0.95	6.96	4.92	45.28	9.13
石墨及其他非金属矿物制品制造	13.98	6.45	22.55	62.40	5.27
石墨及碳素制品制造	12.50	6.62	33.46	56.56	4.27
其他非金属矿物制品制造	14.49	6.41	16.86	64.05	6.00
黑色金属冶炼及压延加工业	19.92	18.03	4.24	53.35	8.65
炼 铁			22.83	36.94	7.04
炼 铁			22.83	36.94	7.04
炼 钢	40.00	9.80		48.71	6.06
炼 钢	40.00	9.80		48.71	6.06
钢压延加工	19.56	19.66	4.65	53.26	8.79
钢压延加工	19.56	19.66	4.65	53.26	8.79
铁合金冶炼	21.74	0.96	1.20	62.08	9.84
铁合金冶炼	21.74	0.96	1.20	62.08	9.84
有色金属冶炼及压延加工业	30.80	60.71	3.91	29.04	10.81
常用有色金属冶炼	44.33	73.15	1.52	19.13	7.22
铜冶炼	50.00	93.94		3.99	6.61
铅锌冶炼	78.95	225.67		－5707.51	6.01
镍钴冶炼	45.45	46.41	6.90	48.76	6.49
锡冶炼			8.44	46.92	61.29
铝冶炼	22.22	42.37		32.93	13.13
镁冶炼			75.75	69.61	17.40
其他常用有色金属冶炼	20.00	11.13		35.66	7.80
贵金属冶炼	66.67	47.94	0.58	46.41	11.02
金冶炼	50.00	37.09	0.75	53.95	11.03
银冶炼	100.00			148.69	10.85
其他贵金属冶炼	50.00	17.23		55.17	11.16
稀有稀土金属冶炼	37.50	23.83	5.23	68.00	5.15
钨钼冶炼	50.00	957.14	32.23	－176.47	2.61
稀土金属冶炼	33.33	17.72		75.10	6.33
有色金属合金制造	25.61	99.66	6.74	0.30	10.14
有色金属合金制造	25.61	99.66	6.74	0.30	10.14
有色金属压延加工	28.48	56.28	4.45	32.04	12.28

1－E－6 续表14－12 单位：个、万元、人

指标名称	企业亏损面（%）	亏损率（%）	出口交货值占工业销售比重（%）	利润总额占利税比重（%）	存货周转次数（次）
常用有色金属压延加工	28.71	70.47	4.41	21.11	12.29
贵金属压延加工	50.00	0.64		83.37	50.99
稀有稀土金属压延加工	13.33	6.86	12.45	58.80	7.41
金属制品业	13.97	15.94	29.35	54.52	7.71
结构性金属制品制造	15.29	9.01	13.50	59.87	5.77
金属结构制造	18.93	10.19	8.52	59.32	6.04
金属门窗制造	9.09	6.24	28.09	61.14	5.08
金属工具制造	13.61	8.96	52.77	53.05	7.40
切削工具制造	14.91	8.05	42.71	57.93	4.69
手工具制造	10.69	6.77	55.62	48.29	9.44
农用及园林用金属工具制造	20.31	21.99	56.24	49.73	7.70
刀剪及类似日用金属工具制造	10.42	1.26	43.76	55.12	5.55
其他金属工具制造	18.09	10.14	54.39	60.03	6.98
集装箱及金属包装容器制造	18.29	22.73	15.56	47.86	6.23
集装箱制造				6.06	44.88
金属压力容器制造	12.50	10.87	7.86	54.27	5.98
金属包装容器制造	21.50	33.52	21.30	41.89	6.41
金属丝绳及其制品的制造	19.83	73.62	5.58	20.61	11.56
金属丝绳及其制品的制造	19.83	73.62	5.58	20.61	11.56
建筑、安全用金属制品制造	12.17	15.29	49.73	52.84	7.86
建筑、家具用金属配件制造	11.61	20.68	55.85	44.35	7.73
建筑装饰及水暖管道零件制造	11.75	9.78	46.81	60.16	8.02
安全、消防用金属制品制造	17.65	27.94	27.45	52.81	7.60
其他建筑、安全用金属制品制造	16.67	22.53	42.58	39.72	7.86
金属表面处理及热处理加工	10.50	7.83	2.88	66.55	12.30
金属表面处理及热处理加工	10.50	7.83	2.88	66.55	12.30
搪瓷制品制造	22.73	28.94	67.82	41.60	3.39
工业生产配套用搪瓷制品制造			66.52	33.40	3.56
搪瓷卫生洁具制造	12.50	17.57	46.96	41.32	2.24
搪瓷日用品及其他搪瓷制品制造	32.00	37.44	77.08	43.69	4.13
不锈钢及类似日用金属制品制造	14.73	17.58	51.96	50.41	7.07
金属制厨房调理及卫生器具制造	16.67	8.76	36.89	53.72	6.51
金属制厨用器皿及餐具制造	11.98	15.54	60.80	55.10	6.17
其他日用金属制品制造	17.65	34.85	46.97	33.81	10.67
其他金属制品制造	11.24	15.01	13.23	51.54	12.02
其他未列明的金属制品制造	11.24	15.01	13.23	51.54	12.02
通用设备制造业	10.67	7.31	25.49	57.91	6.37
锅炉及原动机制造	13.48	2.26	8.36	75.11	3.83
锅炉及辅助设备制造	12.90	1.95	6.58	69.43	4.34

1－E－6 续表 14－13

单位：个、万元、人

指 标 名 称	企业亏损面（%）	亏损率（%）	出口交货值占工业销售比重（%）	利润总额占利税比重（%）	存货周转次数（次）
内燃机及配件制造	14.00	6.48	28.64	61.14	5.57
汽轮机及辅机制造	14.29	1.71	1.32	83.63	3.60
水轮机及辅机制造	15.38	13.69		35.52	4.47
其他原动机制造			17.04	83.94	0.35
金属加工机械制造	18.70	9.46	16.35	61.04	4.02
金属切削机床制造	29.70	27.06	7.80	45.98	4.17
金属成形机床制造	17.33	3.55	8.08	71.65	2.56
铸造机械制造	13.89	11.77	6.00	38.32	3.49
金属切割及焊接设备制造	12.70	7.38	35.43	54.99	8.02
机床附件制造	9.30	1.00	25.31	73.75	3.77
其他金属加工机械制造	17.65	14.70	20.48	55.65	4.34
起重运输设备制造	15.38	8.13	19.42	59.19	6.57
起重运输设备制造	15.38	8.13	19.42	59.19	6.57
泵、阀门、压缩机及类似机械的制造	7.36	3.57	34.26	60.93	7.09
泵及真空设备制造	6.84	4.96	27.08	58.40	6.64
气体压缩机械制造	13.04	3.91	22.19	63.82	5.64
阀门和旋塞的制造	6.55	3.36	42.05	58.55	7.79
液压和气压动力机械及元件制造	8.61	2.51	16.90	69.67	6.20
轴承、齿轮、传动和驱动部件的制造	10.96	8.40	21.04	54.70	5.78
轴承制造	12.04	10.78	19.56	53.30	5.16
齿轮、传动和驱动部件制造	8.84	4.47	23.63	57.01	7.28
烘炉、熔炉及电炉制造	14.29	2.94	2.15	75.16	3.29
烘炉、熔炉及电炉制造	14.29	2.94	2.15	75.16	3.29
风机、衡器、包装设备等通用设备制造	14.16	15.06	28.72	61.73	5.00
风机、风扇制造	12.70	36.24	14.36	36.39	4.61
气体、液体分离及纯净设备制造	14.29	3.32	20.52	67.09	4.00
制冷、空调设备制造	14.47	14.18	12.45	69.67	4.48
风动和电动工具制造	16.34	19.76	50.54	57.11	6.87
喷枪及类似器具制造	16.28	5.40	56.18	54.65	10.55
包装专用设备制造	5.77	3.31	35.15	55.06	3.90
衡器制造	13.64	2.54	34.82	66.24	5.93
其他通用设备制造	13.33	84.78	12.22	14.47	3.60
通用零部件制造及机械修理	9.54	8.31	33.33	52.81	8.38
金属密封件制造	5.41	4.56	27.07	71.01	6.14
紧固件、弹簧制造	9.31	6.57	39.67	50.24	8.93
机械零部件加工及设备修理	12.80	15.31	16.01	53.10	7.82
其他通用零部件制造	7.94	11.39	15.54	51.81	7.26
金属铸、锻加工	9.79	6.92	9.24	44.78	8.00
钢铁铸件制造	9.78	5.09	9.34	44.56	7.97

1-E-6 续表 14-14 单位：个、万元、人

指 标 名 称	企业亏损面（%）	亏损率（%）	出口交货值占工业销售比重（%）	利润总额占利税比重（%）	存货周转次数（次）
锻件及粉末冶金制品制造	9.81	12.07	8.97	45.45	8.08
专用设备制造业	15.16	13.08	19.67	57.84	4.60
矿山、冶金、建筑专用设备制造	11.64	11.16	11.42	56.13	5.42
采矿、采石设备制造	4.88	0.34	1.30	56.16	5.84
石油钻采专用设备制造			19.53	58.87	8.17
建筑工程用机械制造	15.38	13.58	8.32	54.02	5.17
建筑材料生产专用机械制造	15.63	4.93	8.32	60.34	6.56
冶金专用设备制造	20.00	60.07	31.79	43.34	3.39
化工、木材、非金属加工专用设备制造	15.25	12.52	19.20	56.92	3.75
炼油、化工生产专用设备制造	9.09	19.03	16.86	52.64	4.30
橡胶加工专用设备制造	38.46	19.12	12.64	63.64	2.82
塑料加工专用设备制造	25.38	17.60	18.07	56.22	2.63
木材加工机械制造	7.14	1.32	7.38	66.38	8.92
模具制造	10.75	10.24	20.70	56.87	4.68
其他非金属加工专用设备制造	37.50	5.26	23.10	59.29	8.40
食品、饮料、烟草及饲料生产专用设备制造	9.33	7.67	22.35	67.01	4.29
食品、饮料、烟草工业专用设备制造	3.51	0.31	12.77	64.98	4.27
农副食品加工专用设备制造	26.67	31.16	54.39	76.11	4.14
饲料生产专用设备制造	33.33	8.14	18.68	75.63	6.50
印刷、制药、日化生产专用设备制造	11.31	5.92	20.67	49.19	4.60
制浆和造纸专用设备制造	12.50	12.41	18.09	57.20	5.95
印刷专用设备制造	9.72	2.94	19.21	44.54	4.22
日用化工专用设备制造	25.00	24.05	24.02	45.71	1.96
制药专用设备制造	2.56	0.28	18.37	60.28	6.36
照明器具生产专用设备制造	11.11	8.08	38.16	40.54	11.00
玻璃、陶瓷和搪瓷制品生产专用设备制造	50.00	57.18	21.00	28.74	3.10
其他日用品生产专用设备制造	20.00	55.76	31.91	18.64	3.16
纺织、服装和皮革工业专用设备制造	19.20	23.81	21.26	49.70	5.09
纺织专用设备制造	17.87	23.87	6.90	49.17	4.90
皮革、毛皮及其制品加工专用设备制造	23.81	50.93	10.24	33.00	3.76
缝纫机械制造	19.33	19.97	35.82	52.05	5.62
其他服装加工专用设备制造	37.50	401.88	27.27	240.39	2.26
电子和电工机械专用设备制造	21.52	14.54	15.20	53.43	4.82
电工机械专用设备制造	18.18	24.39	20.02	45.50	5.59
电子工业专用设备制造	24.44	11.15	8.94	55.59	4.35
武器弹药制造			54.15	76.09	2.23
农、林、牧、渔专用机械制造	18.92	29.22	35.30	62.09	6.18
拖拉机制造	33.33	10.64	20.46	73.92	10.03
机械化农业及园艺机具制造	24.19	42.08	47.19	60.98	5.27

1－E－6 续表 14－15

单位：个、万元、人

指标名称	企业亏损面(%)	亏损率(%)	出口交货值占工业销售比重(%)	利润总额占利税比重(%)	存货周转次数(次)
畜牧机械制造				81.43	54.41
渔业机械制造			31.79	65.56	11.29
农林牧渔机械配件制造	9.68	8.18	17.90	52.85	6.31
其他农林牧渔业机械制造及机械修理			26.59	72.63	4.30
医疗仪器设备及器械制造	11.11	3.69	31.24	71.74	5.11
医疗诊断、监护及治疗设备制造	5.56	0.05	35.99	79.90	4.39
口腔科用设备及器具制造	25.00	69.31	37.00	42.66	3.42
实验室及医用消毒设备和器具的制造	11.11	4.13	44.40	85.35	3.59
医疗、外科及兽医用器械制造	8.00	3.81	21.54	70.26	8.40
机械治疗及病房护理设备制造	7.69	2.91	42.49	52.37	3.39
假肢、人工器官及植(介)入器械制造			5.96	62.38	1.42
其他医疗设备及器械制造	23.81	8.82	44.97	53.48	4.51
环保、社会公共安全及其他专用设备制造	11.59	9.96	11.86	64.12	5.09
环境污染防治专用设备制造	8.93	10.52	4.99	65.60	4.83
地质勘查专用设备制造				55.10	14.98
邮政专用机械及器材制造	25.00	26.49	12.72	61.95	2.63
商业、饮食、服务业专用设备制造	66.67	15.57	53.52	29.21	3.80
社会公共安全设备及器材制造	9.72	7.78	23.67	62.04	6.95
交通安全及管制专用设备制造				39.76	4.67
水资源专用机械制造			10.43	49.48	3.88
其他专用设备制造	22.58	10.72	25.40	65.43	4.09
交通运输设备制造业	12.53	15.09	18.97	53.32	5.19
铁路运输设备制造	31.82	72.25	11.07	18.33	4.17
铁路机车车辆配件制造	10.00	70.03	10.00	20.10	6.94
铁路专用设备及器材、配件制造	55.56	16.51	13.09	43.72	3.23
其他铁路设备制造及设备修理	33.33	618.50		244.19	12.78
汽车制造	11.98	12.55	20.54	55.89	6.57
汽车整车制造	34.88	34.65	52.10	34.39	6.38
改装汽车制造	40.00	53.57	0.62	26.76	3.71
汽车车身、挂车的制造	50.00	1084.16	8.67	131.36	4.47
汽车零部件及配件制造	10.98	10.59	20.28	57.37	6.72
汽车修理	15.09	31.89	3.99	41.13	6.06
摩托车制造	9.83	27.65	21.42	40.00	9.10
摩托车整车制造	21.05	76.32	63.80	14.12	11.68
摩托车零部件及配件制造	9.28	18.11	9.19	44.63	8.56
自行车制造	19.10	33.76	30.82	40.00	7.42
脚踏自行车及残疾人座车制造	15.65	18.90	44.93	45.99	9.67
助动自行车制造	23.33	47.47	17.29	33.73	6.01
船舶及浮动装置制造	12.50	11.68	8.79	56.24	2.56

1-E-6 续表 14-16

单位：个、万元、人

指标名称	企业亏损面（%）	亏损率（%）	出口交货值占工业销售比重（%）	利润总额占利税比重（%）	存货周转次数（次）
金属船舶制造	18.35	11.46	7.31	54.16	2.36
非金属船舶制造			52.97	75.41	2.32
娱乐船和运动船的建造和修理	16.67	156.59	73.04	174.40	1.43
船用配套设备制造	9.86	4.58	3.37	66.57	3.84
船舶修理及拆船	3.92	0.89	14.92	54.23	3.34
航空航天器制造			25.63	67.69	12.68
飞机制造及修理			1.63	51.42	11.88
其他飞行器制造			62.40	80.90	14.30
交通器材及其他交通运输设备制造	13.16	22.09	22.72	52.16	4.72
潜水及水下救捞装备制造				93.26	5.77
交通管理用金属标志及设施制造	8.00	17.32	11.92	54.46	4.19
其他交通运输设备制造	25.00	100.62	80.47	-0.53	12.48
电气机械及器材制造业	12.71	9.43	25.28	61.74	8.05
电机制造	9.26	6.75	22.25	55.73	7.31
发电机及发电机组制造	14.86	6.03	19.32	67.09	4.59
电动机制造	9.30	7.02	19.47	54.28	8.44
微电机及其他电机制造	8.08	6.92	25.68	52.05	8.44
输配电及控制设备制造	8.62	5.05	14.11	61.96	6.46
变压器、整流器和电感器制造	9.85	7.08	9.83	63.75	4.96
电容器及其配套设备制造	1.72	0.71	9.74	60.15	9.64
配电开关控制设备制造	7.95	3.07	14.47	65.44	6.48
电力电子元器件制造	10.80	11.63	19.02	52.23	7.78
其他输配电及控制设备制造	7.14	2.13	8.96	60.00	6.35
电线、电缆、光缆及电工器材制造	15.62	10.96	11.61	65.58	12.04
电线电缆制造	15.53	11.66	11.91	63.31	12.75
光纤、光缆制造	23.53	8.05	4.20	91.40	10.05
绝缘制品制造	17.95	10.71	15.99	53.23	6.18
其他电工器材制造	12.24	5.51	17.73	57.86	6.32
电池制造	15.88	10.33	37.51	73.81	8.01
电池制造	15.88	10.33	37.51	73.81	8.01
家用电力器具制造	15.44	13.93	41.90	60.22	7.94
家用制冷电器具制造	20.00	8.53	27.89	62.95	9.66
家用空气调节器制造	18.42	12.57	39.89	45.68	5.10
家用通风电器具制造	15.38	3.79	23.02	50.91	6.56
家用厨房电器具制造	14.49	39.46	54.13	49.06	6.60
家用清洁卫生电器具制造	16.88	3.94	53.00	75.75	9.88
家用美容、保健电器具制造	5.71	9.71	61.42	52.74	10.00
家用电力器具专用配件制造	12.06	6.17	13.48	53.40	11.04
其他家用电力器具制造	23.42	27.67	48.63	56.05	6.61

1－E－6 续表 14－17 单位：个、万元、人

指 标 名 称	企业亏损面（%）	亏损率（%）	出口交货值占工业销售比重（%）	利润总额占利税比重（%）	存货周转次数（次）
非电力家用器具制造	14.14	19.48	27.25	59.81	5.84
燃气、太阳能及类似能源的器具制造	11.76	7.93	19.27	63.33	6.28
其他非电力家用器具制造	28.57	126.36	73.41	－75.02	4.22
照明器具制造	17.07	12.60	49.45	53.37	7.19
电光源制造	18.22	12.52	33.06	52.12	7.71
照明灯具制造	19.01	13.74	58.54	53.55	7.12
灯用电器附件及其他照明器具制造	10.24	9.20	51.70	55.29	6.43
其他电气机械及器材制造	8.79	23.26	40.30	51.91	6.58
车辆专用照明及电气信号设备装置制造	8.96	33.36	43.08	47.27	6.52
其他未列明的电气机械制造	8.33	4.43	33.59	59.49	6.73
通信设备、计算机及其他电子设备制造业	18.41	23.77	27.37	57.67	5.81
通信设备制造	18.44	19.29	13.60	64.74	5.53
通信传输设备制造	14.58	4.48	14.14	68.61	4.32
通信交换设备制造	17.65	47.61	2.78	25.25	8.98
通信终端设备制造	22.22	43.63	9.45	39.58	4.70
移动通信及终端设备制造	18.75	39.32	19.25	62.87	6.51
其他通信设备制造	21.05	10.55	16.32	80.96	5.18
雷达及配套设备制造	50.00	7.44	14.74	74.94	5.51
雷达及配套设备制造	50.00	7.44	14.74	74.94	5.51
广播电视设备制造	15.49	21.30	50.09	45.18	5.90
广播电视节目制作及发射设备制造			39.12	41.97	5.47
广播电视接收设备及器材制造	20.00	32.74	58.05	45.49	5.48
应用电视设备及其他广播电视设备制造			28.81	45.58	7.56
电子计算机制造	24.64	32.29	26.71	57.43	5.10
电子计算机整机制造	25.00	104.08	12.68	－3.60	8.30
计算机网络设备制造	21.05	2.64	22.50	65.89	3.51
电子计算机外部设备制造	26.09	39.91	28.61	55.11	6.02
电子器件制造	24.26	24.21	30.90	66.30	4.38
电子真空器件制造	22.22	75.44	10.94	16.00	4.06
半导体分立器件制造	20.00	12.07	22.67	71.28	3.60
集成电路制造	32.43	56.07	22.80	50.26	2.92
光电子器件及其他电子器件制造	24.39	12.94	42.39	71.72	7.22
电子元件制造	15.53	27.88	23.05	47.74	7.01
电子元件及组件制造	15.05	28.95	23.87	46.61	6.93
印制电路板制造	20.31	18.50	16.02	58.48	7.85
家用视听设备制造	22.02	16.82	56.88	58.08	6.81
家用影视设备制造	12.00	10.91	61.39	71.20	5.29
家用音响设备制造	25.00	28.03	54.61	40.56	7.74
其他电子设备制造	20.97	22.34	38.20	55.31	5.23

1－E－6 续表14－18 单位：个、万元、人

指标名称	企业亏损面（%）	亏损率（%）	出口交货值占工业销售比重（%）	利润总额占利税比重（%）	存货周转次数（次）
其他电子设备制造	20.97	22.34	38.20	55.31	5.23
仪器仪表及文化、办公用机械制造业	11.33	13.61	23.01	59.41	5.52
通用仪器仪表制造	11.42	12.79	15.33	58.25	5.31
工业自动控制系统装置制造	16.06	22.95	7.81	57.09	4.41
电工仪器仪表制造	9.28	5.69	14.24	55.94	5.57
绘图、计算及测量仪器制造	18.60	26.34	52.51	46.20	4.57
实验分析仪器制造	9.62	4.50	22.96	61.20	6.40
试验机制造	9.09	166.19	4.78	-62.45	2.15
供应用仪表及其他通用仪器制造	6.77	3.08	14.89	63.05	7.11
专用仪器仪表制造	8.57	3.13	12.80	75.67	6.07
环境监测专用仪器仪表制造			2.39	78.01	2.64
汽车及其他用计数仪表制造	10.53	16.19	10.01	48.51	8.56
导航、气象及海洋专用仪器制造	25.00	10.00	23.05	54.38	7.22
农林牧渔专用仪器仪表制造				78.66	9.89
地质勘探和地震专用仪器制造				63.89	13.79
教学专用仪器制造	3.13	0.28	20.59	48.01	8.30
电子测量仪器制造	12.50	4.70	11.72	49.55	3.46
其他专用仪器制造	6.25	0.41	22.30	95.95	7.67
钟表与计时仪器制造	16.98	16.07	26.13	45.95	6.66
钟表与计时仪器制造	16.98	16.07	26.13	45.95	6.66
光学仪器及眼镜制造	9.20	21.65	47.82	40.60	6.28
光学仪器制造	13.33	62.16	36.26	34.83	4.39
眼镜制造	8.29	7.85	50.99	41.57	7.08
文化、办公用机械制造	21.33	68.22	44.24	34.49	4.14
电影机械制造			13.82	42.79	8.34
幻灯及投影设备制造			82.80	95.77	13.89
照相机及器材制造	13.33	14.13	56.50	68.97	4.65
复印和胶印设备制造	18.75	65.84	33.08	40.56	3.36
计算器及货币专用设备制造	19.23	95.82	12.56	4.61	5.87
其他文化、办公用机械制造	42.86	176.44	76.15	-716.52	2.96
其他仪器仪表的制造及修理			11.01	48.16	5.27
其他仪器仪表的制造及修理			11.01	48.16	5.27
工艺品及其他制造业	15.35	13.54	48.59	50.71	8.10
工艺美术品制造	18.47	15.73	57.62	49.47	7.54
雕塑工艺品制造	29.02	49.09	66.51	22.69	6.91
金属工艺品制造	15.76	17.54	34.77	52.85	7.16
漆器工艺品制造	12.16	16.02	83.45	24.22	10.22
花画工艺品制造	16.22	25.68	63.93	49.23	13.61
天然植物纤维编织工艺品制造	16.13	12.94	65.43	47.18	10.63

1－E－6 续表 14－19 单位：个、万元、人

指 标 名 称	企业亏损面（%）	亏损率（%）	出口交货值占工业销售比重（%）	利润总额占利税比重（%）	存货周转次数（次）
抽纱刺绣工艺品制造	17.03	11.45	60.87	50.80	8.24
地毯、挂毯制造	20.34	38.25	52.21	35.08	6.36
珠宝首饰及有关物品的制造	14.63	0.74	35.02	80.46	4.43
其他工艺美术品制造	17.22	18.54	66.91	47.80	8.89
日用杂品制造	8.93	10.16	31.53	52.36	9.31
制镜及类似品加工	18.18	5.78	16.74	58.80	9.96
鬃毛加工、制刷及清扫工具的制造	18.18	88.22	62.38	10.61	6.36
其他日用杂品制造	7.29	5.28	29.67	53.40	9.75
煤制品制造				70.01	21.81
煤制品制造				70.01	21.81
核辐射加工				17.57	9.53
核辐射加工				17.57	9.53
其他未列明的制造业	13.33	2.89	23.57	62.52	12.73
其他未列明的制造业	13.33	2.89	23.57	62.52	12.73
废弃资源和废旧材料回收加工业	55.26	219.41	0.51	－3784.54	9.37
金属废料和碎屑的加工处理	68.42	308.08	0.03	318.70	9.45
金属废料和碎屑的加工处理	68.42	308.08	0.03	318.70	9.45
非金属废料和碎屑的加工处理	24.56	18.05	5.41	51.68	8.48
非金属废料和碎屑的加工处理	24.56	18.05	5.41	51.68	8.48
电力、燃气及水的生产和供应业	**30.63**	**65.69**		**20.69**	**32.44**
电力、热力的生产和供应业	28.83	67.98		17.56	32.01
电力生产	32.74	99.83		0.11	18.52
火力发电	37.78	169.10		－45.13	17.70
水力发电	28.33	15.25		52.11	33.13
其他能源发电	38.46	50.57		71.07	19.70
电力供应				39.92	419.49
电力供应				39.92	419.49
热力生产和供应	36.36	163.73		－83.86	26.71
热力生产和供应	36.36	163.73		－83.86	26.71
燃气生产和供应业	21.95	7.81		56.05	65.59
燃气生产和供应业	21.95	7.81		56.05	65.59
燃气生产和供应业	21.95	7.81		56.05	65.59
水的生产和供应业	35.67	93.43	...	9.73	19.75
自来水的生产和供应	32.56	62.52	...	36.62	15.62
自来水的生产和供应	32.56	62.52	...	36.62	15.62
污水处理及其再生利用	46.34	398.91		109.54	100.80
污水处理及其再生利用	46.34	398.91		109.54	100.80
其他水的处理、利用与分配				90.89	20.42
其他水的处理、利用与分配				90.89	20.42

F. 能　源

1－F－1　按行业大类、地区分组的规模以上工业企业综合能源消费量

单位：万吨标准煤

指　标　名　称	综合能源消费量
总　计	**9129.88**
一、按国民经济行业大类分	
煤炭开采和洗选业	15.74
黑色金属矿采选业	5.58
有色金属矿采选业	4.75
非金属矿采选业	31.51
农副食品加工业	59.63
食品制造业	47.69
饮料制造业	63.87
烟草制品业	4.42
纺织业	1475.61
纺织服装、鞋、帽制造业	97.79
皮革、毛皮、羽毛(绒)及其制品业	72.87
木材加工及木、竹、藤、棕、草制品业	57.39
家具制造业	26.41
造纸及纸制品业	536.44
印刷业和记录媒介的复制	26.14
文教体育用品制造业	30.12
石油加工、炼焦及核燃料加工业	341.36
化学原料及化学制品制造业	932.66
医药制造业	118.79
化学纤维制造业	396.87
橡胶制品业	93.60
塑料制品业	302.48
非金属矿物制品业	1283.82
黑色金属冶炼及压延加工业	839.91

1-F-1 续表

单位:万吨标准煤

指 标 名 称	综合能源消费量
有色金属冶炼及压延加工业	179.17
金属制品业	196.44
通用设备制造业	326.33
专用设备制造业	74.14
交通运输设备制造业	188.40
电气机械及器材制造业	201.91
通信设备、计算机及其他电子设备制造业	108.41
仪器仪表及文化、办公用机械制造业	31.22
工艺品及其他制造业	49.22
废弃资源和废旧材料回收加工业	6.87
电力、热力的生产和供应业	862.66
燃气生产和供应业	1.41
水的生产和供应业	38.25
二、按地区分	
杭州市	2123.08
宁波市	1771.51
温州市	497.61
嘉兴市	949.11
湖州市	640.62
绍兴市	1267.96
金华市	580.06
衢州市	665.04
舟山市	71.63
台州市	393.30
丽水市	169.96

1－F－2 规模以上工业企业能源购进、消费与库存情况

能源名称	计量单位	年初库存	购进量	消费合计	工业生产消费	能源转换投入合计
原煤	万吨	443.31	12030.83	11885.29	11868.73	8840.60
洗精煤	万吨	21.94	182.71	205.49	205.46	162.77
其他洗煤	万吨	0.11	3.85	3.92	3.75	
煤制品	万吨	1.50	24.59	24.23	23.74	0.07
型煤	万吨	0.12	4.12	4.14	4.00	
水煤浆	万吨	1.32	16.81	16.47	16.33	0.07
煤粉	万吨	0.03	2.70	2.64	2.47	
焦炭	万吨	30.84	253.49	480.85	480.77	33.13
其他焦化产	万吨		0.51	0.51	0.51	
焦炉煤气	亿立方米			4.73	4.73	0.15
高炉煤气	亿立方米			77.15	77.15	17.80
其他煤气	亿立方米		0.05	3.33	3.33	0.55
天然气	亿立方米		14.83	14.83	14.80	10.23
液化天然气	万吨	0.01	1.57	1.57	1.53	
原油	万吨	73.60	2295.65	2287.35	2287.35	2287.33
汽油	万吨	0.44	42.68	42.75	24.98	…
煤油	万吨	0.11	4.19	4.22	4.16	
柴油	万吨	4.24	117.43	117.75	104.12	2.26
燃料油	万吨	6.11	185.52	207.68	207.45	88.92
液化石油气	万吨	0.35	23.05	22.24	21.67	…
炼厂干气	万吨		…	63.04	63.04	0.09
其他石油制品	万吨	2.08	88.00	159.75	159.72	62.65
热力	万百万千焦		23624.64	28157.36	27925.29	1725.73
电力	亿千瓦时		1275.90	1450.00	1430.54	
其他燃料	万吨标煤	1.05	91.89	109.01	108.92	44.21
煤矸石	万吨		15.95	16.00	16.00	1.77
生物质能	万吨标煤		27.75	27.68	27.68	3.08
工业废料	万吨标煤		12.63	12.66	12.63	
城市固体垃圾	万吨标煤		18.36	35.36	35.36	35.25

1-F-2 续表

能源名称	计量单位	火电燃料消费	供热燃料消费	洗煤入洗煤量	炼焦用煤量	炼油原料投入量	期末库存	能源转换产出
原煤	万吨	7082.02	1671.29	22.85	64.44		576.46	
洗精煤	万吨				162.77		16.79	17.97
其他洗煤	万吨						0.03	
煤制品	万吨		0.07				0.55	
型煤	万吨						0.09	
水煤浆	万吨		0.07				0.37	
煤粉	万吨						0.08	
焦炭	万吨	31.12	2.01				19.30	287.00
其他焦化产	万吨						0.01	5.47
焦炉煤气	亿立方米	0.13	0.02					4.74
高炉煤气	亿立方米	14.89	2.91					
其他煤气	亿立方米	0.45	0.10					
天然气	亿立方米	10.12	0.10					
液化天然气	万吨						0.01	
原油	万吨	8.31				2279.01	82.96	
汽油	万吨	…					0.38	285.77
煤油	万吨						0.08	129.41
柴油	万吨	2.05	0.10			0.12	4.18	858.04
燃料油	万吨	13.48	0.08			75.36	21.37	176.59
液化石油气	万吨		…				0.25	115.41
炼厂干气	万吨		0.09					63.04
其他石油制品	万吨					62.65	8.99	802.89
热力	万百万千焦	1648.89	76.84					30278.87
电力	亿千瓦时							1739.74
其他燃料	万吨标煤	34.54	9.67				1.01	0.30
煤矸石	万吨	1.50	0.27					
生物质能	万吨标煤	1.01	2.07					
工业废料	万吨标煤							
城市固体垃圾	万吨标煤	27.67	7.57					

1-F-3 按行业大类分组的规模以上工业企业能源消费量

行业	原煤（万吨）	洗精煤（万吨）	其他洗煤（万吨）	煤制品（万吨）	焦炭（万吨）	其他焦化产品（万吨）
总计	**11885.29**	**205.49**	**3.92**	**24.23**	**480.85**	**0.51**
煤炭开采和洗选业	53.93					
黑色金属矿采选业		3.01				
有色金属矿采选业	0.56					
非金属矿采选业	10.40					
农副食品加工业	23.64	…		1.05	…	
食品制造业	26.25			0.29	…	
饮料制造业	38.41	…	0.07	0.40		
烟草制品业						
纺织业	659.91	0.32	0.11	3.39	0.35	
纺织服装、鞋、帽制造业	34.97	0.05	0.06	0.45	0.04	
皮革、毛皮、羽毛(绒)及其制品业	25.20	0.01		0.02		
木材加工及木、竹、藤、棕、草制品业	9.03	0.07	0.17	0.13		
家具制造业	2.34			0.01	0.39	
造纸及纸制品业	341.61	0.01		0.07	0.01	
印刷业和记录媒介的复制	3.96			0.01	0.02	
文教体育用品制造业	2.75	…	…	0.05	0.02	
石油加工、炼焦及核燃料加工业	30.99				70.13	
化学原料及化学制品制造业	619.87	8.46	0.21	12.10	12.04	0.10
医药制造业	55.05	0.03		0.02	0.02	
化学纤维制造业	90.78	0.05		1.45	0.26	
橡胶制品业	43.95			0.36	0.02	0.06
塑料制品业	115.15	0.02	0.14	0.35	0.08	
非金属矿物制品业	1105.71	2.86	0.90	2.04	0.59	0.27
黑色金属冶炼及压延加工业	282.91	177.84	2.19	0.15	358.33	
有色金属冶炼及压延加工业	34.69	1.24		0.27	10.48	0.06
金属制品业	43.06	0.15		0.29	1.46	
通用设备制造业	56.56	0.27	0.01	0.55	18.10	
专用设备制造业	8.19	6.41	0.01	0.02	2.37	0.01
交通运输设备制造业	23.91	1.17	0.02	0.35	3.39	
电气机械及器材制造业	12.85	0.07	…	0.11	1.95	…
通信设备、计算机及其他电子设备制造业	8.33	3.47	0.03	0.02	0.34	0.02
仪器仪表及文化、办公用机械制造业	0.79			0.01	0.32	
工艺品及其他制造业	9.90	…	0.01	0.22	0.09	
废弃资源和废旧材料回收加工业	1.38			0.07	0.05	
电力、热力的生产和供应业	8108.27					
燃气生产和供应业	…					
水的生产和供应业						

1－F－3 续表1

行 业	焦炉煤气（亿立方米）	高炉煤气（亿立方米）	其他煤气（亿立方米）	天然气（亿立方米）	液化天然气（万吨）
总 计	**4.73**	**77.15**	**3.33**	**14.83**	**1.57**
煤炭开采和洗选业					
黑色金属矿采选业					
有色金属矿采选业					
非金属矿采选业					
农副食品加工业			…	…	0.02
食品制造业			…	0.04	0.19
饮料制造业				…	0.02
烟草制品业				…	
纺织业				0.07	0.02
纺织服装、鞋、帽制造业				0.01	…
皮革、毛皮、羽毛(绒)及其制品业					…
木材加工及木、竹、藤、棕、草制品业					…
家具制造业				0.02	…
造纸及纸制品业			…	0.01	0.02
印刷业和记录媒介的复制				0.01	…
文教体育用品制造业				…	…
石油加工、炼焦及核燃料加工业				0.34	
化学原料及化学制品制造业	0.02	0.50	0.06	0.38	…
医药制造业				0.06	…
化学纤维制造业				0.27	
橡胶制品业			…		0.01
塑料制品业				0.05	…
非金属矿物制品业			…	2.06	0.18
黑色金属冶炼及压延加工业	4.71	76.65	3.26	0.24	0.01
有色金属冶炼及压延加工业				0.27	0.03
金属制品业			…	0.24	0.04
通用设备制造业			…	0.09	0.06
专用设备制造业			…	0.01	
交通运输设备制造业			…	0.17	0.75
电气机械及器材制造业				0.12	0.16
通信设备、计算机及其他电子设备制造业				0.10	…
仪器仪表及文化、办公用机械制造业			…	…	
工艺品及其他制造业				0.01	0.04
废弃资源和废旧材料回收加工业					
电力、热力的生产和供应业				10.23	
燃气生产和供应业				0.04	
水的生产和供应业					…

1－F－3 续表2

行　　业	原　油（万吨）	汽　油（万吨）	煤　油（万吨）	柴　油（万吨）	燃料油（万吨）	液化石油气（万吨）
总　计	**2287.35**	**42.75**	**4.22**	**117.75**	**207.68**	**22.24**
煤炭开采和洗选业		0.09		0.05		
黑色金属矿采选业		0.01		0.08		
有色金属矿采选业		0.01	…	0.26		
非金属矿采选业		0.07		4.80	…	
农副食品加工业		0.32	…	2.29	0.36	0.09
食品制造业		0.28	0.02	0.78	0.13	0.30
饮料制造业		0.21		0.98	0.45	0.04
烟草制品业		0.01		0.71		
纺织业	…	5.44	0.21	6.18	1.90	0.69
纺织服装、鞋、帽制造业	…	1.98	0.01	2.30	0.06	0.02
皮革、毛皮、羽毛(绒)及其制品业	…	1.32	0.06	2.31	0.10	0.02
木材加工及木、竹、藤、棕、草制品业		0.35	0.14	0.76	…	0.05
家具制造业	…	0.60	0.01	2.07	0.04	0.16
造纸及纸制品业		1.05		2.40	0.52	0.08
印刷业和记录媒介的复制		0.81	…	0.78	0.24	0.02
文教体育用品制造业	…	0.65	0.05	0.90	…	0.11
石油加工、炼焦及核燃料加工业	2279.01	0.06	…	0.53	38.87	0.24
化学原料及化学制品制造业	…	2.29	0.31	4.65	74.94	0.25
医药制造业	…	0.44	0.02	0.60	0.39	0.01
化学纤维制造业		0.50	…	0.70	14.07	0.23
橡胶制品业	…	1.83	0.01	1.96	0.18	0.01
塑料制品业	…	1.79	0.08	3.54	2.63	0.60
非金属矿物制品业	…	0.89	0.06	18.32	43.63	6.49
黑色金属冶炼及压延加工业		0.37	0.01	2.49	0.69	3.07
有色金属冶炼及压延加工业		0.47	0.09	4.30	7.41	0.53
金属制品业	…	2.77	0.34	8.42	2.09	1.33
通用设备制造业	…	4.63	2.18	11.07	1.40	1.25
专用设备制造业		1.66	0.07	2.93	0.10	0.11
交通运输设备制造业		3.33	0.32	14.43	2.15	0.98
电气机械及器材制造业	0.01	3.97	0.07	6.45	0.77	4.94
通信设备、计算机及其他电子设备制造业	…	1.10	0.03	2.39	0.83	0.13
仪器仪表及文化、办公用机械制造业	…	0.88	0.10	1.25	0.04	0.02
工艺品及其他制造业	…	0.98	0.02	1.89	0.21	0.32
废弃资源和废旧材料回收加工业		0.06		0.30	0.15	0.02
电力、热力的生产和供应业	8.31	1.33	…	3.77	13.32	
燃气生产和供应业		0.05		0.06		0.09
水的生产和供应业		0.14		0.06		…

1-F-3 续表3

行　　业	炼厂干气（万吨）	其他石油制品（万吨）	热力（万百万千焦）	电力（亿千瓦时）	其他燃料（万吨标准煤）
总　计	**63.04**	**159.75**	**28157.36**	**1450.00**	**109.01**
煤炭开采和洗选业				1.39	
黑色金属矿采选业				0.86	
有色金属矿采选业		…		1.31	
非金属矿采选业		0.01		5.43	
农副食品加工业		…	238.41	9.56	0.24
食品制造业		…	274.81	5.24	0.45
饮料制造业			399.97	9.20	0.24
烟草制品业			31.23	0.76	
纺织业		0.26	11538.98	199.71	11.73
纺织服装、鞋、帽制造业		0.05	494.99	16.27	0.12
皮革、毛皮、羽毛(绒)及其制品业		0.13	177.24	14.27	0.40
木材加工及木、竹、藤、棕、草制品业		…	127.50	8.63	17.10
家具制造业		0.01	54.11	5.85	0.38
造纸及纸制品业		0.11	4310.00	72.83	11.80
印刷业和记录媒介的复制		…	17.03	6.42	…
文教体育用品制造业		0.18	21.47	7.19	2.67
石油加工、炼焦及核燃料加工业	63.04	114.01	44.51	16.31	
化学原料及化学制品制造业		39.06	4520.36	129.89	5.98
医药制造业		0.06	950.12	17.80	1.02
化学纤维制造业		0.73	1120.34	83.97	0.32
橡胶制品业		0.23	344.31	15.32	0.32
塑料制品业		0.30	183.49	63.89	0.67
非金属矿物制品业		0.19	1268.94	114.37	6.02
黑色金属冶炼及压延加工业		0.12	580.63	94.63	0.46
有色金属冶炼及压延加工业		0.13	92.05	36.70	1.27
金属制品业		0.25	108.02	43.45	0.58
通用设备制造业		1.23	72.40	74.19	0.84
专用设备制造业	…	0.27	14.56	16.95	0.06
交通运输设备制造业	…	1.49	42.87	42.30	0.07
电气机械及器材制造业		0.63	63.68	52.57	0.36
通信设备、计算机及其他电子设备制造业		0.02	77.66	28.54	0.69
仪器仪表及文化、办公用机械制造业		0.04	8.11	8.82	0.05
工艺品及其他制造业	…	0.07	15.82	11.86	0.95
废弃资源和废旧材料回收加工业		0.14	10.74	1.44	
电力、热力的生产和供应业		0.01	953.03	220.01	44.21
燃气生产和供应业				0.22	
水的生产和供应业				11.83	

第二篇 Part Two

工业企业科技活动

Science and Technology Activities of Industry Enterprises

浙江经济普查年鉴 2008

Zhejiang Economic Census Yearbook

A. 规模以上工业企业

2-A-1 按企业规模、登记注册类型、隶属关系和行业分组的规模以上工业企业基本情况

单位：个、人、万元

指 标 名 称	企业数	从业人员年平均人数	主营业务收入	生产经营用机器设备原价	微电子控制设备原价
总 计	**57886**	**8112649**	**395950224**	**88766036**	**13462241**
一、按企业规模分					
大型企业	194	788439	73133045	17445607	2359058
中型企业	4322	2738608	147368805	36354853	7577919
小型企业	53370	4585602	175448374	34965576	3525263
二、按登记注册类型分					
内 资	**48604**	**5883692**	**288454503**	**63456945**	**9005568**
国 有	308	137588	26607334	10693685	1164268
集 体	424	39270	1377583	278869	14597
股份合作企业	1399	115194	3447475	475576	60412
联营企业	22	3971	176931	155044	6033
国有联营	2	302	5239	9277	456
集体联营	7	902	69385	118550	239
国有与集体联营	5	1356	55908	17272	80
其他联营	8	1411	46398	9945	5258
有限责任公司	6167	1093129	63088968	20232910	3323364
国有独资公司	65	40809	1670467	796126	94571
其他有限责任公司	6102	1052320	61418501	19436784	3228794
股份有限公司	564	307928	31755182	5985218	1327040
私营企业	39559	4168478	161025026	25369945	3092386
私营独资	6077	379415	10737599	1460748	149344
私营合伙	1526	97278	2645516	337284	26444
私营有限责任公司	31344	3562918	138001658	22546336	2725019
私营股份有限公司	612	128867	9640252	1025577	191580
其 他	161	18134	976005	265699	17469
港澳台商投资	**4271**	**1018592**	**46403313**	**10090995**	**1991568**
与港澳台商合资经营	2445	583739	28922215	6110565	1401188
与港澳台商合作经营	82	16458	729124	167577	26224
港澳台商独资	1675	399965	15658180	3612396	493654
港澳台商投资股份有限公司	69	18430	1093794	200458	70503
外商投资	**5011**	**1210365**	**61092408**	**15218095**	**2465104**
中外合资经营	2898	674718	33896160	7942214	1625686
中外合作经营	101	22646	1026939	264445	8944
外资企业	1946	476037	23714314	6389295	516858
外商投资股份有限公司	66	36964	2454995	622141	313617
三、按隶属关系分					
中 央	85	64376	26469111	12587059	2596883
省(自治区、直辖市)	135	79581	9668023	6182342	626300

2－A－1 续表1

单位：个、人、万元

指 标 名 称	企业数	从业人员年平均人数	主营业务收入	生产经营用机器设备原价	微电子控制设备原价
地（区、市、州、盟）	360	119576	9380622	3133051	322657
县（区、市、旗）	430	122840	8454212	2230655	434357
乡镇（街道）	1041	135443	5638576	1210113	240692
基层群众自治组织	127	9672	511642	56014	7897
其 他	55708	7581161	335828038	63366802	9233454
四、按国民经济行业（门类、大类、中类）分					
采矿业	**297**	**29731**	**1386337**	**206798**	**3689**
煤炭开采和洗选业	1	3574	89536	27586	
烟煤和无烟煤的开采洗选	1	3574	89536	27586	
黑色金属矿采选业	7	1666	220883	20636	1807
铁矿采选	7	1666	220883	20636	1807
有色金属矿采选业	28	5772	261638	28189	773
常用有色金属矿采选	13	2623	206671	17588	25
贵金属矿采选	2	226	2997	930	3
稀有稀土金属矿采选	13	2923	51971	9671	745
非金属矿采选业	261	18719	814280	130387	1109
土砂石开采	239	14710	766608	121149	843
化学矿采选	3	2021	9738	2755	4
采 盐	2	518	1605	1580	
石棉及其他非金属矿采选	17	1470	36329	4903	262
制造业	**57021**	**7967392**	**367322585**	**69288045**	**10868661**
农副食品加工业	1012	87434	6122017	752526	44975
谷物磨制	65	2136	276530	21915	1078
饲料加工	142	12404	1031649	89585	14905
植物油加工	45	2736	1124711	125313	1450
屠宰及肉类加工	122	11511	684472	48994	2778
水产品加工	375	36010	2024982	259524	9150
蔬菜、水果和坚果加工	209	17343	699786	145177	10804
其他农副食品加工	54	5294	279888	62018	4812
食品制造业	436	68389	2843964	635520	27238
焙烤食品制造	63	10681	260206	78237	391
糖果、巧克力及蜜饯制造	30	2512	178440	47372	1710
方便食品制造	53	12421	684335	170678	400
液体乳及乳制品制造	30	5179	188103	49235	9656
罐头制造	95	18690	530850	89566	2255
调味品、发酵制品制造	45	5564	230360	68875	1668
其他食品制造	120	13342	771670	131558	11158
饮料制造业	335	56982	4510197	1622490	649054

2－A－1 续表2

单位：个、人、万元

指 标 名 称	企业数	从业人员年平均人数	主营业务收入	生产经营用机器设备原价	微电子控制设备原价
酒精制造	1	111	9376	3506	51
酒的制造	106	30677	973639	495882	121519
软饮料制造	72	18718	2995081	1071420	524378
精制茶加工	156	7476	532101	51681	3106
烟草制品业	4	3133	2156506	387470	201497
卷烟制造	2	2907	2143902	382870	200797
其他烟草制品加工	2	226	12604	4600	700
纺织业	8500	1174597	43344709	10456261	1440489
棉、化纤纺织及印染精加工	3143	501724	22207214	6105269	746235
毛纺织和染整精加工	290	32118	1165538	307196	32388
麻纺织	22	5211	145296	38701	136
丝绢纺织及精加工	802	100768	3844987	955602	69140
纺织制成品制造	1429	177443	6263477	1325355	204984
针织品、编织品及其制品制造	2814	357333	9718198	1724138	387606
纺织服装、鞋、帽制造业	3151	711778	13943651	1693888	248705
纺织服装制造	2997	694677	13651003	1663326	245993
纺织面料鞋的制造	112	12978	216931	19597	1150
制 帽	42	4123	75717	10966	1562
皮革、毛皮、羽毛(绒)及其制品业	2130	444861	10472365	1019577	111207
皮革鞣制加工	158	28243	1480465	206796	42521
皮革制品制造	1770	386511	7765003	709094	64594
毛皮鞣制及制品加工	102	8555	254925	34611	1235
羽毛(绒)加工及制品制造	100	21552	971973	69076	2856
木材加工及木、竹、藤、棕、草制品业	907	82268	3687325	425664	20260
锯材、木片加工	40	2831	124219	9189	31
人造板制造	320	35506	1521147	241092	12688
木制品制造	294	25780	1508111	112764	4105
竹、藤、棕、草制品制造	253	18151	533848	62619	3436
家具制造业	792	166954	4354031	584113	35377
木质家具制造	377	63359	1324313	239476	16581
竹、藤家具制造	12	2105	35431	5717	5
金属家具制造	281	73369	1984184	193187	8551
塑料家具制造	29	2941	102563	11419	1599
其他家具制造	93	25180	907540	134315	8640
造纸及纸制品业	1507	155942	8250397	3154900	1031009
纸浆制造	5	467	19943	8558	4
造 纸	702	82289	5139175	2503412	906505
纸制品制造	800	73186	3091278	642931	124499

2－A－1 续表3

单位：个、人、万元

指标名称	企业数	从业人员年平均人数	主营业务收入	生产经营用机器设备原价	微电子控制设备原价
印刷业和记录媒介的复制	899	73570	2503282	968395	238035
印　刷	866	70542	2383803	920503	236244
装订及其他印刷服务活动	28	2470	48066	16875	1319
记录媒介的复制	5	558	71412	31018	471
文教体育用品制造业	1092	149698	3711475	531613	66215
文化用品制造	454	55500	1269743	206554	29341
体育用品制造	242	32365	814027	113493	6863
乐器制造	34	7045	197288	37904	1791
玩具制造	290	44980	1075647	124015	23258
游艺器材及娱乐用品制造	72	9808	354771	49647	4962
石油加工、炼焦及核燃料加工业	61	10451	11013814	1820406	335397
精炼石油产品的制造	60	10277	10816975	1792693	335397
炼　焦	1	174	196840	27712	
化学原料及化学制品制造业	2159	233503	26280850	6459305	502574
基础化学原料制造	429	54584	4934152	1568238	147759
肥料制造	43	7435	373518	157109	18620
农药制造	75	18635	1598735	317231	84533
涂料、油墨、颜料及类似产品制造	477	46059	3655582	528787	44861
合成材料制造	262	28737	8623207	2631127	100405
专用化学产品制造	711	52105	4706936	905302	96645
日用化学产品制造	162	25948	2388721	351511	9750
医药制造业	498	106676	5759239	1426460	285191
化学药品原药制造	164	47909	2867624	782685	170558
化学药品制剂制造	72	24646	1320658	329248	76392
中药饮片加工	26	1760	71003	13319	173
中成药制造	44	9144	456078	105196	20971
兽用药品制造	29	3072	203435	46226	2284
生物、生化制品的制造	71	10118	597770	110876	11795
卫生材料及医药用品制造	92	10027	242671	38910	3019
化学纤维制造业	464	104335	14954737	3914324	706035
纤维素纤维原料及纤维制造	29	4470	124934	34953	3833
合成纤维制造	435	99865	14829803	3879371	702202
橡胶制品业	654	111278	3986627	987178	42398
轮胎制造	40	29320	2052857	629442	7212
橡胶板、管、带的制造	141	17744	609564	125575	14050
橡胶零件制造	148	15496	310291	95433	13644
再生橡胶制造	18	1066	26675	6910	104
日用及医用橡胶制品制造	35	2967	80701	10769	2735

2-A-1 续表4

单位：个、人、万元

指标名称	企业数	从业人员年平均人数	主营业务收入	生产经营用机器设备原价	微电子控制设备原价
橡胶靴鞋制造	212	39469	622676	89629	2166
其他橡胶制品制造	60	5216	283863	29420	2488
塑料制品业	3417	322060	14508042	2617679	414237
塑料薄膜制造	286	22239	2963937	632511	95376
塑料板、管、型材的制造	484	42184	2448486	401389	44808
塑料丝、绳及编织品的制造	356	35024	814233	106856	3512
泡沫塑料制造	203	13070	587372	73545	9765
塑料人造革、合成革制造	219	42118	2295502	470642	122945
塑料包装箱及容器制造	298	25932	1067445	252032	57816
塑料零件制造	598	48113	1336079	257058	26052
日用塑料制造	645	69304	2112637	304311	43650
其他塑料制品制造	328	24076	882351	119335	10314
非金属矿物制品业	1672	208213	10852069	4163571	349501
水泥、石灰和石膏的制造	272	43782	3502673	1516317	156036
水泥及石膏制品制造	448	47540	2948636	695262	38748
砖瓦、石材及其他建筑材料制造	266	30286	869763	209860	10305
玻璃及玻璃制品制造	398	59259	2506461	1545066	131915
陶瓷制品制造	66	8798	240338	37717	4738
耐火材料制品制造	129	10062	446264	73855	2735
石墨及其他非金属矿物制品制造	93	8486	337934	85495	5025
黑色金属冶炼及压延加工业	821	106888	15711404	3377821	759557
炼　铁	4	332	12998	298	
炼　钢	17	2896	713208	31014	2410
钢压延加工	776	101387	14413324	3324844	756497
铁合金冶炼	24	2273	571875	21666	650
有色金属冶炼及压延加工业	888	90231	13763893	859036	92310
常用有色金属冶炼	105	12439	3380018	92757	5321
贵金属冶炼	17	1759	368164	12470	658
稀有稀土金属冶炼	9	1078	59029	18665	1982
有色金属合金制造	87	7331	711540	51261	1373
有色金属压延加工	670	67624	9245142	683883	82977
金属制品业	3646	446297	16978042	2218529	157655
结构性金属制品制造	640	105139	5092435	561165	34095
金属工具制造	628	66289	1674268	273885	21351
集装箱及金属包装容器制造	178	23509	1289195	172634	3239
金属丝绳及其制品的制造	232	19578	1545934	234316	4537
建筑、安全用金属制品制造	871	98252	2925789	318163	27303
金属表面处理及热处理加工	409	41386	1301931	266214	16636

2-A-1 续表5 单位：个、人、万元

指标名称	企业数	从业人员年平均人数	主营业务收入	生产经营用机器设备原价	微电子控制设备原价
搪瓷制品制造	44	4939	114933	16854	599
不锈钢及类似日用金属制品制造	479	74627	2331525	313926	47126
其他金属制品制造	165	12578	702032	61373	2771
通用设备制造业	6675	766224	28818994	4902024	777375
锅炉及原动机制造	149	20578	1441340	184648	63905
金属加工机械制造	386	45382	1416254	296993	32430
起重运输设备制造	331	43121	2762713	265052	27942
泵、阀门、压缩机及类似机械的制造	1694	204806	7215900	1092184	158160
轴承、齿轮、传动和驱动部件的制造	963	145026	3852456	1080945	211328
烘炉、熔炉及电炉制造	34	2013	96815	9751	547
风机、衡器、包装设备等通用设备制造	756	110355	4804190	706206	149842
通用零部件制造及机械修理	1436	119151	4615734	835516	80907
金属铸、锻加工	926	75792	2613592	430729	52314
专用设备制造业	2233	240483	8941720	1759528	319534
矿山、冶金、建筑专用设备制造	155	16435	821377	130909	15202
化工、木材、非金属加工专用设备制造	775	79757	2638293	683122	153383
食品、饮料、烟草及饲料生产专用设备制造	75	5245	217644	35249	4854
印刷、制药、日化生产专用设备制造	164	12700	353277	63902	9746
纺织、服装和皮革工业专用设备制造	494	58768	1873995	417216	89248
电子和电工机械专用设备制造	85	8488	279269	72109	19148
农、林、牧、渔专用机械制造	119	15173	581919	76344	5920
医疗仪器设备及器械制造	122	18056	429140	136545	11357
环保、社会公共安全及其他专用设备制造	244	25861	1746807	144132	10677
交通运输设备制造业	3151	492220	24456005	3914300	521379
铁路运输设备制造	22	1633	44620	11886	4357
汽车制造	2078	298021	14879824	2385838	364896
摩托车制造	442	81679	2744760	462643	108440
自行车制造	276	30715	1081120	127864	9498
船舶及浮动装置制造	289	75735	5540194	901886	33484
航空航天器制造	5	751	18565	2633	397
交通器材及其他交通运输设备制造	39	3686	146922	21550	306
电气机械及器材制造业	5214	796638	35328260	4071257	677157
电机制造	773	135624	5123062	860356	163186
输配电及控制设备制造	1498	199043	8186289	874640	117462
电线、电缆、光缆及电工器材制造	827	80024	7338351	782263	173951
电池制造	201	37909	3160014	264442	33831
家用电力器具制造	775	171909	6796392	716697	101530
非电力家用器具制造	109	12343	508187	53613	10623

2-A-1 续表6 单位:个、人、万元

指 标 名 称	企业数	从业人员年平均人数	主营业务收入	生产经营用机器设备原价	微电子控制设备原价
照明器具制造	934	147763	3876419	455886	66080
其他电气机械及器材制造	97	12023	339545	63359	10495
通信设备、计算机及其他电子设备制造业	1554	324606	16577578	2818553	608216
通信设备制造	204	42970	4174348	429018	134399
雷达及配套设备制造	2	41	3143	284	
广播电视设备制造	77	14211	442188	62580	4434
电子计算机制造	90	45884	5777313	676274	84560
电子器件制造	226	40187	1360704	530836	181972
电子元件制造	763	148205	3660104	960650	175036
家用视听设备制造	120	18706	796236	117255	22785
其他电子设备制造	72	14402	363543	41655	5030
仪器仪表及文化、办公用机械制造业	1076	167897	4876129	804270	111340
通用仪器仪表制造	506	69211	2853976	383194	55041
专用仪器仪表制造	149	22409	754729	121220	17365
钟表与计时仪器制造	56	7491	151489	27640	7900
光学仪器及眼镜制造	264	47818	675092	181988	27346
文化、办公用机械制造	84	18581	400396	75375	3382
其他仪器仪表的制造及修理	17	2387	40449	14852	307
工艺品及其他制造业	1876	247370	6362338	875884	93372
工艺美术品制造	1235	148035	3860302	579679	64066
日用杂品制造	623	97268	2408722	281714	25657
煤制品制造	2	137	9185	2937	500
核辐射加工	1	52	907	1410	845
其他未列明的制造业	15	1878	83223	10144	2304
废弃资源和废旧材料回收加工业	197	16416	2252927	65505	1375
金属废料和碎屑的加工处理	140	13371	2091840	43096	1213
非金属废料和碎屑的加工处理	57	3045	161087	22409	162
电力、燃气及水的生产和供应业	**568**	**115526**	**27241302**	**19271193**	**2589890**
电力、热力的生产和供应业	345	89389	25517303	17454687	2567533
电力生产	250	46345	7925085	11939632	2297366
电力供应	71	40041	17248938	5267589	266992
热力生产和供应	24	3003	343280	247466	3176
燃气生产和供应业	44	4691	896640	338351	756
燃气生产和供应业	44	4691	896640	338351	756
水的生产和供应业	179	21446	827359	1478155	21601
自来水的生产和供应	135	18609	648703	1113770	14095
污水处理及其再生利用	43	2764	177944	364319	7507
其他水的处理、利用与分配	1	73	712	66	

2-A-2 按地区分组的规模以上工业企业基本情况

单位：个、人、万元

地　　区	企业数	从业人员年平均人数	主营业务收　　入	生产经营用机器设备原　　价	微电子控制设备原价
总　计	**57886**	**8112649**	**395950224**	**88766036**	**13462241**
杭州市	9742	1307301	99611450	22403062	3030321
宁波市	12119	1783739	82831803	20233789	3644285
温州市	7249	1040123	33486204	5332126	469505
嘉兴市	6642	952358	36023819	13482870	2506949
湖州市	3197	330061	19941509	3063921	663606
绍兴市	5123	860474	51716895	10584252	1251022
金华市	4857	673388	24135666	5011653	445558
衢州市	1114	133508	7592074	1923310	267797
舟山市	585	91546	5914857	1179491	86580
台州市	5973	782595	27345810	4501740	1011621
丽水市	1285	157556	7350139	1049822	84998

2-A-3 按企业规模、登记注册类型、隶属关系和行业分组的规模以上工业企业科技活动人员情况

单位：人

指标名称	科技活动人员合计	#全时人员	#女性	#参加科技项目人员
总计	**311948**	**135954**	**66518**	**280145**
一、按企业规模分				
大型企业	46859	27293	12167	41242
中型企业	131781	60770	29619	118173
小型企业	133308	47891	24732	120730
二、按登记注册类型分				
内资	**230333**	**95071**	**47287**	**206616**
国有	4924	1659	917	4028
集体	659	320	143	571
股份合作企业	3721	808	489	3419
联营企业	179	40	91	155
集体联营	6	6	3	6
国有与集体联营	118	29	85	102
其他联营	55	5	3	47
有限责任公司	54571	23580	10910	49023
国有独资公司	1639	637	432	1514
其他有限责任公司	52932	22943	10478	47509
股份有限公司	32806	17853	8123	28967
私营企业	133166	50681	26580	120181
私营独资	7176	2007	1401	6614
私营合伙	1983	397	237	1856
私营有限责任公司	115637	44096	22748	104379
私营股份有限公司	8370	4181	2194	7332
其他	307	130	34	272
港澳台商投资	**37193**	**19197**	**8658**	**33592**
与港澳台商合资经营	20449	9532	4703	18383
与港澳台商合作经营	952	440	163	880
港澳台商独资	14210	8054	3454	12850
港澳台商投资股份有限公司	1582	1171	338	1479
外商投资	**44422**	**21686**	**10573**	**39937**
中外合资经营	29243	14926	6940	26361
中外合作经营	707	300	137	645
外资企业	12119	5385	3057	10926
外商投资股份有限公司	2353	1075	439	2005
三、按隶属关系分				
中央	3452	1177	642	2914
省(自治区、直辖市)	2761	1260	534	2285

2－A－3 续表1－1 单位：人

指标名称	科技活动人员合计	#全时人员	#女性	#参加科技项目人员
地(区、市、州、盟)	10264	5698	2600	8766
县(区、市、旗)	6827	3239	1927	5932
乡镇(街道)	5573	2176	966	4939
基层群众自治组织	49	14	8	44
其他	283022	122390	59841	255265
四、按国民经济行业(门类、大类、中类)分				
采矿业	**274**	**91**	**22**	**257**
黑色金属矿采选业	36	3	8	28
铁矿采选	36	3	8	28
有色金属矿采选业	115	53	4	108
常用有色金属矿采选	115	53	4	108
非金属矿采选业	123	35	10	121
土砂石开采	119	34	10	117
石棉及其他非金属矿采选	4	1		4
制造业	**308232**	**135387**	**66015**	**276824**
农副食品加工业	3816	1249	822	3456
谷物磨制	68	23	29	53
饲料加工	935	369	215	848
植物油加工	136	59	24	122
屠宰及肉类加工	271	77	64	243
水产品加工	1274	277	246	1170
蔬菜、水果和坚果加工	827	354	196	734
其他农副食品加工	305	90	48	286
食品制造业	2193	876	608	1897
焙烤食品制造	123	29	33	108
糖果、巧克力及蜜饯制造	79	32	26	73
方便食品制造	298	126	92	266
液体乳及乳制品制造	295	46	75	253
罐头制造	171	64	40	159
调味品、发酵制品制造	327	148	70	286
其他食品制造	900	431	272	752
饮料制造业	2596	1180	578	2261
酒精制造	23	23	2	23
酒的制造	1329	493	257	1157
软饮料制造	913	543	249	779
精制茶加工	331	121	70	302
烟草制品业	206	48	29	171

2-A-3 续表1-2

单位：人

指标名称	科技活动人员合计	#全时人员	#女性	#参加科技项目人员
卷烟制造	179	34	15	149
其他烟草制品加工	27	14	14	22
纺织业	24853	9520	7876	22747
棉、化纤纺织及印染精加工	12485	4470	3403	11407
毛纺织和染整精加工	637	249	201	572
麻纺织	158	44	23	134
丝绢纺织及精加工	2323	674	588	2110
纺织制成品制造	3772	1550	1223	3437
针织品、编织品及其制品制造	5478	2533	2438	5087
纺织服装、鞋、帽制造业	9327	5203	4783	8690
纺织服装制造	9143	5171	4724	8514
纺织面料鞋的制造	154	32	37	147
制　帽	30		22	29
皮革、毛皮、羽毛(绒)及其制品业	8186	3226	2365	7778
皮革鞣制加工	877	229	150	807
皮革制品制造	6969	2845	2089	6662
毛皮鞣制及制品加工	165	61	59	145
羽毛(绒)加工及制品制造	175	91	67	164
木材加工及木、竹、藤、棕、草制品业	1985	547	405	1764
锯材、木片加工	60	5	23	53
人造板制造	754	183	168	693
木制品制造	612	206	94	500
竹、藤、棕、草制品制造	559	153	120	518
家具制造业	3193	1323	580	2755
木质家具制造	780	251	109	729
竹、藤家具制造	7	3	2	5
金属家具制造	1511	665	259	1211
塑料家具制造	193	76	69	171
其他家具制造	702	328	141	639
造纸及纸制品业	3896	1213	782	3522
纸浆制造	11	6	4	6
造　纸	2290	885	405	2045
纸制品制造	1595	322	373	1471
印刷业和记录媒介的复制	2173	784	532	1958
印　刷	2056	754	506	1844
装订及其他印刷服务活动	39	4	3	37
记录媒介的复制	78	26	23	77

2－A－3 续表1－3

单位：人

指 标 名 称	科技活动人员合计	#全时人员	#女性	#参加科技项目人员
文教体育用品制造业	3792	1562	921	3358
文化用品制造	1224	578	327	1102
体育用品制造	824	357	185	716
乐器制造	423	171	95	373
玩具制造	898	374	237	776
游艺器材及娱乐用品制造	423	82	77	391
石油加工、炼焦及核燃料加工业	319	200	37	270
精炼石油产品的制造	319	200	37	270
化学原料及化学制品制造业	18336	8260	3790	16186
基础化学原料制造	4212	1792	744	3700
肥料制造	402	189	69	338
农药制造	1986	1132	496	1787
涂料、油墨、颜料及类似产品制造	4004	2004	903	3583
合成材料制造	2405	893	353	2084
专用化学产品制造	4598	1986	1042	4020
日用化学产品制造	729	264	183	674
医药制造业	14526	7530	4669	12692
化学药品原药制造	7938	3968	2493	6951
化学药品制剂制造	1932	1145	707	1695
中药饮片加工	133	63	55	123
中成药制造	1756	932	700	1461
兽用药品制造	526	261	131	501
生物、生化制品的制造	1912	985	518	1686
卫生材料及医药用品制造	329	176	65	275
化学纤维制造业	5285	2816	1382	4789
纤维素纤维原料及纤维制造	35			35
合成纤维制造	5250	2816	1382	4754
橡胶制品业	4309	2534	1064	3821
轮胎制造	2316	1855	669	2009
橡胶板、管、带的制造	971	348	207	876
橡胶零件制造	639	191	81	586
再生橡胶制造	16	4	2	15
日用及医用橡胶制品制造	21	2	3	18
橡胶靴鞋制造	133	40	44	120
其他橡胶制品制造	213	94	58	197
塑料制品业	8359	2434	1216	7586

2－A－3 续表1－4

单位：人

指标名称	科技活动人员合计	#全时人员	#女性	#参加科技项目人员
塑料薄膜制造	1104	398	138	952
塑料板、管、型材的制造	1806	471	300	1580
塑料丝、绳及编织品的制造	295	42	50	276
泡沫塑料制造	384	112	62	365
塑料人造革、合成革制造	1032	254	144	937
塑料包装箱及容器制造	509	204	53	486
塑料零件制造	962	319	130	868
日用塑料制造	1692	371	240	1603
其他塑料制品制造	575	263	99	519
非金属矿物制品业	5892	2180	1012	5248
水泥、石灰和石膏的制造	1093	399	229	945
水泥及石膏制品制造	522	129	71	458
砖瓦、石材及其他建筑材料制造	888	274	198	773
玻璃及玻璃制品制造	1944	794	265	1769
陶瓷制品制造	347	144	62	314
耐火材料制品制造	711	251	118	654
石墨及其他非金属矿物制品制造	387	189	69	335
黑色金属冶炼及压延加工业	2915	1186	259	2519
炼　铁	3	2		3
炼　钢	188	42	13	174
钢压延加工	2680	1132	242	2303
铁合金冶炼	44	10	4	39
有色金属冶炼及压延加工业	3449	1524	545	3142
常用有色金属冶炼	501	174	41	448
贵金属冶炼	98	26	3	94
稀有稀土金属冶炼	27		2	27
有色金属合金制造	433	197	76	389
有色金属压延加工	2390	1127	423	2184
金属制品业	11306	4486	1669	10290
结构性金属制品制造	2789	1336	514	2504
金属工具制造	1508	402	173	1360
集装箱及金属包装容器制造	410	205	76	357
金属丝绳及其制品的制造	408	149	22	329
建筑、安全用金属制品制造	2697	1239	352	2504
金属表面处理及热处理加工	576	161	67	527
搪瓷制品制造	103	39	14	96

2－A－3 续表1－5

单位：人

指标名称	科技活动人员合计	#全时人员	#女性	#参加科技项目人员
不锈钢及类似日用金属制品制造	2576	876	398	2400
其他金属制品制造	239	79	53	213
通用设备制造业	40841	15625	6154	36828
锅炉及原动机制造	2345	928	369	2003
金属加工机械制造	2990	1051	422	2721
起重运输设备制造	3439	1498	410	3028
泵、阀门、压缩机及类似机械的制造	13328	4207	1763	12343
轴承、齿轮、传动和驱动部件的制造	6489	2658	1147	5796
烘炉、熔炉及电炉制造	172	30	19	150
风机、衡器、包装设备等通用设备制造	6988	3469	1315	6266
通用零部件制造及机械修理	3217	1210	459	2835
金属铸、锻加工	1873	574	250	1686
专用设备制造业	16586	7114	2219	14860
矿山、冶金、建筑专用设备制造	906	406	87	821
化工、木材、非金属加工专用设备制造	5323	2074	715	4830
食品、饮料、烟草及饲料生产专用设备制造	469	202	42	419
印刷、制药、日化生产专用设备制造	1284	416	120	1101
纺织、服装和皮革工业专用设备制造	3404	1470	488	3060
电子和电工机械专用设备制造	553	324	75	481
农、林、牧、渔专用机械制造	1154	582	136	1034
医疗仪器设备及器械制造	1344	640	226	1220
环保、社会公共安全及其他专用设备制造	2149	1000	330	1894
交通运输设备制造业	24845	10472	4135	22118
铁路运输设备制造	149	88	14	132
汽车制造	17118	6910	2964	15056
摩托车制造	4483	1945	660	4116
自行车制造	1165	533	202	1036
船舶及浮动装置制造	1725	900	279	1601
航空航天器制造	76	34	7	61
交通器材及其他交通运输设备制造	129	62	9	116
电气机械及器材制造业	43854	19907	8565	39119
电机制造	8616	3212	1506	7881
输配电及控制设备制造	12587	5851	2461	10982
电线、电缆、光缆及电工器材制造	4802	2106	796	4295
电池制造	3675	1540	690	3280
家用电力器具制造	7819	4387	1545	7011

2－A－3 续表1－6

单位：人

指标名称	科技活动人员合计	#全时人员	#女性	#参加科技项目人员
非电力家用器具制造	782	286	160	705
照明器具制造	4969	2177	1295	4442
其他电气机械及器材制造	604	348	112	523
通信设备、计算机及其他电子设备制造业	25440	14488	6066	22872
通信设备制造	5280	3482	1060	4877
广播电视设备制造	1414	632	385	1245
电子计算机制造	3741	2969	656	3344
电子器件制造	4350	2294	935	3946
电子元件制造	7955	3843	2397	6991
家用视听设备制造	1852	885	509	1690
其他电子设备制造	848	383	124	779
仪器仪表及文化、办公用机械制造业	11391	6008	1925	10147
通用仪器仪表制造	7146	3875	1166	6418
专用仪器仪表制造	2082	986	365	1820
钟表与计时仪器制造	222	109	40	195
光学仪器及眼镜制造	862	524	163	777
文化、办公用机械制造	1063	505	189	923
其他仪器仪表的制造及修理	16	9	2	14
工艺品及其他制造业	4223	1852	996	3850
工艺美术品制造	2368	1048	598	2190
日用杂品制造	1828	786	395	1636
核辐射加工	21	18	2	19
其他未列明的制造业	6		1	5
废弃资源和废旧材料回收加工业	140	40	31	130
金属废料和碎屑的加工处理	54	8	10	50
非金属废料和碎屑的加工处理	86	32	21	80
电力、燃气及水的生产和供应业	**3442**	**476**	**481**	**3064**
电力、热力的生产和供应业	3257	450	444	2893
电力生产	1780	278	117	1675
电力供应	1463	170	325	1205
热力生产和供应	14	2	2	13
燃气生产和供应业	22		7	22
燃气生产和供应业	22		7	22
水的生产和供应业	163	26	30	149
自来水的生产和供应	80		21	72
污水处理及其再生利用	83	26	9	77

2-A-3 续表2-1　　单位：人

指标名称	科技管理和服务人员	#1.高中级技术职称人员	2.无高中级职称的大学本科及以上人员	#研究与试验发展人员
总　计	**31803**	**72661**	**103357**	**160336**
一、按企业规模分				
大型企业	5617	11726	16271	27484
中型企业	13608	31415	44777	70918
小型企业	12578	29520	42309	61934
二、按登记注册类型分				
内　资	**23717**	**56037**	**72924**	**117754**
国　有	896	2426	928	2069
集　体	88	136	268	306
股份合作企业	302	779	892	2052
联营企业	24	49	32	98
集体联营			1	
国有与集体联营	16	29	27	76
其他联营	8	20	4	22
有限责任公司	5548	14043	18892	28672
国有独资公司	125	724	559	994
其他有限责任公司	5423	13319	18333	27678
股份有限公司	3839	9439	10749	19787
私营企业	12985	29092	41058	64592
私营独资	562	1169	1773	3169
私营合伙	127	296	557	929
私营有限责任公司	11258	25711	36212	55764
私营股份有限公司	1038	1916	2516	4730
其　他	35	73	105	178
港澳台商投资	**3601**	**7361**	**14672**	**20157**
与港澳台商合资经营	2066	4146	6854	9617
与港澳台商合作经营	72	249	347	676
港澳台商独资	1360	2523	6524	8493
港澳台商投资股份有限公司	103	443	947	1371
外商投资	**4485**	**9263**	**15761**	**22425**
中外合资经营	2882	6593	10037	14009
中外合作经营	62	127	226	364
外资企业	1193	1906	4881	6807
外商投资股份有限公司	348	637	617	1245
三、按隶属关系分				
中　央	538	1829	801	1682
省（自治区、直辖市）	476	1242	549	1079

2－A－3 续表2－2

单位：人

指标名称	科技管理和服务人员	#1.高中级技术职称人员	2.无高中级职称的大学本科及以上人员	#研究与试验发展人员
地(区、市、州、盟)	1498	2921	2557	5501
县(区、市、旗)	895	2461	2386	3898
乡镇(街道)	634	1447	2072	2775
基层群众自治组织	5	20	12	32
其　他	27757	62741	94980	145369
四、按国民经济行业(门类、大类、中类)分				
采矿业	**17**	**110**	**79**	**48**
黑色金属矿采选业	8	9	4	28
铁矿采选	8	9	4	28
有色金属矿采选业	7	74	16	
常用有色金属矿采选	7	74	16	
非金属矿采选业	2	27	59	20
土砂石开采	2	27	55	20
石棉及其他非金属矿采选			4	
制造业	**31408**	**71058**	**102179**	**159197**
农副食品加工业	360	1150	1094	1327
谷物磨制	15	23	6	51
饲料加工	87	326	319	503
植物油加工	14	45	36	43
屠宰及肉类加工	28	104	100	20
水产品加工	104	289	272	386
蔬菜、水果和坚果加工	93	283	253	240
其他农副食品加工	19	80	108	84
食品制造业	296	627	718	853
焙烤食品制造	15	20	27	35
糖果、巧克力及蜜饯制造	6	32	23	48
方便食品制造	32	126	96	27
液体乳及乳制品制造	42	74	88	136
罐头制造	12	60	49	45
调味品、发酵制品制造	41	76	120	176
其他食品制造	148	239	315	386
饮料制造业	335	749	751	982
酒精制造		4		
酒的制造	172	404	298	454
软饮料制造	134	208	366	440
精制茶加工	29	133	87	88
烟草制品业	35	139	47	34

2－A－3 续表2－3

单位：人

指标名称	科技管理和服务人员	#1.高中级技术职称人员	2.无高中级职称的大学本科及以上人员	#研究与试验发展人员
卷烟制造	30	125	45	34
其他烟草制品加工	5	14	2	
纺织业	2106	4527	6703	9647
棉、化纤纺织及印染精加工	1078	2423	3291	5076
毛纺织和染整精加工	65	149	149	232
麻纺织	24	20	37	69
丝绢纺织及精加工	213	359	563	948
纺织制成品制造	335	743	1227	1556
针织品、编织品及其制品制造	391	833	1436	1766
纺织服装、鞋、帽制造业	637	921	2576	2810
纺织服装制造	629	919	2565	2781
纺织面料鞋的制造	7	2	11	29
制　帽	1			
皮革、毛皮、羽毛(绒)及其制品业	408	897	1506	1526
皮革鞣制加工	70	126	236	451
皮革制品制造	307	704	1136	965
毛皮鞣制及制品加工	20	31	35	54
羽毛(绒)加工及制品制造	11	36	99	56
木材加工及木、竹、藤、棕、草制品业	221	446	608	880
锯材、木片加工	7	18	22	23
人造板制造	61	174	263	377
木制品制造	112	80	166	230
竹、藤、棕、草制品制造	41	174	157	250
家具制造业	438	531	1214	903
木质家具制造	51	93	383	253
竹、藤家具制造	2	3	2	
金属家具制造	300	270	486	451
塑料家具制造	22	46	86	97
其他家具制造	63	119	257	102
造纸及纸制品业	374	1085	1002	1825
纸浆制造	5	2	4	6
造　纸	245	797	567	1019
纸制品制造	124	286	431	800
印刷业和记录媒介的复制	215	309	587	1009
印　刷	212	293	518	920
装订及其他印刷服务活动	2	4	10	32
记录媒介的复制	1	12	59	57

2－A－3 续表2－4

单位：人

指标名称	科技管理和服务人员	#1.高中级技术职称人员	2.无高中级职称的大学本科及以上人员	#研究与试验发展人员
文教体育用品制造业	434	692	1052	2004
文化用品制造	122	268	435	575
体育用品制造	108	125	289	519
乐器制造	50	62	64	213
玩具制造	122	124	155	521
游艺器材及娱乐用品制造	32	113	109	176
石油加工、炼焦及核燃料加工业	49	172	55	141
精炼石油产品的制造	49	172	55	141
化学原料及化学制品制造业	2150	5434	6224	9529
基础化学原料制造	512	1255	1259	2233
肥料制造	64	159	52	261
农药制造	199	763	610	1240
涂料、油墨、颜料及类似产品制造	421	1053	1581	1718
合成材料制造	321	445	996	1213
专用化学产品制造	578	1512	1407	2391
日用化学产品制造	55	247	319	473
医药制造业	1834	3907	5598	9963
化学药品原药制造	987	1932	2788	5682
化学药品制剂制造	237	640	955	1350
中药饮片加工	10	39	55	67
中成药制造	295	616	426	1120
兽用药品制造	25	115	268	306
生物、生化制品的制造	226	478	961	1178
卫生材料及医药用品制造	54	87	145	260
化学纤维制造业	496	1409	1518	3172
纤维素纤维原料及纤维制造		1	12	34
合成纤维制造	496	1408	1506	3138
橡胶制品业	488	707	735	1568
轮胎制造	307	292	267	428
橡胶板、管、带的制造	95	176	166	660
橡胶零件制造	53	183	190	329
再生橡胶制造	1	1	2	
日用及医用橡胶制品制造	3	4	8	5
橡胶靴鞋制造	13	17	42	15
其他橡胶制品制造	16	34	60	131
塑料制品业	773	1821	2675	3492

2－A－3 续表2－5 单位：人

指标名称	科技管理和服务人员	#1.高中级技术职称人员	2.无高中级职称的大学本科及以上人员	#研究与试验发展人员
塑料薄膜制造	152	319	412	723
塑料板、管、型材的制造	226	426	589	769
塑料丝、绳及编织品的制造	19	68	64	173
泡沫塑料制造	19	79	87	137
塑料人造革、合成革制造	95	262	320	421
塑料包装箱及容器制造	23	76	193	197
塑料零件制造	94	173	315	449
日用塑料制造	89	235	485	392
其他塑料制品制造	56	183	210	231
非金属矿物制品业	644	1624	1684	3339
水泥、石灰和石膏的制造	148	358	274	592
水泥及石膏制品制造	64	114	167	288
砖瓦、石材及其他建筑材料制造	115	162	227	464
玻璃及玻璃制品制造	175	630	520	1149
陶瓷制品制造	33	78	164	252
耐火材料制品制造	57	183	199	434
石墨及其他非金属矿物制品制造	52	99	133	160
黑色金属冶炼及压延加工业	396	859	637	1257
炼　铁				
炼　钢	14	22	52	86
钢压延加工	377	818	571	1131
铁合金冶炼	5	19	14	40
有色金属冶炼及压延加工业	307	912	958	1645
常用有色金属冶炼	53	155	112	110
贵金属冶炼	4	13	10	48
稀有稀土金属冶炼		4	14	20
有色金属合金制造	44	104	169	283
有色金属压延加工	206	636	653	1184
金属制品业	1016	2529	3561	5148
结构性金属制品制造	285	705	1093	1716
金属工具制造	148	191	393	591
集装箱及金属包装容器制造	53	124	86	175
金属丝绳及其制品的制造	79	115	114	128
建筑、安全用金属制品制造	193	548	803	1115
金属表面处理及热处理加工	49	90	143	275
搪瓷制品制造	7	12	25	30

2-A-3 续表2-6

单位：人

指 标 名 称	科技管理和服务人员	#1.高中级技术职称人员	2.无高中级职称的大学本科及以上人员	#研究与试验发展人员
不锈钢及类似日用金属制品制造	176	675	854	1002
其他金属制品制造	26	69	50	116
通用设备制造业	4013	9575	12454	24026
锅炉及原动机制造	342	871	631	1092
金属加工机械制造	269	930	853	1907
起重运输设备制造	411	866	1244	1801
泵、阀门、压缩机及类似机械的制造	985	2413	3950	8548
轴承、齿轮、传动和驱动部件的制造	693	1695	1845	3825
烘炉、熔炉及电炉制造	22	47	58	15
风机、衡器、包装设备等通用设备制造	722	1883	2356	4352
通用零部件制造及机械修理	382	482	946	1545
金属铸、锻加工	187	388	571	941
专用设备制造业	1726	4552	5373	9263
矿山、冶金、建筑专用设备制造	85	273	271	585
化工、木材、非金属加工专用设备制造	493	1239	1771	2584
食品、饮料、烟草及饲料生产专用设备制造	50	143	151	245
印刷、制药、日化生产专用设备制造	183	399	319	740
纺织、服装和皮革工业专用设备制造	344	860	1202	1946
电子和电工机械专用设备制造	72	195	188	278
农、林、牧、渔专用机械制造	120	320	343	781
医疗仪器设备及器械制造	124	392	370	897
环保、社会公共安全及其他专用设备制造	255	731	758	1207
交通运输设备制造业	2727	5601	8389	12344
铁路运输设备制造	17	56	40	60
汽车制造	2062	3951	6013	8327
摩托车制造	367	845	1557	2441
自行车制造	129	280	285	370
船舶及浮动装置制造	124	423	441	1094
航空航天器制造	15	13	28	52
交通器材及其他交通运输设备制造	13	33	25	
电气机械及器材制造业	4735	10671	15658	24915
电机制造	735	1756	2910	5335
输配电及控制设备制造	1605	3772	4746	6159
电线、电缆、光缆及电工器材制造	507	1358	1605	2698
电池制造	395	883	1288	2328
家用电力器具制造	808	1777	2903	5024

2－A－3 续表2－7 单位：人

指标名称	科技管理和服务人员	#1. 高中级技术职称人员	2. 无高中级职称的大学本科及以上人员	#研究与试验发展人员
非电力家用器具制造	77	189	175	431
照明器具制造	527	820	1776	2607
其他电气机械及器材制造	81	116	255	333
通信设备、计算机及其他电子设备制造业	2568	5706	12760	16586
通信设备制造	403	1386	3085	3388
广播电视设备制造	169	243	508	967
电子计算机制造	397	379	3067	3103
电子器件制造	404	1090	1872	2871
电子元件制造	964	1859	3197	4316
家用视听设备制造	162	525	655	1458
其他电子设备制造	69	224	376	483
仪器仪表及文化、办公用机械制造业	1244	2801	4754	7221
通用仪器仪表制造	728	1850	3013	4570
专用仪器仪表制造	262	489	937	1338
钟表与计时仪器制造	27	47	84	133
光学仪器及眼镜制造	85	204	322	574
文化、办公用机械制造	140	201	394	592
其他仪器仪表的制造及修理	2	10	4	14
工艺品及其他制造业	373	666	1260	1707
工艺美术品制造	178	391	613	1033
日用杂品制造	192	268	637	666
核辐射加工	2	7	10	8
其他未列明的制造业	1			
废弃资源和废旧材料回收加工业	10	39	28	81
金属废料和碎屑的加工处理	4	17	14	36
非金属废料和碎屑的加工处理	6	22	14	45
电力、燃气及水的生产和供应业	**378**	**1493**	**1099**	**1091**
电力、热力的生产和供应业	364	1413	1047	1051
电力生产	105	677	745	247
电力供应	258	732	293	797
热力生产和供应	1	4	9	7
燃气生产和供应业		9	3	
燃气生产和供应业		9	3	
水的生产和供应业	14	71	49	40
自来水的生产和供应	8	50	21	5
污水处理及其再生利用	6	21	28	35

2-A-4 按地区分组的规模以上工业企业科技活动人员情况

单位：人

地区	科技活动人员合计	#全时人员	#女性	#参加科技项目人员	科技管理和服务人员	#1. 高中级技术职称人员	2. 无高中级职称的大学本科及以上人员	#研究与试验发展人员
总计	**311948**	**135954**	**66518**	**280145**	**31803**	**72661**	**103357**	**160336**
杭州市	64833	35070	14579	56635	8198	17285	25701	34444
宁波市	56330	29062	12295	50494	5836	11682	21286	29246
温州市	29449	13164	5387	25686	3763	6880	9564	14490
嘉兴市	38141	16254	11009	34519	3622	7569	9503	18175
湖州市	12324	4726	2112	10780	1544	3000	3972	6712
绍兴市	35172	16506	8432	31924	3248	10024	10467	16738
金华市	22901	9141	4626	20236	2665	5474	7308	13524
衢州市	4834	1839	946	4183	651	1758	1233	1766
舟山市	2960	1097	506	2689	271	650	669	1750
台州市	42254	8437	6180	40624	1630	7344	12976	22683
丽水市	2750	658	446	2375	375	995	678	808

2－A－5 按企业规模、登记注册类型、隶属关系和行业分组的规模以上工业企业科技活动经费筹集情况

单位：万元

指标名称	科技活动经费筹集总额	企业资金	金融机构贷款	政府资金	国外资金	其他资金
总计	**5526379**	**4942344**	**401864**	**118757**	**5362**	**58053**
一、按企业规模分						
大型企业	1220660	1130146	54880	20678	2971	11985
中型企业	2443027	2197611	172217	49079	1187	22933
小型企业	1862692	1614586	174768	48999	1205	23134
二、按登记注册类型分						
内资	**3959616**	**3496177**	**327970**	**95180**	**1414**	**38876**
国有	109998	98670	5171	1892		4265
集体	9685	8975	325	177		208
股份合作企业	38950	34181	2797	1504		468
联营企业	1851	1001	680			170
集体联营	60	60				
国有与集体联营	1491	891	500			100
其他联营	300	50	180			70
有限责任公司	992971	885787	71392	25439	1222	9131
国有独资公司	42599	38562	1745	2170	18	105
其他有限责任公司	950372	847226	69647	23269	1205	9026
股份有限公司	633292	575676	36162	19112	118	2224
私营企业	2169375	1888673	211243	46974	74	22411
私营独资	92780	82685	6827	1430		1838
私营合伙	22877	20803	1625	116	5	328
私营有限责任公司	1807964	1564625	186464	36956	69	19851
私营股份有限公司	245754	220560	16327	8472		394
其他	3495	3213	200	82		
港澳台商投资	**745875**	**686471**	**40008**	**9612**	**794**	**8991**
与港澳台商合资经营	392322	357793	25387	5760	68	3314
与港澳台商合作经营	7401	6823	398	175		5
港澳台商独资	267308	244813	14172	2126	726	5472
港澳台商投资股份有限公司	78844	77043	50	1551		200
外商投资	**820888**	**759696**	**33887**	**13965**	**3154**	**10186**
中外合资经营	578826	540038	18619	10396	154	9619
中外合作经营	11109	9455	1120	196		339
外资企业	182160	171946	5256	1729	3000	229
外商投资股份有限公司	48794	38258	8892	1644		
三、按隶属关系分						
中央	88466	75506	7399	1499		4063
省(自治区、直辖市)	60102	57235		2757		110

2－A－5 续表1

单位：万元

指 标 名 称	科技活动经费筹集总额	企业资金	金融机构贷款	政府资金	国外资金	其他资金
地（区、市、州、盟）	173298	166653	1450	4932	55	208
县（区、市、旗）	130834	123420	2282	4358		774
乡镇（街道）	86105	78319	4112	2026		1649
基层群众自治组织	740	740				
其 他	4986834	4440471	386621	103185	5307	51249
四、按国民经济行业（门类、大类、中类）分						
采矿业	**3724**	**3407**	**150**	**142**	**18**	**7**
黑色金属矿采选业	285	268			18	
铁矿采选	285	268			18	
有色金属矿采选业	1462	1375		80		7
常用有色金属矿采选	1462	1375		80		7
非金属矿采选业	1977	1765	150	62		
土砂石开采	1287	1075	150	62		
石棉及其他非金属矿采选	690	690				
制造业	**5442515**	**4871993**	**394272**	**118523**	**5344**	**52383**
农副食品加工业	68050	55109	7512	3930		1500
谷物磨制	1296	1286		10		
饲料加工	18498	14694	2790	1009		5
植物油加工	2981	2281	510	70		120
屠宰及肉类加工	5861	4900	290	174		498
水产品加工	21999	17551	2599	1687		163
蔬菜、水果和坚果加工	13182	10667	1000	802		713
其他农副食品加工	4233	3731	323	178		1
食品制造业	38849	28464	8162	2062		160
焙烤食品制造	1297	1295		2		
糖果、巧克力及蜜饯制造	1420	1280	30	110		
方便食品制造	3490	2995	300	190		5
液体乳及乳制品制造	4678	3538	900	240		
罐头制造	3245	2817	220	163		45
调味品、发酵制品制造	7373	6261	950	146		16
其他食品制造	17345	10277	5762	1212		94
饮料制造业	87061	83776	860	2091		333
酒精制造	4471	4471				
酒的制造	18512	17834	235	444		
软饮料制造	58118	56875	135	1108		
精制茶加工	5960	4597	490	540		333
烟草制品业	5756	5746		10		

2－A－5 续表2

单位：万元

指标名称	科技活动经费筹集总额	企业资金	金融机构贷款	政府资金	国外资金	其他资金
卷烟制造	5146	5146				
其他烟草制品加工	610	600		10		
纺织业	443099	392118	38532	6179	918	5352
棉、化纤纺织及印染精加工	249039	215077	26487	3905	861	2709
毛纺织和染整精加工	9581	8803	680	93		5
麻纺织	832	832				
丝绢纺织及精加工	43795	40752	2370	564		109
纺织制成品制造	73663	66298	6750	615		
针织品、编织品及其制品制造	66190	60356	2246	1003	57	2529
纺织服装、鞋、帽制造业	96779	92467	2984	812		516
纺织服装制造	94900	90588	2984	812		516
纺织面料鞋的制造	1672	1672				
制　帽	208	208				
皮革、毛皮、羽毛(绒)及其制品业	96811	94070	1736	230	200	575
皮革鞣制加工	18497	18343	12	37		105
皮革制品制造	74281	71714	1724	178	200	465
毛皮鞣制及制品加工	1961	1946		15		
羽毛(绒)加工及制品制造	2073	2067				6
木材加工及木、竹、藤、棕、草制品业	31853	27289	2866	834		865
锯材、木片加工	1632	1632				
人造板制造	12147	11163	650	179		156
木制品制造	11506	9207	1550	338		411
竹、藤、棕、草制品制造	6568	5287	666	317		299
家具制造业	38315	35598	2451	233		33
木质家具制造	8563	8328	200	7		28
竹、藤家具制造	60	60				
金属家具制造	14305	13402	692	206		5
塑料家具制造	1794	1735	59			
其他家具制造	13594	12074	1500	20		
造纸及纸制品业	75909	66731	8031	859		287
纸浆制造	148	145		3		
造　纸	51165	44940	5274	713		237
纸制品制造	24597	21646	2757	143		50
印刷业和记录媒介的复制	28977	28023	550	405		
印　刷	27428	26539	550	340		
装订及其他印刷服务活动	432	432				
记录媒介的复制	1118	1053		65		

2-A-5 续表3

单位：万元

指标名称	科技活动经费筹集总额	企业资金	金融机构贷款	政府资金	国外资金	其他资金
文教体育用品制造业	39733	36481	2042	1077		133
文化用品制造	13818	13158	280	380		
体育用品制造	8132	7432	510	190		
乐器制造	2362	2231	70	36		25
玩具制造	10750	9582	752	376		40
游艺器材及娱乐用品制造	4671	4078	430	95		68
石油加工、炼焦及核燃料加工业	3956	3876	70	10		
精炼石油产品的制造	3956	3876	70	10		
化学原料及化学制品制造业	451186	413756	23116	11831	32	2451
基础化学原料制造	73763	67111	3985	2042	5	620
肥料制造	8909	8315	180	333		81
农药制造	46555	41491	3335	1509		221
涂料、油墨、颜料及类似产品制造	97947	87555	8816	1302		274
合成材料制造	110305	107530	407	1440		929
专用化学产品制造	98899	88383	5144	5021	27	325
日用化学产品制造	14808	13372	1250	185		1
医药制造业	247684	216031	21939	7818	389	1507
化学药品原药制造	140119	117644	18226	3310	389	548
化学药品制剂制造	44926	43288	615	1013		10
中药饮片加工	2126	1732	132	233		29
中成药制造	20732	17895	1156	1265		416
兽用药品制造	6813	6185		629		
生物、生化制品的制造	26970	24281	910	1275		504
卫生材料及医药用品制造	5998	5006	900	92		
化学纤维制造业	172900	156417	10502	3790		2190
纤维素纤维原料及纤维制造	126	126				
合成纤维制造	172774	156291	10502	3790		2190
橡胶制品业	77999	70151	3750	600	2225	1273
轮胎制造	53856	47674	2600	357	2225	1000
橡胶板、管、带的制造	13940	12880	800	146		115
橡胶零件制造	7137	6687	200	92		158
再生橡胶制造	18	18				
日用及医用橡胶制品制造	241	241				
橡胶靴鞋制造	1344	1339		5		
其他橡胶制品制造	1463	1313	150	1		
塑料制品业	149121	137469	7244	2372		2036

2－A－5 续表4 单位：万元

指标名称	科技活动经费筹集总额	企业资金	金融机构贷款	政府资金	国外资金	其他资金
塑料薄膜制造	30574	28839	1577	125		34
塑料板、管、型材的制造	41921	39644	1072	792		413
塑料丝、绳及编织品的制造	2404	2180	10	40		174
泡沫塑料制造	4007	3881	39	88		
塑料人造革、合成革制造	20982	20114		868		
塑料包装箱及容器制造	7226	6215	920	91		
塑料零件制造	15200	11753	2201	125		1122
日用塑料制造	18555	16928	1254	119		254
其他塑料制品制造	8253	7914	173	126		39
非金属矿物制品业	123937	107368	8400	4373		3797
水泥、石灰和石膏的制造	22210	19786	1945	162		316
水泥及石膏制品制造	9325	8823	300	199		4
砖瓦、石材及其他建筑材料制造	25260	24291	130	554		285
玻璃及玻璃制品制造	37994	30993	2093	2400		2508
陶瓷制品制造	4755	3666	811	84		195
耐火材料制品制造	9070	6924	1324	444		378
石墨及其他非金属矿物制品制造	15323	12884	1797	530		111
黑色金属冶炼及压延加工业	99335	95832	2340	1127		36
炼 铁	15	15				
炼 钢	6094	5978		117		
钢压延加工	92106	88719	2340	1010		36
铁合金冶炼	1120	1120				
有色金属冶炼及压延加工业	117850	100392	15073	1931		455
常用有色金属冶炼	32256	26104	6050	102		
贵金属冶炼	800	400	400			
稀有稀土金属冶炼	276	276				
有色金属合金制造	11282	10682	350	150		100
有色金属压延加工	73236	62930	8273	1679		355
金属制品业	199744	169020	22321	4746	21	3637
结构性金属制品制造	75735	62850	8215	2204		2466
金属工具制造	17706	15775	1034	208		690
集装箱及金属包装容器制造	13092	12656	400	37		
金属丝绳及其制品的制造	5979	4274	1030	614		61
建筑、安全用金属制品制造	36428	27230	7859	1186		153
金属表面处理及热处理加工	10107	7825	2067	133		82
搪瓷制品制造	932	682	150	40		60

2-A-5 续表5

单位：万元

指标名称	科技活动经费筹集总额	企业资金	金融机构贷款	政府资金	国外资金	其他资金
不锈钢及类似日用金属制品制造	34015	32316	1316	268		115
其他金属制品制造	5750	5412	250	57	21	10
通用设备制造业	585874	525629	41575	13535		5136
锅炉及原动机制造	43541	39673	2500	1327		41
金属加工机械制造	38454	33613	2750	1417		674
起重运输设备制造	65191	63303	920	958		10
泵、阀门、压缩机及类似机械的制造	171543	160293	6956	3709		586
轴承、齿轮、传动和驱动部件的制造	92183	74851	14916	2296		120
烘炉、熔炉及电炉制造	1999	1981	10	7		
风机、衡器、包装设备等通用设备制造	103510	89038	7716	3185		3570
通用零部件制造及机械修理	44200	41947	1902	263		88
金属铸、锻加工	25254	20931	3905	372		47
专用设备制造业	228410	195197	22132	8596	612	1874
矿山、冶金、建筑专用设备制造	13985	12008	870	1107		
化工、木材、非金属加工专用设备制造	68532	58797	6045	2107	607	976
食品、饮料、烟草及饲料生产专用设备制造	6503	5580	620	281		22
印刷、制药、日化生产专用设备制造	14189	12153	1068	958		10
纺织、服装和皮革工业专用设备制造	46564	38052	6874	1197		442
电子和电工机械专用设备制造	8086	7305	325	386		70
农、林、牧、渔专用机械制造	15264	13394	1390	472		8
医疗仪器设备及器械制造	16717	14761	1430	426	5	94
环保、社会公共安全及其他专用设备制造	38571	33148	3510	1662		252
交通运输设备制造业	494630	460670	20229	10353	807	2571
铁路运输设备制造	3271	2763	500	8		
汽车制造	356595	330877	14087	8435	807	2388
摩托车制造	68705	64054	4233	384		35
自行车制造	13094	11685	899	362		148
船舶及浮动装置制造	50363	48689	510	1164		
航空航天器制造	861	861				
交通器材及其他交通运输设备制造	1742	1742				
电气机械及器材制造业	761242	672178	68006	10685	88	10285
电机制造	128350	116253	9709	2112		276
输配电及控制设备制造	217198	198538	14829	2640	50	1140
电线、电缆、光缆及电工器材制造	129659	107866	16947	2492		2354
电池制造	75527	60039	8420	1799		5269
家用电力器具制造	117077	107121	8541	881		534

2－A－5 续表6 单位:万元

指 标 名 称	科技活动经费筹集总额	企业资金	金融机构贷款	政府资金	国外资金	其他资金
非电力家用器具制造	15805	12021	3600	82		102
照明器具制造	69698	62688	5860	538		612
其他电气机械及器材制造	7929	7651	99	142	38	
通信设备、计算机及其他电子设备制造业	464956	420045	29647	12279	53	2932
通信设备制造	156264	143437	8788	2595		1443
广播电视设备制造	13311	11620	700	832		159
电子计算机制造	116015	113831	186	1998		
电子器件制造	49722	43266	2400	3482		574
电子元件制造	91090	81098	6708	2562	16	706
家用视听设备制造	27090	16277	10130	646	37	
其他电子设备制造	11464	10515	735	165		49
仪器仪表及文化、办公用机械制造业	148035	129818	10682	5187		2348
通用仪器仪表制造	96794	85118	7245	2303		2128
专用仪器仪表制造	26571	22222	2084	2194		72
钟表与计时仪器制造	2720	2467	250	3		
光学仪器及眼镜制造	10190	9287	550	266		87
文化、办公用机械制造	11709	10684	553	421		51
其他仪器仪表的制造及修理	50	40				10
工艺品及其他制造业	61814	49633	11521	558		102
工艺美术品制造	38630	27594	10506	477		52
日用杂品制造	22983	21838	1015	80		50
核辐射加工	162	162				
其他未列明的制造业	40	40				
废弃资源和废旧材料回收加工业	2652	2640		11		1
金属废料和碎屑的加工处理	733	733				
非金属废料和碎屑的加工处理	1919	1907		11		1
电力、燃气及水的生产和供应业	**80139**	**66944**	**7442**	**91**		**5663**
电力、热力的生产和供应业	78151	65009	7442	37		5663
电力生产	30608	21739	7242	27		1600
电力供应	47070	42997		10		4063
热力生产和供应	473	273	200			
燃气生产和供应业	55	55				
燃气生产和供应业	55	55				
水的生产和供应业	1934	1880		54		
自来水的生产和供应	326	322		4		
污水处理及其再生利用	1608	1558		50		

2－A－6 按地区分组的规模以上工业企业科技活动经费筹集情况

单位：万元

地区	科技活动经费筹集总额	企业资金	金融机构贷款	政府资金	国外资金	其他资金
总计	**5526379**	**4942344**	**401864**	**118757**	**5362**	**58053**
杭州市	1538483	1406379	81879	33879	1161	15186
宁波市	838483	757604	57814	16156	589	6321
温州市	459254	406673	36716	12641	81	3143
嘉兴市	562710	522430	20224	10760	2383	6914
湖州市	254579	209832	29946	7900		6901
绍兴市	812376	690269	97501	15273	1063	8270
金华市	349960	304930	34966	5622		4443
衢州市	75641	65112	6483	3238	20	788
舟山市	69648	55443	9808	2569		1828
台州市	512099	479824	21690	7169	59	3356
丽水市	53146	43847	4838	3552	7	903

2－A－7　按企业规模、登记注册类型、隶属关系和行业分组的规模以上工业企业科技活动经费支出情况

单位：万元

指　标　名　称	科技活动经费支出总　额	内部支出合　计	劳务费	原材料费
总　计	**5016717**	**4676900**	**1320590**	**1594780**
一、按企业规模分				
大型企业	1141940	990411	345730	290251
中型企业	2231264	2124306	552099	764691
小型企业	1643514	1562183	422761	539838
二、按登记注册类型分				
内　资	**3554912**	**3286544**	**898870**	**1156132**
国　有	101427	66702	14207	27222
集　体	8421	8238	2186	1875
股份合作企业	34645	30303	9267	11137
联营企业	2237	2212	694	444
集体联营	56	56	15	20
国有与集体联营	1491	1491	484	302
其他联营	690	665	195	123
有限责任公司	877248	829218	220520	285186
国有独资公司	36938	32801	6341	10842
其他有限责任公司	840310	796417	214178	274344
股份有限公司	612596	577430	172273	215630
私营企业	1913608	1767795	478669	612430
私营独资	81759	78314	23513	26202
私营合伙	21104	18935	5179	6812
私营有限责任公司	1589239	1502765	400693	524878
私营股份有限公司	221506	167781	49283	54539
其　他	4732	4646	1055	2209
港澳台商投资	**699350**	**661671**	**235442**	**185853**
与港澳台商合资经营	363968	350961	83369	128746
与港澳台商合作经营	7664	7551	2541	2450
港澳台商独资	253422	229544	106051	49744
港澳台商投资股份有限公司	74296	73615	43482	4913
外商投资	**762455**	**728684**	**186278**	**252795**
中外合资经营	537967	509249	118176	179371
中外合作经营	10724	10560	2399	3431
外资企业	172410	168256	53739	55048
外商投资股份有限公司	41355	40619	11965	14944
三、按隶属关系分				
中　央	78309	43684	11625	10551
省（自治区、直辖市）	54508	52280	10677	26554

2-A-7 续表1-1

单位:万元

指标名称	科技活动经费支出总额	内部支出合计	劳务费	原材料费
地(区、市、州、盟)	168055	156975	39764	67959
县(区、市、旗)	123315	109694	31566	36005
乡镇(街道)	78820	73754	16769	29752
基层群众自治组织	740	530	158	176
其他	4512970	4239984	1210032	1423783
四、按国民经济行业(门类、大类、中类)分				
采矿业	**3504**	**3377**	**917**	**699**
黑色金属矿采选业	266	266	52	83
铁矿采选	266	266	52	83
有色金属矿采选业	1462	1431	543	210
常用有色金属矿采选	1462	1431	543	210
非金属矿采选业	1776	1679	322	406
土砂石开采	1086	989	274	214
石棉及其他非金属矿采选	690	690	48	192
制造业	**4942768**	**4636708**	**1311117**	**1586233**
农副食品加工业	58615	54826	12415	19711
谷物磨制	1195	1190	292	383
饲料加工	15461	14971	3569	6773
植物油加工	2320	2108	721	511
屠宰及肉类加工	4736	4332	1026	1540
水产品加工	20360	18505	3373	6277
蔬菜、水果和坚果加工	10632	10025	2611	3121
其他农副食品加工	3910	3695	824	1107
食品制造业	33007	31719	6732	9992
焙烤食品制造	1263	1154	384	305
糖果、巧克力及蜜饯制造	1287	1287	285	417
方便食品制造	3414	3347	1312	814
液体乳及乳制品制造	2472	2357	541	724
罐头制造	2568	2477	503	825
调味品、发酵制品制造	7281	7266	953	2703
其他食品制造	14724	13832	2753	4204
饮料制造业	85190	83979	14279	38389
酒精制造	4471	4471	92	806
酒的制造	17930	17213	3896	7337
软饮料制造	58678	58466	9433	29040
精制茶加工	4112	3829	859	1205
烟草制品业	4671	4235	1154	273

2-A-7 续表1-2

单位:万元

指标名称	科技活动经费支出总额	内部支出合计	劳务费	原材料费
卷烟制造	4112	3685	799	261
其他烟草制品加工	560	550	354	12
纺织业	392507	377041	100584	137663
棉、化纤纺织及印染精加工	221063	210666	55967	75075
毛纺织和染整精加工	8963	8942	2096	3859
麻纺织	826	808	217	286
丝绢纺织及精加工	41450	40257	6474	15950
纺织制成品制造	56560	55250	16044	19790
针织品、编织品及其制品制造	63644	61119	19786	22702
纺织服装、鞋、帽制造业	94320	92874	31332	33831
纺织服装制造	92449	91367	30993	33109
纺织面料鞋的制造	1667	1414	277	698
制　帽	204	94	62	25
皮革、毛皮、羽毛(绒)及其制品业	90122	86307	25652	38834
皮革鞣制加工	18090	17960	3873	9417
皮革制品制造	68008	64364	20724	28054
毛皮鞣制及制品加工	1973	1943	444	852
羽毛(绒)加工及制品制造	2051	2040	611	511
木材加工及木、竹、藤、棕、草制品业	30317	29253	6681	9249
锯材、木片加工	1616	1611	371	537
人造板制造	12214	11931	3321	3976
木制品制造	10535	10132	1673	3073
竹、藤、棕、草制品制造	5952	5578	1316	1664
家具制造业	36771	34482	9421	12584
木质家具制造	8344	7374	2469	2467
竹、藤家具制造	60	60	11	13
金属家具制造	13666	13019	4187	4449
塑料家具制造	1360	1317	496	495
其他家具制造	13342	12712	2258	5160
造纸及纸制品业	67012	65834	13457	20353
纸浆制造	148	118	60	13
造　纸	49238	48827	9945	13985
纸制品制造	17626	16889	3453	6354
印刷业和记录媒介的复制	24818	24281	7544	8727
印　刷	23278	22841	7058	8172
装订及其他印刷服务活动	440	340	150	126
记录媒介的复制	1100	1100	335	429

2-A-7 续表1-3

单位：万元

指标名称	科技活动经费支出总额	内部支出合计	劳务费	原材料费
文教体育用品制造业	37456	35989	11526	9564
文化用品制造	13714	13490	4517	2947
体育用品制造	7301	7107	2347	1817
乐器制造	2126	1996	794	459
玩具制造	10197	9838	2708	2920
游艺器材及娱乐用品制造	4119	3558	1160	1420
石油加工、炼焦及核燃料加工业	3729	2961	1035	246
精炼石油产品的制造	3729	2961	1035	246
化学原料及化学制品制造业	414473	400049	100756	139687
基础化学原料制造	67996	63566	16396	19108
肥料制造	8045	7617	1845	2436
农药制造	41048	38991	7855	15058
涂料、油墨、颜料及类似产品制造	92707	90944	37651	26372
合成材料制造	99940	97287	12868	42248
专用化学产品制造	92324	89545	20551	30643
日用化学产品制造	12413	12098	3591	3823
医药制造业	224841	184476	52778	58089
化学药品原药制造	136915	107313	28853	34846
化学药品制剂制造	31625	27275	8799	7138
中药饮片加工	1889	1556	324	452
中成药制造	18787	15488	5618	4431
兽用药品制造	6174	5315	2080	1209
生物、生化制品的制造	25120	23461	5663	9095
卫生材料及医药用品制造	4331	4068	1440	919
化学纤维制造业	144498	141790	27041	55573
纤维素纤维原料及纤维制造	118	118	28	22
合成纤维制造	144380	141671	27013	55551
橡胶制品业	71573	70757	14823	28474
轮胎制造	48070	47570	8761	20416
橡胶板、管、带的制造	13357	13355	3370	4928
橡胶零件制造	6814	6525	1786	2013
再生橡胶制造	17	17	12	5
日用及医用橡胶制品制造	232	232	67	42
橡胶靴鞋制造	1326	1308	300	376
其他橡胶制品制造	1757	1750	529	694
塑料制品业	125929	122547	32147	44273

2－A－7 续表1－4 单位：万元

指标名称	科技活动经费支出总额	内部支出合计	劳务费	原材料费
塑料薄膜制造	23983	23545	5373	10547
塑料板、管、型材的制造	29287	28658	5923	10541
塑料丝、绳及编织品的制造	2263	2073	472	703
泡沫塑料制造	3881	3784	1000	1657
塑料人造革、合成革制造	19786	19618	5380	6400
塑料包装箱及容器制造	6456	6369	1794	2385
塑料零件制造	14613	14186	5389	3476
日用塑料制造	17686	16583	4761	5911
其他塑料制品制造	7974	7732	2054	2653
非金属矿物制品业	100566	94141	22605	35744
水泥、石灰和石膏的制造	17233	15129	4286	4884
水泥及石膏制品制造	9310	7054	3103	1836
砖瓦、石材及其他建筑材料制造	17094	16269	2301	8713
玻璃及玻璃制品制造	34697	34212	7361	12773
陶瓷制品制造	4126	3699	1006	1495
耐火材料制品制造	8024	8001	2954	2450
石墨及其他非金属矿物制品制造	10082	9777	1594	3594
黑色金属冶炼及压延加工业	91629	89742	14200	43183
炼　铁	15	15	7	7
炼　钢	5022	4792	579	1655
钢压延加工	85501	83844	13444	41100
铁合金冶炼	1091	1091	170	421
有色金属冶炼及压延加工业	99780	95741	16830	40437
常用有色金属冶炼	27338	24964	2919	14007
贵金属冶炼	794	794	350	210
稀有稀土金属冶炼	591	591	113	219
有色金属合金制造	10048	9958	1637	3851
有色金属压延加工	61010	59434	11810	22150
金属制品业	183334	173291	41962	66495
结构性金属制品制造	70999	63724	15422	23726
金属工具制造	16010	15635	4434	4596
集装箱及金属包装容器制造	10931	10683	1244	7358
金属丝绳及其制品的制造	5897	5385	1035	2483
建筑、安全用金属制品制造	33930	33009	8540	10816
金属表面处理及热处理加工	6964	6626	1928	2319
搪瓷制品制造	816	790	294	279

2-A-7 续表1-5 单位:万元

指标名称	科技活动经费支出总额	内部支出合计	劳务费	原材料费
不锈钢及类似日用金属制品制造	33085	32797	8013	12870
其他金属制品制造	4703	4643	1054	2048
通用设备制造业	556487	520108	150199	196583
锅炉及原动机制造	42032	36552	13002	14680
金属加工机械制造	35868	34391	11102	12502
起重运输设备制造	63299	56021	13391	23965
泵、阀门、压缩机及类似机械的制造	161074	149233	42665	56128
轴承、齿轮、传动和驱动部件的制造	87593	82741	24346	27571
烘炉、熔炉及电炉制造	1994	1900	745	724
风机、衡器、包装设备等通用设备制造	98104	94427	25890	38095
通用零部件制造及机械修理	41580	40525	12847	14389
金属铸、锻加工	24943	24317	6214	8529
专用设备制造业	205842	196493	56944	69419
矿山、冶金、建筑专用设备制造	10793	10122	3114	3783
化工、木材、非金属加工专用设备制造	64169	62171	17564	22131
食品、饮料、烟草及饲料生产专用设备制造	6161	5909	1196	2423
印刷、制药、日化生产专用设备制造	13171	12642	3743	4993
纺织、服装和皮革工业专用设备制造	40835	38557	12028	14191
电子和电工机械专用设备制造	7387	6903	2063	2323
农、林、牧、渔专用机械制造	15356	14669	4502	5258
医疗仪器设备及器械制造	14287	13913	4432	3390
环保、社会公共安全及其他专用设备制造	33684	31608	8305	10927
交通运输设备制造业	463280	392438	107117	119458
铁路运输设备制造	2393	2247	486	871
汽车制造	330614	273917	74632	81327
摩托车制造	68680	64018	18944	19920
自行车制造	12465	11050	2862	3683
船舶及浮动装置制造	45969	38174	9335	12576
航空航天器制造	1274	1246	312	372
交通器材及其他交通运输设备制造	1886	1786	546	710
电气机械及器材制造业	673592	640066	181089	209359
电机制造	120722	114051	43098	33809
输配电及控制设备制造	176220	167055	50318	54979
电线、电缆、光缆及电工器材制造	113568	110997	19671	41917
电池制造	65010	62926	16015	21232
家用电力器具制造	114998	105569	26998	30208

2-A-7 续表1-6 单位:万元

指标名称	科技活动经费支出总额	内部支出合计	劳务费	原材料费
非电力家用器具制造	14907	14666	2681	6668
照明器具制造	60456	57309	19859	18527
其他电气机械及器材制造	7713	7493	2450	2020
通信设备、计算机及其他电子设备制造业	432278	405237	187692	84465
通信设备制造	132681	130282	64817	22761
广播电视设备制造	13165	12875	6063	2268
电子计算机制造	113262	96163	67039	8670
电子器件制造	50082	47728	15554	14343
电子元件制造	86926	83589	22683	24885
家用视听设备制造	24733	23685	8500	8109
其他电子设备制造	11429	10916	3036	3429
仪器仪表及文化、办公用机械制造业	140275	131462	46139	36754
通用仪器仪表制造	91107	87799	32259	23352
专用仪器仪表制造	25857	21622	7466	5831
钟表与计时仪器制造	2519	2409	534	856
光学仪器及眼镜制造	9502	9133	2897	2741
文化、办公用机械制造	11240	10449	2971	3963
其他仪器仪表的制造及修理	50	50	12	11
工艺品及其他制造业	53392	52149	16514	17815
工艺美术品制造	30526	29784	9594	10696
日用杂品制造	22665	22163	6821	7075
核辐射加工	162	162	81	36
其他未列明的制造业	40	40	18	8
废弃资源和废旧材料回收加工业	2466	2442	470	1013
金属废料和碎屑的加工处理	729	729	98	317
非金属废料和碎屑的加工处理	1737	1713	373	696
电力、燃气及水的生产和供应业	**70446**	**36816**	**8557**	**7848**
电力、热力的生产和供应业	68455	34947	7995	7401
电力生产	23935	21733	6706	5037
电力供应	44066	12783	1165	2231
热力生产和供应	454	431	124	133
燃气生产和供应业	50	50	35	
燃气生产和供应业	50	50	35	
水的生产和供应业	1940	1819	527	447
自来水的生产和供应	332	211	126	21
污水处理及其再生利用	1608	1608	401	426

2－A－7 续表2－1

单位：万元

指 标 名 称	购买和自制设备支出	其 他	内部支出中R&D经费支出	内部支出中新产品开发经费支出
总 计	**988537**	**772993**	**2741327**	**4080592**
一、按企业规模分				
大型企业	168092	186337	695559	903168
中型企业	469834	337682	1229639	1835740
小型企业	350611	248974	816130	1341685
二、按登记注册类型分				
内 资	**735441**	**496101**	**1907865**	**2871794**
国 有	10712	14561	41345	39683
集 体	2423	1754	4367	7395
股份合作企业	5515	4385	18329	25422
联营企业	651	422	1947	2151
集体联营	20			
国有与集体联营	355	350	1458	1491
其他联营	276	72	489	660
有限责任公司	192928	130585	488352	715492
国有独资公司	7562	8056	23410	28079
其他有限责任公司	185366	122529	464942	687413
股份有限公司	110824	78703	398312	523492
私营企业	411719	264977	953232	1554469
私营独资	18178	10421	42640	66100
私营合伙	3678	3266	9568	15859
私营有限责任公司	360224	216970	797092	1315818
私营股份有限公司	29640	34320	103932	156692
其 他	668	714	1981	3691
港澳台商投资	**113576**	**126801**	**433102**	**582270**
与港澳台商合资经营	77086	61761	193412	292830
与港澳台商合作经营	1742	818	5536	6733
港澳台商独资	32304	41446	162247	210362
港澳台商投资股份有限公司	2445	22776	71908	72345
外商投资	**139520**	**150091**	**400359**	**626529**
中外合资经营	104884	106817	266537	448233
中外合作经营	2054	2675	6883	8626
外资企业	25914	33556	98501	131658
外商投资股份有限公司	6668	7042	28438	38012
三、按隶属关系分				
中 央	8762	12745	23808	27173
省（自治区、直辖市）	10337	4712	35506	34019

2－A－7 续表2－2 单位：万元

指 标 名 称	购买和自制设备支出	其 他	内部支出中R&D经费支出	内部支出中新产品开发经费支出
地（区、市、州、盟）	23989	25263	84192	144038
县（区、市、旗）	23882	18242	71525	97484
乡镇（街道）	16198	11035	41540	62566
基层群众自治组织	179	16	399	520
其 他	905190	700979	2484358	3714792
四、按国民经济行业（门类、大类、中类）分				
采矿业	**1269**	**492**	**429**	**1945**
黑色金属矿采选业	78	54	266	
铁矿采选	78	54	266	
有色金属矿采选业	406	272		429
常用有色金属矿采选	406	272		429
非金属矿采选业	785	166	163	1516
土砂石开采	435	66	163	826
石棉及其他非金属矿采选	350	100		690
制造业	**977372**	**761986**	**2725471**	**4061028**
农副食品加工业	14302	8398	27757	45727
谷物磨制	174	341	995	1190
饲料加工	2674	1955	9736	12552
植物油加工	707	170	623	930
屠宰及肉类加工	909	858	909	3098
水产品加工	6544	2311	9728	15951
蔬菜、水果和坚果加工	2368	1926	4178	8931
其他农副食品加工	926	838	1588	3075
食品制造业	9695	5300	15969	26326
焙烤食品制造	436	30	571	1134
糖果、巧克力及蜜饯制造	460	125	957	914
方便食品制造	929	291	397	2346
液体乳及乳制品制造	862	229	1228	1349
罐头制造	696	453	733	2046
调味品、发酵制品制造	2871	739	3620	5660
其他食品制造	3442	3433	8463	12877
饮料制造业	12088	19223	44079	74609
酒精制造	1804	1769		
酒的制造	3783	2197	5786	13506
软饮料制造	5315	14678	36883	57882
精制茶加工	1186	579	1410	3220
烟草制品业	125	2683	827	2812

2-A-7 续表2-3

单位:万元

指标名称	购买和自制设备支出	其他	内部支出中R&D经费支出	内部支出中新产品开发经费支出
卷烟制造	...	2625	827	2262
其他烟草制品加工	125	58		550
纺织业	91666	47128	191283	314144
棉、化纤纺织及印染精加工	51809	27815	119082	168450
毛纺织和染整精加工	1653	1333	4130	8034
麻纺织	131	174	190	767
丝绢纺织及精加工	12456	5377	22117	35161
纺织制成品制造	13954	5462	22238	48734
针织品、编织品及其制品制造	11664	6967	23527	52998
纺织服装、鞋、帽制造业	11862	15850	30781	70945
纺织服装制造	11654	15611	30356	69476
纺织面料鞋的制造	202	238	425	1399
制　帽	6	2		71
皮革、毛皮、羽毛(绒)及其制品业	12844	8978	25864	71292
皮革鞣制加工	2877	1793	9118	10229
皮革制品制造	9150	6436	14744	57208
毛皮鞣制及制品加工	320	328	937	1815
羽毛(绒)加工及制品制造	498	421	1065	2040
木材加工及木、竹、藤、棕、草制品业	7880	5444	16807	22412
锯材、木片加工	253	450	1296	1611
人造板制造	2860	1774	6292	8520
木制品制造	3314	2073	7087	7494
竹、藤、棕、草制品制造	1452	1147	2133	4788
家具制造业	7504	4973	9654	31814
木质家具制造	1480	958	1784	6206
竹、藤家具制造	29	7		60
金属家具制造	2394	1989	6392	12417
塑料家具制造	216	111	710	1230
其他家具制造	3385	1908	769	11901
造纸及纸制品业	23131	8893	29272	39392
纸浆制造	39	6	118	118
造　纸	18043	6855	17536	24749
纸制品制造	5050	2032	11618	14524
印刷业和记录媒介的复制	5595	2416	13509	20567
印　刷	5498	2113	12418	19207
装订及其他印刷服务活动	19	44	299	332
记录媒介的复制	77	259	793	1028

2－A－7 续表2－4

单位：万元

指标名称	购买和自制设备支出	其他	内部支出中R&D经费支出	内部支出中新产品开发经费支出
文教体育用品制造业	7636	7264	21851	32872
文化用品制造	2309	3718	8641	12643
体育用品制造	1437	1506	4411	6717
乐器制造	586	157	761	1816
玩具制造	2458	1751	6511	8477
游艺器材及娱乐用品制造	847	132	1527	3219
石油加工、炼焦及核燃料加工业	851	828	1530	742
精炼石油产品的制造	851	828	1530	742
化学原料及化学制品制造业	84806	74800	220116	322509
基础化学原料制造	17895	10168	43204	44008
肥料制造	2545	791	5099	6184
农药制造	12896	3183	21792	27886
涂料、油墨、颜料及类似产品制造	10573	16348	40499	82092
合成材料制造	17092	25080	47409	84625
专用化学产品制造	20873	17478	52430	70042
日用化学产品制造	2931	1753	9684	7673
医药制造业	48757	24852	138675	168568
化学药品原药制造	29688	13926	83609	97309
化学药品制剂制造	6867	4473	20743	24405
中药饮片加工	500	280	589	997
中成药制造	3583	1857	10924	14914
兽用药品制造	1018	1008	3347	3928
生物、生化制品的制造	5921	2782	16159	23039
卫生材料及医药用品制造	1182	526	3304	3976
化学纤维制造业	35392	23783	98436	125944
纤维素纤维原料及纤维制造	57	11	118	118
合成纤维制造	35335	23772	98318	125826
橡胶制品业	15793	11667	21939	65095
轮胎制造	11001	7392	7759	42934
橡胶板、管、带的制造	2476	2581	9307	12882
橡胶零件制造	1577	1149	3583	6292
再生橡胶制造		...		12
日用及医用橡胶制品制造	72	52	69	232
橡胶靴鞋制造	328	304	253	1137
其他橡胶制品制造	338	190	969	1606
塑料制品业	28492	17636	62083	106474

2－A－7 续表 2－5

单位：万元

指标名称	购买和自制设备支出	其 他	内部支出中R&D经费支出	内部支出中新产品开发经费支出
塑料薄膜制造	4893	2732	18538	20238
塑料板、管、型材的制造	7906	4288	16145	26690
塑料丝、绳及编织品的制造	668	231	1178	1962
泡沫塑料制造	472	655	1632	3595
塑料人造革、合成革制造	4307	3531	5744	16564
塑料包装箱及容器制造	1439	751	2159	4644
塑料零件制造	3165	2157	7949	12201
日用塑料制造	3872	2039	5417	14752
其他塑料制品制造	1771	1254	3322	5829
非金属矿物制品业	22956	12836	55214	69687
水泥、石灰和石膏的制造	3931	2029	6755	5957
水泥及石膏制品制造	1165	949	2886	4831
砖瓦、石材及其他建筑材料制造	2667	2590	10721	14486
玻璃及玻璃制品制造	9548	4530	22680	26825
陶瓷制品制造	802	396	2597	2756
耐火材料制品制造	1976	621	4324	6966
石墨及其他非金属矿物制品制造	2868	1722	5251	7865
黑色金属冶炼及压延加工业	16016	16343	55679	65835
炼 铁	1			15
炼 钢	1460	1098	1548	4111
钢压延加工	14182	15118	53061	60638
铁合金冶炼	373	127	1071	1071
有色金属冶炼及压延加工业	24366	14108	44845	67632
常用有色金属冶炼	6236	1803	5390	9433
贵金属冶炼	170	64	435	450
稀有稀土金属冶炼	149	109	276	158
有色金属合金制造	2941	1528	7816	6376
有色金属压延加工	14871	10603	30929	51215
金属制品业	39256	25577	93016	154173
结构性金属制品制造	14272	10304	44950	56101
金属工具制造	3905	2700	5788	14609
集装箱及金属包装容器制造	1305	775	7355	10421
金属丝绳及其制品的制造	1253	614	1810	5255
建筑、安全用金属制品制造	9548	4104	13393	29615
金属表面处理及热处理加工	1803	577	4762	5233
搪瓷制品制造	150	67	359	709

2－A－7 续表2－6

单位：万元

指 标 名 称			内部支出中R&D经费支出	内部支出中新产品开发经费支出
	购买和自制设备支出	其 他		
不锈钢及类似日用金属制品制造	6126	5788	12090	27677
其他金属制品制造	893	648	2509	4554
通用设备制造业	98166	75160	317835	481596
锅炉及原动机制造	4454	4417	18715	34311
金属加工机械制造	5346	5442	22543	31185
起重运输设备制造	12199	6467	30193	52671
泵、阀门、压缩机及类似机械的制造	28216	22225	103380	141830
轴承、齿轮、传动和驱动部件的制造	17833	12991	42679	75421
烘炉、熔炉及电炉制造	115	316	742	1117
风机、衡器、包装设备等通用设备制造	17575	12868	65025	85039
通用零部件制造及机械修理	7854	5435	20907	37491
金属铸、锻加工	4575	5000	13650	22531
专用设备制造业	41945	28185	120265	181321
矿山、冶金、建筑专用设备制造	2092	1132	6452	8885
化工、木材、非金属加工专用设备制造	13954	8522	32452	56322
食品、饮料、烟草及饲料生产专用设备制造	1070	1222	4133	5631
印刷、制药、日化生产专用设备制造	2250	1656	7887	11255
纺织、服装和皮革工业专用设备制造	6962	5376	25373	35961
电子和电工机械专用设备制造	1363	1155	3972	6288
农、林、牧、渔专用机械制造	3494	1415	10955	14179
医疗仪器设备及器械制造	2797	3295	10340	13317
环保、社会公共安全及其他专用设备制造	7964	4411	18701	29483
交通运输设备制造业	90797	75066	226711	358361
铁路运输设备制造	665	225	460	1853
汽车制造	67515	50444	156912	251038
摩托车制造	12500	12655	35379	61272
自行车制造	2278	2227	4061	10565
船舶及浮动装置制造	6925	9339	28705	31360
航空航天器制造	493	69	1194	1192
交通器材及其他交通运输设备制造	422	109		1082
电气机械及器材制造业	141857	107761	408207	580574
电机制造	19633	17512	85475	102445
输配电及控制设备制造	37485	24273	85842	153622
电线、电缆、光缆及电工器材制造	30373	19037	74271	98737
电池制造	17746	7933	44830	53399
家用电力器具制造	21866	26497	73320	98417

2－A－7 续表2－7

单位：万元

指 标 名 称	购买和自制设备支出	其 他	内部支出中R&D经费支出	内部支出中新产品开发经费支出
非电力家用器具制造	2995	2322	10693	14440
照明器具制造	10250	8674	29255	52054
其他电气机械及器材制造	1510	1514	4520	7462
通信设备、计算机及其他电子设备制造业	50104	82976	318479	387777
通信设备制造	9606	33098	108139	128079
广播电视设备制造	1453	3091	9595	12392
电子计算机制造	4365	16089	93109	95142
电子器件制造	8468	9363	34976	44710
电子元件制造	20645	15377	47632	74530
家用视听设备制造	3022	4054	19977	22887
其他电子设备制造	2545	1905	5050	10037
仪器仪表及文化、办公用机械制造业	23556	25014	91963	123514
通用仪器仪表制造	15076	17112	60903	83307
专用仪器仪表制造	5021	3303	15820	20052
钟表与计时仪器制造	662	358	1581	2005
光学仪器及眼镜制造	1492	2004	7221	8980
文化、办公用机械制造	1285	2230	6388	9121
其他仪器仪表的制造及修理	20	8	50	50
工艺品及其他制造业	9211	8609	20753	46036
工艺美术品制造	4857	4637	9361	26995
日用杂品制造	4322	3946	11324	18840
核辐射加工	25	21	67	162
其他未列明的制造业	8	6		40
废弃资源和废旧材料回收加工业	722	237	2075	2280
金属废料和碎屑的加工处理	244	70	593	679
非金属废料和碎屑的加工处理	478	167	1482	1601
电力、燃气及水的生产和供应业	**9896**	**10515**	**15427**	**17619**
电力、热力的生产和供应业	9068	10483	14399	17606
电力生产	6248	3742	5104	8434
电力供应	2681	6706	9062	9172
热力生产和供应	139	35	233	
燃气生产和供应业	11	4		
燃气生产和供应业	11	4		
水的生产和供应业	818	27	1028	13
自来水的生产和供应	54	10	26	13
污水处理及其再生利用	764	17	1003	

2－A－7 续表3－1

单位:万元

指 标 名 称	外部支出	对研究所及高等院校的支出	对其他企业支出	用于科研的基建经费支出	土建工程
总 计	**339818**	**137164**	**183888**	**246608**	**130816**
一、按企业规模分					
大型企业	151529	42890	105080	31702	14500
中型企业	106959	56334	43068	107664	57101
小型企业	81331	37940	35741	107242	59216
二、按登记注册类型分					
内 资	**268368**	**112306**	**140946**	**182885**	**94178**
国 有	34725	12127	22370	9703	2044
集 体	183	122	15	930	791
股份合作企业	4341	2258	2016	1450	826
联营企业	25				
集体联营					
国有与集体联营					
其他联营	25				
有限责任公司	48030	24451	21290	49269	26918
国有独资公司	4137	2051	2086	1225	556
其他有限责任公司	43893	22401	19204	48044	26362
股份有限公司	35166	21625	10532	18530	7187
私营企业	145812	51670	84692	102715	56215
私营独资	3445	1382	1886	4063	2649
私营合伙	2168	1122	989	1313	239
私营有限责任公司	86475	45844	34378	91966	50769
私营股份有限公司	53725	3323	47440	5373	2559
其 他	86	53	31	288	198
港澳台商投资	**37679**	**10463**	**26147**	**29227**	**17978**
与港澳台商合资经营	13007	7821	4672	18395	10576
与港澳台商合作经营	113	72	41	200	105
港澳台商独资	23878	2254	21068	10537	7202
港澳台商投资股份有限公司	681	316	365	95	95
外商投资	**33771**	**14395**	**16796**	**34496**	**18661**
中外合资经营	28718	11465	15114	23327	14557
中外合作经营	164	25	110	260	235
外资企业	4154	2332	1409	6008	2265
外商投资股份有限公司	735	573	162	4902	1605
三、按隶属关系分					
中 央	34625	12194	22380	7917	2582
省(自治区、直辖市)	2228	597	1539	3091	746

2－A－7 续表3－2

单位：万元

指 标 名 称	外部支出	对研究所及高等院校的支出	对其他企业支出	用于科研的基建经费支出	土建工程
地（区、市、州、盟）	11080	7298	3254	3513	943
县（区、市、旗）	13621	5466	8090	4373	3406
乡镇（街道）	5066	1727	3183	2455	1800
基层群众自治组织	211	26	180		
其 他	272987	109857	145262	225259	121340
四、按国民经济行业（门类、大类、中类）分					
采矿业	**127**	**82**	**45**	**215**	**69**
黑色金属矿采选业				10	
铁矿采选				10	
有色金属矿采选业	31	30	1	16	15
常用有色金属矿采选	31	30	1	16	15
非金属矿采选业	97	52	45	189	55
土砂石开采	97	52	45	189	55
石棉及其他非金属矿采选					
制造业	**306060**	**125271**	**162087**	**240462**	**129917**
农副食品加工业	3789	2510	1076	6703	5472
谷物磨制	5	5			
饲料加工	491	352	116	635	559
植物油加工	211	138		12	
屠宰及肉类加工	404	313	52	1223	1062
水产品加工	1856	1004	796	1304	899
蔬菜、水果和坚果加工	607	511	94	3428	2880
其他农副食品加工	215	188	18	103	72
食品制造业	1288	912	344	5900	4021
焙烤食品制造	109	41	68		
糖果、巧克力及蜜饯制造				15	
方便食品制造	67	67		883	845
液体乳及乳制品制造	115	91	3	597	371
罐头制造	91	89	2	188	139
调味品、发酵制品制造	15	13	2	3568	2220
其他食品制造	892	611	270	650	446
饮料制造业	1211	883	228	3695	993
酒精制造				1595	
酒的制造	717	603	104	714	571
软饮料制造	211	112	15	1210	350
精制茶加工	283	169	109	176	72
烟草制品业	436	156	280	137	137

2-A-7 续表3-3

单位:万元

指标名称	外部支出	对研究所及高等院校的支出	对其他企业支出	用于科研的基建经费支出	土建工程
卷烟制造	426	146	280	137	137
其他烟草制品加工	10	10			
纺织业	15466	10026	4829	20439	10891
棉、化纤纺织及印染精加工	10398	6212	3790	12765	8002
毛纺织和染整精加工	22	13	9	386	270
麻纺织	18	18			
丝绢纺织及精加工	1193	900	256	762	658
纺织制成品制造	1310	817	464	3478	815
针织品、编织品及其制品制造	2524	2067	310	3049	1146
纺织服装、鞋、帽制造业	1445	368	775	3477	2530
纺织服装制造	1083	368	413	3477	2530
纺织面料鞋的制造	253		253		
制　帽	110		110		
皮革、毛皮、羽毛(绒)及其制品业	3815	493	3211	3486	1586
皮革鞣制加工	130	30	100	1071	372
皮革制品制造	3644	433	3111	2321	1155
毛皮鞣制及制品加工	30	30		65	43
羽毛(绒)加工及制品制造	11			29	16
木材加工及木、竹、藤、棕、草制品业	1064	959	93	1563	1225
锯材、木片加工	5				
人造板制造	283	271	5	598	432
木制品制造	403	378	25	675	544
竹、藤、棕、草制品制造	374	311	63	290	250
家具制造业	2290	1198	277	512	215
木质家具制造	970	397	97	235	
竹、藤家具制造					
金属家具制造	647	527	100	214	177
塑料家具制造	42	12	30		
其他家具制造	630	262	50	63	38
造纸及纸制品业	1178	364	792	1501	781
纸浆制造	30	30			
造　纸	411	196	193	557	325
纸制品制造	737	138	599	945	456
印刷业和记录媒介的复制	537	333	202	960	516
印　刷	437	233	202	831	497
装订及其他印刷服务活动	100	100		129	19
记录媒介的复制					

2-A-7 续表3-4

单位：万元

指标名称	外部支出	对研究所及高等院校的支出	对其他企业支出	用于科研的基建经费支出	土建工程
文教体育用品制造业	1467	655	636	1202	674
文化用品制造	223	50	159	389	253
体育用品制造	194	42	42	235	86
乐器制造	130	75	45	80	48
玩具制造	359	30	287	478	287
游艺器材及娱乐用品制造	561	457	103	21	
石油加工、炼焦及核燃料加工业	768	187	572	157	
精炼石油产品的制造	768	187	572	157	
化学原料及化学制品制造业	14424	9338	4439	17359	7887
基础化学原料制造	4430	2170	2260	5962	3150
肥料制造	428	178	200	22	6
农药制造	2056	1837	155	2301	1297
涂料、油墨、颜料及类似产品制造	1763	1158	430	3144	990
合成材料制造	2653	2069	507	2056	682
专用化学产品制造	2780	1706	795	3254	1390
日用化学产品制造	315	222	93	620	373
医药制造业	40365	22570	16942	13871	6178
化学药品原药制造	29602	15422	14128	6637	2012
化学药品制剂制造	4350	3480	627	1927	857
中药饮片加工	334	60	159	137	15
中成药制造	3299	1956	1343	1178	625
兽用药品制造	859	492	247	65	65
生物、生化制品的制造	1659	940	408	3633	2405
卫生材料及医药用品制造	263	222	30	295	199
化学纤维制造业	2708	2142	191	9380	3293
纤维素纤维原料及纤维制造				8	5
合成纤维制造	2708	2142	191	9371	3288
橡胶制品业	816	712	65	1732	1494
轮胎制造	500	480		1200	1200
橡胶板、管、带的制造	2		2	257	44
橡胶零件制造	289	225	44	241	228
再生橡胶制造					
日用及医用橡胶制品制造				12	2
橡胶靴鞋制造	18		18		
其他橡胶制品制造	7	7		22	20
塑料制品业	3382	1340	1759	8496	3425

2－A－7 续表3－5

单位：万元

指标名称	外部支出	对研究所及高等院校的支出	对其他企业支出	用于科研的基建经费支出	土建工程
塑料薄膜制造	439	408	20	2717	386
塑料板、管、型材的制造	630	312	196	2058	1288
塑料丝、绳及编织品的制造	190	40	150	170	142
泡沫塑料制造	96	9	88	152	71
塑料人造革、合成革制造	168	51	114	635	368
塑料包装箱及容器制造	88		88	650	450
塑料零件制造	427	220	123	32	13
日用塑料制造	1103	200	903	1045	501
其他塑料制品制造	242	101	79	1037	206
非金属矿物制品业	6425	3063	1088	4005	1727
水泥、石灰和石膏的制造	2104	1563	541	1081	194
水泥及石膏制品制造	2256	52	1	554	75
砖瓦、石材及其他建筑材料制造	825	757	1	147	110
玻璃及玻璃制品制造	485	445	37	1384	709
陶瓷制品制造	427	190	238	180	180
耐火材料制品制造	23	8	15	279	111
石墨及其他非金属矿物制品制造	304	50	255	380	349
黑色金属冶炼及压延加工业	1887	583	1225	1522	737
炼　铁					
炼　钢	230	230			
钢压延加工	1657	353	1225	1443	679
铁合金冶炼				79	58
有色金属冶炼及压延加工业	4040	2735	1299	2851	1006
常用有色金属冶炼	2374	1663	711	60	20
贵金属冶炼					
稀有稀土金属冶炼					
有色金属合金制造	90	85	5	224	16
有色金属压延加工	1576	987	583	2566	970
金属制品业	10043	6651	3156	10158	6436
结构性金属制品制造	7275	5367	1883	5376	3306
金属工具制造	375	282	47	789	605
集装箱及金属包装容器制造	248	112	136	137	77
金属丝绳及其制品的制造	513	58	455	104	30
建筑、安全用金属制品制造	921	617	236	833	402
金属表面处理及热处理加工	338	1	239	1710	1400
搪瓷制品制造	26	5	22	20	2

2-A-7 续表3-6

单位:万元

指标名称	外部支出	对研究所及高等院校的支出	对其他企业支出	用于科研的基建经费支出	土建工程
不锈钢及类似日用金属制品制造	288	204	84	1011	523
其他金属制品制造	60	5	55	178	92
通用设备制造业	36379	12880	21297	31439	18640
锅炉及原动机制造	5480	2381	3024	543	343
金属加工机械制造	1477	462	1015	3169	1833
起重运输设备制造	7278	524	6357	5966	4993
泵、阀门、压缩机及类似机械的制造	11840	4452	6098	6666	3264
轴承、齿轮、传动和驱动部件的制造	4852	2245	2596	7796	4242
烘炉、熔炉及电炉制造	94		14		
风机、衡器、包装设备等通用设备制造	3677	2171	1315	5073	2575
通用零部件制造及机械修理	1055	325	629	1767	1094
金属铸、锻加工	626	319	248	459	296
专用设备制造业	9349	5245	2919	14736	9491
矿山、冶金、建筑专用设备制造	671	577	24	41	
化工、木材、非金属加工专用设备制造	1999	1065	800	5483	3309
食品、饮料、烟草及饲料生产专用设备制造	251	87	165	711	274
印刷、制药、日化生产专用设备制造	529	249	200	1903	1447
纺织、服装和皮革工业专用设备制造	2278	1409	672	2770	1737
电子和电工机械专用设备制造	485	97	9	17	5
农、林、牧、渔专用机械制造	687	520	17	65	21
医疗仪器设备及器械制造	374	294	80	1365	1123
环保、社会公共安全及其他专用设备制造	2076	946	954	2381	1576
交通运输设备制造业	70843	11341	55399	15447	6572
铁路运输设备制造	145	80	65		
汽车制造	56697	4176	49040	10632	3890
摩托车制造	4662	1977	2685	1651	802
自行车制造	1416	943	208	320	270
船舶及浮动装置制造	7795	4058	3381	1772	1060
航空航天器制造	28	28		242	
交通器材及其他交通运输设备制造	100	80	20	830	550
电气机械及器材制造业	33526	19703	11548	34523	20250
电机制造	6671	2272	3870	6240	2144
输配电及控制设备制造	9165	5893	2450	7417	4549
电线、电缆、光缆及电工器材制造	2570	1531	889	5445	3845
电池制造	2084	1947	137	3664	2810
家用电力器具制造	9429	5621	3599	7119	4043

2－A－7 续表3－7 单位:万元

指标名称	外部支出	对研究所及高等院校的支出	对其他企业支出	用于科研的基建经费支出	土建工程
非电力家用器具制造	241		156	1516	1366
照明器具制造	3147	2275	419	2822	1192
其他电气机械及器材制造	220	165	28	300	300
通信设备、计算机及其他电子设备制造业	27041	3359	22520	9863	5336
通信设备制造	2399	181	2119	1969	1527
广播电视设备制造	291	98	15	775	153
电子计算机制造	17099	336	16706	852	605
电子器件制造	2354	367	1758	3328	1760
电子元件制造	3337	1873	1404	2516	1067
家用视听设备制造	1048	205	316	255	183
其他电子设备制造	514	300	202	168	41
仪器仪表及文化、办公用机械制造业	8813	4046	4354	11301	6699
通用仪器仪表制造	3308	1668	1338	9946	6172
专用仪器仪表制造	4236	1586	2604	836	281
钟表与计时仪器制造	110	40	70	36	21
光学仪器及眼镜制造	369	254	114	398	225
文化、办公用机械制造	791	497	229	84	
其他仪器仪表的制造及修理					
工艺品及其他制造业	1243	511	559	3980	1685
工艺美术品制造	741	366	315	3877	1642
日用杂品制造	501	145	244	103	43
核辐射加工					
其他未列明的制造业					
废弃资源和废旧材料回收加工业	24	10	14	70	22
金属废料和碎屑的加工处理				48	
非金属废料和碎屑的加工处理	24	10	14	22	22
电力、燃气及水的生产和供应业	**33630**	**11812**	**21756**	**5931**	**830**
电力、热力的生产和供应业	33509	11704	21743	5931	830
电力生产	2202	639	1500	571	309
电力供应	31283	11053	20231	5340	505
热力生产和供应	24	12	12	20	16
燃气生产和供应业					
燃气生产和供应业					
水的生产和供应业	122	108	14		
自来水的生产和供应	122	108	14		
污水处理及其再生利用					

2－A－8 按地区分组的规模以上工业企业科技活动经费支出情况

单位:万元

地 区	科技活动经费支出总 额	内部支出合 计	劳务费	原材料费	购买和自制设备支出	其 他	内部支出中R&D经费支 出
总 计	**5016717**	**4676900**	**1320590**	**1594780**	**988537**	**772993**	**2741327**
杭州市	1424178	1272290	385048	439426	210342	237473	798049
宁波市	824539	797315	195411	272671	153422	175812	446442
温州市	387119	367764	105063	131090	86516	45094	196328
嘉兴市	533951	520695	137591	194834	106107	82163	305780
湖州市	215112	205101	42891	67000	66206	29004	126277
绍兴市	688052	651274	222922	206915	142690	78747	358038
金华市	307342	290538	74001	93634	83015	39888	184238
衢州市	62504	55632	17400	16177	14032	8023	25086
舟山市	64077	60865	13021	16925	21431	9488	39369
台州市	466011	413695	117153	144610	93780	58152	249300
丽水市	43831	41733	10090	11499	10995	9149	12421

2-A-8 续表 单位:万元

地 区	内部支出中新产品开发经费支出	外部支出	对研究所及高等院校的支出	对其他企业支出	用于科研的基建经费支出	土建工程
总 计	**4080592**	**339818**	**137164**	**183888**	**246608**	**130816**
杭州市	1154439	151889	39332	106670	58852	40239
宁波市	697083	27224	9741	16184	29010	16018
温州市	334349	19356	12415	4629	25566	9770
嘉兴市	402702	13256	4131	7816	20833	9827
湖州市	167947	10011	5374	2521	18714	8258
绍兴市	587888	36778	26869	5759	30612	15077
金华市	252372	16804	13237	2664	33748	17318
衢州市	38555	6872	4506	2195	4059	1453
舟山市	53103	3213	2543	174	3304	1976
台州市	358864	52317	17749	34559	19815	9821
丽水市	33291	2098	1267	718	2096	1059

2-A-9 按企业规模、登记注册类型、隶属关系、项目来源、项目合作形式、项目活动类型、技术经济目标和行业分组的规模以上工业企业科技活动项目情况

单位：项、人、人年、万元

指标名称	科技项目数	#新产品开发项目数	#R&D项目数	科技项目参加人员合计	高中级技术职称人员	无高中级职称的大学本科及以上人员
总计	**32966**	**27423**	**17177**	**280145**	**67278**	**92595**
一、按企业规模分						
大型企业	2052	1660	1359	41242	10789	13777
中型企业	10082	8399	5756	118173	28877	40086
小型企业	20832	17364	10062	120730	27612	38732
二、按登记注册类型分						
内资	**25681**	**21304**	**13372**	**206616**	**52130**	**65789**
国有	571	288	287	4028	2229	875
集体	80	71	44	571	108	208
股份合作企业	782	654	435	3419	734	802
联营企业	9	8	5	155	43	31
集体联营	1			6		1
国有与集体联营	4	4	3	102	23	26
其他联营	4	4	2	47	20	4
有限责任公司	5376	4438	2975	49023	13123	16927
国有独资公司	222	175	140	1514	650	540
其他有限责任公司	5154	4263	2835	47509	12473	16387
股份有限公司	2285	1939	1508	28967	8580	9655
私营企业	16549	13883	8105	120181	27247	37195
私营独资	1187	965	489	6614	1130	1698
私营合伙	413	359	195	1856	279	510
私营有限责任公司	14477	12159	7130	104379	24085	32740
私营股份有限公司	472	400	291	7332	1753	2247
其他	29	23	13	272	66	96
港澳台商投资	**3289**	**2813**	**1793**	**33592**	**6494**	**12729**
与港澳台商合资经营	2078	1766	1062	18383	3755	6212
与港澳台商合作经营	83	66	47	880	235	321
港澳台商独资	1041	903	607	12850	2329	5848
港澳台商投资股份有限公司	87	78	77	1479	175	348
外商投资	**3996**	**3306**	**2012**	**39937**	**8654**	**14077**
中外合资经营	2813	2324	1434	26361	6299	9454
中外合作经营	58	50	29	645	127	216
外资企业	977	819	464	10926	1639	3890
外商投资股份有限公司	148	113	85	2005	589	517
三、按隶属关系分						
中央	407	199	222	2914	1770	784

2－A－9 续表1－1 单位：项、人、人年、万元

指标名称	科技项目数	# 新产品开发项目数	# R&D项目数	科技项目参加人员合计	高中级技术职称人员	无高中级职称的大学本科及以上人员
省（自治区、直辖市）	297	196	136	2285	1068	457
地（区、市、州、盟）	701	581	409	8766	2705	2415
县（区、市、旗）	677	561	407	5932	2114	2127
乡镇（街道）	631	535	364	4939	1379	1842
基层群众自治组织	16	15	10	44	18	12
其　他	30237	25336	15629	255265	58224	84958
四、按项目来源分						
国家科技项目	811	664	539	11932	3891	4811
地方科技项目	3378	2828	2217	39058	11719	12890
其他企业委托科技项目	641	564	348	4595	1344	1299
本企业自选科技项目	27236	22720	13665	216200	48677	70927
来自国外的科技项目	259	218	145	2159	494	772
其他科技项目	641	429	263	6201	1153	1896
五、按项目合作形式分						
与境外机构合作	220	177	126	3263	840	1411
与国内高校合作	1921	1532	1218	20278	6756	6861
与国内独立研究院所合作	702	530	443	7098	2390	2126
与境外注册的外商独资企业合作	157	86	77	1441	383	448
与境内注册的其他企业合作	713	463	309	5975	1971	1805
以本企业所办科技机构为主完成	14201	12561	8642	133225	32842	45843
由本企业有关部门组成联合攻关小组协作完成	13794	11259	5921	99947	20243	31263
其　他	1258	815	441	8918	1853	2838
六、按项目活动类型分						
试验发展	17177	15100	17177	157206	39983	53843
研究与试验发展成果应用	15789	12323		122939	27295	38752
七、按隶属关系分						
开发全新产品	18151	18151	10554	153374	37049	51705
增加已有产品的功能	2796	2796	1399	26585	5983	9414
提高产品性能	6476	6476	3147	50971	11515	17053
提高劳动生产率	2114		733	18292	4667	5109
减少能源消耗	966		442	9289	2458	2820
节省原材料	581		244	4947	1134	1576
减少环境污染	678		319	6756	1802	2393
其　他	1204		339	9931	2670	2525
八、按国民经济行业（门类、大类、中类）分						
采矿业	**32**	**16**	**8**	**257**	**110**	**76**

2-A-9 续表1-2

单位：项、人、人年、万元

指标名称	科技项目数	#新产品开发项目数	#R&D项目数	科技项目参加人员合计	高中级技术职称人员	无高中级职称的大学本科及以上人员
黑色金属矿采选业	1		1	28	9	4
铁矿采选	1		1	28	9	4
有色金属矿采选业	13	1		108	74	13
常用有色金属矿采选	13	1		108	74	13
非金属矿采选业	18	15	7	121	27	59
土砂石开采	17	14	7	117	27	55
石棉及其他非金属矿采选	1	1		4		4
制造业	**32581**	**27325**	**17012**	**276824**	**65687**	**91496**
农副食品加工业	571	448	201	3456	1087	1012
谷物磨制	10	8	9	53	21	6
饲料加工	125	100	71	848	301	313
植物油加工	21	15	8	122	45	34
屠宰及肉类加工	39	28	6	243	98	95
水产品加工	221	184	55	1170	274	234
蔬菜、水果和坚果加工	113	82	40	734	272	223
其他农副食品加工	42	31	12	286	76	107
食品制造业	282	231	134	1897	614	665
焙烤食品制造	18	13	7	108	20	24
糖果、巧克力及蜜饯制造	9	4	4	73	32	21
方便食品制造	37	30	5	266	126	85
液体乳及乳制品制造	21	15	13	253	71	79
罐头制造	27	19	8	159	55	49
调味品、发酵制品制造	50	41	31	286	75	115
其他食品制造	120	109	66	752	235	292
饮料制造业	323	261	135	2261	693	687
酒精制造	1			23	4	
酒的制造	135	99	53	1157	365	263
软饮料制造	144	131	71	779	199	343
精制茶加工	43	31	11	302	125	81
烟草制品业	54	34	18	171	114	45
卷烟制造	47	29	18	149	104	45
其他烟草制品加工	7	5		22	10	
纺织业	2261	1696	672	22747	4243	6187
棉、化纤纺织及印染精加工	956	711	306	11407	2238	3074
毛纺织和染整精加工	96	72	39	572	145	140
麻纺织	9	6	2	134	20	35

2－A－9 续表1－3

单位：项、人、人年、万元

指标名称	科技项目数	#新产品开发项目数	# R&D项目数	科技项目参加人员合计	高中级技术职称人员	无高中级职称的大学本科及以上人员
丝绢纺织及精加工	186	140	70	2110	318	474
纺织制成品制造	358	287	134	3437	714	1099
针织品、编织品及其制品制造	656	480	121	5087	808	1365
纺织服装、鞋、帽制造业	680	436	153	8690	842	2305
纺织服装制造	621	382	141	8514	840	2294
纺织面料鞋的制造	51	47	12	147	2	11
制帽	8	7		29		
皮革、毛皮、羽毛(绒)及其制品业	1318	1163	115	7778	867	1419
皮革鞣制加工	71	55	29	807	126	230
皮革制品制造	1215	1082	77	6662	678	1079
毛皮鞣制及制品加工	22	17	5	145	31	35
羽毛(绒)加工及制品制造	10	9	4	164	32	75
木材加工及木、竹、藤、棕、草制品业	225	160	100	1764	418	548
锯材、木片加工	4	3	2	53	12	16
人造板制造	110	74	60	693	162	229
木制品制造	48	32	19	500	75	160
竹、藤、棕、草制品制造	63	51	19	518	169	143
家具制造业	280	234	79	2755	458	990
木质家具制造	110	92	30	729	93	349
竹、藤家具制造	1	1		5	3	2
金属家具制造	106	89	32	1211	244	357
塑料家具制造	19	15	7	171	26	56
其他家具制造	44	37	10	639	92	226
造纸及纸制品业	287	188	135	3522	968	915
纸浆制造	1	1	1	6	2	4
造纸	155	99	83	2045	704	516
纸制品制造	131	88	51	1471	262	395
印刷业和记录媒介的复制	149	96	59	1958	274	554
印刷	138	87	52	1844	258	487
装订及其他印刷服务活动	4	3	2	37	4	10
记录媒介的复制	7	6	5	77	12	57
文教体育用品制造业	399	343	189	3358	680	1005
文化用品制造	154	129	55	1102	263	406
体育用品制造	71	62	46	716	123	277
乐器制造	23	22	11	373	62	61

2-A-9 续表1-4

单位：项、人、人年、万元

指 标 名 称	科技项目数	#新产品开发项目数	#R&D项目数	科技项目参加人员合计	高中级技术职称人员	无高中级职称的大学本科及以上人员
玩具制造	113	96	67	776	121	152
游艺器材及娱乐用品制造	38	34	10	391	111	109
石油加工、炼焦及核燃料加工业	49	15	7	270	172	55
精炼石油产品的制造	49	15	7	270	172	55
化学原料及化学制品制造业	1834	1410	1071	16186	5001	5649
基础化学原料制造	322	212	192	3700	1162	1125
肥料制造	47	28	31	338	128	44
农药制造	174	127	124	1787	713	579
涂料、油墨、颜料及类似产品制造	417	367	230	3583	1014	1525
合成材料制造	211	174	117	2084	408	917
专用化学产品制造	557	425	322	4020	1354	1195
日用化学产品制造	106	77	55	674	222	264
医药制造业	1324	1142	962	12692	3588	5156
化学药品原药制造	671	561	486	6951	1821	2599
化学药品制剂制造	236	205	197	1695	594	917
中药饮片加工	24	19	9	123	32	47
中成药制造	141	125	95	1461	552	408
兽用药品制造	54	46	28	501	115	262
生物、生化制品的制造	167	160	128	1686	387	789
卫生材料及医药用品制造	31	26	19	275	87	134
化学纤维制造业	245	202	159	4789	1339	1378
纤维素纤维原料及纤维制造	2	1	1	35	1	12
合成纤维制造	243	201	158	4754	1338	1366
橡胶制品业	235	214	103	3821	684	708
轮胎制造	38	32	10	2009	280	267
橡胶板、管、带的制造	76	72	45	876	172	154
橡胶零件制造	66	60	33	586	177	190
再生橡胶制造	3	2		15	1	1
日用及医用橡胶制品制造	4	4	1	18	4	8
橡胶靴鞋制造	27	25	7	120	16	37
其他橡胶制品制造	21	19	7	197	34	51
塑料制品业	1134	908	406	7586	1665	2461
塑料薄膜制造	88	72	56	952	300	338
塑料板、管、型材的制造	169	146	78	1580	407	540
塑料丝、绳及编织品的制造	32	24	10	276	65	63

2-A-9 续表1-5

单位：项、人、人年、万元

指标名称	科技项目数	#新产品开发项目数	#R&D项目数	科技项目参加人员合计	高中级技术职称人员	无高中级职称的大学本科及以上人员
泡沫塑料制造	70	56	22	365	74	86
塑料人造革、合成革制造	119	67	80	937	192	316
塑料包装箱及容器制造	67	55	22	486	75	184
塑料零件制造	135	109	63	868	168	279
日用塑料制造	385	333	53	1603	206	475
其他塑料制品制造	69	46	22	519	178	180
非金属矿物制品业	579	406	324	5248	1534	1559
水泥、石灰和石膏的制造	68	28	33	945	342	261
水泥及石膏制品制造	71	31	34	458	104	143
砖瓦、石材及其他建筑材料制造	85	59	47	773	151	174
玻璃及玻璃制品制造	184	148	106	1769	583	510
陶瓷制品制造	55	41	43	314	76	151
耐火材料制品制造	74	64	47	654	179	187
石墨及其他非金属矿物制品制造	42	35	14	335	99	133
黑色金属冶炼及压延加工业	332	216	149	2519	742	617
炼铁	1	1		3		
炼钢	14	12	9	174	22	42
钢压延加工	311	198	134	2303	701	561
铁合金冶炼	6	5	6	39	19	14
有色金属冶炼及压延加工业	433	319	252	3142	818	777
常用有色金属冶炼	51	23	19	448	154	81
贵金属冶炼	11	2	7	94	13	10
稀有稀土金属冶炼	3	1	2	27	4	14
有色金属合金制造	56	38	41	389	88	118
有色金属压延加工	312	255	183	2184	559	554
金属制品业	1393	1174	615	10290	2327	3259
结构性金属制品制造	203	173	132	2504	657	1029
金属工具制造	235	198	83	1360	182	378
集装箱及金属包装容器制造	54	48	23	357	121	67
金属丝绳及其制品的制造	46	34	12	329	86	91
建筑、安全用金属制品制造	370	317	150	2504	522	748
金属表面处理及热处理加工	124	93	91	527	89	137
搪瓷制品制造	15	13	5	96	12	20
不锈钢及类似日用金属制品制造	317	273	103	2400	590	739
其他金属制品制造	29	25	16	213	68	50

2-A-9 续表1-6

单位：项、人、人年、万元

指标名称	科技项目数	#新产品开发项目数	#R&D项目数	科技项目参加人员合计	高中级技术职称人员	无高中级职称的大学本科及以上人员
通用设备制造业	5444	4845	3439	36828	8962	11179
锅炉及原动机制造	213	165	111	2003	792	608
金属加工机械制造	434	378	299	2721	857	746
起重运输设备制造	341	301	193	3028	845	1115
泵、阀门、压缩机及类似机械的制造	2282	2141	1587	12343	2253	3574
轴承、齿轮、传动和驱动部件的制造	695	621	435	5796	1553	1526
烘炉、熔炉及电炉制造	16	9	3	150	39	48
风机、衡器、包装设备等通用设备制造	800	686	488	6266	1799	2174
通用零部件制造及机械修理	410	325	188	2835	460	872
金属铸、锻加工	253	219	135	1686	364	516
专用设备制造业	2125	1869	1232	14860	4232	4908
矿山、冶金、建筑专用设备制造	118	103	74	821	263	239
化工、木材、非金属加工专用设备制造	701	613	348	4830	1192	1654
食品、饮料、烟草及饲料生产专用设备制造	72	67	44	419	124	129
印刷、制药、日化生产专用设备制造	179	152	110	1101	354	281
纺织、服装和皮革工业专用设备制造	437	392	267	3060	788	1105
电子和电工机械专用设备制造	67	51	38	481	173	181
农、林、牧、渔专用机械制造	153	145	99	1034	307	324
医疗仪器设备及器械制造	135	128	95	1220	370	350
环保、社会公共安全及其他专用设备制造	263	218	157	1894	661	645
交通运输设备制造业	2513	2096	1402	22118	5298	7647
铁路运输设备制造	17	16	5	132	56	40
汽车制造	1594	1361	802	15056	3700	5466
摩托车制造	561	502	357	4116	809	1454
自行车制造	117	105	63	1036	270	272
船舶及浮动装置制造	204	96	170	1601	419	367
航空航天器制造	6	5	5	61	13	24
交通器材及其他交通运输设备制造	14	11		116	31	24
电气机械及器材制造业	4499	3961	2732	39119	9675	13413
电机制造	1042	925	682	7881	1574	2261
输配电及控制设备制造	1175	1033	690	10982	3313	4165
电线、电缆、光缆及电工器材制造	502	433	284	4295	1313	1498
电池制造	262	230	188	3280	707	1012
家用电力器具制造	821	735	498	7011	1699	2479
非电力家用器具制造	103	99	67	705	176	174

2－A－9 续表1－7

单位：项、人、人年、万元

指标名称	科技项目数	#新产品开发项目数	#R&D项目数	科技项目参加人员合计	高中级技术职称人员	无高中级职称的大学本科及以上人员
照明器具制造	512	425	269	4442	781	1600
其他电气机械及器材制造	82	81	54	523	112	224
通信设备、计算机及其他电子设备制造业	1790	1616	1139	22872	5141	10887
通信设备制造	316	294	170	4877	1074	2377
广播电视设备制造	92	87	66	1245	222	486
电子计算机制造	125	118	89	3344	359	2747
电子器件制造	372	345	260	3946	1004	1638
电子元件制造	586	494	332	6991	1765	2679
家用视听设备制造	161	152	128	1690	510	623
其他电子设备制造	138	126	94	779	207	337
仪器仪表及文化、办公用机械制造业	1387	1287	901	10147	2599	4369
通用仪器仪表制造	862	796	574	6418	1728	2762
专用仪器仪表制造	270	253	172	1820	447	845
钟表与计时仪器制造	33	30	24	195	41	83
光学仪器及眼镜制造	101	93	63	777	186	297
文化、办公用机械制造	119	113	66	923	187	378
其他仪器仪表的制造及修理	2	2	2	14	10	4
工艺品及其他制造业	408	330	115	3850	613	1114
工艺美术品制造	191	162	39	2190	338	585
日用杂品制造	211	162	73	1636	268	519
核辐射加工	5	5	3	19	7	10
其他未列明的制造业	1	1		5		
废弃资源和废旧材料回收加工业	28	25	14	130	39	28
金属废料和碎屑的加工处理	9	7	4	50	17	14
非金属废料和碎屑的加工处理	19	18	10	80	22	14
电力、燃气及水的生产和供应业	**353**	**82**	**157**	**3064**	**1481**	**1023**
电力、热力的生产和供应业	325	82	153	2893	1401	971
电力生产	145	21	27	1675	667	686
电力供应	177	61	124	1205	732	283
热力生产和供应	3		2	13	2	2
燃气生产和供应业	5			22	9	3
燃气生产和供应业	5			22	9	3
水的生产和供应业	23		4	149	71	49
自来水的生产和供应	15		1	72	50	21
污水处理及其再生利用	8		3	77	21	28

2－A－9 续表2－1

单位：项、人、人年、万元

指 标 名 称	参加项目人员实际工作时间	科技项目经费内部支出合计	R&D项目支出
总 计	**190529**	**4603347**	**2721154**
一、按企业规模分			
大型企业	31033	981870	693752
中型企业	81475	2091401	1220320
小型企业	78021	1530075	807082
二、按登记注册类型分			
内 资	**137665**	**3232072**	**1893269**
国 有	2450	66528	41329
集 体	393	8100	4302
股份合作企业	1930	29818	18023
联营企业	42	2132	1868
集体联营	6	56	
国有与集体联营	29	1421	1388
其他联营	7	656	480
有限责任公司	33582	813171	484030
国有独资公司	927	32054	23390
其他有限责任公司	32655	781118	460641
股份有限公司	21244	570874	396704
私营企业	77831	1737332	945043
私营独资	4226	76641	42563
私营合伙	1015	18845	9519
私营有限责任公司	67663	1475014	789145
私营股份有限公司	4926	166832	103816
其 他	193	4117	1970
港澳台商投资	**24348**	**651458**	**430232**
与港澳台商合资经营	12764	342720	191308
与港澳台商合作经营	603	7270	5389
港澳台商独资	9708	227975	161728
港澳台商投资股份有限公司	1273	73493	71807
外商投资	**28515**	**719817**	**397653**
中外合资经营	19257	504225	265017
中外合作经营	488	10489	6883
外资企业	7402	164691	97404
外商投资股份有限公司	1368	40411	28349
三、按隶属关系分			
中 央	1878	43304	23590

2－A－9 续表2－2 单位：项、人、人年、万元

指标名称	参加项目人员实际工作时间	科技项目经费内部支出合计	R&D项目支出
省（自治区、直辖市）	1543	52148	35444
地（区、市、州、盟）	6508	154734	83834
县（区、市、旗）	4089	107687	71116
乡镇（街道）	3149	72077	41054
基层群众自治组织	29	530	399
其　他	173333	4172867	2465718
四、按项目来源分			
国家科技项目	8386	234872	161051
地方科技项目	27261	767688	532490
其他企业委托科技项目	3045	62856	36720
本企业自选科技项目	146268	3412162	1913139
来自国外的科技项目	1368	39178	29537
其他科技项目	4201	86591	48217
五、按项目合作形式分			
与境外机构合作	2154	62264	41135
与国内高校合作	13849	366228	244223
与国内独立研究院所合作	4684	116914	82440
与境外注册的外商独资企业合作	954	31556	19223
与境内注册的其他企业合作	3838	103496	60242
以本企业所办科技机构为主完成	93092	2380250	1513358
由本企业有关部门组成联合攻关小组协作完成	66484	1416368	698477
其　他	5473	126272	62057
六、按项目活动类型分			
试验发展	109829	2721154	2721154
研究与试验发展成果应用	80699	1882193	
七、按隶属关系分			
开发全新产品	106635	2490466	1581551
增加已有产品的功能	17944	471705	293828
提高产品性能	33178	841537	476510
提高劳动生产率	12080	264319	114265
减少能源消耗	6219	178122	83754
节省原材料	3277	76689	42787
减少环境污染	4618	133506	71205
其　他	6577	147005	57254
八、按国民经济行业（门类、大类、中类）分			
采矿业	**124**	**3374**	**429**

2-A-9 续表2-3

单位：项、人、人年、万元

指 标 名 称	参加项目人员实际工作时间	科技项目经费内部支出合计	R&D项目支出
黑色金属矿采选业	9	266	266
铁矿采选	9	266	266
有色金属矿采选业	60	1431	
常用有色金属矿采选	60	1431	
非金属矿采选业	55	1677	163
土砂石开采	53	987	163
石棉及其他非金属矿采选	3	690	
制造业	**189100**	**4563409**	**2705314**
农副食品加工业	2128	53490	27244
谷物磨制	40	1158	963
饲料加工	567	14559	9470
植物油加工	97	2042	623
屠宰及肉类加工	141	4314	909
水产品加工	611	18119	9514
蔬菜、水果和坚果加工	477	9893	4178
其他农副食品加工	196	3404	1588
食品制造业	1291	30495	15672
焙烤食品制造	64	1154	571
糖果、巧克力及蜜饯制造	50	1287	957
方便食品制造	195	3154	397
液体乳及乳制品制造	144	1893	1138
罐头制造	98	2449	733
调味品、发酵制品制造	189	6944	3462
其他食品制造	551	13615	8413
饮料制造业	1525	83063	43704
酒精制造	23	4471	
酒的制造	661	16439	5532
软饮料制造	659	58343	36762
精制茶加工	182	3809	1410
烟草制品业	105	4235	827
卷烟制造	83	3685	827
其他烟草制品加工	22	550	
纺织业	15114	371005	190216
棉、化纤纺织及印染精加工	7409	207956	118487
毛纺织和染整精加工	418	8624	3964
麻纺织	66	778	190

2－A－9 续表2－4 单位：项、人、人年、万元

指 标 名 称	参加项目人员实际工作时间	科技项目经费内部支出合计	R&D项目支 出
丝绢纺织及精加工	1436	39775	22092
纺织制成品制造	2277	53873	22150
针织品、编织品及其制品制造	3509	59999	23334
纺织服装、鞋、帽制造业	7032	91362	30456
纺织服装制造	6934	89997	30174
纺织面料鞋的制造	75	1270	282
制 帽	23	94	
皮革、毛皮、羽毛(绒)及其制品业	4943	85841	25843
皮革鞣制加工	446	17895	9118
皮革制品制造	4277	63963	14723
毛皮鞣制及制品加工	89	1943	937
羽毛(绒)加工及制品制造	131	2040	1065
木材加工及木、竹、藤、棕、草制品业	1029	28126	16762
锯材、木片加工	20	1611	1296
人造板制造	375	10915	6292
木制品制造	323	10110	7087
竹、藤、棕、草制品制造	311	5490	2088
家具制造业	1847	33747	9524
木质家具制造	501	7267	1780
竹、藤家具制造	5	60	
金属家具制造	787	12491	6307
塑料家具制造	103	1267	670
其他家具制造	451	12661	767
造纸及纸制品业	2019	64006	29162
纸浆制造	6	118	118
造 纸	1403	47128	17435
纸制品制造	610	16759	11608
印刷业和记录媒介的复制	1282	23905	13482
印 刷	1203	22467	12393
装订及其他印刷服务活动	28	340	299
记录媒介的复制	52	1098	790
文教体育用品制造业	2261	35362	21493
文化用品制造	730	13220	8538
体育用品制造	481	6924	4228
乐器制造	325	1996	761

2-A-9 续表2-5

单位：项、人、人年、万元

指 标 名 称	参加项目人员实际工作时间	科技项目经费内部支出合计	R&D项目支 出
玩具制造	522	9699	6446
游艺器材及娱乐用品制造	204	3524	1520
石油加工、炼焦及核燃料加工业	237	2897	1530
精炼石油产品的制造	237	2897	1530
化学原料及化学制品制造业	11124	395932	218430
基础化学原料制造	2585	63096	42936
肥料制造	229	7615	5099
农药制造	1293	38743	21675
涂料、油墨、颜料及类似产品制造	2683	89522	40195
合成材料制造	1205	96671	47018
专用化学产品制造	2771	88236	51838
日用化学产品制造	358	12049	9669
医药制造业	9250	179913	137184
化学药品原药制造	4974	104703	82777
化学药品制剂制造	1387	26331	20495
中药饮片加工	88	1447	588
中成药制造	1006	15068	10843
兽用药品制造	320	5275	3347
生物、生化制品的制造	1258	23026	15834
卫生材料及医药用品制造	217	4064	3300
化学纤维制造业	3538	139776	97665
纤维素纤维原料及纤维制造	26	118	118
合成纤维制造	3513	139657	97547
橡胶制品业	2658	70305	21803
轮胎制造	1687	47570	7759
橡胶板、管、带的制造	437	13010	9193
橡胶零件制造	344	6426	3563
再生橡胶制造	7	17	
日用及医用橡胶制品制造	7	227	69
橡胶靴鞋制造	64	1305	251
其他橡胶制品制造	112	1750	969
塑料制品业	4318	120097	61767
塑料薄膜制造	571	23261	18453
塑料板、管、型材的制造	947	28144	15956
塑料丝、绳及编织品的制造	116	2073	1178

2－A－9 续表2－6

单位：项、人、人年、万元

指 标 名 称	参加项目人员实际工作时间	科技项目经费内部支出合计	R&D项目支 出
泡沫塑料制造	193	3672	1632
塑料人造革、合成革制造	380	19179	5744
塑料包装箱及容器制造	295	6330	2159
塑料零件制造	548	13903	7918
日用塑料制造	906	16038	5406
其他塑料制品制造	363	7499	3322
非金属矿物制品业	3345	92130	54847
水泥、石灰和石膏的制造	618	14787	6745
水泥及石膏制品制造	260	6985	2878
砖瓦、石材及其他建筑材料制造	452	15425	10465
玻璃及玻璃制品制造	1105	33792	22604
陶瓷制品制造	252	3659	2586
耐火材料制品制造	410	7807	4319
石墨及其他非金属矿物制品制造	248	9675	5251
黑色金属冶炼及压延加工业	1614	88557	55082
炼 铁	3	15	
炼 钢	104	4711	1548
钢压延加工	1494	82780	52483
铁合金冶炼	14	1051	1051
有色金属冶炼及压延加工业	2139	95189	44816
常用有色金属冶炼	273	24964	5390
贵金属冶炼	44	794	435
稀有稀土金属冶炼	10	591	276
有色金属合金制造	288	9698	7815
有色金属压延加工	1525	59142	30901
金属制品业	7099	170161	92767
结构性金属制品制造	1805	63142	44881
金属工具制造	786	15312	5756
集装箱及金属包装容器制造	266	10614	7355
金属丝绳及其制品的制造	224	5283	1801
建筑、安全用金属制品制造	1848	32170	13342
金属表面处理及热处理加工	285	6515	4761
搪瓷制品制造	61	780	354
不锈钢及类似日用金属制品制造	1694	31716	12008
其他金属制品制造	130	4630	2509

2-A-9 续表2-7

单位：项、人、人年、万元

指标名称	参加项目人员实际工作时间	科技项目经费内部支出合计	R&D项目支出
通用设备制造业	24238	513339	315993
锅炉及原动机制造	1305	36379	18675
金属加工机械制造	1754	33878	22523
起重运输设备制造	1959	55206	30013
泵、阀门、压缩机及类似机械的制造	8214	147980	102877
轴承、齿轮、传动和驱动部件的制造	3798	80796	41894
烘炉、熔炉及电炉制造	76	1879	742
风机、衡器、包装设备等通用设备制造	4275	92845	64820
通用零部件制造及机械修理	1810	40216	20848
金属铸、锻加工	1048	24161	13599
专用设备制造业	10293	191925	119336
矿山、冶金、建筑专用设备制造	588	9831	6406
化工、木材、非金属加工专用设备制造	3197	61647	32191
食品、饮料、烟草及饲料生产专用设备制造	274	5632	4133
印刷、制药、日化生产专用设备制造	731	12428	7822
纺织、服装和皮革工业专用设备制造	2246	37008	24984
电子和电工机械专用设备制造	343	6715	3972
农、林、牧、渔专用机械制造	794	14472	10955
医疗仪器设备及器械制造	857	13872	10339
环保、社会公共安全及其他专用设备制造	1263	30322	18535
交通运输设备制造业	15085	385919	225472
铁路运输设备制造	89	2247	460
汽车制造	10143	270972	155829
摩托车制造	2832	60805	35311
自行车制造	709	10876	4057
船舶及浮动装置制造	1187	38000	28621
航空航天器制造	40	1246	1194
交通器材及其他交通运输设备制造	85	1773	
电气机械及器材制造业	25997	631558	405319
电机制造	5234	112791	84791
输配电及控制设备制造	7427	163768	85384
电线、电缆、光缆及电工器材制造	3035	110240	74172
电池制造	1826	62192	44483
家用电力器具制造	4931	104403	72453
非电力家用器具制造	391	14527	10616

2－A－9 续表2－8

单位：项、人、人年、万元

指 标 名 称	参加项目人员实际工作时间	科技项目经费内部支出合计	R&D项目支出
照明器具制造	2771	56255	28939
其他电气机械及器材制造	382	7383	4481
通信设备、计算机及其他电子设备制造业	17381	398285	315812
通信设备制造	3991	129665	108038
广播电视设备制造	887	12793	9595
电子计算机制造	3112	95756	92960
电子器件制造	3047	45573	33717
电子元件制造	4719	81026	46861
家用视听设备制造	1102	22858	19801
其他电子设备制造	522	10615	4840
仪器仪表及文化、办公用机械制造业	7456	129318	91069
通用仪器仪表制造	4720	86491	60324
专用仪器仪表制造	1287	21114	15633
钟表与计时仪器制造	146	2379	1571
光学仪器及眼镜制造	587	9019	7138
文化、办公用机械制造	706	10264	6353
其他仪器仪表的制造及修理	10	50	50
工艺品及其他制造业	2675	51033	19967
工艺美术品制造	1654	29508	9351
日用杂品制造	1001	21324	10550
核辐射加工	18	161	67
其他未列明的制造业	3	40	
废弃资源和废旧材料回收加工业	75	2442	2075
金属废料和碎屑的加工处理	20	729	593
非金属废料和碎屑的加工处理	55	1713	1482
电力、燃气及水的生产和供应业	**1305**	**36564**	**15411**
电力、热力的生产和供应业	1231	34717	14383
电力生产	708	21552	5096
电力供应	513	12738	9059
热力生产和供应	10	427	229
燃气生产和供应业	5	48	
燃气生产和供应业	5	48	
水的生产和供应业	69	1799	1028
自来水的生产和供应	31	191	26
污水处理及其再生利用	37	1608	1003

2-A-10 按地区分组的规模以上工业企业科技活动项目情况

单位：项、人、人年、万元

地区	科技项目数	# 新产品开发项目数	# R&D 项目数	科技项目参加人员合计	高中级技术职称人员	无高中级职称的大学本科及以上人员	参加项目人员实际工作时间	科技项目经费内部支出合计	R&D 项目支出
总计	**32966**	**27423**	**17177**	**280145**	**67278**	**92595**	**190529**	**4603347**	**2721154**
杭州市	5555	4568	2925	56635	15704	22312	41584	1260265	794421
宁波市	6174	5431	3344	50494	10876	19264	36890	785859	441325
温州市	2330	1984	1309	25686	6377	8473	17301	360351	194070
嘉兴市	4356	3118	1764	34519	6870	8259	23034	508465	303140
湖州市	1010	830	612	10780	2704	3437	6106	200780	125926
绍兴市	2024	1567	986	31924	9226	9768	23029	639034	356262
金华市	1490	1222	901	20236	5200	6443	12991	283130	182047
衢州市	464	333	207	4183	1682	1131	2625	55557	25086
舟山市	229	181	120	2689	635	577	1889	60348	39155
台州市	9076	8006	4943	40624	7052	12303	23939	408677	247302
丽水市	258	183	66	2375	952	628	1141	40882	12421

2－A－11 按企业规模、登记注册类型、隶属关系和行业分组的规模以上工业企业科技活动成果情况

单位：万元、件

指标名称	新产品产值	新产品销售收入	出口	专利申请数	发明专利	拥有发明专利数
总计	**67532379**	**64081539**	**19708466**	**33652**	**6107**	**11098**
一、按企业规模分						
大型企业	16687796	16437303	5918479	3430	904	1329
中型企业	32901052	31236330	9300191	12467	1739	3427
小型企业	17943530	16407906	4489797	17755	3464	6342
二、按登记注册类型分						
内资	**46557401**	**44571990**	**12140025**	**24838**	**4376**	**8596**
国有	414797	423086	119308	142	53	57
集体	90768	100542	8780	36	9	15
股份合作企业	298301	270544	50183	194	42	60
联营企业	35644	31634				
集体联营	2363					
国有与集体联营	29330	28920				
其他联营	3951	2714				
有限责任公司	12571729	12359896	3296654	4019	832	1298
国有独资公司	443617	447581	131026	147	18	16
其他有限责任公司	12128112	11912315	3165628	3872	814	1282
股份有限公司	8007403	7677187	2111292	1615	485	831
私营企业	24965191	23557936	6527181	18819	2949	6329
私营独资	746232	678268	186611	1452	159	271
私营合伙	183613	181491	72446	94	9	75
私营有限责任公司	21354825	20209406	5561590	16477	2666	5739
私营股份有限公司	2680521	2488771	706534	796	115	244
其他	173569	151166	26627	13	6	6
港澳台商投资	**8616739**	**7877380**	**2998221**	**4556**	**1042**	**1230**
与港澳台商合资经营	5412489	4993568	1953982	2400	446	621
与港澳台商合作经营	72902	89718	50058	71	4	21
港澳台商独资	2960785	2619722	951823	1940	560	474
港澳台商投资股份有限公司	170565	174372	42357	145	32	114
外商投资	**12358239**	**11632169**	**4570220**	**4258**	**689**	**1272**
中外合资经营	7280702	6866269	2303120	2636	448	914
中外合作经营	150964	113839	35536	46	10	31
外资企业	3961359	3894883	2090062	1403	205	296
外商投资股份有限公司	965214	757178	141502	173	26	31
三、按隶属关系分						
中央	208463	224722	60727	135	41	48

2-A-11 续表1

单位:万元、件

指标名称	新产品产值	新产品销售收入	出口	专利申请数	发明专利	拥有发明专利数
省(自治区、直辖市)	502633	487244	54051	63	38	107
地(区、市、州、盟)	2057698	2052930	512717	237	95	102
县(区、市、旗)	1423729	1394949	477012	443	56	138
乡镇(街道)	1001242	987395	268464	347	66	51
基层群众自治组织	10708	7868		9		5
其他	62327904	58926431	18335495	32418	5811	10647
四、按国民经济行业(门类、大类、中类)分						
采矿业	**19553**	**18074**	**2975**	**2**	**2**	**1**
有色金属矿采选业	6880	6100		2	2	1
常用有色金属矿采选	6880	6100		2	2	1
非金属矿采选业	12673	11974	2975			
土砂石开采	12673	11974	2975			
制造业	**67442489**	**63994786**	**19688341**	**33572**	**6079**	**11066**
农副食品加工业	440365	382050	96150	292	78	171
谷物磨制	22468	22366		2		
饲料加工	135178	120395	14777	88	34	50
植物油加工	30456	1480	18	16	5	3
屠宰及肉类加工	24437	16606		7	7	39
水产品加工	172603	153794	65262	52	9	30
蔬菜、水果和坚果加工	46749	56552	15715	75	22	46
其他农副食品加工	8474	10858	377	52	1	3
食品制造业	503974	346800	38581	160	32	59
焙烤食品制造	14495	13575	304	2		
糖果、巧克力及蜜饯制造	2152	1962		3		5
方便食品制造	37975	36649	240	29		5
液体乳及乳制品制造	10694	9640		10	3	2
罐头制造	56240	40552	23268	16	9	9
调味品、发酵制品制造	53325	52320	533	41	3	5
其他食品制造	329092	192102	14237	59	17	33
饮料制造业	952223	912786	21384	121	27	114
酒的制造	167451	158246	2973	70	20	107
软饮料制造	753215	731599	8324	36	4	5
精制茶加工	31557	22942	10087	15	3	2
烟草制品业	18265	49257	506	11	4	
卷烟制造	16465	47457		10	3	
其他烟草制品加工	1800	1800	506	1	1	

2－A－11 续表2

单位：万元、件

指 标 名 称	新产品产 值	新 产 品销售收入	出 口	专 利申请数	发明专利	拥有发明专 利 数
纺织业	6698858	6311905	2102252	4897	406	1037
棉、化纤纺织及印染精加工	3467342	3373625	888186	2184	197	651
毛纺织和染整精加工	174021	117260	24515	32	8	7
麻纺织	18151	15654	10189	14		
丝绢纺织及精加工	594738	603362	220664	641	23	28
纺织制成品制造	1088194	966496	487146	1016	99	250
针织品、编织品及其制品制造	1356412	1235509	471554	1010	79	101
纺织服装、鞋、帽制造业	1478339	1465656	560521	814	155	170
纺织服装制造	1451125	1442199	546368	770	151	140
纺织面料鞋的制造	18879	17244	11394	44	4	30
制 帽	8335	6214	2758			
皮革、毛皮、羽毛(绒)及其制品业	1763432	1724441	905541	300	23	64
皮革鞣制加工	345594	324889	167284	1	1	2
皮革制品制造	1310394	1295192	674270	275	22	62
毛皮鞣制及制品加工	19127	19011	12227	24		
羽毛(绒)加工及制品制造	88319	85348	51760			
木材加工及木、竹、藤、棕、草制品业	569101	544353	160865	455	108	246
锯材、木片加工	16214	28330	3432	2		6
人造板制造	219215	203149	67602	175	45	159
木制品制造	252024	244842	44275	97	32	51
竹、藤、棕、草制品制造	81649	68032	45555	181	31	30
家具制造业	756577	697447	493558	1052	100	210
木质家具制造	128996	118155	89018	268	57	22
竹、藤家具制造	8033	7829				
金属家具制造	362992	318026	231121	343	30	128
塑料家具制造	32850	34833	26198	106	8	31
其他家具制造	223707	218604	147222	335	5	29
造纸及纸制品业	1125651	1067515	118606	120	42	71
纸浆制造	1316	1316		1	1	
造 纸	835897	809400	98690	90	33	39
纸制品制造	288438	256799	19915	29	8	32
印刷业和记录媒介的复制	385963	359879	55646	472	13	51
印 刷	355309	330026	31320	118	11	48
装订及其他印刷服务活动	7062	6886	2744			
记录媒介的复制	23592	22968	21582	354	2	3
文教体育用品制造业	475541	450006	310026	1232	140	396

2－A－11 续表3

单位：万元、件

指标名称	新产品产值	新产品销售收入	出口	专利申请数	发明专利	拥有发明专利数
文化用品制造	154829	149293	109831	646	76	176
体育用品制造	95170	93907	66892	246	34	42
乐器制造	9080	14964	7990	27	1	6
玩具制造	170863	153276	108397	248	24	165
游艺器材及娱乐用品制造	45598	38566	16915	65	5	7
石油加工、炼焦及核燃料加工业	58968	50813		10	8	11
精炼石油产品的制造	58968	50813		10	8	11
化学原料及化学制品制造业	5108580	4847709	1166248	776	406	473
基础化学原料制造	631875	586964	209962	77	62	58
肥料制造	59388	59216	27865	10	5	10
农药制造	547635	522523	328649	61	33	80
涂料、油墨、颜料及类似产品制造	948251	925750	176807	180	116	87
合成材料制造	1174521	1199966	83381	116	58	39
专用化学产品制造	1473493	1294591	259943	271	116	168
日用化学产品制造	273417	258700	79641	61	16	31
医药制造业	1946319	1817664	864530	483	278	471
化学药品原药制造	1250704	1186768	640525	148	131	200
化学药品制剂制造	259215	257288	55969	88	55	124
中药饮片加工	2059	2006	902	2	2	2
中成药制造	69522	66513	3896	88	32	39
兽用药品制造	24075	24297	11883	23	11	17
生物、生化制品的制造	293083	236083	120294	54	33	71
卫生材料及医药用品制造	47663	44710	31062	80	14	18
化学纤维制造业	3556507	3532505	361358	193	44	35
纤维素纤维原料及纤维制造	862	857				
合成纤维制造	3555645	3531648	361358	193	44	35
橡胶制品业	974503	993694	421607	136	35	37
轮胎制造	727462	745929	313844	31	3	1
橡胶板、管、带的制造	99951	124004	38883	56	20	19
橡胶零件制造	53480	36336	9599	31	4	4
再生橡胶制造	1274	2487				
日用及医用橡胶制品制造	15223	10301	3580			
橡胶靴鞋制造	56295	55325	46916	4	3	8
其他橡胶制品制造	20819	19313	8785	14	5	5
塑料制品业	1987421	1960559	355902	1298	209	365
塑料薄膜制造	761581	816351	69155	37	14	16

2－A－11 续表4　　单位：万元、件

指标名称	新产品产值	新产品销售收入	出口	专利申请数	发明专利	拥有发明专利数
塑料板、管、型材的制造	421159	359423	42767	322	42	76
塑料丝、绳及编织品的制造	70152	62306	16825	8	4	7
泡沫塑料制造	49559	78821	15255	24	9	7
塑料人造革、合成革制造	186784	194726	63269	24	8	5
塑料包装箱及容器制造	74590	68176	27298	99	25	46
塑料零件制造	120181	108576	15435	161	30	81
日用塑料制造	189550	166519	79746	489	63	68
其他塑料制品制造	113865	105662	26153	134	14	59
非金属矿物制品业	1333948	1334115	312658	714	154	209
水泥、石灰和石膏的制造	155024	145154	1141	12	11	7
水泥及石膏制品制造	153509	163505	9574	22	15	19
砖瓦、石材及其他建筑材料制造	63714	196815	247	90	13	40
玻璃及玻璃制品制造	711063	617257	242542	461	54	57
陶瓷制品制造	54908	44783	21528	29	19	21
耐火材料制品制造	87305	80044	5036	62	27	50
石墨及其他非金属矿物制品制造	108424	86557	32591	38	15	15
黑色金属冶炼及压延加工业	2189769	2728690	209536	90	41	58
炼　钢	64902	58566		4	4	2
钢压延加工	2089646	2637150	209471	85	36	53
铁合金冶炼	35222	32974	65	1	1	3
有色金属冶炼及压延加工业	2850754	2644154	465974	297	78	69
常用有色金属冶炼	791216	714727	4004	2	2	3
贵金属冶炼	35100	32980		13	7	2
稀有稀土金属冶炼	21705	37231				
有色金属合金制造	165262	172800	2162	10	6	8
有色金属压延加工	1837470	1686417	459808	272	63	56
金属制品业	2717008	2656350	911928	2350	352	814
结构性金属制品制造	899440	848556	170682	473	60	117
金属工具制造	156177	152617	113375	355	66	260
集装箱及金属包装容器制造	91373	89511	21231	60	11	28
金属丝绳及其制品的制造	527608	517990	65096	25	11	4
建筑、安全用金属制品制造	369766	338945	199543	387	87	141
金属表面处理及热处理加工	132291	107468	6120	11	4	4
搪瓷制品制造	2749	844	292	7	3	4
不锈钢及类似日用金属制品制造	478956	537129	328590	998	89	221

2－A－11 续表5

单位：万元、件

指 标 名 称	新产品产 值	新 产 品销售收入	出 口	专 利申请数	发明专利	拥有发明专 利 数
其他金属制品制造	58647	63290	6999	34	21	35
通用设备制造业	5775481	5460652	1650083	3625	685	1171
锅炉及原动机制造	548731	503354	86684	81	25	29
金属加工机械制造	289100	249588	74791	333	50	95
起重运输设备制造	688225	607593	279769	320	82	110
泵、阀门、压缩机及类似机械的制造	1528071	1485750	406763	1510	192	382
轴承、齿轮、传动和驱动部件的制造	778708	715261	236035	393	66	132
烘炉、熔炉及电炉制造	33082	27603	102	25	13	18
风机、衡器、包装设备等通用设备制造	1180116	1165484	326024	611	132	252
通用零部件制造及机械修理	458473	428559	167207	302	107	104
金属铸、锻加工	270976	277459	72707	50	18	49
专用设备制造业	2180376	2063051	470118	1953	473	790
矿山、冶金、建筑专用设备制造	99054	94135	18787	65	16	63
化工、木材、非金属加工专用设备制造	645051	595088	162350	428	100	147
食品、饮料、烟草及饲料生产专用设备制造	99977	59830	11007	65	18	27
印刷、制药、日化生产专用设备制造	106448	98710	21349	178	40	58
纺织、服装和皮革工业专用设备制造	388871	406861	147440	459	92	110
电子和电工机械专用设备制造	70812	45881	6570	56	13	44
农、林、牧、渔专用机械制造	168049	167734	56156	196	56	78
医疗仪器设备及器械制造	113261	104960	30740	226	50	83
环保、社会公共安全及其他专用设备制造	488854	489853	15720	280	88	180
交通运输设备制造业	6370542	6091774	2716396	1739	245	591
铁路运输设备制造	12024	10445	2786	9		2
汽车制造	3774527	3621427	1016037	1273	205	422
摩托车制造	808828	778394	380405	337	22	78
自行车制造	182058	154090	31766	86	12	56
船舶及浮动装置制造	1576545	1505915	1273371	27	4	10
航空航天器制造	12831	12189	10090	1	1	23
交通器材及其他交通运输设备制造	3730	9315	1941	6	1	
电气机械及器材制造业	8741664	7949520	2707570	5765	811	1536
电机制造	1296356	1211724	626271	793	128	161
输配电及控制设备制造	1707633	1473176	205607	1395	202	509
电线、电缆、光缆及电工器材制造	1474817	1352021	165594	355	56	110
电池制造	1183775	1265169	486428	226	47	72
家用电力器具制造	1991042	1660207	710563	1809	183	384

2－A－11 续表6 单位：万元、件

指标名称	新产品产值	新产品销售收入	出口	专利申请数	发明专利	拥有发明专利数
非电力家用器具制造	174231	162852	23151	122	9	25
照明器具制造	846982	762201	471556	913	168	224
其他电气机械及器材制造	66829	62172	18401	152	18	51
通信设备、计算机及其他电子设备制造业	4107118	3619725	1504346	1993	706	831
通信设备制造	731174	727375	282558	297	55	179
广播电视设备制造	189810	177372	56614	123	23	11
电子计算机制造	1088615	862020	170026	616	429	206
电子器件制造	476327	417516	81843	345	81	161
电子元件制造	1060857	860107	460169	420	81	152
家用视听设备制造	420475	436706	365164	124	21	41
其他电子设备制造	139861	138629	87971	68	16	81
仪器仪表及文化、办公用机械制造业	1578876	1144987	294506	1301	213	467
通用仪器仪表制造	1087807	750206	88348	583	137	287
专用仪器仪表制造	224008	186706	52257	248	36	67
钟表与计时仪器制造	19712	16806	5489	150	7	25
光学仪器及眼镜制造	101327	82269	61579	100	10	39
文化、办公用机械制造	145238	108287	86795	220	23	49
其他仪器仪表的制造及修理	785	713	38			
工艺品及其他制造业	754823	745636	411946	920	211	546
工艺美术品制造	325203	305005	154503	490	151	439
日用杂品制造	427738	438748	256046	429	59	104
核辐射加工	285	285		1	1	3
其他未列明的制造业	1597	1597	1397			
废弃资源和废旧材料回收加工业	41543	41095		3	2	3
金属废料和碎屑的加工处理	20895	20895				
非金属废料和碎屑的加工处理	20648	20200		3	2	3
电力、燃气及水的生产和供应业	**70337**	**68678**	**17150**	**78**	**26**	**31**
电力、热力的生产和供应业	61444	59972	17150	78	26	31
电力生产	61444	59972	17150	23	8	22
电力供应				55	18	9
燃气生产和供应业	5455	5455				
燃气生产和供应业	5455	5455				
水的生产和供应业	3438	3251				
自来水的生产和供应	652	465				
污水处理及其再生利用	2786	2786				

2-A-12 按地区分组的规模以上工业企业科技活动成果情况

单位：万元、件

地　　区	新产品产值	新产品销售收入	出　口	专利申请数	发明专利	拥有发明专利数
总　计	**67532379**	**64081539**	**19708466**	**33652**	**6107**	**11098**
杭州市	14390920	13902645	2683787	5364	1513	2390
宁波市	13547224	11370538	4152187	7495	1193	2104
温州市	4182602	4104754	873050	2776	542	988
嘉兴市	9273534	9017302	3496283	2825	513	1333
湖州市	3446490	3640485	832828	1883	418	517
绍兴市	11289406	11173789	3153502	7118	1039	1567
金华市	2965712	2844121	1047664	2603	376	1287
衢州市	772585	730571	80353	326	83	97
舟山市	1109302	987300	837276	105	23	52
台州市	5419486	5226703	2399163	2786	339	628
丽水市	1135118	1083330	152375	371	68	135

2－A－13　按企业规模、登记注册类型、隶属关系和行业分组的规模以上工业企业技术改造、技术获取及减免税情况

单位：万元

指标名称	技术改造经费支出	技术引进经费支出	消化吸收经费支出	购买国内技术经费支出	享受各级政府对技术开发减免税
总　计	**3891591**	**226695**	**109616**	**166735**	**141435**
一、按工业企业规模分					
大型企业	1496119	46200	19844	58678	31707
中型企业	1570075	115415	53679	62298	78402
小型企业	825397	65081	36093	45760	31326
二、按登记注册类型分					
内　资	**2873455**	**154497**	**78338**	**142561**	**113264**
国　有	285678	665	2382	30867	1594
集　体	5083	45	195	277	18
股份合作企业	14158	3282	823	3223	410
联营企业	140		17	45	
其他联营	140		17	45	
有限责任公司	653513	46087	21032	24109	22309
国有独资公司	20056	1748	1158	495	664
其他有限责任公司	633457	44339	19874	23614	21645
股份有限公司	895418	31041	16053	24179	43530
私营企业	1006700	71318	37837	58791	45249
私营独资	30998	3109	627	1780	730
私营合伙	8554	767	331	549	
私营有限责任公司	814711	62803	35354	51076	30577
私营股份有限公司	152438	4638	1525	5387	13942
其　他	12764	2060		1070	155
港澳台商投资	**387706**	**19196**	**10566**	**13378**	**13576**
与港澳台商合资经营	291014	9709	7096	8624	7759
与港澳台商合作经营	3215		370	1230	396
港澳台商独资	91709	9479	2797	3516	5084
港澳台商投资股份有限公司	1768	8	303	8	337
外商投资	**630430**	**53002**	**20712**	**10796**	**14596**
中外合资经营	572100	29361	11906	7051	9215
中外合作经营	3195	120	142	70	876
外资企业	44859	23162	7433	3071	1556
外商投资股份有限公司	10276	359	1232	605	2949
三、按隶属关系分					
中　央	659179	2138	1146	19175	1396
省（自治区、直辖市）	171394	55	906	13542	1549
地（区、市、州、盟）	124353	6246	1735	1897	7279

2－A－13 续表1

单位：万元

指标名称	技术改造经费支出	技术引进经费支出	消化吸收经费支出	购买国内技术经费支出	享受各级政府对技术开发减免税
县（区、市、旗）	96961	3570	3968	6654	4316
乡镇（街道）	70923	7267	1102	2261	1096
基层群众自治组织	1116				
其　他	2767665	207420	100759	123207	125799
四、按国民经济行业（门类、大类、中类）分					
采矿业	**2510**			**152**	
黑色金属矿采选业	233				
铁矿采选	233				
有色金属矿采选业	1192				
常用有色金属矿采选	1192				
非金属矿采选业	1085			152	
土砂石开采	885			152	
石棉及其他非金属矿采选	200				
制造业	**3633387**	**225881**	**108458**	**147482**	**141435**
农副食品加工业	26894	730	859	1855	220
谷物磨制	283				
饲料加工	3537	198	239	404	
植物油加工	1175		16	133	
屠宰及肉类加工	2203		1	29	
水产品加工	8998	186	377	558	136
蔬菜、水果和坚果加工	7249	346	226	691	73
其他农副食品加工	3449			41	11
食品制造业	38068	257	986	828	2057
焙烤食品制造	4119			356	8
方便食品制造	16342	74	528	437	
液体乳及乳制品制造	1004	128	435		26
罐头制造	4922	25	20	12	
调味品、发酵制品制造	1250			5	
其他食品制造	10431	30	3	18	2024
饮料制造业	150358	5351	409	344	422
酒的制造	27190	12	140	52	33
软饮料制造	122218	5291		115	389
精制茶加工	950	49	270	177	
烟草制品业	15929				
卷烟制造	14992				
其他烟草制品加工	937				

2－A－13 续表2

单位：万元

指标名称	技术改造经费支出	技术引进经费支出	消化吸收经费支出	购买国内技术经费支出	享受各级政府对技术开发减免税
纺织业	173451	29612	9001	9604	4612
棉、化纤纺织及印染精加工	88115	15358	4771	5134	2043
毛纺织和染整精加工	6836	570	35	5	705
麻纺织	2200				
丝绢纺织及精加工	19820	3835	824	726	723
纺织制成品制造	19640	4314	651	1149	566
针织品、编织品及其制品制造	36840	5535	2720	2591	576
纺织服装、鞋、帽制造业	41994	3145	2988	2571	203
纺织服装制造	41570	3046	2944	2446	203
纺织面料鞋的制造	423	99	44	119	
制　帽				7	
皮革、毛皮、羽毛(绒)及其制品业	29176	1941	1451	3196	1220
皮革鞣制加工	2247	320	100	65	1110
皮革制品制造	25111	1621	1349	3120	110
毛皮鞣制及制品加工	496		2	6	
羽毛(绒)加工及制品制造	1323			5	
木材加工及木、竹、藤、棕、草制品业	19858	570	366	381	673
锯材、木片加工	11		11		
人造板制造	15848	233	163	90	509
木制品制造	2372	298	92	107	158
竹、藤、棕、草制品制造	1627	38	100	185	5
家具制造业	17498	675	282	322	585
木质家具制造	7864	87	112	90	
金属家具制造	7058	88	160	222	519
塑料家具制造					66
其他家具制造	2576	500	10	10	
造纸及纸制品业	103792	10083	1648	942	302
造　纸	85865	1924	543	569	244
纸制品制造	17927	8159	1105	373	58
印刷业和记录媒介的复制	61891	2456	595	570	14840
印　刷	59055	1572	595	247	14840
装订及其他印刷服务活动	1678			50	
记录媒介的复制	1157	884		273	
文教体育用品制造业	12658	1399	522	671	682
文化用品制造	3187	171	84	367	345

2-A-13 续表3

单位:万元

指标名称	技术改造经费支出	技术引进经费支出	消化吸收经费支出	购买国内技术经费支出	享受各级政府对技术开发减免税
体育用品制造	2745	569	269		100
乐器制造	1030	100	56	90	231
玩具制造	2986	490	113	153	6
游艺器材及娱乐用品制造	2710	69		61	
石油加工、炼焦及核燃料加工业	473939	1292		1937	792
精炼石油产品的制造	473939	1292		1937	792
化学原料及化学制品制造业	272145	24279	19111	8129	20070
基础化学原料制造	112596	8132	8672	3017	1053
肥料制造	7906		250	64	
农药制造	64365	5685	3035	2332	12868
涂料、油墨、颜料及类似产品制造	23883	3866	1563	349	1146
合成材料制造	22620	5159	4696	301	2665
专用化学产品制造	31614	1437	896	1468	2314
日用化学产品制造	9161			600	24
医药制造业	87222	8357	8971	15640	9106
化学药品原药制造	49019	3990	4461	11112	5436
化学药品制剂制造	18434	1192	918	938	1604
中药饮片加工	191				19
中成药制造	9332	1391	919	630	1029
兽用药品制造	2263		260	405	96
生物、生化制品的制造	7042	1259	1716	2431	922
卫生材料及医药用品制造	941	526	697	125	
化学纤维制造业	199427	14132	3646	8207	1321
纤维素纤维原料及纤维制造	50				
合成纤维制造	199377	14132	3646	8207	1321
橡胶制品业	97928	520	121	767	1370
轮胎制造	70713		17		932
橡胶板、管、带的制造	19828	350		583	181
橡胶零件制造	5652	155	97	69	222
再生橡胶制造	60				
日用及医用橡胶制品制造	968				
橡胶靴鞋制造	176			68	14
其他橡胶制品制造	532	15	8	48	22
塑料制品业	105678	3401	2465	2452	5065
塑料薄膜制造	39842	708	154	425	162

2－A－13 续表4

单位：万元

指标名称	技术改造经费支出	技术引进经费支出	消化吸收经费支出	购买国内技术经费支出	享受各级政府对技术开发减免税
塑料板、管、型材的制造	12807	139	862	97	4043
塑料丝、绳及编织品的制造	1434			45	117
泡沫塑料制造	4302	19	26	17	16
塑料人造革、合成革制造	20519		1	52	528
塑料包装箱及容器制造	3371	185	127	767	30
塑料零件制造	8470	326	138	52	14
日用塑料制造	8671	1351	1114	843	144
其他塑料制品制造	6263	674	44	155	11
非金属矿物制品业	275864	1775	680	3170	1962
水泥、石灰和石膏的制造	19694		195	1109	449
水泥及石膏制品制造	10413		10	1056	791
砖瓦、石材及其他建筑材料制造	1966	2	135	9	178
玻璃及玻璃制品制造	234864	784	77	807	115
陶瓷制品制造	471	663	40	15	142
耐火材料制品制造	5194	325	193	175	287
石墨及其他非金属矿物制品制造	3263		30		
黑色金属冶炼及压延加工业	66080	5345	774	14598	7505
炼　钢	571		327	693	
钢压延加工	64448	5320	447	13905	7505
铁合金冶炼	1061	25			
有色金属冶炼及压延加工业	128969	445	760	967	352
常用有色金属冶炼	44405			313	212
贵金属冶炼	420			35	
有色金属合金制造	5983		220	78	
有色金属压延加工	78162	445	540	541	141
金属制品业	86551	14697	2375	4937	4174
结构性金属制品制造	28043	2071	816	773	1892
金属工具制造	5353	620	426	580	504
集装箱及金属包装容器制造	3152				14
金属丝绳及其制品的制造	7284	187	100	116	20
建筑、安全用金属制品制造	19632	410	463	1301	52
金属表面处理及热处理加工	6202	3620	104	124	367
搪瓷制品制造	94	38	19	10	137
不锈钢及类似日用金属制品制造	16030	7752	446	2008	1050
其他金属制品制造	761			25	138

2－A－13 续表5

单位：万元

指标名称	技术改造经费支出	技术引进经费支出	消化吸收经费支出	购买国内技术经费支出	享受各级政府对技术开发减免税
通用设备制造业	291964	23496	13200	12118	16964
锅炉及原动机制造	11498	3457	2749	2350	2119
金属加工机械制造	30904	2199	472	641	801
起重运输设备制造	16313	3401	1732	350	670
泵、阀门、压缩机及类似机械的制造	60730	7589	3836	4496	4435
轴承、齿轮、传动和驱动部件的制造	75334	1463	2309	1178	3083
烘炉、熔炉及电炉制造					28
风机、衡器、包装设备等通用设备制造	62574	4171	1282	2605	3662
通用零部件制造及机械修理	19830	510	488	260	1922
金属铸、锻加工	14782	704	332	238	244
专用设备制造业	87393	6936	4419	3597	5725
矿山、冶金、建筑专用设备制造	9822	349	65	100	481
化工、木材、非金属加工专用设备制造	33802	2250	865	1681	1303
食品、饮料、烟草及饲料生产专用设备制造	1969	137	27	31	281
印刷、制药、日化生产专用设备制造	4017	232	365	70	509
纺织、服装和皮革工业专用设备制造	16605	2433	1870	1120	1326
电子和电工机械专用设备制造	292	20	30	1	276
农、林、牧、渔专用机械制造	3620	247	842	180	195
医疗仪器设备及器械制造	4346	722	65	165	630
环保、社会公共安全及其他专用设备制造	12922	547	291	249	724
交通运输设备制造业	336188	17369	6557	17754	8471
铁路运输设备制造	221	120	45		
汽车制造	213934	11248	3533	9545	5961
摩托车制造	39082	2437	1302	731	695
自行车制造	1069	77	188	96	
船舶及浮动装置制造	80375	3477	1488	7356	1816
航空航天器制造	450				
交通器材及其他交通运输设备制造	1057	10	...	26	
电气机械及器材制造业	287421	34544	19641	16448	12486
电机制造	77209	19468	5287	4338	3985
输配电及控制设备制造	53525	4365	4234	3919	2779
电线、电缆、光缆及电工器材制造	34499	2146	1520	1631	1695
电池制造	18770	2177	3647	4055	1229
家用电力器具制造	56392	1581	1850	1518	1742
非电力家用器具制造	14455	355	167	35	13

2－A－13 续表6 单位：万元

指标名称	技术改造经费支出	技术引进经费支出	消化吸收经费支出	购买国内技术经费支出	享受各级政府对技术开发减免税
照明器具制造	28637	3611	2767	906	1010
其他电气机械及器材制造	3933	840	170	46	33
通信设备、计算机及其他电子设备制造业	91573	7430	2410	9232	12930
通信设备制造	16932	1501	121	4015	995
广播电视设备制造	1103	187	141		3238
电子计算机制造	1823	1073	268		3796
电子器件制造	13843	1088	632	151	1849
电子元件制造	51024	3123	1129	3411	2441
家用视听设备制造	4615	352	84	1024	487
其他电子设备制造	2232	107	35	632	125
仪器仪表及文化、办公用机械制造业	36300	1846	1036	1065	4495
通用仪器仪表制造	19814	683	812	577	3565
专用仪器仪表制造	8578	611	60	286	464
钟表与计时仪器制造	71				18
光学仪器及眼镜制造	3201	435	134		125
文化、办公用机械制造	4575	117	31	202	324
其他仪器仪表的制造及修理	62				
工艺品及其他制造业	15261	3801	3186	5141	2832
工艺美术品制造	3002	1505	871	2226	102
日用杂品制造	12260	2296	2315	2616	2730
核辐射加工				300	
废弃资源和废旧材料回收加工业	1921			37	
金属废料和碎屑的加工处理	13				
非金属废料和碎屑的加工处理	1908			37	
电力、燃气及水的生产和供应业	**255694**	**814**	**1158**	**19102**	
电力、热力的生产和供应业	250953	814	1158	18893	
电力生产	77375	314	158	2280	
电力供应	169643	500	1000	16613	
热力生产和供应	3935				
燃气生产和供应业	327			209	
燃气生产和供应业	327			209	
水的生产和供应业	4414	...			
自来水的生产和供应	408	...			
污水处理及其再生利用	3980				
其他水的处理、利用与分配	26				

2－A－14 按地区分组的规模以上工业企业技术改造、技术获取及减免税情况

单位：万元

地 区	技术改造经费支出	技术引进经费支出	消化吸收经费支出	购买国内技术经费支出	享受各级政府对技术开发减免税
总 计	**3891591**	**226695**	**109616**	**166735**	**141435**
杭州市	963677	45072	13176	43035	48672
宁波市	962233	35077	15358	30786	30315
温州市	297337	20656	11359	9392	10014
嘉兴市	422895	34543	12403	14592	7228
湖州市	141187	9741	4248	5873	9219
绍兴市	373925	27111	10134	20416	17202
金华市	193515	18295	12615	15261	4860
衢州市	178755	8512	11395	2405	3583
舟山市	15536	5722	4694	2807	1905
台州市	307803	21967	13733	21451	7785
丽水市	34727		501	717	652

2-A-15 按企业规模、登记注册类型、隶属关系和行业分组的规模以上工业企业办科技机构情况

单位：个、人、万元

指标名称	机构数	科技活动人员	博士毕业	硕士毕业	科技经费内部支出	仪器设备原价
总计	**5748**	**184784**	**2089**	**10059**	**3077002**	**1932060**
一、按工业企业规模分						
大型企业	252	31991	355	3802	733604	473396
中型企业	1850	88897	889	3786	1528307	968065
小型企业	3646	63896	845	2471	815091	490599
二、按登记注册类型分						
内资	**4428**	**132939**	**1657**	**5597**	**2061848**	**1419614**
国有	35	1803	21	240	23239	46174
集体	17	334	11	23	5358	4085
股份合作企业	69	1613	6	75	15887	11412
联营企业	2	148			1773	500
国有与集体联营	1	118			1491	335
其他联营	1	30			282	165
有限责任公司	940	30926	495	1674	525728	360055
国有独资公司	21	692	11	47	25573	13216
其他有限责任公司	919	30234	484	1627	500155	346839
股份有限公司	310	25843	317	1373	461352	331267
私营企业	3045	72122	807	2206	1026347	663797
私营独资	168	2842	37	59	34109	16994
私营合伙	45	787	5	18	8429	5216
私营有限责任公司	2720	64287	709	1964	911488	594689
私营股份有限公司	112	4206	56	165	72321	46898
其他	10	150		6	2164	2324
港澳台商投资	**613**	**23629**	**196**	**3263**	**485706**	**249293**
与港澳台商合资经营	404	11683	71	436	227242	116754
与港澳台商合作经营	14	553	7	16	5275	7521
港澳台商独资	178	10033	87	2417	183258	88070
港澳台商投资股份有限公司	17	1360	31	394	69932	36948
外商投资	**707**	**28216**	**236**	**1199**	**529448**	**263154**
中外合资经营	475	18865	154	754	383048	162247
中外合作经营	18	455	7	16	7320	6790
外资企业	189	7599	67	359	109885	73255
外商投资股份有限公司	25	1297	8	70	29195	20862
三、按隶属关系分						
中央	27	1527	15	281	24438	41905
省(自治区、直辖市)	22	1064	16	113	15925	15474

2-A-15 续表1

单位:个、人、万元

指 标 名 称	机构数	科技活动人员	博士毕业	硕士毕业	科技经费内部支出	仪器设备原价
地(区、市、州、盟)	71	6378	21	248	130230	47542
县(区、市、旗)	73	4669	61	350	87262	63424
乡镇(街道)	100	3391	55	149	53104	40063
基层群众自治组织	2	20			142	69
其 他	5453	167735	1921	8918	2765902	1723582
四、按国民经济行业(门类、大类、中类)分						
采矿业	**5**	**131**		**2**	**1403**	**603**
黑色金属矿采选业	1	36			266	25
铁矿采选	1	36			266	25
有色金属矿采选业	1	72		1	758	387
常用有色金属矿采选	1	72		1	758	387
非金属矿采选业	3	23		1	379	191
土砂石开采	3	23		1	379	191
制造业	**5721**	**183600**	**2073**	**9820**	**3064188**	**1902181**
农副食品加工业	126	2091	79	150	31169	21861
谷物磨制	2	43			325	1480
饲料加工	26	665	30	60	8874	3649
植物油加工	4	59	2	2	890	3401
屠宰及肉类加工	14	158	8	9	2409	1688
水产品加工	37	493	12	37	10459	7585
蔬菜、水果和坚果加工	35	521	24	33	6553	2980
其他农副食品加工	8	152	3	9	1659	1080
食品制造业	69	1314	44	88	20877	15654
焙烤食品制造	2	35			665	217
糖果、巧克力及蜜饯制造	1	18			100	17
方便食品制造	6	242	11	9	3054	3313
液体乳及乳制品制造	9	196	5	1	1862	1667
罐头制造	4	29	1	6	485	363
调味品、发酵制品制造	11	186	3	13	4758	2218
其他食品制造	36	608	24	59	9952	7858
饮料制造业	43	1390	20	112	63810	17886
酒精制造	1	6			12	4
酒的制造	17	679	5	16	8488	8175
软饮料制造	11	567	6	81	53767	9148
精制茶加工	14	138	9	15	1543	559
烟草制品业	2	85	3	19	2263	4588

2-A-15 续表2

单位：个、人、万元

指标名称	机构数	科技活动人员	博士毕业	硕士毕业	科技经费内部支出	仪器设备原价
卷烟制造	1	66	3	19	1807	4498
其他烟草制品加工	1	19			457	90
纺织业	439	12886	112	348	239709	196682
棉、化纤纺织及印染精加工	203	6468	50	156	140310	97426
毛纺织和染整精加工	18	317			5077	2245
麻纺织	1	54			110	90
丝绢纺织及精加工	36	1474	10	73	30330	22901
纺织制成品制造	80	2203	24	45	34935	38825
针织品、编织品及其制品制造	101	2370	28	74	28948	35195
纺织服装、鞋、帽制造业	91	3536	18	42	48995	23117
纺织服装制造	87	3481	18	42	48724	22905
纺织面料鞋的制造	3	34			217	86
制　帽	1	21			54	126
皮革、毛皮、羽毛(绒)及其制品业	121	3526	9	32	44049	32575
皮革鞣制加工	22	666		3	13060	10124
皮革制品制造	88	2666	8	22	28999	21888
毛皮鞣制及制品加工	6	110	1	4	1588	403
羽毛(绒)加工及制品制造	5	84		3	402	160
木材加工及木、竹、藤、棕、草制品业	52	1090	26	55	15631	7102
锯材、木片加工	1	20			445	20
人造板制造	16	352	11	20	5245	3101
木制品制造	18	444	6	5	8210	2829
竹、藤、棕、草制品制造	17	274	9	30	1731	1152
家具制造业	71	2074	10	30	26131	15161
木质家具制造	16	303			3210	3226
金属家具制造	37	1230	5	17	11004	6858
塑料家具制造	3	46	2	7	404	138
其他家具制造	15	495	3	6	11513	4940
造纸及纸制品业	55	1580	30	65	26022	97298
纸浆制造	1	11			118	29
造　纸	37	1007	20	44	19188	91957
纸制品制造	17	562	10	21	6716	5312
印刷业和记录媒介的复制	34	1175	8	36	11595	7058
印　刷	30	1097	7	28	10494	4526
记录媒介的复制	4	78	1	8	1100	2532

2－A－15 续表3

单位：个、人、万元

指 标 名 称	机构数	科技活动人员	博士毕业	硕士毕业	科技经费内部支出	仪器设备原价
文教体育用品制造业	95	2085	18	66	19662	12024
文化用品制造	28	728	6	25	8393	5309
体育用品制造	24	390	1	5	4084	2389
乐器制造	7	315	5	6	1342	1162
玩具制造	23	425	1	15	3489	2029
游艺器材及娱乐用品制造	13	227	5	15	2353	1135
石油加工、炼焦及核燃料加工业	2	25	1	2	501	97
精炼石油产品的制造	2	25	1	2	501	97
化学原料及化学制品制造业	424	11567	222	783	298660	154199
基础化学原料制造	70	2117	48	130	41316	29318
肥料制造	6	155		4	4358	1109
农药制造	38	1502	34	120	33456	25121
涂料、油墨、颜料及类似产品制造	95	3108	24	99	77164	31758
合成材料制造	41	1092	38	120	63914	14032
专用化学产品制造	150	3093	72	260	70004	48380
日用化学产品制造	24	500	6	50	8447	4483
医药制造业	247	10489	229	818	146033	117110
化学药品原药制造	104	5946	132	411	90680	64824
化学药品制剂制造	39	1464	23	100	21381	22931
中药饮片加工	8	70	1	11	382	651
中成药制造	31	1155	20	66	11401	7151
兽用药品制造	18	465	9	44	4931	1818
生物、生化制品的制造	39	1282	44	175	16458	18449
卫生材料及医药用品制造	8	107		11	800	1287
化学纤维制造业	64	3511	33	149	90203	75666
纤维素纤维原料及纤维制造	1	19			101	163
合成纤维制造	63	3492	33	149	90102	75503
橡胶制品业	54	3070	7	32	60398	19980
轮胎制造	8	1932		13	46130	11089
橡胶板、管、带的制造	19	702	4	9	9555	3596
橡胶零件制造	16	259	2	9	3619	4027
再生橡胶制造	1	6			11	223
日用及医用橡胶制品制造	2	11		1	99	203
橡胶靴鞋制造	3	26			383	180
其他橡胶制品制造	5	134	1		602	662

2-A-15 续表4 单位：个、人、万元

指标名称	机构数	科技活动人员	博士毕业	硕士毕业	科技经费内部支出	仪器设备原价
塑料制品业	205	4380	48	113	69049	60626
塑料薄膜制造	24	619	10	36	12337	13613
塑料板、管、型材的制造	42	870	20	24	16513	9821
塑料丝、绳及编织品的制造	9	173	1		855	302
泡沫塑料制造	11	228	1	4	2184	1430
塑料人造革、合成革制造	13	797	2	8	14907	18782
塑料包装箱及容器制造	12	233	5	3	3220	2043
塑料零件制造	34	450	1	14	7256	2813
日用塑料制造	43	624	4	7	6478	4949
其他塑料制品制造	17	386	4	17	5299	6874
非金属矿物制品业	142	3252	59	139	60156	32544
水泥、石灰和石膏的制造	25	511	5	21	8479	8529
水泥及石膏制品制造	17	215		3	4391	3637
砖瓦、石材及其他建筑材料制造	13	499	7	15	10992	1394
玻璃及玻璃制品制造	50	1217	22	49	23061	13887
陶瓷制品制造	11	210	1	1	2435	1172
耐火材料制品制造	16	341	19	42	3301	1293
石墨及其他非金属矿物制品制造	10	259	5	8	7499	2632
黑色金属冶炼及压延加工业	42	1181	9	53	40098	20184
炼　钢	4	57		6	1005	1920
钢压延加工	36	1106	9	47	38562	18114
铁合金冶炼	2	18			531	150
有色金属冶炼及压延加工业	74	1846	38	62	62637	30786
常用有色金属冶炼	7	368		1	21434	3062
贵金属冶炼	2	48	4	5	60	720
稀有稀土金属冶炼	2	27			591	111
有色金属合金制造	6	177	8	12	7082	1858
有色金属压延加工	57	1226	26	44	33470	25035
金属制品业	229	6613	62	240	104628	51654
结构性金属制品制造	50	2089	28	141	45054	16452
金属工具制造	37	870	4	13	8889	5171
集装箱及金属包装容器制造	12	220	6	14	1804	1172
金属丝绳及其制品的制造	11	171	2	10	2567	3073
建筑、安全用金属制品制造	55	1334	7	25	21499	10270
金属表面处理及热处理加工	8	213		2	3377	1732

2-A-15 续表5

单位：个、人、万元

指标名称	机构数	科技活动人员	博士毕业	硕士毕业	科技经费内部支出	仪器设备原价
搪瓷制品制造	3	26		1	437	119
不锈钢及类似日用金属制品制造	45	1574	4	27	17784	12669
其他金属制品制造	8	116	11	7	3219	996
通用设备制造业	784	24608	187	764	333554	172741
锅炉及原动机制造	23	1156	12	110	21931	10469
金属加工机械制造	63	1810	20	37	20214	10096
起重运输设备制造	63	2401	26	99	41978	9092
泵、阀门、压缩机及类似机械的制造	290	8202	30	118	100342	57280
轴承、齿轮、传动和驱动部件的制造	94	3445	33	101	42156	30513
烘炉、熔炉及电炉制造	7	135	7	5	1621	387
风机、衡器、包装设备等通用设备制造	134	4554	48	192	65698	36441
通用零部件制造及机械修理	71	1777	7	27	25558	9784
金属铸、锻加工	39	1128	4	75	14057	8678
专用设备制造业	447	10311	108	311	132447	98042
矿山、冶金、建筑专用设备制造	26	537	2	14	5979	3604
化工、木材、非金属加工专用设备制造	138	3438	22	71	39564	35489
食品、饮料、烟草及饲料生产专用设备制造	13	227	3	9	4287	1874
印刷、制药、日化生产专用设备制造	49	850	11	15	8756	2683
纺织、服装和皮革工业专用设备制造	88	1930	25	75	25614	29741
电子和电工机械专用设备制造	12	280	4	12	3917	2548
农、林、牧、渔专用机械制造	25	809	7	6	9601	4196
医疗仪器设备及器械制造	36	913	12	36	10438	7793
环保、社会公共安全及其他专用设备制造	60	1327	22	73	24292	10114
交通运输设备制造业	385	14268	95	346	240261	157075
铁路运输设备制造	4	92	5	10	1470	310
汽车制造	271	9961	65	231	157385	117512
摩托车制造	61	2582	11	78	45661	29154
自行车制造	21	475	9	11	4152	5594
船舶及浮动装置制造	24	1044	5	16	30113	3430
航空航天器制造	2	40			300	279
交通器材及其他交通运输设备制造	2	74			1180	797
电气机械及器材制造业	765	27439	284	954	441411	234940
电机制造	149	5550	53	188	77534	61928
输配电及控制设备制造	190	7388	54	241	115038	45074
电线、电缆、光缆及电工器材制造	92	3008	52	109	77051	44384

2－A－15 续表6

单位：个、人、万元

指 标 名 称	机构数	科技活动人员	博士毕业	硕士毕业	科技经费内部支出	仪器设备原价
电池制造	55	2535	82	221	41015	22900
家用电力器具制造	144	5656	23	113	82311	39291
非电力家用器具制造	13	381		3	9353	1415
照明器具制造	100	2578	15	69	35049	16321
其他电气机械及器材制造	22	343	5	10	4059	3628
通信设备、计算机及其他电子设备制造业	337	17755	184	3459	313109	156139
通信设备制造	52	4003	39	597	112505	56593
广播电视设备制造	24	1205	6	123	10855	4304
电子计算机制造	28	3238	28	2313	90768	6135
电子器件制造	61	2941	36	190	33196	29614
电子元件制造	122	4882	68	184	49878	51013
家用视听设备制造	27	887	6	39	10764	6127
其他电子设备制造	23	599	1	13	5142	2352
仪器仪表及文化、办公用机械制造业	247	7921	103	471	85615	49368
通用仪器仪表制造	151	5028	70	386	56972	26428
专用仪器仪表制造	45	1453	16	49	14072	15252
钟表与计时仪器制造	8	124			1098	1012
光学仪器及眼镜制造	15	591	8	25	6573	3609
文化、办公用机械制造	28	725	9	11	6900	3067
工艺品及其他制造业	73	2516	26	80	35356	19922
工艺美术品制造	42	1383	14	45	21756	8870
日用杂品制造	29	1106	12	33	13398	11008
核辐射加工	1	21		2	162	40
其他未列明的制造业	1	6			40	3
废弃资源和废旧材料回收加工业	2	16	1	1	161	103
金属废料和碎屑的加工处理	1	8	1		61	63
非金属废料和碎屑的加工处理	1	8		1	100	40
电力、燃气及水的生产和供应业	**22**	**1053**	**16**	**237**	**11411**	**29276**
电力、热力的生产和供应业	20	1035	15	232	11306	29181
电力生产	16	654	9	108	8210	9214
电力供应	3	376	6	124	2918	19866
热力生产和供应	1	5			178	101
水的生产和供应业	2	18	1	5	106	95
自来水的生产和供应	1	14	1	5	20	86
污水处理及其再生利用	1	4			86	9

2-A-16 按地区分组的规模以上工业企业办科技机构情况

单位：个、人、万元

地　区	机构数	科技活动人　员	博士毕业	硕士毕业	科技经费内部支出	仪器设备原　价
总　计	**5748**	**184784**	**2089**	**10059**	**3077002**	**1932060**
杭州市	1074	43585	596	5424	887547	413459
宁波市	1150	36939	229	1068	566555	318349
温州市	600	18681	148	485	253255	140607
嘉兴市	717	18446	129	474	285838	267995
湖州市	245	7136	194	563	124904	57168
绍兴市	572	22861	242	759	485470	349728
金华市	456	13365	227	521	161568	130310
衢州市	84	2036	52	111	28763	25006
舟山市	57	2104	17	46	46322	28042
台州市	762	19120	224	568	228363	192609
丽水市	31	511	31	40	8417	8788

2-A-17 按企业规模、登记注册类型、隶属关系和行业分组的有科技活动工业企业基本情况

单位：个、人、万元

指标名称	企业数	#开展R&D企业	#开展新产品开发企业	从业人员年平均人数	主营业务收入	生产经营用机器设备原价	微电子控制设备原价
总计	**12897**	**5831**	**11070**	**3476812**	**207894743**	**50818094**	**10756162**
一、按企业规模分							
大型企业	165	132	155	683957	63765461	15622969	2229225
中型企业	2437	1389	2133	1641799	93404154	25509806	6548068
小型企业	10295	4310	8782	1151056	50725128	9685319	1978869
二、按登记注册类型分							
内资	**10408**	**4637**	**8947**	**2483240**	**158134456**	**38329650**	**7287850**
国有	62	30	34	78538	18212445	7876811	953853
集体	45	22	41	9946	369501	89032	3326
股份合作企业	324	150	276	33520	1231556	157888	37622
联营企业	4	3	3	1844	57949	17127	86
集体联营	1			182	2234	1364	
国有与集体联营	1	1	1	1026	34623	14376	
其他联营	2	2	2	636	21092	1388	86
有限责任公司	1791	963	1528	588059	37545567	13664233	2953817
国有独资公司	18	8	11	28172	1294564	452348	90127
其他有限责任公司	1773	955	1517	559887	36251003	13211885	2863690
股份有限公司	288	214	265	260612	29517757	5319270	1292152
私营企业	7880	3246	6789	1505539	70828297	11117320	2038467
私营独资	753	268	632	72131	2367631	384797	80079
私营合伙	230	83	194	18668	589951	82071	12476
私营有限责任公司	6748	2807	5824	1327261	59674985	9848926	1765062
私营股份有限公司	149	88	139	87479	8195730	801526	180850
其他	14	9	11	5182	371386	87970	8528
港澳台商投资	**1154**	**567**	**999**	**433908**	**21330372**	**4639763**	**1604774**
与港澳台商合资经营	742	358	657	244907	12799027	3075899	1159476
与港澳台商合作经营	31	19	27	9095	270556	50010	11449
港澳台商独资	362	175	297	169719	7402183	1361511	370475
港澳台商投资股份有限公司	19	15	18	10187	858606	152343	63374
外商投资	**1335**	**627**	**1124**	**559664**	**28429914**	**7848681**	**1863538**
中外合资经营	882	419	751	339366	17944284	4838329	1388696
中外合作经营	28	13	23	10330	407126	150629	3811
外资企业	400	178	326	184011	8437530	2326977	160792
外商投资股份有限公司	25	17	24	25957	1640974	532746	310239
三、按隶属关系分							
中央	37	25	22	51600	23781284	11823196	2564599
省(自治区、直辖市)	36	17	27	46387	5416254	3491025	470639

2－A－17　续表1

单位：个、人、万元

指标名称	企业数	# 开展R&D企业	# 开展新产品开发企业	从业人员年平均人数	主营业务收入	生产经营用机器设备原价	微电子控制设备原价
地（区、市、州、盟）	103	64	88	75384	6039334	1660999	288415
县（区、市、旗）	100	68	82	70822	4091033	985009	351714
乡镇（街道）	212	115	180	56907	2795760	524781	135588
基层群众自治组织	8	4	7	651	42742	4690	1255
其　他	12401	5538	10664	3175061	165728336	32328394	6943953
四、按国民经济行业（门类、大类、中类）分							
采矿业	**19**	**8**	**15**	**3771**	**321589**	**33361**	**2192**
黑色金属矿采选业	1	1		1204	108665	12921	1807
铁矿采选	1	1		1204	108665	12921	1807
有色金属矿采选业	3		2	1789	179523	14355	
常用有色金属矿采选	3		2	1789	179523	14355	
非金属矿采选业	15	7	13	778	33402	6085	385
土砂石开采	14	7	12	610	27789	5615	165
石棉及其他非金属矿采选	1		1	168	5612	470	220
制造业	**12809**	**5799**	**11038**	**3423178**	**191181169**	**38056343**	**8389411**
农副食品加工业	289	86	244	37847	2606116	310506	33390
谷物磨制	3	2	3	379	84293	9081	45
饲料加工	46	24	39	7184	609636	52664	13693
植物油加工	12	4	8	1162	466720	57075	75
屠宰及肉类加工	17	2	10	2827	179660	9579	2368
水产品加工	135	34	120	15509	834547	74700	5908
蔬菜、水果和坚果加工	56	15	47	8059	289730	72316	6949
其他农副食品加工	20	5	17	2727	141531	35091	4352
食品制造业	127	55	109	26896	1036327	209673	19681
焙烤食品制造	7	2	6	2475	65127	23940	250
糖果、巧克力及蜜饯制造	7	3	3	440	31036	3891	30
方便食品制造	12	2	11	5515	135570	28201	400
液体乳及乳制品制造	10	7	9	3281	100909	23236	9206
罐头制造	23	7	18	4407	116596	16410	1607
调味品、发酵制品制造	16	8	14	3124	120036	40409	1268
其他食品制造	52	26	48	7654	467053	73586	6920
饮料制造业	96	35	82	28609	1452840	1048477	512616
酒精制造	1			111	9376	3506	51
酒的制造	41	17	35	22215	738674	386508	106641
软饮料制造	21	9	18	3695	520787	642055	405246
精制茶加工	33	9	29	2588	184004	16407	678
烟草制品业	2	1	2	2046	1491386	193547	189754

2-A-17 续表2

单位：个、人、万元

指标名称	企业数	#开展R&D企业	#开展新产品开发企业	从业人员年平均人数	主营业务收入	生产经营用机器设备原价	微电子控制设备原价
卷烟制造	1	1	1	1874	1479528	189061	189061
其他烟草制品加工	1		1	172	11858	4486	693
纺织业	1518	316	1264	402149	17691622	4502793	883244
棉、化纤纺织及印染精加工	678	141	586	192496	9965080	2593048	440961
毛纺织和染整精加工	51	10	39	10503	415716	101772	8831
麻纺织	9	2	7	2047	43166	10460	136
丝绢纺织及精加工	111	34	91	44152	1905563	574393	41414
纺织制成品制造	189	65	159	63888	2270820	539390	140219
针织品、编织品及其制品制造	480	64	382	89063	3091277	683731	251683
纺织服装、鞋、帽制造业	536	111	397	259357	5704275	614810	188065
纺织服装制造	512	109	377	255890	5635225	609430	186501
纺织面料鞋的制造	21	2	18	2969	62571	4044	980
制帽	3		2	498	6479	1335	584
皮革、毛皮、羽毛(绒)及其制品业	596	64	507	193469	5100987	476847	90708
皮革鞣制加工	26	12	18	16498	794082	123423	39859
皮革制品制造	544	46	467	168298	3965642	326551	48602
毛皮鞣制及制品加工	18	3	14	4366	109097	20586	1011
羽毛(绒)加工及制品制造	8	3	8	4307	232166	6287	1236
木材加工及木、竹、藤、棕、草制品业	120	44	101	22762	1263470	178981	15394
锯材、木片加工	2	2	2	346	50206	2844	20
人造板制造	45	20	36	11013	473786	107265	10528
木制品制造	34	9	27	5838	570603	46768	2801
竹、藤、棕、草制品制造	39	13	36	5565	168875	22105	2045
家具制造业	159	45	129	79993	2152823	344576	21932
木质家具制造	64	16	51	27156	460541	108170	6101
竹、藤家具制造	1		1	71	5530	302	5
金属家具制造	59	20	50	33377	915440	107895	6397
塑料家具制造	9	3	7	948	47043	4986	1531
其他家具制造	26	6	20	18441	724269	123223	7899
造纸及纸制品业	150	69	122	42558	3144444	1865705	928240
纸浆制造	1	1	1	70	5027	247	4
造纸	69	38	53	25889	2104363	1700675	884272
纸制品制造	80	30	68	16599	1035053	164783	43963
印刷业和记录媒介的复制	94	33	66	17275	948603	310278	111343
印刷	86	29	60	15822	866922	280474	110352
装订及其他印刷服务活动	5	2	3	1010	13009	3990	519
记录媒介的复制	3	2	3	443	68671	25814	471

2-A-17 续表3

单位：个、人、万元

指标名称	企业数	#开展R&D企业	#开展新产品开发企业	从业人员年平均人数	主营业务收入	生产经营用机器设备原价	微电子控制设备原价
文教体育用品制造业	207	85	190	47277	1324482	213295	48895
文化用品制造	87	24	77	19931	550064	79611	16723
体育用品制造	43	22	38	9491	247558	41806	4362
乐器制造	8	4	7	2647	74146	7428	1657
玩具制造	52	28	51	11291	324087	54160	22122
游艺器材及娱乐用品制造	17	7	17	3917	128627	30291	4030
石油加工、炼焦及核燃料加工业	7	5	6	7411	9050499	1654001	331086
精炼石油产品的制造	7	5	6	7411	9050499	1654001	331086
化学原料及化学制品制造业	656	404	568	143126	17140475	4027862	394384
基础化学原料制造	106	70	82	34040	3240335	1138594	129490
肥料制造	16	12	14	5236	264423	134728	17810
农药制造	38	27	32	14334	1228626	251333	83509
涂料、油墨、颜料及类似产品制造	151	90	134	28587	2637797	377272	36990
合成材料制造	76	45	67	16036	5304531	1291967	32792
专用化学产品制造	234	138	207	30829	2932088	614183	84930
日用化学产品制造	35	22	32	14064	1532675	219785	8865
医药制造业	294	213	276	86276	4684048	1202686	280919
化学药品原药制造	121	90	110	44526	2666546	724341	169289
化学药品制剂制造	47	36	43	18691	811164	242693	75516
中药饮片加工	11	4	10	930	32823	5028	125
中成药制造	32	25	32	8097	410682	96984	20971
兽用药品制造	19	9	19	2692	172401	36801	1746
生物、生化制品的制造	48	39	47	8902	507192	83748	11522
卫生材料及医药用品制造	16	10	15	2438	83240	13091	1750
化学纤维制造业	101	55	89	56050	9297940	2550209	479679
纤维素纤维原料及纤维制造	2	1	1	179	6022	571	93
合成纤维制造	99	54	88	55871	9291918	2549638	479586
橡胶制品业	116	56	105	49654	2543986	765283	32235
轮胎制造	11	7	8	25101	1845787	578389	6627
橡胶板、管、带的制造	36	21	33	10249	382422	89551	10929
橡胶零件制造	39	20	37	6998	143757	61995	11497
再生橡胶制造	2		2	210	4161	1794	
日用及医用橡胶制品制造	4	1	4	492	17879	4287	2231
橡胶靴鞋制造	14	2	12	5039	102943	20333	324
其他橡胶制品制造	10	5	9	1565	47028	8934	628
塑料制品业	576	196	498	96662	6098897	1109920	238987

2－A－17 续表4

单位：个、人、万元

指标名称	企业数	#开展R&D企业	#开展新产品开发企业	从业人员年平均人数	主营业务收入	生产经营用机器设备原价	微电子控制设备原价
塑料薄膜制造	46	26	44	8860	2037899	390945	49556
塑料板、管、型材的制造	94	47	89	19612	1270025	212838	32441
塑料丝、绳及编织品的制造	22	7	17	4320	127002	17626	3150
泡沫塑料制造	40	11	31	3493	174901	26026	8287
塑料人造革、合成革制造	29	13	24	9863	696638	173796	92537
塑料包装箱及容器制造	44	15	35	7011	235951	64529	7085
塑料零件制造	87	31	72	12061	361948	70786	10523
日用塑料制造	175	30	155	25918	895443	118614	28380
其他塑料制品制造	39	16	31	5524	299089	34760	7029
非金属矿物制品业	317	154	233	65910	3539218	1689837	155326
水泥、石灰和石膏的制造	44	23	24	13737	1112347	487871	84094
水泥及石膏制品制造	52	25	30	7277	461510	104008	19165
砖瓦、石材及其他建筑材料制造	51	24	36	9663	448926	102081	9305
玻璃及玻璃制品制造	92	44	81	23623	1014947	876413	31812
陶瓷制品制造	19	11	13	4033	99204	19820	4068
耐火材料制品制造	37	19	33	3456	202157	36114	2376
石墨及其他非金属矿物制品制造	22	8	16	4121	200128	63532	4506
黑色金属冶炼及压延加工业	105	47	81	46068	8129550	2608421	694734
炼铁	1		1	23	505	63	
炼钢	5	4	5	1624	503393	19505	1275
钢压延加工	96	40	72	44151	7574098	2587058	693368
铁合金冶炼	3	3	3	270	51555	1794	90
有色金属冶炼及压延加工业	159	88	126	38173	7496198	438294	71219
常用有色金属冶炼	17	8	11	6643	2038715	49715	3777
贵金属冶炼	1	1	1	381	16941	2884	
稀有稀土金属冶炼	2	1	1	629	40955	13044	1500
有色金属合金制造	18	11	14	3134	273955	20665	1156
有色金属压延加工	121	67	99	27386	5125632	351986	64787
金属制品业	553	240	465	150840	6569005	882857	102420
结构性金属制品制造	72	36	60	40172	2318696	289971	18721
金属工具制造	100	46	90	18614	481051	76842	14292
集装箱及金属包装容器制造	24	11	20	4141	237524	27402	1700
金属丝绳及其制品的制造	22	8	19	3891	251341	98984	1659
建筑、安全用金属制品制造	172	65	139	37302	1297892	127571	17125
金属表面处理及热处理加工	46	27	35	6635	374357	53397	8286
搪瓷制品制造	8	3	8	1149	22323	4205	444

2－A－17 续表5

单位：个、人、万元

指标名称	企业数	#开展R&D企业	#开展新产品开发企业	从业人员年平均人数	主营业务收入	生产经营用机器设备原价	微电子控制设备原价
不锈钢及类似日用金属制品制造	94	38	81	37335	1346184	191777	39971
其他金属制品制造	15	6	13	1601	239638	12708	223
通用设备制造业	1732	978	1536	354352	16350248	2671093	623254
锅炉及原动机制造	46	21	39	13053	1130788	142504	62599
金属加工机械制造	127	84	109	25484	777535	163084	26502
起重运输设备制造	106	53	98	26526	1993775	168199	20778
泵、阀门、压缩机及类似机械的制造	657	416	606	111299	4416185	630371	124679
轴承、齿轮、传动和驱动部件的制造	204	111	185	60129	2016069	581216	157214
烘炉、熔炉及电炉制造	9	2	7	792	57348	3723	514
风机、衡器、包装设备等通用设备制造	230	135	206	61501	3139195	404960	129697
通用零部件制造及机械修理	238	100	188	37219	2048200	401402	60828
金属铸、锻加工	115	56	98	18349	771152	175635	40445
专用设备制造业	794	455	724	127228	5360542	986574	263977
矿山、冶金、建筑专用设备制造	46	28	42	6632	253779	34324	2457
化工、木材、非金属加工专用设备制造	257	127	227	41904	1558473	394104	125408
食品、饮料、烟草及饲料生产专用设备制造	27	16	27	2680	139210	21469	4436
印刷、制药、日化生产专用设备制造	78	50	68	7362	209048	34868	6995
纺织、服装和皮革工业专用设备制造	174	99	164	32173	1218633	279451	83201
电子和电工机械专用设备制造	25	15	23	3893	137767	37150	18378
农、林、牧、渔专用机械制造	42	26	40	9587	395207	43866	4475
医疗仪器设备及器械制造	53	36	50	9342	206761	45166	10511
环保、社会公共安全及其他专用设备制造	92	58	83	13655	1241665	96177	8118
交通运输设备制造业	849	451	704	248920	15716828	2291140	435155
铁路运输设备制造	6	1	6	705	16735	7658	4289
汽车制造	551	277	470	156280	10615935	1493304	299604
摩托车制造	158	87	132	51330	1987605	364505	95794
自行车制造	50	27	46	11127	444166	54501	7102
船舶及浮动装置制造	74	56	43	27393	2580082	360392	27941
航空航天器制造	4	3	3	681	17089	2397	262
交通器材及其他交通运输设备制造	6		4	1404	55216	8383	163
电气机械及器材制造业	1503	873	1353	433435	21910729	2485471	548449
电机制造	320	202	293	87376	3677579	573517	148192
输配电及控制设备制造	383	220	342	100277	4820408	496136	85837
电线、电缆、光缆及电工器材制造	188	103	169	36224	4033128	475023	138273
电池制造	80	53	71	23264	2242917	198377	30608
家用电力器具制造	231	148	216	105093	4570367	429903	75837

2－A－17 续表6 单位：个、人、万元

指标名称	企业数	#开展R&D企业	#开展新产品开发企业	从业人员年平均人数	主营业务收入	生产经营用机器设备原价	微电子控制设备原价
非电力家用器具制造	35	21	33	6653	327922	28872	6221
照明器具制造	228	103	191	68040	2040449	244695	54679
其他电气机械及器材制造	38	23	38	6508	197959	38948	8803
通信设备、计算机及其他电子设备制造业	538	328	490	186517	7514951	1579877	547814
通信设备制造	93	60	86	29652	1995271	324543	131356
广播电视设备制造	24	17	24	9696	310359	36079	3696
电子计算机制造	39	27	36	15316	1113837	150773	58575
电子器件制造	102	69	97	26506	979986	379391	178759
电子元件制造	206	112	182	84422	2212370	588140	149227
家用视听设备制造	35	23	33	10795	607512	69349	21542
其他电子设备制造	39	20	32	10130	295618	31603	4659
仪器仪表及文化、办公用机械制造业	378	248	358	93420	3275799	544819	95013
通用仪器仪表制造	216	148	207	44637	2138931	287836	47502
专用仪器仪表制造	68	47	64	14441	528981	87495	12568
钟表与计时仪器制造	14	10	13	3215	54267	15977	7546
光学仪器及眼镜制造	35	18	30	16397	236199	96955	24060
文化、办公用机械制造	44	24	43	14711	316776	56479	3331
其他仪器仪表的制造及修理	1	1	1	19	646	76	6
工艺品及其他制造业	224	58	200	77553	2413315	290725	50860
工艺美术品制造	128	24	118	35847	1208288	157072	34023
日用杂品制造	94	33	80	41531	1201995	131597	15794
核辐射加工	1	1	1	52	907	1410	845
其他未列明的制造业	1		1	123	2125	646	198
废弃资源和废旧材料回收加工业	13	6	13	1345	171567	7787	641
金属废料和碎屑的加工处理	3	2	3	668	135863	5406	510
非金属废料和碎屑的加工处理	10	4	10	677	35704	2381	131
电力、燃气及水的生产和供应业	**69**	**24**	**17**	**49863**	**16391985**	**12728390**	**2364559**
电力、热力的生产和供应业	58	20	16	45144	16181345	12339110	2363493
电力生产	38	15	13	21811	4520269	8063529	2159194
电力供应	18	3	3	23199	11653895	4268750	204281
热力生产和供应	2	2		134	7180	6831	18
燃气生产和供应业	1			901	60063	1411	289
燃气生产和供应业	1			901	60063	1411	289
水的生产和供应业	10	4	1	3818	150578	387870	777
自来水的生产和供应	5	1	1	3439	131098	380574	757
污水处理及其再生利用	5	3		379	19480	7296	20

2－A－18 按地区分组的有科技活动工业企业基本情况

单位：个、人、万元

地　区	企业数	# 开 展 R&D 企业	# 开 展 新 产 品 开发企业	从业人员 年 平 均 人　数	主营业务 收　入	生产经营 用 机 器 设备原价	微 电 子 控制设备 原　价
总　计	**12897**	**5831**	**11070**	**3476812**	**207894743**	**50818094**	**10756162**
杭州市	1602	814	1409	495787	52202349	12493737	2200765
宁波市	1968	999	1726	603393	39308857	10495627	3175290
温州市	1040	555	936	332446	13939125	2171056	295423
嘉兴市	2808	913	2239	642836	24467829	9867678	2082829
湖州市	473	257	411	96046	8107100	1582761	601220
绍兴市	930	357	825	392749	31152179	6184172	849329
金华市	670	431	596	257437	10939665	2487785	339584
衢州市	185	74	140	58749	4023238	1330334	222162
舟山市	107	64	97	36869	2671848	609450	72958
台州市	2940	1313	2538	508576	18183238	3202277	885512
丽水市	174	54	153	51924	2899315	393217	31092

2－A－19 按企业规模、登记注册类型、隶属关系和行业分组的有科技活动工业企业科技活动成果情况

单位：万元、件

指标名称	新产品产值	新产品销售收入	出口	专利申请数	发明专利	拥有发明专利数
总计	**58692404**	**57457010**	**17937966**	**30182**	**5552**	**9735**
一、按企业规模分						
大型企业	16095865	15960981	5917828	3376	891	1329
中型企业	29292345	28540919	8439705	11665	1657	3003
小型企业	13304195	12955110	3580433	15141	3004	5403
二、按登记注册类型分						
内资	**40672406**	**39686347**	**11063710**	**22007**	**3960**	**7437**
国有	365289	379266	98344	142	53	57
集体	80039	87400	6513	36	9	13
股份合作企业	247249	235110	41189	194	42	54
联营企业	32139	31634				
国有与集体联营	29330	28920				
其他联营	2809	2714				
有限责任公司	10942098	10986500	3072385	3753	740	1220
国有独资公司	440259	444254	131026	147	18	16
其他有限责任公司	10501839	10542246	2941359	3606	722	1204
股份有限公司	7910323	7601658	2107126	1597	474	827
私营企业	20956734	20232084	5722636	16273	2636	5260
私营独资	513458	493297	124275	1204	126	189
私营合伙	142508	146335	61132	79	6	72
私营有限责任公司	17712327	17177691	4860729	14206	2393	4760
私营股份有限公司	2588441	2414762	676500	784	111	239
其他	138536	132695	15518	12	6	6
港澳台商投资	**7185090**	**7004234**	**2787507**	**4231**	**1007**	**1147**
与港澳台商合资经营	4489227	4394905	1837158	2223	412	575
与港澳台商合作经营	70297	77780	38454	60	4	21
港澳台商独资	2515906	2413047	870012	1803	559	437
港澳台商投资股份有限公司	109659	118502	41883	145	32	114
外商投资	**10834909**	**10766429**	**4086749**	**3944**	**585**	**1151**
中外合资经营	6710627	6491166	2177402	2464	418	848
中外合作经营	143162	106457	33413	46	10	25
外资企业	3222783	3418881	1737330	1261	131	247
外商投资股份有限公司	758337	749926	138604	173	26	31
三、按隶属关系分						
中央	194508	212256	60727	135	41	48

2－A－19 续表1

单位:万元、件

指标名称	新产品产值	新产品销售收入	出口	专利申请数	发明专利	拥有发明专利数
省(自治区、直辖市)	488769	473987	47610	57	33	107
地(区、市、州、盟)	2032401	2034367	512379	236	94	99
县(区、市、旗)	1383070	1359441	455927	443	56	138
乡镇(街道)	891360	873647	248981	341	64	46
基层群众自治组织	6948	6540		9		5
其他	53695347	52496772	16612341	28961	5264	9292
四、按国民经济行业(门类、大类、中类)分						
采矿业	**17127**	**15721**	**2975**	**2**	**2**	**1**
有色金属矿采选业	6880	6100		2	2	1
常用有色金属矿采选	6880	6100		2	2	1
非金属矿采选业	10247	9621	2975			
土砂石开采	10247	9621	2975			
制造业	**58615340**	**57383391**	**17917841**	**30102**	**5524**	**9703**
农副食品加工业	355688	334402	87887	284	77	170
谷物磨制	21022	20933		2		
饲料加工	134978	117518	14777	85	34	50
植物油加工	2208	1480	18	16	5	3
屠宰及肉类加工	17128	9100		7	7	39
水产品加工	136392	128085	58076	47	8	29
蔬菜、水果和坚果加工	38939	49706	14639	75	22	46
其他农副食品加工	5022	7581	377	52	1	3
食品制造业	432230	294694	24605	157	32	59
焙烤食品制造	5885	5454	304	2		
糖果、巧克力及蜜饯制造	1970	1962		3		5
方便食品制造	37975	36649	240	29		5
液体乳及乳制品制造	9655	9351		10	3	2
罐头制造	17926	18084	15468	13	9	9
调味品、发酵制品制造	53325	52320	533	41	3	5
其他食品制造	305495	170874	8060	59	17	33
饮料制造业	889592	855257	17071	113	25	33
酒的制造	156594	148444	2382	62	18	26
软饮料制造	706111	691299	8324	36	4	5
精制茶加工	26887	15514	6366	15	3	2
烟草制品业	18265	49257	506	11	4	
卷烟制造	16465	47457		10	3	

2-A-19 续表2 单位:万元、件

指标名称	新产品产值	新产品销售收入	出口	专利申请数	发明专利	拥有发明专利数
其他烟草制品加工	1800	1800	506	1	1	
纺织业	5241697	5157351	1745379	3788	372	742
棉、化纤纺织及印染精加工	2848562	2795701	812335	1663	195	402
毛纺织和染整精加工	87519	88320	16107	31	8	7
麻纺织	8134	6454	5959	14		
丝绢纺织及精加工	544173	553108	216012	631	23	28
纺织制成品制造	759584	698805	333933	903	92	242
针织品、编织品及其制品制造	993725	1014964	361033	546	54	63
纺织服装、鞋、帽制造业	1179888	1235827	494719	545	114	163
纺织服装制造	1162712	1218898	484246	510	110	138
纺织面料鞋的制造	13793	13564	7715	35	4	25
制帽	3383	3365	2758			
皮革、毛皮、羽毛(绒)及其制品业	1636285	1590248	838633	228	19	62
皮革鞣制加工	333416	312944	167073	1	1	2
皮革制品制造	1238246	1212887	643252	203	18	60
毛皮鞣制及制品加工	19105	18990	12227	24		
羽毛(绒)加工及制品制造	45518	45428	16081			
木材加工及木、竹、藤、棕、草制品业	479846	461997	129365	380	92	220
锯材、木片加工	13500	25795	897			
人造板制造	184521	170288	61159	165	37	150
木制品制造	223452	218513	36653	91	29	46
竹、藤、棕、草制品制造	58373	47402	30656	124	26	24
家具制造业	568727	540375	393583	852	38	194
木质家具制造	64331	58039	47637	143	3	19
金属家具制造	272972	250269	189804	313	23	117
塑料家具制造	16068	19434	11651	101	8	31
其他家具制造	215356	212632	144491	295	4	27
造纸及纸制品业	993798	947670	113788	97	41	65
纸浆制造	1316	1316		1	1	
造纸	754721	731833	96226	70	33	38
纸制品制造	237760	214521	17562	26	7	27
印刷业和记录媒介的复制	325451	307646	49163	472	13	51
印刷	296299	279283	24837	118	11	48
装订及其他印刷服务活动	5561	5395	2744			
记录媒介的复制	23592	22968	21582	354	2	3

2－A－19　续表3

单位：万元、件

指 标 名 称	新产品产 值	新 产 品销售收入	出 口	专 利申请数	发明专利	拥有发明专 利 数
文教体育用品制造业	339970	352773	241554	1074	99	284
文化用品制造	128026	132516	98027	579	54	155
体育用品制造	58135	64040	40452	197	19	28
乐器制造	9080	14964	7990	27	1	6
玩具制造	113750	112087	79337	209	20	88
游艺器材及娱乐用品制造	30979	29167	15749	62	5	7
石油加工、炼焦及核燃料加工业	10416	10477		10	8	11
精炼石油产品的制造	10416	10477		10	8	11
化学原料及化学制品制造业	4759357	4578704	1140378	764	403	461
基础化学原料制造	534827	560848	209777	77	62	58
肥料制造	59388	58220	27865	10	5	9
农药制造	539583	517585	327842	61	33	80
涂料、油墨、颜料及类似产品制造	922676	898786	176458	178	114	87
合成材料制造	1114515	1130730	72278	116	58	39
专用化学产品制造	1375625	1210609	247929	265	116	158
日用化学产品制造	212742	201927	78228	57	15	30
医药制造业	1919674	1798450	853685	482	277	470
化学药品原药制造	1243152	1180114	639111	148	131	200
化学药品制剂制造	257849	257118	55969	88	55	124
中药饮片加工	1020	977	53	2	2	2
中成药制造	67687	64760	3896	88	32	39
兽用药品制造	23830	24052	11883	23	11	17
生物、生化制品的制造	287764	235567	120294	53	32	70
卫生材料及医药用品制造	38373	35864	22480	80	14	18
化学纤维制造业	3202271	3210849	337558	193	44	35
纤维素纤维原料及纤维制造	862	857				
合成纤维制造	3201409	3209992	337558	193	44	35
橡胶制品业	929136	955774	403218	128	31	25
轮胎制造	727337	745804	313719	31	3	1
橡胶板、管、带的制造	89753	116585	36192	50	18	11
橡胶零件制造	50912	34444	9567	31	4	4
日用及医用橡胶制品制造	4792	4788	3580			
橡胶靴鞋制造	38192	36683	31754	2	1	4
其他橡胶制品制造	18150	17471	8406	14	5	5
塑料制品业	1589706	1667314	283066	1169	176	277

2-A-19 续表4

单位：万元、件

指标名称	新产品产值	新产品销售收入	出口	专利申请数	发明专利	拥有发明专利数
塑料薄膜制造	669298	786508	66315	37	14	16
塑料板、管、型材的制造	396792	339029	31925	300	35	54
塑料丝、绳及编织品的制造	7386	7183	1137	7	4	7
泡沫塑料制造	43130	57811	14176	24	9	7
塑料人造革、合成革制造	163595	165243	57438	24	8	4
塑料包装箱及容器制造	54429	54192	21993	81	11	21
塑料零件制造	79898	67521	12824	140	29	61
日用塑料制造	104408	123311	56800	433	53	57
其他塑料制品制造	70770	66517	20458	123	13	50
非金属矿物制品业	907561	912572	289313	679	154	176
水泥、石灰和石膏的制造	59972	51930	1141	11	11	6
水泥及石膏制品制造	92367	86519	9574	22	15	10
砖瓦、石材及其他建筑材料制造	55625	188605	247	90	13	40
玻璃及玻璃制品制造	480437	387613	221272	435	54	38
陶瓷制品制造	45310	43471	21528	29	19	21
耐火材料制品制造	70905	72101	5036	54	27	46
石墨及其他非金属矿物制品制造	102945	82333	30515	38	15	15
黑色金属冶炼及压延加工业	1739262	2324756	202519	88	39	53
炼　钢	64902	58566		4	4	2
钢压延加工	1665377	2257590	202454	83	34	48
铁合金冶炼	8984	8600	65	1	1	3
有色金属冶炼及压延加工业	2478738	2390857	460698	268	77	68
常用有色金属冶炼	684008	613924	4004	2	2	3
贵金属冶炼	13100	10980		13	7	2
稀有稀土金属冶炼	21605	37015				
有色金属合金制造	151797	170625	2162	10	6	8
有色金属压延加工	1608229	1558313	454532	243	62	55
金属制品业	1931947	1921886	730687	2074	291	680
结构性金属制品制造	775273	726675	123729	440	50	104
金属工具制造	117488	120896	89256	278	42	239
集装箱及金属包装容器制造	65726	68391	16731	43	7	23
金属丝绳及其制品的制造	62004	60623	9822	17	11	4
建筑、安全用金属制品制造	334014	315981	190834	316	80	129
金属表面处理及热处理加工	124919	105858	5880	11	4	4
搪瓷制品制造	792	747	195	7	3	4

2－A－19 续表5

单位：万元、件

指标名称	新产品产值	新产品销售收入	出口	专利申请数	发明专利	拥有发明专利数
不锈钢及类似日用金属制品制造	416214	482199	287876	937	73	146
其他金属制品制造	35516	40515	6364	25	21	27
通用设备制造业	5243733	5156730	1572950	3397	621	1067
锅炉及原动机制造	530446	484087	86250	81	25	29
金属加工机械制造	237822	226965	74617	286	45	88
起重运输设备制造	633777	602473	279463	312	74	101
泵、阀门、压缩机及类似机械的制造	1433082	1433164	390894	1410	166	330
轴承、齿轮、传动和驱动部件的制造	701389	681205	226117	390	65	131
烘炉、熔炉及电炉制造	31365	27008	27	25	13	17
风机、衡器、包装设备等通用设备制造	1109372	1114767	312055	558	112	244
通用零部件制造及机械修理	382865	390090	162537	289	103	95
金属铸、锻加工	183615	196970	40990	46	18	32
专用设备制造业	2025773	1928970	444753	1844	437	728
矿山、冶金、建筑专用设备制造	98892	93974	18787	57	13	60
化工、木材、非金属加工专用设备制造	597297	563129	145789	420	95	133
食品、饮料、烟草及饲料生产专用设备制造	98918	58771	11007	65	18	27
印刷、制药、日化生产专用设备制造	92901	86045	18940	177	39	58
纺织、服装和皮革工业专用设备制造	376087	394822	143211	446	91	104
电子和电工机械专用设备制造	69108	45184	6570	56	13	44
农、林、牧、渔专用机械制造	156203	155307	56156	186	46	60
医疗仪器设备及器械制造	109685	102955	28765	223	50	82
环保、社会公共安全及其他专用设备制造	426681	428783	15529	214	72	160
交通运输设备制造业	5857881	5676890	2472363	1670	235	529
铁路运输设备制造	11801	10223	2564	4		
汽车制造	3588423	3477483	973398	1240	203	393
摩托车制造	758199	748233	365977	326	20	60
自行车制造	165667	143106	30180	68	8	48
船舶及浮动装置制造	1317350	1276459	1088213	25	2	5
航空航天器制造	12711	12071	10090	1	1	23
交通器材及其他交通运输设备制造	3730	9315	1941	6	1	
电气机械及器材制造业	7879688	7499058	2551866	5328	716	1318
电机制造	1196118	1128081	597924	727	116	148
输配电及控制设备制造	1534749	1401608	191378	1289	182	428
电线、电缆、光缆及电工器材制造	1418015	1301058	156386	318	54	100

2－A－19 续表6

单位：万元、件

指标名称	新产品产值	新产品销售收入	出口	专利申请数	发明专利	拥有发明专利数
电池制造	1096016	1205949	475553	224	47	70
家用电力器具制造	1710323	1558177	664603	1678	139	321
非电力家用器具制造	151121	159695	22319	117	9	17
照明器具制造	711776	684912	425515	833	151	183
其他电气机械及器材制造	61570	59578	18188	142	18	51
通信设备、计算机及其他电子设备制造业	3652146	3557335	1481701	1961	701	809
通信设备制造	727497	726123	281840	297	55	179
广播电视设备制造	180401	176708	56611	123	23	11
电子计算机制造	882610	861283	170026	614	428	205
电子器件制造	424396	408264	81068	331	81	145
电子元件制造	897081	827580	452168	409	77	148
家用视听设备制造	404246	422595	352019	124	21	41
其他电子设备制造	135915	134782	87971	63	16	80
仪器仪表及文化、办公用机械制造业	1402563	1024741	235278	1251	197	437
通用仪器仪表制造	1034554	699798	84732	563	134	281
专用仪器仪表制造	140804	136932	6316	235	29	56
钟表与计时仪器制造	11358	12076	5099	144	7	25
光学仪器及眼镜制造	73829	68884	52947	96	9	38
文化、办公用机械制造	141827	106888	86184	213	18	37
其他仪器仪表的制造及修理	192	163				
工艺品及其他制造业	600589	617360	321553	792	189	513
工艺美术品制造	220697	210506	89343	430	132	409
日用杂品制造	378010	404972	230814	361	56	101
核辐射加工	285	285		1	1	3
其他未列明的制造业	1597	1597	1397			
废弃资源和废旧材料回收加工业	23464	23172		3	2	3
金属废料和碎屑的加工处理	6237	6237				
非金属废料和碎屑的加工处理	17227	16936		3	2	3
电力、燃气及水的生产和供应业	**59937**	**57898**	**17150**	**78**	**26**	**31**
电力、热力的生产和供应业	57797	55758	17150	78	26	31
电力生产	57797	55758	17150	23	8	22
电力供应				55	18	9
水的生产和供应业	2140	2140				
污水处理及其再生利用	2140	2140				

2－A－20 按地区分组的有科技活动工业企业科技活动成果情况

单位：#人数单位

地区	新产品产值	新产品销售收入	出口	专利申请数	发明专利	拥有发明专利数
总计	**58692404**	**57457010**	**17937966**	**30182**	**5552**	**9735**
杭州市	13071267	12595793	2441189	5066	1435	2269
宁波市	10636386	10599040	3796619	6974	1059	1896
温州市	3771113	3687465	757723	2350	442	762
嘉兴市	8876785	8586525	3408743	2754	508	1309
湖州市	2851439	3044937	739965	1571	325	456
绍兴市	9841073	9728278	2874417	5702	931	1120
金华市	2663853	2527376	921872	2444	370	1147
衢州市	679173	649782	70046	326	83	97
舟山市	820552	764961	665371	100	21	39
台州市	5060809	4879710	2223768	2675	327	577
丽水市	419953	393143	38255	220	51	63

2-A-21 按企业规模、登记注册类型、隶属关系和行业分组的有科技活动工业企业技术改造、技术获取及减免税情况

单位:万元

指标名称	技术改造经费支出	技术引进经费支出	消化吸收经费支出	购买国内技术经费支出	享受各级政府对技术开发减免税
总计	**3508725**	**217568**	**104983**	**159259**	**136897**
一、按工业企业规模分					
大型企业	1491587	44214	19844	57040	31707
中型企业	1455527	114912	53637	61449	77794
小型企业	561611	58442	31502	40771	27397
二、按登记注册类型分					
内资	**2569572**	**149192**	**77982**	**138826**	**108767**
国有	264772	665	2382	30867	1594
集体	4307	45	195	277	18
股份合作企业	9784	1863	823	3223	409
联营企业	140		17	45	
其他联营	140		17	45	
有限责任公司	560051	44022	21001	21671	20409
国有独资公司	19794	1748	1158	495	664
其他有限责任公司	540257	42274	19843	21177	19745
股份有限公司	893179	30921	15997	24179	43530
私营企业	824958	69617	37567	57494	42653
私营独资	19617	3109	627	1780	677
私营合伙	4369	767	331	549	
私营有限责任公司	652638	61102	35084	49802	28093
私营股份有限公司	148334	4638	1525	5363	13883
其他	12383	2060		1070	155
港澳台商投资	**347595**	**18323**	**10566**	**11289**	**13567**
与港澳台商合资经营	267896	9709	7096	8481	7754
与港澳台商合作经营	1535		370	180	396
港澳台商独资	76398	8605	2797	2620	5081
港澳台商投资股份有限公司	1766	8	303	8	337
外商投资	**591557**	**50054**	**16435**	**9144**	**14563**
中外合资经营	548943	29032	8941	6811	9206
中外合作经营	2744	120	142	70	876
外资企业	29602	20543	6121	1659	1533
外商投资股份有限公司	10268	359	1232	605	2949
三、按隶属关系分					
中央	657958	2138	1146	19175	1396
省(自治区、直辖市)	155158	55	906	13542	1549
地(区、市、州、盟)	95062	6246	1735	1897	5440
县(区、市、旗)	77862	3570	3968	6654	4316
乡镇(街道)	63165	5847	1102	2261	1095
其他	2459519	199712	96126	115731	123102
四、按国民经济行业(门类、大类、中类)分					

2-A-21 续表1

单位：万元

指标名称	技术改造经费支出	技术引进经费支出	消化吸收经费支出	购买国内技术经费支出	享受各级政府对技术开发减免税
采矿业	**1910**			**152**	
黑色金属矿采选业	233				
铁矿采选	233				
有色金属矿采选业	1192				
常用有色金属矿采选	1192				
非金属矿采选业	485			152	
土砂石开采	485			152	
制造业	**3319434**	**216754**	**103825**	**140006**	**136897**
农副食品加工业	17823	730	859	1855	220
谷物磨制	231				
饲料加工	3224	198	239	404	
植物油加工	890		16	133	
屠宰及肉类加工	2168		1	29	
水产品加工	4128	186	377	558	136
蔬菜、水果和坚果加工	6786	346	226	691	73
其他农副食品加工	396			41	11
食品制造业	31767	257	986	828	2057
焙烤食品制造	241			356	8
方便食品制造	16342	74	528	437	
液体乳及乳制品制造	961	128	435		26
罐头制造	2598	25	20	12	
调味品、发酵制品制造	1216			5	
其他食品制造	10409	30	3	18	2024
饮料制造业	147302	5351	409	344	422
酒的制造	26589	12	140	52	33
软饮料制造	120169	5291		115	389
精制茶加工	545	49	270	177	
烟草制品业	15929				
卷烟制造	14992				
其他烟草制品加工	937				
纺织业	131265	27249	8471	9108	3918
棉、化纤纺织及印染精加工	67250	13558	4241	4642	2043
毛纺织和染整精加工	796	60	35	5	20
丝绢纺织及精加工	18877	3835	824	726	723
纺织制成品制造	15998	4314	651	1149	566
针织品、编织品及其制品制造	28345	5482	2720	2586	567
纺织服装、鞋、帽制造业	35907	3043	2988	2546	203
纺织服装制造	35700	2944	2944	2420	203
纺织面料鞋的制造	207	99	44	119	
制　帽				7	

2-A-21 续表2

单位:万元

指标名称	技术改造经费支出	技术引进经费支出	消化吸收经费支出	购买国内技术经费支出	享受各级政府对技术开发减免税
皮革、毛皮、羽毛(绒)及其制品业	22862	1940	1451	3116	1220
皮革鞣制加工	1381	320	100	65	1110
皮革制品制造	20072	1620	1349	3041	110
毛皮鞣制及制品加工	496		2	6	
羽毛(绒)加工及制品制造	913			5	
木材加工及木、竹、藤、棕、草制品业	17207	570	334	332	623
人造板制造	14293	233	163	90	459
木制品制造	1838	298	92	107	158
竹、藤、棕、草制品制造	1076	38	79	136	5
家具制造业	13982	675	202	322	585
木质家具制造	6476	87	32	90	
金属家具制造	5180	88	160	222	519
塑料家具制造					66
其他家具制造	2326	500	10	10	
造纸及纸制品业	91122	8663	1648	812	302
造　纸	79807	1924	543	439	244
纸制品制造	11314	6739	1105	373	58
印刷业和记录媒介的复制	56635	2456	595	570	13769
印　刷	54760	1572	595	247	13769
装订及其他印刷服务活动	718			50	
记录媒介的复制	1157	884		273	
文教体育用品制造业	10349	1399	522	613	679
文化用品制造	1613	171	84	309	345
体育用品制造	2599	569	269		100
乐器制造	1030	100	56	90	231
玩具制造	2661	490	113	153	3
游艺器材及娱乐用品制造	2445	69		61	
石油加工、炼焦及核燃料加工业	472800	1292		1937	792
精炼石油产品的制造	472800	1292		1937	792
化学原料及化学制品制造业	259001	24066	16158	7994	20070
基础化学原料制造	111773	8132	8672	2992	1053
肥料制造	7836		250	64	
农药制造	64230	5685	3035	2332	12868
涂料、油墨、颜料及类似产品制造	23722	3866	1563	349	1146
合成材料制造	20448	5066	1799	301	2665
专用化学产品制造	22040	1317	840	1358	2314
日用化学产品制造	8952			600	24
医药制造业	83704	8357	8971	15640	9096
化学药品原药制造	45837	3990	4461	11112	5426
化学药品制剂制造	18434	1192	918	938	1604

2-A-21 续表3 单位:万元

指标名称	技术改造经费支出	技术引进经费支出	消化吸收经费支出	购买国内技术经费支出	享受各级政府对技术开发减免税
中药饮片加工	191				19
中成药制造	9301	1391	919	630	1029
兽用药品制造	2263		260	405	96
生物、生化制品的制造	7031	1259	1716	2431	922
卫生材料及医药用品制造	647	526	697	125	
化学纤维制造业	189493	13939	3560	8207	1321
合成纤维制造	189493	13939	3560	8207	1321
橡胶制品业	85007	520	121	767	1370
轮胎制造	70464		17		932
橡胶板、管、带的制造	9716	350		583	181
橡胶零件制造	3537	155	97	69	222
日用及医用橡胶制品制造	872				
橡胶靴鞋制造	79			68	14
其他橡胶制品制造	339	15	8	48	22
塑料制品业	92758	2415	1624	2302	5017
塑料薄膜制造	38379	708	154	425	162
塑料板、管、型材的制造	10825	139	862	97	4043
塑料丝、绳及编织品的制造	439			45	80
泡沫塑料制造	3065	19	26	17	16
塑料人造革、合成革制造	18072		1	52	528
塑料包装箱及容器制造	1482	185	127	767	30
塑料零件制造	7501	149	82	52	14
日用塑料制造	7542	542	329	843	144
其他塑料制品制造	5453	674	44	5	
非金属矿物制品业	259749	1775	680	2120	1906
水泥、石灰和石膏的制造	14317		195	1109	443
水泥及石膏制品制造	1753		10	6	741
砖瓦、石材及其他建筑材料制造	1667	2	135	9	178
玻璃及玻璃制品制造	233315	784	77	807	115
陶瓷制品制造	471	663	40	15	142
耐火材料制品制造	5164	325	193	175	287
石墨及其他非金属矿物制品制造	3063		30		
黑色金属冶炼及压延加工业	56421	5345	774	14598	7505
炼 钢	531		327	693	
钢压延加工	55662	5320	447	13905	7505
铁合金冶炼	229	25			
有色金属冶炼及压延加工业	125954	335	708	967	352
常用有色金属冶炼	44234			313	212
贵金属冶炼	35			35	
有色金属合金制造	5979		220	78	

2-A-21 续表4 单位:万元

指标名称	技术改造经费支出	技术引进经费支出	消化吸收经费支出	购买国内技术经费支出	享受各级政府对技术开发减免税
有色金属压延加工	75706	335	488	541	141
金属制品业	65835	14646	2375	4911	3596
结构性金属制品制造	18814	2020	816	773	1892
金属工具制造	4191	620	426	580	504
集装箱及金属包装容器制造	2327				14
金属丝绳及其制品的制造	3906	187	100	116	20
建筑、安全用金属制品制造	17965	410	463	1301	52
金属表面处理及热处理加工	4306	3620	104	124	367
搪瓷制品制造	89	38	19	10	137
不锈钢及类似日用金属制品制造	13976	7752	446	1983	472
其他金属制品制造	262			25	138
通用设备制造业	259276	23485	13172	10220	15009
锅炉及原动机制造	9494	3457	2749	950	2114
金属加工机械制造	30640	2199	472	641	801
起重运输设备制造	16267	3401	1732	350	670
泵、阀门、压缩机及类似机械的制造	50987	7579	3809	4022	2590
轴承、齿轮、传动和驱动部件的制造	73126	1463	2309	1178	3083
烘炉、熔炉及电炉制造					28
风机、衡器、包装设备等通用设备制造	56910	4171	1282	2603	3603
通用零部件制造及机械修理	16409	510	488	237	1876
金属铸、锻加工	5443	704	332	238	244
专用设备制造业	78947	6398	4388	3597	5725
矿山、冶金、建筑专用设备制造	6521	349	65	100	481
化工、木材、非金属加工专用设备制造	31962	1792	834	1681	1303
食品、饮料、烟草及饲料生产专用设备制造	1849	137	27	31	281
印刷、制药、日化生产专用设备制造	3331	232	365	70	509
纺织、服装和皮革工业专用设备制造	15897	2353	1870	1120	1326
电子和电工机械专用设备制造	292	20	30	1	276
农、林、牧、渔专用机械制造	3210	247	842	180	195
医疗仪器设备及器械制造	4335	722	65	165	630
环保、社会公共安全及其他专用设备制造	11552	547	291	249	724
交通运输设备制造业	311030	14509	6556	15692	8465
铁路运输设备制造	120	120	45		
汽车制造	208615	10374	3532	9122	5954
摩托车制造	36631	2437	1302	731	695
自行车制造	659	77	188	96	
船舶及浮动装置制造	63498	1491	1488	5718	1816
航空航天器制造	450				
交通器材及其他交通运输设备制造	1057	10	...	26	

2－A－21　续表 5　　　　　　　　　　　　　　　　　　　　　　　　　　单位：万元

指　标　名　称	技术改造 经费支出	技术引进 经费支出	消化吸收 经费支出	购买国内 技术经费 支　出	享受各级 政府对技术 开发减免税
电气机械及器材制造业	261359	34263	19641	16029	12441
电机制造	71709	19467	5287	4338	3985
输配电及控制设备制造	46013	4085	4234	3919	2770
电线、电缆、光缆及电工器材制造	30775	2146	1520	1631	1695
电池制造	17486	2177	3647	4055	1206
家用电力器具制造	52979	1581	1850	1449	1742
非电力家用器具制造	13422	355	167	35	1
照明器具制造	26604	3611	2767	557	1010
其他电气机械及器材制造	2373	840	170	46	33
通信设备、计算机及其他电子设备制造业	80305	7430	2410	8336	12930
通信设备制造	16623	1501	121	4015	995
广播电视设备制造	928	187	141		3238
电子计算机制造	1823	1073	268		3796
电子器件制造	13593	1088	632	151	1849
电子元件制造	40806	3123	1129	3411	2441
家用视听设备制造	4345	352	84	128	487
其他电子设备制造	2189	107	35	632	125
仪器仪表及文化、办公用机械制造业	31547	1846	1036	1064	4477
通用仪器仪表制造	15441	683	812	575	3565
专用仪器仪表制造	8518	611	60	286	464
钟表与计时仪器制造	50				
光学仪器及眼镜制造	2960	435	134		125
文化、办公用机械制造	4558	117	31	202	324
其他仪器仪表的制造及修理	20				
工艺品及其他制造业	12838	3801	3186	5141	2829
工艺美术品制造	1657	1505	871	2226	99
日用杂品制造	11180	2296	2315	2616	2730
核辐射加工				300	
废弃资源和废旧材料回收加工业	1263			37	
金属废料和碎屑的加工处理	13				
非金属废料和碎屑的加工处理	1250			37	
电力、燃气及水的生产和供应业	**187381**	**814**	**1158**	**19102**	
电力、热力的生产和供应业	187079	814	1158	18893	
电力生产	53958	314	158	2280	
电力供应	133121	500	1000	16613	
燃气生产和供应业	290			209	
燃气生产和供应业	290			209	
水的生产和供应业	12	...			
自来水的生产和供应	12	...			

2－A－22 按地区分组的有科技活动工业企业技术改造、技术获取及减免税情况

单位：万元

地 区	技术改造经费支出	技术引进经费支出	消化吸收经费支出	购买国内技术经费支出	享受各级政府对技术开发减免税
总 计	**3508725**	**217568**	**104983**	**159259**	**136897**
杭州市	903646	44307	13176	42374	48672
宁波市	905840	33858	12153	29262	30219
温州市	235175	20650	11359	9005	8919
嘉兴市	395288	32162	12403	13265	6482
湖州市	126329	8340	3617	4399	9159
绍兴市	330975	26601	10134	20400	17115
金华市	180815	17435	11819	14861	4257
衢州市	166909	8512	11395	2355	3583
舟山市	13783	3736	4694	1169	1905
台州市	230052	21966	13732	21451	5939
丽水市	19913		501	717	649

B.大中工业企业

2－B－1 按企业规模、登记注册类型、隶属关系和行业分组的规模以上大中型工业企业基本情况

单位：个、人、万元

指标名称	企业数	从业人员年平均人数	主营业务收入	生产经营用机器设备原价	微电子控制设备原价
总计	**4516**	**3527047**	**220501850**	**53800460**	**9936977**
一、按企业规模分					
大型企业	194	788439	73133045	17445607	2359058
中型企业	4322	2738608	147368805	36354853	7577919
二、按登记注册类型分					
内资	**2942**	**2254315**	**153578582**	**38617084**	**6329615**
国有	84	108317	22351677	8855444	1002577
集体	14	8832	429343	115464	7069
股份合作企业	35	15324	615161	87954	20626
联营企业	4	2399	121263	137502	5220
集体联营	1	424	54958	115074	
国有与集体联营	1	1026	34623	14376	
其他联营	2	949	31681	8052	5220
有限责任公司	692	572911	37387184	13681955	2459017
国有独资公司	26	36345	1499951	605634	91138
其他有限责任公司	666	536566	35887233	13076320	2367879
股份有限公司	230	272643	29627714	5421715	1259890
私营企业	1868	1266132	62529528	10214119	1567075
私营独资	62	32904	1223021	223129	56517
私营合伙	12	6678	165147	22335	5033
私营有限责任公司	1719	1141310	53165963	9204119	1334619
私营股份有限公司	75	85240	7975397	764537	170906
其他	15	7757	516711	102932	8140
港澳台商投资	**734**	**571192**	**27060482**	**5883307**	**1578924**
与港澳台商合资经营	463	332571	17227664	3852798	1139439
与港澳台商合作经营	11	7960	310266	35705	7836
港澳台商独资	250	220851	8830910	1930113	383854
港澳台商投资股份有限公司	10	9810	691643	64691	47795
外商投资	**840**	**701540**	**39862786**	**9300069**	**2028438**
中外合资经营	481	370159	21801618	5154582	1336279
中外合作经营	21	11782	469787	86610	1735
外资企业	309	286642	15302019	3483554	380276
外商投资股份有限公司	29	32957	2289363	575323	310149
三、按隶属关系分					
中央	40	57660	24946529	11818842	2198943

2－B－1 续表1

单位：个、人、万元

指标名称	企业数	从业人员年平均人数	主营业务收入	生产经营用机器设备原价	微电子控制设备原价
省（自治区、直辖市）	51	67714	6626809	4131512	482734
地（区、市、州、盟）	85	89618	6900346	2143314	288618
县（区、市、旗）	86	85312	6473293	1422264	392904
乡镇（街道）	67	49584	2216710	558807	179488
基层群众自治组织	4	1441	46322	5261	
其　他	4183	3175718	173291842	33720461	6394291
四、按国民经济行业（门类、大类、中类）分					
采矿业	**10**	**10669**	**421269**	**62474**	**2137**
煤炭开采和洗选业	1	3574	89536	27586	
烟煤和无烟煤的开采洗选	1	3574	89536	27586	
黑色金属矿采选业	1	1204	108665	12921	1807
铁矿采选	1	1204	108665	12921	1807
有色金属矿采选业	7	3929	215514	19772	330
常用有色金属矿采选	3	1789	179523	14355	
稀有稀土金属矿采选	4	2140	35991	5417	330
非金属矿采选业	1	1962	7554	2194	
化学矿采选	1	1962	7554	2194	
制造业	**4422**	**3446175**	**200424951**	**40044862**	**7923555**
农副食品加工业	46	31500	1746456	202512	15043
饲料加工	6	4328	249446	26319	9155
植物油加工	1	430	369866	40275	
屠宰及肉类加工	9	4450	319009	13180	173
水产品加工	17	14295	613825	49451	993
蔬菜、水果和坚果加工	10	6056	154865	65070	4469
其他农副食品加工	3	1941	39446	8216	253
食品制造业	41	33251	1410014	322383	15562
焙烤食品制造	7	5125	142550	53911	251
糖果、巧克力及蜜饯制造	1	374	21306	10445	
方便食品制造	5	8030	489919	111435	292
液体乳及乳制品制造	3	1509	55257	15440	8195
罐头制造	15	9795	297335	40944	1149
调味品、发酵制品制造	4	2160	58787	33242	160
其他食品制造	6	6258	344859	56965	5515
饮料制造业	37	37569	3384099	1336863	572437
酒的制造	22	23067	757543	412008	118879

2－B－1 续表2

单位：个、人、万元

指标名称	企业数	从业人员年平均人数	主营业务收入	生产经营用机器设备原价	微电子控制设备原价
软饮料制造	14	14086	2586551	922397	453462
精制茶加工	1	416	40006	2459	97
烟草制品业	2	2907	2143902	382870	200797
卷烟制造	2	2907	2143902	382870	200797
纺织业	730	519994	21124697	5697717	791567
棉、化纤纺织及印染精加工	393	272238	12655795	3641043	482915
毛纺织和染整精加工	19	10895	399322	145040	19477
麻纺织	5	3108	99290	30490	
丝绢纺织及精加工	49	45354	1891788	605716	35718
纺织制成品制造	103	77589	2752545	645681	126772
针织品、编织品及其制品制造	161	110810	3325957	629747	126685
纺织服装、鞋、帽制造业	329	319154	7747988	943727	215670
纺织服装制造	326	317497	7727850	940277	215136
纺织面料鞋的制造	2	1243	15126	2232	18
制帽	1	414	5012	1217	516
皮革、毛皮、羽毛(绒)及其制品业	227	213232	5955375	573292	77235
皮革鞣制加工	14	18178	940524	140073	36247
皮革制品制造	187	178770	4267989	380758	38422
毛皮鞣制及制品加工	3	3244	83612	14155	737
羽毛(绒)加工及制品制造	23	13040	663250	38307	1829
木材加工及木、竹、藤、棕、草制品业	33	19430	901877	98764	12377
锯材、木片加工	1	498	6170	938	
人造板制造	16	10750	487073	58935	9600
木制品制造	10	5115	336597	28449	1699
竹、藤、棕、草制品制造	6	3067	72037	10442	1077
家具制造业	111	98890	2535101	371699	18984
木质家具制造	35	28668	462765	116761	4899
竹、藤家具制造	1	656	8345	3539	
金属家具制造	56	49944	1319602	130785	6146
塑料家具制造	1	355	10852	2525	12
其他家具制造	18	19267	733537	118090	7927
造纸及纸制品业	89	53111	3758544	2085759	948761
造纸	54	32628	2556538	1832670	884017
纸制品制造	35	20483	1202006	253088	64744
印刷业和记录媒介的复制	24	14180	689595	175759	57798

2－B－1 续表3

单位：个、人、万元

指标名称	企业数	从业人员年平均人数	主营业务收入	生产经营用机器设备原价	微电子控制设备原价
印刷	24	14180	689595	175759	57798
文教体育用品制造业	81	58453	1605162	240477	48976
文化用品制造	25	21168	549633	79530	21147
体育用品制造	21	11769	273180	49400	4616
乐器制造	5	4314	114633	22849	1522
玩具制造	25	17606	567387	70235	21240
游艺器材及娱乐用品制造	5	3596	100329	18463	451
石油加工、炼焦及核燃料加工业	3	8491	10360958	1734072	334113
精炼石油产品的制造	3	8491	10360958	1734072	334113
化学原料及化学制品制造业	136	108051	14490575	3452749	341080
基础化学原料制造	25	28428	2416385	714447	91959
肥料制造	8	4670	242062	132031	16351
农药制造	16	12690	1143564	261452	78478
涂料、油墨、颜料及类似产品制造	25	17996	1898241	279721	25532
合成材料制造	25	13987	5457010	1460008	86994
专用化学产品制造	25	15779	1445917	381496	38906
日用化学产品制造	12	14501	1887396	223594	2859
医药制造业	76	63775	3811793	952449	232443
化学药品原药制造	37	33149	2078707	599971	155636
化学药品制剂制造	23	18804	1055494	240704	56350
中成药制造	7	4798	278327	64334	15332
兽用药品制造	1	952	74462	14532	625
生物、生化制品的制造	5	4231	250102	25644	3129
卫生材料及医药用品制造	3	1841	74701	7264	1372
化学纤维制造业	76	73309	11834834	2999375	602616
纤维素纤维原料及纤维制造	2	2633	31834	7983	986
合成纤维制造	74	70676	11803000	2991391	601630
橡胶制品业	39	48391	2476693	738686	22138
轮胎制造	7	25707	1929430	600116	6430
橡胶板、管、带的制造	10	7397	272137	53826	6926
橡胶零件制造	9	4040	87292	44797	6254
日用及医用橡胶制品制造	1	360	15162	3105	2155
橡胶靴鞋制造	12	10887	172673	36842	373
塑料制品业	151	90995	5338920	879702	203779
塑料薄膜制造	9	6088	1536456	231711	42646

2－B－1 续表4

单位：个、人、万元

指 标 名 称	企业数	从业人员年平均人数	主营业务收入	生产经营用机器设备原价	微电子控制设备原价
塑料板、管、型材的制造	21	14077	883808	130265	10920
塑料丝、绳及编织品的制造	9	8011	211608	22384	228
泡沫塑料制造	4	2484	80187	9460	809
塑料人造革、合成革制造	38	17890	1002127	219958	88593
塑料包装箱及容器制造	12	7665	330584	70271	36241
塑料零件制造	19	10002	341037	70890	4755
日用塑料制造	30	21129	853036	99798	16976
其他塑料制品制造	9	3649	100076	24966	2612
非金属矿物制品业	117	76792	4475492	2263041	267723
水泥、石灰和石膏的制造	48	24560	1819756	815507	132517
水泥及石膏制品制造	18	8452	535792	84596	12106
砖瓦、石材及其他建筑材料制造	5	7313	355139	70742	
玻璃及玻璃制品制造	32	28816	1465516	1230275	118408
陶瓷制品制造	5	2300	56710	11900	3743
耐火材料制品制造	6	3236	156456	30219	60
石墨及其他非金属矿物制品制造	3	2115	86122	19802	889
黑色金属冶炼及压延加工业	51	50494	8667054	2669076	699426
炼　钢	2	1270	370926	1324	58
钢压延加工	48	48186	8166117	2660602	698847
铁合金冶炼	1	1038	130010	7150	520
有色金属冶炼及压延加工业	53	34574	7103480	382677	57854
常用有色金属冶炼	9	6855	2322224	49033	2976
贵金属冶炼	2	1030	26592	6480	518
稀有稀土金属冶炼	1	355	15843	4649	1500
有色金属合金制造	5	2600	354505	21020	217
有色金属压延加工	36	23734	4384317	301495	52643
金属制品业	202	156439	7320598	915969	75250
结构性金属制品制造	54	58565	3100109	325788	17250
金属工具制造	31	17296	453026	77973	8045
集装箱及金属包装容器制造	14	9780	832535	94936	1554
金属丝绳及其制品的制造	6	6424	525846	121586	1436
建筑、安全用金属制品制造	46	26300	944785	76586	9612
金属表面处理及热处理加工	11	5024	269144	59747	439
搪瓷制品制造	2	893	36359	4683	50

2-B-1 续表5

单位：个、人、万元

指 标 名 称	企业数	从业人员年平均人数	主营业务收入	生产经营用机器设备原价	微电子控制设备原价
不锈钢及类似日用金属制品制造	36	31378	1127746	152544	36845
其他金属制品制造	2	779	31048	2128	20
通用设备制造业	418	267223	12688989	2280893	507881
锅炉及原动机制造	10	9014	846309	117954	60548
金属加工机械制造	28	17083	545523	132364	16775
起重运输设备制造	25	17131	1530956	127528	11700
泵、阀门、压缩机及类似机械的制造	114	66916	2872317	489752	70646
轴承、齿轮、传动和驱动部件的制造	110	66501	2063077	613946	151708
风机、衡器、包装设备等通用设备制造	69	51468	2789450	378271	113748
通用零部件制造及机械修理	33	25541	1465315	282022	48245
金属铸、锻加工	29	13569	576043	139057	34511
专用设备制造业	124	74921	3922589	680291	168818
矿山、冶金、建筑专用设备制造	11	5766	394810	56920	11429
化工、木材、非金属加工专用设备制造	39	21955	1035512	213751	53854
食品、饮料、烟草及饲料生产专用设备制造	1	511	54789	3827	1535
印刷、制药、日化生产专用设备制造	1	334	14352	1568	635
纺织、服装和皮革工业专用设备制造	32	19672	912937	216532	72411
电子和电工机械专用设备制造	8	3246	118793	47105	17614
农、林、牧、渔专用机械制造	9	6655	238454	30873	2175
医疗仪器设备及器械制造	9	7506	168591	50504	6437
环保、社会公共安全及其他专用设备制造	14	9276	984353	59211	2728
交通运输设备制造业	290	229581	16512307	2581624	368935
汽车制造	174	130254	10314196	1489773	255151
摩托车制造	44	44141	1688580	308475	84957
自行车制造	19	10936	442415	52904	4034
船舶及浮动装置制造	50	42727	4021137	723167	24769
航空航天器制造	1	460	11855	1300	
交通器材及其他交通运输设备制造	2	1063	34124	6005	24
电气机械及器材制造业	529	394068	19726862	2271924	466548
电机制造	90	74406	3222358	605152	129047
输配电及控制设备制造	130	88809	4487339	439791	68081
电线、电缆、光缆及电工器材制造	53	29587	3146408	390978	134798
电池制造	36	21221	2061111	141714	9542
家用电力器具制造	118	103069	4528874	423533	70901

2－B－1　续表6

单位：个、人、万元

指标名称	企业数	从业人员年平均人数	主营业务收入	生产经营用机器设备原价	微电子控制设备原价
非电力家用器具制造	12	6020	301585	23735	5917
照明器具制造	82	66967	1853559	216181	41671
其他电气机械及器材制造	8	3989	125630	30839	6590
通信设备、计算机及其他电子设备制造业	188	196431	12857696	1991784	484926
通信设备制造	28	26633	3500889	309775	122530
广播电视设备制造	8	7837	266261	28949	2456
电子计算机制造	22	39667	5580473	642376	80293
电子器件制造	27	19705	621634	266036	141124
电子元件制造	82	85189	2153656	640780	115200
家用视听设备制造	11	9097	512373	81244	20586
其他电子设备制造	10	8303	222410	22625	2736
仪器仪表及文化、办公用机械制造业	97	77697	2670487	473465	69161
通用仪器仪表制造	43	31105	1651022	227099	30085
专用仪器仪表制造	13	10569	419611	76802	10140
钟表与计时仪器制造	5	2126	29993	11189	6905
光学仪器及眼镜制造	23	21454	301577	97386	21380
文化、办公用机械制造	11	11111	249916	49117	365
其他仪器仪表的制造及修理	2	1332	18370	11871	286
工艺品及其他制造业	114	89840	2763974	333274	45661
工艺美术品制造	61	41284	1472745	196599	25975
日用杂品制造	52	47919	1280412	135867	19686
其他未列明的制造业	1	637	10818	808	
废弃资源和废旧材料回收加工业	8	3432	398840	11991	
金属废料和碎屑的加工处理	8	3432	398840	11991	
电力、燃气及水的生产和供应业	**84**	**70203**	**19655631**	**13693125**	**2011286**
电力、热力的生产和供应业	70	60951	19158690	12856732	2004730
电力生产	33	27270	4451455	8062277	1773034
电力供应	35	32660	14585458	4733368	231596
热力生产和供应	2	1021	121777	61087	100
燃气生产和供应业	3	1770	183149	20364	468
燃气生产和供应业	3	1770	183149	20364	468
水的生产和供应业	11	7482	313792	816029	6088
自来水的生产和供应	9	6771	252115	695550	6088
污水处理及其再生利用	2	711	61677	120479	

2－B－2　按地区分组的规模以上大中型工业企业基本情况

单位：个、人、万元

地　区	企业数	从业人员年平均人数	主营业务收　入	生产经营用机器设备原价	微电子控制设备原　价
总　计	**4516**	**3527047**	**220501850**	**53800460**	**9936977**
杭州市	755	627587	62818322	14928760	2367480
宁波市	990	725941	47883114	11812367	3113168
温州市	580	408542	15254522	2351251	270186
嘉兴市	482	420232	16613770	8760485	1882322
湖州市	181	119733	7742827	1154536	160912
绍兴市	545	464185	34512720	7458613	946595
金华市	371	282757	12116663	2522532	280275
衢州市	63	59725	3795577	1264495	188038
舟山市	50	45657	3908716	857633	66501
台州市	410	307136	12204620	2300178	628904
丽水市	89	65552	3650999	389610	32597

2－B－3 按企业规模、登记注册类型、隶属关系和行业分组的规模以上大中型工业企业科技活动人员情况

单位：人

指标名称	科技活动人员合计	#全时人员	#女性	#参加科技项目人员
总计	**178640**	**88063**	**41786**	**159415**
一、按企业规模分				
大型企业	46859	27293	12167	41242
中型企业	131781	60770	29619	118173
二、按登记注册类型分				
内资	**124547**	**58267**	**28524**	**110665**
国有	4227	1348	763	3404
集体	261	201	96	230
股份合作企业	669	229	84	591
联营企业	164	29	87	142
国有与集体联营	118	29	85	102
其他联营	46		2	40
有限责任公司	33202	15379	7339	29750
国有独资公司	1531	561	412	1415
其他有限责任公司	31671	14818	6927	28335
股份有限公司	30352	16576	7696	26807
私营企业	55453	24393	12431	49544
私营独资	1247	385	340	1086
私营合伙	180	62	42	163
私营有限责任公司	47254	20356	10134	42414
私营股份有限公司	6772	3590	1915	5881
其他	219	112	28	197
港澳台商投资	**24637**	**13974**	**5956**	**22245**
与港澳台商合资经营	12611	6268	2995	11309
与港澳台商合作经营	527	263	102	486
港澳台商独资	10327	6416	2581	9326
港澳台商投资股份有限公司	1172	1027	278	1124
外商投资	**29456**	**15822**	**7306**	**26505**
中外合资经营	18690	10791	4727	16851
中外合作经营	482	231	99	433
外资企业	8026	3763	2059	7298
外商投资股份有限公司	2258	1037	421	1923
三、按隶属关系分				
中央	3133	1001	590	2627
省（自治区、直辖市）	2447	1087	448	2001
地（区、市、州、盟）	8876	5089	2366	7542
县（区、市、旗）	5888	2899	1768	5111
乡镇（街道）	3136	1368	636	2810

2－B－3 续表1－1

单位：人

指标名称	科技活动人员合计	#全时人员	#女性	#参加科技项目人员
其他	155160	76619	35978	139324
四、按国民经济行业(门类、大类、中类)分				
采矿业	**151**	**56**	**12**	**136**
黑色金属矿采选业	36	3	8	28
铁矿采选	36	3	8	28
有色金属矿采选业	115	53	4	108
常用有色金属矿采选	115	53	4	108
制造业	**175740**	**87673**	**41369**	**156858**
农副食品加工业	963	515	276	869
饲料加工	384	219	101	361
植物油加工	20	8	3	18
屠宰及肉类加工	135	30	28	124
水产品加工	126	61	45	112
蔬菜、水果和坚果加工	242	175	95	207
其他农副食品加工	56	22	4	47
食品制造业	781	377	232	666
焙烤食品制造	80	15	19	69
方便食品制造	181	106	74	160
液体乳及乳制品制造	141	8	40	126
罐头制造	40	22	9	38
调味品、发酵制品制造	129	85	19	106
其他食品制造	210	141	71	167
饮料制造业	1785	872	430	1535
酒的制造	1031	377	209	896
软饮料制造	718	491	210	603
精制茶加工	36	4	11	36
烟草制品业	179	34	15	149
卷烟制造	179	34	15	149
纺织业	15581	6002	4744	14234
棉、化纤纺织及印染精加工	8786	3199	2387	8005
毛纺织和染整精加工	247	76	62	219
麻纺织	51	15		42
丝绢纺织及精加工	1600	412	396	1473
纺织制成品制造	2380	1104	820	2189
针织品、编织品及其制品制造	2517	1196	1079	2306
纺织服装、鞋、帽制造业	6012	3382	2933	5532
纺织服装制造	5991	3382	2916	5511

2－B－3 续表1－2

单位：人

指标名称	科技活动人员合计	#全时人员	#女性	#参加科技项目人员
制　帽	21		17	21
皮革、毛皮、羽毛(绒)及其制品业	4375	2304	1291	4102
皮革鞣制加工	629	167	134	572
皮革制品制造	3550	2063	1079	3354
毛皮鞣制及制品加工	61	21	30	51
羽毛(绒)加工及制品制造	135	53	48	125
木材加工及木、竹、藤、棕、草制品业	608	256	167	543
人造板制造	337	115	111	301
木制品制造	176	85	35	152
竹、藤、棕、草制品制造	95	56	21	90
家具制造业	2122	989	390	1793
木质家具制造	382	135	40	367
金属家具制造	1198	549	234	932
其他家具制造	542	305	116	494
造纸及纸制品业	2548	832	575	2305
造　纸	1593	666	288	1427
纸制品制造	955	166	287	878
印刷业和记录媒介的复制	1341	480	379	1189
印　刷	1341	480	379	1189
文教体育用品制造业	2015	973	575	1778
文化用品制造	589	358	198	539
体育用品制造	478	206	134	413
乐器制造	315	128	73	283
玩具制造	505	238	131	432
游艺器材及娱乐用品制造	128	43	39	111
石油加工、炼焦及核燃料加工业	246	180	25	210
精炼石油产品的制造	246	180	25	210
化学原料及化学制品制造业	9953	4630	2141	8777
基础化学原料制造	2673	1099	508	2292
肥料制造	273	148	44	229
农药制造	1455	844	398	1301
涂料、油墨、颜料及类似产品制造	2013	1166	462	1847
合成材料制造	1688	568	233	1449
专用化学产品制造	1520	670	398	1348
日用化学产品制造	331	135	98	311
医药制造业	9459	5492	3382	8202
化学药品原药制造	6117	3347	2104	5346

2-B-3 续表1-3

单位：人

指 标 名 称	科技活动人员合计	#全时人员	#女性	#参加科技项目人员
化学药品制剂制造	1271	825	523	1108
中成药制造	1044	672	479	841
兽用药品制造	198	144	44	198
生物、生化制品的制造	704	417	216	612
卫生材料及医药用品制造	125	87	16	97
化学纤维制造业	4192	2457	1199	3796
合成纤维制造	4192	2457	1199	3796
橡胶制品业	2969	2068	828	2603
轮胎制造	2229	1841	663	1928
橡胶板、管、带的制造	524	163	136	479
橡胶零件制造	194	50	16	178
日用及医用橡胶制品制造	6	2	2	5
橡胶靴鞋制造	16	12	11	13
塑料制品业	3099	1004	453	2822
塑料薄膜制造	544	264	54	498
塑料板、管、型材的制造	669	169	124	578
塑料丝、绳及编织品的制造	100	22	12	92
泡沫塑料制造	28	15	12	28
塑料人造革、合成革制造	827	198	114	742
塑料包装箱及容器制造	153	112	17	143
塑料零件制造	136	37	12	133
日用塑料制造	502	135	80	477
其他塑料制品制造	140	52	28	131
非金属矿物制品业	2782	1120	589	2454
水泥、石灰和石膏的制造	702	286	166	595
水泥及石膏制品制造	126	17	10	104
砖瓦、石材及其他建筑材料制造	390	132	146	338
玻璃及玻璃制品制造	1065	459	144	973
陶瓷制品制造	202	59	32	189
耐火材料制品制造	190	89	66	167
石墨及其他非金属矿物制品制造	107	78	25	88
黑色金属冶炼及压延加工业	1927	850	170	1617
炼 钢	104	6		101
钢压延加工	1823	844	170	1516
有色金属冶炼及压延加工业	1821	844	327	1626
常用有色金属冶炼	400	156	35	351
贵金属冶炼	98	26	3	94

2-B-3 续表1-4

单位：人

指标名称	科技活动人员合计	#全时人员	#女性	#参加科技项目人员
稀有稀土金属冶炼	20		2	20
有色金属合金制造	150	81	35	130
有色金属压延加工	1153	581	252	1031
金属制品业	6378	2706	1081	5791
结构性金属制品制造	2095	996	428	1869
金属工具制造	672	220	90	606
集装箱及金属包装容器制造	163	93	39	146
金属丝绳及其制品的制造	109	41	3	55
建筑、安全用金属制品制造	1395	752	213	1297
金属表面处理及热处理加工	113	53	14	105
不锈钢及类似日用金属制品制造	1821	543	294	1703
其他金属制品制造	10	8		10
通用设备制造业	21379	9504	3611	19117
锅炉及原动机制造	1388	564	243	1153
金属加工机械制造	1419	526	238	1293
起重运输设备制造	1914	1028	220	1693
泵、阀门、压缩机及类似机械的制造	5226	1913	737	4861
轴承、齿轮、传动和驱动部件的制造	4898	2224	929	4343
风机、衡器、包装设备等通用设备制造	4240	2301	907	3784
通用零部件制造及机械修理	1361	599	202	1166
金属铸、锻加工	933	349	135	824
专用设备制造业	4930	2556	788	4392
矿山、冶金、建筑专用设备制造	133	67	13	128
化工、木材、非金属加工专用设备制造	1629	842	232	1451
食品、饮料、烟草及饲料生产专用设备制造	56	48	3	47
印刷、制药、日化生产专用设备制造	49	23	4	39
纺织、服装和皮革工业专用设备制造	1230	577	236	1103
电子和电工机械专用设备制造	186	135	22	153
农、林、牧、渔专用机械制造	481	292	70	425
医疗仪器设备及器械制造	561	227	95	509
环保、社会公共安全及其他专用设备制造	605	345	113	537
交通运输设备制造业	16236	7891	3075	14253
汽车制造	11015	4935	2135	9558
摩托车制造	3021	1627	526	2712
自行车制造	801	440	155	706
船舶及浮动装置制造	1284	828	255	1180
航空航天器制造	39	23	2	30

2－B－3 续表1－5 单位：人

指标名称	科技活动人员合计	#全时人员	#女性	#参加科技项目人员
交通器材及其他交通运输设备制造	76	38	2	67
电气机械及器材制造业	26875	13959	5723	23860
电机制造	5243	2281	1002	4766
输配电及控制设备制造	7234	3817	1573	6321
电线、电缆、光缆及电工器材制造	2542	1412	411	2262
电池制造	2457	1094	458	2189
家用电力器具制造	5852	3617	1295	5208
非电力家用器具制造	489	221	122	425
照明器具制造	2841	1338	820	2496
其他电气机械及器材制造	217	179	42	193
通信设备、计算机及其他电子设备制造业	16769	10711	4294	15087
通信设备制造	3942	2789	839	3686
广播电视设备制造	1063	509	305	944
电子计算机制造	2995	2597	524	2684
电子器件制造	2096	1246	535	1939
电子元件制造	5332	2781	1738	4599
家用视听设备制造	997	605	288	930
其他电子设备制造	344	184	65	305
仪器仪表及文化、办公用机械制造业	5670	3228	989	5069
通用仪器仪表制造	3440	2070	498	3135
专用仪器仪表制造	1051	487	267	898
钟表与计时仪器制造	79	29	3	70
光学仪器及眼镜制造	587	409	128	534
文化、办公用机械制造	513	233	93	432
工艺品及其他制造业	2715	1457	681	2459
工艺美术品制造	1366	835	328	1257
日用杂品制造	1349	622	353	1202
废弃资源和废旧材料回收加工业	30		6	28
金属废料和碎屑的加工处理	30		6	28
电力、燃气及水的生产和供应业	**2749**	**334**	**405**	**2421**
电力、热力的生产和供应业	2669	334	379	2347
电力生产	1376	193	84	1301
电力供应	1293	141	295	1046
燃气生产和供应业	22		7	22
燃气生产和供应业	22		7	22
水的生产和供应业	58		19	52
自来水的生产和供应	58		19	52

2-B-3 续表2-1

单位：人

指标名称	科技管理和服务人员	#1. 高中级技术职称人员	2. 无高中级职称的大学本科及以上人员	#研究与试验发展人员
总　计	**19225**	**43141**	**61048**	**98402**
一、按企业规模分				
大型企业	5617	11726	16271	27484
中型企业	13608	31415	44777	70918
二、按登记注册类型分				
内　资	**13882**	**32330**	**40110**	**69098**
国　有	823	2130	717	1705
集　体	31	46	149	61
股份合作企业	78	149	196	451
联营企业	22	45	28	91
国有与集体联营	16	29	27	76
其他联营	6	16	1	15
有限责任公司	3452	8741	11533	18333
国有独资公司	116	685	507	909
其他有限责任公司	3336	8056	11026	17424
股份有限公司	3545	8672	9793	18254
私营企业	5909	12511	17620	30065
私营独资	161	253	273	780
私营合伙	17	26	122	105
私营有限责任公司	4840	10663	15295	25312
私营股份有限公司	891	1569	1930	3868
其　他	22	36	74	138
港澳台商投资	**2392**	**4821**	**10491**	**13963**
与港澳台商合资经营	1302	2570	4301	6064
与港澳台商合作经营	41	132	182	385
港澳台商独资	1001	1779	5225	6406
港澳台商投资股份有限公司	48	340	783	1108
外商投资	**2951**	**5990**	**10447**	**15341**
中外合资经营	1839	4281	6381	8948
中外合作经营	49	56	122	252
外资企业	728	1028	3364	4946
外商投资股份有限公司	335	625	580	1195
三、按隶属关系分				
中　央	506	1719	672	1488
省（自治区、直辖市）	446	1109	463	920
地（区、市、州、盟）	1334	2453	2129	4557
县（区、市、旗）	777	2149	2063	3385
乡镇（街道）	326	842	1155	1613

2－B－3 续表2－2 单位：人

指标名称	科技管理和服务人员	#1.高中级技术职称人员	2.无高中级职称的大学本科及以上人员	#研究与试验发展人员
其他	15836	34869	54566	86439
四、按国民经济行业(门类、大类、中类)分				
采矿业	**15**	**83**	**20**	**28**
黑色金属矿采选业	8	9	4	28
铁矿采选	8	9	4	28
有色金属矿采选业	7	74	16	
常用有色金属矿采选	7	74	16	
制造业	**18882**	**41795**	**60104**	**97437**
农副食品加工业	94	281	353	473
饲料加工	23	104	164	228
植物油加工	2	4	3	
屠宰及肉类加工	11	50	54	13
水产品加工	14	37	20	71
蔬菜、水果和坚果加工	35	66	111	139
其他农副食品加工	9	20	1	22
食品制造业	115	234	284	293
焙烤食品制造	11	12	14	35
方便食品制造	21	97	70	19
液体乳及乳制品制造	15	34	37	79
罐头制造	2	19	16	15
调味品、发酵制品制造	23	23	73	82
其他食品制造	43	49	74	63
饮料制造业	250	492	554	672
酒的制造	135	308	198	330
软饮料制造	115	173	339	321
精制茶加工		11	17	21
烟草制品业	30	125	45	34
卷烟制造	30	125	45	34
纺织业	1347	3122	4091	7528
棉、化纤纺织及印染精加工	781	1791	2129	4298
毛纺织和染整精加工	28	93	63	168
麻纺织	9	3	13	27
丝绢纺织及精加工	127	259	371	704
纺织制成品制造	191	472	775	1085
针织品、编织品及其制品制造	211	504	740	1246
纺织服装、鞋、帽制造业	480	701	2006	1996
纺织服装制造	480	701	2006	1996

2－B－3 续表2－3

单位：人

指 标 名 称	科技管理和服务人员	#1.高中级技术职称人员	2.无高中级职称的大学本科及以上人员	#研究与试验发展人员
制 帽				
皮革、毛皮、羽毛(绒)及其制品业	273	581	800	1241
皮革鞣制加工	57	80	170	323
皮革制品制造	196	454	533	837
毛皮鞣制及制品加工	10	17	13	31
羽毛(绒)加工及制品制造	10	30	84	50
木材加工及木、竹、藤、棕、草制品业	65	180	180	345
人造板制造	36	82	83	203
木制品制造	24	29	80	64
竹、藤、棕、草制品制造	5	69	17	78
家具制造业	329	376	794	520
木质家具制造	15	61	162	137
金属家具制造	266	210	411	299
其他家具制造	48	105	221	84
造纸及纸制品业	243	805	681	1349
造 纸	166	625	401	766
纸制品制造	77	180	280	583
印刷业和记录媒介的复制	152	128	329	677
印 刷	152	128	329	677
文教体育用品制造业	237	365	546	1270
文化用品制造	50	144	231	377
体育用品制造	65	71	199	360
乐器制造	32	27	38	160
玩具制造	73	80	63	312
游艺器材及娱乐用品制造	17	43	15	61
石油加工、炼焦及核燃料加工业	36	154	23	110
精炼石油产品的制造	36	154	23	110
化学原料及化学制品制造业	1176	2996	3237	4899
基础化学原料制造	381	809	769	1457
肥料制造	44	112	25	181
农药制造	154	624	352	884
涂料、油墨、颜料及类似产品制造	166	513	863	546
合成材料制造	239	251	739	851
专用化学产品制造	172	554	343	794
日用化学产品制造	20	133	146	186
医药制造业	1257	2369	3569	6936
化学药品原药制造	771	1365	2069	4667

2－B－3 续表2－4 单位：人

指标名称	科技管理和服务人员	#1.高中级技术职称人员	2.无高中级职称的大学本科及以上人员	#研究与试验发展人员
化学药品制剂制造	163	392	653	893
中成药制造	203	413	227	717
兽用药品制造		15	132	198
生物、生化制品的制造	92	161	410	336
卫生材料及医药用品制造	28	23	78	125
化学纤维制造业	396	1156	1247	2593
合成纤维制造	396	1156	1247	2593
橡胶制品业	366	435	371	937
轮胎制造	301	267	233	398
橡胶板、管、带的制造	45	103	64	418
橡胶零件制造	16	58	60	121
日用及医用橡胶制品制造	1	2	3	
橡胶靴鞋制造	3	5	11	
塑料制品业	277	716	1240	1456
塑料薄膜制造	46	199	252	446
塑料板、管、型材的制造	91	136	295	312
塑料丝、绳及编织品的制造	8	13	23	77
泡沫塑料制造		3	11	
塑料人造革、合成革制造	85	221	257	333
塑料包装箱及容器制造	10	16	76	44
塑料零件制造	3	25	44	61
日用塑料制造	25	74	212	132
其他塑料制品制造	9	29	70	51
非金属矿物制品业	328	843	784	1952
水泥、石灰和石膏的制造	107	259	190	369
水泥及石膏制品制造	22	12	46	99
砖瓦、石材及其他建筑材料制造	52	46	84	297
玻璃及玻璃制品制造	92	425	255	772
陶瓷制品制造	13	34	118	179
耐火材料制品制造	23	31	51	148
石墨及其他非金属矿物制品制造	19	36	40	88
黑色金属冶炼及压延加工业	310	670	339	827
炼　钢	3	4	7	36
钢压延加工	307	666	332	791
有色金属冶炼及压延加工业	195	540	493	759
常用有色金属冶炼	49	134	65	42
贵金属冶炼	4	13	10	48

2－B－3 续表2－5

单位：人

指标名称	科技管理和服务人员	#1.高中级技术职称人员	2.无高中级职称的大学本科及以上人员	#研究与试验发展人员
稀有稀土金属冶炼		4	11	20
有色金属合金制造	20	29	81	111
有色金属压延加工	122	360	326	538
金属制品业	587	1516	2127	3071
结构性金属制品制造	226	509	817	1421
金属工具制造	66	68	134	210
集装箱及金属包装容器制造	17	35	31	76
金属丝绳及其制品的制造	54	41	32	25
建筑、安全用金属制品制造	98	308	429	586
金属表面处理及热处理加工	8	12	37	59
不锈钢及类似日用金属制品制造	118	541	639	694
其他金属制品制造		2	8	
通用设备制造业	2262	5459	6591	13606
锅炉及原动机制造	235	580	346	697
金属加工机械制造	126	519	440	951
起重运输设备制造	221	483	782	1186
泵、阀门、压缩机及类似机械的制造	365	905	1640	3546
轴承、齿轮、传动和驱动部件的制造	555	1352	1402	3082
风机、衡器、包装设备等通用设备制造	456	1264	1288	2951
通用零部件制造及机械修理	195	162	346	781
金属铸、锻加工	109	194	347	412
专用设备制造业	538	1451	1550	2994
矿山、冶金、建筑专用设备制造	5	27	32	63
化工、木材、非金属加工专用设备制造	178	500	535	960
食品、饮料、烟草及饲料生产专用设备制造	9	18	24	56
印刷、制药、日化生产专用设备制造	10	36	9	49
纺织、服装和皮革工业专用设备制造	127	299	503	716
电子和电工机械专用设备制造	33	59	79	117
农、林、牧、渔专用机械制造	56	155	118	314
医疗仪器设备及器械制造	52	92	97	408
环保、社会公共安全及其他专用设备制造	68	265	153	311
交通运输设备制造业	1983	3685	5632	8414
汽车制造	1457	2572	4004	5837
摩托车制造	309	560	1047	1640
自行车制造	95	229	180	168
船舶及浮动装置制造	104	295	382	739
航空航天器制造	9	6	16	30

2－B－3 续表2－6

单位：人

指 标 名 称	科技管理和服务人员	#1. 高中级技术职称人员	2. 无高中级职称的大学本科及以上人员	#研究与试验发展人员
交通器材及其他交通运输设备制造	9	23	3	
电气机械及器材制造业	3015	7093	9853	15823
电机制造	477	1115	1907	3289
输配电及控制设备制造	913	2488	2710	3408
电线、电缆、光缆及电工器材制造	280	832	857	1634
电池制造	268	657	842	1642
家用电力器具制造	644	1403	2152	3964
非电力家用器具制造	64	86	110	230
照明器具制造	345	466	1126	1528
其他电气机械及器材制造	24	46	149	128
通信设备、计算机及其他电子设备制造业	1682	3653	9079	11564
通信设备制造	256	974	2445	2676
广播电视设备制造	119	151	400	789
电子计算机制造	311	153	2715	2659
电子器件制造	157	603	900	1448
电子元件制造	733	1295	2178	2905
家用视听设备制造	67	396	283	871
其他电子设备制造	39	81	158	216
仪器仪表及文化、办公用机械制造业	601	1266	2444	3715
通用仪器仪表制造	305	858	1499	2127
专用仪器仪表制造	153	188	491	775
钟表与计时仪器制造	9	26	27	52
光学仪器及眼镜制造	53	128	249	447
文化、办公用机械制造	81	66	178	314
工艺品及其他制造业	256	396	852	1355
工艺美术品制造	109	178	354	839
日用杂品制造	147	218	498	516
废弃资源和废旧材料回收加工业	2	7	10	28
金属废料和碎屑的加工处理	2	7	10	28
电力、燃气及水的生产和供应业	**328**	**1263**	**924**	**937**
电力、热力的生产和供应业	322	1214	910	937
电力生产	75	544	654	164
电力供应	247	670	256	773
燃气生产和供应业		9	3	
燃气生产和供应业		9	3	
水的生产和供应业	6	40	11	
自来水的生产和供应	6	40	11	

2-B-4 按地区分组的规模以上大中型工业企业科技活动人员情况

单位：人

地 区	科技活动人员合计	#全时人员	#女性	#参加科技项目人员	科技管理和服务人员	#1.高中级技术职称人员	2.无高中级职称的大学本科及以上人员	#研究与试验发展人员
总 计	**178640**	**88063**	**41786**	**159415**	**19225**	**43141**	**61048**	**98402**
杭州市	41971	24256	9706	36563	5408	10801	16850	23334
宁波市	31213	17447	7476	28078	3135	6399	12016	16949
温州市	17784	9059	3812	15564	2220	3939	5896	8310
嘉兴市	18508	8552	5659	16589	1919	4452	4981	10781
湖州市	5663	2218	1061	4982	681	1386	1681	3377
绍兴市	25694	12896	6651	23283	2411	7200	7338	13357
金华市	14652	6404	3158	12910	1742	3459	4811	9051
衢州市	2592	966	531	2227	365	990	515	964
舟山市	2080	808	360	1885	195	418	446	1329
台州市	17189	5177	3184	16171	1018	3676	6256	10462
丽水市	1294	280	188	1163	131	421	258	488

2－B－5 按企业规模、登记注册类型、隶属关系和行业分组的规模以上大中型工业企业科技活动经费筹集情况

单位：万元

指标名称	科技活动经费筹集总额	企业资金	金融机构贷款	政府资金	国外资金	其他资金
总计	**3663687**	**3327758**	**227096**	**69757**	**4157**	**34918**
一、按企业规模分						
大型企业	1220660	1130146	54880	20678	2971	11985
中型企业	2443027	2197611	172217	49079	1187	22933
二、按登记注册类型分						
内资	**2501001**	**2244490**	**179919**	**54126**	**1181**	**21286**
国有	99710	92370	1959	1200		4180
集体	3727	3511	200	16		
股份合作企业	8816	7078	963	766		10
联营企业	1491	891	500			100
国有与集体联营	1491	891	500			100
有限责任公司	657722	602492	34485	14819	1063	4862
国有独资公司	41556	37606	1745	2083	18	105
其他有限责任公司	616166	564887	32740	12737	1046	4757
股份有限公司	593078	540420	32597	17880	118	2063
私营企业	1134349	995686	109215	19377		10071
私营独资	23895	22638	1045	121		91
私营合伙	4107	4107				
私营有限责任公司	889468	773820	94077	11694		9877
私营股份有限公司	216880	195122	14093	7562		103
其他	2109	2042		67		
港澳台商投资	**553151**	**514377**	**26260**	**5011**	**752**	**6751**
与港澳台商合资经营	257054	238310	14090	3079	26	1549
与港澳台商合作经营	3801	3358	378	60		5
港澳台商独资	225754	206187	11792	1852	726	5197
港澳台商投资股份有限公司	66543	66523		20		
外商投资	**609535**	**568891**	**20917**	**10621**	**2225**	**6881**
中外合资经营	423248	400687	8265	7915		6381
中外合作经营	7062	5670	1020	33		339
外资企业	131782	125626	2740	1028	2225	162
外商投资股份有限公司	47444	36907	8892	1644		
三、按隶属关系分						
中央	78439	68929	4187	1260		4063
省（自治区、直辖市）	55922	53830		1982		110
地（区、市、州、盟）	155579	150578	640	4289	55	17
县（区、市、旗）	118824	112309	2282	4038		195
乡镇（街道）	45000	41348	2224	1168		260

2－B－5 续表1

单位:万元

指标名称	科技活动经费筹集总额	企业资金	金融机构贷款	政府资金	国外资金	其他资金
其他	3209924	2900763	217763	57022	4103	30273
四、按国民经济行业(门类、大类、中类)分						
采矿业	**1747**	**1643**		**80**	**18**	**7**
黑色金属矿采选业	285	268			18	
铁矿采选	285	268			18	
有色金属矿采选业	1462	1375		80		7
常用有色金属矿采选	1462	1375		80		7
制造业	**3599007**	**3269487**	**224854**	**69677**	**4140**	**30848**
农副食品加工业	18508	15847	350	1450		861
饲料加工	6313	6173		140		
植物油加工	250	250				
屠宰及肉类加工	3320	2791		50		479
水产品加工	3780	2613	300	846		22
蔬菜、水果和坚果加工	4176	3402	50	364		361
其他农副食品加工	669	619		50		
食品制造业	16536	10649	5200	687		
焙烤食品制造	1089	1089				
方便食品制造	2647	2265	200	182		
液体乳及乳制品制造	1358	1272		86		
罐头制造	1199	1154		45		
调味品、发酵制品制造	1981	1981				
其他食品制造	8263	2889	5000	375		
饮料制造业	72466	70828	200	1408		30
酒的制造	15401	14995	100	306		
软饮料制造	55946	54863		1082		
精制茶加工	1120	970	100	20		30
烟草制品业	5146	5146				
卷烟制造	5146	5146				
纺织业	309175	280298	19528	4513	746	4091
棉、化纤纺织及印染精加工	179028	161613	11600	3004	746	2066
毛纺织和染整精加工	3615	3448	100	62		5
麻纺织	230	230				
丝绢纺织及精加工	34401	32819	1300	188		95
纺织制成品制造	56828	50965	5500	363		
针织品、编织品及其制品制造	35074	31223	1028	897		1925
纺织服装、鞋、帽制造业	71052	69313	1009	518		212
纺织服装制造	70894	69155	1009	518		212

2－B－5 续表2 单位：万元

指 标 名 称	科技活动经费筹集总额	企业资金	金融机构贷款	政府资金	国外资金	其他资金
制 帽	158	158				
皮革、毛皮、羽毛(绒)及其制品业	63701	61643	1509	141	200	208
皮革鞣制加工	13210	13163		27		20
皮革制品制造	47462	45457	1509	114	200	182
毛皮鞣制及制品加工	1118	1118				
羽毛(绒)加工及制品制造	1912	1906				6
木材加工及木、竹、藤、棕、草制品业	10795	9286	890	182		438
人造板制造	5229	4979		94		156
木制品制造	4725	3473	890	80		282
竹、藤、棕、草制品制造	842	834		8		
家具制造业	28117	26210	1870	32		5
木质家具制造	4054	4054				
金属家具制造	11548	11161	370	12		5
其他家具制造	12514	10994	1500	20		
造纸及纸制品业	57752	50641	6581	480		50
造 纸	40314	35640	4324	350		
纸制品制造	17438	15000	2257	130		50
印刷业和记录媒介的复制	13718	12897	550	271		
印 刷	13718	12897	550	271		
文教体育用品制造业	19687	18216	567	905		
文化用品制造	8219	7714	150	355		
体育用品制造	3815	3488	200	127		
乐器制造	1355	1338		17		
玩具制造	5295	4853	67	375		
游艺器材及娱乐用品制造	1004	824	150	30		
石油加工、炼焦及核燃料加工业	2400	2400				
精炼石油产品的制造	2400	2400				
化学原料及化学制品制造业	273295	254649	12046	6299		302
基础化学原料制造	42216	38681	2000	1425		110
肥料制造	5614	5442		172		
农药制造	30995	29647	200	957		191
涂料、油墨、颜料及类似产品制造	64969	57414	7416	140		
合成材料制造	84215	83404	200	611		
专用化学产品制造	36946	32922	1030	2995		
日用化学产品制造	8340	7140	1200			
医药制造业	178796	156614	16521	4553	300	808
化学药品原药制造	118846	99639	15921	2721	300	265

2-B-5 续表3

单位：万元

指 标 名 称	科技活动经费筹集总额	企业资金	金融机构贷款	政府资金	国外资金	其他资金
化学药品制剂制造	33048	31911	400	737		
中成药制造	11562	10815	200	471		76
兽用药品制造	2248	2153		95		
生物、生化制品的制造	10422	9466		488		468
卫生材料及医药用品制造	2670	2630		40		
化学纤维制造业	143457	130339	8372	2575		2170
合成纤维制造	143457	130339	8372	2575		2170
橡胶制品业	59195	56132	300	478	2225	60
轮胎制造	47039	44462		352	2225	
橡胶板、管、带的制造	8734	8424	200	110		
橡胶零件制造	3206	3030	100	16		60
日用及医用橡胶制品制造	95	95				
橡胶靴鞋制造	121	121				
塑料制品业	69085	64010	2815	1326		934
塑料薄膜制造	21260	20386	810	30		34
塑料板、管、型材的制造	15540	15137		404		
塑料丝、绳及编织品的制造	1141	1141				
泡沫塑料制造	107	107				
塑料人造革、合成革制造	15765	14937		828		
塑料包装箱及容器制造	1909	1909				
塑料零件制造	5176	2776	1500			900
日用塑料制造	6467	5897	505	65		
其他塑料制品制造	1720	1720				
非金属矿物制品业	65656	56841	2508	3163		3144
水泥、石灰和石膏的制造	16996	14828	1745	122		301
水泥及石膏制品制造	3363	3363				
砖瓦、石材及其他建筑材料制造	15757	15651		106		
玻璃及玻璃制品制造	21598	16536	400	2159		2503
陶瓷制品制造	1988	1701	234	54		
耐火材料制品制造	2104	1520	29	297		258
石墨及其他非金属矿物制品制造	3850	3244	100	425		81
黑色金属冶炼及压延加工业	78947	76015	2040	892		
炼　钢	2737	2737				
钢压延加工	76210	73278	2040	892		
有色金属冶炼及压延加工业	72627	65561	5900	1067		100
常用有色金属冶炼	28482	23409	5000	73		
贵金属冶炼	800	400	400			

2－B－5 续表4

单位：万元

指标名称	科技活动经费筹集总额	企业资金	金融机构贷款	政府资金	国外资金	其他资金
稀有稀土金属冶炼	276	276				
有色金属合金制造	8347	8212		135		
有色金属压延加工	34723	33264	500	859		100
金属制品业	128220	111234	10578	3886		2522
结构性金属制品制造	63765	52824	6332	2153		2457
金属工具制造	8380	8380				
集装箱及金属包装容器制造	7438	7438				
金属丝绳及其制品的制造	1366	826		540		
建筑、安全用金属制品制造	19236	14469	3777	990		
金属表面处理及热处理加工	2318	2187		131		
不锈钢及类似日用金属制品制造	24867	24261	469	72		65
其他金属制品制造	850	850				
通用设备制造业	341816	305213	26364	7573		2666
锅炉及原动机制造	25633	24865		768		
金属加工机械制造	21204	18203	2200	701		100
起重运输设备制造	46441	45359	360	712		10
泵、阀门、压缩机及类似机械的制造	74411	71263	2131	1016		2
轴承、齿轮、传动和驱动部件的制造	71586	55795	13766	2021		5
风机、衡器、包装设备等通用设备制造	68029	58632	4608	2239		2550
通用零部件制造及机械修理	21097	20932	100	65		
金属铸、锻加工	13416	10164	3200	52		
专用设备制造业	77530	68000	5997	2666	607	261
矿山、冶金、建筑专用设备制造	1877	1722		155		
化工、木材、非金属加工专用设备制造	23419	19326	2710	547	607	230
食品、饮料、烟草及饲料生产专用设备制造	1702	1635		67		
印刷、制药、日化生产专用设备制造	617	432		185		
纺织、服装和皮革工业专用设备制造	20750	17328	3076	346		
电子和电工机械专用设备制造	2679	2285	100	295		
农、林、牧、渔专用机械制造	7095	6732	111	252		
医疗仪器设备及器械制造	3829	3752		46		31
环保、社会公共安全及其他专用设备制造	15561	14789		773		
交通运输设备制造业	393200	372936	11232	7812	26	1195
汽车制造	286267	271017	7764	6432	26	1029
摩托车制造	54488	51002	3278	190		18
自行车制造	9135	8747	190	50		148
船舶及浮动装置制造	41147	40008		1139		
航空航天器制造	480	480				

2-B-5 续表5

单位：万元

指 标 名 称	科技活动经费筹集总额	企业资金	金融机构贷款	政府资金	国外资金	其他资金
交通器材及其他交通运输设备制造	1682	1682				
电气机械及器材制造业	536743	475203	46671	6222		8647
电机制造	93750	85329	7075	1116		230
输配电及控制设备制造	157829	147794	8265	925		847
电线、电缆、光缆及电工器材制造	86750	70691	12609	1851		1598
电池制造	52830	40528	6000	1283		5019
家用电力器具制造	93127	84174	7801	671		481
非电力家用器具制造	7453	6332	1000	30		92
照明器具制造	40859	36314	3921	243		381
其他电气机械及器材制造	4144	4041		104		
通信设备、计算机及其他电子设备制造业	360050	332465	17880	8170	37	1499
通信设备制造	128844	123655	1800	1954		1435
广播电视设备制造	9561	8450	400	654		57
电子计算机制造	106337	104992		1345		
电子器件制造	23094	20685	140	2263		6
电子元件制造	65482	58667	5240	1575		
家用视听设备制造	20224	9858	10000	329	37	
其他电子设备制造	6508	6158	300	50		
仪器仪表及文化、办公用机械制造业	84729	75516	6324	2293		597
通用仪器仪表制造	57911	51893	4456	1013		550
专用仪器仪表制造	11708	9503	1118	1087		
钟表与计时仪器制造	1344	1344				
光学仪器及眼镜制造	7932	7146	550	188		47
文化、办公用机械制造	5835	5630	200	5		
工艺品及其他制造业	46527	35306	11055	116		50
工艺美术品制造	28859	18750	10040	69		
日用杂品制造	17669	16556	1015	47		50
废弃资源和废旧材料回收加工业	83	83				
金属废料和碎屑的加工处理	83	83				
电力、燃气及水的生产和供应业	**62933**	**56628**	**2242**			**4063**
电力、热力的生产和供应业	62835	56531	2242			4063
电力生产	17496	15255	2242			
电力供应	45339	41276				4063
燃气生产和供应业	55	55				
燃气生产和供应业	55	55				
水的生产和供应业	43	43				
自来水的生产和供应	43	43				

2-B-6 按地区分组的规模以上大中型工业企业科技活动经费筹集情况

单位:万元

地区	科技活动经费筹集总额	企业资金	金融机构贷款	政府资金	国外资金	其他资金
总计	**3663687**	**3327758**	**227096**	**69757**	**4157**	**34918**
杭州市	1164555	1087472	44413	22926	237	9507
宁波市	531992	487893	31872	7914	552	3761
温州市	302997	274903	20086	5981	81	1946
嘉兴市	318241	298646	5442	7501	2225	4427
湖州市	136245	113051	13960	3917		5317
绍兴市	624816	535672	71066	9938	1063	7076
金华市	212879	189187	19897	3287		509
衢州市	41775	37111	2345	1859		460
舟山市	45874	37116	5988	1853		917
台州市	262351	246673	11044	3835		799
丽水市	21963	20035	983	746		200

2-B-7 按企业规模、登记注册类型、隶属关系和行业分组的规模以上大中型工业企业科技活动经费支出情况

单位：万元

指 标 名 称	科技活动经费支出总额	内部支出合计	劳务费	原材料费
总 计	**3373204**	**3114717**	**897829**	**1054942**
一、按企业规模分				
大型企业	1141940	990411	345730	290251
中型企业	2231264	2124306	552099	764691
二、按登记注册类型分				
内 资	**2283982**	**2080595**	**568408**	**740037**
国 有	91302	57478	11761	24742
集 体	3155	3127	1171	775
股份合作企业	8135	7169	1997	2731
联营企业	1841	1816	654	424
国有与集体联营	1491	1491	484	302
其他联营	350	325	170	123
有限责任公司	587220	551493	143742	189956
国有独资公司	35895	31758	5917	10565
其他有限责任公司	551325	519735	137825	179391
股份有限公司	574801	541111	163464	202055
私营企业	1014145	915056	244729	318113
私营独资	23506	22972	7131	7009
私营合伙	4073	2866	574	1037
私营有限责任公司	789901	745540	193262	264065
私营股份有限公司	196664	143679	43762	46001
其 他	3384	3347	891	1241
港澳台商投资	**518758**	**489247**	**192978**	**123101**
与港澳台商合资经营	233856	226999	55261	81282
与港澳台商合作经营	4142	4092	1243	1609
港澳台商独资	214200	192061	95232	38011
港澳台商投资股份有限公司	66560	66094	41241	2199
外商投资	**570464**	**544875**	**136443**	**191805**
中外合资经营	400091	377860	84186	134078
中外合作经营	6966	6827	1632	2194
外资企业	123333	120849	39008	41092
外商投资股份有限公司	40073	39338	11618	14440
三、按隶属关系分				
中 央	68282	34064	9210	6829
省（自治区、直辖市）	50479	48620	9343	25449
地（区、市、州、盟）	151793	141294	34887	62204
县（区、市、旗）	112494	99843	28935	32896
乡镇（街道）	42241	38136	9963	13446

2-B-7 续表1-1

单位:万元

指标名称	科技活动经费支出总额	内部支出合计	劳务费	原材料费
其他	2947914	2752760	805493	914119
四、按国民经济行业(门类、大类、中类)分				
采矿业	**1728**	**1697**	**595**	**293**
黑色金属矿采选业	266	266	52	83
铁矿采选	266	266	52	83
有色金属矿采选业	1462	1431	543	210
常用有色金属矿采选	1462	1431	543	210
制造业	**3312189**	**3086514**	**891080**	**1049059**
农副食品加工业	17598	16791	3705	7476
饲料加工	6011	5921	1468	3514
植物油加工	215	215	123	
屠宰及肉类加工	3316	2961	615	1225
水产品加工	3529	3274	610	1148
蔬菜、水果和坚果加工	3946	3866	750	1489
其他农副食品加工	581	554	139	100
食品制造业	14735	14431	2991	4265
焙烤食品制造	1001	911	320	225
方便食品制造	2619	2577	1069	573
液体乳及乳制品制造	1643	1582	337	511
罐头制造	1194	1142	204	451
调味品、发酵制品制造	1981	1981	386	680
其他食品制造	6298	6238	675	1826
饮料制造业	72210	71416	11849	35075
酒的制造	14857	14291	3041	6472
软饮料制造	56522	56380	8671	28414
精制茶加工	831	745	136	189
烟草制品业	4112	3685	799	261
卷烟制造	4112	3685	799	261
纺织业	271627	260757	69084	91818
棉、化纤纺织及印染精加工	159555	152410	40734	52473
毛纺织和染整精加工	3529	3519	734	1702
麻纺织	225	207	70	84
丝绢纺织及精加工	32600	31762	4935	12828
纺织制成品制造	41535	40732	11504	14232
针织品、编织品及其制品制造	34183	32127	11107	10499
纺织服装、鞋、帽制造业	68729	67795	22035	24149
纺织服装制造	68571	67740	21987	24144

2-B-7 续表1-2

单位:万元

指标名称	科技活动经费支出总额	内部支出合计	劳务费	原材料费
制帽	158	54	48	5
皮革、毛皮、羽毛(绒)及其制品业	58282	56830	16609	24343
皮革鞣制加工	12824	12824	2844	6851
皮革制品制造	42609	41164	13014	16600
毛皮鞣制及制品加工	1094	1094	224	510
羽毛(绒)加工及制品制造	1755	1747	527	382
木材加工及木、竹、藤、棕、草制品业	10712	10147	2458	3378
人造板制造	5124	4901	1583	1665
木制品制造	4749	4449	656	1533
竹、藤、棕、草制品制造	839	797	220	180
家具制造业	27586	26206	6885	9632
木质家具制造	3900	3538	1308	1124
金属家具制造	11190	10790	3523	3662
其他家具制造	12496	11878	2054	4846
造纸及纸制品业	50085	49436	9546	14908
造纸	39546	39351	7598	11064
纸制品制造	10539	10085	1948	3844
印刷业和记录媒介的复制	12262	12169	4102	4805
印刷	12262	12169	4102	4805
文教体育用品制造业	19457	19236	7043	4373
文化用品制造	8191	8145	3219	1333
体育用品制造	3765	3707	1230	791
乐器制造	1295	1195	562	207
玩具制造	5222	5222	1606	1686
游艺器材及娱乐用品制造	984	967	425	355
石油加工、炼焦及核燃料加工业	2147	1397	838	11
精炼石油产品的制造	2147	1397	838	11
化学原料及化学制品制造业	252913	244528	65467	83483
基础化学原料制造	39149	36548	9660	10657
肥料制造	5164	4957	1349	2028
农药制造	30526	28737	5246	11717
涂料、油墨、颜料及类似产品制造	60660	60222	28934	15869
合成材料制造	76279	74091	9330	29542
专用化学产品制造	34773	33801	8993	11599
日用化学产品制造	6363	6173	1955	2071
医药制造业	161824	129656	37770	41859
化学药品原药制造	116130	87937	23983	28702

2-B-7 续表1-3

单位：万元

指标名称	科技活动经费支出总额	内部支出合计	劳务费	原材料费
化学药品制剂制造	20527	18957	6171	5084
中成药制造	10563	9225	3479	2815
兽用药品制造	2140	1712	1182	
生物、生化制品的制造	9795	9318	2036	4745
卫生材料及医药用品制造	2670	2507	919	514
化学纤维制造业	124084	122669	23576	50090
合成纤维制造	124084	122669	23576	50090
橡胶制品业	58793	58088	11429	24443
轮胎制造	46689	46209	8524	20043
橡胶板、管、带的制造	8691	8691	1992	3473
橡胶零件制造	3197	2972	786	901
日用及医用橡胶制品制造	95	95	40	12
橡胶靴鞋制造	121	121	87	14
塑料制品业	58567	57718	15751	21089
塑料薄膜制造	15664	15636	3472	7047
塑料板、管、型材的制造	11773	11612	1977	5075
塑料丝、绳及编织品的制造	1049	1049	120	436
泡沫塑料制造	107	107	42	8
塑料人造革、合成革制造	14926	14874	4302	4709
塑料包装箱及容器制造	1849	1849	551	779
塑料零件制造	5034	4798	3116	311
日用塑料制造	6446	6143	1859	2115
其他塑料制品制造	1720	1650	315	609
非金属矿物制品业	53137	48272	10509	19268
水泥、石灰和石膏的制造	12174	10088	2979	2969
水泥及石膏制品制造	3647	1484	432	430
砖瓦、石材及其他建筑材料制造	8065	8050	741	5331
玻璃及玻璃制品制造	21410	21210	4424	7524
陶瓷制品制造	1961	1724	547	813
耐火材料制品制造	2133	2133	869	735
石墨及其他非金属矿物制品制造	3747	3583	517	1466
黑色金属冶炼及压延加工业	73683	72349	10993	37277
炼钢	2737	2737	175	782
钢压延加工	70946	69612	10818	36495
有色金属冶炼及压延加工业	65001	61706	7427	28987
常用有色金属冶炼	23504	21320	2031	12506
贵金属冶炼	794	794	350	210

2－B－7 续表1－4

单位：万元

指标名称	科技活动经费支出总额	内部支出合计	劳务费	原材料费
稀有稀土金属冶炼	276	276	68	94
有色金属合金制造	7520	7450	985	3151
有色金属压延加工	32907	31867	3993	13025
金属制品业	119412	111780	26612	44998
结构性金属制品制造	58968	52373	13134	19761
金属工具制造	7435	7172	1993	1666
集装箱及金属包装容器制造	7263	7244	524	6033
金属丝绳及其制品的制造	1361	1361	236	997
建筑、安全用金属制品制造	17777	17221	4429	5817
金属表面处理及热处理加工	2179	2143	534	884
不锈钢及类似日用金属制品制造	24389	24226	5723	9840
其他金属制品制造	40	40	40	
通用设备制造业	329113	303570	88692	117989
锅炉及原动机制造	24872	20126	8594	6594
金属加工机械制造	19809	18717	5792	7071
起重运输设备制造	44984	38315	8751	17894
泵、阀门、压缩机及类似机械的制造	70153	64668	17595	25816
轴承、齿轮、传动和驱动部件的制造	68901	64728	18988	21005
风机、衡器、包装设备等通用设备制造	65772	63085	17603	27413
通用零部件制造及机械修理	21055	20389	7763	7617
金属铸、锻加工	13569	13543	3608	4578
专用设备制造业	76615	72694	21058	25967
矿山、冶金、建筑专用设备制造	1876	1812	519	632
化工、木材、非金属加工专用设备制造	24919	24015	6908	8857
食品、饮料、烟草及饲料生产专用设备制造	1702	1702	251	849
印刷、制药、日化生产专用设备制造	617	547	107	212
纺织、服装和皮革工业专用设备制造	19144	17789	5920	6394
电子和电工机械专用设备制造	2548	2235	569	934
农、林、牧、渔专用机械制造	7277	6957	2066	2584
医疗仪器设备及器械制造	3795	3723	1214	928
环保、社会公共安全及其他专用设备制造	14735	13914	3505	4577
交通运输设备制造业	375389	311675	84331	94052
汽车制造	269925	216445	58469	64072
摩托车制造	56123	51955	15236	15906
自行车制造	8901	7605	1814	2510
船舶及浮动装置制造	37759	33088	8163	10639
航空航天器制造	900	900	144	256

2-B-7 续表1-5

单位:万元

指 标 名 称	科技活动经费支出总额	内部支出合计	劳务费	原材料费
交通器材及其他交通运输设备制造	1782	1682	505	669
电气机械及器材制造业	466891	441656	127789	141909
电机制造	89373	84636	33506	23659
输配电及控制设备制造	120697	114469	32875	39600
电线、电缆、光缆及电工器材制造	74591	73066	12354	27378
电池制造	44766	43182	12140	14263
家用电力器具制造	91115	82674	20686	23202
非电力家用器具制造	6790	6579	1798	2866
照明器具制造	35434	33004	13381	9853
其他电气机械及器材制造	4127	4047	1050	1089
通信设备、计算机及其他电子设备制造业	346074	323251	160741	57858
通信设备制造	116577	114609	59468	17759
广播电视设备制造	9529	9493	4679	1314
电子计算机制造	106285	89442	64966	6162
电子器件制造	24953	24362	8006	6745
电子元件制造	64021	61801	15920	17235
家用视听设备制造	17992	17154	6139	6602
其他电子设备制造	6717	6389	1564	2043
仪器仪表及文化、办公用机械制造业	82092	78227	28670	21887
通用仪器仪表制造	56449	54748	21139	14268
专用仪器仪表制造	11524	9897	3660	2777
钟表与计时仪器制造	1132	1127	235	394
光学仪器及眼镜制造	7251	6950	2267	1969
文化、办公用机械制造	5736	5506	1369	2479
工艺品及其他制造业	38978	38297	12290	13412
工艺美术品制造	21530	21250	7084	7867
日用杂品制造	17448	17047	5206	5545
废弃资源和废旧材料回收加工业	83	83	32	
金属废料和碎屑的加工处理	83	83	32	
电力、燃气及水的生产和供应业	**59287**	**26506**	**6155**	**5590**
电力、热力的生产和供应业	59194	26413	6085	5587
电力生产	16838	15296	5417	3461
电力供应	42356	11116	668	2126
燃气生产和供应业	50	50	35	
燃气生产和供应业	50	50	35	
水的生产和供应业	43	43	35	4
自来水的生产和供应	43	43	35	4

2-B-7 续表2-1

单位:万元

指标名称	购买和自制设备支出	其他	内部支出中R&D经费支出	内部支出中新产品开发经费支出
总计	**637926**	**524019**	**1925197**	**2738907**
一、按企业规模分				
大型企业	168092	186337	695559	903168
中型企业	469834	337682	1229639	1835740
二、按登记注册类型分				
内资	**461026**	**311125**	**1280676**	**1833838**
国有	8473	12502	35361	33095
集体	692	489	824	3015
股份合作企业	1512	930	4787	6485
联营企业	371	367	1607	1811
国有与集体联营	355	350	1458	1491
其他联营	16	17	149	320
有限责任公司	130495	87299	333738	485703
国有独资公司	7509	7767	22463	27131
其他有限责任公司	122986	79532	311276	458572
股份有限公司	104021	71571	373379	491457
私营企业	214832	137383	529253	809862
私营独资	4788	4043	17365	19508
私营合伙	358	897	2065	2598
私营有限责任公司	185236	102977	419479	652687
私营股份有限公司	24449	29466	90344	135069
其他	630	584	1725	2412
港澳台商投资	**76688**	**96481**	**340260**	**439450**
与港澳台商合资经营	50245	40211	129874	191730
与港澳台商合作经营	966	276	3061	3968
港澳台商独资	24437	34381	141561	177988
港澳台商投资股份有限公司	1040	21614	65763	65763
外商投资	**100213**	**116414**	**304262**	**465619**
中外合资经营	75962	83635	195902	334108
中外合作经营	1597	1403	4931	6560
外资企业	16053	24696	75988	88123
外商投资股份有限公司	6601	6680	27441	36829
三、按隶属关系分				
中央	6451	11574	18011	19851
省(自治区、直辖市)	9448	4381	33343	30903
地(区、市、州、盟)	22174	22030	71926	130449
县(区、市、旗)	21887	16125	66751	90072
乡镇(街道)	8917	5811	23944	34055

2－B－7 续表2－2

单位：万元

指 标 名 称	购买和自制设备支出	其 他	内部支出中R&D经费支出	内部支出中新产品开发经费支出
其 他	569049	464099	1711223	2433577
四、按国民经济行业(门类、大类、中类)分				
采矿业	**484**	**326**	**266**	**429**
黑色金属矿采选业	78	54	266	
铁矿采选	78	54	266	
有色金属矿采选业	406	272		429
常用有色金属矿采选	406	272		429
制造业	**631140**	**515235**	**1915294**	**2722141**
农副食品加工业	3120	2491	10604	14049
饲料加工	579	360	4590	5579
植物油加工	92			
屠宰及肉类加工	425	696	797	2170
水产品加工	1023	493	2519	2386
蔬菜、水果和坚果加工	779	849	2415	3360
其他农副食品加工	222	93	282	554
食品制造业	3905	3270	7057	11829
焙烤食品制造	366		571	891
方便食品制造	732	203	323	1576
液体乳及乳制品制造	572	161	770	806
罐头制造	262	225	551	1142
调味品、发酵制品制造	395	520	1095	1177
其他食品制造	1577	2161	3748	6238
饮料制造业	8075	16418	40156	67862
酒的制造	2935	1842	4526	11357
软饮料制造	4804	14490	35196	55965
精制茶加工	335	85	435	540
烟草制品业	...	2625	827	2262
卷烟制造	...	2625	827	2262
纺织业	69437	30419	153750	221039
棉、化纤纺织及印染精加工	40414	18789	96939	123715
毛纺织和染整精加工	789	294	2797	3384
麻纺织	45	8	80	207
丝绢纺织及精加工	9756	4243	19125	27967
纺织制成品制造	11269	3727	16186	36343
针织品、编织品及其制品制造	7163	3358	18623	29423
纺织服装、鞋、帽制造业	8617	12993	21877	52611
纺织服装制造	8617	12992	21877	52557

2－B－7 续表2－3

单位：万元

指标名称	购买和自制设备支出	其他	内部支出中R&D经费支出	内部支出中新产品开发经费支出
制帽		2		54
皮革、毛皮、羽毛(绒)及其制品业	9916	5962	22505	46541
皮革鞣制加工	1933	1196	7094	6899
皮革制品制造	7359	4191	13621	36800
毛皮鞣制及制品加工	200	161	755	1094
羽毛(绒)加工及制品制造	424	414	1035	1747
木材加工及木、竹、藤、棕、草制品业	2367	1945	7400	8431
人造板制造	701	953	3378	3720
木制品制造	1486	774	3588	3929
竹、藤、棕、草制品制造	180	217	434	782
家具制造业	5872	3817	7041	25033
木质家具制造	801	306	1043	2665
金属家具制造	1956	1649	5314	10718
其他家具制造	3115	1863	684	11651
造纸及纸制品业	19031	5952	22829	26179
造纸	15572	5117	14088	17680
纸制品制造	3459	835	8741	8499
印刷业和记录媒介的复制	2233	1030	7611	10885
印刷	2233	1030	7611	10885
文教体育用品制造业	3009	4812	13306	17457
文化用品制造	824	2768	6435	7863
体育用品制造	743	943	2631	3509
乐器制造	346	80	300	1015
玩具制造	918	1013	3539	4348
游艺器材及娱乐用品制造	177	9	401	722
石油加工、炼焦及核燃料加工业	235	314	479	39
精炼石油产品的制造	235	314	479	39
化学原料及化学制品制造业	48773	46805	126747	193731
基础化学原料制造	10631	5600	26116	25207
肥料制造	1337	243	2880	3710
农药制造	9958	1816	14897	19385
涂料、油墨、颜料及类似产品制造	4007	11412	21553	54550
合成材料制造	13350	21869	36253	66283
专用化学产品制造	8294	4915	20221	22664
日用化学产品制造	1197	949	4828	1932
医药制造业	34348	15678	104061	118583
化学药品原药制造	24513	10739	70899	80049

2－B－7 续表2－4

单位：万元

指标名称	购买和自制设备支出	其他	内部支出中R&D经费支出	内部支出中新产品开发经费支出
化学药品制剂制造	4964	2738	15173	17200
中成药制造	1844	1086	7654	9003
兽用药品制造	53	477	1712	506
生物、生化制品的制造	2108	429	6117	9318
卫生材料及医药用品制造	866	209	2507	2507
化学纤维制造业	29694	19309	88570	108670
合成纤维制造	29694	19309	88570	108670
橡胶制品业	12618	9598	15217	53173
轮胎制造	10505	7136	6675	41624
橡胶板、管、带的制造	1451	1776	6615	8603
橡胶零件制造	636	650	1927	2851
日用及医用橡胶制品制造	8	36		95
橡胶靴鞋制造	19	1		
塑料制品业	11439	9438	34195	49919
塑料薄膜制造	3166	1950	13925	12547
塑料板、管、型材的制造	2328	2233	8810	10538
塑料丝、绳及编织品的制造	342	152	791	1043
泡沫塑料制造	36	21		107
塑料人造革、合成革制造	2817	3047	3687	12956
塑料包装箱及容器制造	254	266	243	589
塑料零件制造	737	634	3734	4710
日用塑料制造	1422	747	2731	6019
其他塑料制品制造	339	388	273	1411
非金属矿物制品业	11672	6824	37444	33732
水泥、石灰和石膏的制造	2668	1472	4060	3032
水泥及石膏制品制造	350	272	984	750
砖瓦、石材及其他建筑材料制造	857	1121	7927	8009
玻璃及玻璃制品制造	6226	3037	17339	15404
陶瓷制品制造	190	174	1548	1662
耐火材料制品制造	401	128	2004	1872
石墨及其他非金属矿物制品制造	980	620	3583	3004
黑色金属冶炼及压延加工业	10262	13817	46698	52230
炼　钢	795	985	420	2737
钢压延加工	9467	12832	46278	49493
有色金属冶炼及压延加工业	16720	8573	25053	38686
常用有色金属冶炼	5368	1415	2670	6363
贵金属冶炼	170	64	435	450

2-B-7 续表2-5

单位:万元

指标名称	购买和自制设备支出	其他	内部支出中R&D经费支出	内部支出中新产品开发经费支出
稀有稀土金属冶炼	96	17	276	158
有色金属合金制造	2084	1230	6742	4381
有色金属压延加工	9002	5847	14930	27335
金属制品业	23458	16712	63762	101000
结构性金属制品制造	10945	8534	40593	47705
金属工具制造	2028	1484	2635	6609
集装箱及金属包装容器制造	319	367	5825	7244
金属丝绳及其制品的制造	31	98	249	1355
建筑、安全用金属制品制造	5116	1860	5100	15803
金属表面处理及热处理加工	674	51	1376	1658
不锈钢及类似日用金属制品制造	4344	4318	7985	20625
其他金属制品制造				
通用设备制造业	55873	41016	195717	286933
锅炉及原动机制造	3146	1792	13081	19256
金属加工机械制造	2471	3383	12130	16903
起重运输设备制造	8677	2993	22914	36794
泵、阀门、压缩机及类似机械的制造	11063	10194	47760	62685
轴承、齿轮、传动和驱动部件的制造	14296	10440	35416	59516
风机、衡器、包装设备等通用设备制造	10683	7386	46765	58395
通用零部件制造及机械修理	3043	1966	10673	20239
金属铸、锻加工	2495	2863	6978	13145
专用设备制造业	16241	9428	45630	69379
矿山、冶金、建筑专用设备制造	437	225	668	1803
化工、木材、非金属加工专用设备制造	5602	2647	14374	22460
食品、饮料、烟草及饲料生产专用设备制造	132	470	1702	1702
印刷、制药、日化生产专用设备制造	191	38	547	419
纺织、服装和皮革工业专用设备制造	3068	2407	11319	17395
电子和电工机械专用设备制造	606	125	1837	2208
农、林、牧、渔专用机械制造	1583	725	4886	6931
医疗仪器设备及器械制造	854	727	2574	3499
环保、社会公共安全及其他专用设备制造	3768	2065	7723	12963
交通运输设备制造业	71226	62066	185870	289337
汽车制造	52905	40998	129268	201244
摩托车制造	9933	10881	29317	51228
自行车制造	1464	1817	2236	7583
船舶及浮动装置制造	6074	8212	24149	27383
航空航天器制造	450	50	900	900

2－B－7 续表2－6

单位：万元

指 标 名 称	购买和自制设备支出	其 他	内部支出中R&D经费支出	内部支出中新产品开发经费支出
交通器材及其他交通运输设备制造	400	108		1000
电气机械及器材制造业	97724	74234	285937	402839
电机制造	13220	14251	67460	75397
输配电及控制设备制造	27796	14197	55108	107189
电线、电缆、光缆及电工器材制造	19734	13600	51814	64174
电池制造	13285	3495	30359	38371
家用电力器具制造	17147	21640	60476	76384
非电力家用器具制造	683	1232	3160	6452
照明器具制造	4944	4827	15107	30826
其他电气机械及器材制造	915	993	2453	4047
通信设备、计算机及其他电子设备制造业	35927	68726	270810	312984
通信设备制造	7557	29825	99267	113462
广播电视设备制造	806	2694	8267	9058
电子计算机制造	3361	14953	88456	89084
电子器件制造	4351	5261	18917	22909
电子元件制造	16166	12481	37745	55690
家用视听设备制造	1847	2567	15334	16551
其他电子设备制造	1839	944	2824	6231
仪器仪表及文化、办公用机械制造业	13047	14624	57546	72575
通用仪器仪表制造	8606	10736	39583	51913
专用仪器仪表制造	2732	728	7446	8644
钟表与计时仪器制造	292	206	725	725
光学仪器及眼镜制造	925	1788	5834	6840
文化、办公用机械制造	493	1165	3957	4454
工艺品及其他制造业	6256	6339	16514	34123
工艺美术品制造	3097	3202	7699	19606
日用杂品制造	3159	3137	8815	14517
废弃资源和废旧材料回收加工业	50	1	83	32
金属废料和碎屑的加工处理	50	1	83	32
电力、燃气及水的生产和供应业	**6302**	**8458**	**9637**	**16337**
电力、热力的生产和供应业	6287	8454	9637	16337
电力生产	3850	2568	622	7198
电力供应	2437	5885	9015	9139
燃气生产和供应业	11	4		
燃气生产和供应业	11	4		
水的生产和供应业	4			
自来水的生产和供应	4			

2－B－7 续表3－1

单位：万元

指标名称	外部支出	对研究所及高等院校的支出	对其他企业支出	用于科研的基建经费支出	土建工程
总计	**258487**	**99224**	**148147**	**139366**	**71601**
一、按企业规模分					
大型企业	151529	42890	105080	31702	14500
中型企业	106959	56334	43068	107664	57101
二、按登记注册类型分					
内资	**203387**	**81951**	**111745**	**99302**	**48257**
国有	33825	12012	21762	9591	1933
集体	28	28			
股份合作企业	966	409	557	592	310
联营企业	25				
国有与集体联营					
其他联营	25				
有限责任公司	35728	18573	16028	31612	18467
国有独资公司	4137	2051	2086	1137	468
其他有限责任公司	31591	16523	13942	30475	17999
股份有限公司	33690	20946	10224	16269	5762
私营企业	99088	29971	63151	40979	21586
私营独资	535	176	258	1471	469
私营合伙	1207	609	599		
私营有限责任公司	44361	26313	15051	34955	19209
私营股份有限公司	52986	2873	47244	4553	1909
其他	37	11	24	258	198
港澳台商投资	**29512**	**6112**	**22975**	**16533**	**11188**
与港澳台商合资经营	6857	4143	2644	7550	4302
与港澳台商合作经营	50	30	20	150	90
港澳台商独资	22139	1832	19951	8738	6701
港澳台商投资股份有限公司	466	107	359	95	95
外商投资	**25589**	**11161**	**13428**	**23532**	**12156**
中外合资经营	22231	8941	12585	15090	8942
中外合作经营	139		110	250	225
外资企业	2483	1647	571	3290	1384
外商投资股份有限公司	735	573	162	4902	1605
三、按隶属关系分					
中央	34218	12113	22054	7888	2567
省（自治区、直辖市）	1859	567	1264	3086	741
地（区、市、州、盟）	10499	7024	3096	1997	673
县（区、市、旗）	12652	4787	7839	3910	2990
乡镇（街道）	4105	1232	2873	625	503

2-B-7 续表3-2

单位：万元

指标名称	外部支出	对研究所及高等院校的支出	对其他企业支出	用于科研的基建经费支出	土建工程
其他	195154	73501	111022	121861	64127
四、按国民经济行业(门类、大类、中类)分					
采矿业	**31**	**30**	**1**	**26**	**15**
黑色金属矿采选业				10	
铁矿采选				10	
有色金属矿采选业	31	30	1	16	15
常用有色金属矿采选	31	30	1	16	15
制造业	**225676**	**87852**	**126708**	**133872**	**71013**
农副食品加工业	807	605	151	3834	3014
饲料加工	90	30	60	215	196
植物油加工					
屠宰及肉类加工	355	303	52	299	151
水产品加工	255	200	5	820	516
蔬菜、水果和坚果加工	80	45	35	2500	2150
其他农副食品加工	27	27			
食品制造业	305	175	130	1412	1058
焙烤食品制造	90	23	67		
方便食品制造	42	42		879	844
液体乳及乳制品制造	61	58	3	290	79
罐头制造	52	52		154	105
调味品、发酵制品制造				20	8
其他食品制造	60		60	69	22
饮料制造业	794	542	157	655	96
酒的制造	566	464	91	105	96
软饮料制造	143	58		550	
精制茶加工	86	20	66		
烟草制品业	426	146	280	137	137
卷烟制造	426	146	280	137	137
纺织业	10870	7600	2870	10916	5252
棉、化纤纺织及印染精加工	7145	4263	2603	6574	3198
毛纺织和染整精加工	10	10		238	205
麻纺织	18	18			
丝绢纺织及精加工	838	806	32	440	402
纺织制成品制造	803	605	198	1359	601
针织品、编织品及其制品制造	2057	1898	37	2305	846
纺织服装、鞋、帽制造业	934	288	448	2961	2131
纺织服装制造	831	288	345	2961	2131

2-B-7 续表3-3

单位：万元

指标名称	外部支出	对研究所及高等院校的支出	对其他企业支出	用于科研的基建经费支出	土建工程
制帽	104		104		
皮革、毛皮、羽毛(绒)及其制品业	1452	380	1064	2303	1243
皮革鞣制加工				514	348
皮革制品制造	1444	380	1064	1783	892
毛皮鞣制及制品加工					
羽毛(绒)加工及制品制造	8			6	3
木材加工及木、竹、藤、棕、草制品业	565	534	30	1406	1119
人造板制造	223	223		498	331
木制品制造	300	275	25	658	538
竹、藤、棕、草制品制造	42	37	5	250	250
家具制造业	1380	950	112	482	190
木质家具制造	362	300	62	235	
金属家具制造	400	400		184	152
其他家具制造	618	250	50	63	38
造纸及纸制品业	649	150	494	1177	622
造纸	195	135	55	525	325
纸制品制造	454	15	439	653	297
印刷业和记录媒介的复制	93	93		435	362
印刷	93	93		435	362
文教体育用品制造业	221	154	57	523	327
文化用品制造	46	20	26		
体育用品制造	58	42	16	85	40
乐器制造	100	75	15		
玩具制造				418	287
游艺器材及娱乐用品制造	17	17		21	
石油加工、炼焦及核燃料加工业	750	179	572		
精炼石油产品的制造	750	179	572		
化学原料及化学制品制造业	8384	5889	2368	9487	4316
基础化学原料制造	2601	1357	1244	4621	2224
肥料制造	208	8	200	22	6
农药制造	1789	1652	137	1362	764
涂料、油墨、颜料及类似产品制造	437	319	119	1432	576
合成材料制造	2188	1702	426	447	335
专用化学产品制造	972	712	192	1244	213
日用化学产品制造	190	140	50	360	200
医药制造业	32169	17789	14136	7249	2099
化学药品原药制造	28193	14745	13449	5627	1593

2－B－7 续表3－4

单位：万元

指标名称	外部支出	对研究所及高等院校的支出	对其他企业支出	用于科研的基建经费支出	土建工程
化学药品制剂制造	1570	816	511	1222	300
中成药制造	1338	1253	85	323	148
兽用药品制造	428	428			
生物、生化制品的制造	477	385	92		
卫生材料及医药用品制造	162	162		77	58
化学纤维制造业	1415	1200	190	7166	2559
合成纤维制造	1415	1200	190	7166	2559
橡胶制品业	705	705		68	44
轮胎制造	480	480			
橡胶板、管、带的制造				68	44
橡胶零件制造	225	225			
日用及医用橡胶制品制造					
橡胶靴鞋制造					
塑料制品业	850	323	469	3306	1192
塑料薄膜制造	28	8	20	1477	117
塑料板、管、型材的制造	161	56	105	190	50
塑料丝、绳及编织品的制造				150	142
泡沫塑料制造					
塑料人造革、合成革制造	52	50	2	494	368
塑料包装箱及容器制造				600	450
塑料零件制造	236	178			
日用塑料制造	303	31	273	195	20
其他塑料制品制造	70		70	200	45
非金属矿物制品业	4865	1786	920	2193	779
水泥、石灰和石膏的制造	2086	1545	541	986	122
水泥及石膏制品制造	2163	5	1		
砖瓦、石材及其他建筑材料制造	15	15		93	90
玻璃及玻璃制品制造	200	197		1114	568
陶瓷制品制造	238		238		
耐火材料制品制造					
石墨及其他非金属矿物制品制造	164	24	140		
黑色金属冶炼及压延加工业	1334	349	985	572	380
炼 钢					
钢压延加工	1334	349	985	572	380
有色金属冶炼及压延加工业	3294	2352	942	1157	36
常用有色金属冶炼	2184	1569	615	60	20
贵金属冶炼					

2－B－7 续表3－5

单位：万元

指标名称	外部支出	对研究所及高等院校的支出	对其他企业支出	用于科研的基建经费支出	土建工程
稀有稀土金属冶炼					
有色金属合金制造	70	70		224	16
有色金属压延加工	1040	713	327	873	
金属制品业	7632	6170	1374	6716	3868
结构性金属制品制造	6595	5283	1312	4849	2861
金属工具制造	264	215	3	260	190
集装箱及金属包装容器制造	19		19	57	57
金属丝绳及其制品的制造				84	30
建筑、安全用金属制品制造	556	529	21	600	304
金属表面处理及热处理加工	36			540	400
不锈钢及类似日用金属制品制造	163	143	20	326	26
其他金属制品制造					
通用设备制造业	25543	8649	15550	14344	8996
锅炉及原动机制造	4746	2221	2525	406	310
金属加工机械制造	1092	248	845	2292	1215
起重运输设备制造	6668	384	5905	2430	1909
泵、阀门、压缩机及类似机械的制造	5485	2021	2620	2207	1185
轴承、齿轮、传动和驱动部件的制造	4172	1929	2238	1658	920
风机、衡器、包装设备等通用设备制造	2687	1661	937	3486	2085
通用零部件制造及机械修理	666	185	481	1419	1090
金属铸、锻加工	26	1		445	282
专用设备制造业	3921	2302	1200	3370	1730
矿山、冶金、建筑专用设备制造	64	64			
化工、木材、非金属加工专用设备制造	905	727	72	1836	728
食品、饮料、烟草及饲料生产专用设备制造					
印刷、制药、日化生产专用设备制造	70	70		43	
纺织、服装和皮革工业专用设备制造	1355	848	507	413	363
电子和电工机械专用设备制造	314	...		...	
农、林、牧、渔专用机械制造	320	320			
医疗仪器设备及器械制造	73	30	43	216	216
环保、社会公共安全及其他专用设备制造	821	242	579	861	423
交通运输设备制造业	63715	7419	52330	11166	4552
汽车制造	53480	3067	47061	6605	2074
摩托车制造	4168	1843	2325	1522	673
自行车制造	1296	908	130	195	195
船舶及浮动装置制造	4671	1521	2794	1772	1060
航空航天器制造				242	

2-B-7 续表3-6

单位:万元

指标名称	外部支出	对研究所及高等院校的支出	对其他企业支出	用于科研的基建经费支出	土建工程
交通器材及其他交通运输设备制造	100	80	20	830	550
电气机械及器材制造业	25235	16305	8305	24020	14963
电机制造	4737	1897	2835	3627	2065
输配电及控制设备制造	6228	4807	1288	3803	2341
电线、电缆、光缆及电工器材制造	1525	1052	385	4302	3171
电池制造	1584	1553	30	3288	2571
家用电力器具制造	8441	5101	3317	4932	2452
非电力家用器具制造	210		150	1516	1366
照明器具制造	2430	1813	300	2552	997
其他电气机械及器材制造	81	81			
通信设备、计算机及其他电子设备制造业	22823	2117	20010	5685	3366
通信设备制造	1968	80	1789	1357	1087
广播电视设备制造	36	36		343	123
电子计算机制造	16843	254	16589	777	575
电子器件制造	591	146	430	1615	1200
电子元件制造	2220	1295	868	1578	381
家用视听设备制造	838	55	256	16	
其他电子设备制造	328	250	78		
仪器仪表及文化、办公用机械制造业	3864	2341	1358	8539	4979
通用仪器仪表制造	1701	674	927	7714	4730
专用仪器仪表制造	1628	1441	187	372	39
钟表与计时仪器制造	5	5			
光学仪器及眼镜制造	301	187	114	375	210
文化、办公用机械制造	230	35	131	79	
工艺品及其他制造业	681	361	207	2547	1603
工艺美术品制造	280	217	63	2504	1560
日用杂品制造	401	145	144	43	43
废弃资源和废旧材料回收加工业				48	
金属废料和碎屑的加工处理				48	
电力、燃气及水的生产和供应业	**32781**	**11342**	**21439**	**5468**	**573**
电力、热力的生产和供应业	32781	11342	21439	5468	573
电力生产	1542	309	1232	128	68
电力供应	31239	11033	20207	5340	505
燃气生产和供应业					
燃气生产和供应业					
水的生产和供应业					
自来水的生产和供应					

2-B-8 按地区分组的规模以上大中型工业科技活动经费支出情况

单位：万元

地区	科技活动经费支出总额	内部支出合计	劳务费	原材料费	购买和自制设备支出	其他	内部支出中R&D经费支出
总计	**3373204**	**3114717**	**897829**	**1054942**	**637926**	**524019**	**1925197**
杭州市	1097795	963799	300578	333050	152184	177988	621959
宁波市	523539	505570	119150	176505	96478	113437	289236
温州市	251985	238290	71390	84379	55310	27212	120904
嘉兴市	300176	292570	81159	105498	59367	46546	198169
湖州市	115338	110662	22825	37515	33858	16465	71488
绍兴市	547744	516063	177440	161436	112175	65013	307076
金华市	202843	190570	47860	61023	51993	29694	126103
衢州市	34479	30075	9603	9161	7559	3752	15779
舟山市	42476	40967	9293	10450	13918	7306	28387
台州市	237391	207378	53283	70958	50465	32672	140090
丽水市	19437	18772	5248	4970	4620	3934	6007

2－B－8 续表

单位：万元

地　区	内部支出中新产品开发经费支出	外部支出	对研究所及高等院校的支出	对其他企业支出	用于科研的基建经费支出	土建工程
总　计	**2738907**	**258487**	**99224**	**148147**	**139366**	**71601**
杭州市	882655	133996	29282	100575	30677	19588
宁波市	441738	17969	5498	12020	17046	10613
温州市	218419	13695	9397	2858	12708	3129
嘉兴市	217790	7606	2457	4670	12115	5519
湖州市	86824	4675	2966	1662	11706	5226
绍兴市	471656	31681	23340	4865	17822	7603
金华市	166804	12273	10008	1739	15113	9008
衢州市	20376	4404	2989	1355	3319	908
舟山市	34558	1509	896	117	2700	1696
台州市	182921	30013	11885	18129	15494	7972
丽水市	15165	665	508	158	668	338

2-B-9 按企业规模、登记注册类型、隶属关系、项目来源、项目合作形式、项目活动类型、技术经济目标和行业分组的规模以上大中型工业企业科技活动项目情况

单位：项、人、人年、万元

指 标 名 称	科技项目数	#新产品开发项目数	# R&D 项目数	科技项目参加人员合计	高中级技术职称人员	无高中级职称的大学本科及以上人员
总 计	**12134**	**10059**	**7115**	**159415**	**39666**	**53863**
一、按企业规模分						
大型企业	2052	1660	1359	41242	10789	13777
中型企业	10082	8399	5756	118173	28877	40086
二、按登记注册类型分						
内 资	**8573**	**7032**	**5165**	**110665**	**29964**	**35868**
国 有	499	245	252	3404	1961	685
集 体	13	12	2	230	20	93
股份合作企业	82	66	62	591	133	181
联营企业	7	7	4	142	39	27
国有与集体联营	4	4	3	102	23	26
其他联营	3	3	1	40	16	1
有限责任公司	2408	2004	1449	29750	8118	10164
国有独资公司	207	166	128	1415	614	489
其他有限责任公司	2201	1838	1321	28335	7504	9675
股份有限公司	1969	1664	1310	26807	7957	8874
私营企业	3578	3022	2076	49544	11702	15779
私营独资	74	61	43	1086	253	273
私营合伙	10	9	8	163	24	98
私营有限责任公司	3220	2727	1853	42414	9982	13712
私营股份有限公司	274	225	172	5881	1443	1696
其 他	17	12	10	197	34	65
港澳台商投资	**1590**	**1395**	**914**	**22245**	**4123**	**8824**
与港澳台商合资经营	1004	871	538	11309	2267	3821
与港澳台商合作经营	24	22	9	486	132	176
港澳台商独资	499	443	305	9326	1639	4633
港澳台商投资股份有限公司	63	59	62	1124	85	194
外商投资	**1971**	**1632**	**1036**	**26505**	**5579**	**9171**
中外合资经营	1330	1105	691	16851	4116	6008
中外合作经营	34	32	17	433	56	122
外资企业	471	392	247	7298	830	2561
外商投资股份有限公司	136	103	81	1923	577	480
三、按隶属关系分						
中 央	360	159	210	2627	1662	658
省(自治区、直辖市)	259	166	110	2001	955	383
地(区、市、州、盟)	534	437	302	7542	2268	2038
县(区、市、旗)	543	461	327	5111	1835	1835
乡镇(街道)	291	260	189	2810	789	1004

2－B－9 续表1－1 单位：项、人、人年、万元

指标名称	科技项目数	#新产品开发项目数	# R&D项目数	科技项目参加人员合计	高中级技术职称人员	无高中级职称的大学本科及以上人员
其　他	10147	8576	5977	139324	32157	47945
四、按国民经济行业（门类、大类、中类）分						
采矿业	**14**	**1**	**1**	**136**	**83**	**17**
黑色金属矿采选业	1		1	28	9	4
铁矿采选	1		1	28	9	4
有色金属矿采选业	13	1		108	74	13
常用有色金属矿采选	13	1		108	74	13
制造业	**11844**	**9985**	**6977**	**156858**	**38328**	**52968**
农副食品加工业	126	102	74	869	259	318
饲料加工	46	43	27	361	104	161
植物油加工	1			18	4	3
屠宰及肉类加工	17	12	4	124	47	51
水产品加工	15	9	10	112	32	18
蔬菜、水果和坚果加工	34	27	27	207	56	84
其他农副食品加工	13	11	6	47	16	1
食品制造业	88	70	41	666	231	264
焙烤食品制造	14	10	7	69	12	14
方便食品制造	24	18	4	160	97	59
液体乳及乳制品制造	8	6	5	126	31	28
罐头制造	5	3	2	38	19	16
调味品、发酵制品制造	19	16	12	106	23	73
其他食品制造	18	17	11	167	49	74
饮料制造业	221	191	102	1535	458	510
酒的制造	96	76	38	896	274	175
软饮料制造	122	113	62	603	173	318
精制茶加工	3	2	2	36	11	17
烟草制品业	47	29	18	149	104	45
卷烟制造	47	29	18	149	104	45
纺织业	753	589	396	14234	2915	3722
棉、化纤纺织及印染精加工	384	282	214	8005	1643	1979
毛纺织和染整精加工	33	30	26	219	89	55
麻纺织	2	2	1	42	3	13
丝绢纺织及精加工	72	52	29	1473	226	290
纺织制成品制造	144	118	72	2189	464	679
针织品、编织品及其制品制造	118	105	54	2306	490	706
纺织服装、鞋、帽制造业	218	140	59	5532	637	1812
纺织服装制造	213	135	59	5511	637	1812

2－B－9　续表1－2

单位：项、人、人年、万元

指　标　名　称	科　技 项目数	#新产品 开　发 项目数	# R&D 项目数	科技项目 参加人员 合　　计	高中级 技术职称 人　　员	无高中级 职称的大学 本科及以上 人　　员
制　帽	5	5		21		
皮革、毛皮、羽毛(绒)及其制品业	373	333	61	4102	567	773
皮革鞣制加工	27	18	8	572	80	169
皮革制品制造	337	306	47	3354	444	528
毛皮鞣制及制品加工	4	4	3	51	17	13
羽毛(绒)加工及制品制造	5	5	3	125	26	63
木材加工及木、竹、藤、棕、草制品业	55	38	42	543	173	176
人造板制造	37	24	30	301	78	80
木制品制造	12	10	8	152	26	79
竹、藤、棕、草制品制造	6	4	4	90	69	17
家具制造业	135	123	32	1793	334	637
木质家具制造	40	34	12	367	61	151
金属家具制造	64	59	13	932	195	294
其他家具制造	31	30	7	494	78	192
造纸及纸制品业	113	66	77	2305	718	616
造　纸	84	52	58	1427	543	363
纸制品制造	29	14	19	878	175	253
印刷业和记录媒介的复制	44	29	22	1189	98	318
印　刷	44	29	22	1189	98	318
文教体育用品制造业	147	127	87	1778	362	535
文化用品制造	48	46	20	539	144	222
体育用品制造	33	31	27	413	70	199
乐器制造	10	9	5	283	27	38
玩具制造	49	35	33	432	80	61
游艺器材及娱乐用品制造	7	6	2	111	41	15
石油加工、炼焦及核燃料加工业	38	6	3	210	154	23
精炼石油产品的制造	38	6	3	210	154	23
化学原料及化学制品制造业	671	479	374	8777	2732	2975
基础化学原料制造	151	94	95	2292	734	692
肥料制造	33	19	22	229	88	21
农药制造	106	75	77	1301	588	336
涂料、油墨、颜料及类似产品制造	116	100	39	1847	509	854
合成材料制造	104	85	59	1449	218	670
专用化学产品制造	129	88	75	1348	477	295
日用化学产品制造	32	18	7	311	118	107
医药制造业	682	575	554	8202	2171	3284
化学药品原药制造	425	353	335	5346	1322	1959

2－B－9 续表1－3

单位：项、人、人年、万元

指标名称	科技项目数	#新产品开发项目数	# R&D项目数	科技项目参加人员合计	高中级技术职称人员	无高中级职称的大学本科及以上人员
化学药品制剂制造	144	127	126	1108	358	627
中成药制造	67	59	52	841	349	221
兽用药品制造	10	5	10	198	15	132
生物、生化制品的制造	29	26	24	612	104	271
卫生材料及医药用品制造	7	5	7	97	23	74
化学纤维制造业	167	140	117	3796	1106	1115
合成纤维制造	167	140	117	3796	1106	1115
橡胶制品业	78	71	32	2603	435	368
轮胎制造	32	27	7	1928	267	233
橡胶板、管、带的制造	29	29	18	479	103	64
橡胶零件制造	15	14	7	178	58	60
日用及医用橡胶制品制造	1	1		5	2	3
橡胶靴鞋制造	1			13	5	8
塑料制品业	278	209	132	2822	620	1152
塑料薄膜制造	20	13	16	498	190	212
塑料板、管、型材的制造	36	27	23	578	126	263
塑料丝、绳及编织品的制造	4	1	3	92	13	23
泡沫塑料制造	2	2		28	3	11
塑料人造革、合成革制造	84	41	63	742	152	256
塑料包装箱及容器制造	7	4	3	143	16	70
塑料零件制造	12	11	4	133	25	41
日用塑料制造	104	102	16	477	70	212
其他塑料制品制造	9	8	4	131	25	64
非金属矿物制品业	181	135	139	2454	803	736
水泥、石灰和石膏的制造	36	12	17	595	250	185
水泥及石膏制品制造	4	1	3	104	12	46
砖瓦、石材及其他建筑材料制造	25	22	23	338	43	47
玻璃及玻璃制品制造	65	55	51	973	398	253
陶瓷制品制造	33	32	29	189	33	114
耐火材料制品制造	16	12	14	167	31	51
石墨及其他非金属矿物制品制造	2	1	2	88	36	40
黑色金属冶炼及压延加工业	197	114	84	1617	559	329
炼钢	2	1	1	101	4	7
钢压延加工	195	113	83	1516	555	322
有色金属冶炼及压延加工业	139	83	80	1626	453	358
常用有色金属冶炼	21	2	4	351	133	54
贵金属冶炼	11	2	7	94	13	10

2-B-9　续表1-4　　单位：项、人、人年、万元

指　标　名　称	科　技 项目数	#新产品 开　发 项 目 数	# R&D 项目数	科技项目 参加人员 合　计	高 中 级 技术职称 人　员	无 高 中 级 职称的大学 本科及以上 人　员
稀有稀土金属冶炼	2	1	2	20	4	11
有色金属合金制造	28	18	25	130	16	36
有色金属压延加工	77	60	42	1031	287	247
金属制品业	538	473	240	5791	1380	1915
结构性金属制品制造	125	109	101	1869	495	764
金属工具制造	69	60	23	606	68	129
集装箱及金属包装容器制造	20	20	3	146	35	31
金属丝绳及其制品的制造	8	7	1	55	12	13
建筑、安全用金属制品制造	115	107	50	1297	297	400
金属表面处理及热处理加工	9	6	5	105	11	32
不锈钢及类似日用金属制品制造	191	164	57	1703	460	538
其他金属制品制造	1			10	2	8
通用设备制造业	1909	1739	1320	19117	5053	5751
锅炉及原动机制造	79	63	49	1153	520	332
金属加工机械制造	144	129	113	1293	466	357
起重运输设备制造	118	110	68	1693	468	679
泵、阀门、压缩机及类似机械的制造	656	633	493	4861	829	1452
轴承、齿轮、传动和驱动部件的制造	366	323	256	4343	1226	1128
风机、衡器、包装设备等通用设备制造	404	352	265	3784	1208	1196
通用零部件制造及机械修理	87	77	62	1166	160	314
金属铸、锻加工	55	52	14	824	176	293
专用设备制造业	482	450	303	4392	1331	1413
矿山、冶金、建筑专用设备制造	16	15	5	128	25	29
化工、木材、非金属加工专用设备制造	164	153	95	1451	473	505
食品、饮料、烟草及饲料生产专用设备制造	7	7	7	47	16	22
印刷、制药、日化生产专用设备制造	4	3	4	39	22	7
纺织、服装和皮革工业专用设备制造	142	133	89	1103	251	431
电子和电工机械专用设备制造	14	9	9	153	53	75
农、林、牧、渔专用机械制造	44	44	27	425	152	109
医疗仪器设备及器械制造	27	25	20	509	91	94
环保、社会公共安全及其他专用设备制造	64	61	47	537	248	141
交通运输设备制造业	1060	936	631	14253	3490	5084
汽车制造	711	644	383	9558	2423	3613
摩托车制造	227	220	175	2712	527	970
自行车制造	33	32	11	706	220	177
船舶及浮动装置制造	84	36	59	1180	291	309
航空航天器制造	3	3	3	30	6	12

2-B-9 续表1-5

单位：项、人、人年、万元

指 标 名 称	科技项目数	#新产品开发项目数	# R&D项目数	科技项目参加人员合计	高中级技术职称人员	无高中级职称的大学本科及以上人员
交通器材及其他交通运输设备制造	2	1		67	23	3
电气机械及器材制造业	1778	1557	1132	23860	6385	8165
电机制造	378	325	224	4766	955	1305
输配电及控制设备制造	442	408	249	6321	2220	2445
电线、电缆、光缆及电工器材制造	191	157	134	2262	820	811
电池制造	117	99	89	2189	496	585
家用电力器具制造	429	373	293	5208	1333	1813
非电力家用器具制造	49	47	33	425	79	109
照明器具制造	158	134	98	2496	436	970
其他电气机械及器材制造	14	14	12	193	46	127
通信设备、计算机及其他电子设备制造业	676	607	440	15087	3217	7569
通信设备制造	123	118	64	3686	697	1795
广播电视设备制造	45	41	32	944	140	386
电子计算机制造	48	45	45	2684	139	2420
电子器件制造	103	89	72	1939	532	799
电子元件制造	278	240	164	4599	1235	1744
家用视听设备制造	42	38	37	930	396	283
其他电子设备制造	37	36	26	305	78	142
仪器仪表及文化、办公用机械制造业	467	431	304	5069	1202	2289
通用仪器仪表制造	281	263	183	3135	830	1412
专用仪器仪表制造	93	81	60	898	162	440
钟表与计时仪器制造	7	5	5	70	25	26
光学仪器及眼镜制造	57	54	41	534	120	236
文化、办公用机械制造	29	28	15	432	65	175
工艺品及其他制造业	181	143	79	2459	374	706
工艺美术品制造	52	43	23	1257	156	326
日用杂品制造	129	100	56	1202	218	380
废弃资源和废旧材料回收加工业	2		2	28	7	10
金属废料和碎屑的加工处理	2		2	28	7	10
电力、燃气及水的生产和供应业	**276**	**73**	**137**	**2421**	**1255**	**878**
电力、热力的生产和供应业	260	73	137	2347	1206	864
电力生产	102	13	16	1301	536	615
电力供应	158	60	121	1046	670	249
燃气生产和供应业	5			22	9	3
燃气生产和供应业	5			22	9	3
水的生产和供应业	11			52	40	11
自来水的生产和供应	11			52	40	11

2－B－9 续表2－1

单位：项、人、人年、万元

指标名称	参加项目人员实际工作时间	科技项目经费内部支出合计	R&D项目支出
总 计	**112508**	**3073272**	**1914072**
一、按企业规模分			
大型企业	31033	981870	693752
中型企业	81475	2091401	1220320
二、按登记注册类型分			
内 资	**76265**	**2050204**	**1272620**
国 有	1984	57330	35352
集 体	211	3084	824
股份合作企业	373	6940	4558
联营企业	31	1736	1528
国有与集体联营	29	1421	1388
其他联营	2	316	140
有限责任公司	20521	540639	330965
国有独资公司	834	31010	22442
其他有限责任公司	19686	509629	308523
股份有限公司	19601	535075	371858
私营企业	33403	902516	525810
私营独资	799	22156	17365
私营合伙	86	2866	2065
私营有限责任公司	28571	734400	416121
私营股份有限公司	3948	143094	90259
其 他	140	2885	1725
港澳台商投资	**16612**	**482574**	**338407**
与港澳台商合资经营	7991	221352	128434
与港澳台商合作经营	356	3992	2961
港澳台商独资	7210	191258	141350
港澳台商投资股份有限公司	1055	65972	65662
外商投资	**19632**	**540494**	**303045**
中外合资经营	13005	375884	195180
中外合作经营	343	6760	4931
外资企业	4970	118721	75583
外商投资股份有限公司	1314	39130	27352
三、按隶属关系分			
中 央	1655	33684	17793
省（自治区、直辖市）	1307	48488	33281
地（区、市、州、盟）	5670	139369	71634
县（区、市、旗）	3541	98119	66377
乡镇（街道）	1889	37188	23662

2－B－9 续表2－2 单位：项、人、人年、万元

指 标 名 称	参加项目人员实际工作时间	科技项目经费内部支出合计	R&D项目支出
其 他	98446	2716425	1701325
四、按国民经济行业（门类、大类、中类）分			
采矿业	**69**	**1697**	**266**
黑色金属矿采选业	9	266	266
铁矿采选	9	266	266
有色金属矿采选业	60	1431	
常用有色金属矿采选	60	1431	
制造业	**111406**	**3045201**	**1904175**
农副食品加工业	644	16532	10354
饲料加工	281	5677	4346
植物油加工	18	215	
屠宰及肉类加工	70	2952	797
水产品加工	79	3269	2514
蔬菜、水果和坚果加工	168	3866	2415
其他农副食品加工	28	554	282
食品制造业	489	13811	6968
焙烤食品制造	36	911	571
方便食品制造	126	2384	323
液体乳及乳制品制造	74	1206	680
罐头制造	30	1134	551
调味品、发酵制品制造	82	1981	1095
其他食品制造	141	6195	3748
饮料制造业	1066	70924	40081
酒的制造	500	13859	4510
软饮料制造	554	56320	35136
精制茶加工	11	745	435
烟草制品业	83	3685	827
卷烟制造	83	3685	827
纺织业	9465	256536	152931
棉、化纤纺织及印染精加工	5220	150395	96389
毛纺织和染整精加工	156	3353	2632
麻纺织	23	207	80
丝绢纺织及精加工	1022	31403	19125
纺织制成品制造	1500	39782	16126
针织品、编织品及其制品制造	1543	31395	18579
纺织服装、鞋、帽制造业	4503	66802	21847
纺织服装制造	4485	66748	21847

2－B－9　续表2－3

单位：项、人、人年、万元

指　标　名　称	参加项目人员实际工作时间	科技项目经费内部支出合计	R&D项目支　出
制　帽	18	54	
皮革、毛皮、羽毛(绒)及其制品业	2873	56429	22505
皮革鞣制加工	285	12759	7094
皮革制品制造	2455	40828	13621
毛皮鞣制及制品加工	41	1094	755
羽毛(绒)加工及制品制造	93	1747	1035
木材加工及木、竹、藤、棕、草制品业	354	9547	7400
人造板制造	166	4301	3378
木制品制造	115	4449	3588
竹、藤、棕、草制品制造	73	797	434
家具制造业	1269	25851	7031
木质家具制造	280	3456	1043
金属家具制造	601	10546	5304
其他家具制造	388	11850	684
造纸及纸制品业	1293	48459	22809
造　纸	1027	38384	14078
纸制品制造	267	10075	8731
印刷业和记录媒介的复制	780	12089	7609
印　刷	780	12089	7609
文教体育用品制造业	1282	18954	13026
文化用品制造	407	8045	6335
体育用品制造	276	3528	2452
乐器制造	261	1195	300
玩具制造	286	5220	3539
游艺器材及娱乐用品制造	52	967	401
石油加工、炼焦及核燃料加工业	188	1383	479
精炼石油产品的制造	188	1383	479
化学原料及化学制品制造业	6093	242959	126004
基础化学原料制造	1628	36380	25994
肥料制造	154	4957	2880
农药制造	943	28644	14893
涂料、油墨、颜料及类似产品制造	1480	59619	21451
合成材料制造	769	73741	35993
专用化学产品制造	965	33446	19966
日用化学产品制造	154	6172	4827
医药制造业	6306	127062	103238
化学药品原药制造	4041	86100	70372

2-B-9 续表2-4

单位：项、人、人年、万元

指 标 名 称	参加项目人员实际工作时间	科技项目经费内部支出合计	R&D项目支出
化学药品制剂制造	936	18342	15018
中成药制造	627	9217	7646
兽用药品制造	144	1712	1712
生物、生化制品的制造	476	9184	5983
卫生材料及医药用品制造	81	2507	2507
化学纤维制造业	2927	120767	87876
合成纤维制造	2927	120767	87876
橡胶制品业	1968	57763	15109
轮胎制造	1637	46209	6675
橡胶板、管、带的制造	200	8380	6517
橡胶零件制造	114	2962	1917
日用及医用橡胶制品制造	4	90	
橡胶靴鞋制造	13	121	
塑料制品业	1579	57167	34158
塑料薄膜制造	320	15636	13925
塑料板、管、型材的制造	332	11537	8779
塑料丝、绳及编织品的制造	27	1049	791
泡沫塑料制造	17	107	
塑料人造革、合成革制造	273	14435	3687
塑料包装箱及容器制造	108	1843	243
塑料零件制造	86	4798	3734
日用塑料制造	336	6112	2725
其他塑料制品制造	81	1650	273
非金属矿物制品业	1554	48101	37396
水泥、石灰和石膏的制造	397	10065	4060
水泥及石膏制品制造	44	1484	984
砖瓦、石材及其他建筑材料制造	206	8008	7885
玻璃及玻璃制品制造	577	21107	17336
陶瓷制品制造	149	1721	1544
耐火材料制品制造	104	2133	2004
石墨及其他非金属矿物制品制造	78	3583	3583
黑色金属冶炼及压延加工业	1066	71943	46698
炼 钢	45	2737	420
钢压延加工	1020	69206	46278
有色金属冶炼及压延加工业	1050	61572	25034
常用有色金属冶炼	195	21320	2670
贵金属冶炼	44	794	435

2－B－9　续表2－5

单位：项、人、人年、万元

指 标 名 称	参加项目人员实际工作时间	科技项目经费内部支出合计	R&D项目支出
稀有稀土金属冶炼	8	276	276
有色金属合金制造	97	7449	6741
有色金属压延加工	706	31733	14912
金属制品业	4153	110025	63627
结构性金属制品制造	1352	52269	40524
金属工具制造	349	7128	2635
集装箱及金属包装容器制造	125	7244	5825
金属丝绳及其制品的制造	46	1271	249
建筑、安全用金属制品制造	1005	16709	5098
金属表面处理及热处理加工	68	2143	1376
不锈钢及类似日用金属制品制造	1199	23223	7920
其他金属制品制造	8	40	
通用设备制造业	13032	299822	194777
锅炉及原动机制造	794	20101	13081
金属加工机械制造	817	18494	12115
起重运输设备制造	1135	37926	22867
泵、阀门、压缩机及类似机械的制造	3391	64229	47628
轴承、齿轮、传动和驱动部件的制造	2956	62994	34731
风机、衡器、包装设备等通用设备制造	2635	62176	46714
通用零部件制造及机械修理	743	20388	10672
金属铸、锻加工	561	13515	6969
专用设备制造业	3217	71195	45418
矿山、冶金、建筑专用设备制造	90	1812	668
化工、木材、非金属加工专用设备制造	1004	23903	14332
食品、饮料、烟草及饲料生产专用设备制造	42	1702	1702
印刷、制药、日化生产专用设备制造	33	493	493
纺织、服装和皮革工业专用设备制造	866	17297	11204
电子和电工机械专用设备制造	132	2235	1837
农、林、牧、渔专用机械制造	341	6930	4886
医疗仪器设备及器械制造	352	3722	2573
环保、社会公共安全及其他专用设备制造	355	13102	7723
交通运输设备制造业	10239	306547	184970
汽车制造	6724	214623	128509
摩托车制造	1986	48918	29259
自行车制造	500	7509	2236
船舶及浮动装置制造	954	32915	24066
航空航天器制造	18	900	900

2－B－9 续表2－6

单位：项、人、人年、万元

指 标 名 称	参加项目人员实际工作时间	科技项目经费内部支出合计	R&D 项目支 出
交通器材及其他交通运输设备制造	57	1682	
电气机械及器材制造业	16329	436174	283904
电机制造	3286	83706	66891
输配电及控制设备制造	4375	112263	54942
电线、电缆、光缆及电工器材制造	1769	72965	51814
电池制造	1178	42461	30014
家用电力器具制造	3802	81841	59772
非电力家用器具制造	255	6503	3083
照明器具制造	1491	32389	14934
其他电气机械及器材制造	173	4047	2453
通信设备、计算机及其他电子设备制造业	11998	318443	269196
通信设备制造	3127	114176	99260
广播电视设备制造	690	9412	8267
电子计算机制造	2603	89332	88346
电子器件制造	1641	23028	18217
电子元件制造	3070	59531	37046
家用视听设备制造	633	16584	15244
其他电子设备制造	235	6382	2818
仪器仪表及文化、办公用机械制造业	3787	77275	57095
通用仪器仪表制造	2341	54218	39347
专用仪器仪表制造	607	9648	7325
钟表与计时仪器制造	54	1117	715
光学仪器及眼镜制造	429	6839	5752
文化、办公用机械制造	356	5454	3957
工艺品及其他制造业	1812	37304	15729
工艺美术品制造	1104	21080	7689
日用杂品制造	709	16224	8040
废弃资源和废旧材料回收加工业	7	83	83
金属废料和碎屑的加工处理	7	83	83
电力、燃气及水的生产和供应业	**1034**	**26373**	**9631**
电力、热力的生产和供应业	1005	26282	9631
电力生产	559	15211	620
电力供应	446	11072	9011
燃气生产和供应业	5	48	
燃气生产和供应业	5	48	
水的生产和供应业	24	43	
自来水的生产和供应	24	43	

2-B-10 按地区分组的规模以上大中型工业企业科技活动项目情况

单位：项、人、人年、万元

地区	科技项目数	#新产品开发项目数	# R&D项目数	科技项目参加人员合计	高中级技术职称人员	无高中级职称的大学本科及以上人员	参加项目人员实际工作时间	科技项目经费内部支出合计	R&D项目支出
总计	**12134**	**10059**	**7115**	**159415**	**39666**	**53863**	**112508**	**3073272**	**1914072**
杭州市	2562	2080	1489	36563	9787	14363	27516	960031	620692
宁波市	2360	2053	1313	28078	5966	10737	21049	498977	286229
温州市	973	836	566	15564	3648	5363	10847	233925	119700
嘉兴市	1180	890	723	16589	4022	4342	10977	285309	196889
湖州市	315	244	208	4982	1201	1298	2765	108729	71329
绍兴市	1052	837	630	23283	6578	6763	17379	507033	305757
金华市	713	567	430	12910	3251	4097	8344	185813	124493
衢州市	209	139	102	2227	940	475	1343	30075	15779
舟山市	107	75	58	1885	405	369	1354	40962	28382
台州市	2574	2283	1573	16171	3474	5812	10433	203971	138816
丽水市	89	55	23	1163	394	244	501	18446	6007

2－B－11 按企业规模、登记注册类型、隶属关系和行业分组的规模以上大中型工业企业科技活动成果情况

单位：万元、件

指标名称	新产品产值	新产品销售收入	出口	专利申请数	发明专利	拥有发明专利数
总计	**49588848**	**47673633**	**15218670**	**15897**	**2643**	**4756**
一、按企业规模分						
大型企业	16687796	16437303	5918479	3430	904	1329
中型企业	32901052	31236330	9300191	12467	1739	3427
二、按登记注册类型分						
内资	**33511189**	**32533834**	**9383142**	**11203**	**1665**	**3580**
国有	306004	327169	64810	113	37	38
集体	66820	69579	6153	6	5	5
股份合作企业	59175	55671	15048	47	11	13
联营企业	33131	31524				
国有与集体联营	29330	28920				
其他联营	3801	2604				
有限责任公司	9748683	9794915	2722222	2155	372	589
国有独资公司	436191	440231	129810	133	17	16
其他有限责任公司	9312492	9354684	2592411	2022	355	573
股份有限公司	7658704	7362190	2016641	1426	440	750
私营企业	15498948	14776373	4544750	7451	798	2183
私营独资	225339	215369	76420	658	33	20
私营合伙	34320	47501	41667	11		4
私营有限责任公司	12867255	12287074	3794840	6188	705	1980
私营股份有限公司	2372034	2226429	631824	594	60	179
其他	139724	116412	13518	5	2	2
港澳台商投资	**6258646**	**5874509**	**2328390**	**2702**	**673**	**597**
与港澳台商合资经营	3886894	3710957	1597511	1275	177	202
与港澳台商合作经营	26127	36229	18370	57	3	20
港澳台商独资	2265981	2052943	699396	1258	473	286
港澳台商投资股份有限公司	79644	74381	13113	112	20	89
外商投资	**9819014**	**9265289**	**3507139**	**1992**	**305**	**579**
中外合资经营	5580569	5319215	1638788	1343	193	437
中外合作经营	125069	92137	25324	28	8	7
外资企业	3167158	3115636	1717715	458	79	104
外商投资股份有限公司	946218	738301	125312	163	25	31
三、按隶属关系分						
中央	101305	126237	6831	114	30	46
省（自治区、直辖市）	483402	468815	48361	50	32	102
地（区、市、州、盟）	1959906	1947991	498837	132	50	69
县（区、市、旗）	1321705	1310732	446361	390	46	106

2－B－11 续表1

单位：万元、件

指标名称	新产品产值	新产品销售收入	出口	专利申请数	发明专利	拥有发明专利数
乡镇(街道)	670048	656163	207793	237	41	31
其他	45052483	43163695	14010487	14974	2444	4402
四、按国民经济行业(门类、大类、中类)分						
采矿业	**6880**	**6100**		**2**	**2**	**1**
有色金属矿采选业	6880	6100		2	2	1
常用有色金属矿采选	6880	6100		2	2	1
制造业	**49544007**	**47631178**	**15201520**	**15820**	**2617**	**4724**
农副食品加工业	90141	87921	38979	49	9	27
饲料加工	55754	51338	13800	4		2
·屠宰及肉类加工	1615	1496				1
水产品加工	22029	15473	15133			
蔬菜、水果和坚果加工	8975	17848	10046	27	9	24
其他农副食品加工	1768	1766		18		
食品制造业	362034	229170	27234	66	5	13
焙烤食品制造	2458	2416		2		
方便食品制造	34419	33305	160	29		5
液体乳及乳制品制造	4785	4647		8	2	
罐头制造	37414	37550	22834	5		3
调味品、发酵制品制造	2510	2560				
其他食品制造	280449	148692	4240	22	3	5
饮料制造业	856176	837955	10327	57	11	22
酒的制造	132467	128923	1738	38	6	16
软饮料制造	721959	707352	7289	15	3	4
精制茶加工	1750	1680	1300	4	2	2
烟草制品业	16465	47457		10	3	
卷烟制造	16465	47457		10	3	
纺织业	4665154	4505673	1572948	2658	218	457
棉、化纤纺织及印染精加工	2537057	2499349	692786	1372	103	368
毛纺织和染整精加工	73391	64605	18020	19	7	6
麻纺织	17141	14859	9989			
丝绢纺织及精加工	487335	497234	202972	619	21	10
纺织制成品制造	773105	675360	375346	312	67	47
针织品、编织品及其制品制造	777126	754266	273836	336	20	26
纺织服装、鞋、帽制造业	1055997	1058767	382714	77	4	33
纺织服装制造	1052842	1055613	379956	77	4	28
纺织面料鞋的制造						5
制帽	3155	3155	2758			

2－B－11 续表2 单位：万元、件

指标名称	新产品产值	新产品销售收入	出口	专利申请数	发明专利	拥有发明专利数
皮革、毛皮、羽毛(绒)及其制品业	1392117	1365286	716410	131	5	53
皮革鞣制加工	299304	283102	162930	1	1	2
皮革制品制造	1005650	995021	497303	126	4	51
毛皮鞣制及制品加工	11343	11343	9570	4		
羽毛(绒)加工及制品制造	75820	75820	46606			
木材加工及木、竹、藤、棕、草制品业	282140	260500	106426	189	44	149
锯材、木片加工	2715	2536	2536	2		6
人造板制造	120057	105397	46265	121	27	119
木制品制造	118859	113747	26484	37	9	20
竹、藤、棕、草制品制造	40510	38821	31141	29	8	4
家具制造业	594467	545443	393954	680	12	90
木质家具制造	61160	59345	51613	135	3	15
竹、藤家具制造	7871	7733				
金属家具制造	302941	261785	192710	269	7	62
塑料家具制造	11954	10651	10381			
其他家具制造	210540	205930	139250	276	2	13
造纸及纸制品业	862103	803423	93188	62	28	26
造　纸	682724	648327	80163	40	23	17
纸制品制造	179379	155096	13024	22	5	9
印刷业和记录媒介的复制	238506	215612	12155	38	7	37
印　刷	238506	215612	12155	38	7	37
文教体育用品制造业	284991	267288	184009	499	37	113
文化用品制造	106194	103830	85584	369	19	68
体育用品制造	39664	34965	18724	59	13	14
乐器制造	5381	12012	5757	14	1	5
玩具制造	107117	94502	65996	8	4	24
游艺器材及娱乐用品制造	26635	21980	7948	49		2
石油加工、炼焦及核燃料加工业	37018	31859		1		8
精炼石油产品的制造	37018	31859		1		8
化学原料及化学制品制造业	3366742	3144433	713750	382	182	254
基础化学原料制造	188051	180809	38953	24	19	31
肥料制造	45757	45509	18825	2	2	2
农药制造	431863	410205	265499	35	24	67
涂料、油墨、颜料及类似产品制造	627533	597366	115640	84	58	52
合成材料制造	941594	956309	62314	77	36	21
专用化学产品制造	954358	790167	184016	121	39	70
日用化学产品制造	177586	164067	28504	39	4	11

2－B－11 续表3

单位：万元、件

指标名称	新产品产值	新产品销售收入	出口	专利申请数	发明专利	拥有发明专利数
医药制造业	1499849	1395708	735363	213	139	254
化学药品原药制造	1072333	996864	582464	107	99	158
化学药品制剂制造	186145	188038	37982	48	21	41
中成药制造	41046	37345	3736	14	8	27
兽用药品制造	14511	14511	10593	2	2	4
生物、生化制品的制造	150841	124603	70110	5	3	24
卫生材料及医药用品制造	34973	34347	30479	37	6	
化学纤维制造业	3101208	3100040	319853	138	28	21
合成纤维制造	3101208	3100040	319853	138	28	21
橡胶制品业	848488	883328	387617	64	13	13
轮胎制造	717946	736462	311272	30	2	
橡胶板、管、带的制造	53978	83408	25322	14	7	7
橡胶零件制造	24314	11948	1755	17	2	1
日用及医用橡胶制品制造	4590	4586	3580			
橡胶靴鞋制造	47661	46925	45687	3	2	5
塑料制品业	1110324	1134031	166779	463	37	68
塑料薄膜制造	519657	636742	30535	7	1	6
塑料板、管、型材的制造	244146	178849	10825	139	12	21
塑料丝、绳及编织品的制造	45678	42033	11915			
泡沫塑料制造	17721	17366	721			
塑料人造革、合成革制造	127563	126441	46792	21	5	3
塑料包装箱及容器制造	23174	23793	20028	43	4	5
塑料零件制造	30099	32589	1329	19	2	20
日用塑料制造	82412	60028	32551	184	13	9
其他塑料制品制造	19875	16190	12082	50		4
非金属矿物制品业	846896	902031	242679	215	45	59
水泥、石灰和石膏的制造	108206	106345	881	10	9	6
水泥及石膏制品制造	38755	65015				
砖瓦、石材及其他建筑材料制造	16254	152217	85	55	1	18
玻璃及玻璃制品制造	569973	475984	195298	135	31	8
陶瓷制品制造	32634	32071	17265	4	1	3
耐火材料制品制造	32391	24400	1698	2	2	22
石墨及其他非金属矿物制品制造	48684	46000	27453	9	1	2
黑色金属冶炼及压延加工业	1880477	2465566	188174	69	30	28
炼钢	48726	42390				
钢压延加工	1824389	2415814	188174	69	30	28
铁合金冶炼	7362	7362				

2－B－11 续表4 单位：万元、件

指 标 名 称	新产品产 值	新 产 品销售收入		专 利申请数		拥有发明专 利 数
			出 口		发明专利	
有色金属冶炼及压延加工业	2284281	2126307	440015	110	29	26
常用有色金属冶炼	649081	587662	3413			
贵金属冶炼	13100	10980		13	7	2
稀有稀土金属冶炼		15843				
有色金属合金制造	128206	158206	812	5	3	1
有色金属压延加工	1493894	1353617	435790	92	19	23
金属制品业	1866625	1859492	637520	1264	113	400
结构性金属制品制造	736313	683381	142232	170	37	91
金属工具制造	83609	82947	71596	117	22	152
集装箱及金属包装容器制造	64413	59090	13773	10	1	1
金属丝绳及其制品的制造	420884	421969	59846	5		2
建筑、安全用金属制品制造	191824	182254	92902	148	29	29
金属表面处理及热处理加工	7336	6375		2	2	1
搪瓷制品制造	1500					
不锈钢及类似日用金属制品制造	357721	420676	255170	812	22	124
其他金属制品制造	3025	2800	2000			
通用设备制造业	3973130	3885606	1234678	1903	338	461
锅炉及原动机制造	461508	419210	79298	43	11	2
金属加工机械制造	169760	140135	55710	124	13	24
起重运输设备制造	499446	474162	252073	134	28	39
泵、阀门、压缩机及类似机械的制造	899653	908077	239174	899	83	121
轴承、齿轮、传动和驱动部件的制造	623700	593680	191939	283	54	122
风机、衡器、包装设备等通用设备制造	949429	954625	280802	262	70	96
通用零部件制造及机械修理	254700	261555	110558	134	65	31
金属铸、锻加工	114933	134162	25125	24	14	26
专用设备制造业	1200984	1133716	280927	398	69	183
矿山、冶金、建筑专用设备制造	25864	25488	15199	4	2	6
化工、木材、非金属加工专用设备制造	335637	296403	76948	86	11	16
食品、饮料、烟草及饲料生产专用设备制造	56240	34188	8848	2	1	5
印刷、制药、日化生产专用设备制造	8755	8755	3152	5		2
纺织、服装和皮革工业专用设备制造	265704	282756	116343	171	34	59
电子和电工机械专用设备制造	57532	34192	4576	18		18
农、林、牧、渔专用机械制造	49621	52179	31017	70	6	1
医疗仪器设备及器械制造	48475	45777	15008	12		22
环保、社会公共安全及其他专用设备制造	353157	353979	9836	30	15	54
交通运输设备制造业	5565101	5383889	2513074	1012	120	245
汽车制造	3272179	3161240	880182	696	102	182

2－B－11 续表5

单位：万元、件

指标名称	新产品产值	新产品销售收入	出口	专利申请数	发明专利	拥有发明专利数
摩托车制造	692256	683167	349329	256	11	37
自行车制造	115542	97323	20013	41	5	
船舶及浮动装置制造	1474460	1432134	1253526	15	1	3
航空航天器制造	10664	10024	10024	1	1	23
交通器材及其他交通运输设备制造				3		
电气机械及器材制造业	6210634	5744423	2034429	2845	393	698
电机制造	1069416	1000336	561485	494	87	83
输配电及控制设备制造	1139067	989005	175837	683	83	190
电线、电缆、光缆及电工器材制造	982774	879066	93092	183	34	48
电池制造	628719	794561	226134	87	26	42
家用电力器具制造	1635371	1383327	608608	971	93	237
非电力家用器具制造	143289	131533	12355	18	2	1
照明器具制造	578332	532858	353202	383	66	95
其他电气机械及器材制造	33667	33737	3715	26	2	2
通信设备、计算机及其他电子设备制造业	3322983	2879492	1246532	1164	558	471
通信设备制造	601599	556248	261029	163	45	105
广播电视设备制造	160193	152140	38707	107	20	8
电子计算机制造	1040123	813799	158925	536	406	176
电子器件制造	257501	238551	59193	84	29	40
电子元件制造	797430	622863	335926	219	39	100
家用视听设备制造	349820	378832	315588	20	9	13
其他电子设备制造	116318	117059	77164	35	10	29
仪器仪表及文化、办公用机械制造业	1181245	792231	224496	566	75	215
通用仪器仪表制造	840693	522957	55431	285	58	158
专用仪器仪表制造	166018	129018	48799	148	12	22
钟表与计时仪器制造	5482	3760	300	2	1	4
光学仪器及眼镜制造	66536	62738	52185	45	4	31
文化、办公用机械制造	101924	73210	67744	86		
其他仪器仪表的制造及修理	593	550	38			
工艺品及其他制造业	547731	544529	297293	497	65	300
工艺美术品制造	175840	158682	59795	273	37	258
日用杂品制造	371890	385848	237498	224	28	42
电力、燃气及水的生产和供应业	**37962**	**36355**	**17150**	**75**	**24**	**31**
电力、热力的生产和供应业	37962	36355	17150	75	24	31
电力生产	37962	36355	17150	21	6	22
电力供应				54	18	9

2－B－12 按地区分组的规模以上大中型工业企业科技活动成果情况

单位：万元、件

地　区	新产品产　值	新 产 品销售收入	出　口	专　利申请数	发明专利	拥有发明专 利 数
总　计	**49588848**	**47673633**	**15218670**	**15897**	**2643**	**4756**
杭州市	11164076	10790520	2089562	3023	861	1036
宁波市	9409666	8481156	3060104	3134	416	747
温州市	2926725	2868903	637258	1126	203	370
嘉兴市	6423070	6069447	2627719	893	166	403
湖州市	2282331	2457993	529170	584	96	247
绍兴市	9346256	9345059	2749662	3474	469	707
金华市	2216370	2064785	780775	1378	154	883
衢州市	459401	436663	51990	189	50	53
舟山市	900360	848290	774298	49	10	24
台州市	3631185	3509201	1805772	1873	190	240
丽水市	829408	801615	112359	174	28	46

2－B－13　按企业规模、登记注册类型、隶属关系和行业分组的规模以上大中型工业企业技术改造、技术获取及减免税情况

单位：万元

指　标　名　称	技术改造经费支出	技术引进经费支出	消化吸收经费支出	购买国内技术经费支　　出	享受各级政府对技术开发减免税
总　计	**3066194**	**161615**	**73522**	**120976**	**110109**
一、按工业企业规模分					
大型企业	1496119	46200	19844	58678	31707
中型企业	1570075	115415	53679	62298	78402
二、按登记注册类型分					
内　资	**2190363**	**105542**	**50753**	**106161**	**89335**
国　有	267953	659	2369	30816	1227
集　体	2937	45	168		
股份合作企业	4863	1127	275	639	147
联营企业	95		17	45	
其他联营	95		17	45	
有限责任公司	485540	35690	13294	17697	16057
国有独资公司	19584	1748	1158	495	664
其他有限责任公司	465956	33942	12136	17203	15393
股份有限公司	882724	29760	15283	21781	41163
私营企业	536976	38262	19348	35103	30721
私营独资	10041	204	73	47	37
私营合伙	1002	420			
私营有限责任公司	437642	33489	18129	29782	17528
私营股份有限公司	88291	4148	1146	5274	13156
其　他	9276			80	22
港澳台商投资	**316333**	**16514**	**9017**	**8951**	**9065**
与港澳台商合资经营	239544	8168	6080	7028	4327
与港澳台商合作经营	1010		340	150	
港澳台商独资	74217	8338	2498	1764	4571
港澳台商投资股份有限公司	1563	8	100	8	167
外商投资	**559498**	**39559**	**13753**	**5864**	**11708**
中外合资经营	516630	22723	7279	3871	7226
中外合作经营	2260	120	142	70	876
外资企业	31027	16357	5100	1318	658
外商投资股份有限公司	9581	359	1232	605	2949
三、按隶属关系分					
中　央	648261	2138	1146	19175	1246
省（自治区、直辖市）	169866	55	906	13542	1436
地（区、市、州、盟）	88778	5852	1681	1136	5161
县（区、市、旗）	72541	3446	3699	5673	4316
乡镇（街道）	54291	5618	1017	1814	824

2－B－13 续表1 单位：万元

指 标 名 称	技术改造经费支出	技术引进经费支出	消化吸收经费支出	购买国内技术经费支出	享受各级政府对技术开发减免税
其 他	2032458	144507	65073	79636	97127
四、按国民经济行业（门类、大类、中类）分					
采矿业	**1425**				
黑色金属矿采选业	233				
铁矿采选	233				
有色金属矿采选业	1192				
常用有色金属矿采选	1192				
制造业	**2875284**	**160801**	**72365**	**102974**	**110109**
农副食品加工业	14539	244	180	1385	71
饲料加工	2955	39	8	361	
植物油加工				81	
屠宰及肉类加工	2054			15	
水产品加工	2576	114	6	343	
蔬菜、水果和坚果加工	3862	91	166	585	71
其他农副食品加工	3092				
食品制造业	34514	150	983	375	1881
焙烤食品制造	3885				8
方便食品制造	16142	74	528	375	
液体乳及乳制品制造	890	76	435		
罐头制造	4065		20		
调味品、发酵制品制造	581				
其他食品制造	8951				1874
饮料制造业	144579	5302	113	167	422
酒的制造	23822	12	113	52	33
软饮料制造	120758	5291		115	389
烟草制品业	14992				
卷烟制造	14992				
纺织业	110186	15769	5754	6384	3542
棉、化纤纺织及印染精加工	50136	2763	2080	2784	1740
毛纺织和染整精加工	1511				14
麻纺织	2200				
丝绢纺织及精加工	16257	3724	819	720	723
纺织制成品制造	11899	4132	644	546	500
针织品、编织品及其制品制造	28184	5151	2211	2335	565
纺织服装、鞋、帽制造业	35141	2314	2825	2199	120
纺织服装制造	35085	2314	2825	2199	120
纺织面料鞋的制造	56				

2－B－13　续表2　　　　单位：万元

指标名称	技术改造经费支出	技术引进经费支出	消化吸收经费支出	购买国内技术经费支出	享受各级政府对技术开发减免税
皮革、毛皮、羽毛(绒)及其制品业	23019	1507	1228	2081	1210
皮革鞣制加工	2138	100			1100
皮革制品制造	19745	1407	1228	2075	110
毛皮鞣制及制品加工	235				
羽毛(绒)加工及制品制造	901			5	
木材加工及木、竹、藤、棕、草制品业	6898	377	224	172	558
锯材、木片加工	11		11		
人造板制造	4963	233	124	15	459
木制品制造	1482	144	90	107	98
竹、藤、棕、草制品制造	443			50	
家具制造业	10958	583	70	205	483
木质家具制造	4238			85	
金属家具制造	4891	83	60	110	483
其他家具制造	1829	500	10	10	
造纸及纸制品业	37014	7201	1246	332	16
造　纸	26178	574	193	142	
纸制品制造	10836	6627	1053	190	16
印刷业和记录媒介的复制	48473		105	60	13769
印　刷	48473		105	60	13769
文教体育用品制造业	7418	927	192	283	668
文化用品制造	792			232	345
体育用品制造	2134	328	79		100
乐器制造	815	100			220
玩具制造	1702	430	113		3
游艺器材及娱乐用品制造	1975	69		51	
石油加工、炼焦及核燃料加工业	473901	1292		1937	792
精炼石油产品的制造	473901	1292		1937	792
化学原料及化学制品制造业	210661	18702	11481	4262	16852
基础化学原料制造	94219	4771	5557	2243	188
肥料制造	6497			23	
农药制造	61742	4564	2949	1127	11713
涂料、油墨、颜料及类似产品制造	15691	3580	1192		756
合成材料制造	19079	4942	1589	78	2542
专用化学产品制造	9433	846	194	192	1655
日用化学产品制造	4000			600	
医药制造业	72454	5848	7475	13382	7299
化学药品原药制造	40358	3473	3810	10725	4625

2－B－13 续表3 单位：万元

指 标 名 称	技术改造经费支出	技术引进经费支出	消化吸收经费支出	购买国内技术经费支出	享受各级政府对技术开发减免税
化学药品制剂制造	17166	1107	672	513	1442
中成药制造	8482		745	520	348
兽用药品制造	1865		260	350	
生物、生化制品的制造	4194	768	1330	1155	885
卫生材料及医药用品制造	390	500	658	120	
化学纤维制造业	187626	13029	3250	7618	1085
合成纤维制造	187626	13029	3250	7618	1085
橡胶制品业	83695	350		651	1117
轮胎制造	70464				932
橡胶板、管、带的制造	10182	350		583	181
橡胶零件制造	2144				4
日用及医用橡胶制品制造	837				
橡胶靴鞋制造	68			68	
塑料制品业	31741	940	164	702	4661
塑料薄膜制造	1175	500	154	380	82
塑料板、管、型材的制造	3022				3953
塑料丝、绳及编织品的制造	158				92
泡沫塑料制造	3385				
塑料人造革、合成革制造	18905			52	528
塑料包装箱及容器制造	100				6
塑料零件制造	272				
日用塑料制造	2567	20	10	270	
其他塑料制品制造	2157	420			
非金属矿物制品业	251749	868	356	1475	623
水泥、石灰和石膏的制造	16332		195	1109	236
水泥及石膏制品制造	1369				
砖瓦、石材及其他建筑材料制造	647		106		
玻璃及玻璃制品制造	231339	205	15	351	53
陶瓷制品制造	371	663	40	15	142
耐火材料制品制造	730				192
石墨及其他非金属矿物制品制造	961				
黑色金属冶炼及压延加工业	51087	4491	475	13135	7402
炼　钢	475		327	343	
钢压延加工	49780	4491	148	12792	7402
铁合金冶炼	832				
有色金属冶炼及压延加工业	113804		70	348	98
常用有色金属冶炼	44157			313	72

2－B－13　续表4

单位：万元

指标名称	技术改造经费支出	技术引进经费支出	消化吸收经费支出	购买国内技术经费支出	享受各级政府对技术开发减免税
贵金属冶炼	35			35	
有色金属合金制造	5369		70		
有色金属压延加工	64243				26
金属制品业	53614	13542	1593	2653	2605
结构性金属制品制造	18056	1600	816	711	1517
金属工具制造	1103	620	100	30	409
集装箱及金属包装容器制造	2295				14
金属丝绳及其制品的制造	4064		100		
建筑、安全用金属制品制造	12679	178	383	798	50
金属表面处理及热处理加工	3168	3605	85		
不锈钢及类似日用金属制品制造	12250	7539	110	1114	614
通用设备制造业	211601	14174	8831	7497	9556
锅炉及原动机制造	8384	2857	2739	910	281
金属加工机械制造	26712	1630	315	600	390
起重运输设备制造	13317	2639	908	341	416
泵、阀门、压缩机及类似机械的制造	27010	2741	1277	2154	1210
轴承、齿轮、传动和驱动部件的制造	67040	1287	2176	1023	3029
风机、衡器、包装设备等通用设备制造	53509	2630	1152	2287	2914
通用零部件制造及机械修理	11945	277	207	136	1239
金属铸、锻加工	3684	112	59	45	77
专用设备制造业	46431	3010	2045	1497	1960
矿山、冶金、建筑专用设备制造	3895				17
化工、木材、非金属加工专用设备制造	18325	316	257	663	289
食品、饮料、烟草及饲料生产专用设备制造	864				112
印刷、制药、日化生产专用设备制造	356			52	256
纺织、服装和皮革工业专用设备制造	13506	1931	1181	640	838
电子和电工机械专用设备制造	266				166
农、林、牧、渔专用机械制造	468	217	506	130	
医疗仪器设备及器械制造	1936	340	63	5	
环保、社会公共安全及其他专用设备制造	6816	206	38	6	282
交通运输设备制造业	286652	11163	4789	12394	6885
汽车制造	185579	6553	2032	7711	4414
摩托车制造	31105	1728	1224	331	655
自行车制造	283	50	187	10	
船舶及浮动装置制造	68204	2822	1346	4342	1816
航空航天器制造	450				
交通器材及其他交通运输设备制造	1031	10	…		

2－B－13 续表5

单位：万元

指 标 名 称	技术改造经费支出	技术引进经费支出	消化吸收经费支出	购买国内技术经费支出	享受各级政府对技术开发减免税
电气机械及器材制造业	214664	28513	13634	9274	10548
电机制造	65019	17190	4658	3514	3922
输配电及控制设备制造	39371	2662	3069	2398	1864
电线、电缆、光缆及电工器材制造	20659	1914	1233	319	1489
电池制造	10922	1020	156	1390	1074
家用电力器具制造	47098	1276	1640	969	1730
非电力家用器具制造	7804	288	155		
照明器具制造	23108	3337	2558	685	435
其他电气机械及器材制造	684	826	164		33
通信设备、计算机及其他电子设备制造业	64152	5776	1666	7759	10744
通信设备制造	14108	1485	121	4015	925
广播电视设备制造	298	150	115		3180
电子计算机制造	1794	1073	268		3633
电子器件制造	8065	288	177	8	827
电子元件制造	34786	2780	960	3122	1999
家用视听设备制造	3205		25	55	61
其他电子设备制造	1896			559	120
仪器仪表及文化、办公用机械制造业	24538	987	459	336	2325
通用仪器仪表制造	10316	232	336	143	1899
专用仪器仪表制造	7590	300		147	301
钟表与计时仪器制造	19				
光学仪器及眼镜制造	2824	415	124		125
文化、办公用机械制造	3746	40		46	
其他仪器仪表的制造及修理	42				
工艺品及其他制造业	9172	3743	3157	4412	2818
工艺美术品制造	745	1455	845	2161	88
日用杂品制造	8427	2287	2312	2252	2730
废弃资源和废旧材料回收加工业	13				
金属废料和碎屑的加工处理	13				
电力、燃气及水的生产和供应业	**189485**	**814**	**1158**	**18002**	
电力、热力的生产和供应业	186014	814	1158	17793	
电力生产	58582	314	158	1180	
电力供应	127433	500	1000	16613	
燃气生产和供应业	290			209	
燃气生产和供应业	290			209	
水的生产和供应业	3180				
污水处理及其再生利用	3180				

2-B-14 按地区分组的规模以上大中型工业企业技术改造、技术获取及减免税情况

单位：万元

地　区	技术改造经费支出	技术引进经费支出	消化吸收经费支出	购买国内技术经费支出	享受各级政府对技术开发减免税
总　计	**3066194**	**161615**	**73522**	**120976**	**110109**
杭州市	858021	31718	9591	39799	41336
宁波市	833416	26505	9182	19106	24227
温州市	156089	14631	7803	5692	7034
嘉兴市	372694	27448	10384	10572	4255
湖州市	83319	4401	2444	2692	5796
绍兴市	306489	21645	7894	17388	15025
金华市	144762	10384	7991	9354	2917
衢州市	97749	6871	5251	775	2422
舟山市	11423	5268	4352	2537	1708
台州市	176291	12744	8183	12558	4972
丽水市	25942		447	503	417

2－B－15 按企业规模、登记注册类型、隶属关系和行业分组的规模以上大中型工业企业办科技机构情况

单位：个、人、万元

指标名称	机构数	科技活动人员	博士毕业	硕士毕业	科技经费内部支出	仪器设备原价
总计	**2102**	**120888**	**1244**	**7588**	**2261911**	**1441461**
一、按工业企业规模分						
大型企业	252	31991	355	3802	733604	473396
中型企业	1850	88897	889	3786	1528307	968065
二、按登记注册类型分						
内资	**1511**	**83100**	**947**	**3633**	**1448721**	**1057022**
国有	25	1599	20	205	19265	43997
集体	5	201	9	16	2448	3112
股份合作企业	16	540	3	50	6104	4814
联营企业	2	148			1773	500
国有与集体联营	1	118			1491	335
其他联营	1	30			282	165
有限责任公司	399	20209	307	1075	378363	278577
国有独资公司	20	601	11	44	24625	12982
其他有限责任公司	379	19608	296	1031	353738	265595
股份有限公司	244	24389	284	1268	438180	309337
私营企业	813	35901	324	1013	601080	414591
私营独资	20	662	1	10	10768	4846
私营合伙	3	161	1	2	2141	1840
私营有限责任公司	730	31804	289	879	533782	373061
私营股份有限公司	60	3274	33	122	54389	34845
其他	7	113		6	1509	2095
港澳台商投资	**267**	**16825**	**144**	**3087**	**383950**	**185928**
与港澳台商合资经营	176	7558	41	331	154964	73581
与港澳台商合作经营	5	390	1	4	3270	6789
港澳台商独资	79	7764	72	2376	160642	70828
港澳台商投资股份有限公司	7	1113	30	376	65075	34730
外商投资	**324**	**20963**	**153**	**868**	**429240**	**198511**
中外合资经营	200	13446	90	517	310266	117005
中外合作经营	8	314	5	12	4676	3613
外资企业	93	5936	50	269	85486	57387
外商投资股份有限公司	23	1267	8	70	28812	20505
三、按隶属关系分						
中央	22	1391	14	260	18258	40160
省（自治区、直辖市）	18	992	16	101	15481	14571
地（区、市、州、盟）	52	5940	20	219	123655	43370

2-B-15 续表1

单位：个、人、万元

指 标 名 称	机构数	科技活动人员	博士毕业	硕士毕业	科技经费内部支出	仪器设备原价
县(区、市、旗)	49	4177	56	329	82054	55999
乡镇(街道)	41	2311	31	88	31215	31246
其 他	1920	106077	1107	6591	1991248	1256115
四、按国民经济行业(门类、大类、中类)分						
采矿业	**2**	**108**		**1**	**1024**	**412**
黑色金属矿采选业	1	36			266	25
铁矿采选	1	36			266	25
有色金属矿采选业	1	72		1	758	387
常用有色金属矿采选	1	72		1	758	387
制造业	**2088**	**119877**	**1230**	**7355**	**2252135**	**1414370**
农副食品加工业	23	694	15	53	11908	7860
饲料加工	3	325	8	28	4497	1959
植物油加工	1	20			215	360
屠宰及肉类加工	5	64	3	5	1533	953
水产品加工	5	86		9	3016	2482
蔬菜、水果和坚果加工	7	153	2	7	2414	1606
其他农副食品加工	2	46	2	4	233	500
食品制造业	15	613	14	30	11498	6721
焙烤食品制造	1	30			612	193
方便食品制造	2	180	11	8	2576	2986
液体乳及乳制品制造	3	135		1	1527	508
罐头制造	1	6		4	321	279
调味品、发酵制品制造	3	52			224	557
其他食品制造	5	210	3	17	6238	2199
饮料制造业	16	1059	10	92	60064	16198
酒的制造	12	589	2	10	7518	7730
软饮料制造	2	455	6	79	52236	8259
精制茶加工	2	15	2	3	310	210
烟草制品业	1	66	3	19	1807	4498
卷烟制造	1	66	3	19	1807	4498
纺织业	236	10042	93	275	192885	172189
棉、化纤纺织及印染精加工	120	5215	43	125	111432	84974
毛纺织和染整精加工	9	183			2323	1374
丝绢纺织及精加工	21	1295	8	65	27957	21717
纺织制成品制造	37	1588	16	34	28609	34783
针织品、编织品及其制品制造	49	1761	26	51	22564	29342

2-B-15 续表2

单位：个、人、万元

指标名称	机构数	科技活动人员	博士毕业	硕士毕业	科技经费内部支出	仪器设备原价
纺织服装、鞋、帽制造业	50	2936	8	19	41861	20258
纺织服装制造	49	2915	8	19	41807	20132
制帽	1	21			54	126
皮革、毛皮、羽毛(绒)及其制品业	65	2870	8	30	35517	29631
皮革鞣制加工	10	498		3	8402	8838
皮革制品制造	51	2256	8	22	25748	20517
毛皮鞣制及制品加工	2	61		2	1094	148
羽毛(绒)加工及制品制造	2	55		3	273	128
木材加工及木、竹、藤、棕、草制品业	10	383	13	31	5985	2570
人造板制造	6	184	5	15	1961	2044
木制品制造	2	126	5	4	3616	243
竹、藤、棕、草制品制造	2	73	3	12	409	283
家具制造业	43	1609	8	21	22114	12394
木质家具制造	9	147			1566	1889
金属家具制造	22	1031	5	15	9522	5598
其他家具制造	12	431	3	6	11026	4908
造纸及纸制品业	21	980	23	50	18683	88811
造纸	15	581	18	37	14479	84631
纸制品制造	6	399	5	13	4205	4180
印刷业和记录媒介的复制	11	845	3	11	7631	2674
印刷	11	845	3	11	7631	2674
文教体育用品制造业	30	1269	14	50	13367	7698
文化用品制造	8	451	5	19	6987	3930
体育用品制造	7	249	1	5	2897	1674
乐器制造	3	248	4	5	875	743
玩具制造	8	243	1	13	1924	964
游艺器材及娱乐用品制造	4	78	3	8	685	388
化学原料及化学制品制造业	110	6546	105	436	190586	96331
基础化学原料制造	17	1173	14	63	22434	19363
肥料制造	3	104		4	3302	931
农药制造	18	1129	28	80	25868	20916
涂料、油墨、颜料及类似产品制造	24	1921	13	56	56501	18921
合成材料制造	13	732	26	91	46982	10190
专用化学产品制造	30	1300	20	121	32147	24769
日用化学产品制造	5	187	4	21	3353	1242
医药制造业	85	7394	132	499	110662	86661

2-B-15 续表3

单位：个、人、万元

指标名称	机构数	科技活动人员	博士毕业	硕士毕业	科技经费内部支出	仪器设备原价
化学药品原药制造	48	4901	96	323	77771	54933
化学药品制剂制造	20	1057	12	71	15961	18570
中成药制造	10	757	8	19	8122	4038
兽用药品制造	1	198	1	5	1712	84
生物、生化制品的制造	5	445	15	73	6710	8098
卫生材料及医药用品制造	1	36		8	387	937
化学纤维制造业	37	2861	28	99	80298	66275
合成纤维制造	37	2861	28	99	80298	66275
橡胶制品业	18	2453	4	16	54306	15060
轮胎制造	6	1913		10	45406	10721
橡胶板、管、带的制造	7	445	4	3	7101	2092
橡胶零件制造	4	89		3	1704	2209
日用及医用橡胶制品制造	1	6			95	38
塑料制品业	51	2121	17	47	40073	40327
塑料薄膜制造	8	366	6	32	8098	8542
塑料板、管、型材的制造	9	339	7	5	8676	6243
塑料丝、绳及编织品的制造	4	85			366	85
泡沫塑料制造	1	28			107	12
塑料人造革、合成革制造	8	730	2	7	13814	18002
塑料包装箱及容器制造	3	114			1505	958
塑料零件制造	3	73			3494	311
日用塑料制造	11	259	1		3075	2687
其他塑料制品制造	4	127	1	3	937	3489
非金属矿物制品业	44	1852	31	62	36818	14402
水泥、石灰和石膏的制造	13	299	5	16	5644	2642
水泥及石膏制品制造	2	61			884	1450
砖瓦、石材及其他建筑材料制造	1	335		3	7439	120
玻璃及玻璃制品制造	19	778	14	39	16830	9372
陶瓷制品制造	5	141			1019	233
耐火材料制品制造	2	131	11	4	1419	191
石墨及其他非金属矿物制品制造	2	107	1		3583	395
黑色金属冶炼及压延加工业	18	880	8	37	34470	14323
钢压延加工	18	880	8	37	34470	14323
有色金属冶炼及压延加工业	19	930	17	35	40583	20022
常用有色金属冶炼	5	332		1	20255	2658

2－B－15 续表4 单位：个、人、万元

指标名称	机构数	科技活动人员	博士毕业	硕士毕业	科技经费内部支出	仪器设备原价
贵金属冶炼	2	48	4	5	60	720
稀有稀土金属冶炼	1	20			276	58
有色金属合金制造	2	102	2	2	6130	1166
有色金属压延加工	9	428	11	27	13863	15421
金属制品业	96	4449	38	177	75405	37189
结构性金属制品制造	29	1672	21	130	40136	14601
金属工具制造	14	563	2	3	5435	4052
集装箱及金属包装容器制造	3	109	4	7	259	974
金属丝绳及其制品的制造	3	55	2	3	1325	575
建筑、安全用金属制品制造	21	761	6	16	13356	5835
金属表面处理及热处理加工	2	63		2	1255	108
不锈钢及类似日用金属制品制造	24	1226	3	16	13639	11044
通用设备制造业	271	14855	119	547	223072	112602
锅炉及原动机制造	10	844	6	70	15720	8720
金属加工机械制造	18	943	10	15	11808	4866
起重运输设备制造	25	1469	17	65	31177	5242
泵、阀门、压缩机及类似机械的制造	80	3807	18	67	52038	31498
轴承、齿轮、传动和驱动部件的制造	53	2818	29	93	34409	24639
风机、衡器、包装设备等通用设备制造	49	3097	30	154	51381	27007
通用零部件制造及机械修理	19	1038	5	15	16165	4390
金属铸、锻加工	17	839	4	68	10374	6241
专用设备制造业	85	3711	28	114	57526	58479
矿山、冶金、建筑专用设备制造	3	118		1	1762	1090
化工、木材、非金属加工专用设备制造	28	1252	7	28	16819	20759
食品、饮料、烟草及饲料生产专用设备制造	1	56		2	1702	325
印刷、制药、日化生产专用设备制造	1	49	1	3	547	132
纺织、服装和皮革工业专用设备制造	27	948	8	48	14329	23602
电子和电工机械专用设备制造	5	186	3	3	2235	1540
农、林、牧、渔专用机械制造	4	310			3614	2666
医疗仪器设备及器械制造	7	385	1	8	3543	3320
环保、社会公共安全及其他专用设备制造	9	407	8	21	12976	5045
交通运输设备制造业	165	10266	64	276	200882	125504
汽车制造	111	6939	42	177	127510	92700
摩托车制造	28	1966	10	74	40883	24929
自行车制造	9	341	9	11	2722	3891

2－B－15 续表5 单位：个、人、万元

指 标 名 称	机构数	科技活动人员	博士毕业	硕士毕业	科技经费内部支出	仪器设备原价
船舶及浮动装置制造	14	916	3	14	28307	3009
航空航天器制造	1	30			280	180
交通器材及其他交通运输设备制造	2	74			1180	797
电气机械及器材制造业	322	19259	227	697	336873	183413
电机制造	67	3983	48	151	63154	54842
输配电及控制设备制造	66	4574	20	117	84136	33643
电线、电缆、光缆及电工器材制造	32	1981	45	81	56931	30183
电池制造	26	1945	77	205	33318	18136
家用电力器具制造	80	4596	19	83	69075	32900
非电力家用器具制造	5	306		3	3870	541
照明器具制造	42	1740	15	52	23938	10363
其他电气机械及器材制造	4	134	3	5	2450	2805
通信设备、计算机及其他电子设备制造业	125	12404	124	3209	265008	120131
通信设备制造	20	3314	29	553	104862	52993
广播电视设备制造	10	967	6	116	8964	2680
电子计算机制造	8	2851	25	2285	87352	5259
电子器件制造	21	1465	8	103	18364	15645
电子元件制造	51	3175	53	131	35411	37563
家用视听设备制造	8	332	3	13	6797	5074
其他电子设备制造	7	300		8	3257	918
仪器仪表及文化、办公用机械制造业	78	4453	54	353	50294	34215
通用仪器仪表制造	50	2742	41	308	34274	16454
专用仪器仪表制造	12	852	5	15	6325	12585
钟表与计时仪器制造	3	39			304	488
光学仪器及眼镜制造	8	470	7	24	5415	2624
文化、办公用机械制造	5	350	1	6	3976	2063
工艺品及其他制造业	43	2077	22	70	31963	17933
工艺美术品制造	23	1091	10	37	19385	8077
日用杂品制造	20	986	12	33	12578	9856
电力、燃气及水的生产和供应业	**12**	**903**	**14**	**232**	**8752**	**26679**
电力、热力的生产和供应业	11	889	13	227	8732	26593
电力生产	8	513	7	103	5814	6727
电力供应	3	376	6	124	2918	19866
水的生产和供应业	1	14	1	5	20	86
自来水的生产和供应	1	14	1	5	20	86

2－B－16 按地区分组的规模以上大中型工业企业办科技机构情况

单位：个、人、万元

地区	机构数	科技活动人员	博士毕业	硕士毕业	科技经费内部支出	仪器设备原价
总计	**2102**	**120888**	**1244**	**7588**	**2261911**	**1441461**
杭州市	353	29743	306	4464	696265	310749
宁波市	429	22333	116	664	395095	209850
温州市	220	12191	85	310	172663	93676
嘉兴市	249	12243	83	371	198151	220785
湖州市	74	3822	135	301	76226	29881
绍兴市	265	17808	174	603	404991	300740
金华市	190	8796	155	361	109492	84541
衢州市	37	1273	22	61	20437	18638
舟山市	21	1676	10	28	36736	21665
台州市	251	10750	144	402	148389	147225
丽水市	13	253	14	23	3466	3710

2－B－17 按企业规模、登记注册类型、隶属关系和行业分组的有科技活动大中型工业企业基本情况

单位：个、人、万元

指标名称	企业数	#开展R&D企业	#开展新产品开发企业	从业人员年平均人数	主营业务收入	生产经营用机器设备原价	微电子控制设备原价
总计	**2602**	**1521**	**2288**	**2325756**	**157169615**	**41132775**	**8777293**
一、按企业规模分							
大型企业	165	132	155	683957	63765461	15622969	2229225
中型企业	2437	1389	2133	1641799	93404154	25509806	6548068
二、按登记注册类型分							
内资	**1793**	**1079**	**1590**	**1588220**	**120395048**	**31488826**	**5702102**
国有	35	16	17	73999	17174211	7687547	943990
集体	6	2	5	5280	246605	56906	898
股份合作企业	22	16	19	9860	347735	48317	10588
联营企业	2	2	2	1606	52244	15512	86
国有与集体联营	1	1	1	1026	34623	14376	
其他联营	1	1	1	580	17621	1136	86
有限责任公司	455	300	403	421595	28989564	11550038	2255019
国有独资公司	16	7	10	27766	1272706	445591	89582
其他有限责任公司	439	293	393	393829	27716857	11104447	2165437
股份有限公司	194	156	182	246225	28397445	5073252	1244213
私营企业	1071	581	956	825170	44843253	6975172	1239168
私营独资	32	20	29	17758	753439	169502	50908
私营合伙	5	3	5	2430	91850	13408	3773
私营有限责任公司	975	520	868	729765	36453605	6080120	1017998
私营股份有限公司	59	38	54	75217	7544360	712144	166488
其他	8	6	6	4485	343991	82082	8140
港澳台商投资	**377**	**211**	**337**	**316359**	**14931854**	**3490042**	**1421813**
与港澳台商合资经营	245	138	224	171638	8563275	2384809	1047839
与港澳台商合作经营	7	4	7	5808	133300	20806	7836
港澳台商独资	118	62	99	131361	5592734	1022109	318343
港澳台商投资股份有限公司	7	7	7	7552	642546	62318	47795
外商投资	**432**	**231**	**361**	**421177**	**21842714**	**6153907**	**1653378**
中外合资经营	263	140	229	240064	13551343	3969308	1230435
中外合作经营	12	6	10	8166	284213	66067	469
外资企业	136	70	101	147843	6420200	1608091	112746
外商投资股份有限公司	21	15	21	25104	1586959	510440	309728
三、按隶属关系分							
中央	27	18	15	49696	22949368	11346413	2171685
省(自治区、直辖市)	23	11	18	44474	5120074	3396718	468371
地(区、市、州、盟)	51	33	44	68219	5625916	1528319	267795
县(区、市、旗)	49	35	40	63233	3413419	824537	327679
乡镇(街道)	45	27	39	35222	1552957	356762	104250

2－B－17 续表1

单位：个、人、万元

指标名称	企业数	#开展R&D企业	#开展新产品开发企业	从业人员年平均人数	主营业务收入	生产经营用机器设备原价	微电子控制设备原价
其他	2407	1397	2132	2064912	118507881	23680026	5437513
四、按国民经济行业(门类、大类、中类)分							
采矿业	**4**	**1**	**2**	**2993**	**288187**	**27276**	**1807**
黑色金属矿采选业	1	1		1204	108665	12921	1807
铁矿采选	1	1		1204	108665	12921	1807
有色金属矿采选业	3		2	1789	179523	14355	
常用有色金属矿采选	3		2	1789	179523	14355	
制造业	**2565**	**1509**	**2276**	**2278227**	**141983330**	**29198712**	**6812822**
农副食品加工业	26	14	22	19561	1148890	138667	14553
饲料加工	5	4	5	3994	228193	22453	9155
植物油加工	1			430	369866	40275	
屠宰及肉类加工	4	1	2	1722	111356	1654	173
水产品加工	7	4	6	7706	303314	20168	866
蔬菜、水果和坚果加工	7	3	7	4588	116058	49224	4334
其他农副食品加工	2	2	2	1121	20103	4893	25
食品制造业	19	10	15	15949	578405	135143	11354
焙烤食品制造	3	2	2	1950	49692	22055	250
方便食品制造	3	1	2	4593	106966	19983	292
液体乳及乳制品制造	3	2	2	1509	55257	15440	8195
罐头制造	4	2	4	1437	59848	7224	629
调味品、发酵制品制造	3	2	2	1808	42838	26438	5
其他食品制造	3	1	3	4652	263804	44003	1983
饮料制造业	22	10	20	21681	1139177	981323	508981
酒的制造	16	7	15	19031	645960	354632	105984
软饮料制造	5	2	4	2234	453211	624232	402900
精制茶加工	1	1	1	416	40006	2459	97
烟草制品业	1	1	1	1874	1479528	189061	189061
卷烟制造	1	1	1	1874	1479528	189061	189061
纺织业	322	135	279	284649	12960310	3352787	546145
棉、化纤纺织及印染精加工	174	75	147	147426	7768358	2048987	322411
毛纺织和染整精加工	9	4	8	5833	205993	57193	1566
麻纺织	2	1	2	753	17789	5584	
丝绢纺织及精加工	26	10	23	34814	1596818	511209	31244
纺织制成品制造	52	26	46	48702	1604988	364701	86083
针织品、编织品及其制品制造	59	19	53	47121	1766364	365113	104841
纺织服装、鞋、帽制造业	141	42	103	177885	4490576	493873	175096
纺织服装制造	140	42	102	177471	4485564	492656	174580

2－B－17　续表2

单位：个、人、万元

指标名称	企业数	#开展R&D企业	#开展新产品开发企业	从业人员年平均人数	主营业务收入	生产经营用机器设备原价	微电子控制设备原价
制　帽	1		1	414	5012	1217	516
皮革、毛皮、羽毛(绒)及其制品业	98	33	84	125972	3732221	359418	64545
皮革鞣制加工	7	4	6	13748	631438	98902	35198
皮革制品制造	86	26	73	105986	2838190	242223	27799
毛皮鞣制及制品加工	2	1	2	2860	63354	13853	737
羽毛(绒)加工及制品制造	3	2	3	3378	199240	4440	811
木材加工及木、竹、藤、棕、草制品业	18	12	16	11659	475296	63585	12243
人造板制造	8	7	6	6460	213639	31934	9479
木制品制造	6	3	6	3115	205962	22849	1699
竹、藤、棕、草制品制造	4	2	4	2084	55695	8802	1065
家具制造业	66	16	58	68311	1804288	298432	16121
木质家具制造	22	6	16	21177	302016	90729	2606
金属家具制造	30	7	29	29840	811456	90944	5645
其他家具制造	14	3	13	17294	690817	116759	7870
造纸及纸制品业	33	26	27	29238	2414899	1708019	898383
造　纸	23	18	19	19529	1685553	1601893	872707
纸制品制造	10	8	8	9709	729346	106126	25675
印刷业和记录媒介的复制	14	10	9	7607	514532	121232	57701
印　刷	14	10	9	7607	514532	121232	57701
文教体育用品制造业	37	19	33	28692	786220	134831	39068
文化用品制造	13	6	11	14270	393190	46873	13053
体育用品制造	11	7	10	5579	134284	27091	3378
乐器制造	3	1	2	1827	37387	4610	1522
玩具制造	7	4	7	5228	173526	39808	20742
游艺器材及娱乐用品制造	3	1	3	1788	47833	16448	374
石油加工、炼焦及核燃料加工业	1	1	1	7143	9024486	1651189	330238
精炼石油产品的制造	1	1	1	7143	9024486	1651189	330238
化学原料及化学制品制造业	102	73	92	91109	11702044	2835954	274350
基础化学原料制造	17	12	14	24612	2162327	678501	90993
肥料制造	6	6	6	3889	207327	119198	15853
农药制造	13	8	11	10959	924699	216960	78478
涂料、油墨、颜料及类似产品制造	19	13	18	15468	1717629	256742	25292
合成材料制造	19	12	17	10740	3967690	1049885	22309
专用化学产品制造	22	18	21	14200	1375961	348996	38906
日用化学产品制造	6	4	5	11241	1346411	165672	2520
医药制造业	68	62	65	58853	3328567	882513	231190
化学药品原药制造	36	33	35	32819	2063849	597167	155079

2-B-17 续表3　　单位：个、人、万元

指标名称	企业数	#开展R&D企业	#开展新产品开发企业	从业人员年平均人数	主营业务收入	生产经营用机器设备原价	微电子控制设备原价
化学药品制剂制造	18	16	16	15015	611621	175340	55653
中成药制造	7	6	7	4798	278327	64334	15332
兽用药品制造	1	1	1	952	74462	14532	625
生物、生化制品的制造	5	5	5	4231	250102	25644	3129
卫生材料及医药用品制造	1	1	1	1038	50207	5496	1372
化学纤维制造业	42	29	39	48496	8358442	2196958	420296
合成纤维制造	42	29	39	48496	8358442	2196958	420296
橡胶制品业	24	16	20	38719	2203899	682362	21498
轮胎制造	5	4	3	24140	1806657	569576	6430
橡胶板、管、带的制造	9	6	9	6812	239366	49726	6926
橡胶零件制造	8	6	7	3687	77253	44049	5986
日用及医用橡胶制品制造	1		1	360	15162	3105	2155
橡胶靴鞋制造	1			3720	65461	15905	
塑料制品业	73	35	64	50252	3653158	576466	141901
塑料薄膜制造	7	6	6	5119	1478238	209743	37383
塑料板、管、型材的制造	16	10	15	12135	752474	116679	7232
塑料丝、绳及编织品的制造	3	2	3	2656	78016	8861	225
泡沫塑料制造	1		1	1214	48455	6409	539
塑料人造革、合成革制造	11	5	8	7223	522131	125258	74644
塑料包装箱及容器制造	4	2	3	3145	73322	22007	3027
塑料零件制造	7	2	6	3709	112957	20182	1120
日用塑料制造	18	6	17	12651	510577	52953	15119
其他塑料制品制造	6	2	5	2400	76987	14375	2612
非金属矿物制品业	49	31	38	38201	2082669	1238781	119863
水泥、石灰和石膏的制造	16	8	7	10114	800708	336271	77408
水泥及石膏制品制造	4	3	3	1834	134313	24975	12079
砖瓦、石材及其他建筑材料制造	2	2	2	5592	292158	56278	
玻璃及玻璃制品制造	17	9	17	15708	654012	770218	25798
陶瓷制品制造	5	5	5	2300	56710	11900	3743
耐火材料制品制造	3	2	3	1053	66966	19431	
石墨及其他非金属矿物制品制造	2	2	1	1600	77803	19708	836
黑色金属冶炼及压延加工业	26	15	23	36873	6906791	2500782	688243
炼钢	1	1	1	947	346433	291	58
钢压延加工	25	14	22	35926	6560359	2500491	688185
有色金属冶炼及压延加工业	31	23	23	24673	5647122	262722	56743
常用有色金属冶炼	7	3	3	5705	1809417	41066	2824
贵金属冶炼	1	1	1	381	16941	2884	

2－B－17 续表4

单位：个、人、万元

指标名称	企业数	#开展R&D企业	#开展新产品开发企业	从业人员年平均人数	主营业务收入	生产经营用机器设备原价	微电子控制设备原价
稀有稀土金属冶炼	1	1	1	355	15843	4649	1500
有色金属合金制造	2	2	2	1472	191219	11669	217
有色金属压延加工	20	16	16	16760	3613703	202454	52201
金属制品业	113	62	102	96840	4401773	608403	65395
结构性金属制品制造	27	19	22	34675	2062548	259260	13398
金属工具制造	16	9	16	9184	242119	40984	6904
集装箱及金属包装容器制造	3	1	3	1786	131157	14499	1492
金属丝绳及其制品的制造	3	1	3	1777	98467	72860	
建筑、安全用金属制品制造	31	14	29	19710	740730	66373	7871
金属表面处理及热处理加工	4	3	4	1745	80885	12439	
不锈钢及类似日用金属制品制造	28	15	25	27663	1029357	140976	35710
其他金属制品制造	1			300	16510	1013	20
通用设备制造业	303	214	283	205668	10838037	1809745	460829
锅炉及原动机制造	9	4	9	8344	823916	117754	60538
金属加工机械制造	22	17	18	14113	454626	96713	16138
起重运输设备制造	22	15	21	15483	1407894	116813	11566
泵、阀门、压缩机及类似机械的制造	90	68	87	53613	2408579	338901	61903
轴承、齿轮、传动和驱动部件的制造	65	48	58	43750	1566533	466793	129177
风机、衡器、包装设备等通用设备制造	52	38	48	41995	2486498	304306	104235
通用零部件制造及机械修理	23	14	22	18672	1255576	251136	46414
金属铸、锻加工	20	10	20	9698	434415	117329	30859
专用设备制造业	87	59	84	55135	2968800	490838	155599
矿山、冶金、建筑专用设备制造	4	1	4	1881	75928	5122	955
化工、木材、非金属加工专用设备制造	31	21	29	18089	876846	169408	52754
食品、饮料、烟草及饲料生产专用设备制造	1	1	1	511	54789	3827	1535
印刷、制药、日化生产专用设备制造	1	1	1	334	14352	1568	635
纺织、服装和皮革工业专用设备制造	24	15	24	16070	793493	190649	71399
电子和电工机械专用设备制造	4	3	4	1834	81300	24170	17111
农、林、牧、渔专用机械制造	7	6	7	5752	209565	27440	2175
医疗仪器设备及器械制造	6	5	6	4541	72274	15483	6437
环保、社会公共安全及其他专用设备制造	9	6	8	6123	790252	53172	2597
交通运输设备制造业	204	130	177	172806	13226405	1838948	347605
汽车制造	133	85	118	105047	9082237	1170917	239250
摩托车制造	32	24	31	37138	1547744	289696	81851
自行车制造	10	6	10	6251	310375	36090	2413
船舶及浮动装置制造	26	14	16	22847	2240070	334940	24067
航空航天器制造	1	1	1	460	11855	1300	

2－B－17 续表5 单位：个、人、万元

指标名称	企业数	# 开展R&D企业	# 开展新产品开发企业	从业人员年平均人数	主营业务收入	生产经营用机器设备原价	微电子控制设备原价
交通器材及其他交通运输设备制造	2		1	1063	34124	6005	24
电气机械及器材制造业	377	252	343	305429	16010074	1802985	418804
电机制造	72	50	66	61867	2795559	468370	123713
输配电及控制设备制造	87	57	79	67390	3445582	338837	58754
电线、电缆、光缆及电工器材制造	37	26	33	22365	2711133	339312	115603
电池制造	24	18	22	15245	1558960	118054	9383
家用电力器具制造	90	66	85	86411	3876289	342375	63004
非电力家用器具制造	8	5	7	4605	243875	16698	2706
照明器具制造	53	26	45	44525	1287380	153957	39050
其他电气机械及器材制造	6	4	6	3021	91296	25383	6590
通信设备、计算机及其他电子设备制造业	134	95	130	137411	5771472	1223777	453167
通信设备制造	22	16	21	22302	1624679	270936	122486
广播电视设备制造	8	7	8	7837	266261	28949	2456
电子计算机制造	10	9	8	12286	1006849	129962	54646
电子器件制造	21	16	21	16015	555414	242699	141091
电子元件制造	58	36	58	65354	1635168	476383	109391
家用视听设备制造	7	5	7	7074	478206	56512	20421
其他电子设备制造	8	6	7	6543	204895	18337	2675
仪器仪表及文化、办公用机械制造业	72	53	67	60851	2328353	401213	61860
通用仪器仪表制造	37	28	36	26769	1539387	211862	28133
专用仪器仪表制造	11	10	10	9182	347686	61192	6244
钟表与计时仪器制造	4	3	3	1792	25621	10800	6905
光学仪器及眼镜制造	12	9	11	13327	190465	78686	20213
文化、办公用机械制造	8	3	7	9781	225194	38674	365
工艺品及其他制造业	61	30	57	56319	1897179	215494	31994
工艺美术品制造	29	12	28	22710	887505	108968	19164
日用杂品制造	32	18	29	33609	1009674	106527	12831
废弃资源和废旧材料回收加工业	1	1	1	371	109718	3212	
金属废料和碎屑的加工处理	1	1	1	371	109718	3212	
电力、燃气及水的生产和供应业	**33**	**11**	**10**	**44536**	**14898098**	**11906787**	**1962664**
电力、热力的生产和供应业	30	11	10	40771	14730083	11532430	1962374
电力生产	19	9	8	19124	3659708	7323245	1762751
电力供应	11	2	2	21647	11070375	4209185	199623
燃气生产和供应业	1			901	60063	1411	289
燃气生产和供应业	1			901	60063	1411	289
水的生产和供应业	2			2864	107953	372946	
自来水的生产和供应	2			2864	107953	372946	

2－B－18 按地区分组的有科技活动大中型工业企业基本情况

单位：个、人、万元

地 区	企业数	# 开 展 R&D 企业	# 开 展 新 产 品 开发企业	从业人员 年 平 均 人 数	主营业务 收 入	生产经营 用 机 器 设备原价	微 电 子 控制设备 原 价
总 计	**2602**	**1521**	**2288**	**2325756**	**157169615**	**41132775**	**8777293**
杭州市	361	228	330	368285	43481641	10933211	1943279
宁波市	521	308	468	404809	30850972	8692230	2914792
温州市	291	162	255	236248	9828863	1580344	220164
嘉兴市	392	218	313	366804	14888100	7802800	1714032
湖州市	81	48	70	57064	4987416	795919	139989
绍兴市	300	152	269	317818	26266487	5376663	741320
金华市	210	138	184	196555	8406326	1924129	246716
衢州市	36	18	27	43249	3102094	1123975	171933
舟山市	26	19	23	29440	2306746	550269	61349
台州市	336	213	306	266686	10679566	2098685	601534
丽水市	48	17	43	38798	2371404	254551	22185

2-B-19 按企业规模、登记注册类型、隶属关系和行业分组的有科技活动大中型工业企业科技活动成果情况

单位：万元、件

指标名称	新产品产值	新产品销售收入	出口	专利申请数	发明专利	拥有发明专利数
总计	**45388209**	**44501900**	**14357533**	**15041**	**2548**	**4332**
一、按企业规模分						
大型企业	16095865	15960981	5917828	3376	891	1329
中型企业	29292345	28540919	8439705	11665	1657	3003
二、按登记注册类型分						
内资	**30855663**	**30255736**	**8901410**	**10447**	**1594**	**3200**
国有	258506	286241	43846	113	37	38
集体	66820	67058	6153	6	5	5
股份合作企业	59175	55671	15048	47	11	13
联营企业	31989	31524				
国有与集体联营	29330	28920				
其他联营	2659	2604				
有限责任公司	8801029	8909670	2579414	2097	360	587
国有独资公司	434845	438916	129810	133	17	16
其他有限责任公司	8366185	8470755	2449604	1964	343	571
股份有限公司	7583146	7296427	2016134	1414	430	746
私营企业	13934163	13492732	4227296	6765	749	1809
私营独资	189196	181771	53102	653	33	20
私营合伙	34320	47075	41667	11		4
私营有限责任公司	11385389	11083007	3518414	5507	656	1606
私营股份有限公司	2325258	2180879	614114	594	60	179
其他	120835	116412	13518	5	2	2
港澳台商投资	**5626003**	**5467804**	**2280319**	**2680**	**673**	**579**
与港澳台商合资经营	3426170	3368358	1562497	1265	177	202
与港澳台商合作经营	26127	36229	18370	57	3	20
港澳台商独资	2113415	2009412	686338	1246	473	268
港澳台商投资股份有限公司	60291	53805	13113	112	20	89
外商投资	**8906544**	**8778361**	**3175805**	**1914**	**281**	**553**
中外合资经营	5368614	5150268	1572757	1332	190	416
中外合作经营	124569	91587	25324	28	8	7
外资企业	2670216	2802833	1454311	391	58	99
外商投资股份有限公司	743144	733673	123414	163	25	31
三、按隶属关系分						
中央	88874	113771	6831	114	30	46
省（自治区、直辖市）	476495	461939	46419	50	32	102
地（区、市、州、盟）	1951704	1941559	498837	132	50	69

2－B－19 续表1

单位：万元、件

指标名称	新产品产值	新产品销售收入	出口	专利申请数	发明专利	拥有发明专利数
县（区、市、旗）	1295882	1290941	427338	390	46	106
乡镇（街道）	624081	609201	207793	237	41	29
其　他	40951173	40084489	13170314	14118	2349	3980
四、按国民经济行业（门类、大类、中类）分						
采矿业	**6880**	**6100**		**2**	**2**	**1**
有色金属矿采选业	6880	6100		2	2	1
常用有色金属矿采选	6880	6100		2	2	1
制造业	**45343368**	**44459445**	**14340383**	**14964**	**2522**	**4300**
农副食品加工业	84589	87921	38979	49	9	27
饲料加工	55754	51338	13800	4		2
屠宰及肉类加工	1615	1496				1
水产品加工	16477	15473	15133			
蔬菜、水果和坚果加工	8975	17848	10046	27	9	24
其他农副食品加工	1768	1766		18		
食品制造业	335294	202854	19434	63	5	13
焙烤食品制造	2458	2416		2		
方便食品制造	34419	33305	160	29		5
液体乳及乳制品制造	4785	4647		8	2	
罐头制造	15474	16034	15034	2		3
调味品、发酵制品制造	2510	2560				
其他食品制造	275648	143892	4240	22	3	5
饮料制造业	833823	815660	10327	57	11	22
酒的制造	130242	126756	1738	38	6	16
软饮料制造	701831	687224	7289	15	3	4
精制茶加工	1750	1680	1300	4	2	2
烟草制品业	16465	47457		10	3	
卷烟制造	16465	47457		10	3	
纺织业	3954273	3895539	1402980	2177	207	226
棉、化纤纺织及印染精加工	2210649	2177946	655330	912	103	138
毛纺织和染整精加工	43389	44238	11113	19	7	6
麻纺织	7324	5859	5859			
丝绢纺织及精加工	467050	476607	202972	619	21	10
纺织制成品制造	560827	495642	267698	306	61	47
针织品、编织品及其制品制造	665033	695247	260009	321	15	25
纺织服装、鞋、帽制造业	915289	967069	368340	77	4	27
纺织服装制造	912135	963914	365582	77	4	27

2－B－19 续表2

单位：万元、件

指标名称	新产品产值	新产品销售收入	出口	专利申请数	发明专利	拥有发明专利数
制帽	3155	3155	2758			
皮革、毛皮、羽毛(绒)及其制品业	1308799	1283135	669425	130	5	53
皮革鞣制加工	299304	283102	162930	1	1	2
皮革制品制造	956931	947470	484918	125	4	51
毛皮鞣制及制品加工	11343	11343	9570	4		
羽毛(绒)加工及制品制造	41221	41221	12007			
木材加工及木、竹、藤、棕、草制品业	256034	235834	95186	179	38	135
人造板制造	112140	98069	46163	113	21	111
木制品制造	113338	108635	25670	37	9	20
竹、藤、棕、草制品制造	30556	29130	23353	29	8	4
家具制造业	485042	460685	338863	672	12	90
木质家具制造	39100	37198	31509	135	3	15
金属家具制造	237342	217558	168105	261	7	62
其他家具制造	208600	205930	139250	276	2	13
造纸及纸制品业	805704	750503	93188	62	28	25
造纸	629318	598286	80163	40	23	17
纸制品制造	176387	152217	13024	22	5	8
印刷业和记录媒介的复制	217157	199099	12155	38	7	37
印刷	217157	199099	12155	38	7	37
文教体育用品制造业	238400	243572	165545	492	33	104
文化用品制造	102529	103809	85564	366	19	59
体育用品制造	31599	33802	17584	55	9	14
乐器制造	5381	12012	5757	14	1	5
玩具制造	77621	77198	48693	8	4	24
游艺器材及娱乐用品制造	21271	16750	7948	49		2
石油加工、炼焦及核燃料加工业				1		8
精炼石油产品的制造				1		8
化学原料及化学制品制造业	3292681	3072399	713566	382	182	254
基础化学原料制造	176552	169309	38769	24	19	31
肥料制造	45757	45509	18825	2	2	2
农药制造	431863	410205	265499	35	24	67
涂料、油墨、颜料及类似产品制造	627533	597366	115640	84	58	52
合成材料制造	941594	956309	62314	77	36	21
专用化学产品制造	944319	780128	184016	121	39	70
日用化学产品制造	125064	113572	28504	39	4	11
医药制造业	1487594	1385047	726353	213	139	254

2－B－19 续表3

单位：万元、件

指 标 名 称	新产品产 值	新 产 品销售收入	出 口	专 利申请数	发明专利	拥有发明专 利 数
化学药品原药制造	1070264	994764	582014	107	99	158
化学药品制剂制造	184949	188038	37982	48	21	41
中成药制造	41046	37345	3736	14	8	27
兽用药品制造	14511	14511	10593	2	2	4
生物、生化制品的制造	150841	124603	70110	5	3	24
卫生材料及医药用品制造	25984	25787	21919	37	6	
化学纤维制造业	2881679	2895225	298133	138	28	21
合成纤维制造	2881679	2895225	298133	138	28	21
橡胶制品业	833333	868252	373455	57	9	11
轮胎制造	717946	736462	311272	30	2	
橡胶板、管、带的制造	53658	83088	25322	9	5	7
橡胶零件制造	24314	11948	1755	17	2	1
日用及医用橡胶制品制造	4590	4586	3580			
橡胶靴鞋制造	32826	32169	31526	1		3
塑料制品业	1004300	1068437	147218	458	37	49
塑料薄膜制造	519657	636742	30535	7	1	6
塑料板、管、型材的制造	239946	175259	7954	139	12	21
塑料丝、绳及编织品的制造	1658	1640	79			
泡沫塑料制造	17721	17366	721			
塑料人造革、合成革制造	121744	120680	46792	21	5	3
塑料包装箱及容器制造	17145	17764	15588	43	4	3
塑料零件制造	22768	22768	916	14	2	4
日用塑料制造	43787	60028	32551	184	13	8
其他塑料制品制造	19875	16190	12082	50		4
非金属矿物制品业	564893	603176	233671	214	45	58
水泥、石灰和石膏的制造	15301	15245	881	9	9	5
水泥及石膏制品制造	38755	36450				
砖瓦、石材及其他建筑材料制造	16254	152217	85	55	1	18
玻璃及玻璃制品制造	389030	297044	186393	135	31	8
陶瓷制品制造	32634	32071	17265	4	1	3
耐火材料制品制造	24509	24400	1698	2	2	22
石墨及其他非金属矿物制品制造	48412	45749	27350	9	1	2
黑色金属冶炼及压延加工业	1609078	2203840	185963	67	28	24
炼 钢	48726	42390				
钢压延加工	1560352	2161450	185963	67	28	24
有色金属冶炼及压延加工业	2164513	2105789	440015	82	29	25

2－B－19 续表4 单位：万元、件

指 标 名 称	新产品产 值	新 产 品销售收入	出 口	专 利申请数	发明专利	拥有发明专 利 数
常用有色金属冶炼	631476	570057	3413			
贵金属冶炼	13100	10980		13	7	2
稀有稀土金属冶炼		15843				
有色金属合金制造	127802	158206	812	5	3	1
有色金属压延加工	1392135	1350704	435790	64	19	22
金属制品业	1398494	1401583	544114	1190	94	340
结构性金属制品制造	705201	654971	115722	161	28	85
金属工具制造	79669	79337	70132	98	13	143
集装箱及金属包装容器制造	46336	45590	12326	7		
金属丝绳及其制品的制造	25572	25292	4624	5		2
建筑、安全用金属制品制造	188760	180694	92902	123	29	29
金属表面处理及热处理加工	7336	6375		2	2	1
不锈钢及类似日用金属制品制造	342596	406525	246408	794	22	80
其他金属制品制造	3025	2800	2000			
通用设备制造业	3866978	3816191	1226612	1841	319	461
锅炉及原动机制造	449499	407200	79298	43	11	2
金属加工机械制造	144350	136814	55710	124	13	24
起重运输设备制造	498100	472847	252073	134	28	39
泵、阀门、压缩机及类似机械的制造	895345	903827	238967	845	70	121
轴承、齿轮、传动和驱动部件的制造	595159	576819	184757	283	54	122
风机、衡器、包装设备等通用设备制造	935922	941168	280780	254	64	96
通用零部件制造及机械修理	240500	249555	110558	134	65	31
金属铸、锻加工	108103	127962	24470	24	14	26
专用设备制造业	1140841	1075783	278924	396	69	183
矿山、冶金、建筑专用设备制造	25864	25488	15199	4	2	6
化工、木材、非金属加工专用设备制造	327184	290353	76948	86	11	16
食品、饮料、烟草及饲料生产专用设备制造	56240	34188	8848	2	1	5
印刷、制药、日化生产专用设备制造	8755	8755	3152	5		2
纺织、服装和皮革工业专用设备制造	263894	280753	114340	171	34	59
电子和电工机械专用设备制造	57532	34192	4576	18		18
农、林、牧、渔专用机械制造	49621	52179	31017	70	6	1
医疗仪器设备及器械制造	48475	45777	15008	12		22
环保、社会公共安全及其他专用设备制造	303277	304098	9836	28	15	54
交通运输设备制造业	5270540	5102576	2313810	1012	120	225
汽车制造	3204577	3098556	854879	696	102	175

2－B－19 续表5 单位：万元、件

指标名称	新产品产值	新产品销售收入	出口	专利申请数	发明专利	拥有发明专利数
摩托车制造	673415	666624	341032	256	11	24
自行车制造	115542	97323	20013	41	5	
船舶及浮动装置制造	1266343	1230049	1087861	15	1	3
航空航天器制造	10664	10024	10024	1	1	23
交通器材及其他交通运输设备制造				3		
电气机械及器材制造业	5860720	5601860	1962322	2733	380	658
电机制造	1037504	969447	541928	489	85	83
输配电及控制设备制造	1066342	965271	167443	652	73	155
电线、电缆、光缆及电工器材制造	967025	864245	93092	161	34	48
电池制造	606627	775878	225578	85	26	40
家用电力器具制造	1508390	1356831	587691	949	92	234
非电力家用器具制造	123967	131533	12355	18	2	1
照明器具制造	517197	504917	330520	353	66	95
其他电气机械及器材制造	33667	33737	3715	26	2	2
通信设备、计算机及其他电子设备制造业	2952787	2850311	1232855	1159	558	471
通信设备制造	601599	556248	261029	163	45	105
广播电视设备制造	160193	152140	38707	107	20	8
电子计算机制造	834136	813799	158925	536	406	176
电子器件制造	234725	238551	59193	84	29	40
电子元件制造	670518	608104	333355	219	39	100
家用视听设备制造	338714	367726	304482	20	9	13
其他电子设备制造	112902	113743	77164	30	10	29
仪器仪表及文化、办公用机械制造业	1053674	698329	174190	562	75	215
通用仪器仪表制造	797999	479040	53642	281	58	158
专用仪器仪表制造	91744	84366	4148	148	12	22
钟表与计时仪器制造	2212	3760	300	2	1	4
光学仪器及眼镜制造	61510	57953	48357	45	4	31
文化、办公用机械制造	100209	73210	67744	86		
工艺品及其他制造业	510393	521321	274762	453	48	284
工艺美术品制造	160945	149990	51231	258	22	243
日用杂品制造	349447	371330	223530	195	26	41
电力、燃气及水的生产和供应业	**37962**	**36355**	**17150**	**75**	**24**	**31**
电力、热力的生产和供应业	37962	36355	17150	75	24	31
电力生产	37962	36355	17150	21	6	22
电力供应				54	18	9

2－B－20 按地区分组的有科技活动大中型工业企业科技活动成果情况

单位：#人数单位

地　区	新产品产值	新产品销售收入	出　口	专利申请数	发明专利	拥有发明专利数
总　计	**45388209**	**44501900**	**14357533**	**15041**	**2548**	**4332**
杭州市	10539902	10161139	1928121	2958	841	1036
宁波市	8048762	8117143	2883985	3052	402	706
温州市	2745896	2696661	593654	1065	175	303
嘉兴市	6333844	5974278	2598502	892	166	403
湖州市	1962334	2149423	508029	549	75	235
绍兴市	8577761	8578201	2656363	2943	461	466
金华市	2114250	1970539	730931	1347	152	823
衢州市	455779	433069	48693	189	50	53
舟山市	741895	691301	627656	49	10	23
台州市	3533451	3418808	1757826	1868	188	238
丽水市	334335	311339	23773	129	28	46

2-B-21 按企业规模、登记注册类型、隶属关系和行业分组的有科技活动大中型工业企业技术改造、技术获取及减免税情况

单位：万元

指标名称	技术改造经费支出	技术引进经费支出	消化吸收经费支出	购买国内技术经费支出	享受各级政府对技术开发减免税
总计	**2947113**	**159125**	**73481**	**118488**	**109500**
一、按工业企业规模分					
大型企业	1491587	44214	19844	57040	31707
中型企业	1455527	114912	53637	61449	77794
二、按登记注册类型分					
内资	**2099115**	**103155**	**50711**	**103673**	**88727**
国有	260148	659	2369	30816	1227
集体	2906	45	168		
股份合作企业	4412	1127	275	639	147
联营企业	95		17	45	
其他联营	95		17	45	
有限责任公司	442850	33704	13294	15310	16047
国有独资公司	19322	1748	1158	495	664
其他有限责任公司	423529	31956	12136	14815	15383
股份有限公司	880879	29760	15283	21781	41163
私营企业	498550	37861	19306	35003	30123
私营独资	8816	204	73	47	37
私营合伙	1002	420			
私营有限责任公司	401185	33088	18087	29682	16931
私营股份有限公司	87547	4148	1146	5274	13156
其他	9276			80	22
港澳台商投资	**307546**	**16514**	**9017**	**8951**	**9065**
与港澳台商合资经营	235314	8168	6080	7028	4327
与港澳台商合作经营	1010		340	150	
港澳台商独资	69658	8338	2498	1764	4571
港澳台商投资股份有限公司	1563	8	100	8	167
外商投资	**540453**	**39457**	**13753**	**5864**	**11708**
中外合资经营	506538	22621	7279	3871	7226
中外合作经营	2060	120	142	70	876
外资企业	22275	16357	5100	1318	658
外商投资股份有限公司	9581	359	1232	605	2949
三、按隶属关系分					
中央	647040	2138	1146	19175	1246
省（自治区、直辖市）	155147	55	906	13542	1436
地（区、市、州、盟）	88462	5852	1681	1136	5161
县（区、市、旗）	66272	3446	3699	5673	4316

2－B－21 续表1

单位：万元

指标名称	技术改造经费支出	技术引进经费支出	消化吸收经费支出	购买国内技术经费支出	享受各级政府对技术开发减免税
乡镇（街道）	52888	5618	1017	1814	824
其他	1937304	142018	65031	77148	96518
四、按国民经济行业（门类、大类、中类）分					
采矿业	**1425**				
黑色金属矿采选业	233				
铁矿采选	233				
有色金属矿采选业	1192				
常用有色金属矿采选	1192				
制造业	**2777662**	**158311**	**72323**	**100487**	**109500**
农副食品加工业	11435	244	180	1385	71
饲料加工	2955	39	8	361	
植物油加工				81	
屠宰及肉类加工	2054			15	
水产品加工	2576	114	6	343	
蔬菜、水果和坚果加工	3799	91	166	585	71
其他农副食品加工	50				
食品制造业	28621	150	983	375	1881
焙烤食品制造	85				8
方便食品制造	16142	74	528	375	
液体乳及乳制品制造	890	76	435		
罐头制造	1972		20		
调味品、发酵制品制造	581				
其他食品制造	8951				1874
饮料制造业	143660	5302	113	167	422
酒的制造	23490	12	113	52	33
软饮料制造	120169	5291		115	389
烟草制品业	14992				
卷烟制造	14992				
纺织业	95195	15369	5724	6384	3542
棉、化纤纺织及印染精加工	42829	2363	2050	2784	1740
毛纺织和染整精加工					14
丝绢纺织及精加工	15744	3724	819	720	723
纺织制成品制造	10902	4132	644	546	500
针织品、编织品及其制品制造	25720	5151	2211	2335	565
纺织服装、鞋、帽制造业	32553	2212	2825	2199	120
纺织服装制造	32553	2212	2825	2199	120

2－B－21 续表2

单位：万元

指标名称	技术改造经费支出	技术引进经费支出	消化吸收经费支出	购买国内技术经费支出	享受各级政府对技术开发减免税
皮革、毛皮、羽毛(绒)及其制品业	18775	1507	1228	2004	1210
皮革鞣制加工	1351	100			1100
皮革制品制造	16289	1407	1228	1999	110
毛皮鞣制及制品加工	235				
羽毛(绒)加工及制品制造	901			5	
木材加工及木、竹、藤、棕、草制品业	6364	377	214	172	558
人造板制造	4505	233	124	15	459
木制品制造	1482	144	90	107	98
竹、藤、棕、草制品制造	378			50	
家具制造业	10379	583	70	205	483
木质家具制造	4236			85	
金属家具制造	4315	83	60	110	483
其他家具制造	1829	500	10	10	
造纸及纸制品业	34686	7201	1246	332	16
造　纸	24086	574	193	142	
纸制品制造	10600	6627	1053	190	16
印刷业和记录媒介的复制	48473		105	60	13769
印　刷	48473		105	60	13769
文教体育用品制造业	7386	927	192	283	668
文化用品制造	789			232	345
体育用品制造	2134	328	79		100
乐器制造	815	100			220
玩具制造	1702	430	113		3
游艺器材及娱乐用品制造	1947	69		51	
石油加工、炼焦及核燃料加工业	472800	1292		1937	792
精炼石油产品的制造	472800	1292		1937	792
化学原料及化学制品制造业	207795	18702	11481	4262	16852
基础化学原料制造	93779	4771	5557	2243	188
肥料制造	6497			23	
农药制造	61742	4564	2949	1127	11713
涂料、油墨、颜料及类似产品制造	15661	3580	1192		756
合成材料制造	17053	4942	1589	78	2542
专用化学产品制造	9065	846	194	192	1655
日用化学产品制造	4000			600	
医药制造业	72056	5848	7475	13382	7289
化学药品原药制造	40102	3473	3810	10725	4614

2－B－21 续表 3

单位：万元

指 标 名 称	技术改造经费支出	技术引进经费支出	消化吸收经费支出	购买国内技术经费支出	享受各级政府对技术开发减免税
化学药品制剂制造	17166	1107	672	513	1442
中成药制造	8482		745	520	348
兽用药品制造	1865		260	350	
生物、生化制品的制造	4194	768	1330	1155	885
卫生材料及医药用品制造	247	500	658	120	
化学纤维制造业	181930	13029	3250	7618	1085
合成纤维制造	181930	13029	3250	7618	1085
橡胶制品业	76885	350		651	1117
轮胎制造	70464				932
橡胶板、管、带的制造	3892	350		583	181
橡胶零件制造	1624				4
日用及医用橡胶制品制造	837				
橡胶靴鞋制造	68			68	
塑料制品业	29087	940	164	702	4647
塑料薄膜制造	1175	500	154	380	82
塑料板、管、型材的制造	2599				3953
塑料丝、绳及编织品的制造					78
泡沫塑料制造	3000				
塑料人造革、合成革制造	17499			52	528
塑料包装箱及容器制造	100				6
日用塑料制造	2556	20	10	270	
其他塑料制品制造	2157	420			
非金属矿物制品业	248056	868	356	1475	617
水泥、石灰和石膏的制造	12923		195	1109	230
水泥及石膏制品制造	1169				
砖瓦、石材及其他建筑材料制造	647		106		
玻璃及玻璃制品制造	231256	205	15	351	53
陶瓷制品制造	371	663	40	15	142
耐火材料制品制造	730				192
石墨及其他非金属矿物制品制造	961				
黑色金属冶炼及压延加工业	44809	4491	475	13135	7402
炼 钢	475		327	343	
钢压延加工	44334	4491	148	12792	7402
有色金属冶炼及压延加工业	113391		70	348	98
常用有色金属冶炼	44157			313	72
贵金属冶炼	35			35	

2－B－21 续表4

单位：万元

指 标 名 称	技术改造经费支出	技术引进经费支出	消化吸收经费支出	购买国内技术经费支出	享受各级政府对技术开发减免税
有色金属合金制造	5369		70		
有色金属压延加工	63830				26
金属制品业	47192	13542	1593	2653	2027
结构性金属制品制造	17273	1600	816	711	1517
金属工具制造	519	620	100	30	409
集装箱及金属包装容器制造	1896				14
金属丝绳及其制品的制造	745		100		
建筑、安全用金属制品制造	12666	178	383	798	50
金属表面处理及热处理加工	2718	3605	85		
不锈钢及类似日用金属制品制造	11376	7539	110	1114	37
通用设备制造业	208863	14174	8831	7497	9556
锅炉及原动机制造	8384	2857	2739	910	281
金属加工机械制造	26712	1630	315	600	390
起重运输设备制造	13315	2639	908	341	416
泵、阀门、压缩机及类似机械的制造	25295	2741	1277	2154	1210
轴承、齿轮、传动和驱动部件的制造	66995	1287	2176	1023	3029
风机、衡器、包装设备等通用设备制造	53102	2630	1152	2287	2914
通用零部件制造及机械修理	11945	277	207	136	1239
金属铸、锻加工	3116	112	59	45	77
专用设备制造业	43260	3010	2045	1497	1960
矿山、冶金、建筑专用设备制造	744				17
化工、木材、非金属加工专用设备制造	18325	316	257	663	289
食品、饮料、烟草及饲料生产专用设备制造	864				112
印刷、制药、日化生产专用设备制造	356			52	256
纺织、服装和皮革工业专用设备制造	13506	1931	1181	640	838
电子和电工机械专用设备制造	266				166
农、林、牧、渔专用机械制造	468	217	506	130	
医疗仪器设备及器械制造	1936	340	63	5	
环保、社会公共安全及其他专用设备制造	6796	206	38	6	282
交通运输设备制造业	280301	9176	4788	10333	6885
汽车制造	184095	6552	2031	7288	4414
摩托车制造	31064	1728	1224	331	655
自行车制造	283	50	187	10	
船舶及浮动装置制造	63378	836	1346	2704	1816
航空航天器制造	450				

2-B-21 续表5 单位:万元

指 标 名 称	技术改造经费支出	技术引进经费支出	消化吸收经费支出	购买国内技术经费支出	享受各级政府对技术开发减免税
交通器材及其他交通运输设备制造	1031	10	...		
电气机械及器材制造业	204066	28513	13634	8925	10548
电机制造	61154	17190	4658	3514	3922
输配电及控制设备制造	36981	2662	3069	2398	1864
电线、电缆、光缆及电工器材制造	18054	1914	1233	319	1489
电池制造	10536	1020	156	1390	1074
家用电力器具制造	46646	1276	1640	969	1730
非电力家用器具制造	7804	288	155		
照明器具制造	22207	3337	2558	335	435
其他电气机械及器材制造	684	826	164		33
通信设备、计算机及其他电子设备制造业	63519	5776	1666	7759	10744
通信设备制造	13875	1485	121	4015	925
广播电视设备制造	298	150	115		3180
电子计算机制造	1794	1073	268		3633
电子器件制造	8065	288	177	8	827
电子元件制造	34405	2780	960	3122	1999
家用视听设备制造	3205		25	55	61
其他电子设备制造	1876			559	120
仪器仪表及文化、办公用机械制造业	22560	987	459	336	2325
通用仪器仪表制造	8416	232	336	143	1899
专用仪器仪表制造	7555	300		147	301
钟表与计时仪器制造	19				
光学仪器及眼镜制造	2824	415	124		125
文化、办公用机械制造	3746	40		46	
工艺品及其他制造业	8564	3743	3157	4412	2818
工艺美术品制造	612	1455	845	2161	88
日用杂品制造	7952	2287	2312	2252	2730
废弃资源和废旧材料回收加工业	13				
金属废料和碎屑的加工处理	13				
电力、燃气及水的生产和供应业	**168027**	**814**	**1158**	**18002**	
电力、热力的生产和供应业	167737	814	1158	17793	
电力生产	43193	314	158	1180	
电力供应	124544	500	1000	16613	
燃气生产和供应业	290			209	
燃气生产和供应业	290			209	

2-B-22 按地区分组的有科技活动大中型工业企业技术改造、技术获取及减免税情况

单位：万元

地　区	技术改造经费支出	技术引进经费支出	消化吸收经费支出	购买国内技术经费支　出	享受各级政府对技术开发减免税
总　计	**2947113**	**159125**	**73481**	**118488**	**109500**
杭州市	832776	31318	9591	39449	41336
宁波市	815440	26403	9182	19106	24227
温州市	141790	14631	7803	5592	7020
嘉兴市	354423	27448	10384	10572	4255
湖州市	77549	4401	2414	2692	5785
绍兴市	296536	21645	7894	17388	15019
金华市	142495	10384	7981	8954	2339
衢州市	96916	6871	5251	775	2422
舟山市	11423	3282	4352	899	1708
台州市	160993	12743	8182	12558	4972
丽水市	16773		447	503	417

第三篇 Part Three

建筑业

Construction

浙江经济普查年鉴 2008

Zhejiang Economic Census Yearbook

A.综　合

3-A-1　全部建筑业企业主要经济指标

单位：个、人、万元、万平方米

指标名称	总计	总承包 专业承包	劳务分包	资质以外
企业数	12368	4727	531	7110
其中：有工作量的企业个数	10833	4638	464	5731
一、建筑业总产值	**84210690**	**81579826**	**1099334**	**1531530**
其中：装饰装修产值	5811585	5327496	71130	412960
在外省完成的产值	37209049	37209049		
二、房屋建筑施工面积	**92809.71**	**92587.85**		**221.86**
其中：本年新开工	44870.05	44772.33		97.72
三、计算劳动生产率的平均人数	**4753816**	**4311107**	**343295**	**99414**
年末就业人员数	4724443	4285645	342907	95891
其中：管理人员	387338	364402	7807	15129
其中：工程技术人员	585849	554248	16378	15223
四、财务状况				
1、固定资产原价	8182009	7102794	71484	1007731
资产总计	43053092	41752935	292426	1007731
2、工程结算收入	72100114	69457845	1065198	1577071
工程结算税金及附加	2501098	2418013	31533	51552
其他业务收入	527604	510364	7554	9686
3、费用合计	2434064	2198255	23596	212213
管理费用中的税金	87560	82277		5283
4、营业利润	2115453	2025108	12005	78341
利润总额	2235252	2146987	9924	78341
5、企业总收入	72627718	69968209	1072752	1586757
6、利税总额	4823910	4647278	41457	135176

B. 总承包和专业承包建筑企业

3－B－1 按地区分组的总承包和专业承包建筑业企业主要经济指标

单位：个、万元、万平方米、人

地区	企业数	建筑业总产值	在外省完成的产值	房屋建筑施工面积	计算劳动生产率的平均人数	资产总计	企业总收入	利润总额	利税总额
总计	**4727**	**81579826**	**37209049**	**92587.85**	**4311107**	**41752935**	**69968209**	**2146987**	**4647278**
杭州市	**1174**	**18004524**	**4971040**	**16059.15**	**863862**	**10680197**	**16091050**	**395459**	**964688**
上城区	88	1280452	338948	1246.16	47767	788227	1126822	37978	74612
下城区	77	415841	122818	149.46	19331	466198	531460	15652	33626
江干区	132	1648053	293802	1474.95	79922	914800	1638260	20691	73729
拱墅区	130	1447492	352374	1179.57	79108	776974	1273868	24646	66632
西湖区	176	4280125	1438700	4317.37	218573	2584553	3684579	55681	195198
滨江区	45	1797487	349245	850.68	59536	1350932	1640981	34755	91885
萧山区	196	4863278	1798276	4772.27	227832	2166862	4105062	122550	268949
余杭区	118	922989	129459	792.93	42860	629428	829964	30741	61307
桐庐县	44	195948	17354	248.15	15719	142972	196092	10425	18599
淳安县	36	106024	2366	90.07	8184	105936	101111	1050	5079
建德市	31	109824	4480	154.22	11229	95791	112207	3014	6908
富阳市	59	466805	24077	369.92	23420	350167	422354	25663	39919
临安市	42	470208	99141	413.41	30381	307357	428292	12614	28245
宁波市	**687**	**9214782**	**3050716**	**10604.02**	**507535**	**6513574**	**8158266**	**316337**	**583443**
海曙区	98	1040262	163420	691.97	41875	805439	991058	45655	75797
江东区	91	1244487	244222	1286.27	59304	899413	1207408	37189	76799
江北区	25	169621	15559	104.75	10515	117028	172206	4568	10357
北仑区	76	412347	16797	240.26	25672	385623	441714	23161	37578
镇海区	36	706472	152050	472.05	30860	598221	677988	17056	39050
鄞州区	49	558475	17349	689.58	37086	403790	567761	23939	43502
象山县	39	3490892	2249908	4808.89	196209	1821404	2507399	88622	168881
宁海县	28	215431	52478	243.08	16459	214326	210975	14790	22377
余姚市	96	441465	50239	595.04	25737	496474	458160	31911	49859
慈溪市	116	773356	79310	1333.58	52771	631889	732167	19602	42647
奉化市	33	161974	9386	138.54	11047	139967	191430	9845	16596
温州市	**561**	**4586539**	**1272497**	**5767.09**	**286450**	**3789213**	**4127052**	**126033**	**274378**
鹿城区	213	1421052	428056	1376.94	76596	1228111	1217848	25929	68926
龙湾区	37	253090	21737	278.84	16637	237843	196840	7145	14442
瓯海区	43	953938	235527	1985.56	59252	968889	803285	16905	45941
洞头县	6	26550	17588	22.06	2052	11627	23827	826	1745
永嘉县	27	213219	20369	189.88	14835	238421	201775	10208	17985
平阳县	58	307034	92458	185.31	22160	237431	279013	8160	18208

3－B－1　续表1　　单位：个、万元、万平方米、人

地　　区	企业数	建筑业总产值	在外省完成的产　值	房屋建筑施工面积	计算劳动生产率的平均人数	资产总计	企　业总收入	利润总额	利税总额
苍南县	57	385850	221263	143.41	27055	165222	404710	19049	33165
文成县	6	32522		10.37	2175	26899	41745	2685	4099
泰顺县	18	436201	144445	632.67	24851	213812	395541	15336	29580
瑞安市	58	289097	40955	582.94	23097	315638	296291	10042	20414
乐清市	38	267986	50100	359.12	17740	145321	266176	9748	19873
嘉兴市	**248**	**3154840**	**329962**	**3857.63**	**204432**	**1672664**	**2593421**	**66812**	**155404**
南湖区	42	552558	79672	603.92	31461	259647	456455	14005	29422
秀洲区	37	440986	31241	461.34	28510	233632	368822	11851	23642
嘉善县	20	237499	10233	312.25	14987	151561	163061	4867	10971
海盐县	23	172506	23353	229.85	12584	149003	133870	2767	7537
海宁市	36	656404	53574	899.14	35125	392843	555807	9191	28022
平湖市	41	329833	63151	418.84	23820	209876	291689	8493	18546
桐乡市	49	765054	68739	932.30	57945	276102	623716	15638	37264
湖州市	**148**	**2155166**	**512765**	**2070.97**	**108360**	**1460904**	**1953181**	**62424**	**128678**
吴兴区	62	1412735	393809	1059.50	59501	819457	1249899	37786	78189
南浔区	15	70414	10718	115.42	4687	41493	65414	858	3502
德清县	28	245124	42112	419.50	17078	177686	249603	5919	14243
长兴县	24	289048	63281	287.83	18254	220358	271630	12446	22915
安吉县	19	137844	2845	188.71	8840	201910	116636	5413	9829
绍兴市	**529**	**24126207**	**17771067**	**28889.51**	**1145958**	**7435634**	**19513655**	**546971**	**1266810**
越城区	118	4194715	3031006	4908.12	200649	1407602	3595262	88317	213493
绍兴县	113	6492630	4546409	7446.89	312164	1996213	5428885	135464	326189
新昌县	44	612628	442281	826.12	34799	230355	512366	22588	44757
诸暨市	79	5393245	4244810	7134.69	227297	1230395	4309520	103316	260863
上虞市	110	6512238	4834147	7585.91	313633	2257918	4892338	165904	354725
嵊州市	65	920752	672415	987.76	57416	313151	775285	31382	66784
金华市	**543**	**9952584**	**5233943**	**13892.49**	**559863**	**4685674**	**8653351**	**344829**	**671680**
婺城区	129	1432262	475224	1545.57	73472	797196	1221153	43926	85627
金东区	24	215218	13341	81.70	11760	157318	193526	13009	20075
武义县	24	95394	9915	183.67	6751	94675	90478	6777	11152
浦江县	18	231662	88280	267.64	17719	85579	213053	9428	20844
磐安县	23	296038	143581	377.76	18881	99404	281848	8816	19726
兰溪市	28	156065	32669	203.33	15198	134444	145010	13764	19354
义乌市	130	855833	178431	990.81	61479	810377	804313	41471	70190

3-B-1 续表2　　　　单位：个、万元、万平方米、人

地　区	企业数	建筑业总产值	在外省完成的产值	房屋建筑施工面积	计算劳动生产率的平均人数	资产总计	企业总收入	利润总额	利税总额
东阳市	131	6424799	4243510	10012.84	339819	2356173	5472058	191794	399973
永康市	36	245313	48993	229.17	14784	150507	231912	15844	24739
衢州市	**154**	**1337729**	**266951**	**1477.88**	**84635**	**730098**	**1207493**	**32429**	**75240**
柯城区	66	581400	118025	517.50	35889	376660	555299	14741	33413
衢江区	7	37952	5857	8.62	1841	14907	29604	543	1747
常山县	19	147563	38519	180.54	8293	83009	127477	3808	8281
开化县	14	158833	32331	232.05	10085	66862	138624	4667	9803
龙游县	17	195146	18562	204.91	10380	76418	177736	6804	13355
江山市	31	216836	53658	334.26	18147	112243	178754	1867	8641
舟山市	**112**	**941167**	**71228**	**776.38**	**46194**	**903258**	**908267**	**11912**	**42898**
定海区	70	547222	42109	419.32	27096	569960	523220	7603	25423
普陀区	26	273217	11052	200.56	11809	227147	273685	2506	11838
岱山县	10	100096	18067	141.76	5210	75316	88827	1683	4759
嵊泗县	6	20632		14.76	2079	30835	22534	120	877
台州市	**398**	**7168173**	**3610549**	**8316.54**	**447830**	**3122367**	**5924308**	**202600**	**407809**
椒江区	79	898846	254492	1017.81	53826	469938	677057	19433	42599
黄岩区	42	781416	272543	1232.53	48811	252554	630584	15216	37146
路桥区	40	837890	361058	403.16	43780	523904	724104	33618	56363
玉环县	25	128594	4025	73.96	5426	67732	121547	2868	7398
三门县	26	298075	161447	315.04	28315	131795	276451	12117	21384
天台县	25	216282	86768	224.88	16419	76657	205134	7572	15262
仙居县	23	298876	123335	189.87	22275	109810	290859	12295	23771
温岭市	80	2668662	1831507	3837.37	162967	1044730	2219223	74316	149944
临海市	58	1039533	515374	1021.92	66011	445248	779349	25165	53942
丽水市	**173**	**938115**	**118331**	**876.18**	**55988**	**759353**	**838165**	**41182**	**76250**
莲都区	74	475064	65965	479.34	29567	334622	451345	23379	41846
青田县	14	53720	6307	56.17	2487	87673	41071	1419	2915
缙云县	25	122998	14960	65.13	8513	84704	104685	4021	8339
遂昌县	9	29334	945	37.30	2222	29742	32979	3357	4489
松阳县	7	34144	8309	26.17	2657	31482	34458	1379	2593
云和县	10	46757	11040	71.10	2885	31486	26896	948	1994
庆元县	4	15663		13.16	948	11062	15396	199	1039
景宁畲族自治县	7	22650	840	14.26	1407	27468	22160	745	1681
龙泉市	23	137784	9967	113.56	5302	121114	109175	5736	11355

3－B－2　按登记注册类型、隶属关系、资质等级、控股情况和行业分组的总承包和专业承包建筑业企业生产情况

单位：个、万元、万平方米、台、万千瓦、人、万吨

指标名称	建筑业企业个数	有工作量的建筑业企业个数	亏损企业个数	签订的合同额	上年结转合同额	本年新签合同额
总计	**4727**	**4638**	**463**	**135933062**	**50469741**	**85463321**
一、按登记注册类型分组						
内资	**4701**	**4612**	**456**	**135107020**	**50195405**	**84911615**
国有	101	100	5	2674325	1091871	1582454
集体	111	110	6	1737037	768414	968623
股份合作企业	21	21		203056	46580	156476
联营企业	2	2		29028	8620	20408
国有联营	1	1		25865	8431	17434
集体联营	1	1		3163	189	2974
有限责任公司	1076	1060	102	58763415	22859793	35903622
国有独资公司	16	16	1	1588214	753944	834270
其他有限责任公司	1060	1044	101	57175200	22105849	35069351
股份有限公司	85	81	11	16025376	7045566	8979809
私营企业	3300	3233	331	55578451	18346007	37232444
私营独资	47	47	6	180130	35549	144582
私营合伙	17	17		46564	13159	33405
私营有限责任公司	3154	3089	317	51495252	16766241	34729010
私营股份有限公司	82	80	8	3856505	1531058	2325447
其他	5	5	1	96334	28554	67780
港澳台商投资	**15**	**15**	**4**	**443839**	**156387**	**287452**
与港澳台商合资经营	13	13	3	441563	154929	286634
港澳台商独资	2	2	1	2276	1458	818
外商投资	**11**	**11**	**3**	**382203**	**117949**	**264253**
中外合资经营	11	11	3	382203	117949	264253
二、按隶属关系分组						
中央	19	19	2	1967917	1050845	917072
中央	19	19	2	1967917	1050845	917072
省（自治区、直辖市）	38	38	3	5982091	2146779	3835312

3－B－2 续表1－1 单位：个、万元、万平方米、台、万千瓦、人、万吨

指 标 名 称	建筑业企业个数	有工作量的建筑业企业个数	亏损企业个数	签订的合同额	上年结转合同额	本年新签合同额
省（自治区、直辖市）	38	38	3	5982091	2146779	3835312
地（区、市、州、盟）	95	95	7	4953790	2275236	2678554
地（区、市、州、盟）	95	95	7	4953790	2275236	2678554
县（区、市、旗）	229	222	21	4842089	1943970	2898119
县（区、市、旗）	229	222	21	4842089	1943970	2898119
乡镇（街道）	72	71	3	2756704	936229	1820474
街 道	39	38	2	456056	155633	300423
镇	32	32	1	2298128	779697	1518431
乡	1	1		2520	900	1620
基层群众自治组织	6	6		65348	31099	34249
居委会	1	1		120		120
村委会	5	5		65228	31099	34129
其 他	4268	4187	427	115365124	42085582	73279541
其 他	4268	4187	427	115365124	42085582	73279541
三、按企业资质等级分组						
施工总承包	2555	2501	184	127342649	48307747	79034903
特 级	40	40		41706610	17768013	23938598
一 级	297	296	7	50474535	19463271	31011264
二 级	890	888	30	25265449	8342367	16923082
三 级	1328	1277	147	9896055	2734096	7161959
专业承包	2172	2137	279	8590413	2161995	6428418
一 级	174	174	11	3786709	1063752	2722956
二 级	433	427	33	1860262	433818	1426444
三 级	1499	1470	229	2742018	618275	2123743
不分等级	66	66	6	201423	46149	155275
四、按控股情况分组						
国有控股	202	199	13	9869415	3826161	6043254
集体控股	205	203	18	6680050	3031411	3648639

3－B－2 续表1－2

单位：个、万元、万平方米、台、万千瓦、人、万吨

指标名称	建筑业企业个数	有工作量的建筑业企业个数	亏损企业个数	签订的合同额	上年结转合同额	本年新签合同额
私人控股	4198	4115	418	112042051	41027743	71014309
港澳台商控股	14	14	4	430843	149811	281032
外商控股	8	8	2	347012	102006	245006
其　他	100	99	8	6563691	2332610	4231081
五、按国民经济行业小类分组						
房屋和土木工程建筑业	**2927**	**2872**	**223**	**128360620**	**48399454**	**79961166**
房屋工程建筑	1586	1553	119	104323000	40690806	63632193
房屋工程建筑	1586	1553	119	104323000	40690806	63632193
土木工程建筑	1341	1319	104	24037620	7708647	16328973
铁路、道路、隧道和桥梁工程建筑	726	713	48	16270931	4975913	11295018
水利和港口工程建筑	127	125	7	2920411	1265461	1654950
工矿工程建筑	68	68	5	1308682	694680	614002
架线和管道工程建筑	179	175	21	2026645	407307	1619338
其他土木工程建筑	241	238	23	1510951	365287	1145665
建筑安装业	**577**	**570**	**61**	**3956860**	**1158153**	**2798707**
建筑安装业	577	570	61	3956860	1158153	2798707
建筑安装业	577	570	61	3956860	1158153	2798707
建筑装饰业	**1014**	**995**	**143**	**2677875**	**550249**	**2127626**
建筑装饰业	1014	995	143	2677875	550249	2127626
建筑装饰业	1014	995	143	2677875	550249	2127626
其他建筑业	**209**	**201**	**36**	**937707**	**361885**	**575822**
工程准备	149	142	26	828575	345338	483237
工程准备	149	142	26	828575	345338	483237
提供施工设备服务	10	10	2	33380	4621	28759
提供施工设备服务	10	10	2	33380	4621	28759
其他未列明的建筑活动	50	49	8	75752	11926	63826
其他未列明的建筑活动	50	49	8	75752	11926	63826

3－B－2 续表2－1

单位：个、万元、万平方米、台、万千瓦、人、万吨

指标名称	直接从建设单位承揽工程完成的产值	自行完成施工产值	分包出去工程的产值	从建设单位以外承揽工程完成的产值	建筑业总产值	#装饰装修产值	#在外省完成的产值
总　计	**80078890**	**79218805**	**860085**	**2361021**	**81579826**	**5327496**	**37209049**
一、按登记注册类型分组							
内　资	**79690735**	**78830650**	**860085**	**2230135**	**81060785**	**5311018**	**36872565**
国　有	1634625	1500940	133686	54988	1555928	43935	372267
集　体	1065340	1064606	735	18678	1083283	17064	340938
股份合作企业	120001	120001		1703	121705	2831	8441
联营企业	24046	24046			24046		
国有联营	21657	21657			21657		
集体联营	2389	2389			2389		
有限责任公司	34669772	34196465	473307	786886	34983351	2184136	18440587
国有独资公司	621700	488329	133371	57475	545804	929	219510
其他有限责任公司	34048073	33708137	339936	729411	34437547	2183207	18221077
股份有限公司	7702212	7589210	113002	183542	7772752	609213	4716780
私营企业	34396898	34257543	139356	1182709	35440251	2453645	12985907
私营独资	138862	138715	148	8164	146878	10287	25316
私营合伙	38943	37908	1035	1585	39493	3041	6209
私营有限责任公司	31912177	31776667	135510	1121656	32898323	2309924	12024359
私营股份有限公司	2306916	2304253	2664	51305	2355557	130393	930024
其　他	77840	77840		1630	79470	195	7645
港澳台商投资	**212857**	**212857**		**5134**	**217990**	**5225**	**135057**
与港澳台商合资经营	211203	211203		5134	216336	5019	133608
港澳台商独资	1654	1654			1654	206	1449
外商投资	**175298**	**175298**		**125752**	**301050**	**11253**	**201427**
中外合资经营	175298	175298		125752	301050	11253	201427
二、按隶属关系分组							
中　央	1071010	778883	292126	52040	830923	1767	371972
中　央	1071010	778883	292126	52040	830923	1767	371972
省（自治区、直辖市）	3105755	3048554	57201	197915	3246469	206623	1051102

3－B－2　续表2－2　　　　　　　　　　　　单位：个、万元、万平方米、台、万千瓦、人、万吨

指标名称	直接从建设单位承揽工程完成的产值	自行完成施工产值	分包出去工程的产值	从建设单位以外承揽工程完成的产值	建筑业总产值	#装饰装修产值	#在外省完成的产值
省（自治区、直辖市）	3105755	3048554	57201	197915	3246469	206623	1051102
地（区、市、州、盟）	2661580	2612544	49035	40566	2653110	65170	1305353
地（区、市、州、盟）	2661580	2612544	49035	40566	2653110	65170	1305353
县（区、市、旗）	2686094	2681059	5036	142827	2823885	146911	1093710
县（区、市、旗）	2686094	2681059	5036	142827	2823885	146911	1093710
乡镇（街道）	1816901	1780200	36701	11729	1791929	52746	935697
街　道	296352	294795	1558	2175	296970	7880	91712
镇	1518128	1482985	35143	9553	1492539	44865	843986
乡	2420	2420			2420		
基层群众自治组织	39232	39032	200		39032		22623
居委会	100	100			100		
村委会	39132	38932	200		38932		22623
其　他	68698319	68278533	419786	1915945	70194478	4854279	32428592
其　他	68698319	68278533	419786	1915945	70194478	4854279	32428592
三、按企业资质等级分组							
施工总承包	74049071	73277793	771278	1620153	74897946	3100573	35726821
特　级	21909886	21748477	161409	238614	21987091	1304052	14795487
一　级	28989373	28586036	403338	504945	29090981	1084675	14559931
二　级	16418495	16314680	103816	580069	16894749	568163	5264050
三　级	6731317	6628601	102716	296524	6925125	143682	1107352
专业承包	6029819	5941012	88807	740868	6681880	2226923	1482228
一　级	2444656	2420335	24321	419631	2839966	1253898	1112754
二　级	1422454	1396803	25651	145765	1542568	563270	219215
三　级	2013927	1983473	30454	169154	2152626	406560	136519
不分等级	148782	140401	8381	6319	146720	3195	13740
四、按控股情况分组							
国有控股	5549577	5166661	382915	280268	5446929	233090	1559886
集体控股	3661543	3595062	66482	38850	3633911	78477	1669928

3－B－2 续表2－3

单位：个、万元、万平方米、台、万千瓦、人、万吨

指标名称	直接从建设单位承揽工程完成的产值	自行完成施工产值	分包出去工程的产值	从建设单位以外承揽工程完成的产值	建筑业总产值	#装饰装修产值	#在外省完成的产值
私人控股	66522970	66149943	373027	1882252	68032195	4723135	31434847
港澳台商控股	205568	205568		5134	210701	5225	134359
外商控股	148728	148728		125752	274480	10585	198997
其　他	3990505	3952845	37661	28765	3981609	276983	2211032
五、按国民经济行业小类分组							
房屋和土木工程建筑业	**74804134**	**74106826**	**697308**	**1718329**	**75825155**	**3112757**	**35772214**
房屋工程建筑	60075790	59770599	305190	879324	60649923	3013311	31394553
房屋工程建筑	60075790	59770599	305190	879324	60649923	3013311	31394553
土木工程建筑	14728344	14336227	392117	839005	15175232	99446	4377661
铁路、道路、隧道和桥梁工程建筑	9784232	9746725	37507	602857	10349581	61910	3252070
水利和港口工程建筑	1576066	1449088	126978	41662	1490750	565	334796
工矿工程建筑	671833	581818	90015	79029	660847	243	418876
架线和管道工程建筑	1658624	1528466	130158	24535	1553001	4398	62801
其他土木工程建筑	1037589	1030130	7459	90923	1121053	32330	309117
建筑安装业	**2540054**	**2408700**	**131354**	**366924**	**2775624**	**35320**	**697240**
建筑安装业	2540054	2408700	131354	366924	2775624	35320	697240
建筑安装业	2540054	2408700	131354	366924	2775624	35320	697240
建筑装饰业	**2191211**	**2163054**	**28157**	**157906**	**2320959**	**2173989**	**626035**
建筑装饰业	2191211	2163054	28157	157906	2320959	2173989	626035
建筑装饰业	2191211	2163054	28157	157906	2320959	2173989	626035
其他建筑业	**543492**	**540226**	**3266**	**117862**	**658088**	**5430**	**113561**
工程准备	452530	449542	2988	114447	563988	746	96350
工程准备	452530	449542	2988	114447	563988	746	96350
提供施工设备服务	29054	29054		200	29254	4517	771
提供施工设备服务	29054	29054		200	29254	4517	771
其他未列明的建筑活动	61908	61630	278	3215	64845	167	16440
其他未列明的建筑活动	61908	61630	278	3215	64845	167	16440

3－B－2　续表3－1　　单位：个、万元、万平方米、台、万千瓦、人、万吨

指标名称	建筑业总产值按构成分			竣工产值	房屋建筑施工面积
	建筑工程产值	安装工程产值	其他产值		
总计	**72313176**	**6872070**	**2394580**	**55134085**	**92587.85**
一、按登记注册类型分组					
内资	**71902310**	**6765369**	**2393107**	**54812891**	**92194.62**
国有	1133236	408079	14613	1111399	550.54
集体	946189	134814	2280	903940	1566.32
股份合作企业	88813	31678	1214	85056	129.48
联营企业	24046			14058	3.59
国有联营	21657			13141	
集体联营	2389			917	3.59
有限责任公司	30421767	3469512	1092072	22052791	39382.68
国有独资公司	370164	83640	91999	273496	34.56
其他有限责任公司	30051603	3385872	1000072	21779294	39348.12
股份有限公司	6961255	547916	263580	5286254	9708.75
私营企业	32249394	2173370	1017488	25338819	40813.27
私营独资	110790	9719	26369	121730	107.81
私营合伙	31967	7135	392	33061	30.41
私营有限责任公司	29998498	1946228	953597	23845841	37846.97
私营股份有限公司	2108139	210289	37129	1338187	2828.07
其他	77610		1860	20576	39.99
港澳台商投资	**169002**	**47515**	**1473**	**167094**	**238.58**
与港澳台商合资经营	168796	47515	25	165463	238.58
港澳台商独资	206		1449	1631	
外商投资	**241864**	**59186**		**154100**	**154.65**
中外合资经营	241864	59186		154100	154.65
二、按隶属关系分组					
中央	501559	244324	85040	442096	12.63
中央	501559	244324	85040	442096	12.63
省（自治区、直辖市）	2826844	303185	116440	1898605	1891.08

3－B－2 续表3－2

单位:个、万元、万平方米、台、万千瓦、人、万吨

指标名称	建筑业总产值按构成分			竣工产值	房屋建筑施工面积
	建筑工程产值	安装工程产值	其他产值		
省(自治区、直辖市)	2826844	303185	116440	1898605	1891.08
地(区、市、州、盟)	2163722	475361	14027	1807531	2717.12
地(区、市、州、盟)	2163722	475361	14027	1807531	2717.12
县(区、市、旗)	2316703	473780	33402	2242760	3223.15
县(区、市、旗)	2316703	473780	33402	2242760	3223.15
乡镇(街道)	1501916	263616	26396	1047270	2116.78
街道	210310	84280	2380	270052	358.85
镇	1289186	179337	24016	774798	1756.33
乡	2420			2420	1.60
基层群众自治组织	38967	45	20	23415	44.33
居委会	100			200	0.30
村委会	38867	45	20	23215	44.03
其他	62963465	5111759	2119254	47672408	82582.76
其他	62963465	5111759	2119254	47672408	82582.76
三、按企业资质等级分组					
施工总承包	68110557	4643839	2143550	50075972	91677.44
特级	20255951	1210395	520745	13810112	29659.25
一级	25986896	2083967	1020118	18593635	34687.02
二级	15609354	869786	415609	12313143	19687.73
三级	6258356	479691	187079	5359082	7643.44
专业承包	4202619	2228232	251030	5058113	910.41
一级	2188567	542294	109105	2027767	432.02
二级	978043	529155	35370	1198898	313.98
三级	958033	1097530	97064	1720428	164.41
不分等级	77975	59253	9492	111020	…
四、按控股情况分组					
国有控股	4162569	1066338	218023	3385549	2258.79
集体控股	2998623	616751	18538	2733265	4200.01

3－B－2 续表3－3

单位:个、万元、万平方米、台、万千瓦、人、万吨

指标名称	建筑业总产值按构成分			竣工产值	房屋建筑施工面积
	建筑工程产值	安装工程产值	其他产值		
私人控股	61320216	4709627	2002351	46203688	80441.09
港澳台商控股	161712	47515	1473	164963	218.72
外商控股	218155	56325		131026	154.65
其他	3451900	375515	154194	2515595	5314.58
五、按国民经济行业小类分组					
房屋和土木工程建筑业	**69086343**	**4603265**	**2135547**	**50903588**	**92093.76**
房屋工程建筑	56036021	3045625	1568278	40883321	89355.16
房屋工程建筑	56036021	3045625	1568278	40883321	89355.16
土木工程建筑	13050323	1557640	567269	10020267	2738.60
铁路、道路、隧道和桥梁工程建筑	9836377	125749	387456	6792070	2350.00
水利和港口工程建筑	1421137	67641	1973	841366	42.20
工矿工程建筑	447948	200935	11964	333193	44.04
架线和管道工程建筑	405781	1140656	6564	1225216	15.18
其他土木工程建筑	939080	22661	159312	828422	287.18
建筑安装业	**466591**	**2147039**	**161994**	**1960713**	**446.54**
建筑安装业	466591	2147039	161994	1960713	446.54
建筑安装业	466591	2147039	161994	1960713	446.54
建筑装饰业	**2212719**	**79181**	**29060**	**1859200**	**0.50**
建筑装饰业	2212719	79181	29060	1859200	0.50
建筑装饰业	2212719	79181	29060	1859200	0.50
其他建筑业	**547523**	**42586**	**67979**	**410584**	**47.05**
工程准备	507940	2941	53108	331422	45.17
工程准备	507940	2941	53108	331422	45.17
提供施工设备服务	5317	23604	333	26453	
提供施工设备服务	5317	23604	333	26453	
其他未列明的建筑活动	34266	16041	14538	52710	1.88
其他未列明的建筑活动	34266	16041	14538	52710	1.88

3－B－2 续表4－1 单位:个、万元、万平方米、台、万千瓦、人、万吨

指标名称	#本年新开工面积	#实行投标承包面积	本年新开工	年末自有施工机械设备(净值)	年末自有施工机械设备(总台数)
总计	**44772.33**	**78286.15**	**39478.62**	**2909601**	**839362**
一、按登记注册类型分组					
内资	**44602.49**	**78005.07**	**39344.40**	**2882153**	**836627**
国有	214.70	543.63	211.64	82136	20814
集体	604.80	1258.28	532.69	55177	18616
股份合作企业	76.09	96.03	62.80	8886	4561
联营企业	0.17	0.17	0.17	4519	178
国有联营				4280	82
集体联营	0.17	0.17	0.17	239	96
有限责任公司	18428.98	35396.88	16953.77	985649	266483
国有独资公司	10.35	34.56	10.35	49628	8442
其他有限责任公司	18418.63	35362.32	16943.41	936020	258041
股份有限公司	3859.00	7719.58	3729.86	144001	43072
私营企业	21400.23	32971.99	17834.97	1595776	482322
私营独资	71.18	67.62	53.36	12236	2047
私营合伙	14.74	11.15	11.15	3806	615
私营有限责任公司	20088.76	30421.60	16653.74	1528216	462661
私营股份有限公司	1225.56	2471.63	1116.72	51517	16999
其他	18.51	18.51	18.51	6009	581
港澳台商投资	**78.32**	**160.96**	**62.74**	**4362**	**1888**
与港澳台商合资经营	78.32	160.96	62.74	4332	1876
港澳台商独资				30	12
外商投资	**91.51**	**120.12**	**71.48**	**23087**	**847**
中外合资经营	91.51	120.12	71.48	23087	847
二、按隶属关系分组					
中央	7.29	10.33	6.15	112893	13522
中央	7.29	10.33	6.15	112893	13522
省(自治区、直辖市)	809.57	1877.40	803.71	53478	12606

3－B－2 续表4－2

单位：个、万元、万平方米、台、万千瓦、人、万吨

指标名称	#本年新开工面积	#实行投标承包面积	本年新开工	年末自有施工机械设备（净值）	年末自有施工机械设备（总台数）
省（自治区、直辖市）	809.57	1877.40	803.71	53478	12606
地（区、市、州、盟）	1135.87	2693.00	1124.34	66764	12685
地（区、市、州、盟）	1135.87	2693.00	1124.34	66764	12685
县（区、市、旗）	1245.11	3036.21	1179.67	118514	33505
县（区、市、旗）	1245.11	3036.21	1179.67	118514	33505
乡镇（街道）	1412.43	1714.65	1276.16	44398	13210
街道	122.59	195.16	108.76	19242	7103
镇	1288.23	1519.39	1167.30	25015	6056
乡	1.60	0.10	0.10	141	51
基层群众自治组织	3.48	43.33	3.23	4288	1411
居委会	0.30	0.30	0.30	20	130
村委会	3.18	43.03	2.93	4268	1281
其他	40158.58	68911.23	35085.36	2509266	752423
其他	40158.58	68911.23	35085.36	2509266	752423
三、按企业资质等级分组					
施工总承包	44210.32	77916.64	39257.12	2583579	718526
特级	13328.05	27498.70	13240.47	279298	80339
一级	15721.71	30813.13	14723.34	817844	234493
二级	10802.98	15312.63	8643.72	975974	269816
三级	4357.57	4292.19	2649.60	510463	133878
专业承包	562.01	369.51	221.50	326022	120836
一级	247.04	189.58	103.07	124903	39543
二级	228.51	99.05	75.48	68128	34481
三级	86.45	80.87	42.95	124859	42061
不分等级				8132	4751
四、按控股情况分组					
国有控股	941.25	2242.71	934.25	254680	43062
集体控股	1793.68	3754.25	1638.93	100663	34845

3－B－2 续表4－3　　单位：个、万元、万平方米、台、万千瓦、人、万吨

指标名称	#本年新开工面积	#实行投标承包面积	本年新开工	年末自有施工机械设备（净值）	年末自有施工机械设备（总台数）
私人控股	38741.08	67065.93	33842.53	2437767	729175
港澳台商控股	77.89	160.96	62.74	3383	1828
外商控股	91.51	120.12	71.48	8582	714
其他	3126.92	4942.18	2928.69	104526	29738
五、按国民经济行业小类分组					
房屋和土木工程建筑业	**44521.24**	**78060.02**	**39371.97**	**2659678**	**736776**
房屋工程建筑	43123.13	76167.60	38266.47	1568843	549437
房屋工程建筑	43123.13	76167.60	38266.47	1568843	549437
土木工程建筑	1398.11	1892.42	1105.50	1090835	187339
铁路、道路、隧道和桥梁工程建筑	1169.76	1585.15	904.47	756210	111664
水利和港口工程建筑	22.05	8.82	5.30	154046	31083
工矿工程建筑	25.13	30.89	25.03	43459	13617
架线和管道工程建筑	5.12	7.72	4.18	46362	14453
其他土木工程建筑	176.04	259.84	166.51	90758	16522
建筑安装业	**225.02**	**201.36**	**86.04**	**109220**	**42441**
建筑安装业	225.02	201.36	86.04	109220	42441
建筑安装业	225.02	201.36	86.04	109220	42441
建筑装饰业	**0.50**			**70545**	**52467**
建筑装饰业	0.50			70545	52467
建筑装饰业	0.50			70545	52467
其他建筑业	**25.56**	**24.77**	**20.61**	**70158**	**7678**
工程准备	24.18	24.58	20.49	61191	6114
工程准备	24.18	24.58	20.49	61191	6114
提供施工设备服务				2008	464
提供施工设备服务				2008	464
其他未列明的建筑活动	1.38	0.19	0.12	6959	1100
其他未列明的建筑活动	1.38	0.19	0.12	6959	1100

3－B－2　续表5－1　　　　单位：个、万元、万平方米、台、万千瓦、人、万吨

指标名称	年末自有施工机械设备（总功率）	计算建筑业劳动生产率的平均人数	年末从业人数	#管理人员	#工程技术人员	#一级建造师
总　计	**1306.98**	**4311107**	**4285645**	**364402**	**554248**	**18456**
一、按登记注册类型分组						
内　资	**1303.02**	**4290667**	**4269524**	**362460**	**551808**	**18356**
国　有	48.09	68244	58567	6644	10794	594
集　体	25.78	72333	70474	6613	13032	249
股份合作企业	3.35	9859	10470	959	1981	30
联营企业	0.59	2095	2078	294	281	18
国有联营	0.56	1951	1951	215	213	17
集体联营	0.03	144	127	79	68	1
有限责任公司	466.15	1631798	1635924	129363	169513	7402
国有独资公司	14.76	16154	14031	2908	1743	301
其他有限责任公司	451.38	1615644	1621893	126455	167770	7101
股份有限公司	67.98	384835	380764	31148	37091	1244
私营企业	688.52	2116960	2108568	187333	318747	8789
私营独资	4.28	9255	8750	1196	1990	25
私营合伙	1.70	3386	2940	297	650	15
私营有限责任公司	655.78	1999018	1989681	178985	307490	8191
私营股份有限公司	26.76	105301	107197	6855	8617	558
其　他	2.56	4543	2679	106	369	30
港澳台商投资	**2.23**	**12612**	**8723**	**1112**	**1139**	**44**
与港澳台商合资经营	2.23	12535	8646	1096	1101	44
港澳台商独资	...	77	77	16	38	
外商投资	**1.72**	**7828**	**7398**	**830**	**1301**	**56**
中外合资经营	1.72	7828	7398	830	1301	56
二、按隶属关系分组						
中　央	28.53	19043	14843	3015	3399	355
中　央	28.53	19043	14843	3015	3399	355
省（自治区、直辖市）	28.08	135614	115639	9341	8506	1072

3-B-2 续表5-2 单位:个、万元、万平方米、台、万千瓦、人、万吨

指标名称	年末自有施工机械设备(总功率)	计算建筑业劳动生产率的平均人数	年末从业人数	#管理人员	#工程技术人员	#一级建造师
省(自治区、直辖市)	28.08	135614	115639	9341	8506	1072
地(区、市、州、盟)	26.67	111256	108568	6247	10094	484
地(区、市、州、盟)	26.67	111256	108568	6247	10094	484
县(区、市、旗)	54.03	155075	155058	13695	22509	628
县(区、市、旗)	54.03	155075	155058	13695	22509	628
乡镇(街道)	22.53	84266	83711	5024	11549	261
街道	14.15	19223	19899	2638	4471	109
镇	8.36	64835	63604	2368	7044	152
乡	0.03	208	208	18	34	
基层群众自治组织	1.11	2849	3001	334	667	33
居委会	0.08	5	5	1		
村委会	1.03	2844	2996	333	667	33
其他	1146.02	3803004	3804825	326746	497524	15623
其他	1146.02	3803004	3804825	326746	497524	15623
三、按企业资质等级分组						
施工总承包	1176.39	3977775	3978077	325121	490996	15810
特级	128.55	972532	992097	64153	67505	3321
一级	443.28	1454195	1402252	102457	141897	7194
二级	409.76	1086875	1108752	108275	185543	4124
三级	194.80	464173	474976	50236	96051	1171
专业承包	130.59	333332	307568	39281	63252	2646
一级	40.37	125337	112093	11897	16880	1386
二级	33.98	79157	74594	9809	16794	809
三级	49.13	121790	114639	16369	27719	402
不分等级	7.10	7048	6242	1206	1859	49
四、按控股情况分组						
国有控股	99.37	219257	192756	19237	23402	1881
集体控股	47.87	177523	174893	12586	23660	611

3－B－2 续表5－3

单位：个、万元、万平方米、台、万千瓦、人、万吨

指标名称	年末自有施工机械设备（总功率）	计算建筑业劳动生产率的平均人数	年末从业人数	#管理人员	#工程技术人员	#一级建造师
私人控股	1062.79	3703529	3708520	316721	488042	15272
港澳台商控股	2.22	12458	8569	1102	1084	44
外商控股	1.08	7273	6914	766	1123	43
其他	93.64	191067	193993	13990	16937	605
五、按国民经济行业小类分组						
房屋和土木工程建筑业	**1211.62**	**4032423**	**4030468**	**330053**	**501833**	**15960**
房屋工程建筑	752.12	3290056	3306240	251856	371262	11076
房屋工程建筑	752.12	3290056	3306240	251856	371262	11076
土木工程建筑	459.50	742367	724228	78197	130571	4884
铁路、道路、隧道和桥梁工程建筑	320.06	514840	505747	52164	87908	3238
水利和港口工程建筑	62.95	66485	68154	8212	13566	748
工矿工程建筑	22.73	36294	36355	4306	5110	218
架线和管道工程建筑	19.54	58300	50153	5545	9590	329
其他土木工程建筑	34.24	66448	63819	7970	14397	351
建筑安装业	**41.97**	**114768**	**101705**	**15931**	**23606**	**1080**
建筑安装业	41.97	114768	101705	15931	23606	1080
建筑安装业	41.97	114768	101705	15931	23606	1080
建筑装饰业	**25.96**	**129425**	**122179**	**14494**	**21646**	**1148**
建筑装饰业	25.96	129425	122179	14494	21646	1148
建筑装饰业	25.96	129425	122179	14494	21646	1148
其他建筑业	**27.42**	**34491**	**31293**	**3924**	**7163**	**268**
工程准备	24.96	30100	26596	3047	5796	220
工程准备	24.96	30100	26596	3047	5796	220
提供施工设备服务	1.22	1003	1032	138	297	16
提供施工设备服务	1.22	1003	1032	138	297	16
其他未列明的建筑活动	1.24	3388	3665	739	1070	32
其他未列明的建筑活动	1.24	3388	3665	739	1070	32

3－B－2 续表6－1 单位：个、万元、万平方米、台、万千瓦、人、万吨

指标名称	#现场施工工人	持证上岗人员	钢材	木材	水泥	平板玻璃（重量箱）
总计	**3373983**	**1520745**	**4142.75**	**1833.52**	**19850.86**	**20909906**
一、按登记注册类型分组						
内资	**3362065**	**1515870**	**4118.35**	**1829.54**	**19782.10**	**20838930**
国有	42948	17797	46.45	8.10	165.67	53360
集体	48520	23322	44.71	18.49	240.39	298908
股份合作企业	7405	3907	4.80	1.60	24.12	32251
联营企业	1784	67	0.54	0.48	5.24	79
国有联营	1736	28	0.40	0.43	4.70	
集体联营	48	39	0.13	0.05	0.53	79
有限责任公司	1346659	583960	1768.45	865.18	8058.00	9185806
国有独资公司	8163	3507	20.69	4.46	94.74	69
其他有限责任公司	1338496	580453	1747.76	860.72	7963.26	9185737
股份有限公司	299490	160154	412.57	157.66	1932.75	3473693
私营企业	1612986	726279	1730.15	777.80	9063.58	7793833
私营独资	5870	3446	5.73	2.68	28.50	33718
私营合伙	2207	810	1.21	0.59	9.83	2622
私营有限责任公司	1511548	687332	1615.66	710.75	8540.38	7549596
私营股份有限公司	93361	34691	107.56	63.78	484.88	207897
其他	2273	384	110.70	0.22	292.36	1000
港澳台商投资	**6882**	**2952**	**16.45**	**1.93**	**23.42**	**67241**
与港澳台商合资经营	6834	2933	16.45	1.91	23.27	67216
港澳台商独资	48	19	...	0.03	0.15	25
外商投资	**5036**	**1923**	**7.95**	**2.05**	**45.35**	**3735**
中外合资经营	5036	1923	7.95	2.05	45.35	3735
二、按隶属关系分组						
中央	6887	5253	37.49	0.26	104.64	310
中央	6887	5253	37.49	0.26	104.64	310
省（自治区、直辖市）	99431	27994	135.73	34.66	566.39	320493

3－B－2　续表6－2　　单位:个、万元、万平方米、台、万千瓦、人、万吨

指标名称	#现场施工工人	持证上岗人员	钢材	木材	水泥	平板玻璃(重量箱)
省(自治区、直辖市)	99431	27994	135.73	34.66	566.39	320493
地(区、市、州、盟)	92954	55214	129.66	63.88	712.47	136620
地(区、市、州、盟)	92954	55214	129.66	63.88	712.47	136620
县(区、市、旗)	109070	53091	108.53	45.34	625.99	605199
县(区、市、旗)	109070	53091	108.53	45.34	625.99	605199
乡镇(街道)	68183	52956	100.37	101.09	420.81	250494
街道	12859	6934	7.58	2.19	36.44	56812
镇	55174	46005	92.75	98.74	383.97	193202
乡	150	17	0.05	0.16	0.40	480
基层群众自治组织	1964	1340	2.75	0.78	12.22	7602
居委会	4		0.01	...	0.02	98
村委会	1960	1340	2.74	0.77	12.20	7504
其他	2995494	1324897	3628.22	1587.51	17408.35	19589188
其他	2995494	1324897	3628.22	1587.51	17408.35	19589188
三、按企业资质等级分组						
施工总承包	3173872	1424515	4002.73	1774.89	19426.28	19799740
特级	858681	445732	1287.09	619.02	6094.77	9194426
一级	1158994	476729	1589.34	664.45	7285.60	5577780
二级	832595	354580	827.84	362.16	4346.03	3807617
三级	323602	147474	298.46	129.26	1699.88	1219917
专业承包	200111	96230	140.02	58.63	424.58	1110166
一级	81444	31489	71.53	27.50	206.74	643608
二级	46841	23725	36.10	14.37	90.31	280028
三级	68081	39225	27.07	16.50	121.08	184087
不分等级	3745	1791	5.32	0.26	6.45	2443
四、按控股情况分组						
国有控股	150628	51865	202.24	45.74	842.00	381505
集体控股	137623	84382	169.87	76.77	1006.11	422280

3－B－2 续表6－3

单位：个、万元、万平方米、台、万千瓦、人、万吨

指标名称	#现场施工工人	持证上岗人员	钢材	木材	水泥	平板玻璃（重量箱）
私人控股	2918287	1299492	3427.34	1540.37	16775.76	19257863
港澳台商控股	6793	2882	15.45	1.84	21.82	67241
外商控股	4758	1807	7.27	2.02	43.79	3600
其他	155894	80317	320.58	166.78	1161.39	777417
五、按国民经济行业小类分组						
房屋和土木工程建筑业	**3204832**	**1437705**	**4043.71**	**1785.34**	**19568.40**	**19849240**
房屋工程建筑	2687149	1208257	3488.48	1626.85	15202.00	19355852
房屋工程建筑	2687149	1208257	3488.48	1626.85	15202.00	19355852
土木工程建筑	517683	229448	555.23	158.49	4366.40	493388
铁路、道路、隧道和桥梁工程建筑	370883	152711	470.57	123.55	3736.02	395963
水利和港口工程建筑	47128	19946	31.55	9.57	398.48	4507
工矿工程建筑	25315	14422	11.82	4.55	27.07	14459
架线和管道工程建筑	32701	23554	17.85	2.43	44.11	3934
其他土木工程建筑	41656	18815	23.45	18.39	160.73	74525
建筑安装业	**64489**	**39643**	**61.42**	**4.40**	**72.14**	**65783**
建筑安装业	64489	39643	61.42	4.40	72.14	65783
建筑安装业	64489	39643	61.42	4.40	72.14	65783
建筑装饰业	**85376**	**34450**	**14.62**	**42.57**	**109.96**	**993157**
建筑装饰业	85376	34450	14.62	42.57	109.96	993157
建筑装饰业	85376	34450	14.62	42.57	109.96	993157
其他建筑业	**19286**	**8947**	**22.99**	**1.21**	**100.37**	**1726**
工程准备	16497	7572	21.63	0.88	93.38	1635
工程准备	16497	7572	21.63	0.88	93.38	1635
提供施工设备服务	625	312	...	...	0.01	
提供施工设备服务	625	312	...	...	0.01	
其他未列明的建筑活动	2164	1063	1.37	0.33	6.99	91
其他未列明的建筑活动	2164	1063	1.37	0.33	6.99	91

3-B-2 续表7-1

单位：个、万元、万平方米、台、万千瓦、人、万吨

指标名称	平板玻璃	铝材	企业总产值	在境外完成的营业额
总计	**8807.54**	**151.19**	**83045177**	**589742**
一、按登记注册类型分组				
内资	**8781.97**	**150.63**	**82525150**	**571624**
国有	21.79	0.69	1648410	7670
集体	132.05	1.76	1086359	
股份合作企业	12.64	0.31	130407	
联营企业	0.04	...	24046	
国有联营			21657	
集体联营	0.04	...	2389	
有限责任公司	3997.35	54.68	35451862	339583
国有独资公司	0.04	...	697500	103809
其他有限责任公司	3997.31	54.68	34754362	235775
股份有限公司	1331.33	9.71	8243341	162113
私营企业	3286.48	83.43	35856069	62257
私营独资	12.65	1.03	150788	
私营合伙	1.36	0.01	39495	
私营有限责任公司	3190.31	76.49	33270105	47704
私营股份有限公司	82.16	5.90	2395681	14554
其他	0.30	0.04	84656	
港澳台商投资	**23.73**	**0.43**	**218755**	
与港澳台商合资经营	23.70	0.43	217101	
港澳台商独资	0.03		1654	
外商投资	**1.84**	**0.13**	**301272**	**18119**
中外合资经营	1.84	0.13	301272	18119
二、按隶属关系分组				
中央	0.20	0.01	942960	23595
中央	0.20	0.01	942960	23595
省（自治区、直辖市）	161.39	2.25	3437900	105590

3-B-2 续表7-2　　单位：个、万元、万平方米、台、万千瓦、人、万吨

指标名称	平板玻璃	铝材	企业总产值	在境外完成的营业额
省(自治区、直辖市)	161.39	2.25	3437900	105590
地(区、市、州、盟)	58.07	10.26	2719517	10434
地(区、市、州、盟)	58.07	10.26	2719517	10434
县(区、市、旗)	249.13	2.01	2862890	77525
县(区、市、旗)	249.13	2.01	2862890	77525
乡镇(街道)	112.92	2.55	1792049	
街道	27.84	0.31	297065	
镇	84.76	2.23	1492565	
乡	0.32	0.01	2420	
基层群众自治组织	3.74	0.12	41131	
居委会	0.05	...	100	
村委会	3.70	0.11	41031	
其他	8222.08	134.00	71248730	372599
其他	8222.08	134.00	71248730	372599
三、按企业资质等级分组				
施工总承包	8435.82	140.60	76176694	561184
特级	3837.66	37.48	22320593	291089
一级	2393.34	45.78	29652579	249168
二级	1682.50	43.13	17145612	20927
三级	522.32	14.21	7057911	
专业承包	371.72	10.59	6868483	28559
一级	199.49	5.93	2861339	26144
二级	98.93	2.25	1563324	89
三级	72.28	1.98	2285576	2326
不分等级	1.02	0.42	158244	
四、按控股情况分组				
国有控股	184.01	2.52	5907771	129184
集体控股	184.07	12.26	3717906	17609

3-B-2 续表7-3

单位：个、万元、万平方米、台、万千瓦、人、万吨

指标名称	平板玻璃	铝材	企业总产值	在境外完成的营业额
私人控股	8085.02	128.80	68942289	382938
港澳台商控股	23.73	0.43	211466	
外商控股	1.78	0.13	274689	18119
其　他	328.93	7.05	3991057	41893
五、按国民经济行业小类分组				
房屋和土木工程建筑业	**8454.47**	**141.53**	**77146336**	**568200**
房屋工程建筑	8235.39	134.87	61367918	482069
房屋工程建筑	8235.39	134.87	61367918	482069
土木工程建筑	219.08	6.66	15778418	86131
铁路、道路、隧道和桥梁工程建筑	174.56	4.92	10519507	45906
水利和港口工程建筑	2.07	0.08	1549013	29660
工矿工程建筑	7.34	0.21	793529	5705
架线和管道工程建筑	1.18	0.30	1761536	3724
其他土木工程建筑	33.93	1.15	1154833	1136
建筑安装业	**30.13**	**1.28**	**2895168**	**21467**
建筑安装业	30.13	1.28	2895168	21467
建筑安装业	30.13	1.28	2895168	21467
建筑装饰业	**322.38**	**8.06**	**2336160**	
建筑装饰业	322.38	8.06	2336160	
建筑装饰业	322.38	8.06	2336160	
其他建筑业	**0.56**	**0.32**	**667513**	**75**
工程准备	0.54	0.31	569194	75
工程准备	0.54	0.31	569194	75
提供施工设备服务			29671	
提供施工设备服务			29671	
其他未列明的建筑活动	0.03	...	68648	
其他未列明的建筑活动	0.03	...	68648	

3-B-3 按地区分组的总承包和专业承包建筑业企业生产情况

单位:个、万元、万平方米、台、万千瓦、人、万吨

地区	建筑业企业个数	有工作量的建筑业企业个数	亏损企业个数	签订的合同额	上年结转合同额	本年新签合同额	直接从建设单位承揽工程完成的产值
总计	**4727**	**4638**	**463**	**135933062**	**50469741**	**85463321**	**80078890**
杭州市	**1174**	**1144**	**135**	**30088537**	**11210961**	**18877576**	**17871119**
上城区	88	83	13	2331417	836743	1494674	1266591
下城区	77	76	9	956697	497367	459330	468620
江干区	132	127	20	3437557	1728539	1709018	1744583
拱墅区	130	121	21	2146103	810120	1335983	1393717
西湖区	176	175	31	7173051	2485142	4687909	4231810
滨江区	45	44	2	3729955	1633004	2096951	1757386
萧山区	196	195	10	7022056	2266453	4755603	4740897
余杭区	118	114	13	1370487	351499	1018989	937292
桐庐县	44	44	1	266622	82233	184389	195401
淳安县	36	36	8	134273	32386	101886	105370
建德市	31	31	2	186656	78597	108059	109824
富阳市	59	57	4	609205	154922	454283	453153
临安市	42	41	1	724460	253956	470504	466476
宁波市	**687**	**681**	**83**	**17831728**	**7109942**	**10721786**	**9063722**
海曙区	98	96	20	1744778	588749	1156030	1024830
江东区	91	91	19	2319120	980145	1338976	1212753
江北区	25	25	2	246573	79926	166647	172850
北仑区	76	75	12	622254	262980	359274	396547
镇海区	36	36	1	1261987	463465	798522	705428
鄞州区	49	48	7	890454	287309	603145	531381
象山县	39	39	2	8405636	3530324	4875312	3482033
宁海县	28	28	3	285876	110195	175681	207043
余姚市	96	96	6	635669	222905	412764	424916
慈溪市	116	115	7	1152015	469929	682086	745732
奉化市	33	32	4	267366	114016	153350	160208
温州市	**561**	**552**	**52**	**9368294**	**3585805**	**5782489**	**4435863**
鹿城区	213	209	21	3400637	1030000	2370636	1366802
龙湾区	37	36	3	389379	111751	277627	242787
瓯海区	43	43	4	2146602	1072444	1074157	947045
洞头县	6	6	1	38320	12160	26160	26550
永嘉县	27	27		561422	304113	257309	213219
平阳县	58	56	5	513013	203124	309889	253006

3－B－3　续表1－1　　　　单位：个、万元、万平方米、台、万千瓦、人、万吨

地区	建筑业企业个数	有工作量的建筑业企业个数	亏损企业个数	签订的合同额	上年结转合同额	本年新签合同额	直接从建设单位承揽工程完成的产值
苍南县	57	57	2	544039	146220	397818	385322
文成县	6	6	1	54134	9791	44343	22010
泰顺县	18	16	4	680404	222328	458076	429276
瑞安市	58	58	8	566696	262010	304686	287076
乐清市	38	38	3	473650	211863	261787	262770
嘉兴市	**248**	**245**	**11**	**4188985**	**942998**	**3245986**	**3130028**
南湖区	42	42	2	734132	169781	564351	541274
秀洲区	37	37		606969	128494	478476	454987
嘉善县	20	19	3	286410	77312	209098	235234
海盐县	23	23	1	269328	83765	185563	167473
海宁市	36	35	2	862570	168716	693854	650219
平湖市	41	41	1	499086	143729	355357	321535
桐乡市	49	48	2	930490	171202	759288	759306
湖州市	**148**	**147**	**13**	**3116622**	**998568**	**2118055**	**2102759**
吴兴区	62	62	3	2010983	628265	1382718	1392151
南浔区	15	15	2	101917	31107	70809	70414
德清县	28	27	4	381544	154354	227190	242479
长兴县	24	24		401871	103047	298823	260006
安吉县	19	19	4	220308	81794	138514	137708
绍兴市	**529**	**527**	**24**	**37806411**	**14409951**	**23396460**	**23692037**
越城区	118	117	7	7732948	3409240	4323708	4161409
绍兴县	113	112	8	9837770	3228956	6608814	6366858
新昌县	44	44		857075	275638	581436	583474
诸暨市	79	79	2	8666440	3388251	5278189	5339483
上虞市	110	110	7	9524075	3870009	5654066	6369412
嵊州市	65	65		1188104	237856	950247	871401
金华市	**543**	**531**	**47**	**18192584**	**6867125**	**11325459**	**9829341**
婺城区	129	128	20	2349026	694222	1654805	1419867
金东区	24	24	3	309700	100254	209446	193828
武义县	24	24	3	132099	42352	89747	96893
浦江县	18	18	1	319515	73311	246204	226884
磐安县	23	23		565242	182771	382471	262258
兰溪市	28	28	1	220446	63511	156936	156063
义乌市	130	123	13	1252127	476290	775837	834757

3－B－3 续表1－2

单位：个、万元、万平方米、台、万千瓦、人、万吨

地区	建筑业企业个数	有工作量的建筑业企业个数	亏损企业个数	签订的合同额	上年结转合同额	本年新签合同额	直接从建设单位承揽工程完成的产值
东阳市	131	127	6	12705300	5157638	7547662	6404366
永康市	36	36		339129	76777	262352	234424
衢州市	**154**	**145**	**30**	**1848279**	**566137**	**1282142**	**1301568**
柯城区	66	66	16	798504	248988	549516	559801
衢江区	7	7	1	44147	10408	33739	36938
常山县	19	15	6	196838	44347	152492	147716
开化县	14	13	1	206589	44249	162341	149476
龙游县	17	16		216127	43783	172344	191274
江山市	31	28	6	386073	174362	211711	216363
舟山市	**112**	**108**	**19**	**1394124**	**439083**	**955041**	**919141**
定海区	70	67	13	797985	212856	585129	535354
普陀区	26	26	3	384368	162090	222278	263059
岱山县	10	9	1	184069	53244	130826	100096
嵊泗县	6	6	2	27702	10894	16808	20632
台州市	**398**	**390**	**19**	**10704496**	**3854767**	**6849730**	**6813805**
椒江区	79	74	7	1290586	375234	915352	888962
黄岩区	42	42	1	1469966	747692	722273	766082
路桥区	40	40		1164802	375316	789486	814679
玉环县	25	25	4	150971	21781	129190	115715
三门县	26	26		422093	126857	295235	248644
天台县	25	24	1	337806	142824	194983	208015
仙居县	23	21	3	406331	151367	254963	298876
温岭市	80	80	1	3828796	1281790	2547006	2449168
临海市	58	58	2	1633146	631905	1001241	1023664
丽水市	**173**	**168**	**30**	**1393002**	**484405**	**908597**	**919508**
莲都区	74	71	19	741986	294687	447300	460934
青田县	14	13	4	71236	34511	36726	53800
缙云县	25	25		152778	52910	99868	119584
遂昌县	9	9	2	44669	10043	34625	29296
松阳县	7	7		42580	9230	33350	34144
云和县	10	9	3	71951	22365	49586	47067
庆元县	4	4		20747	2422	18325	15663
景宁畲族自治县	7	7	1	27832	3821	24011	22491
龙泉市	23	23	1	219224	54417	164807	136528

3－B－3　续表 2－1

单位：个、万元、万平方米、台、万千瓦、人、万吨

地　区	自行完成施工产值	分包出去工程的产值	从建设单位以外承揽工程完成的产值	建筑业总产值	#装饰装修产值	#在外省完成的产值
总　计	**79218805**	**860085**	**2361021**	**81579826**	**5327496**	**37209049**
杭州市	**17427692**	**443426**	**576832**	**18004524**	**1404589**	**4971040**
上城区	1209692	56899	70760	1280452	71503	338948
下城区	358400	110220	57441	415841	26988	122818
江干区	1633648	110935	14405	1648053	232457	293802
拱墅区	1356357	37360	91135	1447492	84058	352374
西湖区	4206022	25788	74103	4280125	308111	1438700
滨江区	1717354	40033	80134	1797487	184740	349245
萧山区	4710495	30402	152782	4863278	368939	1798276
余杭区	911536	25756	11453	922989	65066	129459
桐庐县	195171	230	777	195948	5365	17354
淳安县	105370		654	106024	4286	2366
建德市	109824			109824	3646	4480
富阳市	447417	5737	19388	466805	14739	24077
临安市	466408	69	3801	470208	34692	99141
宁波市	**8880368**	**183354**	**334414**	**9214782**	**451754**	**3050716**
海曙区	1009298	15532	30964	1040262	56409	163420
江东区	1170068	42685	74418	1244487	44999	244222
江北区	169399	3450	221	169621	65243	15559
北仑区	367344	29203	45003	412347	25395	16797
镇海区	669258	36170	37214	706472	16950	152050
鄞州区	523966	7415	34508	558475	25886	17349
象山县	3441289	40745	49604	3490892	148518	2249908
宁海县	203395	3648	12035	215431	9523	52478
余姚市	422785	2131	18680	441465	24621	50239
慈溪市	743356	2376	30001	773356	29446	79310
奉化市	160208		1766	161974	4766	9386
温州市	**4420824**	**15039**	**165714**	**4586539**	**206722**	**1272497**
鹿城区	1359708	7094	61344	1421052	114864	428056
龙湾区	239995	2792	13095	253090	9744	21737
瓯海区	942143	4903	11795	953938	19521	235527
洞头县	26550			26550	1261	17588
永嘉县	213219			213219	2883	20369
平阳县	253006		54028	307034	2186	92458

3－B－3 续表2－2

单位：个、万元、万平方米、台、万千瓦、人、万吨

地区	自行完成施工产值	分包出去工程的产值	从建设单位以外承揽工程完成的产值	建筑业总产值	#装饰装修产值	#在外省完成的产值
苍南县	385322		528	385850	26754	221263
文成县	22010		10513	32522		
泰顺县	429276		6925	436201	8006	144445
瑞安市	286826	250	2270	289097	12450	40955
乐清市	262770		5216	267986	9051	50100
嘉兴市	**3102222**	**27806**	**52618**	**3154840**	**146138**	**329962**
南湖区	541217	57	11341	552558	45664	79672
秀洲区	435956	19032	5031	440986	13734	31241
嘉善县	235234		2265	237499	2168	10233
海盐县	166209	1264	6297	172506	3167	23353
海宁市	643137	7082	13267	656404	26899	53574
平湖市	321164	371	8669	329833	17179	63151
桐乡市	759306		5748	765054	37328	68739
湖州市	**2101689**	**1070**	**53477**	**2155166**	**90418**	**512765**
吴兴区	1391870	281	20865	1412735	74450	393809
南浔区	70414			70414	419	10718
德清县	242479		2645	245124	2698	42112
长兴县	260006		29042	289048	9808	63281
安吉县	136918	790	925	137844	3043	2845
绍兴市	**23554075**	**137962**	**572133**	**24126207**	**1750275**	**17771067**
越城区	4109626	51784	85089	4194715	164316	3031006
绍兴县	6327544	39314	165086	6492630	322528	4546409
新昌县	583113	361	29515	612628	26400	442281
诸暨市	5338328	1155	54917	5393245	289133	4244810
上虞市	6324824	44588	187415	6512238	832090	4834147
嵊州市	870641	760	50110	920752	115809	672415
金华市	**9799894**	**29447**	**152690**	**9952584**	**801273**	**5233943**
婺城区	1401582	18285	30680	1432262	77086	475224
金东区	193828		21390	215218	11735	13341
武义县	91567	5326	3828	95394	5111	9915
浦江县	226884		4778	231662	10466	88280
磐安县	261726	532	34312	296038	30499	143581
兰溪市	154792	1271	1273	156065	7747	32669
义乌市	831939	2818	23894	855833	103658	178431

3－B－3 续表2－3

单位：个、万元、万平方米、台、万千瓦、人、万吨

地区	自行完成施工产值	分包出去工程的产值	从建设单位以外承揽工程完成的产值	建筑业总产值	#装饰装修产值	#在外省完成的产值
东阳市	6403886	480	20913	6424799	518275	4243510
永康市	233690	735	11623	245313	36696	48993
衢州市	**1293765**	**7803**	**43964**	**1337729**	**43949**	**266951**
柯城区	553601	6200	27800	581400	27079	118025
衢江区	36938		1013	37952		5857
常山县	147038	678	525	147563	5435	38519
开化县	148551	925	10281	158833	4302	32331
龙游县	191274		3872	195146	3729	18562
江山市	216363		473	216836	3405	53658
舟山市	**906594**	**12547**	**34573**	**941167**	**31654**	**71228**
定海区	525712	9642	21510	547222	16019	42109
普陀区	262604	455	10613	273217	14542	11052
岱山县	97646	2450	2450	100096	680	18067
嵊泗县	20632			20632	414	
台州市	**6813532**	**273**	**354642**	**7168173**	**352906**	**3610549**
椒江区	888912	51	9934	898846	43344	254492
黄岩区	766082		15334	781416	17406	272543
路桥区	814679		23211	837890	29724	361058
玉环县	115715		12879	128594	9533	4025
三门县	248644		49431	298075	6861	161447
天台县	208015		8267	216282	4996	86768
仙居县	298876			298876	9145	123335
温岭市	2448945	223	219717	2668662	190722	1831507
临海市	1023664		15869	1039533	41175	515374
丽水市	**918151**	**1357**	**19963**	**938115**	**47817**	**118331**
莲都区	460789	146	14275	475064	20674	65965
青田县	53720	80		53720	137	6307
缙云县	119558	26	3441	122998	17921	14960
遂昌县	29296		38	29334	636	945
松阳县	34144			34144	1152	8309
云和县	46193	874	564	46757	2100	11040
庆元县	15663			15663		
景宁畲族自治县	22491		159	22650	544	840
龙泉市	136298	231	1487	137784	4654	9967

3－B－3 续表3－1

单位：个、万元、万平方米、台、万千瓦、人、万吨

地　　区	建筑业总产值按构成分			竣工产值	房屋建筑施工面积
	建　筑工程产值	安　装工程产值	其他产值		
总　计	**72313176**	**6872070**	**2394580**	**55134085**	**92587.85**
杭州市	**15351303**	**2083405**	**569816**	**10976179**	**16059.15**
上城区	827008	409162	44282	906353	1246.16
下城区	282508	125748	7585	286193	149.46
江干区	1416833	217021	14198	1258134	1474.95
拱墅区	1093224	298806	55462	948706	1179.57
西湖区	3831954	299878	148293	2360857	4317.37
滨江区	1633763	118990	44735	894261	850.68
萧山区	4309676	349970	203632	2670239	4772.27
余杭区	806111	102605	14274	647691	792.93
桐庐县	163795	28656	3497	145287	248.15
淳安县	84766	13570	7687	91681	90.07
建德市	91278	18446	100	83776	154.22
富阳市	389225	56716	20864	310188	369.92
临安市	421163	43838	5208	372814	413.41
宁波市	**7877202**	**984915**	**352665**	**6473707**	**10604.02**
海曙区	786225	253718	319	646161	691.97
江东区	973295	176568	94624	820937	1286.27
江北区	165739	3882		148797	104.75
北仑区	263575	141214	7558	275742	240.26
镇海区	635776	49592	21104	467141	472.05
鄞州区	431334	106346	20794	484800	689.58
象山县	3180369	128900	181623	2411705	4808.89
宁海县	186026	17477	11928	124158	243.08
余姚市	391836	36191	13439	349462	595.04
慈溪市	721065	51228	1063	597179	1333.58
奉化市	141961	19800	213	147625	138.54
温州市	**4133028**	**335365**	**118146**	**2976020**	**5767.09**
鹿城区	1196975	116644	107433	831773	1376.94
龙湾区	196281	54288	2521	191839	278.84
瓯海区	942261	10906	771	527161	1985.56
洞头县	23295	3051	204	18768	22.06
永嘉县	195969	15709	1542	163510	189.88
平阳县	280207	26711	116	254738	185.31

3－B－3 续表3－2

单位：个、万元、万平方米、台、万千瓦、人、万吨

地　　区	建筑业总产值按构成分			竣工产值	房屋建筑施工面积
	建筑工程产值	安装工程产值	其他产值		
苍南县	348739	36731	380	244086	143.41
文成县	32522			19048	10.37
泰顺县	433150	953	2098	283839	632.67
瑞安市	263244	22772	3081	219921	582.94
乐清市	220385	47601		221336	359.12
嘉兴市	**2827171**	**222512**	**105157**	**2361146**	**3857.63**
南湖区	473896	51248	27414	369852	603.92
秀洲区	354845	62568	23572	316637	461.34
嘉善县	224655	10265	2579	172735	312.25
海盐县	158494	12940	1072	107848	229.85
海宁市	596036	38047	22321	544196	899.14
平湖市	299662	22325	7846	271199	418.84
桐乡市	719583	25119	20352	578678	932.30
湖州市	**1854232**	**211515**	**89419**	**1437192**	**2070.97**
吴兴区	1196385	138459	77891	839094	1059.50
南浔区	69199	1215		57056	115.42
德清县	226140	18984		200208	419.50
长兴县	246536	33284	9229	245738	287.83
安吉县	115972	19573	2299	95096	188.71
绍兴市	**21447778**	**1837022**	**841407**	**16481856**	**28889.51**
越城区	3840922	257581	96212	2774052	4908.12
绍兴县	5603512	553801	335317	4553160	7446.89
新昌县	514996	68123	29509	442218	826.12
诸暨市	4550209	592510	250526	3595981	7134.69
上虞市	6083134	330254	98851	4441036	7585.91
嵊州市	855005	34754	30993	675410	987.76
金华市	**9073155**	**708451**	**170979**	**6987748**	**13892.49**
婺城区	1338715	79635	13912	1047183	1545.57
金东区	197670	15801	1747	105867	81.70
武义县	85569	9825		73803	183.67
浦江县	220703	10736	224	149279	267.64
磐安县	263247	17268	15523	214525	377.76
兰溪市	132822	19998	3245	138588	203.33
义乌市	743566	92337	19929	672631	990.81

3-B-3 续表3-3

单位：个、万元、万平方米、台、万千瓦、人、万吨

地 区	建筑业总产值按构成分			竣工产值	房屋建筑施工面积
	建筑工程产值	安装工程产值	其他产值		
东阳市	5883537	427139	114123	4383357	10012.84
永康市	207327	35711	2276	202516	229.17
衢州市	**1204187**	**93201**	**40342**	**995080**	**1477.88**
柯城区	516159	49117	16125	436445	517.50
衢江区	37446	506		36024	8.62
常山县	135104	11093	1366	109950	180.54
开化县	147015	5083	6735	108672	232.05
龙游县	163453	15577	16117	144279	204.91
江山市	205010	11826		159710	334.26
舟山市	**841224**	**98628**	**1315**	**736709**	**776.38**
定海区	458805	87684	733	533121	419.32
普陀区	267780	4855	582	118620	200.56
岱山县	96997	3099		65506	141.76
嵊泗县	17642	2990		19462	14.76
台州市	**6885288**	**216169**	**66717**	**5082755**	**8316.54**
椒江区	877135	20146	1565	690488	1017.81
黄岩区	729792	36927	14698	492048	1232.53
路桥区	823418	14087	385	522828	403.16
玉环县	118348	4237	6009	96810	73.96
三门县	287179		10897	219542	315.04
天台县	210484	3388	2411	166588	224.88
仙居县	289257	1242	8378	196152	189.87
温岭市	2563798	86740	18124	1904639	3837.37
临海市	985878	49404	4251	793662	1021.92
丽水市	**818610**	**80888**	**38618**	**625693**	**876.18**
莲都区	435505	34642	4918	298413	479.34
青田县	46715	4742	2262	44350	56.17
缙云县	91292	11981	19725	76185	65.13
遂昌县	21816	7284	234	17872	37.30
松阳县	23873	8030	2241	24497	26.17
云和县	46397	124	236	34054	71.10
庆元县	15663			12613	13.16
景宁畲族自治县	14995	7633	22	20742	14.26
龙泉市	122355	6451	8979	96968	113.56

3-B-3 续表4-1

单位：个、万元、万平方米、台、万千瓦、人、万吨

地区	#本年新开工面积	#实行投标承包面积	本年新开工	年末自有施工机械设备（净值）	年末自有施工机械设备（总台数）	年末自有施工机械设备（总功率）
总计	**44772.33**	**78286.15**	**39478.62**	**2909601**	**839362**	**1306.98**
杭州市	**7281.49**	**14725.56**	**6646.09**	**559442**	**157385**	**243.56**
上城区	503.33	1243.01	503.13	16330	6266	5.69
下城区	43.22	134.02	32.47	24296	9530	12.16
江干区	618.80	1387.93	581.59	53340	21557	28.56
拱墅区	485.68	1117.56	429.70	62703	13974	22.92
西湖区	1737.97	4224.94	1682.75	80975	21873	32.13
滨江区	282.85	817.89	258.02	61621	11008	22.20
萧山区	2340.35	4294.41	2128.82	149428	39967	68.82
余杭区	484.25	502.18	354.35	38591	9770	18.11
桐庐县	147.88	198.71	129.24	14756	4666	5.23
淳安县	49.29	75.64	49.19	7638	2737	6.34
建德市	47.91	122.47	45.91	6351	2728	3.18
富阳市	239.83	287.47	186.12	28089	7033	11.04
临安市	300.12	319.32	264.81	15323	6276	7.21
宁波市	**4551.92**	**7794.89**	**3672.49**	**357890**	**97096**	**131.21**
海曙区	340.06	458.64	311.13	39402	9645	13.12
江东区	581.17	1218.86	558.19	48984	10517	12.08
江北区	44.53	65.55	27.15	5109	2454	2.38
北仑区	104.86	183.79	81.32	21453	14250	11.60
镇海区	220.37	423.82	191.78	61651	7659	14.40
鄞州区	309.62	568.77	240.92	29329	6958	12.11
象山县	1810.77	3661.78	1701.06	61641	23011	32.48
宁海县	148.96	94.32	64.12	9085	3231	4.97
余姚市	337.13	441.82	233.63	25664	6751	8.96
慈溪市	582.52	590.77	235.81	50866	9812	16.80
奉化市	71.93	86.77	27.38	4707	2808	2.32
温州市	**2274.69**	**4741.28**	**1976.66**	**258497**	**66483**	**111.73**
鹿城区	562.22	1245.27	537.28	69207	15208	28.90
龙湾区	116.25	249.48	105.40	19212	3149	8.46
瓯海区	678.91	1835.54	648.13	28378	11076	10.82
洞头县	16.64	19.02	13.60	1668	158	0.33
永嘉县	82.24	129.62	68.38	21395	4918	7.44
平阳县	99.37	152.86	82.57	38903	9745	20.04

3－B－3 续表4－2 单位：个、万元、万平方米、台、万千瓦、人、万吨

地　　区	#本年新开工面　　积	#实行投标承包面　　积	本年新开工	年末自有施工机械设　　备（净值）	年末自有施工机械设　　备（总台数）	年末自有施工机械设　　备（总功率）
苍南县	84.97	84.16	48.50	27792	7585	10.76
文成县	6.78	9.53	6.63	3041	491	0.98
泰顺县	263.03	526.95	263.03	9394	2294	6.66
瑞安市	206.34	259.86	92.45	21239	6803	8.37
乐清市	157.94	229.01	110.68	18270	5056	8.95
嘉兴市	**2290.61**	**3725.81**	**2239.86**	**109485**	**48773**	**64.24**
南湖区	315.84	603.92	315.84	18194	5651	10.52
秀洲区	264.81	442.43	259.71	20605	9006	13.66
嘉善县	205.66	288.35	205.66	8710	4627	3.71
海盐县	134.86	214.61	120.10	7980	4756	4.95
海宁市	503.04	862.34	484.00	15889	6914	8.44
平湖市	253.10	392.61	245.36	11314	5309	5.90
桐乡市	613.29	921.55	609.19	26794	12510	17.05
湖州市	**1115.45**	**1614.05**	**943.69**	**112595**	**26556**	**44.45**
吴兴区	613.33	957.87	538.20	71812	13418	28.09
南浔区	73.07	86.49	55.02	4939	1259	1.66
德清县	182.09	225.91	138.19	10280	4883	3.75
长兴县	174.21	227.77	146.51	16289	4136	7.48
安吉县	72.75	116.01	65.78	9275	2860	3.46
绍兴市	**14895.18**	**23743.81**	**13417.10**	**629831**	**187866**	**321.64**
越城区	2348.79	4685.06	2190.58	110897	23967	48.91
绍兴县	4470.78	5854.38	3999.60	163028	50780	109.33
新昌县	445.09	578.61	297.08	25426	7648	10.10
诸暨市	3156.05	5158.75	2924.88	116228	46552	61.60
上虞市	3864.49	6757.77	3525.89	179950	47155	77.78
嵊州市	609.97	709.25	479.06	34302	11764	13.93
金华市	**6627.31**	**11917.64**	**5587.93**	**400235**	**127836**	**177.15**
婺城区	796.81	1414.42	727.32	59362	13707	26.01
金东区	62.83	33.14	21.52	17194	2920	11.19
武义县	73.41	106.67	32.57	2920	4900	3.82
浦江县	168.97	207.69	101.45	9585	3151	4.64
磐安县	169.46	261.81	139.04	17147	4547	7.76
兰溪市	115.06	111.70	68.13	13815	3436	6.62
义乌市	417.13	619.95	221.24	61613	26357	21.95

3-B-3 续表4-3

单位:个、万元、万平方米、台、万千瓦、人、万吨

地区	#本年新开工面积	#实行投标承包面积	本年新开工	年末自有施工机械设备(净值)	年末自有施工机械设备(总台数)	年末自有施工机械设备(总功率)
东阳市	4667.88	8998.42	4140.78	193139	63419	82.46
永康市	155.77	163.83	135.88	25460	5399	12.68
衢州市	**895.33**	**1309.56**	**794.75**	**84729**	**20860**	**41.58**
柯城区	288.96	471.36	271.30	41736	8925	21.77
衢江区	3.71	8.62	3.71	2973	802	2.25
常山县	136.88	122.57	88.53	9857	2203	2.01
开化县	153.21	209.07	127.00	9198	4253	7.23
龙游县	159.83	183.33	151.47	10468	2207	3.79
江山市	152.75	314.60	152.75	10499	2470	4.53
舟山市	**380.79**	**637.56**	**282.79**	**46022**	**11901**	**19.17**
定海区	206.22	334.67	144.96	32491	7558	12.48
普陀区	83.74	185.76	79.31	10222	3137	4.38
岱山县	85.40	102.37	53.09	1944	822	1.68
嵊泗县	5.43	14.76	5.43	1366	384	0.64
台州市	**4006.92**	**7464.91**	**3585.72**	**300141**	**79423**	**131.63**
椒江区	426.45	980.73	422.49	29050	10848	9.72
黄岩区	532.24	1095.04	479.13	33128	9762	13.66
路桥区	218.90	224.27	150.71	34434	5373	14.04
玉环县	36.11	49.60	27.93	5065	1256	2.88
三门县	180.01	307.11	180.01	23488	7557	11.55
天台县	95.85	223.35	95.80	17541	5351	4.78
仙居县	132.05	124.64	85.26	23128	3963	7.80
温岭市	1863.45	3610.02	1745.10	94280	24394	43.97
临海市	521.86	850.15	399.30	40027	10919	23.23
丽水市	**452.64**	**611.08**	**331.54**	**50734**	**15183**	**20.62**
莲都区	211.79	352.42	153.00	25252	6961	9.24
青田县	21.90	18.72	10.76	1839	1225	0.87
缙云县	36.74	25.29	7.48	6642	2202	1.95
遂昌县	26.38	36.34	25.40	1007	652	0.76
松阳县	14.52	25.76	14.20	1798	526	0.91
云和县	49.87	43.39	39.07	1980	310	1.10
庆元县	12.30	3.01	3.01	1448	310	0.37
景宁畲族自治县	13.03	13.25	13.03	700	763	1.23
龙泉市	66.11	92.90	65.59	10068	2234	4.18

3－B－3 续表5－1　　单位：个、万元、万平方米、台、万千瓦、人、万吨

地　区	计算建筑业劳动生产率的平均人数	年末从业人　数	#管理人员	#工程技术人员	#一级建造师	#现场施工工人	持证上岗人员
总　计	**4311107**	**4285645**	**364402**	**554248**	**18456**	**3373983**	**1520745**
杭州市	**863862**	**801246**	**69993**	**103965**	**4829**	**629417**	**300735**
上城区	47767	45636	4164	4219	390	38171	12245
下城区	19331	16999	3541	2917	217	10895	4126
江干区	79922	77438	5652	9275	559	60964	22907
拱墅区	79108	60637	7009	11001	534	44575	26251
西湖区	218573	195454	14912	18452	1134	164792	64252
滨江区	59536	50462	4884	7197	655	39201	18050
萧山区	227832	220842	18118	26906	806	173923	105834
余杭区	42860	44215	3388	9107	249	31941	13953
桐庐县	15719	16154	1440	3158	34	10577	6668
淳安县	8184	8178	881	1502	12	5868	3810
建德市	11229	9942	1041	1949	38	7008	3446
富阳市	23420	24554	2090	4409	130	17072	7994
临安市	30381	30735	2873	3873	71	24430	11199
宁波市	**507535**	**513788**	**47462**	**72153**	**2632**	**384269**	**182545**
海曙区	41875	40305	3264	5517	356	31463	13673
江东区	59304	57134	4965	6630	475	44602	9414
江北区	10515	11534	992	1607	44	10002	5582
北仑区	25672	23455	2490	4310	116	18064	6546
镇海区	30860	37064	3116	3797	215	30472	11416
鄞州区	37086	33793	3847	4475	177	24071	5662
象山县	196209	204682	17602	24262	659	150013	98309
宁海县	16459	16088	1843	2664	118	12286	3911
余姚市	25737	25953	3174	6658	120	18169	8207
慈溪市	52771	51246	5016	9523	314	37030	14976
奉化市	11047	12534	1153	2710	38	8097	4849
温州市	**286450**	**291128**	**23734**	**45319**	**1249**	**209588**	**82360**
鹿城区	76596	77291	7568	11622	448	57145	21616
龙湾区	16637	15139	1576	3295	113	8387	3181
瓯海区	59252	56524	3203	6223	301	47470	16686
洞头县	2052	1939	257	182	4	343	58
永嘉县	14835	16141	1616	3513	67	9802	2930
平阳县	22160	22856	2232	4999	57	15286	6195

3－B－3 续表5－2

单位：个、万元、万平方米、台、万千瓦、人、万吨

地　区	计算建筑业劳动生产率的平均人数	年末从业人数	#管理人员	#工程技术人员	#一级建造师	#现场施工工人	持证上岗人员
苍南县	27055	28963	2057	4526	53	21216	11802
文成县	2175	2394	135	416		1887	358
泰顺县	24851	24554	1394	2495	74	19439	7258
瑞安市	23097	26478	1703	4511	70	16907	6677
乐清市	17740	18849	1993	3537	62	11706	5599
嘉兴市	**204432**	**188638**	**22760**	**29322**	**652**	**143123**	**85982**
南湖区	31461	26707	4464	3968	137	21186	10822
秀洲区	28510	27088	2285	3922	96	21296	13109
嘉善县	14987	8180	1521	1620	66	6203	4225
海盐县	12584	11801	1289	2064	35	9061	3365
海宁市	35125	38127	4046	4609	132	27196	16675
平湖市	23820	22802	3065	3583	74	17976	12053
桐乡市	57945	53933	6090	9556	112	40205	25733
湖州市	**108360**	**109378**	**12226**	**17716**	**527**	**81214**	**28691**
吴兴区	59501	59984	6320	9745	399	46071	15834
南浔区	4687	5058	615	937	3	3734	596
德清县	17078	16817	1563	2588	59	12228	3486
长兴县	18254	19146	2694	3146	54	12960	6563
安吉县	8840	8373	1034	1300	12	6221	2212
绍兴市	**1145958**	**1178066**	**85003**	**111646**	**3538**	**1009547**	**443588**
越城区	200649	219365	13621	21021	833	188468	80359
绍兴县	312164	305506	16805	28499	713	261847	138973
新昌县	34799	34550	3173	4845	100	27149	10597
诸暨市	227297	234651	14470	18219	733	205750	55255
上虞市	313633	326414	32977	30461	1000	279432	134861
嵊州市	57416	57580	3957	8601	159	46901	23543
金华市	**559863**	**563912**	**51411**	**76094**	**2917**	**426876**	**193425**
婺城区	73472	70832	8084	13664	508	54497	21127
金东区	11760	11364	1392	2499	101	7413	2963
武义县	6751	7793	1089	1926	39	5304	1940
浦江县	17719	17130	891	2154	57	11842	7676
磐安县	18881	21363	2437	3544	171	15670	4508
兰溪市	15198	15287	1255	3248	25	10631	3200
义乌市	61479	66094	7646	12562	375	47034	17642

3－B－3 续表5－3 单位：个、万元、万平方米、台、万千瓦、人、万吨

地区	计算建筑业劳动生产率的平均人数	年末从业人数	#管理人员	#工程技术人员	#一级建造师	#现场施工工人	持证上岗人员
东阳市	339819	338920	27557	32975	1546	263999	129528
永康市	14784	15129	1060	3522	95	10486	4841
衢州市	**84635**	**85072**	**7826**	**17957**	**352**	**59467**	**27765**
柯城区	35889	34656	3691	6813	232	24866	10307
衢江区	1841	1955	489	710	3	1099	848
常山县	8293	8766	1086	1713	10	4739	1950
开化县	10085	10803	808	2095	18	7800	4590
龙游县	10380	10960	674	2499	42	8312	5706
江山市	18147	17932	1078	4127	47	12651	4364
舟山市	**46194**	**47559**	**6991**	**7982**	**151**	**35580**	**11013**
定海区	27096	28680	4351	4804	98	21115	6387
普陀区	11809	12649	1758	2307	50	9963	3709
岱山县	5210	4142	514	620	1	2799	603
嵊泗县	2079	2088	368	251	2	1703	314
台州市	**447830**	**452659**	**30784**	**57057**	**1388**	**358193**	**148755**
椒江区	53826	57825	1382	4678	235	39621	8946
黄岩区	48811	48752	3210	4971	156	42119	18603
路桥区	43780	43911	2315	4602	109	35463	16745
玉环县	5426	6181	640	1731	27	3210	559
三门县	28315	28493	1520	3463	35	25201	7063
天台县	16419	18211	1405	3531	44	12115	4734
仙居县	22275	22796	2399	3078	64	18846	7551
温岭市	162967	161605	11377	16982	525	137083	59343
临海市	66011	64885	6536	14021	193	44535	25211
丽水市	**55988**	**54199**	**6212**	**15037**	**221**	**36709**	**15886**
莲都区	29567	28698	3558	7857	131	20757	8301
青田县	2487	2651	205	823	2	1214	623
缙云县	8513	7729	848	1889	33	4827	1863
遂昌县	2222	2264	180	482	12	1572	521
松阳县	2657	2724	208	840	4	2107	1243
云和县	2885	2612	204	575	4	1774	597
庆元县	948	1099	124	394		649	558
景宁畲族自治县	1407	1432	186	403	9	772	402
龙泉市	5302	4990	699	1774	26	3037	1778

3－B－3 续表6－1

单位：个、万元、万平方米、台、万千瓦、人、万吨

地　区	钢 材	木 材	水 泥	平板玻璃（重量箱）	平板玻璃	铝 材	企业总产值	在境外完成的营业额
总 计	**4142.75**	**1833.52**	**19850.86**	**20909906**	**8807.54**	**151.19**	**83045177**	**589742**
杭州市	**842.07**	**353.50**	**3804.99**	**3949971**	**1671.36**	**24.01**	**18654078**	**266001**
上城区	42.33	10.14	106.75	100135	68.05	1.08	1377401	639
下城区	10.82	4.34	47.07	38616	12.78	0.16	463816	5267
江干区	87.04	23.24	241.07	484236	154.78	2.71	1747930	7595
拱墅区	56.24	22.87	215.07	130927	51.47	1.35	1472285	
西湖区	211.91	77.67	1149.09	1339731	548.43	3.17	4470304	236505
滨江区	54.79	27.67	290.51	663339	331.64	0.69	1855782	14161
萧山区	285.23	133.78	1257.72	699987	306.77	10.94	4941568	1834
余杭区	33.99	27.61	194.73	233735	93.22	2.07	961428	
桐庐县	9.32	4.15	49.71	25044	8.98	0.42	199914	
淳安县	2.56	1.31	14.34	11814	6.69	0.24	106034	
建德市	4.37	2.91	27.56	30841	15.54	0.15	111471	
富阳市	17.16	12.52	126.15	76895	37.53	0.49	474908	
临安市	26.29	5.29	85.22	114671	35.47	0.54	471239	
宁波市	**484.58**	**151.11**	**1733.65**	**2571065**	**1036.09**	**11.44**	**9698725**	**182159**
海曙区	30.20	8.81	90.97	88980	36.07	0.28	1084611	7216
江东区	61.58	30.78	221.27	192306	69.84	0.62	1253690	2235
江北区	7.08	3.62	38.09	63051	17.98	0.13	171937	
北仑区	12.81	3.69	46.59	73974	31.99	0.11	426065	
镇海区	38.91	15.13	230.96	56124	20.65	0.50	784924	10732
鄞州区	22.10	9.55	113.65	118167	49.78	1.49	559388	
象山县	220.58	56.03	616.12	1691378	685.34	5.17	3814562	153534
宁海县	10.67	6.26	58.92	48819	15.21	1.03	216427	
余姚市	21.92	4.92	98.31	72864	32.07	0.45	442418	
慈溪市	54.89	10.84	193.33	147320	68.70	1.48	774461	8442
奉化市	3.85	1.49	25.42	18082	8.46	0.18	170242	
温州市	**213.33**	**71.60**	**1151.32**	**871096**	**375.81**	**10.49**	**4649124**	
鹿城区	55.12	20.14	310.75	265689	103.05	2.81	1429559	
龙湾区	12.85	7.26	53.48	33200	16.35	0.49	254455	
瓯海区	56.90	9.62	198.11	219900	92.19	1.48	953956	
洞头县	1.05	0.25	1.03	7624	3.05	0.09	27027	
永嘉县	10.80	4.00	71.14	21631	10.87	1.10	213259	
平阳县	11.01	4.33	117.87	37621	15.56	0.19	307426	

3－B－3 续表6－2　　单位：个、万元、万平方米、台、万千瓦、人、万吨

地区	钢材	木材	水泥	平板玻璃（重量箱）	平板玻璃	铝材	企业总产值	在境外完成的营业额
苍南县	9.94	8.09	53.92	51104	22.47	0.78	397129	
文成县	1.63	0.09	11.36	3388	1.56	0.02	32792	
泰顺县	26.96	7.70	127.37	71662	46.48	0.15	448434	
瑞安市	15.24	4.58	131.66	80490	31.81	1.08	307462	
乐清市	11.83	5.55	74.63	78787	32.43	2.31	277627	
嘉兴市	**157.26**	**74.22**	**733.55**	**715013**	**339.49**	**5.25**	**3244589**	**150**
南湖区	25.95	6.95	156.34	53662	26.17	0.43	560077	
秀洲区	15.81	15.15	78.71	123181	72.36	1.04	441021	150
嘉善县	12.49	3.74	61.72	82261	34.61	0.06	237708	
海盐县	8.29	2.92	46.83	32369	18.17	0.10	172514	
海宁市	40.61	8.57	158.77	175943	85.41	1.13	732259	
平湖市	17.48	3.26	72.66	57692	25.60	0.60	335786	
桐乡市	36.63	33.62	158.50	189905	77.17	1.90	765224	
湖州市	**211.45**	**41.05**	**707.58**	**290112**	**153.60**	**2.29**	**2183024**	**1136**
吴兴区	174.24	27.66	570.94	152235	76.50	1.36	1424180	
南浔区	3.75	2.21	23.85	8568	7.24	0.16	70414	
德清县	16.11	5.41	48.04	48131	30.15	0.25	246955	1136
长兴县	12.99	2.82	41.25	39097	20.95	0.38	303632	
安吉县	4.36	2.94	23.50	42081	18.76	0.14	137844	
绍兴市	**1142.61**	**674.01**	**6278.39**	**6636554**	**2432.19**	**50.00**	**24191759**	**65535**
越城区	212.89	103.06	1347.29	1024230	384.93	11.88	4224833	10434
绍兴县	274.69	229.28	1662.37	987768	408.90	15.23	6492746	18119
新昌县	27.49	14.68	106.42	176542	84.57	3.15	625296	3300
诸暨市	274.45	141.49	1363.82	1793529	723.98	5.07	5394758	25406
上虞市	317.41	175.23	1632.07	2371003	698.52	13.45	6513689	8277
嵊州市	35.67	10.28	166.43	283482	131.30	1.22	940435	
金华市	**579.60**	**292.34**	**2838.10**	**3483332**	**1740.90**	**34.82**	**9978882**	**50646**
婺城区	51.83	22.84	256.65	229804	94.05	2.87	1444101	570
金东区	7.95	3.21	44.36	4749	2.36	0.27	215218	
武义县	4.60	1.92	21.25	14138	6.85	0.18	97357	
浦江县	10.35	4.83	61.04	147207	62.16	0.44	231860	
磐安县	25.93	21.14	49.84	30658	13.98	1.23	296038	1000
兰溪市	6.27	3.87	39.42	39038	14.61	0.27	159059	
义乌市	36.70	22.88	152.71	130626	61.13	1.11	857174	6512

3-B-3 续表6-3 单位:个、万元、万平方米、台、万千瓦、人、万吨

地区	钢材	木材	水泥	平板玻璃(重量箱)	平板玻璃	铝材	企业总产值	在境外完成的营业额
东阳市	424.31	207.57	2147.94	2815037	1455.45	27.26	6427922	42564
永康市	11.66	4.09	64.89	72075	30.32	1.17	250154	
衢州市	**46.58**	**27.38**	**331.44**	**230739**	**105.95**	**1.21**	**1366932**	
柯城区	18.64	13.82	146.00	83853	34.74	0.29	606597	
衢江区	0.47	0.21	9.30	640	0.32	0.07	38144	
常山县	4.90	3.28	35.07	5569	2.78	0.25	147563	
开化县	8.43	3.35	40.12	31546	17.16	0.30	159092	
龙游县	4.81	2.32	39.17	41598	17.45	0.05	195146	
江山市	9.32	4.40	61.78	67533	33.51	0.24	220391	
舟山市	**41.37**	**14.30**	**135.58**	**252396**	**107.48**	**0.52**	**947823**	
定海区	24.33	7.07	82.81	123975	53.67	0.41	553288	
普陀区	12.67	5.14	40.26	120897	49.74	0.05	273807	
岱山县	3.31	1.83	9.29	3874	2.30	0.06	100096	
嵊泗县	1.06	0.26	3.22	3650	1.76	...	20632	
台州市	**388.65**	**122.50**	**1960.12**	**1809906**	**799.44**	**9.38**	**7187231**	**24115**
椒江区	50.49	6.47	119.99	252816	126.07	1.00	898846	24025
黄岩区	37.05	17.78	220.94	348742	147.94	1.44	788699	
路桥区	32.54	17.18	198.01	23634	11.58	0.57	837890	
玉环县	6.44	0.71	48.89	20172	8.47	0.34	129034	
三门县	26.99	4.60	132.20	60443	27.53	1.13	298359	
天台县	7.88	3.74	65.82	47048	19.77	0.60	216315	
仙居县	9.82	1.95	34.73	76631	35.35	0.11	298876	
温岭市	171.43	54.63	897.42	794177	336.08	2.84	2679088	89
临海市	46.00	15.44	242.11	186243	86.64	1.35	1040126	
丽水市	**35.28**	**11.51**	**176.16**	**99722**	**45.23**	**1.78**	**943010**	
莲都区	13.92	4.32	79.81	42684	19.94	0.88	476146	
青田县	2.44	1.03	7.53	19908	5.33	0.04	56811	
缙云县	5.35	1.75	28.33	9222	4.23	0.09	122998	
遂昌县	1.23	0.89	5.40	5272	2.87	0.30	29740	
松阳县	1.11	0.28	7.48	1709	0.83	0.03	34398	
云和县	2.03	0.24	8.00	1418	0.67	0.11	46818	
庆元县	0.57	0.10	5.70	910	0.48	0.05	15663	
景宁畲族自治县	0.88	0.35	5.96	4100	2.74	0.06	22650	
龙泉市	7.77	2.56	27.94	14499	8.16	0.23	137784	

3-B-4 按登记注册类型、隶属关系、资质等级、控股情况和行业分组的总承包和专业承包建筑业企业在外省完成产值情况

单位：万元

指标名称	北京市	天津市	河北省	山西省	内蒙古
总　计	**663035**	**1072268**	**439626**	**553771**	**457276**
一、按登记注册类型分组					
内　资	**640903**	**1053712**	**438058**	**553771**	**455687**
国　有	3596	24107	12705	9364	3052
集　体		40	10596	1891	8766
股份合作企业		385			
有限责任公司	380171	714316	215346	245450	242558
国有独资公司	2673	2255	30797	1071	3022
其他有限责任公司	377498	712062	184549	244379	239536
股份有限公司	80371	114481	20061	17238	
私营企业	176766	200383	179350	279828	201311
私营独资					
私营合伙					
私营有限责任公司	176678	196221	179045	272308	201311
私营股份有限公司	88	4162	305	7520	
其　他					
港澳台商投资					
与港澳台商合资经营					
港澳台商独资					
外商投资	**22132**	**18556**	**1568**		**1589**
中外合资经营	22132	18556	1568		1589
二、按隶属关系分组					
中　央	6269	18404	16951	229	15560
中　央	6269	18404	16951	229	15560
省(自治区、直辖市)	15555	25013	37925	6556	43580
省(自治区、直辖市)	15555	25013	37925	6556	43580
地(区、市、州、盟)	3500	156850	7496	250	5052
地(区、市、州、盟)	3500	156850	7496	250	5052
县(区、市、旗)	30482	11077	20213	36527	4546
县(区、市、旗)	30482	11077	20213	36527	4546
乡镇(街道)	60322	64385	26836	4181	5809
街　道			1151	4181	1086
镇	60322	64385	25685		4723
基层群众自治组织			2135		
村委会			2135		
其　他	546907	796539	328070	506028	382729
其　他	546907	796539	328070	506028	382729
三、按企业资质等级分组					
施工总承包	553200	1018937	405842	534556	447610

3－B－4 续表1－1

单位：万元

指标名称	北京市	天津市	河北省	山西省	内蒙古
特级	338754	778211	117575	134511	180554
一级	193893	194600	199030	297362	175511
二级	20386	31930	68237	68053	81736
三级	168	14195	21001	34631	9809
专业承包	109835	53331	33784	19214	9666
一级	94439	46580	27300	18345	5114
二级	14662	4709	3517	440	1013
三级	734	1892	2967	373	3539
不分等级		150		57	
四、按控股情况分组					
国有控股	21824	44801	57369	11454	62192
集体控股	3500	155891	16331	3941	10766
私人控股	430104	781453	327814	451102	362965
港澳台商控股					
外商控股	22132	18556	1568		1589
其他	185475	71568	36544	87274	19764
五、按国民经济行业小类分组					
房屋和土木工程建筑业	**549288**	**1015504**	**398119**	**545651**	**438663**
房屋工程建筑	544511	929205	275384	455512	374198
房屋工程建筑	544511	929205	275384	455512	374198
土木工程建筑	4777	86298	122735	90138	64466
铁路、道路、隧道和桥梁工程建筑	60	68140	37543	51655	31680
水利和港口工程建筑	68	16149	41601	3590	
工矿工程建筑	4049	1507	41540	31101	31100
架线和管道工程建筑					200
其他土木工程建筑	600	503	2051	3793	1486
建筑安装业	**32918**	**23222**	**21653**	**1973**	**16978**
建筑安装业	32918	23222	21653	1973	16978
建筑安装业	32918	23222	21653	1973	16978
建筑装饰业	**80829**	**29435**	**19189**	**6009**	**1635**
建筑装饰业	80829	29435	19189	6009	1635
建筑装饰业	80829	29435	19189	6009	1635
其他建筑业		**4107**	**665**	**138**	
工程准备		3848	362	62	
工程准备		3848	362	62	
提供施工设备服务					
提供施工设备服务					
其他未列明的建筑活动		259	302	76	
其他未列明的建筑活动		259	302	76	

3－B－4 续表2－1 单位：万元

指 标 名 称	辽宁省	吉林省	黑龙江省	上海市	江苏省
总 计	**680910**	**120045**	**157955**	**6863367**	**6385170**
一、按登记注册类型分组					
内 资	**666433**	**120045**	**157955**	**6728095**	**6319924**
国 有	6243	500	1425	67317	34311
集 体			25449	107667	60454
股份合作企业			610	272	2197
有限责任公司	298442	45276	72946	3228312	3039278
国有独资公司				52375	17881
其他有限责任公司	298442	45276	72946	3175937	3021397
股份有限公司	96245	27009		1664004	969147
私营企业	265503	47259	57525	1660523	2210582
私营独资	116			6166	488
私营合伙				885	3366
私营有限责任公司	224849	41736	49062	1257583	2044617
私营股份有限公司	40538	5524	8463	395888	162112
其 他					3955
港澳台商投资				**55565**	**47366**
与港澳台商合资经营				55565	47366
港澳台商独资					
外商投资	**14477**			**79707**	**17880**
中外合资经营	14477			79707	17880
二、按隶属关系分组					
中 央	5064			35982	39505
中 央	5064			35982	39505
省（自治区、直辖市）	13375	2110	2242	151492	143324
省（自治区、直辖市）	13375	2110	2242	151492	143324
地（区、市、州、盟）	13920	500	451	328709	342302
地（区、市、州、盟）	13920	500	451	328709	342302
县（区、市、旗）	30477		16412	197818	158905
县（区、市、旗）	30477		16412	197818	158905
乡镇（街道）	18788		9647	166361	144862
街 道	1630			2771	4741
镇	17158		9647	163590	140121
基层群众自治组织					12038
村委会					12038
其 他	599286	117435	129203	5983004	5544235
其 他	599286	117435	129203	5983004	5544235
三、按企业资质等级分组					
施工总承包	658835	108995	156054	6681471	6144800

3－B－4　续表2－2

单位：万元

指　标　名　称	辽宁省	吉林省	黑龙江省	上海市	江苏省
特　级	347861	61758	9178	3742269	2369644
一　级	226584	13802	66466	2329399	2737726
二　级	76136	33434	80410	531329	870812
三　级	8255			78474	166617
专业承包	22075	11050	1901	181896	240370
一　级	19177	6149	371	143779	168182
二　级	2113	2129	850	13461	46998
三　级	522	2772	568	24457	24752
不分等级	263		112	199	439
四、按控股情况分组					
国有控股	18599	2610	2693	209515	220069
集体控股	29760		26059	445086	378363
私人控股	600884	116835	81548	5857163	5357856
港澳台商控股				55565	47366
外商控股	14477			79707	17880
其　他	17190	600	47655	216330	363636
五、按国民经济行业小类分组					
房屋和土木工程建筑业	**651884**	**114641**	**155406**	**6664655**	**6168748**
房屋工程建筑	606030	100747	136134	5916809	5547822
房屋工程建筑	606030	100747	136134	5916809	5547822
土木工程建筑	45854	13893	19272	747846	620926
铁路、道路、隧道和桥梁工程建筑	31188	8947	9512	674915	512861
水利和港口工程建筑	5064			11671	16403
工矿工程建筑	9138	2245	4381	5505	6090
架线和管道工程建筑		2701		29786	5457
其他土木工程建筑	463		5379	25970	80116
建筑安装业	**28390**	**2949**	**2549**	**116978**	**115672**
建筑安装业	28390	2949	2549	116978	115672
建筑安装业	28390	2949	2549	116978	115672
建筑装饰业	**286**	**1491**		**46228**	**88798**
建筑装饰业	286	1491		46228	88798
建筑装饰业	286	1491		46228	88798
其他建筑业	**350**	**964**		**35506**	**11951**
工程准备		964		32732	11313
工程准备		964		32732	11313
提供施工设备服务				771	
提供施工设备服务				771	
其他未列明的建筑活动	350			2004	639
其他未列明的建筑活动	350			2004	639

3-B-4 续表3-1 单位:万元

指标名称	安徽省	福建省	江西省	山东省	河南省
总计	**4198320**	**996846**	**2001111**	**2260649**	**1311839**
一、按登记注册类型分组					
内资	**4193158**	**990544**	**1997523**	**2238811**	**1311839**
国有	25670	12078	18712	22762	6725
集体	18697	12981	8549	10002	2039
股份合作企业	908	556			
有限责任公司	2223836	627756	808372	1092197	742384
国有独资公司	9632	41510	7970	181	
其他有限责任公司	2214204	586247	800402	1092016	742384
股份有限公司	242365	81212	236786	212528	64858
私营企业	1680164	253790	925105	901322	495833
私营独资	8566		7076		1647
私营合伙	1615			344	
私营有限责任公司	1637947	243121	852146	873274	474136
私营股份有限公司	32036	10669	65883	27704	20050
其他	1520	2170			
港澳台商投资	**754**	**3244**	**3462**		
与港澳台商合资经营	698	3040	2604		
港澳台商独资	56	204	858		
外商投资	**4408**	**3058**	**126**	**21838**	
中外合资经营	4408	3058	126	21838	
二、按隶属关系分组					
中央	26539	48622	6144	19457	3500
中央	26539	48622	6144	19457	3500
省(自治区、直辖市)	85253	26571	64774	77588	15419
省(自治区、直辖市)	85253	26571	64774	77588	15419
地(区、市、州、盟)	73560	29723	4422	100576	50881
地(区、市、州、盟)	73560	29723	4422	100576	50881
县(区、市、旗)	137881	21613	39615	66902	49664
县(区、市、旗)	137881	21613	39615	66902	49664
乡镇(街道)	158058		38083	22449	72641
街道	9818		16532	300	520
镇	148240		21551	22149	72121
基层群众自治组织					
村委会					
其他	3717028	870317	1848073	1973677	1119734
其他	3717028	870317	1848073	1973677	1119734
三、按企业资质等级分组					
施工总承包	4105711	940170	1929403	2135651	1275762

3－B－4 续表3－2

单位：万元

指 标 名 称	安徽省	福建省	江西省	山东省	河南省
特 级	1114281	322550	571165	703221	378795
一 级	1882518	444273	734912	916005	673453
二 级	885512	146374	468634	426927	197494
三 级	223400	26973	154693	89498	26020
专业承包	92609	56676	71708	124998	36078
一 级	62956	41832	42484	99154	8955
二 级	14302	4774	14919	19784	17445
三 级	12876	7745	12411	4554	9001
不分等级	2475	2326	1894	1507	677
四、按控股情况分组					
国有控股	113448	89318	82337	101301	20738
集体控股	124613	33984	13611	112482	60041
私人控股	3601964	861221	1769207	1948271	1070433
港澳台商控股	56	3244	3462		
外商控股	4408	2469	126	21838	
其 他	353831	6610	132368	76757	160627
五、按国民经济行业小类分组					
房屋和土木工程建筑业	**4108354**	**928711**	**1946612**	**2164184**	**1270775**
房屋工程建筑	3618436	723073	1683632	1959885	1174588
房屋工程建筑	3618436	723073	1683632	1959885	1174588
土木工程建筑	489919	205638	262980	204299	96187
铁路、道路、隧道和桥梁工程建筑	359042	123724	227639	145472	72151
水利和港口工程建筑	32546	39534	7820	13822	1700
工矿工程建筑	48840	12145	9998	14033	15655
架线和管道工程建筑	6682	381	4704	450	
其他土木工程建筑	42810	29855	12819	30522	6681
建筑安装业	**39585**	**55813**	**20824**	**52119**	**15437**
建筑安装业	39585	55813	20824	52119	15437
建筑安装业	39585	55813	20824	52119	15437
建筑装饰业	**45921**	**10231**	**33352**	**41485**	**18683**
建筑装饰业	45921	10231	33352	41485	18683
建筑装饰业	45921	10231	33352	41485	18683
其他建筑业	**4460**	**2091**	**322**	**2860**	**6944**
工程准备	2660	1614		2249	6512
工程准备	2660	1614		2249	6512
提供施工设备服务					
提供施工设备服务					
其他未列明的建筑活动	1800	477	322	612	432
其他未列明的建筑活动	1800	477	322	612	432

3－B－4 续表4－1 单位：万元

指 标 名 称	湖北省	湖南省	广东省	广西壮族自治区	海南省
总 计	**1806969**	**1017174**	**1862013**	**368175**	**212113**
一、按登记注册类型分组					
内 资	**1806249**	**1016288**	**1837565**	**367219**	**212113**
国 有	1806	4770	27999	14110	420
集 体	2526	20082	19987	4182	
股份合作企业				2450	
有限责任公司	673251	535354	1058060	214567	70499
国有独资公司	254	8758	4873	4850	180
其他有限责任公司	672997	526596	1053187	209717	70319
股份有限公司	46882	96671	326086	6127	51506
私营企业	1081784	359412	405433	125783	89688
私营独资	7		1250		
私营合伙					
私营有限责任公司	1081777	347763	390072	124183	54192
私营股份有限公司		11649	14111	1600	35496
其 他					
港澳台商投资		**350**	**13459**		
与港澳台商合资经营		350	13384		
港澳台商独资			74		
外商投资	**720**	**536**	**10989**	**956**	
中外合资经营	720	536	10989	956	
二、按隶属关系分组					
中 央	3757	11830	18615	5310	
中 央	3757	11830	18615	5310	
省（自治区、直辖市）	60988	25868	58031	14607	3503
省（自治区、直辖市）	60988	25868	58031	14607	3503
地（区、市、州、盟）		49838	30959	14555	420
地（区、市、州、盟）		49838	30959	14555	420
县（区、市、旗）	4641	26202	82742	22811	
县（区、市、旗）	4641	26202	82742	22811	
乡镇（街道）	42128	30351	21870	4904	
街 道	449	2248	18721	829	
镇	41679	28103	3149	4075	
基层群众自治组织	8450				
村委会	8450				
其 他	1687004	873085	1649796	305989	208190
其 他	1687004	873085	1649796	305989	208190
三、按企业资质等级分组					
施工总承包	1754212	969194	1801298	361785	210212

3－B－4 续表4－2 单位：万元

指 标 名 称	湖北省	湖南省	广东省	广西壮族自治区	海南省
特 级	631680	318472	933026	64130	95231
一 级	674974	429846	687445	185638	105657
二 级	384900	172280	171382	95219	3250
三 级	62658	48596	9444	16799	6074
专业承包	52756	47979	60715	6390	1900
一 级	43729	28898	52721	5763	457
二 级	7533	17315	3425	280	
三 级	1495	1687	3567	347	769
不分等级		80	1002		674
四、按控股情况分组					
国有控股	65194	39625	77416	28665	3923
集体控股	3043	69230	49466	16247	
私人控股	1673759	855893	1653611	294184	208190
港澳台商控股		350	13459		
外商控股		536	10823		
其 他	64972	51539	57238	29079	
五、按国民经济行业小类分组					
房屋和土木工程建筑业	**1772974**	**972294**	**1801326**	**360425**	**205247**
房屋工程建筑	1657113	812529	1438388	303913	190167
房屋工程建筑	1657113	812529	1438388	303913	190167
土木工程建筑	115860	159766	362938	56513	15080
铁路、道路、隧道和桥梁工程建筑	88048	100087	322156	40012	13968
水利和港口工程建筑	10119	11909	7225	6730	
工矿工程建筑	5151	22171	23498	4578	438
架线和管道工程建筑	703	1964		4149	
其他土木工程建筑	11839	23636	10060	1045	674
建筑安装业	**10788**	**15607**	**38405**	**6255**	**6258**
建筑安装业	10788	15607	38405	6255	6258
建筑安装业	10788	15607	38405	6255	6258
建筑装饰业	**23207**	**29273**	**14989**	**977**	**455**
建筑装饰业	23207	29273	14989	977	455
建筑装饰业	23207	29273	14989	977	455
其他建筑业			**7292**	**518**	**152**
工程准备			6800	6	
工程准备			6800	6	
提供施工设备服务					
提供施工设备服务					
其他未列明的建筑活动			492	512	152
其他未列明的建筑活动			492	512	152

3－B－4 续表5－1

单位：万元

指标名称	重庆市	四川省	贵州省	云南省	西藏自治区
总计	**456143**	**636798**	**273122**	**305981**	**2573**
一、按登记注册类型分组					
内资	**456143**	**636798**	**273122**	**305981**	**2573**
国有	3596	1722	13884	7484	
集体	642	315	14510	168	
股份合作企业	606		220	113	
有限责任公司	218338	319884	109069	148145	2315
国有独资公司	8845	5608	6677	8845	
其他有限责任公司	209493	314276	102392	139299	2315
股份有限公司	72743	95522	32146	50415	
私营企业	160219	219356	103292	99656	258
私营独资					
私营合伙					
私营有限责任公司	97322	201806	101310	99093	258
私营股份有限公司	62897	17550	1982	563	
其他					
港澳台商投资					
与港澳台商合资经营					
港澳台商独资					
外商投资					
中外合资经营					
二、按隶属关系分组					
中央	15986	6154	25298	40095	
中央	15986	6154	25298	40095	
省（自治区、直辖市）	8777	46532	2880	4798	
省（自治区、直辖市）	8777	46532	2880	4798	
地（区、市、州、盟）	3085	40052	170	2971	
地（区、市、州、盟）	3085	40052	170	2971	
县（区、市、旗）	25642	308	3165	216	
县（区、市、旗）	25642	308	3165	216	
乡镇（街道）	6888	335	25013	4012	
街道	89	315	25013	412	
镇	6799	20		3600	
基层群众自治组织					
村委会					
其他	395766	543418	216596	253889	2573
其他	395766	543418	216596	253889	2573
三、按企业资质等级分组					
施工总承包	435630	578686	263918	295368	2000

3－B－4 续表5－2

单位：万元

指 标 名 称	重庆市	四川省	贵州省	云南省	西藏自治区
特 级	124309	293260	46257	106833	2000
一 级	284956	184291	159499	100639	
二 级	21770	67318	53082	67756	
三 级	4595	33817	5081	20140	
专业承包	20514	58112	9204	10613	573
一 级	18736	50594	2774	7719	573
二 级	892	3277	1924	2276	
三 级	886	3115	4505	218	
不分等级		1126		400	
四、按控股情况分组					
国有控股	27936	52994	28613	48163	
集体控股	4642	43684	17745	281	
私人控股	362049	537111	226764	253889	2573
港澳台商控股					
外商控股					
其 他	61516	3010		3648	
五、按国民经济行业小类分组					
房屋和土木工程建筑业	**430578**	**580883**	**265433**	**301154**	**2000**
房屋工程建筑	328482	494883	219607	184318	2000
房屋工程建筑	328482	494883	219607	184318	2000
土木工程建筑	102096	86000	45825	116836	
铁路、道路、隧道和桥梁工程建筑	87423	52799	15677	52757	
水利和港口工程建筑	10823	15296	6788	24205	
工矿工程建筑		11549	21669	37753	
架线和管道工程建筑		666	1269	671	
其他土木工程建筑	3850	5691	423	1450	
建筑安装业	**8323**	**13723**	**3375**	**1782**	
建筑安装业	8323	13723	3375	1782	
建筑安装业	8323	13723	3375	1782	
建筑装饰业	**17178**	**21197**	**714**		
建筑装饰业	17178	21197	714		
建筑装饰业	17178	21197	714		
其他建筑业	**65**	**20995**	**3600**	**3044**	**573**
工程准备		20083	3600	2978	315
工程准备		20083	3600	2978	315
提供施工设备服务					
提供施工设备服务					
其他未列明的建筑活动	65	912		66	258
其他未列明的建筑活动	65	912		66	258

3－B－4 续表 6－1 单位:万元

指 标 名 称	陕西省	甘肃省	青海省	宁夏回族自治区	新疆维吾尔自治区
总 计	**1135671**	**230760**	**354624**	**104883**	**279867**
一、按登记注册类型分组					
内 资	**1132782**	**230760**	**352024**	**104883**	**271611**
国 有	16687	7384	2023	20231	1583
集 体	2540	1806		4270	2779
股份合作企业		124			
有限责任公司	649850	134469	173796	31764	124587
国有独资公司		798			457
其他有限责任公司	649850	133672	173796	31764	124130
股份有限公司	73801	19270	19310		
私营企业	389904	67706	156894	48617	142662
私营独资					
私营合伙					
私营有限责任公司	389744	67706	153819	48617	142662
私营股份有限公司	160		3075		
其 他					
港澳台商投资			**2600**		**8256**
与港澳台商合资经营			2600		8000
港澳台商独资					256
外商投资	**2889**				
中外合资经营	2889				
二、按隶属关系分组					
中 央	744	1502			457
中 央	744	1502			457
省(自治区、直辖市)	37304	15827	26078	27745	7388
省(自治区、直辖市)	37304	15827	26078	27745	7388
地(区、市、州、盟)	20997	6203	13335		4576
地(区、市、州、盟)	20997	6203	13335		4576
县(区、市、旗)	53996	10131	35816	3000	2909
县(区、市、旗)	53996	10131	35816	3000	2909
乡镇(街道)	163	75	2675	4470	393
街 道	163	75	75	200	393
镇			2600	4270	
基层群众自治组织					
村委会					
其 他	1022468	197023	276720	69668	264145
其 他	1022468	197023	276720	69668	264145
三、按企业资质等级分组					
施工总承包	1030805	213320	349752	94628	269019

3-B-4 续表6-2

单位:万元

指 标 名 称	陕西省	甘肃省	青海省	宁夏回族自治区	新疆维吾尔自治区
特 级	630436	51727	188748	10999	128053
一 级	285500	105423	131748	60280	78501
二 级	98244	42861	21296	17232	60059
三 级	16624	13309	7961	6117	2406
专业承包	104867	17441	4872	10255	10848
一 级	96029	2008	4685	4808	8446
二 级	522	15179	94	3877	1507
三 级	7955	254	93	1570	896
不分等级	361				
四、按控股情况分组					
国有控股	41156	17809	32622	27945	9557
集体控股	21002	7729	11996	4270	6165
私人控股	952840	193323	276290	69668	255889
港澳台商控股			2600		8256
外商控股	2889				
其 他	117785	11900	31116	3000	
五、按国民经济行业小类分组					
房屋和土木工程建筑业	**1037678**	**216284**	**349512**	**96033**	**259197**
房屋工程建筑	982268	137223	319011	69087	209598
房屋工程建筑	982268	137223	319011	69087	209598
土木工程建筑	55410	79061	30500	26947	49599
铁路、道路、隧道和桥梁工程建筑	34524	23182	27110	21231	18568
水利和港口工程建筑	4912	38253	2330		6240
工矿工程建筑	13908	14753	973	1596	23512
架线和管道工程建筑	744	704		1570	
其他土木工程建筑	1321	2169	88	2550	1279
建筑安装业	**12048**	**5429**	**4989**	**2914**	**20284**
建筑安装业	12048	5429	4989	2914	20284
建筑安装业	12048	5429	4989	2914	20284
建筑装饰业	**85741**	**2753**	**123**	**5857**	
建筑装饰业	85741	2753	123	5857	
建筑装饰业	85741	2753	123	5857	
其他建筑业	**205**	**6294**		**78**	**386**
工程准备	205				49
工程准备	205				49
提供施工设备服务					
提供施工设备服务					
其他未列明的建筑活动		6294		78	337
其他未列明的建筑活动		6294		78	337

3－B－5 按地区分组的总承包和专业承包建筑业企业在外省完成产值情况

单位：万元

地 区	北京市	天津市	河北省	山西省	内蒙古	辽宁省
总 计	**663035**	**1072268**	**439626**	**553771**	**457276**	**680910**
杭州市	**72712**	**74548**	**83294**	**73136**	**101765**	**77506**
上城区		1010	3186	552	6818	7292
下城区	321	5372	13907	82	162	
江干区	4203	4689	1348	3742	76	120
拱墅区	2616	22637	6383	12372	9254	1196
西湖区	19561	22836	28242	40213	62852	38091
滨江区	24630	9034	24532		900	5300
萧山区	20470	8970	5278	8700	19136	19725
余杭区	912				218	60
桐庐县			418		2350	
淳安县						
建德市						
富阳市						
临安市				7475		5722
宁波市	**31041**	**87276**	**30011**	**1345**	**21931**	**64504**
海曙区	260	5035	500			4000
江东区	2605	2255	16890	1116	16622	729
江北区						
北仑区				229	3804	33
镇海区	60	16149	9983		280	5064
鄞州区						
象山县	23025	60721	2401			54677
宁海县						
余姚市			238		1225	
慈溪市	5091	3116				
奉化市						
温州市	**7368**	**3606**	**47921**	**50112**	**31450**	**49359**
鹿城区	5265		10303	8381	5456	14121
龙湾区		385			990	
瓯海区			6203	11254		21932
洞头县		138		202		53
永嘉县				765		

3－B－5 续表1－1

单位:万元

地　区	北京市	天津市	河北省	山西省	内蒙古	辽宁省
平阳县			7775	8542	3835	4754
苍南县	287		19619	17853	21169	8498
泰顺县	1817	3083	1897	3117		
瑞安市			2125			
乐清市						
嘉兴市	**22**	**4942**	**8794**	**98**	**318**	**18**
南湖区				98		
秀洲区	22				318	18
嘉善县		1590				
海盐县						
海宁市						
平湖市		3352				
桐乡市			8794			
湖州市			**240**		**8734**	**36010**
吴兴区			240		8734	36010
南浔区						
德清县						
长兴县						
安吉县						
绍兴市	**374551**	**674295**	**155896**	**176673**	**94798**	**298869**
越城区	6144	356330	7695	16779	8623	9530
绍兴县	149172	194083	45482	54791	52475	104872
新昌县		1848	14048	3288	3800	3525
诸暨市	29694	45183	37747	66733	23460	71278
上虞市	84480	68054	45414	31026	6440	109632
嵊州市	105061	8796	5510	4057		32
金华市	**129528**	**146884**	**73918**	**175246**	**160058**	**123434**
婺城区		473		22104	6415	10394
金东区						50
武义县						
浦江县			1163			4136
磐安县			6461			6105
兰溪市						6051

3－B－5 续表1－2 单位:万元

地　　区	北京市	天津市	河北省	山西省	内蒙古	辽宁省
义乌市				1061		
东阳市	129238	146411	66294	152081	153643	93601
永康市	290					3097
衢州市					**60**	
柯城区					60	
衢江区						
常山县						
开化县						
龙游县						
江山市						
舟山市	**348**	**105**	**2997**		**19**	
定海区	348	105	2997		19	
普陀区						
岱山县						
台州市	**47465**	**78296**	**36539**	**77161**	**38143**	**31211**
椒江区		26328	30			1630
黄岩区					1800	
路桥区						
玉环县						
三门县		7878	2090		2823	
天台县	1850		3010	3300		3381
仙居县		2913	5230			
温岭市	45514	41177	25770	71140	33520	22188
临海市	101		410	2721		4013
丽水市		**2317**	**16**			
莲都区			16			
青田县		1507				
缙云县						
遂昌县						
松阳县						
云和县						
景宁畲族自治县						
龙泉市		810				

3－B－5 续表2－1

单位:万元

地 区	吉林省	黑龙江省	上海市	江苏省	安徽省	福建省
总 计	**120045**	**157955**	**6863367**	**6385170**	**4198320**	**996846**
杭州市	**15409**	**8166**	**712572**	**866495**	**924365**	**175431**
上城区		1268	37360	108514	36029	12543
下城区	1035		34	4507	19460	9668
江干区	210	75	26868	60425	64277	11425
拱墅区		750	49030	80623	68810	764
西湖区	7933	974	107377	240682	151933	48406
滨江区	2110	800	106631	43053	32988	7904
萧山区	4121	4299	385066	237420	465330	76875
余杭区			184	56154	36611	5808
桐庐县				4715	5053	1999
淳安县						
建德市				300	1750	
富阳市				10919	11388	
临安市			24	19183	30736	42
宁波市	**16084**	**9095**	**1129963**	**757727**	**97405**	**74954**
海曙区			20	62147	2320	9171
江东区	5524	8983	56368	39519	4561	37178
江北区			6595	3400	5263	
北仑区		112	469	2858	4035	332
镇海区			2738	23755	9660	12490
鄞州区				7250	3122	45
象山县	8535		1049526	586829	51879	100
宁海县				4884		14905
余姚市			2813	3065	150	
慈溪市	2026		11382	24020	7262	734
奉化市			50		9154	
温州市	**2535**	**8675**	**22862**	**173678**	**112071**	**103156**
鹿城区	500	2809	9176	40433	32271	42001
龙湾区					500	121
瓯海区			9405	37761	22991	6316
洞头县			3025	12319	164	346
永嘉县				1570	98	13938

3－B－5 续表2－2 单位：万元

地　　区	吉林省	黑龙江省	上海市	江苏省	安徽省	福建省
平阳县				2122	7574	4334
苍南县	2035	5866	595	2142	25817	13822
泰顺县				64524	7050	20998
瑞安市			131	11057	10930	1280
乐清市			530	1751	4678	
嘉兴市			**57953**	**80958**	**38109**	**1585**
南湖区			40252	21138	988	
秀洲区			1557	5848	3075	1585
嘉善县			2007	1746		
海盐县				5430		
海宁市			11349	23930	2632	
平湖市				7344	410	
桐乡市			2788	15522	31005	
湖州市			**44017**	**129169**	**150289**	**7674**
吴兴区			26874	86386	102452	7674
南浔区				10718		
德清县			33	25244	11681	
长兴县			17110	3976	36156	
安吉县				2845		
绍兴市	**38084**	**88753**	**4167407**	**3262939**	**1880233**	**505395**
越城区		5467	825342	700892	284758	42369
绍兴县		50991	808471	1000254	555436	61304
新昌县			11292	104757	66688	22478
诸暨市	17982	338	458585	674572	493114	331227
上虞市	20102		1972163	734459	378094	46298
嵊州市		31957	91555	48005	102143	1720
金华市	**14834**	**31051**	**232912**	**564094**	**607033**	**33412**
婺城区		5260	7723	80399	88808	13390
金东区					8065	
武义县					5161	
浦江县		2179	44850	6289	16574	
磐安县				17426	8238	
兰溪市					4326	200

3－B－5　续表2－3　　　　单位：万元

地　区	吉林省	黑龙江省	上海市	江苏省	安徽省	福建省
义乌市				8554	9944	120
东阳市	14834	23612	180339	444671	448842	19702
永康市				6754	17075	
衢州市	**3276**		**19397**	**12715**	**49953**	**16435**
柯城区	3276		19397	8750	17864	3179
衢江区					3126	
常山县					11086	4295
开化县				3965	8659	
龙游县						
江山市					9218	8961
舟山市			**6884**	**11221**	**14698**	**1159**
定海区			922	2888	7073	
普陀区				2303	1550	1159
岱山县			5963	6030	6075	
台州市	**29822**	**12215**	**466554**	**508220**	**297526**	**67099**
椒江区			33538	44385	29130	
黄岩区		3170	24960	57481	44710	
路桥区			171309	10000	13550	
玉环县					4025	
三门县			21780	47727	14921	11818
天台县			7143	9863	5470	
仙居县				9266	4628	
温岭市	29822	6095	67751	250253	105574	53666
临海市		2950	140073	79246	75519	1615
丽水市			**2846**	**17955**	**26637**	**10547**
莲都区			2846	6375	23532	4932
青田县						4800
缙云县				4741	2647	815
遂昌县						
松阳县					459	
云和县				6840		
景宁畲族自治县						
龙泉市						

3－B－5 续表3－1

单位：万元

地　区	江西省	山东省	河南省	湖北省	湖南省	广东省
总　计	**2001111**	**2260649**	**1311839**	**1806969**	**1017174**	**1862013**
杭州市	**238834**	**252237**	**162691**	**156284**	**111486**	**115269**
上城区	24178	37294	7184	7	1694	3365
下城区	2090	849	199	610	9140	821
江干区	4390	12665	9615	13308	5319	24712
拱墅区	12702	15562	5079	19129	10760	1542
西湖区	65158	117608	49877	39036	20755	54013
滨江区	27168	2700	98	13635	2208	4000
萧山区	89543	63657	64424	48894	60710	24284
余杭区	7380	998	15239		901	132
桐庐县						1250
淳安县	2366					
建德市	1280					1150
富阳市	1770					
临安市	810	906	10976	21666		
宁波市	**46262**	**112885**	**13158**	**33438**	**57847**	**275956**
海曙区	5071	22392		751	10442	14278
江东区	22786	6917	9262	254		2218
江北区	301					
北仑区	3	153	837			3933
镇海区	3204	91		25984	9405	24104
鄞州区	4861		2046		25	
象山县	3266	64855	32	3521	25380	231424
宁海县	2670	3100			4220	
余姚市	1019	2107			8230	
慈溪市	3081	13270	981	2930	85	
奉化市					60	
温州市	**81727**	**73088**	**80047**	**44012**	**59909**	**62856**
鹿城区	33097	23754	14577	20575	16302	44916
龙湾区	9423					
瓯海区	17327	31484	39875	4602	5307	
洞头县		15		452	84	
永嘉县	1235			2764		

3－B－5 续表 3－2

单位：万元

地 区	江西省	山东省	河南省	湖北省	湖南省	广东省
平阳县	9	2324	1809	2010	12453	2262
苍南县	9236	9160	6037	2311	5840	5036
泰顺县	6101	1501	9547	1817	5666	
瑞安市	5299		500	1145		4447
乐清市		4850	7703	8337	14257	6195
嘉兴市	**14235**	**13157**	**18036**	**12781**	**16682**	**567**
南湖区	6003	68	2000	7981	133	
秀洲区	4383	5335	163			567
嘉善县		89		4800		
海盐县		7600	10323			
海宁市	678	64				
平湖市					16549	
桐乡市	3170		5550			
湖州市	**10692**	**29874**	**8411**	**2080**	**3072**	**568**
吴兴区	10542	27242		2080	3072	568
南浔区						
德清县	150	94	4911			
长兴县		2539	3500			
安吉县						
绍兴市	**1003027**	**1182661**	**651112**	**486124**	**533917**	**624055**
越城区	54761	163331	53582	88739	50988	99163
绍兴县	262444	238288	169651	128809	108458	150568
新昌县	54852	40113	2322	29495	22375	332
诸暨市	294754	333244	327603	192769	266926	151283
上虞市	286387	324429	91165	29269	70731	218859
嵊州市	49829	83255	6789	17044	14440	3850
金华市	**250963**	**344355**	**254588**	**364220**	**122060**	**567492**
婺城区	37938	29934	54158	7592	13345	32228
金东区	1184					
武义县	4755					
浦江县	5165			3974	2965	
磐安县	14500	22325	7307	4305	3736	44656
兰溪市	9633			4078	1200	

3－B－5 续表3－3

单位:万元

地 区	江西省	山东省	河南省	湖北省	湖南省	广东省
义乌市		64908	5400		6218	22500
东阳市	169485	218244	187723	344271	94597	468108
永康市	8305	8944				
衢州市	**105280**	**7680**	**200**	**15204**	**28448**	**350**
柯城区	51494	650		1400	8658	350
衢江区	2731					
常山县	18523				4615	
开化县	12779		200	2305	4422	
龙游县	4678				9084	
江山市	15075	7030		11499	1670	
舟山市		**11595**		**9660**	**1770**	
定海区		11595		9660	1770	
普陀区						
岱山县						
台州市	**227959**	**220373**	**123596**	**683165**	**72816**	**209306**
椒江区	20292		3190	8450		49941
黄岩区	56103	6895	3200	30142	13391	
路桥区	30528	7000		30688		45551
玉环县						
三门县	4721	16316	21610	6950	2814	
天台县	10337	8120	4738	12845	5742	
仙居县	30230	30817	3696			456
温岭市	62122	140002	85933	572382	23572	4589
临海市	13628	11224	1230	21707	27297	108770
丽水市	**22133**	**12744**			**9167**	**5592**
莲都区	6245	3587			5303	5592
青田县						
缙云县	2893				3864	
遂昌县	945					
松阳县	7850					
云和县	4200					
景宁畲族自治县						
龙泉市		9157				

3－B－5 续表4－1

单位：万元

地 区	广西壮族自治区	海南省	重庆市	四川省	贵州省	云南省
总 计	**368175**	**212113**	**456143**	**636798**	**273122**	**305981**
杭州市	**39195**	**35124**	**42397**	**126652**	**64237**	**31383**
上城区	4482	5343	6096	8933	130	487
下城区	211	222	7973	27088	5681	12224
江干区	6551	674	129	4563	13957	3866
拱墅区	280	3274	850	2180		2930
西湖区	12856	5260	16604	42964	35024	1500
滨江区	4218		872	3325	245	4786
萧山区	8998	19732	9873	37599	9200	5590
余杭区		619				
桐庐县						
淳安县						
建德市						
富阳市						
临安市	1600					
宁波市	**4710**	**48306**	**49461**	**16092**	**1969**	**32700**
海曙区	956		15233	5033	423	
江东区			2150	3756	996	
江北区						
北仑区						
镇海区	3532				550	
鄞州区						
象山县	100	48306		2040		32700
宁海县				1078		
余姚市			31394			
慈溪市			685	4185		
奉化市	122					
温州市	**26098**	**1505**	**15642**	**59433**	**15652**	**48723**
鹿城区	13168	725	525	39808	1913	10025
龙湾区			6980	3214		
瓯海区			7028	10043		
洞头县					281	
永嘉县						

3-B-5 续表4-2 单位：万元

地　　区	广西壮族自治区	海南省	重庆市	四川省	贵州省	云南省
平阳县			502	4122	4286	9873
苍南县	5710	438		2247	4747	21990
泰顺县	7221	342			4425	1600
瑞安市			606			3435
乐清市						1800
嘉兴市	**1410**	**35646**	**13416**	**4236**	**220**	**113**
南湖区		150		861		
秀洲区			65	1825	220	113
嘉善县						
海盐县						
海宁市			13351	1050		
平湖市		35496				
桐乡市	1410			500		
湖州市			**41730**	**2276**	**7352**	**30578**
吴兴区			41730	2276	7352	30578
南浔区						
德清县						
长兴县						
安吉县						
绍兴市	**169190**	**42248**	**172282**	**319581**	**88734**	**86712**
越城区	28320		28638	41607	2030	4258
绍兴县	27454	33337	12093	54002	11109	46011
新昌县	20461			11435	15055	6450
诸暨市	83770	8911	114412	55228	53793	12771
上虞市	9185		15299	149609	2644	17222
嵊州市			1840	7700	4103	
金华市	**85358**	**42365**	**49668**	**41717**	**60155**	**47854**
婺城区	14859	11500	6544	592	3422	2450
金东区						4042
武义县						
浦江县				985		
磐安县					1827	436
兰溪市	851		5417			

3－B－5　续表4－3

单位：万元

地　区	广西壮族自治区	海南省	重庆市	四川省	贵州省	云南省
义乌市				116	34806	3534
东阳市	69647	26337	37707	40024	20100	37392
永康市		4528				
衢州市	**206**		**1200**		**3600**	
柯城区						
衢江区						
常山县						
开化县						
龙游县			1200		3600	
江山市	206					
舟山市	**4733**					
定海区	4733					
普陀区						
岱山县						
台州市	**37276**	**6919**	**70348**	**62488**	**29437**	**25632**
椒江区	9684			17726	10168	
黄岩区	17242					
路桥区	825		48330	3278		
玉环县						
三门县						
天台县	5713					4755
仙居县	3179			1015	14314	
温岭市	634	6919	20200	37861	4955	11237
临海市			1818	2608		9640
丽水市				**4324**	**1767**	**2286**
莲都区				4324	1767	1446
青田县						
缙云县						
遂昌县						
松阳县						
云和县						
景宁畲族自治县						840
龙泉市						

3－B－5 续表5－1 单位:万元

地　　区	西藏自治区	陕西省	甘肃省	青海省	宁夏回族自治区	新疆维吾尔自治区
总　计	**2573**	**1135671**	**230760**	**354624**	**104883**	**279867**
杭州市	**315**	**211301**	**50915**	**52588**	**35696**	**59039**
上城区		10953	4231	350	2714	6938
下城区	315		798	3		49
江干区		5226	2007	9364		
拱墅区		13245	1263	4180	1500	3467
西湖区		120015	20892	35323	25030	7687
滨江区		2668	21726			3715
萧山区		56727		3280	3351	37027
余杭区		2467		88	1532	157
桐庐县					1570	
淳安县						
建德市						
富阳市						
临安市						
宁波市		**6264**	**18882**	**3075**	**5000**	**3375**
海曙区		5390				
江东区				3075		457
江北区						
北仑区						
镇海区					5000	
鄞州区						
象山县		590				
宁海县			18703			2919
余姚市						
慈溪市		284	179			
奉化市						
温州市		**36842**	**14466**	**4522**	**1596**	**33587**
鹿城区		21523	695	1369		14371
龙湾区			124			
瓯海区		4000				
洞头县			265			245
永嘉县						

3－B－5 续表5－2

单位：万元

地　区	西藏自治区	陕西省	甘肃省	青海省	宁夏回族自治区	新疆维吾尔自治区
平阳县		3646	4720		1596	3909
苍南县		5482	7112	3153		15062
泰顺县		2191	1550			
瑞安市						
乐清市						
嘉兴市		**220**	**5993**	**50**	**78**	**326**
南湖区						
秀洲区			5993	50	78	26
嘉善县						
海盐县						
海宁市		220				300
平湖市						
桐乡市						
湖州市						
吴兴区						
南浔区						
德清县						
长兴县						
安吉县						
绍兴市	**258**	**324800**	**59667**	**133709**	**22249**	**152850**
越城区		44139	32696	44649		30177
绍兴县	258	94239	1133	59341	14480	57403
新昌县		205		7462		
诸暨市		19541	2169	22257		55467
上虞市		81946	23669		7769	9804
嵊州市		84730				
金华市	**2000**	**440325**	**66984**	**160680**	**19258**	**21500**
婺城区		12475	11028	534	1660	
金东区						
武义县						
浦江县						
磐安县		6260				
兰溪市		912				

3－B－5 续表5－3 单位:万元

地　　区	西藏自治区	陕西省	甘肃省	青海省	宁夏回族自治区	新疆维吾尔自治区
义乌市		12531		8739		
东阳市	2000	408147	55955	151407	17598	21500
永康市						
衢州市			**2948**			
柯城区			2948			
衢江区						
常山县						
开化县						
龙游县						
江山市						
舟山市		**6040**				
定海区						
普陀区		6040				
岱山县						
台州市		**109880**	**10905**		**21005**	**9190**
椒江区						
黄岩区		2800	10649			
路桥区						
玉环县						
三门县						
天台县						500
仙居县		17594				
温岭市		85976	256		13966	8433
临海市		3510			7040	256
丽水市						
莲都区						
青田县						
缙云县						
遂昌县						
松阳县						
云和县						
景宁畲族自治县						
龙泉市						

3-B-6 按登记注册类型、隶属关系、资质等级、控股情况和行业分组的总承包和专业承包建筑业企业房屋建筑面积

单位：万平方米、万元

指标名称	房屋建筑竣工面积	住宅	厂房、仓库	办公用房	批发和零售用房
总计	**37367.50**	**17227.71**	**11610.64**	**3350.58**	**1173.43**
一、按登记注册类型分组					
内资	**37135.10**	**17199.46**	**11427.75**	**3338.95**	**1172.77**
国有	185.53	114.64	25.61	19.95	7.60
集体	693.41	294.73	260.59	44.76	12.87
股份合作企业	44.17	6.02	29.17	4.63	
联营企业	2.29		2.29		
集体联营	2.29		2.29		
有限责任公司	14235.39	6992.27	3504.44	1309.10	691.10
国有独资公司	15.34	10.61	1.22	3.50	
其他有限责任公司	14220.05	6981.65	3503.22	1305.60	691.10
股份有限公司	3519.85	1817.10	732.00	305.01	72.11
私营企业	18453.58	7974.71	6872.77	1655.49	389.09
私营独资	73.78	41.39	15.62	5.86	0.60
私营合伙	25.62		23.36	2.11	
私营有限责任公司	17549.64	7598.25	6536.33	1563.23	376.51
私营股份有限公司	804.54	335.07	297.45	84.28	11.98
其他	0.87		0.87		
港澳台商投资	**149.66**	**20.63**	**118.42**	**0.99**	**0.66**
与港澳台商合资经营	149.66	20.63	118.42	0.99	0.66
外商投资	**82.74**	**7.62**	**64.47**	**10.65**	
中外合资经营	82.74	7.62	64.47	10.65	
二、按隶属关系分组					
中央	1.58		1.22	0.19	
中央	1.58		1.22	0.19	
省(自治区、直辖市)	586.10	295.82	141.33	57.68	17.54
省(自治区、直辖市)	586.10	295.82	141.33	57.68	17.54
地(区、市、州、盟)	853.99	438.06	109.15	24.77	162.30
地(区、市、州、盟)	853.99	438.06	109.15	24.77	162.30
县(区、市、旗)	1271.20	751.36	336.53	57.22	17.33
县(区、市、旗)	1271.20	751.36	336.53	57.22	17.33
乡镇(街道)	844.45	267.46	247.39	132.62	35.01
街道	146.21	48.06	60.98	27.80	
镇	696.74	218.40	186.41	104.32	35.01
乡	1.50	1.00		0.50	
基层群众自治组织	21.67	10.79	6.87		3.82
居委会	0.20	0.20			
村委会	21.47	10.59	6.87		3.82

3-B-6 续表1-1 单位:万平方米、万元

指标名称	房屋建筑竣工面积	住宅	厂房、仓库	办公用房	批发和零售用房
其他	33788.49	15464.22	10768.14	3078.10	937.43
其他	33788.49	15464.22	10768.14	3078.10	937.43
三、按企业资质等级分组					
施工总承包	36734.49	17201.56	11081.31	3340.98	1166.01
特级	9803.94	5231.33	1691.14	1030.48	483.42
一级	13304.37	6678.89	3588.50	1164.89	433.25
二级	9607.39	3949.79	3870.56	805.55	197.30
三级	4018.80	1341.54	1931.11	340.06	52.05
专业承包	633.01	26.16	529.32	9.60	7.42
一级	280.85	11.31	222.49	2.01	2.04
二级	237.41	3.41	221.26	4.00	
三级	114.74	11.43	85.58	3.59	5.38
四、按控股情况分组					
国有控股	682.14	358.13	157.16	66.27	17.54
集体控股	1583.17	712.34	417.95	71.78	175.28
私人控股	32642.83	15099.98	10250.01	2920.65	884.40
港澳台商控股	146.32	19.98	116.57	0.81	
外商控股	82.74	7.62	64.47	10.65	
其他	2230.30	1029.67	604.48	280.42	96.22
五、按国民经济行业小类分组					
房屋和土木工程建筑业	**37081.62**	**17182.23**	**11405.61**	**3333.04**	**1173.20**
房屋工程建筑	35945.09	16681.39	11031.09	3231.93	1141.49
房屋工程建筑	35945.09	16681.39	11031.09	3231.93	1141.49
土木工程建筑	1136.53	500.84	374.52	101.11	31.72
铁路、道路、隧道和桥梁工程建筑	943.65	447.28	303.87	79.92	22.12
水利和港口工程建筑	23.41	7.77	12.35	3.00	0.08
工矿工程建筑	15.83	9.75	4.15	1.57	
架线和管道工程建筑	8.35		7.13	0.76	
其他土木工程建筑	145.29	36.04	47.02	15.86	9.52
建筑安装业	**250.85**	**32.39**	**183.71**	**17.26**	**0.23**
建筑安装业	250.85	32.39	183.71	17.26	0.23
建筑安装业	250.85	32.39	183.71	17.26	0.23
其他建筑业	**35.02**	**13.09**	**21.32**	**0.28**	
工程准备	33.14	11.59	21.13	0.28	
工程准备	33.14	11.59	21.13	0.28	
其他未列明的建筑活动	1.88	1.50	0.19		
其他未列明的建筑活动	1.88	1.50	0.19		

3－B－6　续表2－1　　单位:万平方米、万元

指标名称	住宿和餐饮用房	居民服务业用房	教育用房	文化、体育和娱乐用房	卫生医疗用房
总　计	**739.49**	**395.80**	**945.21**	**433.42**	**223.47**
一、按登记注册类型分组					
内　资	**739.18**	**395.80**	**944.61**	**430.72**	**223.47**
国　有		2.08	0.26	7.75	3.84
集　体	7.41	4.46	19.87	14.30	1.68
股份合作企业			2.71	0.13	0.85
联营企业					
集体联营					
有限责任公司	377.27	208.10	417.60	200.13	138.00
国有独资公司					
其他有限责任公司	377.27	208.10	417.60	200.13	138.00
股份有限公司	55.04	33.87	69.87	73.30	20.64
私营企业	299.45	147.28	434.30	135.12	58.45
私营独资			1.16	0.37	1.98
私营合伙			0.15		
私营有限责任公司	276.58	145.40	414.59	128.46	54.77
私营股份有限公司	22.87	1.89	18.40	6.29	1.70
其　他					
港澳台商投资	**0.31**		**0.60**	**2.70**	
与港澳台商合资经营	0.31		0.60	2.70	
外商投资					
中外合资经营					
二、按隶属关系分组					
中　央					
中　央					
省(自治区、直辖市)	2.50	2.75	10.44	37.93	11.36
省(自治区、直辖市)	2.50	2.75	10.44	37.93	11.36
地(区、市、州、盟)	3.09	15.80	28.80	8.06	3.18
地(区、市、州、盟)	3.09	15.80	28.80	8.06	3.18
县(区、市、旗)	7.42	9.84	24.29	11.62	10.40
县(区、市、旗)	7.42	9.84	24.29	11.62	10.40
乡镇(街道)	25.04	18.49	24.24	33.09	17.36
街　道	0.22		1.08	4.50	0.98
镇	24.82	18.49	23.15	28.59	16.37
乡					
基层群众自治组织			0.20		
居委会					
村委会			0.20		

3-B-6 续表2-2 单位:万平方米、万元

指标名称	住宿和餐饮用房	居民服务业用房	教育用房	文化、体育和娱乐用房	卫生医疗用房
其他	701.43	348.93	857.25	342.72	181.17
其他	701.43	348.93	857.25	342.72	181.17
三、按企业资质等级分组					
施工总承包	738.08	395.51	939.71	395.49	222.28
特级	209.35	168.07	308.96	207.12	111.90
一级	348.63	141.65	306.80	125.40	66.42
二级	144.93	67.20	228.88	49.06	29.27
三级	35.17	18.58	95.07	13.91	14.69
专业承包	1.41	0.29	5.50	37.93	1.19
一级	1.41	0.29	4.18	27.92	
二级			0.15	4.96	
三级			1.17	5.05	1.19
四、按控股情况分组					
国有控股	2.50	2.75	10.69	42.43	12.04
集体控股	10.01	20.26	50.38	23.16	5.63
私人控股	688.09	344.39	836.84	339.91	180.00
港澳台商控股	0.31		0.60	2.70	
外商控股					
其他	38.57	28.40	46.70	25.22	25.80
五、按国民经济行业小类分组					
房屋和土木工程建筑业	**737.84**	**394.70**	**939.98**	**426.22**	**223.47**
房屋工程建筑	729.76	368.04	923.43	394.34	220.84
房屋工程建筑	729.76	368.04	923.43	394.34	220.84
土木工程建筑	8.08	26.66	16.56	31.88	2.63
铁路、道路、隧道和桥梁工程建筑	8.08	26.36	15.00	2.33	2.31
水利和港口工程建筑					
工矿工程建筑			0.36		
架线和管道工程建筑					
其他土木工程建筑		0.29	1.20	29.55	0.31
建筑安装业	**1.65**	**1.10**	**5.08**	**7.20**	
建筑安装业	1.65	1.10	5.08	7.20	
建筑安装业	1.65	1.10	5.08	7.20	
其他建筑业			**0.15**		
工程准备			0.15		
工程准备			0.15		
其他未列明的建筑活动					
其他未列明的建筑活动					

3－B－6 续表3－1 单位：万平方米、万元

指标名称	科研用房	其他用房	竣工房屋价值	厂房、仓库	住宅
总计	**165.04**	**1102.70**	**37609092**	**9251533**	**18472363**
一、按登记注册类型分组					
内资	**165.04**	**1097.36**	**37368928**	**9062976**	**18446035**
国有		3.80	240750	31984	140770
集体	0.70	32.03	632191	184986	308305
股份合作企业		0.66	28936	18624	3232
联营企业			917	917	
集体联营			917	917	
有限责任公司	97.06	300.32	15360614	3041554	7708444
国有独资公司			18062	2046	9054
其他有限责任公司	97.06	300.32	15342552	3039509	7699390
股份有限公司	28.48	312.43	4246018	734503	2263050
私营企业	38.80	448.12	16859033	5049939	8022234
私营独资	0.02	6.77	64457	13449	37171
私营合伙			13247	12121	
私营有限责任公司	25.54	429.98	15951997	4800686	7599877
私营股份有限公司	13.25	11.37	829331	223683	385186
其他			470	470	
港澳台商投资		**5.35**	**158751**	**125278**	**19115**
与港澳台商合资经营		5.35	158751	125278	19115
外商投资			**81414**	**63279**	**7213**
中外合资经营			81414	63279	7213
二、按隶属关系分组					
中央		0.17	2589	2046	
中央		0.17	2589	2046	
省(自治区、直辖市)	4.51	4.23	860856	215007	378933
省(自治区、直辖市)	4.51	4.23	860856	215007	378933
地(区、市、州、盟)	19.12	41.67	1253328	107741	629368
地(区、市、州、盟)	19.12	41.67	1253328	107741	629368
县(区、市、旗)	2.28	42.90	1267082	248117	810262
县(区、市、旗)	2.28	42.90	1267082	248117	810262
乡镇(街道)	28.67	15.08	852703	197203	270605
街道		2.57	135265	37757	50923
镇	28.67	12.51	716218	159446	218862
乡			1220		820
基层群众自治组织			22964	5496	14095
居委会			100		100
村委会			22864	5496	13995

3－B－6 续表3－2 单位：万平方米、万元

指标名称	科研用房	其他用房	竣工房屋价值	厂房、仓库	住宅
其他	110.47	998.64	33349571	8475925	16369100
其他	110.47	998.64	33349571	8475925	16369100
三、按企业资质等级分组					
施工总承包	165.04	1088.53	37209689	8964579	18449603
特级	128.95	233.23	12297405	1794237	6560978
一级	21.63	428.31	13752875	3046460	7179281
二级	8.00	256.84	8112865	2825250	3589211
三级	6.47	170.15	3046544	1298631	1120134
专业承包		14.17	399403	286954	22759
一级		9.20	244149	172130	8864
二级		3.63	96455	78028	5340
三级		1.34	58799	36796	8555
四、按控股情况分组					
国有控股	4.51	8.11	975388	228508	456777
集体控股	20.80	75.58	1878494	324968	895999
私人控股	109.54	989.03	32455450	8106831	16105263
港澳台商控股		5.35	156620	124461	18483
外商控股			81414	63279	7213
其他	30.19	24.63	2061728	403487	988628
五、按国民经济行业小类分组					
房屋和土木工程建筑业	**165.04**	**1100.28**	**37364780**	**9079076**	**18435905**
房屋工程建筑	164.64	1058.13	36319212	8804133	17919648
房屋工程建筑	164.64	1058.13	36319212	8804133	17919648
土木工程建筑	0.40	42.15	1045568	274943	516257
铁路、道路、隧道和桥梁工程建筑		36.37	870501	227848	465237
水利和港口工程建筑		0.22	17894	8533	5828
工矿工程建筑			14264	2643	9897
架线和管道工程建筑	0.40	0.07	6304	5043	
其他土木工程建筑		5.49	136606	30877	35294
建筑安装业		**2.23**	**217500**	**157468**	**24929**
建筑安装业		2.23	217500	157468	24929
建筑安装业		2.23	217500	157468	24929
其他建筑业		**0.19**	**26812**	**14989**	**11529**
工程准备			24434	14883	9329
工程准备			24434	14883	9329
其他未列明的建筑活动		0.19	2378	106	2200
其他未列明的建筑活动		0.19	2378	106	2200

3－B－6 续表4－1 单位：万平方米、万元

指 标 名 称	办公用房	批发和零售用房	住宿和餐饮用房	居民服务业用房	教育用房
总 计	**3849493**	**1344444**	**875705**	**465176**	**1092133**
一、按登记注册类型分组					
内 资	**3837150**	**1343964**	**875435**	**465176**	**1091443**
国 有	32263	9064		2500	306
集 体	43554	13872	6049	4109	18803
股份合作企业	2539				3353
联营企业					
集体联营					
有限责任公司	1559579	838469	453562	243245	534306
国有独资公司	6962				
其他有限责任公司	1552617	838469	453562	243245	534306
股份有限公司	467858	77963	54805	46393	82427
私营企业	1731358	404596	361020	168929	452249
私营独资	4908	667			955
私营合伙	1042				84
私营有限责任公司	1608719	389228	339121	167207	425095
私营股份有限公司	116689	14701	21898	1722	26116
其 他					
港澳台商投资	**1422**	**480**	**270**		**690**
与港澳台商合资经营	1422	480	270		690
外商投资	**10921**				
中外合资经营	10921				
二、按隶属关系分组					
中 央	322				
中 央	322				
省(自治区、直辖市)	105657	25824	4850	3496	19243
省(自治区、直辖市)	105657	25824	4850	3496	19243
地(区、市、州、盟)	37326	294003	4428	29019	44533
地(区、市、州、盟)	37326	294003	4428	29019	44533
县(区、市、旗)	55490	21025	9145	13917	30930
县(区、市、旗)	55490	21025	9145	13917	30930
乡镇(街道)	147585	39702	28588	22777	24275
街 道	37061		189		1168
镇	110124	39702	28399	22777	23107
乡	400				
基层群众自治组织		3258			115
居委会					
村委会		3258			115

3－B－6 续表4－2 单位：万平方米、万元

指 标 名 称	办公用房	批发和零售用房	住宿和餐饮用房	居民服务业用房	教育用房
其 他	3503114	960631	828694	395967	973036
其 他	3503114	960631	828694	395967	973036
三、按企业资质等级分组					
施工总承包	3841361	1339012	874548	464666	1088599
特 级	1413796	646317	252399	210360	426070
一 级	1382134	451996	442417	174736	363973
二 级	766345	193592	148986	64339	220499
三 级	279087	47107	30746	15230	78057
专业承包	8132	5432	1157	510	3533
一 级	2299	1686	1157	510	2271
二 级	4403				84
三 级	1430	3746			1178
四、按控股情况分组					
国有控股	117104	25824	4850	3496	19549
集体控股	79260	307960	10206	33128	63891
私人控股	3353224	902171	816797	392878	948337
港澳台商控股	1220		270		690
外商控股	10921				
其 他	287764	108489	43583	35674	59665
五、按国民经济行业小类分组					
房屋和土木工程建筑业	**3833770**	**1344155**	**874506**	**464042**	**1088732**
房屋工程建筑	3737723	1311064	866369	435010	1072900
房屋工程建筑	3737723	1311064	866369	435010	1072900
土木工程建筑	96047	33090	8137	29032	15832
铁路、道路、隧道和桥梁工程建筑	77632	19995	8137	28522	14250
水利和港口工程建筑	3326	44			
工矿工程建筑	1401				323
架线和管道工程建筑	772				
其他土木工程建筑	12916	13052		510	1259
建筑安装业	**15585**	**289**	**1200**	**1134**	**3316**
建筑安装业	15585	289	1200	1134	3316
建筑安装业	15585	289	1200	1134	3316
其他建筑业	**138**				**84**
工程准备	138				84
工程准备	138				84
其他未列明的建筑活动					
其他未列明的建筑活动					

3-B-6 续表5-1

单位：万平方米、万元

指标名称	文化、体育和娱乐用房	卫生医疗用房	科研用房	其他用房
总计	**572106**	**317287**	**221368**	**1147485**
一、按登记注册类型分组				
内资	**567306**	**317287**	**221368**	**1140789**
国有	11380	6802		5682
集体	15905	1449	677	34483
股份合作企业	160	567		462
联营企业				
集体联营				
有限责任公司	304891	214056	141081	321427
国有独资公司				
其他有限责任公司	304891	214056	141081	321427
股份有限公司	89563	34971	38401	356084
私营企业	145407	59443	41208	422651
私营独资	440	2660	22	4187
私营合伙				
私营有限责任公司	136058	54049	28603	403355
私营股份有限公司	8909	2735	12583	15109
其他				
港澳台商投资	**4800**			**6696**
与港澳台商合资经营	4800			6696
外商投资				
中外合资经营				
二、按隶属关系分组				
中央				221
中央				221
省(自治区、直辖市)	71793	21724	5436	8894
省(自治区、直辖市)	71793	21724	5436	8894
地(区、市、州、盟)	9995	5483	27825	63607
地(区、市、州、盟)	9995	5483	27825	63607
县(区、市、旗)	16208	10486	3665	47837
县(区、市、旗)	16208	10486	3665	47837
乡镇(街道)	35850	25350	44193	16576
街道	4990	1034		2143
镇	30860	24316	44193	14433
乡				
基层群众自治组织				
居委会				
村委会				

3－B－6 续表5－2

单位：万平方米、万元

指标名称	文化、体育和娱乐用房	卫生医疗用房	科研用房	其他用房
其　他	438260	254245	140250	1010350
其　他	438260	254245	140250	1010350
三、按企业资质等级分组				
施工总承包	524067	316111	221368	1125777
特　级	306652	189767	183960	312869
一　级	156108	85607	24603	445560
二　级	50312	28295	6400	219635
三　级	10994	12441	6406	147712
专业承包	48040	1176		21709
一　级	37889			17342
二　级	5731			2869
三　级	4420	1176		1498
四、按控股情况分组				
国有控股	76783	22337	5436	14725
集体控股	27162	7538	29968	98416
私人控股	434661	253949	139265	1002074
港澳台商控股	4800			6696
外商控股				
其　他	28700	33464	46700	25575
五、按国民经济行业小类分组				
房屋和土木工程建筑业	**562316**	**317287**	**221368**	**1143624**
房屋工程建筑	523706	314525	220919	1113215
房屋工程建筑	523706	314525	220919	1113215
土木工程建筑	38610	2762	449	30409
铁路、道路、隧道和桥梁工程建筑	1869	2441		24571
水利和港口工程建筑				163
工矿工程建筑				
架线和管道工程建筑			449	40
其他土木工程建筑	36742	321		5636
建筑安装业	**9790**			**3789**
建筑安装业	9790			3789
建筑安装业	9790			3789
其他建筑业				**72**
工程准备				
工程准备				
其他未列明的建筑活动				72
其他未列明的建筑活动				72

3-B-7 按地区分组的总承包和专业承包建筑业企业房屋建筑面积

单位：万平方米、万元

地　　区	房屋建筑竣工面积	住　宅	厂房、仓库	办公用房	批发和零售用　　房	住宿和餐饮用　　房
总　计	**37367.50**	**17227.71**	**11610.64**	**3350.58**	**1173.43**	**739.49**
杭州市	**5799.98**	**2751.30**	**1793.31**	**496.10**	**86.32**	**102.15**
上城区	345.08	195.98	57.13	59.29	15.66	4.63
下城区	46.42	23.92	8.08	8.42	0.24	0.46
江干区	504.44	203.28	160.33	53.56	13.56	18.11
拱墅区	448.17	278.25	81.44	43.68	1.42	3.52
西湖区	1255.99	769.44	227.06	74.42	17.23	22.27
滨江区	304.42	178.84	75.66	22.89		
萧山区	1786.99	656.02	789.48	149.55	18.63	39.98
余杭区	389.19	117.73	180.90	31.19	13.91	0.58
桐庐县	127.74	63.04	39.91	4.74	0.36	0.47
淳安县	43.74	15.36	9.37	4.79	0.03	0.66
建德市	71.80	36.84	25.89	3.92	0.70	1.45
富阳市	205.62	67.02	73.41	20.97	2.87	
临安市	270.37	145.58	64.65	18.67	1.70	10.03
宁波市	**3975.58**	**1480.46**	**1704.59**	**308.76**	**40.17**	**74.13**
海曙区	167.82	75.44	50.09	18.37	4.81	10.56
江东区	402.08	168.10	137.85	58.87	3.68	12.19
江北区	51.09	14.53	24.97	8.11	0.37	
北仑区	104.64	25.44	63.20	9.40	1.32	0.19
镇海区	180.28	51.19	95.99	16.61	4.01	
鄞州区	377.66	62.15	250.35	29.51		10.23
象山县	1614.41	843.03	376.34	106.94	14.00	17.27
宁海县	104.02	42.21	40.73	16.29		
余姚市	300.75	77.14	192.03	14.41	10.30	2.47
慈溪市	584.42	94.12	420.62	28.36	1.68	20.98
奉化市	88.41	27.11	52.42	1.88		0.24
温州市	**1870.58**	**642.92**	**889.50**	**158.53**	**44.10**	**11.59**
鹿城区	400.37	179.44	192.71	13.70		0.42
龙湾区	148.01	27.22	116.24	2.84		
瓯海区	487.20	167.26	215.70	53.54		8.86
洞头县	14.45	4.92	6.63	2.82		
永嘉县	79.85	25.26	43.74	3.45	0.45	0.19
平阳县	103.27	31.43	53.12	6.66		0.50

3－B－7 续表1－1

单位：万平方米、万元

地　　区	房屋建筑竣工面积	住　宅	厂房、仓库	办公用房	批发和零售用　　房	住宿和餐饮用　　房
苍南县	91.37	27.80	34.48	7.27	0.36	
文成县	1.71	0.19	0.21	0.41	0.06	
泰顺县	181.42	101.89	7.56	28.31	42.98	
瑞安市	175.54	42.54	118.26	10.17		0.14
乐清市	187.40	34.98	100.87	29.36	0.24	1.48
嘉兴市	**1899.61**	**529.21**	**999.22**	**121.27**	**64.64**	**30.68**
南湖区	211.23	80.81	90.30	17.41	1.04	5.02
秀洲区	208.30	33.34	106.99	18.18	3.28	0.54
嘉善县	187.74	42.31	123.03	4.55	0.95	5.26
海盐县	103.97	35.45	50.65	9.49	0.58	0.49
海宁市	470.35	132.03	262.21	21.90	17.99	1.11
平湖市	198.89	64.28	117.85	2.98	2.06	8.53
桐乡市	519.13	140.99	248.19	46.78	38.74	9.74
湖州市	**1031.37**	**393.19**	**436.81**	**93.09**	**29.28**	**6.66**
吴兴区	536.26	198.89	220.09	54.84	23.25	1.15
南浔区	62.60	30.47	30.82			0.30
德清县	172.60	82.77	69.47	10.81	0.66	1.00
长兴县	172.82	57.08	69.62	21.41	0.54	1.12
安吉县	87.10	23.98	46.82	6.02	4.83	3.10
绍兴市	**12404.13**	**6032.40**	**3308.66**	**1180.15**	**531.63**	**306.68**
越城区	1857.33	830.17	427.17	206.34	193.18	29.08
绍兴县	3756.82	1300.26	1343.11	562.25	139.93	79.71
新昌县	401.05	199.02	144.58	25.15	3.95	
诸暨市	2660.89	1491.37	526.56	106.14	134.10	162.36
上虞市	3109.74	1839.66	694.25	236.93	57.74	35.53
嵊州市	618.29	371.92	172.99	43.35	2.72	
金华市	**5477.47**	**2712.11**	**1159.02**	**596.37**	**308.42**	**118.64**
婺城区	686.98	325.43	225.11	25.97	64.07	25.05
金东区	54.75	16.43	20.86	8.76	4.40	
武义县	96.80	25.55	50.02	6.33		1.82
浦江县	155.55	80.02	52.05	12.93	2.31	1.50
磐安县	185.60	60.84	49.61	25.36		
兰溪市	111.85	44.31	46.49	5.72	1.38	0.11
义乌市	436.44	156.91	140.95	33.25	71.38	5.85

3-B-7 续表1-2 单位：万平方米、万元

地区	房屋建筑竣工面积	住宅	厂房、仓库	办公用房	批发和零售用房	住宿和餐饮用房
东阳市	3614.17	1952.89	529.42	457.61	163.99	84.31
永康市	135.34	49.71	44.51	20.45	0.88	
衢州市	**861.05**	**522.69**	**222.06**	**47.00**	**9.43**	**3.86**
柯城区	310.43	206.53	67.62	14.24	3.03	2.79
衢江区	6.24	3.40	0.42	0.92		
常山县	110.05	50.57	45.61	7.37	0.21	0.30
开化县	125.13	79.26	26.93	4.07	5.60	0.67
龙游县	159.20	76.73	60.58	12.10		
江山市	150.01	106.20	20.90	8.30	0.60	0.11
舟山市	**236.71**	**153.64**	**40.49**	**14.45**	**1.30**	**9.26**
定海区	150.30	97.96	32.01	8.29	1.15	1.57
普陀区	40.73	24.51	4.00	4.05	0.15	5.54
岱山县	40.44	30.35	3.80	1.54		2.15
嵊泗县	5.25	0.82	0.68	0.57		
台州市	**3448.50**	**1812.58**	**987.61**	**308.70**	**45.52**	**60.33**
椒江区	420.72	213.28	90.03	61.98	10.60	10.10
黄岩区	428.31	228.68	141.49	26.99	3.72	4.17
路桥区	286.97	114.39	117.14	32.95	8.81	0.08
玉环县	42.39	13.51	23.01	0.88		
三门县	135.29	92.61	23.02	9.54		
天台县	100.65	32.80	31.32	13.67	2.06	9.70
仙居县	136.78	70.40	27.01	10.39	5.26	2.99
温岭市	1442.92	751.71	429.04	133.95	10.19	32.68
临海市	454.47	295.20	105.56	18.36	4.89	0.60
丽水市	**362.50**	**197.24**	**69.36**	**26.16**	**12.63**	**15.51**
莲都区	178.78	101.71	33.83	11.85	2.43	7.98
青田县	16.26	3.41	2.11	0.58	9.50	
缙云县	35.43	11.94	11.47	0.98		6.51
遂昌县	16.20	11.50	2.04	0.83		
松阳县	12.74	8.56	0.34	0.41	0.70	
云和县	34.76	19.22	10.49	2.35		0.44
庆元县	12.70	3.91	2.99	4.47		
景宁畲族自治县	9.74	5.38	0.92	1.73		
龙泉市	45.89	31.60	5.19	2.97		0.59

3－B－7 续表2－1 单位：万平方米、万元

地　区	居民服务业用　房	教育用房	文化、体育和娱乐用房	卫生医疗用　房	科研用房	其他用房
总　计	**395.80**	**945.21**	**433.42**	**223.47**	**165.04**	**1102.70**
杭州市	**21.54**	**157.42**	**119.19**	**32.18**	**12.52**	**227.94**
上城区	1.86	8.69	0.78			1.06
下城区	0.79	0.26		0.68		3.57
江干区	1.36	22.11	12.40		0.42	19.30
拱墅区	2.38	9.53	3.76	3.16	0.39	20.64
西湖区	0.67	34.43	32.83	17.84	9.29	50.51
滨江区		13.76	4.87			8.41
萧山区	3.68	37.96	47.44	8.92		35.33
余杭区	1.68	5.44	4.80			32.96
桐庐县	0.20	7.44	1.03	0.10	0.32	10.14
淳安县		5.00	0.96	0.10		7.47
建德市		0.70				2.30
富阳市	6.36	4.16	3.73		2.10	24.99
临安市	2.56	7.95	6.60	1.37		11.26
宁波市	**14.68**	**58.87**	**22.80**	**10.82**	**23.73**	**236.58**
海曙区	0.34	3.97				4.24
江东区		1.27	2.74	1.46	7.34	8.58
江北区	0.38	2.45				0.30
北仑区	0.77	1.37	1.54	0.12		1.28
镇海区	1.42	4.50	4.95	0.08	0.60	0.93
鄞州区		12.64	2.27			10.51
象山县	10.02	14.41	4.35	7.49	15.37	205.19
宁海县	0.49	2.24	0.51			1.54
余姚市	0.27	2.90	0.39	0.43		0.41
慈溪市	1.00	8.48	5.92		0.42	2.83
奉化市		4.64	0.12	1.24		0.76
温州市	**10.59**	**58.71**	**4.16**	**2.55**	**0.74**	**47.20**
鹿城区		4.54	1.51	0.96		7.09
龙湾区	0.11	0.17	0.49			0.94
瓯海区	10.07	15.68	0.04		0.34	15.72
洞头县						0.09
永嘉县		5.60		0.70		0.46
平阳县		5.25		0.63	0.40	5.28

3－B－7　续表2－2

单位：万平方米、万元

地　区	居民服务业用　房	教育用房	文化、体育和娱乐用房	卫生医疗用　房	科研用房	其他用房
苍南县	0.35	15.92	2.12	0.07		3.01
文成县		0.38				0.45
泰顺县		0.36		0.19		0.13
瑞安市		1.75				2.68
乐清市	0.05	9.05				11.36
嘉兴市	**17.79**	**40.93**	**11.14**	**6.51**	**3.89**	**74.34**
南湖区	5.58	4.00	0.85	4.85		1.37
秀洲区	2.01	4.60	1.67			37.70
嘉善县		0.49	0.65	0.50		10.01
海盐县	0.44	3.12	2.21	0.02		1.52
海宁市	3.17	12.31	0.17	0.08	3.63	15.74
平湖市	1.01	2.08				0.10
桐乡市	5.57	14.32	5.59	1.06	0.26	7.90
湖州市	**1.97**	**42.98**	**2.92**	**9.47**	**0.92**	**14.08**
吴兴区		20.40	2.24	4.98	0.92	9.50
南浔区		0.53				0.49
德清县		0.60		4.49		2.80
长兴县	0.94	20.91	0.68			0.52
安吉县	1.03	0.54				0.78
绍兴市	**244.61**	**271.17**	**137.08**	**51.19**	**82.95**	**257.62**
越城区	24.54	59.14	20.22	24.36	23.42	19.70
绍兴县	75.31	81.61	31.21	20.36	34.61	88.45
新昌县	1.52	4.08	3.26	0.30	0.40	18.79
诸暨市	40.49	43.79	42.86	1.21	11.03	100.99
上虞市	102.03	68.60	32.04	4.95	13.49	24.53
嵊州市	0.72	13.94	7.50			5.15
金华市	**58.47**	**192.71**	**97.89**	**77.46**	**35.52**	**120.86**
婺城区	0.88	5.63	0.36	1.83		12.66
金东区	0.93	1.35	0.28	1.68		0.07
武义县	0.28	9.85		0.57		2.37
浦江县		4.73	0.66	0.56		0.78
磐安县	0.39	15.39	0.55	6.86	0.50	26.10
兰溪市		10.37		0.52		2.94
义乌市	1.04	11.14	2.22	3.58	3.71	6.42

3－B－7 续表2－3 单位：万平方米、万元

地　区	居民服务业用　房	教育用房	文化、体育和娱乐用房	卫生医疗用　房	科研用房	其他用房
东阳市	53.31	126.55	93.62	56.90	30.60	64.98
永康市	1.65	7.72	0.21	4.96	0.70	4.54
衢州市	**2.49**	**27.57**	**0.30**	**1.13**	**1.49**	**23.04**
柯城区	2.46	3.84	0.30		0.48	9.15
衢江区		1.34		0.07		0.10
常山县	0.03	4.56				1.40
开化县		6.75			1.01	0.84
龙游县		6.44		0.51		2.84
江山市		4.65		0.54		8.71
舟山市	**0.81**	**5.03**	**0.25**	**2.14**	**0.02**	**9.33**
定海区	0.24	1.65	0.19	0.08		7.18
普陀区		1.46	0.06			0.96
岱山县	0.57	0.72		0.26		1.04
嵊泗县		1.20		1.80	0.02	0.16
台州市	**19.92**	**70.86**	**34.32**	**21.59**	**2.96**	**84.09**
椒江区		4.49	1.06	7.13		22.05
黄岩区	2.68	6.73		7.70		6.15
路桥区	4.15		1.58	1.59		6.29
玉环县	0.97	0.33		0.59		3.10
三门县	1.80	4.05		0.78		3.49
天台县	0.15	6.31	0.36	2.10		2.18
仙居县	1.22	8.88	2.52	0.95		7.15
温岭市	6.16	33.73	28.17		2.96	14.33
临海市	2.79	6.35	0.63	0.75		19.36
丽水市	**2.94**	**18.95**	**3.37**	**8.42**	**0.29**	**7.62**
莲都区	2.37	8.31	2.97	5.22	0.29	1.83
青田县		0.43	0.21			0.02
缙云县		3.32		0.33		0.89
遂昌县	0.50					1.34
松阳县	0.07	1.12	0.19	1.30		0.05
云和县		1.60		0.44		0.22
庆元县		0.82		0.49		0.02
景宁畲族自治县		1.29		0.42		
龙泉市		2.08		0.22		3.26

3－B－7　续表3－1

单位：万平方米、万元

地　区	竣工房屋价　值	厂房、仓库	住　宅	办公用房	批发和零售用　房	住宿和餐饮用　房
总　计	**37609092**	**9251533**	**18472363**	**3849493**	**1344444**	**875705**
杭州市	**6213588**	**1540583**	**3140346**	**610914**	**93457**	**127839**
上城区	400102	54891	225968	81492	16816	5785
下城区	51100	5960	25030	11535	415	859
江干区	589069	133402	247301	88865	19786	30425
拱墅区	512958	74657	325960	55309	1265	4691
西湖区	1536194	250421	907564	110739	17112	22740
滨江区	335173	57726	209859	30333		
萧山区	1798992	654521	766296	151271	17051	51574
余杭区	331701	134098	112830	32894	14976	665
桐庐县	97819	27847	48755	3832	210	345
淳安县	36009	6117	13456	4086	37	574
建德市	51768	15524	28495	4006	615	1260
富阳市	192683	69580	68848	18045	3873	
临安市	280020	55840	159984	18508	1301	8922
宁波市	**4157426**	**1366102**	**1789848**	**424757**	**60708**	**88977**
海曙区	187047	45736	82391	24402	7003	15492
江东区	461282	111710	211056	94589	4100	10301
江北区	49194	16989	9914	17513	200	
北仑区	80224	44758	20786	9184	612	212
镇海区	236585	116858	64293	28137	6420	
鄞州区	303458	176124	55988	22715		23300
象山县	2062529	411529	1131950	177322	28936	8405
宁海县	82734	27045	34385	18704		
余姚市	224499	123618	75991	8343	11689	1770
慈溪市	399510	251824	80465	21988	1748	29186
奉化市	70364	39910	22630	1859		310
温州市	**1739409**	**638517**	**772380**	**149318**	**43547**	**11829**
鹿城区	440545	154598	245299	23353		250
龙湾区	119109	83807	30861	2785		
瓯海区	469049	149238	213081	53305		8397
洞头县	12554	4752	5303	2404		
永嘉县	76751	34696	31765	2695	452	158
平阳县	75724	32424	25869	5465		390

3－B－7 续表3－2 单位：万平方米、万元

地区	竣工房屋价值	厂房、仓库	住宅	办公用房	批发和零售用房	住宿和餐饮用房
苍南县	81761	27567	28326	7121	256	
文成县	1408	150	200	344	46	
泰顺县	191584	6720	117824	23668	42740	
瑞安市	134694	81588	40291	7755		193
乐清市	136230	62978	33561	20424	53	2442
嘉兴市	**1505544**	**656378**	**505457**	**101052**	**66076**	**32476**
南湖区	187131	62480	82298	16797	1142	5129
秀洲区	134661	61820	22380	14827	2390	385
嘉善县	129663	68450	42489	3457	1262	6331
海盐县	77940	30282	30251	8287	285	100
海宁市	371625	164851	129169	18478	23541	1037
平湖市	160897	80254	61174	2985	1770	10843
桐乡市	443628	188241	137696	36222	35686	8651
湖州市	**915610**	**302253**	**354956**	**114008**	**41978**	**6176**
吴兴区	500189	159553	168110	76562	37279	1847
南浔区	45211	23579	20316			196
德清县	165615	46610	90990	13552	480	760
长兴县	149284	47238	57567	20299	576	773
安吉县	55312	25274	17974	3595	3644	2600
绍兴市	**12963573**	**2830753**	**6415028**	**1375596**	**657216**	**371440**
越城区	2252696	370699	999734	277920	317307	35667
绍兴县	3661994	1087158	1310057	620221	130460	102982
新昌县	295216	100261	148984	21116	3353	
诸暨市	2841732	503426	1583751	144805	143761	187516
上虞市	3454592	662996	2085593	276698	58800	45275
嵊州市	457344	106213	286910	34835	3536	
金华市	**5442206**	**875312**	**2801551**	**663427**	**309252**	**129990**
婺城区	519618	127125	261535	25431	61961	26235
金东区	44359	13395	13496	9323	3500	
武义县	49438	17849	15676	3332		1817
浦江县	119349	39553	60477	10165	1800	1095
磐安县	172674	33166	66097	20131		
兰溪市	86729	24854	38349	7219	1175	80
义乌市	369330	96789	160638	26660	55671	3665

3－B－7 续表3－3

单位：万平方米、万元

地区	竣工房屋价值	厂房、仓库	住宅	办公用房	批发和零售用房	住宿和餐饮用房
东阳市	3965895	491478	2142732	539683	183997	97098
永康市	114815	31102	42551	21483	1147	
衢州市	**592771**	**145746**	**352628**	**41543**	**5750**	**2727**
柯城区	231537	61576	135352	17500	2844	1877
衢江区	6295	304	4501	472		
常山县	76656	27577	37135	6730	142	237
开化县	77232	18632	47237	3381	2296	546
龙游县	86878	27359	44205	8201		
江山市	114174	10298	84199	5258	468	67
舟山市	**260407**	**33440**	**175071**	**16637**	**1460**	**16120**
定海区	158497	24360	112988	9556	1240	3117
普陀区	52759	3744	30454	4940	220	10347
岱山县	41746	3937	30594	1428		2657
嵊泗县	7405	1399	1036	713		
台州市	**3507113**	**811056**	**1989657**	**329818**	**49206**	**76069**
椒江区	506632	83212	285410	69419	12002	15129
黄岩区	389400	99080	235325	20254	3280	3098
路桥区	320477	109806	151877	37147	12563	100
玉环县	51669	31929	14115	527		
三门县	117987	17759	82753	8887		
天台县	92837	27918	28875	12104	2670	9539
仙居县	90380	18095	41235	9219	3900	2192
温岭市	1447770	323969	817464	152779	9411	44910
临海市	489961	99287	332602	19481	5380	1100
丽水市	**311446**	**51394**	**175440**	**22424**	**15794**	**12063**
莲都区	153216	25960	91562	9628	2289	6599
青田县	20304	1129	5340	455	12805	
缙云县	29716	7951	11428	824		4602
遂昌县	10199	1355	6710	553		
松阳县	9708	194	6553	353	700	
云和县	26944	7733	15141	1469		452
庆元县	12613	2523	4474	4770		
景宁畲族自治县	6942	924	3579	1656		
龙泉市	41804	3626	30653	2715		410

3－B－7 续表4－1 单位：万平方米、万元

地区	居民服务业用房	教育用房	文化、体育和娱乐用房	卫生医疗用房	科研用房	其他用房
总计	**465176**	**1092133**	**572106**	**317287**	**221368**	**1147485**
杭州市	**25536**	**195829**	**173678**	**48391**	**15228**	**241788**
上城区	2516	10424	669			1541
下城区	951	306		613		5431
江干区	2441	23738	18025		250	24837
拱墅区	2779	11504	6768	6189	214	23623
西湖区	996	49824	62164	29245	12377	73013
滨江区		18807	8810			9637
萧山区	5990	48989	59855	10850		32595
余杭区	1219	5431	6616			22971
桐庐县	90	6517	834	89	279	9024
淳安县		3549	742	73		7376
建德市		765				1103
富阳市	5590	3677	2297		2109	18664
临安市	2964	12298	6897	1332		11975
宁波市	**20968**	**72356**	**32568**	**24245**	**33497**	**243399**
海曙区	349	5716				5958
江东区		3300	5030	2566	6047	12584
江北区	675	3578				325
北仑区	562	1522	1556	145		886
镇海区	904	8373	8013	133	427	3027
鄞州区		13419	1328			10585
象山县	17110	22427	11599	20079	26784	206388
宁海县	360	1279	462			500
余姚市	169	1968	353	363		235
慈溪市	840	6805	4121		239	2293
奉化市		3969	107	959		619
温州市	**13405**	**58683**	**4288**	**2962**	**690**	**43791**
鹿城区		5519	1998	1563		7966
龙湾区	107	129	393			1027
瓯海区	12863	18407	34		241	13484
洞头县						95
永嘉县		5867		415		705
平阳县		5528		727	449	4873

3－B－7　续表4－2　　单位：万平方米、万元

地　　区	居民服务业用　　房	教育用房	文化、体育和娱乐用房	卫生医疗用　　房	科研用房	其他用房
苍南县	400	13791	1863	50		2387
文成县		317				351
泰顺县		270		208		156
瑞安市		1467				3400
乐清市	35	7389				9347
嘉兴市	**15034**	**46734**	**9556**	**8554**	**4059**	**60168**
南湖区	5227	4712	545	6533		2268
秀洲区	1711	5615	919			24614
嘉善县		416	791	534		5933
海盐县	466	3329	3013	15		1912
海宁市	2212	14706	147	59	3792	13633
平湖市	845	2854				172
桐乡市	4573	15102	4141	1413	267	11635
湖州市	**1629**	**52176**	**3633**	**18026**	**985**	**19790**
吴兴区		29327	2848	7467	985	16212
南浔区		700				420
德清县		657		10559		2007
长兴县	460	21010	785			576
安吉县	1169	482				575
绍兴市	**299401**	**345565**	**176386**	**84825**	**115889**	**291474**
越城区	38112	84525	29412	50366	32926	16028
绍兴县	81952	104410	34921	27667	51951	110215
新昌县	1056	1511	4307	179	220	14229
诸暨市	42511	48976	49568	1208	11862	124349
上虞市	135244	94725	48803	5405	18929	22124
嵊州市	527	11419	9375			4529
金华市	**62781**	**204085**	**129440**	**91540**	**46081**	**128749**
婺城区	1027	5969	339	1110		8886
金东区	957	1654	150	1781		103
武义县	232	8790		622		1120
浦江县		4817	459	489		493
磐安县	246	13261	358	5243	508	33666
兰溪市		11453		442		3157
义乌市	773	8124	1979	4117	4960	5957

3－B－7 续表4－3 单位：万平方米、万元

地区	居民服务业用房	教育用房	文化、体育和娱乐用房	卫生医疗用房	科研用房	其他用房
东阳市	57613	142329	125988	72993	39937	72049
永康市	1934	7689	167	4744	677	3320
衢州市	**1531**	**21566**	**229**	**884**	**791**	**19376**
柯城区	1510	3409	229		300	6940
衢江区		928		51		39
常山县	21	3583				1230
开化县		3937			491	712
龙游县		5515		308		1290
江山市		4194		525		9166
舟山市	**949**	**5687**	**441**	**2851**	**22**	**7728**
定海区	295	1654	354	121		4813
普陀区		1621	87			1346
岱山县	654	733		290		1453
嵊泗县		1678		2440	22	117
台州市	**21424**	**73909**	**39055**	**28150**	**3877**	**84893**
椒江区		4144	1766	11332		24218
黄岩区	2410	8428		10555		6969
路桥区	2432		1560	1443		3548
玉环县	957	180		1131		2830
三门县	1264	3369		654		3302
天台县	172	6464	470	1698		2927
仙居县	1025	6675	1854	786		5398
温岭市	10519	38521	32649		3877	13672
临海市	2646	6128	755	552		22029
丽水市	**2518**	**15544**	**2832**	**6858**	**250**	**6329**
莲都区	2016	6614	2516	4298	250	1485
青田县		326	170			78
缙云县		3588		497		826
遂昌县	433					1148
松阳县	69	833	146	814		45
云和县		1386		587		176
庆元县		507		305		34
景宁畲族自治县		579		203		
龙泉市		1711		153		2537

3－B－8　按登记注册类型、隶属关系、资质等级、控股情况和行业分组的总承包和专业承包建筑业企业财务状况

单位：万元，人

指标名称	年初存货	流动资产合计	存货	长期投资	固定资产合计	固定资产原价
总计	**8590372**	**33076153**	**10001190**	**2394292**	**5553056**	**7102794**
一、按登记注册类型分组						
内资	**8524034**	**32818693**	**9944825**	**2384672**	**5493811**	**7022319**
国有	168273	939944	209017	36687	255967	264723
集体	280208	795284	360803	13234	96833	142090
股份合作企业	32070	88112	36765	6877	30103	39964
联营企业	565	7165	513	1065	4692	8030
国有联营	176	6641	144	1065	4280	7437
集体联营	389	524	370		412	594
有限责任公司	2696813	12307518	3335964	1140181	1934580	2576206
国有独资公司	115913	544025	122051	184984	103997	160206
其他有限责任公司	2580900	11763493	3213914	955197	1830583	2416000
股份有限公司	968421	3338537	1155586	304654	299702	324005
私营企业	4374753	15313286	4839692	881850	2860519	3656721
私营独资	15257	71986	18021	6297	37377	23359
私营合伙	2940	17629	4207	492	5628	8771
私营有限责任公司	4067709	14214780	4543695	809612	2705889	3475536
私营股份有限公司	288847	1008892	273769	65449	111625	149055
其他	2931	28847	6484	123	11415	10580
港澳台商投资	**23848**	**89086**	**29068**	**5770**	**22562**	**22346**
与港澳台商合资经营	23557	87250	28846	5770	22466	22222
港澳台商独资	291	1836	222		96	124
外商投资	**42490**	**168375**	**27296**	**3850**	**36684**	**58129**
中外合资经营	42490	168375	27296	3850	36684	58129
二、按隶属关系分组						
中央	50893	532507	64752	4310	179023	313637
中央	50893	532507	64752	4310	179023	313637
省(自治区、直辖市)	210198	1249859	284602	202878	118040	193794

3－B－8 续表1－1

单位:万元,人

指 标 名 称	年初存货	流动资产合计	存 货	长期投资	固定资产合计	固定资产原价
省(自治区、直辖市)	210198	1249859	284602	202878	118040	193794
地(区、市、州、盟)	420194	1233274	451521	91773	158217	198864
地(区、市、州、盟)	420194	1233274	451521	91773	158217	198864
县(区、市、旗)	456195	1681720	556336	70930	334192	336621
县(区、市、旗)	456195	1681720	556336	70930	334192	336621
乡镇(街道)	113702	629335	132926	22533	93327	131734
街 道	75704	196198	79321	6829	36321	47903
镇	37997	432498	53604	15704	56598	83282
乡	2	639	2		408	549
基层群众自治组织	11920	24160	12257	4439	5610	9337
居委会	5945	6588	5945		171	180
村委会	5975	17573	6312	4439	5439	9158
其 他	7327269	27725298	8498797	1997430	4664647	5918807
其 他	7327269	27725298	8498797	1997430	4664647	5918807
三、按企业资质等级分组						
施工总承包	7496782	28485138	8707855	2092845	4697606	5975869
特 级	1505621	6583063	1838017	751353	576659	710856
一 级	2514346	9997490	3010399	796988	1555244	2083102
二 级	2515646	7966691	2728996	405152	1624533	2112713
三 级	961169	3937894	1130443	139353	941170	1069198
专业承包	1093590	4591015	1293334	301447	855450	1126926
一 级	328198	1364701	339510	83338	254192	341405
二 级	259796	1035680	303934	71199	202551	282550
三 级	487153	2077362	621314	145162	382123	480406
不分等级	18444	113273	28577	1748	16584	22565
四、按控股情况分组						
国有控股	668500	3050256	751178	266046	587644	766519
集体控股	645155	1979943	798601	115457	239181	304285

3－B－8 续表1－2

单位：万元，人

指 标 名 称	年初存货	流动资产合 计	存 货	长期投资	固定资产合 计	固定资产原 价
私人控股	7042154	26662734	8177716	1958045	4486177	5717224
港澳台商控股	14617	79666	22226	5270	21583	20903
外商控股	42317	153688	26988	3850	21749	31163
其 他	177629	1149866	224481	45623	196723	262701
五、按国民经济行业分组						
房屋和土木工程建筑业	**7782564**	**29482816**	**9056840**	**2201584**	**4878367**	**6252920**
房屋工程建筑	5823332	20736865	6732953	1584906	2941370	3669812
房屋工程建筑	5823332	20736865	6732953	1584906	2941370	3669812
土木工程建筑	1959233	8745952	2323886	616678	1936996	2583108
铁路、道路、隧道和桥梁工程建筑	1136618	5173123	1326939	381938	1258037	1640286
水利和港口工程建筑	150469	918330	170307	39411	231543	362649
工矿工程建筑	46603	335874	57012	29540	90054	137086
架线和管道工程建筑	454344	1648530	556202	129650	174531	217354
其他土木工程建筑	171198	670096	213427	36139	182831	225733
建筑安装业	**478243**	**2021195**	**573364**	**97638**	**368089**	**430753**
建筑安装业	478243	2021195	573364	97638	368089	430753
建筑安装业	478243	2021195	573364	97638	368089	430753
建筑装饰业	**257792**	**1157655**	**287636**	**64902**	**190087**	**249354**
建筑装饰业	257792	1157655	287636	64902	190087	249354
建筑装饰业	257792	1157655	287636	64902	190087	249354
其他建筑业	**71773**	**414487**	**83350**	**30168**	**116514**	**169768**
工程准备	60108	347724	70373	29519	94075	140377
工程准备	60108	347724	70373	29519	94075	140377
提供施工设备服务	4813	12932	4165	168	6521	8222
提供施工设备服务	4813	12932	4165	168	6521	8222
其他未列明的建筑活动	6853	53831	8812	482	15919	21170
其他未列明的建筑活动	6853	53831	8812	482	15919	21170

3－B－8 续表2－1 单位:万元,人

指标名称	生产经营用	累计折旧	本年折旧	在建工程	无形及递延资产小计	无形资产
总　计	**5739017**	**2288650**	**443625**	**606389**	**641907**	**564635**
一、按登记注册类型分组						
内　资	**5667111**	**2259804**	**436815**	**598842**	**635876**	**560099**
国　有	225566	103136	17950	92711	9647	8563
集　体	100635	49982	5071	2393	2665	2062
股份合作企业	34521	10514	2014	6	552	479
联营企业	7978	3338	351			
国有联营	7437	3156	345			
集体联营	542	182	6			
有限责任公司	2131189	873343	160638	191619	372633	340626
国有独资公司	153244	56637	10467	226	31581	26974
其他有限责任公司	1977945	816706	150171	191393	341052	313652
股份有限公司	255612	98904	23081	71777	28587	21784
私营企业	2901638	1115685	226860	234627	219734	184529
私营独资	16461	6453	2784	20433	2619	2616
私营合伙	6334	3852	482	496	264	214
私营有限责任公司	2756518	1056937	216339	202979	187805	156737
私营股份有限公司	122325	48444	7256	10720	29046	24963
其　他	9972	4901	851	5708	2058	2055
港澳台商投资	**20101**	**6399**	**2298**	**6545**	**608**	**558**
与港澳台商合资经营	20020	6306	2283	6545	608	558
港澳台商独资	81	93	15			
外商投资	**51805**	**22448**	**4513**	**1002**	**5423**	**3978**
中外合资经营	51805	22448	4513	1002	5423	3978
二、按隶属关系分组						
中　央	307771	135196	20577	582	40619	31217
中　央	307771	135196	20577	582	40619	31217
省(自治区、直辖市)	166595	81225	10833	5220	26419	25235

3－B－8 续表2－2

单位:万元,人

指 标 名 称	生产经营用	累计折旧	本年折旧	在建工程	无形及递延资产小计	无形资产
省(自治区、直辖市)	166595	81225	10833	5220	26419	25235
地(区、市、州、盟)	154493	67378	12337	26065	4872	4120
地(区、市、州、盟)	154493	67378	12337	26065	4872	4120
县(区、市、旗)	268041	117255	16231	113426	24660	22975
县(区、市、旗)	268041	117255	16231	113426	24660	22975
乡镇(街道)	101156	49613	6667	7680	4744	4032
街 道	41976	20432	2432	6275	2646	2641
镇	58834	29041	4226	1405	2082	1374
乡	346	141	10		17	17
基层群众自治组织	8084	3834	582	5	642	536
居委会	20	8	8			
村委会	8064	3825	574	5	642	536
其 他	4732877	1834150	376399	453411	539951	476521
其 他	4732877	1834150	376399	453411	539951	476521
三、按企业资质等级分组						
施工总承包	4891356	1911136	370898	512251	531512	467984
特 级	602553	229059	47876	91550	170068	161713
一 级	1756914	744508	135455	131956	207111	186875
二 级	1695584	658609	125776	155980	105835	87115
三 级	836305	278960	61792	132765	48497	32280
专业承包	847661	377514	72727	94138	110395	96652
一 级	274755	114529	21245	26275	40315	36048
二 级	208688	98088	17490	15144	23646	21759
三 级	349299	155876	32026	50730	42833	35728
不分等级	14920	9022	1966	1988	3601	3116
四、按控股情况分组						
国有控股	683859	315266	46995	134384	79115	68216
集体控股	239890	101098	15195	31154	15112	13961

3－B－8 续表2－3

单位:万元,人

指 标 名 称	生产经营用	累计折旧	本年折旧	在建工程	无形及递延资产小计	无形资产
私人控股	4574087	1763364	360432	407671	501297	438570
港澳台商控股	18658	5884	2230	6494	608	558
外商控股	24990	10325	1957	911	5388	3943
其 他	197533	92713	16817	25775	40386	39387
五、按国民经济行业分组						
房屋和土木工程建筑业	**5098858**	**2008617**	**392181**	**509947**	**568930**	**503271**
房屋工程建筑	2950254	1083546	218997	292254	392106	347141
房屋工程建筑	2950254	1083546	218997	292254	392106	347141
土木工程建筑	2148604	925071	173184	217693	176824	156130
铁路、道路、隧道和桥梁工程建筑	1359848	596232	110992	161574	80613	71194
水利和港口工程建筑	327779	139788	22514	6961	45871	40502
工矿工程建筑	127570	49553	8242	2401	11545	11003
架线和管道工程建筑	168159	79997	16148	33597	21191	18261
其他土木工程建筑	165248	59500	15287	13160	17604	15171
建筑安装业	**342010**	**143699**	**26535**	**76637**	**44988**	**41216**
建筑安装业	342010	143699	26535	76637	44988	41216
建筑安装业	342010	143699	26535	76637	44988	41216
建筑装饰业	**167480**	**75654**	**14390**	**13277**	**17254**	**13802**
建筑装饰业	167480	75654	14390	13277	17254	13802
建筑装饰业	167480	75654	14390	13277	17254	13802
其他建筑业	**130669**	**60681**	**10520**	**6528**	**10736**	**6347**
工程准备	113724	52245	8593	5287	8559	4958
工程准备	113724	52245	8593	5287	8559	4958
提供施工设备服务	2635	1728	593	6	176	136
提供施工设备服务	2635	1728	593	6	176	136
其他未列明的建筑活动	14310	6708	1334	1236	2001	1252
其他未列明的建筑活动	14310	6708	1334	1236	2001	1252

3－B－8　续表3－1

单位:万元,人

指 标 名 称	其他资产	资产合计	流动负债合计	长期负债合计	负债合计	所有者权益合计
总　计	**87527**	**41752935**	**25554742**	**695924**	**26250665**	**15502269**
一、按登记注册类型分组						
内　资	**87428**	**41420479**	**25335167**	**678310**	**26013478**	**15407002**
国　有	6828	1249073	813744	17438	831182	417891
集　体	507	908523	688297	3439	691736	216787
股份合作企业	110	125754	84381	94	84475	41279
联营企业		12922	7137		7137	5785
国有联营		11986	6865		6865	5120
集体联营		936	272		272	665
有限责任公司	27341	15782254	9912893	368330	10281223	5501031
国有独资公司	827	865414	530564	90316	620880	244534
其他有限责任公司	26514	14916840	9382329	278014	9660343	5256497
股份有限公司	6865	3978344	2787624	41632	2829256	1149089
私营企业	45432	19320821	11019332	245886	11265217	8055604
私营独资	5519	123798	53195	2780	55974	67823
私营合伙		24013	11015	176	11191	12822
私营有限责任公司	37474	17955561	10080000	228523	10308522	7647038
私营股份有限公司	2439	1217450	875122	14408	889530	327920
其　他	345	42789	21760	1492	23252	19537
港澳台商投资	**11**	**118036**	**57285**	**13761**	**71045**	**46991**
与港澳台商合资经营	11	116104	56005	13761	69765	46339
港澳台商独资		1932	1280		1280	652
外商投资	**88**	**214419**	**162290**	**3853**	**166142**	**48277**
中外合资经营	88	214419	162290	3853	166142	48277
二、按隶属关系分组						
中　央	5059	761519	528986	30802	559788	201731
中　央	5059	761519	528986	30802	559788	201731
省(自治区、直辖市)	3009	1600205	1104133	71350	1175483	424722

3－B－8 续表3－2 单位：万元，人

指 标 名 称	其他资产	资产合计	流动负债合 计	长期负债合 计	负债合计	所有者权益合 计
省（自治区、直辖市）	3009	1600205	1104133	71350	1175483	424722
地（区、市、州、盟）	1427	1489562	1090277	64745	1155022	334540
地（区、市、州、盟）	1427	1489562	1090277	64745	1155022	334540
县（区、市、旗）	2218	2113719	1385130	45361	1430491	683229
县（区、市、旗）	2218	2113719	1385130	45361	1430491	683229
乡镇（街道）	427	750365	522486	5005	527490	222875
街 道	317	242310	161871	3176	165047	77263
镇	110	506991	360315	1776	362092	144900
乡		1063	299	53	352	712
基层群众自治组织		34852	19689	70	19759	15093
居委会		6759	6232		6232	527
村委会		28092	13457	70	13527	14566
其 他	75388	35002714	20904042	478592	21382633	13620081
其 他	75388	35002714	20904042	478592	21382633	13620081
三、按企业资质等级分组						
施工总承包	79847	35886948	21959596	618351	22577947	13309000
特 级	8708	8089850	5234380	174262	5408642	2681208
一 级	32089	12588922	8099455	251215	8350670	4238252
二 级	28761	10130972	5766803	154076	5920879	4210093
三 级	10289	5077204	2858957	38799	2897756	2179448
专业承包	7680	5865987	3595146	77573	3672718	2193269
一 级	2333	1744879	1111776	30289	1142065	602814
二 级	1048	1334124	770063	14406	784469	549655
三 级	4298	2651778	1629018	31164	1660182	991595
不分等级	1	135207	84289	1713	86002	49205
四、按控股情况分组						
国有控股	10588	3993649	2747444	141294	2888737	1104912
集体控股	1987	2351680	1737517	56924	1794441	557239

3－B－8 续表3－3 单位:万元,人

指标名称	其他资产	资产合计	流动负债合计	长期负债合计	负债合计	所有者权益合计
私人控股	74242	33682495	20002641	457356	20459997	13222498
港澳台商控股	11	107138	53205	13761	66966	40172
外商控股	88	184763	142139	3563	145703	39060
其他	612	1433211	871796	23026	894822	538389
五、按国民经济行业分组						
房屋和土木工程建筑业	**82499**	**37214195**	**22739871**	**651198**	**23391069**	**13823126**
房屋工程建筑	60617	25715864	15894247	484624	16378872	9336992
房屋工程建筑	60617	25715864	15894247	484624	16378872	9336992
土木工程建筑	21883	11498332	6845623	166574	7012198	4486134
铁路、道路、隧道和桥梁工程建筑	11072	6904782	3898467	96854	3995321	2909461
水利和港口工程建筑	2712	1237866	776129	56291	832420	405446
工矿工程建筑	3821	470834	266737	1798	268535	202299
架线和管道工程建筑	2407	1976309	1449017	2810	1451828	524481
其他土木工程建筑	1870	908541	455273	8821	464095	444446
建筑安装业	**3298**	**2535208**	**1698364**	**30052**	**1728416**	**806792**
建筑安装业	3298	2535208	1698364	30052	1728416	806792
建筑安装业	3298	2535208	1698364	30052	1728416	806792
建筑装饰业	**978**	**1430875**	**797829**	**12073**	**809902**	**620973**
建筑装饰业	978	1430875	797829	12073	809902	620973
建筑装饰业	978	1430875	797829	12073	809902	620973
其他建筑业	**752**	**572656**	**318678**	**2600**	**321278**	**251378**
工程准备	184	480061	280915	2116	283031	197029
工程准备	184	480061	280915	2116	283031	197029
提供施工设备服务		19795	8754		8754	11041
提供施工设备服务		19795	8754		8754	11041
其他未列明的建筑活动	568	72800	29009	483	29493	43308
其他未列明的建筑活动	568	72800	29009	483	29493	43308

3－B－8 续表4－1

单位:万元,人

指 标 名 称	实收资本	国家资本	集体资本	法人资本	个人资本
总 计	**9215120**	**454054**	**348059**	**1890640**	**6493456**
一、按登记注册类型分组					
内 资	**9157165**	**453568**	**348059**	**1862756**	**6492467**
国 有	193170	191262		1908	
集 体	146870		146014	856	
股份合作企业	32058	274	18647	3598	9539
联营企业	3621	3010	59	552	
国有联营	3010	3010			
集体联营	611		59	552	
有限责任公司	3091892	234846	151146	970178	1735423
国有独资公司	125636	121992		3644	
其他有限责任公司	2966257	112855	151146	966534	1735423
股份有限公司	499256	24176	32141	108980	333944
私营企业	5182026		52	768432	4413541
私营独资	30703			5085	25618
私营合伙	11131			3982	7148
私营有限责任公司	4931331		52	738940	4192338
私营股份有限公司	208862			20425	188437
其 他	8272			8252	20
港澳台商投资	**30505**			**12673**	**208**
与港澳台商合资经营	29673			12673	208
港澳台商独资	833				
外商投资	**27450**	**486**		**15211**	**781**
中外合资经营	27450	486		15211	781
二、按隶属关系分组					
中 央	111890	68076		39444	
中 央	111890	68076		39444	
省(自治区、直辖市)	302807	170549	6177	88795	37287

3－B－8 续表4－2

单位:万元,人

指 标 名 称	实收资本	国家资本	集体资本	法人资本	个人资本
省(自治区、直辖市)	302807	170549	6177	88795	37287
地(区、市、州、盟)	205213	66649	103572	22466	10978
地(区、市、州、盟)	205213	66649	103572	22466	10978
县(区、市、旗)	363133	71609	135917	91726	58542
县(区、市、旗)	363133	71609	135917	91726	58542
乡镇(街道)	138858	22845	54440	42440	18158
街 道	56703	21940	18715	1190	14858
镇	81555	905	35350	41250	3075
乡	600		375		225
基层群众自治组织	9770		1900	1930	5940
居委会	600		600		
村委会	9170		1300	1930	5940
其 他	8083450	54327	46053	1603840	6362551
其 他	8083450	54327	46053	1603840	6362551
三、按企业资质等级分组					
施工总承包	7746193	392376	278885	1540762	5528526
特 级	1215337	60220	62813	273628	818676
一 级	2318924	174784	66114	536369	1538840
二 级	2679563	102118	72404	445468	2058597
三 级	1532370	55255	77553	285297	1112413
专业承包	1468927	61678	69174	349878	964930
一 级	375276	13938	11013	110463	221654
二 级	389041	16037	17781	83563	269365
三 级	669010	27537	40130	148659	449934
不分等级	35601	4166	250	7194	23976
四、按控股情况分组					
国有控股	644484	430459	1464	163237	44953
集体控股	360240	6781	323476	21171	8812

3－B－8 续表4－3 单位:万元,人

指 标 名 称	实收资本	国家资本	集体资本	法人资本	个人资本
私人控股	7863307	16328	22062	1423197	6399520
港澳台商控股	27360			11079	208
外商控股	17231	486		10477	
其 他	302499		1057	261479	39963
五、按国民经济行业分组					
房屋和土木工程建筑业	**8071729**	**390775**	**300639**	**1605904**	**5763448**
房屋工程建筑	5393897	72894	212488	1084188	4018683
房屋工程建筑	5393897	72894	212488	1084188	4018683
土木工程建筑	2677831	317882	88151	521716	1744765
铁路、道路、隧道和桥梁工程建筑	1679839	176878	33336	291216	1178409
水利和港口工程建筑	287625	39019	9231	84075	150930
工矿工程建筑	136773	50200	4730	33936	47907
架线和管道工程建筑	289944	43944	31234	62190	152376
其他土木工程建筑	283650	7840	9620	50299	215143
建筑安装业	**526386**	**48986**	**36439**	**125118**	**302209**
建筑安装业	526386	48986	36439	125118	302209
建筑安装业	526386	48986	36439	125118	302209
建筑装饰业	**432386**	**6070**	**7044**	**115466**	**300872**
建筑装饰业	432386	6070	7044	115466	300872
建筑装饰业	432386	6070	7044	115466	300872
其他建筑业	**184620**	**8223**	**3936**	**44152**	**126927**
工程准备	147746	7415	3009	28501	107839
工程准备	147746	7415	3009	28501	107839
提供施工设备服务	7350		202	5347	1801
提供施工设备服务	7350		202	5347	1801
其他未列明的建筑活动	29524	808	725	10304	17287
其他未列明的建筑活动	29524	808	725	10304	17287

3－B－8 续表5－1

单位:万元,人

指标名称			工程结算收入	工程结算成本	工程结算税金及附加	工程结算利润
	港澳台资本	外商资本				
总计	**22650**	**6263**	**69457845**	**62929997**	**2418013**	**3880368**
一、按登记注册类型分组						
内资	**315**		**68982684**	**62502675**	**2409134**	**3849299**
国有			1465435	1295622	46091	116373
集体			932423	849453	32244	48115
股份合作企业			121431	106173	4290	10437
联营企业			24334	21504	905	1913
国有联营			21944	19399	823	1722
集体联营			2389	2105	83	191
有限责任公司	300		29619767	27092315	1030487	1446658
国有独资公司			696837	617313	35834	43364
其他有限责任公司	300		28922930	26475001	994653	1403294
股份有限公司	15		5941733	5447922	199772	270193
私营企业			30802344	27623335	1092943	1949174
私营独资			153654	134221	5176	13318
私营合伙			37168	32459	1467	2725
私营有限责任公司			28870059	25859569	1027707	1857249
私营股份有限公司			1741464	1597086	58593	75882
其他			75217	66352	2402	6436
港澳台商投资	**17529**	**97**	**210026**	**187551**	**4309**	**15041**
与港澳台商合资经营	16696	97	208902	186591	4270	14918
港澳台商独资	833		1124	960	39	124
外商投资	**4807**	**6166**	**265134**	**239771**	**4571**	**16028**
中外合资经营	4807	6166	265134	239771	4571	16028
二、按隶属关系分组						
中央	2549	1821	1071694	947443	32786	90171
中央	2549	1821	1071694	947443	32786	90171
省(自治区、直辖市)			2538852	2357081	97356	84136

3-B-8 续表5-2

单位:万元,人

指标名称	港澳台资本	外商资本	工程结算收入	工程结算成本	工程结算税金及附加	工程结算利润
省(自治区、直辖市)			2538852	2357081	97356	84136
地(区、市、州、盟)	1148	400	2202606	1996021	71209	131224
地(区、市、州、盟)	1148	400	2202606	1996021	71209	131224
县(区、市、旗)	4477	862	2529980	2277395	79931	157645
县(区、市、旗)	4477	862	2529980	2277395	79931	157645
乡镇(街道)	976		1377100	1253157	47085	73303
街道			267600	233410	8742	22518
镇	976		1107304	1017707	38267	50710
乡			2196	2041	77	75
基层群众自治组织			35796	32986	1406	1295
居委会			19	15	1	2
村委会			35778	32971	1405	1293
其他	13500	3179	59701815	54065912	2088240	3342593
其他	13500	3179	59701815	54065912	2088240	3342593
三、按企业资质等级分组						
施工总承包	5123	522	63308682	57676350	2231801	3219767
特级			17526507	16267693	609163	630802
一级	2295	522	23998304	21998312	834326	1118200
二级	976		15289560	13674263	550584	989003
三级	1852		6494311	5736082	237728	481761
专业承包	17527	5741	6149163	5253647	186212	660601
一级	13739	4469	2367257	2088286	69008	193675
二级	2047	248	1442564	1243798	45544	143310
三级	1726	1023	2190620	1795644	66623	307954
不分等级	15		148722	125918	5037	15663
四、按控股情况分组						
国有控股	2549	1821	5011362	4513554	174720	296471
集体控股			3056113	2763863	99761	186934

3-B-8 续表5-3

单位:万元,人

指标名称	港澳台资本	外商资本	工程结算收入	工程结算成本	工程结算税金及附加	工程结算利润
私人控股	1867	334	57758289	52319945	2025884	3226870
港澳台商控股	15977	97	203176	181112	4070	14869
外商控股	2257	4011	247544	222612	4007	16161
其 他			3181361	2928912	109571	139063
五、按国民经济行业分组						
房屋和土木工程建筑业	**8420**	**2543**	**64308624**	**58497428**	**2259483**	**3363994**
房屋工程建筑	5123	522	49875726	45814754	1767231	2189321
房屋工程建筑	5123	522	49875726	45814754	1767231	2189321
土木工程建筑	3297	2021	14432899	12682675	492253	1174673
铁路、道路、隧道和桥梁工程建筑			9484969	8457054	330161	649025
水利和港口工程建筑	2549	1821	1532395	1371328	54326	104195
工矿工程建筑			713617	601876	24515	85628
架线和管道工程建筑		200	1679860	1377576	48422	230432
其他土木工程建筑	747		1022059	874841	34829	105393
建筑安装业	**12315**	**1320**	**2597572**	**2219515**	**70643**	**281364**
建筑安装业	12315	1320	2597572	2219515	70643	281364
建筑安装业	12315	1320	2597572	2219515	70643	281364
建筑装饰业	**1915**	**1018**	**1925035**	**1663036**	**66261**	**183268**
建筑装饰业	1915	1018	1925035	1663036	66261	183268
建筑装饰业	1915	1018	1925035	1663036	66261	183268
其他建筑业		**1382**	**626613**	**550017**	**21626**	**51743**
工程准备		982	531381	472703	17490	39140
工程准备		982	531381	472703	17490	39140
提供施工设备服务			25631	22070	871	2621
提供施工设备服务			25631	22070	871	2621
其他未列明的建筑活动		400	69601	55244	3265	9982
其他未列明的建筑活动		400	69601	55244	3265	9982

3－B－8 续表6－1

单位:万元,人

指标名称	其他业务收入	其他业务利润	经营费用	管理费用	#税金	#财产保险费
总计	**510364**	**113528**	**229467**	**1546320**	**82277**	**13688**
一、按登记注册类型分组						
内资	**501396**	**111210**	**221577**	**1532620**	**81945**	**13492**
国有	26030	7026	7349	91710	1429	365
集体	3157	1788	2611	26680	1315	188
股份合作企业	530	305	530	7056	333	15
联营企业			12	1625	18	14
国有联营			1	1540	17	14
集体联营			11	85	1	
有限责任公司	193752	47368	50308	562006	27067	4385
国有独资公司	7930	2419	326	25261	937	95
其他有限责任公司	185822	44949	49982	536745	26130	4290
股份有限公司	57610	9175	23847	83975	2351	720
私营企业	220179	45429	136892	757021	49376	7797
私营独资	564	301	939	4037	428	83
私营合伙	2	2	517	1038	74	13
私营有限责任公司	159263	36996	125533	716056	47008	7350
私营股份有限公司	60351	8130	9903	35891	1866	350
其他	138	119	28	2549	57	8
港澳台商投资	**1985**	**1633**	**3125**	**4969**	**103**	**44**
与港澳台商合资经营	1985	1633	3124	4794	103	44
港澳台商独资			1	176	...	
外商投资	**6983**	**685**	**4765**	**8730**	**229**	**152**
中外合资经营	6983	685	4765	8730	229	152
二、按隶属关系分组						
中央	13877	4840	1294	68955	1290	321
中央	13877	4840	1294	68955	1290	321
省(自治区、直辖市)	34210	5331	279	55358	1255	193

3－B－8　续表6－2

单位:万元,人

指标名称	其他业务收入	其他业务利润	经营费用	管理费用	#税金	#财产保险费
省(自治区、直辖市)	34210	5331	279	55358	1255	193
地(区、市、州、盟)	58067	5280	4152	58751	1261	921
地(区、市、州、盟)	58067	5280	4152	58751	1261	921
县(区、市、旗)	29113	6514	15009	78887	2773	454
县(区、市、旗)	29113	6514	15009	78887	2773	454
乡镇(街道)	1633	880	3554	31060	923	150
街道	602	511	2931	13237	395	57
镇	1030	369	620	17768	527	93
乡			3	55	1	
基层群众自治组织	23	2	110	593	12	2
居委会			1	2	…	
村委会	23	2	109	592	11	2
其他	373441	90681	205070	1252716	74764	11647
其他	373441	90681	205070	1252716	74764	11647
三、按企业资质等级分组						
施工总承包	374037	81853	180764	1217606	67283	10787
特级	54820	16997	18848	190354	7136	1697
一级	150748	33453	47466	424114	25167	3218
二级	93326	21283	75710	384423	21657	3982
三级	75143	10120	38740	218716	13323	1889
专业承包	136328	31675	48703	328714	14994	2902
一级	15904	3920	16289	83028	2996	666
二级	22642	5364	9912	76241	4222	541
三级	95695	22165	20400	160747	7193	1562
不分等级	2087	227	2103	8699	584	132
四、按控股情况分组						
国有控股	104328	20870	26618	200724	4324	788
集体控股	66492	8620	5555	83767	2663	1019

3-B-8 续表6-3

单位:万元,人

指标名称	其他业务收入	其他业务利润	经营费用	管理费用	#税金	#财产保险费
私人控股	302870	77333	185591	1194973	72906	11241
港澳台商控股	1985	1633	3125	4894	102	44
外商控股	6949	666	4764	7701	218	142
其他	27742	4407	3815	54262	2064	455
五、按国民经济行业分组						
房屋和土木工程建筑业	**376063**	**93583**	**187719**	**1276321**	**70780**	**11687**
房屋工程建筑	147873	46202	104420	749713	48918	6891
房屋工程建筑	147873	46202	104420	749713	48918	6891
土木工程建筑	228191	47382	83298	526608	21862	4796
铁路、道路、隧道和桥梁工程建筑	67816	14938	48729	256533	12983	3036
水利和港口工程建筑	5809	2149	2547	50926	1740	463
工矿工程建筑	36116	6407	1598	67025	1510	99
架线和管道工程建筑	82964	20882	23430	108474	3169	876
其他土木工程建筑	35484	3006	6996	43651	2459	322
建筑安装业	**115683**	**14685**	**26050**	**151228**	**5057**	**1153**
建筑安装业	115683	14685	26050	151228	5057	1153
建筑安装业	115683	14685	26050	151228	5057	1153
建筑装饰业	**11360**	**3153**	**12471**	**92829**	**5211**	**623**
建筑装饰业	11360	3153	12471	92829	5211	623
建筑装饰业	11360	3153	12471	92829	5211	623
其他建筑业	**7259**	**2107**	**3228**	**25942**	**1229**	**226**
工程准备	2610	1416	2048	20815	1002	185
工程准备	2610	1416	2048	20815	1002	185
提供施工设备服务	549	40	69	1130	21	9
提供施工设备服务	549	40	69	1130	21	9
其他未列明的建筑活动	4099	651	1111	3997	207	32
其他未列明的建筑活动	4099	651	1111	3997	207	32

3－B－8 续表7－1

单位:万元,人

指 标 名 称	#差旅费	#工会经费	财务费用	利息支出	营业利润	营业外收入
总 计	**113409**	**25953**	**422469**	**396681**	**2025108**	**59667**
一、按登记注册类型分组						
内 资	**112700**	**25769**	**418879**	**392971**	**2009010**	**59140**
国 有	4420	1427	3383	3484	28305	1692
集 体	2705	505	2331	1615	20892	566
股份合作企业	150	97	717	857	2970	723
联营企业	31	22	11		277	
国有联营	20	22	...		181	
集体联营	12		11		96	
有限责任公司	34974	12977	148488	158585	783533	24367
国有独资公司	1301	189	4788	4585	15735	1534
其他有限责任公司	33673	12788	143700	154000	767798	22832
股份有限公司	4668	916	35434	34119	159960	7684
私营企业	65668	9793	228342	194129	1009240	23501
私营独资	304	59	1349	1125	8234	444
私营合伙	104	5	155	80	1534	
私营有限责任公司	62745	9430	216738	181328	961452	21802
私营股份有限公司	2515	300	10100	11596	38021	1255
其 他	83	32	174	182	3834	608
港澳台商投资	**233**	**62**	**783**	**646**	**10922**	**129**
与港澳台商合资经营	220	62	782	646	10975	129
港澳台商独资	13	...	...		－52	
外商投资	**477**	**122**	**2807**	**3064**	**5175**	**398**
中外合资经营	477	122	2807	3064	5175	398
二、按隶属关系分组						
中 央	4535	866	3098	2331	22959	1422
中 央	4535	866	3098	2331	22959	1422
省(自治区、直辖市)	2409	765	7309	6914	26800	1120

3－B－8 续表7－2

单位:万元,人

指 标 名 称	#差旅费	#工会经费	财务费用	利息支出	营业利润	营业外收入
省(自治区、直辖市)	2409	765	7309	6914	26800	1120
地(区、市、州、盟)	1901	893	14057	14149	63697	11297
地(区、市、州、盟)	1901	893	14057	14149	63697	11297
县(区、市、旗)	4049	1114	10517	9286	74755	3997
县(区、市、旗)	4049	1114	10517	9286	74755	3997
乡镇(街道)	1502	407	6993	6057	36130	1741
街 道	553	252	1103	502	8689	694
镇	947	155	5886	5551	27425	1047
乡	2	...	4	4	16	
基层群众自治组织	19	6	97	93	607	1
居委会	...		...			
村委会	19	6	96	93	607	1
其 他	98995	21902	380399	357852	1800160	40090
其 他	98995	21902	380399	357852	1800160	40090
三、按企业资质等级分组						
施工总承包	89389	22950	372743	352705	1711271	36476
特 级	14735	5682	73724	111403	383721	11808
一 级	28140	8723	161681	130258	565860	14169
二 级	30777	6070	97580	79034	528283	7024
三 级	15737	2475	39759	32011	233407	3475
专业承包	24021	3003	49726	43976	313837	23191
一 级	6253	1089	20120	18164	94447	2252
二 级	6133	616	12612	10945	59822	12256
三 级	10478	1262	15576	13577	153796	8460
不分等级	1157	36	1418	1290	5773	223
四、按控股情况分组						
国有控股	8755	2738	12777	11939	103841	4355
集体控股	4506	1435	17453	15753	94335	13836

3－B－8 续表7－3

单位:万元,人

指 标 名 称	#差旅费	#工会经费	财务费用	利息支出	营业利润	营业外收入
私人控股	96510	20845	374419	351677	1734811	38897
港澳台商控股	231	62	777	646	10830	129
外商控股	395	120	2771	3027	6356	395
其 他	3013	754	14272	13639	74936	2055
五、按国民经济行业分组						
房屋和土木工程建筑业	**93177**	**23270**	**385110**	**365435**	**1796146**	**48345**
房屋工程建筑	54055	16454	287998	284397	1197812	23437
房屋工程建筑	54055	16454	287998	284397	1197812	23437
土木工程建筑	39123	6816	97112	81038	598334	24907
铁路、道路、隧道和桥梁工程建筑	19891	4156	71506	57680	335924	6897
水利和港口工程建筑	3235	560	7467	6415	47951	3463
工矿工程建筑	7833	711	2366	1898	22645	474
架线和管道工程建筑	3792	1137	4770	5765	138070	12942
其他土木工程建筑	4372	252	11005	9280	53744	1131
建筑安装业	**10833**	**1716**	**16641**	**13742**	**128180**	**5354**
建筑安装业	10833	1716	16641	13742	128180	5354
建筑安装业	10833	1716	16641	13742	128180	5354
建筑装饰业	**7548**	**609**	**13969**	**11755**	**79622**	**3755**
建筑装饰业	7548	609	13969	11755	79622	3755
建筑装饰业	7548	609	13969	11755	79622	3755
其他建筑业	**1851**	**359**	**6748**	**5749**	**21160**	**2214**
工程准备	1366	345	5928	5103	13813	1858
工程准备	1366	345	5928	5103	13813	1858
提供施工设备服务	61	5	181	149	1349	271
提供施工设备服务	61	5	181	149	1349	271
其他未列明的建筑活动	424	10	639	498	5997	85
其他未列明的建筑活动	424	10	639	498	5997	85

3－B－8 续表8－1

单位：万元，人

指标名称	营业外支出	利润总额	应交所得税	应付利润	劳动、失业保险费	住房公积金及住房补贴
总计	**47430**	**2146987**	**493002**	**723689**	**140729**	**37453**
一、按登记注册类型分组						
内资	**47168**	**2128704**	**490364**	**719473**	**140069**	**37218**
国有	1413	31918	7319	8497	8694	6817
集体	445	29506	5792	6189	5630	451
股份合作企业	53	4326	939	2464	837	150
联营企业	26	533	133	354	23	62
国有联营	2	461	115	346	22	62
集体联营	24	72	18	8	1	
有限责任公司	20639	860268	178203	281339	57471	18353
国有独资公司	1432	23277	3665	7443	5905	3156
其他有限责任公司	19208	836991	174538	273897	51566	15197
股份有限公司	3821	182431	49288	43113	7980	3027
私营企业	20706	1015276	247859	373936	59174	8075
私营独资	97	6541	1382	1939	505	39
私营合伙	3	1362	335	582	48	1
私营有限责任公司	18488	967568	236611	357185	54626	6620
私营股份有限公司	2117	39805	9531	14230	3995	1416
其他	66	4446	831	3581	261	284
港澳台商投资	**53**	**13518**	**1175**	**1548**	**283**	**183**
与港澳台商合资经营	53	13571	1174	1602	273	183
港澳台商独资		－52	1	－54	10	
外商投资	**210**	**4765**	**1463**	**2668**	**378**	**52**
中外合资经营	210	4765	1463	2668	378	52
二、按隶属关系分组						
中央	1094	23212	4795	5203	10521	7024
中央	1094	23212	4795	5203	10521	7024
省（自治区、直辖市）	2104	33214	8235	15845	9308	3946

3－B－8 续表8－2

单位:万元,人

指标名称	营业外支出	利润总额	应交所得税	应付利润	劳动、失业保险费	住房公积金及住房补贴
省(自治区、直辖市)	2104	33214	8235	15845	9308	3946
地(区、市、州、盟)	921	81095	15015	12647	5970	3878
地(区、市、州、盟)	921	81095	15015	12647	5970	3878
县(区、市、旗)	2404	93396	20477	29009	9321	1972
县(区、市、旗)	2404	93396	20477	29009	9321	1972
乡镇(街道)	927	36645	9118	3196	1448	414
街道	199	9070	1896	719	439	364
镇	727	27564	7219	2469	1009	50
乡	1	11	4	7	...	
基层群众自治组织	15	596	89	127	67	
居委会					...	
村委会	15	596	89	127	67	
其他	39966	1878829	435273	657661	104096	20220
其他	39966	1878829	435273	657661	104096	20220
三、按企业资质等级分组						
施工总承包	36863	1793348	417108	589063	119934	31429
特级	6015	419223	86249	94609	13668	4110
一级	15357	584784	132208	179450	49966	15707
二级	10772	553272	136517	222567	38768	8429
三级	4720	236069	62134	92437	17532	3184
专业承包	10567	353639	75894	134626	20796	6024
一级	1862	98154	24135	43544	5433	1829
二级	3035	73397	12998	21448	5421	893
三级	5486	176599	37637	67633	9265	2884
不分等级	184	5488	1124	2001	676	419
四、按控股情况分组						
国有控股	6704	127548	29597	29825	28897	16152
集体控股	2460	128888	23859	26871	10460	2386

3－B－8 续表8－3

单位:万元,人

指标名称	营业外支出	利润总额	应交所得税	应付利润	劳动、失业保险费	住房公积金及住房补贴
私人控股	36161	1794525	417265	634152	94048	17431
港澳台商控股	53	13426	1163	1548	253	182
外商控股	202	5950	1447	2668	271	32
其　他	1851	76650	19670	28625	6801	1270
五、按国民经济行业分组						
房屋和土木工程建筑业	**38778**	**1898565**	**438646**	**631011**	**121640**	**30875**
房屋工程建筑	22518	1249837	292759	391045	69792	11303
房屋工程建筑	22518	1249837	292759	391045	69792	11303
土木工程建筑	16260	648728	145887	239967	51849	19571
铁路、道路、隧道和桥梁工程建筑	7794	329847	78222	135280	28164	7546
水利和港口工程建筑	2710	48689	12671	18753	8439	3347
工矿工程建筑	496	26521	6509	8501	4793	3926
架线和管道工程建筑	3815	189141	37305	57193	7740	4294
其他土木工程建筑	1445	54531	11180	20240	2713	460
建筑安装业	**4415**	**148160**	**27996**	**47230**	**10861**	**4988**
建筑安装业	4415	148160	27996	47230	10861	4988
建筑安装业	4415	148160	27996	47230	10861	4988
建筑装饰业	**3734**	**77928**	**20874**	**35172**	**5757**	**705**
建筑装饰业	3734	77928	20874	35172	5757	705
建筑装饰业	3734	77928	20874	35172	5757	705
其他建筑业	**503**	**22334**	**5486**	**10275**	**2471**	**885**
工程准备	435	15084	4050	5683	1852	653
工程准备	435	15084	4050	5683	1852	653
提供施工设备服务	31	1872	519	1512	106	5
提供施工设备服务	31	1872	519	1512	106	5
其他未列明的建筑活动	38	5379	917	3080	513	227
其他未列明的建筑活动	38	5379	917	3080	513	227

3－B－8　续表 9－1

单位:万元,人

指标名称	本年应付工资总额(贷方累计发生额)	主营业务应付工资总额	本年应付福利费总额(贷方累计发生额)	主营业务应付福利费总额	应收工程款	竣工工程
总　计	**10096783**	**9913033**	**841877**	**820388**	**6050410**	**3096081**
一、按登记注册类型分组						
内　资	**10038630**	**9854890**	**838194**	**816705**	**5973716**	**3044532**
国　有	167149	161627	12886	12637	121668	56966
集　体	147026	145535	15552	15415	80709	54682
股份合作企业	17193	16926	2385	2347	4579	2462
联营企业	4136	4136	1	1	1201	609
国有联营	3898	3898	1	1	836	244
集体联营	238	238			365	365
有限责任公司	4049807	3975943	335991	325629	2331922	1161987
国有独资公司	38859	36103	4128	3834	139774	66852
其他有限责任公司	4010948	3939839	331864	321795	2192148	1095135
股份有限公司	985791	964441	60973	58574	716373	261935
私营企业	4659109	4578139	409319	401015	2711793	1500970
私营独资	16131	15734	1054	1030	31767	17167
私营合伙	8206	8176	783	780	2227	1653
私营有限责任公司	4397595	4332997	391628	383956	2499327	1409441
私营股份有限公司	237177	221232	15854	15249	178472	72710
其　他	8419	8143	1087	1086	5472	4920
港澳台商投资	**37453**	**37451**	**2723**	**2723**	**22786**	**14396**
与港澳台商合资经营	37284	37282	2723	2723	22629	14263
港澳台商独资	169	169			157	133
外商投资	**20700**	**20693**	**961**	**960**	**53907**	**37152**
中外合资经营	20700	20693	961	960	53907	37152
二、按隶属关系分组						
中　央	75559	71978	7822	7410	145771	51941
中　央	75559	71978	7822	7410	145771	51941
省(自治区、直辖市)	253920	246004	12981	12640	286779	157592

3－B－8 续表9－2

单位:万元,人

指 标 名 称	本年应付工资总额(贷方累计发生额)	主营业务应付工资总额	本年应付福利费总额(贷方累计发生额)	主营业务应付福利费总额	应收工程款	竣工工程
省(自治区、直辖市)	253920	246004	12981	12640	286779	157592
地(区、市、州、盟)	285458	283284	18707	18561	157880	103800
地(区、市、州、盟)	285458	283284	18707	18561	157880	103800
县(区、市、旗)	368374	357724	25862	25588	280828	167012
县(区、市、旗)	368374	357724	25862	25588	280828	167012
乡镇(街道)	191530	191052	22269	22202	104976	56318
街 道	44973	44919	4183	4176	20057	10905
镇	146360	145936	18085	18026	84829	45323
乡	197	197	1	1	90	90
基层群众自治组织	5940	5844	289	277	2662	1660
居委会	1	1				
村委会	5939	5843	289	277	2662	1660
其 他	8916003	8757147	753948	733709	5071513	2557756
其 他	8916003	8757147	753948	733709	5071513	2557756
三、按企业资质等级分组						
施工总承包	9423879	9254890	792080	772357	5247705	2552053
特 级	2774426	2726780	218855	215588	1375351	554200
一 级	3382129	3317299	295271	284941	1913549	782358
二 级	2373323	2333856	206906	202697	1233452	717760
三 级	894001	876956	71047	69130	725353	497735
专业承包	672903	658143	49798	48031	802704	544028
一 级	259418	254264	20584	19764	339188	226752
二 级	157620	153897	10994	10702	171760	115919
三 级	242828	237356	17067	16435	266254	182092
不分等级	13038	12626	1152	1130	25503	19264
四、按控股情况分组						
国有控股	491852	471929	33491	32307	527903	257578
集体控股	413434	409528	37378	36777	284884	207160

3－B－8 续表9－3

单位:万元,人

指标名称	本年应付工资总额(贷方累计发生额)	主营业务应付工资总额	本年应付福利费总额(贷方累计发生额)	主营业务应付福利费总额	应收工程款	竣工工程
私人控股	8690461	8542793	732135	712801	4849900	2410017
港澳台商控股	37394	37392	2723	2723	22392	14002
外商控股	19517	19511	906	905	50689	34262
其　他	444125	431880	35243	34876	314641	173062
五、按国民经济行业分组						
房屋和土木工程建筑业	**9533782**	**9362164**	**800132**	**780040**	**5326718**	**2587053**
房屋工程建筑	7935266	7814200	648781	633848	3758225	1758324
房屋工程建筑	7935266	7814200	648781	633848	3758225	1758324
土木工程建筑	1598516	1547964	151351	146192	1568493	828729
铁路、道路、隧道和桥梁工程建筑	1075875	1047416	107378	104081	1024353	534950
水利和港口工程建筑	146515	141105	12819	12349	224660	90606
工矿工程建筑	104828	95914	10042	9368	64463	22104
架线和管道工程建筑	149912	145340	12537	12082	136280	105042
其他土木工程建筑	121386	118188	8575	8311	118738	76028
建筑安装业	**261608**	**256232**	**18815**	**18339**	**372883**	**270708**
建筑安装业	261608	256232	18815	18339	372883	270708
建筑安装业	261608	256232	18815	18339	372883	270708
建筑装饰业	**239951**	**234475**	**17940**	**17166**	**250445**	**178819**
建筑装饰业	239951	234475	17940	17166	250445	178819
建筑装饰业	239951	234475	17940	17166	250445	178819
其他建筑业	**61442**	**60163**	**4991**	**4843**	**100364**	**59502**
工程准备	51678	50709	4118	4003	86762	52557
工程准备	51678	50709	4118	4003	86762	52557
提供施工设备服务	2677	2632	340	334	3702	255
提供施工设备服务	2677	2632	340	334	3702	255
其他未列明的建筑活动	7087	6822	533	506	9900	6690
其他未列明的建筑活动	7087	6822	533	506	9900	6690

3－B－8 续表10－1 单位:万元,人

指标名称	全部从业人员年平均人数	资产减值损失	公允价值变动收益	投资收益
总计	**4379605**	**9936**	**5240**	**47254**
一、按登记注册类型分组				
内资	**4359157**	**9506**	**5240**	**47231**
国有	70399	431		2158
集体	73578	3	3	271
股份合作企业	10061			－190
联营企业	2095			282
国有联营	1951			282
集体联营	144			
有限责任公司	1673113	4658	5120	32985
国有独资公司	16416	947		7325
其他有限责任公司	1656697	3711	5120	25660
股份有限公司	388791	1831	－65	4522
私营企业	2136137	2583	183	7204
私营独资	9316			2
私营合伙	3400			
私营有限责任公司	2016531	1502	183	5107
私营股份有限公司	106890	1080		2094
其他	4983			
港澳台商投资	**12615**			
与港澳台商合资经营	12538			
港澳台商独资	77			
外商投资	**7833**	**430**		**22**
中外合资经营	7833	430		22
二、按隶属关系分组				
中央	19335	1344		2105
中央	19335	1344		2105
省(自治区、直辖市)	137778	1169		7676

3-B-8 续表10-2

单位:万元,人

指标名称	全部从业人员年平均人数	资产减值损失	公允价值变动收益	投资收益
省(自治区、直辖市)	137778	1169		7676
地(区、市、州、盟)	113496	47		1752
地(区、市、州、盟)	113496	47		1752
县(区、市、旗)	156997			3037
县(区、市、旗)	156997			3037
乡镇(街道)	85036	-9	3	2
街道	19305	-11		2
镇	65523	2	3	
乡	208			
基层群众自治组织	2976			
居委会	5			
村委会	2971			
其他	3863987	7386	5237	32681
其他	3863987	7386	5237	32681
三、按企业资质等级分组				
施工总承包	4040933	8121	5242	37613
特级	986219	1091		21466
一级	1461807	5505	5029	14131
二级	1119631	608	446	1935
三级	473276	917	-233	81
专业承包	338672	1814	-2	9641
一级	126477	1400	...	1594
二级	80213	333	1	3681
三级	124559	81	-4	4395
不分等级	7423			-30
四、按控股情况分组				
国有控股	223812	2709	13	11012
集体控股	180305	-127	3	3565

3－B－8 续表 10－3 单位:万元,人

指标名称	全部从业人员年平均人数	资产减值损失	公允价值变动收益	投资收益
私人控股	3763227	6928	5225	31921
港澳台商控股	12461			
外商控股	7276	425		22
其他	192524			734
五、按国民经济行业分组				
房屋和土木工程建筑业	**4095742**	**8434**	**5243**	**42890**
房屋工程建筑	3342624	3654	4940	29110
房屋工程建筑	3342624	3654	4940	29110
土木工程建筑	753118	4781	303	13781
铁路、道路、隧道和桥梁工程建筑	521088	3085	353	3324
水利和港口工程建筑	67508	527	－65	283
工矿工程建筑	36707	548	13	5752
架线和管道工程建筑	60192	327	...	4195
其他土木工程建筑	67623	294	2	227
建筑安装业	**117321**	**90**	**...**	**2408**
建筑安装业	117321	90	...	2408
建筑安装业	117321	90	...	2408
建筑装饰业	**131357**	**1374**	**1**	**476**
建筑装饰业	131357	1374	1	476
建筑装饰业	131357	1374	1	476
其他建筑业	**35185**	**38**	**－4**	**1479**
工程准备	30670	38	－4	1479
工程准备	30670	38	－4	1479
提供施工设备服务	1029			
提供施工设备服务	1029			
其他未列明的建筑活动	3486			
其他未列明的建筑活动	3486			

3－B－9　按地区分组的总承包和专业承包建筑业企业财务状况

单位：万元，人

地　区	年初存货	流动资产合计	存　货	长期投资	固定资产合计	固定资产原价	生产经营用
总　计	**8590372**	**33076153**	**10001190**	**2394292**	**5553056**	**7102794**	**5739017**
杭州市	**2097237**	**8419776**	**2198429**	**695538**	**1265516**	**1600152**	**1292066**
上城区	201432	704567	208223	23098	50747	73224	56704
下城区	99097	367672	123802	3650	68316	102476	97566
江干区	216599	743832	164338	40737	115079	185425	166040
拱墅区	132680	594477	130380	35617	115960	151727	114012
西湖区	466355	2027733	532426	310655	217460	283924	213301
滨江区	180499	945095	225014	91835	172495	195506	178093
萧山区	487819	1737777	467871	105511	300630	346320	267960
余杭区	119623	510490	141615	19711	93618	89680	64978
桐庐县	37922	114918	37778	6448	20986	31529	22400
淳安县	22820	91593	15858	846	12191	16759	13280
建德市	26787	71779	17383	12521	11028	16822	13542
富阳市	59166	268355	67593	18513	51238	58941	41626
临安市	46439	241490	66148	26400	35768	47818	42564
宁波市	**1214621**	**5280494**	**1507247**	**395952**	**740823**	**877612**	**732454**
海曙区	133654	674460	156400	41654	79251	128275	103089
江东区	126259	740813	176901	68838	84268	127437	114367
江北区	37753	99111	22758	1611	14752	14845	11817
北仑区	57512	282344	54740	18073	77261	61811	51724
镇海区	70456	371436	102417	36530	174361	140782	132399
鄞州区	111864	348615	108604	7525	41906	59274	44310
象山县	452667	1559107	556921	142784	102367	123694	95175
宁海县	26704	167480	28244	20458	24736	30239	24496
余姚市	89981	419933	98560	31596	39859	58061	47412
慈溪市	67152	490450	161476	24987	91669	119431	96970
奉化市	40620	126744	40226	1897	10395	13764	10696
温州市	**1215015**	**3157600**	**1403418**	**147992**	**437689**	**587064**	**458427**
鹿城区	418700	1026388	427324	61051	133859	187820	146149
龙湾区	77452	198657	103966	11223	26898	39934	27217
瓯海区	338275	880390	474305	13613	51242	62143	56899
洞头县	2446	8970	2913		2657	2990	2537
永嘉县	49211	177167	73688	12263	44565	54151	35718
平阳县	73035	183890	77623	6420	46348	66343	57477

3－B－9 续表1－1 单位:万元,人

地区	年初存货	流动资产合计	存货	长期投资	固定资产合计	固定资产原价	生产经营用
苍南县	36472	117628	36822	1450	45655	53909	44311
文成县	3897	22762	3615		3621	6094	5617
泰顺县	53319	180114	34762	14036	17390	25178	13714
瑞安市	128389	256831	126771	22673	32671	43175	37098
乐清市	33819	104803	41629	5264	32783	45328	31692
嘉兴市	**466144**	**1371584**	**521855**	**65699**	**202782**	**277086**	**217963**
南湖区	32960	208730	49694	6183	37945	53089	29600
秀洲区	44983	182989	69775	7377	36970	46219	37395
嘉善县	26230	134635	36758	1316	13692	15774	12457
海盐县	28681	123456	57823	8050	13491	16814	11128
海宁市	165617	324448	126309	21347	40404	57092	51722
平湖市	59040	173364	88476	7526	24632	32946	26930
桐乡市	108632	223963	93020	13900	35648	55151	48732
湖州市	**247020**	**1117163**	**297967**	**63461**	**233625**	**261091**	**212620**
吴兴区	125274	624832	158704	41851	125288	159433	134199
南浔区	6141	30513	10629	602	8254	10762	9396
德清县	19054	139226	15538	9159	25816	33557	26722
长兴县	53429	176566	55428	5716	32806	29688	23840
安吉县	43123	146026	57669	6134	41461	27652	18463
绍兴市	**1281459**	**5690777**	**1467147**	**493848**	**1164372**	**1543483**	**1280876**
越城区	145115	1007977	161726	165356	220230	278666	229959
绍兴县	225750	1588796	273600	86675	301748	411128	326504
新昌县	39086	156077	45211	9940	56969	76574	60149
诸暨市	225267	913668	290697	78798	214164	257764	195807
上虞市	573303	1804694	613789	147376	286361	406397	383087
嵊州市	72939	219566	82125	5703	84901	112955	85370
金华市	**888568**	**3676728**	**1135766**	**240003**	**699018**	**917164**	**694034**
婺城区	172107	623162	189337	46339	117423	181604	146279
金东区	19313	120146	26853	5999	28362	42225	22693
武义县	17762	78732	19408	1477	13928	16672	12819
浦江县	17200	57033	15026	2303	22539	28558	14282
磐安县	20665	69946	19617	1123	27952	39756	35020
兰溪市	22495	95366	32012	3755	33496	23884	16378
义乌市	199530	656194	266250	35794	107762	138287	99734

3－B－9 续表1－2

单位:万元,人

地 区	年初存货	流动资产合 计	存 货	长期投资	固定资产合 计	固定资产原 价	生产经营用
东阳市	389738	1869066	529660	141625	308990	395065	304628
永康市	29759	107083	37603	1589	38565	51113	42201
衢州市	**154172**	**556999**	**175423**	**35362**	**127541**	**168865**	**138497**
柯城区	70994	285435	94485	20638	64636	86162	71112
衢江区	2016	9363	555	1560	3943	5583	4215
常山县	17026	65859	21569	888	15492	17865	13280
开化县	14202	48697	19964	992	16066	21655	16776
龙游县	36643	58763	20191	3674	13110	19064	16365
江山市	13290	88883	18660	7610	14294	18537	16750
舟山市	**183128**	**780015**	**238933**	**45657**	**72888**	**95909**	**85055**
定海区	92957	494948	114126	28781	44035	61773	56646
普陀区	63192	186691	84762	14885	23455	24726	22502
岱山县	20165	70288	30917	922	3761	6549	4365
嵊泗县	6813	28089	9128	1070	1637	2860	1542
台州市	**691285**	**2421444**	**842796**	**184197**	**489909**	**645818**	**524081**
台州市椒江区	103580	360051	114907	44687	61634	84327	64329
黄岩区	66090	193355	72174	10462	45643	65543	56038
路桥区	86862	409473	109391	43116	64317	70106	51179
玉环县	10442	53962	17098	517	12157	15762	9270
三门县	25915	92845	32625	4806	33457	44699	38935
天台县	18624	54688	18662	29	21636	34318	31309
仙居县	18023	74077	21482	3791	31299	44240	34527
温岭市	230295	825745	299274	52591	160007	204627	163865
临海市	131454	357248	157184	24199	59760	82196	74630
丽水市	**151725**	**603573**	**212210**	**26584**	**118892**	**128551**	**102943**
莲都区	66339	263232	92014	10105	57678	71129	59215
青田县	36502	81829	49156	1152	4642	5493	4698
缙云县	14792	73088	21744	11	10935	14625	11902
遂昌县	2757	24308	800	3816	1235	1653	1354
松阳县	3175	24147	7159	828	4941	5935	4483
云和县	1960	23577	2795	1630	3293	5075	3631
庆元县	674	8701	5393		2114	2467	2169
景宁畲族自治县	7162	22634	6462	1304	2894	3875	3676
龙泉市	18366	82056	26689	7739	31161	18300	11815

3－B－9 续表2－1 单位:万元,人

地　　区	累计折旧	本年折旧	在建工程	无形及递延资产小计	无形资产	其他资产	资产合计
总　计	**2288650**	**443625**	**606389**	**641907**	**564635**	**87527**	**41752935**
杭州市	**542035**	**104614**	**121280**	**267011**	**239900**	**32355**	**10680197**
上城区	30378	6571	5157	9226	8944	589	788227
下城区	37259	8079	3019	26183	22096	377	466198
江干区	72361	12961	1204	7782	6813	7370	914800
拱墅区	48402	10343	11163	21365	9374	9555	776974
西湖区	101508	14924	14612	20352	20100	8353	2584553
滨江区	66110	14626	40609	140382	139302	1126	1350932
萧山区	112173	21996	14978	21582	15525	1362	2166862
余杭区	20554	5136	20327	4253	3328	1357	629428
桐庐县	11063	1482	239	597	597	23	142972
淳安县	5870	1036	893	1255	1119	52	105936
建德市	6725	1032	95	463	299		95791
富阳市	15249	3965	6702	11305	10203	757	350167
临安市	14382	2463	2283	2266	2200	1434	307357
宁波市	**311985**	**56356**	**171659**	**75897**	**64530**	**20408**	**6513574**
海曙区	49377	8452	351	9236	7957	839	805439
江东区	45389	8599	2135	3877	2492	1619	899413
江北区	5778	678	5679	1366	1294	189	117028
北仑区	24992	3947	40343	6943	5756	1002	385623
镇海区	61262	6462	93447	13771	12498	2124	598221
鄞州区	19424	4209	1603	4648	3224	1096	403790
象山县	38068	11142	16438	5276	1573	11870	1821404
宁海县	7405	886	1368	1467	1307	186	214326
余姚市	19252	3882	987	5066	4891	19	496474
慈溪市	36701	7428	8496	23423	22720	1360	631889
奉化市	4338	672	811	825	819	105	139967
温州市	**166951**	**30495**	**13584**	**40109**	**37192**	**5824**	**3789213**
鹿城区	55784	10495	1270	3708	2778	3106	1228111
龙湾区	14387	2061	836	1060	834	5	237843
瓯海区	12462	3125	1189	23635	22892	9	968889
洞头县	1062	294	726				11627
永嘉县	16783	2599	6814	4420	4369	6	238421
平阳县	20927	3198	865	744	374	28	237431

3－B－9　续表 2－2

单位:万元,人

地　　区	累计折旧	本年折旧	在建工程	无形及递延资产小计	无形资产	其他资产	资产合计
苍南县	10189	2266	826	437	246	53	165222
文成县	2473	484		517	510		26899
泰顺县	8498	1722	679	635	497	1637	213812
瑞安市	10800	1832	35	3127	3080	336	315638
乐清市	13585	2419	345	1827	1612	645	145321
嘉兴市	**90015**	**15502**	**13531**	**29114**	**27599**	**3484**	**1672664**
南湖区	17961	2870	2571	6329	5904	460	259647
秀洲区	15067	3133	4447	6059	5752	237	233632
嘉善县	3281	600	1199	1663	1453	255	151561
海盐县	4398	706	1040	3958	3956	48	149003
海宁市	18880	2720	1960	4468	4104	2176	392843
平湖市	9069	1739	711	4312	4245	43	209876
桐乡市	21359	3735	1605	2325	2185	266	276102
湖州市	**79697**	**17241**	**49674**	**40419**	**33075**	**6237**	**1460904**
吴兴区	55795	10277	20229	26853	22629	632	819457
南浔区	2917	581	393	2122	2122	2	41493
德清县	8450	2322	296	3434	3405	52	177686
长兴县	6557	1548	9049	5220	2144	51	220358
安吉县	5977	2513	19707	2790	2774	5500	201910
绍兴市	**497185**	**107459**	**114923**	**83360**	**66631**	**3277**	**7435634**
越城区	93211	14521	33015	13596	11187	444	1407602
绍兴县	140114	28660	29908	18874	13937	119	1996213
新昌县	20839	3345	778	7356	7291	14	230355
诸暨市	79830	26079	36229	23697	18395	69	1230395
上虞市	127487	29237	7451	16893	12978	2594	2257918
嵊州市	35704	5618	7542	2945	2843	38	313151
金华市	**311260**	**59211**	**71237**	**62150**	**57270**	**7776**	**4685674**
婺城区	70677	12927	4863	9752	9220	521	797196
金东区	20491	5542	6476	2144	2040	667	157318
武义县	7070	1661	3299	529	494	9	94675
浦江县	9821	1735	2586	2974	2797	730	85579
磐安县	14062	1815	2095	292	187	92	99404
兰溪市	10159	1456	6973	1807	705	20	134444
义乌市	44669	7263	10557	9793	7419	835	810377

3－B－9 续表2－3

单位:万元,人

地区	累计折旧	本年折旧	在建工程	无形及递延资产小计	无形资产	其他资产	资产合计
东阳市	118966	23701	31625	31882	31531	4610	2356173
永康市	15345	3112	2763	2978	2877	293	150507
衢州市	**44109**	**8488**	**1984**	**8720**	**8240**	**1475**	**730098**
柯城区	22237	3521	546	5840	5506	112	376660
衢江区	1640	417		54	54	－13	14907
常山县	3439	781	1067	124	48	646	83009
开化县	5672	1488	43	1102	1081	4	66862
龙游县	6191	1289	7	351	306	519	76418
江山市	4931	993	323	1249	1246	207	112243
舟山市	**32100**	**5350**	**8355**	**4380**	**4044**	**317**	**903258**
定海区	19344	3188	1441	1927	1643	269	569960
普陀区	8385	1576	6784	2073	2033	44	227147
岱山县	3068	419	51	341	331	5	75316
嵊泗县	1303	167	80	39	37		30835
台州市	**177355**	**31871**	**16702**	**21457**	**19077**	**5360**	**3122367**
台州市椒江区	25564	4444	2601	3458	2655	108	469938
黄岩区	20594	3593	557	3071	2935	22	252554
路桥区	15503	2362	9713	5524	5349	1475	523904
玉环县	4426	846		1051	1050	45	67732
三门县	12006	2678	359	686	686		131795
天台县	12688	1487	6	304	245		76657
仙居县	14199	3583		508	493	135	109810
温岭市	48226	8508	3466	3888	3007	2500	1044730
临海市	24149	4371		2966	2656	1075	445248
丽水市	**35958**	**7040**	**23459**	**9292**	**7077**	**1013**	**759353**
莲都区	17244	3887	3449	2720	2229	887	334622
青田县	1617	349	739	45	30	5	87673
缙云县	4711	722	892	668	563	2	84704
遂昌县	466	78		383	383		29742
松阳县	994	231		1436	1436	131	31482
云和县	2906	241	1124	2745	1767	241	31486
庆元县	353	92		247	90		11062
景宁畲族自治县	981	205		636	471		27468
龙泉市	6686	1235	17256	411	108	－253	121114

3－B－9 续表3－1

单位:万元,人

地 区	流动负债合计	长期负债合计	负债合计	所有者权益合计	实收资本	国家资本	集体资本
总 计	**25554742**	**695924**	**26250665**	**15502269**	**9215120**	**454054**	**348059**
杭州市	**6968771**	**215197**	**7183968**	**3496229**	**2165141**	**236821**	**80990**
上城区	614280	16975	631255	156972	105999	32790	8122
下城区	329119	13883	343002	123196	78491	15901	2578
江干区	618175	3259	621433	293367	210808	41483	8504
拱墅区	472855	10290	483145	293830	227868	28482	3808
西湖区	1757358	81189	1838548	746005	426101	57690	42860
滨江区	874046	46568	920614	430318	224554	54232	4191
萧山区	1259769	33759	1293528	873335	515420	1212	
余杭区	422697	1150	423846	205582	144481	1010	3111
桐庐县	70882	1324	72206	70766	51173	503	
淳安县	78613	253	78866	27070	22695		1000
建德市	53290	967	54257	41534	30454	1828	1200
富阳市	215193	5031	220223	129944	72526	500	2000
临安市	202495	551	203046	104311	54571	1190	3616
宁波市	**4127529**	**143834**	**4271363**	**2242211**	**1226086**	**72351**	**9049**
海曙区	577281	3709	580989	224450	132575	7248	2504
江东区	601656	16132	617788	281625	173091	44939	511
江北区	77547	2011	79558	37470	24472	811	
北仑区	249176	396	249571	136052	90113	11089	800
镇海区	285127	34383	319509	278712	121702	4994	2164
鄞州区	252544	23592	276136	127654	84932	1630	1000
象山县	1234373	22050	1256422	564982	195903	270	26
宁海县	139502	837	140339	73987	51874	600	
余姚市	292787	1049	293835	202638	131621		25
慈溪市	326306	38740	365047	266843	188538	770	1014
奉化市	91232	937	92168	47799	31265		1006
温州市	**2584438**	**20510**	**2604949**	**1184265**	**856726**	**26908**	**84816**
鹿城区	864376	16420	880796	347315	269957	22016	23586
龙湾区	156390	1308	157697	80146	65571		485
瓯海区	779782	1110	780892	187996	131277	1231	21118
洞头县	5079		5079	6549	4648		465
永嘉县	130398		130398	108022	56832	1000	7198
平阳县	144527	852	145379	92051	70921	550	14120

3－B－9 续表3－2

单位:万元,人

地　　区	流动负债合　计	长期负债合　计	负债合计	所有者权益合　计	实收资本		
						国家资本	集体资本
苍南县	79684	329	80012	85210	62217	1432	8583
文成县	13267	40	13307	13592	6787		322
泰顺县	118013	84	118097	95715	56535	650	
瑞安市	223464	319	223783	91855	76072	30	134
乐清市	69458	49	69507	75814	55908		8805
嘉兴市	**1162550**	**21136**	**1183686**	**488978**	**368068**	**10349**	**14110**
南湖区	170668	5081	175749	83898	61710	4286	1671
秀洲区	155323	12	155335	78298	57239	2020	6122
嘉善县	109701	124	109825	41736	35715		192
海盐县	115091	8	115099	33904	29367	561	
海宁市	292131	9441	301573	91270	72806	1050	3552
平湖市	149506	92	149598	60278	43860	1395	1000
桐乡市	170130	6378	176508	99594	67372	1037	1573
湖州市	**956838**	**23175**	**980013**	**480891**	**297205**	**26491**	**7436**
吴兴区	537470	17913	555383	264074	173169	18198	2193
南浔区	23576	620	24196	17297	13797	611	1321
德清县	111691	23	111714	65973	44156	2000	
长兴县	146140	1397	147537	72821	42998	4183	2969
安吉县	137961	3222	141184	60727	23084	1500	953
绍兴市	**4050504**	**138753**	**4189257**	**3246376**	**1711252**	**18206**	**63959**
越城区	732658	71401	804059	603543	361018	9299	40640
绍兴县	1166263	26504	1192766	803446	421250		3525
新昌县	96790	8502	105292	125063	65978	800	3579
诸暨市	705458	9609	715067	515328	273408	3400	12917
上虞市	1207728	15447	1223175	1034743	505189	4707	558
嵊州市	141608	7291	148898	164253	84410		2741
金华市	**2469773**	**70311**	**2540084**	**2145590**	**1137434**	**21927**	**52766**
婺城区	435048	8567	443614	353582	213174	7409	11078
金东区	74761	3903	78664	78654	46724		
武义县	48567	2767	51334	43341	29270		7549
浦江县	24736		24736	60843	25879	1000	2124
磐安县	49747	2078	51825	47579	28878		
兰溪市	74864	1082	75946	58498	39716	3000	
义乌市	423186	6246	429432	380946	209373	255	15467

3－B－9　续表 3－3

单位:万元,人

地　区	流动负债合　计	长期负债合　计	负债合计	所有者权益合　计	实收资本	国家资本	集体资本
东阳市	1274291	45458	1319749	1036424	492152	7235	10693
永康市	64575	210	64785	85722	52268	3028	5857
衢州市	**395530**	**2005**	**397535**	**332563**	**249967**	**11755**	**2118**
柯城区	217128	1867	218995	157665	109840	7596	1100
衢江区	3994		3994	10913	14916		
常山县	50791	1	50792	32217	25644	547	508
开化县	31156	34	31190	35672	23812		
龙游县	32984		32984	43433	29863	3612	
江山市	59477	103	59580	52662	45892		510
舟山市	**701366**	**15472**	**716838**	**186420**	**144007**	**12899**	**4225**
定海区	453209	9518	462727	107233	80975	9155	2033
普陀区	166003	5101	171104	56044	47637	2014	692
岱山县	60018	17	60035	15282	9544	800	1000
嵊泗县	22136	837	22973	7862	5851	930	500
台州市	**1726199**	**37037**	**1763236**	**1359131**	**831562**	**14540**	**26452**
台州市椒江区	270494	13222	283715	186223	132610	3275	551
黄岩区	131720		131720	120835	75315	2732	3750
路桥区	273890	7241	281130	242773	99522		2308
玉环县	36014	597	36611	31121	24979	448	
三门县	53201		53201	78594	59175		
天台县	26822	300	27122	49535	35955	610	3238
仙居县	37841	39	37880	71930	49254		485
温岭市	617408	13466	630875	413856	249442	3267	400
临海市	278810	2172	280982	164265	105312	4209	15720
丽水市	**411243**	**8494**	**419737**	**339616**	**227674**	**1808**	**2136**
莲都区	152811	2613	155424	179198	123172		
青田县	70267	8	70274	17399	12008		
缙云县	47624		47624	37080	26673	958	1000
遂昌县	19921	224	20145	9597	7200	500	
松阳县	19804	9	19814	11669	9734	350	
云和县	17597	1117	18714	12773	8961		606
庆元县	6192		6192	4871	3968		
景宁畲族自治县	16490	22	16512	10957	6498		510
龙泉市	60539	4501	65040	56074	29460		20

3-B-9 续表4-1

单位:万元,人

地　　区	法人资本	个人资本	港澳台资本	外商资本	工程结算收　　入	工程结算成　　本	工程结算税金及附加
总　计	**1890640**	**6493456**	**22650**	**6263**	**69457845**	**62929997**	**2418013**
杭州市	**423840**	**1419481**	**1830**	**2179**	**15932628**	**14479116**	**552973**
上城区	9414	54877		796	1106535	991354	35992
下城区	17114	41751	1148		486305	431339	17235
江干区	26076	134640	105		1602732	1447976	51345
拱墅区	36422	157612	563	982	1264396	1159806	41046
西湖区	101628	223707	15	201	3661017	3376271	136667
滨江区	38328	127604		200	1632567	1487510	55598
萧山区	105896	408312			4096155	3729951	142639
余杭区	18704	121655			826603	745411	28876
桐庐县	22168	28502			195926	168552	7836
淳安县	1050	20645			99999	89957	3661
建德市	6168	21259			110891	99401	3660
富阳市	27804	42223			421536	365337	13296
临安市	13070	36695			427968	386251	15122
宁波市	**237523**	**902397**	**2610**	**2155**	**8038175**	**7225188**	**257703**
海曙区	21949	96296	2549	2029	940616	839662	29239
江东区	10082	117559			1190836	1075401	38146
江北区	11429	12232			169762	154498	5618
北仑区	16804	61294		126	434278	380022	13322
镇海区	74384	40099	61		643968	587290	20985
鄞州区	10305	71997			566198	503546	18832
象山县	30913	164695			2505542	2288178	79710
宁海县	20116	31158			210565	180677	7113
余姚市	5781	125815			457391	393011	16463
慈溪市	34020	152735			731351	657567	21776
奉化市	1741	28518			187669	165337	6500
温州市	**189369**	**555632**			**4081748**	**3651902**	**141456**
鹿城区	49788	174568			1206197	1085186	41144
龙湾区	22131	42956			192553	170841	6637
瓯海区	15348	93581			798073	739376	28101
洞头县	450	3733			23820	20830	886
永嘉县	19742	28892			200713	175264	7377
平阳县	10730	45521			278552	249343	9311

3－B－9　续表 4－2　　　　单位:万元,人

地　　区	法人资本	个人资本	港澳台资本	外商资本	工程结算收　　入	工程结算成　　本	工程结算税金及附加
苍南县	2506	49696			401060	343611	13333
文成县	1022	5443			41680	36634	1384
泰顺县	36190	19695			395434	348661	14098
瑞安市	21102	54806			277897	249124	9863
乐清市	10361	36742			265770	233032	9322
嘉兴市	**47013**	**296596**			**2565036**	**2342633**	**85665**
南湖区	11966	43787			447883	405753	14865
秀洲区	3840	45257			364407	331326	11313
嘉善县	17507	18016			162769	148074	5902
海盐县	3210	25596			133623	120805	4583
海宁市	1097	67107			554593	513190	18373
平湖市	100	41365			279086	251427	9780
桐乡市	9294	55469			622675	572057	20850
湖州市	**100141**	**160255**	**2385**	**496**	**1914966**	**1733090**	**63502**
吴兴区	67455	84556	271	496	1227242	1117331	39076
南浔区	6269	5597			65288	59113	2549
德清县	12863	27741	1552		248825	229737	7916
长兴县	8440	27406			257380	226010	10051
安吉县	5114	14956	562		116232	100898	3910
绍兴市	**482878**	**1130316**	**14461**	**1433**	**19477480**	**17811144**	**700962**
越城区	87871	223208			3590550	3300304	122578
绍兴县	188500	213580	14461	1184	5414540	4987041	185643
新昌县	11442	49908		248	505721	440798	21087
诸暨市	70476	186616			4305362	3971639	155512
上虞市	104634	395290			4887582	4435691	182005
嵊州市	19955	61714			773724	675672	34139
金华市	**212635**	**849873**	**231**		**8638176**	**7746020**	**313213**
婺城区	47570	146886	231		1213986	1088071	40431
金东区	8076	38648			193296	163853	6684
武义县	5486	16235			90096	79803	4239
浦江县	2518	20237			212874	183316	6940
磐安县	8768	20110			281517	251782	10224
兰溪市	2498	34217			144600	119153	5354
义乌市	44651	149000			802963	706322	27441

3－B－9 续表4－3 单位:万元,人

地 区	法人资本	个人资本	港澳台资本	外商资本	工程结算收 入	工程结算成 本	工程结算税金及附加
东阳市	84311	389913			5467065	4958686	203987
永康市	8757	34627			231780	195033	7911
衢州市	**31033**	**205061**			**1182775**	**1064520**	**40428**
柯城区	18597	82547			534924	482725	17997
衢江区	4316	10600			29400	26646	1009
常山县	4784	19805			127302	115052	4292
开化县	2018	21794			138549	122458	4918
龙游县	700	25551			177463	155869	6222
江山市	618	44764			175137	161772	5990
舟山市	**8342**	**118441**	**100**		**899051**	**821667**	**30191**
定海区	874	68812	100		515355	467179	17250
普陀区	6740	38192			273095	252489	9202
岱山县	125	7619			88691	82225	3010
嵊泗县	603	3818			21910	19773	729
台州市	**111511**	**678027**	**1033**		**5892675**	**5330245**	**198682**
台州市椒江区	36028	92756			675838	621817	22623
黄岩区	15546	53287			626041	576367	21239
路桥区	4052	92862	300		724090	651248	21568
玉环县	6459	18072			121072	108479	4308
三门县		59175			276421	248365	9141
天台县	7558	24549			205022	181201	7514
仙居县	7962	40807			290726	257952	9890
温岭市	23699	222077			2196021	1985360	74405
临海市	10206	74443	733		777443	699455	27994
丽水市	**46354**	**177375**			**835134**	**724474**	**33238**
莲都区	16991	106181			450174	391023	17874
青田县	958	11050			40584	35213	1340
缙云县	9381	15334			104662	92837	4200
遂昌县	2271	4429			32558	27672	1113
松阳县	2628	6756			34377	30336	1180
云和县	945	7410			26808	23766	1019
庆元县		3968			15393	14186	837
景宁畲族自治县	2050	3938			22147	17932	910
龙泉市	11130	18310			108430	91510	4764

3－B－9　续表5－1　　　　单位:万元,人

地　　区	工程结算利　　润	其他业务收　　入	其他业务利　　润	经营费用	管理费用	#税金	#财产保险费
总　计	**3880368**	**510364**	**113528**	**229467**	**1546320**	**82277**	**13688**
杭州市	**850218**	**158422**	**36223**	**50321**	**418438**	**16256**	**2242**
上城区	61773	20287	3753	17416	37649	642	51
下城区	37129	45154	1376	603	20530	739	66
江干区	101107	35528	6716	2305	79931	1694	250
拱墅区	60526	9472	2927	3018	32930	940	222
西湖区	135926	23562	7864	12153	77455	2850	311
滨江区	86225	8414	6191	3234	43501	1533	105
萧山区	218757	8907	4433	4808	68747	3760	529
余杭区	50865	3361	756	1451	18466	1689	181
桐庐县	16858	167	12	2680	4411	338	33
淳安县	6148	1112	357	233	5101	368	139
建德市	7685	1315	996	145	5468	233	28
富阳市	42131	818	681	772	14416	960	119
临安市	25089	325	161	1506	9834	508	209
宁波市	**525469**	**120091**	**24052**	**29815**	**207642**	**9402**	**1759**
海曙区	63185	50443	8507	8530	31163	902	217
江东区	72244	16572	4046	5045	34843	1464	235
江北区	9473	2444	683	174	4802	172	36
北仑区	38633	7437	1918	2301	18349	1095	109
镇海区	35229	34021	4398	463	20955	1009	205
鄞州区	42674	1564	770	1146	16869	731	194
象山县	134549	1857	250	3105	32218	550	147
宁海县	22320	410	341	456	5693	474	92
余姚市	45062	769	677	2856	14947	1486	197
慈溪市	47042	816	532	4967	21892	1269	305
奉化市	15060	3761	1932	773	5911	251	23
温州市	**272307**	**45303**	**12697**	**16084**	**136641**	**6889**	**1309**
鹿城区	73862	11651	3908	6006	43428	1854	607
龙湾区	14589	4287	149	486	7654	659	19
瓯海区	27437	5212	4688	3159	11136	935	166
洞头县	1462	7	3	644	611	34	5
永嘉县	17500	1062	827	573	5831	400	45
平阳县	18535	462	20	1362	9784	737	218

3－B－9 续表5－2

单位:万元,人

地　区	工程结算利　润	其他业务收　入	其他业务利　润	经营费用	管理费用	#税金	#财产保险费
苍南县	42990	3651	683	1126	23620	782	39
文成县	3504	65	64	158	559	30	5
泰顺县	32258	107	104	417	13014	146	93
瑞安市	17270	18395	1951	1640	7870	509	32
乐清市	22901	407	301	515	13134	803	82
嘉兴市	**130802**	**28385**	**4929**	**5936**	**65931**	**2927**	**532**
南湖区	26547	8572	1241	718	15516	552	131
秀洲区	21068	4415	577	700	12236	479	83
嘉善县	8649	292	188	145	3529	202	7
海盐县	7844	247	244	391	3816	187	36
海宁市	21589	1214	1021	1441	10916	458	90
平湖市	17545	12604	837	333	9617	273	34
桐乡市	27561	1041	822	2208	10301	777	152
湖州市	**113540**	**38215**	**5689**	**4834**	**53858**	**2753**	**390**
吴兴区	69070	22657	2807	1765	34731	1327	308
南浔区	3528	126	99	98	2564	95	27
德清县	10699	778	696	472	4621	408	12
长兴县	19741	14250	1711	1578	7437	418	12
安吉县	10503	404	376	921	4506	506	31
绍兴市	**915576**	**36175**	**8957**	**49798**	**272922**	**18877**	**4208**
越城区	163200	4712	2817	4469	50764	2598	1317
绍兴县	229250	14345	2626	12606	75159	5081	825
新昌县	39387	6645	586	4449	13663	1082	91
诸暨市	167053	4158	1101	11159	49893	2036	933
上虞市	257983	4756	1100	11904	62217	6816	759
嵊州市	58703	1560	728	5212	21227	1264	282
金华市	**543286**	**15174**	**7891**	**35658**	**176267**	**13638**	**1346**
婺城区	82550	7167	3780	2934	26938	1270	199
金东区	21524	231	163	1235	5033	383	49
武义县	5720	382	250	334	2845	136	61
浦江县	20033	179	114	2585	9555	4476	67
磐安县	16519	331	78	2992	5677	685	62
兰溪市	19541	410	364	551	3979	235	84
义乌市	66371	1350	964	2829	23122	1278	134

3－B－9 续表5－3

单位:万元,人

地区	工程结算利润	其他业务收入	其他业务利润	经营费用	管理费用	#税金	#财产保险费
东阳市	284034	4993	2114	20359	88765	4192	634
永康市	26994	133	64	1841	10353	983	57
衢州市	**73307**	**24718**	**2847**	**4520**	**37653**	**2383**	**323**
柯城区	32530	20375	1935	1672	15761	675	157
衢江区	1513	204	135	233	967	196	5
常山县	7799	175	151	160	3999	181	39
开化县	10003	75	63	1171	5165	219	35
龙游县	14428	273	258	945	7391	329	61
江山市	7035	3617	306	340	4369	784	26
舟山市	**46614**	**9216**	**3092**	**580**	**27983**	**795**	**237**
定海区	30396	7866	2472	530	18392	571	188
普陀区	11404	591	419		6757	130	33
岱山县	3454	136	86	3	1668	67	12
嵊泗县	1361	624	115	47	1166	28	5
台州市	**336111**	**31633**	**5387**	**27637**	**120309**	**6527**	**730**
台州市椒江区	29347	1219	1095	2051	13447	543	44
黄岩区	27294	4543	257	1141	9417	691	44
路桥区	50755	14	11	519	12406	1177	102
玉环县	7865	474	463	419	5163	223	15
三门县	18103	31	12	812	4415	126	14
天台县	14830	112	80	1477	6817	176	131
仙居县	20730	133	102	2155	7576	1587	28
温岭市	119831	23202	1745	16425	38951	1224	265
临海市	47356	1906	1623	2638	22117	782	87
丽水市	**73139**	**3032**	**1764**	**4283**	**28676**	**1830**	**612**
莲都区	39498	1171	1133	1779	12713	593	381
青田县	3986	487	14	45	2264	156	10
缙云县	6757	24	10	867	2196	118	12
遂昌县	3758	421	385	16	1833	19	105
松阳县	2804	82	42	56	1262	34	17
云和县	1950	88	41	73	934	26	8
庆元县	366	2	2	5	149	3	
景宁畲族自治县	3212	13	11	93	2483	26	
龙泉市	10808	744	128	1348	4843	855	80

3-B-9 续表6-1 单位:万元,人

地区	#差旅费	#工会经费	财务费用	利息支出	营业利润	营业外收入	营业外支出
总计	**113409**	**25953**	**422469**	**396681**	**2025108**	**59667**	**47430**
杭州市	**26922**	**4968**	**106926**	**85470**	**361076**	**15083**	**15073**
上城区	1727	432	1738	1416	26139	856	2304
下城区	1007	168	2776	2130	15200	1041	487
江干区	5388	669	8654	6931	19238	1640	754
拱墅区	1840	259	6630	5737	23893	1246	1243
西湖区	5423	821	26138	24355	40197	2985	3744
滨江区	2444	616	17485	12613	31431	1885	3090
萧山区	4210	1204	31885	24417	122558	3968	1745
余杭区	1258	219	3589	2715	29565	655	337
桐庐县	334	49	1391	626	11068	10	109
淳安县	267	67	282	225	1121	54	80
建德市	195	52	560	345	2654	50	200
富阳市	1033	67	2927	1391	25469	608	330
临安市	1797	347	2873	2570	12543	86	652
宁波市	**12344**	**1853**	**61287**	**62099**	**280593**	**22669**	**10123**
海曙区	1444	399	7287	7173	33241	9366	920
江东区	2082	355	7520	11318	33927	2228	1446
江北区	169	71	1336	1165	4018	97	137
北仑区	1294	65	2474	2195	19727	1835	1178
镇海区	784	433	2023	2359	16649	840	758
鄞州区	583	62	3296	3054	23279	549	1058
象山县	3335	171	20741	19529	81840	4146	1038
宁海县	291	30	3766	3178	13201	547	484
余姚市	829	48	5266	5316	25526	746	180
慈溪市	1187	166	6878	6127	18804	2161	2490
奉化市	348	56	699	686	10381	154	436
温州市	**13286**	**2242**	**24814**	**19792**	**123549**	**2167**	**1541**
鹿城区	3122	292	8846	7816	25496	489	556
龙湾区	758	167	469	308	6614	633	104
瓯海区	578	791	5192	4394	15797	530	215
洞头县	48	9	41	41	812	23	5
永嘉县	377	69	2092	1888	10404	210	217
平阳县	1025	50	698	497	8072	74	177

3－B－9　续表6－2　　　　单位:万元,人

地　　区	#差旅费	#工会经费	财务费用	利息支出	营业利润	营业外收入	营业外支出
苍南县	5342	126	1102	202	18951	33	122
文成县	27		351	330	2658	7	18
泰顺县	858	485	4090	3155	15259	48	20
瑞安市	482	111	1357	724	9994	67	92
乐清市	671	142	576	439	9492	53	16
嘉兴市	**2505**	**964**	**13975**	**13197**	**55825**	**3418**	**3120**
南湖区	507	97	1950	1686	10321	307	373
秀洲区	594	168	1809	1595	7601	183	1089
嘉善县	136	17	412	385	4896	73	61
海盐县	164	180	1211	1182	3061	48	335
海宁市	265	50	3876	3699	7818	1343	841
平湖市	368	257	1103	1097	7662	1122	308
桐乡市	471	196	3616	3553	14466	343	114
湖州市	**2314**	**937**	**13000**	**10961**	**52370**	**2311**	**1877**
吴兴区	1508	708	7473	6011	29672	1604	1421
南浔区	78	21	216	227	847	7	21
德清县	203	57	1681	1666	5094	157	191
长兴县	278	69	2181	1792	11834	444	138
安吉县	246	82	1449	1264	4923	99	106
绍兴市	**25577**	**4544**	**114825**	**99944**	**536786**	**4800**	**6791**
越城区	3613	894	28364	27011	86889	444	1523
绍兴县	4592	683	26492	26143	130224	3098	1819
新昌县	2287	147	3491	3116	22819	11	195
诸暨市	4470	1043	18020	11821	100240	380	1182
上虞市	7238	1130	32036	28091	164830	753	1454
嵊州市	3378	649	6421	3763	31783	114	618
金华市	**14900**	**7245**	**39450**	**62573**	**335460**	**3912**	**3633**
婺城区	2438	390	13225	11728	46166	1389	1187
金东区	239	128	2497	1165	14157	43	151
武义县	83	14	979	430	2145	268	91
浦江县	437	66	1181	579	9411	35	9
磐安县	1258	207	2017	1277	8904	33	81
兰溪市	249	35	1588	754	14339	26	84
义乌市	1874	605	6898	3698	37315	569	297

3－B－9 续表 6－3　　单位:万元,人

地区	#差旅费	#工会经费	财务费用	利息支出	营业利润	营业外收入	营业外支出
东阳市	7833	5722	9893	42049	187490	1036	1563
永康市	488	78	1171	893	15534	512	172
衢州市	**2191**	**930**	**6844**	**5350**	**31658**	**565**	**366**
柯城区	835	350	4218	3130	14486	378	145
衢江区	120	22	44	47	636		36
常山县	114	131	137	126	3814	63	55
开化县	527	208	682	619	4218	10	21
龙游县	396	103	653	320	6641	63	57
江山市	199	117	1110	1107	1862	51	52
舟山市	**1025**	**251**	**9495**	**9034**	**12229**	**905**	**1293**
定海区	555	179	6629	6552	7846	713	952
普陀区	319	34	2459	2099	2607	132	315
岱山县	88	21	189	170	1684	22	22
嵊泗县	64	18	219	213	92	39	4
台州市	**9866**	**1681**	**26744**	**23568**	**194445**	**3490**	**2873**
台州市椒江区	849	85	3649	3082	13346	1653	612
黄岩区	584	107	3091	2499	15043	110	145
路桥区	1351	299	4984	4767	33376	490	248
玉环县	301	26	272	165	2893	44	64
三门县	756	69	1351	1304	12350	2	197
天台县	371	101	462	393	7631	11	68
仙居县	398	115	974	881	12282	46	34
温岭市	3931	555	8345	7095	74280	1046	1301
临海市	1326	324	3616	3383	23246	90	204
丽水市	**2481**	**337**	**5110**	**4693**	**41117**	**347**	**741**
莲都区	1080	185	2968	2875	24950	235	362
青田县	372	1	283	281	1453	12	48
缙云县	351	30	551	358	4020	33	141
遂昌县	73	24	15	6	2294	60	37
松阳县	30	16	176	130	1408	5	36
云和县	69	1	71	60	985	1	20
庆元县	9	1	15	5	204		5
景宁畲族自治县	47	25	－28	－28	769		73
龙泉市	450	54	1058	1007	5035		20

3－B－9　续表7－1　　单位:万元,人

地　区	利润总额	应交所得税	应付利润	劳动、失业保险费	住房公积金及住房补贴	本年应付工资总额(贷方累计发生额)	主营业务应付工资总额
总　计	**2146987**	**493002**	**723689**	**140729**	**37453**	**10096783**	**9913033**
杭州市	**395459**	**90875**	**132399**	**34855**	**14662**	**1750576**	**1692370**
上城区	37978	9819	5688	4546	1899	92061	91654
下城区	15652	3000	1213	4618	2516	44743	41548
江干区	20691	4853	10634	5781	4088	171306	168147
拱墅区	24646	6240	10361	2046	750	147992	141823
西湖区	55681	10612	11891	6239	2212	409383	398199
滨江区	34755	7101	11193	3851	1944	105112	100502
萧山区	122550	28328	41889	3654	380	522628	502400
余杭区	30741	7515	8629	1421	290	87256	80749
桐庐县	10425	3516	4648	412	14	28906	28361
淳安县	1050	537	638	266	24	16067	16026
建德市	3014	670	1199	716	131	21342	20925
富阳市	25663	5766	17621	727	169	40786	39861
临安市	12614	2918	6796	580	244	62994	62176
宁波市	**316337**	**70645**	**80690**	**23805**	**6922**	**1218104**	**1187976**
海曙区	45655	5356	7011	4643	1400	83309	82095
江东区	37189	6695	13904	3737	1802	157015	145493
江北区	4568	1122	2983	661	206	25286	25060
北仑区	23161	4897	8377	1900	820	54168	53551
镇海区	17056	4724	2883	6813	2266	90674	84577
鄞州区	23939	5679	5944	1220	144	79805	79596
象山县	88622	23781	8311	1817	72	504381	495521
宁海县	14790	3212	5422	377	22	29011	28290
余姚市	31911	7633	9394	780	31	52792	52550
慈溪市	19602	5259	10871	1544	85	113503	113285
奉化市	9845	2286	5592	314	76	28160	27958
温州市	**126033**	**31941**	**64125**	**8823**	**1865**	**626193**	**618275**
鹿城区	25929	6843	10504	3571	762	169456	167823
龙湾区	7145	1689	4456	348	41	33935	33615
瓯海区	16905	4155	12472	1021	205	149494	148857
洞头县	826	215		78		3932	3900
永嘉县	10208	2012	7527	449	24	26917	26799
平阳县	8160	2347	2671	707	32	41151	40818

3－B－9 续表7－2 单位:万元,人

地　区	利润总额	应交所得税	应付利润	劳动、失业保险费	住房公积金及住房补贴	本年应付工资总额(贷方累计发生额)	主营业务应付工资总额
苍南县	19049	4808	4547	761	545	60657	58489
文成县	2685	856	95	124	8	3977	3951
泰顺县	15336	4162	11126	589	13	53542	52971
瑞安市	10042	2528	3836	599	99	46598	45587
乐清市	9748	2326	6891	576	135	36535	35465
嘉兴市	**66812**	**14196**	**20419**	**5838**	**843**	**488131**	**483592**
南湖区	14005	2566	2208	1709	259	68708	65765
秀洲区	11851	1684	894	776	74	66425	66386
嘉善县	4867	1279	3485	167	16	38662	38599
海盐县	2767	713	1540	359	33	24066	23698
海宁市	9191	2608	726	641	149	106593	105909
平湖市	8493	2073	3695	466	49	51633	51535
桐乡市	15638	3274	7871	1721	263	132045	131699
湖州市	**62424**	**13419**	**31334**	**8613**	**2581**	**191921**	**187158**
吴兴区	37786	8000	25226	6860	2214	93865	90400
南浔区	858	253	225	114	21	10193	9834
德清县	5919	1236	854	593	146	24559	23723
长兴县	12446	3041	3603	912	121	46368	46269
安吉县	5413	889	1427	133	79	16936	16933
绍兴市	**546971**	**124257**	**202550**	**22679**	**2851**	**3020778**	**2979073**
越城区	88317	21042	12400	9191	1720	440138	432708
绍兴县	135464	32445	21970	3232	293	879954	876170
新昌县	22588	3561	3927	1557	133	68772	68153
诸暨市	103316	24950	26713	2423	123	744772	736612
上虞市	165904	33866	122908	3421	491	758316	740551
嵊州市	31382	8394	14633	2856	91	128826	124881
金华市	**344829**	**69665**	**103508**	**12989**	**3987**	**1368730**	**1342734**
婺城区	43926	10943	32059	4951	919	139460	136066
金东区	13009	3255	1468	427	61	26727	26674
武义县	6777	951	1209	197	150	9899	9851
浦江县	9428	2894	6056	521	52	30414	30280
磐安县	8816	1927	5815	375	367	33712	33335
兰溪市	13764	3980	1525	307	335	22280	21159
义乌市	41471	8952	9705	1041	109	108811	104449

3－B－9 续表7－3

单位：万元，人

地　区	利润总额	应交所得税	应付利润	劳动、失业保险费	住房公积金及住房补贴	本年应付工资总额（贷方累计发生额）	主营业务应付工资总额
东阳市	191794	32383	39975	4907	1915	967005	950820
永康市	15844	4380	5696	263	80	30422	30099
衢州市	**32429**	**8391**	**14813**	**6179**	**1132**	**175225**	**171506**
柯城区	14741	3972	5113	3186	683	67440	64723
衢江区	543	178	155	35		3904	3569
常山县	3808	796	3082	405	81	13053	13017
开化县	4667	1177	987	272	69	28596	28594
龙游县	6804	1586	4789	860	258	20674	20669
江山市	1867	681	687	1420	41	41558	40935
舟山市	**11912**	**2948**	**4848**	**2373**	**1421**	**144236**	**143482**
定海区	7603	1689	3446	1533	1356	89756	89016
普陀区	2506	720	935	495	19	37689	37675
岱山县	1683	479	375	195	47	13241	13241
嵊泗县	120	60	92	149		3550	3550
台州市	**202600**	**51247**	**58290**	**12125**	**601**	**1018155**	**1013382**
台州市椒江区	19433	2481	1226	684	49	136128	134626
黄岩区	15216	3999	6991	869	96	107609	107244
路桥区	33618	7725	7493	442	16	79951	79951
玉环县	2868	687	531	151	37	13377	13352
三门县	12117	3630	2669	190		51660	51143
天台县	7572	3262	2554	1667	140	33153	33115
仙居县	12295	2847	7061	384		44315	44132
温岭市	74316	20814	23611	1866	42	404353	403087
临海市	25165	5802	6155	5872	222	147610	146733
丽水市	**41182**	**15419**	**10713**	**2451**	**588**	**94736**	**93486**
莲都区	23379	8871	4999	1209	302	44985	44690
青田县	1419	616	467	102	21	5372	4679
缙云县	4021	1144	1431	251	69	14010	14010
遂昌县	3357	911	1829	44	66	6354	6348
松阳县	1379	500	578	100	32	4482	4444
云和县	948	299	618	111	21	5235	5108
庆元县	199	58	84	18		2186	2186
景宁畲族自治县	745	342	280	213	52	3199	3185
龙泉市	5736	2678	426	404	25	8914	8836

3－B－9 续表8－1

单位：万元，人

地区	本年应付福利费总额（贷方累计发生额）	主营业务应付福利费总额	应收工程款	竣工工程	全部从业人员年平均人数	资产减值损失	公允价值变动收益	投资收益
总计	**841877**	**820388**	**6050410**	**3096081**	**4379605**	**9936**	**5240**	**47254**
杭州市	**144297**	**138657**	**1363822**	**740060**	**879883**	**2047**	**5399**	**20059**
上城区	4514	4462	106739	67494	47904	20		482
下城区	3211	2884	70012	17835	19683	76		
江干区	16235	15974	151845	71780	80596	406	－37	2008
拱墅区	6960	6606	136422	49284	79899	10		220
西湖区	28273	27003	272242	129500	222262	206	5094	10751
滨江区	7490	7014	189555	119900	65028	1327		5387
萧山区	53933	51985	226569	142538	228945		342	452
余杭区	6547	5935	73688	42701	45591			653
桐庐县	3185	3115	14030	10511	16047			
淳安县	1148	1146	6962	3658	8190			
建德市	2390	2309	13153	10237	11426	…		
富阳市	3673	3575	57211	33803	23726	1		
临安市	6739	6652	45395	40819	30586			106
宁波市	**75395**	**73094**	**1124216**	**402339**	**511534**	**4701**	**－42**	**12566**
海曙区	2961	2911	80321	33192	42349	1114		1798
江东区	4652	4601	155393	66115	59904	31	－65	2599
江北区	989	971	17081	6823	10582			
北仑区	1137	1109	60387	39823	26510	164	13	1457
镇海区	3975	3438	83107	39645	31329	423		－88
鄞州区	2539	2537	48258	33326	37105	31	11	－84
象山县	40179	38689	471307	70557	197545	1792		－123
宁海县	2863	2806	25560	14232	16505	856		213
余姚市	5468	5432	69774	33024	25747			5507
慈溪市	9244	9212	94909	57403	52883			1291
奉化市	1389	1388	18121	8199	11075	291	…	－4
温州市	**48110**	**47530**	**403570**	**178353**	**290583**	**－112**	**－58**	**792**
鹿城区	8925	8844	73521	49204	77360	3	1	1
龙湾区	2303	2282	15845	11475	16913	21	…	－2
瓯海区	10599	10586	57092	15525	59608			8
洞头县	446	444	295	194	2089			
永嘉县	2559	2537	143373	19413	15065			392
平阳县	4091	4055	23698	18759	22412	－157	－59	243

3－B－9 续表8－2

单位:万元,人

地区	本年应付福利费总额(贷方累计发生额)	主营业务应付福利费总额	应收工程款	竣工工程	全部从业人员年平均人数	资产减值损失	公允价值变动收益	投资收益
苍南县	6011	5976	37274	25483	27157			
文成县	391	385	3983	1637	2185			
泰顺县	5836	5755	14615	9496	25117	20		
瑞安市	2534	2400	9083	4750	24127	...	...	151
乐清市	4415	4266	24792	22419	18550			
嘉兴市	**57983**	**57362**	**141907**	**98525**	**207444**	**2**		**436**
南湖区	8451	8041	28946	22775	32785	2		417
秀洲区	9079	9074	65172	46212	29190			1
嘉善县	4994	4984	1343	1133	15000			－39
海盐县	3301	3248	13417	12241	12611			
海宁市	8155	8081	22864	8450	35267			
平湖市	6302	6282	2062	2062	23920			53
桐乡市	17700	17652	8105	5652	58671			5
湖州市	**17398**	**17041**	**259191**	**158360**	**109968**	**－12**	**3**	**542**
吴兴区	9835	9672	138296	73828	60580	－13		242
南浔区	644	595	9042	6343	4768			
德清县	2246	2113	22597	10958	17292			3
长兴县	3576	3566	46851	41161	18465	2	3	296
安吉县	1096	1095	42405	26070	8863			
绍兴市	**307788**	**299459**	**1125547**	**674296**	**1152336**	**1934**	**68**	**9858**
越城区	38976	37907	209343	133199	200942	12		134
绍兴县	100357	99829	293493	181643	312651	429	23	62
新昌县	7377	7312	35759	16246	34938	46	48	987
诸暨市	77057	73020	177383	106071	227554			5969
上虞市	69380	67286	339594	206092	318482	1414	2	2192
嵊州市	14640	14105	69976	31045	57769	33	－5	513
金华市	**84579**	**82318**	**1053745**	**470866**	**590550**	**1105**	**－137**	**2160**
婺城区	11792	11188	156130	112130	74458	10		1104
金东区	2580	2570	33949	10730	11854		5	243
武义县	388	291	17083	12794	7334	5	2	
浦江县	1697	1680	9134	1903	18210			
磐安县	3777	3682	42912	28103	19060	142	－142	－142
兰溪市	1538	1473	17250	10538	16091			
义乌市	12491	11912	54600	30363	62968			11

3-B-9 续表8-3

单位:万元,人

地　　区	本年应付福利费总额(贷方累计发生额)	主营业务应付福利费总额	应收工程款	竣工工程	全部从业人员年平均人数	资产减值损失	公允价值变动收益	投资收益
东阳市	47990	47207	688377	245765	365432	949	-1	685
永康市	2327	2316	34310	18540	15143			259
衢州市	**17007**	**16517**	**130348**	**79067**	**85683**	**171**	**-4**	**54**
柯城区	5700	5281	62950	38198	36555			-6
衢江区	486	438	8134	7525	1886			
常山县	1404	1399	8884	5574	8420	164		
开化县	3244	3244	3877	1510	10098			11
龙游县	2086	2085	36582	22008	10381	7	-4	5
江山市	4087	4070	9920	4251	18343			45
舟山市	**2843**	**2691**	**50054**	**26288**	**46331**	**19**	**…**	**258**
定海区	2061	1912	35602	17956	27203	19	…	176
普陀区	234	231	6813	4952	11829			82
岱山县	396	396	5678	2085	5220			
嵊泗县	153	153	1962	1294	2079			
台州市	**81234**	**80548**	**300079**	**206199**	**448763**	**82**	**10**	**530**
台州市椒江区	4161	4119	39293	27667	53947	35		
黄岩区	2368	2307	26896	17340	48899			
路桥区	10941	10941	50760	26547	43780			
玉环县	589	580	7709	5760	5442			
三门县	5333	5251	16508	15797	28398			
天台县	4579	4576	637	353	16485	14		2
仙居县	5743	5718	9738	6158	22511			
温岭市	30635	30265	101506	71239	163034	…	…	527
临海市	16885	16792	47031	35339	66267	32	10	1
丽水市	**5244**	**5171**	**97930**	**61729**	**56530**			
莲都区	3347	3344	50821	28958	29819			
青田县	293	244	726	529	2537			
缙云县	205	205	11585	8145	8513			
遂昌县	144	144	3969	2049	2224			
松阳县	78	77	1153	1153	2710			
云和县	241	228	7495	6695	2914			
庆元县	248	248	13		1063			
景宁畲族自治县	243	242	827	525	1417			
龙泉市	444	439	21343	13675	5333			

C.劳务分包建筑企业

3－C－1 按地区分组的劳务分包建筑业企业主要经济指标

单位：个、万元、万平方米、人

地区	企业数	建筑业总产值	装饰装修产值	计算劳动生产率的平均人数	资产总计	营业收入合计	利润总额	利税总额
总　计	**531**	**1099334**	**71130**	**343295**	**292426**	**1072752**	**9924**	**41457**
杭州市	**183**	**692053**	**25764**	**247478**	**129529**	**681203**	**623**	**20893**
上城区	13	19568		7888	3480	19499	－33	343
下城区	9	57010	605	11816	4488	46818	－1316	－26
江干区	18	156969		59851	9839	160453	208	5292
拱墅区	28	236220	17754	97735	36949	236261	160	7423
西湖区	26	92226	1742	29123	21309	92061	－629	2036
滨江区	10	52561		18726	23069	52176	43	1276
萧山区	38	30458	1901	11817	11764	30147	126	1156
余杭区	12	11901	3444	2402	5286	9166		221
淳安县	1				51		－10	－10
建德市	2	6708		337	4372	6708	1451	1681
富阳市	21	26537	319	7226	7790	26597	637	1488
临安市	5	1897		557	1131	1319	－15	14
宁波市	**37**	**36793**	**702**	**6475**	**13864**	**38375**	**240**	**782**
海曙区	10	2435	…	540	2750	5896	106	175
江东区	8	10596		3619	2560	9568	－6	321
江北区	3	508		65	394	378	1	14
北仑区	1	426		85	2528	43	－39	－37
镇海区	8	21005	541	1713	2113	20983	120	204
象山县	2	659		345	326	659	3	14
余姚市	4	1039	161	98	2877	841	66	103
奉化市	1	125		10	317	8	－11	－11
温州市	**22**	**5044**		**1773**	**4954**	**5036**	**12**	**189**
鹿城区	8	1044		216	2065	1024	－15	23
龙湾区	1				200			
瓯海区	5	3357		1416	679	3369	11	125
平阳县	2	132		34	237	132	－1	1
苍南县	1	4		3	94	4	－7	－7
泰顺县	3	55		22	1260	55	－4	－1
瑞安市	2	452		82	421	452	27	47
嘉兴市	**42**	**32357**	**1954**	**2774**	**23034**	**30691**	**1829**	**2546**
秀洲区	9	1314	59	701	1097	1315	16	35
嘉善县	1	156		14	43	52	…	2
海盐县	10	5005	1319	402	3039	3948	136	220
海宁市	6	716	425	104	354	716	33	53
平湖市	12	3446	151	387	2233	3068	22	116

3－C－1 续表 单位：个、万元、万平方米、人

地区	企业数	建筑业总产值	装饰装修产值	计算劳动生产率的平均人数	资产总计	营业收入合计	利润总额	利税总额
桐乡市	4	21721		1166	16267	21593	1623	2121
湖州市	**2**	**4135**		**1791**	**2081**	**4135**	**199**	**290**
吴兴区	1	1574		1461	594	1574	－32	－31
德清县	1	2561		330	1487	2561	231	321
绍兴市	**102**	**136401**	**4609**	**30179**	**26417**	**113366**	**2306**	**7288**
越城区	25	52750	1644	15869	7087	58330	723	3052
绍兴县	51	34471	435	5828	8011	16407	201	681
新昌县	1	200		60	500	180	21	30
诸暨市	10	14336	82	4079	3370	11679	83	475
上虞市	11	34243	2448	3927	6993	26377	1255	3005
嵊州市	4	402		416	456	394	25	45
金华市	**41**	**39579**	**5831**	**23907**	**14854**	**49663**	**473**	**1714**
婺城区	5	2589		3637	3143	13839	39	97
武义县	1	1518	1518	108	859	1518	117	167
浦江县	1	12		11	711	13		...
义乌市	4			33	188	1	－35	－35
东阳市	30	35460	4314	20118	9953	34293	353	1485
衢州市	**7**	**11799**		**1166**	**1292**	**11550**	**64**	**453**
开化县	5	11743		1139	1254	11495	64	452
江山市	2	56		27	38	55	...	1
舟山市	**8**	**3314**	**1748**	**287**	**2514**	**3264**	**69**	**173**
定海区	8	3314	1748	287	2514	3264	69	173
台州市	**75**	**101386**	**25745**	**13176**	**65485**	**100295**	**4167**	**6484**
椒江区	25	2879	1180	771	10466	3648	179	310
黄岩区	10	12891	1059	2495	12104	12970	712	1131
路桥区	10	7143		1245	10212	6913	279	487
玉环县	1	5		3	103	5	2	3
三门县	2	963		396	821	963	56	73
天台县	3	10908		342	15628	10908	490	852
温岭市	4	23320	22545	1124	4416	23344	1427	1524
临海市	20	43278	960	6800	11735	41544	1023	2104
丽水市	**12**	**36474**	**4778**	**14289**	**8404**	**35175**	**－58**	**646**
莲都区	5	114		88	658	114	5	8
缙云县	2	117	7	12	519	117	－21	－15
遂昌县	1	120		18	53	120	2	6
松阳县	3	35823	4771	14019	6709	34525	146	830
景宁畲族自治县	1	299		152	465	299	－191	－185

3－C－2 按登记注册类型、隶属关系、资质等级、控股情况和行业分组的劳务分包建筑业企业生产与人员情况

单位：个、人、万元

指标名称	企业数	有工作量企业	建筑业总产值	装饰装修产值	计算劳动生产率的平均人数
总　计	**531**	**464**	**1099334**	**71130**	**343295**
一、按登记注册类型分组					
内　资	**531**	**464**	**1099334**	**71130**	**343295**
国　有	1	1	...		2
集　体	4	3	1755		120
股份合作企业	1	1	74		10
有限责任公司	143	122	472547	33225	133261
其他有限责任公司	143	122	472547	33225	133261
股份有限公司	3	3	5637		823
私营企业	379	334	619321	37905	209079
私营独资	12	10	2321	335	388
私营合伙	3	3	1092	105	342
私营有限责任公司	358	315	613434	37465	207468
私营股份有限公司	6	6	2475	...	881
二、按隶属关系分组					
省（自治区、直辖市）	1	1	10854		320
省（自治区、直辖市）	1	1	10854		320
地（区、市、州、盟）	10	8	32859	125	12618
地（区、市、州、盟）	10	8	32859	125	12618
县（区、市、旗）	16	12	14821	2120	10693
县（区、市、旗）	16	12	14821	2120	10693
乡镇（街道）	11	11	13699	768	1811
街　道	10	10	13641	768	1789
镇	1	1	58		22
基层群众自治组织	1	1	70		20
村委会	1	1	70		20
其　他	492	431	1027032	68118	317833
其　他	492	431	1027032	68118	317833
三、按企业资质等级分组					
劳务分包	531	464	1099334	71130	343295

3－C－2 续表1－1 单位：个、人、万元

指标名称	企业数	有工作量企业	建筑业总产值	装饰装修产值	计算劳动生产率的平均人数
一 级	228	182	618739	32252	208713
二 级	121	111	142416	2364	35342
不分等级	182	171	338179	36514	99240
四、按控股情况分组					
国有控股	6	6	38199		12345
集体控股	17	16	21426	1643	5361
私人控股	502	436	1024825	69167	313620
其 他	6	6	14885	320	11969
五、按国民经济行业分组					
房屋和土木工程建筑业	310	271	849943	59545	288339
房屋工程建筑	270	234	782198	21631	273606
房屋工程建筑	270	234	782198	21631	273606
土木工程建筑	40	37	67745	37914	14733
铁路、道路、隧道和桥梁工程建筑	7	7	3460		579
工矿工程建筑	1	1	904		126
架线和管道工程建筑	16	15	44407	23576	2110
其他土木工程建筑	16	14	18974	14338	11918
建筑安装业	72	66	53572	748	5027
建筑安装业	72	66	53572	748	5027
建筑安装业	72	66	53572	748	5027
建筑装饰业	67	58	50271	6798	15745
建筑装饰业	67	58	50271	6798	15745
建筑装饰业	67	58	50271	6798	15745
其他建筑业	82	69	145548	4039	34184
工程准备	17	15	40657	1518	15357
工程准备	17	15	40657	1518	15357
提供施工设备服务	22	19	37817	2448	5719
提供施工设备服务	22	19	37817	2448	5719
其他未列明的建筑活动	43	35	67074	73	13108
其他未列明的建筑活动	43	35	67074	73	13108

3－C－2 续表2－1

单位：个、人、万元

指标名称	年末从业人员	#管理人员	#工程技术人员	#现场施工工人	全部从业人员年平均人数
总计	**342907**	**7807**	**16378**	**318254**	**353611**
一、按登记注册类型分组					
内资	**342907**	**7807**	**16378**	**318254**	**353611**
国有	2	2			2
集体	116	16	9	91	130
股份合作企业	10	5	2	3	10
有限责任公司	131743	3241	5610	122596	136996
其他有限责任公司	131743	3241	5610	122596	136996
股份有限公司	838	25	227	811	823
私营企业	210198	4518	10530	194753	215650
私营独资	428	58	83	291	390
私营合伙	366	19	24	322	345
私营有限责任公司	208020	4403	10339	192878	214034
私营股份有限公司	1384	38	84	1262	881
二、按隶属关系分组					
省（自治区、直辖市）	320	30	20	66	320
省（自治区、直辖市）	320	30	20	66	320
地（区、市、州、盟）	12940	126	183	12759	12664
地（区、市、州、盟）	12940	126	183	12759	12664
县（区、市、旗）	11233	884	606	9966	10771
县（区、市、旗）	11233	884	606	9966	10771
乡镇（街道）	1650	156	167	1361	1825
街道	1623	154	164	1339	1803
镇	27	2	3	22	22
基层群众自治组织	20	2	2	16	20
村委会	20	2	2	16	20
其他	316744	6609	15400	294086	328011
其他	316744	6609	15400	294086	328011
三、按企业资质等级分组					
劳务分包	342907	7807	16378	318254	353611

3－C－2 续表2－2

单位：个、人、万元

指标名称	年末从业人员	#管理人员	#工程技术人员	#现场施工工人	全部从业人员年平均人数
一级	205843	4473	9245	192171	214686
二级	35926	1680	4358	30810	36723
不分等级	101138	1654	2775	95273	102202
四、按控股情况分组					
国有控股	12418	96	60	12093	12345
集体控股	5626	462	555	5059	5376
私人控股	311577	6357	14851	289407	323092
其他	13286	892	912	11695	12798
五、按国民经济行业分组					
房屋和土木工程建筑业	286338	5456	11170	270274	298029
房屋工程建筑	270646	5094	10144	255989	282450
房屋工程建筑	270646	5094	10144	255989	282450
土木工程建筑	15692	362	1026	14285	15579
铁路、道路、隧道和桥梁工程建筑	593	85	193	439	588
工矿工程建筑	126	18	13	120	152
架线和管道工程建筑	2021	157	108	1594	2140
其他土木工程建筑	12952	102	712	12132	12699
建筑安装业	3352	358	619	2503	5053
建筑安装业	3352	358	619	2503	5053
建筑安装业	3352	358	619	2503	5053
建筑装饰业	21630	1173	1227	19474	15852
建筑装饰业	21630	1173	1227	19474	15852
建筑装饰业	21630	1173	1227	19474	15852
其他建筑业	31587	820	3362	26003	34677
工程准备	12312	129	1073	11738	15411
工程准备	12312	129	1073	11738	15411
提供施工设备服务	5513	200	234	5086	5895
提供施工设备服务	5513	200	234	5086	5895
其他未列明的建筑活动	13762	491	2055	9179	13371
其他未列明的建筑活动	13762	491	2055	9179	13371

3－C－3 按地区分组的劳务分包建筑业企业生产与人员情况

单位：个、人、万元

地　　区	企业数	有工作量企　　业	建筑业总产值	装饰装修产　　值	计算建筑业劳动生产率的平均人数	年末从业人　　员	#管理人员	#工程技术人　　员	#现场施工工　　人	全部从业人员年平均人　　数
总　计	**531**	**464**	**1099334**	**71130**	**343295**	**342907**	**7807**	**16378**	**318254**	**353611**
杭州市	**183**	**149**	**692053**	**25764**	**247478**	**245106**	**2487**	**7273**	**236268**	**255489**
上城区	13	10	19568		7888	7861	134	189	7566	7924
下城区	9	9	57010	605	11816	10336	218	340	9877	12355
江干区	18	12	156969		59851	67324	454	647	66443	64210
拱墅区	28	24	236220	17754	97735	96965	452	1955	94582	100227
西湖区	26	24	92226	1742	29123	28774	368	1106	27206	29275
滨江区	10	8	52561		18726	13602	125	1302	12659	18780
萧山区	38	25	30458	1901	11817	9257	472	889	7902	12139
余杭区	12	9	11901	3444	2402	2213	56	153	2009	2424
淳安县	1					1	1			1
建德市	2	2	6708		337	362	17	14	331	362
富阳市	21	21	26537	319	7226	7826	166	547	7164	7228
临安市	5	5	1897		557	585	24	131	529	564
宁波市	**37**	**35**	**36793**	**702**	**6475**	**6989**	**283**	**311**	**4723**	**6536**
海曙区	10	9	2435	...	540	655	45	46	552	548
江东区	8	7	10596		3619	3629	58	37	1872	3669
江北区	3	3	508		65	67	12	11	44	65
北仑区	1	1	426		85	113	10	50	53	87
镇海区	8	8	21005	541	1713	1814	73	83	1630	1714
象山县	2	2	659		345	585	63	52	470	345
余姚市	4	4	1039	161	98	92	14	27	76	98
奉化市	1	1	125		10	34	8	5	26	10
温州市	**22**	**18**	**5044**		**1773**	**2566**	**171**	**390**	**1781**	**1777**
鹿城区	8	5	1044		216	525	41	44	442	219
龙湾区	1					6	6			1
瓯海区	5	5	3357		1416	1905	87	326	1259	1416
平阳县	2	2	132		34	18	9	6	3	34
苍南县	1	1	4		3	3	3	3	2	3
泰顺县	3	3	55		22	22	17	5		22
瑞安市	2	2	452		82	87	8	6	75	82
嘉兴市	**42**	**34**	**32357**	**1954**	**2774**	**1806**	**178**	**272**	**1155**	**2802**
秀洲区	9	4	1314	59	701	726	25	83	335	727
嘉善县	1	1	156		14	21	4	2	15	14
海盐县	10	10	5005	1319	402	424	50	66	351	402
海宁市	6	5	716	425	104	103	24	45	34	104
平湖市	12	10	3446	151	387	386	58	58	310	389

3－C－3 续表　　　　单位：个、人、万元

地　　区	企业数	有工作量企业	建筑业总产值	装饰装修产值	计算建筑业劳动生产率的平均人数	年末从业人员	#管理人员	#工程技术人员	#现场施工工人	全部从业人员年平均人数
桐乡市	4	4	21721		1166	146	17	18	110	1166
湖州市	**2**	**2**	**4135**		**1791**	**2499**	**38**	**406**	**2055**	**2535**
吴兴区	1	1	1574		1461	2205	32	330	1843	2205
德清县	1	1	2561		330	294	6	76	212	330
绍兴市	**102**	**102**	**136401**	**4609**	**30179**	**30356**	**1644**	**3871**	**25345**	**31012**
越城区	25	25	52750	1644	15869	15683	756	1660	13685	16055
绍兴县	51	51	34471	435	5828	6338	461	1367	4680	6339
新昌县	1	1	200		60	90	10	10	70	60
诸暨市	10	10	14336	82	4079	4233	133	374	3891	4119
上虞市	11	11	34243	2448	3927	3639	252	260	2666	4013
嵊州市	4	4	402		416	373	32	200	353	426
金华市	**41**	**33**	**39579**	**5831**	**23907**	**24580**	**1982**	**2077**	**20791**	**24058**
婺城区	5	4	2589		3637	3285	49	35	3201	3673
武义县	1	1	1518	1518	108	178	7	12	159	113
浦江县	1	1	12		11	11	3	8	8	11
义乌市	4				33	35	8	16	8	36
东阳市	30	27	35460	4314	20118	21071	1915	2006	17415	20225
衢州市	**7**	**7**	**11799**		**1166**	**1511**	**53**	**104**	**1303**	**1347**
开化县	5	5	11743		1139	1479	46	97	1285	1319
江山市	2	2	56		27	32	7	7	18	28
舟山市	**8**	**8**	**3314**	**1748**	**287**	**252**	**33**	**31**	**150**	**290**
定海区	8	8	3314	1748	287	252	33	31	150	290
台州市	**75**	**67**	**101386**	**25745**	**13176**	**12499**	**817**	**932**	**10573**	**13247**
椒江区	25	17	2879	1180	771	822	112	110	579	814
黄岩区	10	10	12891	1059	2495	2247	91	152	2014	2497
路桥区	10	10	7143		1245	1245	55	64	1080	1245
玉环县	1	1	5		3	5	2			5
三门县	2	2	963		396	112	28	15	81	402
天台县	3	3	10908		342	345	35	21	85	342
温岭市	4	4	23320	22545	1124	1135	36	30	1076	1126
临海市	20	20	43278	960	6800	6588	458	540	5658	6816
丽水市	**12**	**9**	**36474**	**4778**	**14289**	**14743**	**121**	**711**	**14110**	**14518**
莲都区	5	3	114		88	93	11	19	63	93
缙云县	2	1	117	7	12	15	7	8		13
遂昌县	1	1	120		18	18	7	8	10	18
松阳县	3	3	35823	4771	14019	14555	86	673	13989	14242
景宁畲族自治县	1	1	299		152	62	10	3	48	152

3-C-4 按登记注册类型、隶属关系、资质等级、控股情况和行业分组的劳务分包建筑业企业财务状况

单位:万元

指标名称	固定资产原价	本年折旧	资产总计	负债合计	实收资本
总计	**71484**	**10613**	**292426**	**215101**	**59674**
一、按登记注册类型分组					
内资	**71484**	**10613**	**292426**	**215101**	**59674**
国有	46	5	176	95	81
集体	552	19	5619	4505	598
股份合作企业	30		144	62	51
有限责任公司	13255	1813	147187	121363	18669
其他有限责任公司	13255	1813	147187	121363	18669
股份有限公司	699	47	5889	4609	988
私营企业	56901	8730	133412	84467	39287
私营独资	235	41	2072	1270	438
私营合伙	81	11	365	179	160
私营有限责任公司	56464	8626	130395	82809	38321
私营股份有限公司	120	52	579	210	368
二、按隶属关系分组					
省(自治区、直辖市)	614	226	15517	14397	50
省(自治区、直辖市)	614	226	15517	14397	50
地(区、市、州、盟)	853	33	7066	4676	2076
地(区、市、州、盟)	853	33	7066	4676	2076
县(区、市、旗)	1335	257	5641	3864	1911
县(区、市、旗)	1335	257	5641	3864	1911
乡镇(街道)	803	42	10732	8119	1331
街道	803	42	10678	8118	1281
镇	...	...	54	1	50
基层群众自治组织	21	1	62	32	30
村委会	21	1	62	32	30
其他	67858	10055	253409	184014	54276
其他	67858	10055	253409	184014	54276
三、按企业资质等级分组					
劳务分包	71484	10613	292426	215101	59674

3－C－4 续表1－1 单位：万元

指 标 名 称	固定资产原 价	本年折旧	资产总计	负债合计	实收资本
一 级	12176	1161	135209	99746	30388
二 级	46055	7689	45563	30434	11264
不分等级	13252	1764	111655	84921	18022
四、按控股情况分组					
国有控股	705	234	16624	14919	631
集体控股	2230	135	9796	6849	2503
私人控股	68006	10076	263123	192182	54759
其 他	544	168	2884	1152	1781
五、按国民经济行业分组					
房屋和土木工程建筑业	51262	8379	174437	129503	35377
房屋工程建筑	46975	7772	133850	98842	28717
房屋工程建筑	46975	7772	133850	98842	28717
土木工程建筑	4287	607	40587	30661	6661
铁路、道路、隧道和桥梁工程建筑	1016	15	2955	1198	1305
工矿工程建筑	82	8	307	207	100
架线和管道工程建筑	2658	563	31759	26274	2676
其他土木工程建筑	531	21	5566	2983	2580
建筑安装业	8458	943	54482	42261	7743
建筑安装业	8458	943	54482	42261	7743
建筑安装业	8458	943	54482	42261	7743
建筑装饰业	4233	415	18366	9234	8253
建筑装饰业	4233	415	18366	9234	8253
建筑装饰业	4233	415	18366	9234	8253
其他建筑业	7532	876	45142	34104	8301
工程准备	1035	161	23884	22612	951
工程准备	1035	161	23884	22612	951
提供施工设备服务	1705	234	7182	3990	2748
提供施工设备服务	1705	234	7182	3990	2748
其他未列明的建筑活动	4792	481	14075	7502	4601
其他未列明的建筑活动	4792	481	14075	7502	4601

3－C－4 续表2－1

单位：万元

指标名称	国家资本	集体资本	法人资本	个人资本	港澳台资本	外商资本
总计	**559**	**2519**	**14141**	**42455**		
一、按登记注册类型分组						
内资	**559**	**2519**	**14141**	**42455**		
国有	81					
集体		598				
股份合作企业		51				
有限责任公司	478	1870	6307	10014		
其他有限责任公司	478	1870	6307	10014		
股份有限公司			308	680		
私营企业			7526	31761		
私营独资				438		
私营合伙				160		
私营有限责任公司			7471	30850		
私营股份有限公司			55	313		
二、按隶属关系分组						
省（自治区、直辖市）	50					
省（自治区、直辖市）	50					
地（区、市、州、盟）	377	1491	108	100		
地（区、市、州、盟）	377	1491	108	100		
县（区、市、旗）	81	217	1013	600		
县（区、市、旗）	81	217	1013	600		
乡镇（街道）		125	200	1006		
街道		75	200	1006		
镇		50				
基层群众自治组织		30				
村委会		30				
其他	51	656	12820	40749		
其他	51	656	12820	40749		
三、按企业资质等级分组						
劳务分包	559	2519	14141	42455		

3－C－4 续表2－2 单位：万元

指标名称	国家资本	集体资本	法人资本	个人资本	港澳台资本	外商资本
一级	509	938	7784	21157		
二级		900	3518	6847		
不分等级	50	682	2839	14451		
四、按控股情况分组						
国有控股	558		50	23		
集体控股		2444		60		
私人控股	1	76	12700	41983		
其他			1392	389		
五、按国民经济行业分组						
房屋和土木工程建筑业	359	1581	9197	24240		
房屋工程建筑	309	1080	7430	19899		
房屋工程建筑	309	1080	7430	19899		
土木工程建筑	50	501	1768	4342		
铁路、道路、隧道和桥梁工程建筑		75	775	455		
工矿工程建筑				100		
架线和管道工程建筑	50	426	563	1637		
其他土木工程建筑			430	2150		
建筑安装业		40	1127	6576		
建筑安装业		40	1127	6576		
建筑安装业		40	1127	6576		
建筑装饰业	200	838	1849	5366		
建筑装饰业	200	838	1849	5366		
建筑装饰业	200	838	1849	5366		
其他建筑业		60	1968	6273		
工程准备		60	368	523		
工程准备		60	368	523		
提供施工设备服务			766	1982		
提供施工设备服务			766	1982		
其他未列明的建筑活动			834	3768		
其他未列明的建筑活动			834	3768		

3－C－4 续表3－1

单位：万元

指 标 名 称	营业收入合计	主营业务收入（工程结算收入）	主营业务成本（工程结算成本）	主营业务税金及附加（工程结算税金及附加）	费用合计（营业费用、管理费用、财务费用）
总 计	**1072752**	**1065198**	**1002100**	**31533**	**23596**
一、按登记注册类型分组					
内 资	**1072752**	**1065198**	**1002100**	**31533**	**23596**
国 有	...	...	...	...	6
集 体	1752	1711	1243	30	389
股份合作企业	74	74	58	...	4
有限责任公司	476929	474485	450727	12406	8799
其他有限责任公司	476929	474485	450727	12406	8799
股份有限公司	5350	5349	4860	188	150
私营企业	588647	583579	545212	18909	14248
私营独资	2156	2156	1830	81	240
私营合伙	1060	1059	822	38	174
私营有限责任公司	583009	577942	540890	18741	13145
私营股份有限公司	2422	2422	1670	49	689
二、按隶属关系分组					
省（自治区、直辖市）	10854	10854	9439	361	573
省（自治区、直辖市）	10854	10854	9439	361	573
地（区、市、州、盟）	32998	32997	30854	1068	932
地（区、市、州、盟）	32998	32997	30854	1068	932
县（区、市、旗）	14788	14787	13320	691	662
县（区、市、旗）	14788	14787	13320	691	662
乡镇（街道）	13836	11679	12361	397	652
街 道	13778	11621	12308	395	652
镇	58	58	53	2	...
基层群众自治组织	70	70	64	3	1
村委会	70	70	64	3	1
其 他	1000207	994812	936061	29013	20776
其 他	1000207	994812	936061	29013	20776
三、按企业资质等级分组					
劳务分包	1072752	1065198	1002100	31533	23596

3－C－4 续表3－2

单位：万元

指标名称	营业收入合计	主营业务收入（工程结算收入）	主营业务成本（工程结算成本）	主营业务税金及附加（工程结算税金及附加）	费用合计（营业费用、管理费用、财务费用）
一级	614691	614055	586355	17348	9173
二级	132424	132130	118959	4559	4377
不分等级	325636	319014	296786	9626	10045
四、按控股情况分组					
国有控股	38199	38199	35318	1195	1122
集体控股	19218	19177	17167	626	1122
私人控股	1000549	993038	935871	29095	21000
其他	14786	14785	13744	616	352
五、按国民经济行业分组					
房屋和土木工程建筑业	827471	822788	779856	24584	12719
房屋工程建筑	757294	756275	720925	23181	9660
房屋工程建筑	757294	756275	720925	23181	9660
土木工程建筑	70177	66513	58931	1403	3059
铁路、道路、隧道和桥梁工程建筑	3475	3434	2993	106	402
工矿工程建筑	904	904	834	30	21
架线和管道工程建筑	43220	43169	36785	775	2398
其他土木工程建筑	22577	19006	18319	492	238
建筑安装业	54069	51766	45797	1473	3634
建筑安装业	54069	51766	45797	1473	3634
建筑安装业	54069	51766	45797	1473	3634
建筑装饰业	50483	50458	45598	1548	2416
建筑装饰业	50483	50458	45598	1548	2416
建筑装饰业	50483	50458	45598	1548	2416
其他建筑业	140730	140186	130850	3928	4827
工程准备	40642	40642	38689	768	1084
工程准备	40642	40642	38689	768	1084
提供施工设备服务	36687	36239	34086	907	1301
提供施工设备服务	36687	36239	34086	907	1301
其他未列明的建筑活动	63400	63305	58075	2253	2442
其他未列明的建筑活动	63400	63305	58075	2253	2442

3－C－4　续表4－1

单位：万元

指 标 名 称	营业利润	利润总额	从业人员劳动报酬	劳动、失业保险费	住房公积金及住房补贴
总 计	**12005**	**9924**	**634051**	**4557**	**375**
一、按登记注册类型分组					
内 资	**12005**	**9924**	**634051**	**4557**	**375**
国 有	－6	5	5	3	1
集 体	91	92	263	41	12
股份合作企业	12	12	13	...	
有限责任公司	4997	4827	231996	941	193
其他有限责任公司	4997	4827	231996	941	193
股份有限公司	152	157	1586	22	...
私营企业	6760	4831	400189	3551	168
私营独资	5	5	705	12	
私营合伙	26	25	791	22	
私营有限责任公司	6715	4787	397246	3511	168
私营股份有限公司	14	14	1448	5	
二、按隶属关系分组					
省(自治区、直辖市)	481	487	1006	17	
省(自治区、直辖市)	481	487	1006	17	
地(区、市、州、盟)	144	128	29351	150	21
地(区、市、州、盟)	144	128	29351	150	21
县(区、市、旗)	114	123	11818	199	49
县(区、市、旗)	114	123	11818	199	49
乡镇(街道)	425	435	2399	55	6
街 道	422	432	2346	52	6
镇	3	3	53	3	
基层群众自治组织	3	3	43	1	
村委会	3	3	43	1	
其 他	10838	8748	589435	4136	300
其 他	10838	8748	589435	4136	300
三、按企业资质等级分组					
劳务分包	12005	9924	634051	4557	375

3－C－4 续表4－2

单位：万元

指 标 名 称	营业利润	利润总额	从业人员劳动报酬	劳动、失业保险费	住房公积金及住房补贴
一 级	1815	1383	368827	1463	117
二 级	4529	3356	66100	2304	63
不分等级	5660	5185	199124	790	196
四、按控股情况分组					
国有控股	564	582	26376	68	9
集体控股	303	292	9519	220	63
私人控股	11064	8980	586284	4074	292
其 他	74	69	11872	195	12
五、按国民经济行业分组					
房屋和土木工程建筑业	6793	5256	527748	3611	253
房屋工程建筑	3528	2001	506374	3180	139
房屋工程建筑	3528	2001	506374	3180	139
土木工程建筑	3265	3255	21373	431	115
铁路、道路、隧道和桥梁工程建筑	－26	－27	1133	36	6
工矿工程建筑	19	19	302	2	
架线和管道工程建筑	3263	3263	3999	111	106
其他土木工程建筑	10	1	15939	282	3
建筑安装业	3165	3116	9945	322	71
建筑安装业	3165	3116	9945	322	71
建筑安装业	3165	3116	9945	322	71
建筑装饰业	921	453	29579	318	23
建筑装饰业	921	453	29579	318	23
建筑装饰业	921	453	29579	318	23
其他建筑业	1125	1098	66780	307	28
工程准备	101	77	27067	24	3
工程准备	101	77	27067	24	3
提供施工设备服务	394	421	14306	91	21
提供施工设备服务	394	421	14306	91	21
其他未列明的建筑活动	631	600	25408	192	4
其他未列明的建筑活动	631	600	25408	192	4

3－C－5 按地区分组的劳务分包建筑业企业财务状况

单位：万元

地区	固定资产原价	本年折旧	资产总计	负债合计	实收资本	国家资本	集体资本
总计	**71484**	**10613**	**292426**	**215101**	**59674**	**559**	**2519**
杭州市	**45293**	**7772**	**129529**	**105720**	**19449**	**228**	**181**
上城区	1002	47	3480	1615	1620		96
下城区	105	10	4488	3482	636	1	1
江干区	234	39	9839	8053	1501	50	
拱墅区	4093	534	36949	31323	5292		
西湖区	36349	6879	21309	18077	2909	177	54
滨江区	441	67	23069	22140	898		
萧山区	1804	73	11764	8349	3015		
余杭区	232	47	5286	4261	970		
淳安县			51	－9	60		
建德市	255	26	4372	1794	800		
富阳市	505	45	7790	6032	1225		30
临安市	275	7	1131	604	523		
宁波市	**2401**	**229**	**13864**	**8675**	**4142**		**120**
海曙区	598	43	2750	1645	992		120
江东区	109	13	2560	2014	510		
江北区	72	25	394	102	268		
北仑区	626	64	2528	1334	1100		
镇海区	595	53	2113	1321	636		
象山县	2	...	326	187	130		
余姚市	360	25	2877	1811	450		
奉化市	40	7	317	261	56		
温州市	**597**	**39**	**4954**	**1895**	**3278**	**200**	**269**
鹿城区	250	16	2065	1106	1148	200	218
龙湾区	2		200		200		
瓯海区	5	...	679	45	618		
平阳县	105	9	237	69	201		51
苍南县	52	3	94	...	100		
泰顺县	19	3	1260	427	898		
瑞安市	165	9	421	249	113		
嘉兴市	**3225**	**326**	**23034**	**18697**	**2487**		
秀洲区	163	13	1097	360	722		
嘉善县	49	5	43	－7	50		
海盐县	867	71	3039	2077	730		
海宁市	30	6	354	58	185		
平湖市	550	126	2233	1582	570		

3－C－5 续表1－1

单位：万元

地区	固定资产原价	本年折旧	资产总计	负债合计	实收资本	国家资本	集体资本
桐乡市	1567	106	16267	14627	230		
湖州市	**317**	**41**	**2081**	**902**	**600**		
吴兴区	...	...	594	294	300		
德清县	316	41	1487	608	300		
绍兴市	**6009**	**639**	**26417**	**12496**	**9401**		**879**
越城区	1489	81	7087	3594	2636		879
绍兴县	1732	228	8011	4053	2939		
新昌县	290	5	500	210	60		
诸暨市	1110	125	3370	1665	1584		
上虞市	1285	191	6993	2923	1820		
嵊州市	104	9	456	51	362		
金华市	**4562**	**566**	**14854**	**4091**	**9858**	**81**	**560**
婺城区	924	77	3143	2033	1006	81	
武义县	453	63	859	558	60		60
浦江县	564	42	711		680		
义乌市	72	15	188	3	184		
东阳市	2549	368	9953	1497	7928		500
衢州市	**387**	**3**	**1292**	**566**	**681**		
开化县	373	1	1254	556	631		
江山市	14	3	38	10	50		
舟山市	**831**	**50**	**2514**	**1267**	**1198**		**80**
定海区	831	50	2514	1267	1198		80
台州市	**7194**	**910**	**65485**	**53431**	**7305**	**50**	**381**
椒江区	1640	50	10466	7122	2024		275
黄岩区	1501	237	12104	10223	1140		
路桥区	799	59	10212	8926	778		56
玉环县	5	...	103	2	100		
三门县	341	4	821	390	380		
天台县	682	229	15628	14406	150	50	
温岭市	751	208	4416	3768	598		
临海市	1474	125	11735	8593	2135		50
丽水市	**668**	**37**	**8404**	**7361**	**1276**		**50**
莲都区	349	27	658	55	388		
缙云县	225	3	519	30	488		
遂昌县	1	...	53	3	50		
松阳县	86	6	6709	6253	300		
景宁畲族自治县	7	1	465	1020	50		50

3－C－5 续表2－1

单位：万元

地 区	法人资本	个人资本	港澳台资 本	外商资本	营业收入合 计	主营业务收入（工程结算收入）	主营业务成本（工程结算成本）
总 计	**14141**	**42455**			**1072752**	**1065198**	**1002100**
杭州市	**4778**	**14262**			**681203**	**680182**	**650231**
上城区	620	904			19499	19458	18455
下城区	537	98			46818	46818	46518
江干区	121	1330			160453	160453	153899
拱墅区	597	4696			236261	236100	227066
西湖区	543	2135			92061	91446	88775
滨江区	305	593			52176	52176	50592
萧山区	1006	2009			30147	30143	27532
余杭区		970			9166	9166	8765
淳安县		60					
建德市	483	317			6708	6708	4806
富阳市	566	629			26597	26397	22671
临安市		523			1319	1319	1153
宁波市	**440**	**3583**			**38375**	**34802**	**32709**
海曙区	60	812			5896	2377	1892
江东区	120	390			9568	9514	8965
江北区		268			378	378	281
北仑区		1100			43	43	32
镇海区	155	481			20983	20983	20289
象山县	105	26			659	659	631
余姚市		450			841	841	612
奉化市		56			8	8	6
温州市	**653**	**2156**			**5036**	**5013**	**4420**
鹿城区	150	580			1024	1024	788
龙湾区		200					
瓯海区	190	428			3369	3357	3219
平阳县		150			132	132	110
苍南县		100			4	4	3
泰顺县	263	635			55	55	3
瑞安市	50	63			452	442	297
嘉兴市	**105**	**2382**			**30691**	**30652**	**26222**
秀洲区	55	667			1315	1315	467
嘉善县		50			52	52	38
海盐县		730			3948	3913	3295
海宁市		185			716	713	609
平湖市		570			3068	3068	2612

3－C－5 续表2－2 单位：万元

地　区	法人资本	个人资本	港澳台资本	外商资本	营业收入合计	主营业务收入（工程结算收入）	主营业务成本（工程结算成本）
桐乡市	50	180			21593	21592	19202
湖州市	**300**	**300**			**4135**	**4090**	**3654**
吴兴区	300				1574	1574	1572
德清县		300			2561	2516	2082
绍兴市	**2556**	**5966**			**113366**	**113062**	**102550**
越城区	570	1188			58330	58292	53554
绍兴县	1197	1742			16407	16296	15307
新昌县		60			180	180	135
诸暨市	505	1079			11679	11574	10923
上虞市	285	1535			26377	26327	22314
嵊州市		362			394	394	316
金华市	**3587**	**5630**			**49663**	**49648**	**46364**
婺城区	808	117			13839	13837	13322
武义县					1518	1518	1201
浦江县		680			13	12	1
义乌市	19	166			1	...	...
东阳市	2760	4668			34293	34281	31839
衢州市		**681**			**11550**	**11550**	**9866**
开化县		631			11495	11495	9835
江山市		50			55	55	30
舟山市		**1118**			**3264**	**3263**	**2766**
定海区		1118			3264	3263	2766
台州市	**1305**	**5569**			**100295**	**98022**	**89279**
椒江区	220	1529			3648	3635	2705
黄岩区	150	990			12970	12840	10706
路桥区	258	464			6913	6911	6183
玉环县		100			5	5	2
三门县		380			963	963	859
天台县	40	60			10908	10898	9476
温岭市		598			23344	23344	21079
临海市	637	1448			41544	39427	38270
丽水市	**418**	**808**			**35175**	**34914**	**34041**
莲都区		388			114	114	85
缙云县	388	100			117	117	102
遂昌县	30	20			120	109	99
松阳县		300			34525	34275	33403
景宁畲族自治县					299	299	352

3－C－5 续表3－1

单位：万元

地区	主营业务税金及附加（工程结算税金及附加）	费用合计（营业费用、管理费用、财务费用）	营业利润	利润总额	从业人员劳动报酬	劳动、失业保险费	住房公积金及住房补贴
总计	**31533**	**23596**	**12005**	**9924**	**634051**	**4557**	**375**
杭州市	**20270**	**8603**	**2100**	**623**	**469279**	**1028**	**141**
上城区	376	702	－34	－33	15666	116	8
下城区	1289	332	－1321	－1316	19160	132	57
江干区	5084	1200	269	208	108729	89	1
拱墅区	7263	1645	288	160	187551	346	6
西湖区	2665	1303	－682	－629	58954	149	6
滨江区	1233	294	58	43	34361	28	
萧山区	1030	1163	421	126	21613	48	
余杭区	221	200	－21		5092	25	
淳安县		10	－10	－10	1	...	
建德市	230	219	1453	1451	894	42	63
富阳市	850	1383	1693	637	16516	45	
临安市	29	152	－15	－15	742	7	
宁波市	**542**	**1344**	**261**	**240**	**15350**	**284**	**24**
海曙区	69	301	115	106	960	54	5
江东区	327	273	3	－6	9010	22	
江北区	13	83	1	1	148	16	
北仑区	1	47	－39	－39	153	43	16
镇海区	84	489	122	120	4376	102	2
象山县	11	14	4	3	505	25	
余姚市	37	126	66	66	175	22	
奉化市	...	12	－11	－11	24	1	
温州市	**177**	**427**	**12**	**12**	**3850**	**33**	**5**
鹿城区	38	214	－15	－15	388	26	4
龙湾区					4		
瓯海区	113	26	11	11	3204	1	1
平阳县	2	21	－1	－1	70	1	
苍南县	...	8	－7	－7	4	...	
泰顺县	3	53	－4	－4	37	3	
瑞安市	20	107	28	27	144	3	
嘉兴市	**718**	**1790**	**1961**	**1829**	**4932**	**135**	**50**
秀洲区	20	813	16	16	87	13	
嘉善县	2	13	...	...	20	2	
海盐县	84	303	266	136	638	42	3
海宁市	20	53	34	33	200	10	
平湖市	94	340	22	22	666	29	

3－C－5 续表3－2

单位：万元

地 区	主营业务税金及附加（工程结算税金及附加）	费用合计（营业费用、管理费用、财务费用）	营业利润	利润总额	从业人员劳动报酬	劳动、失业保险费	住房公积金及住房补贴
桐乡市	498	269	1623	1623	3320	41	48
湖州市	**91**	**195**	**195**	**199**	**763**	**20**	
吴兴区	2	33	－32	－32	265		
德清县	89	163	227	231	498	20	
绍兴市	**4981**	**3517**	**2319**	**2306**	**54903**	**2416**	**29**
越城区	2330	1704	743	723	27106	2108	12
绍兴县	480	407	212	201	11731	92	1
新昌县	9	15	21	21	95	2	
诸暨市	392	280	84	83	7494	56	
上虞市	1750	1086	1228	1255	8152	152	16
嵊州市	20	26	32	25	324	7	
金华市	**1242**	**1585**	**473**	**473**	**32750**	**337**	**75**
婺城区	58	426	33	39	12174	21	7
武义县	50	148	119	117	303	...	3
浦江县	...	17	－5		30	1	
义乌市	...	36	－36	－35	34	1	...
东阳市	1133	959	362	353	20209	314	65
衢州市	**389**	**819**	**477**	**64**	**1252**	**16**	**1**
开化县	387	795	477	64	1221	14	1
江山市	1	24	...	...	31	2	
舟山市	**104**	**325**	**70**	**69**	**606**	**26**	**...**
定海区	104	325	70	69	606	26	...
台州市	**2317**	**4503**	**4196**	**4167**	**21501**	**244**	**16**
椒江区	132	637	174	179	811	25	8
黄岩区	420	1133	712	712	4889	24	
路桥区	208	244	278	279	2480	4	3
玉环县	1	1	2	2	3	2	
三门县	17	24	63	56	867		
天台县	362	577	494	490	1039	18	
温岭市	97	730	1439	1427	1144	2	
临海市	1082	1158	1035	1023	10269	169	5
丽水市	**704**	**488**	**－58**	**－58**	**28866**	**16**	**34**
莲都区	3	20	5	5	79	2	1
缙云县	7	30	－21	－21	21	6	
遂昌县	4	15	2	2	32	2	...
松阳县	684	292	146	146	28236	2	
景宁畲族自治县	6	131	－191	－191	497	4	33

D.资质以外建筑企业

3-D-1 按登记注册类型、隶属关系、控股情况和行业分组的资质以外建筑业企业生产及人员情况

单位:个、万元、万平方米、人

指标名称	企业数	有工作量企业	建筑业总产值	装饰装修产值
总计	**7110**	**5731**	**1531530**	**412960**
一、按登记注册类型分组				
内资	**7079**	**5706**	**1519510**	**410525**
国有	65	50	78083	1451
集体	138	123	57261	3377
股份合作企业	30	25	14466	1695
联营企业	3	3	5131	
集体联营	2	2	4133	
国有与集体联营	1	1	997	
有限责任公司	628	527	264182	64631
国有独资公司	21	16	27249	151
其他有限责任公司	607	511	236933	64480
股份有限公司	89	77	30417	11912
私营企业	6077	4862	1066537	326245
私营独资	752	508	78446	15216
私营合伙	171	122	22406	11956
私营有限责任公司	5021	4114	946392	294920
私营股份有限公司	133	118	19293	4152
其他	49	39	3433	1214
港澳台商投资	**20**	**17**	**8701**	**1752**
与港澳台商合资经营	8	7	6213	151
与港澳台商合作经营	1	1	25	25
港澳台商独资	11	9	2462	1576
外商投资	**11**	**8**	**3320**	**683**
中外合资经营	5	5	1105	78
外资企业	6	3	2215	605
二、按隶属关系分组				
中央	3	3	7941	
中央	3	3	7941	
省(自治区、直辖市)	7	6	32687	24951
省(自治区、直辖市)	7	6	32687	24951
地(区、市、州、盟)	37	35	48485	2765
地(区、市、州、盟)	37	35	48485	2765
县(区、市、旗)	113	91	120760	2437
县(区、市、旗)	113	91	120760	2437
乡镇(街道)	103	91	27527	2887
街道	44	39	8567	1014
镇	54	48	16739	1819

3-D-1 续表1-1 单位：个、万元、万平方米、人

指标名称	企业数	有工作量企业	建筑业总产值	装饰装修产值
乡	5	4	2222	54
基层群众自治组织	26	18	2874	123
村委会	26	18	2874	123
其他	6821	5487	1291255	379798
其他	6821	5487	1291255	379798
三、按企业资质等级分组				
不分等级	7110	5731	1531530	412960
不分等级	7110	5731	1531530	412960
四、按控股情况分组				
国有控股	120	93	154564	2177
集体控股	197	174	111675	5471
私人控股	6746	5425	1218012	376761
港澳台商控股	16	14	2899	1586
外商控股	8	5	2741	605
其他	23	20	41640	26360
五、按国民经济行业分组				
房屋和土木工程建筑业	1537	1200	604404	42655
房屋工程建筑	406	277	125178	17315
房屋工程建筑	406	277	125178	17315
土木工程建筑	1131	923	479226	25340
铁路、道路、隧道和桥梁工程建筑	333	267	156331	3690
水利和港口工程建筑	151	105	56184	1
工矿工程建筑	94	81	16025	4745
架线和管道工程建筑	241	213	114876	3728
其他土木工程建筑	312	257	135810	13176
建筑安装业	1223	1092	318217	30548
建筑安装业	1223	1092	318217	30548
建筑安装业	1223	1092	318217	30548
建筑装饰业	3116	2717	419567	332475
建筑装饰业	3116	2717	419567	332475
建筑装饰业	3116	2717	419567	332475
其他建筑业	1234	722	189342	7282
工程准备	1067	598	164374	5232
工程准备	1067	598	164374	5232
提供施工设备服务	48	28	5023	394
提供施工设备服务	48	28	5023	394
其他未列明的建筑活动	119	96	19945	1656
其他未列明的建筑活动	119	96	19945	1656

3－D－1　续表2－1　　　　单位：个、万元、万平方米、人

指标名称	建筑业总产值按构成分：建筑工程	安装工程	其他产值	竣工产值	房屋建筑施工面积
总　计	**950575**	**344359**	**236596**	**835021**	**221.86**
一、按登记注册类型分组					
内　资	**944353**	**338561**	**236596**	**826664**	**221.82**
国　有	65515	4306	8261	61600	18.73
集　体	31249	17256	8755	26298	14.58
股份合作企业	13051	1126	288	7788	11.75
联营企业	4466		665	5131	2.86
集体联营	4133			4133	2.86
国有与集体联营	333		665	997	
有限责任公司	142000	73485	48697	130664	20.16
国有独资公司	7218	1145	18886	8016	0.35
其他有限责任公司	134782	72339	29811	122649	19.81
股份有限公司	25651	3419	1347	27593	2.43
私营企业	660302	238172	168063	566726	150.41
私营独资	37011	23915	17520	41814	10.04
私营合伙	16851	3234	2321	9974	1.10
私营有限责任公司	596279	206727	143386	502853	135.07
私营股份有限公司	10161	4296	4836	12085	4.20
其　他	2118	796	520	863	0.90
港澳台商投资	**5539**	**3161**		**5721**	**0.04**
与港澳台商合资经营	3938	2275		4583	0.04
与港澳台商合作经营	25			25	
港澳台商独资	1576	886		1113	
外商投资	**683**	**2637**		**2636**	
中外合资经营	78	1027		421	
外资企业	605	1610		2215	
二、按隶属关系分组					
中　央	7941			6644	
中　央	7941			6644	
省（自治区、直辖市）	31986		701	5536	1.98
省（自治区、直辖市）	31986		701	5536	1.98
地（区、市、州、盟）	35211	8205	5069	35120	6.50
地（区、市、州、盟）	35211	8205	5069	35120	6.50
县（区、市、旗）	73497	16169	31094	66483	5.41
县（区、市、旗）	73497	16169	31094	66483	5.41
乡镇（街道）	16307	6041	5179	12568	32.20
街　道	7071	1322	174	6018	22.14
镇	8942	3132	4665	4812	9.67

3－D－1 续表2－2 单位：个、万元、万平方米、人

指标名称	建筑业总产值按构成分：			竣工产值	房屋建筑施工面积
	建筑工程	安装工程	其他产值		
乡	294	1588	340	1738	0.40
基层群众自治组织	1228	305	1341	2219	0.73
村委会	1228	305	1341	2219	0.73
其　他	784406	313638	193212	706451	175.03
其　他	784406	313638	193212	706451	175.03
三、按企业资质等级分组					
不分等级	950575	344359	236596	835021	221.86
不分等级	950575	344359	236596	835021	221.86
四、按控股情况分组					
国有控股	98314	20840	35409	114322	24.87
集体控股	61331	39115	11230	70966	25.76
私人控股	750851	277204	189957	634447	171.08
港澳台商控股	1737	1161		1113	0.15
外商控股	605	2136		2215	
其　他	37737	3903		11959	
五、按国民经济行业分组					
房屋和土木工程建筑业	403774	97575	103055	353486	182.36
房屋工程建筑	108722	5134	11321	75840	163.49
房屋工程建筑	108722	5134	11321	75840	163.49
土木工程建筑	295052	92441	91734	277646	18.87
铁路、道路、隧道和桥梁工程建筑	129870	3522	22938	103196	7.43
水利和港口工程建筑	36486	1455	18243	38748	1.08
工矿工程建筑	7841	7115	1069	7480	0.27
架线和管道工程建筑	25687	71338	17851	70356	0.34
其他土木工程建筑	95167	9011	31633	57866	9.75
建筑安装业	88312	202076	27830	160330	26.29
建筑安装业	88312	202076	27830	160330	26.29
建筑安装业	88312	202076	27830	160330	26.29
建筑装饰业	359367	36485	23715	190813	1.12
建筑装饰业	359367	36485	23715	190813	1.12
建筑装饰业	359367	36485	23715	190813	1.12
其他建筑业	99122	8223	81997	130392	12.09
工程准备	90885	5004	68485	116608	2.51
工程准备	90885	5004	68485	116608	2.51
提供施工设备服务	2331	446	2245	2164	0.90
提供施工设备服务	2331	446	2245	2164	0.90
其他未列明的建筑活动	5906	2773	11266	11621	8.68
其他未列明的建筑活动	5906	2773	11266	11621	8.68

3－D－1　续表3－1　　　　单位：个、万元、万平方米、人

指标名称	房屋建筑竣工面积 本年新开工	房屋建筑竣工面积	住　宅	计算劳动生产率的平均人数	年末从业人员
总　计	**97.72**	**132.54**	**63.06**	**99414**	**95891**
一、按登记注册类型分组					
内　资	**97.72**	**132.51**	**63.06**	**98865**	**95308**
国　有	0.43	3.52	0.02	3101	2745
集　体	7.35	6.18	4.31	3378	2648
股份合作企业	6.49	4.75	3.64	1433	543
联营企业	0.21	0.21		209	81
集体联营	0.21	0.21		165	37
国有与集体联营				44	44
有限责任公司	2.33	25.88	19.69	13231	14079
国有独资公司	0.35			1233	1221
其他有限责任公司	1.98	25.88	19.69	11998	12858
股份有限公司	0.16	0.31	0.06	1565	1538
私营企业	79.96	91.65	35.33	75580	73301
私营独资	4.16	5.19	1.86	5328	5636
私营合伙	0.74	0.40	0.40	1846	1464
私营有限责任公司	72.13	82.89	31.52	66768	64562
私营股份有限公司	2.93	3.18	1.56	1638	1639
其　他	0.80			368	373
港澳台商投资		**0.04**		**397**	**393**
与港澳台商合资经营		0.04		232	217
与港澳台商合作经营				20	20
港澳台商独资				145	156
外商投资				**152**	**190**
中外合资经营				61	68
外资企业				91	122
二、按隶属关系分组					
中　央				535	922
中　央				535	922
省（自治区、直辖市）	0.38	16.38	16.00	905	945
省（自治区、直辖市）	0.38	16.38	16.00	905	945
地（区、市、州、盟）	3.51	2.99	1.26	2182	1590
地（区、市、州、盟）	3.51	2.99	1.26	2182	1590
县（区、市、旗）	1.83	0.63		4852	4392
县（区、市、旗）	1.83	0.63		4852	4392
乡镇（街道）	5.96	7.01	3.00	1891	1400
街　道	2.53	6.02	2.48	924	635
镇	3.42	1.00	0.52	901	672

3－D－1 续表3－2

单位：个、万元、万平方米、人

指标名称	本年新开工	房屋建筑竣工面积	住宅	计算劳动生产率的平均人数	年末从业人员
乡				66	93
基层群众自治组织	0.07	0.22	0.07	221	227
村委会	0.07	0.22	0.07	221	227
其他	85.98	105.31	42.72	88828	86415
其他	85.98	105.31	42.72	88828	86415
三、按企业资质等级分组					
不分等级	97.72	132.54	63.06	99414	95891
不分等级	97.72	132.54	63.06	99414	95891
四、按控股情况分组					
国有控股	1.17	23.33	16.02	6465	6079
集体控股	10.58	7.71	4.31	5648	4435
私人控股	85.98	101.51	42.72	85863	83651
港澳台商控股				173	192
外商控股				121	163
其他				1144	1371
五、按国民经济行业分组					
房屋和土木工程建筑业	72.94	101.99	57.36	37126	37186
房屋工程建筑	62.48	95.85	54.23	10746	12444
房屋工程建筑	62.48	95.85	54.23	10746	12444
土木工程建筑	10.47	6.14	3.13	26380	24742
铁路、道路、隧道和桥梁工程建筑	5.38	2.41	1.67	9260	9012
水利和港口工程建筑	0.73			2742	2777
工矿工程建筑	0.03	0.26	0.26	1447	1856
架线和管道工程建筑	0.20	0.04		6015	5609
其他土木工程建筑	4.12	3.43	1.21	6916	5488
建筑安装业	15.36	14.29	3.69	19586	18352
建筑安装业	15.36	14.29	3.69	19586	18352
建筑安装业	15.36	14.29	3.69	19586	18352
建筑装饰业	0.96	12.51	1.81	31261	29430
建筑装饰业	0.96	12.51	1.81	31261	29430
建筑装饰业	0.96	12.51	1.81	31261	29430
其他建筑业	8.46	3.76	0.20	11441	10923
工程准备	1.03	0.46	0.20	9095	8406
工程准备	1.03	0.46	0.20	9095	8406
提供施工设备服务		1.76		666	639
提供施工设备服务		1.76		666	639
其他未列明的建筑活动	7.43	1.54		1680	1878
其他未列明的建筑活动	7.43	1.54		1680	1878

3－D－1　续表4－1

单位：个、万元、万平方米、人

指标名称	#管理人员	#工程技术人员	#现场施工工人	全部从业人员年平均人数
总　计	**15129**	**15223**	**55391**	**105006**
一、按登记注册类型分组				
内　资	**15010**	**15119**	**55107**	**104187**
国　有	286	260	1751	3148
集　体	334	405	1349	3466
股份合作企业	75	106	303	1493
联营企业	13	8	60	209
集体联营	11	6	20	165
国有与集体联营	2	2	40	44
有限责任公司	1725	2084	8013	14036
国有独资公司	136	133	944	1280
其他有限责任公司	1589	1951	7069	12756
股份有限公司	217	278	845	1764
私营企业	12290	11924	42558	79674
私营独资	1099	883	3092	5851
私营合伙	289	240	781	2037
私营有限责任公司	10617	10496	37799	70104
私营股份有限公司	285	305	886	1682
其　他	70	54	228	397
港澳台商投资	**93**	**84**	**211**	**639**
与港澳台商合资经营	52	50	110	451
与港澳台商合作经营	5	3	12	20
港澳台商独资	36	31	89	168
外商投资	**26**	**20**	**73**	**180**
中外合资经营	14	12	31	72
外资企业	12	8	42	108
二、按隶属关系分组				
中　央	50	48	452	564
中　央	50	48	452	564
省（自治区、直辖市）	75	100	759	1071
省（自治区、直辖市）	75	100	759	1071
地（区、市、州、盟）	232	300	1019	2465
地（区、市、州、盟）	232	300	1019	2465
县（区、市、旗）	440	356	3121	4889
县（区、市、旗）	440	356	3121	4889
乡镇（街道）	219	285	756	1964
街　道	91	116	392	958
镇	118	164	322	904

3－D－1 续表4－2

单位：个、万元、万平方米、人

指标名称	#管理人员	#工程技术人员	#现场施工工人	全部从业人员年平均人数
乡	10	5	42	102
基层群众自治组织	37	28	131	237
村委会	37	28	131	237
其他	14076	14106	49153	93816
其他	14076	14106	49153	93816
三、按企业资质等级分组				
不分等级	15129	15223	55391	105006
不分等级	15129	15223	55391	105006
四、按控股情况分组				
国有控股	596	726	4288	6697
集体控股	574	673	2465	5990
私人控股	13771	13606	47454	90751
港澳台商控股	40	36	106	205
外商控股	19	14	59	149
其他	129	168	1019	1214
五、按国民经济行业分组				
房屋和土木工程建筑业	4376	5310	22840	38902
房屋工程建筑	1228	1756	7588	11290
房屋工程建筑	1228	1756	7588	11290
土木工程建筑	3148	3554	15252	27612
铁路、道路、隧道和桥梁工程建筑	1077	1136	6131	9604
水利和港口工程建筑	372	359	1689	2829
工矿工程建筑	223	233	899	1533
架线和管道工程建筑	677	912	3410	6290
其他土木工程建筑	799	914	3123	7356
建筑安装业	2926	3216	11066	20775
建筑安装业	2926	3216	11066	20775
建筑安装业	2926	3216	11066	20775
建筑装饰业	5421	5158	15978	33029
建筑装饰业	5421	5158	15978	33029
建筑装饰业	5421	5158	15978	33029
其他建筑业	2406	1539	5507	12300
工程准备	2057	1220	4097	9877
工程准备	2057	1220	4097	9877
提供施工设备服务	82	66	436	691
提供施工设备服务	82	66	436	691
其他未列明的建筑活动	267	253	974	1732
其他未列明的建筑活动	267	253	974	1732

3－D－2 按地区分组的资质以外建筑业企业生产及人员情况

单位：个、万元、万平方米、人

地区	企业数	有工作量企业	建筑业总产值	装饰装修产值	建筑业总产值按构成分		
					建筑工程	安装工程	其他产值
总计	**7110**	**5731**	**1531530**	**412960**	**950575**	**344359**	**236596**
杭州市	**2554**	**2051**	**562119**	**179417**	**318238**	**143483**	**100399**
上城区	105	88	41082	3688	19320	20715	1047
下城区	213	168	40142	17172	18455	18153	3534
江干区	348	266	82059	44457	57149	20688	4222
拱墅区	285	229	59912	22984	24717	19123	16073
西湖区	321	229	65559	14743	41273	18612	5674
滨江区	103	74	27480	648	10156	7975	9349
萧山区	387	341	106741	57194	86149	16757	3836
余杭区	328	236	62278	8588	44097	9291	8890
桐庐县	72	67	3539	2116	2953	212	374
淳安县	24	21	1671	952	1076	595	
建德市	56	53	12440	1471	5028	1932	5480
富阳市	250	218	51807	3417	5412	7577	38818
临安市	62	61	7409	1988	2455	1852	3101
宁波市	**1453**	**1291**	**291901**	**96658**	**192101**	**60025**	**39775**
海曙区	188	180	28944	11683	22395	5420	1130
江东区	246	220	75832	38580	64085	8586	3161
江北区	83	81	40580	4956	34139	6440	
北仑区	235	184	33751	5859	10985	7310	15457
镇海区	107	107	23795	8983	13072	2449	8274
鄞州区	209	171	25811	4158	15764	8771	1276
象山县	36	28	5587	669	2894	2687	6
宁海县	33	32	3020	1487	2166	30	824
余姚市	142	134	38837	12535	15694	14425	8718
慈溪市	116	116	8663	5048	6233	1499	931
奉化市	58	38	7083	2700	4675	2407	
温州市	**574**	**475**	**96677**	**25939**	**59272**	**32590**	**4814**
鹿城区	199	184	39069	13424	30237	8821	12
龙湾区	27	23	3839	1144	706	2819	315
瓯海区	18	16	12506	203	1404	9770	1332
洞头县	46	24	8610	140	5906	2705	
永嘉县	30	22	1258	239	652	606	
平阳县	40	26	7020	2147	6788	232	

3－D－2 续表1－1 单位：个、万元、万平方米、人

地　区	企业数	有工作量企业	建筑业总产值	装饰装修产值	建筑业总产值按构成分		
					建筑工程	安装工程	其他产值
苍南县	63	62	7737	5259	7383	191	163
文成县	6	6	1558		983	575	
泰顺县	5	2	226		226		
瑞安市	41	34	6097	973	2220	1982	1895
乐清市	99	76	8757	2410	2769	4891	1098
嘉兴市	**466**	**414**	**116620**	**22409**	**68535**	**29856**	**18229**
南湖区	116	106	42311	7844	23397	11303	7612
秀洲区	57	51	24493	820	17399	2581	4512
嘉善县	33	26	7076	3003	4303	2773	
海盐县	24	21	5956	2135	1985	3528	443
海宁市	64	55	12037	3936	8932	1881	1224
平湖市	105	94	15491	3356	6959	5201	3331
桐乡市	67	61	9257	1315	5561	2589	1106
湖州市	**145**	**128**	**52106**	**6235**	**37759**	**4753**	**9594**
吴兴区	50	44	40332	1774	34591	2577	3164
南浔区	18	15	1349	404	417	931	
德清县	37	36	5197	1531	1293	383	3520
长兴县	32	27	2182	395	541	862	779
安吉县	8	6	3048	2131	917		2131
绍兴市	**346**	**314**	**90063**	**17909**	**59894**	**20592**	**9577**
越城区	77	74	14479	2679	3451	9636	1392
绍兴县	47	46	10630	6299	8221	1989	419
新昌县	35	31	9463	1271	7649	1619	195
诸暨市	41	41	16510	190	10603	495	5412
上虞市	102	78	23564	5404	19926	3638	
嵊州市	44	44	15418	2066	10044	3214	2160
金华市	**366**	**322**	**110387**	**21499**	**95298**	**8948**	**6142**
婺城区	81	74	32139	3796	25960	3799	2381
金东区	5	5	701	6	406	70	225
武义县	3	3	256	256	256		
浦江县	11	10	35536	31	35318	218	
磐安县	1	1	10		5	5	
兰溪市	9	9	190		190		
义乌市	115	111	23799	11110	21478	682	1639

3-D-2 续表1-2

单位：个、万元、万平方米、人

地区	企业数	有工作量企业	建筑业总产值	装饰装修产值	建筑业总产值按构成分		
					建筑工程	安装工程	其他产值
东阳市	54	33	7669	1176	5217	2005	447
永康市	87	76	10089	5124	6468	2170	1451
衢州市	**146**	**121**	**26017**	**1693**	**10361**	**6253**	**9403**
柯城区	62	61	5659	25	324	1463	3872
衢江区	8	7	582		12	526	44
常山县	14	6	1220		550	620	50
开化县	10	10	5253	150	430	720	4103
龙游县	15	7	5920		5064	356	500
江山市	37	30	7383	1518	3981	2568	834
舟山市	**561**	**168**	**56349**	**3513**	**45460**	**2987**	**7902**
定海区	416	106	38999	3040	30502	710	7787
普陀区	105	36	5292	401	3406	1861	25
岱山县	21	15	7119	73	6721	399	
嵊泗县	19	11	4940		4832	18	90
台州市	**370**	**332**	**87657**	**23630**	**32719**	**26289**	**28650**
椒江区	104	89	17229	6861	6514	8092	2623
黄岩区	30	22	3962	2462	2733	820	410
路桥区	39	39	12920	9640	10164	2725	31
玉环县	26	26	1871	1095	1587	83	201
三门县	31	26	5176	185	4364	639	173
天台县	17	16	2705	618	187	834	1683
仙居县	23	20	11392	500	1934	8339	1119
温岭市	55	49	25276	1049	376	3856	21044
临海市	45	45	7127	1220	4860	901	1366
丽水市	**129**	**115**	**41633**	**14057**	**30939**	**8584**	**2110**
莲都区	52	51	19113	13020	13659	4891	563
青田县	17	17	3022	446	2038	383	602
缙云县	8	4	11363	28	11361	2	
遂昌县	11	9	1235	265	275	960	
松阳县	4	2	150	15	150		
云和县	6	5	326	221	189	128	10
庆元县	7	4	1459	6	510	950	
景宁畲族自治县	8	8	364	11	34	294	36
龙泉市	16	15	4601	46	2726	976	900

3-D-2 续表2-1 单位：个、万元、万平方米、人

地区	竣工产值	房屋建筑施工面积	本年新开工	房屋建筑竣工面积	住宅	计算劳动生产率的平均人数
总计	**835021**	**221.86**	**97.72**	**132.54**	**63.06**	**99414**
杭州市	**267553**	**28.71**	**16.57**	**29.04**	**11.65**	**34113**
上城区	37339	0.21	0.21	0.21		1960
下城区	18075	0.35	0.17	7.65	0.48	2981
江干区	21944	10.37	9.87	11.36	8.90	4349
拱墅区	31078	0.31	0.08	0.05		3722
西湖区	35395	1.36	0.35	1.26	0.32	3503
滨江区	9180	0.18				1378
萧山区	34022	3.97	0.61	1.86	0.44	6314
余杭区	24816	6.56	3.28	3.67		3403
桐庐县	476	1.20	1.20	1.20	0.08	732
淳安县	1409	0.05	0.05	0.05	0.05	243
建德市	3103	1.82	0.10	0.95	0.60	787
富阳市	49216	0.63	0.63	0.78	0.78	4180
临安市	1499	1.70				561
宁波市	**200541**	**91.64**	**29.03**	**35.67**	**15.27**	**23243**
海曙区	23223	15.90	6.00	0.90		2683
江东区	60881	8.41	6.81	1.58	1.57	3984
江北区	40886	31.80	7.87	19.22	11.44	2712
北仑区	18556	0.41		0.28		3385
镇海区	12588	5.85	1.73	1.30		3714
鄞州区	2585	2.96	1.47	1.20	0.90	2001
象山县	5490	0.42	0.38	0.42	0.38	655
宁海县	2357					251
余姚市	10616	5.45	3.12	5.75	0.38	2032
慈溪市	16960	19.95	1.65	4.53	0.10	1234
奉化市	6400	0.50		0.50	0.50	592
温州市	**61368**	**18.58**	**11.00**	**8.74**	**7.23**	**8985**
鹿城区	25695	7.44	7.34	7.25	6.73	4617
龙湾区	3449	0.26	0.02	0.02		212
瓯海区	10847					617
洞头县	3959	8.75	2.61	0.51	0.37	564
永嘉县	1216	1.05	0.96	0.88	0.06	135
平阳县	6646					599

3－D－2 续表2－2　　　单位:个、万元、万平方米、人

地　　区	竣工产值	房屋建筑施工面积	本年新开工	房屋建筑竣工面积	住　宅	计算劳动生产率的平均人数
苍南县	7241	0.06		0.02		782
文成县	480	…	…			81
泰顺县	90					38
瑞安市	939	0.07	0.07	0.07	0.07	447
乐清市	804	0.95				893
嘉兴市	**78101**	**34.96**	**21.24**	**25.12**	**4.12**	**7028**
南湖区	22167	19.82	12.36	13.36	1.52	2593
秀洲区	19375	7.13	5.94	5.50	2.10	1122
嘉善县	6581	0.52	0.21	0.39	0.18	340
海盐县	5584					839
海宁市	10490	0.12	0.12	0.12		614
平湖市	10397	1.42	0.89	1.10	0.01	868
桐乡市	3509	5.96	1.72	4.66	0.32	652
湖州市	**14677**	**4.44**	**2.71**	**0.83**		**1805**
吴兴区	11468	0.30	0.30	0.25		792
南浔区	499	0.39	0.20	0.20		125
德清县	2113	1.01	0.38	0.38		433
长兴县	597	0.91				369
安吉县		1.82	1.82			86
绍兴市	**49770**	**13.62**	**5.51**	**4.40**	**1.55**	**6305**
越城区	5526	1.19	1.09	0.13	0.03	1180
绍兴县	3828	0.40	0.40	0.43		728
新昌县	4051	3.12				542
诸暨市	11326	2.45	0.80	1.00		1237
上虞市	13695	1.12	1.12	1.12		1512
嵊州市	11344	5.35	2.10	1.72	1.52	1106
金华市	**75169**	**6.58**	**2.82**	**1.95**	**0.50**	**5206**
婺城区	19911	3.59	0.98			1682
金东区	606	0.95	0.85	0.76		160
武义县						33
浦江县	35501	0.10		0.10		601
磐安县		0.10				4
兰溪市	118	0.57	0.30	0.20		26
义乌市	2814	0.66	0.11	0.50	0.20	1524

3－D－2 续表2－3 单位：个、万元、万平方米、人

地　　区	竣工产值	房屋建筑施工面积	本年新开工	房屋建筑竣工面积	住　宅	计算劳动生产率的平均人数
东阳市	6563	0.42	0.39	0.39	0.30	474
永康市	9657	0.20	0.19			702
衢州市	**14642**	**2.67**	**1.15**	**2.06**	**0.94**	**1727**
柯城区	2742	1.21	0.05	0.71		642
衢江区	577					131
常山县	300	0.16	0.16	0.11		102
开化县	1483					230
龙游县	2947					208
江山市	6593	1.29	0.94	1.24	0.94	414
舟山市	**30464**	**3.40**	**2.43**	**1.79**	**1.06**	**3575**
定海区	18672	2.77	2.02	1.74	1.06	2678
普陀区	4536	0.05	0.03	0.05		456
岱山县	2557	0.20				182
嵊泗县	4699	0.39	0.39			259
台州市	**25304**	**12.30**	**5.03**	**5.35**	**4.71**	**5530**
椒江区	5024	4.60	1.60	1.94	1.65	1309
黄岩区	1032					275
路桥区	1523	1.58	0.29	0.78	0.78	433
玉环县		1.92	0.80	0.12		218
三门县	3779	2.52	1.79	2.51	2.28	645
天台县	2255	0.20	0.20			227
仙居县	10829					571
温岭市	435	1.07	0.35			1218
临海市	428	0.43				634
丽水市	**17431**	**4.95**	**0.23**	**17.60**	**16.01**	**1897**
莲都区	8859	3.03	0.03	17.30	16.00	728
青田县	780	1.64	0.20	0.02	0.01	225
缙云县	1300					391
遂昌县	1064					121
松阳县	25					81
云和县	86					47
庆元县	864					93
景宁畲族自治县	351					59
龙泉市	4102	0.27		0.27		152

3－D－2　续表3－1　　单位：个、万元、万平方米、人

地　　区	年末从业人　　员	#管理人员	#工程技术人　　员	#现场施工工　　人	全部从业人员年平均人　　数
总　计	**95891**	**15129**	**15223**	**55391**	**105006**
杭州市	**31065**	**5577**	**5374**	**17396**	**35744**
上城区	1917	197	365	1285	1964
下城区	2460	377	369	1465	3101
江干区	4109	878	904	2270	4631
拱墅区	2642	491	578	1213	3894
西湖区	3623	679	831	1874	3611
滨江区	1334	226	137	877	1419
萧山区	5350	883	824	3206	6601
余杭区	3851	527	439	2583	3799
桐庐县	764	114	125	492	733
淳安县	237	42	37	156	244
建德市	1222	128	125	541	855
富阳市	2824	927	533	1090	4187
临安市	732	108	107	344	705
宁波市	**22409**	**3259**	**3154**	**12563**	**24655**
海曙区	2405	415	408	1518	2810
江东区	2946	563	509	1527	4465
江北区	1891	273	255	1228	2730
北仑区	3450	441	458	2216	3581
镇海区	3912	450	470	2771	3755
鄞州区	2024	327	276	959	2162
象山县	1840	114	165	322	723
宁海县	500	73	53	353	270
余姚市	1374	243	264	564	2258
慈溪市	1352	216	207	796	1304
奉化市	715	144	89	309	597
温州市	**6683**	**1076**	**1096**	**3866**	**9407**
鹿城区	1991	417	471	1076	4644
龙湾区	232	47	51	89	236
瓯海区	656	80	72	460	622
洞头县	493	78	105	249	623
永嘉县	152	33	30	81	152
平阳县	634	56	73	264	622

3－D－2 续表3－2 单位：个、万元、万平方米、人

地区	年末从业人员	#管理人员	#工程技术人员	#现场施工工人	全部从业人员年平均人数
苍南县	865	80	84	676	802
文成县	83	17	20	44	85
泰顺县	63	7	8	29	59
瑞安市	576	92	78	299	623
乐清市	938	169	104	599	939
嘉兴市	**7130**	**1171**	**1265**	**4398**	**7296**
南湖区	2691	443	534	1593	2647
秀洲区	925	186	223	477	1168
嘉善县	377	86	59	219	345
海盐县	870	39	34	766	863
海宁市	621	122	96	361	614
平湖市	926	179	213	519	954
桐乡市	720	116	106	463	705
湖州市	**2084**	**264**	**255**	**1146**	**2015**
吴兴区	958	138	133	563	930
南浔区	122	27	25	61	127
德清县	313	40	36	223	469
长兴县	570	41	48	223	396
安吉县	121	18	13	76	93
绍兴市	**7720**	**830**	**1391**	**5129**	**6719**
越城区	1194	212	188	666	1274
绍兴县	710	84	94	528	734
新昌县	332	69	49	202	545
诸暨市	3154	192	646	2203	1278
上虞市	1423	184	254	951	1574
嵊州市	907	89	160	579	1314
金华市	**5806**	**724**	**743**	**3514**	**5505**
婺城区	1893	194	200	1261	1809
金东区	160	37	31	77	160
武义县	38	5	5	26	40
浦江县	609	48	67	186	611
磐安县	18	5	1	4	5
兰溪市	64	11	5	28	78
义乌市	1649	206	192	1162	1539

3－D－2 续表3－3 单位：个、万元、万平方米、人

地　　区	年末从业人　　员	#管理人员	#工程技术人　　员	#现场施工工　　人	全部从业人员年平均人　　数
东阳市	561	86	105	288	513
永康市	814	132	137	482	750
衢州市	**2014**	**352**	**318**	**923**	**1801**
柯城区	842	143	131	257	674
衢江区	133	11	16	33	133
常山县	102	17	29	55	102
开化县	232	39	49	143	230
龙游县	238	71	41	116	236
江山市	467	71	52	319	426
舟山市	**3266**	**816**	**346**	**1802**	**3963**
定海区	2249	609	268	1195	3055
普陀区	533	144	39	293	488
岱山县	246	42	18	120	184
嵊泗县	238	21	21	194	236
台州市	**5911**	**802**	**946**	**3615**	**5836**
椒江区	1511	223	322	702	1482
黄岩区	318	57	46	167	296
路桥区	437	49	77	294	435
玉环县	226	41	51	126	224
三门县	711	53	48	502	691
天台县	216	28	27	156	237
仙居县	567	70	93	387	576
温岭市	1282	151	111	952	1261
临海市	643	130	171	329	634
丽水市	**1803**	**258**	**335**	**1039**	**2065**
莲都区	740	88	107	539	811
青田县	227	40	54	133	225
缙云县	179	17	59	12	415
遂昌县	140	17	22	82	123
松阳县	88	9	17	62	83
云和县	55	11	8	30	47
庆元县	118	12	13	68	118
景宁畲族自治县	67	18	14	21	60
龙泉市	189	46	41	92	183

3－D－3 按登记注册类型、隶属关系、控股情况和行业分组的资质以外建筑业企业财务状况

单位：万元

指标名称	固定资产原价	所有者权益合计	实收资本	国家资本	集体资本	法人资本
总计	**1007731**	**1472273**	**1149704**	**150250**	**19508**	**231758**
一、按登记注册类型分组						
内资	**998227**	**1458400**	**1138165**	**149805**	**19508**	**229118**
国有	68981	124994	113703	66790		22190
集体	12581	22244	13075		11765	1226
股份合作企业	3986	5961	4157		270	220
联营企业	145	268	234	101	34	100
集体联营	33	111	104		4	100
国有与集体联营	113	157	131	101	30	
有限责任公司	266942	476367	300721	82574	6363	134158
国有独资公司	122164	161798	61275	48045		13230
其他有限责任公司	144779	314569	239446	34529	6363	120928
股份有限公司	18439	27485	22235	300	1000	10370
私营企业	625433	797112	680147	41	77	59902
私营独资	27450	47293	33854			5113
私营合伙	3572	13889	11595			655
私营有限责任公司	586005	714316	618524		77	53148
私营股份有限公司	8406	21614	16175	41		987
其他	1720	3969	3894			951
港澳台商投资	**928**	**9756**	**7463**	**445**		**2001**
与港澳台商合资经营	660	7273	4383	445		2001
与港澳台商合作经营	2	139	150			
港澳台商独资	265	2345	2931			
外商投资	**8576**	**4117**	**4076**			**640**
中外合资经营	2241	2485	2617			
外资企业	6336	1632	1458			640
二、按隶属关系分组						
中央	3823	3302	1219	1150	69	
中央	3823	3302	1219	1150	69	
省（自治区、直辖市）	1237	8774	4702	3250		1332
省（自治区、直辖市）	1237	8774	4702	3250		1332
地（区、市、州、盟）	27145	47334	31890	5943	4800	19939
地（区、市、州、盟）	27145	47334	31890	5943	4800	19939
县（区、市、旗）	169627	279378	161308	104058	3164	26499
县（区、市、旗）	169627	279378	161308	104058	3164	26499
乡镇（街道）	12257	33045	30069	18686	7206	3826
街道	3031	16184	14964	10260	3992	710
镇	9035	16747	15033	8426	3173	3116

3－D－3 续表1－1

单位：万元

指 标 名 称	固定资产原价	所有者权益合计				
			实收资本	国家资本	集体资本	法人资本
乡	191	114	72		41	
基层群众自治组织	794	1102	834	101	618	92
村委会	794	1102	834	101	618	92
其 他	792849	1099339	919682	17063	3652	180070
其 他	792849	1099339	919682	17063	3652	180070
三、按企业资质等级分组						
不分等级	1007731	1472273	1149704	150250	19508	231758
不分等级	1007731	1472273	1149704	150250	19508	231758
四、按控股情况分组						
国有控股	207069	369011	224606	148892	580	47821
集体控股	87993	73485	56497		18528	34517
私人控股	699874	1009943	853362	913	400	140644
港澳台商控股	678	2537	3106	445		91
外商控股	8497	3735	3558			640
其 他	3620	13563	8576			8046
五、按国民经济行业分组						
房屋和土木工程建筑业	738490	868128	661574	144141	12713	162900
房屋工程建筑	42282	117482	105658	8750	1794	10775
房屋工程建筑	42282	117482	105658	8750	1794	10775
土木工程建筑	696209	750646	555916	135391	10919	152125
铁路、道路、隧道和桥梁工程建筑	274054	402559	252744	59031	1693	102688
水利和港口工程建筑	294802	141997	123521	44959	4352	15402
工矿工程建筑	28401	14118	11990	3009	120	821
架线和管道工程建筑	34223	70202	63268	11114	4129	20519
其他土木工程建筑	64730	121771	104392	17278	625	12695
建筑安装业	82134	221739	176378	821	3473	28054
建筑安装业	82134	221739	176378	821	3473	28054
建筑安装业	82134	221739	176378	821	3473	28054
建筑装饰业	91814	254878	217312	180	1504	35060
建筑装饰业	91814	254878	217312	180	1504	35060
建筑装饰业	91814	254878	217312	180	1504	35060
其他建筑业	95293	127528	94440	5108	1818	5744
工程准备	81006	104579	77442	4268	1555	4251
工程准备	81006	104579	77442	4268	1555	4251
提供施工设备服务	4604	4849	4143	600	3	300
提供施工设备服务	4604	4849	4143	600	3	300
其他未列明的建筑活动	9684	18100	12855	240	260	1193
其他未列明的建筑活动	9684	18100	12855	240	260	1193

3－D－3 续表2－1

单位:万元

指 标 名 称	个人资本	港澳台资本	外商资本	本年折旧	营业收入合计	主营业务收入
总 计	**741924**	**3605**	**2660**	**45071**	**1586757**	**1577071**
一、按登记注册类型分组						
内 资	**739583**	**150**	**2**	**44858**	**1559051**	**1549380**
国 有	24724			5066	81432	80975
集 体	83		2	951	57992	56742
股份合作企业	3667			290	15325	15325
联营企业				15	5131	5131
集体联营				4	4133	4133
国有与集体联营				11	997	997
有限责任公司	77475	150		10118	267670	265438
国有独资公司				3910	25419	25419
其他有限责任公司	77475	150		6208	242250	240018
股份有限公司	10565			1097	28445	28445
私营企业	620127			27269	1099439	1093708
私营独资	28741			1945	83270	82897
私营合伙	10940			246	22600	22547
私营有限责任公司	565299			24412	972067	966819
私营股份有限公司	15147			666	21502	21445
其 他	2943			53	3617	3617
港澳台商投资	**1563**	**3455**		**124**	**24372**	**24372**
与港澳台商合资经营	156	1781		79	21604	21604
与港澳台商合作经营	150			...	25	25
港澳台商独资	1257	1674		44	2743	2743
外商投资	**778**		**2658**	**89**	**3334**	**3320**
中外合资经营	778		1840	10	1105	1105
外资企业			818	78	2229	2215
二、按隶属关系分组						
中 央				94	8029	8029
中 央				94	8029	8029
省(自治区、直辖市)	120			59	29200	29200
省(自治区、直辖市)	120			59	29200	29200
地(区、市、州、盟)	118	1090		1720	63023	61368
地(区、市、州、盟)	118	1090		1720	63023	61368
县(区、市、旗)	27538		50	7374	118203	117849
县(区、市、旗)	27538		50	7374	118203	117849
乡镇(街道)	352			1440	31951	31869
街 道	3			153	12543	12540
镇	317			1283	17393	17314

3－D－3 续表2－2

单位：万元

指标名称	个人资本	港澳台资本	外商资本	本年折旧	营业收入合计	主营业务收入
乡	32			3	2016	2016
基层群众自治组织	22		2	36	2638	2638
村委会	22		2	36	2638	2638
其　他	713774	2515	2608	34348	1333712	1326118
其　他	713774	2515	2608	34348	1333712	1326118
三、按企业资质等级分组						
不分等级	741924	3605	2660	45071	1586757	1577071
不分等级	741924	3605	2660	45071	1586757	1577071
四、按控股情况分组						
国有控股	27314			9635	155337	154533
集体控股	2360	1090	2	3176	126205	124379
私人控股	711255		150	31625	1260717	1253677
港澳台商控股	56	2515		72	3552	3552
外商控股	410		2508	82	2755	2741
其　他	530			482	38191	38191
五、按国民经济行业分组						
房屋和土木工程建筑业	339930	1213	678	25388	609278	605277
房屋工程建筑	84339			2299	123659	123088
房屋工程建筑	84339			2299	123659	123088
土木工程建筑	255591	1213	678	23089	485619	482189
铁路、道路、隧道和桥梁工程建筑	89333			10809	155572	155034
水利和港口工程建筑	58299	458	52	5509	55372	55301
工矿工程建筑	7405	61	574	1299	15779	15716
架线和管道工程建筑	27302	204		2649	117519	115813
其他土木工程建筑	73253	490	52	2824	141377	140324
建筑安装业	141417	765	1848	7017	350464	347928
建筑安装业	141417	765	1848	7017	350464	347928
建筑安装业	141417	765	1848	7017	350464	347928
建筑装饰业	178807	1627	134	7163	431797	429632
建筑装饰业	178807	1627	134	7163	431797	429632
建筑装饰业	178807	1627	134	7163	431797	429632
其他建筑业	81770			5503	195219	194236
工程准备	67368			4250	167756	166873
工程准备	67368			4250	167756	166873
提供施工设备服务	3240			246	5719	5718
提供施工设备服务	3240			246	5719	5718
其他未列明的建筑活动	11163			1008	21744	21645
其他未列明的建筑活动	11163			1008	21744	21645

3－D－3 续表3－1 单位：万元

指标名称	营业成本	主营业务成本	营业税金及附加	主营业务税金及附加	主营业务利润	其他业务利润
总计	**1281957**	**1265252**	**54612**	**51552**	**259591**	**12122**
一、按登记注册类型分组						
内资	**1262068**	**1245375**	**54130**	**51070**	**252258**	**12121**
国有	63462	63255	3288	3284	14511	1823
集体	46762	45841	1723	1675	9163	934
股份合作企业	16887	13216	551	551	1557	60
联营企业	4693	4693	169	169	269	
集体联营	3756	3756	135	135	243	
国有与集体联营	937	937	34	34	27	
有限责任公司	215668	214703	7611	7562	41951	3317
国有独资公司	21096	21096	398	398	3925	
其他有限责任公司	194571	193607	7213	7164	38026	3317
股份有限公司	23996	23990	768	768	3587	7
私营企业	887842	876928	39881	36924	180494	5973
私营独资	73131	66901	2632	2567	15147	889
私营合伙	16862	16826	1127	1127	4579	63
私营有限责任公司	781499	776870	35330	32484	156588	4926
私营股份有限公司	16350	16330	792	746	4179	96
其他	2757	2748	139	137	726	8
港澳台商投资	**17983**	**17983**	**394**	**394**	**5995**	
与港澳台商合资经营	15701	15701	309	309	5594	
与港澳台商合作经营	8	8	1	1	16	
港澳台商独资	2275	2275	84	84	385	
外商投资	**1906**	**1893**	**89**	**89**	**1338**	**1**
中外合资经营	781	781	23	23	301	
外资企业	1125	1112	66	66	1037	1
二、按隶属关系分组						
中央	7082	7082	281	281	666	6
中央	7082	7082	281	281	666	6
省（自治区、直辖市）	23769	23769	1099	1099	4469	200
省（自治区、直辖市）	23769	23769	1099	1099	4469	200
地（区、市、州、盟）	50338	49292	1685	1625	10446	937
地（区、市、州、盟）	50338	49292	1685	1625	10446	937
县（区、市、旗）	93398	93193	3574	3571	20925	1687
县（区、市、旗）	93398	93193	3574	3571	20925	1687
乡镇（街道）	26627	26606	1011	1001	4285	552
街道	10631	10631	430	426	1481	2
镇	14144	14123	506	501	2715	550

3-D-3 续表3-2

单位：万元

指标名称	营业成本	主营业务成本	营业税金及附加	主营业务税金及附加	主营业务利润	其他业务利润
乡	1852	1852	75	75	89	
基层群众自治组织	2298	2298	105	105	236	
村委会	2298	2298	105	105	236	
其他	1078447	1063014	46858	43870	218563	8740
其他	1078447	1063014	46858	43870	218563	8740
三、按企业资质等级分组						
不分等级	1281957	1265252	54612	51552	259591	12122
不分等级	1281957	1265252	54612	51552	259591	12122
四、按控股情况分组						
国有控股	124247	124000	4469	4453	26155	2439
集体控股	99030	97980	3458	3391	22927	1343
私人控股	1021277	1005881	45157	42180	205230	8305
港澳台商控股	2680	2680	123	123	463	
外商控股	1463	1450	74	74	1217	1
其他	33261	33261	1331	1331	3599	35
五、按国民经济行业分组						
房屋和土木工程建筑业	503656	497859	19982	19834	88036	5260
房屋工程建筑	103212	102781	5115	5091	16106	1136
房屋工程建筑	103212	102781	5115	5091	16106	1136
土木工程建筑	400444	395078	14867	14743	71930	4124
铁路、道路、隧道和桥梁工程建筑	123344	123227	4848	4833	26904	1137
水利和港口工程建筑	47532	47491	1685	1684	6271	-19
工矿工程建筑	12223	12082	476	469	3150	26
架线和管道工程建筑	97847	93639	3087	3035	19118	1628
其他土木工程建筑	119498	118640	4771	4722	16486	1353
建筑安装业	276372	273946	10124	10005	62990	3829
建筑安装业	276372	273946	10124	10005	62990	3829
建筑安装业	276372	273946	10124	10005	62990	3829
建筑装饰业	346203	337953	17745	14977	75410	2503
建筑装饰业	346203	337953	17745	14977	75410	2503
建筑装饰业	346203	337953	17745	14977	75410	2503
其他建筑业	155727	155493	6763	6736	33155	531
工程准备	134740	134513	5581	5557	27573	330
工程准备	134740	134513	5581	5557	27573	330
提供施工设备服务	4709	4703	194	194	822	74
提供施工设备服务	4709	4703	194	194	822	74
其他未列明的建筑活动	16278	16278	987	986	4761	127
其他未列明的建筑活动	16278	16278	987	986	4761	127

3-D-3 续表4-1 单位:万元

指标名称	营业费用、管理费用、财务费用合计	#税金	#利息支出	营业利润	职工工资和福利费	本年应交增值税
总计	**212213**	**5283**	**27353**	**78341**	**176827**	**9232**
一、按登记注册类型分组						
内资	**209046**	**5249**	**26891**	**74707**	**174917**	**9023**
国有	18690	134	6672	13081	6025	120
集体	7918	291	-59	2199	5932	397
股份合作企业	1219	50	58	449	2437	231
联营企业	173	1		96	270	
集体联营	159	...		84	181	
国有与集体联营	14	1		13	89	
有限责任公司	37955	1003	10978	7971	29975	1507
国有独资公司	4552	2	3078	-634	2946	60
其他有限责任公司	33403	1001	7899	8605	27029	1446
股份有限公司	4158	93	254	-337	2680	418
私营企业	138434	3667	8977	51019	127019	5862
私营独资	9848	406	192	6614	9311	552
私营合伙	2327	39	5	2315	2912	548
私营有限责任公司	122878	3127	8540	41013	112028	4549
私营股份有限公司	3382	96	240	1076	2768	213
其他	499	9	11	229	579	488
港澳台商投资	**2203**	**23**	**460**	**3792**	**1299**	**204**
与港澳台商合资经营	1499	20	455	4095	914	204
与港澳台商合作经营	18	...		-2	25	
港澳台商独资	685	3	5	-301	360	
外商投资	**964**	**11**	**2**	**-158**	**612**	**5**
中外合资经营	253	9	2	48	186	5
外资企业	711	2		-206	426	
二、按隶属关系分组						
中央	377	14	12	295	1032	
中央	377	14	12	295	1032	
省(自治区、直辖市)	1695	606	84	3022	3425	144
省(自治区、直辖市)	1695	606	84	3022	3425	144
地(区、市、州、盟)	6274	265	566	5115	5736	316
地(区、市、州、盟)	6274	265	566	5115	5736	316
县(区、市、旗)	25372	180	9803	12493	9098	308
县(区、市、旗)	25372	180	9803	12493	9098	308
乡镇(街道)	2728	44	152	2128	3523	256
街道	1189	31	45	298	1396	124
镇	1484	13	107	1796	1825	129

3－D－3　续表4－2

单位：万元

指 标 名 称	营业费用、管理费用、财务费用合计	#税金	#利息支出	营业利润	职工工资和福利费	本年应交增值税
乡	56	…		33	302	3
基层群众自治组织	145	1	12	92	415	12
村委会	145	1	12	92	415	12
其　他	175622	4173	16724	55196	153599	8196
其　他	175622	4173	16724	55196	153599	8196
三、按企业资质等级分组						
不分等级	212213	5283	27353	78341	176827	9232
不分等级	212213	5283	27353	78341	176827	9232
四、按控股情况分组						
国有控股	27691	228	10100	16148	12662	435
集体控股	19314	382	6026	4992	12607	886
私人控股	161032	4056	11118	56595	146647	7752
港澳台商控股	783	3	23	－320	434	
外商控股	853	10		－167	536	5
其　他	2539	605	86	1094	3940	154
五、按国民经济行业分组						
房屋和土木工程建筑业	87893	1587	22629	20852	64585	2230
房屋工程建筑	10190	388	526	7116	18167	611
房屋工程建筑	10190	388	526	7116	18167	611
土木工程建筑	77703	1200	22103	13736	46417	1619
铁路、道路、隧道和桥梁工程建筑	37873	241	17316	4975	16499	336
水利和港口工程建筑	8407	146	1479	－1211	4775	53
工矿工程建筑	2572	31	177	120	3000	53
架线和管道工程建筑	16158	496	1812	4599	12548	580
其他土木工程建筑	12694	285	1319	5254	9596	598
建筑安装业	46759	900	2072	21164	37725	2628
建筑安装业	46759	900	2072	21164	37725	2628
建筑安装业	46759	900	2072	21164	37725	2628
建筑装饰业	59144	2269	1774	19944	52771	3746
建筑装饰业	59144	2269	1774	19944	52771	3746
建筑装饰业	59144	2269	1774	19944	52771	3746
其他建筑业	18416	527	877	16381	21746	628
工程准备	14175	456	697	14316	17754	367
工程准备	14175	456	697	14316	17754	367
提供施工设备服务	852	7	36	44	1259	28
提供施工设备服务	852	7	36	44	1259	28
其他未列明的建筑活动	3389	63	145	2022	2733	233
其他未列明的建筑活动	3389	63	145	2022	2733	233

3－D－3 续表5－1

单位：万元

指标名称	全部从业人员年平均人数	资产减值损失	公允价值变动收益	投资收益
总 计	**105006**	**822**	**6**	**9437**
一、按登记注册类型分组				
内 资	**104187**	**289**	**6**	**9437**
国 有	3148			
集 体	3466			55
股份合作企业	1493			3
联营企业	209			
集体联营	165			
国有与集体联营	44			
有限责任公司	14036	44		8670
国有独资公司	1280			
其他有限责任公司	12756	44		8670
股份有限公司	1764	...		
私营企业	79674	245	6	711
私营独资	5851	4		7
私营合伙	2037	...		
私营有限责任公司	70104	241	6	409
私营股份有限公司	1682			295
其 他	397			－2
港澳台商投资	**639**			
与港澳台商合资经营	451			
与港澳台商合作经营	20			
港澳台商独资	168			
外商投资	**180**	**533**		
中外合资经营	72			
外资企业	108	533		
二、按隶属关系分组				
中 央	564			－50
中 央	564			－50
省（自治区、直辖市）	1071			
省（自治区、直辖市）	1071			
地（区、市、州、盟）	2465			42
地（区、市、州、盟）	2465			42
县（区、市、旗）	4889			105
县（区、市、旗）	4889			105
乡镇（街道）	1964			4
街 道	958			4
镇	904			

3－D－3 续表5－2

单位：万元

指标名称	全部从业人员年平均人数	资产减值损失	公允价值变动收益	投资收益
乡	102			
基层群众自治组织	237			
村委会	237			
其他	93816	822	6	9337
其他	93816	822	6	9337
三、按企业资质等级分组				
不分等级	105006	822	6	9437
不分等级	105006	822	6	9437
四、按控股情况分组				
国有控股	6697	43		
集体控股	5990			－106
私人控股	90751	246	6	9501
港澳台商控股	205			
外商控股	149	533		
其他	1214			42
五、按国民经济行业分组				
房屋和土木工程建筑业	38902	581		－88
房屋工程建筑	11290	…		12
房屋工程建筑	11290	…		12
土木工程建筑	27612	580		－101
铁路、道路、隧道和桥梁工程建筑	9604	1		－18
水利和港口工程建筑	2829			1
工矿工程建筑	1533	534		－50
架线和管道工程建筑	6290	46		－33
其他土木工程建筑	7356			
建筑安装业	20775	81		9358
建筑安装业	20775	81		9358
建筑安装业	20775	81		9358
建筑装饰业	33029	160	5	177
建筑装饰业	33029	160	5	177
建筑装饰业	33029	160	5	177
其他建筑业	12300	1	…	－10
工程准备	9877			－10
工程准备	9877			－10
提供施工设备服务	691			
提供施工设备服务	691			
其他未列明的建筑活动	1732	1	…	…
其他未列明的建筑活动	1732	1	…	…

3－D－4 按地区分组的资质以外建筑业企业财务状况

单位：万元

地区	固定资产原价	所有者权益合计	实收资本	国家资本	集体资本	法人资本	个人资本
总　计	**1007731**	**1472273**	**1149704**	**150250**	**19508**	**231758**	**741924**
杭州市	**201175**	**430699**	**375153**	**13438**	**6709**	**70839**	**282285**
上城区	22482	38792	33102	50		12914	20061
下城区	8977	31277	28024		1000	2479	24545
江干区	12384	52539	47319	2000	1266	6544	36019
拱墅区	21748	45925	49237	60	10	4238	44929
西湖区	12732	50976	48826		1183	9809	37631
滨江区	11946	24516	24440		31	12629	11780
萧山区	73102	70004	50852	10000		13382	27359
余杭区	17249	46226	40132		309	1752	38072
桐庐县	3523	19290	16097			1978	14119
淳安县	378	1129	1123				1123
建德市	3890	9989	6154	328	2842	103	2881
富阳市	9930	35581	26393	1000	69	4696	20628
临安市	2834	4456	3455			316	3139
宁波市	**344735**	**350122**	**271671**	**59530**	**2072**	**47402**	**161679**
海曙区	6205	18154	15457	1067	129	1375	12886
江东区	237504	68877	61106	900	27	1308	58434
江北区	26195	43395	33686	22250	347	160	10929
北仑区	17173	78543	38772	20000	122	2250	16111
镇海区	23723	12088	9783	3136	332	375	5941
鄞州区	9759	39088	32442	10000	736	1347	20179
象山县	2793	9879	8469			995	7474
宁海县	588	2626	2547			385	2162
余姚市	13142	18716	14803		150	132	14439
慈溪市	5380	12901	10950	200	151	1201	9398
奉化市	2275	45855	43657	1978	78	37874	3728
温州市	**35910**	**82189**	**74876**	**1744**	**3604**	**9662**	**59293**
鹿城区	11527	29826	27052	199	2407	1921	22526
龙湾区	4401	5495	4854			1050	3230
瓯海区	1984	7503	6184		100	413	5671
洞头县	2520	4273	4137	1425	309	550	1853
永嘉县	2508	2977	2963		58	4	2901
平阳县	3479	7915	6945		35	648	6262

3－D－4　续表 1－1　　　　单位：万元

地　　区	固定资产原　　价	所有者权益合　　计	实收资本	国家资本	集体资本	法人资本	个人资本
苍南县	1776	5076	4176	20		1004	3152
文成县	426	147	125			95	30
泰顺县	515	826	822	100		4	718
瑞安市	3121	8478	8475		20	1410	7045
乐清市	3654	9673	9144		674	2564	5906
嘉兴市	**35778**	**63261**	**62529**	**14963**	**570**	**12590**	**34322**
南湖区	10793	26102	31296	14580	182	6763	9771
秀洲区	7852	12112	11749	100		2378	9271
嘉善县	4059	5212	4586		64	25	4497
海盐县	604	1024	787	50			737
海宁市	2967	5502	4337	33	154	45	4103
平湖市	6443	9428	7730	200	170	3361	3917
桐乡市	3061	3881	2045			18	2027
湖州市	**40311**	**51692**	**40758**	**6887**	**46**	**17958**	**14920**
吴兴区	10993	33637	23948	80	30	14377	8971
南浔区	946	1589	800	85	16		700
德清县	1957	6461	6322	1245		1250	3369
长兴县	25422	7194	6917	5477		540	900
安吉县	993	2812	2771			1791	980
绍兴市	**55455**	**82645**	**58499**	**8640**	**1308**	**12985**	**35567**
越城区	7982	22752	14901	2350	33	6365	6152
绍兴县	2364	5371	4844	440	885	130	3389
新昌县	19155	4067	3707			1481	2226
诸暨市	7276	17168	12646	200		4990	7457
上虞市	15218	26365	16150	5650	60		10440
嵊州市	3461	6924	6253		330	20	5903
金华市	**101966**	**151880**	**120199**	**12050**	**107**	**46343**	**61549**
婺城区	9292	14105	12078			97	11981
金东区	3647	304	303				303
武义县	115	112	110				110
浦江县	5692	8841	7765	5650		1000	1115
磐安县	50	100	100				100
兰溪市	619	1253	1253			40	1063
义乌市	9445	61483	57334			20960	36374

3－D－4 续表1－2

单位：万元

地　　区	固定资产原　　价	所有者权益合　　计	实收资本				
				国家资本	集体资本	法人资本	个人资本
东阳市	67732	56529	34428	6400	52	22149	5828
永康市	5375	9153	6826		55	2097	4674
衢州市	**13007**	**20590**	**8831**	**404**	**60**	**1377**	**6989**
柯城区	4972	11080	2248			90	2158
衢江区	328	524	533	32			501
常山县	485	664	663			59	604
开化县	1981	1214	985			599	386
龙游县	3400	1686	1723	362		30	1331
江山市	1841	5424	2679	10	60	599	2010
舟山市	**37359**	**80693**	**70102**	**21131**	**4030**	**7272**	**37670**
定海区	19145	32545	29525	6698	386	1107	21335
普陀区	4859	27678	27704	9833	3550	1125	13196
岱山县	1363	7675	5470	1100	2	2415	1954
嵊泗县	11991	12795	7403	3500	92	2625	1186
台州市	**129004**	**107399**	**42201**	**5053**	**941**	**2739**	**31829**
台州市椒江区	3399	12502	12055	620	108	1955	9372
黄岩区	2412	5787	5553		128		3786
路桥区	1379	2448	1931			330	1601
玉环县	2075	1911	1495			300	1195
三门县	2678	4152	3852	373			3479
天台县	2527	2004	475			10	465
仙居县	715	4493	4339		654	45	3640
温岭市	107218	57942	7171	4060	51	99	2962
临海市	6602	16158	5330				5330
丽水市	**13031**	**51103**	**24887**	**6411**	**63**	**2592**	**15822**
莲都区	3816	19352	11241	150	10	2151	8930
青田县	5206	1575	907			241	666
缙云县	484	2181	1932		34		1898
遂昌县	204	1861	1483		19		1464
松阳县	480	831	830				830
云和县	44	607	640	550			90
庆元县	1636	4130	543	80			463
景宁畲族自治县	159	3361	424			100	324
龙泉市	1003	17206	6888	5631		100	1157

3－D－4 续表 2－1

单位:万元

地　区			本年折旧	营业收入		营业成本	
	港澳台资本	外商资本		合　计	主营业务收入		主营业务成本
总　计	**3605**	**2660**	**45071**	**1586757**	**1577071**	**1281957**	**1265252**
杭州市	**1699**	**183**	**13347**	**600359**	**595809**	**491387**	**488892**
上城区	77		873	46905	46765	40520	40404
下城区			657	41442	40413	31889	31319
江干区	1357	133	919	94736	94504	77534	77175
拱墅区			2248	62561	62441	52063	52050
西湖区	204		1528	70776	70422	56530	56224
滨江区			931	27172	27158	24715	24709
萧山区	61	50	2972	107980	107606	89298	89246
余杭区			1519	62701	62648	53025	52954
桐庐县			244	12164	11612	8176	7693
淳安县			21	1655	1655	1232	1232
建德市			302	12868	11383	9877	9421
富阳市			869	51492	51314	41078	41018
临安市			267	7909	7889	5451	5449
宁波市	**726**	**262**	**9911**	**301356**	**300418**	**238388**	**236764**
海曙区			812	29114	28739	20605	20471
江东区	367	69	2924	74344	74165	56165	55661
江北区			823	41017	40858	37176	36764
北仑区	237	52	1871	36709	36693	30831	30647
镇海区			1402	23323	23308	19324	19069
鄞州区	122	60	779	26710	26705	17708	17662
象山县			90	5571	5570	4284	4284
宁海县			44	2923	2905	1774	1762
余姚市		81	631	35909	35888	29293	29273
慈溪市			402	18724	18623	16129	16100
奉化市			134	7012	6965	5100	5073
温州市		**574**	**2154**	**99896**	**98293**	**79909**	**78303**
鹿城区			882	39107	39049	31546	31263
龙湾区		574	148	4203	3807	3144	2774
瓯海区			72	12527	12503	10061	10061
洞头县			223	10517	10512	9370	9283
永嘉县			156	1216	1216	971	967
平阳县			178	7814	6897	6599	5885

3－D－4 续表2－2 单位：万元

地　　区	港澳台资本	外商资本	本年折旧	营业收入合　计	主营业务收　入	营业成本	主营业务成　本
苍南县			149	7696	7574	6054	5968
文成县			25	1588	1579	1197	1188
泰顺县			5	228	226	162	162
瑞安市			103	6141	6081	5109	5060
乐清市			214	8860	8850	5697	5694
嘉兴市	**83**	**2**	**2585**	**114515**	**113658**	**101360**	**95073**
南湖区			718	41279	40929	35037	35027
秀洲区			496	23174	23141	20124	20114
嘉善县			366	8348	8245	6745	6648
海盐县			47	6385	6385	4812	4812
海宁市		2	233	12351	12294	16498	10478
平湖市	83		434	14089	13800	10793	10649
桐乡市			292	8889	8865	7351	7346
湖州市	**948**		**2371**	**55731**	**55354**	**47229**	**46884**
吴兴区	490		1045	42691	42551	36900	36769
南浔区			60	1360	1136	1051	890
德清县	458		122	5280	5270	4171	4119
长兴县			1021	3241	3238	2748	2748
安吉县			123	3159	3159	2358	2358
绍兴市			**1838**	**84063**	**83893**	**68382**	**68145**
越城区			330	17175	17088	14263	14175
绍兴县			235	10562	10529	9118	9058
新昌县			105	9475	9425	8347	8259
诸暨市			269	14410	14410	10640	10640
上虞市			715	22911	22911	19406	19406
嵊州市			183	9530	9530	6608	6608
金华市	**150**		**3556**	**118745**	**118483**	**84924**	**84687**
婺城区			374	33266	33242	27952	27823
金东区			42	1317	1317	1002	1002
武义县			11	256	256	148	148
浦江县			490	35907	35821	26821	26773
磐安县			5	6	6	3	3
兰溪市	150		8	1065	1065	724	724
义乌市			838	24288	24170	11413	11367

3－D－4　续表 2－3　　　　单位：万元

地　区	港澳台资本	外商资本	本年折旧	营业收入合计	主营业务收入	营业成本	主营业务成本
东阳市			1647	12549	12529	9494	9493
永康市			142	10090	10076	7367	7354
衢州市			**1465**	**26385**	**26334**	**20310**	**20292**
柯城区			471	6190	6184	4513	4513
衢江区			14	582	556	352	352
常山县			4	446	428	242	224
开化县			112	5475	5475	4771	4771
龙游县			680	6038	6038	5081	5081
江山市			184	7653	7653	5351	5351
舟山市			**1581**	**53946**	**53592**	**46275**	**46150**
定海区			1084	37741	37417	32249	32124
普陀区			151	4009	4009	3285	3285
岱山县			59	7414	7414	6600	6600
嵊泗县			287	4783	4753	4140	4140
台州市		**1639**	**4717**	**88859**	**88449**	**69776**	**69717**
台州市椒江区			175	16611	16464	12342	12284
黄岩区		1639	32	3962	3962	3061	3061
路桥区			115	13284	13284	10671	10670
玉环县			102	2634	2634	2106	2106
三门县			67	4952	4952	3741	3741
天台县			202	2680	2680	2193	2193
仙居县			30	11392	11339	8810	8810
温岭市			3794	25283	25283	20942	20942
临海市			200	8062	7852	5911	5911
丽水市			**1545**	**42901**	**42789**	**34019**	**30345**
莲都区			222	20823	20823	12285	12285
青田县			1021	3383	3383	2476	2476
缙云县			126	11171	11141	9854	9851
遂昌县			47	1166	1166	905	905
松阳县			9	145	145	138	138
云和县			1	326	326	251	251
庆元县			42	1409	1327	4610	940
景宁畲族自治县			16	365	365	249	249
龙泉市			61	4113	4113	3251	3251

3－D－4 续表3－1

单位：万元

地　　区	营业税金及附加	主营业务税金及附加	主营业务利润	其他业务利润	营业费用、管理费用、财务费用合计	#税金	#利息支出
总　计	**54612**	**51552**	**259591**	**12122**	**212213**	**5283**	**27353**
杭州市	**20119**	**19380**	**86265**	**4936**	**77003**	**2212**	**5170**
上城区	1129	1020	4858	346	5187	29	78
下城区	1119	1114	7696	893	7833	105	65
江干区	2817	2808	14385	92	10220	796	462
拱墅区	1979	1977	7797	155	9466	207	590
西湖区	2427	1898	11530	391	12416	167	122
滨江区	1013	1009	1582	253	2082	36	78
萧山区	5198	5171	14009	1155	11873	183	1194
余杭区	2130	2125	7411	282	6345	294	1083
桐庐县	306	301	3572	396	2648	31	4
淳安县	37	37	388		353	5	1
建德市	379	341	1979	723	1957	196	－13
富阳市	1345	1341	8955	214	5096	73	1394
临安市	239	239	2103	35	1529	92	111
宁波市	**9941**	**9860**	**55403**	**1090**	**43883**	**1101**	**3632**
海曙区	914	908	7289	276	5942	123	136
江东区	2300	2288	16216	150	12642	224	804
江北区	1372	1369	2726	245	2768	55	227
北仑区	1872	1859	4161	41	4847	63	1259
镇海区	529	502	3729	50	2240	45	135
鄞州区	846	846	8278	201	5694	153	249
象山县	195	195	1044	1	1059	6	124
宁海县	121	120	1023	6	619	72	5
余姚市	947	946	5660	5	3692	288	186
慈溪市	596	580	3630	56	2312	40	51
奉化市	250	248	1647	60	2067	32	457
温州市	**5604**	**3468**	**16326**	**469**	**13046**	**497**	**241**
鹿城区	3521	1428	6358	255	6037	275	51
龙湾区	132	132	711	26	901	12	61
瓯海区	411	411	2031	121	1383	7	1
洞头县	442	441	700	3	501	11	46
永嘉县	39	39	211		207	10	7
平阳县	264	230	781	12	637	14	16

3－D－4 续表3－2

单位：万元

地 区	营业税金及附加	主营业务税金及附加	主营业务利润	其他业务利润	营业费用、管理费用、财务费用合计	#税金	#利息支出
苍南县	156	151	1455	21	768	23	24
文成县	47	45	346	3	118	1	1
泰顺县	9	9	55		25		
瑞安市	262	262	843	12	709	101	28
乐清市	322	320	2836	17	1759	43	7
嘉兴市	**3348**	**3313**	**15256**	**655**	**11711**	**375**	**651**
南湖区	1118	1103	4782	371	4057	121	215
秀洲区	738	737	2297	74	2004	181	154
嘉善县	155	149	1448	7	941	6	5
海盐县	206	206	1367	1	516	7	
海宁市	303	303	1514	38	1296	24	15
平湖市	475	464	2681	146	2010	12	251
桐乡市	352	352	1168	18	887	24	12
湖州市	**1931**	**1924**	**6543**	**100**	**4079**	**50**	**645**
吴兴区	1453	1446	4446	31	2411	26	492
南浔区	47	47	199	63	185	5	
德清县	114	114	985	…	637	15	41
长兴县	121	121	365	6	289	2	1
安吉县	195	195	548		557	2	110
绍兴市	**3027**	**3014**	**12734**	**134**	**8148**	**262**	**463**
越城区	597	590	2324	46	2113	32	41
绍兴县	333	332	1139	32	714	37	87
新昌县	321	321	845	12	583	38	2
诸暨市	556	556	3213		2133	55	45
上虞市	539	535	2970	43	1543	20	244
嵊州市	680	680	2243		1063	80	43
金华市	**4496**	**4492**	**29032**	**1875**	**29444**	**350**	**12565**
婺城区	1006	1006	4388	523	3238	72	1706
金东区	14	14	302		676	7	12
武义县	1	1	107		8		
浦江县	1575	1575	7473	132	2391	97	9
磐安县	1	1	2		1		
兰溪市	36	35	51		18		
义乌市	1090	1089	11723	92	15827	71	6522

3－D－4 续表3－3 单位：万元

地 区	营业税金及附加	主营业务税金及附加	主营业务利润	其他业务利润	营业费用、管理费用、财务费用合计	#税金	#利息支出
东阳市	469	467	2569	1118	6192	35	4282
永康市	305	305	2417	11	1092	69	36
衢州市	**1261**	**1243**	**4870**	**164**	**3326**	**46**	**165**
柯城区	483	482	1276	14	920	15	121
衢江区	14	14	189		42	1	
常山县	36	31	173		136		
开化县	198	191	499	138	394	3	1
龙游县	285	285	673	12	472	13	31
江山市	246	241	2061		1362	14	12
舟山市	**1627**	**1611**	**5654**	**213**	**6007**	**127**	**841**
定海区	1059	1044	4070	185	3989	114	692
普陀区	141	141	582		874	6	－7
岱山县	261	261	553		483	5	49
嵊泗县	166	164	449	28	660	2	106
台州市	**2239**	**2228**	**16093**	**708**	**11430**	**208**	**2638**
台州市椒江区	429	420	3702	55	2534	29	54
黄岩区	175	175	727	1	389	5	17
路桥区	371	371	2243		1218	118	7
玉环县	56	56	471		271	4	4
三门县	163	163	1033		563	16	352
天台县	106	106	382		248	1	31
仙居县	360	360	2169	53	967	2	1
温岭市	349	349	3992		4195	8	2014
临海市	229	228	1376	599	1044	26	159
丽水市	**1020**	**1020**	**11416**	**1779**	**4136**	**55**	**342**
莲都区	510	510	8028	810	2025	46	79
青田县	88	88	819	861	205	…	－1
缙云县	54	54	1236	26	778		
遂昌县	61	61	200		149	2	
松阳县	5	5	3		128		
云和县	15	15	60		45	2	…
庆元县	91	91	297	82	263		37
景宁畲族自治县	7	7	109		135		
龙泉市	189	189	664	…	409	5	227

3－D－4　续表4－1　　　　单位：万元

地　　区	营业利润	职工工资和福利费	本年应交增值税	全部从业人员年平均人数	资产减值损失	公允价值变动收益	投资收益
总　计	**78341**	**176827**	**9232**	**105006**	**822**	**6**	**9437**
杭州市	**16543**	**59484**	**3468**	**35744**	**119**		**573**
上城区	520	2965	199	1964	43		
下城区	983	4344	171	3101	...		
江干区	4406	8632	408	4631	31		－32
拱墅区	－745	4593	163	3894	...		－4
西湖区	335	5928	143	3611	38		...
滨江区	－75	2601	73	1419	6		
萧山区	2849	10541	1144	6601	1		－7
余杭区	1400	5946	209	3799			3
桐庐县	1302	1114	287	733			550
淳安县	37	404	1	244			
建德市	791	1987	126	855			61
富阳市	4073	9095	518	4187			
临安市	667	1334	26	705			...
宁波市	**13844**	**41708**	**1414**	**24655**	**25**		**1**
海曙区	1838	4203	17	2810			
江东区	3725	7975	18	4465			
江北区	202	5254	30	2730			
北仑区	292	6232	112	3581	21		
镇海区	1560	5940	105	3755	4		1
鄞州区	2787	3845	366	2162			
象山县	34	1546	30	723			
宁海县	410	516		270			
余姚市	1978	2588	561	2258			
慈溪市	1412	1700	171	1304			
奉化市	－393	1910	6	597			
温州市	**3513**	**13032**	**1663**	**9407**	**650**		
鹿城区	575	5062	1421	4644	99		
龙湾区	－497	648	18	236	533		
瓯海区	769	886	36	622			
洞头县	204	1403	12	623			
永嘉县	4	169	1	152			
平阳县	156	1006	1	622			

3－D－4 续表4－2 单位：万元

地　　区	营业利润	职工工资和福利费	本年应交增值税	全部从业人员年平均人数	资产减值损失	公允价值变动收益	投资收益
苍南县	708	1222	10	802			
文成县	231	132	58	85			
泰顺县	30	99		59			
瑞安市	258	919	37	623			
乐清市	1076	1488	67	939	18		
嘉兴市	**4241**	**14595**	**557**	**7296**	**1**		**115**
南湖区	1117	4737	94	2647	1		112
秀洲区	367	2528	22	1168			
嘉善县	514	880	6	345			
海盐县	851	1126	18	863			
海宁市	256	1169	143	614			
平湖市	823	2757	261	954			7
桐乡市	314	1397	15	705			－4
湖州市	**2897**	**3321**	**39**	**2015**	**23**	**5**	**－90**
吴兴区	2350	1313	28	930	23	5	
南浔区	77	265	…	127			
德清县	403	822	7	469			4
长兴县	74	835		396			
安吉县	－7	86	4	93			－94
绍兴市	**4719**	**11694**	**213**	**6719**			**－15**
越城区	258	2444	29	1274			
绍兴县	457	1505	6	734			
新昌县	275	906		545			
诸暨市	1081	1757	37	1278			
上虞市	1470	3096	72	1574			－15
嵊州市	1180	1986	69	1314			
金华市	**16238**	**9738**	**491**	**5505**	**…**	**…**	
婺城区	1778	2755	255	1809	…	…	
金东区	－374	346		160			
武义县	101	73		40			
浦江县	5213	1134	27	611			
磐安县	1	8		5			
兰溪市	23	53	12	78			
义乌市	10666	2902	37	1539			

3－D－4　续表4－3

单位：万元

地　　区	营业利润	职工工资和福利费	本年应交增值税	全部从业人员年平均人数	资产减值损失	公允价值变动收益	投资收益
东阳市	－2505	1335	55	513			
永康市	1335	1132	106	750			
衢州市	**1659**	**2934**	**434**	**1801**	**4**	**…**	**…**
柯城区	447	930	112	674	1	…	…
衢江区	148	100		133			
常山县	37	155		102			
开化县	116	536	36	230	3		
龙游县	213	423	12	236			
江山市	699	791	274	426			
舟山市	**38**	**5014**	**45**	**3963**			**1**
定海区	443	3516	16	3055			
普陀区	－292	815	17	488			1
岱山县	69	457	2	184			
嵊泗县	－182	227	10	236			
台州市	**5461**	**11246**	**651**	**5836**			**8811**
台州市椒江区	1325	3526	90	1482			
黄岩区	339	596	23	296			
路桥区	1028	944	383	435			
玉环县	200	331	14	224			
三门县	486	1218	3	691			
天台县	134	390	1	237			
仙居县	1254	1191	40	576			
温岭市	－204	1796	90	1261			
临海市	899	1255	9	634			8811
丽水市	**9187**	**4061**	**257**	**2065**	**…**		**42**
莲都区	6813	1742	54	811	…		42
青田县	1475	208	87	225			
缙云县	485	780	68	415			
遂昌县	51	505		123			
松阳县	2	41		83			
云和县	15	57		47			
庆元县	116	273		118			
景宁畲族自治县	－26	89	46	60			
龙泉市	256	367	1	183			